DICTIONNAIRE
alphabétique et analogique

de la

LANGUE FRANÇAISE

DICTIONNAIRE
alphabétique et analogique
de la
LANGUE FRANÇAISE

par Paul ROBERT

LES MOTS
ET LES ASSOCIATIONS D'IDÉES

OUVRAGE COURONNÉ PAR L'ACADÉMIE FRANÇAISE

TOME TROISIÈME

SOCIÉTÉ DU NOUVEAU LITTRÉ
LE ROBERT

53, RUE SAINTE-ANNE — PARIS-2e

1966

IMPRIMERIES PAUL DUPONT - PARIS

TOUS DROITS DE REPRODUCTION, DE TRADUCTION, D'ADAPTATION ET D'EXÉCUTION RÉSERVÉS POUR TOUS PAYS

© SOCIÉTÉ DU NOUVEAU LITTRÉ, LE ROBERT, 53, rue Sainte-Anne - Paris (2ᵉ)

1966

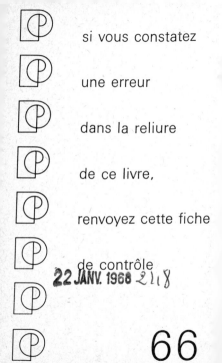

si vous constatez

une erreur

dans la reliure

de ce livre,

renvoyez cette fiche

de contrôle

22 JANV. 1968 2118

66

F

FIDÉICOMMIS. *n. m.* (XIIIᵉ s., trad. du Digeste ; lat. jur. *fideicommissum*, « ce qui est confié à la bonne foi de quelqu'un »). *Dr.* Disposition (don, legs...) par laquelle une personne (le *disposant**) gratifie une autre personne (le *grevé de restitution*. V. **Fiduciaire**) d'un bien, pour qu'elle le remette à un tiers (l'*appelé* ou *fidéicommissaire*) à l'époque fixée par le disposant. V. *aussi* **Fiducie**.

« Il existe un autre danger ... celui d'un testament fait à un tiers, le père Bongrand, par exemple, qui aurait un fidéicommis relatif à mademoiselle Ursule Mirouët. »
— Si vous taquinez votre oncle, reprit Dionis en coupant la parole à son maître-clerc, ... vous le pousserez soit au mariage, soit au fidéicommis dont vous parle Goupil ; mais je ne le crois pas capable de recourir au fidéicommis, moyen dangereux. »
BALZ., **Ursule Mirouët**, Œuvr., t. III, p. 339.

FIDÉICOMMISSAIRE. *n. m.* (XIIIᵉ s. ; du lat. *fideicommissarium*, de *fideicommissum*). Celui à qui un bien doit être remis en exécution d'un fidéicommis. *Le fidéicommissaire est le bénéficiaire réel de la libéralité.* Adjectivt. *Héritier fidéicommissaire.* — Relatif au fidéicommis. *Substitution fidéicommissaire,* par laquelle le fidéicommissaire n'est substitué au grevé qu'à la mort de celui-ci.

FIDÉISME. *n. m.* (1838 ; lat. *fides.* V. **Foi**). *Théol. cathol.* Doctrine selon laquelle la raison ne nous apprend rien sur la nature vraie des choses, la vérité absolue ne pouvant être fondée que sur la révélation et sur la foi. *Le fidéisme, doctrine de Huet, Lamennais, a été condamné par l'Église en 1838.* — *Par ext.* Toute doctrine philosophique admettant des vérités de foi et s'opposant au rationalisme.

1 « ... celle des hérésies que les sulpiciens orthodoxes trouvaient la plus dangereuse, je veux dire le *fidéisme* de M. de Lamennais. »
RENAN, **Souv. d'enf...**, IV, II.

2 « Le fidéisme n'admet pas qu'on prouve les préambules de la foi par la raison naturelle, et qu'ainsi la raison conduise l'homme à la Foi ; il fonde la Foi sur la Foi... Ce qu'expriment toutes les formes de fidéisme, c'est la défiance de la raison. »
H. DELACROIX, **La religion et la foi**, p. 101 (in FOULQUIÉ).

FIDÉISTE. *adj. et n.* (1865 ; du lat. *fides*). Relatif au fidéisme. *Doctrine fidéiste.* Partisan du fidéisme. *Théologien fidéiste.* Substant. *Un fidéiste.*

FIDÉJUSSEUR. *n. m.* (XVIᵉ s. ; lat. *fidejussor*, de *fides*, « foi », et *jubere*, « ordonner »). *Dr.* Celui qui se porte garant de la dette d'un autre. V. **Caution**.

DER. — (du lat.) : **Fidéjussion.** *n. f.* (XVIᵉ s. ; lat. *fidejussio*). Caution, garantie donnée par le fidéjusseur. — **Fidéjussoire.** *adj.* (XVIᵉ s. ; lat. *fidejussorius*). Relatif à la fidéjussion. *Engagement fidéjussoire.*

« Les créanciers cherchèrent... une nouvelle forme (*de cautionnement*) qui sacrifiât moins leurs intérêts à ceux des cautions. Ce fut la fidéjussion, ou la caution, *fidejussor,* s'engage dans la forme verbale : *Idem fidejubeo*, sur l'interrogation qui lui a été adressée par le créancier. Ce qui caractérise cet engagement..., c'est l'ordre, *jubeo*, que la caution donne au créancier. Par là elle prend... l'initiative du crédit que le créancier va faire ou continuer au débiteur... Les droits du créancier contre le fidéjusseur se déduisent logiquement de la forme même de l'engagement. »
G. MAY, in GR. ENCYCL. (BERTHELOT), **Fidéjussion**.

FIDÈLE. *adj.* (*Fidel*, subst. au Xᵉ s., rare jusqu'au XVIᵉ s. ; a remplacé la forme pop. *feoil.* V. **Féal** ; lat. *fidelis*, de *fides*, « foi ». — REM. L'orthographe *Fidel* a subsisté jusqu'au XVIᵉ s. (Cf. HUGUET). Aux XVIIᵉ et XVIIIᵉ siècles, on trouve *Fidelle, fidèle...*).

‖ 1° Qui ne manque pas à la foi donnée (à quelqu'un), aux engagements (envers quelqu'un). V. **Dévoué, féal** (*vx*), **loyal**. *Etre, rester fidèle à quelqu'un, envers quelqu'un* (Cf. Attacher, cit. 100). *Soldat fidèle* (Cf. Abri, cit. 8). *Sujet fidèle. Fidèle à son parti, à sa patrie, à son drapeau...*

1 « Ah ! mon fils ! qu'il est partout des traîtres !
Qu'il est peu de sujets fidèles à leurs maîtres ; »
CORN., **Nicom.**, V, 7.

2 « Il y avait là des compagnons bien fidèles, bien loyalement dévoués à leur seigneur et à la dame de leur seigneur ; ... »
MICHELET, **Hist. de Fr.**, IV, II.

— *Substantivt.* V. **Partisan.** *Les fidèles du gouvernement...* (Cf. Autorité, cit. 28). *Les fidèles du prince.* V. **Antrustion, féal.**

— Spécialt. *Employé, serviteur fidèle* (à son maître). V. **Honnête, probe, scrupuleux, sûr.** *Messager, dépositaire, caissier fidèle.*

3 « ... (*cette servante*) est adroite, soigneuse, diligente, et surtout fidèle, et vous savez qu'il faut maintenant de grandes précautions pour les gens que l'on prend. »
MOL., **Mal. imag.**, I, 6.

— Dont les affections, les sentiments (envers quelqu'un) ne changent pas. V. **Attaché, constant.** *Ami* (cit. 12) *fidèle.* V. **Bon, sincère, sûr, vrai** (Cf. Beaucoup, cit. 16). *Amitié fidèle.* V. **Solide.** *Compagnon fidèle* (Cf. Autrement, cit. 17). — *Chien fidèle. Etre fidèle comme un chien, comme un caniche.* — *Amant, mari fidèle* (Cf. Aventure, cit. 19 ; cause, cit. 13). *Femme fidèle* (Cf. Aïeul, cit. 10 ; citer, cit. 7 ; contre, cit. 26). *Se piquer d'être fidèle* (Cf. Ensevelir, cit. 23). *Elle ne lui a pas été fidèle longtemps : elle l'a vite trompé**. *Par ext. Cœur fidèle* (Cf. Changeant, cit. 5). — *Amour, passion fidèle.* V. **Durable.**

4 « Je t'aimais inconstant, qu'aurais-je fait fidèle ? »
RAC., **Andr.**, IV, 5.

5 « La violence qu'on se fait pour demeurer fidèle à ce qu'on aime ne vaut guère mieux qu'une infidélité. » LA ROCHEF., **Max.**, 331.

6 « Quand une femme est fidèle, on l'admire ; mais il y a des femmes modestes qui n'ont pas la vanité d'être admirées. »
MARIVAUX, **Arlequin poli** p. l'am., 1.

7 « Les femmes fidèles sont celles qui attendent du printemps, des lectures, des parfums, des tremblements de terre, les révélations que les autres demandent aux amants. En somme, elles sont infidèles à leurs époux avec le monde entier, excepté avec les hommes. »
GIRAUDOUX, **Amphitryon 38**, I, 5.

7 bis « Il a épousé depuis une héritière, il ne la trompe pas ou bien c'est en voyage et à la sauvette, bref, le plus fidèle des maris. »
SARTRE, **Situations II**, p. 212.

7 ter « Fidèle par tendresse, par devoir, par fierté elle se rembrunissait à mon premier divorce, davantage à mon second mariage,... »
COLETTE, **Naissance du jour**, p. 45.

— REM. Tandis que *Constance* « marque un attachement naturel ou de goût, *Fidélité...* désigne un attachement moral ou d'obligation » (LAFAYE). On peut être *Fidèle*, et tenir ses promesses, sans être *Constant*.

8 « L'actrice Mᴵˡᵉ Clairon n'avait pas longtemps le même amant ; mais tout le temps qu'elle en avait un, elle n'était qu'à lui, elle ne le trompait pas ; elle n'était pas constante mais fidèle. »
MARMONTEL in LAFAYE.

— Fig. *Sa fidèle épée* (Cf. Aquilin, cit.).

‖ 2° Qui ne manque pas à..., qui ne trahit pas... *Etre fidèle à ses promesses, à ses engagements, à sa parole* (Cf. Coûter, cit. 25). V. **Observateur; observer, tenir.** *Fidèle à son devoir** (cit. 13). V. **Attentif, persévérant.** *Fidèle à la vertu ; à la loi divine* (Cf. Bout, cit. 19). *Sentinelle fidèle à sa mission, aux consignes. Par ext.* (Fam.). *Etre fidèle au poste.*

9 « Un homme est plus fidèle au secret d'autrui qu'au sien propre ; »
LA BRUY., III, 58.

10 « Je ne suis jamais resté fidèle à quelqu'un qu'autant que ce quelqu'un a été fidèle aux règles du sens commun. »
TALLEYRAND in Cte de SAINT-AULAIRE, **Talleyrand**, p. 189.

— *Par ext. Etre fidèle à ses habitudes, aux traditions...* (Cf. Conservateur, cit. 1). *Fidèle à ses idées, à ses partis pris. Fidèle à une opinion, à un système...* V. **Adepte.** *Il reste fidèle à son métier. Etre fidèle au chapeau melon, à une mode...* (Cf. Babouche, cit. 4). — *Etre fidèle à une marque commerciale, à un fournisseur. Nous informons notre fidèle clientèle...*

11 « On peut être fidèle à son métier, à des compagnons; ... »
MAUROIS, **B. Quesnay**, XXXIII.

12 « Quand les urnes circuleront, ils resteront presque tous fidèles à leurs partis pris antérieurs, ou à une discipline de groupe. »
ROMAINS, **H. de b. vol.**, t. V, XXIV, p. 218.

— *Etre fidèle à son tempérament, à sa nature, à son caractère :* demeurer le même, ne pas changer. *Rester fidèle à soi-même, à sa jeunesse.* — Fig. *Cette doctrine n'est pas restée fidèle à ses origines...* (Cf. Critérium, cit. 3).

13 « Si la royauté se fût demeurée fidèle à elle-même, tout le monde lui fût demeuré fidèle. Mais comment demeurer fidèle à celui qui se trahit lui-même et qui n'est pas fidèle à lui-même et à sa propre institution. »
PÉGUY, **Note conj. s. Descartes**, p. 160.

14 « Vieillis, qu'il nous est difficile de demeurer fidèle au jeune homme que nous fûmes ! »
MAURIAC, **Le jeune homme**, p. 91.

— *Rester fidèle au souvenir, au passé*: ne pas le rejeter dans l'oubli, ne pas le renier.

15 « Là, souvent je m'assieds, aux jours passés fidèle,
Sur un débris qui fut un mur de citadelle. »
HUGO, **Odes et ball.**, V, XVIII, II.

16 « D'ailleurs, si l'amour n'est pas immortel, tout se vaut : qu'on soit fidèle à un souvenir un jour ou trois ans, c'est toujours l'oubli qui a raison. »
JALOUX, **Les visiteurs**, XVI.

— FIDÈLE À, suivi d'un infinitif, est vieilli.

17 « On veut qu'ils aient été tous également fidèles à garder ce secret. »
FONTEN., **Malézieu** (in LITTRÉ).

|| 3° *Spécialt.* Qui professe une religion (considérée comme la vraie). *Le peuple fidèle* (au vrai Dieu, à la vraie religion...). *Un chrétien fidèle.*

18 « Le peuple fidèle a presque toujours été faible, opprimé, persécuté. »
MASS., **Car.**, Vérité de la religion.

— Substantivt. *Un fidèle:* celui qui est uni à une église, à une religion par la foi. V. **Croyant**. *Spécial. Les fidèles* (de l'Église catholique) : les personnes qui, incorporées à l'Église par le baptême, lui demeurent unies par la foi (Cf. Église, cit. 1, 4 et 11). « *Les fidèles sont distincts des Prêtres, des Clercs et des Religieux* » (P. VIER in Dict. de liturg. rom.). *L'assemblée* (cit. 7), *la congrégation, le troupeau des fidèles. Pour l'édification* (cit. 4) *des fidèles. Confesser* (cit. 5) *les fidèles.*

19 « ... ce beau nom que l'Église donne à son peuple : *les fidèles.* »
MADELIN, **Hist. Cons. et Emp.**, Le Consulat, VIII, p. 129.

20 « Les fidèles de la mosquée, leurs prières dites, leur sandale à l'orteil, s'en allaient... »
DUHAM., **Salavin**, Tel qu'en lui-même, IX.

|| 4° Qui ne s'écarte pas de la vérité. *Historien, rapporteur, traducteur fidèle. Peintre fidèle de la société, de son temps.*

— Conforme à la vérité. V. **Correct, exact, sincère, vrai**. *Histoire, narration, rapport, récit, témoignage fidèle...* (Cf. Ex æquo, cit.). *Traduction fidèle:* conforme au texte original. *Description, peinture, tableau fidèle de la réalité. Copie, reproduction fidèle.*

21 « J'aime : l'on vous a fait un fidèle récit. »
RAC., **Mithr.**, III, 2.

22 « ... certain paysan
Des rives du Danube, homme dont Marc-Aurèle
Nous fait un portrait fort fidèle. »
LA FONT., **Fab.**, XI, 7.

23 « En voulant donner une traduction plus fidèle, il craint de gâter un ouvrage qui a eu du succès. »
D'ALEMB., **Lett. au roi de Prusse**, 10 déc. 1773.

— V. **Conforme, égal**. *Réalisation fidèle à la conception de l'auteur.*

24 « Un bon tableau, fidèle et égal au rêve qui l'a enfanté, doit être produit comme un monde. »
BAUDEL., **Curios. esthét.**, XV, Delacroix, III.

— Spécialt. *Souvenir fidèle:* exact et durable. — *Mémoire fidèle:* qui retient avec exactitude.

25 « Sa mémoire est fidèle; et dans tout ce qu'il dit
De vous et de Joad je reconnais l'esprit. »
RAC., **Athal.**, II, 7.

ANT. — **Infidèle***. Déloyal, déserteur, factieux, félon, traître; malhonnête, prévaricateur; adultère, inconstant; menteur, parjure. Incroyant, mécréant; apostat, renégat. Erroné, faux, incorrect, inexact.

DER. — **Fidèlement**. adv. (XVIe s.; a remplacé *feoilment*). D'une manière fidèle. *Servir fidèlement.* V. **Loyalement**. *Aider, soutenir fidèlement un ami. Tenir fidèlement ses promesses, observer fidèlement une coutume* (cit. 4). *Traduire fidèlement un texte.* V. **Exactement, scrupuleusement**. *Citer, rapporter, reproduire fidèlement.*

1 « Maintenant les Français auront son bel ouvrage
Traduit fidèlement en leur propre langage
Par le docte Amelin,... »
RONSARD, **Sec. liv. poèmes**, Excellence de l'espr.

2 « Ce n'est pas d'aujourd'hui que je suis ta conquête :
Huit lustres ont suivi le jour que tu me pris,
Et j'ai fidèlement aimé ta belle tête
Sous des cheveux châtains et sous des cheveux gris. »
MAYNARD, **La belle vieille**, str. 6.

3 « Les signatures vont être données. Elles vaudront un engagement irrévocable que seront exécutées loyalement et fidèlement, dans leur intégralité, toutes les conditions qui ont été fixées. »
CLEMENCEAU, cit. par LECOMTE, Ma traversée, p. 478.

FIDÉLITÉ. *n. f.* (XIIIe s.; lat. *fidelitas;* a remplacé *feeuté, féauté*, dér. de *féal**).

|| 1° Qualité de celui, de celle qui est fidèle (à quelqu'un). V. **Dévouement, loyalisme**. *Fidélité à son roi, à son seigneur. Fidélité envers quelqu'un. Jurer fidélité, serment de fidélité.* V. **Allégeance**. *Fidélité absolue, irréprochable, inflexible. Garder fidélité* (Cf. Appuyer, cit. 41). *Preuve, gage de fidélité* (Cf. Apporter, cit. 32).

1 « ... cette fidélité (de Fouché), contrairement à cent autres, ne sera jamais ni aveugle, ni servile... »
MADELIN, **Hist. Cons. et Emp.**, Avèn. Emp., X, p. 146.

— *Fidélité d'un domestique, d'un serviteur..., d'un caissier.* V. **Honnêteté, probité, scrupule**.

— Constance dans les affections, les sentiments. V. **Attachement, constance**; fidèle (REM.). *Fidélité d'un ami, d'un compagnon. Éprouver la fidélité de quelqu'un.* — Par anal. *Fidélité du chien* (cit. 2). — Spécialt. *Fidélité d'un amant, d'une*

maîtresse (Cf. Dégager, cit. 13). — *Dr. Fidélité conjugale:* obligation réciproque incombant à chaque époux de ne pas commettre l'adultère*. *Les époux se doivent fidélité...* (Cf. Assistance, cit. 11). — *La tourterelle, symbole de fidélité* (Cf. aussi Cigogne, cit. 2).

2 « ... le devoir d'une éternelle fidélité ne sert qu'à faire des adultères... »
ROUSS., **Inégal. p. les hommes**, 1.

3 « L'amour, qui vit dans les orages et croît souvent au sein des perfidies, ne résiste pas toujours au calme de la fidélité. »
RIVAROL, **Fragm. et pens. phil.**, Œuv., p. 308.

4 « La fidélité d'Augustine déplut même à cet infidèle mari, qui semblait l'engager à commettre des fautes en taxant sa vertu d'insensibilité. »
BALZ., **Maison du chat-qui-pelote**, Œuv., t. I, p. 55.

5 « La fidélité des femmes dans le mariage lorsqu'il n'y a pas d'amour, est probablement une chose contre nature. »
STENDHAL, **De l'amour**, LVI bis.

6 « ... les femmes fidèles sont toutes les mêmes, elles ne pensent qu'à leur fidélité et jamais à leurs maris. »
GIRAUDOUX, **Amphitryon 38**, III, 1.

7 « Je crois à la fidélité des femmes. A celle des hommes, pas une minute. Probablement que ce n'est pas leur faute. Leur constitution. Ils ne sont pas très bien arrangés pour ça ... comme nous pour d'autres choses d'ailleurs. »
ARAGON, **Beaux quartiers**, p. 431.

|| 2° Le fait de ne pas manquer à..., de ne pas trahir... *Fidélité à un serment, à une promesse.* V. **Foi** (jurée). Cf. Devoir, cit. 12. *Fidélité à tenir ses promesses. Fidélité à la parole donnée, au devoir, à un secret, à une convention, à un traité.* — *Fidélité à une habitude, à une tradition, à un métier, à un mode de vie; à un système, une opinion...* V. **Attachement**.

8 « L'homme ne peut jamais être assez sûr de sa pensée pour jurer fidélité à tel ou tel système qu'il regarde maintenant comme le vrai. »
RENAN, **Souv. d'enf...**, Append.

— *Fidélité envers soi-même, à soi-même, à ses décisions, à ses principes.* V. **Constance, persévérance**.

9 « ... j'aimais la contrainte de cette méthode et m'astreignais à une grande fidélité envers moi-même, à être tel que j'avais résolu. »
GIDE, **Journ.**, 3 janv. 1907, p. 227.

— Spécial. *La fidélité à une religion* (Cf. Armature, cit. 7). *La fidélité du chrétien.* V. **Fidèle** (3°).

|| 3° Conformité à la vérité. V. **Exactitude, véracité**. *Fidélité d'un traducteur, d'un copiste. Copier* (cit. 7), *dessiner* (cit. 3) *un modèle avec fidélité.* — *Fidélité d'une traduction, d'une reproduction.* V. **Correction**. *Fidélité d'un récit.* V. **Vérité**.

10 « Telles ont été les erreurs et les fautes de ma jeunesse. J'en ai narré l'histoire avec une fidélité dont mon cœur est content. »
ROUSS., **Confess.**, VI.

11 « ... ce merveilleux petit chef-d'œuvre, l'*Assassinat du duc de Guise*, tableau d'histoire d'une étonnante fidélité, épreuve photographique de toute une époque... »
GAUTIER, **Portr. contemp.** p. 292.

— *Fidélité de la mémoire, d'un souvenir...*

12 « La couleur des gants qui moulaient les mains du gentilhomme, tout, jusqu'au bruit des pas sur les dalles, tout se représente à mon souvenir avec tant de fidélité que, dans soixante ans, je reverrai les moindres choses de cette fête, telles que la couleur particulière de l'air, le reflet du soleil qui miroitait sur un pilier... »
BALZ., **Mod. Mignon**, Œuv., t. I, p. 470.

— Spécialt. *Fidélité des poids et mesures:* conformité des instruments de mesure avec les étalons.

ANT. — **Déloyauté, félonie, trahison; forfaiture, malhonnêteté, prévarication; inconstance, infidélité, légèreté. Mensonge, parjure. Erreur, incorrection, inexactitude.**

FIDUCIAIRE. *adj.* (1752; lat. jur. *fiduciarius*, de *fiducia*. V. **Fiducie**).

|| 1° *Dr. rom.* Relatif à la fiducie*, au fidéicommis. *Aliénation fiduciaire, mancipation fiduciaire.* — *Dr. moderne. Héritier fiduciaire*, chargé d'un fidéicommis*. Substantivt. *Le fiduciaire* (n. m.) : le légataire chargé de restituer les biens en vertu d'un fidéicommis.

|| 2° *Écon. pol.* Se dit de valeurs fondées sur la confiance accordée à celui qui les émet. *Monnaie fiduciaire:* monnaie de papier (V. **Billet, papier-monnaie**), jetons de bronze, d'aluminium... *Circulation fiduciaire.*

DER. — **Fiduciairement**. adv. A titre fiduciaire.

FIDUCIE. *n. f.* (XVIe s. « confiance »; terme jur. au XVIIIe s.; lat. *fiducia*, « confiance », de *fides*, « foi »). *Dr.* « Contrat par lequel l'acquéreur apparent d'un bien s'engage à le restituer à l'aliénateur lorsque celui-ci aura rempli les obligations qu'il a envers lui » (CAPITANT, Voc. jur.).

DER. — **Fiduciel, elle**. adj. Qui sert à guider. *Ligne, point fiduciel.*

FIEF. *n. m.* (XIIIe s.; d'abord *feu, fieu*, d'un mot francique (*fëhu*, « bétail ») transcrit en bas lat. *feudum, feodam*. V. **Féodal**).

|| 1° *Féod.* Domaine concédé à titre de tenure* noble par le seigneur* à son vassal* à charge de certains services. V. **Féodal, féodalité, seigneurie**. *Domaine, bien donné en fief. Le bénéfice* (cit. 6) *carolingien, origine du fief. Cérémonie d'investiture* du fief.* V. **Foi** (foi et hommage. — Cf. Aveu, cit. 1).

Services de fief dus par le vassal à son seigneur. Hiérarchie des fiefs. V. **Dépendance, mouvance, suzeraineté; arrière-fief.** *Fief servant:* fief du vassal subordonné au *fief dominant* du seigneur. *Fief vilain.* V. **Censive.** *Droit de franc fief,* payé par le roturier qui acquérait un fief avec la permission du roi.

1 « ... un marchand qui se trouve possesseur d'un ancien fief, reçoit foi et hommage d'un autre bourgeois ou d'un pair du royaume qui aura acheté un arrière-fief dans sa mouvance. »
VOLT., Mœurs, XXXVIII.

2 « Il vint un temps où le fief fut considéré plutôt comme la possession d'un domaine que comme la récompense d'un service; »
SEIGNOBOS, Hist. sinc. nation fr., p. 96.

|| 2° *Fig.* Domaine où quelqu'un est maître. *C'est le fief de la famille X. Fief électoral,* où l'on est toujours réélu. *L'égyptologie est le fief de ce savant* (ACAD.).

FIEFFER. *v. tr.* (XIIe s.; de *fief,* sens fig. au p.p., XVIe RAB., III, 1). *Vx.* Donner en fief. *Domaine fieffé.* Pourvoir d'un fief. *Un roturier fieffé.*

|| FIEFFÉ, ÉE. *p. p.* et *adj.* Qui possède au plus haut degré un défaut*, un vice*. V. **Achevé, assuré, complet, consommé, parfait.** (Cf. Contrôler, cit. 1; cuistre, cit. 1). *Un ivrogne, un coquin fieffé. Un fieffé menteur.*

« ... un très malplaisant mais très spirituel personnage, athée notoire et libertin fieffé... »
HENRIOT, Portr. de femmes, p. 42.

FIEL. *n. m.* (XIIe s.; lat. *fel,* « bile, fiel »).

|| 1° Nom donné parfois à la bile* de l'homme et des animaux (Cf. Canal, cit. 12). *Amer comme fiel.*

|| 2° *Fig.* V. **Amertume** (Cf. Abreuver, cit. 4; boire, cit. 37).

1 « Ou bien quand Juvénal, de sa mordante plume
Faisant couler des flots de fiel et d'amertume,
Gourmandait en courroux tout le peuple latin, »
BOIL., Sat., VII.

2 « Robespierre avait bu du fiel que contient le monde. »
MICHELET, Hist. Révol. fr., XXI, X.

— Amertume qui s'accompagne de mauvaise humeur, de jalousie ou d'hypocrisie. V. **Acrimonie, animosité, haine.** *Paroles pleines d'aigreur et de fiel* (Cf. Épancher, cit. 11). *Décharger son fiel en propos haineux. Écrivain dont la plume* est trempée dans le fiel. Compliment plein de fiel* (Cf. Clôturer, cit. 1; emmieller, cit. 1). *Une âme sans fiel* (Cf. Apporter, cit. 25; courroucer, cit. 2).

3 « Tant de fiel entre-t-il dans l'âme des dévots ? » BOIL., Lutr., I.

4 « ... en lançant un regard plein de fiel, de haine et de défi. »
BALZ., Ursule Mirouët, Œuv., t. III, p. 428.

5 « Voyez. Cet homme est juste, il est bon; c'est un sage.
Nul fiel intérieur ne verdit son visage. »
HUGO, Voix intér., XXVIII.

6 « Et l'envie, l'envie amère, lui tombait dans l'âme goutte à goutte, comme un fiel qui corrompait toutes ses joies, rendait odieuse son existence. »
MAUPASS., Bel-Ami, II, 7.

7 « ... le fiel que distille la critique sur les beaux-arts, sur les sciences, sur tout. Si quelqu'un a du génie, on le fait passer pour un idiot; si quelque autre est beau de corps, c'est un bossu affreux. »
LAUTRÉAMONT, Chants de Maldoror, I, p. 27.

ANT. — Joie. Bienveillance, bonté.

DER. et COMP. — Enfieller*. — Fielleux, euse. *adj.* (XVIe s. RONSARD). Amer* comme le fiel, plein de fiel. V. **Haineux, méchant.** *Paroles fielleuses.* V. **Envenimé.** *Homme fielleux.*

1 « Sitôt la porte close, Moktar s'avança d'un air agité. — Méchant homme ! souffla-t-il avec un sourire fielleux. Lui, méchant homme ! »
DUHAM., Salavin, Tel qu'en lui-même, IX.

2 « D'ailleurs, qui de nous n'est pas maltraité dans ces pages fielleuses ? »
MAURIAC, Nœud de vipères, XX.

FIENTE. *n. f.* (XIIe s.; lat. pop. *femita,* dér. du lat. class. *fimus.* V. **Fumier**). Se dit des excréments* de certains animaux (« avec l'idée — note LITTRÉ — qu'ils sont mollasses ou liquides »). *Fiente de pigeon, de volaille.* V. **Colombin.** *Fiente des bovins.* V. **Bouse.** *Fiente de la loutre et de certains animaux sauvages.* V. **Épreinte.** *Fiente servant d'engrais.* V. **Fumier.**

1 « Et pendant qu'il dormait, il tomba d'un nid d'hirondelle de la fiente chaude sur ses yeux; ce qui le rendit aveugle. »
BIBLE (SACY), Tobie, II, 11.

2 « On a dit il y a longtemps, et on a beaucoup répété que la huppe enduisait son nid des matières les plus infectes : de la fiente de loup, de renard, de cheval,... »
BUFF., Hist. nat. ois., La huppe, Œuv., t. VII.

3 « Celle-ci (la seconde pyramide) a son sommet tout blanchi par les fientes d'aigles et de vautours qui planent sans cesse autour du sommet de ces monuments; »
FLAUB., Corresp., 246, 15 janv. 1850.

— Allus. litt. *Le calembour* (cit. 1), *fiente de l'esprit.*

DER. — Fienter. *v. tr.* et *intr.* (XIVe s.). Faire de la fiente. V. **Excréter** (Cf. Bouse, cit.).

FIER (fyé). *v. tr.* et *pron.* (XIIe s.; lat. pop. *fidare,* « confier », dér. de *fidus,* « fidèle »). *Vx.* Livrer à la fidélité de quelqu'un. V. **Confier.**

1 « Ciel, à qui voulez-vous désormais que je fie
Les secrets de mon âme et les soins de ma vie ? »
CORN., Cinna, IV, 2.

|| SE FIER. *v. pron.* Accorder sa confiance (à quelqu'un ou à quelque chose). V. **Confiance** (avoir confiance en, faire confiance à...). *Je me fie entièrement à vous.* V. **Abandonner** (s'), **remettre** (s'en); **crédit*** (faire). *On ne sait plus à qui se fier* (Cf. Châtain, cit. 1). *Vous pouvez vous fier à son expérience. Marin qui se fie à ses instruments de navigation* (Cf. Boussole, cit. 2). V. **Compter** (sur). *Candidat à un examen qui se fie à la chance.* V. **Tabler** (fam.). *Se fier trop sur ses propres forces* (ACAD.). *Je me fie à vous du soin de mes intérêts.* V. **Reposer** (se reposer sur). *A votre place je ne m'y fierais pas trop. Sot, fou, fol qui s'y fie !* (Cf. Avenir, cit. 5; femme, cit. 24 et 41).
— *Ironiqt. Fiez-vous-y !* (Cf. Écrire, cit. 31).

2 « Que l'homme est malheureux qui au monde se fie ! »
RONSARD, Élég., XXIV.

3 « ... fiez-vous à tout le monde, et vous aurez bientôt à la maison une bonne femme pour vous tromper, de bons amis pour vous la souffler, et de bons valets pour les y aider. »
BEAUMARCH., Barb. Sév., II, 4.

4 « Partout hypocrisie, ou du moins charlatanisme, même chez les plus vertueux, même chez les plus grands; et ses lèvres prirent l'expression du dégoût... Non, l'homme ne peut pas se fier à l'homme. »
STENDHAL, Le rouge et le noir, II, XLIV.

5 « Quand un mari se fie à sa femme, il garde pour lui les mauvais propos, et quand il est sûr de son fait, il n'a que faire de la consulter. »
MUSS., Coméd. et prov., Le chandelier, I, 1.

6 « Je sais de mon côté que j'ai affaire en vous à un galant homme. Je me fie à votre discrétion. »
LOTI, Désenchant., I, V.

ANT. — Défier (se), méfier (se), suspecter.

DER. — Fiance. *vx.* (Cf. Fiançailles, fiancer).

FIER, ÈRE (l'r se prononce). *adj.* (XIe s.; lat. *ferus,* « sauvage », par oppos. à « apprivoisé », « farouche »).

I. || 1° *Vx.* En parlant des animaux difficiles à approcher ou à apprivoiser. V. **Farouche, sauvage; inapprivoisable, indomptable.** — REM. Ce sens se retrouve dans cette citation de BUFFON:

1 « Nés tous deux (l'aigle et le lion) pour le combat et la proie, ils sont également ennemis de toute société, également féroces, également fiers et difficiles à réduire; on ne peut les apprivoiser qu'en les prenant tout petits. Ce n'est qu'avec beaucoup de patience et d'art qu'on peut dresser à la chasse un jeune aigle de cette espèce; »
BUFF., Hist. nat. ois., Gr. aigle, Œuv., t. V, p. 52.

— *Par ext.* En parlant des hommes aussi bien que des animaux. V. **Barbare, cruel, féroce, intraitable, méchant, redoutable.**

2 « Ce fier animal (la mort) pour toutes les prières,
Ne perdrait pas un coup de ses dents meurtrières; »
MOL., Étourdi, II, 3.

3 « L'animal le plus fier qu'enfante la nature
Dans un autre animal respecte sa figure,
. . . .
L'homme seul, l'homme seul, en sa fureur extrême,
Met un brutal honneur à s'égorger soi-même. » BOIL., Sat., VIII.

4 « Et le farouche aspect de ses fiers ravisseurs » RAC., Brit., II, 2.

|| 2° *Littér. Poét.* Qui a de l'audace, de la fougue, du courage, de l'intrépidité. *Fier lion* (Cf. Associé, cit. 2). *Ce fier et fougueux animal* (Cf. Cheval, cit. 1 et 11). *Fiers coursiers** (cit. 2). *Fiers guerriers* (Cf. Audace, cit. 10). *Fiers capitaines* (Cf. Armada, cit.). — Qui a l'impétuosité, la violence... d'une bête farouche.

5 « Leur fière impétuosité (des eaux)
Qui comble tout d'horreurs... » CORN., Off. Vierge, 13.

6 « Les feuilles ... tombent des forêts, quand un fier aquilon, ramenant l'hiver, fait gémir les troncs des vieux arbres et en agite toutes les branches. »
FÉN., Tél., XIII.

— Qui, dans sa solitude, paraît farouche et majestueux.

7 « ... le Mont Saint-Michel, ce mont si orgueilleux, que vous avez vu si fier... »
SÉV., 1174, 9 mai 1689.

II. *Sens mod.* (dès le XIIe s.). || 1° *En mauvaise part.* Qui, par son attitude hautaine, ses manières distantes, montre qu'il se croit supérieur aux autres. V. **Altier, arrogant** (cit. 4), **bouffi** (d'orgueil), **dédaigneux, distant*, entier, faraud, fat, glorieux, hautain*, méprisant, orgueilleux, prétentieux, rogue, suffisant, superbe, vain.** *La fortune l'a rendu bien fier* (Cf. Comte, cit. 2). *L'orgueil de ce monarque si fier* (Cf. Associer, cit. 4; aussi, cit. 19). *Un fier gueux* (Cf. Blesser, cit. 13). *Femme fière* (Cf. Agréable, cit. 24; applaudir, cit. 18; et, cit. 21). *A le voir si fier, si plein* de lui-même, on croirait que le roi lui-même n'est pas son cousin*. Fier comme Artaban*, comme un coq, comme un paon. Il faut éviter de parler et encore plus de badiner avec les personnes fières* (TRÉVOUX).

8 « Un homme fier et superbe n'écoute pas celui qui l'aborde dans la place pour lui parler de quelque affaire; »
LA BRUY., Caract. Théophr., Orgueil.

9 « L'homme fier, c'est celui qu'un sentiment fondé sur l'estime qu'il a de soi-même empêche de se familiariser et éloigne des personnes qu'il croit au-dessous de lui par la naissance, par les biens ou par les talents. »
TRÉVOUX, Fier.

10 « Noblesse, fortune, un rang, des places, tout cela rend si fier ! Qu'avez-vous fait pour tant de bien ? Vous vous êtes donné la peine de naître, et rien de plus. » BEAUMARCH., Mar. de Figaro, V, 3.

11 « Je ne suis pas fier, je rafistole moi-même une marche de mon escalier. »
BALZ., Eug. Grandet, Œuv., t. III, p. 501.

12 « Tu es bien *fière*, que tu passes sans dire bonjour aux amis !
— Dame ! répondit-elle, tu te *caches*, on ne te voit pas. »
ZOLA, **La terre**, III, IV.

13 « Lui était de bonne humeur, cordial, jovial, s'arrêtant à causer
avec les ouvriers, les soldats, les paysans. « Au moins celui-là n'est
pas *fier* ! » disaient-ils. » MADELIN, **Hist. Cons. et Emp.**, I, p. 13.

— *Allus. hist. Courbe* la tête, fier Sicambre...* (Cf. Brûler,
cit. 9).

— En parlant du comportement, des attitudes, des manières... *Une nature un peu fière* (Cf. Cabré, cit. 16). *Mine fière.*
V. **Altier** (Cf. Adoucir, cit. 12). *Prendre une attitude fière et
hautaine* (Cf. Se dresser sur ses ergots*). *Parler d'un ton fier
et menaçant.* V. **Rogue.** *L'air fier d'un fat.* V. **Avantageux,
conquérant, satisfait, supérieur.** *Il marche en relevant la
tête d'un air fier et superbe* (Cf. Se pavaner).

14 « Cet air fier et censeur qui juge de tout. »
MASS., **Avent, Disp.** (in LITTRÉ).

15 « ... cette femme solitaire et droite, comme une rose triste qui
d'être défeuillée a le port plus *fier.* » COLETTE, **Naiss. du jour**, p. 229.

|| 2° *En bonne part.* Qui a un vif sentiment de sa dignité, de
son indépendance et de son honneur ; qui a des sentiments
élevés*, nobles. *Caractère, cœur fier. Ame fière* (Cf. Estime,
cit. 11). V. **Courageux, crâne, digne, noble.** *Susceptibilité
de paysanne fière* (Cf. Blesser, cit. 24). *Chef jeune et fier* (Cf.
Consul, cit. 3). *La noblesse de ces fiers Romains* (Cf. Aisance,
cit. 3). — *Démarche noble et fière.* V. **Majestueux.**

16 « Les nuances sont si délicates, qu'esprit fier est un blâme, âme
fière une louange ; c'est que par esprit fier on entend un homme
qui pense avantageusement de soi-même, et par âme fière on entend
des sentiments élevés. »
VOLT., **Dict. phil., Fierté.**

17 « ... ce caractère indomptable et *fier*, impatient de joug et de servitude, qui m'a tourmenté tout le temps de ma vie dans les situations les moins propres à lui donner l'essor. » ROUSS., **Conf.**, I.

18 « Je ne viens point jeter un regret inutile
Dans l'écho de ces bois témoins de mon bonheur.
Fière est cette forêt dans sa beauté tranquille,
Et *fier* aussi mon cœur. » MUSSET, **Souvenir**, p. 138.

19 « Bonté suprême, ô Jésus, donnez-moi un cœur épris de vous
qu'aucun spectacle, aucun bruit ne puissent distraire, un cœur fidèle
et *fier* qui ne chancelle, qui ne descende jamais... »
JAMMES, **Clara d'Ellébeuse**, III.

— *Fière cité*, au courage indomptable.

20 « ... les Grecs, qui, par mille moyens,
Par mille assauts, par cent batailles,
N'avaient pu mettre à bout cette *fière* cité ; »
LA FONT., **Fab.**, II, 1.

|| 3° ÊTRE FIER DE, *se montrer fier de quelqu'un, de quelque
chose*: en concevoir de l'orgueil, de la vanité (V. **Enorgueillir** (s'), ou (en bonne part) de la joie, de la satisfaction (V. **Content, heureux, satisfait**). *Fier de ses droits, de sa force, de
sa beauté...* (Cf. Arroger, cit. 3 ; asservir, cit. 10 ; bijou, cit. 6).
Écolier fier de ses premiers lauriers (V. **Enflé, gonflé**). *Il est
fier du succès de son fils. Fier de*, suivi de l'infinitif (Cf. Déjouer, cit. 4). — *Être fier de soi-même. Il ne s'y sent pas autrement fier de lui.* — *Ironiqt. Il n'y a pas de quoi être fier.*
V. **Vanter** (se).

21 « Il comptait des héros parmi ses ancêtres, et il en était fier,
orgueil bien légitime. » GAUTIER, **Souv. de théât.**, p. 313.

22 « ... la touchante naïveté de certains de nos hommes de lettres,
d'Académie ou d'ailleurs. Ils sont fiers de jouer un rôle ! »
ROMAINS, **H. de b. vol.**, t. V, XVII, p. 123.

23 « Elle était toute fière de savoir s'y reconnaître, et de lui servir
de guide. » ID., **Ibid.**, XXIII, p. 200.

24 « On n'est pas plus responsable d'être intelligent que d'être bête.
Il n'y a pas plus à être fier de l'un qu'à rougir de l'autre. »
LÉAUTAUD, **Théât. M. Boissard**, XVI, p. 79.

|| 4° *Substantivt. Faire le fier*: se montrer fier, orgueilleux,
se donner des airs* (cit. 24). — Cf. *aussi* Arrogamment, cit. 2).
Ne faites pas tant la fière. V. **Crâner, crâneur**).

25 « Il fit le fier et ne s'en trouva pas bien. »
HAMILT., **Gram.**, 9 (in LITTRÉ).

|| 5° *Fam.* V. **Beau, fameux, fort, rude.** *Une fière santé*
(Cf. Assurer, cit. 35). *Une fière engueulade* (cit. 1). *Je lui dois
une fière chandelle*. Il a un fier toupet. Un fier insolent*
(Cf. Écorcher, cit. 1). — REM. En ce sens, FIER se place toujours avant le nom.

26 « Tout ça pourtant m'a coûté un fier baiser sur la joue. »
BEAUMARCH., **Mar. de Fig.**, V, I.

27 « Allons donc ! je serais un fier misérable... »
FLAUB., **Éduc. sentim.**, I, IV.

28 « Je parle de la méchanceté des hommes, c'est une façon de dire :
il y a de fières canailles ! »
BOYLESVE, **L'enf. à la balustr.**, I, V, p. 36.

ANT. — Affable, avilissant, familier, humble, modeste, simple.

DER. — *Fièrement.* — *Fiérot, ote. adj.* et *n.* (XVIe s., mais rare
jusqu'au XIXe s.). Qui montre de la fatuité* et de l'orgueil* d'une
manière quelque peu puérile, ridicule. *Faire le fiérot.*

-FIER. Suffixe (du suff. lat. *ficare*, dér. de *facere*, faire)
qui, ajouté à un adjectif ou à un nom, forme des verbes qui
ont le sens de faire, rendre. Ex.: Bête: *bétifier*.*

« ... *fier* est devenu véritable suffixe : *amplifier, bétifier, bonifier,
codifier, momifier, barbifier.* » BRUNOT, **Pens. et lang.**, p. 212.

FIER-À-BRAS. *n. m.* (XIVe s., du nom propre d'un géant
sarrazin des chansons de geste, formé peut-être sur *fera brac-
chia*; « bras redoutables »). Fanfaron* qui cherche à se faire
craindre sans être même courageux. V. **Bravache, casseur,
matamore, rodomont.** — *Des fier-à-bras* ou *Des fiers-à-bras.*

1 « De notre Fiérabras il s'est mis au service, » CORN., **Illus.**, II, 10.

2 « ... mon intention était de devenir un petit fier-à-bras, un tranche-
montagne comme messieurs du bel air... »
GAUTIER, **Mlle de Maupin**, VII.

3 « Quand on est un véritable homme, on se tient à égale distance
de la fanfaronnade et de la mièvrerie. Ni fier-à-bras, ni joli cœur. »
HUGO, **Misér.**, IV, VIII, VII.

FIÈREMENT. *adv.* (XIe s. ROL.; de *fier*).

|| 1° *D'une manière fière*, hautaine. *Se camper* (cit. 5) *fière-
ment. Accueillir fièrement quelqu'un* (Cf. Élever, cit. 65). —
Avec fierté, orgueil. Étaler* (cit. 14) *fièrement ses avantages.*

1 « ... il voulait parler à Mme la marquise. Je lui demandai de quelle
part. De la mienne, répondit-il fièrement. »
LESAGE, **Gil Blas**, IV, VIII.

|| 2° *D'une manière courageuse et digne. Marcher fière-
ment au combat.* V. **Bravement, crânement.** *Il a refusé fièrement les compensations qu'on lui offrait.* V. **Dignement.**

2 « Ils passèrent fièrement au milieu de la flotte espagnole qui
n'osa pas tirer un coup de canon. » RAYNAL, **Hist. phil.**, X, 10.

3 « Je portais ma pauvreté fièrement. »
BALZ., **Peau de chagrin**, Œuv., t. IX, p. 88.

|| 3° *Peint.* Hardiment, vigoureusement.

4 « Le Brun fièrement dessinait, » VOLT., **Temple du goût.**

|| 4° *Fam.* Extrêmement*, fortement. *Il est fièrement bête.*

5 « ... sans elle je m'ennuierais fièrement ici. »
CONSTANT, **Journ. intime**, p. 313.

6 « Il faut une fièrement jolie femme pour un si beau bouquet. »
HUGO, **Misér.**, III, III, VII.

FIERTE. *n. f.* (XIIe s. ; lat. *feretrum*, « brancard » sur lequel
on porte la châsse). *Vx.* Châsse* d'un saint.

FIERTÉ. *n. f.* (XIe s. ; lat. *feritas*).

|| 1° *Vx.* Courage, intrépidité. V. **Audace.**

1 « Sa fierté l'abandonne, il tremble, il cède, il fuit ; »
BOIL., **Lutr.**, V.

|| 2° Caractère de celui qui se croit supérieur aux autres,
s'enorgueillit d'avantages réels ou supposés. V. **Orgueil, présomption..., vanité.** *On lui reproche sa fierté: il a toujours
l'air de vous regarder du haut de sa grandeur*. Il montre un
peu trop de fierté à l'égard de ses collègues, de ses subordonnés.* V. **Arrogance, condescendance, dédain, hauteur,
morgue.** *La fierté dans l'air et dans les manières déplaît
dans les rois mêmes* (VOLT.). V. **Superbe.** *Abaisser* (cit. 5), *la
fierté de quelqu'un. Il n'a rien perdu de sa fierté et de son
impudence.*

2 « Demandez à ceux qui ont dans le cœur quelque passion violente,
s'ils conservent quelque orgueil ou quelque fierté en présence de
ce qu'ils aiment : on ne se soumet que trop, on n'est que trop
humble. » BOSS., **Serm. p. profess. Mme de la Vallière.**

3 « L'orgueil, comme lassé de ses artifices et de ses différentes métamorphoses, après avoir joué tout seul tous les personnages de la
comédie humaine, se montre avec un visage naturel, et se découvre
par la fierté : de sorte qu'à proprement parler, la fierté est l'éclat
et la déclaration de l'orgueil. » LA ROCHEF., **Max**, 568.

4 « Et n'ayant rien de grand qu'une sotte fierté, » BOIL., **Sat.**, V.

5 « J'ai perdu jusqu'à la fierté
Qui faisait croire à mon génie. » MUSS., **Poés. nouv.**, Tristesse.

6 « La fierté ne vaut rien, déclare madame Vuillaumex. Nous lui
avons toujours préconisé la modestie. » ZOLA, **Pot-bouille**, p. 81.

— *Par ext. Avoir la fierté de...* V. **Enorgueillir** (s'), **réjouir**
(se). *Concevoir, éprouver une grande fierté de* (quelque chose).
V. **Contentement, joie, satisfaction** (Cf. Départir, cit. 10).
Il en tire un peu trop de fierté. V. **Gloire, gloriole.**

7 « Le gamin est déjà parti, rose de fierté et de reconnaissance. »
ROMAINS, **H. de b. vol.**, t. I, X, p. 98.

— *C'est sa fierté*: Ce qui lui fait concevoir de la fierté.

8 « La fermeté de leurs seins est leur fierté, leur inquiétude quotidienne ; » ROMAINS, **H. de b. vol.**, t. III, XXIII, p. 304.

|| 3° Qualité d'une âme* *fière*; sentiment élevé de la digni-
té*, de l'honneur*, de l'indépendance. V. **Amour-propre, estime** (de soi-même), **orgueil.** *Noble fierté.* V. **Cœur** (cit. 107),
noblesse. *Cette fierté qu'exalte* (cit. 15) *la pauvreté chez les
hommes d'élite* (BALZ.). — *Par ext. La fierté de son attitude,
de son discours...* V. **Dignité.**

9 « Un homme d'esprit, et qui est né fier, ne perd rien de sa fierté
et de sa raideur pour se trouver pauvre ; » LA BRUY., V, 36.

10 « Quand de fortes émotions saisissent notre peuple, le sang monte
à ce front et le sentiment tout-puissant de la fierté l'illumine. »
VALÉRY, **Reg. s. le monde actuel**, p. 153.

ANT. — Affabilité, familiarité, humilité, modestie, simplicité. Bassesse.

FIÈVRE. *n. f.* (XIIᵉ s.; lat. *febris*).

|| **1°** État maladif caractérisé par l'élévation de la température, l'accélération du pouls et de la respiration. *Avoir de la fièvre, un accès* (cit. 9), une poussée de fièvre.* V. **Fébricitant, fébrile; fébrilité, température.** *La fièvre le travaille* (Cf. Affecter, cit. 3). *Les frissons*, symptôme avant-coureur de la fièvre. Transpiration irrégulière, sensation de soif accompagnant la fièvre. La fièvre est à son premier stade*, elle monte régulièrement, elle se ranime* (Cf. Aggraver, cit. 7). *Le fort, le paroxysme de la fièvre. Ce n'est qu'une petite fièvre bénigne, légère. Une bonne* (cit. 30), *une grosse, une forte fièvre; une fièvre de cheval*. Fièvre accompagnée de délire*. Ardeur* (cit. 2), *chaleur, feu de la fièvre. Fièvre ardente, brûlante, dépressive, qui consume* (cit. 10) *un malade* (Cf. Attaquer, cit. 43; assoupir, cit. 2; brûler, cit. 23; brûlure, cit. 4). *Alangui* (cit. 5), *abattu, miné par la fièvre. Yeux brillants de fièvre.* V. **Fiévreux.** *Brûler* (cit. 39), *bouillir de fièvre. Trembler de fièvre. Grelotter la fièvre* (ACAD.). *Fièvre larvée*, lente. Thermomètre, feuille, courbe de température pour suivre l'évolution de la fièvre. Fièvre continue, dans laquelle la température ne présente que de légères variations.* V. **Continent.** *Fièvre erratique, périodique.* V. **Intermittent, rémittent; double, quarte, tierce,... Accès de fièvre subintrant. Couper* (cit. 19), *faire tomber la fièvre au moyen de médicaments* (V. **Antipyrétique, antithermique, fébrifuge***), *de bains ou d'enveloppements froids, par sudation,... Diminution de la fièvre.* V. **Défervescence.** *Absence de fièvre.* V. **Apyrexie.**

1 « En attendant que de mes veines parte
Cette exécrable, horrible fièvre quarte
Qui me consomme et le corps et le cœur,
Et me fait vivre en extrême langueur. »
RONSARD, **Prem. liv. poèmes,** La salade.

2 « ... quel est ce principe secret qui se développe à des heures réglées dans des fièvres intermittentes, quel est ce poison interne qui se renouvelle après un jour de relâche, où est ce foyer qui s'éteint et se rallume à des moments marqués. Il semble que toutes les causes soient faites pour être ignorées. On sait à peu près qu'on aura la fièvre après des excès, ou dans l'intempérie des saisons; on sait que le quinquina pris à propos la guérira : c'est bien assez; on ignore le comment. »
VOLT., **Dict. philos.,** Fièvre.

3 « Ou bien il passait son temps à trembler, claquant des dents, disant qu'il avait la fièvre, et s'informant si l'un des vingt-huit lits de la salle des fiévreux était vacant. » HUGO, **Misér.,** IV, II, II.

4 « La fièvre, qui m'avait brusquement envahi, me donnait des inquiétudes. Je ne tenais pas en place et je sentais une petite flamme sèche, dans le creux de mes mains, quand je les crispais nerveusement. Une subtile courbature peu à peu montait de mes jambes dans mes reins. Déjà elle touchait à la pointe des épaules. Des frissons se glissaient dans mon dos, en zigzaguant; une grande amertume emplissait ma bouche; mes yeux devenaient lourds; mes oreilles bourdonnaient, et je sentais comme une main qui me pressait la nuque. »
BOSCO, **Jard. d'Hyacinthe,** p. 208.

5 « ... les hyperthermies résultant d'une intoxication par des substances de nature protéidique qui provoquent un trouble humoral aboutissent au symptôme clinique désigné sous le nom de *fièvre...* On peut subdiviser ... les fièvres en deux catégories : les unes, fièvres septiques, sont de beaucoup les plus fréquentes, elles résultent de l'intoxication de l'organisme par des poisons microbiens. Les autres, dites fièvres aseptiques, sont provoquées par l'introduction de protéines étrangères ... la fièvre, lorsqu'elle n'atteint pas un niveau excessif de lui-même, doit être respectée car elle traduit les réactions de défense naturelle de l'organisme. »
FABRE et ROUGIER, **Physiol. médic.,** pp. 959, 960.

— *Par ext. Maladie fébrile.* V. **Pyrexie.** *Fièvres algides*. Fièvres cérébrales* (V. **Méningite**) *appelées familièrement fièvres chaudes** (cit. 5). *Fièvres éruptives,* présentant une éruption cutanée et une évolution cyclique. V. **Rougeole, rubéole, scarlatine, variole, varicelle,... Fièvre de trois jours. Fièvre exanthématique.** V. **Typhoïde, typhus; pourpré.** *Fièvre pourprée). Fièvre inflammatoire*. Fièvre hectique*. Fièvre jaune** (V. **Vomito negro**) *transmise par un moustique « stegomyia ». Fièvre de lait.* V. **Puerpéral.** *Fièvre de croissance.* V. **Ostéomyélite.** *Fièvre miasmatique*. Fièvre miliaire.* V. **Suette** (miliaire). *Fièvre paludéenne ou des marais, ou maremmatique.* V. **Malaria, paludisme.** *Avoir, prendre les fièvres,* se dit de la fièvre paludéenne (pop.). *Fièvres pernicieuses*. Fièvre récurrente*.*

6 « Où les marais visqueux et blancs,
Dans leurs remous,
A longs bras lents,
Brassent les fièvres empoisonnées. »
VERHAEREN, **Camp. halluc.,** Les fièvres.

— *Zool. Fièvre aphteuse*,* propre aux animaux. V. **Epizootie; cocotte.**

|| **2°** *Fig.* Vive agitation, état passionné. V. **Agitation, ardeur, énervement, éréthisme, étourdissement** (cit. 7), **exaltation** (cit. 10), **excitation*, fébrilité, surexcitation, trouble.** *Discuter avec fièvre.* V. **Animation, chaleur, feu, passion*.** *Il a parlé sans fièvre et sans passion. La fièvre des sens* (Cf. Amour, cit. 23; avilir, cit. 25). *Calmer la fièvre des esprits.* V. **Désordre, impatience.** *Fièvre obsidionale*. Dans la fièvre d'une campagne électorale. La ville était en fièvre, avait la fièvre, un accès de fièvre. Travailler avec fièvre. Vivre dans la fièvre. La fièvre créatrice de l'artiste* (Cf. Dessin, cit. 2). *La fièvre du jeu* (Cf. Dépasser, cit. 17).

7 « Agitation, émotion, fièvre universelle, vaste et général murmure du dehors et du dedans. » MICHELET, **Hist. Révol. fr.,** IV, IX.

8 « Elle allait donc posséder enfin ces joies de l'amour, cette fièvre du bonheur dont elle avait désespéré. » FLAUB., **Bov.,** II, IX.

9 « ... ce furent de ces baisers où l'extase de l'âme en débordant sur tout le corps donne à la fièvre des sens l'ardeur d'un élan spirituel, où le passé, le présent, l'avenir, s'abolissent pour ne plus laisser de place à rien qu'à l'amour, à la douloureuse, à l'enivrante folie de l'amour. » BOURGET, **Disciple,** IV, VI.

— *Désir ardent. La fièvre des conquêtes* (Cf. Agrandissement, cit. 2). *La fièvre de l'or.* V. **Amour, passion.** *Il est pris d'une véritable fièvre de collectionner.* V. **Manie, rage.**

10 « Vous me terrifiez, aussi, avec vos demandes de renvois. Hier, c'était M. Letondu; aujourd'hui, c'est M. Lahrier; quelle est cette fièvre d'expulsion ? »
COURTELINE, **MM. ronds-de-cuir,** IVᵉ tab., III.

11 « Quelle est cette fièvre d'écrire qui me prend, aujourd'hui... ? »
MAURIAC, **Nœud de vipères,** I.

— *État émotif à base d'anxiété. L'attente des résultats lui donne la fièvre.* V. **Enfiévrer.** *Il en a la fièvre rien que d'y penser.*

12 « Il était douteux, inquiet :
Un souffle, une ombre, un rien, tout lui donnait la fièvre. »
LA FONT., **Fab.,** II, 14.

13 « Le froid, l'anxiété, l'inquiétude, les émotions de la soirée, lui donnaient une véritable fièvre, et toutes ces idées s'entre-heurtaient dans son cerveau. » HUGO, **Misér.,** II, V, VII.

ANT. — Santé. Calme, froideur, impassibilité, indifférence.

DER. et COMP. — Fiévreux. Enfiévrer.

FIÉVREUX, EUSE. *adj.* (*Fevrus* au XIIᵉ s.; de *fièvre*).

|| **1°** Qui a ou dénote la fièvre. V. **Fébricitant.** *État fiévreux* (Cf. Étique, cit.). *Pouls fiévreux.* V. **Fébrile.** *Des yeux fiévreux. Des mains fiévreuses.* V. **Chaud.** *Se sentir fiévreux. Un malade fiévreux.* Substantiv. *Un fiévreux. La salle des fiévreux d'un hôpital* (Cf. Fièvre, cit. 3).

1 « Depuis ce matin, elle est en proie à l'irritation fiévreuse qui précède cette horrible mort... »
BALZ., **Lys dans la vallée, Œuv.,** t. VIII, p. 1002.

— *Par ext. Un tempérament fiévreux:* qui est sujet à la fièvre. — *Climat fiévreux,* malsain, où les fièvres sont fréquentes.

|| **2°** *Fig.* Qui a quelque chose d'intense et de hâtif. *Activité fiévreuse.* V. **Fébrile.** *Des jouissances fiévreuses.* V. **Violent.** *Le luxe fiévreux d'une société de parvenus, d'agioteurs* (cit. 3). — Qui a un caractère d'agitation ou d'activité intense. *Une imagination fiévreuse.* V. **Ardent.** *Intelligence aiguë* (cit. 15), *fiévreuse, toujours en mouvement. Une œuvre fiévreuse* (Cf. Économie, cit. 10). — Qui est dans l'agitation de l'inquiétude. *Attente fiévreuse* (Cf. Agité, cit. 27). V. **Inquiet, tourmenté.**

2 « Aujourd'hui, l'encombrement de la tête humaine,... (Cf. Cérébral, cit. 1) ... le régime artificiel et l'excitation fiévreuse des capitales ont exagéré l'agitation nerveuse, outré le besoin des sensations fortes et neuves, développé les tristesses sourdes, les aspirations vagues, les convoitises illimitées. »
TAINE, **Philos. de l'art,** t. II, p. 158.

3 « Jean-Paul évoqua, dans un visage creusé, des yeux d'ardeur et de passion. Quelle âme fiévreuse habitait ce corps frêle ! »
MAURIAC, **Enf. chargé de chaines,** p. 34.

ANT. — Sain. Calme, froid, impassible, indifférent.

DER. — Fiévreusement. adv. (XIXᵉ s.). Fig. D'une manière fiévreuse. Travailler fiévreusement à l'achèvement d'une œuvre. Se préparer fiévreusement au départ. V. **Fébrilement.**

FIFRE. *n. m.* (1507; suisse all. *pfifer;* all. *pfeifer,* « celui qui joue du fifre », *pfife;* rac. lat. *pipare.* V. **Pipeau**). Sorte de petite flûte* en bois au son aigu et perçant. *Le fifre, introduit en France par les mercenaires suisses, fut longtemps employé dans l'armée* (Cf. Éloigner, cit. 13). *Le piffero, sorte de fifre italien. Joueur de fifre. Marcher au son du fifre et des tambourins.*

« Un tambour bat, un son de cor s'entête,
Un fifre cru chatouille un refrain bête, »
VERHAEREN, **Villes tentacul.,** Les spectacles.

— *Par ext. Un fifre:* un joueur de fifre.

DER. — Fifrer. v. (1515). (Vx.). Jouer du fifre (intr.), ou sur le fifre (tr.).

COMP. — Sous-fifre.

FIFRELIN ou **FIFERLIN.** *n. m.* (1838; empr. de l'all. *Pfifferling,* « petit champignon »). Petite chose, menue monnaie sans valeur. (*Peu usit.,* sauf dans quelques expressions pop.). *Cela ne vaut pas un fifrelin* (Cf. Cela ne vaut pas un liard, un sou). *Je n'en donnerais pas un fifrelin.*

FIGARO. *n. m.* (XIXᵉ s.; du personnage célèbre de BEAUMARCHAIS). *Fam.* Coiffeur*.

FIGER. *v. tr.* (*Fegier* au XIIᵉ s.; lat. vulg. *fidicare,* « prendre l'aspect du foie », de *fidicus,* foie). Coaguler (le sang). V. **Cailler.** Pronominalt. *Sang qui se fige.* — *Par métaph.:*

1 « Le soleil s'est noyé dans son sang qui se fige. »
BAUDEL., **Fl. du mal, Spl. et id.,** Harmonie du soir.

— *Par hyperb.* (sous l'effet de la terreur). *Cris d'effroi qui me figent le sang.* V. **Glacer.** — Pronominalt. *Son sang se figea dans ses veines.*

2 « Ah ! vous me faites peur, et tout mon sang se fige. »
MOL., **Éc. d. femmes**, II, 2.

3 « La nuit avait figé notre sang dans nos veines. »
HUGO, **Lég. des siècles**, XLIX, Cimet. d'Eylau.

— *Par anal.* Épaissir, solidifier (un liquide gras) par le froid. V. **Condenser, congeler, épaissir, solidifier.** *L'air froid fige les huiles, les sauces grasses.* Pronominalt. *L'huile d'olive se fige très facilement.*

4 « La soupe était froide, couverte d'yeux de graisse qui se figeaient. »
ZOLA, **La terre**, II, VII.

— *Par ext.* (2ᵉ moitié du XIXᵉ s. Cf. Blasement, cit. GAUTIER; absent de LITTRÉ et HATZFELD). Rendre immobile, fixer* dans une certaine attitude, un certain état. *Corps figé par le froid* (Cf. Amollir, cit. 9 TAINE). V. **Raidir.** *Traits figés par la mort* (Cf. Cadavérique, cit. 2). *Expression figée* (Cf. Consolider, cit. 5). *La surprise le figea sur place.* V. **Immobiliser, paralyser.** — Pronominalt. *Visage, regard, sourire qui se figent. Les paroles se figèrent sur ses lèvres.*

5 « Mais les instants passaient et, à chaque seconde écoulée, le silence semblait entre eux se figer davantage. »
LOTI, **Pêch. d'Isl.**, III, XVII.

6 « L'habitude de la défiance et du mensonge figeaient ses traits dès qu'il cachait un sentiment vif... » COLETTE, **Fin de Chéri**, p. 23.

7 « Jean-Paul contemplait ce visage plombé, que l'usage du monocle figeait dans une sotte grimace, son air de lassitude satisfaite. »
MAURIAC, **Enf. chargé de chaînes**, p. 13.

8 « Il vit le sourire de la jeune femme se figer et son regard durcir. »
MART. du G., **Thib.**, t. II, p. 159.

— Fig. *Se figer dans une attitude conventionnelle.*

9 « Presque tous les artistes que je vois ... se figent dans une attitude, qui souvent leur tient lieu de talent. »
GIDE, **Journ.**, 10 mars 1928, p. 876.

10 « Je m'étais figé atrocement dans l'attitude qu'ils exigeaient de moi. Je m'étais conformé au modèle que me proposait leur haine. »
MAURIAC, **Nœud de vipères**, XVIII.

|| FIGÉ, ÉE. p. p. et adj. *Huile figée; bouillon figé.*

— Par ext. *Sourire figé.* V. **Stéréotypé.** *Attitude figée.* V. **Immobile.**

11 « ... elle avait eu un air de porter le diable en terre, toute droite, figée, avec une voix triste dans les plus simples choses, lente en ses mouvements, ne souriant plus jamais. »
PROUST, **Rech. t. p.**, t. XIII, p. 17.

— Fig. *Être figé dans les idées, dans des traditions périmées. Créature* (cit. 12) *figée dans un métier. Société, morale figée.* V. **Sclérosé.**

— Gramm. *Expression, locution figée.* V. **Fixé** (Cf. Article, cit. 20).

ANT. — **Défiger, dégeler, fondre, liquéfier. Animer (s'). Mobile, vivant.**

DER. — **Figement.** n. m. (XVIᵉ s.). Action de figer; état de ce qui est figé. V. **Congélation.** — *Par métaph. :*

« J'ai vu le soleil bas, taché d'horreurs mystiques,
Illuminant de longs figements violets... (les flots...) »
RIMBAUD, **Poés.**, Bateau ivre.

FIGNOLER. v. tr. (1743; et var. *finioler*, in TRÉV.; au sens de raffiner, enchérir sur les autres; de l'adj. *fin*). Fam. Exécuter, arranger avec un soin minutieux jusque dans les détails. V. **Enjoliver, finir, parachever, parfaire.** *Femme qui fignole sa coiffure. Fignoler une machine, une sculpture. Fignoler un discours, son style.* V. **Limer, polir, raffiner.** *Voilà un ouvrage fignolé.* V. **Complet, délicat, fini, léché** (fam.). Absolt. *Ne fignolez pas trop.*

« Il est bon maçon, comme ailleurs on est bon chrétien; mais il s'en remet sur d'autres du soin de fignoler la doctrine. »
ROMAINS, **H. de b. vol.**, t. IV, X, p. 112.

ANT. — **Bâcler.**

DER. — **Fignolage.** n. m. (1874 in LITTRÉ, suppl.). Action de fignoler; résultat de cette action. *Le fignolage d'une pièce, d'une sculpture.* — **Fignoleur, euse.** n. (1870 in P. LAROUSSE). Celui, celle qui fignole.

FIGUE. n. f. (var. *fige, fie* au XIIᵉ s.; anc. prov. *figa*, lat. pop. *fica*; lat. class. *ficus*, « figuier et figue »). Fruit charnu du figuier*. V. **Sycone.** *La figue, fruit agréable et nourrissant, renferme avant maturité un suc âcre et corrosif. Figues fraîches blanches, violettes. Figues fleurs* ou *premières figues. Figues d'été, d'automne. Un cabas de figues. Figues sèches. Maturation artificielle des figues.* V. **Caprification.** *Figues de Marseille, de Smyrne, d'Afrique du Nord. Les sycophantes, «dénonciateurs de figues»* (exportées en fraude ou volées aux figuiers sacrés) *dans l'Athènes ancienne.*

1 « En France, le figuier est un arbre fruitier dont la culture est le plus souvent négligée et qui joue un rôle économique modeste dans la production nationale; l'abondance de ses fruits devrait lui faire réserver des soins plus attentifs. Il donne en général une double récolte : des figues fleurs destinées à être mangées tout de suite à l'état frais et des figues d'automne que l'on sèche et dont on forme la provision d'hiver... » DEMONTÈS, **Algérie écon.**, p 539.

« Sébas, pour toi j'ai fait cueillir au loin des figues blanches,
J'aime que ton bon goût les préfère,
Y trouvant comme moi plus de suc, plus de saveur; »
GIDE, **Roi Candaule**, I, 2.

— *Figue de Barbarie:* fruit du cactus. V. **Oponce** (Cf. Écaler, cit.).

« Il y a des figues de Barbarie sur les cactus en Algérie »
APOLLINAIRE, **Calligrammes**, Il y a.

— Fig. (vieilli) *Moitié figue, moitié raisin;* (de nos jours) *mi-figue, mi-raisin*, qui présente une ambiguïté, par un mélange de satisfaction et de mécontentement, ou de sérieux et de plaisant (V. **Mitigé**). *Il m'a fait un accueil mi-figue, mi-raisin. Il lui faisait des compliments, mais d'un air mi-figue, mi-raisin* (N. B. Cette expression, attestée dès le XVᵉ s., passe pour rappeler les colis de raisin mêlé de vulgaires figues que les exportateurs de Corinthe adressaient parfois frauduleusement à leurs riches clients vénitiens).

— *Faire la figue à...* (XIIIᵉ s.; ital. *far la fica*, « faire la figue », geste obscène de dérision et de provocation, *fica* signifiant pop. le sexe de la femme). Se moquer de; braver, mépriser. V. **Nique** (faire la nique à). *Les Papefigues de Rabelais sont ceux qui font la figue au Pape.*

4 « Aux dangers, ainsi qu'elle, ont souvent fait la figue. »
LA FONT., **Fab.**, II, 5.

5 « ... et c'est cela qui met les gens en colère ! Qu'ils s'y mettent ! Je leur fais la figue. » CLAUDEL, **Annonce faite à Marie**, I, 2.

DER. — **Figuier.** — **Figuerie.** n. f. (XIIIᵉ s.). Lieu planté de figuiers.

FIGUIER. n. m. (XVIᵉ s.; *fier, figier* aux XIIᵉ, XIIIᵉ s.; de *figue*). Plante dicotylédone (*Ficacées*) scientifiquement appelée *ficus*, arbre ou arbrisseau lactescent, développant parfois des racines aériennes, à feuilles alternes, entières ou lobées, aux fleurs attachées à la paroi interne d'un réceptacle charnu piriforme qui, après fécondation, donne son fruit, la figue*. *Le figuier croît dans les régions chaudes du globe. Le figuier commun* (Ficus carica) *se trouve dans le Midi de la France* (Cf. Blottir, cit. 6). *Le figuier de l'Inde* (V. **Banian**) *atteint des dimensions gigantesques: c'est l'arbre sacré des Hindous. Le figuier des Pagodes* (Ficus religiosa) *appelé aussi Bogon, autre arbre sacré de l'Inde, fournit une gomme laque. Le figuier élastique* (Ficus elastica), *remarquable par sa taille élevée et ses grandes feuilles, donne une matière à caoutchouc. — Bouture de figuier.* V. **Crossette.** *Le figuier maudit, la parabole du figuier stérile, dans l'Évangile.*

1 « Les maisons royales ressemblent à ces figuiers de l'Inde dont chaque rameau, en se courbant jusqu'à terre, y prend racine et devient un figuier. » HUGO, **Misér.**, IV, I, II.

2 « Les feuilles des figuiers se sont encore élargies; elles parfument les mains qui les froissent; leur tige pleure du lait. »
GIDE, **Nourrit. terr.**, p. 159.

— *Figuier de Barbarie.* V. **Cactus, oponce, opuntia.** *Feuilles charnues et épineuses* (V. **Raquette**) *du figuier de Barbarie.*

FIGULINE. n. f. (XVIᵉ s.; lat. *figulina*). Ancien vase en terre cuite (Cf. Curiosité, cit. 21). *Les «rustiques figulines», de Bernard Palissy:* faïences offrant des figures d'animaux en relief.

« Un virtuose, potier de son métier (Palissy), qui s'intitulait inventeur des figulines rustiques du roi des Gaules... »
VOLT., **Dial.**, XXIX, XI.

FIGURANT, ANTE. adj. et n. (adj. part. de *figurer*).

|| 1° (PASC.) *Adj.* (vx.). V. **Figuratif.**

1 « Les Juifs ont tant aimé les choses figurantes et les ont si bien attendues qu'ils ont méconnu la réalité, quand elle est venue dans le temps et en la manière prédite. » PASC., **Pens.**, X, 670.

|| 2° *Substantivt.* (1740; d'abord T. de Danse, « nom qu'on donne aux danseurs qui figurent dans les corps d'entrée, parce que le corps d'entrée dessine dans sa danse des figures diverses » (ENCYCL.), donc *par oppos. aux* danseurs qui se produisent seuls). Personnage de théâtre, de cinéma, remplissant un rôle secondaire et généralement muet. V. **Comparse.** *Rôle de figurant. Les innombrables figurants des mystères du moyen âge. Les figurantes d'une revue à grand spectacle, d'un ballet, d'un film. Grand acteur qui a débuté comme figurant.* — *Par anal. Passe-volants servant de figurants dans les armées d'autrefois.*

2 « Rachel jouait un rôle presque de simple figurante, dans la petite pièce. Mais vue ainsi, c'était une autre femme. »
PROUST, **Rech. t. p.**, t. II, p. 174 (éd. Pléiade).

— *Par ext.* Toute personne dont le rôle est effacé (ou simplement décoratif) dans une réunion, une société. *Nation réduite au rôle de figurant dans une conférence internationale. Il n'est qu'un figurant dans toute cette histoire.*

FIGURATIF, IVE. adj. (XIIIᵉ s.; lat. *figurativus*).

|| 1° Qui représente (quelque chose) par symbole. V. **Symbolique.** *Interprétation figurative* (Cf. Allégorique).

1 « Pour montrer que l'Ancien Testament n'est que figuratif, et que les prophètes entendaient par les biens temporels d'autres biens... »
PASC., **Pens.**, X, 659.

2 « Je lui expliquai (au chancelier) le fond, la raison, l'esprit de cette grande cérémonie (le sacre), par l'histoire, et tout ce qu'elle a de figuratif. » ST-SIM., 299, 17 (in LITTRÉ).

|| **2°** Qui représente la figure, la forme d'un objet. *Plan figuratif. Carte figurative.* — *Écriture figurative,* qui imite la figure d'un objet au lieu de représenter les sons formant le mot qui désigne cet objet (Cf. *Pictographie*).

3 « ... leur écriture avait été pictographique, c'est-à-dire figurative, chaque dessin désignant l'objet; » DANIEL-ROPS, **Hist. sainte,** I, III, p. 76.

— *Poésie figurative,* poème où, par la disposition et la longueur des vers, certains poètes anciens s'amusaient à représenter un objet (comme dans le Cinquième Livre attribué à Rabelais le chant de la Dive Bouteille). N. B. On dit aujourd'hui, depuis Apollinaire, *calligramme.*

— *Art figuratif,* qui s'attache à la représentation de l'objet (par oppos. à l'*art abstrait,* ou *non-figuratif*). *Adversaires, partisans de la peinture figurative.*

4 « Un terme comme celui d'art abstrait convenait à cette forme d'expression quand elle correspondait à l'idée de dépouillement progressif de l'aspect naturel d'un objet... Cependant le terme d'art non figuratif semble plus exact. » RAYNAL, **Peint. moderne,** p. 228.

— Anc. gramm. *Lettre figurative* et substantivt. *Une figurative:* signe caractéristique* d'un certain temps, d'une certaine forme.

DER. — **Figurativement.** *adv.* (XIVᵉ s.). D'une manière figurative.

FIGURATION. *n. f.* (XIIIᵉ s.; lat. *figuratio*).

|| **1°** Action de représenter quelque chose sous une forme visible. *La figuration de la prononciation par certaines combinaisons de lettres. Figuration des montagnes par des hachures sur une carte.* V. **Représentation.**

|| **2°** Ensemble des *figurants** d'une pièce de théâtre, d'un film...; partie du spectacle exécutée par les figurants; rôle de figurant. *Pièce qui a une nombreuse, une brillante figuration. Régler la figuration d'un opéra.*

1 « Il (le palace) était dressé comme un théâtre et une nombreuse figuration l'animait... » PROUST, **Rech. t. p.,** Œuv., t. IX, p. 223.

2 « On ne lui vit qu'une fois un mouvement de révolte, pour refuser une figuration dans une suite de tableaux vivants, — un quelconque *Coucher de la Parisienne* ... » COLETTE, **Belles saisons,** p. 116.

FIGURE. *n. f.* (Xᵉ s.; lat. *figura,* forme).

|| **1°** (*Vieilli,* sauf dans quelques expressions). Forme extérieure d'un corps. V. **Aspect, configuration, conformation, forme*.** *La figure de la terre, de la lune.* V. **Croissant.** *Les diverses figures qu'affectent les cristaux.* V. **Disposition.** *Revêtir les figures les plus étranges* (Cf. *Devenir,* cit. 4). *Une divinité sous une figure humaine.* V. **Apparence, dehors, extérieur.** *Un pauvre corps, déformé, qui n'a plus figure humaine.* — Fig. *L'affaire prend figure.* V. **Couleur, tournure.**

1 « On avait besoin, au moyen âge, du mot *figure,* aux sens étymologique, le mot *forme* étant encore pris dans son sens métaphysique et aristotélique. L'abandon de la scolastique, en faisant perdre à ce dernier sa valeur technique, lui a permis de se substituer à *figure*. » LALANDE, **Dict. philos.,** Figure.

2 « Je (Pancrace, docteur aristotélicien) soutiens qu'il faut dire la figure d'un chapeau, et non pas la forme ; d'autant qu'il y a cette différence entre la forme et la figure, que la forme est la disposition extérieure des corps qui sont animés, et la figure, la disposition extérieure des corps qui sont inanimés... ce sont les termes exprès d'Aristote dans le chapitre *de la Qualité.* » MOL., **Mar. forcé,** 4.

3 « Un homme d'esprit n'est point jaloux d'un ouvrier... Il sait qu'il y a dans ces arts... des outils à manier dont il ne connaît ni l'usage, ni le nom, ni la figure » LA BRUY., XI, 85.

4 « ... je lui répondrais avec une parfaite lucidité si je n'étais occupé à maintenir dans leur figure naturelle tous les objets qui m'entourent. » FRANCE, **Crime S. Bonnard,** Œuv., t. II, p. 464.

|| **2°** *Par ext.* Représentation* visuelle d'une forme par le dessin, la peinture, la sculpture... V. **Illustration, image, schéma, signe.** *Enfant qui fait naturellement des figures sur un papier* (Cf. *Écrire,* cit. 9). *Figures gravées, lithographiées.* V. **Gravure.** *Estomper les contours d'une figure. Figure en creux, moulée, en relief.* V. **Bosse, empreinte.** *Figures de plantes, d'animaux, de machines, de réactions chimiques, de théorèmes... qui illustrent un manuel.* (Abrév. usuelle: *Fig.*). *Livre avec figures. Livre orné de figures.* V. **Estampe, vignette.** *Planches* de figures. Figure plate,* qui s'insère dans le livre sans qu'on ait à le plier. *Figure de caractère technique.* V. **Graphique, tableau, tracé.** — *Figure et devise symbolique.* V. **Emblème, enseigne.**

5 « Figure... signifie la représentation faite sur le papier de l'objet d'un théorème, d'un problème, pour en rendre la démonstration ou la solution plus facile à concevoir... Les *figures* en bois, gravées à côté de la démonstration, et répétées à chaque page si la démonstration en a plusieurs, sont plus commodes que les *figures* placées à la fin du livre, même lorsque ces *figures* sortent entièrement. » D'ALEMBERT, **Encycl.,** Figure.

— Spécialt. *Beaux-Arts.* Représentation d'un personnage. V. **Effigie, portrait, statue.** *Les figures d'un tableau. Distribution des figures sur un tableau. Figure articulée qui sert de modèle.* V. **Mannequin.** *Draper, peindre, dessiner une figure. Champlever* autour d'une figure. Figure qui manque*

d'expression, de mouvement. Figure de cire; en terre, en bronze... Figure équestre. Figure d'une divinité. V. **Idole.** *Figure allégorique* (Cf. *Coquille,* cit. 6). *Figure d'homme grossière.* V. **Bonhomme.** *Figure burlesque.* V. **Caricature.**

6 « Un homme d'esprit n'est point jaloux d'un ouvrier... ou d'un statuaire qui vient d'achever une belle figure. » LA BRUY., XI, 85.

7 « On observera qu'en art, contrairement à l'usage vulgaire, ce mot (figure) ne désigne pas une tête, mais un personnage entier. Une figure est dite de *grandeur nature* quand elle est exécutée à la grandeur réelle; *demi-nature,* si la taille du modèle est réduite de moitié. Une *demi-figure* est celle qui représente un homme ou une femme jusqu'à la ceinture... » RÉAU, **Dict. d'art,** Figure.

— *T. de jeu de cartes.* Se dit du Roi, de la Dame et du Valet. V. **Honneur.**

— *Mar. Figure de proue*:* tête, buste (d'une personne, d'un animal) au-dessus de la guibre et sous le beaupré des anciens navires à voile.

8 « C'était, en vérité, un joli navire... sa suprême beauté était *sa figure de proue* à la mode déjà ancienne. Elle représentait l'image d'une belle fille noire qui tenait entre ses deux seins une rose peinte au naturel. » MAC ORLAN, **L'ancre de miséricorde,** p. 92.

— *Blas.* Toute pièce représentée sur l'écu. *Figures naturelles, artificielles; stylisées ou ornementales. Figures de fantaisie.* V. **Blason** (Cf. *Écu,* cit. 2).

— *Géom.* (A l'origine, sens restreint). « Espace terminé de tous côtés, soit par des surfaces, soit par des lignes. S'il est terminé par des surfaces, c'est un solide; s'il est terminé par des lignes c'est une surface: dans ce sens, les lignes, les angles ne sont pas des figures. » (D'ALEMBERT, in Encycl.). — (De nos jours, sens étendu). « Les volumes, surfaces, lignes et points, considérés en eux-mêmes, abstraction faite des corps matériels, constituent ce qu'on nomme des figures » (MARCHAL, Hist. de la géométrie, coll. Que sais-je ?). *Figure plane; figure carrée, triangulaire, équiangle* (cit.), *ovale, circulaire... Décrire, tracer une figure sur un tableau. Le centre*, les côtés* d'une figure. Lettres qui désignent une figure, un angle, un point... d'une figure. Circonscrire une figure à un cercle. Projection*, propriétés projectives des figures.* V. **Descriptif** (géométrie descriptive), **perspective.** *Épure* d'une figure.*

— *T. de Danse.* « Chemin décrit par les danseurs suivant certaines lignes déterminées, qui, représentées sur le papier, y formeraient une sorte de figure géométrique » (LITTRÉ). *Art de régler les figures de danse.* V. **Chorégraphie.** *Figures chorégraphiques:* les « évolutions, pas, mouvements réglés qu'exécutent les danseuses » (HATZFELD). *Figure de menuet, de quadrille.* — *Figure de ballet,* position respective des danseurs dans les évolutions qu'ils exécutent. *Figure dans laquelle les danseurs se donnent la main.* V. **Chaine.** — *Figure de carrousel* (Cf. *Élancer,* cit. 7).

9 « Mademoiselle de Fontaine s'approcha du quadrille pour pouvoir examiner l'étrangère au moment où elle reviendrait à sa place, pendant que les vis-à-vis répéteraient la figure qu'elle exécutait. » BALZ., **Bal de Sceaux,** Œuv., t. I, p. 99.

10 « (Isadora Duncan) dansa, pieds nus et vêtue d'une tunique grecque, des figures qu'elle avait reconstituées d'après les vases et les statuettes, et qu'elle supposait (presque toujours plausiblement) avoir été celles des chœurs de la tragédie. Figures très simples, le pied posé bien à plat sur le sol ; saltations et marches ; attitudes nobles et décoratives, le tout composant sur le sol de la scène des arabesques facilement lisibles, d'une géométrie calme et pure. » MIOMANDRE, **Danse,** p. 55.

11 « Avec Beauchamp se développa l'évolution qui transforma la danse;... le mécanisme s'enrichit, se complique et l'on verra au XVIIIᵉ siècle l'*exécution* l'emporter sur les *figures.* » MICHAUT, **Hist. du ballet,** p. 15 (éd. P.U.F.).

|| **3°** Partie antérieure de la tête de l'homme. V. **Face*, tête*, visage*;** et les *fam.* ou *pop.* **Balle 1, bille, binette, bobine, bouille, frimousse, gueule*, portrait, trogne, trombine.** *Une figure anguleuse, osseuse; longue, étroite; large, ronde. Figure aux traits fins, réguliers; au teint rose. Être bien de figure. Figure criblée, dévorée de taches de rousseur. Avoir une figure d'enfant. Une figure poupine. Figure boucanée* (cit. 2), *bronzée, tannée. Une figure pâle* (Cf. *Avoir,* cit. 16), *blême, terne; de déterré, de papier mâché, qui révèle la fatigue. Figure effarée* (cit. 10), *effrayée* (cit. 11), *éteinte* (cit. 63), *triste. Figure agréable, bonne* (cit. 43), *calme, candide, charmante, douce, franche, joyeuse* (Cf. *Effrontément,* cit. 1), *réjouie, riante. Beaux yeux qui illuminent une figure* (Cf. *Brouiller,* cit. 30). *Figure énergique, sympathique. Figure à claques** (fam.). *Casser** (cit. 8 et *supra*) *la figure à quelqu'un. Jeter quelque chose, cracher à la figure de quelqu'un. Je connais cette figure-là. Lave-toi la figure !*

12 « Sa figure, un peu maigre, était expressive à un degré souverain ; elle avait de la dignité, et je ne m'étais nullement trompé, au premier abord, en lui trouvant de la grâce. » GOBINEAU, **Les pléiades,** I, III.

13 « Pas changé, celui-là, par exemple ; toujours sa même figure qui n'a pas d'âge, toujours son masque incolore qui tient à la fois du moine et du détrousseur... » LOTI, **Ramuntcho,** II, III.

14 « La forme de la figure, celle de la bouche, des joues, des paupières, et tous les autres traits du visage sont déterminés par l'état

FIGURE 8 FIGURE

habituel des muscles plats, qui se meuvent dans la graisse, au-dessous de la peau. Et l'état de ces muscles vient de celui de nos pensées. Certes, chacun peut donner à sa figure l'expression qu'il désire. Mais il ne garde pas ce masque de façon permanente. A notre insu, notre figure se modèle peu à peu sur nos états de conscience. Et avec le progrès de l'âge, elle devient l'image de plus en plus exacte des sentiments, des appétits, des aspirations de l'être tout entier. La figure est un résumé du corps entier. Elle reflète l'état fonctionnel à la fois des glandes endocrines, de l'estomac, de l'intestin, et du système nerveux. » CARREL, L'homme, cet inconnu, p. 74.

— Se dit d'une face humaine représentée sur un objet. *Figure gravée sur une médaille.* V. **Effigie.** *Figure grotesque, de carnaval.* V. **Mascaron, masque.**

— *Par ext.* V. **Air, attitude, contenance, maintien, mine, physionomie.** *Ne pas savoir quelle figure prendre. Changer de figure. A cette nouvelle, sa figure s'allongea.* V. **Altérer** (*supra* cit. 11). *Beaucoup d'orgueil se cache sous cette humble figure. Chevalier* de la triste figure.* — *Faire triste, piètre figure:* avoir l'air piteux, préoccupé. *Fig.,* ne pas se montrer à la hauteur des circonstances, de sa tâche. — *Il fait bonne figure dans la société:* il s'y montre à son avantage.

15 « — Vous faites là, ma nièce, une étrange figure !
— Chacun fait ici-bas la figure qu'il peut, »
MOL., F. sav., III, 2.

16 « Mon regret d'arriver si vite à Turin fut tempéré par le plaisir de voir une grande ville, et par l'espoir d'y faire bientôt une figure digne de moi... » ROUSS., Conf., II.

— *Absolt. Faire figure:* jouer un personnage important, tenir un rang.

17 « On sait qu'auprès du Roi je fais quelque figure ; »
MOL., Mis., I, 2.

18 « ...le nombre de ceux qui sont appelés à faire figure dans le monde et qui consentent, qui parviennent à demeurer naturels, qui ne se préoccupent pas de l'opinion que se fait la galerie (fût-elle composée d'un seul) va se former d'eux, reste extrêmement limité : l'on se campe, l'on se redresse, l'on force le ton de sa voix. »
GIDE, Ainsi soit-il, p. 196.

— *Faire figure de héros.* V. **Air** (avoir l'air), **paraître, passer** (passer pour). *Patrons qui font figure de potentats* (Cf. Balayer, cit. 16). — (En parlant des choses). *Le bombardier* (cit. 1) *fait figure d'avion de bataille.* V. **Rôle** (jouer le rôle de). *Le libéralisme fait figure de doctrine démodée* (Cf. Avancer, cit. 64).

19 « Il est gênant et fatigant de faire figure de grand homme : ceux qui s'y plaisent font pitié. » VALÉRY, Mon Faust, p. 75.

— **Personnalité*** marquante. V. **Caractère, personnage, personnalité, type.** *Les grandes figures de l'histoire, d'une époque* (Cf. Commis, cit. 4). *C'est une belle, une noble, une touchante figure.*

20 « Aussi peut-il m'être permis de faire remarquer combien il se trouve de figures irréprochables (comme vertu) dans les portions publiées de cet ouvrage : Pierrette Lorrain, Ursule Mirouët, Constance Birotteau, la Fosseuse, Eugénie Grandet... » BALZ., Av.-prop., Œuv., t. I, p. 13.

21 « ..., il acheva de me dessiner complètement la grande figure de l'Émigré, l'un des types les plus imposants de notre époque. » ID., Lys dans la vallée, Œuv., t. VIII, p. 1024.

22 « L'homme qui avait dit franchement le mot de la situation était Buzot, l'un des chefs de la future Gironde, jeune et austère figure, ardente et mélancolique, de celles qui portent écrite au front une courte destinée. » MICHELET, Hist. Révol. franç., III, V.

23 « Ce que je voudrais lui dire, c'est que, souvent, un premier geste, que l'on fait sans penser y songer, dessine irrémédiablement notre figure et commence à tracer un trait que, par la suite, tous nos efforts ne pourront jamais effacer. »
GIDE, Faux-Monnayeurs, III, XV.

|| 4° Représentation par le langage (vocabulaire ou style).

— *Gramm. et Rhétor. anc.* « Tours de mots et de pensées qui animent ou ornent le discours » (Dumarsais). *On distinguait les figures de mots* (gramm. et rhétor.) *et les figures de pensées* (rhétor.). a) *Figures de mots,* comprenant les *figures de diction* (altérations du matériel du mot par augmentation. V. **Épenthèse, paragoge, prosthèse;** — par retranchement. V. **Aphérèse, apocope, syncope;** — par transposition. V. **Métathèse;** — par séparation. V. **Diérèse;** — par contraction. V. **Crase, synérèse;** — toutes altérations. V. **Métaplasme**); les *figures de construction* (par rupture avec l'ordre simple de succession des mots. V. **Attraction** et **imitation** — *par ex.,* dans les archaïsmes, néologismes, hellénismes, etc. —; **ellipse** et **zeugma; hyperbate; anacoluthe, anastrophe, hystérologie, parenthèse, synchysis** et **tmèse; pléonasme; syllepse** ou **synthèse; antiptose, énallage** et **hypallage**); les *tropes* (changement intervenant dans la signification du mot. V. **Abus** ou **catachrèse, extension, hyperbole, métonymie** et **synecdoque; allusion, euphémisme, ironie** et **sarcasme; allégorie** et **métaphore**); les *figures non réductibles* aux trois premiers groupes (V. **Répétition; allitération, anaphore, homéoptote, homéotéleute, isocolon, onomatopée, paronomase, polysyndète, réduplication** et **synonymie**). b) *Figures de pensées,* « consistant dans la pensée, le sentiment, le tour d'esprit, en sorte que l'on conserve la *figure* quelles que soient les paroles dont on se sert pour l'exprimer » (Dumarsais). *Principales figures de pensées.* V. **Antithèse**

et **chiasme, antonomase, comparaison** ou **similitude, périphrase; apostrophe, épiphonème, exclamation; communication, interrogation, métastase; anticipation** ou **prolepse, dubitation, réfutation** ou **récrimination; concession** ou **épitrope, correction** ou **épanorthose, réticence** ou **aposiopèse** ou **paralipse** ou **prétérition, litote** ou **exténuation, suspension; accumulation, distribution, énumération, exagération** ou **hyperbole, gradation, paradoxisme, récapitulation; description, hypotypose; déprécation, imprécation, obsécration** et **optation; prosopopée** (Cf. Exciter, cit. 24).

24 « De figures sans nombre égayez votre ouvrage ; »
BOIL., Art poét., III.

— (De nos jours). *Figures* se dit de toutes les figures restées vivantes de l'ancienne rhétorique, à l'exclusion des *figures de diction* et de *construction,* qui sont des faits de grammaire et de phonétique ayant perdu la dénomination de *figures. Une figure hardie, bien amenée.* V. **Image.**

25 « L'Envieux et sa femme prétendirent que dans son discours il n'y avait pas assez de figures... Il est sec et sans génie, disaient-ils ; on ne voit chez lui ni la mer s'enfuir, ni les étoiles tomber, ni le soleil se fondre comme de la cire : il n'a point le bon style oriental. Zadig se contentait d'avoir le style de la raison. » VOLT., Zadig, VII.

26 « Dans l'ordre du langage, les *figures,* qui jouent communément un rôle accessoire, semblent n'intervenir que pour illustrer ou renforcer une intention, et paraissent donc adventices, pareilles à des ornements dont la substance du discours peut se passer, — deviennent dans les réflexions de Mallarmé, des éléments essentiels : la *métaphore,* de joyau qu'elle était ou de moyen momentané, semble ici recevoir la valeur d'une relation symétrique fondamentale. »
VALÉRY, Variété III, p. 28.

— (Dans le langage mystique ou poétique). « Expression symbolique d'une pensée; substitution d'une image concrète à une idée abstraite, ou correspondance d'un fait à un autre » (LALANDE). V. **Allégorie, symbole.** *L'agneau pascal était une figure de l'Eucharistie* (ACAD.). *Figure claire et démonstrative* (Cf. Cheveu, cit. 32).

27 « Il est très certain, et les hommes les plus pieux en conviennent, que les figures et les allégories ont été poussées trop loin. On ne peut nier que le morceau de drap rouge mis par la courtisane Rahab à sa fenêtre pour avertir les espions de Josué, n'ait été regardé par quelques Pères de l'Église comme une figure du sang de Jésus-Christ, ne soit un abus de l'esprit qui veut trouver du mystère à tout. »
VOLT., Dict. philos., Figure.

— *Logique. Figures de syllogisme:* formes que peut prendre un syllogisme suivant les positions occupées par le moyen terme dans la majeure et la mineure.

ANT. — **Réalité.**

DER. — **Figurisme.** *n. m.* (1752). *Théol.* Doctrine de ceux qui voyaient dans l'Ancien Testament la figure du Nouveau. — **Figuriste.** *n.* (1604, *Théol.*). Partisan du figurisme. — (XIXe s.). *Technol.* Celui, celle qui fait des figures en plâtre. *Mouleur-figuriste,* par oppos. au *sculpteur ornemaniste.*

COMP. — **Défigurer.**

FIGURER. *v. tr.* et *intr.* (XIe s.; lat. *figurare*).

I. *V. tr.* || 1° *Vx.* Façonner.

|| 2° Représenter* (une personne, une chose) sous une forme visible. — Au moyen des arts. V. **Dessiner, peindre, sculpter...** *Figurer des bergers au premier plan d'un tableau. Figurer des fenêtres sur un mur.*

1 « ... Polygnote avait figuré sur les murs du temple de Delphes le sac de Troie... » CHATEAUB., Génie..., III, I, 4.

— Par un symbole (en parlant d'une abstraction). *Figurer la mort par un squelette armé d'une faux. On figure la justice avec un bandeau sur les yeux.* — D'une manière sommaire ou conventionnelle. *Figurer des montagnes sur une carte par des hachures.* V. **Représenter.**

2 « On avait réuni vingt-quatre curés pour figurer l'ancien chapitre de Bray-le-Haut, composé avant 1789 de vingt-quatre chanoines »
STENDHAL, Le rouge et le noir, I, XVIII.

— Avec un sujet de choses. Être l'image* de. *Le drapeau figure la patrie.* V. **Incarner.** *La fleur de la digitale figure un doigtier. La scène figure un intérieur bourgeois. Silhouette d'avion qui figure sur la carte un aérodrome.*

3 « Les yeux fixés sur de grandes feuilles bleu ciel, déplaçant un carré de papier blanc qui figurait un atelier, Bavouzet répondait aux questions... d'un air affable, affairé et réfléchi. »
CHARDONNE, Dest. sentim., p. 296.

|| 3° Représenter à l'esprit, à l'imagination (une personne, une chose) sous certains traits, avec certains caractères. (REM. Vieilli dans ce sens général, qui s'est conservé dans *se figurer*).

4 « ... une vieille tante, qui... nous figure tous les hommes comme des diables qu'il faut fuir. » MOL., Bourg. g., III, 10.

— Exprimer par métaphore, par allégorie. V. **Symboliser.** *Vérité figurée par une fable, par une parabole.* Spécialt. *Théol.* Exprimer symboliquement. *L'immolation de l'agneau pascal figurait la propre immolation de Jésus-Christ.* V. **Préfigurer.** « *Jésus-Christ figuré par Joseph* » (PASC.).

5 « La distance infinie des corps aux esprits figure la distance infiniment plus infinie des esprits à la charité, car elle est surnaturelle. » PASC., Pens., XII, 793.

FIGURE   9   FIL

II. *V. intr.* || 1° *Vieilli.* Faire figure, jouer un rôle à son avantage. *Noble assez riche pour figurer à la cour.* (N. B. *Figurer avec...* s'employait au XVIIe s. dans le sens de « jouer son personnage à côté de », ou « entrer en comparaison avec »).

|| 2° *Théâtr.* Jouer un rôle accessoire, être un figurant. — *Par ext.* Jouer un rôle sans importance. *Il n'a fait que figurer dans cette affaire.* Se dit surtout dans le langage du sport: *Ce coureur a simplement figuré. Le favori n'a fait que figurer, sans plus, dans la course.*

|| 3° (XIXe s., à peine signalé par LITTRÉ). Apparaître, se trouver (sens affaibli jusqu'à ne plus signifier que *Être*). *Figurer dans une cérémonie.* V. **Participer** (à). *Son nom ne figure pas sur la liste*: il n'y est pas mentionné. *Faits, objets qui figurent dans une biographie* (cit. 2), *une lettre* (Cf. Copie, cit. 2), *un inventaire, un rapport...*

6   « Localiser un souvenir ne consiste pas davantage à l'insérer mécaniquement entre d'autres souvenirs, mais à décrire, par une expansion croissante de la mémoire dans son intégralité, un cercle assez large pour que ce détail du passé y figure. »
BERGSON, **Matière et mémoire**, VIII, p. 272.

7   « Plume déjeunait au restaurant, quand le maître d'hôtel s'approcha, le regarda sévèrement et lui dit d'une voix basse et mystérieuse : « Ce que vous avez là dans votre assiette ne figure *pas* sur la carte. »
MICHAUX, **Plume**, p. 137.

|| SE FIGURER. Se représenter par la pensée, l'imagination. V. **Imaginer** (s'), **représenter** (se). *Se figurer les choses autrement qu'elles ne sont. Il se figure déjà victorieux.* V. **Croire, voir** (se). *Je me le figurais beaucoup plus grand. Tu te figures que je vais accepter ça ? Figurez-vous les plages sablonneuses* (Cf. Arène, cit. 5). *Figurez-vous que vous êtes, que vous soyez malade. Il se figure qu'il réussira; il se figure pouvoir réussir. Je l'aime, figure-toi ! Tu ne te figures pas, tu ne peux pas te figurer comme il est bête.*

8   « Et ton cœur, insensible à ces tristes appas,
Se figure un bonheur où je ne serai pas ! » CORN., **Pol.**, IV, 3.

9   « Sans doute il est naturel de se figurer qu'on aimera longtemps ce qu'on aime beaucoup ; mais ce n'est pas assez pour jurer qu'il n'en sera pas autrement. » SENANCOUR, **De l'amour**, p. 108.

10 « Il ne m'a fallu vous voir qu'à peine pour reconnaître combien vous êtes vraiment la personne que je m'étais figurée d'après vos livres. » STE-BEUVE, **Corresp.** 299, 8 juil. 1833.

11 « Maintenant, je me le figurais là-bas, couché, malade (oh ! bien malade, quelque chose me le disait)... » DAUD., **Pet. Chose**, I, III.

|| FIGURÉ, ÉE. *p. p.* et *adj.* Qui présente une certaine forme visible, une certaine figure. *Ferment figuré.*

— Qui est représenté ou composé par une figure, un signe, un dessin. *Plan figuré d'une maison, d'une terre.* Substantivt. *Un figuré :* une représentation figurée. — *Prononciation figurée d'un mot:* représentée phonétiquement par des signes conventionnels. — *Milit. Ennemi figuré,* ennemi représenté par des soldats, des obstacles, dans les manœuvres. — *Archit. Monument figuré* (Cf. Archéologie, cit. 3), qui porte des représentations d'hommes ou d'animaux *(par oppos. aux monuments qui n'offrent que des inscriptions).* — *Blas. Meuble figuré:* qui porte une figure humaine. — *Théâtr. Décor figuré.* V. **Toile** (de fond). *Danse figurée* (Cf. *infra* cit.).

12 « On dit un *ballet figuré,* qui représente ou qu'on croit représenter une action, une passion, une saison, ou qui simplement forme des figures par l'arrangement des danseurs deux à deux, quatre à quatre... » VOLT., **Dict. philos.**, Figure.

— (Gramm.). *Sens figuré,* sens* qu'un mot ou une expression reçoit par suite d'une métaphore de source populaire ou littéraire qui finit souvent par perdre toute sa valeur d'image. *Caresser est pris au sens propre dans « Caresser un chien », au sens figuré dans « Caresser un rêve ». Le sens figuré marque en général un passage du concret à l'abstrait, du physique au moral. Certains écrivains cherchent à restituer au sens figuré sa valeur métaphorique.* — Substantivt. *Le figuré,* le sens figuré. *Ce mot est pris, doit être entendu au figuré* (Cf. Adresse, cit. 1 ; avatar, cit. 6 ; éviter, cit. 44...). *Le propre est parfois éliminé par le figuré.*

13 « Trois choses, disait N..., m'importunent, tant au moral qu'au physique, au sens figuré comme au sens propre : le bruit, le vent et la fumée. » CHAMFORT, **Caract. et anecd.**, p. 172.

— Stylist. *Langage, style figuré,* riche en figures*, c'est-à-dire, dans l'acception actuelle, particulièrement en métaphores et en comparaisons. V. **Imagé.** *Les précieux introduisaient le style figuré jusque dans la conversation. Le langage figuré des poètes.*

14 « Ce style figuré, dont on fait vanité,
Sort du bon caractère et de la vérité : » MOL., **Mis.**, I, 2.

15 « Presque toutes les maximes des anciens Orientaux et des Grecs sont dans un style figuré. Toutes ces sentences sont des métaphores, de courtes allégories, et c'est là que le style figuré fait un très grand effet, en ébranlant l'imagination et en se gravant dans la mémoire... Il y a dans toutes les langues beaucoup de proverbes communs qui sont dans le style figuré. »
VOLT., **Dict. philos.**, Figuré.

ANT. — **Propre** (en parlant du sens).

DER. — **Figurément.** *adv.* (XIVe s.). D'une manière figurée. *Parler figurément.* — *Au figuré. Mot pris figurément. Se dit figurément de...*

« Un individu nommé *figurément* par son caractère sera représenté directement : il n'y a pas de plus fine bouche que lui, et non : *que* la sienne. C'est l'idée de *gourmand* exprimée par *fine bouche* qui est représentée par *lui.* » BRUNOT, **Pens. et lang.**, p. 173.

FIGURINE. *n. f.* (XVIe s. ; ital. *figurina,* dimin. de *figura*). Petite figure; statuette de petite dimension. V. **Poupée.** *Figurine de biscuit* (cit. 2), *d'ivoire, de marbre, de bronze... Figurine de cire* (cit. 2) *utilisée dans l'envoûtement*. Figurines de Saxe, de Sèvres. Les tanagras, figurines de terre cuite découvertes à Tanagra. Figurine chinoise.* V. **Magot, pagode.** *Figurine grotesque.* V. **Marmouset** (vx.). *Figurine qui servait de heurtoir.* V. **Marmot** (vx.). *Figurine lestée de plomb.* V. **Bilboquet, poussah.** *Figurine de prestidigitateur.* V. **Godenot** (vx.), **marionnette.** *Figurine de Noël.* V. **Santon.**

1   « Il semble naturel que l'on ait songé, dès l'antiquité la plus reculée, à utiliser pour des parodies de la vie humaine, ces figurines barbouillées de couleur, habillées de chiffons, dans lesquelles les petites filles s'obstinent à voir des êtres vivants et avec qui elles jouent ce que le spirituel Charles Nodier appelle le drame de la poupée, drame plein de grâce et de charme et qui contient en pressentiment toute la destinée de la femme. » GAUTIER, **Souv. de théât.**, p. 216.

2   « Les horlogers d'autrefois construisaient des figurines capables d'imiter la nature, au moins en certains de ses gestes. »
DUHAM., **Manuel du protest.**, p. 123.

FIL (*fil'*). *n. m.* (XIIe s.; lat. *filum*).

I. Brin long et fin des matières textiles. *Fils du lin, fils de cocon.* — Réunion des brins de ces matières tordus et filés. Cf. rac. *Fili-* (ex.: Filiforme). *Fil de lin, de chanvre, de coton, de jute* (aloès), *de laine* (Cf. Estame), *de soie naturelle ou artificielle* (Cf. Organsin), *de fibres synthétiques, de nylon...* Fils d'or* (Cf. Blondin, cit. 1; broder, cit. 3 et *fig.* Brillanter, cit. 2). V. **Textile.**

|| 1° *Fil à tisser, à coudre, à broder ... Fil cardé, peigné, mouliné, câblé, retors, tors... Apprêter le fil. Fil écru, fil teint. Bobine* de fil. Renvider le fil. Fil en pelote*, en écheveau*; enroulé sur un fuseau*, une canette*... — Fabrication du fil à tisser.* V. **Filature.** *Ruban de fil. Fil de trame*, de chaîne* d'un tissu. Ourdir* les fils. Nœud formé par le fil dans un tissu.* V. **Maille.** *Étoffe tissée de fils d'or et d'argent* (Cf. Arabesque, cit. 9). *Compter des fils, tirer les fils.* V. **Éfaufiler, effiler, effilocher, érailler, parfiler.** *Jours à deux, trois fils... — Fabrication du fil à coudre.* V. **Filterie.** *Fil à bâtir, fil à boutons, gros fil, fil très fin... Un dé, du fil et une aiguille*** (cit. 1 et 7). *Fil passé dans une aiguille.* V. **Aiguillée; enfiler.** *Faire un nœud à un fil. Couper le fil. Passer un fil pour coudre* (V. **Couture**), *pour bâtir* (V. **Faufil**), *pour border* (V. **Surfil**). *Assemblage de fils.* V. **Lacis, réseau, torsade, tortis, tresse.** *Fils entrecroisés, emmêlés, embrouillés. — Fil à dentelles, à gants, fil d'Écosse... Fil poissé de cordonnier.* V. **Ligneul.** *Fil invisible.*

1   « Agrippine, mère de Néron, lorsque l'empereur Claude, son époux, donna au peuple un combat naval, y parut habillée d'une longue robe, toute de fil d'or, sans aucune autre matière. »
ROLLIN, **Hist. anc.**, Œuv., t. X, p. 423, (in POUGENS).

2   « ... ses manchettes et son tour de gorge étaient bordés d'un fil de soie garni de pompons couleur de rose. Cela me parut animer fort une belle peau. » ROUSS., **Conf.**, VII.

3   « ... elle tendit son aiguille à la lumière et approcha un fil... »
CHARDONNE, **Dest. sentim.**, p. 282.

4   « Des bouts de fil traînaient çà et là sur ses manches et sur les basques de sa jaquette. » MAC ORLAN, **Quai des brumes**, VI.

— *Droit fil:* sens des fils (trame ou chaîne) d'un tissu *par oppos.* à biais*. *Couper une étoffe de droit fil,* entre deux fils, sans biaiser (Cf. Coulisse, cit. 1). Elliptiqt. *Une jupe droit fil.* — Fig. V. **Directement.**

5   « De chez Clapu au Liguset, droit fil, on ne compte pas plus de sept ou huit cents mètres; » BOSCO, **Jard. d'Hyacinthe**, p. 95.

— *Spécialt.* S'emploie absolument pour « fil de lin ». V. **Lin.** *Des draps de fil, fil et coton. Gants de fil.*

6   « A la main gantée de fil, elle tenait un parapluie dont elle agaçait la virole. » GREEN, **A. Mesurat**, XI.

|| Loc. FIG. *Être mince comme un fil; c'est un vrai fil. Ténu comme un fil. — Malice, finesse cousue de fil blanc,* trop apparente pour abuser quiconque. V. **Grossier** (Cf. C'est un peu gros).

7   « Oui, jouez l'étonné, pour me faire croire que vous ne leur avez pas écrit de venir ? C'te malice cousue de fil blanc ! »
BALZ., **La rabouilleuse**, Œuv., t. III, p. 991.

8   « Cela n'avait pas le sens commun, c'était cousu de fil blanc; mais sa raison sommeillait, et depuis longtemps elle ne suivait plus les feux follets de son imagination détraquée. »
RENAN, **Souv. d'enf.**, I, IV.

— *De fil en aiguille** (cit. 11 et 12): de propos en propos, petit à petit, insensiblement, par voie d'enchaînement.

9   « ... aux historiographes, qui poursuivent de fil en aiguille, comme on dit en proverbe, leur sujet entrepris du premier commencement jusques à la fin. » RONSARD, **La Franciade**.

10 « De fil en aiguille, j'apprends d'eux qu'on cherchait justement un Pacha pour la figuration de l'intermède. »
CÉLINE, **Voyage au bout de la nuit**, p. 321.

— *Couper les fils en quatre* (Cf. Couper un cheveu* en quatre).

11 « Croyez bien qu'il ne s'agit pas là d'un luxe futile n'intéressant que les grammairiens patentés, les amateurs de querelles byzantines et autres fendeurs de fils en quatre. »
DUHAM., Disc. aux nuages, p. 43.

— *Donner du fil à retordre à quelqu'un:* lui créer des embarras, des difficultés. — Allus. mythol. *Le fil de la destinée, de la vie.* V. **Parque** (Cf. Ciseau, *supra* cit. 5; esculape, cit.).

12 « Ils (les Grecs) leur assignèrent (aux enfers) trois conseillers d'État, trois femmes de charge, nommées les *Furies*, trois Parques pour filer, dévider, et couper le fil de la vie des hommes; »
VOLT., Dict. phil., Enfer.

|| 2° *Fil servant à attacher. Faisceaux de fils.* V. **Câble, cordage, corde, cordon, ficelle, toron.** Mar. *Fil de caret*, de marque*.* — Ligament de fil. *Fil de collier reliant les perles. Fil de canne à pêche. Fil chirurgical...* V. **Ligature** (Cf. aussi rac. Funi-).

13 « ...les perles ne font pas le collier ; c'est le fil. »
FLAUB., Corresp., 307, 14 fév. 1852.

14 « Alors à nouveau l'odeur de l'éther, les fils qu'on enlève à une appendicite, un ventre blême et peureux, les pinces, l'iode. »
ARAGON, Beaux quartiers, XXVII.

— *Fil à plomb:* fil auquel est attaché un plomb, instrument donnant la verticale*. *Fil à plomb de maçon.*

15 « Quelle solidité, quelle rigueur naquirent entre ces fils qui donnaient les aplombs, et le long de ces frêles cordeaux tendus pour être affleurés par la croissance des lits de brique ! »
VALÉRY, Eupalinos, p. 16.

— *Fil qui attache un pantin, des marionnettes.* V. **Ficelle.** — Par métaph. (Cf. Appât, cit. 12).

16 « Ah ! l'homme, dis-le moi, si tu le sais, l'homme, frêle jouet, gambadant suspendu aux fils des passions, ne serait-il qu'un pantin qu'use la vie et que brise la mort ? »
A. BERTRAND, Gaspard de la nuit, A M. David, statuaire.

— Fig. Ce qui attache, lie. V. **Attache, lien.**

17 « ... son esprit m'attachait à lui avec des fils imperceptibles qui semblaient venir de mon cœur; »
MUSS., Comédies et prov., Fantasio, II, 1.

— Fig. *Les fils d'une affaire, d'une organisation...* ce qui la fait marcher, les moyens* de la faire marcher. *Tenir dans sa main les fils d'une affaire. Les fils d'une conspiration, d'une intrigue...*

18 « ... encore l'organisation de son armée (de Napoléon) est-elle si parfaite qu'à peine est-ce une occupation; tout y est déterminé; tous les fils en sont dans sa main. »
SÉGUR, Hist. de Nap., VIII, 9.

|| Loc. FIG. *Ne tenir qu'à un fil:* à très peu de chose, en parlant de ce qui est fragile, précaire* (Cf. Ballotter, cit. 6). *Sa vie ne tient plus qu'à un fil.* — *Avoir un fil à la patte* (fam.): être tenu par un engagement dont on voudrait bien se libérer. « *Le fil à la patte* », comédie de Feydeau, dans laquelle un jeune homme qui veut se marier, ne peut se débarrasser de sa maîtresse.

19 « Il faut que le jeune crétin de milliardaire se promène dans le monde en traînant un fil à la patte. »
V. LARBAUD, Barnabooth, III, p. 162.

— Allus. mythol. *Fil d'Ariane** (cit.). Cf. *aussi* Connaître, cit. 1. Dans le même sens. *Fil conducteur* (Cf. Chaînon, cit. 2), *fil pour se diriger.* V. **Guide; guider** (Cf. Dédale, cit. 7).

20 « Pour en développer l'embarras incertain (du labyrinthe),
Ma sœur du fil fatal eût armé votre main. » RAC., Phèdre, II, 5.

21 « Le classement est le fil d'Ariane dans le dédale de la nature. »
MAUROIS, Lélia, VIII, I.

22 « Cher Justin, tu m'aimes assez pour, dans cet apparent désordre, trouver le fil conducteur, saisir le fil de ma vie. »
DUHAM., Les Pasquier, VI, XIV, p. 418.

II. *Par anal.* || 1° *Fil métallique* (métaux ductiles*). *Fabrication des fils.* V. **Filière, tréfilerie, tirerie.** *Écacher** un fil. Fil d'étain, de cuivre, de laiton* (V. **Archal**, cit.), de plomb, de platine, de tungstène... Câble en fil d'acier* (Cf. Câble, cit. 1). Fil d'antenne. Fil entourant une poignée.* V. **Filigrane.** *Fil de cartisane*.* — *Fil de fer** (Cf. Arbre, cit. 30; enroulement, cit. 2). *Fil de fer roulé en cercle.* V. **Torque.** *Clôture en fils de fer. Réseau* de fils de fer barbelés*,* pour empêcher le passage. V. **Ronce.**

23 « Les verges de fer doux sont pour les clous des maréchaux, et peuvent être passées par la filière pour faire du gros fil de fer, des anses de chaudières... » BUFF., Min., t. IV, p. 165.

24 « ... le poste était installé dans une bâtisse toute neuve entourée d'un petit mur bas et d'un réseau de fils de fer barbelés. »
MAC ORLAN, La Bandera, XIII.

— *Fil à couper le beurre,* instrument formé d'un fil métallique portant à ses extrémités deux morceaux de bois que l'on tient dans chaque main, et qui sert à débiter les mottes de beurre. — Fig. et fam. *Il n'a pas inventé le fil à couper le beurre,* il n'est pas bien malin.

— *Spécialt.* Conducteur électrique fait de fil métallique entouré d'une gaine isolante. *Fil électrique*. Fil induit. Fil d'une lampe. Fil d'une radio, d'un fer...* au moyen duquel on branche l'appareil (V. **Prise**). *Fil muni de deux fiches.*

Fils télégraphiques. Télégraphie, téléphonie sans fil.* V. **Radio, T.S.F.**

25 « ... les fils télégraphiques sur lesquels des oiseaux, fatigués par la chaleur, venaient se reposer. » GREEN, A. Mesurat, III, III.

— *Fil téléphonique*.* Fam. *Qui est au bout du fil ?* à l'appareil. *Il l'entendait rire au bout du fil* (Cf. Bêler, cit. 3; écouter, cit. 3). *Donner, passer un coup de fil.* V. **Téléphoner** (Cf. Un coup de téléphone). *Il a reçu plusieurs coups de fil dans la matinée.* V. **Communication.**

|| 2° *Filandre** que l'araignée sécrète pour se mouvoir dans l'espace, faire sa toile. *Araignée qui descend, se laisse tomber au bout du fil.*

« Un seul fil remué fait sortir l'araignée. »
HUGO, Lég. des siècles, XX, I. 26

27 « ... la grosse araignée s'éveillait aussi, prenait ses mesures d'arpenteur et quittait le plafond au bout d'un fil, droit au-dessus de la veilleuse à huile où tiédissait, toute la nuit, un bol de chocolat... »
COLETTE, Mais. de Claudine, p. 68.

— *Fils de la vierge:* fils de certaines araignées qui ne font pas de nid, et que le vent emporte au loin (par allus. poét. à des fils soyeux échappés du fuseau de la Vierge Marie). V. **Araignée**, cit. 4 (Cf. Argenté, cit. 4).

|| 3° *Fibre** de certaines matières; sens des fibres. *Suivre le fil du bois en le cassant. Couper un morceau de viande dans le fil.*

28 « Il prescrivait de tailler des planchettes dans le fil du bois afin qu'interposées entre la maçonnerie et les poutres qui s'y appuient, elles empêchassent l'humidité de s'élever dans les fibres, et bue, de les pourrir. » VALÉRY, Eupalinos, p. 23.

|| 4° Défaut, sorte de veine* dans une pierre le long de laquelle une brisure peut se faire. *Cette tablette de marbre a un fil.*

29 « D'autres sont traversés par un très grand nombre de fils d'un spath tendre, et les ouvriers les appellent marbres filandreux. »
BUFF., Min., t. II, p. 18 (in POUGENS).

III. *Fig.* || 1° Sens dans lequel un cours d'eau coule. (V. **Courant**). *Suivre le fil d'une rivière. Se laisser aller au fil de l'eau. Barque emportée au fil des eaux.*

30 « ... mais cherchez-la plus bas:
Suivez le fil de la rivière. » LA FONT., Fab., III, 16.

31 « Leur existence ressemble à une promenade en barque, par temps calme : ils n'ont qu'à se laisser glisser au fil de l'eau, — jusqu'au débarcadère. » MART. du G., Thib., t. IX, p. 72.

32 « La rue m'emporta, comme un noyé au fil de l'eau. »
DUHAM., Salavin, Conf. minuit, VI.

— *Par anal. Au fil des heures, des jours:* tout au long.

33 « Les complications se dénoueraient d'elles-mêmes au fil des heures. » MAC ORLAN, La Bandera, XVI.

|| 2° V. **Cours, enchaînement, liaison, succession, suite.** *Le fil des événements, des idées, des pensées, des analogies, d'un discours... Le fil de la conversation. Suivre le fil de ses idées.* V. **Rêver.** *Rompre, couper* (cit. 16) *le fil d'un récit.* — Fam. *Couper le fil à quelqu'un. Perdre le fil:* ne plus savoir ce qu'on voulait dire. *Reprendre le fil d'une narration après une parenthèse.*

34 « Je suis toujours attristée, ma fille, quand quelqu'une de vos lettres s'égare : cela me fait perdre le fil d'une conversation qui était toute liée, et qui fait ma joie et mon divertissement. »
SÉV., 1215, 14 sept. 1689.

35 « Une bonne journée à deux ... ne me coupera pas mon travail comme un arrêt d'une semaine, à un moment où j'ai besoin de ne pas perdre le fil de mes pensées. » FLAUB., Corresp., 322, 23 mai 1852.

36 « C'est surtout aux heures où l'on aurait le plus besoin de les rattacher aux réalités poignantes de la vie que tous les fils de la pensée se rompent dans le cerveau. » HUGO, Misér., I, VII, VIII.

37 « Il n'en pouvait suivre le fil (de la conversation), il la trouvait décousue. » RADIGUET, Bal du comte d'Orgel, p. 183.

38 « ... j'avais parfois grand-peine à ressaisir le fil de mon sommeil. »
DUHAM., Pesée des âmes, p. 113.

39 « ... le sentiment de mon impuissance m'étreint si vivement que je perds le fil de mon pauvre courage, comme un orateur maladroit perd le fil de son discours. »
BERNANOS, Journ. curé de camp., p. 302.

IV. Partie coupante d'une lame. V. **Tranchant.** *Fil d'un couteau, d'un rasoir, d'une épée... Donner du fil à une lame.* V. **Affiler**, aiguiser, affûter. *Abîmer, ébrécher le fil d'un couteau.*

40 « Quoique j'aie pris ma retraite, dans l'éloignement des combats maritimes, mon épée de commodore, suspendue à la muraille, n'est pas encore rouillée. D'ailleurs, il est facile d'en repasser le fil. »
LAUTRÉAMONT, Chants de Maldoror, VI, p. 237.

— *Passer au fil de l'épée*:* tuer en passant l'épée au travers du corps.

41 « Napoléon se décida, dit M. Thiers, à une mesure terrible et qui est le seul acte cruel de sa vie : il fit passer au fil de l'épée les prisonniers qui lui restaient; » CHATEAUB., M. O.-T., t. III, p. 106.

DER. — Filière, filin, filoche, filterie. V. aussi **Filament**, filaire, filasse, filer*, filet*.

COMP. — Défiler, effiler, enfiler, faufiler ; filiforme,... Passefiler. Serre-fils. Tranchefil. — Contrefil. n. m. Sens contraire à la direction normale. V. Contre-poil, rebours. — Fil-à-fil. n. m. Tissu de laine très solide spécial pour costumes, tailleurs. V. aussi Affiler*, morfil.

HOM. — File.

FILADIÈRE. n. f. (*Felladière* en 1527; mot du sud-ouest, *filat*, « filet »). Petite barque* allongée à fond plat en usage sur certaines rivières du Nord et de l'Ouest.

FILAGE. n. m. (XIIIᵉ s.; de *filer*).

‖ 1° Action de filer un textile à la main. *Filage de la laine dans les campagnes.* — *Spécialt.* Opération finale de la filature par laquelle la mèche est transformée en fil (V. **Métier**).

‖ 2° Mar. *Filage d'un cordage.* V. **Filer.** — *Filage de l'huile,* opération qui consiste à répandre de l'huile sur l'eau pour abattre les lames dangereuses.

FILAIRE. n. f. (1811; lat. zool. *filaria*, de *filum*, fil). Genre de vers nématodes (*Filariidés*) comprenant des animaux longs et fins comme des fils. *Les filaires sont des vers parasites qui vivent dans les tissus conjonctifs et sous la peau de divers vertébrés, dont l'homme. Filaire de Médine ou dragonneau. Filaire du sang.*

DER. — **Filariose. n. f.** (XIXᵉ s.). Maladie déterminée par la filaire du sang. *La contamination de la filariose se transmet par l'intermédiaire de moustiques.*

FILAMENT. n. m. (1539; bas lat. *filamentum*, de *filum*, « fil »). Brin, corpuscule long et fin comme un fil. *Filaments de bave, de moisissures, de corps en fermentation* (Cf. Barbe). *Filament qui maintient le jaune d'œuf* (V. **Chalaze**) *qui fait se mouvoir certains protozoaires, le spermatozoïde* (V. **Cil, flagellum**). *Les chromosomes* (cit.), *minuscules filaments. Filament des plantes grimpantes.* V. **Cirre, vrille.** *Filament de métal.* V. **Barbille.**

« L'ayant examinée au microscope, je vis cette matière épaisse se résoudre lentement et par degrés en filaments. »
BUFF., Hist. nat. anim., 6.

— Spécialt. *Filaments musculaires, nerveux.* V. **Fibre.**

— *Électr.* Fil conducteur extrêmement fin porté à incandescence dans les ampoules électriques (cit. 2). *Filament de charbon, de tungstène. Ampoule dont le filament est grillé.*

DER. — **Filamenteux, euse. adj.** (1588). Qui a des filaments. *Matière filamenteuse.*

« ... (une hirondelle) dont le bec aigu, piquant dans le corps tendre du mollusque, en retire une substance gommeuse et filamenteuse qui lui sert, en séchant, à solidifier les parois de son nid. »
BAUDEL., Trad. E. POE, Avent. Gordon Pym, XX, p. 665.

FILANDIER, IÈRE. n. (*Filandrier, ière* au XIIIᵉ s.; de *filer* par l'interm. de *filandre, filande*). *Vx.* (Employé poétiqt. au fém.). Personne qui file* à la main. *Une jeune filandière.* V. **Fileuse.** — Adjectivt. *Les sœurs filandières.* V. **Parque.** — Poétiqt. *L'araignée filandière* (Cf. Aragne, cit. 1).

1　« Il était une vieille ayant deux chambrières.
　　Elles filaient si bien que les sœurs filandières
　　Ne faisaient que brouiller au prix de celles-ci. »
　　　　　　　　　　　　LA FONT., Fab., V, 6.

2　« Elle filait le chanvre et le lin
　　On la nomma Berthe la filandière. »
　　　　　MILLEVOYE, Charlem. à Pavie (in LITTRÉ).

FILANDRE. n. f. (XIVᵉ s.; forme altér. de *filande*, dér. de *filer*).

‖ 1° Fil léger qui vole dans l'air, dit aussi « fil de la vierge ». V. **Fil.**

‖ 2° Fibre* longue et coriace de certaines viandes, de certains légumes. *Filandres de la bavette, des bas morceaux de viande bouillie. Filandres de carotte, de navet, de betterave...*

DER. — **Filandreux, euse. adj.** (1603 BLOCH). Rempli de filandres. *Légumes filandreux. Viande filandreuse.*

« ... cette viande filandreuse, cette purée de pommes de terre cuites à l'eau la dégoûtaient. »　GREEN, A. Mesurat, II, IV.

— Fig. *Phrase filandreuse :* interminable, enchevêtrée, confuse. Dans le même sens : *Un style, un discours filandreux. Cet exposé est bien filandreux !* V. **Fumeux.**

2　« Tous ceux qui assistent aux séances des Chambres reconnaîtront les habitudes de la lutte parlementaire dans ces phrases filandreuses avec lesquelles on calme les irritations en gagnant du temps. »
BALZ., Cousine Bette, Œuv., t. VI, p. 367.

ANT. — Clair, concis, explicite.

FILANT, ANTE. adj. (1835 ACAD.; de *filer*). ‖ 1° Qui coule lentement sans se diviser et s'allonge en une sorte de fil continu. *Liquide filant* (Cf. Caramélé, cit.). *Matière visqueuse et filante. Bave filante.*

— Spécialt. *Pouls filant,* qui devient filiforme*, très faible.

« Je cherchais le pouls, qui me parut faible, filant, de mauvaise allure. »　DUHAM., Récits t. de guerre, Sept dern. plaies, Clovis.

‖ 2° Qui va très rapidement. *Étoile filante.* V. **Étoile.**

FILANZANE. n. m. (fin XIXᵉ s.; d'un parler malgache). Sorte de chaise à porteurs (Madagascar).

FILARDEAU. n. m. (XIVᵉ s.; de *fil*). Jeune brochet. — Jeune arbre* droit et élancé.

FILASSE. n. f. (*Filace* au XIIᵉ s.; d'un lat. vulg. *filacea*, rac. *filum*, « fil »). Matière textile végétale non encore filée. *Filasse de chanvre, de lin. Séparer la filasse de la chènevotte avec une broie*. Partie la plus grossière de la filasse.* V. **Étoupe.** *Garnir de filasse une quenouille.*

« ... un gros bonnet de filace (filasse). »　MOL., D. Juan, II, 1.　1

— Fig. et fam. *Cheveux blond filasse,* et adjectivt. *Des cheveux filasse,* d'un blond pâle presque blanc. V. **Blond** (cit. 6).

« S'ils vous prennent pour un Espagnol, vous aurez de la chance, avec vos cheveux filasse. »　SARTRE, Le sursis, p. 136.　2

FILATURE. n. f. (1724; de *filer*).

I. ‖ 1° Ensemble des opérations qui transforment les matières textiles en fils à tisser. V. **Fil.** (REM. *Filature* ne s'applique qu'aux opérations industrielles et non au filage à la main. V. **Filage**). *Filature de la laine, du coton, de la soie...* (V. ces mots). *Opérations de filature:* lavage, nettoyage, brisage, battage, cardage, peignage; étirage, doublage; filage, boudinage, envidage, bobinage, moulinage, dévidage, gazage... *Machines utilisées pour la filature:* ouvreuse, réunisseuse, bancs d'étirage, banc à broches, renvideur selfacting, métier à filer... (V. **Métier**).

‖ 2° Usine où est fabriqué le fil (Cf. *vx.* Filerie). *Les filatures de Roubaix. Ouvrier d'une filature.*

« ... la filature où les grands métiers manœuvraient doucement leurs larges nappes de fils blancs... »　　1
MAUROIS (Cf. Épinceter (cit.), dér. de Épinceter).

« (Au siècle dernier) Des enfants de huit ans mal nourris, employés comme dévideurs de trame ou comme porteurs de bobines dans les filatures, restaient seize heures debout. »　　2
BERNANOS, Gr. cimetières s. la lune, p. 333.

II. (1829). Action de filer*, de suivre quelqu'un pour le surveiller. *Policier privé qui prend un individu en filature.*

« Si l'autre le laissait marcher devant et ne le saisissait pas encore, c'était, selon toute apparence, dans l'espoir de le voir aboutir à quelque rendez-vous significatif et à quelque groupe de bonne prise. Cette opération délicate s'appelle « la filature ». HUGO, Misér., V, III, III.　3

« Une femme un peu affolée, qui porte un paquet comme celui-là sous le bras, et qui tourne dans trois ou quatre rues à la recherche de l'endroit qu'on lui a indiqué, il n'en faut pas plus pour qu'un policier la prenne en filature. »　　4
ROMAINS, H. de b. vol., t. II, XX, p. 228.

DER. — **Filateur, trice. n.** (1823). Personne qui exploite une filature. V. **Fileur.**

FILE. n. f. (XVᵉ s.; de *filer*). Suite de personnes, de choses placées une par une et l'une derrière l'autre. V. **Ligne.** *File de gens.* V. **Colonne, procession** (fam.), **rang*, rangée.** *Files d'un cortège, d'un défilé... Personnes rangées sur plusieurs files. File de policiers.* V. **Cordon, haie.** *File de personnes qui attendent chez un commerçant, à un guichet...* V. **Queue.** *Prendre la file:* se ranger dans une file, après la dernière personne (Cf. Faire la queue, se mettre à la queue). *Une longue file de voitures* (Cf. Contrebas, cit. 2). *File de bêtes, et de cavaliers.* V. **Caravane** (cit.), **train.**

« ... les sièges, dont une file entière fut renversée comme des quilles. »　SCARRON, Roman comique, II, 17.　1

« Suivons la file de voitures qui, de Paris à Versailles, roule incessamment comme un fleuve. »　　2
TAINE, Orig. France contemp., I, t. I, p. 135.

« Les files de becs de gaz éclairaient une solitude immense et glissante... »　ROMAINS, H. de b. vol., t. III, XVI, p. 204　3

« Dans une de ces grandes avenues immobiles, Barca vit avancer un des miliciens, puis une dizaine, puis une longue file. »　4
MALRAUX, L'espoir, II, II.

« (On vit les magasins) ... garnir leurs vitrines de pancartes négatives, pendant que des files d'acheteurs stationnaient... »　5
CAMUS, La peste, p. 94.

— *En T. milit.* par oppos. à RANG* dont le sens est spécialisé. Ligne de soldats disposés les uns derrière les autres. *Section, peloton... de trois files sur dix rangs. Doubler les rangs, les files* (Cf. Évolution, cit. 2). — *Chef* de file.* Fig. Celui qui vient le premier dans une hiérarchie, qui est à la tête d'un groupe, d'une entreprise...

« Des archers ... marchaient d'abord sur deux rangs avec de longues hallebardes, puis, se partageant en deux files de chaque côté de la rue, renfermaient dans cette double ligne deux lignes pareilles de pénitents gris; »　VIGNY, Cinq-Mars, II, t. I, p. 93.　6

‖ EN FILE, À LA FILE. loc. adv. Les uns derrière les autres, l'un derrière l'autre. V. **Queue, suite** (Cf. A la queue leu leu, en rang d'oignons*). *Marcher en file.* V. **Défiler.** *Objets en file.* V. **Chapelet, enfilade.** *Marcher, se suivre à la file* (Cf. Chevreuil, cit. 3). *Se mettre à la file:* prendre la file. *Avancer en file indienne, à la file indienne,* immédiatement l'un derrière l'autre comme faisaient les guerriers indiens. — Fig. *Chansonnier qui débite cent couplets à la file:* l'un après l'autre, sans interruption.

« Ils se suivaient en file ainsi que patenôtres. »　　7
LA FONT., Lett., 1.

« Le gros de la troupe marche à la file dans le sillon du milieu, le plus poudreux, le seul qui ne soit jamais interrompu; »　8
FROMENTIN, Été dans le Sahara, III, p. 253.

9 « Dans l'obscurité, nous allons un train de tempête, à la file indienne tous les cinq... »   LOTI, Mme Chrysanth., XLVI.

10 « Les rues des villes chinoises sont faites pour un peuple habitué à marcher en file : dans le rang interminable et qui ne commence pas, chaque individu prend sa place... »
      CLAUDEL, Connais. de l'Est, p. 43.

COMP. — Défiler ; défilé. Coupe*-file. Serre-file.

FILER. v. tr. et intr. (XIIe s.; bas lat. filare, de filum, « fil »).

I. V. tr. || 1° Transformer en fil (une matière textile). V. **Fil**. Filer du lin, du chanvre, de la laine, de la soie... Filer les textiles selon des procédés industriels. V. **Filature**. Métier, machine à filer. Filer de la laine à la main avec une quenouille*, un fuseau*, un rouet*. V. **Filage**. Absolt. Cf. Coudre, cit. 2; dévider, cit. 1. Du temps que la reine Berthe filait: au bon vieux temps.

— Par ext. Filer sa quenouille; filer un habit.

1 « Et donc, elle gagnait sa vie
De la laine qu'elle filait,
Au jour le jour, pour qui voulait. » MUSS., Poés. nouv., Simone.

2 « Hercule fila sa quenouille aux pieds d'Omphale. »
      GAUTIER, Cap. Fracasse, II, t. I, p. 60.

3 « Deux femmes étaient assises devant ce feu, Jeannie, la jeune épouse, et puis la vieille mère en haute coiffure, filant à son rouet. »
      LOTI, Mon frère Yves, XVIII.

— Allus. mythol. Les Parques* filent nos jours, nos destinées... Des jours filés d'or et de soie: une vie douce et heureuse. — Fig. Filer un mauvais coton. V. **Coton**.

4 « ... je l'aurais toujours continuée (la vie que je menais), si les Parques ne m'eussent point filé d'autres jours fort différents; mais la destinée que j'avais à remplir m'arracha bientôt à la mollesse... »
      LESAGE, Gil Blas, X, X.

5 « ... des jours filés d'or et de soie, et la vie la plus fortunée !... »
      BEAUMARCH., Mère coupable, I, 4.

— En parlant du ver à soie, de l'araignée qui sécrètent un fil. Araignée (cit. 6 et 10) qui file sa toile, chenille filant son cocon (Cf. Bombyx, cit.; chenille, cit. 1).

— Passer (un métal) à la filière. Filer de l'or, de l'acier. Par ext. Filer une corde (d'instrument de musique): entourer le boyau d'un fil métallique. Corde filée. — Filer du verre: le chauffer et l'étirer en fil. Bibelots, fleurs artificielles en verre filé (Cf. Aigrette, cit. 4).

6 « ... on a filé devant moi, comme le temps file notre fragile vie, un mince cordon de verre... » CHATEAUB., M. O.-T., t. VI, p. 183.

|| 2° Mar. Dérouler de façon égale et continue. Filer un câble, les amarres (Cf. Chalut, cit.). V. **Dévider, lâcher, larguer**. — (ANT. **Cueillir**). — Filer la ligne* de loch marquée d'une série de nœuds. Par ext. Navire qui file trente nœuds, qui a une vitesse de trente nœuds*.

— Par anal. Filer un son: «tenir un son sur une seule respiration en en variant l'intensité » (P. ARMA). Un son filé.

7 « ... le rossignol, en filant sa note si pure, si pleine, qui m'a rempli le cœur de joie et d'amour... »
      BALZ., Mod. Mignon, Œuv., t. I, p. 471.

8 « Un simple son filé (c'est-à-dire un son d'abord très doux qu'on enfle ensuite jusqu'au fortissimo, puis qu'on diminue peu à peu jusqu'à sa douceur première) fit la réputation de Farinelli. »
      INITIATION A LA MUSIQUE, p. 127.

— Littér. Filer une scène, une période, une métaphore... la développer longuement, progressivement.

9 « ... les portraits (dans César Birotteau) y sont filés de main de maître... »   HENRIOT, Romantiques, p. 300.

— Fig. et fam. Filer le parfait amour, se donner réciproquement des témoignages constants d'un amour partagé. Ces jeunes mariés filent le parfait amour.

10 « ... Vous filez le parfait amour
Auprès d'une beauté de tout point accomplie. »
      DANCOURT, Métempsycose, I, 1.

— En T. de jeu. Filer une carte: jeter une carte qui ne prend pas. Filer la carte: tricher en escamotant une carte pour en donner une autre à l'adversaire.

11 « Le vrai politique est celui qui joue bien et qui gagne à la longue. Le mauvais politique est celui qui ne sait que filer la carte, et qui tôt ou tard est reconnu... — Fort bien; et s'il n'est pas découvert, ... ? — Je crois que ce bonheur est rare, et que l'histoire nous fournit plus d'illustres filous punis que d'illustres filous heureux. »
      VOLT., Dial., XXIV, XII.

|| 3° Absolt. FILER DOUX (fin XVe s. selon BLOCH). Cf. Doux, cit. 36 et supra. Elle file doux avec son mari. V. **Docile, soumis**. — REM. Cette locution semble être une allusion au fil ou au câble que l'on file, que l'on déroule doucement, « en douceur » de crainte de le rompre.

12 « Il file doux. Je veux faire le brave, et s'il est assez sot pour me craindre, le frotter quelque peu. » MOL., Avare, III, 2.

13 « Alors ... c'est ça le Bien ?... Filer doux. Tout doux. Dire toujours « Pardon » et « Merci » ... c'est ça ? » SARTRE, Les mouches, II, 4.

|| 4° (début XIXe s.). Marcher derrière quelqu'un (comme à la file), le suivre* pour le surveiller, épier ses faits et gestes. Policier qui file un suspect.

14 « Deux marlous que je filais, et qui m'avaient repéré. »
      ROMAINS, H. de b. vol., t. II, XVIII, p. 204.

|| 5° Arg. V. **Donner, refiler**. File-moi cent francs! Je vais te filer une gifle.

15 « Oh ! ça va bien, prononça-t-il sans douceur... Si j'te filais une trempe ? »   CARCO, Jésus-la-Caille, p. 156.

II. V. intr. || 1° Prendre la forme d'un fil. — Couler* lentement sans que les gouttes se séparent, en parlant d'un liquide. Sirop qui file. — Former des fils en parlant d'une matière onctueuse, visqueuse... Le gruyère fondu file. Par ext. Macaroni qui file.

— (En parlant d'une flamme de lampe). S'allonger*, monter en fumant. Par ext. Lampe qui file.

16 « De loin en loin, de petites fumées odorantes, qu'on voit filer paisiblement au-dessus des bois... »
      FROMENTIN, Été dans le Sahara, p. 12.

17 « La lampe filait et dessinait au plafond de la mansarde un cercle noirâtre. »   MAURIAC, Enfant chargé de chaînes, p. 234.

|| 2° Se dérouler, se dévider. Câble qui file (Cf. Ancre, cit. 1).

18 « ... la sonde serait attachée à une corde de cent mille toises de longueur, et on la déviderait jusqu'au bout qu'elle filerait toujours sans rien rencontrer qui l'arrêtât. »
      GAUTIER, Mlle de Maupin, p. 16.

|| 3° Vx. (mais encore dans ACAD., 8e édit.). Aller à la file, l'un après l'autre. Les troupes filent du côté d'Italie (FURET.).

19 « L'armée française filait en Piémont pour entrer dans le Milanais. Il en passa une colonne par Chambéri... » ROUSS., Conf., V.

— Faire filer des troupes dans un pays: les y faire passer sans bruit.

20 « (Alberoni) ... faisait filer (en France) quelques troupes déguisées en faux-sauniers... »   VOLT., Louis XV, I.

|| 4° Par ext. Aller droit devant soi, en ligne droite (employé d'abord au XVIIe et au XVIIIe s., en T. de Chasse). Oiseau qui file à tire d'aile (Cf. Croassement, cit.). Cheval qui file bon train, ventre à terre (Cf. Course, cit. 7). Le messager fila comme une flèche, comme un zèbre, à toutes jambes... V. **Courir**. Bateau qui file sur les eaux (Cf. Embarcation, cit. 2; équateur, cit. 3; esquif, cit. 2). Voiture qui file à toute allure (Cf. Bruit, cit. 30). Dans le même sens, Étoile qui file (V. **Filant**).

21 « Nous continuâmes notre voyage aussi allégrement que nous l'avions commencé, mais filant un peu plus droit vers le terme, où notre bourse tarissante nous faisait une nécessité d'arriver. »
      ROUSS., Conf., III.

22 « Elles (les bécassines) partent de loin, d'un vol très preste, et après trois crochets, elles filent deux ou trois cents pas, ou pointent en s'élevant à perte de vue; »
      BUFF., Hist. nat. ois., La bécassine, Œuv., t. VIII.

23 « ... elle entendit dans son escalier ... le pas mignon d'une femme jeune et légère qui filait chez Goriot, dont la porte s'était intelligemment ouverte. »   BALZ., Père Goriot, Œuv., t. II, p. 867.

24 « Il est de fait que nous filons avec une rapidité qui tient du prodige. Nous devons faire au moins un million de nœuds à l'heure... Il est vrai que nous avons vent arrière. »   JARRY, Ubu roi, V, 4.

25 « Un oiseau d'émeraude et d'or
Fila comme une flèche. »   TOULET, Contrerimes, XXXI.

26 « Et le train filait toujours, rejetant violemment peupliers, vaches, hangars et toutes choses terrestres, comme s'il avait soif, comme s'il courait à la pensée pure, ou vers quelque étoile à rejoindre. »
      VALÉRY, M. Teste, p. 85.

27 « ... quelques promeneurs attardés ... rencontraient parfois de longues ambulances blanches qui filaient à toute allure... »
      CAMUS, La peste, p. 196.

— Fig. et fam. Le temps file: passe vite*.

|| 5° Absolt. (XIXe s.; d'abord pop. in LITTRÉ, puis fam.) S'en aller*, se retirer. V. **Déguerpir, partir**. Allons, filez! V. **Décamper**. Filer à l'anglaise*. V. **Esquiver** (s'). Cf. Brûler* la politesse, fausser* compagnie. Il faut filer par la fenêtre! Ils ont filé par là. V. **Échapper** (s'), **enfuir** (s'), **fuir**. Dans le même sens, Il m'a filé des mains.

28 « Non ! une heure moins le quart ! File et que je ne te revoie plus ! »   COLETTE, Chéri, p. 14.

29 « Quel égoïsme dans cette façon de filer à l'anglaise, en les laissant se débrouiller ! »   MONTHERLANT, Les célibataires, p. 226.

— Par métaph.:

30 « L'argent file entre mes doigts comme du sable, c'est effrayant. »
      BERNANOS, Journ. curé de camp., p. 14.

DER. — Filage, filandre*, filature*, file*, fileur, filou. — Filable. adj. (1604). Qui peut être filé. Matières filables. — Filé. n. m. (XVe s.). Fil simple ou retors destiné au tissage. — Filerie. n. f. (XIVe s.). Vx. V. Filature. — Filoir. n. m. (XIVe s.). Machine à filer. Cylindre de bois à l'avant et à l'arrière d'un bateau servant pour l'amarrage. — V. aussi Fil*.

FILET. n. m. (de fil).

I. (Dimin. de fil, XIIe s.). Petit fil (inus. au sens propre). Par anal. Ce qui ressemble à un fil fin, délié. Filets sanguins (Cf. Caduc, cit. 3).

|| 1° Anat. Ramification des nerfs. Filet nerveux. — Filet ou frein de la langue: repli médian de la muqueuse de la

langue qui unit la face inférieure de la langue au plancher de la bouche (Cf. Bégayer, cit. 6). *Filet de la verge ou frein* du prépuce:* repli muqueux qui prend naissance sur la face inférieure du gland, un peu en arrière du méat urinaire, et s'attache à la partie correspondante du prépuce*.

|| 2° *Bot.* Partie mince et allongée de l'étamine* qui porte l'anthère*.

|| 3° Saillie en hélice d'une vis*.

|| 4° *Archit.* Petite moulure. V. **Annelet, listel.** *Filets d'un chapiteau.*

|| 5° *Imprim.* Se dit de traits* de diverses formes et de divers usages. *Colonnes séparées par un filet. Filet encadrant un texte. Jaquette bordée d'un filet. Filet tremblé* (V. *infra,* COMP.). — Rel. *Filets dorés, à froid,* sur les plats, le dos... *Décor, cadre, jeux de filets.*

|| 6° Écoulement fin et continu. *Filet d'eau qui s'échappe d'un robinet, d'une fuite...* (Cf. aussi Cruche, cit. 4). *Filet de salive. Filets de sang.* Par anal. *Un filet de fumée, d'air...* (Cf. Évoquer, cit. 17). — Par ext. *Un filet de vinaigre:* une très petite quantité.

1 « Un maigre filet d'eau coula du robinet et remplit le verre à moitié. » HUGO, Misér., II, III, III.

2 « ... le vent, qui s'infiltrait en filets d'air par les portes battantes de l'entrée... » CAMUS, La peste, p. 242.

— Fig. *Un filet de voix:* une voix très faible qui se fait à peine entendre (Cf. Cassé, cit. 16).

3 « Elle savait une quantité prodigieuse d'airs et de chansons qu'elle chantait avec un filet de voix fort douce. » ROUSS., Conf., I.

|| 7° (XIVe s.). *T. de Boucher.* Morceau de viande, partie charnue et tendre qu'on lève le long de l'épine dorsale de quelques animaux (ainsi appelé, selon l'hypothèse de BLOCH et de DAUZAT parce qu'il était livré roulé et entouré de fil). *Le filet est le morceau le plus apprécié* (V. *infra,* COMP.). *Acheter du filet. Filet de bœuf rôti* (Cf. Cresson, cit.), *grillé* (V. **Chateaubriant**). *Filet de chevreuil, de porc... Filet en ragoût.* V. **Brussoles.** — Chaque morceau de chair levé de part et d'autre de l'arête d'un poisson. *Filets de sole, de morue, de harengs*. Filets d'anchois...*

4 « ... Tiennette est venue dès cinq heures me retenir un filet de bœuf. » BALZ., Ursule Mirouët, Œuv., t. III, p. 374.

5 « (Il) ... apporta une sole épaisse et large. L'aîné des deux cousins en détacha les filets... » CHARDONNE, Dest. sentim., p. 262.

II. (Pour *filé,* « fait de fils »; XIVe s.). Réseau* de ficelle (V. **Lignette**), de fil, etc. fait de mailles* nouées. *Fabrication des filets à la machine ou à la main avec une navette* et un bâton cylindrique.* (V. **Laceur**). *Mailler un filet. Filet à grosses mailles, à mailles fines* (V. **Pigeon**). *Maille rompue d'un filet. Réparer, remmailler un filet.*

|| 1° Filets de forme variable servant à capturer des animaux. — *Filets de pêche. Filets maillants ou droits, filets traînants, filets tournants ou cernants. Filets à poissons, à crevettes...* V. **Ableret, balance, bastude, bolier, boulier** ou **boulièche, bouterolle, carré, carrelet, chalut** (Cf. Chalutier, cit.), **combrière, drège, épervier, épuisette, folle, gabare, goujonnier, guideau, haveneau** ou **havenet, langoustier, picot, poche, pochette, puche, rissole, sardinier, seine** ou **senne, thonaire** ou **thonnaire, traine, traîneau, tramail, truble*, vannet, verveux...** V. **Pêche.** Cf. *aussi* **Bâche** (filet en forme de poche). *Jeter un filet. Tendue* de filets. Enceinte de filets.* V. **Madrague** (Cf. *aussi* Bordigue). *Pierre pour lester un filet.* V. **Cliquette.** *Tirer, remonter les filets. Radouber* les filets.*

6 « C'était un bateau de pêche, et dès qu'il avait gagné le large, on amenait les voiles; puis, dans une mer lourde, plate et blanche au soleil comme de l'étain, le patron de la barque laissait tomber les filets plombés. » FROMENTIN, Dominique, XI.

— *Filets pour prendre les oiseaux.* V. **Allier** ou **hallier, araignée, épuisette, lacet, nasse, pantière, ridée, tirasse, traînasse, traîneau.** — *Filet à papillons.* — *Filet de chasse.* V. **Panneau, poche, rêts** (vx.), **toile** (Cf. Engin, cit. 9). *Tendue des filets. Bête prise, empêtrée** (cit. 2) *dans un filet* (Cf. Chair, cit. 32). *Prendre des oiseaux au filet* (V. **Oiseler; oiseleur**).

7 « Alors des piqueurs, s'avançant pas à pas, étendaient avec précaution sur leurs corps impassibles un immense filet. » FLAUB., Lég. St Julien l'Hospit., I.

8 « ... elle s'aventurait, avec son filet de soie, attaché au bout d'un jonc, après les colibris, pleins d'indépendance, et les papillons aux zigzags agaçants. » LAUTRÉAMONT, Chants de Maldoror, III, p. 126.

— *Fig.* V. **Lacs, nasse, rêts.** *Tendre un filet* (V. **Piège; embûche**). *Attirer quelqu'un dans ses filets.* V. **Séduire.** *Il s'est pris à ses propres filets. Tomber dans les filets d'un aigrefin* (Cf. Aigrefin, cit.). *Tous les complices ont été arrêtés, c'est un beau coup de filet.* V. **Prise, rafle** (Cf. Conspirateur, cit.). *Passer à travers les mailles du filet* (Cf. Avertir, cit. 26).

9 « Personne ne se soucie de se faire repérer, en ce moment. On se terre... A la Préfecture, à l'Intérieur, ils tendent déjà leurs filets... » MART. du G., Thib., t. VI, p. 256.

— Fig. *Tendre ses filets trop haut.*

10 « Ma tante Élisabeth avait l'âme espagnole. Son caractère était la quintessence de l'honneur. Elle me communiqua pleinement cette façon de sentir et de là une suite ridicule de sottises par délicatesse et grandeur d'âme... Encore aujourd'hui l'excellent Fiori ... me dit : « Vous tendez vos filets trop haut » (Thucydide). » STENDHAL, Vie de Henry Brulard, XII.

|| 2° Filets pour envelopper, tenir, retenir... *Filet de ballon, de tambour.* — *Filet de ballon aérostatique:* les cordages qui l'entourent et tiennent la nacelle. *Filet à provision,* faisant office de sac*. — *Filet de roue arrière, à une bicyclette,* pour éviter que les jupes ne se prennent dans les rayons. — *Filets pour protéger les animaux.* V. **Chasse-mouches.** — *Filet à cheveux en soie, en cheveux...,* pour maintenir sans mise en plis, un chignon; comme coiffure (V. **Résille, réticule**). — *Filet de bastingage.* V. **Bastingue.** *Filet tendu, dans les véhicules de transport en commun, pour poser les bagages à main.* V. **Porte-bagages.** *Hisser une valise dans le filet.* — *Hamac* en filet, en toile.* — *Filet de cirque,* tendu sous les acrobates pour les retenir en cas de chute. *Trapéziste qui travaille sans filet.* — *Cet exercice est exécuté sans filet.*

11 « Ses cheveux, tirés en arrière et pris dans un filet duquel ils s'échappaient par mèches... » FRANCE, Crime S. Bonnard, Œuv., t. II, p. 409.

12 « ... nombre d'entre eux portaient déjà des provisions du marché voisin, en de grands filets... » CÉLINE, Voyage au bout de la nuit, p. 255.

13 « Antoine ... plaisantait Rachel sur ses colis qui encombraient le filet, et refusait de s'asseoir à côté d'elle afin de mieux la dévorer des yeux. » MART. du G., Thib., t. III, p. 69.

14 « Ils sont beaux, tu sais, les acrobates. Un peu monstrueux, parfois : les muscles du dos. Ceux qui travaillent sans filet, c'est très horrible. Mais c'est plus crâne. Maintenant, quand ils se laissent tomber dans le filet, ceux qui travaillent avec un filet, naturellement, c'est toujours très extraordinaire, comme des balles, et ce sont pourtant des hommes. De beaux hommes. » ARAGON, Beaux quartiers, p. 382.

— *Filet de certains jeux. Filet de ping-pong, de tennis, de volley-ball...* qui sépare la table, le terrain en deux parties et au-dessus duquel la balle doit passer. *Envoyer la balle au ras du filet, dans le filet* (Cf. angl. Net). *Filets des buts au football.*

|| 3° Réseau à grands jours exécutés à la navette ou mécaniquement, et souvent orné de motifs brodés. *Dentelle filet. Rideaux, nappe en filet.*

15 « Dans dix maisons peut-être, où les jeunes filles sont artistes, se copie la grande nappe de Cluny, avec ses quarante-huit carrés de filets, tous différents... » ARAGON, Beaux quartiers, p. 10.

ANT. — Flot. — DER. — **Fileter.** — COMP. — **Contre-filet.** *n. m.* Archit. Filet d'ornement placé à côté d'un autre. — Bouch. Syn. de faux-filet. — **Entrefilet.** — **Faux-filet.** *n. m.* (XIXe s.). Morceau de bœuf situé à côté du filet et moins estimé. — **Tire-filet.** — HOM. — **Filer.**

FILETERIE. V. FILTERIE.

FILETER (*je filète, nous filetons*). *v. tr.* (XIIIe s.; de *filet*). Faire le filet* d'une vis. — Tirer un métal à la filière*. V. **Tréfilerie.**

DER. — **Filetage.** *n. m.* (1865 LITTRÉ). Action de fileter (des vis). Braconnage exercé avec des filets. — **Fileté.** *n. m.* (néol.). Tissu présentant des filets parallèles. *Chemise en fileté.*

FILEUR, EUSE. *n.* (*Fileur, filaresse* au XIIIe s.; de *filer*). Personne qui file une matière textile, à la main ou à la machine. V. **Filandier.** *Fileuse à son rouet. Doitée*, mouilloir* de fileuse. Les fileuses,* tableau de Velasquez.

1 « La femme est une fileuse, la femme est une couseuse. C'est son travail, en tous les temps, c'est son histoire universelle. » MICHELET, La femme, p. 31.

2 « La hiérarchie des métiers est sacrée. Une rentrayeuse veut gagner plus qu'une épinceteuse, un fileur plus qu'un tisserand. » MAUROIS, B. Quesnay, V.

— Industriel qui exploite une filature. V. **Filateur.**

FILIAL, ALE. *adj.* (1330; lat. *filialis,* de *filius.* V. **Fils**). Qui convient à un enfant à l'égard de ses parents. *Amour filial, amitié filiale* (Cf. Effrayer, cit. 4; étouffer, cit. 12). *Piété filiale* (Cf. Attribuer, cit. 7). *Obéissance filiale. Respect filial. Soins, devoirs filiaux.*

« Sa probité est incorruptible; sa religion est profonde; sa piété filiale s'élève jusqu'à la vertu; » CHATEAUB., M. O.-T., t. VI, p. 53.

ANT. — Paternel; maternel.

DER. — **Filialement.** *adv.* (XVe s.). D'une manière filiale. *Aimer filialement.*

FILIALE. *n. f.* (1877 LITTRÉ, suppl.). « Société jouissant d'une personnalité juridique distincte, ayant un nom, un objet et un patrimoine propre (ce qui la distingue de la succursale*) mais dirigée ou étroitement contrôlée par la société mère » (L. LACOUR, Dr. comm., p. 182). *Filiale créée pour réaliser une fabrication nouvelle. Filiale à l'étranger,*

FILIATION (*fi-lia-syon*). *n. f.* (XIIIe s.; lat. *filiatio*, de *filius*. V. **Fils**).

|| 1° *Dr.* Lien de parenté unissant l'enfant* à son père (*filiation paternelle*) ou à sa mère (*filiation maternelle*). V. **Agnation, cognation, consanguinité, descendance, parenté**. *La filiation est envisagée par rapport à l'enfant, la paternité et la maternité par rapport aux parents.* V. **État** (des personnes). *Filiation légitime,* d'un enfant né de parents unis par le mariage. *Preuves de la filiation légitime maternelle* (preuve de l'accouchement d'une femme mariée; preuve de l'identité* de l'enfant). *Preuves de la filiation légitime paternelle* (présomption de paternité* du mari, sauf cas de désaveu*). *Filiation naturelle simple. Preuve de la filiation naturelle.* V. **Reconnaissance** (volontaire ou forcée). *Transformation de la filiation naturelle en filiation légitime.* V. **Légitimation**. *Filiation adultérine, incestueuse. Filiation adoptive.* V. **Adoption**. — *De la paternité et de la filiation,* titre VII du Code Civil (art. 312-342).

1　« La filiation des enfants légitimes se prouve par les actes de naissance inscrits sur les registres de l'état civil. »
CODE CIV., Art. 319.

|| 2° Lien de descendance directe entre ceux qui sont issus les uns des autres. V. **Descendance, famille, génération, lignée**. *La filiation de cette famille est bien établie depuis trois siècles* (ACAD.). V. **Généalogie, origine**.

2　« ... des bourgeois d'ancienne famille et d'une réputation bien nette, espèce de noblesse qui devrait bien valoir celle dont la preuve ne consiste que dans les filiations. »
FONTEN., Geoffroy (in LITTRÉ).

|| 3° *Fig.* V. **Enchainement, liaison, lien, ligne, ordre, succession, suite** (Cf. Direct, cit. 6). *La filiation des idées, des événements. La filiation des mots* (V. **Étymologie**), *des sens* (V. **Sémantique**).

3　« Au point de vue lexicographique, ... il ne doit pas être indifférent de ranger les acceptions en tel ou tel ordre. Ce n'est point au hasard que s'engendrent, dans l'emploi d'un mot, des significations distinctes et quelquefois très éloignées les unes des autres. Cette filiation est naturelle et partant assujettie à des conditions régulières, tant dans l'origine que dans la descendance. »
LITTRÉ, Dict., Préf., II.

FILICINÉES. *n. f. pl.* (lat. *filix, icis,* « fougère »). Classe de plantes cryptogames vasculaires (*Ptéridophytes*) comprenant les fougères*, les ophioglossées, les rhizocarpées...

FILIÈRE. *n. f.* (1244 BLOCH; de *fil*).

|| 1° *Vx.* Ce qui a la forme d'un fil. V. **Corde, ficelle**.

— *Mar.* Cordage, filin tendu horizontalement.

— *Blas.* Bordure étroite entourant l'écu. V. **Filet**.

|| 2° Instrument, organe destiné à étirer ou à produire des fils. — *Technol.* Instrument servant à étirer le métal en fils. V. **Étireuse**. *Dégrossir un métal en le faisant passer par la filière.* V. **Étirer; tirage, tréfilerie**. *Or trait, tiré à la filière.* — *Par anal.* Pièce d'acier servant à fileter* en vis. V. **Fileter**. — *Chir.* Instrument servant à mesurer le diamètre des sondes et des bougies.

— *Entom.* Organe, orifice par lequel certains animaux (araignées, vers à soie) produisent leur fil.

— *Fig.* (par allus. à la filière servant à réduire le métal en fils de plus en plus fins). Succession d'états à traverser, de degrés à franchir, de formalités à accomplir avant de parvenir à un résultat. *Passer par la filière:* passer successivement par les degrés d'une hiérarchie*. *La filière administrative. Obtenir un poste par concours sans passer par la filière. Suivre la filière.*

« A la fin, tu ne comprends pas que, député demain, après-demain je puis être ministre, et alors je te prends à mon cabinet, et une fois le pied à l'étrier, dame ! Au lieu de quoi tu veux faire la bête à concours, suivre toute la filière... »
ARAGON, Beaux quartiers, p. 226.

— *Spécialt. T. de Bourse* (XIXe s.). Ordre de livraison écrit se transmettant par endossement. *La filière représente la marchandise. Émission, circulation, arrêt des filières. Le dernier acheteur est dit arrêteur de la filière ou réceptionnaire. Le filiériste, agent chargé de la circulation et de la liquidation des filières.*

FILIFORME. *adj.* (1778 LAMARCK ; lat. *filum,* « fil », et *forma,* « forme »). Se dit d'un objet, d'un organe mince, délié comme un fil. V. **Délié, grêle, mince**. *Antennes, pattes filiformes. Pédoncules filiformes. Papilles filiformes de la langue.* — *Fig. Pouls filiforme :* « pouls très petit donnant au doigt la sensation d'un fil » (GARNIER). V. **Filant**.

« Le pouls devient filiforme et la mort survient à l'occasion d'un mouvement insignifiant. »
CAMUS, La peste, p. 51.

ANT. — Épais, gros.

FILIGRANE. *n. m.* (1673; ital. *filigrana,* « fil à grains »; souvent altéré en *filigramme* au XVIIe s.).

|| 1° *Orfèvr.* Ouvrage fait de fils de métal (argent, or...), de fils de verre, etc. entrelacés et soudés. *Ouvrage de fili-* grane, en filigrane. *Châsse, coffret décorés d'ornements en filigrane. Filigrane de verre.*

— *Par ext.* Fil de métal entourant la poignée d'une épée, d'un sabre.

|| 2° Dessin imprimé dans la pâte du papier par le réseau de la forme et qui peut se voir par transparence. V. **Empreinte**. *Marque de fabrique en filigrane. Filigranes des billets de banque, des timbres-poste,* destinés à rendre la contrefaçon plus difficile. *Identifier un dessin, un manuscrit ancien grâce au filigrane du papier. Filigranes qui caractérisaient les formats* du papier (aigle, couronne, etc.). *Lire en filigrane...*

« Le fabricant lave ses chiffons et les réduit en une bouillie claire qui se passe, absolument comme une cuisinière passe une sauce à son tamis, sur un châssis en fer appelé *forme,* et dont l'intérieur est rempli par une étoffe métallique au milieu de laquelle se trouve le filigrane qui donne son nom au papier. »
BALZ., Illus. perdues, Œuv., t. IV, p. 558.

DER. — **Filigraner.** *v. tr.* (XIXe s.) Façonner en filigrane. *Croix d'or filigranée. Verre de Venise filigrané.* — *Papier filigrané.*

« ... ses lourds bracelets d'argent filigrané venaient de Tolède. »
MAC ORLAN, La Bandera, XI.

FILIN. *n. m.* (1611; de *fil*). *Mar.* Tout cordage en chanvre. V. **Cordage***, **filière, trélingage**... *Pelote de filin.* V. **Manoque**. *Bout de filin terminé par un croc.* V. **Vérine**.

« Des filins de couleur blonde, neufs aussi et sentant le goudron, sortaient des cales; »
LOTI, Matelot, XLIX.

FILIPENDULE. *adj.* (XVe s.; du lat. *filum,* « fil », et *pendulus,* « suspendu »). *Hist. nat.* Suspendu à un fil. — *N. f. Bot.* V. **Spirée**.

FILLE. *n. f.* (XIe s.; lat. *filia*).

I. Personne du sexe féminin considérée par rapport à sa filiation*. V. **Famille, parenté**.

|| 1° Par rapport à son père et à sa mère ou à l'un des deux seulement. V. **Enfant***. *Fille légitime. Fille naturelle. Fille aînée. Fille cadette. Leur plus jeune fille, la dernière, la benjamine. Fille unique. Devoirs d'une fille à l'égard de ses parents* (Cf. Étendre, cit. 19). *Leur fille est élevée au couvent. La mère* et la fille* (Cf. Abîme, cit. 11; accompli, cit. 3; accumuler, cit. 14; aiguille, cit. 1; ardeur, cit. 25; augmenter, cit. 4; auprès, cit. 13; cajoler, cit. 5; convoiter, cit. 1; esprit, cit. 106). *C'est la fille de sa femme, la fille de son mari* (V. **Belle-fille**. — Cf. Beau-fils, cit. 2), *la fille de son frère, de sa sœur* (V. **Nièce**)... *Le père* et la fille* (Cf. Abuser, cit. 7; approuver, cit. 10; atteindre, cit. 16; audace, cit. 21; borner, cit. 25; bougonner, cit.). *Donner sa fille en mariage. Marier sa fille. Il doit épouser la fille de M. Un Tel* (Cf. Campagnard, cit. 4). — *Fam. La fille Un Tel.* V. **Mademoiselle**. *Le mari de sa fille.* V. **Gendre**. *La fille de l'hôte* (Cf. Caresser, cit. 2). *Elle est la fille d'un proscrit. Elle est fille d'un épicier.* — *Par anal. Fille adoptive** (V. **Adoption, filiation**).

« Et je me dis toujours qu'étant fille de roi,
Tout autre qu'un monarque est indigne de moi. »　　1
CORN., Cid, I, 2.

« Le devoir d'une fille est dans l'obéissance. »　ID., Hor., I, 3.　2

« Jetez sur votre fille un regard paternel : »　ID., Pol., V, 3.　3

« ... je lui veux faire aujourd'hui connaître　　4
Que ma fille est ma fille, et que j'en suis le maître
Pour lui prendre un mari qui soit selon mes vœux. »
MOL., F. sav., II, 9.

« Il (Claude) n'osait épouser la fille de son frère. »　　5
RAC., Brit., IV, 2.

« Fille d'Agamemnon, c'est moi qui la première,　　6
Seigneur, vous appelai de ce doux nom de père; »
ID., Iphig., IV, 4.

« Comprenez-vous que je vais mourir sans les voir, mes filles ?　7
Avoir soif toujours, et ne jamais boire, voilà comment j'ai vécu depuis dix ans... Mes deux gendres ont tué mes filles. Oui, je n'ai plus eu de filles après qu'elles ont été mariées. »
BALZ., Le père Goriot, Œuv., t. II, p. 1073.

« Comme ils n'ont rien que le maigre salaire d'un métier ou d'un　8
grade sans prestige, ils épousent les filles des marchands. »
SUARÈS, Trois hommes, Dostoïevski, I.

« Quand vous vantez à une autre la beauté d'une de ses filles... elle　9
pense que c'est la plus laide qui est la plus jolie. »
COLETTE, Naiss. du jour, p. 236.

— *Par ext. La fille du logis, la fille de la maison:* la fille du maître, de la maîtresse de maison.

« ... en lisant *le Disciple,* elle a appris que le rêve d'un jeune pré-　10
cepteur laïque, nourri de philosophie matérialiste, est de séduire la fille de la maison. »
ROMAINS, H. de b. vol., t. II, XV, p. 167.

— *Par anal.* Celle qu'on considère et qu'on aime comme sa propre fille. *Elle a trouvé dans sa nièce une fille tendre et soumise* (ACAD.).

— *Fam. Ma fille,* s'emploie par affection, tendresse, amitié et parfois avec une nuance de protection, de condescendance, ou d'ironie à l'égard d'une enfant, d'une jeune fille, d'une femme qui n'est pas la fille de la personne qui parle. *Voici un cadeau pour toi, ma fille. Eh bien, ma fille, tu n'es pas difficile !* (Cf. Désaveu, cit. 1).

« ... Venez, venez, mes filles,　　11
Compagnes autrefois de ma captivité, »　RAC., Esth., I, 1.

12　« — Tu n'es pas folle d'appeler la princesse ta fille ? — Je l'appelle ma fille. Je ne lui dis pas qu'elle est ma fille. »
　　　　　　　　　　　　　　　　　　GIRAUDOUX, **Électre**, II, 9.

— *Fille en Jésus-Christ* se dit d'une religieuse par rapport à la supérieure ou à la fondatrice de l'ordre.

13　« Thérèse dont vous vous faites gloire d'être les filles en Jésus-Christ. »　　　　　　　　BOURDAL., **Exhort. sur Ste Thér.**, t. I, p. 320.

— *La fille aînée des rois de France:* l'Université. *La France, fille aînée* (cit. 1) *de l'Église.* — *Une vraie fille de l'Église:* une catholique exemplaire.

14　« Une vraie fille de l'Église, non contente d'en embrasser la sainte doctrine, en aime les observances, où elle fait consister la principale partie des pratiques extérieures de la piété »　BOSS., **Marie-Thér.**

‖ 2° Par rapport à ses origines (famille, race, nation...). V. **Descendante.** *La fille des Césars. Une fille de rois. Une fille du sang d'Hélène* (Cf. Autel, cit. 4). *Filles du Rhin. Filles de Jérusalem* (Cf. Bien-aimé, cit. 4), *de Sion* (Cf. Étude, cit. 37), *de Corinthe* (Cf. Boucle, cit. 3)... *Les filles de France:* de la famille royale de France.

15　« Cependant mon amour pour notre nation
　　A rempli ce palais de filles de Sion,
　　Jeunes et tendres fleurs par le sort agitées,
　　Sous un ciel étranger comme moi transplantées. »
　　　　　　　　　　　　　　　　　　RAC., **Esther**, I, 1.

— On dit de même, par rapport au milieu social, *Une fille d'épiciers, de filateurs,* etc.

16　« Elle oubliait qu'elle-même, fille de pétroliers avait une fortune personnelle dix fois supérieure à celle de Marie. »
　　　　　　　　　　　ROMAINS, **H. de b. vol.**, t. III, XIII, p. 178.

— Par plaisant. *Fille d'Ève*.*

— Poétiqt. *Les filles de Mémoire, du Parnasse.* V. **Muse.** *Les filles d'enfer** (cit. 2). V. **Furie.** *Les filles du destin:* les Parques. *Les filles de la nuit:* les étoiles (cit. 22). *Les filles de Bélial* (BIBLE, Rois, I, I, 46): les femmes idolâtres, et aussi les femmes sans pudeur (LITTRÉ). — Dans LA FONTAINE: *Fille de l'air** (cit. 22), la mouche; *Filles du ciel,* les abeilles; *Filles du limon,* les grenouilles (Cf. Astre, cit. 5)...

— *Fig.* En parlant d'une chose qui naît d'une autre. V. **Conséquence, effet, enfant, fruit, résultat.** *La jalousie, fille du soupçon. La grande industrie, fille de deux inventions* (Cf. Artisanat, cit.). *Tristesse, fille de la solitude.*

17　« ... je vois sa mine admirante et spirituelle, qui ne laisse point croire que son admiration soit fille de l'ignorance... »
　　　　　　　　　　　　　　　　SÉV., **1158**, 30 mars 1689.

18　« Fille de la douleur ! harmonie ! harmonie ! »
　　　　　　　　　　　　MUSS., **Prem. poésies**, Le saule, I.

II. (Au regard du sexe). ‖ 1° Enfant du sexe féminin* (V. **Enfant, femme**). *Garçons et filles. Elle a mis au monde une fille* (Cf. Enceinte 2, cit. 1). *Le ciel a comblé mes vœux en me donnant une fille* (LITTRÉ). *Il naît plus de garçons que de filles, mais la mortalité étant plus forte chez les premiers, l'égalité numérique des sexes tend à se rétablir vers l'âge adulte.*

19　« Qu'un ovule soit pénétré par un spermatozoïde à chromosome X, l'œuf fécondé, portant deux chromosomes X, produira une fille; qu'un ovule soit fécondé par un spermatozoïde à chromosome Y, l'œuf, portant un chromosome X et un chromosome Y, produira un garçon. »　　　　　J. ROSTAND, **L'homme**, p. 85 (Cf. Femme, cit. 10).

20　« ... elle (la princesse Palatine) aurait voulu être un garçon, et rapporte gaiement que dans sa jeunesse, ayant entendu dire qu'une fille l'était devenue à force de sauter (l'anecdote est déjà dans Pline), elle avait fait des sauts si terribles que c'était miracle si elle ne s'était pas cent fois cassé le cou. »
　　　　　　　　　　　　　　HENRIOT, **Portr. de femmes**, p. 85.

— *Âge d'une fille. Petite fille* se dit d'une fille depuis sa naissance jusqu'au sortir de l'enfance, par opposition à *Grande fille.* V. **Enfance, enfant*; bambine, gosse...** *Elle a accouché d'une mignonne petite fille. Une mignonne petite fille blonde, brune* (V. **Blondinette, brunette**). *Jeux de petites filles* (Cf. Étrenne, cit. 4). *Les petites filles modèles de la comtesse de Ségur. Étourderie* (cit. 2) *de petite fille. Petite fille qui ne veut pas dire bonjour* (Cf. Ennoblir, cit. 4). *Fille déjà grandette, grandelette.* V. **Fillette.** *Fille pubère*. Fille nubile** (V. **Adolescence**). — *Éducation* (cit. 3) *des filles. Collège, lycée de filles.*

21　« ... j'avais chargé un enfant des petites classes de porter une lettre à une « fille », comme disent les écoliers dans leur dur langage. »
　　　　　　　　　　　　　　RADIGUET, **Diable au corps**, p. 10.

22　« Enfin, vers quinze ans le *stade terminal* (de la puberté) ou *nubilité* correspond au retour au calme du corps et de l'esprit. L'organisme a complètement évolué. La fillette est devenue jeune fille. Elle sort de l'âge ingrat et entre dans l'âge de grâce. Elle se pare des séductions de la jeunesse. »
　　　　　　　　　　　　BINET, **Vie sexuelle de la femme**, p. 47.

‖ 2° JEUNE FILLE se dit d'une fille nubile ou d'une femme jeune non mariée. V. **Femme*; demoiselle.** *Petite jeune fille. Une toute, une très jeune fille.* V. **Adolescente, jouvencelle, poulette** (*fam.*), **tendron** (*fam.*). *Une gracieuse jeune fille.* V. **Bachelette** (*vx*). *Chaperon* d'une jeune fille. Une grande jeune fille. Jeune fille employée aux courses.* V. **Trottin.** *Jeune fille qui coiffe Sainte-Catherine.* V. **Catherinette.** *Jeune fille aux allures garçonnières.* V. **Garçonne.** *Jeune fille innocente, pure, vertueuse.* V. **Brebis, colombe, pucelle, vierge;**

rosière. — Cf. Art, cit. 18; assaut, cit. 10; aventure, cit. 19; babil, cit. 4; bannir, cit. 24; bleuet, cit.; broncher, cit. 9; casino, cit.; chœur, cit.; cerise, cit. 3; danseur, cit. 6. — *A quoi rêvent les jeunes filles,* pièce de Musset. *A l'ombre des jeunes filles en fleur,* œuvre de Proust. *Les jeunes filles,* roman de Montherlant.

23　« Cela est plaisant, oui, ce mot de mariage; il n'y a rien de plus drôle pour les jeunes filles... »　　　　MOL., **Mal. imag.**, I, 5.

24　« Hélas ! que j'en ai vu mourir de jeunes filles !
　　C'est le destin. Il faut une proie au trépas. »
　　　　　　　　　　　　　　　HUGO, **Orient.**, XXXIII, 1.

25　« ... à peine veuf de cette veuve, il prend pour femme une jeune fille. Il a la passion des jeunes filles, et nul n'a su jusqu'où. »
　　　　　　　　　　　SUARÈS, **Trois hommes**, Dostoïevski, IV.

26　« Ne fallait-il pas prémunir la jeune fille au moment de son entrée dans le monde, contre les dangers d'une éducation par trop conventionnelle ? »　　　　ROMAINS, **H. de b. vol.**, t. III, VIII, p. 130.

— VIEILLE FILLE se dit d'une femme qui a atteint ou passé l'âge mûr, sans avoir été mariée. V. **Célibataire, demoiselle** (Cf. Border, cit. 7; effacer, cit. 32). *Rester vieille fille.*

‖ 3° FILLE s'est dit et se dit parfois encore (sans idée péjorative) pour JEUNE FILLE. *Les garçons et les filles* (Cf. Aimant, cit. 3 LOTI; assister, cit. 4 BARRÈS). *Une fille des champs, de la campagne. Fille à marier. Fille raisonnable, déraisonnable* (Cf. cit. Attacher, 7 CORN. — Accommoder, 18; affamer, 9; apporter, 16; chair, 49; convoler; coureur, 7; déshonorer, 7 MOL. — Age, 8; agréable, 12 LA FONT. — Austère, 5 PASC. — Campagne, 7 LA BRUY. — Avare, 2 BOIL. — Barreau, 1 REGNARD. — Agitation, 2 FÉN. — Abuser, 8 ROUSS. — Estoc, 1 HUGO. — Apprendre, 55 SAND. — Éducation, 15 BAUDEL. — Cafouiller, SARTRE). — PROV. *Fille ou ville qui parlemente est à demi rendue.*

27　« ... si tous les garçons et toutes les filles s'encloîtraient, le monde périrait... »　　　　　　　VOLT., **L'homme aux 40 écus**, VIII.

28　« ... je puis vous assurer que, par son bon esprit, par les qualités de l'âme, et par la noblesse des procédés, elle est demoiselle autant qu'aucune fille, de quelque rang qu'elle soit, puisse être »
　　　　　　　　　　　MARIVAUX, **Vie de Marianne**, VIIe part.

— *Rester fille:* ne pas se marier.

29　« En atteignant à l'âge de soixante ans, époque à laquelle les femmes se permettent des aveux, elle dit en confidence à madame du Coudrai... qu'elle ne supportait pas l'idée de mourir fille. »
　　　　　　　　　　　　BALZ., **Vieille fille**, Œuv., t. IV, p. 333.

30　« Je vous ferai remarquer que je vais avoir vingt-quatre ans. Avez-vous espéré que je resterais toujours fille ? »
　　　　　　　　　　　　P. BENOIT, **Mlle de la Ferté**, II, p. 77.

— Par plaisant. *Cesser d'être fille:* perdre sa virginité en parlant d'une jeune fille, d'une femme (Cf. Escalade, cit. 3).

— FILLE-MÈRE (1870 in P. LAROUSSE). Femme qui, sans être mariée, a eu un enfant.

— FILLE D'HONNEUR: fille de qualité attachée à la personne d'une reine, d'une princesse. *Les filles d'honneur de la reine* ou, simplement, *Les filles de la reine.*

‖ 4° FILLE, accompagné d'un qualificatif s'applique en bonne ou en mauvaise part à une femme célibataire ou mariée, jeune ou d'apparence jeune. V. **Femme*.** *Une belle fille* (Cf. Atour, cit. 5; autre, cit. 67; bien, cit. 4; brûler, cit. 61; capiteux, cit. 4; carrure, cit. 2; couturier, cit. 1. — Cf. aussi Garce). *Un beau brin de fille* (Cf. Appât, cit. 19). *La plus belle fille du monde ne peut donner* (cit. 17) *que ce qu'elle a* (PROV.). — *Elle est bonne fille:* bienveillante, généreuse. — Fam. *C'est une chic fille.*

31　« De belles grandes filles bien découplées, avec leurs magnifiques tresses tombant sur les épaules... »
　　　　　　　　　　　　GAUTIER, **Voyage en Espagne**, p. 11.

32　« ... bonne fille dans l'intimité, affectueuse, tendre même. »
　　　　　　　　　　　　HUYSMANS, **Là-bas**, p. 217.

— *Être fille à*:* être capable de.

33　« ... elle aurait été fille à s'en aller avec lui. »
　　　　　　　　　　　MOL., **Méd. m. lui**, III, 7.

‖ 5° FILLE, accompagné d'un qualificatif péjoratif. *Fille entretenue. Fille de rencontre. Fille des rues.* V. **Coureuse, poule.** *Fille perdue. Fille de joie* (Cf. Abonder, cit. 4; champagne, cit.), *fille publique, fille soumise, encartée* ou, simplement, *fille* (Cf. Bouge, cit. 3): femme* de mauvaise vie. V. **Prostituée.** *Fréquenter les filles.* — *Fille repentie*.*

34　« Tout aux tavernes et aux filles. »
　　　　　　　VILLON, **Ball. à ceux de mauvaise vie**, p. 104.

35　« ... une fille, bien connue pour telle ! »
　　　　　　　　　　LACLOS, **Liais. dang.**, Lett. CXXXV.

36　« Celui qui n'a pas vu beaucoup de filles ne connaît point les femmes », me disait gravement un homme, grand admirateur de la sienne, qui le trompait. »
　　　　　　　CHAMFORT, Max., **Sur les femmes et le mariage**, XX.

37　« ... d'abord parurent des canons, sur lesquels des harpies, des larronnesses, des filles de joie montées à califourchon, tenaient les propos les plus obscènes et faisaient les gestes les plus immondes. »
　　　　　　　　　　　CHATEAUB., **M. O.-T.**, t. I, p. 220.

38　« Quand on n'a que des désirs physiques... En France, les filles peuvent donner à beaucoup d'hommes autant de bonheur que les femmes honnêtes, c'est-à-dire du bonheur sans amour... »
　　　　　　　　　　　STENDHAL, **De l'amour**, XLI.

39 « ... ces créatures que le dictionnaire de la mode a successivement classées sous les titres grossiers ou badins d'*impures*, de *filles entretenues*, de *lorettes* et de *biches*. »
BAUDEL., **Curios. esthét.**, Peintre vie moderne, IV.

40 « J'allais autrefois à l'hôpital Broca où l'un de mes anciens camarades de lycée était externe en médecine. J'ai vu passer au spéculum toutes les filles, avec leurs maladies. »
Ch.-L. PHILIPPE, **Bubu**, V, p. 118.

41 « Le bon sens populaire a fait, depuis longtemps, justice d'une expression malheureuse : on ne dit plus jamais fille de joie, on pense parfois fille de douleur. »
DUHAM., **Biographie de mes fantômes**, VI, p. 99.

‖ 6° Nom donné à certaines religieuses. *Filles du Calvaire. Filles-Dieu. Filles du Carmel, de la Charité...*

‖ 7° Jeune fille ou femme employée à certains travaux domestiques. V. **Servante.** *Fille de service, de cuisine, de salle. Fille d'auberge, de ferme...* — Vx. *Fille de chambre.* V. **Femme.** *Ma fille*, se dit à une domestique. *Fille de boutique, de magasin.* V. **Demoiselle, employée.**

42 « Une fille de salle soulevait une poussière qui retombait sur les malades, sous prétexte de balayer. » ARAGON, **Beaux quartiers**, p. 147.

43 « Elle avait travaillé dans un restaurant à Orléans, elle avait été fille de cuisine dans une grande ferme beauceronne, où il fallait servir plus de cent ouvriers agricoles. » ID., **Ibid.**, p. 294.

ANT. — Parent, père, mère. Garçon. Femme (mariée).

DER. — Fifille. *n. f.* (XIXᵉ s.). T. enfantin. Petite fille. — Fillasse. *n. f.* (XVIᵉ s.). T. pop. de dénigr. Grosse fille; fille de mauvaise vie. — Fillette.

COMP. — Belle-fille, petite-fille.

FILLETTE. *n. f.* (XIIᵉ s.; de *fille*).

‖ 1° Fille qui n'est plus une *petite fille*, mais pas encore une *jeune fille*. V. **Fille** (cit. 24 et *supra*). *Fillette de onze ans, de quatorze ans* (Cf. Apercevoir, cit. 21; blanc, cit. 17; école, cit. 3). *Rayon, pointure fillettes. A quinze ans, elle a encore l'air d'une fillette. Ce n'est plus une fillette.*

1 « On entendait sur la place, car c'était jeudi, les enfants qui jouaient avec la neige et se lançaient des boules qui leur cuisaient le visage. Les fillettes riaient déjà comme des femmes de Montmartre. Elles montraient des jambes minces dans des bas noirs et des pieds chaussés d'énormes galoches. » MAC ORLAN, **Quai des brumes**, IX.

‖ 2° Jeune fille dans les premières années de l'adolescence*; jeune fille peu formée. — Prov. *Bonjour lunettes, adieu fillettes:* quand on commence à vieillir, adieu la galanterie.

2 « ... une fillette toute dorée de peau et de poil; sourire en cerise, dix-sept ans... » DUHAM., **Récits t. de g.**, Entret. dans le tumulte, XVIII.

‖ 3° Pop. Demi-bouteille.

ANT. — Garçonnet.

FILLEUL, EULE. *n.* (*Filluel* au XIIᵉ s.; lat. *filiolus*, dimin. de *filius*, « fils »). La personne qui a été tenue sur les fonts baptismaux, par rapport à son parrain* et à sa marraine*.

« Cet enfant n'est nommé votre filleul qu'à cause qu'il devient votre fils spirituel en Jésus-Christ » FÉN., **Œuvr.**, t. XVIII, p. 172 (in LITTRÉ).

— Par ext. *Filleul de guerre:* soldat, pupille qu'une femme a choisi pour lui servir de marraine.

ANT. — Marraine, parrain.

FILM. *n. m.* (1889; mot angl. « pellicule », en photographie, puis au cinéma).

‖ 1° Photogr. V. **Pellicule.** *L'invention du film a eu pour objet le remplacement de la plaque* photographique par une surface moins fragile. Rouleau de film.*

— Spécialt. *Cinéma.* Pellicule cinématographique; bande de celluloïd (ou nitrate de cellulose, acétate de cellulose...), régulièrement perforée, et dont l'une des faces est enduite d'une couche sensible (émulsion au gélatino-bromure d'argent). *Film de 35 mm. de largeur* (format professionnel). *Films de format réduit* (16 mm.; 9 mm.; 8 mm.). *Films larges. Films latérales, centrales d'un film. Un mètre de film comporte 52 images ou photogrammes. Enregistrement de l'image, du son* (Cf. Piste sonore) *sur le film. Film négatif. Tirage du film positif.*

‖ 2° Par ext. Œuvre cinématographique enregistrée sur film. V. **Cinéma.** *Production, financement d'un film. Scénario, synopsis d'un film. Préparer, réaliser, tourner un film. Tourner un film au ralenti. Montage d'un film. Plans*, séquences*, scènes d'un film ... Visionner*, voir un film. Distribution des films. Projection d'un film* (V. **Écran**). — *Film de long, moyen, court métrage* (V. **Bande**). *Film muet, film sonore, parlant. Film doublé. Film en version originale. Film en couleur, en relief, sur écran large, panoramique.* — *Les premiers films de Lumière. Un bon film. Mauvais film* V. **Navet.** *Film comique, historique... Film à grand spectacle* (Cf. Superproduction). *Film à épisodes* (cit. 4). *Film de cow-boys* (V. **Western**). *Film d'animation:* les dessins animés, films de poupées, etc. *Film à trucages. Film documentaire*, scientifique, d'enseignement. Film publicitaire. Film donnant les actualités* de la semaine.*

— *L'auteur, le réalisateur, le scénariste, l'opérateur... d'un film. Les acteurs, la vedette d'un film* (Cf. Crispant, cit. 5; étoile, cit. 28).

1 « Il est à peu près impossible de réaliser un film comme l'on écrit un livre ou un concerto, afin de satisfaire quelques lecteurs, quelques auditeurs ou, au pis aller, dans l'attente du jugement de la postérité. Les dépenses qu'exige une production cinématographique sont si lourdes qu'elles découragent le mécénat et qu'elles ne peuvent être supportées que par une société désireuse de faire « une affaire » ou par un État qui vise à influencer l'opinion nationale ou étrangère... Pour faire un bon film, il faut des talents et de l'argent. Pour faire un film, il faut de l'argent. »
R. CLAIR, in ENCYL. FRANÇ., t. XVII, 17.88.7 et 8.

— Par ext. L'art cinématographique. V. **Cinéma.** *L'art du film. Histoire du film français.*

‖ 3° Fig. Déroulement d'événements. *Le film des événements de la semaine. Le film de sa vie.*

2 « Mais elle n'était pas maîtresse de son cerveau. Le passé s'imposait à son souvenir, défilait devant ses yeux, comme un film déroulé à une vitesse de rêve... » MART. du G., **Thib.**, t. V, p. 240.

‖ 4° (Sens repris à l'anglais). Pellicule, mince couche d'une matière. *Film d'huile.*

3 « ... avec quel ravissement nous découvrîmes cette jatte pleine d'un lait qu'on avait trait pour nous. Une fine couche de sable gris en avait terni la surface. Nos gobelets déchirèrent ce film fragile et le lait, au-dessous, semblait plus candide et plus frais... » GIDE, **Nouv. nourrit.**, III.

DER. — Filmage. *n. m.* Action de filmer. V. **Tournage.** — Filmer. *v. tr.* (1919). *Cinéma.* Enregistrer (des vues) sur un film cinématographique. *Filmer une scène en studio, en extérieur.* V. **Tourner.** *Filmer un enfant avec une camera* d'amateur. Scène filmée. Théâtre filmé.* — Enduire d'une pellicule protectrice (de collodion, celluloïd...). *Liège filmé.* — Filmique. *adj.* (Néol.). Relatif au film, à l'œuvre cinématographique. *L'univers filmique.* — Filmologie. *n. f.* Étude scientifique, philosophique de l'œuvre cinématographique. *Institut français de filmologie* (DER. Filmologique. *adj.* Relatif à la filmologie. — Filmologue. *n.* Qui étudie la filmologie).

FILOCHE. *n. f.* (1611; de *fil*). Sorte de tissu, de filet de corde, de fil, de soie...

DER. — Filocher. *v. tr.* (XIXᵉ s.). Tisser de la filoche.

COMP. — Effilocher.

FILON. *n. m.* (XVIᵉ s.; ital. *filone*, augment. de *filo*, « fil »). Masse allongée de roches éruptives, de substances minérales existant dans le sol au milieu de couches de nature différente. *Filon d'étain, de cuivre, d'argent...* V. **Veine.** *Découvrir, exploiter, épuiser un filon. Filon d'une mine*, d'une carrière*.* — *Les filons résultent du remplissage de fentes de l'écorce terrestre, par des matériaux amenés et déposés sous l'effet d'une action mécanique ou chimique. Filon vertical, incliné; filon rectiligne. Filon affleurant, faisant saillie à la surface du sol.* V. **Dyke.** *Parois d'un filon:* V. **Éponte.** *Puissance d'un filon:* son épaisseur. *Extrémité d'un filon.* V. **Airure.**

1 « On donne communément le nom de filon à toute masse de roche cristalline traversant comme un mur vertical une structure étrangère. Les dykes sont en somme des filons... Mais il peut y avoir des filons qui n'ont jamais atteint la surface du sol. » MARTONNE, **Traité géogr. phys.**, t. II, p. 742.

— Abusivt. Couche sédimentaire. *Filon de houille* (ACAD.).

2 « ... le terrain est presque le même qu'à Épernay. C'est un filon de la Champagne voisine, qui, sur ce coteau exposé au midi, produit des vins rouges et blancs qui ont encore assez de feu. » NERVAL, **Filles du feu**, Angélique, XII.

— Fig. V. **Source**, veine. *Exploiter un filon comique. Ce sujet est un filon.* V. **Mine.**

3 « L'Angleterre développe tous les genres d'industrie, exploite tous les filons de la prospérité humaine... » MIRABEAU, **Collection**, t. I, p. 339.

— Fam. ou pop. Moyen, occasion de s'enrichir ou d'améliorer son existence. Situation lucrative ou agréable. *Trouver le filon. Un bon filon.* V. **Aubaine, place, planque** (pop.); **truc.**

4 « Il y a les courageux qui estiment que l'on abuse d'eux et les embusqués qui cherchent toujours un filon. » DUHAM., **Refuges de la lecture**, I, p. 34.

FILOSELLE. *n. f.* (*Filloisel* au XIVᵉ s.; *filloselle* en 1544; ital. dial. *filosello*, « cocon », du lat. pop. *follicellus*, « petit sac », avec attrac. de *filo*, « fil »). Bourre de soie qui, mélangée à du coton, sert à la bonneterie... *Bas, gants de filoselle.*

« Les gants ... de sa fille ne sont que des gants de filoselle, des gants de religieuse, presque des gants de domestique. » JOUHANDEAU, **Chaminadour**, p. 84.

FILOU. *n. m.* (1564; mot pop.; forme dial. de *fileur*, dér. de *filer*. Cf. Filer* la carte: tricher). Celui qui vole, dérobe avec ruse, adresse, qui triche au jeu... V. **Aigrefin, bandit, escroc, estampeur, pipeur, tricheur, vide-gousset, voleur*.** — Cf. Coupeur* de bourses, rat* d'hôtel... *Un filou lui a pris sa montre, son portefeuille.* V. **Pickpocket.** — Par ext. Personne malhonnête, sans scrupules. V. **Fripon.** *Cet homme d'affaires est un vrai filou.* V. **Flibustier, pirate** (fig.).

1 « Allons, que l'on détale de chez moi, maître juré filou, vrai gibier de potence. » MOL., **Avare**, I, 3.

2 « On crache sur un petit filou, mais on ne peut refuser une sorte de considération à un grand criminel. »
DIDER., *Neveu de Rameau, Œuv.*, p. 476.

3 « Les filous connaissent bien les règles et en profitent. L'honnête homme est souvent négligent, et distrait... »
CHARDONNE, *Éva*, p. 34.

FILOUTER. *v. tr.* (1656 PASC.; de *filou*). Voler adroitement, en filou. V. **Dérober, voler** (Cf. Chapardeur, cit.). *Filouter une montre, un portefeuille. — Filouter quelqu'un. — Escroquer* en trichant, etc. *Il lui a filouté dix mille francs au jeu. — Il l'a filouté de dix mille francs.*

« Des coups de bâton qu'on te donna ... pour avoir filouté mille écus au fils de ce marchand... » DANCOURT, **Désol. des joueuses**, 13.

DER. — **Filoutage.** *n. m.* (XVIIᵉ s.). Action de filouter; métier de filou. V. **Vol** (Cf. *infra* cit. 1, 2). — **Filouterie.** *n. f.* (1644 D'OUVILLE). Manœuvre, action de filou. V. **Larcin; escroquerie, tricherie** (Cf. *infra* cit. 3).

1 « Il (Mazarin) porta le filoutage dans le ministère, ce qui n'est jamais arrivé qu'à lui. » RETZ, *Mém.*, II, 97.

2 « Le filoutage, le larcin, le vol, étant d'ordinaire le crime des pauvres, et les lois ayant été faites par les riches, ne croyez-vous pas que tous les gouvernements qui sont entre les mains des riches doivent commencer par essayer de détruire la mendicité, au lieu de guetter les occasions de la livrer aux bourreaux ? » VOLT., *Polit. et législ.*, Prix de la just. et de l'human., II.

3 « ... la filouterie que j'y voulais employer m'attira un petit affront. » ROUSS., *Julie*, Vᵉ part., Lett. VII.

FILS (*fi* jusqu'au XIXᵉ s.; puis *fiss*, pronon. encore condamnée par LITTRÉ). *n. m.* (Xᵉ s.; lat. *filius*. Fils est l'ancien cas sujet, conservé avec son s final pour éviter une confusion avec *fil*).

‖ 1° Être humain du sexe masculin, considéré par rapport à son père et à sa mère ou à l'un des deux seulement. V. **Enfant*, fiston** (*fam.*), **garçon, héritier** (*fam.*), **rejeton; filiation.** *Qualité de fils.* V. **État** (cit. 68). *Fils légitime. Fils naturel, adultérin, incestueux.* « *Le fils naturel*, drame de Diderot. *Avoir un, deux fils. Premier fils, fils aîné* (cit. 2). *Fils puîné, fils cadet. Fils unique. Fils posthume. C'est le fils de sa femme, le fils de son mari.* V. **Beau-fils.** *La femme de son fils* (V. **Belle-fille, bru**). *Les fils de ses enfants.* V. **Petit-fils.** *Le père et le fils. Le meunier, son fils et l'âne*, fable de La Fontaine (III, 1). *De père en fils:* par descendance directe (Cf. Armature, cit. 4). *Le fils d'Hector.* Watteau *fils* (Cf. Évaporer, cit. 14). *Alexandre Dumas fils. Un Tel et fils; Un Tel, père et fils*, désigne une maison de commerce dirigée par le père et le fils. *C'est bien le fils de son père:* il ressemble à son père, agit comme son père. *Fils élevé dans la profession du père* (Cf. Enfant de la balle*). — *Aimer* (cit. 7) *son fils* (Cf. Affection, cit. 10). *Amour* d'un *fils* pour ses parents. V. **Filial.** *Bon fils. Fils ingrat, dénaturé* (cit. 9 et 10), *égaré* (cit. 25). *Offenses d'un fils* (Cf. Évanouir, cit. 7). *Fils prodigue.* — Prov. *A père avare* (cit. 4), *fils prodigue.* — *Femme qui donne un fils à son mari* (Cf. Enceinte, cit. 1). *S'il avait eu un fils d'elle...* (Cf. Espérance, cit. 38). *Concevoir* (cit. 3), *enfanter* (cit. 2) *un fils.*

1 « Viens, mon fils, viens, mon sang, viens réparer ma honte; »
CORN., *Cid*, I, 5.

2 « Hélas ! un fils n'a rien qui ne soit à son père. »
RAC., *Athal.*, IV, 1.

3 « Et son fils, jeune encore... » VOLT. (Cf. Ardent, cit. 20).

4 « Ses fils l'encadraient en silence. Et Jacques se souvint d'une phrase qu'il avait lue il ne savait plus où : «Quand je rencontre deux hommes, l'un âgé et l'autre jeune, qui cheminent côte à côte sans rien trouver à se dire, je sais que c'est une mère entre son fils.» MART. du G., *Thib.*, t. II, p. 197.

5 « Je ne vois pas une différence de génération entre un père et un jeune fils, mais la distance de deux mondes incommunicables : la jeunesse et la maturité. » CHARDONNE, *Amour du prochain*, p. 59.

— REM. *Fils* se construit parfois avec le nom du père, sans préposition. *Le fils, les fils Durand. Les quatre fils Aymon*, chanson de geste du XIIIᵉ s.

— *Le fils de la maison*, du maître et de la maîtresse de maison. — *Fils de famille*, qui appartient à une famille riche, privilégiée. *Fils à papa* (péjor.), qui profite de la situation de son père. Cf. *Gosse de riche.* (REM. La tournure *le fils à un tel* est pop.).

6 « A peine eut-il sa liberté, qu'il se jeta sans réflexion dans tous les travers d'un fils de famille. » MUSS., *Nouv.*, Deux maîtresses, I.

7 « Son père, qui le destine à la profession militaire, mais qui tient à lui faire voir d'abord le «grand monde», l'envoie alors à Paris. Il y vient en fils de famille avec son valet et ses laquais, fréquente moins le grand monde que le monde où l'on s'amuse, et perd ou gagne quelques mois dans les divertissements, les parties et surtout le jeu. » VALÉRY, *Variété V*, p. 213.

— Pop. *Fils de garce, fils de putain:* termes d'injure.

8 « Double fils de putain, de trop d'orgueil enflé ! »
MOL., *Amph.*, III, 6.

— Par anal. *Fils adoptif.* V. **Adoptif, adoption.** *Adopter pour fils* (Cf. Accepter, cit. 4). *Cet enfant est un fils pour lui,* il le considère comme son fils. — Allus. hist. *Toi aussi, mon fils !* (Cf. Tu quoque, fili !). *Mon fils,* terme d'amitié, d'affection

à l'égard d'un jeune homme. V. **Petit** (mon petit). *Bonjour, fils !* V. **Fiston.**

« FIGARO : **9**
Allons, Figaro, vole à la fortune, mon fils. »
BEAUMARCH., *Barb. Sév.*, I, 6.

‖ 2° En T. d'Écrit. *Fils de Dieu, fils de l'homme :* Jésus-Christ. Absolt. *Le Fils*, la deuxième personne de la Trinité. *Au nom du Père, du Fils...*

« Or ce Fils bien-aimé qu'on nomme Jésus-Christ, **10**
Au ventre Virginal conçu du Saint-Esprit,
Vêtit sa déité d'une nature humaine,
Et sans péché porta de nos péchés la peine; »
RONSARD, *Réponse inj. et calomn.*

« Et voilà une voix du ciel, disant : Celui-ci est mon Fils bien- **11** aimé, en qui j'ai mis toute mon affection. »
BIBLE (SACY), *Év. St Matthieu*, III, 17.

« Le titre de «Fils de Dieu», ou simplement de «Fils», devint ... **12** pour Jésus un titre analogue à «Fils de l'homme» et, comme celui-ci, synonyme de «Messie», à la seule différence qu'il s'appelait lui-même «Fils de l'homme» et qu'il ne semble pas avoir fait le même usage du mot «Fils de Dieu». Le titre de Fils de l'homme exprimait sa qualité de juge; celui de Fils de Dieu, sa participation aux desseins suprêmes et sa puissance. »
RENAN, *Vie de Jésus*, XV, Œuv., t. IV, p. 237. — Cf. *aussi* Antéchrist, cit. 2; asseoir, cit. 25; consacrer, cit. 2; consubstantialité, cit.; effectif, cit. 3; effusion, cit. 5; entendre, cit. 55; esprit, cit. 15.

‖ 3° Par ext. V. **Descendant; descendance, postérité.** *Les fils de Saint Louis.* V. **Race.** *Les fils des pèlerins du Mayflower. Les fils des conquérants espagnols en Amérique latine. Fils de paysans* (Cf. Attachement, cit. 20).

« Fils des rois et des dieux, mon fils, il faut servir. » **13**
VOLT., *Mérope*, V, 4.

— *Poét.* et *litt.* Homme considéré par rapport à son pays natal. V. **Citoyen...** *Les fils de la France. Fils d'Albion:* Anglais. *Les fils d'Israël:* les Juifs. Spécialt. *Fils de France:* enfant mâle des rois de France.

— *Mythol. Les fils de la terre:* les Géants qui tentèrent d'escalader le ciel.

— *Les fils du ciel:* les Chinois. *Fils du Soleil.* V. **Inca.**

‖ 4° Fig. *Fils spirituel:* celui qui a reçu l'héritage spirituel de quelqu'un, qui continue son œuvre, etc. V. **Disciple.** *Un fils spirituel de Pascal, de Hegel...*

« Les poètes du dix-neuvième siècle, les écrivains du dix-neuvième **14** siècle, sont les fils de la Révolution française... »
HUGO, *P.-S. de ma vie*, Tas de pierres, I.

« ... les publicistes du dix-huitième siècle dont Bonaparte était le **15** fils spirituel. » BAINVILLE, *Hist. de Fr.*, XVII, p. 396.

— *Fils en Jésus-Christ:* fidèle, par rapport à Jésus spirituel, et *spécialt.*, le roi de France, par rapport au pape. *Fils aîné de l'Église*, titre donné au roi de France. — *Les fils de saint Benoît, de saint Bruno:* les Bénédictins, les Chartreux.

— *Littér. Fils d'Apollon:* poète*. *Fils de Mars:* guerrier*. *Les fils de la victoire.*

— *Fils de Roi* (expression créée d'après l'arabe par GOBINEAU). Être d'élite. Cf. cit.

« Quand le conteur arabe, prêtant la parole à son héros, débute **16** dans ses récits par lui faire prononcer ces mots sacramentels : «Je suis fils de Roi», ... jamais ... il n'est question de la Majesté inconnue à laquelle le personnage prétend devoir la naissance... Ce narrateur établit du premier mot, et sans avoir besoin de détailler sa pensée, qu'il est doué de qualités particulières, précieuses, en vertu desquelles il s'élève naturellement au-dessus du vulgaire... »
GOBINEAU, *Les pléiades*, I, 2 (Cf. Toute la fin du chapitre).

‖ 5° Celui qui doit son état à...
— *Fils de ses œuvres:* personne qui ne doit sa situation, son état qu'à lui-même, qu'à son travail (V. aussi **Autodidacte**).

« ... nous n'avons pas ce qu'on appelle une fortune assise. Je suis **17** le fils de mes œuvres; » FRANCE, *Jocaste*, I, Œuv., t. II, p. 17.

« ... mes parents étaient des industriels d'Amiens et fabriquaient **18** du velours. Ils étaient à leur aise (je ne prétends pas être le fils de mes œuvres). » MAUROIS, *Terre promise*, XVIII.

— En parlant de choses du genre masculin. V. **Effet, résultat.** *Des vers fils de l'amour...* (A. CHÉNIER. — Cf. Étude, cit. 35).

‖ 6° Enfant du sexe masculin. V. **Garçon.** *Elle a accouché d'un fils. Il naquit deux fils de ce mariage.*

— *Ironiqt. Au demeurant* (cit. 3) *le meilleur fils du monde.* Cf. Batteur, cit. 3.

ANT. — **Parent; mère; père.** — **Fille.**

DER. — **Fiston.** — du lat. *filius* : V. **Affilier, filial, filiation.**

COMP. — **Beau-fils. Petit-fils.**

FILTERIE. *n. f.* (1865 LITTRÉ; de *fil*). Industrie spéciale ayant pour objet la fabrication du fil à coudre (fils retors et câblé en coton, lin, soie). V. **Filature.**

FILTRAGE. *n. m.* (1845; de *filtrer*). Action de filtrer*; résultat de cette opération. *Élimination des impuretés, du dépôt* d'un vin, d'une boisson par filtrage. V. **Clarification, filtration.** Radio. *Self, capacité de filtrage.*

— *Fig. Opérer un filtrage dans une foule, parmi des manifestants. Filtrage des nouvelles.* V. **Filtrer.**

« Avez-vous remarqué s'ils usent de certaines précautions, s'ils procèdent à un filtrage ? » ROMAINS, **H. de b. vol.**, t. IV, XIX, p. 204.

FILTRE. *n. m.* (XVIᵉ s. PARÉ ; lat. médiév. *filtrum*. V. **Feutre**).

‖ **1°** Corps poreux, ou simplement percé de trous, à travers lequel on fait passer un liquide ou un gaz pour le débarrasser des particules solides qu'il tient en suspension. V. **Filtrer.**

‖ **2°** Appareil destiné aux mêmes fins. *Filtre en étoffe, en molleton pour certains liquides épais.* V. **Blanchet, chausse, étamine.** *Filtre à eau en porcelaine.* V. **Bougie.** *Petite citerne servant de filtre pour l'eau de pluie.* V. **Citerneau.** *Filtre sommaire pour le bouillon, le thé.* V. **Passoire.** *Filtres d'automobile : filtre à air,* pour épurer l'air passant dans le carburateur. — *Par anal. Filtre à essence ; filtre à huile. Filtre en verre fritté.* — *Par anal. Filtre servant à préparer le café infusé.* (Cf. Égoutter, cit. 4). V. **Percolateur.** *Café-filtre :* préparé au moyen d'un filtre.

1 « ... le café, épaissi d'une bonne moitié de chicorée, passait dans le filtre, avec un bruit chantant de grosses gouttes. » ZOLA, **Germinal**, t. I, p. 108.

2 « Il a clarifié notre eau par des filtres compliqués. » CHARDONNE, **Dest. sentim.**, p. 392.

— *Par ext.* Dispositif arrêtant tout ou partie de certaines oscillations (optiques, acoustiques, électriques ou mécaniques). *Électr. Filtre passe-haut, filtre passe-bas, filtre de bande, filtre bouchon. Opt. Filtre coloré, filtre interférentiel, filtre monochromatique.* V. **Écran.**

DER. — **Filtrer.** — **COMP.** — **Filtre-presse.** *n. m.* (1865 LITTRÉ). Appareil permettant de filtrer les liquides sous pression.

HOM. — **Philtre.**

FILTRER. *v. tr. et intr.* (XVIᵉ s. ; de *filtre*).

‖ **1°** *V. tr.* Faire passer à travers un filtre. *Filtrer un liquide pour en éliminer les impuretés, de l'eau* pour la rendre potable, du vin pour le rendre clair, une liqueur, un sirop...* V. **Clarifier, déféquer** (*chim.*), **épurer, purifier.** *Bassin, purgeoir*, fontaine sablée pour filtrer les eaux. Boire de l'eau filtrée.*

1 « Les matelots qui se méfient imaginent de la filtrer (l'eau des citernes). » LOTI, **Fig. et choses...**, p. 276.

— *Par anal. Filtrer la lumière, les sons. Jour filtré* (V. **Tamiser**).

2 « ... la lumière filtrée avec ménagement par les carreaux supérieurs, satine seulement le haut de son front... » GAUTIER, **Toison d'or**, III.

3 « Une tenture enfin semble filtrer cette lumière et cette musique obscure qui reculent sans cesse au fond des salles où l'ombre s'étire... » L.-P. FARGUE, **Poèmes**, p. 60.

4 « Le fin brouillard rose filtre le soleil, un soleil dépoli qu'on peut admirer de face... » COLETTE, **Vagabonde**, p. 38.

— *Par ext.* Soumettre à un contrôle, à une vérification, à un tri (Cf. Passer au crible). *La police filtre les passants. La censure filtre sévèrement les nouvelles qui parviennent du front.*

— *Fig.* Dégager* le bon du mauvais, débarrasser de la gangue*. V. **Clarifier** (cit. 2), **épurer ; étamine** (passer à l').

5 « Lorsque Stendhal écrivait *le Rouge et le Noir*... il interdisait à M. Beyle tout ce qui n'appartenait pas au meilleur de son intelligence et de sa sensibilité. Il le filtrait. Il le raturait. » MALRAUX, **Voix du silence**, p. 341.

6 « L'artiste regarde le monde pour le filtrer... » ID., **Ibid.**, p. 415.

‖ **2°** *V. intr.* S'écouler en passant à travers un filtre. V. **Couler, passer.** *Ce sirop, ce café filtre lentement.* — *Par anal.* En parlant d'un liquide ou d'un gaz qui traverse les pores, les interstices d'un corps quelconque. *L'eau filtre à travers le sable* (V. **Pénétrer**), *à travers la muraille, de tous côtés.* V. **Sourdre, transsuder** (Cf. Capillaire, cit. 1 ; crevasser, cit. 2 ; effondrer, cit. 1 ; éparpiller, cit. 16).

7 « Les eaux, qui filtraient doucement dans la vallée à travers le gazon et les forêts, y tombent maintenant en torrents... » MICHELET, **Hist. de Fr.**, t. II, p. 125.

8 « Tout près du lac filtre une source,
Entre deux pierres, dans un coin ; » GAUTIER, **Émaux et camées**, La source.

— *Par ext.* Lumière, rayon qui filtre à travers les volets. V. **Pénétrer** (Cf. Entrebâiller, cit. 7). *Vitraux qui laissent filtrer le jour* (Cf. Chatoyer, cit. 2). *Bruits qui filtrent à travers une cloison.* V. **Traverser.** *Nouvelle qui filtre malgré les ordres donnés.*

9 « ... les idées nouvelles font leur effet. Il y a longtemps qu'elles ont filtré insensiblement de couche en couche, et qu'après avoir gagné l'aristocratie, toute la partie lettrée du tiers état, les gens de loi, les écoles, toute la jeunesse, elles se sont insinuées, goutte à goutte et par mille fissures, dans la classe qui vit du travail de ses bras. » TAINE, **Orig. France contemp.**, III, t. I, p. 40.

« Le pâle petit jour du matin, d'un matin banal, grisâtre et pluvieux, filtra dans la chambre par les interstices des rideaux. » VILLIERS de l'ISLE-ADAM, **Contes cruels**, Véra. 10

« ... et la Sultane mit la conversation sur quelqu'un de ces sujets du jour qui ne manquent jamais de filtrer jusqu'au fond des sérails, même les plus hermétiquement clos. » LOTI, **Désench.**, III, X. 11

« A travers les portières de tapisserie, filtre un murmure de voix. » DUHAM., **Salavin**, Journ., p. 113. 12

ANT. — **Épaissir.** — **COMP.** — **Infiltrer*.**

DER. — **Filtrage. — Filtrant, ante.** *adj.* (XIXᵉ s.). Qui sert à filtrer. *Fontaine, galerie filtrante. Verre filtrant,* dans la photographie et la lunetterie. — Qui passe à travers un filtre. *Virus filtrant.* V. **Virus** (ultra-virus). — **Filtrat.** *n. m.* (XXᵉ s.). *Chim.* Liquide qui a traversé un filtre. **Filtration.** *n. f.* (1611). Action de filtrer. V. **Épuration.** *Filtration sous vide. Filtration d'un liquide.* V. **Colature** (*pharm.*). — Passage à travers un filtre naturel ou artificiel. *Dans leur cheminement sous terre, les eaux pluviales se clarifient par filtration naturelle. Eau qui filtre. D'abondantes filtrations.* Cf. Étoupe, cit. 1. — (**COMP.** Ultra-filtration.)

FIN. *n. f.* (Xᵉ s. ; lat. *finis*, borne, limite, fin).

I. Point d'arrêt ou arrêt d'un phénomène dans le temps.

« *Bout, extrémité, fin* ... *Fin* est relatif, non pas à l'étendue ou à l'espace, comme les deux autres, mais à une action et à la durée... Le *bout* répond d'ordinaire à un autre *bout*... L'*extrémité* répond au centre... La *fin* répond au commencement. » LAFAYE, **Dict. syn.**, p. 414. 1

‖ **1°** Point auquel s'arrête un phénomène, une période, une action... V. **Limite, terme.** *La fin de l'année. Payer à la fin du mois* (Cf. Étrenne, cit. 6). *Rester jusqu'à la fin du spectacle* (Cf. Bloquer, cit. 3). *Arriver à la fin de la vie* (Cf. Agréable, cit. 7). *Vers la fin de cette période.* V. **Expiration** (Cf. Approcher, cit. 12 ; évasion, cit. 1). *Dès la fin du repas.* V. **Dessert** (Cf. Baragouiner, cit. 1). *Avant la fin du jour.* V. **Crépuscule** (Cf. Blaser, cit. 5). *Du commencement à la fin de la séance.* V. **Clôture** (Cf. Bourgeonner, cit. 2). *Temps qui approche de sa fin* (Cf. Effuser, cit. 2), *qui tire à sa fin. Sur* la fin de l'hiver.* V. **Sortie ; sortir** (Cf. cit. 1) *et l'oméga, le commencement et la fin. Jusqu'à la fin des temps, des siècles.* V. **Consommation.**

« Au milieu ou à la fin de la semaine prochaine, je m'y mets. » FLAUB., **Corresp.**, t. III, p. 93. 2

« Dans la vie, rien ne se résout ; tout continue. On demeure dans l'incertitude ; et on restera jusqu'à la fin sans savoir à quoi s'en tenir ; » GIDE, **Faux-Monnayeurs**, III, X. 3

« La mûrissante couleur de la pénombre marque la fin de ma sieste. » COLETTE, **Naiss. du jour**, p. 22. 4

— *Elliptiqt.* Expression de la langue commerciale. — *Traite à payer fin mai. Effet payable fin courant*. Nous nous reverrons fin avril. Rendez-vous fin 56.* — (*Par anal.* avec les expressions formées avec mi-). *Rester jusqu'à la fin septembre.*

« J'ai un nouvel engagement ici pour jusqu'à fin 1885. » RIMBAUD, **Corresp.**, CXIII, 26 mai 1885. 5

— À LA FIN. *Loc. adv.* V. **Définitive** (en), **enfin, finalement.** *Il a nié d'abord* (cit. 14), *mais à la fin, il a reconnu ses torts.* V. **Finir** (par). *A la fin elle lui a pardonné.* (Fam.). *A la fin des fins. En fin finale.* — (N. B. *A la fin* s'emploie souvent comme une exclamation marquant l'impatience : *Tu m'ennuies, à la fin ! J'en ai assez, à la fin ! C'est trop bête, à la fin !*).

« Arrives-tu, dis ? Il est plus de huit heures. Faut manger, à la fin. » ZOLA, **La terre**, III, III. 6

« A la fin tu es las de ce monde ancien » APOLLINAIRE, **Alcools**, Zone. 7

« Oh ! bien sûr, nous n'attendons pas des démonstrations ridicules, mais enfin, mais à la fin des fins, de pouvoir imaginer seulement qu'un certain nombre des compagnons avec lesquels on a dansé, skié, joué au bridge, grinceront peut-être des dents toute l'éternité en maudissant Dieu, cela devrait tout de même changer un homme ! » BERNANOS, **Gr. cimetières sous la lune**, p. 252. 8

‖ **2°** Point auquel s'arrête un objet que l'on parcourt, dont on fait usage. (N. B. Malgré l'apparence, il ne s'agit pas d'un point dans l'espace ; ce point constitue le dernier élément de perception). *Arriver à la fin d'un livre, d'un chapitre. Couturière qui va bientôt être à la fin de sa bobine de fil. Être à la fin de son rouleau*.* V. **Bout.** *Réserve de vivres qui tire à sa fin. Boire le calice jusqu'à la fin :* jusqu'à la dernière goutte.

« Une ouvrière dirait en dévidant un peloton de fil, ou en travaillant, *je touche à la fin de mon fil ;* si elle en séparait une petite portion, *voilà un bout de fil ;* si elle considérait ce fil comme un continu, *je le tiens par le bout.* » ENCYCL. (DIDEROT), **Fin.** 9

‖ **3°** *Par ext.* Derniers éléments d'une durée, dernière partie d'une action, d'un ouvrage. *Il y a séjourné toute la fin de l'année. La fin de la journée a été belle* (Cf. Anguleux, cit. 2). *La fin du règne de Louis XIV fut assombrie par des revers. J'aime beaucoup la fin de ce roman.* V. **Dénouement, épilogue.** *Écouter la fin d'un discours.* V. **Conclusion, péroraison.** *La fin de ce morceau de musique.* V. **Coda, finale.** *La fin d'un orage.* V. **Queue.** *Il n'a pu assister qu'à la fin du match. C'est le commencement* (cit. 7) *de la fin.* V. **Déclin.** *En toute chose il faut considérer* la fin* (LA FONT., III, 5). —

Une triste fin de journée (Cf. Attendre, cit. 17; caresser, cit. 11). *Une fin de mois difficile, pénible. Une passionnante fin de course. En fin de compte*. En fin d'après-midi, de séance, de carrière, de partie...* (Cf. Accepter, cit. 17). Adjectivt. *Un personnage fin de siècle.* V. **Décadent.** *Il est très fin de race.*

10 « Quand il apprit que le roi était parti, il comprit mieux que jamais qu'il avait été de la fin d'un monde. »
RENAN, Souv. d'enf..., I, IV.

11 « La grande cour avait des feuilles mortes
Dans le vent froid des fins d'étés très vieux. »
JAMMES, Poés., J'aime dans les temps.

12 « Antoine avait une façon provocante de faire sonner la fin de ses phrases, qui fouetta la colère de M. Thibault... »
MART. du G., Thib., t. I, p. 213.

— Spécialt. *Faire une fin:* disposer pour l'avenir, pour la dernière partie de sa vie, en se mariant, en prenant une situation stable et sûre. V. **Ranger** (se). *Après une jeunesse agitée, à quarante ans, il s'est décidé à faire une fin.* — Vén. *Être sur ses fins,* se dit du cerf qui est las et près d'être forcé. Par anal. *Coureur qui est sur ses fins,* que ses forces trahissent et qui va être battu.

13 « ... ses profusions avaient entamé sa personne aussi bien que ses diverses fortunes. Malgré ses beaux dehors, il se connaissait et ne pouvait se tromper sur lui-même, il pensait à faire une fin, à se marier. »
BALZ., Député d'Arras, Œuv., t. VII, p. 728.

14 « L'amour les presse, comme la soif précipite vers la rivière le cerf sur ses fins ; »
BÉDIER, Tristan et Yseut, VI, p. 59.

|| 4° Arrêt, cessation de l'existence d'un être, de l'action d'un phénomène, d'un sentiment... V. **Disparition; anéantissement, destruction.** *La fin du monde. Témoin de la fin d'un empire.* V. **Chute.** *Verrons-nous jamais la fin de nos malheurs ?* (Cf. Brigandage, cit. 2). *C'est la fin de tous mes espoirs.* V. **Ruine; enterrement.** *Prospérité qui touche à sa fin.* V. **Caduc.** *La fin d'une rancune, d'une joie* (Cf. Apporter, cit. 41). *Lutte qui trouve sa fin* (Cf. Crise, cit. 10). *C'est la fin de tout,* tout s'écroule, il n'y a plus rien à faire (Cf. pop. *C'est la fin des haricots!*). *N'avoir ni fin, ni cesse,* ne pas cesser. *Il n'a ni fin ni cesse que,* il n'a de cesse* que. *Le mot de la fin,* le mot, le trait qui marque la fin d'une scène, d'un entretien...

15 « La fin du bien est un mal, et la fin du mal est un bien. »
LA ROCHEF., Max., 519.

16 « Aux approches de l'an mil, on crut à la fin du monde, et beaucoup de gens, saisis d'effroi, donnèrent leurs biens aux églises et aux couvents. »
TAINE, Philos. de l'art, t. I, p. 79.

17 « Certes, il y avait encore là du travail ; mais elles ne se portaient pas mal, Dieu merci ! elles en verraient bien la fin. »
ZOLA, La terre, II, III.

18 « Il se contenta de répondre... qu'il souhaitait la fin des luttes religieuses, dans tous les domaines... »
ROMAINS, H. de b. vol., t. III, XI, p. 156.

— METTRE FIN à... faire cesser, arrêter. (Cf. Argumentateur, cit. 2; armistice, cit. 1; arrêter, cit. 12). *La nuit mit fin au combat. L'arrivée de la police a mis fin à la bagarre. Il est temps de mettre fin à cette querelle.* V. **Terminer.** *Bataille qui mit fin à la guerre.* V. **Décisif.** *Mettons fin à tous ces malentendus, à nos querelles!* V. **Dissiper, finir.** *Mettre fin à sa vie, à ses jours* (Cf. Arrêter, cit. 31). V. **Tuer** (se); **suicider** (se). *Mettre fin aux activités d'un parti.* V. **Dissoudre, supprimer.** — *Prendre fin,* cesser. *La réunion, la délibération a pris fin très tard.* V. **Terminer** (se). *Les dernières batteries se turent, la résistance prit fin partout.* V. **Expirer.** *Ici prend fin l'histoire de...*

19 « Mieux vaut donc de ma maîtresse.
Chanter les beautés, afin
Qu'à la douleur qui me presse
Daigne mettre heureuse fin ; »
RONSARD, Quatre prem. liv. odes, A sa Guiterre.

20 « Un état où l'on dit que se tuer de désespoir serait inopérant pour mettre fin au désespoir. »
ROMAINS, H. de b. vol., t. IV, VII, p. 62.

— SANS FIN (loc. employée aujourd'hui autant comme adj. que comme adv.). *Discourir sans fin.* V. **Cesse** (sans), **continuellement, indéfiniment, interminablement...** *Amasser sans fin* (Cf. Avarice, cit. 2). *Ascension* (cit. 11), *extase, élargissement sans fin* (Cf. Étanchement, cit.; fanatique, cit. 2). V. **Immense, indéfini, infini.** *Conversation, monologue sans fin* (Cf. Chatterie, cit. 1). V. **Éternel, interminable.** — Technol. *Courroie*, chaîne*, vis* sans fin,* permettant une transmission continue du mouvement.

21 « ... l'univers ne connaît pas le découragement ; il recommencera sans fin l'œuvre avortée. »
RENAN, Souv. d'enf..., Préf.

22 « Voici les nuits sans fin qui laissent du loisir pour le sommeil et pour le plaisir des histoires... »
BÉRARD, Traduc. HOMÈRE, Odyss., p. 261.

— Spécialt. Cessation de la vie humaine. V. **Mort*.** *Il sentait que sa fin était proche.* V. **Agonie.** *Approcher* (cit. 40) *de la fin.* V. **Dépérir.** *Ce traitement malheureux a hâté sa fin. Acheminer doucement un malade à sa fin* (Cf. Condamner, cit. 25). *Fin prématurée* (Cf. Éternel, cit. 32). *Fin heureuse, paisible, terrible, tragique... C'est une belle fin. Ce*

libertin s'est converti et a fait une bonne fin, il est mort dans des sentiments de piété. *Trouver, rencontrer sa fin.* V. **Mourir.** (Cf. Embuscade, cit. 1).

23 « Rien ne trouble sa fin : c'est le soir d'un beau jour. »
LA FONT., Phil. et Bauc.

24 « ... monsieur Benassis était la veille parfaitement bien portant, et sans nulle apparence de maladie. Avant-hier, comme s'il eût connu sa fin, il alla visiter tous ses malades... »
BALZ., Méd. de campagne, Œuv., t. VIII, p. 528.

25 « J'ai pensé que Père était mort », se dit Antoine, simplement ; et il se rendit compte combien il était déjà préparé à accepter cette fin. »
MART. du G., Thib., t. III, p. 194.

|| 5° Cessation, non par anéantissement, mais par achèvement. *Artiste qui considère une œuvre comme une fin* (Cf. Couronnement, cit. 8). V. **Aboutissement.** *Ce n'est pas une fin, mais une étape* (Cf. Épiscopat, cit. 2). *Peintre moderne qui considère l'esquisse* (cit. 2) *comme une fin. Mettre, mener à fin* (vieilli). V. **Achever, accomplir, dénouer, réaliser...** (Cf. Assiduité, cit. 2; bout, cit. 14). *Mener à bonne fin une étude, une affaire* (Cf. Antiseptique, cit.) V. **Perfection, solution.** *Venir à bonne fin* (peu usit. — Cf. Chance, cit. 8), donner de bons résultats.

26 « Louis dompte l'Europe, et, d'une main puissante,
Il conduit à leur fin les plus nobles projets. »
LA FONT., Fab., XI, Épil.

27 « La sagesse du législateur est de suivre le philosophe, et ce qui a son commencement dans les esprits a inévitablement sa fin dans le code. »
HUGO, Paris, V, 1.

28 « ... tout doit s'achever dans l'œuvre visible, et trouver par ce fait même une détermination finale absolue. Cette fin est l'aboutissement d'une suite de modifications intérieures aussi désordonnées que l'on voudra, mais qui doivent nécessairement se résoudre au moment où la main agit, en un commandement unique, heureux ou non. »
VALÉRY, Variété V, p. 312.

II. Ce qui est à la fois terme et but; ce pour quoi quelque chose se fait ou existe.

29 « Les deux sens de *terme* et de *but* sont psychologiquement liés l'un à l'autre... C'est bien la coexistence et la mutuelle pénétration dans la conscience de la représentation statique et du dynamisme qui explique la coexistence et l'imparfaite séparation des deux sens du mot *fin.* »
M. BERNÈS in LALANDE, Vocab. phil., Fin.

|| 1° Chose qu'on veut réaliser, à laquelle on tend volontairement. V. **But.** *Arriver, en venir à ses fins.* V. **Réussir.** (Cf. Affèterie, cit. 1 ; arriver, cit. 33). *Les fins qu'il se propose.* V. **Visée.** *Quelle fin poursuit-il ? Ce sont là des fins plus apparentes que réelles. Fins cachées, secrètes. Employer* (cit. 4), *asservir* (cit. 10) *à certaines fins. L'instruction a pour fin de...* (Cf. Étymologie, cit. 6). *Bonne, mauvaise fin* (Cf. Composer, cit. 13). *Fin erronée* (cit. 2) *mais désintéressée.* PROV. *Qui veut la fin veut les moyens:* celui qui veut atteindre un but accepte d'y arriver par tous les moyens. *La fin justifie les moyens,* thèse fondamentale du machiavélisme* politique.

30 « ... n'imaginant pas dans tous les hommes une autre fin de toutes leurs actions que celle qu'il s'est proposée lui-même toute sa vie... »
LA BRUY., XII, 67.

31 « Il y a bien quelque chose à dire contre la délicatesse dans ce que vous racontez là ; mais la fin de l'action en sanctifie les moyens... »
VOLT., Dial. entre un prêtre et un ministre protest.

32 « Nous ne sommes juges ni des moyens ni de la fin du Tout-Puissant. »
BALZ., Méd. de campagne, Œuv., t. VIII, p. 437.

33 « Si l'on tient la liberté pour le principe et le but de toute activité humaine, il est également faux que l'on doive juger les moyens sur la fin et la fin sur les moyens. Mais plutôt la fin est l'unité synthétique des moyens employés. Il y a donc des moyens qui risquent de détruire la fin qu'ils se proposent de réaliser... »
SARTRE, Situations II, p. 308.

— *Philos.* (KANT). *Fin subjective,* que poursuivent les inclinations et volontés individuelles. *Fin relative,* moyen d'une autre fin plus élevée. *Fin en soi,* objective et absolue. *La nature raisonnable, réalisée dans la personne humaine, est une fin en soi. Le deuxième impératif* catégorique repose sur la notion de fin* (Cf. infra.).

34 « Agis de telle sorte que tu traites l'humanité, aussi bien dans ta personne que dans la personne de tout autre, comme une fin et jamais simplement comme un moyen. »
KANT, in CUVILLIER, Manuel de philos., t. II, p. 236.

35 « L'organisation socialiste, chez nous est non un moyen, mais, comme parlent les philosophes : une fin en soi. »
ROMAINS, H. de b. vol., t. IV, IX, p. 94.

— *Loc. div.* V. **Intention, objet.** *A cette fin, à ces fins, pour arriver à cette fin. A cette fin, nous avons décidé de... A d'autres fins. A bonne, à mauvaise fin. A toutes fins utiles, pour servir le cas échéant et en tout cas. Il fit parvenir à son avocat, à toutes fins utiles, une pièce qu'il venait de retrouver. A telle fin que de raison. A telle fin raisonnablement prévisible, pour servir comme il conviendra. A quelle fin ? pourquoi ?* (Cf. Aiguail, cit.). *A cette fin de...* (Cf. Essuyer, cit. 2): afin de. *A seule fin de..., à seules fins de...* (Cf. Amadouer, cit. 5): seulement afin de...

36 « Il faut aussi faire mention de l'expression *à seule fin.* C'est originairement : à *celle fin.* Le mot *fin* y est précédé d'un démonstratif qui insistait sur l'idée. Mais comme *celle* se prononçait : *sœle,* une confusion s'est faite entre : *celle* et *seule* — et l'orthographe *à seule fin* l'a consacrée, — si bien que peu à peu la locution tend

a prendre le sens de *uniquement pour.* On remarquera que c'est une autre façon de marquer une destination spéciale. *Il compulsait furieusement les six cent trente-sept mille layettes... à la seule fin d'y découvrir des anecdotes* (FRANCE, Mann..., 95).»
BRUNOT, **Pens. et lang.**, p. 851.

37 « Malgré sa parfaite clarté, *afin que* s'est souvent renforcé du démonstratif. D'abord sous la forme *à celle fin que.* Le sens de ce démonstratif s'étant perdu..., on remplaça l'ancien *celle* par *cette* : « Il surveille l'évacuation du cantonnement *à cette fin que* personne ne tire au flanc. » BARBUSSE, Le feu, XI, 146 ; l'emploi de *à cette fin que* est considéré comme familier. — Le tour originel (*à celle fin que*) a donné d'ailleurs naissance, par suite d'une confusion phonétique, à une autre combinaison, *à seule fin que* : « Elle aurait cru que si je prétendais que je cesserais de l'aimer..., c'était *à seule fin qu'*elle me dit de revenir vite auprès d'elle. » PROUST, A l'ombre des J. F., I, 225... »
G. et R. LE BIDOIS, **Syntaxe du fr. mod.**, II, p. 470.

‖ 2° Terme auquel un être ou une chose tend ou va instinctivement ou par nature. V. **Destination, tendance.** *La recherche des causes et la recherche des fins.* V. **Finalité.** *La fin de l'homme, de son être* (Cf. Esprit, cit. 118 ; essence, cit. 4), *de tout ce que nous voyons* (Cf. Contemplation, cit. 2). V. **Final** (cause finale). *Les principes et la fin de la poésie.*

38 « Parlez au diable, employez la magie :
Vous ne détournerez nul être de sa fin. »
LA FONT., **Fab.**, IX, 7.

39 « Pangloss enseignait la métaphysico-théologo-cosmolo-nigologie... Il est démontré, disait-il, que les choses ne peuvent être autrement ; car tout étant fait pour une fin, tout est nécessairement pour la meilleure fin. Remarquez bien que les nez ont été faits pour porter des lunettes ; aussi avons-nous des lunettes. » VOLT., **Candide**, I.

40 « Oui, l'homme est sa propre fin. Et il est sa seule fin. S'il veut être quelque chose, c'est dans cette vie. »
CAMUS, **Mythe de Sisyphe**, p. 120.

— Théol. *Dieu principe et fin de toute chose. Les fins dernières*, à savoir la mort, le jugement dernier, le ciel et l'enfer. V. **Eschatologie.**

‖ 3° But juridiquement poursuivi. «*Fins, en termes du Palais, signifient toutes sortes de demandes et prétentions* » (FURET.). *Les fins et conclusions du demandeur. Fins civiles*, présentées par la partie civile, en matière criminelle, et ne tendant qu'à une condamnation pécuniaire. *Fin de non-recevoir* (tendant à présenter la partie adverse comme non recevable dans sa demande). V. **Exception** (cit. 5).

41 « La *fin de non-recevoir* est définie habituellement comme étant un moyen tendant à faire écarter la demande, en s'attaquant au droit même de l'intenter, sans pour cela, discuter le fondement de la prétention du demandeur. Tels seraient, par exemple, les moyens tirés de la chose jugée, du défaut de qualité, d'intérêt, de capacité ou de la prescription. »
DALLOZ, **Nouv. répert. de dr.**, Except. et fin non-recevoir, 2.

— *Par ext.* V. **Refus.** *Il m'a opposé une fin de non-recevoir ; il a répondu à ma demande par une fin de non-recevoir ; il a rejeté ma requête comme irrecevable, sans la considérer.*

42 « Je voudrais bien maintenant pouvoir parler de cela à mon aise dans la *Revue* : j'y songe et je désire fort qu'il n'y ait pas trop de difficultés et de fins de non-recevoir. »
STE-BEUVE, **Corresp.**, t. I, p. 175.

ANT. — Avènement, commencement, début, entrée. Approche, départ, germe, milieu, naissance, origine. Condition, principe.

DER. — Finage. n. m. (XIVe s. ; *finaige* en 1231). Limites, étendue d'une paroisse ou d'une juridiction (*vx.*) ; d'un territoire communal (de nos jours), dans certaines provinces. — Final. Finance. Finir.

COMP. — Afin, enfin.

FIN, FINE. adj. (1100 ; lat. *finis*, fin, pris adjectivt.).

I. (*Vieilli* ou *Dial.* sauf dans les expressions signalées). Qui atteint la limite. V. **Extrême.** *Le fin fond* des bois. Il est allé se loger au fin fond de la ville* (V. **Loin**). — *Le fin mot d'une histoire*, le dernier mot, le mot qui donne la clé du reste. *Voilà le fin mot de cette étrange conduite*, le motif secret et véritable.

1 « Dans tous les cas, je saurai le *fin* de cette affaire et trouverai peut-être une occasion de faire peur à cette Mme de Rênal, qui ne nous estime point... » STENDHAL, Le rouge et le noir, II, XXXVII.

— Adverbialt. V. **Complètement, tout** (tout à fait). *Fin saoul. Fin prêt.*

2 « Quand vous reviendrez de votre tour de France, la maison sera *fin* prête, dit Nadine. » S. de BEAUVOIR, **Mandarins**, IV, p. 214.

II. ‖ 1° Qui présente un caractère de perfection. Qui est de la dernière pureté. V. **Affiné*, pur*, raffiné*.** *Or fin.* — Substantivt. *Le fin d'une monnaie d'or ou d'argent :* le poids d'or ou d'argent pur qui se trouve dans un alliage. *Un kilogramme d'or à 9/10e de fin* (V. **Titre**). *Pierres*, perles fines.* V. **Précieux.** *La fine fleur de la farine*.* — Fig. *La fine fleur :* ce qu'il y a de plus précieux, de plus choisi. *La fine fleur d'une société...* V. **Élite.**

3 « Il peut aimer violemment, mais il n'aura jamais cette fine fleur de manières qui distinguait Lauzun... »
BALZ., Les Chouans, Œuv., t. VII, p. 966.

4 «...veux-tu voir Mme d'Agoult, qui reçoit la fine fleur des grands esprits ? » SAND, Lett inéd., in MAUROIS, Lélia, VII, IV.

— Qui est de la matière la plus choisie, la meilleure (*par oppos.* à commun, ordinaire). *Toit d'ardoise* (cit. 1) *fine.*

Habit de drap (cit. 1) *fin. Robe de laine fine* (Cf. Effacer, cit. 13). *Lingerie fine. Blanchissage de linge fin* ou substantivt. *de fin. Couleurs fines. Épicerie fine. Un fin morceau. Souper fin. Chère fine. Vins fins.* Par ext. *Partie fine*, partie de plaisir. V. **Galant.**

5 « ... le fin lin et la pourpre sont ses vêtements. »
FÉNEL., **Éduc. des filles**, XIII

6 « ... assoupi par la digestion du fin déjeuner qu'il avait fait. »
ZOLA, **La terre**, I, II.

7 « ... je la paie d'un gobelet de vin et d'un fin morceau, lièvre, lapin, oie, voire geline ou chapon. »
FRANCE, **Rôtiss. reine Pédauque**, Œuv., t. VIII, p. 15.

— *Eau-de-vie fine*, ou substantivt. (XIXe s.) *Fine*, eau-de-vie naturelle de qualité supérieure. *Fine Champagne* (la Champagne désignant une région autour de Cognac), *fine Calvados, fine Béziers.*

8 « C'est une fine champagne de 1820. Tu peux goûter... C'est fin, c'est net, c'est léger... le temps de ces merveilles est passé. On a le palais gâté par l'eau-de-vie lourde et colorée de tes bouteilles bien habillées... »
CHARDONNE, **Dest. sentim.**, p. 61.

— *Par ext.* substant. et fig. *Le fin du fin :* l'essence la plus subtile d'une chose. V. **Nec plus ultra.**

9 « C'est là savoir le fin des choses, le grand fin, le fin du fin. »
MOL., **Préc. rid.**, 9.

10 « Et que le fin du fin ne soit la fin des fins »
ROSTAND, **Cyr. de Berg.**, III, 6.

— En parlant d'une odeur, d'un parfum. *Arôme fin et pénétrant* (Cf. Champignon, cit. 1). — Par ext. *Fines herbes* (c'est-à-dire au parfum subtil) : herbes odoriférantes employées en cuisine. V. **Assaisonnement.**

11 « Voici la drogue... singulièrement odorante, à ce point qu'elle soulève une certaine répulsion et des velléités de nausées, comme le ferait, du reste, toute odeur fine et même agréable, portée à son maximum de force et pour ainsi dire de densité. »
BAUDEL., **Parad. artif.**, Poème du hasch., III.

‖ 2° En parlant des organes des sens, D'une extrême acuité. V. **Sensible.** *Avoir l'oreille* fine. Odorat fin.* Par anal. et fig. *Avoir le nez fin*, avoir du flair (Cf. Nez creux*). — Par anal. *Un fin voilier*, dont la voile est sensible au moindre souffle de vent.

— *Fig.* En parlant des facultés intellectuelles ou morales. Qui discerne les moindres rapports des choses. V. **Délié, perspicace, sagace, subtil.** *Esprit fin* (Cf. Critique, cit. 4). *Un tact fin* (Cf. Avoir, cit. 25). *Sens artistique très fin* (Cf. Amenuisement, cit.).

12 « Les esprits fins sont ceux qui remarquent par la raison jusques aux moindres différences des choses... »
MALEBR., **Rech. vérité**, II, II, VIII (in LITTRÉ).

— En parlant de ce qui marque de la subtilité d'esprit. une sensibilité délicate*. *Une pensée fine. Observations, aperçus justes et fins* (Cf. Assentiment, cit. 8 ; esprit, cit. 112). *Jouissances fines* (Cf. Assouvissement, cit. 2). *Raillerie fine et délicate* (Cf. Attique, cit. 3). — Par ext. V. **Piquant, spirituel.** *Un regard fin. Physionomie fine. Sourire fin* (Cf. Coquet, cit. 13). *Une fine plaisanterie* (Cf. Attique, cit. 7). *Traits plaisants et fins* (Cf. Carquois, cit. 3).

13 « L'amour... ce n'est pas ce sentiment fin, élevé, délicat et choisi qui faisait mettre le genou en terre devant une statue de Praxitèle ou une madone de André del Sarte... »
GAUTIER, **Souv. de théâtre...**, p. 32.

14 « Vingt fois l'heure, Zazou prouve qu'il a le sens de l'humour, du plus fin et du plus retors. » DUHAM., **Plais. et jeux**, II, XI.

‖ 3° En parlant des hommes, Qui excelle dans une activité réclamant de l'adresse et du discernement. V. **Adroit, habile.** *Une fine lame.* V. **Escrimeur** (Cf. Égratignure, cit. 2). *Un fin joueur. Fin limier. Fin connaisseur. Fin gourmet.* V. **Bec** (fin), **bouche** (fine), **gueule** (fine).

— *Par ext.* D'une habileté qui s'accompagne de ruse. V. **Astucieux, averti, avisé, clairvoyant, diplomate, finaud, futé, habile, malin, retors, rusé, subtil.** *Fin matois. Fin compère. Fin renard*. Fine mouche*. N'être pas des plus fins* (Cf. Affaire, cit. 67). — Loc. div. *Fin comme l'ambre* (cit. 2). *Bien fin qui l'attrapera ! Jouer au plus fin.* V. **Finasser.** *Faire le fin :* se piquer de ruse, d'adresse. — En parlant des actes, de la conduite. *Une fine manœuvre. La parade est fine.* Ironiqt. *C'est fin, ce que tu as fait là !* V. **Malin.**

15 « Le vrai moyen d'être trompé, c'est de se croire plus fin que les autres. » LA ROCHEF., **Max.**, 127.

16 « ... Maint vieux chat, fin, subtil et narquois, »
LA FONT., **Fab.**, XII, 8.

17 « Ce gros homme à la tête de sanglier et dont l'appétit devait devenir célèbre dans la société où tout le monde dévorait, était cependant fin jusqu'à la rouerie et prêt à toutes les souplesses. »
MADELIN, **Hist. Cons. et Emp.**, Le consulat, VII, p. 94.

18 « Rassurée par le son de cette voix, elle raisonnait en Léa d'autrefois, perspicace, fine à la manière des paysans fins. »
COLETTE, **Fin de Chéri**, p. 102.

III. ‖ 1° Qui est d'une extrême petitesse. V. **Menu, petit.** *Sable fin* (Cf. Argenté, cit. 6 ; étoiler, cit. 3). *Poudre fine, presque impalpable. Sel fin. Pluie fine* (Cf. Appui, cit. 17 ;

arroser, cit. 5; chair, cit. 34). — Adv. *Moudre fin.* — Substantivt. *Les fines,* se dit dans le Nord des houilles menues, presque en poussière.

— Qui est extrêmement délié. V. **Allongé, élancé, étroit, svelte.** *Aiguille fine. Fil fin.* Adv. *Filer très fin.* — *De fines veines bleues* (Cf. Blancheur, cit. 2). *Branches fines* (Cf. Bourgeon, cit. 1). *Herbe fine* (Cf. Arrosage, cit. 1). *Cheveux fins et soyeux* (Cf. Brouillard, cit. 9). — *Par ext.* Mince avec élégance. *Contours fins et gracieux*.* V. **Beau.** *Taille fine* (Cf. Bon, cit. 31; catalogue, cit.). *Mains, jambes, attaches fines. Visage aux traits fins.*

19   « Le temps, qui change si malheureusement les figures à traits fins et délicats, embellit celles qui, dans la jeunesse, ont des formes grosses et massives... »
           BALZ., **Petits bourgeois, Œuv.,** t. VII, p. 137.

— Très aigu. V. **Ténu.** *Pointe fine* (Cf. Émousser, cit. 1). *Oiseau au bec fin.* V. **Becfin.** *Plume fine,* et par ext. *Écriture* (cit. 7) *fine. Pinceau fin,* et par ext. *Touches fines. Fins dégradés de ton.* — *Par anal.* et fig. *Fines nuances de la pensée* (Cf. Aristocrate, cit. 1; épouser, cit. 13).

— Qui est très mince (*par oppos. à* épais). V. **Délicat, léger, mince.** *Fine contexture. Tissu fin* (Cf. Baume, cit. 5). *Dentelle fine. Voile fin.* V. **Vaporeux.** *Fin comme une toile d'araignée.* V. **Arachnéen.** *Papier* fin* (Cf. Papier de soie). *Verres fins.* V. **Mousseline.** *Grain fin. Peau* fine.* V. **Doux** (Cf. Étinceler, cit. 8). *Souliers fins.*

‖ 2° *Par ext.* En parlant des hommes, Qui est délicat, élégant* (cit. 4) dans son allure, dans ses manières, ses mœurs... *Nature d'élite* (cit. 5) *fine, distinguée.*

‖ 3° *Adverbialt.* Au billard: *prendre fin sa bille. Jouer fin sur la rouge* (par oppos. à *jouer gros*): effleurer à peine la bille.

ANT. — **Premier. Gros, grossier, inférieur. Balourd, béotien, bête, butor, inepte, lourd, niais, simple, simplet, sot, stupide. Épais, empâté, gros...**

DER. — **Fignoler*, finasser*, finaud*, finement*, finesse*.** — **Finage.** *n. m.* (fin XIXe s.; NOUV. LAR. ILL.). Opération métallurgique, précédant l'affinage de la fonte, visant à la débarrasser du silicium. — **Finerie.** *n. f.* (fin XIXe s.) Fourneau d'affinage de la fonte. Usine d'affinage. **Finet, ette.** *adj.* (XVe s.) (*Vx.*). Qui a une certaine finesse d'esprit. V. **Finaud.** — **Finette.** *n. f.* (1519). Étoffe de coton croisée dont l'envers est pelucheux. *Doublure, chemise de nuit en finette.*

COMP. — **Affiner*, raffiner*. Extra-fin, superfin, surfin.**

FINAL, ALE, ALS, ALES. *adj.* (XIIe s.; bas lat. *finalis,* de *finis.* V. **Fin**).

‖ 1° Qui est à la fin, qui sert de fin (au sens I). *Lettre, consonne* (cit. 4), *voyelle finale. Amuïssement* (cit.), *assourdissement des consonnes finales. Syllabe finale. Mesure, note, accords finals d'un air.* V. **Dernier.** *Point final,* à la fin d'une phrase. V. **Terminal.** *Mettre le point final à une affaire, à un débat,* y apporter une conclusion définitive. *Compte final,* en fin d'exercice. *Quittance finale,* en fin de paiement. *Effet, terme final.* V. **Extrême, ultime** (Cf. Chaîne, cit. 34; cycle, cit. 5). *Lutte, épreuve, victoire, défaite finale* (Cf. État, cit. 132). Théol. *Impénitence* finale, persévérance finale.*

1   « ...j'arrêtai d'abord la question finale, la question suprême à laquelle le *Jamais plus* devait, en dernier lieu, servir de réponse... »
       BAUDEL., Trad. E. POE, **Hist. grotesq. et sér., Genèse poème.**

‖ 2° Qui marque une fin (sens II), un but. Philos. *Cause* finale,* « ce qui explique un fait en le faisant connaître comme moyen d'une fin » (LALANDE). *La doctrine des causes* (cit. 5) *finales implique la reconnaissance d'un architecte suprême de l'univers.* V. **Finalisme, finalité.** *Preuve de l'existence de Dieu par les causes finales.* V. **Téléologique.** « *La recherche des causes finales, comme une vierge consacrée à Dieu, n'enfante rien* » (BACON).

2   « ... M. de Lardois, depuis qu'il croyait nous avoir prouvé l'immortalité de l'âme par les causes finales, souriait à nos robes mortelles, et nous envoyait mille signes dictés par l'amitié, cause finale de l'amour. » GIRAUDOUX, **Suzanne et le Pacifique, I.**

— *Gramm.* Qui comporte une orientation vers un but, une intention. *Conjonction finale* (par ex.: *afin que*). *Propositions finales,* au subj. (pour qu'il vienne), à l'inf. (pour me voir). *Infinitif final* (il est venu me demander...).

ANT. — **Initial. Efficient.**

DER. — **Finale. Finalement.** *adv.* (XIIIe s.) A la fin, pour finir (Cf. Archaïsme, cit.; astuce, cit. 5; éternel, cit. 15). *Ils se sont finalement réconciliés.* — En dernière analyse (Cf. État, cit. 136). *Je ne vois pas, finalement, ce qu'il y a gagné.* V. **Définitive** (en). — **Finaliste. Finalité.**

1. FINALE. *n. f.* (XVIIIe s.; de *final,* par ellipse du subst.). *Gramm.* Syllabe ou éléments en dernière position dans un mot ou une phrase (Cf. -Ard, cit. 2). *Finale brève, longue, accentuée...* (Cf. Appuyer, cit. 22). *Consonne qui s'assourdit à la finale. Chute des finales,* du latin au français.

1   « Il y a des pièges et des surprises dans les langues à inversion ; le lecteur reste suspendu dans une phrase latine, comme un voyageur devant les routes qui se croisent : il attend que toutes les finales l'aient averti de la correspondance des mots ; »
       RIVAROL, **Littér., I,** p. 28.

— *Mus.* Note finale d'un air, d'un chant. *Spécialt.* (Vieilli). V. **Tonique** (Cf. Baisser, cit. 21).

« (Elle) se rendait au piano... pour jouer, si l'on peut dire, certains   2 airs dont elle escamotait toutes les finales. »
       CÉLINE, **Voyage au bout de la nuit,** p. 112.

— *Danse.* Figure finale d'un quadrille.

— *Sport.* Dernière épreuve (d'un championnat, d'un tournoi, d'une coupe) qui, après les éliminatoires et parfois le repêchage, désigne le vainqueur. *Arriver en finale. Disputer, remporter la finale. Trente-deuxièmes, seizièmes, huitièmes, quarts de finale, demi-finales de la Coupe de football.*

DER. **Finaliste.** *n.* et *adj.* (Néol.). Concurrent ou équipe disputant une finale; qualifié pour la finale. *Il a été deux fois finaliste du tournoi.*

2. FINALE. *n. m.* (1829 BOISTE; ital. *finale,* de *fine,* fin). *Mus.* Dernier morceau d'un opéra; dernier mouvement de toute composition de la forme sonate. V. **Coda.** *Finale d'opéra à nombreux ensembles. Mouvement allegro vivace d'un finale de concerto.*

« On peut reprocher à ce finale sa ressemblance avec celui de *Don Juan...* Ce reproche est d'ailleurs commun à tous les compositeurs qui depuis Mozart ont fait des finales. Le finale de *Don Juan* est une de ces formes classiques trouvées pour toujours. »
       BALZ., **Gambara, Œuv.,** t. IX, p. 465.

— *Par anal.* En parlant d'un poème. *L'admirable finale de Booz endormi.*

ANT. — **Ouverture.**

FINALISTE. *n.* et *adj.* (1829 BOISTE; de *final,* cause finale). *Philos.* Qui croit à l'action des causes finales et, en général, à la finalité comme explication de l'univers. *Bernardin de Saint-Pierre dans ses Harmonies de la Nature est un finaliste naïf. Théories finalistes en biologie.*

DER. — **Finalisme.** *n. m.* (XXe s.). Philosophie finaliste. V. **Providentialisme, vitalisme, volontarisme** (ANT. V. **Déterminisme, mécanisme**).

« Telle est la philosophie de la vie où nous nous acheminons. Elle prétend dépasser à la fois le mécanisme et le finalisme... Comme le finalisme radical, quoique sous une forme plus vague, elle nous représentera le monde organisé comme un ensemble harmonieux. Mais cette harmonie est loin d'être aussi parfaite qu'on l'a dit. »
       BERGSON, **Évol. créatrice,** p. 50.

FINALITÉ. *n. f.* (1865 LITTRÉ; de *final,* au sens 2°).

‖ 1° *Morale.* Caractère de ce qui tend à un but; le fait de tendre à ce but, par adaptation de moyens à des fins. *Finalité consciente dans la vie morale. Finalité obscure d'actes passionnels ou instinctifs. Croyance à la finalité dans l'histoire. Principe de finalité.* V. **Téléologie.** *Expression de la finalité dans le langage.*

« Le rapport de conséquence et le rapport de finalité sont très   1 voisins. Cependant ils sont impossibles à confondre. Comparez : *Sa mère l'a élevée de telle sorte qu'elle puisse vivre avec peu et : sa mère l'a bien élevée, de sorte qu'elle peut vivre avec peu.* Dans le premier cas, la phrase exprime la fin, le but que se proposait la mère pour l'avenir de sa fille. Dans le second, au contraire, il s'agit d'un fait qui résulte d'un autre plus général, qui n'était pas destiné spécialement à produire le second. » BRUNOT, **Pens. et lang.,** p. 843.

« L'Europe (et le monde blanc) ont oublié leur finalité spirituelle :   2 le désordre politique naît de cette trahison. »
       DANIEL-ROPS, **Ce qui meurt...,** p. 108.

‖ 2° *Esthét.* Adaptation des parties au tout. V. **Harmonie.** *Perception d'une finalité, accompagnant le sentiment du beau.* « *La beauté est la forme de la finalité d'un objet en tant qu'elle y est perçue sans représentation de fin* » (KANT).

‖ 3° *Biol.* Adaptation des êtres vivants, des organes à quelque fin ou quelque plan déterminant. *Finalité immanente,* par ex. dans l'adaptation spontanée de l'être à son milieu. *Finalité transcendante,* p. ex. dans la sélection artificielle et l'élevage. *Biologistes accordant à la notion de finalité une importance dans l'explication scientifique.* V. **Vitaliste** (néo-). *Finalité conçue comme « principe interne de direction » et « élan vital » chez Bergson.*

« (Selon M. Goblot)... « il y a une autre finalité que la finalité   3 intentionnelle, il y a *une finalité sans intelligence* ». Cette finalité ... c'est « la causalité du *besoin* » : il y a finalité quand « le besoin d'un avantage détermine une série d'effets tendant à réaliser cet avantage ». C'est cette finalité que traduit l'idée de fonction. »
       CUVILLIER, **Manuel de phil.,** t. II, p. 592.

« L'existence de la finalité dans l'organisme est indéniable. Chaque   4 élément paraît connaître les besoins actuels et futurs de l'ensemble, et se modifie d'après eux. »
       CARREL, **L'homme, cet inconnu,** p. 236.

FINANCE. *n. f.* (XIIIe s., « paiement, rançon », puis « argent »; du v. *finer,* « payer », altér. de *finir*: mener à fin, venir à bout, d'où payer).

‖ 1° *Vx.* Ressources pécuniaires. V. **Argent, ressource.** Cf. Amasser, cit. 1; blé, cit. 10. — REM. *Finance* est parfois encore employé au sens d'argent, par plaisanterie (Cf. l'orthographe comique *Phynance,* employée par A. JARRY).

— *Loc. Obtenir quelque chose moyennant finance:* moyennant de l'argent comptant.

— *Au plur.* (fam.). *Ses finances vont mal. L'état de nos finances.*

1 « Les finances de Chateaubriand seraient un chapitre à écrire de son histoire. » STE-BEUVE, Chateaub., t. II, p. 329.

‖ 2° *Au plur.* Ensemble des recettes et des dépenses de l'État; activité de l'État dans le domaine de l'argent; science régissant cette activité. *Finances publiques.* V. **Denier, fonds** (public), **recette** [contribution, fisc, impôt*, taxe; emprunt* (2°; cit. 6 et 7); émission, inflation, monnaie... et *aussi* Amortissement, 2°; conversion]; **dépense** (cit. 8 et *supra*); **dette*** (2°). *Organisation, gestion des Finances.* V. **Budget, comptabilité** (publique), **crédit** (II, 3°), **recette, trésor, trésorerie.** *Administration des Finances. Ministère des Finances,* composé de la direction du budget et du contrôle financier; direction de la comptabilité publique; direction du mouvement général des fonds; direction du contrôle des dépenses engagées. *Inspection générale des Finances. Ministre des Finances.* V. **Argentier** (grand argentier *(fam.)*; **échiquier** (chancelier de l'Échiquier.) *Surintendant* des Finances, sous l'Ancien Régime. *Commission des Finances. Loi de Finances.*

2 « Il n'est point, dans la bataille politique, de personnage plus puissant et plus isolé que le ministre des Finances. Chef d'une administration qui domine toutes les autres, responsable de la préparation et de l'exécution du budget, maître des pouvoirs extraordinaires que confère le contrôle du crédit, des investissements et des changes, il doit sans nulle relâche faire face aux sollicitations et aux offensives dont son pouvoir unique est l'objet. » DONNEDIEU de VABRES, L'État, p. 58 (éd. P.U.F.).

3 « Dans la notion classique, la définition complète des Finances publiques est... la suivante : science des moyens par lesquels l'État se procure et utilise les ressources nécessaires à la couverture des dépenses publiques, par la répartition entre les individus des charges qui en résultent...
La première transformation de la notion classique de Finances publiques a consisté à dissocier les moyens des buts... on s'est aperçu ... que les techniques financières constituaient pour l'État des procédés très efficaces d'intervention, dans le domaine économique et social notamment, en dehors de toute idée de couverture des dépenses publiques. » DUVERGER, Fin. publ., p. 6-8 (éd. P.U.F.).

— *Allus. hist. Faites-nous de bonne politique et je vous ferai de bonnes finances,* mot attribué au baron Louis (1755-1837), ministre des Finances sous la Restauration.

— *Finances départementales, locales. Finances internationales.*

— *Par ext.* Administration des Finances: *Être employé aux Finances.*

— *Au sing.* (Vx.). *La finance:* sous l'Ancien Régime, la ferme ou la régie des droits du roi, et *par ext.,* ceux qui avaient cette ferme. V. **Fermier, financier.**

‖ 3° Grandes affaires d'argent; activité bancaire, boursière. V. **Affaire; banque; bourse, commerce, crédit...; capital, capitalisme.** *S'occuper de finance, être dans la finance. Termes de finance, vocabulaire de la finance.* — *Par ext.* Ensemble de ceux qui ont de grosses affaires d'argent... V. **Banquier, capitaliste, financier** (Cf. Encourager, cit. 12). *La haute finance internationale.*

4 « Son voisin au contraire, étant tout cousu d'or,
Chantait peu, dormait moins encor.
C'était un homme de finance. » LA FONT., Fab., VIII, 2.
DER. — **Financer, financier.**

FINANCER. v. intr. et tr. (XVe s.; de *finance*).

I. V. intr. *Vieilli* ou *Ironiqt.* Fournir, débourser de l'argent. V. **Payer; casquer** *(fam.)... On l'a fait financer* (ACAD.). Cf. Chantage, cit. 1.

1 « Moi-même, si j'avais le malheur d'être entre les griffes de la justice, je ne pourrais m'en tirer qu'en finançant. » LESAGE, Diable boit., VII.

2 « Il est clair que si la comtesse allait aussi chez le vieil escompteur, il y avait urgence. Le père Goriot a galamment financé pour elle. » BALZ., Père Goriot, Œuv., t. II, p. 885.

II. V. tr. ‖ 1° Vx. Payer comptant (une somme) et *spécialt.* Fournir au roi une somme pour une charge, un droit...

3 « ... Rembourser ledit Hays de ce qu'il aura financé en vos coffres. » CORN., Placet au roi.

‖ 2° (XXe s.). Soutenir financièrement une entreprise; procurer les capitaux nécessaires à son fonctionnement. *Financer une affaire. Financer une société en commandite.* V. **Commanditer.** *Il a trouvé un bailleur de fonds, un mécène pour financer son entreprise. Société qui finance un journal. Financer les grands travaux, l'équipement industriel d'un pays.*

4 « ... où trouver... les moyens de financer ce nouvel et immense effort (l'industrialisation du Canada) ? On ne peut... compter... sur le capital anglais... mais les États-Unis sont là; et... le Canada... aussi, avec un excédent de ressources liquides, dont il peut disposer pour se commanditer lui-même. » SIEGFRIED, Le Canada, p. 133.

DER. — **Financement.** n. m. (XXe s.). Action de procurer des fonds à une entreprise, à un service public... *Financement d'une industrie par le capital privé, par l'État... Plan de financement.* (COMP. — **Autofinancement** : financement d'une entreprise par ses propres capitaux).

FINANCIER, IÈRE. n. et adj. (XVe s.; « celui qui finance, qui paye »; de *finance*).

I. N. m. ‖ 1° *Sous l'Ancien Régime,* celui qui s'occupait des finances publiques; qui avait la ferme ou la régie des droits du roi. V. **Fermier,** et *(vx.)* **maltôtier, partisan, publicain, traitant.**

1 « Un *financier* peut être considéré, 1° Comme participant à l'administration des finances... 2° Comme faisant pour son compte en qualité de fermier ou d'aliénataire... le recouvrement des impositions. 3° Comme chargé d'entreprises de guerre ou de paix. 4° Comme dépositaire des fonds qui forment le trésor du souverain... » ENCYCL. (DIDEROT, 1756), Financier.

— *Par ext.* Homme opulent. *Le savetier et le financier,* fable de La Fontaine (Cf. Boîte, cit. 44).

‖ 2° Celui qui fait de grosses affaires d'argent, des opérations de banque*, de bourse*, etc. V. **Banquier** (cit. 3), **capitaliste.** Cf. Manieur d'argent.

2 « Il était devenu, en quelques jours, un des maîtres du monde, un de ces financiers omnipotents, plus forts que des rois, qui font courber les têtes, balbutier les bouches et sortir tout ce qu'il y a de bassesse, de lâcheté et d'envie au fond du cœur humain. » MAUPASS., Bel-Ami, II, VII.

3 « Les financiers français, comme les mandarins chinois et les grands d'Espagne, sont divisés en classes échelonnées, la plus haute ne comptant guère qu'une vingtaine d'hommes qui règnent par eux-mêmes ou par leurs créatures sur les principaux Conseils d'Administration, mènent la banque, le commerce et l'industrie, créent le mythe de l'opinion publique et participent secrètement aux délibérations du Gouvernement qui a besoin d'eux pour maintenir la valeur de la monnaie et la confiance des capitalistes. » MAUROIS, Cercle de famille, II, IX.

‖ 3° *Par ext.* Celui qui s'entend à la gestion des finances publiques ou privées. *Un Laffitte, un baron Louis ont été de grands financiers* (ACAD.). *C'est un bon technicien, mais ce n'est pas un financier.*

II. Adj. (XVIIIe s.). Relatif à la finance, aux finances. ‖ 1° Relatif aux ressources pécuniaires, à l'argent*. *Soucis financiers* (Cf. Éprouver, cit. 16). *Désastre, embarras* (cit. 10, 11) *financiers.*

4 « J'ai faim ! », dit Carlotta, et ses quenottes dans l'ombre du véhicule n'appelaient plus les baisers. C'est ainsi que tout de suite la question financière se posa entre eux. » ARAGON, Beaux quartiers, p. 308.

‖ 2° Relatif aux finances publiques. *Système financier, organisation financière. Politique financière, monétaire et fiscale... Science et législation financière. Intérêts financiers d'un État* (Cf. Athénien, cit. 2). *Équilibre financier. Crise* financière. — *Délégations* financières.*

‖ 3° Relatif aux affaires d'argent. *Capital financier:* le capital investi dans des affaires de banque... V. **Bancaire.** *Compagnie financière. Combinaisons financières. Groupe financier. Revue d'études financières; revue financière* (Cf. Bâtir, cit. 38). *Chronique financière. Capitale* (cit. 3) *financière d'un pays. La vie financière.* — *L'aristocratie, l'oligarchie financière.*

5 « ... les assassinats sur la grande route me semblent des actes de charité comparés à certaines combinaisons financières. » BALZ., Fille d'Ève, Œuv., t. II, p. 74.

6 « Il faudra, dès le début, engager de gros capitaux, commencer avec ampleur. Ce sont des placements pour groupes financiers. » ROMAINS, H. de b. vol., t. II, VI, p. 59.

‖ 4° Cuis. *Sauce financière,* et substantivt. *Financière:* sauce garnie de ris de veau, quenelles de volailles, etc. *Vol-au-vent financier,* garni d'une sauce financière. *Bouchée financière* (Cf. Bouchée à la reine). On dit aussi *Poulet, vol-au-vent à la financière.*

7 « Les financiers sont les héros de la gourmandise... Aussi, dans toutes les séries d'apprêts que nous présentent les livres de cuisine élémentaire, il y en a toujours un ou plusieurs qui portent pour qualificatif : *à la financière.* Et on sait que ce n'était pas le roi, mais les fermiers généraux qui mangeaient autrefois le premier plat de petits pois... Les choses ne se passent pas autrement de nos jours : les tables financières continuent à offrir tout ce que la nature a de plus parfait... » BRILLAT-SAVARIN, Physiol. du goût, t. I, p. 193-194.

DER. — **Financièrement.** adv. (XIXe s.). En matière de finances; au point de vue financier. *Société, État financièrement prospère.*

FINASSER. v. intr. (XVIIe s.; var. *finesser,* encore ACAD. 1694; de *finesse*).

— Fam. Agir avec une sorte de finesse qui confine à la déloyauté; user de subterfuges. V. **Ruser.**

1 « Mon horreur était de vendre un champ à un paysan en finassant pendant huit jours à l'effet de gagner 300 francs, c'était là sa passion (de mon père). » STENDHAL, Vie de Henry Brulard, VII.

2 « Stresemann avait laissé des papiers bien en ordre, des archives au complet, comme pour mieux prouver qu'il avait été remarquablement subtil et qu'il avait mené les Français par le bout du nez. Sa lettre de 1925 au Kronprinz ... est d'un cynisme accompli... D'outre-tombe, Stresemann a l'air de dire : « ...Quand nous voulons, nous sommes les plus fins ». Le mot « finasser » se trouve même dans le rapport justificatif au Kronprinz... » BAINVILLE, Doit-on le dire ?, p. 307.

DER. — **Finasserie.** *n. f.* (1718 ACAD.) Procédé de celui qui finasse (Cf. Blâmer, cit. 10). — **Finasseur, euse** (1740), et **Finassier, ère.** *n.* (1718). Celui, celle qui finasse.

« ... quand le nombre des finassiers est trop considérable, toute piperie devient impossible... »
RENAN, Aven. de la science, XXIII, Œuv., t. III, p. 1099.

FINAUD, AUDE. *adj.* (1762 ACAD.; de *fin*). *Fam.* Qui cache de la finesse sous un air de simplicité. V. **Fin, futé, malin, matois, retors, roué, rusé.** *Un paysan finaud. Visage finaud* (Cf. Brave, cit. 12).

1 « Il unit en des proportions admirables pour faire un ensemble parfait la blague du vieux soldat à la malice finaude du Normand. »
MAUPASS., Contes de la Bécasse, Un Normand.

— Substantivt. *Un finaud, une finaude.*

2 « C'est une finaude ! elle est bien belle, elle se fera épouser. »
BALZ., La rabouilleuse, Œuv., t. III, p. 975.

DER. — **Finauderie.** *n. f.* (XIXᵉ s., BALZAC; Cf. aussi, in RETZ (Mém., III, p. 830) *finoterie*, du diminutif *finot*, autrefois attesté, de même que *finet*, dans le sens de *finaud*). Caractère ou façon d'agir de celui qui est finaud.

« ... d'autant plus atterré qu'il était capable, avec sa finauderie de Normand, de faire ce dont on l'accusait... » MAUPASS., La ficelle.

FINEMENT. *adv.* (XIIᵉ s.; de *fin*). D'une manière fine*, V. **Délicatement.** *Objet finement ouvragé* (Cf. Ajourer, cit.; bague, cit. 3). *Buste finement modelé. Tissu finement rayé,* à raies fines.

— Avec finesse, subtilité. *Comprendre, saisir, entendre* (cit. 13) *finement. Voilà qui est finement dit!*

1 « Il est impossible de critiquer plus finement les travers de Malherbe tout en ayant l'air de ne s'en prendre qu'à ses imitateurs; »
GAUTIER, Les grotesques, Théophile de Viau, p. 108.

2 « Je connais des intelligences subtiles, profondément capables d'apprécier pleinement, finement, dans une œuvre, les qualités qu'on leur signale... »
GIDE, Journ., 6 fév. 1929, p. 912.

— Avec habileté. V. **Adroitement.** *Il a finement calculé son coup. Il a finement joué cette partie.*

3 « ... c'est la bonne occasion de faire comprendre à Madelon que tu l'aimes. C'est à moi de le faire et je le ferai si finement et si à propos, qu'elle ne pourra point t'accuser de m'y avoir provoquée. »
SAND, Pet. Fadette, XX.

FINESSE. *n. f.* (1330; de *fin*).

I. Qualité de ce qui est fin* par son extrême délicatesse et sa perfection.

‖ **1°** En parlant d'un travail ou des résultats d'un travail. *Finesse d'un ouvrage. Finesse d'exécution.* V. **Légèreté.** *Finesse d'une broderie.* Sculpt. *Finesse de ciseau.* Dess. *Finesse du trait. Finesse des contours.* Peint. *Finesse de touche. Finesse des tons, des rapports.*

1 « Par l'âpreté, la finesse et la certitude de son dessin, M. Méryon rappelle ce qu'il y a de meilleur dans les anciens aquafortistes. »
BAUDEL., Curios. esthét., Peintres et aquafortistes, p. 840.

‖ **2°** En parlant des organes des sens. V. **Acuité.** *Finesse de l'ouïe* (Cf. Aiguiser, cit. 9), *du goût, de l'odorat, du tact.* Par ext. *Finesse d'un parfum.*

2 « Les sens deviennent d'une finesse et d'une acuité extraordinaires. Les yeux percent l'infini. L'oreille perçoit les sons les plus insaisissables au milieu des bruits les plus aigus. »
BAUDEL., Du vin et du haschisch, IV.

‖ **3°** *Fig.* — Aptitude à discerner les plus délicats rapports, des pensées et des sentiments. V. **Clairvoyance, pénétration, perspicacité, sagacité, souplesse** (d'esprit), **subtilité, tact.** *Finesse d'esprit* (Cf. Athénien, cit.), *de jugement* (Cf. Cas, cit. 11), *de sensibilité, de goût* (Cf. Analyser, cit. 1). Absolt. *Esprit* (cit. 125 et 126) *de finesse,* opposé à esprit de géométrie. *Avoir de la finesse.*

3 « Par une grande finesse de discernement on distinguera les pensées stériles des pensées fécondes. » BUFF., Disc. de récept.

4 « Le caractère particulier de son comique (de Gavarni) est une grande finesse d'observation, qui va quelquefois jusqu'à la ténuité. »
BAUDEL., Curios. esthét., Quelques caricat. fr., p. 736.

— En parlant de ce qui témoigne de cette aptitude. *Pensée, aperçus, propos pleins de finesse* (Cf. Étonnant, cit. 7). *Finesse de l'expression, du style. Finesse d'une critique.*

5 « ... en France, l'horreur d'un crime disparaît toujours dans la finesse d'un bon mot; »
BALZ., Méd. de campagne, Œuv., t. VIII, p. 485.

6 « N'ayez jamais peur d'être trop commun; vous aurez toujours assez, dans votre finesse d'expression, de quoi vous distinguer. »
STE-BEUVE, Corresp., I, p. 221.

— Chose difficile à saisir, à manier. *Les finesses d'une langue. Connaître toutes les finesses d'un art, d'un métier, d'un jeu.*

7 « On y épuisa ... toutes les finesses du métier. »
RAC., Camp. de Louis XIV.

8 « ... on ne faisait point de tels vers avant Racine; non seulement personne ne savait la route du cœur, mais presque personne ne savait les finesses de la versification... »
VOLT., Dict. philos, Art dramat.

‖ **4°** Qualité de celui qui excelle dans une activité et en connaît tous les secrets. V. **Adresse.** *Finesse d'un exécutant, d'un joueur.*

— *Par ext.* Habileté qui s'accompagne de ruse. V. **Diplomatie.** *User de finesse* (Cf. Astuce, cit. 3; cautèle, cit. 1).

9 « Que portes-tu, méchant, en ta maison,
Sinon finesse et fraude et trahison,
Trompant par feinte et par fausse pratique. »
RONSARD, Prem. liv. des poèmes, Paroles de Calypson.

10 « L'escroquerie emporte après elle l'idée d'une certaine finesse, d'un esprit subtil, d'un caractère adroit. »
BALZ., Code gens honn., II, Œuv. div., t. I, p. 82.

11 « Il est difficile d'imaginer ce qu'une actrice dépense de finesse, de talent, de patience, de ruses, de machinations, pour se faire accorder un rôle... »
GAUTIER, Souv. de théâtre..., p. 184.

— Plan ou action marquant la ruse. V. **Artifice, astuce, ruse, stratagème** (Cf. Engluer, cit. 5). *Ceux qui nous font des finesses* (Cf. Aigreur, cit. 2 LA ROCHEF.). *Ses finesses ne trompent personne.* — Loc. div. *Entendre* (cit. 26 et *supra*), *chercher finesse,* là où il n'y en a pas. *Finesses cousues de fil* blanc.

12 « La plus subtile de toutes les finesses est de savoir bien feindre de tomber dans les pièges que l'on nous tend, et on n'est jamais si aisément trompé que quand on songe à tromper les autres. »
LA ROCHEF., Max., 117.

II. Extrême délicatesse de forme ou de matière. — *Degré de finesse d'une chose. Finesse d'une poudre. Finesse d'un fil, d'une aiguille. Finesse des traits* (Cf. Éclatant, cit. 5), *des cheveux, de la taille, etc. Finesse d'un tissu.* — *Finesse du grain d'une matière.* V. **Douceur.**

13 « Une belle matière, le grain d'une reliure, la finesse d'un laque, un cristal qu'il palpait amoureusement ... l'enchantaient autant que les formes. »
CHARDONNE, Dest. sentim., p. 74.

14 « Le linge était d'une finesse et d'une beauté que n'avait jamais soupçonnées Edmond. »
ARAGON, Beaux quartiers, p. 307.

— *Par ext.* V. **Beauté, distinction, élégance, grâce.** *Finesse d'un corps racé* (Cf. Athlète, cit. 6).

ANT. — **Grossièreté. Balourdise, barbarie, bêtise, ineptie, maladresse, niaiserie, sottise, stupidité. Candeur, naïveté. Épaisseur.**

DER. — **Finasser***.

FINIR. *v. tr.* et *intr.* (1100; *fenir*, bientôt refait en *finir*, d'après *fin*; lat. *finire*, borner, finir).

I. V. tr. Mener à sa **fin*** (sens I). ‖ **1°** Conduire (un travail) à son terme en faisant ce qui reste à faire. V. **Achever, accomplir, terminer.** *Finir un ouvrage, une tâche. Finir un discours, un récit* (Cf. Abréger, cit. 1), *une œuvre littéraire* (Cf. Assiduité, cit. 3), *un devoir, un exercice, une affaire... Abandonner une tâche sans l'avoir finie.*

1 « J'ai fini mon *Histoire de la Révolution* en 53... Je ne finis Louis XVI qu'à la fin de 1867. C'est en achevant ce volume que je revins à ma *Révolution...* » MICHELET, Hist. Révol. fr., Préf. de 1868.

— *Spécialt.* Conduire à son point de perfection. V. **Parachever, parfaire, polir; main** (mettre la dernière main à...) Cf. Finissage, finition. *Ouvrier qui s'applique à finir une pièce.* V. **Fignoler.** — REM. S'emploie en ce sens surtout au passif. *Votre sonnet a encore besoin d'être fini. Cette partie du tableau n'est pas vraiment finie, est mal finie.* — Péjor. *Amateur qui ne prise que les tableaux bien finis.* V. **Lécher.**

2 « Tous les demi-savants ... trouvent que cela pèche par l'exécution ... que définitivement M. Corot ne sait pas peindre. — Braves gens ! qui ignorent d'abord qu'une œuvre de génie ... est toujours très bien exécutée, quand elle l'est suffisamment. — Ensuite — qu'il y a une grande différence entre un morceau *fait* et un morceau *fini* — qu'en général ce qui est *fait* n'est pas *fini*, et qu'une chose très *finie* peut n'être pas *faite* du tout... »
BAUDEL., Curios. esthét., Salon de 1845, V.

‖ **2°** Mener (une période) à son terme, en passant le temps qui reste à passer. *Finir sa vie dans la misère. Finir ses jours à la campagne. J'ai fini la journée chez un ami. Il a fini son temps de service à Paris. Finir sa carrière* (cit. 23), *ses études* (cit. 21), *sa dernière année de Droit... Finir sa vie par un exploit.* V. **Couronner.** — Poét. *Finir ses jours, sa journée...* V. **Mourir.**

3 « Je meurs. Avant le soir j'ai fini ma journée. »
CHÉNIER, Élég., VII.

4 « Dès que j'aurai ma retraite, je viendrai finir mes jours parmi vous. » BALZ., Méd. de campagne, Œuv., t. VIII, p. 535.

— Avec un sujet autre qu'une personne. Poét. *Année qui finit sa carrière* (cit. 25).

5 « Je sentis que ma haine allait finir son cours, »
RAC., Andr., I, 1.

‖ **3°** Mener (une quantité) à épuisement, en prenant ce qui reste à prendre. *Finir son assiette, son verre.* V. **Vider** (Cf. Boire, cit. 4). *Il finit tous les plats. Finir un paquet de cigarettes, un cahier de copies... Finis ton pain, gourmand!*

6 « A minuit, elle s'acharnait sur les petits fours, avec le désespoir muet de ne pouvoir les finir. On avait torché les jattes des crèmes, balayé les miettes du gâteau monté. » ZOLA, La terre, II, VII.

— Spécialt. *Fam.* Utiliser jusqu'au bout. *On ne lui achètera pas de souliers, il finira ceux de son frère.* V. **User.**

|| 4° Mener brusquement à son terme, mettre un terme à... V. **Arrêter, cesser, couper** (couper court à); **fin** (mettre fin à). *Finissez ces bavardages! Il est temps de finir nos querelles.* — N. B. Cet emploi est devenu rare aujourd'hui, où *finir* est remplacé par *mettre fin à...;* mais il était fréquent aux siècles classiques (Cf. Consolateur, cit. 1).

7 « Il faut finir des Juifs le honteux esclavage, »
RAC., *Athal.,* IV, 3.

— *Par ext.* Être au terme de. *Le mot qui finit la phrase.* V. **Clore, terminer.**

|| 5° FINIR DE, suivi de l'infinitif. Cesser de... *Finissez de vous plaindre! Il ne finit pas de bavarder. La pluie ne finit pas de tomber.* V. **Discontinuer, interrompre** (s'). Achever l'action de... *Vous n'avez pas fini de vous disputer? Quand il eut fini de se préparer* (Cf. Appareillage, cit. 1). *Il n'avait pas fini de parler, qu'il reçut le coup.* — Elliptiqt. *Fini de rire!* il n'est plus temps de rire, soyons sérieux. — REM. La tournure passive. *Le linge est fini de repasser* se rencontre mais n'est pas à recommander.

8 « Trésor des Fèves n'avait pas fini de parler, qu'il vit sourdre du sable un superbe pavillon. »
Ch. NODIER, *Trésor des Fèves...,* p. 458.

9 « Quand vous aurez fini de faire du paradoxe, le tribunal passera à l'examen de la cause. » COURTELINE, *L'article 330.*

10 « Vaugelas a condamné une façon de parler qui est encore en usage, où une périphrase formée des verbes *finir, achever,* signifie l'accomplissement : *ma lessive* est **achevée de laver,** *mon blé* est **fini de battre.** On insiste là sur l'idée d'accomplissement qu'exprime déjà le simple passif : *mon blé est battu.* »
BRUNOT, *Pens. et lang.,* p. 460.

|| 6° Absolt. *Il commence par où il devrait finir* (Cf. Mettre la charrue avant les bœufs). *Coureur qui finit en beauté.* V. **Finish, finisseur.** *Finissez donc, vous me faites mal. Vous n'avez pas bientôt fini, sales gosses! Faites-le finir, il me fatigue. As-tu fini? Quand vous aurez fini, vous me le direz! Il ne sait pas finir. L'orateur a fini par, sur un appel à l'union.* V. **Conclure.** *Finissez, on s'ennuie!* (Cf. Abrégé, cit. 2). *A peine avais-je fini...* (Cf. Évocation, cit. 3).

11 « ... c'est assez pour aujourd'hui, nous finirons une autre fois. »
MOL., *Sic.,* 12.

12 « Il lui chatouilla le cou et elle rit. — Maurice, dit-elle, finis. »
SARTRE, *Le sursis,* p. 14.

II. *V. intr.* Arriver à sa fin* (sens I).

|| 1° Arriver à son terme dans le temps. V. **Achever** (s'), **terminer** (se). *Les vacances vont bientôt finir. Le spectacle finira vers minuit. Mon séjour a fini trop tôt. Bail qui finit au 1ᵉʳ avril.* V. **Expirer.** *Tout finit en ce monde, tout à une fin.* V. **Passer.** *Mon amitié ne finira qu'avec la vie.* V. **Périr** (Cf. Étonnant, cit. 8). *Bonheur qui ne doit jamais finir.* V. **Éternité.** *Ère, monde qui finit* (Cf. Européen, cit. 7). *Un grand destin* (cit. 18) *finit.* V. **Disparaître, évanouir** (s'). *Il est temps que cela finisse!* V. **Cesser.** *Vie qui finit par l'ambition* (cit. 6).

13 « Que le jour recommence, et que le jour finisse,
Sans que jamais Titus puisse voir Bérénice, » RAC., *Bérénice,* IV, 5.

14 « ... les privilèges finiront, mais le peuple est éternel. »
MIRABEAU, in BARTHOU, *Mirabeau,* p. 142.

15 « Tout commence en ce monde, et tout finit ailleurs. »
HUGO, *Rayons et ombres,* XXXIV (Cf. Achever, cit. 11).

16 « ... toutes ces choses arrivent à nous donner des illusions de stabilité, de durée presque sans commencement et ne devant pas finir... »
LOTI, *L'Inde (sans les Anglais),* I.

— (D'une certaine façon). Avoir telle ou telle issue*, telle ou telle conclusion. *Tout cela finira mal. Je me demande comment cela finira. Cela devait finir comme ça. Tout est bien* qui finit bien. *Sa vie a fini tristement. Tragédie qui finit mal.* V. **Tragi-comique.** *Le spectateur moyen n'aime pas les films qui finissent mal. Roman qui finit en queue de poisson*. Tout finit par des chansons,* derniers mots du « Mariage de Figaro ». V. **Chanson** (*supra* cit. 9). *Comédie qui finit par un ballet.* — *Par ext.* En parlant d'une personne, *Ce garçon commence à mal tourner, je crois qu'il finira mal.*

17 « Enfin, dit-il à haute voix, *ils furent considérés dans tout le pays, vécurent heureux, et eurent beaucoup d'enfants.* Voilà comme finissent tous les romans d'amour. »
BALZ., *Père Goriot,* Œuv., t. II, p. 999.

18 « Tout commence par la mystique, par une mystique, par sa (propre) mystique, et tout finit par de la politique. »
PÉGUY, *Notre jeunesse,* p. 27.

19 « ... les films qui « finissent bien » et qui chaque soir montrent aux foules éreintées la vie en rose... » SARTRE, *Situations III,* p. 127.

— *Spécialt.* Arriver au terme de sa vie. V. **Mourir, périr...** (Cf. Cruellement, cit. 1). *Finir dans un accident. Britannicus finit empoisonné. Il finira sur l'échafaud! Ainsi finit Socrate.*

20 « Il s'était dit souvent qu'il finirait tuberculeux ou assassiné par Lola. Mais, au fond de lui-même, il n'avait jamais douté qu'il ne dût périr à la guerre. » SARTRE, *Le sursis,* p. 216.

|| 2° Arriver à son terme dans l'espace. *Son champ finit à cette ligne de peupliers. Le sentier finissait là.* V. **Aboutir, arrêter** (s'). *C'est un mot qui finit en u. Bâton qui finit en pointe, ligne qui finit en zigzag, rue finissant en cul-de-sac.* V. **Terminer** (se).

21 « Ils croyaient que le monde finissait où finissait leur île; et ils n'imaginaient rien d'aimable où ils n'étaient pas. »
BERNARD. de ST-P., *Paul et Virg.,* p. 27.

22 « ... la berge, de plus en plus rétrécie, finissait en langue mince et se perdait sous l'eau... » HUGO, *Misér.,* V, III, III.

— *Fig.* Où finit la liberté ? Où commence la licence ?

|| 3° FINIR PAR, suivi de l'infinitif. Arriver, après une série de faits, à tel ou tel résultat (Cf. Abreuver, cit. 8; administrer, cit. 2; ampoule, cit. 2; assurance, cit. 9...). *Je finirai bien par trouver. Il a fini par comprendre, par accepter... Le noyé finit par être ramené à la vie. L'obstination finit par triompher de tout* (Cf. Accomplir, cit. 18). *Tout finit par s'arranger. Vous finissez par m'énerver!*

23 « On commence par être dupe,
On finit par être fripon. » Mᵐᵉ DESHOULIÈRES, *Sur le jeu.*

24 « Après avoir tenté d'empoisonner son curé dans le vin du Sacrifice, et avoir épuisé tous les autres crimes ... il a fini par s'approprier le tronc des âmes du Purgatoire et il a mis au clou ... tous les instruments du culte ! » HUYSMANS, *Là-bas,* p. 194.

III. EN FINIR. Se dit pour *finir,* quand il s'agit de quelque chose de long et de désagréable.

|| 1° *Sens trans.* Mettre fin à ... *Il faut en finir. Décidons-nous, dépêchons-nous, il est temps d'en finir. La discussion n'a que trop duré, finissons-en une fois pour toutes! Que d'explications! il n'en finit plus!* V. **Tarir.** — *En finir avec...* (quelque chose), apporter une solution, arriver à une solution. V. **Régler, résoudre.** *Je me demande quand j'en aurai fini avec tous ces ennuis. On n'en finira jamais avec cette affaire, cette question.* V. **Épuiser.** — *En finir avec quelqu'un:* se débarrasser* de lui. *Quand j'en aurai fini avec toi, je m'attaquerai à lui! Il veut en finir avec elle.* V. **Rompre.** *Quelques isolés résistaient encore, il fallait en finir avec eux.*

25 « Si Napoléon en avait fini avec les rois, il n'en avait pas fini avec moi. Mon article, tombant au milieu de ses prospérités et de ses merveilles, remua la France. » CHATEAUB., *M. O.-T.,* t. III, p. 2.

26 « On n'en finirait plus avec Stendhal. Je ne vois pas de plus grande louange. » VALÉRY, *Variété II,* p. 139.

— *Fam.* EN FINIR DE... *On n'en finirait pas de raconter ses aventures.* V. **Arrêter** (s').

|| 2° *Sens intr.* Arriver à son terme (ne s'emploie en ce sens que négativement). *Un discours qui n'en finit plus.* V. **Durer; interminable.** *Ces voyages en omnibus, ça n'en finit pas! Des applaudissements à n'en plus finir* (Cf. Éclater, cit. 6). — *Fam. Un arbre* (cit. 33) *qui n'en finit pas de mourir.* — Dans l'espace. *Un cou, des bras qui n'en finissent pas:* démesurément longs. *Enfilade de salons qui n'en finissaient pas.*

|| FINI, IE. *p. p.* et *adj.* || 1° Qui a été mené à son terme. *Mon travail est fini. Ses études sont finies.*

27 « Un peintre apprenti demandait à son maître : « Quand dois-je considérer que mon tableau est fini ? » Et le maître répondit : « Quand tu pourras le regarder avec surprise, en te disant : c'est *moi* qui ai fait ça! » SARTRE, *Situations II,* p. 90.

— *Spécialt.* Mené à son point d'achèvement, de perfection. *Un outil, un meuble particulièrement finis. Tout ce qu'il fait est merveilleusement fini.* V. **Léché, limé, poli** (Cf. Composer, cit. 28). — Substantivt. *Le fini:* la qualité de ce qui est soigné jusque dans les détails. V. **Perfection.** *Le fini d'un dessin, d'une robe* (Cf. Classer, cit. 2), *d'un pas de danse. Art en conflit avec le fini* (Cf. Esquisse, cit. 2).

28 « Le *parfait,* dit M. l'abbé Girard, regarde proprement la beauté qui naît du dessein et de la construction de l'ouvrage, et le *fini* celle qui vient du travail et de la main de l'ouvrier. »
TRÉVOUX, *Fini.*

29 « Cette grâce de tout son être, ce fini inexprimable dans le mouvement, dans la voix... » SENANCOUR, *Obermann,* t. II, p. 250.

30 « L'art égyptien de l'Ancien Empire, l'art assyrien, comme l'art roman, se refusaient au fini autant que Corot, mais ... ce refus ne pouvait s'expliquer ni par la maladresse ni par l'inachèvement. »
MALRAUX, *Voix du silence,* p. 106.

— *Par ext.* (De nos jours, uniquement péjor.). Achevé, parfait en son genre. *C'est un coquin, un voyou fini. Un menteur fini.* V. **Fieffé.**

|| 2° Qui est arrivé à son terme. *Les beaux jours sont finis. La saison est finie. Une époque, un monde finis.* V. **Disparu, évanoui, révolu.** *Tout est fini.* V. **Perdu** (Cf. Alors, cit. 3). *C'est fini, bien fini.* V. **Fait** (c'en est fait) et Cf. Adieu (adieu paniers, vendanges sont faites) ; assiette, cit. 21; amarre, cit. 4; balayer, cit. 13... *C'est fini, on ne m'y reprendra plus. C'est fini, définitivement!*

31 « Je tressaillis d'espérance. C'est étrange à dire, puisqu'il s'agissait de sentiments révolus, finis. L'espoir d'avoir été aimé, quarante années plus tôt, à mon insu... » MAURIAC, *Nœud de vipères,* XIII.

— En parlant des personnes. *C'est un homme fini,* diminué, usé au point d'avoir perdu toute force, toute possibilité d'agir et de réussir. *Il est tout à fait discrédité*, démonétisé, fini. Cet athlète a brillé deux ans, mais le voilà fini. Il n'est pas encore fini, le gaillard!*

32 « Je me sentais fini, ruiné, décomposé. »
GIDE, **Et nunc manet in te,** p. 87.

‖ 3° *Philos.* Qui a des bornes. V. **Limité.** *Univers, corps, êtres finis. Notre intelligence est finie.* Substantivt. *Le fini,* par oppos. *à l'infini* (Cf. Appliquer, cit. 19).

33 « ... il est de la nature de l'infini, que moi qui suis fini et borné, ne le puisse comprendre... »
DESC., **IIIᵉ Médit.**

— *Mathém. Nombre entier fini,* qui s'obtient « par l'addition de l'unité à elle-même, soit unique, soit répétée, un nombre de fois tel que l'une de ces répétitions soit la dernière » (LALANDE). *Nombre réel fini,* inférieur à quelque nombre entier fini. *Grandeur finie,* qui peut être mesurée, par rapport à une grandeur de même espèce, par un nombre réel fini.

‖ FINISSANT, ANTE. *adj.* (XIXᵉ s.). En train de finir. *Dans la lumière de l'automne finissant. Jour finissant.* V. **Agoniser, décliner, diminuer.** *L'âme* (cit. 76) *finissante de cette race. Le siècle finissant, la société finissante semblait céder à un vertige.*

34 « L'inspecteur Colombin, en habit, avec le plastron qui bâillait sur son poil roux, se versait du champagne derrière un souper finissant »
ARAGON, **Beaux quartiers,** p. 440.

ANT. — **Commencer. Aborder, engager, entamer. Bâcler, ébaucher. Étrenner. Abandonner, interrompre. Continuer, éclore, ouvrir (s'). Débuter. Naître.** — **Inachevé. Ébauché, imparfait, incomplet, rude. Infini.** — **Commençant.**

DER. — **Finissage.** *n. m.* (1786). *Technol.* Action de finir avec soin une fabrication, une pièce (Cf. Achevage, ajustage). *Le finissage d'une pièce de chaussures. Dernier apprêt d'une étoffe.* — **Finisseur, euse.** *n.* (XIIIᵉ s.). Ouvrier spécialement chargé des travaux de finissage ou de finition. *Finisseuse d'une maison de couture.* — *Sport.* Coureur, athlète qui sait finir dans une épreuve. *C'est un bon, un mauvais finisseur.* V. **Finish.** — **Finition.** *n. f.* (XVIᵉ s., au sens d'accomplissement). Action de finir avec soin (une œuvre d'art artisanal). *La finition d'une robe, d'un meuble... Au plur. Les petits travaux délicats que comporte la finition. N'avoir plus que les finitions à faire.*

FINISH (*finich*). *n. m.* (1904; mot anglais, « fin »). *Sport.* *A l'orig.* Fin d'un combat de boxe dont la durée n'est pas limitée. *Match au finish,* qui se termine nécessairement par le knock-out ou l'abandon d'un adversaire.

« ... tabasse-le dans les cordes jusqu'au finish s'il fait le méchant. »
MAC ORLAN, **La Bandera,** VI.

— *Par ext. De nos jours.* Aptitude à finir (dans une course, une compétition). *Coureur bien doué, mais qui manque encore de finish. Il a un redoutable finish.* V. **Pointe.** *Gagner au finish,* par un meilleur finish que l'adversaire.

FINLANDAIS, AISE. *adj.* et *n.* (de *Finlande*). *Populations finlandaises.* V. **Finnois.** *Langue finlandaise.* Substantivt. *Un Finlandais:* un habitant de la Finlande.

FINNOIS, OISE. *adj.* Se dit du peuple qui habite la Finlande et les régions limitrophes (confins finno-russes, Estonie...). *Les tribus lapones font partie du groupe ethnique finnois.*

— Substantivt. *Le finnois:* langue finno-ougrienne (V. **Ouralien**) aux nombreux dialectes (Suomi ou *finnois* de Finlande, este des Estoniens, etc.).

FIOLE. *n. f.* (XIIᵉ s.; lat. médiév. *phiola;* lat. class. *phiala;* gr. *phialê*).

‖ 1° Petite bouteille de verre à col étroit utilisée spécialement en pharmacie. V. **Ampoule, flacon.** *Le goulot, le bouchon, l'étiquette d'une fiole* (Cf. Émeri, cit.). *Le biberon, sorte de fiole graduée. Une fiole de teinture d'iode.*

1 « Vases, coffres, et pots bien vernis et, plombés,
Fioles aux longs cols contre elles recourbés, »
RONSARD, **Pièces posthumes,** Les hymnes.

2 « ... un seul objet connu me sourit : la fiole de laudanum; une vieille et terrible amie ... féconde en caresses et en traîtrises. »
BAUDEL., **Spleen de Paris,** V.

— *Fam. Vider une fiole:* boire une bouteille de vin (Cf. *dialect.* Fioler, boire).

‖ 2° *Fig.* et *fam.* V. **Tête.** *Se payer la fiole de quelqu'un.* V. **Moquer** (se).

FION. *n. m.* (1744; orig. obsc.; peut-être altér. de *fignoler*?). *Pop.* Bonne tournure, cachet final, dernière main. *Donner le fion* (vieilli), *le coup de fion. Il n'y manque qu'un petit coup de fion.*

« ... j'eus le loisir de ruminer ce projet et de lui donner le petit coup de fion nécessaire à sa présentation effective. »
MAC ORLAN, **Quai des brumes,** p. 61.

FIORD ou **FJORD** (*fyor*). *n. m.* (1835 in BALZ.; mot norvégien). — *Géogr.* Golfe s'enfonçant profondément dans l'intérieur des terres. *Fiords de Norvège, d'Écosse...*

1 « Lorsqu'une de ces baies ... est assez ouverte pour que la mer ne gèle pas entièrement dans cette prison de pierre où elle se débat, les gens du pays nomment ce petit golfe un *fiord,* mot que presque tous les géographes ont essayé de naturaliser dans leurs langues respectives. »
BALZ., **Séraphita,** Œuv., t. X, p. 458.

2 « Les fjords de la Norvège, que l'on s'accorde à envisager comme d'anciennes vallées glaciaires envahies par les eaux marines et qui sont presque toujours séparées de la mer par un seuil rocheux... »
HAUG, **Géol.,** t. I, p. 459.

3 « ... comme une langue de chimère, comme une flamme liquide et bleue, le fjord dort entre les monts à pic, un long lac tortueux. »
SUARÈS, **Trois hommes,** Ibsen, I.

FIORITURE. *n. f.* (XIXᵉ s. STENDH. vers 1821-1830; ital. *fioritura,* rac. *fiore,* fleur). *Mus.* Ornement (arpège, mordant, trille) qu'un chanteur, un exécutant introduit dans la phrase musicale d'un compositeur. *Faire des fioritures* (Cf. Concetti, cit.). — REM. *Fioriture* s'emploie surtout au pluriel.

1 « ... il (ce mot) est comme *fioriture* (importé par moi)... »
STENDHAL, **Vie de Henry Brulard,** XXIX.

2 « ... sa voix avait gagné en force et en étendue, et les fioritures infinies du chant italien brodaient de leurs gazouillements d'oiseau les phrases sévères d'un récitatif pompeux. »
NERVAL, **Filles du feu,** Sylvie, VII.

3 « ... un thème de quelques notes, sur lequel il improvise aussitôt de brillantes fioritures... »
GIDE, **Journ.,** 29 juil. 1930, p. 999.

— *Par ext.* V. **Ornement.** *Les fioritures d'un dessin, d'un motif décoratif, d'un paraphe.* — *Fioritures de style:* « Surabondance d'ornements, excès d'inutile virtuosité » (ACAD.). V. **Agrément, broderie, contrepoint, élégance.**

4 « Pour ces deux amants, l'existence n'eut rien de pesant. Théodore répandait sur chaque journée d'incroyables *fioriture* de plaisirs, il se plaisait à suivre les emportements de la passion... »
BALZ., **La maison du chat-qui-pelote,** Œuv., t. I, p. 50.

5 « Pur, nature, sans fioriture. » VERLAINE, **Dédicaces,** XXIII.

-FIQUE. Suffixe, tiré du lat. *ficus* (de *facere,* faire), qui entre dans la composition de nombreux mots tels que *maléfique, prolifique, soporifique...*

FIRMAMENT. *n. m.* (XIIᵉ s.; lat. *firmamentum,* propremt. « appui, soutien », de *firmare,* rendre ferme. V. **Fermer;** sens de « ciel » consacré par la Vulgate. Cf. cit. 1). La voûte céleste qui paraît s'étendre au-dessus de nos têtes. V. **Ciel, empyrée, voûte** (Cf. Changer, cit. 2). *Le bleu du firmament* (Cf. Émailler, cit. 3). *Astres, étoiles, feux du firmament. Firmament brillant* (Cf. Constellation, cit. 2), *qui scintille, resplendit. Sous le firmament.* — *Par métaph.* Cf. Astre, cit. 12 et Étoile, *supra* cit. 27.

1 « Dieu dit aussi : Que le firmament soit fait au milieu des eaux ... et il sépara les eaux qui étaient sous le firmament de celles qui étaient au-dessus... Et Dieu donna au firmament le nom de Ciel... »
BIBLE (SACY), Genèse, I, 6.

2 « Elle... se dirigea vers la fenêtre qu'elle ouvrit toute grande. Le firmament apparut tout d'un coup comme s'il pénétrait dans la pièce et la remplissait de ses étoiles, de sa nuit. »
GREEN, **Léviathan,** p. 36.

— Dans un sens astrologique. Cf. Étoile, II.

3 « Les démons du hasard selon
Le chant du firmament nous mènent... »
APOLLINAIRE, **Chanson du Mal aimé.**

FIRMAN. *n. m.* (1666; turc *fermân,* d'orig. persane). *Édit,* ordre ou permis émanant d'un souverain musulman (Cf. Ébahir, cit. 1).

FIRME. *n. f.* (1877 LITTRÉ; belgicisme vulgarisé à la fin du XIXᵉ s.; angl. comm. *firm;* Cf. lat. médiév. *firma,* convention, et franç. *ferme*). Entreprise industrielle ou commerciale telle qu'elle est désignée sous un nom patronymique, une raison sociale. *La firme Godin.* — Par ext. V. **Établissement, maison.** *Les grosses firmes de l'industrie automobile.*

« Je suis employé depuis plus d'une année à la Compagnie industrielle des laits pasteurisés et oxygénés — firme Cilpo — rue de Sèvres. »
DUHAMEL, **Salavin,** IV, Journal, p. 86.

FISC (*fisk'*). *n. m.* (*Fisque* au XIVᵉ s. et jusqu'au XVIIᵉ s.; lat. *fiscus,* propremt. « panier (pour recevoir l'argent) », d'où fig., « trésor public »). L'État considéré comme titulaire de droits de puissance publique, de pouvoirs de contrainte sur le contribuable. L'ensemble des administrations chargées de l'assiette, de la liquidation et du recouvrement des impôts*. *Les recettes*, les caisses du fisc.* V. **Finance** (finances publiques), **trésor** (Cf. Arrêter, cit. 1). *Les employés du fisc* (Cf. *ancienn.* Maltôtier).

1 « Sans qu'il soit nécessaire d'exposer dans ses détails la question de la *personnalité morale du fisc,* il suffit de présenter le fisc comme l'État *vu sous un certain angle* : à ce titre, il est titulaire des différents droits de puissance publique qui sont précisément à la base du droit fiscal. »
TROTABAS, **Législ. fin.,** n° 354 (éd. Dalloz 1931).

— Péjor. *Abus, exactions* du fisc qui détrousse, saigne, dévore, suce le contribuable. Frauder, tromper le fisc.*

2 « Sous Philippe le Bel, le fisc, ce monstre, ce géant, naît altéré, affamé, endenté. Il crie en naissant, comme le Gargantua de Rabelais : A manger, à boire ! L'enfant terrible, dont on ne peut soûler la faim atroce, mangera au besoin de la chair et boira du sang. C'est le cyclope, l'ogre, la gargouille dévorante de la Seine. La tête du monstre s'appelle grand conseil, ses longues griffes sont au Parlement, l'organe digestif est la chambre des comptes. Le seul aliment qui puisse l'apaiser, c'est celui que le peuple ne peut lui trouver. Fisc et peuple n'ont qu'un cri, c'est l'or. »
MICHELET, **Hist. de Fr.**, V, III.

3 « ... si l'impôt sur le revenu est toléré en France, c'est justement parce que tout ce qui se tient un peu au-dessus de la limite à partir de laquelle on paie s'arrange pour paraître au-dessous. Et le fisc ferme les yeux, sinon ce serait une insurrection. »
BAINVILLE, **Fortune de la France**, VII, p. 297.

DER. — Fiscal. — COMP. — Cf. Confisquer.

FISCAL, ALE, AUX. *adj.* (XIVᵉ s.; lat. *fiscalis*). Qui se rapporte au fisc, à l'impôt*. *Droit fiscal. Politique, législation, lois fiscales. Timbre fiscal. Prélèvement fiscal. Devoir fiscal. Égalité, justice fiscale. Charges fiscales. Dégrèvements fiscaux. L'évasion, l'inquisition fiscale. L'hydre fiscale.*

« ... le droit fiscal, c'est *la branche du droit public qui règle les droits du fisc et leurs prérogatives d'exercice...* »
TROTABAS, **Législ. fin.**, n° 353 (éd. Dalloz, 1931).

DER. — Fiscalité. — Fiscalement. adv. (XIXᵉ s.). Du point de vue fiscal.

FISCALITÉ. *n. f.* (XVIIIᵉ s.; de *fiscal*). Système fiscal; ensemble des lois, des mesures relatives au fisc, à l'impôt. *La réforme de la fiscalité.*

— Péjor. Tendance à exagérer les droits du fisc, à aggraver les charges fiscales; ces charges elles-mêmes. *Fiscalité oppressive, odieuse.*

1 « L'entretien des troupes mercenaires ... exigeait des dépenses pour lesquelles toutes les ressources de la fiscalité normande eussent été insuffisantes. »
MICHELET, **Hist. de Fr.**, IV, V.

2 « Une fiscalité oppressive freine pêle-mêle toutes les ambitions individuelles... »
DUHAM., **Manuel du protest.**, p. 61.

FISSI-. Préfixe tiré du lat. *fissus*, fendu (de *findere*, fendre), qui entre dans la composition de nombreux mots savants tels que: **Fissipare.** *adj.* (XIXᵉ s.; lat. *parere*, enfanter). Qui se reproduit par la scission de son propre corps. V. **Scissipare.** *Infusoire fissipare.* — **Fissiparité.** *n. f.* (XIXᵉ s.). Mode de reproduction des êtres fissipares. V. **Scissiparité.** — **Fissipède.** *adj.* (1743; lat. *pes, pedis*, pied). Qui a le pied divisé en plusieurs doigts. *Quadrupède fissipède.* Substantiv. *Le chien est un fissipède.* **Fissirostre.** *adj.* (XIXᵉ s.; lat. *rostrum*, bec). Qui a le bec fendu. *L'hirondelle est fissirostre.*

FISSIBLE. *adj.* (néol.; de *fission*). *Phys.* Susceptible de donner lieu au phénomène de fission. *Les explosifs nucléaires* (uranium, plutonium) *sont des corps fissibles.*

FISSILE. *adj.* (XVIᵉ s. in HUGUET; repris en 1842 Moz.; lat. *fissilis*). Qui tend à se fendre, à se diviser en feuillets minces. *Schiste fissile.*

FISSION. *n. f.* (1942; angl. *fission*; rac. lat. *fissus*, fendu). *Phys.* Division d'un noyau d'atome lourd sous l'effet d'un bombardement corpusculaire. *La fission est accompagnée d'une émission de neutrons et d'un énorme dégagement d'énergie.*

« La rupture ou « fission » du noyau d'uranium ..., un atome d'uranium 238 a une chance sur deux de subir la fission (nom actuellement adopté pour désigner le processus de morcellement en moitiés). » KOVARSKI, **Phys. et techn. de l'énerg. atom.** (in ATOMES, juillet 1946, p. 14).

DER. — Fissible. Fissionnable.

FISSURE. *n. f.* (vers 1300, mais rare avant le XVIIIᵉ s.; lat. *fissura*, de *fissus*, p. p. de *findere*, fendre). Petite fente. V. **Cassure, crevasse, fente*, ouverture, scissure.** *Fissure d'un mur, d'une cloison.* V. **Lézarde.** *Fissure d'un vase, d'un tuyau.* V. **Fêlure, fuite.** — Géol. *Fissure dans un sol* (V. **Faille**), *une roche* (V. **Flache**). — Cf. Dolomitique, cit.). *Fissure de stratification.* — Méd. *Fissures de la peau.* V. **Gerçure.** *Fissure faciale:* malformation congénitale de la face (bec-de-lièvre). *Fissure de l'anus:* ulcération allongée et superficielle dans les plis radiés de l'anus. — Anat. V. **Sillon.** *Fissure de Sylvius*, qui sépare les lobes du cerveau.

1 « Une bande de mortier où pas un silex ne faisait tache, dessinait, à chaque fenêtre, un encadrement que le temps avait rayé par des fissures fines et capricieuses, comme on en voit dans les vieux plafonds. » BALZ., **Les paysans**, Œuv., t. VIII, p. 203.

— Fig. *Il y a une fissure dans leur amitié, leur entente.* V. **Brèche, coupure** (Cf. Bloc, cit. 6; concert, cit. 3). *Une fissure dans un raisonnement.* V. **Lacune.** *S'échapper* (cit. 45) *par quelque fissure* (Cf. aussi Barrière, cit. 13).

2 « Si vous ne répondez pas à ma lettre d'aujourd'hui, je considérerai que, pour la première fois, vous avez *mal agi* avec moi. Ce sera la première fissure *réelle* dans l'estime que j'ai pour vous. »
MONTHERLANT, **Les jeunes filles**, p. 183.

DER. — Fissurer.

FISSURER. *v. tr.* (XVIᵉ s.; repris au XIXᵉ s.; de *fissure*). Diviser par fissures. V. **Crevasser, disjoindre, diviser, fendre.** Pronominalt. *Mur, plafond qui se fissure de mille lézardes. Rocher fissuré.* V. **Anfractueux.** — Fig.:

« Il était aisé de voir que l'événement fissurait l'Europe en deux blocs, suivant un plan de clivage que sept ans de diplomatie avait déterminé. » ROMAINS, **H. de b. vol.**, t. I, I, p. 32.

DER. — Fissuration. *n. f.* (XIXᵉ s.) Aciton de fissurer; résultat de cette action.

FISTON. *n. m.* (XVIᵉ s.; de *fils*). *Pop.* V. **Fils.** Se dit aussi familièrement d'un jeune garçon. *Viens par ici, fiston!*

FISTULE. *n. f.* (1314; lat. médic. *fistula*, propremt. « tuyau, tube »). *Méd.* Canal congénital ou accidentel donnant passage à un liquide physiologique ou sécrété par une ulcération, une glande, une cavité naturelle. *Fistule complète*, communicante, à deux ouvertures. *Fistule incomplète:* borgne*. — *Trajet d'une fistule* V. **Fusée.** *Fistule anale, branchiale, gastrique, lacrymale, stercorale.* Absolt. *Fistule:* fistule à l'anus.

« Non seulement il (Louis XIV) perdit les dents, mais une carie de la mâchoire se déclara, un trou se fit dans l'os. Quand il buvait, il devait s'observer; autrement le liquide remontait et voulait passer par les narines. Cette désagréable infirmité accusait un état morbide plus général qui, peu après, amena une fistule. »
MICHELET, **Hist. de Fr.**, XIX, t. XV, p. 273.

DER. — Fistuline. *adj.* (XIVᵉ s.; lat. *fistularius*). Qui a rapport à une fistule. *Trajet fistulaire.* — *Par anal.* Qui présente un canal dans toute sa longueur. *Stalactite fistulaire.* — **Fistuleux, euse.** *adj.* (1490; lat. *fistulosus*). Qui est de la nature de la fistule. *Ulcère fistuleux. Trajet fistuleux.* — *Par anal.* Bot. Qui présente un canal intérieur. *Feuille, tige fistuleuse.*

FISTULINE. *n. f.* (1839 BOISTE; de *fistule*). Champignon basidiomycète hyménomycète (*Polyporées*) à chapeau épais, rouge, appelé communément **langue** ou **foie-de-bœuf**. *La fistuline pousse sur les troncs d'arbre; elle est comestible.*

FIVE O'CLOCK (*faï-vo-klok'*). *n. m.* (1885; loc. angl. elliptiqt. pour *five o'clok tea*, « thé de cinq heures »). Goûter, collation* que l'on prend à cinq heures. V. **Thé.**

FIXATION. *n. f.* (XVᵉ s.; rare avant le XVIIIᵉ s.; de *fixer*). Action de fixer*, d'établir solidement à une place, dans un état déterminé. *La fixation d'un poteau dans la terre. Pattes de scellement, crochets pour la fixation d'objets à un mur. Organe de fixation d'un végétal* (V. **Crampon**), *d'un mollusque* (V. **Byssus**).

1 « Les pansements étaient compliqués et difficiles, la fixation des appareils et des linges par le sparadrap n'ayant pas encore été imaginée à cette époque. » HUGO, **Misér.**, V, V, I.

— *Fixation d'une population nomade dans une région fertile.* V. **Établissement.**

2 « Pour la première fois, les nomades consacrent une certaine activité à l'agriculture : prélude à la fixation. »
DANIEL-ROPS, **Peuple de la Bible**, p. 36.

— Méd. *Abcès* de fixation.* — *Fixation de l'oxygène par l'hémoglobine du sang* (Cf. Anémie, cit.). — Chim. *Fixation d'un corps volatil, d'un gaz.* — Bx-arts. *Fixation d'un pastel. Fixation d'une image photographique.* V. **Fixage.** — Linguist. *La fixation de la langue, de l'orthographe. Fixation d'un élément du langage.* V. **Fixé.**

— Psychanal. « Attachement intense de la libido à une personne, à un objet ou à un stade du développement psychosexuel » (LAGACHE in PIÉRON, Vocab. psychol.).

— Action de déterminer, de régler définitivement. V. **Détermination, établissement.** *La fixation d'une heure, d'un lieu de rendez-vous, d'un délai. La fixation du prix du blé. Fixation d'un prix maximum.* V. **Limitation, réglementation.**

ANT. — Arrachement, ébranlement.

FIXE. *adj.* (*Fix* au XIIIᵉ s.; lat. *fixus*, p. p. de *figere*, fixer).

‖ 1° Qui ne bouge pas, qui demeure toujours à la même place à l'intérieur d'un système donné. V. **Immobile.** *Un point fixe. Support fixe. Chargement bien arrimé qui reste fixe malgré le cahotement. Essieu, axe fixe. Roue fixe sur un essieu mobile* (par oppos. à *roue libre*). *Barrage fixe. Châssis fixe d'une fenêtre.* V. **Dormant.** *Barre* fixe d'une salle de gymnastique.* — *Cellules* (cit. 7) *fixes qui forment les organes.* Demeure, poste fixe. V. **Permanent, sédentaire.** *Vagabond sans domicile fixe. Étoile* fixe.*

1 « Pas une étoile fixe, et tant d'astres errants; »
RAC., **Plaid.**, III, 3.

2 « On ne les a jamais vus assis, jamais fixes et arrêtés... »
LA BRUY., VIII, 13.

3 « Ton atmosphère est fixe, et tu rêves, figée
En climats de silence, écho de l'hypogée
D'un ciel atone... »
LAFORGUE, **Poés.**, Climat, faune et flore de la lune.

— Par métaph. *Éviter de s'enliser* (cit. 2) *en se raccrochant à quelque chose de fixe.* V. **Solide, stable.**

4 « Je me cramponne à ces feuillets comme à quelque chose de fixe parmi tant de choses fuyantes. » GIDE, **Journ.**, mai 1905, p. 157.

— *Avoir la vue, le regard fixe, les yeux fixes:* tenir les yeux fermement attachés sur un objet (*vieilli*. Cf. Assuré, cit. 71). *De nos jours.* Regarder dans le vague, les yeux grand ouverts et immobiles. *Regarder d'un œil fixe.* V. **Atone** (Cf. Contradiction, cit. 10). *Regard fixe d'un fou.*

5 « Figurez-vous une femme assise, d'une raideur immobile, et d'une figure invariable; n'ayant l'air ni de penser, ni d'écouter, ni d'entendre; dont les yeux fixes laissent échapper des larmes assez continues... »
LACLOS, **Liais. dang.**, Lett. CXXV

6 « ... une de ces figures mélancoliques où le regard trop fixe, signifie qu'on se fait pour un rien de la bile, même des idées noires. »
PROUST, **Rech. t. p.**, t. X, p. 44.

— *Beau fixe:* beau temps durable tel que l'indique l'élévation de la colonne barométrique. *Le baromètre est au beau fixe.*

‖ FIXE ! *Interj.* Commandement militaire prescrivant aux hommes, soit de replacer la tête en position directe, soit de se tenir immobiles (V. **Garde** (à vous), après l'exécution d'un mouvement ou en présence d'un officier. *A vos rangs, fixe !* se dit généralement devant un officier supérieur.

‖ 2° Qui ne change pas; qui est établi d'une manière durable dans un état déterminé. V. **Continu, immuable, invariable*, persistant, stationnaire.** *Douleur fixe* (Cf. Brider, cit. 3). *Il n'emploie que l'encre bleu fixe. Couleur fixe.* V. **Inaltérable.** *Feu fixe,* par oppos. *à feu clignotant.* Chim. *Corps fixe* se disait des corps qui ne se volatilisent qu'à des températures exceptionnelles.

— Réglé d'une façon précise et définitive. V. **Défini, déterminé.** *Poser des règles fixes.* V. **Arrêté, constant, définitif, ferme, invariable, irrévocable, stable.** *Mesure fixe qui sert d'étalon** (cit. 1). *Plan, direction, itinéraire fixe. Date, durée fixe.* V. **Certain.** *Cela revient à date fixe. Recevoir à jour fixe, manger à heure* fixe. Repas, menu, restaurant, magasin à prix* fixes.*

7 « C'était un grand prêtre maigre, fanatique, d'âme toujours exaltée, mais droite. Toutes ses croyances étaient fixes, sans jamais d'oscillations. »
MAUPASS., **Clair de lune**, p. 7.

8 « Elle n'avait pas d'heures fixes, comme nos deux frères aînés. Elle arrivait tantôt par le train, tantôt par le tramway. »
DUHAM., **Pasq.**, III, I, p. 9.

— *Idée fixe,* idée dominante, obsédante, dont l'esprit ne peut se détacher (Cf. Aboutir, cit 4).

9 « ...mais sa raison s'est altérée, et les préventions qu'il avait contre moi sont devenues une idée fixe, une espèce de folie, l'effet de sa maladie. »
BALZ., **Gobseck**, Œuv., t. II, p. 664.

— V. **Assuré, régulier.** *Revenu* fixe, appointements fixes,* et substantivt. *Un fixe.* V. **Appointement.** *Représentant qui touche un fixe en dehors de ses commissions. Un fixe mensuel* (Cf. Casuel, cit. 2). — *Capital* fixe* (par oppos. à « circulant »).

10 « ... au total, quinze mille francs de fixe, plus les dix mille francs que rapportait la poésie, bon an, mal an; en tout vingt-cinq mille livres. »
BALZ., **Mod. Mignon**, Œuv., t. I, p. 404.

11 « Tu toucheras pour cela deux cents francs par mois de fixe, plus deux sous la ligne pour les échos intéressants de ton cru... »
MAUPASS., **Bel-Ami**, I, 3.

ANT. — Mobile. Ambulant, branlant, changeant, circulant, errant, flottant, mouvant, nomade, vacillant, variable, volant, volatil. Altérable, incertain, inconsistant, indéterminé, instable. Accidentel, discontinu, facultatif. Casuel, éventuel.

DER. — Fixer. Fixité. — **Fixement.** *adv.* (XVIᵉ s.). D'une manière fixe. *Regarder quelqu'un fixement* (Cf. En face*).

1 « Le soleil ni la mort ne se peuvent regarder fixement. »
LA ROCHEF., **Max.**, 26.

2 « Quiconque a regardé le soleil fixement
Croit voir devant ses yeux voler obstinément
Autour de lui, dans l'air, une tache livide. »
NERVAL, **Odelettes**, Le point noir.

FIXER. *v. tr.* (1330; de *fixe*). Rendre fixe.

‖ 1° Établir d'une manière durable à une place, sur un objet déterminé. V. **Affermir, amarrer, arrêter, assujettir, assurer, attacher, immobiliser, maintenir.** *Fixer un cadre au mur avec une patte*.* V. **Pendre, suspendre.** *Fixer les volets avec des crochets. Fixer différentes pièces entre elles.* V. **Assembler, boulonner, claveter, clouer, coincer, coller, cramponner, enchâsser, épingler, lier, nouer, river, riveter, sceller, visser...** *Ajuster en fixant l'axe central.* V. **Centrer.** *Clous qui fixent les tuiles à la charpente.* V. **Retenir.** *Fixer un échafaudage branlant.* V. **Consolider.** *Collectionner* (cit.) *des insectes en les fixant sur des bouchons. Arbre fixé au sol, pieu fixé en terre.* V. **Enraciner, ficher, planter.** *Cosmétique* (cit. 2) *pour fixer et lustrer la chevelure. Fixer un chignon, un chapeau.* Pronominalt. *Les muscles se fixent par leurs extrémités* (Cf. Attache, cit. 8). *Coquillages qui se fixent aux rochers.* V. **Adhérer.**

1 « ... vous n'ignorez pas que Dieu ne l'ait fixé autrefois (le soleil) au milieu du ciel, à la seule parole d'un homme (Josué). »
BOSS., 1ᵉʳ **Serm.**, Conception, 1.

2 « Une des portes donnait directement sur le palier. Quatre punaises piquées de rouille y fixaient une carte... »
ROMAINS, **H. de b. vol.**, t. II, VI, p. 54.

« Sur la petite feuille rectangulaire, fixée au carreau par quatre 3 pains à cacheter rosâtres, une écriture impersonnelle, appliquée, une écriture de femme, avait tracé ces trois lignes... »
MART. du G., **Thib.**, t. VII, p. 245.

— *Par anal. Fixer l'ennemi en engageant le combat. Fixer des colons dans une région. Fixer les nomades à la terre. Fixer quelqu'un dans une fonction, à sa place.* V. **Caser** (Cf. Assigner, cit. 5). *Fixer l'emplacement d'un bâtiment. Fixer sa résidence, son domicile.* Pronominalt. *Il s'est définitivement fixé à Paris.* V. **Établir, implanter** (s'), **installer** (s'). *Immigrants qui commencent à se fixer.* V. **Pied** (prendre pied). *Douleur qui se fixe à l'épaule.* V. **Localiser** (se). Cf. Courbature, cit. 5.

« Les populations, si longtemps flottantes, sont enfin fixées et 4 assises. »
MICHELET, **Hist. de Fr.**, III, Tabl. de la France.

— *Fig. Fixer une figure sur la toile.* V. **Peindre** (Cf. Essentiel, cit. 3). *Fixer ses idées sur le papier:* les écrire pour les ordonner et les conserver (Cf. Détail, cit. 12). *Fixer un souvenir dans sa mémoire, dans son esprit.* V. **Graver, retenir.** Pronominalt. *Ce souvenir s'est fixé en moi.* V. **Ancrer** (s'), **cristalliser** (se), **imprimer** (s'); **inaltérable.**

« Un jour peut-être, lorsque la critique, perfectionnée par le pro- 5 grès universel, aura à sa disposition des moyens de notation sténographique pour fixer toutes les nuances du jeu d'un acteur, n'aurat-on plus à regretter tout ce génie dépensé au théâtre en pure perte... »
GAUTIER, **Port. contemp.**, p. 417.

« ... un bonheur dont il (l'écrivain) ne se blase jamais. Ouvrir le 6 premier exemplaire de son œuvre, la voir fixée, comme en relief, et non plus dans cette grande ébullition du cerveau où elle est toujours un peu confuse, quelle sensation délicieuse ! »
DAUD., **Contes lundi**, Le dernier livre.

« Les moments très beaux sont toujours mélancoliques. On sent 7 qu'ils sont fugitifs, on voudrait les fixer, on ne peut pas. »
MAUROIS, **Climats**, II, XXIII.

« Le peuple arabe a ceci d'admirable que son art, il le vit, il le 8 chante et le dissipe au jour le jour; il ne le fixe point et ne l'embaume dans aucune œuvre. »
GIDE, **Immoraliste**, p. 238.

— *Par ext. Fixer les yeux, sa vue, son regard sur quelqu'un, sur quelque chose.* V. **Appuyer, arrêter, attacher, coller; dévisager, envisager** (*vx.*), **observer, regarder*.** Pronominalt. *Les regards se fixaient sur elle* (Cf. Adhérent, cit. 1; effrayer, cit. 11). *Elle écoutait, les yeux fixés sur l'orateur* (Cf. Elle ne le quittait pas des yeux). *Les yeux fixés au ciel* (Cf. Auspices, cit. 1), *en terre.* V. **Ficher** (Cf. Bout, cit. 50). Elliptiqt. *Fixer quelqu'un* (du regard). — REM. Cette forme elliptique, qui remonte au XVIIIᵉ s., critiquée par Voltaire, et encore par Littré, est aujourd'hui consacrée par l'usage.

« Aucun auteur du bon siècle n'usa du mot de *fixer* que pour 9 signifier arrêter, rendre stable, invariable. Quelques Gascons hasardèrent de dire, *J'ai fixé cette dame,* pour, je l'ai regardée fixement, j'ai fixé mes yeux sur elle. De là est venue la mode de dire, *Fixer une personne.* Alors vous ne savez point si on entend par ce mot, j'ai rendu cette personne moins incertaine, moins volage; ou si on entend, je l'ai observée, j'ai fixé mes regards sur elle. Voilà un nouveau sens attaché à un mot reçu, et une nouvelle source d'équivoques. »
VOLT., **Dict. philos.**, Français.

« ... puis elle fixa lentement sur Olivier l'émail bleu-noir de ses 10 prunelles sans flamme... »
FROMENTIN, **Dominique**, XII.

« Pourtant, à force de fixer cette grande feuille dépliée devant 11 moi, je vois s'y dérouler, entre les lignes courtes et serrées, les articles de demain... »
DAUD., **Contes lundi**, Un soir de première.

« Il écoutait ses propres paroles avec étonnement, avec agacement. 12 Thérèse sourit, puis le fixa d'un air grave. »
MAURIAC, **Th. Desqueyroux**, XIII, p. 225 (Cf. aussi ID., L'agneau, p. 22).

— *Fixer les regards de quelqu'un:* devenir l'objet de son attention. *Fixer tous les regards sur soi:* attirer les regards. V. **Attirer, captiver.**

— *Fixer son attention* (cit. 18, 19, 35 et 36) *sur un objet* (Cf. Application, cit. 10). *Fixer ses soupçons sur X.* Pronominalt. *Mon choix s'est fixé sur tel article* (V. **Choix; choisir**).

« Sa pensée vagabondait sans qu'il pût la fixer sur rien. » 13
MART. du G., **Thib.**, t. II, p. 268.

« ... elle s'était fixée sur les corsages montants et les jupes trop 14 longues : on aurait dit qu'elle avait honte de son corps. »
SARTRE, **Mort dans l'âme**, p. 55.

‖ 2° Établir d'une manière durable dans un état déterminé. *Fixer les couleurs sur un tissu. Fixer un pastel, un fusain.* — Phot. *Fixer une image, un cliché,* au moyen d'un fixatif*, pour l'empêcher de s'altérer. — Chim. Empêcher un corps gazeux ou volatil de se perdre. *Une solution de potasse fixe le gaz carbonique.* — Linguist. *Langue fixée. Vaugelas chercha à fixer la langue du XVIIᵉ siècle. L'usage a fixé le sens de cette expression. L'orthographe s'est progressivement fixée* (Cf. Étymologique, cit. 2). *On ne saurait fixer définitivement ce qui est en constante évolution.* V. **Pétrifier.** *Élément fixé, ou figé* pour ainsi dire dans l'organisme vivant de la langue (par ex. *ouï,* dans *par ouï dire*).

« Il faut absolument s'en tenir à la manière dont les bons auteurs 15 l'ont parlée (la langue); et quand on a un nombre suffisant d'auteurs approuvés, la langue est fixée. »
VOLT., **Dict. philos.**, Langues.

« ... la langue française n'est point *fixée* et ne se fixera point. Une 16 langue ne se fixe pas. L'esprit humain est toujours en marche, ou, si l'on veut, en mouvement... La langue de Montaigne n'est plus celle de Rabelais, la langue de Pascal n'est plus celle de Montaigne, la langue de Montesquieu n'est plus celle de Pas-

cal... Il en est des idiomes humains comme de tout. Chaque siècle y apporte et en emporte quelque chose. Qu'y faire ? cela est fatal. C'est donc en vain que l'on voudrait pétrifier la mobile physionomie de notre idiome sous une forme donnée. C'est en vain que nos Josué littéraires crient à la langue de s'arrêter; les langues ni le soleil ne s'arrêtent plus. Le jour où elles se *fixent*, c'est qu'elles meurent. »
HUGO, Préf. de Cromwell.

— Faire qu'une personne ne soit plus inconstante, qu'une chose ne soit plus changeante. *Fixer un inconstant, une coquette. Un esprit inquiet que l'on ne peut fixer. Cet écolier est difficile à fixer* et, pronominalt., *a de la peine à se fixer* (ACAD.). V. **Concentrer.** *Fixer une imagination vagabonde. Fixer les goûts, les désirs, le choix, les volontés de quelqu'un.* V. **Stabiliser** (Cf. Amitié, cit. 4). *Fixer sa vie par le mariage* (Cf. Aliéner, cit. 3). *Fixer l'opinion.* — Faire qu'une personne ne soit plus dans l'indécision ou l'incertitude. *Fixer quelqu'un sur:* le renseigner* exactement sur... *Je l'ai fixé sur vos intentions à son égard.* — Fam. *Je ne suis pas encore fixé, pas très fixé:* je ne sais pas quel parti prendre. V. **Décidé.** *Être fixé sur le compte de quelqu'un:* savoir à quoi s'en tenir. *Vous voilà fixé !* instruit (Cf. Côté, cit. 20).

17   « Pétulant, volage, sans jamais pouvoir se fixer à rien. »
ROUSS., Émile, IV.

18   « ... j'étais en proie aux passions les plus contraires, et je ne savais à quoi me fixer. »   GAUTIER, Mlle de Maupin, VIII, p. 192.

19   « ... à cette heure, faut bien en finir. C'est son droit, n'est-ce pas ? d'être fixée sur ce qui lui revient. »   ZOLA, La terre, III, I.

— V. **Arrêter, définir, déterminer, régler.** *Fixer une règle, un principe, des conditions.* V. **Formuler, poser.** Canon (cit. 3) *qui fixe un idéal de beauté. Les limites fixées par la loi* (Cf. Autonomie, cit. 4). *Fixer les droits, les attributions de quelqu'un.* V. **Délimiter.** *Fixer un programme, un itinéraire. Se fixer une ligne de conduite.* V. **Imposer** (s'), **proposer** (se). *Fixer un rendez-vous, l'heure, le lieu du rendez-vous* (Cf. Prendre jour*). *Fixer une date, un jour, un délai.* V. **Assigner, indiquer, marquer, préciser, prescrire.** *Son départ est fixé au quinze du mois prochain. Au jour fixé. Fixer la valeur d'un objet, un prix, une rémunération, la base d'un impôt* (V. **Asseoir**), *le taux du change.* V. **Réglementer.** *Fixer le montant des importations.* V. **Contingenter, limiter.** *C'est lui qui doit fixer votre sort.* V. **Conclure, décider** *Fixer d'avance.* V. **Prédestiner, préfixer.**

20   « Ce combat doit, dit-on, fixer nos destinées; »
RAC., Bajaz., I, 2.

21   « Danton ... obtint de la Convention qu'on fixât le maximum du blé; »   MICHELET, Hist. Révol. fr., XIII, IV.

22   « ... dès les premiers mots, le curé s'emporta, parce qu'on fixait la cérémonie au jour de la Saint-Jean. Il avait une grand'messe, une fondation à Bazoches-le-Doyen : comment voulait-on qu'il fût à Rognes le matin ? »   ZOLA, La terre, II, VII.

23   « Il savait par des lectures que les hommes « énergiques » ont coutume de se fixer ainsi un terme pour le succès de leurs entreprises. »   ROMAINS, H. de b. vol., t. VI, p. 253.

ANT. — **Arracher, branler, déplacer, détacher, ébranler, transférer, transporter. Détourner, distraire. Errer.**

DER. — **Fixation. Fixisme.** — **Fixable.** *adj.* (XIXe s.). Qui peut être fixé. — **Fixage.** *n. m.* (1861). Action de fixer. V. **Fixation.** Spécialt. Opération par laquelle on rend une photographie insensible à la lumière. — **Fixateur, trice.** *adj.* (1865). Qui a la propriété de fixer. *Vernis fixateur.* Substantivt. *Un fixateur.* Outil qui sert à fixer des œillets, des chevilles. Sorte de vaporisateur que l'on emploie pour pulvériser le fixatif. — **Fixatif, ive.** *adj.* (1829 BLOCH). Qui sert à fixer. — Substantivt. *Un fixatif.* Liquide à base de colle qu'on pulvérise sur les pastels, les fusains, les dessins au crayon pour les empêcher de s'effacer. *Par anal.* Produit à base d'hyposulfite de soude qui rend les photographies inaltérables à la lumière (On dit aussi *fixateur*). — Produit permettant de fixer une coiffure. — **Fixé.** *n. m.* Petit tableau peint à l'huile et recouvert d'une glace tenant lieu de vernis. « On se servait au XVIIIe siècle des fixés pour décorer les boîtes, les tabatières » (RÉAU).

COMP. — **Préfixer.** — *Fixer* est le premier élément de mots composés désignant un instrument destiné à tenir, à fixer l'objet indiqué par le complément. Cf. Fixe-chapeau, fixe-chaussette, fixe-cravate, fixe-longe...

« Les fixe-chaussettes n'étaient plus très neufs, mauves. Ils n'allaient pas avec la cravate choisie, noire à raies bleues. »
ARAGON, Beaux quartiers, p. 326.

FIXISME. *n. m.* (fin XIXe s.; de *fixe*). Biol. Doctrine de la fixité* des espèces.

ANT. — **Évolutionnisme, transformisme.**

DER. — **Fixiste.** *adj.* Qui a rapport au fixisme. *Théorie, système fixiste.*

« Linné ... entreprit son travail avec une profonde conviction fixiste : « il existe autant d'espèces diverses que Dieu créa de formes diverses à l'origine des choses ».
CARLES, Le transformisme, p. 13 (éd. P.U.F.).

FIXITÉ. *n. f.* (1603; de *fixe*). État de ce qui est fixe*, immobile, invariable. *Fixité cadavérique* (cit. 2). *Fixité apparente des étoiles.* V. **Immobilité.** *Fixité d'une population attachée au sol qu'elle cultive.*

1   « La fixité, l'attachement au sol, à la propriété, cette condition impossible à remplir, tant que durent les immigrations de races nouvelles, elle l'est à peine sous les Carlovingiens; elle ne le sera complètement que par la féodalité. »   MICHELET, Hist. de Fr., II, III.

« ... une immobilité radieuse, la fixité un peu morne du beau temps, enfin une sorte d'impassibilité ... du ciel... »   2
FROMENTIN, Été dans le Sahara, II, p. 184.

— En parlant du regard attaché d'une façon persistante sur un objet. *La fixité du regard, des yeux* (Cf. Atonie, cit. 2). *Une fixité inquiétante.*

« ... deux gros yeux bleu-faïence, d'une fixité de bœuf au repos. »   3
ZOLA, La terre, I, II.

« ... ses yeux étaient attachés sur moi avec une fixité étrange, et   4
nous avions peur l'un et l'autre de rompre ce silence. »
LOTI, Aziyadé, IV, V.

— Fig. Caractère de ce qui est invariable, définitivement fixé. V. **Constance, immutabilité, invariabilité, permanence.** Biol. *Doctrine de la fixité des espèces:* théorie biologique selon laquelle les espèces vivantes seraient immuables. V. **Fixisme.** Linguist. *La fixité d'une langue* (Cf. Emploi, cit. 6).

« Une seule entre les maisons royales, celle des Capets, ne re-   5
connut point le droit des femmes; elle resta à l'abri des mutations qui transféraient les États d'une dynastie à une autre... Cette fixité de la dynastie est une des choses qui ont le plus contribué à garantir l'unité, la personnalité de notre mobile patrie. »
MICHELET, Hist. de Fr., IV, IV.

« ... on continua longtemps encore à admettre le principe de la   6
fixité des espèces dont Cuvier se fit, avec toute son autorité, l'ardent défenseur. Même en 1861, Flourens assurait que « la fixité des espèces est, de toute l'histoire naturelle, le fait le plus important et le plus complètement démontré ». C'est pourquoi lorsque Lamarck formula, pour la première fois, en un véritable corps de doctrine, la théorie de l'Évolution, son œuvre n'eut aucun succès. »
GUYÉNOT, Orig. des espèces, p. 10 (éd. P.U.F.).

— En parlant des choses d'ordre moral. V. **Constance, fermeté, suite** (esprit de). — *Esprit sans fixité.* V. **Consistance, fermeté.** — *Fixité d'une décision irrévocable.*

« On admire la fixité de la résolution qui, une fois prise, persiste   7
invincible. »   TAINE, Philos. de l'art, t. II, p. 285.

ANT. — **Déplacement, mobilité. Clignement** (*regard*). **Volatilité** (Chim.). **Changement, commutation, évolution, transformation.**

FLA. *n. m. inv.* (1845; onomat.). Double coup de baguette frappé sur le tambour* légèrement de la main droite, puis plus fort de la main gauche. *Des fla et des ra.*

COMP. — **Fla-fla.**

FLABELLÉ, ÉE (1611) ou **FLABELLIFORME.** *adj.* (1813; lat. *flabellum*, « éventail », rac. *flare*, « souffler »). En forme d'éventail. *Antennes flabellées. Palmier flabelliforme.*

FLABELLUM (*bèl-lome*). *n. m. inv.* (1878; mot lat.). Grand éventail* de plumes de paon, de feuilles de lotus, adapté à un long manche, utilisé dans l'antiquité, conservé comme symbole dans les rites orientaux, et dans la liturgie romaine aux fêtes solennelles (On dit aussi *flabelle*).

DER. — (du lat.). **Flabellation.** *n. f.* (XVIe s.). Action d'éventer (spécialt., en Méd., une partie du corps).

FLAC ! (*flak*). *interj.* (XVIe s.; var. de *flic**). Onomatopée imitant le bruit de l'eau qui tombe, le bruit d'un soufflet...

« Je venais tout doucement par derrière et, tout d'un coup, flac ! je me suis jeté sur lui de toute ma hauteur. »
CLAUDEL, Annonce faite à Marie, I, 3.

DER. — **Flaquer** (V. Flanquer). — HOM. — **Flaque.**

FLACCIDITÉ (*flac-si*). *n. f.* (1611; lat. *flaccidus*, « flasque »). État de ce qui est flasque*. *Flaccidité des chairs, des tissus.*

« Qui donc a pu donner cette flaccidité, cette pâleur à ces joues dont la peau tendue comme celle d'un tambour crevait de bonne grosse santé des gens sans souci ? »
BALZ., Urs. Mirouët, Œuv., t. III, p. 469.

ANT. — **Dureté, fermeté, rigidité, tonicité.**

1. FLACHE. *adj.* et *n. f.* (XIIIe s. *flac, flache* au fém.; lat. *flaccus, flacca*, « flasque », même sens en anc. fr.). *Adj.* Technol. *Poutre flache,* dont les arêtes vives manquent. — *N. f.* Endroit d'un tronc d'arbre où l'écorce a été enlevée. — Fissure* d'une roche. — Inégalité dans un pavage.

DER. — **Flacheux, euse.** *adj.* (1690). *Poutre flacheuse,* poutre flache.

2. FLACHE. *n. f.* (XIVe s. GODEF.; altér. de *flaque**). Mare, flaque dans un bois à sol argileux.

« Dans une flache laissée par l'inondation du mois précédent à un sentier assez haut elle me fit remarquer de très petits poissons. »
RIMBAUD, Illuminations, Ouvriers.

FLACHERIE. *n. f.* (1877). Maladie mortelle des vers* à soie, dysenterie infectieuse due à un ultra-virus. *Les vers morts de flacherie sont dits morts-flats.*

FLACON. *n. m.* (1314; bas lat. *flasco, flasconem,* dér. du germ. *flaska.* V. **Fiasque, flasque** 2). Petite bouteille de forme variable, généralement fermée par un bouchon soit de même matière, soit de métal. V. **Bouteille, fiole.** *Flacon en verre, en cristal* (cit. 4), *en porcelaine... Flacon métallique* (V. **Gourde**). *Flacon de parfum* (Cf. Coller, cit. 7; émeri, cit.). *Flacon de* *cognac qu'on porte dans sa poche. Déboucher un flacon. — Flacon de laboratoire pour les manipulations, les expériences chimiques. Flacon laveur dans lequel on fait barboter un gaz pour le purifier, le sécher. Tubulure de flacon. — Par ext.* Contenu d'un flacon. *Boire, respirer un flacon.*

1 « Quelle différence est entre bouteille et flacon ? — Grande, car bouteille est fermée à bouchon, et flacon à vis. » RAB., **Garg.**, I, 5.

2 « Il ... saisit un flacon d'éther au milieu de sa pharmacie et le lui fit respirer. » BALZ., **Urs. Mirouët**, Œuv., t. III, p. 348.

3 « Parfois on trouve un vieux flacon qui se souvient,
D'où jaillit toute vive une âme qui revient. »
BAUDEL., **Fleurs du mal**, Spl. et id., XLVIII.

4 « ... (il) ... prit un flacon dont le bouchon était noirci par le frottement des poches paysannes, et versa une goutte de cognac dans un grand verre de cristal... — C'est une fine champagne de 1820. »
CHARDONNE, **Dest. sent.**, p. 61.

— *Par métaph.* Le contenant, *par opposition au* contenu ; la forme, l'apparence extérieure.

5 « Je me suis toute ma vie inquiété de la forme du flacon, jamais de la qualité du contenu. » GAUTIER, **Mlle de Maupin**, p. 55.

6 « Aimer est le grand point, qu'importe la maîtresse ?
Qu'importe le flacon, pourvu qu'on ait l'ivresse ? »
MUSSET, **Prem. poés.**, La coupe et les lèvres.

DER. — **Flaconnage.** n. m. ou **flaconnerie.** n. f. (XXe s.). Fabrication des flacons de verre. — *La flaconnerie*, nom générique des flacons. — **Flaconnier.** n. m. (1906). Ouvrier qui fait des flacons. Étui contenant plusieurs flacons.

FLA-FLA. n. m. (1830 ; comp. de *fla**). Recherche de l'effet. V. **Chi-chi, chiqué, esbroufe, étalage, façon, ostentation...** *Faire du fla-fla. En voilà des fla-flas !* (On écrit parfois *flafla*).

1 « La fille au père Rouault, une demoiselle de ville ! Allons donc ! leur grand-père était berger, et ils ont un cousin qui a failli passer par les assises pour un mauvais coup, dans une dispute. Ce n'est pas la peine de faire tant de fla-fla, ni de se montrer le dimanche à l'église avec une robe de soie, comme une comtesse. »
FLAUB., **Mme Bov.**, I, II.

2 « ... au bout de tous ces chichis, de ces approches diplomatiques et de ces flaflas... » CÉLINE, **Voyage au bout de la nuit**, p. 427.

FLAGELLATION. n. f. (XIVe s., rare avant le XVIIe s. ; lat. eccl. *flagellatio.* V. **Flageller**). Action de flageller. V. **Fustigation.** *Supplice de la flagellation ou du fouet**. *La flagellation de Jésus-Christ.* Action de se flageller (pour faire pénitence, par discipline, ascétisme...). V. **Flagellant** (dér.).

« Ce n'est point par des cérémonies, par des flagellations, par des auto-da-fé qu'on honore la divinité, mais ... par des travaux utiles. »
RAYNAL, **Hist. phil.**, VII, 11.

— *Spécialt.* Méd. *Flagellation pour stimuler les extrémités nerveuses. Flagellation avec des orties.* V. **Urtication.** — *En T. de Massage.* Action de frapper successivement avec les doigts la partie à masser.

FLAGELLÉ, ÉE. adj. (fin XIXe s. ; de *flagellum*). Qui est muni d'un flagellum*. *Le trypanosome, infusoire flagellé.* — N. m. plur. *Zool.* Classe de protozoaires* pourvus d'un ou plusieurs flagellums.

FLAGELLER (*fla-gèl-lé*). v. tr. (XIVe s. ; lat. *flagellare*, de *flagellum*, fouet. V. **Fléau**). Battre* de coups de fouet, de verges. V. **Fouetter, fustiger.** *Pilate fit flageller Jésus-Christ.* Pronominalt. *Se flageller par esprit de mortification.* V. **Ascétisme** (Cf. *infra*, Flagellant).

— *Par anal.* En parlant du vent. V. **Cingler.** *Arbres flagellés par le vent* (Cf. Eau-forte, cit.).

1 « La nuit s'était faite, le vent glacé le flagellait. Parfois, à certains grands souffles, il devait tourner le dos, l'haleine coupée, sa tête nue hérissée de ses rares cheveux blancs. » ZOLA, **La terre**, V, II.

— *Fig.* V. **Attaquer, blâmer, critiquer.** *Flageller les abus, les vices* (ACAD.).

2 « Combien de pamphlets vils qui flagellent sans cesse
Quiconque vient du ciel. » HUGO, **Voix intérieures**, XXIX.

DER. — **Flagellant.** n. m. (1694). « Nom d'une espèce d'hérétiques du treizième siècle, sectateurs d'un moine nommé Rainier, qui s'assemblaient chaque nuit, nus jusqu'à la ceinture, avec un capuchon sur la tête et une croix à la main, pour se donner la discipline ; ils se fouettaient ainsi deux fois le jour » (LITTRÉ). — **Flagellateur, trice.** n. (XVIe s.). Celui, celle qui flagelle. — **Flagellation.**

FLAGELLUM (*jèl-lome*) ou **FLAGELLE.** n. m. (1878 ; lat. *flagellum*, fouet). Filament mobile servant d'organe locomoteur à certains protozoaires, au spermatozoïde...

DER. — **Flagellé.**

FLAGEOLER. v. intr. (1756 ; de *flageolet*, au sens de « jambe grêle »). Trembler* de faiblesse, de fatigue, de peur... (en parlant des jambes de l'homme ou du cheval). *Avoir les jambes qui flageolent. Les jambes lui flageolaient, il fut obligé de s'asseoir* (ACAD.). — Avoir les jambes qui tremblent, qui se dérobent. V. **Chanceler***. *Il flageole et ne peut plus se tenir.* On dit dans le même sens *Flageoler sur ses jambes.*

« ... je sens un froid mortel courir dans mes veines, les jambes me flageolent, et prêt à me trouver mal, je m'assieds, et je pleure comme un enfant. » ROUSS., **Conf.**, VII.   1

« ... ses jambes flageolaient au point qu'il tomba sur un fauteuil du salon comme s'il eût reçu quelque coup de massue à la tête. »
BALZ., **Urs. Mirouët**, Œuv., t. III, p. 410.   2

DER. — **Flageolant, ante.** adj. (néol. encore absent des dictionnaires récents). Qui flageole. *Jambes flageolantes.*

« Alain se hâtait pour échapper au verbiage, au bruit de pas flageolants qui le suivaient. » COLETTE, **La chatte**, p. 176.   1

« Elle ploya les épaules, sans répondre. Il l'obligea à se redresser, et la mena, flageolante, jusqu'à l'entrée de sa chambre. »
MART. du G., **Thib.**, t. VII, p. 304.   2

1. FLAGEOLET. n. m. (XIVe s. ; dimin. de l'anc. fr. *flageol*, lat. vulg. *flabeolum*, de *flabrum*, souffle, de *flare*, souffler). Sorte de flûte à bec, généralement percée de six trous. *Flageolet en buis, en ébène, en métal. Flageolet à clefs. Flageolet de berger. Air de flageolet* (Cf. Ébaudir, cit. 1). — *Par ext.* Jeu d'orgue le plus aigu de tous.

« Plus l'amoureux pasteur sur un tronc adossé,
Enflant son flageolet à quatre trous percé,
Son mâtin à ses pieds, à son flanc la houlette,
Ne dira plus l'ardeur de sa belle Janette ; »
RONSARD, **Élégies**, XXIV.   1

« Un aveugle au coin d'une borne,...
... Sur son flageolet, d'un air morne,
Tâtonne et se trompant de trou... »
GAUTIER, **Émaux et camées**, L'aveugle.   2

— *Fig.* et *par plaisant.* Jambe grêle. *Être monté sur des flageolets* (LITTRÉ).

2. FLAGEOLET. n. m. (1835 in BLOCH ; croisement entre le précédent (« par suite d'une plaisanterie grossière sur la propriété flatueuse des haricots ») et *fageolet*, dim. du picard *fageole*, lat. vulg. *fabeolus*, de *faba*, « fève », et *phaseolus*, « haricot ». V. **Faséole** et **fayot**). Variété de haricot* nain très estimé, dit parfois « nain hâtif de Laon », qui se mange en grains. *Gigot aux flageolets.*

FLAGORNER. v. tr. (1470, « parler à l'oreille » ; étym. obscure). Flatter bassement, servilement. V. **Flatter*** (Cf. *fam.* Passer de la pommade ; *pop.* Lécher le cul, etc.).

« Es-tu un prince pour qu'on te flagorne ? »
BEAUMARCH., **Mar. de Fig.**, IV, 10.   1

« ... courtisans, gens de cour, flatteurs, flagorneurs flagornant par tout le royaume. » P.-L. COUR., **Aux âmes dévotes.**   2

« (Ceux) qui flagornent aujourd'hui la multitude comme ils auraient hier adulé les rois... André Chénier a remarqué spirituellement qu'au théâtre on flagorne le peuple, depuis qu'il est souverain, aussi platement qu'on flagornait le roi, du temps que le roi était tout, et que le parterre, qui représente le peuple en personne, applaudit et fait répéter toutes les maximes adulatrices en son honneur aussi naïvement que Louis XIV fredonnait les prologues de Quinault à sa louange, pendant qu'on lui mettait ses souliers et sa perruque. »
STE-BEUVE, **Caus. lundi**, A. Chénier, t. IV, pp. 153 et 158.   3

DER. — **Flagornerie.** n. f. (1583). Flatterie grossière et basse. V. **Flatterie***. *Il a obtenu ce poste par des flagorneries. Ne vous laissez pas prendre aux flagorneries* (Cf. Ébauche, cit. 4). — **Flagorneur, euse.** n. et adj. (XVe s.). Qui flagorne. V. **Flatteur*** (Cf. Complaisant, cit. 5 ; et flagorner, *supra*, cit. 2). *Les thuriféraires** *qui l'environnent, vils flagorneurs.*

« Les courtisans exerçant près des rois l'art de la flagornerie... »
P.-L. COUR., **Aux âmes dévotes.**   1

« La cigarette à la bouche, on ne l'a jamais vu si flagorneur, si aimable, distribuant les poignées de main, les compliments, les sourires... »
JOUHANDEAU, **Chaminadour**, p. 121.   2

FLAGRANT, ANTE. adj. (1413 ; lat. *flagrans*, de *flagrare*, proprement : flamber, être en flammes). Qui est commis sous les yeux mêmes de celui qui le constate. *Flagrant délit.* V. **Délit** (cit. 5 et 6).

« Le délit qui se commet actuellement, ou qui vient de se commettre, est un flagrant délit. Seront aussi réputés flagrant délit, le cas où le prévenu est trouvé saisi d'effets, armes, instruments ou papiers faisant présumer qu'il est auteur ou complice, pourvu que ce soit dans un temps voisin du délit. »
CODE INSTRUCT. CRIM., **Art. 41.**   1

— *Par ext.* (début XIXe s. — Sens que LITTRÉ ne signale pas). Qui éclate aux yeux de tous, qui n'est pas niable. V. **Certain, éclatant, évident, incontestable, indéniable, patent, visible.** *Injustice flagrante. La préméditation est flagrante.*

« La surcharge interdite par les ordonnances *concernant la sûreté des voyageurs* était alors trop flagrante pour que le gendarme ... pût se dispenser de dresser procès-verbal de cette contravention. »
BALZ., **Un début dans la vie**, Œuv., t. I, p. 606.   2

« Je relis *Shylock* en anglais ... Quelque chose d'ailé, de frémissant, d'un bout à l'autre de sa texture, fait passer outre ses défauts flagrants. »
GIDE, **Journ.**, 31 juin 1923.   3

ANT. — **Incertain.**

DER. — **Flagrance.** n. f. (XVIe s.). *Peu usit.* État de ce qui est flagrant.

« Un crime se commet : s'il y a flagrance, les *inculpés* sont emmenés au corps de garde voisin et mis dans ce cabanon nommé par le peuple *violon.* » BALZ., **Splend. et misèr. des courtisanes**, Œuv., t. V, p. 919.

FLAIR. *n. m.* (XIIe s.; de *flairer*). Faculté de discerner par l'odeur. V. **Odorat.** *Particult.* Odorat subtil de certains animaux. *Le flair du chien. Le porc, le loup, l'éléphant... ont du flair.*

1 « En quatre coups de nez il (le chien) évente une plaine
   Et guidé par son flair, à petits pas se traîne
   Le front droit au gibier... »
                          RONSARD, Prem. liv. poèm., La chasse.

2 « Si j'en crois mon flair de vieux renard, nous aurons à dîner une poularde d'un fumet délicat. Donnez vos soins, ma fille, à cette estimable volaille... » FRANCE, Crime S. Bonnard, Œuv., t. II, p. 284.

— *Fig.* Aptitude instinctive à prévoir, deviner. V. **Clairvoyance, intuition, perspicacité.** *Avoir du flair* (Cf. Avoir du nez*, le nez fin, le nez creux). *Être doué d'un certain flair* (Cf. Aventure, cit. 26). *Flair de détective. Se laisser guider par son flair. Il a eu du flair de miser sur ce cheval.*

3 « ... les femmes ne se trompent point en pareille matière, elles ont un instinct, un flair merveilleux, qui supplée à l'usage du monde et à la connaissance des passions. »
                          GAUTIER, Tois. d'or, IV (in Fortunio...).

4 « Cela ne se voyait point d'une façon manifeste, éclatante; mais, avec son flair inquiet, elle le sentait et le devinait. »
                          MAUPASS., Notre cœur, p. 89.

5 « Mis en présence des symptômes qui peuvent être ceux de trois ou quatre maladies différentes, c'est en fin de compte son flair, son coup d'œil qui décident à laquelle, malgré les apparences à peu près semblables, il y a chance qu'il (le médecin) ait à faire. »
                          PROUST, Rech. t. p., t. III, p. 88.

FLAIRER. *v. tr.* (XIIIe s.; lat. *fragrare*, « exhaler une odeur forte ou agréable » (Cf. Fragrance), sens conservé jusqu'à VOLT. V. **Fleurer**).

|| **1°** Appliquer son odorat en vue de discerner par l'odeur. V. **Sentir.** — Particult. En parlant des animaux. *Animal qui flaire sa nourriture. Le porc flaire le sol pour déterrer les truffes. Chien qui flaire son maître. Absolt. Chien qui va le nez* au vent en flairant* (Cf. Autour, cit. 18). Pronominalt. *Les chiens se flairent lorsqu'ils se rencontrent.*

1 « Seigneur ours...
   Le tourne, le retourne, approche son museau,
   Flaire aux passages de l'haleine. »   LA FONT., Fab., V, 20.

2 « C'est l'heure où, l'œil mi-clos et le mufle en avant,
   Le chasseur au beau poil flaire une odeur subtile,
   Un parfum de chair vive égaré dans le vent. »
                          LECONTE de LISLE, Poèmes barbares, Le jaguar.

3 « ... des ânes de montagne qui flairent d'un museau extrêmement sensible la pierraille du chemin. »
                          BOSCO, Jardin d'Hyacinthe, p. 93.

— *En parlant des personnes.* Sentir avec insistance, comme fait un animal. V. **Humer, renifler.** *Flairer un rôti tournant à la broche* (Cf. Espièglerie, cit. 2), *un plat appétissant. Flairer une odeur bizarre, anormale.*

4 « Nous ne goûtons rien sans le flairer. »   ROUSS., Émile, II.

5 « Tous, le nez tourné vers le poêle où se rissolaient les alouettes, flairaient la bonne odeur. »   ZOLA, La terre, I, III.

6 « Ailleurs on voit monter les immeubles blancs; les façades d'un bel ocre pâle. On flaire l'odeur de parpaing mouillé. »
                          ROMAINS, H. de b. vol., t. V, XVIII, p. 132.

— *Fig.* V. **Examiner, observer, tâter...**

7 « Il flaira la rue. Il l'examina comme une physionomie où l'on voudrait surprendre un émoi dissimulé. »
                          ROMAINS, H. de b. vol., t. I, XII, p. 128.

|| **2°** Découvrir, discerner par l'odeur. *Chien de chasse qui flaire le gibier, une piste.* V. **Éventer, halener, subodorer.**

8 « ... l'excitation d'un fox qui flaire un rat. »
                          MONTHERLANT, La relève du matin, p. 39.

— *Par anal.* V. **Repérer.** *Projecteurs qui flairent un avion* (Cf. Escadrille, cit. 1).

9 « Il quitta son bureau, fit quelques pas, flaira sur l'étagère le rayon de livres qu'il accumulait... » MART. du G., Thib., t. II, p. 189

— *Fig.* Discerner quelque chose par intuition. V. **Deviner, pressentir, prévoir, sentir, soupçonner, subodorer.** *Il flaire un piège là-dessous. Il a sans doute flairé quelque chose. Nous avions flairé cela d'instinct. Il a un véritable don de seconde vue pour flairer la bonne aubaine. Flairer une menace, une connivence, une tuile* (Cf. Contrariété, cit. 3).

10 « Le baron est bien fin, songeait-elle. Il a déjà flairé quelque chose. »   BOURGET, Mensonges, VIII, p. 149.

11 « ... les amoureux sont si soupçonneux qu'ils flairent tout de suite le mensonge. » PROUST, Rech. t. p., t. IX, p. 256.

12 « Dès le seuil, je flairai l'insolite. »   GIDE, Si le grain..., I, V.

13 « Bien que le petit n'eût à aucun moment tourné la tête, peut-être avait-il flairé la présence de son père. »
                          MAURIAC, Le sagouin, IV, p. 146.

14 « ... il flaire tout de suite à qui il a affaire. »
                          ROMAINS, H. de b. vol., t. IV, XXII, p 242.

DER. — Flair. — Flaireur, euse. *n.* (1539). Celui, celle qui flaire. *Fam. Flaireur de dupes,* toujours à l'affût de gens à duper. *Adjectivt. Nez flaireur. Air flaireur* (Cf. Craintif, cit. 5).

FLAMAND, ANDE. *adj.* De Flandre (française, belge ou hollandaise). *Lille et Anvers, villes flamandes. Kermesse flamande. Peintres flamands.* — « *Les Flamandes* », poèmes de Verhaeren.

« ... bourgmestres, échevins, baillis; tous roides, gourmés, empesés, endimanchés de velours et de damas, encapuchonnés de cramignols de velours noir à grosses houppes de fil d'or de Chypre; bonnes têtes flamandes après tout, figures dignes et sévères, de la famille de celles que Rembrandt fait saillir si fortes et si graves sur le fond noir de sa *Ronde de nuit...* »   HUGO, N.-D. de Paris, I, III.

— *N. m. et f.* Habitant, natif de Flandre. *Un Flamand, une Flamande* (V. aussi **Flandrin**). *Flamand séparatiste.* V. **Flamingant.** — *Le flamand,* la langue flamande, qui est une langue germanique. *Le français* et le flamand, langues officielles belges*.*

FLAMANT. *n. m.* (1534; prov. *flamenc,* du lat. *flamma,* « flamme », d'après la couleur du plumage). *Zool.* Oiseau phœnicoptériforme (Échassiers* palmipèdes, phœnicoptéridés) scientifiquement appelé *phœnicopterus,* au plumage généralement rose, au dessous des ailes couleur de flamme et qui se tient presque toujours sur une patte. *Les flamants comptent de nombreuses espèces dont la plus commune est le flamant rose; ils vivent en troupe au bord des eaux douces ou salées, et sont migrateurs.*

1 « Nos plus anciens naturalistes français prononçaient *flambant* ou *flammant* : peu à peu l'étymologie oubliée permit d'écrire *flamant* ou *flamand,* et d'un oiseau couleur de feu ou de flamme, on fit un oiseau de *Flandre* où il n'a jamais paru. »
                          BUFFON, Hist. nat. ois., Le flamant, Œuv., t. VIII.

2 « Une fille ouvre sa fenêtre. Et je vois sa lampe, coiffée de rose, comme un long flamant debout sur une seule patte... »
                          L.-P. FARGUE, Poèmes, p. 66.

FLAMBAGE. *n. m.,* **FLAMBANT.** *adj.* V. **Flamber.** — **FLAMBART.** *n. m.* V. **Flambe** (*dér.*).

FLAMBE. *n. f.* (1100 « flamme »; de l'anc. fr. *flamble,* du lat. *flammula,* de *flamma.* V. **Flamme**). *Dialect.* Feu* clair. V. **Flambée.** *Fig.* Épée à lame ondulée. — Nom donné à certains iris*.

DER. — Flambeau, flamber, flamboyer. — Flambart ou Flambard. *n. m.* (1285). || **1°** Charbon à demi consumé. — Feu* Saint-Elme. || **2°** *Fam. et vieilli* (XIXe s.; Cf. GAUTIER, E. SUE cités par MATORÉ, Vocab. et Soc. sous Louis-Phil., pp. 68 et 258). Gai luron*. *Par ext.* (de nos jours). *Faire le flambard :* faire le fanfaron, le faraud. V. **Orgueilleux.**

FLAMBEAU. *n. m.* (XIVe s.; de *flambe*).

|| **1°** Ancien appareil d'éclairage portatif, formé d'une ou plusieurs mèches enduites de cire, de résine..., et *par ext.* bougie, chandelle de grande dimension. V. **Bougie, brandon, cierge, chandelle, oupille, photophore, torche** et *aussi* **Fanal, lampe.** *Allumer, rallumer un flambeau. Flambeau ardent. Flambeau de poing. Flambeau de chambre, de salle. Éclairer* (cit. 8) *quelqu'un avec un flambeau. A la lueur des flambeaux* (Cf. Ardent, cit. 4; caractère, cit. 26; ce, cit. 1; étinceler, cit. 2). *Elliptiqt. Aux flambeaux. Marche, retraite aux flambeaux.*

1 « Cent mille flambeaux enfermés dans des cylindres de cristal de roche éclairaient les dehors et l'intérieur de la salle à manger; »
                          VOLT., Princ. Babyl., III.

2 « Tandis que le flambeau par les heures rongé
   S'use pour éclairer l'entretien prolongé, »
                          LAMART., Harm., Épitr. à M. Ste-Beuve...

3 « Emma eût, au contraire, désiré se marier à minuit, aux flambeaux; »   FLAUB., Bov., I, III.

4 « Nous entendîmes les clairons. C'était la retraite aux flambeaux. Cent torches éclairaient soudain... »
                          RADIGUET, Diable au corps, p. 22.

— *Antiq. Course aux flambeaux* ou lampadéphorie. V. **Lampadéphore.**

— *Poétiqt.* (vieilli). *Le flambeau du jour, du monde:* le soleil (Cf. Abri, cit. 7, HUGO). *Le flambeau de la nuit:* la lune. *Les flambeaux de la nuit,* les célestes *flambeaux:* les étoiles.

5 « Par toi roule à nos yeux sur un char de lumière
   Le clair flambeau des jours; »
                          RAC., Poés. div., Hymnes du brév. rom., Mercredi.

|| **2°** *Par métaph.* (vieilli). *Le flambeau de l'hymen:* le mariage (Cf. Alt, cit. 43), qui embrase les cœurs. — *Le flambeau de la vie:* la vie, comparée à un feu que la mort éteint. — *Le flambeau de la guerre, de la rébellion, de la discorde* (V. **Brandon**).

6 « Si l'hyménée porte un flambeau, ce n'est pas celui de la discorde. Il doit allumer nos cœurs, non pas notre fiel. »
                          CYRANO de BERGERAC, Œuv. div., Le pédant joué, II, 3.

7 « Et quand l'hymen pour nous allume son flambeau, »
                          CORN., Hor., II, 5.

8 « Le dieu qu'on nomme Amour n'est pas exempt d'aimer :
   A son flambeau quelquefois il se brûle; »   LA FONT., Psyché, I.

9 « Tout lui est bon (à Jurieu), pourvu qu'il vienne à son but de porter le flambeau de la rébellion dans sa patrie... »
                          BOSS., Déf. var., 1er disc., 14.

— *Fig.* Ce qui éclaire (intellectuellement ou moralement). V. **Lumière.** *Le flambeau de la foi, de la révélation. Le flambeau de la raison, de la vérité... — Le flambeau de la liberté, de la civilisation, du progrès...* — En parlant de personnes éminentes. V. **Guide, lumière, phare.**

10 « L'homme, venez au fait, n'a-t-il pas la raison ? N'est-ce pas son flambeau, son pilote fidèle ? » BOIL., **Sat., VIII.**

11 « Il est étrange, à la vérité, qu'un homme (Newton) ait pu faire de telles découvertes; mais cet homme s'est servi du flambeau des mathématiques, le seul flambeau qui éclaire. » VOLT., **Lett. à M. L. C.,** 23 déc. 1768.

12 « La douleur est comme un flambeau qui nous éclaire la vie... » BALZ., **Envers hist. contemp.,** Œuv., t. VII, p. 384.

13 « La science n'a pas de patrie, parce que le savoir est le patrimoine de l'humanité, le flambeau qui éclaire le monde. » PASTEUR in MONDOR, **Pasteur,** p. 126.

— *Spécialt.* (par allus. aux coureurs antiques qui se transmettaient le flambeau de main en main). *Se passer, se transmettre le flambeau...* — REM. Ces expressions métaphoriques ne figurent ni dans LITTRÉ ni dans les dictionnaires contemporains.

14 « Le talent dramatique est un flambeau; il communique le feu à d'autres flambeaux à demi éteints, et fait revivre des génies qui vous ravissent par leur splendeur renouvelée. » CHATEAUB., **M. O.-T.,** t. II, p. 198.

15 « Aimer la beauté, c'est vouloir la lumière. C'est ce qui fait que le flambeau de l'Europe, c'est-à-dire de la civilisation, a été porté d'abord par la Grèce, qui l'a passé à l'Italie, qui l'a passé à la France. » HUGO, **Misér.,** V, I, XXI.

|| 3° *Par méton.* (XVIIe s.). V. **Candélabre, chandelier, torchère.** *Flambeau d'or, d'argent, de bronze doré...* (Cf. Chambranle, cit. 2). *Flambeau marqué d'un poinçon au suage* du pied. Flambeau Louis XV, Louis XVI...*

16 « ... allumez deux bougies dans mes flambeaux d'argent... » MOL., **Escarb.,** 2

17 « Deux flambeaux à quatre branches et garnis d'abat-jour, placés aux deux extrémités du bureau, et dont les bougies brûlaient encore... » BALZ., **Honorine,** Œuv., t. II, p. 258.

18 « Un poing de bronze, qui semblait jaillir du mur, tenait un flambeau d'où tombait la lumière électrique. » MAURIAC, **L'enfant chargé de chaînes,** p. 51.

FLAMBER. *v. intr.* et *tr.* (XVIe s.; une première fois au XIIe s.; a remplacé *flammer,* du lat. *flammare;* de *flambe*).

I. *V. intr.* Brûler*, être l'objet d'une combustion vive avec production de lumière (V. **Feu, flamme**). *Bois sec, braise* (cit. 1), *papier qui flambe. La grange a flambé et l'on n'a pu éteindre l'incendie.* — En parlant du feu, Produire de la lumière, des flammes. *Ce feu couve sans flamber.*

1 « Le voilà bâti, ce bûcher, vous allez voir s'il ne flambera pas ! » SAND, **Mare au diable, VIII.**

2 « Un feu clair flambait dans la cheminée de mon cabinet de travail. » FRANCE, **Crime S. Bonnard,** Œuv., t. II, p. 267.

— *Par anal.* Produire une vive lumière, jeter de l'éclat. V. **Flamboyer.** — *Regard qui flambe.* V. **Étinceler; feu** (du regard).

3 « Un soleil de juillet flambait au milieu du ciel. » MAUPASS., **La femme de Paul,** p. 9.

— Produire une sensation de chaleur, de brûlure, être brûlant.

4 « ... ça avait goût de vin roussi et ça lui incendia la gorge; il reposa le verre précipitamment... Philippe reprit le verre et le porta à ses lèvres d'un geste négligent : son gosier flambait, ses yeux mouillaient, il but d'un seul trait. » SARTRE, **Le sursis,** p. 139.

5 « Dehors, la rue flambait; Mathieu eut l'impression de traverser un brasier. » ID., **L'âge de raison,** VI, p. 79.

— *Fig.* Être animé d'une vive ardeur*. V. **Brûler** (II, 3°); **feu** (IV, 3°).

6 « Je flambais, je me hâtais, comme les gens qui doivent mourir jeunes et qui mettent les bouchées doubles. » RADIGUET, **Diable au corps,** p. 147.

7 « Il (Rousseau) les désirait toutes (les femmes), il flambait pour toutes, et toutes l'émouvaient... » HENRIOT, **Portr. de fem.,** p. 183.

II. *V. tr.* || 1° Passer à la flamme. *Flamber un cochon de lait, une volaille,* pour brûler les poils, le duvet, les dernières plumes. *Flamber des fils.* V. **Gazer.** *Flamber un instrument de chirurgie,* pour le stériliser*. *Flamber un arbre fruitier,* pour l'écheniller*. *Flamber les cheveux:* en passer l'extrémité à la flamme après les avoir coupés (V. **Brûlage**).

8 « Pasteur poursuivait vaillamment sa croisade. Il demandait aux chirurgiens de flamber leurs instruments... » MONDOR, **Pasteur,** p. 118.

9 « Pendant que le chirurgien et son aide se lavaient longuement les mains en causant et que les infirmiers flambaient les plateaux et y déposaient les instruments... » CHARDONNE, **Dest. sentim.,** p. 356.

|| 2° *Fig.* et *vieilli.* Ruiner, voler au jeu, etc. — Dépenser follement. *Il a flambé sa fortune en peu de temps* (LITTRÉ).

— *Intrans.* (arg.). Jouer gros jeu (Cf. le *dér.* Flambeur. *n. m.* Gros joueur).

|| FLAMBÉ, ÉE. *p. p.* adj. *Volaille flambée. Omelette flambée; bananes, crêpes flambées:* arrosées de rhum, d'alcool, puis flambées.

— *Fig* et *fam.* V. **Perdu, ruiné.** *C'est un homme flambé* (ACAD.). *Cette affaire est flambée.* V. **Fichu, foutu** (pop.).

10 « ... et voilà ma comédie flambée, pour plaire aux princes mahométans... » BEAUMARCH., **Mar. de Fig.,** V, 3.

11 « — Qu'a-t-il ? demanda Rastignac. — A moins que je ne me trompe, il est flambé !... il me semble être sous le poids d'une apoplexie séreuse imminente. » BALZ., **Père Goriot,** Œuv., t. II, p. 1049.

|| FLAMBANT, ANTE. *p. prés.* adj. Qui flambe. V. **Ardent, brûlant.** *Charbon flambant,* et subtantivt. *Flambant:* charbon qui produit des flammes en brûlant. — *Feu flambant.*

12 « ... ils aperçurent leur mère et Marie qui venaient au-devant d'eux avec des tisons flambants. » BERNARD. de ST-P., **Paul et Virginie,** p. 40.

13 « ... la cheminée, flambante et parfumée d'une bourrée de genièvre... » A. BERTRAND, **Gaspard de la nuit,** Silves, I.

— *Blas.* Se dit d'un ornement, ... ondé en forme de flamme.

— *Fig.* et *fam.* Qui a l'éclat du feu. *Une rousse à la chevelure flambante.* V. **Ardent.** — Qui a l'éclat du neuf. *Être tout flambant:* avoir de beaux habits. — *Un air flambant.* V. **Flambart.**

14 « Une voiture comme celle qui va sur Beaumont, quoi ! toute flambante ! elle est peinte en rouge et or à faire crever les Touchard de dépit ! » BALZ., **Début dans la vie,** Œuv., t. I, p. 608.

15 « ... je le vis tout à coup pâlir, balbutier, perdre contenance; mais ce ne fut que l'affaire d'un instant : il reprit aussitôt son air flambant, planta dans mes yeux deux yeux froids et brillants comme l'acier... » DAUD., **Pet. Chose,** I, XIII.

— *Flambant neuf.* V. **Battre** (III, 4°: battant neuf). *Maison, bâtisse flambant neuf* ou *flambant neuve. Des habits flambant neufs* (Flambant reste invariable; *neuf* peut s'accorder).

16 « Deux lames entrecroisées, l'une ébréchée, l'autre flambant neuf. » LACRETELLE, **Années d'espérance,** p. 151 (in GREVISSE).

17 « Des titres de propriété flambant neufs. » CENDRARS, **L'or,** p. 193 (in GREVISSE).

ANT. — Éteindre (s'). — COMP. — Cf. Enflammer (de *enflamber*).

DER. — Flambage. *n. m.* (XIXe s.). Action de flamber, de passer à la flamme. *Flambage d'un poulet, d'un instrument chirurgical, d'une toile de coton ...* Technol. Déformation, courbure d'une pièce longue sous l'effet de la compression qu'elle subit en bout. — Flambant. V. *supra* à l'article. — Flambée. *n. f.* (1320). Feu clair et vif, qu'on allume pour se réchauffer ... V. **Chaude.** *n. f.* (CHAUD, cit. 2°). *Faire une flambée de bourrées, de fagots, de paille ...* Cf. Devant, cit. 3. *Flambée dans la cheminée.* — *Fig.* Explosion* d'un sentiment violent (Cf. Catéchisme, cit. 2). *Flambée de colère, de passion ... Son amour n'a été qu'une flambée* (ACAD.). Cf. Feu de paille.

1 « Ce n'est pas que la pauvre enfant eût de mauvaises intentions; mais dans la première flambée de sa fâcherie, elle ne savait s'en cacher... » SAND, **François le Champi,** XXI.

2 « Si l'on veut comprendre l'extraordinaire flambée musicale qui illumina l'Allemagne du temps de Haydn, de Mozart et de Beethoven, il faut voir le feu s'allumer... » R. ROLL., **Voyage music. au pays du passé,** p. 139.

FLAMBERGE. *n. f* (XVIe s.; nom donné à l'épée de Renaud de Montauban, héros de chansons de geste, d'abord appelée *Froberge, Floberge,* nom propre germ., puis *Flamberge,* par attract. de *flamme*). Épée*. Ne s'emploie que par plaisant. dans l'expression. *Mettre flamberge au vent:* tirer l'épée (V. **Dégainer**) et au *fig.* Partir en guerre, s'apprêter à se battre.

1 « J'ai reçu des nouvelles de mon fils; c'est de la veille d'un jour qu'ils croyaient donner bataille... Il avait une grande envie de mettre un peu flamberge au vent. » SÉV., 341, 30 oct. 1673.

2 « Suis-je un beau raffiné, vainqueur de l'univers, Mettant flamberge au vent pour un mot de travers, » BAUDEL., **Prem. poèm.,** XXI.

3 « ... Lazare, au moment de l'affaire Dreyfus, mit flamberge au vent et assuma le rôle important que l'on sait... » GIDE, **Si le grain...,** I, X.

FLAMBOYANT, ANTE. adj. (XIIe s.; adj. partic. de *flamboyer*). Qui flamboie. V. **Brasillant, brillant, éclatant, étincelant.** *Épée, armure flamboyante.* — *Par ext.* Qui a l'éclat, la couleur d'une flamme. V. **Ardent.** *Yeux, regards flamboyants de haine, de colère. Plumage flamboyant.* V. **Rutilant.**

1 « Ses deux yeux flamboyants ne lançaient que menace, » MOL., **Princ. d'Élide,** I, 2.

2 « Bartholoméo renversa brutalement les deux conciliateurs en leur montrant une figure en feu et des yeux flamboyants qui paraissaient plus terribles que ne l'était la clarté du poignard. » BALZ., **La vendetta,** Œuv., t. I, p. 907.

3 « ... un amphithéâtre désolé, mais flamboyant de lumière... » FROMENTIN, **Été dans le Sahara,** I, p. 29.

4 « Comme le foyer seul illuminait la chambre, Chaque fois qu'il poussait un flamboyant soupir, Il inondait de sang cette peau couleur d'ambre ! » BAUDEL., **Les épaves, Les bijoux.**

5 « Un coq aux plumes flamboyantes comme un chef de Peaux-Rouges. » RENARD, Journ., 20 juin 1894.

— *Fig.* V. **Ardent, brûlant**...

6 « ... brûlée de flamboyante passion... » HENRIOT, Portr. de femmes, p. 266.

— *Blas.* Se dit d'une pièce ondée, terminée par une flamme... *Pals flamboyants.*

— *Archit.* (1830). *Gothique flamboyant,* style caractéristique de l'architecture gothique française du XVe s., où certains ornements (soufflets, mouchettes...) ont une forme ondulée. *Le style flamboyant est le plus orné, le plus surchargé des styles gothiques.* Par ext. *Cathédrale flamboyante.*

— *Bot.* Nom donné à quelques légumineuses exotiques, à belles fleurs rouges.

FLAMBOYER. *v. intr.* (*Flambeier* au XIe s.; de *flambe*). Jeter par intervalles des flammes, et *par ext.* une lumière éclatante. *On voyait flamboyer l'incendie. Bûches qui flamboient dans la cheminée.* V. **Brûler, flamber.** — Par ext. *Yeux qui flamboient.* V. **Briller** (Cf. Apercevoir, cit. 7). *La haine, le mépris flamboyaient dans ses yeux* (Cf. Dédaigneux, cit. 3). *Épée, armure* (cit. 1) *qui flamboie au soleil. Diamants, pierreries qui flamboient.* V. **Scintiller.**

1 « ... il aperçut à l'horizon un village incendié .... qui flamboyait comme une comète dans l'azur. » A. BERTRAND, Gaspard de la nuit, Fantaisie..., Le maçon.

2 « L'Etna, fauve atelier du forgeron maudit, Flamboya... » HUGO, Lég. des siècles, II, Puissance égale bonté.

3 « Pleines d'éclats soudains et de craquements sourds, Au fond de l'âtre creux flamboyent quatre souches Sur leurs doubles landiers de fer massifs et lourds. » LECONTE de LISLE, Poèmes tragiques, Le lévrier de Magnus.

4 « Les yeux de Jacques, se détachant d'elle, errèrent quelques secondes par delà la place ensoleillée, sur les façades où flamboyaient des enseignes d'or. » MART. du G., Thib., t. VIII, p. 74.

— *Fig.* V. **Briller, resplendir.**

5 « (Paris) ... flamboyait à ses yeux jusque sur l'étiquette de ses pots de pommade. » FLAUB., Bov., I, IX.

DER. — **Flamboyant.** — **Flamboiement.** *n. m.* (XIXe s.; Cf. cit. *infra*). Éclat* de ce qui flamboie. *Le flamboiement d'un incendie, du soleil, des éclairs, des enseignes lumineuses...* (Cf. Embrasement, cit. 4; éblouissant, cit. 2). — *Flamboiement du regard.*

1 « D'un coin de l'infini formidable incendie, Rayonnement sublime un flamboiement hideux ! » HUGO, Contempl., III, XXX, II.

2 « Tout à coup sa prunelle éteinte s'illumina d'un flamboiement hideux... » ID., Misér., III, VIII, XIX.

3 « Deux heures après, les flamboiements d'un sinistre immense, jaillissant de grands magasins de pétrole, d'huiles et d'allumettes, se répercutaient sur toutes les vitres du faubourg du Temple. » VILLIERS de l'ISLE-ADAM, Contes cruels, Dés. d'être un homme.

FLAMENCO. *adj.* et *n.* (XIXe s.; mot espagnol signif. « flamant »). Nom donné à la musique populaire andalouse. *Chant flamenco, danse flamenco* (ou *flamenca*). Substantivt. *Le flamenco.*

1 « Son triomphe était le *flamenco*. Quelle danse, monsieur ! quelle tragédie ! C'est toute la passion en trois actes : désir, séduction, jouissance. Jamais œuvre dramatique n'exprima l'amour féminin avec l'intensité, la grâce et la furie des trois scènes l'une après l'autre. » LOUYS, La femme et le pantin, X.

2 « ... c'est l'Andalousie qui possède les plus belles (danses), les plus caractéristiques... L'épithète de *flamenco*, qui désigne aujourd'hui l'ensemble de ces danses, exprime ce que les deux races y ont introduit : la langueur et la volupté andalouses, l'énergie et la singulière passion gitane. Les danses « flamencas » sont essentiellement dynamiques, elles sont l'expression par le mouvement d'une force intérieure ... de l'amour, et elles propagent autour d'elles des ondes magnétiques qui vous entraînent à votre tour. » MIOMANDRE, Danse, pp. 39-40.

FLAMINE. *n. m.* (XIVe s.; lat. *flamen, inis,* de *flare,* souffler (sur le feu sacré). *Antiq. rom.* Prêtre romain attaché au service d'une divinité (par oppos. au *Pontife*). *Flamine de Jupiter, de Mars, de Romulus* (*flamines majeurs*). *Apex* surmontant le bonnet des flamines.

DER. — **Flaminien, ienne.** *adj.* Relatif aux flamines.

FLAMINGANT, ANTE. *adj.* (d'une ancienne forme de *flamand*). Qui parle flamand; où l'on parle flamand. — Partisan de l'autonomie de la Flandre. Substantivt. *Un flamingant.*

1. FLAMME. *n. f.* (*Flamma* au Xe s.; lat. *flamma*).

I. || 1° Mélange gazeux en combustion*, lumineux quand il contient des particules solides en suspension. *Ce feu ne fait point de flamme. Corps qui brûle sans donner de flamme.* V. **Enflammer** (s'); **feu**; **flammèche** (Cf. Expansif, cit. 1). *Éclat de la flamme. L'intensité de l'éclat n'est pas fonction de la chaleur de la flamme. Flamme claire, pâle; flamme blanche, bleuâtre. Flamme vacillante, ondoyante. Flammes qui dansent* (Cf. Baiser, cit. 23; bûche, cit. 1). *Flamme joyeuse. Jeter des flammes.* V. **Brûler, flamber, flamboyer.** *Clarté, lueur, lumière de la flamme. Attiser, aviver, raviver, entretenir la flamme. Papillon attiré, brûlé par la flamme*

(Cf. Entrer, cit. 8). *Flamme d'une bougie* (cit. 2), *d'un cierge, d'une lampe, d'un briquet, d'un chalumeau...* (Cf. Chavirer, cit. 6; cul, cit. 18; culte, cit. 3; éclairage, cit. 4; extinction, cit. 1). *Flamme du gaz* (Cf. Corridor, cit. 3). *Flamme de l'âtre* (Cf. Adjuration, cit.; écailler, cit. 3; emboucher, cit. 2; feu, cit. 12). *Flamme produite par un coup de feu* (Cf. Fantasia, cit. 2). *Volcan qui lance, projette des flammes; flammes de l'incendie** (Cf. Cyclope, cit. 1 et 35). *Édifice qui est la proie des flammes, dévoré* (cit. 16) *par les flammes. Jeter, livrer aux flammes.* V. **Brûler, enflammer.** *Passer à la flamme.* V. **Flamber.** *Retour* de flamme* (Autom.). *En flammes.* V. **Ardent, enflammé** (Cf. feu; cit. 62). *L'avion est tombé en flammes* (Cf. Évidence, cit. 7). *Projeter de l'essence* (cit. 20) *en flammes* (V. **Lance-flammes**). *Livrer quelqu'un aux flammes:* au supplice du feu*. V. **Bûcher.** Par ext. *Les flammes du purgatoire, de l'enfer*; les flammes éternelles.*

1 « La flamme, en s'épurant, peut-elle pas de l'âme Nous donner quelque idée ?... » LA FONT. (V. Feu, cit. 1).

2 « Cette effrayante lueur peignait des rouges flammes du purgatoire et de l'enfer les murailles de la gothique église, et prolongeait sur les maisons voisines l'ombre de la statue gigantesque de Saint-Jean. » A. BERTRAND, Gaspard de la nuit, Nuit et prest., VI.

3 « Une petite flamme de briquet jaillit, la pluie l'éteignit aussitôt. » DORGELÈS, Croix de bois, XV, p. 291.

4 « Et viens que je te baise au front O légère comme une flamme Dont tu as toute la souffrance Toute l'ardeur et tout l'éclat » APOLLINAIRE, Calligrammes, Les collines.

5 « La flamme de la lampe. Il faut se hâter de nourrir la lampe. Mais il faut aussi protéger la flamme du grand vent qu'il fait. » ST-EXUP., Courrier sud, II, VIII.

6 « Annette apporta les lampes et regarda les mèches pour régler la flamme. » CHARDONNE, Dest. sentim., p. 47.

7 « La flamme des bougies dansait et nos ombres informes rampaient au pied des murailles. » DUHAM., Pasq., V, XX.

8 « Les buissons se sont défendus un moment en jurant, puis la flamme s'est dressée sur eux, et elle les a écrasés sous ses pieds bleus. Elle a dansé en criant de joie, mais, en dansant, la rusée, elle est allée à petits pas jusqu'aux genévriers, là-bas, qui ne se sont pas seulement défendus. En moins de rien ils ont été couchés, et ils craient encore, qu'elle, en terrain plat et libre, bondissait à travers l'herbe. Et ce n'est plus la danseuse. Elle est nue; ses muscles roux se tordent; sa grande haleine creuse un trou brûlant dans le ciel. Sous ses pieds on entend craquer les os de la garrigue. » GIONO, Colline, p. 149.

— *Par métaph.:*

9 « Un jeune homme et une jeune fille devant Dieu sont face à face deux longues flammes claires qui se confondent pour brûler plus haut. » MAURIAC, Le mal, IX.

— *Fig. Cracher, vomir, jeter, lancer feu et flammes:* être irrité, en colère. V. **Feu** (*supra*, cit. 9).

10 « Dès qu'il apprit que j'avais fait pour lui un aveu qu'il n'avait pas fait, il jeta feu et flamme, m'accusant de l'avoir trahi. » MARMONTEL, Mém., VIII.

— *Fig. et Poét. Porter partout le fer et la flamme. Mettre un pays en flamme:* y porter la guerre, la discorde...

11 « Mettons encore un coup toute la Grèce en flamme; » RAC., Andr., IV, 3.

— *Spécialt. Flamme du feu follet** (Cf. Flammerole, *dér.*). *Flammes de Bengale.* V. **Feu.**

|| 2° Par ext. V. **Clarté, éclat, feu, lumière** (Cf. Asphalte, cit. 2). *Flamme du jour, de l'aurore* (cit. 19). Cf. Averse, cit. 8. — *Flamme des yeux, du regard.* V. **Éclair** (cit. 13). Cf. Allumer, cit. 10.

12 « Ses yeux étaient fixes. A ces moments-là, sa vitalité semblait vraiment toute concentrée dans la flamme sombre du regard; » MART. du G., Thib., t. V, p. 84.

|| 3° Fig. V. **Ardeur, feu, passion.** *Flamme de l'esprit* (Cf. Consumer, cit. 16), *du génie* (Cf. Explosion, cit. 12). *Orateur plein de flamme, qui parle avec flamme.* V. **Animation, éloquence.** *Improvisation pleine de flamme. La flamme de l'enthousiasme*, de l'idéal, de la jeunesse... La flamme qui l'anime* (cit. 2), *qui l'embrase* (Cf. Brûlant, cit. 10; cœur, cit. 78). *Flamme sans aliment. Manquer de flamme.* V. **Zèle.** *Un cœur sans flamme* (Cf. Aile, cit. 13). *L'âme est flamme* (Cf. Chair, cit. 39).

13 « A partir de ce moment, la passion est au comble, et, durant les deux volumes, il n'y a plus une page qui ne soit de flamme. » STE-BEUVE, Caus. lundi, Mlle de Lespinasse, t. II, p. 134.

14 « Cette flamme intérieure qui l'habite n'a pas encore sublimé complètement tous ses traits. » GIDE, Journ., 15 nov. 1914.

— *La flamme,* symbole du souvenir. *Entretenir, ranimer la flamme sur le tombeau du Soldat inconnu.*

— *Spécialt.* (poét.). Passion amoureuse, désir amoureux. V. **Amour, désir.** *Déclarer sa flamme, faire l'aveu de sa flamme.* V. **Feu.** *Baisers* (cit. 3 et 15) *de flamme.*

15 « Pour éteindre d'amour les flammes Plus chaudes que feu Saint-Antoine. » VILLON, Testament, LXI.

16 « J'aime à faire l'amour, j'aime à parler aux femmes, A mettre par écrit mes amoureuses flammes, » RONSARD, Réponse aux inj. et calom., Œuv., t. II, note, p. 1104.

17 « Une déesse dit tout ce qu'elle a dans l'âme :
  Celle-ci déclara sa flamme. »   LA FONT., Fab., XII, 1.

18 « Tu vis naître ma flamme et mes premiers soupirs. »
           RAC., Androm., I, 1.

19 « ... au bout de six mois, quand le printemps arriva, ils se trouvaient, l'un vis-à-vis de l'autre, comme deux mariés qui entretiennent tranquillement une flamme domestique. » FLAUB., Bov., II, 10.

— Cf. *aussi* Adorer, cit. 6; aimer, cit. 12, amant, cit. 2;
âme, cit. 61; ardent, cit. 2; attiédir, cit. 8; attribuer, cit. 12;
avocat, cit. 14; crime, cit. 4; éteindre, cit. 4; éterniser, cit.
7; falloir, cit. 6.

II. En parlant d'objets qui ont la forme allongée et ondoyante
d'une flamme. Spécialt. *Blas.* Meuble de l'écu. V. aussi **Flambant, flamboyant.** Ornement qui termine les vases, des
candélabres... — Petite banderole à deux pointes qui garnissait les lances. V. **Banderole; bannière, drapeau.** *Mar.*
Pavillon* long et étroit (Cf. Ébène, cit. 3). *Flamme de guerre*,
aux couleurs nationales. *Flammes numériques*, signaux représentant des chiffres. — Poche conique ornant le colback*.

ANT. — **Cendre; froideur, indifférence.**

DER. — **Flamant.** — **Flammé, ée.** adj. (1808). Pointu et ondulé. Qui
a des taches en forme de flammes. *Acajou flammé.* — Par ext. *Grès
flammé.* — **Flammerole.** n. f. Feu follet*. — **Flammette.** n. f. (1372).
Vx. Petite flamme. V. **Flammèche.** *Mar.* Petite banderole. *Bot.* Nom
vulgaire d'une clématite, d'une renoncule. — V. **Enflammer** (et le
comp. **Désenflammer**), **flammèche;** la var. **Flambe** et ses dér. (Flambeau, flamber). Cf. *aussi* les dér. du gr. *phlogos*, « flamme ». —

COMP. — **Lance-flammes.**

2. FLAMME. n. f. (altér. de *flieme* (XIIe s.) par attrac.
du précédent; lat. vulg. *fletomus*, altér. de *phlebotomus*,
mot grec, de *temnein*, « couper », et *phleps*, « veine »). Lancette de vétérinaire. *Saigner un cheval avec la flamme.* —
Ciseau pour débiter le schiste d'ardoise.

DER. — **Flammette.** n. f. (XIVe s.). Petite lancette.

FLAMMÈCHE. n. f. (*Flammasche, flammesche* au XIIe s.;
croisement entre le francique *falawiska*, « cendre », et le lat.
flamma. V. **Flamme**). Parcelle enflammée qui se détache
d'un brasier, d'un foyer. *Les flammèches d'un feu* (cit. 61)
grégeois.

1 « De longues flammèches s'envolaient au loin et rayaient l'ombre,
et l'on eût dit des comètes combattantes, courant les unes après les
autres. »   HUGO, Quatre-vingt-treize, III, V, II.

2 « Un pin se débat, craque, se tord, s'écroule dans une pétarade
d'étincelles. Une flammèche fuse dans l'herbe sèche. »
           GIONO, Colline, p. 418.

FLAN. n. m. (XIVe s.; *flaon* au XIIe; francique *flado*, Cf.
allem. *Fladen*). *Pâtiss.* Crème à base de lait, d'œufs et de
farine, que l'on fait prendre au four, généralement dans une
croûte, en forme de tarte. V. **Dariole, quiche.** — *Technol.*
Disque destiné à recevoir une empreinte par pression. *Flan
d'une monnaie, d'une médaille. Un flan d'argent. Flan d'un
disque* (de phonographe). — *Typogr.* Sorte de carton recouvert d'un enduit épais que l'on applique humide sur des
caractères mobiles afin d'en prendre l'empreinte pour le clichage*; le moule ainsi obtenu après séchage.

— Pop. *En être, en rester comme deux ronds de flan:* être
stupéfait, muet d'étonnement. V. **Coi** (rester). — *Arg. A la
flan*, sans soin, mal fait. — *Fam. Du flan:* de la blague.

« Toutes ces histoires d'offensives, c'est du flan. La guerre finira
dans quinze ans... »   THÉRIVE, Voix du sang, p. 31.

FLANC (*flan*). n. m. (1100 ROL.; francique *hlanka*, hanche,
Cf. anc. haut allem. *flancha*).

|| **1°** Partie latérale du corps de l'homme et de certains
animaux.

— *En parlant de l'homme*, « Portion latérale, droite' ou gauche, de la région ombilicale, en dehors des deux lignes verticales qui passent par l'arcade fémorale » (LOVASY-VEILLON).
V. **Îles.** *Flanc étroit, large* (Cf. Albâtre, cit. 6; évasement, cit.).
Se coucher, reposer sur le flanc. Cartable qui bat (cit. 69)
contre le flanc. Flancs serrés dans un corset. — REM. *Flanc*
ne se dit guère de l'homme aux XVIIe et XVIIIe siècles.

1 « Seize heures pour le moins je meurs les yeux ouverts,
  Me tournant, me virant de droit et de travers,
  Sur l'un, sur l'autre flanc... »
       RONSARD, Pièces posth., Dern. vers, Sonnets, III.

2 « Et serrant sur leur flanc, ainsi que des reliques,
  Un petit sac brodé de fleurs ou de rébus ; »
       BAUDEL., Fl. du mal, Les petites vieilles.

3 « La fatigue lui brisait les côtes ; il porta la main à ses flancs
et fit effort pour respirer. »   GREEN, Léviathan, p. 120.

— *Être sur le flanc:* être alité, et *par ext.* être extrêmement fatigué*. *Mettre sur le flanc:* exténuer, briser les forces. — Pop. *Tirer au flanc.* V. **Cul** (tirer au cul). Substantivt.
Un tire-au-flanc. V. **Paresseux.**

4 « — La vérole, toi qui as eu la vérole, est-ce que ça met sur le
flanc ?... — Bah ! la vérole ne fait pas de mal. Moi, il y a deux ans
que je l'ai. »   Ch.-L. PHILIPPE, Bubu, p. 91.

— *En parlant de certains animaux*, Région latérale de
l'abdomen et des côtes. *Flancs d'un lion* (Cf. Battre, cit. 32),
d'un cygne (cit. 4), *d'une louve* ... *Presser, éperonner les
flancs de son cheval* (Cf. Éperon, cit. 6). *Cheval qui bat des
flancs*, essoufflé. *Se battre les flancs* (au pr. et au fig.).
V. **Battre** (cit. 71 à 73). Cf. aussi Échauffer, cit. 9.

5 « Il réunissait toutes les qualités d'un taureau de combat... son
large fanon, ses flancs développés indiquaient une force immense. »
       GAUTIER, Voyage en Espagne, p. 213.

|| **2°** Par ext. (vieilli ou poétiqt.). La partie du corps où la
vie semble profondément logée. V. **Entrailles, sein** (Cf.
Bouillon, cit. 3; étonner, cit. 21).

6 « Je veux que votre honneur demande tout mon sang,
  Que tout le mien consiste à vous percer le flanc, »
       CORN., Hor., II, 3.

7 « Mon Dieu m'a dit : « Mon fils il faut m'aimer. Tu vois
  Mon flanc percé, mon cœur qui rayonne et qui saigne, »
       VERLAINE, Sagesse, IV, I.

— *Spécialt.* Le sein maternel (Cf. Amazone, cit. 2).

8 « Croit-on que dans ses flancs un monstre m'ait porté ? »
       RAC., Phèd., II, 2.

9 « Dont le flanc toujours vierge et drapé de guenilles
  Sous l'éternel labeur n'a jamais enfanté. »
       BAUDEL., Fl. du mal, Les deux bonnes sœurs.

— *Fig.* L'intérieur, les profondeurs (de quelque chose de
creux). *Tiroirs ouverts montrant leurs flancs vides* (Cf.
Commode, cit. 2, ZOLA).

|| **3°** Partie latérale de certaines choses. *Flanc d'un vais-
seau.* V. **Travers** (Cf. Brûlot, cit. 3 à 5). *Flanc d'un bâtiment, d'un pavillon. Les flancs d'un vase* (Cf. Cadence, cit. 5;
cruche, cit. 3). *« Aux flancs du vase »*, recueil poétique d'A.
Samain. — *Le flanc d'une montagne* (Cf. Accrocher, cit. 10;
aire, cit. 2; déguiser, cit. 6), *d'un rocher* (Cf. Bec, cit. 14;
capillaire, cit. 3), *d'une colline* (Cf. Cassis, cit. 2). *Flanc d'un
fossé.* V. **Berge.** *Flancs d'un pli*.

— *À flanc de...*, sur le flanc de. *A flanc de coteau, de
précipice* (Cf. Courir, cit. 3). *A mi-flanc.*

10 « De petites cultures de céréales montent à l'assaut des pentes,
s'arrêtent à mi-flanc ; »   GIDE, Nouv. prétextes, p. 225.

11 « Le chemin... s'insinue, à flanc de colline, entre les murailles
et les haies de riches propriétés bourgeoises. »
       DUHAM., Pasq., V, I.

— *Spécialt. Fortif.* Partie du bastion comprise entre la
courtine et la face. *Flanc rasant*, fichant*, brisé* (flanquant
deux éléments de direction différente), *concave* (tourné vers
l'intérieur), *convexe* (tourné vers l'extérieur), *bas* (disposé
de façon à défendre le passage du fossé), *couvert* (formant
un rentrant). *Angle de flanc.*

12 « ... je pris quelques anciens officiers avec moi pour aller visiter
... les retranchements des ennemis. Il est incroyable qu'en si peu
d'heures... ils aient pu leur donner l'étendue qu'ils avaient entre les
deux villages... la hauteur de quatre pieds, des fossés larges et profonds, la régularité partout que les flancs qu'ils y pratiquèrent et les
petites redoutes qu'ils y semèrent... »
       ST-SIM., Mém., t. I, VI, (éd. Pléiade).

— *Milit.* Côté droit ou gauche d'une troupe, d'une armée (par
oppos. au *front*). V. **Aile.** *Les flancs d'une colonne. Couvrir*
(cit. 31) *le flanc d'un bataillon. Attaque, marche de flanc. Prendre, charger l'ennemi en flanc* (vieilli, Cf. Face, cit. 45).
Le flanc, par les flancs (Cf. Attaquer, cit. 7). *Sur son flanc
droit, sur ses flancs* (Cf. Assaillant, cit. 1). *Découvrir son
flanc gauche.*

13 « ... des épaisseurs de vingt-sept rangs et les fronts de deux cents
hommes livrés de la sorte à la mitraille, l'effrayante trouée des
boulets dans ces masses, les colonnes d'attaque désunies, la batterie
d'écharpe brusquement démasquée sur leur flanc... »
       HUGO, Misér., II, I, VIII.

— *Prêter le flanc*, se dit d'une troupe qui découvre, qui
expose son flanc aux attaques de l'ennemi. *Fig.* Donner prise.
V. **Exposer** (s'); **vulnérable** (être). *Prêter le flanc à la critique, à la médisance ...*

14 « ... Chateaubriand... a un peu légèrement pris son parti de prêter
le flanc à la curiosité assez louche de ses exégètes... »
       HENRIOT, Portr. de fem., p. 262.

— *Blas. Flanc dextre* ou *senestre.* V. **Blason** (pièces honorables).

|| **4°** FLANC À FLANC. *loc. adv.* Flanc contre flanc, côte à
côte. *Navires rangés flanc à flanc.*

15 « Comme on voit quelquefois, quand la mort les appelle,
  Arrangés flanc à flanc parmi l'herbe nouvelle,
  Bien loin sur un étang trois cygnes lamenter. »
       Du BELLAY, Regrets, XVI.

16 « ... car la mère et le fils, accrochés flanc à flanc comme de
vieilles frégates, s'éloignaient sur l'allée... »
       MAURIAC, Génitrix, III, p. 41.

ANT. — **Front** (milit.).

COMP. — **Bat-flanc. Efflanquer. Flanc-garde.** n. f. (fin XIXe s.
NOUV. LAR. ILLUS.). Détachement protégeant les flancs d'une troupe en marche. *Des flancs-gardes.* — **Flanchet.** n. m. (XIVe s.).
Boucher. Morceau de bœuf, dans la surlonge, entre la poitrine et la
tranche grasse. *Pêche.* Partie de la morue située près des filets. —
Flanconnade. n. f. (XVIIe s.). *Escr.* Botte de quarte forcée qu'on porte
au flanc de l'adversaire. — **Flanquer.**

FLANCHER. *v. intr.* (1872 ; étymol. incert.). *Fam.* Céder, faiblir. *Le cœur du malade a flanché brusquement. Les troupes ont flanché.* V. **Lâcher** (pied), **reculer.** *Il semblait résolu, mais il a flanché au dernier moment.* V. **Abandonner, dégonfler** (se), **mollir.** *Leur confiance, leur moral sont en train de flancher.*

1 « Si ceux-là flanchent, comment donc pourraient-ils tenir, les autres, les petits, la masse... » MART. du G., Thib., t. VII, p. 79.

2 « Le danger du métier, pour lui (l'aviateur), est plus immédiat et plus constant. Un moteur qui flanche et c'est la mort. » MAUROIS, Ét. littér., St-Exupéry, I, t. II, p. 262.

DER. — **Flanchage.** *n. m.* (néol.). Action de flancher.

« Hier, flanchage de cœur, à la suite d'une injection de novocaïne pour procéder à l'extraction assez pénible d'une racine de molaire. » GIDE, Journ., 1er août 1942.

ANT. — **Persister, résister, tenir.**

FLANDRIN, INE. *adj.* et *n. m.* (XVe s. ; propremt « flamand », de *Flandre*). *Adj.* De Flandre. *Vache flandrine,* race de vaches donnant la plus forte production de lait. — *Substantivt.* De nos jours, seulement dans l'expr. *grand flandrin,* homme grand et fluet, d'allure peu virile et gauche (Cf. De, cit. 82).

« Ce qu'il y a de choquant, de ridicule, est de voir pendant ce temps une douzaine de flandrins se lever, s'asseoir, aller, venir, pirouetter sur leurs talons... » ROUSS., Conf., V.

FLANELLE. *n. f.* (1650 ; angl. *flannel,* gallois *gwlanen,* de *gwlân,* laine). Tissu de laine peignée ou cardée, peu serré, doux et pelucheux. *Chemise, gilet, pantalon, costume de flanelle* (Cf. Espalier, cit. 5). *Une ceinture de flanelle* (Cf. État, cit. 61). *Porter de la flanelle,* des dessous de flanelle (Cf. Coffre, cit. 4). *Variétés de flanelle.* V. **Lingette, tartan, tennis.** — Par ext. *Flanelle de coton,* employée généralement comme doublure ou ouatine.

1 « ...il endossait un veston d'intérieur, d'épais molleton l'hiver, de flanelle légère l'été. » ROMAINS, H. de b. vol., t. III, XVIII, p. 244.

— Fig. *La flanelle,* symbole d'une vie douillette et prudente (Cf. Bouchonner, cit. 3). On dit aussi parfois *Être flanelle,* douillet.

2 « En marchant, je le sais, j'afflige votre foi,
Votre religion, votre cause éternelle,
Vos dogmes, vos aïeux, vos dieux, votre flanelle, » HUGO, Contemplations, V, III, V.

— Fam. *Avoir les jambes de flanelle:* les jambes molles, fatiguées.

— Arg. Client abstinent, dans une maison close. *Faire flanelle:* s'abstenir, et aussi aboutir à un « fiasco » dans une tentative.

FLÂNER. *v. intr.* (Mot normand, attesté en 1645 sous la forme *flanner,* mais sans doute plus ancien (Cf. DER.) ; 1808, sous sa forme actuelle ; anc. scand. *flana,* courir çà et là). Se promener sans hâte, au hasard, en s'abandonnant à l'impression et au spectacle du moment. V. **Badauder, balader** (se), **errer, muser, musarder.** *Flâner sur les boulevards.* V. **Boulevarder.** *Flâner sur les quais de la Seine. Flâner au lieu d'entrer en classe.* V. **Buissonnière** (faire l'école). — REM. *Flâner* s'est vulgarisé durant la première moitié du XIXe s. On n'en trouve cependant aucun exemple dans LITTRÉ.

1 « ...J'ai flâné dans les rues ;
J'ai marché devant moi, libre, bayant aux grues ; » MUSS., Poés. nouv., Dupont et Durand.

2 « On ferait une partie de quilles, on flânerait un instant avec les camarades, puis on rentrerait dîner. » ZOLA, Germinal, t. I, p. 131.

3 « ...j'allais presque chaque soir à la Comédie-Française, connu de tous, flânant à mon gré partout, dans les couloirs, au foyer, sur la scène, du trou du souffleur jusqu'aux loges des actrices. » LÉAUTAUD, Théât. de M. Boissard, XLI, p. 222.

— S'attarder, se complaire dans une douce inaction, une nonchalante lenteur. *Flâner dans sa chambre* (Cf. Entremêler, cit. 2). *Faire quelque chose sans flâner.* V. **Baguenauder, lanterner, trainer** (Cf. Besogne, cit. 22).

4 « ...des femmes en peignoirs clairs et les cheveux mal retenus d'une épingle ou deux, qui flânent à leur fenêtre... » LÉAUTAUD, Théât. de M. Boissard, IV, p. 28.

ANT. — **Courir, hâter** (se). **Travailler.**

DER. — **Flânerie, flâneur.** — **Flâne.** *n. f.* (XIXe s.). V. **Flânerie** (Cf. Faction, cit. 6).

1 « Il devrait y avoir ici un jardin d'été, comme le parc Monceau, ouvert la nuit, où on entendrait de la très bonne musique en buvant des choses fraîches sous les arbres. Ce ne serait pas un lieu de plaisir, mais un lieu de flâne; » MAUPASS., Bel-Ami, I, I.

2 « ...quittant à l'instant son bureau, il descend dans la rue sans chapeau, enchanté d'un prétexte pour se payer une demi-heure de flâne, et m'entraîne chez le bistrot du coin. » GIDE, Journ., 20 janv. 1902.

FLÂNERIE. *n. f.* (XVIe s. mais inus. jusqu'au XIXe s. ; de *flâner*). Action ou habitude de flâner; promenade faite en flânant. V. **Balade, errance, musarderie.** *Interminables flâneries.* — Fig. (Cf. Divagation, cit. 2).

« L'ombre tiède du parc invitait à la flânerie. » MART. du G., Thib., t. II, p. 182.

FLÂNEUR, EUSE. *n.* et *adj.* (XVIe s. ; de *flâner*). Celui, celle qui flâne, ou qui aime à flâner. V. **Badaud, baladeur, musard, promeneur.** *Les flâneurs des quais. La curiosité du flâneur. Le flâneur des deux rives,* ouvrage d'Apollinaire.

1 « Sa passion et sa profession, c'est d'épouser la foule. Pour le parfait flâneur, pour l'observateur passionné, c'est une immense jouissance... » BAUDEL., Curios. esthét., Peintre vie moderne, III.

2 « Ô belles soirées ! Devant les étincelants cafés des boulevards, sur les terrasses de glaciers en renom, que de femmes en toilettes voyantes, que d'élégants « flâneurs » se prélassent ! » VILLIERS de l'ISLE-ADAM, Contes cruels, Fleurs de ténèbres.

— Qui aime à ne rien faire. V. **Clampin, lent, oisif.**

3 « Je crois notre jeune garçon un peu flâneur et médiocrement âpre au travail. » FLAUB., Corresp., t. IV, p. 146.

1. FLANQUER. *v. tr.* (1555 ; de *flanc*). Garnir sur les flancs.

|| 1° *Fortif.* A l'aide d'un ouvrage défensif. *Flanquer une muraille de deux tours.*

1 « Les peuples effrayés de l'horreur des batailles,
Flanquèrent leurs cités de fosse et de murailles; » RONSARD, Prem. liv. des poèmes, Les armes.

— En parlant de l'ouvrage lui-même: *Bastions qui flanquent la courtine. Casemates flanquant un retranchement. Murailles flanquées de tours.*

2 « Séville est entourée d'une enceinte de murailles crénelées, flanquées par intervalles de grosses tours, dont plusieurs sont tombées en ruine, et de fossés aujourd'hui presque entièrement comblés. » GAUTIER, Voyage en Espagne, p. 250.

|| 2° *Archit.* A l'aide de quelque construction ou élément architectural. *Tour flanquée de deux portiques* (Cf. Architrave, cit. 3). *Façade flanquée d'avant-corps. Deux tourelles flanquaient cette gentilhommière* (Cf. Éteignoir, cit. 2). *Ailes flanquant un pavillon.*

3 « Le château, en forme de chariot à quatre roues, flanqué d'une tourelle à chaque angle... » FRANCE, Crime de S. Bonnard, II, Œuv., t. II, p. 348.

— Par ext. (La construction n'appartenant pas à l'édifice):

4 « Vue de loin — de la Direction des Cultes, sa voisine — elle paraît une sombre lézarde aux murs laiteux des hôtels Cappriciani et Lamazère-Saint-Gratien, qui de droite et de gauche la flanquent. » COURTELINE, MM. ronds-de-cuir, 1er tab., I.

|| 3° Par simple position d'une chose ou d'une personne sur le flanc d'une autre. *Rôti flanqué d'une jardinière, d'une garniture. Figure peinte, flanquée de motifs ornementaux. Appliques flanquant une glace.* — Blas. *Écu d'argent flanqué d'azur.*

5 « Après avoir franchi une route flanquée de remblais et de contreforts en arc-boutant d'un caractère assez monumental... » GAUTIER, Voyage en Espagne, p. 40.

6 « Deux bergères en tapisserie flanquaient la cheminée en marbre... » FLAUB., Un cœur simple, I.

— *Jeune fille flanquée de son chaperon.* V. **Accompagné.** *Chef de bande flanqué de ses acolytes, de ses gardes du corps.*

7 « Il y eut une partie de campagne où plusieurs jeunes demoiselles et leurs amis, flanqués du nombre nécessaire de parents respectables, allèrent se promener dans la forêt voisine... » GOBINEAU, Les pléiades, IV, III.

|| 4° *Milit.* Par un élément de protection, de surveillance. *Détachement flanquant une colonne.* V. **Flanc-garde.** *Flanquer sa droite.* — Interdire un certain front par un tir parallèle. *Mitrailleuse flanquant un chemin.*

DER. — **Flanquant, ante.** *adj.* (1635). *Fortif.* Qui flanque. *Angle flanquant, bastion flanquant, face flanquante,* d'où l'on peut découvrir et défendre un autre ouvrage. — **Flanquement.** *n. m.* (1795). *Fortif.* et *Milit.* Action de flanquer; ouvrage flanquant. *Arme placée en flanquement,* tirant dans une direction à peu près parallèle au front de l'ennemi et le prenant donc de flanc. — **Flanqueur.** *n. m.* (1770). *Vx.* Éclaireur sur les flancs d'une troupe.

2. FLANQUER. *v. tr.* (1596 ; vraisembl. altér. de *flaquer,* orig. onomatop. de *flac*). *Fam.* Lancer, jeter brutalement ou brusquement. V. **Ficher.** *Dans sa colère, il lui a flanqué son verre à la tête. Il l'a flanqué dehors à coups de pied dans le derrière. Flanquer un coup*, une gifle, une volée à quelqu'un. V. **Administrer, appliquer, envoyer.**

1 « Il l'avait empoigné par le bras, il le flanqua dehors. » ZOLA, La terre, V, I.

2 « On ne te dénoncera pas, tu le sais très bien, mais quand je sortirai d'ici, compte sur moi pour aller te flanquer une correction... » SARTRE, La mort dans l'âme, p. 274.

— *Je suis fatigué de ce travail, j'ai envie de tout flanquer en l'air*.* V. **Bazarder.** *Flanquer un employé, un domestique dehors, à la porte.* V. **Congédier, renvoyer.** *Flanquer un locataire à la rue. Incident imprévu qui flanque par terre toute une combinaison. Flanquer sa malle au grenier.* V. **Mettre, poser.**

3 « ...il doit payer son loyer, et s'il ne solde pas *recta,* je le flanque à la porte. » BALZ., L'Initié, Œuv., t. VII, p. 346.

4 « C'est vrai, il y a des jours où je flanquerais tout en l'air... Je ne sais pas pourquoi je me suis entêté, j'aurais dû bazarder la ferme et faire autre chose. » ZOLA, La terre, II, V.

— V. **Communiquer, donner.** *Flanquer la frousse à quelqu'un. C'est ce ragoût qui m'a flanqué la colique. C'est un climat qui vous flanque les fièvres. On va lui flanquer de l'avancement pour le faire taire.*

5 « Mais mon cousin et moi, nous sommes riches, nous vous flanquerons une fête comme vous n'en aurez jamais eu... »
BALZ., Début dans la vie, Œuv., t. I, p. 719.

6 « ... j'aime autant te prévenir qu'ils ont les maladies, tous, et qu'il te flanquera sa pourriture, si ce n'est déjà fait. »
ROMAINS, H. de b. vol., t. IV, V, p. 42.

7 « J'ai eu des clients à qui le treize flanquait la guigne, ou au contraire la veine, d'une façon incontestable. » ID., Ibid., t. II, VI, p. 55.

|| SE FLANQUER. Réfl. *Se flanquer par terre. Se flanquer une belle cuite.* — Récipr. *Ils se sont flanqué une bonne pile.*

8 « Des gens qui jouaient aux cartes et qui se les flanquaient par la figure. » ARAGON, Beaux quartiers, p. 97.

9 « ... il indiqua une fenêtre ouverte ; un huissier, se hâtant pour la fermer, se flanqua par terre. » ID., Ibid., p. 224.

10 « ... je me suis déjà flanqué une indigestion... »
JARRY, Ubu roi, III, 1.

FLAPI, IE. adj. (fin XIXᵉ s. ; p. p. du vieux mot lyonnais *flapir*, amollir, abattre (XVᵉ s.), d'une rac. *flap-*, « mou », provenant probablement d'un croisement entre le lat. *flaccus* et l'all. dial. *schlapp*, mou). — *Fam.* Abattu, épuisé, éreinté. V. **Fatigué*.** *Après une journée si chaude, et un tel effort physique, on se sent flapi.*

FLAQUE. n. f. (1564 ; var. *flasque* ou *flache* (XIVᵉ s.) ; du néerl. *vlacke*, « étang maritime ». V. **Flache**). Petite nappe de liquide stagnant. V. **Mare.** *Chemin couvert de flaques d'eau et de boue* après la pluie* (Cf. Autant, cit. 22 ; crapaud, cit. 1 ; cribler, cit. 8 ; écaille, cit. 10). *Patauger dans les flaques. Flaques de sang* (Cf. Éclaboussure, cit. 1). *Flaques d'huile* (Cf. Chien, cit. 24).

1 « Des flaques d'eau miroitaient sous les becs de gaz. »
FRANCE, Le chat maigre, I, Œuv., t. II, p. 137.

2 « ... je voyais se former sous le lit de la fille une petite flaque de sang... » CÉLINE, Voyage au bout de la nuit, p. 239.

3 « Le soleil pompait les flaques des dernières averses. »
CAMUS, La peste, p. 75.

FLAQUER. v. tr. (XVIᵉ s. ; de *flac*). *Vx.* Jeter* brusquement et avec force une certaine quantité de liquide. V. **Flanquer.**

« ... s'il... trouve que l'on lui donne trop de vin, il en *flaque* plus de la moitié au visage de celui qui est à sa droite ; »
LA BRUY., XI, 7.

DER. — Flaquée. n. f. *Vx.* Quantité de liquide que l'on flaque*.

FLASH. n. m. (néol. ; de l'angl. *flash*).

|| 1º *Phot.* Lampe servant à prendre des instantanés grâce à une émission de lumière brève et très intense. Ensemble du dispositif (piles, condensateur...) associé à cette lampe. *Flash synchronisé ; flash électronique.* Pl. *Des flashes.*

|| 2º *Ciném.* Scène rapide d'un film.

|| 3º *En T. de Presse.* Courte nouvelle transmise en priorité.

1. FLASQUE. adj. (1421 ; var. *flac, flache, flaque, flacque* encore au XVIᵉ s. V. **Flache**). Qui manque de fermeté. V. **Mou ; mollasse.** *Chair* flasque.* V. **Avachi.** *Peau flasque. Membres flasques.* V. **Cotonneux, désossé.**

1 « Tetin qui n'a rien que la peau,
Tetin flac (flasque). Tetin de drapeau, » MAROT, Épigr., LXXIX.

2 « Là où le dessin voulait des os, la chair offrait des méplats gélatineux, et là où les figures présentent ordinairement des creux, celle-là se contournait en bosses flasques. »
BALZ., Cousin Pons, Œuv., t. VI, p. 527.

3 « ... la longue toile gonflée descendit du sommet du mât, glissa, pendante et flasque... » MAUPASS., Vie errante, III, p. 50.

— Par ext. *Un être flasque, qui manque de vigueur.* V. **Atone.** *Un homme flasque, sans force morale.* V. **Lâche.** *La mélancolie, état flasque de l'âme* (Cf. Avantageusement, cit. 3). *Écrivain dont le style* est flasque, sans relief ni originalité.*

4 « Hélas ! me voici lâche et flasque comme une corde brisée... »
SAND, Lett. à Musset, p. 90.

5 « ... le flasque caractère de mon Jérôme impliquant la flasque prose. » GIDE, Journ., 7 nov. 1909.

ANT. — Coriace, dur, raide, rigide, tendu.

DER. — V. Flaccidité.

2. FLASQUE. n. f. (1535 ; de l'ital. *fiasca*, « bonbonne » ou *fiasco*, « bouteille »). *Vx.* Poire à poudre. — Bouteille métallique servant à transporter le mercure. — Petit flacon plat.

3. FLASQUE. n. m. et f. (1445 ; du néerl. *vlacke*, « plat »). *Technol.* (n. f.). Nom donné à certaines pièces allant par paires le plus souvent plates et disposées parallèlement. *Flasques servant de support à un axe, de montants*.* — *Artill.* (n. m.). Chacune des deux pièces latérales d'un affût* de canon sur lesquelles s'appuient les tourillons*. — *Mar.* (n. f.). V. **Jottereau.**

FLATTER. v. tr. (XIIᵉ s. ; du francique *flat*, plat).

|| 1º *Sens étymol.* Caresser* avec le plat de la main, avec la main. *Flatter un chien. Flatter de la main, avec la main, un cheval, l'encolure* (cit. 1) *de son cheval.* — REM. Appliqué aux personnes, *flatter* est un archaïsme qui ne se dit plus, de nos jours, que par comparaison, assimilation ou plaisanterie. V. **Caresser ; cajoler, câliner ...** On ne pourrait plus dire comme Madame de Sévigné, dans la citation suivante :

1 « ... votre fille... caresse votre portrait, et le flatte d'une façon si plaisante, qu'il faut vitement la baiser. »
SÉV., 261, 1ᵉʳ avr. 1672.

2 « Ce qui prouve que c'est le besoin qui le rendait souple et caressant (un chien métis de loup), c'est que dans d'autres circonstances il cherchait souvent à mordre la main qui le flattait. »
BUFF., Quadrup., t. XII, p. 237.

3 « ... ce fut le tour de Bayard qu'il flatta, à plusieurs reprises, en lui frappant du plat de la main le col et la croupe. »
GAUTIER, Capit. Fracasse, XIX, t. II, p. 283.

4 « Un homme a le droit... de flatter à travers la jupe leur croupe vibrante... » ROMAINS, H. de b. vol., t. IV, XV, p. 151.

|| 2º Affecter agréablement (les sens). V. **Caresser, charmer, délecter, plaire** (à). *Couleurs qui flattent les yeux. Douce musique, harmonie qui flatte l'oreille. Mets qui flattent le palais, le goût.* V. **Chatouiller, exciter** (Cf. Aliment, cit. 1 ; assaisonnement, cit. 2).

5 « Je ne méprise pas les plaisirs des sens ; j'ai un palais aussi, et il est flatté d'un mets délicat ou d'un vin délicieux ; »
DIDER., Nev. de Rameau, Œuv., p. 454.

6 « Je hais tous vos plaisirs : les fleurs et la rosée,
Et de vos rossignols les soupirs caressants,
Rien ne plaît à mon cœur, rien ne flatte mes sens.
Je suis esclave. » A. CHÉNIER, Bucoliques, La liberté.

— Par ext. *Flatter l'amour-propre, l'orgueil, la vanité* (Cf. Culture, cit. 9 ; dupe, cit. 14). *Flatter l'épiderme** (V. **Chatouiller**). — *Flatter quelqu'un* se dit de tout ce qui peut être agréable à son amour-propre, lui faire concevoir de l'orgueil, de la fierté. *Cette distinction me flatte et m'honore.* V. **Plaisir** (faire plaisir), **toucher.** *Cette opinion, cet hommage la flatte* (Cf. Broncher, cit. 9 ; échapper, cit. 17). — *J'en suis très flatté.* V. **Fier, sensible.** *Il n'est pas très flatté d'être appelé ainsi.* V. **Content, satisfait.** *Il est flatté du succès de son fils* (Cf. Acteur, cit. 3).

7 « Ils cherchent ce qui les flatte et ce qui les délecte. »
BOSS., Par. de Dieu, I.

8 « Non que de sa conquête il paraisse flatté. » RAC., Andr., I, 1.

9 « La fumée de la gloriole m'ayant plus étourdi que flatté. »
ROUSS., Confess., XII.

10 « Il n'a jamais l'air de faire un compliment, et pourtant tout ce qu'il dit flatte. » LACLOS, Liais. dang., Lett. VII.

11 « ... je peux croire... que le mariage de ma fille est assez avantageux pour qu'il puisse en être flatté, ainsi que sa famille. »
ID., Ibid., Lett. CLXXIII.

12 « ... mon obéissance flattait son orgueil. »
MUSS., Conf. enf. du siècle, III, IX.

13 « Il souriait, flatté dans son orgueil. »
FLAUB., Bouvard et Pécuchet, p. 201.

14 « J'en suis flatté ; de quoi suis-je flatté et qu'est-ce qui est flatté en moi ? Est-ce l'amour propre ? A-t-il des chatouillements aussi étranges que cela ? » STE-BEUVE, Corresp., t. IV, p. 98.

15 « D'ordinaire, madame Bergeret était très flattée de l'impression qu'elle produisait sur un homme de bonne compagnie. »
FRANCE, Mannequin d'osier, VII, Œuv., t. XI, p. 315.

16 « ... je ne savais pas encore bien, alors, combien il sied de se défier de ce qui vous flatte et que cela seul vous éduque vraiment, qui vous contrarie. » GIDE, Journ., 17 sept. 1935.

17 « Rien ne flatte les gens davantage que l'intérêt que l'on prend, ou semble prendre, à leurs propos. » ID., Ibid., 29 janv. 1943.

18 « De plus, comment ne pas être flatté (et Gœthe était extrêmement, et presque enfantinement, sensible aux hommages) par la considération particulière que lui marquait l'Empereur : « Vous êtes un homme, Monsieur Gœthe »?... » ID., Attendu que..., p. 123.

19 « Il sent que le regard dont elle enveloppe son crâne et sa barbe le range parmi les hommes dont elle serait flattée de recevoir les hommages. » ROMAINS, H. de b. vol., t. III, V, p. 81.

— ÊTRE FLATTÉ QUE, et le subjonctif.

20 « Je ne serais pas flattée du tout qu'on m'en parlât. »
PROUST, Rech. t. p., I, p. 38.

21 « Cet instituteur,... comment recevrait-il la vieille baronne ? Serait-il flatté qu'elle se fût dérangée pour lui ? »
MAURIAC, Le sagouin, p. 11.

— REM. Au pronominal, *se flatter que* se construit avec l'indicatif ou le conditionnel (Cf. *infra*, cit. 54 à 57).

|| 3º *Par ext.* Traiter avec douceur. — *Vx. Flatter une douleur, une peine* : chercher à l'apaiser, à l'adoucir par des paroles d'espoir, d'encouragement, des perspectives consolantes. V. **Consoler.**

22 « Ne croyez pas que, pour consoler ou pour flatter votre douleur, je veuille exagérer la vertu de celle que vous pleurez. »
FLÉCH., Mᵐᵉ de Montausier.

— FLATTER signifie encore, de nos jours, Traiter avec une douceur excessive, une complaisance* coupable, blâmable. V. **Encourager** (cit. 9), **favoriser**. *Flatter les manies, la folie de quelqu'un* (ACAD.), *les défauts, les vices, les passions d'autrui* (Cf. Civilité, cit. 4; complaisant, cit. 4). *Flatter une illusion*. V. **Entretenir**.

23 « Et les plus prompts moyens de gagner leur faveur (des grands), C'est de flatter toujours le faible de leur cœur. »
MOL., **D. Garc.**, II, 1.

24 « J'étudiai leur cœur (des rois), je flattai leurs caprices, »
RAC., **Athal.**, III, 3.

25 « ... il entra dans mes plaisirs ; il flatta mes passions ; »
FÉN., **Télém.**, XI.

26 « Flattez les passions du moment, vous devenez partout un héros, même à Arcis-sur-Aube. »
BALZ., **Député d'Arcis**, Œuv., t. VII, p. 647.

27 « Il travaillait pour des « salauds », dont il fallait ménager l'infirmité esthétique, et même flatter la pourriture cérébrale. »
ROMAINS, **H. de b. vol.**, t. V, XXVII, p. 288.

28 « ... tout composait pour l'enfance un domaine propre à flatter cette illusion qu'elle a de vivre dans des lieux uniques au monde. »
COCTEAU, **Difficulté d'être**, p. 16.

|| 4° *Vx*. Chercher à tromper (quelqu'un) en déguisant la vérité, en entretenant des illusions, de faux espoirs. V. **Abuser, mentir**.

29 « Que tout autre que moi vous flatte et vous abuse, »
CORN., **Pol.**, II, 2.

30 « ... je vous conjure de ne me point flatter du tout, et de me dire nettement votre pensée. »
MOL., **Mar. forcé**, 1.

— On dit encore, de nos jours, *Flatter quelqu'un de quelque chose* : le lui laisser faussement espérer. *Il y a longtemps qu'on le flatte de cette espérance* (ACAD.). V. **Allécher, amuser** (Cf. Appât, cit. 3), **bercer, berner, leurrer, repaître ...**

31 « Ne m'a-t-on point flatté d'une fausse espérance ? »
RAC., **Andr.**, IV, 3.

32 « L'épreuve en (de la vie privée) est hasardeuse pour un homme d'État ; et la retraite presque toujours a trompé ceux qu'elle flattait de l'espérance du repos. »
BOSS., **Le Tellier**.

|| 5° Chercher, par des louanges fausses ou excessives, à exalter quelqu'un dans le dessein de lui complaire, de le séduire, de l'amadouer*, de l'enjôler*, de gagner sa faveur, de capter ses bonnes grâces ... V. **Complimenter, louer, vanter**. *Flatter le pouvoir, les puissants*. V. **Adorer** (le soleil), **aduler, cajoler** (cit. 6. — Cf. *aussi* Cajoleur, cit. 1), **caresser, courtiser, encenser** (Cf. Brûler de l'encens* devant quelqu'un), **flagorner, peloter** (*fam*.). Cf. Appât, cit. 3. *Il ne cesse de le flatter bassement, servilement* (Cf. Cirer*, lécher les bottes (*pop.* le cul) à quelqu'un ; lui faire la cour*, des courbettes*, du plat* ; lui passer de la pommade* ... V. **Flatterie**). — Absolt. *Homme franc qui ne sut jamais flatter*.

33 « On croit quelquefois haïr la flatterie, mais on ne hait que la manière de flatter. »
LA ROCHEF., **Max.**, 329.

34 « ... l'ennemi qui flatte est le plus dangereux. »
CORN., **Théod.**, IV, 1.

35 « Plus on aime quelqu'un, moins il faut qu'on le flatte ; »
MOL., **Mis.**, II, 4.

36 « Il a le soin de tout le monde ; il flatte, il s'insinue, il ensorcelle tous ceux qui ne pouvaient pas le souffrir. »
FÉN., **Œuvr.**, t. XIX, p. 452 (in LITTRÉ).

37 « Pour obtenir ses faveurs (du roi), on le flatte... »
ID., **Télém.**, II.

38 « ... il faut savoir séduire, Flatter l'hydre du peuple,... »
VOLT., **Mérope**, I, 4.

39 « ...c'est un vice de la démagogie, et c'est un vice propre de Jaurès que de flatter ses ennemis, parce qu'on les redoute, et de négliger ses véritables amis, parce qu'on ne les redoute pas. »
PÉGUY, **La République**, p. 76.

40 « Nous sommes attirés par qui nous flatte, de quelque façon que ce soit. »
RADIGUET, **Bal du comte d'Orgel**, p. 89.

41 « Pourtant j'aime les compliments ; mais ceux des maladroits m'exaspèrent ; ce qui ne me flatte pas au bon endroit, me hérisse ; et plutôt que d'être mal loué, je préfère ne l'être point. »
GIDE, **Si le grain...**, I, IX.

42 « Un dictateur est asservi également à l'opinion publique, qu'il flatte et qui le mène. »
CHARDONNE, **Amour du prochain**, p. 224.

|| 6° *Par ext*. Faire paraître plus beau que la réalité. V. **Avantager, embellir, idéaliser**. *Ce portrait, cette coiffure la flatte*. Par ext. *Portrait flatté* : portrait où la personne est représentée plus belle qu'elle n'est. — *Vous me flattez* : vous m'attribuez des qualités, des mérites que je n'ai pas.

43 « — Si votre pinceau flatte autant que votre langue, vous allez me faire un portrait qui ne me ressemblera pas. — Le Ciel, qui fit l'original, nous ôte le moyen d'en faire un portrait qui puisse flatter. »
MOL., **Sic.**, 11.

44 « Il (l'homme d'esprit) est si prodigieusement flatté dans toutes les peintures que l'on fait de lui, qu'il paraît difforme près de ses portraits ; »
LA BRUY., VIII, 32.

45 « Le bon historien n'est d'aucun temps ni d'aucun pays : quoiqu'il aime sa patrie, il ne la flatte jamais en rien. »
FÉN., **Lett. à M. Dacier s. occup. Acad.**, VIII.

46 « Le portrait de Tarquin n'a point été flatté ; son nom n'a échappé à aucun des orateurs qui ont eu à parler contre la tyrannie. »
MONTESQ., **Grand. et décad. des Rom.**, I.

47 « Vous me flattez, dit le président, avec une pudeur enfantine et faisant semblant de rougir. »
MARMONTEL, **Contes moraux**, Philos. soi-dis.

|| SE FLATTER. || 1° S'entretenir dans une espérance, une illusion. *Se flatter d'un espoir insensé*. V. **Illusionner** (s'). Cf. Aveugler, cit. 19.

48 « La jeunesse se flatte et croit tout obtenir ; La vieillesse est impitoyable. »
LA FONT., **Fab.**, XII, 5.

49 « Beck, qui s'était flatté d'une victoire assurée, pris et blessé dans le combat, vient rendre en mourant un triste hommage à son vainqueur par son désespoir ; »
BOSS., **Louis de Bourbon**.

— *Se flatter de*, suivi de l'infinitif : être persuadé, se croire assuré de. *Il se flatte de réussir*. V. **Compter, espérer, penser, prétendre**. Cf. Fort (se faire fort de). *La paix acceptable* (cit.) *qu'on s'était flatté d'obtenir*.

50 « Vous vous flattez peut-être, en votre vanité, D'aller comme un Horace à l'immortalité ; »
BOIL., **Sat.**, IX.

51 « ...l'intrigant se flattait de le voir (le ministre) bientôt perdu par une cabale ; les femmes espéraient qu'on leur donnerait bientôt un ministre plus jeune. »
VOLT., **Vision de Babouc**.

52 « Peut-être surmonterez-vous cet obstacle, mais ne vous flattez pas de le détruire... »
LACLOS, **Liais. dang.**, Lett. V.

53 « Il ne comprenait pas tout. Mais qui de nous peut se flatter de tout comprendre ? »
FRANCE, **Vie en fleur**, XVII.

— *Se flatter que*, suivi d'une proposition. *On se flatte que chacun oubliera son intérêt personnel* (Cf. Enivrement, cit. 1). *Il se flatte qu'on aura besoin de lui* (ACAD.). *Je me flatte que vous ne doutez point de mes sentiments* (ACAD.). V. **Croire** (aimer à croire).

54 « Qu'après m'être longtemps flatté que mon rival Trouverait à ses vœux quelque obstacle fatal, »
RAC., **Bérén.**, I, 2.

55 « Je me flatte, en mourant, qu'un dieu plus équitable Réserve un avenir pour les cœurs innocents. »
VOLT., **Fanat.**, V, 4.

56 « Monsieur, lui dis-je, en me courbant le corps et en glissant un pied vers lui, selon notre coutume, je me flatte que ma juste curiosité ne vous déplaira pas... »
ID., **Lett. s. les Anglais**, Quakers, I.

57 « C'est une folie naïve à l'homme le plus libre de se flatter que sa liberté n'a point de danger pour la multitude. »
SUARÈS, **Trois hommes**, Ibsen, IV.

|| 2° Tirer contentement, satisfaction, orgueil, fierté, vanité (de quelque chose). V. **Féliciter** (se), **prévaloir** (se), **targuer** (se).

58 « ... vous pouvez justement vous flatter D'une mort que leurs bras n'ont fait qu'exécuter. »
RAC., **Andr.**, V, 3.

59 « Les plus rebelles, et qui se flattent de l'être, sont, la plupart, des esprits nés disciples. »
SUARÈS, **Trois hommes**, Dostoïevski, V.

60 « Boileau se flattait d'avoir appris à Racine à faire difficilement des vers faciles. »
THIBAUDET, **Flaubert**, p. 72.

|| 3° *Absolt*. Se juger trop favorablement, faire preuve de vanité en se décernant des éloges à soi-même. V. **Vanter** (se). *Sans me flatter, j'ai accompli là un bel exploit*.

61 « On n'aurait guère de plaisir si on ne se flattait jamais. »
LA ROCHEF., **Max.**, 123.

62 « On est accessible à la flatterie dans la mesure où soi-même on se flatte. »
VALÉRY, **Autres rhumbs**, p. 185.

63 « On se flatte sans cesse ; ou du moins on a tendance à se flatter. La complaisance envers soi-même est un piège... »
GIDE, **Journ. 1942-1949**, Feuill. d'automne, p. 278.

— *Réciproqt*. :

64 « Si les hommes ne se flattaient point les uns les autres, il n'y aurait point de société. »
VAUVEN., **Max.** (in LITTRÉ).

ANT. — **Battre. Brimer, blâmer, blesser, brocarder, brusquer, censurer, critiquer, fronder, injurier.**

DER. — **Flatterie, flatteur.**

FLATTERIE. n. f. (XIIIᵉ s.; de *flatter*). Action de flatter; louange fausse ou exagérée que l'on adresse à quelqu'un par complaisance, obséquiosité, servilité, hypocrisie, calcul, intérêt... V. **Compliment, hommage, louange***. *Flatterie délicate. Sotte flatterie. Flatterie grossière, basse* (cit. 36), *servile, vile, honteuse*. V. **Adoration, adulation** (cit. 1), **courtisanerie, flagornerie** (Cf. Commerce, cit. 13). *Accabler quelqu'un de flatteries*. V. **Cajolerie, câlinerie, caresse, cour, courbette, douceur, encensoir** (coups d'), **génuflexion, plat, pommade** ... *Ses paroles ne sont que flatteries captieuses, hypocrites*. V. **Eau** (eau bénite de cour), **mensonge** (Cf. Bouche* de miel, cœur de fiel). *L'amorce* de la flatterie. Être accessible* (cit. 5), *sensible aux flatteries* (Cf. Éteindre, cit. 18). *Se laisser prendre aux blandices*, à l'encens*, à l'enivrement*, au miel*, au sucre de la flatterie* (V. **Dupe**). *Le poison de la flatterie* (Cf. Déifier, cit. 1; empoisonner, cit. 11; enivrant, cit. 4). *Haïr la flatterie* (Cf. Flatter, cit. 33). *Parler sans flatterie*.

1 « La flatterie est une fausse monnaie, qui n'a de cours que par notre vanité. »
LA ROCHEF., **Max.**, 158.

2 « Son humeur satirique est sans cesse nourrie Par le coupable encens de votre flatterie ; »
MOL., **Mis.**, II, 4.

3 « Tous ceux qui l'encensaient, le voyant perdu sans retour, changèrent leurs flatteries en des insultes sans pitié. »
FÉN., Télém., XI.

4 « Les hommes sont si sensibles à la flatterie que, lors même qu'ils pensent que c'est flatterie, ils ne laissent pas d'en être dupes. »
VAUV., Max. et réflex., 350.

ANT. — **Blâme, blessure, bourrade, brimade, brocard, brusquerie, censure, critique, moquerie, sarcasme.**

FLATTEUR, EUSE. n. et adj. (XIIIᵉ s.; de *flatter*).

I. *N.* Celui qui flatte, qui donne des louanges exagérées ou fausses. V. **Approbateur, complaisant, encenseur, enjôleur, flagorneur, hypocrite, louangeur** (Cf. Applaudir, cit. 1; assaisonner, cit. 5; calomniateur, cit. 2; dépens, cit. 2). *Chœur*, *cortège* de flatteurs autour des grands, des puissants. V. **Adulateur** (cit. 1), **caudataire, courtisan, génuflecteur, thuriféraire** (Cf. Agenouiller, cit. 4; approuver, cit. 4). *Flatteur servile, bas, abject.* V. **Chien** (faire le chien couchant). Cf. Lèche-cul (*pop.*), lécheur (*fam.*).

1 « Là se perdent ces noms de maîtres de la terre,
D'arbitres de la paix, de foudres de la guerre;
Comme ils n'ont plus de sceptre, ils n'ont plus de flatteurs, »
MALHERBE, Vers spirituels, IV (XXXV).

2 « L'amour-propre est le plus grand de tous les flatteurs. »
LA ROCHEF., Max., 2.

3 « Détestables flatteurs, présent le plus funeste
Que puisse faire aux rois la colère céleste ! » RAC., Phèdre, IV, 6.

4 « Le flatteur n'a pas assez bonne opinion de soi ni des autres. »
LA BRUY., XII, 90.

5 « Un menteur est un homme qui ne sait pas tromper; un flatteur, celui qui ne trompe ordinairement que les sots. Celui qui sait se servir avec adresse de la vérité, et qui en connaît l'éloquence, peut seul se piquer d'être habile. » VAUVEN., Max. et réflex., 277.

6 « Le flatteur du peuple, en quoi, je vous prie, diffère-t-il du flatteur du roi? Est-il plus noble, plus indépendant, plus désintéressé, et, à le bien voir, moins misérable ? »
STE-BEUVE, Caus. lundi, t. V, Duc d'Antin, p. 489.

II. *Adj.* || 1º (Au propre). *Peu usit.* Doux et caressant.

7 « ... ce peuple napolitain a, dans sa vivacité, je ne sais quoi de doux et de flatteur. Je ne suis point bousculé, je suis bercé et je pense que, à force de me balancer deçà, delà, ces gens vont m'endormir debout. » FRANCE, Crime S. Bonnard, Œuv., t. II, p. 302.

|| 2º Qui flatte l'amour-propre, l'orgueil. V. **Agréable, avantageux, élogieux, obligeant.** *Distinction flatteuse. Éloge* (cit. 6) *flatteur* (Cf. Baisser, cit. 18). *Titre flatteur.*

8 « En cela peu semblable au reste des mortelles,
Qui veulent tous les jours des louanges nouvelles.
Pas une ne s'endort à ce bruit si flatteur. »
LA FONT., Fab., IX, Disc. à Mᵐᵉ de la Sablière.

9 « Cette confiance de votre Directeur m'apparaît comme la plus flatteuse des promotions, mon cher Docteur ! »
CÉLINE, Voyage au bout de la nuit, p. 398.

10 « A cet âge ... recevoir ... un tel aveu d'une jolie fille de vingt ans, c'est assurément très flatteur. »
HENRIOT, Portr. de femmes, p. 311.

|| 3º *Vieilli.* Qui berce d'un espoir, d'une illusion. V. **Séduisant** (Cf. Asile, cit. 31; chair, cit. 48).

11 « Chacun songe en veillant, il n'est rien de plus doux;
Une flatteuse erreur emporte alors nos âmes :
Tout le bien de la terre est à nous, » LA FONT., Fab., VII, 10.

|| 4º Qui loue avec exagération ou de façon intéressée. *Je le sais flatteur et peu sincère.* V. **Complimenteur** (Cf. Bizarrerie, cit. 2). *Courtisans flatteurs et pleins de bassesse.* V. **Obséquieux.** *Une personne rusée et flatteuse.* V. **Patelin.** *Paroles flatteuses.* V. **Beau** (de belles paroles). *Langage flatteur* (Cf. Aviser, cit. 1; éloge, cit. 3).

2 « ... chacun d'eux attendait impatiemment que le compliment des autres fût achevé pour apporter le sien, craignant qu'on ne s'emparât du madrigal flatteur qu'il venait d'improviser, ou de la formule d'adulation qu'il inventait. » VIGNY, Cinq-Mars, VIII, t. I, p. 283.

— Qui embellit*. *Un miroir flatteur. Faire un tableau flatteur de la situation.*

13 « Quinette aurait pu colorer cette envie d'un nom flatteur en l'appelant goût du risque; » ROMAINS, H. de b. vol., t. II, XII, p. 128.

14 « ... le portrait peu flatteur des carnets inédits, où il est dépeint comme un petit homme laid, de figure commune... »
HENRIOT, Romantiques, p. 171.

DER. — **Flatteusement.** *adv.* (XVIᵉ s.). D'une manière flatteuse.

FLATUEUX, EUSE. adj. (1538; lat. *flatus*, vent). Qui produit des gaz dans le tube digestif. V. **Venteux.** *Aliment flatueux.*

DER. — **Flatuosité.** n. f. (1611). Gaz accumulé dans les intestins ou expulsé du tube digestif. V. **Vent.** *Flatuosités produites par les fermentations intestinales. Flatuosités causant des borborygmes, du ballonnement* (cit.)*, des coliques. Remède contre les flatuosités.* V. **Carminatif.**

FLATULENT, ENTE. adj. (XVIᵉ s.; lat. *flatus*, vent). Qui s'accompagne de gaz. *Dyspepsie, colique flatulente.*

DER. — **Flatulence.** n. f. (1747). « Production de gaz gastro-intestinaux donnant lieu à un ballonnement ... de l'estomac ou de l'intestin, s'accompagnant souvent d'émission de gaz par la bouche et quelquefois aussi par l'anus » (GARNIER). V. **Ventosité.**

« Le romancier y avait ajouté à une certaine époque des farines lactées, plus ou moins additionnées de cacao. Mais il en éprouvait des flatulences, qui le poursuivaient jusqu'au soir... »
ROMAINS, H. de b. vol., t. III, XVIII, p. 244.

FLAVESCENT, ENTE. adj. (1833 BALZ.; lat. *flavescens*, p. pr. de *flavescere*, jaunir). Qui tire sur le jaune. *Moissons flavescentes. Une barbe ardente* (cit. 6)*, flavescente.*

« ... un nez trop long, gros du bout, flavescent à l'état normal, mais complètement rouge après les repas... »
BALZ., E. Grandet, Œuv., t. III, p. 633.

FLÉAU. n. m. (*Flaiel* au Xᵉ s.; *flael* au XIIᵉ s.; lat. *flagellum*, fouet).

|| 1º *Agric.* Instrument à battre les céréales, composé de deux bâtons liés bout à bout par des courroies, l'un plus long servant de manche, l'autre plus court servant de battant*. *Battre le blé avec le fléau, au fléau. Battage* (cit.) *au fléau.*

1 « Elle prit un fléau, au long manche et au battoir de cornouiller, que des boucles de cuir reliaient entre eux. C'était le sien, poli par le frottement, garni d'une ficelle serrée, pour qu'il ne glissât pas. A deux mains, elle le fit voler au-dessus de sa tête, l'abattit sur la gerbe, que le battoir, dans toute sa longueur, frappa d'un coup sec. Et elle ne s'arrêta plus, le relevant très haut, le repliant comme sur une charnière, le rabattant ensuite, dans un mouvement mécanique et rythmé de forgeron; » ZOLA, La terre, III, VI.

— *Par anal. Fléau d'armes:* arme contondante du moyen âge composée d'un manche court terminé par une chaîne au bout de laquelle était attachée une boule hérissée de clous. V. **Fouet** (de guerre), **plombée, plommée.**

|| 2º *Fig.* Se dit des personnes ou des choses qui semblent être les instruments de la colère divine. *Dieu envoya un fléau pour châtier les Égyptiens et permettre l'exode des Hébreux.* V. **Plaie** (les dix plaies d'Égypte). *Attila, le fléau de Dieu.*

2 « On me craint, on me hait; on me nomme en tout lieu
La terreur des mortels et le fléau de Dieu. » CORN., Attila, III, 1.

3 « Ô Dieu, que nous recevons mal les afflictions !... notre faiblesse gémit sous les fléaux de Dieu, et notre cœur endurci ne se change pas. » BOSS., 1ᵉʳ serm., Quinquag., 2.

4 « J'ai bien vu un philosophe déifier aussi la gloire et diviniser ce fléau de Dieu. Je n'ai fait qu'en rire. »
CHATEAUB., M. O.-T., t. III, p. 290.

— *Par anal.* Toute grande calamité qui s'abat sur un peuple. V. **Calamité, cataclysme, catastrophe, désastre, malheur.** *Un terrible fléau qui désole* (cit. 3)*, ravage une contrée. Les pays où sévit ce fléau* (Cf. Famine, cit. 3). *Victimes d'un fléau. Le fléau de la guerre, de la peste. Les fléaux de la nature:* avalanche, inondation, raz de marée.

5 « Un grand peuple assailli par la guerre n'a pas seulement ses frontières à défendre. Il a aussi sa raison. Il lui faut la sauver des hallucinations, des injustices, des sottises, que le fléau déchaîne. »
R. ROLLAND, Au-dessus de la mêlée, p. 1.

6 « Nos concitoyens ... ne croyaient pas aux fléaux. Le fléau n'est pas à la mesure de l'homme, on se dit donc que le fléau est irréel, c'est un mauvais rêve qui va passer. Mais il ne passe pas toujours et, de mauvais rêve en mauvais rêve, ce sont les hommes qui passent, et les humanistes, en premier lieu, parce qu'ils n'ont pas pris leurs précautions. » CAMUS, La peste, p. 50.

— *Par ext.* Ce qui est nuisible, funeste, redoutable. *Mauvais sujet qui est le fléau de sa famille. Femme bel* (cit. 39) *esprit, fléau de son mari. L'ennui* (cit. 13)*, fléau de la solitude. La vénalité, fléau de la société.* V. **Chancre.** *Le fléau des importuns.* Par exagér. *Cette bavarde est un véritable fléau.*

7 « La timidité a été le fléau de toute ma vie; elle semblait obscurcir jusqu'à mes organes, lier ma langue, mettre un masque sur mes pensées, déranger mes expressions. » MONTESQ., Cahiers, p. 9.

8 « ... avec de la douceur d'âme, elle grondait toujours : mon père était la terreur des domestiques, ma mère le fléau. »
CHATEAUB., M. O.-T., t. I, p. 34.

9 « Tracassière, geignant toujours quand elle perdait, d'une joie insolente quand elle gagnait, processive, taquine, elle impatienta ses adversaires, ses partenaires, et devint le fléau de la société. »
BALZ., Pierrette, Œuv., t. III, p. 676.

10 « ... les filles prostituées sont le plus grand fléau des mœurs publiques, auxquelles elles insultent, et l'opprobre de la société qu'elles flétrissent. » FRANCE, Les dieux ont soif, p. 212.

|| 3º *Technol.* Dans une balance*, Pièce rigide, mobile dans un plan vertical et qui joue le rôle de levier. V. **Joug, traversant, traversin, verge.** *Le fléau est horizontal lorsque les deux plateaux sont en équilibre. Le fléau de la balance oscille autour du couteau*. — Barre de fer mobile destinée à fermer les deux battants d'une porte cochère. — Bascule à contrepoids qui sert à fermer une écluse. — Crochet sur lequel les vitriers portent leurs verres.

1. FLÈCHE. n. f. (XIIᵉ s.; probablt. d'un francique *fliugika*, moy. néerl. *vliecke*, propremt. « celle qui fuit »).

|| 1º Arme de jet consistant en une tige de bois munie d'un fer aigu à une extrémité et d'ailerons à l'autre, on lance avec l'arc* ou l'arbalète*. V. **Carreau, dard** (cit. 2), **matras, trait*.** *La flèche de l'archer. Pointe* d'une flèche. *Flèche aiguë* (cit. 1. Cf. aussi Égide, cit. 2)*, acérée, empoison-

née, trempée dans l'antiarine, le curare, le tanghin, l'upas... *Flèche ardente*, incendiaire. Étui à flèches.* V. **Carquois** (cit. 1). *Empenner* (cit.) *une flèche.* V. **Empennage, empenne.** *Entailler le talon d'une flèche. Appliquer la flèche sur la corde de l'arc.* V. **Encocher.** *Tirer, lancer une flèche.* V. **Décocher** (cit. 2). *Le bruit* (cit. 15), *le sifflement de la flèche. Atteindre* (cit. 1), *percer, transpercer d'une flèche* (Cf. Atteinte, cit. 8). *Clouer avec une flèche. Cribler de flèches. Une grêle, une pluie, un vol de flèches. A coups de flèches.*

1 « ... une biche qu'un chasseur a blessée; elle court au travers des vastes forêts pour soulager sa douleur; mais la flèche qui l'a percée dans le flanc la suit partout; »   FÉN., **Télém.**, IV.

2 « ... une troupe d'archers adroits perce de flèches innombrables les soldats de Phalante; »   ID., **Ibid.**, XIII.

    — *Par métaph.:*

3 « ... elle fixait sur Charles la pointe ardente de ses prunelles, comme deux flèches prêtes à partir. »   FLAUB., **Bov.**, II, 11.

4 « Sur quoi, le joueur de flûte lui décocha un petit regard bleu-clair empoisonné comme une flèche caraïbe; mais l'autre ne sourcilla pas et continua à crier... »   DAUD., **Pet. Chose**, II, VI.

5 « C'est une véritable guerre civile qui commence en Irlande... L'Angleterre est paralysée par cette flèche qui lui est plantée dans le dos ! »   MART. du G., **Thib.**, t. VI, p. 194.

    — *Partir, filer* (cit. 25) *comme une flèche:* très rapidement. V. **Vite** (Cf. Comme un éclair*; éperonner, cit. 5). *Monter en flèche:* en ligne droite, à la façon d'une flèche. *Avion de chasse qui monte en flèche. Fig.* Très vite. *Température d'un malade, valeurs de bourse, de prix... qui montent en flèche. L'épidémie* (cit. 4) *remontait en flèche.*

6 « Miraut sans doute, l'avait perdu de vue, et il fila comme une flèche droit devant lui. »   PERGAUD, **De Goupil à Margot**, p. 37.

7 « Il entra d'un saut dans la maison, et passa comme une flèche devant la loge, de peur de se heurter à une consigne donnée par Jenny. »   MART. du G., **Thib.**, t. VI, p. 85.

    — *Fig. Les flèches de l'Amour** (cit. 43), *de Cupidon*,* qui sont censées transpercer les cœurs et les rendre amoureux. — *Douleur qui transperce comme une flèche* (Cf. Abandonner, cit. 19). *Les flèches du désir.*

8 « ... les flèches de l'amour, comme la lance d'Achille, portent avec elles le remède aux blessures qu'elles font. »   LACLOS, **Liais. dang.**, Lett. XCIX.

9 « ... je l'aimais d'un double amour qui décochait tour à tour les mille flèches du désir, et les perdait au ciel où elles se mouraient dans un éther infranchissable. »   BALZ., **Lys dans la vallée**, Œuv., t. VIII, p. 850.

10 « Et le cœur transpercé, que la douleur allèche,
Expire chaque jour en bénissant sa flèche. »   BAUDEL., **Prem. poèmes**, XXIX.

    — Trait d'esprit, attaque plus ou moins déguisée, raillerie, sarcasme. *Décocher une flèche acérée, envenimée, empoisonnée. Cribler* (cit. 6) *de flèches* (Cf. Batterie, cit. 4; cible, cit. 3). *Les épigrammes* (cit. 6), *petites flèches déliées. Les flèches d'une polémique.*

11 « Il (Chamfort) a laissé un nom et bien des mots qu'on répète. Quelques-uns de ces mots sont comme de la monnaie bien frappée qui garde sa valeur, mais la plupart ressemblent plutôt à des flèches acérées qui arrivent brusquement et sifflent encore. Il a eu de ces mots terribles de misanthropie. Aussi l'idée qu'il a imprimée de lui est celle de la causticité même, d'une sorte de méchanceté envieuse. »   STE-BEUVE, **Caus. lundi**, Chamfort, t. IV, p. 539.

12 « Les insultes devraient glisser sur ma peau comme une cuirasse. Mais non, je suis toujours vulnérable. Il y a toujours des flèches qui me blessent et qui m'empoisonnent. »   DUHAM., **Pasq.**, VII, X.

13 « Trépignements du public à chaque flèche anticléricale. C'était à donner envie de se plonger dans de l'eau bénite. »   GIDE, **Nouv. prétextes**, p. 144.

    — *La flèche du Parthe:* trait piquant que quelqu'un lance à la fin d'une conversation, par allusion aux Parthes qui tiraient leurs flèches en fuyant.

14 « ... les terribles Parthes ... ceux-là même dont la flèche tirée en retraite par-dessus l'épaule est restée proverbiale... »   DANIEL-ROPS, **Peuple de la Bible**, p. 324.

|| Loc. prov. *Faire flèche de tout bois. Ne plus savoir de quel bois faire flèche.* V. **Bois** (cit. 27 et *supra*).

|| 2° Ce qui figure une flèche, est fait en forme de flèche. *La flèche lumineuse de l'éclair* (cit. 3). *Grille à flèches dorées. Flèche fixée au milieu d'un fléau de balance*.* V. **Aiguille.** *Flèche soutenant les rideaux d'un lit* (Cf. Calicot, cit.). *Lit* à flèche.* — Minér. *Flèche de pierre:* coquille fossile, bélemnite*. *Flèche d'amour:* variété de quartz mêlé de rutile, appelé aussi *cheveux de Vénus.* — Astron. Petite constellation de l'hémisphère boréal.

    — Signe figurant une flèche et servant à indiquer une direction. *Flèche d'une girouette*. Flèche d'orientation d'une carte, d'un plan. Direction d'un cours d'eau marquée sur la carte par une flèche. Flèche de signalisation routière marquant la route à suivre, un sens obligatoire.*

15 « Un écriteau à l'intersection de deux rues recommandait un hôtel en même temps qu'une flèche blanche indiquait le chemin à suivre pour y arriver : il n'y avait qu'à aller tout droit. »   GREEN, **A. Mesurat**, p. 175.

    — Autom. *Flèche de direction:* signal qui indique la direction que va prendre le véhicule (Cf. Clignotant, clignoteur). *Sortir, rentrer sa flèche.*

16 « Il est distrait au volant de son auto et laisse souvent ses flèches de direction levées, même après qu'il ait effectué son tournant. »   CAMUS, **La peste**, p. 41.

|| 3° *Par anal.* Ce qui se redresse en pointe*. *Archit.* Comble pyramidal ou conique d'un clocher, d'une tour. V. **Aiguille** (cit. 17). *Flèche de charpente. Flèche de pierre. La flèche de la Sainte-Chapelle* (Cf. Clocher, cit. 1). *Les flèches d'une cathédrale. La flèche de Strasbourg. Sublime élancement* (cit. 3) *d'une flèche.*

17 « ... cette tour était la flèche la plus hardie, la plus ouvrée, la plus menuisée, la plus déchiquetée qui ait jamais laissé voir le ciel à travers son cône de dentelle. »   HUGO, **N.-D. de Paris**, I, III, II.

    — *Mar.* La partie effilée d'un bas mât au-dessus de son capelage. « *La flèche* » *est la voile hissée le long des mâts de flèche* (GRUSS.). — Techn. *Flèche de grue:* l'arbre de la grue qui porte la poulie.

    — Arbor. Tige droite et ferme de certaines plantes. *Flèches de cannes à sucre.* Branche d'arbre verticale qui doit être considérée comme la tête de l'arbre. Bot. *Flèche d'eau.* V. **Sagittaire.** — Piquet que l'arpenteur fiche en terre chaque fois qu'il déplace sa chaîne.

    — Ce qui avance en pointe, comme une flèche posée sur un arc. *La flèche d'un char, d'une charrette:* longue pièce de bois fixée à l'avant et destinée à l'attelage des bœufs, des chevaux. V. **Timon.** Longue pièce de bois cambrée pour relier les deux trains d'une voiture. — *Flèche d'une charrue.* V. **Age, haie.** — Artill. Partie de l'affût d'un canon qui sert à « asseoir » la pièce quand elle est en position de tir, et à la tracter quand elle est en position de route. *Canon biflèche, à flèche ouvrante.*

18 « La flèche de l'omnibus était dressée droite et maintenue avec des cordes, et un drapeau rouge, fixé à cette flèche, flottait sur la barricade. »   HUGO, **Misér.**, IV, XII, V.

    — *Attelage en flèche:* se dit de chevaux attelés l'un derrière l'autre. *Cheval attelé en flèche,* en avant d'un attelage normal qu'il renforce (Cf. Cabriolet, cit.). *Fig. Se trouver en flèche,* par rapport aux autres membres d'un groupe, d'un parti. — Mar. *Remorquer en flèche:* remorquer (un navire) derrière soi, par oppos. à *remorquer à couple*.*

    — Géom. Perpendiculaire abaissée du milieu d'un arc de cercle sur la corde qui sous-tend cet arc. — Archit. Hauteur verticale de la clef d'une voûte au-dessus des naissances de cette voûte. — Balist. La plus grande hauteur de la trajectoire d'un projectile. — Mécan. Déviation d'une pièce soumise à un effort transversal.

DER. et **COMP.** — **Enfléchure.** — **Fléchette.** *n. f.* (XXᵉ s.). Petite flèche (Cf. Décocher, cit. 4).

2. FLÈCHE. *n. f.* (1549; anc. fr. *fliche,* anc. scand. *flikki,* angl. *flitch*). Pièce de lard levée sur le côté du porc, de l'épaule à la cuisse.

FLÉCHIR. *v. tr.* et *intr.* (XIIᵉ s.; var. probable de l'anc. fr. *flechier,* bas lat. *flecticare,* fréquent. de *flectere,* ployer, fléchir).

I. *V. tr.* || 1° Faire plier progressivement sous un effort, une pression. V. **Courber, plier, ployer.** *Fléchir la tige d'un arbuste.* V. **Recourber.** *Fléchir le corps en avant et en arrière dans un mouvement d'assouplissement.* V. **Incliner; flexion.** *Muscles qui fléchissent la jambe sur la cuisse. Station accroupie* (cit. 6) *dans laquelle les membres inférieurs sont fléchis.*

1 « Prenant son point fixe sur l'épaule, le biceps agit à la fois sur l'avant-bras et sur le bras ... il fléchit l'avant-bras sur le bras. »   TESTUT, **Traité anat. hum.**, t. I, p 1027.

2 « ... la rigidité cadavérique était telle, que, désespérant de fléchir les membres, nous dûmes lacérer et couper les vêtements pour les lui enlever. »   BAUDEL., **Spleen de Paris**, XXX.

    — *Fléchir le genou, les genoux.* V. **Agenouiller** (s'). *Fléchir le genou devant Dieu* (Cf. Créateur, cit. 1), *devant une idole* (en signe d'adoration), *devant quelqu'un,* en signe de respect, de soumission, d'humilité (Cf. Armée, cit. 1; couronne, cit. 9).

    — *Fig.* V. **Abaisser** (s'), **humilier** (s'), **prosterner** (se).

3 « Il n'a devant Aman pu fléchir les genoux, »   RAC., **Esth.**, III, 4.

|| 2° *Fig.* Faire céder peu à peu, amener à compassion, à composition, à concession... V. **Adoucir, attendrir, ébranler, émouvoir, gagner, toucher.** *Fléchir ses juges. Il est inexorable, inébranlable, sa décision est prise, rien ne peut le fléchir* (Cf. Accès, cit. 3). *Se laisser fléchir aux prières, aux prières* (ACAD.). *Se laisser fléchir par faiblesse, lassitude.* V. **Abandonner** (s'), **capituler; gagner, vaincre** (se laisser gagner, vaincre). — *Fléchir la cruauté, la dureté, la rigueur* (Cf. Constance, cit. 7) *d'un maître. Fléchir la colère de quelqu'un.* V. **Apaiser, calmer, désarmer.**

4 « Ni larmes du mari, ni beauté ni jeunesse,
Ni vœu ni oraison ne fléchit la rudesse
De la Mort, qu'on dit fille à bon droit de la Nuit, »   RONSARD, **Épitaphes**, Tomb. de Marguerite de France.

5 « Une jeune souris de peu d'expérience
Crut fléchir un vieux chat, implorant sa clémence, »
LA FONT., **Fab.**, XII, 5.

6 « L'argent sut donc fléchir ce cœur inexorable. »
ID., **Coupe enchantée.**

7 « La grâce fléchit les cœurs les plus endurcis. » BOSS., **Lett.**, 249.

8 « Et chaque jour encore on lui voit tout tenter
Pour fléchir sa captive, ou pour l'épouvanter. » RAC., **Andr.**, I, 1.

9 « Eh ! quoi, Mademoiselle, vous refusez toujours de me répondre !
rien ne peut vous fléchir ; » LACLOS, **Liais. dang.**, Lett. XXVIII.

10 « Que voulez-vous ? répéta-t-elle ; quel moyen puis-je avoir de vous
fléchir ? quelle expiation, quel sacrifice puis-je vous offrir que vous
consentiez à accepter ? » MUSS., **Nouvelles, Emmeline,** VII.

11 « ... j'essayai quand même encore un petit peu de le fléchir, je me
risquai dans une suprême tentative pour le ramener vers nous... »
CÉLINE, **Voyage au bout de la nuit,** p. 394.

II. *V. intr.* || **1°** Plier, se courber peu à peu sous un effort,
une pression. *Fléchir sous un pesant fardeau.* V. **Plier, ployer.**
La poutre commence à fléchir. V. **Arquer** (s'), **céder, craquer,
infléchir** (s'). *Barre de fer fléchie et tordue.*

12 « Lorsque, dans un édifice, la maîtresse poutre a fléchi, les craquements se suivent et se multiplient, et les solives secondaires s'abattent une à une, faute de l'appui qui les portait. »
TAINE, **Orig. France contemp.**, II, t. III, p. 84.

13 « Il se balançait sur ses jambes torses, mais il ne fléchissait pas,
d'une solidité de roc, d'une force musculaire à charrier un bœuf. »
ZOLA, **La terre,** III, VI.

14 « Toute la ramure est pesante de fruit. Elle va fléchir, craquer
peut-être. Quel effort de chaque fibre pour ne pas laisser périr l'épuis-
sant, le vivant fardeau ! » DUHAM., **Pasq.**, II, XII.

— *Le genou fléchit, on s'agenouille. Allongez la jambe droite,
pendant que la gauche fléchit. Sentir ses genoux, ses jambes
fléchir* (Cf. Abattre, cit. 28 ; faiblesse, cit. 10). V. **Vaciller.**

15 « Et fais à son aspect que tout genou fléchisse. »
RAC., **Esth.**, II, 5.

16 « Ses jambes tremblaient et elle les sentait fléchir. »
LOTI, **Pêcheur d'Islande,** III, XIII.

— *Par ext.* V. **Faiblir, flancher** (*fam.*), **lâcher** (lâcher
pied), **reculer.** *L'aile droite de l'armée commençait à fléchir
sous la poussée de l'ennemi.*

— *S'abaisser.* V. **Baisser, diminuer.** *Sa voix fléchit. Les prix
commencent à fléchir.*

17 « On avait espéré une hausse ; mais le prix de dix-huit francs fléchissait lui-même, on craignait pour la fin une baisse de vingt-cinq
centimes. » ZOLA, **La terre,** II, VI.

18 « Alors seulement les traits s'étaient adoucis, et la voix avait légèrement fléchi... » MART. du G., **Thib.**, t. VIII, p. 91.

|| **2°** *Fig.* Abandonner, se relâcher, perdre de sa sévérité,
de sa rigueur, de son intransigeance, ou de sa fermeté. V. **Céder, faiblir, plier.** *Fléchir sous le joug*.* V. **Incliner** (s'),
soumettre (se). *Tout fléchit sous lui* (Cf. Année, cit. 9). *Son
courage est indomptable, vous ne le ferez pas fléchir. J'ai fait
fléchir ses résistances, ses scrupules. C'est un obstiné, il ne
sait ce que c'est que fléchir.* V. **Inflexible.** *Sa résolution commence à fléchir.*

19 « ... faire fléchir un courage inflexible, » RAC., **Phèdre,** II, 1.

20 « ... elle (l'Église) s'est maintenue sans fléchir et ployer sous la
volonté des tyrans. » PASC., **Pens.**, IX, 613.

21 « Pour la première fois, je sentis ma fierté naturelle fléchir sous
le joug de la nécessité, et malgré les murmures de mon cœur, il
fallut m'abaisser à demander un délai. » ROUSS., **Conf.**, XII.

22 « Il y a des moments où les plus forts fléchissent sous leur peine. »
R. ROLLAND, **Vie de Beethoven,** p. VI (éd. Hachette).

23 « Il fléchissait sous la pire épreuve qui pût accabler un prêtre :
cette certitude que la masse des hommes n'ont pas besoin de lui... »
MAURIAC, **La pharisienne,** p. 198.

ANT. — **Dresser, raidir, redresser. Dominer, maintenir, résister,
tenir. Durcir, endurcir.**

DER. et **COMP.** — V. **Flexible, flexion** (du lat. *flexus*) ; **déflecteur**
(du lat. *deflectere,* fléchir). — **Infléchir.** — **Fléchisseur.** *adj. m.* (1586).
Anat. Qui sert à fléchir. *Muscles fléchisseurs par oppos. à muscles
extenseurs*.* — *Substantiv. Le fléchisseur du bras, de l'avant-bras...*
— **Fléchissement.** *n. m.* (vers 1300 ; de *fléchir*). Action de fléchir ; état
d'un corps qui fléchit. V. **Courbure, flexion.** *Le fléchissement du
genou.* V. **Génuflexion.** *Le fléchissement d'un pont, d'une poutre,
d'un mât.* Fig. *Le fléchissement d'une courbe* (cit. 14) *graphique.
Fléchissement des cours en Bourse.* V. **Baisse, diminution.** *Le fléchissement d'une résolution.* V. **Abandon, renoncement.** *Donner des signes
de fléchissement.*

1 « Pas d'illusion sur le présent, mais aucun fléchissement de l'espérance (en Schiller). » JAURÈS, **Hist. social. révol. fr.,** t. V, p. 123.

2 « ... le besoin de racheter un fléchissement moral sur un point par
un renforcement de rigidité sur un autre. »
ROMAINS, **H. de b. vol.,** t. IV, XI, p. 121.

FLEGMASIE, FLEGMASIQUE... V. PHLEGMASIE.

FLEGMATIQUE. *adj.* (*Fleumatique* fin XIIe s. ; *flegmatique*
au XVIe s. ; de *phlegmaticus.* V. **Flegme**).

|| **1°** *Anc. Méd.* Qui abonde en flegme, en lymphe. V. **Lym-
phatique.**

|| **2°** (XVIIe s.). Qui a un caractère calme et lent, qui contrôle

facilement ses émotions. V. **Calme, froid, impassible, imperturbable, placide.** *Les Britanniques ont la réputation
d'être flegmatiques.* — *Par ext. Tempérament flegmatique.*
(Cf. Bonasse, cit. 3). *Allure flegmatique ; attitude, réponse flegmatique.*

1 « Je ne lui trouve pas ce tempérament bilieux qui est celui du
génie, et jette sur toutes les actions comme un vernis de passion.
C'est au contraire à la façon d'être flegmatique et tranquille des
Hollandais qu'elle doit sa rare beauté et ses couleurs si fraîches. »
STENDHAL, **Le rouge et le noir,** II, XXV.

— *Substantiv.* Personne qui a du flegme. Type caractérolo-
gique dont les traits principaux sont la froideur, la persévérance, la pondération, la sobriété et la tempérance, la simplicité... (Cf. cit. LE SENNE).

2 « ... (Le flegmatique) ... est le plus simple des hommes... Il est calme,
semble indifférent aux événements extérieurs, aime le silence : autant
de raisons pour que les autres le jugent insensible, méprisant, lointain ; mais aussi pour qu'ils ne le connaissent guère. »
LE SENNE, **Traité de caractérologie,** p. 469.

ANT. — **Brûlant, brusque, chaleureux, chaud, émotif, emporté,
enthousiaste, excitable, excité, exubérant, fougueux, passionné.**

DER. — **Flegmatiquement.** *adv.* (XVIIIe s.). Avec flegme.

FLEGME. *n. m.* (*Flaimme* au XIIIe s. ; *fleugme* au XIVe s. ;
flegme au XVIe s. ; lat. *phlegma,* « humeur », mot gr.).

|| **1°** *Anc. Méd.* L'une des quatre humeurs. V. **Lymphe,
pituite.** *Par ext.* Mucosité qu'on expectore. V. **Pituite.** (On écrit
aussi *phlegme*).

1 « ... des dévots qui sont pâles et mélancoliques de leur complexion
..., qui n'ont que du flegme dans les veines et de la terre sur le
visage. » LE MOYNE, **Dévotion aisée** (in PASCAL, **Prov.**, IX).

— *Technol.* Liquide obtenu par la première distillation d'un
produit de fermentation alcoolique. *Le flegme contient tout
l'alcool, de l'eau, ainsi que les divers produits accessoires de
distillation, plus volatils que l'alcool.*

|| **2°** *Fig.* (XVIIe s.). Caractère calme, non émotif. V. **Calme,
froideur, impassibilité, indifférence, patience, placidité**
(Cf. Désastre, cit. 1). *Faire perdre son flegme à quelqu'un.*
V. **Dégeler, émouvoir...** *Un flegme imperturbable. Sorte de
flegme fait de raideur et d'aisance* (Cf. Bostonner, cit.). *Le
flegme britannique.*

2 « ... la Baguenodière le regarda toujours d'un même flegme, capable de faire enrager tout le genre humain. »
SCARRON, **Roman comique,** II, XVII.

3 « — Mon flegme est philosophe autant que votre bile.
— Mais ce flegme, Monsieur, qui raisonne si bien,
Ce flegme pourra-t-il ne s'échauffer de rien ? »
MOL., **Mis.**, I, 1.

4 « Elle lui savait gré de son bon ton et de son flegme. Le silence
de cet homme, le calme de sa face, la simplicité de ses idées la
contentaient alors... » FRANCE, **Jocaste,** II, Œuv., t. II, p. 66.

ANT. — **Emportement, enthousiasme, exaltation, excitation, fougue.**

DER. et **COMP.** — **Flegmatique. Déflegmer.** V. **Flemme,** et les dér.
du gr. *Phlegma,* « humeur ».

FLEGMON, FLEGMONEUX. V. PHLEGMON.

FLEIN. *n. m.* (XXe s.). Petit panier, corbeille ovale ou rectangulaire servant à l'emballage des primeurs.

FLEMME (*flè-me*). *n. f.* (fin XVIIIe s., *adj.* : « elle avait le
caractère flemme » ; Cf. BRUNOT, H.L.F., IX, p. 226 ; ital. *flem-
ma,* du lat. *phlegma.* V. **Flegme**). *Fam.* et *pop.* Grande paresse. V. **Inertie, paresse ; cosse** (*pop.* ; en dér. de *Cossard*).
Avoir la flemme. Battre sa flemme, tirer sa flemme : paresser
(Cf. Flemmarder). — Cf. le comp. plaisant *Flémingite. n. f.*
(par croisement avec *Méningite*). *Flémingite aiguë.*

« Vous souvient-il, cocodette un peu mûre,
Qui gobergez vos flemmes de bourgeoise, »
VERLAINE, **Parallèlement,** Dédic.

DER. — **Flémard** ou **flemmard, arde.** *adj.* et *n.* V. **Mou, paresseux* ;
cossard** (*pop.*). *Un incorrigible flemmard.* — **Flemmarder.** *v. intr.*
Avoir la flemme ; ne rien faire. (On a dit aussi *Flemmer*).

FLÉOLE ou **PHLÉOLE.** *n. f.* (1786 ; gr. *phleos,* « roseau »).
Plante monocotylédone (*Graminées*) herbacée, vivace (sauf la
fléole des sables, qui est annuelle). *La fléole des prés fournit
un foin abondant.* V. **Fourrage.**

FLET (*flé*). *n. m.* (XIIIe s. ; moy. néerl. *vlete,* sorte de raie).
Poisson anacanthinien (*Pleuronectidés*) ; poisson plat dont le
corps a la forme d'un losange. *Le flet commun est appelé
Picaud, flondre...*

DER. — du néerl. *vlete :* **Flétan.** *n. m.* (XVIe s. ; d'un néerl. *vleting*).
Poisson anacanthinien (*Pleuronectidés*) pouvant atteindre 1 m, 50. *Le
flétan est aussi appelé Halibut ; on extrait de son foie une huile
riche en vitamines A et D.*

1. FLÉTRIR. *v. tr.* (*Fleistrir* au XIIe s. ; de l'anc. franç.
flaistre, flestre, « flasque », du lat. *flaccidus,* « flasque », de
flaccus).

|| **1°** Rendre languissant, dépouiller de ses couleurs, de sa
fraîcheur, faner entièrement, en parlant d'une plante. V. **Dé-**

colorer, faner, sécher. *Une fleur qui n'est que fanée peut reprendre son éclat, mais une fleur flétrie ne revient plus* (TRÉV.). *Le vent, la chaleur, la sécheresse ont flétri ces fleurs* (Cf. Botanique, cit. 3).

1 « Il (le temps) flétrit les œillets, il efface les roses. »
ROTROU, **Herc. mour.**, I, 3.

2 « ... les lilas, qu'une nuit flétrit, mais qui sentent si bon ! »
FLAUB., **Corresp.**, 393, 26-27 mai 1853.

— Fig. *Flétrir les lauriers* : porter atteinte à la gloire.
V. **Entacher, ternir.**

— *Par anal.* Dépouiller de son éclat, de sa fraîcheur. V. **Altérer, décolorer, défraichir, gâter, ternir.** *L'âge, la souffrance a flétri son teint, son visage...* V. **Rider.**

3 « Et mon front, dépouillé d'un si noble avantage,
Du temps, qui l'a flétri, laisse voir tout l'outrage. »
RAC., **Mithr.**, III, 5.

4 « Il n'était point flétri par les rides de l'âge. »
M.-J. CHÉN., **Œdipe roi**, III, 4.

5 « Les chagrins avaient prématurément flétri le visage de la vieille dame, sans doute belle autrefois; »
BALZ., **La bourse**, Œuv., t. I, p. 339.

— Fig. *Flétrir le cœur, l'âme.* V. **Désespérer, désoler; défleurir, dessécher.**

6 « La douleur ... avait flétri son cœur... » FÉN., **Télém.**, XVI.

7 « ... tant d'horreurs accumulées, et dont le souvenir ne pourrait qu'attrister et flétrir mon âme. »
LACLOS, **Liais. dang.**, Lett. CLXXIV.

8 « Quand le chagrin, l'exil et les années
Auront flétri ce cœur désespéré; »
MUSS., **Poés. nouv.**, Rappelle-toi.

9 « Un flot de honteuse tristesse m'a flétri le cœur. »
BARRÈS, **Jard. s. l'Oronte**, p. 153.

10 « ... le désir fleurit, la possession flétrit toutes choses; »
PROUST, **Plais. et jours**, Regrets, rêv. couleur du temps, VI.

|| 2° *Fig.* V. **Avilir, corrompre** (cit. 16), **enlaidir, gâter, salir, souiller.** *C'est une âme noire, elle flétrit tout ce qu'elle touche.*

11 « Le sentiment de répulsion que vous avez éprouvé à la lecture des premières pages ... est trop honorable pour vous et trop délicat pour qu'un esprit, fût-ce celui de l'auteur, pût s'en offenser. Il prouve que vous n'appartenez pas à un monde de fausseté et de perfidie, que vous ne connaissez pas une société qui flétrit tout... »
BALZ., **Lett. à M**^me** Carraud** (à propos de la Physiol. du mar.; cit. par HENRIOT, **Portr. de femmes**, p. 337).

12 « ... l'impression qui résulte de ces peintures de voluptés n'est point agréable; il (saint Augustin) les flétrit, il les enlaidit et les salit le plus qu'il peut en son style bizarre... »
STE-BEUVE, **Chateaub.**, t. II, p. 14.

13 « Cette vie-là m'ennuie, me pèse, me flétrit mon peu de poésie; au moment de m'y enfoncer, je recule et je voudrais m'y soustraire. C'est pour cela que je m'adresse à vous. »
ID., **Corresp.**, t. I, p. 174.

|| SE **FLÉTRIR.** *v. pron. Fleur qui se flétrit.* Bot. *Organe qui se flétrit, peut se flétrir.* V. **Marcescent, marcescible.** — Fig. *Sa beauté commence à se flétrir.*

14 « ... son teint se flétrit comme une fleur que la main d'une nymphe a cueillie... » FÉN., **Télém.**, XV.

15 « (Rousseau) ... gardant jusqu'au bout la sensibilité délicate et profonde, l'humanité, l'attendrissement, le don des larmes, la faculté d'aimer, la passion ... comme autant de racines vivaces où fermente toujours la sève généreuse pendant que la tige et les rameaux avortent, se déforment ou se flétrissent sous l'inclémence de l'air. »
TAINE, **Orig. France contemp.**, II, t. II, p. 30.

— REM. On trouve parfois *Flétrir* employé intransitivement pour *se flétrir* (Cf. Attendre, cit. 48 GIDE). Ce tour était encore courant au XVIᵉ s. (Cf. HUGUET).

16 « Fille, viens la Rose cueillir,
Tandis que sa fleur est nouvelle :
Souviens-toi qu'il te faut vieillir
Et que tu flétriras comme elle. » BAÏF, **Livre des Poèmes.**

|| FLÉTRISSANT, ANTE. *adj.* Qui flétrit, fane... — *Fig.* :

17 « Quand l'âge aura sur nous mis sa main flétrissante,
Que pourra la beauté, quoique toute-puissante ? »
A. CHÉN., **Élég.**, 22.

|| FLÉTRI, IE. *p. p. adj. Fleurs flétries.* V. **Fané.** *Fruit flétri.* — *Peau flétrie* (Cf. Architecture, cit. 7), *visage flétri.* V. **Ratatiné, ridé.** *Teint flétri. Couleurs flétries.* V. **Défraichi, pâle, passé, terne.** — *Les charmes flétris d'une antique beauté. Quelque chose de vieillot et de flétri dans le visage.* — *Cœur flétri et blasé.*

18 « ... vos beautés, bien qu'elles soient fleuries,
En peu de temps seront toutes flétries,
Et, comme fleurs, périront tout soudain. »
RONSARD, **Pièces retranch.**, Contin. des amours (1555), Sonnets.

19 « ... mon cœur est flétri, mon esprit lassé, ma tête épuisée. »
VOLT., **Lett. d'Argental**, 29 août 1755.

20 « ... je croyais mon cœur flétri; et ne me trouvant plus que des sens, je me plaignais d'une vieillesse prématurée. »
LACLOS, **Liais. dang.**, Lett. VI.

21 « Ninon, Ninon, que fais-tu de la vie ?
L'heure s'enfuit, le jour succède au jour.
Rose ce soir, demain flétrie,
Comment vis-tu, toi qui n'a pas d'amour ? »
MUSS., **Prem. poésies**, A quoi rêvent les j. filles, I, I.

« Il était jeune encore, mais avec ce je ne sais quoi de flétri et 22
d'amer que l'on remarque chez ceux dont les soucis ont dévoré les premières années de la vie. » GREEN, **Léviathan**, I, I.

ANT. — **Éclore, épanouir (s'), fleurir. Éclatant, frais, pur, vivace.**

DER. — Flétrissure 1. — **Flétrissement.** *n. m.* Nom donné à certaines maladies des plantes. *Flétrissement bactérien de la pomme de terre, flétrissement des cucurbitacées.*

2. FLÉTRIR. *v. tr.* (XVIᵉ s.; *flatir* au XIIᵉ s.; « marquer au fer rouge... »; rac. *flat.* V. **Flatter**).

|| 1° Marquer (un criminel) d'un fer rouge. *En France on flétrissait les criminels sur l'épaule, avec un fer en forme de fleur de lys, puis de lettres.* V.: voleur; G.AL.: galères.

— *Par ext.* Frapper d'une condamnation ignominieuse, infamante. V. **Condamner, punir.** *Crime que la loi flétrit.*

« Aussi Rome a-t-elle flétri par décret exprès cet écrit du père 1
Falconi. » BOSS., **Ét. d'orais.**, I, 19.

« Il serait contre la raison que la loi flétrit dans les enfants ce 2
qu'elle a approuvé dans le père. »
MONTESQ., **Espr. des lois**, XXIII, V.

« ... il n'y aurait de flétri que le juge qui l'a condamnée (la famille 3
Sirven); car ce n'est pas le pouvoir qui flétrit, c'est le public. »
VOLT., **Pol. et législ.**, Lett. de l'auteur à M. Élie de Beaumont.

|| 2° *Fig.* Vouer à l'opprobre*. V. **Blâmer, condamner, stigmatiser, vitupérer.** *Flétrir injustement.* V. **Diffamer.** *Flétrir le nom, la mémoire, la réputation de quelqu'un. Flétrir l'injustice, la tyrannie, les abus... Flétrir sous le nom de..., du nom de...* (Cf. Ajournement, cit.). *Sa conduite le flétrit aux yeux de tous; il s'est flétri par sa conduite.* V. **Déshonorer** (se).

« Que son nom soit taché, sa mémoire flétrie. » 4
CORN., **Cid**, IV, 5.

« ... les critiques malins qui ont tâché de flétrir la plus pure 5
vertu... » FÉN., **Télém.**, XIV.

« Monseigneur, vous lisez bien légèrement, vous citez bien négli- 6
gemment les écrits que vous flétrissez si durement; je trouve qu'un homme en place qui censure, devrait mettre un peu plus d'examen dans ses jugements. » ROUSS., **Lett. à Mgr de Beaumont.**

« L'or aux mains flétrit plus que le fer sur l'épaule. » 7
HUGO, **Années funestes**, XXXIV.

« Tel homme, à quel crime effroyable rêvant, 8
Et qu'on flétrira mort, vous l'adorez vivant; »
ID., **Lég. des siècles**, XLIX, Colère du bronze.

« ... ce que les familles et la masse bourgeoise flétrissent générale- 9
ment de l'épithète d'original. »
BAUDEL., **Par. art.**, Poèm. du haschisch, IV.

« Il me maudit de belle sorte 10
Et pour flétrir d'un blâme insigne
Mes livres et leur plan indigne,
Non, il n'y va pas de main morte. »
VERLAINE, **Parallèlement**, Invectives, XXII.

|| FLÉTRISSANT, ANTE. *adj.* Qui flétrit. V. **Déshonorant, ignominieux, infamant.** *Condamnation flétrissante. Épithètes flétrissantes.* V. **Injurieux** (Cf. Éloquence, cit. 10).

« Je ne demande pas mieux que la paix, mais je la veux non flé- 11
trissante. »
FRÉDÉRIC de PRUSSE, **Lett. à Voltaire**, 22 sept. 1759 (in VOLTAIRE, **Corresp.**, 209).

ANT. — **Apologie (faire l'), exalter, féliciter, honorer, réhabiliter.**

DER. — **Flétrissure 2.**

1. FLÉTRISSURE. *n. f.* (XVᵉ s.; de *flétrir* 1). Altération* de la fraîcheur, de l'éclat (des plantes, du teint, de la beauté...). V. **Défloraison.** *Flétrissure du teint, de la peau...* (Cf. Fatigue, cit. 9). — Fig. *Flétrissure d'un cœur qui fut ardent, enthousiaste.* V. **Dessèchement.**

« Rien de flétri. Pas même de cette flétrissure qui marque les plus 1
grands saints et qui est d'avoir vécu et d'avoir été homme et d'avoir éprouvé l'ingratitude des hommes et d'avoir, qui sait, connu sa propre ingratitude (quelques-uns exceptés). Rien de cette flétrissure qui est la marque même du temps et qui ride les plus grandes vies... »
PÉGUY, **Note conj. s. Descartes**, p. 197.

« Ce matin levé avant sept heures, je sors un instant, et j'entends 2
un chant de merle, étrange, si précocement printanier, si pathétique et si pur, qu'il me fait sentir plus amèrement la flétrissure de mon cœur. » GIDE, **Journ.**, 25 janv., 1916.

ANT. — **Éclosion, épanouissement, floraison. Éclat, fraicheur, pureté.**

2. FLÉTRISSURE. *n. f.* (1611; de *flétrir* 2). Marque au fer rouge. V. **Stigmate.** *La flétrissure des criminels a été abolie en France par la loi du 28 avril 1832.* — Fig. Grave atteinte à la réputation, à l'honneur. V. **Avilissement, déshonneur, honte, infamie, marque** (infamante), **opprobre, souillure, tache, tare.** *Imprimer une ineffaçable flétrissure.*

« Les soupçons d'infidélité dans le lien sacré de mariage ne sont plus un décri formel et une flétrissure essentielle. »
MASS., **Car., Médis.** (in LITTRÉ, Décri).

ANT. — **Considération, estime, honneur; gloire, réhabilitation.**

FLETTE. *n. f.* (1311; anc. angl. *flete*, « bateau ». Cf. angl. *fleet*, « flotte »). *Vx.* V. **Chaloupe.** — Embarcation à fond plat accompagnant un chaland.

FLEUR. *n. f.* (*Flor, flour* au XIIᵉ s.; lat. *flos, florem* avec changement de genre).

I. || **1°** *Bot.* Partie des plantes phanérogames*, qui porte les organes reproducteurs, souvent odorante et ornée de vives couleurs. V. *rac.* et *suff.* gr. **Antho-, anthe,** lat. **Flor-, flore.** *La fleur provient d'une différenciation de la feuille; elle naît d'un bourgeon* (V. **Bourgeon, bouton**), *se transforme en fruit* puis en graines*. Parties de la fleur:* attache ou tige (V. **Pédicelle, pédoncule; hampe**); assise des verticilles* (V. **Réceptacle**); périanthe* dont les folioles* protègent les organes reproducteurs [V. **Calice*** (sépale, calicule)], **corolle*** (pétale; lèvre, lobe...); organes mâles ou androcée* [V. **Étamine*** (filet, anthère, pollen)]; organes femelles ou gynécée* [V. **Pistil*** (carpelle, style, stigmate, ovaire ou fruit, ovule ou graine)]. *Fleur incomplète,* dépourvue de certains organes. *Enveloppe de certaines fleurs.* V. **Glume, glumelle.** *Nectaire*, éperon*, disque* ... d'une fleur. Nom donné aux fleurs suivant le nombre et la forme de leurs pétales* (V. comp. de **Pétale** : *mono-pétale* ...). *de leurs sépales* (V. comp. de **Sépale**), *le nombre de leurs étamines* (V. comp. en **-Andre** : *monandre* ...), *de leurs pistils* (V. comp. en **-Gyne**). *Fleur prolifère*. Fleur hermaphrodite ou bissexuée,* accomplissant à elle seule la reproduction (Cf. Protogyne). *Fleurs unisexuées, mâles ou femelles,* sur un même individu (V. **Monoïque, polygame**), sur deux individus différents (V. **Dioïque**). *Fleurs des plantes trigames* (V. **Trigamie**). *Pollinisation*, fécondation* d'une fleur* (Cf. Fécondant, cit. 2). *Aspect des fleurs. Fleur non composée; fleur composée, flosculeuse* (V. **Fleuron**). *Fleur régulière ou actinomorphe, irrégulière ou zygomorphe. Fleur double,* dont une partie des étamines est transformée en pétales. *Fleur solitaire. Fleurs alternes, opposées, accolées, radiées. Groupe de fleurs.* V. **Inflorescence** (capitule, chaton, corymbe, cyme, épi, épillet, grappe, ombelle, panicule, trochet). — *Fleur diurne, nocturne, tropique. Nom donné aux plantes d'après le nombre, la forme ... de leurs fleurs* (Cf. Biflore, gémelliflore, labiatiflore, liguliflore, multiflore, noctiflore, passiflore, pauciflore, spiciflore, triflore, uniflore). — *Fleur en bouton* (cit. 3 et 4) *qui s'ouvre, s'épanouit* (cit. 12), *déploie ses pétales* (V. **Éclosion;** Cf. Éclore, cit. 6). *Fleur trop ouverte; fleur qui passe, se fane*, se flétrit, s'effeuille, laisse choir ses pétales.* V. **Défleuraison** ou **défloraison, marcescence.** *Fleur étiolée. Fleur qui meurt à peine éclose* (Cf. Aurore, cit. 21). *Fleur qui coule.* V. **Coulure.** — *Couleurs vives, éclat, fraîcheur, fragilité des fleurs. Velouté d'une fleur. Parfum, suc des fleurs* (Cf. Bouffée, cit. 3; effleurer, cit. 3; embellir, cit. 6; extraire, cit. 9). *Abeille** (cit. 12) *qui butine, papillon qui vole de fleur en fleur.* — *Arbre*, plante qui se couvrent de fleurs* (V. **Fleurir; floraison**). *Arbres, arbustes en fleur, en fleurs* (Cf. Agneau, cit. 2; avril, cit. 2; cytise, cit. 1; effluve, cit. 8). *Prairie émaillée de fleurs* (Cf. Baiser, cit. 27; émail, cit. 6; émailler, cit. 1). *Les fleurs, parure, trésor du printemps* (Cf. Beau, cit. 29). *La rose, reine des fleurs. Fleur d'oranger*. Couper, cueillir une fleur. Effeuiller une fleur. Bouquet* (cit. 5), *brassée* (cit. 2), *couronne, gerbe, guirlande de fleurs* (Cf. Edelweiss, cit.). *Mettre, arranger* (cit. 12) *des fleurs dans un vase. Piquer une fleur dans sa chevelure. Porter une fleur à sa boutonnière.* — *Envoyer, offrir des fleurs. Déposer des fleurs sur une tombe. Ni fleurs ni couronnes. Lancer des fleurs pour accueillir, féliciter quelqu'un. Tapis, jonchée de fleurs. Marché aux fleurs. Commerce des fleurs.* V. **Bouquetier, fleuriste.** *Collection de fleurs.* V. **Anthologie** (vx.). *Fleurs utilisées en parfumerie.* V. **Plante** (plantes à parfum). *Album de fleurs desséchées.* — Loc. *Être belle, fraîche comme une fleur.* — *Il ne faut pas battre une femme, même avec une fleur.*

— *Par ext.* Plante considérée dans sa fleur. *Le coquelicot, fleur des champs. Fleur cultivée, ornementale* (V. **Floriculture**), *fleur de jardin, de serre. Cultiver, arroser des fleurs. Parterre, bordure, corbeille, massif de fleurs. Fleurs en pot, en caisse.* V. **Jardinière.** *Pot* de fleurs.* — Mythol. *Narcisse changé* (cit. 35) *en fleur.*

— **Principales fleurs d'ornement** : achillée, aconit, adonide, ageratum, amarante, amaryllis, ancolie, anémone, angélique, aristoloche, arum, aspérule, asphodèle, aster, aubépine, azalée, balsamine, bégonia, belle-de-jour, de-nuit, d'onze-heures (ornithogale); bétoine, bleuet, boule-de-neige, bouton d'argent, bouton d'or, bruyère, calcéolaire, camomille, camélia, campanule, canna, capucine, catalpa, cattleya, centaurée, centranthe, chardon, chèvrefeuille, chrysanthème, cinéraire, clématite, colchique, coquelicot, corbeille d'or, d'argent; coréopsis, crête-de-coq, crocus, cyclamen, cytise, dahlia, datura, digitale, edelweiss, églantine, éphémère, filipendule, fraxinelle, freesia, fritillaire, fuchsia, gaillarde, gardénia, genêt, gentiane, géranium, giroflée, glaïeul, glycine, gueule-de-loup, gypsophile, hamelia, hélianthe (soleil), hélianthème, héliotrope, hémérocalle, hormin, hortensia, immortelle, iris, ixia, jacinthe, jasmin, jonquille, joubarbe, julienne, jussiée, laurier, lavande, lilas, linaire, lis, liseron, lobélie, magnolia, marguerite, mathiole, mauve, mignardise, millepertuis, mimosa, morelle, muguet, myosotis, narcisse, nénuphar, nielle, œillet, orchidée, pâquerette, passiflore (*fleur de la passion*), pélargonium, pensée, perce-neige, pervenche, pétunia, phlox, pied-d'alouette, pissenlit, pivoine, pois de senteur, primevère, reine-des-prés (ulmaire), reine-marguerite, renoncule, réséda, rhododendron, rose, rose trémière, saponaire, sauge, saxifrage, scabieuse (*fleur de veuve*), seringa, silène, soleil, souci, spirée, tubéreuse, tulipe, valériane, véronique, verveine, violette, volubilis, yucca, zinnia ... V. aussi **Arbre*, herbe*, plante*** (plantes médicinales et plantes à parfum).

« Ô nature, nous nous plaignons
Que des fleurs la grâce est si brève. »   BAÏF, **Liv. des poèm.**   1

« C'était pour m'enseigner qu'il faut dès la jeunesse,
Comme d'un usufruit, prendre son passe-temps,
Que pas à pas nous suit l'importune vieillesse,
Et qu'Amour et les fleurs ne durent qu'un Printemps. »
RONSARD, **Sonnets pour Hélène,** Prem. liv., XLIV.
(Cf. aussi Durer, cit. 6).   2

« Et les fruits passeront la promesse des fleurs. »
MALHERBE (Cf. Faucille, cit. 2).   3

« Le cercueil au milieu des fleurs veut se coucher;
Les fleurs aiment la mort, et Dieu les fait toucher
Par leur racine aux os, par leur parfum aux âmes ! »
HUGO, **Contempl.,** A celle qui est restée en France, VII.   4

« La grotte disparaissait sous l'assaut des feuillages. En bas, des rangées de roses trémières semblaient barrer l'entrée d'une grille de fleurs rouges, jaunes, mauves, blanches, dont les bâtons se noyaient dans les orties colossales... Puis, c'était un élan prodigieux, grimpant en quelques bonds : les jasmins, étoilés de leurs fleurs suaves; les glycines aux feuilles de dentelle tendre; les lierres épais, découpés comme de la tôle vernie; les chèvrefeuilles souples, criblés de leurs brins de corail pâle; les clématites amoureuses, allongeant les bras, pomponnées d'aigrettes blanches... Des volubilis élargissaient le cœur découpé de leurs feuilles... » ZOLA, **Faute de l'abbé Mouret,** II, VII.   5

« Voici des fruits, des fleurs, des feuilles et des branches, »
VERLAINE (Cf. Cœur, cit. 74).   6

— *Fleur de la passion.* V. **Passiflore** et *aussi* **Grenadille.**

— Spécialt. *Fleurs pectorales.* V. **Plante** (plantes médicinales). *Tisane des quatre fleurs:* de mauve, pied-de-chat, pas-d'âne et coquelicot, aux propriétés adoucissantes. — *Passer fleur,* se dit de la vigne dont la floraison passe sans qu'aucune intempérie n'empêche la formation des fruits (Cf. Couler, cit. 20). — *Langage des fleurs,* ce que les fleurs expriment symboliquement des sentiments amoureux, selon leur couleur, leur parfum (V. **Sélam**). — *En appos.,* pour exprimer une couleur, *Tissu fleur de pêcher.*

— *Représentation de fleurs. Fleurs artificielles ornementales,* exécutées en tissu, en papier, en perles, en porcelaine... (par oppos. aux *fleurs naturelles*). *Chapeau à fleurs. Coiffure de fleurs* (Cf. Cache-peigne). *Couronne de fleurs d'oranger*.* — *Fleur sculptée, ciselée.* V. **Fleuron.** *Fleur de chapiteau corinthien.* — *Fleur peinte, imprimée, brodée ... Papier, tissu à fleurs* (Cf. Cretonne, cit.). *Tapis à fleurs* (V. **Fleurage**). *Fleurs de dentelle*. Assiettes à fleurs* (Cf. Faïence, cit. 1). — Spécialt. *Fleur de lis* (autrefois *fleur de lys*), emblème de la royauté, représentant schématiquement cette fleur. *Tenture semée de fleurs de lis.* V. **Fleurdelisé** (*infra*). *Fleur de lis en pendentif. La fleur de lis, figure de blason*.*

« Beaucoup portaient la fleur de lys d'argent suspendue au ruban blanc moiré qui, en 1817, n'avait pas encore tout à fait disparu des boutonnières. »   HUGO, **Misér.,** I, III, V.   7

« ... tentures bleu de paon semées de fleurs de lis blanches... »
GREEN, **Léviathan,** II, IX.   8

|| **2°** *Par métaph. Couvrir quelqu'un de fleurs, jeter des fleurs à quelqu'un.* V. **Encenser, louer.** *Semer des fleurs sur la tombe de quelqu'un:* faire son éloge après sa mort. *Les fleurs du chemin, de la vie,* ce qui est aisé, agréable. V. **Agrément, facilité, plaisir.** *Une vie semée de fleurs:* une douce, facile, heureuse. *Semer de fleurs le bord des précipices* (RAC.): dissimuler un danger, un piège sous des apparences séduisantes. On dit dans le même sens: *Un serpent est caché sous les fleurs.* V. **Perfidie** (Cf. Aspic, cit. 1). — *Les fleurs du mal,* poèmes de Baudelaire.

« Je leur semai de fleurs le bord des précipices. »
RAC., **Athal.,** III, 3.   9

« Aucun chemin de fleurs ne conduit à la gloire.
Je n'en veux pour témoin qu'Hercule et ses travaux. »
LA FONT., **Fab.,** X, 13.   10

« Je suis chose légère, et vole à tout sujet;
Je vais de fleur en fleur, et d'objet en objet;
A beaucoup de plaisirs je mêle un peu de gloire. »
ID., **Disc. à Mᵐᵉ de La Sablière.**   11

« J'avais une activité sans but, je voulais les fleurs de la vie, sans le travail qui les fait éclore. »
BALZ., **Médec. de camp.,** Œuv., t. VIII, p. 476.   12

« Talleyrand était d'ailleurs chargé de glisser, sous les fleurs dont il couvrirait le triomphateur, de ces pointes où excellait ce pince-sans-rire supérieur. »
MADELIN, **Hist. Cons. et Emp.,** Ascens. Bonaparte, XV, p. 213.   13

— *La petite fleur bleue,* se dit d'une sentimentalité un peu mièvre et romanesque (dans le langage des fleurs, le bleu pâle exprime une tendresse inavouée, discrète et idéale). *Aimer la petite fleur bleue.* Adjectivt. *Il est très fleur bleue.* V. **Sentimental.**

« Les jeunes ne savent plus s'amuser gentiment. Lorsque j'en fais la remarque à ma fille, elle me répond qu'elle a soupé de la petite fleur bleue, qu'on ne la mange plus qu'en salade, et patati et patata. »
BERNANOS, **Grds cimet. s. la lune,** p. 242.   14

« Il vous faisait à volonté une missive qui, transmise à un graphologue, trahissait un homme d'affaires, riche, volontaire, mais au fond un cœur d'or, généreux avec les dames, ou un timide employé de banque, sentimental, prêt à tout croire, épris de petite fleur bleue. »
ARAGON, **Beaux quartiers,** p. 394.   15

— Fam. *Comme une fleur,* très facilement. *Il est arrivé premier comme une fleur.*

— *Poétiqt.* Se dit d'une femme* jeune, gracieuse, jolie (Cf. par métaph. Capiteux, cit. 4; ciel, cit. 25; espérer, cit. 11; femme, cit. 35; fille, cit. 15).

16 « De cette fleur si tendre et sitôt moissonnée »
　　　　　　　　　　　　　　　RAC., **Athal.**, IV, 3.

17 « Quoi ! mortes ! quoi déjà, sous la pierre couchées !
Quoi ! tant d'êtres charmants sans regard et sans voix !
Tant de flambeaux éteints ! tant de fleurs arrachées... »
　　　　　　　　　　　　　　　HUGO, **Orient.**, XXXIII.

— Pop. et par plaisant. *Fleur de macadam, de pavé.* V. **Prostituée.**

‖ 3° *Fig.* V. **Beauté** (cit. 24), **charme, éclat, fraicheur** ... *La fleur du teint, du visage.*

18 « Un temps viendra qui fera dessécher
Jaunir, flétrir votre épanie (épanouie) fleur. »
　　　　　　　　VILLON, **Le testament**, Ballade à s'amie.

19 « Sur sa lèvre de rose et d'amour parfumée,
Cueillir la douce fleur d'une haleine embaumée. »
　　　　　　　　A. CHÉNIER, **Poèm.**, Notes et vers épars.

20 « N'es-tu pas riche et beau ? du moins quand la douleur
N'avait point de ta joue éteint la jeune fleur ? »
　　　　　　　　　　　　　　　ID., **Bucoliques**, VI.

— Par anal. *Fleur de l'innocence. Fleur de la nouveauté. Première fleur* (Cf. Faute, cit. 48).

21 « ... j'ai assez estimé cette distinction pour désirer de l'avoir dans toute sa fleur et dans toute son intégrité... »
　　　　　　　　　　　　LA BRUY., **Disc. Acad. franç.**

22 « Je ne dirai point ces choses, car l'émotion perdrait sa fleur de spontanéité sincère, à être analysée pour l'écrire. »
　　　　　　　　GIDE, **Journ.**, janv. 1890, p. 14.

23 « ... une contemporaine d'un Tilly et d'un Lauzun, et qui a pu lire, à vingt ans, *Werther* dans la fleur de sa nouveauté. »
　　　　　　　　HENRIOT, **Portr. de fem.**, p. 239.

— Moment où une personne est dans tout l'épanouissement de sa beauté, de son éclat, de sa force. *Femme dans sa fleur. Être dans la fleur de sa jeunesse* (Cf. Briller, cit. 9; envi, (à l'), cit. 5). *Mourir à la fleur de l'âge* (cit. 5).

24 « J'ai perdu, dans la fleur de leur jeune saison,
Six frères, quel espoir d'une illustre maison ! » RAC., **Phèd.**, II, 1.

25 « Elle périt à la fleur de la jeunesse et de la beauté en 1790, elle pouvait avoir vingt-huit ou trente ans. »
　　　　　　　STENDHAL, **Vie de Henry Brulard**, III.

26 « ... Edmond Burat de Gurgy, enlevé à la fleur de son âge et de son talent par une maladie de poitrine; »
　　　　　　　GAUTIER, **Souv. de théâtre**, p. 129.

27 « Et dans l'ardeur de la femme en fruit il lui faut aussi la jeunesse, la fleur ou l'enfance même. »
　　　　　　　SUARÈS, **Trois hommes**, Dostoïevski, IV.

— EN FLEUR : dans la fraîcheur de l'adolescence, de la croissance (Cf. Accort, cit. 4; étamine, cit. 2). — *A l'ombre des jeunes filles en fleurs*, roman de Marcel Proust. — *Espérances en fleurs.* V. **Commencement, début** (Cf. Écouler, cit. 13).

— *Fam.* V. **Virginité.** *Perdre sa fleur. Ravir une fleur* (Cf. Déflorer).

28 « ... cette fleur, qui avait été réservée pour le beau prince Massa-Carrara, me fut ravie par le capitaine corsaire; »
　　　　　　　　　　　　　　　VOLT., **Candide**, XI.

— Ce qu'il y a de meilleur, de plus beau, de plus distingué. V. **Choix, crème, élite, gratin** (Cf. Le dessus* du panier, cit. 16). *La fleur de la chevalerie, d'une civilisation, des arts* (Cf. Couronnement, cit. 6). *La fine fleur.* V. **Fin, adj.** — *Ne prendre que la fleur d'un sujet* (Cf. Épuiser, cit. 11). — *Fam. La fleur des pois:* un homme à la mode, élégant, recherché.

29 « Dieu garde la cour des dames où abonde
Toute la fleur et l'élite du monde. » MAROT, **Épit.**, LIX.

30 « Ce voisin, en automne,
Des plus beaux dons que nous offre Pomone
Avait la fleur, les autres le rebut. » LA FONT., **Fab.**, IX, 5.

31 « Ce M. de Chédeville, un ancien beau, la fleur du règne de Louis-Philippe, gardait au fond du cœur des tendresses orléanistes. »
　　　　　　　　　　　　　　　ZOLA, **La terre**, II, V.

32 « — Ah ! Dieu, dit Charles (Charlemagne), ... Conseillez-moi selon le droit et l'honneur. C'est la fleur de douce France qu'ils m'ont ravie ! » BÉDIER, **Trad. Chans. de Rol.**, 178, p. 185.

33 « (Paris) qui appelle continuellement à soi la fleur et la lie de la race, s'est fait la métropole de diverses libertés et la capitale de la sociabilité humaine. » VALÉRY, **Reg. s. le monde act.**, p. 142.

— *Spécialt.* De la plus grande finesse, de la première qualité. *Fleur de farine*, farine très blanche et très fine. *Fleur de chaux, de plâtre, de soufre* ...

34 « Dieu lui-même la compose (le pain)
De la fleur de son froment. » RAC., **Poés. div.**, Cantique, IV.

— *Rhétor.* Ornement poétique. *Les fleurs du discours, du langage* (Cf. Classer, cit. 4). *Fleurs de rhétorique*, expressions poétiques conventionnelles (Cf. Éviter, cit. 30). *Les fleurs de l'éloquence.*

35 « (Ils ont) semé dans la chaire toutes les fleurs de l'éloquence... »
　　　　　　　　　　　　LA BRUY., **Disc. Acad. franç.**

36 « C'était bon à la rhétorique ... de nous piper à ses fleurs et à ses règles. » PAULHAN, **Fleurs de Tarbes**, p. 121.

II. *Par anal. Fleurs de vin, de vinaigre:* développement de mycodermes à la surface du vin, du vinaigre.

III. *Par ext.* (XIV° s.). La superficie d'une chose (inusit. au sens général).

‖ À FLEUR DE... *loc. prépos.* Presque au niveau de ... sur le même plan (V. **Affleurer, effleurer**). *Abattre des arbres* (cit. 18) *à fleur de terre. Les rochers, les icebergs à fleur d'eau sont dangereux pour les navires. Yeux à fleur de tête*, saillants, peu enfoncés dans leur orbite. *Frisson à fleur de peau.* V. **Superficiel.** — *Fig. Sensibilité à fleur de peau*, sensibilité très grande, qui réagit à la plus petite excitation. Dans le même sens, *Nerfs à fleur de peau.*

37 « ... au delà, la pleine mer, où paraissent à fleur d'eau quelques îlots inhabités... » BERNARD. de ST-P., **Paul et Virginie**, p. 13.

38 « Des pensées presque philosophiques lui venaient à fleur d'âme sur la facilité qu'on éprouve à gouverner les hommes. »
　　　　　　　　FRANCE, **Orme du mail**, XI, Œuv., t. XI, p. 110.

39 « ... puisque je ramène à fleur de mémoire ces souvenirs... »
　　　　　　　　　　　　GIDE, **Ainsi soit-il**, p. 124.

40 « Les poissons apparaissent sur l'eau et jettent un éclat bref, comme les souvenirs remontent à fleur de mémoire. »
　　　　　　　　　　　　RENARD, **Journ.**, p. 305.

41 « ... un pantin de laine avec de gros yeux à fleur de tête et un ventre proéminent soigneusement cousu. »
　　　　　　　　　　　　MAC ORLAN, **Quai des brumes**, IX.

— *Spécialt. Technol.* Dessus, côté du poil d'une peau tannée. *La fleur d'une peau* (par oppos. à la *croûte*).

COMP. — Affleurer*, effleurer*, enfleurer, chou-fleur (V. aussi comp. de Flor, flore).

DER. — Fleuraison*, fleuret, fleurette*, fleuriste, fleuron*. — V. Fleurir*, floraison*, floral, floréal, florée, floricole, floriculture, florifère, florilège, florule (Cf. aussi Fleurer, flore, florin, flosculeux). — Fleurage. n. m. (XVI° s.). Ensemble de fleurs décoratives, sur un tapis, une tenture ... — Son de gruau*. — Fleurdeliser. v. tr. (1542). Orner de fleurs de lis. *Drapeau fleurdelisé.* Blas. *Croix fleurdelisée.* Autrefois, Marquer (un criminel) d'une fleur de lis.

« Des fleurs de lis brodées ornaient les retroussis des deux pans de derrière. Les boutons dorés étaient également fleurdelisés. »
　　　　　　　　BALZ., **La bourse**, Œuv., t. I, p. 342.

FLEURAISON. V. FLORAISON.

FLEURÉE. V. FLORÉE.

FLEURER. *v. intr.* (XIV° s.; aussi « flairer » jusqu'au XVII° s.; altér. de *flairer*, d'après *fleur*). Littéralt. Répandre une odeur. V. **Exhaler, sentir** (*intr.*). *Fleurer bon.* V. **Embaumer.** *Brise qui fleure l'herbe coupée* (Cf. Essence, cit. 21).

1 « ... au vent crispé du matin
Qui va fleurant la menthe et le thym... »
　　　　　　　VERLAINE, **Jadis et naguère**, Art poét.

2 « Ajoutez à cela une nourriture alliacée et la chaleur solaire, qui développe les parfums naturels de la femme, dans ce pays de *Mireille* où elle fleure la lavande et le thym de la montagnette. »
　　　　　　　L. DAUDET, **La femme et l'amour**, I.

3 « Échauffée, l'étrangère fleurait le bois mordu par la flamme, le bouleau, la violette, tout un bouquet de douces odeurs sombres et tenaces, qui demeuraient longtemps attachées aux paumes. »
　　　　　　　COLETTE, **La chatte**, p. 103.

— *Cela fleure comme baume:* cela sent bon. Fig. *Fleurer comme baume*, paraître excellent. *Fleurer quelque chose.* V. **Sentir** (*fig.*).

4 « J'ai même cru démêler d'obscures intentions qui ne m'ont pas paru fleurer la plus fine bergamote. » BLOY, **Femme pauvre**, IX.

5 « ... aimait tout ce qui fleurait l'intrigue le théâtre. »
　　　　　　　　　　　　DUHAM., **Pasq.**, II, X.

DER. — Fleurant, ante. adj. Vx. V. Odorant, parfumé.

« (Ces lèvres...) D'où sort une haleine fleurante
Mieux qu'Arabie l'odorante. »
　　　　　　　Du BELLAY, **L'Antérotique** (in HUGUET).

FLEURET. *n. m.* (*Floret* en 1563 au sens 1; ital. *fioretto*, petite fleur).

‖ 1° Premier choix de la laine, du coton, du fil. — Fil fait de bourre de soie. Ruban, tissu fait de ce fil.

‖ 2° (1580, à cause du *bouton* comparé à un bouton de fleur). Épée à lame de section carrée (V. **Carre**), au bout garni de peau (V. **Bouton, mouche**), pour s'exercer à l'escrime. V. **Escrime***; épée, fer. *Fleuret moucheté*, démoucheté. Avoir le fleuret au poing. Il sait manier le fleuret.

« ... jamais je n'eus le poignet assez souple, ou le bras assez ferme, pour retenir mon fleuret quand il plaisait au maître de le faire sauter. » ROUSS., **Conf.**, V (Cf. Assaut, cit. 18).

‖ 3° *Technol.* Tige d'acier montée sur les engins mécaniques (marteau piqueur ou marteau perforateur), et servant à creuser des trous de mine.

FLEURETER. *v. intr.* (XIII° s. *floreter*, de *florette*, fleurette).

‖ 1° (*Vx.* inusité à partir du XVII° s.). Voltiger de fleur en fleur. *Fig.* Dire des balivernes (Cf. HUGUET, Dict. XVI° s.).

‖ 2° Vieilli (fin XIX° s. in NOUV. LAROUSSE). Conter fleurette, courtiser (Cf. FLIRTER, avec lequel il a été confondu).

FLEURETTE. *n. f.* (*Florette*, XIIᵉ s.; de *fleur*). *Poét.* Petite fleur. — *Fig.* (XVIIᵉ s.). Propos galant, tendre, amoureux. *Débiter des fleurettes* (CORN. Ment. I, 1). V. **Galanterie.** *Conter fleurette à une femme*, lui faire la cour (Cf. Conter, cit. 11; coquet, cit. 4; étourdi, cit. 6). — *Aimer la fleurette.* V. **Badinage, coquetterie, flirt.**

« M. Simon était galant, grand conteur de fleurettes, et poussait jusqu'à la coquetterie le soin de son ajustement. » ROUSS., Conf., 4.

— *Dialect.* Première crème très fluide qui se forme au-dessus du lait.

DER. — Fleureter.

FLEURIR. *v. intr. et tr.* (*Florir* au XIIᵉ s.; lat. *florire.* V. **Fleur**).

I. V. intr. || **1°** Produire des fleurs, être en fleur en parlant d'une plante. V. **Floraison.** *L'amandier est un des arbres qui fleurissent le plus tôt* (Cf. aussi Cerisier, cit. 1). *Déjà les primevères ont fleuri* (Cf. Bois, cit. 6).

1 « Ne pas aimer quand on a reçu du ciel une âme faite pour l'amour, c'est se priver soi et autrui d'un grand bonheur. C'est comme un oranger qui ne fleurirait pas de peur de faire un péché. » STENDHAL, De l'amour, XXVI.

2 « Connais-tu le pays où fleurit l'oranger, Le pays des fruits d'or, et des roses vermeilles ? » M. CARRÉ et J. BARBIER, Livret de « Mignon », d'après GŒTHE.

3 « Çà et là les premiers pêchers, d'un rose un peu fiévreux, fleurissent en houppes que la première gelée va disperser et noircir... » COLETTE, Belles saisons, p. 147.

— *Par ext. La campagne fleurit*, se couvre de fleurs.

4 « Défrichez cette terre sauvage; faites fleurir ... le désert... » FÉN., Télém., II.

— *S'ouvrir** en parlant d'une fleur. V. **Éclore, épanouir** (s'). *Les roses commencent à fleurir* (ACAD.). — *Fig.* S'épanouir comme une fleur. *Sourire qui fleurit sur un visage* (Cf. Bonté, cit. 7).

5 « C'est la rosette rouge et non la fleur des champs Qui fleurit à sa boutonnière. » BAINVILLE, Odes funambul., Tristesse d'Oscar.

— *Par métaph.* Être dans sa fleur, dans la fraîcheur de la jeunesse.

6 « Madame cependant a passé du matin au soir, ainsi que l'herbe des champs. Le matin elle fleurissait; avec quelles grâces, vous le savez : le soir nous la vîmes séchée. » BOSS., Henriette d'Anglet.

|| **2°** *Par plaisant.* Se couvrir de poils. *Menton qui fleurit.* — Se couvrir, être couvert de boutons*. *Son nez fleurit.* V. **Bourgeonner.**

7 « ... une duègne, affreuse compagnonne, Dont la barbe fleurit et dont le nez trognonne. » HUGO, Ruy Blas, IV, 7.

|| **3°** *Fig.* Éclore et s'épanouir comme une fleur. V. **Croître, développer** (se), **épanouir** (cit. 17), **former** (se), **grandir.** *Voir fleurir des qualités, une espérance, une amitié, un amour ...*

8 « Et j'ai de vos vertus vu fleurir l'espérance; » MOL., Princ. d'Él., I, 1.

9 « Dans l'un (Télémaque), elle (la sagesse) ne fait encore que fleurir; dans l'autre (Mentor), elle porte avec abondance les fruits les plus mûrs. » FÉN., Télém., IX.

10 « Le lis de tes vertus a fleuri sur le fumier de ta corruption. » FRANCE, Thaïs, p. 277.

11 « L'amour ne fleurit que dans la douleur. Qu'est-ce que les aveux des amants, sinon des cris de détresse ? » ID., Jardin d'Épicure, p. 50.

12 « Les défauts de nos morts se fanent, leurs qualités fleurissent, leurs vertus éclatent dans le jardin de notre souvenir. » RENARD, Journ., 17 juin 1905.

— Être dans tout son éclat, dans toute sa splendeur (comme un arbre en fleurs); être en crédit, en honneur, en vogue. V. **Briller, prospérer.** — REM. En ce sens le verbe *fleurir* emprunte au vieux verbe *florir* la forme du participe présent (V. **Florissant, adj.**). et le plus souvent celle de l'imparfait de l'indicatif; certains auteurs emploient même *florir* à tous les temps. *Le romantisme fleurissait, ou florissait en France au XIXᵉ siècle. La bergerie* (cit. 7) *florissait au théâtre. Faire fleurir les arts, les talents* (Cf. Art, cit. 38 et 68). *Les gens qui fleurissent dans les cours* (Cf. Celui-ci, cit. 1). *Athènes où florissaient les philosophes* (V. **Patrie**).

13 « Il est donc certain qu'Homère florissait deux générations après la guerre de Troie... » VOLT., Essai sur la poés. épique, II.

14 « Dans ces quartiers, où végètent l'indigence ignorante et la misère aux abois, florissent les derniers écrivains publics qui se voient dans Paris. » BALZ., Cousine Bette, Œuv., t. VI, p. 510.

II. V. tr. Orner de fleurs, d'une fleur. *Fleurir un salon, une table. Fleurir une tombe de chrysanthèmes. Fleurir sa boutonnière.* Par ext. *Fleurir quelqu'un:* lui mettre une fleur au corsage, à la boutonnière... — *Pronominalt.* dans le même sens, *Se fleurir. Fleurissez-vous.*

15 « Fleurissez vos dames ! » Et, comme on ne vend à cette heure-là qu'en gros, il faudrait avoir beaucoup de dames à fleurir pour acheter de telles bottes de bouquets. » NERVAL, Nuits d'octobre, XIV.

16 « ... les tramways étaient pleins de l'odeur fade des chrysanthèmes et des théories de femmes se rendaient aux lieux où leurs proches se trouvaient enterrés, afin de fleurir leurs tombes. » CAMUS, La peste, p. 255.

— En parlant des fleurs elles-mêmes. *Branches* (cit. 3) *d'églantine fleurissant un buisson. Roses qui fleurissaient une table. Un œillet, et* (par anal.) *une décoration fleurit sa boutonnière.* V. **Orner.**

17 « ... il avait acheté par de rudes travaux le ruban rouge qui fleurissait la boutonnière de son habit. » BALZ., La femme de trente ans, Œuv., t. II, p. 790.

— *Fig.* V. **Embellir, parer.** *Le désir fleurit toutes choses* (Cf. Flétrir, cit. 10).

|| FLEURI, IE. *p. p. et adj.* En fleurs. *Arbre, rameau fleuri* (Cf. Églantier, cit. 2). Couvert, émaillé* de fleurs. *Jardin, pré fleuri. Campagne, rive fleurie.* V. **Riant** (Cf. aussi Baie, cit. 4). *Fig. Chemin** (supra cit. 43), *sentier fleuri.* V. **Agréable, séduisant.** Par ext. *La saison fleurie*, le printemps. *Pâques* fleuries.* V. **Rameaux.**

18 « ... pour cacher les caisses, il y a des deux côtés des palissades ... toutes fleuries de tubéreuses, de roses... » SÉV., 425, 7 août 1675.

19 « ... avril, vert et froid, fleuri de pawlonias, de tulipes, de jacinthes en bottes et de cytises en grappes, embaumait Paris. » COLETTE, Chéri, p. 120.

— *Poétiqt. Charlemagne, l'empereur à la barbe fleurie:* à la barbe blanche (Cf. aussi Chef, cit. 1).

20 « Charles le Vieux, à la barbe fleurie... » BÉDIER, Trad. Chans. de Roland, LXXVII.

— Garni de fleurs. *Vase fleuri. Table fleurie. Crucifix* (cit. 3) *fleuri de buis.* — Orné de fleurs représentées. *Lobes fleuris du style gothique* (Cf. Chant, cit. 3). *Papier, tissu fleuri.*

21 « Les femmes revenaient de la messe. Elles étaient vêtues de robes légères et fleuries. » MAC ORLAN, La Bandera, VI.

— *Fig.* Qui a la fraîcheur, les vives couleurs de la santé. *Un teint fleuri.* V. **Coloré, frais, vermeil, vif** (Cf. Blanc, cit. 36).

22 « Il a l'oreille rouge et le teint bien fleuri. » MOL., Tart., II, 3.

23 « Assez grand, dodu sans obésité, le teint fleuri, la lèvre gaie et vermeille... » ROMAINS, H. de b. vol., t. III, V, p. 90.

24 « La belle affaire qu'un teint fleuri. Quelques coquelicots sur tes joues, mon bonhomme, ça n'empêchera pas de t'être du fumier, comme tous ceux-ci, aux yeux de Jupiter. » SARTRE, Les mouches, II, 2.

— Qui a des boutons* (en parlant d'une partie du corps). *Joue, nez fleuris.* V. **Bourgeonnant, boutonneux.**

— *Fig.* Qui est rempli d'ornements, de fioritures. V. **Orné.**

25 « Le vestibule à glaces épaisses, l'escalier poncé, le tapis bleu, la cage d'ascenseur fleurie d'autant de laque et d'or qu'une chaise à porteurs... » COLETTE, Fin de Chéri, p. 77.

26 « ... jetant sur le papier des majuscules fleuries, des boucles envolées, des fioritures étranges... » CHARDONNE, Dest. sentim., II, I.

— *Spécialt. Style fleuri.* V. **Brillanté, élégant;** et *aussi* **Fleur.** *S'exprimer en termes fleuris.* V. **Choisi.**

27 « ... quelque grand seigneur ... dont j'aurais tenté la libéralité par une épître dédicatoire bien fleurie. » MOL., Préc. rid., Préf.

28 « J'avoue que le genre fleuri a ses grâces; mais elles sont déplacées dans des discours où il ne s'agit point d'un jeu d'esprit plein de délicatesse, et où les grandes passions doivent parler. Le genre fleuri n'atteint jamais au sublime. » FÉN., Lettre à l'Académie, IV.

ANT. — Faner (se). Dépérir, régresser. — **Dépouillé.**

COMP. — Défleurir, refleurir.

DER. — Fleurissant, ante. adj. (1539). Qui se couvre, est couvert de fleurs. *Pré fleurissant* (Cf. Ane, cit. 1). — V. **Florissant.**

« La forêt est toute proche, chantante et fleurissante... » MAURIAC, L'enfant chargé de chaînes, p. 181.

FLEURISTE. *n.* (1680; de *fleur*).

|| **1°** *Vx.* Amateur de fleurs. *Le fleuriste a un jardin dans un faubourg* (LA BRUY. XIII).

|| **2°** Personne qui cultive des fleurs pour les vendre. *Les fleuristes hollandais.* Adjectivt. *Jardinier fleuriste.* V. **Horticulteur.** — Personne qui fait le commerce des fleurs. *Commander une gerbe chez un grand fleuriste. Magasin de fleuriste. Voiture ambulante de fleuriste. Fleuriste vendant des bouquets sur la voie publique, dans les cafés ...* V. **Bouquetier.**

« Quant à la fleuriste ... elle donne pour 3 francs un bouquet de roses en novembre, et pour 6 francs deux branches de camélias blancs. » HENRIOT, Portr. de femmes, p. 380.

— Personne qui fait ou vend des fleurs artificielles. Adjectivt. *Ouvrière fleuriste.*

FLEURON. *n. m.* (*Floron*, 1302; de *fleur*, d'après l'ital. *fiorone*).

|| **1°** Ornement en forme de fleur. — *Fleurons d'une couronne*, fleurs ou feuilles qui en forment le bord supérieur.

Les fleurons de la couronne des rois de France étaient des fleurs de lis.

1   « Le manteau fourré, la couronne à fleurons, et les autres marques de la qualité ducale... »
SCARR., *Virg.*, VII, Épître (cit. par LITTRÉ à Manteau).

— *Fig.* En parlant d'une acquisition de haut prix (possession, titre, avantage). — *Le plus beau fleuron de sa couronne:* le bien, l'avantage le plus précieux, le plus flatteur, le plus enviable. *Le mariage de Charles VIII avec l'héritière de Bretagne ajoutait un nouveau fleuron à la couronne de France.*

2   « Plus beau fleuron n'est en votre couronne. »
LA FONT., **Contes**, Belph.

3   « ... le *Cœur innombrable*, le premier volume qu'elle (la comtesse de Noailles) ait publié, et qui au lendemain de son mariage devait faire sien, tout d'un **coup**, enrichi d'un fleuron nouveau, le nom illustre des Noailles. »
HENRIOT, **Portr. de femmes**, p. 448.

— *Archit.* Ornement sculpté représentant une feuille ou une fleur (Cf. Enlacement, cit. 1). Ornement du même genre qui termine un couronnement (gables, pignons, dais ...).

— *Impr.* Ornement quelconque placé au début d'un chapitre, entre deux chapitres, sur le dos d'un livre... et qui autrefois représentait des fleurs (Cf. Cul-de-lampe, à Cul, cit. 22).

|| 2° *Bot.* Chacune des petites fleurs dont la réunion sur un seul réceptacle et dans un calice commun forme une fleur composée. *Fleurons de pâquerette, de souci, de bleuet, de chardon, de pissenlit...* (V. **Flosculeux**).

DER. — **Fleuronner**. v. intr. (XVᵉ s.). *Vx. et poét.* Pousser des fleurs (Cf. Étendre, cit. 7). Fig. *Age qui fleuronne* (Cf. Cueillir, cit. 5). — *De nos jours. Bot. Plante fleuronnée.* dont toutes les fleurs sont des fleurons. — *V. tr.* Orner de fleurs, de fleurons. *Fleuronner une couronne. Lettres fleuronnées.*

FLEUVE. n. m. (*Flueve* au XIIᵉ s.; lat. *fluvius*).

|| 1° Nom généralement donné aux grandes rivières, remarquables par le nombre de leurs affluents, l'importance de leur débit, la longueur de leur cours, et, parfois, à tout cours d'eau qui aboutit à la mer. V. **Cours** (d'eau), **rivière***. — REM. Certains géographes réservent le nom de *fleuve* aux grands cours d'eau formés par la réunion d'un certain nombre de rivières et qui aboutissent à la mer, d'autres à tout cours d'eau qui se rend directement à la mer, quelle que soit son importance réelle. Les premiers refusent le nom de *fleuve* aussi bien au petit cours d'eau qui se jette dans la mer qu'à la grande *rivière* (ex. le Missouri) qui se jette dans une autre. Selon les autres, tout torrent qui porte ses eaux jusqu'à la mer serait un *fleuve* (ex. les fleuves côtiers des Pyrénées-Orientales). Pour quelques lexicographes, le *fleuve* serait un « grand cours d'eau qui garde son nom jusqu'à la mer où il verse ses eaux » (HATZFELD), mais l'usage ne les suit pas (ex. Gironde, « nom de la Garonne, après sa réunion avec la Dordogne »). La définition du *fleuve* est, de tout temps, restée flottante. *Rivière* est le terme générique sous lequel un géographe peut désigner tout *fleuve* (Cf. Rivière, cit. de MARTONNE).

1   « Il n'est... pas possible de fixer la distinction de ces deux mots, *fleuve* et *rivière*. Tout ce qu'on peut dire d'après l'usage, c'est : 1° que *fleuve* ne s'emploie que pour les grandes rivières; 2° que le mot *rivière* n'est pas noble en poésie; 3° que quand on parle d'une rivière de l'antiquité, on se sert du mot *fleuve*; 4° que le nom de *rivière* se donne tant aux grandes qu'aux petites. »
JAUCOURT in ENCYCL. (DID.), Fleuve.

2   « Chacun des grands fleuves français déverse à la mer des eaux tombées sur des territoires de climat et de relief différents; »
De MARTONNE, **France phys.**, p. 359.

— *Source*, cours*, lit*; bras, branches, coudes, courbes* (cit. 9), *boucles* (cit. 6), *méandres d'un fleuve. Bords, rives d'un fleuve. Arbres qui longent, côtoient un fleuve. Bras de fleuve qui se perd dans les terres* (V. **Marigot**). *Ile de sable, de limon, dans un fleuve* (V. **Javeau**). *Fleuve qui arrose** (cit. 12), *baigne une région.* V. **Bassin**. *Fleuve qui court vers la mer; course d'un fleuve. Rivières qui se jettent dans un fleuve.* V. **Affluent, tributaire**. *Accidents du cours d'un fleuve.* **Étranglement, pertuis, rapide; cataracte**. *Fleuve qui change* (cit. 23) *son cours. Cours supérieur, inférieur d'un fleuve. Amont* et aval* d'un fleuve. Pente; vallée, thalweg; niveau de base d'un fleuve. Fleuve qui se jette, débouche dans la mer.* V. **Bouche, delta, embouchure, estuaire** (cit. 2); *et aussi* **Barre, mascaret**. *Les eaux d'un fleuve* (Cf. Amour, cit. 21; bondir, cit. 15; eau, cit. 7). *Régime, volume d'eau, crue, étiage, embâcle* (cit.), *débâcle d'un fleuve.* V. **Eau*, régime**. *Fleuve qui charrie, dépose du limon*, de la vase ...* V. **Accroissement** (cit. 7), **alluvion** (cit. 1 et 2), **atterrissement** (cit. 1); **charriage; colmater, fertiliser**. *Fleuve qui affouille* son lit. — Fleuve de plaine; fleuve de montagne, fleuve encaissé* (Cf. Arène, cit. 4). *Fleuve à régime tropical. Fleuves nationaux, internationaux. Internationalisation d'un fleuve. Fleuve navigable.* V. **Navigation** (fluviale). *Écluse* (cit. 2), *barrage sur un fleuve. Passer, traverser; descendre, remonter un fleuve.*

3   « Tous les fleuves entrent dans la mer et la mer n'en regorge point. »
BIBLE (SACY), **Ecclés.**, I, 7.

4   « Les vertus se perdent dans l'intérêt comme les fleuves se perdent dans la mer. »
LA ROCHEF., **Max.**, 171.

5   « Quatre grands fleuves, ayant leurs sources dans les mêmes montagnes, divisaient ces régions immenses : le fleuve Saint-Laurent, qui se perd à l'est dans le golfe de son nom; la rivière de l'ouest, qui porte ses eaux à des mers inconnues; le fleuve Bourbon, qui se précipite du midi au nord dans la baie d'Hudson, et le Meschacebé, qui tombe du nord au midi dans le golfe du Mexique. »
CHATEAUB., Atala, Prol.

6   « La Seine est en tous sens le premier de nos fleuves, le plus civilisable, le plus perfectible. Elle n'a ni la capricieuse et perfide mollesse de la Loire, ni la brusquerie de la Garonne, ni la terrible impétuosité du Rhône... »
MICHELET, **Hist. de France**, III.

7   « Les fleuves qui, sous l'Ancien Régime, par la multitude des péages, par les douanes intérieures, n'étaient guère que des limites, des obstacles, des entraves, deviennent, sous le régime de la liberté, les principales voies de circulation ; ils mettent les hommes en rapport d'idées, de sentiments, autant que de commerce. »
ID., **Hist. Révol. fr.**, III, IV.

8   « Quant au Chéliff, qui, quarante lieues plus avant dans l'ouest, devient un beau fleuve pacifique et bienfaisant, ici c'est un ruisseau tortueux, encaissé, dont l'hiver fait un torrent, et que les premières ardeurs de l'été épuisent jusqu'à la dernière goutte. Il s'est creusé dans la marne molle un lit boueux qui ressemble à une tranchée, et, même au moment des plus fortes crues, il traverse sans l'arroser cette vallée misérable et dévorée de soif. »
FROMENTIN, **Été dans le Sahara**, I, p. 40.

— *Par anal. Fleuve de boue, de lave. Fleuve de glace.* V. **Glacier**. *Fleuve marin*, se dit de certains grands courants* marins.

— *Mythol. Le fleuve du Styx, du Léthé. Le fleuve de feu* (Phlégéton). — *Par ext.* Divinité qui préside à un fleuve. *On représente généralement les fleuves sous la figure de vieillards à longue barbe tenant une urne penchée d'où l'eau s'échappe. Fam. Avoir une barbe de fleuve.*

9   « (les dieux), pressés par les prières du fleuve, mirent fin à sa douleur. »
FÉN., **Télém.**, XV.

|| 2° Ce qui coule, ce qui est répandu en abondance. V. **Flot**. *Fleuve de sang* (Cf. Baigner, cit. 24), *de larmes.* — *Par anal. Un fleuve d'êtres humains* (Cf. Barioler, cit.; boulevard, cit. 2). *Roman fleuve.*

10   « ... ce fleuve de gens en qui se fondaient les visages, les démarches, les vies particulières, les certitudes de chacun d'être unique et incomparable. »
VALÉRY, **Reg. sur le monde actuel**, p. 99.

— Ce qui a cours* continu, ce qui s'écoule régulièrement... *Le fleuve de la vie, de nos jours* (Cf. Féconder, cit. 3). *Le fleuve de l'éternité, du temps* (Cf. Arrêter, cit. 15; cristalliser, cit. 10). — *« Tu ne peux pas te baigner deux fois dans le même fleuve, car de nouvelles eaux coulent toujours sur toi »* (HÉRACLITE).

11   « ... j'admire comme les choses passent; c'est bien un vrai fleuve qui emporte tout avec soi. »
SÉV., 779, 7 fév. 1680.

12   « La vie est courte ... le fleuve qui nous entraîne est si rapide, qu'à peine pouvons-nous y paraître. »
ID., 875, 3 avril 1681.

13   « Le temps est comme un fleuve, il ne remonte pas vers sa source. »
RIVAROL, **Notes, pensées et maximes**, t. I, p. 23.

DER. — du lat. *fluvius*. V. **Fluvial, fluviatile**.

FLEXIBLE. adj. (1314; lat. *flexibilis*, de *flexus*, p. p. de *flectere*. V. **Fléchir**).

|| 1° Qui se fléchit* aisément, se laisse courber*. V. **Élastique, pliable, pliant, souple; liant** (vx.), **mou, plastique**. *Rendre flexible.* V. **Assouplir**. *Jonc, roseau, flexible. Lame d'acier flexible. Cou flexible. Corps flexible* (Cf. Arrondir, cit. 12). *Taille flexible.*

1   « ... l'abandon de cette tête, qui, vue par derrière, offrait au regard la nuque blanche, molle et flexible, les belles épaules d'une nature hardiment développée, ne l'émouvait point. »
BALZ., **Splend. et misères des courtis.**, Œuv., t. V, p. 675.

2   « il y en avait une habillée de vert, mince, allongée, flexible comme un jonc de rivière. »
FROMENTIN, **Une année dans le Sahel**, p. 192.

3   « ... tandis que mes mains caressaient les belles épaisseurs flexibles de son dos, de sa taille... »
ROMAINS, **Dieu des corps**, VIII.

— *Technol. Transmission flexible* ou *Flexible. n. m.:* Dispositif réunissant deux pièces susceptibles de se déplacer l'une par rapport à l'autre, pour transmettre un mouvement, etc.

— *Par anal.* V. **Souple**. — *Voix flexible*, souple et aisée, qui passe aisément d'un ton à un autre.

4   « La voix de Mentor n'avait aucune douceur efféminée, mais elle était flexible. »
FÉN., **Télém.**, VIII.

|| 2° *Fig.* Qui cède aisément aux impressions, aux influences; qui s'accommode facilement aux circonstances. V. **Docile, malléable, maniable, souple**. *Caractère flexible. Flexible par réflexion* (Cf. Ferme, cit. 11, VAUVEN.).

5   « La meilleure de mes complexions corporelles, c'est d'être flexible et peu opiniâtre ; j'ai des inclinations plus propre et ordinaires et plus agréables que d'autres ; mais avec peu d'effort je m'en détourne, et me coule aisément à la façon contraire. »
MONTAIGNE, **Essais**, III, XIII.

6   « Je n'ai point cette roideur d'esprit des vieillards... je suis flexible comme une anguille, et vif comme un lézard. »
VOLT., **Lett. d'Argent.**, 22 oct. 1759.

7 « ... ce qu'on a présenté comme prouvant l'indomptable génie, la forte individualité des guerriers germains, marquerait au contraire l'esprit éminemment social, docile, flexible de la race germanique. » MICHELET, Hist. de France, II, I.

ANT. — **Inflexible**. Cassant, dur, raide, rigide.

DER. — **Flexibilité**. n. f. (1381). Caractère de ce qui est flexible. V. **Élasticité**, **souplesse**. *Flexibilité de l'osier, de la cire. Flexibilité du cou, des membres...* Par anal. *Flexibilité de la voix.* Fig. V. **Docilité**, **souplesse**. (ANT. Dureté, raideur, rigidité...).

1 « La flexibilité du cou fait que tous ces organes se tournent en un instant de quelque côté qu'il veut. » FÉN., Exist. de Dieu, I, 2.

2 « Il sentit que les mots, semblables à une cire molle, ont une flexibilité merveilleusement propre à prendre toutes sortes de forme ; de sorte qu'on les manie et qu'on les tourne comme on veut. » ROLLIN, Hist. anc., Œuv., t. XI, II, p. 683.

3 « J'admire toujours la fécondité et la flexibilité de votre langue (l'italien), dans laquelle on peut tout traduire heureusement... » VOLT., Lett. Albergati, 1er nov. 1759.

4 « ... l'inquiétude de ne pouvoir plus sauter, de ne pouvoir plus faire les exercices qui demandent la flexibilité et le ploiement du bas des jambes. » GONCOURT, Zemganno, LXXX.

FLEXION. n. f. (XVe s.; lat. *flexio*, de *flexus*. V. **Flexible**).

‖ 1° Mouvement par lequel une chose fléchit* ; état de ce qui est fléchi. V. **Fléchissement; courbure**. *Flexion d'un ressort. Mécan.* Courbure d'une pièce longue (poutre, barre...) sous l'action de forces perpendiculaires à l'axe longitudinal et appliquées en des points où la pièce n'est pas soutenue. *Flexion plane. Module de flexion. Résistance à la flexion. Essai de flexion. Couple de flexion. Flexion simple, composée. Anat.* Action des muscles fléchisseurs*. *Flexion de l'avant-bras, de la jambe, du genou. Plis de flexion* (du cou...) Cf. Collier, cit. 6.

« Dans la flexion (du torse), la colonne vertébrale se courbe en avant, la région dorsale accentuant sa courbure normale, la région lombaire, au contraire, effaçant la sienne pour en prendre une nouvelle en sens inverse. » RICHER, Anat. artist., t. III, p. 90.

‖ 2° *Gramm.* Modification d'un mot à l'aide d'éléments (V. **Désinence**) qui expriment certains aspects et rapports grammaticaux. *Flexion radicale* (désinence jointe directement à la racine*); *flexion thématique* (V. **Thème**). *Flexion verbale* (V. **Conjugaison**); *nominale, pronominale* (V. **Déclinaison**). *Flexion interne*, où l'élément principal du mot subit une variation.

ANT. — **Extension** (anat.)

DER. — **Flexionnel, elle**. adj. (XIVe s.). *Gramm.* Susceptible de flexion; qui présente des flexions. *Mot flexionnel* (on dit parfois **Flexible**, fléchi). *Langue flexionnelle*, qui exprime les rapports grammaticaux par des flexions. — Cf. le suff. *-flexe* (*Biflexe* : fléchi en deux sens. V. **Flexueux**). — COMP. — **Inflexion**.

FLEXUEUX, EUSE (flé-ksu-eu). adj. (XVIe s.; lat. *flexuosus*. V. **Flexible**). *Bot.* Qui présente des courbures en divers sens. V. **Courbe***, **fléchi**, **ondulé**, **serpentin**. *Tige flexueuse.* — Fig. V. **Ondoyant**, **sinueux**.

« M. Comte, au lieu de suivre les lignes infiniment flexueuses de la marche des sociétés humaines, leurs embranchements, leurs caprices apparents, au lieu de calculer la résultante définitive de cette immense oscillation, aspire du premier coup à une simplicité que les lois de l'humanité présentent bien moins encore que les lois du monde physique. » RENAN, Aven. de la science, VI, Œuv., t. III, p. 848.

ANT. — **Droit**.

DER. — **Flexuosité**. n. f. (XVIe s.). *Bot.* État de ce qui est flexueux. Par anal. Ligne flexueuse.

« ... partout les lignes s'arrondissaient en flexuosités désespérantes pour le regard comme pour le pinceau. » BALZ., Lys dans la vallée, Œuv., t. VIII, p. 797.

FLIBUSTER. v. intr. (1701; de *flibustier*). *Peu usit.* Faire le métier de flibustier*. — Par ext. (trans.). V. **Voler**.

« ... il vous mène au café..., vous fait faire, entre deux vins, toutes sortes de connaissances, et, les trois quarts du temps, ce n'est que pour flibuster votre bourse ou vous entraîner en des démarches pernicieuses.» FLAUB., Bov., II, VI.

DER. — **Flibuste**. n. f. (1689). Vx. Piraterie des flibustiers. — **Flibusterie**. n. f. (XIXe s.). Piraterie des flibustiers. *Faire une flibusterie* (ACAD.). Par ext. Escroquerie, filouterie, vol.

« ... reconnaissant la flibusterie comme un moyen sûr de faire fortune, ils s'y associent sans le moindre remords. » LÉAUTAUD, Théâtre de M. Boissard, XXIX, p. 149.

FLIBUSTIER. n. m. (1690; de l'angl. *flibutor, frebetter*, (auj. *freebooter*); altér. du néerl. *vrijbuiter*, proprem. « qui fait du butin librement »). Nom désignant les aventuriers appartenant aux associations de pirates qui, aux XVIe, XVIIe et XVIIIe siècles écumaient les côtes et dévastaient les possessions espagnoles en Amérique. V. **Aventurier**, **boucanier**, **corsaire**, **écumeur**, **pirate**.

1 « Flibustiers français, anglais, hollandais, allaient s'associer ensemble dans les cavernes de Saint-Domingue, des petites îles de Saint-Christophe et de la Tortue. Ils se choisissaient un chef pour chaque expédition... Quand les flibustiers avaient fait un gros butin, ils en achetaient un petit vaisseau et du canon. Une course heureuse en produisait vingt autres. » VOLT., Dict. phil., Flibustiers.

— Par ext. Celui qui vit de rapines. V. **Bandit**, **brigand**.

— Chevalier d'industrie. V. **Escroc**, **filou**.

2 « Les premiers rois de Rome étaient des capitaines de flibustiers. » VOLT., Mœurs, Introd., Des Romains.

3 « Ferdinand, jeté dans Paris, y mena une existence de flibustier dont les hasards pouvaient le mener à l'échafaud ou à la fortune... » BALZ., César Birotteau, Œuv., t. V, p. 358.

DER. — **Flibuster**.

FLIC. n. m. (vers 1880; *flique* en 1837 VIDOCQ; étymol. obscure). *Pop.* Agent* de police. *Vingt-deux, voilà les flics!* (Cf. La **flicaille**).

« Je sens qu'au premier flic qui me travaille je me dégonfle... » CÉLINE, Voyage au bout de la nuit, p. 215.

FLIC FLAC. interj. (XVIIe s.). *Fam.* Onomatopée double qui exprime le claquement d'un fouet, des sabots d'un cheval, un bruit de soufflets donnés sur chaque joue...

« Bon pied, bon œil et flic flac ! Tiens, c'est pour toi. » SCARR., Jodel duelliste, V, 1.

FLINGOT ou **FLINGUE**. n. m. (XIXe s.; allem. dialect. *flinke, flingge*, var. de *flinte*, fusil). *Pop.* V. **Fusil**.

« Et je suis tout prêt à faire comme les copains : à prendre un flingot, et à défendre le pays. » MART. du G., Thib., t. VII, p. 295.

FLINT-GLASS ou **FLINT** (flin't). n. m. (1774; angl. *flint*, silex, et *glass*, verre). *Techn.* Verre composé de silicate de plomb ou de silicate de potasse, comme le cristal ordinaire, mais avec une plus forte teneur en plomb. *Réaliser un objectif achromatique* en collant une lentille convergente en flint avec une lentille divergente en crown.*

FLIPOT (fli-pô). n. m. (1732; abréviat. probable du nom pr. *Phelipot*, de *Philippe*). *Techn.* Pièce rapportée dans un ouvrage de menuiserie pour couvrir et dissimuler une fente, une défectuosité.

« On doit laisser les fentes atteindre leurs limites. On ne les répare que lorsque la statue est achevée. Il faut le faire avec des bouts de bois du même ton et de la même essence que l'on appelle *flipots*. La pose de *flipots* se fait par un ajustage très soigné, et le scellement à la colle forte. » COSTA, in ENCYCL. (de Monzie), t. XVI, 22, 3.

FLIRT (fleurt'). n. m. (1879; auparavant *Flirtation*, 1833, encore dans LITTRÉ, suppl. 1877; angl. *flirt*, du verbe *to flirt*. V. **Flirter**).

‖ 1° Se dit des coquetteries, des relations amoureuses plus ou moins chastes et généralement dénuées de sentiments profonds, entre personnes de sexe différent. *Avoir un flirt, être en flirt avec quelqu'un. Un flirt léger, poussé, dangereux. Son engouement ne durera pas, ce n'est qu'un flirt.* V. **Amourette**, **béguin**.

1 « ... Stendhal brouille assez souvent les dates dans ses souvenirs, son premier flirt avec la jeune Siennoise remonterait à février 1827... » HENRIOT, Portr. de femmes, p. 310.

2 « ... un flirt sans conséquence, ça peut avoir sa poésie. On ne se marie évidemment pas avec tous ses flirts. Mais alors on ne laisse pas le cœur donner à fond. » ROMAINS, H. de b. vol., t. IV, VII, p. 69.

— Fig. *Le flirt de deux partis politiques. Un flirt avec l'opposition.*

‖ 2° Personne avec laquelle on flirte. *C'est son dernier flirt.* V. **Amoureux** (cit. 15), **béguin**. *Elle a épousé l'un de ses anciens flirts.*

3 « On y enseigne tout : à coudre, à faire la cuisine, à flirter même. Il y a un cours, dans un collège new-yorkais, sur la façon dont une jeune fille doit s'y prendre pour se faire épouser par son flirt. » SARTRE, Situations III, p. 81.

— *Adjectivt.* Qui aime flirter. *Elle est très flirt avec les garçons.* V. **Coquet**, **flirteur**.

FLIRTER (fleur-té). v. intr. (1855; angl. *to flirt*, d'orig. obscure, proprem. « jeter; agiter, remuer vivement* (par ex. un éventail) », puis, à partir du XVIIIe s. « badiner avec, faire la cour à »). Avoir un flirt* avec (quelqu'un). *Ils ont beaucoup flirté ensemble. «Tout homme aime flirter avec une jolie fille et toute jolie fille aime qu'on flirte avec elle »* (G. ÉLIOT). V. **Cour**, **courtiser**. *Absolt. Elle passe son temps à flirter* (Cf. Flirt, cit. 3). — REM. L'ACADÉMIE (8e éd.) donne pour origine au mot *flirt* notre vieux verbe *fleureter* et BLOCH et WARTBURG soutiennent que l'angl. *to flirt* « vient de l'anc. fr. *fleureter*, conter fleurettes ». En fait, *fleureter** n'a acquis cette dernière signification qu'au XIXe s., par confusion avec *flirter*. Encore usité au XVIe s., il ne l'était plus au XVIIe, ni au XVIIIe, quand l'angl. *to flirt* a pris l'acception particulière que nous lui avons empruntée.

« Le boulanger cassait de temps en temps la gueule au receveur-buraliste qui flirtait avec sa femme. » ARAGON, Beaux quartiers, p. 93.

— Fig. *Ministre qui flirte avec l'opposition. Socialistes qui flirtent avec l'impérialisme.* V. **Coqueter**.

DER. — V. **Flirt**. — **Flirteur, euse**. n. (1890). Personne qui aime à flirter. *C'est un flirteur, une flirteuse.* V. **Aguicher** (aguicheur, aguicheuse); **coquet**.

1. FLOC ! *interj.* Onomatopée exprimant le bruit d'une chute.

« De préférence aux abords d'une écluse. Chute à pic. Un gros floc dans l'eau... »   ROMAINS, **H. de b. vol.,** t. II, XVII, p. 197.

2. FLOC. *n. m.* (*Flos* au XIIᵉ s.; lat. *floccus*, flocon de laine). Petite houppe de laine, de soie.

DER. — Flocon. — **Floquet.** *n. m.* Petit floc, houppette. — **Floche.** *adj.* (« mou, sans consistance » au XVIᵉ s.). *Techn.* Couvert de poils, velouté. — *Soie floche :* qui n'est que légèrement torse. — Substantiv. *n. f.* Petite houppe qui sert d'ornement; gland qui garnissait le bonnet de police des soldats belges. — *Fig. :*

« Il faisait tout à fait jour. Les dernières floches de brume avaient fondu dans l'espace blond. »   GENEVOIX, **Forêt voisine,** VIII.

FLOCK-BOOK (*flok-bouk'*). *n. m.* (1922 in LAR. UNIV.; angl. *flock*, troupeau, et *book*, livre). *Zoot.* Livre généalogique pour les moutons, les brebis et les chèvres. *Des flock-books.*

FLOCON. *n. m.* (XIIIᵉ s.; de *floc* 2).

‖ 1° Petite touffe de laine, de soie, de coton. *Flocon de laine.*

1   « Là les brebis sur des buissons
      Font pendre cent petits flocons
      De leur neige luisante. »   RAC., **Poés. div.,** Ode VI.

2   « Il y avait là des tweeds sauvages, piqués de flocons rouges, verts, bleus. »   MAUROIS, **B. Quesnay,** XXIII.

‖ 2° *Par anal.* Petite masse peu dense. *Un flocon de neige. La neige tombait par flocons, à gros flocons. Nuages en flocons.* V. **Cotonneux.** *Flocons de brume accrochés aux montagnes. Obus qui explose* (cit. 1) *en faisant un flocon de fumée.* *Chim. Précipitation sous forme de flocons.* V. **Floculation.** *Cuis.* Se dit de céréales écrasées et destinées à faire des potages, des bouillies. *Des flocons d'avoine.*

3   « Les flocons d'écume, volant de toutes parts, ressemblaient à de la laine. »   HUGO, **Travail. de la mer,** II, III, VI.

4   « Le café fumait dans les tasses transparentes : C*** consumait douceureusement un havane et s'enveloppait de flocons de fumée blanche, comme un demi-dieu dans un nuage. »   VILLIERS de l'ISLE-ADAM, **Contes cruels,** Le convive...

5   « Le visage collé à la vitre, l'homme regarde tomber la neige. Fouettés par le vent, les flocons se précipitent : obliques, rapides, soumis. »   DUHAM., **Salavin,** Deux hommes, XXIII.

DER. — **Floconner.** *v. intr.* (fin XIXᵉ s.). Former des flocons. — **Floconneux, euse.** *adj.* (1796). Qui est en flocons, ou ressemble à des flocons. *Toison floconneuse. Laine floconneuse.* — *Neige floconneuse. Nuages floconneux.*

« ... ces cheveux blancs qui s'échappent en deux lames floconneuses de dessous un bonnet de velours noir... »   BALZ., **Séraphita,** Œuv., t. X, p. 487.

FLOCULATION. *n. f.* (1922 in LAR. UNIV.; rac. lat. *flocculus*, petit flocon). *Chim.* Séparation d'une matière colloïdale du solvant auquel elle était associée par formation de petits flocons qui grossissent et se rassemblent. V. **Précipitation.** *La floculation est l'une des propriétés essentielles des milieux colloïdaux.*

DER. — **Floculer.** *v. intr.* (1922). Précipiter par floculation. — **Floculat.** *n. m.* Précipité obtenu par floculation.

FLONFLON. *n. m.* (XVIIᵉ s.; onomat.). *Vx.* Refrain de chanson. — *Par ext.* Se dit des accents vulgaires, des accords bruyants de certains morceaux de musique populaire. *Les flonflons d'un bal de village.*

FLOPÉE. *n. f.* (arg. « volée de coups » en 1849; sens mod. 1877; de l'arg. *floper*, battre). *Pop.* Grande quantité. V. **Multitude; beaucoup.** *Avoir une flopée d'enfants.* (On écrit aussi *flaupée, floppée*).

« Parmi ces *flaupées* de petits garçons qui usent traditionnellement les fonds de leurs culottes sur les bancs de nos écoles, combien peut-il y en avoir qui s'apercevront un jour que de bons maîtres leur ont fait d'excellents contes. »   PÉGUY, **La République...,** p. 212.

FLOR-, FLORI-, -FLORE (lat. *flos, florem*, « fleur »). Élément entrant dans la composition de quelques mots savants notamment de botanique, tels *floraison, floriculture, florifère, floricole... biflore, gemelliflore, labiatiflore, triflore...* V. **Fleur.**

FLORAISON. *n. f.* (1731; de *fleur*, d'après le lat.). Épanouissement* des fleurs. V. **Effloraison.** *Floraison des arbres fruitiers* (Cf. Faner, cit. 16). *Pommiers en pleine floraison* (Cf. Éblouissement, cit. 7). *Plante qui a une floraison* (V. **Monocarpien**), *plusieurs floraisons* (V. **Vivace**) *dans son existence. Plante qui a deux floraisons par an.* V. **Remontant.** — REM. L'ACADÉMIE a abandonné dans la 8ᵉ éd. du Dictionnaire (1932) la forme FLEURAISON qui figure encore en 1878 dans la 7ᵉ édition (avec l'indication : On dit aussi *floraison*).

1   « Dans le jardin, un étroit gazon et ses petits monticules de buis entourait la terre des massifs dégarnis entre deux floraisons printanières... »   CHARDONNE, **Dest. sentim.,** II, V.

2   « ... l'état des floraisons, surtout celle des amandiers qui, après un si dur hiver, se pommelaient d'une neige odorante. »   BOSCO, **Un rameau de la nuit,** p. 125.

— *Par ext.* Temps de l'épanouissement des fleurs. *La floraison approche...* — Fig. *Floraison d'œuvres d'art* (Cf. Élaboration, cit. 1), *de talents. Floraison éblouissante.*

3   « ... rien, pour le moment, ne nous donne lieu d'espérer des floraisons spirituelles aussi abondantes que celles de la Restauration. »   BAUDEL., **Curios. esthét.,** IX.

4   « Le plafond disparaissait sous une floraison de joujoux qui pendaient comme des stalactites merveilleuses... »   ID., **Ibid.,** IV.

5   « ... la prodigieuse culture que Victor Hugo avait déjà à vingt ans, l'abondance de ses lectures, l'ampleur de son information, la floraison superbe de citations justes, savantes, savoureuses, qui viennent tout naturellement émailler... ses moindres écrits. »   HENRIOT, **Romantiques,** p. 47.

ANT. — Dépérissement.

COMP. — Effloraison, préfloraison.

FLORAL, ALE. *adj.* (1549 au sens 1°; lat. *floralis*, rac. *flos*, « fleur »).

‖ 1° Qui a rapport aux fleurs. *Exposition florale.* — *Jeux floraux*, concours littéraire toulousain existant depuis le XIVᵉ s., ainsi nommé parce que les lauréats reçoivent en prix des fleurs d'or, d'argent. *Académie des Jeux Floraux*, qui organise et prime le concours.

« Lis donc, et relis premièrement, ô poète futur,... les exemplaires grecs et latins, puis me laisse toutes ces vieilles poésies françaises aux Jeux Floraux de Toulouse et au Puy de Rouen : comme rondeaux, ballades, virelais, chants royaux, chansons et autres telles épiceries, qui corrompent le goût de notre langue et ne servent sinon à porter témoignage de notre ignorance. »   Du BELLAY, **Déf. et illus. lang. fr.** (1549), I, II, IV.

‖ 2° *Bot.* (fin XVIIIᵉ s.) Qui appartient à la fleur ou qui la concerne. *Les organes floraux, ou parties de la fleur. Enveloppes florales ou périanthe*. *Feuille florale*, qui naît immédiatement au-dessous de la fleur.

FLORE. *n. f.* (1771; lat. *Flora*, déesse des fleurs (Cf. Aurore, cit. 16 et 20; auteur, cit. 32; épandre, cit. 7); rac. *flos*, fleur). Description des plantes qui croissent naturellement dans un pays. *La Flore française*, ouvrage de Lamarck (1771). — *Par ext.* Livre contenant la description scientifique des plantes. *La flore de Linné.* — REM. *Flore* a eu le même développement sémantique que *Faune*.

— *Par ext. Biogéogr.* Ensemble des plantes d'un pays ou d'une région. *Une flore riche, variée. La flore alpestre. Flore marine. Étudier la faune et la flore d'un continent, d'un pays.*

« Dans nos contrées, on distingue ordinairement dans la flore des montagnes plusieurs niveaux, appelés jadis *zones* et maintenant *étages*... 1° l'étage des forêts à essences feuillées... 2° l'étage des forêts de conifères... 3ᵉ l'étage alpin avec ses prairies et ses pâturages... »   De MARTONNE, **Géogr. phys.,** t. III, p. 1136.

2   « Un alcazar moresque s'élève, avec une superposition de terrasses du milieu des caroubiers, des lauriers-roses, des myrtes, des grenadiers, des orangers, et tout ce que la flore espagnole peut offrir de plus splendide et de plus parfumé. »   GAUTIER, **Souv. de théâtre,** p. 137.

FLORÉAL. *n. m.* (1793; mot tiré par FABRE D'ÉGLANTINE du lat. *floreus*, fleuri). Huitième mois du calendrier républicain, commençant le 20 ou le 21 avril suivant les années, pour finir le 19 ou le 20 mai.

« Les trois mois du printemps prennent leur étymologie, le premier de la fermentation et du développement de la sève, de mars en avril, ce mois se nomme *Germinal*; le second, de l'épanouissement des fleurs, d'avril en mai, ce mois se nomme *Floréal*; le troisième de la fécondité riante et de la récolte des prairies, de mai en juin, ce mois se nomme *Prairial*. »   FABRE d'ÉGLANT., in JAURÈS, **Hist. soc. Rév. fr.,** t. VIII, p. 256.

FLORÉE. *n. f.* (1408; de *fleur*). Indigo de qualité moyenne.

FLORENCE. *n. m.* et *f.* (1732 TRÉV.; de *Florence*, ville d'Italie où l'on fabriqua d'abord cette étoffe). *N. m.* Taffetas léger. — *N. f. Crin de Florence* ou *Florence:* sorte de crin très résistant employé pour la pêche.

FLORÈS (*flo-rèss'*). *n. m.* (1638; lat. *flores*, plur. de *flos, floris*, fleur; ou peut-être nom du héros d'un roman du XVIᵉ s. *Florès de Grèce*). *Fam.* et seulement dans l'expression *Faire florès*, qui signifiait autrefois « Faire une manifestation éclatante », et de nos jours : « Obtenir des succès, de la réputation ». V. **Briller, réussir; vogue** (être en vogue). *Cet acteur a fait florès en province. Avec cette robe, vous allez faire florès* (Cf. Falbala, cit. 1).

« Balzac fait *florès* plus que jamais. Un conte, qu'il a mis dans la *Revue de Paris*, la *Femme de trente ans*, m'a paru charmant, quoique notre ami Hugo ait tonné contre... »   STE-BEUVE, **Corresp.,** t. I, p. 301.

FLORICOLE. *adj.* (fin du XIXᵉ s.; lat. *flos, floris*, fleur, et *colere*, habiter). Qui vit sur les fleurs. *Insecte floricole.*

FLORICULTURE. *n. f.* (1874 in LITTRÉ, Suppl.; lat. *flos, floris*, fleur, et *cultura*). Branche de l'horticulture qui s'occupe spécialement de la culture des fleurs, des plantes d'ornement.

FLORIDÉES. *n. f. pl.* (fin XIXᵉ s.; lat. *floridus*, fleuri, à cause de l'aspect de ces plantes). *Bot.* Ordre d'algues, dites *algues rouges* ou encore *rhodophycées* chez lesquelles la chlorophylle est masquée par un pigment rouge.

FLORIFÈRE. *adj.* (1783; lat. *florifer*, de *flos, floris*, fleur, et *ferre*, porter). *Bot.* Qui porte des fleurs. *Tige florifère.* — Qui donne beaucoup de fleurs. *Plante florifère.*

FLORILÈGE. *n. m.* (1704; lat. mod. *florilegium*, de *flos, floris*, fleur, et *legere*, choisir, fait sur le lat. anc. *spicilegium* V. **Spicilège**). Recueil de pièces choisies. V. **Anthologie.**

1 « Le livre mignard de tes vers, dans cent ans comme aujourd'hui, sera le bien choyé des châtelaines, des damoiseaux et des ménestrels, florilège de chevalerie, décaméron d'amour qui charmera les nobles oisivetés des manoirs. »
A. BERTRAND, **Gaspard de la nuit,** A Hugo.

2 « ... son livre débordant d'amour et gonflé de citations choisies avec un tel art qu'il est devenu une sorte d'éblouissant florilège. »
HENRIOT, **Romantiques,** p. 11.

FLORIN. *n. m.* (1316; ital. *fiorino*, de *fiore*, fleur, ancienne monnaie de Florence marquée d'une fleur de lis). Pièce de monnaie qui eut cours en France et dans différents pays. — *Auj.* Unité monétaire des Pays-Bas. *Florin hollandais* (guilder ou gould, gulden).

FLORIR. V. FLEURIR I, 3°.

FLORISSANT, ANTE. *adj.* (XIIIᵉ s.; adj. verb. de *florir.* V. **Fleurir**). Qui fleurit (au *fig.*), est en plein épanouissement, en pleine prospérité. *Peuple, État, pays florissant.* V. **Heureux, prospère, riche** (Cf. Abondance, cit. 1; commerce, cit. 7). *Commerce florissant* (Cf. Exporter, cit. 1). *Entreprise florissante.* V. **Brillant.** *École, théorie florissante* (Cf. Anatomie, cit. 3): en plein essor, en pleine vogue.

1 « La sculpture en bois a été longtemps florissante en Bretagne. »
RENAN, **Souv. d'enf.,** II, II.

2 « L'histoire nous montre que le théâtre n'est florissant que dans la contrainte ou la protection de la collectivité. »
JOUVET, **Réflexions du comédien,** p. 168.

— *Par anal.* V. **Beau, sain.** *Santé florissante*, très bonne santé. *Par ext.* Qui témoigne d'une bonne santé, d'une forme excellente. *Un teint florissant, une mine florissante.* V. **Fleuri.** *Chair florissante* (Cf. Carnation, cit. 2; chair, cit. 24).

3 « Selon les Grecs, le plus agréable spectacle que l'on pût donner aux Dieux était celui que présentent de beaux corps florissants, développés dans toutes les attitudes qui montrent la force et la santé. »
TAINE, **Philos. de l'art,** t. II, p. 177.

ANT. — **Pauvre*; décadent. Amaigri, dévasté, souffreteux.**

FLORULE. *n. f.* (1865; lat. *flos, floris*, fleur). *Bot.* Chacune des petites fleurs d'un épi ou d'une fleur composée. — Flore d'une région ou d'un groupe de plantes.

FLOSCULEUX, EUSE. *adj.* (1792; lat. *flosculus*, dim. de *flos*, fleur). *Bot.* Qui est uniquement composé de fleurons, de florules. *Les fleurs flosculeuses de la centaurée. Fleur semi- ou demi-flosculeuse.*

FLOT. *n. m.* (XIIᵉ s.; *fluet*, puis *flot* par attract. de *flotter;* francique *flôd*).

I. || 1° Se dit de toutes les eaux en mouvement. V. **Lame, onde, vague.** *Les flots de la mer* (Cf. Embellie, cit. 1), *d'un lac* (Cf. Bruit, cit. 6). *Flots azurés, argentés. Fleuve qui roule ses flots entre des rives boisées. Le flot monte de toutes parts. Flots d'un liquide en ébullition.* V. **Bouillon.** — *Par ext. Un flot de lave.* V. **Coulée.** *Un flot de boue.*

1 « La Seine, au pied des monts que son flot vient laver. »
BOIL., **Épît.,** VI.

2 « Ô lac ! l'année à peine a fini sa carrière, Et près des flots chéris qu'elle devait revoir, Regarde ! je viens seul m'asseoir sur cette pierre... »
LAMART., **Prem. médit.,** Le lac.

3 « Les mois, les jours, les flots des mers, les yeux qui pleurent, Passent sous le ciel bleu; »
HUGO, **Contempl.,** IV, XV.

4 « Roule, roule ton flot indolent, morne Seine. Sous tes ponts qu'environne une vapeur malsaine Bien des corps ont passé, morts, horribles, pourris, Dont les âmes avaient pour meurtrir Paris. »
VERLAINE, **Poèm. satur.,** Nocturne parisien.

— *Absolt.* (au plur.). *Poét.* En parlant de la mer. *Navire qui fend les flots, danse* (cit. 10) *sur les flots. La lune** (cit. HUGO) *jouait sur les flots. Flots qui se brisent sur le rivage, sur un brise-lames. Flots tranquilles* (Cf. Expirer, cit. 8), *agités, écumeux, tournoyants, tumultueux. Le courroux* (cit. 5), *la fureur des flots* (Cf. Arrêter, cit. 23; calmer, cit. 1). *Combat, soulèvement, mugissement des flots* (Cf. Ballotter, cit. 1). *La caresse des flots et leur crinière* (cit. 3) *d'écume. Se laisser porter, bercer au gré des flots. Engloutir* (cit. 7) *dans les flots.* — (Au sing.). V. **Vague.** *Apporté, emporté par le flot* (Cf. Apporter, cit. 4; assaillir, cit. 6).

5 « Un jour deux pèlerins sur le sable rencontrent Une huître que le flot y venait d'apporter. »
LA FONT., **Fab.,** IX, 9.

« Elle est au sein des flots, la jeune Tarentine. 6
Son beau corps a roulé sous la vague marine. »
A. CHÉNIER, **Bucoliques,** XXI.

« Ô flots, que vous savez de lugubres histoires ! 7
Flots profonds, redoutés des mères à genoux !
Vous nous les racontez en montant les marées,
Et c'est ce qui vous fait ces voix désespérées
Que vous avez le soir quand vous venez vers nous ! »
HUGO, **Rayons et ombres,** XLII.

« En face de nous, Beyrouth, avec ses maisons blanches, bâtie à 8
mi-côte et descendant jusqu'au bord des flots, au milieu de la verdure des mûriers et des pins parasols. »
FLAUB., **Corresp.,** 263, 26 juillet 1850.

— *Spécialt. Flots accompagnant la marée. Le flot,* la marée montante. V. **Flux.** *L'heure du flot.*

« A la Bouille, on reste dix minutes et on revient avec la *barre,* ou 9
le *flot,* ou le *mascaret,* raz de marée. »
MAUROIS, **Lélia,** IX, I.

— *Fig.* Ce qui est ondoyant, se déroule en vagues. *Les flots d'une chevelure. Des flots de ruban, de dentelle, de tissu* (Cf. Échancrure, cit. 1; épandre, cit. 14). *Spécialt.* (Archit.). *Flots grecs,* ornements en forme de vagues.

« Ton cou svelte émergeant d'un flot de mousseline. » 10
SAMAIN, **Le chariot d'or,** Élég., Quand je suis à tes pieds...

« ... les coiffeurs conseillaient souvent de soutenir le flot des che- 11
veux naturels par un dessous de postiche. »
ROMAINS, **H. de b. vol.,** t. III, X, p. 135.

|| 2° Quantité* considérable de liquide versé, répandu. V. **Déluge, fleuve, torrent.** *Verser des flots de larmes* (Cf. Égayer, cit. 3). *Répandre des flots de sang* (Cf. Assouvir, cit. 13; barbouiller, cit. 3). *Flot de sang qui monte au visage.* V. **Afflux.**

— *Par métaph. Événement qui fait couler* (cit. 26) *des flots d'encre. Répandre des flots de bile, de fiel* (cit. 1), se répandre en propos amers et emportés.

|| 3° *Fig.* Se dit de tout ce qui rappelle le mouvement ou l'abondance des flots. *Flots de fumée* (Cf. Chibouque, cit. 1). *Flots de clarté, de lumière* (Cf. Baigner, cit. 4; cachemire, cit. 1). *Flot humain, flot de gens, d'arrivants, de voyageurs.* V. **Affluence, foule, multitude** (Cf. Aborder, cit. 4; affluer, cit. 4; bouche, cit. 26). *Des flots d'auditeurs** (cit. 1), *d'adorateurs** (cit. 2). *Empire submergé sous le flot des barbares* (Cf. Crever, cit. 30; église, cit. 11). *Flot continu, ininterrompu. Suivre le flot.* V. **Courant.** *Flot des jours, du temps.* V. **Cours, écoulement** (Cf. Alluvion, cit. 3; ancre, cit. 5; couche, cit. 6; écouler, cit. 15). *Flot de souvenirs, d'idées, d'impressions* (Cf. Abstraction, cit. 7; arrière-fond, cit. 2; attendrissement, cit. 5). *Flots de paroles, d'injures, d'éloquence, de poésie ...* V. **Débordement, torrent.** *Flots d'harmonie* (Cf. Musique). *Flot de barbarie* (Cf. Acropole, cit. 2).

« Flots d'amis renaissants ! Puissent mes destinées 12
Vous amener à moi, de dix en dix années, »
VIGNY, **Poèm. philos.,** Esprit pur, X.

« Autour de moi, des groupes animés se pressent devant les bou- 13
tiques de victuailles, et je flotte comme une épave au gré de ces flots vivants qui, quand ils submergent, caressent encore. »
FRANCE, **Crime S. Bonnard, Œuv.,** t. II, p. 302.

« Assieds-toi à une terrasse de café ; regarde couler ce flot de 14
visages. O faces déshonorées ! »
MAURIAC, **Souffr. et bonh. du chrét.,** p. 54.

« ... les pauvres lettres s'entassaient, pour être noyées bientôt sous 15
le flot des suivantes et finir dans l'oubli. » LOTI, **Désench.,** I, I.

« Un flot de griefs mesquins semblait jaillir, avec une force irré- 16
sistible, de ces deux cœurs tourmentés. »
MAUROIS, **B. Quesnay,** XX.

— *Loc. adv. A flots, à longs flots, à grands flots, à flots pressés...* V. **Abondamment** (cit. 2), **beaucoup.** *Pluie qui tombe, vin qui coule à flots. L'argent y coule à flots. Le soleil entre à flots.*

« Un port retentissant où mon âme peut boire 17
A grands flots le parfum, le son et la couleur ; »
BAUDEL., **Fl. du mal,** Spleen et idéal, XXIII.

II. État de ce qui flotte. — *Navire à flot,* qui est *à flot,* qui a assez d'eau pour flotter. *Bassin à flot. Remettre à flot un bateau.* V. **Renflouer*.** *Mettre du bois à flot,* le jeter à l'eau pour le faire transporter par le courant. — *Par ext. Un flot:* quantité de bois de flottage* constituant une expédition.

« On ne démarrait toujours pas. Mais la barque s'allégeait pour- 18
tant et lorsqu'en sortit un missionnaire, maigre comme un clou, voici qu'elle se remit à flot. » GIDE, **Attendu que...,** p. 33.

— *Fig. Être à flot:* cesser d'être submergé par les difficultés (d'argent, de travail...). *Mettre, remettre à flot* (quelqu'un, une entreprise) : en état de se tirer d'affaire, de fonctionner. V. **Renflouer, rétablir.**

DER. — Cf. Flotter*, et (rad. lat. *fluctus*), fluctuation.

COMP. — **Afflouer, renflouer.**

FLOTTANT, ANTE. *adj.* (XVIᵉ s.; de *flotter*).

|| 1° Qui flotte*. *Équilibre des corps flottants.* V. **Métacentre** (Cf. Principe d'Archimède). *Glaces flottantes* (V. **Banquise, iceberg**). *Bois* (cit. 34) *flottants. Plante aquatique aux feuilles flottantes. Plante flottante,* dont les racines sont suspendues dans l'eau (V. **Lenticule**). *Iles flottantes,* formées de végétaux entrelacés et d'une légère couche de terre qui se maintiennent à la surface de l'eau. — *Ancre flottante*, flotteur spécial offrant un point fixe à un petit bateau. — *Mines* flottantes.* — *Pêche à la ligne* flottante.* — Spécialt. Blas. *Navire, poisson flottant sur des ondes.* — Par métaph. *Les grands paquebots, villes flottantes. Une ville flottante*, roman de J. Verne.

1 « La mer est habitée par les hommes ; la terre lui envoie, dans des villes flottantes comme des colonies de peuples errants qui, sans autre rempart que d'un bois fragile, osent se commettre à la fureur des tempêtes... »   BOSS., 2ᵉ sermon, Quinquag., Préamb.

2 « Je me jetai à la nage et j'abordai, dans la nuit, l'*Océan*, notre vaisseau, ma flottante prison. »   VIGNY, Servit. et grand. milit., III, VI.

‖ 2° *Par anal.* Qui flotte dans les airs au gré du vent. *Nuages flottants. Brume flottante* (Cf. Baigner, cit. 6). *Flottantes exhalaisons* (Cf. Bien-être, cit. 2).

3 « Des parfums, des fraîcheurs, une moiteur flottante l'accompagnent et communiquent d'emblée à l'entrevue un charme d'intimité physique. »   ROMAINS, H. de b. vol., t. II, XIV, p. 154.

— Qui ondoie librement. *Étendards flottants. Crinière* (cit. 2) *flottante. Cheveux flottants* V. **Dénoué, épars.** *Vêtement, voile flottant. Manteau ample* et flottant. Longue robe flottante, chemise aux pans flottants* (Cf. Étendre, cit. 52). *Draperies flottantes* (Cf. Escarpement, cit. 1).

4 « De temps en temps la brise de mer soulève par le coin sa jupe flottante et montre sa jambe luisante et superbe ; »   BAUDEL., Spl. de Paris, XXV.

— Qui n'est pas attaché fixement et a une relative liberté de mouvements. — Mécan. *Moteur* flottant.* — Pathol. *Rein* flottant ou mobile.* — Physiol. *Côtes* flottantes.*

— *Par métaph.* :

5 « Ce qui s'use le plus vite en nous, c'est la volonté. Sachez donc vouloir une fois, vouloir fortement ; fixez votre vie flottante et ne la laissez plus emporter à tous les souffles comme le brin d'herbe séché. »   LAMENNAIS, Lett. à Ste-Beuve (in BILLY, Ste-Beuve, p. 137).

‖ 3° *Fig.* Qui n'est pas fixe ou assuré. V. **Variable.** — Fin. *Dette* flottante. Consolidation de la dette flottante.* — *Population flottante*, dont le chiffre varie constamment.

6 « Outre sa population flottante, cantonnée dans la cour, la Jacressarde avait trois locataires... »   HUGO, Travaill. de la mer, I, V, VII.

— *Caractère, esprit flottant*, qui manque de fermeté, d'esprit de suite. V. **Instable.** *Être flottant dans ses opinions.* V. **Incertain, inconstant, indécis, indéterminé, irrésolu, mobile, ondoyant** (Cf. N'être ni chair* ni poisson). *Opinions flottantes.* V. **Fluctuant.** *Pensée flottante et confuse* (Cf. Assoupir, cit. 13). V. **Errant, mouvant, vagabond.** *Fixer une attention flottante. La victoire est longtemps restée flottante.* V. **Douteux, hésitant.**

7 « Son cœur, toujours flottant entre mille embarras, Ne sait ni ce qu'il veut ni ce qu'il ne veut pas. »   BOIL., Sat., VIII.

8 « ... d'un Visir (*Vizir*) la fortune flottante. »   RAC., Bajaz., IV, 7.

9 « Vous avez toujours été flottant en politique. »   FÉN., Dial. des morts, Caton et Cicéron.

10 « Cette bourgeoisie de 89, nourrie du grand siècle de la philosophie, était certainement moins égoïste que la nôtre. Elle était flottante, incertaine, hardie de principes, timide d'application... »   MICHELET, Hist. Révol. fr., II, II.

11 « (la musique)... convient mieux que tout autre art pour exprimer les pensées flottantes, les songes sans formes, les désirs sans objet et sans limite, le pêle-mêle douloureux et grandiose d'un cœur troublé qui aspire à tout et ne s'attache à rien. »   TAINE, Philos. de l'art, t. I, p. 100.

12 « Ce sujet présente, m'a-t-il dit, un intérêt anecdotique particulièrement propre à fixer l'attention de Casimir, qui est souvent un peu flottante... »   GIDE, Isabelle, III.

ANT. — Arrêté, assuré, certain, fixe, immobile, précis, résolu, sûr.

1. FLOTTE. *n. f.* (XIIᵉ s. avec développement au XVIᵉ s. ; étymol. obsc. : l'identité avec l'anc. fr. *flote*, « troupe, multitude » est contestée).

‖ 1° Réunion d'un nombre plus ou moins considérable de navires de guerre ou de commerce naviguant ensemble, destinés aux mêmes opérations ou se livrant à la même activité. *Une flotte de guerre.* V. **Force ; naval** (force navale). Cf. Arborer, cit. 4 ; bassin, cit. 7 ; essuyer, cit. 8. *La flotte de la Méditerranée.* V. **Escadre.** *Équiper une flotte. La flotte qu'arma Philippe II.* V. **Armada.** *Flotte de débarquement** (cit. 1). *Petite flotte.* V. **Flottille.** — *Flotte d'une compagnie maritime, pétrolière* ... V. **Navigation.**

1 « ...un voyage d'un an pour les flottes grecques et romaines était à peu près de trois pour celles de Salomon. »   MONTESQ., Espr. des lois, XXI, 6.

2 « ... je m'étais imaginé rentrant là-bas à la tête d'une flotte de guerre... »   LARBAUD, Barnabooth, Journ., p. 363.

3 « Comme la Compagnie a augmenté sa flotte et qu'elle a manqué de personnel, on nous avait un peu surmenés. »   ROMAINS, Lucienne, p. 137.

‖ 2° *Par ext.* L'ensemble des forces navales d'un pays. *La flotte de guerre* ou absolt. *La Flotte.* V. **Marine.** *Amiral, équipages de la Flotte. Consigner* (cit. 4) *la flotte dans les ports.* — *La flotte de commerce :* l'ensemble des navires de commerce. *La flotte baleinière, bananière, charbonnière, pétrolière* ... *de la France.*

‖ 3° *Par anal. Flotte aérienne :* formation d'avions. *La flotte aérienne de la France :* l'ensemble de ses forces aériennes.

‖ 4° *Fig.* (fin XIXᵉ s., par attract. de *flot*). Pop. V. **Eau, pluie.** *Boire de la flotte. Il tombe de la flotte* (d'où *flotter.* V. **Pleuvoir**).

DER. — **Flottille.** *n. f.* (XVIIᵉ s., par l'intermédiaire de l'esp. *flotilla,* dimin. de *flota,* flotte). Réunion de petits bâtiments. — *Flottille de pêche* (d'un port, d'un armateur, sur les lieux de pêche). — En parlant de petits navires de même type d'une escadre : *Flottille d'escorteurs, de sous-marins.* — *Flottilles de bateaux** (cit. 3) *plats, en vue d'un débarquement.*

« Quatre heures du matin. Branle-bas. — Nuit close. Le corps de débarquement déjeune à la hâte, s'arme, prend ses munitions... puis, on s'embarque dans les canots... Cinq heures cinquante. Toute la flottille des canots se met en marche. »   LOTI, Fig. et choses..., p. 216.

2. FLOTTE. *n. f.* (XIIIᵉ s. ; substant. verb. de *flotter*). Techn. Nom donné à divers objets flottants. V. **Flotteur.** — *Flottes utilisées pour flotter* un câble.* V. **Bouée.** — *Ligne de pêche munie d'une flotte.* V. **Bouchon.** — *Flottes en liège ou bois léger pour soutenir une ligne flottante.*

FLOTTEMENT. *n. m.* (XVᵉ s. ; de *flotter*). Action de flotter* ; résultat de cette action.

‖ 1° Mouvement d'ondulation*. V. **Agitation, balancement.** *Le flottement des câbles de l'ascenseur.*

— En parlant de colonnes militaires. *Il y a du flottement dans les rangs :* un mouvement d'ondulation qui rompt l'alignement.

‖ 2° *Fig.* (sens développé au XIXᵉ s.). V. **Hésitation, incertitude, indécision.** *Un flottement se produisit dans l'assemblée. Observer un certain flottement dans le comportement, dans les opinions de quelqu'un.*

1 « Mais quel directeur de conscience comprendrait assez subtilement ce flottement, cette indécision passionnée de tout mon être, cette égale aptitude aux contraires. »   GIDE, Journ., 19 janv. 1912.

2 « Ils s'habituent à la responsabilité que vous leur donnez, après un temps de flottement dont il vous appartient de mesurer les risques. »   ROMAINS, H. de b. vol., t. IV, IV, p. 23.

3 « Un grand flottement s'ensuivit chez les tenants du libéralisme chrétien, quand celui (Lamennais) qu'ils avaient considéré comme leur maître leur parut devenir le plus grand adversaire de l'Église. »   HENRIOT, Romantiques, p. 280.

FLOTTER. *v. intr.* et *tr.* (*Floter,* 1100 ROLAND ; fig. dès le XIIIᵉ s. ; orig. obsc. Cf. Flot et lat. *fluctuare*).

I. *V. intr.* ‖ 1° Être porté sur un liquide. V. **Surnager.** *Particules graisseuses qui flottent sur un bouillon.* V. **Nager.** *Faire flotter des bateaux de papier, une bouée, un radeau. L'arche de Noé flotta sur les eaux quarante jours* (Cf. Déluge, cit. 2). *Corps qui flotte à la surface de l'eau. Épave, bouchon qui flotte à la dérive, à l'aventure. Noyé qui flotte entre deux eaux.*

1 « Sur l'onde calme et noire où dorment les étoiles La blanche Ophélia flotte comme un grand lys, »   RIMBAUD, Poés., VI.

2 « C'est le premier bain de mer qui tranche la dernière entrave... Flotter, désormais, entre cette méduse et ce trigle-hirondelle, voir passer sur le fond de sable blanc mon ombre nageante... »   COLETTE, Belles saisons, p. 17.

‖ 2° *Par anal.* En parlant de ce qui est en suspension dans les airs. V. **Voler, voltiger.** *Poussières qui flottent dans une pièce. Le parfum qui flotte autour d'elle* (Cf. Arôme, cit. 4). *Fumée qui flotte à la bouche d'un canon* (Cf. Bombarde, cit.). *Vapeur* (Cf. Estomper, cit. 7), *brouillard* (cit. 4), *brume qui flotte au-dessus des prés.* — *Bruit flottant dans l'air calme* (cit. 4) *du soir. Une ombre, un fantôme flotte autour de nous.*

3 « Dès le retour à Paris l'ombre de François flotta de nouveau, imprécise et toujours présente, autour de notre vie. »   MAUROIS, Climats, I, XVIII.

4 « Une fine fumée flotte encore, mêlée à de la poussière en suspens. »   ROMAINS, H. de b. vol., t. II, XX, p. 239.

5 « Il flottait encore dans l'air un reste d'encens dont elle huma l'odeur une ou deux fois avec un plaisir mélancolique ; »   GREEN, Léviathan, I, IX.

— Bouger, remuer au gré du vent ou de quelque autre impulsion variable. V. **Ondoyer, onduler.** *Fil d'araignée qui flotte dans les airs* (Cf. Argenté, cit. 4). *Faire flotter un panache, un drapeau.* V. **Agiter, brandiller** (Cf. Armoirie, cit. 3 ; crête, cit. 3). *Cheveux qui flottent sur les épaules* (Cf. Annoncer, cit. 14 ; dont, cit. 18). *Les basques de sa jaquette flottent derrière lui* (Cf. Alpaga, cit.).

6 « Leurs beaux cheveux pendaient sur leurs épaules et flottaient au gré du vent. »   FÉN., Télém., IV.

7 « Surtout qu'il commençait à se lever un petit vent de rivière et que flottaient dans le cadre des fenêtres les rideaux tuyautés comme autant de petits drapeaux de fraîche gaieté. »
CÉLINE, **Voyage au bout de la nuit,** p. 365.

— Se dit de ce qu'on laisse lâche, qu'on ne retient pas. *Vêtements vagues qui flottent autour du corps. Laisser flotter les pans d'une écharpe.*

8 « Leurs personnes délicates sont perdues dans ces vêtements larges, qui flottent autour de petites marionnettes sans corps, et qui glisseraient d'eux-mêmes jusqu'à terre... »
LOTI, **Mme Chrysanth.,** XLIX.

— *Laisser, faire flotter des rênes.* V. **Bride*.**

9 « Sa main sur ses chevaux laissait flotter les rênes. »
RAC., **Phèd.,** V, 6.

‖ 3° *Par ext.* Être porté de côté et d'autre, être instable. *Les rangs de la colonne flottent:* ne sont pas alignés. *Flotter au hasard.* V. **Errer.** *Elle laissait flotter ses mains sur le clavecin** (cit. 1). *Regard qui flotte incertain. Reflet qui flotte dans un regard* (Cf. Céleste, cit. 12). *Un léger sourire flottait sur ses lèvres.*

— *Fig.* Avec une nuance de fantaisie, de liberté. *Laisser flotter ses pensées, son attention,* renoncer à les diriger, à les contrôler. V. **Vaguer.** *Flotter d'une pensée à une autre, d'une expérience à une autre:* aller de l'une à l'autre sans s'y arrêter sérieusement.

10 « Je flottai quelque temps d'idée en idée et de projet en projet. »
ROUSS., **Conf.,** IX.

11 « Nos chevaux, au soleil, foulaient l'herbe fleurie ;
Et moi, silencieux, courant à ton côté,
Je laissais au hasard flotter ma rêverie. »
MUSS., **Poés. nouv.,** Sonnet à Alf. T.

12 « Son attention précise et autrefois assez sévère flottait à présent entraînée vers de fabuleuses, interminables digressions. »
CÉLINE, **Voyage au bout de la nuit,** p. 392.

13 « ... mon esprit détendu s'est laissé flotter au hasard. »
GIDE, **Journ.,** 10 mai 1906.

— Avec une nuance d'indécision. *Flotter entre une chose et une autre,* ne pouvoir arrêter son choix, ne pouvoir se fixer. V. **Balancer** (cit. 28), **hésiter*** (Cf. Atermoyer, cit. 1). *Il flotte entre ses penchants et ses devoirs* (Cf. Contradiction, cit. 4), *entre la sagesse et l'égarement** (cit. 3).

14 « Elle flotte, elle hésite ; en un mot, elle est femme. »
RAC., **Athal.,** III, 3.

15 « ...ce cœur à la fois si fier et si tendre, le caractère efféminé, mais pourtant indomptable, qui, flottant toujours entre la faiblesse et le courage, entre la mollesse et la vertu, m'a jusqu'au bout mis en contradiction avec moi-même, a fait que l'abstinence et la jouissance, le plaisir et la sagesse, m'ont également échappé. »
ROUSS., **Conf.,** I.

16 « Il passa plusieurs années ainsi partagé entre deux maîtresses ; flottant sans cesse de l'une à l'autre ; souvent voulant renoncer à toutes deux et n'en pouvant quitter aucune ; repoussé par cent raisons, rappelé par mille sentiments, et chaque jour plus serré dans ses liens par ses vains efforts pour les rompre. »
ID., **Amours de Mylord E. Bomston.**

17 « Je me suis épris d'une beauté en pourpoint et en bottes, d'une fière Bradamante qui dédaigne les habits de son sexe et qui vous laisse par moments flotter dans les plus inquiétantes perplexités; »
GAUTIER, **Mlle de Maupin,** XI, p. 316.

18 « Lorsque l'âme flotte incertaine entre la vie et le rêve, entre le désordre de l'esprit et le retour de la froide réflexion... »
NERVAL, **Aurélia,** II, 1.

19 « Mon opinion personnelle est hésitante de plus en plus et flotte au gré des courants. »
GIDE, **Journ.,** 21 fév. 1943.

‖ 4° *Pop.* (V. **Flotte,** 4°). V. **Pleuvoir.** *On dirait qu'il va flotter.*

II. *V. tr. Flotter du bois:* le lâcher dans un cours d'eau pour qu'il soit transporté. *Bois flotté,* venu par flottage*. *Flotter un câble, une torpille:* les maintenir sur l'eau au moyen de bouées. V. **Flotte 2.**

ANT. — **Couler, enfoncer (s'), sombrer. Fixer (se). Décider (se).**

DER. — **Flottable.** *adj.* (1572). Sur lequel du bois peut flotter. *Cours d'eau navigable et flottable* (Cf. Atterrissement, cit. 1). Qui peut flotter. *Bouée flottable.* V. **Insubmersible.** (DER. **Flottabilité.** *n. f.* (1856). Qualité de ce qui peut flotter. *Spécialt.* État d'un navire reconnu apte à flotter. *La flottabilité est le résultat des deux forces qui agissent sur un corps flottant**). — **Flottage.** *n. m.* (1446). Transport par eau de bois flotté. *Flottage à bûches perdues.* V. **Flot,** II. *Train de flottage.* V. **Radeau.** *Ouvriers employés autrefois au flottage.* V. **Flotteur.** *Rivière où le flottage est encore employé dans les pays à grandes exploitations forestières ou pauvres en moyens de transports.* — **Flottaison.** *n. f.* (1446; sens mod. 1762 ACAD.). Intersection de la surface externe d'un navire à flot avec le plan horizontal d'une eau tranquille. *Ligne de flottaison,* ligne que le niveau de l'eau trace sur la coque d'un bâtiment, séparant la carène* de l'accastillage*. *Plan de flottaison,* plan passant par la ligne de flottaison. *Flottaison en charge*,* limite supérieure de la flottaison quand le navire est chargé au maximum (souvent marquée sur la coque). *Flottaison lège,* limite inférieure quand le navire est lège*. *Canonniers visant à la flottaison.* — **Flottant, ante.** — **Flottation.** *n. f. Techn.* Procédé employé pour séparer les minerais de leur gangue en poudre, en les amenant à flotter dans un courant liquide. — **Flotte 2, flottement, flotteur.**

FLOTTEUR. *n. m.* (1415, au sens vieilli d'homme employé au flottage*; de *flotter*).

‖ 1° Tout corps solide apte à flotter.

« Un navire est un flotteur capable de mouvement, construit pour   1
transporter des personnes ou des choses, ou les deux. »
A. THOMAZI, **Les navires,** p. 5 (éd. P.U.F.).

‖ 2° *Techn.* Se dit de divers objets (généralement creux) flottant à la surface de l'eau et destinés soit à effectuer des mesures ou des réglages (niveau, vitesse), soit à soutenir ou maintenir à la surface des corps submersibles.

— *Mar. et pêche.* V. **Bouée, flotte 2.** *Flotteur à air d'un canot. Flotteurs en liège* (pour lignes flottantes) *ou en verre* (pour soutenir des filets). — *Av. Hydravion à flotteurs* (par oppos. à l'*hydravion à coque,* dont le fuselage repose directement sur l'eau). — *Mécan. Flotteur d'alarme d'une machine à vapeur:* boule flottant sur l'eau d'une chaudière et actionnant un siflet quand le niveau baisse. *Flotteur de carburateur d'automobile,* pour maintenir le niveau du carburant dans la cuve d'alimentation du carburateur. *Flotteur de chasse d'eau.* — *Hydraul. Flotteurs légers,* que l'on fait flotter sur un cours d'eau pour en mesurer la vitesse. *Flotteur à niveau constant, à clapet; flotteur à pression constante, flotteur de Prony,* servant à maintenir un niveau ou une pression. — *Par métaph.:*

« Dans le courant tempétueux de la vie, les caractères sont des   2
poids ou des flotteurs qui tantôt nous font couler à fond, tantôt nous maintiennent à la surface. »
TAINE, **Philos. de l'art,** t. II, p. 284.

FLOU, OUE. *adj.* (XIIe s. *flo,* « fluet*, mince » et aussi « faible, languissant; fané, flasque »; étymol. douteuse). Dont les contours sont adoucis, peu nets. V. **Effacé, fondu, léger, nébuleux, vaporeux.**

‖ 1° *T. d'Art.* *Une médaille floue. Dessin flou. Tons, coloris flous.* — *Adverbialt.* « Peindre *flou,* c'est peindre d'une manière tendre, légère, noyée et opposée à cette autre manière qu'on appelle dure et sèche » (TRÉV., Dict. 1771). — *Substantivt. Le flou d'une peinture, d'une sculpture, d'une gravure.* Photo et ciném. *Flou artistique.*

« Diognète sait d'une médaille le frust(e), le feloux (sic), et la   1
fleur de coin. »
LA BRUY., XIII, 2.

« ... ce « flou » délicieux des peintures de Lawrence, en harmonie   2
avec la douceur de son caractère. »
BALZ., **Une fille d'Ève,** Œuv., t. II, p. 99.

« ... Ary Scheffer eut tort de quitter en pleine réputation la ma-   3
nière vague, floue, pleine de grâce et de morbidesse qui faisait son originalité... »
GAUTIER, **Portr. contempor.,** p. 309.

‖ 2° *Dans le lang. général* (à partir du XIXe s.). V. **Brumeux, indistinct.** *Elle eut un étourdissement, tout devint flou autour d'elle* (Cf. Étourdir, cit. 3).

« Tout devenait flou, incertain, mais il en émanait comme un brouil-   4
lard animé d'une faible vie, dont il semblait qu'on pût attendre quelque apparition. »
BOSCO, **Rameau de la nuit,** p. 50.

— *Par ext.* V. **Lâche, vague, vaporeux.** *Une robe floue,* qui n'est pas ajustée au corps. *Substantivt. Cout. Travailler dans le flou.*

« Madame, rien ne va mieux aux brunes, les brunes ont quelque   5
chose de trop précis dans les contours, et les marabouts prêtent à leur toilette un flou qui leur manque. » BALZ., **Ferragus,** Œuv., t. V, p. 23.

— *Fig.* V. **Incertain, indécis, vague.** *Pensée floue. Style flou.* diluté. *Substantivt. Le flou de sa pensée.*

« Il lui arrive assez souvent de ne pas achever ses phrases, ce qui   6
donne à sa pensée une sorte de flou poétique. »
GIDE, **Faux-Monnayeurs,** III, II.

« J'arrive maintenant à réfléchir un peu. Ma pensée est encore   7
floue, ouatée de neige. » BOSCO, **Hyacinthe,** p. 152.

ANT. — **Distinct, net, précis.**

FLOUER. *v. tr.* (XVIe s. in HUGUET; repris au XIXe (1827); var. de *frouer,* « tricher au jeu »). *Fam.* Voler (quelqu'un) en l'attrapant; le tromper. V. **Duper, escroquer.**

« Il vous a fallu de l'argent. Où en prendre ? Vous avez saigné vos sœurs. Tous les frères *flouent* plus ou moins leurs sœurs. »
BALZ., **Père Goriot,** Œuv., t. II, p. 935.

FLOUVE. *n. f.* (1786; orig. inconn.). Plante monocotylédone (Graminées), scientifiquement appelée *anthoxanthum,* qui donne au foin son odeur particulière et agréable. *Flouve odorante.*

FLUATE. *n. m.* (1787; de *fluor*). Nom commercial des fluosilicates.

FLUCTUANT, ANTE. *adj.* (XIVe s.; lat. *fluctuans,* p. prés. de *fluctuare,* flotter). V. **Fluctuer.** Qui flotte, hésite, est plein d'incertitude. V. **Flottant*, hésitant, incertain, indécis, indéterminé.** *Opinions fluctuantes. Il est fluctuant dans ses opinions, dans ses goûts.* V. **Inconstant, instable, mobile.** — REM. Ce sens, donné comme néologisme par quelques dictionnaires, remonte en réalité au XIVe s.; courant au XVIe s., il est indiqué par LITTRÉ dans son Supplément (1877).

« ... le roi inconstant en ses pensées, fluctuant en ses desseins. »   1
D'AUBIGNÉ, **Hist. univ.,** XII, 5,

2 « Les cogitations vagues et fluctuantes qui vous mettent l'âme en désordre. »   MALH., **Lexique**, éd. L. Lalanne (in LITTRÉ, Suppl.).

— *Méd.* Qui se déplace par un mouvement ondulatoire, en parlant d'un liquide contenu dans une cavité de l'organisme. V. **Fluctuation.**

ANT. — Ferme, invariable; immobile, stable.

FLUCTUATION. *n. f.* (XIIᵉ s.; lat. *fluctuatio*, de *fluctuare*, flotter). Mouvement alternatif comparable à l'agitation des flots. V. **Balancement, déplacement, oscillation.** — S'emploie (surtout au plur.) en parlant d'alternatives en sens contraire. V. **Changement, variation.** *Fluctuations de l'opinion publique, d'une maladie* (Cf. Cellule, cit. 2). *Fluctuations diplomatiques. Les fluctuations et palinodies d'un politicien. Fluctuations d'un marché, des cours, de la cote des changes. Fluctuations continuelles.* V. **Mobilité, variabilité.**

1 « Les fluctuations qui surviennent dans les prix de tous les effets négociables... »   NECKER, cité par BRUNOT, H.L.F., t. VI, p. 166.

2 « La profonde incertitude où se trouvait le génie le plus fort, plus pénétrant peut-être de toute la Révolution (c'est de Danton que je parle), sa fluctuation entre les partis qui lui faisait, dit-on, recevoir de plusieurs côtés, comment pouvait-il la couvrir ? Sous des paroles violentes. »   MICHELET, **Hist. Révol. fr.**, IV, VIII.

3 « Son esprit oscilla toute une grande heure dans les fluctuations auxquelles se mêlait bien quelque lutte. »   HUGO, **Misér.**, I, II, X.

4 « Je veux dire que dans ces fluctuations, dans ces agitations, dans cette crise, dans ces sautes, dans ces coups de force et dans ces coups de théâtre il y eut au moins deux ou trois fois quarante-huit heures où tout le pays (nos adversaires mêmes je les dis même leurs chefs) crut à l'innocence de Dreyfus. »   PÉGUY, **Notre jeunesse**, p. 119.

— *Spécialt. Méd.* Mouvement ondulatoire que l'on imprime par pression ou percussion à un liquide fluctuant*.

ANT. — Cf. Immobilité, stabilité.

FLUCTUAT NEC MERGITUR. Mots lat. signif. « Il est ballotté par les flots mais ne sombre pas ». Devise de la ville de Paris dont l'emblème est un vaisseau.

FLUCTUER. *v. intr.* (XVIᵉ s.; lat. *fluctuare*, flotter). *Peu usit.* Être ballotté, comme un flot, agité par le vent. V. **Balancer** (se). — *Fig.* Être fluctuant*, passer par des alternatives, des opinions opposées. V. **Flotter.**

« Habituellement vêtu d'un habit bleu barbeau, il prenait chaque jour un gilet de piqué blanc, sous lequel fluctuait son ventre piriforme et proéminent. »   BALZ., **Père Goriot**, Œuv., t. II, p. 861.

DER. — (du lat. *fluctuosus*). **Fluctueux, euse.** *adj.* (XIIIᵉ s.). *Vx.* Agité de mouvements contraires, violents. *Détroit fluctueux.* Fig. *Un esprit fluctueux* (HATZFELD).

FLUER. *v. intr.* (1288; lat. *fluere*, couler). *T. de Méd.* Se dit des liquides, des sérosités qui s'épanchent de quelque partie du corps. — REM. Au sens général de « couler, s'écouler », *Fluer* est un archaïsme que l'on rencontre encore dans la langue littéraire.

1 « ... la petite rivière agaçante fluant sous ses fenêtres... »   MAUPASS., **Notre cœur**, III, II.

2 « La phrase tombe dans un vague lamartinien qui laisse fluer la pensée en de molles rêveries. »   L. TAILHADE, **Le paillasson**, II, p. 22.

3 « A travers le rideau de fil de la cuisine flue la voix grêle de Janet. »   GIONO, **Colline**, p. 55.

DER. et COMP. — (du lat. *fluere*). **Affluer, confluer, refluer. — Fluide, flueur.**

FLUET, ETTE. *adj.* (1694 ACAD., altér. de *flouet* (XVᵉ s., et encore chez FURET., qui cependant note « quelques-uns disent fluet ») ; dimin. de *flou*). Mince et d'apparence frêle, en parlant du corps ou d'une partie du corps. V. **Délicat, gracile, grêle, maigre, mince.** *Corps long et fluet* (Cf. Étroit, cit. 1). *Nature fluette* (Cf. Chétif, cit. 2). *Jambes fluettes.* — Par anal. *Une voix fluette.* V. **Faible.**

1 « C'était un grand garçon fort efflanqué, fort fluet, aussi doux d'esprit que faible de corps... »   ROUSS., **Conf.**, I.

2 « Sa jolie petite figure, maigre et fine, son corps fluet, remplissant mal les plis de sa soutane... »   RENAN, **Souv. d'enf.**, IV, II.

3 « ... ses doigts fluets aux larges bagues... »   VERLAINE, **Fêtes galantes**, L'allée.

ANT. — Épais.

FLUEURS. *n. f. pl.* (1554; du lat. *fluor*, « écoulement »). *Méd. Fleurs blanches.* V. **Leucorrhée.**

FLUIDE. *adj.* et *n.* (XIVᵉ s.; lat. *fluidus*, de *fluere.* V. **Fluer.**)

I. *Adj.* (Dans le lang. ordin.). Qui n'est ni solide, ni épais, mais coule aisément, flue comme l'eau pure. V. **Liquide.** *Quand le sang est trop épais, il faut essayer de le rendre fluide* (TRÉVOUX, 1771). *Encre trop fluide.* V. **Clair.** *Huile très fluide.*

1 « Le sang, véhicule fluide,
Va d'artère en artère attaquer le solide. »   LA FONT., **Quinquina**, I.

2 « ... l'eau si fluide, si insinuante, si propre à échapper... »   FÉN., **Exist. de Dieu**, I, 2.

— *Par métaph.* ou *fig.* V. **Coulant, limpide.** *Style fluide. La prose fluide d'Anatole France. L'harmonie fluide des vers de Lamartine.*

3 « Mais, fluide comme un filet d'eau pure, un chant de flûte ruisselait dans l'ombre. »   DUHAM., **Salavin, Deux hommes**, XXVI.

— Qui a tendance à échapper, qu'il est difficile de saisir, de fixer, d'apprécier. V. **Flottant, fluctuant, mouvant..., indécis, insaisissable.** *Pensée fluide* (Cf. Cristalliser, cit. 4). *Les communiqués d'alors nous entretenaient d'une « situation fluide » sur le front.*

4 « ... en cristallisant les formes si fluides de la vie spirituelle... »   PAULHAN, **Fleurs de Tarbes**, p. 67.

II. *N. m.* ‖ 1° Terme général s'appliquant à tout corps liquide ou gazeux. *Les liquides* sont des fluides condensés, les gaz* des fluides dilués. Fluide parfait, sans viscosité. Expansivité des fluides. Fluide compressible* (cit.) *et élastique. L'air, fluide gazeux* (V. **Atmosphère**). *Fluide aériforme. Échauffement d'un fluide par convection. Fluide calorique des anciens chimistes* (Cf. Phlogistique). *Fluide glacial*.*

5 « On donne en général le nom de *fluides* aux liquides et aux gaz. Leurs molécules sont douées les unes par rapport aux autres d'une certaine mobilité qui leur fait prendre la forme du vase qui les renferme. Les liquides peuvent ne remplir qu'une partie du vase, les gaz le remplissent toujours en entier. »   POIRÉ, **Dict. des sciences**, Fluide.

‖ 2° *Poét.* L'atmosphère dans laquelle baignent les choses (Cf. Éther, cit. 3).

6 « ... un rayonnement semblable au fluide qui flambe au-dessus des champs par une chaude journée. »   BALZ., **Lys dans la vallée**, Œuv., t. VIII, p. 1003.

7 « L'air lui-même semble un fluide lumineux, où tout baigne, où l'on plonge, où l'on nage. »   GIDE, **Immoraliste**, p. 238.

‖ 3° Nom donné à « la cause impalpable de certains phénomènes » (HATZFELD), et aussi, à des « forces » ou « influences » subtiles, mystérieuses qui émaneraient, selon certains, des astres, des êtres ou des choses. V. **Courant, émanation, flux, influence, influx, magnétisme, onde, radiation, rayonnement...** *Fluide astral. Fluide électrique* (Cf. Faculté, cit. 10), *magnétique, nerveux...* Absolt. *Le fluide d'un magnétiseur, d'un radiesthésiste, d'un guérisseur, d'un spirite... Avoir du fluide.*

8 « Si, par des faits incontestables, la pensée est rangée un jour parmi les fluides qui ne se révèlent que par leurs effets et dont la substance échappe à nos sens même agrandis par tant de moyens mécaniques... »   BALZ., **Avant-propos**, Œuv., t. I, p. 12.

9 « ... les fluides humains qui donnent le pouvoir d'opposer assez de forces intérieures pour annuler les douleurs causées par des agents extérieurs. Mais il aurait fallu reconnaître l'existence de fluides intangibles, invisibles, impondérables, trois négations dans lesquelles la science d'alors voulait voir une définition du vide. Dans la philosophie moderne, le vide n'existe pas. »   ID., **Ursule Mirouët**, Œuv., t. III, p. 317.

10 « La volonté est un fluide, attribut de tout être doué de mouvement. »   ID., **Louis Lambert**, Œuv., t. X, p. 448.

11 « Il y a dans la nature une volonté qui tend à élever une portion de la matière à un état plus subtil et peut-être meilleur, à pénétrer peu à peu la surface d'un fluide plein de mystère que nous appelons d'abord la vie, ensuite l'instinct, et peu après l'intelligence ; à assurer, à organiser, à faciliter l'existence de tout ce qui s'anime pour un but inconnu. »   MAETERLINCK, **La vie des abeilles**, VII, VII.

12 « ... comme relié à elle, même absent, par un fil secret, invisible, magique, par un fluide permanent, par une téléphonie, par une télépathie mystérieuse... »   JOUHANDEAU, **Tite-le-long**, p. 37.

13 « Au temps de Mesmer (1733-1815), les découvertes récentes avaient lancé le mot « fluide », qui fut employé pour l'électricité. Nous savons aujourd'hui *en toute certitude* qu'elle consiste en déplacements d'électrons, tous identiques, dont on a mesuré les caractéristiques avec trois ou quatre chiffres exacts. Depuis plus d'un demi-siècle, la science entend par *fluide* tout corps qui, comme l'eau ou comme l'air, se laisse déformer sous l'influence de forces extrêmement minimes : ils sont exempts de rigidité ou, ce qui revient au même, n'ont pas de forme propre. Voilà des « fluides », qui ne sont guère *mystérieux*, au sens, du moins, où l'on prend ordinairement ce qualificatif ; et, en fait de « fluides », la science n'en connaît point d'autres. »   M. BOLL, **L'occultisme devant la science**, p. 60 (éd. P.U.F.).

ANT. — Solide. Compact, concret, épais, visqueux.

DER. et COMP. — **Semi-fluide. — Fluidique.** *adj.* (*néol.*). Qui se rapporte au fluide. — **Fluidité. — Fluidifier.** *v. tr.* (1834, BALZ.). Rendre fluide (d'où **Fluidification**). V. **Éclaircir.**

« Si le soleil jette ses flots de lumière sur cette face de Paris, s'il en épure, s'il en fluidifie les lignes ; s'il y allume quelques vitres, s'il en égaie les tuiles,... »   BALZ., **La femme de trente ans**, Œuv., t. II, p. 776.

FLUIDITÉ. *n. f.* (1565; de *fluide*). État de ce qui est fluide. *La fluidité de l'air.*

1 « ... de sorte que si un vaisseau plein d'eau n'a qu'une seule ouverture, large d'un pouce, par exemple, où l'on mette un piston chargé d'un poids d'une livre, ce poids fait effort contre toutes les parties du vaisseau généralement, à cause de la continuité et de la fluidité de l'eau. »   PASCAL, **Traité de l'équilibre des liqueurs**, II.

— Fig. :

2 « La mélodie consiste en une certaine fluidité de sons coulants et doux comme le miel d'où elle a tiré son nom. »
JOUBERT, **Pensées**, XX, XLVII.

3 « Toutefois, la lucidité et la fluidité de ses pensées, la logique de ses raisonnements, subitement illuminés d'éclairs d'éloquence, faisaient de son talent quelque chose hors de ligne. »
CHATEAUB., **M. O.-T.**, t. II, p. 160.

ANT. — **Consistance, épaisseur, solidité, viscosité.**

FLUOR. *n. m.* (1723; var. *flueur*, « matières qui tiennent un milieu entre les terres communes et les sels » (TRÉV.), et *adjectivt.*, épithète donnée aux acides qui restent fluides; lat. *fluor*, écoulement).

‖ 1° *Adj. et n.* (Vieilli). Se disait de certains minéraux fusibles ou utilisables comme fondants et *spécialt.* de cristallisations ressemblant aux pierres précieuses. *Spath* fluor.* V. **Fluorine.**

‖ 2° *N. m.* Corps simple (isolé en 1886 par MOISSAN), métalloïde, premier élément du groupe des halogènes* (Symbole F; masse atom. 19), gaz jaune verdâtre très dangereux à respirer. *Le fluor, élément électronégatif, oxydant puissant. Fluor à l'état naturel.* V. **Apatite, cryolithe, fluorine, topaze.** *Le fréon, utilisé dans les appareils frigorifiques, est un composé du fluor et du carbone. Composés minéraux du fluor: acide fluorhydrique, fluorures, acide fluosilicique et fluosilicates.*

1 « Le fluor aura-t-il jamais des applications ? Il est bien difficile de répondre à cette question. D'ailleurs, je puis le dire en toute sincérité, je n'y pensais guère au moment où j'ai entrepris ces recherches et je crois que tous les chimistes qui ont tenté ces expériences avant moi n'y pensaient pas davantage. Une recherche scientifique est une recherche de la vérité... »
MOISSAN (1852-1907), in P. LEBEAU, **Bull. Soc. ch. fr.** 1953, p. 136.

2 « Il (Ampère) aperçoit avec une lucidité merveilleuse la certitude qu'il existe deux corps simples de propriétés analogues, le Chlore et le Fluor. Ses idées furent facilement admises en ce qui concerne le Chlore, mais pour le Fluor dont l'isolement effectif n'eut lieu que quatre-vingts ans plus tard, elles se heurtèrent à une forte opposition et il fut loin de convaincre tous les chimistes. »
L. de BROGLIE, **Continu et discontinu en physique moderne**, p. 250.

DER. — V. Fluorescence (et dér.). — **Fluorhydrique.** *adj.* (1865, LITTRÉ). Se dit de l'acide, formé de fluor et d'hydrogène, et utilisé dans la gravure sur verre, comme catalyseur de condensation en chimie organique, etc. — **Fluorine.** *n. f.* (1865). Fluorure de calcium naturel, appelé encore *spath fluor.* — **Fluorure.** *n. m.* (1865). Nom générique des sels de l'acide fluorhydrique. *Fluorure de sodium. Fluorure double d'aluminium et de sodium.* V. **Cryolithe.** *Séparation de l'uranium 235 par diffusion gazeuse de l'hexafluorure d'uranium.* — **Fluosilicate.** *n. m.* (1865). Sel de l'acide fluosilicique.

FLUORESCENCE. *n. f.* (1852 STOKES; dér. sav. du lat. *fluor*; le phénomène ayant été d'abord observé sur la fluorine). *Phys.* Propriété qu'ont certaines substances d'absorber des radiations et d'en émettre d'autres de fréquence généralement inférieure, dans toutes les directions. *La fluorescence, phosphorescence* de courte durée.* V. **Luminescence.** — Émission de lumière due au phénomène précédent.

« Il regarda l'eau, onduleuse et gonflée avec des fluorescences d'opale. »   SARTRE, **L'âge de raison**, VII, p. 96.

DER. — **Fluorescent, ente.** *adj.* (1865). Qui produit la fluorescence, qui provient de la fluorescence. *Tube fluorescent, peinture fluorescente, écran fluorescent* (radioscopie, télévision, microscope électronique). — Du rad. de *Fluorescent.* — **Fluorescéine.** *n. f.* (néol.). Matière colorante ainsi nommée à cause de la magnifique fluorescence verte de ses solutions basiques. *La fluorescéine sert à la fabrication de plusieurs matières colorantes rouges.* V. **Éosine, érythrosine.** *On obtient la fluorescéine en remplaçant le phénol de la phénolphtaléine par la résorcine*.*

1. FLÛTE. *n. f.* (XIIᵉ s.; du prov. *flaüto*, d'origine incertaine).

‖ 1° Instrument à vent formé d'un tube creux, de bois ou de métal, percé de plusieurs trous. *Flûte double de l'antiquité.* V. **Diaule.** *Flûte de Pan, faite de roseaux d'inégale longueur.* V. **Syrinx.** *Petite flûte ancienne.* V. **Larigot.** *La flûte, instrument de musique traditionnel des bergers** (Cf. Concert, cit. 14). *Flûte champêtre* (Cf. Bocager, cit. 2; écho, cit. 7; églogue, cit. 3). *Petite flûte en bois utilisée dans la musique militaire.* V. **Fifre.** *Pifferaro* jouant de la flûte* (ital. piffero). *La raïta, petite flûte arabe** (Cf. Exaspérer, cit. 5). *Flûte à l'oignon*.* V. **Mirliton.** *Flûte moderne munie de clefs pour varier les sons. Flûte traversière* que l'on place presque horizontalement sur les lèvres. La flûte enchantée, opéra de Mozart. Grande flûte d'une seule octave servant à soutenir la voix dans les chœurs* (Cf. Cornet). *Petite flûte qui résonne à l'octave supérieure de la grande flûte.* V. **Octavin, piccolo.** (Cf. Éternuement, cit. 4). *Jeu de flûtes d'un orgue*.*

1 « Elle a vécu, Myrto, la jeune Tarentine !
Un vaisseau les portait aux bords de Camarine;
Là, l'hymen, les chansons, les flûtes, lentement
Devaient la reconduire au seuil de son amant. »
A. CHÉNIER, **Bucoliques**, XXI.

2 « Viens ! — une flûte invisible
Soupire dans les vergers. —
La chanson la plus paisible
Est la chanson des bergers. »
HUGO, **Contempl.**, II, XII.

« Aussitôt l'étranger tira de son sac une flûte de bronze ;... il commença à jouer un air étrange, et tel que jamais flûteur allemand n'en a joué. »   MÉRIMÉE, **Chr. du règne de Charles IX**, p. 51. 3

« La flûte est, de tous les instruments à vent, le plus agile, celui qui se prête le mieux aux combinaisons de notes rapides, traits, trilles, arpèges, notes répétées. Son timbre, qui peut passer pour froid devient singulièrement expressif dans le médium, et les notes graves de la flûte rendent des sonorités d'un velouté et d'une mystérieuse tristesse que rien n'égale. »   INITIAT. MUS., p. 161. 4

— PROV. *Être du bois* dont on fait les flûtes. Accorder*, ajuster ses flûtes* (Cf. Accord, cit. 18).

‖ 2° Celui qui joue de la flûte. *Première flûte de l'Opéra.*

‖ 3° *Par anal.* Pain* de forme allongée (V. **Baguette**).

« ... il acheta pour son dîner une flûte d'un sou chez un boulanger... »   HUGO, **Misér.**, III, IX, II. 5

— Verre long, mince et étroit. *Une flûte à champagne.*

« Et il leva son verre de champagne, qui n'était pas la coupe bête et païenne par laquelle on l'a remplacé, mais le verre élancé et svelte de nos ancêtres, qui est le vrai verre de champagne, — celui-là qu'on appelle une *flûte*, peut-être à cause des célestes mélodies qu'il nous verse souvent au cœur ! »
BARBEY D'AUREV., **Les diaboliques**, Le plus bel amour, III. 6

— *Fam.* (pl.). Les jambes. *Jouer des flûtes.* V. **Courir.** *Se tirer des flûtes.* V. **Sauver** (se).

‖ 4° (fin XIXᵉ s.). Interjection marquant l'impatience, la déception... V. **Zut !**

« Eh ! Flûte ! s'exclama Boubouroche qui prit congé de la caissière en ces termes plutôt concis... » COURTELINE, **Boubouroche**, Nouv., I. 7

DER. — **Flûteau.** *n. m.* (XIIᵉ s.; dialect. *flûtiau*). Flûte grossièrement faite. V. **Chalumeau, pipeau** (Cf. Flageolet). *Flûte qui sert de jouet à un enfant.* V. **Mirliton.** — *Bot.* Plante monocotylédone de la famille des alismacées, appelée aussi *plantain d'eau (alisma plantago).* — **Flûter.** — **Flûteur.** *n. m.* (XIIIᵉ s., vieilli et péj.) et **Flûtiste.** *n. m.* (1828). Musicien qui joue de la flûte.

« Le jeu du flûtiste était d'une rectitude implacable. On sentait que cette musique, avant de la faire sortir de lui, il l'avait longtemps gardée dans sa tête comme un serpent enroulé. »
GIONO, **Jean le Bleu**, p. 71.

2. FLÛTE. *n. f.* (XVIᵉ s.; du néerl. *fluit*). *Vx.* Navire de guerre qui servait au transport du matériel. *Armer, équiper un vaisseau en flûte* (pour en faire un navire de transport).

FLÛTER. *v. intr.* (XIIᵉ s.; de *flûte*). *Vx.* Jouer de la flûte.

— Crier, en parlant du merle. V. **Cri.**

— *Pop.* Boire (*Trans.*). *Flûter un litre.*

‖ **FLÛTÉ, ÉE.** *p. p. et adj.* Semblable au son de la flûte. *Une voix flûtée.* V. **Aigu** (Cf. Casser, cit. 16). *Sons flûtés d'un violon, d'un violoncelle:* sons produits en faisant glisser l'archet près du chevalet.

« Et elle se fait une voix flûtée pour promettre au minet toutes sortes de douceurs. » FRANCE, **Crime S. Bonnard**, Œuv., t. II, p. 494.

FLUVIAL, ALE, AUX. *adj.* (1823; *fluviel* au XIIIᵉ s.; *fleuvial* en 1606 NICOT; lat. *fluvialis*). Relatif aux fleuves, aux rivières. *Régime* fluvial.* — *Navigation, pêche fluviale. Transports fluviaux.*

« ... des immensités frileuses, des échappées de nuages et d'air fluvial à travers les ponts, les docks... »
ROMAINS, **H. de b. vol.**, t. IV, XX, p. 222.

DER. et COMP. — (du lat. *fluvius*) : **Fluviatile.** *adj.* (1559; lat. *fluviatilis*). *Hist. nat.* Qui vit ou pousse dans les eaux douces courantes ou au bord des fleuves, des rivières... (Cf. *infra*, cit. 1 et 2). *Coquilles fluviatiles. Sédiments, dépôts fluviatiles.* — **Fluviographe, fluviomètre.** *n. m.* (1865 LITTRÉ; lat. *fluvius*, et gr. *graphein*, « écrire », *metron*, « mesure »). Appareil servant à mesurer le niveau, les variations du niveau d'un cours d'eau. (DER. **Fluviométrique.** *adj.* (1865). Relatif au niveau de l'eau, à ses variations, dans un cours d'eau. *Échelle fluviométrique*).

« ... *Canards fluviatiles* ou qui fréquentent les rivières et les eaux douces... »   BUFF., **Hist. nat. ois.**, Le canard, Œuvr., t. VIII, p. 486. 1

« ... la compagnie se promenait sur la terrasse, le long de la Brillante, en regardant les herbes fluviatiles, la mosaïque du lit, et les détails si jolis des maisons accroupies sur l'autre rive... »
BALZ., **La vieille fille**, Œuv., t. IV, p. 271. 2

FLUX (flu). *n. m.* (XIIIᵉ s.; lat. *fluxus*, « écoulement », de *fluere*, couler).

‖ 1° *Au propre* (Vx.). Action de couler* (Cf. Arme, cit. 37; changer, cit. 62).

— *Spécialt. Méd.* Écoulement* d'un liquide organique. V. **Émission, évacuation.** *Flux de ventre, flux diarrhéique, lientérique.* V. **Dévoiement, diarrhée, foire** (pop.), **lientérie.** *Flux de bouche*, de salive. Flux de sang dans la dysenterie* (Cf. Astrictif, cit.). *Flux menstruel ou cataménial.* V. **Menstrues.**

— *Par ext.* Grande quantité. V. **Abondance, afflux** (Cf. Affluence). *Flux d'argent. Un flux de paroles, de louanges, d'injures, de protestations.* V. **Débordement, déluge** (Cf. Aiguille, cit. 11). *Flux d'éloquence* (cit. 14).

« ... il lui fallut subir le flux des raisons viles, pleureuses, lâches, commerciales par lesquelles le vieil avare formula son refus. »
BALZ., **Illus. perdues**, Œuv., t. IV, p. 476. 1

2 « Ce flux de paroles ne parut pas ébranler Aufrère, qui répondit avec un calme entêtement... »
DUHAM., Salavin, Le club des Lyonnais, XVI.

— *Fig.* Courant, faisceau de courants.

3 « L'élan de ces souvenirs si tendres, venant se briser contre l'idée qu'Albertine était morte, m'oppressait par l'entrechoc de flux si contrariés que je ne pouvais rester immobile... »
PROUST, Rech. t. p., t. XIII, p. 83.

4 « L'individu humain garde sa personnalité dans le flux des processus organiques et mentaux qui constituent sa vie. »
CARREL, L'homme, cet inconnu, p. 192.

|| 2° Mouvement ascensionnel de la mer. V. **Marée** (marée montante) ; **flot.** *Le flux et le reflux.* V. **Agitation, balancement** (cit. 1). Cf. Apporter, cit. 3 ; clarté, cit. 1.

5 « Le flux de la mer se fait ainsi ; le soleil semble marcher ainsi : »
PASC., Pens., VI, 355.

6 « Lasse de vivre, ayant peur de mourir, pareille
Au brick perdu jouet du flux et du reflux,
Mon âme pour d'affreux naufrages appareille. »
VERLAINE, Poèmes saturn., L'angoisse.

— *Fig.* Mouvement* semblable à celui de la marée. V. **Alternative, changement.** *Flux et reflux d'opinions contraires* (Cf. Choc, cit. 12).

7 « Si nous avons trop vu ses flux et ses reflux
Pour Galba, pour Othon, et pour Vitellius, »
CORN., Tite et Bér., V, 5.

8 « Je ne suis que trop capable de la joie : c'est elle qui me manque dans la marée continuelle du néant, ce flux et ce reflux misérable de vie et de mort. »
SUARÈS, Trois hommes, Ibsen, VII.

9 « Mauriac a toujours aimé cette image du flux et du reflux autour d'un roc central — qui exprime à la fois l'unité de la personne humaine, ses changements, ses retours et ses remous. »
MAUROIS, Ét. littér., Mauriac, IV, t. II, p. 43.

|| 3° *Phys. Flux lumineux:* Quantité de lumière émise par une source lumineuse dans un temps déterminé. *Unité de flux lumineux.* V. **Lumen.**

— *Flux électrique. Flux magnétique*. Flux d'induction*.* — *Flux conservatif.* — Le *fluxmètre, galvanomètre spécial, permet de mesurer les variations de flux magnétique.*

FLUXION. *n. f.* (XIVe s. ; lat. *fluxio*, « écoulement », de *fluere,* couler)

|| 1° *Méd.* « Afflux de sang ou d'autres liquides en certains tissus qui se tuméfient » (LITTRÉ). V. **Congestion.** *Fluxion due à un courant d'air.* V. **Coup** (coup d'air). *Fluxion de poitrine:* « congestion pulmonaire compliquée de congestion des bronches, de la plèvre et des muscles de la paroi... » (GARNIER). V. **Pneumonie.**

1 « Il n'y a que ma fluxion, qui me prend de temps en temps. — Votre fluxion ne vous sied point mal, et vous avez grâce à tousser. »
MOL., Av., II, 5.

2 « Je suis souffrante, mon pauvre ami, lui dit-elle. J'ai pris froid en sortant du bal, j'ai peur d'avoir une fluxion de poitrine, j'attends le médecin... »
BALZ., Père Goriot, Œuv., t. II, p. 1076.

3 « Si seulement j'attrapais une fluxion de poitrine ! Je n'aurais plus à m'occuper de moi. Plus qu'à laisser aller ma tête sur l'oreiller et à patienter jusqu'à ce que mon sort soit réglé. » Mais il n'attrapait pas de fluxion de poitrine. Rien que ce bobo ridicule, ce mal tenace qui lui rongeait le bord des paupières. »
DUHAM., Salavin, Nouv. rencontre, p. 164.

— Gonflement inflammatoire des gencives ou des joues, provoqué par une infection dentaire. V. **Enflure, gonflement** (Cf. Denture, cit. 2). *Fluxion qui se termine par un abcès.*

4 « Ils refusaient toujours d'admettre qu'ils étaient souffrants, se jugeant injuriés quand on les soupçonnait d'avoir un rhume, allant à leurs conseils d'administration ou à leurs séances d'immortels avec des joues gonflées par la fluxion... »
GIRAUDOUX, Bella, I.

|| 2° *Math. Méthode des fluxions de Newton.*

5 « M. Newton appelle le calcul *différentiel, méthode des fluxions* parce qu'il prend, comme on l'a dit, les quantités infiniment petites pour des *fluxions* ou des accroissements momentanés. Il considère, par exemple, une ligne engendrée par la fluxion d'un point, une surface par la fluxion d'une ligne, un solide par la fluxion d'une surface ; et au lieu de mettre la lettre *d,* il marque les *fluxions* par un point mis au-dessus de la grandeur différentiée. Par exemple, pour la fluxion de *x,* il écrit *ẋ,* pour celle de *y, ẏ,* etc. ; c'est ce qui fait la seule différence entre le calcul *différentiel* et la *méthode des fluxions.* »
D'ALEMBERT, Encycl., Différentiel.

F.O.B. (abréviation de l'angl. *free on board,* « franco à bord »). *Comm. Dans la vente F.O.B., le vendeur assure l'expédition et l'embarquement de la marchandise dont il demeure responsable jusqu'à ce qu'il l'ait livrée à bord du navire.*

FOC. *n. m.* (*Foque* en 1702 ; du néerl. *fok*). Voile triangulaire qui se place à l'avant du navire. *Le clinfoc*, le grand foc et le petit foc sont fixés d'avant en arrière sur le beaupré* (V. aussi **Trinquette** et **tourmentin**). *Foc d'artimon établi entre le grand mât et le mât d'artimon*.

1 « Ses trois focs s'envolent en avant, triangles légers qu'arrondit l'haleine du vent... »
MAUPASS., Vie errante, II, p. 11.

2 « Non, nous nous trompons encore, le bout-dehors n'est pas pareil et ils ont un foc d'artimon. »
LOTI, Pêch. d'Isl., V, VIII.

FOCAL, ALE, AUX. *adj.* et *n. f.* (XVe s. ; 1823, *T. de science* ; lat. *focus,* « foyer »). *Géom. Distance focale:* distance qui sépare les foyers d'une ellipse ou d'une hyperbole. — *Phys.* Qui concerne le (ou les) foyer d'un instrument d'optique. *Axe focal, plan focal. Distance focale* ou substantivt. *Focale. Objectif à focale variable.* — *Phot. Obturateur focal.*

DER. — **Focaliser.** *v. tr.* Concentrer en un point (foyer). *Focaliser un faisceau d'électrons au moyen d'une lentille électrostatique, ou d'une lentille magnétique.* — **Focalisateur, trice.** *adj.* — **Focalisation.** *n. f.*

FŒHN (*feun'*). *n. m.* (1859 HUGO ; mot all. dialect., du lat. *favonius,* « vent de S.O. »). *Géogr.* En Suisse, nom d'un vent sec et chaud.

FOÈNE (FOËNE, FOUANNE, FOUINE). *n. f.* (XIIe s. ; du lat. *fuscina,* « trident »). Sorte de fourche à long manche et à dents en nombre variable, dont on se sert pour harponner les gros poissons. V. **Harpon.**

DER. — **Foéner.** *v. tr.* et *intr.* Pêcher à la foène.

FŒTUS (*fétus*). *n. m.* (XVIe s. PARÉ ; du lat. *fœtus,* var. de *fetus,* « grossesse », puis « petit ». V. **Faon**). *Physiol.* Nom donné, chez les animaux vivipares, au produit de la conception* encore renfermé dans l'utérus*, lorsqu'il n'est plus à l'état d'embryon* (cit. 3) et commence à présenter les caractères distinctifs de l'espèce. V. **Génération, gestation; embryon, œuf.** *Annexes du fœtus* (annexes fœtales). V. **Allantoïde, amnios, chorion; cordon** (ombilical), **placenta.** *Conception d'un second fœtus pendant le cours de la grossesse.* V. **Superfétation.** *Expulsion du fœtus hors de l'utérus.* V. **Accouchement*.** *Présentation*, version* du fœtus. Coiffe* recouvrant la tête du fœtus. Excrément du fœtus après la naissance.* V. **Méconium.** *Extraction du fœtus à l'aide d'embryotomes.* V. **Embryotomie.** *Expulsion du fœtus avant qu'il soit viable.* V. **Avortement.**

« L'œuvre de l'homme dans la reproduction est courte. Celle de la femme dure neuf mois. Pendant ce temps, le fœtus est nourri par les substances qui lui arrivent du sang maternel après avoir filtré à travers les membranes du placenta ... le fœtus est fait à la fois des substances nucléaires du père et de la mère. »
CARREL, L'homme, cet inconnu, p. 106.

DER. — **Fœtal, e.** *adj.* (1813). Qui a rapport au fœtus. *Membranes ou enveloppes fœtales* (amnios, chorion).

« Il (le placenta) constitue, avec le cordon ombilical et les membranes, ce qu'on appelle les *annexes fœtales* ».
VALLERY-RADOT, Le grand mystère, p. 94.

FOI. *n. f.* (*Feid* au XIe s., devenu *feit, fei;* lat. *fides,* « confiance, croyance, loyauté », puis « foi chrétienne ». V. **Féal, fidèle**).

I. *Sens objectif.* || 1° Assurance donnée d'être fidèle, à sa parole, d'accomplir exactement ce que l'on a promis.

— *Vx.* (en un sens général). V. **Engagement, parole, promesse, serment.** *Se fier à la foi d'autrui* (Cf. Alléguer, cit. 6 ; exemple, cit. 6). — Se disait, *spécialt.,* de l'engagement pris envers une personne qu'on aime, qu'on doit épouser (Cf. Assujettir, cit. 11 ; cœur, cit. 48 ; engagement, cit. 7 ; engager, cit. 4 et 14). *Violer sa foi.* V. **Parjure, perfide** (Cf. Cocu, cit. 1 ; femme, cit. 106).

1 « ... je t'engage ma foi
De ne respirer pas un moment après toi. »
CORN., Cid, III, 4.

2 « La foi d'un ennemi doit être un peu suspecte, »
RAC., Alex., III, 4.

3 « Oui, je vous ai promis et j'ai donné ma foi
De n'oublier jamais tout ce que vous dit(es) ;
J'ai juré que mes soins, ma juste complaisance
Vous répondront toujours de ma reconnaissance. »
ID., Bajaz., III, 5.

4 « Va lui jurer la foi que tu m'avais jurée ; »
ID., Andr., IV, 5.

5 « ... manquant à la foi qu'elle avait donnée à mon père ? »
FÉN., Télém., VI.

— *Spécialt.* Féod. *Foi et hommage:* le serment de fidélité que le vassal prêtait au seigneur dans les mains du seigneur. *Jurer foi et hommage. Fidèle à la foi jurée* (V. **Féal,** cit. 1 et 2). — *Par ext.* La cérémonie symbolique au cours de laquelle le vassal se liait au seigneur (Cf. Aveu, cit. 1 ; avouer, cit. 1).

— *En T. de Blas.* Foi se dit de deux mains jointes en signe d'alliance.

— *Foi conjugale:* la promesse de fidélité que les époux se font mutuellement au moment du mariage. *Violer la foi conjugale.*

— *Jurer sa foi* (vx.) : affirmer par serment. — Elliptiqt. *Par ma foi* (Cf. Bas, cit. 48), *sur ma foi* (Cf. Cabinet, cit. 12), *ma foi* (Cf. Altesse, cit. 2 ; approche, cit. 8 ; araignée, cit. 9 ; avenir, cit. 5 ; égoïsme, cit. 3), *foi de gentilhomme, foi d'honnête homme* (Cf. Août, cit. 2), façons de parler dont on use pour affirmer quelque chose. — REM. Ces expressions sont à peu près complètement sorties de l'usage, sauf *Ma foi* qui reste très vivant, mais avec un sens très affaibli. *Ma foi oui, ma foi non, je n'en sais rien. Ma foi, vous avez raison.* V. **Effet** (en effet), **parole** (ma parole).

|| **2°** *Par ext.* Garantie résultant d'un serment, d'une promesse. *La foi des traités. Promettre une chose sous la foi du serment.*

6 « Il veut que d'un festin la pompe et l'allégresse
Confirment à leurs yeux la foi de nos serments. »
       RAC., **Brit.,** V, 1.

— SUR LA FOI DE (quelqu'un ou de quelque chose). *Sur la foi des traités :* sur la confiance qu'inspirent les stipulations d'un traité, d'une convention. *Il se reposait sur la foi des engagements, des serments* (ACAD.). — *Sur la foi des témoins :* en se fondant sur leur témoignage, sur leurs déclarations. *Oseriez-vous le condamner sur la foi de telles gens* (ACAD.). V. **Témoignage.** *Croire quelque chose sur la foi de quelqu'un :* en lui accordant créance. V. **Autorité, créance.**

7 « Certainement nous ferions difficulté de croire ces choses sur la foi d'autrui ; »   Guez de BALZ., **Œuv.,** Liv. II, Lett. 1 (in LITTRÉ).

8 « Mais sur la foi d'un songe,
Dans le sang d'un enfant voulez-vous qu'on se plonge ? »
       RAC., **Athal.,** II, 5.

9 « Un roi dont la grandeur éclipsa ses ancêtres
Crut pourtant, sur la foi d'un confesseur normand,
Jansénius à craindre et Quesnel important. »
       VOLT., **Loi nat.,** IV (in LITTRÉ).

10 « Ainsi, dis-je, pendant que sur votre foi, monsieur, j'allais chercher dans le fond de la Sicile le manuscrit du clerc Toutmouillé, ce manuscrit était exposé dans une vitrine de la rue Laffitte, à quinze cents mètres de chez moi ! »   FRANCE, **Crime S. Bonnard,** Œuv., t. II, p. 321.

— FAIRE FOI : démontrer la véracité, porter témoignage, donner force probante. V. **Prouver, témoigner.** *L'acte authentique* (cit. 3) *fait foi de la convention* (V. **Authenticité**). *Les copies* (cit. 3) *du titre original peuvent faire foi dans certaines conditions. J'ai bien reçu votre lettre à la date indiquée, l'enveloppe en fait foi.*

11 « De cette vérité deux fables feront foi, »
       LA FONT., **Fab.,** II, 12.

12 « Les histoires grecques font foi que cette philosophie venait d'Orient. »   BOSS., **Hist.,** II, 5 (in LITTRÉ).

— EN FOI DE QUOI : en se fondant sur ce qu'on vient de rapporter. Formule dont on use, dans le langage des certificats, pour attester quelque chose. *En foi de quoi, j'ai signé le présent certificat.*

— *Spécialt.* Opt. et Mar. *Ligne de foi* (d'une lunette, d'un compas), qui sert de repère pour observer avec exactitude.

|| **3°** Fidélité à un engagement donné, exactitude à tenir parole.

— *Vx.* Fidélité à quelqu'un.

13 « Aucun de tes amis ne t'a manqué de foi, » CORN., **Cinna,** III, 4.

— *Par ext.* (vieilli). Fidélité aux lois de la sincérité, de l'honnêteté. V. **Conscience, honneur, loyauté, probité, sincérité.** *S'en remettre à la foi de quelqu'un* (ACAD.).

14 « La paix est fort bonne de soi,
J'en conviens ; mais de quoi sert-elle
Avec des ennemis sans foi ? »   LA FONT., **Fab.,** III, 13.

— BONNE FOI. Qualité de celui qui parle, agit avec une intention droite, avec la conviction d'obéir à sa conscience, d'être fidèle à ses obligations. V. **Droiture, franchise, honnêteté, loyauté, sincérité** (Cf. Barrière, cit. 11 ; combattre, cit. 15 ; compte, cit. 12 ; dévoiler, cit. 1 ; enfant, cit. 4 ; fasciner, cit. 6). *Accent de vérité qui montre la bonne foi. Bonne foi naïve* (V. **Naïveté.** Cf. Faute, cit. 19). *Surprendre la bonne foi, abuser de la bonne foi de quelqu'un* (Cf. Bon, cit. 79). *Clarté* (cit. 9), *bonne foi des philosophes. Il est de bonne foi, d'une bonne foi évidente. Il est de meilleure foi que les autres* (Cf. Faux, cit. 24). *Agir, procéder de bonne foi* (Cf. Avec, cit. 36 ; exalter, cit. 25), *de la meilleure foi du monde* (Cf. Expédier, cit. 11). V. **Conscience** (en toute) ; **bonnement, sincèrement.** *Croire de bonne foi* (Cf. Attaque, cit. 5). *En bonne foi, en toute bonne foi, je crois, je soutiens que ...* (Cf. Épargnant, cit. 1). *En bonne foi, de bonne foi, le croyez-vous ?*

15 « Je l'écrivis de bonne foi et sans aucun dessein de le tromper ; mais je fus bien loin de tenir ma promesse. »
       MUSS., **Conf. enf. du siècle,** III, VIII.

16 « ... si quelqu'un était venu lui dire : « Vous voulez mener la France à la guerre », il aurait bondi d'indignation, en toute bonne foi. »   MART. du G., **Thib.,** t. V, p. 189.

— En T. de Dr. *Les conventions** (cit. 3) *doivent être exécutées de bonne foi* (Cf. Contractant, cit.). *Débiteur malheureux et de bonne foi* (art. 1268). — *Spécialt.* Conviction erronée que l'on agit conformément au droit. *Possesseur de bonne foi* (CODE CIV., art. 549, 1141, 2265). *Mariage contracté de bonne foi* (Cf. Putatif)... *Paiement fait de bonne foi* (Cf. Évincer, cit. 2).

— MAUVAISE FOI. V. **Déloyauté, dissimulation, duplicité, fausseté, forfaiture, perfidie** (Cf. Bataitleur, cit. 2 ; contre, cit. 31 ; faux, cit. 33). *Mauvaise foi des Carthaginois.* V. **Punique** (foi punique). *Être, faire preuve de mauvaise foi dans une contestation.* V. **Chicane, chicanerie** (cit. 2) *Il est d'une mauvaise foi insigne, flagrante ... Acte de mauvaise foi.* V. **Délit ; déloyal** (concurrence déloyale) ; **fraude, prévarication,**

tromperie ... — En T. de Dr. *Mauvaise foi d'un plaideur, d'un vendeur du bien d'autrui ... Mariage contracté de mauvaise foi* (Cf. Bigamie, cit.). *Possesseur de mauvaise foi.*

17 « La bonne foi est toujours présumée, et c'est à celui qui allègue la mauvaise foi à la prouver. »   CODE CIV., Art. 2268.

II. *Sens subjectif.* || **1°** Créance* que l'on accorde à quelqu'un ou à quelque chose. *Une personne, un témoin digne de foi :* que l'on peut croire sur parole. *Ces gens-là ne méritent pas plus de foi que les autres* (Cf. Charlatan, cit. 1). *Ajouter** (cit. 15 et 16) *foi à quelqu'un, à quelque chose.* V. **Croire** (cit. 9 ; Cf. aussi Abomination, cit. 5 ; atrocité, cit. 6 ; complaisance, cit. 4 ; crédule, cit. 1 et 7).

18 « Nanon resta plantée sur ses pieds, contemplant Charles, sans pouvoir ajouter foi à ses paroles. »
       BALZ., **Eug. Grandet,** Œuv., t. III, p. 524.

|| **2°** Confiance absolue que l'on met en quelqu'un ou en quelque chose. *Les soldats avaient foi en leur général. Il a foi en son médecin et s'abandonne entièrement entre ses mains.* V. **Confier** (se). *Il met toute sa foi, tout son espoir dans le nouveau gouvernement. Foi en l'avenir. Foi en la victoire finale* (Cf. Ébranler, cit. 5). *Une foi aveugle.* — *Avoir foi en soi-même, dans son succès, en son étoile, dans sa chance.*

19 « Mᵐᵉ de Montmorency avait dans Bordeu une foi dont son fils finit par être la victime. »   ROUSS., **Conf.,** XI.

20 « L'opinion d'un artiste doit être la foi dans les œuvres ... et son seul moyen de succès, le travail quand la nature lui a donné le feu sacré. »   BALZ., **Coméd. sans le savoir,** Œuv., t. VII, p. 47.

21 « La foi était immense dans ce peuple ; il fallait avoir foi en lui. On ne sait pas assez tout ce qu'il fallut de fautes et d'infidélités pour lui ôter ce sentiment. Il croyait d'abord à tout, aux idées, aux hommes, s'efforçant toujours, par une faiblesse trop naturelle, d'incarner en eux les idées ; la Révolution aujourd'hui lui apparaissait dans Mirabeau, demain dans Bailly, Lafayette ; des figures même ingrates et sèches, des Lameth et des Barnave, lui inspiraient confiance. Toujours trompé, il portait ailleurs ce besoin obstiné de croire. »
       MICHELET, **Hist. Révol. fr.,** IV, V.

22 « ... le despote allant jusqu'à tyranniser le champ de bataille ; la foi à l'étoile mêlée à la science stratégique... »
       HUGO, **Misér.,** II, I, XVI.

23 « On ne peut tout seul garder la foi en soi-même. Il faut que nous ayons un témoin de notre force... »
       MAURIAC, **Nœud de vipères,** IV.

|| **3°** Le fait de croire* (cit. 68) en Dieu, en un dogme ... par une adhésion profonde de l'esprit et du cœur qui emporte la certitude*. V. **Croyance ; conviction.** *Acte*, élan* (cit. 7) *de foi. Foi qui transporte les montagnes. C'est beau d'avoir la foi !*

24 « Mais c'est le propre de la foi d'espérer contre l'espérance... »
       RENAN, **Avenir de la science,** Œuv., t. III, p. 985.

25 « L'espérance est un acte de foi. »
       PROUST, **Plaisirs et jours,** p. 229.

26 « (La foi) nous fait sympathiser réellement et profondément avec un être, en tant qu'elle nous unit à la vie d'un sujet, en tant qu'elle nous initie, par la pensée aimante, à une autre pensée et à un autre amour ... Mais ce n'est pas la foi qui « s'oppose » au *savoir* ou à la *raison* : la foi n'est ni anti-raisonnable ni a-raisonnable ; elle ne méconnaît ni ne renie le savoir : elle se fonde sur des raisons qui sont telles que la raison, une fois consultée, s'achève en une attestation de confiance dont il serait ridicule et presque odieux d'établir les preuves par un raisonnement en forme. »
       M. BLONDEL in LALANDE, **Vocab. philos.,** Foi (note).

— *Spécialt. Foi religieuse,* et absolt. FOI. (Cf. Adhérence, cit. 3 ; affaire, cit. 29 ; agir, cit. 13, 29 et 30 ; aile, cit. 15 ; aller, cit. 69 ; âme, cit. 64 ; attitude, cit. 24 ; baptême, cit. 6 ; base, cit. 8 ; certitude, cit. 5 et 11 ; chrétien, cit. 6 ; clérical, cit. ; contraire, cit. 4 ; croire, cit. 63 et 68 ; croix, cit. 8 ; croyance, cit. 8 à 10, 12 ; espèce, cit. 3 ; espérance, cit. 23 ; étroit, cit. 8 ; exiger, cit. 19 ; extase, cit. 2 ; extrême-onction, cit. 2). *Avoir, trouver la foi. Foi vive, ardente, agissante* (V. **Zèle**). *Foi de fanatique* (V. **Fanatisme**). *Foi chancelante. Perdre la foi* (Cf. Apostasier, cit. 1 et 2). *Confirmer sa foi* (Cf. Baptiste). *Acte de foi.* V. **Prière.** *Homme sans foi* (Cf. Athée, cit. 9). *Hommes de peu de foi* (ST MATTH., VI, 30 ; VIII, 26). *La foi, l'espérance et la charité, vertus théologales. Connaître par la foi et non par la raison* (V. **Fidéisme**). *Illumination, lumière de la foi. Voir* avec les yeux de la foi.*

27 « Or la foi est le fondement des choses que l'on doit espérer, et une pleine conviction de celles qu'on ne voit pas... C'est par la foi que nous savons que le monde a été fait par la parole de Dieu, en sorte que ce qui est visible a été formé... Or il est impossible de plaire à Dieu sans la foi ; car, pour s'approcher de Dieu, il faut croire premièrement qu'il y a un Dieu... »   BIBLE (SACY), **Ép. aux Hébr.,** XI, 1, 3 et 6.

28 « ... si vous aviez de la foi comme un grain de sénevé, vous diriez à cette montagne : Transporte-toi d'ici là, et elle se transporterait ; »
       ID. (SEG.), **Évang. St Matth.,** 17, 20.

29 « ... cette foi vive qui opère la véritable conversion du cœur... »
       BOSS., **Var.,** I, 16.

30 « Vous vous convertiriez si vous aviez la foi. »
       MASS., **Avent,** Délai (in LITTRÉ).

31 « C'est le cœur qui sent Dieu, et non la raison ; voilà ce que c'est que la foi : Dieu sensible au cœur, non à la raison. »
       PASC., **Pens.,** II, 278.

32 « La foi est un don de Dieu ; ne croyez pas que nous disions que c'est un raisonnement. Les autres religions ne disent pas cela de leur foi ; elles ne donnaient que le raisonnement pour y arriver, qui n'y mène pas néanmoins. »   ID., **Ibid.,** II, 279.

33   « Vous voulez aller à la foi, et vous n'en savez pas le chemin... : apprenez de ceux qui ont été liés comme vous... Suivez la manière par où ils ont commencé : c'est en faisant tout comme s'ils croyaient... »   ID. (Cf. Abêtir, cit. 1).

34   « La foi est la consolation des misérables et la terreur des heureux. »   VAUVEN., **Max. et réflex.**, 323.

35   « La foi s'assure et s'affermit par l'entendement. »   ROUSS., **Émile**, IV.

36   « La foi, sœur de l'humble espérance, »   HUGO, **Odes et ballades**, II, III, 2.

37   « ... elle le conjura de supporter toutes ses douleurs pour l'amour de Dieu; lui, homme de peu de foi, emporté par la souffrance, repoussa ces pieux conseils par des blasphèmes... »   STENDHAL, **Rom. et nouv.**, Souv. d'un gentilh. italien.

38   « ... la foi n'est pas seulement un acte de l'intelligence, une conviction, mais un acte de sensibilité et de volonté, un sentiment de confiance, un désir de soumission. »   MART. du G., **Jean Barois**, II, Le crépuscule, II.

39   « C'est au pays de Voltaire et de quelques autres que la foi est la plus sérieuse et la plus solide peut-être, et que les Ordres se recruteraient le plus aisément; c'est à lui que l'Église a attribué les canonisations les plus nombreuses dans ces dernières années. »   VALÉRY, **Reg. s. le monde act.**, p. 135.

40   « ... je n'ai point la foi, je ne crois plus en Dieu depuis longtemps; mais je demande encore, j'exige encore, je suis encore capable de prière. »   DUHAM., **Pasq.**, VII, XXVII.

— *Foi de saint Thomas:* la foi de ceux qui, comme saint Thomas, demandent à voir et à toucher, avant de croire.

41   « Voilà des cas où il ne faut avoir de foi que celle de saint Thomas, et demander à voir et à toucher. »   VOLT., **Lett. Duch. de Hesse-Cassel**, 14 mai 1754.

— *La foi du charbonnier:* la foi humble, naïve des simples.

42   « Cet homme avait la foi du charbonnier. Il aimait la sainte Vierge comme il eût aimé sa femme. Catholique ardent, il ne m'avait jamais dit un mot sur mon irréligion. »   BALZ., **La messe de l'athée**, Œuv., t. II, p. 1163.

— *Il n'y a que la foi qui sauve,* formule des protestants selon laquelle la foi peut sauver sans les œuvres*. — *Ironiqt.* Se dit de ceux qui se forgent des illusions.

— *N'avoir ni foi ni loi :* n'avoir ni religion ni morale. V. **Amoral, immoral, irréligieux, mécréant** (Cf. Feu, cit. 28).

43   « Qui méprise Cotin n'estime point son roi, Et n'a, selon Cotin, ni Dieu, ni foi, ni loi. »   BOIL., **Sat.**, IX.

44   « ... il semble qu'il ait passé toute sa vie ... dans un coupe-gorge où il n'y avait ni foi ni loi... »   SÉV., 1234, 13 nov. 1689.

— *Par ext.* L'objet de la foi. V. **Confession, dogme, religion** (Cf. Ex cathedra, cit. 1). *Professer la foi chrétienne* V. **Communion**. *Violer la foi de ses pères* (Cf. Avilir, cit. 2; chérir, cit. 15). *Confesser* (cit. 18) *une foi nouvelle.* V. **Apostasier**. *Prêcher, répandre la foi* (V. **Catéchiser; catéchisme, prédication, propagation, prosélytisme**). *Les ennemis de la foi* (Cf. Arracher, cit. 10).

45   « Ses aumônes se répandaient de toutes parts jusqu'aux dernières extrémités de ses trois royaumes; et, s'étendant, par leur abondance, même sur les ennemis de la foi, elles adoucissaient leur aigreur et les ramenaient à l'Église. »   BOSS., **Reine d'Anglet.**

46   « Ensuite elle voulut confesser elle-même la foi musulmane et, ouvrant dans la pose de la prière ses petites mains de cire blanche, elle répéta les paroles sacramentelles : ... »   LOTI, **Désench.**, XLVI.

— *Profession de foi :* déclaration publique de sa foi (Cf. Ambiguïté, cit. 1). *La Profession de foi du Vicaire Savoyard,* dans l' « Émile » de Rousseau. *Par ext.* Toute déclaration* (cit. 2) de principes. *La profession de foi d'un candidat aux élections législatives, d'un théoricien* (Cf. Dessinateur, cit.).

— *Article de foi.* V **Article** (*supra* cit. 7).

— *Par anal.* Toute croyance fervente, assimilée à un culte. *Foi de l'honneur* (Cf. Armée, cit. 16). *Foi politique, patriotique ...*

47   « ... la sublime foi patriotique, démocratique et humaine, qui, de nos jours, doit être le fond même de toute intelligence généreuse. »   HUGO, **Misér.**, I, I, XI.

48   « La seule foi qui me reste, et encore ! c'est la foi dans les Dictionnaires. »   LÉAUTAUD, **Journ. littér.**, 27 fév. 1900.

ANT. — **Infidélité, trahison. Critique, doute. Incrédulité, incroyance, scepticisme.**

HOM. — **Foie, fois, Foix** (ville).

DER. — V. **Féal, fidèle.**

FOIE. n. m. (Fedie, feie au XII° s.; figido au VIII° s., lat. ficatum, adapt. du gr. sukôton, « de figues », hepar sukôton, t. culin. « foie garni de figues »). *Anat.* Organe glanduleux, situé au-dessous du diaphragme, dans la partie supérieure droite de l'abdomen et allant en s'amincissant du côté gauche où il surmonte la grande tubérosité de l'estomac. *Le foie est le plus volumineux des viscères abdominaux. Le foie, « partie* noble », indispensable à la vie. Ligament suspenseur du foie. Lobes et lobules du foie. Sillons latéraux, transversal* (V. **Hile**) *du foie. La veine porte irrigue le foie. Canaux du foie.* V. **Cholédoque, cystique**. *Les fonctions biliaire** (V. **Bile*, fiel**), *glycogénique* (V. **Glycogène, glycogénèse**), *antitoxique, uropoïétique, martiale du foie. Qui a rapport au foie.* V. **Hépatique** (et les comp. du grec *hepar,* foie). *Affections du foie.* V. **Cirrhose, hépatalgie, hépatisme, hépatite, hépatocèle,**

ictère, jaunisse... Kyste hydatique du foie. Maladie, crise de foie* (Cf. Couvrir, cit. 44); *cancer du foie. Faire une cure à Vichy, à Vittel pour soigner son foie.*

« Les fonctions du foie sont donc fort complexes : il est simultanément un *organe épurateur* du sang en excrétant la bile, les toxines et en détruisant les vieux globules rouges; un *organe de protection* contre certains empoisonnements; — un *organe digestif;* — un *organe uropoïétique* en produisant de l'urée; — un *organe de réserve nutritive* en emmagasinant du glycogène et de la graisse; — enfin, il met en réserve *une certaine quantité de fer* pour la formation de l'hémoglobine *(fonction martiale).* »   PIZON, **Anat. et physiol.**, p. 424.   1

— Chez les animaux. *Foie de bœuf, de veau, d'oie... Douve* du foie du mouton. Méd. Huile de foie de morue,* employée comme tonique. — Cuis. *Foie sauté, grillé, en brochettes. Crépinette de foie. Hacher du foie pour une farce* (V. **Béatilles**). — *Foies gras,* foies d'oies ou de canards spécialement engraissés pour faire des pâtés, des confits. *Terrine, pâté de foie gras aux truffes.* — Fam. *Avoir les jambes en pâté de foie,* molles.

« Ce soir-là, il y avait au menu ... des tranches de foie gras accompagnées de jambon et de salade... »   ROMAINS, **H. de b. vol.**, t. III, XI, p. 148.   2

— Allus. mythol. *Prométhée, condamné à avoir chaque jour le foie dévoré par un vautour.* — Fig. et pop. *Avoir les foies:* avoir peur* (Cf. Débiner, cit. 2). — *Se manger, se ronger les foies:* se faire beaucoup de souci.

« Un furieux oiseau de proie Sans cesse lui ronge le foie. »   SCARRON, **Virg.**, VI.   3

L'aigle de l'ombre est là qui te mange le foie. »   HUGO, **L'année terrible**, Décembre 1870, VII.   4

« Le mythe de Prométhée signifie que toute la tristesse du monde a son siège dans le foie. »   MAURIAC, **Nœud de vipères**, XVI.   5

COMP. — **Foie-de-bœuf.** n. m. (fin XIX° s., NOUV. LAR. ILL.). Nom vulgaire de la fistuline*. *Des foies-de-bœuf.*

HOM. — **Foi** (confiance), **fois** (énumération), **Foix** (ville).

1. FOIN. n. m. (XV° s.; *fein* au XII° s.; lat. *fenum*). Herbe des prairies fauchée et séchée pour la nourriture du bétail. V. **Fourrage**. *Étaler, retourner le foin.* V. **Faner** (cit. 1), **fenaison**. *L'odeur du foin. Charretée, fourchée de foin. Foin botté* (V. **Botte** 1), *amoncelé en tas* (V. **Barge, meule**), *engrangé* (V. **Fenil, grenier**). *Mettre du foin dans les râteliers. Bouchonner un cheval avec une poignée de foin.*

« Le foin est un excellent aliment pour tous les animaux de la ferme, mais il convient surtout pour les ruminants, bovins et ovins. »   OMN. AGRIC., **Foin**.   1

« Le long des prés déserts où le sentier dévale La pénétrante odeur des foins coupés s'exhale, »   SAMAIN, **Chariot d'or**, Les roses dans la coupe, Soir sur la plaine.   2

« Les greniers se sont emplis de foin. Chariots pesants, heurtés aux talus, cahotés aux ornières; que de fois vous me ramenâtes des champs couché sur les tas d'herbes sèches, parmi les rudes garçons faneurs ! »   GIDE, **Nourrit. terr.**, V, II.   3

— *Par ext.* Herbe sur pied destinée à être fauchée pour servir de fourrage. *Une pièce de foin.* V. **Prairie, pré**. *Couper les foins.* V. **Faucher** (Cf. Faux 2, cit. 2). *Foin abattu par un faucheur.* V. **Andain, fauchée**. *Seconde coupe de foin.* V. **Regain**. — REM. En ce sens, on emploie surtout le pluriel. *Couper les foins. La saison des foins.*

« On se couche dans l'herbe et l'on s'écoute vivre, De l'odeur du foin vert à loisir on s'enivre, Et sans penser à rien on regarde les cieux... »   NERVAL, **Poés.**, Odelettes, Le relais.   4

« Au dehors, les foins blondissaient prêts à mûrir. »   FROMENTIN, **Dominique**, III.   5

— Méd. *Asthme, fièvre, rhume des foins:* coryza spasmodique qui revient périodiquement chez certains sujets à l'époque de la floraison des graminées.

— Par anal. *Foin d'artichaut:* poils soyeux qui garnissent le fond de l'artichaut.

— Fig. et fam. *Avoir du foin dans ses bottes*. — Être bête* à manger du foin. — Chercher une aiguille* (cit. 13 et *supra*) dans une botte de foin.*

— Pop. *Faire du foin, un foin du diable.* V. **Bruit*, scandale, tapage** (Cf. Faim, cit. 7).

« C'est bien du bruit pour un seul mort, dit-il. On ne fait pas tant de foin que ça pour la vie humaine au Maroc. »   ARAGON, **Beaux quartiers**, XXVI.   6

|| Loc. PROV: *Année de foin, année de rien:* les années pluvieuses sont bonnes pour les foins et nuisibles aux autres récoltes.

DER. et COMP. — V. **Faner** (du lat. *fenum*). — **Abat-foin. Sainfoin**.

2. FOIN. interj. (XVI° s.; emploi iron. de *foin* 1, ou altér. de *fi !* d'après *foin* (DAUZAT). Vieilli. Interjection qui marque le dédain, le mépris, le dégoût. *Foin des richesses !*

« Foin du loup et de sa race. »   LA FONT., **Fab.**, IV, 15.   1

« ... foin du plus parfait des mondes, si je n'en suis pas. »   DIDEROT, **Neveu de Rameau**, Œuv., p. 433.   2

« A force, je m'ennuierais avec mes fauves lilas. Foin de l'obsession. Mais il s'agit d'un escalier, d'un immeuble habité en vain pendant plus de trois ans. »   COLETTE, **Étoile Vesper**, p. 162.   3

1. FOIRE. *n. f.* (*Feire* au XIIe s.; bas lat. *feria*, « marché, foire », lat. class. *feriæ*, « jours de fête », les foires ayant lieu les jours de fête ou étant l'occasion de fêtes). Grand marché* public où l'on vend toutes sortes de marchandises et qui a lieu à des dates et en un lieu fixes. *Champ de foire.* V. **Foirail.** *Ouverture, clôture de la foire. Foire où l'on vend au rabais.* V. **Braderie.** *Marchands qui fréquentent les foires.* V. **Forain.** *Théâtre* de la foire. Acrobates de foire.* V. **Bateleur.** *Foires spécialisées. Foires au pain d'épice, aux jambons, à la ferraille. Foire aux chevaux, aux bestiaux* (cit. 3), *aux oies... Rôle des foires primordial dans les échanges commerciaux du moyen âge.*

1 « Avec la facilité et la fréquence des communications, les foires aujourd'hui n'ont plus de raison d'être. Au moyen âge, elles étaient le grand moyen d'échanges. La plus ancienne et la plus célèbre était celle du Lendit, qui se tenait sur la terre de l'abbaye de Saint-Denis. Elle remontait à l'époque franque, mais avait été renouvelée au XIIe siècle. Elle commençait le 11 juin, à la Saint-Barnabé, et durait quinze jours. Chaque ville de France y avait sa place désignée, et chaque métier y dressait ses boutiques. Une foule immense s'y pressait, non seulement pour acheter, mais pour banqueter, regarder les baladins, écouter les ménestrels... Les foires de Champagne et de Brie étaient moins turbulentes; on y faisait plus d'affaires. Elles étaient le point de rencontre entre les marchands d'Italie et ceux de Flandre. Elles étaient au nombre de six par an : deux à Troyes, une à Provins, Lagny, Reims, Bar-sur-Aube... Dans le Midi, les plus célèbres **foires** étaient celles de Beaucaire, qui subsistent encore, et celles de Lyon. »
RAMBAUD, **Hist. civ. fr.**, XX, III.

2 « Qui veut voir toutes les races et tous les costumes des Pyrénées, c'est aux foires de Tarbes qu'il doit aller. Il y vient près de dix mille âmes : on s'y rend de plus de vingt lieues. »
MICHELET, **Hist. de France**, III, Tabl. de la Fr.

— *Spécialt.* Grande réunion périodique où des échantillons de marchandises diverses sont présentés au public. V. **Exposition, salon.** *La foire de Leipzig, de Bruxelles. La foire de Paris, de Bordeaux, de Lille, de Lyon, de Marseille... Foire internationale.*

3 « Ces foires modernes diffèrent toutefois des foires médiévales par deux caractères : 1° ce sont des foires d'*échantillons*; 2° ce sont des foires de *publicité*. Les foires d'aujourd'hui se proposent avant tout de faire connaître au public les articles nouveaux, de les inciter à un premier achat, avec l'espoir qu'ils prendront goût à cette consommation et iront ensuite s'approvisionner régulièrement de l'article chez leur fournisseur habituel. »
PIROU et BYÉ, **Traité d'écon. polit.**, t. I, IV, I, p. 204.

— Fête foraine ayant lieu à certaines époques de l'année. *La foire de Neuilly, du Trône. Foire traditionnelle d'un village.* V. **Fête***, **frairie, kermesse, vogue.**

— *Fig. et fam.* Lieu bruyant où règnent le désordre et la confusion. *C'est une foire, une vraie foire.*

4 « Garçon, veillez à notre paix. C'est une foire ici ! »
GIRAUDOUX, **La folle de Chaillot**, I.

— *Pop. Faire la foire:* s'adonner à une vie de débauche*. V. **Bombe, fête, noce.**

— *Loc. fam. Ils s'entendent comme larrons en foire. Acheter à la foire d'empoigne*.*

DER. — **Foirail** ou **Foiral**. *n. m.* (1874). Champ de foire.

2. FOIRE. *n. f.* (XIIIe s.; lat. *foria*). *Trivial.* Évacuation d'excréments à l'état liquide. V. **Diarrhée.** — *Fig. et pop. Avoir la foire:* avoir peur (Cf. La colique, la trouille).

DER. — **Foirer. Foirolle.** *n. f.* (XVIe s.) ou **Foirande.** *n. f.* (1820). *Bot.* V. **Mercuriale.** — **Foireux, euse.** *adj.* (XIIe s.). Qui a la foire. *Un pet foireux:* accompagné d'évacuation liquide. *Teint foireux,* qui décèle la colique, un flux de ventre. — Qui est souillé d'excréments. *Un enfant foireux.* — Substantivt. *Un foireux, une foireuse:* une personne qui a la foire. — *Fig. et pop.* V. **Lâche, peureux,** poltron (à cause du flux de ventre que déclenche la peur). *Ce n'est qu'un foireux.*

« ... un agent de liaison que la peur rendait chaque fois un peu plus vert et plus foireux. »
CÉLINE, **Voyage au bout de la nuit**, p. 20.

FOIRER. *v. intr.* (1576; de *foire* 2). *Trivial.* Évacuer les excréments à l'état liquide. — *Fig. Foirer dans les bottes* (Cf. Emmerder).

« Je comprends qu'on soit muffe et qu'on foire dans mes bottes... »
COURTELINE, **Train de 8 h. 47**, II, III.

— *Technol. Mar. Cordage qui foire,* qui se détend. — *Mécan. Écrou, vis qui foire,* qu'on ne peut serrer à fond à cause d'un pas usé. — *Pyrot. Fusée, obus qui foire:* qui fait long feu. — *Mus.* Faire une fausse note. *Instrument qui foire. Musique qui foire.* V. **Dérailler** (cit. 2).

— *Fig. et pop.* Avoir peur, lâcher pied par peur. *Il a foiré au dernier moment.* V. **Défaillir, reculer.** — *Affaire qui foire.* V. **Rater.**

ANT. — Fonctionner. Réussir.

FOIS (*foi*) *n. f.* (XIe s., *feiz*; XIIe s., *fois*; lat. plur. *vices*, « tour, succession », l'*f* s'expliquant mal).

I. Marquant le degré de fréquence d'un fait. Cas où un fait se produit. — N. B. Ce sens reste invariable dans toutes les expressions adverbiales ci-dessous étudiées dans un ordre pratique.

‖ **1°** Sans préposition. *C'est arrivé une fois* (Cf. Aider, cit. 15; changer, cit. 58; crime, cit. 3), *au moins une fois* (Cf. Aimer, cit. 50), *une seule fois* (Cf. Atteindre, cit. 16), *une fois sur deux, une fois de plus* (Cf. Affronter, cit. 4), *une fois encore* (Cf. Alcool, cit. 2), *encore une fois* (Cf. Apporter, cit. 24). Elliptiqt. *Encore une fois* (c'est-à-dire: Je le dis encore une fois, je le répète). *Encore une fois, que voulez-vous au juste ?* (Cf. Associer, cit. 7). *Encore une fois, laissez-moi tranquille.* V. **Coup.** — PROV. *Une fois n'est pas coutume** (cit. 14).

— *Une fois* (sens fort), *une bonne fois, une fois pour toutes,* d'une manière définitive, sans qu'il y ait lieu de revenir là-dessus. *Expliquez-vous une bonne fois ! Je vous le dis une fois pour toutes* (Cf. Acquérir, cit. 17; conquérir, cit. 12).

1 « Cependant voulez-vous qu'avec moins de contrainte
L'un et l'autre une fois nous nous parlions sans feinte? »
RAC., **Brit.**, I, 2.

2 « Enfin, je me décidai à passer dans ma chambre pour savoir une bonne fois à quoi m'en tenir. » DAUD., **Pet. Chose**, I, III.

3 « ... quand ils croient que le monde moderne a été déplacé une fois pour toutes, c'est comme si je disais que je vais balayer le devant de ma porte une fois pour toutes, ou que je vais me nourrir une fois pour toutes, ou que je vais écrire ce cahier une fois pour toutes, ou que je vais aller à la messe une fois pour toutes ou que je vais me rendre au tribunal de la pénitence une fois pour toutes; »
PÉGUY, **Note conjointe, Sur Descartes**, p. 282.

— *Une ou deux fois, deux ou trois fois* (Cf. Arrosage, cit 2; cage, cit. 2), *trois ou quatre fois* (Cf. Cardinal, cit. 3), *quinze ou vingt fois* (Cf. Boulon, cit.). *Je l'ai vu deux fois, trois fois...* (Cf. Après, cit. 22; blême, cit. 4; cerveau, cit. 6). *Les deux fois il m'a fait la même impression. Un numéro qui revient deux fois* (V. **Bis**), *trois fois* (V. **Ter**). *Ne pas se le faire dire* deux fois. On n'a pas besoin de le lui dire deux fois.* V. **Répéter.** *On ne se baigne pas deux fois dans la même eau,* formule du devenir héraclitéen (Cf. Fleuve, *supra* cit. 11). *Une fois, deux fois, trois fois...,* triple sommation adressée dans les enchères, ou avant exécution d'une menace.

4 « On ne voit point deux fois le rivage des morts. »
RAC., **Phèd.**, II, 5.

5 « Ailleurs tous vos regards, ailleurs toutes vos larmes,
Aimez ce que jamais on ne verra deux fois. »
VIGNY, **Poèm. philos.**, Maison du berger, III.

— *Plus d'une fois* (Cf. Arbitrer, cit. 2; arriver, cit. 75), *plusieurs fois* (Cf. Étourdissement, cit. 7), *bien* (cit. 98) *des fois, quantité de fois, mainte(s) fois, tant de fois* (Cf. Alarmer, cit. 5; alléger, cit. 3...), *combien de fois* (vx. *quantes fois,* Cf. Arbre, cit. 1; arracher, cit. 16). *Par hyperb. Plus de dix fois* (Cf. Calendes, cit. 1), *plus de vingt fois* (Cf. Champ, cit. 6). *Vingt fois* (Cf. Cesse, cit. 5), *cent fois* (Cf. Caprice, cit. 4), *cent et cent* (cit. 6) *fois, mille fois* (Cf. Bout, cit. 48). V. **Souvent.** *Autant de fois qu'il faudra* (Cf. Estampe, cit. 4). *Je vous l'ai dit vingt, cent fois pour une* (quand une fois aurait suffi). *Dire, faire plusieurs fois.* V. **Réitérer, répéter.**

6 « Le nombre des mots servant à former les locutions de ce genre (locutions adverbiales pour marquer la rareté ou la fréquence), si grand en a.f., s'est singulièrement réduit. On se sert surtout de fois : *Vingt fois sur le métier remettez votre ouvrage; — je vous l'ai dit cent fois. — Cent fois, depuis six mois que ton regard m'évite* (HUGO, Ruy Blas, III, 3). A noter les expressions composées : *parfois, quelquefois, bien des fois, maintefois, souventes fois.* La dernière est vieillie comme *quantes fois;* elle était encore usuelle du temps de Malherbe. »
BRUNOT, **Pens. et lang.**, p. 452.

— Fréquence à l'intérieur d'un certain espace de temps. *Une fois l'an, par an* (Cf. Étranger, cit. 9), *chaque année une fois. Une fois tous les deux jours, un jour sur deux. Deux fois la semaine, par semaine. Plusieurs fois par jour* (Cf. Communier, cit. 1). — REM. La construction avec *par* tend à se substituer à la tournure directe, qui vieillit. On ne dit plus, comme RONSARD: *Cent fois le jour* (Cf. Envie, cit. 25), si ce n'est, dans la langue littéraire, avec une pointe d'archaïsme (Cf. cit. *infra*).

7 « Puisqu'une fois le jour vous souffrez que je voie
Le seul bien qui me reste et d'Hector et de Troie, »
RAC., **Andr.**, I, 4.

8 « Trois mille six cents fois par heure, la Seconde
Chuchote : *Souviens-toi !* ... » BAUDEL., **Fl. du mal**, L'horloge.

9 « C'est environ ce temps que nous commençâmes de nous réunir une fois le mois pour dîner ensemble. »
DUHAM., **Temps de la recherche**, p. 157.

— Avec un ordinal. *La première, la seconde ... fois. La dernière fois. La n*ième* fois. C'est la première fois que je le vois* (Cf. Carrière, cit. 17). *C'est la première et la dernière fois que je vous en parle. Une première, une seconde fois* (Cf. Céder, cit. 21). *Une dernière fois* (Cf. Boire, cit. 20).

10 « Comme il m'est impossible de comprendre ce que je goûte la première fois, je devais connaître les jouissances de l'amour chaque jour davantage. » RADIGUET, **Diable au corps**, p. 76.

11 « Les maux ont donc été pour nous plus nombreux que les biens, puisque personne ne voudrait accepter une seconde fois le même lot de bonheurs et de peines. »
PAULHAN, **Entret. s. des faits div.**, p. 46.

— Avec divers adj. démonstratifs, indéfinis... *Cette fois* (Cf. Attifer, cit. 3; bloc, cit. 10). *Cette fois, c'était différent* (Cf. But, cit. 19). *On le tient, cette fois!* (Cf. Casser, cit. 7).

Cette fois-ci, cette fois-là. V. **Coup** (pour le), **cas** (dans le cas présent), **circonstance, occurrence.** *Chaque fois* (Cf. Aimer, cit. 22; broder, cit. 7). *C'est toutes les fois la même chose! Une autre* (cit. 23, 24) *fois, d'autres* (cit. 25) *fois* (Cf. Architecte, cit. 3). *Cela t'apprendra* (cit. 50) *une autre fois à mentir! L'autre fois. La prochaine fois. La seule et unique fois. Certaines fois. La même fois.*

— Pop. (sans déterminant). *Des fois,* certaines fois. V. **Parfois, quelquefois.** *Ça m'est arrivé des fois. Des fois il rit des fois il pleure.* V. **Tantôt.** *Si des fois vous allez le voir, dites-lui...* V. **Jamais; hasard** (par). — Servant d'antécédent à un relatif. *Pensez aux fois où il vous a menti. Vous vous souvenez, c'était la fois que vous aviez votre robe à carreaux.* V. **Jour.** *J'ai bien noté les fois qu'il est venu. Une fois qu'il passait par là...*

12 « Le *des fois* de la langue populaire tend à pénétrer dans la langue écrite (note : Des fois *je m'en vais le soir,* des fois *je ne rentre pas* (HUGO, Misér., Marius, I, VIII, IV). » BRUNOT, **Pens. et lang.,** p. 452.

13 « Les hommes eux-mêmes allaient des fois à l'église, aux grandes fêtes, parce que tout le monde y allait. » ZOLA, **La terre,** IV, IV.

14 « Les fois où ils faisaient les gentils, ils s'assommaient davantage. » ID., **Assommoir,** p. 368.

15 « Une fois qu'il passait devant la porte ouverte du rédacteur Chavarax, il aperçut le bureau vide... » COURTELINE, **MM. ronds-de-cuir,** IIIe tabl., III.

|| **2°** Précédé d'une préposition: *par, en, pour, à.*

— PAR (tournure qui vieillit dans le langage courant). *Par deux fois, par trois fois,* deux, trois fois (Cf. Exemple, cit. 12). V. **Parfois.**

16 « Les ombres par trois fois ont obscurci les cieux. » RAC., **Phèd.,** I, 3.

— EN. *En plusieurs fois ...* marque la répartition, non la répétition de quelque action. *Payer en une fois* (Cf. Arriéré, cit. 8), *en trois fois,* en un, en trois versements. — POUR. *C'est pour une fois. Pour une fois, on ne dira rien. Passe pour cette fois, mais ne recommencez pas. Pour la première* (Cf. Abstraction, cit. 9; café, cit. 3), *la seconde* (Cf. Affiner, cit. 1) *... la vingtième* (Cf. Atteinte, cit. 13), *la dernière fois.* Elliptiqt. *«Pour la dernière fois, ôte-toi de ma vue »* (RAC., Phèd., IV, 2).

17 « Depuis cinq ans entiers chaque jour je la vois
Et crois toujours la voir pour la première fois. »
RAC., **Bérén.,** II, 2.

18 « ...ce sera pour une autre fois, et comme d'habitude cette autre fois ne viendra jamais sans doute. » PÉGUY, **Notre patrie,** p. 11.

19 « Ne dites jamais « pour une fois ». C'est le commencement des mauvaises routes. En philosophie on vous apprendra que l'habitude commence au premier acte. » Max JACOB, **Conseils à un jeune poète,** p. 92.

— À. *A cette fois* (vx.), cette fois. *A deux fois* est vieux (Cf. Connaître, cit. 33), sauf dans: *Y regarder* à deux fois, s'y prendre à deux fois. S'y reprendre, y revenir à plusieurs fois. A la deuxième fois. A chaque fois* (vieilli ou fam.).

20 « ...mais à cette fois, Dieu merci, les choses vont être éclaircies. » MOL., **G. Dand.,** III, 6.

21 « ...ceux qui furent placés en sentinelle... reçurent aussi un verre d'eau-de-vie, et l'on oubliait à chaque fois la bouteille auprès de la guérite... » STENDHAL, **Chartr. de Parme,** XXI.

22 « A la septième fois, les murailles tombèrent. » HUGO, **Châtim.,** VII, I.

— REM. Les nuances marquées par ces divers compléments apparaissent dans une série de phrases comme celle-ci : *Je lui ai posé, prétend-il, la question deux fois. En réalité, je l'ai interrogé par trois fois. La première fois, je n'ai pas obtenu de réponse, à la seconde fois, il m'a, pour la première fois, répondu, mais ce n'était qu'une demi-réponse; la dernière fois, j'ai enfin appris tout ce que je voulais savoir: je peux donc dire qu'il m'a répondu* en deux fois.

|| **3°** Spécialt. A LA FOIS. *loc. adv.* En même temps. — N. B. LAFAYE distingue une nuance entre *à la fois* (« Faire deux choses à la fois ») et *en même temps* (« Posséder, éprouver deux choses en même temps»). En fait, la différence n'est guère observée dans l'usage. *Faire deux choses à la fois* (Cf. Accabler, cit. 16; auguste, cit. 14; cabrer, cit. 14). *Avoir, posséder à la fois ceci et cela* (Cf. Androgyne, cit. 8; audience, cit. 6). *Choses qui se produisent à la fois* (Cf. Arc-boutant, cit. 1; attaquer, cit. 7; couler, cit. 10). *Chose, personne qui est à la fois ceci et cela.* V. **Ensemble** (vieilli). *A la fois passionné et lucide* (Cf. Admirateur, cit. 2), *chose à la fois triste et comique* (Cf. Exagération, cit. 6; ajourner, cit. 1; atroce, cit. 6), *à la fois une passion et un jeu* (Cf. Étude, cit. 7). *Partout à la fois* (Cf. Étoile, cit. 27). *Ne parlez pas tous à la fois. Une seule personne à la fois!* V. **Un** (à un) (Cf. Escalier, cit. 3). *Tout à la fois* (vieilli, ou littéraire) : à la fois (Cf. Amusement, cit. 9, LA BRUY.; armure, cit. 6, HUGO; cambrure, cit. 3, GIDE). — PROV. *Il ne faut pas courir deux lièvres à la fois.*

23 « Ah ! Seigneur, qu'ai-je ? Hélas, me voici tout en larmes
D'une joie extraordinaire ! votre voix
Me fait comme du bien et du mal à la fois,
Et le mal et le bien, tout a les mêmes charmes. »
VERLAINE, **Sagesse,** VII.

|| **4°** UNE FOIS, UNE FOIS QUE. *loc. adv.* ou *conjonct. de temps.* — REM. La valeur temporelle de cette locution (dans les cas ci-dessous b, c, d, e), où elle énonce un fait acquis, semble dériver du sens fort (Cf. *supra,* 1°) de *une fois* (c'est-à-dire *une bonne fois,* une fois privilégiée et suffisante), comme il apparaît par son emploi dans les relatives.

— a) Cas simple. *Une fois,* un certain jour, à une certaine époque. V. **Autrefois, jadis.** « Se dit en conversation d'une chose qui peut être arrivée plusieurs fois, lorsqu'on parle de quelqu'une de ces fois-là en particulier. *J'étais une fois à Versailles* » (TRÉVOUX). *Il y avait une fois, il était une fois...,* commencement classique des contes de fées (Cf. PERRAULT, Peau d'âne, Le petit chaperon rouge, La barbe bleue, etc.). — REM. Dans ce sens, *une fois* ne peut se dire qu'en parlant du passé (Cf. Expérience, cit. 48) ; on ne dira pas: *Je le ferai une fois,* mais: *un jour.*

24 « N'eus-je pas *une fois* une jeunesse aimable, héroïque, fabuleuse. » RIMBAUD, **Saison en enfer, Matin.**

— b) Dans une propos. relative. *Rien ne saurait l'empêcher de faire ce qu'il a une fois résolu,* dès qu'il a résolu quelque chose, rien ne saurait ... (ACAD.). (Cf. Accomplir, cit. 8, MAURIAC). *Retenir ce qu'on a une fois appris* (cit. 1, AMYOT). *Les opinions qu'il avait une fois adoptées* (cit. 4, BARRÈS). *Les choses qu'on a une fois quittées* (Cf. Bon, cit. 101, CLAUDEL).

— c) Dans une propos. gouvernée par une conj. de temps. *Lorsqu'une fois, quand une fois ...* (Cf. Amorce, cit. 1; appât, cit. 6), *dès qu'une fois* (MOL., D. Juan, V, 2), *depuis qu'une fois* (CORN., Nicom., II, 1).

— d) *Une fois que,* gouvernant une propos. temporelle de postériorité (XIXe s., abs. des dictionnaires des XVIIe et XVIIIe s.). Dès que, dès l'instant où. *Une fois qu'il s'est mis quelque chose en tête, il ne veut plus rien entendre. Une fois que l'enfant commence à marcher ...* (Cf. Entraîner, cit. 27, TAINE). *Une fois qu'il sera mort, on ne parlera plus de lui.*

25 « ... on employait jadis *depuis que,* dans le sens d'*une fois que ...* On se sert aujourd'hui de *une fois que, après que* : *une fois que vous aurez essayé de ce produit, vous ne voudrez plus en employer d'autre;* — *Une fois que vous serez mariés, je n'aurai plus rien à faire près de vous.* » BRUNOT, **Pens. et lang.,** p. 753.

— e) Elliptiqt., et dans une propos. participe. *Une fois en mouvement, il ne s'arrête plus* (Cf. Broussaille, cit. 2). *Une fois parti, il s'aperçut ...* (Cf. Événement, cit. 10). *Une fois la crise passée, le régime pourra ...* (Cf. Américanisme, cit.; exécution, cit. 7). *Je reviendrai une fois fortune faite.* — N. B. Dans tous ces exemples, ou bien le sujet est, régulièrement, le même dans la subord. et dans la princip., ou bien il s'agit d'un participe absolu. Cependant, tout risque d'amphibologie étant écarté, DAUDET s'est accordé la licence d'un changement de sujet:

26 « Une fois sortis, sur le cours, il faisait un vent terrible. » DAUD., **Port-Tarascon,** p. 271.

|| **5°** Dans diverses autres loc. conjonct. avec *que. Chaque fois que* (Cf. Abîme, cit. 13; bouton, cit. 4), *à chaque fois que* (moins usité; Cf. *infra,* cit. BARRÈS), *toutes les fois que* (Cf. Amendement, cit. 3; causal, cit.). *La première, la dernière fois que je l'ai vu, il était ... Pour une fois qu'ils étaient d'accord, leur combinaison a raté!* (On rencontre aussi: *Pour une fois où...*).

27 « Ah ! la leçon était décisive et rude ! pour une fois qu'il s'était emballé, quels regrets et quelle chute ! » HUYSMANS, **Là-bas,** XIII.

28 « ... A chaque fois que l'orateur lançait le bras en avant, elle s'élançait elle aussi... » BARRÈS, **Colline inspirée,** V.

29 « Pour une fois où le sort avait préparé avec ce soin ses offres, était-il la peine de le désobliger ? » GIRAUDOUX, **Combat avec l'ange,** p. 187.

— Pop. *Des fois que ...* (suivi du conditionnel), pour le cas où, si par hasard, si jamais. *Téléphonons-lui toujours, des fois qu'il serait déjà rentré.*

30 « ... allons-y vite, des fois qu'il y aurait trop de monde. » DORGELÈS, **Croix de bois,** XIII.

31 « Des fois que vous voudriez me parler... » SARTRE, **Age de raison,** p. 142.

II. Marquant un degré de grandeur. Servant d'élément multiplicateur ou diviseur. *Quantité deux fois plus grande, plus petite qu'une autre* (Cf. Accomplir, cit. 3; étoile, cit. 18). *Deux fois, trois fois plus grand ...* (V. **Double, triple...**). *L'aire de la sphère est égale à quatre fois celle d'un grand cercle. Le centigramme est contenu cent fois dans le gramme. Il rentre deux fois moins d'eau dans un demi-litre que dans un litre. Il n'y a pas de différence entre un chemin une fois plus long et un chemin deux fois plus long qu'un autre, pas plus qu'entre faire deux fois plus de chemin et faire deux fois plus de chemin que quelqu'un. Trois fois quatre font douze.* — Par hyperb. *Cent fois pire* (Cf. Autocratie, cit.), *mille fois plus avantageux ...* — Devant un adj. au positif, mais à valeur numérique. *Un chêne trois fois centenaire. Une civilisation, un usage plusieurs fois séculaire* (Cf. Apophyse, cit.).

— *Fig.* Équivalent d'un superlatif. *Ô jour trois fois heureux!* (RAC., Esth., I, 1). *Heureux, cent fois heureux celui qui ... Pour avancer de telles choses, il faut en être deux fois sûr. Vous avez raison, Monsieur, deux fois raison.*

32 « Oh ! Trois et quatre fois béni soit cet édit... »
                                        MOL., Éc. des maris, II, 6.

ANT. — (A la fois). **Successivement, tour à tour.** (Une fois). **Jamais.**

COMP. — **Autrefois, parfois, quelquefois, toutefois.**

HOM. — **Foi. Foie. Foix** (ville).

FOISON. *n. f.* (XIIᵉ s.; lat. *fusio*, « écoulement, action de se répandre ». V. **Fusion**). *Peu usit.* Très grande quantité. V. **Abondance.** *Il y aura foison de fruits cette année* (ACAD.).
— REM. Le mot ne s'emploie guère aujourd'hui qu'au singulier, et sans article.

1 « Je vois donc des foisons de religions en plusieurs endroits du monde et dans tous les temps... »   PASC., Pens., IX, 619.

‖ À FOISON. *loc. adv.* En grande quantité. V. **Abondamment*, abondance** (en), **beaucoup, considérablement, copieusement, excès** (à l'excès), **profusion** (à) ... *Il y a de tout à foison* (Cf. Ardoise, cit. 2).

2 « Dieu veuille bénir ta maison
De beaux enfants nés à foison
De ta femme belle et pudique; »   RONSARD, Odes, V, XXXII.

3 « ...laissez-moi pousser des soupirs à foison. »   MOL., Sgan., 16.

4 « Il y a là des choses charmantes, de l'esprit à foison... »
                                        GAUTIER, Portr. contemp., p. 200.

ANT. — **Carence, manque, rareté. Peu** — DER. — **Foisonner.**

FOISONNER. *v. intr.* (XIIᵉ s.; de *foison*).

‖ 1° Être en grande abondance, à foison. V. **Abonder, fourmiller, pulluler** (Cf. Courtine, cit. 2). *Les mauvaises herbes foisonnent dans ce champ. Le gibier foisonne dans ce bois.*

1 « ... le plus ou moins d'ecclésiastiques, de moines ou religieux qui ne foisonnent que trop dans ce royaume. »   VAUBAN, Dîme, 185.

2 « Et comme les honneurs foisonnent quand l'honneur manque! »
                                        FLAUB., Corresp., 362, 15 janv. 1853.

3 « Je savais que j'allais précisément me trouver dans un de ces lieux où foisonnent les belles inconnues; »
                                        PROUST, Rech. t. p., t. IX, p. 199.

‖ 2° Avec *en*, ou *de*. Être pourvu abondamment. V. **Abonder, regorger** (Cf. Besoin, cit. 68). *Cette époque foisonne en grands hommes. Ce pays foisonne de richesses minérales.*

4 « Comme le champ semé en verdure foisonne, »
                                        Du BELLAY, Antiq. de Rome, Au roi, XXX.

5 « C'était jeudi, jour de marché. La grande cour, entourée d'arcades, foisonnait de bêtes et de gens. »
                                        J. et J. THARAUD, Rabat, VI, p. 120.

6 « Ce qu'elle (la solitude) a de plus redoutable, c'est de ne pas ressembler à l'image que nous nous étions créée : elle foisonne de présences; elle appelle et suscite un monde fourmillant. »
                                        MAURIAC, Souffr. et bonh. du chrét., p. 142.

‖ 3° Se multiplier, en parlant de certains animaux. *Les lapins foisonnent beaucoup* (LITTRÉ). — *Fig.* Cf. Baiser, cit. 27.

‖ 4° Augmenter de volume. V. **Augmenter, gonfler.** *La chaux mouillée foisonne. La crème fouettée foisonne.*

‖ 5° *Fig.* Se développer.

7 « ... un esprit intelligent sait, au contraire, que sur n'importe quoi il reste d'autant plus à dire qu'un plus intelligent en a d'abord parlé. L'habile esprit fait foisonner tout ce qu'il touche. »
                                        GIDE, Nouv. prétextes, p. 48.

8 « Chez moi une pareille idée était de nature à foisonner rapidement. »   ROMAINS, Dieu des corps, p. 219.

‖ FOISONNANT, ANTE. *p. prés. adj.* Qui foisonne (V. **Abondant**); qui augmente de volume. *Substances foisonnantes.* — *Fig :*

9 « — Vous en parlez comme s'il était déjà tout écrit. — Il est tout composé du moins; mais la matière est foisonnante... Mon sujet tient en trois parties. »   GIDE, Corydon, II, p. 46.

ANT. — **Manquer. Diminuer.**

DER. — Foisonnement. *n. m.* (XVIᵉ s.). Action de foisonner. ‖ 1° V. **Abondance, fourmillement, pullulement.** ‖ 2° Augmentation de volume. *Foisonnement de la chaux.* ‖ 3° *Fig.* (Cf. Cinéma, cit. 2).

« Il arrive que mes brouillons soient très surchargés, mais cela vient du foisonnement des pensées et de la difficulté de leur ordonnance et de leur agencement. »   GIDE, Journ., 14 févr. 1924.

FOL, FOLLE. V. Fou.

FOLÂTRE. *adj.* (Folastre, 1394; de *fol.* V. **Fou**). Qui aime à faire le petit fou, à plaisanter, à jouer. V. **Badin** (cit. 3, 4), **enjoué** (cit. 1, *fig.*), **espiègle** (cit. 1), **évaporé** (cit. 11), **folichon, gai, guilleret.** *Enfant folâtre.* — *Par ext. Humeur, gaieté folâtre.* V. **Léger, plaisant.** *Jeux, spectacles folâtres.* V. **Amusant, bouffon** (Cf. Amusette, cit. 2). *Ébats folâtres.* V. **Badinage, batifolage.**

1 « Mais il faut voir comme, dans les folâtres jeux, elle offre l'image d'une gaieté naïve et franche ! »   LACLOS, Liais. dang., Lett. VI.

« Mais elle, au lieu de m'écouter avec sérieux suivant sa coutume, 2 et de me faire honte s'il le fallait, excitée aussi de son côté par l'humeur folâtre de ce jour, dès qu'elle vit où j'en voulais venir, lança brusquement son cheval en avant du mien et m'échappa; »
                                        STE-BEUVE, Volupté, III.

« ... il sautait sur les poulains les plus folâtres et les conduisait 3 au pré sans même leur passer une corde autour du nez... »
                                        SAND, François le Champi, I.

ANT. — **Grave, posé, sérieux, triste.**

DER. — Folâtrement. *adv.* (XVIᵉ s.). *Peu usit.* D'une manière folâtre. — Folâtrer.

FOLÂTRER. *v. intr.* (XVᵉ s.; de *folâtre*). Jouer ou s'agiter de façon folâtre. V. **Badiner** (cit. 7), **batifoler, ébattre** (s'), **folichonner, ginguer, jouer** (Cf. Fantaisie, cit. 35). *Folâtrer avec les femmes.* V. **Papillonner, plaisanter** (Cf. Décence, cit. 1). *S'attarder* en folâtrant, en musant.* — *Moineaux, lapins qui folâtrent.* V. **Ébrouer** (s'), cit. 2.

« Je prévois ta main qui folâtre   1
Déjà sur sa cuisse d'albâtre,
Et sur l'un et l'autre tetin. »
RONSARD, Pièces retranch., Quatre prem. liv. odes, De la jeune amie...

« Car je ne crois pas que jamais homme ait plus aimé que moi à 2 voir de petits bambins folâtrer et souvent, dans la rue, et aux promenades, je m'arrête à regarder leur espièglerie et leurs petits jeux avec un intérêt que je ne vois partager à personne. »   ROUSS., Rêver., IXᵉ promen.

« ...des poissons de toute sorte, lustrés, vernissés, étincelants, 3 faisaient des sauts, des cabrioles, et folâtraient avec la vague; »
                                        GAUTIER, Voyage en Espagne, p. 277.

« Marié à vingt ans, il n'avait aimé qu'une femme dans sa vie, et 4 depuis son veuvage, quoiqu'il fût d'un caractère impétueux et enjoué, il n'avait ri ni folâtré avec aucune autre. »
                                        SAND, Mare au diable, IV.

DER. — Folâtrerie. *n. f.* (XVIᵉ s.; a remplacé *folastrie, folâtrie.* Cf. le « Livret des Folastries » de Ronsard). Action, geste, parole folâtre; humeur folâtre. *Les folâtreries d'un enfant, d'un animal* (Cf. Cheval, cit. 32).

« Cette folâtrerie et ces éclats de rire... apparaissent comme une 1 véritable folie... à tout homme qui n'est pas dans le même état que vous. »   BAUDEL., Parad. artif., Poème du haschisch, III.

« Elle demandait son pardon avec tant de bonne grâce et de sou- 2 mission par lettre, avec tant de gentillesse et de folâtrerie de vive voix, qu'elle était bien sûre de l'obtenir. »
                                        STE-BEUVE, Caus. du lundi, Duch. de Bourgogne, 6 mai 1850.

FOLIACÉ, ÉE. *adj.* (1751 ENCYCL.; lat. *foliaceus.* V. **Feuille**). *Bot.* Qui a l'aspect d'une feuille. *Pétiole foliacé.* — *Minér.* Qui est en forme de feuille. *Roche à structure foliacée.*

FOLIAIRE. *adj.* (1778; dér. sav. du lat. *folium*, feuille). *Bot.* Qui appartient à la feuille. *Glande foliaire.*

FOLIATION. *n. f.* (1757 ENCYCL.; dér. sav. lat. *folium*, feuille). *Bot.* Disposition des feuilles sur la tige. Développement des feuilles sur une plante. V. **Feuillaison.** *Époque de la foliation.*

ANT. — **Défeuillaison.** — COMP. — **Préfoliation.**

FOLICHON, ONNE. *adj.* (1637; de *fol.* V. **Fou**). Qui est léger, gai. V. **Amusant, badin, folâtre, gai, léger.** *Propos folichons; airs folichons.* — REM. Folichon s'emploie surtout à la forme négative. *Il n'est pas folichon. La vie n'est pas très folichonne, avec lui.*

« Ma vie n'est pas douloureuse comme la vôtre, mais n'est pas précisément folichonne. »   FLAUB., Corresp., t. IV, p. 76.

ANT. — **Grave, sérieux ; ennuyeux, triste.**

DER. — Folichonner. *v. intr.* (1786). Folâtrer* gaiement.

« ...puis nous irons retrouver Florine et Coralie au Panorama-Dramatique où nous folichonnerons avec elles dans leurs loges. »
                                        BALZ., Illus. perdues, Œuv., t. IV, p. 779.

FOLIE. *n. f.* (1100; de *fol.* V. **Fou**).

‖ 1° Trouble* mental; dérèglement, égarement de l'esprit. V. **Aliénation*, délire, démence, déséquilibre** (mental); **fou*.** — REM. *Folie*, « terme général et très vague » (LALANDE) a disparu du vocabulaire scientifique, sauf « lorsqu'un qualificatif, associé à lui, précise et limite sa signification à un groupe de faits cliniques (A. POROT, Man. de psychiatrie, P.U.F.). Cf. *infra*. V. **Maladie** (mentale), **névrose, psychose, vésanie** (vieilli) ; et aussi **-manie, -phobie, zoanthropie,** etc. — *Accès de folie, coup de folie* (Cf. Attendre, cit. 114). *Son comportement dénote la folie. Simuler la folie ; folie simulée. L'ellébore* passait pour guérir la folie. Folie incurable.* Fam. *Il a un grain de folie.* V. **Fêlure.** *Folie douce; folie furieuse* (V. **Frénésie, fureur**). *Les divagations*, les hallucinations de la folie.*

« ... les grands hommes ont toujours du caprice, quelque petit 1 grain de folie mêlé à leur science. »   MOL., Méd. m. l., I, 4.

« On trouve des moyens pour guérir de la folie, mais on n'en 2 trouve point pour redresser un esprit de travers. »
                                        LA ROCHEF., Max., 318.

3 « Qu'est-ce que la folie ? c'est d'avoir des pensées incohérentes et la conduite de même. Le plus sage des hommes veut-il connaître la folie, qu'il réfléchisse sur la marche de ses idées pendant ses rêves... La folie pendant la veille est de même une maladie qui empêche un homme nécessairement de penser et d'agir comme les autres. Ne pouvant gérer son bien, on l'interdit; ne pouvant avoir des idées convenables à la société, on l'en exclut ; s'il est dangereux, on l'enferme ; s'il est furieux, on le lie. »   VOLT., *Dict. philos.*, Folie.

4 « ... la folie, cette crise que nous méprisons, est le souvenir d'un état antérieur qui trouble notre forme actuelle. »
BALZ., **Massimilla Doni**, Œuv., t. IX, p. 369.

5 « Les hommes m'ont appelé fou ; mais la science ne nous a pas encore appris si la folie est ou n'est pas le sublime de l'intelligence, — ... si tout ce qui est la profondeur, ne vient pas d'une maladie de la pensée... Ceux qui rêvent éveillés ont connaissance de mille choses qui échappent à ceux qui ne rêvent qu'endormis. »
BAUDEL., Traduc. E. POE, Hist. grotesq. et sér., Éléonora.

6 « Aucun des sophismes de la folie, — la folie qu'on enferme, — n'a été oublié par moi... »
RIMBAUD, **Saison en enfer**, Délires, II.

— *Spécialt.* Psychiatr. *Folie à deux (communiquée* ou *simultanée par contagion réciproque)* : délire de même espèce, se manifestant chez deux individus vivant ensemble. *Folie discordante,* caractérisée par le manque d'harmonie entre les diverses fonctions psychiques. *Folie du doute*. Folie intermittente, périodique, circulaire* (état maniaque avec mélancolique et intervalles de lucidité). *Folie morale:* « absence ou ... perversion profonde des instincts normaux de moralité » (LALANDE). V. **Perversion.** *Folie raisonnante:* délires d'interprétation, de revendication ... (V. **Paranoia**). *Folie des grandeurs.* V. **Mégalomanie.** *Folie de la persécution. Folie érotique* (vieilli). V. **Erotomanie, érotisme, perversion** (sexuelle).

7 « Il s'est avancé vers le fou, l'a aidé avec bienveillance à replacer sa dignité dans une position normale, lui a tendu la main, et s'est assis à côté de lui. Il remarque que la folie n'est qu'intermittente ; l'accès a disparu ; son interlocuteur répond logiquement à toutes les questions. »   LAUTRÉAMONT, **Chants de Maldoror**, p. 249.

8 « Ce que pour les champs on appelle culture alternée, on l'appelle chez l'homme folie circulaire. »
GIDE, *Journ.* (1889-1939), Littér. et morale.

9 « Les conditions qui favorisent le développement de la faiblesse d'esprit et de la folie circulaire se manifestent surtout dans les groupes sociaux où la vie est inquiète, irrégulière et agitée, la nourriture trop raffinée ou trop pauvre, la syphilis fréquente... »
CARREL, **L'homme, cet inconnu**, p. 187.

— *Folie sainte, folie mystique* (Cf. Exulter, cit. 1).

|| **2º** Caractère de ce qui échappe au contrôle de la raison. V. **Irrationnel.** *La folie des passions, de l'imagination...*

10 « L'amour, dans l'état social, n'a peut-être de raisonnable que sa folie. »
RIVAROL, **Fragm. et pens. philos.**, notes (Mercure Fr., p. 308).

11 « ... malgré ma mine tranquille, j'ai toujours préféré la folie des passions à la sagesse de l'indifférence. »
FRANCE, **Crime S. Bonnard**, Œuv., t. II, p. 419.

— *Absolt.* L'irrationnel. *L'Éloge de la folie, d'Érasme, est une critique du dogmatisme. — Spécialt.* V. **Imagination, inspiration** (Cf. La folle du logis).

12 « Les choses les plus belles sont celles que souffle la folie et qu'écrit la raison. Il faut demeurer entre les deux, tout près de la folie quand on rêve, tout près de la raison quand on écrit. »
GIDE, **Journ.**, Fin sept. 1894.

— Théol. chrét. *La folie, le scandale de la croix* (cit. 7). Cf. Crucifier, cit. 7.

13 « ... la prédication de la croix est une folie pour ceux qui se perdent; mais pour ceux qui se sauvent ..., elle est la vertu et la puissance de Dieu... Car Dieu voyant que le monde avec la sagesse humaine ne l'avait point connu dans les ouvrages de la sagesse divine, il lui a plu de sauver par la folie de la prédication ceux qui croiraient en lui. »
BIBLE (SACY), 1ʳᵉ Ép. aux Corinth., I, 18-21.

14 « Contrariétés. Sagesse infinie et folie de la religion. »
PASC., **Pens.**, VIII, 588 bis

|| **3º** *Par exagér.* Manque de jugement; absence de raison. V. **Déraison, extravagance, insanité** (Cf. Billevesée, cit. 2; égarement, cit. 5; femme, cit. 21). *Mêler la sagesse et la folie* (Cf. Chimère, cit. 7). *Sagesse humaine convaincue de folie. C'est folie de vouloir ... :* il est fou, absurde de ... (Cf. Assimiler, cit. 4; attendre, cit. 87; bonheur, cit. 32; canaille, cit. 10; corriger, cit. 17; étudier, cit. 14). *Il y aurait* (cit. 73) *de la folie à ... Vous n'aurez pas la folie de faire cela.* V. **Aveuglement, inconscience** (Cf. Étrangler, cit. 7). *Une folie coupable* (Cf. Édifier, cit. 7). *C'est de la folie, de la pure folie, de la folie furieuse!* V. **Aberration, absurdité, bêtise, crétinisme, délire** (fig.), **mabouisme...** *Dans sa folie, il a perdu la tête.* V. **Affolement, égarement, emportement, vertige** (fig.). *S'étourdir* (cit. 20) *jusqu'à la folie. Être audacieux jusqu'à la folie.* V. **Excès.** *Son orgueil confine à la folie.*

15 « ... il est brave jusqu'à la folie. »   SÉV., 440, 4 sept. 1675.

16 « Qui vit sans folie n'est pas si sage qu'il croit. »
LA ROCHEF., Max., 209.

17 « Il y a plus de fous que de sages, et dans le sage même, il y a plus de folie que de sagesse. »
CHAMFORT, Max., Sur la philos. et la morale, XXXVI.

18 « Toujours, le contraste de l'idéal avec la triste réalité produira dans l'humanité ces révoltes contre la froide raison, que les esprits médiocres taxent de folie... »
RENAN, **Vie de Jésus**, VII, Œuv., t. IV, p. 163.

19 « Tout prend, dès lors, le caractère du rêve, ou de la folie. Mais ce monde de folie est la sphère d'une réalité suprême. La folie est le rêve d'un seul. La raison est sans doute la folie de tous. »
SUARÈS, **Trois hommes**, Dostoïevski, III.

20 « Il était prévoyant avec témérité, avec folie. »
DUHAM., Salavin, Deux hommes, III.

— *A la folie.* V. **Follement, passionnément.** *Aimer à la folie* (Cf. Célibat, cit. 5).

21 « — Eh ! c'est parce qu'il m'aime à la folie qu'il ne m'aimera peut-être plus demain, s'écria la comtesse. — Les Parisiennes sont inexplicables, dit Thaddée. Quand elles sont aimées *à la folie,* elles veulent être aimées *raisonnablement;* et quand on les aime *raisonnablement,* elles vous reprochent de ne pas savoir aimer. »
BALZ., **Fausse maîtresse**, Œuv., t. II, p. 36.

|| **4º** Idée, parole, action déraisonnable, extravagante. V. **Absurdité, bizarrerie, extravagance.** *Cette idée n'est qu'une folie.* V. **Chimère, divagation, hallucination, vision.** Spécialt. *C'est sa folie, l'une de ses folies.* V. **Caprice, dada, lubie, manie, marotte, toquade** (Cf. Carte, cit. 10).

22 « ... c'est une folie qu'il n'y a pas moyen de lui ôter de la tête. »
MOL., G. Dand., III, 7.

23 « ... c'est ma folie que de vous voir, de vous parler, de vous entendre ; je me dévore de cette envie... » SÉV., 146, 18 mars 1671.

— *Faire une folie, des folies.* V. **Bêtise, sottise** (Cf. Accordant, cit.); émigration, cit. 3). *Folies de jeunesse.* V. **Coup** (de tête), **écart** (de conduite), **escapade, frasque, fredaine, incartade.** Cf. Faire des siennes*; jeter sa gourme.

24 « ... si l'on dit que la plus grande de toutes les folies est celle de se marier, je ne vois rien de plus mal à propos que de la faire, cette folie, dans la saison où nous devons être plus sage. »
MOL., Mar. for., 1 (Cf. aussi Amourette, cit. 1).

25 « Il y a une foule de sottises que l'homme fait par paresse et une foule de folies que la femme fait par désœuvrement. »
HUGO, P.-S. de ma vie, Tas de pierres, VI.

— *Spécialt. Faire folie de son corps,* en parlant d'une femme qui se livre à toutes sortes de désordres (ACAD.).

— *Spécialt.* Dépense excessive. V. **Dépense, dissipation.** *Vous avez fait une folie, une vraie folie en nous offrant ce cadeau.*

26 « Le bonhomme La Baudraye, qui passa pour avoir fait une folie, financièrement parlant, fit donc une excellente affaire en épousant sa femme. »   BALZ., **Muse du département**, Œuv., t. IV, p. 57.

— *Par ext.* (aux XVIIᵉ et XVIIIᵉ s.). Riche maison de plaisance: « il y a ... plusieurs maisons que le public a baptisées du nom de la *folie,* quand quelqu'un y a fait plus de dépense qu'il ne pouvait, ou quand il a bâti de quelque manière extravagante » (FURETIÈRE).

27 « Le luxe que jadis les grands seigneurs déployaient dans leurs petites maisons et dont tant de restes magnifiques témoignent de ces *folies* qui justifiaient si bien leur nom... »
BALZ., **Cousine Bette**, Œuv., t. VI, p. 451.

28 « Ces villages des environs de Paris gardent encore à leurs portes des parcs du XVIIᵉ et du XVIIIᵉ siècle, qui furent les « folies » des intendants et des favorites. » PROUST, **Rech. t. p.**, t. VI, p. 189.

— De nos jours, *Folies* se dit de certains théâtres, music-halls.

|| **5º** Passion violente, déraisonnable, et *par ext.* la passion opposée à la raison. V. **Amour, passion.** *Douce, tendre folie* (Cf. Attacher, cit. 21). *Les folies amoureuses,* comédie de Regnard. *Cette folie nommée amour* (Cf. Cristallisation, cit. 5).

29 « Moi, femme mariée, je serais amoureuse ! se disait-elle, je n'ai jamais éprouvé pour mon mari cette sombre folie, qui fait que je ne puis détacher ma pensée de Julien. »
STENDHAL, **Le rouge et le noir**, XI.

30 « Il ne se trouvait autour d'elle aucun homme qui pût lui inspirer une de ces folies auxquelles les femmes se livrent, poussées par le désespoir que leur cause une vie sans issue, sans événement, sans intérêt. »   BALZ., **Illus. perdues**, Œuv., t. IV, p. 498.

31 « Il n'est pas de véritable amour qui ne soit une folie: « une folie manifeste et de toutes les folies la plus folle », s'écrie Bossuet. »
MAURIAC, **Souffr. et bonh. du chrét.**, p. 31.

— *Péjor.* V. **Chaleur, rut.** *Chienne en folie.*

|| **6º** Gaieté vive, un peu extravagante. V. **Fantaisie** (cit. 39), **gaieté;** et *aussi* **Folâtre, folichon.** *Chanter* (cit. 20) *l'amour et la folie. On représente la folie sous les traits d'*« *une femme joyeuse avec une marotte et des grelots** » (LITTRÉ). — *Par ext.* Action ou parole gaie, insouciante, libertine ... *Dire, faire mille folies.*

32 « Elle me dit mille folies sur les plaisirs que vous avez. »
SÉV., 438 (in LITTRÉ).

33 « Je me suis trouvé seul avec ma maîtresse ; nous avons dit mille folies, mais, hélas ! nous n'en avons point fait. »
RICHELET (in LITTRÉ).

— *Spécialt.* et *vx.* Écrit plaisant, caricature, charge. — Danse, œuvre musicale. *Les folies d'Espagne:* ancienne danse espagnole. *Les folies françaises,* de Couperin.

ANT. — **Équilibre, santé. Bon sens, jugement, raison, sagesse.** Morosité, tristesse.

COMP. — V. **Manie.**

FOLIÉ, ÉE. adj. (1746; lat. *foliatus*, « feuillu »). *Bot.* Garni de feuilles. V. **Feuillé.** Qui a la forme, l'épaisseur d'une feuille. — *Chim.* Disposé en lames minces.

FOLIO. n. m. (1609; de l'abl. du lat. *folium*, « feuille »). Feuillet de registre, particulièrement des manuscrits de certaines éditions anciennes, numérotés par feuillets et non par pages. *Le folio 18 recto, verso.*

— *Typogr.* Chiffre qui numérote chaque page d'un livre. *Changer les folios. Le folio manque à cette page.*

DER. — **Folioter.** — COMP. — **In-folio.**

FOLIOLE. n. f. (1757 ENCYCL.; bas lat. *foliolum*). *Bot.* Chacune des petites feuilles qui forment une feuille* composée. *Les trois folioles d'une feuille de trèfle* (REM. Dans le langage courant, on emploie *feuille* pour *foliole*: *trèfle à quatre feuilles*). — *Par ext.* Chaque pièce du calice, de l'involucre. V. **Bractée, sépale.**

DER. — **Foliolé.** adj. (1865). Composé, ou muni de folioles (D'où les comp. *bifoliolé, trifoliolé, multifoliolé ...*, à deux, trois, plusieurs folioles).

FOLIOTER. v. tr. (1832; de *folio*). Numéroter un feuillet, un livre feuillet par feuillet (en parlant de registres, de manuscrits et d'ouvrages anciens). *La belle édition collective de Ronsard, de 1567, est foliotée et non paginée.* — *Typogr.* Numéroter une page, un livre page par page. V. **Paginer.**

DER. — **Foliotage.** n. m. (1865). Action de folioter; résultat de cette action. — **Folioteuse.** n. f. (XXe s.). *Typogr.* Machine destinée à imprimer les folios.

FOLKLORE. n. m. (1877; empr. à l'anglais *folk-lore*, « science (*lore*) du peuple (*folk*) »,comp. créé en 1846; ACAD. 8e écrit encore *Folk-lore*). Science des traditions, des usages et de l'art populaires d'un pays. *Par ext.* Ensemble de ces traditions ... *Chants, récits, légendes populaires du folklore national, provincial ...* V. **Romancero.** *Poésie, musique ... empruntant ses thèmes au folklore.*

« Il était passionné de ce que nous appelons aujourd'hui le folklore et que Sainte-Beuve appelle la poésie spontanée. »
A. BILLY, Ste-Beuve, 30, p. 214.

DER. — **Folklorique.** adj. (fin XIXe s.). Relatif au folklore. *Danses folkloriques. Fête folklorique.* — **Folkloriste.** n. (1885). Qui étudie le folklore.

1   « Il est à peu près impossible à nos poètes de renouer avec les traditions populaires : dix siècles de poésie savante les en séparent et d'ailleurs l'inspiration folklorique s'est tarie : tout au plus pourrions-nous en imiter du dehors la simplicité. Les noirs d'Afrique, au contraire, sont encore dans la grande période de fécondité mythique... »
SARTRE, Situations III, p. 254.

2   « M. de ..., savant archéologue et folkloriste distingué, me convie à venir voir ce qu'il a fait du Musée Lapidaire. »
HENRIOT, Diable à l'hôtel, p. 108.

1. FOLLE. n. f. (XVIe s.; peut-être du lat. *follis*, « enveloppe ». V. **Fou, follicule**...). *Pêch.* Filet fixe à grandes mailles. *Demi-folle:* à mailles plus serrées.

DER. — **Follier.** n. m. (1839 BOISTE). Bateau pour la pêche à la folle.

2. FOLLE, FOLLE-AVOINE, etc. V. **Fou.**

FOLLEMENT. adv. (XIe s.; de *fol.* V. **Fou**). D'une manière folle, déraisonnable, excessive. *Se risquer follement dans une aventure* (Cf. Courir, cit. 35; étreinte, cit. 1). *Être follement prodigue* (Cf. Avare, cit. 6). *Il est follement amoureux d'une femme qui se moque de lui. Follement irrité* (Cf. Élever, cit. 7).

1   « Il n'adora plus qu'elle seule, et follement sépara de la chair l'idée suprême de la déesse, d'autant plus immatérielle s'il l'eût attachée à la vie. »
LOUYS, Aphrodite, I, III.

2   « Il s'est follement jeté au-devant de moi à dessein de me retrouver. »
COLETTE, Étoile Vesper, p. 96.

— *Par ext.* Vivement, au plus haut point. *Désirer follement quelque chose.* V. **Éperdument, passionnément** (Cf. Exalter, cit. 28). *Un spectacle follement intéressant.* V. **Extrêmement, très.** *Follement gai. Un comique follement drôle.*

3   « Et puis je désirai follement un savon transparent à la glycérine. Mais c'était pour le manger, et l'essai fut nauséeux... »
COLETTE, Belles saisons, p. 108.

FOLLET, ETTE. adj. (XIIe s.; dimin. de *fol.* V. **Fou**).

‖ 1° *Vieilli* ou *dialect.* Un peu fou; déraisonnable, étourdi. Substantivt. *Une petite follette.*

1   « Si je questionnais le chevalier de Boufflers, je lui demanderais comment il a été assez follet pour aller chez ces malheureux confédérés, qui manquent de tout, et surtout de raison... »
VOLT., Lett. Impér. Russie, 82, 4 juillet 1771.

— *Esprit follet* et substantivt. *Follet:* sorte de lutin* familier et malicieux. V. **Farfadet** (cit. 1).

2   « Le follet fantastique court dans les roseaux. »
HUGO, Odes et ballades, Ballade deuxième.

‖ 2° *Fig.* Qui a quelque chose de capricieux, d'irrégulier, dans sa position ou son allure. *Cheveux follets sur la nuque ...* (Cf. Échapper, cit. 41); *Poil follet,* première barbe légère, ou duvet des petits oiseaux.

3   « Un petit poil follet lui couvrait le menton. »
RONSARD, Élég., Adonis.

4   « Un duvet follet se mourait le long de ses joues, dans les méplats du col, en y retenant la lumière qui s'y faisait soyeuse. »
BALZ., Lys dans la vallée, Œuv., t. VIII, p. 797.

5   « ...la lumière... fait briller comme des vrilles d'or les petits cheveux follets en rébellion contre la morsure du peigne. »
GAUTIER, Toison d'or, III.

— *Feu follet* (1611). Petite flamme due à une exhalaison de gaz (hydrogène phosphoré ...) spontanément combustible, produit par la décomposition de matières organiques. V. **Ardent** (cit. 44), **flammerole, furole.** *Feux follets sur un marécage, dans un cimetière.* — *Fig. Cette passion n'est qu'un feu follet:* est fugace*. *C'est un vrai feu follet,* se dit de quelqu'un qui court ou s'agite de façon déconcertante.

6   « Sur l'eau morte des cœurs fiévreux et compliqués
D'étranges feux follets font sautiller leur flamme. »
SAMAIN, Le chariot d'or, Intér., Soir d'empire.

FOLLETAGE. n. m. (1879 LITTRÉ, suppl.; orig. incert.). Maladie de la vigne, appelée parfois *Apoplexie*, qui se traduit par la dessiccation et la mort de ceps disséminés.

DER. — **Folleté, ée.** adj. (1879). Atteint de folletage. *Vigne folletée, cep folleté.*

FOLLICULAIRE. n. m. (1759; tiré par VOLTAIRE — qui emploie ailleurs le mot *follicule* au sens de « mauvaise feuille littéraire » — du lat. *folliculum*, pris à tort pour un dér. de *folium*, « feuille » alors que c'est un dimin. de *follis*, « enveloppe, sac »). *Péjor.* Mauvais journaliste, pamphlétaire sans talent et sans scrupule. *Un vil folliculaire.* V. **Auteur*** (mauvais).

1   « C'est un mal-vivant, répondit l'abbé, qui gagne sa vie à dire du mal de toutes les pièces et de tous les livres ; il hait quiconque réussit, comme les eunuques haïssent les jouisseurs ; c'est un de ces serpents de la littérature qui se nourrissent de fange et de venin ; c'est un folliculaire. Qu'appelez-vous un folliculaire ? dit Candide. C'est, dit l'abbé, un faiseur de feuilles, un Fréron. »
VOLT., Candide, XXII.

2   « On était venu... pour être un grand écrivain, on se trouve un impuissant folliculaire. »
BALZ., Splend. et mis. des courtis., Œuv., t. V, p. 662.

FOLLICULE. n. m. (1523; lat. *folliculus*, petit sac. V. **Folliculaire**).

‖ 1° *Bot.* Nom donné à un fruit capsulaire, déhiscent, sec, uniloculaire, formé d'une seule feuille carpellaire repliée sur elle-même. *Les graines de l'asclépiade sont contenues dans un follicule.*

‖ 2° *Anat.* Petit sac membraneux dans l'épaisseur d'un tégument et englobant une cavité, un organe. V. **Crypte.** *Follicule dentaire. Follicules sébacés, glandulaires. Follicules ovariens* (ou *de De Graaf*). *Follicules pileux,* qui sécrètent les poils. — *Méd. Follicule tuberculeux:* lésion élémentaire de la tuberculose.

DER. — **Folliculine.** n. f. (néol.). Nom générique des hormones produites par le follicule ovarien et stimulant l'activité génitale (Cf. Œstrone et aussi Femme, cit. 12). — **Folliculite.** n. f. (XIXe s.). *Méd.* Nom générique des inflammations des follicules, et spécialt., des follicules pileux. *Folliculite vulvaire, urétrale ... Folliculite du menton* (V. **Mentagre**).

FOMENTATION. n. f. (XIIIe s.; lat. *fomentatio.* V. **Fomenter**). *Méd.* Action d'appliquer un topique chaud comme moyen thérapeutique. V. **Embrocation.** — Ce topique. *Fomentation sèche:* application d'une boule d'eau chaude, d'un sac de sable chaud ... *Fomentation humide,* qui consiste en cataplasmes, compresses ... (Cf. Épithème).

— *Fig.* Action de préparer ou d'entretenir en sous main quelque trouble. *Fomentation de haines, de discordes, de crises ...* V. **Excitation.**

« ...jaloux de domination dans le petit clan jusqu'à ne pas reculer devant les pires mensonges, devant la fomentation des haines les plus injustifiés... »
PROUST, Rech. t. p. XII, p. 154.

ANT. — Apaisement.

FOMENTER. v. tr. (XIIIe s.; lat. méd. *fomentare*, de *fomentum*, « cataplasme, calmant »; rac. *fovere*, chauffer). *Vieilli au sens pr.* Soumettre (une partie malade) à une fomentation*. V. **Bassiner.**

— *Fig.* (XVIe s.). En mauvaise part. V. **Entretenir, susciter.** *Fomenter le mal au lieu de le guérir. Fomenter la discorde.* V. **Envenimer, exciter.** *Fomenter des grèves, des troubles, une sédition, la révolte.*

1   « Ainsi le théâtre purge les passions qu'on n'a pas, et fomente celles qu'on a. Ne voilà-t-il pas un remède bien administré ? »
ROUSS., Lett. à d'Alembert.

2   « ... l'Europe inquiète profitera de ces divisions, les fomentera, interviendra, et l'on se trouvera de nouveau engagé dans des luttes effroyables. »
CHATEAUB., M. O.-T., t. V, p. 266.

3   « Je rencontrai une violente opposition fomentée par le maire ignorant, à qui j'avais pris sa place. »
BALZ., Médec. de camp., Œuv., t. VIII, p. 348.

ANT. — Apaiser, calmer.

DER. — **Fomentateur, trice.** n. (1613 in HUGUET). Celui, celle qui fomente (des troubles, une révolte...).

FONCER (*il fonça; nous fonçons*). *v. tr.* et *intr.* (1389; de *fond*).

I. *V. tr.* || **1°** Garnir d'un fond. *Foncer un tonneau, une cuve.* — Par anal. *Cuis.* Garnir le fond d'un ustensile avec de la pâte, des bardes de lard ... *Foncer un moule, une casserole.*

|| **2°** Pousser au fond. V. **Enfoncer.** *Pieux foncés au vérin. Par ext.* Creuser. *Foncer un puits* (N. B. Une *foncée* désignait une coupe pratiquée dans une ardoisière).

|| **3°** Charger en couleur de manière à rendre plus sombre (une teinte sombre paraissant comme enfoncée). *Foncer une teinte.* Pronominalt. *Couleur qui se fonce en restant exposée au soleil.* Absolt. *Des yeux* (Cf. Évanouir, cit. 5), *des cheveux qui foncent.*

1 « ... le crépuscule... faisant d'elle une ombre noire dans la lumière grise qui fonçait peu à peu et dissolvait alors la silhouette immobile; » CAMUS, **La peste**, p. 297.

II. *V. intr.* || **1°** (XVIIᵉ s. selon BLOCH, mais FURET. dans ce sens ne signale que *enfoncer,* et TRÉV. le juge encore « pas français »). Faire une charge à fond, se jeter impétueusement sur ... V. **Attaquer** (cit. 10), **charger, fondre** (sur), **poursuivre, précipiter** (se). *Taureau qui fonce sur la muleta. Foncer sur l'ennemi. Foncer dans le tas* (pop.).

2 « Le peuple cherche partout ses ennemis imaginaires, et fonce en avant, les yeux clos, n'importe sur qui ou sur quoi, non seulement avec tout le poids de sa masse, mais avec toute la force de sa fureur. » TAINE, **Orig. France contemp.**, III, t. I, p. 92.

3 « ... ces mouvements qu'on voit dans le cou du taureau quand cette bête voudrait foncer et n'ose plus. » BARRÈS, **Leurs figures**, p. 194.

— *Par ext.* Aller très vite, droit devant soi. *Cyclistes qui foncent.* V. **Filer** (Cf. Sprinter).

4 « ... Étienne vient d'arriver. Il a couru le monde pendant deux ans et en débarquant il a foncé sur nous. » CHARDONNE, **Éva**, p. 101.

5 « ... celui-ci, poussant une sorte d'exclamation sourde, tournait sur lui-même et fonçait déjà dans la nuit sans que les autres... eussent le temps d'esquisser un geste. » CAMUS, **La peste**, p. 301.

— *Fig. Prévenant les traits de la critique, il fonce sur l'adversaire* (Cf. Attaque, cit. 8). — *Fam. Foncer dans le brouillard:* aller hardiment de l'avant sans s'occuper des obstacles ou des difficultés.

6 « Il n'écoute que ses passions, ses désirs. Il fonce. C'est le règne du mufle. » DUHAM., **Manuel du protest.**, p. 131.

|| **2°** *Fam.* Fournir des fonds. V. **Casquer, financer, payer*.** *Ce journal aurait cessé de paraître, s'il n'y avait pas Un Tel pour foncer.*

|| **FONCÉ, ÉE.** *adj.* (1690 FURET.). Qui est d'une nuance sombre, en parlant d'une couleur. *Une couleur foncée, très foncée.* V. **Chargé, profond, sombre.** *Des cheveux châtain foncé. Étoffe d'un noir très foncé.* V. **Profond.** *Vin très foncé* (Cf. Gros bleu*). *Peau foncée, teint foncé.* V. **Brun** (Cf. Astrakan, cit. 2; boucaner, cit. 2). *Tableau d'un ton foncé.* V. **Obscur.**

7 « La tête, la gorge, le devant du cou et la poitrine, sont d'un brun mordoré, plus foncé sous la gorge et tirant à l'orangé sur la poitrine... » BUFF., **Hist. nat. Ois.**, Troupiales.

8 « Un vert et un bleu très foncés envahissent l'image. » RIMBAUD, **Illumin.**, Nocturne vulg.

9 « Il a un peu l'air d'un paysan sicilien avec sa peau cuite, son poil noir et ses vêtements de teintes toujours foncées, mais qui lui vont bien. » CAMUS, **La peste**, p. 40.

ANT. — **Défoncer.** — **Décolorer, éclaircir.** — **Détourner** (se), **éviter, fuir. Flâner, lambiner.** — **Blanc, blond, brillant, clair, éclatant, pâle, voyant.**

DER. — **Fonçage.** *n. m.* (XIXᵉ s.). Action de foncer, de munir d'un fond. *Le fonçage d'un tonneau.* Action de creuser. *Le fonçage* (ou *foncement*) *d'un puits.* V. **Forage.** Action d'enfoncer. *Le fonçage d'un pieu.* — Dans la fabrication des papiers peints, opération par laquelle le *fonceur* enduit le papier d'une couche uniforme de couleur qui sert de fond. — **Fonçailles.** *n. f. pl.* (1588). Planches qui forment le fond d'un tonneau, le fond d'une couchette, d'un lit ...

FONCIER, IÈRE. *adj.* (1370; de *fons*, ancienne forme de *fonds*).

|| **1°** Qui constitue un bien-fonds. *Propriété foncière. Registre communal des propriétés foncières.* V. **Cadastre.** Qui possède un fonds, des terres. *Propriétaire foncier.* — Relatif à un bien-fonds. *Crédit* foncier. Rente, charge, contribution, cote foncière. Impôt* foncier,* et substantivt. *Le foncier.*

1 « Jamais Buteau ne se décidait à payer ses contributions d'un coup. Lorsqu'il recevait le papier, en mars, c'était de la mauvaise humeur pour huit jours. Il épluchait rageusement le foncier, la taxe personnelle... » ZOLA, **La terre**, IV, III.

|| **2°** *Fig.* Qui est au fond de la nature, du caractère de quelqu'un. V. **Inné.** *Qualités, aptitudes* (cit. 7) *foncières. Bon sens foncier. Différence foncière de tempérament.*

2 « ... un orgueil foncier qui étouffe la vertu dans sa semence, et ne cessant de la persécuter le foncier, la corrompt non seulement quand elle est née, mais encore quand elle semble avoir pris son accroissement et sa perfection. » BOSS., **Concupisc.**, XXXI.

« ... tout fumeux de la doctrine récemment acquise, mais où sans 3 cesse la brutalité foncière reparaissait sous la culture trop neuve. » LEMAÎTRE, **Impress. de théâtre**, Shakespeare.

— V. **Fondamental.** *Une erreur foncière* (ACAD.).

ANT. — **Mobilier, viager.** — **Acquis, artificiel. Superficiel.**

DER. — **Foncièrement.** *adv.* (XVᵉ s.). Dans le fond, au fond. V. **Profondément.** *Foncièrement bon, égoïste... Foncièrement convaincu* (Cf. Concilier, cit. 7). *Foncièrement mélancolique et atrabilaire* (cit. 8) *sous des dehors aimables* (ANT. Extérieurement, superficiellement).

« ... elle n'était pas foncièrement mauvaise, et si sa nature non apparente, un peu profonde, n'était pas la gentillesse qu'on croyait d'abord... sa troisième nature... la vraie tendait vers la bonté et l'amour du prochain. » PROUST, **Rech. t. p.**, t. XIII, p. 229.

FONCTION (*fonk'syon*). *n. f.* (1539; lat. *functio*, « accomplissement », et en lat. jur., « service public », du v. *fungi,* « s'acquitter »).

I. Action, rôle caractéristique d'un élément, d'un organe* dans un ensemble.

|| **1°** Ce que doit accomplir une personne pour jouer son rôle dans la société, dans un groupe social. V. **Activité, devoir, ministère, mission, occupation, office, rôle, service, tâche, travail** ... *La fonction, les fonctions d'une charge. S'acquitter de ses fonctions. Accomplir, remplir ses fonctions* (Cf. Absorber, cit. 9). *Charger quelqu'un d'une fonction par désignation, élection, nomination* ... V. **Attribution, commission, délégation, mandat.** *Personne qui se déplace pour exercer ses fonctions.* V. **Itinérant.** *Commissaire* chargé de fonctions spéciales. Être chargé de certaines fonctions pendant un jour, une semaine* (Cf. Être de jour, de semaine). *Remplir une fonction dans une entreprise...* Cf. Tenir sa partie*. — *Les fonctions du coryphée* (cit.) *dans la tragédie antique. Fonctions de l'écrivain* (cit. 14; Cf. *aussi* Engagement, cit. 11), *du critique* (cit. 31), *du poète comique* (Cf. Déshabiller, cit. 4). *Fonction du poète,* célèbre poème où Hugo définit la mission sociale du poète (Rayons et Ombres, I).

« Le discernement est la principale fonction du juge, et la qualité 1 nécessaire du jugement. » BOSS., **Serm. Provid.**, 1.

« Le roi pacifique... est un roi très imparfait, puisqu'il ne sait 2 point remplir une de ses plus grandes fonctions, qui est de vaincre ses ennemis... » FÉN., **Télém.**, V.

« Si vous voulez être inspecteur de l'Académie de Caen, vous 3 n'avez qu'à le dire... Vous savez ce que je vous ai dit des fonctions que vous auriez à remplir. Elles sont morales, civiles, politiques, religieuses, sublimes, mais ennuyeuses par les détails. J'avais mieux aimé pour vous... l'uniformité continue et l'immobilité des fonctions du professorat. Si, après vous être bien consulté, vous aimez mieux les autres, acceptez-les. » JOUBERT, **Lett. à Chênedollé**, 6 avril 1810 (in STE-BEUVE, **Chateaub.**, t. II, p. 216).

« ... dans cette mêlée d'hommes, de doctrines et d'intérêts... le 4 poète a une fonction sérieuse. Sans parler même ici de son influence civilisatrice, c'est à lui qu'il appartient d'élever, lorsqu'ils le méritent, les événements politiques à la dignité d'événements historiques. » HUGO, **Voix intér.**, Préf.

« Les journaux ont pour fonction de donner à leurs lecteurs les 5 nouvelles du jour, comme on dit. » PÉGUY, **La République**, p. 13.

— *Spécialt. Les fonctions du sacerdoce* (Cf. Éphod, cit.). — *Liturg. cathol.* Toute cérémonie religieuse présidée par un prêtre, et *spécialt.* les bénédictions, consécrations, saluts du saint sacrement, processions ... — *Les saintes fonctions* (vieilli): l'accomplissement des devoirs de la religion.

— *Par ext. La fonction, les fonctions d'un groupe, d'une classe sociale* (Cf. État, cit. 92). — *Les fonctions de l'État* (Cf. Collectivité, cit. 2). *Spécialt. Dr. const.* Activité de l'État dans un domaine précis. *Fonction législative, exécutive ou administrative* (dont on distingue parfois la *fonction gouvernementale), fonction juridictionnelle.*

« Ce qui est d'une hypocrisie insupportable, c'est d'accepter les 6 privilèges d'une classe sans en accepter les fonctions. » MAUROIS, **B. Quesnay**, XXVI.

|| **2°** *Par ext.* « Toute profession, en tant qu'elle est considérée comme contribuant à la vie totale de la société » (LALANDE). V. **Charge, emploi** (cit. 17), **état, métier, place, poste, profession, situation.** *Candidature* à une fonction. Mettre en possession d'une fonction.* V. **Installer. Entrer, être en fonction. Reprendre ses fonctions. Dans l'exercice de ses fonctions. Qui exerce** (V. **Onéraire**), *n'exerce plus* (V. **Honoraire**) *sa fonction. Attributs*, insignes d'une fonction; rang, honneurs attachés à une fonction.* V. **Dignité, titre.** *Remplir une fonction en titre* (V. **Attitré, titulaire**), *en remplacement* (V. **Suppléant**), *par intérim*. Faire fonction de ...,* exercer une fonction sans en être titulaire. *Vacance* d'une fonction. Années d'exercice*, ancienneté dans une fonction. Fonction amovible, inamovible. Incompatibilité de deux fonctions. Cumul* de fonctions. Pouvoirs du titulaire d'une fonction.* V. **Attribution, compétence, pouvoir, qualité.** *Rétribution d'une fonction.* V. **Appointement, honoraire** (Cf. Approcher, cit. 21; attacher, cit. 112). *Fonction de directeur* (V. **Directorat, direction**), *de magistrat* (V. **Magistrature**), *de ministre* (V. **Ministère**), *de président* (V. **Présidence**), *de professeur* (V. **Professorat**) ... *Les fonctions civiles ..., ecclésiastiques* (Cf. Arti-

cle, cit. 7). *La fonction d'avocat* (cit. 5). — *Se démettre de ses fonctions.* V. **Démission.** *Relever quelqu'un de ses fonctions.* V. **Dégradation, destitution, révocation.**

7 « Un édit parut (1787) où l'on avouait que les protestants étaient des hommes ; on leur permettait de naître, de se marier, de mourir. Du reste, nullement citoyens, exclus des fonctions civiles, ne pouvant ni administrer, ni juger, ni enseigner ; admis, pour tout privilège, à payer l'impôt, à payer leur persécuteur, le Clergé catholique, à entretenir de leur argent l'autel qui les maudissait. »
MICHELET, **Hist. Révol. franç.**, III, VIII.

— *Spécialt.* Dr. publ. *Fonction publique,* se dit de tout poste impliquant gestion de la chose publique, et *spécialt.* de la situation juridique de l'agent d'un service public. V. **Fonctionnaire*.** *Fonctions de police, d'administration; fonctions d'autorité, fonctions de gestion. Usurpation de fonctions publiques.* — *Statut de la fonction publique* (lois du 19 oct. 1946 et du 9 avril 1947, décrets et instructions de 1946-1947). *Organes de la fonction publique :* direction et conseil supérieur de la fonction publique, commissions administratives et comités techniques paritaires.

|| 3° Rôle caractéristique que joue une chose dans l'ensemble dont elle fait partie. V. **Action** (propre), **rôle ; utilité.** *Remplir une fonction.* V. **Agir, fonctionner.** *Faire fonction de ... :* tenir lieu* de. V. **Remplacer, servir** (de). *Ce couvercle fait fonction de soupape* (LITTRÉ).

— *Spécialt. Mécan.* Action d'un organe, d'une machine dans les conditions qui lui sont propres. *Fonction de l'arc-boutant, de la voûte en architecture.*

— *Chim. Fonction* suivi d'un nom en apposition caractérise un ensemble déterminé de propriétés chimiques. Chim. minér. *Fonctions acide*, base*, sel*.* Chim. org. *Fonctions alcool, phénol, amine, aldéhyde, cétone, acide, nitrile, ester, amide, imine ... Une fonction est due à la présence, dans la molécule, d'un atome ou d'un groupe d'atomes (groupement fonctionnel) que les formules développées mettent en évidence.*

— *Linguist.* Rôle grammatical que joue un terme dans un énoncé. *Fonctions de l'adjectif :* épithète, attribut. *Fonctions du nom :* sujet, attribut, apposition, complément ... *L'analyse grammaticale distingue la forme* (ou *nature*) *et la fonction du mot.*

— *Biol.* Ensemble des propriétés actives concourant à un même but, chez l'être vivant. *Fonctions de nutrition.* V. **Nutrition ; circulation, sang ; respiration** (Cf. Asphyxie, cit. 2) ; **alimentation, digestion, excrétion.** *Fonction de relation* (fonctions nerveuses*, etc.). *Fonctions de reproduction ; fonctions génitales, sexuelles* (Cf. Cycle, cit. 3 ; femme, cit. 52). *Fonctions organiques, fonctions de la vie. Fonctions de la vie végétative :* nom donné aux fonctions de nutrition et de reproduction. *Fonction chlorophyllienne*.* — *Fonction d'un organe ; fonctions du foie*, du cœur ...* Perturbation dans les fonctions d'un organe (V. **Lésion**). — *Différenciation des fonctions* (Cf. Canaliser, cit. 1). *Modification d'une fonction par adaptation* (cit. 1).

8 « Les connaissances qui résulteront un jour de l'application de la chimie à l'étude des corps vivants et de leurs fonctions, nous offriront peut-être contre nos maux des ressources que nous n'oserions prévoir aujourd'hui. »
CONDORCET, **Margraaf.**

9 « La vie est l'ensemble des fonctions qui résistent à la mort. »
BICHAT, **Rech. physiol. s. vie et mort,** I, p. 1.

10 « Je l'interprète ainsi : les organes de la vie, les fonctions de notre organisme et celles de l'esprit, toutes ces propriétés et facultés du vivant comportent de quoi nous permettre de nous adapter, en quelque mesure, à ce qui va arriver. »
VALÉRY, **Reg. s. le monde act.,** p. 205.

11 « ...l'attention que l'on croit une fonction de l'intelligence est presque toujours une fonction des yeux. »   ALAIN, **Propos,** p. 40.

— *Loc. La fonction crée l'organe :* toute fonction que doit accomplir un être vivant pour subsister détermine l'apparition chez cet être des moyens de l'accomplir, formule résumant le transformisme* de LAMARCK. « *La conception mutationniste ... conduit à renoncer à l'idée que la fonction crée l'organe* » (GUYÉNOT). — REM. Cette locution est souvent employée au figuré, dans les domaines psychologique, social, etc.

12 « Peut-être que la fonction crée l'organe ; mais, après, l'organe invite au fonctionnement. »   GIDE, **Journ.,** 16 févr. 1907.

— *Absolt.* (dans le langage courant). *Faire bien ses fonctions :* bien manger, bien digérer, bien dormir ...

— *Par anal. Les fonctions de l'entendement, de l'intelligence, de l'esprit humain ...* V. **Faculté** (2°). *Spécialt. Psychol.* (Cf. *infra,* cit. CLAPARÈDE). *Fonction fabulatrice* (cit. ; et fabulation, cit. 2).

13 « ...on sent aisément que vouloir, juger, etc., ne sont que différentes fonctions de notre entendement. »
VOLT., **Lett. roi de Prusse,** Sur la liberté, oct. 1737.

14 « On pourrait, en psychologie, classer ainsi par opposition les sens de ce terme (*Fonction*) : 1° (opposée à *phénomène*) : capacité mentale, telle que la sensibilité (opposée à la sensation), la mémoire (opposée au souvenir ou à l'image) ... 2° (opposée à *structure*) : ensemble d'opérations mentales, processus considéré dans son caractère dynamique ... 3° (opposée à *description, analyse*) : rôle, utilité d'un phénomène ; signification biologique. »
E. CLAPARÈDE (in LALANDE, **Voc. philos.**).

15 « Nous avons dit que l'intelligence avait pour fonction d'établir des rapports. »   BERGSON, **Évol. créatr.,** p. 152.

II. *Math.* « Étant donnés deux ensembles X et Y, on appelle *fonction* définie dans X et à valeurs dans Y toute *opération* qui associe à tout élément x de X un élément y de Y que l'on note f (x) » (CHOQUET, Alg. des ensembles). — REM. On emploie souvent *Fonction,* par abus de langage, pour désigner le résultat de l'opération (Cf. *infra,* cit. LAGRANGE). Dans l'expression y = f(x), y égale f de x, f est la *fonction,* x la *variable* (ou variable indépendante) et y l'*image* de x (ou variable dépendante). Ni y, ni l'expression y = f(x) ne doivent être appelées fonction. — *Fonctions dérivable, différentielle ; fonction dérivée.* V. **Dérivée, différentielle.** *Fonction intégrable ; intégration d'une fonction.* V. **Intégrale.** *Fonction primitive.* V. **Primitive.**

16 « On appelle fonction d'une ou de plusieurs quantités toute expression de calcul dans laquelle ces quantités entrent d'une manière quelconque. »   LAGRANGE, **Théor. des fonctions analyt.,** I.

17 « Concevoir une fonction d'une variable — une correspondance entre deux variables mathématiques —, c'est en définitive admettre qu'entre deux termes variant simultanément, il existe une relation identique à elle-même ; c'est postuler que, sous le changement apparent de l'antécédent et du conséquent, il y a quelque chose de constant. Or ce postulat, nous le connaissons bien... C'est le concept général de loi. » P. BOUTROUX, **L'idéal scientif. des mathém.,** p. 206.

18 « La plupart des lois physiques ont tout simplement la forme de fonction du type y = f(x). »   SARTRE, **Situations III,** p. 156.

— *Phys.* Un phénomène est fonction d'un autre (ou de plusieurs autres) lorsqu'il existe une relation quelconque entre eux : *la température est fonction de l'heure ; l'allongement d'une tige métallique est fonction de la température ...*

— *Par anal.* Ce qui dépend de quelque chose. V. **Conséquence, effet.** *Varier en fonction, en fonction inverse de ... Être fonction, être en fonction de quelque chose.* V. **Dépendre.** — *Considérer quelque chose en fonction de ...* V. **Rapport** (par rapport), **relativement** (à).

19 « ... la liberté avec laquelle un écrivain parle de l'amour est fonction à la fois du tempérament de l'artiste et des mœurs de son temps. »   MAUROIS, **Ét. littér.,** Romains, IV, t. II, p. 153.

20 « Il est mauvais de penser aux hommes en fonction de leur bassesse... »   MALRAUX, **L'espoir,** Illus. lyr., I, II.

21 « On réduisait (dans les théories nazies) les individus à n'être que des fonctions dépendantes de la classe, les classes à n'être que des fonctions de la nation, les nations à n'être que des fonctions du continent européen. »   SARTRE, **Situations II,** p. 24.

— *Log. Fonction proportionnelle :* expression logique contenant une ou plusieurs variables.

DER. — **Fonctionnaire, fonctionnel, fonctionner.**

FONCTIONNAIRE. *n. m. et f.* (1770 TURGOT ; de *fonction*). *Dr. admin.* Celui, celle qui remplit une fonction* publique, et *spécialt.* celui, celle qui occupe, en qualité de titulaire*, un emploi permanent dans les cadres d'une administration publique. V. **Administrateur, agent*** (public), **employé ; administration, bureau, État** (cit. 132 à 136), **ministère, service** (public). Cf. *fam. et péjor.* Budgétivore, mamamouchi ... *Fonctionnaires publics, de l'État,* et absolt. *Fonctionnaires.* Cf. Auditeur, censeur, commissaire (2°), conseiller, contrôleur, facteur, greffier, inspecteur, instituteur, intendant, magistrat, maire, officier (de l'état* civil, etc.), percepteur, préfet, professeur, proviseur, receveur, rédacteur, sous-préfet, trésorier, vérificateur ... *Haut fonctionnaire* (Cf. Commun, cit. 25). *Fonctionnaire subalterne. Fonctionnaire civil* (par oppos. aux « Militaires »). *La situation juridique des fonctionnaires est à base statutaire*,* exception faite des *fonctionnaires contractuels* (services départementaux et communaux à caractère industriel, commercial). *Fonctionnaires départementaux, communaux. Quelques juristes distinguent les fonctionnaires d'autorité et les fonctionnaires de gestion.* — *Recrutement des fonctionnaires :* nomination, élection ; titularisation. *Avancement* (d'échelon, de grade), *notation des fonctionnaires. Sortie de service d'un fonctionnaire.* V. **Démission, interdiction, licenciement, retraite, révocation, suspension.** Cf. Mise en disponibilité, mise à pied. *Fonctionnaire amovible. Révoquer, casser* (cit. 12) *un fonctionnaire* (Cf. Bazar, cit. 4). *Réintégration d'un fonctionnaire. Position d'un fonctionnaire.* V. **Activité, détachement, disponibilité, retraite.** *Mutation, permutation, déplacement de fonctionnaires. Pouvoir, compétence* d'un fonctionnaire ; délégation de pouvoir d'un fonctionnaire à un autre. Devoir de discipline des fonctionnaires. Traitement, émoluments d'un fonctionnaire. Fonctionnaire qui signe sa feuille d'émargement. Associations de fonctionnaires. Droit syndical, droit à la sécurité sociale des fonctionnaires. Grève de fonctionnaires. Crimes et délits de fonctionnaires.* V. **Forfaiture ; concussion, détournement, exaction, prévarication, soustraction.** *Corruption* de fonctionnaire. Abus d'autorité, actes arbitraires* (cit. 9) *d'un fonctionnaire. Personnel non fonctionnaire des services publics* (V. **Auxiliaire**). — *Fonctionnaire international.* — *Par ext.* Personne qui occupe un emploi sédentaire dans une administration. V. **Bureaucrate, grattepapier, rond-de-cuir, scribouillard ...** — REM. Il est à noter que LITTRÉ, en 1865, ne consacre que deux lignes au mot FONCTIONNAIRE et ne l'illustre d'aucune citation.

1 « Nous sommes depuis trois jours à Besançon qui nous semble une ville détestable, toute pleine de fonctionnaires, administrative, militaire et séminariste. »
STE-BEUVE, Corresp., A Mme V. Hugo, 87, 16 oct. 1829.

2 « Où cesse l'employé ? Question grave ! Un préfet est-il un employé ? — (POIRET, timidement) C'est un fonctionnaire. — (BIXIOU) Ah ! vous arrivez à ce contresens qu'un fonctionnaire ne serait pas un employé !... (GODARD) L'employé serait l'Ordre et le fonctionnaire un Genre... — (BIXIOU) Tenez, posons un axiome... Où finit l'employé commence le fonctionnaire, où finit le fonctionnaire commence l'homme d'État. »
BALZ., Les employés, Œuv., t. VI, p. 1068.

3 « Il (Charlemagne) institua des fonctionnaires, des ducs et des comtes ; ces mots n'étaient pas des titres de noblesse mais des titres de fonctions, comme celui de préfet. »
FUST. de COUL., Leç. Impér. s. orig. civilis. franç., p. 154.

4 « ... fonctionnaire et salarié, il doit ses heures de bureau, et quand il voudra quitter son poste, il ira prier ses chefs de l'hôtel de ville pour obtenir un congé d'eux. »
TAINE, Orig. France contemp., III, t. I, p. 280.

5 « C'était (Kant) une fois un fonctionnaire qui a eu du génie, du plus grand. Mais il était fonctionnaire, une fois fonctionnaire ; il était célibataire, deux fois fonctionnaire ; il était professeur, trois fois fonctionnaire ; il était professeur de philosophie, quatre fois fonctionnaire ; il était fonctionnaire prussien, cinq et septante fois fonctionnaire. Il n'a pu avoir qu'un (très grand) génie de fonctionnaire. »
PÉGUY, V.-M. Comte Hugo, p. 224.

6 « Un peu d'embonpoint, un certain avachissement de la chair et de l'esprit, je ne sais quelle descente de la cervelle dans les fesses, ne messiéent pas à un haut fonctionnaire. Car tu as mûri dans les bureaux. »
ROMAINS, Les copains, V, p. 159.

— Cf. aussi Automatisme, cit. 6; char, cit. 4; conscience, cit. 19; croire, cit. 54; debout, cit. 4; estimable, cit. 3.

DER. — Fonctionnariser. v. tr. (néol.). Assimiler aux fonctionnaires. Personnel fonctionnarisé d'une entreprise nationalisée. — Pénétrer de fonctionnarisme. Grosse affaire qui se fonctionnarise. — Fonctionnarisme. n. m. (vers 1850 F. BASTIAT in P. LAROUSSE). Péjor. Prépondérance des fonctionnaires dans un État où, par leur nombre, leur esprit, leurs méthodes, ils entravent ou paralysent les activités individuelles. Un fonctionnarisme sans cesse accru (Cf. Clientèle, cit. 4).

1 « Le fonctionnarisme a eu trois causes principales, savoir : la centralisation administrative, le despotisme et les besoins du trésor public... (Il) a eu trois résultats principaux : l'augmentation des charges publiques, l'amoindrissement des richesses nationales, et l'abaissement des caractères. »
P. LAROUSSE, Dict., Fonctionnarisme.

2 « Le danger politique d'un fonctionnarisme grandissant et qui finira par englober la majorité des citoyens, tous les modes d'activité économiques se trouvant peu à peu convertis en « places » à conquérir, soit par examens et concours, soit, ce qui sera pire, par népotisme et favoritisme... Et il est à craindre que dans chaque entreprise d'État ou municipale le nombre des places soit mesuré non aux besoins du service mais au nombre des clients à placer. »
Ch. GIDE, Écon. polit., t. I, p. 322.

3 « Le New-Yorkais n'a pas perdu le souvenir de cette époque où un homme pouvait gagner une fortune par ses propres moyens. Ce qui lui répugne dans l'économie dirigée c'est le fonctionnarisme. »
SARTRE, Situations III, p. 88.

FONCTIONNEL, ELLE. adj. (1845; de fonction). Relatif aux fonctions, en biologie, en psychologie et en chimie. Troubles fonctionnels d'un organe, qui ne semblent pas dus à des lésions organiques. Souffle fonctionnel, dû à la dilatation d'un orifice cardiaque. — Psychologie fonctionnelle, étudiant les processus mentaux en tant que fonctions (ANT. Structural). Théorie fonctionnelle de l'éducation. — Caractère fonctionnel d'un groupe de corps chimiques.

« Une pédagogie fonctionnelle, c'est une pédagogie qui se propose de développer les processus mentaux en tenant compte de leur signification biologique..., qui regarde les processus et les activités psychiques comme des fonctions, et non comme des processus ayant leur raison d'être en eux-mêmes. »
E. CLAPARÈDE, Préf. à Dewey, L'école et l'enfant, p. 17-18 (in LALANDE).

— Math. Calcul fonctionnel: étude des correspondances où la variable est elle-même une fonction, une correspondance. Déterminant fonctionnel.

DER. — Fonctionnellement. adv. (1865 LITTRÉ). Relativement à une fonction. Biol. Par rapport aux fonctions biologiques.

FONCTIONNER. v. intr. (1637; rare jusqu'à la fin du XVIIIe s.). Accomplir une fonction*, en parlant d'un mécanisme, d'un organe... V. Aller, marcher. Machine, appareil ... qui fonctionne bien. Comment fonctionne ce mécanisme, dans de telles conditions ? V. Comporter (se). Fonctionner automatiquement (cit.). Piston, clé qui fonctionne aisément. V. Jouer. Automobile (cit.), véhicule qui fonctionne. V. Avancer, mouvoir (se). Faire fonctionner ... V. Actionner, agir (faire), manœuvrer; opérateur. Fonctionner mal. V. Coincer (se), déranger (se), détraquer (se) ... — Manière dont fonctionne un organe, le corps (cit. 16) humain. Faire fonctionner ses bras, ses jambes. V. Mouvoir, remuer. — REM. LITTRÉ ne donne encore aucune illustration de ce mot en 1865.

1 « Lui, machinalement, retournait vers la batteuse, qui fonctionnait encore dans le jour finissant. »
ZOLA, La terre, III, VI.

« Et l'autre le regardait avec ses yeux luisants de riche, et faisait fonctionner sa pomme d'Adam et avait toujours l'air d'avaler de bons repas. »
Ch.-L. PHILIPPE, Père Perdrix, II, II.

« Il a tiré dans une gargoulette pour montrer que le revolver fonctionnait. »
DUHAM., Salavin, Tel qu'en lui-même, XXVI.

— Par anal. Esprit, imagination qui fonctionne. V. Travailler (Cf. Coincement, cit.). — Organisation, système, institution qui fonctionne (Cf. Égalitaire, cit. 2). Disposer pour fonctionner. V. Organiser.

« Se figure-t-on le sort affreux d'un homme dont l'imagination paralysée ne saurait plus fonctionner sans le secours du haschisch ou de l'opium ? »
BAUDEL., Parad. artif., Poème du haschisch, V.

« ... le collège avait peine à reprendre son va-et-vient habituel. Les rouages fonctionnaient mal, comme ceux d'une vieille horloge qu'on aurait depuis longtemps oublié de remonter. »
DAUD., Pet. Chose, L'affaire Boucoyran.

« Tous les trucs de relève de garde, de sentinelles, de mots de passe, ça ne fonctionne en cas de péril que parce qu'on s'y est astreint... »
ROMAINS, H. de b. vol., t. IV, XVI, p. 168.

— Par plaisant., en parlant des personnes. V. Travailler. Fonctionnaire fonctionnant comme une simple machine (Cf. Automatisme, cit. 6).

« Il est inutile de parler de l'activité avec laquelle fonctionnèrent Josette, Jacquelin, Mariette, Moreau et ses garçons. Ce fut un empressement de fourmis occupées à leurs œufs. »
BALZ., Vieille fille, Œuv., t. IV, p. 294.

ANT. — Arrêter (s'), panne (être en). Cf. aussi fam. Foirer; ne pas tourner rond.

DER. — Fonctionnement. n. m. (1853). Action, manière de fonctionner. V. Action, jeu, marche, travail. Bon fonctionnement d'un mécanisme, d'un mouvement d'horlogerie. Vérifier le fonctionnement. Fonctionnement irrégulier, désordonné. V. Dérèglement. — Fonctionnement des organes (Cf. Artériel, cit. 1). — Le fonctionnement d'une affaire, d'une entreprise, des institutions. V. Activité, marche. Ensemble de moyens servant au fonctionnement. V. Organisation, rouage, service. Bon, mauvais fonctionnement. V. Ordre, désordre.

1 « Mais le commencement et la mise en train de la paix sont plus obscurs que la paix même, comme la fécondation et l'origine de la vie sont plus mystérieuses que le fonctionnement de l'être une fois fait et adapté. »
VALÉRY, Variété, p. 23.

2 « ... certains états relatifs au fonctionnement de la Caisse de compensation du Cartel. »
ROMAINS, H. de b. vol., t. III, XVI, p. 215

FOND (fon, le d ne se liant et ne sonnant en t que dans la loc. de fond en comble). n. m. (XVe s.; var. graphique de l'anc. fr. funz in RoL., puis fonz, fons et enfin au XVe s. fonds par réaction étymol., ces deux graphies fond et fonds ayant reçu au XVIIe s. des valeurs particulières; lat. fundus, fond et fonds).

I. Élément extrême ou région basse de quelque chose de creux, de profond. — REM. L'ambiguïté de ce mot apparaît dans l'exemple Le fond d'un tonneau, le fond pouvant être aussi bien la partie qui ferme le tonneau par le bas que la couche liquide inférieure reposant sur cet élément.

|| 1° En parlant de toute sorte de cavité ou de récipient. Le fond d'un puits (Cf. Astrologue, cit. 1; café, cit. 4), d'un tonneau, d'un verre (Cf. Butyreux, cit.), d'une coupe (Cf. Amer, cit. 6; boire, cit. 37), d'un encrier (clt. 2), d'un réservoir (Cf. Épancher, cit. 12), d'un bénitier (cit. 2), d'un vase; d'une bouteille. V. Cul. Le fond du panier*. Fond de poêle, de casserole. Fond d'une cartouche. V. Culot. Garnir d'un fond. V. Foncer. Le fond d'un abîme (cit. 24), d'un gouffre (Cf. Fabuleux, cit. 6), d'un cloaque (Cf. Abrutissement, cit. 3), d'une basse-fosse (Cf. Exalter, cit. 21). Fossé à fond de cuve, profond et escarpé. Abîme, égout (cit. 5) sans fond. Le fond de la vallée (Cf. Brouillard, cit. 7). Maison bâtie dans un fond. V. Bas-fond, cuvette. Alluvions, dépôts, résidus dans un fond. Fond d'un navire*, partie inférieure de la coque, de la quille à la ligne de flottaison lège (Cf. Arriver, cit. 2; abriter, cit. 6). A fond de cale* (cit. 1). Fond d'un coffre, d'une boîte (cit. 13). Boîte à double fond, qui, sous un premier fond visible, en a un autre caché. Le fond d'une poche, du sac*, de la bourse*.

1 « Un jour que celui-ci, plein du jus de la treille, Avait laissé ses sens au fond d'une bouteille, »
LA FONT., Fab., III, 7.

2 « Ils tirent chacun l'écrin de leur côté; Bégearss fait ouvrir adroitement le double fond, et dit avec colère : Ah ! voilà la boîte brisée ! — Non; ce n'est qu'un secret que le débat a fait ouvrir. Ce double fond renferme des papiers ! »
BEAUMARCH., Mère coupable, I, 8.

3 « Le ciel a mis pour tous au fond d'un verre ; »
MUSS., Prem. poés., La coupe et les lèvres, I, 1.

4 « Cette jolie petite ville de Bort, située dans un fond, est dominée par des rochers volcaniques symétriquement disposés qui rendent, quand le vent souffle, un son étrange, harmonieux, et qu'on a appelés pour cette raison les orgues de Bort. »
STE-BEUVE, Caus. lundi, Marmontel, 15 sept. 1851.

5 « Cette figure ... donne le contour général de l'abîme, sauf les cavités moindres sur les parois, qui étaient assez fréquentes, chaque enfoncement correspondant à une saillie opposée. Le fond du gouffre était recouvert, jusqu'à 3 ou 4 pouces de profondeur, d'une poussière presque impalpable. »
BAUDEL., Traduc. E. POE, Av. Gord. Pym, XXIII.

— Par métaph. :

6 « On fait beaucoup de bruit d'un certain modernisme intellectuel qui n'est pas même une hérésie, qui est une sorte de pauvreté intellectuelle moderne, un résidu, une lie, un fond de cuve, un bas de cuvée, un fond de tonneau, un appauvrissement intellectuel moderne à l'usage des modernes des anciennes grandes hérésies. »
PÉGUY, **La République**,..., p. 250.

‖ **2° Spécialt.** En parlant des mers, lacs, cours d'eau... a) Sol où reposent les eaux. V. **Bas-fond, haut-fond.** *Le fond de l'eau, de la mer, d'un fleuve. Fond bon, de bonne tenue; mauvais, de mauvaise tenue,* selon qu'il retient l'ancre bien ou mal (Cf. Ancre, cit. 2). *Fond mou* (sable, vase...), *dur* (galets, roches...), *d'algues, d'herbes. Sonder* le fond. Trouver, perdre le fond. Le fond de sonde. Donner fond.* V. **Mouiller** (Cf. Brasse, cit. 3). *Toucher le fond.* V. **Échouer.** *Aller, tomber au fond.* V. **Enfoncer** (s'). Cf. Crouler, cit. 2. *Envoyer par le fond. Précipiter au fond. Couler* à fond. Pêcher à fond, par fond* (Cf. Chalutier, cit.). *Fond de pêche*. Pêche, ligne* de fond.* V. **Cordeau, cordée.** *Les grands fonds,* situés à une grande profondeur. V. **Abysse.** — b) Couche inférieure des eaux, eaux profondes. *Le fond de la source est transparent. Nager au fond de la rivière* (Cf. Aquatique, cit. 2; étouffer, cit. 1). *Poissons des grands fonds. Lame* de fond.* — c) Hauteur d'eau. V. **Profondeur.** *Par vingt brasses de fond. Peu de fond. Il n'y a pas assez de fond pour plonger. Par ext. Pêcheur qui n'a pas mis assez de fond,* quand la longueur du fil de la ligne, entre l'hameçon et le flotteur, est insuffisante.

7 « Comme montent au ciel les soleils rajeunis
Après s'être lavés au fond des mers profondes ? »
BAUDEL., **Spl. et Id.**, Le balcon.

8 « Il commença par mouiller une sonde et reconnut qu'il y avait sous l'arrière beaucoup de fond ... il plongea profondément. Il entra très avant sous l'eau, atteignit le fond, le toucha, côtoya un moment les roches sous-marines... » HUGO, **Travaill. de la mer**, I, VI, VII.

9 « Quelques merveilles sur la mer. Quelques autres, sans doute, sont par le fond, et attendent, cuirassées de moules, le temps que la mer se dessèche. » VALÉRY, **Eupalinos**, p. 112.

— Par anal. :

10 « ... il est impossible de labourer avec des charrues à roues, les terres n'ont pas assez de fond; »
BALZ., **Médec. de camp.**, Œuv., t. VIII, p. 364.

— Par métaph. Le point le plus bas, le point extrême. *Toucher le fond du désespoir, de la misère, de l'horreur ... Toucher le fond de tout, au fond des choses* (Cf. Bas 1, cit. 39). « *L'amour d'un fils est sans fond* » (HUGO, Lég. des siècles, Paternité). V. **Insondable.**

11 « Elle ne se débattait pas... Il lui semblait bien qu'ainsi elle allait jusqu'au fond de sa douleur comme on va vers un refuge. Là, plus rien ne l'atteindrait. » GREEN, **A. Mesurat**, II, III.

12 « Il se dégagea, fit deux pas incertains, puis, comme s'il préférait se laisser couler au fond de sa souffrance, s'affaissa sur une chaise, devant sa table de travail. » MART. du G., **Thib.**, t. IV, p. 51.

‖ **3° Spécialt.** En parlant d'une mine. Intérieur de la mine (par oppos. à la « surface » ou au « jour »). *Travaux du fond. Mineurs du fond, qui a dix ans de fond. Travailler au fond.*

13 « ... elle était cribleuse à la fosse, n'ayant jamais pu travailler au fond ... le projet d'exclure les femmes du fond répugnait d'ordinaire aux mineurs, qui s'inquiétaient du placement de leurs filles... » ZOLA, **Germinal**, t. I, p. 17 et 30.

II. Par ext. La partie la plus reculée, la moins exposée au regard et au jour.

‖ **1°** En parlant de lieux ou locaux divers. *Au fond des bois* (cit. 10), *de la forêt* (Cf. Ahan, cit. 1), *du jardin* (Cf. Élaguer, cit. 2), *de la cour* (Cf. Élaguer, cit. 4). *Du fond d'une province* (Cf. Barbare, cit. 18), *d'une cité* (Cf. Évangéliser, cit. 2), *d'un village* (Cf. Brise, cit. 2) ... *Le fond de la salle* (Cf. Amortir, cit. 11), *du boudoir* (Cf. Balancer, cit. 4), *de la brasserie* (Cf. Bière, cit. 2), *de la boutique, du corridor* (Cf. Étoiler, cit. 1). *Au fond d'un cloître, d'une retraite* (Cf. Corporel, cit. 4). *Le fond de la grotte, de la caverne, de la galerie, d'un cachot ... Le fond d'une baie, d'un golfe* (Cf. Assembler, cit. 31). *Là-bas, tout au fond* (Lointain (dans le).

14 « Dans le fond des forêts allaient-ils se cacher ? »
RAC., **Phèd.**, IV, 6.

15 « Et les agonisants dans le fond des hospices »
BAUDEL., **Tabl. paris.**, Crépuscule du matin.

16 « Panturle a tiré la porte, puis il est venu au rempart et il a bien regardé tout le pays jusqu'au fin fond; » GIONO, **Regain**, p. 61.

17 « Il sortit, avisa un café paisible, s'installa dans le fond d'une salle et procéda en toute tranquillité au règlement du compte Leheudry. »
ROMAINS, **H. de b. vol.**, t. II, IX, p. 98.

18 « Elle pourchassait les agents théâtraux, ces prometteurs d'engagements, au fond de leurs escaliers pisseux. »
CÉLINE, **Voyage au bout de la nuit**, p. 330.

— Spécialt. Le fond du théâtre, de la scène (Cf. Enflammer, cit. 10; estrade, cit. 3). *Personnages défilant au fond de la scène* (Cf. Eubage, cit. 3). *Toile* de fond. Le fond représente une forêt. Fond qui paraît éloigné.* V. **Renfoncement.**

19 « Une terrasse du palais Barbarigo, à Venise. C'est une fête de nuit. Des masques traversent par instants le théâtre. Des deux côtés de la terrasse, le palais splendidement illuminé et résonnant de fan-

fares... Au fond, au bas de la terrasse, est censé le canal de la Zuecca, sur lequel on voit passer par moments, dans les ténèbres, les gondoles, chargées de masques et de musiciens, à demi éclairées. Chacune de ces gondoles traverse le fond du théâtre... Au fond, Venise au clair de lune. » HUGO, **Lucrèce Borgia**, I (indic. scéniques.)

‖ **2°** En parlant de tout objet destiné à recevoir quelque chose ou quelqu'un. *Le fond d'une armoire, d'un tiroir, d'un placard. Un fond de tiroir*. Fond de cheminée.* V. **Contrecœur.** *S'installer dans le fond d'un siège, d'une voiture, d'une automobile,* aux places qui sont à l'arrière. *Prendre, offrir le fond.*

20 « La pensée lui revint du tampon d'ouate fourré dans la boîte de tisons, au fond du tiroir-caisse. »
ROMAINS, **H. de b. vol.**, t. II, IV, p. 29.

21 « Moi et Léon nous prîmes les strapontins de devant et les deux femmes occupèrent le fond du taxi. »
CÉLINE, **Voyage au bout de la nuit**, p. 438.

— En parlant de vêtements. Le fond d'une casquette, d'un chapeau, la partie la plus éloignée des bords. *Le fond d'une culotte, un fond de culotte** (cit. 2 et 3). *Mettre un fond à un pantalon.* V. **Pièce.**

22 « Elle grelottait dans son manteau de loutre et ses mains au fond de son manchon étaient roidies. » GREEN, **Léviathan**, II, V.

‖ **3°** En parlant de certains organes. *Fond du cæcum; de l'estomac.* V. **Tubérosité.** *Fond de l'utérus. Examiner le fond de la gorge. Mots, cris qui restent au fond de la gorge, de la poitrine* (Cf. Étouffer, cit. 10; étrangler, cit. 13). *Le fond de l'œil*.* V. **Papille** (optique), **tache** (jaune). *Regarder quelqu'un au fond des yeux. Être ému jusqu'au fond des entrailles* (Cf. Craintif, cit. 3).

23 « Il me semble parfois que j'entends dire au vin ... : « Homme, mon bien-aimé ... j'éprouve une joie extraordinaire quand je tombe au fond d'un gosier altéré par le travail... J'allumerai les yeux de ta vieille femme ... et je mettrai au fond de sa prunelle l'éclair de sa jeunesse. » BAUDEL., **Du vin et du haschisch**, II.

24 « Et elle riait juste au fond du rire, des petits coups de rire du fond de la gorge, tout en nerfs. » GIONO, **Jean le Bleu**, p. 135.

III. Ce qui, au delà des apparences et en dernière analyse, se révèle l'élément intime, véritable.

‖ **1°** En parlant des pensées et des sentiments de l'homme. V. **Arrière-fond.** *Le fond d'un cœur* (cit. 95, 126 et 130). *Au fond, jusqu'au fond du cœur, des cœurs* (Cf. Accent, cit. 4; ami, cit. 3; atavisme, cit. 1; atteinte, cit. 9; cuisant, cit. 3 ...). *Du fond du cœur* (cit. 129). *Dans le fond, au fond de l'âme* (Cf. Absoudre, cit. 6; adjurer, cit. 4; âme, cit. 44; aventureux, cit. 2 ...). *Au fond de l'être* (Cf. Atteindre, cit 20). *Ce qui vit, ce qui se passe au fond de moi, de quelqu'un* (Cf. Bander, cit. 11; cacher, cit. 43; capon, cit. 2). *Caractère, trait qui est au fond d'un homme* (Cf. Braconnier, cit. 1). *Rencontrer le fond d'un homme.* V. **Tuf.** *Expliquer* (cit. 1) *le fond de sa pensée. Pensées refoulées dans le fond de la conscience.* V. **Secret.**

25 « ... je suis bien aise d'avoir un témoin du fond de mon âme et des véritables motifs qui m'obligent à faire les choses. »
MOL., **D. Juan**, V, 2.

26 « Ne devais-tu pas lire au fond de ma pensée ? »
RAC., **Andr.**, V, 3.

27 « ... nous irons chercher leurs secrets dans le fin fond de leur âme, dont les contractions sournoises ne pourront rien nous dérober; nous leur arracherons ce qu'ils veulent retenir. »
GOBINEAU, **Les pléiades**, I, III.

28 « Arrivera-t-il jusqu'à la surface de ma claire conscience, ce souvenir, l'instant ancien que l'attraction d'un instant identique est venue de si loin solliciter, émouvoir, soulever tout au fond de moi ? Je ne sais. Maintenant je ne sens plus rien, il est arrêté, redescendu peut-être; qui sait s'il remontera jamais de sa nuit ? »
PROUST, **Rech. t. p.**, t. I, p. 67.

‖ **2°** En parlant de tout ce qui est susceptible d'être approfondi. *Aller au fond des choses. Connaître, voir le fond des choses. Nous touchons ici au fond du problème* (Cf. Apercevoir, cit. 14), *de la question.* V. **Nœud.** *Ce qui est au fond d'une action* (Cf. Cupidité, cit. 5), *d'une passion* (Cf. Danger, cit. 7), *d'un sentiment* (Cf. Creuser, cit. 8).

29 « Comme un juge sévère, son œil semblait aller au fond de toutes les questions, de toutes les consciences, de tous les sentiments. »
BALZ., **Père Goriot**, Œuv., t. II, p. 858.

30 « ... le dernier mot restera à une philosophie critique, qui tient toute connaissance pour relative et le fond des choses pour inaccessible à l'esprit. » BERGSON, **Matière et mémoire**, p. 205.

31 « Ne connaissant pas le fond ni l'envers de la combinaison dont il parlait... » CÉLINE, **Voyage au bout de la nuit**, p. 310.

‖ **3°** AU FOND, DANS LE FOND. *loc. adv.* A considérer le fond des choses (et non l'apparence ou la surface). V. **Réalité** (en). *On l'a blâmé, mais au fond il n'avait pas tort. Au fond, c'est..., ce n'est pas ...* (Cf. Abri, cit. 3; argent, cit. 14; caricature, cit. 5 ...). *Au fond, tout le monde est d'accord* (Cf. Abus. cit. 5). *Peut-être qu'au fond ...* (Cf. Baiser, n., cit. 28). *Il est plein d'attentions pour elle, mais dans le fond il ne l'aime pas. Dans le fond, il est trop bon* (cit. 79).

32 « M. débitait souvent des maximes de roué, en fait d'amour; mais, dans le fond, il était sensible... »
CHAMFORT, **Caract. et anecd.**, Le faux roué.

33 « Les Coupeau, devant le monde, affectèrent d'être bien débarrassés. Au fond, ils rageaient. » ZOLA, **Assommoir**, XI, t. II, p. 200.

|| **4°** À FOND. *loc. adv.* En allant jusqu'au fond, jusqu'à la limite du possible. V. **Complètement, entièrement.** *Étudier,* (cit. 10), *examiner* (cit. 3), *traiter* (Cf. Agiter, cit. 14; épuiser, cit. 13), *connaître* (Cf. Exécution, cit. 16) *quelque chose à fond. Un cœur* (cit. 98) *corrompu à fond.* V. **Foncièrement, profondément, tout** (à fait). *Pousser une enquête, une idée à fond* (Cf. Étalage, cit. 7). *Se livrer, s'engager* (cit. 45) *à fond. Je vous soutiendrai à fond. Se déclarer à fond contre une politique, pour quelqu'un.* — *Escrimeur qui se fend* à fond. Le gardien de but se détendit à fond. Respirer à fond. Visser à fond.* V. **Bloc** (à). *La cavalerie a chargé à fond. Son discours se réduisit à une charge à fond contre la politique ministérielle.*

— *A fond de train** (loc. composée sans doute sur le modèle des loc. anc. *à fond de cuve, à fond de cale...*).

IV. Terrain ou élément servant de base* ou d'appui.

|| **1°** Ce qui supporte un édifice. *Bâtir sur un fond solide, mouvant, argileux. Le mur monte de fond, repose directement sur les fondations* (*par oppos.* à un mur en encorbellement ou en porte à faux). *Colonne montant de fond, du fond. De fond en comble**, depuis les fondations jusqu'au comble (Cf. Crouler, cit. 7). *Faire fond sur ...* (proprement. faire une fondation, asseoir les fondements sur...) ne s'emploie qu'au fig.: avoir confiance en, compter sur ... *On peut faire fond sur lui, sur sa promesse, sur son témoignage...* V. **Appuyer** (s').

34 « ... il parle le dernier ... pour être précis, pour connaître parfaitement les choses sur quoi il est permis de faire fond... »
LA BRUY., X, 12.

35 « A la vigueur des coups qu'ils portèrent contre la royauté, on les crut républicains, on leur attribua ... un projet bien arrêté de changer tout de fond en comble. »
MICHELET, **Hist. Révol. franç.**, IV, IV.

|| **2°** *Spécialt. Fond de lit,* châssis qui supporte le matelas. V. **Fonçailles.** *Fond d'un violon, d'une guitare,* table* de dessous. *Fond* (ou *cul*) *d'artichaut.*

36 « La table de dessous, ou *fond,* reproduit à peu près exactement la table d'harmonie, moins les *ff,* et avec les épaisseurs un peu plus grandes ... Le bois employé est l'érable. »
PINCHERLE, **Instruments du quatuor,** Le violon, p. 7 (éd. P.U.F.).

|| **3°** *Text.* La partie d'abord tissée d'un tissu d'art, sur laquelle le décor est broché, brodé ...; la superficie unie d'un tissu, sur laquelle les motifs sont imprimés. *Armure* de fond,* utilisée pour le fond (satin, gros de Tours, taffetas, pour le brocart; satin, pour le damas, etc.). *Tissus à deux chaînes*, l'une pour le fond, l'autre pour le dessin. Duites* de fond. Broderie* (cit. 4) *sur fond de ... Fond d'une tapisserie.* V. **Canevas.** *Fond or, pourpre, blanc... Impression sur fond naturel. Dentelle à fond de réseau*.*

37 « Sous Louis XV les proportions des détails corporatifs diminuent, les fonds, éclaircis, sont diversement armurés, la fleur constitue encore un des éléments principaux du décor... »
M. BEAULIEU, **Tissus d'art,** p. 86 (éd. P.U.F.).

|| **4°** *Peint.* Plan uniforme, ou simplement arrière-plan, sur ·lequel se détachent (cit. 11) les figures et objets représentés. V. **Champ.** *Fond uni,* constitué par la première couche de peinture. *Fond constitué par une tenture, un paysage ... Difficulté des fonds dans l'aquarelle* (cit.). *Éclairage* (cit. 4) *arrachant des figures à un fond sombre. Vases grecs anciens à figures noires sur fond rouge; lécythes* à fond blanc. Distance entre les figures et le fond.* V. **Perspective.** — *Blas. Le fond de l'écu*.* — *Fig. Un fond de tableau décourageant, optimiste...* (dans la description d'une situation, d'une époque).

38 « Il y a de la vie, dit-il, mon pauvre maître s'y est surpassé; mais il manquait encore un peu de vérité dans le fond de la toile. L'homme est bien vivant, il se lève et va venir à nous. Mais le ciel, le vent que nous respirons, voyons et sentons, n'y sont pas. »
BALZ., **Chef-d'œuvre inconnu,** Œuv., t. IX, p. 399.

39 « Le paysage fut d'abord un fond de campagne sur lequel quelque chose se passait. Je crois que les Hollandais les premiers s'y intéressèrent pour lui-même... »
VALÉRY, **Degas...,** p. 116.

— *Par ext.* Arrière-plan d'un paysage, arrière plan naturel (Cf. Brouiller, cit. 2). *Objets, silhouettes qui se détachent, se découpent, se profilent ... sur un fond de nuages, de forêt, d'azur... « Le vert est le fond de la nature »* (BAUDEL., Salon de 1846). *Mains qui se voient sur le fond noir d'une jupe* (Cf. Effacer, cit. 32).

40 « Sur les corniches des monuments, deux ou trois ibis ... dessinaient leur silhouette grêle sur le bleu calciné et blanchissant qui leur servait de fond. »
GAUTIER, **Roman de la momie,** p. 49.

41 « Une splendeur sulfureuse émanait de ces trois personnages, qui se détachaient ainsi du fond opaque de la nuit. »
BAUDEL., **Spleen de Paris,** XXI.

— *Fig. Sur ce fond de plaisanterie, quelques remarques graves et saisissantes acquièrent plus de résonance encore.*

42 « Ce sont, il est vrai, des images isolées, mais qui, par cela même, ne se détachent qu'avec plus d'éclat sur un fond obscur et mystérieux. »
FRANCE, **Livre de mon ami,** p. 11.

43 « Sur un fond d'hostilité, tous les détails prennent du relief. »
RENARD, **Journ.,** 14 déc. 1907.

— *Par anal.* Base sensible mettant en valeur des sensations d'un autre ordre. *Fond sonore,* bruits, sons, musique accompagnant et rehaussant un spectacle de danse, de cinéma, de sport... *Fond visuel,* décor, costumes ... sur lequel se détache la musique d'un opéra. *Un fond de silence... Un fond de brouhaha. Bruit de fond.*

— *Par anal.* (Maquill.). *Fond de teint:* crème destinée à donner au visage un teint uniforme, notamment en vue d'applications de fard. — Fam. *Le fond de l'air,* ce qui semble être la température réelle, de base, indépendamment des accidents momentanés (vent, ensoleillement). — *Cuis. Fond blanc.* V. **Roux.**

44 « Invariablement le fond de l'air est en contradiction avec la température : si elle est chaude, il est froid, et l'inverse. »
FLAUB., **Dict. des idées reçues,** Air.

V. *Fig.* Élément fondamental, essentiel ou permanent, qui se découvre sous les superstructures accidentelles ou accessoires.

|| **1°** Chez quelqu'un. *Avoir un fond de bon sens* (Cf. Ardent. cit. 24), *un fond solide* (Cf. Broncher, cit. 6), *un bon fond* (Cf. Dehors, cit. 21), *un fond d'honnêteté. Le mensonge est le fond de sa nature. Le fond de son caractère est la gaieté. Un fond de scepticisme perce dans ses propos.*

45 « Le goût d'enseigner ne doit point se considérer chez elle comme un travers, c'était le fond même et la direction de sa nature. »
STE-BEUVE, **Caus. lundi,** Mᵐᵉ de Genlis, 14 oct. 1850.

46 « ... il se sentait je ne sais quel fond de rigidité, de régularité et de probité, compliqué d'une inexprimable haine pour cette race de bohèmes dont il était. »
HUGO, **Misér.,** I, V, V.

47 « ... (l'homme) est un composé indivisible. Le sentiment, la passion, les perceptions intuitives qui appartiennent au fond sauvage, ont peu de valeur, s'ils ne sont pas éclairés par la pensée... »
CHARDONNE, **Amour du prochain,** p. 141.

|| **2°** De quelque fait humain en général. *Tout ce qui fait le fond, la trame de la vie. Persistance du fond national dans la vie d'un peuple* (Cf. Couche, cit. 7). *Le fond populaire du langage, le fond historique d'une légende.* V. **Substratum.** *Il y a un fond de vérité dans ce qu'il dit. Un fond de réalité dans le rêve, un fond de facilité* (cit. 2) *dans certains travaux. Le fond du beau, de l'agréable* (cit. 18). *Auteurs qui constituent le fond d'une bibliothèque.*

48 « ... dans son triomphe extérieur (de Mᵐᵉ de Montespan) il y a un fond de tristesse. »
SÉV., 421, 31 juill. 1675.

49 « Avec *God-dam,* en Angleterre, on ne manque de rien nulle part... Les Anglais, à la vérité, ajoutent par-ci, par-là, quelques autres mots en conversant; mais il est bien aisé de voir que *God-dam* est le fond de la langue; »
BEAUMARCH., **Mar. Figaro,** III, 5.

50 « ... résister, c'est le fond de la vertu. »
BALZ., **Illus. perd.,** Œuv., t. IV, p. 663.

51 « Pendant que les autres tournent dans leur manège parlementaire, roulant leur roue inutile, s'épuisant sans avancer, lui, le vieux parti, il tient encore ce qui est le fond de la vie, la famille et le foyer, la femme et l'enfant... »
MICHELET, **Hist. Révol. franç.,** Introd.

52 « Est-ce qu'elle (Madame Arnoux) ne faisait pas comme la substance de son cœur, le fond même de sa vie ? »
FLAUB., **Éduc. sentim.,** III, V.

|| **3°** *Spécialt. Dr.* Ce qui appartient à la matière, au contenu essentiel du droit et de tout acte juridique *par oppos.* à la forme*. *Condition de fond et de forme du mariage. Le tribunal a statué sur le fond, conclu au fond* (Cf. Compétence, cit. 1; évocation, cit. 1; exception, cit. 5). *Plaider au fond. Jugement du fond. Le fond du procès, de la cause. Souvent la forme emporte** (cit. 45) *le fond.*

53 « Une belle maxime pour le palais ... ce serait précisément la contradictoire de celle qui dit que la forme emporte le fond. »
LA BRUY., XIV, 50.

54 « ... si le fond des procès appartient aux plaideurs, on sait bien que la forme est le patrimoine des tribunaux. »
BEAUMARCH., **Mar. Figaro,** III, 13.

|| **4°** *Spécialt. Littér.* Ce qui fait la matière, le sujet d'une œuvre, *par oppos.* à la forme (style, ton, versification, etc.). V. **Affabulation, contenu, idée, matière, substance, sujet, thème.** *Le fond d'une pièce de théâtre.* V. **Intrigue, trame.** *Analyser, étudier, discuter le fond d'un ouvrage. Critiques, remarques sur le fond. Le fond est emprunté à un auteur étranger.* V. **Source.** *Le fond et la forme* (Cf. Approbation, cit. 3; chicane, cit. 6; excentrique, cit. 2). *La forme est brillante, mais le fond un peu mince. Fond et forme inséparables dans la poésie. Lieux communs qui constituent le fond d'une conversation.*

55 « ... grandeur et sévérité dans l'intention, grandeur et sévérité dans l'exécution, voilà les conditions selon lesquelles doit se développer ... le drame contemporain. Moral par le fond. Littéraire par la forme. Populaire par la forme et par le fond. »
HUGO, **Littér. et philos. mêlées,** But de cette publication.

56 « C'est parfait, votre discours ! Et il en vanta beaucoup la forme, pour n'avoir pas à s'exprimer sur le fond. »
FLAUB., **Éduc. sentim.,** III, I.

57 « ... le fond de son théâtre ou, si l'on veut, le fond de ses meilleures pièces est la lutte de la passion contre le devoir, ou, bien plutôt, la lutte de passions inférieures contre des passions nobles... »
FAGUET, **Ét. littér.,** XVIIᵉ s., Corn., III.

58 « Distinguer dans les vers le fond et la forme ... un sujet et un développement; le son et le sens ... autant de symptômes de non-compréhension ou d'insensibilité en matière poétique. »
VALÉRY, **Variété III,** p. 50.

59 « L'on plaisante les poètes qui tiennent que la forme et le fond, c'est tout un; »
PAULHAN, **Entret. s. faits div.,** p. 151.

‖ **5°** De fond. *loc. adj.* Essentiel, fondamental. *Écrire un article de fond dans un journal*, par oppos. aux « articles d'actualité pure ». *Livre, ouvrage de fond*, de base.

‖ **6°** *Sport.* Qualités physiques essentielles de résistance (N.B. S'est dit d'abord du cheval. Cf. *cit. infra*). *Avoir du fond.* — *Athlét. Courses de fond, de demi-fond, de grand fond*, ou elliptiqt. *Le demi-fond*, épreuves sur les distances de 800 à 3.000 mètres (essentiellement des distances classiques du 800, du kilomètre, du 1.500 et du mille anglais) ; *le fond*, de 5.000 à 10.000 mètres ; *le grand fond*, 20.000 m., heure, marathon. De même, *Épreuves de fond, de grand fond*, dans les compétitions de ski, natation. — Cycl. *Le demi-fond* désigne les courses derrière motos. *Coureur de demi-fond.* V. **Stayer.**

60 « A l'égard du cheval de chasse, nous désirons qu'il soit doué de légèreté, de vitesse, qu'il ait du fond et de l'haleine... »
ENCYCL., Fin (cheval fin).

61 « Ayant perdu mon *sprint*, je me suis essayée, seule, sur le fond. Et je suis sûre ... que je peux battre le record féminin du mille, qui est de 3 minutes 16 secondes. » MONTHERLANT, Olympiques, p. 91.

ANT. — Surface. Crête, haut; dessus. Bord, devant, entrée, ouverture. Apparence, dehors, extérieur. A première vue. Superficiellement; à demi. Premier plan. Superstructure. Forme. Vitesse; sprint.

DER. et COMP. — (du rad. *fundus*, et des deux formes du plur. *fundi* et *fundora*). Fonçailles. Foncer. Foncier. Fonder. Fondrière. — Défoncer. Enfoncer. Bas-fond, haut-fond, plafond, tréfonds. Effondrer. Profond. — Cf. *aussi* rad. gr. *Bathy-.*

HOM. — Fonds. Formes de faire, de fondre. Fonts.

FONDAMENTAL, ALE, AUX. *adj.* (XVe s.; bas lat. *fundamentalis*, de *fundamentum*. V. **Fondement**). Qui sert de fondement.

‖ **1°** Qui a l'importance d'une base, un caractère essentiel et déterminant. V. **Essentiel*** *Lois fondamentales de l'État, d'un régime* (Cf. Abolir, cit. 2; ébranler, cit. 30). *Éléments* (Cf. Assise, cit. 4), *principes fondamentaux.* V. **Constitutif.** *Articles fondamentaux du dogme, de la foi.* V. **Angulaire** (pierre). *La thèse fondamentale d'un philosophe, d'une doctrine.* V. **Clef** (de voûte). Cf. Démocratie, cit. 6. *Notions fondamentales.* V. **Élémentaire.** *Une question fondamentale.* V. **Vital.** *Problème* (Cf. Contrat, cit. 4), *rapport* (Cf. Catégorie, cit. 2) *fondamental. Cultures* (cit. 6), *plantes fondamentales. Travail qui se décompose en plusieurs opérations fondamentales* (Cf. Extraction. cit. 2).

1 « L'intelligence n'est pas plus la vertu fondamentale pour un poète que la prudence pour un militaire (ou la probité chez un entrepreneur de travaux publics). Elle est nécessaire en seconde ligne. »
CLAUDEL, Posit. et proposit., p. 11.

2 « ... cette méthode implique une croyance et une confiance fondamentales en soi-même, conditions nécessaires pour détruire la confiance et la croyance en l'autorité des doctrines transmises. »
VALÉRY, Variété V, p. 218.

— Qui se manifeste, qui s'exerce à la base même (de l'homme, des choses), à fond. V. **Foncier, radical.** *Un irrespect, un mépris fondamental. Il y a là un pessimisme fondamental. Nihilisme qui croit à l'absurdité fondamentale de la condition, de l'activité humaine. Opposition, désaccord* (Cf. Emprunt, cit. 7) *fondamental.*

3 « Le romancier, déchirant la toile habilement tissée — tissée par l'intelligence, et plus encore par le langage — de notre moi conventionnel, nous montre sous cette logique apparente une absurdité fondamentale, sous cette juxtaposition d'états simples une pénétration infinie. » BERGSON in PAULHAN, Fleurs de Tarbes, p. 66.

4 « Mais la première critique fondamentale de la bonne conscience, la dénonciation de la belle âme et des attitudes inefficaces, nous la devons à Hegel... » CAMUS, Homme révolté, p. 171.

‖ **2°** *T. d'Acoust. et Mus. Fréquence, onde, composante fondamentales*, par rapport auxquelles se définissent les harmoniques*. *Son fondamental*, qui sert de base à un accord. *Accords fondamentaux*, les accords parfait* et de dominante*. *Basse* fondamentale.*

ANT. — Accessoire, complémentaire, secondaire.

DER. — Fondamentalement. *adv.* (XVe s.). D'une manière fondamentale. V. **Essentiellement, totalement.** *Notions fondamentalement opposées. Modifier fondamentalement.*

FONDANT, ANTE. *adj. et n. m.* (1611; p. prés. de *fondre*).

‖ **1°** Qui fond. *Neige fondante. La température de la glace fondante est le zéro de l'échelle centésimale.* — *Bonbons fondants:* sucreries qui fondent rapidement dans la bouche. — Substantivt. *Des fondants.* — *Arg. Le beurre.*

— Par anal. *La crassane*, variété de poire fondante. V. **Juteux.** — *Pommes de terre fondantes.*

1 « ... la bonne soupe d'Arsule ... avec tous les légumes entiers, avec les poireaux blancs comme des poissons et des pommes de terre fondantes, et les carottes et tout le goût que ça laisse dans la bouche. »
GIONO, Regain, II, IV.

— *Fig.* En parlant des couleurs. V. **Dégradé.** *Des tons fondants.*

2 « ... la délicatesse, les plis, le rose délicieux et fondant de la peau enfantine qui semble un pétale de fleur humide de rosée et imprégné par la lumière du matin. » TAINE, Philos. de l'art, t. II, p. 54.

‖ **2°** Qui fait fondre. — *Anc. méd.* V. **Résolutif.** *Médicament fondant*, et substantivt. *Un fondant.*

— *Technol. Métall. Un corps fondant*, et substantivt. *Un fondant:* substance qu'on ajoute à une autre pour en faciliter la fusion. *Alumine, chaux, silice ... utilisées comme fondant. Le spath* fluor, fondant métallurgique.*

3 « ... des fondants seront ajoutés au minerai pour permettre la fusion de la gangue ... on cherche ... à traiter un mélange de minerais nécessitant le minimum de fondant (calcaire, dans le cas de minerais siliceux; silice dans le cas de minerais calcaires), le laitier étant essentiellement un silicate de chaux... »
L. GUILLET, Techn. de la métall., p. 31 (éd. P.U.F.).

FONDATEUR, TRICE. *n.* (1330; lat. *fundator*, de *fundare.* V. **Fonder**). Celui, celle qui fonde ou a fondé.

‖ **1°** Celui qui prend l'initiative de créer et d'organiser quelque œuvre qui devra ou se trouvera subsister après lui. V. **Créateur.** *Fondateur d'une cité, d'une colonie, d'un empire.* V. **Bâtisseur.** *Fondateur d'un ordre religieux. Sainte Thérèse est la fondatrice des Carmélites. Fondateur d'une religion* (Cf. Évangélisme, cit.), *d'une secte philosophique* (Cf. Éristique, cit.), *d'une science nouvelle* (Cf. Étymologie, cit. 1), *d'une école, d'un mouvement* (Cf. Faiseur, cit. 15). *Hérodote est le fondateur de l'histoire.* V. **Père.** *Le fondateur de la société civile* (Cf. A, cit. 1). V. **Auteur.** *Fondateur et chef d'un parti.*

1 « Les fondateurs de colonies, les pasteurs de peuples, les prêtres missionnaires exilés au bout du monde... »
BAUDEL., Spl. de Paris, Les foules.

2 « Les fondateurs viennent d'abord. Les profiteurs viennent ensuite. »
PÉGUY, Notre jeunesse, p. 169.

— En parlant de choses.

3 « Certes, le bolchevisme échouera parce qu'il néglige la faim, la soif et l'amour, fondateurs et soutiens des vieilles sociétés. »
MAUROIS, Disc. Dr O'Grady, IV.

— *Spécialt. Dr. com. Fondateur d'une société** (Cf. *cit. infra*). *Part* de fondateur*, ou *bénéficiaire.*

4 « D'après la jurisprudence, pour être reconnu fondateur, il ne suffit pas d'avoir concouru à l'organisation et à la mise en mouvement de la société; il faut, en outre, avoir eu une part d'initiative dans les actes qui ont abouti à la création de l'entreprise sous sa forme sociale, ou bien avoir prêté en connaissance de cause aux véritables promoteurs de la société une coopération assez directe, étroite et constante pour qu'elle implique d'elle-même une acceptation des responsabilités inhérentes à la constitution du corps social. »
DALLOZ, Répertoire, Société.

‖ **2°** Celui qui fait une fondation*. *Fondateur d'un hôpital, d'un lit dans un hôpital, d'un prix, de messes, de bourses ... Se conformer aux intentions du fondateur.*

FONDATION. *n. f.* (XIIIe s.; bas lat. *fundatio*, de *fundare.* V. **Fonder**).

‖ **1°** *Arch.* (généralt. au plur.). Ensemble des travaux et ouvrages destinés à assurer à la base la stabilité d'une construction, tant en considération de la charge imposée par la superstructure que du sol d'assise. V. **Fondement** (*vx.*). *Faire tracer, creuser* (cit. 13), *jeter les fondations d'un édifice. Essais sur le terrain, essais de laboratoire après prélèvement d'échantillons* (V. **Sondage**), *en vue de déterminer la nature et les possibilités du sol où se feront les fondations. Évaluation des charges pratiques sur sols de fondation. Les fondations tendent à éliminer pratiquement le tassement*. Fouilles et ouvrages garnissant les fouilles dans les fondations.* V. **Puits, rigole.** *Fondation simple, type.* V. **Semelle.** *Autres ouvrages exécutés dans les fondations.* V. **Pieu, pilot, pilotis, radier, sommier.** *Reprise en sous-œuvre* d'une fondation. Matériaux* (béton, bois, brique, moellon...) *employés pour les fondations.* V. **Maçonnerie.** *Fondations spéciales dans l'eau* (pour les ponts), soit *directes au bon sol* (V. **Batardeau, caisson, palplanche**), soit *directes sur fond dragué* sans épuisement* (par béton immergé), soit *sur pieux* (qui reportent l'assise en profondeur). V. **Enrochement.** *Ruines servant de fondations.* V. **Substruction.**

1 « Mécaniquement toute bâtisse est un système de masses qui, du faîtage ou de la corniche jusqu'aux fondations, se transmettent des charges croissantes; de ce point de vue une fondation est donc conditionnée par les superstructures... D'autre part, considérant un ouvrage concret, réalisé, on constate que toute perturbation de l'assise se répercute plus ou moins sur les superstructures. Fondations et superstructures forment donc un ensemble... »
P. ROBIN, Encycl. prat. du bâtim., p. 687 (éd. QUILLET).

— *Fig.* V. **Armature, assiette, assise, base, charpente, fondement.** *Édifier un régime, construire une fortune sur des fondations solides.*

2 « Tout détruire, c'est se vouer à construire sans fondations; il faut ensuite tenir les murs debout, à bout de bras. »
CAMUS, Homme révolté, p. 199.

‖ **2°** *Généralt.* au sing. Action de fonder (une ville, un établissement, une institution ...). V. **Création.** *L'an 350 après la fondation de Rome. Fondation d'Alexandrie par Alexandre. Fondation d'une colonie, d'un comptoir. La fondation de l'empire perse fut l'œuvre de Cyrus.* V. **Édification.** *Fondation de l'Église* (Cf. Continuation, cit. 2), *de l'Islam, des Écoles Normales* (Cf. Façade, cit. 9), *d'un ordre religieux* (V. **Institution**), *d'un parti* (V. **Formation**), *d'un fief* (V. **Erection**), *des Jeux Olympiques* (V. **Instauration**). *Fondation instantanée, successive d'une société**. V. **Constitution.** *Richelieu et la fondation de l'Académie française.*

3 « Il n'y avait rien qui fût plus à cœur à une ville que le souvenir de sa fondation. Quand Pausanias visita la Grèce ... chaque ville put lui dire le nom de son fondateur avec sa généalogie et les principaux faits de son existence... Parmi tous ces anciens poèmes, qui avaient pour objet la fondation sainte d'une ville, il en est un qui n'a pas péri (l'*Énéide*)... » FUST. de COUL., *Cité antique*, p. 162-163.

— *De fondation*, depuis la fondation (Cf. Excursion, cit. 4). *Cela est de fondation :* de toujours, traditionnel.

|| **3°** Spécialt. *Dr.* « Création par voie de donation ou de legs d'un établissement d'intérêt public ou d'utilité sociale (*fondation d'un hôpital, d'un asile*), ou attribution à une personne morale de fonds grevés d'affectation à une œuvre d'intérêt général ou pieux (*fondation d'un lit dans un hôpital, fondation de prix, fondation de messes*) » (CAPITANT). *Fondation philanthropique, pieuse ... La fondation Thiers.*

4 « Aussitôt que j'ai pu établir une fondation, j'ai donné à Saint-Sulpice la somme nécessaire pour y faire dire quatre messes par an. » BALZ., **Messe de l'athée**, Œuv., t. II, p. 1163.

5 « C'est son œuvre à elle, son travail propre et chéri, presque maternel. « Rien ne m'est plus cher que mes enfants de Saint-Cyr ; *J'en aime tout, jusqu'à leur poussière.* » C'est toujours une si belle chose qu'une fondation destinée à élever dans des principes réguliers et purs la jeunesse pauvre, qu'on hésite à y apporter de la critique, même la plus respectueuse. » STE-BEUVE. **Caus. lundi**, Mᵐᵉ de Maintenon, 28 juill. 1851.

— *Par métaph :*

6 « Chaque génération n'est que la gérante temporaire et la dépositaire responsable d'un patrimoine précieux et glorieux qu'elle a reçu de la précédente à charge de la transmettre à la suivante. Dans *cette fondation à perpétuité* où tous les Français, depuis le premier jour de la France, ont apporté leur offrande, l'intention des innombrables bienfaiteurs n'est pas douteuse : ils ont donné sous condition, à condition que la fondation resterait intacte, et que chaque usufruitier successif n'en serait que l'administrateur. » TAINE, **Orig. France contemp.**, III, t. I, p. 222.

ANT. — **Comble, faîtage, faîte, pinacle, superstructure. Abolition, anéantissement, destruction, renversement, ruine...**

FONDEMENT (*fondeman*). *n. m.* (XIIᵉ s.; lat. *fundamentum*, de *fundare*. V. **Fonder**).

I. (Généralt. au plur.). *Vx.* V. **Fondation** (Cf. Abattre, cit. 16 ; bâtir, cit. 14).

— *Fig.* De nos jours. V. **Base**. *Jeter, poser les fondements d'un empire, d'une religion ...*, en commencer l'établissement (Cf. Carte, cit. 16). *Saper les fondements de l'État* (Cf. Évanouir, cit. 15). *Fondements sur lesquels s'établit* (cit. 36) *un pouvoir.* V. **Assiette, assise.** *Ébranler le monde jusque dans ses fondements* (Cf. Angulaire, cit. 2). *Le dictionnaire* (cit. 10) *de Littré, fondement des monuments futurs.*

II. (Généralt. au sing.). *Log.* Ce sur quoi repose un certain ordre ou un certain ensemble de connaissances.

|| **1°** Ce qui détermine l'assentiment légitime de l'esprit ; le point d'appui, le fait justificatif d'une croyance, d'une réalité ou d'une opération humaine. *Société artificielle* (cit. 22) *qui n'a pas de fondement dans la nature. La loi a pour fondement l'assentiment* (cit. 4) *du plus grand nombre. Le fondement de la justice et des institutions humaines selon Pascal* (Cf. Équité, cit. 15; et « Pensées », V, *passim*). *Faits observables, vérités d'évidence qui sont le fondement de la science, de la morale ...* V. **Condition.** *Fondement sûr, solide, vrai, indubitable ... Opinion, bruit sans fondement* (Cf. Auteur, cit. 21), *dénué* (cit. 3) *de tout fondement, qui a peu de fondement* (Cf. Avidement, cit. 2). V. **Consistance** (sans), **vain.** *Sa plainte n'est pas sans fondement.* V. **Raison, sujet.** *Voilà l'unique fondement de son animosité.* V. **Cause, motif, source.**

1 « Or les lois se maintiennent en crédit, non parce qu'elles sont justes, mais parce qu'elles sont lois. C'est le fondement mystique de leur autorité ; elles n'en ont point d'autres. » MONTAIGNE, **Essais**, III, XIII.

2 « Ceux qui ont peine à croire en cherchent un sujet en ce que les Juifs ne croient pas... et voudraient quasi qu'ils crussent, afin de n'être point arrêtés par l'exemple de leur refus. Mais c'est leur refus même qui est le fondement de notre créance. » PASC., **Pens.**, XII, 745.

3 « ...je vous écris cette lettre ... pour vous dire ... de vouloir bien me répondre avec cette charité qui fait le fondement de toutes mes importunités ; » SÉV., **1396**, déc. 1694.

4 « Il y a donc un bon et un mauvais goût, et l'on dispute des goûts avec fondement. » LA BRUY., **I**, 10.

5 « C'est là le fondement du vrai savoir. Les propositions de ce vrai savoir ne doivent être que des formules d'actes : Faites ceci, faites cela. » VALÉRY, **Variété III**, p. 165.

6 « ... et concevoir apparemment des espoirs chimériques, ou éprouver des craintes sans fondement... » CAMUS, **La peste**, p. 202.

|| **2°** Point de départ logique, idée ou système d'idées le plus simple et le plus général d'où l'on peut déduire un ensemble de connaissances. V. **Principe.** *Le fondement de la morale*, le principe suprême d'où se déduisent les vérités morales particulières, dans un système éthique. *La valeur du plaisir est le fondement de la morale épicurienne ou hédoniste. Fondement de la métaphysique des mœurs*, ouvrage de Kant. *Problème du fondement de l'induction*.*

objet d'une thèse célèbre de Lachelier. *L'Être absolu* (cit. 14), *dernier fondement des vérités absolues. Propositions qui sont le fondement des mathématiques* (Cf. Base, cit 9). *La liberté de conscience est le fondement des autres libertés.* V. **Origine.**

7 « ...lorsqu'on donne la religion pour fondement à la morale, on se représente un ensemble de conceptions, relatives à Dieu et au monde, dont l'acceptation aurait pour conséquence la pratique du bien. » BERGSON, **Deux sources mor. et relig.**, p. 101.

III. (XIIIᵉ s.). *Fam.* V. **Anus, cul*, derrière ...**

8 « Parfois elles étaient si dures, les nouvelles selles merveilleuses, qu'elle en éprouvait un mal affreux au fondement... Des déchirements. » CÉLINE, **Voyage au bout de la nuit**, p. 347.

DER. — Cf. Fondamental.

FONDER. *v. tr.* (XIIᵉ s.; lat. *fundare*, rad. *fundus*. V. **Fond**). Pourvoir d'une fondation ou d'un fondement. — REM. Le sens matériel (I) implique à la fois l'idée d'une assise et l'idée d'un commencement ; l'idée de commencement domine au sens II, celle d'assise aux sens III et IV.

I. *Arch.* Établir sur des fondations tout ouvrage dont on entreprend la construction. *Fonder une maison sur le roc. Fonder un pont sur le bon sol, sur le sol dragué. Piles fondées sur pieux en bois.*

1 « Non, repris le jeune monsieur de Soulas, il fonde le kiosque sur un massif en béton pour qu'il n'y ait pas d'humidité. » BALZ., **A. Savarus**, Œuv., t. I, p. 774.

— *Par métaph. Fonder sur le roc, sur le sable.* V. **Bâtir** (*supra* cit. 6).

2 « Je fondais sur le sable et je semais sur l'onde. » LAMART., **Harm.**, Pour le premier jour de l'année.

3 « Sur trois grandes saisons m'établissant avec honneur, j'augure bien du sol où j'ai fondé ma loi. » SAINT-JOHN PERSE, **Anabase**, I, Œuv. poét., I.

II. *Par ext.* Prendre l'initiative de construire (une ville). d'édifier (une œuvre quelconque) en faisant les premiers travaux d'établissement. V. **Créer.** *Romulus, selon la tradition, a fondé Rome en 753 av. J.-C. Fonder un empire* (V. **Bâtir, édifier** ; Cf. Arme, cit. 20 ; auguste, cit. 1), *une colonie* (cit. 5), *un régime* (Cf. Argile, cit. 8), *l'unité d'une nation* (Cf. Athénien, cit. 1), *une église* (cit. 1). *Fonder une école* (V. **Ouvrir** ; Cf. Exercer, cit. 10), *une entreprise* (Cf. Cas, cit. 7; espérer, cit. 21). *Fonder un ordre religieux* (V. **Instituer**), *des jeux* (V. **Instaurer**), *un parti* (V. **Former**), *une commission* (V. **Ériger**), *une société* (V. **Constituer**).

4 « ...mais les autres, plus sages,
Dans quelque plaine, ou dessus les rivages
Le long d'un port des villes fonderont,
Et de leur nom ces villes nommeront. » RONSARD, **Sec. liv. poèmes**, Isles fortunées.

5 « (*Le czar*) aspirait à plus qu'à détruire des villes ; il en fondait une alors peu loin de Narva même, au milieu de ses nouvelles conquêtes ; c'était la ville de Pétersbourg ... lui-même traça le plan de la ville, de la forteresse, du port, des quais qui l'embellissent, et des forts qui en défendent l'entrée. » VOLT., **Charles XII**, III.

6 « Sous un régime capitaliste ... l'homme le plus utile ... c'est l'homme capable de fonder et de gérer une entreprise, l'auteur de l'immense développement matériel des temps actuels. » CHARDONNE, **Amour du prochain**, p. 19E

— *Fonder une science* (Cf. Eugénique, cit. 1), *un système* (Cf. Fatalisme, cit. 1), *une école littéraire...*

7 « Je suis propre à semer, mais non pas à bâtir et à fonder. » JOUBERT, **Pens.**, Titre prélim., L'aut. peint p. lui-m.

8 « ...celui (*Babeuf*) qui a fondé dans notre pays, non pas seulement la doctrine socialiste, mais surtout la politique socialiste. » J. JAURÈS, **Hist. soc. Révol. franç.**, t. VIII, p. 179.

— *Avec un nom abstrait pour sujet* (Cf. Exalter, cit. 16).

9 « (*Saint-Just*) reconnaissait en même temps que la vertu, dont il faisait religion, n'avait d'autre récompense que l'histoire et le présent, et qu'elle devait, à tout prix, fonder son propre règne. » CAMUS, **Homme révolté**, p. 161.

— *Spécialt. Dr.* V. **Fondation.** *Fonder un lit dans un hôpital, un prix, une messe...*

10 « Son écrit disait donc qu'au cas où il ne reviendrait pas, il nous laissait cet argent et ces diamants, à la charge de fonder des messes pour remercier Dieu de son évasion et pour son salut. » BALZ., **Autre étude de femme**, Œuv., t. III, p. 254.

III. Établir sur une base déterminée (le point d'appui étant spécialement désigné). V. **Baser, et** (au passif) **reposer.** *Fonder son pouvoir sur la force. Institutions fondées sur la centralisation* (cit.). *Église* (cit. 8) *fondée sur l'autorité divine. La famille romaine était fondée sur la puissance paternelle.* « *Les distinctions sociales ne peuvent être fondées que sur l'utilité commune* » (Cf. Égal, cit. 13). *Fonder la société sur un devoir.* V. **Élever** (cit. 35). *C'est sur la réussite de Napoléon que fut fondée la grandeur de ses frères.* V. **Enter.**

11 « La puissance des rois est fondée sur la raison et sur la folie du peuple. et bien plus sur la folie. » PASC., **Pens.**, V, 330.

12 « On peut fonder des empires glorieux sur le crime, et de nobles religions sur l'imposture. » BAUDEL., **Journ. int.**, Mon cœur mis à nu. XI

13   « Car il n'y a point de puissance capable de fonder l'ordre sur la seule contrainte des corps par les corps. »
VALÉRY in MAUROIS, Ét. littér., t. I. p. 42.

— *C'est là-dessus, sur ce fait, sur ces raisons... qu'il fonde ses prétentions, ses espoirs, ses préventions* (Cf. Apparent, cit. 3), *son opinion, ses craintes ... Récit, histoire fondés sur des documents* (Cf. Authentique, cit. 12; évangile, cit. 5; éthique, cit. 5 ; envenimer, cit. 2). *Fonder une démonstration, des concepts sur l'expérience* (cit. 9 et 31), *une morale sur un principe* (Cf. Conséquence, cit. 7; éthique, cit. 6), *un raisonnement sur l'analogie...*

14   « Puis-je sur ton récit fonder quelque assurance, »
RAC., Brit., III, 6.

15   « ...que les règles sur lesquelles les hommes fondent leurs opinions ne sont tirées que de leurs passions ou de leurs préjugés, qui en sont l'ouvrage ; »
ROUSS., Rêver., VIII° promen

16   « ...je n'avais que des présomptions, fondées sur des raisonnements invérifiés, et invérifiables. »
BOURGET, Un divorce, p. 70.

17   « Sans cesse, l'esprit d'un homme fonde une immense espérance sur le cœur des autres hommes ; mais sans leur donner du sien. »
SUARÈS, Trois hommes, Ibsen, II.

— Vx. *Fonder en ...*, *fonder sur*. On dit encore : *fonder en raison*, c'est-à-dire sur une raison, sur des raisons. *Fondé en pratique, fondé en droit.*

18   « Notre religion est sage et folle. Sage, parce qu'elle est la plus savante, et la plus fondée en miracles, prophéties, etc. »
PASC., Pens., VIII, 588.

— Quelqu'un étant la base. V. **Mettre** (en quelqu'un). *Je fonde de grands espoirs sur lui. Fidèle qui fonde sur Dieu sa confiance.*

19   « Mon fils, dit la souris, ce doucet est un chat,

L'autre animal, tout au contraire,... . . . .
Servira quelque jour, peut-être, à nos repas.
Quant au chat, c'est sur nous qu'il fonde sa cuisine. »
LA FONT., Fab., VI, 5.

20   « Mais cette évidence tire l'individu de sa solitude. Elle est un lieu commun qui fonde sur tous les hommes la première valeur. Je me révolte, donc nous sommes. »
CAMUS, Homme révolté, p. 36.

— *Absolt.* Faire fond sur. V. **Compter, tabler.**

21   « Quand je songe à ces années de nos commencements, j'admire la candeur avec laquelle nous fondions, du moins en rêve, sur la vigilance des mécènes... »
DUHAM., Temps de la recherche, p. 31.

IV. Pourvoir d'un fondement rationnel (le point d'appui étant soit désigné par le sujet, soit non exprimé, du fait du sens fort pris par le verbe). V. **Justifier, motiver.**

‖ 1° Le fondement étant le sujet lui-même. *Cet ouvrage a fondé sa réputation. Voilà ce qui fonde la réclamation. Cet usage ne saurait fonder un droit.*

22   « ...voilà ce qui doit justifier mes craintes et fonder votre tranquillité. »
SÉV., 803, 1ᵉʳ mai 1680.

23   « Ainsi, on conçoit un temps où la force fonde réellement le règne de la raison, sans avoir besoin de recourir à l'imposture, l'imposture n'étant que l'arme des faibles, un succédané de la force. »
RENAN, Dial. philos., III, Œuv., t. I, p. 615.

‖ 2° Au passif (la chose ayant reçu son fondement). *Une opinion, une critique, une confiance ... bien ou mal fondée. Tradition parfaitement fondée.* V. **Certain.** *L'espoir le mieux fondé ... Une théorie assez mal fondée.* V. **Échafauder.** *Une inquiétude trop bien fondée.* Substantivt. *Le bien-fondé d'une requête.* V. **Bien-fondé.** Absolt. *Un reproche, un bruit fondé. Vos soupçons ne sont pas du tout fondés. C'est une interprétation qui me paraît fondée.* V. **Juste, légitime, probant, raisonnable, valable...**

24   « ...cette nouvelle ne me parait pas fondée. »
SÉV., 1209, 24 août 1689.

25   « ...toutes ces opinions sont très saines, et qu'ainsi, toutes ces vanités étant très bien fondées, le peuple n'est pas si vain qu'on dit. »
PASC., Pens., V, 328.

26   « Toutes les idées acceptées unanimement par eux sont celles qui caressent leur répondent à leurs espérances, les idées consolantes ; et il importe peu qu'elles soient fondées ou non. »
FRANCE, Vie en fleur, XXVIII.

‖ 3° Au passif (la personne disposant d'un fondement). *Être fondé à croire, à prétendre* (Cf. Caractériser, cit. 1), *à faire ..., avoir de bonnes raisons pour ...* V. **Droit** (être en droit de), **titre** (à juste). Vx. *Être fondé de réclamer...*

27   « Je suis bien fondé, dit le prévôt, à demander la rétribution sans me trouver à l'office : il y a vingt années entières que je suis en possession de dormir les nuits ; »
LA BRUY., XIV, 26.

28   « ... en toute sorte que qui ... ne s'en tiendrait qu'à ce discours serait fondé à ignorer que... »
HENRIOT, Romantiques, p. 144.

— *Spécialt.* Dr. *Être fondé de pouvoir*, de procuration*,* et substantivt. *Un fondé de pouvoir* (Cf. Aveu, cit. 28), *de procuration* (Cf. Comparaître, cit. 3).

‖ SE FONDER. ‖ 1° Réfl. *Se fonder au bon sol, en terrain noyé, sur pieux ... — Fig.* V. **Appuyer** (s'). *Historien qui se fonde sur des documents, sur une tradition. Juge qui se fonde sur un précédent. Je me fonde sur ce que le fait s'est déjà produit. Sur quoi vous fondez-vous pour affirmer... ?*

29   « Et il (Descartes) allègue, se fondant sur l'expérience que nous avons des choses, que tout n'est peut-être que rêve. »
VALÉRY, Variété V, p. 230.

‖ 2° *Par ext.* Être fondé. *Raisonnement qui ne se fonde pas sur des faits* (Cf. A priori, cit. 2). *Sur quoi se fonde l'estime* (cit. 3). *Certitude qui se fonde sur des preuves.*

30   « La morale élève un tribunal plus haut et plus redoutable que celui des lois ... elle ne se fonde pas sur l'estime publique, qu'on peut surprendre, mais sur notre propre estime, qui ne nous trompe jamais. »
RIVAROL, Notes, pens. et max., t. II, p. 64.

31   « L'art de sacrifices qu'est la littérature n'a pu se fonder chez lui que sur une habitude des sacrifices. » THIBAUDET, G. Flaub., p. 71.

‖ FONDÉ, ÉE. *p. p.* et *adj.* V. *supra*, IV, 2°.

ANT. — Abolir, anéantir, démolir, détruire, renverser, ruiner. — (de *fondé*, adj.). Absurde, boiteux, chimérique, erroné, faux, fragile, gratuit, spécieux ...

DER. — Cf. Fondateur, fondation, fondement.

FONDERIE. *n. f.* (*Fondrie* en 1373; de *fondre*).

‖ 1° Art et industrie de la fabrication des objets en métal fondu et coulé dans des moules. V. **Fonte.** *Les origines de la fonderie remontent à la plus lointaine antiquité. Les opérations de la fonderie.*

1   « Quand elle est destinée à la fonderie qui, en France ... absorbe environ le dixième de la production totale, la fonte liquide est coulée dans des moules pour la fabrication d'objets divers. »
FERRY et CHATEL, L'acier, p. 12 (éd. P.U.F.).

‖ 2° Usine où l'on fond le minerai pour en extraire le métal. V. **Métallurgie, sidérurgie ; aciérie, forge, fourneau** (haut fourneau) ; **acier, fer, fonte.** *Fontes préparées dans une fonderie.*

— *Spécialt.* Atelier où l'on coule* du métal en fusion pour fabriquer certains objets. *Fonderie de fonte, de fer, d'acier, de cuivre, de métaux légers. Fonderie d'art. Fonderie industrielle. Fonderie de bronze, de canons* (V. **Canonnerie**), *de cloches, de statues, de caractères d'imprimerie. Partie de la fonderie réservée aux moules.* V. **Sablerie.** *Matériel utilisé dans une fonderie.* V. **Casse, cubilot, fourneau, gueuse, moule ; évent, potée.** *Opérations successives dans une fonderie.* V. **Modelage, moulage, enterrage, fusion** (du métal), **coulage** (ou coulée), **démoulage, ébarbage.** *Masselottes*, soufflures* de certaines pièces de fonderie.*

2   « Un résultat indirect de l'emploi du coke est la suppression des moulages en première fusion et la création de fonderies qui, utilisant le cubilot, étaient indépendantes du haut fourneau. Ainsi, vers la fin du XVIIIᵉ siècle, se créèrent les fonderies de fonte, ce qui n'empêche pas les moulages en première fusion de subsister durant le XIXᵉ siècle. » L. GUILLET, Étapes de la métall., p. 37 (éd. P.U.F.).

— *Par anal. Fonderie de cire, de suif.*

FONDEUR. *n. m.* (1260; de *fondre*). Celui qui dirige une fonderie (Cf. Maître* de forges). — Ouvrier travaillant dans une fonderie, et *spécialt.* Ouvrier des hauts fourneaux qui donne issue à la fonte en fusion. *Fondeurs de canons, de statues de bronze. Diapason* des fondeurs de cloches. Fondeurs sur métaux. Fondeur en caractères d'imprimerie. Équerre* (V. **Biveau**), *pince* (V. **Happe**) *de fondeurs.* Adjectivt. *Maître fondeur ; ouvrier fondeur.*

« *item*, dit David, cinq milliers de livres de caractères, provenant de la fonderie de monsieur Vaflard... A ce nom, l'élève des Didot ne put s'empêcher de sourire. — Ris, ris ! Après douze ans, les caractères sont encore neufs: Voilà ce que j'appelle un fondeur ! »
BALZ., Illus. perdues, Œuv., t. IV, p. 473.

DER. — Fondeuse. *n. f. Technol.* Nom de machines employées en fonderie.

FONDOIR. *n. m.* (1680 ; « creuset » au XIIIᵉ s.; de *fondre*). Endroit où les bouchers et les charcutiers fondent les suifs, les graisses.

FONDOUK. *n. m.* (*Fondic, fondique* au XVIᵉ s.; arabe *fondok*, magasin). Dans les pays arabes, emplacement où se tient le marché, entrepôt où l'on entasse toutes sortes de marchandises, auberge*. V. **Caravansérail.**

1   « Quant à nous, nous avons pris pour cette nuit nos logements dans le *fondouk.* Y sommes-nous plus abrités qu'en plein air ? Ce serait à essayer, si je l'osais. »
FROMENTIN, Été dans le Sahara, p. 100 (Cf. Caravansérail, cit. 1)

2   « Toute cette fin d'après-midi, j'ai cherché le fondouk ... Mais bien que le temps ne soit pas loin où l'on trafiquait des esclaves, personne n'a pu ou n'a voulu me dire où se faisait la criée. Et qu'importe d'ailleurs ? Ces fondouks se ressemblent tous ; et celui qui vit passer les inoubliables captifs devait être en tous points pareil au caravansérail, où, fatigué de ma recherche infructueuse, je m'arrêtai pour prendre un verre de thé sur la natte du caouadji. C'était jeudi, jour de marché. La grande cour, entourée d'arcades, foisonnait de bêtes et de gens. »
J. et J. THARAUD, Rabat, VI.

FONDRE. *v. tr.* et *intr.* (XIIᵉ s.); lat. *fundere*, propremt. « répandre, faire couler »).

i. *V. tr.* ‖ 1° Rendre liquide (un corps plus ou moins solide) par l'action de la chaleur. V. **Liquéfier.** *Corps que l'on fond aisément* (V. **Fusible**), *difficilement* (V. **Infusible, réfractaire**). *Fondre du beurre, de la cire. Le soleil a fondu la neige. — Fig. et fam. Fondre la glace** (Cf. Ardeur, cit. 19). — *Fondre un métal, du minerai.* V. **Fonte ; fonderie, forge.** *Fondre de l'argenterie pour en faire des lingots. Fondre un alliage pour séparer les métaux.* V. **Liquation.** *Fondre de la silice pour en faire du verre.* V. **Vitrifier.**

1 « ... il faut, pour fondre le verre, un feu très violent dont le degré est si éloigné des degrés de chaleur que reçoit le verre dans nos expériences sur le refroidissement, qu'il ne peut influencer sur ceux-ci. » BUFF., Introd. hist. minér., II, Œuv., t. IX, p. 164.

   — *Par métaph. :*

2 « La volupté même, cette chaîne de diamant qui lie tous les êtres, ce feu dévorant qui fond les rochers et les métaux de l'âme et les fait retomber en pleurs, comme le feu matériel fait fondre le fer et le granit, toute-puissante qu'elle est, n'a jamais pu me dompter ou m'attendrir. » GAUTIER, Mᶦᶦᵉ de Maupin, III.

   — *Fig.* V. **Attendrir, diminuer, effacer.**

3 « ... je ne sais quoi de divin semblait fondre son cœur au dedans de lui. » FÉN., Télém., XIV.

4 « ... soudain ces bonnes paroles, qui semblaient lui tomber du ciel, venaient fondre sa dureté. » BARRÈS, Colline inspirée, III.

   — *Par ext.* Fabriquer certains objets avec une matière fondue à cet effet. V. **Jeter** (en moule), **mouler.** *Fondre une cloche, un canon* (Cf. Capitulation, cit. 1), *une statue.* « *Le boulet* (cit. 2) *qui me tuera n'est pas encore fondu* ». — *Fondre des caractères d'imprimerie.*

   ‖ 2° **Dissoudre*** (une substance) dans un liquide. *Fondre du sucre dans de l'eau pour faire un sirop. Fondre du sel.*

   — *Fig.* Combiner* ensemble deux ou plusieurs choses de manière qu'elles ne forment plus qu'un tout... V. **Amalgamer, fusionner, grouper, incorporer, refondre, réunir.** *Fondre un ouvrage dans, avec un autre. Fondre plusieurs paragraphes en un seul, deux lois en une ...*

5 « ... on y avait fondu (dans ces lois) les anciens règlements faits par le sénat, le peuple et les censeurs. » MONTESQ., Espr. des lois, XXIII, 21.

6 « Malibran, aussi grande tragédienne que grande cantatrice, la grâce, l'audace, l'originalité, la poésie, le génie fondus ensemble dans une organisation passionnée... » GAUTIER, Portr. contemp., p. 450.

7 « ... un romancier qui fond ensemble divers éléments empruntés à la réalité pour créer un personnage imaginaire. » PROUST, Recher. t. p., t. XIII, p. 183.

   — Spécialt. *Peint.* Joindre (des couleurs, des tons) en graduant les nuances, en ménageant le passage de l'une à l'autre. V. **Adoucir, dégrader** (2), **mélanger, mêler, unir.**

8 « ... non seulement la nature a réuni sur le plumage du paon toutes les couleurs du ciel et de la terre pour en faire le chef-d'œuvre de sa magnificence, elle les a encore mêlées, assorties, nuancées, fondues de son inimitable pinceau... » BUFF., Paon, Œuv., t. V, p. 389.

9 « La tête du jeune homme de gauche, dans le *Concert* de Giorgione est d'une substance merveilleuse. Tous les tons y sont fondus, fusionnés, pour une couleur neuve, inconnue, unique à chaque endroit de la toile... » GIDE, Journ., 16 déc. 1895.

   II. *V. intr.* ‖ 1° Entrer en fusion, passer à l'état liquide par l'effet de la chaleur, en parlant d'un corps solide. V. **Liquéfier** (se). *Température de fusion à laquelle fond un corps. Faire fondre du beurre, de la cire. Bougie* (cit. 2) *qui fond en grésillant.* V. **Brûler.** *Faire fondre la glace*.* V. **Déglacer.** *La neige commence à fondre. Le fer fond à 1510 degrés ; le fluor à — 233 degrés. Corps réfractaire qui ne fond qu'à de très hautes températures.* — Électr. *Fusible qui interrompt le circuit en fondant.*

10 « Le givre fondait et l'herbe mouillée brillait comme humectée de rosée. » ALAIN-FOURNIER, Grd Meaulnes, p. 96.

   — Par hyperb. *Fondre en pleurs, en larmes, en eau :* répandre beaucoup de larmes (Cf. Amoureusement, cit. 1). *Fondre en sueur, en eau* (vieilli), ou absolt. *Fondre :* avoir très chaud et suer abondamment. — *Le ciel fond en eau* (vieilli) : il pleut à verse.

11 « Elle fondit en pleurs aussitôt, en prévoyant la cruelle réprimande qui l'attendait au logis. » BALZ., Pierrette, Œuv., t. III, p. 703.

   — V. **Maigrir.** *Le malade fond à vue d'œil. Elle a bien fondu* (Cf. Épaissir, cit. 4).

12 « ... cette idée de votre maigreur... de ce visage fondu... voilà ce que mon cœur ne peut soutenir. » SÉV., 612, 11 juin 1677.

   — *Fig.* Diminuer rapidement. V. **Disparaître.** *Brumes qui s'amincissent* (cit. 3) *et fondent.* V. **Dissiper** (se). *L'argent lui fond dans les mains* (Cf. Couler des doigts). *Richesses qui fondent plus vite qu'on ne les amasse. Campagne meurtrière où fond une armée.*

13 « Voyait, l'un après l'autre, en cet horrible gouffre,
  Fondre ces régiments de granit et d'acier,
  Comme fond une cire au souffle d'un brasier. » HUGO, Châtim., V, Expiation, II.

   — *Un seul regard a fait fondre sa résolution* (Cf. Enjôleur, cit. 2). *Ressentiment qui fond peu à peu.*

14 « ... toute son angoisse et sa fatigue avaient fondu dans le sommeil. » MART. du G., Thib., t. III, p. 203.

   ‖ 2° Se dissoudre* dans un liquide. *Laisser fondre le sucre dans son café. Délayer* du lait en poudre pour le faire fondre. Comprimé soluble qui fond dans l'eau.* V. **Désagréger** (se). *Sel déliquescent* qui fond à l'humidité.* — Technol. *Faire fondre les couleurs incorporées au verre en fusion pour obtenir une teinte uniforme.* V. **Parfondre.** — Méd. *Tumeur qui fond progressivement.* V. **Résorber** (se), **résoudre** (se).

15 « ... la succession est un fait incontestable, même dans le monde matériel... Si je veux me préparer un verre d'eau sucrée, j'ai beau faire, je dois attendre que le sucre fonde... le temps que j'ai à attendre... coïncide avec mon impatience, c'est-à-dire avec une certaine portion de ma durée à moi... » BERGSON, Évolution créatrice, p. 9.

   — *Par anal. Un fruit, un petit four ... qui fond dans la bouche,* qu'on n'a pas besoin de mâcher.

16 « C'était une galette aux pommes de terre, chaude et dorée, dont la croûte était tendre parce qu'ils n'avaient plus beaucoup de dents et dont la miette, pleine de beurre, fondait dans la bouche et y ruisselait. » Ch.-L. PHILIPPE, Père Perdrix, I, II.

   ‖ 3° *Vx.* En anc. fr. et jusqu'au XVIIIᵉ s., par attraction d'effondrer. V. **Abîmer** (s'), **disparaître, écrouler** (s'). Cf. Appui, cit. 15.

17 « On dirige sa vue en haut, mais on s'appuie sur le sable : et la terre fondra, et on tombera en regardant le ciel. » PASC., Pens., VII, 488.

   — *Par ext.* (XIVᵉ s., T. de faucon., vulgarisé au XVIᵉ s.). S'abattre avec impétuosité, avec violence sur quelqu'un ou quelque chose. V. **Abattre** (s'), cit. 2, **assaillir, attaquer, jeter** (se), **lancer** (se), **précipiter** (se), **tomber.** *Aigle* (cit. 2), *épervier qui descend* (cit. 1) *et fond sur sa proie. Les projectiles fondent sur eux comme la grêle* (Cf. Armer, cit. 9; coup, cit. 7; faucher, cit. 5). *Les policiers fondirent sur le voleur.* V. **Courir, foncer.** Absolt. *L'orage fondit tout à coup.*

18 « Cette redoutable cavalerie qu'on voit fondre sur l'ennemi avec la vitesse d'un aigle. » BOSS., Anne de Gonz.

19 « ... les deux compagnies... fondirent sur la longue colonne de la cavalerie ennemie comme deux vautours sur les flancs d'un serpent, et, faisant une large et sanglante trouée, passèrent au travers... » VIGNY, Cinq-Mars, X.

20 « ... le vieux vigneron, épouvanté déjà par les progrès de la maison Cointet, fondit de Marsac sur la place du Mûrier avec la rapidité du corbeau qui a flairé les cadavres d'un champ de bataille. » BALZ., Illus. perdues, Œuv., t. IV, p. 479.

   — *Fig. Tous les maux ont fondu sur lui à la fois* (Cf. Calamité, cit. 2).

21 « Vous n'entendrez partout qu'injurieux brocards
  Et sur vous et sur lui fondre de toutes parts. » BOIL., Épit., X.

22 « Sans les malheurs qui fondirent bientôt sur moi, j'aurais graduellement perdu mes bonnes qualités... » BALZ., Méd. de camp., Œuv., t. VIII, p. 483.

23 « Alors, les offres de service, les assurances d'amitié, les protestations de dévouement viennent fondre de toutes parts sur Raoul, qui n'a rien entendu des exclamations précédentes, et ne sait à quoi attribuer les obséquieux hommages dont on l'accable. » GAUTIER, Souvenirs de théâtre..., p. 75.

24 « L'événement n'approche pas avec la lenteur des limaces : il fond, il tombe du ciel, il est semblable au vautour. Il m'aveugle et me défigure. » DUHAM., Salavin, Journ., 15 oct.

   ‖ SE FONDRE. Rem. génér. L'usage actuel tend à substituer, dans le cas d'un sujet isolé, la forme intrans. à la forme pronom.

   ‖ 1° V. **Liquéfier** (se). *La cire* (cit. 5) *se fond au feu. Métal qui se fond facilement* (Cf. Écouler, cit. 2). *Minéraux, laves qui se fondent à la chaleur.* V. **Vitrifier** (se).

   — *Par hyperb.* (Vx.). Cf. *supra.*

25 « Pleurez, pleurez, mes yeux, et fondez-vous en eau !
  La moitié de ma vie a mis l'autre au tombeau. » CORN., Cid, III, 3.

   — Devenir tendre, sans force, sans résistance. V. **Mollir.** *Cœur qui se fond de pitié. Sa chair se fondait de volupté* (Cf. Couteau, cit. 17).

26 « Les cœurs que l'on croyait de glace
  Se fondent tous à leur abord. » LA FONT., Joconde.

27 « Le cœur des mères se fond en douces caresses, en gâteries, en mille soins utiles et inutiles. » MICHELET, La femme, p. 447.

28 « ... nous nous embrassâmes, nos lèvres se rencontrèrent, et je sentis tout mon être se fondre de volupté. » FRANCE, Rôtiss. Reine Pédauque, Œuv., t. VIII, p. 103.

   ‖ 2° V. **Dissoudre** (se).

29 « Comme le fruit se fond en jouissance,
  Comme en délice il change son absence
  Dans une bouche où sa forme se meurt, » VALÉRY, Poés., Cimetière marin.

   — *Fig. Maison de commerce qui se fond dans, avec telle autre.* V. **Réunir, unir** (s'). *Courants marins qui se fondent.* V. **Confondre, mêler, rejoindre.** *Hommes différents se fondant en un type unique. Se côtoyer sans se fondre.* V. **Assimiler** (Cf. Cavalier, cit. 9). *Les étrangers se fondent rapidement dans le creuset américain.*

30 « Un brouillard lumineux flottait au delà, sur les toits ; tous les bruits se fondaient en un seul bourdonnement ; un vent léger soufflait. » FLAUB., Éduc. sentim., I. IV.

31 « ... les différences sociales, voire individuelles, se fondent à distance dans l'uniformité d'une époque. » PROUST, Rech. t. p., t. IX, p. 108.

32 « La France est un illustre exemple d'une telle composition. Sa terre, qui est aussi diverse comme le peuple qui l'habite, est « une » par l'heureux assemblage de sa diversité, comme est « une » la nation en laquelle tant de races sont venues se fondre au cours des âges. » VALÉRY, Reg. s. le monde act., p. 256

— En parlant des couleurs, des tons. *Teintes qui s'éteignent* (cit. 28) *et se fondent.*

33 « Les reflets sur ses bords (*de la cloche*) se fondaient mollement. Au fond tout était noir. » HUGO, Ch. crépusc., XXXII.

34 « Tout le reste de la tête, noyé et comme vaporisé dans une ombre bleuâtre qui ressemblait à la lueur d'un clair de lune allemand, se fondait s'évanouissait, s'idéalisait, comme le souvenir d'un rêve... » GAUTIER, Portr. contemp., p. 307.

— V. **Disparaître, dissiper** (se). *Cette fortune s'est fondue entre ses doigts.* V. **Réduire** (se). *Silhouette qui se fond dans la brume.* V. **Évanouir** (s'). *Se fondre dans la foule* (Cf. Atteinte, cit. 2). Fam. *Il s'est fondu ; il n'a pas pu se fondre,* en parlant de quelqu'un qui a brusquement disparu. *Rancune qui se fond dans un baiser* (Cf. Étreindre, cit. 10).

35 « A l'époque de la vie où chez les autres hommes les aspérités se fondent et les angles s'émoussent, le caractère du vieux gentilhomme était encore devenu plus agressif que par le passé. » BALZ., Lys dans la vallée, Œuv., t. VIII, p. 918.

‖ FONDU, UE (p.p.) *adj.* et *n.* V. à la nomenclature.

ANT. — Cailler, coaguler, condenser, congeler, figer, solidifier. Forger. Désunir. Détacher, diviser, séparer. Durcir. Croquer. Augmenter, multiplier, produire, renforcer. Grossir, fuir.

DER. — Fondant, fonderie, fondeur, fondoir, fondu, fondue, fonte, fontis. Cf. *aussi* Fusion.

COMP. — Morfondre, parfondre, refondre.

FONDRIÈRE. *n. f.* (1488 ; de *fondrier, adj.,* propremt. « qui s'effondre », de l'anc. fr. *fondrer,* formé comme *effondrer* sur le lat. *fundus.* V. **Fond**). Affaissement, trou plein d'eau ou de boue* dans un chemin* défoncé par les pluies. V. **Crevasse, ornière.** *Fondrières d'un chemin* (cit. 22), *d'un égout* (cit. 2). *La voiture a versé dans une fondrière* (ACAD.). *Les routes de ce pays ne sont que des fondrières.*

1 « ... le terrain devient plus accidenté, et il résulte de là une route encore plus abominable ; ce ne sont que fondrières et casse-cou. » GAUTIER, Voyage en Espagne, p. 100.

2 « ... l'averse a dû creuser des fondrières, sur la route. » VILLIERS DE L'ISLE-ADAM, Axel, II, 9.

FONDRILLES. *n. f. pl.* (XIVᵉ s. ; de *fond*). *Vx.* V. **Effondrilles.**

FONDS (*fon*). *n. m.* (V. **Fond.** La distinction entre *fond* et *fonds,* établie au XVIIᵉ s. par VAUGELAS, contestée par MÉNAGE, admise par FURETIÈRE, s'est finalement imposée, bien qu'au sens fig. elle ne soit pas toujours exactement observée par les écrivains. Cf. *infra,* III. V. à ce sujet BRUNOT, III, 232 et IV, 534).

I. Se dit des immeubles* ou de certains meubles* incorporels.

‖ **1º** Bien immeuble constitué par un domaine qu'on exploite ou un sol sur lequel on bâtit. *Fonds de terre.* V. **Propriété** (Cf. Bâtiment, cit. 8 ; estimation, cit. 4). *Bien-fonds.* V. à la nomencl., et **Foncier.** *Un bon fonds. Accroître son fonds* (Cf. Étendre, cit. 37). *Fonds dominant,* *servant*. *Fonds dotal,* sous régime dotal*. *Le fonds et le tréfonds* : le sol et le sous-sol. *Nue*-propriété, usufruit* d'un fonds.*

1 « Il lui fallait payer, payer toujours, pour sa vie, pour sa mort, pour ses contrats, ses troupeaux, son commerce, ses plaisirs. Il payait pour détourner sur son fonds l'eau pluviale des fossés, il payait pour la poussière des chemins. » ZOLA, La terre, I, V.

‖ **2º** Par ext. *Fonds de commerce,* ou absolt. *Fonds.* Universalité* juridique, constituée par l'ensemble des droits et des biens mobiliers (droit au bail, clientèle, achalandage, nom commercial, enseigne, brevets d'invention, marques de fabrique ou de commerce ... — éléments incorporels —, matériel, marchandises — éléments corporels —) appartenant à un commerçant ou à un industriel et lui permettant l'exercice de sa profession. V. **Boutique, débit, établissement, exploitation, magasin.** *Être propriétaire d'un fonds* (Cf. Exploitation, cit. 1). *Mutation, achat, vente d'un fonds de commerce. Billets* de fonds. Privilège, garanties du vendeur d'un fonds* (Cf. Enseigne, cit. 10). *Garanties des créanciers du vendeur d'un fonds.* V. **Opposition, surenchère.** *Vente* forcée d'un fonds. Nantissement* du fonds. Usufruit* d'un fonds. Gérance* des fonds de commerce. Marchand qui vend son fonds et se retire des affaires. Un fonds d'épicier, de bijoutier. Un fonds de librairie. Les livres du fonds,* édités par la librairie qui les vend (*p. oppos. aux* ouvrages d'autres éditeurs également en vente dans cette librairie).

2 « ... il avait épousé la fille d'un chapelier de la basse ville, dont le fonds était à reprendre, vu que le chapelier était tombé malade..., » ARAGON, Beaux quartiers, II.

II. Capital dont on dispose en vue de certaines fins.

‖ **1º** Capital placé, *p. oppos. aux* revenus *et aux* intérêts. *Ne pas entamer son fonds.* « *Manger son fonds avec son revenu* » (LA FONT., Épitaphe d'un paresseux). *Aliénation à fonds perdu.* V. **Aliénation, bail** (à nourriture. — Cf. Bail, cit. 7), **viager.** *Mettre, placer de l'argent à fonds perdu.* — Par plais. *Prêter à fonds perdu,* à un débiteur insolvable. *Compte de fonds et fruits,* distinguant, dans les éléments d'actif d'une liquidation, d'une succession ... ceux qui représentent un capital et ceux qui représentent des revenus.

3 « Il arrive ... jusques à donner en revenu à l'une de ses filles ... ce qu'il désirait lui-même d'avoir en fonds pour toute fortune pendant sa vie. » LA BRUY., VI, 27.

4 « Dès la fondation de la maison Leclercq (*banquier*), il dit à Rigou d'y mettre cinquante mille francs en les lui garantissant. Rigou devint un commanditaire d'autant plus important qu'il laissa ce fonds se grossir des intérêts accumulés. » BALZ., Les paysans, Œuv., t. VIII, p. 212.

— *Par métaph.,* le travail représentant le capital le plus sûr :

5 « Travaillez, prenez de la peine, C'est le fonds qui manque le moins. » LA FONT., Fab., V, 9.

— Spécialt. *Fonds publics, fonds d'État* (représentant le capital des sommes empruntées par un État). V. **Effets** (publics). Titres de créance productifs d'intérêts, soit émis par l'État (ou les départements, les communes, les établissements publics), soit garantis par l'État ou ses collectivités. *Rentes, obligations, bons du Trésor ... appartiennent aux fonds publics. Fonds consolidés.* V. **Consolidation, dette** (publique). Absolt. *Cotation des fonds en bourse. Les fonds ont monté, baissé. Fonds turcs, russes* (Cf. Cataplasme, cit. 3).

6 « ... l'ex-reine de théâtre, riche de vingt mille livres de rentes dans les fonds appelés les consolidés (tant la langue politique se prête à la plaisanterie),... » BALZ., Les paysans, Œuv., t. VIII, p. 95.

‖ **2º** Instrument de financement. *Posséder, prêter, emprunter, les fonds nécessaires à une entreprise. Faire, fournir les fonds* (Cf. Établir, cit. 1). *Bailleur* de fonds.* V. **Commanditaire** (Cf. Argument, cit. 7). *Chercher, trouver des fonds. Appel* de fonds. Une première mise* de fonds. Investir des fonds* (Cf. Dividende, cit. 1), *rentrer* dans ses fonds.* V. **Avances.** *Fonds social, d'une société*. Fonds de réserve*, de roulement*, d'amortissement*. Théorie du fonds des salaires*.*

— Affecté à une assurance*. *Fonds de garantie, de prévoyance, de majoration des rentes, de rééducation professionnelle, de solidarité des employeurs,* subsistant à titre transitoire pour tous les cas antérieurs à la loi sur la Sécurité Sociale. V. **Travail** (accidents du). *Caisse* alimentée par des fonds, administrant des fonds.* — A la disposition de l'État ou des collectivités publiques. *Fonds du Trésor, de la Banque de France. Fonds de la Guerre, de la Marine ... Fonds commun,* constitué par des prélèvements sur le produit de certains impôts d'État et destiné à des budgets locaux. *Fonds de non-valeurs*. Fonds de subvention*. Fonds libres,* momentanément sans emploi (dans les finances locales). *Fonds secrets*. Fonds de régularisation ou d'égalisation des changes,* constitué par des devises étrangères et permettant à l'État de peser sur le cours des devises. — *Fonds monétaire international,* destiné à faciliter les règlements internationaux et à stabiliser les changes.

7 « Il proposa d'organiser une vaste *taxe des pauvres,* des bureaux de secours et de travail, dont les premiers frais seraient faits par les établissements de charité, le reste par un impôt sur tous, et par un emprunt. » MICHELET, Hist. Révol. fr., II, IV.

8 « Justement, Hourdequin, fatigué, ayant à la tête de grands soucis, se désintéressait des séances, laissait agir son adjoint ; de telle sorte que le conseil, gagné par celui-ci, vota les fonds nécessaires à l'érection de la commune en paroisse. » ZOLA, La terre, IV, IV.

‖ **3º** *Par ext.* (Au plur.) Argent comptant et, en général, avoir en argent. *Manier des fonds considérables.* V. **Somme.** *Dépôts de fonds à une banque.* V. **Espèces.** *Virement, retrait, transfert de fonds. Mouvement de fonds.* V. **Caisse.** *Remettre des fonds à un banquier, à un notaire, à un client... Extorquer* (cit. 1) *des fonds. Détournement* de fonds. Je ne peux rien leur prêter, mes fonds sont en ce moment bien bas, en baisse ; je manque de fonds. C'est sa femme qui dispose des fonds* (Cf. Tenir les cordons de la bourse*). *Être en fonds.*

9 « ... il n'était pas en fonds ; il n'avait pas chez lui toute la somme. Il m'a dit de retourner ce soir. » LESAGE, Turcaret, IV, 1.

10 « Tirez quelques lettres de change sur le banquier de votre père, portez-les à son correspondant qui les escomptera sans doute, puis écrivez à votre famille d'en remettre les fonds chez ce banquier. » BALZ., Cabinet des antiques, Œuv., t. IV, p. 390.

III. *Fig.* Ressources de tout autre ordre que celui des biens matériels, propres à quelque chose ou personnelles à quelqu'un. *Il y a là un fonds très riche que les historiens devraient exploiter.* V. **Filon, mine ...** *Termes nouveaux qui enrichissent le fonds de la langue.* — Spécialt. *Manuscrits du fonds ancien à la Bibliothèque nationale. Le fonds « Un tel »,* les œuvres provenant de la collection de monsieur « Un tel » et léguées à une bibliothèque, un musée ... V. **Legs.**

11 « ... j'ai tenu à substituer au *Chasseur Vert* amélioré par Colomb celui de la copie originale ... Mais ... Force nous est donc, à l'endroit où la copie au net s'arrête, d'enchaîner avec le texte primitif. Celui-ci est renfermé dans cinq gros volumes reliés du fonds de la bibliothèque de Grenoble et classés sous la cote R. 301. » MARTINEAU (in STENDHAL, L. Leuwen, Préf., t. I, p. 722).

— *Il a un grand fonds de savoir, d'érudition. Auteur original qui tire son œuvre de son propre fonds, qui vit sur son propre fonds. Compilation où l'auteur n'a rien mis de son propre fonds.* V. **Cru.** *Il a un excellent fonds de santé, mais il en abuse.*

12 « Vous avez un fonds de santé admirable, des lèvres fraîches, un teint vermeil,... »
MOL., **Don Juan**, IV, 3.

13 « Mes mains sont toujours au même état ... mais je me sens un si grand fonds de patience pour supporter cette incommodité,... »
SÉV., **557**, 10 juill. 1676.

14 « La grande erreur de ceux qui étudient est ... de se fier trop à leurs livres, et de ne pas tirer assez de leur fonds, sans songer que de tous les sophistes, notre propre raison est presque toujours celui qui nous abuse le moins. »
ROUSS., **Julie**, 1° part., Lett. XII.

15 « Les premiers écrivains travaillaient sans modèle, et n'empruntaient rien que d'eux-mêmes ; ce qui fait qu'ils sont inégaux, et mêlés de mille endroits faibles, avec un génie tout divin. Ceux qui ont réussi après eux ont puisé dans leurs inventions, et par là sont plus soutenus : nul ne trouve tout dans son propre fonds. »
VAUVEN., **Max. et réflex.**, 331.

— REM. La confusion entre *fond* et *fonds*, au sens fig., est naturellement courante au XVIIe s., où l'on écrit souvent, par exemple, *faire fonds sur*. Mais, on la rencontre encore sous la plume d'écrivains modernes (Cf. cit. *infra*). Il serait souhaitable que, dans tous les cas où l'on veut exprimer l'idée d' « élément essentiel et permanent » on écrivît *fond*, et, au contraire, *fonds* lorsque prévaut l'image de « capital exploitable ».

16 « Comme il a un fonds de dignité et de probité dans son aigreur, il répugne à accepter les bienfaits de gens dont il sait à fond les travers, les vices, et dont il se plaît à noter, en observateur sanglant et impitoyable les corruptions et les platitudes. »
STE-BEUVE, **Caus. du lundi**, Chamfort, 22 sept. 1851.

17 « Il y a en nous un fonds d'humanité qui change moins qu'on ne croit. »
FRANCE, **Jardin d'Épicure**, p. 113.

ANT. — Intérêts, revenu.

DER. — V. Fond (dér.).

HOM. — Fond. Fonts. Formes de Faire et Fondre.

FONDU, UE. adj. et n. (*Fondue* en 1432, au sens de « fonte » ; p. p. de *fondre*).

‖ 1° Adj. Amené à l'état liquide. *Du plomb fondu. Statue de bronze fondu.* V. **Coulé, moulé.** *Neige fondue. Sucre fondu dans de l'eau.* V. **Dissous.** *Du sucre fondu, caramélisé. Fromage fondu.*

— *Par ext.* V. **Flou, vaporeux.** *Contours fondus.* — *Peint.* Qui passe par des tons gradués. *Des tons fondus.* V. **Dégradé** (Cf. Coloris, cit. 2). Substantivt. *Le fondu d'un tableau :* la dégradation progressive des teintes.

1 « ... cette femme chez qui les lignes et les couleurs avaient une légèreté, un *fondu*, un flottant de lueurs qu'on ne saurait rendre que par un mot intraduisible, le mot anglais *ethereal*. »
BARBEY d'AUREV., **Vieille maîtresse**, I, II.

2 « ... on ne les aperçoit qu'entourés d'une sorte de nimbe, qui est leur propre reflet dans l'épaisseur du plâtre, et il en résulte des effets adoucis, fondus. »
LOTI, **Jérusalem**, p. 93.

— *Pop.* V. **Détraqué, fou*.** *Il est un peu fondu.*

‖ 2° N. m. Ciném. *Ouverture, fermeture en fondu :* à l'origine, ouverture ou fermeture progressive de l'iris de la caméra, faisant apparaître ou disparaître l'image progressivement. *Fondu* se dit aujourd'hui des mêmes effets différemment obtenus. *Faire un fondu enchaîné :* faire disparaître progressivement une image tandis qu'une autre s'intensifie.

‖ 3° N. f. (1768). *Cuis.* Mets préparé avec du fromage de gruyère râpé qu'on fait fondre avec des œufs.

3 « La fondue est originaire de la Suisse. Ce n'est autre chose que des œufs brouillés au fromage, dans certaines proportions que le temps et l'expérience ont révélées ... C'est un mets sain, savoureux, appétissant, de prompte confection, et partant toujours prêt à faire face à l'arrivée de quelques convives inattendus. »
BRILLAT-SAVARIN, **Physiol. du goût**, t. II, p. 208.

FONGIBLE. adj. (1752 ; empr. au lat. *fungibilis*, « qui se consomme »). *Dr.* Se dit des choses qui se consomment par l'usage et doivent être remplacées par des choses de même nature, de même qualité, en même quantité, *par oppos. aux* choses non fongibles qui demeurent entières après l'usage, et se restituent en nature (Cf. Consomptible, cit.). *Le vin, le blé, l'argent comptant sont des choses fongibles.*

« Deux choses sont dites « fongibles entre elles », *quand l'une d'elles peut être remplacée par l'autre dans un paiement.* Elles ont *même valeur libératoire,* parce qu'il est indifférent au créancier de recevoir l'une plutôt que l'autre. Telles sont *deux pièces de monnaie,* de même poids et de même titre, ayant toutes deux cours légal pour une même valeur. »
PLANIOL, **Dr. civ.**, t. I., p. 737.

FONGUS (*fonguss*). n. m. (XVIe s. PARÉ ; empr. au lat. *fungus*, « champignon »). *Bot.* Champignon*, et *spécialt.* Champignon de mer.

« La muraille, par places, était couverte de fongus difformes,... »
HUGO, **Misér.**, V, II, IV.

— *Méd.* Tumeur* qui offre l'aspect d'une éponge ou d'un champignon. V. **Excroissance.** *Un fongus peut apparaître sur la peau*, sur une plaie*. Fongus ombilical des nouveau-nés. Fongus du pied, du testicule, de la dure-mère ... Fongus malin.* V. **Cancer.**

DER. — Fongicide. adj. (néol.). Se dit d'une substance propre à détruire les champignons parasites* comme le mildiou, l'oïdium, les moisissures ... — Fongicole. adj. (1839, BOISTE). Se dit des insectes qui vivent sur ou dans les champignons. — Fongiforme. adj. (1865, LITTRÉ). Qui a la forme d'un champignon. — Fongoïde. adj. (1757, ENCYCL., *fungoïde*). Bot. Qui ressemble à un champignon. Méd. Qui ressemble à un fongus. — Fongosité. n. f. (XVIe s.). Méd. Excroissance*, végétation charnue et molle qui se développe à la surface d'une plaie ou d'une cavité naturelle. — Fongueux, euse, adj. (XVIe s.). Méd. Qui présente l'aspect d'une éponge ou d'un champignon.

FONTAINE. n. f. (XIIe s. ; lat. vulg. *fontana*, dér. de *fons, fontis*, source).

‖ 1° Eau vive qui sort de terre et se répand à la surface du sol. *Bassin, bords, source d'une fontaine. Couler* comme une fontaine. Fontaine intermittente, jaillissante, pétrifiante. Fontaine de Jouvence :* fontaine fabuleuse dont les eaux avaient la propriété de rajeunir. *Aller à la fontaine,* aller puiser de l'eau. *L'eau limpide, pure, transparente ... des fontaines* (Cf. Bouillir, cit. 3 ; creux, cit. 24 ; cristal, cit. 10). *Capter et amener* (cit. 7) *une fontaine par un aqueduc. Fontaine tarie. Cresson* de fontaine.* — PROV. Il ne faut pas dire « *Fontaine je ne boirai pas de ton eau* » : il ne faut pas jurer qu'on ne fera pas telle chose, qu'on n'y recourra pas un jour.

1 « Je reviens encore ... à cette divine fontaine de Vaucluse. Quelle beauté ! Pétrarque avait bien raison d'en parler souvent ; »
SÉV., **179**, 28 juin 1671.

2 « Toutes les fontaines proviennent des eaux pluviales infiltrées et rassemblées sur la glaise. »
BUFF., **Min.**, t. I, p. 245.

3 « Ensuite je tournai vers le couchant, et je cherchai la fontaine du Mont-Chauvet. On a pratiqué, avec les grès dont tout cet endroit est couvert, un abri qui protège sa source contre le soleil et l'éboulement du sable, ainsi qu'un banc circulaire où l'on vient déjeuner en puisant de son eau. »
SENANCOUR, **Oberman**, t. II, XXII.

4 « ...pourquoi ai-je soif sans avoir de fontaine où m'étancher ? »
GAUTIER, **Mlle de Maupin**, II.

— *Par anal. Fontaines de vin, de lait. Fontaines de larmes* (Cf. Affliger, cit. 17 ; crouler, cit. 6). — *Fig.* V. **Principe, source.**

5 « Il y a en vous une source inépuisable de grâces, une fontaine toujours jaillissante de séductions irrésistibles : »
GAUTIER, **Mlle de Maupin**, XIII.

6 « ...la radio apparaît, pour l'homme de la multitude, comme une fontaine de divertissement, fontaine assez peu coûteuse et presque inépuisable. »
DUHAM., **Manuel du protest.**, VI.

‖ 2° Construction aménagée de façon à donner issue aux eaux amenées par canalisation, et généralement accompagnée d'un bassin. *Fontaine alimentée par un aqueduc* (cit. 2) *ou un château d'eau. Édifier une fontaine publique. Fontaine de marbre creusée en forme de vasque*, de coupe*, de barque.* V. **Navicelle.** *Corroyer* le bassin d'une fontaine. — Fontaine potable. Fontaine du village. Borne*-fontaine à un carrefour. — Fontaines monumentales,* servant d'ornement. *La fontaine des Innocents à Paris.* — *Fontaines lumineuses.*

7 « ... une fontaine en marbre magnifique,
Jaillissant par effort en un tuyau doré
Au milieu de la cour d'un Palais honoré... »
RONSARD, **Églogues**, Bergeries.

8 « Au centre de la place une vieille fontaine étale son ventre. A part la montagne de Lure et les arbres, c'est sûrement la plus ancienne chose de tout l'entour. Sa margelle est usée par le frottement des bridons ; du bassin rond émerge un pilier portant les canons de bronze. Quatre joufflus aux joues de marbre, la bouche arrondie autour des tuyaux, soufflent : et l'eau ne coule pas. Pourtant le bassin est plein d'eau claire ; sa richesse ruisselle sur les pavés, sa force a effondré le dallage, des prèles énormes ont jailli d'elle. Ah ! ce grand pilier qui émerge, vit, comme quelqu'un qui tremblerait sous un manteau. La source sue, tout au long de lui dans la mousse. Il n'y a de sec que les quatre masques de marbre qui regardent les maisons mortes. »
GIONO, **Colline**, p. 93.

— *Spécialt.* Récipient contenant de l'eau, muni d'un robinet et d'un petit bassin pour les usages domestiques. *Fontaine murale. Fontaines de grès, de cuivre. Fontaine à filtre. Fontaine sablée*.* — Phys. *Fontaine de Héron.*

9 « L'abbé de Gouvon m'avait fait présent ... d'une petite fontaine de Héron, fort jolie, et dont j'étais transporté. A force de faire jouer cette fontaine et de parler de notre voyage, nous pensâmes, le sage Bâcle et moi, que l'une pourrait bien servir à l'autre et le prolonger ... Nous devions, dans chaque village, assembler les paysans autour de notre fontaine ... Sans débourser que le vent de nos poumons, et l'eau de notre fontaine, elle pouvait nous défrayer en Piémont, en Savoie, en France. »
ROUSS., **Conf.**, III.

‖ 3° *Par anal.* Creux ménagé dans un coin du pétrin où l'on verse de l'eau pour délayer le levain et la farine. — Nom de la partie supérieure de la tête du cachalot qui contient le blanc* de baleine. — *Par ext.* V. **Fontanelle.**

10 « ...cette fontaine de la tête découverte me fait craindre pour les dents. »
SÉV., **152**, 4 avril 1671.

DER. — V. Fontanelle. — Fontenier ou fontainier. n. m. (1292). Celui qui fabriquait et vendait des fontaines de ménage. — Celui qui s'occupe de la pose, de l'entretien, des pompes, machines hydrauliques, conduites d'eau, etc. — Agent municipal chargé de l'entretien des fontaines publiques. — Celui qui fait des sondages pour découvrir les eaux souterraines utilisables.

FONTAINERIE. n. f. (LITTRÉ, Suppl.). Fabrique de fontaines. Métier du fontainier.

FONTANELLE. *n. f.* (XVIᵉ s., exutoire ; sens mod. dès le XVIᵉ s. (PARÉ) ; réfection, d'après le lat. médic. *fontanella*, de l'anc. fr. *fontenelle*, petite fontaine). Espace membraneux compris entre les os du crâne des jeunes enfants, qui ne s'ossifie que progressivement au cours de la croissance. *Les fontanelles sont au nombre de six et correspondent aux futures lignes de suture des os crâniens. Fontanelles médianes* (antérieure ou grande, et postérieure ou petite) *et latérales. La fermeture des fontanelles permet de juger du développement de l'enfant.*

« Après la naissance, l'ossification continue à se faire aux dépens de la couche moyenne. Les angles osseux s'avancent graduellement à la rencontre les uns des autres, diminuant ainsi progressivement l'aire des fontanelles. La grande fontanelle, qui est la dernière à disparaître, est entièrement formée d'ordinaire vers l'âge de deux à trois ans et, du même coup, la période fontanellaire est terminée. »
TESTUT, **Anat. hum.**, t. I, p. 221.

FONTANGE. *n. f.* (Vers 1680, SÉV. ; du nom de Mademoiselle de Fontanges, maîtresse de Louis XIV, qui, selon BUSSY-RABUTIN, fit un soir la première « fontange » en nouant ses cheveux d'un ruban qui retombait sur le front). Sorte de coiffure féminine, faite d'une monture en fil d'archal, qui supporte des ornements de toile séparés par des rubans et des boucles de cheveux postiches (Cf. Couture, cit. 3). *D'abord simple nœud, la fontange se surchargea d'ornements divers jusqu'à devenir cet édifice à plusieurs étages* (cit. 6) *dont se moque La Bruyère.*

1. FONTE. *n. f.* (antér. au XVᵉ s. ; lat. vulg. *fundita*, p.p. de *fundere*, fondre).

|| **1°** Action de fondre ou de se fondre*. *La fonte d'un morceau de glace.* « *Le printemps est, par suite de la fonte des neiges, une période de crues* » (DEMANGEON).

— *Métall.* Opération qui consiste à fondre les métaux par l'action de la chaleur. V. **Fusion, liquation.** *Fonte du fer, de l'acier dans une fonderie. Monnaies remises à la fonte.* V. **Refonte.**

— *Fig. Remettre à la fonte :* refaire complètement.

1 « Remettez, pour le mieux, ces deux vers à la fonte. »
LA FONT., **Fab.**, II, 1.

|| **2°** Alliage fer-carbone obtenu dans les hauts fourneaux* par le traitement des minerais de fer au moyen de coke métallurgique (fusion réductrice). *La fonte engendre l'acier par fusion oxydante* (affinage). V. **Métallurgie, sidérurgie.** *Fontes de moulage,* dites encore *fontes grises* ou *fontes entectiques,* relativement faciles à usiner, contenant de 3,5 à 6 % de carbone à l'état de graphite en paillettes, de densité 6,7, fondant vers 1200° et destinées à la fabrication des objets en fonte soit à la sortie du haut fourneau, soit après une seconde fusion en cubilot*. V. **Fonderie.** — *Fontes d'affinage,* dites encore *fontes blanches,* dures et cassantes, contenant de 2,5 à 3,5 % de carbone à l'état de carbure de fer (cémentite), de densité 7,4, fondant vers 1100°, se travaillant difficilement et ne pouvant être moulées ; elles sont destinées à la fabrication de l'acier et du fer. — *Fontes truitées* ou *rubanées,* mélange de fontes grises et blanches. *Petit trou dans une masse de fonte.* V. **Grumelure.** *Fontes spéciales,* qui contiennent de petites quantités de silicium, d'aluminium, de manganèse, de nickel, de chrome ... *Masse de fonte qui, à la sortie du creuset, est coulée dans les gueuses.* V. **Gueuse, lingot, saumon.** *Fonte maintenue à l'état liquide dans les mélangeurs*. Épuration de la fonte.* V. **Affinage, déphosphoration, finage, mazéage, puddlage.** *Convertissage de la fonte en acier.* V. **Convertisseur, forge.** *Fonte coulée dans des moules. Fonte bronzée* (V. **Bronzage**), *émaillée ... Une cocotte, un chaudron, une cuisinière, un poêle en fonte. Plaques d'égout en fonte. Tuyaux, chenets de fonte.*

2 « *La fonte.* Dans quelles circonstances fut-elle découverte ? Au début du XIIIᵉ siècle ... l'obtention régulière d'une température plus élevée et la carburation poussée plus activement donna la fonte que l'on vit couler, un jour, au bas du four. »
GUILLET, **Étapes de la métallurg.** p. 36 (éd. P.U.F.).

3 « La fonte et l'acier sont des composés de fer et de carbone avec quelques autres métaux ou métalloïdes. La teneur en carbone les différencie, la fonte renfermant en général plus de 2 % de carbone, l'acier moins de 2 %. Le fer industriel est le métal obtenu à l'état pâteux, tandis que l'acier est obtenu à l'état liquide. La fonte, bien que résistant particulièrement à la compression, se brise fréquemment sous l'influence d'un choc ou d'un effort trop élevé. Son point de fusion relativement bas lui assure un débouché important : la fabrication des pièces moulées. Sa facilité d'élaboration en fait surtout l'intermédiaire essentiel pour l'obtention de l'acier par affinage. »
FERRY et CHATEL, **L'acier**, p. 7 (éd. P.U.F.).

— REM. *Fonte* a désigné autrefois des alliages à base de cuivre. *Fonte verte,* le bronze.

|| **3°** Opération par laquelle on fabrique certains objets avec un métal en fusion que l'on coule dans des moules. V. **Moulage.** *La fonte d'un canon, d'une cloche, d'une statue. Jeter une statue en fonte La fonte des caractères* d'imprimerie. *Venu de fonte,* se dit des creux et des saillies dus au moule.

— Spécialt. *Imprim.* Ensemble de caractères d'un même type. *Une fonte de petit-romain, de garamond.*

— Par anal. *La fonte des bougies,* coulage de stéarine autour d'une mèche. — *Fonte d'un objet en matière plastique.*

|| **4°** *Par anal.* Mélange de laines de différentes couleurs qui doivent entrer dans un même tissu. Réunion de plusieurs peaux que le hongroyeur travaille ensemble.

2. FONTE. *n. f.* (1752 ; altér., par attract. de *fonte* I, de l'ital. *fonda,* « bourse » ; lat. *funda,* fronde, signifiant en bas lat. « petite bourse »). Chacun des deux fourreaux de cuir attachés à l'arçon* d'une selle pour y placer des pistolets.

« Ils auraient pu prendre aussi, quand j'y pense, ces quatre cents écus en or ou que monsieur le marquis, soit qu'il dît sans reproche, avait oubliés dans les fontes de ses pistolets. » VIGNY, **Cinq-Mars**, XI.

FONTIS ou **FONDIS**. *n. m.* (XIIIᵉ s. ; de *fondre,* au sens de s'affaisser). Éboulement de terre, affaissement du sol. *Fondis qui se produit dans une carrière, sous un édifice.*

« Qu'est-ce qu'un fontis ? C'est le sable mouvant des bords de la mer tout à coup rencontré sous terre ; c'est la grève du mont Saint-Michel dans un égout. » HUGO, **Misér.**, V, III, V.

FONTS. *n. m. pl.* (Vers 1100 *funz,* ROLAND ; lat. *fontes,* plur. de *fons,* fontaine, au sens spécial. du lat. eccl.). *Liturg.* « Bassin placé sur un socle et destiné à l'eau qui a été bénite pour l'administration du baptême » (LESAGE). *Fonts baptismaux* (cit. 2). V. **Baptistère.** *Tenir un enfant sur les fonts.* V. **Marraine, parrain.** *Bénédiction des fonts baptismaux le samedi saint et la vigile de la Pentecôte.*

FOOTBALL (*foutt-bôl*). *n. m.* (1698 dans un récit de voyage en Angleterre ; vulgarisé à la fin du XIXᵉ s. ; mot anglais, littéral. « balle au pied ». Abrév. popul. *foot,* « foutt ». Cf. Équipier, cit.). Sport d'équipe* (d'abord appelé *football-association,* du nom de la première ligue anglaise de football qui en fixa les règles en 1863, par oppos. au *football-rugby.* V. **Rugby**) qui se pratique avec des équipes de onze joueurs, où l'usage des mains est interdit, sauf aux gardiens de but, et où il faut faire pénétrer un ballon rond dans les buts* adverses. *Équipe de football composée de 5 avants*, 3 demis* (centre, gauche et droit), *2 arrières* et 1 gardien (de but)* ou *goal*, sous la direction d'un capitaine*. Dans les formations actuelles de football, on compte deux demis* (droit et gauche) *et trois arrières* (droit, centre et gauche). *Club, coupe, championnat, terrain de football. Joueur de football amateur*, professionnel*. Match* de football.* V. **Arbitre ; attaque, but, corner, mi-temps, prolongation ; descente, franc** (coup), **hors-jeu, passe, penalty, réparation, shoot, touche, volée ; bloquer, dégager, démarquer** (se), **dribbler, feinter, intercepter, marquer, plonger, shooter** ... *La Fédération Française de Football-Association* (3 F.A.). *Sports offrant des analogies avec le football :* hand-ball, hockey, moto-ball, polo, water-polo ...

1 « Il y a dix mois, Peyrony s'inscrivait à notre club et devenait équipier dans la troisième équipe « junior » de football : il a quatorze ans, il endosse le maillot, comme le jeune Romain la robe virile. Élève d'une de ces maisons d'éducation où il y a bien des professeurs de gymnastique, mais où l'idée ne vient à personne que le football puisse être enseigné lui aussi ... mon camarade jouait mal et sans goût. »
MONTHERLANT, **Olympiques**, p. 40.

2 « (Il) était joueur de football. Lui-même avait beaucoup pratiqué ce sport. On parla donc du championnat de France, de la valeur des équipes professionnelles anglaises et de la tactique en W. »
CAMUS, **La peste**, p. 165.

DER. — Footballeur ou Footballer (*foutt-bôleur*) *n. m.* (mot anglais). Joueur de football (Cf. Club, cit. 4).

FOOTING. *n. m.* (1895 ; mot anglais détourné de son sens « pied », « position », « fondement »). Promenade hygiénique à pied. *Il fait du footing chaque matin au bois de Boulogne.*

FOR. *n. m.* (XVIᵉ s. dans les régions méridionales, au sens de « coutumes locales » ; 1635 « for intérieur » ; du lat. *forum,* « place publique », puis « tribunal »). *Ancienut.* Juridiction, et *par ext.* Juridiction temporelle de l'Église.

— *For intérieur* (seul emploi vivant du mot, d'abord opposé à *for extérieur,* locution disparue de la langue et par laquelle on désignait en général l'autorité de la justice humaine). Sorte de tribunal* intime où la conscience* tiendrait la place du juge. *En mon for intérieur, j'ai été obligé de confesser* (cit. 12) *qu'il n'avait pas tort.*

1 « La conscience, le for intérieur (comme l'appelle l'université de Salamanque) est d'une autre espèce ; elle n'a rien de commun avec les lois de l'État. » VOLT., **Dict. philos.**, Aranda.

2 « Attentif autant qu'un prêteur à la petite semaine, ses yeux quittaient ses livres et ses renseignements pour pénétrer jusqu'au for intérieur des individus qu'il examinait avec la rapidité de vision par laquelle les avares expriment leurs inquiétudes. »
BALZ., **L'interdiction**, Œuv., t. III, p. 28.

3 « Comment veut-on que des hommes à qui l'on ordonne le meurtre et l'incendie gardent dans leur for intérieur une idée nette du droit et du devoir ? » FUSTEL de COUL., **Questions contemporaines**, p. 87.

4 « Nous pénétrons si mal, si peu avant, dans le for intérieur d'autrui. Il y a ce que l'on voit, ce que l'on entend. Tout l'intime demeure un mystère. » GIDE, **Ainsi soit-il**, p. 65.

DER. — **Foral, ale, aux.** *adj.* (1877 LITTRÉ, Suppl.). *Vieilli et région.* Qui concerne les droits et les privilèges (« fueros* » en espagnol) des provinces basques (Cf. *supra*, étym.).

HOM. — **Fors, fort** et formes de **Forer.**

1. FORAGE. *n. m.* (XIVᵉ s. ; de *forer*). Action de forer. *Forage d'un canon, d'un canon de fusil. Utilisation d'une perceuse pour le forage des pièces métalliques. Forage d'un puits* artésien. Forage d'un puits de section réduite à l'aide d'une sonde pour chercher une nappe de pétrole. Les prospecteurs ont effectué de nombreux forages.* V. **Sondage.** *Diamant utilisé pour le forage des roches dures.* V. **Carbonado.**

« La nappe d'eau, gisante à une assez grande profondeur souterraine, mais déjà tâtée par deux forages, est fournie par la couche de grès vert. »   HUGO, **Misér.**, V, II, VI.

2. FORAGE. *n. m.* (1221 ; du latin *forum*, « marché » V. **For**). *Féod.* Droit perçu par le seigneur sur la vente des vins.

FORAIN, AINE. *adj.* et *n.* (XIIᵉ s. « étranger » ; sens mod. « de foire » par l'interm. de « marchand forain ». Cf. cit. FURET. *infra* ; du bas lat. *foranus*, « étranger », dér. de *foris*, « dehors » ; l'étym. pop. a fait de *forain* un dér. de *foire*, d'où la forme *foirain*, XVᵉ s. et patois).

|| **1°** *Vx.* Qui est du dehors*, qui n'est pas du lieu. — REM. Ne s'est conservé que dans quelques expressions spéciales : Mar. *Rade foraine*, ouverte aux vents et aux vagues du large. — Dr. *Audience*, saisie* foraine. Viandes foraines,* ne provenant pas de l'abattoir de la commune. — *Marchand forain* :

1   « Il se dit particulièrement d'un marchand, non seulement de celui qui est d'un autre royaume, mais de tout autre qui n'est pas du lieu où il vient faire trafic. Ce mot vient de *foris* ou de *forum, qui vient du dehors,* ou qui fréquente les foires. »   FURET., **Dict.**, Forain.

2   « On appelle *marchand forain* un marchand étranger qui n'est pas du lieu où il vient faire son négoce. Marchand forain signifie aussi un marchand qui ne fréquente que les foires … »   ENCYCL., **Forain.**

|| **2°** Qui exerce son activité, qui a lieu dans les foires. *Marchand* ou *commerçant forain* ou substantivt. *Forain,* « qui, sans résidence fixe, s'installe sur les marchés et les foires de n'importe quelle localité de France » (DALLOZ). *Marchand forain dressant son étalage sur la voie publique.* V. **Étalagiste.** — *Fête* foraine,* qui a lieu dans un bourg généralement à l'occasion d'une foire. *Industriel forain,* ou substantivt. *Forain* : « celui qui organise les distractions et les satisfactions du public dans les foires, kermesses et les fêtes foraines à l'exception des spectacles forains (théâtres, music-halls, cirques, panoramas, musées » (DALLOZ). *Les roulottes, les manèges … des forains sont arrivés.* V. **Nomade, saltimbanque.** *Entrepreneur forain* (Cf. Butor, cit. 2). *Baraque foraine.* V. **Loge.** *Hercule* (Cf. Exhibition, cit. 3), *homme orchestre, bateleur … forain.*

3   « … une grande affiche jaune, probablement du spectacle forain de quelque kermesse, volait au vent. »   HUGO, **Misér.**, II, I, 1.

4   « Comme Lise et Françoise, après avoir tourné par la rue du Temple, longeaient l'église Saint-Georges, contre laquelle s'installaient les marchands forains, de la mercerie et de la quincaillerie, des déballages d'étoffes, elles eurent une exclamation. »   ZOLA, **La terre**, II, VI.

5   « Paris transformé le soir, avec les annonces lumineuses, en véritable fête foraine. »   LÉAUTAUD, **Propos d'un jour**, p. 69.

FORAMINÉ, ÉE. *adj.* (1865 ; dér. sav. du lat. *foramen*, « trou »). *Hist. nat.* Percé de petits trous, en parlant de certains coquillages et de certaines plantes.

FORAMINIFÈRES. *n. m. pl.* (1865 ; comp. sav. du lat. *foramen*, « trou », et du suff. *-fère*). *Zool.* Classe de protozoaires rhizopodes d'une petitesse microscopique dont la plupart sont enfermés dans une coquille percée de trous par où passent les pseudopodes servant à la locomotion et à la préhension. *Les dépôts boueux que l'on trouve au fond des mers chaudes sont formés par des agglomérations de coquilles de foraminifères.* V. **Globigérine.**

FORBAN. *n. m.* (1609 ; dér. de *forbannir*, « bannir, rejeter, reléguer » (disparu au XVIIᵉ s.), tiré du francique *firbannjan ; o* par confusion du préfixe francique *fir* (all. *ver*) avec la préposition *fors*). *Pirate** qui entreprend à son profit une expédition armée sur mer sans autorisation, ni commission*, ni lettre de marque* d'un souverain. V. **Corsaire** (Cf. Baleinier, cit. ; couver, cit. 10).

1   « Elle était la fille de M. Mével, un ancien Islandais, un peu forban, enrichi par des entreprises audacieuses sur mer. »   LOTI, **Pêch. d'Islande**, I, III.

— *Par ext.* Individu sans scrupules capable de tous les méfaits. *Ce financier est un forban.* V. **Bandit** (Cf. Décupler, cit. 1). *Forban littéraire.* V. **Plagiaire** (Cf. Écumeur).

2   « A la honte aguerris, ces forbans littéraires
Ont mis leur conscience aux gages des libraires. »
M.-J. CHÉNIER, **La calomnie.**

FORÇAGE. *n. m.* (XIIᵉ s. ; de *forcer**).

|| **1°** Action de forcer (une bête qu'on chasse, qu'on fait courir …).

|| **2°** *Hortic.* Culture des plantes à contre-saison, ou dans un milieu pour lequel elles ne sont pas faites. *Le forçage se pratique en préparant les sols et en maintenant une température appropriée, grâce aux couches, châssis, serres*, forceries*… Primeurs* obtenues par forçage.*

FORÇAT. *n. m.* (1533 ; ital. *forzato*, p.p. de *forzare*, « forcer »). *Autref.* Criminel condamné à ramer sur les galères* de l'État (V. **Galérien**) ou à travailler dans un bagne* (V. **Bagnard**). *Chaîne* (cit. 5), boulet, manille, costume de forçat. Ferrement des forçats. Travail du forçat* (V. **Fatigue**, cit. 14). *Argousin*, comite* qui surveillait les forçats* (V. **Chiourme**). *Jean Valjean, forçat au bagne de Toulon* (Cf. Évader, cit. 3). *Forçat libéré, ancien forçat.*

1   « Assiste-t-elle dans un de nos ports ces misérables forçats qui, dans leurs prisons flottantes, gémissent sous le travail de la rame et sous l'inhumanité d'un comite ? »   FLÉCH., **Duch. d'Aiguillon.**

2   « On introduisit Chenildieu, forçat à vie, comme l'indiquaient sa casaque rouge et son bonnet vert. »   HUGO, **Misér.**, I, VII, X.

3   « Les forçats étaient assis de côté …, adossés les uns aux autres, séparés par la chaîne commune, sur se développait dans la longueur du chariot, et sur l'extrémité de laquelle un argousin debout, fusil chargé, tenait le pied. On entendait bruire leur fers,… »   ID., **Dern. jour d'un condamné**, XIV (Cf. *aussi* Bagne, cit. 1).

— *Par ext.* Autrefois, Chrétien captif des Turcs, ou Turc captif des Chrétiens condamné à ramer sur des galères.

4   « Le sort, sans respecter ni son sang, ni sa gloire,
. . . .
Le fit être forçat aussitôt qu'il fut pris. »
LA FONT., **Contes**, Filles de Minée.

— *De nos jours,* Celui qui est condamné aux travaux forcés, qu'il soit transporté dans un bagne hors de la métropole, ou, depuis 1938, détenu dans les prisons de la métropole, dites maisons de force*. V. **Travail** (travaux forcés). Cf. Force, cit. 47.

5   « … les forçats, comme les réclusionnaires, sont internés dans une maison centrale de force et soumis, pendant la plus grande partie de leur peine, à un régime identique à celui de la réclusion ; isolement pendant la nuit, travail en commun le jour. »   DALLOZ, **Nouv. répert.**, Peine, sect. 3, n° 172.

— *Travailler comme un forçat,* travailler très dur, excessivement. *Un travail de forçat,* un labeur* pénible.

— *Fig.* Homme réduit à une condition très pénible. *Les forçats du travail, de la faim* (Cf. Debout, cit. 14).

FORCE. *n. f.* (XIIᵉ s. ; bas lat. *fortia*, plur. neutre substantivé de *fortis*. V. **Fort ; forcer**).

I. La FORCE, considérée comme attribut d'un individu.

|| **1°** Puissance d'action physique (d'un être, d'un organe, etc.) variant d'un individu à l'autre (constitution), et chez un même individu (âge, santé, effort fourni …). *Force physique ; force musculaire, force nerveuse.* V. **Résistance, robustesse, vigueur** (Cf. Cesser, cit. 6 ; aigle, cit. 1). *La force du lion*. Force de l'homme* (V. **Virilité**), *opposée à la fragilité de la femme. Force et beauté*. La force, principal attribut d'Hercule ; force herculéenne*. Force de colosse, d'athlète. Exercices de force. Force jointe à l'agilité, à l'adresse* (cit. 3). *Avoir de la force.* V. **Fort.** *Avoir de la force dans les jambes ,… dans les mains* (V. **Poigne**). *Ne plus avoir la force de marcher, de parler … Se hisser par la force, à la force des bras. Étrangler* (cit. 8) *quelqu'un à la force du poignet*. Être de force à soulever un meuble,* et fig. *Être de force à …* V. **Capable** (Cf. Courant, cit. 14). *Ne pas sentir sa force :* ne pas se rendre compte de la puissance de sa force. *Dominer quelqu'un par sa force. Lutter à forces égales, à égalité de forces. Jeter, lancer, pousser un objet avec force, de toutes ses forces* (Cf. Casquette, cit. 3). *Crier de toute la force de ses poumons* (Cf. À tue-tête). *Frapper quelqu'un de toutes ses forces* (Cf. À tour de bras ; comme une brute*). *Frotter de toutes ses forces* (Cf. fam. Y mettre de l'huile de bras, de coude).

1   « Patience et longueur de temps
Font plus que force ni que rage. »   LA FONT., **Fab.**, II, 11.

2   « … s'étant mis à crier de toute sa force … »
MOL., **Princ. d'Élide**, Interm., 1, 2 (J. de sc.).

3   « Je ne me soutiens plus : ma force m'abandonne. »
RAC., **Phèdre**, I, 3.

4   « … au dessert il n'avait déjà plus la force de tenir son verre … Enfin il tomba sous la table dans une ivresse telle, qu'elle doit au moins durer huit jours. »   LACLOS, **Liais. dang.**, Lett. XLVII.

5   « Et celui qui joindrait à la beauté suprême la force suprême, qui, sous la peau d'Antinoüs, aurait les muscles d'Hercule, que pourrait-il désirer de plus ? »   GAUTIER, **Mᶦᶦᵉ de Maupin**, V.

6   « Sa force, qui était prodigieuse, on le sait, et fort peu diminuée par l'âge, grâce à sa vie chaste et sobre, commençait pourtant à fléchir. »   HUGO, **Misér.**, V, III, IV.

7   « La dureté de la barbe s'allie à l'idée de force. »
ROMAINS, **H. de b. vol.**, t II, V, p. 70.

8   « … Carlotta s'était levée, l'écartant avec une force peu commune chez une femme … »   ARAGON, **Beaux quartiers**, p 431

9 « De sa main libre elle serrait la rampe avec tant de force que le bois grinçait sous sa paume ; »   GREEN, A. Mesurat, III, VI.

— REM. Au plur., *Forces* implique généralement un ensemble, un concours d'énergies particulières. *Rassembler, ramasser, recueillir ses forces. Ménager ses forces. Éprouver ses forces. Mettre ses forces à l'épreuve. User ses forces. Ce travail est au-dessus de ses forces ; passe, surpasse, excède* ses forces* (Cf. Bête, cit. 12). *Dépense, déperdition de forces* (Cf. Effort, cit. 4). *Perdre ses forces. Forces qui baissent, déclinent, diminuent, fléchissent. Climat qui enlève les forces.* V. **Affaiblir*, déprimer, étioler** ... *Forces languissantes** (Cf. Attachement, cit. 13). *Ses forces l'ont trahi. Être sans forces, sans force.* V. **Vie, vitalité,** *Être à bout des forces, de force* (Cf. Abandonner, cit. 13 et 14 ; déguster, cit. 3). *Reprendre des forces.* V. **Cœur** (Cf. Adversité, cit. 3 ; application, cit. 8). *Aliment qui redonne des forces.* V. **Fortifier, réconforter, remonter, soutenir, stimuler ; confortant, fortifiant, reconstituant.** *Soutenir les forces d'un malade.* V. **Sustenter.** *Le grand air lui rendit des forces.* V. **Vivifier.** *Réparer, refaire ses forces* (Cf. Fatiguer, cit. 2). *Retrouver, recouvrer ses forces.* V. **Revivre** (Cf. Antée, cit. 1). — *Forces vitales d'une personne* (vieilli), *d'un pays. Forces vives de la nation* (Cf. *infra,* IV)

10 « La belle saison ne me rendit pas mes forces, et je passai toute l'année 1758 dans un état de langueur qui me fit croire que je touchais à la fin de ma carrière. »   ROUSS., Conf., X.

11 « Chéri s'assit sur un banc, sans prendre garde que ses forces, mystérieusement délabrées depuis qu'il les dispersait en veilles, depuis qu'il négligeait d'assouplir et d'alimenter son corps, devenaient promptes à le trahir »   COLETTE, Fin de Chéri, p. 158.

— *La force de la jeunesse.* V. **Dynamisme, vitalité, vivacité.** *Être dans toute sa force, en pleine force,* au moment où l'organisme a atteint son plein développement (V. **Forme**). Dans le même sens, *Être dans la force de l'âge* (cit. 6). V. **Fleur.** *Un homme dans la force de l'âge* : un adulte, un homme mûr (V. **Maturité, plénitude ; sève**).

12 « J'ai perdu ma force et ma vie,
Et mes amis et ma gaieté ; »   (Cf. Fierté, cit. 5).
MUSS., Poés. nouv., Tristesse.

13 « Il est dans la force de l'âge. Il se livre à son humeur violente et sauvage, sans plus se soucier de rien, sans égards au monde, aux conventions, aux jugements des autres. Qu'a-t-il à craindre ou à ménager ? Plus d'amour et plus d'ambition. Sa force, voilà ce qui lui reste, la joie de sa force et le besoin d'en user, presque d'en abuser. »   R. ROLLAND, Beethoven, p. 37.

— *En force,* par oppos. à « en souplesse* ». *Courir, nager en force* (Cf. aussi *infra* II, 1°). — *Tour de force.* V. **Tour.** — *Épreuve de force. La lutte gréco-romaine, épreuve de force* (Cf. *infra,* III, 1°). — *Travailleur de force* : personne dont le métier exige une grande dépense de force physique. *Travail de force. Poignet* de force.* — Mar. *Manœuvre de force,* qui demande de grands efforts à l'équipage (mâtage, embarquement de chaloupes, etc.). *Par ext.* Mar. *Faire force* : exercer ou imposer l'effort maximum. V. **Forcer.** *Faire force de rames* : ramer de toutes ses forces pour aller le plus vite possible. *S'enfuir à force de rames. Faire force de voiles* : porter plus de voilure que ne le comporte le temps pour augmenter la vitesse de route » (GRUSS). Cf. Éloigner, cit. 11.

14 « Nous pûmes enfin, en faisant force de voiles, nous frayer un passage à travers les glaçons plus petits jusqu'à la mer libre. »   BAUDEL., Traduc. E. POE, Avent. G. Pym., XVII.

‖ **2°** *Par anal.* Capacité de l'esprit ; possibilités intellectuelles et morales. — Dans l'ordre intellectuel. *Le travail qu'il fait est au-dessus de ses forces* (Cf. Au-dessus de ses facultés*). *Il n'est pas de force à affronter X dans cette polémique. Esprit sans force.* V. **Consistance, profondeur.**

15 « Craignez d'un vain plaisir les trompeuses amorces,
Et consultez longtemps votre esprit et vos forces. »
BOIL., Art poét., I.

16 « ... talent rare, et qui passe les forces du commun des hommes ... »   LA BRUY., XV, 26.

17 « La philosophie n'est pas même la science des géomètres, qui, elle du moins, exerce la force de l'esprit, et en fait l'essai, sinon l'emploi. »   SUARÈS, Trois hommes, Pasc., II.

— *Spécialt.* Capacité donnée par l'expérience, l'apprentissage de quelque chose. V. **Habileté, mérite, talent.** *Esthéticien* (cit. 1) *de première force. Ces deux joueurs sont de la même force* (Cf. Commenter, cit. 1). *Par ext.* Se dit aussi des ouvrages de l'esprit (Cf. Qualité). *Dans l'œuvre immense de V. Hugo, tout n'est pas de même force.*

18 « — ... je suis enthousiasmée de l'air et des paroles.
— Je n'ai encore rien vu de cette force-là. »   MOL., Préc. rid., 9.

— En parlant des écoliers. V. **Niveau** (intellectuel). *Élèves de même force en sciences. Ce problème n'est pas de sa force* (Cf. À sa portée*). *Être de force à passer en 3e.* Par ext. *Cet élève est de la force de la 3e. Deux devoirs de même force* (V. **Difficulté**).

— Dans l'ordre moral. V. **Constance, courage, cran, détermination, énergie, fermeté, volonté.** *Force morale* (Cf. Ascétique, cit. 2) ; *force de caractère, de volonté* (Cf. Ascèse, cit. 2 ; caractère, cit. 56). *La force d'âme des héros*

cornéliens. *Avoir la force de prendre une décision pénible, de persévérer dans une entreprise difficile ... Cette épreuve est au-dessus de ses forces* (Cf. Achopper, cit. 4), *au-dessus des forces humaines. Redonner à quelqu'un la force de lutter* (V. **Affermir, encourager, retremper**). *Je n'ai pas eu la force de gronder, de refuser ...* V. **Cœur.** *Aimer* (cit. 1) *de toutes ses forces* (Cf. De toute son âme*). V. **Ardeur.**

19 « Si nous résistons à nos passions, c'est plus par leur faiblesse que par notre force. »   LA ROCHEF., Max., 122.

20 « Nous avons tous assez de force pour supporter les maux d'autrui. »   ID., Ibid., 19.

21 « Je n'ai pu de ma main te conduire au supplice ;
Je n'en eus pas la force ; »   VOLT., Orph., II, 1.

22 « Ma force à lutter s'use et se prodigue.
Jusqu'à mon repos, tout est un combat ;
Et, comme un coursier brisé de fatigue,
Mon courage éteint chancelle et s'abat. »
MUSS., Derniers vers (P. posth., p. 259).

23 « — Ah ! Seigneur ! donnez-moi la force et le courage
De contempler mon cœur et mon corps sans dégoût ! »
BAUDEL., Fl. du mal, Voy. à Cythère.

24 « ...elle me résistait avec une force de volonté qui voulait maîtriser la mienne, sans qu'une larme vînt dans ses yeux, ni un tremblement dans sa voix. »   LOTI, Aziyadé, III, XLIV.

25 « L'énergie des Thibault » ... Chez mon père, autorité, goût de domination ... Chez Jacques, impétuosité, rébellion ... Chez moi, opiniâtreté .. Et maintenant ? Cette force, que ce petit a dans le sang, quelle forme va-t-elle prendre ? »   MART. du G., Thib., t. IX, p. 86.

II. La FORCE, considérée par rapport aux êtres et aux choses en général.

‖ **1°** En parlant d'une personne, d'un groupe, d'une organisation. V. **Influence, pouvoir, puissance.** *La force de l'Église, d'un parti ... Les peuples font la force des régimes* (Cf. Faiblesse, cit. 12). *La force de l'État* (cit. 113). — Cf. aussi Émiettement, cit.). *Force militaire d'un pays. Force d'une armée. La discipline* (cit. 11) *fait la force principale des armées.* — PROV. *L'union* fait la force.*

26 « Sans doute, ceux qui franchirent ce pas se sentaient une grande force, mais cette force n'était nullement organisée ; le peuple n'était pas militaire, comme il l'est devenu plus tard. »
MICHELET, Hist. Révol. fr., I, III.

27 « ...elle avait la force devant qui les autres plient : le calme. »
R. ROLLAND, Le voy. intérieur, p. 92.

— (Avec une idée de supériorité). *L'esprit fait la force de l'homme.* V. **Valeur.** *C'est son calme qui fait sa force. Ses relations font sa force.*

28 « Moi, ce qui fait ma force, c'est que je fais tout moi-même : le texte, la musique, y compris l'accompagnement. »
ROMAINS, H. de b. vol., t. V, XXI, p. 167.

29 « Une des grandes forces de Lénine, ... était son aptitude à ne jamais se sentir prisonnier de ce qu'il avait prêché la veille comme vérité. »   BENDA, Trahis. des Clercs, p. 60.

— Spécialt. *La force d'une armée* : sa force numérique. V. **Importance.**

— EN FORCE. *Être en force, arriver, attaquer en force* : en nombre, avec des effectifs considérables. *L'ennemi se montre en force sur notre flanc gauche* (LITTRÉ).

— Au plur., *Les forces d'un prince, d'un pays :* l'ensemble de ses armées, son armement. V. **Armée, troupe** (Cf. Exposé, cit. 1). *Les forces armées françaises. Forces d'outremer. Forces de terre et de mer ; forces navales, aériennes. Regrouper, concentrer ses forces. Forces massées à la frontière. Écraser les forces ennemies* (Cf. Acculé, cit. 2).

30 « Alexandre, et sous lui, Barclay de Tolly, son ministre de la guerre dirigeait toutes ces forces ; elles étaient partagées en trois armées. »   SÉGUR, Hist. Nap., IV, I.

31 « Les « régulars » et les forces supplétives devaient se rassembler. »   MAC ORLAN, La Bandera, XIII.

— Par ext. *Antagonisme de deux forces. Les forces ouvrières.*

32 « ... il avait immédiatement aperçu quel parti l'Internationale pouvait tirer de ce trouble, pour rallier les forces d'opposition et faire progresser l'idée révolutionnaire. »   MART. du G., Thib., t. V, p. 138.

‖ **2°** En parlant d'une chose. — Résistance d'un objet. V. **Résistance, robustesse, solidité.** *Force d'un mur, d'une barre ... Force d'un lien* (Cf. Briser, cit. 18), *d'un tissu. Donner de la force, de la solidité.* V. **Consolider, renforcer.** Spécialt. *Jambe de force,* ou *force* : pièce de charpente qui sert, dans la ferme d'un comble, à soulager la portée des longues poutres (Cf. Canon, cit. 3).

— V. **Intensité.** *Pluie qui frappe les vitres avec force. La force du vent.* V. **Vitesse.** Par ext. *Force d'un coup, d'un choc* (Cf. Abattre, cit. 17 ; approcher, cit. 15.). *Force d'une détonation. Diminuer la force d'un son.* V. **Baisser.** *La force d'un acide. Force d'une boisson :* sa concentration ou son degré d'alcool. *Donner de la force à un vin.* V. **Corser.** *Atténuer, accentuer la force d'un effet, d'une réaction. Il s'écria avec force.*

— En parlant de choses abstraites. *La force d'un sentiment, d'un désir ..* son intensité. V. **Violence.** *Égoïsme* *qui prend de plus en plus de force avec l'âge. La force des passions.* V. **Courant** (cit. 13), **torrent.**

33 « Hélas ! que votre amour n'avait guère de force,
Et de si peu de chose on le peut voir mourir ! »
MOL., **Amphitryon**, II, 6.

34 « L'homme qui vit avec force n'a que faire des idées mortes, ce gibier de savant. » SUARÈS, **Trois hommes**, Ibsen, III.

35 « ...effrayée de découvrir qu'un muscle perd sa vigueur, un désir sa force, une douleur la trempe affilée de son tranchant ... »
COLETTE, **Naiss. du jour**, p. 6.

36 « Nous n'agirions jamais si nos sentiments devaient avoir à nos yeux un commencement et une fin ; c'est notre foi en leur éternité qui fait leur force éphémère ; » JALOUX, **Dern. jour création**, VII.

— *Force d'un mot.* V. **Sens, signification.** *Dans toute la force du mot, du terme :* dans l'acception la plus signifiante, la moins affaiblie. *Il est fou dans toute la force du terme.*

37 « George Allory, qui est, dans toute la force du terme, une vieille noix ; » ROMAINS, **H. de b. vol.**, t. III, XVIII, p. 248.

— *Force du style.* V. **Couleur, vie, vigueur** (Cf. Amplification, cit. 1). *S'exprimer avec force.* V. **Éloquence, feu, véhémence.** *Cela manque de force* (V. **Faible**).

38 « Je crois que le grand caractère du génie est avant tout la force, donc ce que je déteste le plus dans les arts, ce qui me crispe, c'est l'ingénieux, l'esprit. » FLAUB., **Corresp.**, t. II, p. 278.

— En T. de Peint. *Force du tracé, du dessin* ... se dit de formes tracées nettement, avec décision. V. **Vigueur.**

39 « Frappante figure, dont on ne pouvait oublier l'extrême et significative force de contour. » COLETTE, **Étoile Vesper**, p. 63.

— Typo. *Force de corps* d'un caractère :* distance totale occupée par la tige de la lettre dans le sens vertical de l'œil. — V. **Efficacité.** *Force d'une machine, d'un levier, d'un ressort.* V. **Puissance, rendement, travail.** *Force d'un médicament, d'un remède,* son pouvoir agissant* (Cf. Âpreté, cit. 5). V **Action, activité, effet, efficacité.** *Force d'un poison.*

— *La force d'une idée, d'une théorie, d'un système* ... Leur action, leur influence. V. **Importance, influence.** *La force de la beauté, de la vérité* ...

40 « Mais le vrai a une grande force quand il est libre ; le vrai dure ; le faux change sans cesse et tombe. »
RENAN, **Souv. d'enfance** ..., Préf.

41 « ... dans un endroit comme celui-ci, le mensonge a autant de force que la vérité. » GREEN, A. **Mesurat**, III, VIII.

— *Force d'un argument, d'une argumentation* (cit. 3), *d'une preuve, d'une démonstration* ... *Force probante** Leur pouvoir de persuasion. *Force de l'éloquence.*

42 « La force d'un raisonnement consiste dans une exposition claire des preuves mises dans tout leur jour, et une conclusion juste ; »
VOLT., **Dict. philos.**, Force.

III. Pouvoir de contrainte. ‖ 1° En parlant d'une personne, d'un groupe, d'une organisation. V. **Contrainte, oppression, violence.** *Employer la force, user de la force. Recourir alternativement à la force et à la douceur, à la ruse*, à la conciliation. Faire faire quelque chose par la force* (Cf. Éducation, cit. 1). *Faire force à quelqu'un* (Vx.). V. **Forcer.** *Avoir la force en main* (Vx.). *Opposer la force à la force. Résister à la force. Céder, obéir à la force. Maître imposé par la force.* V. **Oppression, tyrannie** (Cf. Exécrer, cit. 5). *Coup* de force.*

43 « (*Je sais*) que jamais par la force on n'entra dans un cœur, »
MOL., **Misanth.**, IV, 3.

44 « On accepte la violence parce que tous les grands changements sont basés sur la violence et l'on confère à la force une obscure vertu morale. » SARTRE, **Situations III**, p. 54.

— *La force et la justice, et le droit* (cit. 34). *La force prime le droit* (cit. 36) mot attribué à Bismarck, apologie de la force brutale au mépris de la légalité. — *Spécialt.* Pouvoir de contraindre donné par la supériorité militaire. *Situation de force. Politique de force, d'intimidation par la force.* V. **Pression.** *Épreuve de force* entre deux antagonistes, deux groupes adverses, tout espoir de conciliation étant écarté.

45 « Il est juste que ce qui est juste soit suivi, il est nécessaire que ce qui est le plus fort soit suivi. La justice sans la force est impuissante ; la force sans la justice est tyrannique. La justice sans force est contredite, parce qu'il y a toujours des méchants ; la force sans la justice est accusée. Il faut donc mettre ensemble la justice et la force ; et pour cela faire que ce qui est juste soit fort, ou que ce qui est fort soit juste. » PASC., **Pens.**, V, 298.

46 « ...en temps de paix armée, il est illusoire d'espérer que des gouvernements, convaincus de la primauté de la force sur le droit, et déjà dressés les uns contre les autres, et lancés à fond dans la course aux armements, puissent jamais s'entendre pour ... renoncer tous ensemble à leur folle tactique. » MART. du G., **Thib.**, t. IX, p. 171.

— *Maison centrale de force :* prison d'État où sont les condamnés aux travaux forcés et à la réclusion. V. **Forçat, prison*.**

47 « La peine des travaux forcés est subie dans une maison de force, avec obligation au travail et assujettissement à une épreuve d'isolement cellulaire de jour et de nuit.» DÉCRET du 17 juin 1938, Art. 1er (loi du 5 janv. 1951).

— *Camisole de force.* V. **Camisole** (cit. 3). *Collier* de force des chiens d'arrêt.*

— Par ext. *La force publique.* Ensemble des agents* armés d'un gouvernement, qui assurent par la force l'exécution des actes, et le maintien de l'ordre public. V. **Gendarmerie, police** (Cf. Contribution, cit. 1). *Les forces de police. Les forces de l'ordre. Recourir à la force pour disperser un attroupement* (cit. 2). *La force armée :* tout corps de troupes qui peut être requis pour faire exécuter la loi, maintenir l'ordre. *Faire appel à la force armée en cas de grève* (Cf. Extrême, cit. 13).

48 « La garantie des droits de l'homme et du citoyen nécessite une force publique ; cette force est donc instituée pour l'avantage de tous et non pour l'utilité particulière de ceux auxquels elle est confiée. » DÉCLAR. DR. HOM., Art. 12.

‖ 2° En parlant d'une chose à laquelle on ne saurait résister. *La force de l'évidence* (cit. 9) : devant laquelle on s'incline. *Force de l'exemple, de la raison* (Cf. Autorité, cit. 38). *Force de l'habitude* (Cf. Axe, cit. 2 ; décousu, cit. 4). *Faire quelque chose par la force de l'habitude :* automatiquement, machinalement. — *La force des choses :* la nécessité qui résulte d'une situation. V. **Nécessité, obligation.** *Il ne peut différer plus longtemps, il sera amené par la force des choses à prendre une décision.* V. **Nécessairement** (Cf. Acculer, cit. 5 ; briser, cit. 2).

49 « C'est précisément parce que la force des choses tend toujours à détruire l'égalité, que la force de la législation doit toujours tendre à la maintenir. » ROUSS., **Contrat social**, II, 11.

50 « ...par la force des choses ... on enterra pêle-mêle, les uns sur les autres, hommes et femmes, sans souci de la décence. »
CAMUS, **La peste**, p. 193.

— Dr. *Force majeure.* Événement qui n'a pu être prévu ni empêché, ni surmonté et qui libère le débiteur de son obligation. *Cas de force majeure* (Cf. aussi Cas fortuit*, et Censé, cit. 3). *L'incendie provoqué par la foudre, l'inondation, ... la guerre, cas de force majeure* (Cf. Avarie, cit. 5). — *Force exécutoire d'un acte.* V. **Exécutoire ; coercition, contrainte.** — *Force de chose* jugée :* qualité appartenant aux jugements quand les voies de recours produisant un effet suspensif sont épuisées ou lorsque le délai pour les former est expiré (Cf. aussi Autorité, cit. 30). — *Force d'une loi,* son caractère obligatoire. V. **Autorité** (Cf. Abroger, cit. 1). *Avoir force de loi :* être assimilable à une loi, en avoir le caractère obligatoire. *Décret, arrêté qui a force de loi* (Cf. aussi Comice, cit. 1). — *Force est demeurée à la loi,* se dit lorsque grâce aux autorités chargées de la faire respecter, la loi l'a emporté.

51 « ... il s'introduisit une coutume ayant force de loi ... de faire grâce de la corde à tout criminel condamné qui savait lire ; »
VOLT., **Dict. philos.**, Clerc.

‖ DE FORCE. *loc. adv.* En faisant effort pour surmonter une résistance. *Faire entrer de force une chose dans une autre. Prendre, enlever de force quelque chose à quelqu'un.* V. **Arracher, extorquer.** *Attacher quelqu'un de force. Prendre une femme de force.* V. **Violer.** — *Prendre une place de vive force.* V. **Assaut** (Cf. Emblée). *Il obéira de gré* ou de force :* qu'il le veuille ou non. V. **Forcer, violenter.**

52 « L'Assemblée nationale reçut une pétition de la mère d'une autre religieuse, que l'on retenait de force ; la supérieure et le directeur l'empêchaient de transmettre à la municipalité la déclaration qu'elle faisait de quitter son ordre.» MICHELET, **Hist. Rév. fr.**, IV, XI.

53 « — Je vais aller chercher vos filles, mon bon père Goriot, je vous les ramènerai.
— De force, de force ! Demandez la garde, la ligne, tout ! »
BALZ., **Le père Goriot**, Œuv., t. II, p. 1072.

‖ PAR FORCE. *loc. adv.* En recourant à la force ; en cédant à la force. *Prendre, obtenir quelque chose par force. Il n'a pas accepté de son plein gré, mais par force :* parce que les événements l'y contraignaient (Cf. Assuré, cit. 82 ; bois, cit. 18 ; faveur, cit. 19). — (ANT. **Bénévolement, volontairement**).

54 « Le mariage est une chaine où l'on ne doit jamais soumettre un cœur par force ; et si Monsieur est honnête homme, il ne doit point vouloir accepter une personne qui serait à lui par contrainte. »
MOL., **Malade imag.**, II, 6.

55 « A certains moments, on a un peu l'impression d'avoir à faire marcher par force des galériens ou des prisonniers de guerre. »
ROMAINS, **H. de b. vol.**, t. V, XXVII, p. 297.

‖ À TOUTE FORCE. *loc. adv.* En dépit de tous les obstacles, de toutes les résistances. V. **Absolument** (Cf. Malgré tout*, à tout prix*, par tous les moyens, coûte* que coûte). *Il voulait à toute force que nous l'accompagnions en voyage. Il faut à toute force obtenir ce laissez-passer* (Cf. aussi Approche, cit. 3). — *Vieilli.* A la rigueur.

56 « ... ceux qui voulaient à toute force qu'on travaillât pour eux. »
P.-L. COURIER, 9e **lettre au cens.** (in LITTRÉ).

‖ FORCE EST DE ... S'emploie pour exprimer la contrainte des événements, de la raison ... *Force était de prendre une décision,* il fallait* la prendre de toute nécessité, sans aucune échappatoire. *Force lui fut de se contenter de ce qu'il avait.* V. **Nécessité** (Cf. aussi Combat, cit. 12) ; échappement, cit. 2).

57 « ... ne fallait-il voir là qu'une suite fortuite d'événements, ou chercher entre eux quelque rapport ? Ni Casimir n'aurait su, ni l'abbé voulu m'en instruire. Force était d'attendre avril. Dès mon second jour de liberté, je partis. » GIDE, **Isabelle**, VII.

58 « Force lui fut de reconnaître que, ce soir, il avait opté pour le plus facile, et pris le chemin tout tracé. »
MART. du G., **Thib.**, t. III, p. 215.

IV. A. *Phys. mécan.* ǁ **1°** *Vieilli.* V. **Énergie, travail.**

59 « L'invention de tous ces engins n'est fondée que sur un seul principe, qui est que la même force, qui peut lever un poids, par exemple, de 100 livres à la hauteur de 2 pieds, en peut aussi lever un de 200 livres à la hauteur d'un pied ou de 400 à la hauteur d'un demi-pied, et ainsi des autres, si tant est qu'elle lui soit appliquée. »
DESCARTES, **Introduction à l'étude des théories de la mécanique**
(in BOUASSE, p. 70.).

60 « L'air, par exemple, condensé dans un récipient, fait un effort continuel pour se dilater, sans jamais rien perdre de sa force ; parce que les parois du récipient, ne pouvant céder, ne font que soutenir sa pression, sans affaiblir l'élasticité de l'air. »
J. BERNOUILLI, **Introduction à l'étude des théories de la mécanique**
(in BOUASSE, p. 257).

— REM. *Force* comme synonyme d'*énergie* n'est plus employé dans le langage scientifique (Cf. Ch. BRUNOLD, *L'évolution des sciences physiques et mathématiques*, p. 189). On le trouve cependant dans la langue littéraire.

61 « En moins d'un siècle, trois réserves de forces ont été décelées : la vapeur, l'électricité, l'énergie intra-atomique. Le champ des découvertes est loin d'être clos. » DANIEL-ROPS, **Le monde sans âme**, p. 70.

ǁ **2°** *De nos jours.* Toute cause capable de déformer un corps, ou d'en modifier le mouvement, la direction, la vitesse. *La mécanique* science de l'équilibre des forces* (V. **Statique**) *et des mouvements qu'elles engendrent* (V. **Dynamique**).

— *Force créant une déformation dans un corps. Représentation vectorielle d'une force* (direction, sens, point d'application, intensité). *Force d'adhésion* (cit. 1), *de pression, force cohésive. Théorème du parallélogramme* des forces. Décomposition d'une force en ses composantes. Résultante* de deux forces. Forces parallèles de sens différent et de même intensité.* V. **Couple** (Cf. *Isodynamique*). *Équilibre des forces. Force d'inertie*, résistance qu'oppose un mobile à ce qui peut le mettre en mouvement. *Moment* d'une force par rapport à un point*, produit de la force par la distance du point à la force.

— *La notion de force en dynamique.* Dans l'équation fondamentale de la dynamique la force est le produit de la masse d'un corps par l'accélération que ce corps subit (F = m γ). *Force vive d'un corps*, produit de la masse d'un corps par le carré de sa vitesse (REM. Cette expression est parfois abusivement employée à la place de celle d'énergie cinétique*). *Force attractive* (V. **Attraction**), *répulsive ... Force centrifuge, centripète* (cit.). *Force de la pesanteur.* V. **Poids.** *L'erg*, unité de force dans le système C.G.S.* V. **Dyne, sthène.** — *Lignes de force d'un champ électrique, magnétique.* V. **Flux** (flux magnétique*). Spécialt. *Électr. Courant électrique*, et *particult.* courant électrique triphasé. *Faire installer la force chez soi ; appareils qui utilisent le courant force.*

62 « Un jour, en l'année 1666, Newton, retiré à la campagne, et voyant tomber des fruits d'un arbre, à ce que m'a conté sa nièce (Madame Conduit), se laissa aller à une méditation profonde sur la cause qui entraîne ainsi tous les corps dans une ligne qui, si elle était prolongée, passerait à peu près par le centre de la terre. Quelle est, se demandait-il à lui-même, cette force qui ne peut venir de tous ces tourbillons imaginaires démontrés si faux ? Elle agit sur tous les corps à proportion de leurs masses, et non de leurs surfaces ; elle agirait sur le fruit qui vient de tomber de cet arbre, fût-il élevé de 3000 toises, fût-il élevé de 10.000. Si cela est, cette force doit agir de l'endroit où est le globe de la lune jusqu'au centre de la terre ; s'il en est ainsi, ce pouvoir, quel qu'il soit, peut donc être le même que celui qui fait tendre les planètes vers le soleil, et que celui qui fait graviter les satellites de Jupiter sur Jupiter. » VOLT., **Élém. de phil. Newton**, III, III.

63 « C'est évidemment la force musculaire de l'homme et des animaux qui est à l'origine de la notion de force ; c'est à cette force musculaire que se rapportent les mots qui, dans les langues les plus anciennes, correspondent au mot « force » et à ses dérivés. Si deux hommes tiennent dans leurs mains les deux extrémités d'une corde et tirent chacun de son côté. c'est le plus fort qui l'emporte ... De nombreuses expériences suggèrent l'idée plus ou moins vague de l'addition des forces : si deux hommes tirent sur la même corde, ils l'emportent aisément sur un seul homme qui tire seul à l'autre extrémité ... En l'absence de toute force, le mouvement d'un corps continue, toujours dans la même direction et avec la même vitesse, c'est-à-dire rectiligne et uniforme ... Cette concordance (*des calculs et des expériences*) a certainement beaucoup contribué à créer chez les mécaniciens (*spécialistes des problèmes de mécanique* rationnelle*) la croyance en la réalité des forces, bien que ce soient, à certains égards, de pures abstractions dont on observe seulement les effets. »
É. BOREL, **Évol. de la mécan.**, pp. 13-66-85 (éd. Flammarion).

— *Fig. Équilibre, jeu de forces contraires dans la société* (Cf. Carnage, cit. 5). *Être écartelé* (cit. 5) *entre des forces contraires* (Cf. Contrepoids, cit. 3).

— *Lignes de force d'une œuvre graphique, d'un tableau ... les axes* qui ont servi à leur composition.*

— *Force d'inertie* d'une personne.*

— *Forces vives.* V. **Vif.**

B. *Philos.* Principe d'action, cause quelconque de mouvement, de changement.

64 « ... notre volonté est une force qui commande à toutes les autres forces lorsque nous les dirigeons avec intelligence. »
BUFFON. **Introd. hist. min.**, Des éléments, IIᵉ p., Œuv., t. IX, p. 66.

— REM. LALANDE (Dict. philos.) conseille d'éviter le mot *force* dans ce sens, comme étant « un des mots les plus vagues et les plus obscurs de la philosophie ».

— *Idées-forces* : opinions ou idées capables d'influencer l'évolution d'un individu, ou d'une nation, d'une époque. *Le principe des nationalités, l'une des idées-forces du XIXᵉ siècle.*

— *Dans le langage courant*, Principe d'action. *Les forces aveugles, mystérieuses, occultes de l'univers, de la nature* (Cf. Bienveillant, cit. 5 ; culture, cit. 21). *Les forces implacables du destin.* (Cf. Fatalisme, cit. 3). *Les forces du mal, des ténèbres. Forces obscures, irrésistibles, fatales ... qui poussent, entraînent quelqu'un.* V. **Impulsion** (Cf. Agitation, cit. 17 ; bouillonnement, cit. 2 ; étudier, cit. 4). *Être mû par une force* (Cf. Façon, cit. 29). *Forces émanant des êtres, des choses.* V. **Fluide** (cit. 9). *Aucune force au monde ne peut l'arrêter* (Cf. Accomplir, cit. 8). *La force du sang*, sorte d'attirance*, de lien*, que crée la consanguinité des êtres. V. **Parenté.**

65 « ... Je suis une force qui va !
Agent aveugle et sourd de mystères funèbres !
Une âme de malheur faite avec des ténèbres !
Où vais-je ? Je ne sais. Mais je me sens poussé
D'un souffle impétueux, d'un destin insensé. »
HUGO, **Hernani**, III, 4.

66 « Il y a je ne sais quelle *force cachée*, a dit Lucrèce (ce que d'autres avec Bossuet nommeront Providence), qui semble se plaire à briser les choses humaines, à faire manquer d'un coup l'appareil établi de la puissance, et à déjouer la pièce juste au moment où elle promettait de mieux aller. » STE-BEUVE, **Caus. du lundi**, 6 mai 1850.

67 « Il y a dans la prière une opération magique. La prière est une des grandes forces de la dynamique intellectuelle. »
BAUDEL., **Journ. intimes**, Fusées, XVII.

68 « ... je ne pus m'empêcher d'admirer la vigueur magnifique de la nature et l'irrésistible force qui pousse tout germe à se développer dans la vie. » FRANCE, **Crime S. Bonnard**, Œuv., t. II, p. 348.

69 « Chez nous, les idées sont des forces actives et dangereuses qu'il faut manier avec prudence. » MAUROIS, **Disc. Dr O'Grady**, XIII.

70 « Il était dans le juste et dans le vrai. Il avait pour lui la raison. les forces obscures de l'avenir. »
MART. du G., **Thib.**, t. VIII, p. 26.

71 « Le mouvement syndicaliste est la plus grande force d'aujourd'hui et de demain. C'est une force que je puis capter. »
ROMAINS, **H. de b. vol.**, t. V, p. 236.

72 « Elle avait la certitude que si elle ouvrait sa porte les forces hostiles déferleraient chez elle, s'empareraient d'elle et que ça serait fini une fois pour toutes. » CÉLINE, **Voyage au bout de la nuit**, p. 232.

— *Fig. C'est une force de la nature*, se dit d'une personne dotée d'une vitalité irrésistible qui évoque les éléments* de la nature.

73 « Monsieur, je vous aime et je vous admire, parce que vous êtes une des forces de la nature. » MICHELET, **Lett. à A. Dumas père.**

V. *Fig.* Quantité. ǁ FORCE suivi d'un nom, *adv. de quantité.*

74 « *Force* dans le sens de beaucoup, que Buffier trouvait vieilli, a peut-être été sauvé par le vers de La Fontaine : *j'ai dévoré* force moutons. Cette expression n'est cependant pas d'un grand usage. On dit *une quantité, un grand nombre, une foule.* »
BRUNOT, **Pens. et lang.**, p. 114.

— V. *aussi* **Bien, beaucoup.** *Manger force soupe* (Cf. Aboyer, cit. 3). *Salle arrangée* (cit. 9) *avec force tapisseries.*

75 « ... la renommée n'en dit pas force bien ... » MOL., **Don Juan**, III, 3.

76 « ... une ... fontaine monumentale qui forme épaulement, dédiée à l'empereur Charles-Quint, avec force devises, blasons, victoires, aigles impériales, médaillons mythologiques ... »
GAUTIER, **Voyage en Espagne**, p. 164.

77 « Les enfants sont toujours portés à aimer les soldats. Nous nous séparâmes à la porte avec force poignées de main ... »
DAUDET, **Pet. Chose**, I, V.

ǁ À FORCE. *adv.* (Vx) V. **Beaucoup, extrêmement, fort.**

78 « Ne vois-tu pas le sang, lequel dégoutte à force
Des Nymphes qui vivaient dessous la dure écorce ? »
RONSARD, **Élég.**, XXIV.

ǁ À FORCE DE. *loc. prép.* — Suivi d'un nom. Par beaucoup de ..., grâce à beaucoup de ... *À force de patience, il finira par réussir.* V. **Avec.** *À force de repos et de soins il recouvra la santé. Il s'attacha à force de bontés, de bienfaits. Se laisser corrompre à force de présents* (Cf. Apaiser, cit. 6). *Assassiner* (cit. 7) *les gens à force de nourriture. Économiser* (cit. 1) *de l'argent à force de privations* (Cf. *aussi* Arriver, cit. 39 ; art, cit. 52 ; atermoiement, cit. 2).

79 « A force de façons, il assomme le monde ; »
MOL., **Misanth.**, II, 4.

80 « A force de plaisirs notre bonheur s'abime. »
COCTEAU, **Poèm. choisis**, Dos d'ange.

— Suivi d'un verbe, exprime la répétition, l'intensité de l'action ou de l'état. *Il s'est cassé la voix à force de crier. À force de mentir, il perdra la confiance de tout le monde. À force de parler d'amour, on devient amoureux* (cit. 3). *À force de tirer sur la corde, elle casse. Vous êtes faible à force d'être bon.*

81 « Il a trouvé à force de chercher. » MAROT, **Chants div.**, XIII.

82 « Quels cheveux sans couleur, à force d'être blonds ! On dirait que le jour passe à travers. » STENDHAL, **Le rouge et le noir**, II, VIII.

83 « A force de prier Dieu, il lui vint un fils. »
FLAUB., **Lég. St Julien l'Hosp.**, I.

84 « A force de penser à Marthe, j'y pensai de moins en moins. Mon esprit agissait, comme nos yeux agissent avec le papier des murs de notre chambre. A force de le voir, ils ne le voient plus. »
RADIGUET, **Le diable au corps**, p. 51.

— *Ellipt.* À FORCE. *loc. adv.* (Fam.). *à force, il a fini par y arriver. Moi, à force, j'en ai assez* (Cf. À la longue, à la fin).

ANT. — **Adynamie, affaiblissement, asthénie, débilité, délicatesse, faiblesse, fatigue, fragilité, langueur. Apathie, inertie, lâcheté, mollesse, pusillanimité. — Impuissance, infériorité. Inefficacité. — Douceur, persuasion.**

DER. — V. **Forcer.**

HOM. — **Forces** (cisailles) ; formes de **Forcer.**

FORCEMENT. *n. m.* (1341 ; de *forcer*). Action de forcer. V. **Forçage.** *Le forcement d'un coffre, d'une serrure* ... V. **Effraction** (cit. 1). *Forcement d'un passage, d'un obstacle...* — Vx. V. **Viol.**

— *Lég. fin. Forcement en recettes* : « évaluation par excès d'une opération de recettes » (CAPITANT). — Se dit aussi de l'exercice du droit appartenant à l'Administration de faire payer à ses commis les recettes qu'ils ont négligé de percevoir.

FORCÉMENT. *adv.* (XIVe s. ; de *forcé, ée*, p. p. de *forcer*). *Vieilli.* Par force, par l'effet d'une contrainte. — REM. On dirait aujourd'hui, dans la phrase ci-dessous de Balzac, « *avec un sourire forcé* ».

1 « — Il n'y a pas de crime à être amoureux de sa femme, me répondit-elle en souriant forcément. » BALZ., **Honorine**, Œuv., t. II, p. 311.

— D'une manière nécessaire, par une conséquence inévitable. V. **Absolument, évidemment, fatalement, inévitablement, nécessairement, obligatoirement ; nécessité** (de toute nécessité). *Cela doit forcément se produire* (Cf. Banaliser, cit. 2), *se produira forcément* (Cf. Avance, cit. 24 ; avancer, cit. 9). *Débuts forcément arides* (cit. 10), *idée forcément confuse* (Cf. Analyse, cit. 6).

2 « — Et il faut que ça arrive, c'est fatal, comme ... un caillou qu'on a lancé en l'air et qui retombe, forcément ... » ZOLA, **La terre**, IV, V.

ANT. — **Librement, naturellement, spontanément, volontairement.** — **Éventuellement, peut-être, probablement.**

FORCENÉ, ÉE. *adj.* et *n.* (fém. *forsenede* au XIe s. ; p. p. de l'anc. verbe *forsener*, « être hors de sens, furieux », de *fors**, et *sen*, sens, raison).

|| 1° *Adj.* (Vieilli). Qui est hors de sens, qui perd la raison (sous l'empire de quelque passion ou émotion violente). V. **Fou.** *Forcené de douleur.*

1 « (La) perte de toute espérance ... rend forcené ... »
FÉN., **Télém.**, XVIII.

— V. **Déraisonnable, insensé.** *Une envie, un goût forcené* (Cf. Contraire, cit. 4).

2 « ... une politique de dilapidation forcenée des richesses naturelles du monde, sans aucun souci de ménager l'avenir,... »
SIEGFRIED, **Ame des peuples**, Conclus., I.

— Fou de colère ; qui manque une rage folle. V. **Furibond, furieux.** *Ville prise et saccagée par des envahisseurs forcenés. Conquérant forcené, cruel et brutal. Une crise de colère forcenée.*

3 « ... il continuait sa promenade forcenée d'un bout à l'autre du cabinet comme une bête fauve en sa cage, sans fatiguer sa rage impuissante. »
GAUTIER, **Cap. Fracasse**, XIV, t. II, p. 132.

— Emporté par une folle ardeur ; enragé, acharné. *Un chasseur forcené. Une activité* (Cf. Antipathique, cit. 3), *une imagination* (Cf. Cristalliser, cit. 1) *forcenée. Une résistance forcenée.* V. **Désespéré.** *Un partisan forcené de cette politique.* — Fanatique de. *Forcené des échecs* (cit. 14). V. **Passionné.**

4 « La terre exige un travail forcené de l'aube à la nuit. »
MAURIAC, **La province**, p. 31.

5 « Étude acharnée, forcenée, au piano. »
GIDE, **Journ.**, 28 sept. 1930.

6 « Elle éprouvait le besoin de changer de place ses jambes, toujours endolories par la galopade forcenée de la veille. »
MONTHERLANT, **Les jeunes filles**, p. 122.

|| 2° *N.* Personne en proie à une crise de folie furieuse. *On parvint à grand-peine à maîtriser le forcené. Crier, se débattre comme un forcené. Une bande de forcenés.* V. **Énergumène.**

7 « Des bandes de forcenés parcourent la ville en semant la terreur et le meurtre sur leur passage. » GAUTIER, **Souv. de théâtre...**, p. 93.

— *Par ext.* Personne dont la conduite, les propos semblent relever de la folie. *Les auditeurs applaudissaient à tout rompre ce forcené.*

8 « Qu'était-ce que ce Corse de vingt-six ans ... qui, ayant tout contre lui ... se ruait sur l'Europe coalisée, et gagnait absurdement des vic-

toires dans l'impossible ? D'où sortait ce forcené foudroyant qui, presque sans reprendre haleine, et avec le même jeu de combattants dans la main, pulvérisait l'une après l'autre les cinq armées de l'empereur d'Allemagne,... » HUGO, **Misér.**, II, I, XVI.

ANT. — **Raisonnable, sage, sain ; calme, modéré, prudent.**

FORCEPS (*for-seps'*). *n. m.* (1747; mot lat. *forceps*, pinces). *Chirurg.* Instrument en forme de pinces à branches séparables (*cuillers*) dont on se sert dans les accouchements difficiles. (V. **Fer**, II, *supra* cit. 13). *Le forceps est destiné à* « *saisir la tête du fœtus et à l'extraire rapidement quand la lenteur de l'accouchement met en péril la mère ou l'enfant* » (GARNIER). *Des forceps.*

« Cet instrument a été appelé longtemps *le tire-tête de Palfin*, du nom de cet auteur, chirurgien et lecteur d'anatomie à Gand ... On peut lire avec fruit l'histoire très détaillée des différents *forceps*, dans un traité de M. Levret, de l'Académie royale de chirurgie, intitulé *Observations sur les causes et les accidents de plusieurs accouchements laborieux*, Paris, 1747,... »
ENCYL. (DID.), **Forceps**.

FORCER (*il força, nous forçons*). *v. tr.* et *intr.* (XIIIe s. ; d'un lat. vulg. *fortiare*, de *fortia*. V. **Force**).

I. *V. tr.* || 1° Faire céder (quelque chose) par force. *Forcer une porte, un coffre.* V. **Briser, enfoncer, fracturer, ouvrir, rompre.** *Forcer une serrure.* V. **Crocheter.** *Forcer une clef, une fermeture* : les détériorer par une manœuvre violente de sorte qu'elles ne jouent plus. V. **Fausser, tordre.** — *Par anal. Forcer un muscle, une articulation* (ACAD.). V. **Claquer.**

1 « A peine le comte était-il expiré, que sa femme avait forcé tous les tiroirs et le secrétaire, autour d'elle le tapis était couvert de débris, quelques meubles et plusieurs portefeuilles avaient été brisés, tout portait l'empreinte de ses mains hardies. »
BALZ., **Gobseck**, Œuv., t. II, p. 666.

2 « Vous rossez mes valets ; vous forcez mes verrous ; »
MUSS., **Prem. poés.**, A quoi rêvent les j. filles.

— *T. d'Escr. Forcer le fer* : exercer une pression sur le fer de l'adversaire.

— *Forcer un passage, un retranchement, une ville.* V. **Emporter, prendre** (Cf. Estacade, cit.). *Forcer le blocus. Forcer l'entrée d'une place.*

3 « Ils forcent le poste, envahissent la salle, poussent la barrière, pressent les électeurs jusque sur leur bureau. »
MICHELET, **Hist. Révol. fr.**, I, VII.

4 « Seigneur, ils ont forcé le passage ! la poterne cède. »
GIRAUDOUX, **Électre**, II, 8.

— *Fig. Forcer la porte de quelqu'un* : pénétrer chez lui malgré son interdiction. V. **Entrer** (de force), **introduire** (s'). Cf. Intrusion. — *Forcer la consigne*, ne pas s'y conformer. V. **Enfreindre.**

5 « ...il avait condamné sa porte ; et Jacques, que Jenny, exténuée, suivait comme une ombre, n'essaya pas de forcer la consigne. »
MART. du G., **Thib.**, t. VII, p. 278.

— *Forcer un obstacle.* V. **Surmonter.** *Forcer les résistances de quelqu'un* (Cf. Arme, cit. 34).

|| 2° Faire céder quelqu'un, dans sa personne physique ou morale, par la force ou la contrainte. V. **Astreindre, contraindre, imposer, obliger** (Cf. Assujettir, cit. 23). *Il faut le forcer. On ne force personne* (Cf. Chanter, cit. 15). *Forcer la main à quelqu'un* : le faire agir contre son gré. *Il n'y pouvait rien, il a eu la main forcée. Forcé par la nécessité* (Cf. Allécher, cit. 2), *par les circonstances* (Cf. Attendre, cit. 46).

6 « Mazarin voulut essayer de faire Louis XIV empereur. Ce dessein était chimérique ; il eût fallu ou forcer les électeurs ou les séduire. »
VOLT., **Siècle Louis XIV**, VI.

7 « ... ce journal appartient aux Cointet, ils sont absolument les maîtres d'y insérer des articles, et ne peuvent avoir la main forcée que par la Préfecture ou par l'Évêché. »
BALZ., **Illus. perdues**, Œuv., t. IV, p. 975.

— FORCER à ... (quelque chose). *Pauvreté d'une langue qui force à des périphrases.* V. **Amener, entraîner** ... (Cf. Appellation, cit. 2). *Cela me force à des démarches compliquées.* V. **Condamner, obliger.** *Forcer à l'immobilité et au silence.* V. **Réduire.** *Je saurai bien t'y forcer.*

8 « ...force par ta vaillance
Ce monarque au pardon et Chimène au silence ; »
CORN., **Cid**, III, 6.

— *Forcer à ..., forcer de ...*, avec l'infinitif. *On me force à partir, à me retirer.* V. **Chasser.** *Me voilà forcé de partir. Tyran qui force le peuple à obéir sans discussion. Forcer une troupe à rester sur ses positions* (Cf. Accrocher, cit. 4). *Forcer quelqu'un à se taire* (Cf. Contraindre, cit. 6), *à payer* (Cf. Corvée, cit. 3) ... *Ce qui nous force d'aimer* (Cf. Amour, cit. 9 ; attacher, cit. 49). — REM. LITTRÉ note avec raison que « l'usage des auteurs ne permet aucune distinction réelle » entre *forcer à* et *forcer de* ; cependant le premier tend à être réservé à l'actif, le second au passif : *On nous a forcés à l'avouer* ; *nous avons été forcés de le reconnaître.*

9 « ... je ne la forcerais point à se marier, »
MOL., **Mal. imag.**, II, 6.

10 « ... je vous conjure au moins de ne me point forcer d'en épouser un autre. » ID., **Ibid.**, III, 14.

11 « ... ils me reprochaient la faute de ma mère et voulaient me forcer à rougir d'elle. » SAND, **Petite Fadette**, XVIII.

12 « ... prié d'assister au repas du soir, il dut s'excuser, forcé justement, ce jour-là, d'aller coucher à Chartres, pour un procès ; »
ZOLA, La terre, II, VII.

13 « Rien ne force les souvenirs à se montrer comme les odeurs des
flammes. » CÉLINE, Voy. au bout de la nuit, p. 163.

14 « ... il y aura toujours des gens pour souffrir dans l'ombre inférieure
et faire, avec peine et douleur, des choses qu'ils ne veulent pas faire et
qu'on les forcera de faire. » DUHAM., Pasq., VII, I.

— Spécialt. Venir à bout d'un adversaire, de sa résistance. V. **Triompher, vaincre.** Pousser, forcer l'ennemi
dans ses retranchements*. Forcer un bandit jusque dans
sa retraite. V. **Traquer.** Forcer un renard dans son terrier.
V. **Bouquer.** — Forcer une femme. V. **Prendre, violenter,
violer.**

15 « Les assiégés se défendirent encore longtemps avec un courage
incroyable, et il fallut les poursuivre et les forcer de maison en maison. »
ROLLIN, Hist. anc., t. V. (in LITTRÉ).

16 « ... la béatitude d'un homme qui va forcer sur un lit une femme
qu'il épouse parce qu'il n'a pas découvert d'autre moyen de lui voler
sa dot. » HUYSMANS, En route, p. 17.

— Par anal. S'assurer la maîtrise, la disposition de toute
puissance semblable à un adversaire humain. Forcer le
destin, la destinée, le sort ... Forcer le succès (Cf. Carrière, cit. 8). Forcer la nature (V. **Brusquer**).

17 « Ô qu'il est malaisé de forcer la nature !
Toujours quelque génie, ou l'influence dure
D'un astre, nous invite à suivre malgré tous,
Le destin qu'en naissant il versa desur nous. »
RONSARD, Sec. liv. des poèm., Disc. à P. l'Escot.

18 « La véhémence et l'ingénuité de tels désirs ont, tout au moins chez
de tels êtres, une vertu d'incantation qui peut parfois forcer le
destin. » DUHAM., Pasq., IV, X.

‖ 3° En parlant de sentiments, de volontés que l'on soumet à une pression, une sujétion. Il prétend forcer les consciences. V. **Tyranniser.** Je ne veux pas forcer ton cœur,
ton inclination. V. **Violence** (faire), **violenter.**

19 « ... si ton cœur demeure insensible, je n'entreprendrai point de le
forcer. » MOL., Princ. d'Élide, II, 4.

— La pression étant exercée sur soi-même. V. **Contrarier, dominer, dompter, surmonter, triompher, vaincre...**
Forcer son cœur, sa nature, son naturel.

20 « Apprends d'elle à forcer ton propre sentiment ; »
CORN., Polyeucte, V, 3.

21 « ... il m'est impossible de forcer cette aversion naturelle. »
MOL., Princ. d'Élide, II, 4.

— Par ext. Obtenir, soit par la contrainte, soit par l'effet
d'un ascendant irrésistible. Forcer le consentement, le
vote de quelqu'un. V. **Arracher.** Prestidigitateur qui force
la carte, c'est-à-dire le choix de la carte*. — Forcer l'admiration, l'estime, le respect de tout le monde. V. **Acquérir,
attirer** (s'), **gagner.** Forcer l'attention (cit. 34), l'intérêt
(Cf. Caractère, cit. 29), l'adhésion (Cf. Croire, cit. 36), la
conviction ... V. **Emparer** (s'), **emporter.**

22 « N'oubliez jamais qu'un ambassadeur, et de votre âge encore, ne
doit pas avoir l'air de forcer la confiance. »
STENDHAL, Le rouge et le noir, II, XXI.

23 « Ces scènes où l'un offre plus de son cœur qu'on ne lui demande,
sont toujours pénibles. Sans doute pensait-il forcer ma sympathie. »
GIDE, Faux-Monnayeurs, I, XII.

‖ 4° Pousser au delà de l'activité normale, de l'état normal. — En parlant d'un être auquel on impose un effort
excessif. Forcer un cheval. V. **Claquer, crever, fatiguer,
surmener ...** Vén. Forcer un cerf (Cf. Brisées, cit. 1), un
lièvre ... à la course, forcer un sanglier, les épuiser par
une longue poursuite jusqu'à ce qu'ils soient aux abois*.
V. **Chasser ; courre.**

24 « Il (le loup) est infatigable, et c'est peut-être de tous les animaux
le plus difficile à forcer à la course. »
BUFFON, Hist. nat. anim., Le loup, Œuv., t. II, p. 577.

— En parlant de fonctions, d'actions soumises à un
exercice ou un rythme excessif. Forcer ses aptitudes, son
talent, en les employant à des sujets qui les dépassent.
Chanteur, orateur qui force sa voix. Forcer le pas, la
marche. À marches* forcées. Jockey, coureur qui passe en
tête pour forcer le train, l'allure. V. **Accélérer, accentuer,
hâter, précipiter, presser.**

25 « Ne forçons point notre talent :
Nous ne ferions rien avec grâce. » LA FONT., Fab., IV, 5.

26 « ... cet homme s'interrompait au milieu de son discours et se taisait
au passage d'une voiture, afin de ne pas forcer sa voix. »
BALZ., Gobseck, Œuv., t. II, p. 625.

— Hortic. Forcer des fleurs, des plantes potagères, des
arbres fruitiers ... : en hâter la floraison et la maturation, et par ext. les faire produire à contre-saison. V. **Forçage, forcerie.** Cultures forcées.

— En donnant des proportions qui dépassent la réalité,
ou la normale, ou la vraisemblance. V. **Augmenter, exagérer.** Forcer la dose* (cit. 1).

— Forcer la recette, la dépense : porter en recette, en
dépense plus qu'il n'a été reçu ou dépensé. — Forcer la
note*.

— Forcer le sens d'un mot. V. **Abus.** Exégète, traducteur
qui force le sens d'un passage, qui force le texte. V.
Contourner, dénaturer, solliciter, torturer. Cabotin qui force

son rôle. V. **Charger.** Forcer la vérité (Cf. Charger, cit. 18),
un tableau, une description.

27 « Je ne veux pas forcer ce vers de Corneille. Je ne veux pas en forcer
le sens. » PÉGUY, Note conj., Sur Descartes, p. 105.

II. V. intr. Mar. Forcer de voiles, de rames, de vapeur,
faire force* de rames ... Forcer sur les avirons, ramer le
plus vigoureusement possible. La brise force, devient plus
violente. Mât, cordage qui force, qui supporte un trop grand
effort. — Par anal. Technol. Se dit de toute pièce, tout mécanisme, tout appareil qui fournit ou subit un effort excessif.

— Cartes. Jeter une carte, de la couleur demandée, plus
forte que les cartes déjà jouées. À l'écarté, à la belote ...
on est tenu de forcer. V. **Monter.**

— Sport. Fournir un gros effort, se dépenser. Il a gagné
la course sans donner l'impression de forcer beaucoup. Il
est arrivé sans forcer.

‖ SE FORCER. ‖ 1° Peu usit. Faire un effort excessif. Se
forcer en portant un fardeau. Ne vous forcez point, vous
vous ferez mal (ACAD.).

‖ 2° Faire un effort sur soi-même. V. **Contraindre** (se),
dominer (se), **violence** (se faire). Avale cette purge, force-
toi un peu ! J'ai dû me forcer pour aller chez le dentiste.
Je me force, mais je n'y arrive pas.

28 « Ainsi Néron commence à ne se plus forcer. » RAC., Brit., III, 8.

29 « ... quelque garçon d'honneur qui se force pour faire rire la noce... »
ROMAINS, H. de b. vol., t. II, I, p. 6.

— Se forcer à ... s'imposer la pénible obligation de ... V.
Obliger (s'). — REM. S'efforcer a un sens bien différent. Un
médecin accommodant dira à son client : Efforcez-vous de
marcher un peu tous les jours. Un médecin sévère : Forcez-
vous à marcher ...

30 « ... je vous crois, et je ne puis penser
Qu'à feindre si longtemps vous puissiez vous forcer. »
RAC., Mithridate, III, 5.

31 « Il faut donc se forcer à travailler tous les jours. »
STENDHAL, Journ., p. 87.

32 « Il avait beau se répéter que s'il n'étudiait pas, il n'arriverait à
rien. Il avait beau se pincer pour se rappeler sa soif d'honneurs, de
gloire. Il avait beau se forcer à rester plus que de raison au labo
devant des coupes de cervelle, du sang de typhique ou des urines
problématiques, rien n'y faisait. » ARAGON, Beaux quartiers, XVIII.

‖ FORCÉ, ÉE. adj. ‖ 1° Qui est imposé par la force des hommes ou des choses. Conséquence forcée. V. **Inéluctable, inévitable, nécessaire.** Emprunt forcé. V. **Obligatoire.** Cours*
(cit. 20) forcé d'une monnaie. Bagnard qui purge sa peine
de travaux* forcés (V. **Forçat**). — L'avion a dû faire un
atterrissage forcé. Un bain forcé. V. **Involontaire.** — Echecs.
Mat* forcé.

33 « Les personnes valides croient toujours que de l'immobilité forcée
naît l'ennui. » COLETTE, Étoile Vesper, p. 9.

34 « Dans la marchandise qu'il offrira, deux grandes catégories : les
affaires même de l'agence ; les ventes au tribunal. Ces dernières se
divisent à leur tour en ventes libres et ventes forcées. »
ROMAINS, H. de b. vol., t. IV, IV, p. 30.

— Littér. Le mariage forcé, comédie de Molière (1664).

— Fam. (Pour marquer le caractère nécessaire d'un événement passé ou futur). C'est forcé. V. **Évident, inévitable.**
Il n'a rien fait, c'était forcé qu'il échoue ! Il perdra, c'est
forcé ! V. **Forcément.**

‖ 2° Qui manque de sincérité ou de naturel. V. **Affecté,
artificiel, contraint, embarrassé.** Attitude, contenance forcée
(Cf. Capitan, cit.). Il n'a rien de gauche ni de forcé (ACAD.).
Rire, sourire forcé. Une amabilité forcée. V. **Emprunt** (d'),
factice, faux ...

35 « Il a... un ris forcé, des caresses contrefaites. »
LA BRUY., VIII, 62.

36 « Vous vous moquez, me dit-il d'un air forcé ; ne savez-vous pas le
plaisir que j'ai d'être avec vous ? »
MARIV., Vie de Marianne, VIII.

— Littér. Qui s'écarte du vrai ou du naturel. Style forcé.
Une comparaison forcée (Cf. Tiré par les cheveux*). Donner
à un passage, à un mot un sens forcé. Situations forcées
qui diminuent la valeur d'une pièce de théâtre (Cf. Bienséance, cit. 5). Effet forcé : mal amené, trop recherché*. —
Peint. Coloris forcés d'un tableau. Expression forcée des
figures. V. **Outré.**

ANT. — Autoriser, dispenser, exempter, permettre, tolérer. Affranchir,
libérer. Garder, observer, respecter. Bénévole, facultatif, libre, spontané,
volontaire. Naturel, vrai.

DER. — Forçage, forcement, forcément. — Forcerie. n. f. (« violence »
en anc. fr.; hortic., 1865 LITTRÉ). Serre* chaude pour le forçage*.

COMP. — V. Efforcer. Cf. Renforcer.

FORCES. n. f. pl. (XIIᵉ s. ; lat. forfices, cisailles, plur. de
forfex). Techn. Sorte de grands ciseaux* dont les deux
branches sont réunies par un arc d'acier faisant ressort, et
destinés à tondre les moutons, à couper le drap, les étoffes,
les feuilles de métaux, etc. Une paire de forces. On manie
les forces d'une seule main.

HOM. — Force.

FORCING. *n. m.* (Néol.; mot anglais dér. de *to force*, forcer). *T. de Sp.* Attaque soutenue contre un adversaire qui se tient sur la défensive. *L'équipe attaquait à outrance, mais ce forcing restait sans résultat.*

FORCIPRESSURE. *n. f.* (1877 LITTRÉ, Suppl.; lat. *forceps*, pince, et *presser*). *Chirurg.* Méthode d'hémostase* consistant dans l'application sur un vaisseau sanguin d'une pince hémostatique.

FORCIR. *v. intr.* (1865 LITTRÉ; de *fort*). *Fam.* Devenir plus fort, en parlant des enfants. V. **Élargir** (s'), **engraisser, fortifier** (se), **grossir.** *Cet enfant a beaucoup forci.*

FORCLORE. *v. tr.* (XIIᵉ s.; de *fors**, et de *clore*). — REM. *Forclore* n'est guère employé qu'à l'infinitif et, surtout, au participe passé.

|| **1º** *Vx.* Exclure. — REM. Quoique vieilli dès le XVIIᵉ s., *Forclore* se rencontre encore en ce sens chez quelques écrivains contemporains.

1   « L'air retentit des imprécations des désespérés forclos. »
CHATEAUB., Mém. O.-T. (in LITTRÉ).

2   « Et n'est-ce pas déjà l'enfer de connaître le lieu du repos, d'en savoir le chemin, la porte, et de rester forclos ? »
GIDE, Journ., Feuillets, p. 677.

|| **2º** Spécialt. *Dr.* Priver du bénéfice d'un droit non exercé dans les délais* fixés. *Il s'est laissé forclore. La partie adverse fut déclarée forclose* (ACAD.). V. **Débouter, déchoir** (être déchu de son droit).

DER. — **Forclusion.** *n. f.* (1446). *Dr.* Déchéance* d'un droit non exercé dans les délais prescrits. *Délai à respecter sous peine de forclusion* (Cf. Échangiste, cit.).

FORER. *v. tr.* (XIIᵉ s.; lat. *forare*, « percer »). Percer* un trou dans une matière dure à l'aide d'engins mus par un mécanisme. *Forer une clef; un canon. Forer une roche. Instruments servant à forer.* V. **Foret, foreuse, trépan** ...

1   « Si l'on conserve l'usage de forer les canons, et qu'on les coule de bonne fonte dure, il faudra en revenir aux machines à forer de M. le marquis de Montalembert, celles de M. Maritz n'étant bonnes que pour le bronze ou la fonte de fer tendre. »
BUFF., Introd. hist. min., Xᵉ mémoire, Œuv., t. IX, p. 344.

— *Par ext.* Former (un trou, une excavation) en creusant mécaniquement. *Forer un trou de mine, un puits, une source. Cuveler* un puits que l'on vient de forer. Outil à forer de petits trous* (Cf. Bastringue, in LAROUSSE).

2   « L'examen du sol environnant permet de penser qu'il serait facile d'obtenir un débit beaucoup plus considérable, et que d'autres sources pourraient être utilement forées. »
ROMAINS, H. de b. vol., t. V, XXII, p. 176.

ANT. — Boucher, colmater, combler ...

DER. — **Forage.** *n. m.* (XIIIᵉ s. d'après DAUZAT). Instrument de métal servant à forer le bois, les métaux ... V. **Drille** (3), **percerette, perceuse, vilebrequin, vrille.** *Foret de charpentier; de tonnelier* (V. **Gibelet**). *Boucher un trou fait au foret avec une cheville ou broche. Foret de bijoutier, d'horloger, d'orfèvre. Foret américain, foret alésoir.* — **Foreur.** *n. m.* (XIXᵉ s.). Ouvrier qui fore. — **Foreuse.** *n. f.* (XIXᵉ s.). Machine servant à forer le métal (V. **Perceuse**), les roches (V. **Perforatrice, trépan** ...). — **Forure.**

COMP. — Perforer.

FORESTIER, IÈRE. *adj.* (XIIᵉ s.; disparu au XVIᵉ, puis repris à l'anc. fr.; de *forest.* V. **Forêt**).

|| **1º** *En parlant des personnes.* Qui a une charge dans une forêt, et *spécialt.* une forêt du domaine public. *Agent, garde forestier.* Substantivt. *Métier de forestier. Les forestiers préposés à la conservation, l'aménagement des forêts domaniales.*

1   « Une portion de bois mort renfermé dans le bon bois, ce que quelques forestiers appellent la gélivure entrelardée... »
BUFF. (in LITTRÉ).

|| **2º** *En parlant des choses.* Qui est couvert de forêts, qui appartient à la forêt. *Région forestière. Arbres* (cit. 21) *forestiers; essences forestières. Chemin forestier. Maison forestière*, habitation du garde forestier (Cf. **Clairière**, cit. 1). V. aussi poétiqt. **Sylvestre.**

2   « Entre les lagunes d'alentour et dans le tréfonds forestier stagnaient quelques peuplades... »
CÉLINE, Voyage au bout de la nuit, p. 140.

— *Relatif aux forêts. Exploitation forestière.* — Spécialt. *Dr. Le régime forestier, qui s'applique aux domaines de l'État, des départements, des communes et des établissements publics, est déterminé par le code forestier* (1887). *Administration, police forestière. Délits forestiers. École forestière,* ancien nom de l'École des Eaux et forêts.

3   « L'Administration forestière est chargée, tant dans l'intérêt de l'État que dans celui des autres propriétaires de bois et forêts soumis au régime forestier, des poursuites en réparation de tous délits et contraventions commis dans ces bois et forêts. »
CODE FOR., Art. 159.

FORÊT. *n. f.* (*Forest* au XIIᵉ s.; bas lat. *forestis* (silva), « forêt *(silva)* en dehors de l'enclos » ou, d'apr. GAMILLSCHEG, du francique *forhist*, collectif de *forha*, « pins »).

|| **1º** Vaste étendue de terrain peuplée d'arbres; ensemble de ces arbres. V. **Bois*, futaie; arbre**; et dér. du lat. *silva*, rac. **sylv-** (sylvain, sylvestre, sylviculture... et aussi sauvage*). *Le mot forêt s'applique « aux surfaces étendues; les massifs boisés d'une surface restreinte sont appelés bois ou boqueteaux »* (OMN. AGRIC.). *La Gaule était couverte de forêts. Forêt qui escalade une montagne, occupe une plaine. Pays de forêts. La Forêt-Noire. Les forêts des Ardennes, des Landes, des Vosges. La forêt de Fontainebleau. La forêt de Gastine,* chantée par Ronsard (Odes II, 15; Élégies, XXIV). *Forêt dense, drue, épaisse, touffue, chevelue, profonde, impénétrable, luxuriante, sauvage. Forêt ombreuse, sombre. Forêt vierge. Forêts équatoriales.* V. **Brousse, jungle** (Cf. Exubérant, cit. 1). *Forêt en taillis simples* (V. **Gaulis, taillis**), *en taillis sous futaie, en futaie, de haute futaie. Forêt de jeunes arbres.* V. **Perchis.** *Forêt à essences feuillues*, forêt de résineux*. Forêts à essences prépondérantes.* V. **Bois** et aussi **Plantation*.** *Feuillage* (cit. 1), *ombrage d'une forêt. Clair-obscur* d'une forêt, d'un sous-bois*. Limite, bord d'une forêt.* V. **Corne, lisière, orée.** *Espaces libres, dégagements, voies d'accès d'une forêt.* V. **Cavée, clairière, coupe-feu, éclaircie, laie, layon, percée, routin, sentier, trouée** ... *Se promener en forêt. Battre les forêts pour chasser le gibier. Ramasser du bois mort dans une forêt. S'enfoncer au fort, au cœur de la forêt; s'égarer* (cit. 22) *dans la forêt. Les hôtes de la forêt. Divinités des forêts.* V. **Dryade, sylvain** ...

1   « Forêt, haute maison des oiseaux bocagers, »
RONSARD, Élég., XXIV.

2   « La lune brillait au milieu d'un azur sans tache, et sa lumière gris de perle descendait sur la cime indéterminée des forêts. »
CHATEAUB., Atala, Les chasseurs.

3   « Qui dira le sentiment qu'on éprouve en entrant dans ces forêts aussi vieilles que le monde ... Le jour, tombant d'en haut à travers un voile de feuillages, répand dans la profondeur du bois une demi-lumière changeante et mobile ... Partout il faut franchir des arbres abattus, sur lesquels s'élèvent d'autres générations d'arbres ... j'avance à travers les herbes, les orties, les mousses, les lianes et l'épais humus composé des débris des végétaux; mais je n'arrive qu'à une clairière formée par quelques pins tombés. »
ID., Voyages, t. I, p. 71 (in STE-BEUVE, Chateaub., t. I, p. 105).

4   « La forêt, son « horreur sacrée », son mystère, sa fraîcheur et sa grâce, son silence et ses voix, son éternelle jeunesse à chaque printemps ressuscitée, ses noires futaies de chêne où vaticine le dieu de Dodone, sa clairière de Némi ... ses enchanteurs, ses fées, ses sorcières et ses korrigans, la forêt a toujours hanté l'imagination des hommes, et les hommes à leur tour l'ont peuplée de leurs rêves, de leurs terreurs ou de leurs nostalgies. »
GENEVOIX, Forêt voisine, I.

— *Utilité des forêts. Influence des forêts sur le climat et le régime des eaux. La forêt, obstacle au ruissellement et à l'érosion. Les mines de houille, anciennes forêts ensevelies et pétrifiées. Forêts destinées essentiellement à la production du bois de chauffage et du bois d'œuvre* (V. **Bois**), *du liège, du tan, des gommes et résines* ... *Plantation et exploitation des forêts.* V. **Arboriculture, sylviculture*; accrue, boisement, cépée, peuplement, reboisement, recrû, revenue, ségrais.** *Abattage des arbres d'une forêt.* V. **Aménagement, balivage, déboisement*, défrichement, expurgation, martelage, raclage, recolement; layer.** *Assiette* des coupes et produits ligneux d'une forêt. Bûcherons* qui abattent une forêt. Secteur de forêt abattu.* V. **Canton, coupe, réserve, vente; cornier** (arbre cornier). *Droit de prendre du bois dans une forêt communale.* V. **Affouage.** *Incendies de forêts.* V. **Brûlis** (bois brûlis). *Dommages causés aux forêts par le vent.* V. **Vimaire; chablis.** *Fabrication du charbon de bois en forêt.* V. **Charbonnière, meule.** *Produits accessoires des forêts susceptibles d'adjudication* (V. **Glandée, paisson, panage, pâturage**). *Droits de passage, de pacage dans une forêt.*

— *Dr. Forêts appartenant à des particuliers,* exploitées par leurs propriétaires avec tous les droits résultant de la propriété, sauf en ce qui concerne le *défrichement*.* V. **Déboisement.** (Art. 219 et 220 du CODE FOR.). *Les forêts appartenant à l'État* (V. **Domanial**) *et les forêts appartenant à des Départements, des Communes ou des Établissements publics* (V. **Ségrairie**) *sont régies par l'Administration des Eaux et forêts* (Cf. CODE FOR., Art. 1). *L'Administration des Eaux et forêts, chargée de la délimitation des forêts de l'État, de la plantation, de la police et de la conservation de ces forêts, de l'adjudication des coupes.* (V. **Aménagement**). *École nationale des Eaux et forêts de Nancy,* pour la formation du personnel supérieur des Eaux et forêts. *Officiers* (inspecteurs généraux, conservateurs, inspecteurs, inspecteurs-adjoints et gardes généraux (V. **Verdier**, *vx.*), *préposés* (brigadiers et gardes forestiers), *commis, géomètres-dessinateurs des Eaux et forêts.*

— LOC. *Les arbres* cachent, empêchent de voir la forêt.* — *C'est la forêt de Bondy !* se dit d'un lieu où on est à la merci de gens malhonnêtes, par allus. aux voleurs dont cette forêt était jadis infestée.

|| **2º** *Par anal.* Quantité considérable d'objets longs et serrés comme les arbres d'une forêt. V. **Multitude, quantité.**

Forêt de cheveux (cit. 19), *de colonnes, de piliers, de mâts, de lances, de tourelles, de minarets* (Cf. Baguer 1, cit.) ...

5 « ... l'œil plane sur la ville entière ; c'est une forêt d'aiguilles, de flèches et de tours qui se hérissent de toutes parts, dentelées, tailladées, évidées, frappées à l'emporte-pièce et laissant transparaître le jour par leurs mille découpures. »
GAUTIER, Mlle de Maupin, VI.

6 « Les femmes ... vous regardent passer avec leurs yeux noirs, qui brillent sous la forêt de leurs cheveux sombres. »
MAUPASS., **Vie errante**, La Sicile.

— *Spécialt.* Charpente* formée d'une quantité considérable de pièces de bois. *La forêt du dôme des Invalides.*

— *Fig.* Ensemble, système inextricable. V. **Labyrinthe.**

7 « La nature est un temple où de vivants piliers
Laissent parfois sortir de confuses paroles ;
L'homme y passe à travers des forêts de symboles »
BAUDEL., **Fl. du mal**, Spl. et id., Correspondances.

8 « ... dont le grand savoir et l'infatigable obligeance ont guidé mes pas dans la forêt de la pensée hindoue. »
R. ROLLAND, **Mahatma Gandhi**, p. 7.

DER. — **Forestier.** V. *rac.* **Sylv-.**

FORFAIRE (se conjugue comme *faire*). *v. tr.* et *intr.* (Vers 1100; comp. de *faire*, et *fors***). — REM. *Forfaire* ne s'emploie qu'à l'infinitif, au prés. de l'indic. sing. et aux temps composés.

|| **1°** *V. intr.* (Vieilli ou littér.). Agir contrairement à ce qu'on a le devoir de faire. Jurispr. *Si un juge vient à forfaire :* s'il commet une faute grave dans l'exercice de ses fonctions. — Manquer gravement à ... *Forfaire à son devoir. Femme qui forfait à son honneur.* V. **Forligner.**

1 « ... je lui passerais mon épée au travers du corps, à elle et au galant, si elle avait forfait à son honneur. »
MOL., **G. Dand.**, I, 4.

2 « La vraie marque d'une vocation est l'impossibilité d'y forfaire, c'est-à-dire de réussir à autre chose que ce pour quoi l'on a été créé. »
RENAN, **Souv. d'enfance**, II, II, Œuv., t. II, p. 760.

|| **2°** *V. tr.* (*Vx*). Dr. féod. *Forfaire un fief pour cause de félonie,* le rendre confiscable par quelque forfait.

3 « (*Philippe de Valois*) a forfait la protection de l'empire ; »
VOLT., **Mœurs**, LXXV.

DER. — **Forfait, forfaiture.**

1. FORFAIT. *n. m.* (XIe s.; de *forfaire*). Crime énorme. V. **Crime, faute.** *Commettre, expier* (cit. 1) *un forfait. Avouer* (cit. 23) *ses forfaits. L'énormité, l'horreur, la noirceur de ses forfaits* (Cf. Atroce, cit. 3). *Forfaits punis par l'Église* (Cf. Crime, cit. 16). — REM. *Forfait* appartient au langage littéraire. Il désigne d'ordinaire « le comble du crime, le crime horrible, inouï » (LAFAYE).

1 « C'est à moi seul aussi de punir son forfait. »
CORN., **Horace**, IV, 2.

2 « Du plus grand des forfaits je la croyais coupable. »
MOL., **Fem. sav.**, II, 6.

3 «... j'aime mieux que mon cadavre serve de trône à un ambitieux que de devenir par mon silence le complice de ses forfaits. »
BILLAUD-VARENNE (in MICHELET, **Hist. Révol. fr.**, XXI, III).

4 « La fortune toujours du parti des grands crimes ;
Les forfaits couronnés devenus légitimes ; »
LAMART., **Prem. médit.**, Le désespoir.

2. FORFAIT. *n. m.* (1829 ; empr. à l'angl. *forfeit*, T. de courses, de l'anc. fr. *forfait*, part. pass. de *forfaire*). *T. de Courses.* Indemnité que doit payer le propriétaire d'un cheval engagé dans une course, s'il ne le fait pas courir. V. **Dédit.** *Déclarer forfait pour un cheval.* — *Par ext.* En T. de Sp. *Déclarer forfait :* annoncer qu'on ne prendra pas part à l'épreuve pour laquelle on était engagé. *Gagner par forfait* (Cf. *l'angl.* Walk-over).

3. FORFAIT. *n. m.* (1647; *fayfort* en 1580; de *fur*, anciennt. « taux », et de *fait*). Convention par laquelle il est stipulé un prix fixé par avance d'une manière invariable pour l'exécution d'une obligation, de certains travaux, d'un marché de fournitures ... V. **Abonnement.** *Faire un forfait avec un entrepreneur pour la construction d'une maison. Travail à forfait. Vendre, acheter à forfait* (un produit futur, une récolte, un ensemble de choses, sans estimation préalable du détail). *Marché à forfait. Le forfait en matière fiscale. Régime du forfait.*

« ... l'agriculteur a la possibilité, s'il établit un bénéfice réel inférieur au forfait, d'être imposé de préférence sur ces bases... »
TROTABAS, **Précis légis. fin.**, n° 287 (éd. Dalloz).

DER. — **Forfaitaire.** *adj.* (XXe s.). Qui a rapport à un forfait ; à forfait. *Contrat forfaitaire. Achat, vente, prix forfaitaire. Impôt forfaitaire.* — **Forfaitairement.** *adv. Être imposé forfaitairement.*

FORFAITURE. *n. f.* (XIIe s.; dér. sav. de *forfaire*).

|| **1°** Féod. Violation du serment de foi et hommage. V. **Félonie, trahison.** *Le fief pouvait être repris pour cause de forfaiture.*

|| **2°** *Par ext.* Manque de loyauté.

1 « Mais en osant quitter Bonaparte, je m'étais placé à son niveau, et il était animé contre moi de toute sa forfaiture, comme je l'étais contre lui de toute ma loyauté. »
CHATEAUB., **M.O.-T.**, t II, p. 292.

|| **3°** *T. de Dr.* Crime dont un fonctionnaire public se rend coupable en commettant certaines graves infractions aux devoirs de sa charge. *Cas de forfaiture. Par ses malversations, ses prévarications, il s'est rendu coupable de forfaiture.*

2 « Tout crime commis par un fonctionnaire public dans l'exercice de ses fonctions est une forfaiture. Toute forfaiture pour laquelle la loi ne prononce pas des peines plus graves est punie de la dégradation civique. »
CODE PÉN., Art. 166 et 167.

ANT. — **Fidélité, foi, loyauté.**

FORFANTERIE. *n. f.* (XVIe s.; dér. de l'anc. franç. *forfant, forfante,* « coquin », puis « fanfaron ». Cf. Forfaire).

|| **1°** *Vx.* Imposture, tromperie.

|| **2°** *Par ext.* (sous l'infl. de *fanfaron*). Caractère d'une personne qui fait montre d'une impudente vantardise. V. **Charlatanisme, hâblerie, vantardise.** — Cf. Épate, cit. 1.

1 « Que d'affectation et de forfanterie ! »
MOL., **Tartuffe**, III, 2.

2 « ... les actes de vertu où je ne vois ni forfanterie ni ostentation me font toujours tressaillir de joie, et m'arrachent encore de douces larmes. »
ROUSS., **Rêver.**, VIe promen.

3 « — Quelqu'un qui irait au-devant de l'attaque ; qui, sans forfanterie, sans bravade, supporterait la réprobation, l'insulte ; »
GIDE, **Corydon**, 1er dial.

— Action, parole de fanfaron, de vantard. V. **Bravade, fanfaronnade*, rodomontade, vanterie.** *Des forfanteries de matamore.*

4 « Quelque mépris que le régent eût pour les forfanteries du maréchal, il en était quelquefois piqué ... »
DUCLOS, **Mém. rég.**, Œuv., t. VI, p. 142 (in LITTRÉ).

5 « ... en dépit de ses forfanteries de langage, (*elle*) n'avait aucune force de caractère ... »
R. ROLLAND, **Jean-Christ.**, La révolte, II, p. 206.

ANT. — **Humilité, modestie, naturel, simplicité.**

FORFICULE. *n. m.* (1791; empr. au lat. *forficula,* « petites pinces »). *Entom.* Insecte orthoptère coureur, portant à l'extrémité de son abdomen deux pinces qui lui ont valu le nom de *perce-oreille. La labidura, forficule de grande taille.*

DER. — **Forficulidés.** *n. m. pl.* Famille d'insectes orthoptères coureurs dont le type est le *forficule.*

FORGE. *n. f.* (XIIe s.; lat. *fabrica,* « atelier », et spécialt. « atelier de forgeron ». Compar. l'esp. *fragua* et l'anc. prov. *farga*). Lieu où l'on produit, où l'on travaille les métaux, et spécialt. le fer. — REM. *Forge* est attesté, dès le moyen âge au sens d' « atelier où l'on travaille les métaux » (Cf. *infra,* 1°). Aux XVIIe et XVIIIe s., les dictionnaires (FURET., TRÉVOUX, etc.) le définissent en premier lieu comme un « grand fourneau où l'on fond le fer qui sort des mines (le minerai) ». Cf. *infra,* 2°. Depuis le XIXe s. et par suite du développement de la grosse métallurgie, cette acception a vieilli.

|| **1°** Atelier où l'on travaille les métaux au feu et au marteau. *Artisans, ouvriers qui travaillent dans une forge.* V. **Forgeron, forgeur ; chauffeur, frappeur, marteleur.** *Forge d'orfèvre, de serrurier. Forge de maréchal-ferrant. Absolt. Mener un cheval à la forge. Forge où l'on réduit le fer en barres.* V. **Chaufferie.**

— *Par allus.* au bruit de la forge : *Ronfler*, souffler comme une forge, comme un soufflet de forge.*

1 « ... sa poitrine semblait retentir de tous les bruits d'une forge souterraine. »
CAMUS, **La peste**, p. 306.

— *Par allus.* au feu de la forge : *Rougir, rougeoyer comme une forge* (Cf. Bredouiller, cit. 2). *Flamber comme une forge.*

2 « Je sais que ton cœur, qui regorge
De vieux amours déracinés,
Flamboie encore comme une forge, »
BAUDEL., **Nouv. fl. du mal**, Madrigal triste.

3 « La plaine où frissonnaient les drapeaux déchirés,
Ne fut plus, dans les cris des mourants qu'on égorge,
Qu'un gouffre flamboyant, rouge comme une forge ; »
HUGO, **Châtiments**, V, XIII.

— *Mythol. Les anciens plaçaient sous l'Etna les forges du dieu Vulcain, où travaillaient les Cyclopes* (Cf. L'antre de Vulcain, des Cyclopes*). *La forge de Vulcain,* tableau de Velasquez.

|| **2°** *Par ext.* Installation où l'on façonne par traitement mécanique (à froid ou à chaud) les métaux et alliages. *Outillage de la grosse forge.* V. **Emboutisseuse, filière, laminoir, marteau-pilon, martinet, presse ...**

— *Spécialt.* Pierre de liais plate servant à battre le plomb à froid. *Matériel de la forge.* V. **Châsse, croche, davier, écrevisse, enclume, étampe, fourneau, frappe-devant, gouje, javotte, mandrin, marteau, martinet, matrice, pince, poinçon, tenaille ; soufflerie, soufflet, trompe.** Cf. *aussi* Dégorgeoir (instrument servant à couper le fer à chaud). *Ouvertures* (V. **Venteaux**) *garnies de soupapes* (V. **Ventillon**) *d'un soufflet* de forge. Feu, étincelles qui éclairent la forge.* Cf. Brasillement, cit.

— *Spécialt.* Fourneau composé d'une plate-forme (ou *bure*) surmontée d'une hotte*, sur laquelle le forgeron met le métal à chauffer. *La tuyère de la soufflerie* aboutit à la plate-forme de la forge. Le feu de la forge. Travailler le métal à la forge.* V. **Forger.** *Houille utilisée dans la forge.* V. **Maréchale.** *Forge portative, munie d'un ventilateur à main. Forge de campagne, forge volante :* forges portatives.

4 « ... on voit les soufflets d'une forge,
    Qu'un boiteux maréchal évente quand il faut
    Frapper à tour de bras sur l'enclume au fer chaud. »
                RONSARD, Réponse aux inj. et calomn.

5 « ... de grosses mains, faites pour souffler la forge et frapper sur l'enclume. »
                ROUSS., Émile, III.

6 « Au fond, sous un hangar, il y avait l'enclume, la forge, le grand soufflet noir, tout. Et un gros homme chauve, habillé d'un tablier de cuir, les bras nus et des lunettes sur le nez. »
                BOSCO, Jard. d'Hyacinthe, p. 54.

|| 3° *Vieilli.* Établissement où l'on fabrique le fer, en partant du minerai ou de la fonte. V. **Fonderie, fourneau** (cit. 3 et 4) ; **métallurgie, sidérurgie.** *Forge à la catalane* (au feu catalan, foyer catulan) : sorte de bas fourneau à foyer ouvert, chauffé au charbon de bois et dans lequel le minerai était transformé en fonte*, puis en aciéreux (sous l'action oxydante d'une soufflerie). *La forge catalane était employée dès la fin du XIII*ᵉ *siècle. — Forge comtoise. Forge à l'anglaise,* comportant haut fourneau*, fine-rie et puddlage.

— REM. *Forge* s'emploie encore au pluriel dans quelques expressions, pour désigner des hauts fourneaux, des fonderies. *Maître de forges.* V. **Fondeur** (Cf. Bon, cit. 16). *Les Forges et Chantiers de la Méditerranée. Comité des Forges de France.*

7 « ... les cent neuf forges qui travaillaient en Angleterre ... produisaient annuellement dix-huit mille tonnes de fer, et occupaient un grand nombre d'ouvriers habiles. »
                RAYNAL, Hist. philos., XVIII, 30.

FORGER (*il forgea, nous forgeons*). *v. tr.* (XII* s.; lat. *fabricare*, « fabriquer, façonner », et *spécialt.* « forger »).

|| 1° *Technol.* Travailler (un métal, un alliage) à chaud, sur l'enclume et au marteau. V. **Battre, cingler** (2), **bigorner, corroyer, étamper, étirer, matricer** ... *Forger le fer, l'argent. Travail du fer* forgé. V. **Ferronnerie.** — *Par ext.* Travailler un métal pour lui donner une forme ou en améliorer la qualité. *Forger au marteau, au martinet. Presse à forger hydraulique* (V. aussi **Laminer, laminoir**). *Forger à froid.* V. **Écrouir.** Absolt. *Apprendre à forger.* — PROV. *C'est en forgeant qu'on devient forgeron :* c'est à force de s'exercer à quelque chose qu'on y devient habile.

— Par anal. *Cheval qui forge :* se dit d'un cheval dont les pieds de derrière heurtent ceux de devant dans les allures vives, surtout au trot. *Lorsque le cheval forge, le choc des fers produit un bruit métallique de forge.*

|| 2° Façonner (un objet de métal) à la forge. *Forger un fer à cheval, un soc de charrue, une pièce de mécanique, une épée, un couteau ... Forger un marteau* (Cf. **Ébranler**, cit. 7). *Les Cyclopes* (cit. 1) *forgeaient les foudres de Jupiter.*

1 « Lui donna pour présent un char d'excellent œuvre (*travail*),
    Que le boiteux Vulcain, industrieux manœuvre,
    Forgea de sa main propre, et souvent au fourneau
    Le mit, et le frappa de maint coup de marteau,
    Haletant et suant sur le dos de l'enclume, »
                RONSARD, Sec. liv. des hymn., Été.

— *Forger des fers, des chaînes* (Cf. Anneau, cit. 2). Fig. *Forger des fers pour quelqu'un :* préparer sa servitude, le rendre esclave. — Pronominalt. *Se forger des fers :* se rendre soi-même esclave.

2 « (*Le mondain*) qui s'imagine être vraiment libre, parce qu'il est en effet trop libre de pécher, c'est-à-dire libre à se perdre, et qui ne s'aperçoit pas qu'il forge ses fers par l'usage de sa liberté prétendue ... »
                BOSS., IV, Vêture, I (in LITTRÉ).

3 « Avant la vingtième année, le passé est trop léger pour nous écraser de son poids, le temps n'a pas forgé encore les chaînes de nos habitudes. »
                MAURIAC, Jeune homme, p. 18.

|| 3° *Fig.* V. **Construire, fabriquer, faire, former, produire.** *Forger un parti, une armée* (cit. 9). V. **Constituer.** *Forger sa fortune sur la ruine d'autrui.* V. **Établir, fonder.** — *Le destin, l'adversité a forgé son âme.* V. **Façonner.** Cf. Enclume, cit. 29. — *Forger des phrases, des vers* ... V. **Composer, écrire** ; Cf. Enclume, cit. 5 et 6. *Forger un mot nouveau. Forger une image, une métaphore, un plan.* V. **Inventer, trouver.** *Forger un plan, une machination.*

4 « Ah ! Scapin, si tu pouvais trouver quelque invention, forger quelque machine, pour me tirer de la peine où je suis ... »
                MOL., Scapin, I, 2.

5 « ... même quand l'image ne viendra pas, la plume de l'auteur (*Chateaubriand*) la cherchera toujours, et l'inventera, la forgera plutôt que de s'en passer. »
                STE-BEUVE, Chateaub., t. I, p. 190.

6 « ... un malheureux, pauvre, infirme, solitaire, la douleur faite homme, à qui le monde refuse la joie, crée la joie lui-même pour la donner au monde ! Il la forge avec sa misère. »
                R. ROLLAND, Beethoven, p. 79.

7 « En une heure, elle avait plus changé qu'en dix ans : la certitude d'être aimée lui forgeait une âme neuve. »
                MART. du G., Thib., t. VI, p. 163.

8 « Nous voilà essayant de forger un plan très compliqué, qui avait au moins le mérite de tromper la tristesse de nos adieux. »
                ROMAINS, H. de b. vol., t. III, XXIII, p. 311.

— Imaginer à sa fantaisie. V. **Imaginer.** *Imagination qui forge des figures* (Cf. Fantaisie, cit. 2), *des chimères*, des visions.* — Pronominalt. *Se forger un idéal, des illusions...* V. **Rêver ; figurer** (se).

9 « Le loup déjà se forge une félicité
    Qui le fait pleurer de tendresse. »   LA FONT., Fab., I, 5.

10 « Mais j'étais dans un âge où les grands chagrins ont peu de prise, et je me forgeai bientôt des consolations. »   ROUSS., Conf., IV.

11 « Jamais Mᵐᵉ de Chantelouve ne réaliserait l'idéal qu'il s'était forgé, les traits ... qu'il s'était peints, la frimousse ... le port mélancolique ... qu'il avait rêvé ! »   HUYSMANS, Là-bas, p. 104.

— En mauvaise part. V. **Controuver.** *Forger un prétexte, un mensonge, une excuse, une calomnie, un conte, une machination* (Cf. De, cit. 75). *Nom, renseignement forgé de toutes pièces.* V. **Faux.**

12 « Qui donc a pu forger de semblables sornettes ? dit-il au curé d'une voix étranglée quand le récit fut terminé. »
                BALZ., Urs. Mirouet, Œuv., t. III, p. 456.

13 « Il avait forgé une histoire admirable, un fourbi de secrètes accointances avec un mystérieux monsieur que sa discrétion naturelle lui interdisait de citer ... »
                COURTELINE, MM. ronds-de-cuir, IIᵉ tabl., III.

DER. et COMP. — **Reforger.** *v. tr.* Forger de nouveau. — **Forgeron.** — **Forgeable.** *adj.* (1627). Qui peut être forgé. *La fonte n'est pas forgeable.* — **Forgeage.** *n. m.* (1775). Action de forger. *Forgeage au marteau, au martinet-pilon, à la presse. Forgeage à chaud, à froid. Le forgeage comprend des opérations de façonnage* (bigornage, étirage, mandrinage ; estampage, matriçage ...) *et d'amélioration* (cinglage, corroyage, recuit, revenu, trempe ...). — REM. On dit aussi **Forgement.** — **Forgeur, euse.** *n.* (XIIIᵉ s.). Techn. Celui, celle qui façonne un objet, un métal à la forge (V. **Forgeron**). *Un forgeur de tringles, d'épées, de couteaux, de ciseaux.* — Par métaph. *Un forgeur de chaines.* — Fig. V. **Fabricant, inventeur.** *Un forgeur de contes, un forgeur de calomnies* (ACAD.). *Une forgeuse de mensonges.* V. **Menteur.**

« ... ce forgeur de jougs (*Napoléon*) est très certainement resté populaire chez une nation dont la prétention a été d'élever des autels à l'indépendance et à l'égalité ; »
                CHATEAUB., M. O.-T., t. IV, p. 62.

FORGERON. *n. m.* (1538 in BLOCH. Cf. -Eron, -on*, suff. ; de *forger* d'après *forgeur*, a éliminé l'anc. franç. *fèvre* ; aussi adj. au XVIᵉ s.). Celui qui travaille le fer au marteau après l'avoir fait chauffer à la forge (V. **Forger**). *Spécialt.* Celui qui façonne à la forge les gros ouvrages en fer. *Le tablier de cuir du forgeron. Les outils du forgeron.* V. **Forge*.** *Forgeron qui bat* le fer, ferre* un cheval* (V. **Maréchal-ferrant**). *Battitures, étincelles qui jaillissent sous le marteau du forgeron.* — Mythol. *Les Cyclopes*, forgerons de Vulcain.*

« ... le forgeron Avril exerçait encore, dans une échoppe séculaire, le métier primitif qu'il avait hérité de générations de maréchaux-ferrants. Avril n'avait pas trente ans, c'était un immense gaillard blond et musclé ... Chez lui on avait toujours été trop pauvre pour moderniser la technique. Il ferrait les chevaux comme au XVIᵉ siècle. Le marteau sonnait sur l'enclume. Les étincelles jaillissaient du fer. La forge, éventée à la main par un petit garçon qui était le neveu d'Avril, complétait (le) décor ... »   ARAGON, Beaux quartiers, X.

|| PROV. *C'est en forgeant* qu'on devient forgeron.

FORHUER. *v. intr.* (XIVᵉ s.; de *fors*, et *huer*). Vén. Sonner sur la trompe l'appel (*Forhu*) des chiens.

FORJETER. *v. tr.* (XIIᵉ s.; de *fors*, et *jeter*). Archit. Construire en saillie, hors d'un alignement. *Intrans.* Sortir de l'alignement, de l'aplomb. *Mur, bâtiment qui forjette.*

DER. — **Forjet.** *n. m.* (1547). *Archit.* Saillie hors de l'aplomb, de l'alignement.

FORLANCER. *v tr.* (1690; de *fors*, et *lancer*). Vén. Faire sortir une bête de son gîte.

FORLANE. *n. f.* (1732; ital. *furlana*, « (danse) du Frioul »). Ancienne danse à deux temps, vive et animée, qui fut très en vogue à Venise.

FORLIGNER. *v. intr.* (XIIᵉ s.; de *fors*, et *ligne*).

|| 1° *Vx.* Sortir de la ligne directe de descendance.

|| 2° *Fig.* (vieilli). Dégénérer de la vertu de ses ancêtres.

1 « ... je l'étranglerais de mes propres mains, s'il fallait qu'elle forlignât de l'honnêteté de sa mère. »   MOL., G. Dandin, I, 4.

2 « Souviens-toi de qui tu es fils, et ne forligne pas ! »
                CHATEAUB., Génie du christianisme, IV, V, 4.

— *Par ext.* V. **Déchoir, forfaire.**

3 « Les nobles d'autrefois croyaient forligner en s'occupant de littérature. »   RENAN, Avenir de la science, Œuv., t. III, p. 1061.

— *Fam.* S'est dit d'une fille qui s'écarte du droit chemin.

4 « Plus d'une fille a forligné ; le diable
    Est bien subtil ;... »   LA FONT., Contes, Aveux indisc.

FORLONGER. *v. tr.* (XIIᵉ s.; de *fors*, et *longer*). *Vén.* Laisser en arrière, distancer. *Cerf qui forlonge la meute.* Pronominalt. *Cerf qui se forlonge.* — *Intransitivt.* S'écarter des parages ordinaires, en parlant d'une bête traquée. *Biche qui forlonge.*

« ... comme il (*le daim*) est moins entreprenant (*que le cerf*), et qu'il ne se forlonge pas tant, il a plus souvent besoin de s'accompagner, de revenir sur ses voies ... ».
BUFFON., **Hist. nat. anim.**, Le daim, Œuv., t. II, p. 530.

DER. — **Forlonge.** *n. m.* (XIVᵉ s.). Action de forlonger. *Aller de forlonge* : se dit d'une bête qui a beaucoup d'avance sur la meute. *Chasser de forlonge* : se dit du chien qui suit de loin la voie de la bête.

FORMALISER (SE). *v. pron.* (1539 déjà au sens actuel (Cf. HUGUET). V. **Formel**). Être choqué d'un manquement aux formes, aux règles établies, aux conventions. V. **Blesser** (se), **choquer** (se), **fâcher** (se), **offenser** (s'), **offusquer** (s'), **piquer** (se), **vexer** (se). Cf. Prendre la mouche*. *Il se formalise de tout, d'un rien. Se formaliser d'une plaisanterie innocente.* Cf. Prendre au sérieux*. *Ne vous formalisez pas si ...*

1 « Mon Dieu ! qu'as-tu ? toujours on te voit en courroux,
Et sur rien tu te formalises. » MOL., **Amphitryon**, II, 3.

2 « ...vous ne laisserez pas de vous formaliser beaucoup de ce que ma réponse ne vient que huit ou dix jours après votre lettre. »
RAC., **Lett.**, 23, 3 fév. 1662.

3 « ...les présidents se formalisèrent qu'on n'eût pas commencé par eux ; » VOLT., **Parlem. de Paris**, LIV.

4 « On fait de moi, avec moi, devant moi, tout ce qu'on veut, sans que je m'en formalise. »
DIDEROT, **Nev. de Rameau**, Œuv., p. 436.

5 « Ne croyant pas devoir me formaliser du peu de cas qu'on avait paru faire de ma personne ... » MÉRIMÉE, **Carmen**, I.

— REM. On trouve au XVIᵉ s. un emploi transitif de *formaliser* (MONTAIGNE in HUGUET). LITTRÉ enregistre une tournure. (*Il suffit d'un rien pour le formaliser*) que HATZFELD donne comme *néol.* et qui, de nos jours, n'est pas du langage littéraire.

FORMALISME. *n. m.* (1842; rad. lat. *formalis*. V. **Formaliste, formel**). Considération exclusive de la forme dans un ordre théorique, pratique, esthétique, et *par ext.* (péjor.), Attachement excessif à la forme, aux formalités.

— *Philos.* Affirmation selon laquelle toute expérience* (3º) est soumise à des conditions universelles a priori*. *Formalisme kantien.* — *Spécialt.* « Doctrine qui consiste à soutenir que les vérités de telle ou telle science (mathématique, notamment) sont purement formelles, et qu'elles reposent uniquement sur des conventions ou sur des définitions de symboles » (LALANDE).

— *Dr.* Système dans lequel la validité des actes est strictement soumise à l'observation de formes, de formalités*. *Formalisme juridique, administratif, diplomatique.* — Péjor. *Les chinoiseries du formalisme administratif.*

1 « Dans les systèmes primitifs de Droit, la simple manifestation de volonté, le consentement, n'a pas, en règle générale, de conséquence juridique. Il faut, pour qu'un acte juridique existe et produise ses effets, qu'il soit revêtu de formes. Si le principe moderne est le principe de l'autonomie de la volonté, le principe ancien est le principe du *formalisme*. Il faut des formes extérieures, des gestes, des paroles solennelles, tout un rituel pour que l'acte juridique existe et produise ses effets. »
GIFFARD, **Précis dr. rom.**, t. I, nº 17 (éd. Dalloz).

— *Esthét.* (Art et littér.). Tendance à rechercher trop exclusivement la beauté formelle en art (Cf. la doctrine de « l'art pour l'art »).

— *Néol.* Doctrine selon laquelle les formes artistiques se suffisent à elles-mêmes *par opposition à* naturalisme*, réalisme*. *Formalisme pictural* (V. **Forme**).

2 « Aucun art ne peut refuser absolument le réel ... Le formalisme peut parvenir à se vider de plus en plus de contenu réel, mais une limite l'attend toujours ... Le vrai formalisme est silence. »
CAMUS, **L'homme révolté**, p. 332.

3 « ...l'art contemporain ... se débat entre le formalisme et le réalisme. » ID., **Ibid.**, p. 337.

FORMALISTE. *adj.* (XVIᵉ s.; dér. sav. du lat. *formalis*, « relatif à la forme »).

‖ **1º** Qui observe les formes, les formalités avec scrupule. — *Par ext.* Où les formes, les règles sont strictement observées. *Religion, droit, société formaliste.*

1 « On sait que les Romains étaient extrêmement formalistes ; et nous avons dit ci-dessus que l'esprit de la république était de suivre la lettre de la loi. » MONTESQ., **Espr. des lois**, XXVII.

— *Péjor.* Qui est trop attaché aux formes, aux règles. *Magistrat formaliste.* — *Il est formaliste en toutes choses.* V. **Cérémonieux, façonnier, protocolaire** ; **étroit, minutieux, pointilleux, vétilleux.**

2 « Sont-ce là ces mêmes princes si pointilleux, si formalistes sur leurs rangs et sur leurs préséances ? » LA BRUY., XII, 119.

3 « Il sait que cette Compagnie, esclave des règles et formaliste, n'entend faire la guerre que par arrêts et par huissiers ; »
STE-BEUVE, **Caus. du lundi**, 22 déc. 1851.

‖ **2º** Qui est partisan du formalisme, en philosophie, en art, en littérature ... ; relatif au formalisme. *Doctrine formaliste. Mathématicien, écrivain, peintre formaliste. École formaliste.* Substantivt. *Un formaliste.*

ANT. — **Naturel, simple. Éclairé, large** (d'esprit) ; **naturaliste, réaliste.**

FORMALITÉ. *n. f.* (1425; dér. sav. du lat. *formalis*, « relatif à la forme »).

‖ **1º** Opération prescrite obligatoirement par la loi, la règle, et qui est liée à l'accomplissement de certains actes (juridiques, religieux ...) comme condition de leur validité. V. **Forme***, **formule, règle** ; **procédure.** *Formalité prescrite pour la validité (formalité intrinsèque, substantielle.* V. **Solennité**), *la preuve, l'opposabilité d'un acte juridique. Actes pour lesquels la loi impose l'observation de certaines formalités. Acte entouré de formalités, soumis à des formalités. Formalités des donations* (Cf. Avantage, cit. 27), *des testaments* (Cf. Expression, cit. 41), *de la faillite* (Cf. Failli, cit.). *Formalités de douane. Avec toutes les formalités exigées, requises.* Cf. En bonne et due forme (Cf. *aussi* Devoir). *Accomplir, remplir, respecter une formalité* (Cf. Enfantement, cit. 4). *Sans autre formalité* (Cf. Sans autre forme de procès*). *Attachement excessif aux formalités.* V. **Formalisme, formaliste.** *Formalités vexatoires imposées par l'administration.* V. **Chinoiserie, tracasserie.** *Se soumettre aux formalités. Oublier, négliger une formalité.*

1 « Un homme mort n'est qu'un homme mort, et il ne fait point de conséquence ; mais une formalité négligée porte un notable préjudice à tout le corps des médecins. » MOL., **Amour méd.**, I, 3.

2 « Dans les formalités en pareil cas requises. »
ID., **Dépit amoureux**, V, 6.

3 « C'est être superstitieux, de mettre son espérance dans les formalités ; mais c'est être superbe, de ne vouloir s'y soumettre. »
PASC., **Pens.**, IV, 249.

4 « Depuis le temps qu'on commença à disputer sur les formules et les formalités de la religion, l'Angleterre fut envahie par une foule de sectaires. » FÉN., Œuv., t. XXII, p. 416.

5 « Il ne faut point de formalités pour voler, et il en faut pour restituer. » VOLT., **Lett. Landg. de Hesse-Cassel**, 4 août 1753.

6 « Les trajets sont étonnamment plus rapides qu'hier, mais le temps techniquement gagné est reperdu administrativement dans un maquis de formalités, de procédures et de visas. »
SIEGFRIED, **Âme des peuples**, I, II.

7 « ... ce qui caractérisait ... nos cérémonies c'était la rapidité ! Toutes les formalités avaient été simplifiées et d'une manière générale la pompe funéraire avait été supprimée. » CAMUS, **La peste**, p. 191.

‖ **2º** Acte, geste imposé par le respect des convenances, des conventions mondaines. V. **Cérémonial, cérémonie, étiquette.** *Un grand luxe de formalités.* Cf. La croix et la bannière*. *Il s'installa chez son ami sans plus de formalités, sans autre formalité* (Cf. En toute simplicité).

8 « C'est elle (*cette contrainte*) ... qui me fait passer sur des formalités où la bienséance du sexe oblige. » MOL., **Éc. des maris**, II, 5.

9 « Il y a de très belles dames de par le monde qui se laissent baiser la main, comme le pape laisse baiser sa mule : c'est une formalité charitable ; tant mieux pour ceux qu'elle mène en paradis. »
MUSS., **Nouv.**, Deux maîtresses, III.

‖ **3º** Acte qu'on doit accomplir, mais auquel on n'attache pas d'importance ou qui ne présente aucune difficulté. *Ce n'est qu'une petite, une simple formalité* (Cf. Pour la forme). *Pour un homme de son intelligence, cet examen, ce concours ne sera qu'une formalité.* — REM. Cette acception n'est pas signalée dans les dictionnaires usuels.

10 « D'un seul coup d'œil, il comprit que le ménage était fait, formalité confiée jusqu'alors, une fois la semaine, aux soins d'une matrone insaisissable. » DUHAM., **Salavin**, III, I.

11 « La quarantaine, qui au début n'était qu'une simple formalité, avait été organisée ... de façon très stricte. » CAMUS, **La peste**, p. 231.

ANT. — **Liberté, licence** ; **laisser-aller.**

FORMARIAGE. *n. m.* (XIVᵉ s.; de *se formarier*, composé de *fors*, et *marier*). *Dr. féod.* Incapacité du serf* de corps lui interdisant de se marier hors de la seigneurie ou avec une femme libre sans le consentement du seigneur. *Par ext.* La sanction subie ou la taxe payée par le serf en cas de formariage.

« L'Église admet, sans restrictions, le mariage du serf, mais la coutume séculaire lui permet seulement d'épouser une serve de la même seigneurie que lui. Dans le haut moyen âge, la main-d'œuvre est rare et chaque seigneur entend garder ses serfs. Aussi le mariage d'un serf avec une serve d'une autre seigneurie ou avec une femme libre constitue un formariage (*forismaritagium*) et est formellement prohibé. »
OLIVIER-MARTIN, **Hist. dr.**, 472 (éd. Dalloz).

FORMAT. *n. m.* (1723; emprunt probable à l'ital. *formato*, du v. *formare*, « former »).

‖ **1º** Dimension caractéristique d'un imprimé (livre, journal), déterminée par le nombre de feuillets* d'une feuille* pliée ou non. *Format in-plano, in-folio (deux feuillets), in-quarto, in-octavo ou in-huit, in-douze, in-seize, in-dixhuit, in-vingt-quatre, in-trente-deux, in-quarante-huit, in-soixante-quatre.*

— *Par ext.* Dimensions d'un livre en hauteur et en largeur. *Livre de petit format, format de poche.*

1 « Le monde et la société ressemblent à une bibliothèque où, au premier coup d'œil, tout paraît en règle, parce que les livres y sont placés suivant le format et la grandeur des volumes, mais où, dans le fond, tout est en désordre, parce que rien n'y est rangé suivant l'ordre des sciences, des matières ni des auteurs. »
CHAMFORT, Max., S. l'homme et la société, XLI.

— REM. Les dimensions précises d'un imprimé résultent de son format et des dimensions de la feuille de papier (Cf. *infra*, 2°). *Format in-8 jésus.*

|| **2°** *Par ext.* Dimension-type de la feuille de papier, généralement désignée par son filigrane*. V. **Aigle** (grand aigle), **carré, cavalier, colombier, coquille, couronne, écu, jésus, pigeon, pot, raisin, soleil, tellière.**

2 « Dans ce quinzième siècle, si vigoureux et si naïf, les noms des différents formats de papier, de même que les noms donnés aux caractères, portèrent l'empreinte de la naïveté du temps. Ainsi le Raisin, le Jésus, le Colombier, le papier Pot, l'Écu, le Coquille, le Couronne, furent ainsi nommés de la grappe, de l'image de Notre-Seigneur, de la couronne, de l'écu, du pot, enfin du filigrane marqué au milieu de la feuille, comme plus tard, sous Napoléon, on y mit un aigle : d'où le papier dit Grand-Aigle. »
BALZ., Illus. perdues, Œuv., t. IV, p. 557.

— Par anal. *Format d'une gravure, d'un tableau. Format d'un billet de banque. — Format d'une épreuve photographique, d'une pellicule, d'un film cinématographique ... Photo de format 6 × 6, 6 1/2 × 9 ... Format d'un disque.*

3 « Quoique ce disque d'un petit format ne soit pas bien long, il mit un temps considérable à se laisser parcourir en entier par l'aiguille... »
MICHAUX, La nuit remue, p. 75.

— *Fig.* V. **Dimension, grandeur, taille.** Fam. *Un nez d'un grand format.*

FORMATEUR, TRICE. *n.* et *adj.* (XVe s.; empr. au lat. *formator,* de *forma.* V. **Forme ;** a remplacé *formere, formeor*). *Peu usit.* Ce qui donne une forme, qui impose un ordre... *Spécialt.* V. **Créateur, Dieu ; démiurge.**

1 « Dieu ... parfait architecte et absolu formateur de tout ce qui est ... »
BOSS., Élévat., III, 2.

— *Adj.* Qui forme*. *Influence formatrice. Les* morphèmes*, *éléments formateurs d'un mot.*

2 « Il est évident que de nouvelles formes de société, de nouvelles distributions de richesses, d'imprévus apports extérieurs sont pour beaucoup dans la formation des caractères ; mais je crois qu'on est porté à s'exagérer cependant leur importance formatrice — je la crois plutôt révélatrice simplement. »
GIDE, Nouv. prétextes, p. 24.

ANT. — **Destructeur ; déformateur, perturbateur.**

FORMATIF, IVE. *adj.* (XIXe s. in LITTRÉ ; dér. sav. de *forme*). Qui sert à former. *Langue formative,* donnant à chaque mot de la phrase une forme propre. V. **Flexionnel.**

— *Linguist.* Se dit de certaines lettres et certaines syllabes qui servent à modifier le sens d'un radical nominal ou verbal.

— *Biol. Pôle* formatif.

FORMATION. *n. f.* (XIIe s.; dér. sav. du lat. *formatio,* de *forma.* V. **Forme**).

|| **1°** Action de former, de se former ; manière dont une chose se forme ou est formée. V. **Composition, constitution, création, élaboration.** *En cours, en voie de formation. Formation d'un volume* (géom.). V. **Génération, opération.** *Formation d'un composé, d'un corps chimique.* V. **Préparation, production, synthèse.** Cf. Ethylène, cit. ; extincteur, cit. *Formation d'un essaim d'abeilles* (cit. 4). *Formation d'une entreprise, d'une société, d'une équipe.* V. **Fondation, institution, organisation.** *Formation d'un régiment, d'une garde* (Cf. Estafette, cit. 2). *Concourir* (cit. 3) *à la formation de la loi* ... Cf. Fédéralisme, cit. 2. *Formation d'un concept, d'une idée, d'un jugement, d'un sentiment, d'une passion, d'un projet* ... V. **Conception, élaboration, genèse.** *Formation d'une mentalité collective* (Cf. Communauté, cit. 3). *Formation du capitalisme. Formation d'une nation, d'un empire. Formation de l'unité française.*

— *Spécialt. La formation du monde.* V. **Création, genèse, origine.** *Le chaos* régnant avant la *formation du monde.*

— *En T. de Sciences. Biol. Formation de l'embryon, de l'œuf.* V. **Développement ; épigénèse, préformation.** *Formation et différenciation du système nerveux* (Cf. Canaliser, cit. 1). *Formation des espèces*. Absolt. *Époque, âge de la formation.* V. **Puberté ; cycle** (génital). Par ext. *Formations tissulaires*.

— *Bot. Formation végétale :* ensemble de végétaux présentant des caractères biologiques communs et un faciès analogue (Cf. Faune, cit. 5).

— *Géol. Formation d'un dépôt, d'un sédiment, d'une roche, d'un sol, d'une couche de terrains* ... (Cf. Estuaire, cit. 1). — *Par ext.,* en parlant de couches* de terrain de même origine, de même nature. *Formation quaternaire. Formations endogènes ou éruptives ; formations exogènes ou sédimentaires ; formations métamorphiques. Formations clastiques, détritiques** (cit.).

— Linguist. *Formation d'une langue. Formation des mots.* V. **Morphologie ; composition, dérivation** 1... Cf. Apocope, cit. *Formation de la phrase.* V. **Syntaxe.** *Mot de formation récente. Formation des adverbes en français. Formation du génitif en latin, en russe ; formation du pluriel en français...* Par ext. V. **Mot ;** Cf. *-ard,* cit. 2. *Ce mot est une formation populaire, savante.* Cf. Expressif, cit. 3. *La formation d'une consonne transitoire dans* nombre, viendrai.

|| **2°** *Milit.* Mouvement par lequel une troupe prend une disposition ; cette disposition* elle-même. *Formation en carré, en ligne** ... *Formation d'une compagnie en colonne par trois, en colonne double. — Avions en formation triangulaire.*

— *Par ext.* Groupement militaire. V. **Groupe, unité** ... *Formations de services, formations auxiliaires* (Cf. Armée, cit. 12 et 14). *Formation sanitaire* (Cf. État, cit. 62). *Formations de transport, de circulation routière du train. Formation temporaire de combat. — Mar.* Groupe articulé de bâtiments de guerre. — *Aviat. Formation aérienne.*

« Les deux escadres, marchant à la rencontre l'une de l'autre, 1 infléchissaient leurs routes vers le sud, pour prendre tout de suite leur formation tactique de combat. »
FARRÈRE, La bataille, XXV.

« Depuis qu'il était entré dans les formations sanitaires, Paneloux 2 n'avait pas quitté les hôpitaux et les lieux où se rencontrait la peste. »
CAMUS, La peste, p. 240.

— Par anal. *Les grandes formations politiques, syndicales.* V. **Organisation, parti.** *Formation sportive.* V. **Équipe.** *Formation symphonique.* V. **Orchestre.**

|| **3°** (XXe s.). Éducation* intellectuelle et morale d'un être humain (V. **Développement, évolution**) ; moyens par lesquels on la dirige, on l'acquiert. (V. **Développement, dressage, éducation* ; instruction**) ; résultats ainsi obtenus (V. **Connaissance, culture**). *Formation du caractère, du goût, de l'esprit* (Cf. Enseignement, cit. 6 ; établissement, cit. 6). *Avoir reçu une solide formation classique, philosophique, littéraire, scientifique, juridique. — Spécialt.* Ensemble de connaissances théoriques et pratiques dans une technique, un métier ; leur acquisition. *Formation professionnelle.* V. **Apprentissage** (cit. 4). *Stage de formation. Formation pédagogique des maîtres.*

« Je ne puis me retenir d'espérer qu'entre gens de même formation, de même culture, on puisse toujours à peu près s'entendre, 3 malgré toute différence foncière de tempérament. »
GIDE, Corydon, IVe dial.

« ... d'esprit et de formation classiques... »   4
HENRIOT, Romantiques, p. 143.

« Jadis, il s'était présenté à l'École normale. Cette formation 5 littéraire avait marqué sur lui plus que toute autre influence ... »
CHARDONNE, Amour du prochain, p. 108.

ANT. — **Déformation, désagrégation, destruction, dissolution.**

FORME. *n. f.* (XIIe s.; lat. *forma*).

I. || **1°** Ensemble des contours d'un objet, d'un être, résultant de l'organisation de ses parties. V. **Apparence, aspect, configuration, conformation, contour, dehors** (n. m.), **disposition, extérieur, figure** ... *Forme régulière* (Cf. Cristalliser, cit. 9), *simple, symétrique* (V. **Régularité, symétrie**) ; *irrégulière, biscornue, bizarre* (V. **Asymétrie, irrégularité**). *Objet de forme longue, carrée, courbe, elliptique, sphérique* (V. **Courbure, ellipticité, sphéricité** et *infra* la liste des adjectifs désignant des formes). *La forme d'une cage* (cit. 4), *d'un calice* (cit. 1), *d'un chapeau* (cit. 8) ... *Analogie, ressemblance de forme.* V. **Coïncidence, conformité, ressemblance, similitude.** *Objets de même forme, mais de taille différente.* V. **Modèle*** (modèle réduit) ; *conforme, isomorphe, semblable ... Affecter, avoir, offrir, posséder, présenter une forme. Sans forme, sans forme précise.* V. **Amorphe, informe** (Cf. Effacer, cit. 18). *Changer* (cit. 54, 62) *de forme.* V. **Avatar, métamorphose ; transformer** (se) *Altération de forme.* V. **Anamorphose, déformation, difforme ; déformer** et aussi **Gauchir** (se), **tordre** (se), **voiler** (se). *Qui peut prendre deux, trois ... plusieurs formes.* V. **Dimorphe, diversiforme, hétéromorphe, multiforme, protéiforme, polymorphe, trimorphe.** *Qui reprend seul sa forme première.* V. **Élastique, souple ; élasticité.** *Prendre forme, acquérir une forme.* V. **Constituer** (se), **former** (se). Cf. Caravane, cit. 3 ; consistance, cit. 3. — Spécialt. *Formes cristallines,* qu'affecte un corps qui se cristallise. *Les minéraux amorphes n'ont pas la forme cristalline* (Cf. Cristallisation, cit. 1 ; cristalliser, cit. 9) ; **métamorphique.** *Forme d'un animal, d'un végétal. Forme d'une partie du corps. Forme de la tête, du crâne* (Cf. Brachycéphale, dolichocéphale...), *des bras, des jambes...* Cf. Élargissement, cit. 2. *Forme des sourcils* (Cf. Arcade, cit. 2). *Études des formes des minéraux, des êtres vivants.* V. **Cristallographie, morphologie, zoomorphie** ... *Forme d'une plante* (Cf. Catleya, cit.). *Forme des arbres* (cit. 26) : *formes naturelles* (haute tige, demi-tige, etc. V. **Tige**), *formes artificielles* (V. **Taille**).

« ... ces triangles, ces pyramides, ces cubes, ces globules et toutes ces figures géométriques n'existent que dans notre imagination ... elles ne se trouvent peut-être pas dans la nature, ou tout au moins ... si elles s'y trouvent, c'est parce que toutes les formes possibles s'y trouvent ... »
BUFF., Hist. des anim., II, Œuv., t. I, p. 436.

2 « ...il aperçoit tout à coup que le visage de son ami prend une nouvelle forme : les rides de son front s'effacent ... ses yeux creux et austères se changent en des yeux bleus d'une douceur céleste et pleins d'une flamme divine ; sa barbe grise et négligée disparaît ; des traits nobles et fiers mêlés de douceur et de grâces, se montrent aux yeux de Télémaque ébloui. Il reconnaît un visage de femme ... »
FÉN., Télém., XVIII.

3 « Je me choisis en maître une forme, un visage. »
CHÉNIER, Bucoliques, XXV.

4 « Oh ! regardez le ciel ! cent nuages mouvants
Amoncelés là-haut sous le souffle des vents,
Groupent leurs formes inconnues ; »
HUGO, Feuilles d'automne, Soleils couchants.

5 « ...son pied ... imprime fidèlement sa forme sur le sable fin. »
BAUDEL., Spl. de Paris, XXV.

6 « ...ses bondissants cheveux, disciplinés ... casquaient étroitement la forme charmante et nouvelle d'une tête ronde, impérieuse ... »
COLETTE, Maison de Claudine, p. 110.

7 « Elle sentait la chaleur et la forme du bras qui l'entourait... »
CHARDONNE, Dest. sentim., p. 32.

8 « Parfois les nuages prennent forme. Il se fait dans le ciel des poches de noirceur, qui s'enflent et se rapprochent. »
ROMAINS, H. de b. vol., t. VIII (in CLARAC, I, p. 360).

9 « Les formes animales et végétales, les organes et les fonctions que nous pouvons contempler aujourd'hui, ou retrouver dans le passé, expriment l'harmonie qui s'est établie — inégalement, avec beaucoup de peine, par à-coups — entre les êtres et leurs conditions d'existence. »
ID., Dieu du corps, III.

10 « Le langage ordinaire se prête mal à décrire les formes, et je désespère d'exprimer la grâce tourbillonnaire de celles-ci. »
VALÉRY, Coquillages (in CLARAC, I, p. 108).

11 « Les formes que la vue nous livre à l'état de contours sont produites par la perception des déplacements de nos yeux conjugués qui conservent la vision nette. »
ID., Degas Danse Dessin, p. 60.

‖ Adjectifs désignant des formes : formes géométriques ... V. Brisé, courbe*, droit* ; arrondi, barlong, bombé, concave, convexe, court, épais, étroit, large, long, mince, oblong ... ; carré, circulaire, ovale, rectangulaire, rond, triangulaire et aussi Polygonal (hexagonal, octogonal ...) ; conique, cubique, cylindrique, cylindroconique, hémisphérique, parallélépipédique, polyédrique (hexaédrique, octaédrique...), prismatique, rhomboédrique, sphérique, tronconique ; cycloïdal, elliptique, ellipsoïdal, épicycloïdal, hélicoïdal, hyperbolique, hyperboloïdal, parabolique, paraboloïdal, sinusoïdal, spiral, spiroïdal, etc.

— Par ext. Être ou objet confusément aperçu et dont on ne peut préciser la nature. Une forme imprécise disparaît dans la nuit. V. Apparition, ombre, vision (Cf. Arrêter, cit. 58). Forme fantastique (cit. 8). Forme inerte (Cf. Faucher, cit. 5).

12 « On y distinguait çà et là des formes confuses et vagues qui, au jour, étaient des papiers épars sur une table, des in-folio ouverts, des volumes empilés sur un tabouret, un fauteuil chargé de vêtements ... »
HUGO, Misér., I, II, XI.

13 « Dans le vieux parc solitaire et glacé
Deux formes ont tout à l'heure passé. »
VERLAINE, Fêtes galantes, Colloque sentimental.

14 « Auprès de la fontaine, une forme penchée.
Était-ce une femme voilée ?
Une aile blanche au bord de l'eau ?.... »
GIDE, Bethsabé, 1.

15 « On vit sous la lampe, dans une ombre silencieuse où les formes furtives ont le pas des fantômes. »
SUARÈS, Trois hommes, Ibsen, I.

‖ 2º Apparence extérieure donnant à un objet ou à un être son originalité, sa spécificité. Forme caractéristique. Donner sa forme à un vase, déterminer la forme d'une poterie. V. Constituer, former, informer, modeler, mouler ... Esquisser* la forme d'un visage au fusain. Forme d'une lettre gothique. V. Calligraphie. Forme d'un objet fabriqué, manufacturé, d'un assemblage. Manteau de forme raglan*, de forme trois-quarts, etc. V. Arrangement, composition, constitution, coupe, façon, structure (Cf. aussi infra FORME, IV). Amas sans forme de ruines, de déblais (V. Informe) : qui a perdu son apparence primitive, ou à qui manque un aspect organisé. Son corps n'avait plus forme humaine.

16 « Sculpteur cherche avec soin, en attendant l'extase,
Un marbre sans défaut pour en faire un beau vase ;
Cherche longtemps sa forme, et n'y retrace pas
D'amours mystérieux ni de divins combats. »
Th. de BANV., Les stalactites.

17 « Se renversant jusqu'à ce que sa nuque touchât ses talons, il donnait à son corps la forme d'une roue parfaite. »
FRANCE, Jongleur de Notre-Dame (in CLARAC, I, p. 98).

18 « Je ne veux pas de ces bouteilles truquées... Comme forme, j'ai choisi la bouteille cognac ; elle est élégante, l'épaule n'est pas trop remontée, le col est fin, le verre en est très clair ... »
CHARDONNE, Dest. sentim., p. 169.

— EN FORME DE. Échancrer en forme de croissant. Coquillages en forme de pétales, dont l'aspect imite celui des pétales. Couper, tailler en forme de biseau, de pointe ... (Cf. En biseau, en pointe, en sifflet ...). Chocolat en forme de tablettes, de barres ... (Cf. Aire, cit. 1 ; bondon, cit. ; écharpe, cit. 6).

— Prendre la forme de : se rendre ou devenir semblable à. Un nuage étiré par le vent qui prend la forme d'un crocodile. Incarner une forme (Cf. Exorciser, cit. 3).

19 « Cependant, tout le long de soixante-cinq jours, Pati-Pati enfla, prit la forme d'un lézard des sables, ventru latéralement, puis celle d'un melon un peu écrasé, puis ... »
COLETTE, Maison de Claudine, p. 175.

— Sous la forme de : en prenant ou en donnant l'apparence de. Zeus séduisit Danaé sous la forme d'une pluie d'or. Apparaître sous la forme de ... V. Apparence, traits, visage (Cf. Argent, cit. 10).

20 « ...il crut voir Lucile qui passait légèrement devant lui sous la forme d'un ange ... »
STAËL, Corinne, XVI, V.

21 « Le bonheur est là, sous la forme d'un petit morceau de confiture (de haschisch) ; prenez-en sans crainte, on n'en meurt pas ; »
BAUDEL., Du vin et du haschisch, IV.

— Par ext. Aspect variable que revêt une chose dont la nature demeure inchangée. Médicament administré sous forme de cachets, de gouttes, de pilules. Explosifs sous forme de bâtonnets, de cartouches (cit. 3) ...

— Anc. chim. Forme solide, liquide d'un corps (V. État, I, 2º).

— Objets servant à en qualifier d'autres par analogie de forme. V. Aiguille, aigrette, aile, angle, anneau, anse, arc, arcade, arceau, ballon, bec, bombe, boudin, boule, brique, câble, cachet, calotte, capsule, capuchon, cercle, cintre, cloche, clou, cœur, coin, colonne, couronne (cit. 15), croissant, croix, cube, cylindre, dent, disque, doigt, dôme, entonnoir, épi, étoile, éventail, fer (de lance, fer à cheval ...), feuille, flamme, flèche, fleur, fuseau, gerbe, gland, globe, hélice, lacet, langue, languette, lentille, lobule, lunule, mamelon, nacelle, noix, œil, œuf, olive, oreille, pain (de sucre), pastille, patte (d'oie), peigne, pinceau, pointe, poire, pomme, pyramide, réseau, rond, rostre, rotonde, roue, sabot, scie, serpent, spatule, T (té), table, tige, tire-bouchon, trèfle, tube, tuyau, vase, ver, volute, voûte, X, etc. Cf. aussi les lettres de l'alphabet, notamment S, T, V, W, X, Y, Z.

— Adjectifs qualifiant des formes. V. les adj. tirés des substantifs précédents, et aussi les suffixes -forme, -morphe, -oïde.

‖ 3º Apparence physique d'un être humain pris individuellement. Sa forme élégante, aérienne (cit.) ... V. Silhouette, tournure.

22 « Elle voit (quel objet pour les yeux d'une amante !)
Hippolyte étendu, sans forme et sans couleur.
Elle veut quelque temps douter de son malheur ;
.. ..
Mais trop sûre à la fin qu'il est devant ses yeux,
Par un triste regard elle accuse les Dieux ; »
RAC., Phèd., V, 6.

23 « La forme, oubliée par l'affection, ne se voit plus chez une créature dont l'âme est alors seule appréciée. »
BALZ., Curé de village, Œuv., t. VIII, p. 559.

24 « La taille cambrée, la joue sur l'épaule, elle suivait de l'œil les ondulations de sa forme longue dans le fourreau de satin noir ... »
FRANCE, Lys rouge, I.

— Les formes, se dit absolt. des contours du corps humain. Femme qui a de belles formes (Cf. Appas, cit. 13). V. (fam.) Balancé, fait*, fichu, foutu, roulé (bien ...), tourné. (Cf. Fait à peindre, au moule, au tour). Formes amples (cit. 3), pleines, rondes, arrondies (cit. 9, 10), dodues, épanouies, grassouillettes, onduleuses, potelées, replètes. Formes lourdes, courtes, ramassées. Formes élancées, fuselées, gracieuses, sèches, sveltes. Élégance (cit. 2), minceur des formes. Formes, dans les différentes attitudes* du corps. Vêtement, robe qui épouse, moule les formes (Cf. Croupe, cit. 5). L'embonpoint arrondit les formes, donne des formes. — Fam. Prendre des formes (V. Engraisser). — Formes athlétiques, viriles (Cf. Cercler, cit.).

25 « Une seule mousseline couvre sa gorge ; et mes regards ont déjà saisi les formes enchanteresses. » LACLOS, Liais. dang., Lett. VI.

26 « Elle avait des formes pleines, attrayantes par cette grâce qui sait unir la nonchalance et la vivacité, la force et le laisser-aller. »
BALZ., Contrat de mariage, Œuv., t. III, p. 97.

27 « Ses formes exquises, dont la rondeur était parfois révélée par un coup de vent, et que je savais retrouver malgré l'ampleur de sa robe, ses formes revinrent dans mes rêves de jeune homme. »
ID., Cabinet des antiques, Œuv., t. IV, p. 341.

28 « ...ces fossettes amoureuses, ces formes ondoyantes comme des flammes, cette force, cette souplesse, ces luisants de satin, ces lignes si bien nourries, ces bras potelés, ces dos charnus et polis, toute cette belle santé appartient à Rubens. »
GAUTIER, Mⁱⁱᵃ de Maupin, II, p. 76.

29 « ...une grande et belle créature ayant toutes les formes les plus charmantes de la femme à ce moment précis où elles se combinent encore avec toutes les grâces les plus naïves de l'enfant ... »
HUGO, Misér., III, VI, II.

‖ 4º Spécialt. Les contours considérés d'un point de vue esthétique. V. Délinéament, dessin (cit. 5), galbe, ligne, modelé, relief, tracé ... volume. — Cf. Corinthien, cit. 1. Élégance (cit. 1), beauté (cit. 1, 13) d'une forme, des formes. V. Plastique, proportion ... Cf. Beau, cit. 99. Formes pures, nobles, sereines, majestueuses ; heurtées, tourmentées. Formes architecturales (Cf. Édifice, cit. 1). Formes ornementales. V. Ornement. Formes et couleurs d'un tableau ... Cf. Ajout, cit.; expression, cit. 26. La vie des formes, œuvre de H. Focillon.

30 « J'adore sur toutes choses la beauté de la forme ; — la beauté pour moi, c'est la Divinité visible, c'est le bonheur palpable, c'est le ciel descendu sur la terre. — Il y a certaines ondulations de contours, certaines finesses de lèvres, certaines coupes de paupières, certaines inclinaisons de tête, certains allongements d'ovales qui me ravissent au delà de toute expression et m'attachent pendant des heures entières. » **GAUTIER, Mlle de Maupin**, V, p. 158.

31 « ... quel que soit le sujet qu'il traite, Ingres y apporte une exactitude rigoureuse, une fidélité extrême de couleur et de forme ... » ID., **Portr. contempor.**, p. 287

32 « (*Dans le style Louis XV*) On dirait que les formes délivrées d'une tutelle tyrannique, se mettent à danser une ronde, une farandole qui ne va plus finir ... Les angles s'abattent, les formes s'arrondissent, les coins disparaissent et sont remplacés par des courbes moins sévères et plus attrayantes ; » Louis GILLET, **Hist. gén. nat. franç.** (in CLARAC, I, p. 115-116).

33 « Quand la couleur est à sa richesse, la forme est à sa plénitude. » **P. CÉZANNE, Corresp. avec E. Bernard.**

34 « L'artiste (*V. Hugo*) se servait de plumes faussées ; c'est qu'elles crachent, c'est qu'elles tracent ces linéaments capricieux et déterminent ces accidents qui prêtent au dessin des formes, une vie pittoresque et suggestive. » **H. FOCILLON, cité par R. ESCHOLIER, La place royale et V. Hugo** (in CLARAC, I, p. 202).

II. *Fig.* En parlant de notions ou d'opérations abstraites.

|| **1°** Manière variable dont elles se présentent. *Les différentes formes de l'énergie* (cit. 16), *de la vie* (Cf. Évolution, cit. 15) V. **Apparence, aspect, état, modalité, variété, visage** (*fig.*). *Changer de forme, affecter, épouser, revêtir une autre forme. De forme variable* (V. **Ambigu, capricieux, changeant**), *de forme constante, fixe* (V. **Invariable, uniforme**). *Les différentes formes que prend, que revêt l'expérience humaine* (V. **Façon, manière, mode**). *Les formes successives du développement intellectuel* (V. **Degré, étape, phase, stade**). *Formes d'intelligence* (Cf. Aveugle, cit. 11) *ou de sensibilité. Extérioriser* (cit. 1) *ses sentiments sous diverses formes. La vertu, le vice, la passion sous toutes ses formes. Forme de bravoure* (cit. 2), *de coquetterie* (Cf. Coquet, cit. 2), *de désespoir* (Cf. Ennui, cit. 28), *d'égotisme* (cit. 4), *de fatigue* (cit. 8), *d'indiscrétion* (Cf. Affaire, cit. 21), *de malice* (Cf. Candeur, cit. 7), *de mépris* (Cf. Fascisme, cit. 2), *de persévérance* (Cf. Changement, cit. 8), *de vertu* (Cf. Austérité, cit. 9). *La forme populaire d'une idée* (Cf. Âme, cit. 42). *Une forme raffinée, dégénérée, décadente de civilisation* (V. **Sorte, type**). *Une forme de romantisme* (Cf. Expressionnisme, cit. 1). *L'esquisse* (cit. 2), *forme de liberté en art. Conversation qui prend la forme d'un soliloque, d'une confession, d'une dispute* (V. **Allure, tour ; tourner** (se tourner). *Forme sous laquelle se déclare une maladie : forme atténuée, bénigne ; forme maligne ; larvée* (V. **Symptôme**). *S'approprier de l'argent sous forme de numéraire, d'emprunt* (Cf. Expédient, cit. 10). *La forme dégénérée, vulgaire d'un accent* (cit. 13), *d'une prononciation.*

35 « ... l'éternelle monotonie de la passion, qui a toujours les mêmes formes et le même langage. » **FLAUB., Mme Bovary**, II, XII.

36 « La paix n'est qu'une forme, un aspect de la guerre, la guerre n'est qu'une forme, un aspect de la paix, et ce qui est lutte aujourd'hui est le commencement de la réconciliation de demain. » JAURÈS (in R. ROLLAND, **Au-dessus de la mêlée**, p. 115).

37 « ... cette entrevue prit la forme d'un déjeuner d'affaires. » **ROMAINS, H. de b. vol.**, t. V, XII, p. 85.

— *Spécialt.* Mode particulier selon lequel une société humaine est organisée. V. **Mode, organisation, régime, statut.** *Forme de l'État* (cit. 117), *du gouvernement* (Cf. Exigence, cit. 1), *du parlement* (Cf. Baron, cit. 4). — *Forme de la société. Évolution des formes sociales* (Cf. Évolutionniste, cit.). *Les formes élémentaires de la vie religieuse*, livre d'É. Durkheim. *Forme industrielle du capitalisme* (cit. 1). *Forme d'une société de commerce ... Cette affaire s'est constituée sous la forme d'une société anonyme.*

38 « Les diverses formes de gouvernements tirent leur origine des différences plus ou moins grandes qui se trouvèrent entre les particuliers au moment de l'institution. » **ROUSS., De l'inég. parmi les hommes**, II.

39 « Quelle que soit la forme de gouvernement, monarchie, aristocratie, démocratie, il y a des jours où c'est la raison qui gouverne, et d'autres où c'est la passion. » FUST. de COUL., **Cité antique**, IV, XI.

40 « ... il ne serait pourtant pas mauvais d'examiner dès maintenant quelle forme mes amis et moi nous donnerions à notre participation. » **ROMAINS, H. de b. vol.**, t. V, XII, p. 91.

|| **2°** *Gramm.* Aspect sous lequel se présente un terme ou un énoncé. *Étude des formes.* V. **Morphologie.** *Forme des mots* (Cf. Étymologie, cit. 1). *Formes accentuées des pronoms. Forme du singulier, du pluriel ; du masculin, du féminin. Forme active, passive des verbes.* V. **Voix.** *Forme du passé antérieur* (cit. 5, 6. — Cf. Antériorité, cit. 7), *du futur* (Cf. Faillir, cit. 1).

— Linguist. *La forme linguistique, définie par la fonction* et opposée à la substance*.*

41 « La langue est une forme et non une substance. » **F. de SAUSSURE, Cours de linguist. générale**, p. 169.

42 « La forme ne peut être reconnue qu'en se plaçant sur le terrain de la fonction ... La forme linguistique est indépendante de la substance dans laquelle elle se manifeste. » **L. HJELMSLEV, Forme et substance linguistique** (in Bullet. du cercle linguist. de Copenhague, IV, pp. 3-4 (1937-38).

|| **3°** Manière dont une pensée, une idée s'exprime (V. **Expression, langage**). *Idée, pensée qui cherche, trouve sa forme* (Cf. Accroissement, cit. 3 ; bafouillage, cit. 1). *Donner à sa pensée, à une idée une forme nouvelle, imprévue, impeccable ...* — *Par ext.* Arrangement de mots. V. **Expression, formule, locution, tour, tournure.** *Formes exprimant l'affection* (cit. 15). *Formes archaïques, vieillies* (Cf. Assujettir, cit. 15). *Les formes du langage ordinaire* (Cf. Énoncer, cit. 5). — *Spécialt.* Type* déterminé sur le modèle duquel on compose, on construit une œuvre d'art. *Poème en forme d'acrostiche* (cit. 1). *Conter une histoire sous forme de récit, de lettres, d'un pamphlet ...* (Cf. Annotation, cit. 1 ; autoriser, cit. 12 ; concevoir, cit. 18). *Poème à forme fixe*, et absolt. *Forme fixe :* poème dont le nombre de vers, la disposition des rimes, la composition sont réglés. V. **Poème.** *Les formes naturelles de la poésie.* V. **Genre.** Cf. Épode, cit.

— Par ext. *Formes dramatiques* (Cf. Capital, cit. 9), *plastiques, musicales* (V. **Musique**).

43 « ... toutes les formes que la nécessité de voiler la vérité ou de la rendre piquante, a pu faire inventer ... » **CONDORCET, Vie de Volt.** (VOLT., éd. de Kehl, t. XCII, p. 142).

44 « ... (*la morale du christianisme*) offre des formes nobles à l'écrivain, et des moules parfaits à l'artiste ; » **CHATEAUB., Génie**, I, I, 1.

45 « Il (*Ingres*) émet des maximes et des conseils qu'il est toujours bon de suivre, et qui, sous une forme abrupte, concise et bizarre, contiennent toute l'esthétique de la peinture. » **GAUTIER, Portr. contempor.**, p. 288.

46 « Au 17e siècle, ces petits genres qu'on peut appeler les « formes fixes » de la prose, ont été le portrait et la maxime. » **LANSON, L'art de la prose**, p. 126.

47 « Prenons un autre élément quasi matériel, dans lequel s'exprime l'œuvre d'art, et qui la façonne grandement : les formes en vigueur de son temps : pour le poète, le mètre, la coupe du vers, la nature de la strophe ; pour le dramaturge, la division en tant d'actes, le règne ou non des trois unités, l'alternance ou non des vers et de la prose ; pour le musicien, le moule sonate, symphonie, concerto, opéra... Sans doute, le propre du génie est de briser ces formes que lui impose l'ambiance. Mais, d'abord, il ne les brise pas tout de suite, leur reste longtemps soumis ; pendant plusieurs années, Hugo pétrit son œuvre dans les formes d'André Chénier et de Lebrun ; les premières sonates de Beethoven sont moulées dans celles de Haydn ; Wagner a débuté par des opéras jetés dans le gaufrier italien. » J. BENDA (in ENCYCL. FRANÇ., XVI, 62-5).

48 « ... la chevauchée de l'Islam rencontre en Italie, en Espagne, en France, les formes abâtardies de cet art grec jetées par les navigateurs sur les rivages méditerranéens en remontant le Danube et le Rhône... » **É. FAURE, L'esprit des formes**, p. 8.

— *Absolt.* (Littér. et Arts). Manière dont les moyens d'expression sont organisés en vue d'un effet esthétique ; l'effet produit par cette organisation. V. **Expression, style, ton, versification.** Cf. Esprit, cit. 124 ; esthétique, cit. 3. *Assimiler ou opposer la forme au fond, au contenu, à la matière, à ce qui est exprimé.* V. **Fond** (V, 4° ; cit. 55 à 59). *Souci de la forme, attachement exclusif à la forme.* V. **Formalisme, formel.** *Éloquence* (cit. 11) *qui n'est que dans la forme. Forme classique, pure, parfaite, raffinée ; forme baroque, excentrique* (cit. 2) ... *Vers d'une forme impeccable. Le sujet de ce livre, de ce tableau est banal, mais la forme en est neuve. La forme est indigne du fond. Renouveler la forme* (V. **Rhabiller**, *fig.*).

49 « Lorsque la forme est telle qu'on en est plus occupé que du fond, on croit que la pensée est venue pour la phrase, le fait pour le récit, le blâme pour l'épigramme, l'éloge pour le madrigal, et le jugement pour le bon mot. » **JOUBERT, Pens.**, XXII, LVIII.

50 « *Forma*, la beauté. Le beau, c'est la forme. Preuve étrange et inattendue que la forme, c'est le fond. Confondre forme avec surface est absurde. La forme est essentielle et absolue ; » **HUGO, P.-S. de ma vie**, Utilité du beau (Cf. Absolu, cit. 19).

51 « La forme et le fond sont aussi indivisibles que la chair et le sang. » ID., **Ibid.**, Le goût.

52 « Tantôt une idée commande la forme qui lui convient ; tantôt la forme, la consonance seule, détermine tout. » **DELACROIX, Écrits**, II, p. 80.

53 « Ce que j'aime par-dessus tout, c'est la forme, pourvu qu'elle soit belle, et rien au delà. » **FLAUB., Corresp.**, t. I, p. 225.

54 « La forme est la chair même de la pensée, comme la pensée est l'âme de la vie ... » ID., **Ibid.**, t. II, p. 187.

55 « La forme est sévère en général, correcte et par endroits remarquablement *ferme*. J'y voudrais plus de poésie de détail quelquefois. » **STE-BEUVE, Corresp.**, 6 oct. 1835, t. I, p. 551.

56 « Je rêve ... que je trouve progressivement mon ouvrage à partir de pures conditions de forme, de plus en plus réfléchies, — précisées jusqu'au point qu'elles proposent ou imposent presque ... un *sujet*. Observons que des conditions de forme précises ne sont autre chose que l'expression de l'intelligence et de la conscience que nous avons des *moyens* dont nous pouvons disposer, et de leur portée, comme de leurs limites et de leurs défauts. » **VALÉRY, Variété III**, p. 65.

57 « ... ces jansénistes de la peinture et de la poésie, les Degas, les Mallarmé, qui ne vécurent que pour rejoindre et pour parfaire, l'un, quelque forme, l'autre, quelque système de mots ; » ID., **Degas Danse Dessin**, p. 159.

58 « Un mythe fort émouvant de la cosmogénie polynésienne nous apprend qu'un dieu ne devient dieu qu'au moment où il devient forme. C'est vrai. Mais il est vrai, aussi, qu'au moment où il devient forme, il commence de mourir. » É. FAURE, Esprit des formes, p. 9.

59 « Créer une œuvre ne saurait consister, ainsi que le croit souvent le profane, à revêtir d'une apparence visible une idée qui serait déjà tout élaborée dans le cerveau de l'artiste. La forme n'est pas une sorte de traduction ou de vêtement plastique d'une pensée ; elle ne lui est pas conférée après coup. Focillon a eu le grand mérite de le souligner : l'artiste, en quelque sorte, pense et sent directement avec les formes, comme d'autres avec les mots. »
René HUYGHE, Dial. avec le visible, p. 428.

|| 4° Manière de se conduire. V. **Conduite, façon, manière, usage.** *Formes rudes ; distinguées, raffinées.* — REM. Dans cette acception, *Forme* ne s'emploie guère qu'au pluriel.

60 « Eurymaque était grave avec les graves, enjoué avec ceux qui étaient d'une humeur enjouée : il ne lui coûtait rien de prendre toutes sortes de formes. » FÉN., Télém., XIII.

— *Absolt. et fam.* Manières polies, courtoises. *Avoir des formes, manquer de formes. Apprenez-lui cet échec en y mettant des formes* : avec des précautions, des atténuations, pour ménager son amour-propre, sa susceptibilité.

— *Absolt. Pour la forme* : par simple respect des usages ou des conventions. *Il ne l'a fait que pour la forme, comme une simple formalité*.*

61 « Pour la forme, il faudra, s'il vous plait, qu'on m'apporte, Avant que se coucher, les clefs de votre porte. »
MOL., Tart., V. 4.

62 « Ce vieillard instruit, qui a passé aux yeux de tant de gens remarquables pour prudent, averti, d'excellent conseil, moi, son fils, je ne l'ai jamais consulté que pour la forme, après m'être renseigné ailleurs et décidé en dehors de lui. »
MART. du G., Thib., t. IV, p. 249.

|| 5° Manière de procéder, d'agir selon des règles convenues, établies ... V. **Formalité, règle ; formule.** *Les formes de l'étiquette.* V. **Cérémonial, cérémonie.** *Respecter la forme, les formes consacrées. Donner un bal* (cit. 2) *dans les formes.* — *Fig. Une bataille en forme* : avec tout ce qu'une bataille comporte. V. **Règle** (en).

63 « — ... elle sera morte dans les formes.
— Il vaut mieux mourir selon les règles, que de réchapper contre les règles. » MOL., Am. médec., II, 5.

64 « — Eh bien ! quelle garantie me donnerez-vous ? reprit Julien avec un accent vif et ferme, et qui semblait abandonner pour un instant les formes prudentes de la diplomatie. »
STENDHAL, Le rouge et le noir, II, XXX.

65 « Elle (la comédie) fait parler l'avocat, le juge, le médecin, comme si c'était peu de chose que la santé et la justice, l'essentiel étant qu'il y ait des médecins, des avocats, des juges, et que les formes extérieures de la profession soient respectées scrupuleusement. »
BERGSON, Le rire, p. 41 (Cf. aussi Automatisme, cit. 7).

66 « Il y avait la manière officielle (en Provence, depuis l'an 1100 jusqu'en 1328) de se déclarer amoureux d'une femme, et celle d'être agréé par elle en qualité d'amant. Après tant de mois de cour d'une certaine façon, on obtenait de lui baiser la main. La société, jeune encore, se plaisait dans les formalités et les cérémonies qui alors montraient la civilisation, et qui aujourd'hui feraient mourir d'ennui. Le même caractère se retrouve dans la langue des Provençaux, dans la difficulté et l'entrelacement de leurs rimes, dans leurs mots masculins et féminins pour exprimer le même objet ; enfin dans le nombre infini de leurs poètes. Tout ce qui est forme dans la société, et qui aujourd'hui est si insipide, avait alors toute la fraicheur et la saveur de la nouveauté. » STENDHAL, De l'amour, LI.

— *Dr.* « Aspect extérieur d'un acte juridique, d'un jugement ou d'un acte instrumentaire » (CAPITANT). *Forme libre. Forme réglementée. La forme et le fond.* — *Spécialt. Forme déterminée par la loi.* V. **Formalité, formule.** *Conditions de forme et de fond.* V. **Formalisme.** *Observer les formes légales, prescrites* (Cf. Cas, cit. 12 ; expropriation, cit. 3). *Dans les actes solennels la forme donne existence à la chose* (Cf. l'adage « In solemnibus forma dat esse rei »). *Formes solennelles. Formes de publicité. Formes habilitantes. Formes probantes. Acte passé dans la forme administrative* (Cf. Authentique, cit. 4). *Titre en forme exécutoire* (V. **Paré**). *Rédiger un jugement dans les formes.* V. **Libeller.** *Inobservation, violation des formes légales. Nullité d'un acte entaché d'un vice de forme. Cassation d'un jugement pour irrégularité de forme. — La forme emporte* (cit. 45) *le fond** (cit. 53 et 54). — *En forme, en bonne forme* : dans le respect des formalités, des conventions de forme. *Contrat en bonne forme. En bonne et due* forme.* V. **Dûment.** — *Sans forme. Sans autre* (cit. 4) *forme de procès.*

67 « En vertu d'un contrat duquel je suis porteur :
Il est en bonne forme, et l'on n'y peut rien dire. »
MOL., Tart., V. 4.

68 « ...pour les faire punir ... dans les formes de la justice ... »
PASC., Prov., XIV.

69 « Que l'on donne les chrétiens aux bêtes farouches ! » On n'observait contre eux ni formes ni procédures. »
BOSS., Panég. St-Gorgon, II, 1.

70 « Le mépris des formes entraine bientôt parmi nous celui du fond ; nous employons si souvent la formule, sans tirer à conséquence, qu'à la fin tout sera sans conséquence. »
DUCLOS, Mém. secr. s. rég... (Œuv., t. VI, p. 155 in LITTRÉ).

71 « On déclara la guerre à l'Espagne dans les formes à la fin de l'année 1739. » VOLT., Louis XV, VIII.

72 « On dit communément que la *forme* emporte le fond, c'est-à-dire que les moyens de *forme* prévalent sur ceux du fond ; comme il arrive, par exemple, lorsque l'on a laissé passer le temps de se pourvoir contre un arrêt ; » ENCYCL., **Forme.**

73 « Les actes qui n'ont pas de formes déterminées s'appellent *consensuels*, parce qu'ils n'ont d'autre élément nécessaire pour leur formation que la volonté ou consentement ; les autres sont dits *actes solennels*... La *forme extérieure* seule lui a fait défaut (*à cet acte de donation de nul effet*), mais elle était *nécessaire* et l'acte n'existe pas sans elle. C'est ce qu'exprime l'adage : « Forma dat esse rei ». »
PLANIOL, Traité dr. civ., t. I, n° 285.

74 « Il y a la forme chère aux lettrés, et il y a la forme chère à Brid'oison. De celle-ci les exigences sont impérieuses... les recueils de jurisprudence foisonnent en arrêts cassés à raison d'un vice de forme. » P. MININ, Style des jugements, pp. 291-292.

— *Allus. littér. :*

75 « ... la-a forme, voyez-vous, la-a forme ! Tel rit d'un juge en habit court qui-i tremble au seul aspect d'un procureur en robe. La-a forme, la-a forme ! » BEAUMARCH., Mariage de Figaro, III. 14.

— *T. de Liturg. Forme d'un sacrement :* « le second des éléments qui composent le « *signe sacré* ». Il précise la signification du rite religieux par les paroles prononcées sur la matière. » (R. LESAGE, Dict. de liturg. rom.).

|| 6° (*Néol.*). Condition physique (d'un cheval, d'un sportif, etc.) favorable aux performances*. *Être en pleine forme pour courir un cent mètres, pour passer un examen. Être dans une forme éblouissante, médiocre.* — *Absolt.* Bonne condition. *Être, se sentir en forme* (Cf. *Être en possession de tous ses moyens*, être d'attaque*). *Hors de forme. Ne pas avoir la forme. Surveiller sa forme, se mettre en forme.* V. **Train.** *Être au sommet de sa forme. Acquérir, conserver, garder la forme grâce à un entraînement méthodique.*

— *Par ext.* (Dans la langue familière). *Être en forme, en pleine forme :* frais et dispos. V. **Frais** (III, 1°). *L'orateur étant en grande forme, dans une forme éblouissante.* V. **Brillant.** — REM. Ce sens, emprunté de l'anglais au XIXe s., s'est d'abord appliqué au cheval de course (Cf. P. LAROUSSE, 1872).

76 « J'ai tout laissé choir ... J'ai vu la graisse revenir ... mes muscles s'ankyloser. Et puis, il y a un mois ... Vous savez, ce dernier sursaut de la flamme, quand le feu est sur le point de s'éteindre ... Eh bien ! c'est en ce moment dans mon corps un retour de *forme* qui est incroyable. Il ne faut pas chercher à comprendre. La forme ! Elle est encore pour nous à demi inconnue ; elle vient, s'en va, c'est un serpent et une fée ... Et je suis sûre ... que je peux battre le record féminin du mille ... Seulement, il faut que je le tente tout de suite ; ma forme peut disparaitre du matin au soir. »
MONTHERLANT, Les Olympiques, p. 91.

III. *Philos.* || 1° *Vx. Dans la philosophie d'Aristote,* Principe d'organisation et d'unité de chaque être. — *Chez les scolastiques,* Principe substantiel d'un être déterminé. — REM. Dans cette acception, la *Forme* (ou Cause formelle) est tenue pour un élément constitutif (V. **Essence, fond** ...) ; elle s'oppose à *Matière** (manière d'être indéterminée) et aussi à *Accident** (cit. 1, DESCARTES), à *Apparence* ... (V. aussi **Formel,** cit. DESCARTES).

77 « ... il (*Dieu*) n'est point un simple faiseur de formes et de figures dans une matière préexistante : il a fait et la matière et la forme ... »
BOSS., Élévat., III, 2.

78 « ... un autre de ces principes (*d'Aristote*) était que la matière, d'elle-même, est informe, et que la forme est un être distinct et séparé de la matière,... » BUFF., Hist. anim., V, Œuv., t. I, p. 475.

— *Par plaisant.* L'esprit*, *opposé au corps. Avoir la forme enfoncée* (cit. 43, MOL.) *dans la matière.*

|| 2° En parlant des opérations de l'esprit, Ce qui règle l'exercice de la pensée, ou impose des conditions à notre expérience. *Forme d'une opération de l'entendement :* nature de rapports existant entre les termes de l'opération, abstraction faite de ces termes eux-mêmes. *Forme d'un jugement, d'un raisonnement. Argument* (cit. 11), *syllogisme en forme :* « tout raisonnement qui conclut par la force de la forme » (LEIBNIZ).

— *Chez Kant,* Lois de la pensée qui établissent des rapports entre les données immédiates de la sensation (ou Matière). *Formes pures a priori de la sensibilité :* le temps* (*forme du sens interne*) et l'espace* (*forme du sens externe*). *Formes de l'entendement.* V. **Catégorie.** *Formes de la raison.* V. **Idée.** — *Par anal. Formes de la moralité :* le caractère impératif, catégorique et universel de la loi morale.

|| 3° *Psychol. et Biol. Théorie de la Forme* (trad. de l'allem. *Gestalttheorie*) : théorie moderne selon laquelle les propriétés d'un phénomène psychique ou d'un être vivant ne résultent pas de la simple addition des propriétés de ses éléments. *Une mélodie a une forme propre qui subsiste lors de sa transposition* dans un autre ton*, bien que les notes qui la constituent en soient altérées. Un organisme est une forme biologique.* — REM. La traduction de l'allemand *Gestalt* par *Forme* est usuelle, mais approximative. Les termes de *structure* et de *configuration* conviendraient mieux.

79 « La Gestalttheorie part des formes ou structures considérées comme des données premières. Elle ne se donne pas une matière sans forme, une pure multiplicité chaotique, pour chercher ensuite par le jeu de quelles forces extérieures à ces matériaux indifférents ceux-ci se grouperaient et s'organiseraient. Il n'y a pas de matière sans forme. » P. GUILLAUME, Psych. de la forme, p. 32.

80 « Les faits psychiques sont des formes, c'est-à-dire des unités organiques qui s'individualisent et se limitent dans le champ spatial et temporel de perception ou de représentation. »
I.D., Ibid., p. 31.

IV. *Technol.* Outil servant à donner une figure, une forme déterminée à un produit manufacturé. V. **Cerce, gabarit, matrice, modèle, moule, patron** ...

|| **1°** Pièce généralement en bois, ayant la forme du pied et servant à la fabrication des chaussures. *Bottier qui monte une chaussure, un soulier sur une forme* (Cf. Façonner, cit. 8). *Forme articulée qu'on introduit dans la chaussure pour l'empêcher de se déformer.* V. **Embauchoir.**

— Moule plein servant à la fabrication des chapeaux. *Forme de modiste.* V. **Champignon.** — Carcasse sur laquelle on tend l'étoffe d'un chapeau de femme. — *Par ext.* Partie d'un chapeau destinée à recevoir la tête, *par oppos. aux* Bords. *Chapeau à haute forme* ; *chapeau haut de forme et absolt. Un haut de forme.*

81 « ...une sorte de haut de forme usagé, crasseux au point que je répugnais à m'en couvrir. Durant toute la cérémonie je le maintins des deux mains, au-dessus de ma calvitie, à quelques centimètres de mon crâne ... »
GIDE, Ainsi soit-il, p. 92.

|| **2°** Moule creux. *Forme à pain de sucre* ; *forme à fromage.* V. **Cagerotte, caserette.**

|| **3°** Châssis utilisé dans la fabrication du papier à la main. *Les filigranes* des formes ont donné leurs noms aux formats du papier.*

|| **4°** *Imprim.* Composition* imposée et serrée dans un châssis ; le châssis* qui maintient la composition. *Serrer la forme. Garniture d'une forme* : les pièces qui séparent les pages et représentent les marges. *Faire un cliché de la forme.* V. **Cliché ; clicher ; flan.** *Dimension d'un livre, déterminé par le nombre de pages que contient la forme.* V. **Format.**

82 « Le plateau mobile où se place la *forme* pleine de lettres sur laquelle s'applique la feuille de papier était encore en pierre et justifiait son nom de *marbre.* »
BALZ., Illus. perdues, Œuv., t. IV, p. 464.

83 « Là, était l'évier sur lequel se lavaient avant et après le tirage les Formes, ou, pour employer le langage vulgaire, les planches de caractères ; »
ID., Ibid., p. 470.

|| **5°** *Mar.* V. **Bassin.** *Forme de radoub, forme sèche.* V. **Ber, cale.** *Forme flottante.* V. **Dock** (flottant). *Un navire avarié qui passe en forme.*

|| **6°** *Ponts et Chauss.* Couche de sable sur laquelle on établit le pavé. — *Lit de poussier, etc., sur lequel on pose des carreaux.*

— *Archéol.* Sorte de banquette (REM. Dans cette acception, V. le comp. **Plate-forme**).

|| **7°** *Vétér.* Exostose développée sur la phalange d'un cheval. *Formes du paturon, de la couronne. Formes phalangiennes, formes cartilagineuses.*

|| **8°** *Vén.* Gîte du lièvre. *Surprendre un lièvre en forme.*

ANT. — **Essence, matière, réalité. Couleur** (art). **Âme, esprit.** Essence, fond ; contenu, matière, substance, sujet. — *(Philos.)* **Accident, apparence ; matière.**

DER. — Formeret. Formier. — Cf. Formaliser, formalisme, formaliste, formalité, format, formateur, formation, formel, former. — De l'ital. *formato.* V. Format. — Cf. *aussi* Conformer, déformer, difforme, fromage, haut de forme, plate-forme.

-FORME. Suff. tiré du lat. *-formis* (de *forma,* « forme ») et qui sert à former des mots savants. Ex. *Aculéiforme* (qui a la forme d'un aiguillon) ; *gazéiforme* (qui a l'aspect du gaz, qui est à l'état de gaz) ; *épileptiforme* (dont les symptômes ressemblent à ceux de l'épilepsie).

— V. Aculéiforme, aériforme, aliforme, amentiforme, anguiforme, bacilliforme, cholériforme, coralliforme, cordiforme, cruciforme, cunéiforme, digitiforme, ensiforme, épileptiforme, filiforme, flabelliforme, fongiforme, fragiforme, fusiforme, gangliforme, gazéiforme, gélatiniforme, globuliforme, granuliforme, infundibuliforme, lamelliforme, lanciforme, lentiforme, liguliforme, linguiforme, maculiforme, mamelliforme, membraniforme, myrtiforme, oléiforme, ombelliforme, onguiforme, operculiforme, oviforme, papilliforme, patelliforme, penniforme, piriforme, pisciforme, puriforme, réniforme, rétiforme, ruiniforme, sacculiforme, scutiforme, serratiforme, sétiforme, spiciforme, squamiforme, strobiliforme, sulciforme, tuberculiforme, tubériforme, unciforme, uviforme, vermiforme, zoniforme. Cf. *aussi* Difforme, diversiforme, informe, multiforme, uniforme.

FORMEL, ELLE. *adj.* (XIIIe s. ; lat. *formalis,* de *forma.* V. **Forme**).

|| **1°** Dont la précision et la netteté excluent toute méprise, toute équivoque. V. **Clair, explicite, précis, positif.** *Affirmation, déclaration formelle ; démenti formel, dénégation formelle. Ordre formel. Exigence, injonction formelle. Assentiment, consentement* (cit. 2), *désaveu, refus formel.* V. **Catégorique.** *Affirmer en termes formels, d'une manière formelle.* V. **Assuré, certain, sûr.** *Intention formelle.* V. **Prononcé** (Cf. Épouser, cit. 4). *Preuve formelle.* V. **Incontestable, indéniable, indiscutable, indubitable, irréfutable** (Cf. Détenir, cit. 4). *Texte formel,* dont le sens est évident*. —

Spécialt., en parlant d'un acte, d'un texte juridique. V. **Authentique, solennel.** *Acte formel. Clause, condition formelle.* V. **Exprès.**

« Encore qu'ils (*les passionnés*) ne fassent pas dans leur esprit ce raisonnement formel : je l'aime : donc c'est le plus habile homme du monde ; je le hais ; donc c'est un homme de néant, ils le font en quelque sorte dans leur cœur ; »
LOG. de PORT-ROYAL (1673), III, XX, II, p. 270 (éd. Delalain, 1879).

« ... cette erreur abominable d'ôter à la créature toute liberté, et de faire Dieu en termes formels auteur de tous les péchés, comment la pardonnez-vous à Luther ? »   BOSS., 6e Avertis., III, XXXVI.

« La réponse de Berne à l'une et à l'autre fut un ordre conçu dans les termes les plus formels et les plus durs de sortir de l'île et de tout le territoire médiat et immédiat de la République, dans l'espace de vingt-quatre (*heures*) et de n'y rentrer jamais, sous les plus grièves peines. »   ROUSS., Conf., XII.

« Il était venu avec le projet formel de tout dire, dans l'espoir de rendre le mariage nécessaire. »   ZOLA, La terre, III, VI.

— *Par ext.* Qui s'exprime d'une manière formelle. V. **Absolu, dogmatique, entier.** *Il a été formel sur ce point.*

|| **2°** Qui considère la forme*, l'apparence, plus que la matière, le contenu. *Enseignement formel, éducation toute formelle, purement formelle.* V. **Formaliste.** *Classement, plan formel. Politesse formelle,* toute extérieure. *Émettre une protestation purement formelle.* V. **Platonique** (Cf. Pour la forme).

« ... cerveaux enfantins pétris de façon saugrenue par l'enseignement le plus compliqué, le plus vide, le plus purement « formel » qui fût jamais ; »   LEMAÎTRE, Impress. de théâtre, Villon.

— *En T. de Beaux-Arts, de Littér., de Linguist...* Relatif à la forme. *Beauté formelle d'un poème. Valeurs formelles. Analyse formelle d'une langue* (V. **Forme**).

« Leurs œuvres sont de magnifiques architectures de sons, aux lignes et aux rythmes touffus, d'une abondante beauté, d'abord plus formelle qu'expressive. »
R. ROLLAND, Musiciens d'autrefois, p. 12.

|| **3°** *Philos.* Qui concerne la forme. — (Chez les scolastiques et Descartes). V. **Forme** (III, 1°). Ce qui possède une existence actuelle*, effective. *« Chez Descartes, la réalité « formelle » d'une idée est celle qu'elle a dans la chose elle-même, indépendamment de la représentation que nous en avons »* (CUVILLIER, Petit vocab. de la langue phil., p. 52). *Cause formelle.* — REM. Dans cette acception, *Formel* s'oppose à *Éminent,* à *Objectif* et à *Virtuel.*

« ... la couleur, la dureté, la figure, etc., n'appartiennent point à la raison formelle de la cire, c'est-à-dire qu'on peut concevoir tout ce qui se trouve nécessairement dans la cire sans avoir besoin pour cela de penser à elles ; »   DESCARTES, Rép. aux 3e object., II.

— *Log.* V. **Forme,** III, 2°. *La logique* formelle étudie la forme des opérations de l'entendement sans considérer la matière sur laquelle elles s'effectuent.*

— *Morale formelle* (de Kant), où la valeur de l'acte vient non de l'acte lui-même mais de la loi morale qui l'inspire.

— *Sociol. Égalité formelle* (Cf. Égalisation, cit.) : égalité juridique et politique (par oppos. à *égalité matérielle,* qui se rapporte aux moyens d'existence).

« La doctrine qui repousse totalement l'égalité matérielle et qui prend pour règle de ne réaliser que l'égalité formelle est le libéralisme pur. »   F. RAUH (in LALANDE, Voc. philos., Sur égalité).

« ...en mathématiques, la relation $(a + b)^2 = a^2 + b^2 + 2ab$ est formelle en tant qu'elle reste vraie pour tous les nombres réels. »
LALANDE, Vocab. philos., Forme, B.

ANT. — **Ambigu, conditionnel, douteux, équivoque, implicite, obscur, tacite.**

DER. — Formellement. *adv.* De façon formelle. *La vérité a été formellement établie.* V. **Bien, certainement, équivoque** (sans), **nettement, rigoureusement.** *Interdire formellement une manifestation ; abroger* (cit. 2) *formellement une loi. S'engager* (cit. 34) *formellement à payer sa dette.* — *En considérant la forme. Ce poème est formellement irréprochable. Raisonnement formellement juste, mais reposant sur des prémisses* fausses.* — *Philos.* V. **Forme** III ; formel, 3°.

« ... je lui demandais s'ils (*les Jésuites*) ne décideraient pas formellement que « la Grâce est donnée à tous », afin qu'on n'agitât plus ce doute. »   PASC., Prov., I.

« Une proposition est dite formellement vraie, relativement à un système de notions et de proportions premières, si on peut l'en déduire au moyen des seules règles de la logique. »
ROUGIER (in CUVILLIER, Petit vocab. philos., p. 53).

FORMÈNE. *n. m.* (1877, LITTRÉ, Suppl.; du rad. de *formique*,* et suff. *-ène*). Chim. V. **Méthane** (Cf. Éthylène, cit.).

FORMER. *v. tr.* (XIe s. ; lat. *formare*).

I. Donner l'être et la forme.

|| **1°** En parlant du Créateur, de la Nature ... V. **Créer*, faire*** (cit. 6). *Dieu forma l'homme du limon de la terre* (Cf. Animer, cit. 37), *il le forma à son image ; il forma la femme de la côte qu'il avait tirée d'Adam* (cit. 1). *Le Créateur forma les cieux, la nature ...* Cf. Atome, cit. 7 ; attribut, cit. 1. *Âmes que le ciel, que Dieu a formées.* Cf. Admirer, cit. 1 ; brûlant, cit. 10.

« Si son astre en naissant ne l'a formé poète, »   BOIL., Art poét., I.

2 « Celui qui m'a fait dans le sein *de ma mère* ne l'a-t-il pas fait aussi ? Un même créateur ne nous a-t-il pas formés ? »
BIBLE (SACY), **Job**, XXXI, 15.

3 « Jupiter sur un seul modèle
N'a pas formé tous les esprits : » LA FONT., **Fab.**, X, 7.

‖ **2°** En parlant des personnes. V. **Concevoir, engendrer, procréer, produire.**

4 « Songez qu'une barbare en son sein l'a formé. »
RAC., **Phèd.**, III, 1.

— V. **Émettre.** *Former des sons* (Cf. Aussi, cit. 3 et, *par anal.*, Auprès, cit. 28).

5 « ... les sons merveilleux qu'elle formait passaient jusqu'au fond de mon âme ... » MOL., **Princ. d'Élide**, III, 2.

— *Former un jugement, une idée* (Cf. Apprécier, cit. 8 ; association, cit. 15 ; esprit, cit. 95), *un projet* (Cf. Brouiller, cit. 22 ; ébranler, cit. 31 ; exécutable, cit.), *une entreprise* (cit. 7), *un dessein, une résolution.* V. **Concevoir, élaborer, imaginer.** *Former un plan* (Cf. Conjuration, cit. 2 ; exécuter, cit. 7). *Former des désirs* (Cf. Avance, cit. 33 ; avoir, cit. 68), *un souhait** (Cf. Évaluation, cit. 4), *des vœux*, des soupçons.*

6 « Plutôt, plutôt la mort, que mon esprit jaloux
Forme des sentiments si peu dignes de vous. »
CORN., **Nicom.**, I, 1.

7 « Pour fournir aux projets que forme un seul esprit
Il faudrait quatre corps ; ... » LA FONT., **Fab.**, VIII, 25.

8 « Généraliser les faits ... saisir les rapports éloignés, les rassembler et en former un corps d'idées raisonnées. »
BUFFON, **Man. ét. hist. nat.**, Œuv., t. I, p. 91.

9 « ... c'est un goût intelligent ... de former son jugement soi-même au lieu d'accepter des réputations toutes faites léguées de siècle en siècle, et d'encourager la génération d'artistes avec laquelle on vit. »
GAUTIER, **Souv. de théâtre ...**, p. 291.

10 « Voilà bien de ces résolutions que, si j'étais raisonnable, je m'abstiendrais de former et surtout de formuler. »
DUHAM., **Invent. de l'abîme**, II.

11 « J'ai formé le dessein de vous proposer quelques remarques sur l'usage de la langue française. » ID., **Disc. aux nuages**, p. 14.

12 « Les députés, comme les spectateurs au théâtre, forment des vœux secrets pour lui. » ROMAINS, **H. de b. vol.**, t. V, XXIV, p. 218.

— *Former des mots nouveaux* (Cf. Étranger, cit. 43). V. **Forger ; fabriquer.**

— *Former les faisceaux*. Former un train, un convoi. Former une collection, une bibliothèque.*

— *Former un gouvernement, un cabinet*, une commission* (Cf. Enterrement, cit. 8). *Former une association, une entreprise, une société**. V. **Établir, fonder, instituer, organiser.** *Former une cabale, un complot* (cit. 5). *Former une convention, un pacte.*

13 « ... quelles intrigues n'imagine-t-on pas ? quelles cabales ne forme-t-on pas ... ? » BOURDAL., **1er dim. après l'Épiph.**, II.

14 « C'est lui (*Baluze*) qui a formé le recueil des manuscrits de la bibliothèque de Colbert. » VOLT., **Louis XIV**, Écrivains, Baluze.

— Spécialt. *Former une union* (Cf. Effrayer, cit. 12), *une liaison.* V. **Contracter.** Vieilli. *Former des nœuds, des liens ...*

15 « ... Mais depuis quand formâtes-vous ces nœuds ? »
VOLT., **Orphel.**, III, 2.

16 « Quelquefois je songe à former une autre liaison ; mais je n'ai personne en vue ... » GAUTIER, **Mlle de Maupin**, V.

— *Former opposition. Former une plainte.* V. **Exposer, exprimer, formuler, présenter.**

17 « ... un notable dommage,
Dont je formai ma plainte au juge du village. »
RAC., **Plaid.**, I, 7.

‖ **3°** En parlant des choses. *Bouton qui formera une branche* (Cf. Extension, cit. 3). *Les Pays-Bas ont été formés par des alluvions* (cit. 1). *Dépôts qui forment des stalactites.* Cf. Caverne, cit. 3. *Sa calotte formait un bourrelet* (cit. 2) *autour de sa tête.* V. **Causer, déterminer, produire.** *Le piétinement des bêtes forma un chemin, un guéret* (Cf. Bœuf, cit. 4). *Les catacombes* (cit. 3) *de Rome forment plusieurs étages.* Fig. *La nouvelle forme un genre* (Cf. Exigence, cit. 11). *Montagnes qui forment un cadre* (cit. 4) *magnifique.*

II. Donner une certaine forme (à quelque chose).

‖ **1°** Façonner* en donnant une forme déterminée. *Former le galbe d'un vase, les plis d'une jupe. Former des grains, des boulettes de pâte ...* (Cf. Couscous, cit.). *Bien former en écrivant ses lettres.* V. **Calligraphier, écrire** (cit. 9). Cf. Caractère, cit. 2. — *Former les temps d'un verbe, à l'aide de désinences.* V. **Conjuguer.** *Former sur un cadran* (cit. 4) *un numéro de téléphone.* V. **Composer.** *Bien, mal former ses phrases.*

18 « ... la plume me tombait des mains dès que je voulais former une pensée et une lettre. » SÉV., **998, 29 juin 1686**.

19 « Ce n'est pas parce que son interlocuteur occasionnel lui déplaît, qu'il formera moins bien ses phrases ... »
ROMAINS, **H. de b. vol.**, t. V, XIX, p. 145.

‖ **2°** Façonner un être en développant ses aptitudes, en exerçant son esprit, son caractère ... V. **Cultiver, éduquer, élever, enseigner, instruire ; culture, éducation, formation** ... (Cf. Entreprendre, cit. 8 ; étude, cit. 37). *Former le caractère* (cit. 45). V. **Assouplir** (cit. 1). *Former l'intelligence.* V. **Développer** (Cf. Conversation, cit. 1). *Former un jeune esprit.* V. **Pétrir.** *Achever de former le goût* par quelques bonnes lectures.* V. **Parfaire** (Cf. Correction, cit. 3 ; corrompre, cit. 9). *Former la main.* V. **Exercer.** *Former un homme d'Église* (cit. 12). *Former des soldats.* V. **Discipliner, dresser, entraîner.** *Il a été formé à une rude école. Former quelqu'un à un art* (Cf. Évolution, cit. 1). *Former un apprenti. École*, séminaire* où l'on forme des jeunes gens. Former un domestique.* V. **Styler.** *Former quelqu'un à la réflexion, à la méditation.* V. **Habituer ; familiariser** (avec). *Former son goût sur un modèle.* V. **Imiter, modeler.** *Former l'opinion publique, les mœurs* (Cf. Caractère, cit. 69). — PROV. *Les voyages forment la jeunesse.*

20 « Nos Espagnols, formés à votre art militaire, »
CORN., **Sertor.**, IV, 2.

21 « ... il n'y a qu'un homme de bien qui sache l'art d'en former d'autres. » ROUSS., **Julie**, IVe part., Lett. X.

22 « J'appelle éducation positive ce qui tend à former l'esprit avant l'âge, et à donner à l'enfant la connaissance des devoirs de l'homme. »
ID., **Lett. à Mgr de Beaumont**.

23 « Ce maître incomparable avait formé mon esprit à la méditation. »
FRANCE, **Rôtiss. Reine Pédauque**, Œuv., t. VIII, p. 84.

24 « Cela me frappa parce que mes goûts musicaux n'avaient pas du tout été formés par mon éducation, mais par des sentiments violents que j'avais éprouvés. » MAUROIS, **Climats**, II, IV.

25 « Pour âpre et rebutante qu'elle fût, cette discipline était énergique, bien propre à former des hommes. »
DUHAM., **Invent. de l'abîme**, p. 185.

26 « ... elle descendait allumer le feu de la cuisine, préparer le travail des jeunes bonnes qu'elle formait ... et qui régulièrement la quittaient, une fois dressées, pour aller se placer en ville. »
GIDE, **Et nunc manet in te**, p. 57.

27 « C'est d'abord par le dressage et ensuite par l'addition progressive du raisonnement aux habitudes du dressage qu'on forme des individus aux activités équilibrées et puissantes. »
CARREL, **L'homme, cet inconnu**, p. 374.

III. Entrer dans un ensemble en tant qu'élément* constitutif. V. **Composer, constituer.** *Parties qui forment un tout, un ensemble, une synthèse ...* (Cf. Accessoire, cit. 2 ; appartenance, cit. 2 ; assortir, cit. 16 ; atome, cit. 5 ; chanson, cit. 8 ; exact, cit. 15 ; expressif, cit. 5). *L'acétylène et l'hydrogène forment l'éthylène* (cit.). *Les cellules* (cit. 7) *qui forment les organes. Étoiles qui forment une constellation* (Cf. Asseoir, cit. 43). *Archipel formé d'atolls* (cit.). *Anneaux* (cit. 2) *qui forment une chaîne. Branche* (cit. 4) *formée de plusieurs rameaux. Câbles* (cit. 1) *formés de torons. Vapeurs qui forment un brouillard* (Cf. Capiteux, cit. 1). *Former un assemblage* (cit. 21). *Former un contraste. Quantités qui forment un produit* (Cf. Facteur, cit. 2). *Genres formant une famille* (cit. 37). *Lettres formant un mot* (Cf. Atome, cit. 16). *Terme formé de deux ou plusieurs mots.* V. **Composé.** *Lumières, fanaux* (cit. 7) *formant une illumination. Voix formant un concert* (Cf. Autour, cit. 10). *Tous ces éléments forment un témoignage accablant* (Cf. Accabler, cit. 7). *Associer* (cit. 14) *plusieurs choses pour former ... Enchevêtrement des parties formant un tout.* V. **Contexture.** *Congrès formé de la réunion de deux chambres* (cit. 14). — *Personnes qui forment une assemblée* (cit. 2), *un conseil* (cit. 24), *un corps* (cit. 44), *un groupement* (Cf. Affilier, cit. 1), *une nation* (Cf. Exercer, cit. 28). *Former un attroupement* (cit. 4 et 6), *une armée* (Cf. Auxiliaire, cit. 8), *des bataillons* (cit. 6), *un bloc* (Cf. Assimilation, cit. 8). *Formez le monôme. Époux qui forment un beau couple. Ne plus former qu'un seul être.*

28 « Comme deux rayons de l'aurore,
Comme deux soupirs confondus,
Nos deux âmes ne forment plus
Qu'une âme, et je soupire encore ! »
LAMART., **Prem. médit.**, Souvenir.

29 « ... il est fort improbable que, en roulant sur le sol, des cubes marqués de lettres se disposent de façon à former le mot « anticonstitutionnel ». SARTRE, **Situations I**, p. 157.

30 « Formez le triangle, mes enfants. »
GIRAUDOUX, **Intermezzo**, II, 1.

— Elliptiqt. *Unités formant corps* (Cf. Armée, cit. 13).

IV. Prendre la forme, l'aspect, l'apparence de. V. **Faire** (II, 9°). Cf. *aussi* Arc, cit. 10. *La route forme une série de courbes.* V. **Dessiner, présenter.** *Le fleuve forme un large delta. Rue formant un boyau* (cit. 2). *Après l'accident, la voiture ne formait plus qu'un tas de ferraille. Son corps ne formait qu'une plaie.* V. **Être.** — Elliptiqt. *Division formant carré* (cit. 7). *Former bloc autour d'un leader.* — *Saillies de poutres formant console* (Cf. Établissement, cit. 8). *Meuble à usages multiples qui forme bar, secrétaire, etc. Corsage formant kimono.*

31 « ... les autres couples, depuis longtemps fatigués, formaient cercle autour d'eux. »   MART. du G., **Thib.**, t. II, p. 119.

‖ SE FORMER ‖ **1°** Acquérir, recevoir l'être et la forme. V. **Apparaître, constituer** (se), **créer** (se), **naître**. *Manière dont la terre s'est formée, dont les êtres se sont formés* (Cf. Astronomie, cit. 3 ; être, cit. 15 ; évolution, cit. 16). *Il s'est formé un abcès. Se former d'un seul coup. Larmes qui se forment entre les cils* (Cf. Couler, cit. 7). *Une petite flaque* (cit. 2) *s'était formée. Pensée qui se forme en soi* (Cf. Écrire, cit. 6). — Biol. *Enfant qui se forme dans le sein de sa mère.* V. **Croître, développer** (se). — *Gouvernement, entreprise qui se forme. Complot qui se forme.*

32 « ... la querelle d'Allemand se forma sur ce que vous trouvâtes qu'on pouvait faire sur moi une fort jolie satire. »   SÉV., **107**, 17 juin 1670.

33 « ... ainsi commençait à se former ou à se montrer en moi ce cœur à la fois si fier et si tendre ... »   ROUSS., **Conf.**, I.

34 « ... mais vous savez ce que sont chez deux êtres jeunes ces premiers mouvements de l'amour ; les forces qu'ils soulèvent semblent irrésistibles. Nous sentions vraiment sur notre passage se former des ondes de sympathie. »   MAUROIS, **Climats**, I, IV.

35 « Des couples se formaient et se déformaient sur son passage. »   ARAGON, **Beaux quartiers**, p. 163. — Cf. *aussi* Cellule, cit. 9 ; économie, cit. 11.

— En parlant d'idées, de sentiments. *Figures, images, associations* (cit. 20) *qui se forment dans l'imagination, dans l'esprit* (Cf. Évanescent, cit. ; fantaisie, cit. 2). *Les traits de caractère* (cit. 44) *se forment avant qu'on en ait pris conscience. L'amitié* (cit. 4) *se forme peu à peu. Esprit* (cit. 177) *général qui se forme.*

36 « Toutes les grandes passions se forment dans la solitude ; »   ROUSS., **Julie**, 1ʳᵉ part., Lett. XXXIII.

37 « Ces idées se formèrent dans mon esprit en moins d'une seconde ... »   FRANCE, **Crime S. Bonnard**, Œuv., t. II, p. 305.

‖ **2°** Prendre une certaine forme. *L'armée se forma en carré, en ordre de bataille. Les nuages se formèrent en cumulus. Les manifestants se formèrent en cortège.*

‖ **3°** Prendre, achever de prendre sa forme normale. V. **Développer** (se). *Les fruits commencent à se former, se forment.* V. **Nouer** (se). *Sa taille, sa poitrine se forme, achève de se former* (Cf. Maturité). *Cette jeune fille s'est formée de bonne heure.*

‖ **4°** S'instruire*, se cultiver*, apprendre son métier (Cf. École, cit. 13). *Sous lui se sont formés de grands capitaines* (cit. 2). *Esprit qui se forme et s'affine.* V. **Assouplir** (s'), **plier** (se). *Son esprit se forme de jour en jour.* V. **Fleurir, parfaire** (se). Cf. Embellir, (cit. 10).

38 « Corneille s'était formé tout seul ; »   VOLT., **Louis XIV**, XXXII.

39 « ... c'est en lisant qu'un homme se forme, et non pas en récitant des manuels. »   PÉGUY, **La République**, p. 52.

— *Vieilli. Se former sur quelque chose, sur quelqu'un,* en le prenant comme modèle, comme exemple. V. **Modeler** (se), **mouler** (se).

40 « Les grands ... se forment et se moulent sur de plus grands . »   LA BRUY., XIV 8.

41 « Les têtes se forment sur les langages, les pensées prennent la teinte des idiomes. La raison seule est commune, l'esprit en chaque langue a sa forme particulière ; »   ROUSS., **Émile**, II.

‖ **5°** Former pour soi-même, et par soi-même. *Se former une juste idée de ...* Cf. Étalon, cit. 1. *Se former une opinion.*

42 « Étranger parmi des étrangers, dans une vie étrangère à toute espérance, voilà ce que le solitaire rumine d'être et l'image qu'il se forme de la destinée humaine ... »   SUARÈS, **Trois hommes**, Ibsen, VII.

‖ FORMÉ, ÉE. *adj.* Qui a pris sa forme, qui a achevé son développement normal. *Fruit formé. Épi formé. Taille, poitrine formée. Jeune fille formée* (V. **Nubile**). *Elle n'est pas encore formée. Elle est à peine formée. Avoir le jugement, le goût, l'esprit formé.*

43 « J'étais assez formé pour mon âge, du côté de l'esprit, mais le jugement ne l'était guère, et j'avais grand besoin des mains dans lesquelles je tombai pour apprendre à me conduire ... »   ROUSS., **Conf.**, V.

44 « La langue italienne n'était pas encore formée du temps de Frédéric II. »   VOLT., **Mœurs**, LXXXII.

45 « Votre éducation n'est pas finie ; votre caractère et votre esprit ne sont point encore formés et ne peuvent se l'être. »   GENLIS, **Ad. et Théod.**, t. II, lett. I, p. 3 (in POUGENS).

46 « Le train n'était pas formé encore. »   MAURIAC, **Th. Desqueyroux**, II.

47 « L'habitude, une fois formée, enchaîne et délivre. »   VALÉRY, **Mon Faust**, II, 1.

— Qui a telle ou telle forme. *Bien formé.* V. **Accompli, parfait.** *Mal formé.* V. **Imparfait.**

ANT. — Déformer, démolir, détruire, supprimer ... Disparaître, débander (se débander) ... Brut.

DER. — Formage. *n. m.* Action de donner la forme à un objet manufacturé. — Formateur, formatif, formation.

COMP. — Informer, reformer, transformer.

FORMERET. *n. m.* (1406 ; de *forme*). *Archit.* Arc* recevant la retombée de la voûte à son intersection avec le mur.

FORMICA-LEO (*léo*). *n. m.* (XIIᵉ s.; mot lat.). *Zool.* Nom scientifique du fourmilion*.

« ... et résolut de veiller dans sa maison, comme un formicaleo au fond de sa volute sablonneuse. »   BALZ., **Ferragus**, Œuv., t. V, p. 84.

FORMICANT, ANTE. *adj.* (XVIᵉ s.; empr. lat. *formicans* ; p. prés. de *formicare*, « fourmiller »). *Méd.* Qui produit une sensation analogue au picotement de fourmis. *Pouls formicant.*

FORMICATION. *n. f.* (XIXᵉ s., LITTRÉ, Suppl. ; empr. au lat. *formicatio*, de *formica*, fourmi). *Méd.* V. **Fourmillement.**

FORMIDABLE. *adj.* (1475 ; empr. au lat. *formidabilis*, de *formidare*, « craindre, redouter »).

‖ **1°** *Vieilli.* Qui inspire ou est de nature à inspirer une grande crainte. V. **Effrayant, épouvantable, redoutable, terrible.** *La Grande Armée* (cit. 9), *formidable instrument de guerre. Une colère formidable* (Cf. Attaquer, cit. 51 et *aussi* Assaut, cit. 4 ; conspiration, cit. 2). — REM. Ce sens, seul signalé dans le dictionnaire de l'ACADÉMIE, n'est plus guère senti, de nos jours, que lorsque l'idée de crainte dérive de celle de force, d'énormité (Cf. *infra*, 2°). On dira fort bien encore *Un bruit, une colère formidable,* mais on ne pourrait plus employer *formidable* dans le sens de « redoutable » comme le fait Racine dans la citation suivante :

« ... un temple sacré, formidable aux parjures. »   RAC., **Phèd.**, V, 1.   1

« Et bientôt la censure, au regard formidable,
Sait, le crayon en main, marquer nos endroits faux, »   BOIL., **Sat.**, XI.   2

« Son aspect était formidable et monstrueux ; il avait cent têtes, et de ses cent bouches sortaient avec des flammes des cris si horribles que les dieux et les hommes en tremblaient. »   GAUTIER, **Les grotesques**, X, p. 358.   3

« Rien de sinistre et formidable comme cette côte de Brest ; »   MICHELET, **Hist. de France**, II, III.   4

‖ **2°** *Par ext.* (vers 1830). Dont la taille, la force, la puissance ... est très grande. V. **Énorme, extraordinaire, imposant.** *Un dôme semblable à un formidable aérostat.* V. **Colossal** (Cf. Fanfreluche, cit.). *Une végétation formidable crevait* (cit. 29) *le sol.* V. **Fantastique.** *Des effectifs formidables, un nombre formidable de ... Des dépenses formidables.* V. **Considérable, extravagant.** *Effort, puissance de travail formidable.* V. **Beau, étonnant, stupéfiant.** *Effet d'énergie formidable* (Cf. Caisse, cit. 7). *Coup formidable.* V. **Terrible.**

— REM. Ce sens affaibli apparaît dans la première moitié du XIXᵉ siècle, chez certains romantiques (Cf. MATORÉ, Vocab. sous Louis-Phil., p. 74). En 1870, Pierre LAROUSSE signale cette acception moderne dans son dictionnaire (*Présenter à des consommateurs une note formidable*), mais ni LITTRÉ, ni HATZFELD, ni l'ACADÉMIE (8ᵉ éd.) n'en font mention.

« Alors, suspendu sur l'abîme, lancé dans le balancement formidable de la cloche, il saisissait le monstre d'airain aux oreillettes, l'étreignait de ses deux genoux ... »   HUGO, **N.-D. de Paris**, IV, 3.   5

« Une nuit, ils sont réveillés par une détonation formidable. Le pont de Corbeil venait de sauter. »   DAUDET, **Contes lundi**, Les paysans à Paris.   6

« L'artiste .. recula ... pour ne pas recevoir un formidable coup de tête dans le ventre. »   PROUST, **Rech. t. p.**, t. IX, p. 110.   7

« Est-ce que ce n'est pas une consolation formidable que de pouvoir me dire qu'en ce moment il pense à moi, et m'aime ; que s'il m'a quittée, c'est malgré lui ... Une consolation formidable ? Oui. »   ROMAINS, **Quand te navire**, VII.   8

« Ce formidable théâtre religieux français du moyen âge... »   G. COHEN, **La grande clarté du moyen âge**, p. 25.   9

— *Pop.* V. **Étonnant, renversant.** *C'est quand même formidable qu'il n'ait pas répondu. Vous êtes formidable, que puis-je faire de plus ?*

— *Fam.* (avec une valeur de superlatif exprimant l'admiration (abrév. *pop. formide*). V. **Bien** (très bien), **épatant, sensationnel.** *Un livre, un film, un spectacle formidable. J'ai une idée formidable ! C'est un chic type, un homme formidable ! Elle a des yeux formidables. Ce produit n'est pas formidable.*

« (Pour les snobs du 18ᵉ s.) une jolie femme était « effrayante » ; c'est presque notre *formidable* ... »   BRUNOT (Cf. Effrayant, cit. 6).   10

« Un de nos concitoyens ... attire ... mon attention sur le mot *formidable*, que cette nouvelle génération emploie également pour qualifier l'excellence d'un fromage ou la splendeur d'un coucher de soleil ... *Formidable* est-il vraiment devenu le synonyme d'*épatant* ou de *rigolo* ? Quelle chute ! Est-ce là que devait aboutir ce majestueux adjectif ? »   A. HERMANT, **Rem. de M. Lancelot**, p. 59.   11

ANT. — Bénin, rassurant. Faible, insignifiant, petit. Laid, mauvais, médiocre, plat, terne.

DER. — Formidablement. *adv.* (milieu XIXᵉ s.). *Vx.* D'une manière qui fait peur. — *Par ext.* V. **Énormément** (Cf. Amarrer, cit. 1). *Fam*

V. **Terriblement, très.** *Abusivt.* V. **Bien** (très bien). *Elle chante formidablement.* — REM. Le sens premier du mot se retrouve dans la citation suivante de Valéry :

1 « L'air était en feu ; la splendeur absolue ; le silence plein de vertiges et d'échanges ; la mort impassible ou indifférente ; tout formidablement beau, brûlant et dormant ; et les images du sol tremblaient. »
VALÉRY, **Variété II,** p. 191.

2 « ... plus ça les tracasse les jeunes, et plus ils prétendent alors qu'ils sont formidablement jeunes ! »
CÉLINE, **Voyage au bout de la nuit,** p. 343.

FORMIER. *n. m.* (XIIIᵉ s.; de *forme*). Celui qui fabrique et vend des formes pour les chaussures.

FORMIQUE. *adj.* (1800 ; dér. sav. du lat. *formica,* fourmi). Qui provient de la fourmi. — REM. Ce mot n'est employé qu'en chimie, dans l'expression suivante : *Acide formique* (ou méthanoïque ($CH^2 O^2$) : acide à odeur forte, qui existe à l'état naturel dans l'organisme des fourmis* rouges, dans les orties* et certains liquides biologiques comme l'urine et le sang* (Cf. Conservation, cit. 5). *On obtient l'acide formique par l'action d'un acide minéral sur le formiate* de sodium. — Aldéhyde* formique (CH^2O).* V. **Formol** (Cf. *infra,* dér. — Cf. *aussi* Formaline, méthanal, oxyde de méthylène*). *On prépare industriellement l'aldéhyde formique en oxydant l'alcool méthylique par l'air en présence d'un catalyseur* (mousse de platine, charbon...). *L'aldéhyde formique, puissant antiseptique, utilisé en vapeurs dans les chambres de stérilisation ou en solutions pour les lavages, la conservation des pièces anatomiques, des boissons...* V. **Antisepsie, antiseptique.** *Utilisation de l'aldéhyde formique dans la fabrication de colorants et de matières plastiques* (V. **Bakélite, galalithe**).

DER. — (rac. *formica*). **Formiate.** *n. m.* (1787) *Sel* qui sert à la préparation de l'acide formique. *Formiate de potassium.* — **Formogène.** *adj. et n.* Producteur de formol. *Lampe formogène.* — **Formol.** *n. m.* Nom courant de l'aldéhyde formique* (Cf. *supra*). *Désinfecter* au formol* (DER. **Formoler.** *v. tr.* Soumettre à l'action du formol ou de ses vapeurs. *Formoler la chambre d'un malade*).

FORMULAIRE. *n. m.* (XIVᵉ s.; empr. au lat. *formularius,* adj. substantivé). *Recueil* de formules. *Formulaire des médecins. Formulaire des pharmaciens.* V. **Codex.**

1 « J'avais étudié mon formulaire, je savais observer et traiter les malades ... »
DUHAM., **Biogr. de mes fantômes,** XII.

— *Formulaire renfermant les principaux articles de foi d'une religion* (Cf. Bréviaire, cit. 4). *Formulaire contenant une profession de foi chrétienne.* V. **Symbole** (symbole des Apôtres). — Spécialt. *Le Formulaire,* Bref pontifical portant condamnation des propositions de Jansénius (1655).

2 « En divulguant cette affaire, pour parler du formulaire, ils sont punis. »
PASC., **Pens.,** XIV, 953.

— *Formule où sont imprimées des questions en face desquelles la personne intéressée doit inscrire ses réponses.* V. **Formule*, questionnaire.** *Le candidat a reçu un formulaire à remplir.* — REM. Cet emploi n'est enregistré dans aucun dictionnaire. L'Office de la langue française s'est prononcé en faveur de « formule ».

3 « — Voulez-vous avoir l'obligeance de remplir ces formulaires ? Vous signerez au bas des feuilles. »
SARTRE, **Âge de raison,** p. 252.

FORMULE. *n. f.* (XIVᵉ s.; empr. au lat. *formula,* dimin. de *forma.* V. **Forme**).

I. Forme* déterminée que l'on est tenu ou que l'on est convenu de respecter pour exprimer une idée, énoncer une règle ou exposer un fait.

‖ **1°** *Dr.* Modèle qui contient les termes exacts dans lesquels un acte doit être rédigé. V. **Énoncé, libellé, rédaction, texte.** *Formules de droit de Marculfe* (VIIᵉ s.). Cf. Antrustion, cit. *Formule du préteur*. *Formules d'un acte* judiciaire, formules légales. *Formule d'un contrat. Formule du titre d'une loi.* V. **Intitulé.** *Formule exécutoire* d'un jugement*. Formule diplomatique.*

— *Relig.* et *magie.* Paroles rituelles auxquelles est attribuée de l'efficace, qui doivent être prononcées dans certaines circonstances. *Formule de prière, formule sacramentelle*. La formule « Je te baptise au nom du Père, etc. » constitue la forme* du sacrement du baptême. Croyant* (cit. 2) qui s'en tient aux formules, à la forme*, à la lettre*. Formule de contrition, d'exhortation* (Cf. Confesseur, cit. 3). *Formule d'exorcisme* (cit. 1). *Formule incantatoire*, magique*, cabalistique* (Cf. Abracadabra, cit. 3) ; invocatoire*, imprécatoire** (Cf. Bouc, cit. 2 ; exclamation, cit. 2). *Formules d'évocation* (cit. 4). — Par anal. *Formule de serment.*

1 « La formule principale de tous les mystères était partout : *sortez, profanes.* Les chrétiens prirent aussi dans les premiers siècles cette formule. »
VOLT., **Dict. philos.,** Initiation.

2 « ...en même temps, ses cheveux se dressèrent d'horreur, car le derviche prononçait, dans une langue absolument inconnue, des formules gutturales dont la puissance était certainement irrésistible. Soudain un fracas épouvantable se fit entendre dans la grotte. »
GOBINEAU, **Nouv. asiat.,** p. 121.

3 « ...suivant la formule musulmane des serments solennels, je lui jurais de revenir. »
LOTI, **Aziyadé,** IV, X.

4 « ... ils étaient pour ces enfants, ces cinq mots, comme une formule incantatoire, le « Sésame, ouvre-toi » du paradis honteux où la volupté les plongeait. »
GIDE, **Faux-Monnayeurs,** II, V.

‖ **2°** Expression consacrée dont le code des convenances, les coutumes sociales prescrivent l'emploi dans certaines circonstances. V. **Cérémonial, étiquette.** *Formules de politesse** (*Ex.* Je suis confus*, je n'en ferai rien, je vous en prie*). *Formules épistolaires** (*Ex.* Daignez* agréer, recevoir, etc. l'expression de ma considération* distinguée*). « A vos souhaits », « Dieu vous bénisse », *formules de compliment après un éternuement* (cit. 2). *Formule optative.* V. **Souhait.**

5 « ... il (*le courtisan*) a des formules de compliments différents pour l'entrée et pour la sortie à l'égard de ceux qu'il visite ou dont il est visité ; »
LA BRUY., VIII, 62.

6 « Vous êtes au-dessus des formules de lettres. »
VOLT., **Lett. à Mˡˡᵉ Clairon,** 30 août 1765.

7 « ... chacun d'eux attendait impatiemment que le compliment des autres fût achevé pour apporter le sien, craignant qu'on ne s'emparât du madrigal flatteur qu'il venait d'improviser, de la formule d'adulation qu'il inventait. »
VIGNY, **Cinq-Mars,** VIII.

II. Expression déterminée, généralement concise, résumant un ensemble de significations.

‖ **1°** *En T. de Sciences.* Expression concise, générale et parfois symbolique définissant avec précision soit des relations fondamentales entre termes qui entrent dans la composition d'un tout complexe, soit les règles à suivre pour un type déterminé d'opérations. *Formule mathématique, algébrique.* V. **Algèbre ; fonction** ... *Formule exprimant une loi*, en physique, mécanique, astronomie.*

8 « ... le tableau noir sur lequel j'écrivais fiévreusement, avant l'examen, les formules compliquées de la mécanique et de l'astronomie. »
LOTI, **Mon frère Yves,** XXX.

— *Bot. Formule florale*. — Biol. Formule cellulaire ou cytologique d'un liquide. Formule leucocytaire du sang. Formule dentaire.* — *Chim. Formule chimique :* expression figurant par leurs symboles* les éléments qui entrent dans un corps composé, et leurs quantités relatives. *Dans une formule chimique une lettre capitale exprime la nature de l'atome et un chiffre placé à droite de cette lettre* (V. **Exposant**) *le nombre d'atomes* entrant dans le composé. H^2O est la formule moléculaire de l'eau. Formule d'une eau minérale* (Cf. Efficace, cit. 4). *Formule d'un colorant synthétique, d'une matière plastique...* — *Fig.* (Cf. Composer, cit. 33).

9 « ... il est absurde de vouloir ramener les sentiments à des formules identiques ; en se produisant chez chaque homme, ils se combinent avec les éléments qui lui sont propres, et prennent sa physionomie. »
BALZ., **La vieille fille,** Œuv., t. IV, p. 317.

— *Math.* « Tableau des opérations à faire sur des quantités données pour en déduire les valeurs des quantités que l'on cherche » (LAGRANGE). *Formule algébrique.* V. **Binôme, monôme ... polynôme ; congruence, égalité, équation, équipollence, inégalité.** *Formule permettant de résoudre un problème.* — *Pharm. Formule indiquant les doses* des ingrédients entrant dans la composition d'un médicament. Recueil de formules pharmaceutiques approuvées par la Faculté.* V. **Codex.** *Traité contenant des recettes ou des formules pour préparer les médicaments.* V. **Pharmacopée.**

— Par anal. *Formule culinaire.* V. **Recette** (Cf. Aimer, cit. 54). — *Formule artistique :* « schéma général de composition propre à un artiste, à une époque, etc » (LALANDE). *Spectacle de variétés nouvelle formule.* — *Formule de salaire.*

‖ **2°** *Par ext.* Solution* type à un problème ; manière de procéder pour se tirer de difficulté, franchir un obstacle, parvenir à un résultat. *Chercher, adopter* (cit. 5), *trouver une formule, une bonne formule.* V. **Moyen* ; combinaison, méthode, procédé** (Cf. Agir, cit. 37). *Formule de vie* (Cf. Affranchir, cit. 4 ; bernard-l'ermite, cit.), *de vie sociale* (Cf. Convulsion, cit. 9). *Formule heureuse, efficace. Une formule qui a fait ses preuves. Formule qui résoud tout* (V. **Remède* ; panacée**). *Suivre telle ou telle formule* (Cf. Amorcer, cit. 6). *Formule de paiement.* V. **Mode.** — Spécialt *Formule transactionnelle pour résoudre une crise politique...*

10 « Celui qui fertilise un coin de terre, qui perfectionne un arbre à fruit, qui applique une herbe à un terrain ingrat est bien au-dessus de ceux qui cherchent des formules pour l'Humanité. »
BALZ., **Curé de village,** Œuv., t. VIII, p. 689.

11 « Méthodes, poétiques bien définies, canons et proportions, règles de l'harmonie, préceptes de composition, formes fixes, ne sont pas (comme on le croit communément) des formules de création restreinte. »
VALÉRY, **Variété V,** p. 87.

12 « ... après quelques minauderies de vieille pudique et offensée, la haute assemblée acceptera une « formule transactionnelle. »
MAUROIS, **B. Quesnay,** XVIII.

13 « Elle était merveilleusement calme. Depuis quelques mois, elle avait trouvé sa formule, et c'était de ne s'étonner de rien. »
DUHAMEL, **Archange de l'aventure,** p. 154.

‖ **3°** Toute expression, concise, nette et frappante, d'une idée ou d'un ensemble d'idées. *Formules philosophiques* (Cf. Chimie, cit. 6). *La formule du Cogito* (cit.). *Formule renfermant un conseil moral ...* V. **Aphorisme, précepte,**

proverbe, règle, sentence. *Défendre une idée juste avec une formule fausse* (Cf. Abus, cit. 5). *Formule publicitaire.* V. **Slogan.**

14 « Le slogan n'est point précisément « une phrase toute faite » (comme prétend A. Hermant) ; c'était originairement un « cri de guerre » susceptible de rallier les gens d'un parti. Le mot désigne aujourd'hui n'importe quelle formule concise, facile à retenir en raison de sa brièveté et habile à frapper l'esprit. »
GIDE, **Journ.**, 22 août 1937.

15 « Lutte du devoir et de la passion »... Marie ... eût volontiers nuancé la formule. À ses yeux, il n'y avait pas d'un côté le devoir tout sec : de l'autre, la passion déchaînée. »
ROMAINS, **H. de b. vol.**, t. V, I, p. 11.

— Mode d'expression considéré dans sa forme, sa valeur stylistique, etc. V. **Terme ; expression, locution, phrase, tournure** (Cf. Appliquer, cit. 20). *Formules du langage* (Cf. Ce, cit. 13 ; être, cit. 96). *Une formule éblouissante* (cit. 6), *heureuse* (Cf. Édulcorer, cit. 1). *Formule brève et dense.* V. **Raccourci.** *Formules sonores et creuses* (Cf. Bout, cit. 39). *C'est sa formule favorite* (Cf. Avant-dernier, cit.). *Formule habituelle. Ce n'est qu'une formule de style. Formule qui ne signifie rien* (Cf. Contorsion, cit. 4). *Formule commode* (Cf. Faillite, cit. 6). *Formule populaire* (Cf. Affirmation, cit. 2). *Formule optative, négatoire.*

16 « ... il y a un goût supérieur et absolu qui ne se rédige pas en formules, et qui est tout à la fois la loi latente et la patente de l'art. »
HUGO, **Post-script. de ma vie**, Le goût.

17 « On a téléphoné », annonça Léon, sans lever les yeux. C'était la formule évasive qu'il avait, une fois pour toutes, adoptée afin de n'avoir pas à prononcer le nom de Mᵐᵉ de Battaincourt ; »
MART. du G., **Thib.**, t. VI, p. 179.

18 « Quelques dangereux vieillards qui se gargarisent de formules héroïques »... et qui savent bien que, au cours d'une guerre, ils pourraient se gargariser tout à loisir, sans risque aucun, à l'arrière ... »
ID., **Ibid.**, p. 127.

— *Péjor.* Expression toute faite. V. **Cliché.** *Formule stéréotypée, banale.*

19 « ... des formules clichées que l'excellente Mᵐᵉ Verlet lui répétait avec une conviction de confesseur ... »
MONTHERLANT, **Le songe**, I, VI.

20 « Et comme, en fait, les formules qu'on peut utiliser dans un télégramme sont vite épuisées, de longues vies communes ou de passions douloureuses se résumèrent rapidement dans un échange périodique de formules toutes faites comme : « Vais bien. Pense à toi. Tendresse ». »
CAMUS, **La peste**, p. 83.

‖ 4° Feuille de papier imprimée à de nombreux exemplaires, contenant quelques indications et destinée à recevoir de brèves annotations, un texte court. *Une formule de télégramme. Demander, remplir une formule* (V. **Formulaire**).

DER. — **Formuler.** Cf. Formulaire.

FORMULER. *v. tr.* (XVIIIᵉ s. en pharm., mais une première fois au XIVᵉ; de *formule*).

‖ 1° Mettre, rédiger* ou réduire en formule*, d'après une formule. *Formuler un problème d'algèbre, une réaction chimique. Formuler une ordonnance médicale. Formuler un acte notarial.* V. **Établir.** *Le tribunal a formulé son jugement.* V. **Prononcer.**

1 « ... on se sentait porté vers lui par une de ces attractions morales que les savants ne savent heureusement pas encore analyser, ils y trouveraient quelque phénomène de galvanisme ou le jeu de je ne sais quel fluide, et formuleraient nos sentiments par des proportions d'oxygène et d'électricité. » BALZ., **La bourse**, Œuv., t. I, p. 333.

‖ 2° *Par ext.* (XIXᵉ s.; sens donné comme néol. par LITTRÉ). Énoncer* avec la précision, la netteté d'une formule juridique. V. **Expliciter, exposer, exprimer.** *Formuler un jugement, une doctrine* (Cf. Anarchisme, cit.). *Formuler une demande, une réclamation, des griefs, des objections.* Spécial. *Formuler une plainte* (en justice). V. **Déposer.**

2 « Une dernière fois, par le nom que tous deux nous portons, je vous somme de formuler vos griefs contre moi. »
VILLIERS de l'ISLE-ADAM, **Axel**, II, 13.

3 « ... je vis que je n'étais pas le seul de mon état à formuler une telle demande. » DUHAM., **Pesée des âmes**, I.

‖ 3° Exprimer (avec ou sans précision). V. **Émettre.** *Formuler sa pensée, ses sentiments, son opinion. Il formula son observation sur le ton le plus calme* (Cf. Accent, cit. 2). *Formuler tout haut ses craintes. Formuler une idée avec des mots.* V. **Concrétiser.** *Formuler un souhait* (Cf. Étoile, cit. 21), *des vœux.* V. **Former.** — REM. On peut *former des vœux* dans le fond de son cœur sans les exprimer, sans les *formuler* par écrit ou oralement.

4 « Il sentait vaguement des pensées lui venir ; il les aurait dites, peut-être, mais il ne les pouvait point formuler avec des mots écrits. »
MAUPASS., **Bel-Ami**, I, III.

5 « ... sa voix se fit presque brutale pour répondre à la question de la visiteuse, formulée d'un accent étouffé ... »
BOURGET, **Un divorce**, I.

6 « Le regard interrogateur et vague qu'elle fixait devant elle, semblait poser une question qu'elle ne formulait pas ... »
MART. du G., **Thib.**, t. V, p. 261.

« Voilà bien de ces résolutions que, si j'étais raisonnable, je m'abstiendrais bien de former et surtout de formuler. »   7
DUHAM., **Invent. de l'abîme**, II.

« Ils (les artistes) ne sont pas, chaque jour, sommés d'avoir à formuler un sentiment sur des conjonctures qu'ils ignorent. »   8
ID., **Temps de la rech.**, IX.

« J'aimerais lire ce livre, ai-je dit. J'ai l'impression qu'il contient quelque chose que je sens et n'arrive pas à formuler. »   9
MAUROIS, **Terre promise**, p. 99.

‖ SE FORMULER. *v. pron. Question, idée qui ne se formule pas aisément.*

« — À quoi pensez-vous ... ? — ... À rien de précis. Ce sont des choses qu'on ne peut pas dire, ça ne se formule pas. »   10
SARTRE, **Âge de raison**, IV. — Cf. aussi Carrément, cit. 3 ; exaspérer, cit. 11.

— *Se formuler une question. Se formuler ce que l'on pense :* prendre distinctement conscience de ...

« ... dans un éclair, il vient de recevoir toute fulgurante la réponse à la terrible question qui depuis des mois se posait devant lui et qu'il n'osait même pas se formuler nettement... »   11
BARRÈS, **Colline inspirée**, p. 94.

ANT. — **Cacher, dissimuler, taire. Silence** (passer sous).

FORNICATEUR, TRICE. *n.* (XIIᵉ s.; empr. au lat. ecclés. *fornicator, trix*). Celui, celle qui commet le péché de fornication*.

« ... Dieu condamnera les fornicateurs et les adultères. »
BIBLE (SACY), **Ép. aux Hébr.**, XIII, 4.

FORNICATION. *n. f.* (XIIᵉ s.; empr. au lat. ecclés. *fornicatio* ; rac. *fornix*, propremt. « voûte », par ext. « prostituée », les prostituées se tenant à Rome dans les chambres voûtées pratiquées dans les murs des maisons).

‖ 1° *En T. d'Écriture.* Péché simple de la chair constitué par les relations charnelles entre deux personnes qui ne sont ni mariées ni liées par des vœux. — *Par ext.* Commerce charnel en général. V. **Accouplement, coït, copulation.**

« ... les œuvres de la chair, qui sont la fornication, l'impureté,   1
l'impudicité, la dissolution. »
BIBLE (SACY), **Ép. St Paul aux Gal.**, V, 19.

« ... pour éviter la fornication, que chaque homme vive avec sa   2
femme, et chaque femme avec son mari. »
ID., **1ʳᵉ Ép. aux Corinth.**, VII, 2.

‖ 2° *Fig.* Infidélité* du peuple juif abandonnant le vrai Dieu pour les dieux étrangers.

« On a traduit par le mot de *fornication* les infidélités du peuple   3
juif pour des dieux étrangers, parce que chez les prophètes ces infidélités sont appelées *impuretés, souillures.* C'est par la même extension qu'on a dit que les Juifs avaient rendu aux faux dieux un hommage *adultère.* »   VOLT., **Dict. philos.**, Fornication.

FORNIQUER. *v. intr.* (XIVᵉ s.; empr. au lat. ecclés. *fornicari.* V. **Fornication**). Commettre le péché de fornication.

« Tandis que, dans sa conscience, elle se croit coupable pour avoir forniqué avec monsieur Roux, mon élève, je tiens sa fornication pour innocente, comme n'ayant fait de mal à personne. »
FRANCE, **Mannequin d'osier**, XVI, Œuv., t. XI, p. 424.

FORS. *préf.* et *prép.* (*Foers*, adv. au Xᵉ s. ; lat. *foris*, dehors).

‖ 1° Préfixe entrant dans la composition de quelques mots d'origine ancienne. — REM. Le préfixe d'origine germanique *fir-, fer-*, qui entre en composition avec des racines aussi bien germaniques (*forbannir, forsener*) que latines (*foraler, forfaire* ; Cf. allem. *vergehen, vertun*), a subi de bonne heure l'influence de l'ancien français *fors*, et il en est résulté un préfixe *for(s)-*, que l'on trouvait par exemple dans *forsfaire* ou *forspaïsier*, à côté de *forfaire* et *forpaisier*.

‖ 2° *Vx. Prép.* V. **Excepté** (cit. 13), **hormis, hors, sauf** (Cf. Avocat, cit. 19). (REM. Remplacé au XVIIᵉ s. par *hors*, *fors* n'est plus qu'un archaïsme poétique). Allus. hist. « *Tout est perdu, fors l'honneur* », mot attribué à François 1ᵉʳ lors de la défaite de Pavie.

« Tout se tait fors les gardes   1
Aux longues hallebardes,
Qui veillent aux créneaux
Des arsenaux. »   MUSS., **Prem. poés.**, Venise.

« Du houx à la feuille vernie   2
Et du luisant buis je suis las,
Et de la campagne infinie,
Et de tout, fors de vous, hélas ! »
VERLAINE, **Romances sans paroles**, Spleen.

ANT. — **Compris** (y compris).

HOM. — **For, fort** ; formes du v. **Forer.**

FORT, FORTE. *adj., adv.* et *n.* (Xᵉ s. ; fém. *fort* jusqu'au XIVᵉ s.; lat. *fortis*).

I. *Adj.* ‖ 1° (La force considérée en soi, comme une réserve de puissance).

A) Qui a de la force* physique. V. **Costaud** (fam.), **puissant, résistant, robuste, solide, vigoureux.** *L'homme est généralement plus fort que la femme. Homme beau et* *fort.* V. **Athlétique, bâti** (bien bâti), **musclé, taillé** (bien taillé). Cf. *Un corps de bronze, des muscles d'acier. Petit homme fort et râblé. Un homme grand et fort.* V. **Géant, hercule, malabar** (arg.). Cf. Corpulent, cit. *Être fort comme un Turc, comme un bœuf* (Cf. Bœuf, cit. 10 ; chanson, cit. 7). *Femme forte comme un cheval. Animal très fort* (Cf. Assujettir, cit. 7 ; auroch. cit ; écarteler, cit. 1). *L'exercice, l'entraînement... l'ont rendu fort.* V. **Enforcir*, fortifier** (Cf. Atrophier, cit. 5). *Il est encore très fort pour son âge.* V. **Valide.** *Un corps* (cit. 17) *sain et fort. Être, se sentir fort sur ses jambes* (Cf. Bien campé*). *Être fort des reins, des jambes ... Ouvrier aux bras forts* (Cf. Boulanger, cit.). — Par ext. *Forte constitution. Race forte. Le sexe* fort. Jouir d'une forte et allègre* (cit. 1) *santé* (Cf. Avoir une santé de fer ; être plein de santé).

1   « Mes gens vous aideront, et je les ai pris forts,
      Pour vous faire service à tout mettre dehors. »
                                   MOL., Tart., V, 5.

2   « Voici donc une troisième conséquence de la constitution des sexes, c'est que le plus fort soit le maître en apparence, et dépende en effet du plus faible ; »   ROUSS., Émile, V.

3   « Le besson était fort en reins et en cuisses. Il avait un petit buste terrible et nerveux et toute la force de son sang de poivre était là sur ses hanches accumulée en deux énormes muscles au milieu de lui comme la force de l'arc est au milieu de l'arc. »
                           GIONO, Chant du monde, II, I.

4   « Il le saisit aux épaules et le poussa vers la porte ; Philippe voulut résister, mais c'était désespérant : Maurice était fort comme un bœuf. »   SARTRE, Le sursis, p. 155.

— PROV. *La raison du plus fort est toujours la meilleure* (LA FONT., Fab., I, 10) : le plus fort, le plus puissant fait toujours prévaloir sa volonté.

— *Quand on n'est pas le plus fort, il faut être le plus malin :* la ruse et l'adresse sont indispensables au faible.

— Fig. *Prêter main-forte à quelqu'un.* V. **Main-forte.** *Recourir à la manière forte :* à la contrainte, à la violence.

B) *Par ext.* (la corpulence étant souvent associée à l'idée de force). *Considérable** par les dimensions, la quantité, l'importance. V. **Grand, gros, important.** — En parlant des personnes, et plus particulièrement des femmes, Euphémisme employé pour *gros. Femme forte, un peu forte.* V. **Corpulent** (cit.), **épais, gras, gros, obèse** (Cf. Embonpoint, cit. 7). *Vous êtes un peu trop forte pour porter ce vêtement, ce pantalon.*

5   « Elle avait toujours ces vêtements qui paraissaient avoir appartenu à une personne plus forte, tant ils s'ajustaient mal sur son maigre corps. »   GREEN, A. Mesurat, III, VIII.

— *Personne forte des hanches.* V. **Large.** *Elle a la taille assez forte. Une forte poitrine :* très développée*. V. **Opulent.** *Cou très fort* (Cf. Cou de taureau). *Nez fort,* gros ou busqué. *Forte barbe, forte moustache.* V. **Dru** (Cf. Cosmétiquer, cit.).

6   « ...un homme était assis, de quarante à quarante-cinq ans, petit, gros, trapu, rougeaud ... une forte barbe courte et des yeux flamboyants ; »   DAUDET, Tartar. de Tarascon, I, I.

C) Qui a une grande force intellectuelle, de grandes connaissances (dans un domaine), qui excelle dans la pratique (de quelque chose). V. **Bon, calé,** (fam.), **capable, docte, doué, excellent, expérimenté, ferré** (fam.), **habile, talentueux.** *Être fort dans sa partie.* Cf. *C'est son fort, infra* (Cf. Atout, cit. 1). *Il est fort en tout* (Cf. C'est un cerveau*). *Élève fort en géométrie, en histoire, en thème.* Substantivt. *Un fort en thèmes*.* V. **As** (Cf. arg. Crack, dur, fortiche). *C'est le plus fort de la classe. Vous n'êtes pas assez fort pour suivre ce cours. Être fort sur un point, un sujet, une question ... Il est fort sur les théories de X, la biographie de Y ... Être fort à un exercice, à un jeu :* savoir très bien le pratiquer, réussir parfaitement. *Être fort au tir, au saut à la perche ... Joueur fort aux échecs, aux dames, à la belote.* V. **Imbattable.** — REM. De nos jours, on emploie plutôt *Être fort en, dans* pour une discipline intellectuelle, *Être fort sur* pour un point particulier ne constituant pas à lui seul une discipline, *Être fort à,* pour un exercice pratique, un jeu, un sport. — Par plaisant. *Il est toujours très fort pour parler, critiquer ; plus fort pour parler que pour agir, fort avec la langue. Être fort en bouche, en bec, en gueule,* et substantivt. *C'est un fort en gueule.* V. **Bavard, braillard, gueulard, insolent.** — Par dénigr. *Il n'est pas très fort* se dit d'un médiocre (Cf. Il n'a pas inventé la poudre*, le fil à couper le beurre).

7   « ... je suis diablement fort sur les impromptus. »
                                   MOL., Préc. rid., 9.

8   « Socrate et Agathon étaient forts sur l'amour. »
                  RAC., Liv. ann., Platon, Note s. le Banquet.

9   « Malgré la sévérité de ce professeur, j'étudiai sous lui pendant six mois, et je devins un de ses plus forts écoliers ... »
                                   LESAGE, Gonzal., IV.

10   « En atteignant à la fin de sa seconde année de droit, Oscar, déjà plus fort que beaucoup de licenciés, faisait le Palais avec intelligence, et plaidait quelques référés. »
                  BALZ., Un début dans la vie, Œuv., t. I, p. 710.

« À cette époque, je n'étais pas très fort sur la manœuvre, et je me trouvais complètement à la merci de la science nautique de mon ami. »   BAUDEL., Traduc. E. POE, Avent. G. Pym, I.

« — Nous disions : « C'est un brave homme, mais il n'est pas bien fort » ...
— ... Et vous ne le jugiez pas très fort ?
— Oh ! pour moi, il était bien assez fort. Pour d'autres, il paraît que non.
— Tiens !
— Quand on allait le voir, il ne trouvait pas. »
                                   ROMAINS, Knock, II, 1.

— *Par ext.* et *fam.* V. **Adroit, intelligent, malin.** *J'ai lu sa dernière critique : ce n'est pas très fort ! Réussir à dresser ses ennemis les uns contre les autres, voilà qui est très fort.*

|| **2°** (La force étant considérée sous des aspects passifs).

A) En parlant des choses. Qui résiste. V. **Résistant, solide.** *Du bois fort* (Cf. Croître, cit. 2). *Un métal fort. Plus fort que l'airain. Papier fort.* V. **Cartonné, épais, rigide.** *Tissu fort.* V. **Inusable** (Cf. Bien, cit. 37). *Fil, ruban fort* (V. **Extra-fort**). *Pilier très fort. Voûte assez forte pour supporter un édifice. Étais qui rendent une digue plus forte* (V. **Consolider, renforcer**). Mar. *Navire fort de côté :* « qui résiste fortement à l'effort du vent avant de s'incliner » (GRUSS). — Par ext. *Colle* forte.* V. **Tenace.** *Terre forte,* argileuse, difficile à labourer. V. **Gras** (Cf. Argile, cit. 2). — Par métaph. *Forts liens, forte liaison* (Cf. Approprier, cit. 5 ; attacher, cit. 48 ; chaîne, cit. 24).

— *Spécialt.* T. de Guerre. *On a chassé l'ennemi des fortes positions qu'il occupait.* Spécialt. *Une place, une ville forte.* V. **Fortifié ; fortification*.** *Un château fort.* V. **Château, fort** (III), **forteresse*.** — Par anal. *Un coffre*-fort.*

13   « Louvois et Vauban établirent un plan d'ensemble pour la défense du territoire. Une triple ligne de places fortes couvrit la frontière la plus faible : celle du Nord ... Vauban les fortifiait d'après des principes nouveaux. »
           RAMBAUD, Hist. civil. franç., t. II, p. 209 (Cf. Fortification, cit. 3).

B) Sur le plan moral. Qui est capable de résister au monde extérieur ou à soi-même. V. **Aguerri, armé, averti, constant, courageux, énergique, ferme*, têtu, volontaire.** *Être fort dans l'adversité, l'épreuve* (Cf. Tenir* bon). *Un caractère fort.* V. **Autoritaire, trempé.** *Les fortes natures bravent* (cit. 10) *les médiocres. Volonté forte. Une âme forte* (Cf. Exemple, cit. 10 ; expression, cit. 3). *La femme forte dont parle l'Écriture.*

14   « Qui trouvera une femme forte ? elle est plus précieuse que ce qui s'apporte de l'extrémité du monde. »
                           BIBLE (SACY), Prov., XXXI, 10.

15   « ... que de faiblesse en une âme si forte ! »
                                   CORN., Cinna, IV, 5.

16   « Les enfants qui s'effrayent du visage qu'ils ont barbouillé, ce sont des enfants ; mais le moyen que qui est si faible, étant enfant, soit bien fort étant plus âgé ! »   PASC., Pens., II, 88.

17   « Il n'est pas assez fort pour me quitter le premier, et, quoiqu'il ne m'aime pas dans le sens véritable du mot, il tient à moi par une habitude de plaisir, et ce sont celles-là qui sont les plus difficiles à rompre. »   GAUTIER, Mlle de Maupin, VI.

18   « Un homme est bien fort quand il s'avoue sa faiblesse. »
                  BALZ., Peau de chagrin, Œuv., t. IX, p. 140.

19   « Le repliement sur soi-même n'est bon qu'aux natures singulières et fortes, et encore, à condition d'être relatif et entrecoupé. »
                  MONTHERLANT, Jeunes filles, p. 28.

20   « La bonté nous entraîne à des devoirs trop lourds ... Il y a peu d'êtres assez forts pour leur faire face. »
                  CHARDONNE, Amour du prochain, p. 129.

— *Spécialt. Une forte tête.* V. **Tête** (Cf. Étourdir, cit. 21 ; fainéant, cit. 5). *Les esprits forts, incrédules.* V. **Esprit** (cit. 118 et 119). Cf. Accepter, cit. 6.

|| **3°** (La force étant considérée sous des aspects actifs).

A) (Avec mise en relief de la notion d'intensité).

— Intense*, en parlant d'un mouvement, d'un effort physique. *Coup très fort.* V. **Brutal, énergique, violent.** *Battement* (cit. 9) *fort et précipité. Forte poussée, forte oscillation.*

21   « L'oscillation du navire a été si forte que les lampes les mieux suspendues se sont à la fin renversées. »   VALÉRY, Variété, p. 16.

— Qui dépasse la normale. *Forte montée, forte descente. Brouillard fort.* V. **Dense.** *Fortes rosées d'automne.* V. **Abondant.** *Fortes chutes de neige, de pluie. Forte crue* (cit. 2), *forte marée* (Cf. Conjonction, cit. 6). *Fortes chaleurs. Forte fièvre.* V. **Carabiné, soigné** (fam.). Cf. *Une fièvre de cheval. Forte dose ; forte ration.* V. **Copieux.** *Fort rendement à l'hectare. Forte différence. Payer une forte somme.* V. **Beau** (Cf. Cas, cit. 7). *Toucher une forte indemnité. Le prix* fort.* — *De fortes chances*.*

— *Le plus fort est fait,* le plus gros* (et aussi le plus difficile).

22   « Que reste-t-il ? le plus fort en est fait, »
                           LA FONT., Contes, Richard Minutolo.

— Météor. *Vent fort.* V. **Impétueux.** *Forte houle* et par ext. *Mer forte.* V. **Gros, houleux.** — Phon. *Accent fort, forte accentuation d'une syllabe. Forte articulation d'un son.* Par ext. *Consonne forte :* « qui comporte une intensité notable de l'effort musculaire exigé par l'articulation » (MAROUZEAU). — Mus. *Temps* fort.*

— *Spécialt.* Dont l'intensité a une grande action sur les organes des sens. *Lumière forte* (Cf. Étrécir, cit. 2). Par ext. *Visage fort en couleur,* dont la couleur est vive. V. **Haut.** — *Une forte détonation. Voix forte.* V. **Claironnant, plein, sonore, strident, véhément** (Cf. Aïeul, cit. 2 ; appeler, cit. 3 ; crier, cit. 19 ; étage, cit. 7). *Des odeurs fortes.* V. **Lourd, violent** (Cf. Affecter, cit. 2 ; ardeur, cit. 49 ; carcasse, cit. 1 ; exhaler, cit. 4 ; évanouir, cit. 26). *Parfum fort et tenace.* V. **Enivrant, pénétrant.** *Haleine forte.* V. **Fétide.**

23 « Il y avait derrière nous des seringas dont je sens encore le parfum très fort. On voyait les étoiles à travers les branches. Ce fut un moment de bonheur parfait. »   MAUROIS, **Climats,** I, II.

24 « ... un jardin merveilleux plein de fortes senteurs ... »
                                        GREEN, **Léviathan,** I, XIII.

— *Goût fort, saveur forte.* — Par ext. *Fromage fort. Le piment rouge est plus fort que le piment vert. Moutarde très forte.* V. **Extra-fort, piquant.** *Sauce trop forte* (V. **Épicé, relevé**) *qui emporte la bouche. Boisson amère et forte. Beurre fort,* d'une saveur anormale et désagréable. V. **Âcre, rance.** *Tabac fort, cigarettes fortes.*

— *Spécialt.* Qui affecte violemment le goût, par la concentration de l'infusion, du mélange. *Café, thé fort.* V. **Noir** (ANT. **Léger**). *Une absinthe très forte, bien tassée*.* à laquelle on ajoute peu d'eau. — Par le degré d'alcool. *Vin fort,* très alcoolisé* (ANT. **Clairet**). *Liqueurs fortes* Cf. Aduste, cit. ; bière, cit. 4 ; blaser, cit. 2 ; breuvage, cit. 2). Par ext. *Boisson forte en alcool,* riche* en alcool

— Fig. et pop. *C'est un peu fort de café !*

25 « Comment ... il y a vingt jours que vous êtes à la mort, et ils ne sont pas encore venus savoir de vos nouvelles ! C'est un peu fort de café, cela ! ... »   BALZ., **Cousin Pons, Œuv.,** t. VI, p. 649.

— En parlant de choses abstraites. V. **Grand, intense.** *Éprouver un sentiment très fort pour quelqu'un. Amitié forte, amour fort. Une forte haine.* V. **Violent.** *Douleur trop forte* (Cf. Brouiller, cit. 3). *De fortes appréhensions. Faire une forte impression sur quelqu'un.* V. **Vif.** *Une forte commotion. Avoir une forte envie de gifler quelqu'un. Brûler d'un fort désir de ... La tentation était trop forte* (Cf. Carquois, cit. 22).

26 « As-tu donc pour la vie une haine si forte, »
                                        CORN., **Pol.,** V, 2.

27 « Je n'ai point de plus forte envie que d'être à vous ... »
                                        MOL., **Am. médec.,** III, 6.

— V. **Puissant.** *Il y a de fortes raisons de croire que...* (Cf. État, cit. 125). *À plus forte raison.* V. **A fortiori** (Cf. Céleste, cit. 4). *Fortes objections. De fortes présomptions pèsent sur lui.* V. **Grave, lourd.** *Forte opposition au sein du gouvernement.*

28 « Il (*Corneille*) a un nom très respecté, il est mort ; voilà déjà une raison bien forte (je ne dis pas bien bonne) en sa faveur. »
                                        D'ALEMB., **Lett. à Volt.,** 27 janv. 1762.

— Dont l'intensité a un grand pouvoir d'évocation, en parlant des moyens d'expression. *Style fort.* V. **Coloré, concis, éloquent, expressif, ferme, précis, vivant** (Cf. Connaisseur, cit. 4). *Langue forte et précise* (Cf. Excès, cit. 13). *Fortes expressions* (Cf. Aimer, cit. 28). *Terme trop fort,* qui dépasse la pensée. *L'épithète* (cit. 7) *est un peu forte !* V. **Outré.** *Je ne trouve pas de mot assez fort pour exprimer mon admiration. Sens fort d'un mot ; au sens fort du mot.* V. **Propre, strict.** — *Une œuvre forte.* V. **Mâle, puissant, vigoureux.**

29 « Certains poètes sont sujets, dans le dramatique, à de longues suites de vers pompeux qui semblent forts, élevés... » LA BRUY., I, 8.

30 « Du Bos, lui, savait triompher de sa préciosité lorsqu'il s'agissait de certaines questions vitales ; il écrivait alors de fortes pages pleines d'une conviction émouvante et qui surprend presque chez un esprit si quintessencié ; cependant que Chardonne raffine encore. »
                                        GIDE, **Attendu que ...,** p. 14.

31 « En effet, le mouvement de révolte est plus qu'un acte de revendication au sens fort du mot. » CAMUS, **Homme révolté,** p. 30.

— Difficile à croire ou à supporter par son caractère excessif. *La plaisanterie est un peu forte.* V. **Exagéré, poussé** (Cf. Passer les bornes, la mesure ; aller trop loin). *Elle est forte celle-là !* (fam.), se dit d'une histoire, d'une aventure étonnante*. Fam. *Ça c'est fort, un peu fort, où est-il passé ?* V. **Formidable, inouï, raide.** *C'est trop fort, vous êtes pris en flagrant délit et vous niez !* (Cf. C'est le bouquet* ; c'est un comble*). *Ce qu'il y a de plus fort, le plus fort c'est que ...* V. **Extraordinaire*, incroyable, invraisemblable, stupéfiant.** *C'est plus fort que de jouer au bouchon*. De plus en plus fort ! Plus fort encore...* (Cf. Bien mieux).

— Météor. *Vent fort.* V. **Impétueux.** *Forte houle* et par

32 « — Ah ! c'est trop fort ! s'écria Frédéric. À peine avait-il son bonheur entre les mains qu'on voulait le lui prendre. »
                                        FLAUB., **Éduc. sentim.,** I, VI.

23 « Et le plus fort, c'est qu'il le croyait !... »
                                        DAUD., **Tartarin de Tarascon,** I, III.

B) (Avec mise en relief de la notion d'efficacité).

— Qui agit avec force, capable de grands effets, en parlant d'une chose concrète. *Un ressort très fort,* à détente puissante. *Les explosifs les plus forts.* V. **Puissant.** *Remède de fort.* V. **Agissant, efficace** (Cf. Un remède de cheval). Chim. *L'acide azotique est un acide fort.* V. **Force** (d'un acide). Cf. Eau-forte. — Phys. *Lunette forte,* très grossissante*.

— Qui a un grand pouvoir d'action, de l'influence, en parlant d'une personne. V. **Influent, puissant.** *Un homme fort* par la situation qu'il occupe, les relations qu'il a (Cf. Apologie, cit. 2). *Il est fort parce qu'il est riche. Oppression du plus faible* (cit. 35) *par le plus fort. Avoir affaire à forte partie. Trouver plus fort que soi* (Cf. Blanc-bec, cit. 2).

34 « Ne lui commandez jamais rien, quoi que ce soit au monde, absolument rien. Ne lui laissez même pas imaginer que vous prétendiez avoir aucune autorité sur lui. Qu'il sache seulement qu'il est faible et que vous êtes fort ; que, par son état et le vôtre, il est nécessairement à votre merci ; »   ROUSS., **Émile,** II.

35 « Il y a bien un droit du plus sage, mais non pas un droit du plus fort. »   JOUBERT, **Pens.,** XV, IV.

36 « Quand je suis le plus faible, je vous demande la liberté parce que tel est votre principe ; mais quand je suis le plus fort, je vous l'ôte, parce que tel est le mien. » L. VEUILLOT, **Convers. avec A. Cochin.**

— *Être fort de... :* puiser sa force, sa confiance, son assurance dans ... *Être fort de la protection, de l'aide, de l'assentiment* (cit. 5) *de quelqu'un. Fort de mon innocence, je ne prenais pas garde aux accusations dirigées contre moi.*

37 « Il regrettait ces temps si chers à son grand cœur,
        Où, fort de sa vertu, sans secours, sans intrigue,
        Lui seul avec Condé faisait trembler la ligue. »
                                        VOLT., **Henriade,** I.

38 « Il était, avant tout, fort de la popularité inouïe dont il jouissait dans son armée. »
                MADELIN, **Hist. Cons. et Emp.,** Ascension de Bonaparte, XIII.

39 « Fort des assurances de Charles, excité par ses conversations quotidiennes, j'attendais résolument les fermiers. Eux, forts de ce qu'un fermier se remplace malaisément, réclamèrent d'abord une diminution du loyer. »   GIDE, **Immoraliste,** p. 130.

— *Se porter fort pour quelqu'un :* répondre de son consentement, se porter garant*, caution* pour lui.

— SE FAIRE FORT DE : se déclarer assez fort pour faire telle chose, se dire capable d'obtenir tel résultat. V. **Piquer** (se), **targuer** (se), **vanter** (se). *Se faire fort de vaincre un pays* (Cf. Capituler, cit. 4). *Je me fais fort de réussir.* — REM. Dans ces expressions, FORT reste invariable. *Elle se fait fort d'obtenir la signature de son mari* (ACAD.). Cette règle s'explique par l'identité de forme du féminin et du masculin en ancien français. De l'invariabilité en genre, on est passé à l'invariabilité en nombre : *Ils se faisaient fort d'une chose qui ne dépendait pas d'eux* (ACAD.). Cependant l'accord grammatical et logique est admis, contre l'usage, par la plupart des grammairiens.

40 « ... dire ils se font *fort* et non *forts,* cela n'est fondé ni sur l'archaïsme, ni sur la grammaire ; *fort* est ici adjectif et non adverbe. »
                                        LITTRÉ, **Dict.,** Fort, *rem.*

41 « Il a dit en riant au Vice-Connétable que s'il y avait beaucoup de femmes comme celle-là sa cour pendant qu'il y venait tant de rois, il se faisait fort de maintenir toujours la paix en Europe. »
                        BALZ., **Maison du chat-qui-pelote, Œuv.,** t. I, p. 46.

42 « ... la mère, dont elle se faisait fort de remporter l'assentiment. »
                                        GIDE, **Faux-Monnayeurs,** II, V.

43 « (*Elle me laissa entendre*) qu'elle se faisait fort d'amener Octavie à des confidences. »   MAURIAC, **Pharisienne,** II.

44 « Tant de gens se font fort de vous ouvrir toutes les portes ... »
                                ROMAINS, **H. de b. vol.,** t. II, XIV, p. 143.

45 « De bonnes autorités locales se font fortes de démontrer que ce buste n'est pas de Puget. »
                        L. BERTRAND (cité par DAMOURETTE ET PICHON, paragr. 251).

— En parlant d'un groupement, d'une institution... *Parti politique très fort. État* (cit. 114), *gouvernement fort* (Cf. Asseoir, cit. 47 ; étendre, cit. 40). *Régime fort.*

46 « ... il avait soutenu que les sociétés qui veulent se maintenir fortes ne peuvent le faire qu'au moyen de lois fortes. »
                        STE-BEUVE, **Caus. du lundi,** 2 juin 1851, t. IV, p. 192.

47 « ... un peuple, pour être fort, doit être nombreux. »
                                        BENDA, **Trahis. des clercs,** p. 196.

— *Une armée forte :* efficace au combat (par l'armement, les effectifs ...). *Cavalerie forte de trois cent mille chevaux.* V. **Nombreux.**

48 « La flotte de Hollande, forte de trente-deux vaisseaux et de quatre mille soldats ... »   RAC., **Notes hist.,** XXXVII.

— Par anal. (l'idée de *nombre* l'emportant sur celle de *force*).

49 « ... une pièce de la ferme, où l'on devait élever une grande meule, haute de huit mètres, forte de trois mille bottes. »
ZOLA, **La terre**, III, IV.

— En T. de Jeu. Se dit d'une carte, etc., qui permet de battre l'adversaire. *A la belote, le valet d'atout est plus fort que la dame. Garder la carte la plus forte pour la dernière levée.*

— En parlant de qualités morales ou intellectuelles. Sentiment, croyance (cit. 11) *plus forts que la raison. Son ambition était plus forte que ses remords. L'appât du gain fut le plus fort. Un argument fort.* V. **Convaincant, décisif, efficace** (Cf. *Un argument massue; ad rem* (cit.).

50 « En dépit qu'on en ait, elle se fait aimer ;
Sa grâce est la plus forte ;... »
MOL., **Mis.**, I, 1.

51 « ... comme vous embellissez et faites chérir tous les sentiments honnêtes ! Ah ! c'est votre séduction ; c'est la plus forte ; c'est la seule qui soit, à la fois, puissante et respectable. »
LACLOS, **Liais. dang.**, Lett. LXXXIII.

52 « Nos idées ne sont si fortes et ne nous sont d'un si grand prix, que parce qu'à la longue elles nous façonnent. »
SUARÈS, **Trois hommes**, Ibsen, VIII.

53 « Les femmes ont une déraison plus forte que la raison. Tout s'y brise ... »
LÉAUTAUD, **Journ. littér.**, 23 décembre 1905.

54 « A partir de ce moment, en effet, on vit toujours la misère se montrer plus forte que la peur, d'autant que le travail était payé en proportion des risques. »
CAMUS, **La peste**, p. 195.

— L'amour (cit. 21) *est fort comme la mort,* vers du Cantique des cantiques. *L'amour est plus fort que la mort.* — *Fort comme la mort,* roman de Maupassant.

55 « L'amour est libre, il n'est jamais soumis au sort
Ô Lou, le mien est plus fort encore que la mort »
APOLLINAIRE, **Ombre de mon amour**, Adieu !

56 « Elle consent à tout, pour que Mailla continue à la voir. Après tout, c'est bien cela, l'amour : ce qui est plus fort que l'orgueil. »
HENRIOT, **Portr. de fem.**, p. 216.

— Cela est plus fort que moi, se dit d'une habitude, d'une passion, d'un désir, d'un préjugé ... dont on ne peut vaincre l'ascendant. V. **Invincible, irrésistible.** *C'est plus fort que moi, je ne peux pas le voir.*

57 « Vous ne pouvez pas me comprendre ... C'est quelque chose qui est plus fort que moi. »
MAETERLINCK, **Pelléas et Mélisande**, II, 2.

II. *Adv.* ‖ **1°** *Adv. de manière.* — Avec de la force physique, en fournissant un gros effort. V. **Fortement.** *Frapper fort.* V. **Dur, vigoureusement, violemment.** *Tirer, pousser fort et ferme*. *Serrer très fort un objet* (Cf. Arracher, cit. 26). *Claquer* (cit. 1) *une porte, choquer des verres très fort* (Cf. Boire, cit. 21). *Lancez la balle plus fort ! Sonnez fort. Toussez, respirez fort ! De plus en plus fort,* en augmentant*.

— Avec une grande intensité. Cœur qui bat fort (Cf. Appuyer, cit. 16). *Le vent souffle fort. Il a plu très fort. Poêle, chauffage qui marche trop fort. Ce robinet coule trop fort.* V. **Abondamment.** — *Parler, crier fort.* V. **Véhémentement** (Cf. Comme un diable*, comme un sourd*. Cf. *aussi* Conteste, cit. 2 ; crâner, cit. 2). *Chanter fort.* V. **Forte, fortissimo.** *Orchestre qui joue trop fort.* — *Sentir fort,* dégager une odeur violente.

58 « Tout le mystère de la puissance et du prestige m'apparaît dans un éclair. Une simple question de savoir qui peut parler le plus fort. »
DUHAM., **Pasq.**, III, XII.

— Fig. Y aller fort. V. **Exagérer** (Cf. Combler la mesure, dépasser les bornes). *Dix millions ! Vous y allez fort ! Il y va fort le frère !* (fam.).

‖ **2°** *Adv. de quantité.* V. **Beaucoup, excessivement, extrêmement.** *Cet homme me déplaît fort.* V. **Souverainement.** *Cela lui tient fort à cœur. Il aime fort ce genre d'occupations. Vous m'obligeriez fort ...* V. **Bien.** *Je doute fort que ...* (Cf. Aheurtement, cit.). *Ou je me trompe fort ou vous êtes dans l'erreur* (Cf. *aussi* Bombance, cit. 1). *Avoir fort à faire.*

59 « Elle aurait fort à faire, et ses soins seraient grands »
MOL., **Mis.**, III, 5

60 « Il y a fort à dire, et les choses ne sont pas égales. »
ID., **G. Dand.**, I, 4.

61 « Les hommes ... veulent si fort tromper et si peu être trompés ... »
LA BRUY., XI, 24.

— Placé devant un adjectif ou une expression ayant valeur d'adjectif, devant un autre adverbe, FORT *exprime le superlatif.* V. **Bien, tout** (à fait), **très.** *Un oiseau fort petit* (Cf. Casoar, cit.). *Une après-dînée* (cit. 1) *fort longue. Homme fort amoureux* (cit. 1), *fort riche, fort occupé. Être* (cit. 1) *fort las* (Cf. Asseoir, cit. 21), *fort mécontent, fort embarrassé. J'en suis fort aise* (cit. 24). *J'en serais fort content* (Cf. Affecter, cit. 7). *Avoir un fort bon caractère* (cit. 49). *Voilà un fait fort étrange* (Cf. Affliger, cit. 1). *Une histoire fort triste.* — *Accueillir* (cit. 1) *quelqu'un fort honnêtement. Elle se trouva fort dépourvue* (cit. 1). *Il*

s'esquiva fort discrètement. Se conduire fort mal. C'est fort mal à vous. Savoir fort bien que ... (Cf. Étouffer, cit. 3). *Se passer fort bien de ...* (Cf. Acquérir, cit. 19). *Fort bien ! exprime l'accord, l'assentiment* (Cf. Accord, cit. 5 ; clôturer, cit. 1). *Il en reste fort peu.* — *Arriver de fort bonne heure. Être fort à la mode. Il est fort au-dessus de l'ordinaire* (ACAD.).

62 « qu'on me coupe une oreille,
Si tu portes fort loin une audace pareille ! »
MOL., **Dép. am.**, III, 10.

63 « De fort mauvaise humeur et très humilié, Julien ne dormit point. »
STENDHAL, **Le rouge et le noir**, I, XV.

64 « Il y avait cent à parier contre un qu'il finirait par être un pair de France fort raisonnable, fort sérieux, fort soigneux ... »
ID., **Rom. et nouv.**, Le rose et le vert, VI.

III. *Substantivt.* ‖ **1°** *Fig.* Le côté fort, l'aspect sous lequel une personne, une chose révèle le plus de puissance, de valeur, d'efficacité. *Le fort et le faible d'une chose, d'une personne.* V. **Faible** (cit. 41 et *supra*). — *Le fort portant le faible :* toutes choses étant compensées, ce qui manque d'un côté étant suppléé de l'autre (ACAD.).

65 « ... des citoyens s'instruisent du dedans et du dehors d'un royaume ... savent le fort et le faible de tout un État ... »
LA BRUY., IX, 24.

66 « Enfin, après avoir examiné le fort et le faible des sciences, il fut décidé que monsieur le marquis apprendrait à danser. »
VOLT., **Jeannot et Colin.**

67 « Après cette première et redoutable épreuve, elles pourraient se livrer avec moins de danger aux chances terribles du mariage, connaissant le fort et le faible de leurs futurs tyrans. »
BAUDEL., **La Fanfarlo.**

— Ce en quoi quelqu'un est fort, excelle. C'est son fort. Son fort, c'est la critique. Fam. et iron. La générosité n'est pas son fort* (V. **Fait**). *« La bêtise n'est pas mon fort »* (VALÉRY, M. Teste).

68 « — As-tu bien fait attention à ton stratagème ?
— Oh ! que oui, monsieur ! C'est mon fort que l'attention. J'ai tout cela dans ma tête ; »
LESAGE, **Turcaret**, IV, 1.

69 « Je raisonne mal ; la logique n'est pas mon fort ; »
GIDE, **Œdipe**, I.

70 « Certes, éprouver jusqu'au raffinement une sensation quelconque n'était pas son fort. »
ROMAINS, H. de b. vol., t. V, VIII, p. 72.

‖ **2°** *Partie forte d'une chose.* Archit. *Le fort d'une voûte, d'une poutre. Le fort de l'épée,* le tiers proche de la garde où la lame, plus épaisse et plus résistante, sert à parer les coups. — *Par ext. Mar.* La plus grande largeur d'un navire. *Largeur au fort.*

— Sylvic. Le fort de la forêt, l'endroit le plus épais. *Par ext.* T. de Chasse. *Animal qui se retire dans son fort,* dans le fourré qui lui sert de refuge. V. **Repaire** (Cf. Défaut, cit. 15).

71 « Il sait un rendez-vous de chasse, il s'y trouve ; il est au laisser-courre ; il entre dans le fort, se mêle avec les piqueurs ... »
LA BRUY., VII, 10.

— Par ext. Fig. Au fort de l'été (cit. 1), *de l'hiver.* V. **Cœur, milieu** (Cf. En plein* été). *Au fort de la tempête.* On dit aussi : *au plus fort du combat, de la mêlée* (Cf. Dans la chaleur* de ...).

72 « Je me couchais sans feu dans le fort de l'hiver ; »
MOL., **Sgan.**, 2.

73 « Même tout seul l'oiseau au fort
Du massacre ne s'est pas tu »
ARAGON, **Crève-cœur**, Poème interrompu.

— En parlant de notions abstraites. Au fort de sa colère (Cf. Autant, cit. 40). *Au plus fort de la douleur.*

74 « Toujours tu me verras, au fort de mon ennui,
Mettre tout mon plaisir à te parler de lui. »
RAC., **Alex.**, IV, 3.

75 « Au plus fort de la bouffonnerie comme au plus fort de la licence, il reste homme de bonne compagnie ... »
TAINE, **Orig. France contemp.**, II, t. II, p. 92.

76 « Patrice Périot devait souvent s'interrompre, au fort d'une méditation bien menée ... »
DUHAM., **Voy. P. Périot**, III.

IV. *N. m.* ‖ **1°** Personne qui a une grande force musculaire, une bonne santé. *Les mariages consanguins affaiblissent* (cit. 6) *les faibles et fortifient les forts.* Spécialt. *Les forts de la Halle ;* les employés de la Halle de Paris qui manipulent et livrent les marchandises. *Par ext.* V. **Coltineur, portefaix, porteur*.**

77 « Les facteurs de la Halle, les gros marchands de légumes, de viande, de beurre et de marée sont des gens qui savent se traiter comme il faut, et les forts eux-mêmes ressemblent un peu à ces braves portefaix de Marseille qui soutiennent de leurs capitaux les maisons qui les font travailler. »
NERVAL, **Nuits d'oct.**, XIV.

— Par ext. Personne qui a la force, la puissance (matérielle). V. **Puissant.** *Les forts imposent leur volonté. C'est la lutte du faible contre le fort.* Cf. C'est le pot* de fer contre le pot de terre, et prov. *supra* (la raison du plus fort, etc.). *Protéger le faible contre le fort* (Cf. Égalité, cit. 7).

78 « Une chose plus grave est que l'écrasement du faible par le fort rencontrait alors, sinon l'approbation, du moins l'indulgence ... »
BENDA, **Trahis. des clercs**, p. 32.

79 « Il y a une justice dans le monde, une justice qui met les forts à côté des faibles. Et si les faibles ne sont pas contents, vraiment, c'est qu'ils ont mauvais caractère. »   DUHAM., **Salavin**, III, XV.

— Celui, celle qui a une grande force morale, de l'énergie, de la fermeté, du courage (Cf. Faiblesse, cit. 34). *Les échecs* (cit. 10) *trempent, aguerrissent les forts* (Cf. Circonvenir, cit. 3). — T. de Myst. *Le pain* des forts.*

80 « Gloire à notre France éternelle !
Gloire à ceux qui sont morts pour elle !
Aux martyrs ! aux vaillants ! aux forts ! »
   HUGO, **Chants du crépusc.**, III.

81 « Les charmes de l'horreur n'enivrent que les forts ! »
   BAUDEL., **Fl. du mal**, Tabl. paris., Danse macabre.

|| **2°** *T. milit.* (1530). *Abri*, ouvrage destiné à protéger un lieu stratégique, une ville.* V. **Forteresse*, fortification*, fortin** (Cf. Clairon, cit. 3 ; colonne, cit. 12 ; estacade, cit.). *Fort en maçonnerie, en béton. Abris blindés, casemates, coupoles cuirassées d'un fort. La contre-porte* d'un fort. Fort d'arrêt. Fort détaché. Fort qui commande une ville, verrouille un défilé. En 1916, les forts de Vaux et de Douaumont ont brisé l'offensive allemande.*

ANT. — V. **Faible*.** — **Anémique, chétif, débile, déficient, délicat, fluet, fragile, frêle, maladif, malingre, souffreteux. Anodin, inefficace, inconsistant. Doux, léger. Étroit, grêle, mince. Invertébré, mou. Craintif, inconstant, peureux, timide, timoré, versatile. Futile. Ignorant, incompétent, nul. Doucement, peu.**

DER. et **COMP.** — Contrefort, main-forte ; eau-forte. Fortement. Forteresse. Cf. *aussi* (rac. *fortis*) Conforter, réconforter.

HOM. — For, fors ; formes du verbe **Forer.**

FORTE *(for-té).* adv. (XVIIIᵉ s. ROUSS.; ital. *forte*, fort). *Mus.* Fort. *Passage à exécuter forte*, en jouant ou en chantant fort (V. *aussi* **Fortissimo**). *Forte s'écrit en abrégé* F ou f. — Substantivt. *Passage à exécuter fort. Des forte.*

ANT. — Piano ; dolcissimo.

COMP. — Forte-piano. adv. *Mus.* Indication de nuance pour qu'un passage soit exécuté *forte** et aussitôt après *piano** (En abrégé : Fp ou fp). Substantivt. *Des forte-piano.*

FORTEMENT. adv. *(Fortment, forment* au XIᵉ s.; de *fort*, puis refait sur *forte*. V. **Fort**).

|| **1°** *Avec force*. Frapper, serrer fortement.* V. **Fort, vigoureusement.** *Cela tient fortement au mur.* V. **Fermement, solidement.** *Chèvrefeuille* (cit.) *qui s'enlace fortement à une branche.* — *Des traits, des contours fortement marqués.* V. **Nettement.**

— Fig. *Aimer* (Cf. Absence, cit. 7), *désirer, espérer ... fortement.* V. **Intensément, profondément.** *Ressentir fortement les choses* (Cf. Absorber, cit. 2). *Je vous y exhorte* (cit. 2) *très fortement.* V. **Ardemment, vivement.**

1 « Au milieu de la malveillance universelle, les acquéreurs se rapprochaient les uns des autres, et se tenaient fortement. »
   MICHELET, **Hist. Révol. franç.**, V, XI.

2 « Voulons fortement et nous serons plus formidables que jamais. »
   PÉTION cité par JAURÈS, **Hist. social. Révol. franç.**, t. III, p. 335.

— *Penser, écrire fortement,* avoir des pensées, un style indiquant une grande force d'esprit (Cf. Expression, cit. 8). *C'est fortement jugé, senti.*

3 « ... les sentiments vigoureux de l'âme passent dans le langage ; et qui pense fortement parle de même. »
   VOLT., **Brutus**, Disc. s. la tragédie.

|| **2°** *Par ext.* V. **Beaucoup, très.** *Corsage fortement échancré. Tête fortement basanée* (cit. 2). *Boiter* (cit. 2) *fortement. La France est un pays fortement centralisé* (cit.). *Il a été fortement intéressé par votre projet.* — *Il est fortement question d'une réunion internationale.* — V. **Grandement.**

4 « ... des hommes blonds, et fortement bronzés, qui rentrent du sud en chantant des romances ... »   HENRIOT, **Portr. de fem.**, p. 436.

ANT. — Faiblement ; doucement, modérément ; médiocrement ; pauvrement. Peu.

FORTERESSE. n. f. *(Forterece* au XIIᵉ s.; dér. du lat. *fortis*, avec le suff. *-aricius* ; adj. substantivé ; Cf. Fort, IV, 2°). *Lieu fortifié pour défendre une zone territoriale, une ville.* V. **Abri, citadelle** (cit. 1), **château, fort, fortification*, place** (forte). *Fortifications* dominantes des forteresses médiévales. Investir, assiéger, conquérir, abattre une forteresse. Ouvrir une brèche dans la forteresse. Forteresse imprenable, inexpugnable. Le Capitole, la Bastille, le Châtelet, le Kremlin..., forteresses célèbres.*

1 « À partir du XIᵉ siècle, l'art des maîtres maçons et la corvée des serfs élèvent ces immenses forteresses, dont tant de ruines, si nombreuses encore aujourd'hui sur le sol français, peuvent donner une idée. L'enceinte est formée de murailles très épaisses, pour résister aux coups du bélier, et très hautes, pour rendre l'escalade impossible. Elle est ordinairement flanquée de tours rondes ou carrées. Les abords en sont défendus par des fossés larges et profonds que l'on peut inonder ou que l'on sème d'engins de fer à quatre pointes, appelés *chaussetrapes.* On ne peut franchir le fossé que sur un *pont-levis.* Derrière la porte, descend la *herse.* Il y a donc une triple barrière qu'il est difficile de forcer. Toute l'enceinte est hérissée de *créneaux,* derrière lesquels s'abritent les hommes d'armes. Par les *archères* ou *meurtrières,* sifflent des flèches ; par les *machicoulis,* tombent l'huile et la poix bouillantes, le plomb fondu. Si l'ennemi a franchi tous ces obstacles, enlevé toutes

les cours et tous les logis intérieurs, il reste, dans la forteresse même, une forteresse à prendre. C'est le *donjon,* une haute tour dont la porte est à quelque vingt pieds au-dessus du sol, si bien qu'il faudrait que l'assiégé descendît une échelle à l'assiégeant. Au-dessous des cours, sont de vastes souterrains qui communiquent parfois avec des sorties secrètes, et à la base des tours sont creusés les cachots, sans lumière et sans air, où l'on détient les prisonniers. »
   RAMBAUD, **Hist. civilis. franç.**, t. I, p. 426.

— *Spécialt.* Fort servant de prison d'État. *Arrêts* de forteresse. Incarcéré dans une forteresse.*

2 « Son Altesse Sérénissime ... a bien voulu, malgré l'horreur inspirée par un tel meurtre, commuer la peine à laquelle Fabrice del Dongo a été condamné, en celle de douze années de forteresse. »
   STENDHAL, **Chartr. de Parme**, p. 261.

— *Aviat.* Forteresse *volante* (angl. *Flying fortress*) se dit d'un type de bombardier lourd américain mis en service au cours de la seconde guerre mondiale.

— *Par métaph.* Lieu bien gardé, d'accès difficile. *Sa maison est une véritable forteresse.*

— *Fig.* V. **Bastion, citadelle, rempart.** Ce qui résiste aux assauts, aux actions du dehors (Cf. Asseoir, cit. 6). *Une forteresse de vertu.*

3 « Une énorme forteresse de préjugés, de privilèges, de superstitions, de mensonges, d'exactions, d'abus, de violences, d'iniquités, de ténèbres est encore debout sur le monde avec ses tours de haine. »
   HUGO, **Misér.**, IV, XIII, III.

FORTIFIANT, ANTE. adj. et n. m. (XVIᵉ s. « celui qui fortifie (une ville) » ; adj. part. de *fortifier*). Qui fortifie*, en parlant des aliments, des boissons, des remèdes ... V. **Analeptique, cordial, corroborant, réconfortant, reconstituant, remontant** (fam.), **réparateur, roboratif, stimulant, tonique.** *Une nourriture fortifiante. Mets fortifiants.* V. **Nutritif.** *Médicament fortifiant.* — Substantivt. *Un fortifiant. Le jus de viande, les œufs, le chocolat, le sucre ... le quinquina, le fer, le phosphate de chaux ... sont des fortifiants. Prendre des fortifiants. Administrer un fortifiant à un malade.*

1 « ... un mets des plus nourrissants et des plus fortifiants ... très propre à rajeunir un tempérament épuisé par les voluptés immodérées. »
   BAUDEL., Traduc. E. POE, **Avent. G. Pym**, XX.

— *Par anal.* Climat *fortifiant* ; cure *fortifiante.*

— *Fig.* Qui donne de la force morale, de l'énergie. *Une lecture fortifiante,* qui fortifie l'âme (Cf. Admiration, cit. 4). — *Substantivt.* V. **Réconfort.**

2 « Combien vous êtes bon de vous souvenir ainsi de moi, et de m'envoyer quelques-uns de ces mots que je vénère et que je garde précieusement avec moi dans mon portefeuille comme une sorte de fortifiant moral et de préservatif salutaire ! »
   STE-BEUVE, **Corresp.**, 10 juin 1833, t. I, p. 362.

ANT. — Adynamique, affaiblissant, amollissant, anémiant, débilitant.

FORTIFICATION. n. f. (1360 ; empr. au lat. *fortificatio,* rac. *fortis*, fort).

|| **1°** Action de fortifier* une place, de la munir d'ouvrages* défensifs. *Travailler à la fortification d'une place, d'un point stratégique, d'une position clef.*

|| **2°** Ouvrage défensif, ou Ensemble des ouvrages fortifiés destinés à la défense d'une position, d'une place. V. **Abri** (militaire), **bastide, bastion, blockhaus, boulevard, camp** (retranché), **casemate, citadelle, enceinte, fort, forteresse*, fortin, place** (de guerre), **redoute, tour.** *Détail des fortifications d'une forteresse, d'une place forte :* archère ou archière, banquette, barbacane, barbette, batterie, bonnette, bretèche, capitale, caponnière, cavalier, chemin (couvert, de ronde), circonvallation, contrefort, contregarde, contrescarpe, contrevallation, corne, coupole, couronne, courtine, créneau, crête, cuirassement, cunette, demi-lune, échauguette, embrasure, éperon, escarpement, esplanade, flanquant, fossé, fraise, frise (cheval de frise), gabion, glacis, gorge, grille, hérisson, herse, lunette, machicoulis, magistrale, masque, merlon, meurtrière, muraille, palanque, parados, parallèle, parapet, pare-éclat, plongée, poivrière, poterne, ravelin, redan ou redent, réduit, rempart, retirade, saillant, sape, talus, tenaillon, terre-plein, tour, tourelle, trou-de-loup ... *Fortification romaine.* V. **Oppidum.** *Fortification arabe.* V. **Casbah, ksar.** *Fortifications dominantes du moyen âge,* consistant essentiellement en escarpements* et des fossés* avec ponts-levis. V. **Château.** *Fortifications rasantes* de Vauban en usage du XVIIᵉ au XIXᵉ siècles. Fortifications de campagne, d'une armée en campagne.* V. **Retranchement** ; **abri, boyau, tranchée** ; **réseau** (de fils barbelés). *Fortifications permanentes. Fortifications bétonnées. Ligne* de gros et de petits ouvrages* reliés par voies souterraines des fortifications modernes. Fortifications naturelles* (falaise, défilé, contrefort rocheux ...) *qui protègent et renforcent une position stratégique. Battre en brèche, prendre d'assaut, démolir, démanteler, raser des fortifications. Fortifications qui rendent une position imprenable.*

1 « Les villes chinoises n'ont jamais eu d'autres fortifications que celles que le bon sens inspirait à toutes les nations avant l'usage de l'artillerie : un fossé, un rempart, une forte muraille, et des tours ; »
   VOLT., **Mœurs**, I.

2 « M. le Maréchal de Vauban, qui a exercé pendant trente années la charge de Commissaire général des fortifications, a construit presque toutes les places fortes du Royaume ; et de là, il est passé en usage de dire que ces places sont fortifiées suivant le système de M. de Vauban. » LACLOS, **Sur l'éloge de Vauban,** Œuv., p. 573.

3 « ... on créa (au XVIIᵉ s.) les enceintes munies de bastions, de manière à multiplier les feux et à les croiser en tous sens. La muraille de pierre, ou *escarpe,* cachée sous un parapet de gazon, rendue invisible par la *contrescarpe :* un dédale de lignes défendant l'accès des portes : tels étaient les caractères du système nouveau. Une place construite en rase campagne fut plus redoutable que les forteresses élevées sur les hauteurs. C'est le système des fortifications *rasantes* opposé à l'ancien système des fortifications *dominantes.* » RAMBAUD, **Hist. civilis. franç.,** t. II, p. 209.

— *Spécialt.* Vestiges des anciennes fortifications entourant Paris. *Se promener sur les fortifications* (Cf. *pop.* Fortifs).

4 « ... une lutte au couteau sur le traditionnel gazon des fortifications ... » MAC ORLAN, **Quai des brumes,** XI.

— *Fig. :*

5 « ... l'aspect des fortifications de consonnes par lesquelles la langue slave protège ses voyelles, sans doute afin de ne pas les perdre, vu leur petit nombre. » BALZ., **Fausse maîtresse,** Œuv., t. II, p. 11.

FORTIFIER (se conjugue comme *prier*). v. tr. (XIVᵉ s.; adapt. du bas lat. *fortificare,* rac. *fortis.* V. **Fort**).

‖ **1°** Rendre fort, vigoureux ; donner plus de force. *L'exercice fortifie le corps.* V. **Développer.** *Les mariages consanguins fortifient les forts* (Cf. Affaiblir, cit. 6). *Absolt. Nourriture, régime, remède* (V. **Fortifiant**), *cure ... qui fortifie.* V. **Conforter, ragaillardir, réconforter, soutenir.** *Par ext. Fortifier les organes.* V. **Tonifier.** *Régime qui fortifie l'estomac, dentifrice qui fortifie les gencives ...* — *Pronominalt. Il a besoin de se fortifier, de prendre des forces. Sa santé s'est bien fortifiée.*

1 « Lorsqu'un médecin vous parle ... de fortifier le cœur ... » MOL., **Mal. imag.,** III, 3.

2 « ... il fallait le faire travailler beaucoup et lui donner du bon vin, parce qu'étant faible, il avait besoin de se fortifier. » SAND, **Petite Fadette,** XXVII.

3 « Le plaisir nous use. Le travail nous fortifie. » BAUDEL., **Journ. int.,** Mon cœur mis à nu, LXXXIX.

4 « ... marcher sur les mains pour se fortifier les poignets ... » GONCOURT, **Zemganno,** IX.

— *Par anal.* Donner de la solidité. V. **Consolider.** *Fortifier un mur. Pilier qui fortifie une construction.* V. **Arcbouter, étayer, soutenir.**

— Fig. *Fortifier son âme, son cœur* (cit. 110), *sa volonté.* V. **Durcir, tremper.** *Méditation qui fortifie l'esprit.* V. **Élever, exalter.** *Exercices qui augmentent* (cit. 3) *et fortifient la mémoire* (Cf. Étioler, cit. 8). *Le temps fortifie l'amitié* (cit. 5). V. **Agrandir, augmenter, renforcer.** *Les échecs* (cit. 10) *fortifient les forts. Son attitude fortifie mes soupçons.* V. **Autoriser, confirmer, corroborer.** *L'habitude fortifie les penchants* (Cf. Époux, cit. 11). *Fortifier quelqu'un dans sa résolution.* V. **Affermir, encourager.** *Fortifier le courage, la résolution de quelqu'un. Fortifier l'autorité, la domination de quelqu'un.* V. **Appuyer, consolider, soutenir.** *Politique habile qui fortifie le prestige du gouvernement, le régime.* V. **Défendre, protéger.** — *Pronominalt. Caractère, individu qui se fortifie dans l'épreuve* (Cf. Faire son apprentissage*). *Église qui se fortifie dans la persécution.* — Vieilli. *Se fortifier de quelque chose, grâce à ...* (Cf. Âme, cit. 62). — *Fortifié par nos encouragements, il a repris espoir. Défaut fortifié par l'habitude.* V. **Invétéré.**

5 « ... les hérétiques ... qui ne se déclarent pas contre l'Église afin de pouvoir plus facilement séduire les fidèles et fortifier leur parti ... » PASC., **Pens.,** XIII, Append., VII.

6 « ... grande et solennelle *déclaration catholique,* signée de trois mille électeurs, fortifiée de l'adhésion de quinze cents *personnes distinguées ...* » MICHELET, **Hist. Révol. franç.,** III, VIII.

7 « On a dit que les voyages font tort à l'amour, parce qu'ils donnent des distractions ; on a dit aussi qu'ils le fortifient, parce qu'ils laissent le temps d'y rêver. » MUSS., **Contes,** La mouche, III.

8 « Loin de le rendre raisonnable, mes discours fortifiaient ce jeune seigneur dans son obstination ... » FRANCE, **Rôtiss. Reine Pédauque,** Œuv., t. VIII, p. 203.

9 « .. j'ai assez étudié les moralistes grecs et latins, dont les maximes ont fortifié mon âme dans les vicissitudes de ma vie ... » ID., **Ibid.,** p. 39.

10 « On dit parfois que la misère est bonne aux grandes âmes. Il paraît qu'elle les fortifie. » SUARÈS, **Trois hommes,** Dostoïevski, I.

11 « Je dirai quels efforts il faudra, en effet, à Bonaparte pour que, de jour en jour, la confiance hésitante s'affermisse, se fortifie, s'enfle, monte jusqu'à porter au suprême pouvoir le grand pacificateur ... » MADELIN, **Hist. Cons. et Emp.,** De Brumaire à Marengo, I.

12 « J'ai passé toute ma vie à accomplir des sacrifices dont le souvenir m'empoisonnait, nourrissait, engraissait ces sortes de rancunes que le temps fortifie. » MAURIAC, **Nœud de vipères,** I.

13 « Mon premier entretien avec lui, ce soir-là, près de la table de Gustave Geffroy, fortifia l'impression que, avant de le connaître, j'avais eu en l'apercevant au café ... » LECOMTE, **Ma traversée,** p. 214.

‖ **2°** *Spécialt.* Munir d'ouvrages de défense. V. **Armer.** *Fortifier une ville, une place, une position en l'entourant* de fortifications, de terrassements. V. **Ceinturer, embas-**

tiller, enceindre. *Vauban fortifia les places anciennes et en bâtit* (cit. 15) *de nouvelles. Côte fortifiée. Ville fortifiée* (V. **Fort**), *par oppos. à ville ouverte.* — *Pronominalt.* Se mettre à l'abri derrière des fortifications. V. **Barricader** (se), **cantonner** (se), **retrancher** (se).

14 « Le roi de Suède, dans le commencement du siège (*de Stralsund*), disait qu'il ne comprenait pas comment une place bien fortifiée, et munie d'une garnison suffisante, pouvait être prise. » VOLT., **Charles XII,** VIII.

15 « Faut-il apprécier maintenant ce que coûtent à la France les erreurs de M. de Vauban ? On trouve, dans ses panégyristes, qu'il a fortifié trois cents places ; et ce nombre, qui d'abord paraît exagéré, cesse d'étonner quand on se rappelle que c'est lui qui a construit ou réparé presque toutes les forteresses qui bordent nos frontières ... » LACLOS, **Sur l'éloge de Vauban,** Œuv., p. 577.

ANT. — Affaiblir, anémier, débiliter, énerver ; dépérir, étioler (s'). Amollir, attiédir, consumer, miner, réduire, ruiner. Démanteler, désarmer, raser.

FORTIN. n. m. (1642 ; ital. *fortino*). Petit fort*. V. **Fortification ; abri, blockhaus, casemate.** *Les fortins d'une ligne fortifiée.*

FORTIORI (A). V. A FORTIORI.

FORTISSIMO. adv. (XIXᵉ s. ; superl. de l'ital. *forte,* fort). *Mus. Très fort. Passage qui doit être exécuté fortissimo. Fortissimo s'écrit en abrégé FF ou ff ou FFF.* — *Substantivt.* inv. *Un fortissimo :* passage qui doit être exécuté fortissimo.

ANT. — Dolcissimo, pianissimo.

FORTITUDE. n. f. (XIVᵉ s.; empr. au lat. *fortitudo,* rac. *fortis,* fort). *Vx.* Force d'âme. — REM. Cet archaïsme se rencontre encore dans Chateaubriand (Natch., VIII).

FORTRAIT, AITE. adj. (XVIIᵉ s.; p.p. de l'anc. verbe *fortraire,* de *fors,* et *traire* (lat. *trahere,* tirer), proprement « tirer excessivement », et par ext. « surmener »). Se dit d'un cheval excédé de fatigue.

DER. — Fortraiture. n. f. (T. de Manège en 1762). *Vx.* État d'un cheval fortrait.

FORTUIT, UITE. adj. (XIVᵉ s.; empr. au lat. *fortuitus ;* rac. *fors,* hasard). Qui arrive ou semble arriver par hasard*, par accident, d'une manière imprévue. V. **Accidentel, casuel, contingent, éventuel, imprévu, inattendu, inopiné, occasionnel.** *Événement fortuit* (V. **Aventure**). *Découverte, œuvre fortuite* (Cf. Arbitraire, cit. 10). *Rencontre, occasion fortuite* (Cf. Conception, cit. 2). — *Dr. Cas fortuit :* « événement dû au hasard qui est exclusif de toute faute du débiteur ou de l'auteur apparent du dommage » (CAPITANT). *Par cas fortuit ou force majeure* (Cf. Avarie, cit. 5).

1 « ... pourquoi voulez-vous croire Que de ce cas fortuit dépende notre gloire, » MOL., **Éc. d. fem.,** IV, 8.

2 « ... un décès prématuré et qui nous semble fortuit parce que les causes dont il est l'aboutissant nous sont restées inconnues ... » PROUST, **Rech. t. p.,** t. X, p. 8.

3 « ... ne fallait-il voir là qu'une suite fortuite d'événements, ou chercher entre eux quelque rapport ? » GIDE, **Isabelle,** p. 129.

4 « Je ne pensais pas qu'il chercherait à me revoir. Ce n'est pas une rencontre fortuite. Il connaît mon itinéraire habituel. Évidemment, il m'attendait là... » DUHAM., **Salavin,** IV, 2 juin.

— *Substantivt. Le fortuit.* V. **Accidentel** (cit. 1 et *supra*).

ANT. — Essentiel. Attendu, nécessaire, obligatoire, préparé, prévu.

DER. — Fortuitement. adv. (XVIᵉ s.). D'une manière fortuite. *C'est arrivé fortuitement.* V. **Accidentellement** (cit.), hasard (par hasard).

1 « ... les mâles et les femelles s'unissaient fortuitement, selon la rencontre, l'occasion et le désir, sans que la parole fût un interprète fort nécessaire des choses qu'ils avaient à se dire : ils se quittaient avec la même facilité. » ROUSS., **De l'inégalité parmi les hommes,** I.

2 « Un Parisien, constructeur d'autos, se plaignait que plusieurs centaines de voitures, fortuitement réunies pour un concours, eussent été, sinon réquisitionnées, du moins retenues sur place jusqu'à nouvel ordre. » MART. du G., **Thib.,** t. VII, p. 76.

FORTUNE. n. f. (XIIᵉ s.; lat. *fortuna,* « bonne ou mauvaise fortune, divinité qui la symbolise », puis « bonne fortune » et au pl. « richesses »).

I. ‖ **1°** Dans l'antiquité gréco-latine, Divinité qui présidait aux hasards de la vie. *Les anciens représentaient la Fortune sous la forme d'une femme en équilibre sur une roue, les yeux bandés, et tenant à la main une corne d'abondance. La roue* de la Fortune (Cf. Basque, cit. 2) ; *le char de la Fortune* (Cf. Atteler, cit. 11). *Le temple de la Fortune.*

1 « On dit bien vrai, Fortune est une femme, Qui aime mieux les jeunes que les vieux. » RONSARD, **Rép. inj. et calomn.,** Prière à Dieu.

2 « Ô Fortune, quelle est ton inconstance ! » MOL., **Préc.,** 15.

3 « ... Fortune vend ce qu'on croit qu'elle donne. » LA FONT. (Cf. Donner, cit. 3).

4 « Ô fortune ! voilà comme tu dispenses tes faveurs le plus souvent. Le stoïcien Épictète n'a pas tort de te comparer à une fille de condition qui s'abandonne à des valets. »
LESAGE, **Gil Bl**as, VIII, XIII.

5 « Son génie se croyait sans cesse en droit de demander des miracles, et, comme on dit, de mettre le marché à la main à la Fortune. »
STE-BEUVE, **Caus. du lundi**, 3 déc. 1849, t. I, p. 140. — Cf. *aussi*
Excuser, cit. 18 (MONTAIGNE).

‖ **2° Par anal.** Puissance qui est censée distribuer le bonheur et le malheur sans règle apparente. V. **Hasard.** *La fortune est changeante*, *inconstante*, *aveugle* (cit. 27). Cf. Aveuglement, cit. 1. *Les jeux*, *les caprices** (cit. 13) *de la fortune.* V. **Inconstance, vicissitude** (Cf. Bizarre, cit. 1 ; calculer, cit. 4). *La fortune élève, favorise certains* (Cf. Air, cit. 4 ; amour-propre, cit. 1 ; avantage, cit. 52 ; bassesse, cit. 4). *Favorisé de la fortune.* V. **Fortuné, heureux, prospère.** *Les privilégiés de la fortune. La fortune l'a abandonné* (Cf. Angoisse, cit. 10). *La fortune lui fut contraire. La fortune ne l'a pas épargné* (Cf. Absence, cit. 1). *Les aléas, les atteintes* (cit. 10), *les coups* (cit. 40), *les duretés* (cit. 4), *les hasards, l'injustice* (Cf. Avilissement, cit. 1), *les rigueurs* (Cf. Auspice, cit. 9), *les tromperies* (Cf. Étaler, cit. 19) *de la fortune.* V. **Traverse** (Cf. Abriter, cit. 7). *La fortune ne peut rien ôter au sage* (Cf. Appartenir, cit. 21). *Courtiser** *la fortune.*

6 « Sans mentir, monsieur, la fortune est une grande trompeuse ! bien souvent en donnant aux hommes des charges et des honneurs, elle leur fait de mauvais présents, et pour l'ordinaire elle nous vend bien chèrement les choses qu'il semble qu'elle nous donne ... »
VOITURE, **Lett.**, 123.

7 « ...la nature prend quelquefois plaisir à favoriser ceux que la fortune a pris en aversion. » SCARRON, **Roman comique**, I, XIII.

8 « Lorsque la fortune nous surprend en nous donnant une grande place, sans nous y avoir conduits par degrés, ou sans que nous nous y soyons élevés par nos espérances, il est presque impossible de s'y bien soutenir, et de paraître digne de l'occuper. »
LA ROCHEF., **Max.**, 449.

9 « ... un grand donne plus à la fortune lorsqu'il hasarde une vie destinée à couler dans ... le plaisir ... qu'un particulier qui ne risque que des jours qui sont misérables ... » LA BRUY., IX, 41.

10 « ... partout, dans les exils divers où la ballotta la fortune, elle est la même... » STE-BEUVE, **Caus. lundi**, 3 nov. 1851, t. V, p. 96.

11 « Mon enfant, la fortune t'a donné d'excellents parents qui te guideront ... » FRANCE, **Pet. Pierre**, XXII.

— *De fortune, par fortune* (Vx.) : par la volonté de la fortune. V. **Hasard** (par hasard).

II. ‖ **1°** Ce qui advient par la volonté de la Fortune (LITTRÉ) ; cas*, événement* ou suite d'événements considérés dans ce qu'ils ont de faste ou de néfaste, d'heureux ou de malheureux. V. **Chance** (2°), **hasard** ; et *aussi* **Bonheur, malheur, chance** (3°), **malchance** ; issue ; succès, insuccès... *La fortune des armes. Bonne fortune :* chance heureuse (Cf. Accident, cit. 9 ; envie, cit. 1). *Avoir la bonne, l'heureuse fortune de* — Vx. *Dire la bonne fortune :* la bonne aventure* (Cf. Égyptien, cit. 2). *Mauvaise fortune.* V. **Adversité, malheur, malchance.** *La mauvaise fortune ne l'a pas abattu* (cit. 12). *Faire contre* (cit. 14) *mauvaise fortune bon cœur.* V. **Résignation** (Cf. Consterner, cit. 2).

12 « On dit bien vrai, la mauvaise fortune
Ne vient jamais qu'elle n'en apporte une
Ou deux ou trois avecques elle, Sire. » MAROT, **Épit.**, XXVII.

13 « Il faut gouverner la fortune comme la santé : en jouir quand elle est bonne, prendre patience quand elle est mauvaise, et ne faire jamais de grands remèdes sans un extrême besoin. »
LA ROCHEF., **Max.**, 392.

14 « Je ne crois pas avoir jamais eu l'heureuse fortune de vous rencontrer, madame ... » FRANCE, **Crime S. Bonnard, Œuv.**, t. II, p. 310.

15 « ... le Tsar avait essayé de faire contre mauvaise fortune bon visage ; » MADELIN, **Hist. Cons. et Emp.**, Vers l'Empire d'Occid., IX.

16 « Il y était venu à tout hasard, après la réunion de l'avenue de Clichy, et il avait eu la bonne fortune d'y retrouver Burot ... » MART. du G., **Thib.**, t. V, p. 285.

— Loc. *Chercher*, tenter* fortune.* V. **Aventure, risque ; risquer** (Cf. Camarade, cit. 5 ; chèvre, cit. 1 ; exemple, cit. 16). — Vx. *Courir* (cit. 52) *la fortune. Courir la fortune de ... :* être en passe de ...

17 « Je voudrais bien savoir s'il y a quelque astrologue qui eût pu dire ... que je courrais bientôt fortune de ramer dans les galères d'Alger ou d'être mangé par les poissons de la mer Atlantique. »
VOITURE, **Lett.**, 42.

18 « Souvenons-nous de ces jours tristes que nous avons passés dans l'agitation et dans le trouble, curieux, incertains quelle fortune auraient courue un grand roi, une grande reine ... »
LA BRUY., **Disc. Acad. franç.**

— Fam. et vieilli. *Courir la fortune du pot :* s'exposer à faire un mauvais repas, en allant manger là où on n'est pas attendu, à l'improviste*. On dit aujourd'hui *Dîner à la fortune du pot. Inviter quelqu'un à la fortune du pot* (Cf. Sans façon, à la bonne franquette).

19 « ...on le forçait à manger sans cérémonie, à *la fortune du pot.* »
BALZ., **Petits bourgeois, Œuv.**, t. VII, p. 113.

— En parlant de ce qui est improvisé* pour parer au plus pressé, en attendant mieux (V. **Pis-aller, provisoire**). *Installation de fortune, moyen de fortune* (Cf. Moyen du bord). *Gouvernail, mât, voile de fortune.*

20 « Les populations de nos pays torturés travaillent : il leur faut bien, à défaut de reconstruction réelle, édifier, du moins, des cités de fortune, s'assurer à tout prix le couvert. »
DUHAM., **Manuel du protest.**, II.

21 « ... malgré la grève des chauffeurs, ils sont parvenus à faire marcher l'usine par des moyens de fortune ... »
MAUROIS, **B. Quesnay**, XIV.

22 « Ces réflexions l'ont amenée jusqu'à sa baignoire, qui lui semble affreuse, comme toute la salle de bains d'ailleurs. C'est une installation de fortune, dans un ancien cabinet de débarras. »
ROMAINS, **H. de b. vol.**, t. I, p. 126.

— Mar. *Voile de fortune* et absolt., *Fortune. Fortune carrée :* voile carrée que l'on peut gréer sur une vergue si besoin est. *Spécialt.* Voile carrée qui se grée sur la vergue de misaine des goélettes, etc.

‖ **2° Absolt. et Vx.** Hasard heureux, chance. *Il ne manque pas de mérite, mais il n'a pas de fortune* (ACAD., 1re éd. 1694). *Être en fortune :* dans un moment, une période de chance. *Un coup d'audace et de fortune* (Cf. Fasciner, cit. 10).

— Vx. *Homme de fortune :* personne qui s'est élevée rapidement. — *Soldat de fortune,* qui est parvenu à un grade après être sorti du rang.

23 « Le duc de Vendôme, parvenu enfin au généralat, après avoir passé par tous les degrés ... comme un soldat de fortune, commandait en Catalogne ... » VOLT., **Louis XIV**, XVII.

— REM. Dans cette acception, *Fortune* s'emploie encore parfois pour désigner un hasard heureux, une chance particulière, dans un domaine précis. *Il eut la fortune de vivre dans une société brillante* (Cf. Asservir, cit. 22 Faguet).

24 « Vers cette époque à peu près, il arriva à Ziegler une de ces fortunes rares qu'un artiste peut attendre en vain toute sa vie : il obtint l'hémicycle de la Madeleine ... » GAUTIER, **Portr. contemp.**, p. 274.

— *Spécialt. et Vx.* Succès galant. V. **Aventure** (amoureuse). Cf. Succès de boudoir*.

25 « Peut-être en avez-vous déjà féru quelqu'une (*femme*).
Vous est-il point encore arrivé de fortune ?
Les gens faits comme vous font plus que les écus,
Et vous êtes de taille à faire des cocus. »
MOL., **Éc. d. fem.**, I, 4.

— De nos jours, on dit *Bonne fortune. Un homme à bonnes fortunes* (Cf. Fatuité, cit. 3). *Être en bonne fortune.*

26 « Le valet de don Antonio me dit que, pour être un illustre, il ne me manquait plus que d'avoir de bonnes fortunes. »
LESAGE, **Gil Bl**as, III, V.

27 « C'est un fait reconnu, qu'une bonne fortune
Est un sujet divin pour un in-octavo.
Ainsi donc, bravement, je vais en conter une,
Le scandale est de mode, il se relie en veau. »
MUSS., **Poés. nouv.**, Une bonne fortune.

28 « M. Gillenormand était excédé de l'entendre conter les bonnes fortunes quelconques qu'il avait autour de sa caserne ... »
HUGO, **Misér.**, IV, VIII, VII.

‖ **3° Absolt. et Vx.** Malchance, malheur. *Faire contre fortune bon cœur* (Cf. Délicat, cit. 27). — Dr. mar. *Fortune de mer :* tout risque fortuit (perte, avarie) dont l'armateur est responsable (Cf. cit. *infra*). *Par ext.* « Ensemble des valeurs que le propriétaire de navire doit abandonner pour limiter sa responsabilité (CODE COMM., Art. 216) par opposition à *fortune de terre* » (CAPITANT).

29 « ... vous me verrez sortir
Incontinent, de crainte de fortune. »
LA FONT., **Contes**, Chose arrivée à Château-Thierry.

30 « Sont aux risques des assureurs, toutes pertes et dommages qui arrivent aux objets assurés, par tempête, naufrage, échouement, abordage fortuit, changements forcés de route, de voyage ou de vaisseau, par jet, feu, prise, pillage, arrêt par ordre de puissance, déclaration de guerre, représailles, et généralement par toutes les autres fortunes de mer » CODE de COMM., **Art. 350.**

III. ‖ **1° Vieilli** ou **littér.** La vie, la carrière de quelqu'un, considérée dans ce qu'elle a d'heureux, de malheureux. V. **Avenir, destin, destinée, sort*, vie** (Cf. Chauvir, cit. 2 ; essai, cit. 17). *Changements dans la fortune* (Cf. Décider, cit. 3). *S'attacher à la fortune, suivre la fortune de quelqu'un.*

31 « Comme il (*le sort*) voit en nous des âmes peu communes,
Hors de l'ordre commun il nous fait des fortunes. »
CORN., **Hor.**, II, 3.

32 « ... on trouve écrit dans le ciel jusqu'aux plus petites particularités de la fortune du moindre homme. »
MOL., **Am. magnif.**, III, 1.

33 « Mon valet, Excellence, a pu, jadis, commettre des fautes, mais depuis qu'il s'est attaché à ma fortune, il a purifié sa vie au feu de mes épreuves. » BALZ., **Ress. de Quinola**, IV, 2.

— *Par anal.* En parlant de choses (REM. Cet emploi est resté très vivant, toute confusion avec le sens de « richesse » étant exclue). V. **Carrière.** *La fortune d'une œuvre d'art, d'un livre* (Cf. Connaître, cit. 24). *Les diverses fortunes d'une pièce de théâtre.*

‖ 2° Situation dans laquelle se trouve quelqu'un. V. **État** (cit. 75), **situation.** *Humble fortune. Élever* (cit. 20) *la fortune ; être utile à la fortune de quelqu'un* (Cf. Autant, cit. 1). *Amélioration de la fortune.* V. **Avancement.** *Fortune heureuse, brillante** (cit. 12). Cf. Annoncer, cit. 11 ; désavouer, cit. 6. *Parvenir à une haute fortune. Retour, revers, revirement de fortune.* V. **Accident, revers, traverse,** vicissitude (Cf. Adversité, cit. 4 ; affliction, cit. 1 ; étourdissement, cit. 6). — REM. Absolt. Situation élevée. V. **Prospérité, succès.** *Bâtir* (cit. 25, 53) *sa fortune, l'édifice* (cit. 9) *de sa fortune. Faire sa fortune.* V. **Arriver, parvenir, prospérer, réussir** (Cf. Avoir le vent en poupe*). *Être l'artisan* (cit. 12) *de sa fortune. Faire la fortune de quelqu'un* (Cf. Favori, cit. 9). *Adorer, encenser la fortune :* ceux qui ont des situations importantes (Cf. Adorateur, cit. 3 ; appareil, cit. 6). *Être accablé* (cit. 9) *par la fortune des autres. Perdre sa fortune* (Cf. Avarice, cit. 7). — REM. Dans de nombreux exemples, ce sens de *Fortune* ne serait plus compris de nos jours, par suite de la grande extension prise par le sens 3° (Cf. cit. *infra*).

34 « Ces gens ... qu'on voit ...
Par le chemin du ciel courir à leur fortune, » MOL., Tart., I, 5.

35 « La fortune exige des soins. Il faut être souple, amusant, cabaler, n'offenser personne, plaire aux femmes, et aux hommes en place, se mêler des plaisirs et des affaires, cacher son secret, savoir s'ennuyer la nuit à table, et jouer trois quadrilles sans quitter sa chaise ; même après tout cela, on n'est sûr de rien. Combien de dégoûts et d'ennuis ne pourrait-on pas s'épargner, si on osait aller à la gloire par le seul mérite ! » VAUVENARGUES, Réfl. et max., 60.

36 « Vous demandez comment on fait fortune. Voyez ce qui se passe au parterre d'un spectacle, le jour où il y a foule ; comme les uns restent en arrière, comme les premiers reculent, comme les derniers sont portés en avant. Cette image est si juste, que le mot qui l'exprime a passé dans le langage du peuple. Il appelle faire fortune *se pousser.* » CHAMFORT, Max., Sur la noblesse, XLII.

37 « À Paris, la fortune est de deux espèces : il y a la fortune matérielle, l'argent que tout le monde peut ramasser, et la fortune morale, les relations, la position, l'accès dans un certain monde inabordable pour certaines personnes, quelle que soit leur fortune matérielle ... » BALZ., Illus. perdues, Œuv., t. IV, p. 851.

38 « Si vous songez à faire la cour aux hommes qui ont la puissance, votre perte éternelle est assurée. Vous pourrez faire fortune, mais il faudra nuire aux misérables, flatter le sous-préfet, le maire, l'homme considéré, et servir ses passions : cette conduite, qui dans le monde s'appelle savoir-vivre, peut, pour un laïque, n'être pas absolument incompatible avec le salut ; mais, dans notre état, il faut opter : il s'agit de faire fortune dans ce monde ou dans l'autre, il n'y a pas de milieu. » STENDHAL, Le rouge et le noir, VIII.

— Fig. *Ce mot eut une fortune rapide* (Cf. Apache, cit.).

39 « Qui pourrait rendre raison de la fortune de certains mots et de la proscription de quelques autres ? » LA BRUY., XIV, 73.

40 « Les mots qui font fortune provoquent des malentendus. A tant les utiliser, on finit par les détourner de leur sens primitif, auquel personne ne songe plus à revenir. Une auréole les entoure, la plume hésite à les tracer ; l'idée qu'ils exprimaient tend à se muer en mythe, en même temps que la réaction inévitable contre tout ce qui triomphe les frappe de discrédit. » DANIEL-ROPS, Le monde sans âme, I

‖ 3° Ensemble des biens, des richesses qui appartiennent à un individu, à une collectivité. V. **Argent, avoir, bien, capital, patrimoine, ressources, richesse.** *Évaluer* (cit. 3) *la fortune de quelqu'un.* V. **Actif, meuble, immeuble.** *Une fortune faite de terres, de maisons, d'espèces* (cit. 24). *Inégalité des fortunes. Équivalence de fortunes* (Cf. Approximatif, cit. 5). *Partager sa fortune entre ses enfants. Le code civil a individualisé les fortunes* (Cf. Émietter, cit. 3). *Fortune personnelle. Égalité* (cit. 12) *des fortunes. Grande, grosse, immense, jolie fortune* (Cf. Des mille et des cents*). *Une fortune colossale, énorme, fabuleuse*, rondelette. Vivre des revenus de sa fortune* (Cf. Vivre de ses rentes). *Administrer, gérer sa fortune. Fortune modeste. Modicité d'une fortune. — Fortune publique.* V. **Domaine, trésor.** *La fortune de la France,* ouvrage de J. Bainville. — REM. *Fortune* s'entend le plus souvent d'un ensemble de biens de valeur considérable, ou du moins, importante. *Avoir, posséder de la fortune :* une fortune qui permet de vivre largement (Cf. Avoir du bien au soleil). *Il jouit d'une petite fortune :* d'une fortune assez importante. V. **Aisance** (Cf. Avoir de quoi vivre*). *Faire une petite fortune* (Cf. Écu, cit. 4). *Il a un gros salaire, mais pas de fortune. Épouser une femme sans fortune. — Faire fortune* (Cf. Éditeur, cit. 3). *Bâtir, gagner une fortune.* V. **Enrichir** (s'). *Il héritait de cent millions : c'était la fortune ! Échafaudage* (cit. 1), *essor.* (cit. 12) *d'une fortune. Accroître, agrandir, arrondir, augmenter, décupler sa fortune* (Cf. Avidité, cit. 6). *Conserver sa fortune. Fortunes qui s'élèvent et s'écroulent* (cit. 7). *Effondrement* (cit. 3) *d'une fortune. Faire des brèches* à sa fortune ; compromettre, écorner* (cit. 4), *endommager sa fortune. Il y va de toute sa fortune* (Cf. Affaire, cit. 56). *Perdre sa fortune.* V. **Ruiner** (se) ; **banqueroute, désastre, faillite, revers,**

ruine. *Se dépouiller, faire abandon de sa fortune* (Cf. Aristocrate, cit. 4 ; enrichir, cit. 2). *Prodiguer sa fortune* (Cf. Éloignement, cit. 9). *Mépriser la fortune* (Cf. Économe, cit. 4). *Anéantir, engouffrer* (cit. 1), *dilapider une fortune. Refaire, reconstruire sa fortune* (Cf. Arriver, cit. 39).

41 « Si sa fortune était petite,
Elle était sûre tout au moins. » LA FONT., Fab., IV, 2.

42 « On a bien raison d'appeler son bien *fortune,* car un moment le donne, un moment l'ôte. » VOLT., Lett. à d'Argental, 2 août 1761.

43 « ... sa fille Henriette n'avait pu, à cause de la modicité de sa fortune, se faire complètement admettre par cette famille Berny. » LOTI, Matelot, V.

44 « ... la loterie, ou le coup de dés, me semble le plus honnête moyen de faire fortune. » SUARÈS, Trois hommes, Dostoïevski, V.

45 « J'ai amassé une immense fortune, dit Rothschild, et, comme elle ne me donnait aucune jouissance, j'ai continué à acquérir, espérant retrouver la joie que m'a donnée le premier million. » Max JACOB, Le cornet à dés, p. 34.

46 « Il avait englouti, dans les dépenses faites pour la transformation de la maison, une bonne moitié de sa fortune mobilière. » MART. du G., Thib., t. IX, p. 16.

47 « De mes petits fabricants en chambre, il en est qui font fortune, d'autres qui font faillite ; les plus grand nombre se tirent d'affaires par divers métiers à côté : il faut avoir plusieurs cordes à sa lyre. » VALÉRY, Reg. s. le monde act., p. 213.

48 « Une vedette qui veut lancer une de vos œuvres, ça peut être la fortune. » ROMAINS, H. de b. vol., t. V, XXI, p. 169.

49 « ... un entrepreneur de maçonnerie, établi à Picpus, était venu confier à l'agence son projet de placer dans un immeuble la petite fortune qu'il avait faite. » ID., Ibid., t. V, XVIII, p. 129.

— Par métaph. *N'avoir que son intelligence pour fortune, pour toute fortune* (Cf. Capital, cit.' 5). — Richesse morale ou intellectuelle (Cf. Accumuler, cit. 10).

50 « À la longue on finit par s'apercevoir que le plaisir est la fortune de l'âme, ce n'est pas plus flatteur d'être aimé pour le plaisir que d'être aimé pour son argent ... » BALZ., Splend. et mis. des courtisanes, Œuv., t. V, p. 904.

— *Par ext.* Situation de celui qui possède une fortune. V. **Opulence, richesse.** *Affaires qui conduisent* à la fortune. Passer, flotter de la gêne, de l'indigence à la fortune* (Cf. Égarement, cit. 3). — *Situation de fortune :* situation financière.

ANT. — Adversité, infortune, malchance, malheur ; déveine, guigne (*fam.*), poisse (*pop.*). Gêne, indigence, misère, pauvreté.

DER. — V. Fortuné.

FORTUNÉ, ÉE. adj. (XIVe s. ; lat. *fortunatus*).

‖ 1° *Vieilli* ou *littér.* Favorisé par la fortune*, par le sort*. V. **Chanceux, heureux** et *fam.* **Veinard, verni.** Cf. Étourdissement, cit. 4. *Homme fortuné. Amants fortunés* (ACAD.). — Substantivt. *Les fortunés.*

1 « ... je voudrais bien être le petit poupon fortuné qui tétât le lait de vos bonnes grâces. » MOL., Méd. m. l., II, 2.

2 « Le monde, voyant un homme qui a ce qu'il veut, s'écrie avec un grand applaudissement : qu'il est heureux ! qu'il est fortuné ! » BOSS., Serm., Providence, 2.

— En parlant des choses. V. **Heureux.** *Union fortunée, règne fortuné. Un jour fortuné.* V. **Faste.** *Les îles Fortunées* (les Canaries).

3 « Et tu vas voir en moi, dans ce jour fortuné,
L'ambitieux au trône, et l'amant couronné. » RAC., Théb., V, 4.

4 « Ô fortuné séjour ! ô champs aimés des cieux ! » BOIL., Épît., VI.

‖ 2° Qui possède de la fortune. V. **Aisé, enrichi, riche.** *Un homme fortuné, peu fortuné. Une famille fortunée.* — REM. Bien que condamné par LITTRÉ (Cf. *infra,* cit. NODIER) et quelques puristes, ce sens de *Fortuné* est aujourd'hui admis par l'ACADÉMIE (8e éd.) et employé par les meilleurs écrivains. DURRIEU, après avoir qualifié cet emploi de « Faute ou Néologisme » en donne de nombreux exemples tirés de BOSSUET (où *Fortuné,* désignant le mauvais riche de l'Écriture, est pris substantivement), STENDHAL, FRANCE, etc.

5 « Fortuné ne doit pas être employé pour riche ; c'est une faute née de ce que fortune, entre autres significations, a celle de richesse. Dans la logique du peuple, un homme fortuné est nécessairement un homme riche ; c'est un barbarisme très commun dans la langue, et qui provient d'une erreur très commune dans la morale... » Ch NODIER dans le Dict. de POITEVIN, cité par LITTRÉ.

6 « Fortuné prend le sens de riche ; il suit l'évolution de fortune et les grammairiens n'y peuvent rien. C'est un barbarisme, disait Nodier en 1828 ; mais les mots qui veulent vivre sont tenaces. » R. de GOURMONT, Esthét. de la langue franç., p. 168 (in BOTTEQUIN).

7 « Quantité de gens restent assez fortunés pour n'avoir pas beaucoup à pâtir des restrictions... » GIDE, Journ., 6 juin 1941.

ANT. — Infortuné*, malheureux*. Démuni, déshérité, indigent, pauvre*.

FORUM (*fo-rom'*). n. m. (1757 ENCYCL.; mot lat. signifiant « place publique »). *Ant. rom.* Place du marché. — *Spécialt.* Place où se tenaient les assemblées du peuple et où se discutaient les affaires publiques (V. **Agora**). *Chaque ville* *avait un ou plusieurs forum. À Rome, le forum de Trajan, reliant le forum de César à celui d'Auguste, était situé près du Capitole* (cit. 2). *Tribune aux harangues, sur le forum.* V. **Rostre.**

1 « Les forum, les palais s'écroulent.
Le temps les ronge avec mépris,
Le pied des passants qui les foulent
Écarte au hasard leurs débris. »   LAMART., **Harm.**, I, VIII.

2 « ... la simplicité majestueuse du *Forum* proprement dit : une vaste esplanade dallée de 116 mètres de long sur 95 mètres de large, qu'entourait un portique... Au centre de la place, s'enlevait, en bronze doré, la statue équestre de l'empereur, à laquelle faisaient cortège... les statues plus modestes des hommes illustres qui, par l'épée ou par la parole, avaient bien servi l'empire. »
                                            CARCOPINO, **Vie quotid. à Rome**, p. 17.

— *Fig.* Lieu où se discutent les affaires publiques. *L'éloquence du forum.* V. **Prétoire, tribune.**

3 « L'intelligence des passions violentes lui manque (*à l'historien*) comment, d'un cabinet ou d'une académie, entendrait-il les cris d'un forum ? »   VILLEMAIN, **Littér. franç.**, XVIIIᵉ s., II, IV.

FORURE. n. f. (1680 ; de *forer*, et suff. *-ure*). *Technol.* Trou* fait avec un foret. *La forure d'une clef. Forure ronde, en étoile ... Double forure.*

FOSSE. n. f. (vers 1100 ; lat. *fossa*, rac. *fodere*, creuser, fouir). Cavité assez large et profonde. V. **Cavité***, **creux, excavation, fossé, trou.**

‖ **1°** Cavité creusée par l'homme pour servir de réceptacle. *Creuser* (cit. 10), *faire une fosse.* V. **Fossoyer ; fossoyeur.** *Tomber dans une fosse* (Cf. Aveugle, cit. 32). — *Agric. Fosses pour conserver les céréales ...* V. **Silo.** — Creux pour planter un arbre. — *Techn. Fosse à tan*, cuve où les tanneurs mettent les peaux recouvertes de tan. — *Mines.* Puits d'une exploitation houillère ; lieu aménagé pour le chargement du charbon. *Fosse de remplissage.* — *Chem. de Fer. Fosse à piquer :* fosse creusée entre les rails pour recevoir les matières qui tombent du foyer, et permettre de passer sous la locomotive. *Autom.* Cavité pratiquée dans le sol d'un garage. *Les ponts* remplacent de plus en plus les fosses.* — *Théât. Fosse d'orchestre,* située devant la scène et où se placent les musiciens (Cf. Bourdonnement, cit. 7). — *Chasse.* Trou camouflé constituant un piège pour prendre certains gros animaux. — Par ext. *Fosse aux ours, aux lions,* où l'on tient en captivité des ours, des lions. *Daniel fut jeté dans la fosse aux lions.* — *Jeter un prisonnier dans une fosse.* V. **Basse-fosse** (cit. 1 et 2), **cachot, oubliette.** *Un cul* (cit. 20) *de basse-fosse.*

— Spécialt. *Fosse à purin* (V. **Purot**), *à fumier.* — *Fosse d'aisances* destinée à recevoir les matières fécales. V. **Latrines.** *Vidanger une fosse d'aisances.* V. **Vidange.** *Puisard d'une fosse d'aisances. Fosse fixe, étanche, septique. Fosses mobiles.* V. **Tinette.**

1 « Françoise, restée seule, attendit patiemment, assise sur un banc de pierre, devant la fosse à fumier, qui tenait un tiers de la cour. »
                                            ZOLA, **La terre**, I, I.

— Trou creusé en terre pour l'inhumation des morts. V. **Tombe.** *Les fosses d'un cimetière* (Cf. Croix, cit. 12). *Fosse béante* (Cf. Échange, cit. 12). *Ensevelir, enterrer* (cit. 9) *quelqu'un dans une fosse* (Cf. Ensevelissement, cit. 1). *Combler la fosse* (Cf. Déranger, cit. 14). *Croix de bois* (cit. 44) *sur le tertre d'une fosse. Fosse commune,* où sont déposés ensemble plusieurs cadavres ou cercueils (V. **Charnier**).

2 « À caver une grande fosse
Il met sollicitude grosse :
Mais en la fosse qu'il fera,
Lui-même il trébuchera. »   MAROT, **Psaumes de David**, VII

3 « ... il n'y a aucun déshonneur à s'en tenir à la fosse commune quand on ne peut faire les frais d'une sépulture moins modeste. »
                                            BLOY, **Le désespéré**, p. 25.

4 « Hâtivement, les corps étaient jetés dans les fosses. Ils n'avaient pas fini de basculer que les pelletées de chaux s'écrasaient sur leurs visages et la terre les recouvrait de façon anonyme... »
                                            CAMUS, **La peste**, p. 196.

— *Fig.* :

5 « On m'indiqua tout de suite la rue Rouge. Une fosse commune, étroite, profonde, suintante... »
                                            V. LARBAUD, **Barnabooth**, Journ., III, p. 265.

— Fig. *Creuser* sa fosse. Creuser sa fosse avec ses dents :* ruiner sa santé par des excès de table. *Être sur le bord de sa fosse ; avoir un pied dans la fosse :* être près de mourir. V. **Tombe.**

6 « (J') Avais déjà le pied dedans la fosse ! »
                                            MAROT, **Épigr.**, CLXXXIII.

7 « Un peu chaque année, il s'était courbé davantage, et maintenant il allait, les reins cassés, n'ayant bientôt qu'à faire la culbute finale, pour tomber dans la fosse. »   ZOLA, **La terre**, V, II.

‖ **2°** Cavité naturelle. *Spécialt. Géol.* V. **Dépression, gouffre.** *Fosses profondes dues aux déchirures de l'écorce terrestre.* V. **Géosynclinal.** *Les grandes fosses marines des océans dépassent dix mille mètres de fond* (Cf. Dépression, cit. 1).

« L'examen d'une carte « bathymétrique » montre que, contrairement à ce qu'on pourrait croire, la profondeur n'augmente pas avec l'éloignement du rivage. Les fosses les plus profondes, loin d'occuper le centre des océans, sont le plus souvent près des bords, où elles longent le pied des plus hautes chaines. »
                                            BARON, **Géogr. génér.**, p. 140 (classe de sec.).

8

— *Mar. Fosses sur le fond :* creux dans le fond d'une rade, d'un chenal. *Navire qui mouille dans une fosse.* — *Canal où l'on peut effectuer le carénage des navires.*

— *Anat.* Cavité que présentent certains organes et dont l'entrée est plus évasée que le fond. *Fosses nasales* (V. **Nez**). *Fosses orbitaires. Fosse temporale. Fosse iliaque ...*

DER. et **COMP.** — **Basse-fosse.** — **Fossette, fossoyer.** Cf. **Fossé.**

HOM. — **Fausse** (*adj.*), et formes du v. **Fausser.**

FOSSÉ. n. m. (*Fosset* vers 1100 ; bas lat. *fossatum*, rac. *fossa*, fosse). Sorte de fosse creusée en long dans le sol et servant à l'écoulement des eaux, à la séparation des terrains ... V. **Canal, cavité, tranchée.** *Fossé formant la clôture* (cit. 1 et 2) *d'un parc, d'un enclos.* V. **Saut-de-loup.** *Entourer, environner un terrain de fossés. Fossé servant de limite*. Fossé mitoyen* (Cf. CODE CIV., Art. 666-668). *Fossé servant à drainer les eaux, à irriguer.* V. **Coupure, douve, rigole, ruisseau, sangsue.** *Petit fossé au pied d'un arbre.* V. **Cuvette.** *Fossés qui bordent une route. Se coucher* (cit. 23), *dormir dans un fossé. La voiture est allée dans le fossé.* Espace entre la chaussée et le fossé. V. **Accotement, bas-côté.** *Petit fossé au milieu de la route.* V. **Cassis.** *Fossé plein d'eau sur un parcours de steeple-chase.* V. **Brook.** *Sauter un fossé à pieds joints. Curer*, nettoyer un fossé fangeux, rempli de vase. Curure de fossé servant d'engrais. Levée, rejet de terre d'un fossé.* V. **Berge, crête, talus.** *Renforcer les bords, les parois d'un fossé à l'aide d'un clayonnage, d'un revêtement. Combler un fossé.*

« Je sais un paysan qu'on appelait Gros-Pierre,
Qui n'ayant pour tout bien qu'un seul quartier de terre,
Y fit tout à l'entour faire un fossé bourbeux,
Et de Monsieur de l'Isle en prit le nom pompeux. »
                                            MOL., **Éc. d. fem.**, I, 1

1

« Pour les fossés, il y a marque de non-mitoyenneté lorsque la levée ou le rejet de la terre se trouve d'un côté seulement du fossé. Le fossé est censé appartenir exclusivement à celui du côté duquel le rejet se trouve. »   CODE CIV., **Art. 666.**

2

— Spécialt. *Fortif.* Tranchée entourant les places de guerre, les ouvrages fortifiés, et servant à leur défense. V. **Contrevallation, tranchée.** *Fossé plein d'eau.* V. **Douve.** *Pont-levis*permettant de franchir les fossés d'un château* (cit. 1) *féodal* (Cf. Donjon, cit.). *Chemin entre le rempart et le fossé* (V. **Berme**), *au fond d'un fossé à sec.* V. **Caponnière.** *Canal au fond d'un fossé.* V. **Cunette.** *Talus du fossé du côté de la place* (V. **Escarpe**), *vers la campagne* (V. **Contrescarpe**). *Fossé creusé par les assaillants face à la place, au front.* V. **Parallèle.**

— *Fossé servant d'obstacle pour ralentir l'ennemi* (Cf. Effréné, cit. 1). *Fossé anti-chars.*

— *Géol.* Bande de terrains affaissés, limitée par des failles.

— *Fig.* V. **Cassure, coupure, séparation.** *Nous ne nous entendons plus, il y a un fossé entre nous, un fossé nous sépare. Le fossé se creuse, s'élargit tous les jours. Fossé d'incompréhension.*

« Qui avait le plus changé, des autres ou de moi ? Hélas ! nous avions changé ensemble, et là où nous séparait un fossé, il s'agissait maintenant d'un gouffre. »
                                            JALOUX, **Fumées dans la campagne**, XXIX.

3

« ... ils ne s'entendent plus, et... le fossé s'est creusé davantage entre eux. »   HENRIOT, **Romantiques**, p. 237.

4

‖ LOC. FAM. *Ce qui tombe dans le fossé est pour le soldat,* ce que quelqu'un laisse tomber est pour celui qui le ramasse.

« ... dans ce temps-ci, il y a tant de gens qui prennent tout ce qu'ils trouvent, comme leur appartenant ; et puis, comme dit le proverbe : Ce qui tombe dans le fossé est pour le soldat. »
                                            VIGNY, **Cinq-Mars**, XI.

5

— *Au bout du fossé, la culbute.* V. **Culbute** (cit. 2 et supra).

— *Sauter le fossé :* prendre une décision hardie après avoir longtemps hésité. V. **Décider** (se). Cf. Franchir le pas.

« J'ai dirigé sa promenade de manière qu'il s'est trouvé un fossé à franchir : et, quoique fort leste, elle est encore plus timide : vous jugez bien qu'une prude craint de sauter le fossé ! »
                                            LACLOS, **Liais. dang.**, Lett. VI.

6

HOM. — Formes du v. **Fausser.**

FOSSETTE. n. f. (XIIᵉ s.; de *fosse*, et suff. *-et*). *Vieilli.* Petite fosse, petite cavité. — *Spécialt.* Petite fosse pour prendre des oiseaux. Petite cavité, dans certains jeux de billes, etc. *Jouer à la fossette.* — *Par ext.* Petit creux sur certaines parties du corps (Cf. Forme, cit. 28). *Une fossette au coin de la bouche, au milieu du menton.*

« Ces légères fossettes que l'extrémité de ses doigts marque sur sa chair sont rendues avec une délicatesse infinie. »
                                            DIDEROT, **Salon de 1765.**

1

2 « Le bébé a un joli pli entre le poignet et le bras, un pli au cou ; et de la tête aux pieds ce sont de jolies fossettes qui rient dans la chair rose. » FRANCE, **Crime S. Bonnard**, Œuv., t. II, p. 280.

3 « Ses beaux yeux bruns riaient, sa bouche riait, ses joues riaient, une aimable fossette riait au milieu de son menton. » R. ROLLAND, **J.-Christophe, La révolte**, II.

4 « Gise sourit par contenance, et Antoine voit se creuser deux fossettes dans les joues brunes. » MART. du G., Thib., t. III, p. 166.

FOSSILE. adj. (1556 ; empr. au lat. *fossilis*). Qui est extrait du sein de la terre. *Charbon, sel fossile.*

‖ **1° Spécialt.** Se dit des débris ou des empreintes des corps organisés conservés dans les dépôts sédimentaires de l'écorce terrestre.

— *Plantes, végétaux fossiles.* V. **Calamite, dendrite, lépidodendron, sigillaire, sphénophyllum.** *Bois, feuilles fossiles dans les terrains houillers. Combustibles fossiles.* V. **Boghead, houille.** *Résines* fossiles d'origine végétale.* V. **Ambre** (jaune), **ozocérite** (cire fossile). — *Animal fossile.* V. **Zoolithe.** *L'anoplothérium, ruminant fossile de l'Éocène. Principaux animaux fossiles.* V. **Ammonite, baculite, dinornis, dinosaurien, dinothérium, diplodocus, glyptodon, hipparion, hippurite, ichtyornis, ichtyosaure, iguanodon, labyrinthodon, mammouth, mastodonte, mégalosaure, mégathérium, oryctérope, paléothérium, plésiosaure, ptérodactyle, spirifère, téléosaure...** *Anthropoïdes fossiles.* V. **Anthropopithèque, pithécanthrope.** *Ivoire fossile. Dents fossiles.* V. **Crapaudine, glossopètre.** *Coquilles* (cit. 2) *et coquillages fossiles.* V. **Conchite.**

— *Substantivt.* N. m. *Un fossile. Science, étude des fossiles.* V. **Oryctologie, paléontologie.** *La connaissance des fossiles permet d'établir la généalogie des formes vivantes* (V. **Phylogenèse ; évolution**). *La géologie s'appuie sur l'étude des fossiles. Fossiles caractéristiques,* qui permettent de déterminer nettement certaines assises et certaines époques géologiques. *Terrain contenant des fossiles* (V. **Fossilifère**), *des fossiles d'animaux marins* (V. **Tritonien**). *Couches les plus anciennes contenant des fossiles.* V. **Paléozoïque.** *Passage à l'état de fossile.* V. **Fossilisation, pétrification.** — *Le Métamorphisme* fait disparaître les fossiles.*

1 « ...Léonard de Vinci... le premier, interpréta les « pétrifications », non plus comme des « jeux de la Nature », mais comme des coquilles d'animaux abandonnés par la mer, alors qu'elle s'étendait au delà de ses limites actuelles... ces *fossiles* — c'est le nom qu'on leur donne aujourd'hui et qui a remplacé celui de *pétrification*, autrefois en usage — ressemblent de moins en moins aux êtres actuels, à mesure qu'on les recueille dans des couches plus profondes. Ces divers organismes ne se suivent pas dans un ordre quelconque et la succession des diverses faunes et flores est en général la même dans des régions du Globe souvent très éloignées l'une de l'autre. Les fossiles nous fournissent ainsi un moyen de caractériser les couches, de les *dater*, d'en établir la chronologie. Elles rendent aux géologues les mêmes services que les médailles et les monnaies aux historiens. » HAUG, Géol., t. I, p. 3.

2 « Beaucoup d'animaux existèrent dont nous ne saurons jamais rien, beaucoup d'autres seront un jour ou l'autre retrouvés, mais les rares fossiles découverts nous ont fourni les représentants de plusieurs embranchements d'invertébrés : Radiolaires, Cœlentérés, Foraminifères, Spongiaires, Crustacés, Crinoïdes, Brachiopodes. Cette énumération en dit long sur les progrès accomplis déjà par la vie avant le début du primaire ! » J. CARLES, Orig. de la vie, p. 117 (éd. P.U.F.).

‖ **2° Fig.** et *fam.* V. **Arriéré, démodé, dépassé, suranné, vieux*.** *Littérature fossile. Une mode, une forme fossile* (Cf. **Antérieur**, cit. 6). *Un pays fossile* (Cf. **Antédiluvien**, cit. 2). *Des idées fossiles.*

3 « ...le rigorisme presque fossile des préjugés aristocratiques du prince... » PROUST, Rech. t. p., t. VIII, p. 229.

— *Substantivt.* En parlant des personnes : *Un vieux fossile. Les fossiles littéraires.*

4 « Personne ne parle plus sa langue (*de Théophile Gautier*). Nous sommes ainsi quelques fossiles qui subsistent égarés dans un monde nouveau. » FLAUB., Corresp., t. IV, p. 111.

DER. — **Fossiliser.** — **Fossilifère.** adj. (1872 P. LAR. V. suff. -**fère**). *Géol.* Qui contient des fossiles. *Calcaire fossilifère.*

FOSSILISER. v. tr. (XIXᵉ s. ; de *fossile*, et suff. -*iser*). *Géol.* Rendre fossile ; amener à l'état de fossile. V. **Pétrifier.** *Pronominalt.* Devenir fossile. *Les anciennes forêts ont formé la houille en se fossilisant.*

1 « ...les êtres se fossilisent d'autant mieux que leur squelette abonde en calcaire... » J. CARLES, Orig. de la vie, p. 112 (éd. P.U.F.).

— *Fig.* et *fam. Mœurs fossilisées d'un pays rétrograde.* V. **Arriéré, figé, pétrifié...** *Se fossiliser en vivant seul et retiré.* V. **Abêtir** (s'), **momifier** (se).

2 « Daniel Stern en dessinera plus tard les mœurs, les rites et les conventions fossilisées (*de la société du faubourg Saint-Germain*) dans son joli volume de *Souvenirs.* » HENRIOT, Romantiques, p. 439.

DER. — **Fossilisation.** n. f. (XIXᵉ s.). *Géol.* Passage d'un corps organisé à l'état de fossile. *Fossilisation d'un cadavre par la substitution de matières minérales aux matières organiques. Fossilisation par carbonisation, pétrification.*

FOSSOIR. n. m. (XIIᵉ s. ; lat. *fossorium*, rac. *fodere*, creuser). Sorte de houe employée en viticulture. *Par ext.* Charrue vigneronne.

FOSSOYER. v. tr. (« creuser une fosse » au XIIIᵉ s. ; de *fosse*, et suff. -*oyer**. — REM. Ce verbe a été senti aussi bien comme dér. de *fossé* que de *fosse*). *Vx.* Entourer de fossé ; clore par des fossés. — *Auj.* Creuser une fosse, un fossé.

DER. — **Fossoyeur.** — **Fossoyage.** n. m. (1371). Action de fossoyer. Travail du fossoyeur.

FOSSOYEUR. n. m. (1328 in BLOCH ; de *fossoyer*, et suff. -*eur*). Celui qui creuse les fosses* dans un cimetière. *Fossoyeurs creusant une tombe pour enterrer* (cit. 13) *un corps.*

1 « ...après de courtes prières, le prêtre jeta quelques grains de terre sur la dépouille de cette femme ; et les fossoyeurs, ayant demandé leur pourboire, s'empressèrent de combler la fosse pour aller à une autre. » BALZ., Ferragus, Œuv., t. V, p. 112.

2 « Qui c'est qui construit plus solide que le maçon, l'ingénieur ou le charpentier ?... Quand on te posera la question une autre fois, tu répondras : c'est le fossoyeur. Les chambres qu'il fabrique, ça dure jusqu'au jugement dernier. » GIDE, Traduc. SHAKESPEARE, Hamlet, V, 1.

— *Par métaph.* (peu usit.). LA **FOSSOYEUSE.** N. f. La mort*.

— *Fig.* Celui, celle qui anéantit, ruine quelque chose. V. **Démolisseur, naufrageur.** *Le fossoyeur d'une civilisation, d'une doctrine, d'un régime, d'un empire. Les fossoyeurs de la République.*

3 « Nabonide, qui fut le fossoyeur du grand royaume babylonien. » DANIEL-ROPS, Peuple de la Bible, IV, I.

4 « (M. G...) m'accuse d'être un fossoyeur. Je pourrais lui retourner l'insulte, mais je préfère plaider coupable : si j'en avais le pouvoir, j'enterrerais la littérature et mes propres mains plutôt que de lui faire servir les fins auxquelles il l'utilise. Mais quoi ? Les fossoyeurs sont des gens honnêtes... J'aime mieux être fossoyeur que laquais. » SARTRE, Situations II, p. 287.

ANT. — (*Fig.*). Animateur, créateur, défenseur, sauveur.

1. FOU (ou **FOL**), **FOLLE.** n. et adj. (*Fol* vers 1100, Chans. de Rol. ; lat. *follis*, sac, ballon plein d'air (V. **Folle** 1, **follicule**...) par métaph. ironique. Cf. Ballot).

I. N. — REM. Au masculin, *Fol* était déjà vieilli au XVIIᵉ s. ; « *on disait autrefois fol* » écrit FURETIÈRE (Cf. *infra* cit. RABEL., MONT. et le P. FEUILLÉE. Cf. *aussi* Carrefour, cit. 2 LA FONT. ; content, cit. 6 LA ROCHEF.). Certains écrivains continuent à l'employer par archaïsme ou par plaisanterie (Cf. Fauter, cit. 2 VERLAINE).

1 « ...un fol (*Dampierre*), audacieux jusqu'à la témérité. » DUMOURIEZ (in MICHELET, Hist. Révol. franç., X, IX).

‖ **1°** Celui, celle qui est atteint de troubles, de désordres mentaux. V. **Aliéné** (cit. 9), **dément, déséquilibré, maniaque, névrosé, obsédé...** Cf. Aliéniste, cit. ; connaître, cit. 41 ; démence, cit. 2 ; extrême, cit. 8 ; fantaisie, cit. 6 ; folie, cit. 7. — REM. *Fou* a disparu du langage scientifique et médical. V. **Folie, 1°** (REM.). *Fou délirant*. Divagations, égarements* (cit. 6), *hallucinations d'un fou* (V. **Hallucine**). *Fou visionnaire, illuminé. Fou exhibitionniste*. Intervalles de lucidité d'un fou, entre deux crises*. Exciter* (cit. 27), *calmer un fou. Les cris, les hurlements, le rire d'un fou* (Cf. Bramement, cit. 2). *Fou dangereux, fou furieux*, qu'il faut tenir* à quatre. Fou criminel. Enfermer, interner un fou* (V. **Enfermé, interné**). *Asile, hôpital, maison de fous. Cellules, loges* d'un asile de fous.* — Par plaisant. *Maison de fous,* se dit d'une maison, d'un lieu dont les habitants agissent bizarrement, où il règne un grand désordre. — *Fou échappé*. Divagation* (cit. 1) *des fous et des furieux* (Cf. *infra*, cit. CODE PÉN.). — *Tableau peint par un fou ; dessin de fou* (Cf. Écriture, cit. 14). *Histoire de fou* (fam.). : anecdote comique dont les personnages sont des aliénés, et *par ext.* histoire, aventure absurde, incroyable. *C'est une véritable histoire de fous que vous me racontez là !* Cf. Histoire de brigands. *La Folle,* tableau de Géricault.

2 « S'ils ont écrit de politique, c'était comme pour régler un hôpital de fous ; et s'ils ont fait semblant d'en parler comme d'une grande chose, c'est qu'ils savaient que les fous à qui ils parlaient pensaient être rois et empereurs. » PASC., Pens., V, 331.

3 « ...les Français... enferment quelques fous dans une maison, pour persuader que ceux qui sont dehors ne le sont pas. » MONTESQ., Lett. pers., LXXVIII.

4 « Seront punis d'amende... Ceux qui auraient laissé divaguer des fous ou des furieux étant sous leur garde... » CODE PÉN., Art. 475, 7°.

5 « Un fou... aura commis ce meurtre... quelque maniaque furieux échappé à une maison de santé du voisinage. » BAUDEL., Traduc. E. POE, Hist. extraord., Double assassinat...

6 « ...elle passait pour folle ; or les fous n'étaient pas alors traités de la manière cruelle que les habitudes administratives ont depuis inventée. Loin de les séquestrer, on les laissait vaguer tout le jour. Tréguier a d'ordinaire beaucoup de fous ;... Ces fous inoffensifs, échelonnés à tous les degrés de l'aliénation mentale, étaient une sorte d'institution, une chose municipale. On disait « nos fous »... On les aimait, et ils rendaient des services. » RENAN, Souv. d'enfance..., I, II.

7 « Un fou, c'est un homme qui croit tout ce qui lui vient à l'esprit. » ALAIN, Propos, p. 21.

8 « Tous les peuples primitifs ont admis que le fou est habité par un démon. Quand ses propos incohérents s'accordent à peu près avec les préjugés moraux de l'époque, le démon est bon et l'homme est un saint. Dans le cas contraire, le démon est mauvais et l'homme doit être supprimé. » MAUROIS, Silences Colonel Bramble, XIX.

— Hist. *Charles le fou :* le roi Charles VI, qui devint fou en 1392. *Jeanne la folle,* reine de Castille, que la mort de son mari, Philippe le Beau, rendit folle (1506). — Littér. *La nef des fous,* poème satirique de S. Brant (1494), tableau de J. Bosch.

— Par exagér. *Courir, sauter, crier* (cit. 21) *comme un fou.*

9   « Ils jouaient à se poursuivre, et sortis de la fête, ils s'embrassèrent comme des fous. »   ARAGON, **Beaux quartiers,** I, XXV, p. 166.

— Fig. « *La folle du logis* » : l'imagination* (MALEBRANCHE, Rech. de la vér., liv. II). (Cf. *aussi* Espérance, cit. 12).

‖ 2° Spécialt. *Fou du roi, fou de cour,* nom donné au bouffon qui était attaché à la personne de certains hauts personnages (rois, princes...). V. **Bouffon***. *Le bonnet à clochettes, la marotte** *du fou. Triboulet, fou de Louis XII et de François Ier.* — PROV. Fig. *À chaque fou sa marotte :* à chacun sa manie (V. **Marotte,** *fig.*).

10   « Rire des gens d'esprit, c'est le privilège des sots : ils sont dans le monde ce que les fous sont à la cour, je veux dire sans conséquence. »   LA BRUY., V, 56.

11   « Il n'y a point de meilleur rôle auprès des grands que celui de fou. Longtemps il y a eu le fou du roi en titre ; en aucun il n'y a eu en titre le sage du roi. »   DIDEROT, Nev. de Rameau, Œuv., p. 468.

12   « Aux pieds d'une colossale Vénus, un de ces fous artificiels, un de ces bouffons volontaires chargés de faire rire les rois quand le Remords ou l'Ennui les obsède, affublé d'un costume éclatant et ridicule, coiffé de cornes et de sonnettes, tout ramassé contre le piédestal, lève des yeux pleins de larmes vers l'immortelle Déesse. »   BAUDEL., **Spleen de Paris,** VII.

— Allus. hist. *Fête des fous :* cérémonie bouffonne, très populaire au moyen âge (V. **Fatrasie, sottie**). *Confrérie des fous. Prince, pape des fous.*

13   « Tout ce que la religion a de plus auguste était défiguré dans presque tout l'Occident par les coutumes les plus ridicules. La fête des fous, celle des ânes étaient établies dans la plupart des églises. On créait aux jours solennels un évêque des fous ; on faisait entrer dans la nef un âne en chape et en bonnet carré. »   VOLT., **Essai sur les mœurs,** XLV.

14   « ...tous les mendiants, tous les laquais, tous les coupe-bourses, réunis aux écoliers, avaient été chercher... la tiare de carton et la simarre dérisoire du pape des fous. Quasimodo s'en laissa revêtir... Douze officiers de la confrérie des fous l'enlevèrent sur leurs épaules : »   HUGO, **N.-D. de Paris,** I, V.

— Spécialt. Au jeu des Échecs (XVIe s. ; a remplacé *aufin,* de l'arabe *al-fîl,* « l'éléphant »). Pièce qui se place, en début de jeu, à côté du roi et de la reine (Cf. Échec, cit. 18) et qui peut circuler d'autant de cases qu'on le veut, mais en diagonale seulement. *Le fou noir :* celui qui ne se déplace que sur les cases noires. *Le fou blanc. Pion du fou :* celui qui se trouve devant le fou.

15   « Le fou se meut obliquement par rapport au côté de l'échiquier ; il reste, par suite, toujours sur la même couleur... Chaque joueur a un fou des blancs et un fou des noirs... Le fou placé à droite... (*du roi blanc*) est nommé fou du roi, l'autre, fou de la dame. »   D. BERTHELOT (in GRDE ENCYCL., **Échec**).

‖ 3° *Par ext.* Celui, celle qui, sans être atteint de troubles mentaux, se comporte d'une manière déraisonnable, extravagante. V. **Insensé ; écervelé, étourdi, étourneau.** Cf. Assigner, cit. 14 ; bruyant, cit. 3. *Traiter quelqu'un de fou* (Cf. Acariâtre, cit. 3). *Les sages et les fous* (Cf. Autant, cit. 4 ; folie, cit. 17). *Un jeune, un vieux fou* (Cf. Amouracher, cit. 1 ; avare, cit. 17 ; difficile, cit. 3). *Être amoureux* (cit. 5) *comme un fou. Travailler, étudier comme un fou. Son fou de* (cit. 81) *frère. Un triple fou* (Cf. Expédition, cit. 15). *Un fou achevé. Une vieille folle. La folle de Chaillot,* comédie de Giraudoux.

16   « Chacun se trompe ici-bas.
On voit courir après l'ombre
Tant de fous qu'on n'en sait pas
La plupart du temps le nombre. »   LA FONT., **Fab.,** VI, 17.

17   « La passion fait souvent un fou du plus habile homme et rend souvent les plus sots habiles. »   LA ROCHEF., **Max.,** 6.

18   « Les vieux fous sont plus fous que les jeunes. »   ID., **Ibid.,** 444

19   « ...pour moi, je suis content de rire des fous. Tous les hommes ne le sont-ils pas ? »   FÉN., **Dial. des morts,** Démocrite et Héraclite.

— (Sans idée péjorative). Celui, celle qui n'agit pas selon la raison commune. *Un fou de génie.*

20   « ...les grandes œuvres de ce monde ont toujours été accomplies par des fous. »   FRANCE, **Lys rouge,** IX

— PROV. *Les fous inventent les modes, les sages les suivent.* — *Un fou enseigne bien un sage.*

21   « J'ai souvent ouï en proverbe vulgaire qu'un fol enseigne bien un sage. »   RABELAIS, III, XXXVII

22   « ...le vieux Caton... dit que les sages ont plus à apprendre des fols que les fols des sages ; »   MONTAIGNE, **Essais,** III, VIII

‖ 4° Personne d'une gaieté vive et exubérante. *Faire le fou, le petit fou* (V. **Folâtrer**). *Les enfants ont fait les fous toute la journée.* V. **Espiègle.** *Cessez de faire le fou. Grand fou ! Plus on est de fous, plus on rit :* plus on est nombreux*, plus on s'amuse.

23   « Il a chez lui des dames, et nous avons des dames ici. Joignons toutes nos dames ensemble... Plus on est de fous, plus on rit. »   DANCOURT, **Mais. de camp.,** 11.

‖ 5° Fig. (à cause du comportement de cet oiseau. Cf. cit. *infra*). Ornith. Oiseau pélécaniforme (*Sulidés*), scientifiquement appelé *sula. Le fou, palmipède** *de la famille du pélican**. *Le fou niche sur les rochers ; il se nourrit de poissons et de céphalopodes. Fou commun, fou blanc, fou de Bassan.*

24   « On a donné le nom de *fols* à ces oiseaux à cause de leur grande stupidité, de leur air niais, et de l'habitude de secouer continuellement la tête et de trembler lorsqu'ils sont posés sur les vergues d'un navire ou ailleurs, où ils se laissent aisément prendre avec les mains. »   **Observations du P. FEUILLÉE** (éd. 1725), cité par BUFFON, p. 98.

II. *Adj.* (*Fol* devant un substantif singulier commençant par une voyelle ou une *h* aspirée : *fol espoir, fol hasard...* — REM. Dans tous les autres cas, *fol* n'est plus employé depuis le XVIIe siècle que par archaïsme ou par plaisanterie, et dans certaines locutions toutes faites : *Fol qui s'y fie...*).

25   « Quand je pense à ce début du siècle... J'ai surtout souvenir d'un fol gaspillage de mon cher et précieux temps. »   DUHAM., **Biogr. de mes fantômes,** XI.

26   « ...Costalo prit la décision de ne pas donner suite au fol projet qu'il avait conçu la veille... »   MONTHERLANT, **Lépreuses,** p. 234.

‖ 1° Atteint de désordres, de troubles mentaux. V. **Déséquilibré, détraqué, névrosé, obsédé... ; folie** (cit. 5). Cf. Croupir, cit. 7. *Il est fou, il est devenu fou et on a dû l'enfermer. Fou à lier. Il est à moitié, à demi fou.* Cf. Il n'a plus toute sa raison ; il n'a plus sa tête à lui. — REM. L'adjectif *fou* n'est pas utilisé dans la langue scientifique. V. **Malade** (mental) ; **folie.** Dans le langage courant, l'extension prise par les acceptions affaiblies ou figurées rend parfois nécessaire l'emploi d'une formule d'insistance, comme dans la citation suivante.

27   « À cette époque, la raison de Rousseau avait déjà reçu des altérations profondes ; il commençait, non pas seulement à paraître fou dans le sens vague et général du mot, mais à l'être trop réellement dans le sens précis et médical. »   STE-BEUVE, **Caus. lundi,** 29 avril 1850, t. II, p. 78.

— Vx. *Chien fou :* chien enragé. Fig. *Être fait, être coiffé comme un chien fou :* mal ajusté, mal coiffé (V. **Décoiffé**).

‖ 2° Par exagér. Qui est hors de soi. *La colère, l'impatience le rend fou.* Cf. Faire tourner la tête. *Sa lenteur, son indolence me rend fou.* V. **Énerver, impatienter.** *Il y a de quoi devenir fou !* (Cf. Perdre la tête, l'esprit (cit. 70) et *aussi* Éteindre, cit. 44). *Fou de joie. Fou de douleur. Fou de rage, de colère.* V. **Furieux.**

28   « ...s'il s'est oublié jusqu'à me manquer gravement... c'est qu'il ne se connaissait plus. Pendant cette heure, il n'a réellement pas été responsable. Je l'ai vu, devant moi, littéralement fou... Oui, il était fou de chagrin, d'étonnement, de colère. »   BOURGET, **Un divorce,** II, p. 83.

29   « Elle se croyait chez un fou. Elle se trompait à peine. Le docteur était fou d'inquiétude. »   COCTEAU, **Thomas l'imposteur,** p. 87.

— Spécialt. *Fou d'amour* (Cf. Aimer, cit. 21), *de désir* (Cf. Effréné, cit. 2). *Amoureux** *fou.* V. **Épris, éperdu.**

30   « Un homme chérissait éperdument sa chatte ;
Il la trouvait mignonne, et belle, et délicate.
. . .
Il était plus fou que les fous.
Cet homme donc...
Fait tant qu'il obtient du Destin
Que sa chatte en un beau matin
Devient femme, et le matin même
Maître soit en fait sa moitié.
Le voilà fou d'amour extrême,
De fou qu'il était d'amitié. »   LA FONT., **Fab.,** II, 18.

‖ 3° Qui a une passion, un goût extrême pour... V. **Amoureux, engoué, entiché, idolâtre...** *Elle est folle de lui* (Cf. Article, cit. 9). *Fou de son argent* (cit. 25). *Être fou de musique, de peinture.* V. **Enragé, fanatique, mordu ; raffoler.**

31   « Enfin il en est fou (*de Tartufe*) ; c'est son tout, son héros ; »   MOL., **Tart.,** I, 2.

32   « C'est un très bel homme... les femmes sont folles de lui. »   VOLT., **Amabed,** XVI.

33   « Voir et entendre à chaque instant l'homme dont elle était folle était l'unique but de sa vie... »   STENDHAL, **Mina de Vanghel,** Œuv., t. II, p. 1153.

34   « Artiste, toi, jusqu'au fantastique,
Poète, moi, jusqu'à la bêtise,
Nous voilà, la barbe à moitié grise,
Moi fou de vers et toi de musique, »   VERLAINE, **Romances sans paroles,** Dédicaces, XXIX.

— LOC. *Femme folle de son corps :* qui se livre à la débauche*. V. **Débauché.** Cf. Faire folie* de son corps.

35   « ...le nombre des filles folles de leur corps était beaucoup plus considérable, tant nos mœurs se sont dépravées ! »   NERVAL, **Contes,** La main enchantée, I

‖ 4° Qui agit, qui se comporte d'une façon peu sensée, anormale... V. **Anormal, bizarre, déraisonnable, dérangé, désaxé, détraqué, fatigué, malade** (par euphém.) ... Cf. *fam.* et *pop.* Braque, cinglé, cinoque, cintré, dingo, dingue, échappé (des petites maisons), fada (cit. 2), fondu, frappé, louf, loufoque, louftingue, maboul, marteau, piqué, siphonné, sonné, tapé, timbré, toc-toc, toqué, tordu... *Être fou, complètement fou.* V. **Déraisonner ; esprit** (avoir perdu l'esprit). Cf. *fam. et pop.* Débloquer, déconner, déménager, dérailler ; avoir une araignée* dans le plafond ; avoir reçu un coup de bambou* ; avoir perdu la boussole* ; avoir un cafard* dans la tête, dans la tirelire ; avoir le cerveau*, le crâne, le timbre* fêlé*, la tête fêlée ; avoir une fêlure*, un grain* ; onduler de la toiture ; avoir la serrure* brouillée ; travailler* du chapeau. *Devenir fou.* V. **Perdre** (la boule, l'esprit, la raison, le Nord...). *C'est un homme remarquable, mais un peu fou.* V. **Extravagant, excentrique.** *Il est fou à lier*, à enfermer* (cit. 5) : tout à fait bizarre. Il faut être fou pour... Être assez (cit. 40) fou pour... Ils sont fous, complètement fous d'avoir accepté cette proposition.* V. **Crétin, idiot...** *Fou qui...* Cf. Ami, cit. 4 ; contenter, cit. 3. *Fou, fol qui s'y fie* (Cf. Avenir, cit. 5 ; femme, cit. 41), *fol qui s'y repose* (Cf. Chose, cit. 4). *Il n'est pas assez fou pour... ; pas si fou. Il n'est pas fou* (fam.) : il est malin, habile (Cf. pop. *Pas folle, la guêpe !*).

36 « En vieillissant, on devient plus fou et plus sage. »
LA ROCHEF., Max., 210.

37 « Si l'on en peut voir un plus fou, je l'irai dire à Rome. »
MOL., Bourg. g., V. 6.

38 « Les hommes sont si nécessairement fous que ce serait être fou par un autre tour de folie de n'être pas fou. »
PASC., Pens., VI, 414.

39 « ...il la voudrait faire passer pour folle : Je dis folle à lier ; »
RAC., Plaid., II. 1.

40 « Il faut être fou pour dire que ces arts ont nui aux mœurs ; »
VOLT., Mœurs, CXXI.

41 « Nous sommes tous plus ou moins fous ! »
BAUDEL., Fl. du mal, Le vin de l'assassin.

42 . « La morale la meilleure
En ce monde où les plus fous
Sont les plus sages de tous,
C'est encor d'oublier l'heure. »
VERLAINE, Jadis et naguère, Les uns et les autres, X.

43 « Ce gentilhomme paraît fou, moins parce qu'il l'est réellement que parce que ses pensées diffèrent à l'excès de celles du vulgaire. »
FRANCE, Rôtiss. Reine Pédauque, Œuv., t. VIII, p. 75.

— *Tête folle* (Cf. Assagir, cit. 2). *Imagination folle.* V. **Débridé, désordonné.** — *Avoir l'air fou.*

44 « J'ai toujours vu que, pour réussir dans le monde, il fallait avoir l'air fou, et être sage. »
MONTESQ., Pens. div., Variétés.

— Qui dénote la folie, l'étrangeté, la bizarrerie. *Cris, hurlements fous. Regard fou.* V. **Fixe, hagard.** Par anal. *Chant fou, musique folle.* V. **Bizarre** (cit. 4). Cf. Cigale, cit. 2. — *Rire fou,* rire excessif et anormal. *Fou rire*:* rire que l'on ne peut réprimer. *Une folle hilarité secoua l'assemblée.*

— En parlant de choses, de notions abstraites... Contraire à la raison, à la sagesse, à la prudence. V. **Absurde, anormal, déraisonnable, insensé, irrationnel.** *Idée, pensée folle. C'est fou. Il est fou de faire cela ; cela est fou* (Cf. Entreprendre, cit. 12). *Tentative folle.* V. **Dangereux, hasardé, hasardeux.** *Une chose folle* (Cf. Assujettissement, cit. 1). *Proposition folle et ridicule* (Cf. Conversion, cit. 3). — *Fol espoir* (Cf. Bercer, cit. 8), *folles espérances* (Cf. Animer, cit. 42), *folle chimère.* V. **Chimérique** (Cf. Caresser, cit. 13). *Fol orgueil, folle vanité, folle outrecuidance* (Cf. Blasphème, cit. 6). *Folle avidité* (cit. 2). *Il a une folle envie de rire. Un fol amour. L'amour fou,* œuvre d'A. Breton. *Folle passion. Terreur folle, folle panique* (Cf. Courir, cit. 53). — *Folle aventure, folle équipée. Une course folle.* V. **Éperdu.** *La Folle journée, ou le Mariage de Figaro,* de Beaumarchais.

45 « Il (*l'amour*) est fou dans une âme folle
Et sage dans un cœur bien fait. »
BUSSY-RABUTIN, Max. d'amour.

46 « Qui vous a pu souffler une si folle audace ? »
BOIL., Sat., IX.

47 « Maître baudet, ôtez-vous de l'esprit
Une vanité si folle. »
LA FONT., Fab., V, 14.

48 « Alberoni, ayant entendu toutes les conditions du projet, le traita de fou et de chimérique. »
ST-SIM., Mém., 490, 138 (in LITTRÉ).

49 « Nous brillons tour à tour, jouets d'un fol espoir ; »
HUGO, Odes et ballades, Odes, V, XX.

— *Spécialt. Dr. Folle enchère*. Fol enchérisseur*. Fol appel*.*

‖ **5°** D'une humeur gaie, légère, exubérante. V. **Capricieux, enjoué, étourdi, fantasque** (cit. 2), **folâtre, gai, lunatique, pétulant, vif...** *Folles créatures.* V. **Évaporé** (cit. 14).

50 « Aussi comme j'étais folle !
Le jupon troussé, j'aimais
Le rire et la gaudriole ! »
BANVILLE, Odes funambulesques, Les folies nouvelles.

— *Tête folle, cervelle* (cit. 6) *folle* (Cf. Tête sans cervelle et *aussi* Espiègle, cit. 1). *Au temps de sa jeunesse folle...* (Cf. Arondelle, cit. ; étudier, cit. 2). — *Humeur, gaieté folle*

(Cf. Blasphématoire, cit. 2). — Par anal. *Carillon* (cit. 2) *joyeux et fou. Épigramme folle :* badine, frivole, légère (Cf. Aiguiser, cit. 16).

‖ **6°** Par anal. Dont le mouvement est irrégulier, imprévisible, incontrôlable... *Mécanisme fou.* V. **Déréglé.** *Moteur fou.* V. **Emballé** (Cf. Assembler, cit. 10). *Boussole, aiguille folle. Balance folle. Roue, poulie folle, qui tourne à vide.* V. **Désembrayé.** *Étriers* (cit. 3) *fous.* — *Eau folle et bondissante* (Cf. Élan, cit. 1). *Folle brise,* dont la direction change sans cesse.

— En parlant de brins végétaux, de poils qui s'agitent au souffle du vent (V. **Follet**). *Herbes folles. Mèches folles* (Cf. Cou, cit. 6). *Folle-avoine* (Cf. Épanouir, cit. 2). — *Folle farine :* partie la plus fine de la farine, qui voltige au moindre souffle.

51 « Dans les grands chaumes, le parc voyageait, ne restait guère plus de deux ou trois jours à la même place, juste le temps laissé aux moutons de tondre les herbes folles. »
ZOLA, La terre, IV, I.

52 « ...cette surface unie et plus plane était recouverte par la masse de cheveux qu'on portait, alors prolongés en « devants », soulevés en « crêpés », répandus en mèches folles le long des oreilles ; »
PROUST, Rech. t. p., t. I, p. 267.

‖ **7°** (début XIXe s. *Fou* étant toujours placé après le substantif). V. **Énorme, excessif, extraordinaire, immense, prodigieux.** *Il y avait un monde fou à cette réception, à ce bal. Succès fou. Il a eu un mal fou pour y parvenir. Mal de tête fou. Mettre un temps fou. C'est fou ce qu'on s'ennuie ici. Cet auteur a un talent fou. Dépenser un argent fou. Prix fou ; sommes folles* (Cf. Babiole, cit. 5). *Abondance* (cit. 6) *folle.*

53 « Ma brochure a un succès fou, tu ne peux imaginer cela. »
P.-L. COUR., Lett., II, p. 165.

54 « Gobenheim laissa échapper cette phrase qui, de nos jours, est la Sainte-Ampoule du génie au sens des économistes et des banquiers : — Il gagne un argent fou ! »
BALZ., Modeste Mignon, Œuv., t. I, p. 527.

ANT. — Équilibré, normal, sain (d'esprit), sensé. Calme, lucide, prudent, raisonnable, réfléchi, sage, serein ; intelligent. Flegmatique, froid, triste. Judicieux, rationnel. Réglé, régulier. Faible, petit.

DER. — Folâtre, folichon, folie, follement, follet. — Folasse, adj. fém. *Fam. et Péjor.* Un peu folle, déséquilibrée. Substantivt. *Une espèce de folasse.* — Foutraque. *adj. pop.* (Cf. Foutre). Fou* (Cf. Cinglé...).

COMP. — Affoler, raffoler. Garde-fou. — Fou-fou. *adj.* Fam. Un peu fou. V. **Folâtre.** *Elle est un peu fofolle.* — Tout-fou. *adj. et n.* Très excité. — Cf. Batifoler.

2. FOU. *n. m.* (XIIe s. ; lat. *fagus.* V. **Fouailler**). *Vx.* ou *dialect.* V. **Hêtre.**

FOUACE et aussi (surtout dans le Sud-Est) **FOUGASSE.** *n. f.* (XIIe s. ; lat pop. *focacia.* Cf. *Focacius panis* au VIIe s., « pain cuit sous la cendre du foyer », de *focus,* « foyer ». V. **Feu**). *Région.* Sorte de pain* fait de fleur de froment, en forme de galette*, cuit au four ou sous la cendre. *Rendre fèves pour pois et pain blanc pour fouace* (LA FONT., Contes, Faiseur d'oreilles) : répondre à une offense par une offense plus grave.

1 « ...bergers et bergères firent chère lie avec ces fouaces... »
RABELAIS, Gargantua, XXV.

2 « Elle me réveillait l'appétit avec des fougasses à l'anchois, des sauces où elle pilait de l'ail et des échalotes sauvages... »
GIONO, Jean le Bleu, VIII, p. 213.

DER. — Fouacier. *n. m.* (1307). *Vieilli* ou *région.* Celui qui fait ou vend des fouaces.

FOUAGE. *n. m.* (XIIIe s. ; de l'anc. fr. *fou,* « feu », et suff. *-age*). *Féod.* Redevance* qui se payait par foyer*.

« Le fouage (*census pro singulis Focis exactus*) était un cens, ou une espèce de taille, exigé par chaque feu sur les biens roturiers. Avec le fouage graduellement augmenté, se payaient les dettes de la province. »
CHATEAUB., M. O.-T., t. I, p. 196.

FOUAILLE. *n. f.* (1611 ; *fouail* au XIVe s. ; de l'anc. fr. *fou,* « feu », et suff. *-aille*). *Vén.* Abats de sanglier cuits au feu que l'on donne aux chiens après la chasse (Cf. Curée).

FOUAILLER. *v. tr.* (XIVe s. ; de *fou,* « hêtre », en anc. fr., et suff. *-ailler.* V. **Fouet**). Frapper* de coups de fouet répétés. V. **Battre, fouetter.**

1 « ...je ne puis ni me courber pour biner des légumes, ni fouailler l'air en conduisant une charrette... »
BALZ., Médec. de camp., Œuv., t. VIII, p. 427.

2 « ...on n'entendait pas d'autre bruit que la voix du sauteriot qui beuglait parce que sa grand-mère l'avait fouaillé, ce qui lui arrivait tous les soirs, qu'il l'eût mérité ou non. »
SAND, Petite Fadette, X.

3 « Le cocher, alors, hurlant : « Hue ! » de toute sa poitrine, fouailla les bêtes à tour de bras. »
MAUPASS., Contes, La bête à Mait'Belhomme.

— V. **Fouetter** (dont *fouailler* devient ici une sorte de fréquentatif).

4 « Ses souvenirs le fouaillaient, plus encore que ce vent glacé qui lui tailladait le visage et lui donnait l'onglée. »
MART. du G., Thib., t. IV. p. 278.

— *Fig.* Attaquer, critiquer de façon violente et insultante. V. **Cingler.**

5 « Je fouillerai les gens, les faits, les noms, les titres,
Porte-sabres et porte-mitres ;
Je les tiens dans mon vers comme dans un étau. »
HUGO, **Châtiments**, I, XI.

FOUANNE. *n. f.* V. Foène.

FOUCADE. *n. f.* V. Fougue (*dér.*).

FOUCHTRA ! *interj.* (1847, BALZ., Cousin Pons ; *fouchetre* (pron. « fouchtre ») en 1829 ; déformation plaisante de *foutre !* par addition de *ch* puis de *a.* V. **Fichtre**). Juron* attribué aux Auvergnats* (à cause du son « ch », fréquent en auvergnat).

1. FOUDRE. *n. f.* et *m.* (XIIe s. ; lat. *fulgur*, « éclair »).

‖ 1° Puissante décharge* électrique*· qui se produit par temps d'orage entre deux nuages ou entre un nuage et le sol, avec un grand dégagement de lumière et une violente détonation (V. **Éclair, tonnerre**). *Coup de foudre* (Cf. Bruit, cit. 9 ; écheveler, cit. 1. — Au fig. Cf. *infra*, 3°). *Éclair* (cit. 1), *bruit* (Cf. Entortiller, cit. 4) *accompagnant la foudre. La foudre éclate, tombe* (Cf. Capitolin, cit. 4). *Arbres* (cit. 28) *atteints, frappés, ébranlés, renversés par la foudre. Attirer la foudre. Le génie de Franklin a su dompter, conjurer la foudre* (V. **Parafoudre, paratonnerre**). *La foudre, considérée comme un signe de la colère divine.* V. **Feu** (du ciel). Cf. Accabler, cit. 3.

1 « Que sa grâce ne soit pour nous tarie,
Nous préservant de l'infernale foudre. »
VILLON, **Poés.**, Épitaphe en forme de ballade.

2 « Que la foudre m'écrase tout à l'heure si... »
MOL., **G. Dand.**, III, 7.

3 « Les nuages, les flots, les roulements de la foudre s'allient mieux au souvenir de l'antique liberté des Alpes que la voix de cette nature efféminée et dégénérée que mon siècle a placée malgré moi et dans mon sein. »
CHATEAUB., **M. O.-T.**, t. V, p. 382.

4 « ...quand la foudre espaça ses coups, se perdit au loin, la société recommença à s'impatienter, se fâcha contre l'orage, jurant et montrant le poing aux nuées. »
ZOLA, **L'assommoir**, t. I, p. 88.

5 « Brusquement un éclair violet vola sur l'eau. Il avait jailli au ras ·des étangs. Sa flamme illumina, balayant les rives, toute l'étendue du canal... Et alors en face de moi le ciel craqua. D'un écartèlement de la terre surgit un arbre de feu, un tronc et des branches éblouissantes. Dans un rapide fracas de tonnerre il creva la terre, le ciel, et tout s'embrasa. La foudre flamboyait de tous côtés. Des éclats déchiraient le ciel. La terre grondait à mes pieds. Sous ces secousses répétées, cette commotion tellurique s'élargissait en vastes ébranlements ; et, comme une basse profonde, on entendit, monté d'on ne sait quels abîmes, un roulement sourd. »
BOSCO, **Hyacinthe**, p. 66.

— Vx. *Au masc.* Avec le même sens, mais dans la langue poétique et le style élevé.

6 « Le foudre menaçant, qui perce avec fureur
L'affreuse obscurité de la nue enflammée, »
MOL., **Mal. imag.**, Prol.

— Faisceau enflammé qui, dans la mythologie classique, était l'arme et l'attribut de Jupiter. V. **Carreau.** *Foudres forgés par les Cyclopes* (cit. 1).

7 « Allons fouler aux pieds ce foudre ridicule ;
Dont arme un bois pourri ce peuple trop crédule ; »
CORN., **Polyeucte**, II, 6.

8 « Il lance un foudre à l'instant (*Jupiter*)
Sur certain peuple perfide. »
LA FONT., **Fab.**, VIII, 20.

— *Blas.* Faisceau figuré sur l'écu avec quatre dards en sautoir.

‖ 2° Par comp. *Rapide, prompt, inattendu comme la foudre* (Cf. Embraser, cit. 6 ; étreindre, cit. 8). *Avec la rapidité de la foudre. Craint, redouté comme la foudre. Brûlant comme la foudre* (Cf. Aquilon, cit. 8). *Être comme frappé par la foudre.* V. **Anéanti, atterré, étonné, stupéfait.**

9 « ...il semblait frappé de la foudre, et incapable de voir ou d'entendre ceux qui l'observaient. »
VIGNY, **Cinq-Mars**, XI.

10 « ...une armée solide, capable de tomber sur l'Europe, — Prusse ou Autriche, — comme la foudre, à l'heure où l'une ou l'autre Puissance se préparerait à l'attaquer ; »
MADELIN, **Hist. Cons. et Emp.**, Avènement de l'Empire, XVIII.

‖ 3° *Fig.* Ce qui frappe de façon imprévue, soudaine, violente ou éclatante. V. **Choc.**

— COUP DE FOUDRE. « Événement désastreux qui atterre, qui déconcerte, qui cause une peine extrême » (LITTRÉ). *Ce fut un coup de foudre pour lui* (ACAD. — Cf. Avis, cit. 41 RAC.). — *Spécialt.* Explosion, manifestation subite de l'amour dès la première rencontre. *En la voyant, il a eu le coup de foudre* (ACAD.). — REM. Cette acception, courante, popularisée par STENDHAL (De l'amour, 1822), n'est pas signalée par LITTRÉ. Elle a détrôné la précédente, de sorte que *Coup de foudre* ne pourrait être employé de nos jours comme l'a fait CORNEILLE dans les vers suivants.

11 « Soutiens-moi, Fabian ; ce coup de foudre est grand,
Et frappe d'autant plus que plus il me surprend. »
CORN., **Polyeucte**, II, 1.

---

12 « ...à votre âge les coups de foudre sont à craindre. »
CRÉBILLON, **Égarem.** (publ. en 1736), II
(cité par BRUNOT, H.L.F., t. VI, p. 1096).

13 « *Des coups de foudre* (titre du chapitre). Il faudrait changer ce mot ridicule ; cependant la chose existe. »
STENDHAL, **De l'amour**, XXIII.

14 « Ce que les romans du dix-septième siècle appelaient le *coup de foudre*, qui décide du destin du héros et de sa maîtresse, mouvement de l'âme qui, pour avoir été gâté par un nombre infini de barbouilleurs, n'en existe pas moins dans la nature... La femme qui aime trouve trop de bonheur dans le sentiment qu'elle éprouve, pour réussir à feindre ; ennuyée de la prudence, elle néglige toute précaution et se livre en aveugle au bonheur d'aimer. La défiance rend le coup de foudre impossible. »
ID., **Ibid.**, II, Note 3.

15 « Ils (*Flaubert et Louise Colet*) s'étaient rencontrés chez le sculpteur Pradier, en 1846... Des deux parts, coup de foudre ; »
HENRIOT, **Portr. de fem.**, p. 354.

— FOUDRES au plur. *S'attirer les foudres du pouvoir, les foudres de quelqu'un.* V. **Châtiment, condamnation, critique, reproche.** *Les foudres de l'Église, du Vatican.* V. **Excommunication.**

— *Les foudres de l'éloquence :* les grands mouvements, les arguments par lesquels l'orateur confond ses adversaires. — REM. *Foudre* a longtemps été masculin et féminin et LITTRÉ admet encore les deux genres dans les expressions *Foudres de l'Église, foudres de l'éloquence...* Le féminin est seul en usage de nos jours (Cf. ACAD. 7e éd. 1878 et 8e éd. 1932).

16 « Allez vaincre l'Espagne, et songez qu'un grand homme
Ne doit point redouter les vains foudres de Rome. »
VOLT., **Henriade**, III.

17 « Lamennais s'était attiré les foudres romaines... »
HENRIOT, **Romantiques**, p. 280.

— FOUDRE au masc. *Un foudre de guerre* : un homme au génie éclatant. V. **Capitaine, militaire** (Cf. Arbitre, cit. 10). *Un foudre d'éloquence :* un grand orateur qui subjugue son auditoire. (REM. De nos jours, ces expressions ne s'emploient plus qu'ironiquement.

18 « Comment ! des animaux qui tremblent devant moi !
Je suis donc un foudre de guerre ? »
LA FONT., **Fab.**, II, 14.

19 « On l'accusait, lui et quelques autres officiers généraux, d'avoir faibli dans cette rude journée et d'être allé derrière un buisson... Le fait est que d'Antin, connu et apprécié pour des talents militaires distingués, n'était pas un foudre de guerre. »
STE-BEUVE, **Caus. lundi**, 15 mars 1852, t. V, p. 487.

20 « C'est un foudre de travail et d'expédition. »
HUGO, **Littér. et philos. mêlées**, 1834, Sur Mirabeau.

DER. — **Foudroyer.** Cf. Fulgural, fulgurant, fulguration.

2. FOUDRE. *n. m.* (1690 ; *voudre* au XVe s. ; de l'allem. *Fuder*). Grand tonneau. V. **Emballage, futaille.** *Un foudre de vin.*

« Elles (*les élections*) mettent beaucoup d'effervescence autour des pressoirs, dans les cuvages, « tinaillers » et caves, où, près des cuves qui fermentent et des « foudres » qu'on remplit, règnent généralement la bonne humeur et la joie. »
LECOMTE, **Ma traversée**, p. 30.

FOUDROYANT, ANTE. *adj.* (XVIe s. ; de *foudroyer*).

‖ 1° Qui lance la foudre. *Poétiqt.*

1 « Dans ces antres fameux où Vulcain nuit et jour
Forge de Jupiter les foudroyantes armes. »
J.-B. ROUSS., **Les forges de Lemnos** (in LITTRÉ).

‖ 2° *Fig.* Qui a la brutalité, la violence, l'éclat, la soudaineté de la foudre. *Attaque foudroyante.* V. **Irrésistible.** *Poison foudroyant. Apoplexie foudroyante.* V. **Mortel.** *Rapidité foudroyante. Succès* foudroyant. Réquisitoire foudroyant.* V. **Terrible** (Cf. Bref, cit. 5 ; coup, cit. 38). *Regards foudroyants* (Cf. Décharger, cit. 6). V. **Fulgurant.**

2 « ...Mirabeau y répondit par une foudroyante apostrophe, par les mots même que la France eût dits si elle eût parlé. »
MICHELET, **Hist. Révol. franç.**, IV, X.

3 « ...cet adieu, d'une si foudroyante soudaineté qu'elle en demeurait comme paralysée d'étonnement... »
BOURGET, **Un divorce**, IX.

4 « Je dois reconnaître que ce premier contact direct avec l'Évangile n'eut pas sur Jacques Rivière, l'effet quasi foudroyant que j'espérais... »
GIDE, **Journ.**, 12 juin 1926.

FOUDROYER. *v. tr.* (1170, BLOCH ; de *foudre*, et suff. *-oyer*).

‖ 1° Frapper de la foudre. *Deux personnes ont été foudroyées pendant l'orage. Arbre* (cit. 33) *foudroyé. Jupiter foudroya les Titans.*

1 « Mais que plutôt le ciel à tes yeux me foudroie,
Qu'à des pensers si bas je puisse consentir, »
CORN., **Polyeucte**, III, 5.

2 « Que le Ciel me foudroie,
Si... »
MOL., **Fâch.**, III, 4.

— Par anal. *Il a été foudroyé par le courant à haute tension.*

‖ 2° Frapper comme de la foudre, avec une arme à feu, à coups de canon, etc. V. **Bombarder, pulvériser.** *Hiroshima foudroyée par la première bombe atomique.*

3   « Et, nouveau Jupiter, du haut de cet Olympe,
    Je foudroie à discrétion
    Un lapin qui n'y pensait guère. »   LA FONT., Fab., X, 14.

4   « L'artillerie française les foudroyait en flanc. »
                                               VOLT., Louis XIV, X.

5   « ... il ajusta lestement et fit feu. L'oiseau, foudroyé en plein vol,
    sembla se précipiter plutôt qu'il ne tomba... »
                                               FROMENTIN, Dominique, I.

— *Par ext.* Fig. *Foudroyer une ville :* abattre sa résistance d'un coup violent, rapide, décisif (Cf. Assiéger, cit. 1 ;
camp, cit. 9).

‖ 3° *Fig.* V. **Abattre, anéantir, détruire, renverser, ruiner.**

6   « Dieu qui foudroie toutes nos grandeurs jusqu'à les réduire en
    poudre, ne nous laisse-t-il aucune espérance ? »
                                               BOSS., Henr. d'Angl.

7   « M. Hamoche... était devenu lunetier par l'injure du sort et, sous
    le mur de Chimay, il prenait les attitudes de Napoléon à Sainte-
    Hélène. Lui aussi, il était un Titan foudroyé. »
                                               FRANCE, P. Nozière, II.

8   « Vous avez foudroyé Moïse de votre puissance... »
                                               CLAUDEL, Grandes odes, III, p. 72.

— V. **Terrasser, tuer.** *Tomber foudroyé par le poison.
Foudroyé par la maladie, par l'apoplexie* (cit. 3). — Par
hyperb. *Foudroyé par le sommeil. Cette nouvelle m'a foudroyé.* V. **Accabler, confondre, étonner, interdire, sidérer,
stupéfier.**

9   « Oscar resta muet, foudroyé, stupide, n'entendant rien, quoique
    madame Moreau le questionnât et le remuât violemment par celui
    de ses bras qu'elle avait pris et qu'elle serrait avec force ; mais
    elle fut obligée de laisser Oscar dans son salon sans en avoir obtenu de
    réponse. »   BALZ., Un début dans la vie, Œuv., t. I, p. 683.

10 « ... elle était tombée vaincue et comme foudroyée par le sommeil,
    comme font les enfants qui dorment déjà lorsqu'ils babillent encore. »
                                               SAND, Mare au diable, X.

11 « Et une fois, il fut frappé d'apoplexie, foudroyé sur les ruines
    de son entreprise. »   R. ROLLAND, Voyage musical au pays du passé, p. 64.

— V. **Châtier, punir.**

12 « La terre a vu jadis errer des paladins ;

    Ils foudroyaient le crime, ils souffletaient le vice ; »
                                               HUGO, Lég. des siècles, XV, La terre a vu jadis...

13 « Trop doux l'année précédente, je fus trop sévère cette année...
    J'espérais ainsi mater ces méchants drôles, et, pour la moindre
    incartade, je foudroyais toute l'étude de pensums et de retenues. »
                                               DAUD., Petit Chose, L'affaire Boucoyran.

— V. **Combattre, stigmatiser.**

14 « Je pouvais donc aussi suivre mon ancienne maxime d'honorer
    l'auteur titulaire, et de foudroyer l'ouvrage... »
                                               ROUSS., Conf., XII.

— En parlant des yeux qui semblent lancer des éclairs.
Ses yeux me foudroyaient. Foudroyer quelqu'un du regard.

15 « Je vous voyais. Votre œil, irrité sans furie,
    Les foudroyait d'éclairs, ... »   HUGO, Ruy Blas, III, 3.

16 « Monsieur de Charlus, dont le regard foudroyait l'imprudent, se
    transforme en un vieillard impotent, pitoyable, suppliant, qui semble
    solliciter l'appui de tous. »   MAUROIS, Recherche de Proust, VI, II.

— *Absolt.*

17 « Il avait ce regard effrayant des yeux doux
    Qui peuvent foudroyer quand leur bonté se lasse. »
                                               HUGO, Lég. des siècles, XXI, La paternité.

DER. — **Foudroyant. — Foudroiement.** n. m. (XIII° s.). *Peu usit.*
Action de foudroyer. — *Fig. :*

« Elle voulait anéantir sous les foudroiements de son amour impétueux les impressions laissées dans son cœur par l'âme chaste et
recueillie d'Henriette. »   BALZ., Lys dans la vallée, Œuv., t. VIII, p. 981.

FOUÉE. n. f. (XII° s. ; dér. de l'anc. fr. *fou*, « feu »). *Vx.*
ou *Région.* Feu qu'on allume la nuit pour la chasse aux
petits oiseaux. — Feu qu'on allume pour chauffer un four.
— *Par ext.* Fagot pour le feu.

FOUET. n. m. (XIII° s. ; dim. de l'anc. franç. *fou*,
« hêtre », avec évol. probable de « petit hêtre » à « baguette
de hêtre », puis « fouet » au sens actuel. A éliminé l'anc.
franç. *escourgée** ou *écourgée*).

‖ 1° Instrument formé d'une corde* de chanvre ou d'une
lanière* de cuir fixée au bout d'un manche*. *Mèche* d'un
fouet. Allonger, appliquer, donner, sangler un coup de
fouet.* V. **Fouetter,** fustiger (Cf. Berme, cit. 2). *Frapper à
coups de fouet, de manche de fouet* (Cf. Atteler, cit. 2). *Le
fouet du cocher, du charretier. Manche de fouet en bois
de micocoulier* (Cf. Perpignan). *Le fouet du postillon cingla*
(cit. 1) *les chevaux. Faire claquer* son fouet. Des claquements* (cit. 1) *de fouet. Claquer* (cit. 3) *comme un coup de
fouet. Fouet servant à infliger une punition* (V. **Chat** (à
neuf queues), **cravache, étrivière, knout, martinet),** *une
mortification* (V. **Discipline, flagellation).** *Fouet de manège.*
V. **Chambrière.** *Fouet de guerre, fouet d'armes.* V. **Fléau**
(d'armes), **scorpion.** *Qui ressemble à un fouet.* V. **Flagel-
laire, flagelliforme.**

« Le roi, dès l'année 1655, était venu au parlement en grosses bottes,   1
et un fouet à la main, défendre les assemblées des chambres, et il
avait parlé avec tant de hauteur, que dès ce jour on prévit un
changement total dans le royaume. »   VOLT., Hist. du parlem., LVIII.

« Si la corde se casse, il frappe avec le manche,   2
Et si le fouet se casse, il frappe avec le pied ; »
                                               HUGO, Contempl., III, II.

« ... ce dieu farouche... qui portait... dans sa main un fouet armé   3
de pointes d'airain, pour en frapper les vaincus au visage ! »
                                               GAUTIER, Souv. de théâtre..., p. 162.

« Nom de Dieu de bougresse qui me déshonore !... Je vas chercher   4
mon fouet. Et il remonta en courant. C'était un grand fouet de
roulier, qu'il avait accroché derrière sa porte, à gauche, pour ces
occasions. »   ZOLA, La terre, II, IV.

« Un camion roula au trot de deux chevaux râblés ; le fouet cla-   5
quait aux mains du cocher, lourd et puissant personnage. »
                                               JALOUX, Jeune homme au masque, XVI.

— Par anal. *De plein* fouet. Tir de plein fouet :* tir
direct sur un objectif visible. *Joueur qui frappe sa balle
de plein fouet :* franchement et sèchement sans la « travailler ».

— *Par ext.* Petite corde menue et serrée que les cochers
mettaient au bout de leur fouet. V. **Mèche.** — Cordelette
qui sert à serrer un livre à la reliure. — Lanière dont les
enfants se servent pour faire tourner une toupie. V. **Sabot.**
— *Mar.* Cordage souple et solide. *Poulie à fouet, palan à
fouet.* — *Zool.* Le fouet de l'aile* : l'extrémité de l'aile des
oiseaux. *Le fouet de la queue* : touffe de poils qui termine
la queue de certains animaux. *Fouet vibratile.* V. **Flagellum.**

— *Cuis.* Appareil servant à battre les sauces, les blancs
d'œuf, etc.

— *Fig. Faire claquer* son fouet* (Cf. Autre, cit. 49).

— COUP DE FOUET. V. **Aiguillon, excitation, impulsion, sti-
mulation** (Cf. Éperonner). *Donner un coup de fouet aux
sens blasés* (cit. 8). *L'imagination en reçoit un coup de
fouet* (Cf. Asthénique, cit.). *Coup de fouet qui cingla* (cit. 8)
*son désir. Médicament qui donne un coup de fouet à
l'organisme.*

« Brusquement un coup de fouet le cingla, le sang lui monta au   6
visage ; car voici qu'il l'avait vue nue, que de ses mains, une fois
encore, il l'avait tenue au bord du lit... »
                                               COURTELINE, MM. ronds-de-cuir, II° tabl., I.

— *Méd. Coup de fouet :* vive douleur provenant de la
déchirure* d'un muscle, d'un tendon, de varices, etc. —
Mar. Coup de fouet d'une voile (Cf. Battement). *Coup de
fouet d'un mât* (Cf. Secousse).

‖ 2° Châtiment infligé avec un fouet ou des verges*. V.
Correction, peine, punition. *Jadis on donnait le fouet dans
les collèges. Vous aurez le fouet pour avoir menti* (Cf.
Après, cit. 74). *Mériter le fouet. Condamner au fouet* (Cf.
Bannir, cit. 9). *Le supplice du fouet.* V. **Flagellation.**

« N'irez-vous point l'un de ces jours au collège vous faire donner   7
le fouet, à votre âge ? »   MOL., Bourg. g., III, 3.

« Allons, me dit-il, monsieur, vous aurez le fouet. »   8
                                               CHATEAUB., M. O.-T., t. I, p. 85.

— *Fig. Essuyer le fouet de la satire*, de la raillerie*, du
ridicule*...* (V. **Fustiger**).

DER. — **Fouetter.**

FOUETTER. v. tr. (1534 ; de *fouet*).

‖ 1° Frapper à l'aide d'un fouet. V. **Flageller, fouailler,
fustiger, sangler** (Cf. Punition). *Fouetter un criminel, un
esclave. Être fouetté jusqu'au sang. Fouetter un enfant
avec un fouet, avec des verges* (Cf. Envi, cit. 8). *Xerxès fit
fouetter la mer qui avait englouti ses vaisseaux. Fouetter
un cheval. Fouette, cocher* !*

« La fausse justice de Pilate ne sert qu'à faire souffrir Jésus-   1
Christ ; car il le fait fouetter pour sa fausse justice. »
                                               PASC., Pens., XII, 791.

« (Il) entra dans la chaumière au grand galop sur un bâton, avec   2
sa petite sœur en croupe qui fouettait un branche d'osier ce
coursier imaginaire... »   SAND, Mare au diable, XVII.

« Enfin, au fond de la place, parut un grand landau de louage,   3
traîné par deux chevaux maigres, que fouettait à tour de bras un
cocher en chapeau blanc. »   FLAUB., Mme Bovary, II, VIII.

— *Loc. fam. Il n'y a pas là de quoi fouetter un chat*
(cit. 14). *Avoir d'autres chats** (ou vieilli, *d'autres chiens*)
à fouetter. V. **Souci, occupation.** *Fournir des verges* pour
se faire fouetter,* fournir des armes contre soi-même (V.
Imprudence).

« La Fille aux yeux d'or ! je n'y pense plus. Ma foi ! j'ai bien d'au-   4
tres chats à fouetter. »   BALZ., Fille aux yeux d'or, Œuv., t. V, p. 308.

« ... le dernier lien qui unissait les deux sœurs, toujours près de   5
se rompre, renoué toujours, s'était tellement aminci à l'usure des
querelles quotidiennes, qu'il cassa net, pour ne plus jamais se rattacher, et à l'occasion d'une bêtise où il n'y avait vraiment pas de
quoi fouetter un chat. »   ZOLA, La terre, IV, V.

— *Fig.* V. **Censurer, critiquer, fustiger.**

6 « Je veux, de vos pareils ennemi sans retour,
Fouetter d'un vers sanglant ces grands hommes d'un jour. »
GILBERT, **Apologie.**

7 « Juvénal fustige avec des lanières, Dante fouette avec des flammes ; Juvénal condamne, Dante damne. Malheur à celui des vivants
sur lequel ce passant fixe l'inexplicable lueur de ses yeux ! »
HUGO, **Shakespeare,** I, II, XI.

‖ **2°** Frapper, comme avec un fouet. *Fouetter des œufs,
une crème.* V. **Battre, mêler.**

— Par anal. *La pluie, la neige, la grêle fouettent les
vitres. Les vagues fouettent le rivage. Un oiseau fouettant
l'air du battement* (cit. 5) *de ses ailes. Des plombs fouet-
tèrent les feuilles* (Cf. Coup, cit. 29).

8 « Le paquebot, que les femmes halaient en chantant, sortit du port.
Sa membrure craquait, les vagues pesantes fouettaient sa proue. »
FLAUB., **Un cœur simple,** III.

9 « Au dehors, le givre fouettait les vitres. »
DAUD., **Petit Chose,** Les babarottes.

10 « Une pluie froide mêlée de grésil nous fouette le visage ; »
ID., **Ibid.,** II, XV.

11 « ... le plateau fouetté d'une brise perpétuelle... »
RENAN, **Vie de Jésus,** II, Œuv., t. IV, p. 102.

12 « Les bourrasques de novembre fouettaient depuis trois jours le
faubourg populeux... »   FRANCE, **Le chat maigre,** I, Œuv., t. II, p. 137.

— Lancer en cinglant.

13 « Le lendemain matin, par un vent du large qui leur fouettait au
visage une pluie glaciale, Barefoot, les travailleurs, les camions
étaient rangés sur le quai. »   MAUROIS, **Disc. Dr O'Grady,** VII.

— Sport. *Fouetter une balle,* la frapper de plein fouet.
Artill. Battre d'un tir de plein fouet*.

— Fig. *L'exercice fouette le sang. La jalousie fouette
l'amour* (Cf. Aigrir, cit. 14). *Fouetter le désir.* V. **Allumer,
animer, émoustiller, exciter, impatienter, irriter, stimuler.**

14 « Il doit tenir à cette femme-là ? demanda-t-il après un moment
pendant lequel son désir ainsi fouetté par Lisbeth devint une espèce
de rage. »   BALZ., **Cousine Bette,** Œuv., t. VI, p. 241.

15 « Mme de Cambremer aimait à se « fouetter le sang » en se chamaillant sur l'art, comme d'autres sur la politique. »
PROUST, **Sodome et Gomorrhe,** p. 287 (éd. La Gerbe).

16 « Il fouettait son mal avec des mots et avec des images qu'il construi-
sait péniblement, étonné et sans fureur. »
COLETTE, **Chéri,** p. 126.

17 « Dans la voiture, il s'aperçut soudain qu'il était las ; mais de
cette fatigue énervante qui fouette le désir. »
MART. du G., **Thib.,** t. V, p. 279.

‖ **3°** Lier, serrer avec une cordelette. V. **Fouet.** — Technol.
Fouetter un volume pour le relier, en le serrant avec du
fouet*. — Art vétér. *Fouetter un animal :* le châtrer en
liant le scrotum au-dessus des testicules. — Mar. *Fouetter
un cordage :* le serrer avec une cordelette pour l'empêcher
de mollir.

‖ **4°** Intransitivt. *La pluie fouette contre les volets. Cavalier en difficulté sur une jument qui fouette de la queue :
qui agite sa queue avec impatience.* — Mar. *Voile qui
fouette :* qui bat. *Mât qui fouette :* qui fléchit et oscille.

— (fin XIXe s.). *Arg.* Exhaler une mauvaise odeur (fouetter le nez). V. **Puer.**

18 « Bougre ! Ça ne *fouette* pas qu'un peu, ici !... si on renouvelait
l'atmosphère ? »   COURTELINE, **Train de 8 h. 47,** II, VII.

19 « Ça fouette dans ton escalier. Pire qu'un terrier. »
COLETTE, **Fin de Chéri,** p. 27.

‖ FOUETTÉ, ÉE, p.p. et adj. *Vx.* En parlant des fleurs et des
fruits, Tacheté* de petites raies.

20 « La raquette chargée de fleurs jaunes fouettées de rouge. »
BERNARD. de ST-P., **Paul et Virginie.**

— *Cuis.* V. **Battu.** *Crème* fouettée. *Crème fouettée garnie
de biscuits.* V. **Charlotte.**

— FOUETTÉ. *n. m.* (XIXe s. GAUTIER in MATORÉ). Figure de
danse classique dans laquelle le danseur pirouette sans
arrêt. V. **Pirouette** (pirouette fouettée).

DER. — **Fouettard** (le père Fouettard). (XXe s.). Personnage imaginaire armé de verges (donné parfois comme accompagnant le père
Noël*), dont on menace les enfants indisciplinés. — **Fouettée.** *n. f.* Correction*. V. **Fessée.** — **Fouettement.** *n. m.* (XVIe s.). Action de fouetter.
Le fouettement de la pluie sur les vitres. — **Fouetteur, euse.** *adj.*
(XVIe s.). Qui fouette. *Frère fouetteur,* qui était chargé de donner
le fouet aux écoliers. *Père fouetteur.* — **Substantivt.** Celui, celle qui
fouette.

FOUGADE, 1. FOUGASSE. *n. f.* V. FOUGUE.

2. FOUGASSE. *n. f.* V. FOUACE.

FOUGER. *v. intr.* (XIVe s. ; lat. *fodicare,* fréquentatif de
fodere. V. **Fouiller, fouir**). *Vén.* Fouiller* le sol à coups de
boutoir*, en parlant du sanglier*, qui extrait ainsi les
végétaux et racines constituant sa nourriture, sa fouge.

FOUGÈRE. *n. f.* (*Feugière, fouchière* au XIIe s. ; lat. vulg.
filicaria, de *filix, filicis,* fougère). Plante cryptogame vasculaire (*Filicinées*), herbacée, vivace, à tige souterraine
rampante dans les régions tempérées ou froides, verticale

et arborescente dans les variétés tropicales, et dont les
feuilles, de dimensions et de formes très variées, sont souvent très découpées. V. **Acotylédone, ptéridophyte.** *La fougère adulte ne produit pas de graines ; le dessous de ses
feuilles porte des sporanges*, groupés en sores* (nus ou
protégés par l'indusie*) contenant les spores*, qui tombe-
ront sur le sol, germeront en un prothalle* à partir duquel
se formera l'œuf* (V. **Anthéridie, anthérozoïde* ; archégone,
oosphère**) d'où naîtra une nouvelle fougère. Fougère mâle,
ou aspidium, utilisée en médecine comme vermifuge. Fougère femelle, ou athyrium. Types principaux de fougères.*
V. **Adiante, alsophile, asplenium, capillaire, ceterach, os-
monde, polypode, scolopendre...** *Fossile de fougère dans
la houille Dentelle* (cit. 6), *crosse* (cit. 4) *de fougère. Un
lit de fougères. Fougères sèches servant de litière. Essence
de fougère. Cendre de fougère donnant la potasse autrefois
employée dans la fabrication du verre* (d'où l'expr. disparue *verre de fougère,* ou *fougère,* verre à boire. Cf.
BOILEAU, Lutrin, III).

1 « Des clairières se panachent d'élégantes et hautes fougères ; des
champs de genêts et d'ajoncs resplendissent de leurs fleurs qu'on
prendrait pour des papillons d'or. »
CHATEAUB., **M. O.-T.,** t. I, p. 62.

2 « Les fougères, au long des pentes, étalent leurs palmes horizontales que les souffles du vent n'atteignent point ... »
GENEVOIX, **Forêt voisine,** VI.

DER. — **Fougeraie.** *n. f.* (1611). Champ, lieu où poussent les fougères. *Fougeraie artificielle.* — **Fougerole.** *n. f.* (1839 BOISTE). Petite
fougère.

1. FOUGUE. *n. f.* (1580, MONTAIGNE ; ital. *foga,* « fuite
précipitée », par ext. « impétuosité » ; lat. *fuga,* fuite.
V. **Fugue**). Ardeur impétueuse. V. **Ardeur, effervescence,
élan, emballement** (*fam.*) **emportement, entrain, exubérance, feu, impétuosité, pétulance, violence, véhémence.**
*Un caractère plein de fougue. Modérer, maîtriser, dompter
sa fougue naturelle. Il a agi avec la fougue de la jeunesse.
Enfants pleins de fougue qui inventent mille diableries.
Attaquer avec fougue. La fougue des passions.* — REM. On
ne dit plus comme au temps de LITTRÉ (Cf. aussi ACAD.
1878) *Les fougues de la jeunesse.* Ce pluriel a disparu du
Dictionnaire de l'Académie (1932) qui enregistre *La fougue
de la jeunesse.*

1 « C'est dans la fougue des passions que le feu de l'âme est assez
fort pour opérer la fonte des matières qui font le génie. »
STENDHAL, **Souvenirs d'égotisme,** p. 232.

2 « Que ne pouvait-on pas attendre, en fait de fougue et d'exubérance, de celui qui, en venant au monde, avait dans la bouche deux
dents molaires déjà formées ? »
STE-BEUVE, **Caus. lundi,** 7-8 avril 1851, t. IV, p. 4.

3 « La première (*Fanny Elssler*), elle a introduit à l'Opéra le sanctuaire de la pirouette classique, la fougue, la pétulance, la passion et
le tempérament, c'est-à-dire, la vraie danse bien comprise. »
GAUTIER, **Souvenirs de théâtre...,** p. 53.

4 « Tout son être respirait un bizarre mélange de fougue et de nonchaloir. »   GIDE, **Si le grain...,** I, IX.

5 « Ces alternatives de réserve, puis de fougue subite, faisaient
songer à une source aveuglée mais copieuse qui, par instants seulement, trouverait issue. »   MART. du G., **Thib.,** t. II, p. 258.

— En parlant des animaux. *Un cheval qui a de la fougue ; trop de fougue* (Cf. Qui a le mors* aux dents).

6 « Vous engagez... votre valeur et votre fortune à celle de votre
cheval ... son effroi ou sa fougue vous rendent ou téméraire ou lâche ; »
MONTAIGNE, **Essais,** I, XLVIII.

— *Spécialt.* Élan, mouvement véhément et hardi qui
anime une artiste, une œuvre ou un style. *La fougue d'un
poète, d'un orateur, d'un musicien...* V. **Enthousiasme, feu,
flamme, véhémence, verve.** *Pamphlet plein de fougue.* V.
Mordant, violence, virulence. *Pétulance et fougue du talent
jeune.* V. **Brio** (cit. 2. — Cf. Autorité, cit. 47). *S'abandonner
à sa fougue, à la fougue de son imagination* (ACAD.). *Style
plein de fougue.*

7 « La plupart emportés d'une fougue insensée,
Toujours loin du droit sens vont chercher leur pensée : »
BOIL., **Art poétique,** I.

8 « Je trouvais dans son jeu trop d'éclat, trop de fougue, pas assez
de souplesse et de variété. »   MARMONTEL, **Mém.,** V.

— *Arbor.* Exubérance d'un arbre qui donne beaucoup de
bois et peu de fruits.

— *Pyrot.* Fusée volante sans baguette qui perd son mouvement et le reprend ensuite avec vitesse.

ANT. — **Calme, flegme, placidité. Froideur.**

DER. — **Fougueux.** — **Fougade.** *n. f.* (1598 ; Cf. ital. *fugata,* « fuite
impétueuse, mouvementée », puis « volée », « mine »), altéré en **Foucade.** *n. f.* (1533 in BLOCH) et en **Fougasse.** *n. f.* (1368 in BLOCH,
puis 1690) ‖ **1°** Sorte de petite mine* ou de fourneau de mine rempli
d'explosif (*fougasse, fougade*) ‖ **2°** Élan capricieux, emportement
passager. V. **Caprice, fantaisie, toquade.** *C'est une foucade, ça lui
passera. Travailler par foucade* (Cf. À-coup).

1 « Michèle est une fille à foucades : il y a six mois, il lui fallait
coûte que coûte un enfant dans la maison ... Aujourd'hui elle est
bien contente que je lui aie résisté. »
MAURIAC, **L'agneau,** III. p. 85

2 « Un livre (Mlle de Maupin) fourre-tout, où le poète s'est jeté entier avec ses foucades, ses rêves, son amour du beau, son appétit de vivre ... » HENRIOT, Romantiques, p. 205.

3 « À la vérité, elle le renseignait fort mal et par foucades. Tantôt elle annonçait que le régime serait de courte durée, tantôt, au contraire, que Louis-Napoléon allait envahir la Belgique et saisir les proscrits. » MAUROIS, Olympio, p. 389.

2. FOUGUE. n. f. (« mât de fougue » en 1678, corruption de « mât de foule », attesté en 1643 et désignant le mât de l'arrière qui supporte le plus l'effort du vent. Cf. Foule, 1°). Mar. Mât de hune* et vergue* de hune d'artimon* (tout le gréement de ce mât et de cette vergue étant appelé de fougue). V. **Perroquet.**

FOUGUEUX, EUSE. adj (XVIe s. ; de fougue 1). Qui a de la fougue*. Jeunesse fougueuse. V. **Ardent*, bouillant, enthousiaste, impétueux, indocile, indompté, pétulant, vaillant.** Caractère, tempérament, sens fougueux (Cf. Appétit, cit. 4). V. **Chaud** (avoir la tête chaude), **emballé, emporté.** Âme, imagination fougueuse. V. **Effervescent, enflammé, exubérant** (cit. 4). Passions fougueuses. Un fougueux désir. Fougueux besoin de convaincre (Cf. Électriser, cit. 4). Discours fougueux. V. **Véhément, violent.** Animal fougueux. Le cheval (cit. 1 et 10), ce fier et fougueux animal (Cf. Écuyer, cit. 3). Par anal. Torrent fougueux.

1 « J'avais dompté les fougueuses saillies d'une imagination téméraire ; j'avais couvert mes regards d'un voile, et mis une entrave à mon cœur ; » ROUSS., Julie, I. XIV.

2 « Je ne demandais alors qu'à me livrer à ces impressions primitives et fougueuses qui jettent l'âme hors de la sphère commune ... » B. CONSTANT, Adolphe. I.

3 « J'ai plus que tout chanté la fougueuse jeunesse
Qui bondit et s'éboule et renaît dans ses jeux,
Comme on voit, en juillet, les chevreaux en liesse
Mêler leurs corps naïfs et leurs yeux orageux. »
Ctesse de NOAILLES, Les forces éternelles, Poètes romantiques.

ANT. — Calme, flegmatique, froid, impassible, patient, placide, posé, rassis, serein, tranquille.

DER. — Fougueusement. adv. (1870 P. LAROUSSE). Attaquer fougueusement.

FOUILLE. n. f. (1578 ; de fouiller). Action de fouiller. V. **Recherche.** — Excavation pratiquée dans la terre pour mettre à découvert ce qui y est enfoui, et spécialt. Ensemble des opérations et des travaux qui permettent de mettre au jour et d'étudier les ruines ensevelies de civilisations disparues. Entreprendre, pratiquer des fouilles. Les fouilles archéologiques d'Herculanum, de Pompéi, de Delphes, de Ras-Shamra, de Ninive...

1 « L'on a trouvé aussi, dans les décombres, quelques fragments de statues d'un assez bon style, et nul doute que des fouilles habilement dirigées n'amenassent des découvertes importantes. » GAUTIER, Voyage en Espagne, p. 249.

2 « ...tous les arts ont reparu, de plus en plus archaïques ; de Phidias à la Koré d'Euthydikos, puis à la Crète ; des Assyriens à Babylone, puis aux Sumériens. Tous unis, apparemment, par la métamorphose qu'ils subissent dans le domaine qui a remplacé celui de la beauté, comme si les fouilles nous apportaient à la fois le passé du monde et notre avenir. » MALRAUX, Les voix du silence, p. 125.

3 « L'élément dramatique de la fouille, aux yeux du profane, c'est la découverte : le chef-d'œuvre enfoui depuis des millénaires reparaît à la lumière du jour, et l'archéologue est le premier, après tant de générations, à en découvrir et à en admirer la forme exquise. Cela, c'est la récompense, éclatante et rare, du fouilleur ; au point de vue scientifique, le véritable drame ... réside dans le fait que la fouille est un acte unique, un acte qu'il ne sera plus possible de recommencer dans les mêmes conditions ... Le remède consiste à conduire la fouille avec tant de précautions que la marche et le détail en puissent être reconstitués plus tard à tout moment ... Ainsi seulement la fouille peut cesser d'être ce qu'elle fut si longtemps pour tant de ruines : la catastrophe suprême qui leur portait le dernier coup. » G. DAUX, Étapes de l'archéol., p. 76 (éd. P.U.F.).

— Technol. Toute excavation faite dans la terre (pour les constructions, travaux publics, etc.). Fouille à ciel ouvert. Fouille à la surface. Fouille d'un fond, en déblai, en rigole, sous l'eau... Plombier qui fait une fouille pour réparer une fuite.

— Par ext. Action d'explorer, en vue de découvrir quelque chose de caché. Fouille d'individus arrêtés dans une rafle. Fouille des bagages en douane*. V. **Visite.** La fouille systématique d'une maison, de meubles, d'une bibliothèque. La fouille n'a rien donné.

4 « Les soldats commencèrent la fouille des maisons d'alentour ... » HUGO, Misér., V, I, XXIII.

FOUILLER. v. tr. et intr. (Fooiller au XIIIe s. ; lat. vulg. fodiculare, de fodicare, « percer », fréquent. de fodere. V. **Fouir**).

I. V. tr. ‖ **1°** Creuser* (un sol, un emplacement) pour mettre à découvert ce qui peut y être enfoui. Fouiller un terrain riche en vestiges de l'antiquité, en fossiles (Cf. Coquille, cit. 2). Mission archéologique chargée de fouiller l'emplacement d'une ville disparue, d'une ancienne nécropole... Sanglier qui fouille la terre avec son boutoir (V. **Fouger**), oiseau qui fouille la vase.

« ...comme des corbeaux qui attendent qu'un cheval soit enterré pour venir gratter la terre et la fouiller de leurs pattes et du bec ... » BALZ., Urs. Mirouët, Œuv., t. III, p. 407. 1

« Il se pencha de nouveau, fouilla le tas, écarta ce qui faisait obstacle, saisit la main ... » HUGO, Misér., II, I, XIX. 2

— Creuser une terre que l'on cultive (comme pour en tirer les richesses cachées). V. **Remuer, retourner.** Paysans attachés à la terre qu'ils fouillent (Cf. Campagne, cit. 12 ; creuser, cit. 1).

« À aucune époque, quand il s'était loué chez les autres, il n'avait fouillé la terre d'un labour si profond : elle était à lui, il voulait la pénétrer, la féconder jusqu'au ventre. » ZOLA, La terre, III, I. 3

« ...ces drôles de paysans, s'acharner à fouiller avec du fer cette chose molle et grenue qu'est la terre ... » CÉLINE, Voyage au bout de la nuit, p. 92. 4

— Par ext. (Sans idée de recherche).

« Ton cheval à l'œil intrépide ;
Ses pieds fouillent le sol, sa croupe est belle à voir,
Ferme, ronde et luisante ainsi qu'un rocher noir
Que polit une onde rapide. » HUGO, Orientales, XXIV. 5

« Je vais te le dire, fils, ce (cette douleur) qui me fouille comme une bêche ... » GIONO, Regain, p. 43. 6

‖ **2°** Spécialt. T. d'Art : Sculpt. Tailler en évidant (la matière ou certaines parties d'un ouvrage) afin d'accentuer le relief. Fouiller le marbre, la pierre. Motifs, ornements fouillés. — Peint. Travailler (un sujet, un motif) en donnant de la profondeur à ce qui doit paraître en creux ou en retrait. Une draperie bien fouillée (REM. En ce sens, fouiller s'emploie surtout au passif et au p.p. adj.).

« ...le Miracle de saint Marc, du Tintoret, drame vigoureux qui semble fouillé dans la toile plutôt avec le ciseau et le maillet qu'avec le pinceau. » CHATEAUB., M. O.-T., t. VI, p. 175. 7

« ... les trophées, les bas-reliefs, les médaillons de sa façade sont fouillés par un ciseau fier, hardi, patient ; » GAUTIER, Voyage en Espagne, p. 165. 8

« ...le front, les joues, le menton, semblaient modelés, fouillés à coups de pouce. » MART. du G., Thib., t. III, p. 183. 9

— Fig V. **Ciseler, travailler** (avec soin et minutie). Un style fouillé. Des détails fouillés, très précis. Il n'existe pas, sur la question, d'étude vraiment fouillée. V. **Approfondir.**

« Mais les détails sont faibles souvent ; ils sont assez nombreux et variés, mais moins fins, moins fouillés, d'une observation bien moins originale et moins neuve que chez M. de Balzac. » STE-BEUVE, Caus. lundi, 2 sept. 1850, t. II, p. 461. 10

‖ **3°** Explorer avec soin en tous sens. Fouiller les buissons. V. **Battre** (cit. 17), **explorer, inspecter, scruter, sonder** (Cf. Claironner, cit. 2). Patrouille chargée de fouiller un bois. Chasseurs qui fouillent la forêt. V. **Traquer.** Douanier qui fouille des bagages, des vêtements. V. **Examiner, visiter.** La police a fouillé la maison. V. **Perquisitionner.** J'ai fouillé tout Paris pour trouver ce livre épuisé.

« ...je me blottis dans l'angle de ma voiture et Schwartz présenta l'ordre du gouverneur ; j'aurais trop souffert de la confusion du douanier. Lui, de son côté, ne se montra pas et ne fit pas même fouiller ma vache (malle). » CHATEAUB., M. O.-T., t. VI, p. 43. 11

« Et il fouilla dans sa poche. Une poche fouillée, il fouilla l'autre. Il passa aux goussets, explora le premier, retourna le second. » HUGO, Misér., II, VIII, VII. 12

« ...ils s'égayèrent en reconnaissant Gédéon, qui, entré comme à son habitude, fouillait le buffet resté ouvert. » ZOLA, La terre, IV, VI. 13

— Fouiller les bibliothèques : y faire de longues recherches. Vrai rat de bibliothèque, il fouille les manuscrits. V. **Bouquiner, compulser, consulter, dépouiller, éplucher, étudier, examiner.**

« Je fouillais les bibliothèques, je pâlissais de froid dans de graves amphithéâtres, et m'enfouissais le soir dans des cabinets de lecture où des misérables, condamnés à mourir de faim, écrivaient, la fièvre dans les yeux, des livres qui ne devaient ni les illustrer, ni les enrichir. » FROMENTIN, Dominique, IX. 14

« La femme ne travaille point ses termes : c'est l'émotion directe qui les jette à son esprit ; elle ne fouille pas les dictionnaires. » MAUPASS., Notre cœur, II, V. 15

— Fouiller quelqu'un : chercher soigneusement ce qu'il peut cacher dans ses poches, dans ses vêtements, ou sur sa personne. V. **Tâter.** Fouiller un voleur.

« Allons, rends-le moi sans te fouiller. » MOL., Avare, I, 3. 16

« En un clin d'œil, avant que Javert eût le temps de se retourner, il fut colleté, terrassé, garrotté, fouillé. » HUGO, Misér., IV, XII, VII. 17

— Fig. Fouiller la foule du regard (Cf. Curiosité, cit. 14). Fouiller la nuit, les ténèbres. Regard qui fouille jusqu'au fond de l'âme (Cf. Enfoncer, cit. 49). Fouiller la vie intime de quelqu'un. V. **Scruter.** Fouiller un problème : l'étudier à fond. V. **Approfondir, creuser.**

« Si les sens du chirurgien qui va fouillant les mystères du corps finissent par se blaser, que devient la conscience du juge obligé de fouiller incessamment les replis de l'âme ? » BALZ., Les Marana, Œuv., t. IX, p. 848. 18

« ...les rêves mystiques du nord, ses croyances, ses études si complètes sur un point de la science fouillé comme avec une sonde ; » ID., Séraphita, Œuv., t. I, p. 464. 19

20 « ...j'ai fouillé mon âme dans tous les sens avec cette sûreté que donne l'habitude d'étudier sur soi-même ; »
GAUTIER, Mⁿᵉ de Maupin, IX.

21 « Des profondeurs agitées de l'orchestre les lorgnettes se dressaient, les regards, sous les lumières perdues dans le vide immense, fouillaient la salle de pourpre et d'or. » FRANCE, Lys rouge, XXXII.

22 « Par-dessus le parapet, on ne voit pas à dix pas. Le regard fouille les ténèbres jusqu'au réseau enchevêtré où titubent les pieux, puis se perd. Hébété, je regarde sans voir. Je regarde la nuit ... »
DORGELÈS, Croix de bois, V.

II. V. intr. || **1°** Pratiquer un creux dans le sol. *Animaux qui fouillent pour trouver leur nourriture.* V. **Fouger, fouir, vermiller, vermillonner.** *Bécassine qui fouille et barbote dans la vase.*

23 « ...plus on fouille dans l'intérieur de la terre, plus on trouve les couches épaisses,... »
BUFF., Hist. nat., Preuves théor. Terre, art. VII, t. I, p. 129.

|| **2°** *Par ext.* Faire des recherches, en déplaçant tout ce qui peut cacher la chose que l'on cherche. V. **Chercher, farfouiller** (*fam.*), **fouiner, fourgonner** (*fam.*), **fureter, rechercher, trifouiller** (*fam.*). *Pillard fouillant dans les décombres d'une maison effondrée. Chiffonnier qui fouille dans les poubelles. Domestique qui fouille dans tous les placards* (Cf. Bombance, cit. 2). *Il a fouillé partout. Je l'ai surpris en train de fouiller dans mon portefeuille. Fouiller dans un coffre, dans des tiroirs...* (Cf. Bisaïeul, cit.).

24 « ...elle entrait à toute heure et fouillait partout. Un soir, je la trouvai furetant dans un tiroir où je renferme ce que j'ai de plus précieux au monde ... » DAUD., Petit Chose, Le cœur de sucre.

25 « ...puis on fouille soi-même dans des armoires, dans des coffres, où sont entassées des vieilleries bien extravagantes. »
LOTI, Mᵐᵉ Chrysanthème, XLIII.

26 « Elle vient alors fouiller sur ma table, trouve tout le paquet, et découvre alors la lettre contenant la phrase citée plus haut. Ce sera toujours plus fort que les femmes de ne pas fouiller dans les papiers de leur mari ou de leur amant. »
LÉAUTAUD, Journ. littér., 18 mars 1906.

— *Spécialt. Fouiller dans les poches:* en explorer le contenu. *Fouiller dans sa poche :* y chercher quelque chose avant de l'en retirer (Cf. *infra* SE FOUILLER).

27 « Ah ! ça, nom de Dieu ! vous fouillez dans mes poches, maintenant ! Je n'ai pas un sou, pas un liard de placé. Vous avez trop coûté pour ça, mauvais bougres !... » ZOLA, La terre, I, II.

28 « Au bout d'un moment Schneider déboutonne sa veste, fouille dans sa poche intérieure, en sort un portefeuille étrangement plat. »
SARTRE, Mort dans l'âme, p. 270.

— *Fig. Fouiller dans les archives* (cit. 2) *de l'antiquité, dans le passé, dans l'histoire, dans ses souvenirs...,* afin de retrouver ce qui était perdu, oublié...

29 « Lorsque je fouille dans mes pensées, il y a des noms, et jusqu'à des personnages, qui échappent à ma mémoire, et cependant ils avaient peut-être fait palpiter mon cœur ... »
CHATEAUB., M. O.-T., t. II, p. 168.

30 « Je me retourne sans cesse vers mon passé. J'y fouille, comme un chiffonnier dans la poubelle. » MART. du G., Thib., t. IX, p. 245.

31 « Crie, pleure, supplie, demande-leur pardon, fouille dans ta mémoire pour trouver quelque chose à leur avouer, quelqu'un à leur livrer ... » SARTRE, Morts sans sépulture, I, 1.

32 « C'est Sainte-Beuve qui tient la lunette d'approche et, fouillant en tous sens, nous restitue, avec son grand don particulier de recréer la vie, la physionomie de tout le personnel du siècle, de près ou de loin intéressé à Port-Royal. » HENRIOT, Romantiques, p. 229.

|| SE FOUILLER. Chercher dans ses poches. *Se fouiller pour retrouver ses clefs.*

33 « — Où sont les vingt francs ? dit Lousteau. — Ma foi, je ne sais pas si je les ai, dit Barbet en se fouillant. Les voilà. Vous me dépouillez ... » BALZ., Illusions perdues, Œuv., t. IV, p. 688.

34 « Il se crut volé, il se fouilla, pâlissant. Mais les vingt francs étaient bien dans sa poche ... » ZOLA, La terre, III, III.

— *Fam.* et *ironiqt.* (Précédé du verbe pouvoir). *Il peut se fouiller !* il ne doit pas compter*, espérer obtenir ce qu'il désire : il ne peut donc que le trouver sur soi en se fouillant. *Tu peux toujours te fouiller !* V. **Brosser** (se), **courir** (Cf. Compter, *supra* cit. 32).

DER. — Fouille. Fouilleur. Fouillis.

COMP. — Affouiller, bafouiller, cafouiller, farfouiller, refouiller, trifouiller. — Fouille-au-pot. *n. m.* (XVIIᵉ s.). *Vx.* Petit marmiton*. V. **Gâte-sauce.** — Fouille-merde. *n. m.* (1542). *Pop.* V. **Bousier.**

FOUILLEUR, EUSE. *adj.* et *n.* (XVᵉ s. ; de *fouiller*). Qui fouille, qui aime à fouiller. *Découverte archéologique d'un fouilleur* (Cf. Fouille, cit. 3). *Un fouilleur d'archives. Un collectionneur est souvent un fouilleur.* V. **Curieux, fouinard, fouineur, fureteur, rat** (de bibliothèque). Cf. Braconnier, cit. 2.

« ...brocanteur de secrets, marchand de mystères, fouilleur de ténèbres ... » HUGO, Misér., V, IX, IV.

— *Spécialt.* FOUILLEUSE. Femme qui, dans les services de Police ou de Douane, est chargée de fouiller les femmes.

— *Agric.* Sorte de charrue destinée à remuer et à ameublir le sous-sol sans retourner la terre. *Une fouilleuse. Charrue fouilleuse,* dite encore *sous-soleuse.*

FOUILLIS. *n. m.* (« Action de fouiller » au XVᵉ s. ; sens mod. au XVIIIᵉ s. ; de *fouiller*, et suff. *-is*). *Fam.* Entassement d'objets disparates réunis pêle-mêle. V. **Confusion***, **culbutis, désordre***, **embrouillamini, fatras, gâchis** (*fam.*), **mélange, méli-mélo.** *Un fouillis à ne pas s'y reconnaître. Un fouillis de chiffons* (cit. 1), *de papiers. Quel fouillis sur cette table de travail ! Fouillis inextricable.*

1 « On va et on vient partout, comme dans la rue, les plus beaux meubles servent à tout, ils montent dessus, et c'est un fouillis où une poule ne retrouverait pas ses poussins ! »
BALZ., Urs. Mirouët, Œuv., t. III, p. 419.

2 « La clarté de la lampe se jouait dans un fouillis de dentelles et d'étoffes d'un ton violent, mais équivoque. »
BAUDEL., La Fanfarlo.

3 « Nous atteignîmes enfin la lisière d'un bois épais, dont les arbres étaient entrelacés entre eux par un fouillis de hautes lianes inextricables, de plantes parasites et de cactus à épines monstrueuses. »
LAUTRÉAMONT, Chants de Maldoror, p. 222.

— Fig. *Un fouillis d'idées, de souvenirs confus* (Cf. Fantasmagorique, cit. 2). — En parlant d'une composition littéraire confuse et peu homogène. *Ce livre est un vrai fouillis.* V. **Fourre-tout.**

4 « Mon ouvrage est encore en fouillis. »
B. CONSTANT, Journ. intime, p. 288.

1. FOUINE. *n. f.* (*Foïne* au XIIᵉ s. ; lat. *fagina* (*meles*), « martre du hêtre », l'o est dû à l'anc. franç. *fo, fou,* « hêtre »). Mammifère* carnassier du genre des martres* et de la famille des *mustélidés** (ou *mustéliens*) qui a le corps mince et le museau allongé (Cf. Caractère, cit. 39). *La fouine saigne les volailles, les pigeons... La fouine fournit une fourrure* estimée.*

1 « La fouine a la physionomie très fine, l'œil vif, le saut léger, les membres souples, le corps flexible, tous les mouvements très prestes ; » BUFF., Hist. nat. anim., La fouine, Œuv., t. II, p. 592.

2 « Fuseline, la petite fouine à la robe gris-brun, au jabot de neige, était, ce jour-là, comme à l'ordinaire, venue de la lisière du bois de hêtres et de charmes où, dans la fourche par le temps creusée d'un vieux poirier moussu, elle avait pris ses quartiers d'hiver. »
PERGAUD, De Goupil à Margot, L'horrible délivrance.

— *Par compar. Cet homme a une tête de fouine.* V. **Chafouin.**

3 « L'abbé Dubois était un petit homme maigre, effilé, chafouin, à perruque blonde, à mine de fouine... » ST-SIM., Mém., t. IV, XL.

4 « Cet avoué... à visage de fouine qui se lèche les lèvres du sang des poulets... » BALZ., La rabouilleuse, Œuv., t. III, p. 932.

5 « Il jeta un coup d'œil derrière lui, ce type à tête de fouine, avec des yeux trop fixes et un nez rongé les écoutait. »
SARTRE, Le sursis, p. 161.

— *Fig.* (A cause du caractère qu'on prête à la fouine). *Curieux*, indiscret*, malin*, rusé* comme une fouine. C'est une vraie fouine.* V. **Fureteur.**

DER. — Fouinard, arde, *adj.* et *n.* (XXᵉ s.). *Fam.* V. **Curieux, fureteur, indiscret** (*infra*, cit. 1). — Fouiner. *v. intr.* (1808). *Vx.* (seul sens indiqué par LITTRÉ). S'esquiver comme une fouine. — De nos jours (ACAD. 1932). *Fam.* Fouiller* indiscrètement dans les affaires des autres comme la fouine qui fourre partout son museau. V. **Fureter.** *Il n'aime pas qu'on vienne fouiner dans ses affaires* (Cf. Éviter, cit. 34 et aussi *infra*, cit. 2). — Fouineur. *adj.* et *n.* (XXᵉ s.). V. **Curieux** (n. m.). *Un fouineur, un rat de bibliothèque*. (Cf. *infra*, cit. 3).

1 « Avec des morceaux de ficelle qu'il en tira, il confectionna fort vite une solide muselière dans laquelle il enferma le museau du vieux fouinard (*Goupil le Renard*)... »
PERGAUD, De Goupil à Margot, Tragique avent., IV.

2 « Ils ont fouiné partout, perquisitionné comme ils disent... »
GENEVOIX, Raboliot, II, IV.

3 « Il est myope... Mais, comme il ne veut pas porter de lunettes, il a l'air fouineur et soupçonneux. » DUHAM., Salavin, IV, 4 févr.

2. FOUINE. V. FOÈNE.

FOUIR. *v. tr.* (XIIᵉ s. ; lat. vulg. *fodire* ; lat. class. *fodere*). Creuser* (la terre, le sol). (Vx. et rare en parlant d'êtres humains, encore usité en parlant d'animaux). *Les taupes* fouissent leurs galeries dans le jardin* (Cf. Creuser, cit. 11).

1 « Elles se réunissent à la manière des précédentes et chacune fouit pour son compte sa chambre souterraine ; mais l'entrée, le couloir, qui de la surface du sol conduit aux terriers séparés est commun. »
MAETERLINCK, Vie des abeilles, VII, XI.

2 « ...avec le courage et la ténacité d'un désespéré, il (*Goupil le Renard*) se mit à fouir cette terre molle. »
PERGAUD, De Goupil à Margot, Tragique avent., II.

3 « Je l'entendais qui grattait de ses pattes robustes juste au-dessus de ma tête. Il creusait en grondant. Enfoncé jusqu'aux reins dans la neige, il fouissait le sol de son nez dur ; il mordait les racines ; ses ongles griffaient le terreau, il soufflait avec rage ; il déchirait ; je sentais son haleine. » BOSCO, Hyacinthe, p. 143.

COMP. — Enfouir.

DER. — **Fouissement.** *n. m.* (XVIᵉ s.). Action de fouir (*vx.*). — **Fouisseur.** *n. m. et adj.* (XIVᵉ s.). Se dit des mammifères ou des insectes qui creusent le sol avec une grande facilité. Adj. *La courtilière*, la taupe* sont des animaux fouisseurs. Fourmis fouisseuses* (Cf. Économe, cit. 4). *Pattes fouisseuses*, aptes à creuser la terre. — *Fig.*

« Une divination fouisseuse le maintenait autour du trésor caché. Comment cela lui est-il arrivé d'être vieille ? Tout d'un coup, un matin ? ou peu à peu ? » COLETTE, **Fin de Chéri,** p. 96.

FOULARD. *n. m.* (1761 in BLOCH ; orig. incert., peut-être du prov. *foulat*, « foulé », drap léger d'été). Étoffe* de soie* ou de soie et coton très légère (Cf. Taffetas). *Foulard des Indes, de Madras. Foulard imprimé. Une robe de foulard écru* (cit.).

1 « ...entre deux quadrilles, une chose émotionna, l'entrée de Berthe... vêtue d'une toilette de foulard, pareille à celles que les demoiselles du percepteur portaient à Cloyes, le jour de la Saint-Lubin. » ZOLA, **La terre,** III, III.

— Mouchoir* de cou. V. **Cache-col, cache-cou, cache-nez, cravate, écharpe, fichu.** *Foulard de soie blanche* (Cf. Coûter, cit. 2), *pourpre et gris* (Cf. Chatoiement, cit.).

2 « — Et, en attendant, vous ne voulez pas de beaux foulards ? Il tirait d'un carton, il faisait claquer au soleil des foulards rouges à palmes d'or, éclatants. » ZOLA, **La terre,** II, III.

3 « Justin porte un foulard au col, parce que les matinées de septembre sont déjà fraîches. » DUHAM., **Pasquier,** V, XVII.

— Coiffure faite d'un mouchoir noué autour de la tête (Cf. Cheveu, cit. 29 ; derrière, cit. 4). *Les négresses des Antilles portent des foulards aux couleurs vives.* V. **Madras.**

4 « ...quelques-unes portant encore sur le chignon le foulard de soie, roulé et arrangé comme une petite calotte ; » LOTI, **Ramuntcho,** I, IV.

FOULE. *n. f.* (XIIIᵉ s. ; de *fouler*, propremt. « presse, endroit où on est foulé »).

|| **1º** *Vx.* Action de fouler (les draps, le feutre).

— Par anal. *Pêche à la foule*, dans laquelle on pique les poissons que l'on fait sortir du sable en foulant* le fond d'une rivière ou le bord de la mer. — *Mât de foule.* V. **Fougue** 2.

|| **2º** Multitude de personnes rassemblées en un lieu. V. **Affluence, monde*, presse.** *Une foule compacte*, énorme* (Cf. Étager, cit. 3), *immense* (Cf. Écrabouiller, cit. 2). *Un grand concours* de foule.* V. **Attroupement.** *L'entassement* (cit. 5) *de la foule. La foule continuait d'affluer** (cit. 3), *s'épaississait* (Cf. Déborder, cit. 9), *se répandait, se pressait dans les rues, sur les trottoirs.* V. **Animation.** *L'agitation, le mouvement de la foule. Foule frémissante, délirante* (Cf. Évacuer, cit. 5). *Le bruissement* (Cf. Aboiement, cit. 1), *le bourdonnement* (cit. 5) *de la foule. La foule bruyante du dimanche. Une foule bariolée* (cit. 2). *Exhalaison* (cit. 3) *d'une foule en sueur. Se laisser coudoyer* (cit. 2) *par la foule. Foule clairsemée* (cit.). *Foule rassemblée dans un théâtre, une salle de conférences, de réunions...* V. **Assemblée, assistance, auditoire, public.** *Il y avait foule au Théâtre français. Regarder, voir passer la foule. Se mêler à la foule. Foule de gens, de promeneurs, de passants, de badauds, de curieux. Foule désœuvrée. Foule en désordre.* V. **Bousculade, cohue, encombrement, grouillement.** *Foule grouillante. Foule en marche.* V. **Cortège, défilé, troupe.** *La foule assiège* (cit. 6) *une porte. Foule en attente devant les guichets.* V. **File, queue.** *Contenir* la foule. Fendre* la foule. La foule s'écarte. Se fondre dans la foule* (Cf. Atteinte, cit. 2). *Faire évacuer la foule. La foule s'écoule* (cit. 5 et 6. Cf. Curieux, cit. 4).

1 « ...s'ils se promènent, c'est aux Champs-Élysées, ces solitaires y vont voir les passants, disent-ils ; et pour voir ces passants, ils vont s'en faire mépriser et s'asseoir sur quelques restes d'herbe parmi la poussière que fait la foule. » SENANCOUR, **Oberman,** t. I, Lett. XX.

2 « Il y avait une foule immense, bigarrée, diaprée, fourmillante, avec un grand mouvement d'éventails et de mouchoirs. » GAUTIER, **Voyage en Espagne,** p. 274.

3 « Mais, à la tombée de la nuit, la foule s'accrut de minute en minute ; et quand tous les réverbères furent allumés, deux courants de population s'écoulaient, épais et continus, devant la porte. » BAUDEL., Traduc. E. POE, **Nouv. extraord.,** L'homme des foules.

4 « .. la foule s'écoulait par les trois portails, comme un fleuve par les trois arches d'un pont... » FLAUB., **Mme Bovary,** III, VII.

5 « La foule compacte se rassemble autour du corps. Ceux qui ne peuvent pas voir, parce qu'ils sont derrière, poussent tant qu'ils peuvent ceux qui sont devant. » LAUTRÉAMONT, **Chants de Maldoror,** p. 108.

6 « Il y avait là un piétinement de troupeau, une foule que de brusques arrêts étalaient en mares sur la chaussée, un défilé sans fin d'ouvriers allant au travail, leurs outils sur le dos, leur pain sous le bras ; et la cohue s'engouffrait dans Paris où elle se noyait continuellement. » ZOLA, **L'assommoir,** t. I, p. 3.

7 « Dans cette chaleur, dans cette poussière, dans cette puanteur, dans cette foule de populaire en goguette et en transpiration, dans ces papiers gras traînant et voltigeant partout, dans cette odeur de charcuterie et de vin répandu sur les bancs, dans ces haleines de trois cent mille bouches soufflant le relent de leurs nourritures... » MAUPASS., **Vie errante,** Lassitude.

8 « La foule s'ouvrait sur mon passage, hostile et menaçante ; » LOTI, **Aziyadé,** III, LII.

— Réunion d'êtres humains considérée comme une unité psychologique et sociale ayant une sensibilité, une intelligence, un comportement, des caractères propres. V. **Masse, multitude.** *La psychologie des foules. Les réactions d'une foule. Mouvements de foule. L'enthousiasme*, la folie des foules. La cruauté d'une foule déchaînée* (V. **Lynchage**). *Les foules sont versatiles. Caprices* (cit. 6) *de la foule. Influence de la foule* (Cf. Atmosphère, cit. 13). *Guider la foule. Rallier les foules. Les foules déshéritées et misérables* (Cf. Élargir, cit. 3). *Le viol* des foules. Agitateurs qui ameutent la foule. La foule humaine qui s'amuse* (Cf. Dégoûter, cit. 19).

9 « ...la foule a des passions violentes et simples... elle est inaccessible au raisonnement... » FRANCE. **Anneau d'améthyste,** Œuv., t. XII, p. 167.

10 « Ô les hontes et les crimes des foules
Passant sur la ville comme des houles, » VERHAEREN, **Villes tentaculaires,** Spectacles.

11 « Dans certaines circonstances données... une agglomération d'hommes possède des caractères nouveaux fort différents de ceux de chaque individu qui la compose... La collectivité devient alors ce que, faute d'une expression meilleure, j'appellerai une foule organisée, ou, si l'on préfère, une foule psychologique. » G. LE BON, **Psych. des foules,** I, I.

12 « Les foules qui se hâtent du travail au plaisir, du plaisir au travail, sans que ni l'un ni l'autre n'aient de sens profond, celles qui édifient des villes éphémères sur des puits de pétrole demain asséchés, celles qui se dégradent dans le coude à coude des grandes villes comme des objets précieux s'abiment d'être serrés les uns contre les autres et durement secoués, que laissent-elles encore de chances à la vie profonde pour se manifester ? » DANIEL-ROPS, **Ce qui meurt et ce qui naît,** p. 207.

— Le commun* des hommes opposé à l'élite intellectuelle, morale ou sociale. V. **Masse, multitude, peuple, plèbe, populace, populaire, populo** (*fam.*), **tourbe, troupeau, vulgaire.** *La voix*, le jugement de la foule. Ce qui est propre à la foule.* V. **Vulgaire.** *Être perdu, confondu dans la foule obscure* (Cf. Déployer, cit. 15). *Mépriser, flatter la foule. Homme méprisé par la foule. Se tirer* de la foule.* V. **Élever** (s'élever). *Se mêler à la foule, avec la foule* (Cf. Aristocrate, cit. 4). *Génie mal compris par la foule* (Cf. Fatalement, cit. 2).

13 « Un grand peuple sans âme est une vaste foule ! » LAMART., **Prem. médit.,** Ressouvenir du lac Léman.

14 « Quant à flatter la foule, ô mon esprit, non pas !
...
Ah ! le peuple est en haut, mais la foule est en bas. » HUGO, **Année terrible,** Prologue.

15 « On le raille. Qu'importe ! Il pense.
Plus d'une âme inscrit en silence
Ce que la foule n'entend pas. » ID., **Rayons et ombres,** Fonction du poète, II.

|| **3º** Grand nombre de personnes ou de choses de même catégorie. V. **Armée, beaucoup, collection, flopée** (*pop.*), **masse, nombre, quantité*.** *Attirer une foule de jeunes gens* (Cf. Femme, cit. 92). *Une foule de petits hommes* (Cf. État, cit. 107), *d'ennuyeux* (Cf. Écart, cit. 11), *d'éclopés* (cit. 2). *Une foule d'amants* (Cf. Briguer, cit. 5), *de grisettes* (Cf. Étudiant, cit. 4). *Une foule de faits, de noms, de documents présentés en désordre.* V. **Pêle-mêle** (Cf. Esquisser, cit. 4). *Administrer* (cit. 2) *une foule de médicaments. Une foule de trucs inédits* (Cf. Caler, cit. 6). *Une foule de petits canards* (cit. 5), *de publications éphémères* (cit. 10). *Une foule d'idées* (Cf. Éveiller, cit. 12 ; farcir, cit. 6), *de sentiments* (Cf. Audience, cit. 4 ; criterium, cit. 1). *Une foule de révélations* (Cf. Abstrus, cit.), *d'aspirations* (cit. 6) *confuses, de projets. Une foule de probabilités* (Cf. Athée, cit. 6). — REM. L'accord du verbe avec le sujet *foule* accompagné d'un complément au pluriel se fait, en principe, selon la règle suivante : a) l'accord a lieu avec *foule* si l'on a en vue la totalité des êtres ou des objets dont il s'agit, considérés collectivement (« Alors une foule de monde inonde le tillac » MÉRIMÉE, Mosaïque, IV). b) l'accord a lieu avec le complément si l'on a en vue la pluralité des êtres ou des objets dont il s'agit, considérés individuellement (« Une foule de gens diront qu'il n'en est rien » ACAD.). Cf. GREVISSE, p. 646-647.

16 « Quelle foule d'États je mettais à vos pieds. » RAC., **Mithr.,** IV, 4.

17 « ...je suis empêtré dans une foule de lectures que je me hâte de terminer ; je travaille le plus que je peux et je n'avance pas à grand'chose. » FLAUB., **Corresp.,** 186, début 1847.

18 « Elle insistait surtout sur l'étrangeté de ma vie, et me posait sans réserve une foule de questions auxquelles j'évitais de répondre. » LOTI, **Aziyadé,** III, XLVI.

— EN FOULE : en masse, en grand nombre, en quantité. *L'assemblée en foule s'écoule* (cit. 5) *par les portes.* « *On briguerait* (cit. 4) *en foule une si belle mort* ». *Les préjugés accourent* (cit. 10) *en foule. Les idées surgissent en foule. Avoir* (cit. 3) *des biens en foule.*

19 « Seigneur, de tous côtés le peuple vient en foule ; » CORN., **Nicom.,** V. 5.

20   « Car il eut des femmes en foule. »   LA FONT., **Fab.**, VII, 13.

21   « Le peuple saint en foule inondait les portiques. »
                                     RAC., **Athalie**, I, 1.

22   « Je ne prévoyais pas que j'aurais des idées ; elles viennent quand il leur plaît, non quand il me plaît. Elles ne viennent point, ou elles viennent en foule... »   ROUSS., **Conf.**, IV.

23   « — J'étais pauvre, on me méprisait. J'ai montré quelque esprit, la haine est accourue. Une jolie femme et de la fortune... — Les cœurs vont te revenir en foule. »
                            BEAUMARCH., **Barb. Sév.**, V. 19.

24   « ... ces manuscrits latins et grecs, qui se pressent en foule à cet angle... »   FRANCE, **Rôtiss. Reine Pédauque**, Œuv., t. VIII, p. 72.

ANT. — Désert. Élite. Individu. Peu, poignée.

FOULÉE. *n. f.* (XIIIᵉ s. ; de *fouler*).

‖ 1º *Vén.* (au plur.). Traces que la bête laisse sur l'herbe ou les feuilles mortes. V. **Piste, voie.** *Les foulées du cerf.* V. **Foulure.** — *Par métaph. :*

1   « Il (*Dieu*) observe les foulées du gibier humain que ses instincts guident aux mêmes heures, par les mêmes détours, vers les mêmes plaisirs. »   MAURIAC, **Souffr. et bonh. du chrétien**, p. 38.

‖ 2º *Hipp.* Appui que le cheval prend sur le sol à chaque temps de trop ou de galop, intervalle entre chaque appui. *Spécialt.* Déplacement, mouvement effectué à chaque temps du galop de course. *Les foulées puissantes, légères d'un pur sang. Le crack a rejoint ses adversaires en quelques foulées. Les deux chevaux sont arrivés dans la même foulée.*

— *Par anal. Sport.* Longue enjambée de l'athlète en course. *Ce coureur a une magnifique foulée. Suivre un adversaire dans sa foulée :* de près, en se réglant sur son allure. *Le coureur de haies doit prendre l'obstacle dans sa foulée,* sauter sans avoir à changer de pas. *L'avant-centre shoota dans sa foulée,* en courant, sans s'arrêter pour se mettre en position de shoot.

2   « ... nous entrons à petites foulées piaffantes en nous tenant par les épaules. »   MONTHERLANT, **Les olympiques**, p. 164.

3   « Nous avons couru côte à côte, deux beaux chevaux, à un même char. J'avais ma foulée qui enfonce, ma foulée de chargeur de bataille... Quel mot pour ceux qui ont couru ensemble dans l'accord de la foulée ? »   ID., **Ibid.**, p. 173.

— *Par ext.* Le pas dans une marche rapide, sportive. *Foulées élastiques d'un bon marcheur, d'un chasseur* (Cf. Démarche, cit. 1). *S'approcher à grandes foulées.*

4   « Il a de longues jambes infatigables et, quand il se met en mouvement, il fait des foulées de chasseur et de paysan. »
                          DUHAM., **Récits t. de guerre**, III, II.

‖ 3º *Archit.* Dessus d'une marche (partie qui est *foulée* aux pieds).

‖ 4º *Technol.* Quantité de peaux que le tanneur foule à la fois dans la cuve. — Action par laquelle on presse un soufflet (*Vx*).

FOULER. *v. tr.* (XIIᵉ s. ; lat. vulg. *fullare*, « fouler une étoffe », d'après *fullo*, « foulon »).

‖ 1º *Presser* quelque chose, en appuyant à plusieurs reprises, avec les mains, les pieds, un outil... *Fouler du drap*. V. **Apprêter** (Cf. Foulage). *Fouler du feutre, fouler un chapeau avec un roulet*. *Tissus foulés* (feutres, draps). *Fouler des peaux, le cuir*. V. **Corroyer.** *Fouler l'herbe. Fouler du raisin, la vendange.* V. **Écraser, presser.**

1   « ... ceux qui foulaient les raisins ne chanteront plus leurs chansons ordinaires. »   BIBLE (SACY), **Jérémie**, XLVIII, 33.

2   « Mais des voisins se trouvaient moins avancés : un, en train de vendanger encore, foulait depuis le matin, tout nu ; un second, armé d'une barre, surveillait la fermentation... »
                            ZOLA, **La terre**, IV, IV.

3   « C'est le plateau où, toute la nuit, la pluie a foulé l'herbe. »
                            GIONO, **Regain**, II, II.

— (Dans le style soutenu). Presser (le sol) en marchant dessus. *Le bonheur de fouler un sol qui vous appartienne* (Cf. Chérir, cit. 12). *Fouler le sol de la patrie.*

4   « Hélas ! tu te souviens des jours de ta misère !
Des flots de sang baignaient tes sillons dévastés,
Et le pied des coursiers n'y foulait de poussière
Que la cendre de tes cités ! »
             HUGO, **Odes et ballades**, Odes, I, II, 1.

5   « ... et quelles suspicions tiendraient contre ma danse soudaine, mon allégresse de chienne-enfant qui foule les décombres sans les voir ? »   COLETTE, **Paix chez les bêtes**, Poucette.

— *Par anal. Vén.* Faire battre un terrain par un chien ou par une meute. *Fouler une enceinte*.

— *Fouler aux pieds*, marcher avec violence, colère ou mépris sur quelqu'un ou quelque chose. V. **Piétiner** (Cf. Étouffer, cit. 51 ; faiblir, cit. 4). *Être foulé aux pieds dans une panique.*

6   « Sous les pieds des chevaux cette reine foulée. »
                            RAC., **Athalie**, I, 1.

---

7   « On vantait la générosité de son cœur ; mais il (*le duc de Guise*) n'en avait pas donné un grand exemple quand il foula aux pieds, dans la rue Bétisi, le corps de l'amiral Coligny, jeté à ses yeux par les fenêtres. »   VOLT., **Mœurs**, CLXXIII.

8   « ... la colère de l'empereur était telle en ce moment qu'il foulait le manuscrit sous sa botte... »
        FRANCE, **Crime S. Bonnard**, IV, Œuv., t. II, p. 386.

— *Fig.* Traiter avec le plus grand mépris, avec cynisme ; ne tenir aucun compte, ne faire aucun cas de... V. **Bafouer, braver, mépriser, piétiner.** *Fouler aux pieds quelqu'un pour arriver* (Cf. Marcher, passer sur le corps* de...). *Fouler aux pieds les devoirs, les bienséances, les préjugés, les lois.* V. **Litière** (faire litière de). Cf. Cynique, cit. 4.

9   « ... qu'y a-t-il de plus révoltant que l'orgueil d'une femme infidèle, qui, foulant ouvertement tous ses devoirs, prétend que son mari soit pénétré de reconnaissance de la grâce qu'elle lui accorde de vouloir bien ne pas se laisser prendre sur le fait ! »
                          ROUSS., **Conf.**, IX.

10   « Certes, il ne manque pas, dans les fastes chrétiens, de saints au cœur plus ferme qui n'hésitèrent jamais à fouler intrépidement aux pieds leurs affections et celles des autres. »
                   R. ROLLAND, **Tolstoï**, p. 189.

— *Vieilli. Fouler le peuple, une province* (Cf. Abhorrer, cit. 3). V. **Accabler*, opprimer*, pressurer, tyranniser** (Cf. Étranger, cit. 38).

11   « La veuve, l'orphelin, tous ceux qu'on foule, ou qu'on opprime... »
           MASSILLON, **Pet. carême**, Hum. (in LITTRÉ).

‖ 2º Blesser, endommager en pressant, en serrant... *Une selle neuve foule le dos du cheval.* V. **Meurtrir.** *Fruits foulés dans le transport.* V. **Taler.** *Vén. Les chiens foulent la bête,* la mordent après l'avoir renversée.

‖ SE FOULER. *Se fouler la cheville, le pied, le poignet.* V. **Disloquer, distendre, luxer ; entorse, foulure.** *Avoir le pied foulé.*

12   « Je sautai, je me fis mal, je m'enfuis vers Z. Je m'étais un peu foulé le pied et je fuyais en boitant ; l'excellent Corbeau me poursuivit, me prit et me porta sur ses épaules jusqu'aux Échelles. »
             STENDHAL, **Vie de H. Brulard**, 13.

— *Spécialt. Fam. Se fouler la rate :* avoir une sorte de point de côté après une course rapide. *Par ext.* (presque toujours sous une forme négative). *Il ne s'est pas foulé la rate :* il ne s'est pas donné beaucoup de peine. *Pop. Il ne se la foule pas, il ne s'est rien foulé,* ou absolt. *Il ne se foule pas, il a fait ça sans se fouler, on ne peut pas dire qu'il se soit beaucoup foulé...* V. **Éreinter** (s').

13   « Mon examen même commence à m'inquiéter un peu, un peu, mais pas plus qu'un peu et je ne m'en foulerai pas la rate davantage pour cela. »   FLAUB., **Corresp.**, 57, 15 mars 1842, t. I, p. 100.

DER. — **Foulage.** *n. m.* (1284). Action de fouler. *Foulage du raisin*.* V. **Écrasement.** *Foulage du blé par les pieds des chevaux.* V. **Dépiquage** (Cf. Battage, cit.). *Enduit obtenu par foulage* (V. **Braye, corroi, mortier...**). — *Technol.* Opération par laquelle on foule certaines matières (tissus, peaux, cuirs) pour leur donner de l'apprêt*. *Foulage des cuirs* (V. **Chamoisage, tannage**), *des peaux* (V. **Corroi, corroyage**), etc. *Foulage du drap,* destiné à resserrer et à enchevêtrer les fibres de la laine, et à donner ainsi de l'épaisseur, de la force et du moelleux au tissu (V. **Feutre**). *Foulage du poil, de la laine, pour obtenir du feutre* (V. **Feutre**). *Foulage à la machine* (V. **Foulon**). — *Par ext. Imprim.* Relief produit par l'impression, au verso du papier. *Il y a trop de foulage, le cylindre était trop serré.* — **Foulant, ante.** *adj. partic.* Qui foule. *Pompe* foulante,* qui élève le niveau d'un liquide par pression. *Pompe aspirante et foulante. Fig. et pop.* Fatigant (V. **Fouler** (se). *Ce n'est pas un travail bien foulant* (Dans cette acception, *Foulant* ne s'emploie guère qu'avec des tournures négatives). — **Foulerie.** *n. f.* (XIIIᵉ s.). Atelier où l'on foule les draps, cuirs... Machine à fouler. — **Fouleur, euse.** *n.* (XIIIᵉ s.). Celui, celle qui effectue le foulage. — **Fouleuse.** *n. f.* Machine qui foule le feutre. — **Fouloir.** *n. m.* (1274). Instrument servant à fouler. *Fouloir à raisin. Fouloir de dentiste,* servant à enfoncer l'amalgame, pour le plombage*. — Atelier de foulage (V. **Foulerie**). — V. aussi **Foulard, foule, foulée, foulon.**

COMP. — **Défoulement.** *n. m.* (néol. sur le modèle de *Refoulement*). *Psychan.* « Libération de processus préalablement inconscients » (*Vocab. de psychol.*). — On emploie aussi le verbe **Défouler**). — **Refoulement, refouler.**

FOULON. *n. m.* (XIIIᵉ s. ; lat. *fullo*). *Vx.* Ouvrier qui effectue l'opération du foulage* du drap, du feutre. *La corporation des foulons. Spécialt. Terre à foulon :* sorte d'argile* servant au dégraissage du drap destiné au foulage. *Chardons à foulon,* dont les têtes servaient à corder* les tissus avant foulage. — *Moulin à foulon* et absolt. *Foulon :* machine servant au foulage des étoffes de laine.

— *Mégiss.* Appareil employé pour le battage des peaux.

« Des tanneries aux tuiles grises se gonflaient dans l'entassement blond des écorces de chênes moulues. Le battement sourd des foulons ébranlait les profondeurs sombres de la terre avec le bruit d'un gros cœur chargé de sang. »   GIONO, **Chant du monde**, I, VIII.

DER. — **Foulonnage.** *n. m.* (XIXᵉ s.). Foulage des draps à la machine. — **Foulonner.** *v. tr.* (XIXᵉ s.). *Vx.* Fouler (des draps) à l'aide du moulin à foulon. — **Foulonnier.** *n. m.* (1723). *Vx.* Propriétaire de moulins à foulon.

FOULQUE. *n. f.* (XIVᵉ s. *fourque* ; anc. prov. *folca*, lat. *fulica*). Oiseau gruiforme (*Échassiers**) de la famille des rallidés scientifiquement appelé *fulica*. *La foulque est une sorte de poule* d'eau au plumage noir. Grande foulque,* ou *macroule* ; *petite foulque,* ou *morelle*.

« La foulque, sans avoir les pieds entièrement palmés, ne le cède à aucun des autres oiseaux nageurs... On trouve la foulque dans toute l'Europe, depuis l'Italie jusqu'en Suède : on la connaît également en Asie... On en distingue... deux variétés, deux races... qui ne diffèrent qu'en ce que l'une est un peu plus grande que l'autre : »
BUFF., Hist. nat. ois., La foulque, Œuv., t. VIII, p. 271.

FOULTITUDE. n. f. (1848, lettre d'un étudiant parisien ; 1862 HUGO ; croisement plaisant de *foule* et de *multitude*). Foule, grande quantité. V. **Beaucoup.**

« Il y a l'argot des duchesses, témoin cette phrase écrite dans un billet doux par une très grande dame et très jolie femme de la Restauration : « Vous trouverez dans ces potins-là une foultitude de raisons pour que je me libertise » (Vous trouverez dans ces commérages-là une multitude de raisons pour que je prenne ma liberté. *Note de Hugo*). »
HUGO, Misér., IV, VII, 1.

FOULURE. n. f. (XIIᵉ s. ; de *fouler*, et suff. *-ure*). Légère entorse*. V. **Blessure, contusion, entorse, luxation, tour** (de reins).

« ...elle guérissait les blessures, foulures... »
SAND, Petite Fadette, VIII.

FOUR. n. m. (Vers 1100 ; d'abord *forn* ; lat. *furnus*).

‖ 1° Ouvrage de maçonnerie généralement voûté, de forme circulaire, muni d'une ouverture par devant, et où l'on fait cuire le pain, la pâtisserie, etc. *Four de boulanger. Bouche, gueule d'un four. Plaque fermant la bouche d'un four.* V. **Bouchoir.** *Voûte du four.* V. **Chapelle.** *Le cul d'un four,* et fig. *Cul-de-four.* V. **Cul** (cit. 21 et *supra*). *Porte d'un four. Bois de boulange*, pour chauffer le four (Cf. Aulne, cit.). *Mettre au four* (V. **Enfourner**) ; *sortir du four* (V. **Défourner**). *Tige de métal servant à remuer le bois dans le four.* V. **Fourgon, fourgonner.** *Récipient où l'on met la braise tirée du four.* V. **Étouffoir.** *Nettoyage du four ; ébraiser un four* (V. **Écouvillon**). *Four banal* (V. **Féodalité ; fournage**). *Four communal. Cuisson, séchage du pain dans le four* (V. **Boulangerie ; pain, biscotte ; baisure, croûte...**). *Porter un plat, une pâtisserie... au four du boulanger.* — PROV. *On ne peut être à la fois au four et au moulin :* on ne peut être partout à la fois.

1 « Chaque jour il allait visiter les fours, goûter le pain et s'assurer de la régularité de toutes les distributions. »
SÉGUR, Hist. Napoléon, V, I.

2 « A midi, le boulanger chargea son four en plein avec des fagots de chêne bien sec. »
GIONO, Jean le Bleu, p. 190.

— *Pièce de four.* V. **Gâteau.** — Par ext. *Petits fours :* petits gâteaux frais (*par oppos. aux* Gâteaux secs). *Acheter deux cents grammes de petits fours. Petits fours meringués, au chocolat... Un buffet bien garni en petits fours* (Cf. Éparpiller, cit. 15). *Assiette à petits fours. Une tasse de thé, un verre de porto et des petits fours.*

3 « Du laitage, quelque pièce de four. » ROUSS., Émile, II.

4 « ...comme si elle (*Gilberte*) eût pu avoir tant de petits fours à sa disposition sans avoir demandé la permission à sa mère... »
PROUST, Rech. t. p., t. III, p. 101.

5 « Il y avait trois vieilles dames avec des rubans au cou, et Mlle Éva avec un jabot plissé qui préparait le thé et les petits fours... »
ARAGON, Beaux quartiers, I, XIV.

— Loc. *Une bouche* grande comme un four. Ouvrir la bouche comme un four. Par ext.* (fam.) *Ouvrir un grand four.* — *Il fait chaud* (V. **Étuve, fournaise**) ; *il fait noir comme dans un four.*

6 « ...ouvrant la bouche aussi grande qu'un four à force de bâiller... »
SCARRON, Roman comique, I, VI.

7 « De temps en temps, un des buveurs regardait dans la rue et s'exclamait : — Il fait noir comme dans un four — ou : — Il faut être chat pour aller dans la rue sans lanterne ici-bas ! »
HUGO, Misér., II, III, III.

8 « La chaleur est intolérable... Et l'air qui s'engouffre par la portière semble soufflé par la gueule d'un four. A Orléansville, le thermomètre de la gare donne, à l'ombre, quarante-neuf degrés passés ! »
MAUPASS., Au soleil, La province d'Oran.

9 « On n'y voyait pas plus que dans un four, sauf que là-bas le mur se déchirait, et par l'ouverture maintenant entrait un flot de lune... »
ARAGON, Beaux quartiers, I, XXVII.

— *Fig.* (1656 in MATORÉ). *Faire four* (vieilli) ; *faire un four :* échouer, faire fiasco, en parlant d'une représentation dramatique (Faute de public, on éteignait les chandelles de la salle, qui devenait noire comme un four), et, *par ext.* de tout spectacle, réunion organisée, manifestation artistique, etc. V. **Désastre, échec, faillite, insuccès.** *La représentation a été un four complet, un four noir. Ce concert, cette exposition, cette réunion, ce gala a été un four.*

10 « Fini aussi le talent. Quel four, sa *Faunesse* au dernier Salon ! Ça ne tenait pas... »
DAUD., Sapho, IV.

11 « Si votre Nana ne chante ni ne joue, vous aurez un four, voilà tout... un four ! un four ! cria le directeur dont la face s'empourprait. Est-ce qu'une femme a besoin de savoir jouer et chanter... ? »
ZOLA, Nana, I, p. 5.

‖ 2° *Cuis.* Partie close d'un fourneau*, d'une cuisinière où l'on peut mettre les aliments pour les faire cuire. *Four d'une cuisinière à charbon,* autour duquel circule la flamme du foyer. *Dans les cuisinières à gaz, électriques.*

la source de chaleur (rampes à gaz, résistances...) *se trouve à l'intérieur du four. Mettre au four ; cuire au four. Viande, volaille, rôti, gigot au four. Gratin, pommes, crème au four. Faire sécher des fruits au four.* — *Four de campagne :* four portatif chauffé au moyen de charbons ardents, de braises.

12 « ...tu nous feras une tarte aux fruits, et tu nous cuiras au four tout le dîner : »
BALZ., Eug. Grandet, Œuv., t. III, p. 531.

‖ 3° *Technol.* Ouvrage ou appareil constitué le plus souvent d'une chemise intérieure (ou massif) en matériaux réfractaires* et d'une armature extérieure (maçonnerie, tôle, etc.) souvent calorifugée et dans lequel on fait subir à diverses matières, sous l'effet d'une chaleur intense, des transformations physiques ou chimiques (V. **Affinage, alliage, amalgame, calcination, carbonisation, cémentation, combinaison, combustion, cuisson, dessiccation, distillation, ébullition, fusion, grillage, liquéfaction, mélange, oxygénation, pétrification, puddlage, purification, réduction, séchage...**). *Parties d'un four.* V. **Buse, carneau, chauffe, cheminée, chemise, creuset, étalage, foyer, grille, gueulard, gueule, ouvreau, plaque, porte, revêtement, sole, soufflerie, tirette, trémie, tuyère, ventre, voûte...** *Four vertical, horizontal, fixe, tournant.* — *Combustibles d'un four : four au charbon, au gaz, à la vapeur, au pétrole, à mazout* (Cf. Cuire, cit. 5), *à huiles lourdes ; fours électriques* (*fours à arc*, *à résistance*, *à induction*. — Cf. Électricité, cit. 6). *Classification des fours selon leur système de chauffe : fours à chauffe directe* (combustible et matière mélangés ou alternés), *fours à bas foyer* (V. **Forge, foyer**) ; *fours à cuve ; fours de finage ; fours oscillants* (V. **Convertisseurs**)... V. *aussi* **Cubilot, fourneau*** (haut fourneau). *Fours à chauffe distincte : fours à réverbère*, fours à coupellation, fours rotatifs... Fours à chauffe extérieure : en vase ouvert* (*fours à creusets, à bassin...*) *ou en vase clos* (*fours à cémentation*). *Fours à gaz* (V. **Cornue**), *à moufles*, à coupelles, à cylindre, fours aérothermes* (V. **Calorifère, thermosiphon**). — *Système de tirage* des fours : fours à grille, à ouvreaux, à tuyère, à manche* (à tirage forcé : hauts fourneaux, etc.). — *Fours à récupération.* — *Utilisation des fours industriels. Fours à minerai* (V. **Fonte, métallurgie...**). *Four à charbon de bois, à chaux* (V. **Chaufour**), *à brique, à céramique, à tuile, à plâtre, à porcelaine, four de verrerie. Petit four où l'on calcine l'émail* (Fournette). *Four Pasteur, utilisé pour stériliser des instruments...* (V. **Autoclave, étuve ; asepsie**). — *Four crématoire** (Cf. Camp, cit. 3 ; exhumé, cit. 2).

13 « ...la fabrique de tuiles rondes... près de laquelle se voyait le four et sa gueule profonde, ses longues pelles, son chemin creux et noir. »
BALZ., Médec. de camp., Œuv., t. VIII, p. 403.

DER. et COMP. — **Chaufour, défourner, enfourner ; fournage, fourneau, fournée, fournil.** V. **Fournier.**

FOURBE. adj. et n. (1455 comme n. m., « voleur » en arg., d'où « trompeur » ; la plupart des étymologistes, BLOCH notamment, admettent un rapport avec *fourbir*, « nettoyer », d'où « dépouiller, voler »).

I. *Adj.* Qui recourt, pour tromper, à des artifices odieux. V. **Faux, hypocrite, perfide, sournois, trompeur** (Cf. Apôtre, cit. 2 ; factum, cit. 6). *C'est le plus fourbe des hommes. Une âme fourbe. L'imagination* (cit. PASCAL), *puissance trompeuse et fourbe.*

1 « Les gens de mon minois ne sont point accusés D'être, grâces à Dieu, ni fourbes, ni rusés. »
MOL., Dépit amoureux, I, 1.

2 « ...cette gentillesse un peu fourbe qui m'ouvrait si aisément les cœurs, dès que je m'en donnais la peine. »
MAURIAC, Pharisienne, V.

— Substantiv. *Attitudes, mensonges, ruses du fourbe* (Cf. Apparent, cit. 6 ; calomniateur, cit. 2 ; componction, cit. 1 ; échine, cit. 6). *Un maître fourbe, un fourbe insigne* (Cf. Homme double*, homme à deux* visages). *Ce fourbe les a dénoncés.* V. **Sycophante.**

3 « ...il y a des fourbes dans le monde, des gens qui ne cherchent qu'à abuser des filles... »
MOL., D. Juan, II, 2.

4 « Les fourbes croient aisément que les autres le sont ; »
LA BRUY., XI, 25.

5 « Louis XI, jugé d'après notre conscience est un fourbe ; jugé d'après la conscience de son temps, c'est presque un honnête homme... »
FUST. de COUL., Leç. Impératr. s. orig. civilis. franç., p. 222.

ANT. — **Droit, franc, honnête, loyal, probe, sincère.**

II. *N. f.* (1455 in BLOCH). Caractère du fourbe, acte de fourbe. V. **Fourberie, tromperie** (Cf. Accord, cit. 10 ; embarrasser, cit. 17 ; exquis, cit. 4).

6 « La fourbe n'est le jeu que des petites âmes, Et c'est là proprement le partage des femmes. »
CORN., Nicom., IV, 2.

DER. — **Fourberie.** — **Fourber.** v. tr. (XVIIᵉ s.). Vx. ou Littér. Tromper* (quelqu'un) ou absolt. Tromper par des moyens perfides.

1 « — ...vous vous êtes accordés, Scapin, vous, et mon fils, pour me fourber... — Ma foi ! Monsieur, si Scapin vous fourbe, je m'en lave les mains... »
MOL., Scap., III, 5.

2 « Quand ils ont été questionnés sur nous, ils ont eu l'esprit de fourber, ils nous ont fait passer pour la dame de compagnie et le secrétaire de leurs maîtres censés en voyage ; »
BALZ., Mém. deux j. mariées, Œuv., t. I, p. 307.

3 « L'esprit, ce jongleur sans scrupules, a de ces coups merveilleux où, jonglant avec le soleil, il fourberait la lumière elle-même. Mais vienne la nuit : c'est le moment de douter et d'avoir peur. »
SUARÈS, Trois hommes, Ibsen, IV.

FOURBERIE. n. f. (1640 ; de fourbe).

‖ 1° Caractère du fourbe* ; disposition à tromper par d'odieux artifices. V. **Duplicité, fausseté, hypocrisie, matoiserie, sournoiserie.** Se révolter contre la fourberie et la bassesse (Cf. Aller, cit. 59). Agir avec fourberie.

1 « Je ne trouve partout que lâche flatterie,
Qu'injustice, intérêt, trahison, fourberie ; »
MOL., Misanthrope, I, 1.

2 « Au seul supposé de tant de fourberie, ç'avait été un haut-le-cœur de tout son être bon et juste. »
COURTELINE, Boubouroche, Nouv., II.

‖ 2° Tromperie hypocrite, artificieuse et basse. V. **Gabegie** (vx dans ce sens), **mensonge, passe-passe** (tour de passe-passe), **piperie, ruse, trahison, traîtrise, tromperie** (Cf. Excéder, cit. 5). Toutes ses fourberies ont été découvertes. Les Fourberies de Scapin, comédie de Molière.

3 « La finesse est l'occasion prochaine de la fourberie ; de l'un à l'autre le pas est glissant ; le mensonge seul en fait la différence : si on l'ajoute à la finesse, c'est fourberie. »
LA BRUY., VIII, 85.

4 « Ne faut-il pas aux peuples quelque chose de plus ? n'ont-ils pas besoin, je ne dis pas des fourberies de vos bonzes, mais de quelques illusions respectables ? » .
VOLT., Dial., XXVIII.

5 « Et voilà où nous ont menés sur le grand homme les ampoules de Hugo, les niaiseries de Mignet, les fourberies de Thiers et les patelinages de Béranger. »
STE-BEUVE, Corresp., 1226, 17 juillet 1841.

6 « ...quand tu sors, belle, habillée, et pour des heures,
Prétexte, fourberie, astuces, feintes, leurres,
Tu me dis : « Je fais une course », et je te crois. »
VERLAINE, Élég., X.

ANT. — Candeur, droiture, franchise, honnêteté, loyauté, probité, sincérité.

FOURBI. n. m. (1875 in LITTRÉ, Suppl. ; de fourbir). Argot milit. Toutes les armes, tous les objets que possède un soldat et qu'il doit fourbir, astiquer. V. **Attirail.** Nettoyer, astiquer son fourbi. Se mettre en route avec son fourbi. V. **Bagage, barda.**

1 « ...ces soldats de France, engoncés, sous ce ciel impitoyable, dans les épais vêtements de drap, sans aucune acclimatation, sans aucune préparation, traînant leur fourbi dans leurs sacs de poil... »
MADELIN, Hist. Cons. et Emp., Ascens. Bonaparte, XVI.

— Par ext. Fam. Les affaires*, les effets*, les choses* que possède quelqu'un. — Choses en désordre. On ne s'y reconnaît pas, dans ce fourbi ! Tu parles d'un fourbi ! (Cf. Bataclan).

2 « Et je suis si contente de voir tout mon petit fourbi là, sous mes yeux, bien en ordre. »
COLETTE, Fin de Chéri, p. 168.

— Tout objet dont on ne peut dire le nom. V. **Chose, machin, truc.**

3 « ...nous cherchons le... machin, le... chose, quoi ! le fourbi !... le truc, si vous préférez. »
COURTELINE, Train 8 h. 47, II, VI.

— Opération, combinaison compliquée ou indélicate. Connaître le fourbi.

4 « Il avait forgé une histoire admirable, un fourbi de secrètes accointances avec un mystérieux monsieur que sa discrétion naturelle lui interdisait de citer... »
COURTELINE, MM. ronds-de-cuir, IIe tabl., III.

5 « Il l'avait reçu chez lui à dîner. Ils avaient dû en combiner des fourbis. Cet Hubert est un malin. » ARAGON, Beaux quartiers, I, XV.

FOURBIR. v. tr. (vers 1100 ; francique furbjan, moyen haut allem. fürben, « nettoyer »). Nettoyer un objet de métal de façon à le rendre brillant (Cf. Brillanter, cit. 3). V. **Astiquer, frotter, nettoyer, polir.** Fourbir des armes*. Fourbir ses armes (au fig.) : s'armer, se préparer à la guerre. — Couverts (cit. 16) d'argent bien fourbis à la peau de chamois.

1 « Cette armure... était si polie, si fourbie, si illuminée de reflets, si étoilée de clous, elle faisait si bien miroir, que l'or du cadre paraissait faux à côté. » GAUTIER, Portr. contempor., p. 272.

2 « ...eux commençaient à fourbir ; les cuivres, les ferrures, même les simples boucles, devaient briller clair comme des miroirs. »
LOTI, Mon frère Yves, XCII.

— Fig. Préparer avec soin. V. **Polir.**

3 « ...le christianisme alluma les flambeaux qui mirent nos villes en cendres, et fourbit les épées qui couvrirent si longtemps nos campagnes des cadavres de nos ancêtres. »
VOLT., Philos., Ex. imp. de milord Bolingbroke, XLIII.

DER. — Fourbisseur. n. m. (XIIe s.). Technol. Celui qui polit et qui monte les armes blanches. V. **Armurier.** — Fourbissure. n. f. (XVIe s.), Fourbissage. n. m. (1444) ou (peu usit.) Fourbissement. n. m. (1878). Action de fourbir. V. **Astiquage, nettoiement, polissure.**

« Personne encore sur le pont ; seulement quelques matelots qui font leur fourbissage — mais des dévoués, ceux-là, connus de longue date... » LOTI, Mon frère Yves, LXIII.

FOURBU, UE. adj. (XVIe s. ; p.p. de l'anc. fr. forboire, « boire hors de saison, à l'excès » ; par ext. « fatigué, par suite d'excès de boisson »). Art vét. En parlant d'un animal de trait, qui est atteint de fourbure* (infra, dér.). Un cheval* fourbu. — Par ext. (la fourbure étant souvent due à une fatigue excessive). L'animal se traînait, fourbu.

1 « ...Justin talonna si fort le cheval de Bovary, qu'il le laissa dans la côte du Bois-Guillaume, fourbu et aux trois quarts crevé. »
FLAUB., Mme Bovary, III, VIII.

2 « Mais j'éperonnais ma vieille haine ainsi qu'un cheval fourbu... »
MAURIAC, Nœud de vipères, XVII.

— Fig. En parlant de l'homme, Qui est harassé* de fatigue. V. **Éreinté ; échiné, exténué, fatigué*, moulu, rompu.** Nous arrivâmes à l'auberge affamés (cit. 2) et fourbus. Soldats fourbus (Cf. Colonne, cit. 12 et aussi Cauchemar, cit. 1 ; esquinter, cit. ; estocade, cit. 3).

3 « Durtal se sentait vidé, détrité, fourbu, réduit à l'état de filament, à l'état de pulpe. » HUYSMANS, En route, p. 224.

4 « Je serai un vieux rabougri, ma peau sera ridée, ma peau sera une écorce, je serai un vieux fourbu... »
PÉGUY, La République..., p. 267.

DER. — Fourbure. n. f. (1611, COTGRAVE). Art. vét. Congestion inflammatoire des tissus du pied du cheval, due le plus souvent à la fatigue.

FOURCHE. n. f. (XIIe s. ; lat. furca).

‖ 1° Instrument à main, formé d'un long manche muni de deux ou plusieurs dents (V. **Fourchon**), qui sert en agriculture* à certaines manipulations. V. **Agricole** (outillage). Fourche à dents mousses, à dents pointues. Fourche à deux dents (V. **Bident**), trois dents (V. **Trident**). Longue fourche à dents recourbées. V. **Croc, crochet.** Fourche en bois, en métal. Fourche de jardinier. Fourche à foin, à fumier. Fourche servant à manier les gerbes. V. **Foène, fouine** (V. infra, **Fourche-fière.** — Cf. Ajuster, cit. 4). Fourche servant à étaler le foin (Cf. Faneur, cit.).

1 « Segonzac ne décore sa « salle », vaste comme une grange, que de trophées rustiques, faux et râteaux croisés, fourches à deux dents en bois polis, couronnes d'épis et fouets à manches rouges... »
COLETTE, Naissance du jour, p. 107.

— Se servir d'une fourche comme d'une arme. V. **Épieu.** Paysans armés de fourches. Spécialt. Fourche de guerre. V. **Arme*.** — Fourche à trois dents servant à harponner le poisson. V. **Foène, fuscine, harpon.** Cf. Engin, cit. 8. — Fourche employée pour la chasse au blaireau.

‖ 2° Par anal. En parlant d'objets, d'organes en forme de fourche. Fourche de bicyclette, de motocyclette : partie formée de deux tubes parallèles entre lesquels est fixée la roue. Fourche avant, fourche arrière d'une bicyclette. Fourche télescopique d'une motocyclette. — Archéol. Fourche servant à supporter l'arquebuse. V. **Croc, fourchette.**

2 « Un jeune Espagnol, tenant une longue escopette avec sa fourche suspendue à son côté... » VIGNY, Cinq-Mars, IX.

— Vx. Fourches patibulaires. Gibet* composé à l'origine de deux fourches plantées en terre, plus tard remplacées par des piliers de pierre en nombre variable, supportant une traverse à laquelle on suspendait les suppliciés. V. **Gibet, justices.**

3 « ...serait-ce la bise nocturne qui glapit, ou le pendu qui pousse un soupir sur la fourche patibulaire ? »
A. BERTRAND, Gaspard de la nuit, Le gibet.

— Mar. Se dit de certaines pièces et agrès, et spécialt. du support de gui. Fourche de beaupré.

— Ornith. Les deux branches de la mandibule inférieure des oiseaux.

— Blas. La queue du lion, lorsqu'elle est divisée en deux.

‖ 3° Disposition en forme de fourche ; partie présentant cette disposition. Fourche formée par deux doigts. — Spécialt. Doigté spécial (doigté fourchu) employé sur certains instruments à vent (ancienne flûte allemande...).

4 « Ce capitaine fit ce qu'il put pour lui faire comprendre la situation de cette place ; et lui ouvrant les deux doigts de la main, lui disait : Eccovi la Sava, ecco il Danubio ; et dans la fourche des deux doigts, ecco Belgrada. » RAC., Notes histor., XLII.

— En parlant des jambes. Fam. Angle formé par les jambes. — Fourche d'un pantalon, partie où les jambes se séparent. — V. **Enfourchure.**

— En parlant d'un arbre. Endroit où les grosses branches* se séparent du tronc. V. **Enfourchure, fourchon.** Oiseau perché à la fourche d'un arbre (Cf. Effraie, cit.). — Par ext. Fourche formée par les bois d'un cerf.

5 « — Et je me revois à la plus haute fourche du vieil arbre dans le vent, enfant balancé parmi les pommes. »
CLAUDEL, Connaissance de l'Est, p. 116.

6 « À la fourche d'un platane un chat de Siam, énorme, masqué de velours noir... » COLETTE, Belles saisons, p. 151.

— En parlant d'un chemin... V. **Bifurcation, carrefour, embranchement.** — Allus. histor. Les Fourches Caudines : défilé (de plus en plus étroit, en forme de fourche) situé près de Caudium, dans les monts du Samnium et où les

Romains furent battus (en 321 av. J.-C.) et contraints de passer sous le joug. — REM. L'expression *Fourches Caudines* évoque le plus souvent le joug sous lequel les vaincus durent passer. — Fig. *Passer sous les fourches caudines :* subir des conditions déshonorantes, honteuses. V. **Capituler ; joug** (passer sous le joug).

7 « Ne pas prendre la cocarde blanche eût été sage ; l'abandonner après qu'elle avait été portée par les grenadiers mêmes de Bonaparte était une lâcheté : on ne passe point impunément sous les fourches caudines ; ce qui déshonore est funeste... »
CHATEAUB., M. O.-T., t. IV, p. 43.

COMP. — **Califourchon ; enfourcher, enfourchure.** Cf. *aussi* Bifurquer, carrefour. — **Fourche-fière.** *n. f.* (XIIᵉ s. ; *fière* venant probablement du lat. *ferrea*, « de fer », croisé avec *fera*, « fière ». V. **Fier**). Fourche à deux dents et à long manche servant à enlever les gerbes. Arme de guerre (*Vx.*).

DER. — **Fourcher, fourchette, fourchon, fourchu.** — **Fourchet.** *n. m.* (1690). *Art. vétér.* Maladie des bovidés au cours de laquelle des excroissances apparaissent entre les deux onglons du sabot. Maladie* du pied du mouton* caractérisée par une inflammation suppurative des tissus sous-cornés (Cf. Piétin). — **Fourchon.** *n. m.* (1213). Chacune des dents* d'une fourche*, d'une fourchette*. — Endroit d'où sortent les grosses branches d'un arbre. Étrier d'une échasse*. — **Fourchure.** *n. f.* (vers 1100). *Vx.* Endroit où quelque chose se divise en deux comme une fourche. — **Fourchée.** *n. f.* (XIXᵉ s.). Quantité de foin*, de paille*, de fumier... qu'on prend en une fois avec une fourche.

« Elle se remit à sa besogne, elle s'éloigna, soulevant des fourchées d'herbe, les secouant dans le soleil. » ZOLA, **La terre**, II, IV.

FOURCHER. *v. intr.* et *tr.* (XIIᵉ s. ; de *fourche*).

I. *V. intr.* (*Vx.*). Se diviser en forme de fourche. *Arbre, chemin qui fourche.* Fig. *Cette race, cette famille n'a point fourché :* elle n'a formé qu'une seule branche (ACAD.).

1 « Mme et Mlle d'Elbeuf passèrent à Fontainebleau sans voir personne, suivant leur proie jusqu'où le chemin fourchait. »
ST-SIM., Mém., IV, 158 (in HATZFELD).

— De nos jours. *La langue* lui a fourché :* il a prononcé un mot au lieu d'un autre, par méprise (V. **Lapsus.** — Cf. par plaisant. *La fourche lui a langué*).

2 « Je ne sais auquel des courtisans la langue a fourché le premier : ils appellent tout bas Mme de Maintenon « Madame de *Maintenant* ».
SÉV., 854, 18 sept. 1680.

II. *V. tr.* Manipuler avec une fourche. *Fourcher la terre, le fumier...*

‖ FOURCHÉ, ÉE, *p.p.* et *adj.* Vx. *Pied fourché*, en parlant du bétail : pied fendu. — Blas. *Croix fourchée*, dont les branches se terminent en fourche.

FOURCHETTE. *n. f.* (XIVᵉ s. ; de *fourche*, et suff. *-ette*).

‖ 1° Ustensile de table, en forme de petite fourche, dont on se sert pour piquer les aliments. *La fourchette et le couteau.* V. **Couvert** (Cf. Attaquer, cit. 47 ; couper, cit. 17). *Fourchette à quatre dents.* V. **Fourchon** (dér. de Fourche). *Fourchette à poisson, à escargots, à huîtres. Fourchette à dessert, à gâteaux. Fourchette à découper.*

1 « Il ne déchire pas sa proie
Avec ses ongles ; met sa joie
À montrer qu'il sait employer
À table fourchette et cuiller ; »
BAUDEL., Amœnitates Belgicæ, XX.

2 « ...Pauline prit une fourchette à long manche pour rôtir les tartines devant les braises du poêle. »
CHARDONNE, Dest. sentim., p. 234.

— Loc. div. *Déjeuner* à la fourchette :* avec de la viande, des mets solides. *Jouer de la fourchette :* manger avec appétit. *Avoir un joli coup de fourchette :* être gros mangeur.

3 « Il déjeuna d'un cornet de frites et d'une de ces saucisses plates que l'on pique, à la fourchette, dans le réchaud des charcutiers. »
DUHAM., Salavin, II.

— Par ext. *C'est une belle fourchette.*

‖ 2° *Par anal.* Se dit de nombreux objets, organes, dispositifs, pièces... en forme de fourchette. *Vx.* Instrument sur lequel on posait le mousquet.

4 « Son pourpoint était une casaque de grisette, ceinte avec une courroie, laquelle lui servait aussi à soutenir une épée qui était si longue qu'on ne s'en pouvait aider adroitement sans fourchette. »
SCARRON, Roman comique, I, 1.

— Bâton terminé par deux pointes de fer attaché à la flèche d'un carrosse et servant de frein. — Pièce qui soutient le fléau d'une balance au repos. — Pièce qui transmet au balancier d'une horloge le mouvement de l'échappement. — Pièce qui, dans la harpe, sert à élever les cordes d'un demi-ton. — *Autom.* Pièce du changement de vitesse qui sert à actionner le train baladeur*. — *Arg. milit.* V. **Baïonnette.**

— *Zool.* Partie du squelette de l'oiseau*. *Les deux clavicules de l'oiseau soudées à leur partie inférieure forment la fourchette. Fourchette de l'estomac.* V. **Bréchet.** *Fourchette du sternum :* échancrure concave à la partie supérieure et claviculaire de cet os.

— *Art vétér.* Partie du sabot du cheval* formant le milieu de sa face inférieure. *Ulcération de la fourchette.* V. **Crapaud.**

— *Artill.* Le plus petit bond en portée*, tel que le sens du coup suit sûrement (abstraction faite des coups anormaux) le sens du bond. *La fourchette vaut quatre écarts probables* (V. **Écart**). *Tir d'essai ayant pour but d'encadrer l'objectif à une fourchette.*

— *T. de Jeux* (Cartes, en partic. au bridge). Groupe de deux cartes (par exemple l'as et la dame) entre lesquelles la carte intermédiaire (dans ce cas le roi) risque d'être prise comme entre les dents d'une fourchette. *Prendre son adversaire en fourchette. Avoir, garder la fourchette à une couleur. Il a eu le tort de jouer dans sa fourchette.*

— *Échecs.* Coup par lequel une pièce en menace simultanément deux autres.

— *Pop.* et *arg.* (En parlant des doigts). *La fourchette du père Adam*. Vol à la fourchette,* en plongeant deux doigts dans la poche de la victime. *Coup de fourchette,* porté dans les yeux de l'adversaire avec l'index et le médius écartés.

DER. — **Fourchetée.** *n. f.* *Peu usit.* Ce qu'on prend en une seule fois avec une fourchette.

FOURCHU, UE. *adj.* (XIIᵉ s. ; de *fourche*, et suff. *-u*). Qui a la forme, l'aspect d'une fourche ; qui fait une fourche. *Menton fourchu,* qui présente en son milieu un sillon prononcé. *Chemin* fourchu.* — *Arbre fourchu,* dont le tronc se sépare en plusieurs grosses branches. Fig. *Faire l'arbre* (cit. 35) *fourchu, le poirier fourchu.*

— *Pied* fourchu :* pied fendu des ruminants*. V. **Bisulce, bisulque ; fourcher.** *On prête un pied fourchu aux faunes* (cit. 4), *aux satyres, aux démons* (V. **Diable**).

1 « ...les bœufs, irrités par cette brusque résistance, bondissaient, creusaient la terre de leurs larges pieds fourchus et se seraient jetés de côté emportant l'areau à travers champs... »
SAND, Mare au diable, II.

2 « Son pied fourchu faisait des trous dans la lumière. »
HUGO, Lég. des siècles, XXII, I.

3 « ...il repoussa toujours cette idée qui portait d'une façon évidente la marque fourchue du démon. » ARAGON, Beaux quartiers, I, XI.

1. FOURGON. *n. m.* (XIIIᵉ s. ; dér. à l'aide du suff. *-on* d'un lat. vulg. *furicale*, « fureter comme un voleur », rac. *fur*, « voleur ». Cf. anc. franç. *Furgier*, « fureter »). Longue tige de métal ou de bois garni de métal, servant à disposer les braises dans un four. *Le fourgon du boulanger.* V. **Râble.** — Instrument formé d'une barre de fer crochue servant à attiser le feu dans un foyer. *Fourgon accroché au poêle.* V. **Pique-feu, tisonnier.**

DER. — **Fourgonner.**

2. FOURGON. *n. m.* (XVIIᵉ s. VOITURE ; orig. obscure). Long véhicule couvert pour le transport de bagages, de vivres, de munitions. *Fourgons de l'armée. Fourgon automobile.*

1 « La septième voiture, vaste fourgon à ridelles, mais sans capote, avait quatre roues et six chevaux... » HUGO, Misér., IV, III, VIII.

— *Allus.* histor.. *Les fourgons de l'étranger* (en 1814 et 1815).

2 « ...la France n'avait vu que le rétrécissement de ses frontières et elle imputait aux Bourbons ramenés, comme on commençait à le dire, « dans les fourgons de l'étranger », une faute qui n'était pas la leur. » BAINVILLE, Hist. de France, XVIII.

— *Fourgon funéraire* (V. **Funérailles**). *Fourgon automobile. Fourgon de déménagement.*

— *Chem. de Fer.* Vx. (vers 1825). V. **Wagon.** *Au début du XIXᵉ siècle, on appelait le tender « fourgon d'approvisionnement ».* — De nos jours, Dans un train de voyageurs, wagon servant au transport des bagages* (Cf. Conducteur, cit. 6). *Fourgon de tête, de queue. Fourgon à bestiaux. Voyager clandestinement dans le fourgon.* — REM. L'emploi de *fourgon* au sens de « wagon » (attesté dès 1826-27, Cf. WEXLER, Formation du vocab. du ch. de fer) n'est enregistré par LITTRÉ que dans son Supplément de 1877.

3 « Les voitures attendaient, ou manœuvraient pour repartir, dans le prolongement des voies, à deux ou trois des fourgons et des locomotives... » ROMAINS, H. de b. vol., t. V, XXVI, p. 250.

DER. — **Fourgonnette.** *n. f.* *Néol.* Petite camionnette.

FOURGONNER. *v. intr.* (XIIIᵉ s. ; de *fourgon* 1). Remuer la braise du four*, le combustible d'un feu avec un fourgon*. V. **Tisonner.**

1 « Elle se mit à fourgonner dans son poêle avec un gros tisonnier de fer. Le charbon souffla une épaisse flamme bleue qui éclaira tout le débit... » GIONO, Le chant du monde, I, IX.

— *Néol.* Transitivt. *Fourgonner le poêle, le feu...*

2 « Je lui donnerai le temps de s'asseoir ou de fourgonner le poêle. Et je lui dirai que j'arrive à peine... »
BOSCO, Rameau de la nuit, p. 49.

— *Fig.* et *fam.* Fouiller* (dans quelque chose) en dérangeant tout. *Fourgonner dans une armoire.* V. **Fouiller, fourrager.**

3 « D'ailleurs la Jondrette continuait à fourgonner dans ses ferrailles. » HUGO, Misér., III, VIII, XIII.

4 « Un instant on entendit Soupe fourgonner dans la nuit profonde du corridor, geindre, frotter des allumettes chimiques, à la recherche de ses chaussures. » COURTELINE, MM. ronds-de-cuir, IVᵉ tabl., I.

FOURGUE, FOURGAT. *n. m.* (XIXᵉ s. ; Cf. Fourgon 1). *Arg.* Receleur.

DER. — **Fourguer.** *v. tr.* (XIXᵉ s. VIDOCQ). *Arg.* Vendre à un receleur.

FOURIÉRISME. *n. m.* (Vers 1830 ; du nom de Charles FOURIER, 1772-1837). Doctrine d'organisation sociale et politique exposée par Fourier, selon laquelle les hommes doivent s'associer harmonieusement en groupements (V. **Phalanstère**) fondés sur le principe de l'attraction passionnelle, modalité humaine de l'attraction universelle. V. **Associationnisme, socialisme.**

1 « Fouriérisme, Saint-Simonisme, etc., etc. ; et les diverses Écoles qui rêvent sur la terre le règne absolu du bien-être et le triomphe illimité de l'industrie. » STE-BEUVE, Chateaub., t. I, p. 277.

2 « Le Fouriérisme n'exerça pas sur les contemporains la même influence prestigieuse que le Saint-Simonisme, mais son action, pour être moins éclatante et plus resserrée, n'en fut que plus durable. Il y a un demi-siècle déjà qu'il n'y a plus de Saint-Simoniens, tandis qu'il y a encore une école phalanstérienne... » GIDE et RIST, Hist. doctr. écon., p. 298.

DER. — **Fouriériste.** *n. et adj.* (Vers 1830). Partisan du fouriérisme. *Les fouriéristes, partisans de l'émancipation de la femme* (Cf. Féminisme, cit.). — *Adj.* Relatif au fouriérisme. *Coopérative fouriériste* (V. **Familistère**).

« Que l'on se persuade bien que les Abailard, les saint Bernard, les saint Thomas d'Aquin, ont porté dans la métaphysique une supériorité de lumières dont nous n'approchons pas ; que les systèmes saint-simonien, phalanstérien, fouriériste, humanitaire, ont été trouvés et pratiqués par les diverses hérésies ; que ce que l'on nous donne pour des progrès et des découvertes sont des vieilleries qui traînent depuis quinze cents ans dans les écoles de la Grèce et dans les collèges du moyen âge. » CHATEAUB., M. O.-T., t. II, p. 205.

FOURME. *n. f.* (lat. *forma*, « forme à fromage »). *Région.* Fromage* de lait de vache à pâte ferme, chauffée et pressée, se présentant sous forme de cylindre et fabriqué dans les régions du centre de la France. *Fourme du Cantal* (V. **Cantal**), *de Salers, d'Ambert.*

« Après venaient des légumes, des salades, des fromages qui portent là-bas le nom primitif de fourmes et qui sont gros comme des tours. » DUHAM., Biogr. de mes fantômes, IV.

FOURMI. *n. f.* (XIIᵉ s. *formiz* ; lat. *formica*). Insecte hyménoptère (*Formicidés*), scientifiquement appelé *formica*, qui vit en colonies nombreuses dans les fourmilières*. *On compte environ 2.000 espèces de fourmis, formant la famille des formicidés. Fourmis ailées* (mâles et femelles, avant la fécondation), *fourmis aptères* (femelles fécondées et ouvrières), *Fourmi noire, rousse, rouge. Fourmi amazone. Fourmis chasseresses* (Éciton), *fourmis à miel,* etc. *Œufs, larves* (appelées à tort œufs), *nymphes de fourmis...* (V. **Couvain**). *Acide formique*, que contient l'organisme des fourmis. — *Nid de fourmis.* V. **Fourmilière.** *Organisation des sociétés de fourmis* (mâles, femelles, reines, ouvrières). *Le myrmécologue, entomologiste* qui étudie la vie des fourmis.* — « *La cigale et la fourmi* », « *La colombe et la fourmi* », fables de La Fontaine (Cf. Crier, cit. 34 ; emprunteur, cit. 1 ; et Apprêter, cit. 19 ; efforcer, cit. 1). « *La vie des fourmis* », œuvre de Maeterlinck (1930).

1 « Deux camps de rouges fourmis
Se sont mis
En garnison sous ta souche ; » RONSARD, Odes, IV, XXII.

2 « Fourmis, petites perles noires dont le fil est cassé. » RENARD, Journ., 11 mai 1906.

3 « Forban toujours en quête de butin, la fourmi le rencontre (*le cadavre de la cigale*). Elle dépèce la riche pièce, la dissèque, la cisaille, la réduit en miettes qui vont grossir son amas de provisions. » J.-H. FABRE, Souven. entomol., V.

4 « Il partait, dans le potager, évangéliser les fourmis. Il leur parlait un langage lyrique où il se perdait lui-même, arrêté soudain à en regarder une, bien brave, qui portait sur son dos un bout de bois tellement plus gros qu'elle ! Comme si Armand eût trimballé son armoire à glace... Fourmis, fourmis, comment ne vous émerveilleriez-vous pas de la gloire de Dieu dont vous êtes un vivant témoignage ? » ARAGON, Beaux quartiers, I, IX.

5 « ... je rencontrais souvent les colonnes, toujours en nombre, des fourmis. Je n'ai pas, à l'égard de ces insectes la répulsion que m'inspirent presque tous les autres. Ils ont la carapace dure et un génie net. Mais leur nombre, leur cohésion, leurs manœuvres, leur énergie m'inquiètent et m'irritent. Néanmoins, l'esprit curieux d'un enfant est toujours frappé de leur zèle infatigable. Les fourmis actives excitaient, ainsi, ma curiosité par ce zèle. J'admirais leur empressement, leur sens pratique, leur goût des entreprises difficiles et l'unanimité de leurs efforts. » BOSCO, Antonin, p. 106.

— *Abusivt. Fourmis blanches.* V. **Termite.**

— *Par anal. Avoir des fourmis dans les membres, dans quelque partie du corps :* y éprouver une sensation de picotement (comparable à la sensation que procureraient des fourmis courant sur la peau). V. **Démangeaison, formication, fourmillement, picotement** (Cf. Engourdissement, cit. 1).

6 « Charles entra dans la salle. M. Boulanger lui présenta son homme, qui voulait être saigné, parce qu'il éprouvait *des fourmis le long du corps.* » FLAUB., Mme Bovary, II, VII.

— *Petitesse de la fourmi* (Cf. Colosse, cit. 1 ; éther, cit. 4), LOC. *Se faire plus petit qu'une fourmi.*

— *Caractère économe, prévoyance qu'on prête à la fourmi.* — *L'acharnement* (cit. 2), *l'obstination des fourmis. Avoir une activité de fourmi :* une activité modeste, mais obstinée, inlassable. *Un labeur de fourmi.*

— *Fig. C'est une fourmi :* une personne laborieuse, économe...

7 « Combien de fourmis, dont la prévoyance et l'économie soulagent tous leurs besoins ! » LA ROCHEF., Réflex. div., 11.

8 « Le soir, sur les planches, elle vend sa salade, sans défaillance comme sans plaisir, sort de scène en courant, jupes troussées, pour regagner sa loge, où l'attend un ouvrage commencé, et la voilà assise, qui tire l'aiguille en chantant à mi-voix... C'est une fourmi, une honnête petite fourmi... » COLETTE, Belles saisons, p. 155.

— *Par métaph.* En parlant d'une foule humaine. *Grouillement de fourmis.* V. **Fourmiller** (Cf. Concours, cit. 3).

9 « ... des milliers d'hommes sortent de partout, grouillant comme des fourmis, se hâtant vers les portes. » LOTI, Mon frère Yves, LXVI.

10 « ... comme des fourmis dans leurs galeries souterraines, les foules parisiennes cheminent dans les profondeurs du métro qui sentent le goudron et la verveine industrielle. » DUHAM., Pasq., V, IX.

COMP. — **Fourmi-lion**

DER. — **Fourmilière, fourmillement, fourmiller.** Cf. *aussi* les dér. sav. du lat. *Formica* (formicant, formique...) et du gr. *Murmex* (myrmécologue, myrmidon). — **Fourmilier.** *n. m.* (XVIIIᵉ s. BUFF.). *Zool.* Oiseau (*Passereaux* dentirostres*) vivant dans les régions tropicales d'Amérique et se nourrissant de fourmis. — Nom donné aux édentés* xénarthres et plus spécialement au tamandua* et au tamanoir* (*grand fourmilier*). *Les fourmiliers ont une langue protractile, filiforme et visqueuse qui leur permet d'engluer les fourmis dont ils se nourrissent.*

« Il y a cent fois plus de fourmilières sur les terres désertes de la Guyane que dans aucune contrée de notre continent... Nous avons donné l'histoire du tamanoir, du tamandua et des autres fourmil(l)iers quadrupèdes, nous allons donner ici celle des oiseaux fourmil(l)iers... » BUFFON, Hist. nat. ois., Les fourmil(l)iers, Œuv., t. VI, p. 386.

FOURMILIÈRE. *n. f.* (XVIᵉ s. ; de *fourmi*, mauvaise graphie pour *fourmilière*, *fourmillière*, réfection de l'anc. fr. *fourmière*, *formière*, d'après *fourmiller*).

‖ 1° Habitation commune, souvent à plusieurs étages, pourvue de galeries, de loges, etc., où vivent les fourmis (Cf. Équivaloir, cit. 1 ; fourmilier, cit.). *Fourmilière surmontée d'un dôme de brindilles, de matières végétales. Fourmilière établie dans une fente de roches, une souche... Le nid des termites* (V. **Termitière**) *est semblable à la fourmilière. Renverser, écraser une fourmilière. — Par ext. Les fourmis qui vivent dans le même nid. La fourmilière fut bientôt en mouvement* (ACAD.). — *Par anal. Une fourmilière de vers* (LITTRÉ). V. **Fourmillement.**

1 « ... le nombre infini des gens qui pullulent et grouillent en ces rues, places et ponts comme des fourmis dont on vient de renverser la fourmilière... » GAUTIER, Capitaine Fracasse, XI.

‖ 2° *Fig.* Lieu où vit et s'agite une multitude de personnes. V. **Ruche.** *Cette agglomération, cette ville* est une véritable fourmilière* (V. **Surpeuplé**). Cf. Concours, cit. 3 ; faubourg, cit. 2.

2 « Les hommes ne sont pas faits pour être entassés en fourmilières. » ROUSS., Émile, I.

3 « Nous nous suivons, Georges et moi, à travers les méandres fantasmagoriques d'une grande fourmilière orientale. » LOTI, Aziyadé, III, XXIII.

— *Grande multitude* ; foule (Cf. Cireur, cit.).

4 « ... je me crus perdu dans une fourmilière de pygmées. » RENAN, Souvenirs d'enfance..., VI, II.

— Groupe social organisé, semblable à celui que forment les fourmis à l'intérieur de leur habitation. — REM. Cet emploi, souvent péjoratif, désigne en général une société mécanisée, d'où toute initiative, toute vie individuelle est bannie (Cf. Éclaircir, cit. 15).

5 « C'était une fourmilière heureuse, une famille dont tous les membres se congratulent, une espèce de victoire, une première revanche. » BARRÈS, Colline inspirée, XVII.

FOURMI-LION ou **FOURMILION.** *n. m.* (XIVᵉ s. *fourmilleon* ; 1745, *fourmi-lion* ; lat. zool. *formica-leo*). Insecte névroptère planipenne (*Myrméléonidés*), appelé aussi « myrméléon ». *Les larves du fourmi-lion se nourrissent des insectes, des fourmis qui tombent dans l'entonnoir qu'elles ont creusé et au fond duquel elles vivent* (V. **Formica-leo**).

1 « Dans le sable on rencontre encore un tout petit insecte dont les mœurs sont bien curieuses : le fourmilion. Il forme un entonnoir un peu plus large, qu'une pièce de cent sous, creux en proportion, et il s'installe dans le fond en embuscade. » MAUPASS., Au soleil, Le Zar'ez, p. 165.

2 « Décidément je suis un homme chez qui tombent des êtres, des événements, qui ne me sont pas *destinés.* Le fourmilion au fond de son entonnoir. » ROMAINS, H. de b. vol., t. III, V, p. 89.

FOURMILLANT, ANTE. *adj.* (XIIᵉ s. ; de *fourmiller*).

‖ 1° Qui s'agite, qui grouille à la façon des fourmis. V. **Grouillant.** Cf. Cour, cit. 5.

1 « Fourmillante cité, cité pleine de rêves, »
BAUDEL., Fl. du mal, Tabl. paris., XC.

2 « C'est du régime suranné des corporations que meurt Aix-la-Chapelle et au contraire, hors des prises du système corporatif, la vie économique est puissante et fourmillante. »
JAURÈS, Hist. soc. Révol. franç., t. V, p. 28.

|| **2°** *Littér.* Qui donne une sensation de fourmillement.

3 « Sous la fourmillante caresse »
VERLAINE, Parallèlement, Les amies, V.

4 « Comme elle dégageait avec précaution son bras gauche fourmillant et douloureux, et son épaule que l'immobilité ankylosait... »
COLETTE, Chéri, p. 169.

FOURMILLEMENT. *n. m.* (1636 ; d'abord *fourmiement*, 1545 ; de *fourmiller*). Agitation désordonnée et continuelle d'une multitude d'êtres. V. **Grouillement, pullulement.** *Un fourmillement de vers, d'insectes...* (Cf. Bruit, cit. 8). *Le fourmillement de la foule*. *Fig.* (non signalé par LITTRÉ). *Un fourmillement d'idées, d'événements, d'erreurs...* V. **Foisonnement, multitude, quantité.**

1 « ... des centaines de mille d'Égyptiens dont les costumes blancs ou bigarrés de couleurs vives papillotaient au soleil, dans ce fourmillement perpétuel qui caractérise la multitude, même lorsqu'elle semble immobile ; »
GAUTIER, Roman de la momie, III.

2 « Les rues du quartier latin, qu'emplit le fourmillement des étudiants et des grisettes, virent le commencement de ce songe. »
HUGO, Misér., I, III, II.

3 « Comment dégager d'un fourmillement infini d'êtres et d'événements les lignes essentielles et simples qui sont nécessaires pour former l'ensemble... que doit être l'œuvre d'art ? »
MAUROIS, Ét. littér., Romains, IV.

— Sensation comparable à celle que donnent des fourmis courant sur la peau. V. **Démangeaison, formication, picotement.** *Fourmillement consécutif à un engourdissement* (Cf. Engourdir, cit. 8).

FOURMILLER. *v. intr.* (XIIᵉ s., *formier* (du lat. *formicare*), refait en *fourmiller* (1552) avec le suff. *-iller*).

|| **1°** S'agiter en grand nombre (comme font les fourmis). V. **Grouiller, pulluler** (Cf. Épique, cit. 5).

1 « D'un peuple d'importuns qui fourmillent sans cesse. »
BOIL., Sat., VI.

2 « ... des pâtés pourris, une foule de comestibles de tout genre et même des coquillages, des poissons qui avaient de la barbe et dont les diverses puanteurs faillirent m'asphyxier. Partout fourmillaient des vers et des insectes. »
BALZ., Gobseck, Œuv., t. II, p. 671.

3 « Sur les contre-allées des boulevards, dans les branches des arbres, aux balcons, aux fenêtres, sur les toits, les têtes fourmillaient, hommes, femmes, enfants ; »
HUGO, Misér., IV, X, III.

4 « Ses nuées d'ablettes d'argent, vertes comme des épis, ou bleues comme des pierreries, fourmillaient, aux premières lueurs du jour ; »
R. ROLLAND, Jean-Christophe, Le matin, I.

— *Par ext.* Être en grand nombre (sans idée de mouvement). V. **Abonder.** *Les espions fourmillent dans cette armée. Les erreurs fourmillent dans ce texte.*

5 « C'est peu qu'en un ouvrage où les fautes fourmillent.
Des traits d'esprit semés de temps en temps pétillent. »
BOIL., Art poétique, I.

6 « Cerfs, daims, faisans, perdreaux, jamais on ne pourrait nombrer toutes les espèces de gibier qui fourmillent en Corse. »
MÉRIMÉE, Rom. et nouv., Colomba, I.

7 « ... le glaïeul, la flambe des marais, le narcisse des prés, la génotte, cette petite fleur qui annonce le beau temps, le safran printanier, brodaient et passementaient un profond tapis de végétation où fourmillaient toutes les formes de la mousse, depuis celle qui ressemble à la chenille jusqu'à celle qui ressemble à l'étoile. »
HUGO, Quatre-vingt-treize, I, I.

— FOURMILLER DE... V. **Abonder** (en), **déborder** (de). *Ce fromage fourmille de vers. La cour fourmillait d'enfants* (Cf. École, cit. 4). *Le monde fourmille de gens de cette espèce. La langue fourmille d'images usées* (Cf. Chandelle, cit. 5).

8 « Le chemin de fourmis fourmille. »
SCARR., Virg., IV.

9 « ... des comtes ou des marquis, dont la terre fourmille... »
LA BRUY., XII, 119.

10 « Bon, dit Michu en se parlant à lui-même, des espions ! le pays en fourmille. »
BALZ., Ténébreuse affaire, Œuv., t. VII, p. 448.

11 « Son édition fourmille de fautes et j'eus la satisfaction d'y relever quelques grosses bévues. »
FRANCE, Crime S. Bonnard, Œuv., t. II, p. 352.

|| **2°** *Par anal.* Être le siège d'une sensation de picotement (V. **Fourmi, fourmillement ; formication**). *Toute la main me fourmille* (ACAD.).

DER. — Fourmillant, fourmillement.

FOURNAGE. *n. m.* (1231 ; de *forn.* V. **Four**). *Féod.* Redevance* perçue par le seigneur pour la cuisson du pain au four banal. *Vx.* Ce que l'on payait au fournier pour la cuisson du pain.

FOURNAISE. *n. f.* (*Fornaise* au XIIᵉ s., forme féminisée de l'anc. fr. *fornaiz* ; lat. *fornax, fornacem*, augm. de *furnus*, « four »).

|| **1°** Grand four où brûle un feu violent. V. **Four, fourneau.** *Bouche, parois d'une fournaise* (Cf. Éclater, cit. 29) *Les flammes, le rougeoiement, la chaleur d'une fournaise. Martyrs précipités dans la fournaise.*

1 « ...une bouffée d'air brûlant s'échappa de l'ouverture sombre, comme de la gueule d'une fournaise. »
GAUTIER, Roman de la momie, p. 20.

— *Par métaph.* :

2 « ...ma tête, fournaise où mon esprit s'allume,
Jette le vers d'airain qui bouillonne et qui fume »
HUGO, Feuilles d'automne, I.

— *Par ext.* Feu* ardent.

3 « Un grand feu flambait dans l'âtre... elle se plaignait de la persistance de l'hiver, déclarait que malgré les fournaises les plus actives elle demeurait toujours grelottante et glacée... »
HUYSMANS, Là-bas, XII, p. 173.

— *Spécialt.* Feu de l'enfer*. *Les méchants seront jetés dans la fournaise ardente* (Cf. Dent, cit. 10).

4 « Une âme damnée qui, du milieu de la fournaise, apercevrait tout à coup la sortie de la géhenne... »   HUGO, Misér., V, III, VII.

|| **2°** *Par ext.* Endroit très chaud, surchauffé*. *Cette chambre sous les combles est une vraie fournaise en été. On étouffe dans cette fournaise. Ne sortez pas dans cette fournaise, attendez la tombée de la nuit* (Cf. aussi Émanation, cit. 3).

5 « ...une étroite vallée que la montagne enserre de partout comme un grand mur. Quand le soleil y donne, c'est une fournaise ; quand la tramontane souffle, une glacière... »
DAUD., Petit Chose, Gagne ta vie.

— Très grande chaleur. V. **Chaleur, feu.** *La fournaise d'un jour d'été, d'une salle surchauffée. La fournaise d'une fièvre atroce* (Cf. Brûler, cit. 39).

6 « — La nuit n'a pas calmé
La fournaise du jour dont l'air est enflammé. »
VIGNY, Poés., Colère de Samson.

|| **3°** *Fig.* Centre d'ardente, d'intense activité (Cf. Ébullition, cit. 6).

7 « La grande salle n'était plus qu'une vaste fournaise d'effronterie et de jovialité où chaque bouche était un cri, chaque face une grimace, chaque individu une posture. »   HUGO, N.-D. de Paris, I, V.

— Lieu de combat, où la bataille fait rage.

8 « Puis, à pas lents, musique en tête, sans fureur,
Tranquille, souriant à la mitraille anglaise,
La garde impériale entra dans la fournaise. »
HUGO, Châtiments, V, XIII.

ANT. — Glacière.

FOURNEAU. *n. m.* (*Fournel* au XIIᵉ s. ; dimin. de l'anc. franç. *forn*, « four »).

I. || **1°** *Technol.* Sorte de four, de forme et de matière variables, dans lequel on soumet à un feu violent certaines substances à fondre, à calciner... V. **Four.** *Fourneau à bois, à charbon... Ouverture, voûte d'un fourneau* (V. **Couronne**). *Appel d'air, tirage* d'un fourneau.* V. **Aspirail, cheminée.** *Enduit, chemise* réfractaire dans les hautes températures dans les fourneaux.* V. **Brasque.** *Fourneau à réverbère*, muni d'un dôme ou réverbère pour rabattre la chaleur. V. **Fournette, galère.** *Fourneau à fondre le verre ; cratère* d'un fourneau de verrier. Fourneau de forge*, de chaufferie. Fourneau de fusion des métaux* (V. **Fonderie**), *d'affinage* (V. **Finerie ; cubilot**). *Allumer, éteindre* (cit. 49) *un fourneau.*

1 « ...une série d'eaux-fortes... représentant les bords de la Tamise ; merveilleux fouillis d'agrès, de vergues, de cordages ; chaos de brumes, de fourneaux et de fumées tire-bouchonnées ; »
BAUDEL., Curios. esthét., XIII.

— *Spécialt.* Métall. Haut fourneau (milieu XVIIIᵉ s.; in ACAD. 1835), grand four à cuve destiné à fondre le minerai de fer et dans lequel le combustible est en contact avec le minerai. V. **Fer, fonte, sidérurgie** (REM. Les hauts fourneaux étaient autrefois appelés « forges ». V. **Forge**). *Les hauts fourneaux, hautes constructions en briques réfractaires armées extérieurement de frettes d'acier et refroidies par circulation d'eau, ont la forme de deux troncs de cône accolés par leur grande base* (V. **Cuve, étalage, ventre**), *prolongés vers le bas d'une partie cylindrique* (V. **Ouvrage ; creuset**) *qu'aère une puissante soufflerie* (V. **Buse, récupérateur, tuyère**) *Le combustible*, le minerai et le fondant* (V. **Herbue**) *sont introduits par la partie supérieure du haut fourneau* (V. **Gueulard, trémie**) *où ils sont soumis à une température très élevée ; la coulée de fonte et les déchets* (V. **Cadmie** ou **calamine, laitier, scorie...**) *sortent séparément dans la partie inférieure* (V. **Dame**). *Oxydation du fer dans le haut fourneau.* V. **Créma. Casse*, appareils fumivores* d'un haut fourneau. Anciens hauts fourneaux à charbon de bois ; haut fourneau à coke, électrique... Les hauts fourneaux des fonderies lorraines.* — *Par ext.* Usine qui possède au moins un haut fourneau. *Les hauts fourneaux de Lorraine.*

2 « J'ai établi, dans ma terre de Buffon, un haut fourneau avec deux forges : l'une à deux feux et deux marteaux, et l'autre à un feu et un marteau ; j'y ai joint une fonderie, une double batterie, deux martinets, deux bocards... »
BUFFON, Min., t. IV, p. 95.

3 « Les anciennes forges étaient localisées près du combustible dans le voisinage des forêts. Avec l'emploi du coke les hauts fourneaux s'installent de préférence près du minerai, à moins que ce dernier ne puisse être amené à bon compte par voie d'eau. »
J. BRUNHES, **Géogr. humaine**, t. I, p. 511.

‖ **2° Écon. domest.** Appareil fixe ou portatif où l'on brûle du bois, du charbon et sur lequel on fait chauffer l'eau, cuire les aliments... *Foyer, four, sole, plaque, grille, porte, tirette, buse, cheminée d'un fourneau. Cavités d'un fourneau recouvertes d'anneaux en fonte pour poser les récipients de tailles diverses et les mettre en contact avec la flamme. Anciens fourneaux en brique ou en maçonnerie ; fourneaux en fonte, en tôle émaillée. Fourneau de cuisine.* V. **Cuisinière.** *Petit fourneau.* V. **Huguenote.** *Allumer un fourneau. Bouillotte* (cit. 1) *qui chauffe sur le fourneau.* — *Par ext.* Tout appareil portatif servant à faire cuire ou chauffer. V. **Réchaud.** *Fourneau à gaz* (Cf. Cuisine, cit. 4), *à alcool, à pétrole, à essence... Fourneau électrique.*

4 « Sur le fourneau, un civet de lièvre chantait dans la casserole. »
FRANCE, **Petit Pierre**, XVII.

5 « ...il guettait une marmite qui bouillonnait sur le fourneau... »
HUYSMANS, **Là-bas**, IX.

— *Fig.* V. **Imbécile, sot.**

6 « Fourneau ! intervient Brague sans élever la voix. Quand tu auras fini de jacter ! »
COLETTE, **Vagabonde**, p. 108.

— *Par ext.* Grand poêle de fonte, de tôle, de faïence utilisé dans certaines provinces. V. **Poêle*.**

‖ **3° Chim.** Appareil composé de vaisseaux et de foyers, utilisé pour certaines opérations chimiques. *Fourneau à distiller. Fourneau de coupelle. Fourneau d'affineur, de pharmacien.*

7 « Plus, un fourneau de brique, avec deux cornues, et trois récipients, fort utiles à ceux qui sont curieux de distiller. »
MOL., **Avare**, II, 1.

II. Par ext. ‖ **1°** *Fourneau à charbon :* meule de bois dans laquelle on ménage une cheminée, et qui se transforme en charbon* de bois par combustion lente.

‖ **2°** *Fourneau de mine :* cavité dans laquelle on met une charge d'explosifs destinée à faire sauter un rocher, un ouvrage...* V. **Camouflet, chambre** (d'une mine). *Compassement* des fourneaux de mine ; faire jouer les fourneaux.*

8 « ...on résolut de ne faire jouer qu'à la dernière extrémité les fourneaux... »
RAC., **Siège de Namur.**

‖ **3° Mar.** *Fourneau de foyer :* espace compris entre la grille et la surface de chauffe des chaudières.

‖ **4°** Partie évasée d'une pipe* où brûle le tabac. *Fourneau et tuyau d'une pipe. Pipe à grand, à petit fourneau. Fourneau en terre* (Cf. Calumet, cit. 2), *en bois sculpté, en porcelaine...*

9 « C'était une pipe en terre de deux sous, à long tuyau, et dont l'intérieur du fourneau était un peu noirci. »
Ch.-L. PHILIPPE, **Père Perdrix**, I, IV.

10 « ...de petites pipes... pas plus grosses de fourneau qu'un dé de jeune fille. »
GIONO, **Jean le Bleu**, I.

FOURNÉE. *n. f.* (XII° s. ; de l'anc. franç. *forn*, « four », et suff. *-ée*).

‖ **1°** Quantité de pains que l'on fait cuire à la fois dans un four. *Boulanger qui fait deux fournées par jour. Pain de première, de dernière fournée. Grosse, petite fournée. Demi-fournée.*

1 « Par suite, les fournées, calculées sur les besoins d'un seul jour, deviennent insuffisantes, et les derniers de la queue rentrent chez eux les mains vides. »
TAINE, **Orig. France contempor.**, III, t. I, p. 134.

— Ensemble de tout ce qu'on expose à la fois à la chaleur d'un four. *Fournée de tuiles, de faïence...*

2 « ...la tête protégée par un sac, les mains gantées, des hommes disloquent une fournée faite de colonnes d'argile rose où, dans sa coque de brique, la porcelaine ivoirine mûrit comme une amande. »
CHARDONNE, **Dest. sentim.**, p. 268.

‖ **2° Fig.** *Avec une nuance d'ironie.* Ensemble de personnes nommées à la fois aux mêmes fonctions ou dignités. *Un tel sera de la prochaine fournée de ministres, de légionnaires. Fournée de pairs.*

3 « Il (*René Potier*) poussa après sa fortune, à force d'années, jusqu'à devenir duc et pair à l'étrange fournée de 1663. »
ST-SIM., **Mém.**, t. I, VII.

4 « Si Troubert prenait notre famille en haine, il pourrait m'empêcher d'être compris dans la prochaine fournée de pairs. »
BALZ., **Curé de Tours**, Œuv., t. III, p. 834.

5 « En certains pays, lorsqu'un nouveau parti s'emparait du pouvoir, il proscrivait la moitié du Sénat et créait d'urgence une nouvelle fournée de sénateurs pour boucher les trous. »
SARTRE, **Situations II**, p. 46.

— Se dit de Groupes de personnes qui accomplissent ou subissent quelque chose, successivement chacun à son tour. *Fournée de visiteurs, de touristes... Fournées de condamnés à mort, de martyrs. Il fut de la dernière fournée de guillotinés sous la Terreur* (V. **Charretée**).

6 « Citerai-je aussi les articles horribles (*d'un dictionnaire de la Révolution*) : *journée, subst. fém.*, nom donné aux charretées d'individus condamnés au supplice de la guillotine, et *guillotine, lanterne et lanterner...* termes que la cruauté et la bassesse qui les ont introduits dans la langue révolutionnaire doivent bannir de celle des honnêtes gens... »
MORELLET (in BRUNOT, Hist. lang. franç., t. X, II, p. 671).

7 « ...deux cents habitants de la petite ville voisine de Manacor, jugés suspects par les Italiens, avaient été tirés de leurs lits, en pleine nuit, conduits par fournées au cimetière, abattus d'une balle dans la tête et brûlés en tas un peu plus loin. »
BERNANOS. **Grds cimetières sous la lune**, p. 108.

FOURNIER, IÈRE. *n.* (1153 ; lat. *furnarius*, de *furnus*). (V. **Four**).

I. Ancienn. Celui, celle qui tenait un four à pain. *Le fournier du village* (ACAD.). — Celui, celle qui travaille au four du boulanger. V. **Boulanger.**

II. Zool. Petit passereau* dentirostre d'Amérique du Sud, dont le nid est en forme de four.

FOURNIL (*four-ni*). *n. m.* (XII° s. ; de *forn*. V. **Four**). Local où est placé le four du boulanger*, et où l'on pétrit la pâte.

« Un jour on la célébrerait de s'être levée à 4 heures l'été pour faire les légumes du jardin, d'avoir cuit son pain au fournil... »
PLISNIER, **Meurtres**, t. I, p. 70.

HOM. — Formes du v. **Fournir.**

FOURNIMENT. *n. m.* (XV° s. ; de *fournir*, par l'interm. de l'ital. *fornimento*). *Vx.* Étui ou poire à poudre d'un soldat, d'un chasseur (Cf. Cordon, cit. 1). — *De nos jours.* Ensemble des objets composant l'équipement* du soldat, et *particult.* la buffleterie. V. **Attirail*, fourbi.** *Astiquer son fourniment.*

« Chacun d'eux portait sur son dos une énorme Chimère, aussi lourde qu'un sac de farine ou de charbon, ou le fourniment d'un fantassin romain. »
BAUDEL., **Spleen de Paris**, VI.

— *Par ext. Fam.* Objets, matériel, vêtements... propres à une profession ou à quelqu'un. *Un fourniment complet d'ecclésiastique* (cit. 4).

FOURNIR. *v. tr.* et *intr.* (XII° s. *fornir*, d'un francique *frumjan*, « exécuter »).

I. V. tr. Pourvoir* de ce qui est nécessaire. V. **Alimenter, approvisionner** (REM. Cet emploi tend à vieillir).

‖ **1°** Avec un compl. de chose. *Négociant qui fournit de vins et de boissons un grand restaurant. Fournir de charbon un immeuble. Fournir un magasin de toutes les marchandises nécessaires.* V. **Assortir.** *Fournir d'outils.* V. **Outiller.** *Fournir un étui de toutes ses pièces* (ACAD.). V. **Garnir.** *Une maison fournie de toutes sortes de provisions* (REM. À la construction *fournir de quelque chose*, seule admise par les dictionnaires classiques, se substitue de plus en plus dans la langue courante la construction *fournir en quelque chose*).

1 « Nous comptions quelquefois. On me donnait le soin
De fournir la maison de chandelle et de foin ; » RAC., **Plaid**, I, 1.

2 « Chaque famille restait au coin du feu, dans une maison soigneusement close, fournie de biscuit, de beurre fondu, de poisson sec, de provisions faites à l'avance pour les sept mois d'hiver. »
BALZ., **Séraphita**, Œuv., t. X, p. 464.

3 « Il faut laisser aux charlatans le soin de flagorner la nature humaine, et de la fournir en pilules propres à guérir tous les maux. »
SUARÈS, **Trois hommes**, Ibsen, IV.

‖ **2°** Avec un compl. de personne. *C'est ce marchand qui nous fournit de produits d'entretien.* V. **Fournisseur.** *Littérature qui fournit un auteur de textes et de citations* (Cf. Accablement, cit. 3). — *Pronominalt. Se fournir du nécessaire.* V. **Monter** (se).

4 « Typhon fournit un grand de chiens et de chevaux ; que ne lui fournit-il point ? »
LA BRUY., XIV, 62.

— *Absolt.* L'objet de la fourniture étant sous-entendu. *Fournir une famille, des estivants, des troupes...* (Cf. Aqueduc, cit. 2). V. **Ravitailler.** *Pronominalt. Se fournir chez un marchand.* V. **Servir** (se).

5 « Les marchands de Paris sont flattés de donner des repas aux officiers des régiments qu'ils fournissent. » DUCLOS (in LITTRÉ).

— *Par ext. Fournir une carrière** (d'abord T. de Manège) : la parcourir jusqu'au bout (*Fig.* Cf. Carrière, supra, cit. 21). *Fournir une course.* V. **Accomplir.** *Fournir un parcours d'une seule haleine* (Cf. Étape, cit. 6).

II. V. tr. Faire avoir (quelque chose) à quelqu'un, mettre à la disposition. V. **Procurer.**

‖ **1°** V. **Donner.** *Fournir le vivre et le couvert à des réfugiés. Fournir du travail à un chômeur. Fournir du secours, une aide.* — V. **Prêter.** *École primaire qui fournit les livres aux élèves. Fournir des troupes à un allié, un contingent. Fournir un supplément, un surplus.* V. **Suppléer.** — *Fournir une carte, et absolt. Fournir.* Jouer une carte de la couleur demandée. *Vous n'avez pas fourni à trèfle, et maintenant vous en jouez !* — *Fournir des renseignements à quelqu'un. Je vous en fournirai les moyens. Fournir un prétexte* (Cf. Adoucissement, cit. 5 ; étourderie, cit. 1), *un alibi* (cit. 2). *Fournir un aliment* (cit. 6) *à la curiosité*

publique, des armes* à l'adversaire ou contre soi-même.
Fournir des exemples (cit. 28), *des idées, des arguments*
(Cf. Farine, cit. 6)... *Hasard qui fournit une occasion.*
Mémoire fidèle qui fournit une citation, un exemple...
Connaissances fournies par l'expérience (Cf. A priori, cit. 2).
Fournir matière à des conjectures, à un procès, à discussion...

6 « Les comparaisons ... ne leur fournissent aucune idée de l'éloquence. »
LA BRUY., I, 29.

7 « Voici de gentilles pâquerettes, dit-il, et de quoi fournir bien des
oracles à toutes les amoureuses du pays. »
FLAUB., Mᵐᵉ Bovary, II, VIII.

8 « De tempérament un peu sec, son cœur ne fournit pas à sa pensée
un aliment suffisant ; »
GIDE, Symphonie pastorale, p. 112.

9 « ... il n'était pas fâché qu'on ne l'eût pas pris au mot, et qu'on
insistât pour lui fournir les garanties qu'il ne réclamait pas. »
ROMAINS, H. de b. vol., t. V, XII, p. 93.

— *Spécialt.* V. **Exposer, présenter, produire.** *Fournir*
ses dépenses, ses comptes. Il devra fournir les pièces néces-
saires. Je peux en fournir la preuve. V. **Apporter.** *Fournir*
ses griefs, une caution, ses défenses (Cf. Audience, cit. 16).
Fournir des raisons (V. **Alléguer**), *une série d'arguments*
(V. **Aligner**).

‖ 2º En parlant d'entreprises économiques, commerciales,
financières. *Ce magasin nous fournit tous les produits*
d'épicerie. V. **Livrer, vendre.** *Fournir au client ce qu'il*
désire. V. **Servir.** *Ils sont les seuls à fournir cet article.*
Cette banque a fourni à la Société les premiers fonds.
Tailleur qui n'accepte pas qu'on fournisse l'étoffe. Fournir
des armes, du matériel, des vivres... à une armée, à un
pays. V. **Équiper ; fournisseur, munitionnaire** (Cf. Appa-
raux, cit. 1). *Entrepreneur qui offre de fournir des biens*
ou des services à certaines conditions. V. **Soumissionner**
(Cf. *aussi* Entreprise, cit. 12).

10 « ... il n'en résulte (*de la guerre*) que la misère des peuples : il y a
seulement, de part et d'autre, cinq ou six cents personnes qui font des
fortunes immenses à fournir le nécessaire et le superflu aux meurtriers enrégimentés. »
VOLT., Lett. à Mᵐᵉ la duch. de Saxe-Gotha, 31 juill. 1761 (éd. Garnier).

‖ 3º En parlant d'un bien productif, de l'agent de production. V. **Produire.** *Vignoble qui fournit un vin estimé.*
C'est une espèce qui fournit d'excellents fruits. Huile
fournie par certaines graines. Le Brésil fournit la majeure
partie du café mondial (Cf. Constitution, cit. 5). — *Remède*
qui fournit à l'organisme déficient les substances qui lui
manquent (Cf. Antitoxique, cit.).

11 « Si votre vache vous donne un coup de corne, ne soyez pas si fou
que de la tuer, dans votre rage ; qui vous fournira du lait alors que
vous serez au lit ? »
DUHAM., Récits t. de guerre, IV, XX.

— *Par anal. École qui fournit les meilleurs ingénieurs,*
des spécialistes, des cadres... Cette famille a fourni à la
nation de nombreux hommes d'État.

12 « (*Cette famille*), par exemple, qui avait fourni plusieurs ecclésiastiques de valeur, entre autres le dernier évêque de Navarrenx... »
TOULET, Jeune fille verte, V, p. 166.

— *Fig. Il est capable de fournir une grosse somme de*
travail. Il a dû fournir un effort considérable (Cf. Adaptation, cit. 2). V. **Faire.** *Travail fourni par une machine.*

13 « L'ingénieur qui s'appliquerait à composer un appareil automatique
susceptible de fournir, dans toutes les dimensions de l'espace, le nombre d'opérations motrices ... que l'on peut exiger d'une main humaine... »
DUHAM., Scènes vie fut., XV, p. 221.

III. *V. intr.* FOURNIR à. Contribuer, en tout ou en partie,
à quelque chose. V. **Participer.** *Fournir à la dépense, aux*
frais, à l'entretien... Famille qui fournit aux besoins d'un
fils qui fait ses études. V. **Satisfaire, subvenir.**

14 « Prince prodigue, exécrable en dépenses,
Qui pour fournir à ses folles bombances,
De ses sujets rongera tous les os,
Boira le sang, haussera les impôts, »
RONSARD, La Franciade, IV.

15 « ... si on ne fait la paix, ils déclarent qu'ils ne fourniront plus aux
frais de la guerre. »
RAC., Camp. de Louis XIV.

16 « Attentif comme un père, il fournissait à tous mes besoins ... »
BALZ., Honorine, Œuv., t. II, p. 265.

— *Fig.* Vieilli. *Il ramasse là de quoi fournir à son bavar-*
dage (Cf. Caquet, cit. 4). Vx. *On ne saurait fournir à tout*
(V. **Suffire**).

17 « Ma foi ! me trouvant las, pour ne pouvoir fournir
Aux différents emplois où Jupiter m'engage, »
MOL., Amph., Prol.

18 « Il s'en va temps que je reprenne
Un peu de forces et d'haleine
Pour fournir à d'autres projets. » LA FONT., Fab., VI, Épilogue.

‖ FOURNI, IE. *adj.* Approvisionné, pourvu, rempli. *Une*
table, une bibliothèque bien fournie. Une librairie vrai-
ment bien fournie. (N.-B. Ne pas confondre avec *achalandé*,
qui est couramment, mais à tort, pris dans ce sens). — *Par*
anal. Où la matière abonde. *Un bois bien fourni.* V. **Touffu.**
Une barbe, une chevelure particulièrement fournie. V. **Dru,**
épais. *Rendre un son plus plein, plus fourni.* V **Étoffé.**

« ... sans épisodes, j'eusse bien pu en composer une comédie de 19
cinq actes bien fournis, et avoir encore de la matière de reste. »
MOL., Fâch., Avertissement.

« Je partais en emportant un panier peu fourni, tandis que mes 20
camarades apportaient d'abondantes provisions. »
BALZ., Lys dans la vallée, Œuv., t. VIII, p. 774.

« L'extrémité de son poil court et fourni brille, s'irise au soleil 21
comme fait l'hermine. » COLETTE, Paix chez les bêtes, Nonoche.

ANT. — Frustrer, priver ; dégarnir, démunir. Ôter, refuser, retirer.
Soustraire (se). — Dénué, pauvre, vide ; clairsemé.

DER. et COMP. — Fourniment. Fournisseur. Fourniture. Parfournir. —
Fournissement. *n. m.* (XIVᵉ s.). *Comm.* Apport de chaque associé au
fonds commun dans une société. *Dr.* Action d'établir des lots entre
copartageants. *Compte de fournissement.*

HOM. — Fournil.

FOURNISSEUR, EUSE. *n.* (1415, mais rare jusqu'au
XVIIIᵉ s. ; de *fournir*, sous la forme du rad. long *fourniss-*,
et suff. *-eur*). Celui, celle qui fournit des marchandises,
des denrées à un client. V. **Approvisionneur, pourvoyeur,**
ravitailleur. *Fournisseurs militaires, des troupes, de l'ar-*
mée (Cf. Commerce, cit. 8). *Fournisseur d'une cantine.*
V. **Entrepreneur.** *Changer de fournisseur.* V. **Marchand**
(Cf. Consommation, cit. 4). *Régler quelques dettes chez les*
fournisseurs du quartier. V. **Commerçant.** *Fournisseur*
étranger. V. **Correspondant.** *Coopérative* (cit. 2) *où le*
consommateur devient son propre fournisseur.

« De 1793 à 1799, du Bousquier fut entrepreneur des vivres des 1
armées françaises... il rencontra la haine de Napoléon contre les fournisseurs qui avaient joué sur sa défaite. »
BALZ., Vieille fille, Œuv., t. IV, p. 224.

« L'apothicaire se montra le meilleur des voisins. Il renseigna 2
Mᵐᵉ Bovary sur les fournisseurs, fit venir son marchand de cidre tout
exprès... » FLAUB., Mᵐᵉ Bovary, II, III.

« Réglés les fournisseurs et le loyer, il nous restait encore largement 3
de quoi vivre ... » CÉLINE, Voyage au bout de la nuit, p. 414.

FOURNITURE. *n. f.* (1393 ; *forneture* au XIIIᵉ s. ; dér. sav.
de *fournir*).

‖ 1º Action de fournir. *Être chargé de la fourniture des*
vivres, du fourrage (Cf. Étape, cit. 3). V. **Approvisionne-**
ment. *Avoir, entreprendre, faire... la fourniture des chaus-*
sures militaires. Obtenir un marché de fourniture. V. **Entre-**
preneur. *Fourniture de certaines marchandises dans le*
commerce.

« Il s'agit pourtant ici de la paix : on juge fort inamical, outre-
Rhin, les fournitures de guerre à la Serbie, qui peut toujours être le
brandon d'un incendie européen ... »
ARAGON, Beaux quartiers, III, III.

‖ 2º Ce qu'on fournit, ce qu'on livre (généralement au
pluriel). V. **Provision.** *Contrebande de fournitures mili-*
taires. Fournitures de couchage complètes, demi-fournitures,
à l'usage du soldat. Fournitures dues à des soldats. V. **Pres-**
tation. *On trouve dans cette librairie toutes les fournitures*
scolaires.

— *Spécialt.* Ce que fournissent, en dehors de la matière
principale, qui, elle-même, leur est fournie, les artisans à
façon tels que tailleurs, couturiers, tapissiers... *Il m'a*
pris tant pour la façon et tant pour les fournitures. Le prix
du tissu était avantageux, mais la couturière m'a compté
très cher les fournitures. — *Petit outillage nécessaire à*
l'exercice d'un métier. Fournitures pour dentiste. — *Menues*
pièces de peau qu'utilise le gantier. — *Mus.* Jeu d'orgues
destiné à rendre le son plus plein. — *Cuis.* Fines herbes
que l'on mêle à la salade. V. **Assaisonnement.**

FOURRAGE. *n. m.* (XIIᵉ s. ; dér. anc. de *feurre**, « paille »).
Agric. et *élev.* Nourriture du bétail, constituée par les
tiges et les feuilles de certaines plantes herbacées (V. **Herbe ;**
foin*, paille) et, plus généralement, toutes les plantes dont
les tiges, les feuilles, les graines, les racines, les tubercules, servent à la nourriture du bétail. V. **Fourrager** (plantes fourragères). *Principaux fourrages :* ajonc, alpiste,
avoine, betterave, carotte, chicorée, chou, colza, crételle,
drèche, farouch, fenugrec, féverole, fléole, flouve, fromental, gesse ou jarosse, houlque ou houque, lentille, lotier,
lupin, lupuline, luzerne, luzule, maïs, mélilot, mélique,
millet, minette (ou petite luzerne), moha, navet, navette,
panais, pied-d'oiseau, pois, pomme de terre, rave, ray-grass,
rutabaga, sainfoin, sarrasin, seigle, sorgho, spergule, topinambour, tourteau, trèfle, vesce, vulpin... *Fourrages de*
prairie naturelle, artificielle. (Cf. Culture, cit. 6 ; faucher,
cit. 1). *Fourrage de fin d'hiver.* V. **Hivernage.** *Fourrage*
vert* broué sur place ou coupé pour être mangé à l'étable ;
fourrage sec, récolté et séché pour être consommé ultérieurement. *Parc, silo, grenier à fourrage. Presse à four-*
rage. Botte, trousse*, biscuit de fourrage. Préparation de
fourrage. V. **Provende.** *Apporter* (cit. 5) *du fourrage aux*
bestiaux.

« ... les fourrages verts sont gorgés d'eau (75 à 80 p. 100), tandis que
les fourrages secs renferment moins du cinquième de leur poids en eau :
les animaux devront donc en consommer beaucoup moins pour absorber
la même quantité d'éléments nutritifs. »
OMNIUM AGRIC., Fourrages.

— *Spécialt.* Herbe qu'on coupe à l'armée pour la nourriture des chevaux. *Faire du fourrage.* V. **Fourrageur** (Cf. Croiser, cit. 6).

— Ration de paille d'avoine qu'on donne à une vache.

DER. — Fourrager* (*adj.* et *v.*), fourragère.

COMP. — Affourrager.

FOURRAGER. *v. intr. et tr.* (XIVᵉ s. au sens 1ᵉʳ ; de *fourrage*).

I. *V. intr.* ‖ **1°** Couper, faire du fourrage, *particult.* en parlant des troupes qui ravageaient la campagne pour approvisionner leurs chevaux (*peu usit.* de nos jours). *Soldats qui fourragent dans la campagne.*

1 « (*Ils*) vinrent loger en un beau pré, où ils trouvèrent assez à fourrager pour leurs chevaux ... » FROISSART, I, I, 44 (in LITTRÉ).

‖ **2°** *Fig.* Chercher en remuant, en mettant du désordre. V. **Fouiller, fourgonner, fureter.** *Fourrager dans un tiroir, dans des papiers. Fourrager dans sa barbe* (cit. 16). *Rat qui fourrage dans la terre* (Cf. Creuser, cit. 2). — *Fourrager dans les livres.* Fig. *Cet auteur a fourragé dans tous les grands romans du siècle.* V. **Compiler, plagier.**

2 « Il cherche, il fourrage, il crie, il s'échauffe ... » LA BRUY., XI, 7.

3 « Josépha se leva, fourragea dans les fleurs rares de ses jardinières, et fit un charmant, un délicieux bouquet ... » BALZ., Cousine Bette, Œuv., t. VI, p. 455.

4 « Après un moment de silence, les tuiles remuèrent de nouveau, et quelque chose racla le mur de la maison. Je pensai à l'échelle. Je ne bougeai pas. J'écoutai. On fourrageait là-haut dans le volet qui du reste semblait tenir bon. » BOSCO, Le sanglier, p. 167.

II. *V. tr.* ‖ **1°** *Fig.* et *vieilli.* V. **Dévaster, ravager, saccager.** *Le troupeau a fourragé cette pièce de blé* (ACAD.).

5 « Les gens dont mon gibier aura fourragé la récolte. » ROUSS., Émile, IV.

‖ **2°** Mettre en désordre en manipulant, en fouillant...

6 « ... secundo, j'y étais à l'abri des incursions de Séraphie qui chez mon grand-père venait, quand elle avait le diable au corps plus qu'à l'ordinaire, visiter mes livres et fourrager mes papiers. » STENDHAL, Vie de Henry Brulard, 19.

7 « Mais elle se priva du plaisir de fourrager ces cheveux dorés, d'offrir son bras nu à cette bouche brillante. » COLETTE, La chatte, p. 89.

8 « Il s'éveilla comme la nuit tombait et resta pendant plus d'un quart d'heure à fourrager sa tignasse en bâillant. » DUHAM., Salavin, V, XV.

DER. — Fourrageur. *n. m.* (XIVᵉ s.). *T. milit.* Cavalier qui fourrage pour les chevaux. V. **Fourrier.** — *Par ext.* *Charger en fourrageurs* se dit de cavaliers qui combattent en ordre dispersé et sur un rang. — Vx. *Par anal.* V. **Maraudeur.** Fig. V. **Fureteur.**

FOURRAGER, ÈRE. *adj. et n.* (début XIXᵉ s. ; de *fourrage*).

I. *Adj.* (1835 in ACAD.). *Agric.* Qui fournit du fourrage (usité surtout au fém.). *Plantes, cultures fourragères.* V. **Fourrage.** *Le trèfle, la luzerne et le sainfoin, principales plantes fourragères cultivées en France. Betterave* fourragère. *Chou* fourrager. *Arbres fourragers.*

1 « ... la culture du pays était toute aux céréales et aux plantes fourragères. » ZOLA, La terre, I, III.

II. *N. f.* ‖ **1°** *Par ext.* Champ* le plus proche de la ferme consacré à la production du fourrage. *Fourragère de luzerne.*

‖ **2°** Cadre en bois à claire-voie, placé aux extrémités d'une charrette et servant au transport du fourrage. *Par ext.* La charrette elle-même. *T. milit.* Charrette à fourrage des régiments de cavalerie, affectée aux transports divers.

2 « Pendant qu'on chargeait les sacs et les bagages sur deux fourragères, le détachement forma les faisceaux. » CHARDONNE, Dest. sentim., p. 345.

‖ **3°** (1872 selon BLOCH, d'après un sens non attesté de « corde à fourrage »). Ornement de l'uniforme militaire ou insigne formé d'une tresse agrafée à l'épaule, entourant le bras et se terminant par des aiguillettes* de métal. *La fourragère, décoration collective conférée lors des deux dernières guerres aux corps qui se sont particulièrement distingués à l'ennemi, est portée par tous les officiers et soldats de l'unité décorée, et attachée au drapeau. Fourragère verte, jaune, rouge, correspondant à la croix de guerre, la médaille militaire, la légion d'honneur. Fourragère double cumulant deux décorations. Porter la fourragère.*

3 « Rien que sa façon de hocher la tête en répétant : « Je crois qu'ils nous ont » ... aurait découragé un régiment à fourragère. » DORGELÈS, Croix de bois, XV.

FOURRÉ. *n. m.* V. FOURRER.

FOURREAU. *n. m.* (*Furrel* vers 1100 ; dér. de l'anc. franç. *fuerre*, d'un francique *fôdr*, « fourreau », homonyme de *fôdr*, « fourrage ». V. **Fourrer**).

‖ **1°** Enveloppe* allongée, destinée à recevoir une chose de même forme pour la préserver quand on ne s'en sert pas. V. **Étui, gaine.** *Fourreau d'armes blanches. Fourreau de sabre, de baïonnette. Fourreau d'épée. Anciens fourreaux de bois, de cuir garni de cuivre ; fourreaux en tôle d'acier. Corps, bouterolle*, chape* (entrée), frettes* d'un fourreau. Faux fourreau : second fourreau qui protège le véritable fourreau. Tirer l'épée du fourreau* (V. **Dégainer**) et *fig.* Commencer les hostilités. *Remettre l'épée au fourreau* (V. **Rengainer)** et *fig.* Faire la paix.

1 « ... Jacques Iᵉʳ, avec beaucoup de courage, sentit toute sa vie un frémissement involontaire quand on tirait une épée du fourreau. » VOLT., Dict. philos., Influence.

— *Par métaph.* :

2 « Le glaive de la justice n'a pas de fourreau. » J. de MAISTRE, Soirées de St-Pétersbourg, À propos de Volt.

3 « Une volonté de fer pour résister, une âme d'acier fin dans un fourreau de glace ; » SUARÈS, Trois hommes, Ibsen, III.

— LOC. PROV. *L'épée, la lame use le fourreau :* une trop grande activité de l'esprit use, épuise.

4 « Il y a un proverbe qui dit : Le couteau use la gaine, l'épée le fourreau, l'esprit le corps. » Mᵐᵉ de MAINTENON (in LAFAYE, Dict. syn., suppl., p. 156).

5 « Comment peut-on tomber dans cet état à la fleur de l'âge, sans avoir aucun viscère vicié, sans avoir rien fait pour détruire sa santé ? L'épée use le fourreau, dit-on quelquefois. Voilà mon histoire. Mes passions m'ont fait vivre, et mes passions m'ont tué. » ROUSS., Conf., V.

— *Fourreaux d'objets usuels. Fourreau de rasoir* (Cf. Asperger, cit. 4). *Fourreau de parapluie, en soie, en cuir...*

— Spécialt. *Zool.* Repli cutané où rentre la verge de certains animaux (cheval, etc.).

6 « La partie libre de la verge qui prolonge la partie fixe reste enfermée dans un repli cutané appelé fourreau. Lors de la miction (émission d'urine) ou lorsque l'animal se prépare à l'accouplement (érection), cette partie libre vient au dehors du fourreau. » NOUV. LAR. AGRIC., p. 623.

‖ **2°** *Par ext.* Ce qui recouvre quelque chose d'allongé et en épouse la forme. *Fourreau de doigt.* V. **Doigtier.**

— Spécialt. *Bot.* Enveloppe d'un épi naissant.

— Robe* de femme très étroite, dont le haut et la jupe moulent le corps (Cf. Forme, cit. 24). *Fourreau court. Fourreau long pour le soir. Tunique portée sur un fourreau de satin noir.* — Par appos. *Robe, jupe fourreau.*

7 « Une étroite robe, ou, pour mieux dire, un fourreau de gaze transparente, moulait exactement les contours junéviles de son corps élégant et frêle. » GAUTIER, Le roman de la momie, I.

8 « Du long fourreau de lainage bleu où sa taille pleine ondulait, sortaient deux bras ronds et fins, nus jusqu'à l'épaule ; » DAUD., Sapho, I.

— *Pop.* V. **Pantalon.**

FOURRER. *v. tr.* (XIIᵉ s. d'après BLOCH ; de l'anc. franç. *fuerre.* V. **Fourreau**).

I. ‖ **1°** Doubler* de quelque chose qui garnit ou protège. V. **Garnir.** — Garnir extérieurement (*Vx.* au sens général). V. **Enrober, envelopper.**

1 « Et de peur que ses frères en montant ne fissent (*du*) bruit, elle la couvrit (*l'échelle*) et fourra de laine ... » AMYOT, Pélop., 65 (in LITTRÉ).

— *Fourrer une médaille :* la couvrir d'une lame d'or ou d'argent.

— Mar. *Fourrer un cordage*: l'entourer avec du bitord*, du merlin... pour le préserver de l'humidité, du frottement... (V. **Fourrure** I). *Maillocher*; à fourrer.

— Garnir intérieurement. *Fourrer des bonbons avec de la confiture* (Cf. FOURRÉ, *infra*).

‖ **2°** *Spécialt.* Doubler de quelque chose qui tient chaud, et particulièrement de fourrure (V. **Fourrure** II). *Ce vieillard a fait fourrer son justaucorps, il a son manteau doublé de panne, de ratine* (FURETIÈRE, 1690). — REM. À la forme active, *fourrer* ne s'emploie plus guère que pour « doubler de fourrure ». *Fourrer un manteau avec du lapin.*

2 « On en pourrait fourrer (*de la peau de l'ours*) plutôt deux robes qu'une. » LA FONT., Fab., V, 20.

II. ‖ **1°** Faire entrer (comme dans un fourreau). *Fourrer ses mains dans ses poches* (V. **Fourgonner**). *Fourrer son bras dans un trou. Fourrer ses doigts dans son nez. Il se fourra le nez dans son assiette* (cit. 17). *Il s'est fourré une écharde, une épine dans le doigt* (ACAD.). V. **Enfoncer.**

3 « Ulysse eut envie de lui fourrer son épée dans le cœur ... c'est-à-dire de la fourrer jusqu'aux gardes dans un si grand corps ; » RAC., Rem. sur l'Odyssée, IX.

4 « Le Dabiou fourre ses doigts dans l'orifice de la prise de courant. » DUHAM., Les plaisirs et les jeux, III, VIII.

5 « Wazemmes, les mains fourrées dans ses poches, hocha la tête d'un air de résignation navrée ... » ROMAINS, H. de b. vol., t. V, XXVII, p. 276.

— Fam. *Il s'en est fourré jusque-là :* il s'est gavé de nourriture, et au *fig.*, il s'en est donné jusqu'à satiété.

— Fig. *Fourrer son nez dans...* V. **Nez.**

— Fam. *Se fourrer le doigt dans l'œil, dans l'œil jusqu'au coude :* se tromper*. V. **Doigt.**

6 « Ah bien ! mon petit, en voilà qui se fourrent le doigt dans l'œil ! » ZOLA, Nana, IX, p. 325.

‖ **2°** *Fam.* Faire entrer (avec plus ou moins de soin, de brutalité, d'à-propos...). V. **Enfourner, mettre*...** *Fourrer des objets dans un sac, une boîte, un tiroir, un meuble... Fourrer quelque chose dans la main de quelqu'un* (Cf. Exploit, cit. 8). *Fourrer une valise sous un meuble, un mouchoir sous son oreiller... Fourrer quelqu'un en prison :* l'emprisonner*, l'incarcérer sans égards. V. **Flanquer, foutre** (*pop.*). (Cf. Cachot, cit. ; camisole, cit. 3 ; dénonciation, cit. 1).

7 « Parbleu ! je l'ai fourré dans notre salle basse. »
RACINE, **Plaid.**, II, 11.

8 « Je connais un peu les lois de Catalogne, allez chercher le corrégidor pour me fourrer ces drôles en prison. »
BALZ., **Ress. de Quinola**, III, 10.

9 « En un instant le petit fut monté, poussé, traîné, tiré, bourré, fourré dans le trou sans avoir eu le temps de se reconnaître ... »
HUGO, **Misér.**, IV, VI, II.

10 « Ce fut toute une affaire ensuite, quand il voulut fourrer le cochon au fond d'un sac, qu'il avait apporté sous sa blouse. La toile mûre creva, les pattes de l'animal passèrent, ainsi que le groin. »
ZOLA, **La terre**, II, VI.

11 « Un panier, dit Simon, c'est pratique. On y fourre tout ce qu'on veut. »
CARCO, **Les belles manières**, III, IX.

12 «... il m'a demandé si je portais un tricot, un bon tricot bien chaud. J'ai dit que oui, mais il ne voulait pas me croire et il voulait à tout prix fourrer ses doigts sous mon tablier. »
GREEN, **Léviathan**, II, III.

— *Fourrer quelque chose dans la tête, le crâne... de quelqu'un* (soit pour le faire apprendre*, soit pour le faire croire*, accepter). *Il fut difficile de lui fourrer dans la tête les premières notions d'algèbre. On lui a fourré dans l'esprit qu'il était incapable de réussir* (V. **Persuader**). *Je ne sais qui vous a fourré de telles idées dans la tête. Il s'est fourré cette idée dans la tête et ne veut pas en démordre.*

13 «... qu'on me dise qui diable lui a fourré dans la tête de ne plus vouloir prendre leçon de don Bazile ! »
BEAUMARCH., **Barb. Sév.**, III, 1.

— *Fourrer quelqu'un dans une société* (Vx.). V. **Introduire.** *Fourrer quelqu'un dans une mauvaise affaire. Fourrer quelqu'un dedans.* V. **Leurrer, tromper.** (S'emploie plus fréquemment à la forme pronominale.)

— Insérer* mal à propos, mettre sans discernement. *Il ne peut raconter une histoire sans y fourrer des proverbes* (V. **Farcir**). *Ce candidat a fourré dans son devoir tout ce qu'il savait. Fourrer son grain de sel*.

14 « Le public se mêlerait de tout, voudrait fourrer dans tout son petit intérêt. »
P.-L. COURIER, **Œuv. compl.**, p. 36.

— *Par ext.* (sans idée d'introduction). Déposer, mettre, placer sans soin. *Fourrez tout sur la table, au milieu de la pièce, nous rangerons plus tard. Il a fourré mes affaires avec les siennes. Qu'ai-je fait de mon stylo, où ai-je pu le fourrer ?*

15 « Et puis où fourrer tout le fouillis : les vêtements, les malles, le reste ? »
ROMAINS, **H. de b. vol.**, t. II, VI, p. 66.

16 « Gibout, l'auscultant, lui fourra sous le nez sa tête graisseuse... »
MONTHERLANT, **Les célibataires**, IX.

|| 3º *Fam.* Donner* avec excès, sans discernement. *Cette mère fourre toujours de l'argent à son fils* (TRÉVOUX). *Fourrer des coups de pied à quelqu'un. Ils lui ont fourré ce qu'ils avaient de plus laid.* V. **Coller, refiler** (*pop.*). — REM. En cette acception, *Fourrer* a vieilli et se trouve remplacé selon le cas par *donner*, par *flanquer*, *ficher* (fam.) ou *foutre* (pop.).

17 « Que Merlin ne fourre pas mon nom à la bagatelle que je lui ai donnée. »
VOLT., **Lett. Damilaville**, 3915, 2 oct. 1767.

18 «... on veut faire le malin, et l'on vous fourre des remèdes sans s'inquiéter des conséquences. »
FLAUB., **Mme Bovary**, II, XI.

— *Par ext.* (V. **Foutre**).

19 « J'ai failli ne pas entrer. Vous allez nous fourrer la guigne. »
ROMAINS, **H. de b. vol.**, t. II, IV, p. 37.

|| SE FOURRER. || 1º *Vx.* Se vêtir de fourrure (Cf. Écarlate, cit. 5).

|| 2º Se mettre, se placer (comme dans un fourreau). *Se fourrer dans un meuble, sous un meuble pour se cacher. Se fourrer sous les couvertures* (Cf. Façon, cit. 52).

— *Par ext.* et péjor. *Se fourrer dans une compagnie* (vx.). V. **Insinuer** (s'). *Aller se fourrer chez quelqu'un* (Cf. Derechef, cit. 1). *Dans quel état te voilà ! Où donc es-tu allé te fourrer ? Je ne vois personne ; où se sont-ils fourrés ?* Sous la forme passive : *Il est toujours fourré chez X...*

20 «... vous êtes un sot de venir vous fourrer où vous n'avez que faire. »
MOL., **Méd. m. l.**, I, 2.

21 « Jeannot est avec sa tante, qui doit le mener tantôt à la foire ; car il faut toujours que cet enfant soit fourré chez elle, surtout les fêtes... »
MARIV., **Marianne**, III.

22 « Notre homme avait le talent d'intriguer en se fourrant toujours avec les prêtres, et faisant l'empressé pour les servir ; »
ROUSS., **Conf.**, II.

23 « Voilà huit heures et quart, et je ne me vois fourré de voyageurs, répondit Pierrotin. Où se fourrent-ils donc ? Attelle tout de même. »
BALZ., **Un début dans la vie**, Œuv., t. I, p. 608.

24 « Je voudrais bien savoir... pourquoi ma bonne est *tout le temps fourrée* chez ta femme ? Tu peux m'expliquer ça ? »
ARAGON, **Beaux quartiers**, I, XVII.

25 « C'est un homme qu'on voit à la messe tous les matins, pieux comme une vieille, et toujours fourré chez ses malades, tantôt à l'hospice de ceci, tantôt à la clinique de cela. »
GREEN, **A. Mesurat**, III, IV.

— *Fig. Ne plus savoir où se fourrer* : ne savoir comment se dérober à la confusion, à la honte qu'on éprouve.

26 « (*il*)... ne savait où se fourrer en se trouvant en présence de cette femme sans être remarqué par elle. »
BALZ., **Père Goriot**, Œuv., t. II, p. *903.

— *Se fourrer dans une dispute, dans la conversation* : s'en mêler mal à propos. V. **Immiscer** (s').

27 « Taisez-vous, impertinente. Vous vous fourrez toujours dans la conversation. »
MOL., **Bourg. g.**, III, 12.

— *Se fourrer dans une mauvaise affaire, dans un guêpier, dans les pattes* d'un escroc, *dans la gueule du loup*... V. **Jeter** (se).

28 « C'est un miracle que l'homme dans les pattes de qui vous vous êtes fourré, ce soit moi. »
ROMAINS, **H. de b. vol.**, t. II, V, p. 46.

29 «... il les tire du sale pétrin où ils venaient de se fourrer. »
CÉLINE, **Voyage au bout de la nuit**, p. 308.

— *Fam. Se fourrer dedans* : se tromper*, s'abuser* (Cf. Se foutre* dedans).

30 « Eh bien ! voici, cher Amédée ; m'est avis que depuis La Rochefoucauld, et à sa suite, nous nous sommes fourrés dedans ; que le profit n'est pas toujours ce qui mène l'homme ; »
GIDE, **Caves du Vatican**, II, 12.

|| FOURRÉ, ÉE, *p.p. adj.*

I. Doublé de quelque chose. || 1º Garni extérieurement. Vx. *Médaille, monnaie fourrée :* fausse monnaie de cuivre recouverte d'or, d'argent. V. **Plaqué**. *Botte de foin fourrée*, botte de foin médiocre recouverte de bon foin. Cuis. *Langue fourrée* : langue de bœuf, de porc, de mouton recouverte d'une autre peau que la sienne et avec laquelle on la fait cuire.

— *Fig. Paix fourrée :* paix de pure forme qui cache de mauvais desseins et ne saurait être durable.

31 « Ces deux confidents avaient fait entre eux une paix fourrée... »
RETZ, **Œuvr.**, I, 12.

— *Coup fourré* (Escr.). Coup tel que celui qui attaque et touche est attaqué, touché en même temps. — *Par métaph.* Moyen par lequel on déjoue un adversaire qui ne se méfie pas en utilisant les faiblesses ou la témérité de son attaque.

32 « Et contre cet assaut je sais un coup fourré
Par qui je veux qu'il soit de lui-même enferré : »
MOL., **Étourdi**, III, 5.

— *Par ext.* et *fig.* Attaque hypocrite, coup en traître (*fam.*) V. **Traîtrise** (Cf. *pop.* Rosserie, vacherie). — REM. Ce sens familier est déjà signalé dans le dictionnaire de l'ACADÉMIE 4e éd. (1762) : « Il se dit encore figurément pour signifier un mauvais office caché, et dont on ne se défie pas ».

|| 2º Garni intérieurement. *Pain fourré* : petit pain ouvert encore chaud et garni de charcuterie. *Gâteau, bouchées, bonbons fourrés* (à la confiture, à la crème).

II. *Spécialt.* Doublé de quelque chose de chaud, et particulièrement de fourrure.

|| 1º Garni extérieurement. *Robe fourrée d'hermine* (vx.) et, *par ext.*, en parlant de la personne qui la porte, *Docteur fourré d'hermine* (vx.).

33 «... madame Trépof que deux chevaux noirs et un cocher fourré comme un boyard menaient grand train. »
FRANCE, **Crime S. Bonnard**, Œuv., t. II, p. 329.

— *Spécialt.* En parlant des animaux dont le poil, le duvet est épais. *Un chat bien fourré* (Cf. Arbitre, cit. 5).

34 « Tous ceux (*les oiseaux*) des pays froids sont bien fourrés et bien couverts... »
BUFFON, **Disc. s. la nat. des ois.**, Œuv., t. V, p. 34.

35 « Une brebis qui allaite son agneau est aussi bien fourrée qu'une ourse. Et parmi les plus chaudes plus chaudes toisons, celle de la vigogne est digne des premières places... »
THÉVENIN, **Les fourrures**, p. 29 (éd. P.U.F.).

— Par plaisant. *Les Chats fourrés*, nom donné par Rabelais (V, 11) aux magistrats*, *par allus.* à leur robe ornée d'hermine (Cf. Emmailloter, cit. 6).

|| 2º Garni intérieurement. *Gants, chaussons fourrés :* doublés de lainage moelleux (V. **Molletonné**) ou de fourrure. *Sac fourré pour garder les pieds au chaud.* V. **Chancelière**. *Manteau fourré de vair* (V. **Vairé**).

36 « Ça, donnez-moi son manteau fourré, et des oreillers, que je l'accommode dans sa chaise. »
MOL., **Mal. imag.**, I, 6.

III. *Par anal.* Dense, épais comme une fourrure. — (Vx.) *Lieu, bois, taillis fourré*, dont les arbres, les plantes forment un ensemble épais et touffu. *L'armée se trouvait dans un pays fourré* (ACAD.).

37 « On appelle, en termes de Chasse, lieux *fourrés*, les épiniers et les forts du bois où les bêtes noires font leur demeure. »
TRÉVOUX, **Dict.**, Fourré.

38 «... des bois fourrés et bas, où les vieux arbres mêmes ne s'élèvent jamais bien haut ; »
MICHELET, **Hist. de France**, III, Bretagne.

— Substant. FOURRÉ. *n. m.* (1761 in ROUSS.). Ensemble ou massif épais et touffu de végétaux de taille moyenne, d'arbustes à branches basses. *Fourrés d'un bois.* — REM. *Fourré* s'emploie surtout pour les plantes, les arbres non cultivés. *Fourré de broussailles* (cit. 1), *de ronces* (Cf. Fascine, cit. 1). V. **Buisson**. *Fourré d'aloès* (cit.). *Les loups se retirent dans les fourrés* (Cf. Débouché, cit. 1). *Se cacher dans un fourré, derrière un fourré.*

39 « Dans les lieux plus découverts je voyais çà et là, sans ordre et sans symétrie, des broussailles de roses, de framboisiers, de groseilles, des fourrés de lilas, de noisetier, de sureau, de seringat, de genêt, de trifolium, qui paraient la terre en lui donnant l'air d'être en friche. » ROUSS., Julie, IVe part., Lett. XI.

40 « Ce n'était pas une petite affaire d'arriver à cette clairière... En ligne droite, par le fourré, qui est là singulièrement épais, très épineux et très agressif, il fallait une grande demi-heure. » HUGO, Misér., V, V, I.

41 « En gagnant le fond de la gorge, la végétation va s'épaississant et forme un fourré impénétrable... » GAUTIER, Voyage en Espagne, p. 142.

DER. — **Fourreur. Fourrure.** — **Fourrage.** n. m. (XVe s.). *Mar.* Action de fourrer un cordage. — *Néol.* Action de fourrer un vêtement et résultat de cette action. *Fourrure doublant l'intérieur d'un vêtement.*

COMP. — **Fourre-tout.** n. m. (néol.). *Fam.* Se dit d'une pièce (V. **Débarras**), d'un placard, d'un meuble, d'un sac... où l'on fourre toute sorte de choses. — *Fig. Ce livre est un vrai fourre-tout.*

1 « Mobilier de bois laqué bleu décoré de petites roses, avec toutes sortes de fourre-tout, liseuses, vide-poches, les chaises dans un mouvement un peu Directoire, un peu Munich, enfin vous voyez. » ARAGON, Beaux quartiers, II, XXIII.

2 « Le choix des textes rassemblés dans le premier volume de cette édition est curieux comme signe des temps... Aussi bien le vaste fourre-tout lyrique de la *Légende des Siècles* n'a pas fini de livrer ses secrets et d'étonner ses prospecteurs. » HENRIOT, Romantiques, p. 88.

FOURREUR. n. (XIIIe s. ; de *fourrer*). Personne qui s'occupe de pelleterie* (V. **Pelletier**) et plus spécialement qui confectionne et vend des vêtements de fourrure (Cf. Argent, cit. 31). *Ancienne corporation des pelletiers-fourreurs. Acheter un renard, un manteau de vison chez un fourreur. Fourreur qui répare, recoupe, teint, entretient les fourrures de ses clients. Triballe* de fourreur.*

FOURRIER. n. m. (XIIe s. ; de *fuerre*. V. **Fourrage**).

‖ 1° *Vx.* V. **Fourrageur.** — Par ext. *Autrefois,* Officier qui précédait un prince en déplacement pour assurer les logements de la cour.

— *Fig.* Se dit de celui (ou de ce) qui annonce ou prépare quelque chose (V. **Avant-coureur**). — REM. De nos jours cet emploi est littéraire.

1 « ...cet heureux hymen, qui les charmait si fort (*les vieillards*), Devient souvent pour eux un fourrier de la mort. » CORN., Suiv., II, 1.

2 « Et la mémoire et l'habitude sont les fourriers de la mort. Car ils introduisent le vieillissement, le raidissement, le durcissement qui sont les expressions mêmes de l'amortissement de la mort. » PÉGUY, Note conjointe, Sur Descartes, p. 120.

‖ 2° *Milit.* (Autref. adj.). Sous-officier chargé du cantonnement des troupes et du couchage, des distributions de vivres, de vêtements... *Le fourrier de la compagnie.* Adjectivt. *Sergent-fourrier* (Cf. Escouade, cit. 1).

— *Mar.* Matelot chargé des écritures et de la comptabilité. *L'état de fourrier est une fonction et non un grade.* Adjectivt. *Quartier-maître fourrier.*

3 « Viennent ensuite plusieurs pages manuscrites portant des noms de navire, avec des cachets bleus, des chiffres et des dates. Les fourriers, gens de goût, ont orné cette partie d'élégants parafes. » LOTI, Mon frère Yves, I.

FOURRIÈRE. n. f. (XIIIe s. ; de *fuerre*. V. **Fourrage**).

‖ 1° *Vx.* Lieu où l'on serrait le fourrage*, le bois...

‖ 2° (1771 ; de la locution *mettre en fourrière* (au sens 1) un animal saisi, jusqu'au paiement des dettes, des dommages dus par son propriétaire). Lieu de dépôt d'animaux, de voitures saisis et retenus par la police jusqu'au paiement d'une amende encourue ou de dommages causés. *Les chiens errants, le bétail malade, les animaux surpris en train de causer un dommage sur les terres d'autrui sont conduits à la fourrière. Véhicule abandonné, arrêté en stationnement interdit, qu'une auto-grue emmène à la fourrière. Aller chercher son chien, sa voiture à la fourrière.*

« Je lui ai dit que la fourrière gardait les chiens trois jours à la disposition de leurs propriétaires et qu'ensuite elle en faisait ce que bon lui semblait. » CAMUS, L'étranger, IV.

FOURRURE. n. f. (*Forreüre* au XIIe s. ; de *fourrer*).

I. Ce qui enveloppe extérieurement ou garnit intérieurement (*Vx.* au sens général. V. **Fourrer**). — *Mar.* Enveloppe faite de merlin, de bitord dont on entoure un cordage*. *Fourrure de gouttière d'un pont :* pièce de construction formant une ceinture intérieure dans le sens de la longueur du navire.

— *Technol.* Bois de remplissage des pièces de construction. Plaque de tôle que l'on place entre deux pièces à assembler (V. **Assemblage**).

II. *Spécialt.* ‖ 1° Peau* d'animal munie de son poil*, plus ou moins précieuse, et préparée pour servir de vêtement, de doublure, d'ornement. V. **Pelleterie.** *Les fourrures ont constitué les premiers vêtements humains. Fourrure à long poil, à poil ras, à poil dur, à poil ondulé, frisé, bouclé... Fourrure brune, blanche, noire, grise, bleutée, blonde... ; fourrure unie, tachetée. Fourrure douce au toucher* (Cf. Chevelure, cit. 5), *lisse, soyeuse, brillante...* — *Chasseur de fourrures* V. **Trappeur*.** *Préparation des fourrures :*

lavage, dégraissage, assouplissement, teinture, brossage, peignage, lustrage, dressage. *Industrie, commerce de la fourrure.* V. **Fourreur.** *Principales fourrures :* agneau, armeline, astrakan*, castor*, colobe, chat, chèvre, chinchilla, civette, écureuil*, fouine, gazelle, genette, glouton, hamster, hermine* ou roselet, isatis, kolinski, lapin*, lièvre, lion, loup, loutre*, lynx, marmotte, marte ou martre*, menuvair, mouffette ou sconse (skunks), mouflon, mouton*, murmel, ocelot, opossum, otarie, ours, ourson, panthère, petitgris, phoque, poulain, putois, ragondin, rat musqué ou ondatra, raton, renard*, sable, sarigue, singe, taupe, vigogne, vison, zibeline, zorille... *Fourrure de mouton.* V. **Toison.** *Par anal. Fourrure de cygne, de grèbe... Imitation des fourrures chères avec des fourrures de moindre prix comme le lapin, etc.* (Cf. Castorette, herminette...). *Manteau de fourrure. Col, collet, cravate, étole, boa, parements, manchon, toque... de fourrure. Vêtement doublé* (cit. 7) *de fourrure.* V. **Canadienne, pelisse.** *Gants, bottes, chaussons doublés de fourrure.* V. **Fourré.** *Couverture de fourrure. Utilisation de la fourrure dans l'ameublement. Descente de lit en fourrure.* — *Insectes qui détériorent les fourrures.* V. **Artison*, dermeste, mite, teigne...** *Fourrure pelée, mitée, artisonnée, « mangée » par les mites.*

1 « Dans le cygne, ce duvet est d'une grande finesse, d'une mollesse extrême et d'une blancheur parfaite ; on en fait de beaux manchons et des fourrures aussi délicates que chaudes. » BUFFON, Hist. nat. ois., Le cygne, Œuv., t. VIII, p. 421.

2 « ...près de là, le marché aux fourrures étalait des dépouilles d'animaux sans nombre, venues soit de la haute Sibérie, soit des bords de la mer Caspienne. — L'ours blanc, le renard bleu, l'hermine, étaient les moindres curiosités de cette incomparable exhibition ; » NERVAL, Filles du feu, Angélique, I.

3 « Il caressa un peu la fourrure et un parfum tiède et lourd s'en dégagea. C'est donc ça qui sentait, tout à l'heure. Il caressait la fourrure à rebrousse-poil et il était content. » SARTRE, Le sursis, p. 193.

— *Par ext.* Vêtement de fourrure. *Ne sortez pas sans votre fourrure. Se couvrir, s'emmitoufler de fourrures* (Cf. Boule, cit. 1). *Femme qui aime les bijoux et les fourrures. Fourrure de chanoine.* V. **Aumusse.** *Fourrure de magistrat.* — *Par métaph. :*

4 « Tous ces petits villages sous la neige, comme enveloppés de fourrures blanches. » RENARD, Journ., 28 janv. 1895.

— *Vx.* et *par ext.* Nom donné à l'Université à cause des robes fourrées des docteurs et bacheliers (Cf. Chat fourré*).

5 « Le noble de province... traite les fourrures et les mortiers de bourgeoisie... » LA BRUY., XI, 130.

— *Spécialt. Blas.* Nom donné à certains émaux de l'écu représentant la fourrure. V. **Hermine, vair** (Cf. *aussi* Contre-hermine, contre-vair).

‖ 2° *Par anal.* Poil particulièrement beau, épais de certains animaux (V. **Pelage**). *Le chat angora a une très belle fourrure. La fourrure est plus épaisse chez les animaux des régions froides et à la saison d'hiver.*

6 « De sa fourrure blonde et brune (*du chat*)
Sort un parfum si doux, qu'un soir
J'en fus embaumé, pour l'avoir
Caressée une fois, rien qu'une. » BAUDEL., Fl. du mal, Spl. et id., LI.

7 « La presque totalité des Mammifères sont couverts de poils... Le plus souvent celui-ci (*l'épiderme*) en est habillé tout entier. Mais cela ne signifie pas qu'il est toujours habillé d'une fourrure... Pour mériter ce nom, il faut que le revêtement soit composé d'un double, ou même triple, système pileux, celui des poils proprement dits, ou *jarres*, qui recouvrent généralement la *bourre*, cette seconde production pouvant être très semblable à la première, ou s'affiner de plus en plus jusqu'à former un duvet extrêmement serré, moelleux, soyeux, qui donne habituellement à l'ensemble du pelage toute sa valeur. » R. THÉVENIN, Les fourrures, p. 27 (éd. P.U.F.).

FOURVOYER (se conjugue comme *broyer*). v. tr. (XIIe s. ; de *fors*, et *voie**). Mettre hors de la voie, détourner du bon chemin. V. **Égarer.** *Ce guide nous a fourvoyés.* — *Se fourvoyer.* V. **Perdre** (se), **tromper** (se). (Cf. Attaquer, cit. 13). *Nous nous sommes fourvoyés. Un voyageur, un promeneur fourvoyé.*

1 « En rentrant, nous nous étions fourvoyés tous deux dans une rue habitée par une multitude de dames comme il faut. » LOTI, Mme Chrysanthème, XI.

2 « Le fait est qu'ils étaient mal partis, fourvoyés en un véritable et inextricable labyrinthe, en un enchevêtrement de ruelles obscures... si bien qu'ils y tournaient en cercle sur eux-mêmes... Ils désespéraient d'en sortir jamais... » COURTELINE, Train de 8 h. 47, II, III.

— *Fig.* **Détourner, égarer, tromper.** *Fourvoyer ses ennemis. Fourvoyer l'intrigue* (Cf. Éveiller, cit. 7). *Les mauvais exemples l'ont fourvoyé* (ACAD.). V. **Erreur** (mettre dans l'erreur), induire* en erreur).

3 « Le grand homme de science est tout aussi rare que tout autre homme de génie ; les demi-savants sont nombreux pour accepter une théorie de tradition, qui les guide ou qui les fourvoie, et pour tout « observer » d'après elle. » GIDE, Corydon, II, VI.

4 « ...il jugeait, maintenant, qu'on l'avait, bien inutilement, fourvoyé dans une aventure que rien n'avait jamais justifiée. » MADELIN, Hist. Cons. et Emp., Avènement de l'Emp., V.

— *Se fourvoyer dans une entreprise dangéreuse. Absolt. Le commentateur, le traducteur s'est entièrement fourvoyé.* V. **Tromper** (se). — *Être fourvoyé, complètement fourvoyé. Esprit fourvoyé.*

5 « Pour redresser à tous votre esprit fourvoyé ; »
MOL., **Tart.**, I, 1.

6 « ...ceux qui se trouvent être fourvoyés ou être tombés en hérésie ou schisme... »
PASC., **Pens.**, XIV, 951.

7 « Tout au plus, certains d'entre eux avaient-ils exprimé discrètement le regret qu'un compositeur aussi bien doué se fourvoyât dans un métier, qui n'était pas le sien. »
R. ROLLAND, **Jean-Christophe, La révolte,** I, p. 440.

ANT. — Guider, montrer (le chemin) ; mettre, remettre (dans la voie) ; redresser (le jugement, une erreur).

DER. — **Fourvoiement.** *n. m.* (XVe s.). *Peu usit.* Action de s'égarer, de perdre son chemin. *Fig.* V. **Aberration, égarement, erreur, méprise.**

FOUTEAU. *n. m.* (XVIe s. ; de *fou* 2). *Région.* V. **Hêtre.**

1. FOUTRE. (*je fous, nous foutons ; je foutais ; je foutrai ; que je foute, que nous foutions ; foutant ; foutu ;* inus. aux pass. simple et antérieur de l'indicatif, aux passé et plus-que-parf. du subj.). *v. tr.* (XIIIe s. selon DAUZAT ; lat. *futuere,* « avoir des rapports avec une femme » ; sens fig. fin XVIIIe s.). — **REM.** Ce mot, jugé trop bas, ne figure ni dans LITTRÉ, ni dans ACAD. Le LAROUSSE du XIXe siècle le donne.

|| 1° *Vulg.* V. **Forniquer** (Cf. le subst. m. dérivé de ce sens).

|| 2° *Fig.* et *pop.* V. **Faire, ficher*,** 2°. — **REM.** *Ficher,* employé par euphémisme pour *Foutre,* à partir du XVIIe s., est utilisé avec les mêmes acceptions et dans les mêmes expressions. — *En foutre un coup :* fournir un gros effort. *Un paresseux qui ne fout rien de toute la journée.* — *Qu'est-ce que ça fout ?* Qu'importe. *Qu'est-ce que ça peut vous foutre ?* — *Foutre des coups*.* V. **Donner, flanquer.** *Tais-toi, ou je te fous une baffe ! Je me demande quelle essence* (cit. 23) *il m'a foutue dans le réservoir.* V. **Mettre.** *En foutre plein la vue.* V. **Éblouir, épater, illusionner.** *Foutre par terre.* V. **Démolir, jeter, lancer.** — *Foutre en l'air* (Cf. Fâcher, cit. 14). *Au fig.* Se débarrasser de... *Il a tout foutu en l'air et il est parti. Foutre quelqu'un à la porte. Foutre dedans, foutre au bloc, en tôle.* V. **Emprisonner.** *Fig. Foutre dedans.* V. **Duper, tromper.** *Foutre quelqu'un en colère* (cit. 13). *Foutez-moi la paix ! Foutre le camp* (cit. 7), *son camp :* s'en aller, s'enfuir, partir, se sauver (Cf. Feu, cit. 36). *Il a foutu le camp comme un pet, comme un péteux. Envoyer faire foutre, se faire foutre.* Ironiqt. *Il comptait gagner son procès, va te faire foutre, c'est lui qui est condamné. Je t'en fous ! Je t'en foutrai des « Monsieur le Président ».* — *Ça la fout mal :* cela manque d'allure, c'est fâcheux*, regrettable ; et *aussi* c'est inadmissible, scandaleux.

1 « ...tu aurais vraiment peut-être des lettres amusantes. Mais, va te faire foutre, cela s'en va aussitôt que j'ouvre mon carton. »
FLAUB., **Corresp.**, 270, 14 nov. 1850.

2 « Fous le camp, quitte vite et plus tôt que cela
Nos honnêtes Ardennes. » VERLAINE, **Invectives,** XVIII.

3 « Qu'est-ce que ça peut me foutre ? Ça me fout que je te nourris et que tu n'es qu'un propre à rien, un imbécile, un mal élevé. »
Ch.-L. PHILIPPE, **Père Perdrix,** II, III.

4 « Et si je te foutais mon poing sur la gueule, personnellement... tu t'en foutrais peut-être un peu moins ? » GIDE, **Œdipe,** II.

5 « ...de temps à autre, ça foutait Pierre dans de ces colères ! »
ARAGON, **Beaux quartiers,** I, XIII.

6 « Ça la fout mal, hein ? » — « Oui, plutôt... Paraît qu'on a signalé des uhlans, au Nord... » MART. du G., **Thib.,** t. VIII, p. 177.

7 « Oh ! va te faire foutre. Je te le promets, ça doit te suffire. »
SARTRE, **Putain respectueuse,** I, 1.

|| SE FOUTRE. V. **Ficher** (se). *Se foutre par terre.* V. **Tomber.** *Il y a de quoi se foutre à l'eau. Se foutre dedans.* V. **Tromper** (se). *Se foutre sur la gueule.* V. **Battre** (se). — *S'en foutre plein la lampe :* manger* goulûment. V. **Empiffrer** (s'). — *Se foutre de...* V. **Moquer** (se). *Vraiment, il se fout du monde. Il s'en fout complètement* (Cf. Ça lui est égal*, indifférent* ; il s'en bat l'œil*). *Il s'en fout comme de sa première chemise. Se faire foutre de soi* (V. **Ridicule**). — *Se foutre à chialer.* V. **Mettre** (se).

8 « Comment ! à cent francs l'hectare ! est-ce que vous vous foutez de nous, papa ? » ZOLA, **La terre,** I, II.

9 « ...une petite farceuse qui lui prend son argent, lui fume son tabac, lui gâche en injustes querelles le peu de jeunesse qui lui reste, et se fout outrageusement de lui, si j'ose parler un tel langage. » COURTELINE, **Boubouroche, Nouv.,** II.

10 « Ne me demandez pas, disait-il, si la peinture doit être objective ou subjective, je vous avouerais que je m'en fous. »
MAUROIS, **Disc. Dr O'Grady,** X.

11 « Pas mal ? dit le patron. Vous vous foutez du monde ? Elle est belle, très belle. » ID., **Terre promise,** XIX.

12 « Que les *Débats* me vident demain, tous ces salauds et salopes se foutront de moi. » ROMAINS, **H. de b. vol.,** t. III, XVIII, p. 247.

|| FOUTU, UE. *p.p.* adj. V. **Fichu.** (Devant le substantif). *Un foutu caractère.* V. **Mauvais.** *Foutue bête* (cit. 31). V. **Sale, vilain.** *Toujours mes foutues jambes qui me font souffrir !*

13 « Je suis dans un foutu état ; à la moindre sensation, tous mes nerfs tressaillent comme des cordes à violon, mes genoux, mes épaules et mon ventre tremblent comme la feuille. »
FLAUB., **Corresp.**, 84, fin janv.-début févr. 1844.

— (Après le substantif). V. **Condamné, perdu.** *Un malade foutu. Rien à faire, il est foutu.* — *Par ext.* Se dit d'un homme dont la carrière est brisée. *Après tel scandale, X est foutu. Un type, un homme foutu.* V. **Fini.** *L'affaire est foutue.* V. **Manqué, raté** (Cf. Dans l'eau, dans le lac).

14 « Les mots n'étaient pas dépourvus d'un certain charme sombre : « Un type foutu. » On imaginait de beaux désastres, le suicide, la révolte, d'autres issues extrêmes. » SARTRE, **Âge de raison,** XI.

15 « La mayonnaise est ratée... — Je te dis que ça peut se reprendre, continue, dit Nadine. — Mais non, elle est foutue ! — Tu la bats trop fort. — Je te dis qu'elle est foutue, répéta Lambert avec colère. »
S. de BEAUVOIR, **Mandarins,** IV, p. 214.

— Dans tel ou tel état. *Foutu comme l'as de pique, comme quatre sous, comme un sac :* mal habillé, mal ajusté. V. **Arrangé.** *Bien foutu, mal foutu.* V. **Fait, formé.**

16 « C'est mon corps qui m'inquiète, comprends-tu ? J'ai un sale corps mal foutu avec des nerfs de femme. »
SARTRE, **Morts sans sépulture,** I, 1.

— V. **Capable.** *Il est foutu de remporter le prix ! Il n'est même pas foutu de...*

2. FOUTRE ! *interj.* (XVIIIe s. ; du précédent). V. **Fichtre ; diable.** — *Adverbialt.* V. **Certes, sûrement.**

« Ghil est un imbécile. Moréas
N'en fout restera pas un, lui... » VERLAINE, **Invectives,** XI.

DER. — **Foutaise.** *n. f.* (1775, RESTIF). Chose insignifiante, sans importance, sans intérêt. V. **Bagatelle, bêtise, fichaise, idiotie** (Cf. *pop.* Connerie). *C'est de la foutaise, une belle foutaise ! Raconter des foutaises* (Cf. *infra,* cit 1). — **Fouterie.** *n. f.* (XVIe s. Cf. HUGUET). Commerce charnel. V. **Fornication.** — *Fig.* V. **Désagrément, embarras, ennui.** — **Foutoir.** *n. m.* (au XVIe s., engin de guerre, sorte de bélier). *Fig.* et *pop.* Grand désordre (Cf. *pop.* Bordel). — **Foutrement** (*néol.*) ou **Foutûment** (XVIIIe s.). *adv.* V. **Beaucoup, bigrement, fichtrement, extrêmement** (Cf. *pop.* Drôlement, salement, vachement, et *infra* cit. 2). — **Foutriquet.** *n. m.* (fin XVIIIe s. Cf. *infra,* cit. 3). *Péjor.* Personnage insignifiant et incapable.

COMP. — **Contrefoutre** (se). *v. pron.* Se moquer complètement de... *Je m'en contrefous :* cela m'est bien égal. — **Jean-foutre.** *n. m.* (XVIIIe s.). Personnage méprisable, inutile... *Spécialt.* Celui qui ne prend pas au sérieux ce qu'il fait, sur qui on ne peut compter (Cf. *infra,* cit. 4 et 5). — **Je-m'en-foutiste.** *adj. et n.* (1886, GONCOURT). Qui se moque, qui se fout de tout. — **Je-m'en-foutisme.** *n. m.* Le fait de se moquer de tout. V. **Indifférence** (Cf. *infra,* cit. 6). — **REM.** On prononce et on écrit parfois *J'm'en foutisme ; J'm'en foutiste.*

1 « Vous savez, j'en ai encore le cœur gros, qu'on se soit quitté pour des foutaises. » ZOLA, **La terre,** IV, IV.

2 « Disposition aventureuse, foutrement rare, il faut en convenir, parmi les femmes. » CÉLINE, **Voyage au bout de la nuit,** p. 428.

3 « Messieurs les foutriquets aristocrates à culottes serrées... n'agacez pas le dogue patriote... »
Lett. P. DUCHESNE, n° 26, p. 1-2 (in BRUNOT, **H.L.F.,** X, 198).

4 « Buteau est un jean-foutre ! cria Fouan, subitement furieux, et sans lui donner le temps d'achever. » ZOLA, **La terre,** II, IV.

5 « Vous croyez que ce n'est pas à les tuer ? Ah ! les deux Jean-foutre ! Ah ! les rosses ! » COURTELINE, **Train de 8 h. 47,** III, I.

6 « ...il fut charmant de fausseté onctueuse, de je-m'en-foutisme ému, d'éloquence ronflante et banale. » ID., **MM. ronds-de-cuir,** IVe tabl., II.

FOX. *n. m.* V. **FOX-TERRIER.**

FOXÉ, ÉE. *adj.* (de l'angl. *fox,* « renard »). *Vitic. Goût foxé, saveur foxée :* goût particulier à certains cépages américains. *Par ext. Raisin foxé, vin foxé.*

FOX-HOUND (*foks'ha-ound*). *n. m.* (empr. en 1828 à l'angl. « chien (*hound*) pour chasser le renard (*fox*) », et *par ellipse* **FOX** (fin XIXe s.). Chien courant anglais.

« Ce premier piqueur était accompagné de deux grands chiens courants de race, véritables Fox-Hound, à robe blanche tachetée de brun clair, hauts sur jarrets, au nez fin, la tête menue à petites oreilles sur la crête. » BALZ., **Modeste Mignon,** Œuv., t. I, p. 595.

FOX-TERRIER. *n. m.* (1886 ; empr. à l'angl.). Chien terrier à poils lisses et durs, blancs avec des taches fauves ou noires. *Des fox-terriers.* Elliptiqt. *Un fox, des fox.* (Cf. Flairer, cit. 8.)

« Il me fuit en furetant partout, à la façon d'un fox-terrier. »
DUHAM., **Les plaisirs et les jeux,** III, XIV.

FOX-TROT. *n. m.* (vers 1912 selon BLOCH ; empr. de l'angl. « le trot (*trot*) du renard (*fox*) », danse imitative d'origine amér.). Danse à quatre temps, d'allure saccadée, consistant en une marche en avant, en arrière ou sur le côté, coupée d'arrêts.

« Un orchestre infernal tantôt mécanique, tantôt humain distribuait automatiquement les blues et les fox-trot. »
MAC ORLAN, **La Bandera,** II.

FOYARD. *n. m.* Var. région. de FAYARD. V. **Fayard, fou** 2, **fouteau.**

FOYER. *n. m.* (*Fuier* au XIIe s. ; lat. pop. *focarium,* de *focus,* « foyer ». V. **Feu, focal**).

I. Lieu où l'on fait du feu* ; le feu lui-même.

|| 1° Espace aménagé dans les pièces d'une maison pour y faire du feu. V. **Âtre*** (cit. 1, 5), **cheminée*, feu** (*supra* cit. 25). *Un grand, un vaste foyer. La cendre du foyer. Cré-*

maillère* *placée au-dessus du foyer. Être assis, accroupi* (cit. 1, 2), *se chauffer* (cit. 3) *devant le foyer. Soirées passées devant le foyer.* Cf. Au coin du feu (Cf. Evoquer, cit. 9). *Vesta, déesse du foyer. Le grillon du foyer,* roman de Dickens.

1 « Deux ladres se lamentaient sous la fenêtre, un chien hurlait dans le carrefour, et le grillon de mon foyer vaticinait tout bas. »
Al. BERTRAND, **Gaspard de la nuit,** La nuit et ses prestiges.

2 « La cheminée en pierre, dont le foyer toujours propre atteste qu'il ne s'y fait de feu que dans les grandes occasions... »
BALZ., **Père Goriot,** Œuv., t. II, p. 851.

3 « La cheminée est traitée fort curieusement. On voit que dans le siècle dernier on vivait beaucoup au coin du feu... le foyer de cuivre doré est une merveille de sculpture, le chambranle est d'un fini précieux, la pelle et les pincettes sont délicatement travaillées, le soufflet est un bijou. »
ID., **Mém. de deux j. mariées,** Œuv., t. I, p. 133.

— *Elliptiqt.* Dalle (de marbre, etc.) qu'on scelle en avant du foyer pour l'isoler du parquet. *Par ext.* Cadre de bois qui entoure cette dalle. — *Tapis de foyer* et, elliptiqt., *Foyer :* tapis qui se place devant le foyer.

‖ 2° *Par ext.* Le feu qui brûle dans le foyer, dans l'âtre, etc. V. **Brasier, feu** (Cf. Calciner, cit. 3). *Foyer qui agonise* (Cf. Agonisant, cit. 1), *qui s'éteint, qui meurt. Foyer ardent*, flamboyant* (cit. 4). *Foyer qui jette des clartés* (cit. 3). — *Foyer d'incendie.* — REM. Dans cette locution, *Foyer* a en même temps le sens propre de « Feu, brasier » et celui de « point précis d'où se propage, rayonne l'incendie » (Cf. *infra,* III).

4 « Mon foyer... ne brûlait pas tout bonnement, comme les autres, pour satisfaire par quelque cuisine aux besoins de mon corps. Il était aussi le feu saint, sur lequel... mijote le repas du voyageur. Jamais je ne l'ai vu éteint. Quelquefois, il couvait sous la cendre, mais qu'on soufflât dessus et il flamboyait. »
BOSCO, **Jardin d'Hyacinthe,** p. 85.

— *Foyer sacré.* V. **Autel, feu** (sacré).

5 « Le père est le premier près du foyer ; il l'allume et l'entretient ; il en est le pontife. »
FUST. de COUL., **Cité antique,** p. 94.

— *Fig.* (rare) V. **Feu, flamme.** *Le foyer de l'amour, de l'amitié, de la passion, du désir* (Cf. Camaraderie, cit. 2).

‖ 3° *Technol.* Partie d'un appareil de chauffage dans laquelle brûle le combustible. *Foyer d'une chaudière** (cit. 2), *d'un four, d'un fourneau...* (Cf. Cuisson, cit. 1). *Foyer d'un calorifère*, d'un poêle*. Foyer fumivore :* « foyer qui brûle lui-même sa fumée et n'en dégage pas au dehors » (POIRÉ). *Foyers à chargement renversé, à chargement alterné, à injection de vapeur, etc. Foyer à grille,* constitué par une grille* séparant le cendrier* de la chambre de combustion. *Foyers à chargement automatique : foyers à pelletage, à projection, à auges multiples, à chaîne sans fin. Registre* réglant le tirage d'un foyer. Foyer dans lequel on prépare les gaz pour les fours à récupération de chaleur.* V. **Gazogène.** *Foyer d'une locomotive* à vapeur.* Mar. *Fourneau* de foyer.*

6 « ...à mesure qu'on descendait, la chaleur était suffocante, une chaleur de four, qui venait du goyot de tirage, heureusement peu actif depuis la grève, car en temps de travail, lorsque le foyer mangeait ses cinq mille kilogrammes de houille par jour, on n'aurait pu se risquer là, sans se rôtir le poil. »
ZOLA, **Germinal,** IV, VI.

II. *Par ext.* Lieu servant d'abri*, d'asile...

‖ 1° Lieu où se réunit, où habite la famille ; la famille elle-même, le groupement familial. V. **Demeure, domestique** (*vx.*), **maison, ménage ; famille*** (cit. 3, 4, 10, 19 et 25). Cf. Attacher, cit. 50 ; esprit, cit. 82. *Le foyer paternel, conjugal*.* V. **Domicile.** *Foyer rustique, populaire* (Cf. Caboulot, cit.). *Impôt réparti par foyer.* V. **Fouage.** *Foyer confortable* (Cf. Crever, cit. 24). *Rester au foyer* (Cf. Cantonner, cit. 1). *Homme de foyer* (ACAD.) : celui qui aime la vie domestique (V. **Casanier, sédentaire.** Cf. *fam.* Pantouflard). « *La sécurité des foyers* » (Cf. Carabinier, cit. 2). — *La femme* (cit. 119) *la mère au foyer* (Cf. Féminisme, cit.). *Fonder un foyer :* se marier, fonder une famille. *Jeune foyer.* V. **Ménage.** *Être sans foyer, sans foyer ni patrie.* Cf. N'avoir ni feu ni lieu (Cf. Bâton, cit. 5 ; cosmopolite, cit. 1). *Revenir au foyer ; retour au foyer.* V. **Bercail** (Cf. Essuyer, cit. 16). — *Les dieux du foyer, dans l'antiquité.* V. **Lare, pénates.**

7 « Qu'ils tremblent, à leur tour, pour leurs propres foyers. »
RAC., **Mithr.,** III, 1.

8 « Dieux ! eussiez-vous dit, que sont devenus ces toits de chaume et ces foyers rustiques qu'habitaient jadis la modération et la vertu ? Quelle splendeur funeste a succédé à la simplicité romaine ? »
ROUSS., **Disc. s. les sciences et les arts,** I.

9 « L'humanité entière comprend la joie du foyer, les affections de famille, l'abondance de la vie, la simplicité du cœur et la religion. »
CHATEAUB., **M. O.-T.,** t. VI, p. 240.

10 « Table toujours servie au paternel foyer ! »
HUGO, **Feuilles d'automne,** I (Cf. Mère).

11 « L'hôpital se remplit de leurs soupirs (*des malades*). — Plus d'un
Ne viendra plus chercher la soupe parfumée,
Au coin du feu, le soir, auprès d'une âme aimée.
Encore la plupart n'ont-ils jamais connu
La douceur du foyer et n'ont jamais vécu ! »
BAUDEL., **Fl. du mal,** Tabl. paris., XCV

« Ah ! qu'il est bon au retour, le foyer,
Et qu'il est doux, le vieux lit de noyer,
Quand on s'y couche, après un long voyage. »
VERLAINE, **Poèmes saturniens,** Prem. vers, Imité de Catulle, II.   12

« ...La femme
Gardienne du foyer... »   ID., **Bonheur,** XXX.   13

« C'est ma femme, enfin celle avec qui je pourrai construire un foyer comme je le rêve. »
BOURGET, **Un divorce,** IX, p. 343.   14

« ...un foyer ne doit pas être un lieu où l'on séjourne, mais un lieu où l'on revient. »
MONTHERLANT, **Démon du bien,** p. 49.   15

— Plur. *Rentrer dans ses foyers :* dans son pays* natal, à son domicile. V. **Pénates** (*fig.*). *Soldat renvoyé dans ses foyers :* démobilisé.

« Barnave, rentré en janvier 1792 dans ses foyers, après la clôture de l'Assemblée constituante... »
STE-BEUVE, **Caus. lundi,** 8 avril 1850, t. II, p. 22.   16

« En tout cas, vous êtes encore des soldats. Tant qu'on ne vous aura pas renvoyé dans vos foyers, vous serez des soldats et vous obéirez à vos chefs. »
SARTRE, **Mort dans l'âme,** p. 41.   17

— *Par ext.* Local servant de lieu de réunion, d'asile à certaines • catégories de personnes. *Foyer du soldat* (Cf. Front, cit. 32), *du marin. Foyer d'étudiants.* « Le Foyer », comédie de Mirbeau (nom d'une société de bienfaisance).

‖ 2° *Théât.* Salle commune où se rassemblaient les acteurs, les spectateurs pour se chauffer (V. **Chauffoir.** *Foyer des acteurs, des artistes,* salle commune où se rassemblent les acteurs. *Foyer du public,* où les spectateurs peuvent aller pendant les entractes.

« Pons se montrait quelquefois au foyer ; mais Schmucke ne connaissait que le chemin souterrain qui menait de l'extérieur du théâtre à l'orchestre. »
BALZ., **Cousin Pons,** Œuv., t. VII, p. 543.   18

« Bref, il a parlé, avec une grâce et une tendresse pareilles, du foyer domestique et du foyer de la Comédie. »
LEMAÎTRE, **Impress. de théâtre,** III, p. 156.   19

« ...j'allais presque chaque soir à la Comédie-Française, connu de tous, flânant à mon gré partout, dans les couloirs, au foyer, sur la scène... »
LÉAUTAUD, **Théâtre de Maurice Boissard,** XLI.   20

III. *Par anal.* (avec le feu qui rayonne de l'énergie).

‖ 1° Lieu, point d'où rayonne la chaleur, la lumière. *Un puissant foyer lumineux.* V. **Source** (de lumière*). *Le soleil, foyer d'énergie* (Cf. Couleur, cit. 4). — Spécialt. *Opt.* Sommet du faisceau conique formé par réfraction ou par réflexion d'un faisceau lumineux. *Foyer par réflexion.* (V. **Miroir ; réflexion**), *par réfraction* (V. **Lentille ; réfraction**). *Le foyer d'un objectif* photographique. Foyer réel. Foyer virtuel :* point où convergeraient les rayons réfléchis prolongés. *Relatif aux foyers d'un instrument d'optique.* V. **Focal.**

— *Par anal. Géom.* Dans une courbe du second degré, point « tel qu'il existe un rapport constant entre les distances de chacun des points de la courbe au foyer... et à une droite fixe appelée directrice » (POIRÉ, Dict. des Sciences). *Distance d'un point à la courbe.* V. **Rayon** (vecteur). *L'ellipse* (cit. 4) *et l'hyperbole ont deux foyers et deux directrices. La somme ou la différence des foyers à un point quelconque de l'ellipse, de l'hyperbole, est constante. La parabole a un foyer situé sur son axe. Mouvements autour d'un foyer* (Cf. Corollaire, cit. 2). *Les orbites des planètes décrivent des ellipses dont le soleil est un foyer.*

‖ 2° *Fig.* Point central, d'où provient quelque chose. V. **Centre** (cit. 14 et 20). *Le foyer de l'effervescence* (cit. 4), *de la révolte. Foyer de la culture, de la civilisation* (Cf. Européen, cit. 2). *Un foyer d'intrigues, de complots.*

« L'insurrection s'était fait du centre de Paris une sorte de citadelle inextricable, tortueuse, colossale. Là était le foyer, là était évidemment la question. Tout le reste n'était qu'escarmouches. »
HUGO, **Misér.,** IV, X, IV.   21

« La contagion a fait en deux ans des progrès si rapides, que la maison de ce vieillard n'est plus qu'un foyer d'intrigues où tous les serviteurs sont subornés. »
LOTI, **Aziyadé,** III, XIV.   22

— Spécialt. *Méd.* Siège* principal d'une maladie* ; endroit d'une lésion. *Foyer tuberculeux* (Cf. Cuti-réaction, cit.). *Foyer d'une fracture.* — Lieu d'où se propage une maladie. *Les îlots insalubres, foyers d'épidémie. Foyer d'infection* (Cf. Extension, cit. 5).

FRAC. n. m. (1767 ; probablt. de l'angl. *frock,* lui-même du fr. *froc*). *Ancienn.* Vêtement d'homme serré à la taille avec un collet droit et deux longues basques. *De nos jours,* Habit noir à basques en queue de morue, tenue de cérémonie. V. **Habit.**

« Le roi de Bavière est venu me voir en *frac.* »
CHATEAUB., **M. O.-T.,** t. V. p. 110.   1

« La pire pauvreté, la misère profonde
Est celle qu'on promène en frac noir dans le monde. »
PONSARD, **L'honneur et l'argent,** I. 2.   2

FRACAS. n. m. (fin XVIe s. BRANTÔME in HUGUET : ital. *fracasso.* V. **Fracasser.**

‖ 1° *Vx.* Action de se fracasser.

‖ 2° *Par ext.* Rupture* violente accompagnée de bruit (V. **Choc**) ; tout bruit violent, bref ou continu. V. **Bruit*.** *Le fracas d'une vitre qui vole en éclats, d'une tôle brisée dans une collision de voitures... Tomber, s'écrouler avec* *fracas* (Cf. Patatras). *Le fracas des vagues sur les rochers* (Cf. Avec, cit. 78). *Le fracas des armes. Le fracas du tonnerre. Le fracas d'une voix tonitruante* (Cf. Tempête). *Dans le fracas de la rue.* — *Réclamer une chose avec fracas* (Cf. A cor* et à cri). Fam. *Renvoyer quelqu'un avec perte et fracas :* le renvoyer brutalement.

1 « ... les mugissements redoublaient. Aucune rumeur humaine ou bestiale ne saurait donner l'idée des fracas mêlés à ces dislocations de la mer. »   HUGO, **Travaill. de la mer**, II, III, VI.

2 « Le jeune homme, à cette question, laissa tout tomber par terre, avec un grand fracas. »   FLAUB., **M**ᵐᵉ **Bov.**, III, VIII.

3 « Il y eut un fracas clair et violent de vitres secouées, de sabots claquant sur le seuil. »   ALAIN-FOURNIER, **Grd Meaulnes**, p. 41.

4 « Un tonnerre inouï, dont nul fracas terrestre ne saurait donner l'idée, déchira, accabla toutes les oreilles alentour, laissant tous les hommes, pour plusieurs secondes, sourds et presque ivres. »   FARRÈRE, **La bataille**, XXVII.

5 « Il lui faut plus longtemps pour accommoder ses nerfs à ce fracas qui pilonne et paralyse le cerveau, qui fait courir, jusqu'aux extrémités des membres, d'incessantes décharges électriques. »   MART. du G., **Thib.**, t. VIII, p. 147.

— *Fig.* (Vieilli). V. **Agitation.** *Le fracas du monde* (Cf. Étourdi, cit. 8)

6 « ... je sentais au milieu de ma gloire que mon cœur n'était pas fait pour tant de fracas, et bientôt, sans savoir comment, je me retrouvais au milieu de mes chères bergeries, renonçant pour jamais aux travaux de Mars. »   ROUSS., **Conf.**, IV.

— Effet retentissant produit par une personne ou une chose (Cf. Sensation).

7 « Tout ce train servait à augmenter le fracas de mon apparition. Je devins à la mode. La tête me tourna : j'ignorais les jouissances de l'amour-propre, et j'en fus enivré. J'aimais la gloire comme une femme, comme un premier amour. »   CHATEAUB., **M. O.-T.**, t. II, p. 179.

ANT. — Calme, silence.

FRACASSER. *v. tr.* (XVIᵉ s. ; ital. *fracassare*). Mettre en pièces, briser avec violence. V. **Briser, casser, rompre** (Cf. Éclat, cit. 1). *Le coup lui fracassa la mâchoire. Elle s'est fracassé la jambe en tombant.* — Pronominalt. *La voiture s'est fracassée en roulant dans le ravin. La barque s'est fracassée sur les rochers.*

1 « ... L'escarbot, indigné,
Vole au nid de l'oiseau, fracasse en son absence
Ses œufs, ses tendres œufs, sa plus douce espérance. »   LA FONT., **Fab.**, II, 8.

2 « Souvent le heurt d'une pierre fracassa son bouclier. »   FLAUB., **Lég. de St Julien l'Hosp.**, II.

3 « Buteau avait lancé le premier coup, et Jean, baissé encore, aurait eu la tête fracassée, s'il ne s'était jeté d'un saut en arrière. »   ZOLA, **La terre**, III, VI.

DER. — **Fracassement.** *n. m.* (XVIᵉ s.). *Peu usit.* Action de se fracasser. — **Fracassant, ante.** *adj.* Qui fracasse ; qui fait du fracas.

1 « ... le fracassant éclat des coups (*de cloche*). »   HUYSMANS, **Là-bas**, III, p. 30.

2 « L'avion passe avec un bruit fracassant, la foule, retournée comme un champ, vire du noir au blanc, fleurit... »   SARTRE, **Mort dans l'âme**, p. 208.

FRACTION. *n. f.* (1187 au sens I ; empr. au bas lat. *fractio*, de *frangere*, « briser »).

I. *Vx.* Action de briser. V. **Brisement, division, rupture.**

1 « ... la contusion, dilacération et fraction que fait la violence de la balle ès (*aux*) parties nerveuses et osseuses. »   A. PARÉ, IX, 1 (in HUGUET).

— *Spécialt. Liturg. chrét.* Action de rompre le pain eucharistique avant de communier.

2 « ... selon la doctrine des calvinistes, la fraction du pain représente le corps du Sauveur rompu à la croix... »   BOSS., **Déf. de la trad. sur la communion**, I, 3.

3 « ... nous voyons Jésus reconnu à la fraction du pain, comme si ce geste eût été pour ceux qui l'avaient fréquenté le plus caractéristique de sa personne. »   RENAN, **Vie de Jésus**, XVIII, Œuv., t. IV, p. 273.

II. Partie d'une totalité.

|| 1º (XVIᵉ s., MONTAIGNE). *Math.* Nombre inférieur à l'unité, et *par ext.* Tout nombre exprimant les quantités que l'on peut obtenir en ajoutant des parties aliquotes* de l'unité. *Un demi* (1/2), *deux tiers* (2/3), *trois quarts* (3/4), *quatre cinquièmes* (4/5)... *sont des fractions proprement dites ; cinq quarts* (5/4), *trois demis* (3/2)... *sont des nombres ou expressions fractionnaires, considérés comme des fractions. Termes d'une fraction.* V. **Dénominateur, numérateur.** *Dans la fraction* 6/10 (*six dixièmes*), *le numérateur* 6 *et le dénominateur* 10 *sont séparés par la barre de fraction. Simplifier une fraction. Réduire plusieurs fractions, réduction de fractions au même dénominateur. Fraction réductible, irréductible.* — *Fraction décimale*, fraction centésimale... Pour écrire les fractions décimales on remplace le dénominateur par une virgule :* $\dfrac{123}{10}$ *s'écrit* 12,3 ; $\dfrac{123}{100}$, 1,23 ; $\dfrac{123}{10.000}$, 0,0123... *Fraction périodique*, dans laquelle les mêmes chiffres se reproduisent périodiquement et dans le même ordre. 3/11, qui peut s'écrire 0,27 27 27... est une *fraction pério-*

dique simple. 0,3412727... est une *fraction périodique mixte. Fraction continue :* expression de la forme

$$A + \cfrac{1}{b + \cfrac{1}{c + \cfrac{1}{d}}} \quad \text{etc.}$$

où a, b, c d... sont des nombres entiers. — *Fraction algébrique*, où le numérateur et le dénominateur peuvent être des quantités algébriques quelconques. — *Fractions astronomiques* ou *sexagésimales*, utilisées pour la division du cercle en degrés.

4 « Dans le sens le plus étendu, une *fraction* est une *division indiquée ;* dans un sens plus étroit et en tant qu'on l'oppose à l'entier, c'est une *division* indiquée *qui ne peut se consommer.* L'une et l'autre définition emportent nécessairement deux termes, dont l'un représente le dividende, l'autre le diviseur. On les place l'un sous l'autre avec une petite ligne transversale entre deux. Le supérieur qui représente le dividende est dit *numérateur*, et l'inférieur qui représente le diviseur, est dit *dénominateur de la fraction.* »   D'ALEMBERT, **Encycl.**, Fraction.

|| 2º Partie d'une totalité. V. **Morceau, parcelle, part, partie, portion.** *Le sou est une fraction du franc, le shilling une fraction de la livre sterling. Une fraction importante de l'Assemblée a voté contre le projet de loi. Une fraction de seconde. Réduire en fractions.* V. **Fractionner.** *Milit. Fraction constituée ; fraction organique.*

5 « La fraction n'existe pas non plus dans la Nature, où ce que vous nommez un fragment est une chose finie en soi ; »   BALZ., **Séraphita**, Œuv., t. X, p 549.

6 « Il disposerait ainsi d'une certaine fraction de capital, sans diminuer ses revenus. »   ROMAINS, **H. de b. vol.**, t. V, XVII, p. 120.

7 « Tous avaient conscience de représenter une fraction de la grande force prolétarienne. »   MART. du G., **Thib.**, t. VII, p. 62.

ANT. — Ensemble, entier, totalité, tout, unité.

DER. — **Fractionnaire.** *adj.* (1725). *Math.* Qui est sous forme de fraction. *Nombre fractionnaire ; expression algébrique fractionnaire* (ANT. Entier, total). *Par ext. Gramm. Adjectif fractionnaire :* adjectif marquant la fraction (la dixième partie...). — *Comm. Livre fractionnaire :* livre de commerce sur lequel n'est portée qu'une catégorie particulière d'opérations. — **Fractionnel.** *adj.* (néol.). Qui tend à diviser. *Activité fractionnelle au sein d'un parti.* — **Fractionner.**

FRACTIONNER. *v. tr.* (1789 selon BLOCH ; de *fraction*). Diviser (une totalité) en parties, en fractions. V. **Diviser, partager, scinder, sectionner.** *Fractionner une section en deux groupes de combat. L'assemblée s'est fractionnée en trois groupes. Fractionner une opération en plusieurs temps.* — *Distillation* fractionnée (Cf. Extraire, cit. 11). V. **Fractionnement.**

ANT. — Bloquer, grouper, joindre, rassembler, réunir, unir.

DER. — **Fractionnement.** *n. m.* (1842). Action de réduire en fractions ; résultat de cette action. V. **Morcellement, segmentation.** *Le fractionnement des partis.* V. **Éparpillement.** *Spécialt. Chimie. Méthode de fractionnement*, pour la séparation de certains liquides ou des gaz entrant dans un composé. V. **Distillation** (ANT. Groupement, réunion, synthèse, unification).

FRACTURE. *n. f.* (XIIIᵉ s. ; var. *fraiture* ; empr. lat. *fractura*, de *frangere.* V. **Fraction**).

|| 1º Rupture avec violence, avec effort. V. **Bris, rupture.** *Fracture d'une serrure, d'une porte* (V. **Effraction**).

|| 2º État de ce qui est fracturé, rompu. V. **Cassure.** — *Spécialt. Géol.* Cassure de l'écorce terrestre. V. **Faille*; clase, coupure** (6º). *Plan de fracture* (Cf. Faille, cit.). *Fracture transversale*, coupant à angle droit la direction des zones de plissement. *Fracture longitudinale. Champ de fractures.*

1 « La fracture des jaspes paraît être terreuse ... tandis que la fracture des cailloux est luisante, comme celle du verre. »   BUFFON, **Hist. nat. min.**, Jaspes, Œuv., t. XI, p. 312.

2 « Dans cette espèce de grande fracture on aperçoit des sentiers qui serpentent au milieu des précipices ... »   CHATEAUB., **Amér.**, Journ. sans date (in LITTRÉ).

3 « ... le plus souvent, l'affaissement a lieu brusquement, la région affaissée est séparée de la région restée en place par une rupture qui se produit suivant un plan voisin de la verticale. Un pareil accident est appelé une *faille* ou *fracture.* »   HAUG, **Traité de géol.**, t. I, p. 237.

|| 3º *Chirurg.* « Lésion osseuse consistant en une solution de continuité complète ou incomplète avec ou sans déplacement des fragments » (GARNIER). *Fracture complète ; incomplète* (V. **Fêlure**). *Fracture simple, compliquée* (les parties molles environnantes formant plaie...), *comminutive. Fracture esquilleuse. Fracture close, fermée. Fracture exposée, ouverte. Fracture comminutive ouverte.* V. **Fracas.** *Fracture directe*, la lésion osseuse siégeant au point où les causes extérieures ont exercé leur action. *Fracture indirecte. Fracture causée par un traumatisme* (coup, heurt, chute, écrasement). V. **Blessure.** *Fracture pathologique, spontanée* (par maladie osseuse, contractions musculaires...). *Fracture de l'avant-bras* (cubitus, radius), *du bras* (humérus), *de la clavicule..., de la cuisse, du col du fémur, de la jambe* (tibia, péroné). *Fracture des côtes, du sternum, des vertèbres. Fracture du crâne, des maxillaires.* — *Signes communs des fractures :* déformation, mobilité anormale.

crépitation osseuse, raccourcissement de l'os fracturé (os longs), douleur, impotence fonctionnelle... *Fracture accompagnée de lésions des nerfs, des vaisseaux, des muscles, de la peau...* — *Traitement, guérison des fractures.* V. **Contention** 2 (cit.), **réduction** ; Cf. Enclouage*, ligature, suture (osseuse), ostéosynthèse (V. **Ostéo-**), vissage... *Appareils* pour le traitement des fractures.* V. **Attelle** (2º), **éclisse, gouttière, plâtre ; bandage, bande, écharpe...** *Cicatrice osseuse d'une fracture.* V. **Cal.** *Rebouteux*, renoueur qui guérit les fractures...*

4 « Une longue après-midi durant, nous avons réduit des fractures et posé des appareils. » DUHAM., **Récits t. de guerre**, III, XXIX.

COMP. — **Contre-fracture.** *n. f.* Fracture indirecte. *Des contre-fractures.*

DER. — **Fracturer.** *v. tr.* (1809 ; *fracturé* dès le XVIᵉ s.). ‖ 1º Briser, rompre avec effort. V. **Briser, casser.** *Fracturer une porte, une serrure.* V. **Forcer.** *Les cambrioleurs ont fracturé le coffre-fort.* ‖ 2º *Chirurg.* Blesser par une fracture. *Fracturer un os, une côte. Se fracturer la jambe.* V. **Casser, rompre.**

1 « Ils affirment pouvoir remettre les os fracturés et luxés par paroles. » A. PARÉ, **Introd.**, 27.

2 « En empilant du bois dans le bûcher, je tombai maladroitement et me fracturai la cuisse. La fracture, jugée mauvaise par le médecin, d'abord me fit beaucoup souffrir ; je dus, plâtré du genou à la hanche, garder patiemment la chambre pendant deux mois. » BOSCO, **Jardin d'Hyacinthe**, p. 78.

FRAGA-, FRAGI-. Préf. sav. tirés du lat. *fragum*, « fraise », et servant à former quelques composés : *Fragarié, fragifère, fragiforme...*

FRAGILE. adj. (XIVᵉ s. ; empr. au lat. *fragilis* (V. **Frêle**), de *frangere*, « briser »).

‖ 1º Qui se brise*, qui se casse* facilement (de par sa nature même). V. **Cassant.** *Fragile comme verre*, comme du verre, comme du cristal** : très fragile. *Porcelaine fragile. Vase fragile. Matière friable* et fragile. Branche mince et fragile.* V. **Frêle.** *Graminée fragile* (Cf. Contraste, cit. 6). *Fragile comme une allumette.* — *Empaqueter, emballer soigneusement un objet fragile. Mettre l'étiquette* (cit. 2) « *fragile* » *sur une caisse de verrerie, de vaisselle.*

— *Par métaph. :*

1 « Sur quel roseau fragile a-t-il mis son appui ? » RAC., **Esth.**, II, I.

2 « L'amour ne brise dans un cœur que les objets fragiles, et s'il y brise tout, c'est que tout y était trop fragile. » MAETERLINCK, **Sagesse et destinée**, CXIV, p. 312.

‖ 2º Qui manque de solidité, est sujet à se briser, à être détruit ou altéré (par accident). V. **Cassable, faible** (2º). *Un échafaudage fragile* (Cf. Château de cartes). *Bâtisse vieille et fragile.* V. **Caduc** (Cf. Arc-boutant, cit. 1). *Navire fragile* (Cf. Flottant, cit. 1). *Ce blindage est trop fragile pour résister à un obus de 105 mm.* V. **Mince.**

3 « Que peuvent tes amis, et leurs armes fragiles, » VOLT., **Alz.**, II, 4.

4 « L'homme est aveugle, sourd, fragile, comme un mur
Qu'habite et ronge un insecte ! » BAUDEL., **Les épaves**, XVIII.

— *Par anal.* De constitution faible ou de fonctionnement délicat, sujet à se détériorer, à durer peu. V. **Altérable, périssable, précaire, vulnérable.** *Mécanisme fragile. Corps, organisme fragile.* V. **Débile, délicat.** *Cet enfant est très fragile, il attrape toutes les maladies.* V. **Chétif, faible*, malingre...** *Chose, personne fragile.* V. **Roseau** *(fig.). Santé fragile. Avoir l'estomac, le foie fragile.* Par ext. *Se sentir la tête fragile* (V. Fêler, cit. 1). *La flamme fragile d'une bougie. Fragile lumière* (par métaph. Cf. Abri, cit. 3). — *Fortune fragile ; biens fragiles* (ACAD.). — *Nation, armée immense et fragile* (Cf. Colosse aux pieds d'argile).

5 « Tant qu'à ce corps fragile un souffle nous attache ... » CORN., **Imit.**, I, 22.

6 « La petite vieille ratatinée se sentit toute réjouie en voyant ce joli enfant ... ; ce joli être, si fragile comme elle, la petite vieille, et, comme elle aussi, sans dents et sans cheveux. » BAUDEL., **Spl. de Paris**, II.

7 « On devinait une ténacité de fer dans ce corps fragile. » MART. du G., **Thib.**, t. IV, p. 86.

8 « Je ne dépense un peu que pour la nourriture, parce que j'ai l'estomac fragile ... » ROMAINS, **H. de b. vol.**, t. II, XV, p. 184.

— *Fig.* Qui, n'étant pas établi sur des bases fermes, est facile à ébranler, menacé* de ruine, sujet à passer*. V. **Éphémère, précaire.** *Prospérité, autorité, puissance fragile.* (Cf. Bâti sur le sable ; qui branle* dans le manche ; qui ne tient qu'à un fil*...). *Gloire fragile. Sentiment fragile.* V. **Changeant, inconstant, mobile.** *Fragile attachement.* V. **Court, instable, passager.** *Bonheur fragile.* — *Chimère, espoir fragile.* V. **Inconsistant.** *Hypothèse, théorie bien fragile.* V. **Branlant.** *Chose fragile et vaine.* V. **Ombre.** *Distinction fragile entre deux choses presque indistinctes.* V. **Ténu.** *Échafauder des projets fragiles et vains* (Cf. Des châteaux en Espagne).

9 « Un sort trop plein de gloire à nos yeux est fragile, » MOL., **D. Garc.**, II, 6.

10 « Il ne sait pas aimer ; son amitié est aussi fragile que l'amour. » GENLIS, Mᵐᵉ de Lafayette, p. 223 (in LITTRÉ).

11 « La beauté, seule chose qu'on ne puisse acquérir, inaccessible à tout jamais à ceux qui ne l'ont pas d'abord ; fleur éphémère et fragile qui croit sans être semée, pur don du ciel ! » GAUTIER, Mˡˡᵉ de Maupin, V.

12 « ... il se méfiait un peu de ses hypothèses qui lui paraissaient fragiles. » MAC ORLAN, **La Bandera**, XIV.

13 « L'intérêt, c'est de montrer à un esprit philosophique comme le vôtre que la prospérité capitaliste est fragile. » ROMAINS, **H. de b. vol.**, t. III, XVI, p. 214.

14 « (Méduses ... astéries ...) êtres mystérieux placés sur les fragiles confins de la vie animale et de la vie végétale. » Éd. HERRIOT, **La porte océane.**

— *Spécialt.* En parlant de l'homme, de la vie... V. **Périssable.** *Les choses humaines sont fragiles. Notre vie si fragile* (Cf. Filer, cit. 6).

15 « Entre nous, et l'enfer ou le ciel, il n'y a que la vie entre deux, qui est la chose du monde la plus fragile. » PASC., **Pens.**, III, 213.

16 « Les œuvres des humains sont fragiles comme eux ; » VOLT., **Henr.**, I.

‖ 3º *Vieilli.* Sujet à succomber aux tentations, à tomber en faute, à pécher. V. **Faible, faillible.** *La chair* (cit. 49) *est fragile quelquefois. La nature est fragile* (ACAD.). *Vertu fragile.*

17 « ...malheur à moi, d'être né si sensuel et si fragile ! » BOURDAL., **Serm. pénitence**, I.

18 « Vous vous trompez fort lourdement,
Quand vous prônez comme évangile,
Qu'à vous seul, trop vivant amant,
Il est permis d'être fragile.
Philis aurait raison de vous parler ainsi :
Et moi je suis fragile aussi. » BUSSY-RABUTIN, **Max. d'amour.**

ANT. — **Dur, épais, résistant, robuste, solide* ; incassable. Ferme, fort* ; établi** (bien), **impérissable, inaltérable, invulnérable ; fer** (santé de fer). **Assuré, durable, éternel, long, stable. Infaillible. Constant.**

DER. — **Fragilement.** *adv.* (XVIᵉ s.). D'une manière fragile. *Édifice fragilement bâti. Puissance fragilement établie* (ANT. Fermement, solidement*). — V. **Fragilité.**

FRAGILITÉ. *n. f.* (XIIᵉ s. ; empr. lat. *fragilitas.* V. **Fragile** ; a remplacé *fraileté.* V. **Frêle**).

‖ 1º Qualité à se casser. *Fragilité du verre, de la porcelaine. Fragilité d'une branche mince et cassante*, d'une poutre...* V. **Faiblesse** (2º).

1 « ... l'hôtel, où les fenêtres trop étroites et trop nombreuses donnaient un air de fragilité à tout l'édifice. » GREEN, A. Mesurat, II, V.

— *Par métaph. :*

2 « Mais leur gloire tombe par terre,
Et, comme elle a l'éclat du verre,
Elle en a la fragilité. » GODEAU, **Ode à Louis XIII** (Cf. aussi Éclat, cit. 20 CORN.).

‖ 2º *Par anal.* Facilité à être altéré, détérioré, détruit... V. **Faiblesse, précarité, vulnérabilité.** *Fragilité d'un organisme, d'un organe, d'un tissu... Fragilité d'un enfant.* V. **Débilité, délicatesse.** *Spécialt. Méd. Fragilité globulaire :* diminution de la résistance globulaire des globules rouges.

3 « La fragilité de certains tissus, tels que la substance nerveuse, est si grande que leur étude à l'état vivant est presque impossible. » CARREL, **L'homme, cet inconnu**, p. 10.

4 « La fragilité des fibres de son cœur, me confia-t-elle, de l'avis même des médecins, tenait du miracle. » CÉLINE, **Voyage au bout de la nuit**, p. 94.

‖ 3º Manque de solidité, et *par ext.* Caractère éphémère. V. **Instabilité, précarité.** *Fragilité de la gloire, de la puissance.* V. **Inconstance.** *Fragilité d'une théorie, d'une hypothèse* (V. **Incertitude, inconsistance**). *Fragilité de la civilisation* (Cf. Assise, cit. 5). — *Fragilité des choses humaines, des plaisirs...* V. **Vanité.** *Fragilité de la vie* (Cf. Contraste, cit. 6). — *Allus. littér. « Fragilité, ton nom est femme »* (SHAKESPEARE). Cf. Femme, cit. 48.

5 « ... souviens-toi de la fragilité des choses humaines. » FÉN., **Télém.**, XII.

6 « Je me disais : « voilà un monde très fragile » ... Tant de fragilité donnait aux Borisols ce charme qui s'épand de tous les bonheurs menacés : on les aime d'autant plus qu'on les sent, nuit et jour, à la merci de la fortune. Les biens précaires tirent de l'instabilité cet aspect irréel qui nous dispose si facilement à y déceler le miracle. » BOSCO, **Jardin d'Hyacinthe**, p. 52.

‖ 4º *Vieilli.* Facilité à succomber aux tentations, à pécher. V. **Faiblesse, faillibilité** (dér. de faillir).

7 « Il (*l'homme*) est souvent trahi par sa fragilité. » CORN., **Imit.**, I, 19.

8 « ... ces fautes où la fragilité de l'âge et la séduction des exemples entraînent quelquefois. » MASS., **Confér., Voc.**, 1.

ANT. — **Dureté, épaisseur, résistance, robustesse, solidité*. Force, inaltérabilité ; invulnérabilité, stabilité. Infaillibilité ; constance...**

FRAGMENT. *n. m.* (vers 1500 ; lat. *fragmentum*).

‖ 1º Morceau d'une chose qui a été cassée, brisée. V. **Bout, bribe, brisure, débris, éclat, grain, miette, morceau*, parcelle, pièce, tronçon.** *Les fragments d'un vase, d'une statue antique. Il n'en reste que des fragments.* V. **Reste.** *Menus, petits fragments.* V. **Corpuscule.** *Fragment d'os.* V. **Esquille** (cit.). *Fragment de roche* (Cf. Entasser, cit. 2). *Réduire en fragments.* V. **Briser, concasser, diviser, émietter, fragmenter.** *Division* en fragments.*

1 « ...les fragments de l'os du tibia ramenés à leur position, et les atèles (*attelles*) posé(e)s... »
GONCOURT, Zemganno, LXIX.

2 « ...on n'entendit guère que le bruit des couteaux qui travaillaient les os des côtelettes et leur arrachaient les derniers fragments de nourriture ... »
GREEN, Léviathan, I, X.

— *Par anal.* Morceau d'une chose déchirée. *Fragments d'une lettre.*

3 « Elle déchira cette carte et en jeta les fragments sous la trappe de la cheminée. »
GREEN, A. Mesurat, III, I.

‖ **2°** *Fig.* Partie d'une œuvre dont l'essentiel a été perdu ou n'a pas été composé. *Les fragments de Ménandre, d'Ennius* (ACAD.). *Sous le titre de Pensées, Pascal n'a laissé que des fragments d'un livre qu'il projetait sur la religion chrétienne* (LITTRÉ).

4 « ...peut-être aimerez-vous mieux un fragment moral ou philosophique, qui a été attribué à Aristippe, dont Varron a parlé, et que depuis l'on a cru perdu. Il ne l'était pas pourtant, puisqu'il a été traduit au quinzième siècle en français de ce temps-là. Je l'ai trouvé manuscrit, et ajouté à la suite de Plutarque dans un exemplaire imprimé d'Amyot... »
SENANCOUR, Oberman, XXXIII.

5 « La destinée singulière qui a voulu qu'elle (*la légende de Tristan et Iseut*) ne nous parvint que dans des fragments épars ... »
Gaston PARIS (in BÉDIER, Tristan et Iseut, Préf.).

— Partie extraite d'une œuvre, d'un texte quelconque. V. **Citation, extrait.** *Poésie faite de fragments rassemblés.* V. **Centon ; anthologie, chrestomathie...** *Fragments d'une lettre, d'une déposition* (Cf. Apologétique, cit. 3). — *Il y a dans ce livre de beaux fragments.* V. **Passage.**

6 « Il avait supposé une infidélité de l'amant, et était parvenu, avec des fragments de lettres savamment présentés, à persuader la malheureuse qu'elle avait une rivale et que cet homme la trompait. »
HUGO, Misér., I, I, IV.

7 « ...travaille, médite surtout, condense ta pensée, tu sais que les beaux fragments ne font rien ; l'unité, l'unité, tout est là. L'ensemble, voilà ce qui manque à tous ceux d'aujourd'hui, aux grands comme aux petits. »
FLAUB., Corresp., t. I, p. 182.

— Pièce, morceau isolé. *Publier des fragments historiques, philosophiques.*

‖ **3°** *Par anal.* Partie d'une chose. V. **Part, partie.** — REM. Cette acception, attestée au XIXe s., est absente de LITTRÉ, HATZFELD... *Un fragment du passé. Ne connaître qu'un fragment, que des fragments de la vérité. Fragment donnant une idée de l'ensemble.* V. **Échantillon.**

8 « Du reste, ce fragment de ma vie que je passe sous silence, le lecteur ne perdra rien à ne pas le connaître. »
DAUDET, Petit Chose, I, IV.

9 « ...fragment survivant d'une vie disparue sans laisser de traces ... »
PROUST, Rech. t. p., t. XII, p. 103.

10 « Daniel était bien, avec Antoine, le seul attachement que Jacques eût jamais eu. Mais, c'était un fragment du passé : ce passé dont Jacques s'était volontairement détaché, et dont il tolérait mal les reprises. »
MART. du G., Thib., t. V, p. 296.

11 « ...notre esprit est si curieusement bâti que le fragment d'expérience qu'il recueille ne lui apparait jamais pour commencer comme un fragment, mais bien comme un tout ; »
PAULHAN, Entretien s. des faits divers, p. 25.

ANT. — Ensemble, tout, unité ; bloc.

DER. — Fragmentaire, fragmenter.

FRAGMENTAIRE. *adj.* (1801, selon BLOCH ; de *fragment*). Qui existe à l'état de fragments. *Débris fragmentaires d'une statue brisée... Œuvre à l'état fragmentaire.* V. **Incomplet, morcelé, partiel** (Cf. Ébauche et *aussi* Conception, cit. 2). *Informations, connaissances fragmentaires* (ANT. **Encyclopédique**).

1 « Son action (*de l'intellectuel*) est presque toujours morcelée, fragmentaire ; »
R. ROLLAND, Jean-Christophe, Le buisson ardent, I, p. 1262.

2 « Un homme supérieur, un grand écrivain, est fatalement, par son génie même, une des synthèses de sa race et de son époque, le représentant d'une humanité momentanée ou fragmentaire, le cerveau et la bouche de toute une tribu et non un fugace monstre. »
GOURMONT Livre des masques, p. 89.

ANT. — Complet, entier, total.

DER. — Fragmentairement. *adv.* (2e moitié XIXe s.). D'une manière fragmentaire, incomplète, partielle.

FRAGMENTER. *v. tr.* (1811 ; de *fragment*). Partager, séparer en fragments. V. **Diviser, morceler, partager.** *Fragmenter un bloc en petits cailloux.* V. **Concasser.** — *Fragmenter un colis, un envoi* (ACAD.). V. **Fractionner.** *Fragmenter la publication d'un ouvrage. Œuvre fragmentée.*

« Nous n'avons de l'univers que des visions informes, fragmentées et que nous complétons par des associations d'idées arbitraires, créatrices de dangereuses suggestions. »
PROUST, Rech. t. p., t. XIII, p. 195.

ANT. — Rassembler, réunir.

DER. — Fragmentation. *n. f.* (1865). Action de partager en fragments ; partage en fragments. V. **Division, partage, segmentation.** *Spécialt. Biol. Fragmentation du chromosome, interrompant la succession des gènes, et provoquant une mutation**

FRAGON. *n. m.* (*Fregon* au XIIe s. ; bas lat. *frisco*, « houx », peut-être d'origine gauloise). Plante monocotylédone (*Liliacées*), arbrisseau vivace, dont les feuilles sont réduites à des écailles. *Le fragon piquant est aussi nommé frelon, petit houx*, buis piquant, myrte épineux, épine* de rat. Vertus apéritives, diurétiques, de la racine de fragon. Baies du fragon.*

FRAGRANCE. *n. f.* (XIIIe s. ; lat. *fragrantia*, de *fragrare*, « sentir ». V. **Flairer**). Odeur agréable. V. **Parfum.** — REM. Ce mot, courant au XVIe s. (Cf. HUGUET) est absent des dictionnaires, aux XVIIe et XVIIIe siècles. Repris par CHATEAUB., BRILLAT-SAVARIN, etc., il est enregistré dans le supplément de LITTRÉ comme un « latinisme ». L'ACADÉMIE l'accepte dans sa 8e éd. (1932) en indiquant qu'il est peu usité. Son emploi est fréquent dans la langue littéraire.

1 « ...des larmes de *liquidambar* et des racines de *libanis*, qui mêlaient la fragrance de l'angélique, du cédrat et de la vanille. »
CHATEAUB., M. O.-T., I, VIII, 7, (Édit. Levaillant).

2 « ...une fragrance de fleurs et d'aromates. »
GAUTIER, Roman de la momie, II.

3 « L'admirable prose... exhalait une fragrance d'encens... »
HUYSMANS, La cathédrale, p. 434.

4 « ...tout un bouquet de douces odeurs sombres et tenaces, qui demeuraient longtemps attachées aux paumes. Ces fragrances exaltaient Alain contradictoirement, et n'engendraient pas toujours le désir. »
COLETTE, La chatte, p. 103.

DER. — (du lat. *fragrare*). Fragrant, ante. *adj.* (1555 ; lat. *fragrans*) *Rare.* Qui exhale une bonne odeur. V. **Odorant, parfumé** (ANT. **Fétide, puant... ; inodore**).

« Il est des jours...
Tout bleus, tout nuancés d'éclatantes couleurs,
Tout trempés de rosée et tout fragrants d'odeurs. »
LAMART., Jocelyn, IV, 6 mai 1794.

FRAI. *n. m.* (XIVe s. ; subst. verb. de *frayer*).

I. *Technol.* Usure, diminution du poids des monnaies, par l'effet du frottement, de la circulation des monnaies.

II. *Biol.* Ponte* des œufs par la femelle des poissons ; fécondation* de ces œufs par le mâle (V. **Frayer ; génération, reproduction**). *Frai des harengs.* V. **Relouage.** *La saison, le temps du frai.* Elliptiqt. *La pêche est interdite pendant le frai.*

— *Par ext.* Œufs* de poissons fécondés. *Du frai de carpes, de tanches* (ACAD.). Par anal. *Œufs des batraciens. Frai de grenouille, de grenouilles.*

— *Par ext.* Très jeune poisson dont on peuple un étang, un vivier*... V. **Alevin, fretin.** *Mettre du frai dans un étang, un lac... pour le repeupler*.*

1 « Presque tous les animaux,... ont chaque année des temps marqués pour la génération ; le printemps est pour les oiseaux la saison de leurs amours ; celle du frai des carpes et de plusieurs autres espèces de poissons est le temps de la plus grande chaleur de l'année, comme aux mois de juin et d'août ; celle du frai des brochets, des barbeaux... est au printemps ; »
BUFFON, Hist. anim., Var. génér. anim., Œuv., t. I, p. 599.

2 « Les poissons se reproduisent à des époques déterminées, variables selon les espèces. Au moment du *frai*, les femelles pondent d'énormes quantités d'*œufs* sur lesquels les mâles viennent déposer une substance blanche et molle, appelée *laitance*, destinée à les féconder. Grâce à la mobilité des eaux, les deux germes mâle et femelle entrent en contact et permettent le développement de l'alevin. »
P. VALLERY-RADOT, Grand mystère, III.

HOM. — Frais.

FRAÎCHE. *n. f.* (fin XVIIe s., REGNARD ; de *frais* 1, substantivé).

‖ **1°** *À la fraîche !* loc. exclam. (*Vx.*). Cri des marchands (ambulants) de rafraîchissements, ou de diverses denrées réputées pour leur fraîcheur ou devant être vendues fraîches.

1 « A la fraîche, à la fraîche ! Qui est-ce qui veut boire ? »
REGNARD, Mezzetin (in HATZFELD).

2 « ...manger des gâteaux de Nanterre et boire *à la fraîche...* »
SENANCOUR, Oberman, XX.

‖ **2°** *À la fraîche.* loc. adv. À l'heure où il fait frais ; dans un endroit où il fait frais. *Aller se promener à la fraîche. Être assis à la fraîche sous une tonnelle.*

3 « ...de jeunes cyclistes, chargés de provisions, qui s'en allaient sans doute déjeuner à la fraîche, dans les bois. »
MART. du G., Thib., t. VI, p. 176.

4 « À cette heure, elles jouaient au tennis, quelque part à Ceuta, avant le repas du soir, à la fraîche. »
MAC ORLAN, La Bandera, X.

FRAÎCHEMENT. *adv.* (XIIe s., *freschement* ; de *frais* 1).

‖ **1°** Depuis très peu de temps. V. **Récemment.** *Fraîchement débarqué à Paris.* V. **Frais** II. *Tout fraîchement* (Cf. Bateau, cit. 6). *Des rideaux fraîchement repassés* (Cf. Confortable, cit. 1).

1 « La journée était claire et tiède, et la terre, fraichement ouverte par le tranchant des charrues, exhalait une vapeur légère. »
SAND, Mare au diable, II.

‖ **2°** Dans des conditions de fraîcheur. *Être logé, habillé fraîchement. Voyager fraîchement l'été par le train de nuit.*

‖ **3°** *Fig.* Avec une froideur marquée. V. **Froidement.** *Il* *fut fraîchement reçu par la population. La proposition fut accueillie plutôt fraîchement.* — REM. LITTRÉ note que « c'est un adoucissement de froidement ». La nuance semble être aujourd'hui bien différente : il n'est personne qui ne préfère être reçu *froidement* plutôt que *fraîchement...*

2 « Le compliment fut d'abord fraîchement reçu ; »
ST-SIM., 258, 214 (in LITTRÉ).

ANT. — **Anciennement. Chaudement. Chaleureusement.**

FRAÎCHEUR. *n. f.* (XIIIe s., mais rare jusqu'au XVIe ; de *frais* 1). Qualité de ce qui est frais.

I. ‖ **1°** Propriété de ce qui est frais (sens I) ou rafraîchissant. *La fraîcheur de l'air* (cit. 4), *du temps, de la pluie* (Cf. Feuillage, cit. 2), *de la brise* (Cf. Aspirer, cit. 17 ; enivrer, cit. 6). *La fraîcheur du crépuscule, de la nuit, des matinées de printemps. La fraîcheur d'une eau, d'un ruisseau* (Cf. Enchaîner, cit. 13). *Fraîcheur d'une boisson* (Cf. Bière, cit. 2). *La fraîcheur des bois* (Cf. Botanique, cit. 3), *d'une salle aérée, d'un escalier* (Cf. Délasser, cit. 6), *d'une cave.*

1 « ... on vint lier après le dîner le docteur Pangloss et son disciple Candide... tous furent menés séparément dans des appartements d'une extrême fraîcheur, dans lesquels on n'était jamais incommodé du soleil... »
VOLT., Candide, VI.

2 « ...la beauté de ces nuits de printemps toutes remplies de la fraîcheur de la rosée, des soupirs du rossignol et du murmure des brises. »
CHATEAUB., M. O.-T., t. I, p. 127.

3 « Une légère fraîcheur s'était déjà manifestée au bout de mes doigts ; bientôt elle se transforma en un froid très vif... »
BAUDEL., Parad. artif., Poème du haschisch, III.

4 « La fraîcheur du tub lui parut baptismale. »
MART. du G., Thib., t. II, p. 58.

‖ **2°** *Absolt.* Température fraîche, air frais. V. **Froid, froidure.** *Une sensation, une illusion de fraîcheur* (Cf. Bruissement, cit. 3). *Chercher, trouver un peu de fraîcheur* (Cf. Exprimer, cit. 3). *Se promener à la fraîcheur.* V. **Fraîche.** *Une fraîcheur délicieuse, fugitive* (Cf. Bas-fond, cit. 2 ; exhaler, cit. 8). *Des fraîcheurs humides* (Cf. Courir, cit. 30 ; flottant, cit. 3). *Les premières fraîcheurs de l'automne.*

5 « De grands hêtres s'élevaient presque aussi haut que ces rochers dont l'ombre donnait une fraîcheur délicieuse à trois pas des endroits où la chaleur des rayons du soleil eût rendu impossible de s'arrêter. »
STENDHAL, Le rouge et le noir, I, X.

6 « ... la rue était lavée, le ciel un peu voilé et la fraîcheur voyageait si délicatement dans l'air qu'on eût dit que les cœurs aussi étaient mouillés. »
Ch.-L. PHILIPPE, Père Perdrix, I, IV.

7 « Vous n'êtes pas frappée de ce que cette fraîcheur a de pénétrant, pour nous qui arrivons de Paris, sans qu'on puisse dire qu'il fait froid. »
ROMAINS, H. de b. vol., t. V, XXVI, p. 251.

— Par ext. *Fam.* Douleur rhumatismale provoquée par un froid humide. *Attraper des fraîcheurs dans un jardin où l'on s'est attardé le soir.*

II. Qualité de ce qui est frais (sens II).

‖ **1°** De ce qui est nouvellement arrivé. V. **Nouveauté.** *Nouvelle, événement, mode qui est encore dans toute sa fraîcheur ; qui a perdu sa fraîcheur.* V. **Défleurir, déflorer.**

8 « Si le monde dure seulement cent millions d'années, il est encore dans toute sa fraîcheur, et ne fait presque que commencer ; »
LA BRUY., XII, 107.

9 « Il est bien vrai que l'expérience ôte de la fraîcheur à ce qui vous arrive, parce qu'elle permet plus ou moins de le prévoir. »
ROMAINS, H. de b. vol., t. III, XVI, p. 205.

‖ **2°** De ce qui est nouvellement produit ou fourni, et, par suite, de ce qui n'a subi aucune altération. *La fraîcheur d'un œuf, d'une viande, d'un poisson... Une salade, des radis de toute fraîcheur. Moules qui ne sont pas de la première fraîcheur.*

10 « ... Une barbue dont la marchande lui avait garanti la fraîcheur... »
PROUST, Rech. t. p., Swann, I (éd. Pléiade, t. I, p. 71).

III. ‖ **1°** Qualité de ce qui respire la santé et la vie. *Beauté*, fraîcheur du teint* (Cf. Culottage, cit ; farder, cit. 9), *de la peau. Visage brillant de fraîcheur. Fraîcheur de la jeunesse... Spécialt.* Absence de fatigue. *Il a terminé la course dans un état de fraîcheur remarquable.*

11 « La fraîcheur de ses chairs, l'éclat de son coloris, la blancheur de ses dents, la douceur de son haleine, l'air de propreté répandu sur toute sa personne... »
ROUSS., Conf., VII.

12 « ...celle-là se planta devant le lit de son frère, le jugea à la fraîcheur de l'œil, comme les anguilles de l'Aigre ; »
ZOLA, La terre, V, I.

13 « Pas vilaine, cette jeunesse. Il était très sensible à la fraîcheur, lui dont le teint était vilainement brouillé. »
ARAGON, Beaux quartiers, I, XXIV.

‖ **2°** Qualité de ce qui garde son éclat, sa vivacité, sans se faner ou se ternir. V. **Éclat, lustre.** *Fleur qui a perdu de sa fraîcheur.* V. **Défraîchir.** *Du linge d'une fraîcheur douteuse. Fresques de Pompéi qui ont gardé une miraculeuse fraîcheur.*

IV. *Fig.* Qualité de ce qui a quelque chose de vivifiant, de jeune et de pur.

‖ **1°** En parlant de ce qui touche la vue, l'odorat, l'ouïe... *Fraîcheur d'un coloris, d'une toilette printanière* (Cf. Éclai-

rage, cit. 3). *Air folklorique plein de fraîcheur. La fraîcheur d'un parfum naturel.*

14 « Si pour le fixer je m'amuse à les décrire en moi-même, quelle vigueur de pinceau, quelle fraîcheur de coloris, quelle énergie d'expression je leur donne ! »
ROUSS., Conf., IV.

15 « Lorsqu'on parcourt le village, on est étonné de la fraîcheur et de la grâce des petites filles ; »
NERVAL, Filles du feu, Angélique, XI.

‖ **2°** En parlant des sentiments, des idées... *La fraîcheur d'un premier amour.* V. **Pureté.** *Fraîcheur d'âme.* V. **Innocence, jeunesse.** *Fraîcheur d'une imagination poétique, des images, de l'expression, du style...* V. **Naïveté, naturel, nouveauté, originalité.** *Fraîcheur des impressions d'un enfant.* V. **Spontanéité, vivacité.**

16 « ...elle arrivait avec une jeunesse d'esprit, une fraîcheur d'idées, de sentiments, d'impressions, à rajeunir les politiques les plus fatigués. »
MICHELET, Hist. Révol. franç., V, V.

17 « ...je m'étonne chaque fois davantage de toute la fraîcheur et la vivacité qui viennent à nos sentiments sitôt purgés des idées et des raisons, avec quoi nous n'avons que trop tendance à les confondre. »
PAULHAN, Entret. s. des faits div., p. 86.

18 « Celui qui a dû perdre l'habitude de dire *une serviette à débarbouiller* garde l'expérience et la nostalgie d'une naïveté, d'une fraîcheur d'âme et de langage qu'ignorera toujours celui qui a toujours dit *une serviette de toilette.* »
JOUHANDEAU, Chaminadour, II, XVII.

ANT. — **Ardeur, chaleur, sécheresse, tiédeur. Ancienneté. Altération, corruption. Fatigue, lassitude. Grisaille, platitude.**

FRAÎCHIR. *v. intr.* (*Frescir* au XIIe s. ; rare jusqu'au XVIIIe ; de *frais* 1). *Mar.* (En parlant du vent). Augmenter de force. V. **Lever** (se). *La brise fraîchit. Impersonnlt. Il fraîchit.*

1 « Les brises fraîchissaient. la vague écumait et nous trempait souvent de ses jaillissements. »
LAMARTINE, Graziella, Épisode, VII.

— En parlant de la température. Devenir frais, ou plus frais. V. **Rafraîchir** (se). *Le temps fraîchit depuis quelques jours. Impersonnlt Il commence à fraîchir.* — Par ext. :

2 « Devant la tente des esclaves sommeillent, l'eau fraîchit dans les gargoulettes ou dans les peaux de chèvres suspendues à trois piquets, les soies fanées des étendards pendent le long des hampes, comme accablées par la chaleur. »
J. et J. THARAUD, Marrakech, XIV.

FRAIRIE. *n. f.* (*Frarie* au XIIe s., « confrérie », d'où « réunion de confrères » ; de *frères*, bas lat. *fratria*). *Vx.* Joyeuse partie de plaisir et de bonne chère. V. **Banquet, festin** (Cf. Eremitique, cit. ; fêter, cit. 2). — De nos jours. *Dial.* Fête* (cit. 8) patronale d'un village (notamment dans l'Ouest). *Les forains vont de frairie en frairie.*

1. FRAIS, FRAÎCHE. *adj.* (*Freis, fresche* au XIIe s. ; franciq. *frisk.* Cf. allem. *frisch*).

I. Légèrement froid. *Une belle et fraîche matinée de printemps. Temps qui devient plus frais.* V. **Fraîchir, rafraîchir** (se). *Fraîche nuit d'été. Un vent, un souffle, un petit air frais* (Cf. Air, cit. 10 et 14 ; beurre, cit. 1 ; bouffée, cit. 2 ; châle, cit. 2) ; *Eau de puits toujours fraîche* (Cf. Ajuster, cit. 17 ; buée, cit. 2 ; courir, cit. 27). *Vivre* d'amour et d'eau fraîche. Onde fraîche* (Cf. Feu, cit. 16). *Servir des boissons fraîches.* V. **Rafraîchissement** (Cf. Flâner, cit. 1). *Vin blanc qui se boit bien frais. Servir frais, mais non glacé. Cave, salle, ruelle fraîche* (Cf. Assaut, cit. 17 ; étagère, cit. 3). *Avoir la peau, les mains fraîches malgré la chaleur. Sable brûlant à la surface et frais à une certaine profondeur.* — Par ext. Qui donne une légère sensation de froid. *Un tissu, des vêtements frais.*

1 « J'ai trouvé, mon poète, une chaste vallée

. . .
Retraite favorable à des amants cachés,
Faite de flots dormants et de rameaux penchés,
Où midi baigne en vain de ses rayons sans nombre
La grotte et la forêt, frais asiles de l'ombre. »
HUGO, Voix intér., VII.

2 « ...ce corps souple, frais et parfumé comme un ruisseau coulant dans les fleurs. »
FRANCE, Lys rouge, XXVIII.

— Adverbialt. *Il fait* (cit. 204) *frais ce matin.* V. **Frisquet.** *Boire frais* (Cf. Déjeuner 1, cit. 1).

3 « — ...lorsque (*vous*) entrâtes en Libye... Ne vous fournirent-ils de vin en suffisance ? — Voire ! Mais (dit-il) nous ne bûmes point frais. — ...Un prétendant et aspirant à l'empire univers ne peut toujours avoir ses aises ! »
RABELAIS, Gargantua, XXXIII.

— Substantivt. *Le frais :* l'air frais. V. **Fraîcheur.** *Prendre le frais :* respirer l'air frais du dehors. *Goûter l'ombre et le frais* (Cf. Asile, cit. 21). *Il fait un frais délicieux* (Vieilli. — Cf. *cependant* Entretenir, cit. 1 GAUTIER). *Se tenir, travailler au frais* (Cf. Balcon, cit. 1). *Mettre, garder du beurre au frais. Fam. On l'a mis au frais,* en prison. *Fig. Jeune fille élevée à l'ombre et au frais,* à l'abri et dans l'ignorance du monde.

4 « Use donc hardiment de l'adjectif substantivé, comme le liquide des eaux. le vide de l'air, le frais des ombres... »
Du BELLAY, Déf. et illustr...., I.

5 « — ...Je suis bien aise... de vous voir dehors à l'heure qu'il est. Hé bien ! quel grand mal est-ce qu'il y a à prendre le frais de la nuit ? — Oui, oui, l'heure est bonne à prendre le frais. C'est

bien plutôt le chaud, Madame la coquine ; et nous savons toute l'intrigue du rendez-vous... » MOL., **G. Dand.**, III, 6.

6 « On prend le frais, au fond du jardin, en famille.
Le serein mouille un peu les bancs sous la charmille ; »
HUGO, **Contempl.**, I, VI.

7 « ... à la campagne, où ils passèrent au frais cette chaude journée... »
MICHELET, **Hist. Révol. franç.**, V, VIII.

8 « ... le chef du bureau arabe, qui se promenait au bon frais avec sa dame... » DAUD., **Tartarin de Tarascon**, III, IV.

9 « ...comme le frais de la nuit tombait... »
GIONO, **Regain**, III, p. 206.

10 « Sur le pas de la porte, deux chaises vides, celles du boulanger et de sa femme : ils allaient sans doute venir prendre le frais. »
BOSCO, **Rameau de la nuit**, p. 169.

II. Qui est d'origine ou d'apparition récente.

‖ **1°** Qui est arrivé, qui s'est produit tout nouvellement. V. **Neuf, nouveau, récent.** *Découvrir des traces toutes fraîches. Une cassure, une entaille, une plaie* encore fraîches. Vous n'avez pas de nouvelles plus fraîches ? Un bachelier de fraîche date, qui vient d'être reçu. Une danse de fraîche importation* (Cf. Cake-walk, cit.).

11 « ...un incident tout frais qui vous surprendra fort. »
MOL., **Tart.**, III, 5.

12 « Il apprenait par eux les nouvelles les plus fraîches des mathématiciens, leurs réflexions sur ce qui paraissait au jour... »
FONTENELLE, **Montmart** (in LITTRÉ).

— En parlant d'une impression récente. *Avoir le souvenir frais, la mémoire, l'idée fraîche de quelque chose. Être tout frais de...*, être encore sous l'impression de...

13 « Après plus d'un demi-siècle, ces souvenirs remontent tout frais et clairs à la surface de mon âme... »
FRANCE, **Crime S. Bonnard**, Œuv., t. II, p. 340.

— *Adverbialt.* Depuis très peu de temps. V. **Fraîchement, nouvellement, récemment.** *Frais émoulu* (cit. 2) *du collège. Frais débarqué de sa province. Une cuisine frais repeinte. Une rose fraîche éclose. Des myrtilles fraîches cueillies* (cit. 1). — *Le duc tout frais d'Abrantès* (Cf. Capituler, cit. 3). — REM. Quoique adverbial, *frais* peut s'accorder avec le substantif ; l'usage admet les deux constructions.

14 « (*Il*) entra tout à coup dans la chambre, en tenant dans la main une feuille de papier fraîche écrite. » FLAUB., **Mme Bovary**, II, XI.

15 « ...dans cette baraque fraîche peinte... »
DAUD., **Numa Roumestan**, XVI.

16 « Vous m'envoyâtes, fraîche éclose,
Une chère petite rose, » VERLAINE, **Amour**, À Madame X...

17 « ...un petit livre tout frais paru... » GIDE, **Corydon**, II, II.

18 « ...l'odeur du foin frais coupé... »
V. LARBAUD, **Barnabooth**, Nevermore.

19 « Elle disposait des lauriers d'or sur ma tête frais tondue. »
MAURIAC, **Nœud de vipères**, I, 4.

20 « Des gousses de vanille fraîches cueillies. »
DORGELÈS, **Partir**, X, p. 219.

21 « Que peut comprendre de tout cela un jeune provincial frais débarqué, que la nuit roule comme un galet à travers les maisons lépreuses de commerce ? » ARAGON, **Beaux quartiers**, II, XXVI.

— *De frais*, de fraîche date, tout récemment. *Appartement peint, décoré de frais. Être rasé de frais* (REM. Ne s'emploie plus guère que dans cette dernière expression).

22 « Son crâne dénudé, ceint d'une couronne de cheveux blancs, se colorait de rose... Rasé de frais, deux pattes de lièvre encadraient ses joues rondes. » FRANCE, **Petit Pierre**, XXII.

‖ **2°** Qui est tout nouvellement produit, fourni ou employé, en parlant de choses corruptibles, et, par suite, encore inaltéré. *Du pain, du beurre, du lait, des œufs frais* (Cf. Coque, cit. 1 ; épicé, cit. 3). V. **Jour** (du). — *Spécialt.* Par oppos. à « Conservé », à « sec, séché », etc. *Morue fraîche. Saumon, porc frais. Figues, amandes, noix fraîches. Lait frais. Vous pouvez manger des légumes frais, mais pas de légumes secs.*

23 « Il (*l'Ogre*) flairait à droite et à gauche, disant qu'il sentait la chair fraîche. — Il faut, lui dit sa femme, que ce soit ce veau, que je viens d'habiller, que vous sentez. — Je sens la chair fraîche, te dis-je encore une fois, reprit l'Ogre en regardant sa femme de travers ; » PERRAULT, **Contes**, Petit Poucet.

24 « Toi, voluptueux Parisien, qui n'as jamais fait d'autre grand voyage que celui de Dieppe pour y manger de la marée fraîche ; »
VOLT., **Dict. philos.**, Patrie, II.

25 « ...je m'efforçais de m'éveiller de bonne heure pour ne rien perdre de ces cris... — Il arrive le maquereau, maquereau frais, maquereau nouveau. Voilà le maquereau, mesdames, il est beau le maquereau. — À la moule fraîche et bonne, à la moule ! »
PROUST, **Rech. t. p.**, La prisonnière (éd. Pléiade, t. III, p. 126).

— En parlant d'autre chose que de denrées alimentaires. *L'encre est encore fraîche, prenez un buvard. Attention, peinture fraîche ! — Argent frais :* argent nouvellement reçu, fonds nouveaux alimentant une trésorerie.

26 « ...Paris la grande ville,
Où de mes pastoureaux la brigade gentille
Porte vendre au marché ce dont je n'ai besoin,
Et toujours argent frais leur sonne dans le poing. »
RONSARD, **Églogues**, II.

27 « Javert écrivit ces lignes... faisant fermement crier le papier sous la plume... Javert sécha l'encre fraîche sur le papier, le plia comme une lettre, le cacheta... » HUGO, **Misér.**, V, IV.

III. Qui a ou garde des qualités inaltérées d'éclat, de vitalité, de jeunesse...

‖ **1°** (En parlant de l'homme, d'êtres vivants). Qui respire la santé et la vie. V. **Sain.** *Une fille accorte* (cit. 3) *et fraîche, appétissante* (cit. 4) *et fraîche, fraîche comme une rose... Bouche, lèvres, joues fraîches. Un pied frais et mignon* (Cf. Caresse, cit. 6). *Peau fraîche. Chair* (cit. 32) *fraîche et grasse. Avoir le teint frais* (V. **Fleuri**), *le visage frais* (V. **Poupin**). *Fraîches couleurs* (Cf. Flegmatique, cit. 1). *Il est encore frais et gaillard pour son âge* (Cf. Dépérir, cit. 3). V. **Vif.**

28 « — Tartuffe ? Il se porte à merveille,
Gros et gras, le teint frais, et la bouche vermeille. »
MOL., **Tart.**, I, 4.

29 « Il avait ce lisse et frais visage de l'adolescence... »
DUHAM., **Voyage P. Périot**, XIV.

— *Fam. et ironiq.* En parlant de quelqu'un qui s'est mis dans une fâcheuse situation. *Eh bien ! cette fois, nous voilà frais ! Tu as tout perdu, tu es frais !* (Cf. Avoir bonne mine).

30 « Nous sommes frais ! Quelle folie aussi : avoir cru possible d'éviter l'éclat ! » PLISNIER, **Meurtres**, t. I, p. 183.

— *Spécialt.* Qui a gardé intacte, ou a retrouvé sa vitalité ; qui n'est pas ou n'est plus fatigué. V. **Reposé.** *Se lever tout frais après un sommeil réparateur. Être frais et dispos* (cit. 2). V. **Forme** (II, 6°). *Frais comme l'œil. Le général dut faire donner des troupes fraîches* (Cf. Dent, cit. 26). *Prendre à l'étape des chevaux frais. Il a terminé la course très frais.*

31 « (*Il*) lui oppose des troupes fraîches à la place des troupes fatiguées... » BOSS., **Or. fun. de Condé.**

32 « ...vous n'en pouvez plus, lui dit-il... j'ai dormi une heure, je suis frais, je vais monter la garde pour vous... »
VOLT., **Russie**, II, 6.

33 « Bonaparte devait donc se préparer à affronter un nouveau et formidable retour offensif et, avec des troupes durement éprouvées par la campagne précédente, soutenir le choc d'une armée fraîche... »
MADELIN, **Hist. Cons. et Emp.**, Ascension de Bonaparte, VII.

— *Par anal. T. de Marine* (en parlant du vent). Qui souffle avec une certaine force favorable à la navigation. *Substantivt.* (accolé à une épithète marquant les divers degrés de cette force). *La force du vent. Bon frais, joli frais, grand frais, petit frais... Il vente gros frais.*

34 « Ils se mirent à la voile pour s'enfuir, à quoi leur servit le vent qui se leva frais aussitôt qu'ils eurent gagné la haute mer. »
AMYOT, **Pompée**, 110 (in LITTRÉ).

‖ **2°** En parlant des choses. *Changer l'eau d'un vase pour tenir les fleurs fraîches. Un frais bouquet* (Cf. Églantine, cit. 2). *Ce costume n'est pas très frais, il faudrait le repasser. Robe en tissu infroissable qui reste fraîche. Porter du linge frais.*

35 « Tout cela était propre et frais comme une coquille jetée par la mer en un coin de grève. »
BALZ., **Médec. de camp.**, Œuv., t. VIII, p. 414.

36 « Hélas dans la fleur la plus fraîche on peut distinguer les points imperceptibles qui pour l'esprit averti dessinent déjà ce qui sera, par la dessiccation ou la fructification des chairs aujourd'hui en fleur, la forme immuable et déjà prédestinée de la graine. »
PROUST, **Rech. t. p.**, À l'ombre des j. f. en fl., p. 174.

IV. *Fig.* Qui donne une impression vivifiante de pureté, de jeunesse.

‖ **1°** En parlant de ce qui affecte d'autres sens que le toucher. *La fraîche haleine, la fraîche odeur d'un bouquet de violettes. Un frais parfum* (Cf. Asphodèle, cit. 2 ; chair, cit. 20). *Toilette aux fraîches couleurs.* V. **Éclatant.** *Ce décor est frais à l'œil. Frais coloris d'un tableau, d'une toile de Renoir. Image, vision radieuse et fraîche. Voix fraîche et pure. Fraîche aubade* (cit. 1). *La fraîche mélodie d'une chanson populaire. Elle avait un rire frais et jeune. Le frais babil d'un enfant.*

37 « Les oiseaux gazouillaient un hymne si charmant,
Si frais, si gracieux, si suave et si tendre,
Que les anges distraits se penchaient pour l'entendre. »
HUGO, **Lég. des siècles**, II, Sacre de la femme, I.

38 « Ô fraîche vision des jupes de futaine
Qui se troussent gaiment (*gaiement*) autour de la fontaine ! »
ID., **Ibid.**, Groupe des idylles, XVII.

‖ **2°** Dans l'ordre moral et psychologique. V. **Beau, candide, pur...** *Une âme, une sensibilité vivace et fraîche* (Cf. Appétit, cit. 23). *Un sentiment, un amour frais et pur. Des expressions naïves et fraîches* (Cf. Entremêler, cit. 6).

39 « ...une fille sage, fraîche de cœur autant que de figure. »
LOTI, **Pêch. d'Islande**, I, III.

40 « ...la fraîche joie d'un premier engagement... »
PAULHAN, **Fleurs de Tarbes**, p. 174.

— *Allus. histor.* « *La guerre fraîche et joyeuse* ». V. **Guerre.**

— *Fam. et ironiq.* En parlant de quelque chose qui est d'une pureté douteuse, peu recommandable. *Elle est fraîche, votre politique, parlons-en !*

V. *Spécialt.* Dépourvu de chaleur, de cordialité. *Un accueil plutôt frais.* V. **Fraîchement.**

ANT. — **Ardent, brûlant, chaud, desséchant, tiède.** — **Ancien, éloigné, lointain, vieux.** — **Desséché, fumé, rassis, salé, sec, séché ; altéré, corrompu, gâté, passé, rance.** — **Blafard, blême, décati, défraîchi, hâve ; fatigué, las. Décoloré, éteint, fané, flétri, foncé, passé, sombre, terne ; défloré, usé.**

DER. et COMP. — **Fraîche, fraîchement, fraîcheur, fraîchin, fraîchir ; défraîchir, rafraîchir.** Cf. **Frisquet.**

HOM. — **Formes** du verbe **Frayer.**

2. FRAIS. *n. m. pl.* (*Fres* au plur. en 1283 ; croisement entre un francique *fridu* (« paix », et par ext. « amende » pour obtenir (ou avoir rompu la paix) et le lat. *fractum*, p.p. de *frangere*, rompre).

‖ **1°** Dépenses occasionnées par une opération quelconque. V. **Coût, débours, dépense.** *Les frais d'un voyage, d'un transport* (Cf. Expéditeur, cit. 3). *Les frais de la guerre, d'habillement... Frais de bureau, de location, d'entretien, de l'armement* (Cf. Engager, cit 3). *Frais de déplacement, de chauffage... Menus frais, grands frais. Partager, répartir les frais. Payer, supporter des frais. Payer les frais sans en avoir le profit* (Cf. Payer les violons). *Faire beaucoup de frais, de grands frais pour réparer une vieille maison. Tous frais payés :* une fois toutes les dépenses soldées. *Couvrir** (cit. 7) *ses frais. Pour subvenir à tant de frais* (Cf. Extorsion, cit. 1). *Rentrer dans ses frais,* rentrer dans ses débours. — *Par ext. Sommes allouées pour subvenir à certains frais.* V. **Allocation.** *Frais de représentation**, de route, de logement.*

1 « L'utile et la louable pratique, de perdre en frais de noces le tiers de la dot qu'une femme apporte ! »   LA BRUY., VII, 18.

2 « Quelque temps après, le conseil général... lui vota une somme annuelle de trois mille francs, sous cette rubrique : *Allocation à M. l'évêque pour frais de carrosse, frais de poste, et frais de tournées pastorales.* »   HUGO, Misér., I, I, II.

3 « Villa et château, par leurs frais d'entretien et de personnel, eussent englouti plus que le revenu total des Genillé. »   ROMAINS, H. de b. vol., t. III, XIII, p. 181.

4 « ... en plus de ta mensualité, tu trouveras donc ci-jointe la somme de deux cents francs pour te dédommager des frais causés par le séjour d'Armand à Paris et lui permettre de revenir à Sérianne... »   ARAGON, Beaux quartiers, II, XXXIV.

‖ **2°** *Fig.* Dépense, effort qui coûte. *Faire des frais de politesse. Se mettre en frais d'amabilité. Inutile de vous mettre en frais d'éloquence, je ne vous crois pas. Tous ces frais de toilette ne la font guère paraître plus jeune.*

5 « Quand la duchesse du Maine était à Paris, elle venait volontiers aux mardis de Mme de Lambert, et c'était alors un surcroît de frais de bel esprit et un assaut d'inventions galantes. On a tout un volume dans les Œuvres de La Motte sur ces riens de société. »   STE-BEUVE, Caus. lundi, 9 juin 1851, t. IV, p. 237.

6 « Et les frais dont elle (*l'aristocratie*) se dispense à l'égard de l'inutile hobereau recherché des bourgeois... elle les prodiguera aux hommes politiques, fussent-ils francs-maçons, qui peuvent faire arriver dans les ambassades... »
PROUST, Rech. t. p., À l'ombre des j. f. en fl. (éd. Pléiade, t. I, p. 435).

— *Sur nouveaux frais, sur de nouveaux frais :* en faisant un nouvel effort, comme si rien n'avait été fait. V. **Derechef, nouveau** (de). *Rebâtir à nouveaux frais* (Cf. Contradicteur, cit. 1).

7 « Je vous ai écrit la dernière fois des Rochers... depuis cela, pas un seul mot de vous. Il faut donc recommencer sur nouveaux frais. »   SÉV., 1307, 1er déc. 1690.

8 « Il est peu d'artistes, et je parle de ceux qui méritent véritablement ce nom, qui ne s'aperçoivent, au milieu ou au déclin de leur carrière, que le temps leur manque pour apprendre ce qu'ils ignorent ou pour recommencer sur de nouveaux frais une instruction fausse ou incomplète. »   DELACROIX, Écrits, II, p. 31.

‖ **3°** LOC. DIV. (au propre ou au figuré). *À grands frais* (Cf. Alcôve, cit. 2), *à petits frais* (Cf. Chichement, cit. 4). *Fig. À grands frais,* en se donnant beaucoup de peine. — *À peu de frais* (Cf. Apprêt, cit. 3 ; chrématistique, cit.), *à moins de frais.* V. **Économiquement.** *Fig.* Se donnant peu de mal, moins de mal (Cf. Char, cit. 6). V. **Facilement.** — *À frais communs :* en payant chacun sa part. *Fig.* En apportant chacun sa contribution, sa collaboration (Cf. Avance, cit. 26). — *À moitié frais :* en se partageant les frais par moitiés. — *Aux frais de quelqu'un,* les frais, étant faits par lui. *Aux frais de l'État, de la princesse** (Cf. Élever, cit. 67). *À mes frais, à tes frais* (Cf. Consommation, cit. 9). *Fig. :*

9 « ...ce qu'il y avait de frappant c'était bien plutôt la passivité avec laquelle je pensais... Non, vraiment, je ne pensais pas, je ne faisais rien pour penser. On pensait en moi, à travers moi, envers et contre moi. On pensait sans se gêner, à mes frais, comme on bivouaque en pays conquis. »   DUHAM., Salavin, I, X.

— *Faire les frais,* fournir à une dépense. *Il a dû faire les frais tout seul. Fig. Faire les frais, tous les frais, les premiers frais,* être le seul ou le premier à employer sa peine, ses avances. *Malgré les réticences de son partenaire, il a pu conclure cet accord, mais en faisant vraiment tous les frais.*

10 « Mais les gens de mon air, Marquis, ne sont pas faits
Pour aimer à crédit, et faire tous les frais. »   MOL., Misanthr., III, 1.

— *Faire les frais de quelque chose,* fournir à la dépense qu'elle exige. *Les officiers nobles faisaient les frais de leur équipement.* — *Par ext.* Être celui qui paie, qui est victime dans telle opération. *Ce sont encore les contribuables qui feront les frais de cette politique* (On dit aussi *supporter les frais de...,* les inconvénients). *Fig.* Fournir la matière principale de quelque chose, être celui qui y contribue le plus. *Il se garde bien de citer l'auteur qui a fait presque tous les frais de son érudition* (ACAD.). *Jovialité un peu grosse qui fait tous les frais d'une plaisanterie* (Cf. Balourd, cit. 2). *Faire les frais de la conversation :* y jouer le rôle principal, soit comme sujet qui parle (Cf. Conversation, cit. 8), soit comme objet dont on parle (Cf. Famille, cit. 35).

11 « ...lord Grenville n'osait regarder Julie ; en sorte que madame de Winphen fit presque à elle seule les frais d'une conversation sans intérêt ; lui jetant un regard empreint d'une touchante reconnaissance. Julie la remercia du secours qu'elle lui donnait. »   BALZ., Femme de trente ans, Œuv., t. II, p. 731.

— *Faire ses frais :* être remboursé de ses frais, rentrer dans ses frais. *Fig.* Être dédommagé par un heureux résultat de la peine qu'on a prise. V. **Payer** (être payé de ses peines). — *En être pour ses frais :* ne rien obtenir en échange de la dépense qu'on a faite. *Fig.* Avoir perdu sa peine, être déçu dans son attente, dans son espoir. *Il a cru m'embarrasser, mais il en est pour ses frais.*

12 « ...comme le propriétaire du bal forain refusait de venir monter sa baraque, dégoûté de n'avoir pas fait ses frais, l'année précédente, le cabaretier s'était lancé à installer un bal dans sa grange. »   ZOLA, La terre, III, III.

13 « On se met à parler d'autre chose et j'en suis pour mes frais et pour me dire une fois de plus : mieux vaudrait n'avoir pas commencé, plutôt que de ne pouvoir finir. »   GIDE, Ainsi soit-il, p. 106.

14 « Je ne pipais pas pendant qu'il me parlait. Il en fut donc pour ses frais de confidences. »   CÉLINE, Voyage au bout de la nuit, p. 399.

— *Faire des frais :* faire ou entraîner une dépense inhabituelle. *Faire des frais pour recevoir quelqu'un. J'hésite à partir, cela fera des frais.* V. **Onéreux.** *Fig. Faire des frais pour quelqu'un :* s'efforcer de lui être agréable. — *Se mettre en frais,* s'engager dans une dépense inhabituelle (Cf. Dîner 1, cit. 2). V. **Plat** (mettre les petits plats dans les grands). *Fig.* Faire des efforts inhabituels pour réussir, pour plaire. *Se mettre en frais pour quelqu'un,* s'efforcer de lui faire honneur, de faire sa conquête. *Il ne mérite guère que vous vous mettiez en frais pour lui.*

‖ **4°** Écon. *Frais d'une entreprise :* les dépenses, les charges qu'entraînent sa création, son fonctionnement. *Frais de premier établissement. Frais de production**, d'exploitation... Frais de fabrication, d'expédition... Frais généraux :* frais fixes ou, du moins non proportionnels aux quantités produites, au chiffre d'affaires réalisé, et qui se répartissent sur l'ensemble de l'exploitation. *Frais généraux de production, frais généraux commerciaux, frais généraux d'administration.*

15 « Pour une dimension donnée de la firme il existe des *frais généraux* qui sont indépendants des quantités produites. Que l'on produise beaucoup, peu ou point du tout, ces frais restent les mêmes. Ils représentent des coûts *actuels* (gages, location, entretien, assurances, chauffage, éclairage, impôts indiciaires) et des coûts *passés* (amortissement des emprunts et des outillages anciens). »   REBOUD et GUITTON, Préc. écon. polit., n° 432 (éd. Dalloz, p. 403).

‖ **5°** Comm. Ensemble de dépenses et charges qu'entraîne le fonctionnement d'une entreprise. *Frais spéciaux ou directs :* dépenses qui se rapportent à une série d'opérations déterminées (*frais de matières premières, de main-d'œuvre*). *Frais généraux :* dépenses qu'entraîne le fonctionnement normal de l'entreprise (*amortissement des frais de premier établissement ; frais généraux d'entretien et de fabrication ; frais d'administration et de contrôle ; frais de sécurité ; frais du service commercial*). On distingue les *frais généraux de fabrication* (qui cessent si la production s'arrête) et les *frais généraux fixes* ou charges permanentes (*Ex. :* intérêt du capital, loyers, impôts, assurances, amortissement...). *Frais exceptionnels. Frais de port à la charge de l'expéditeur* (V. **Franco**). — *Frais de production, d'équipement.*

‖ **6°** Dr. « Dépense occasionnée par l'accomplissement d'un acte juridique ou d'une formalité prescrite par la loi » (CAPITANT). *Frais d'enregistrement. Les frais du paiement, les frais d'inscription hypothécaire sont à la charge du débiteur ; les frais de vente, à la charge de l'acheteur.* — *Frais de jugement* (droit de timbre, d'enregistrement, de greffe). *Frais de justice :* frais de procédure exposés à l'occasion d'un procès et *spécialt.* les frais d'instance, de jugement, d'exécution (Cf. Adjuger, cit. 2). *Reculer devant les frais d'un procès. Être condamné aux frais, aux frais et dépens* (V. **Dépens**). — *Frais et loyaux coûts :* frais nécessités par la passation d'un acte juridique. — *Frais assortis d'un privilège** général :* frais de justice, frais funéraires, frais de dernière maladie.

16 « On entend par frais et dépens les dépenses légales faites ou à faire à l'occasion d'un procès. Le mot *frais* s'applique plus spéciale-

ment aux dépenses exposées par les officiers ministériels dans les procédures par eux dirigées ; »
DALLOZ, **Nouv. répert.**, Frais, t. II, p. 637.

17 « Les créances privilégiées sur la généralité des meubles sont celles ci-après exprimées, et s'exercent dans l'ordre suivant : 1° Les frais de justice ; 2° Les frais funéraires ; 3° Les frais quelconques de la dernière maladie... »
CODE CIV., Art. 2101.

18 « Les demandes formées pour frais par les officiers ministériels seront portées au tribunal où les frais ont été faits. »
CODE PROCÉD. CIV., Art. 60.

19 « Lorsque des frais ont été faits pour *réaliser* (transformer en argent) les biens du débiteur, ces frais doivent être prélevés sur les sommes ainsi obtenues ; la loi les déclare privilégiés. »
PLANIOL, Dr. civ., t. II, p. 878.

— *Faux frais* : dépenses nécessaires exposées par un officier ministériel en dehors des frais légaux (*Ex. :* Honoraires d'avocat en dehors des droits de plaidoirie ; consultations ; frais de voyage). *La condamnation aux dépens ne comprend pas les faux frais.* — *Par ext.* (dans le langage courant). Toute dépense accidentelle s'ajoutant aux dépenses principales.

— Dr. crim. *Frais de justice criminelle. Frais de l'instance d'appel, du pourvoi en cassation* (Cf. CODE D'INSTR. CRIM., Art. 644).

ANT. — **Économie, épargne.**

COMP. — **Défrayer.**

HOM. — *Formes* du verbe **Frayer.**

1. FRAISE. *n. f.* (*Freise* au XII° s. ; lat. pop. *fraga*, plur. neutre pris comme fém. sing. d'où anc. fr. *fraie*, devenu *freise, fraise*, sous l'infl. de l'anc. fr. *frambeise*, framboise). Fruit du fraisier. *La fraise est un fruit composé, dont la partie comestible n'est, en réalité, qu'un réceptacle* floral, épanoui en une masse charnue, contenant les akènes*. Fraises blanches, rouges. Fraises juteuses* (Cf. Dessert, cit. 3). *Fraises des bois. Fraises de culture. Fraise des quatre saisons ou de tous les mois. Le capron*, variété de grosse fraise. Fraises au champagne, à la crème, au sucre, au vin. Compote, confiture, gelée, marmelade de fraises. Tarte aux fraises. Sirop de fraises. Urticaire consécutive à l'ingestion de fraises* (Cf. Anaphylaxie, cit. 1).

1 « La fraise est une des plus aimables productions naturelles : elle est abondante et salubre, elle mûrit jusques sous les climats polaires ; elle me paraît dans les fruits, ce qu'est la violette parmi les fleurs, suave, belle et simple. » SENANCOUR, **Oberman**, t. II, Lett. LIX.

2 « Une vague molle de parfum guide les pas vers la fraise sauvage, ronde comme une perle, qui mûrit ici en secret, noircit, tremble et tombe, dissoute lentement en suave pourriture framboisée dont l'arome enivre. » COLETTE, **Vrilles de la vigne** (in CLARAC).

— *Adjectivt.* De la nuance de rouge, propre à la fraise. *Des rubans fraise.*

3 « ...coiffée d'un extravagant chapeau à plumache couleur fraise écrasée. » HENRIOT, **Portr. de fem.**, p. 296.

— *Par anal. Fraise des arbres* ou *fraise d'écorce :* nom vulgaire de la sphérie fragiforme (champignon parasite de l'écorce). — *Fraise du désert :* fruit d'un cactus, le cereus (Cf. Cierge, 2°). *Fraise en grappes :* arbouse. V. **Arbousier.**

— *Fam. Aller aux fraises :* aller cueillir des fraises et aussi, *plaisammt.*, aller dans les bois en galante compagnie.

4 « Ah ! qu'il fait donc bon cueillir la fraise
    Au Bois de Bagneux, quand on est deux ! »
De LEUVEN et DEFORGES, **Bijou perdu** (Op. com. d'A. ADAM), II, 5.

— *Pop. Sucrer les fraises :* être agité d'un tremblement. Se dit d'un vieillard gâteux ou d'un homme qui a peur. — Tête. *Ramener* sa fraise :* se manifester hors de propos.

— *Fig. et Méd.* Tache naturelle sur la peau affectant la forme d'une fraise. V. **Nævus.** *Fraise à la joue.*

DER. — **Fraiseraie.** *n. f.* V. **Fraisière.** — **Fraiserat.** *n. m.* (1865, LITTRÉ). Nom vulgaire du fraisier stérile (*potentilla fragaria*). — **Fraisier.** *n. m.* (*Frasier* au XIII° s.). Plante dicotylédone (*Rosacées*) herbacée vivace à feuilles trifoliolées, scientifiquement appelée *fragaria* et qui produit les fraises. *Fraisier à petits fruits, à gros fruits.* V. **Capronier.** *Calicule* du fraisier. La rougissure*, maladie du fraisier. Pailler* des semis de fraisiers.* — **Fraisière.** *n. f.* (1839, BOISTE). Plantation de fraisiers. — **Fraisiériste.** *n. m.* Horticulteur qui s'adonne spécialement à la culture du fraisier.

2. FRAISE. *n. f.* (*Froise* au XII° s. ; probablt. dér. au sens d'« enveloppe » de *fraiser* 1). *T. de Bouch.* Membrane qui enveloppe les intestins du veau et de l'agneau. V. **Mésentère.** *Fraise de veau en blanquette.* — *T. de Boulang.* V. **Frase.**

3. FRAISE. *n. f.* (XVI° s. ; orig. incert. ; probablt. empl. fig. du précédent (BLOCH), ou dér. de *fraiser* 2 (DAUZAT)).

‖ 1° *Cost.* Collerette* plissée et empesée à plusieurs doubles* que portaient hommes et femmes au XVI° s. et au début du XVII° s. V. **Col, collet.** *Fraise à l'espagnole, à la Médicis* (Cf. Antique, cit. 3). *Fraise godronnée.* V. **Godron.** *Porter une fraise de tulle.*

1 « ...ses manières nobles et polies avaient quelque chose d'une galanterie surannée comme son costume, car il portait une fraise à la manière du dernier règne... » VIGNY, **Cinq-Mars**, t. I, I.

— *Par anal.* Membrane charnue, granuleuse et plissée d'un rouge violacé, qui pend sous le bec du dindon. V. **Caroncule.**

— *Vén.* Couronne d'aspérités pierreuses qui entoure les racines du bois, chez le cerf, le chevreuil, le daim.

‖ 2° *Fig.* et *Techn.* Pieux battus autour d'une pile de pont.

— *Fortif.* Palissade* légèrement inclinée, plantée au sommet d'une escarpe. — *Par ext.* Enceinte, rempart.

2 « Ces deux villes, situées sur les frontières de la France, lui servaient comme de fraise... » RAC., **Camp. Louis XIV**, Précis histor.

DER. — **Fraisette.** *n. f.* (*Frazette* au XVI° s.). Petite fraise, manchette plissée et empesée que portaient jadis, au lieu de dentelle, les hommes en grand deuil.

4. FRAISE. *n. f.* (1676 ; d'un empl. fig. de *fraiser* 2). *Techn.* Petit outil d'acier, de forme conique ou cylindrique, servant à évaser circulairement l'orifice d'un trou, percé dans le métal ou le bois. *Fraise angulaire, fraise de forme.* — *Chirurg. dent.* Instrument de forme et de dimensions variées, servant à évider les cavités des dents cariées avant l'obturation. — Roulette dentée en acier servant à couper bois et métaux. V. **Molette, scie.** — Lime ronde d'horloger.

1. FRAISER. *v. tr.* (*Fraser* au XIV° s. ; mais p.p. fém. *frasée*, XII° s. (« fèves frasées »), du lat. *fresa*, p. pass. fém. de *frendere*, broyer, moudre). *Vx.* Dépouiller quelque chose de son enveloppe, de sa peau. *Fèves fraisées.*

— *Cuis.* Rouler de la pâte. *Pâte fraisée.*

— *En T. de Boulang.* V. **Fraser.**

— *Techn.* Humecter de la chaux éteinte pour la pétrir en boules destinées à la savonnerie. *Chaux fraisée.*

DER. — **Fraise** 2. V. **Frase.** — **Fraisage.** *n. m.* V. **Frasage.**

2. FRAISER. *v. tr.* (XVI° s. ; mais adj. *fresé, frasé*, XII° s., « galonné, plissé » ; probablt. dér. d'un francique *frisi*, « bord, frisure » ; (allem. *Fries*), avec attraction de *fraise* 1 et 2). *Vieilli.* Plisser. *Fraiser des rabats, une collerette* (V. **Fraise** 3). *Jabot* fraisé.*

— *Par ext. et fig. En T. de Fortif.* Protéger par une fraise (V. **Fraise** 3). *Bastion fraisé.*

— *Techn.* Entourer de pieux une pile de pont.

— *Méc.* Évaser l'orifice d'un trou percé dans le bois ou le métal pour y insérer une vis. — *Par ext.* Percer, travailler le bois, les métaux. V. **Aléser.** *Machine à fraiser.* V. **Fraiseuse.** *Vis* à tête fraisée.* — *Chirurg.* Enlever la partie cariée d'une dent.

DER. — **Fraisage.** *n. m.* (1890, P. LAR., 2° sup.). Travail des métaux à froid à l'aide de fraises. — **Fraise.** *n. f.* V. **Fraise** 3 et 4. — **Fraisement.** *n. m.* (1872, P. LAR.) Action de fraiser (*Syn.* de Fraisage). — **Fraiseur.** *n. m.* Ouvrier qui exécute des travaux de fraisage. — **Fraiseuse.** *n. f.* (1877) Machine-outil à fraiser. *Fraiseuse horizontale ou verticale.* — **Fraisoir.** *n. m.* (1534) Vilebrequin* à fraiser employé en marqueterie. — **Fraisure.** *n. f.* (1792) *Techn.* Évasement pratiqué à l'aide d'une fraise.

FRAISIL (frè-zi). *n. m.* (*Fesil, faisil* au XIII° s. ; d'un lat. vulg. *facilis*, dér. de *fax, facis*, « tison » ; devenu *fraisil,* 1676, peut-être sous l'infl. de *fraiser*). Cendre* de charbon de terre incomplètement brûlé.

— Poussières de charbon restant sur le sol après carbonisation du bois en meules.

FRAMBOISE. *n. f.* (XII° s. ; d'un german. *brambasia*, « mûre », devenu *frambeise*, framboise sous l'influence de l'initiale *f* de *fraise*). Fruit blanc ou rouge composé de petites drupes et produit par le framboisier*. *Confiture, gelée, sirop de framboise. Glace à la framboise. Pâte de framboise. Vin de framboise.* — *Liqueur de framboise. Boire un verre de framboise.*

« Ah ! les fraises et les framboises
    Et le bon vin que nous avons bu... » **Chanson populaire.**

DER. — **Framboiser.** *v. tr.* (1680). Parfumer à la framboise. — **Framboisé, ée.** *p.p. adj.* Qui a le goût ou le parfum de la framboise. *Vin framboisé. Liqueur framboisée.* — **Framboisier.** *n. m.* (1306). Plante dicotylédone, de la famille des *Rosacées*, scientifiquement appelée *rubus idæus* ; arbrisseau à souche souterraine vivace et à tiges aériennes bisannuelles.

« ...le framboisier sauvage, aux feuilles vertes d'un côté et blanches de l'autre, se cache au bord des chaudes clairières... » FRANCE, **P. Nozière**, III, I.

FRAMÉE. *n. f.* (XVI° s. ; empr. au lat. *framea*, donné par Tacite, comme germanique). Sorte de long javelot, dont se servaient les Francs.

1. FRANC, FRANQUE. *n.* et *adj.* (X° s. ST LÉGER ; francique *frank*).

I. *Les Francs.* Peuplades germaniques* qui, à la veille des grandes invasions, occupaient les rives du Rhin (*Francs Ripuaires*) et la région maritime de la Belgique et de la Hollande (*Francs Saliens*). *Loi des Francs Saliens.*

V. **Salique**. *L'angon, la framée, la francisque, le scramasaxe, ... armes des Francs. Sous Clovis (481-511), les Francs conquirent la plus grande partie de la Gaule. La langue des Francs. V. Francique.*

1 « Les Francs commencèrent alors à se faire craindre. C'était une ligue de peuples germains, qui habitaient le long du Rhin. Leur nom montre qu'ils étaient unis par l'amour de la liberté. »
BOSS., **Hist.**, I, 10.

2 « Qui étaient et d'où venaient ces Francs, lesquels, en très petit nombre et en très peu de temps, s'emparèrent de toutes les Gaules... ? Je viens de lire un auteur qui commence par ces mots : *Les Francs dont nous descendons.* Hé ! mon ami, qui vous a dit que vous descendez en droite ligne d'un Franc ? Hildvic ou Clodvic, que nous nommons *Clovis*, n'avait probablement pas plus de vingt mille hommes... quand il subjugua environ huit ou dix millions de Welches ou Gaulois... »
VOLT., **Dict. philos.**, Franc.

3 « Parés de la dépouille des ours, des veaux marins, des aurochs et des sangliers, les Francs se montraient de loin comme un troupeau de bêtes féroces. Une tunique courte et serrée laissait voir toute la hauteur de leur taille et ne leur cachait pas le genou. Les yeux de ces Barbares ont la couleur d'une mer orageuse ; leur chevelure blonde, ramenée en avant sur leur poitrine, et teinte d'une liqueur rouge, est semblable à du sang et à du feu. »
CHATEAUB., **Les Martyrs**, VI.

— Adjectivt. *Peuplade, tribu franque. Période franque* (Vᵉ au IXᵉ s.). *Les Mérovingiens et les Carolingiens, dynasties franques.*

II. Par ext. Nom générique donné autrefois (depuis les Croisades) aux Européens, dans les ports du Levant. *Le quartier des Francs. La colonie franque de Tripoli.* Adjectivt. *Langue franque* : mélange de langues romanes (français, italien, espagnol) et d'arabe, de turc..., sorte de sabir parlé dans le Levant (V. **Sabir**). Par ext. *Langue franque* ou plus souvent *Lingua franca*, se dit quelquefois « d'une langue mixte, en général » (MAROUZEAU).

4 « ...le Mufti invoque Mahomet en langue franque... »
MOL., **Bourg. g.**, IV, Cérémonie turque.

2. FRANC (*fran ;* en liaison *frank'*), **FRANCHE**. *adj.* (Vers 1100, ROL. ; *du* nom ethnique *Franc,* francique *frank,* latinisé très tôt en *francus*).

I. *Vx.* (Sauf dans certaines expressions). V. **Libre**.

‖ **1°** *Vx.* De condition libre, *par oppos.* à esclave.

1 « On n'a pas reçu le droit des esclaves en France ; tous les hommes y sont francs et libres. »
FURETIÈRE (in HATZFELD).

‖ **2°** *Vx.* Métaphysiquement ou moralement libre. *Franc arbitre* (ou *libre arbitre**). Cf. Électif, cit. 1.

2 « Je ne me résoudrai jamais à l'hyménée
Que d'une volonté franche et déterminée, »
CORN., **Place royale**, IV, 1.

3 « ...il n'y a que la volonté seule ou la seule liberté du franc arbitre que j'expérimente en moi être si grande que je ne conçois point l'idée d'aucune autre plus ample et plus étendue. »
DESCARTES, **Médit.**, IV.

‖ **3°** Sans entrave, ni gêne, ni obligation. *Avoir ses coudées** (cit. 3) *franches. Franc du collier**. À franc étrier**. Franche lippée**. Franc-parler* (à l'ordre alphabétique).

— Spécialt. Milit. *Corps francs :* troupes ne faisant pas partie des unités combattantes régulières. V. **Franc-tireur**. — Sport. *Coup franc :* coup tiré sans opposition de l'adversaire. *Certaines fautes, au football, au rugby, au basket... sont sanctionnées par des coups francs.* V. **Pénalité, penalty**. — Mar. *Barre franche :* barre de gouvernail qu'on manœuvre directement à la main, sans l'aide d'une roue ou d'un palan. *Navire franc d'eau,* d'où on a pompé toute l'eau. *Pompe franche,* qui ne jette plus d'eau.

‖ **4°** Qui est libéré de certaines servitudes. Vx. *Franc d'ambition, franc d'envie, de crainte...* (Cf. Esprit, cit. 27).

— Spécialt. Exempt de charges, taxes, impositions. V. **Exempt, exonéré**. *Port* franc. Zone* franche. Ville* franche.*

— *Franc de port** se dit d'une marchandise dont le destinataire n'a pas à payer les frais de port et d'emballage. V. **Franco**. *Clause de franc de port. Expédier un colis franc de port.* — REM. *Franc* dans *Franc de port* peut dans tous les cas s'accorder ou rester invariable. *Recevoir une bonbonne franc ou franche de port.* En général, quand l'expression précède le nom, elle est considérée comme adverbiale et reste invariable. *Expédier franc de port une caisse de vins.*

II. Par ext. Qui s'exprime ou se présente ouvertement, en toute clarté, sans artifice, ni réticence.

‖ **1°** En parlant de l'homme. V. **Droit, honnête, loyal, naturel, sincère**. *Être franc avec un ami* (Cf. Avertissement, cit. 5). *Je vais être franc avec vous.* V. **Direct, net**. *Cœur, caractère franc.* V. **Cordial, ouvert, spontané**. *Franc par humeur, plutôt que par caractère* (Cf. Faux, cit. 25). *Il me met mal à l'aise, je ne le trouve pas franc. Franc par nature.* V. **Démonstratif, expansif, primesautier** (Cf. Avoir le cœur sur les lèvres). *Franc jusqu'à l'imprudence.* V. **Désinvolte**. *Franc comme l'or* (par jeu de mots avec la monnaie d'or). Cf. Bon, cit. 75. *Bon, simple et franc.*

4 « Être franc et sincère est mon plus grand talent ;
Je ne sais point jouer les hommes en parlant ; »
MOL.. **Mis.**, III, 5.

5 « Une femme est franche quand elle ne fait pas de mensonges inutiles. »
FRANCE, Lys rouge, XX.

6 « Un homme franc est un homme qui a des réactions simples. Son système de relation est un système de « plus courts chemins ». On pourrait reconnaître la franchise d'un homme à bien d'autres marques que dans ses modes d'agir à l'égard des autres hommes. Mais d'abord dans ses réactions devant n'importe quel objet et dans n'importe quelles circonstances. »
VALÉRY, **Rhumbs**, p. 240.

7 « Je les ai trouvés, par moments, assez sympathiques. C'est, je crois, qu'ils sont francs, simples, qu'ils apportent de la bonhomie, de la gaieté dans leurs peccadilles, qu'ils ne s'exagèrent pas leurs vertus, qu'ils se voient tels qu'ils sont... »
LÉAUTAUD, **Théâtre M. Boissard**, XV.

— *Visage franc* (Cf. Bon, cit. 43). *Physionomie franche* (Cf. Cordial, cit. 4). *Regard franc* (Cf. Autre, cit. 93). V. **Direct, limpide**. *Ton, air franc. Manières franches. Rire franc, sans arrière-pensée* (cit. 1). *Aveu qui a le mérite d'être franc.* V. **Ingénu**. *Son attitude, sa conduite n'a pas été franche dans cette affaire. Avoir une franche et sérieuse explication avec quelqu'un.*

8 « Ton rire éclatait
Sans gêne et sans art,
Franc, sonore et libre. » VERLAINE, **Amour**, Lucien Létinois, XXIV.

— V. **Net**. *Situation franche.* V. **Clair**. *Je vois dans cette critique une franche condamnation.* V. **Carré, catégorique, certain, précis**. *Franche hostilité.* V. **Déclaré**. *Franche gaieté* (Cf. Étudiant, cit. 3 ; étincelant, cit. 7 ; folâtre, cit. 1). *Franche licence* (Cf. Épicurisme, cit. 3). *Allure franche.* V. **Décidé, ferme**. *Jouer franc jeu, y aller* (cit. 66) *de franc jeu,* agir sans hésitation, sans arrière-pensée, en respectant les règles. V. **Table** (jouer cartes sur table).

9 « Le magistrat devint honteux. — Je puis vous en faire lire ; mais, là, pas de farce ! Nous jouons franc jeu ?... Vous me rendrez les lettres, et vous défendrez qu'on moucharde, qu'on suive et qu'on regarde la personne qui va les apporter. »
BALZ., **Dern. incarn. de Vautrin**, Œuv., t. V, p. 1116.

10 « ... je portais partout la passion, la spontanéité, ce que j'appelais le *franc-jeu,* quand les femmes n'y mettent que calcul, prudence, dissimulation et diplomatie. » LÉAUTAUD, **Propos d'un jour**, p. 21.

11 « Poumapi fut désagréablement surpris. Mais il n'y avait rien à dire. Le coup était franc, il avait été exécuté en face, sans tricherie aucune. » MICHAUX, **La nuit remue**, L'âge héroïque.

‖ **2°** *Par ext.* Se dit de ce qui présente des caractères de pureté, de naturel. V. **Pur, simple**. *Vin franc :* qui a un goût prononcé et une qualité sûre. *Couleur franche,* aussi proche que possible des couleurs primitives. V. **Tranché**. *Lumière franche.* V. **Cru**.

12 « ... l'harmonie d'une composition sera d'autant plus durable que le peintre... aura moins remanié, tourmenté sa couleur ; l'aura employée plus simple et plus franche. »
DIDEROT, **Ess. s. la peint.**, II.

13 « Le caractère timide du Français fait qu'il emploie rarement les couleurs franches : vert, rouge, bleu, jaune vif ; il préfère les nuances indécises. » STENDHAL, **Vie de H. Brulard**, I.

— Spécialt. *Esthét.* Qui marque autant de hardiesse que de sûreté. V. **Hardi, sûr**. *Manière franche d'un peintre.* Par ext. *Touche franche. Dessin, trait franc, pinceau, ciseau franc.*

— Zool. *Plie franche.* V. **Carrelet**. — *Moineau* franc.*

— Agric. *Terre franche :* terre arable contenant dans des proportions harmonieuses les éléments nécessaires à la culture (humus, argile, silice, calcaire). « *Les terres franches sont celles dont les caractères sont pondérés, qui possèdent les qualités des terres fortes et des terres légères, sans en présenter les défauts* » (OMNIUM AGRIC.).

— Arbor. *Arbre franc* et absolt. *Franc,* se dit d'un« sujet* appartenant à la même espèce que le greffon* ». — REM. On prend parfois *Franc* dans le sens plus restreint d'arbre non greffé et amélioré par la culture, en l'opposant à sauvageon*. *Enter franc sur franc, franc sur sauvageon.* — *Franc de pied,* se dit d'un arbre ou d'un arbuste non greffé, issu directement d'un semis de graine (*pommier, oranger... franc de pied*), d'une bouture (*rosier franc de pied*), etc. Par ext. Se dit des fruits eux-mêmes. *Pêche franche.*

14 « Il semble que les arbres *francs de pied* (c'est-à-dire directement issus d'un semis de graine) soient mieux armés contre le froid que les arbres greffés. » P. ROBERT, **Les agrumes dans le monde**, p. 29.

‖ **3°** Précédant le nom. *Iron.* et *péjor.* V. **Véritable, vrai**. *Une franche canaille. Un franc scélérat. Une franche coquette, une franche cocotte.* V. *Chat* (cit. 15). *Un véritable et franc hypocrite* (Cf. Couleur, cit. 24). *Franc imbécile. Franc étourdi* (Cf. Convenir, cit. 5). *Franche sottise. Franche maladresse. Quelle franche comédie !*

15 « Ceux que je voyais aimés étaient de francs polissons, ma fierté s'appuya sur cette observation, je demeurai seul. »
BALZ., **Lys dans la vallée**, Œuv., t. VIII, p. 775.

— *Par ext.* V. **Complet, entier, plein**. *Huit jours francs,* huit jours complets de 24 heures (tels qu'on les compte dans les assignations à huitaine).

‖ **4°** *Adverbialt.* D'une manière franche. V. **Franchement,**

nettement, ouvertement, résolument. *Parler franc et net.*
V. **Ambages** (sans). *À parler franc* (Cf. Esprit, cit. 172). *Je le dirait tout franc.* — *Elliptiqt :*

16 « Tout franc, vous vous levez tous les jours trop matin : »
RAC., **Plaid.**, I, 1.

17 « ...d'une façon charmante, avec une modestie qui sonne si franc que... »
GIDE, **Journ.**, janv. 1890.

ANT. — **Assujetti, imposé, taxé.** — **Artificieux, boutonné, cachottier, dissimulateur, dissimulé, fallacieux, faux, hypocrite, menteur, renfermé, sournois, tortueux. Confus, courbe, équivoque, louche, oblique. Indécis, douteux.**

DER. — **Franchement. Franchir. Franchise. Franquette.**

COMP. — **Affranchir.** — **Franc-alleu.** n. m. *Féod.* Domaine qui n'était assujetti à aucune obligation envers un suzerain (V. **Alleu**). — **Franc-archer.** n. m. (XVᵉ s.). V. **Archer** (cit. 1 et *supra*). *Le franc-archer de Bagnolet*, monologue comique du XVᵉ s. — **Franc-bord.** n. m. (XIXᵉ s.). Terrain laissé libre sur le bord d'un cours d'eau. *Mar.* V. **Bord.** *Marque de franc-bord :* marque tracée sur les flancs du navire et indiquant l'immersion qu'il est interdit de dépasser. — **Franc-bourgeois.** n. m. (XIIIᵉ s.). Habitant d'une seigneurie exempt de certaines redevances (V. **Bourgeois**). — **Franc-canton et franc-quartier.** n. m. *Blas.* Pièces honorables* de l'écu (V. **Canton, quartier**). — **Franc-comtois, oise.** ois. *adj.* et *n.* De Franche-Comté. — **Franc-fief.** n. m. *Féod.* V. **Fief.** *Droit de franc-fief.* — **Franc-maçon*. Franc-parler*.** — **Franc-réal.** n. m. (XVIIᵉ s.). Sorte de poire*. — **Franc-tireur.**

3. FRANC. n. m. (XIVᵉ s. ; denier d'or frappé par le roi Jean avec la devise *Francorum rex,* « roi des Francs »).

I. En France. *Ancienn.* Monnaie d'or, équivalant à une livre*, ou vingt sols*. *Francs à cheval, francs à pied :* pièces d'or du roi Jean, de Charles V, sur lesquelles le roi était représenté à cheval, à pied. *Francs d'argent de Henri III. Sous Louis XIII le franc cessa d'être une monnaie réelle* (V. **Louis**) *mais demeura monnaie de compte. Un franc valait un tiers d'écu ou une livre, ou vingt sols* tournois*.*

1 « Ce sont vingt mille francs qu'il m'en pourra coûter ;
Mais, pour vingt mille francs, j'aurai droit de pester »
MOL., **Mis.**, V, 1.

2 « De là un franc en argent ou en or, pour exprimer la monnaie du roi des Francs, ce qui n'arriva que longtemps après, mais qui rappelait l'origine de la monarchie. Nous disons encore *vingt francs, vingt livres...* »
VOLT., **Dict. philos.**, Franc.

— Loc. adv. *Au marc* le franc.*

— (Depuis la loi monétaire de 1803). *Franc germinal* (loi du 7 germinal an XI-28 mars 1803) : nom donné à la monnaie de compte identifiée avec une pièce de monnaie réelle formée de 5 grammes d'argent au titre 9/10. *Le franc de germinal correspondait à 0 gr., 3225 d'or à 900/1000, soit 0 gr., 2903 d'or pur. Franc Poincaré :* nom donné au franc légalement défini (loi du 25 juin 1928) par un poids de 0 gr., 0655 d'or à 900/1000, soit 0 gr., 0589 d'or pur. *Chute* (cit. 15), *dévaluations* du franc. Des francs-or. Des francs-papier. Franc Auriol :* nom donné au franc dévalué par la loi du 1ᵉʳ octobre 1936. *Franc Bonnet* ou *franc flottant (1937). Franc Reynaud (1938). Dépréciation du franc depuis 1940. Le pouvoir d'achat du franc est aujourd'hui (1956) deux à trois fois moindre que celui d'un centime en 1914.*

3 « ...la dernière valeur officielle du franc (après la loi du 4 août 1950 sur la réévaluation de l'encaisse de la Banque de France) est de 2 mmgr. 541 d'or fin. »
REBOUD et GUITTON, **Précis d'écon. polit.**, t. I, p. 677.

— *Pièces de un, deux, cinq, dix, vingt, cinquante, cent francs. Soixante-quinze francs en pièces de monnaie. Billets de cent, mille, cinq mille francs. Divisions du franc.* V. **Décime, centime, millime, sou.** *Deux francs cinquante centimes. Voilà les mille francs que je vous dois.* — REM. Dans le langage courant on dit indifféremment *Un franc* ou *vingt sous ; cinq francs* ou *cent sous.* Cf. les *pop.* **Balle*** (*1 franc*) ; **thune** (*cinq francs*), **louis, sigue** (*vingt francs*), **sac** (*mille francs*), **brique** (*un million de francs*). On dit absolt. *Un million, un milliard,* pour *un million... de francs.*

II. Hors de France. — *Franc africain* (C.F.A.). *Franc du Pacifique* (C.F.P.). — *Franc belge* (environ 7 fr. français en 1956). *Franc suisse* (environ 80 fr. en 1956).

FRANÇAIS, AISE. *adj.* et *n.* (XIᵉ s. ; de *France,* du bas lat. *Francia* (V. **Franc**), et suff. *-ais,* région occupée par les Francs au nord de la Loire).

‖ 1° *Adj.* De France. *Le sol français. La nation française. L'État français. La Révolution française. La République française. La nationalité française. La langue, la littérature française. L'Académie* (cit. 1) *française. Le caractère, l'esprit* (cit. 172) *français. Un étranger adapté aux manières françaises.* V. **Franciser.** *Clarté* (cit. 10) *française. La cuisine* (cit. 8) *française.* — *Un Canadien français,* d'origines et de langue françaises.

1 « Dans le siècle passé, Charles-Quint, d'ailleurs ennemi mortel de la France, aimait si fort la langue française qu'il s'en servit pour haranguer les États des Pays-Bas le jour qu'il fit son abdication. »
FURET., **Dict.** (1690), Préf.

2 « On prononce aujourd'hui *français* et quelques auteurs l'écrivent de même ; ils en donnent pour raison qu'il faut distinguer *François* qui signifie une nation, de *François,* qui est un nom propre... »
VOLT., **Dict. philos.**, François.

3 « Mais cette honorable universalité de la langue française, si bien reconnue et si hautement avouée dans notre Europe, offre pourtant un grand problème : elle tient à des causes si délicates et si puis-

santes à la fois, que, pour les démêler, il s'agit de montrer jusqu'à quel point la position de la France, sa constitution politique, l'influence de son climat, le génie de ses écrivains, le caractère de ses habitants, et l'opinion qu'elle a su donner d'elle au reste du monde, jusqu'à quel point, dis-je, tant de causes diverses ont pu se combiner et s'unir, pour faire à cette langue une fortune si prodigieuse. »
RIVAROL, **Littér.**, Universalité de la lang. franç.

4 « La loi détermine quels individus ont, à leur naissance, la nationalité française à titre de nationalité d'origine. La nationalité française s'acquiert ou se perd après la naissance par l'effet de la loi ou par une décision de l'autorité publique prise dans les conditions fixées par la loi. »
ORDONN. 19 oct. 1945 portant Code de la nationalité franç., Art. 1.

5 « La première leçon de Chrétien de Troyes, c'est bien cette fusion du nord et du midi (l'amour provençal et la légende celtique) qui est à proprement parler l'esprit français à sa naissance. C'est la leçon de notre unité. Je comparais plus haut, et cette image est venue à plusieurs, la France à un creuset. Nulle part on ne le voit mieux qu'ici et ce n'est pas le hasard qui fait que des hommes dont les idéologies sont irréductibles l'une à l'autre se soient rencontrés pour dire qu'il n'y a pas de race française, mais qu'il y a une nation française, qui est l'harmonieuse fusion des races à cet extrême occident : que nos auteurs s'affrontent à nouveau ailleurs, mais ici un instant l'évidence française les a réunis. »
ARAGON, **Yeux d'Elsa**, Append., p. 96.

— *Cela est bien français :* tout à fait conforme au caractère français. *Cela n'est pas français. Ce qui n'est pas clair* (cit. 9) *n'est pas français. Le mot « impossible » n'est pas français.*

— LOC. ADV. *À la française :* à la mode française. *Prononcer à la française. Jardins à la française :* jardins avec parterres et allées de lignes symétriques.

‖ 2° *N.* Personne de nationalité* française, soit depuis sa naissance à titre de nationalité d'origine, soit après la naissance par acquisition de la nationalité française (Cf. *supra,* cit. 4). *Un Français. Une Française. Un bon* (cit. 48) *Français. Louis-Philippe, roi des Français. Étranger favorable aux Français* (V. **Francophile**), *hostile aux Français* (V. **Francophobe, gallophobe**).

6 « ...l'on doit demeurer d'accord que les Français ont quelque chose en eux de poli, de galant, que n'ont point les autres nations. »
MOL., **Sicilien**, 13.

7 « ...sous Hugues Capet, Robert, Henri, et Philippe, on n'appela Français que les peuples en-deçà de la Loire... »
VOLT., **Dict. philos.**, Franc, France.

— *Collectivt. :*

8 « Le Français, né malin, forma le vaudeville, »
BOIL., **Art poét.**, II.

9 « On dit que l'homme est un animal sociable. Sur ce pied-là, il me paraît que le Français est plus homme qu'un autre, c'est l'homme par excellence ; car il semble être fait uniquement pour la société. »
MONTESQ., **Lett. persanes**, LXXXVIII.

10 « Je pense, en effet, que le Français moyen, celui qui cherche de bonne foi et sans parti pris politique l'intérêt de notre pays, doit avoir besoin d'indications précises après que, pendant tout un mois, on l'a entretenu de discussions techniques. »
Éd. HERRIOT, in LE TEMPS, 19 août 1924.

— *La langue française. L'ancien français* (Moyen âge et Renaissance) *et le français moderne. Le français, représentant de la langue d'oïl*. Le français, continuateur du dialecte francien* du moyen âge. Le français et ses dialectes. Le français, hors de France et de l'Union française est langue officielle et usuelle en Belgique* (Wallonie), *en Suisse romande, au Canada, dans la République d'Haïti ; il s'est maintenu dans la vallée d'Aoste* (Italie), *en Louisiane* (États-Unis), *dans l'île Maurice* (Afrique)...

11 « ...la Gaule s'est trouvée divisée dès le VIIIᵉ et le IXᵉ siècles en trois grandes régions : la région de *langue d'oc* (bassin de la Garonne, Limousin, Auvergne, Languedoc, Comtat-Venaissin, Provence), la région *franco-provençale* (totalité ou partie des départements du Rhône, de la Loire, de la Haute-Savoie, de la Savoie, de l'Isère, de l'Ain, du Doubs, du Jura et, en dehors de la France, cantons de Genève et de Neuchâtel), et la région de la *langue d'oïl* (dans tout le reste du territoire et en Belgique romane). »
P. FOUCHÉ, **Phonét. histor. du français**, Introd., p. 55.

12 « C'est à partir du XVᵉ siècle que le *francien,* hier encore modeste dialecte de l'Ile-de-France et de l'Orléanais, rayonne sur la France en pénétrant les parlers régionaux, et devient le *français,* langue littéraire et nationale d'un pays désormais unifié politiquement. »
A. DAUZAT, **Précis d'hist. de la lang. et du vocab. franç.**, p. 13.

13 « 1539. *Ordonnance de Villers-Cotterets,* l'acte le plus important du gouvernement dans toute l'histoire de la langue. Elle prescrit l'emploi exclusif du français dans toutes les pièces judiciaires du Royaume. Cette mesure, prise pour faciliter le travail de l'administration, fait du français la langue de l'État. »
F. BRUNOT et Ch. BRUNEAU, **Précis de grammaire histor. de la lang. franç.**, p. XV.

14 « Ces dialectes (situés quelques-uns en dehors du royaume de France) ont eu des limites forcément un peu flottantes, et on les désigne d'ordinaire sous le nom de nos anciennes provinces. Les principaux étaient : 1° au Nord-Ouest le *normand,* avec Caen et Rouen comme centres ; 2° au Nord-Est le *picard* (Amiens, Arras), et le *wallon* (Liège) ; 3° à l'Est le *champenois* (Troyes, Reims), le *lorrain* (Metz), le *franc-comtois* (Besançon), et le *bourguignon* (Dijon) ; 4° à l'Ouest, le *saintongeois* (Saintes), le *poitevin* (Poitiers), et l'*angevin* (Angers, Tours) ; 5° au Centre enfin, dans le bassin moyen de la Seine et la région d'entre Seine et Loire, le *dialecte de l'Ile-de-France.* Il faut ajouter qu'on appelle *anglo-normand* l'idiome importé en 1066 par Guillaume le Conquérant en Angleterre... »
E. BOURCIEZ, **Élém. de linguist. rom.**, nº 260, l'ancien français et le provençal.

— Apprendre, enseigner le français. *Parler un bon français. Ce mot est d'excellent français* (Cf. Cavée, cit.). *Écorcher, estropier le français. Écrire, traduire en français, en bon français. Les idiotismes du français.* V. **Gallicisme.** — *Parler le français comme « une vache espagnole »* le parler très incorrectement (« vache » étant probablement une altération de « Basque »). — Adverbialt. *Parler* français.*

15 « On l'entend (la langue française) et on la parle dans toutes les cours de l'Europe, et il n'est point rare d'y trouver des gens qui parlent français et qui écrivent en français aussi purement que les Français mêmes. »   FURET, **Dict.**, Préf.

16 « Ce qui rend encore le français plus commun, c'est la perfection où le théâtre a été porté dans cette langue. C'est à *Cinna*, à *Phèdre*, au *Misanthrope*, qu'elle a dû sa vogue, et non pas aux conquêtes de Louis XIV. »   VOLT., **Dict. philos.**, Langues.

17 « ... j'enseignerai à cet enfant le latin et le grec, et même le français que Voiture et Balzac ont porté à sa perfection. »
FRANCE, **Rôtiss. Reine Pédauque**, II, Œuv., t. VIII, p. 15.

18 « C'est en français que le monde lettré se plaît à lire les œuvres de la littérature française. »   DUHAM., **Défense des lettres**, p. 274.

19 « Le français, qui nous semble si simple, est une langue très difficile, pleine de menus tripotards. Je connais des étrangers qui le parlent à merveille, mais qui trébuchent encore devant l'emploi du *si* avec l'indicatif. »   GIDE, **Ainsi soit-il**, p. 74.

— Fig. et fam. *Vous ne comprenez donc pas le français ?* se dit pour Vous n'écoutez donc pas, vous n'avez donc pas compris ce que je viens de vous dire ? — *En bon* (cit. 22) *français :* clairement, nettement.

20 « Je ne sais point si c'est moi qui n'entends plus le français, ou si c'est vous qui ne le parlez plus ; mais le fait est que je ne comprends pas. »   HUGO, **Misér.**, III, III, II.

— *Le Français :* le Théâtre-Français, la Comédie-Française.

DER. — Francien. Franciser*. — **COMP.** — Cf. Franco-.

FRANCHEMENT. *adv.* (XIIe s. ; de *franc* 1). D'une manière franche.

‖ **1°** Sans détour, sans dissimulation (dans les rapports humains). V. **Loyalement, sincèrement.** *Parlons franchement* (Cf. Acquitter, cit. 4 ; cœur, cit. 127 ; entre, cit. 25). V. **Ambages** (sans), **cœur** (à cœur ouvert). *Je vous le dis franchement.* V. **Conscience** (en). Cf. Figure, cit. 22. *Je vous avouerai* (cit. 16) *bien franchement que...* V. **Bonnement, brutalement, simplement, uniment.** *Montrer, exposer* (cit. 6) *franchement. Témoigner, se déclarer franchement.* V. **Ouvertement ; découvert** (à visage découvert). — Elliptiqt. *Franchement, ce n'est pas une chose à faire* (Cf. Cabinet, cit. 13). V. **Vrai** (à dire), **vraiment.** *Franchement non, je n'en veux plus. Bien franchement ?* Absolt. *Franchement !* exclamation marquant l'impatience, l'irritation...

1 « ... je la forcerais peut-être à me parler plus franchement, en lui montrant que j'étais informé tout de même des choses qu'elle me cachait. »   PROUST, **Rlch. t. p.**, t. XII, p. 237.

2 « Franchement, non, je ne pensais pas à vous, si je peux toutefois vous l'avouer sans discourtoisie. »   DUHAM., **Salavin**, V, I.

‖ **2°** Sans équivoque, sans ambiguïté. V. **Clairement, nettement.** *Marquer franchement d'une croix un nom sur une liste. Poser, examiner franchement un problème. Envisager franchement la situation* (Cf. Voir les choses en face). Devant un adj. *Voilà un roman franchement mauvais, une expression franchement fautive* (Cf. Bicyclette, cit. 1). V. **Certainement, évidemment.**

3 « Je regarde franchement l'homme. Franchement, loyalement, sans réserve ; comme un animal — animal changeant, éducable — éducable par la circonstance, qui est son vrai maître. »
VALÉRY, **Mélange**, p. 71.

‖ **3°** Sans réticence ni hésitation, d'une manière délibérée, décidée, hardie. *Exécuter franchement un mouvement. Portez-vous franchement en avant.* V. **Carrément.** *S'opposer franchement aux projets de quelqu'un.* V. **Bravement, hardiment, résolument.** *Allez-y franchement.* V. **Rondement.**

4 « ... il disait que nous avions bien tort de ne pas nous servir plus franchement de notre langue, qui est une des plus nettes et des plus simples. »   THIBAUDET, **Flaubert**, p. 205.

ANT. — Faussement, hypocritement. Confusément. Timidement.

FRANCHIR. *v. tr.* et *intr.* (XIIe s., au sens de « rendre franc, affranchir », d'où au XIVe s., le sens de « rendre libre un passage, dégager »). Cf. la même ext. de sens dans le bas lat. *liberare flumen*, « traverser librement un fleuve » ; de *franc* 1.).

I. *Vx.* Libérer (V. **Affranchir**). — REM. Ce sens survit encore dans quelques termes de Marine : *franchir* (ou *affranchir*) *une voie d'eau, une cale, une pompe*, par épuisement de l'eau qui a pénétré dans le navire.

II. Aller au delà de. V. **Passer.**

‖ **1°** *Franchir un obstacle* (par-dessus lequel on passe en sautant ou par tout autre moyen). *Franchir le fossé d'un bond.* V. **Sauter.** *Franchir une barrière, une clôture, un mur.* V. **Enjamber, escalader.** *Coureur qui franchit les haies avec aisance. Sauteur prenant son élan pour franchir la*

barre. Steeple-chaser qui franchit les gros obstacles. Le navire a franchi la barre, la lame, les brisants. L'armée d'Hannibal entra en Italie après avoir franchi successivement les Pyrénées et les Alpes. V. **Traverser.** *Franchir des escarpements.* V. **Gravir, monter** (Cf. Avancer, cit. 30). *Pont de bateaux sur lequel les troupes franchissent un fleuve.* — Par ext. *Plusieurs ponts franchissent la Seine à Paris.*

1 « Il franchit résolument une barrière de bois et se trouva dans le jardin. »   HUGO, **Misér.**, I, II, I.

2 « Léandre le sot,   De puce
      Pierrot qui d'un saut   Franchit le buisson. »
                            VERLAINE, **Fêtes galantes**, Colombine.

3 « Ils auraient bien pu me balancer au jus les porteurs pendant que nous franchissions un marigot. »   CÉLINE, **Voyage au bout de la nuit**, p, 164.

— Allus. hist. *Franchir, passer le Rubicon*, allusion à César qui, en franchissant cette petite rivière formant la limite entre la Gaule Cisalpine et l'Italie, déclarait au Sénat la guerre civile (V. **Alea jacta est**). D'où le sens fig. de cette expression : prendre une décision irrévocable, passer hardiment à l'action.

‖ **2°** *Franchir un passage* (naturel ou artificiel, aisé ou malaisé à passer, à traverser). *Franchir un détroit, une passe, un défilé, un col... Franchir un pont, une passerelle* (Cf. Arracher, cit. 57). *Comment le bol* (2, cit.) *alimentaire franchit l'isthme du gosier.*

‖ **3°** *Franchir une limite.* V. **Passer ; dépasser.** *Franchir un cap*.* V. **Doubler.** *Franchir l'équateur. Ses affaires l'ont amené à franchir plusieurs fois la frontière. Coureur qui franchit la ligne d'arrivée. Avion franchissant le mur du son. Franchir la porte, le seuil d'une maison* (Cf. Corbillard, cit. 1 ; éloigner, cit. 12). *Franchir la grille d'un jardin. Voix franchissant une cloison* (Cf. Écho, cit. 10). *Radiations franchissant un écran interposé.*

4 « Vaguement on a vu passer le détroit de Malacca, franchi à la course : »   LOTI, **Mon frère Yves**, XXX.

5 « ... j'entrai dans la maison de madame Ceyssac comme on franchit le seuil d'une prison. »   FROMENTIN, **Dominique**, IV.

6 « L'on franchit une grille solennelle, entre des gardiens vêtus comme des valets de grande maison. »
ROMAINS, **H. de b. vol.**, t. V, XXVI, p. 254.

7 « ... de l'autre côté de cette porte à deux battants que je n'avais pas encore franchie. »   ID., **Lucienne**, p. 125.

‖ **4°** Fig. *Franchir tous les obstacles, toutes les difficultés.* V. **Surmonter, vaincre, triompher** (de) ; **raison** (avoir raison de). *Franchir des examens, des concours. Franchir les étapes d'une carrière, les échelons de la hiérarchie sociale. Franchir une passe difficile. Franchir le cap de la quarantaine.*

8 « ... il habitait un de ces rêves d'or où les jeunes gens, montés sur des *si*, franchissent toutes les barrières. »
BALZ., **Illus. perdues**, Œuv., t. IV, p. 562.

9 « ... elle avait certainement franchi la quarantaine, mais nullement laissé de l'autre côté de cette frontière la prétention de séduire... »
GOBINEAU, **Nouv. asiat.**, p. 23.

10 « ... les examens je les ai franchis, à hue à dia, tout en gagnant ma croûte. »   CÉLINE, **Voyage au bout de la nuit**, p. 218.

11 « Et, chaque fois, Antoine, paralysé par une absurde appréhension, au lieu d'aider son frère à franchir l'obstacle, s'était cabré lui-même et dérobé, en se jetant à l'étourdie sur n'importe quelle piste. »
MART. du G., **Thib.**, t. IV, p. 85.

— *Franchir le seuil de la conscience*, en parlant de phénomènes qui apparaissent dans le champ de la conscience.

12 « Quand notre attention est dirigée vers les choses extérieures dans la lutte quotidienne pour la vie, les impressions, qui viennent des organes, ne franchissent pas le seuil de la conscience. »
CARREL, **L'homme, cet inconnu**, III, XI.

— *Franchir les limites de l'entendement, de la compréhension.* V. **Dépasser.** *Imagination hardie qui franchit les barrières de la raison. Franchir les bornes* de la décence, de la pudeur, du devoir.* V. **Transgresser, violer.** Absolt. *Franchir les bornes.* V. **Exagérer.** *Franchir les limites prescrites.* (Cf. Art, cit. 49).

13 « Il semble que leur licence doive être sans aucunes bornes, ni barrières, voyant qu'ils en ont franchi tant de si justes et si saintes. »
PASC., **Pens.**, VI, 393.

14 « Quiconque a pu franchir les bornes légitimes
      Peut violer enfin les droits les plus sacrés ; »
RAC., **Phèd.**, IV, 2.

15 « (Bossuet)... génie qui voyait tout, mais sans franchir les limites posées à sa raison et à sa splendeur... »
CHATEAUB., **M. O.-T.**, t. III, 12, 9 (éd. Levaillant).

16 « Dans ce moment redoutable, elle (la France) est à sa loi à elle-même ; elle franchit sans secours, dans sa forte volonté, le passage d'un monde à l'autre, elle passe, sans trembler sur le pont étroit de l'abîme, elle passe, sans y regarder, elle ne voit que le but. »
MICHELET, **Hist. Révol. franç.**, III, XI.

— *Franchir le pas*, le saut** : se décider, se résoudre à..., après avoir longtemps hésité.

17 « Elle riait toute seule, songeant à la fille qu'elle avait été et qui, treize ans plus tôt... s'encourageait à franchir le pas... »
MAURIAC, **Le sagouin**, p. 4.

III. Aller d'un bout à l'autre de... V. **Parcourir, traverser.**

|| **1°** Dans l'espace... *Franchir les mers, l'Océan, les continents. Franchir une distance de... un intervalle, un espace* (Cf. Agoraphobie, cit.). *Franchir d'une seule traite* une longue étape*.*

18 « Bonaparte franchit les, mers, insouciant de leurs vaisseaux et de leurs abimes,; tout était guéable pour ce géant, événements et flots. » CHATEAUB., M. O.-T., t. III, p. 126.

19 « Du sommet de ce massif l'espace à franchir pour arriver sur le mur n'était guère que de quatorze pieds. » HUGO, Misér., II, V, V.

20 « Si nous pouvions franchir ces solitudes mornes,
Si nous pouvions passer les bleus septentrions ;
...
S'il nous était donné de faire
Ce voyage démesuré, » ID., Contempl., III, Magnitudo Parvi.

— Fig. *Entre ces deux conceptions, il n'y a qu'un pas et vous vous apprêtez à le franchir.*

21 « Il est entre lui et moi des espaces que je ne saurais franchir. » BALZ., Séraphita, Œuv., t. X, p. 562.

|| **2°** Dans le temps. *Sa gloire a franchi les ans, les siècles* (Cf. Appui, cit. 31). *Opportuniste qui franchit sans dommage une période troublée. Son imagination franchit les millénaires. Ce chapitre franchit les années d'enfance* (Cf. Enjambée, cit. 4).

ANT. — Achopper, buter, heurter, refuser (en parlant du cheval). Échouer, enliser (s'), empêtrer (s'). Observer, respecter (les limites).

DER. — **Franchissable.** *adj.* (XIXe s.). Qui peut être franchi. *Rivière aisément franchissable* (COMP. Infranchissable). — **Franchissement.** *n. m.* (XIIIe s. : au sens de *affranchissement*). Action de franchir. V. **Passage.** *Franchissement d'un fossé, d'une tranchée.* Fortif. *Gradins de franchissement,* ménagés dans un épaulement de manière à permettre aux défenseurs de le franchir facilement.

FRANCHISE. *n. f.* (XIIe s. ; de *franc* 1). État, qualité de ce qui est franc*.

I. || **1°** *Vx.* Condition libre. V. **Affranchissement ; indépendance, liberté** (Cf. Assassinat, cit. 6). — REM. Cet archaïsme se rencontre encore chez quelques écrivains contemporains.

1 « Cesse de soupirer, Rome, pour ta franchise :
Si je t'ai mise aux fers, moi-même je les brise, » CORN., Cinna, IV, 3.

|| **2°** *Anc. dr.* Droit (Cf. Abuser, cit. 15 ; émanciper, cit. 5) limitant l'autorité souveraine au profit d'une ville, d'un corps, d'un individu. V. **Droit, liberté, privilège ; dispense, exemption, immunité.** *Franchise obtenue par une province, une ville, une corporation. Franchise accordée, octroyée par concession, par charte*.*

2 « *Franchise.* Mot qui donne toujours une idée de liberté dans quelque sens qu'on le prenne ; mot venu des Francs, qui étaient libres ; il est si ancien, que lorsque le Cid assiégea et prit Tolède, dans l'onzième siècle, on donna des *franchis* ou *franchises* aux Français qui étaient venus à cette expédition. Toutes les villes murées avaient des franchises, des libertés, des privilèges... » VOLT., Dict. philos., Franchise.

3 « ... c'était surtout dans les bourgs populeux, qui s'étaient formés au pied des châteaux, que fermentaient les idées d'affranchissement... C'était donc par les villes que devait commencer la liberté... qu'elles s'appelassent elles-mêmes privilégiées ou communes, qu'elles eussent obtenu ou arraché leurs franchises... Ils (*les hommes des communes*) voulurent tous quelques franchises, quelques privilèges ; ils offrirent de l'argent ; ils surent en trouver, indigents et misérables qu'ils étaient... tels ont été les fondateurs de nos libertés... Les seigneurs, le roi, vendirent à l'envi ces diplômes si bien payés. » MICHELET, Hist. de France, IV, IV.

— Dr. mod. *Franchise d'assurance :* partie des pertes et dommages non garantie par l'assureur ; exonération de la garantie pour certains risques.

— *Franchise de pilotage :* droit pour certains petits bâtiments, de ne pas recourir au pilote, en zone de pilotage obligatoire. — *Franchise de l'hôtel diplomatique.* V. **Exterritorialité.** — *Franchise douanière :* exonération* (temporaire ou définitive) des droits de douane sur certaines marchandises. V. **Douane ; admission** (temporaire), **entrepôt, transit, zone** (franche). — *Franchise postale et télégraphique :* exemption de la taxe sur la correspondance. *Expédier une lettre en franchise. Franchise appliquée aux correspondances relatives au service de l'État. Le bénéfice de la franchise a été étendu à la correspondance privée en provenance ou à destination des troupes, en temps de guerre. Franchise militaire* (Abrév. F.M., qui sert d'oblitération).

4 « La correspondance ainsi échangée était gratuite, par franchise militaire. » THÉRIVE, Voix du sang, p. 183.

II. || **1°** Qualité de celui qui parle ou agit ouvertement, sans réserve, sans dissimulation, ni arrière-pensée. V. **Droiture, loyauté, sincérité** (Cf. Franc 2, cit. 6). « *La franchise est sans réserve. La sincérité ne dit que ce qu'on lui demande ; la franchise dit souvent ce qu'on ne lui demande pas* » (SUARD in LAFAYE). *Parler avec franchise, une entière franchise, sans rien cacher*, sans rien dissimuler*. En toute franchise.* V. **Conscience, foi** (bonne). *Franchise qui règne dans un entretien amical.* V. **Abandon, confiance, cordialité, effusion, expansion.** Cf. Cœur (laisser parler, déborder son cœur). *Je peux lui parler librement* sans que ma franchise l'offense.* V. **Franc-parler.** *S'exprimer avec*

une franchise brutale. V. **Mot** (ne pas mâcher ses mots, trancher le mot), **vérité** (dire ses vérités à quelqu'un). *La franchise d'un enfant.* V. **Candeur, ingénuité, naïveté, simplicité, spontanéité.** *Une franchise bon enfant.* V. **Rondeur.** *La prétendue franchise qui se permet des propos blessants* (cit. 1). *Une conduite pleine de franchise. J'apprécie la franchise de ses procédés. Il est la franchise même.*

5 « Il est bien des endroits où la pleine franchise
Deviendrait ridicule et serait peu permise ; » MOL., Mis., I, 1.

6 « Mais cette franchise est déplacée avec le public ! Mais toute vérité n'est pas bonne à dire ! » ROUSS., Lett. à Mgr de Beaumont.

7 « La franchise est une qualité naturelle, et la véracité constante, une vertu. » JOUBERT, Pens., VIII, L.

8 « ... cette franchise provinciale, souvent un peu trop près de l'impolitesse. » BALZ., Illus. perdues, Œuv., t. IV, p. 537.

9 « La naïveté et la franchise me plaisent chaque jour davantage ; je deviens amoureux de La Fontaine. » STENDHAL, Journ., p. 53.

10 « La franchise fait partie de la loyauté ; pourquoi serait-elle moins entière dans le blâme que dans l'éloge ? » FLAUB., Corresp., t. IV, p. 94.

11 « Janin nous disait aujourd'hui dans un accès de franchise : « Savez-vous pourquoi j'ai duré vingt ans ? Parce que j'ai changé tous les quinze jours d'opinion. » GONCOURT, Journ., p. 73.

12 « La franchise est de se conduire et de s'exprimer comme si les autres n'avaient point de nerfs. Peu de franchise chez les êtres trop *sensibles*, qui souffrent dans la peau des autres. » VALÉRY, Suite, p. 58.

13 « On peut tout dire avec bonne grâce, et ce serait une étrange confusion que de tenir la brutalité pour la seule forme de franchise. » MAUROIS, Art de vivre, p. 79.

— *Une physionomie pleine de franchise, qui respire la franchise. La franchise du regard. Il y avait dans sa voix un ton de franchise qui ne pouvait tromper. La franchise de certaines attitudes* (cit. 14).

14 « Des hommes dont le corps est mince et vigoureux,
Et des femmes dont l'œil par sa franchise étonne. » BAUDEL., Fl. du mal, Spl. et id., Parfum exotique.

15 « M. Morin avait la face pleine et de grosses lèvres dont les coins retroussés rejoignaient les favoris poivre et sel... tout son visage largement ouvert respirait la franchise. » FRANCE, Petit Pierre, XVI.

|| **2°** *Spécialt.* En un sens esthétique. Qualité d'un artiste ou d'une œuvre dont le faire témoigne d'autant de hardiesse* que de sûreté*. *La franchise de son pinceau, de son coup de crayon. Une exécution d'une étonnante franchise. La franchise de l'expression dans les portraits de Saint-Simon.*

— Qualité de ce qui est net, tranché.

16 « Pendant les deux mois de mars et d'avril, la campagne est un tapis de fleurs, d'une franchise de couleurs incomparable. » RENAN, Vie de Jésus, IV, Œuv., t. IV, p. 125.

ANT. — Asservissement, servitude. Adulation, astuce, cachotterie, détour, dissimulation, duplicité, fard, fausseté, flatterie, hypocrisie, mensonge, ruse, sournoiserie. Mollesse.

FRANCIEN. *n. m.* (fin XIXe s., G. PARIS ; de *France,* et suff. *-ien*). Nom donné au dialecte roman parlé en Ile-de-France, au moyen âge (V. **Français,** cit. 12). — Adjectivt. *Dialecte francien. Forme francienne.*

FRANCIQUE. *adj.* (XVIIe s. ; de *Franc* 1). Relatif aux Francs. V. **Franc** 1.

1 « Les deux Décius périrent dans une expédition contre elle (*la nation franque*) ; Probus, qui ne fit que la repousser, en prit le titre glorieux de Francique. » CHATEAUB., Martyrs, VI.

— *Langue, idiome, parler francique.* Substantivt. *Le francique :* groupe de parlers appartenant soit au haut allemand, soit à un groupe intermédiaire le haut et le bas allemand (moyen allemand). « *Le francique, groupe très diversifié, est la souche principale de l'allemand commun* » (MEILLET, Langues du monde, p. 59). *Le judéo-allemand* (Yiddish) *repose sur un parler francique. Les éléments de francique introduits en Gaule au moment de la décomposition du latin vulgaire* « *constituent un des éléments originaires... du français...* » (DAUZAT). — Adjectivt. *Mot, terme francique. L'adverbe* « *trop* » *provient d'un substantif francique.*

2 « Le francique a laissé... des vestiges importants en toponymie ; son apport a été surtout prépondérant pour les anciens noms de baptême. — Historiquement on peut distinguer deux couches successives d'apports... D'abord des mots communs à tous les Germains envahisseurs (dont les idiomes semblent avoir été très voisins les uns des autres)... Dans la seconde série, spécifiquement francique et plus particulière à la France du Nord... les vocables guerriers sont encore nombreux, mais la proportion des termes abstraits comme *hatjan* (haïr), *kausjan* (choisir), *waron* (garer) est frappante. » DAUZAT, Hist. de la lang. franç., p. 167-168.

FRANCISCAIN, AINE. *n.* et *adj.* (lat. *Franciscus,* François). *N. m.* Religieux de l'ordre fondé, au début du XIIIe s. par saint François d'Assise. *Les Franciscains forment l'un des deux grands ordres mendiants* ; leur règle fut approuvée par Innocent III en 1215. Les Franciscains comprenaient aux XIIIe et XIVe s. les* « *Frères de la Stricte observance** » (ou observants ; appelés plus tard Cordeliers*).

*les Conventuels** (reconnus en 1322) *et les dissidents. Ordres issus des Franciscains au XVI*[e] *siècle.* V. **Capucin, récollet.** *De nos jours les Franciscains se divisent en trois groupes :* conventuels, capucins et frères mineurs (anciens observants). — REM. Dans le langage courant, on désigne souvent par *Franciscain* un moine faisant partie des frères mineurs, à l'exclusion des Capucins et des Conventuels (robe noire à cordelette blanche). — Adjectiv. *L'ordre franciscain est parfois appelé ordre séraphique. Tiers-ordre* franciscain. *Moine franciscain.*

— N. f. Religieuse de l'ordre féminin qui est rattaché aux Franciscains. V. **Capucine, clarisse.**

FRANCISER. *v tr.* (XVIe s. ; du rad. de *Français,* et suff. *-iser*).

‖ **1°** Donner une forme française à (une expression, un mot étranger). *Franciser un mot étranger par l'orthographe, la prononciation. L'italien* all'erta, *l'anglais* foot-baller *ont été francisés en* alerte, footballeur. *Franciser un emprunt. Mot francisé. Forme francisée.*

1 « Cestui (Ce) sieur de la Roche était homme joyeux... il latinisait le français et francisait le latin. » B. des PÉRIERS, **Contes,** XVI.

‖ **2°** Donner un caractère français à. *Dix ans à Paris n'ont pas suffi à franciser cet étranger. Le personnage du Cid Campeador a été francisé par Corneille.*

2 « ...ce poète né si tendre (*Racine*) et qu'on accuse d'avoir francisé les héros de l'antiquité... » Louis RACINE, **Traité poés. dram.,** X, 2.

3 « Le vrai nom de Bonaparte est Buonaparte ; il l'a signé lui-même de la sorte dans toute sa campagne d'Italie et jusqu'à l'âge de trente-trois ans. Il le francisa ensuite, et ne signa plus que Bonaparte. » CHATEAUB., **M. O.-T.,** III, I, 1, 4, (Éd. Levaillant).

‖ **3°** *Mar.* Faire passer un navire sous pavillon français.

DER. — **Francisation.** *n. f.* (1801, MERCIER). Action de franciser. *Francisation d'un mot étranger, d'un emprunt.*

→ Spécialt. *Dr. mar.* Acquisition et constatation de la nationalité française (en parlant des navires). *Acte de francisation :* document délivré par la recette des douanes du port d'attache et qui constate l'identité du navire, son tonnage, son port d'attache et sa date de construction. *L'acte de francisation est une preuve de la nationalité française d'un navire.*

« Le capitaine est tenu d'avoir à bord : L'acte de propriété du navire, l'acte de francisation, le rôle d'équipage... » CODE COMM., **Art. 226.**

FRANCISQUE. *n. f.* (1599 selon BLOCH ; bas lat. *francisca,* ellipse de *securis francisca,* « hache franque »). *Archéol.* Hache* de guerre des Francs. *Les francisques trouvées dans les sépultures franques ont généralement un seul fer :* « *les unes sont petites et leur fer à peine recourbé rappelle le merlin actuel, les autres... sont lourdes, recourbées ...* » (GRANDE ENCYCL.). *Les francisques à deux tranchants, décrites par Chateaubriand, d'après Sidoine Apollinaire, sont rares.*

1 « ...tous (les *Francs*) ont à la ceinture la redoutable francisque, espèce de hache à deux tranchants, dont le manche est recouvert d'un dur acier ; arme funeste que le Franc jette en poussant un cri de mort, et qui manque rarement de frapper le but qu'un œil intrépide a marqué. » CHATEAUB., **Martyrs,** VI.

2 « ...(le *vase de Soissons*) fut brisé, et plus tard la tête du Franc égalitaire eut le même sort, sous la *francisque* de son chef. » NERVAL, **Filles du feu,** Angélique, XII.

— *La francisque à deux fers,* emblème du gouvernement de Vichy (1940-45).

FRANC-MAÇON. *n. m.* (1740 ; en outre, *frimaçon* en 1740, d'après l'angl. *free mason,* « maçon libre », désignant en Angleterre, dès le début du XVIIe s., les membres de sociétés idéologiques greffées sur certaines corporations de maçons du moyen âge). Adepte* de la franc-maçonnerie. *Par abrév.* Maçon. *Se faire recevoir franc-maçon* (Cf. Ceindre le tablier*). *Frères* maçons (s'écrit F ∴ , d'où le surnom de *Frères Trois-Points*). *Franc-maçon d'étroite* (cit. 23) *observance. Loge* de francs-maçons. *Degrés ou grades de francs-maçons.* V. **Apprenti, compagnon, maître ; rose-croix, vénérable...** *Le Souverain Grand Inspecteur Général, franc-maçon du 33*[e] *degré* (rite écossais). *Assemblée générale de francs-maçons.* V. **Convent.** *Conseil de dignitaires maçons.*

1 « Si cette exécution a lieu... je me fais Fri-Maçon. » DIDEROT, **Bijoux indiscrets,** XXVIII.

2 « Les francs-maçons se réunissent en groupes qui prennent la dénomination générique d'ateliers. Les ateliers consacrés aux trois premiers degrés portent le nom de loges. Les ateliers consacrés aux autres degrés, jusques et y compris le 30e, portent le nom de chapitres et de conseils. L'atelier supérieur qui a seul le droit d'initier aux derniers degrés de la franc-maçonnerie porte le nom de Grand Collège des Rites. Ces dénominations sont celles du Grand-Orient de France ; elles comportent quelques variantes dans les autres rites et confédérations. » GRANDE ENCYCL. (BERTHELOT), **Franc-Maçonnerie.**

— *Adjectiv.* V. **Franc-maçonnique.** *Les associations franc-maçonnes.*

3 « La Tchécoslovaquie franc-maçonne. » BERNANOS, **Lett. aux Angl.,** p. 114.

DER. — **Franc-maçonnerie, franc-maçonnique.**

FRANC-MAÇONNERIE. *n. f.* (1747 ; de *franc-maçon ;* en 1742, *franche-maçonnerie*). Association internationale, de caractère mutualiste et philanthropique ayant pour emblèmes, en souvenir de ses origines, certains instruments à l'usage du maçon. V. **Franc-maçon.** *Par abrév.* Maçonnerie. *Pratiques, rites** *de la maçonnerie. Le triangle équilatéral, les deux colonnes du temple de Salomon, l'étoile flamboyante, l'équerre et le compas, le sceau de Salomon, la pierre brute et la pierre cubique, l'épée flamboyante..., symboles de la franc-maçonnerie. Organisation de la franc-maçonnerie.* V. **Atelier, convent, Grand-Orient, loge, temple.**

1 « La franc-maçonnerie possède des signes et des emblèmes dont la haute signification symbolique ne peut être révélée que par l'initiation. Ces signes et ces emblèmes président, sous des formes déterminées, aux travaux des francs-maçons et permettent à ceux-ci, sur toute la surface du globe, de se reconnaître et de s'entraider. L'initiation comporte plusieurs degrés ou grades. Les trois premiers degrés sont celui d'apprenti, celui de compagnon et celui de maitre qui seul donne au franc-maçon la plénitude des droits maçonniques. » GRANDE ENCYCL. (BERTHELOT), **Franc-Maçonnerie.**

2 « La Franc-maçonnerie de maintenant... n'est plus très secrète, au moins dans certaines de ses manifestations extérieures. Mais rien ne l'empêche de l'être dans sa direction suprême, et dans ses interventions les plus importantes. L'accès en est peut-être un peu trop facile, par le bas. Mais sa hiérarchie lui permet une sélection de plus en plus rigoureuse. Je n'imagine pas un faux frère parvenant aux grades élevés, pénétrant dans les conseils où les choses se décident. Elle est internationale. En fait, et dans son esprit. » ROMAINS, **H. de b. vol.,** t. IV, p. 107.

3 « La Franc-Maçonnerie apparaît... à première vue, comme une organisation philanthropique et humanitaire... « une alliance universelle de tous les hommes de cœur qui éprouvent le besoin de s'unir pour travailler en commun au perfectionnement intellectuel et moral de l'humanité », selon l'expression employée par l'auteur anonyme de l'article *Franc-Maçonnerie* de la *Grande Encyclopédie.* Mais, en fait, la Maçonnerie est quelque chose de plus qu'une organisation philanthropique internationale : c'est, ne l'oublions pas, une Société secrète initiatique... on rencontre dans la littérature maçonnique, des allusions répétées à une *tradition secrète* dont la Fraternité serait la dépositaire, à des connaissances mystérieuses venues de l'Orient, cultivées et transmises par une série de Sages : Pythagore, Moïse, Zoroastre, Jésus... Et, si la Franc-Maçonnerie a hérité des rites et des symboles des anciens Mystères, il n'est pas étrange d'y constater la présence d'un ésotérisme, de *spéculations* développées par les Maçons des Hauts Grades... » S. HUTIN, **Les sociétés secrètes,** pp. 80-82 (éd. P.U.F.).

— *Fig.* Alliance spontanée ou secrète entre personnes de même profession, de mêmes idées, de mêmes intérêts, qui se sentent étroitement solidaires les unes des autres (Cf. Charbonnerie, cit.).

4 « Ce langage secret forme en quelque sorte la franc-maçonnerie des passions. » BALZ., **Eug. Grandet,** Œuvr., t. III, p. 485.

FRANC-MAÇONNIQUE. *adj.* (1788 ; de *franc-maçon*). Peu usit. Qui a rapport à la franc-maçonnerie. V. **Maçonnique.**

1. FRANCO. *adv.* (1771 ; ital. *franco,* par abrév. de *franco porto,* « port franc »). *T. de Comm.* Sans frais de transport (pour le destinataire). *Recevoir un colis franco. Marchandise expédiée franco de port** (ANT. **En port dû**) *et d'emballage* (On dit aussi *Franc** *de port*).

2. FRANCO-. Préfixe (du lat. *Francus.* V. **Français**) se rapportant aux Français, à la France. — **Francophile.** *adj.* et *n.* Ami de la France, partisan des coutumes françaises (DER. **Francophilie.** *n. f.* V. **-phile, -philie**). — **Francophobe.** *adj.* et *n.* Hostile à la France (DER. **Francophobie.** *n. f.* V **-phobe, -phobie**). — **Francophone.** *adj.* et *n.* Dont le français est la langue usuelle. — FRANCO- entre en composition avec un grand nombre de noms de peuples pour désigner ce qui concerne à la fois le Français et un autre peuple. *Frontière franco-espagnole. Écriture franco-gallique* (V. **Mérovingien**). *Alliance franco-belge. Guerre franco-allemande.*

FRANCOLIN. *n. m.* (XIIIe s. ; de l'ital. *francolino*). Oiseau galliforme (*Gallinacés*), de la famille des *Phasianidés,* très voisin de la perdrix, mais de plus grande taille, avec un bec plus allongé et des ailes plus larges. *Le francolin, très répandu en Afrique, vit aussi en Asie et en Europe méridionale.*

« Les francolins vivent à peu près autant que les perdrix ; leur chair est exquise, et elle est quelquefois préférée à celle des perdrix et des faisans. » BUFFON, **Hist. nat. ois.,** Le francolin, Œuv., t. V, p. 464.

FRANC-PARLER. *n. m.* (1765, DIDER. ; de *franc,* et *parler,* subst. verb.). Liberté de langage. Absence de contrainte et de réserve dans ses propos. Cf. Bride, cit. 5. *Avoir son franc-parler :* avoir ou prendre la liberté d'exprimer toute sa pensée (Cf. Boutade, cit. 4). — REM. *Franc-parler,* senti aujourd'hui comme un nom composé, est encore écrit *franc parler* par ACAD. (8e éd. 1932).

1 « Je dis les choses comme elles me viennent ; sensées, tant mieux ; impertinentes, on n'y prend pas garde. J'use en plein de mon franc parler. » DIDEROT, **Neveu de Rameau** (Œuv., p. 465, Pléiade).

2 « Son père avait conquis son franc parler. Personne ne songeait à contredire un vieillard de soixante-dix ans... » BALZ., **Cabinet des antiques,** Œuv., t. IV, p. 357.

3   « ...pourvu qu'on ne dit du bien ni de Béranger, ni des journaux de l'opposition, ni de Voltaire, ni de Rousseau, ni de tout ce qui se permet un peu de franc-parler ; pourvu surtout qu'on ne parlât jamais politique, on pouvait librement raisonner de tout. »
STENDHAL, *Le rouge et le noir*, II, IV.

FRANC-TIREUR. *n. m.* (1865 in LITTRÉ ; de *franc*, et *tireur*. REM. Selon P. LAROUSSE (1872), ce mot désignerait déjà les membres des « corps francs » levés par la Convention pour repousser l'invasion ennemie ; mais le mot de *franc-tireur* ne figurant pas dans les décrets conventionnels où il est uniquement fait mention de « Compagnies franches, légions franches, corps francs », il semble que l'usage de *franc-tireur* date du siège de Sébastopol (1855) et ne se soit pas répandu avant le siège de Paris (1871). Soldat qui n'appartient pas à une armée régulière. V. **Partisan, volontaire** (Cf. Engager, cit. 18). *Corps de francs-tireurs* (ou *corps franc**). *Francs-tireurs français pendant la guerre de 1870, pendant l'occupation allemande de 1940-44* (V. **Maquisard, résistant**). Cf. F.F.I. (forces françaises de l'intérieur), F.T.P. (francs-tireurs et partisans).

1   « Le grand connaissait les chemins, prenait à travers champ pour éviter les postes. Pourtant ils avaient, sans pouvoir échapper, à une grand'garde de *francs-tireurs*. *Les francs-tireurs* étaient là avec leurs petits cabans, accroupis au fond d'une fosse pleine d'eau, tout le long du chemin de fer de Soissons. »
DAUD., **Contes du lundi**, L'enfant espion.

2   « En même temps, des compagnies de francs-tireurs s'organisaient avec frénésie. *Frères de la mort, Chacals du Narbonnais, Espingoliers du Rhône*, il y en avait de tous les noms, de toutes les couleurs... »
ID., *Ibid.*, Défense de Tarascon.

— *Fig.* et *par ext.* Celui qui mène une action indépendante, isolée, n'observe pas la discipline, les lois, les règles, les usages d'un groupe. V. **Indépendant**. *Les francs-tireurs du parti.*

FRANGE. *n. f.* (XIIe s. ; lat. *fimbria*, devenu *frimbia*).

|| **1o** Bande de tissu d'où pendent des fils et qui sert à border des vêtements, des meubles, etc. V. **Crépine** (cit.), **torsade** ; ornement, passementerie. *Frange de laine, de soie... Franges d'un fichu, d'une tenture. Draperie, rideau, tapis à franges. Frange d'un cordon. Franges d'épaulette*. Frange à graine d'épinard*. Guiper des franges* : faire des franges torses ou torsades.

1   « Nous faisons chercher un tapis de revente, car s'il le faut acheter chez le marchand, il vous coûtera avec la frange d'or et d'argent plus de quatre cents francs. » SÉV., 432, 19 août 1675.

2   « Elle restait debout, devant ce bureau, raidie, torturant les franges de son châle brun avec ses pauvres vieilles mains gercées de laveuse. »
LOTI, Pêch. d'Isl., III, V.

— *Par ext.* Ce qui rappelle une frange par sa découpure, sa situation... *Frange de cils*, de cheveux* (Cf. Chafouin, cit. 2). *Coiffure à frange* : coiffure à la chien. *Sa robe avait une frange de boue. Frange des flots* (Cf. Argenté, cit. 6 ; étincelant, cit. 11). *Découpé en franges.* V. **Effrangé, frangé.**

3   « Elle abaissa ensuite les franges de ses paupières soyeuses... »
GAUTIER, Fortunio, II.

4   « Elle aperçut Louise, fraîche sous la frange bouclée de ses cheveux blancs... » CHARDONNE, Dest. sentim., p. 398.

5   « ...une affreuse barbe de chèvre, qu'on eût dite postiche, une frange effilochée qui lui pendait au menton. »
MART. du G., Thib., t. III, p. 129.

— *Par métaph.* ou *fig.* Limite imprécise entre deux zones, deux concepts voisins. V. **Bord, bordure...**

6   « ...le rôdeur qui, à deux heures du matin marcherait avec des semelles de feutre en utilisant les franges d'ombres. »
ROMAINS, H. de b. vol., t. IV, VII, p. 49.

7   « L'histoire de George Sand est celle d'une femme qui, par sa naissance, se trouva placée sur la frontière de deux classes et, par son éducation, sur une frange où se rencontraient le rationalisme du XVIIIe siècle et le romantisme du XIXe ; »
MAUROIS, Lélia, p. 11.

8   « On ne peut aborder les franges du sommeil que par le rêve. Il commence à l'état de veille et nous conduit sur ces étendues inconstantes où le sens de soi s'atténue pour se fondre dans la fluidité de l'assoupissement. » BOSCO, Jard. d'Hyacinthe, p. 155.

|| **2o** *Spécialt.* Opt. *Franges d'interférence*.*

DER. et COMP. — Effranger*, effrangé*. Franger.

FRANGER. *v. tr.* (1213 ; de *frange*). Garnir, orner de franges. *Franger un rideau, un tapis, un vêtement...*

1   « ...bien que ses vêtements soyeux soient frangés d'or... »
CORN., Off. Vierge.

2   « ...d'amples et puissants rideaux de velours nacarat doublés de moire blanche, frangés de crépine d'or... » GAUTIER, Fortunio, I.

3   « Rambert ... comptait les boules de laine qui frangeaient le tapis de table. » CAMUS, La peste, p. 223.

— *Par anal.* V. **Border** (Cf. Falaise, cit. 3).

4   « Une lueur rose frangeait l'horizon ; le jour allait paraître. »
NERVAL (in LAROUSSE XIXe s.).

5   « Du côté opposé, Stamboul, avec ses pointes aiguës, se frangeait sur une grande déchirure jaune d'une nuance éclatante et profonde... »
LOTI, Aziyadé, IV, XIII.

|| **FRANGÉ, ÉE.** pp. et adj. *Vêtement frangé* (Cf. Étole, cit. 1). — *Mer frangée d'écume.* V. **Broder**. *Paupières frangées de cils.* V. **Border.**

6   « ...elle ferme ses paupières frangées de longs cils et renverse sa tête en arrière ; » GAUTIER, Fortunio, XXIV.

7   « La mer montait toujours, et le havre, submergé, se confondait dans la nappe d'eau verte qui gagnait au loin, frangée d'écume, le long des grèves. » BARBEY d'AUREVILLY, Vieille maîtresse, t. II, II.

8   « ...parmi les pins frangés de givre... »
DAUD., Lett. de mon moulin, Ballades en prose.

FRANGIBLE. *adj.* V. **INFRANGIBLE.**

FRANGIN, INE. *n.* (1829 ; empr. au canut lyonnais *frangin*, « camarade », d'apr. DAUZAT). *Pop.* Frère, sœur.

FRANGIPANE. *n. f.* (1588 ; de *Frangipani*, nom de l'inventeur italien du parfum).

|| **1o** Sorte de parfum. *Pommade à la frangipane. Gants à la frangipane* : parfumés à la frangipane.

« Mme Chantelouve entra, moulée dans un peignoir de molleton blanc, embaumant la frangipane. » HUYSMANS, Là-bas, XII.

|| **2o** (XVIIIe s.). Sorte de crème composée d'amandes, de noisettes, de pralines, etc. dont on se sert en pâtisserie. *Tarte à la frangipane.* — *Par ext.* Tarte, gâteau garni de cette crème. *Servir une frangipane.*

DER. — Frangipanier. n. m. (1700). Arbrisseau exotique de la famille des apocynacées, dont les fleurs ont un parfum qui rappelle celui de la frangipane.

FRANQUETTE. *n. f.* (XVIIe s., MAZARINADES ; admis ACAD. 1694 ; de *franc* ?. — REM. Selon HATZFELD la forme *franquette*, au lieu de *franchette*, s'explique par l'origine normanno-picarde de l'expression). — REM. N'est usité que dans les expressions À LA FRANQUETTE (*vx.*) ; À LA BONNE FRANQUETTE (XVIIIe s.), employées dans les acceptions suivantes :

|| **1o** *Vieilli.* V. **Franchement, ingénument**. *Parler, avouer, confesser à la bonne franquette. Agir à la bonne franquette* : sincèrement.

1   « ...confessez à la franquette que vous êtes médecin. »
MOL., Méd. m. l., I, 5.

2   « Eh ! nous jouons donc ! dit Jacques Collin. Je parlais à la *bonne franquette*, moi ! BALZ., Dern. incarn. de Vautrin, Œuv., t. V, p. 1115.

|| **2o** *De nos jours.* Sans embarras, sans façon, sans cérémonie. V. **Simplement**. *Recevoir un ami à la bonne franquette, à la fortune du pot. S'amuser à la bonne franquette. Une réunion, un restaurant à la bonne franquette.*

3   « En redingote, une cravate montante et un col cassé ... c'était un peu ridicule par cette chaleur ... le laisser-aller du docteur, à la bonne franquette, était autrement sympathique. »
ARAGON, Beaux quartiers, I, XVI.

— REM. La prononciation populaire *À la bonne flanquette*, n'est qu'une déformation de *À la bonne franquette.*

FRAPPANT, ANTE. *adj.* (XVIIe-XVIIIe s. MASS. ; de *frapper*). Qui frappe, qui fait une vive impression. V. **Impressionnant, saisissant**. *Un spectacle frappant. Portrait frappant de ressemblance, de vérité.* V. **Étonnant, ressemblant**. *Ces jumeaux se ressemblent d'une manière frappante. Coïncidence, analogie* (cit. 10) *frappante.* V. **Étonnant**. *Exemple, raisonnement frappant.* V. **Éclatant, évident, lumineux**. *Phrases, expressions, images frappantes* (Cf. Essentiel, cit. 20 ; exagération, cit. 1 ; exposer, cit. 12). *Ce sont là ses défauts les plus frappants.* V. **Saillant**. *Rien de plus frappant. C'est frappant !*

1   « C'est une leçon frappante que chacun prend pour soi. »
MASS., Disc. synod., 14 (in HATZFELD).

2   « ...nous avons des exemples frappants de ce que peut l'éducation sur les oiseaux de proie... »
BUFFON, Hist. nat. ois., Le perroquet, Œuv., t. VII, p. 185.

3   « La Reuss coule paisible au milieu de la verdure ; le contraste est frappant : c'est ainsi qu'après et avant les révolutions la société paraît tranquille. » CHATEAUB., M. O.-T., t. V, p. 387.

4   « Frappante figure, dont on ne pouvait oublier l'extrême et significative force de contour. » COLETTE, Étoile Vesper, p. 63.

— *Fam.* (Par jeu de mots avec le sens propre du verbe). *Des arguments frappants* : des coups.

ANT. — Douteux, faible, imparfait, lointain.

1. FRAPPE. *n. f.* (1584 ; de *frapper*). Empreinte du poinçon sur la matrice, en fonderie (monnaies, médailles). *Frappe nette, grossière.* — *Par métaph. :*

« Si les gens du monde sont une monnaie d'or, pour qu'elle ait cours, il faut que la pièce le soit plus neuve, que la frappe ait cessé d'être nette, que l'effigie ne se laisse pas reconnaître. »
SUARÈS, Trois hommes, Dostoïevski, I.

— *Impr.* Assortiment de matrices propres à un corps déterminé de caractères. *Frappe d'italique.*

— *Dactyl.* Mouvement imprimé à une touche de machine à écrire ; action, manière de dactylographier. *Le manuscrit est à la frappe. Cette dactylo a une très bonne frappe. Faute de frappe. Exemplaires de la première, de la seconde frappe.*

2. FRAPPE. *n. f.* (XXe s. ; racine de *fripouille*). *Arg.* ou *pop.* Jeune voyou. *Une petite frappe.*

1 « Tu ne me les payes pas, vieille frappe ? »
COLETTE, **Vagabonde**, p. 107.

2 « — Elle s'est mise en boule parce que je voyais Ralph ... — Je t'avais dit de ne plus fréquenter Ralph. C'est une sale petite frappe. — ... C'est un voleur, elle disait... »
SARTRE, **Âge de raison**, IX, p. 141.

FRAPPER. *v. tr.* et *intr.* (XIIe s. ; orig. obsc. ; paraît représenter, selon DAUZAT, un francique *hrappan* (Cf. bas allem. *rappeln* et angl. *rap*, frapper à la porte).

I. Toucher plus ou moins rudement en portant un ou plusieurs coups*.

|| **1°** *Au sens le plus général.* V. **Battre**. *Frapper quelqu'un au visage, dans le dos, du plat de la main, du poing... Frapper un enfant* (Cf. Chien, cit. 19), *un animal* (Cf. Chien, cit. 19). *Frapper sa victime à coups redoublés*, à tour de bras*, à bras* raccourcis, comme un sourd, comme une brute.* V. **Brutaliser, cogner, taper...**

1 « Mais moi, je vous dis de ne pas résister au méchant. Si quelqu'un te frappe sur la joue droite, présente-lui aussi l'autre. »
BIBLE (SEG.), **Évang. St Matth.**, V, 39.

2 « Mais il esquiva les tapes, sachant bien que la colère s'en va avec les coups et que femme qui frappe est soulagée de son dépit. »
SAND, **François le Champi**, XXI.

3 « Tu m'as frappé, c'est ridicule,
Je t'ai battue et c'est affreux : »
VERLAINE, **Chans. pour elle**, IX.

4 « Antonio le frappa dans les côtes. Le poing de l'homme frappa à vide dans la paille... Il saisit la tignasse de l'homme, il lui renversa la tête en arrière. Il le frappa très vite deux fois à la pointe du menton, puis encore un coup dans les côtes. »
GIONO, **Chant du monde**, II, VII.

— *Frapper le sol du pied. Cheval qui frappe la terre en piaffant* (Cf. Étalon, cit. 1). *Frapper les touches d'un piano* (Cf. Accord, cit. 24), *des cymbales, une grosse caisse* (cit. 7), *une cloche.* V. **Copter.** *Frapper un clou avec un marteau* (Cf. Enfoncer, cit. 1). *Frapper du linge avec un battoir, une gerbe avec un fléau* (cit. 1). *Rameurs frappant l'eau en cadence* (cit. 6).

5 « ...des hommes surgissent, qui se mettent à sonner à toute volée, en maniant les battants comme des heurtoirs. Ding, ding, ding, ding, ils frappent l'airain avec une rapidité frénétique... »
LOTI, **Fig. et choses qui passent**, p. 109.

6 « Il lui arrivait de scander les membres de phrase, en frappant légèrement la table d'un coupe-papier... »
ROMAINS, **H. de b. vol.**, t. IV, XVI, p. 173.

— *Vieilli. Frapper l'air de ses cris :* le faire retentir.

7 « Et frappant l'air de cris continuels,
Nomme les Dieux et les Astres cruels, »
RONSARD, **Épitaphes**, Claude de l'Aubespine.

|| **2°** *Spécialt. Technol. Frapper les épingles,* en donnant un coup sur une des extrémités pour faire la tête. *Frapper la toile,* en donnant au passage de la navette le coup qui permet de serrer les fils de la trame. *Drap bien frappé,* fort et serré. — *Mar. Frapper un cordage.* V. **Assujettir, amarrer.** — *Machine à écrire qui frappe mal une lettre, un signe.* V. **Taper.** — *Frapper la monnaie,* la marquer* d'une empreinte avec le coin, le balancier, le poinçon (Cf. Flèche, cit. 11). *Frapper de belles médailles* (Cf. Autre, cit. 122), *des matrices d'imprimerie.* — Par ext. *Frapper un sceau* (Cf. *fig.* Conducteur, cit. 4), *un décor sur une reliure.* — Fig. *Un ouvrage frappé au coin* du bon sens.

8 « Je voudrais monnayer la sagesse, c'est-à-dire la frapper en *maximes,* en *proverbes.* en *sentences* faciles à retenir et à transmettre. »
JOUBERT, **Pens.**, Titre préliminaire.

9 « La baronne (*du Guénic*) tenait le journal d'une main frappée de fossettes... »
BALZ., **Béatrix**, Œuv., t. II, p. 338.

10 « Il frappe, en passant, des portraits, vifs et satiriques, des puissances de l'Europe... »
MICHELET, **Hist. Révol. franç.**, V, VI.

11 « Une simple marche, une simple marche la voici ; et nous, presque des dieux !... Une simple marche, l'enchaînement le plus simple !... on dirait qu'elle paie l'espace avec de beaux actes bien égaux, et qu'elle frappe du talon les sonores effigies du mouvement. Elle semble énumérer et compter en pièces d'or pur, que nous dépensons distraitement en vulgaire monnaie de pas, quand nous marchons à toute fin. »
VALÉRY, **Eupalinos**, p. 146.

|| **3°** *Par anal.* En parlant de l'action de certains objets ou phénomènes naturels. *La pluie, le vent frappe les vitres, le visage* (Cf. Dégouliner, cit.). *Projectiles venant frapper un mur* (Cf. Esquiver, cit. 1). V. **Percuter, tomber** (sur). *Son qui frappe une surface et se répercute. Lumière frappant en plein un tableau, un visage...* (Cf. Effiloquer, cit. 2). V. **Éblouir.** *Des couleurs* (cit. 3) *frappées de soleil. Liquide frappé par le gel, le froid.* Spécialt. *Frapper de glace,* ou absolt. *Frapper :* rafraîchir vivement un vin, une liqueur au moyen de la glace. *Champagne frappé dans un seau à glace. Carafe frappée qui se couvre de buée.*

12 « Le docteur Corvisart ne buvait que du vin de champagne frappé de glace. »
BRILLAT-SAVARIN, **Physiol. du goût**, t. I, n° 64.

13 « Quand le soleil cruel frappe à traits redoublés
Sur la ville et les champs, sur les toits et les blés, »
BAUDEL, **Fl. du mal**, Tabl. paris., LXXXVII.

14 « Le vent lourd frappe la falaise... »
TOULET, **Contrerimes**, IX.

|| **4°** À l'aide d'une arme ou de tout autre objet pouvant meurtrir, blesser, tuer. *Être frappé à coups de bâton, de fouet, de hache, de lance...* (Cf. Atteinte, cit. 6 ; étonner, cit. 4). V. **Attaquer ; abattre, pointer...** *Frapper quelqu'un à coups de dague, de poignard...* V. **Daguer, poignarder.** *Frapper un ennemi à terre. La balle l'a frappé en pleine poitrine, par contrecoup, par ricochet... Frappé à mort par un éclat d'obus. Sacrificateur frappant la victime* (Cf. Aruspice, cit.). *La foudre a frappé un sapin.* — Fig. *Il semblait frappé de la foudre* (cit. 9). V. **Foudroyer.**

15 « Mais, cette fois, ce sont des armes de goujats
Lassos plombés, couteaux catalans, navajas,
Qui frappent le héros... »
HUGO, **Lég. des siècles**, XV, Petit roi de Galice, IX.

16 « Enfoncer les carrés, pulvériser les régiments, rompre les lignes, broyer et disperser les masses, tout pour lui (*Napoléon*) était là, frapper, frapper, frapper sans cesse, et il confiait cette besogne au boulet. »
ID., **Misér.**, II, I, III.

17 « ... ne l'ai-je pas vu en songe vous frappant de sa masse d'armes et vous jetant dans la Vistule... ? »
JARRY, **Ubu roi**, II, 1.

18 « Le cousin Robert était une sorte de chevalier, de jeune seigneur hardi, qui guerroie au loin, qui chérit votre image en secret, et dont vous seriez la dernière pensée s'il tombait frappé à mort. »
ROMAINS, **H. de b. vol.**, t. III, VIII, p. 129.

— Fig. *Être frappé à mort,* atteint d'une maladie mortelle. V. **Perdu.** *Être frappé au cœur,* atteint dans ses sentiments les plus chers, les plus profonds. *Il pâlit, frappé au cœur par ce mot cruel.*

19 « Vous avez déjà été la cause de la mort d'un pauvre garçon et du deuil éternel de sa mère, reprit Chesnel en voyant combien il frappait juste et qui eût frappé jusqu'à briser ce cœur pour sauver Victurnien... »
BALZ., **Cabinet des antiques**, Œuv., t. IV, p. 424.

|| **5°** Avec le mot COUP* comme complément. V. **Appliquer, assener, donner, férir, porter...** *Frapper un petit coup à la vitre, à la porte. Coups frappés sur des tambourins* (Cf. Fanfare, cit. 2). *Vague frappant des coups* (cit. 53) *furieux contre un navire. Le régisseur a frappé les trois coups* (indiquant que le rideau va se lever). *L'horloge vient de frapper le coup de la demie, la demie.* V. **Sonner.**

20 « Le plus jeune de la troupe me vint frapper sur l'épaule un coup qui, ma foi, me fit beaucoup de mal, et m'arracha un petit cri involontaire... »
GAUTIER, **Mlle de Maupin**, X.

— Fig. *Frapper un coup** (supra, cit. 47), *un grand coup, un coup décisif. Frapper le dernier coup,* celui qui emporte la décision.

21 « En se voyant compris, il essaya de frapper un dernier coup sur l'intelligence de cette femme. »
BALZ., **Curé de village**, Œuv., t. VIII, p. 655.

22 « Il (*Napoléon*) ne doutait pas que, pour venir à bout de l'Angleterre, il fallût frapper un grand coup chez elle, et, pour frapper ce grand coup, être libre, ne fût-ce que pendant un jour, de traverser la Manche. »
BAINVILLE, **Hist. de France**, XVII, p. 408.

II. Atteindre de quelque mal.

|| **1°** Par la maladie, le malheur, ou la mort. *L'épidémie a frappé la majeure partie de la population. Être frappé d'apoplexie* (cit. 3), *de paralysie, d'épilepsie* (cit. 1), *de folie.* V. **Atteindre.** *La mort a frappé le frère et la sœur en quelques mois. Job remerciait Dieu de l'avoir frappé dans ce qu'il avait de plus cher.* V. **Éprouver.** *Dieu frappe les grands de ce monde* (Cf. Élévation, cit. 7). *Un nouveau coup du sort l'a frappé.* V. **Affliger.**

23 « La peste ...
Faisait aux animaux la guerre.
Ils ne mouraient pas tous, mais tous étaient frappés. »
LA FONT., **Fab.**, VII, 1.

24 « ... le vieux maître d'usine ressemblait à un grand esprit qui, frappé de paralysie, regarde avec stupeur ses membres immobiles. »
MAUROIS, **B. Quesnay**, XV.

25 « ... elle s'accommoda du grand malheur qui la frappait... »
CÉLINE, **Voyage au bout de la nuit**, p. 249.

|| **2°** Par un châtiment. V. **Châtier, punir, venger** (se). Cf. Assortir, cit. 21. *La main, la colère de Dieu a frappé les coupables* (Cf. Ange, cit. 7 ; appesantir, cit. 7 ; convertir, cit. 2 ; expiation, cit. 5). V. **Appesantir** (son bras, sa main...). *Ses complices n'ont pas encore été frappés. La loi a frappé un innocent. Robespierre frappa successivement les chefs des factions. Frapper d'anathème* (cit. 1 et 2), *d'excommunication* (cit. 3). V. **Réprouver.** *Épuration* (cit. 2) *frappant divers milieux. Être frappé d'indignité nationale, de mort civile, d'une amende...* V. **Condamner.** *Mesures hostiles frappant certains produits, certains hommes.* V. **Boycotter.** — Absolt. *Frapper fort* (un coupable).

26 « La puissance ne consiste pas à frapper fort ou souvent, mais à frapper juste. »
BALZ., **Physiol. du mar.**, Œuv., t. X, p. 650.

27 « Dans les cités anciennes la loi frappait les grands coupables d'un châtiment réputé terrible, la privation de sépulture. »
FUSTEL de COUL., **Cité antique**, p. 12.

28 « ... pendant que le peuple frappe des ennemis, lui, il cherche à frapper des rivaux. »
J. JAURÈS, **Hist. social. Révol. franç.**, t. IV, p. 240.

29 « ... agitateurs dangereux frappés, pour la plupart, d'interdiction de séjour... »
DUHAM., **Salavin**, V. XIX.

|| **3°** Par une charge. *Hypothèque qui frappe les biens d'un débiteur. Frapper certaines marchandises de droits à l'entrée et à la sortie.* V. **Imposer.** *Valeurs, contribuables frappés par un impôt.*

30 « Alors, un affreux dénombrement commençait, celui des droits qui frappent le misérable. Personne n'en pouvait dresser la liste exacte et complète, ils pullulaient, ils soufflaient à la fois du roi, de l'évêque et du seigneur. » ZOLA, La terre, I, V.

‖ 4° Fig. *Esprit critique frappant de doute les opinions reçues. Une politique frappée d'impuissance* (V. **Annihiler**). *Des terres frappées de stérilité.* Dr. *Jugement frappé d'appel, d'opposition.*

31 « Est-il donc vrai, se disait-il, que les passions puissent avoir la destinée des modes, et que peu d'années puissent frapper du même ridicule un habit et un amour ? » VIGNY, Cinq-Mars, I, t. I, p. 56.

32 « Mes promenades aussi avaient été comme frappées de stérilité. » PROUST, Les plaisirs et les jours, p. 148.

III. Affecter d'une certaine impression (généralement vive et soudaine). V. **Impressionner.**

‖ 1° En touchant les sens. *Tout ce qui frappe les yeux, la vue* (Cf. Auditoire, cit. 3). *Bruit* (cit. 6), *chant* (cit. 1) *qui vient frapper les oreilles, l'oreille.*

33 « Viens, reconnais la voix qui frappe ton oreille. » RAC., Iphig., I, 1.

34 « Nous sentons toujours malgré nous, et jamais parce que nous le voulons ; il nous est impossible de ne pas avoir la sensation que notre nature nous destine, quand l'objet nous frappe. » VOLT., Dict. philos., Sensation.

35 « La variation du regard en direction, en vitesse, en durée, dépend ou de ce qui frappe et tire l'œil, ou d'un souvenir, d'une attente. » VALÉRY, Suite, p. 52.

‖ 2° En provoquant une émotion, un état émotif (Cf. Commotion, cit. 4). *Frapper de crainte, d'effroi* (Cf. Équipée, cit. 4), *d'épouvante, d'horreur, d'étonnement* (cit. 5), *de stupeur* (V. **Méduser**), *de consternation* (cit. 3). V. **Saisir.**

36 « D'un juste étonnement je demeure frappé. » RAC., Esth., III, 5.

37 « Pour moi immobile au bout de la table et comme frappé de stupeur ... » DAUD., Petit Chose, I, III.

— *Absolt.* Affecter violemment. V. **Affecter, choquer, commotionner, émouvoir.** *La mort de son frère l'a beaucoup frappé.* V. **Choc** (donner un).

38 « Pauline, par haine, continuait à faire celle qui est inquiète, parce qu'elle voyait que ça le frappait : « Suis-je si malade ? » demanda-t-il ... » ARAGON, Beaux quartiers, I, XXVI.

‖ 3° En excitant l'esprit, l'imagination, et en général l'attention* et l'intérêt* de l'être tout entier. V. **Étonner*, saisir, surprendre...** *Sa beauté, sa laideur..., sa mauvaise mine m'a frappé* (Cf. Altération, cit. 3 ; amaigrissement, cit. ; éblouissement, cit. 6). V. **Sauter** (aux yeux). *Frapper l'esprit, l'imagination* (Cf. Assemblage, cit. 23 ; autosuggestion, cit.). *Être frappé par une vision, un spectacle* (Cf. Causse, cit.). *Être frappé par les qualités, le langage, l'attitude... de quelqu'un* (Cf. Aptitude, cit. 9 ; facilité, cit. 11 ; écouter, cit. 22). *Raisonnement, vérité évidente* (cit. 3) ; *analogie* (cit. 3), *coïncidence, ressemblance ; images, faits... qui nous frappent* (Cf. Concordance, cit. 2 ; éloigner, cit. 26 ; emprunter, cit. 16 ; exiguïté, cit. 24). *Cela ne m'a pas frappé* (V. **Remarquer.** — Cf. Ferraille, cit. 3). *J'en suis frappé* (Cf. Attendre, cit. 70). *Je suis frappé de voir..., de ne pouvoir...* (Cf. Dessiller, cit. 2). V. **Surpris.** *Absolt. C'est une chose qui frappe.* V. **Frappant.** *Rien ne frappe dans cet ouvrage, tout y est plat et terne.* V. **Briller, valeur** (être mis en).

39 « De mes faibles attraits le Roi parut frappé. » RAC., Esth., I, 1.

40 « C'est par là que le récit d'un fait nous frappe si souvent plus que son spectacle : semblable à la réflexion sur le danger, plus effrayante que le danger même. » RIVAROL, Littér., Le génie et le talent.

41 « Raoul appartient au petit nombre d'hommes qui vous frappent au passage, qui dans un salon forment aussitôt un point lumineux où vont tous les regards. » BALZ., Fille d'Ève, Œuv., t. II, p. 87.

42 « ... telle est l'impression générale que reçoit un voyageur après quelque séjour, impression souvent plus juste que celle d'un observateur indigène, moins frappé et moins saisi par la nouveauté des objets. » GAUTIER, Voyage en Espagne, p. 187.

43 « Ce qui me frappa d'abord, à mon arrivée au collège, c'est que j'étais le seul avec une blouse. » DAUD., Petit Chose, I, II.

44 « ... la violence farouche, l'air de démence qui frappe dans Tolstoï au même âge. » SUARÈS, Trois hommes, Ibsen, III.

45 « On ne peut manquer en particulier d'être frappé par la présence, à l'état de traces très sensibles, de substances que la première analyse avait laissées de côté ... » ROMAINS, H. de b. vol., t. V, XXII, p. 176.

IV. *V. intr.* ‖ 1° FRAPPER à, SUR, CONTRE. Donner un coup, des coups. *Frapper au but* (Cf. Entre, cit. 14). *Endroit où frappe la balle. Frapper sur l'épaule* (cit. 18) *de quelqu'un, sur quelqu'un* (Cf. Estoc, cit. 2), *sur un tambour* (Cf. Charivari, cit. 2), *sur les touches d'un piano* (Cf. Clavier, cit. 5)... *La lumière, le soleil frappe sur une surface* (Cf. Aridité, cit. 1). V. **Darder.** *Frapper contre un mur* (Cf. Acharner, cit. 8).

46 « Il battait la mesure en frappant sur la table avec sa main plate. » GIONO, Chant du monde, II, V, p. 248.

‖ 2° Absolt. *Boxeur qui frappe fort, dur, sec. Frapper à tort et à travers, comme un sourd** (Cf. Main : ne pas y aller de main morte, avoir la main lourde). *Frapper juste.* V. **Attraper.** *Frapper à la tête* (Cf. Exécuter, cit. 12).

— Spécialt. *Frapper à la porte*, ou simplement, *Frapper* pour se faire ouvrir. V. **Heurter.** « *Frappez, et l'on vous ouvrira* » (Cf. Demander, cit. 15). *Frapper avant d'entrer. Entrez sans frapper. On est prié de frapper fort.*

47 « La mort crut, en venant, l'obliger en effet.
        Elle frappe à sa porte, elle entre, elle se montre. » LA FONT., Fab., I, 16.

48 « Elle vint bien des fois. Les premiers temps, elle n'osait pas et frappait à la porte avec des gestes retenus, un petit grattement de pattes de fourmi. » Ch.-L. PHILIPPE, Bubu, VIII.

49 « Ouvrez-moi cette porte où je frappe en pleurant. » APOLLINAIRE, Alcools, Le voyageur.

— En parlant d'une partie du corps agissante. *Frapper des mains, dans ses mains.* V. **Applaudir.** *Frapper du pied* (Cf. Arbitre, cit. 15 ; dessous, cit. 12 ; écumer, cit. 5). V. **Piaffer, trépigner.**

— Fig. *La guerre frappe à notre porte, à nos frontières. Frapper à toutes les portes :* s'adresser à tout le monde (pour obtenir une aide, un concours). *Frapper à la bonne, à la mauvaise porte :* s'adresser à la personne qui est ou n'est pas celle qu'il faut en l'occurrence. *Frapper à la porte d'un ami.* V. **Recours** (avoir), **solliciter.**

50 « Songez que les passions approchent, et que, sitôt qu'elles frapperont à la porte, votre élève n'aura plus d'attention que pour elles. » ROUSS., Émile, III.

‖ SE FRAPPER. ‖ 1° Être frappé.

51 « ... retenant et prodiguant les phrases toutes faites qui se frappent régulièrement à Paris pour donner en petite monnaie aux sots le sens des grandes idées ou des faits ... » BALZ., La femme de trente ans, Œuv., t. II, p. 706.

‖ 2° *Réfl. Se frapper la poitrine*, en faisant ainsi le geste de s'accuser (Cf. Battre sa coulpe), ou en signe de deuil (comme les pleureuses antiques). *Se frapper le front*, en particulier quand on vient d'avoir une idée, de trouver une solution (et aussi familièrement, pour signifier à un interlocuteur qu'on le trouve insensé).

52 « Cependant avec des marques de repentir, en pleurant, en expiant mes péchés d'honneur national, en me frappant la poitrine, en admirant pour pénitence le génie des sots qui gouvernent le monde, peut-être aurais-je pu ramper jusqu'à la place du baron Damas ; » CHATEAUB., M. O.-T., t. VI, p. 145.

53 « Ah ! frappe-toi le cœur, c'est là qu'est le génie. » MUSS., Prem. poés., À mon ami Édouard B.

— *Se frapper soi-même* (Cf. Corriger, cit. 6). *Il s'est donné la mort en se frappant d'un coup de poignard.* V. **Poignarder.** Spécialt. *Fig.* Nourrir de fâcheux pressentiments, avoir un mauvais moral. *Il est certes malade, mais surtout il se frappe. Je comprends votre inquiétude, mais vous vous frappez trop.* V. **Inquiéter** (s'). Cf. Voir les choses en noir. *Par ext.* S'inquiéter, s'émouvoir. *Sans se frapper,* sans se faire de bile. *Il ne s'est pas frappé pour autant !* V. **Faire** (s'en faire), **soucier** (se), **tracasser** (se).

54 « — Ne te frappe pas, dit Mathieu gaiement, je me débrouillerai. » SARTRE, Âge de raison, VII.

‖ 3° *Récipr.* (l'un l'autre). *Les combattants se frappaient avec violence.*

‖ FRAPPÉ, ÉE. adj. *Velours* frappé* (Cf. Appui-tête, cit.). — Fig. *Des vers bien frappés :* dont le dessin est net, le sens plein. V. **Énergique.**

— Mus. *Temps frappé,* et substantivt. *Le frappé,* se disait du temps fort*, que l'on marque en baissant la main, lorsqu'on bat la mesure. *Le levé et le frappé.*

— *Boire du champagne frappé. Café frappé* et substantivt. *Frappé.*

ANT. — **Caresser. Épargner, pardonner. Indifférent** (laisser, être), **rassurer.**

DER. et COMP. — **Frappage.** n. m. (XIXᵉ s.). Action de frapper (d'une empreinte) ; résultat de cette action. *Le frappage des monnaies.* — **Frappant. Frappe** 1. — **Frappe-devant.** n. m. (XIXᵉ s.). Gros marteau de forgeron. — **Frappement.** n. m. (XIIIᵉ s.). Action de frapper (Cf. *infra,* cit. 1 et 2). *Le frappement des baguettes sur le tambour.* V. **Battement.** *Le frappement du rocher :* épisode miraculeux de l'histoire de Moïse, faisant, pendant la traversée du désert, jaillir une source d'un rocher frappé de sa baguette (peint par Raphaël, Poussin, etc.). — **Frappeur, euse.** n. et *adj.* (XVᵉ s.). Ouvrier forgeron. — Ouvrier faisant des dessins à jour dans la gaze à l'aide d'un emporte-pièce. — *Fam.* Personne qui frappe ou aime à frapper. — *Occult. Esprits* frappeurs* (Cf. *infra,* cit. 3). — **Entre-frapper** (s') v. pron. (1514). Se frapper mutuellement. — **Surfrappe.**

1 « Elle entendait le grossissement du bruit des trois mille chevaux, le frappement alternatif et symétrique des sabots au grand trot ... » HUGO, Misér., II, I, IX.

2 « Puis la dispute s'ébranlait. Verlaine, avec les siens, s'éloignait, dans un frappement pénible de galoches et de gourdin, développant une colère magnifique ... » VALÉRY, Variété II, p. 160.

3 « Mᵐᵉ Hugo ... eut peur pour les siens, pour sa fille pensive et même pour son mari, qui parlait un peu trop d'esprits frappeurs et d'apparitions nocturnes. » MAUROIS, Olympio, VIII, III.

FRASER. *v. tr.* (V. **Fraiser** 1). T. de Boulang. *Fraser la pâte,* la malaxer en y ajoutant la quantité d'eau et de levain nécessaire.

DER. — **Frasage** (ou **Fraisage**). n. m. Action de fraser la pâte. Résultat de cette action. **Frase.** n. f. (Quelquefois SYN. de **Frasage**).

Deuxième opération du pétrissage*, qui consiste à donner à la pâte, au moyen d'une addition de farine, la consistance nécessaire. — Outil d'acier avec lequel on racle le pétrin avant le frasage.

COMP. — **Contre-frasage.** *n. m.* ou **Contre-frase.** *n. f.* Dernière opération du pétrissage* qui consiste à agiter la pâte par masses. **Contre-fraser.** *v. tr.* Donner le dernier tour à la pâte.

HOM. — Phraser.

FRASQUE. *n. f.* (XVe s. ; empr. à l'ital. *frasche*, « balivernes », plur. de *frasca*, au propre « brindille »).

‖ **1° Vx.** (encore au XVIIIe s.). Mauvaise farce, mauvais tour*.

1   « Malheureux que je suis, d'avoir dessous ce masque
        Été sans y penser te faire cette frasque ! »
                                MOL., **Étourdi**, III. 8.

‖ **2°** Écart de conduite, dérèglement qui peut causer quelque scandale. V. **Écart, équipée, escapade, extravagance, folie, fredaine.** *Frasques de jeunesse. On lui pardonne toutes ses frasques* (V. **Inconduite, libertinage**). *Il n'en est pas à sa première frasque* (ACAD.). *Frasque amoureuse.* — REM. Depuis le XIXe siècle, *Frasque* a perdu le sens fort qu'il avait auparavant. Il ne s'applique plus guère qu'à des écarts que l'on est prêt à juger sans sévérité, avec indulgence.

2   « Le proverbe dit *Il faut que jeunesse se passe*. — L'arrière-saison a aussi quelque frasque à passer. »
                                CHATEAUB., M. O.-T., t. VI. p. 2.

3   « Dans cette dernière année, le brave Godeschal avait fait cinq ou six parties de plaisir avec Oscar en le défrayant, car il comprit qu'il fallait lâcher de la corde à ce jeune chevreau attaché. Ces frasques, comme les appelait le sévère premier clerc, aidèrent Oscar à supporter l'existence ; »   BALZ., **Un début dans la vie**, Œuv., t. I, p. 711.

4   « Ce n'est pas toi ... qui ferais de ces frasques-là. Tu obéis à la discipline, tu es l'esclave de la consigne, tu es un homme de scrupule et de devoir, et tu ne quitterais pas ta famille pour aller voir une créature. »   HUGO, **Misér.**, III, III. VII.

5   « ... déshonorer, par des frasques que les principes ou les préjugés de la famille ne peuvent admettre, un nom respecté. »
                                PROUST, **Rech. t. p.**, t. IX, p. 105.

6   « — Alors, ça, c'est le comble ! Monsieur donne mon argent à des femmes. C'est moi qui paie les frasques de Monsieur. »
                                ARAGON, **Beaux quartiers**, II, XXXIV.

FRATER (*tèr*). *n. m.* (XVIe s., RAB. , emploi ironique du mot lat. *frater*, « frère »).

‖ **1° Par plaisant.** (vieilli). Frère lai ; moine, religieux illettré.

‖ **2° Vx.** Garçon chirurgien (V. **Barbier, chirurgien**).

1   « Mais avant de les quitter, le désolé Bartholo, frater alors, a fait rougir sa spatule ; »   BEAUMARCH., **Barb. Sév.**, Lett. s. la crit.

2   « ...quand ils avaient la serviette au cou, le frater leur demandait s'ils avaient de l'argent, et qu'ils se préparassent à cracher au bassin, sinon qu'il les accommoderait en abatteurs de noix ... »
                                GAUTIER, **Préf. Mlle de Maupin**, p. 45 (éd. critiq. MATORÉ).

FRATERNEL, ELLE. *adj.* (XIIe s. ; dér. sav. du lat. *fraternus*, de *frater* et suff. *-el*).

‖ **1°** Qui concerne les relations entre frères* ou entre frères et sœurs*. *Amour, amitié, tendresse fraternelle* (Cf. Chair, cit. 13). *Affection fraternelle. Bonne entente, solidarité fraternelle.*

1   « ... si Chateaubriand a choisi de peindre l'inceste pris comme moyen du malheur de *René*, le ressort de l'inceste fraternel ne s'était pas imposé à lui de toute nécessité, dès l'origine ... l'inceste fraternel n'était pas, dans sa première pensée, le sujet de *René*. »
                                HENRIOT, **Portr. de fem.**, p. 262.

2   « Elle (*Henriette Renan*) avait imaginé que ce frère chéri ... se contenterait du bonheur de vivre avec elle ... L'amour le voulut autrement ... Henriette, courageusement, se soumit, mais sans que sa fraternelle jalousie pût s'accommoder tout à fait de son sacrifice. »
                                ID., **Ibid.**, p. 407.

— REM. *Fraternel*, dans LITTRÉ comme dans le dict. de l'ACAD., est défini : « qui convient... qui est propre à des frères ». Les deux citations précédentes montrent que *Fraternel* s'applique aussi bien aux relations entre frères et sœurs. En ce qui concerne les rapports entre sœurs, l'adjectif *Sororal* (ou *Sororial*), presque inusité, peut être remplacé par *fraternel*.

3   « L'astre des jours et celui des nuits distribuent tour à tour au blé des influences fraternelles et sororiales. »
                                BERNARD. de ST-P., **Harm.**, I, Tabl. gén.

‖ **2° Par anal.** V. **Affectueux, amical.** Cf. *aussi* Fraternité, 2° et 3° ; frère 2° et 3°. *Camarades d'enfance liés par une amitié fraternelle. Union fraternelle* (Cf. Édifier, cit. 12 ; évoquer, cit. 13). *Effusion fraternelle* (Cf. Écorché, cit. 10). « *Baiser* ... (cit. 1) *d'amour fraternel* » (LA FONT.). *Amour fraternel entre membres d'une communauté, entre les hommes* (Cf. Amour, cit. 10 ; communauté, cit. 3). — *Dans le malheur, il m'a tendu une main fraternelle.* V. **Charitable, cordial, généreux, secourable, sympathique.** *Un cœur fraternel* (Cf. Fraternité, cit. 6).

4   « Parmi les doux plaisirs d'une paix fraternelle. »
                                BOIL., **Lutrin**, I.

5   « Et tes pieds s'endormaient dans mes mains fraternelles. »
                                BAUDEL., **Fl. du mal**, Spl. et id., Le balcon.

6   « Que le geste de ce rude Samaritain est attentif, délicat, fraternel ! Quel moyen de résister tout à fait à cette tendresse inconnue ? »
                                BERNANOS, **Sous le soleil de Satan**, p. 162.

7   « Le beau visage, que je distingue à peine, est affectueux, vraiment fraternel. Moi qui n'ai pas eu de frère, je comprends soudain ce que pourrait être un frère. Un frère aîné, paternel. »
                                DUHAM., **Salavin**, Journ., 18 déc.

— *Spécialt.* En T. de Relig. *Charité fraternelle :* charité envers son prochain. *Correction fraternelle :* « réprimande douce, secrète, et dictée par l'esprit de charité qu'on doit à des frères » (LITTRÉ).

8   « L'Église ... nous enseigne à les prier (*les saints*) dans ce même esprit de charité, et selon cet ordre de société fraternelle, qui nous porte à demander le secours de nos frères vivants sur la terre ; »
                                BOSS., **Expos. doctr. cath.**, IV.

9   « Vous verrez dans mon discours un petit mot de correction fraternelle pour ce gentilhomme qui était présent, et qui, à ce que je crois, l'aura sentie ; »   D'ALEMB., **Lett. à Volt.**, 2 janv. 1769.

COMP. — **Confraternel, elle.** *adj.* (déb. XIXe s.). Qui a rapport aux relations entre confrères. *Amitié confraternelle. Émulation, rivalité confraternelle.*

DER. — V. **Fraterniser.** — **Fraternellement.** *adv.* (XVe s.). D'une manière fraternelle. *Vivre, s'aimer fraternellement. Être fraternellement unis. Partager fraternellement avec ses camarades.*

« Ils se serrèrent la main, fraternellement. Puis, après un dernier geste amical, Antoine referma doucement la porte. »
                                MART. du G., **Thib.**, t. VII, p. 106.

FRATERNISER. *v. intr.* (1548 ; dér. sav. du lat. *fraternus*, « fraternel », et suff. *-iser*). Faire acte de fraternité, de réconciliation, de sympathie ou de solidarité (envers quelqu'un que l'on reconnaît pour confrère, camarade). *Fraterniser avec quelqu'un.* V. **Entendre** (s'). *Ils fraternisent ensemble. Les troupes ennemies mettent bas les armes et fraternisent* (Cf. Contagion, cit. 3).

1   « Il fallait être unis, s'aider, fraterniser. »
                                ST-SIM., XI, 143 (in HATZFELD).

2   « Cérizet fraternisa bientôt avec les ouvriers de Cointet, attiré vers eux par la puissance de la veste, de la blouse, enfin par l'esprit de corps. »   BALZ., **Illus. perdues**, Œuv., t. IV, p. 894.

3   « Des villes éloignées, des provinces, naguère divisées encore par les vieilles rivalités, allaient en quelque sorte au-devant les unes des autres, se donnaient la main, et fraternisaient. »
                                MICHELET, **Hist. Révol. franç.**, III, V.

4   « ... un musée étranger est une communion internationale, où deux peuples, s'observant et s'étudiant plus à l'aise, se pénètrent mutuellement, et fraternisent sans discussion. »
                                BAUDEL., **Curios. esthét.**, Salon 1846, Aux Bourgeois.

5   « De même qu'il fraternisait avec Béranger (sa foi catholique à part), Chateaubriand fraternisait avec Carrel (sa foi monarchique à part) ... »   STE-BEUVE, **Chateaubriand**, t. I, p. 239.

6   « Quand la mère vivait, et que le père était en possession de son intelligence, le ménage arrivait à gouverner ce monde intraitable, à faire à peu près fraterniser ensemble les jalousies, les antipathies, les haines de ces naturels hostiles. »   GONCOURT, **Zemganno**, XVII.

ANT. — Brouiller (se) ; battre (se), détester (se), disputer (se), haïr (se) ...

DER. — **Fraternisation.** *n. f.* (1792). Action de fraterniser. *Fraternisation de soldats ennemis, d'adversaires.* V. **Réconciliation.** — Cf. Coup, cit. 31 (**ANT.** Guerre, haine, hostilité).

FRATERNITÉ. *n. f.* (XIIe s. ; empr. au lat. *fraternitas*).

‖ **1° Peu usit.** Parenté*, lien de sang entre frères et sœurs.

1   « Vous avez beau le renoncer pour votre frère, la renoncer pour votre sœur, vous ne détruirez pas la fraternité qui est entre vous. »
                                LITTRÉ, **Dict.**, Fraternité.

2   « Ah ! ç'avait toujours été une souffrance, de l'aimer tant, ce grand frère, et de n'avoir jamais trouvé rien à lui dire, rien qui pût faire tomber une bonne fois les cloisons que la vie, que leurs natures, que leur fraternité peut-être, élevaient entre eux ! »
                                MART. du G., **Thib.**, t. VI, p. 81.

‖ **2°** Lien existant entre les hommes, considérés comme membres de la famille humaine. V. **Altruisme** (cit. 3), **amour** (du prochain), **charité, concorde, entente, solidarité, union ; frère** (2°). Cf. Aurore, cit. 28 ; espérance, cit. 14 ; exalter, cit. 16. *La fraternité humaine* (Cf. Bord, cit. 26 ; coudoiement, cit. 2). *Fraternité entre concitoyens* (cit. 2). *Fraternité étroite* (Cf. Classe, cit. 8). *Les liens, les nœuds de la fraternité* (Cf. Fédération, cit. 4). *Élan de fraternité* (Cf. Conquête, cit. 2). *Fraternité universelle.* — *Arbres de fraternité*, plantés pendant la Révolution. *Salut et fraternité !:* formule de salut révolutionnaire (Cf. Faux, cit. 57). *Liberté, égalité, fraternité*, devise de la République française.

3   « Dieu a établi la fraternité des hommes en les faisant tous naître d'un seul ... »   BOSS., **Polit.**, I, I, 3.

4   « La liberté générale bannira du monde entier les absurdes oppressions qui accablent les hommes et fera renaître une fraternité universelle, sans laquelle tous les avantages publics et individuels sont si douteux et si précaires. »
                                MIRABEAU, **Collect.**, t. II, p. 26 (in LITTRÉ).

5   « Ils s'accordent dans le sentiment de la fraternité humaine. Ce sentiment, né avec l'homme, avec le monde, commun à toute société, n'en a pas moins été étendu, approfondi par le Christianisme. À son tour, la Révolution, fille du Christianisme, l'a enseignée pour le monde, pour toute race. toute religion qu'éclaire le soleil. »
                                MICHELET, **Hist. Révol. franç.**, Introd.. II.

6 « Fraternité ! Fraternité ! ce n'est pas assez de redire le mot... il faut, pour que le monde nous vienne, comme il fit d'abord, qu'il nous voie un cœur fraternel. C'est la fraternité de l'amour qui le gagnera, et non celle de la guillotine. »   ID., *Ibid.*, Préface de 1847.

7 « Bien mourir, c'est mourir comme Léonidas pour la patrie, comme Socrate pour la raison, comme Jésus pour la fraternité. »
HUGO, **P.-S. de ma vie**, Contempl. suprême, III.

8 « La fraternité est une des plus belles inventions de l'hypocrisie sociale. On crie contre les jésuites. Ô candeur ! nous en sommes tous ! »
FLAUB., **Corresp.**, 385, 22 avril 1853.

9 « La fraternité... n'est pas... inscrite au fronton de la Déclaration des droits. Ce n'est, en effet, qu'un devoir et non « un principe »... Le sentiment de fraternité s'est élargi ; il tend à unir, sans distinction, les peuples que la politique ou la religion séparait ... D'après Mercier, c'est Chamfort qui aurait traduit : *Fraternité, ou la Mort* par : *sois mon frère ou je te tue.* Il disait : *La fraternité de ces gens-là est celle de Caïn et d'Abel.* Inutile de dire qu'il savait qu'il faisait un contresens. »   BRUNOT, **Hist. lang. franç.**, t. IX, p. 667-668.

10 « On peut condamner le communisme russe, avoir horreur des méthodes que les chefs y emploient pour se maintenir au pouvoir et éliminer leurs adversaires : cela n'empêchera pas d'éprouver un profond respect pour les sentiments de fraternité vraie qui existent dans des masses laborieuses acharnées à une tâche qu'elles croient grande, sentiments qui sont plus valables que l'égoïsme de tant de nos bourgeois enfermés dans leurs certitudes « spirituelles ».
DANIEL-ROPS, **Ce qui meurt et ce qui naît**, p. 192.

‖ 3° Lien amical, fraternel entre personnes unies par quelque communion de sentiment ou de vie. V. **Amitié, camaraderie, communion, confraternité, solidarité, sympathie, union.** *Fraternité entre deux nations.* V. **Entente** (Cf. Base, cit. 13). *Fraternité d'un être cher* (Cf. Expirer, cit. 7). Par ext. *Fraternité d'esprit, de sentiments.*

11 « Prier ensemble, dans quelque langue, dans quelque rite que ce soit, c'est la plus touchante fraternité d'espérance et de sympathie que les hommes puissent contracter sur cette terre. »
STAËL, **Corinne**, X. V.

— *Fraternité d'armes :* lien existant entre compagnons d'armes, entre personnes, nations qui ont combattu ensemble ou pour la même cause.

12 « L'alliance, les dons, la fraternité d'armes,

N'auraient-ils donc servi qu'au malheur de tous deux ? »
VOLT., **Olympie**, I, 5.

‖ 4° (de l'angl. *Fraternity*). Association, groupement fraternel (Cf. Franc-maçonnerie, cit. 3).

ANT. — **Conflit, désunion, guerre, haine, hostilité, inimitié.**

COMP. — **Confraternité.** n. f. Relations entre confrères*.

1. FRATRICIDE. n. m. (XIIe s., rare jusqu'au XVIIIe s. ; empr. au lat. *fratricidium*). Meurtre d'un frère, d'une sœur (V. **Assassinat, meurtre**). *Être accusé de fratricide. Le fratricide commis par Caïn.*

— REM. *Fratricide* a été très combattu au XVIIe s. : « Ceux qui disent fratricide parlent mal et composent un mot qui n'est pas français » écrit VAUGELAS (Rem., t. II, p. 513 in LITTRÉ). On lit dans les *Remarques sur Vaugelas* que « Ce mot... n'a point eu assez de voix pour être reçu » dans la 1re éd. de l'ACAD., mais on trouve *Fratricide 1* dans FURETIÈRE et les deux acceptions dans les dict. du XVIIIe s. : « Pourquoi ne dirait-on pas *fratricide,* comme on dit homicide, suicide, etc. » (TRÉVOUX).

« Pierre Calas, accusé d'un fratricide, et qui en serait indubitablement coupable, si son père l'eût été, demeure auprès de mes terres... »
VOLT., **Lett.**, A Thiroux de Crosne, 2245, 30 janv. 1763.

2. FRATRICIDE. n. m. et adj. (XVe s. ; empr. au lat. *fratricida*).

‖ 1° *N. m.* Celui qui tue son frère ou sa sœur (V. **Assassin, meurtrier**). — REM. *Sororicide,* enregistré par LITTRÉ, est complètement sorti de l'usage.

1 « Romulus qui fut allaité
D'une louve, fut fratricide ;
Horace fut sororicide. »
SCARR., **Poés. div.**, Œuv., t. VII, p. 147.

2 « Il est étonnant, disent les critiques, que Dieu pardonne ... à Caïn ... Il est étonnant qu'il protège un assassin, un fratricide ... »
VOLT., **La Bible enfin expliquée**, Genèse.

— Adj. *Un roi, un tyran fratricide. Arme fratricide.*

3 « ... c'est l'orgueil qui arma Caïn de la massue fratricide ; »
CHATEAUB., **Génie**, I, II, 1.

‖ 2° *Adj.* (XXe s.). *Par ext.* Qui constitue un crime envers un frère, une sœur, un concitoyen, son prochain. *Combat, lutte, haine, guerre fratricide.*

4 « Deux banderas, à la suite de certains troubles sanglants à Madrid et dans le Nord, venaient d'être embarquées, l'une à Melilla, l'autre à Ceuta, pour Carthagène, prêtes à intervenir au service du Roi. On avait choisi, naturellement, les unités où la proportion des étrangers était la moins forte. Officiers et soldats répugnaient à cette besogne qui pouvait devenir fratricide. »   MAC ORLAN, **La Bandera**, VIII.

FRAUDE. n. f (1255 ; empr. au lat. *fraus, fraudis,* « ruse, tromperie »).

‖ 1° *Dans un sens général.* Action faite de mauvaise foi dans le but de tromper. V. **Artifice, gabegie** (*vx.*), **ruse, supercherie, tromperie** (Cf. Calomnie, cit. 2 ; finesse, cit. 9). *Fraude adroite, habile, subtile. Machiner des fraudes* (Cf.

Fabriquer, cit. 12). *User de fraude. Enlever, dépouiller par fraude, par la fraude* (V. **Soustraire, spolier, usurper**). *Obtenir, surprendre un secret par fraude.* — V. **Dissimulation, hypocrisie.** *Combattre, poursuivre la fraude. Prince ennemi* (cit. 14) *de la fraude.*

‖ 2° *Dr. civ.* Acte accompli dans l'intention de porter atteinte aux droits, aux intérêts d'autrui. V. **Captation, dol, escroquerie, manœuvre, stellionat, supposition...** et *aussi* **Délit** (III), **faute** (2°). *Fraude commise en vue de s'approprier le bien d'autrui. Action du créancier* (cit. 1) *en révocation des actes faits en fraude de ses droits par le débiteur.* V. **Paulienne** (action). *Fraude collusoire.* V. **Collusion.** *Fraude dirigée contre un concurrent.* V. **Concurrence** (déloyale, frauduleuse, illicite). *Loi du 13 avril 1932 réprimant la fraude en matière de divorce. Fraude du mari dans l'administration de la communauté.*

1 « Les créanciers du mari peuvent se pourvoir contre la séparation de biens prononcée et même exécutée en fraude de leurs droits ; »
CODE CIV., Art. 1447.

— *Fraude à la loi :* acte juridique accompli dans le but d'échapper à l'application de la loi.

2 « On doit rapprocher de ces conventions (*d'objet illicite ou immoral*) celles par lesquelles les parties se proposent de faire échec à une règle d'ordre public par un moyen juridique en lui-même licite. On dit en pareil cas qu'il y a *fraude à la loi.* Cette notion de fraude à la loi, dont le droit international a fait largement application, est d'une portée difficile à délimiter. D'une part, en effet, il est toujours permis d'employer les formes juridiques pour se placer dans la situation la plus favorable à ses intérêts, d'autre part, le droit ne peut tolérer l'immoralité de conventions uniquement destinées à échapper à l'application des lois impératives. »   PLANIOL, **Traité dr. civ.**, t. II, p. 398.

— *Dr. pén.* Mauvaise foi ; tromperie*. « *La fraude est un élément constitutif du vol* » (CAPITANT). *Par fraude ou par violence* (Cf. Enlever, cit. 27). *Détournement* *de mineurs sans fraude ni violence. Banqueroutes, escroqueries et autres espèces de fraudes,* titre d'une section du CODE PÉNAL (III, II, II).

— *Fraude aux jeux.* V. **Tricherie.** *Fraude dans les examens et les concours.* — *Fraude électorale* (CODE PÉN., Art. 111-113).

3 « ...les journaux retentirent du procès de Georges d'Estourny, condamné pour de constantes fraudes au jeu par la police correctionnelle. »
BALZ., **Modeste Mignon**, Œuv., t. I, p. 381.

4 « Toute fraude commise dans les examens et les concours publics qui ont pour objet l'entrée dans une administration publique ou l'acquisition d'un diplôme délivré par l'État, constitue un délit. »
LOI du 23 déc. 1901, Art. 1er.

— *Spécialt. Fraude dans la vente des marchandises.* V. **Contrefaçon, falsification*** (cit. 2). Cf. Égalitaire, cit. 2. *La loi du 1er août 1905 codifie la répression des fraudes. Décret du 22 janvier 1919, organisant le service de la recherche et de la constatation des fraudes. Législations spéciales contre la fraude sur les produits de laiterie, les boissons alcooliques, les conserves, les produits chimiques, pharmaceutiques... — Loi du 9 février 1895 sur la fraude en matière artistique.*

5 « Pour sauver la maison de commerce ... on dut recourir à l'alcool de grain et le mélanger à l'alcool de vin. M. Pommerel se résigna à cette fraude sur laquelle tout le monde se taisait. »
CHARDONNE, **Dest. sentim.**, p. 13.

— *Dr. mar. Fraude commise par le patron d'un navire.* V. **Baraterie** (frauduleuse).

— *Dr. fisc.* Acte ou abstention qui met obstacle à l'application normale de la loi fiscale (non déclaration, dissimulation...). *Fraude à l'impôt.* — *Spécialt. Fraude à la douane. Faire la fraude.* V. **Contrebande.**

6 « Il faut que l'imposition soit si bien proportionnée que l'embarras de la fraude en dépasse le profit. »   ROUSS. (in P. LAROUSSE).

7 « ...la fraude à l'impôt, qui aboutit à répartir les charges publiques entre des contribuables moins nombreux et fausse toute l'application des lois fiscales. »
TROTABAS, **Précis de législ. fin.**, p. 290 (éd. DALLOZ).

— Par ext. *Entrer par fraude, sans billet, dans un théâtre, un cinéma...* V. **Resquille** (*pop.*) et *aussi* **Grivèlerie.**

8 « ...ma contravention en chemin de fer, entre Blois et Orléans ... Pris avec un coupon de retour largement périmé. Intention certaine de fraude. »   ROMAINS, **H. de b. vol.**, t. III, XVII, p. 234.

‖ EN FRAUDE. *loc. adv.* V. **Frauduleusement.** Qui se fait en fraude. V. **Frauduleux, interlope.** *Être, se trouver en fraude dans un pays. Passer du tabac, de l'or, des devises en fraude. Fabriquer* (cit. 4) *un produit en fraude.* — *Fig.* V. **Cachette** (en), **secrètement.**

9 « Barrès, introduisant en fraude, grâce à une foule d'astuces, une partie de l'hérésie au sein même de l'Église officielle ... »
ROMAINS, **H. de b. vol.**, t. IV, XXII, p. 238.

ANT. — **Droiture, foi** (bonne foi), **honnêteté, loyauté, probité, scrupule.**

FRAUDER. v. tr. (XIVe s. ; empr. au lat. *fraudare*).

‖ 1° *Vx.* Tromper, abuser (quelqu'un).

1 « Certes tu es le plus cruel amant
Qui oncques fut, d'ainsi m'avoir fraudée. »
MAROT, **Épît.**, 1.

‖ 2° Tromper (quelqu'un) pour le frustrer*. *Frauder ses créanciers, ses associés.* V. **Frustrer.**

2　« Nous fraudons notre prochain de son bien, si nous lui dénions les offices auxquels nous lui sommes tenus. »
　　　　　　　　　　　　　　　　　CALVIN, **Instit.,** III (in HUGUET).

3　« Ce marquis (*met son honneur*) à savoir frauder ses créanciers ; »
　　　　　　　　　　　　　　　　　BOIL., **Sat.,** XI.

— Spécialt. *Frauder la loi. Frauder l'État, la douane, le fisc, l'enregistrement,* en faisant des dissimulations frauduleuses*.

4　« ...l'homme qui fraude l'État pour ne pas écorner le patrimoine des siens ou fait embusquer ses enfants pour les soustraire à la mort, ne fait-il pas preuve au plus haut point du sentiment de famille ? »
　　　　　　　　　　　　BENDA, **Trahis. des clercs,** Préf. nouv. éd., p. 30.

5　« Remarquez qu'à des degrés différents nous sommes tous en état de conflit ... Nous sommes honnêtes et nous fraudons la douane ... »
　　　　　　　　　　　　　　　　　MAUROIS, **Cercle de famille,** II, XVII.

‖ 3° Éluder le paiement (d'un droit, d'un impôt...). *Frauder les droits de douane. Frauder l'impôt.*

6　« ...il est notoire qu'on fraude tous les jours la dîme ecclésiastique, et il n'est pas à présumer qu'on fraude la dîme du roi, pour peu que les officiers y veuillent tenir la main... »　　VAUBAN, **Dîme,** p. 55.

— *Par ext.* (vieilli). Faire passer en fraude, en contrebande... *Frauder du tabac. Des marchandises fraudées* (HATZFELD).

‖ 4° Peu usit. Falsifier* par une fraude.

7　« Que de tentatives inutiles, d'expériences manquées, et les machines que ses serviteurs détraquaient, et les engrais chimiques que fraudait le commerce ! »　　　　　　　　　　　　ZOLA, **La terre,** II, I.

‖ 5° Intrans. Commettre une fraude, des fraudes. *Frauder dans un examen. Frauder sur le poids d'une marchandise* (Cf. Exploiter, cit. 10).

DÉR. — **Fraudeur, euse.** *n.* (1549 ; employé dès 1340 comme adj. au sens de *Frauduleux.* Cf. LITTRÉ, Suppl.). Celui, celle qui fraude. *Les fraudeurs de l'impôt.* Spécialt. V. **Contrebandier ; falsificateur** ... (Cf. Fantaisie, cit. 12).

« ...la contrebande des nuits... métier de solitude et de rêve où l'âme des naïfs et très pardonnables fraudeurs grandissait inconsciemment en contemplation du ciel et des ténèbres animées d'étoiles ... »
　　　　　　　　　　　　　　　　　LOTI, **Ramuntcho,** I, X.

FRAUDULEUX, EUSE. *adj.* (XIVe s. ; empr. au lat. *fraudulosus*).

‖ 1° Vx. Qui emploie la fraude.

— Spécialt. *Banqueroutier* (cit. 2) *frauduleux* (Cf. Banqueroute, cit. 3).

‖ 2° Qui est fait avec fraude. *Conseils frauduleux* (vieilli). — *Spécialt.* Dr. *Acte, marché frauduleux. Convention, entente secrète et frauduleuse.* V. **Subreptice.** *Déclaration frauduleuse. Manœuvres frauduleuses. Banqueroute*, baraterie, concurrence*, naturalisation frauduleuse. Commerce, trafic frauduleux.*

— Par ext. *Intention frauduleuse :* intention de fraude. V. **Faux** (cit. 53).

— Spécialt. V **Falsifié.** *Textes frauduleux* (ACAD.). V. **Apocryphe.**

1　« Les mémoires frauduleux imprimés depuis peu sous le nom de madame de Maintenon sont remplis de pareilles absurdités. »
　　　　　　　　　　　　　　VOLT., **Dict. philos.,** Histoire, III.

2　« ...mais il avait tellement besoin de cette interprétation frauduleuse de la vérité qu'il était admissible qu'il en eût fait une vérité. »
　　　　　　　　　　　　　　　　　JALOUX, **Les visiteurs,** IV.

ANT. — **Franc, honnête. Exact.**

DÉR. — **Frauduleusement.** *adv.* (XIVe s.). Avec fraude, par la fraude (Cf. Banqueroutier, cit. 2 ; but, cit. 21).

« ...l'inspiration (...) par-dire infernale et satanique ... ne se produit ailleurs (*chez Chateaubriand*) qu'à demi voilée et comme dans un faux jour, en se mêlant frauduleusement à un rayon d'en haut. »
　　　　　　　　　　　　　　STE-BEUVE, **Chateaub.,** t. I, p. 199.

FRAXINE. *n. f.* (XVIe s. au sens de « frêne » ; repris au XIXe s. pour désigner un extrait de l'écorce de frêne : empr. lat. *fraxinus.* V. **Frêne.**

DÉR. — **Fraxinées.** *n. f. pl.* (XIXe s.). Bot. Groupe de la famille des oléacées (ou oléinées) ayant pour type le genre frêne. — **Fraxinelle.** *n. f.* (XVIe s.). Bot. V. **Dictame.**

1. FRAYER (*frè-yé* ; se conjugue comme *balayer*). *v. tr.* et *intr.* (XIIe s. : *Frayer, froier* au moyen âge ; lat. *fricare*, « frotter »).

I. *V. tr.* ‖ 1° Frotter* (Vx. au sens général).

— *Spécialt.* Vén. *Cerf qui fraye sa tête :* qui frotte son bois contre les arbres pour en faire tomber la peau (V. **Frayoir,** infra DÉR.).

— *Art vét.* Excorier par frottement. *Cheval frayé aux ars** (V. **Frayement,** infra DÉR.).

— Technol. *Frayer une monnaie,* la rogner* en imitant l'usure. *Frayer une lame,* la frotter à l'émeri pour effacer les raies laissées par la meule. Creuser une rainure près du dos de la lame d'un couteau pliant (V. **Fraye,** infra DÉR.).

‖ 2° (XIVe s.). Tracer* (un chemin) par le passage (étymologiqt., par le frottement des pieds au sol). *Frayer un sentier. Sentier frayé.* Par ext. *Route peu frayée,* peu fréquentée*.

1　« Au bout de quelque temps, ils quittèrent, sans s'en apercevoir, le sentier frayé dans lequel ils avaient marché jusqu'alors, et ils se trouvèrent dans un labyrinthe d'arbres, de lianes et de roches, qui n'avait plus d'issue. »　　　BERNARD. de ST-P., **Paul et Virginie,** p. 37.

2　« C'était, je crois, le soir de la Saint-Barthélemy. À travers les bois, par des routes peu frayées, son petit cheval volait comme au sabbat. »　　　　　　　NERVAL, **Filles du feu,** Sylvie, VII.

— *Par ext.* Ouvrir*, pratiquer* (un chemin) en écartant les obstacles. *Frayer la route à quelqu'un en marchant devant lui. Se frayer un chemin dans un bois, un fourré... à coups de hache, d'épée...* (Cf. Épouvante, cit. 3). *Se frayer un chemin dans la foule, à travers la foule, parmi la foule* (Cf. Applaudissement, cit. 8). *Jouer des coudes* (cit. 9), *bousculer les gens pour se frayer un passage. Il eut de la peine à se frayer un chemin* (cit. 8) *jusqu'à la sortie.*

3　« Comme les conquérants de l'Amérique, César était souvent obligé de se frayer une route la hache à la main, de jeter des ponts sur les marais ... »　　　　　　　　　MICHELET, **Hist. de France,** I, II.

4　« ...un homme encore jeune ... se frayait un passage parmi les banquettes, au travers des spectateurs, se dirigeant vers le passage de l'entrée ... »　　　　　　　GONCOURT, **Zemganno,** LXVII.

5　« Il fallait suivre René qui se dirigeait avec sûreté entre les pins et les arbrisseaux, écartant les branches pour lui frayer passage. »
　　　　　　　　　　　　CHARDONNE, **Dest. sentim.,** p. 388.

— Par ext. *Rivière, route... qui se fraye un chemin dans la nature* (Cf. Cœur, cit. 23).

6　« ...une fissure à peine visible, qui, partant du toit de la façade, se frayait une route en zigzag à travers le mur ... »
　　　　　　　BAUDEL., Traduc. E. POE, **Nouv. hist. extr.,** Chute de la Maison Usher.

— Par métaph. *Frayer la voie*, le chemin* à quelqu'un :* lever les obstacles, aplanir les difficultés en allant de l'avant, en donnant l'exemple. V. **Préparer, tracer.** *Chateaubriand a frayé la voie aux Romantiques* (V. **Devancier, pionnier, précurseur**). — Par ext. *Ce livre a frayé les voies de la psychologie moderne.*

7　« Elle (*la raison*) ne nous est donnée que pour nous frayer le chemin à la foi. »　　　MASS., Carême, Vérité de la relig.

8　« L'on a longtemps admis qu'il existait une critique préventive, créatrice ... propre à frayer les voies au drame et au poème, à les guider, à leur offrir un milieu favorable. »
　　　　　　　　　　　　PAULHAN, **Fleurs de Tarbes,** p. 51.

— *Se frayer le chemin :* se ménager un accès en triomphant des obstacles. *Se frayer le chemin à une dignité* (ACAD.). *Se frayer le chemin des honneurs.*

9　« ...avec quels aveugles tâtonnements, quelles incertitudes laborieuses, quelles anhélations pénibles la volonté du peintre se fraye sa route à travers les obstacles. »　　GAUTIER, **Portr. contemp.,** p. 297.

10　« La vérité qu'on met dans les mots ne se fraye pas son chemin directement, n'est pas douée d'une évidence irrésistible. »
　　　　　　　　　　　　PROUST, **Rech. t. p.,** t. IV, p. 18.

II. *V. intr.* ‖ 1° Pisc. (XIVe s.). Déposer ses œufs*, en parlant de la femelle du poisson qui frotte souvent son ventre contre le sable pour faciliter l'émission. V. **Aleviner.** *Par ext.* (XVIe s.). Féconder* ces œufs, en parlant du mâle. V. **Frai.** *Poisson qui remonte les cours d'eau pour frayer* (V. **Remonte**).

11　« Les poissons fraient et produisent avant que d'avoir pris le quart, ou même la huitième partie de leur accroissement ; »
　　　　　　　　BUFFON, **Hist. nat. anim.,** Le cerf, Œuv., t. II, p. 517.

‖ 2° Fig. (fin XVIIe s.). *Frayer avec quelqu'un, frayer ensemble :* avoir des relations amicales et suivies. V. **Fréquenter.** *Ces deux hommes ne frayent pas ensemble* (ACAD.). — REM. De nos jours, *frayer avec* a généralement une nuance péjorative ou condescendante. *Il ne veut pas frayer avec ces gens-là. Ne vous commettez pas en frayant avec eux.*

12　« Cette cabale (*de Meudon*) frayait avec celle des seigneurs. »
　　　　　　　　　　　　　　　　　ST-SIM., 238, 169.

13　« Elle allait croire qu'il frayait avec les gens du commun. »
　　　　　　　　　　　　　　　　　FLAUB., **Éduc. sentim.,** I, V.

14　« Du reste, il frayait peu avec ses collègues, qu'il honorait d'une considération relative mêlée d'une pointe de méfiance ; »
　　　　　　　　　　　　COURTELINE, **Train de 8 h. 47,** I, V.

15　« La rabbin me fait d'amères doléances sur la fierté des rivaux de la rue proche, qui ne veulent jamais consentir à contracter mariage, ni même à frayer avec ses paroissiens. »
　　　　　　　　　　　　LOTI, **L'Inde (sans les Anglais),** III, XII.

16　« Les deux fils du docteur Leenhardt étaient ceux avec qui je frayais le plus. »　　　　　　　GIDE, **Si le grain ne meurt,** I, IV, p. 109.

DÉR. — **Frai, fraie.** — **Fraye.** *n. f.* Petite rainure* au dos de la lame d'un couteau pliant. — **Frayement.** *n. m.* (XVIe s.). Inflammation cutanée, érythème* causé par le frottement chez les animaux. *Frayement aux ars, aux cuisses.* — **Frayère.** *n. f.* (XIXe s.). Lieu où les poissons frayent. *Frayère naturelle, artificielle.* — XIXe s. — **Frayoir.** *n. m.* (XIVe s.). Marque faite sur un arbre par un cerf qui fraye son bois. *Par ext.* Cet arbre lui-même.

2. FRAYER. *v. intr.* (XIIIe s. ; de *frais*, « dépense »). Vx. Faire des frais*, dépenser.

COMP. — **Défrayer.**

DER. — **Frayant, ante.** *adj.* (XVIIe s.). Qui cause des frais. V. **Coûteux.**

« L'un alléguait que l'héritage
Était frayant et rude ... »   LA FONT., **Fab.,** VI, 4.

FRAYEUR (frè-yeur). *n. f.* (*Freor* au XIIe s. devenu *frayeur* par croisement avec *effrayer* ; du lat. *fragor*, « bruit », puis « peur ». V. **Effrayer, effroi**). Peur violente. V. **Affolement, effroi, épouvante, peur** (Cf. Souleur (*vx.*). *Être saisi de frayeur à l'approche d'un danger* (Cf. Centurion, cit. 1), *d'un spectacle horrible* (Cf. Aspect, cit. 2). *La frayeur de la mort ; la frayeur d'avouer la vérité.* V. **Terreur.** *Trembler, balbutier, être blanc... de frayeur.* V. **Émotion.** *La frayeur s'empara de lui, le glaça* jusqu'aux os. Frayeur enfantine* (Cf. Écheveau, cit. 6) ; *frayeurs injustifiées* (Cf. Bannir, cit. 11), *instinctives. Calmer les frayeurs de quelqu'un.* V. **Appréhension, crainte.** *Vivre dans de continuelles frayeurs.* V. **Alarme, alerte, transe.** *Causer de la frayeur.* V. **Effrayer.** *Le voilà remis de sa frayeur* (Cf. Avoir, cit. 10). — Vx. *Faire frayeur :* faire peur. *La longueur de nos réponses fait frayeur* (Mme de SÉVIGNÉ).

1   « Et lors une frayeur va nos cœurs assaillant,
Le poil nous dresse au chef, et du front, goutte à goutte,
Jusqu'à bas des talons la sueur nous dégoutte. »
                                    RONSARD, **Prem. liv. des hymnes,** Les daimons.

2   « ... ah ! de frayeur je tremble. »   MOL., **Étourdi,** II, 7.

3   « La frayeur saisissait les hôtes de ces bois.
Tous fuyaient, tous tombaient au piège inévitable
Où les attendait le lion. »   LA FONT., **Fab.,** II, 19.

4   « Que ne peut la frayeur sur l'esprit des mortels ? »
                                    RAC., **Athalie,** II, 5.

5   « Je me moquai tant de sa frayeur, que M. Lambercier, ennuyé de mes vanteries, voulut mettre mon courage à l'épreuve. »
                                    ROUSS., **Émile,** II.

6   « Enfin, j'aime plus que je ne suis aimée ; j'ai peur de toute chose, j'ai les frayeurs les plus ridicules, j'ai peur d'être quittée, je tremble d'être vieille et laide quand Gaston sera toujours jeune et beau, je tremble de ne pas lui plaire assez ! »
                                    BALZ., **Mém. de deux j. mariées,** Œuv., t. I, p. 288.

7   « Une horrible frayeur la saisit et, sans savoir comment, à peu près comme si elle eût été jetée dans le noir par une force irrésistible, elle se rua vers l'escalier ; »   GREEN, **A. Mesurat,** I, XIV.

ANT. — **Calme* ; aplomb, assurance, sang-froid, sérénité.**

FREDAINE. *n. f.* (1420 ; orig. obscure). Écart de conduite sans gravité, que l'on regarde généralement avec indulgence. V. **Bambochade, bamboche, bamboula, caprice, équipée, escapade, folie, frasque, fugue, galanterie.** *Faire des fredaines* (Cf. Faire des siennes*). *Souffrir les fredaines d'un mari* (Cf. Fantaisie, cit. 28).

1   « Je voudrais bien savoir si vous-même n'avez pas été jeune, et n'avez pas, dans votre temps, fait des fredaines comme les autres. »
                                    MOL., **Scapin,** I, 4.

2   « Les fredaines qu'on fait ensemble rendent camarades. »
                                    GENLIS, **Théât. d'éduc.,** III, 5.

3   « Florian a raconté ses impressions d'enfance et ses premières aventures, ses fredaines de jeunesse, dans des pages rapides, écrites d'un ton enjoué, parfois assez leste, et qui sent même la garnison. »
                                    STE-BEUVE, **Caus. du lundi,** 30 déc. 1850, t. III, p. 229.

4   « Tu donnes dans cette manie des parents qui, cherchant une cause aux fredaines de leurs fils, la trouvent invariablement dans l'influence qu'exerce sur eux quelque mauvais garnement de leur connaissance et qui, le plus souvent, est étranger complètement à tous ces faits dont on leur attribue l'origine. »   FLAUB., **Corresp.,** 210, Rouen, 1847.

FREDON. *n. m.* (1546 ; orig. obscure). *Vx.* Son d'un instrument à cordes. *Les fredons d'une lyre.* — *Par ext.* Son d'un instrument de musique. — Variation vocale exécutée sur une note et consistant à remplacer la note unique par un groupe de notes de valeur moindre. V. **Roulade.** *Les fredons étaient des improvisations de chanteurs, ne figurant pas sur la partition, et généralement exécutées au refrain.*

« Les Espagnols ont une disposition de gorge admirable ; mais avec leurs fredons et leurs roulements, ils semblent dans leur chant disputer aux rossignols la facilité du gosier ... »   ST-ÉVREMOND (in LITTRÉ).

— *Par ext.* Refrain, chanson. *De joyeux fredons* (Cf. Amusette, cit. 2).

— Spécialt. *Vx.* Réunion de trois cartes semblables au jeu. *Fredon de rois.* V. **Brelan.**

DER. — **Fredonner*.**

FREDONNER. *v. intr.* et *tr.* (XVIe s. ; de *fredon*).

|| 1° Vx. — *V. intr.* Jouer d'un instrument à cordes. *Par ext.* Faire des fredons* en chantant.

|| 2° De nos jours. — *V. intr.* (XVIe, RAB.). Chanter* (un air) à mi-voix, à bouche fermée, négligemment. V. **Bourdonner, chantonner.** *Fredonner un air en marchant. Fredonner une chanson dont on ne connaît pas les paroles. Il fredonne sans cesse le même refrain* (Cf. Défiler, cit. 6). *Mélodie fredonnée.*

1   « Alors en fredonnant l'air qu'elle avait dansé, Mlle Navarre me demanda si je savais les paroles de cet air-là ? »
                                    MARMONTEL, **Mém.,** III.

2   « Tout le jour, où tu veux, tu mènes tes pieds nus,
Et fredonnes tout bas de vieux airs inconnus ; ».
                                    BAUDEL., **Les épaves,** Pièc. div., XX.

« *Carmen*, en ce moment, passionne le peuple sicilien, et on entend, du matin au soir, fredonner par les rues le fameux *Toréador.* »   MAUPASS., **Vie errante,** La Sicile.   3

— Par anal. *La bouilloire fredonne son refrain* (Cf. Évoquer, cit. 9).

— Absolt. *Travailler en fredonnant. Il fredonne, il sifflote à longueur de journée.*

« ...à chaque instant il (*Napoléon*) prend, quitte et reprend son travail ; il marche sans objet, demande l'heure, considère le temps : et, tout absorbé, il s'arrête, puis il fredonne d'un air préoccupé, et marche encore ... »   SÉGUR, **Hist. Napol.,** I, 1 (in LITTRÉ).   4

DER. — **Fredonnement.** *n. m.* (XVIe s.). Action de fredonner. — Chant à mi-voix et à bouche fermée.

« ...et ses gestes, et l'accent particulier de ses fredonnements ... »
                                    BALZ., **La vendetta,** Œuv., t. I, p. 884.

FRÉGATE. *n. f.* (XVIe s. in RAB. ; empr. de l'ital. *fregata*).

|| 1° Mar. Autrefois, Petit bâtiment à rames, généralement non ponté (Cf. RAB., IV, 22).

— Ancien bâtiment de guerre à trois mâts n'ayant qu'une seule batterie couverte, et ne portant pas plus de soixante canons. *Les frégates, bâtiments d'éclairage légers et rapides ont été remplacées par les croiseurs* (Cf. Amiral, cit. 2).

« Emporte-moi, wagon ! enlève-moi, frégate !   1
Loin ! loin ! ici la boue est faite de nos pleurs ! »
                                    BAUDEL., **Fl. du mal,** Spl. et id., LXII.

« Elle était comme une frégate qui vient de hisser toutes ses voiles,   2
et qui tombe dans le calme. »
                                    P. BENOIT, **Mlle de la Ferté,** V, p. 312.

« Quand tu marches », lui glissa Antoine à l'oreille, « tu ressembles   3
à une belle frégate qui prend la mer ... »
                                    MART. du G., **Thib.,** t. VI, p. 12.

— *Par métaph. :*

« La Norvège, navire de fer et de granit, gréé de pluie, de forêts   4
et de brumes, est mouillée dans le Nord entre la frégate d'Angleterre, les quais de l'Océan glacial, et la berge infinie de l'Orient qui semble sans limites. »   SUARÈS, **Trois hommes,** Ibsen, I.

— *Par ext. Frégate à vapeur* (XIXe s.). *Frégate cuirassée.*

— *De nos jours,* « Bâtiment d'escorte anti sous-marin conçu et réalisé en 1942 par la marine britannique » (GRUSS).

— *Capitaine de frégate.* V. **Capitaine.**

|| 2° Par anal. *Zool.* Oiseau pélécaniforme (sténagopode ou totipalme) dit *aigle* de mer*, palmipède des mers tropicales scientifiquement appelé *frégata, tachypetes*, type unique de la famille des frégatidés, aux grandes ailes fines (envergure 2 m. 30), à la queue profondément bifurquée, et au bec très long recourbé vers le bas.

« Quelquefois une frégate — grand oiseau mystérieux qui est toujours seul — traversait à une excessive hauteur les espaces de l'air,   5
filant droit avec ses ailes minces et sa queue en ciseaux ... »
                                    LOTI, **Mon frère Yves,** XCII.

FREIN. *n. m.* (Vers 1100 ; lat. *frenum*).

I. || 1° Pièce de harnais*, morceau de la bride* qui entre dans la bouche du cheval, et dont la pression sur les barres sert à le retenir, à le diriger. V. **Mors*** (Cf. Éperon, cit. 8). *Saisir un cheval au frein* (Cf. Arrêter, cit. 1). *Cheval qui mâche, ronge son frein.*

« Ils ne connaissent plus ni le frein ni la voix. »   1
                                    RAC., **Phèd.,** V, 6.

« Elle portait sans effort son double fardeau, couchant les oreilles   2
et rongeant son frein, comme une fière et ardente jument qu'elle était. »   SAND, **Mare au diable,** VI.

— *Fig.* En parlant d'une personne. *Ronger son frein :* faire effort pour ne rien manifester de son impatience, de sa colère, de son dépit...

« Au lieu de la perdrix et du lapereau que j'avais fait mettre à la   3
broche, on m'apporta un petit pain bis avec une cruche d'eau, et on me laissa ronger mon frein dans mon cachot. »
                                    LESAGE, **Gil Blas,** I, XII.

« Fidèle à ses résolutions, il avait, jusqu'ici, écouté en silence.   4
Mais il rongeait son frein. »   MART. du G., **Thib.,** t. VI, p. 202.

« Je trouve plus de plaisir à tirer le collier qu'à ronger mon frein. »   5
                                    ROMAINS, **Knock,** III, 4.

|| 2° *Fig.* Se dit de Ce qui ralentit, entrave, empêche (la progression, le développement de quelque chose). V. **Obstacle.** *La raison est le frein des passions.* V. **Digue.** *Une excessive modestie est un frein aux initiatives personnelles.* V. **Empêchement.** *Le frein de la loi, des bienséances, de la morale, de la religion... Ce décret est un frein au progrès social. Mettre un frein à ses désirs, à ses caprices ; aux exigences de quelqu'un* (Cf. Tenir la bride* à). *Mettre un frein à la hausse des prix.* V. **Arrêter, enrayer, freiner*.**

« Mais quand elles (*les passions*) sont bien modérées et guidées par   6
le frein de la raison, elles ne sont pas vicieuses ; au contraire, elles sont principes et matières de la vertu ; car de vouloir du tout, comme les Stoïciens, déraciner hors de l'homme les passions, cela est impossible. »   RONSARD, **Œuv. en prose,** Des vertus ...

« Celui qui met un frein à la fureur des flots. »   7
                                    RAC., **Athalie,** I, 1 (Cf. Complot, cit. 2).

8 « Quel frein pourrait d'un peuple arrêter la licence, »
ID., Iphig., IV, 4.

9 « Il cherchait des freins à la marche, extravagante, à son sens, de la politique napoléonienne ; »
MADELIN, Talleyrand, XXII.

10 « Les formes et les lois ne sont que les freins, mis aux passions d'un seul par l'intérêt de tous les autres. »
SUARÈS, Trois hommes, Ibsen, I.

— *Une imagination sans frein.* V. **Désordonné, effréné** (Cf. Essor, cit. 11). *Ambition sans frein d'un peuple* (Cf. Assimiler, cit. 9). V. **Limite.**

11 « Cette passion de douleur, sans frein, brisait les limites admises par la grave raison des âmes résignées. »
R. ROLLAND, Voyage intérieur, p. 113.

II. *Par anal.* ‖ 1° *Anat.* Organe qui sert à retenir. *Frein de la langue* (1753). *Frein du prépuce.* V. **Filet.**

‖ 2° *Technol.* Mécanisme qui sert à ralentir, à arrêter le mouvement d'une machine. *Le principe du frein est d'absorber par frottement qui se transforme en chaleur la puissance ou la force vive d'une machine. Freins à commande directe, indirecte. Freins mécaniques, hydrauliques ; à air comprimé, à vide, électriques... — Freins aux roues des véhicules. Freins avant, freins arrière. Bons freins, freins puissants. Serrer les freins, donner un coup de frein. Bloquer ses freins. Bruit de frein* (Cf. Conflit, cit. 2). *Frein de charrette.* V. **Sabot** (d'enrayage). *Freins de bicyclette :* freins mécaniques dont la commande est sur le guidon. *Poignée*, câble*, patin* d'un frein de bicyclette.* Autom. *Frein au pied. Freins mécaniques auto-serreurs :* la pédale* du frein actionne le câble* relié à une came qui écarte les segments et les fait frotter sur le tambour* de la roue (V. **Mâchoire, patin, segment**). *Garniture* de frein. Freins usés, desserrés, déréglés. Réglage des freins. Freins hydrauliques,* où la pression d'un liquide spécial sur les segments du frein joue le rôle du câble. *Frein à main :* frein mécanique de sûreté, servant à immobiliser la voiture. *Levier* de frein à main. Mettre le frein à main.* — Ch. de Fer. *Freins de train, continus à air comprimé.* — Aviat. *Frein de piqué :* frein aérodynamique qui limite la vitesse en piqué.

12 « ...le rapide de Nancy, lancé à toute vitesse, entrait, geignant sur ses freins. La machine hurla et fit halte, époumonée, soufflant des torrents de vapeur. »
COURTELINE, Train de 8 h. 47, II, II.

13 « La voiture descendait la rue Carnot et l'on entendit bientôt, dans le fracas des sabots du cheval sur le pavé, le grincement du frein que le cocher serrait, car la rue était en pente glissant. »
GREEN, A. Mesurat, I, VII.

14 « Neuf heures de chemin de fer dans de vieilles guimbardes de wagons qui s'arrêtent toutes les dix minutes, avec une secousse dont gémissent les freins, et les reins... »
COLETTE, Belles saisons, p. 163.

15 « Il y eut un brusque coup de frein et l'autobus s'arrêta. »
SARTRE, Âge de raison, XV, p. 254.

— *Frein hydropneumatique d'un canon :* dispositif servant à limiter le recul du canon et à le ramener à sa position initiale.

— *Par ext.* Autom. *Frein moteur :* action du moteur qui ralentit l'allure du véhicule chaque fois qu'on lâche la pédale d'accélérateur. *L'action du frein moteur est d'autant plus énergique que la vitesse engagée est plus basse.*

‖ 3° *Par anal.* Appareil servant à mesurer, par frottement, la puissance des moteurs thermiques.

ANT. — Aiguillon, animateur. Accélérateur.

DER. — Freiner (Cf. du lat. *frenum,* Effréner).

COMP. — Garde-freins. Serre-freins. Servo-frein.

FREINER. *v. intr.* et *tr.* (fin XIXᵉ s. ; de *frein.* — REM. On trouve du XIIᵉ au XVIᵉ s. un v. *frener,* du lat. *frenare*).

‖ 1° V. *intr.* Ralentir, arrêter la marche d'une machine au moyen d'un frein (Cf. Embrayer, cit.). *Freiner dans une descente, un virage... Automobiliste qui freine pour s'arrêter au feu rouge, pour éviter un obstacle. Il n'eut pas le temps de freiner. Freiner brusquement, brutalement. Déraper* en freinant.* Par ext. *Voiture qui freine bien,* qui a de bons freins.

1 « Il avait, presque sans ralentir, jeté la voiture dans un chemin de traverse. Ils roulèrent encore un moment puis il freina brusquement et rangea l'auto au bout du chemin... »
SARTRE, Mort dans l'âme, p. 157.

— *Par anal. Cycliste qui freine avec son pied* (en frottant la roue, le sol...).

2 « Rroû freine des ongles en pleine course, patine sur le dallage du vestibule, les pattes fauchées et le ventre glissant. »
GENEVOIX, Rroû, I, XI.

‖ 2° V. *tr. Fig.* Mettre un frein, faire obstacle à... V. **Contrarier, diminuer, modérer, ralentir*...** (— REM. Cet emploi n'est pas enregistré dans ACAD. 8ᵉ éd.). *Freiner les dépenses, les abus... Freiner une évolution* (cit. 10). *Freiner ses instincts, ses désirs, ses sentiments...* V. **Brider, refréner.** *Cette malheureuse expérience a freiné ses ardeurs.*

3 « Ce qui freinait la joie des convives, c'était, déléguée par la famille, cette statue de la douleur qui présidait la table, Mme Agathe. »
MAURIAC, Galigaï, XVIII, p. 143.

---

4 « Au fond des prisons. le rêve est sans limites, la réalité ne freine rien. L'intelligence dans les chaînes perd en lucidité ce qu'elle gagne en fureur. »
CAMUS, Homme révolté, p. 54.

ANT. — Accélérer, aiguillonner, encourager, entraîner.

COMP. — V. R.fréner.

DER. — Freinage. *n. m.* (fin XIXᵉ s.). Action de freiner, résultat de cette action. *Puissance de freinage d'un véhicule. Freinage insuffisant. Épreuve de démarrage-freinage dans un rallye d'automobiles. — Système de freins. Freinage au pied. Freinage électrique... Freinage intégral :* qui agit sur toutes les roues simultanément.

FREINTE. *n. f.* (1372 ; var. *frainte,* de l'anc. fr. *fraindre,* « briser », du lat. *frangere*). *Techn.* Déchet du coton brut après sa transformation en fil. — Perte de volume ou de poids subie par certaines marchandises pendant la fabrication ou le transport. *Freinte de raffinage ; freinte de route.*

FRELATER. *v. tr.* (1525, *fralater ;* du néerl. *verlaten,* « transvaser » (du vin) ; sens mod. au XVIIᵉ s.). Altérer* la pureté d'une substance en y mêlant une substance étrangère. *Frelater du vin, de l'alcool, des médicaments* (V. **Adultérer, dénaturer, falsifier, sophistiquer, trafiquer**). — *Fig.* :

1 « Ne laissez point ainsi frelater votre cœur et donnez-le-moi tel qu'il est. »
VOLT., Lett., À Thiriot, 574, 12 fév. 1739.

‖ **FRELATÉ, ÉE,** adj. *Boisson frelatée. Aliments, produits frelatés.*

2 « Avons-nous... le goût si horriblement blasé et faussé que nous ne prenions goût et ne soyons sensibles qu'aux vins frelatés, mêlés d'alcool, et aux épices les plus irritantes ? »
GAUTIER, Souvenirs de théâtre..., p. 31.

3 « L'homme du peuple attend son tour d'accéder au cocktail et d'absorber son content de whisky frelaté. »
DUHAM., Scènes de la vie future, V.

— Fig. *Sentiments frelatés :* dépouillés de leur pureté, de leur sincérité originelle.

4 « ...la vie frelatée de Paris n'approche assurément pas de la vie pure, tranquille, et doucement occupée, qu'on mène à la campagne : »
VOLT., Lett. à d'Argental, 1717, 27 avr. 1760.

5 « ...j'ai passionnément désiré la gloire ; mais il m'apparut vite que le succès, tel qu'il est offert d'ordinaire. n'en est qu'une imitation frelatée. »
GIDE, Si le grain ne meurt, p. 250.

6 « (*Un*) écrivain à succès est revenu dans la chambre d'hôtel, pauvre et laide, où il a barbouillé son premier roman, l'*Espoir.* Pour le reprendre, et pour l'achever, avec un art assoupli, du métier, du brillant... Du faux brillant. Il s'aperçoit qu'en ce temps il était sincère. Il s'approchait de l'autel de l'art, *introïbo ad altare,* d'un cœur fervent et pur. Maintenant, il flatte le public ; il trouve des mots, des images, des colifichets verbaux, tant qu'il veut. Il n'a plus la foi. Il est un homme d'artifices, et son succès est frelaté. »
R. KEMP, in Le Monde, 3 fév. 1956.

DER. — Frelatage. *n. m.* (1684). Action de frelater.

« ...il n'y a plus maintenant de vrai plain-chant dans les églises ; ce sont, ainsi que pour les produits de la thérapeutique, des frelatages plus ou moins audacieux qu'on vous présente. »
HUYSMANS, En route, p. 113.

FRÊLE. adj. (*Fraile* au XIᵉ s. ; lat. *fragilis.* V. **Fragile**). Dont l'aspect donne une impression de fragilité*. V. **Fragile.** « *Un frêle tournesol* » (ROUSSEAU). *De frêles brindilles, un frêle rameau d'osier. Cordelette mince et frêle* (Cf. Fil, cit. 15). *Une colonne frêle et élancée* (Cf. Faisceau, cit. 7). *La dentelure frêle d'une rosace gothique, d'une arcature* flamboyante* (Cf. Façade, cit. 3). *Des « mousselines frêles »* (Cf. Frissonnant, cit. 1). *Un frêle esquif* (cit. 1).

1 « Soyez comme l'oiseau, posé pour un instant
Sur des rameaux trop frêles,
Qui sent ployer la branche et qui chante pourtant,
Sachant qu'il a des ailes ! »
HUGO, Chants du crépuscule, XXXIII. VI.

2 « Frêle machine aux reins puissants,
Fais-moi bondir, ... »
BANVILLE (Cf. Bondir, cit. 4).

3 « Si je desire une eau d'Europe, c'est la flache
Noire et froide où vers le crépuscule embaumé
Un enfant accroupi plein de tristesses, lâche
Un bateau frêle comme un papillon de mai. »
RIMBAUD, Poés., Bateau ivre.

4 « Quant à la troisième (*statue*), elle s'étire en un frêle fuseau, s'émince en un gracile cierge... »
HUYSMANS, La cathédrale, p. 184.

5 « ...comme si sa frêle carcasse (*de l'enfant malade*) pliait sous le vent furieux de la peste et craquait sous les souffles répétés de la fièvre. »
CAMUS, La peste, p. 234.

— *Par ext.* Qui semble manquer de ressources vitales, de force. V. **Délicat, fragile.** *Frêles bourgeons* (cit. 2). *Corps frêle* (Cf. Fiévreux, cit. 3). *Cou, bras* (cit. 3), *épaules, mains frêles ; frêle ossature.* V. **Fluet, menu, mince.** *Enfant. frêle.* V. **Débile, malingre.** *Une femme frêle et maladive. Une frêle créature* (Cf. Calamiteux, cit. 1). *Une vieille femme décharnée, ratatinée, et frêle comme un enfant. Apparence frêle alliée à une réelle robustesse.*

6 « Certes, la Providence et la société avaient été également injustes, un tel luxe de malheur et de torture n'était pas nécessaire pour briser une si frêle créature. »
HUGO, N.-D. de Paris, VIII, IV.

7 « Peut-être y avait-il, entre cette femme frêle et souffreteuse et cet homme dormeur et bien mangeant, absence de toute sympathie. »
SAND, Indiana, I. 1.

8 « ...Isabelle prit la main de Sigognac qu'elle serra avec plus de force qu'on n'aurait pu en supposer à ces doigts frêles et délicats... »
GAUTIER, **Capitaine Fracasse**, X.

9 « Madame Anna Thillon est une fleur, une fantaisie, un rêve, quelque chose de charmant et frêle que la lumière irritante de la rampe et le gros souffle du public n'osent toucher de peur qu'elle ne se déflore ou s'évanouisse. » GAUTIER, **Portraits contemporains**, p. 409.

10 « Elle va la tête haute, contrairement à tous les autres passants. Si frêle qu'elle se pose à peine en marchant. »
BRETON, **Nadja**, p. 78.

— *Fig.* Périssable, sans lendemain. *Le frêle éclat de la jeunesse* (V. **Fugitif, passager**). « *La beauté* (cit. 24) *du visage est un frêle ornement* ». — Sans force, sans pouvoir. « *Frêles appas* » (CORNEILLE). — Facile à ruiner. « *Frêles avantages* » (RAC.). *De frêles espérances, de frêles illusions* (Cf. *aussi* Apprivoiser, cit. 23 ; arbre, cit. 10 ; fil, cit. 16). — Qui manque d'intensité. V. **Ténu**. « *Le frêle cliquetis des cuivres* » (HUYSMANS). *Voix frêle. Couleur, teinte frêle. Ecrivain frêle :* sans puissance, sans souffle, mièvre (Cf. Abondant, cit. 7).

11 « Ô le frêle et frais murmure ! »
VERLAINE, **Romances sans paroles**, Ariettes oubliées, I.

12 « ...une voix frêle de vieillard, une voix revenue au cristal de l'enfance, mais avec en plus quelque chose de doucement fêlé... » HUYSMANS, **La cathédrale**, p. 203.

13 « Toute feuille me présente
Une source complaisante
Où le bois ce frêle bruit... » VALÉRY, **Poés.**, Charmes, Aurore.

ANT. — **Fort, robuste, solide, vigoureux ; gros.**

FRELON. *n. m.* (XVIᵉ s. ; du bas lat. *furlone*). Insecte hyménoptère (*Vespidés*), scientifiquement appelé *vespa crabro**, sorte de grosse guêpe* rousse et jaune à corselet noir, qui construit dans les arbres creux ou les trous de mur un nid à peu près sphérique. *Bourdonnement du frelon. Essaim de frelons. Les frelons se nourrissent de matières sucrées ; ils pillent le miel des abeilles et endommagent les fruits mûrs dans les vergers. Une douloureuse piqûre de frelon.*

1 « Comme on voit les frelons, troupe lâche et stérile.
Aller piller le miel que l'abeille distille ? » BOIL., **Sat.**, I.

2 « La rose, vierge encor, se referme jalouse
Sur le frelon nacré qu'elle enivre en mourant. »
MUSS., **Poés. nouv.**, Nuit de mai.

3 « Tu t'agites trop, tu ressembles à un frelon dans une bouteille. »
BERNANOS, **Journ. curé de camp.**, p. 106.

4 « Il faisait très chaud, il y avait un gros frelon qui se heurtait au plafond, et tombait brusquement... » ARAGON, **Les beaux quartiers**, I, XXI.

— *Fig.* Personne incapable et envieuse qui dénigre les travaux d'autrui et, souvent, cherche à en tirer profit. *Il n'y a pas loin d'un frelon à un plagiaire*.*

5 « Combien d'abeilles qui respectent leur chef, et qui se maintiennent avec tant de règle et d'industrie ! Combien de frelons, vagabonds et fainéants, qui cherchent à s'établir aux dépens des abeilles ! » LA ROCHEFOUCAULD, **Réflex. div.**, 11.

6 « Certes, c'est une vieille et vilaine famille
Que celle des frelons et des imitateurs ;
Allumeurs de quinquets, qui voudraient être acteurs.
Aristophane en rit, Horace les étrille ; » MUSS., **Prem. poés.**, Après une lecture.

FRELUCHE. *n. f.* (*Freluque* au XVᵉ s. ; étym. obscure. Cf. Franfreluche). Petite houppe de soie, de laine pendant à l'extrémité d'un bouton, d'un gland, d'une ganse... *Gland à freluche.*

— *Par ext.* (Vx.) Frivolité, chose de peu d'importance. V. **Fanfreluche.**

FRELUQUET. *n. m.* (XVIᵉ s., dimin. de *freluque*, « menue monnaie », altér. de l'anc. fr. *ferlin, frelin* (XIIᵉ-XVIᵉ s.), « monnaie valant le quart d'un denier ». Cf. Fifrelin ; sens mod. XVIIᵉ s. SÉV.).

|| **1°** Se dit, avec une nuance péjorative, d'un homme frivole* et prétentieux (Cf. Béjaune, cit. 3 ; commis, cit. 3). *Freluquet qui apporte à sa toilette une coquetterie féminine.* V. **Dameret** (Cf. Attifer, cit. 6). *Jeune freluquet qui fait le joli cœur auprès des dames.* V. **Damoiseau, godelureau.**

1 « ...votre petit freluquet de Monsieur d'Aleth... »
SÉV., 839, 7 août 1680.

2 « Je sais que Léonor aime un certain Valère, un fat, un freluquet, qui n'a l'heur de lui plaire que par son air pincé... »
REGNARD, Le bal, 12.

3 « Mais je ne veux pas être malheureux dans mon intérieur, et dans dix ans y voir un jeune freluquet, comme Julliard, tournant autour de ma femme, et lui adressant des billets dans le journal. »
BALZ., **Pierrette**, Œuv., t. III, p. 737.

4 « On ne peut... déguiser plus complètement en héros le dangereux et brouillon freluquet que fut dans la réalité Cinq-Mars. »
HENRIOT, **Portr. de fem.**, p. 45.

|| **2°** *Techn.* (T. de Tissage). Léger contrepoids qui tend les fils de chaîne.

FRÉMIR. *v. intr.* (XIIᵉ s. ; d'un lat. pop. *fremire*, lat. class. *fremere*, « gronder, faire du bruit », anc. prov. *fremir*).

|| **1°** *Vx.* Gronder, retentir (Cf. Airain, cit. 3).

1 « ...dans les combats, ils (*les phoques*) rugissent et frémissent comme le lion... » BUFF., **Hist. nat. anim.**, Les phoques, addit. à l'article... Œuv., t. III.

— S'agiter bruyamment, en parlant d'une foule affairée, émue ou irritée (Cf. Caisse, cit. 2 ; faubourg, cit. 2).

|| **2°** Être agité d'un faible mouvement d'oscillation ou de vibration qui produit un son léger, confus... *Les peupliers frémissent au vent.* V. **Bruire, frissonner** (Cf. Étourdissement, cit. 2). *Le vent frémit dans le feuillage* (ACAD.). *La mer frémit* (Cf. Chatouiller, cit. 9). *L'eau frémit avant de bouillir*.* V. **Frissonner.** *L'air frémit avant l'orage. La cloche frémit longtemps encore après avoir sonné. Les cordes du violoncelle frémissent sous l'archet.* V. **Vibrer.** *Les vitres frémissent au passage des lourds camions. Le parquet frémit sous ses pas pesants.* V. **Trembler** (Cf. *aussi* Écouter, cit. 29).

2 « ...j'entends le grand tulipier, qui est sous ma fenêtre, frémir au vent. » FLAUB., **Corresp.**, 112, 4 août 1846.

3 « Le violon frémit comme un cœur qu'on afflige. »
BAUDEL., **Fl. du mal**, Spl. et id., XLVII.

4 « Déjà, nous écoutions frémir l'eau dans la panse du samovar. »
COLETTE, **Prisons et paradis**, p. 150.

5 « L'express de 22 heures passa, et toute la vieille maison tressaillit : les planchers frémirent... » MAURIAC, **Génitrix**, I.

— *Par ext.* S'agiter très légèrement sans bruit perceptible. *Drapeau, guirlande, rideau, voile qui frémissent à la brise.*

6 « Et rougit quand son front sent frémir vos cheveux
Dont la brise lascive éparpille une tresse ? »
BAUDEL., **Prem. poèm.**, Sonnet cavalier.

|| **3°** *En parlant d'êtres animés.* Être agité d'un tremblement causé par le froid, la peur, la surprise, une émotion (Cf. Effroyable, cit. 2). *Frémir de la tête aux pieds* (Cf. Casser, cit. 16).

— *Frémir à la vue d'un ennemi* (Cf. Coutume, cit. 3), *d'un spectacle affreux** (Cf. Aspect, cit. 6 ; fanatisme, cit. 1). *Ils frémirent en entendant ce cri* (cit. 7). *Sa main, sa voix frémit. Sein qui frémit.* V. **Palpiter.**

7 « Vous qu'on voyait frémir au seul nom d'Andromaque ? »
RAC., Andromaque, IV, 2.

8 « Jamais les deux amants ne s'entendirent mieux qu'en ce moment ; et plus d'une fois ils sentirent le bout de leurs doigts frémir et trembler lorsque les lois de la contredanse les mariaient. »
BALZ., **Bal de Sceaux**, Œuv., t. I, p 111.

9 « Blême et les poings crispés, il frémissait comme une harpe dont les cordes vont éclater. » FLAUB., **Salammbô**, XI.

10 « ...une voix puissante, grave et qui, soudain, s'était prise à frémir. » DUHAM., **Pasq.**, VIII, III.

11 « Le froid le tira de cette hébétude douce. Il frémit tout entier et ses dents claquèrent... » MAURIAC, **Génitrix**, XVIII.

12 « Il frémit, haletant d'effroi, et se mit à hurler. »
GREEN, **Léviathan**, I, V.

— *Spécialt.* En parlant d'une personne malade, Être secoué d'un tremblement convulsif (Cf. Brûler, cit. 39). V. **Frémissement.**

— *Fig.* Ressentir une vive agitation morale. *Frémir de colère, de crainte, d'épouvante, de honte, d'indignation, de joie, de peur de plaisir, de terreur.* V. **Frémissant.**

13 « Tu frémiras d'horreur si je romps le silence. »
RAC., Phèdre, I, 3.

14 « Si je te touche seulement du bout des doigts, tout mon corps frémit de plaisir. » BERNARD. de ST-P., **Paul et Virginie**, p. 60.

15 « ...un courant de haute tension, qui la faisait osciller (*la foule*) au commandement de l'orateur, frémir de fraternité ou de colère, d'indignation ou d'espoir, frémir comme une harpe au vent. »
MART. du G., **Thib.**, t. VII, p. 56.

— **FRÉMIR DE,** suivi de l'infinitif.

16 « Je frémirais de porter la main sur tes chastes attraits... »
ROUSS., **Julie**, I, V.

DER. — **Frémissant, frémissement.**

FRÉMISSANT, ANTE. *adj.* (1480 ; de *frémir*). Qui frémit. — Qui s'agite bruyamment. *Essaim frémissant. Foule frémissante.* — *Fig.* Par méton. *Salle frémissante d'enthousiasme. Sous-bois frémissant d'insectes.*

— Qui est animé d'un faible mouvement rendant un son très léger. *Ailes* (cit. 7 et 11) *frémissantes. Écume frémissante des vagues. Feuillage frémissant.*

1 « Sur les larges gazons, la lune versait une molle clarté comme une poussière de ouate ; elle pénétrait les feuillages, faisait couler sa lumière sur l'écorce argentée des peupliers, criblait de sa pluie brillante les sommets frémissants des grands arbres. »
MAUPASS., **Femme de Paul**, p. 29.

— Qui est animé d'un léger tremblement. *Crête frémis-*

sante du coq. Naseaux frémissants. Chiens à l'échine frémissante (Cf. Curée, cit. 3). *Corps frémissant de fièvre. Tout frémissant d'horreur, de rage. Épaules nues et frémissantes. Femme frémissante de désir, de plaisir. Lèvres, narines frémissantes. Voix frémissante* (Cf. Auditoire, cit. 8).

2 « Sa voix, son regard, tout son corps, étaient plus frémissants que les flammes irrésistibles qui commençaient d'embraser de toutes parts la ville prise. » BARRÈS, **Jardin sur l'Oronte**, p. 220.

3 « Elle était auprès de lui toute frémissante, comme une hirondelle un instant posée au sol et qui déjà tremble du désir de reprendre son vol. » ALAIN-FOURNIER, **Grand Meaulnes**, p. 105.

4 « Soyez remercié, mon corps,
D'être ferme, rapide, et frémissant encor
Au toucher des vents prompts et des brises profondes. »
VERHAEREN, **La joie**, La multiple splendeur.

5 « L'enveloppe se plie, se recourbe, se cache presque dans le creux frémissant de la main. » ROMAINS, **H. de b. vol.**, t. IV, XVII, p. 186.

— Fig. *Cœur frémissant d'émoi, d'espoir. Lumière frémissante* (Cf. Aube, cit. 6) : qui paraît trembler.

— Par ext. *Ardeur, passion frémissante :* très vive. *Jeunesse frémissante,* animée de désirs. *Sensibilité frémissante* (Cf. Exquisement, cit. 1).

6 « ...un je ne sais quoi de frémissant qui trahissait une sensibilité restée vive et neuve. » BOURGET, **Un divorce**, I.

FRÉMISSEMENT. n. m. (XIIe s. ; de *frémir,* sous la forme longue du radical, *frém-iss,* et suff. *-ment*).

|| 1o *Vx.* Toute agitation violente et bruyante.

1 « D'un ciment éternel ton Église est bâtie,
Et jamais de l'enfer les noirs frémissements
N'en sauraient ébranler les fermes fondements. »
BOIL., **Lutrin**, VI.

2 « Souvent, paraît-il, il suffit d'un grand bruit, d'un frémissement sonore de l'air, pour éloigner les sauterelles, les empêcher de descendre. » DAUD., **Lett. de mon moulin**, Les sauterelles.

|| 2o Faible mouvement d'oscillation ou de vibration* qui rend un léger bruit. *Frémissement des roseaux, du feuillage.* V. **Bruissement** (Cf. Cité, cit. 8). *Frémissement de la mer, d'une source entre les pierres* (V. **Murmure.** — Cf. Exciter, cit. 16), *d'un liquide près de bouillir*. Frémissements d'ailes dans les buissons* (V. **Battement**). Cf. Courlis, cit. 2. *Le long frémissement des cordes de guitare.*

3 « Les vents agitent l'air d'heureux frémissements, » RAC., **Iphig.**, V, 6.

4 « Chaque frémissement de l'airain (*des cloches*) portait à mon âme naïve... la délectable mélancolie des souvenirs de la première enfance ! » CHATEAUB., **René**, p. 176.

5 « ...le seul bruit qu'on entendit, c'était un frémissement argentin des grelots au cou de notre mule et le grincement de nos essieux. » GAUTIER, **Voyage en Espagne**, p. 129.

— En parlant de choses qui semblent animées d'une vie secrète. *Frémissement d'une maison* (Cf. Écarter, cit. 12), *d'une rue.*

— Par ext. Mouvement très faible qui parcourt un être vivant.

6 « ...le frémissement que je sentis courir dans les muscles de son puissant corps, touchant alors contre mon bras dans le rapprochement de la voiture... » BARBEY d'AUREVILLY, **Les diaboliques**, Rideau cramoisi.

7 « Aux instants d'immobilité, le corps de la danseuse reste encore agité d'un frémissement à quoi l'on sait que le rythme intérieur ne l'a pas un instant abandonné. » MIOMANDRE, **Danse**, p. 40.

8 « Les oreilles du pékinois, paresseusement échoué sur le tapis, eurent un faible frémissement. » MART. du G., **Thib.**, t. VI, p. 9.

— Fig. :

9 « Le soir, je distingue, dans la plaine noire... un frémissement d'étincelles sur d'invisibles coteaux... » CHARDONNE, **Amour du prochain**, p. 68.

|| 3o Tremblement léger ou même imperceptible, causé par une vive émotion (Cf. Abandonner, cit. 29 ; céder, cit. 27). *Frémissement qui court* (cit. 33) *sous la peau* (Cf. Chair, cit. 12). *Frémissement des lèvres, de la main. Un frémissement de colère, de crainte, de douleur, d'horreur, de plaisir, de rage. Un secret frémissement,* qu'on essaie de maîtriser, de dissimuler.

10 « Rien ne me touche, rien ne m'émeut ; — je ne sens plus, à entendre le récit des actions héroïques, ces sublimes frémissements qui me couraient autrefois de la tête aux pieds. » GAUTIER, **Mlle de Maupin**, VIII.

11 « Le style de M. de Chateaubriand me fait éprouver une espèce de frémissement d'amour : il joue du clavecin sur toutes mes fibres. » STE-BEUVE, **Chateaub.**, t. I, p. 174.

12 « Pas un cri, pas une parole, le même frémissement fronçait tous les sourcils. » HUGO, **Misér.**, II, II, III.

13 « La douceur de cette voix émut la jeune femme, lui fit passer dans la chair un frémissement rapide... » MAUPASS., **Bel-ami**, II, I.

14 « ...il se tenait bien droit et tranquille ; mais un frémissement intérieur ne cessait de le parcourir, une petite danse de tous les nerfs qui lui courait jusqu'au bout des doigts. » GENEVOIX, **Raboliot**, II, II, p. 81.

— Agitation qui se propage dans une foule sous l'effet d'une émotion partagée (Cf. Courir, cit. 33).

15 « Mademoiselle Fanny Elssler tient dans ses blanches mains le sceptre d'or de la beauté ; elle n'a qu'à paraître pour produire dans la salle un frémissement passionné plus flatteur que tous les applaudissements du monde ; » GAUTIER, **Souvenirs de théâtre...**, p. 51.

16 « Louis XIV, chef national s'il en fût, sentait mieux que quiconque ce frémissement de toute la nation, cet élan impétueux vers la richesse et vers la gloire. » L. BERTRAND, **Louis XIV**, III, I.

— Fig. :

17 « ...ils dépouillaient les dialogues de leur balbutiement et de leur frémissement pathétiques... » GIDE, **Dostoïevsky**, Frères Karamazov.

18 « Il n'y a là ni frémissements subtils, ni raffinements psychologiques, ni recherche de style, ni inquiétudes exquises ; » MAUROIS, **Études littér.**, Mart. du G., I.

|| 4o *Méd.* Léger tremblement localisé ou généralisé qui précède ou accompagne une indisposition. V. **Frisson, frissonnement.** *Frémissement cataire*, fébrile, hydatique*.*

FRÊNE. n. m. (*Fraisne,* puis *fresne* au XIIe s. ; du lat. *fraxinus*). Plante dicotylédone (*Oléinées* ou *Oléacées*), scientifiquement appelée « fraxinus » qui a donné son nom à la tribu des fraxinées, arbre commun dans les régions tempérées. *Bois de frêne* (V. **Frênaie**) ; *feuilles de frêne. Amadouvier* (V. **Amadou***), *champignon du frêne. L'hylésine*, insecte nuisible au frêne. Le « fraxinus excelsior », variété de frêne très répandue, de taille très élevée, fournit un bois blanc, très dur et sans nœud utilisé pour le charronnage, l'ébénisterie, la menuiserie et le chauffage.*

« Çà et là un frêne immense s'élançait de la terre et jetait, par-dessus les plus hautes cimes du bois, son léger feuillage. » BOSCO, **Jard. d'Hyacinthe**, p. 204.

— *Le « frêne à fleurs », scientifiquement appelé* fraxinus ornus (V. **Orne**), *produit par exsudation un suc, la manne, substance purgative employée en médecine.*

DER. — **Frênaie.** n. f. (*Fragnée* en 1280). Terrain planté de frênes.

FRÉNÉSIE. n. f. (XIIIe s. ; lat. médic. *phrenesia,* du lat. *phrenesis ;* rac. gr. *phrên,* « esprit »).

|| 1o *Vx. Méd.* (jusqu'au XVIIIe s.). « Nom donné autrefois au délire violent provoqué par une affection cérébrale aiguë » (GARNIER).

1 « En France, le malheureux Charles VI, tombé en frénésie, avait le nom de roi... » VOLT., **Mœurs**, LXXII.

|| 2o *Par ext.* (dès le XVIe s.). État plus ou moins durable d'agitation fébrile, d'égarement, d'exaltation violente qui met hors de soi celui qui l'éprouve. V. **Fièvre, folie.**

2 « Mon fils, la Poésie
Est un mal de cerveau qu'on nomme frénésie,
Ta tête en est malade, il te la faut guérir,
Autrement tu serais en danger de mourir. »
RONSARD, **Le bocage royal**, II.

3 « Me revoilà, ma belle petite sœur... ravi de me voir en repos aux Rochers, et hors de la frénésie des états... » Ch. de SÉV., **1236**, 20 nov. 1689.

4 « ...ce que j'avais pu saisir au vol de cette conversation prodigieuse, de cet esprit rapide et brillant, qui rayonnait de tous sens et s'échappait en continuels éclairs, m'avait jeté dans une sorte d'enivrement fiévreux, dont je ne pouvais revenir. Je ne voyais que Rivarol : c'était une vraie frénésie qui m'ôtait jusqu'au sommeil. » STE-BEUVE, **Chateaub.**, t. II, p. 127.

5 « ...tantôt, il rentre péniblement dans la danse, puis ressaisi peu à peu par le rythme endiablé, il repart de plus belle, bondit, se disloque, se tord, s'avance vers les musiciens qui, sentant sa frénésie, tendent vers lui les bras et entrechoquent leurs cymbales avec une furie décuplée. » J. et J. THARAUD, **Rabat**, IV.

6 « Il y a bien de la folie dans la frénésie de nos jeunes compagnons qui se mêlent d'affaires. » MAURIAC, **Le jeune homme**, p. 23.

— Degré extrême d'un sentiment, d'une passion (V. **Ardeur, débordement, déchaînement, fureur, furie, violence.** *Aimer avec frénésie* (Cf. Délire, cit. 8). *S'adonner, se livrer au jeu avec frénésie. Applaudir avec frénésie.* V. **Enthousiasme ; frénétiquement.**

7 « Le moyen que je prends, pour rabattre cette frénésie (*l'attaque contre la religion*), et qui me semble le plus propre, c'est de froisser et fouler aux pieds l'orgueil et l'humaine fierté... » MONTAIGNE, II, 150.

8 « Non, non, de cette sombre et lâche jalousie
Rien ne peut excuser l'étrange frénésie ; »
MOL., **D. Garc.**, I, 1.

9 « *Macbeth,* qu'on jouait alors, lui inspirait une véritable frénésie d'admiration... » GAUTIER, **Portr. contempor.**, p. 156.

10 « En Provence, la jalousie est moins fréquente, parce que la passion amoureuse physique y atteint un rare degré de frénésie. » L. DAUD., **La femme et l'amour**, I.

— Intensité, violence en parlant de sons, de couleurs (Cf. Couleur, cit. 22).

11 « Une plus haute clameur, une frénésie des tams-tams et des musettes ; la barque est partie... » LOTI, **L'Inde (sans les Anglais)**, VIII.

ANT. — Calme, douceur, flegme, lenteur, mesure, modération, placidité, pondération, tranquillité.

DER. — **Frénétique.**

FRÉNÉTIQUE. *adj.* (XIIᵉ s. ; lat. *phreneticus.* V. **Frénésie**).

‖ **1°** (sens médic. anc.). Qui est atteint de frénésie*. V. **Dément, fou, furieux,** et, *par ext.,* **Agité, exalté.** *Des êtres frénétiques* (Cf. Amorphe, cit.). — Substantivt. *Les pires passions des frénétiques* (Cf. Asile, cit. 23).

1 « Les frénétiques sont si fous que le plus souvent ils se traitent de fous les uns les autres... » FONTEN., **Jugement de Pluton.**

2 « Quand quelqu'un me vante une femme aimable, et l'amour qu'il a pour elle, je crois voir un frénétique qui me fait l'éloge d'une vipère, qui me dit qu'elle est charmante, et qu'il a le bonheur d'en être mordu. » MARIV., **La surprise de l'amour,** I, 2.

‖ **2°** Qui marque de la frénésie, est poussé jusqu'à la frénésie.

— En parlant de passions, de sentiments violents ou de leur expression. V. **Violent.** *Amour, passion frénétique.* V. **Ardent, débordant, déchaîné, effréné, passionné.** *Colère, rage frénétique. Rires frénétiques* (Cf. Faim, cit. 4). *Gestes frénétiques* (Cf. Exaspérer, cit. 15). — *Applaudissements* (cit. 5) *frénétiques.* V. **Enthousiaste.**

3 « La passion frénétique de l'art est un chancre qui dévore le reste ; » BAUDEL., **L'art romantique,** L'école païenne.

— (Associé à une idée de mouvement). Qui a une rapidité, une vivacité exceptionnelle. V. **Endiablé, vif.** *Danse, musique, rythme frénétique.*

DER. — **Frénétiquement.** *adv.* (XIXᵉ s.). D'une manière frénétique. *Applaudir frénétiquement.*

FRÉQUENCE. *n. f.* (XIIᵉ s. ; empr. au lat. *frequentia,* « affluence, foule », et *par ext.* « abondance, fréquence »).

‖ **1°** *Vx.* Affluence, foule ; grande assemblée. — REM. Cette acception était encore en usage à la fin du XVIIᵉ s. FURETIÈRE écrit en 1690 que *Fréquence* est un « vieux mot qui se dit encore en ces phrases : *Ce Docteur a une grande fréquence d'auditeurs... une grande fréquence de peuple ». Fréquence* a aussi signifié « fréquentation » jusqu'au XVIIᵉ s. (Cf. HUGUET).

‖ **2°** (XVIᵉ s. LANOUE in LITTRÉ). Caractère de ce qui arrive plusieurs fois et *spécialt.* de ce qui se reproduit périodiquement, à intervalles rapprochés. V. **Nombre ; réitération, répétition,** et *aussi* **Fois** (cit. 6). *La fréquence de ses visites, de ses déplacements. La fréquence des crises ministérielles. Fréquence des crues* (cit. 2) *d'une rivière. Fréquence des communications* (Cf. Foire, cit. 1). *Fréquence des trains, des autobus. Fréquence moyenne.* — *Fréquence d'emploi d'un mot. Échelle de fréquence des mots employés par un auteur.*

1 « Sur le délai ou la fréquence des communions » BOSS., **Lett. rel.,** 53 (in LITTRÉ).

2 « Durant l'intervalle des ténèbres, bien court maintenant, une pierre météorique passa de nouveau dans mon voisinage, et la fréquence de ces phénomènes commença à me donner de fortes inquiétudes. » BAUDEL., Traduc. E. POE, **Hist. extraord.,** Avent. Hans Pfaall, 16 avr.

3 « L'unique texte original dont le relieur continue à s'inspirer ne permet pas de se faire une idée sur la fréquence moyenne de la faute d'orthographe chez Leheudry. » ROMAINS, **H. de b. vol.,** t. IV, XIX, p. 210.

‖ **3°** *Phys.* (fin XIXᵉ s.). En parlant d'un phénomène périodique, Nombre de périodes par seconde. V. **Période.** *Fréquence d'un phénomène vibratoire, d'une onde... La fréquence s'évalue en cycles, en hertz*.* — *Fréquence d'une onde lumineuse.* Cf. Couleur, cit. 6. — Électr. et radio. *Fréquence d'un courant électrique* alternatif ; *courants de basse fréquence* (40 à 120 périodes par seconde). *Courants de haute fréquence* (1.000 périodes et plus). Cf. Électrique, cit. 2. « *En ce qui concerne la propagation des ondes électromagnétiques dans l'air... on admet qu'il existe une relation fixe entre la longueur d'ondes et la fréquence* » (J. BRUN, Dict. de la radio). *Bande de fréquence assignée à un poste émetteur.* — Acoust. *Fréquence audible, acoustique, musicale. Fréquence fondamentale. Fréquence de battements* (V. **Interférence**). *Fréquence de modulation. Mesure des fréquences.* V. **Fréquencemètre** (*infra,* COMP.).

4 « Un réseau alternatif fournit à ses abonnés une suite ininterrompue de « tranches de temps »... longues d'un cinquantième de seconde et appelées « périodes ». On dit aussi bien que la « fréquence » est de 50 périodes par seconde ou, plus brièvement, de 50 cycles... » M. BOLL, **Électr.-Magnét.,** p. 21 (éd. P.U.F.).

ANT. — Rareté, unicité ; exception.

COMP. — **Fréquencemètre.** *n. m.* (néol.). Appareil, dispositif permettant d'évaluer la fréquence d'une onde.

FRÉQUENT, ENTE. *adj.* (XIVᵉ s., « peuplé, fréquenté, assidu » ; empr. au lat. *frequens,* « nombreux, assidu, fréquent »).

‖ **1°** *Vx.* V. **Fréquenté, peuplé** (Cf. RAB., IV, 26).

‖ **2°** Qui se reproduit souvent, à intervalles plus ou moins rapprochés. V. **Réitéré, répété ; continuel, nombreux, perpétuel.** *Phénomène fréquent qui revient périodiquement.* (V. **Périodique, régulier**). *De fréquentes averses* (cit. 1). *De fréquents coups de vent* (Cf. Aventurer, cit. 4). *Conversations, controverses* (cit. 2) *fréquentes. Fréquents colloques* (Cf. Brasser, cit. 3). *Lectures, leçons fréquentes* (Cf. Aigre,

cit. 11). *Fautes, erreurs fréquentes. Fréquents barbarismes* (cit. 3). *Guerres, invasions fréquentes* (Cf. Anarchie, cit. 6).

1 « ...ce qui forme les habitudes, ce sont les actes fréquents et réitérés ; » BOURDAL., **Délai de la pénit.,** 1.

2 « Les sentiments qui reposent sur des rapports fréquents, l'amour, l'amitié, les relations de voisinage... » CHARDONNE, **Amour du prochain,** p. 125.

— Qui se produit ou peut se produire souvent dans une circonstance donnée. V. **Commun, courant, habituel, ordinaire...** *C'est un symptôme fréquent dans cette maladie. Ville, pays où une maladie est fréquente* (Cf. Folie, cit. 9). *Contraste fréquent dans les choses humaines* (Cf. Burlesque, cit. 4). *C'est une chose fréquente ici* (Cf. Cela se voit* tous les jours). *Mot fréquent chez un auteur.* V. **Usuel.** *Ces sortes d'expériences* (cit. 43) *sont extrêmement fréquentes en physiologie.*

3 « Il avait ce don (fréquent chez les Courot, rare chez les Rolland) du style naturel, qui vient du cœur. » R. ROLLAND, **Le voyage intérieur,** p. 72.

‖ **3°** Qui marque la répétition d'éléments, d'actes semblables. *Usage fréquent* (Cf. Égoïsme, cit. 1). *Correspondance fréquente. La fréquente confession* (BOURDALOUE).

4 « ...j'aurais pu ne pas rompre entièrement une liaison qu'il eût suffi de rendre moins fréquente ! » LACLOS, **Liais. dang.,** Lett. CII.

5 « ...notre liaison exige des précautions et elle ne peut être fréquente ; » HUYSMANS, **Là-bas,** XV.

— *Spécialt.* Méd. *Pouls fréquent.* V. **Rapide.** *Respiration fréquente :* courte et rapide.

ANT. — **Accidentel, espacé, exceptionnel, extraordinaire, rare, unique.**

DER. — **Fréquemment** (*fré-ka-man*). *adv.* (*Frequanment* au XVᵉ s.). D'une manière fréquente. V. **Souvent*** ; **constamment, perpétuellement** (Cf. Austère, cit. 16 ; bohémien, cit. 1). *Il arrive fréquemment, très fréquemment que...* (ANT. **Jamais, rarement...**).

« Ce qui arrive *souvent* n'est pas rare, se voit de fois à autre... Ce qui arrive *fréquemment* constitue une loi, un usage, une série d'actions auxquelles un sujet s'est accoutumé... Vous voyez *souvent* une personne que le hasard offre à vos yeux dans la rue ou ailleurs ; vous voyez *fréquemment* une personne auprès de laquelle vous êtes assidu, à laquelle vous avez coutume de rendre visite. » LAFAYE, **Dict. syn.,** Souvent, p. 964.

FRÉQUENTATION. *n. f.* (XIVᵉ s. « fréquence, manière d'être », puis sens mod. ; empr. lat. *frequentatio,* « fréquence »). Action de fréquenter* (un lieu, une personne). *La fréquentation des théâtres, des lieux de plaisir, des cafés. Fréquentation assidue des cours et conférences* (V. **Assiduité**). *Personne de fréquentation difficile.* V. **Abord, approche, commerce, contact.** *La fréquentation des artistes, des gens du monde. La fréquentation des fous* (Cf. Aliéniste, cit.). *La fréquentation d'un milieu, d'une société... La fréquentation du monde.* V. **Pratique, usage** (Cf. Dérouter, cit. 3). *On ne connaît bien les gens que par leur fréquentation quotidienne.* V. **User** (à l'user).

1 « Il se tire une merveilleuse clarté, pour le jugement humain, de la fréquentation du monde. » MONTAIGNE, **Essais,** I, XXVI.

2 « Je cherche à la vérité plus la fréquentation de ceux qui me gourment que de ceux qui me craignent. » ID., **Ibid.,** III, VIII.

3 « Dans la fréquentation des animaux, elle avait pris leur mutisme et leur placidité. » FLAUB., Mᵐᵉ Bovary, II, VIII.

4 « La fréquentation des Parisiens a fait beaucoup de bien aux hôteliers de Chartres, mais la fréquentation des hôteliers de Chartres a fait beaucoup de-mal aux Parisiens pour certaines raisons.. » Max JACOB, **Le cornet à dés,** Rom. feuilleton.

5 « ...la fréquentation d'un homme actif, alerte, d'humeur vive, un peu chaude, vous donne du cœur et de l'esprit au travail. » LÉAUTAUD, **Journ. littér.,** 4 janv. 1904.

6 « ...la seule habitude qu'on lui connût était la fréquentation assidue des danseurs et des musiciens espagnols, assez nombreux dans notre ville. » CAMUS, **La peste,** p. 35.

— Rapports sociaux habituels, et *par ext.* Les personnes que l'on fréquente. V. **Accointance, connaissance, rapport, relation.** *Surveiller les fréquentations de quelqu'un. Choisir ses fréquentations* (Cf. Déclassement, cit.). *Il a de drôles de fréquentations, des fréquentations douteuses. Ce garçon est une mauvaise fréquentation pour son fils.*

7 « Jusqu'à midi, monsieur, il me harangua sur les obligations que m'imposait ma nouvelle foi, sur mes lectures, sur mes fréquentations. » MAUROIS, **Disc. Dr O'Grady,** V.

8 « ...des fréquentations aristocratiques de sa jeunesse ; » HENRIOT, **Portr. de fem.,** p. 427.

— *Fig.* V. **Pratique, usage.** *La fréquentation des sacrements. La fréquentation des livres, des grandes œuvres classiques.* V. **Commerce, contact, familiarité.**

9 « Les livres sont plaisants ; mais, si de leur fréquentation nous en perdons enfin la gaieté et la santé..., quittons-les. » MONTAIGNE, I, 284.

10 « Un homme a ses heures et ses temps marqués pour la prière, pour la lecture des bons livres, pour la fréquentation des sacrements... » BOURDAL., **Serm.,** 5ᵉ dim. après la Pentecôte, I.

11 « ...il (*Delacroix*) ne connaissait la passion et le surnaturel que par sa fréquentation forcée avec le rêve. » BAUDEL., **Curios. esthét.,** Delacroix, IV.

ANT. — **Abandon, délaissement.**

FRÉQUENTER. *v. tr. et intr.* (XIIᵉ s. au sens de « célébrer (la mémoire) » ; sens mod. au XIVᵉ s. ; empr. au lat. *frequentare*).

I. V. tr. ‖ **1°** Aller souvent, habituellement dans (un lieu). V. **Hanter.** *Fréquenter un café, un club. Ceux qui fréquentent habituellement ce cabaret.* V. **Habitué, pilier.** *Ils passèrent un mois à fréquenter les bals, les spectacles.* V. **Aller, courir.** *Fréquenter les gymnases, les stades* (Cf. Athlète, cit. 2). *Fréquenter l'église, le temple. Fréquenter une maison avec assiduité* (cit. 8). *Fréquenter beaucoup le cinéma* (Cf. Étoile, cit. 28). *Les écoles qu'il a fréquentées* (Cf. Buissonnier, cit.). *Route, promenade fréquentée des touristes, par les touristes.* — *Les canards qui fréquentent les rivières.* V. **Vivre** (dans). Cf. Fluviatile, cit.

1 « Aujourd'hui, qui fréquente nos spectacles ? un certain nombre de jeunes gens et de jeunes femmes. »
VOLT., **Comm. sur Corn.,** Rem. Sertorius, préf.

2 « Rancé fréquentait les églises, passant des heures à prier dans ces habitacles oubliés sur tant de collines célèbres. »
CHATEAUB., **Vie de Rancé,** II, p. 122.

3 « Ramuntcho, lui, se rend à la cidrerie que les contrebandiers et les joueurs de pelote fréquentent ; là, il s'attable, le béret toujours en visière sur le front... »
LOTI, **Ramuntcho,** I, IV.

4 « Il fréquente le Petit-Passe-Temps, dont la nourriture est saine, la clientèle choisie et le propriétaire plein d'urbanité. »
DUHAM., **Salavin,** III, II.

— *Par ext. Fréquenter les sacrements. Fréquenter le repas de l'Eucharistie* (cit. 2).

5 « La pureté nécessaire pour fréquenter les sacrements de Jésus-Christ. »
BOURDAL., **Dominic.,** t. II, p. 300 (in LITTRÉ).

‖ **2°** Avoir des relations habituelles avec (quelqu'un) ; rencontrer, voir fréquemment (quelqu'un). V. **Frayer** (avec), **hanter, pratiquer.** *Fréquenter un ami, un compagnon d'enfance. Il le connaît très bien mais ne le fréquente plus.* V. **Voir.** *Fréquenter assidûment quelqu'un.* V. **Attacher** (s'attacher à ses pas). *Les personnes qu'il fréquente.* V. **Fréquentation ; ami, compagnon, entourage, relation.** *Ceux qui le fréquentent, qui l'entourent*. — *Fréquenter la noblesse, la bonne société, le grand monde* (Cf. Fils, cit. 7). V. **Commerce** (avoir commerce avec) ; **approcher, côtoyer, frotter** (se frotter à). *Fréquenter un milieu. Fréquenter ses voisins.* V. **Voisiner, visiter.** *Fréquenter la famille de quelqu'un. Fréquenter la canaille* (cit. 7), *la crapule, la gueusaille* (V. **Gueusailler**). *Fréquenter les filles* (V. **Coureur**). *Ce ne sont pas des gens à fréquenter.* V. **Fréquentable** (*infra*, DER.).

6 « ...il a fréquenté le bacha (*pacha*) comte de Bonneval, qui était devenu... un parfait musulman... »
VOLT., **Oreilles du comte de Chesterfield,** IV.

7 « ...les vilains bien pensants fréquentent la noblesse, ils ne parlent jamais de leur père, mais on leur en parle souvent. »
P.-L. COUR., **Œuv.,** p. 276.

8 « Je fréquente quelquefois des gens qui m'ont volé et calomnié, et je leur fais aussi bonne mine qu'à d'autres, parce que, dans le fond, je les aime tout autant, ou tout aussi peu que d'autres. »
FLAUB., **Corresp.,** 185, Rouen (sans date).

9 « À Trouville, il fréquentait des voisins de plage ; »
ROMAINS, **H. de b. vol.,** t. III, XIII, p. 181.

10 « Dans les milieux amis qu'il fréquentait, il n'était parlé de la Franc-Maçonnerie qu'avec une extrême circonspection. »
ID., **Ibid.,** t. IV, X, p. 108.

11 « J'aime fréquenter la jeunesse. Elle m'apprend beaucoup plus que l'âge. »
COCTEAU, **Difficulté d'être,** p. 206.

— PROV. V. **Hanter.**

12 « ...dites-moi qui vous fréquentez, et je vous dirai qui vous êtes. »
BOURDAL., **Serm.,** Vᵉ dim. apr. l'Épiph., I.

— *Spécialt.* Avoir des relations sentimentales, amoureuses avec. *C'est la jeune fille qu'il fréquente.* — *Absolt.* (pop. et région.). *Elle est trop jeune cette petite, je ne veux pas qu'elle fréquente !*

13 « Je suis fâché, Landry... que tu n'aies pas eu le courage de renoncer à la fréquenter. Si tu avais agi selon ton devoir, tu n'aurais pas été la cause de son départ... Que tu ne l'épouses jamais, Landry, voilà tout ce que j'exige de toi. »
SAND, **Petite Fadette,** XXX.

— *Fig. Fréquenter un auteur, une œuvre littéraire. Fréquenter les grands philosophes...* V. **Lire ; frotter** (se), **pratiquer.**

14 « ...elle (*Marie Bashkirtseff*) lit Lucrèce et Platon dans le texte, fréquente les plus abstraits des philosophes... »
HENRIOT, **Portr. de fem.,** p. 440.

II. V. intr. (Vx. ou littér.). Aller souvent, habituellement. *Fréquenter chez quelqu'un, dans la maison, au logis de quelqu'un.* V. **Familier.** *Il y fréquente. Bal où fréquentent les midinettes* (Cf. Calicot, cit. 2). *Il lui est défendu de fréquenter avec ces gens-là* (ACAD.).

15 « ...lieux où fréquentait l'auteur. »
BOIL., **Art poét.,** II.

16 « ...je le vois qui fréquente chez nous. »
MOL., **Fem. sav.,** II, 2.

17 « Je fréquentais dans une petite institution libre. »
DUHAM., **Salavin,** V, IV.

18 « Il se promenait sur les quais des bassins, visitait les navires, interrogeait les capitaines, fréquentait chez les armateurs... »
ID., **Invent. de l'abîme,** III.

‖ SE FRÉQUENTER Avoir des relations habituelles l'un avec l'autre. *Ils ont cessé de se fréquenter,* ils ne se voient plus.

‖ FRÉQUENTÉ, ÉE, adj. Où il y a habituellement du monde. *Un lieu très fréquenté.* V. **Encombré** (Cf. Approche, cit. 30). *Rocher peu fréquenté* (Cf. Aquatique, cit. 1). *Le bois* (cit. 17) *le moins fréquenté. Chemin fréquenté.* V. **Battu, frayé** (*vx.*). *Rue fréquentée.* V. **Passant.** *Passage peu fréquenté. Spectacle le plus fréquenté de Paris. Établissement, café bien, mal fréquenté.* V. **Couru.** *Ses cours sont très fréquentés.* V. **Suivi.**

19 « ...notre source se trouve dans un pays jusqu'ici très peu fréquenté du point de vue thermal. »
ROMAINS, **H. de b. vol.,** t. V, XIV, p. 102.

ANT. — **Abandonner, délaisser, déserter, éloigner** (s'), **éviter, fuir, quitter...** — **Désert, écarté, infréquenté, isolé, retiré, solitaire.**

DER. — **Fréquentation.** — **Fréquentable.** *adj.* (XVIᵉ s.). Que l'on peut fréquenter (en parlant des personnes). *Un individu peu fréquentable. Ce n'est pas quelqu'un de très fréquentable.* — REM. *Fréquentable* est surtout employé dans des formules négatives ou restrictives. — **Fréquentatif, ive.** *adj.* (XVIᵉ s.). *Gramm.* Qui exprime la répétition, la fréquence. V. **Itératif.** *Formes fréquentatives d'un verbe, en anglais. Suffixes fréquentatifs latins, français* (Ex. : -ailler, -iller, -ouiller, -eter, -oter, -onner). *En français moderne, les verbes dits fréquentatifs* (criailler, clignoter, etc.) *sont plutôt des diminutifs* (tapoter, chantonner) *ou ont une valeur sémantique différente de celle du mot simple* (griffonner par rapport à griffer, etc.).

FRÈRE. *n. m.* (Vers 1100 ; *fradre* au IXᵉ s. ; lat. *frater*).

‖ **1°** Personne du sexe masculin, considérée par rapport aux enfants des mêmes parents (*frère germain*), du même père (*frère consanguin*) ou de la même mère (*frère utérin*). — REM. Dans ces deux derniers cas, on dit plutôt **Demi-frère**. — V. (*fam. et pop.*) **Frangin, frérot** (*infra*, DER.). *Les frères et les sœurs* sont des collatéraux parents au deuxième degré (cit. 5). V. **Collatéral, parenté.**

1 « On remarquera... que certains collatéraux sont parents à la fois dans les deux lignes (*paternelle et maternelle*) ; ainsi les frères et sœurs issus des mêmes père et mère, qu'on appelle frères et sœurs germains. Au contraire, les frères et sœurs par le père seulement, qu'on appelle consanguins, les frères et sœurs de mère, qu'on appelle utérins, ne sont parents que dans une seule ligne. »
COLIN et CAPITANT, **Dr. civ.,** t. I, n° 224.

→ *Frère aîné*, *puîné*, *frère cadet* (cit. 2). Cf. Exemption, cit. 3. *Frères jumeaux*. *Frères siamois*. *Petit frère, grand frère* (Cf. École, cit. 3 ; efforcer, cit. 9). *Avoir un frère, de nombreux frères et sœurs* (Cf. Couronne, cit. 16 ; fécondité, cit. 2). *Perdre un frère* (Cf. Fleur, cit. 24). *Frères d'un prince, d'un roi* (Cf. Assurer, cit. 53). *Monsieur*, *frère du roi.* — *Sentiments, amitié entre frères.* V. **Fraternel** (Cf. Agir, cit. 27). *Amours entre frère et sœur.* V. **Inceste.** *Meurtre d'un frère.* V. **Fratricide.** — *Dr. En matière de succession* et en l'absence de descendants, les frères et sœurs (collatéraux privilégiés) *sont appelés en concours avec les ascendants* (CODE CIV., Art. 732). *Partage d'un héritage entre frères.*

2 « C'est, à la vérité, un beau nom et plein de dilection que le nom de frère... Mais ce mélange de biens, ces partages, et que la richesse de l'un soit la pauvreté de l'autre, cela détrempe merveilleusement et relâche cette soudure fraternelle. »
MONTAIGNE, **Essais,** I, XXVIII.

3 « Le frère aidé de son frère est comme une ville forte. »
BOSS., **Polit.,** I, I, 6.

4 « Vous aurez l'impudeur de conclure un mariage abominable, en unissant le frère avec la sœur... »
BEAUMARCH., **Mère coup.,** V, 7.

5 « Mais ils étaient frères, frères de la même chaumière, et du même sang, et c'est là quelque chose de mystérieux, un lien qui résiste à tout. »
LOTI, **Mon frère Yves,** XL.

6 « ...les deux fils aînés, Fédor et son frère Michel, toujours ensemble, liés comme le pouce et l'index, sont voués aux mêmes études, et, jusqu'à vingt-cinq ans, ne se quittent pas. »
SUARÈS, **Trois hommes,** Dostoïevski, I.

7 « ...il admit que ses frères fussent exclus du patrimoine familial, selon l'usage qui attribuait à l'aîné la maison de commerce. »
CHARDONNE, **Dest. sentim.,** p. 14.

8 « Frères ! Non seulement le même sang, mais les mêmes racines depuis le commencement des âges, exactement le même jet de sève, le même élan ! Nous ne sommes pas seulement deux individus, Antoine et Jacques : nous sommes deux Thibault, nous sommes les Thibault. »
MART. du G., **Thib.,** t. I, p. 274.

— *Ressembler à quelqu'un comme un frère :* lui ressembler beaucoup. *Allus. litt.* Cf. Asseoir, cit. 27 ; étranger, cit. 40 MUSSET. — *Par ext. :*

9 « ...l'étranger qui, à certaines secondes, vient à notre rencontre dans une glace, le frère familier et pourtant inquiétant que nous retrouvons dans nos propres photographies... »
CAMUS, **Mythe de Sisyphe,** p. 29.

— *Aimer quelqu'un comme un frère.* V. **Fraternellement.** *Traiter quelqu'un en frère. C'est un frère, un véritable frère pour son ami. Vivre en frère, comme des frères :* en amitié étroite, en bonne intelligence. *S'embrasser en frères.*

10 « — Embrassons-nous en frères.
— J'y consens de grand cœur, et me réjouis fort
Que tout soit terminé par un heureux accord. »
MOL., **Dép. am.,** III, 4.

11 « ...Promettez-moi de vivre comme frères ; »
LA FONT., **Fab.,** IV, 18.

12 « Nous sommes loin l'un de l'autre, nous qui vécûmes comme des
frères siamois. » FLAUB., **Corresp.**, t. II, p. 49.

13 « Plus de sang ! Désormais vivez comme des frères,
Et tous, unis, fumez le Calumet de Paix ! »
BAUDEL., Poèm. ajoutés à l'éd. posth., Calumet de Paix, II.

— Allus. mythol. *Les frères ennemis :* Étéocle et Polynice.
La Thébaïde, ou les frères ennemis, tragédie de Racine. —
Allus. bibl. *Joseph vendu par ses frères.* — *Caïn tua son
frère Abel.*

14 « Le Seigneur dit ensuite à Caïn : Où est votre frère Abel ? Il
lui répondit : Je ne sais ; suis-je le gardien de mon frère ? Le
Seigneur lui repartit : Qu'avez-vous fait ? la voix du sang de votre
frère crie de la terre jusqu'à moi. »
BIBLE (SACY), Genèse, IV, 9-10.

— Allus. littér. *Le frère et la sœur,* pièce de Goethe (1776) ;
Les frères Zemganno, roman des frères Goncourt (1879). *Les
frères Karamazov,* roman de Dostoïevsky (1880). — Cf. *aussi*
les cit. suivantes, passées en proverbes.

15 « Et je sais que de moi tu médis l'an passé.
— Comment l'aurais-je fait, si je n'étais pas né ?
Reprit l'agneau, je tète encor ma mère.
— Si ce n'est toi, c'est donc ton frère.
— Je n'en ai point. — C'est donc quelqu'un des tiens ! »
LA FONT., Fab., I, 10.

16 « Un frère est un ami donné par la nature. »
LEGOUVÉ, La mort d'Abel, III, 3.

— Par ext. *Frère de lait :* le fils d'une nourrice, par rapport à celui ou à celle qu'elle a nourri de son lait ; le nour-
risson d'une femme, par rapport à ses enfants. — *Beau-
frère* (V. ce mot). — *Frère par adoption, frère adoptif :* fils
adoptif par rapport aux autres enfants d'une personne.

‖ 2° L'homme, considéré par rapport à ses semblables*,
comme membre de la race, de la famille humaine. *Tous les
hommes sont frères. Nos frères humains.*

17 « Frères humains qui après nous vivez,
N'ayez les cœurs contre nous endurcis,
...
Si frères vous clamons (*appelons*), pas n'en devez
Avoir dédain, quoique fûmes occis
Par justice... »
VILLON, Poés. div., Épitaphe de Villon (Ballade des pendus)

18 « Un roi sage, ...
... d'injustes fardeaux n'accable point ses frères. »
RAC., Athal., IV, 2.

19 « — Hypocrite lecteur, — mon semblable, — mon frère ! »
BAUDEL., Fl. du mal, Au lecteur.

— T. de Relig. En parlant des hommes, considérés en tant
que créatures d'un même Dieu et, *spécialt.,* des Fidèles
d'une même religion (Cf. Bénir, cit. 17 ; eucharistie, cit. 2).
Aimer (cit. 6) *ses frères.* V. **Prochain.** *Les chrétiens sont
frères en Jésus-Christ, les musulmans en Mahomet.* — *Mes
frères, mes bien chers frères, mes très chers frères,* termes
par lesquels les prédicateurs chrétiens s'adressent à leurs
auditeurs (Cf. Appeler, cit. 36 ; attache, cit. 14).

20 « Dieu seul est grand, mes frères, et dans ces derniers moments
surtout où il préside à la mort des rois de la terre, plus leur gloire
et leur puissance ont éclaté, plus, en s'évanouissant alors, elles rendent
hommage à sa grandeur suprême. »
MASSILLON, Orais. funèbre de Louis XIV.

21 « Vous êtes tous mes frères, mes très chers frères, mes frères
d'armes et mes frères en Dieu, je m'adresse à vous tous, catholiques,
protestants, athées, car la parole de Dieu est pour tous. »
SARTRE, Mort dans l'âme, p. 237.

— *Spécialt.* Titre que l'on donne aux membres de certains
ordres religieux. V. **Religieux** (Cf. Bout, cit. 28). *Frères
mineurs.* V. **Capucin, franciscain** (Cf. Camper, cit. 1). *Frères
prêcheurs.* V. **Dominicain.** *Frères de Saint-Jean de Dieu.* V.
Ignorantin. *Petits frères de Marie.* V. **Mariste.** *Frères de la
doctrine chrétienne. Frères des écoles chrétiennes :* congrégation fondée en 1680 par Jean-Baptiste de la Salle et qui se
consacre à l'éducation des garçons. Absolt. *Il a été élevé
chez les Frères.*

— Religieux qui n'est pas clerc et qui remplit certaines
fonctions subalternes dans une communauté. *Frère convers,
frère lai.* V. **Convers** (cit. 1 et *supra*), **lai, servant** et *aussi*
Coupe-choux, frater, tourier... *Le frère lampier* (ou « frelam-
pier »), chargé d'allumer les lampes.

22 « (*Ce que montre d'obéissance*) A son supérieur le moindre petit
[Frère. »
MOL., Éc. des fem., III, 2.

— Titre que se donnent certains religieux (Cf. Escrimer,
cit. 3). *Frère Jacques,* chanson populaire.

23 « ...il se fit capucin sous le nom de frère Ange. »
VOLT., Henri IV, note.

24 « ... ils vivaient, sans le savoir, au fond de leurs trous boueux
une vie fraternelle. Non pas qu'ils fussent, entre eux, irréprochables,
ni qu'ils s'appelassent frères, à la manière des moines, un mot de
trois lettres, que je n'ose écrire, suffisant d'ordinaire à leur cordialité. »
BERNANOS, Gr. cimet. s. la lune, p. 193.

‖ 3° L'homme, par rapport à ceux qui ont avec lui une
communauté d'origine, d'intérêts, de sentiments, de goûts,
d'idées ; qui sont unis à lui par un lien affectif, intellectuel... V. **Ami** (cit. 1), **camarade, compagnon, confrère,
copain...** (Cf. Animalité, cit. 4 ; fédération, cit. 5). *Se sentir*

le frère de ceux qui... (Cf. Communisme, cit. 3). *Frères de
classe, de race.* « Sois mon frère, ou je te tue » (CHAMFORT.
Cf. Fraternité, cit. 9). *Être frères en une croyance, en une
patrie commune...* (Cf. En, cit. 18). *Vieux frère :* terme
d'amitié (Cf. Vieille branche). Pop. *Il charrie, le frère !* —
Mon frère Yves, roman de Loti où les protagonistes sont
Loti lui-même et Yves Kermadec, son ami et protégé.

25 « Esther, que craignez-vous ? Suis-je pas votre frère ? »
RAC., Esth., II, 7.

26 « Ces lois qui...
Des humains attendris font un peuple de frères. »
VOLT., Zaïre, I, 1.

27 « Jaurès est un instant la voix de la jeunesse armée. À ses poings
brandis brillent les fusils qui, demain, ne partiront pas contre nos
frères d'Allemagne. » ARAGON, Beaux quartiers, II, XXIX.

— En parlant d'Animaux (Cf. Bœuf, cit. 5).

28 « Les animaux ne connaissent que l'amour... les chats, les perruches,
et cætera : ils n'ont de fraternité que le pelage. Pour trouver des
frères, ils sont obligés d'aimer les hommes, de faire la retape aux
hommes... » GIRAUDOUX, Électre, I, 13.

— *Frère d'armes :* Autrefois, Chevaliers, guerriers qui
avaient contracté une alliance mutuelle. *Par ext.* Ceux qui
se battent ensemble, pour la même cause. V. **Compagnon**
(d'armes).

— En parlant des membres d'une société, d'une association, d'un corps... *Trahir ses frères. Faux frères :* traître à
ses associés et *par ext.* Fourbe, hypocrite. *Frère maçon*
(fam. *Frère Trois-points*). V. **Franc-maçon.**

29 « Son père parlait incidemment des frères Trois-points comme
d'individus mi-grotesques mi-tarés. »
ROMAINS, H. de b. vol., t. IV, X, p. 109.

— *Les frères de la côte :* nom que se donnaient, aux XVII⁰
et XVIIIᵉ s., les pirates et flibustiers des Antilles.

30 « Il y avait grande foire à Paimpol ce jour-là, et je fis une
toilette de *frère de la côte* pour ne pas effaroucher tous les amis
auxquels j'allais être présenté comme un marin du Midi. »
LOTI, Mon frère Yves, XVI.

‖ 4° En parlant d'une chose, d'une notion abstraite considérée comme unie (par l'analogie, la ressemblance, l'origine...) à une autre. *Les anciens poètes disaient le sommeil
frère de la mort* (LITTRÉ). — REM. *Frère* ne s'applique généralement qu'à des choses « dont le nom est masculin »
(HATZFELD).

31 « Les vertus devraient être sœurs,
Ainsi que les vices sont frères : » LA FONT., Fab., VIII, 25.

32 « Tel mythe peut être considéré comme frère d'un autre, de la
même façon que le nègre est dit le frère du blanc. »
BAUDEL., Art romantique, R. Wagner, III.

DER. — **Frairie.** — **Frérage.** n. m. Dr. féod. Fief (ou portion de
fief) partagé entre les puînés ; droit de mouvance* de l'aîné résultant
de ce partage. — **Frérot.** n. m. (XVIᵉ s.). Diminutif familier de frère*.

COMP. — **Beau-frère.**

FRÉSAIE. *n. f.* V. **Effraie.**

FRESQUE. *n. f.* (*adj.* au XVIᵉ s. « frais (*fig.*), mal en
point » ; sens artistique au XVIIᵉ s., d'après l'ital. (*dipingere
a) fresco :* « peindre à frais ». Cf. au XVIᵉ et au début du
XVIIᵉ s. l'expression francisée « peindre à frais, au frais » ;
féminin d'après la finale -*que*).

‖ 1° Procédé de peinture murale qui consiste à utiliser des
couleurs délayées à l'eau sur un enduit* de mortier frais.
*La fresque comporte quatre opérations : la préparation du
support* (nettoyage du mur) ; *la préparation du crépi et de
l'enduit ; le calque du poncif ; la peinture. Dans la peinture à fresque, l'enduit frais empêche les retouches* (Cf.
infra, cit. MOL.). *Peindre à fresque.*

1 « Cette belle peinture inconnue en ces lieux,
La fresque, dont la grâce, à l'autre préférée,
Se conserve un éclat d'éternelle durée,
Mais dont la promptitude et les brusques fiertés
Veulent un grand génie à toucher ses beautés !
...
Mais la fresque est pressante, et veut, sans complaisance,
Qu'un peintre s'accommode à son impatience,
...
Avec elle il n'est point de retour à tenter,
Et tout au premier coup se doit exécuter ; »
MOL., Gloire du Val-de-Grâce (1669), vers 238-255.

2 « On appelle *peindre à fresque,* l'opération par laquelle on emploie
des couleurs détrempées avec de l'eau, sur un enduit assez frais pour
en être pénétré. En italien on exprime cette façon de peindre par ces
mots *dipingere a fresco,* peindre à frais. C'est de là que s'est formée
une dénomination qui, dans l'orthographe française, semble avoir
moins de rapport avec l'opération, qu'avec le mot italien dont elle est
empruntée. » WATELET, (in ENCYCL.), Fresque (1751).

3 « Vous voyez, un peintre de Paris est venu pour peindre en fleurs
à fresque son corridor. » BALZ., U. Mirouët, Œuv., t. III, p. 283.

‖ 2° Œuvre peinte d'après le procédé de la fresque. *Église
ornée de fresques. Les fresques romaines de Pompéi ; les
fresques de Giotto, Masaccio, Fra Angelico, Michel-Ange* (Cf.
Désolation, cit. 4 ; élève, cit. 1). *La fresque de la coupole du
Val-de-Grâce, de Mignard, célébrée par Molière* (Cf. cit.
supra).

4 « C'est toujours comme les fresques du [Campo-Santo] de Pise où l'on aperçoit fort bien un bras, et le morceau d'à côté qui représentait la tête est tombé. » STENDHAL, Vie de Henry Brulard, 17.

— REM. De nombreuses peintures murales, habituellement désignées sous le nom de *fresques* ont été exécutées sur un enduit partiellement ou complètement sec, ou avec des couleurs détrempées à la caséine, etc. (V. **Détrempe**). *Les « fresques » romanes elles-mêmes, comme à Saint-Savin, sont souvent de détrempe à l'œuf* » (J. RUDEL, Techn. de la peint., p. 44).

‖ **3°** *Par ext.* (et *abusivt.*). Peinture, décoration murale (fresque proprement dite, détrempe*, peinture à l'huile, à l'encaustique, sgraffite*, marouflage*...). — REM. *Fresque* ne se dit guère que de peintures de grandes dimensions, généralement allongées. *Les fresques de Delacroix dans l'église Saint-Sulpice* (peintures à l'huile). *Les fresques de Puvis de Chavannes* (toiles marouflées).

5 « Je voulus fixer davantage mes pensées favorites, et, à l'aide de charbons et de morceaux de brique que je ramassais, je couvris bientôt les murs d'une série de fresques où se réalisaient mes impressions. » NERVAL, Filles du feu, Aurélia, I, VII.

— *Par anal.*

6 « À perte de vue c'est (*la terre vue d'un avion*) une immense et informe fresque grisâtre, une fresque posée à plat et vue de très haut, de très loin : une fresque déteinte, craquelée, plâtreuse, avec des îlots de couleurs ternies. » MART. du G., Thib., t. VIII, p. 148.

‖ **4°** *Fig.* Vaste composition artistique, littéraire, présentant un tableau d'ensemble d'une époque, d'une société, etc. *Fresque historique. La Comédie humaine, de Balzac ; les Rougon-Macquart, de Zola, sont de vastes fresques dépeignant toute une époque.* — REM. Ce sens, omis par LITTRÉ, est également passé sous silence dans la plupart des dictionnaires modernes.

7 « Tous les sujets... ne sont pas également propres à fournir un vaste drame doué d'un caractère d'universalité. Il y aurait évidemment un immense danger à traduire en fresque le délicieux et le plus parfait tableau de genre. C'est surtout dans le cœur universel de l'homme... que le poète dramatique trouvera des tableaux universellement intelligibles. » BAUDEL., Art romantique, R. Wagner, II.

8 « ...ce fut l'ambition de plusieurs romanciers de notre époque que de peindre une fresque de leur temps. Ambition assez neuve, inconnue en d'autres siècles où toute tentative de « somme » eût été plutôt théologique, philosophique ou encyclopédique ; ambition due pour une part aux remarquables réussites de Balzac et de Tolstoï, pour une autre au développement des civilisations de masses. » MAUROIS, Ét. littér., Mart. du G., III.

9 « ...ce visionnaire documenté (*Balzac*), dont les larges fresques, regardées de près, conservent la nette précision de la miniature. » HENRIOT, Les romantiques, p. 297.

DER. — **Fresquiste**. *n.* et *adj.* (1865 in LITTRÉ). Peintre de fresques. *Les grands fresquistes italiens de la Renaissance.*

FRESSURE. *n. f.* (XIIIe s. ; d'un lat. vulg. *frixura*, « friture ». V. **Frire**). *Bouch.* Ensemble des gros viscères d'un animal : cœur, foie, rate, poumons. *Fressure de mouton, de porc. Manger de la fressure de veau en fricassée.*

1 « Il mangeait dans un seul repas deux fressures entières de mouton... » LESAGE, Guzm. d'Alfar., I, 3 (in LITTRÉ).

2 « ...vous n'avez pas de la fressure pour mon chat ? » SARTRE, Le sursis, p. 166.

— *Fig.* et *fam.* Les entrailles de l'homme considérées comme siège de ses appétits charnels.

3 « Par mon âme et sur ma fressure » RICHER, Ov. bouff., 366 (in BRUNOT, H.L.F., t. IV, p. 387).

4 « Les appas, mûrs mais durs qu'appète
Ma fressure, quand tu es là
Et, quand tu n'es pas là, ma tête ! » VERLAINE, Chairs, Assonances galantes, II.

FRET (*frè*, selon LITTRÉ suivi par la plupart des dictionnaires, mais *fret'* dans l'usage courant (Cf. MARTINON, Comment on prononce le français, 1913, p. 326). *n. m.* (XIIIe s. ; empr. au néerl. *vrecht, vracht*, « prix du transport »).

— *T. de Comm.* ‖ **1°** Louage d'un bâtiment de mer servant au transport des marchandises. *Donner un navire à fret.* V. **Fréter**. *Prendre à fret.* V. **Affréter**.

‖ **2°** Par ext. « *Le prix du loyer d'un navire ou autre bâtiment de mer est appelé fret ou nolis*. Il est réglé par les conventions des parties. Il est constaté par la charte*-partie ou par le connaissement* » (CODE de COMM., Art. 286).

— Prix du transport des marchandises par voie maritime (puis par voie fluviale ou aérienne). *Payer le fret. Fret payable comptant. Faire des avances sur le fret. Le montant du fret dépend de l'importance de la cargaison. Le fret est de tant par tonneau* d'affrètement*.*

1 « Le fret de remonte sur la Moselle française revient, par tonne et par kilomètre, à 0 fr. 04. » E. GRANGEZ, Voies navigables de France, p. 436.

2 « Le capitaine perd son fret, et répond des dommages-intérêts de l'affréteur, si celui-ci prouve que, lorsque le navire a fait voile, il était hors d'état de naviguer. » CODE COMM., Art. 297.

‖ **3°** Les marchandises transportées, le chargement d'un bateau ou d'un avion. V. **Cargaison**. *Acheminement du fret.*

Assurance du fret. Le tonnage de fret à charger. Prendre du fret. V. **Équiper**. *Débarquer, décharger son fret. Fret d'aller, fret de retour. Bon fret, mauvais fret :* cargaison composée de marchandises rentables ou non. *Faux fret :* cargaison qui ne rapporte aucun bénéfice.

3 « Après avoir fait décharger son navire à Lorient, il était obligé de le faire revenir sans fret dans son port d'armement, et de le réexpédier après cette surcharge de dépenses et de périls... » MIRABEAU, Collection, t. III, p. 410 (in LITTRÉ).

« C'était un bateau comme les autres... Il s'en allait vers les Tropiques, avec son fret de cotonnades, d'officiers et de fonctionnaires. » CÉLINE, Voyage au bout de la nuit, p. 105.

— *Par ext.* Le transport des marchandises lui-même (Cf. Avion, cit. 3). *Le prix du fret aérien est assez élevé.*

« On a constaté que, plus que la vitesse, la *capacité* des avions de fret (cargos aériens) était un facteur d'abaissement du prix de revient. » Michel GAUTIER et Jean MARAIS, Les transports aériens, p. 36 (éd. P.U.F.).

DER. — **Frètement**. *n. m.* (1671). Action de louer un bâtiment de mer. — **Fréter**. — **Fréteur**. *n. m.* (1671). Celui qui donne en location un bâtiment de mer.

COMP. — **Affrètement*, affréter*, affréteur*.** — **Sous-fréter.**

HOM. — **Frette**. *n. f.*

FRÉTER (*je frète, nous frétons, ils frètent ; je frétais, nous frétions ; j'ai frété ; qu'ils frètent ;* mais : *je fréterai, nous fréterons,* et *je fréterais, nous fréterions*). *v. tr.* (XIIIe s ; de *fret*).

‖ **1°** Donner en location un navire, partiellement ou en totalité. *Fréter un bateau à forfait, au mois, au tonneau.*

— *Par ext.* (et par confusion avec *affréter*). Prendre (un navire) en location. V. **Affréter, noliser.**

« Les Hambourgeois et même les Hollandais avaient contracté l'habitude de fréter les vaisseaux de ces étrangers pour importer chez eux les productions des plus riches climats d'Europe. » RAYNAL, Hist. philos., XVIII, 29 (in LITTRÉ).

— *Par anal.* et *fam.* Louer un véhicule quelconque.

« Ils frétèrent une voiture de louage, la même pour eux quatre, ce qui est toléré à la campagne. » LOTI, Les désench., XXXIV.

‖ **2°** Armer un navire, le mettre en état de prendre la mer, l'équiper.

« Son imprudence en fut la cause :
Un vaisseau mal frété périt au premier vent ; » LA FONT., Fab., VII, 14.

« ...avec ma fortune réalisée, je frétai d'abord un navire, emmenant avec moi sur la mer trois amis, des hommes d'équipe et quatre mousses. » GIDE, Nourrit. terrestres, IV, I.

— *Fig.* V. **Équiper, orner.**

« A court d'invention, il bâtit péniblement un décor rose, y jeta la vaste nef d'or et d'acier, le grand filet de dentelles... » COLETTE, Fin de Chéri, p. 46.

FRÉTILLER. *v. intr.* (XIVe s ; orig. obscure). Remuer, s'agiter* par petits mouvements rapides. *Poisson qui frétille. Frétiller comme une anguille, une carpe... Chien qui frétille de la queue. Personne qui frétille de joie, de plaisir.* V. **Trémousser** (se) ; **frétillon** (*infra*, DER.). Cf. Étourdi, cit. 9.

« Cet oiseau (*le friquet*), lorsqu'il est posé, ne cesse de se remuer, de se tourner, de *frétiller*. » BUFFON, Hist. nat. ois. Le friquet.

« ...mais en ce moment il s'éleva dans son âme ce mouvement de joie qui frétille au fond du cœur de toutes les femmes quand elles se savent aimées. » BALZ., Béatrix, Œuv., t. II, p. 452.

« ...le chien, en frétillant de la queue, ce qui est, je crois, chez ces «pauvres êtres, le signe correspondant du rire et du sourire, s'approche... » BAUDEL., Spleen de Paris, VIII.

« L'épagneul s'était brusquement arrêté. Le plumeau blanc de sa queue avait cessé de frétiller. » P. BENOIT, Mlle de la Ferté, p. 51.

DER. — **Frétillement**. *n. m.* (XIVe s.). Mouvement de ce qui frétille. *Frétillement des poissons qu'on sort de l'eau.* — **Frétillon**. *n.* (XVe s.). *Vx.* Personne qui frétille, ne cesse de s'agiter. — **Frétillant, ante.** *adj.* (XVe s.). Qui frétille. *Poisson, chien frétillant. Personne toute frétillante de joie.* V. **Guilleret**. *Enfant frétillant,* vif (Cf. aussi Alerte, cit. 7 ; côté, cit. 44).

« ...je ne sais pas même qui succédera dans l'académie au frétillant abbé de Voisenon. » VOLT., Lett. Morellet, 4264, 29 déc. 1775.

« ...quelques républicains dont les casquettes rouges et les barbes frétillantes... » BALZ., Député d'Arcis, Œuv., t. VII, p. 646.

FRETIN. *n. m.* (XIIIe s. ; dér. de l'anc. fr. *frait, fret,* p. passé de *fraindre,* « briser », et suff. *-in*).

I. *Vx.* Menu débris. — *Par ext.* (nom collectif). Menus objets.

II. *Par anal.* (nom collectif). Ce qui est de peu de valeur.

‖ **1°** (1606). *Menu fretin :* morue de petite taille, choix de dernière qualité (*vx.*).

— (1668). Petit poisson que le pêcheur rejette généralement à l'eau. V. **Poissonnaille**. *On ne pêche que du fretin en cette saison. Rejeter le fretin à la rivière.*

1 « Un carpeau qui n'était encore que fretin
Fut pris par un pêcheur au bord d'une rivière. »
LA FONT., Fab., V, 3.

2 « Et c'étaient des vairons, verts et tigrés de noir, des épinoches
hérissées de piquants, négligeable fretin, vermine d'eau douce. »
GENEVOIX, Raboliot, I, I.

‖ 2° Se dit de Choses, de Personnes que l'on considère
comme négligeables, insignifiantes. *Expédier* (cit. 9) *le
menu fretin des affaires. Le menu fretin de ses admirateurs* (Cf. Évincer, cit. 4).

3 « Pour ce qui est de mes autres parents, ce n'est pas du fretin
non plus ; on les appelle monsieur et madame. »
MARIV., Paysan parvenu, II.

4 « Il n'y avait là que le fretin des parieurs, les forts paris se faisaient
dans l'enceinte du pesage ; »
ZOLA, Nana, XI.

5 « L'affaire sue, un coup de filet ramassa vivement les complices :
le duc et la duchesse du Maine arrêtés, on trouva parmi le fretin mademoiselle de Launay... »
HENRIOT, Portr. de fem., p. 134.

1. FRETTE. *n. f.* (XIIIᵉ s. ; orig. incert., probablt. subst.
verb. de *fretter*). *Technol.* Cercle, anneau de fer dont on
entoure un morceau de bois pour le renforcer, l'empêcher
de se fendre. *Frette de moyeu d'une roue ; frette de mât, de
pieu, de flèche... Frette de lance.* V. **Morne.** *Frette au manche
d'un outil.* V. **Virole.**

— Cercle d'acier pour renforcer la résistance transversale
d'un canon.

2. FRETTE. *n. f.* (1360 ; dér. régressive de *fretter.* V.
Fretté).

‖ 1° *Blas.* Pièce de l'écu formé de cotices* entrecroisées,
moitié dans le sens de la bande, moitié dans le sens de la
barre.

‖ 2° *Arch.* Ornement d'une moulure, formé de demi-ba-
guettes réunies en ligne brisée régulière. V. **Grecque,
méandre.**

HOM. — Fret.

FRETTÉ, ÉE. adj. (XIIᵉ s. ; p.p. d'un v. *fretter* non attesté,
homon. du suivant). *Blas.* Chargé d'une frette (2). *Croix
frettée d'azur.*

FRETTER. *v. tr.* (*Freter, ferter* au XIIᵉ s. d'un lat. vulg.
firmitare, assujettir, rac. *firmus*, ferme). *Technol.* Garnir
d'une frette. V. **Frette 1.** *Fretter un moyeu, le manche d'un
outil... Fretter un canon.* — *Pieu fretté.*
DER. — Frette 1. — Frettage. *n. m.* (1723). Action de fretter. *Frettage d'une roue. Frettage d'un canon.*

FREUDIEN, ENNE. adj. (XXᵉ s ; du nom de *Freud*, psychiatre autrichien, 1856-1939). Relatif à Freud, à ses théories.
La méthode psychanalytique et la doctrine freudienne, ouvrage de R. DALBIEZ (1936). *Interprétation freudienne des
rêves.* — Adepte de Freud.

« Pour les freudiens, l'instinct sexuel existerait à l'état larvé dès
la naissance. »
BINET, Vie sexuelle..., p. 20.

DER. — (de *Freud*). Freudisme. *n. m.* (XXᵉ s.). Méthode de psychologie clinique de Freud ; doctrine de Freud.

« ... le freudisme... est d'abord un système d'explication ; la méthode
freudienne veut chasser tout hasard de la vie intérieure. Rien n'est
sans raison ; le rêve le plus fugitif, le geste le plus inaperçu tra-
duisent et trahissent la nature profonde d'un homme. »
Ét. BORNE in L'Homme et le péché, p. 62 (éd. Plon).

FREUX. *n. m.* (*Fru* au XIIIᵉ s. ; *freu* au XVᵉ ; d'un francique *hrôk*, haut allem. *hruoh*). *Zool.* Sorte de corbeau
(*Corvidés*), à bec étroit, effilé et non garni de plumes, appelé scientifiquement *Corvus frugilegus.* V. **Corbeau ; grole
(ou grolle)**

« Le freux est d'une grosseur moyenne entre le corbeau et la cor-
bine, et il a la voix plus grave que les autres corneilles : son caractère
le plus frappant et le plus distinctif c'est une peau nue, blanche,
farineuse et quelquefois galeuse qui environne la base de son bec, à
la place des plumes noires et dirigées en avant, qui dans les autres
espèces de corneilles s'étendent jusque sur l'ouverture des narines ; »
BUFFON, Hist. nat. ois., Le freux, Œuv., t. V, p. 546.

FRIABLE (fri-yabl'). adj. (1546 ; empr. lat. *friabilis*, de
friare, « broyer »). Qui est susceptible de se réduire en
menus fragments, en poudre, en poussière. *La craie, très
friable, s'effrite* aisément. *Roche, terre friable* (Cf.
Ébouler, cit. 4 ; écroulement, cit. 1). *Galette, biscotte friable.*

« Les laves poreuses se réduisent en sable et en poussière ; les
matières qui ont subi une forte calcination sans se fondre, deviennent
friables et forment une excellente pouzzolane. »
BUFFON, Hist. nat. minér., Des matières volcaniques.

ANT. — Dur.

DER. — Friabilité. *n. f.* (1641 ; d'après *friabilis*). Caractère de ce
qui est friable.

FRIAND, ANDE. adj. et *n. m.* (*Friant* au XIIᵉ s. ; anc.
part. prés. de *frire*, au fig. « qui grille d'impatience »).

I. *Adj.* ‖ 1° Qui recherche et apprécie la chère fine et
délicate (*vieilli*). *Il n'est pas gourmand, mais il est friand*
(ACAD.). V. **Gourmet, lécheur.** — *Friande comme une chatte.*

1 « Excessivement friande, elle aimait à se faire de bons petits plats ; »
BALZ., La rabouilleuse, Œuv., t. III, p. 858.

2 « — Soit, dit le vieil Oiseau, je ne suis point friand ;
Et toute nourriture est bonne au mendiant
Qu'un dur jeûne depuis trois siècles ronge et brûle. »
LECONTE de LISLE, Poèmes barb., Le corbeau.

`— Qui recherche et apprécie (un aliment) en gourmet.
*Personne friande de pâtisserie, de sucreries. L'écureuil est
très friand de noisettes.*

3 « Il filait comme un chien à la cuisine, friand des restes du
garde-manger ; déjeunait sur le pouce d'une carcasse, d'une tranche
de confit froid... »
MAURIAC, Th. Desqueyroux, VI.

— *Fig.* Qui aime, recherche (quelque chose) avec empressement, avec une sorte d'avidité sensuelle. V. **Amateur,
amoureux, avide.** *Être friand de compliments, de louanges.
Jeune personne friande d'intrigue* (Cf. Coquette, cit. 4).
Loups friands de tuerie (Cf. Étrangler, cit. 5).

4 « ... qui hait les présents ?
Tous les humains en sont friands, »
LA FONT., Contes, Le petit chien qui secoue de l'argent...

5 « ... les narines, friandes de brises tièdes et de senteurs amoureuses ; »
FLAUB., Mᵐᵉ Bovary, III, VIII.

6 « J'ai toujours été friand de confidences ; je me flattais d'avoir
l'oreille particulièrement bien faite pour les recevoir... »
GIDE, Si le grain ne meurt, I, VII.

7 « ... vous disiez qu'il fallait s'attendre en France à un grand renouveau lyrique. Les recueils de vers surgissent de partout et jamais le
public ne s'est montré plus avide ni plus friand de poésie. »
ID., Attendu que..., IV.

‖ 2° *Par ext.* Fin et délicat au palais, en parlant d'un
aliment. V. **Appétissant, délectable, délicieux, exquis.** *Mets
friand* (Cf. Cuisine, cit. 8). *Morceau friand* (Cf. Morceau
de roi*).

8 « Il se réjouissait à l'odeur de la viande
Mise en menus morceaux, et qu'il croyait friande. »
LA FONT., Fab., I, 18.

9 « Si celui-ci est à table, et qu'il prononce d'un mets qu'il est friand,
le maître et les convives, qui en mangeaient sans réflexion, le trouvent
friand, et ne s'en peuvent rassasier ; »
LA BRUY., V, 13.

— *Fig. et fam. Minois friand.*

10 « Ayant trouvé telle de nos Rémoises
Friande assez pour la bouche d'un roi. »
LA FONT., Contes, Rémois.

II. *N. m. Pâtiss.* ‖ 1° Pâtisserie salée, pâte feuilletée garnie intérieurement d'un hachis de viande.

‖ 2° Pâtisserie sucrée, en forme de barquette.
DER. — Friandise. — COMP. — Affriander.

FRIANDISE. *n. f.* (Var. *friantise*, XIVᵉ s. ; de *friand*,
et suff. *-ise*).

‖ 1° *Vx.* Goût pour la chère fine et délicate. V. **Gourmandise.**

1 « Il fallait avoir l'âme bien à l'épreuve du plaisir que peuvent donner
les bons morceaux, pour ne pas donner dans le péché de friandise en
mangeant de ce rôt-là, et puis de ce ragoût ; car il y en avait un d'une
délicatesse d'assaisonnement que je n'ai jamais rencontré ailleurs. »
MARIV., Le paysan parvenu, I.

— *Fig. et vx.* V. **Appétit.**

2 « ... leurs grimaces savantes (*des acteurs*), leur friandise de
louanges... »
MOL., Crit. Éc. d. fem., 6.

‖ 2° *De nos jours.* Petite chose délicate et sucrée (V. **Confiserie**), que l'on mange pour le plaisir, généralement en
dehors des repas. V. **Bonbon, chatterie, délicatesse, douceur, gâterie, nanan, sucrerie.** — REM. Le Dictionnaire de
l'ACADÉMIE (8ᵉ éd.) définit *friandise* au sing. par « morceau
fin et délicat », *friandises* au plur. par « sucreries et gâteaux ». De nos jours, *Friandise*, au singulier comme au
pluriel, ne s'emploie plus guère que pour les sucreries
qu'on mange avec les doigts. *Aimer les friandises. Offrir
des friandises à un enfant* (Cf. Congratulation, cit.). *Le
nougat est une friandise.*

3 « Il achetait, de ses propres deniers, des joujoux pour ses meilleurs
élèves, pour les plus sages et les plus gentils ; il leur faisait faire des
dinettes, les gorgeant de friandises, de sucreries et de gâteaux... »
MAUPASS., Clair de lune, Moiron.

4 « Une barque passa, pleine de friandises :
Ô parfums balancés !
Des marchands nous tendaient des pâtes de cerises
Et des cédrats glacés. »
Ctesse de NOAILLES, Poés., Les éblouissements, Constantinople.

— *Fig.* V. **Régal.**

5 « ... avec une verve incroyable et semée d'anecdotes sur les gens
célèbres, véritables friandises de conversation dont sont excessivement
avides les provinciaux... »
BALZ., Illus. perdues, Œuv., t. IV, p. 1004.

6 « En effet ici tout est friandise, caresse délicate pour des sens
délicats, jusque dans le décor extérieur de la vie, jusque dans les lignes
sinueuses, dans la parure galante, dans la commodité raffinée des architectures et des ameublements. »
TAINE, Orig. France contemp., I, t. I, p. 224.

FRIC. *n. m.* (1900 ; orig. obscure). *Pop.* V. **Argent*.**

1 « Mon cheminot se fout de ton fric : il en gagne. »
CARCO, Les belles manières, III, IX.

2 « ...mettons qu'elle ait besoin de son fric. Mais elle a sept mille francs chez elle depuis quatre mois, elle n'y a pas touché, elle n'a même pas trouvé le temps de les porter à la banque. »
SARTRE, Âge de raison, XI, p. 191.

FRICANDEAU. n. m. (1552 in RAB. ; orig. obscure). *Cuis.* Morceau de viande, de poisson lardé, cuit dans son jus. V. **Grenadin.** *Fricandeau de veau.*

FRICASSÉE. n. f. (XVᵉ s. ; de *fricasser*). *Cuis.* Ragoût de viande coupée par morceaux et cuite dans une sauce. V. **Fricot.** *Fricassée de poulet, de lapin* (V. **Gibelotte**).

1 « Ajoutez à cela la fricassée de six poulets de Ragotin et vous avouerez que l'on n'y fit pas mauvaise chère. »
SCARRON, **Roman comique,** II, XVI.

— *Fig.* et *vx.* Mélange* confus de choses diverses (Cf. Essai, cit. 21).

2 « ...jamais, au grand jamais, ne s'était vu pareille fricassée, d'armée, de voitures, d'artillerie, dans de pareille neige, sous un ciel pareillement ingrat. »
BALZ., **Médec. de camp.,** Œuv., t. VIII, p. 465.

— *De nos jours.* Fam. *Fricassée de museaux :* embrassade* générale (Cf. Essuyer, cit. 3).

— Danse ancienne à figures irrégulières.

FRICASSER. v. tr. (XVᵉ s ; orig. obscure, peut-être croisement entre *frire* et *casser*). *Cuis.* Faire cuire dans une sauce (de la viande, des légumes, coupés en morceaux). *Fricasser des poulets, du veau* (Cf. Dévorer, cit. 5). — *Par ext.* et *absolt.* Faire la cuisine.

1 « Cependant, on fricasse, on se rue en cuisine. »
LA FONT., **Fab.,** IV, 4.

— *Fig.* et *vx.* Dissiper en débauches, en bonne chère. V. **Consumer.**

2 « ...quand il eut retourné ses poches et qu'il n'en tira que trente-deux francs cinquante, son fils s'emporta, le traita de filou, l'accusa d'avoir fricassé les cinq francs, à de la boisson et à des horreurs. »
ZOLA, **La terre,** IV, II.

— *Se fricasser le museau.* S'embrasser gaiement (Cf. Fricassée).

3 « Ils se fricassèrent le museau comme de jeunes chiens. »
GIONO, **Hussard sur le toit,** VIII, p. 203.

DER. — **Fricassée.** — **Fricasseur, euse.** n. (XVIᵉ s.). Mauvais cuisinier, mauvaise cuisinière. V. **Gargotier.**

FRICATIF, IVE. adj. (1873 in LITTRÉ, Add. et Corr. ; dér. sav. du lat. *fricare*, frotter, et suff. *-atif*). *Phonét.* Se dit de consonnes pour l'articulation desquelles l'air sort de la bouche par un passage étroit (organes resserrés). V. **Continue, spirante.** — Substantivt. *Une fricative. En français moderne les fricatives sont :* f (dans *foi*), v (dans *veau*) ; s (dans *soie*), z (dans *zone*) ; ch (dans *chou*), j (dans *joie*).

FRICHE. n. f. (XIIIᵉ s. ; origine obscure).

I. *Agr.* ‖ **1°** EN FRICHE. État d'un sol momentanément ou durablement inculte*. *Une contrée en friche. Jardin en friche. Laisser une terre en friche pour la faire reposer*. Amender, défoncer, désherber un terrain en friche. L'emploi des engrais a diminué la superficie des terres en friche.* — *Être, demeurer, rester, tomber, retomber en friche.* V. **Abandon** (à l').

1 « L'homme vertueux est riche :
Si sa terre tombe en friche,
Il en porte peu d'ennui :
Car la plus grande richesse,
Dont les Dieux lui font largesse,
Est toujours avecques lui. »
DU BELLAY, **Disc. sur la louange de la vertu...**

2 « Ils (*les Bénédictins*) achetèrent des terres en friche au bord du Tage, près de Tolède, et ils fondèrent le couvent de Venghalia, après avoir planté en vignes et en orangers tout le pays d'alentour. »
CHATEAUB., **Génie du christ.** IV, VI, VII.

‖ **2°** *Par ext.* FRICHE. Toute terre en friche. *Une friche couverte de broussailles. Faire paître des bestiaux dans une friche* (V. **Pâtis**). *Chasser dans des friches.* V. **Garenne, varenne.** *La friche n'est pas, comme la lande, stérile* ; *mais elle reste inculte plus longtemps que la jachère*. *Friche jeune, friche âgée :* terre qui est en friche depuis moins de dix ans, plus de dix ans.

3 « Jusqu'en août, le troupeau mangeait dans les jachères, dans les trèfles et les luzernes, ou encore dans les friches le long des routes ; »
ZOLA, **La terre,** IV, I.

4 « ...les longues friches où foisonnent les bruyères... »
GENEVOIX, **Raboliot,** I, I.

II. *Fig.* ‖ **1°** Se dit de ce qu'on laisse sans soins, et *particult.* d'un esprit dont on a négligé de développer les dons. *Laisser son esprit en friche, le laisser retomber en friche. Une intelligence vive, mais en friche.* V. **Ignare, inculte.** — Se dit plaisamment d'un lieu à l'abandon, où règne le désordre.

5 « Chez la plupart des hommes, l'intelligence est un terrain qui demeure en friche presque toute la vie. »
DELACROIX, **Écrits,** p. 31.

6 « Vous avez tort ! Il ne faut jamais laisser en friche les facultés de la nature. »
FLAUB., **Mᵐᵉ Bovary,** III, IV.

7 « ...les pauvres ont le droit de croire qu'ils ont plus d'esprit que nous autres riches : la nécessité les rend subtils, l'envie leur aiguise le sens ; qu'ils fassent un héritage et bientôt ils laisseront leur intellect en friche. »
V. LARBAUD, **Barnabooth,** Journ., 20 avril.

8 « La princesse de Bormes rouvrait et redécorait son appartement, laissé en friche à cause de la guerre. »
COCTEAU, **Thomas l'imposteur,** p. 80.

‖ **2°** Domaine quelconque qui demeure inexploité. *Les archives sont des friches qui attendent les chercheurs.*

COMP. — **Défricher*.**

FRICHTI. n. m. (1855 ; allem. *frühstück*, « déjeuner du matin », prononcé par les Alsaciens « *fristick* »). *Arg. milit.* puis *fam.* Repas, plat que l'on cuisine (V. **Fricot**).

« Le frichti du soir mettait au-dessus de chaque toit un petit elfe de fumée qui se dandinait, dans le ciel sans couleur comme des visages. »
MONTHERLANT, **Les célibataires,** II, VII, p. 180.

FRICOT. n. m. (1767 ; dér. pop. du rad. de *fricasser*). *Pop.* Viande en ragoût. V. **Fricassée.** *Manger du fricot. Par ext.* Tout mets grossièrement cuisiné. V. **Frichti, rata.** *Faire le fricot :* la cuisine. Loc. fam. *S'endormir* sur le fricot.

1 « ...il ne faut pas s'endormir sur le fricot », comme eût dit ce bon Pradier. »
FLAUB., **Corresp.,** t. II, p. 167.

2 « Le fricot de Ragotte. Dans une casserole en terre cuite, deux ou trois morceaux de lard qu'on laisse fondre et qu'on retire... puis on mince de l'oignon, de l'ail, de l'échalote, des carottes, des pommes de terre, on verse dessus une potée d'eau, on jette une poignée de sel, on met le couvercle, et en voilà pour jusqu'à midi. Les carottes ne cuisent pas aussi vite que les pommes de terre. Elles sont encore dures quand on sert le fricot sur la table. »
RENARD, **Journ.,** 7 avril 1909.

3 « L'odeur du fricot montait et les cri-cris de la graisse semblaient les premiers bouillonnements d'une promesse. »
Ch.-L. PHILIPPE, **Père Perdrix,** I, IV, p. 99.

FRICOTER. v. tr. et intr. (1807 ; de *fricot*). *Pop.*

I. *V. tr.* ‖ **1°** Accommoder à feu vif en ragoût. V. **Fricasser.** *Fricoter des abattis de volaille.*

— Fig. (*Vieilli*) Dépenser en bombances, en plaisirs. *Ce fêtard a fricoté toute sa fortune.* V. **Dilapider, griller.**

‖ **2°** Mener secrètement quelque affaire, ourdir un projet. V. **Manigancer** (*pop.*), **mijoter, tramer.** *Par ext.* Faire. V. **Faire, fabriquer, ficher, foutre.** *Qu'est-ce que ce garnement peut bien fricoter ?*

— Spécialt. *Fricoter des comptes,* les falsifier pour dissimuler des malversations.

II. *V. intr.* ‖ **1°** Faire la cuisine. *Une ménagère qui fricote bien ; qui aime à fricoter :* à faire des petits plats.

« Tirez vos conclusions. Voilà la vie telle qu'elle est. Ça n'est pas plus beau que la cuisine, ça pue tout autant, et il faut se salir les mains si l'on veut fricoter ; sachez seulement vous bien débarbouiller : là est toute la morale de notre époque. »
BALZ., **Père Goriot,** Œuv., t. II, p. 937.

— *Par ext.* Faire bonne chère. V. **Régaler** (se). *Il dépense tout ce qu'il gagne à fricoter* (peu usit.).

‖ **2°** *Arg. milit. vieil.* Intriguer pour esquiver les corvées. V. **Cul, flanc** (tirer au...).

— *Par ext.* Se livrer à des activités peu honnêtes. *Il fricote dans des affaires louches.* V. **Tremper** (dans), **tripoter** (dans).

— *Fricoter avec quelqu'un :* être de connivence avec lui dans des affaires louches, ou encore, *spécialt.,* être en relations galantes avec lui.

DER. — **Fricotage.** n. m. (1898 NOUV. LAR. ILL.). Action de fricoter (dans des affaires malhonnêtes). V. **Tripotage, tripatouillage.** — **Fricoteur, euse.** n. m. et f. (1812). Celui, celle qui fait du fricot. *Péjor.* Mauvais cuisinier. — *Arg. milit. vieil.* Maraudeur. — Soldat qui ruse avec la discipline (ACAD.). — *Fig.* Profiteur, personne qui s'occupe d'affaires louches.

FRICTION. n. f. (XVIᵉ s. ; empr. au lat. médic. *frictio*).

I. *Méd.* Action de frotter vigoureusement une partie du corps pour provoquer une révulsion* ou faire absorber un médicament par la peau. *Se réchauffer par une friction au sortir du bain, après la douche. Friction sèche à la main, au gant de crin, à la brosse en chiendent. Friction humide à l'alcool, à l'embrocation** (V. **Massage**), *au liniment*, à l'onguent*. V. **Onction.** *Friction au baume acétique contre les rhumatismes. Friction à l'huile de camomille, à l'opodeldoch contre les douleurs.*

1 « Les frictions ont... d'une part un but hygiénique, d'autre part un but thérapeutique. On fait pénétrer, grâce à elles, dans l'organisme, des substances telles que l'iodure de potassium, le mercure, la belladone, le croton tiglium, etc. »
Dr L. HAHN (in GRANDE ENCYCL., **Friction**).

2 « Il découvrit les jambes. Elles étaient de nouveau glacées, une cyanose épaisse avait dépassé le genou et marquait déjà largement les cuisses. Toutefois, sous les frictions qu'Angélo faisait aller de plus en plus vite, il lui sembla que la chair s'amollissait, tiédissait, reprenait un peu de nacre. » GIONO, **Le hussard sur le toit,** II, p. 57.

— *Par plaisant.* Pop. Réprimande, correction. *Administrer une friction à un enfant turbulent.*

— *Art vétér.* Action de frotter vigoureusement la région endolorie du corps d'un animal, avec un topique* liquide ou gras. V. **Bouchonnement.**

— *Par anal.* Nettoyage du cuir chevelu avec une eau aromatique. *Friction à l'eau de Cologne.*

— Par ext. *T. de Pharm.* Liniment préparé pour être administré par friction.

II. En parlant de choses. *Phys.* Frottement de deux corps. V. **Attrition** (*vx.*). *Forces de friction :* forces de frottement*. *Broyage par friction.* V. **Trituration.**

— *T. de Mécan. Cône, galet*, roue* de friction,* organes qui transmettent un mouvement de rotation par leur contact sans glissement. *Embrayage* à friction normale, conique, cylindrique. La friction est une cause d'usure et de grippage* que le graissage* atténue.* V. **Antifriction.** *La lime et la meule, outils agissant par friction.*

— *Fig.* Désaccord, heurt. V. **Accrochage** (*fam.*), **froissement.** *Cause, point de friction,* sujet de mésentente, de discussion.

3 « Il y avait aussi de perpétuels conflits entre Jean, valet de chambre polonais, et les serviteurs berrichons... Enfin tout devenait cause de friction. » MAUROIS, **Lélia,** VI, p. 345.

— *Spécialt.* T. de Géol. *Brèche* de friction :* résultat du broyage réciproque de deux couches géologiques lors du glissement vertical qui détermine une faille.

4 « Des cannelures parallèles subsistent... presque toujours (*sur les parois des failles*) et leur direction indique le sens dans lequel s'est produite la friction... Les brèches que l'on observe souvent le long des failles sont le résultat de la trituration des débris arrachés aux lèvres par le frottement, c'est ce que l'on a appelé des *brèches de friction* ou *brèches de dislocation.* » HAUG, **Traité de géol.,** t. I, p. 248.

FRICTIONNER. v. tr. (1782 ; de *friction*). *Méd.* Soumettre à une friction. *Frictionner un nouveau-né, une femme évanouie. Frictionner la cheville contusionnée d'un blessé.* V. **Frotter.** *Se frictionner le visage avec une lotion faciale* (Cf. Assécher, cit. 3). — Absolt. *Ce masseur frictionne vigoureusement* (Cf. Friction, cit. 2). — Pronominalt. *Se frictionner au baume tranquille.*

1 « ...elle me trouva nu sur le lit, me cachant à moitié sous l'édredon. Elle me gronda : C'était fou de rester nu ; il fallait me frictionner à l'eau de Cologne. » RADIGUET, **Le diable au corps,** p. 74.

2 « Il ne savait que frictionner sans arrêt. Ses mains lui en faisaient mal. Il fit des frictions à l'eau-de-vie. Il renouvelait à chaque instant les pierres chaudes. Il tira avec précaution la jeune femme le plus près possible du feu. » GIONO, **Le hussard sur le toit,** XIV, p. 392.

— Fig. et fam. *Frictionner la tête, les oreilles à quelqu'un :* le réprimander (Cf. Laver, savonner la tête, passer un savon à quelqu'un).

FRIGIDAIRE. n. m. (XVIe s., terme hist., empr. du lat. *frigidarium*, « chambre froide » ; repris en 1922 par une firme industrielle comme nom déposé ; terme étendu ensuite à tout réfrigérateur). Armoire, de dimensions et de capacité variables, munie d'un dispositif frigorifique*, permettant de conserver à basse température des denrées périssables. V. **Réfrigérateur.**

« Il visitait des boucheries, vendait des frigidaires. » PLISNIER, **Meurtres,** t. III, p. 300.

— *Par ext.* Pop. *C'est un vrai frigidaire, cette femme !* V. **Frigide, froid, réfrigérant.**

FRIGIDARIUM. n. m. (mot lat.). *Antiq. rom.* Partie des thermes* où l'on prenait des bains (cit. 8) froids.

ANT. — **Caldarium.**

FRIGIDE. adj. (XIXe s. CHATEAUB. ; empr. au lat. *frigidus*, « froid ». — REM. Bien que ce mot soit déjà dans CHATEAUBRIAND, il n'est pas enregistré dans les dictionnaires avant le XXe s. Le LAR. UNIV., 1922, semble être le premier à le signaler).

‖ 1° *Vx.* ou *littér.* Froid. *Cadavre frigide, frigide comme le marbre.*

1 « ...sous la tente... il y avait une douce obscurité, une tendre décoloration des visages et des choses, une frigide pénombre... » GONCOURT, **Zemganno,** III.

— *Par métaph. :*

2 « (*Il*) mit refroidir mon vin un peu chaud dans l'eau frigide de sa claire fontaine. » CHATEAUB., **M. O.-T.,** t. II, p. 131.

— Fig. *Un abord frigide.* V. **Glacé.** *Une âme frigide,* incapable d'éprouver d'émotion tendre et, *spécialt.,* un émoi amoureux. V. **Insensible.** *Un tempérament frigide :* qui ignore le désir sexuel ou ne l'éprouve plus. V. **Froid.**

3 « Sa vie dénuée de toute péripétie juponnière, — pour l'excellente raison d'un hermaphrodisme des plus frigides, — est aussi plate que celle du premier cabotin venu... » BLOY, **Le désespéré,** p. 246.

4 « Il se pourrait donc que l'homme au masque eût été le seul trouble de ce cœur frigide, son seul amour. » LA VARENDE, **Nez-de-cuir,** p. 6.

5 « Incapable d'aimer (*la Pharisienne*), elle poursuit d'une âpre rancœur les amours des autres. « Ainsi cette âme frigide se glorifie-t-elle de sa frigidité... » MAUROIS, **Ét. littér.,** II, Mauriac, III.

‖ 2° *Méd.* (fin XIXe s.). Qualifie une femme incapable, de façon passagère ou durable, d'éprouver le plaisir sexuel. V. **Frigidité.** *Epouse, maîtresse frigide. Une femme frigide qui répugne aux gestes de l'amour.* — REM. L'usage de ce mot est parfois étendu à l'homme (Cf. Frigidité, cit. 3).

6 « ...il n'est pas rare d'observer chez les mêmes malades auparavant frigides, de véritables « fringales érotiques ». CÉLINE, **Voyage au bout de la nuit,** p. 88.

7 « ...toutes les femmes connaissent de ces défaillances. Il n'y a que les femmes frigides, comme la tienne, pour en être préservées. » AYMÉ, **La tête des autres,** I, 9.

ANT. — **Ardent** (cit. 25), **amoureux, chaud, lascif, passionné, sensuel, voluptueux.**

FRIGIDITÉ. n. f. (1330 ; empr. au lat. médic. *frigiditas*). Qualité de ce qui est froid, procure la sensation de froid. *La frigidité du marbre, de l'eau d'une source.*

— *Fig.* Absence de chaleur*, de tendresse pour autrui. *La sécheresse et la frigidité d'une âme* (Cf. Frigide, cit. MAUROIS). — Incapacité d'éprouver des sentiments amoureux.

— *Spécialt.* (T. de Méd.). *La frigidité féminine.* V. **Froideur.** *Frigidité permanente. Frigidité temporaire. Frigidité anatomique, physiologique, psychologique. Frigidité absolue, relative.*

1 « La frigidité... est rarement absolument complète et définitive. Dans les formes complètes, à l'absence de jouissance, s'ajoute une absence totale d'appétit sexuel. D'autres fois, malgré l'absence de toute sensation voluptueuse, la femme conserve une impulsion sexuelle normale. » A. BINET, **L'amour et l'émotion chez la femme,** XIV, p. 150.

2 « Si sa devise était « *fais souffrir et jouis* », on pourrait penser que, comme Messaline, c'est une insatisfaction perpétuelle des sens qui l'a dévoyée, mais rien de tel ne paraît dans le roman et ne fait soupçonner que la frigidité soit le motif de ses dérèglements. » Jean MISTLER, (in LACLOS, Liaisons dangereuses), Introd., p. XXX.

3 « La frigidité, à l'inverse de l'érotisme, est le ralentissement ou l'extinction, l'absence simple parfois de l'appétit sexuel. Elle se traduit chez l'homme par l'impuissance. On la rencontre dans certaines affections organiques neurologiques (tabès) ou mentales (paralysie générale)... elle est banale chez les surmenés... Assez commune chez la femme... son existence chez l'homme est souvent la source de graves préoccupations capables de conduire le sujet au suicide... Le traitement de la frigidité tire ses éléments de la pathogénie du trouble. » Ch. BARDENAT in POROT, **Man. alph. psychiatrie,** Frigidité.

4 « ...il (*le malade*) se plaint, par exemple, d'insomnie, d'incapacité à la concentration intellectuelle, d'une inhibition sexuelle telle que l'impuissance ou la frigidité. » LAGACHE, **La psychanalyse,** p. 60 (éd. P.U.F.).

ANT. — **Chaleur, cordialité ; ardeur, érotisme, lasciveté, sensualité.**

FRIGO. n. m. (XXe s.). *Abrév. pop.*

I. Viande frigorifiée*. *Du frigo en provenance d'Argentine.*

1 « ...Vairon remue le rata avec l'échalas, tandis que Broucke, dépenaillé, demi-nu, découpe du « frigo » bien rouge avec une hachette à bois, en hurlant des refrains flamands... Précautionneusement il jette les tranches glacées sur un sac à patates... » DORGELÈS, **Croix de bois,** IV.

2 « ...des êtres vidés, déchus... des fous parfois, d'autres qui pleuraient, d'autres qu'il fallait charger (*dans les chaloupes de sauvetage*) comme des quartiers de frigo. » R. VERCEL, **Remorques,** II, p. 38

II. Chambre frigorifique*. *Mettre les provisions au frigo.* Par ext. *Acheminer de la viande en (wagon) frigo.*

FRIGORIFIQUE. adj. (1701 ; empr. au lat. *frigorificus* ; de *frigus, frigoris,* froid). Qui sert à produire le froid. *Mélange frigorifique. Le chlorure de méthyle, fluide frigorifique très employé.* V. **Réfrigérant.** *Appareil frigorifique. Machine frigorifique à compression, à absorption, etc.*

— Par ext. *Installation frigorifique* (et substantivt. *Un frigorifique*), où l'on produit un froid artificiel pour fabriquer de la glace, conserver des denrées périssables. *Entrepôts* frigorifiques. Société de transports frigorifiques par camions et wagons isothermes*, par navires (frigorifiques).*

« Le bateau a une bonne installation frigorifique... » COLETTE, **Prisons et paradis,** p. 99.

ANT. — **Calorifique.**

DER. et COMP. — (empr. à la même racine latine que le précédent). — **Frigorie.** *n. f.* (XXe s. d'après *calorie*). V. **Froid.** Unité C.G.S. de mesure du froid (abrév. *fg*). V. **Millithermie.** *Une frigorie est la quantité de froid nécessaire pour abaisser d'un degré centigrade la température d'un kilogramme d'eau.* ANT. **Calorie.** — **Frigorifère,** *adj.* (1842). Qui produit du froid. Substantivt. (T. de Techn.) Appareil assurant la circulation du fluide frigorigène* dans les salles ou armoires frigorifiques. — *Dégivrer un frigorifère.* Ce mot désigne aussi une chambre de froid* (ANT. Calorifère). — **Frigorigène.** *adj.* (XXe s.) Générateur de froid. *Machine, fluide frigorigène.* Substantivt. *La neige carbonique, frigorigène énergique.* — **Frigoriste.** *n. m.* (*Néol.*) Spécialiste des industries du froid. *Le frigoriste vend, répare, installe les appareils frigorifiques ou fait commerce de l'une des applications du froid* industriel.* — **Frigothérapie.** *n. f.* (1906 NOUV. LAR. ILL., suppl.) (Cf. -Thérapie.) Traitement des maladies par le froid. V. **Cryothérapie.** *La frigothérapie est utilisée pour ses effets anesthésiques et antipyriques.* — **Frigorifier.** *v. intr. et tr.* (fin XIXe s.). Intr. *Techn.* Produire artificiellement le froid. Tr. Soumettre au froid les denrées qu'on veut conserver. V. **Congeler, réfrigérer.** *Viandes frigorifiées à —15 degrés.*

« Tout ce qu'on mange ou boit, stérilisé, pasteurisé, conservé, frigorifié, fabriqué, dénaturé. » LÉAUTAUD, **Propos d'un jour,** Notes retrouvées, p. 69.

FRILEUX, EUSE. adj. et n. (XIIe s. ; du bas lat. *frigorosus*).

I. *Adj.* || 1° (*Vx.* ou *recherché*). Où l'on sent le froid. *Frileuse saison* (MUSSET).

1 « ...le soleil traînait dans le ciel frileux son bloc refroidi ; »
FRANCE, **Lys rouge**, XXXI.

2 « Mais ce soir, dans la solitude de cette chambre un peu frileuse, entre ces draps dont le corps ne parvenait pas à réchauffer tous les replis... »
ROMAINS, **H. de b. vol.**, t. II, XII, p. 129.

|| 2° Qui craint le froid. *Une personne frileuse. Vieillard frileux. Animal frileux* (Cf. Chat, cit. 5). — Par ext. *Épaules* (cit. 10) *frileuses. Dos frileux.*

3 « ...je vois qu'il faudra mourir au milieu des neiges du mont Jura : cela est bien désagréable pour un homme aussi frileux que moi. »
VOLT., **Lett. Richelieu**, 3870, 6 avr. 1772.

4 « ...il s'est accroupi, frileux, les doigts de pied
Repliés, grelottant au clair soleil qui plaque
Des jaunes (de brioche) aux vitres de papier ; »
RIMBAUD, **Poés.**, 1871, Accroupissements.

5 « Blotti comme un oiseau frileux au fond du nid, »
SAMAIN, **Chariot d'or**, Élég.

6 « Il aimait tellement le grand air qu'il voyageait, toutes portières ouvertes, malgré le froid, la pluie et la poussière. Mme de Maintenon, très frileuse, ne pouvait pas s'accoutumer à ces façons. D'habitude, le couple voyageait séparément. »
L. BERTRAND, **Louis XIV**, III, II.

|| 3° *Par ext.* Qui dénote l'effet, la crainte du froid. *Attitude frileuse. Geste frileux* (Cf. Aspect, cit. 24).

7 « ...les frissons frileux dans les robes ouvertes ; »
ROSTAND, **Musardises**, L'heure charmante.

8 « Une petite femme boulotte... était assise derrière son comptoir, dans une posture un peu frileuse, un fichu de tricot noir sur les épaules. »
ROMAINS, **H. de b. vol.**, t. II, VIII, p. 82.

|| 4° *Substantivt.* Personne frileuse. *L'hiver redouté des frileux.*

II. *N. f.* Ancienne coiffure féminine en laine. *Elle noua les brides de sa frileuse.*

DER. — **Frileusement.** adv. (fin XIXe s.). D'une manière frileuse. *Se blottir* (cit. 8) *frileusement.*

1 « Berthe croisa frileusement les pointes de son fichu de laine... »
CARCO, **Les belles manières**, I, I.

2 « L'abbé Menou-Segrais ramena frileusement sur ses genoux la couverture, et tendit de loin ses mains vers l'âtre sans répondre. »
BERNANOS, **Sous le soleil de Satan**, p. 85.

FRIMAIRE. n. m. (1793 ; mot créé par FABRE D'ÉGLANTINE, « mois des frimas ». V. **Brumaire**, cit.). Troisième mois de l'année républicaine* (du 21 ou 22 novembre au 20 ou 21 décembre).

1 « ...dans l'oisiveté frileuse de frimaire, »
BAUDEL., **Prem. poèm.**, A Ste-Beuve.

2 « Le 24 frimaire, à dix heures du matin, sous un ciel vif et rose, qui fondait les glaces de la nuit, les citoyens Guénot et Delourmel, délégués du Comité de sûreté générale, se rendirent aux Barnabites... »
FRANCE, **Les dieux ont soif**, XVII.

FRIMAS. n. m. (XVe s. ; anc. fr. *frume*, *frime*, d'un francique *hrim*). Brouillard épais et froid qui se congèle en tombant. V. **Givre, grésil, verglas**. *L'hiver, saison des frimas* (Cf. Attrister, cit. 1).

1 « ...les frimas congelés sont les seules guirlandes
Qui garnissent la roche où nous nous enfonçons ; »
LAMART., **Jocelyn**, III, 1er déc. 1793.

2 « Pendant que le soldat s'efforce pour se faire jour au travers de ces tourbillons de vents et de frimas, les flocons de neige, poussés par la tempête, s'amoncellent. »
SÉGUR, **Hist. Napol.**, IX, 11 (in LITTRÉ).

3 « ...une montagne éloignée montrait sa tête couverte de légers frimas. »
FROMENTIN, **Été dans le Sahara**, p. 9.

4 « Le vent du Nord soulevait dans les rues des ondes de frimas. Les chevaux expiraient par les naseaux une vapeur blanche ; »
FRANCE, **Les dieux ont soif**, XXIX.

— *Par anal.* Cost. *Être coiffé, poudré à frimas*, avec une légère couche de poudre sur la chevelure (ou la perruque).

5 « Dans ce petit cabaret, je trouvai trois braves dont les chapeaux étaient galonnés d'or, l'uniforme blanc, les revers roses, les moustaches cirées de noir, les cheveux tout poudrés à frimas, et qui parlaient aussi vite que des vendeurs d'orviétan. »
VIGNY, **Servit. et grand. milit.**, II, VIII.

6 « ...elle avait posé avec soin un large chapeau Gainsborough au sommet de ses cheveux savamment poudrés à frimas ; »
HENRIOT, **Le diable à l'hôtel**, XV.

— *Par métaph.* :

7 « ...la neige semblait une poussière de nacre... Le plus beau, c'était le bois d'orangers... tous les fruits poudrés à frimas avaient une douceur splendide, un rayonnement discret... »
DAUD., **Lett. de mon moulin**, Les oranges.

— *Fig.* Cheveux blancs. V. **Canitie**.

8 « Tout jeune, d'une beauté robuste que poudrait un frimas précoce... »
COURTELINE, **MM. ronds-de-cuir**, IIIe tabl., I.

— *Mar.* Éclaboussures d'écume produites par les lames qui se brisent contre le navire. V. **Embrun**.

FRIME. n. f. (XVe s. ; *frume* au XIIe s. ; étym. obscure).

|| 1° *Vx.* Mine, grimace.

|| 2° *Par ext.* Faux-semblant, ruse, tromperie.

— De nos jours (*Fam.*). Apparence trompeuse. *C'est de la frime :* ce n'est pas sérieux. V. **Blague, comédie, mensonge, simulacre. Pour la frime :** en apparence seulement.

1 « Le père malade, en voilà un embêtement ! Peut-être bien que ce n'était qu'une frime, histoire de se faire dorloter. »
ZOLA, **La terre**, IV, V.

2 « Jeune homme, j'ai pâli sur des codes avec une très mauvaise mémoire, alors que tout le monde, ma famille et moi, savait que je ne serais avocat que pour la frime... »
MONTHERLANT, **Pitié pour les femmes**, p. 201.

FRIMOUSSE. n. f. (XVIIe s. ; étym. incert. ; dérivé possible de *frime*). *Pop.* Visage. V. **Face, figure**.

1 « Si j'avais été ici, lui disait alors Vautrin, ce malheur ne vous serait pas arrivé ! je vous aurais joliment dévisagé cette farceuse-là. Je connais leurs *frimousses*. »
BALZ., **Père Goriot**, Œuv., t. II, p. 865.

— Se dit en particulier d'un visage jeune et gracieux d'enfant ou de jeune fille (V. **Minois**) et, *par ext.* du museau d'un jeune animal.

2 « ...derrière la provision de bois et de sarments, les frimousses des petits chats de Rose... »
GIDE, **Si le grain ne meurt**, I, II.

3 « ...face à la porte d'entrée, une glace Louis XV s'étonnait, sans nul doute, d'avoir à refléter des frimousses jaunes de mousmés, et non plus des minois de fillettes françaises. »
FARRÈRE, **La bataille**, I.

FRINGALE. n. f. (*Fringalle* en 1780 ; altér. de *faimvalle*, peut-être par attract. de *fringant*). *Fam.* Faim violente et pressante. V. **Faim*, faim-valle**. *Avoir la fringale, une terrible fringale* (Cf. Buffet, cit. 2).

— *Fig.* Désir violent, irrésistible. V. **Envie, soif.** *Fringale érotique* (Cf. Frigide, cit. 6). *Une fringale de distractions, de lecture...* (Cf. *aussi* Étreindre, cit. 4).

1 « ...après le dîner nous irons ensemble au spectacle. J'ai une fringale de spectacle. »
BALZ., **Splend. et mis...**, A combien rev. l'amour..., Œuv., t. V, p. 839.

2 « ...j'étais pareil en cela à Elstir qui, obligé de rester enfermé dans son atelier, certains jours de printemps, où savoir que les bois étaient pleins de violettes lui donnait une fringale d'en regarder, envoyait sa concierge lui en acheter un bouquet. »
PROUST, **La prisonnière**, p. 183 (éd. La Gerbe).

ANT. — **Dégoût**.

FRINGANT, ANTE. adj. (XVe s. ; part. prés. de l'anc. fr. *fringuer*, « gambader », d'orig. obscure).

|| 1° En parlant d'un cheval, Qui est plein de vigueur, gambade, s'agite. *Chevaux fringants.*

1 « Car il (*Pégase*) est gai de sa nature,
Fringant, délicat d'embouchure, »
LA FONT., **Œuv. div.**, A Monsieur Galien.

2 « Doucement bercé sur sa mule fringante, messer Blazius s'avance dans les bluets fleuris, vêtu de neuf, l'écritoire au côté. »
MUSS., **On ne badine pas avec l'amour**, I, 1.

3 « ...l'un des plus élégants coupés de Paris, attelé de deux chevaux fringants qui avaient des roses à l'oreille, qui mordaient leur frein, et qu'un cocher poudré, bien cravaté, tenait en bride comme s'ils eussent voulu s'échapper. »
BALZ., **Père Goriot**, Œuv., t. II, p. 901.

|| 2° *Par ext.* En parlant d'une personne. Dont l'allure vive, l'air décidé, la mise élégante dénotent de la santé, de la vitalité, une belle humeur. V. **Alerte, élégant, éveillé, guilleret, gaillard, pimpant, sémillant, vif.** *Un fringant cavalier. Il est encore bien fringant pour son âge.* V. **Vigoureux.** — *Substantivt.* *Ce jeune homme fait bien le fringant* (ACAD.). V. **Avantageux.**

4 « Une épouse fringante, et jeune,... »
LA FONT., **Contes**, Coupe enchantée.

5 « ...le Maréchal de Richelieu qui, à plus de 80 ans, faisait, dit-on, encore des ravages dans le cœur des jeunes filles ; mais ce Don Juan du XVIIIe siècle, resté, à cet âge avancé, élégant, déluré, fringant, ardent... »
MADELIN, **Talleyrand**, V, XXXIV.

6 « ...haut de forme gris sur la tête et fleur à la boutonnière, la vie du Boulevard — comme on disait alors — dans le sillage du fringant René Maizeroy et autres seigneurs, — oh ! bien momentanés — du conte et de la chronique pour journaux élégants... »
LECOMTE, **Ma traversée**, p. 335.

— *Air fringant. Allure fringante.*

— *Fig.* V. **Ardent, brillant**.

7 « Il se sentait au cœur une envie de plaire, d'être galant et spirituel, comme aux jours les plus fringants de sa jeunesse, une de ces envies instinctives qui surexcitent toutes les facultés de séduction, qui font faire la roue aux paons et dire des vers aux poètes. »
MAUPASS., **Fort comme la mort**, II, IV.

8 « ...une sorte de curiosité, d'allégresse presque fringante... »
GIDE, **Ainsi soit-il**, p. 24.

ANT. — **Engourdi, lourd, lourdaud, penaud, pesant**.

FRINGILLIDÉS. n. m. pl. (du lat. *fringilla*, « pinson »). *Zool.* Famille d'oiseaux passériformes (*Passereaux*) dont les types principaux sont : le bec-croisé, le bouvreuil, le bruant ou ortolan, le chardonneret, le serin ou canari, le durbec, le gros-bec, le moineau, la passerine, le pinson, le verdier... »

FRINGUER. *v. intr.* et *tr.* (XVᵉ s. ; orig. obscure).

|| 1° *V. intr.* Vx. V. **Gambader.** — REM. Cet archaïsme se rencontre encore dans Chateaubriand.

1 « Aussitôt que j'avais atteint la cour verte et le bois, je me mettais à courir, à sauter, à bondir, à fringuer. »
CHATEAUB., Mém., I, III, 6 (éd. Levaillant).

— (1755, VADÉ). Faire l'élégant (*pop.*)

|| 2° *V. tr.* Par ext. et pop. V. **Habiller, vêtir.** *Qui t'a fringué comme ça ?* V. **Accoutrer.** *Être bien, mal fringué.* V. **Nipper.** Pronominalt. *Elle se fringue mal.*

2 « Cela lui donnait une tournure singulière, car il marchait, les bras ballants dans les manches où ses petites mains disparaissaient. — T'es fringué, observa Fernande. »
CARCO, Jésus-la-Caille, III, IV.

3 « Une enfance dure. La haine autour de moi des autres lycéens parce que mal fringué. Pas le sou, comprenez ? Mon père avait déjà de la peine à payer les bouquins. »
ARAGON, Beaux quartiers, I, XXI.

4 « Une femme passa et le regarda avec insistance. Elle était formidablement bien fringuée. Il se retourna pour la voir de dos... »
SARTRE, Âge de raison, XIII.

DER. — V. Fringant. — **Fringues.** *n. f. pl.* (fin XIXᵉ s.). *Pop.* Habits*. V. **Frusque, nippe.** *Mettre ses fringues.*

« J'ai des nippes, répondit l'électricien. Tu vas t'habiller là derrière, dans ma chambre. Tu feras un paquet de tes fringues de griveton et tu les emporteras avec toi. » MAC ORLAN, Quai des brumes, VIII.

FRIO. *adj.* (1883 ; mot esp.). *Pop.* V. **Froid.** *Il fait frio.*

FRIPE. *n. f* (*Frepe* au XIIIᵉ s. ; orig. incert.). *Vx.* V. **Chiffon.**

DER. — Friper 1, friperie, fripier, fripouille.

1. FRIPER. *v. tr.* (1546 ; altér. d'après *friper* 2, de l'anc. fr. *freper*, dér. de *frepe.* V. **Fripe**). Défraîchir en chiffonnant. V. **Chiffonner, froisser.** *Friper ses vêtements.* — Pronominalt. *Tissu qui se fripe aisément.*

|| FRIPÉ, ÉE. *p.p.* et adj. Chiffonné, défraîchi, froissé. *Habits tout fripés. Robe fripée et usée.*

1 « ... elle usait encore, au moment dont je vous parle, une série de robes tristes, étroites, montantes, limées au corsage par le frottement des pupitres, et fripées aux genoux par les génuflexions sur le pavé de la chapelle. » FROMENTIN, Dominique, IV.

2 « ... un observateur méticuleux eût pu trouver à reprendre à leur élégance un peu fripée et défraîchie ; » GAUTIER, Capitaine Fracasse, II, t. I, p. 53.

— *Par anal.* (VALLÈS, 1879). *Visage fripé.* V. **Marqué.**

3 « Une petite verrue qui joue le grain de beauté dans son visage tiré, fripé, ridé. » VALLÈS, Jacques Vingtras, L'enfant, p. 18.

4 « C'était une grande blonde, pâle, assez gentille, une figure fripée par la misère, l'amour, l'insomnie, et des embarras gastriques... » MAC ORLAN, Quai des brumes, V.

ANT. — Lisse. — COMP. — Défriper.

2. FRIPER. *v. tr.* (XIIIᵉ s. ; orig. obscure). *Vx.* Manger, avaler goulûment. *Par ext.* et *Vx.* Consumer, dissiper (de l'argent, etc.). — Dérober.

DER. — Fripon. **Fripe** ou **frippe.** *n. f.* (*vx.*). Tout aliment qui peut s'étaler sur du pain.

« D'ailleurs, ces jeunes gens de Paris, tu verras que ça ne mange point de pain. — Ça mangera donc de la *frippe*, dit Nanon. En Anjou, la frippe, mot du lexique populaire, exprime l'accompagnement du pain, depuis le beurre étendu sur la tartine, frippe vulgaire, jusqu'aux confitures d'alleberge, la plus distinguée des frippes ; et tous ceux qui, dans leur enfance, ont léché la frippe et laissé le pain, comprendront la portée de cette locution. » BALZ., Eug. Grandet, Œuv., t. III, p. 530.

FRIPERIE. *n. f.* (*Freperie* au XIIIᵉ s. ; de *frepe, fripe,* « chiffon »). Vieux habits, vieux meubles, sans valeur.

1 « Allez chez une ravaudeuse et passez-y deux heures à regarder la friperie. Quand toutes ces frusques sont sur la bête, on les observe mal ; » DUHAM., Salavin, V, VI.

— *Fig.* et *péjor.* V. **Vieillerie.**

2 « Il... raille cette *friperie* politique qui l'a si longtemps occupé. » HENRIOT, Portr. de fem., p. 423.

— *Par ext.* Commerce de vêtements d'occasion, de vieux meubles. — Magasin où se pratique ce commerce.

3 « ... s'étant précautionnés à la friperie de vêtements chauds... les comédiens ne souffraient pas du froid... » GAUTIER, Capitaine Fracasse, XI, t. II, p. 42.

FRIPIER, IÈRE. *n.* (*Frepier* au XIIIᵉ s. ; de *frepe, fripe**). Personne qui revend d'occasion des habits, du linge, des vieux meubles sans valeur. V. **Brocanteur, marchand** (d'habits). *Fripier qui passe dans les rues pour acheter aux particuliers les vêtements dont ils ne veulent plus. Acheter un costume d'occasion chez le fripier* (Cf. Chichement, cit. 4).

1 « ... toutes les hardes qui sont dans cette grande manne... tu les vendras aux fripiers... » MOL., Scap., II, 7.

2 « Je le priai de me faire venir un tailleur. Il vaut mieux, me dit-il, envoyer chercher un fripier ; il vous apportera toutes sortes d'habits, et vous serez habillé sur-le-champ. » LESAGE, Gil Blas, I, XIV.

---

3 « ... le fripier qui chemine tristement entre les voitures et pousse, dans le tumulte, un appel que personne n'entend... »
DUHAM., Salavin, III, XXX.

— Adjectivt. *Marchand fripier.*

4 « Le marchand fripier auquel elle devait ses meubles, quels meubles ! lui avait dit : « Si vous vous en allez, je vous fais arrêter comme voleuse. » HUGO, Misér., I, V, IX.

FRIPON, ONNE. *n.* (XVIᵉ s., arg. scol. aux sens de « gourmand, cuisinier », puis « malfaiteur » ; de *friper* 2).

|| 1° *Vieilli* (Sens fort). Personne sans scrupules, rusée, fourbe et malhonnête. V. **Canaille, coquin, escroc, filou, gredin, gonin** (*vx.*), **gueux, maroufle, pendard, picaro** (*vx.*), **voleur** (Cf. Débauché, cit. 3). *Traiter un valet de fripon* (Cf. Bélître, cit.). *Fripon qui vit aux dépens des autres* (Cf. Faire, cit. 154). *Maître fripon* (Cf. Avaricieux, cit. 1). *Un fripon de libraire* (Cf. Écumeur, cit. 3). *Allus. littér.* (Cf. Chat, cit. 15 BOILEAU). Cf. *aussi* Bois, cit. 21 ; commencer, cit. 17 ; compte, cit. 12 ; délit, cit. 5 ; ficelle, cit. 6.

1 « Quoi ? parce qu'un fripon vous dupe avec audace » MOL., Tart., V, 1.

2 « Il faut des fripons à la cour auprès des grands et des ministres... Honneur, vertu, conscience, qualités toujours respectables, souvent inutiles : que voulez-vous quelquefois que l'on fasse d'un homme de bien ? » LA BRUY., VIII, 53.

3 « Travailler est donc un devoir indispensable à l'homme social. Riche ou pauvre, puissant ou faible, tout citoyen oisif est un fripon. » ROUSS., Émile, III.

4 « Martin, ayant repris son sang-froid, jugea que la dame qui se prétendait Cunégonde était une friponne, monsieur l'abbé périgourdin un fripon, qui avait abusé au plus vite de l'innocence de Candide, et l'exempt un autre fripon dont on pouvait aisément se débarrasser. » VOLT., Candide, XXII.

5 « On n'échappe aux fripons que pour choir dans les cuistres. » HUGO, Châtiments, V, IV.

6 « L'humanité ne changeant guère, on peut dire, comme un vieil auteur, que moins il y a de fripons aux galères, plus il y en a dehors. » NERVAL, La main enchantée, I.

|| 2° Nom qu'on donne familièrement à un enfant, une personne espiègle et éveillée, qui aime les tours malicieux. V. **Brigand, coquin, diable.** *Petit fripon. Un fripon d'enfant* (Cf. Âge, cit. 29). — *Spécialt.* Personne égrillarde. *Un vieux fripon.* — Femme séduisante, coquette, adroite et fine. *Une jeune friponne* (Cf. Bouchon, cit. 2).

7 « Avec tant d'attraits précieux, Hélas ! qui n'eût été friponne ? » VOLT., Épît., XXXIV.

8 « Ah ! fripon, vous me cajolez, de peur que je ne me moque de vous ! » LACLOS, Liais. dang., Lett. XX.

9 « L'épouse veut encor Fuir l'époux qui l'embrasse ; Mais sur plus d'un trésor Le fripon fait main basse » BÉRANG., Soir de noces (in LITTRÉ).

— Adjectivt. *Jeune fille un peu friponne.* — En parlant du visage, de l'air... Qui a quelque chose d'espiègle et d'un peu provocant. V. **Coquin, déluré, égrillard, polisson.** *Un petit air fripon. Un nez, des yeux fripons* (Cf. Chaste, cit. 6).

10 « ... votre petit nez fripon... vos lèvres appétissantes... » MOL., Mar. f., II, 2.

11 « Catulle appelle cela *ebrios ocellos* et nous disons quelquefois *des yeux fripons.* » RAC., Rem. sur l'Odyss. d'Homère, II.

ANT. — Honnête, probe. Modeste, pudique, réservé.

DER. — Friponnerie. — **Friponneau.** *n. m.* (XVIIᵉ s.). *Vx.* Fripon de peu d'envergure (Cf. Besogneux, cit. 1). — Jeune fripon malicieux (*peu usit.*). — **Friponner.** *v. tr.* (XIVᵉ s.). *Vx.* Voler adroitement (de petites choses) ; voler (quelqu'un) par ruse. V. **Escroquer.** *Il a friponné cinq ou six personnes de ma connaissance* (ACAD.).

« ... tous me sont tombés dessus, jusqu'au maçon que je faisais vivre depuis un an, jusqu'au charron qui voulait me friponner impunément en raccommodant mes charrues. » STENDHAL, Le rouge et le noir, II, I.

FRIPONNERIE. *n. f.* (1530 ; de *fripon*). *Vieilli.* Manière d'être du fripon.

1 « ... un sourire gauche qui augmentait l'air de fausseté et presque de friponnerie naturel à sa physionomie... » STENDHAL, Le rouge et le noir, I, IV.

— Action de fripon. V. **Canaillerie, gredinerie, malhonnêteté.** *Faire des friponneries* (Cf. Adresse, cit. 3 ; cheville, cit. 2). *Qui a inventé cette friponnerie, cette calomnie ?*

2 « ... toutes les friponneries couvertes de ces faux-monnayeurs en dévotion... » MOL., Tart., 1ᵉʳ Plac.

3 « Ah ! monsieur, vous ne ferez pas cela. Ce serait un vol, une friponnerie dont est incapable un grand homme. » BALZ., Ress. de Quinola, III, 4.

ANT. — Honnêteté, probité.

FRIPOUILLE. *n. f.* (*Frapouille* en 1807 ; de *frepe, frape* (V. **Fripe**), d'abord « haillon », puis « populace, racaille » ; devenu fripouille (1837) sous l'influence de *fripon*).

|| 1° *Vx.* Nom collectif. V. **Racaille.**

1 « Prendre tout ton monde... qu'est-ce que tu veux, bon Dieu, que je fasse de toute ta *fripouille*... ton trombone a perdu son soufflet... ton Alcide n'est plus bon qu'à porter des paquets en ville... » GONCOURT, Zemganno, XXII.

‖ **2°** *Fam.* Homme retors, dénué de scrupules, qui ne recule devant rien pour servir ses intérêts. V. **Canaille, crapule, escroc, voyou.** *Ce trafiquant est une fripouille ; une belle, une vraie fripouille. Vieille fripouille !*

2 « ...dans la politique, comme dans l'administration et comme dans la presse, il y a tout un tas de fripouilles, de quart de fripouilles et même d'honnêtes gens qui se sentent coupables d'avoir fait un mauvais coup avec moi. Question de solidarité dans l'ordure... »
                                                    AYMÉ, **Tête des autres,** IV, 7.

DER. — **Fripouillerie.** *n. f.* (fin XIXᵉ s.). Manière d'être d'une fripouille. Action digne d'une fripouille. V. **Crapulerie.**

« Par tempérament et par culture, il appartient à l'élite de cette superfine crapule qui n'est observable qu'à Paris et que ne peut égaler la fripouillerie d'aucun autre peuple sublunaire.»
                                                    BLOY, **Femme pauvre,** I, I.

FRIQUET. *n. m.* (XVIᵉ s. ; dér. de l'anc. fr. *frique, friche,* « vif, éveillé », peut-être d'un germ. *frik,* « entreprenant »). *Zool.* Nom d'une espèce de moineau. V. **Moineau.**

« ...le friquet quoique plus remuant, est cependant moins pétulant, moins familier, moins gourmand que le moineau ; »
                                        BUFFON, **Hist. nat. ois.,** Le friquet, Œuv., t. VI, p. 169.

FRIRE (*je fris, tu fris, il frit. Je frirai, tu friras, il frira, nous frirons, vous frirez, ils friront. Je frirais, tu frirais, il frirait, nous fririons, vous fririez, ils friraient. Frit, frite. Les autres personnes et les autres temps simples sont inusités*). *v. tr. et intr.* (XIIᵉ s. ; du lat. *frigere*).

‖ **1°** *V. tr.* Faire cuire* par immersion dans un corps gras bouillant (V. **Friture**). *Frire des poissons dans du beurre, de l'huile, de la graisse...*

1 « ...il ne faut pas plus de temps pour frire une carpe de quatre livres que pour faire cuire un œuf à la coque. »
                                        BRILLAT-SAVARIN, **Physiol. du goût,** t. I, p. 154.

— Absolt. *Poêle*, bassine à frire. Pâte à frire,* pâte* assez liquide dans laquelle on trempe certains aliments avant de les faire frire. — *Par métaph. :*

2 « ...il est beau d'être un grand écrivain, de tenir les hommes dans la poêle à frire de sa phrase et de les faire sauter comme des marrons. »
                                        FLAUB., **Corresp.,** t. II, p. 60.

— Fig. et fam. *Il n'y a rien à frire ici :* il n'y a rien à gagner*, aucun profit à tirer.

‖ **2°** *V. intr.* Cuire dans un corps gras bouillant. *Faire frire des soles, des pommes de terre.*

3 « Poisson, mon bel ami, qui faites le prêcheur,
   ...
   Dès ce soir on vous fera frire. »   LA FONT., **Fab.,** V, 3.

4 « ...et leur œil devient gris
   Et terne comme l'œil d'un poisson qu'on fait frire ; »
                                        BAUDEL., **Amœnitates Belgicæ,** VI.

‖ FRIT, FRITE. p.p. adj. *Œufs frits. Pommes de terre frites.* V. **Frite.** — Fig. et fam. *Être frit :* être perdu, en parlant d'une personne. *Il est frit à présent, il ne s'en tirera pas.* V. **Cuit** (cuire), **foutu** (foutre).

5 « Vous avez dû lire autrefois dans les journaux que le vieil Ali a rossé Chosrew, et solidement. Eh bien ! sans moi, Ali de Tébélen eût été frit quelques jours plus promptement. »
                                        BALZ., **Un début dans la vie,** Œuv., t. I, p. 649.

DER. — **Friand, frite, fritte.** V. **Friture.**

FRISANT, ANTE. *adj.* (1870 GAUTIER, in LITTRÉ, Suppl. ; de *friser*). Qui frise, effleure, rase, en parlant de la lumière. *Rayon de soleil frisant.*

« La lumière, tombant d'une coupe, se faisait frisante et vaporeuse. »
                                        ROMAINS, **H. de b. vol.,** t. III, XIV, p. 184.

1. FRISE. *n. f.* (1528 ; étymol. incert. ; d'après BLOCH, empr. d'une forme du lat. *phrygium,* « broderie, frange »).

‖ **1°** *Archit.* Partie de l'entablement* entre l'architrave* (cit. 1 et 2) et la corniche*. *Les frises du Parthénon. Frise lisse. Frise ornementée. Frise décorée d'animaux.* V. **Zoophore.**

1 « Pour tout ornement (*du Parthénon*) vous avez deux frontons et deux frises sculptées. La frise du péristyle se compose de petits tableaux de marbre régulièrement divisés par un triglyphe : à la vérité, chacun de ces tableaux est un chef-d'œuvre ; la frise de la cella règne comme un bandeau au haut d'un mur plein et nu : voilà tout, absolument tout. »
                                        CHATEAUB., **Itin.,** I, Voyage en Grèce.

‖ **2°** *Par ext.* Bordure ornementale d'un mur, d'une cheminée, d'un chambranle de porte ; d'un vase, d'un meuble, d'une grille, d'une rampe... — *Au fig.* Cf. Chevreuil, cit. 3.

— *Par anal.* Bande de toile fixée au cintre d'un théâtre pour représenter un ciel, un plafond. — *Ébénist.* Planche à parquet.

2 « C'était, à gauche de la fenêtre, la frise de chêne qu'ils avaient déplacée, puis remise, pour cacher, dessous, la montre et les dix mille francs. »
                                        ZOLA, **Bête humaine,** p. 176.

2. FRISE. *n. f.* (1226 FR. MOD., janv. 1951 ; étymol. incert. ; du précédent d'apr. BLOCH ; de *Frise,* n. géogr. selon DAUZAT). *Vx.* Sorte d'étoffe de laine ou sorte de toile.

3. FRISE. *n. f.* (Province de Hollande).

— CHEVAL DE FRISE (1572 ; trad. du néerl.). *Milit.* Pièce de bois ou de fer hérissée de pieux, pour retrancher un camp, interdire un passage (Cf. Fascine, cit. 2).

DER. — **Frison, onne.** *n. et adj.* (de *Frise,* Hollande). Substantivt. *Le frison :* branche du bas allemand, apparentée au vieil anglais, et représentée de nos jours par trois parlers de Hollande.

FRISELIS ou **FRISSELIS.** *n. m.* (XIXᵉ s. ; de *friser*). Très faible frémissement*. V. **Bruissement, frisson.** *Friselis du feuillage, d'une source.*

1 « Tout le monde jouissait de la belle soirée stridente du chant des cigales, frissonnante du *friselis* de la feuillée parmi les cimes des hauts peupliers ; »
                                        GONCOURT, **Zemganno,** I.

2 « Les joncs... reprenaient leur friselis monotone, abandonnés enfin de ce fort tremblement qui les avait secoués au long d'une lutte interminable. »
                                        GENEVOIX, **Raboliot,** I, I.

FRISER. *v. tr. et intr.* (1407 ; origine obscure ; l'hypothèse d'un rapport avec *frire* est jugée « insoutenable » par DAUZAT).

I. *V. tr.* ‖ **1°** Donner la forme de boucle ou d'ondulation à des mèches de cheveux, de poils, à des touffes de fibres. *Friser des cheveux au fer*, avec des bigoudis*, des papillotes*.* V. **Bichonner, boucler, calamistrer, crêper.** *Il se frise la moustache. Friser de la ratine, friser le poil d'une étoffe de laine.* V. **Ratiner.** *Friser des plumes.*

1 « Tantôt frisiez de votre main vermeille
   Mes blonds cheveux à l'entour de l'oreille, »
                                        RONSARD, **Élég.,** XX.

2 « Pendant que le fer à friser chauffait, elle trouva le temps d'éplucher le livre de comptes du maître d'hôtel... »
                                        COLETTE, **Chéri,** p. 17.

— Elliptiqt. *Friser quelqu'un, se faire friser.*

3 « M. le Prince fit faire hier sa barbe... un valet de chambre abusant de sa patience, le frisa, lui mit de la poudre. »
                                        SÉV., 29 (in LITTRÉ).

4 « ...on m'apporta mon habit avec du linge et un chapeau, et tout le reste de mon équipage. Un laquais de la maison, qui avait pris de l'amitié pour moi, me frisa ; j'avais d'assez beaux cheveux... (*Ma maîtresse*) me fit approcher, examina ma parure... Elle me demanda qui m'avait frisé, et me dit d'avoir toujours soin de mes cheveux, que je les avais beaux, et qu'elle voulait que je lui fisse honneur... »
                                        MARIVAUX, **Paysan parvenu,** I, pp. 11-12.

— *Par ext.* Donner un mouvement d'ondulation, plisser finement. *Friser une serviette.*

— T. de Mus. *Friser une note.* Passer l'archet très légèrement sur une corde, la toucher délicatement.

‖ **2°** Passer très près de. V. **Frôler.** *Balle qui* (au jeu de paume) *frise la corde, qui* (au tennis) *frise le filet. Un rayon de soleil frise son visage* (Cf. Clarté, cit. 7). V. **Effleurer.** *Les hirondelles frisent le sol, la surface de l'eau.* V. **Raser.**

5 « Caracolant, frisant l'air et les eaux,
   Elle (*Progné*) me prend mes mouches à ma porte : »
                                        LA FONT., **Fab.,** X, 6.

6 « Là le soleil ne frise qu'obliquement la terre... »
                                        BAUDEL., **Spl. de Paris,** XLVIII.

— *Fig.* Être tout près de... *Friser la mort ; friser le Conseil de guerre, la potence. Friser la quarantaine.* V. **Aller** (sur), **approcher** (de). *Remarque qui frise l'impertinence, la grossièreté. Scène qui frise le ridicule, le tragique. Doctrine qui frise l'hérésie, l'extravagance* (Cf. Ferveur, cit. 1). V. **Confiner** (à), **frôler.**

7 « ...il friserait de près l'Institut... »
                                        GAUTIER (Cf. Estime, cit. 6).

8 « La Péguinotte, qui devait bien friser la soixantaine, rouge, râblée, le poil gris, raide comme crin, avait accaparé les gros travaux domestiques. »
                                        BOSCO, **L'âne Culotte,** p. 18.

II. *V. intr.* Être ou devenir frisé. *Femme dont les cheveux frisent naturellement.* Elliptiqt. *Cette femme frise naturellement.* Par ext. *Les copeaux de bois, de métal frisent* (Cf. Copeau).

9 « Et voilà que tout à coup, parmi tant de barbes rondes, ovales, carrées, qui floconnaient, qui frisaient... »
                                        A. BERTRAND, **Gaspard de la nuit,** La barbe pointue.

10 « Ses cheveux blonds, très courts, frisaient. »
                                        FRANCE, **Petit Pierre,** p. 228.

— *Mus.* En parlant d'une corde, dont la vibration est altérée par le contact d'un corps étranger.

11 « Elle frappait sur les touches avec aplomb, et parcourait du haut en bas tout le clavier sans s'interrompre. Ainsi secoué par elle, le vieil instrument, dont les cordes frisaient, s'entendait jusqu'au bout du village. »
                                        FLAUB., **Mᵐᵉ Bovary,** I. VII.

— *Impr. Presse qui frise, caractères qui frisent :* qui donnent sur la feuille une impression* confuse, tremblée.

‖ SE FRISER. Être frisé. *Ses cheveux se frisent facilement.* Boucler ses propres cheveux, sa propre barbe, etc. *Une femme qui passe longtemps à se friser, qui se frise toutes les semaines.*

— T. de Vétér. Se dit d'un animal qui, en marchant, touche de sa jambe levée celle qui repose sur le sol. *Cheval, mulet qui se frise.*

|| FRISÉ, ÉE || **1°** Adj. *Des cheveux frisés. Une tête frisée. Perruque frisée* (Cf. Doré, cit. 1). *Frisé comme un mouton. Frisé en tire-bouchons* (Cf. Débraillé, cit. 3). V. **Crépu, moutonné, tortillé.** *Par ext.* Se dit des plantes ou des objets dont le bord est ondulé. *Chou frisé. Chicorée frisée. Plume frisée.*

12 « Le classique napoléonien était le génie du dix-neuvième siècle affublé de la perruque de Louis XIV, ou frisé comme au temps de Louis XV. » CHATEAUB., M. O.-T., t. II, p. 208.

13 « ...une maîtresse de pension frisée comme un agneau... » FRANCE, Crime S. Bonnard, Œuv., t. II, p. 440.

14 « Balzan, avec ses joues rebondies et roses, sa grosse tignasse frisée et déjà grisonnante, ses lunettes, son ventre de propriétaire sous la blouse noire... » ROMAINS, H. de b. vol., t. V, XXV, p. 242.

15 « Sur une toute petite table... un vol blanc de chrysanthèmes engourdis, mêlait ses plumes neigeuses et frisées... » JALOUX, Jeune homme au masque, II.

|| **2°** N. m. (Vx.). Jeune fat élégant.

— (de *Fritz*). Sobriquet donné aux Allemands durant la seconde guerre mondiale. V. **Fridolin.**

ANT. — **Défriser***. — Lisse, plat, raide.

DER. — **Frisant.** — **Frisage.** n. m. (1865 LITTRÉ). Action de friser (1°) ; de racler la surface d'un objet. — **Frisée, friselée** ou **frisolée.** n. f. (1785 ROZIER). Maladie de la pomme de terre, qui en recroqueville les feuilles. — **Frisette.** n. f. (1865). Petite boucle de cheveux (V. Accroche-cœur) ou de barbe (Cf. *infra*, cit. 1). — **Friseur.** n. m. (1865 LIT.). Vx. Coiffeur. — **Friseuse.** n. f. (fin XIXe s.). V. Ratineuse. — **Frisoir.** n. m. (1640). Instrument de coiffure, de gravure. — **Frison.** n. m. (XVIe s.) BELLEAU. Petite boucle de cheveux. Rognure de métal, de bois, de papier, etc., en forme de boucle. — **Frisotter.** — **Frisure.** n. f. (1539). État des cheveux, des poils frisés (Cf. Cosmétique, cit. 1 et *infra*, cit 2 et 3).

COMP. — **Défriser.** — **Refriser.** v. Friser à nouveau. (Cf. *infra*, cit. 4).

1 « ...le soleil jouait dans les frisettes des petits cheveux sur la nuque. » ARAGON, Beaux quartiers, II, XVII.

2 « ...avec sa frisure et ses jambes, elle me fait l'effet de ces grands balais pour épousseter les araignées. » MUSS., Un caprice, 6

3 « Quand il cessait de se contempler ainsi, ses yeux cherchaient une glace, il examinait si ses cheveux tenaient la frisure ; » BALZ., Illus. perdues, Œuv., t. IV, p. 532.

4 « ...il avait fait la toilette de voyage la plus coquette, la plus simplement recherchée... À Tours, un coiffeur venait de lui refriser ses beaux cheveux châtains ; » ID., Eug. Grandet, Œuv., t. III, p. 509.

FRISON. adj. et n. V. FRISE 3. — **FRISON.** n. m. V. FRISER.

FRISOTTER. v. tr. et intr. (1552 ; de *friser*).

|| **1°** V. tr. Friser par petites boucles. *Frisotter une fillette, la frange d'une écharpe, le bord d'une feuille de papier...*

1 « La petite fille était restée près du poêle. De temps en temps elle frisottait du bout du doigt la rose en papier de son corsage. » GIONO, Chant du monde, II, V, p. 246.

|| **2°** V. intr. Friser (II) légèrement. *Barbe, cheveux qui frisottent.*

|| FRISOTTÉ, ÉE. adj. (Cf. Cheveu, cit. 28).

2 « ...une aguichante personne, à l'air bête, lis et roses, l'œil noir, sous une chevelure de mouton frisotté... » HENRIOT, Portr. de fem., p. 296.

DER. — **Frisottant, ante.** adj. (*Néol.*) Qui frisotte (Cf. Court, cit. 15 et *infra*, cit. 1). — **Frisottement.** n. m. (*Néol.*) État de ce qui frisotte ou est couvert de poils frisottants (Cf. *infra*, cit. 2).

1 « ...sa belle tête puissante (d'*Alphonse Daudet*) aux cheveux bouclés et à la barbe frisottante... » LECOMTE, Ma traversée, p. 231.

2 « ...un sourire sur de belles dents, un sourire avec deux fossettes que la barbe n'empêche pas tout à fait d'entrevoir dans le frisottement des joues. » ROMAINS, H. de b. vol., t. IV, XVIII, p. 197.

FRISQUET, ETTE. adj. (1827 ; dimin. de *frisque*, XIVe s., empr., selon BLOCH, au néerl. *frisc*, « frais » ou, selon DAUZAT, à l'ital. *freschetto* ou au prov. mod. *fresquet*). *Fam.* Se dit d'un petit froid vif et piquant. Adverbialt. *Il fait frisquet.* Substantivt. *Le frisquet du petit matin.*

« Demain, dans le frisquet de l'aube, le gars pourrait emplir les sacs. » GENEVOIX, Forêt voisine, XIII.

FRISQUETTE. n. f. (1680 ; orig. incertaine). *Imprim.* Châssis* que les imprimeurs utilisant la presse à bras, abaissent sur la feuille pour la maintenir sur le tympan et protéger les marges et les blancs.

« Le vieil Ours abaissa la frisquette sur le tympan, le tympan sur le marbre, qu'il fit rouler sous la presse ; il tira le barreau, déroula la corde pour ramener le marbre, releva tympan et frisquette avec l'agilité qu'aurait mise un jeune Ours. » BALZ., Illus. perdues, Œuv., t. IV, p. 472.

FRISSON. n. m. (*Friçon* au XIIe s. et fém. jusqu'au XVIe s. ; du bas lat. *frictio*, dér. de *frigere*, au fig. « trembler »).

|| **1°** Tremblement* convulsif et passager provoqué par une sensation plus ou moins intense de froid. *Courant d'air glacial qui donne le frisson et la chair* de poule.* V. **Horripilation.** *Avoir le frisson. Être pris, saisi, agité de frissons. Frisson qui court sur la peau, dans les veines, sur les mem-*

bres, le long du dos, de l'échine. — T. de Méd. Phénomène de « tétanos* musculaire, imparfait et généralisé » (FABRE-ROUGIER). « Le frisson apparaît dès que la température extérieure s'abaisse au-dessous d'un certain seuil ». — Le frisson, symptôme de fièvre* (cit. 4. Cf. aussi Approche, cit. 26 ; ardeur, cit. 2), de méningite, de pneumonie. Un malade secoué de frissons et claquant des dents. Frisson d'agonie.

1 « ...le frisson se présente. Un froid avant-coureur s'en vient nous annoncer Que le chaud de la fièvre aux membres va passer.

Si j'excellais en l'art où je m'applique... ...j'expliquerais par raison mécanique Le mouvement convulsif des frissons : » LA FONT., Poème du quinquina, I.

2 « ...voilà une faiblesse qui prend à M. de Chaulnes, avec le frisson : en un mot, la fièvre. » SÉV., 197, 26 août 1671.

3 « ...j'avais un frisson glacial qui faisait claquer d'une façon très incommode mes dents fracassées. » ROUSS., Rêver., IIe promen.

4 « Un grand frisson lui secouait les épaules, et elle devenait plus pâle que le drap où s'enfonçaient ses doigts crispés. » FLAUB., Mme Bovary, III, VIII.

5 « ...il n'eut que le temps de recueillir le dernier frisson de cette commençante vie... » BLOY, Femme pauvre, II, X.

6 « Il ne savait pas que les morts du choléra sont secoués de frissons et même agitent leurs bras au moment où leurs nerfs se dénouent... » GIONO, Le hussard sur le toit, p. 58.

— REM. On ne dit plus, comme du temps de LITTRÉ, *Trembler le frisson* pour « trembler de fièvre ».

7 « J'ai fini ma lettre en tremblant le frisson. » Mlle de LESPINASSE (in LITTRÉ, art. Trembler).

|| **2°** *Par ext.* Mouvement convulsif qui accompagne une émotion, une impression plus ou moins vive, désagréable ou non. V. **Crispation, frémissement, saisissement, spasme, tremblement, tressaillement.** *Cela donne le frisson* (Cf. Cela donne froid, fait froid dans le dos, cela glace le sang). *Frisson d'angoisse, d'effroi* (cit. 5), *d'horreur, de peur, de répulsion, de surprise, de terreur.* V. **Haut-le-corps, soubresaut, sursaut.** *Lecture, nouvelle, spectacle, vision qui donne le frisson* (Cf. Abominable, cit. 1 ; expédition, cit. 15). *Avoir le frisson à la vue d'un reptile, d'un animal dégoûtant. Un frisson désagréable* (Cf. Approche, cit. 25), *douloureux* (Cf. Âcre, cit. 4), *glacé, mortel* (Cf. Annonciation, cit. 2), *pénible, violent.* — *Par anal. Frisson dans la voix.* V. **Tremblement.** Cf. Fausser, cit. 9.

8 « ...un frisson la saisit, elle se soutenait à peine. Ah ! madame, dit-elle... vous m'avez perdue ! vous me donnez la mort. » VOLT., Ingénu, XIX.

9 « Germain eut le frisson. Il regarda Marie : elle était pâle, ses vêtements étaient déchirés par les épines où elle avait couru, cherchant le fourré, comme une biche traquée par les chasseurs. » SAND, Mare au diable, XIV.

10 « Un âpre frisson court le long de ses vertèbres (*du loup*). » LECONTE de LISLE, Poèm. trag., Incantation du loup.

11 « Un frisson lui parcourut le corps depuis la pointe des cheveux jusqu'à la plante des pieds. » GOBINEAU, Nouv. asiat., p. 238.

12 « Les fortes brutalités de la nature ou des hommes peuvent nous faire pousser des cris d'horreur ou d'indignation, mais ne nous donnent point ce pincement au cœur, ce frisson qui vous passe dans le dos à la vue de certaines petites choses navrantes. » MAUPASS., Contes de la Bécasse, Menuet.

13 « Elle aurait été prise d'une répulsion insurmontable, au point d'avoir le frisson, de se sentir toute glacée... » ROMAINS, H. de b. vol., t. V, III, p. 22.

— *Frisson délicieux. Léger, doux frisson d'aise, de bien-être, de désir, de plaisir, de satisfaction. Frisson de volupté* (Fam. *Le grand frisson*). — *Frisson qui parcourt un animal qu'on caresse* (V. **Frémissement**), *un cheval qu'on selle* (Cf. Crin, cit. 3). — *Frisson d'admiration, d'enthousiasme. Frissons de l'âme, du cœur.* V. **Émoi** (Cf. Aura, cit. 3).

14 « Quand je vous vois, et que je pense en (à) vous, D'un(e) frisson tout le cœur me frétille. » RONS., Am. de Cass., I, C.

15 « Un nuage confus se répand sur ma vue ; Je n'entends plus ; je tombe en de douces langueurs : Et pâle, sans haleine, interdite, éperdue, Un frisson me saisit, je tremble, je me meurs. » BOIL., Traité du sublime, VIII.

16 « De mille doux frissons vous vous sentez saisir. » MOL., Fem. sav., III, 2.

17 « ...des frissons spasmodiques couraient sur son corps ; sa gorge en éveil sautelait sous la robe ; ses bras pâmés languissaient et mouraient : on eût dit qu'elle allait s'évanouir. » GAUTIER, Fortunio, XVI.

18 « Un frisson voluptueux lui parcourait l'échine. » GENEVOIX, Rroû, II, IV, p. 27.

19 « ...le frisson d'une truite qui sommeille, qui se fait caresser le ventre par les racines du cresson... » GIONO, Jean le Bleu, VII, p. 185.

20 « ...un frisson, infiniment agréable, né à la racine des cheveux se répand sur les joues... » ROMAINS, H. de b. vol., t. V, XII, p. 90.

21 « Parfois, tout d'un coup, sans cause visible, s'étend sur moi un grand frisson de bonheur. » MICHAUX, La nuit remue, p. 111.

— *Frisson métaphysique devant l'inconnu.* V. **Vertige.** *Frisson provoqué par la beauté, par un spectacle sublime. Frisson religieux, mystique. Frisson prémonitoire.*

22 « Un inconnu frisson dans mon corps épandu
Me donna les avis de ce que j'ai perdu. »   CORN., **Mélite,** II, 1.

23 « (*Thaïs*) promenant autour d'elle le paisible regard de ses yeux de violette, douce et fière, elle donnait à tous le frisson tragique de la beauté. »   FRANCE, **Thaïs,** p. 67.

24 « Et c'est vrai qu'il n'y a rien, dans toute son œuvre (*Th. Gautier*), qui communique au lecteur ce frisson sacré qu'on éprouve à relire le Lac... »   HENRIOT, **Romantiques,** p. 200.

— *Par anal. et fig.* Courant d'émotion, état d'âme qui se propage dans une foule, qui traverse une époque. *Orateur qui fait passer un frisson sur l'auditoire. Les frissons de la sensibilité contemporaine.* V. **Frémissement.**

25 « Vous créez un frisson nouveau. »
HUGO, **Lett. à Baudelaire,** 6 oct. 1859.

26 « A l'heure que j'écris, de nouveaux frissons parcourent l'atmosphère intellectuelle : il ne s'agit que d'avoir le courage de les regarder en face. »   LAUTRÉAMONT, **Chants de Maldoror,** V, p. 189.

‖ **3°** *Fig.* Se dit de toute manifestation fugitive d'une activité, d'une vie qui s'éveille ou qui s'évanouit. *Mourant que n'anime plus qu'un frisson de vie.* V. **Souffle.** *Les frissons de l'aube, du printemps :* les signes du réveil de la nature.

27 « Un immense frisson émeut la plaine obscure. »
HUGO, **Châtiments,** IV, X.

28 « L'air est plein du frisson des choses qui s'enfuient, »
BAUDEL., **Tabl. paris.,** Crépuscule du matin.

29 « Parfois ils sentaient un frisson et comme le vent d'une idée ; au moment de la saisir, elle avait disparu. »
FLAUB., **Bouvard et Pécuchet,** p. 155.

— REM. On dit aussi : « *le premier frisson de l'hiver* » (Musset), *ou de l'automne* (V. **Prémice**), signe avant-coureur, annonciateur de cette saison. Mais l'idée de froid l'emporte ici.

30 « ...puis au premier frisson de l'automne on redescend *au mas...* »
DAUD., **Lett. de mon moulin,** Installation.

‖ **4°** Léger mouvement qui se propage par ondulation ou vibration. V. **Frémissement, frissonnement.** *Frisson de l'eau dans le sillage d'un poisson* (Cf. Écaille, cit. 4). *Frisson qui court à la surface de la mer. Laisser bouillir un liquide à petits frissons. Frisson de la terre, du sol.* V. **Séisme, secousse, tremblement.** *Le vent fait courir un frisson sur les blés.* V. **Onde, ondoiement, ondulation.** Par ext. *Un frisson de vent* (Cf. Chatouiller, cit. 4). *Des frissons de lumière. Frissons argentés sur la soie d'une robe* (Cf. Chair, cit. 22).

31 « Le frisson écumeux des longues houles noires. »
LECONTE de LISLE, **Poèm. barbares,** Les rêves morts.

32 « La rivière avait des frissons de lumière qui la blanchissaient. »
FROMENTIN, **Dominique,** XV.

33 « ...et la grenouille crie
Par les joncs verts où circule un frisson ; »
VERLAINE, **Poèm. saturn.,** Heure du berger.

34 « On dit que Messine était une ville superbe. Deux cent mille êtres humains y sont morts d'un frisson de la terre. »
BLOY (**Choix de textes,** p. 125).

— Bruit, léger ou bref, qui accompagne ce mouvement. *Frisson d'une étoffe.* V. **Froissement, frou-frou.** *Frisson de l'eau* (V. **Friselis**), *du feuillage sous la brise.* V. **Bruissement** (Cf. Bruire, cit. 4). *Frisson d'herbes* (Cf. Blanc, cit. 2), *d'ailes.* V. **Battement.**

35 « Un léger frisson fit crier la robe de Madame Graslin, qui dit : « J'ai froid ! »   BALZ., **Curé de village,** Œuv., t. VIII, p. 588.

36 « L'infini semble plein d'un frisson de feuillée. »
HUGO, **Contempl.,** Au bord de l'infini, Éclaircie.

37 « Écoutez la chanson bien douce
Qui ne pleure que pour vous plaire.
Elle est discrète, elle est légère :
Un frisson d'eau sur de la mousse ! »
VERLAINE, **Sagesse,** I, XVI.

38 « ...des frissons d'étoffes se mêlaient aux faibles sifflements des langues féminines. »   FRANCE, **Jocaste,** VI, Œuv., t. II, p. 67.

39 « Un frisson d'acier courut tout le long de la tranchée. »
DORGELÈS, **Croix de bois,** XI, p. 209.

40 •« Le frisson de son vol (*du chardonneret*) frémissait une seconde sous les feuilles du marronnier... »   GENEVOIX, **Rroû,** II, III.

DER. — **Frissonnant, frissonner.**

FRISSONNANT, ANTE. adj. (1611). Qui frissonne. *Malade frissonnant. Tout frissonnant de froid, de fièvre, d'angoisse* (cit. 1). *Toute frissonnante d'anxiété* (cit. 6). *Frissonnante de plaisir* (Cf. Fête, cit. 6). — *Nuque, gorge frissonnante.*

1 « Toi, vêtue à moitié de mousselines frêles,
Frissonnante là-bas sous la neige et les grêles, »
BAUDEL., **Les épaves,** À une Malabaraise.

2 « Quand on n'a pas l'habitude, ça fait peur... Aussi notre demoiselle était toute frissonnante... »   DAUD., **Lett. de mon moulin,** Les étoiles.

— *Feuillage, arbre, voilier frissonnant.*

« ... un beau vaisseau, peint de pourpre et d'azur,
...
S'en va tout frissonnant de voiles, dans l'aurore. »
SAMAIN, **Chariot d'or.** Les roses dans la coupe, Matin s. le port.   3

FRISSONNER. v. intr. (XVᵉ s. ; de *frisson*).

‖ **1°** Avoir le frisson*, être agité de frissons. *La fièvre fait frissonner le malade* (Cf. Feu, cit. 69). *Blessé qui frissonne* (Cf. Chanceler, cit. 2). *Frissonner de froid sous la pluie* (Cf. Bruine, cit.). V. **Grelotter, trembler.** *Cheval qui frissonne* (Cf. Caparaçon, cit.). *Les bœufs frissonnent sous la piqûre des mouches.*

« Transi de froid, immobile et perclus,
Au désespoir, bientôt il s'abandonne,
Claque des dents, se plaint, tremble, et frissonne »
LA FONT., **Contes,** L'oraison de St Julien.   1

« Les ânes passeront en frissonnant de mouches. »
JAMMES, **Poèm.,** Laisse les nuages...   2

« Elle... avait grimpé jusqu'à sa chambre et s'était jetée sur son lit. Une sueur froide la faisait frissonner. »
MART. du G., **Thib.,** t. II, p. 270.   3

« Le voyageur frissonne, noue son foulard et boutonne son paletot. »
DUHAM., **Salavin,** III, I.   4

— *Par anal.* Être saisi d'un bref et léger tremblement produit par une vive émotion, une sensation intense, agréable ou pénible. V. **Frémir, tressaillir** et aussi **Frisson.** *Frissonner de bonheur, de colère, de crainte, d'horreur* (Cf. Dégoût, cit. 7), *de joie, de plaisir* (Cf. Emperler, cit 1). Absolt. *Frissonner (d'admiration, d'épouvante, de honte, d'indignation) aux paroles de quelqu'un, à la pensée, au souvenir, à la vue de quelque chose* (Cf. Blesser, cit. 10). *Frissonner (d'émoi, de passion, de plaisir) au seul nom de la personne aimée* (Cf. Aimer, cit. 21).

« J'aime... À ce nom fatal, je tremble, je frissonne. »
RAC., **Phèd.,** I, 3.   5

« Qu'un autre à cet aspect (*de la mort*) frissonne et s'attendrisse, »
LAMART., **Prem. médit.,** L'immortalité.   6

« Et il la regardait d'une façon si perspicace et si terrible, qu'elle en frissonna jusqu'aux entrailles. »
FLAUB., **Mᵐᵉ Bovary,** III, VI.   7

« ... Abélard les faisait frissonner d'enthousiasme en leur parlant des « nominaux » et des « universaux »... »
LEMAÎTRE, **Impress. de théâtre,** III, Villon.   8

« ... (*il*) m'apprit des choses qui me firent frissonner aussitôt de remords et de volupté. »   PROUST, **Les plaisirs et les jours,** p. 142.   9

‖ **2°** *Par ext.* En parlant de choses, Trembler légèrement (avec ou sans bruit). V. **Frémir.** *Les roseaux frissonnent. L'eau frissonne dans la bouilloire. Un volant de dentelle frissonne au bas de son jupon* (Cf. Broche, cit. 5). *Drapeau, voile qui frissonne.* Par méton. *La brise frissonne à travers les branchages* (cit. 2).

« Les feuilles mortes, mises en danse par quelques tourbillons soudains, frissonnaient sur les pierres de la cour... »
BALZ., **La femme de trente ans,** Œuv., t. II, p. 788.   10

« Sur une terre en feu, je voudrais me coucher
et mourir, écoutant frissonner et claquer
les voiles des pêcheurs le long des îlots pâles. »
JAMMES, **Poèm.,** Existences.   11

« ... l'herbe effleurée frissonnait comme le pelage d'une bête vivante. »
GENEVOIX, **Rroû,** II, VIII.   12

— *Voix qui frissonne.* V. **Trembler, trembloter.** *Lumière, reflet qui frissonne.* V. **Vaciller.** *Les étoiles frissonnent.* V. **Clignoter, scintiller.**

« Une large lueur blême frissonnait sur l'eau. »
HUGO, **Travaill. de la mer,** II, II, X.   13

« Des moires frissonnaient sur la robe de satin, blanche comme un clair de lune. »   FLAUB., **Mᵐᵉ Bovary,** III, IX.   14

« Déjà, dans les hauteurs du ciel, les premières étoiles frissonnaient. »
FRANCE, **Lys rouge,** II.   15

DER. — **Frissonnement.** n. m. (1540). Léger frisson, généralement causé par l'émotion. Mouvements légers accompagnés d'un faible bruit. *Frissonnement d'une étoffe* (Cf. Élégance, cit. 2), *des sarments qui brûlent* (Cf. Cuisine, cit. 1), *du feuillage.* — REM. *Frissonnement* est peu usité en dehors de la langue littéraire. V. **Frisson.**

« On ne pouvait entrer dans une église gothique sans éprouver... une sorte de frissonnement et un sentiment vague de la Divinité. »
CHATEAUB., **Génie du Christianisme,** III, I, VIII.   1

« ...elle se laisse prendre et baiser la main sans témoigner ce plaisir intime dont j'étais averti par son frissonnement de sensitive ; »
BALZ., **Lys dans la vallée,** Œuv., t. VIII, p. 913.   2

« ... l'Arbre au feuillage blême
Qu'un âpre souffle emplit d'un long frissonnement, »
LECONTE de LISLE, **Poèm. barb.,** Larmes de l'ours.   3

« J'analyse et épouse le frissonnement des petites feuilles de l'arbre immense qui vit dans ma fenêtre. Cela commence et finit. L'arbre calmé, je cherche et trouve encore une petite feuille qui oscille. »
VALÉRY, **Autres rhumbs,** p. 57.   4

FRISURE. n. f. V. **FRISER.**

FRITE. n. f. (1868 DAUDET ; p. passé de *frire*, ellipse de « pomme de terre frite »). Petit morceau de pomme* de terre, le plus souvent de forme allongée, que l'on mange frit et chaud (S'emploie généralement au pluriel).

1 « ...des fils de coiffeurs ou de marchands de *frites*, qui s'étaient
faits comédiens par désœuvrement... »
                                        DAUD., **Petit Chose**, Tolocototignan.

2 « Il déjeuna d'un cornet de frites et d'une de ces saucisses plates
que l'on pique, à la fourchette, dans le réchaud des charcutiers. »
                                        DUHAM., **Salavin**, II.

3 « Ces frites que l'on mange là sont les meilleures du monde. »
                                        ID., **Biogr. de mes fantômes**, VIII, p. 151.

FRITERIE. n. f. (XXe s. ; dér. de *frire*). Dans les fabriques de conserves, installation pour la friture des poissons.
— Le local lui-même. — Baraque de marchand de frites.

« Les friteries sont campées sous toutes les portes cochères... »
                                        DUHAM., **Biogr. de mes fantômes**, VIII, p. 151.

FRITILLAIRE. n. f. (1700 ; dér. sav. du lat. *fritillus*, cornet
à jouer aux dés, ainsi nommé à cause de la forme des
fleurs). *Bot.* **Plante monocotylédone** (*Liliacées*) herbacée,
vivace, bulbeuse originaire de Perse dont l'espèce la plus
connue, appelée *couronne impériale*, est cultivée dans les
jardins pour ses fleurs rouges disposées en couronne au
sommet de la tige.

FRITTE. n. f. (1690 in FURET. ; dér. de *frire*). *Technol.*
Mélange de substances terreuses et de substances salines
auquel on fait subir un commencement de fusion pour
former le verre, la porcelaine, la céramique... — *Par ext.*
Cuisson de ce mélange.

DER. — **Fritter.** v. tr. (1765). Soumettre (un mélange vitrifiable) à
un commencement de fusion. — **Frittage.** n. m. (XIXe s. ; de *fritter*).
Première étape de la fabrication du verre, qui consiste à amener les
matières vitrifiables à une température élevée, pour les débarrasser
de leurs éléments volatils. — *Métall.* (XXe s.). Procédé d'alliage,
agglomération à haute température et sous forte pression de matières
pulvérulentes. *Le frittage permet de donner directement une forme
déterminée à des alliages difficiles à mouler et impossibles à forger.*

FRITURE. n. f. (XIIe s. ; d'un bas lat. *frictura*, dér. de
frigere, « frire »).

‖ **1o** *Cuis.* Action, manière de frire un aliment. *Friture
au beurre, à l'huile, à la graisse...* Action de frire, en
parlant d'un aliment. *Bruit de friture.*

1 « Tout le mérite d'une bonne friture provient de la *surprise ;* c'est
ainsi qu'on appelle l'invasion du liquide bouillant qui carbonise ou
roussit, à l'instant même de l'immersion, la surface extérieure du
corps qui lui est soumis. »
                                        BRILLAT-SAVARIN, **Physiol. du goût**, t. I, p. 154.

2 « Les relents d'une continuelle friture possédaient ces quartiers... »
                                        CÉLINE, **Voyage au bout de la nuit**, p. 188.

— *Par anal.* (XXe s.). *Bruit de friture* ou, elliptiqt. *Friture.*
Sorte de grésillement rappelant le bruit que font les aliments en train de frire, et qui se produit par moments, au
téléphone, à la radio...

3 « Parfois, on entend un grésillement, un bruit de friture, et on
entre dans une grande salle où les dactylographes pianotent comme
des aliénées ; »
                                        DUHAM., **Salavin**, I, I.

‖ **2o** *Par ext.* Matière grasse qui sert à frire et qu'on garde
ensuite pour le même usage. *Jeter des poissons dans la
friture bouillante. Friture trop vieille.*

4 « ...une marchande de pommes de terre frites... plongeant l'écumoire
dans la friture chantante, en tirait des croissants dorés dont elle
remplissait un cornet de papier jaune... »   FRANCE, **Lys rouge**, II.

‖ **3o** Aliments qu'on a fait frire. *Friture de beignets. Servir une friture de goujons.* — *Absolt.* Poissons frits. *Un
plat de friture.*

5 « ...le fumet des fritures et des viandes grillées. »
                                        DUHAM., **Salavin**, VI, IV.

DER. — **Friturier, ière.** n. Celui, celle qui fait les fritures, qui vend
des fritures. — **Friturerie.** n. f. Boutique de friturier.

FRIVOLE. adj. (XIIe s. ; lat. *frivolus*).

‖ **1o** Qui a peu de solidité, de consistance, de fondement,
de sérieux, de gravité et, par suite, d'importance, de conséquence. V. **Futile, inconsistant, insignifiant, léger, puéril,
superficiel, vain.** *Présomptions, prétextes, raisons frivoles*
(vieilli. Cf. Appartenir, cit. 15 ; atroce, cit. 2 ; autoriser,
cit. 16). *Crainte frivole* (vieilli. Cf. Esprit, cit. 59). *Discours
frivole.* V. **Badinage** (cit. 1 et 4), **baliverne, billevesée,
fadaise.** *Propos frivoles* (Cf. Chanson). *Conte frivole* (Cf.
Bleu, cit. 7). *Tourbillon frivole du monde* (Cf. Étourdi,
cit. 8). *Plaisirs, distractions, spectacles, lectures frivoles*
(Cf. Adieu, cit. 13 ; austérité, cit. 3 ; créer, cit. 5 ; exaltant,
cit. 1). *S'amuser à des choses frivoles.* V. **Bagatelle, fari-
bole ; baguenauder ; badiner, folâtrer...** *Pensées frivoles.
Avoir l'air frivole.*

1 « Tant c'est chose vaine et frivole que l'humaine prudence ; et au
travers de tous nos projets, de nos conseils et précautions, la fortune
maintient toujours la possession des événements. »
                                        MONTAIGNE, **Essais**, I, XXIV.

2 « La vertu est chose bien vaine et frivole, si elle tire sa recommandation de la gloire. »   ID., **Ibid.**, II, XVI.

3 « Si l'on ôtait de la vie tout ce qu'il y a de vain et de frivole,
il y resterait si peu de chose, que cela ne vaudrait pas la peine de le
regretter. »   Mlle de SCUDÉRY (in TRÉVOUX, **Frivole**).

« Misérables humains, ceci s'adresse à vous :   4
  Je n'entends résonner que des plaintes frivoles. »
                                        LA FONT., **Fab.**, X, 12.

« ...la frivole querelle des *romantiques* et des *classiques* n'est que   5
la parodie d'une importante discussion qui occupe aujourd'hui les
esprits judicieux et les âmes méditatives. »
                                        HUGO, **Odes et ballades**, Préf. 1824.

« La philosophie est, selon les jours et les heures, une chose frivole,   6
puérile, absurde, ou la seule chose sérieuse. »
                                        RENAN, **Dial. et fragm. philos.**, Préf., Œuv., t. I, p. 555.

— *Substantivt. Le goût du frivole. Donner dans le frivole.*

‖ **2o** *En parlant des personnes.* « Qui s'occupe sérieusement
des objets frivoles ou légèrement des objet sérieux » (TRÉ-
VOUX) ; qui s'attache ou se plaît aux choses futiles, vaines.
V. **Étourdi, futile, inconsistant, insouciant, léger, vain...**
Homme, esprit, caractère frivole. Jeune homme frivole (V.
Freluquet) *et prétentieux.*

« Il y a des personnes si légères et si frivoles, qu'elles sont aussi   7
éloignées d'avoir de véritables défauts que des qualités solides. »
                                        LA ROCHEF., **Max.**, 498.

« J'ai dîné un jour avec Eynard et Lèbre, mais ils doivent me trouver   8
bien maussade à la fois et bien frivole, n'abordant pas les graves
sujets et n'ayant pas en revanche la gaieté du rien-dire. »
                                        STE-BEUVE, **Corresp.**, 23 janv. 1841, t. IV, p. 40.

— *Spécialt. Une femme frivole* (V. **Caillette, coquette,
inconstante, volage**).

« Je t'adore, ô ma frivole,   9
  Ma terrible passion ! »   BAUDEL., **Fl. du mal**, Spl. et id., LVIII.

« Ils me disent que tu me trompes.   10
  D'abord qu'est-ce que ça leur fait,
  Chère frivole, que tu rompes
  Un serment que tu n'as pas fait ? »
                                        VERLAINE, **Odes en son honn.**, XIX.

ANT. — **Austère, grave, important, posé, réfléchi, sérieux, solide.**

DER. — **Frivolement.** adv. (XIVe s.). D'une manière frivole. —
Frivolité.

FRIVOLITÉ. n. f. (dérivé de *frivole*, début XVIIIe s.).

‖ **1o** Caractère de ce qui est frivole*. V. **Légèreté, puérilité, vanité.** *Frivolité des plaisirs mondains, des choses de
ce monde, des mœurs, de propos, des préoccupations. Frivolité de caractère, d'esprit.* V. **Insouciance, inconstance.**
— Caractère d'une personne frivole. *La frivolité d'un mondain* (Cf. Écouter, cit. 16), *d'un courtisan.*

« La frivolité, qui nuit au développement de ses talents et de ses   1
vertus, le préserve en même temps des crimes noirs et réfléchis. »
                                        DUCLOS, **Consid. s. les mœurs**, V (in LITTRÉ).

« Desmoulins, qui poussait toujours jusqu'au bout ses hypothèses   2
agressives avec la frivolité la plus redoutable... »
                                        JAURÈS, **Hist. social. Révol. franç.**, t. VII, p. 351.

« ...sous cette exubérance fastueuse et déréglée de créations musi-   3
cales, une suite de génies profonds et concentrés... attestent l'austère
grandeur d'âme et la pureté de cœur qui pouvaient se conserver
parmi la frivolité et le dévergondage des cours italiennes. »
                                        R. ROLL., **Music. d'autrefois**, p. 6.

« Il n'avait pas assez de mots pour flétrir l'immoralité latine ; et,   4
faute de mieux, il revenait toujours à celui de frivolité... »
                                        ID., **Jean-Christ.**, La révolte, II.

« La frivolité est tendue comme un rideau léger devant presque tous   5
nos sentiments ; la frivolité les égratte à leur naissance et les dissout
dans son tourbillon ; »   ALAIN, **Les aventures du cœur**, p. 35.

« ...n'admettez que des amis anciens, rassis, modérés, parés de la   6
frivolité qui vient avec l'âge. »   COLETTE, **Belles saisons**, p. 73.

« Il peut recommencer l'existence commune avec Nathalie ; il se pro-   7
posera uniquement de la rendre heureuse ;... il pardonnera les propos
irritants, la frivolité enfantine, la vanité, le caprice, tout cela qui
paraîtrait peut-être exquis chez une autre. »
                                        CHARDONNE, **Dest. sentim.**, p. 143.

‖ **2o** Choses, occupations, propos frivoles. V. **Amusement,
babiole, bagatelle, enfantillage, futilité.** *Dire des frivolités*
(Cf. Sornettes).

« ...des journaux, des billets de théâtre, des invitations à dîner, mille   8
frivolités à la vie qui semblent indécentes ce jour-là. »
                                        GAUTIER, **Portr. contempor.**, p. 266.

‖ **3o** Petite dentelle exécutée à l'aide d'une navette dont
on fait des garnitures ou des ornements de toilette féminine.
Un col en frivolité. Par ext. V. **Colifichet, fanfreluche, parure.** *Magasin, marchande de frivolités.*

« Le poinçon à percer les « roues » dans la broderie anglaise, les   9
navettes à frivolité, les navettes d'ivoire, d'un blanc d'amande... »
                                        COLETTE, **Maison de Claudine**, p. 93.

ANT. — **Austérité, gravité, sérieux.**

FROC (*frok*). n. m. (XIIe s. ; d'un francique *hrok*, allem.
rock, « habit »).

‖ **1o** Partie de l'habit des moines qui couvre la tête, les
épaules et la poitrine, et, *par ext.* l'habit monacal tout
entier. *Froc de bure* (Cf. Ermite, cit. 2). *Endosser, mettre,
revêtir son froc* (Cf. Choc, cit. 11 BOILEAU). *Moine en froc
et cagoule* (cit. 1).

« L'on se couvre d'un froc pour tromper le jaloux ; »   1
                                        RÉGNIER, **Sat.**, IX.

2   « ...le cloître de la Chartreuse, blanc comme le froc des disciples de saint Bruno. »   A. BERTRAND. **Gaspard de la nuit**, p. 38.

3   « Une procession de moines aux frocs blonds »   VERLAINE, **Poèm. saturn.**, La mort de Philippe II.

‖ **2°** *Fig.* L'état monacal ou ecclésiastique. *Prendre le froc,* se faire moine ou prêtre. *Porter le froc,* être moine ou prêtre. *Quitter, déposer le froc.* V. **Défroquer** (se).

4   « La prise de voile ou de froc est un suicide payé d'éternité. »   HUGO, **Misér.**, II, VII, VII.

5   « Cet ancien professeur de l'Oratoire, qui, sans avoir été prêtre, avait cependant porté le froc... »   MADELIN, **Hist. Cons. et Emp.**, De Brumaire à Marengo, VIII.

6   « Cependant, depuis que Jacques avait quitté les Frères, ceux-ci, laïcisés, avaient déposé la dévotion avec le froc ; à peine allaient-ils à la messe le dimanche... »   JOUHANDEAU, **Chaminadour**, VII, Le petit Jacques.

— *Fam.* *Jeter le froc aux orties* (Cf. Farine, cit. 6), quitter les ordres*. (Se dit aussi des femmes).

7   « On l'accusait d'avoir été capucin dans sa jeunesse, et d'avoir jeté le froc aux orties. »   STENDHAL, **Rom. et nouv.**, Le coffre et le revenant.

8   « Ce que je m'en ficherais, pour mon compte, qu'elle jette son froc aux orties !... Ah ! là, là !... »   LOTI, **Ramuntcho**, II, III.

— *Par anal.* Abandonner sa profession, ou renoncer à une habitude, à une contrainte *(peu usit.).*

9   « La princesse d'Harcourt danse au bal... vous pouvez penser combien on trouve qu'elle a jeté le froc aux orties, et qu'elle a fait la dévote pour être dame du palais. »   SÉV., **372**, 19 janv. 1674.

‖ **3°** *Vx.* Lainage grossier.

‖ **4°** (fin XIXᵉ s.). *Arg.* Pantalon.

10   « Puis, finalement, à force d'être tirées, les jambes du macchab se sont décollées aux genoux, son froc s'est déchiré et le tout est venu, v'lan ! »   BARBUSSE, **Le feu**, II.

DER. et **COMP.** — **Défroqué*, défroquer*.** — **Frocard.** *n. m.* (XVIIᵉ s.). *Péjor.* Moine.

« ...cette histoire de loup-garou, dont le frocard empoisonnait l'esprit de votre fils. »   FRANCE, **Rôtiss. Reine Pédauque**, Œuv., t. VIII, p. 15.

1. FROID, OIDE. *adj.* (XIᵉ s. ; lat. *frigidus,* un *i* bref, à la première syllabe, s'étant substitué dans le lat. pop. au *i* long du lat. class.).

I. Qui est à une température* sensiblement plus basse que celle du corps humain. V. **Froid** 2.

‖ **1°** Au sens le plus général (V. *aussi* **Frais** et **Glacé**). *Eau* froide* (Cf. Ablution, cit. 3 ; asperger, cit. 4 ; chat, cit. 17). *Ablutions* (cit. 2), *douches froides ; bains* (cit. 1) *froids. Boissons* (cit. 3) *froides. Un vent, un air froid et glacé qui souffle du Nord* (Cf. Avoir, cit. 9 ; fin, cit. 11). V. **Aquilon.** *Le fond* (cit. 44) *de l'air est froid. Courant froid, courant d'air froid. Pluie froide* (Cf. Arroser, cit. 5). *Nuit, aurore* (cit. 14) *froide. Pays, climat, temps froid. L'hiver a été très froid.* V. **Rude.** *La saison froide.* V. **Hiver.** *Un mois, un avril froid* (Cf. Fleurir, cit. 19). *Il fait froid, plus froid qu'hier* (Cf. Claquer, cit. 5). *Brr ! qu'il fait froid !* Cf. *fam.* et *pop.* Frisquet, frigo, frio. *Avoir les mains, les pieds froids.* V. **Gelé.** *Chair un peu froide* (Cf. Céder, cit. 24). *Une pièce mal exposée et froide.* V. **Glacière.** *Chambre* (cit. 11) *froide.* V. **Frigorifique.** *Froid comme glace, comme l'acier, comme le marbre* (Cf. Coucher, cit. 20).

1   « ...vous voulez, Acis, me dire qu'il fait froid ; que ne disiez-vous : « Il fait froid ? » Vous voulez m'apprendre qu'il pleut ou qu'il neige ; dites : « Il pleut, il neige. »   LA BRUY., V, 7.

2   « L'air froid resserre les extrémités des fibres extérieures de notre corps : cela augmente leur ressort... Il diminue la longueur de ces mêmes fibres ; il augmente donc encore par là leur force... On a donc plus de vigueur dans les climats froids. »   MONTESQ., **Esprit des lois**, XIV, II.

3   « Le vent nous força d'anordir et nous accostâmes le banc de Terre-Neuve. Quelques glaces flottantes rôdaient au milieu d'une brume froide et pâle. »   CHATEAUB., **M. O.-T.**, t. I, p. 268.

4   « Le parloir me sembla plus froid, plus humide, plus inhospitalier, plus insidieux et la servante plus effarée, plus silencieuse que jamais. »   FRANCE, **Crime S. Bonnard**, Œuv., t. II, p. 458.

5   « Le raisin est quasi mûr. La petite aurore me le livre froid, perlé, élastique et giclant sucré sous la dent... »   COLETTE, **Naissance du jour**, p. 218.

— *Par ext.* Qui ne tient pas chaud, qui ne réchauffe pas. *Un vêtement, un manteau froid. Cette couverture de coton est froide. Un froid soleil d'hiver.* — *Par anal.* (en parlant d'une lumière, d'un éclat qui semble sans chaleur). *Une lumière, un ciel froid. Des yeux froids* (Cf. Acier, cit. 8 ; amenuiser, cit. 4).

6   « Ses yeux froids où l'émail sertit le bleu de Prusse Ont l'éclat insolent et dur du diamant. »   VERLAINE, **Poèm. saturn.**, Une grande dame.

7   « ...un froid soleil, souvenir lointain des ardeurs de l'été. »   BARRÈS, **Leurs figures**, p. 364.

8   « Le laboratoire était blanc et gris, largement baigné d'une froide lumière électrique. »   VAN DER MEERSCH, **L'élu**, p. 22.

‖ **2°** Qui s'est refroidi ou qu'on a laissé refroidir. *Une*

odeur de cendre (cit. 4) *froide. Le poêle est froid, remettez vite du charbon. Cela sent la pipe froide.* — *Cadavre froid. Ranimer un noyé dont le corps était déjà froid.*

— En parlant d'une machine, d'un moteur... qui n'a pas fonctionné depuis un certain temps et dont les organes ne sont pas à la température convenable. *Le moteur est encore froid. Voiture froide qui démarre difficilement. Moteur froid, qui a des ratés, qui ne tourne pas rond.*

9   « Jacques... se rendit au dépôt... Deux machines étaient déjà là, froides, endormies. »   ZOLA, **Bête humaine**, p. 188.

— En parlant d'aliments cuisinés. *Graisse froide, qui se fige* (cit. 4). *Ce potage est froid. Allons, à table ! tout va être froid. Des tranches de viande froide.* *Spécialt. Viandes froides,* préparées pour être mangées froides. *Assiette anglaise garnie de viandes froides. Un repas froid,* composé de mets froids. *Buffet froid. Un souper froid au champagne. Manger, servir froid.*

10   « ...elle ne faisait la cuisine que deux fois par semaine, elle gardait les viandes cuites, que la maîtresse et la servante mangeaient froides ; »   BALZ., **Urs. Mirouët**, Œuv., t. III, p. 423.

‖ **3°** *Par anal.* Physiol. *Animaux à sang froid* (à température variable). *Sueur* froide* (Cf. Écroulement, cit. 7 ; émotion, cit. 13). *Humeurs froides* (vx.). V. **Écrouelles, scrofules.** *Abcès* froid.*

11   « Une froide sueur d'angoisse mouillait sa chemisette entre les épaules... »   GAUTIER, **Capitaine Fracasse**, XVI, t. II, p. 179.

II. *Fig.* ‖ **1°** Qui ne s'anime ou ne s'émeut pas facilement. — A) Par suite de son tempérament. V. **Flegmatique** et pop. **Pisse-froid.** *Un tempérament, un caractère* (cit. 47) *froid. Homme froid aux réactions peu rapides* (Cf. Empesé, cit. 2). — *Substantivt. Les plus froids ont cédé à cet entraînement* (cit. 1) *universel.* — *Cheval froid,* qui a besoin d'être vivement sollicité par son cavalier pour se mettre en action. *Taureau froid,* qui dans l'arène manque de vitalité, de réaction. — *Spécialt.* (Dans le domaine sexuel). Dépourvu de sensualité. V. **Frigide, impuissant** (Cf. Brûlant, cit. 9).

12   « Don Juan n'est pas toujours un homme de tempérament exigeant ; Don Juane est souvent une femme froide. »   MAUROIS, **Art de vivre**, p. 81.

13   « ...il lui fallait du temps pour qu'elle se mette en train dans les émotions. C'est pas qu'elle était froide, puisque ça la saisissait plutôt comme une tourmente, mais il lui fallait du temps. »   CÉLINE, **Voyage au bout de la nuit**, p. 449.

— B) Par suite du contrôle qu'il exerce sur soi. V. **Calme, impassible, imperturbable, marmoréen.** *Combattant qui reste froid au milieu du danger* (Cf. Cavalier, cit. 5 ; courage, cit. 10). *Le grand comédien, selon Diderot, doit être froid et lucide* (Cf. Brûler, cit. 15). *Avoir, garder la tête froide.* V. **Sang-froid.** *C'est une tête froide* (Cf. Étude, cit. 16). *La froide raison* (Cf. Aliéniste, cit. ; feu, cit. 71 ; folie, cit. 18). *Froide réflexion* (Cf. Flotter, cit. 18). *Une colère, une rage froide,* qui n'éclate pas (Cf. Alimenter, cit. 2). — *Spécialt. Guerre froide,* hostilité n'allant pas jusqu'aux opérations militaires.

14   « Toutes les faces des carrés anglais furent attaquées à la fois. Un tournoiement frénétique les enveloppa. Cette froide infanterie demeura impassible. »   HUGO, **Misér.**, II, I, X.

15   « Le délire scientifique plus raisonné et plus froid que les autres est en même temps le moins tolérable d'entre tous. »   CÉLINE, **Voyage au bout de la nuit**, p. 257.

‖ **2°** Dont la réserve marque de l'indifférence ou une certaine hostilité. V. **Austère, distant, glacial, grave, indifférent, posé, réservé, sérieux, sévère...** *Un abord, un air froid* (Cf. Aversion, cit. 4 ; éteindre, cit. 51 ; façon, cit. 41). *Une politesse, une correction* (cit. 12) *froide. Des façons* (cit. 44) *froides. Répondre d'un ton froid. Rester froid devant les efforts, les avances de quelqu'un* (Cf. Échauffer, cit. 9). *Femme qui fait la froide* (Cf. Allumer, cit. 12). *Ce spectacle me laisse froid.* V. **Blaser** (Cf. Avouer, cit. 20). *C'est une nouvelle qui ne peut vous laisser froid. Il nous a fait un accueil bien froid.* V. **Glacial.** *Faire froide mine* à quelqu'un.* V. **Gris** (grise mine). *Faire froid* (vx.), *battre** (cit. 10 et 11) *froid à quelqu'un. Un froid silence, un froid mépris.*

16   « Le juste opposera le dédain à l'absence Et ne répondra plus que par un froid silence Au silence éternel de la Divinité. »   VIGNY, **Les destinées**, Mont des Oliviers.

17   « ...je pris un air froid qui coupa court aux effusions qu'elle espérait... »   PROUST, **Rech. t. p.**, t. XIII, p. 81.

18   « On la trouvait hautaine et froide ; elle ne saluait personne, mais il y avait dans ce maintien plus de timidité que de hardiesse ou de hargne. »   JOUHANDEAU, **Tite-le-Long**, XIX.

19   « Il est un ton, à quoi reconnaître à distance la passion partisane. Ce n'est pas nécessairement (comme on le suppose) un ton chaud et persuasif. Non. Mais plutôt un ton froid, détaché, extérieur... »   PAULHAN, **Entret. s. des faits div.**, p. 114.

‖ **3°** Qui est dépourvu d'élément affectif, qui manque de sensibilité, de générosité, de ferveur... V. **Dur, insensible, sec.** *Un cœur froid, une âme froide.* V. **Aride ; glaçon.** *Homme sec et froid* (Cf. Atrabilaire, cit. 8), *froid et méchant* (Cf. Exprimer, cit. 18). *Analyste froid et impitoyable*

(Cf. Abstracteur, cit. 2). *Un froid doctrinaire de la violence. Bourreau froid et implacable. La plus froide insensibilité* (Cf. Extrémité, cit. 17). *Acte de froide cruauté. Haine froide. Prière, dévotion froide et mécanique. Conduite qui obéit à de froids calculs. La froide politique. Les froides spéculations d'une science abstraite. Cette charité froide qu'on nomme l'altruisme* (cit. 2).

20   « Ne me vantez point le caractère de N... : c'est un homme dur, inébranlable, appuyé sur une philosophie froide, comme une statue de bronze sur du marbre. »
      CHAMFORT, **Caract. et anecd.**, Le caractère de N...

21   « Nous avons pu déplorer... que la froide politique eût seule présidé à ces démolitions faites sans discernement. »
      SAND, **Hiv. à Majorque**, II, 5.

22   « ...greffer sur leur barbarie sa froide cruauté de Hohenzollern. »
      LOTI, **Suprêmes visions d'Orient**, p. 291.

23   « Les cœurs froids n'ont pas de peine à se déprendre. »
      SUARÈS, **Trois hommes**, Pasc., III.

24   « Une froide et parfaite clarté est un poison qu'il est impossible de combattre. Le réel, à l'état pur, arrête instantanément le cœur... »
      VALÉRY, **Eupalinos**, p. 165.

|| 4° Qui ne suscite aucune émotion, par défaut de sensibilité, d'éclat, de vie, de feu..., en parlant de l'expression littéraire, artistique, etc. V. **Ennuyeux** (cit. 6), **inexpressif, languissant, monotone, plat, terne... ** *Un écrivain, un orateur froid* (Cf. Auteur, cit. 34 ; exactitude, cit. 9). *Un froid écrit assomme* (cit. 5). *Un livre, un style froid. De froides abstractions, de froides fictions* (cit. 7). *Rien de plus froid que cette rhétorique, cette grandiloquence, cette allégorie... Une froide imitation* (Cf. Anachronisme, cit. 3). *Ce qu'il y a de froid dans ses propos, sa conversation* (Cf. Aigre, cit. 17 ; attention, cit. 10). *Plaisanterie, raillerie froide, qui n'a rien de piquant. — Dessin correct, mais froid. Tableau froid malgré son sujet libertin. Le ton, le coloris est froid. Le bleu, le violet, couleurs froides. Femme d'une beauté froide.* V. **Statue.** *Une musique froide et sans âme. Sonorité froide, timbre froid* (Cf. Flûte, cit. 4). *Il y a dans son art quelque chose de froid et de cérébral.*

25   « ...la scène d'Alain et de Georgette dans le logis, que quelques-uns ont trouvée longue et froide... »
      MOL., **Crit. Éc. d. fem.**, 6.

26   « On dit qu'un morceau de poésie, d'éloquence, de musique, un tableau même, est froid, quand on attend dans ces ouvrages une expression animée qu'on n'y trouve pas. »
      VOLT., **Dict. philos.**, Froid.

27   « Sur le fond, Télémaque à deux genoux devant sa mère... à froid, plat, sans caractère, sans expression, sans grâce, sans noblesse, sans aucun mouvement... »
      DIDER., **Salon de 1765**, La Grenée, Retour d'Ulysse.

28   « Lebrun était tout bonnement un faux monsieur de l'Empyrée ; sa verve était aussi froide que ses transports étaient glacés. »
      CHATEAUB., **M. O.-T.**, t. I, p. 179.

29   « Soit que la langue ait avancé, soit qu'elle ait rétrogradé... il est certain que je trouve quelque chose d'usé, de passé, de grisaillé, d'inanimé, de froid dans les auteurs qui firent les délices de ma jeunesse. »
      ID., **Ibid.**, p. 182.

30   « Ces hommes qui ne recherchent que l'esprit, ne sont rien autre que des génies froids, sans flamme de sentiment qui les anime... »
      FAGUET, **Ét. littér., XVIIᵉ s.**, Boil., IV, 1.

|| A FROID. *loc. adv.* Sans mettre au feu, sans chauffer. *Battre, forger le fer à froid. Laminer, étirer à froid. Infuser à froid.* V. **Macérer.** *Décor, plaque poussés à froid sur le cuir d'une reliure. Teindre, imprimer à froid. Permanente à froid. — Spécialt. Ciseau* à froid. — Pour démarrer à froid, tirez le starter. Démarrage à froid. — Par anal.* (chirurg.). *Opérer à froid* : pratiquer une opération quand les phénomènes inflammatoires ont disparu, en dehors des crises aiguës (Cf. Aigu, cit. 13). — Sport. *Prendre, cueillir un adversaire à froid*, le surprendre d'entrée de jeu par une action ou un coup rapide, sans lui laisser le temps de s'échauffer, de se mettre en train. *Boxeur cueilli à froid au premier round.*

— *Fig.* Sans chaleur apparente, sans émotion véritable. *S'emporter à froid. Une colère à froid. Une plaisanterie à froid d'un pince-sans-rire. Poète qui fait de l'enthousiasme à froid. S'exciter à froid sur un sujet, un événement...*

31   « Rien ne révolte plus que des personnages qui parlent à froid de leurs crimes. »
      VOLT., **Lett. d'Argental**, 673, 19 janv. 1741.

32   « ...cette férocité à froid de rustre aigri par les éternelles déceptions... »
      COURTELINE, **Train de 8 h. 47**, I, II.

ANT. — **Chaud. Bouillant, brûlant, incandescent, tempéré, tiède, torride. Ardent, émotif, emporté, fougueux, nerveux, vif. Amoureux, sensuel. Accostant** (*vx.*), **affectueux, aimable, amical, chaleureux, communicatif, compatissant, complimenteur, cordial, enflammé, enthousiaste, éperdu, expansif** (cit. 4), **familier, liant, ouvert... Fervent, généreux, sensible. Animé, attendrissant, brillant, éclatant, émouvant, expressif... — À chaud.**

COMP. — **Refroidir. Chaud-froid, sang-froid. Pisse-froid.**

DER. — **Froidement. Froideur. — Froidir.** *v. tr. et intr.* (XIIᵉ s.). *Vx.* ou *littér.* V. **Refroidir** (Cf. Chastement, cit. 3 et infra cit. 1). — **Froidement. — Froidure.** *n. f.* (XIIᵉ s.). *Vieilli.* Froid répandu dans l'atmosphère. *Froidure de la saison* (Cf. Attrister cit. 1). *Plantes qui craignent la froidure.* Méd. Lésion que le froid produit sur les tissus. V. **Gelure** (Cf. *infra*, cit. 2).

1   « Je suis venue au bord de la mer... la lame ne s'est pas toujours brisée à mes pieds, j'ai senti sa rude étreinte qui froidit le cœur ; »
     BALZ., **Lys dans la vallée**, Œuv., t. VIII, p. 971.

« Le temps a laissé son manteau
De vent, de froidure et de pluie,
Et s'est vêtu de broderie,
De soleil luisant clair et beau. »
      Ch. d'ORLÉANS, **Rondeaux**, LXIII, v. 1-4.   2

2. FROID. *n. m.* (V. **Froid** 1). État ou action de ce qui est froid.

|| 1° État de la matière, qui se traduit par une basse température* (par rapport au corps humain) ; sensation thermique spécifique résultant du contact de certaines fibres nerveuses avec un corps froid. *Le froid de la glace, de la neige... du marbre, de l'acier. Spécialt.* (en parlant de l'atmosphère). *Un froid intense ; un grand froid. Les grands froids polaires, sibériens. Froid doux, modéré.* V. **Fraîcheur.** *Froid sec, humide. Succession, alternance du chaud et du froid* (Cf. Ardeur, cit. 1 ; bise, cit. 2 ; catacombe, cit. 5 ; cesser, cit. 1 ; endurcir, cit. 2 et 17 ; faux, cit. 47). *La saison du froid, des grands froids.* V. **Froidure, hiver.** *Coup* de froid* : abaissement subit de la température (Cf. Bora, cit.). *Vague de froid. Spécialt. Il fait cinq degrés de froid* : cinq degrés au-dessous de zéro. — *Action, effets du froid. Rigueur du froid* (Cf. Amollir, cit. 9 ; approchant, cit. 1). *Froid aigre, aigu, âpre, cuisant, mordant, pénétrant, piquant, rigoureux, terrible, vif, vivifiant. Fam. Un froid noir ; un froid de canard, de chien, de loup, du diable, de tous les diables* (cit. 13). *Un froid à pierre fendre* (cit. 2). *Froid qui contracte, engourdit, fige, marbre, pince, pique, saisit... Le froid a crevassé, marbré sa peau... Affections cutanées causées par le froid.* V. **Crevasse, engelure, onglée** (Cf. Chancelant, cit. 4). *Visage bleu, bleui, pâle, rouge, rougi, violet de froid. Braver, supporter le froid.* (V. **Frileux**). *S'habituer, s'accoutumer peu à peu au froid. Souffrir du froid. Être transi, tremblant de froid.* V. **Frissonner, grelotter ; claquer** (des dents) ; **frigorifié, morfondu.** *Pleurer de froid* (Cf. Embrumer, cit. 1). *Mourir de froid* : par exager. *Souffrir cruellement du froid* (Cf. Bouge, cit. 2 et *pop.* Crever de froid). Loc. *Souffler* le chaud et le froid* (Cf. Arrière, cit. 1).

1   « ...au travers du pays dépouillé de verdure par le froid hivernal... »
     MAROT, **Épit.**, V.

2   « Il faisait, dans cette avenue,
     Un froid de loup, un temps de chien. »
     MUSS., **Poés. nouv.**, Par un mauvais temps.

3   « Les enfants, percés de froid et ne pouvant dormir, geignaient sous le pauvre abri des ménages... »
     FROMENTIN, **Une année dans le Sahel**, p. 82.

4   « ...le froid nous prend, ce froid pénétrant des montagnes, qui gèle le sang et paralyse les membres. Il semble caché, embusqué dans le vent ; il pique les yeux et mord la peau de sa morsure glacée. »
     MAUPASS., **Vie errante**, La Sicile.

5   « Il faisait un froid à fendre les dolmens, un de ces froids déchirants qui cassent la peau et font souffrir horriblement de leur brûlure de glace. »
     ID., **M. Parent**, Le baptême.

6   « ...un froid qui me pénétrait... jusqu'à la moelle des os ; »
     LOTI, **Mon frère Yves**, XXIX.

7   « ...sur un petit coup de froid, juste avant le printemps, je me suis mis à tousser sans arrêt, salement malade. »
     CÉLINE, **Voyage au bout de la nuit**, p. 313.

8   « Tout ça ne rimait à rien, il faisait un froid de chien, et un sale temps. Il échoua à son hôtel, et se mit à potasser ses bouquins. »
     ARAGON, **Beaux quartiers**, II, III.

9   « Combattent-ils l'ennemi ou le froid ? Plus de dix degrés au-dessous. Les mitrailleurs détestent tirer avec leurs gants, mais l'acier des mitrailleuses brûle de froid... Chacun regarde éclater autour de lui les obus anti-aériens, la face gelée, le corps dans la chaleur de sa combinaison fourrée... »
     MALRAUX, **L'espoir**, II, I, II.

— *Avoir* (cit. 30) *froid* : éprouver une sensation de froid. *Avoir froid aux mains, aux pieds, aux doigts. Battre la semelle, souffler dans ses doigts quand on a froid.* Loc. fig. *N'avoir pas froid aux yeux* : avoir un regard résolu et par suite être audacieux, brave, décidé. — *Donner, faire froid* : procurer une sensation de froid. *Cela donne froid dans le dos.*

10   « Mon frère a froid, nous gelons chez nous. Alors, je suis allée ramasser ça, le long des haies. »
      ZOLA, **La terre**, I, IV.

— *Par méton. Prendre, attraper froid.* V. **Refroidissement** Cf. Expectant, cit. 2 ; fluxion, cit. 2 ; et aussi le belgicisme *Attraper un froid* (un rhume). *Attraper un chaud et froid.*

11   « ...si on va trop vite, on est en transpiration et dans l'église on attrape un chaud et froid. »
      CAMUS, **L'étranger**, I, I.

— *Phys. Étude du froid, des grands froids. Quantité de froid fournie à un corps quand on lui enlève une grande calorie.* V. **Frigorie.** *Pôle du froid* : le zéro absolu (— 273°). — Technol. *Production du froid* (V. **Congélation, climatisation, réfrigération ; frigorifique***). *Production industrielle du froid par la détente d'un gaz comprimé, par évaporation... Techniques et industries du froid ; laboratoires du froid. Utilisation, applications industrielles du froid* (à la conservation des denrées périssables, à la climatisation, aux essais de matériaux). *L'Institut français du froid industriel prépare les ingénieurs frigoristes* (Cf. fam. Ingénieur dans le froid). — Méd. *Thérapeutique par le froid.* V. **Cryothérapie, frigothérapie ; hibernation.**

12 « ...je réfléchis à tous les bénéfices que recueillent, du froid discipliné, notre hygiène, notre gourmandise... »
COLETTE, **Prisons et paradis**, Sur l'« Éros ».

13 « Je pense que nous ne faisons que commencer, au profit de la gastronomie, l'exploitation du froid électrique. » ID., **Ibid.**

— Géogr. *Les pôles du froid : les régions géographiques où le thermomètre enregistre les plus basses températures* (Sibérie, Arctique, Groenland).

— Biol. *Résistance des végétaux au froid. Seuil de résistance au froid. Adaptation des végétaux au froid* (Cf. Vernalisation). — *Défense des organismes animaux contre le froid* (Thermo-régulation). *Les frissons, l'horripilation, la contraction des muscles pilo-moteurs* (Chair* de poule), *réflexes de défense contre le froid. Animal forcé par le froid, dont l'organisme ne résiste plus au froid* (au-dessous d'une température critique).

— Psycho-physiol. *Sensation de froid. Points de froid.*

14 « Des sensations de chaud et de froid se trouvent déclenchées par des stimulations adéquates de la peau et des muqueuses. Elles naissent de l'excitation de deux catégories de récepteurs entièrement indépendantes... Sur la cornée il y a de nombreux points de froid, alors que les points de chaud font entièrement défaut. »
H. PIÉRON, **La sensation**, p. 34 (éd. P.U.F.).

|| 2° *Par ext.* Sensation analogue ou comparable à la sensation de froid. *Le froid de l'âge, des ans,* dû à la vieillesse. *Le froid de la mort, du tombeau. Il sentit un froid mortel gagner ses membres, courir dans ses veines* (Cf. Flageoler, cit. 1). *Peur, danger qui donne froid. Dans sa détresse et sa solitude, il sentait le froid l'envahir. Avoir froid au cœur* (Cf. Cru, cit. 11). *Cela m'a fait froid dans le dos** (V. **Frisson, frissonner**).

15 « Un cœur déjà glacé par le froid des années ! »
RAC., **Mithr.**, IV, 5.

16 « Une fois enfermée au Temple, elle... s'accoutume à boire le calice en silence. La tête de la princesse de Lamballe, présentée aux barreaux, lui avait donné le premier froid de la mort. »
STE-BEUVE, **Caus. du lundi**, 14 juill. 1851, t. IV, p. 342.

17 « ...le Petit Chose, perché sur le haut de la diligence, sentit, en entrant dans la ville, le froid le saisir jusqu'au cœur. »
DAUD., **Petit Chose**, Gagne ta vie.

18 « Nous sentons venir le froid du danger et nous en avons le frisson. »
J. VALLÈS, **Jacques Vingtras**, Le bachelier, p. 69.

19 « Ils burent debout, comme dans une gare, et le froid des départs serrait la gorge de Chéri, qui grelottait secrètement des mâchoires. »
COLETTE, **Fin de Chéri**, p. 179.

20 « Il ne sentait pas la peur ; il était moins inquiet qu'irrité. Toutefois sa fatigue était si grande que le froid l'avait saisi : il grelottait dans sa soutane trempée de sueur. »
BERNANOS, **Sous le soleil de Satan**, p. 154.

— Loc. *Cela ne me fait ni chaud* ni froid* (Cf. Chaud, cit. 13).

|| 3° *Fig.* Manque, absence d'affection, d'amitié, de chaleur dans les relations humaines. *Il y a du froid, un certain froid entre eux :* leurs rapports sont devenus moins bons. V. **Attiédissement.** *Vivre en froid avec quelqu'un.* V. **Antipathie.** *Être en froid avec quelqu'un :* n'être plus en bons termes avec lui. V. **Bouderie, brouille, délicatesse, fâcherie, mécontentement, mésentente, mésintelligence.** *Jeter du froid, un froid,* produire une impression de gêne, de malaise. *Cette nouvelle, cette déclaration jeta un froid dans l'assemblée* (Cf. Faire l'effet d'une douche).

21 « Le soir, et ce fut pour la première fois de leur vie, il y eut du froid entre la mère et la fille. Celle-ci demanda la permission de se coucher de bonne heure. »
STENDHAL, **Le rose et le vert**, II.

22 « ...elle répandit, par sa seule attitude, par l'air de son visage et l'ennui de ses yeux, du froid autour d'elle, comme si elle venait d'ouvrir une fenêtre. »
MAUPASS., **Fort comme la mort**, I, III.

23 « Fanny, qui vivait très en froid avec son père, blessée de ce qu'il s'était retiré chez son gredin d'aîné, au lieu de se réinstaller chez elle... »
ZOLA, **La terre**, IV, IV.

— Dans l'art. V. **Froideur**.

24 « ...sachez, Monsieur de La Grenée, qu'en général le symbole est froid, et qu'on ne peut lui ôter ce froid insipide, mortel, que par la simplicité, la force, la sublimité de l'idée. »
DIDER., **Salon de 1765**, La Grenée.

ANT. — Chaleur, chaud. Ardeur.

FROIDEMENT. adv. (XIVe s. ; de *froid*). D'une manière froide.

|| 1° *Au sens propre.* Ne s'emploie plus que par plaisanterie dans l'expression : *Comment allez-vous ? — Bien, mais froidement !* (Cf. Fraîchement).

|| 2° *Fig.* Avec froideur, sans empressement. *Il l'a reçu, accueilli froidement.* V. **Fraîchement.** *Accepter, recevoir froidement quelque chose* (Cf. Appartenir, cit. 33 ; archichancelier, cit.). *Il m'a répondu froidement. Remercier froidement.*

1 « Elle (*la Commune*) reçut la proposition très froidement... demanda un rapport, attendit et ajourna. »
MICHELET, **Hist. Révol. franç.**, VII, V.

— Avec calme, en gardant la tête froide et lucide. *Calculer froidement ses chances. Juger froidement les résultats* (Cf.

Atelier, cit. 7). *Écouter froidement des injures, des reproches,* sans s'émouvoir. *Exécuter froidement les consignes.*

2 « C'est aimer froidement que n'être point jaloux ; »
MOL., **Fâch.**, II, 4.

3 « ...je me suis bien examiné, j'ai pesé froidement toutes les circonstances ; »
GAUTIER, **Mlle de Maupin**, IX.

4 « ...Napoléon montra l'impassibilité qui lui était propre et qu'il affectait afin de paraître au-dessus des autres hommes ; il dit froidement ou plutôt il répéta son mot habituel dans de telles circonstances... »
CHATEAUB., **M. O.-T.**, t. III, p. 175.

— Avec une entière insensibilité, sans aucun scrupule de conscience. *Il acheva froidement le blessé. Il l'abattit froidement d'un coup de revolver. Déshonorer froidement un innocent. Tourner froidement casaque. Il l'a laissé froidement tomber.*

5 « Vous avez froidement,...
Terni, flétri, souillé, déshonoré, brisé
Diane de Poitiers, comtesse de Brézé ! »
HUGO, **Le roi s'amuse**, I, 5.

6 « L'homme qui, sciemment, froidement, accepte la rétribution de fonctions qu'il n'a pas remplies, est un mendiant de la plus basse espèce... »
COURTELINE, **MM. ronds-de-cuir**, IVe tabl., I.

— Sans éclat, de façon terne, monotone. *Écrire, raconter froidement. Une scène froidement menée.*

7 « Mon bonheur sera digne de moi. Chacune de mes journées ne ressemblera pas froidement à celle de la veille. »
STENDHAL, **Le rouge et le noir**, II, XI.

FROIDEUR. n. f. (XIIe s. ; de *froid*). État de ce qui est froid.

|| 1° *Vieilli.* Basse température. V. **Froid** 2. *La froideur du marbre* (ACAD.).

1 « ...je ne sais si vous soutiendrez... la froideur de cet air glacé et pointu, qui perce les plus robustes. »
SÉV., **793**, 26 mars 1680.

|| 2° *Fig.* Absence relative d'émotivité, de sensibilité. V. **Calme, flegme, impassibilité, sang-froid, sécheresse.** *Caractère, tempérament d'une grande froideur. Froideur plus apparente que réelle* (Cf. Accuser, cit. 7). *La froideur de ses manières, de sa politesse.* V. **Austérité, réserve.** *Quelle froideur ! impossible de le dégeler !*

2 « Barnave s'éleva très haut. Sa froideur ordinaire, froideur feinte, ce jour-là, et qui n'était que dans la forme, fit valoir encore le fond, intimement passionné, qui perçait partout, comme en Asie ces terres sèches et froides qui, par place, sont au-dessus crevées de sources de feu. »
MICHELET, **Histoire Révol. franç.**, V, VII.

3 « ...beaucoup de froideur et d'obstination ; de la constance ; des cœurs fidèles, enfin les vertus de la solidité, mais rien de puissant ni de chaud, qui jaillisse de l'âme. »
SUARÈS, **Trois hommes**, Ibsen, I.

— *Spécialt.* Manque de sensualité. *Froideur sexuelle.* V. **Frigidité, impuissance.**

4 « Nullement galante d'humeur, nullement coquette, d'une froideur qu'on a pu comparer longtemps à celle de la vierge *Pallas,* elle ne voyait dans le mariage que matière à un beau rôle et à des destinées glorieuses, et, romanesque comme elle était, elle aimait presque autant s'en bercer en idée que de l'accomplir. »
STE-BEUVE, **Caus. du lundi**, 24 mars 1851, t. III, p. 507.

5 « Voilà ce que par instants je craignais de trouver chez Lucienne ; non pas la froideur, mais le manque de conviction ; une retenue du corps, par un effet tout naturel, nullement contraint, d'une certaine noblesse de l'esprit dans ses jugements. »
ROMAINS, **Dieu des corps**, V, p. 106.

— Indifférence marquée, manque d'empressement ou d'intérêt. *Accueillir, recevoir quelqu'un avec froideur.* V. **Glace** (être de), **hostilité, mine** (faire grise). *Une certaine froideur.* V. **Réserve.** *Témoigner de la froideur à quelqu'un, à une maîtresse.* V. **Détachement, indifférence** (Employer, cit. 8). *La froideur de sa réponse m'a découragé. Ton de froideur qui rend suspectes des protestations d'amour* (Cf. Ardeur, cit. 15). *Au plur.* (vx.). *Marques de froideur* (Cf. Arrêter, cit. 69). *Vieilli. Il y a de la froideur entre eux,* ils sont en froid. V. **Antipathie, fâcherie, mécontentement...**

6 « Une froideur ou une incivilité qui vient de ceux qui sont au-dessus de nous, nous les fait haïr ; »
LA BRUY., IX, 16.

7 « ...elle me traita avec une froideur qui avait l'air de tenir du mépris... »
MUSS., **Conf. enfant du siècle**, V, IV.

8 « ...la mortelle froideur qui a remplacé tant d'amour. »
ID., **Com. et prov.**, Le chandelier, I, 1.

9 « Il n'y eut pas un seul moment d'abandon de cœur dans toute la vie de Mme de Maintenon ; là est le secret de l'espèce de froideur qu'elle inspire. Elle est le contraire d'une nature sympathique. »
STE-BEUVE, **Caus. du lundi**, 28 juill. 1851, t. IV, p. 383.

10 « ...je lui témoignais de la froideur. Mon antipathie était si visible que la petite n'osait jamais m'adresser la parole. »
BOSCO, **Âne Culotte**, p. 65.

11 « ...ce qui peut provoquer une femme à la hardiesse, c'est votre froideur, sincère ou calculée, la distance que vous laissez régner d'elle à vous. »
ROMAINS, **Dieu des corps**, II, p. 35.

— *Art.* Défaut de chaleur, d'éclat. *La froideur d'un récit, d'un épisode, d'une scène. On a souvent reproché à Malherbe une certaine froideur. Froideur de la poésie didactique* (V. **Aridité**), *d'un grand tableau d'histoire...*

12 « Ce style et ces sentiments sont si éloignés des nôtres que nous avons peine à les comprendre. Ils sont comme des parfums trop fins : nous ne les sentons plus ; tant de délicatesse nous semble de la froideur ou de la fadeur. »
TAINE, Ess. de crit. et d'hist., Mᵐᵉ de La Fayette.

ANT. — Chaleur. Animation, ardeur, ébranlement, émoi, émotion, emportement, enivrement, enthousiasme, entrain, passion, sensibilité... Abandon, affection, attendrissement, commisération, cordialité, effusion, empressement, zèle... Brio, éclat, verve...

FROIDURE. V. FROID 1 (dér.).

FROISSEMENT. *n. m.* (XIIIᵉ s. ; de *froisser*)

‖ 1º Action de froisser* ; résultat de cette action. *Froissement d'un muscle.* V. **Claquement, contusion.** *Froissement d'une étoffe.* V. **Chiffonnement** (*dér.* de Chiffonner).

— *Par anal.* V. **Plissement.** *Chien qui montre ses crocs* (cit. 2) *sous un froissement de mufle.*

1 « Entre voisins, c'était un échange de regards sérieusement interrogateurs, mêlés à de petits froissements de la bouche, à des hochements de tête qui enterrent les gens... »
GONCOURT, Zemganno, LXVII.

— *Par ext.* V. **Bruit*, bruissement.** *Distinguer un froissement de plumes* (Cf. Frôlement, cit. 4). *Entendre le froissement des étoffes, de la soie...* V. **Frou-frou.**

2 « J'entendis... des froissements d'étoffes qu'on pliait et qu'on dépliait... »
LAMART., Graziella, IV, XXX.

3 « Nul bruit, si ce n'est le froissement de feuillets de vélin sous les doigts... »
A. BERTRAND, Gaspard de la nuit, Marchand de tulipes.

4 « ...l'on entendit courir, sous la forêt paisible, des bruits d'eau mêlés aux froissements légers du feuillage, à des chants d'oiseaux, à des sons de flûte. »
FROMENTIN, Été dans le Sahara, p. 8.

5 « Parfois, je percevais un mouvement, un froissement de jupe... »
DUHAM., Salavin, I, XI.

6 « Mais le dimanche, tard dans la nuit, elle percevait des froissements légers de papier de soie, des touchers de feuilles fragiles... »
CHARDONNE, Dest. sentim., p. 191.

7 « ...tous les murmures, tous les froissements, toutes les envolées dans les branches, les fracas d'ailes traversant les futaies, les essors au ras des sillons ; »
GENEVOIX, Raboliot, III, V.

‖ 2º *Fig.* Choc de caractères, d'intérêts en conflit, de passions qui s'affrontent. V. **Friction, heurt** et Cf. *aussi* Accrochage (*pop.*).

8 « Qu'il y ait eu refroidissement, déchirement, froissement entre nous, comme vous voudrez l'appeler, c'est malheureusement incontestable. Mais l'amitié a des degrés et je me contenterai avec joie, orgueil et reconnaissance, de la moindre place que vous voudrez me conserver. »
STE-BEUVE, Corresp., 3 avril 1831, t. I, p. 225.

9 « Malgré l'absence, les froissements, l'incompréhension, Marcelle lui restait chère. »
CHARDONNE, Dest. sentim., p. 229.

— *Par ext.* Ce qui blesse quelqu'un dans son orgueil, son amour-propre, sa sensibilité. V. **Blessure, vexation.** *Épargner* (cit. 12) *un froissement à quelqu'un. Éprouver, subir des froissements. Froissement d'amour-propre.*

10 « Mon orgueil sans cesse s'irrite de mille infimes froissements. »
GIDE, Journ., janv. 1890.

ANT. — Accord, entente, harmonie, intelligence (bonne). Satisfaction (d'amour-propre, d'orgueil...).

FROISSER. *v. tr.* (*Froissier* au XIIᵉ s. ; d'un lat. vulg. *frustiare*, de *frustum*, « fragment »).

‖ 1º *Anciennt.* Briser, rompre.

1 « Qu'on leur froisse les quinze côtes
De gros maillets forts et massis, »
VILLON, Le testament, Ballade de merci.

2 « Froissez ainsi qu'un verre en million d'éclats
La lance méprisée... »
RONSARD, Sec. liv. poèm., Exhortation pour la Paix.

‖ 2º Meurtrir par un heurt, un choc brutal. *Il reçut une pierre qui lui froissa l'épaule. Sa chute lui a froissé la jambe.* V. **Contusionner.**

3 « Une souris tomba du bec d'un chat-huant :
...
La souris était fort froissée. »
LA FONT., Fab., IX, 7.

4 « Et pareil au mourant qu'écrasent les blessés,
Que le sabot du cheval froisse, »
BAUDEL., Fl. du mal, Spl. et id., LIV.

— *Par anal.* Meurtrir par une pression violente. *Massage maladroit qui froisse les ligaments d'une articulation. Gaine trop étroite qui froisse la paroi abdominale.* V. **Comprimer.**

5 « Il étreignit fortement Fausta sans craindre de froisser sa peau délicate. »
MÉRIMÉE, Les âmes du Purgatoire, p. 409 (éd. Pléiade).

— *Pronominalt. Se froisser un membre, un muscle. Coureur qui s'est froissé un muscle de la cuisse.* V. **Claquer** (se), **déchirer** (se).

— *Par ext.* V. **Broyer, écrabouiller** (pop.), **écraser.**

6 « Et mon pied peureux froisse, au bord du marécage,
Des crapauds imprévus et de froids limaçons. »
BAUDEL., Les épaves, Le coucher du Soleil romantique.

‖ 3º Exercer sur un corps offrant peu de résistance un frottement* ou une pression, prolongés ou répétés, qui l'endommagent plus ou moins. V. **Aplatir, écraser.** *Froisser des brins d'herbe, des feuilles* (Cf. Figuier, cit. 2), *des pétales de fleurs entre ses doigts. Froisser l'herbe, le chaume sous ses pas.* V. **Fouler, piétiner.**

7 « ...l'herbe livre son suc dès qu'on la froisse. »
COLETTE, Prisons et paradis, Sefrou.

8 « ...je le vois froisser une brindille d'herbe et dire avec ravissement : C'est du thym ! »
DUHAM., Les plaisirs et les jeux, III, V.

9 « Il regardait cette herbe, il se penchait sur elle comme pour y retrouver la trace du corps qui l'avait froissée. »
GREEN, Léviathan, I, XIII.

10 « Miaulant tout bas, il (*le chat*) se renversait sur la plante, la froissait, l'écrasait de son dos, lentement se traînant sur elle du garrot jusqu'à la queue. »
GENEVOIX, Rroû, II, IV.

11 « Dans les roseaux qu'il frôlait au passage, nulle vie ne s'émouvait que celle des feuilles froissées ; »
ID., Raboliot, I, IV.

— *Par ext.* V. **Frotter.**

12 « ...les palmiers faisaient en froissant leurs feuilles un certain bruit qui ressemblait à des inquiétudes. »
FROMENTIN, Année dans le Sahel, p. 182.

13 « Elle (*là chienne*) froissait contre l'osier sa toison blonde... »
COLETTE, Paix chez les bêtes, Chiens savants.

14 « ...devant eux, un bachot que le courant berçait au bout de sa chaîne, froissait les roseaux secs. »
MART. du G., Thib., t. I, p. 195.

‖ 4º (XVᵉ s.). Chiffonner*, faire prendre de faux* plis. *Froisser une étoffe. Elle a froissé sa jupe en dormant sur la banquette.* V. **Friper.** *Froisser une moire fragile. Bruit de soie froissée* (V. **Froissement**). *Tas de linge froissé.* V. **Bouchon.** *Froisser du papier avant d'y mettre le feu.* V. **Bouchonner.** *Froisser une lettre, des billets de banque dans sa main. Froisser les pages d'un livre en le feuilletant. Bruit sec du parchemin froissé* (Cf. Couleuvre, cit. 2).

15 « Le taffetas et le florence le moins apprêtés ont un tout autre aspect que le foulard, et l'on ne saurait les froisser sans dommage. »
Tarif des douanes, 1744, note 579 (in LITTRÉ).

16 « ... l'éventail
Qu'elle froisse en ses doigts fluets aux larges bagues »
VERLAINE, Fêtes galantes, L'allée.

17 « Il fit un mouvement d'impatience, froissa la dépêche et la mit dans sa poche. »
MAUROIS, B. Quesnay, XVII.

18 « Il... compta, en les froissant un à un entre le pouce et l'index, une dizaine de billets de mille francs. »
MAC ORLAN, Quai des brumes, VII.

19 « Les pans de sa redingote, froissée par la banquette du wagon, pendaient de chaque côté de sa chaise. »
P. BENOIT, Mˡˡᵉ de La Ferté, V, p. 275.

‖ 5º (fin XVIᵉ s.). *Fig.* Offenser par un manque d'égards. V. **Blesser, choquer, dépiter, déplaire** (à), **désobliger, fâcher, heurter, indisposer, mortifier, offusquer, piquer, vexer, vif** (piquer, toucher au). *Froisser quelqu'un* (Cf. Élever, cit. 74). *Il a été froissé par ce manque de tact. Ce mot l'a profondément froissé.* V. **Ulcérer.** *Froisser quelqu'un dans ses convictions, son orgueil, sa pudeur, ses sentiments... Froisser l'amour-propre, la sensibilité, la délicatesse, la pudeur, la susceptibilité* (Cf. Considérer, cit. 18) *de quelqu'un.*

20 « ...j'abhorre la raillerie, elle flétrit le cœur, froisse tous les sentiments... »
BALZ., Eug. Grandet, Œuv., t. III, p. 541.

21 « ...en vous racontant des sentiments où vous n'étiez pour rien, peut-être ai-je froissé quelque pli de votre cœur jaloux et délicat ; »
ID., Lys dans la vallée, Œuv., t. VIII, p. 1028.

22 « Sans m'en douter, je vous agaçais, je vous froissais... Si ! si ! Je vous ai souvent froissée. Je ne ménageais pas assez votre délicatesse. Il y a eu des malentendus entre nous. »
FRANCE, Lys rouge, XXXI.

23 « Son amour-propre, dans le temps, s'était trouvé froissé par une lettre... »
GIDE, Journ., 3 août 1930.

24 « Mais l'épouse, elle, bien qu'elle fût depuis des années froissée dans sa tendresse, ne croyait pourtant qu'au mal physique ; »
MAURIAC, Désert de l'amour, p. 56.

25 « J'avais, sans le savoir, froissé certains écrivains en ne les nommant pas dans une liste de mes maîtres, d'autres en négligeant de les remercier pour un article, ou pour l'envoi d'un livre. Tout occupé de mon travail, j'avais négligé l'opinion. »
MAUROIS, Mémoires, I, XVII.

‖ SE FROISSER. *v. pron.* Être, devenir froissé. *Cette étoffe se froisse facilement. Mon costume s'est froissé dans la valise.*

— *Fig.* Se trouver offensé. V. **Humeur** (prendre de l'humeur) ; **fâcher** (se), **offusquer** (s'), **piquer** (se), **vexer** (se). *Vous vous froissez pour bien peu de chose.* V. **Formaliser** (se). *Personne qui se froisse d'un rien, de tout.* V. **Chatouilleux, ombrageux, susceptible.**

26 « Tandis que j'entendais ma grand'mère, sans se froisser qu'il l'écoutât son chapeau sur la tête... »
PROUST, Rech. t. p., t. IV, p. 79.

— *Récipr. Avec des opinions si opposées, comment ne se froisseraient-ils pas sans cesse ?*

ANT. — Défriper*, défroisser, repasser*. Complaire (à), contenter, flatter, ménager, réjouir, satisfaire. — Intact. — Ému, flatté, heureux, satisfait, touché.

DER. — **Froissable.** *adj.* (XVIᵉ s. in HUGUET). Qui se froisse, se fripe facilement. *Tissu froissable* (ANT. **Infroissable**). — *Fig.* (1865 in LITTRÉ). Prompt à s'offenser. — **Froissure.** *n. f.* (XIIᵉ s.). Trace laissée par le froissement. *La froissure de cette étoffe ne disparaîtrait pas sous le fer* (ACAD.).

COMP. — **Défroisser.** *v. tr.* (XXᵉ s.). Remettre en état ce qui était froissé. V. **Défriper.** *Défroisser un journal. Défroisser une robe en la repassant.* — **Infroissable.** *adj.* (XXᵉ s.). Qui ne peut se froisser. *Tissu garanti infroissable.*

FRÔLEMENT. *n. m.* (1700 ; de *frôler*). Action de frôler.

|| **1°** Léger et rapide contact* d'un objet qui se déplace le long d'un autre. *Le frôlement d'une main, d'une robe, d'un bâton* (cit. 15). *Dans le frôlement de la foule.* V. **Coudoiement** (Cf. Emmêlement, cit.). *Doux frôlements.* V. **Attouchement, caresse.**

1   « Toutes les libertés que se permit Sammécaud furent de saisir deux ou trois fois la main de son amie... de déplacer le collier autour du cou avec des frôlements juste un peu prolongés. »
                                      ROMAINS, **H. de b. vol.**, t. V, IV, p. 28.

|| **2°** Bruit léger qui en résulte. *Un frôlement d'ailes dans les buissons. Le frôlement des branches. Un frôlement d'étoffes soyeuses* (Cf. Cri, cit. 30). V. **Frémissement, frissonnement, froissement, frou-frou.**

2   « ...percevoir le frôlement d'une robe comme un bruit d'ailes... »
                                      HUGO, **Misér.**, I, V, IV.

3   « C'étaient de longues oscillations molles qu'accompagnaient toujours les mêmes frôlements des voiles pendantes, les mêmes crissements des bois secs. »
                                      LOTI, **Mon frère Yves**, XI.

4   « Dans ce qui tout à l'heure n'était rien que silence, il distinguait des frôlements furtifs, un trot léger sur les feuilles sèches, un froissement de plumes, dans les branches d'un pin... »
                                      GENEVOIX, **Raboliot**, I, IV.

5   « Un frôlement indescriptible révéla une présence le long de la barrière de bois... »
                                      MAC ORLAN, **Quai des brumes**, VI.

FRÔLER. *v. tr.* (1670 MOL. Bourg. gent., II, 4 ; XVᵉ s. au sens de « rosser », orig. obscure, peut-être onomat., selon BLOCH).

|| **1°** Toucher légèrement en glissant, en passant. *La balle lui frôla les cheveux* (Cf. Chauve-souris, cit. 3). V. **Effleurer.** *Frôler les cordes d'un violon.* V. **Caresser.** *Frôler quelqu'un dans la rue.* V. **Côtoyer, coudoyer.** *Frôler un passant* (Cf. Aguicher, cit.).

1   « Le passant chagrin que tu frôles
      Est ébloui par la santé
      Qui jaillit comme une clarté
      De tes bras et de tes épaules. »
                                      BAUDEL., **Les épaves**, V.

2   « ...l'élan d'un gros bourdon qui vous frôlait en vibrant comme une balle... »
                                      DAUD., **Contes du lundi**, Alsace ! Alsace !

3   « ...un orchestre de milliers de cordes que les archets frôleraient à peine et avec grand mystère. »
                                      LOTI, **Mon frère Yves**, XCII.

4   « Mais le doigt se contenta de frôler le papier. »
                                      ROMAINS, **H. de b. vol.**, t. V, XXIII, p. 200.

5   « ...cette journée d'été le frôlait de sa masse dense et chaude, il avait envie de s'y laisser tomber de tout son poids. »
                                      SARTRE, **Âge de raison**, IV, p. 69.

|| **2°** *Par ext.* Passer très près, presque jusqu'à toucher. *Ces deux autos se sont frôlées. Un homme qui marche en frôlant les murs.* V. **Raser, serrer.**

6   « En voyant cette femme qui ne se dérangeait pas, le conducteur se dressa par-dessus la capote, et le postillon criait aussi, pendant que ses quatre chevaux, qu'il ne pouvait retenir, accéléraient leur train ; les deux premiers la frôlaient ; d'une secousse de ses guides, il les jeta dans le débord... »
                                      FLAUB., **Trois contes**, Un cœur simple, IV.

7   « ...il commença sa marche en avant, frôlant les boutiques, les mâchoires serrées... »
                                      MAC ORLAN, **Quai des brumes**, VIII.

— *Fig. Frôler la mort.* V. **Friser.** *Frôler la disgrâce. Frôler le ridicule. Frôler l'hérésie, le scepticisme* (Cf. Évoquer, cit. 23).

8   « J'ai frôlé quatre fois la mort
      Qui du Nord est la souveraine. »
                                      APOLLINAIRE, **Ombre de mon amour**, XV.

9   « Car elle frôle constamment la tentation la plus poignante, la plus suave, la plus parée de tous les attraits : celle de se venger. »
                                      COLETTE, **La vagabonde**, p. 36.

DER. — **Frôlement.** — **Frôleur, euse.** *adj.* et *n.* (1876). Qui frôle. *Spécialt.* Se dit d'un homme qui recherche les occasions de frôler les femmes, ou d'une femme provocante. V. **Aguicheuse, allumeuse.**

1   « ...l'obscurité dont tu parles fut calculée pour mettre à l'aise les frôleurs ou les tripoteurs que détraque le violoncelle ? »
                                      BLOY, **La femme pauvre**, I, XXXII.

2   « ...elle agaçait les mâles, elle les enveloppait de ses œillades, de sa luxure : c'était une enragée frôleuse. »
                                      ROLLAND, **Jean-Christ.**, Le buisson ardent, I.

FROMAGE. *n. m.* (XIIIᵉ s. *formage* ; d'un lat. vulg. (*caseus*) *formaticus*, « fait dans une forme* » (IV, 2°). Cf. de nos jours *fourme*, sorte de fromage d'Auvergne.

|| **1°** Aliment obtenu par la coagulation* du lait*, suivie ou non de fermentation. *Fromage de lait de vache, et elliptiqt. Fromage de vache, de chèvre, de brebis. Un bout, un morceau, une tartine de fromage. Fromage frais, sec, mou, fermenté.* « *Un dessert* (cit. 1) *sans fromage...* ». *Le Fromage*, poème de Saint-Amant.

1   « Je vous veux régaler ; voyez-vous cet objet ?
      C'est un fromage exquis. Le dieu Faune l'a fait,
      La vache Io donna le lait. »   LA FONT., **Fab.**, XI, 6.

2   « Avec du laitage, des œufs, des herbes, du fromage, du pain bis et du vin passable, on est toujours sûr de me bien régaler ; »
                                      ROUSS., **Conf.**, II.

3   « La servante apporta pour dessert le fameux fromage mou de la Touraine et du Berry, fait avec du lait de chèvre et qui reproduit si bien en nielles les dessins de feuilles de vigne sur lesquelles on le sert, qu'il aurait dû faire inventer la gravure en Touraine. »
                                      BALZ., **La rabouilleuse**, Œuv., t. III, p. 1003.

4   « Il appartenait à la classe de ces voyageurs qui se contentent à peu de frais, et à qui suffisent le pain, le vin, le fromage *et la première venue.* »   BAUDEL., **Art romantique**, XXII, Hégésippe Moreau.

— *Un fromage :* une masse de fromage moulée, à laquelle on a donné une forme déterminée. *Acheter un fromage. Palper un fromage de Hollande. Sortir de sa boîte un fromage demi-sel. Sentir un fromage pour reconnaître s'il est fait. Étalage garni de fromages en bondon* (cit.), *en boule, en meule, en portions. Mettre des fromages en boîte, en caissette. Charger un camion de fromages.*

5   « Cette leçon vaut bien un fromage, sans doute. »
                                      LA FONT., **Fab.**, I, 2.

6   « Le mot fromage vient du mot « former », c'est-à-dire qu'il désigne quelque chose ayant une forme déterminée, d'ailleurs très différente d'un fromage à l'autre ; on donne au caillé cette forme en le mettant dans des moules... »
                                      M. BEAU, **Le lait et l'industrie laitière**, p. 87 (éd. P.U.F.).

— *Fabrication du fromage.* V. **Buron, chalet, fromagerie, fruitière, marcairie** (ou **marcairerie**) ; **buronnier, fromager, maître-fruitier, marcaire** (Cf. *aussi* Jasserie). *Opérations successives, étapes de cette fabrication* (Brassage ; adjonction de présure (Cf. Estomac, cit. 3) ou emprésurage ; coagulation ; émiettement ; salage ; cuisson ; égouttage de la caséine* sur des claies, clayons, clayonnages ou stores, dans des formes ou moules en osier, métal ou terre : cageron, cagerotte, cannelon, caserotte, clisse, éclisse, couloire, faisselle, fréchelle, panier, poche... ; persillage ; sanglage ; découpage ; pressage ou pressurage ; moulage ; séchage sur claie, lit de paille, en séchoir ou haloir ; affinage par mise en cave et séjour en cave de maturation ; croûtage). *Outils utilisés* (Cf. Brassoir, frémial, tranche-caillé, moussoir, ménole, mésadou, sonde). *Sous-produits de la fabrication du fromage* (Cf. Petit-lait, sérum ; caséates ; lactose). *Vente du fromage.* V. **Crémerie, crémier ; laiterie** (Cf. Étaler, cit. 2).

— *Variétés de fromages* (au nombre de quatre cents environ pour la France seule). *Classification des fromages en fromages frais, fromages fermentés ou affinés à pâte molle, fromages fermentés ou affinés à pâte dure, fromages fondus.*

— *Principaux fromages. Fromages frais*, faits avec du lait écrémé (ou fromages maigres) : caillé, caillebotte, fromage à la pie, fromage blanc fermier, jonchée, bruccio de Corse... ; avec du lait entier (ou simple crème, contenant de 40 à 60 % de matières grasses) : angelot ou augelot, caillé gras, fromage à la crème, fromageon, gournay et neufchâtel frais, yaourt ou yoghourt... ; avec du lait enrichi en crème (ou double et triple crème, contenant plus de 60 % de matières grasses) : bonde fine, carré, coulommiers, double-crème, demi-sel double crème, mignon, sarah, cœur à la crème, fontainebleau, suisse, petit suisse. *Fromages fermentés à pâte molle* sans moisissure : cancoillotte, géromé ou gérardmer, livarot, maroilles, mont-dore, munster, pont-l'évêque... ; avec ou moisissure apparente : bondon, brie de Meaux ou de Melun, camembert, carré de l'Est, coulommiers, gournay, monsieur-fromage, neufchâtel... *Fromages affinés ou fermentés, à pâte dure* (fromages de chèvre secs : cendré de l'Yonne ou du Loiret, chabichou, châteauroux, chevrotin, crottin de Chavignol, levroux, sainte-maure... ; à pâte pressée et persillée* : bleu d'Auvergne et du Jura, gex, gorgonzola, roquefort, tomme de Savoie, stilton, sassenage, saint-marcellin... ; à pâte pressée et chauffée : cantal, cheddar, chester, édam, fourme de Montbrison et d'Ambert, hollande gouda, hollande tête de maure, reblochon, port-salut, saint-paulin, saint-nectaire ; à pâte pressée et cuite : beaufort, comté, gruyère, emmenthal, montasio, parmesan, sbrinz, vacherin...). *Fromages fondus :* crème de gruyère, d'emmenthal, de cheddar, de cantal, de comté... *Fromages utilisant les sous-produits des fromageries :* caillé d'Olmütz, gaperon, livarot maigre, sérac... — *Fromages de garde :* qui ont subi un lent affinage et peuvent se conserver longtemps, tels que gruyère, cantal, parmesan...

— *Aspects du fromage.* V. **Croûte, pâte, pégot** (Cf. *aussi* Morge). *Marbrures, veines d'un fromage. Vacuoles, yeux* du fromage de gruyère. Odeur* (ammoniacale, sulfureuse...) *du fromage.* — *Qui a l'aspect du fromage.* V. **Caséeux, fromageux, tyriforme.** *Blanc, blême* (cit. 2), *pâle comme un fromage. Plat, rond* (Cf. Coiffe, cit. 4) *comme un fromage. Sentir le fromage.*

— *Altérations et défectuosités du fromage* (bréché, chailleux, gercé, mille-yeux ; *fromage qui coule, fermente, se pique ; que rongent les tyroglyphes ; fromage qui se mite ; qui est attaqué par les vers* (V. **Vermification**).

— *Plateau à fromage*, sur lequel on présente un assortiment de fromages. *Couteau, cloche* à fromage.*

— Loc. *Entre la poire et le fromage :* à la fin du repas, quand les propos deviennent moins sérieux.

— *Mets au fromage. Soupe, canapé, soufflé, omelette, allumette, tarte au fromage* (V. *aussi* **Fondue, quiche, ramequin, raton** (Cf. *encore* Flamiche). *Tartines de fromage blanc, de crème de gruyère.*

7   « ... il mangeait le reste du miroton, épluchait son fromage, croquait une pomme... »
          FLAUB., Mᵐᵉ **Bovary**, I, VII.

8   « La face entièrement glabre... est de la couleur d'un énorme fromage blanc... »
          BLOY, **Le désespéré**, p. 245.

9   « ... et j'aurai toujours mon mot d'éloge sur la tarte aux poireaux, le gâteau de citrouille et la tarte au fromage blanc, confiés au four du boulanger. »
          COLETTE, **Belles saisons**, p. 247.

10   « Regarde, il y a là des fromages de vache, de chèvre et de brebis. Les uns sont diffluents, larmoyants, pressés de se répandre. D'autres sont ambrés, translucides, réduits déjà par une sévère consomption. »
          DUHAM., **Pasq.**, VII, III.

— Allus. littér. *Le rat qui se retire dans un fromage.*

11   « ... un certain rat, las des soins d'ici-bas,
    Dans un fromage de Hollande
    Se retira loin du tracas. »
          LA FONT., **Fab.**, VII, 3.

— *Fig.* V. **Sinécure***. *Se retirer dans un fromage. Obtenir un fromage. Jouir d'un bon fromage. Défendre, se partager un fromage.*

‖ 2º *Par ext.* Qui a la forme ou l'aspect d'un fromage, du fromage (V. **Tyroïde**).

— *Cuis.* Se dit de certains plats que l'on prépare dans un moule ou une forme. *Fromage de cochon :* hachis de viande de porc frais. *Fromage de tête :* hachis fait avec des morceaux de la tête du porc et pris en gelée. *Fromage d'Italie :* hachis de foie de veau ou de cochon auquel on ajoute du lard et de la panne (V. **Galantine**).

— Biol. *Fromage des arbres :* sorte de champignon. V. **Fongus**.

DER. — **Fromagé, ée.** *adj.* Garni ou assaisonné de fromage. — **Fromager, ère.** *adj.* (fin XIXᵉ s.). Qui se rapporte au fromage. *Industrie fromagère.* — **Fromager.** *n. m.* (XIIIᵉ s. BLOCH). Fabricant ou marchand de fromages. Moule à fromage. — **Fromagerie.** *n. f.* (XIVᵉ s.). Lieu où l'on prépare, où l'on vend des fromages. *Commerce des fromages. S'enrichir dans la fromagerie.* — **Fromageux.** *adj.* (XVIᵉ s.). Qui a l'aspect de qui tient du fromage. V. **Caséeux.** — **Fromegi** (1878), ou **fromgi, frometon** (1895) ou **fromton.** *n. m. Arg.* Fromage.

FROMAGER. *n. m.* (ENCYCL. 1755). *Bot.* Arbre tropical (*Malvacées*), scientifiquement appelé bombax, et dont les fruits sont enveloppés d'un duvet semblable à celui du cotonnier.

FROMENT. *n. m.* (XIIᵉ s. ; lat. *frumentum*).

‖ **1º** Plante de la famille des graminées* dont le grain sert à l'alimentation ; autre nom du blé*. *Le froment, céréale panifiable. Terre à froment. Froment de saison,* semé en automne, dans la saison régulière *par opposition au* blé semé en mars. *Froment locar* ou *locular.* V. **Épeautre.** *Le méteil*, le passe-méteil, mélanges de froment et de seigle* (Cf. Blé, cit. 15). *Le champart*, mélange de froment, de seigle et d'orge servant à la nourriture du bétail. Maladies du froment.* V. **Brouissure** (*froment broui*), **carie, nielle...** et **Blé.** — REM. *Froment* ne s'emploie plus guère de nos jours que dans le vocabulaire agricole et le style relevé. L'usage courant lui préfère *blé.*

1   « Bel exemple pour les vivants
    D'amasser leur froment en gerbe
    Au lieu de le manger en herbe. »
          SCARRON, **Virg...**, IV (in LITTRÉ).

2   « En prévoyant le jour où la production du froment serait nécessaire, j'avais soigneusement examiné la qualité des terres ; »
          BALZ., **Médec. de camp.**, Œuv., t. VIII, p. 351.

— *Couleur de froment :* d'un blond doré.

3   « Il noue au cou de Cora (*la chienne*) le ruban bleu pâle qui fait valoir sa robe couleur de froment mûr... »
          COLETTE, **Paix chez les bêtes**, Chiens savants.

— *Spécialt.* La meilleure espèce de blé cultivé. *Adjectivt. Blé froment.*

4   « Si vous présentez au Seigneur une oblation des prémices de vos grains, des épis qui sont encore verts, vous les ferez rôtir au feu, vous les briserez comme le blé froment... »
          BIBLE (SACY), **Lévit.**, II, 14.

5   « ... on distingue à peine... le blé froment d'avec les seigles... »
          LA BRUY., VII, 21.

— *Par ext.* Nom de nombreuses graminées distinctes du froment. *Faux froment.* V. **Fromental.** *Froment de vache.* V. **Mélampyre.** *Froment barbu,* nom vulgaire de l'orge à large épi. *Froment d'Espagne, d'Inde, de Turquie,* nom vulgaire du maïs.

‖ **2º** Le grain de froment, séparé de la tige par le battage. *Un boisseau, un sac de froment. Farine** (cit. 2) *de froment. Fine fleur** (cit. 34) *de froment. Galette, pain* de froment. Bouillie de froment.* V. **Fromentée.** *Cribler* (cit. 1), *moudre le froment.*

6   « Je puis même, tournant la meule nourricière,
    Broyer le pur froment en farine légère. »
          CHÉNIER, **Bucoliques**, Le mendiant.

---

7   « Virginie ne manquait pas, la veille, de pétrir et de cuire des gâteaux de farine de froment... »
          BERNARD. de ST-P., **Paul et Virginie**, p. 57.

— *Fig.* (Relig.). *Le froment des élus,* la fine fleur* de la doctrine évangélique, nourriture spirituelle (Cf. Le pain de l'âme) des fidèles appelés à la vie éternelle.

8   « Une sainte avidité pour le froment des élus. »
          MASSILLON, **Or. fun. Madame** (in LITTRÉ).

‖ **3º** Couleur de la robe des bovidés. *Froment clair* (blond), *foncé* (rouge-orangé) ; *froment rouge* ou *acajou. La vache Tarentaise a une robe froment.*

DER. — **Fromentacé, ée.** *adj.* (1732 in TRÉVOUX). *Bot.* Qui se rapporte ou ressemble au froment. *Le chiendent, plante fromentacée.* *Substantivt. Les fromentacées,* groupe de plantes ayant pour type le froment. — **Fromental, ale,** aux. *adj.* (1865). *Peu usit.* Qui convient au froment. « *Les grandes plaines fromentales* » (G. SAND). — **Fromental.** *n. m.* (1760). Nom vulgaire de l'avoine* élevée. *Le fromental ou ray-grass français, fournit un excellent fourrage. Champ de fromental.*

FRONCE. *n. f.* (XIᵉ s. BLOCH ; de *froncer*).

‖ **1º** *Vx.* Ride, pli* de la peau.

‖ **2º** *Technol.* Faux pli dans le papier, dans les cartes à jouer.

‖ **3º** *Cout.* Pli* menu et serré qu'on donne à une étoffe, en y passant un fil, un cordon, un ruban. *Fronces d'un volant.* V. **Froncis.** *Jupe à fronces. Faire des fronces à une manche.*

« Dans le dos, à la hauteur des épaules, de grosses fronces, les *plis Watteau* se perdent ensuite dans l'ampleur de la jupe... »
          M. BEAULIEU, **Le costume moderne et contempor.**, p. 66 (éd. P.U.F.).

FRONCER. *v. tr.* (XIᵉ s. BLOCH ; anc. fr. *froncier, froncir,* du francique *hrunkjan*). Plisser, rider en contractant, en resserrant. *Froncer le sourcil* (Cf. Bizarrerie, cit. 6), *les sourcils* (Cf. Éventail, cit. 9).

1   « ... vous le voyez... froncer le sourcil, abaisser son chapeau sur ses yeux pour ne voir personne. »
          LA BRUY. (Cf. Asseoir, cit. 17 et Découvrir, cit. 1).

2   « ... je me montrai pour la seconde fois devant le ministre, qui, me traitant encore plus mal que la première, fronça le sourcil en m'envisageant, comme si ma vue lui eût fait de la peine ; »
          LESAGE, **Gil Blas**, XI, II

3   « ... je devais remarquer qu'elle fronçait souvent les sourcils, ce qui couvrait son front de rides auxquelles il fallait une minute pour disparaître. »
          RADIGUET, **Diable au corps**, p. 29.

4   « Mais tu ne peux donc pas rire sans froncer ton nez comme ça ? Tu seras bien content quand tu auras trois rides dans le coin du nez, n'est-ce pas ? »
          COLETTE, **Chéri**, p. 7.

5   « Il a froncé sa bouche au lieu de rire, et reniflé, et craché, puis, à quatre pattes il s'est avancé dans les herbes jusqu'au ruban. »
          GIONO, **Regain**, I, IV, p. 116.

— *Par anal. Froncer une étoffe,* lui faire prendre des plis menus et serrés, de manière à diminuer sa largeur, tout en lui conservant la même ampleur. V. **Plisser.** *Froncer un rideau de tulle.*

6   « Tantôt fronciez les plis de ma chemise,
    À chaque pli me baisant ou mordant »
          RONSARD, **Élég.**, XX.

— *Fig.* (Cf. Bourdonnement, cit. 3).

7   « La rivière, qui fronce son eau aux arches de tant de ponts, à la pointe de tant d'îles, était moirée de plis d'argent. »
          HUGO, **N.-D. de Paris**, XI, II.

‖ SE FRONCER. *v. pron.* Être, devenir froncé. *Sourcils qui se froncent* (Cf. Arcade, cit. 3). *Son nez se fronça de dépit. Ce crêpe se fronce facilement.* V. **Gripper** (se).

8   « Dans la jalousie. l'envie, la malice, les sourcils descendent et se froncent, les paupières s'élèvent et les prunelles s'abaissent. »
          BUFFON, **Hist. nat. hom.**, De l'âge viril, Œuv., t. II, p. 56.

9   « ... des portes à petits carreaux où se froncent des tulles ou des satinettes... »
          ARAGON, **Beaux quartiers**, II, I.

‖ FRONCÉ, ÉE. adj. *Sourcil froncé. Visage froncé de contrariété.* V. **Renfrogné.** *Par ext. Être froncé,* avoir les sourcils froncés, le visage crispé (de colère, de dépit...).

10   « Une mine froncée, un regard de travers,
    C'est le remerciement que j'aurai de mes vers. »
          CORN., **Mélite**, II, 7.

11   « Salomon, froncé et pâle, retourne à son bureau genre anglais, sans nous accorder un coup d'œil. »
          COLETTE, **La vagabonde**, p. 107.

— V. **Plissé.** *Une soie froncée* (Cf. Couvrir, cit. 37). *Robe froncée à la taille. Substantivt. Un froncé de taffetas.* V. **Froncis.**

12   « ... il les évoqua en accord avec le luxe des alentours, habillés de vêtements étincelants, de ces sortes de jaquettes à plis, s'évasant en une petite jupe froncée sur le ventre... »
          HUYSMANS, **Là-bas**, VIII.

ANT. (et COMP.). — **Défroncer.** *v. tr.* (XIIIᵉ s.). Ôter les fronces d'une étoffe.

DER. — **Froncis.** *n. m.* (1563 BLOCH). Suite de fronces, de plis que l'on fait à une étoffe. *Border une robe d'un froncis de mousseline.* — **Froncement.** *n. m.* (XVIᵉ s.). Action de froncer* ; résultat de cette action. *Le chien manifeste son hostilité par un froncement de la truffe. Froncement de sourcil*.*

1 « Au premier froncement de sourcils que se permettrait ton mari,
fière comme je le suis, ne quitterais-je pas à l'instant la maison ? »
BALZ., **Contrat de mariage**, Œuv., t. III, p. 160.

2 « ... un froncement de la lèvre, un léger plissement des sourcils ; un
brusque déplacement des prunelles vers le haut et à gauche, quand elle
cherchait une pensée ; dix autres traits du même ordre. »
ROMAINS, **Dieu des corps**, IX, p. 217.

FRONDAISON. n. f. (1823 BLOCH ; de fronde 1). Bot. Apparition des feuilles sur les arbres. *Le printemps, époque de
la frondaison. Une frondaison précoce, tardive.* Par ext.
*Le feuillage lui-même. Une frondaison abondante, luxu-
riante, de la forêt. Le vent souffle dans les frondaisons*
(Cf. Averse, cit. 6).

1 « Quelles violettes frondaisons vont descendre ? »
RIMBAUD, **Illumin.**, XII.

2 « Au sud, par-dessus la jeune frondaison des marronniers et des
platanes, on apercevait les maisons de la ville. »
DUHAM., **Pasq.**, VII, XXVIII.

3 « Les frondaisons des ormeaux et des sycomores gémissaient comme
des mâts en travail. »
GIONO, **Hussard sur le toit**, p. 111.

1. FRONDE. n. f. (XVᵉ s. ; du lat. *frons, frondis*, feuillage).
Bot. Feuille des plantes acotylédones*. *Les frondes des
fougères.* — Thalle* aplati en lame de certaines algues*.
Frondes des fucacées.*

— *Par ext.* (vx.). V. **Frondaison.**

DER. — Frondaison. — Frondescent, ente. adj. (1865 LITTRÉ). Qui se
couvre de feuillage. *Arbre frondescent au printemps.*

2. FRONDE. n. f. (XIIIᵉ s. ; altér. de *fonde*, du lat. *funda*.
La forme *fonde* est encore fréquemment employée au
XVIIᵉ s.).

‖ **1°** Arme (cit. 40) de jet, formée d'une poche de cuir suspendue par deux cordes et contenant un projectile (balle
ou pierre). *La fronde, arme primitive qui utilise la force
centrifuge* (Cf. Cyclotron, cit.). *Faire tournoyer une fronde.
Lancer une pierre avec une fronde. Atteindre une biche
d'un coup de fronde* (Cf. Brûler, cit. 14). *Portée d'une
fronde* (Cf. Frondée). *Guerriers armés de frondes* (Cf. Frondeur, cit. 1). *La fustibale* (ou fustiballe), *sorte de fronde à
manche.*

1 « Mais un fripon d'enfant (cet âge est sans pitié),
Prit la fronde, et du coup tua plus d'à moitié
La volatile malheureuse. » LA FONT. **Fab.**, IX, 2.

2 « ... elle (*la police de Richelieu*) avait interdit aux gamins de Paris
de jouer à la fronde. Ces gamins — parce qu'ils étaient gamins de
Paris, donc naturellement séditieux — s'étaient empressés de fabriquer
deux fois plus de frondes... » MADELIN, **La fronde**, I.

3 « Mais la pierre vole déjà de la fronde, frappe l'énorme front ;
évanoui, Goliath tombe ; » DANIEL-ROPS, **Peuple de la Bible**, III, I.

‖ **2°** *Par anal.* Jouet d'enfant composé d'une petite fourche
et d'un caoutchouc. V. **Lance-pierre.**

‖ **3°** Par ext. T. de Chirurg. « Bandage de toile rectangulaire, muni de quatre lacs, destiné à fixer les pansements
du menton ou du nez » (GARNIER), ainsi appelé parce que
sa forme rappelle celle d'une fronde.

DER. — Fronder, frondeur.

3. FRONDE. n. f. (1649 ; de *fronder*, cit. 1). Nom donné
à la sédition* qui éclata contre Mazarin et la reine mère
Régente Anne d'Autriche, sous la minorité de Louis XIV.
La Vieille Fronde ou *Fronde parlementaire*, la *Jeune Fronde*
ou *Fronde des princes. Barricades de la Fronde. Aventures
romanesques des héros et héroïnes de la Fronde. Couplets
satiriques chantés pendant la Fronde.* V. **Mazarinade.**

1 « La Fronde est réputée, non sans cause, pour une des périodes les
plus amusantes de l'histoire de France, les plus divertissantes, celle où
brille d'un inexprimable comique la vivacité légère et spirituelle du
caractère national. » MICHELET, **Hist. de France**, t. XIV, XXIII.

2 « Lorsqu'en 1649, on verra la population de Paris tenir en échec
le gouvernement royal et le mettre en fuite, laissant d'ailleurs penser un
instant à le mettre à bas, on dira : « Ils font comme leurs enfants ; ils
jouent à la fronde ». Et le mot fut adopté ; consacré par l'histoire, il a
un autre sens : une fronde sera une opposition sans fondement... Une
fronde n'aboutit pas nécessairement à une révolution, mais une révolution trouve presque toujours son origine et ses premiers auxiliaires
chez les gens portés à « la fronde ». MADELIN, **La fronde**, I.

— *Par ext.* Le parti des insurgés. *Parti de la Fronde*, et
par abrév. *La Fronde.*

3 « Comme elle (*la princesse de Guéméné*) haïssait la Fronde pour plus
d'une raison, elle me dit un jour chez elle, en me raillant, que nous
n'étions plus que quatorze de notre parti... »
RETZ, **Mémoires**, IIᵉ part., p. 307 (éd. Pléiade).

— *Fig. Un esprit de fronde, un vent de fronde*, un esprit,
un vent de révolte.

4 « Ce qu'on appelait jadis le vent de Fronde courait dans le Marais. »
DAUD., **Contes du lundi**, Pays. d'insurrect., Au Marais.

5 « Un vent de fronde soufflait à Cauterets. Aurore s'était liée avec
une jeune Bordelaise, Zoé Leroy, qui était devenue sa confidente, donc
ennemie naturelle du mari. » MAUROIS, **Lélia**, II II.

FRONDER. v. intr. et tr. (1611 ; de *fronde* ; au XIIIᵉ s.
fonder).

I. V. intr. (vieilli). Lancer un projectile avec une fronde.
Gamins qui s'amusent à fronder.

— *Par ext. Fig.* Appartenir au parti de la Fronde* (1649).

1 « Bachaumont s'avisa de dire un jour, en badinant, que le Parlement faisait comme les écoliers qui frondent dans les fossés de Paris,
qui se séparent dès qu'ils voient le lieutenant civil et qui se rassemblent dès qu'il ne paraît plus. »
RETZ, **Mémoires**, IIᵉ part., p. 287 (éd. Pléiade).

— *Par anal.* (Cf. Ébranler, cit. 8). *Un homme qui passe
sa vie à fronder :* qui se dresse en mécontent contre tout
et tous.

— *Par ext.* (vx.). *Fronder contre quelqu'un :* se livrer
contre lui à des attaques.

2 « On a frondé si rudement contre Monsieur de Saint-Malo, que son
neveu s'est trouvé obligé de se battre contre un gentilhomme de basse
Bretagne. » SÉV., **480**, 22 déc. 1675.

II. V. tr. (vx.). *Fronder des pierres*, les lancer avec une
fronde.

— *Fig.* Attaquer ou railler une personne ou une chose,
généralement entourée de respect, de prestige, de considération, en usant contre elle de traits d'impertinence, de
moquerie, de satire... V. **Attaquer, critiquer*.** *Fronder le
gouvernement, le pouvoir. Fronder les ministres dans des
couplets moqueurs.* V. **Chansonner.** *Épigrammes*, satires*
qui frondent les travers, les ridicules, d'un personnage ou
d'une époque. Élèves qui frondent leur professeur.* V. **Cha-
huter.** *Fronder un livre, une pièce à succès.*

3 « La cour a quelques ridicules... et je suis... le premier à les fronder. »
MOL., **Crit. Éc. d. fem.**, 6.

4 « Bien des gens ont frondé d'abord cette comédie ; »
ID., **Éc. d. fem.**, Préf.

5 « Il ne portait pas des jugements plus avantageux des autres livres ;
il les frondait tous sans charité. » LESAGE, **Gil Blas**, IV, VI.

6 « ... je sentais en dépit de moi-même une prédilection secrète pour
cette même nation que je trouvais servile et pour ce gouvernement que
j'affectais de fronder. » ROUSS., **Conf.**, V.

7 « Il avait un petit frisson de terreur voluptueuse, en l'entendant
fronder les réputations de la ville et contrefaire impertinemment le
grand-duc. » R. ROLLAND, **Jean-Christ.**, Le matin, II.

8 « ... il se distinguait au Palais par un zèle violent à défendre les
citoyens et à fronder le pouvoir... » MADELIN, **La fronde**, IV.

ANT. — Courtiser, flagorner, flatter.

DER. — Fronde 3.

FRONDEUR, EUSE. n. (1213 ; de *fronde* 2).

‖ **1°** *Ancienn.* Soldat armé de la fronde.

1 « À la droite et à la gauche des éléphants, voltigeaient les frondeurs,
une fronde autour des reins, une seconde sur la tête, une troisième à
la main droite. » FLAUB., **Salammbô**, VIII.

‖ **2°** *Fig.* Celui, celle qui appartenait au parti de la
Fronde.

2 « L'on affecta de publier, au Palais-Royal, que les Frondeurs avaient
voulu soulever le peuple et qu'ils avaient manqué leur coup. »
RETZ, **Mémoires**, IIᵉ part., p. 311 (éd. Pléiade).

— *Par anal.* Celui, celle qui critique, sans retenue ni déférence, le gouvernement, les hommes au pouvoir, l'autorité
établie, les règlements, etc. V. **Critique ; fort** (esprit fort,
forte tête). *Les Français, frondeurs impénitents.*

3 « ... le nom de *frondeurs* qu'on donne aux censeurs du gouvernement. »
VOLT., **Siècle de Louis XIV**, IV.

4 « ... soit que certains membres de la famille impériale eussent donné
l'exemple, ainsi que le prétendaient les frondeurs du faubourg Saint-
Germain, il est certain que jeunes gens, hommes et femmes, tous se précipitaient
dans le plaisir... » BALZ., **La paix du ménage**, Œuv., t. I, p. 992.

5 « ... l'ouvrier français est né malin, c'est un frondeur, une forte tête,
en moins de deux il les aurait dessalés, les Fritz, et tu peux être sûr
qu'Hitler y a pensé. » SARTRE, **Mort dans l'âme**, p. 275.

— Adjectivt. *Peuple frondeur. Gavroche, gamin frondeur.
Propos frondeurs.*

6 « Son sang breton le rendait d'ailleurs frondeur en politique, grand
opposant des taxes et violent ennemi de la cour. »
CHATEAUB., **M. O.-T.**, t. I, p. 154.

7 « C'est qu'il avait pris tous les jours une attitude plus frondeuse et,
formulant, sur tous les actes du Premier Consul, les propos les plus
aigres... » MADELIN, **Avènement de l'Empire**, III.

8 « Sous la République, le mime était souvent frondeur, et Cicéron
attendait de ses allusions un commencement de revanche sur le despotisme de César. » CARCOPINO, **Vie quotidienne à Rome**, III, 4.

— *Par ext* Celui, celle qui fronde les opinions reçues,
les modes, les préjugés..

9 « As-tu vu le puissant Voltaire,
Ce grand frondeur des préjugés, »
MUSS., **Poés. nouv.**, Sur trois marches de marbre rose.

— *Adjectivt.* Qui est porté à la contradiction, à l'opposition, à l'insubordination. *Esprit frondeur.* — *Par ext.* Enclin à l'impertinence. V. **Moqueur, railleur.** *Humeur, verve
frondeuse.*

10 « ... je visite, là, une Hélène intolérante, frondeuse comme une
lycéenne, irrévérencieuse envers les vieillards, fussent-ils décoratifs, les
anciens magistrats même imposants, les lieutenants-colonels encore
verts... » COLETTE, **Étoile Vesper**, p. 117.

ANT. — Apologétique, courtisan, flagorneur, flatteur.

FRONT (*fron* ; au plur. l'*s* se lie : des *fron-z-élevés*). n. m. (vers 1100 ; lat. *frons*).

I. ‖ **1°** Partie supérieure de la face humaine, comprise entre les sourcils et la racine des cheveux, et s'étendant d'une tempe à l'autre. *Un front haut* (Cf. Citadelle, cit. 7 ; creuser, cit. 17), *élevé* (Cf. Changer, cit. 46), *grand, vaste* (Cf. Esthétique, cit. 10), *massif, petit* (Cf. Branle, cit. 2), *bas* (Cf. Broussailleux, cit. 4), *court* (Cf. Balafre), *large, étroit, carré* (Cf. Casque, cit. 4), *droit, plat, bombé, proéminent, bossué, courbe, anguleux* (Cf. Couvrir, cit. 15), *fuyant.* V. **Angle** (facial). *Front découvert* (Cf. Couronner, cit. 8), *dégarni, dégagé* (Cf. Calvitie, cit. 1), *chauve* (Cf. Étaler, cit. 29)... *Un front pâle* (Cf. Exsangue, cit. 4), *lisse, ridé, couvert, sillonné de rides ; les plis, les rides du front* (Cf. Arc, cit. 14 ; exploit, cit. 2 ; couperose, cit. ; éteindre, cit. 52). *Bosse* (Cf. Beigne, cit.), *cicatrice* (cit. 3) *au front. Cheveux sur le front* (Cf. Argenter, cit. 3 ; bandeau, cit. 3 ; boucle, cit. 5 ; chafouin, cit. 2). *Front ruisselant de sueur ; s'éponger, s'essuyer le front* (Cf. Couler, cit. 12 ; cou, cit. 8 ; dimanche, cit. 4). *Front brûlant* (cit. 6). *Gagner son pain* à la sueur* de son front. Heurter du front* (Cf. Chacun, cit. 3). *Se cogner, s'ouvrir le front. Prendre son front entre les mains* (Cf. Assaillir, cit. 11). *Il se frappa le front en disant : Eurêka ! Coller son front à une vitre* (Cf. Coller, cit. 4 ; essieu, cit. 5). *Passer la main sur son front. Front couronné, ceint d'un diadème* (cit. 1. — Cf. aussi Attacher, cit. 2 ; bandeau, cit. 2 ; brillant, cit. 28 ; couronner, cit. 1), *d'une ferronnière. Criminel marqué au front* (Cf. Accusateur, cit. 2 ; et *fig.* Affront, cit. 11 et 12 ; farine, cit. 6). *Baiser le front, baiser, embrasser au front* (Cf. Effleurer, cit. 7 ; embrasser, cit. 10 ; être, cit. 65 ; flamme, cit. 4). *Un baiser sur le front.*

1 « — Un beau front, se disait-elle en regardant le front de chaque homme assis à la table, je n'en vois pas un seul de beau... Celui de monsieur de Soulas est trop bombé ; celui de monsieur de Grancey est beau, mais il a soixante-dix ans et n'a plus de cheveux, on ne sait plus où finit le front. » BALZ., **A. Savarus,** Œuv., t. I, p. 769.

2 « Son beau front plein de noblesse, ce front que l'on admire dans la tête de Louis XV, dans celle de Beaumarchais et dans celle du maréchal de Richelieu, n'offrait au regard ni l'ampleur carrée du maréchal de Saxe, ni le cercle petit, dur, serré, trop plein de Voltaire ; mais une gracieuse forme convexe, finement modelée, à tempes molles et dorées. » ID., **Cabinet des antiques,** Œuv., t. IV, p. 365.

3 « Le front, large, plein, bombé, beaucoup plus développé qu'il ne l'est habituellement chez les femmes, attire et retient bien la lumière, qui s'y joue en luisants satinés ; » GAUTIER, **Portr. contempor.,** p. 384.

4 « Un jour, il roula du haut d'un perron et vint donner du front contre un degré de marbre dont son crâne sonna... » DAUD., **Lett. de mon moulin,** L'homme à la cervelle d'or.

5 « ...ses cheveux frisottants, coupés court, dégageaient un front de jeune bélier ; » MART. du G., **Thib.,** t. VII, p. 19.

6 « ...c'est l'angle du front et du nez, substitué au parallélisme antique (presque invisible de face) qui fait que la Vierge perd son aspect de patricienne quand on tourne autour d'elle. » MALRAUX, **Voix du silence,** p. 244.

— Se dit de même de la partie antérieure et supérieure de la tête de certains animaux. *Cheval qui a une étoile* au front. Front cornu d'un bœuf, d'une chèvre...* (Cf Bannir, cit. 7).

— Fig. et par plaisant. *Il aura bientôt des cornes au front* (V. **Cornard.** Cf. Apanage, cit. 3 ; bois, cit. 31).

— Par ext. La tête, le visage. *Baisser* (Cf. Élévation, cit. 3), *pencher* (Cf. Fée, cit. 2) *le front, son front. Lever* (Cf. Attitude, cit. 17 ; danser, cit. 13), *relever* (Cf. Brouiller, cit. 13), *redresser le front.* — Fig. *Il a dû finalement courber** (cit. 9) *le front.* V. **Humilier** (s'), **incliner** (s'), **soumettre** (se). *Les opprimés, les vaincus commencent à relever le front.* V. **Révolter** (se), **résister** — *Il marche le front levé, il peut marcher le front haut, avec fierté, car il est irréprochable* (Cf. La tête haute). *À front découvert,* sans honte. V. **Ouvertement, visage** (à visage découvert).

7 « Vous veniez de mon front observer la pâleur, Pour aller dans ses bras rire de ma douleur. » RAC., **Andr.,** IV, 5.

8 « ...et la ligue ennemie, Levant contre son prince un front séditieux, » VOLT., **Henriade,** I.

9 « ...avec un soupir où s'exhalait sa colère, s'abandonnant soudain, comme découragé de sa faiblesse, il laissa tomber son front sur l'épaule d'Antoine... » MART. du G., **Thib.,** t. IV, p. 50.

— Le FRONT, considéré comme le siège de la pensée, du sentiment, et *par ext.* le visage lui-même dans ce qu'il a d'expressif. V. **Métoposcopie, phrénologie, physiognomonie.** *Un front assombri* (cit. 10), *embrumé* (cit. 3). *Montrer un front soucieux, sourcilleux, radieux, paisible, serein* (Cf. Cagot, cit. 1 ; changer, cit. 25), *candide* (cit. 4). *Front qui s'éclaire, se déride*. Un nuage* a passé sur son front. Assurance* (cit. 7) *qui se peint sur le front. Front empreint de majesté* (Cf. Auguste, cit. 7), *de mélancolie* (Cf. Avantageusement, cit. 3), *d'espérance* (Cf. Empreindre, cit. 2), *de bonté* (Cf. Facile, cit. 29), *de vertu* (Cf. Falloir, cit. 28). *Sa destinée est écrite, gravée sur son front* (Cf. Figure, cit. 22). *Un front sévère, impénétrable, impassible, têtu, arrogant... La rougeur, le rouge, le sang monte à son front, couvre*

son front (V. **Honte** ; **rougir.** Cf. Fierté, cit. 10). *Front chargé de pensées, pâli par l'étude, la méditation ; front génial. Se frapper le front,* signe d'inspiration.

10 « N'éclaircirez-vous point ce front chargé d'ennui ? » RAC., **Iphig.,** II, 2.

11 « ...et ne suis point de ces femmes hardies Qui goûtant dans le crime une tranquille paix, Ont su se faire un front qui ne rougit jamais. » ID., **Phèdre,** III, 3.

12 « Galérius semble porter sur son front la marque ou plutôt la flétrissure de ses vices ; » CHATEAUB., **Martyrs,** IV.

13 « La timide épouse demi-morte, qui épiait le front changeant, le front terrible de son mari et par degrés les rides expressives s'amoncelant comme des nuages ; » BALZ., **Maison du chat-qui-pelote,** Œuv., t. I, p. 69.

14 « Tu voudrais ranimer mon cœur : Sur ce front pâle et sans jeunesse Ne vois-tu pas que la tristesse A banni l'espoir du bonheur ? » NERVAL, **Poés. div.,** Laisse-moi.

15 « ...son front large et sérieux, auguste par les cheveux blancs, devenait auguste aussi par la méditation. » HUGO, **Misér.,** I, I, XIII.

16 « ...paix des rides Que l'alchimie imprime aux grands fronts studieux ; » RIMBAUD, **Poés.,** Voyelles.

17 « Quand je l'appris, le rouge m'est monté au front, de honte — et de fierté : que nous ayons vu de si près la défaite, et que nous ayons vaincu. » R. ROLLAND, **Voyage intérieur,** p. 66.

18 « Dotée d'un front plein de présages, d'un nez à la fine et dure attache orientale... Mme de Noailles était donc un grand poète. » COLETTE, **Belles saisons,** p. 219.

‖ **2°** *Vieilli* ou *littér.* Façon de se présenter. V. **Air, apparence, attitude, maintien...** *Voyons de quel front, avec quel front il pourra comparaître* (cit. 4), *dire, soutenir...*

19 « ...c'est mal démêler le cœur d'avec le front Que prendre pour sincère un changement si prompt. » CORN., **Rodog.,** IV, 5.

20 « De quel front soutenir ce fâcheux entretien ? » RAC., **Brit.,** II, 2.

21 « Vous n'avez rien compris à ma simplicité, Rien, ô ma pauvre enfant ! Et c'est avec un front éventé, dépité, Que vous fuyez devant. » VERLAINE, **Rom. sans paroles,** Child Wife.

— *Spécialt.* Air intrépide, maintien assuré (Cf. Auguste, cit. 11). *Front d'airain*.* — *De nos jours.* Air effronté. V. **Audace, effronterie, hardiesse, impudence.** *Aura-t-il le front de reparaître dans un lieu d'où on l'a chassé ? C'est avoir bien du front !* (ACAD.)

22 « Quoi ? vous avez le front de trouver cela beau ? » MOL., **Misanthr.,** I, 2.

23 « De quel front un Alexandre VI, l'horreur de toute la terre, avait-il osé se dire le vicaire de Dieu ? » VOLT., **Mœurs,** CXXVIII.

II. *Par anal.* ‖ **1°** *Vx.* ou *poét.* Partie supérieure de quelque chose d'élevé. V. **Haut, sommet** (Cf. Arrêter, cit. 9 ; bâtir, cit. 1).

24 « ...au sommet de ce mont Qui menace les cieux de son superbe front. » LA FONT., **Fab.,** X, 13.

25 « Monts gelés et fleuris, trône des deux saisons, Dont le front est de glace et le pied de gazon ! » VIGNY, **Poés.,** Le cor, I.

‖ **2°** Face antérieure que présentent des choses d'une certaine étendue. *Front d'un bâtiment, d'un monument.* V. **Façade, fronton.** *Le front d'une place forte, la partie comprise entre deux bastions voisins. Le front atlantique de la France* (Cf. Attraction, cit. 13). V. **Frontière.** — Poét. *L'astre* (cit. 9 LAMART.) *au front d'argent* (cit. 4 LA FONT.), la lune (Cf. aussi Étoile, cit. 11).

26 « Rien ne bougeait encore au front des palais. » RIMBAUD, **Illumin.,** Aube.

— Spécialt. *Milit.* En parlant d'une troupe rangée face à l'ennemi. *Le front d'un bataillon, d'un régiment... Un front de deux cents hommes* (Cf. Flanc, cit. 13). *Donner à une armée moins de front et plus de profondeur. Front de bandière*. Front de bataille :* les premiers rangs d'une troupe déployée en ordre de bataille. V. **Ligne.** *Passer sur le front d'une troupe, devant le front de cette troupe déployée. Faire exécuter un changement de front. Fig. Un brutal changement de front.* V. **Revirement.** *Le régiment, surpris par le flanc, dut faire front en hâte,* se tourner de manière à présenter le front de bataille. Fig. *Faire front,* faire face*. V. **Résister, tenir** (Cf. Buffle, cit. 1). Mar. *Ligne de front :* formation navale où les vaisseaux sont rangés sur une ligne perpendiculaire au vent.

27 « Ils étaient trois mille cinq cents. Ils faisaient un front d'un quart de lieue... Le matin... ils étaient venus... se déployer sur deux rangs entre la chaussée de Genappe et Frischemont... » HUGO, **Misér.,** II, I. IX.

28 « Il est prouvé que les attaques frontales ne donnent pas de résultats. Que faire ? Première méthode : tourner les fronts. » MAUROIS, **Terre promise,** p. 117.

29 « Il avait honte comme de se pâmer sur un front de troupe. » GIONO, **Hussard sur le toit,** p. 43.

— Absolt. (XXᵉ s.). *Le front,* la ligne des positions occupées face à l'ennemi, la zone des batailles *(par oppos. à l'arrière). Aller, être au front, sur le front* (Cf. Bataille, cit. 21). *Les combattants du front. Troupes relevées qui quittent le front. Partir pour le front* (Cf. Altérer, cit. 19 ; caporal, cit. 2). *Mourir, tomber au front.* V. **Champ** (d'honneur), **guerre.** *Front continu,* tenu par des fortifications de campagne. *Percer, rompre, désorganiser le front. Front qui a avancé, reculé sur tels ou tels points. Le front de Lorraine,* la partie du front située en Lorraine (Cf. Aviation, cit. 4). *La carte du front* (Cf. Cahute cit. 2). *Le front de mer,* zone du littoral dont la défense incombe à la marine.

30 « Le front de Champagne, calme alors, somnolait, sur notre gauche, du sommeil des cratères : un sommeil plein de cauchemars, de sursauts et d'éclairs. » DUHAM., **Récits temps de guerre,** II, Visage.

31 « Ne fût-ce que pour cacher à ceux de l'arrière les choses effroyables qui se passent au front !... » MART. du G., **Thib.,** t. VIII, p. 261.

32 « ...l'une des infirmières, parla des sections du « Foyer du Soldat », qui, dans les villes proches du front, vont donner des représentations au régiment du secteur le plus voisin... Elle savait la difficulté qu'ont les femmes à parvenir sur le vrai front. » MONTHERLANT, **Le songe,** p. 104.

‖ 3° *Par anal.* (avec le précédent). Union étroite constituée entre des partis ou des individus s'accordant sur un programme commun. V. **Bloc, cartel, groupement, ligue.** *Constituer un front unique. Opposer un front uni. Front Populaire. Front National. Front Républicain.*

33 « À aucun moment, même sous le noble Vercingétorix, la Gaule ne parvint à présenter un front vraiment uni, mais seulement des coalitions. » BAINVILLE, **Hist. de France,** I.

34 « Les élections de 1936 *(en France)* se firent sous le signe de l'antifascisme et de l'opposition à la politique financière du gouvernement. La discipline républicaine imposa la constitution d'un « Front Populaire », admettant un programme commun : la majorité des radicaux, les socialistes, les communistes, les partis socialistes dissidents y adhérèrent. » CAHEN, RONZE et FOLINAIS, **Hist. du monde de 1919 à 1937,** p. 277.

‖ 4° *Min. Front de taille :* surface verticale selon laquelle est pratiquée la coupe dans une exploitation minière. *Front d'attaque,* endroit du terrain où l'on attaque les travaux de percement.

35 « Les quatre haveurs venaient de s'allonger les uns au-dessus des autres, sur toute la montée du front de taille. » ZOLA, **Germinal,** I, IV.

— *Météor.* Ligne de démarcation entre des masses d'air de température et de pression différentes. *Front polaire,* qui sépare l'air polaire de l'air tropical (Cf. Dépression, cit. 2). *Front intertropical,* entre l'air équatorial et l'air tropical. *Front des alizés. Front chaud, front froid d'un cyclone*.

36 « Au cours de ces mouvements *(de l'atmosphère),* les fronts balaient la surface de la Terre : par là s'expliquent les brusques sautes de température et les changements de temps qui accompagnent notamment les déplacements du front polaire... Quand une masse d'air froid avance en faisant reculer une masse d'air chaud, on dit qu'on a affaire à un *front froid* parce que ce mouvement entraîne une chute brutale de la température ; quand une masse d'air chaud avance en faisant reculer une masse d'air froid, on dit qu'on a affaire à un *front chaud,* parce que ce mouvement entraîne une hausse rapide de la température. » DEMANGEON et PERPILLOU, **Géogr. génér.,** pp. 226-227.

— T. de Géom. *Plan de front, ligne de front,* parallèles au plan vertical.

‖ DE FRONT. *loc. adv.* Du côté de la face, par-devant. *Attaquer* (cit. 7) *de front l'ennemi* (Cf. Bataille, cit. 10). *Cheval qui aborde de front un obstacle,* sans biaiser. *Se rencontrer de front* (ou vieilli *front à front.* Cf. Face à face, nez à nez). Fig. *Attaquer, heurter de front quelqu'un, une opinion, des préjugés...* directement et sans ménagement (Cf. Attaquer, cit. 33 ; biais, cit. 11). V. **Corps** (corps à). *S'aborder de front dans une discussion* (Cf. Exposer, cit. 10). *Prendre, aborder de front un problème* (Cf. Prendre le taureau par les cornes, ne pas y aller par quatre chemins).

37 « Heurter de front ses sentiments est le moyen de tout gâter ; » MOL., **Avare,** I, 5.

38 « Il ne faut pas le heurter de front. Il est assez susceptible. » DUHAM., **Pasq.,** V, VII.

— Sur la même ligne, côte à côte. *Chevaux attelés de front. Cavaliers qui vont de front. Rue trop étroite pour que deux voitures puissent y passer de front. Ils marchaient tous les quatre de front.* Fig. *Mener, faire marcher de front plusieurs affaires.* V. **Ensemble, fois** (à la), **simultanément, temps** (en même). *Mener de front deux intrigues, deux liaisons amoureuses.*

39 « ...je mène seulement de front deux personnalités différentes, et suis toujours officiellement, mais le moins souvent possible, M. Loti, lieutenant de marine. » LOTI, **Aziyadé,** III, XXIV.

40 « ...l'intérêt spirituel et l'intérêt temporel ne marchent pas toujours de front. » DUHAM., **Défense des lettres,** II, VII.

41 « ...un sentier si étroit qu'on n'y pouvait circuler deux de front... » GIDE, **Ainsi soit-il,** p. 136.

ANT. — Bas. Arrière, derrière, dos, flanc. — Biais (de). File (à la), séparément.

COMP. — Affronter*, effronté*. — Cf. *aussi* Fronto-ethmoïdal. *adj.* (qui a rapport à l'os frontal et à l'ethmoïde), fronto-nasal, frontopariétal..

DER. — Frontal, fronteau, frontière. V. *aussi* **Frontispice, fronton.** — Frontail (XVIᵉ s.). *n. m.* V. **Fronteau.**

FRONTAL. *n. m.* et *adj.* (*Frontel* au XIIᵉ s. ; *frontal* au XIIIᵉ s. ; empr. au bas lat. *frontalis*).

I. *N. m.* Topique que l'on applique sur le front. *Bandeau** de front. *Pièce de casque** couvrant le front. *Frontal d'armet.* Instrument de torture avec lequel on serrait le front du patient. *Partie de la têtière** du cheval qui passe en avant de la tête (V. **Bride, harnais**). Partie du chanfrein*. Pièce du harnachement du bœuf (Cf. Aiguillon, cit. 2).

« Ils avaient tous la crinière peinte en bleu, les sabots dans des mitaines de sparterie, et les poils d'entre les oreilles bouffant sur le frontal, comme une perruque. » FLAUB., **Trois contes,** Hérodias, II.

II. Adj. (XVIᵉ s.). *Anat.* Relatif au front*. *Os frontal,* et substantivt. *Le frontal* (ou *Coronal**) : « os impair, médian et symétrique, occupant la partie la plus antérieure du crâne » (TESTUT). *Bosses de l'os frontal* (bosse nasale et bosses frontales). *Arcade* (cit. 2), *crête frontale. Fosses frontales,* où sont logés les lobes antérieurs du cerveau (V. **Crâne, face**). *Muscle frontal,* muscle peaucier du front qui élève la peau des sourcils et détermine les rides transversales du front. *Artère frontale. Veines frontales. Nerf frontal,* branche du nerf ophtalmique. *Sinus** *frontaux.* — Pathol. *Syndrome frontal,* provoqué par une lésion du lobe frontal du cerveau. — Géom. descr. *Plan frontal,* plan de front*.

DER. — Frontalité. *n. f.* (fin XIXᵉ s.). Archit. et Bx.-Arts. *Loi de frontalité.*

« Tant en Égypte qu'en Mésopotamie, la figure humaine, relief ou ronde-bosse, ne s'évade guère du plan où elle est dressée : droite et gauche de la personne se font équilibre autour d'un axe immuable : le monarque assyrien frappant un lion de son glaive n'a pas d'autre attitude que ses gardes qui défilent. Cette rigoureuse correspondance, on l'a rattachée à une loi, dite de frontalité. » L. RÉAU, **Hist. univ. des arts,** I. p. 308.

FRONTALIER, IÈRE. *n.* et *adj.* (1730, repris au XIXᵉ s. ; empr. au prov. mod. *frountalié,* « limitrophe »). Habitant d'une région frontière. *Facilités accordées aux frontaliers pour le passage de la frontière près de laquelle ils habitent. Carte de frontalier.* — Adjectivt. *Carte frontalière.*

« Ô frontaliers ô frontaliers vos nostalgies
Comme les canaux vont vers la terre étrangère
La France ici finit ici naît la Belgique
Un ciel ne change pas où les drapeaux changèrent »
ARAGON, **Le crève-cœur,** Le printemps.

FRONTEAU. *n. m.* (*Frontel* au XIIᵉ s. ; de *front*).

‖ 1° En parlant de ce qui se place sur le front. V. **Frontal** (*dér.* de Front). *Spécialt.* Bandeau* de toile faisant partie du vêtement de certaines religieuses. Bijou porté sur le front (V. **Ferronnière**). — Pièce du harnais de cheval (V. **Frontal**). Pièce de drap noir sur le front d'un cheval caparaçonné de deuil.

‖ 2° *Archit.* Petit fronton* surmontant une baie. *Mar.* Sculpture, peinture qui décorait le barrot de l'avant de la dunette ou l'arrière du bau qui délimitait le gaillard d'avant.

FRONTIÈRE. *n. f.* (XIIIᵉ s. ; forme subst. de l'anc. adj. *frontier, -ière,* « qui fait face à, qui est voisin de... » ; dér. de *front*).

‖ 1° Limite d'un territoire qui en détermine l'étendue. V. **Borne** et aussi **Bordure, lisière.** *L'Angleterre a de toutes parts la mer pour frontière. L'Atlantique, frontière occidentale de la France. Frontières d'un État* (cit. 109). *Dans nos frontières :* dans notre pays (Cf. Avion, cit. 1). *Au delà des frontières. Peuple à l'étroit dans ses frontières* (Cf. Expansion, cit. 4 et 5) V. **Espace*** (vital).

— *Par suite,* Limite séparant deux États. V. **Démarcation** (cit. 2). *La frontière franco-belge. Parties d'un territoire avoisinant la frontière.* V. **Confins ; frontalier, limitrophe.** *Frontières naturelles,* constituées par un obstacle géographique, chaîne de montagnes (dans ce cas, la frontière passe par la ligne de faîte), fleuve (la frontière suit alors le thalweg), etc. *Le Rhin, frontière naturelle entre la France et l'Allemagne. — Frontière artificielle, conventionnelle :* ligne idéale au tracé arbitraire généralement jalonnée par des signes conventionnels (bornes, barrières, poteaux, bouées). *Frontière politique* (Cf. Ethnie, cit. 2). *Frontières suivant un méridien, un parallèle ; une route. Détermination, délimitation, fixation d'une frontière par une convention, un traité, un protocole... — Passer, franchir une frontière* (Cf. Débarquer, cit. 1). *Poste de police, poste de douane** installé à la frontière. Industrie nationale qui se développe à l'abri de ses frontières. Frontière fermée, interdite. Frontière ouverte. Formalités de frontière. Policiers, douaniers qui surveillent la frontière* (Cf. Gardefrontière). *Incident de frontière. — Défendre, protéger ses frontières contre l'ennemi* (Cf. Campement, cit. 2 ; fléau, cit. 5). *Frontière bien, mal défendue ; frontière exposée* (Cf. Exposer, cit. 20). *Troupes massées à la frontière.* V. **Couverture** (troupes de). Cf. Division, cit. 5. *Bataillon échelonné le long d'une frontière* (Cf. Echelonner, cit. 4). —

Reculer les frontières d'un pays : l'agrandir. *Violer les frontières d'un pays neutre. Les frontières n'arrêtent pas la diffusion des idées. La vérité n'a pas de frontières. L'abolition des frontières.*

1 « Et pourquoi nous haïr et mettre entre les races
Ces bornes ou ces eaux qu'abhorre l'œil de Dieu ?
De frontières au ciel voyons-nous quelques traces ?
Sa voûte est-elle un mur, une borne, un milieu ? »
LAMART., **Poés. div.**, Marseillaise de la Paix.

2 « — Sans doute les douaniers ont votre signalement, lui dit l'envoyé de sa tante, et si nous suivons la grande route, à la frontière du royaume lombardo-vénitien, vous serez arrêté. »
STENDHAL, **Chartreuse de Parme**, V.

3 « La division même du territoire habitable en nations politiquement définies est purement empirique. Elle est historiquement explicable : elle ne l'est pas organiquement, car la ligne tracée sur la carte et sur le sol qui constitue une frontière résulte d'une suite d'accidents consacrés par des traités. Dans bien des cas, cette ligne fermée est bizarrement dessinée ; elle sépare des contrées qui se ressemblent, elle en réunit qui diffèrent grandement ; et elle introduit dans les relations humaines des difficultés et des complications dont la guerre qui en résulte n'est jamais une solution, mais au contraire un nouvel ensemencement. »
VALÉRY, **Reg. s. le monde act.**, p. 108.

4 « Cette politique, nous la connaissons : c'était celle que le *Comité de Salut public*, enivré par les victoires de la République, avait léguée au premier Directoire ; la guerre de conquête en Europe, et, après l'acquisition des *frontières naturelles* — proclamées, pour plus de sûreté, « limites constitutionnelles » — la fondation, hors de ces limites des États inféodés, barrière dressée de la Mer du Nord à la Méditerranée entre l'Europe hostile et la nouvelle *Gaule*. »
MADELIN, **Talleyrand**, VII.

— *Adjectivt.* (ou par appos.). V. **Frontalier, limitrophe.** *Département, région, zone ; poste, ville frontière. Poteau frontière. Province frontière.* V. **Marche.**

— *Par ext. Frontières d'une région géographique. Frontières linguistiques* (Cf. Isoglosse). — *Fig. La frontière entre la terre et l'océan.* V. **Démarcation,** cit. 1.

5 « ...(*l'Angleterre*) est située exactement en face de la frontière qui sépare les langues romanes des langues germaniques... »
MAUROIS, **Hist. Angl.**, p. 12.

‖ 2° *Fig.* V. **Borne, confins, délimitation, démarcation, limite*, séparation** (Cf. Bien-être, cit. 6 ; degré, cit. 24 ; édicter, cit 1). *Être à la frontière de.* V. **Confiner** (cit. 3), **friser, frôler.** *Aux frontières, à la frontière de la vie et de la mort. Frontière de deux classes* (Cf. Frange, cit. 7). *Les frontières de la raison, de la foi. Reculer les frontières du possible. Problème situé aux frontières de la biologie et de la chimie.*

6 « Ce ne sont plus des mers, des degrés, des rivières,
Qui bornent l'héritage entre l'humanité :
Les bornes des esprits sont leurs seules frontières ; »
LAMART., **Poés. div.**, Marseillaise de la Paix.

7 « L'homme est une frontière. Être double, il marque la limite de deux mondes. »   HUGO, **P.-S. de ma vie**, De la vie et de la mort.

8 « Il a passé sa vie à rêver de choses qui sont à la frontière du possible et de l'impossible, dans ce domaine à demi réel où les esprits comme le sien réussissent quelquefois à faire des découvertes. »
MART. du G., **Thib.**, t. VI, p. 131.

ANT. — **Centre, intérieur, milieu.**

FRONTIGNAN. *n. m.* (nom d'une ville de l'Hérault). Cépage cultivé près de Frontignan ; vin blanc muscat* produit par ce cépage (Cf. Boire, cit. 3).

FRONTISPICE. *n. m.* (1529 ; empr. au bas lat. *frontispicium*, façade).

‖ 1° *Archit.* Vx Façade principale d'un grand édifice. V. **Façade** (cit. 9).

1 « Deux rangs de colonnes de chaque côté, l'un de rondes, et l'autre de carrées, en font les ornements (*du palais royal*)... Le frontispice suit le même ordre ; et par trois portes dont il est percé, il fait voir trois allées de cyprès... »   CORN., **Andromède**, IV (*Décoration*).

‖ 2° *Typogr.* Grand titre* d'un ouvrage. *Frontispice orné, enluminé. Vignettes* ornant un frontispice.* — Planche illustrée placée avant la page de titre ; gravure placée face au titre. *Frontispice en taille-douce, au burin. Portrait de l'auteur en frontispice* (Cf. Document, cit 5). *Les frontispices ne décorent plus guère que les éditions de luxe.*

2 « L'ouvrage est orné de tailles-douces, et s'ouvre par un frontispice où l'on voit *Alaric*, le sceptre au poing, avec un casque empanaché... »
GAUTIER, **Les grotesques**, p. 307.

3 « ...le frontispice polychrome d'un livre d'Heures... »
RENAN, **Souv. d'enfance**, III, III.

FRONTON. *n. m.* (1653 ; empr. à l'ital. *frontone*, augment. de *fronte*, « front »). Couronnement d'un édifice ou d'une partie d'édifice consistant en deux éléments de corniche obliques (V. **Rampant**) ou en une corniche courbe se raccordant avec la corniche d'un entablement. *Partie intérieure du fronton.* V. **Tympan.** *Ornements aux extrémités, au sommet d'un fronton.* V. **Acrotère.** *Fronton surmontant le portique d'un temple, la façade* (cit. 7) *d'un édifice. Fronton à jour, à oculus,* dont le tympan est percé d'une baie. *Fronton à pans, trapézoïdal. Fronton brisé, circulaire, par enroulements. Fronton double. Fronton glissant,* dans lequel les rampants ont moins de moulures que la corniche de

base. *Fronton triangulaire* (équilatéral), *surbaissé, surhaussé. Dans l'architecture gothique, les frontons prennent une forme pointue et se nomment gâbles*.* V. aussi **Pignon.** *Décorations, moulures, corniches et sculptures qui ornent un fronton. Le combat des Lapithes et des Centaures qui décorait le fronton du temple de Zeus à Olympie. Les hauts-reliefs des frontons du Parthénon. Devises, inscriptions gravées, peintes au fronton d'un édifice.*

1 « Sur le tympan du fronton se voyait la naissance de Cythérée en figures de haut-relief ; elle était assise dans une conque. »
LA FONT., **Psyché**, II.

2 « ...Morosini, dans le dessein d'embellir Venise des débris d'Athènes, veut descendre les statues du fronton du Parthénon, et les brise. »
CHATEAUB., **Itinéraire de Paris à Jérusalem**, I, p. 191.

3 « ...(*le*) temple terrestre au fronton duquel se lit : « Aux grands hommes la patrie reconnaissante ! » »
BALZ., **Messe de l'athée**, Œuv., t. II, p. 1164.

4 « Ô sourire éternel des frontons dans l'azur ! »
HUGO, **Quatre vents de l'esprit**, Deux voix dans le ciel.

— *Par anal. Fronton surmontant une porte, une fenêtre.* V. **Fronteau.** *Fronton d'une armoire.*

— *Par métaph.* (en parlant de ce qui domine, de ce qui est mis en évidence). *Les principes qui sont inscrits au fronton de la Constitution* (Cf. Fraternité, cit. 9).

5 « Il n'est pas un génie qui n'ait travaillé, il n'est pas un grand homme qui n'ait apporté sa conscience, son âme, sa pierre, à l'un de ces trois piliers du fronton infini qu'on nomme Vérité, Beauté, Justice. »
HUGO, **P.-S. de ma vie**, Rêver. sur Dieu.

6 « ...elle (*la sculpture*) érige, au fronton des cités tumultueuses, le modèle, le type. l'immobile perfection qui apaisera... l'incessante fièvre des hommes. »   CAMUS, **Homme révolté**, p. 317.

— *Par anal.* Toit élevé par le milieu.

— *Spécialt.* Partie supérieure, généralement arrondie, du mur contre lequel on joue à la pelote basque. *Par ext.* Ce mur et le terrain qui s'étend devant lui. *Ce club possède deux frontons. Les murs lisses des églises basques et navarraises servent fréquemment de fronton.*

7 « Et au fond, le vieux mur monumental se dresse, contre lequel les pelotes viendront frapper ; il y a un fronton arrondi, qui semble une silhouette de dôme... »   LOTI, **Ramuntcho**, I. IV.

FROTTEMENT. *n. m.* (XIVᵉ s. ; de *frotter**).

‖ 1° Action de frotter ; contact de deux corps dont l'un se déplace par rapport à l'autre. V. **Abrasion, attrition** (*vx.*), **friction, mouvement, pression.** *Feu* (cit. 2) *produit par le frottement. Matière qui use par frottement* (V. **Abrasif**). *Il y a un frottement, du frottement entre la jante et le sabot de frein. Raboter une glissière pour supprimer un frottement. Pneu usé par le frottement de la roue contre le trottoir. Objet usé, poli, noirci par le frottement* (Cf. Flacon, cit. 4 ; fléau, cit. 1). *Pièce de monnaie usée par le frottement* (V. **Frai**). *Cordage qui s'use par le frottement.* V. **Raguer.** *Inflammation cutanée, érythème* causé par le frottement. Massage* par frottement. Bruit produit par le frottement.* V. **Cri** (*fig. 7°*), **crissement.** *Par ext. On entendait un léger frottement, le frottement presque imperceptible de l'ongle sur une vitre.*

1 « Le seul frottement met le bois en feu... Le frottement produit quelquefois non seulement de la chaleur mais de la lumière... Lorsque l'on bat un caillou en plein air avec un fusil d'acier, il en sort des étincelles brillantes et éclatantes. »   ENCYCL. (DID.), **Feu.**

2 « C'était peut-être un ossement de poisson bizarrement usé par le frottement du sable fin sous les eaux ? »
VALÉRY, **Eupalinos**, p. 78.

3 « ...la paume de ses mains, brûlée par le frottement contre le bois, ne pouvait plus serrer le manche de l'outil. »
MAC ORLAN, **La Bandera**, XI.

4 « ...sauf le piaffement d'une bête dans l'écurie et le doux frottement des chaines qui raclaient de temps en temps le bord du râtelier de bois, il n'y avait plus un seul bruit autour du mas Théotime. »
BOSCO, **Le mas Théotime**, II.

— *Fig.* V. **Contact.** *Le frottement des esprits.* — *Spécialt.* et *vx.* V. **Fréquentation.** *Le frottement des savants, des gens du monde, affine l'esprit, polit les manières.*

5 « ...la civilisation est impossible sans le frottement continuel des esprits et des intérêts. »   BALZ., **Cousine Bette**, Œuv., t. VI, p. 331.

6 « ...elle serra pieusement dans la commode sa belle toilette et jusqu'à ses souliers de satin, dont la semelle s'était jaunie à la cire glissante du parquet. Son cœur était comme eux : au frottement de la richesse, il s'était placé dessus quelque chose qui ne s'effaçerait pas. »
FLAUB., **Mᵐᵉ Bovary**, I, VIII.

7 « L'École Normale (La Sorbonne), le frottement des professeurs m'avaient un long temps fait espérer, ou enfin laissé espérer que moi aussi j'acquerrais cette élégance universitaire, la seule authentique. »   PÉGUY, **La République...**, p. 263.

‖ 2° *Mécan.* Force qui s'oppose au glissement* d'une surface sur une autre. *Frottement des solides. Le frottement dépend de la nature des corps en contact ; il est d'autant plus important qu'ils sont moins lisses. Le frottement est une force tangentielle au plan de contact. Frottement de glissement au départ* (force qui empêche le glissement), *frottement de glissement pendant le mouvement* (force qui freine le glissement). *Frottement de pivotement, de roulement, d'un moyeu sur un axe. Coefficient de frottement* :

rapport entre la force de frottement et la force de réaction correspondant à la pression* (du corps considéré sur une surface). *Cône de frottement ; angle de frottement. Mesure des frottements.* V. **Tribométrie.** — *Frottement des liquides, des gaz. Frottement d'une rivière contre ses rives* (Cf. Couler, cit. 1). — Technol. *Applications du frottement :* freinage, transmission des mouvements (V. **Friction**). *Ajustage par frottement.* — *Frottement des pièces d'une machine, d'un mécanisme. Chaleur produite par le frottement.* V. **Grippage.** User*, *usure par frottement.* V. **Abrasion, cisaillement, rodage.** *Augmenter le frottement par un adhésif, le diminuer par un lubrifiant. Frottement à sec, onctueux, visqueux. Graisse, huile oxydée par frottement* (V. **Cambouis**). *Protection des pièces du frottement par un coussin, un coussinet, un alliage antifriction**.

8   « Le frottement fut étudié successivement par Amontons (1699), Coulomb (1781), Morin (1833), Painlevé (1895). Il dépend de la nature des corps en contact ; il est proportionnel au poids, mais ne dépend pas de la surface... Au point de vue industriel, le frottement est une force antagoniste, une résistance passive, que l'on cherche à réduire le plus possible... Dans la vie courante, c'est un phénomène bienfaisant : grâce à lui, nous pouvons marcher, nous installer à notre table et travailler, sans craindre de voir nos livres tomber... notre table glisser... Un frottement anormalement faible se manifeste par les dérapages.... les chutes sur le verglas.... »
                       M. BOLL, Étapes de la mécan., p. 80-82 (éd. P.U.F.).

— *Par métaph.* (Cf. Aplanir, cit. 3). V. **Difficulté, entrave, frein, tirage.**

9   « ...la mécanique a bien ses frottements, qui souvent changent ou arrêtent les effets de la théorie : la politique a aussi les siens. »
                       MONTESQ., Espr. des lois, XVII, VIII.

10   « ...ces frottements perpétuels et ces limitations que l'autorité de commandement subit dans une compagnie d'hommes libres. »
                       PÉGUY, La République..., p. 76.

ANT. — Glissement.

FROTTER. *v. tr.* et *intr.* (XIIᵉ s. ; a remplacé par substitution de suffixe l'anc. franç. *freter,* d'un lat. vulg. *frictare,* fréquent. de *fricare*). Exercer une pression accompagnée de mouvement. V. **Passer** (sur) ; **friction, frottement.**

I. V. tr. || 1° (Soit en imposant un mouvement à un corps en contact avec un autre, lui-même immobile ou animé d'un mouvement différent : *Frotter son doigt contre une table, sur une table ;* — soit en imposant à un corps la pression d'un autre corps en mouvement : *Frotter une table du doigt). Frotter fort, ferme, énergiquement.* V. **Appuyer.** *Frotter doucement, légèrement.* V. **Effleurer, frôler.** User* ; *broyer, écraser en frottant. Frotter du cuir... pour l'assouplir.* (V. **Corroyer, fouler**). *Effacer* en frottant avec une gomme* (V. **Gommer**). *Frotter deux silex pour produire du feu* (cit. 2). V. **Battre** (le briquet). Cf. *aussi* Erudit, cit. 4. *Frotter une allumette** (contre le frottoir*). V. **Allumer, gratter** (Cf. Fourgonner, cit. 4). *Frotter deux diamants l'un contre l'autre.* V. **Égriser.** *Frotter le pavé de ses pieds, frotter ses pieds contre le pavé* (Cf. Cygne, cit. 3).

1   « Si on frotte des corps durs et secs les uns contre les autres, ils s'échauffent et s'enflamment. »
                       ENCYCL. (DID.), Feu.

|| 2° *Spécialt.* Rendre plus propre, plus luisant... en frottant. V. **Astiquer** (cit. 2), **briquer, essuyer, fourbir, lustrer, nettoyer, polir, torcher.** *Frotter les cuivres* (pour les faire reluire*), *frotter les carreaux, le plancher, le parquet...* (Cf. Dent, cit. 25 ; épousseter, cit. 1). *Frotter à la toile émeri, au papier de verre, à la paille de fer. Frotter avec une brosse* (V. **Brosser**). *Frotter la robe, le poil d'un cheval...* (V. **Bouchonner, étriller**). *Frotter pour enlever un dépôt* (V. **Décaper** 1, **gratter, limer, racler, râper...**), *pour polir* (V. **Polir, poncer, roder**). *Frotter des verres.* V. **Rincer.** *Frotter avec un tampon.* V. **Tamponner.** *Frotter ses semelles sur un paillasson, un gratte-pieds. Se frotter les pieds sur le tapis.*

2   « Elle ne reste pas un instant les bras croisés, et, quand nous n'avons pas d'ouvrage, elle nettoie et frotte nos pauvres meubles qu'elle rend clairs comme des miroirs. »
                       SAND, La mare au diable, V.

3   « Le dimanche matin, elle se consacrait à un nettoyage minutieux, faisait briller des cuivres. frottait le bois où se réveillaient des reflets... »
                       CHARDONNE, Dest. sentim., p. 194.

— *Absolt.* Frotter le sol, le plancher. *Elle passe ses journées à frotter.*

4   « ...la vieille Rose... fit venir sa petite nièce Palmyre, pour laver la maison... la misérable, sur les genoux, trempée d'eau, s'épuisait à frotter... »
                       ZOLA, La terre, III, II.

|| 3° En parlant d'une action exercée sur un être humain. *Mère qui frotte le visage de son enfant avec un gant de toilette.* V. **Débarbouiller, laver.** *Elle lui frotta la tête pour sécher les cheveux. Frotter pour réchauffer, activer la circulation, ranimer...* V. **Frictionner, masser.** *Frotter la peau avec un gant de crin. On frottait autrefois les membres perclus avec des orties.* V. **Ortier.** *Elle lui frotta les mains dans les siennes* (Cf. Échauffer, cit. 2).

— REM. Lorsqu'on exerce cette action sur soi-même la personne peut être exprimée soit par le pronom personnel, soit par le possessif. *Se frotter le bout du nez* ou *Frotter le bout de son nez...* (Cf. Barboter, cit. 2). *Frotter ses mains, se frotter les mains avec du savon. Se frotter les dents. Se frotter les ongles* pour les polir. *Après leurs jeux, les*

atnlètes *grecs se frottaient les membres avec un strigile pour en détacher la sueur et la poussière.* V. **Gratter, racler.**
— *Récipr.* Se frotter l'un l'autre. *Ils se frottaient le dos deux à deux* (Cf. Baille, cit.).

5   « (*Une femme*) qui me dorlotera et me viendra frotter lorsque je serai las... »
                       MOL., Mar. forcé, 1.

6   « ...relevant sa chemise dans le dos, elle se frotta l'échine sur le grain dur des draps. »
                       HUYSMANS, Là-bas, XIX.

7   « — Vous n'aimez pas Pâris, Hélène. Vous aimez les hommes !
— Je ne les déteste pas. C'est agréable de se frotter contre soi comme de grands savons. »
                       GIRAUDOUX, Guerre de Troie, I, 8.

8   « Tout en se frottant les dents avec un petit morceau de bois pour les rendre blanches et plus brillantes que la lune... »
                       MAC ORLAN, La Bandera, XIV.

— *Fam.* **Frotter son museau** (contre celui de quelqu'un en l'embrassant). *Récipr.* **Se frotter le museau.**

9   « Et les voilà, unies dans le même amour pour Yves, et pleurant ensemble. — Allons, les femmes ! crie le conducteur, quand vous aurez fini de frotter vos museaux ? »
                       LOTI, Mon frère Yves, LXV.

— *Absolt.* et *pop.* En parlant de relations galantes. Cf. Peloter, tripoter.

— *Spécialt.* Se frotter les paupières (avec les mains). *Frotter ses yeux, se frotter les yeux pour mieux voir* (en se réveillant...), *pour sécher ses larmes.* Fig. *Se frotter les yeux d'étonnement.* V. **Douter** (Cf. Ne pas en croire ses yeux).

10   « Villeroy arriva à Marly, où tout le monde se frotta les yeux en le voyant, et ne se pouvait persuader que ce fût lui. »
                       ST-SIM., 96, 21 (in LITTRÉ).

11   « ...vous ouvrez les oreilles, vous vous frottez les yeux, ne sachant qui vous trompe de la veille ou du sommeil. »
                       CHATEAUB., M. O.-T., t. VI, p. 297.

12   « Tu ne veux donc pas m'emmener ! s'écria le petit en commençant à frotter ses yeux pour montrer qu'il avait dessein de pleurer. »
                       SAND, Mare au diable, VI.

13   « Angelo se frotta longuement les yeux avec ses poings. Il revint s'asseoir à sa place. Il avait dû violemment se débattre dans son sommeil. »
                       GIONO, Hussard sur le toit, p. 132.

— *Se frotter les mains* en signe de contentement. Fig. *Il s'en frotte les mains.* V. **Réjouir** (se), **satisfait** (être satisfait).

14   « Il (*Louis XI*) se frottait les mains, il riait de ce rire intérieur qui fait rayonner le visage ; il ne pouvait dissimuler sa joie, quoiqu'il essayât par instants de se composer. »
                       HUGO, N.-D. de Paris, X, V.

15   « ...tout à coup, avec une énergie diabolique, il frotta vigoureusement l'une contre l'autre ses mains sèches, d'où semblaient jaillir des étincelles... »
                       MART. du G., Thib., t. II, p. 18.

— En parlant d'animaux. *Chat qui se frotte le museau* (Cf. Exubérance, cit. 3). *Mouche qui se frotte les pattes. Bœuf qui se frotte contre une clôture. Cerf qui frotte ses bois contre les arbres.* V. **Frayer.**

16   « ...après avoir frotté ses pattes l'une contre l'autre, et les avoir frottées contre ses lèvres, il (*le lapin*) alla chercher la poule ; »
                       RÉAUMUR, Amours d'une poule et d'un lapin.

17   « (*la chèvre*) vient de mettre sa tête contre le ventre de la femme. Elle frotte ses flancs contre le flanc d'Arsule. »
                       GIONO, Regain, p. 143.

— PROV. *L'âne frotte l'âne.* V. **Âne** (*supra* cit. 15), **asinus asinum fricat.**

|| 4° Enduire par frottement, par friction. *Frotter d'huile, de graisse, de pommade...* V. **Enduire, graisser, huiler, oindre, passer** (à)... Cf. Épreindre, cit. 2 ; exciter, cit. 17. *Frotter de cire, de cirage, d'encaustique...* — *Absolt. Frotter le parquet, un meuble.* V. **Cirer, encaustiquer.**

18   « ...il le frotta par tout le corps d'un certain onguent qu'il sait faire ; »
                       MOL., Méd. m. l., I, 4.

19   « Lengaigne (*le barbier*) avait déjà frotté son client de savon, et le tenait par le nez, lorsque Lequeu, le maître d'école, poussa la porte. »
                       ZOLA, La terre, I, IV.

— *Frotter d'ail une tranche de pain. Pain frotté d'ail, frotté à l'ail* (V. **Chapon**).

20   « Il y eut des beignets, de la confiture d'airelles, du lait de chèvre chaud, avec des poils, une rôtie de pain frottée d'ail... »
                       GIONO, Jean le Bleu, p. 128.

— *Fig.* et *vieilli. Être frotté de... :* avoir une légère teinture, un vernis (de connaissance, de science). *Ignorant frotté de grec et de latin.*

21   « ...une bêtise impertinente, frottée d'esprit comme le pain d'un manœuvre est frotté d'ail. »
                       BALZ., Splend. et mis. des courtisanes, Œuv., t. V, p. 660.

22   « ...le moindre démon de l'enfer eût dit moins de sottises, étant un peu frotté de théologie et certes moins ignorant qu'un encyclopédiste. »
                       FRANCE, Les dieux ont soif, XIX.

23   « Au siècle précédent, ils avaient été frottés de jansénisme frondeur... »
                       R. ROLLAND, Jean-Christophe, Antoinette, p. 832.

— *Spécialt. Peint.* Appliquer un frottis*. *Un fond à peine frotté* (LITTRÉ). Substantivt. *Un frotté :* toile recouverte d'un frottis ; dessin au crayon usé par le frottement. *Par. ext.* et *fig. :*

24   « ...il se plut à inspecter de près ces arbres. Ils érigeaient des troncs énormes, frottés d'orpin roux, gouachés d'argent gris par des mousses... »
                       HUYSMANS, En route, p. 234.

|| 5° *Vieilli*. Donner des coups à (quelqu'un) V. **Battre, frapper, étriller, maltraiter, rosser ; frottée.** Cf. Filer, cit. 12. *Il va se faire frotter d'importance.* Cf. Bois, cit. 26. *Frotter le dos, la tête...* On dit surtout de nos jours. *Frotter les oreilles.*

25 « ... je saurai vous frotter les oreilles. »　　　　MOL., **Tart.,** I, 1.

26 « Un autre dit : « Nous avons été joliment téméraires : nous n'étions que sept mille hommes, nous en avons attaqué vingt-six (*mille*) ; aussi faut voir comme nous avons été frottés. » SÉV., 433, 21 août 1675.

|| 6° *Fig.* Mettre en contact* ; faire entrer en relations*. « *Frotter et limer notre cervelle contre celle d'autrui* » (MONTAIGNE, Cf. Commerce, cit. 10).

27 « On n'a pas toujours besoin de frotter sa sensibilité à une autre... » MAUROIS, **Climats,** II, II.

II. *V. intr.* Se dit d'une surface dont le glissement sur une autre surface est contrarié par le frottement*. *Roue qui frotte contre un trottoir. Pièces d'un mécanisme qui frottent.* V. **Gripper.**

28 « De tous côtés on se cogne, on frotte, on est empoigné par l'étroitesse du passage, on est arrêté, coincé. » BARBUSSE, **Le feu,** XXI.

|| SE FROTTER. Frotter son corps. *Se frotter à un mur, contre un mur. Chat qui se frotte en ronronnant contre les jambes de quelqu'un.*

29 « Et comme Jean se décidait à entrer dans la cuisine, elle le prit par la taille, se frottant à lui d'un air de rire, sans s'inquiéter d'être vue... »　　　　ZOLA, **La terre,** I, I.

30 « Le chat siamois bondit silencieusement et se frotta contre l'un des pieds nus. »　　　　ARAGON, **Beaux quartiers,** II, XXXIII.

— S'enduire. *Se frotter de crème*, de pommade, de liniment.

31 « Frottez-vous de pommade, mangez et dormez. » VOLT., **Cand.,** VII.

— *Fig. Se frotter de latin, de grec :* en prendre une connaissance superficielle V. **Apprendre, teinter** (se). Cf. *supra* Être frotté de...

— *Vieilli.* Avoir commerce, communication avec quelqu'un. V. **Frayer** (avec), **fréquenter** (Cf. Circonstance, cit. 2). *Se frotter à la haute société. Il est bon de se frotter aux savants* (LITTRÉ).

32 « ... vous vous êtes encore perfectionné en vous frottant à M. de Nevers. »　　　　SÉV., 1320, 15 mai 1691.

— *Spécialt.* (de nos jours). *Se frotter à quelqu'un :* l'attaquer. V. **Attaquer, défier, provoquer.** *Il vaut mieux ne pas s'y frotter ; ne vous y frottez pas.* PROV. *Qui s'y frotte s'y pique.* — Affronter* (un danger, un risque). V. **Entreprendre, risquer.** *Il a eu tort de s'y frotter.*

33 « ... (*il*) choisissait ses types et n'eût eu garde de perdre son temps à se frotter aux Parigots, lesquels, nés malins... avaient vite éventé la mèche et deviné le dessous des cartes. » COURTELINE, **Train de 8 h. 47,** I, II.

ANT. — Glisser.

COMP. — Entre-frotter (s'). *v. pron.* (XVIe s.). Se frotter mutuellement. — Cf. *aussi* les dér. et comp. du grec *tribo-* (Tribade, tribométrie) et du lat. *fricare* (Friction...).

DER. — Frottement, frottis, frottoir. — Frottage. *n. m.* (1690) Action de frotter, et *spécialt.* Travail du frotteur. *Le frottage d'un plancher.* — Frottée. *n. f.* (1823 au sens 1°). || 1° Tartine* frottée d'ail. || 2° Volée de coups. V. Pile, raclée. *Flanquer, recevoir une frottée.* FIG. V. Défaite. — Frotteur, euse. *n.* (1372). Celui, celle qui frotte. *Spécialt.* (XVIIIe s.). Celui qui frotte les planchers, les parquets. *Technol.* Pièce destinée à produire un frottement. *Frotteur à sabot, à patin.*

« ... Rateau empoignait ses outils de frotteur et ratissait le parquet et sautait à cloche-pied et patinait sur une brosse... » HUYSMANS, **Là-bas,** III.

FROTTIS. *n. m.* (1611 ; dér. de *frotter*). *Peint.* Mince couche de couleur, laissant paraître le grain de la toile. *Frottis de dessous. À la différence des glacis, les frottis « sont le plus souvent posés directement sur la toile, dont ils laissent transparaître le grain, tout en la couvrant d'une couche quelquefois opaque* » (Gde Encycl. BERTHELOT).

« Pour les nuances délicates des chairs, il (*Le Titien*) trempait un seul doigt dans la couleur et le passait sur sa toile en léger frottis. » D. ROUART, **Degas à la recherche de sa technique,** p. 46.

— *Archit.* Teinte transparente appliquée pour imiter la couleur d'un matériau. — Dorure légère à la surface d'une porcelaine, d'un laque.

— *Biol.* Préparation en couche mince pour examiner au microscope (après étalement, coloration et fixation sur lame de verre).

ANT. — (*Peint.*). Empâtement.

FROTTOIR. *n. m.* (1423 selon BLOCH ; de *frotter*, et suff. *-oir*). Objet dont on se sert pour frotter*. *Spécialt.* Linge qui sert à frotter, à essuyer. Brosse* à parquet. Petit coussin pour lustrer les chapeaux. *Frottoir de coiffeur :* ustensile de caoutchouc, etc. servant à essuyer le rasoir. *Frottoir à allumettes.* — *Phys.* Chacun des coussins entre lesquels tourne le plateau d'une machine électrique.

FROUER. *v. intr.* (arg. au XVe s. « tromper au jeu ». V. **Flouer** ; sens actuel en 1732, dér. de *freux*). T. de Chasse. Imiter à la pipée*, le cri de la chouette, pour attirer les oiseaux.

DER. — Frouée. *n. f.* (1875 THEURIET in LITTRÉ, Suppl.). Sifflement* de l'oiseleur, imitant le cri de la chouette. — Frouement. *n. m.* Action de frouer.

FROU-FROU ou **FROUFROU.** *n. m.* (1738 selon BLOCH ; onomat.). Bruit léger produit par le frôlement* ou le froissement* d'une étoffe soyeuse, de plumes, etc. *Le froufrou d'un jupon de soie, d'une robe de bal.* V. **Bruissement, frémissement, friselis** (Cf. Castagnette, cit. 2 ; chaussette, cit. 2 ; danse, cit. 3).

1 « Ces bras purs et ce petit corps,
　Noyés dans un frou-frou d'étoffes,
　Eussent damné par leurs accords
　Les abbés et les philosophes. »
　　　Th. de BANVILLE, **Odes funambulesques,** La voyageuse, I.

2 « Place ! En sa longue robe bleue
　Toute en satin qui fait frou-frou, »
　　　VERLAINE, **Romances sans paroles,** VI.

3 « Un froufrou de soie derrière elle, tout près, la fit tressaillir : sa belle-mère, arrivée à pas veloutés de vieille chatte ! »
　　　LOTI, **Les désenchant.,** IV.

4 « ... elle les entendait maintenant revenir, les migrateurs, et passer sur sa forêt en grands froufrous d'ailes, en longue rumeur de marée montante, en tempête de cris d'appel, d'amour et d'espérance. »
　　　PERGAUD, **De Goupil à Margot,** Fin de Fuseline.

DER. — Froufrouter. *v. intr.* (fin XIXe s.). Produire un froufrou. — Froufroutant, ante. *adj.* (XIXe s.). *Lingeries froufroutantes.*

« Brusquement, dans le pigeonnier, s'éveille un bruit léger de plumes, le bruit froufroutant qu'on entend lorsqu'on éveille un poulailler. » DORGELÈS, **Croix de bois,** VI, p. 144.

FROUSSE. *n. f.* (1858, DAUZAT, Suppl.). *Pop.* V. **Peur***. *Avoir la frousse* (Cf. *pop.* Les foies, les jetons, la pétoche).

1 « ... encore tout tremblants de la frousse qu'ils avaient eue, ayant cru à la survenue inopinée d'un des gros bonnets de la maison. » COURTELINE, **MM. ronds-de-cuir,** Ve tabl., III.

2 « Mais, si je faisais ça, je ne serais jamais sûr de l'avoir fait par conviction, et non par frousse. Parce que, la vérité, c'est que j'ai terriblement peur... » MART. du G., **Thib.,** t. VII, p. 297.

3 « Les routes (*lors de l'invasion allemande de 1940*) sont encombrées de charrettes, de camions, d'autos : des gens qui n'ont jamais touché à un volant et qui sont partis à l'aveuglette, par frousse. » SARTRE, **Mort sans l'âme,** p. 157.

DER. — Froussard, arde. *adj.* (fin XIXe s.). *Pop.* Qui a la frousse. V. **Peureux, poltron.** — Substantiv. *C'est un froussard* (Cf. Carreau, cit. 7).

« — Eh bien je te garantis que Lucien en avait peur ! dit-elle. C'est même ce qui m'a dégoûté de lui : il était vraiment trop froussard. » SARTRE, **Sursis,** p. 47.

FRUCTI-, FRUCT-. Rac. du lat. *fructus*, qui entre dans la formation de quelques mots savants, tels que : *fructidor, fructifère, fructose...* V. aussi **carpo-, frugi-.**

FRUCTIDOR. *n. m.* (1793 ; comp. sav. du lat. *fructus*, « fruit », et du gr. *dôron*, « don, présent »). Douzième et dernier mois du calendrier républicain qui correspond à l'espace compris entre le 18 ou 19 août et le 17 ou 18 septembre du calendrier grégorien, et ainsi nommé parce qu'il est le mois des fruits. *Coup d'État du 18 Fructidor, sous le Directoire.*

« Les trois mois de l'été, prennent leur étymologie, le premier de l'aspect des pays ondoyants et des moissons dorées qui couvrent les champs de juin en juillet, ce mois se nomme *Messidor ;* le second, de la chaleur tout à la fois solaire et terrestre qui embrase l'air de juillet en août, ce mois se nomme *Thermidor* (on avait songé un moment à le nommer Fervidor) ; le troisième, des fruits que le soleil dore et mûrit d'août en septembre, se nomme *Fructidor.* » FABRE d'ÉGLANT. (in JAURÈS, Hist. social. révol. fr., t. VIII, p. 256).

FRUCTIFÈRE. *adj.* (1556 ; comp. sav. du lat. *fructus*, « fruit ». V. **-Fère**). *Bot.* Qui porte des fruits ou des organes reproducteurs. V. **Frugifère.** *Rameau fructifère.*

FRUCTIFICATION. *n. f.* (XIVe s. ; dér. sav. du bas lat. *fructificatio*). *Bot.* Formation, production de fruits. *Fructification lente, difficile. Fructification artificielle du figuier.* V. **Caprification.** *Époque, saison de la fructification.*

1 « Rien n'est plus singulier que les ravissements, les extases que j'éprouvais à chaque observation que je faisais sur la structure et l'organisation végétale, et sur le jeu des parties sexuelles dans la fructification, dont le système était alors tout à fait nouveau pour moi. » ROUSS., **Rêver.,** Ve promen.

— *Par ext.* Disposition des parties dont la réunion forme le fruit. — Ensemble des fruits que porte un végétal. *Une belle fructification.*

2 « Chacun de ces murs est tapissé d'espaliers et de vignes dont les fructifications grêles et poudreuses sont l'objet des craintes annuelles de madame Vauquer et de ses conversations avec les pensionnaires. » BALZ., **Père Goriot,** Œuv., t. II, p. 849.

— Ensemble des organes reproducteurs, chez les cryptogames (V. **Périthèce**).

— *Fig.* (Cf. Assainissement, cit. 2).

3 « ...il commençait à perdre le souvenir de ce mouvement de sève, de cette fructification constante des esprits qu'il avait si ardemment épousée dans la sphère parisienne... »
BALZ., **Femme abandonnée**, Œuv., t. II, p. 210.

FRUCTIFIER (se conjugue comme *prier*). *v. intr.* (XIIᵉ s. ; du bas lat. *fructificare*, de *fructus*, « fruit », et *facere*, « faire »).

|| **1°** Produire*, donner des récoltes, en parlant d'une terre (Cf. Fruit 1, I, 1°). *Une terre bien fumée fructifie davantage* (LITTRÉ).

1 « Son champ ne s'en trouve pas mieux ;
Celui de ses voisins fructifie et rapporte. »
LA FONT., **Fab.**, VI, 4.

|| **2°** Spécialt. *Bot.* Produire des fruits, en parlant d'un végétal (Cf. Fruit 1, I, 2°). *Arbre qui fructifie tardivement.*

2 « La mer nous regardait de son œil tendre et glauque
Et les orangers d'or
Fructifiaient pour nous. Ils fleurissent encor. »
APOLLINAIRE, **Ombre de mon amour**, XXX.

— *Par métaph.* T. bibl. *Faire fructifier la vigne* du Seigneur : propager la foi.

|| **3°** *Fig.* Produire un effet, des résultats avantageux, heureux. *Champ où son enseignement a fructifié* (Cf. Centuple, cit. 3). *Idée qui fructifie.* V. **Développer** (se).

3 « ...Jésus-Christ ne doit pas être moins substantiellement présent aux endurcis qu'aux fidèles qui reçoivent son Sacrement, quoiqu'il ne fructifie que dans les derniers. » BOSS., **Var.**, IX, LIII.

4 « ...ses leçons, sages, mais d'abord sans effet, furent dans mon cœur un germe de vertu et de religion qui ne s'y étouffa jamais, et qui n'attendait, pour fructifier, que les soins d'une main plus chérie. » ROUSS., **Conf.**, III.

5 « Vous êtes bien heureux d'être si jeune et si fort et si vierge par l'esprit, et vous vous devez à vous-même, vous nous devez à tous de faire fructifier de si belles qualités qui fermentent de sève et réclament leur développement. » STE-BEUVE, **Corresp.**, 50, 15 août 1828, t. I, p. 102.

— *Spécialt.* Produire des bénéfices. *Capital qui fructifie.* V. **Rapporter, rendre** (Cf. Rendement). *Faire fructifier de l'argent.*

FRUCTOSE. *n. m.* (XXᵉ s. ; dér. sav. de *fructus*, « fruit »). Sucre* de fruit, isomère du glucose. V. **Lévulose.**

FRUCTUEUX, EUSE. *adj.* (XIIᵉ s. ; empr. au lat *fructuosus*).

|| **1°** *Vx.* ou *poétiqt.* Qui donne des fruits (V. **Fructifère**).

1 « (la grêle)... Abat l'honneur naissant des rameaux fructueux. »
BOIL., **Lutrin**, V.

2 « ...il y a plus de mérite à ensemencer un désert qu'à butiner avec insouciance dans un verger fructueux... »
BAUDEL., **La Fanfarlo**, Œuv., p. 378 (éd. Pléiade).

|| **2°** *Fig.* Qui donne des résultats avantageux. *Exploitation* (cit. 11) *fructueuse. Opération financière, spéculation fructueuse.* V. **Avantageux, profitable, lucratif, rentable.** *Ses travaux, ses efforts ont été fructueux.* V. **Fécond, utile.** *Essai peu fructueux. Leur dernière tentative fut la plus fructueuse. Collaboration fructueuse.*

3 « Excellent conseil ! maxime utile, fructueuse, une mine d'or, un Pérou... » LA BRUY., X, 22.

4 « ...Balzac gagnait beaucoup d'argent, mais les plus fructueuses rentrées ne l'empêchaient jamais d'être sans cesse au bord de la déconfiture. » HENRIOT, **Portr. de fem.**, p. 339.

ANT. — **Improductif, infécond, infructueux, stérile.**

COMP. — **Infructueux.**

DER. — **Fructueusement.** *adv.* (XIVᵉ s.). Avec fruit, succès. V. **Profitablement.** *Travailler fructueusement* (ANT. **Infructueusement**)

FRUGAL, ALE, AUX. *adj.* (1534 RAB. ; empr. au lat. *frugalis*).

|| **1°** Qui consiste en aliments simples, peu recherchés, peu abondants. *Nourriture frugale, repas frugal* (Cf. Convive, cit. 1). — *Par ext. Table frugale.*

1 « Notez ici que son dîner était sobre et frugal, car tant seulement mangeait pour refréner les abois de l'estomac ; mais le souper était copieux et ample... » RAB., I, XXIII.

2 « Elle prenait sa serviette, et n'avait pas encore touché à ce qu'on lui avait apporté ; c'était un potage et de l'autre côté un peu de viande bouillie sur une assiette. J'avoue qu'un repas si frugal m'étonna ; » MARIV., **Vie de Marianne**, XI.

3 « Et le soleil, le soir, ruisselant et superbe,
...
Répandant largement ses beaux reflets de cierge
Sur la nappe frugale et les rideaux de serge. »
BAUDEL., **Fl. du mal**, Tabl. paris., XCIX.

|| **2°** Qui se contente d'une nourriture simple. V. **Sobre.** *Homme frugal comme un anachorète*.* — *Par ext. Habitudes frugales. Vie frugale.* V. **Ascétique, austère, simple.**

4 « Sénèque était frugal ; riche, il vivait comme s'il eût été pauvre. » DIDER., **Essai s. les règnes de Claude et de Néron**, II, 37.

5 « Monsieur Goriot était un homme frugal, chez qui la parcimonie nécessaire aux gens qui font eux-mêmes leur fortune était dégénérée en habitude. La soupe, le bouilli, un plat de légumes, avaient été, devaient toujours être son dîner de prédilection. »
BALZ., **Père Goriot**, Œuv., t. II, p. 866.

6 « Quel ancêtre me légua, à travers des parents si frugaux, cette sorte de religion du lapin sauté, du gigot à l'ail, de l'œuf mollet au vin rouge... ? » COLETTE, **Maison de Claudine**, La noce.

ANT. — **Abondant, fastueux, pantagruélique, planureux, recherché, sompteux. Exigeant, glouton, goinfre, goulu, gourmand, incontinent, intempérant, vorace.**

DER. — **Frugalement.** *adv.* (XVIᵉ s.). *Vivre frugalement* (FÉNEL., Télém., XIX).

FRUGALITÉ. *n. f.* (XIVᵉ s. ; empr. au lat. *frugalitas*). Qualité de celui ou de ce qui est frugal*. *La frugalité célèbre des Spartiates.* V. **Abstinence, modération, sobriété, tempérance** (Cf. Austérité, cit. 4). *La frugalité d'un repas.*

1 « Apprenez, maître Jacques, vous et vos pareils, que c'est un coupe-gorge qu'une table remplie de trop de viandes ; que pour se bien montrer ami de ceux que l'on invite, il faut que la frugalité règne dans les repas qu'on donne ; et que, suivant le dire d'un ancien, *il faut manger pour vivre et non pas vivre pour manger.* » MOL., **Avare**, III, 1.

2 « ...la frugalité, la modestie et la simplicité du grand saint Sulpice. »
BOSS., **Panég. St Sulpice**, II.

3 « À part les jours où je dois déjeuner rue du Pot-de-Fer, je compte prendre mes repas dans ma chambre : frugalité parfaite. »
DUHAM., **Salavin**, IV, 17 juin.

ANT. — Cf. Frugal.

FRUGI-. Rac. du lat. *frux, frugis*, « fruit », entrant dans la formation de quelques mots savants. **Frugifère.** *adj.* (1842). Qui porte, produit des fruits. V. **Fructifère.** — **Frugivore.** *adj.* (1762). Qui se nourrit de fruits, de végétaux. *L'ours, le singe sont frugivores* (Cf. Faune. cit. 5). Substantivt. *Un frugivore.*

1. FRUIT (*frui*, une syllabe). *n. m.* (Xᵉ s. ; lat. *fructus*, propremt. « revenu, production » qui élimina *frux*, « récolte » en lat. vulg., prit le sens de « *pomum* ». V. **Pomme**).

I. || **1°** (*Au plur.*). Produits de la terre en général, qui servent à la nourriture des hommes et des animaux. — REM. *Fruit* est peu employé dans ce sens, à cause de la confusion possible avec *fruit*, en botanique. « *Les prières des Rogations sont instituées pour la conservation des fruits de la terre. En ce sens on y comprend les blés, les foins, les avoines, vesces, lin, légumes, etc.* » (Dict. de TRÉV., 1771, Fruit). *Les premiers fruits de la terre.* V. **Prémices.**

1 « ...vous oubliez que les fruits sont à tous, et que la terre n'est à personne ! » ROUSS., **Disc. inégal. hommes**, II.

2 « Heureux l'homme qui se nourrit des fruits de sa terre et trouve en son pays même la satisfaction de sa vie. »
GIDE, **Nouv. prétextes**, Journ. sans dates, II.

— *Par anal. Fruits de mer* (XIXᵉ s.), nom donné à divers mollusques et crustacés comestibles. V. **Coquillage, oursin.** *Restaurant où l'on déguste des fruits de mer.* — REM. Ce sens est enregistré par LITTRÉ, Suppl. avec une citation de GAUTIER, datée de 1868.

3 « ...quelques coquillages frais, semblables à des moules, et qu'on appelle *frutti di mare*, fruits de mer, composaient pour nous ce frugal dîner... » LAMARTINE, **Graziella** (1852), II, I.

4 « On vendait des « fruits de mer » dans des petites boutiques foraines, au bord du trottoir. » MAC ORLAN, **La Bandera**, II.

|| **2°** *Bot.* Partie des plantes phanérogames apparaissant après la fleur, Ovaire développé de la fleur qui contient et protège les ovules devenus graines. V. **Fécondation, pollinisation ; ovaire ; graine, péricarpe** (endocarpe, épicarpe, mésocarpe). — REM. Les plantes à fleurs n'ont pas toutes des fruits et les graines peuvent être nues (gymnospermes) ; on appelle abusivement *fruit* certaines graines, ou des productions végétales (réceptacle, etc.) contenant le véritable fruit (fraise, figue, cône...). *Fleur qui se fane* (cit. 16) *pour faire place au fruit. Fruit charnu* (V. **Baie, drupe**), *fruit sec* (V. **Akène***, **capsule***, **caryopse, follicule, gousse, samare, silique, strobile, sycone**). Cf. *infra*, cit. 6. *Fruit déhiscent*, *indéhiscent. Fruit à pépins, fruit à noyau. Parties d'un fruit.* V. **Aigrette, brou, carpelle, chair, cloison, coque, cupule, diaphragme, écale, graine, induvie, loge, noyau***, **peau, pédoncule, pépin, pulpe, pyxide, quartier, valve...** *Ligne de suture* d'un fruit déhiscent. Fruit valvacé (uni-valve, quadrivalve...). Fruit désigné par le nombre de ses graines* (Cf. **Monosperme, polysperme**, etc.). *Fruit simple, composé* (V. **Grappe, régime. Grain**). *Plante désignée par le nombre, l'aspect de ses fruits.* V. **Carpo-, -carpe**, préf. et suff., du gr. *karpos* (gymnocarpe, hétérocarpe, sarcocarpe...). *Fruit allongé, arrondi, ové, ovoïde... Fruit angleux. Couleurs* vives de certains fruits. Taches, panachures, striures d'un fruit. Duvet* de fruit. Fruit prolifère*.*

5 « Dès que la fleur est fécondée, sa mission est terminée : elle perd ses couleurs et son parfum, les pétales ainsi que les étamines se flétrissent et tombent, le style et le stigmate se dessèchent. Toutes les forces vives se concentrent désormais dans l'ovaire, dont le développement produira le fruit, tandis que les ovules fécondés deviendront des graines. » VALLERY-RADOT, **Grand mystère**, p. 34.

6 « Le fruit peut être *charnu* ou *sec*. Le fruit est charnu lorsque les parois de l'ovaire (*péricarpe*) s'épaississent et se transforment en une masse molle dont les cellules sont gorgées de sucs nutritifs ; il est sec lorsque le péricarpe demeure mince et devient un tissu dur dont les cellules sont plus ou moins lignifiées. »
A.-L. GUYOT, **La biologie végétale**, p. 115 (éd. P.U.F.).

— *Fruits comestibles. Fruit sauvage, fruit cultivé. Fruits* des régions tempérées ; fruits exotiques, tropicaux (Cf. Agrume, cit. ; bananier, cit.). Le pays des fruits d'or (Cf. Fleurir, cit. 2). Fruit d'un arbre fruitier*. Fruit légumier, des plantes herbacées. — REM. Les fruits ont des emplois divers dans l'alimentation selon leur saveur, et bien que la plupart se consomment au dessert, certains sont accommodés comme légumes (tomate, concombre, courge...), d'autres servent d'épices, de condiments (piment, poivre, vanille...). Fruit vermeil, doré. Fruit à peau fine, à peau épaisse, à peau lisse, veloutée, rugueuse, duvetée... Fruit sain ; fruit piqué, taché, tavelé, véreux, pourri... (Cf. Couteau, cit. 2). Maturité des fruits : fruit vert*, fruit mûr*, éclaté, fruit blet*. Consistance des fruits : fruit aqueux, juteux, fondant, cotonneux, farineux, graveleux, grumeleux, pierreux... Fruit sans pépins. Goût, parfum des fruits : fruit doux, sucré, savoureux, succulent, aigre, aigrelet, sur, suret, acide, amer, odorant, parfumé... Principes nutritifs des fruits. V. **Fructose, pectine, suc, vitamine.** — Culture des fruits. V. **Arboriculture, pomologie, pomiculture.** V. aussi **Fruitier, verger ; serre.** Arbre (cit. 11) à fruits ou arbre fruitier. Arbre qui donne, porte de beaux fruits (Cf. Espalier, cit. 3) ; arbre stérile* qui ne donne aucun fruit. Arbre qui donne des fruits tous les deux ans (V. **Saisonnier**). Branche couverte, chargée de fruits, qui courbe (cit. 13), fléchit (cit. 14), plie sous le poids des fruits (V. Étai, cit. 2). Fruit qui se forme, se noue, se développe, grossit, mûrit, tourne, se colore... V. **Nouaison** (Cf. Nouer) ; aoûtement, maturation, maturité, véraison. Soleil qui cuit les fruits ; gelée tardive qui les fait couler (V. **Coulure**). Le ver* parasite du fruit. Fruit qui se cotonne, se ride, se dessèche, pourrit, tombe... Sulfater des fruits. Mettre les fruits en sacs, sous cloche... Fruit de saison ; fruit précoce, tardif. Fruits forcés en terre. V. **Forçage ; primeurs** (Cf. Facticité, cit. 1). Récolte des fruits. Fruits vendus sur pied. Cueille, cueillette (cit. 1) des fruits à la main, avec un cueilloir*, un sécateur, une gaule (V. **Gauler**). Cf. Crépitation, cit. Coloration artificielle des fruits. Réfrigération (V. **Froid**), emballage des fruits. V. **Emballage**. Expédition, transport des fruits. Meurtrir, patiner des fruits en les maniant sans précaution. — Consommation des fruits. Fruits frais*, crus. Corbeille, coupe, pyramide de fruits. Éplucher des fruits (Cf. Dénoyauter, équeuter, évider, peler). Écorce, pelure, trognon*, zeste* de fruit. Manger, croquer un fruit. Mordre un fruit, dans un fruit. Épreindre, presser un fruit pour en exprimer, en boire le jus. Jus* de fruit en bouteille, en boîte. Salade, macédoine de fruits. Quartier, tranche de fruit. Fruits au sucre, à la crème, à la glace, au sirop, au kirsch, au rhum... Conservation des fruits frais au naturel, au vinaigre, à l'eau-de-vie... Distillation des fruits. V. **Alcool, eau-de-vie, vin...** Essence de fruits (Cf. Extraire, cit. 9). Fruits cuits. V. **Compote, confiture, gelée, marmelade.** Miel de fruits. V. **Rob.** Fruits candis ; fruits confits*. V. **Condit** (Cf. Aussi, cit. 52), Pâte de fruits. Gâteaux aux fruits. V. **Charlotte, clafoutis, tarte.** Cake aux fruits. Bonbons fourrés aux fruits. — Séchage des fruits sur claie. Fruit tapé, aplati, séché. V. **Figue** (sèche), **prune, pruneau, raisin** (sec)... Cf. aussi Mendiant*. — REM. On emploie dans le langage courant « fruit sec » pour « fruit séché », cette appellation n'ayant aucun rapport avec le classement botanique des fruits en « fruits secs ou fruits charnus ».

PRINCIPAUX FRUITS, COMESTIBLES OU NON :

Abricot	Corme ou Sorbe	Muscade
Airelle	Cornouille	Myrobolan
Alberge	Courge*	Myrtille
Alise	Datte	Nafé
Amande	Épine-vinette	Nèfle
Amphisarque	Faine	Noisette
Anacarde ou Cajou	Figue	Noix* (arec, coco,
Ananas	Fraise	cola, noyer)
Anone ou Corossol	Framboise	Olive
Arbouse	Giraumont	Orange
Aubergine	Gland	Pacane
Aveline	Goyave	Pamplemousse
Avocat	Grape-fruit	Papaye
Azerole	Gratte-cul (de l'églantier)	Pastèque
Baguenaude	Grenade	Pavie
Balise	Grenadille	Pêche
Banane	Groseille	Piment
Bigarade	Icaque	Pistache
Bigarreau	Jambose ou Jamerose	Plaquemine (Kaki)
Brugnon	Jujube	Poire
Cabosse (du cacaoyer)	Kaki ou Plaquemine	Poivre
Calebasse	Lime ou Limette	Poivron
Caroube	Litchi ou Letchi	Pomme*
Cassis	Mancenille	Prune
Cédrat*	Mandarine	Prunelle
Cerise*	Mangle	Raisin
Châtaigne	Mangoustan	Sapote
Chinois	Mangue	Sébeste
Chirimoya (anone)	Marmotte	Sorbe
Citron	Marron (châtaigne)	Spondias
Citrouille	Melon	Tamarin
Clémentine	Merise	Tomate
Cognasse	Mirabelle	Tonka (du couma-
Coing	Mûre	rouna)
Concombre		Vanille

7 « Qu'il soit comme le fruit en naissant arraché, »
RAC., Athalie, I, 2.

« ... il n'y a d'heureux que les enfants qui cueillent un fruit et le   8
portent à leurs lèvres sans penser à autre chose... »
MUSS., Com. et prov., André del Sarto, I, 3.

« L'esprit languit comme les fleurs   9
Dont naissent les fruits savoureux
Que nous regardons mûrir
Sur la colline ensoleillée »
APOLLINAIRE, Calligrammes, Les collines.

« Les fruits étaient là ; leur poids courbait, lassait déjà les   10
branches ; »   GIDE, Nourrit. terrestres, VIII.

« Dans tous les pays du Monde, les arboriculteurs et les acheteurs   11
de récolte ont une certaine tendance à cueillir les fruits avant leur
complète maturité. Ils cherchent à les soustraire le plus rapidement
possible aux hasards du climat et aux attaques éventuelles des parasites. Ils savent qu'un fruit bien mûr supporte moins les longs
voyages qu'un fruit encore vert. »
P. ROBERT, Les agrumes dans le monde, p. 205.

— Les fruits, symbole de l'automne (V. **Fructidor**), de l'abondance. Pomone, déesse des fruits. Le fruit du lotus*, célèbre dans l'antiquité. — Allus. bibl. C'est au fruit qu'on connaît l'arbre* (cit. 41). — Juger l'arbre (cit. 42) d'après les fruits. Le fruit défendu (Cf. Arbre, cit. 49), fruit de l'arbre* de la science du bien et du mal, que Dieu avait défendu à Adam et Ève de manger. V. **Pomme.** Le fruit qui tenta Ève (Cf. Allégorie, cit. 2). Ève invita Adam à manger du fruit défendu (Cf. Désobéissance, péché originel).

« La femme considéra donc que le fruit de cet arbre était bon à   12
manger ; qu'il était beau et agréable à la vue. Et en ayant pris, elle
en mangea et en donna à son mari, qui en mangea aussi. »
BIBLE (SACY), Genèse, III, 6.

« ... il (Saint Grégoire de Nazianze) dit que nous avons goûté en   13
Adam le fruit défendu : qu'en lui nous avons violé la loi de Dieu,
et qu'aussi nous avons été chassés en lui du paradis... »
BOSS., Déf. de la trad. et des saints Pères, VIII, 29.

— Fig. Le fruit défendu, chose dont on doit s'abstenir, et, par ext. Chose qu'on désire d'autant plus qu'on doit s'en abstenir. L'attrait du fruit défendu.

« Le dîner chez les Mannheim avait donc pour lui l'attrait de la   14
nouveauté, et même celui du fruit défendu. L'Ève qui lui présentait ce fruit
le rendait plus savoureux. »
ROLLAND, Jean-Christ., La révolte, I, p. 422.

« — Il a bien assez affaire avec les livres du couloir et avec ceux   15
de sa chambre. Attendons qu'il les ait tous lus, » ripostait ma mère.
— Ne craignez-vous pas de prêter à ceux du cabinet un attrait de
fruit défendu ? »   GIDE, Si le grain ne meurt, I, VII, p. 197.

— Allus. littér. Les fruits passeront la promesse des fleurs (MALH. Cf. Faucille, cit. 2). Voici des fruits, des fleurs... (VERL. Cf. Cœur, cit. 74). Abattre (cit. 4) l'arbre, couper l'arbre (cit. 37) au pied pour cueillir le fruit (MONTESQ.).

« La tête de Capet était si haute que les petits bourreaux furent   16
obligés de l'abattre pour prendre sa couronne, comme les Caraïbes
coupaient le palmier afin d'en cueillir le fruit. »
CHATEAUB., M. O.-T., t. VI, p. 263.

— Par compar. Peau fine, duvetée, veloutée comme celle d'un fruit. Mûrir comme un fruit (Cf. Croître, cit. 4). Tomber comme un fruit mûr (Cf. Essaim, cit. 2).

« Le reste de sa barbe était tondu ras, et ses joues colorées avaient   17
gardé un velouté frais, comme celui des fruits que personne n'a
touchés. »   LOTI, Pêch. d'Isl., I, I.

« Il regardait ses dents, ses yeux, sa peau, ce visage étalé qu'elle   18
offrait comme un fruit. »   MART. du G., Thib., t. II, p. 47.

— Par métaph. Le fruit lumineux des lanternes vénitiennes (Cf. Accordéon, cit.). Un fruit de chair (cit. 21 et 31). Cf. aussi Fleurir, cit. 9.

« La douleur est un fruit ; Dieu ne le fait pas croître   19
Sur la branche trop faible encor pour le porter. »
HUGO, Contempl., I, XXIII.

« En littérature, en gastronomie, il est certains fruits qu'on mange   20
à pleine bouche, dont on a le gosier plein, et si succulents que le jus
vous entre jusqu'au cœur. »   FLAUB., Corresp., 35, 11 oct. 1839.

« Les filles aux yeux creux, de leurs corps amoureuses,   21
Caressent les fruits mûrs de leur nubilité ; »
BAUDEL., Pièces condamnées, Lesbos.

« Chair ! ô seul fruit mordu des vergers d'ici-bas   22
Fruit amer et sucré qui jutes aux dents seules
Des affamés du seul amour... »
VERLAINE, Jadis et naguère, Luxures.

« Les fleurs tardives que la joie fit éclore dans mon cœur que je   23
croyais à jamais stérile portèrent des fruits. »
PROUST, Plaisirs et jours, p. 152.

« (Taine n'utilisait sa théorie de l'art) que pour mieux montrer   24
l'étroite solidarité qui unit l'œuvre d'art aux circonstances dont elle
lui paraissait issue, il ne voyait toujours en elle que le fruit de l'arbre
de l'histoire ; le fruit a sa constitution originale mais il demeure un
produit de l'arbre. »   R. HUYGHE, Dial. avec le visible, p. 422.

— Fig. Fruit sec se dit des jeunes gens qui, faute de réussir au terme de leurs études, voient se fermer la carrière à laquelle ils étaient destinés, et, plus généralement, d'une personne qui n'a rien donné de ce qu'elle semblait promettre. V. **Raté.**

« Enfin, il y a chance pour des jeunes gens, qui plus tard peuvent se   25
montrer supérieurs, de sortir de l'École (École polytechnique) sans être
employés, faute de présenter aux examens définitifs la somme de
science demandée. On les appelle des fruits secs, et Napoléon en faisait
des sous-lieutenants ! Aujourd'hui le fruit sec constitue en capital une
perte énorme pour les familles, et un temps perdu pour l'individu. »
BALZ., Curé de village, Œuv., t. VIII, p. 692.

— *Fruit vert* se dit d'une jeune fille qui n'est pas encore épanouie, par oppos. à *Femme en fruit* (Cf. Fleur, cit. 27 et Espérer, cit. 11).

— *Sentir son fruit.* V. **Sentir.**

— *Par ext.* (Vx.). Mets donné au dernier service. V. **Dessert.** *Servir le fruit* (ACAD.). *En être au fruit* (Cf. Assiette, cit. 19 ; copieux, cit. 1). — REM. En ce sens, *fruit* est toujours employé au singulier.

26 « ... il se lève (*de table*) avant le fruit... »   LA BRUY., XI, 7.

II. || **1°** (d'après le lat. eccl.). Enfant*, considéré comme produit de sa mère, de l'union des sexes. *Le fruit de vos entrailles est béni* (Cf. Entrailles, cit. 5). *Le fruit d'une union, d'un mariage, de l'amour* (Cf. Entrailles, cit. 6). — REM. Cet emploi littéraire appartient au style soutenu.

27 « Elle porte en ses flancs un fruit de cet amour, »
                                        CORN., Sertor., III, 2.

28 « (*Rome*)... ne reconnaît point les fruits illégitimes
Qui naissent d'un hymen contraire à ses maximes. »
                                        RAC., Bérén., II, 2.

29 « Lucrèce est fille du marquis de Marialva et la mienne : elle est le fruit de notre union ; »   LESAGE, **Gil Blas,** XII, I.

30 « Le premier fruit de notre amour devait serrer ce doux lien... »
                                        ROUSS., **Julie,** IIIe part., Lett. XVIII.

31 « ... j'étais plus heureux que la nouvelle épouse qui sent pour la première fois son fruit tressaillir dans son sein. »
                                        CHATEAUB., Atala, Les chasseurs.

32 « Si jusque-là la timidité de Louis XVI auprès de sa jeune épouse avait été extrême, sa passion à ce moment ne l'était pas moins, et cette enfant, qui en était le premier fruit, devait être en grande partie son image. »
                                        STE-BEUVE, Caus. du lundi, 3 nov. 1851, t. V, p. 87.

|| **2°** *Dr.* (d'après le lat. jurid.). *Au plur.* Produits* que donne une chose à intervalles périodiques, sans altération ni diminution de sa substance (CAPITANT). V. **Rapport, revenu.** *Fruits naturels ; fruits industriels ; fruits civils. Fruits pendants par branches ou par racines*, encore sur pied, non récoltés. *Les fruits naturels ou industriels pendants par branches ou par racines sont des biens immeubles. Les fruits peuvent appartenir au propriétaire de la chose, au bénéficiaire d'un usufruit légal ou conventionnel* (V. **Usufruit**), *au locataire, au possesseur de bonne foi.*

33 « Les fruits naturels sont ceux qui sont le produit spontané de la terre. Le produit et le croît des animaux sont aussi des fruits naturels. Les fruits industriels d'un fonds sont ceux qu'on obtient par la culture. »   CODE CIV., Art. 583.

34 « Les fruits civils sont les loyers des maisons, les intérêts des sommes exigibles, les arrérages des rentes. Les prix des baux à ferme sont aussi rangés dans la classe des fruits civils. »   ID., **Art. 584.**

35 « Le simple possesseur ne fait les fruits siens que dans le cas où il possède de bonne foi : dans le cas contraire, il est tenu de rendre les produits avec la chose au propriétaire qui la revendique. »
                                        ID., **Art. 549.**

III. *Fig.* Résultat avantageux que produit quelque chose. V. **Avantage, profit.** *Recueillir, récolter le fruit de son travail* (Cf. Ardeur, cit. 45), *de ses efforts* (Cf. Déséquilibre, cit. 1). *Jouir du fruit, des fruits de son travail. Perdre, se laisser ravir le fruit de la victoire. Il n'en a tiré aucun fruit. Quel fruit vous revient-il de tout cela ? Est-ce là le fruit de vos soins, de votre indulgence ?* V. **Récompense.**

36 « Quel fruit de ce labeur pouvez-vous recueillir ? »
                                        LA FONT., Fab., XI, 8.

37 « La dame était si avare, qu'elle ne me faisait pas la moindre part des fruits qu'elle recueillait de mon industrie et de mes peines. »
                                        LESAGE, Gil Blas, X, XII.

38 « ... était-ce possible de perdre, en un quart d'heure, le fruit d'un an de travail ? Qu'avaient-ils fait pour être punis de la sorte ? »
                                        ZOLA, **La terre,** II, II.

|| AVEC FRUIT, SANS FRUIT : avec profit, sans profit. *Espèces* (cit. 33) *qui se croisent avec fruit. Travailler avec fruit.* V. **Utilement.** *Il a lu avec fruit les auteurs classiques. On consultera avec fruit cette étude de X* (Cf. Dépourvu, cit. 3). *Ses efforts ne furent pas sans fruit.* V. **Infructueux.**

39 « N'allez pas sur des vers sans fruit vous consumer. »
                                        BOIL., Art poét., I.

40 « ... un volume entier de ses *Mémoires pour servir à l'histoire des insectes.* On peut le lire avec fruit et sans ennui. »
                                        MAETERLINCK, Vie des abeilles, I, II.

— *Dans un sens plus général.* Produit, effet bon ou mauvais de quelque chose. V. **Conséquence, effet, produit, résultat.** *Cette décision est le fruit de profondes réflexions* (Cf. Examen, cit. 4). *Le fruit de l'expérience* (Cf. Bévue, cit. 4 ; conserver, cit. 13 ; expérience, cit. 28). *Une telle erreur ne tarda pas à porter ses fruits. L'abondance* (cit. 9) *est le fruit d'une bonne administration. L'anarchie, fruit de la discorde* (Cf. Attendre, cit. 83). *Le bonheur* (cit. 27), *fruit de la paix. L'égalité, fruit de la contrainte sociale* (Cf. Égalitarisme, cit. 4). *Les fruits de l'étude* (cit. 4).

— REM. Ce sens très ancien de « produit » se confond souvent avec l'emploi métaphorique de *fruit* en botanique, celui-ci étant le « produit de l'arbre ». Dans des expressions comme « *porter ses fruits, recueillir les fruits de...* », l'image de l'arbre qui porte ses fruits s'impose à l'esprit.

41 « ... si je ne recueillais pas plus de fruit de mon jardin, que j'en recueille de mon amour. »   MOL., Escarb., 4.

42 « On croirait que cet ouvrage (*Hamlet*) est le fruit de l'imagination d'un sauvage ivre. »   VOLT., **Dissert. sur la tragéd.,** III.

43 « ... la foi dogmatique est un fruit de l'éducation. »
                                        ROUSS., **Conf.,** II.

44 « L'ennui, fruit de la morne incuriosité, »
                                        BAUDEL., **Fl. du mal,** Spl. et id., LXXVI.

45 « La guerre est le fruit de la faiblesse des peuples et de leur stupidité. On ne peut que les plaindre, on ne peut leur en vouloir : »
                                        R. ROLLAND, **Au-dessus de la mêlée,** p. 6.

46 « Ma lettre était le fruit de longues réflexions. »
                                        ROMAINS, H. de b. vol., t. III, XXIII, p. 325.

47 « Toute publicité finit par porter ses fruits. »
                                        ID., **Ibid.,** t. V, IX, p. 74.

DER. — *Fruité, fruiterie, fruitier.* — Cf. *aussi* les comp. de *fructi-* et *frugi-*.

COMP. — *Affruiter*, défruiter, effruiter.*

2. FRUIT. *n. m.* (*Frit* au XVIe s. Cf. Effriter (1) et anc. fr. *Effruiter*, épuiser, amoindrir). *Technol.* Diminution d'épaisseur qu'on donne à un mur à mesure qu'on l'élève, l'inclinaison ne portant que sur la face extérieure du mur et la face intérieure restant verticale.

COMP. — **Contre-fruit.** *n. m.* (1694). Diminution d'épaisseur qu'on donne à un mur à mesure qu'on l'élève, l'inclinaison ne portant que sur la face intérieure de ce mur.

FRUITÉ, ÉE. *adj.* (1690 FURET. ; de *fruit*).

|| **1°** *Blas.* Chargé de fruits d'un émail particulier.

|| **2°** (fin XIXe s.). Qui a un goût de fruit frais (spécialement en parlant des huiles, des alcools de fruits). *Une huile d'olive très fruitée. Vin fruité et parfumé. Liqueur, eau de vie fruitée.*

1 « Les eaux-de-vie nouvelles de l'année 1911 sont fines, moelleuses et fruitées ; elles plairont aux négociants anglais, bons dégustateurs qui savent discerner les qualités du jeune cognac... »
                                        CHARDONNE, Dest. sentim., p. 258.

— *Par anal. :*

2 « ... la fraîcheur fruitée de son sourire. »
                                        ROMAINS, H. de b. vol., t. V, XIV, p. 100.

FRUITERIE (*fruit'ri*). *n. f.* (XIIIe s. au sens de « fruits » ; 1611 au sens mod. ; de *fruit*).

|| **1°** Local où l'on garde des fruits* frais. V. **Fruitier.**

|| **2°** Boutique où l'on vend au détail des fruits, et accessoirement des légumes, des laitages. — *Par ext.* Commerce du *fruitier*. *Être dans la fruiterie.*

1. FRUITIER, IÈRE. *adj.* et *n.* (XIIIe s. au sens de « personne qui prend soin des fruits » ; de *fruit*).

I. *Adj.* || **1°** Qui donne des fruits comestibles, en parlant d'un arbre (généralement, cultivé à cet effet). Cf. Arbre, cit. 10 et 30. *Le pommier, l'oranger sont des arbres fruitiers. Culture des arbres fruitiers.* V. **Arboriculture.** *Champ planté d'arbres fruitiers.* V. **Verger** (Cf. *infra* II). *Arbre fruitier franc de pied, greffé. Badigeonnage des arbres fruitiers au lait de chaux. Baguage* (cit.) *d'un arbre fruitier.* — *Par ext. Jardin fruitier,* verger. *Cultures fruitières.*

1 « ... les branches des arbres fruitiers négligés s'étendaient au loin sans donner de récolte. »   BALZ., **Adieu, Œuv.,** t. IX, p. 755.

|| **2°** *Mar. Cargo fruitier,* spécialement aménagé pour le transport des fruits.

II. || **1°** *N. m. Par ext.* Lieu planté d'arbres fruitiers. V. **Verger.** *Fruitier d'une ferme, d'une propriété...* (Cf. Couleur, cit. 34).

2 « Cette cour, assez vaste, était close d'une haie vive ; l'eau rousse d'une mare en occupait les deux tiers ; et un demi-arpent de potager et de fruitier la terminait. »   ZOLA, La terre, II, II.

— Local où l'on garde les fruits frais (V. **Fruiterie**). *Étagères, tablettes* à claire-voie, claies* d'un fruitier. Pommes, poires, raisins... conservés dans un fruitier. — Plus spécialt.,* Étagère à claire-voie où l'on étale les fruits. *Vx.* Office où l'on plaçait les fruits.

3 « À quoi bon maintenant revoir ce château démeublé qui n'a plus à lui que le cabinet satirique de Watteau et l'ombre tragique du cuisinier Vatel se perçant le cœur dans un fruitier ! »
                                        NERVAL, Promenades et souvenirs, Chantilly.

|| **2°** *N. m.* et *f.* Marchand, marchande de fruits, personne qui tient une fruiterie*. *Aller chez le fruitier. Boutique de fruitier.*

4 « ... le fruitier qui rigolait en coin à me voir compter mes sous, à hésiter devant son brie, à rougir au moment où la main commence à coûter cher. »   CÉLINE, Voyage au bout de la nuit, p. 267.

2. FRUITIER, IÈRE. *n.* (*Fruitière* vers 1800 selon BRUNOT ; de *fruit*, mot suisse qui signifie comme le roumain *frupt*, « produit donné par les bestiaux, laitage », évolution particulière du lat. *fructus*). *N. f.* Dans les régions avoisinant la Suisse, Coopérative de fabrication des fromages ; lieu où ces fromages sont fabriqués. V. **Fromagerie.** *Les fruitières du Jura, de Savoie...*

« Alors mon frère, tout en faisant manger cet homme, lui a expliqué très en détail ce que c'était que les fruitières de Pontarlier ; — qu'on en distinguait deux sortes : — les *grosses granges*, qui sont aux riches, et où il y a quarante ou cinquante vaches, lesquelles produisent sept à huit milliers de fromages par été ; les *fruitières d'association*, qui sont aux pauvres ; ce sont les paysans de la moyenne montagne qui mettent leurs vaches en commun et partagent les produits. » HUGO, Misér., I, II, IV.

— N. m. *Par ext.* Fabricant de fromage, dans ces régions. V. **Fromager**. *Maître fruitier.*

FRUSQUES. n. f. pl. (fin du XVIIIᵉ s. ; dér. régr. de *frusquin** ; arg. 1790, « habit »). *Pop.* Habits, et, *spécialt.* Habits de peu de valeur. V. **Hardes, nippes.** *De vieilles frusques. Acheter des frusques au décrochez-moi-ça**. V. **Fringues** (*arg.*). *Par ext.* (Fam.) Effets, vêtements.

1 « ... cette comédienne fatiguée qui s'en vient en corset et en jupon chercher dans la malle de Brague (*un compagnon de théâtre*) la chemise, le linge du lendemain, et ranger ses frusques pailletées ?... » COLETTE, La vagabonde, p. 199.

2 « Allez chez une ravaudeuse et passez-y deux heures à regarder la friperie. Quand toutes ces frusques sont sur la bête, on les observe mal ; » DUHAM., Salavin, V, VI.

3 « ... je compte bien ne jamais remettre les frusques que voici pour faire ce que vous appelez une période... » ID., Récits t. de guerre, IV, XXI.

4 « Elle a décampé, voilà quinze jours, avec ses frusques, à l'anglaise ! » MART. du G., Thib., t. I, p. 49.

FRUSQUIN. n. m. (1628 ; arg. « habit », orig. inc. ; n'est plus utilisé depuis le début du XVIIIᵉ siècle que sous la forme *saint-frusquin*. Cf. Saint, saint-crépin). *Pop.* Ce qu'on a d'argent, d'effets ; l'avoir en général. V. **Fortune**. *Dépenser tout son saint-frusquin.*

« Gervaise aurait bazardé la maison... Tout le saint-frusquin y passait, le linge, les habits, jusqu'aux outils et aux meubles. » ZOLA, L'assommoir, IX, t. II, p. 69.

— *Par ext.* (à la fin d'une énumération)... *et tout le saint-frusquin... et tout le reste. J'ai envoyé promener les parents, les copains et tout le saint-frusquin.*

FRUSTE. *adj.* (XVIᵉ s. RONS. d'après BLOCH ; de l'ital. *frusto*, « usé », de *frustare*, « user » ; rac. lat. *frustum*, « morceau »).

‖ 1° *T. d'Art.* Qui est usé, altéré par le temps, le frottement. *Médaille fruste*, dont on ne peut lire la légende (FURET.). *Sculptures frustes.* — Substantivt. *Le fruste d'une médaille* (Cf. Flou, cit. 1).

1 « Ce sont des médailles frustes et couvertes de rouille, dont la légende est effacée. » VOLT., Dict. phil., Trinité.

— *Fig.* Presque effacé.

2 « ... l'expression leur est devenue habituelle et fruste ; elle a perdu son pittoresque et son détail. » PAULHAN, Fleurs de Tarbes, p. 96.

‖ 2° *Par ext.* (XIXᵉ s.). Dont le relief est rude, grossier. *Un marbre encore fruste* (HATZFELD).

— *Fig.* V. **Grossier, rude.** Non poli, mal dégrossi. *Style fruste. Un art un peu fruste* (Cf. Épais, cit. 19). V. **Rudimentaire.** *Manières frustes. Homme fruste.* V. **Balourd, inculte, lourd, lourdaud, primitif, sauvage.** *Âme, caractère fruste. Nature fruste de paysan. Rester fruste.* — REM. L'ACADÉMIE (8ᵉ éd. 1932) condamne comme incorrect cet emploi figuré de *fruste* qu'elle qualifie de contresens. Mais l'usage, appuyé par les meilleurs écrivains depuis Balzac (Cf. cit. *infra* de 1834 et de nombreux exemples contemporains in BOTTEQUIN, Difficultés..., p. 123 et suiv.), a consacré l'évolution du sens de *fruste* sous l'influence de *rustre.* LITTRÉ en donne dans son Supplément (article Inappris) un exemple qui date de 1854.

3 « (*Il*) commença par s'amuser de ces personnages (*de la société de Bayeux*)... il se délecta des *normanismes* de leur idiome, du fruste de leurs idées et de leurs caractères. » BALZ., Femme abandonnée, Œuv., t. II, p. 210.

4 « Je pense à tout ce qui se cache de gentillesse délicate sous leurs dehors un peu frustes. » THARAUD, Une relève (cité par BOTTEQUIN).

5 « (*Ces*) hommes qui, dès le collège, vivent entre eux et ne s'affinent guère ; la lande a gardé leur cœur... ; ce serait la trahir, la quitter un peu plus que de perdre la ressemblance avec leurs métayers, de renoncer au patois, aux manières frustes et sauvages. » MAURIAC, Th. Desqueyroux, III.

6 « ... si *fruste* a passé de l'acception « usé » à sa valeur actuelle, c'est à la suite d'un accrochage avec *rustre*, à preuve la prononciation *frustre* qu'on entend souvent. » DAUZAT, Génie lang. fr., p. 73.

ANT. — **Affiné, cultivé, fin, raffiné.**

FRUSTRER. v. tr. (1330 ; du lat. *frustrari*).

‖ 1° Priver* quelqu'un d'un bien, d'un avantage qu'il était en droit de recevoir ou sur lequel il croyait pouvoir compter. *Frustrer un héritier de sa part, un associé de ses bénéfices. Frustrer quelqu'un de son bien. On l'a frustré des avantages que cette place lui procurait.* V. **Déposséder, dépouiller, sevrer.** — Absolt. *Frustrer ses créanciers. Frustrer un héritier au profit d'un autre.* V. **Défavoriser, désavantager, déshériter, léser, spolier.** *Frustrer la douane, le fisc par des dissimulations* (V. **Frauder**).

1 « Comment puis-je faire, s'il vous plaît. pour lui donner mon bien et en frustrer mes enfants ? » MOL., Mal. imag., I, 9.

2 « Et qui sait ce qu'aux Grecs, frustrés de leur victime, Peut permettre un courroux qu'ils croiront légitime ? » RAC., Iphig., I, 3.

3 « C'est ainsi qu'on a gardé ma pièce à l'Opéra, en me frustrant du prix pour lequel je l'avais cédée. » ROUSS., Conf., VIII.

4 « ... n'oubliez pas qu'en rendant un autre possesseur de votre existence, pour me servir de votre expression, vous n'avez pas pu cependant frustrer vos amis de ce qu'ils en possédaient à l'avance, et qu'ils ne cesseront jamais de réclamer. ». LACLOS, Liais. dang., Lett. CXXX.

5 « Si l'un de ces usufruitiers, par présomption et légèreté, par précipitation ou partialité, compromet le dépôt qui lui a été commis, il fait tort à tous ses prédécesseurs dont il frustre les sacrifices, et à tous ses successeurs dont il fraude les espérances. » TAINE, Orig. France contempor., III, t. I, p. 222.

6 « On l'a déraciné. On l'a frustré de toutes les satisfactions nobles que le métier procurait à l'artisan. On l'a réduit à n'être plus qu'un quelconque animal-producteur dans cette termitière qu'est l'usine ! » MART. du G., Thib., t. V, p. 215.

7 « Si certains jeux me sont maintenant défendus, je ne me sens pas frustré. Il faut croire que d'autres choses me sont données à la place et que je préfère. » CHARDONNE, Dest. sentim., p. 486.

‖ 2° *Par ext. Frustrer l'attente* (cit. 30), *l'espoir de quelqu'un.* V. **Décevoir, désappointer, tromper***. *Frustrer quelqu'un de...* (VX.), *dans son attente, dans son espérance, dans sa curiosité...*

8 « J'espère que je ne serai pas frustré dans mon attente. » BOSS., Lett. 126.

9 « L'espérance publique frustrée tout à coup par la mort de cette princesse. » ID., Duch. d'Orléans.

‖ 3° SE FRUSTRER. V. **Priver** (se). *Je me suis frustrée par ma propre faute d'un grand plaisir.*

10 « Il se frustra lui-même de tout ce que lui avait préparé, avant qu'il fût en place, une avarice ingénieuse et inventive dont il pouvait assez innocemment recueillir le fruit... » FONTENELLE, Fagon.

ANT. — **Avantager, donner, favoriser. Satisfaire ; combler.**

DER. — **Frustration.** *n. f.* (XVIᵉ s. in LITTRÉ). Action de frustrer. *Sentiment de frustration.* — **Frustratoire.** *adj.* (1367 ; lat. *frustratorius*). Qui est fait pour frustrer. *Acte frustratoire.*

FRUTESCENT, ENTE. *adj.* (1811 ; dér. sav. du lat. *frutex*, « arbrisseau », sur le modèle d'*arborescent*). *Bot.* Qui a des tiges ligneuses, souvent ramifiées dès le sol. *Plante frutescente.*

FUCACÉES. n. f. pl. (1813 ; comp. sav. du lat. *fucus**, et suff. *-acées**). *Bot.* Famille d'algues* brunes (phéophycées) marines, à thalle de forme très variée fixé aux rochers par des crampons rameux, dont les types principaux sont le fucus* ou varech, et la sargasse*. *Les fucacées, abondantes dans toutes les mers chaudes et tempérées, se reproduisent par des œufs.* — Au sing. *Le varech est une fucacée.*

FUCHSIA. n. m. (1693; mot du lat. bot. créé par PLUMIER en l'honneur de *Fuchs*, botaniste bavarois du XVIᵉ s. — REM. Les dictionnaires donnent la prononciation « *fuk-sia* », mais dans l'usage courant on prononce généralement « *fuchia* »). *Bot.* Plante dicotylédone (*Onagrariées*), arbrisseau d'origine exotique, aux fleurs en clochettes pendantes, cultivée comme ornementale. *Le fuchsia, originaire du Mexique, de l'Amérique du Sud et de la Nouvelle-Zélande fut introduit en France vers 1830. Fuchsia à fleurs pourpres, rouges, roses, blanches; fuchsia en pot, en pleine terre.*

« Mᵐᵉ Loiseau avait beau avoir à sa fenêtre des fuchsias, qui prenaient la mauvaise habitude de laisser leurs branches courir toujours partout tête baissée, et dont les fleurs n'avaient rien de plus pressé, quand elles étaient assez grandes, que d'aller rafraîchir leurs joues violettes et congestionnées contre la sombre façade de l'église... » PROUST, Rech. t. p., t. I, p. 90.

FUCHSINE (*fuk-sin'* ou *fu-chin'*). n. f. (1859 ; tiré par le chim. VERGUIN de *Fuchs*, traduct. allem. de Renard, nom de l'industriel pour lequel il travaillait). *Chim.* Matière colorante rouge, dite aussi rouge d'aniline*. *On prépare la fuchsine en oxydant par le nitrobenzène des mélanges d'aniline, d'orthotoluidine et de paratoluidine. Utilisation de la fuchsine dans la teinture des tissus, les analyses médicales, la falsification des vins.*

« ... des vins colorés par les fuchsines (*fuschines* dans le texte), parfumés par les furfurols, alourdis par les mélasses et les plâtres ! » HUYSMANS, Là-bas, V.

DER. — **Fuchsiné, ée.** *adj.* (fin XIXᵉ s.). Se dit de boissons falsifiées colorées à la fuchsine. *Vin fuchsiné.*

FUCUS (*fu-kus'*). n. m. (XVIᵉ s. ; empr. au lat. *fucus*, gr. *phykos*, nom d'un lichen). *Bot.* Algue* brune (Phéophycées) de la famille des fucacées*, constituant la plus grande partie de ce qu'on nomme communément « goémon » et improprement « varech ». V. **Goémon, varech.** *Fucus serratus ; fucus vesiculosus dont les frondes portent des sacs aérifères. Les fucus, riches en potasse, sont utilisés pour la nourriture des bestiaux et comme engrais.*

FUÉGIEN, IENNE (*fué-jyin*). adj. et n. (XXᵉ s. ; de l'esp. *fueguino*, de *fuego*, feu). De la Terre de Feu.

FUEL-OIL (*fyoul-oïl'*). *n. m.* (XXᵉ s. ; mot angl. signifiant « huile combustible »). V. **Mazout**.

FUGACE. *adj.* (1550, RONSARD. Cf. cit. *infra* ; semble inusité jusqu'au XVIIIᵉ s. ; admis ACAD. 1835 comme t. de médecine et bot. (LITTRÉ n'en donne aucun exemple littéraire) ; empr. au lat. *fugax*, de *fugere*, « fuir »).

‖ **1°** *Vx.* (sens lat.). Qui s'enfuit, s'échappe. V. **Fugitif, fuyant**. « *Bêtes fugaces* » (1726 ; Coutumes du Boulenois, in HATZFELD).

1　« Fan· (*faon*) qui va les tetins chercher
　　De sa mère pour se cacher,
　　Allongeant sa jambe fugace ».
　　　　　　　RONSARD, **Pièces retranchées**, Ode VII.

‖ **2°** Qui disparaît promptement, dure très peu. V. **Fugitif**. *Parfum, odeur fugace. Lueur, reflet fugace.* V. **Bref** (Cf. Coq, cit. 11). *L'apparition a été si fugace qu'à peine ai-je pu l'apercevoir. Beauté fugace.* V. **Éphémère, momentané, passager, périssable**.

— Spécialt. *Couleur fugace :* qui passe facilement. *Bot.* Qui tombe, se détache très tôt, en parlant d'un organe. *Sépale, pétale fugace. Méd. Symptôme fugace.*

2　« On fait acte d'ignorance toutes les fois qu'on la sert (*la caille*) autrement que rôtie ou en papillotes, parce que son parfum est très fugace, et toutes les fois que l'animal est en contact avec· un liquide, il se dissout, s'évapore et se perd. »
　　　　　　　BRILLAT-SAVARIN, **Physiol. du goût**, t. I, p. 111.

3　« ...les flammes rouges et les tons noirs qui décorent les cieux avec une inimitable et fugace poésie ; »
　　　　　　　BALZ., **La femme de trente ans**, Œuv., t. II, p. 773.

4　« Cependant, comme il aimait mieux voir le diable sous l'apparence d'un être de sa propre espèce que sous celle d'un feu si sournois et si fugace, il ne fit pas de résistance... »　SAND, Petite Fadette, XII.

— (Dans le domaine psychologique). *Impression, sensation, souvenir fugace.* V. **Fugitif ; court**. — Par ext. *Mémoire fugace.*

5　« ... je n'ai envie d'écrire que mes impressions fugaces, mes pensées incertaines et contestables. »　CHARDONNE, **Éva**, p. 185.

— Qui change rapidement. V. **Changeant**.

6　« C'est que la jeunesse est ingrate naturellement, d'humeur fugace et passagère. »　STE-BEUVE, **Volupté**, IX.

ANT. — **Durable, éternel, permanent, stable, tenace**...

DER. — (du lat. *fugacitas*, « fuite », de *fugere*). **Fugacité.** *n. f.* (1831, BOISTE). Caractère de ce qui est fugace*. *Fugacité d'une lueur, d'une impression. La mobilité de son visage et la fugacité de ses expressions. Fugacité de la vie humaine.* V. **Fuite**.

1　« ...leur luxe immobile prouvant par sa vieillesse la fugacité des dynasties, l'éternelle misère de tout ; »　FLAUB., **Éduc. sentim.**, III, I.

2　« Cette fugacité des êtres qui ne sont pas connus de nous, qui nous forcent à démarrer de la vie habituelle... nous met dans cet état de poursuite où rien n'arrête plus l'imagination. »
　　　　　　　PROUST, **Rech. t. p.**, t. V, p. 41.

3　« Notre joie est pareille à l'eau mobile des rivières
　　Qui ne doit sa fraicheur qu'à sa constante fugacité. »
　　　　　　　GIDE, **Roi Candaule**, II, 1.

-FUGE. Élément qui entre dans la composition de quelques mots savants.

‖ **1°** Du lat. *-fugus*, de *fugere*, fuir : *calorifuge, centrifuge, lucifuge, subterfuge, transfuge...*

‖ **2°** Du lat. *fugare*, faire fuir : *fébrifuge, humidifuge, hydrofuge, ignifuge, vermifuge...*

FUGITIF, IVE. *adj.* (vers 1300 ; empr. au lat. *fugitivus ;* a éliminé le doublet *fuitif* qui a survécu jusqu'au XVIIᵉ s.).

‖ **1°** Qui s'enfuit, qui s'est échappé. *Esclave, forçat fugitif* (Cf. Craintif, cit. 1).

1　« ...esclaves fugitifs, qu'il faut aller reprendre par force... »
　　　　　　　BOSS., **Anne de Gonz**.

2　« ...ce frère fugitif, qui, en un pareil moment, désertait son poste ? »
　　　　　　　MART. du G. (Cf. Déserter, cit. 4).

— *Fig.* V. **Vagabond**.

3　« Ah ! si dans ces instants où l'âme fugitive
　　S'élance et veut briser le sein qui la captive, »
　　　　　　　LAMART., **Prem. médit.**, L'immortalité.

4　« Péniblement, ramenant sans cesse une pensée fugitive et indocile, ,l relut les dernières lignes de son manuscrit... »
　　　　　　　DUHAM., **Voyage P. Périot**, I.

— Spécialt. *Poétiq.* Qui fuit, chassé* de son pays. V. **Banni, proscrit** (Cf. Ami, cit. 18 ; exil, cit. 8).

5　« Troupes fugitives,
　　Repassez les monts et les mers.
　　Rassemblez-vous des bouts de l'univers. »　RAC., Esther, III, 9.

— *Substantiv.* (de nos jours plus fréquemment usité en ce sens que l'adjectif). *Un fugitif.* V. **Évadé, fuyard**. *Fugitif qui erre, qui se cache. La police n'a pas retrouvé la trace des fugitifs. Voiture lancée à la poursuite de fugitifs. Fugitifs arrêtés à la frontière. Recueillir un fugitif.*

6　« ...on poursuit les fugitifs à la lueur de l'embrasement. »
　　　　　　　VOLT., **Mœurs**, CXXXVIII.

‖ **2°** *Par ext.* Se dit de choses qui passent, disparaissent*,

s'éloignent rapidement, de sensations visuelles, très brèves. V. **Fugace**. *Vision, image fugitive* (Cf. Fictif, cit. 3), *qui s'évanouit* aussitôt qu'apparue.* V. **Évanescent**. *Ombres fugitives. Les formes fugitives des nuages, de la fumée...* V. **Inconstant, instable, mobile, mouvant, variable**.

7　« Parfois un rayon perçait les nuages qui s'étendaient à travers le ciel et glissait un instant sur les ardoises du toit ; la jeune femme tendait alors son regard pour suivre le jeu de ce miroitement fugitif. »
　　　　　　　GREEN, A. **Mesurat**, I, II.

— En parlant de personnes entrevues.

8　« ... Fugitive beauté
　　Dont le regard m'a fait soudainement renaître,
　　Ne te verrai-je plus que dans l'éternité ? »
　　　　　　　BAUDEL., **Fl. du mal**, Tabl. paris., XCIII.

9　« ... perpétuellement troublé par mes désirs inquiets pour tant d'êtres fugitifs dont souvent je ne savais même pas le nom, qui étaient en tout cas si impossibles à retrouver, encore plus à connaître, impossibles peut-être à conquérir... »　PROUST, **Rech. t. p.**, t. IX, p. 159.

‖ **3°** *Fig.* Qui s'écoule rapidement. *L'heure fugitive.* V. **Fuite** (des heures). Cf. Aimer, cit. 34 et Couler, cit. 18 (LAMART.). *Moment, instant fugitif qu'on voudrait fixer* (cit. 7), *éterniser.*

10　« ...le bonheur que mon cœur regrette n'est point composé d'instants fugitifs, mais un état simple et permanent, qui n'a rien de vif en lui-même, mais dont la durée accroit le charme, au point d'y trouver enfin la suprême félicité. »　ROUSS., **Rêver.**, Vᵉˆprom.

11　« Bergson observe en ce sens que langage et pensée sont de nature contraire : celle-ci fugitive, personnelle, unique, celui-là fixe, commun, abstrait. »　PAULHAN, **Fleurs de Tarbes**, p. 78.

— Qui est de brève durée. V. **Bref, court, fugace, éphémère, passager**. *Un bonheur, un plaisir fugitif. Espoir fugitif. Idée, émotion fugitive* (Cf. Camaraderie, cit. 2 ; effleurement, cit. 1 ; évocateur, cit. 2). *Ne pouvoir saisir, fixer une impression fugitive. La grâce fugitive de l'adolescence* (cit. 1). V. **Transitoire**.

12　« ... un monde...
　　Où tout est fugitif, périssable, incertain ;
　　Où le jour du bonheur n'a pas de lendemain. »
　　　　　　　LAMART., **Prem. médit.**, La foi.

13　« Il est douloureux de penser que rien ne reste de ces chefs-d'œuvre destinés à vivre quelques soirs ; et qu'ils disparaissent des toiles lavées pour faire place à d'autres merveilles également fugitives. »
　　　　　　　GAUTIER, **Portr. contempor.**, p. 344.

14　« Les impressions de la musique sont fugitives et s'effacent promptement. Or, quand une musique est vraiment neuve, il lui faut plus de temps qu'à tout autre pour exercer une action puissante sur les organes de certains auditeurs et ,pour laisser dans leur esprit une perception claire de cette action. »　BERLIOZ, **Beethoven**, p. 145.

15　« Bien qu'il ne pût le souffrir dans l'habitude de la vie, il se sentait pour lui des tendresses fugitives, mais sincères... »
　　　　　　　PROUST, **Les plaisirs et les jours**, Diner en ville, I.

16　« ... il était incroyable à quel point de vue sa vie était successive. et fugitifs ses plus grands désirs. Elle était folle d'une personne, et au bout de trois jours n'eût pas voulu recevoir sa visite. »
　　　　　　　PROUST, **Rech. t. p.**, t. XII, p. 257.

17　« Et nous touchons ici à une des lacunes de la radio qui devrait, en maintes circonstances, pouvoir confirmer une action nécessairement fugitive par la publication de textes durables. »
　　　　　　　DUHAM., **Manuel du protestat.**, VI, p. 148.

— *Substantiv. :*

18　« ... c'est une immense jouissance que d'élire domicile dans le nombre, dans l'ondoyant, dans le mouvement, dans le fugitif et l'infini. »
　　　　　　　BAUDEL., **Curios. esthét.**, XVI, III.

— Spécialt. *Poés. Pièces, poésies fugitives*, petites pièces versifiées, sur des sujets légers. *Les poésies fugitives étaient très en ·vogue au XVIIIᵉ siècle.*

ANT. — **Durable, fixe, permanent, solide, stable, tenace**.

DER. — **Fugitivement.** *adv.* (1828 VILLEMAIN). D'une manière fugitive.

FUGUE. *n. f.* (1598 DE MARNIX ; désigne jusqu'à la fin du XVIIᵉ s. ce que l'on appelle aujourd'hui « canon » ; de l'ital. *fuga*, même sens).

‖ **1°** *Mus.* Composition musicale écrite dans le style·du contrepoint* et dans laquelle un thème et ses imitations successives forment plusieurs parties qui semblent « se fuir et se poursuivre l'une l'autre » (ROUSSEAU). V. **Canon ; imitation**. *La véritable fugue n'a été codifiée qu'à la fin du XVIIᵉ siècle. Parties d'une fugue : exposition* (la 1ʳᵉ voix énonce le *sujet*, repris à la quinte par la 2ᵉ voix (*réponse*) tandis que la 1ʳᵉ voix exécute un *contre-sujet* et ainsi de suite jusqu'à ce que toutes les voix aient exposé le sujet) ; *contre-exposition* (V. **Exposition**, en ·comp.) ; *développement* (les entrées du sujet, ou modulations, sont séparées par des *épisodes* ou *divertissements*) ; *strette* (où les entrées et les réponses sont rapprochées en vue de la conclusion). — *Fugue à deux, à quatre... voix. Fugue double, triple :* à deux, trois sujets. *Fugue régulière, libre, irrégulière. Les fugues du Clavecin bien tempéré, des livres d'orgue ; l'Art de la fugue,* de J.-S. Bach. « *La grande fugue* », dernier quatuor de Beethoven. — Par ext. *Théorie de la fugue. Classe de fugue. Premier prix de fugue. Apprendre la fugue et le contrepoint.*

1　« Dans toute *fugue*, la confusion est en même temps ce qu'il y a de plus à craindre et de plus difficile à éviter ; on peut dire qu'une belle *fugue* bien traitée est le chef-d'œuvre du meilleur harmoniste. »
　　　　　　　J.-J. ROUSS. (in ENCYCL., Fugue).

2 « Comme il (*Beethoven*) le dit à Karl Holz : « *Faire une fugue n'est rien, en soi (ce n'est pas de l'art)... Mais l'imagination veut aussi maintenir ses droits ; et de nos jours, en l'antique forme, un autre esprit, vraiment poétique, doit entrer* ». En vérité, Jean-Sébastien (*Bach*) n'avait pas attendu Beethoven, pour « *faire entrer dans ses fugues un élément poétique* » : R. ROLL., *Beethoven*, p. 323.

|| **2°** (Repris à l'ital. vers 1775). Action de s'enfuir momentanément du lieu où l'on vit habituellement. V. **Absence**, **échappée**, **équipée**, **escapade**, **fuite**. *Faire une fugue* (Cf. Décamper, cit. 5). *Courte fugue, fugue prolongée. Il s'est déjà enfui plusieurs fois de chez ses parents, il n'en est pas à sa première fugue. Elle lui avait pardonné ses nombreuses fugues* (V. **Fredaine**).

3 « ... vous dites que vous méditez une fugue dans mes déserts, et vous me proposez de quitter mes déserts pour le fracas de Paris ! » VOLT., *Lett.*, 4209, 3 août 1775.

4 « Cette fugue à deux donnait subitement à leur intimité que tous ignoraient encore, une sorte de consécration matérielle, qui la troublait comme un enfant en faute. » MART. du G., *Thib.*, t. VI, p. 267.

5 « Ces fugues sont fréquentes. Ça se termine classiquement par une rentrée au bercail, l'oreille basse. La police arrive d'ailleurs toujours à retrouver les gens. » ARAGON, *Beaux quartiers*, III, II.

— *Pathol.* Sous l'influence d'une impulsion morbide.

6 « La *fugue* est un accès de durée généralement courte, tandis que le vagabondage est un état chronique. » GARNIER et DELAMARE, *Dict. des t. de médec.*, Fugue.

DER. — **Fugué**, **ée.** adj. (XIXe s.) *Mus.* Dont la forme est semblable ou comparable à celle de la fugue. *Composition, partie fuguée. Choral fugué. Style fugué* (on emploie aussi l'ital. *Fugato*). — **Fuguette.** n. f. (ital. *fughetta*, XXe s.) *Mus.* Fugue de proportions restreintes.

COMP. — **Contre-fugue.** n. f. (1680). *Mus.* (Vx.). Fugue inversée.

« À l'égard des contre-fugues, doubles fugues, fugues renversées, basses contraintes et autres sottises difficiles que l'oreille ne peut souffrir et que la raison ne peut justifier, ce sont évidemment des restes de barbarie... » ROUSS., *Lett. sur la mus. fr.*

FÜHRER (*fu-reur*). n. m. (vers 1930 ; mot allem. trad. en allem. de l'ital. *duce*, « chef », appliqué à Hitler). Titre porté par Adolphe Hitler. *Par ext.* V. **Dictateur**. *Une âme de führer.*

1 « Michels employait à chaque instant les mots de chef, de meneur, de guide, par lesquels tour à tour il traduisait un même mot qu'il avait dans l'esprit, et qui était celui de *führer*. » ROMAINS, *H. de b. vol.*, t. IV, XVI, p. 176.

2 « Quel est ce dieu dont il est ici question ? Une déclaration officielle du parti nous l'apprend : « Nous tous, ici-bas, croyons en Adolf Hitler, notre Führer... et (nous confessons) que le national-socialisme est la seule foi qui mène notre peuple au salut. » CAMUS, *Homme révolté*, p. 227.

HOM. — **Fureur.**

FUIE. n. f. (XIIIe s., « fuite » puis « refuge » ; lat. *fuga*). *Région.* Sorte de petit colombier*, volière de bois fermant avec un volet et généralement dressée sur piliers.

FUIR (*je fuis, nous fuyons ; je fuyais, nous fuyions ; je fuis, nous fuîmes ; je fuirai ; fuis, fuyons ; que je fuie, que nous fuyions ; que je fuisse, que nous fuissions ; fuyant ; fui*). v. intr. et tr. (Xe s. ; lat. vulg. *fugire*, lat. class. *fugere*).

I. *V. intr.* || **1°** S'éloigner en toute hâte pour échapper à quelqu'un ou quelque chose de menaçant. V. **Aller*** (s'en), **enfuir*** (s'), **fuite** (prendre la), **partir**. *Fuir après une défaite* (Cf. Capitolin, cit. 4 ; fierté, cit. 1). *Être poursuivi et fuir en courant* (Cf. Aplatir, cit. 4 ; couvert, cit. 11 ; fuite, cit. 1). *Fuir sous l'empire de la peur* (Cf. Attendre, cit. 3 ; courir, cit. 23). *Fuir de sa maison* (Cf. Assurer, cit. 87), *de son pays, hors de son pays, loin de sa patrie...* V. **Réfugier** (se). *Fuir devant quelqu'un* (Cf. Brûlant, cit. 1), *devant un danger* (Cf. Briser, cit. 6). *Fuir précipitamment.* V. **Décamper, détaler** (pop. Caleter). *Fuir sans demander son reste*. *Fuis ! va-t-en !* (Cf. Éterniser, cit. 11). *Faire fuir.* V. **Chasser***, **fuite** (mettre en). Cf. Attrait, cit. 17 ; famille, cit. 24. *L'arrivée de ce redoutable bavard a fait fuir toute la société*. V. **Effrayer**. *Fuir de chez quelqu'un sans prévenir.* V. **Brûler** (la politesse), **esquiver** (s'), **filer** (à l'anglaise). — En parlant d'une chose personnifiée. *Des capitaux* (cit. 9) *qui fuient.*

1 « L'argot excelle à présenter les objets sous des aspects nouveaux : se cavaler, se tirer, prendre la poudre d'escampette, enfiler la venelle, se débiner, etc., veulent dire *fuir*. » BRUNOT, *Pens. et lang.*, p. 582.

2 « L'homme fuit à toutes jambes, veut gagner une baraque, heurte un tonneau, tombe toujours criant au secours. Le cavalier l'atteignait, quand les gardes nationaux de Versailles ne purent plus se contenir ; » MICHELET, *Hist. révol. fr.*, II, IX.

3 « Elle se jette aux pieds de Norma, la sévère prêtresse, en implorant son indulgence ; car elle veut fuir, abandonner les autels d'Irmensul, sortir de l'ombre glaciale de la forêt sacrée... » GAUTIER, *Souv. de théâtre...*, p. 158.

4 « En effet, l'animal s'était relevé et fuyait au hasard, ensanglanté, braillant, traînant dans la poussière son tronc de derrière brisé... » MART. du G., *Thib.*, t. II, p. 256.

5 « La chatte ne fuyait pas à mon approche, mais elle se dérobait comme une anguille, à la seconde juste où j'allais la toucher. » COLETTE, *Paix chez les bêtes*, Prrou.

6 « ... je suis descendu fuyant devant le vent qui est moins froid quand on le reçoit par derrière. » CÉLINE, *Voyage au bout de la nuit*, p. 318.

— *Fig.* Chercher à échapper à quelque difficulté d'ordre moral. V. **Dérober** (se), **éluder** (cit. 7). *Discussion interminable avec un adversaire qui fuit toujours, qui fuit habilement. Fuir devant ses responsabilités.* V. **Défiler** (se), **récuser** (se). *Fuir devant les assiduités, l'insistance d'un soupirant.*

7 « Ah ! que ce cœur est double et sait bien l'art de feindre !
Mais tous moyens de fuir vont lui être soustraits. » MOL., *D. Garc.*, II, 5.

— Se livrer à un manège amoureux qui feint le refus pour mieux inspirer le désir. *Quand elles fuient, c'est pour être atteintes* (Cf. Course, cit. 2 ROUSS.).

8 « À la chasse, trouver une belle et fraîche paysanne qui fuit dans le bois. Tout le monde connaît l'amour fondé sur ce genre de plaisirs. » STENDHAL, *De l'amour*, I.

9 « *Fugax sequax, sequax fugax*, reprit le Pédant ; ces quatre mots latins... contiennent la moelle des théories amoureuses et peuvent servir de règle de conduite pour le sexe tant viril que féminin... On le pourrait traduire, répondit Blazius, par deux carmes ou versiculets en cette teneur :
Fuyez, on vous suivra ;
Suivez, on vous fuira. » GAUTIER, *Capit. Fracasse*, VIII, t. I, p. 261.

— Sous l'effet d'un besoin d'évasion* spirituelle. .

10 « La chair est triste, hélas ! et j'ai lu tous les livres.
Fuir ! là-bas fuir ! Je sens que des oiseaux sont ivres
D'être parmi l'écume inconnue et les cieux ! » MALLARMÉ, *Poés.*, Brise marine.

|| **2°** En parlant des choses. S'éloigner par un mouvement rapide. — *Mar. Bâtiment qui fuit devant le temps, devant le vent, vent arrière, à la lame*, qui court en gouvernant de manière à recevoir le vent ou la lame par l'arrière. *Fuir à mâts et à cordes, toutes voiles serrées*, sous la seule poussée du vent. — *Poét.* ou *littér. Ruisseau qui fuit à travers les prés. Les nuages fuient dans le ciel.*

11 « Quand pourrai-je, au travers d'une noble poussière,
Suivre de l'œil un char fuyant dans la carrière ? » RAC., *Phèd.*, I, 3.

12 « ... les différents aspects dans lesquels se présente le navire, soit qu'il vogue penché par un autan contraire, soit qu'il fuie droit devant un aquilon favorable... » CHATEAUB., *M. O.-T.*, t. I, p. 259.

13 « L'eau bleue où fuit la nef penchante. » HUGO, *Châtim.*, Nox, VII.

14 « L'eau qui fuit en chantant nous donne des leçons ;
Fuyons, mais chantons... » ID., *Lég. des siècles*, L'amour.

— S'éloigner rapidement, sans se mouvoir réellement, et par l'effet d'une illusion. *Il roule à vive allure et voit fuir les arbres le long de la route. Aviateur qui voit fuir la piste au-dessous de lui. Le terrain fuyait sous nos pas.*

15 « Le 2 janvier 1792, je foulai de nouveau le sol natal qui devait encore fuir sous mes pas. » CHATEAUB., *M. O.-T.*, t. I, p. 342.

16 « Les arbres qui bordaient la route fuyaient à mes côtés comme des ombres difformes et douloureuses dans la nuit. » FRANCE, *Livre de mon ami*, Pierre, II, XII.

— *Fig.* En parlant du temps*, de ce qui est éphémère. *Poét.* V. **Couler, dissiper** (se), **écouler** (s'écouler, cit. 14), **passer***. « *Le temps m'échappe* (cit. 9) *et fuit* » (LAMART.). *L'été* (cit. 4), *les beaux jours ont fui.* V. **Évanouir** (s').

17 « Hâtons-nous ; le temps fuit, et nous traîne avec soi :
Le moment où je parle est déjà loin de moi. » BOIL., *Épît.*, III.

18 « Une chose déplorable, c'est la rapidité avec laquelle les renommées fuient aujourd'hui. » CHATEAUB., *M. O.-T.*, t. II, p. 151.

19 « Le bonheur passait, — il a fui ! » NERVAL, *Odelettes*, Une allée du Luxembourg.

— *T. d'Art.* Paraître s'enfoncer dans le lointain par l'effet de la perspective*. V. **Fuyant** (aujourd'hui plus usité que le verbe). *La partie de ce tableau qui représente un horizon de montagnes ne fuit pas assez. Dégradé qui fait fuir les derniers plans.*

20 « La perspective approche les parties des corps, on les fait fuir, par la seule dégradation de leurs grandeurs... » DIDER., *Ess. s. la peint.*, III.

— Par transfert de ce terme d'art au langage descriptif. *Front qui fuit. Horizons qui fuient en se contrariant* (cit. 6). *L'allée fuit à perte de vue. Montagne qui fuit vers l'est.*

21 « La salle est gigantesque, il n'a qu'une porte ;
Le mur fuit dans la brume et semble illimité ; » HUGO, *Lég. des siècles*, Éviradnus, VII.

|| **3°** S'échapper par quelque issue étroite ou cachée. *Eau qui fuit d'un réservoir* (Cf. Écouler, cit. 1). *Par anal. Un peu de lumière fuyait hors de la pièce à travers les volets.* V. **Filtrer**.

22 « L'étage d'honneur des immeubles, qui est, suivant les cas, le second ou le premier, répand ses feux vers la voie publique ; ou s'il les dissimule, en laisse fuir assez de rayons pour qu'un fantôme de fête fasse les cent pas sur le trottoir. » ROMAINS, *H. de b. vol.*, t. III, XII, p. 163.

— *Par ext.* En parlant du contenant. Présenter une issue, une fente par où s'échappe ce qui est contenu. *Tonneau, vase qui fuit.* V. **Perdre**. *Mon veston est taché d'encre, le réservoir de mon stylo doit fuir. Cette bouteille de gaz fuit.*

II. *V. tr.* || **1°** Chercher à éviter* (en s'éloignant, en se tenant à l'écart). *Fuir quelqu'un que l'on craint, que l'on déteste...* (Cf. Absent, cit. 3 ; courbette, cit. 4 ; excitant, cit. 4 ;

femme, cit. 30 ; figurer, cit. 4). *Fuyez-la, elle court après vous* (Cf. Courir, cit. 18 MUSS.). *Fuir la présence de quelqu'un* (Cf. Égarer, cit. 24 ; évader, cit. 8). V. **Cacher** (se). *Misanthrope qui fuit la société des hommes* (Cf. Approche, cit. 9). *Importun que l'on fuit comme la peste. Fuir la cour, le monde, son pays, sa patrie...* (Cf. Essaimage, cit.). V. **Abandonner, quitter.** « *Je fuyais l'école* » (cit. 1 VILLON).

23   « Si je la haïssais, je ne la fuirais pas. »
                                                RAC., Phèd., I, 1.

24   « Sur Titus et sur moi réglez votre conduite.
        Je l'aime, je le fuis ; Titus m'aime, il me quitte. »
                                                ID., Bérénice, V, 7.

25   « On a beau fuir ce qui nous est cher, son image, plus vite que la mer
        et les vents, nous suit au bout de l'univers ; »
                                                ROUSS., Julie, IVe part., Lett. III.

26   « ...vous me fuyez aujourd'hui comme un séducteur dangereux, dont
        vous auriez reconnu la perfidie. »   LACLOS, Liais. dang., Lett. LXXVII.

27   « ...c'est un homme qu'on fuit dans les temps calmes, et qui fuit dans
        les temps d'orage. »   RIVAROL, Rivaroliana, II.

28   « Ô ! fuir, partir ! fuir les lieux connus, les hommes, les mouve-
        ments pareils aux mêmes heures, et les mêmes pensées, surtout ! »
                                                MAUPASS., Au soleil, I.

— *Fuir un danger, un châtiment. Fuir le combat* (cit. 13). *Fuir le mal, les occasions de péché, le vice* (Cf. Capable, cit. 13). *Fuir l'excès en toute chose* (Cf. Extrémité, cit. 14). V. **Garder** (se) de. *Défauts, erreurs que doit fuir un écrivain, un art* (Cf. Abondance, cit. 12 ; effacement, cit. 3 ; étendue, cit. 16 ; éviter, cit. 30). *Un exemple* (cit. 4) *à fuir.* V. **Esquiver, éviter, soustraire** (se). *Fuir les ennuis, les contraintes, les responsabilités...* (Cf. Ambition, cit. 19). Vx. *Fuir de..., fuir à...* suivi d'un infinitif : éviter de (Cf. Excuser, cit. 18).

29   « Mon sentiment n'est pas qu'on prenne la méthode
        De ceux qu'on voit toujours renchérir sur la mode,
        ...
        Mais je tiens qu'il est mal, sur quoi que l'on se fonde,
        De fuir obstinément ce que suit tout le monde, »
                                                MOL., Éc. des maris, I, 1.

30   « ...et votre nature a deux choses à fuir : l'erreur et la misère. »
                                                PASC., Pens., III, 233.

31   « La grande beauté me paraît plutôt à fuir qu'à rechercher dans le
        mariage. »   ROUSS., Émile, V.

32   « Je voudrais que le lecteur sentît toute la répugnance que j'éprouve
        à écrire ces choses, où il apparaît bien que je raconte une histoire dont
        rien n'est inventé : car un romancier fuit d'instinct ces sortes de sujets
        qui font horreur. »   MAURIAC, La pharisienne, X.

‖ 2° Avec une chose pour sujet. *Vieilli* ou *littér.* Échapper à la possession de..., se refuser à... (quelqu'un). *Le sommeil me fuit* (Cf. Appeler, cit. 20). *L'homme cherche des plaisirs qui le fuient* (Cf. Avidité, cit. 2). *Le sceptique croit que la vérité nous fuit.*

33   « Je trouve au coin d'un bois le mot qui m'avait fui ; »
                                                BOIL., Épît., VI.

34   « Cette paix que je cherche et qui me fuit toujours. »
                                                RAC., Athal., II, 3.

‖ SE FUIR. *Récipr. Voilà deux mois qu'ils sont brouillés et qu'ils se fuient.*

35   « Les tourterelles se fuyaient ; »   LA FONT., Fab., VII, 1.

— *Réfl.* Chercher à échapper à soi-même, à se distraire de quelque tourment intérieur et spirituel. *L'homme, selon Pascal, cherche dans le divertissement un moyen de se fuir.*

36   « Au milieu des rues étroites, pleines de poussière et de silence, il
        pressait le pas pour se fuir soi-même, afin de se dérober à ses mortelles
        obsessions. »   BARRÈS, Un jardin sur l'Oronte, p. 118.

37   « Tu me regardes et tout espoir s'enfuit : je suis las de me fuir.
        Mais je sais sous ton œil que je ne peux plus me fuir. »
                                                SARTRE, Le sursis, p. 158.

ANT. — **Approcher, demeurer, faire** (face, front)**, foncer, résister, rester, tenir. Durer, prolonger** (se)**. Saillir.** — **Affronter, braver, chercher, endurer ; accepter, endosser, rechercher.**

DER. et COMP. — **Fuite, fuyant, fuyard. Enfuir** (s')**, faux-fuyant.** Cf. **Fugace, fugitif, fugue ; refuge ;** et suff. -**fuge.**

FUITE. *n. f.* (XIIe s. ; d'après un anc. p.p. de *fuir*). Action de fuir (au sens intr. seulement du verbe). — REM. Si l'on trouve encore au XVIIe s. des expressions comme « *la fuite des vices* » (CORNEILLE, Imit., III, 26), « *la fuite d'une entière solitude* » (LA BRUYÈRE, I, 233), « *la fuite des honneurs* » (MASSILLON, in LITTRÉ), au sens d' « action de fuir les vices, la solitude, les honneurs », ce tour a depuis disparu complètement, et le complément du nom *fuite* ne peut être que subjectif, désignant le sujet qui fuit, non la chose que l'on fuit.

I. En parlant des êtres vivants. ‖ 1° V. **Échappement** (*vx.*), **échappée, évasion.** *Une fuite rapide, éperdue, précipitée, honteuse...* (Cf. Abord, cit. 1 ; affront, cit. 11). *La fuite générale de son armée* (Cf. Avant, cit. 9). V. **Débâcle, débandade, déroute, panique, sauve-qui-peut.** *Être en fuite,* en train de fuir (Cf. Étranger, cit. 37). *Inculpé en fuite* (Cf. Arrêt, cit. 6). *Prendre la fuite,* se mettre à fuir (Cf. Balbutier, cit. 12 ; éclat, cit. 5 ; écrier, cit. 1 ; épier, cit. 2). *Mettre en fuite,* faire fuir. V. **Disperser.** *Chercher son salut, sa sûreté dans la fuite* (Cf. Défense, cit. 1). *Il n'y avait de salut pour eux que dans la fuite. Fuite d'un époux, d'un enfant qui quitte*

le foyer. V. **Abandon, escapade*, fugue.** *La fuite de la Sainte Famille en Égypte. La fuite de Louis XVI à Varennes en 1791. Fuite de tout un peuple, d'une collectivité, loin de son pays.* V. **Émigration, exode.** *Fuite des capitaux.* — Arg. milit. et scol. *La fuite,* la libération du service ; les vacances. *Vive la fuite !*

1   « Je sais que par sa fuite il a trahi l'État.
        — Oui, s'il eût en fuyant terminé le combat ;
        Mais on a bientôt vu qu'il ne fuyait qu'en homme
        Qui savait ménager l'avantage de Rome. »
                                                CORN., Horace, IV, 2.

2   « La fuite est glorieuse en cette occasion. »   ID., Ibid.

3   « Les uns gagnent la rue, les autres le jardin ; chacun cherche son
        salut dans la fuite ; »   LESAGE, Gil Blas, I, III.

4   « Un matin, me promenant seul au bout de l'allée des grands mar-
        ronniers au Jardin-de-Ville, et pensant à elle comme toujours, je
        l'aperçus à l'autre bout du jardin contre le mur de l'intendance qui
        venait vers la terrasse. Je faillis me trouver mal et enfin *je pris la
        fuite,* comme si le diable m'emportait... »
                                                STENDHAL, Vie de H. Brulard, 25.

5   « Elle se tourna du côté de Mme Peloux : Mme Peloux avait disparu.
        Ce genre de fuite discrète, cet évanouissement étaient si peu en accord
        avec les coutumes de Charlotte Peloux, que Léa et Chéri se regar-
        dèrent en riant de surprise. »   COLETTE, Chéri, p. 34.

6   « La première fuite de Jacques pouvait, à la rigueur, être patho-
        logique. Mais cette disparition, pendant trois ans ?... »
                                                MART. du G., Thib., t. III, p. 277.

— *Spécialt.* Dr. *Délit de fuite,* dont se rend coupable l'auteur d'un accident qui poursuit sa route quoiqu'il en ait connaissance. *Par métaph. :*

7   « ...que la responsabilité de chacun soit engagée dans le grand
        drame du monde moderne et que toute forme de désintérêt soit une
        manière de consentement au pire, c'est ce qui est loin d'être compris
        par tous. Tout au contraire. Une immense part, la presque totalité
        de la masse humaine, cherche à oublier ce sens d'une responsabilité.
        Elle se rend coupable d'un délit de fuite. »
                                                DANIEL-ROPS, Le monde sans âme, Suprême appel, VIII.

‖ 2° *Fig.* Action de se dérober (à une difficulté, à un devoir). V. **Défaite, dérobade, dilatoire, échappatoire, excuse, faux-fuyant.** *Fuite de quelqu'un devant ses responsabilités* (Cf. Écrivain, cit. 14).

8   « Vous n'échapperez pas par ces fuites ; vous sentirez la force de la
        vérité que je vous oppose. »   PASC., Provinc., XVII.

II. En parlant des choses. ‖ 1° *La fuite de l'eau.* — Fig. V. **Écoulement, passage, vol.** *La fuite du temps, des années, des jours* (Cf. Bref, cit. 1 ; extra, cit. 3).

9   « La fuite de l'eau est comme la fuite de nos années. On l'a beaucoup
        redit ; mais dans plus de mille ans, on le redira : le cours de l'eau
        restera, pour nous, l'image la plus frappante de l'inexorable passage des
        heures. »   SENANCOUR, Oberman, Lettres, XC.

10   « ...les heures ne suspendent point leur fuite ; ce n'est pas l'homme
        qui arrête le temps, c'est le temps qui arrête l'homme. »
                                                CHATEAUB., M. O.-T., t. I, p. 139.

11   « Le temps, dans sa fuite, blesse ou tue les sentiments les plus ar-
        dents et les plus tendres. »   FRANCE, Jardin d'Épicure, p. 98.

12   « ...ces derniers jours avaient fui d'une fuite ailée et je m'étonnais
        que s'achevât déjà cette semaine. »   GIDE, Isabelle, V.

13   « Proust est obsédé par la fuite des instants, par le perpétuel écou-
        lement de tout ce qui nous entoure, par la transformation qu'apporte
        le temps dans nos corps et dans nos pensées. »
                                                MAUROIS, Rech. M. Proust, VI, I.

‖ 2° Écoulement par quelque issue étroite ou cachée. *Fuite d'eau qui dégrade un mur. Rigole* de fuite. Explosion due à une fuite de gaz. Fuite de courant, fuites électriques, magnétiques,* énergies qui se dissipent en pure perte. V. **Déperdition, perte.** *Condensateurs de fuite,* condensateur de grille* d'un poste de T.S.F. — *Par ext.* L'issue elle-même, la fissure. V. **Fente.** *Il y a une fuite dans le tuyau. Le plombier a bouché, obturé la fuite.*

— *Fig.* (fin XIXe s. ; sens répandu au cours de l'affaire Dreyfus). Disparition de documents destinés à demeurer secrets. *On a constaté des fuites dans les dossiers d'un ministère.* — Divulgation clandestine de renseignements ou communication illicite de documents. *Il faut découvrir le responsable de ces fuites* (V. **Indiscrétion**).

14   « Remontons au début de l'année 1894... Donc, au ministère de la
        guerre, on constate des fuites de pièces. Puis, un jour, le chef de la
        section de statistique remet au ministre une lettre... autographe, une
        sorte de bordereau, une liste de documents que l'auteur de la lettre
        propose de livrer à son correspondant. »
                                                MART. du G., Jean Barois, Le vent précurseur, II.

‖ 3° Aspect de choses qui semblent fuir. — Géom. perspect. *Les points de fuite des droites sont tous situés sur la ligne de fuite du plan.*

— *Peint.* Effet de perspective qui fait croire à l'éloignement des objets représentés, à leur situation dans un espace doté de profondeur. *On observe dans la peinture italienne du XVe siècle de belles fuites, des lointains dont la fuite est bien rendue.*

ANT. — **Approche, résistance. Permanence. Relief, saillie.**

FULGORE. *n. m.* (1791 ; empr. au lat. zool. *fulgora,* propremt. « déesse des éclairs »). *Zool.* Insecte hémiptère d'Amérique, sous-ordre des homoptères cicadaires, type de la famille des Fulgoridés, aux ailes postérieures ocellées, qui porte sur le front un prolongement en forme de massue. *Le fulgore, ou « porte-lanterne », ainsi appelé parce qu'on a cru longtemps, et par erreur, qu'il était lumineux comme le ver luisant.*

« Et l'homme, parmi ses erreurs,
Comme dans l'herbe les fulgores,
Voit passer ces grands éclaireurs. »
HUGO, Contempl., VI, XXIII, Les Mages.

FULGURAL, ALE, AUX. *adj.* (1842 ; empr. au lat. *fulguralis*, rac. *fulgur*, foudre). Antiq. rom. *Science fulgurale :* méthode de divination que les Étrusques et les Romains pratiquaient par l'observation de la foudre. V. **Fulguration.**

FULGURANT, ANTE. *adj.* (XVe s., rare jusqu'au XIXe ; empr. au lat. *fulgurans*, part. prés. de *fulgurare*, « faire des éclairs », de *fulgur*. V. **Foudre**).

‖ 1° Qui produit des éclairs, est environné d'éclairs. — REM. Ce sens est le seul qui soit donné par LITTRÉ (en 1865), avec au fig. une citation de HUGO (Cf. *infra*, cit. 5).

1 « ...coups de tonnerre, dont quelques-uns furent accompagnés de décharges fulgurantes... » FONVIELLE (in LITTRÉ).

‖ 2° *Fig.* Qui jette une lueur vive et rapide comme l'éclair. V. **Brillant, éclatant, étincelant.** *Clarté fulgurante. Regard fulgurant.* V. **Foudroyant.**

2 « ...il vous lançait des regards si fulgurants, si illuminés, si chargés de fluide, qu'il vous infusait son désir. »
GAUTIER, Portr. contempor., Balz., IV.

3 « De loin en loin, des fours clos, bruns et ronds comme de vieilles tours, laissent percer par de petites lucarnes fulgurantes leur embrasement intérieur. » CHARDONNE, Dest. sentim., p. 268.

— Méd. *Douleur fulgurante* (1877 in LITTRÉ, Suppl.). Douleur très vive et de courte durée.

4 « Une douleur fulgurante, indicible, le traverse d'une épaule à l'autre, déjà diffuse dans le bras gauche, jusqu'aux doigts gourds. »
BERNANOS, Sous le soleil de Satan, II, VII.

— Qui frappe vivement et soudainement l'esprit, l'imagination (V. **Violent**). *Idée, découverte fulgurante. Réponse fulgurante.*

5 « Sa tête (*de Mirabeau*) avait une laideur grandiose et fulgurante dont l'effet par moment était électrique et terrible. »
HUGO, Littér. et philos. mêlées, Sur Mirabeau, VI.

6 « Soupçon fulgurant et furtif, pareil à l'éclair... »
MART. du G. (Cf. Éclair, cit. 4).

7 « Il y avait eu cette lourde journée noire, traversée par une certitude fulgurante : « Ils nous ont lâchés ! » SARTRE, Le sursis, p. 7.

8 « ...les nombreux témoignages écrits de la fulgurante passion, d'ailleurs émouvante et sincère, dont flamba le cœur de Lassalle... »
HENRIOT, Portr. de fem., p. 422.

— *Par ext.* Rapide comme l'éclair*. *Une rapidité fulgurante. Tir, but fulgurant.*

9 « ...j'ai fait le trajet en trois heures et demie, et, parti de la mer à neuf heures du matin, j'étais pour déjeuner à Bogota. Mais ces trajets fulgurants relèvent maintenant de la banalité : récemment je prenais le breakfast à Khartoum et le même soir couchais à Bruxelles, sans même songer à m'en étonner. »
SIEGFRIED, Âme des peuples, I, II.

FULGURATION. *n. f.* (1532 ; empr. au lat. *fulguratio*, « lueur de l'éclair »).

‖ 1° *Phys.* Lueur électrique qui se produit dans les hautes régions de l'atmosphère, sans qu'on entende le tonnerre. V. **Éclair** (de chaleur), **épart.**

1 « ...toutes les forces brûlantes que l'été puis l'automne ardents avaient accumulées sous ce toit minéral s'échappaient maintenant à l'appel des nuages et il en jaillissait non pas des éclairs de tempête, mais une sorte de fulguration bleuâtre qui électrisait tout le plateau. »
BOSCO, Jard. d'Hyacinthe, Les Borisols, III.

→ *Fig.* (Cf. Arracher, cit. 35).

2 « ...état de transe, où son intelligence et sa sensibilité surhumaines (*de Proust*), tantôt par une série de fulgurations aiguës, tantôt par une lente et irrésistible infiltration, parvenaient jusqu'à la racine des choses et découvraient ce que personne ne pouvait voir... »
MAUROIS, Ét. littér., Proust (d'après Reynaldo Hahn), V.

‖ 2° *Par anal.* Éclat* lumineux.

3 « ...les petites vitres de ses fenêtres turques, les petites vitres par myriades, reflétant chacune la suprême fulguration du soleil à moitié disparu, auraient fait croire, si l'on n'eût été avisé de ce trompel'œil coutumier, qu'à l'intérieur toutes les maisons étaient en flammes. »
LOTI, Désench., XI.

— *Spécialt. Métall.* Éclair de la coupelle. V. **Éclair.**

‖ 3° *Par ext. Antiq.* Divination qu'on pratiquait en observant la foudre*. V. **Fulgural** (science fulgurale).

— *Méd.* (XXe s.). Nom donné à l'action de la foudre sur les êtres animés, et plus généralt. à l'ensemble des accidents causés par l'électricité. — Emploi des étincelles de haute fréquence et de haute tension dans la thérapeutique. (On dit aussi Étincelage). V. **Électrothérapie.**

FULGURER. *v. intr.* (1862 FLAUB. ; empr. au lat. *fulgurare*). Briller* comme l'éclair, d'un éclat vif et passager (V. **Étinceler**). Cf. aussi Électrique, cit. 2.

1 « Mais à présent il semblait tout à la fois plus calme et plus terrible ; une volonté superbe fulgurait dans ses yeux, pareille à la flamme d'un sacrifice. » FLAUB., Salammbô, VIII.

2 « Ces images fulguraient, comme des phares, à l'horizon de sa vie. »
ID., Éduc. sentim., I, V.

3 « ...et là-bas, atteinte d'un dard oblique, la ligne d'un torrent forestier fulgure. » CLAUDEL, Connaiss. de l'Est, L'entrée de la terre.

FULGURITE. *n. m.* (1842 ; comp. sav. de *fulgur*, foudre, éclair). *Géol.* Nom donné à une vitrification* produite par la foudre dans les sables siliceux.

« Les fulgurites sont presque toujours creux, ce qui les fait appeler aussi tubes de foudre... » LEGOARANT (in LITTRÉ).

FULIGINEUX, EUSE. *adj.* (XVIe s. PARÉ ; empr. au lat. *fuliginosus*, de *fuligo*, « suie »). Qui rappelle la suie, qui en a la couleur. V. **Noirâtre** (Cf. Accrocher, cit. 10). *Teinte fuligineuse. Flamme fuligineuse*, noire à son extrémité, par combustion incomplète.

1 « Ces curiosités... y formaient une riche tapisserie à laquelle la fumée du tabac avait imprimé ses teintes fuligineuses. »
BALZ., Séraphita, Œuv., t. X, p. 487.

2 « Les toits semblent perdus
Et les clochers et les pignons fondus,
Par ces matins fuligineux et rouges,
Où, feux à feux, des signaux bougent. »
VERHAEREN, Villes tentaculaires, Âme de la ville.

— *Spécialt. Méd.* — *Vx. Vapeur fuligineuse*, vapeur noirâtre que l'on supposait s'élever du foie, de la rate et obscurcir le cerveau. — *De nos jours*, se dit de la bouche, d'une partie de la bouche lorsqu'elle est recouverte d'un enduit noirâtre dû à quelque maladie. *Bouche fuligineuse. Lèvres, dents fuligineuses.*

3 « ...une vapeur fuligineuse et mordicante... » MOL., Am. médec., II, 5.

4 « Sa bouche fuligineuse lui faisait mâcher les mots et il tournait vers le docteur des yeux globuleux où le mal de tête mettait des larmes. » CAMUS, La peste, p. 31.

— *Fig.* V. **Fumeux, obscur.**

5 « ...le pathos épique de Victor Hugo et la rhétorique fuligineuse de ces orateurs révolutionnaires, qu'il ne comprenait pas bien et qui, non plus que Hugo, ne se comprenaient pas toujours eux-mêmes. »
R. ROLL., Jean-Christophe, Buisson ardent, I.

DER. — *Fuliginosité. n. f.* (XVIe s. ; de *fuliginosus*). Dépôt noirâtre qui recouvre les dents, les gencives et les lèvres dans certaines maladies (GARNIER).

FULIGO. *n. m.* (XIXe s. ; mot lat. signifiant « suie », ainsi nommé à cause des spores noires). *Bot.* Genre de champignons myxomycètes dont l'espèce type est le *fuligo septique*, se développant sur les tas de tannée. — REM. Certains auteurs considèrent le *fuligo* comme un animal protozoaire rhizopode (mycétozoaire).

FULMI-. Particule tirée du lat. *fulmen, inis*, foudre, qui entre dans la composition de certains mots savants tels que : **Fulminate.** *n. m.* (1823). *Chim.* Sel* détonant* produit par la combinaison de l'acide fulminique* avec une base*. *Fulminate d'argent. Le fulminate de mercure, explosif puissant obtenu en ajoutant peu à peu à une certaine quantité d'alcool une solution nitrique de nitrate* de mercure. Utilisation du fulminate de mercure dans la préparation des capsules ou amorces de fusils, des fusées.* — **Fulminique.** *adj.* (1824). *Chim.* Qui fait détoner*. *Acide fulminique* (C=N-OH), acide non isolé dont la combinaison avec certaines bases produit des sels détonants.

« ...ils ne parlaient que de canons, de poudre et de « pois fulminants ». C'était une invention que nous ne connaissions heureusement pas à Paris ; un peu de fulminate, un peu de fin gravier ou de sable, le tout enveloppé dans un papier à papillotes, et cela pétait ferme quand on le lançait sur le trottoir entre les jambes d'un passant. »
GIDE, Si le grain ne meurt, I, IV.

FULMICOTON ou **FULMI-COTON.** *n. m.* (1865 ; comp. de *fulmi-*, et de *coton*). V. **Coton-poudre, pyroxyle.** *Le fulmicoton, cellulose* nitrique* qui a l'aspect de la ouate. Mélange de fulmicoton et de camphre.* V. **Celluloïd.** *Solution de fulmicoton dans de l'éther alcoolisé.* V. **Collodion.** *Substance explosive à base de fulmicoton et de nitroglycérine.* V. **Dynamite.**

« Un obus éclatait encore, contre le blockhaus même, cette fois... un obus de gros calibre, au fulmi-coton... »
FARRÈRE, La bataille, XXVIII.

FULMINANT, ANTE. *adj.* (XVe s. ; de *fulminer**).

‖ 1° *Vx.* Qui lance la foudre. *Jupiter fulminant.*

— *Fig.* Qui éclate en menaces sous l'empire de la colère. *Un contremaître, un patron toujours fulminant.* — Qui est chargé de menaces, trahit une violente colère. V. **Menaçant.** *Coup d'œil fulminant. Lettre fulminante.*

« Vous saurez... que M. le maréchal de Richelieu m'a écrit une lettre fulminante sur la distribution des bénéfices du tripot. »
VOLT., Lett. d'Argental, 2594, 19 déc. 1764.

‖ 2° *Chim.* Qui détone* sous l'influence de la chaleur ou par l'effet d'un choc. *Mélange fulminant, poudre fulminante.* V. **Détonant, explosif.** *Sels fulminants.* V. **Fulminate**

(Cf. *supra*, Fulmi-). *Capsule* fulminante.* V. **Amorce.** *Argent, or fulminant,* ammoniure d'argent, d'or, corps détonants.

2 « Du reste, voici de quoi leur répondre : il tirait ses pistolets de poche ; et quoique l'amorce fût fulminante, il la renouvela. »
STENDHAL, **Le rouge et le noir,** II, XV.

FULMINER. *v. intr.* et *tr.* (XIVᵉ s. ; empr. au lat. *fulminare*, lancer la foudre.

I. *V. intr.* || **1°** *Vx.* Lancer la foudre.

— *Fig.* Se laisser aller à une violente explosion* de colère, éclater en menaces, se répandre en violents reproches. V. **Éclater, emporter** (s'), **exploser, invectiver, pester, tempêter, tonner.** *Fulminer contre quelqu'un. Orateur qui fulmine contre les abus du pouvoir, les mœurs du siècle, l'attitude d'un parti* (Cf. Entrefilet, cit.).

1 « Parmi le vacarme confus d'une quantité de mécontents, je distinguai la voix de Bouteville qui fulminait de ce que tout le monde refusait sa compagnie ; mais sa colère ne lui servit de rien... »
C. de BERGERAC, **Lett. div.,** D'un songe.

2 « Voyons un peu ses raisons... Primo : raisons de politique intérieure : il fulmine contre les manifestations populaires, les attaques du *Vorwärts*, et cætera... »
MART. du G., **Thib.,** t. VII, p. 43.

3 « ... Napoléon paraît en personne, écoute, parle, discute, rêve, fulmine ou sourit... »
HENRIOT, **Romantiques,** p. 139.

|| **2°** (XVIIᵉ s.). *Chim.* Faire explosion*. V. **Détoner, exploser.** *La nitroglycérine fulmine très violemment par le choc ou par l'effet d'un brusque échauffement.*

II. *V. tr.* || **1°** *T. de Dr. can.* Lancer une condamnation dans les formes. V. **Lancer, prononcer.** *Fulminer l'anathème*, l'excommunication*, une sentence d'anathème, d'excommunication.* V. **Foudre**(s). *Le pape Paul III fulmina une bulle d'excommunication contre Henri VIII, roi d'Angleterre.*

4 « On ne fulmine des monitoires que pour découvrir de grands crimes publics dont les auteurs sont inconnus. »
VOLT., **Polit. et législ.,** Voix du curé, I.

5 « Des hommes indignes du nom de chrétiens égorgeaient les peuples du Nouveau-Monde, et la cour de Rome fulminait des bulles pour prévenir ces atrocités. »
CHATEAUB., **Génie christ.,** IV, VI, XI.

6 « Après le départ du Saint-Père, les affaires prirent tout à coup une tournure différente ; on oublia les excommunications qu'il avait fulminées et chacun s'empressa d'accepter des emplois du gouvernement français. »
STENDHAL, **Rom. et nouv.,** Souv. d'un gentilhomme italien.

— *Par anal. :*

7 « Tous les assistants, par un mouvement spontané, tirent leurs épées et leurs poignards, élèvent leurs bras armés vers le ciel, et le sombre trio, en fulminant l'anathème contre la race calviniste, bénit les fers vengeurs qui vont accomplir l'œuvre d'extermination. »
GAUTIER, **Souv. de théâtre...,** Les Huguenots.

|| **2°** *Par ext.* Formuler avec véhémence. *Fulminer des imprécations, des reproches contre quelqu'un.* V. **Lancer.**

8 « Le marchand de biens essuya donc le premier feu des justes plaintes, des sinistres prophéties que Desroches fulmina contre son ex-second clerc... »
BALZ., **Un début dans la vie,** Œuv., t. I, p. 736.

9 « L'École, ventre à table, et mécontente du ragoût, comprit que le Cacique général allait fulminer enfin la colère des trois promotions. »
ROMAINS, **H. de b. vol.,** t. III, III, p. 50.

DER. — **Fulminant*. — Fulmination.** *n. f.* (1406). *Dr. can.* Action de fulminer*. *Fulmination d'une bulle, d'un monitoire. Fulminations prononcées par la Cour de Rome.* — *T. de Chim.* Détonation de substances explosives. — **Fulminatoire.** *adj.* (1521). *Dr. can.* Qui a rapport à la fulmination*. *Sentence fulminatoire.*

FUMABLE. V. **Fumer** 1 (dér.). — **FUMAGE.** V. **Fumer** 1 et 2 (dér.).

FUMAGINE. *n. f.* (1865 LITTRÉ ; tiré du lat. *fumus*, fumée, sur le modèle des dér. lat. en -*ago*, -*aginis.* Cf. Plombagine). *Bot.* Maladie des plantes, caractérisée par un dépôt de croûtes ou poussières, couleur noir de fumée, sur la tige et les feuilles. *La fumagine, produite par le champignon noir dit* fumago, *s'appelle vulgairement* le noir.

FUMANT, ANTE. *adj.* (XVIᵉ s. ; p. prés. de *fumer* 1). Qui fume.

|| **1°** Qui émet de la fumée. *Bûches, cendres encore fumantes. Ruines fumantes* (Cf. Amas, cit. 3). *Un cratère fumant.*

1 « Oui, Seigneur, lorsqu'au pied des murs fumants de Troie
Les vainqueurs tout sanglants partagèrent leur proie. »
RAC., **Androm.,** I, 2.

2 « ... on n'entendait que le bruit des pas mesurés des sentinelles ; on ne voyait, dans la nuit sombre, que la petite lumière rouge de la mèche toujours fumante de leurs fusils ; »
VIGNY, **Cinq-Mars,** XXIV.

|| **2°** Qui émet (ou semble émettre) de la vapeur. *Soupe fumante. Corps fumant* (Cf. Évaporer, cit. 4). *Naseaux, flancs fumants d'un cheval. Abattoir où ruisselle le sang tout fumant* (Cf. aussi Appliquer, cit. 1). Poétiqt. *Bras fumants de sang, de carnage,* du sang fraîchement répandu des victimes. — *Chim.* Se dit de substances volatiles qui s'hydrolysent au contact de la vapeur d'eau de l'air. *Acide nitrique fumant.*

---

3 « ... les collines de bruyère toutes fumantes sous les premiers feux du jour. »
SENANCOUR, **Oberman,** XXII.

— *Fig. Fumant de colère.* V. **Bouillonnant, brûlant.** *Il sortit de cette violente discussion la tête encore toute fumante.* V. **Échauffé.**

4 « N'ayant pu vous venger, je vous irai rejoindre,
Mais si fumante encor d'un généreux courroux, »
CORN., **Cinna,** IV, 4.

5 « Helvétius, préoccupé de son ambition de célébrité littéraire, nous arrivait la tête encore fumante de son travail de la matinée. »
MARMONTEL, **Mém.,** VI.

— *Pop. Un coup fumant* (par anal. avec l'anc. express. *bloc fumant,* coup par lequel le joueur de billard bloque la bille si vivement qu'un petit nuage de poussière sort de la blouse comme une fumée) : coup admirablement réussi et faisant sensation. *Après ce coup fumant, l'adversaire sembla découragé.* — *Par ext.* V. **Formidable, sensationnel.** *Un spectacle fumant. C'est fumant !*

FUMARIACÉES. *n. f. pl.* (XIXᵉ s. ; de *fumaria,* nom scientif. de la fumeterre). *Bot.* Famille de plantes dicotylédones dialypétales, voisine des papavéracées, dont le type est la fumeterre officinale.

FUMARIQUE. *adj.* (1865 in LITTRÉ ; de *fumaria,* n. scientif. de la fumeterre). *Chim.* Se dit d'un acide qui existe dans la fumeterre et certains autres végétaux. *L'acide fumarique est isomère avec l'acide maléïque.*

DER. — **Fumarate.** *n. m.* Nom générique des sels et éthers dérivés de l'acide fumarique. — **Fumarine.** *n. f.* Alcaloïde contenu dans la fumeterre. — **Fumaryle.** *n. m.* Radical bivalent contenu dans l'acide fumarique.

FUMÉE. *n. f.* (XIIᵉ s. ; de *fumer* 1).

I. || **1°** Produit gazeux plus ou moins dense et de couleur variable qui se dégage de corps en combustion ou portés à haute température. *Fumée du foyer* (Cf. Âtre, cit. 5 ; feu, cit. 12), *d'un incendie* (Cf. Brasier, cit. 1 ; feu, cit. 35), *d'un feu d'herbes et de broussailles* (Cf. Effiler, cit. 2), *de fagots* (Cf. Enrhumer, cit. 1), *d'une bougie, d'un cierge* (Cf. Brasiller, cit. 1 ; éteindre, cit. 66), *de l'encens, d'aromates* (cit. 4), *d'une cassolette* (Cf. Émanation, cit. 2), *d'un sacrifice* (Cf. Brûler, cit. 18). *Fumée qui sort de la cheminée d'une locomotive, d'un paquebot ; d'une bouche à feu, d'un canon* (Cf. Bombarde, cit.), *qui se dégage d'une explosion. Fumée de la poudre* noire. Poudre de chasse, de guerre, sans fumée. Fumée épaisse, opaque ; fine* (Cf. Flotter, cit. 4), *légère, vaporeuse ; blanche, bleuâtre, grise, noire, rousse... Fumée âcre, étouffante, irritante, suffocante ; qui pique les yeux, fait pleurer, prend à la gorge, fait tousser, asphyxie. Fumée d'un camouflet. Des torrents* (Cf. Cracher, cit. 10), *des flots, des tourbillons, des nuages, des flocons* (cit. 4), *une colonne, un filet* (Cf. Évoquer, cit. 17), *un panache, des arabesques, des volutes, des rubans de fumée. La pièce était envahie, pleine, noire de fumée* (V. **Enfumer**). *Les fumées de la ville, des cheminées, des usines* (Cf. Couchant, cit. 1 ; couper, cit. 1). *Murs noircis de fumée. Du noir* de fumée.* V. **Suie.** — *Maçonn. Conduit de fumée* : tuyau qui évacue la fumée d'une cheminée. *Bouche de fumée* : orifice par lequel un poêle communique avec le conduit de fumée. — PROV. *Il n'y a pas de fumée sans feu,* se dit pour insinuer qu'il doit y avoir quelque chose de vrai dans un bruit qui court.

1 « ... en arrivant au bord de la plaine, ils entendirent un tapage effroyable, le canon et la mousqueterie tonnaient de tous les côtés... au-dessus des saules paraissait une fumée blanche qui quelquefois s'élevait dans le ciel en tournoyant. »
STENDHAL, **Chartr. de Parme,** III.

2 « Quelqu'un habitait là pourtant. Une petite fumée bleuâtre, montant de la cheminée de brique qui dépassait un peu le mur, trahissait une existence cachée, discrète et triste comme la fumée de ce feu de pauvre. »
DAUD., **Contes lundi,** Maison à vendre.

3 « Chaque obus soulevait une longue gerbe de terre dans un nuage de fumée. »
DORGELÈS, **Croix de bois,** III, p. 47.

— *Spécialt. La fumée du tabac, d'une pipe, d'une cigarette...* (Cf. Amortir, cit. 11 ; bouffarde, cit. ; cigare, cit. 2). *Fumée d'opium. Fumeur qui avale la fumée. Souffler, rejeter la fumée. Faire des ronds de fumée. Bouffées* de fumée. La fumée ne vous gêne pas ?*

4 « (Rosanette) appuyait le bec d'ambre (*du narguilé*) sur ses lèvres et regardait Frédéric, en clignant les yeux, à travers la fumée dont les volutes l'enveloppaient. »
FLAUB., **Éduc. sentim.,** II, VI.

5 « Toute l'âme résumée
Quand lente nous l'expirons
Dans plusieurs ronds de fumée »
MALLARMÉ, **Poés.,** Hommage.

6 « L'opium bouillonna au-dessus de la lampe, et la fumée grise roula sur les nattes en nuages pesants. »
FARRÈRE, **La bataille,** VI.

|| **2°** *Par ext.* Vapeur* qu'exhale un liquide ou un corps humide dont la température est plus élevée que l'air ambiant. *La fumée de la soupe, du pot-au-feu, du rôti.* V. **Fumet.** — Toute vapeur en général. V. **Exhalaison.** *Fumée que dégagent des vêtements mouillés séchant devant le feu.* V. **Haleine, transpiration.** *Fumée s'élevant d'un étang, d'une rivière* (Cf. Brume, cit. 3). *Une fumée d'or* (Cf. Éparpiller, cit. 5). V. **Poussière.**

7 « L'ombre des arbres dans la rivière embrumée
Meurt comme de la fumée. » VERLAINE, Romances s. paroles, IX.

8 « À droite des réservoirs, le tuyau étroit de la machine à vapeur
soufflait, d'une haleine rude et régulière, des jets de fumée blanche. »
ZOLA, L'assommoir, I.

— Allus. littér. *La fumée du rôt*. (Cf. Épargne, cit. 12) :
l'apparence d'une satisfaction dont la réalité est réservée
à un autre.

9 « À Paris, en la rôtisserie du Petit Châtelet, au devant de l'ouvroir
d'un rôtisseur, un faquin mangeait son pain à la fumée du rôt et le
trouvait, ainsi parfumé, grandement savoureux. Le rôtisseur le laissait
faire. Enfin, quand tout le pain fut bâfré, le rôtisseur happe le faquin
au collet, et voulait qu'il lui payât la fumée de son rôt. Le faquin disait
en rien n'avoir ses viandes endommagé, rien n'avoir du sien pris, en
rien ne lui être débiteur. La fumée dont il était question évaporait par
dehors ; ainsi comme ainsi se perdait-elle ; jamais n'avait été ouï que,
dedans Paris, on eût vendu fumée de rôt en rue. »
RABELAIS, III, XXXVII.

— Se dit des Vapeurs* qui sont supposées monter au cerveau sous l'effet de l'alcool, brouillant ainsi les idées. *Être
troublé par les fumées du vin. Chasser, dissiper les fumées
d'un banquet, de l'ivresse...* V. **Excitation.**

10 « Il n'est guère possible de se figurer toute l'étendue de mon effroi.
Les fumées du vin s'étaient évaporées, et me laissaient doublement
timide et irrésolu. »
BAUDEL., Traduc. E. POE, Avent. G. Pym, Aventuriers précoces.

‖ 3° Au plur. *Vénerie* (XIVe s., à cause de la vapeur qui
s'en dégage). Excréments des cerfs et autres bêtes fauves,
variant suivant l'âge, le sexe... de l'animal. V. **Laissées.**
Reconnaître le cerf (cit. 4) *à ses fumées.*

11 « Et Daguet méprisait Brout. Il nous disait : « ...Ça n'est même pas
fichu de reconnaître une bête à ses fumées... »
GENEVOIX, Forêt voisine, IX.

II. Fig. ‖ 1° Se dit de choses fugitives, évanescentes. *S'en
aller, s'évanouir en fumée. Projets qui s'en sont allés
(cit. 112) en fumée. Espoirs réduits en fumée.*

12 « ...prétendent-ils (*les athées*) nous avoir bien réjoui, de nous dire
qu'ils tiennent que *notre âme* n'est qu'un peu de vent et de fumée,
et encore de nous le dire d'un ton de voix fier et content ? Est-ce donc
une chose à dire gaiement ? » PASC., Pens., III, 194.

13 « Elle voit dissiper sa jeunesse en regrets,
Mon amour en fumée, et son bien en procès. » RAC., Plaid., I, 5.

14 « Toutes les querelles furent oubliées, tous les torts réciproques par-
donnés ; les duels convenus furent rayés de la mémoire, et les rancunes
s'envolèrent comme des fumées. » BAUDEL., Spleen de Paris, XXXIV.

15 « La pipe et la plume sont les deux sauvegardes de ma moralité, vertu
qui se résout en fumée par les deux tubes. »
FLAUB., Corresp., 410, 15 juillet 1853.

— Chose inconsistante et vaine, indigne qu'on y aspire.
V. **Chimère, frivolité, futilité, illusion, vanité.** *Gloire qui
n'est que fumée* (Cf. Dissiper, cit. 15). *Fumée que tout cela !*

16 « À quelque prix qu'on mette une telle fumée,
L'obscurité vaut mieux que tant de renommée. »
CORN., Horace, II, 3.

17 « Il se crut un nouveau Lope de Vega ; et, préférant la fumée des
applaudissements du public aux avantages réels que mon amitié lui
préparait, il me demanda son congé. » LESAGE, Gil Blas, X, I.

18 « Sept années au collège, quatorze ans voyageur, je ne puis compter
que douze ans d'enfance sur le sol et sous le toit paternels. Ce qui
m'épouvante c'est le vide de mon avenir. De la fumée littéraire ? j'en
suis rassasié, et j'en connais la valeur. »
CHATEAUB., Corresp. génér., I, 96.

19 « (*L'artiste*) construit pour l'éternité des demeures qu'il sait lui-
même faites de fumée, et fondées sur le rêve. »
SUARÈS, Trois hommes, Ibsen, III.

‖ 2° Se dit de propos, d'idées qui manquent de netteté. *Ce
discours n'est que fumée*, n'énonce rien de précis. V. **Fumeux.**

20 « Barrès, un grand écrivain, un de ceux qui connaissent le mieux la
langue française, mais qu'est-ce qu'il veut dire ? On comprend chaque
phrase l'une après l'autre, et de toutes ses clartés ne monte qu'une
fumée. » RENARD, Journ., 16 fév. 1909.

‖ 3° En parlant de ce qui peut monter à la tête, étourdir,
enivrer. *Fumées de l'orgueil, de la gloire.* V. **Vertige.**

21 « Mon regret d'arriver si vite à Turin fut tempéré par le plaisir de
voir une grande ville, et par l'espoir d'y faire bientôt une figure digne
de moi, car déjà les fumées de l'ambition me montaient à la tête ; »
ROUSS., Conf., II.

22 « Être admiré et honoré chez soi... c'est, pour le cerveau d'un malheureux homme, une fumée de revanche assez capiteuse pour l'enivrer
du plus sot orgueil. » BLOY, Le désespéré, p. 174.

1. FUMER. *v. intr. et tr.* (XIIe s. ; lat. *fumare*).

I. V. intr. ‖ 1° Dégager de la fumée. — En parlant d'un
corps en combustion. *Bois vert qui fume* (Cf. Fendiller,
cit. 1). *Les cendres fument encore dans le foyer. L'encens
fume sur l'autel* (cit. 7). *Aromate, cinnamome* (cit.) *qui
fume.*

1 « ...herbes de champs qui au feu mises fument,
Et peu à peu sans flamber se consument. »
MAROT, Métamorph. d'Ovide, II.

2 « Il est amer et doux, pendant les nuits d'hiver,
D'écouter, près du feu qui palpite et qui fume, »
BAUDEL., Fl. du mal, Spl. et id., LXXIV.

3 « Il y avait de tout dans cette cheminée, un réchaud, une marmite...
de la cendre et même un peu de feu. Deux tisons y fumaient tristement. »
HUGO, Misér., III, VIII, VI.

— En parlant du réceptacle. *Il voyait au loin fumer les
cheminées de l'usine. La bouche* (cit. 25) *du canon fume
encore. Cassolette qui fume. Le cratère du Vésuve fume
depuis quelques jours.* V. **Fumerolle.**

4 « Quand reverrai-je, hélas, de mon petit village
Fumer la cheminée... » DU BELLAY, Regrets, XXXI.

5 « En vain sur les autels ma main brûlait l'encens :
...
Même au pied des autels que je faisais fumer, »
RAC., Phèd., I, 3.

6 « Encensoir oublié qui fume
En secret à travers la nuit. » BAUDEL., Les épaves, X.

7 « Le feu monta le long des pierres ; l'édifice se mit à fumer partout
comme une solfatare ; » FLAUB., Éduc. sentim., III, I.

8 « Encor ! que sans répit les tristes cheminées
Fument, et que de suie nageant dans l'air errante prison
Éteigne dans l'horreur de ses noires traînées
Le soleil se mourant jaunâtre à l'horizon ! »
MALLARMÉ, Poés., L'azur.

— *Spécialt.* Par suite d'un mauvais tirage, d'un mauvais
fonctionnement de l'appareil. *Le vent a tourné, ma cheminée
fume :* la fumée ne s'échappe pas par le tuyau, elle est
rabattue sur le foyer. *Un vieux poêle qui fume. La lampe
fume, baissez la mèche !* V. **Filer.**

9 « Mon poêle est insupportable, irascible. Il semble fait à mon image.
Dès que je le regarde, il fume. » DUHAM., Salavin, IV, 3 nov.

‖ 2° Exhaler de la vapeur (surtout en parlant d'un liquide
ou d'un corps humide plus chaud que l'air ambiant). *Potage, ragoût qui fume. Vêtements mouillés qui fument
devant le feu. Les chevaux fumaient, essoufflés et couverts
de sueur. Marais, prés inondés qui fument au lever du
soleil. Sang fraîchement répandu qu'on voit fumer. Fig.
Le sang d'Abel fume encore*, comme si le meurtre était récent (Cf. Absoudre, cit. 2). — *Chim.* (En parlant de certaines
substances volatiles en contact avec la vapeur d'eau atmosphérique). *Neige carbonique qui fume.*

10 « Jamais de plus de sang ses autels n'ont fumé. »
RAC., Iphig., V, 2.

11 « J'ai travaillé pendant un hiver en voyant fumer ma tête, en distinguant l'aire de ma transpiration comme nous voyons celle des chevaux par un jour de gelée. »
BALZ., Messe de l'athée, Œuv., t. II, p. 1157.

12 « Un ruisseau de pourpre erre et fume dans le val,
Et sur l'herbe partout des gouttes de sang pleuvent ; »
HUGO, Lég. des siècles, Petit roi de Galice, IX.

13 « La rivière fume de froid. » RENARD, Journ., 13 février 1905.

14 « Sur l'allée, où l'eau du ciel fume en épousant la terre chaude... »
COLETTE, Naissance du jour, p. 230.

15 « Les labours d'automne ont commencé ce matin. Dès le premier tranchant de l'araire, la terre s'est mise à fumer. »
GIONO, Regain, II, IV.

16 « ... n'avait-elle pas vu, la semaine dernière, onze assiettées de petite
marmite fumer puis refroidir dans l'attente des clients en retard ? »
GREEN, Léviathan, II, IV.

— Se former en nuage comme la fumée. *Tourbillons de
brumes qui fument au-dessus des montagnes* (Cf. Crête,
cit. 5).

17 « D'épaisses colonnes de mouches fumaient comme de la poussière
de charbon... » GIONO, Le hussard sur le toit, VI, p. 115.

‖ 3° *Par hyperb.* (XVe s.). Paraître dégager quelque fumée
ou vapeur (sous l'action de la colère).

18 « ... la Monténégrine (*Péchina*) se trouvait dans l'état où le corps
et l'âme fument, pour ainsi dire, après l'incendie d'une colère où toutes
les forces intellectuelles et physiques ont lancé leur somme de force. »
BALZ., Les paysans, Œuv., t. VIII, p. 180.

19 « Quand je crache de colère : « Khh !... » ma gueule fume, et vous
reculez ! » COLETTE, Paix chez les bêtes, Poum.

— *Fig.* (fam.). Ressentir une colère, un dépit violents.
V. **Pester, rager.** *Quand il a su la nouvelle, il fallait le voir
fumer ! Je ne te conseille pas d'aller voir le patron, il fume
drôlement !*

II. V. tr. ‖ 1° Exposer, soumettre à l'action de la fumée.
Fumer de la viande, du lard, du poisson..., pour les sécher
et les conserver. V. **Boucaner, saurer** (Cf. Article, cit. 17).
Jambon, saumon fumé. V. **Saur.** *Chair,
charcuterie, saucisses fumées. Un goût de fumé*, le goût de
quelque chose qui a été fumé. *Blanc fumé de Pouilly ou
Pouilly fumé*, vin blanc ayant un goût de fumé. — *Regarder
le soleil à travers un verre fumé :* qui a été noirci à la
fumée. *Porter des verres fumés*, des verres de lunette de
couleur noire, qui protègent les yeux contre la lumière trop
vive, et reposent la vue. *Fumer de l'argent.* V. **Fumage.**
— *Chasse. Fumer un renard*, l'enfumer dans son terrier pour
l'obliger à en sortir. — *Technol. Fumer un four, un fourneau*, y faire du feu pour le sécher quand il est fraîchement
construit ou réparé.

20 « Célimène roucoule et dit : « Mon cœur est bon,
Et naturellement, Dieu m'a faite très belle. »
— Son cœur ! cœur racorni, fumé comme un jambon,
Recuit à la flamme éternelle ! » BAUDEL., Les épaves, XVIII.

21 « La troisième fois, Monsieur Edmond lui ordonna de porter des verres fumés et de se reposer encore. »
Ch.-L. PHILIPPE, **Père Perdrix**, I, I.

‖ **2°** (XVIIᵉ s.). Faire brûler du tabac (ou quelque autre substance) en aspirant la fumée par la bouche. *Fumer du tabac* (Cf. Courir, cit. 60), *de l'opium, du haschisch, du kif... Fumer une cigarette, un cigare* (cit. 3). V. **Griller**. *Cigarette à demi fumée. Fumer une pipe* (Cf. Colorer, cit. 13), *un narguileh* (Cf. Fainéantise, cit. 2). *Fumer la cigarette, la pipe*, fumer ordinairement et de préférence des cigarettes ou des pipes. *Fumer le calumet* de la guerre, de la paix.* — Fig. et pop. *Fumer les mauves par la racine :* être mort* et enterré.

22 « Heureux homme ! — Il fumait de l'opium dans de l'ambre, »
MUSS., **Poés. nouv.**, Namouna, IX.

23 « Nous fumâmes longuement quelques cigares dont la saveur et le parfum incomparables donnaient à l'âme la nostalgie de pays et de bonheurs inconnus... »
BAUDEL., **Spleen de Paris**, XXIX.

24 « ... Plus de guerres,
Plus de sang ! Désormais vivez comme des frères,
Et tous, unis, fumez le Calumet de Paix ! »
ID., **Poèm. ajoutés à l'éd. posth.** (1868), II.

25 « Chaque soir, on nous trouve, comme deux bons Orientaux, fumant notre narguilé sous les platanes d'un café turc... »
LOTI, **Aziyadé**, II, XV.

26 « Si j'avais deux coups de pistolet à tirer au lieu d'un, je me payerais le luxe d'envoyer un de ces salauds fumer les mauves par la racine. »
GIONO, **Le hussard sur le toit**, VI.

— *Absolt.* V. **Pétuner** (*vx.*). *Avoir l'habitude de fumer. Fumer comme un Suisse* (Cf. Boire, cit. 16), *comme un dragon, comme un sapeur, comme une locomotive... :* fumer beaucoup. *Le docteur lui a interdit de fumer. Défense de fumer. L'histoire de Jean Bart fumant sur un tonneau de poudre* (Cf. aussi Bacchante, cit. 4 ; causer, cit. 8 ; cigare, cit. 3 ; club, cit. 2 ; coussin, cit. 1 ; etc.).

27 « — Vous ne savez pas fumer, lui dit Schinner, tenez ?
Schinner, la figure immobile, aspira la fumée de son cigare et la rendit par le nez sans la moindre contraction. Il recommença, garda la fumée dans son gosier, s'ôta de la bouche le cigare et souffla gracieusement la fumée.
— Voilà, jeune homme, dit le grand peintre.
— Voilà, jeune homme, un autre procédé, dit Georges en imitant Schinner, mais en avalant toute la fumée et ne rendant rien. »
BALZ., **Un début dans la vie**, Œuv., t. I, p. 661.

28 « Je vous suppose assis et fumant. »
BAUDEL. (Cf. Évaporation, cit. 3 ; évaporer, cit. 10).

29 « Le rationnement dont je souffre le plus c'est, je l'avoue, celui du tabac, ayant pris la lâche habitude de fumer en travaillant ; c'est-à-dire bientôt de ne pouvoir travailler qu'en fumant. »
GIDE, **Attendu que...**, Rép. à une enquête, II.

‖ SE FUMER. *Ce cigare se fume bien. L'opium se fume selon certains rites en Orient.*

‖ FUMÉ. *p.p.* pris comme *n. m.* Épreuve de gravure sur bois, tirée sur la planche préalablement noircie à la fumée. *La suite des fumés sur Chine de l'édition Curmer de « Paul et Virginie ».* — *Imprim.* Empreinte d'un caractère neuf, noirci à la fumée.

DER et COMP. — **Fumable.** *adj.* (XXᵉ s.). Qui peut être fumé. *Tabac trop humide, haché trop gros, qui n'est guère fumable* (Cf. ant. Infumable). — **Fumage.** *n. m.* (1752). Action d'exposer à la fumée. *Le fumage des jambons, du lard. Fumage de l'argent filé*, par lequel on l'expose à l'action de fumées spéciales qui lui donnent une couleur d'or. — **Fumant.** — **Fume-cigare, fume-cigarette.** *n. m.* (début XXᵉ s.). Petit tube de bois, d'ambre... au bout duquel on adapte le cigare, la cigarette (V. *infra*, cit. 4). V. **Porte-cigarette.** *Des fume-cigarette à filtre.* — **Fumée.** — **Fumerie.** — **Fumerolle.** — **Fumeron.** *n. m.* (1611). Morceau de charbon de bois insuffisamment carbonisé et qui jette encore de la fumée quand on le fait brûler. — *Par ext.* Mégot (V. *infra*, cit. 2). — Petite lampe portative (V. *infra*, cit. 3). — *Arg.* Jambe. V. **Guibolle** (Cf. Drolatique, cit. 3). — **Fumet.** — **Fumeur.** — **Fumeux, fumiger.** — **Fumiste.** — **Fumoir.** *n. m.* (1842). Local où l'on fume les viandes, les poissons... (1865 in LITTRÉ). Pièce d'un appartement où l'on se tient pour fumer ; local, salon disposé pour les fumeurs (V. *infra*, cit. 1). *Fumoir confortable aménagé sur un paquebot.* V. aussi **Parfumer.**

1 « Dans un boudoir d'hommes, c'est-à-dire dans un fumoir attenant à un élégant tripot, quatre hommes fumaient et buvaient. »
BAUDEL., **Spleen de Paris**, XLII.

2 « Il écrasa le bout de son cigare, pour l'éteindre, puis fourra le fumeron empesté dans une poche de sa blouse. » ZOLA, **La terre**, I, II.

3 « Julia ! Un peu de lumière, je le prie... Julia parait, portant un petit fumeron à essence, qu'elle pose vivement sur la table de nuit. »
MART. du G., **Jean Barois**, Vent précurseur, II.

4 « Il exagéra la saillie de son menton, serra les dents sur son fume-cigarette... » COLETTE, **Chéri**, p. 52.

2. FUMER. *v. tr.* (XIIIᵉ s., *femer*, puis *fumer* au XIVᵉ s. par attraction de *fumer* 1 ; lat. vulg. *femare*, de *femus.* V. **Fumier**). Amender (une terre) en y épandant du fumier. V. **Engraisser, fertiliser.** *Fumer un champ, une vigne.* Absolt. *Il n'a pas fumé depuis longtemps, ses récoltes s'en ressentent.*

1 « De longues pluies venaient de retarder les semailles d'automne ; on avait encore fumé en août, et les labours étaient prêts depuis longtemps, profonds, nettoyés des herbes salissantes, bons à redonner du blé, après le trèfle et l'avoine de l'assolement triennal. »
ZOLA, **La terre**, I, I.

— *Fig. Vx. Fumer ses terres*, se disait, par plaisanterie, d'un noble qui réparait sa fortune en épousant une riche roturière ; et aussi de celui qui est enterré dans sa propriété.

2 « ... aimez votre ancien ami V., qui vous est tendrement attaché, jusqu'à ce qu'il aille fumer son jardin après l'avoir cultivé. »
VOLT., **Lett. à Marmontel**. 3844, 26 janv. 1772.

DER. — **Fumage.** *n. m.* (1356, *femage*). *Agric.* Action de fumer une terre. (On dit aussi **Fumaison.** *n. f.* 1865 LITTRÉ). — **Fumure.** *n. f.* (1357). *Agric.* Amendement d'une terre par incorporation de fumier. V. **Engrais.** *Fumure par enfouissage à la charrue. Fumure en couverture*, sur des champs déjà ensemencés, sans enterrer le fumier. — *Par ext.* Quantité de fumier ou d'engrais apporté sur un champ. *Forte fumure*, dans la culture intensive.

« Un paysan serait mort de faim, plutôt que de ramasser dans son champ une poignée de terre et de la porter à l'analyse d'un chimiste, qui lui aurait dit ce qu'elle avait de trop ou de pas assez, la fumure qu'elle demandait, la culture appelée à y réussir. »
ZOLA, **La terre**, II, V.

FUMERIE. *n. f.* (1786 ; de *fumer* 1). Action ou habitude de fumer (du tabac, de l'opium...).

1 « — Daignez fumer, conclut Tcheou Pé-i. — Ce bambou noir fut blanc jadis. Et la bonne drogue seule l'a coloré comme vous le voyez, après mille et dix mille fumeries. Nul bois d'aigle, ni d'ivoire, nulle écaille, nul métal précieux n'approche de ce bambou. » FARRÈRE, **La bataille**, VI.

2 « Les premiers temps il y fut très malheureux parce qu'il n'osait fumer tout son soûl, par égard pour ma mère ; il en tomba presque malade ; ce voyant, on mit à sa disposition tout le tabac qu'il voulut, et il s'enfonça dans une fumerie sans arrêt. »
GIDE, **Si le grain ne meurt**, I, VII.

— Lieu où l'on fume l'opium. *Une fumerie clandestine.*

3 « La fumerie est un vaste vaisseau, vide de toute la hauteur de ses deux étages qui superposent leurs terrasses intérieures. La demeure est remplie d'une fumée bleue, on aspire une odeur de marron brûlé. C'est un parfum profond, puissant, macéré comme un coup de gong. » CLAUDEL, **Connaiss. de l'Est**, p. 26.

FUMEROLLE. *n. f.* (1829 ; de *fumer* 1, d'après l'ital. *fumaruolo*, « orifice de cheminée »). *Vieilli.* Petite crevasse d'un sol volcanique d'où sort de la fumée. — *De nos jours.* Émanation de gaz (chlorures, oxydes, gaz carbonique, etc.) à haute température, s'échappant d'un volcan, soit au voisinage du cratère, soit à l'ouverture des crevasses, soit à la surface des coulées de lave. *Fumerolles apparaissant sur les flancs d'un volcan éteint* (Cf. Éruption, cit. 1). *Fumerolles sèches, acides, alcalines... Fumerolles dites froides.* V. **Mofette.**

« ...la terre, nue, balafrée, noire, où courent des fumerolles. »
GIONO, **Colline**, p. 167.

FUMET. *n. m.* (XVIᵉ s. ; de *fumer* 1).

‖ **1°** Odeur agréable et pénétrante émanant de certaines viandes pendant ou après la cuisson. *Fumet d'une perdrix, d'un faisan à la broche.* V. **Fumée.** *Une poularde d'un fumet délicat* (Cf. Flair, cit. 2). *Fumet aromatique* (cit. 2). — En parlant des vins. V. **Bouquet.**

1 « On venait de tirer de la broche un magnifique dindon, beau, bien fait, doré, cuit à point, et dont le fumet aurait tenté un saint. »
BRILLAT-SAVARIN, **Physiol. du goût**, t. I, p. 81.

2 « ... J'ai soupé en humant des soupiraux d'où s'exhalaient les fumets des viandes et des volailles rôties des bonnes cuisines bourgeoises de Charleroi... » RIMBAUD, **Corresp.**, VII.

3 « ...la triste quiétude de la cuisine, les caresses de Rose, l'âtre et le fumet du rôt tournant devant le feu de sarments. »
GIDE, **Si le grain ne meurt**, I, II.

‖ **2°** Sauce faite de jus de viande assaisonné de truffes et de champignons.

« ...perdrix relevées d'un fumet surprenant ; »
MOL., **Bourg. g.**, IV, 1.

‖ **3°** Émanation odorante que dégagent le gibier et certains animaux sauvages, ainsi que les lieux où ils ont séjourné ou passé. V. **Odeur, senteur.** *Les chiens ont flairé le fumet de la bête. Un fumet puissant s'exhalait de la cage des lions.*

5 « ... les odeurs plus accidentelles qui s'y enchevêtrent : aromes d'aliments et d'excréments, fumets de bêtes et bestioles, traces de grands animaux, mais d'abord traces de chiennes et traces d'hommes. »
ROMAINS, **H. de b. vol.**, t. IV, VIII, p. 77.

— *Par ext.* En parlant de l'odeur naturelle de l'homme (ou même de la terre : Cf. Bouffée, cit. 3).

6 « ... ces sensuelles émanations respirées sur le sein de Vellini, ce fumet irritant de la bête humaine qui réveille ce qu'il y a de plus fauve dans nos appétits de plaisir... »
BARBEY d'AUREV., **Une vieille maîtresse**, II, XVII.

— *Fig.* V. **Goût, odeur, parfum, saveur...**

7 « Un fumet barbare s'exhalait de la scène. Et, beauté profonde, son caractère lui venait, non pas du décor, mais des âmes. »
BARRÈS, **Colline inspirée**, V.

8 « ... son langage est fort cru, elle donne... les détails les plus circonstanciés, qui répandent un fumet spécial à travers ses lettres... »
HENRIOT, **Portr. de fem.**, p. 86.

HOM. — Formes du v. **Fumer.**

FUMETERRE. *n. f.* (1372 ; lat. médiév. *fumus terræ*, fumée de la terre, parce que, selon O. de SERRES, « son jus fait pleurer les yeux comme la fumée »). *Bot.* Plante dicotylédone, scientifiquement appelée *fumaria*, type de la famille des fumariacées*, à feuilles très découpées et à fleurs roses, dont l'espèce la plus commune, très répandue dans les régions tempérées, est la *fumeterre officinale*, employée comme dépuratif et antiscorbutique. *Sirop, extrait de fumeterre.*

« ... les tiges diffuses de la fumeterre aux fleurs roses et noires... »
BALZ., **Lys dans la vallée**, Œuv., t. VIII, p. 858.

FUMEUR, EUSE. *n.* (1690 ; de *fumer*). Personne qui a l'habitude de fumer (du tabac, ou d'autres substances). *Un grand fumeur. George Sand fut une des premières fumeuses. Compartiments réservés aux fumeurs. Compartiment « fumeurs » et « non fumeurs ». Briquet, cendrier de fumeur. Fumeur d'opium.* — Méd. *Cancer* des fumeurs.*

1   « Je suis la pipe d'un auteur ;
...mon maître est un grand fumeur. »
BAUDEL., **Fl. du mal**, Spl. et id., LXVIII.

— FUMEUSE. *n. f. Vieilli.* Siège bas, à large dossier muni souvent d'un coffret contenant l'attirail et les provisions du fumeur, sur lequel celui-ci s'assied à califourchon.

2   « La corbeille en paille de couleur où puisaient ses mains calmes reposait sur une fumeuse, dont la tapisserie au petit point figurait un Chinois qui fume l'opium dans une pipe turque. »
TOULET, **Jeune fille verte**, VII, p. 221.

FUMEUX, EUSE. *adj.* (XIIᵉ s. ; lat. *fumosus*, de *fumus*, fumée. V. **Fumer** 1).

‖ **1°** Qui répand de la fumée, qui s'enveloppe de fumée*. *Un quinquet fumeux. Flamme fumeuse du pétrole. Lueur fumeuse.*

1   « C'était une lampe fumeuse et sans verre, dont le feu sautait pour un rien... »
Ch.-L. PHILIPPE, **Père Perdrix**, II, III.

‖ **2°** *Vieilli.* Qui engendre les vapeurs de l'ivresse. *Du vin fumeux* (ACAD.), qui porte à la tête, qui échauffe* (Cf. Bord, cit. 14). V. **Enivré** (Cf. Foncier, cit. 3).

2   « L'ordre des boissons est des plus tempérées aux plus fumeuses et aux plus parfumées. »
BRILLAT-SAVARIN, **Physiol. du goût**, t. I, Aphorismes, XII.

‖ **3°** Qui exhale une vapeur, qui se couvre de vapeur. V. **Fumant.** *Ciel, fond, lointains fumeux.*

3   « ...et le geste de tête par lequel elle me montra l'Indre, la toue, les prés, prouvait que depuis mon séjour et nos promenades, elle s'était entendue avec ces horizons fumeux, avec leurs sinuosités vaporeuses. »
BALZ., **Lys dans la vallée**, Œuv., t. VIII, p. 907.

— *Fig.* (fin XIXᵉ s. ; encore absent de LITTRÉ, et de HATZFELD). Qui manque de clarté ou de netteté. V. **Brumeux, obscur, vague.** *Idées, explications fumeuses. Esprit fumeux.* V. **Nébuleux.**

4   « On le tient pour un esprit fumeux, voué à certaines marottes. »
ROMAINS, **H. de b. vol.**, t. IV, XXII, p. 247.

5   « On le voit... professer parfois une philosophie assez fumeuse. »
HENRIOT, **Romantiques**, p. 48.

.ANT. — Clair, compréhensible, précis.

DER. — Fumeusement. *adv.* (XVᵉ s.). D'une manière fumeuse.

FUMI-. Particule (du lat. *fumus*, fumée) qui entre dans la composition de quelques mots savants tels que **Fumigène.** *adj.* (fin XIXᵉ s ; V. **-Gène**). Qui produit de la fumée. *Matières, produits, substances fumigènes* (tétrachlorure d'étain, phosphore rouge...). *Appareils, engins, pots fumigènes*, produisant d'épais nuages de fumée destinés à dissimuler des mouvements de troupes, d'unités navales, etc. *Obus fumigènes.* — *Appareil fumigène*, ou, substantiv. *Un fumigène*, produisant une fumée qui protège les jeunes plantes contre les gelées matinales. — **Fumivore.** *adj.* (XVIIᵉ s., pour désigner plaisamment les alchimistes ; 1799, sens mod. ; V. **-Vore**). Qui absorbe la fumée. *Appareil, foyer fumivore*, ou, substantivt. *Un fumivore*, destiné à absorber les fumées d'un foyer, d'un fourneau, d'une lampe... (Cf. *aussi* Captesuie). Se dit également d'un appareil destiné à absorber la fumée du tabac dans un appartement.

FUMIER. *n. m.* (XIIᵉ s. var. *femier*. Cf. Fumer 2 ; lat. vulg. *femarium*, tas de fumier, de *femus*, fumier, var. de *fimus* ou *fimum*). Mélange des litières (paille, fourrage, etc.) et des déjections liquides et solides des chevaux et bestiaux, décomposé par la fermentation sous l'action de micro-organismes, et utilisé comme engrais. *Fumier de cheval, de vache, de mouton... Fumier d'une écurie, d'une étable* (cit. 3). *Fumier pailleux*. Fumier en tas sur une plateforme. Trou, fosse à fumier. Arrosage du fumier avec le purin. Soins à donner aux fumiers. Le fumier, engrais organique. Principes fertilisants du fumier* (azote, chaux, magnésie, potasse, etc.). *Épandre* du fumier sur un champ.* V. **Fumer** 2. *Couches de terre mêlée de fumier.* V. **Terreau.** *Brouette de fumier, civière* (cit.) *à fumier.*

1   « ...il n'avait pu amender certains champs comme il l'aurait voulu, seul le marnage était peu coûteux, et personne autre que lui ne s'en préoccupait. Même histoire pour les fumiers, on n'employait que le fumier de ferme, qui était insuffisant : tous ses voisins se moquaient, à le voir essayer des engrais chimiques, dont la mauvaise qualité, du reste, donnait souvent raison aux rieurs. » ZOLA, **La terre**, II, IV.

— *Par méton.* Amas de fumier. *Un fumier dans une cour de ferme. Job sur son fumier.* Fig. *Être comme Job sur son fumier*, au dernier degré de la misère. *Une perle* dans un fumier.*

2   « Le long des bâtiments s'étendait un large fumier, de la buée s'en élevait, et, parmi les poules et les dindons, picoraient dessus cinq ou six paons... » FLAUB., Mᵐᵉ **Bovary**, I, II.

3   « ... on ne retrouve plus, logé dans une ruine et étendu sur un grabat, pareil au fumier de Job, qu'un moribond couvert de plaies et de poux. » JOUHANDEAU, **Chaminadour**, Contes brefs, VI.

— *Par ext.* Se dit de toutes sortes d'excréments et détritus animaux et végétaux, d'ordures en putréfaction, pouvant servir d'engrais. *Fumier pourrissant dans un dépotoir.*

4   « Il n'est aucun guano comparable en fertilité au détritus d'une capitale. Une grande ville est le plus puissant des stercoraires. Employer la ville à fumer la plaine, ce serait une réussite certaine. Si notre or est fumier, en revanche notre fumier est or. Que fait-on de cet or fumier ? on le balaye à l'abîme... » HUGO, **Misér.**, V, II, I (Cf. Engrais, cit. 3).

5   « Mais sa continuelle doléance était le manque de fumier : ni le crottin ni les balayages des quelques lapins et des quelques poules qu'elle élevait, ne lui donnaient assez. Elle en était venue à se servir de tout ce que son vieux et elle faisaient, de cet engrais humain si méprisé, qui soulève le dégoût, même dans les campagnes. » ZOLA, **La terre**, II, III.

— *Par compar.* et *métaph.* Symbole de la misère, de la bassesse, de la saleté, de la corruption, de la pourriture... (Cf. Avide, cit. 9 ; fleurir, cit. 10 et 24).

6   « Qui suit bien ses leçons goûte une paix profonde,
Et comme du fumier regarde tout le monde. » MOL., **Tart.**, I, 5.

7   « Les bourgeois, par une vanité ridicule, font de leurs filles un fumier pour les terres des gens de qualité. » CHAMFORT, **Max. et pens.**, III.

8   « Toute fleur est d'abord fumier, et la nature
Commence par manger sa propre pourriture ; » HUGO, **L'année terrible**, Février, V.

9   « ... avocat de province, joli homme de chef-lieu, gardant un équilibre de finaud entre tous les partis extrêmes, sorte de jésuite républicain et de champignon libéral de nature douteuse, comme il en pousse par centaines sur le fumier populaire du suffrage universel. » MAUPASS., **Bel-ami**, II, II.

10   « Les plus hautes fleurs de la civilisation humaine ont poussé sur les fumiers de la misère. » BERNANOS, **Grds cimetières sous la lune**, p. 206.

— *Fig.* (T. injurieux). *Pop.* Homme méprisable. V. **Ordure, salaud.** *C'est un beau fumier !*

11   « — Tu parles de fumiers, ces cuistots-là... » DORGELÈS, **Croix de bois**, V.

FUMIGER. *v. tr.* (XIVᵉ s. ; rare jusqu'au XVIIIᵉ s. ; empr. au lat. *fumigare*, faire de la fumée). *Peu usit.* Soumettre à des fumigations, traiter par des fumigations. V. **Enfumer, fumer ; assainir, désinfecter, purifier.**

DER. — Fumigateur. *n. m.* (1803). Appareil servant à faire les fumigations (en méd. ou en hortic.). Préparation combustible pour les fumigations. — Fumigation. *n. f.* (1314). *Méd.* Production de fumées ou vapeurs, obtenues en brûlant ou chauffant des substances médicamenteuses, auxquelles on soumet quelque partie du corps. *Fumigations sulfureuses*, contre certaines maladies de peau. *Fumigation des voies respiratoires*, servant de remède contre le rhume (V. **Inhalation**). *Prendre, administrer une fumigation.* — *Hyg.* Production de vapeurs en vue de la désinfection d'objets ou de locaux. *Fumigations de chlore, de formol, de soufre.* — *Agric.* Opération qui consiste à combattre les parasites des plantes, des arbres, au moyen de fumées, de vapeurs insecticides. — Fumigatoire. *adj.* (1503). Qui sert aux fumigations. *Appareil, papier fumigatoire.* V. **Papier** (d'Arménie).

FUMISTE. *n. m.* (1757 ENCYCL. ; de *fumer* 1). Celui dont le métier est d'installer ou de réparer les cheminées et tous appareils de chauffage. *Appeler le fumiste pour un ramonage. Poêlier fumiste. Fumiste industriel.*

— *Fig.* (d'après un vaudeville de 1840, « La famille du fumiste », dont le héros, un fumiste enrichi, se vante de ses bons tours en répétant : « C'est une farce de fumiste »). *Fam.* Farceur, personnage peu sérieux. V. **Mystificateur, plaisant** (mauvais), **plaisantin.** *Un joyeux fumiste.* Adjectivt. *Cet élève me paraît un peu fumiste*, il manque de sérieux. V. **Amateur, fantaisiste.**

« ... pour beaucoup de nos grands hommes, ce poète (*Rimbaud*) est un fou ou un fumiste ! » MAUPASS., **Vie errante**, La nuit.

DER. — Fumisterie. *n. f.* (1845). Métier du fumiste. *Fig.* (1852, GONCOURT). *Fam.* Tour, plaisanterie de fumiste. V. **Mystification.** *Vous avez été pris à cette fumisterie !* — Action, chose entièrement dépourvue de sérieux. V. **Farce.** *La vie n'est qu'une vaste fumisterie ! Ce beau programme est une fumisterie.*

« Ce Poinsinet était peut-être une espèce de Sapeck, en avance sur son temps, qui, parce qu'il est capable de plus de sang-froid et d'outrance dans la « fumisterie » que ses contemporains, n'a pas été deviné par eux. Mais alors ce sont les mystificateurs qui ont été les mystifiés. » LEMAÎTRE, **Impress. de théâtre**, III, p. 120.

ANT. — Sérieux.

FUMIVORE. V. Fumi-. **FUMOIR.** V. Fumer 1 (*dér.*).

FUMURE. V. Fumer 2 (*dér.*).

FUN-, FUNI-. Élément tiré du lat. *funis* (anc. fr. *fun*), corde, qui entre dans la composition d'un certain nombre de mots, tels que : *Funambule*, funambulesque*.* — **Fune.** *n. f.* (1464). V. **Funin.** *Mar.* Filin d'acier servant à traîner le chalut*. *Les funes peuvent atteindre 1.000 m. à 1.400 m.*

de longueur. Prolongement des filières* de tentes d'un navire. — **Funiculaire***. — **Funicule.** *n. m.* (1829). *Bot.* Filament qui relie l'ovule au placenta. — **Funiculite.** *n. f.* (fin XIXᵉ s.). *Méd.* Inflammation du cordon spermatique.

FUNAMBULE, *n.* (vers 1500 BLOCH ; empr. au lat. *funambulus,* de *funis,* « corde », et *ambulare,* « marcher »). Celui, celle qui marche, danse sur la corde* raide. V. **Acrobate, danseur** (de corde), **équilibriste***. *Troupe de funambules. Funambules forains.* V. **Bateleur, saltimbanque.** *Cirque qui présente un numéro de funambules. Les funambules, le Théâtre des Funambules* de Paris (détruit en 1862).

« ...n'est-ce pas quelque chose de remarquable, que de retrouver Shakespeare aux Funambules ? »   GAUTIER, **Souv. de théâtre...**, p. 65.

— Adjectivt. *Éléphants funambules de la Rome antique.*

DER. — **Funambulesque.** *adj.* (1856 BANVILLE). Qui a rapport au funambule, à l'art du funambule. *Odes funambulesques,* poème de Th. de Banville (1857). — *Par ext.* V. **Bizarre, extravagant.** *Projet funambulesque.*

1   « Ou qu'il daigne faire des tours
     Sur la corde funambulesque, »
                    BANVILLE, **Odes funambulesques,** La corde roide.

2   « Les odes réunies sous ce titre (*Autres guitares*)... sont celles qui, à proprement parler, constituent le genre connu aujourd'hui sous le nom d'*odes funambulesques* ; en un mot, ce sont des poèmes rigoureusement écrits en forme d'odes, dans lesquels l'élément bouffon est étroitement uni à l'élément lyrique... »
                    ID., **Ibid.,** Autres guitares (Commentaire).

3   « Roi et tyran de comédie plus adonné à la table qu'aux femmes, je n'ai pas de ces légèretés acrobatiques et funambulesques. »
                    GAUTIER, **Capitaine Fracasse,** XVII.

4   « C'est ainsi qu'il avait étudié... un projet de chemin de fer sur rail unique. Ce projet, funambulesque à première vue, devenait au contraire fort raisonnable, et d'une extrême ingéniosité, quand on le suivait dans le développement minutieux que lui avait donné son auteur... »
                    ROMAINS, **H. de b. vol.,** t. I, IX, p. 82.

FUNÈBRE. *adj.* (XIVᵉ s ; empr. au lat. *funebris*).

‖ **1°** Qui a rapport aux funérailles*. *Ornements funèbres.* V. **Funéraire, mortuaire*** ; **drap, litre, poêle, tenture.** *Appareil funèbre.* V. **Pompe.** *Service des pompes funèbres,* service communal chargé de l'organisation des funérailles. *Entrepreneur de pompes funèbres. Ordonnateur, conducteur, employé des pompes funèbres* (V. *fam.* **Croque-mort**). *Cérémonie funèbre.* V. **Funérailles.** *Char funèbre.* V. **Corbillard, fourgon.** *Décoration, estrade funèbre.* V. **Catafalque, chapelle** (ardente). *Convoi, cortège funèbre. Marche* funèbre. *Service** funèbre. V. **Absoute, office** (des morts). *Le De profundis**, *prière funèbre, le Dies iræ, cantique funèbre de la liturgie catholique. Le chœur entonne les psaumes funèbres. Discours, éloge, oraison** *funèbre.* V. **Panégyrique.** *Rendre à quelqu'un les honneurs funèbres* (Cf. *Les derniers devoirs**). *Tambours funèbres, voilés de crêpe* (Cf. Bruit, cit. 14).

1   « Le service extérieur des pompes funèbres, comprenant exclusivement le transport des corps, la fourniture des corbillards, cercueils, tentures extérieures des maisons mortuaires, les voitures de deuil, ainsi que les fournitures et le personnel nécessaires aux inhumations, exhumations, et crémations, appartient aux communes, à titre de service public. Celles-ci peuvent assurer ce service soit directement, soit par entreprise... »   LOI du 28 déc. 1904, Art. I, 2.

2   « ...le moyen de ne vous pas parler de la plus belle, et de la plus magnifique et de la plus triomphante pompe funèbre qui ait jamais été faite depuis qu'il y a des mortels ? C'est celle de feu M. le Prince... »
                    SÉV., **1015,** 10 mars 1687.

3   « Je préférerais... de prononcer le discours funèbre de celui à qui je succède (à l'Académie)... »   LA BRUY., **Disc. Acad. fr.**

4   « ...les tintements de la cloche qui appelait les voyageurs, se mêlaient à ses chants funèbres, et l'on croyait entendre dans les Bocages de la mort le chœur lointain des décédés, qui répondaient à la voix du solitaire. »   CHATEAUB., **Atala,** Les funérailles.

5   « La salle dans laquelle ils tombèrent se trouva être le magasin d'un entrepreneur de pompes funèbres ; »
                    BAUDEL., **Traduc.** E. **POE, Nouv. hist. extraord.,** Le roi Peste.

6   « En supposant qu'on daignât nous aviser officiellement de la cérémonie funèbre... »   BLOY, **Femme pauvre,** II, XXI.

7   « En traversant le méchouar, les cinq clairons se mirent à sonner la marche funèbre. »   MAC ORLAN, **La Bandera,** XVIII.

8   « ...les conducteurs des pompes funèbres purent un instant croire qu'ils conduisaient au Panthéon un mort illustre. »
                    COCTEAU, **Grand écart,** VII.

‖ **2°** Qui se rapporte à la mort. V. **Mortuaire.** *Couche, lit funèbre, lit de mort. Veillée** *funèbre. Cloche funèbre,* qui annonce la mort d'une personne. V. **Glas.** *Enclos funèbre.* (V. **Cimetière, nécropole.** Cf. Catacombe, cit. 1).

9   « La lune prêta son pâle flambeau à cette veillée funèbre. »
                    CHATEAUB., **Atala,** Les funérailles.

10   « J'étais assis en silence au chevet du lit funèbre de mon Atala. »
                    ID., **Ibid.**

11   « Et quand, dernier témoin de ces scènes funèbres,
     Entouré du chaos, de la mort, des ténèbres, »
                    LAMART., **Prem. médit.,** L'immortalité.

12   « Celui-ci était une espèce d'entrepreneur de sépultures, un marbrier fabricant de tombeaux. Comme tous les gens à métiers funèbres, il buvait bien. »   BAUDEL., **Du vin et du haschisch,** II.

— *Par ext.* Qui évoque l'idée de la mort, inspire un sentiment de sombre tristesse. V. **Lugubre, sinistre, sombre, triste.** *Les murs funèbres d'une caserne, d'une prison* (Cf. Bastille, cit. 2). *Un funèbre paysage d'hiver. Le spectacle funèbre de la misère. Couleurs, teintes funèbres* (Cf. Broyeur, cit.). *Aboiement funèbre d'un chien. Une mine, un air funèbre* (Cf. *pop.* Une tête d'enterrement). *Ton, voix funèbre.* V. **Sépulcral.** *Un homme funèbre,* toujours sombre. *Des idées funèbres.* V. **Noir** (Cf. Des papillons noirs). *Pensées, songes funèbres* (Cf. Assoupissant, cit. 2). *Pressentiment funèbre* (Cf. Augure, cit. 11). *Plaisanterie, mystification funèbre* (V. **Macabre.** — Cf. Affirmation, cit. 3). — *La chouette, le hibou, oiseaux funèbres* (Cf. Chanteur, cit. 3). *Faire rimer funèbres et ténèbres* (Cf. Accrochage, cit. 1).

13   « Mille oiseaux effrayants, mille corbeaux funèbres,
     De ces murs désertés habitent les ténèbres. »   BOIL., **Lutrin, III.**

14   « J'aimais l'essaim d'oiseaux funèbres
     Qui sur les toits, dans les ténèbres,
     Vient grouper ses noirs bataillons, »
                    HUGO, **Odes,** II, La bande noire.

15   « Tes yeux, quoique très noirs, m'inspirent des pensers
     Qui ne sont pas du tout funèbres. »
                    BAUDEL., **Les épaves,** Les yeux de Berthe.

16   « Passé Arles, commencent de grands pays muets, peu différents de ceux qu'aima le funèbre Vigny. »
                    MAURRAS, **Anthinéa,** VI, Les collines battues du vent.

17   « Un silence funèbre cernait la patrouille. »
                    MAC ORLAN, **La Bandera,** XVII.

18   « Trouverait-il beau ce piano à queue ? Moi je le trouve informe et funèbre... »   ROMAINS, **H. de b. vol.,** t. III, VII, p. 106.

ANT. — **Gai, plaisant, riant.**

DER. — **Funèbrement.** *adv.* (XVIᵉ s. in HUGUET). D'une manière funèbre, sombre, triste (*Peu usit.*).

« Une lune, à son dernier quartier, pendait funèbrement sur de plats paysages... »   BLOY, **Le désespéré,** III, p. 117.

FUNÉRAILLES. *n. f. pl.* (XIVᵉ s. ; dér. sav. du lat. *funeralia,* plur. neutre de l'adj. *funeralis,* « relatif aux funérailles »).

‖ **1°** Ensemble des cérémonies accomplies pour rendre les derniers devoirs, les honneurs suprêmes à la dépouille de quelqu'un. V. **Funèbre***, **funéraire***, **cérémonie, enterrement, obsèques** ; **ensevelissement, bière** (mise en), **levée** (du corps), **service** ; **sépulture, tombeau** (mise) ; **inhumation ; crémation, incinération.** *Cérémonial des funérailles chez les Anciens. Les pleureuses** *des funérailles antiques. Dépenses, frais de funérailles* (Cf. Égaliser, cit. 1). « *Vous êtes prié d'assister au convoi, service et funérailles de M. X...* » *Conduire le deuil** *aux funérailles de quelqu'un. Faire à quelqu'un de magnifiques, de grandioses funérailles. Ses funérailles ont été célébrées en grande pompe. La translation** *des cendres** *de Napoléon fut, pour la France, l'occasion de faire à l'Empereur des funérailles somptueuses et triomphales. Funérailles princières, royales. Salves d'artillerie aux funérailles d'un souverain. Funérailles nationales.*

— « *Les funérailles de Patrocle* », vingt-troisième chant de l'Iliade (Cf. Fair-play, cit.). — « *Les funérailles d'Atala* », chapitre IV d'Atala (1801), roman de Chateaubriand ; tableau de Girodet.

— REM. LITTRÉ observe que *obsèques* est un terme général qui se dit aussi bien du plus modeste enterrement que de l'enterrement le plus somptueux tandis que *funérailles* implique la somptuosité et l'éclat. Cependant, *funérailles* s'applique très bien à une cérémonie simple, quand on veut en souligner le caractère pieux, pathétique ou touchant.

1   « ...Hector privé de funérailles, »   RAC., **Andromaque,** III, 8.

2   « En louant l'homme incomparable dont cette illustre assemblée célèbre les funérailles et honore les vertus, je louerai la sagesse même... »   BOSS., **Orais. funèbre Le Tellier.**

3   « Nous suivrons à pas lents le char des funérailles, »
                    HUGO, **Odes,** VII, Mort du duc de Berry, II.

4   « Il y a trois grandes ou touchantes scènes de funérailles qui peuvent se rapprocher et se comparer : les funérailles d'Atala, celles d'Atala, et celles de Manon Lescaut... Les funérailles de Virginie nous sont présentes : d'ailleurs, si pathétiques qu'elles soient, elles se firent avec régularité et avec pompe ; mais dans les funérailles de Manon, comme dans celles d'Atala, c'est l'amant, l'ami passionné et désolé qui doit ensevelir lui-même son plus cher trésor. »
                    STE-BEUVE, **Chateaub.,** t. I, p. 208.

5   « Il saute aux yeux que l'âme grossière d'un homme sans le sou qui vient de perdre sa femme est amplement réconfortée, tranchons le mot, *providentiellement* secourue par la nécessité de chercher, sans perdre une heure, un expédient pour les funérailles. »
                    BLOY, **Femme pauvre,** II, III.

6   « Les funérailles d'Isabelle furent simples et dignes. »
                    PLISNIER, **Meurtres,** t. I, p. 211.

7   « J'assisterai aux funérailles. Je suivrai ma mère. Je la suivrai jusqu'au bout. Près, à toucher le bois de son cercueil. »   ID., **Ibid.,** p. 349.

— *Par ext.* Poét. (*vx.*). La mort (Cf. CORN., Cid, I, 8).

‖ **2°** (XXᵉ s.). Interjection surtout méridionale marquant la déception, le dépit, l'exaspération.

8   « — Eh bien ! pour finir, il a dit : tout mon peuple est derrière moi, je suis prêt à la guerre. À M. Benès de choisir.
     — Funérailles ! dit le Marseillais. Alors c'est la guerre ? »
                    SARTRE, **Le sursis,** p. 262.

FUNÉRAIRE. *adj.* (1565 in HUGUET ; dér. sav. du lat. *funerarius*). Qui concerne les funérailles*. V. **Funèbre.** *Frais funéraires. Pompe funéraire* (Cf. Formalité, cit. 7). *Drap funéraire. Colonne funéraire.* V. **Cippe, stèle.** *Dalle, pierre funéraire. Monument funéraire.* V. **Mausolée.** *Voûte funéraire.* V. **Crypte, hypogée.** *Niches* funéraires d'un caveau*. Vase, urne funéraire.* V. **Cinéraire.** *Couronnes, fleurs, ornements funéraires. Inscription funéraire.* V. **Épitaphe.**

1 « Tu porteras comme elle une urne funéraire ; »
HUGO, **Odes,** VII, Mort du duc de Berry, III.

2 « ... Blanche, au milieu d'une touffe de thym,
Sa pierre funéraire est fraîchement posée. »
J.-M. de HEREDIA, **Trophées,** Épigr. funéraire.

FUNESTE. *adj.* (XIVᵉ s., dér. sav. du lat. *funestus*).

|| **1°** Qui cause la mort. V. **Fatal, meurtrier, mortel.** *Épidémie, maladie, accident funeste. Un funeste breuvage. La tunique de Nessus, présent funeste. Coup funeste. Funestes batailles* (cit. 2).

1 « Qu'un funeste accident de votre fils vous prive, »
MOL., **Dépit amoureux,** V, 6.

2 « Elle leur fit prendre un breuvage
Délicieux, mais plein d'un funeste poison. »
LA FONT., **Fab.,** XII, 1.

3 « ... Varilla s'informait de lui, et chaque fois affirmait que seule la dose massive avait conjuré une crise qui eût été funeste. »
COLETTE, **Étoile Vesper,** p. 57.

— *Vx.* En parlant de la mort même. V. **Tragique, violent.**

4 « Ce méchant roi est toujours exposé à une mort funeste, même dans son palais inaccessible. »
FÉN., **Télém.,** III.

— *Par ext.* Qui annonce, fait présager la mort. *Messager funeste. Funeste pressentiment. Funeste nouvelle. Diagnostic funeste. Symptômes funestes. L'ombre funeste de la mort* (Cf. Carnation, cit. 3).

5 « Leurs hypothèses même sont funestes : si la nature raisonnait à la manière des médecins, le monde serait déjà mort. »
SUARÈS, **Trois hommes,** Ibsen, VI.

— *Vx.* Qui a trait à la mort.

6 « Retirons nos regards de cet objet funeste (*le cadavre de Camille*), »
CORN., **Horace,** V, 1.

7 « Vous verrai-je toujours, renonçant à la vie,
Faire de votre mort les funestes apprêts ? » RAC., **Phèdre,** I, 3.

|| **2°** Qui porte avec soi le malheur et la désolation ou, *par ext.,* qui est de nature à entraîner de sérieux maux, de graves dommages. V. **Affligeant, calamiteux, catastrophique, déplorable, désastreux, désolant, lamentable, malheureux, mauvais, misérable, navrant, sinistre, tragique.** *Événement funeste.* V. **Désastre.** *Guerre funeste. Circonstances funestes* (Cf. Chagrin, cit. 15). *Funeste décision* (Cf. Émigration, cit. 1). *Erreurs* (cit. 9) *funestes. Funeste imprudence. Cela peut avoir des suites funestes* (ACAD.). V. **Dangereux ; défavorable, grave, néfaste, nocif, nuisible, préjudiciable, regrettable.** *Climat, lieu funeste.* V. **Malsain, pernicieux.** *Cet homme est funeste, il faut le fuir comme la peste* (Cf. Extravagant, cit. 4). *Doctrine funeste* (Cf. Effort, cit. 26). *Funeste influence. Opinions funestes* (Cf. Assimiler, cit. 4). *Une funeste imagination qui porte le mal au pis* (Cf. Effaroucher, cit. 8). *Un sectarisme funeste* (Cf. Arrière-garde, cit. 2).

8 « Vous ne démentez point une race funeste.
Oui, vous êtes le sang d'Atrée et de Thyeste. » RAC., **Iphig.,** IV, 4.

9 « ... entrevoyant, peut-être pour la première fois les funestes conséquences de leurs jeux... » VIGNY, **Cinq-Mars,** XIV.

10 « Je crois la marche actuelle des choses funeste ; mais, à te dire vrai, je ne la juge pas maintenant aussi grave qu'elle l'a été en d'autres circonstances ; » STE-BEUVE, **Corresp.,** 126, 30 mai 1830, t. I, p. 192.

11 « À tout bien considérer, les vieux préjugés sont moins funestes que les nouveaux ; le temps, en les usant, les a polis et rendus presque innocents. » FRANCE, **Jard. d'Épicure,** p. 66.

12 « N'est-il pas repris par ce goût funeste pour les escapades, ce goût de dévoyé que vous lui connûtes en d'autres temps ?... » CÉLINE, **Voyage au bout de la nuit,** p. 399.

13 « Oui, funestes résultats, car, à la guerre, les résultats sont toujours funestes et ils le sont presque toujours pour tout le monde. »
DUHAM., **Refuges de la lecture,** p. 34.

14 « Qu'on ait le goût de la vérité et le don funeste de tout voir, c'est porter son enfer en soi. » HENRIOT, **Portr. de fem.,** p. 146.

|| **3°** Qui est marqué par un deuil, une calamité, un événement malheureux. *Jour funeste* (Cf. Autant, cit. 24). *Les années funestes* (1852-1870), œuvre de Victor Hugo.

15 « C'est un funeste siècle et c'est un dur pays. »
HUGO, **Lég. des siècles,** XXI, Masferrer, I.

— Qui évoque les idées de mort, de désolation, de ruine ; qui inspire une profonde tristesse, du désespoir, ou du découragement. V. **Douloureux, funèbre, lamentable, lugubre, pénible, pitoyable, sinistre, sombre, triste*.**

16 « Je te vis à regret, en cet état funeste,
Prêt à suivre partout le déplorable Oreste, »
RAC., **Andromaque,** I, 1.

17 « Quittez, Seigneur, quittez ce funeste langage. » ID., **Ibid.,** II, 2.

18 « ...les miennes (*larmes*) avaient coulé plus d'une fois pendant ce funeste récit. » BERNARD. de ST-P., **Paul et Virginie,** p. 150.

19 « L'irrésistible Nuit établit son empire,
Noire, humide, funeste et pleine de frissons ; »
BAUDEL., **Les épaves,** Coucher du soleil romantique.

20 « Tout se tait ; les maisons, les bouges, les palais,
Ont bouché leur lucarne ou fermé leurs volets ;
Le cadran qui dit l'heure a l'air triste et funeste. »
HUGO, **Lég. des siècles,** XVIII, Conseillers probes et libres.

21 « ... ma sœur Renée, veuve après huit ans de mariage, réalise le type de la vieille fille dans sa funeste perfection. »
FRANCE, **Petit Pierre,** XVII.

|| FUNESTE À. V. **Fatal.** *Son audace lui a été funeste* (Cf. Audacieux, cit. 1). *Politique funeste aux intérêts du pays.* V. **Contraire, nuisible.** *Le froid a été funeste aux récoltes.*

22 « Mais aussitôt ma main, à moi seule funeste,
D'une infidèle vie abrégera le reste. » RAC., **Andromaque,** IV, 1.

23 « Le renard, autre Ajax, aux volailles funeste,
Emporte ce qu'il peut, laisse étendu le reste. »
LA FONT., **Fab.,** XI, 3.

24 « La Critique est funeste au critique comme le Pour et le Contre à l'avocat. » BALZ., **Muse du département,** Œuv., t. IV, p. 177.

ANT. — Avantageux, bon, favorable, heureux, profitable, propice, salutaire.

FUNICULAIRE. *adj.* (1725 ; dér. sav. du lat. *funiculus,* « petite corde »). Qui est composé de cordes, ou fonctionne au moyen de cordes. *Appareil funiculaire. Chemin de fer, tramway funiculaire,* mis en mouvement par un câble enroulé sur un treuil à poste fixe. — *Substantivt.* (milieu du XIXᵉ s.). *Un funiculaire. Le funiculaire de Montmartre, à câble* sans fin. Le funiculaire de la Croix-Rousse (Lyon), à câble à deux bouts. Le funiculaire de Fourvières (Lyon), à crémaillère* centrale. Funiculaire de montagne, à câble aérien.* V. **Téléférique.**

1 « ... pour les ascensions, des tas de chemins de fer hydrauliques ou funiculaires. » DAUD., **Tartarin sur les Alpes,** V.

2 « ... (*elle*) descend du funiculaire, dont les wagons étroits ressemblent à des boîtes d'allumettes suédoises. »
ROMAINS, **H. de b. vol.,** t. IV, V, p. 38.

3 « Nous pouvons marcher jusqu'au funiculaire... Par là, c'est le lac, mais ne regardez pas encore... Vous voyez le mont Pèlerin... Là-haut, parmi les vignes, cette ligne de toits, c'est le village où je vous conduis. Il est à trois cents mètres au-dessus de Vevey. Nous y serons en dix minutes par le funiculaire... » CHARDONNE, **Dest. sentim.,** p. 209.

— *Anat.* Qui a rapport au cordon* spermatique. *Artère funiculaire. Hernie funiculaire.*

FUNICULE. V. FUN-, FUNI-.

FUNIN. *n. m.* (XIIᵉ s., *funain,* d'un lat. vulg. *funamen,* de *funis,* corde). *T. de Mar.* Cordage non goudronné.

FUR. *n. m.* (*Feur* au XIIᵉ s. ; du lat. *forum*, marché. V. **For**). *Ancienn.* (jusqu'au XVIIIᵉ s.). Taux. — *Au fur* (XVIᵉ s.). : à proportion, à mesure. — *Arch.* :

1 « ... je comprends la nature, comme un récit bien détaillé qui ne serait fait que de noms propres ; au fur de la marche et du jour, je m'avance parmi le développement de la doctrine. »
CLAUDEL, **Connaiss. de l'Est,** Le promeneur.

|| AU FUR ET À MESURE. (XVIIᵉ s.). Locution pléonastique où *mesure* reprend le sens de *fur* devenu obscur, et qui exprime la simultanéité dans la progression.

— *Loc. conj. Au fur et à mesure que...* V. **Mesure** (à mesure que). *On trie les paquets au fur et à mesure qu'ils arrivent,* en même temps et successivement*. Au fur et à mesure qu'elle avançait, la voiture s'embourbait,* en même temps et proportionnellement. *Au fur et à mesure que la condensation s'opère, la chaleur augmente* (Cf. Étoile, cit. 17). *S'apercevoir des difficultés* (cit. 11) *au fur et à mesure qu'on avance* (Cf. aussi Carte, cit. 23).

2 « Les coupes ordinaires de bois taillis ou de futaies mises en coupes réglées, ne deviennent meubles qu'au fur et à mesure que les arbres sont abattus. » CODE CIV., Art. 521 (promulgué en 1804).

3 « Peu à peu, au fur et à mesure qu'il avance dans le ténébreux maquis de la connaissance, il use du « pourquoi » avec plus de modération. » DUHAM., **Plaisirs et jeux,** IV, XIV.

— *Loc. adv. Regardez ces photos et passez-les-nous au fur et à mesure. Nous ne cessons de lui avancer de l'argent, mais il dépense tout au fur et à mesure.*

4 « Il (*l'embarcadère*) avait son histoire, on le refaisait chaque mois, je l'appris, à cause des mollusques agiles et prestes qui venaient par milliers le bouffer au fur et à mesure. »
CÉLINE, **Voyage au bout de la nuit,** p. 140.

— *Loc. prép.* (1835 in ACAD.). *Il rédige des fiches au fur et à mesure de ses lectures. Au fur et à mesure des besoins* (Cf. Ensemble, cit. 2 et aussi Corriger, cit. 8).

5 « ... des peintures sur fond d'or imitant la mosaïque, modèles des mosaïques véritables qui les viennent remplacer au fur et à mesure de leur achèvement. » GAUTIER, **Voyage en Russie,** XV.

6 « Vous tiendrez le registre des opérations, sous ma dictée, au fur et à mesure du travail. » DUHAM., **Salavin,** VI, VII.

7 « Je vous le remettrai au fur et à mesure de vos besoins... »
ROMAINS, **H. de b. vol.,** t. II, V, p. 52.

— REM. 1) *Au fur et à mesure* n'a guère pénétré dans la langue littéraire avant le milieu du XIXᵉ siècle. ACAD. remarque encore en 1835 que cette locution n'est en usage que dans le style de la Pratique, des Notaires et de l'Administration. En 1865, LITTRÉ n'en donne aucun exemple littéraire. — 2) On a dit dans le même sens au XVIIᵉ s. et encore au XIXᵉ s. « *à fur et à mesure* », « *à fur et mesure* ». Ces tournures vieillies sont encore défendues par certains puristes pour le parallélisme des constructions (avec « *au fur* », on devrait dire en effet « *à la mesure* »).

HOM. — **Furent** (verbe être).

FURET. *n. m.* (XIIIᵉ s., d'un lat. vulg. *furittus*, dimin. de *fur*, voleur). *Zool.* Mammifère carnivore (*Mustélidés*), scientifiquement appelé *Mustela putorius furo*, ressemblant au putois quoique de plus petite taille, au pelage clair et aux yeux rouges. *Le furet n'est connu qu'à l'état domestique ; on l'utilise muselé pour la chasse au lapin de garenne qu'il poursuit ou fait sortir de son terrier. Chasser au furet. On peut croiser le furet avec le putois* (POIRÉ).

1 « Cet animal est naturellement ennemi mortel du lapin ; lorsqu'on présente un lapin, même mort, à un jeune furet qui n'en a jamais vu, il se jette dessus et le mord avec fureur ; s'il est vivant, il le prend par le cou, par le nez, et lui suce le sang ; lorsqu'on le lâche dans les trous des lapins on le musèle, afin qu'il ne les tue pas dans le fond du terrier, et qu'il les oblige seulement à sortir et à se jeter dans le filet dont on couvre l'entrée. »
BUFFON, **Hist. nat. anim.**, Le furet, Œuv., t. II, p. 597.

2 « Quels galops affolés sous le sable des buttes forestières, sous les bruyères sèches de l'automne, quand le furet coule et s'enfonce dans l'orée noire des terriers ! Les garennes, de partout, ont senti l'affreuse bête : une terreur démente les soulève, les bouleverse. Le jour ! L'espace où fuir de toutes ses forces ! » GENEVOIX, **Forêt voisine**, X.

— *Fig.* Se dit d'une personne qui cherche partout pour découvrir quelque chose et *par ext.* d'une personne curieuse, en quête de découvertes.

3 « Sitôt que je fus en prison, il y vint avec ses deux furets, c'est-à-dire ses alguazils ; » LESAGE, **Gil Blas**, I, XII.

— Jeu de cartes, où l'on doit se débarrasser d'une carte, dite « furet », sous peine d'être perdant.

— Jeu de société dans lequel des joueurs assis en rond se passent rapidement de main en main un anneau (le furet) qui glisse le long d'une ficelle circulaire tandis qu'un autre joueur se tenant au milieu du cercle doit deviner dans quelle main se trouve l'anneau. *Jouer au furet. « Il court, il court le furet, le furet du bois, Mesdames »... refrain que l'on chante pendant le jeu.*

4 « Elle poussa même la délicatesse d'esprit jusqu'à chanter sans en avoir envie « Il a passé par ici le furet du bois, Mesdames, il a passé par ici le furet du Bois joli »... Joueurs et joueuses commençaient à s'étonner de ma stupidité et que je ne prisse pas la bague... Tout d'un coup la bague passa au voisin d'Albertine. Aussitôt il m'élança, lui ouvris brutalement les mains, saisis la bague ; il fut obligé d'aller à ma place au milieu du cercle et je pris la sienne à côté d'Albertine. »
PROUST, **Rech. t. p.**, t. V, p. 188.

DER. — **Fureter**. — **Furon**. *n. m.* (de l'anc. fr. *fuiron*, furet). Petit du furet.

FURETER (*fur'té. Je furète ; nous furetons*). *v. intr.* (XIVᵉ s. ; de *furet*).

‖ 1° Chasser* au furet. *Fureter dans une garenne.* — *Transitiv.* Chasser au furet dans... *Fureter un terrier, une garenne.*

‖ 2° *Fig.* Chercher*, s'introduire partout avec curiosité dans l'espoir d'une découverte. *Fureter dans une maison, un grenier. Fureter dans tous les coins* (cit. 14), *de tous côtés. Indiscret* qui furète dans les tiroirs.* V. **Fouiller** (cit. 24), **fouiner.** *Fureter partout à la recherche d'un objet.* V. **Farfouiller.** *Aimer à fureter chez les antiquaires, les libraires...* — REM. LITTRÉ admet encore l'ancienne conjugaison : *Je furette à côté de Je furète.* ACAD. 1932 donne *Je furète ; nous furetons.*

1 « ...un espion de mes affaires... dont les yeux maudits assiègent toutes mes actions... et furettent de tous côtés pour voir s'il n'y a rien à voler. » MOL., **Avare**, I, 3 (Cf. Espion, cit. 1).

2 « C'est un beau, gros, court, jeune vieillard, gris pommelé, rusé, rasé, blasé, qui guette, et furette, et gronde, et geint tout à la fois. »
BEAUMARCH., **Barbier de Séville**, I, 4.

3 « On arrive chez vous, et, depuis la cave jusqu'au grenier, vous présent, on furette, on cherche pour découvrir tout ce que laisse ou ne laisse pas votre grand-père. » BALZ., **Code des gens honnêtes**, III, I.

4 « Vingt des sauvages montèrent à bord se mirent à fureter dans toutes les parties du pont, à grimper çà et là dans le gréement, faisant comme s'ils étaient chez eux, et examinant chaque objet avec une excessive curiosité. »
BAUDEL., **Traduc. E. POE, Avent. G. Pym.**, XVIII.

5 « ...il piétinait d'un air anxieux dans la maison, la tête vide, ne se rappelant plus où il avait bien pu cacher ses papiers. Il furetait, fouillait partout, faisait des efforts désespérés de mémoire. »
ZOLA, **La terre**, V, I.

6 « Il avait des accointances parmi les hommes au pouvoir, et jusque dans le monde de la police ; il furetait partout, avec cette curiosité inquiétante qui donne à tant de révolutionnaires russes l'apparence de jouer un double jeu, et qui parfois de cette apparence fait une réalité. » R. ROLLAND, **Jean-Christ.**, Le buisson ardent, I, p. 1270.

7 « Je savais que l'enfant explorait en cachette la maison. Je l'entendais qui furetait de pièce en pièce. »
BOSCO, **Jard. d'Hyacinthe**, p. 202.

— *Transit.* (vx.). Chercher, fouiller dans... pour trouver quelque chose. *Fureter la forêt.* V. **Explorer** (cit. 2).

8 « ...d'Alembert, qui, déjà faufilé chez Mᵐᵉ de Luxembourg, avait pu trouver le moyen de fureter ces papiers et d'en enlever ce qui lui avait plu... » ROUSS., **Conf.**, XII.

9 « ...les patrouilles furetaient les portes, les allées, les enclos, les coins obscurs, et, cherchant les vagabonds nocturnes... »
HUGO, **Misér.**, IV, VI, II.

DER. — **Fureteur**. — **Furetage**. *n. m.* (1811). Action de fureter. ‖ 1° Chasse au lapin avec un furet. ‖ 2° Action de s'introduire, de fouiller partout pour découvrir quelque chose.

FURETEUR, EUSE (*fur'teur*). *n. et adj.* (1514 ; de *fureter*).

‖ 1° Celui qui chasse* avec un furet.

‖ 2° *Fig. N. m. et f.* Personne qui cherche, fouille partout en quête de découvertes. V. **Chercheur, curieux** (cit. 9), **fouilleur, fourrageur.** *Fureteur de bibliothèques. Curiosité* (cit. 11) *scientifique d'un fureteur.*

1 « ...ces fureteurs infatigables, qui restent debout des journées entières, au soleil, l'été, à la bise, l'hiver, remuant la poudre de ces nécropoles de bouquins qui garnissent les parapets des quais. »
GAUTIER, **Les grotesques**, Préf., p. VI.

— *Adj.* (XIXᵉ s. BALZ.). Qui cherche partout avec curiosité. V. **Curieux, fouinard, fouineur, indiscret, inquisiteur.** *Fureteur comme un braconnier* (cit. 2). *Des yeux fureteurs.* — REM. La forme adjectivale, illustrée par P. LAROUSSE ne figure ni dans LITTRÉ ni dans ACAD. 1932.

2 « Il avait un œil trop fureteur pour ne pas s'en être aperçu. »
BALZ. (in LAROUSSE XIXᵉ s.).

3 « Pour se créer cet intérieur, dont elle était presque aussi fière que d'elle-même, elle avait mis à contribution le savoir, l'amitié, la complaisance et l'instinct fureteur de tous les artistes qu'elle connaissait. » MAUPASS., **Notre cœur**, I, I.

4 « La bonne madame Marmet, le front placide sur des yeux fureteurs, garda un moment le silence... » FRANCE, **Lys rouge**, VI.

5 « Une humeur fureteuse et grognon de marcassin me menait de chambre en chambre... »
COLETTE, **Paix chez les bêtes**, La chienne trop petite.

6 « Mon œil court d'une page à l'autre, fureteur, musard, distrait... »
DUHAM., **Refuges de la lecture**, VI.

FUREUR. *n. f.* (Xᵉ s. ; lat. *furor*, folie, égarement).

‖ 1° Folie poussant à des actes de violence. V. **Aliénation, délire, démence, égarement, folie, frénésie...** (Cf. Aller, cit. 31 ; fier, cit. 3). *Fureur utérine.* V. **Nymphomanie.**

1 « Lorsqu'une fois le fanatisme a gangrené un cerveau, la maladie est presque incurable. J'ai vu des convulsionnaires qui... s'échauffaient par degrés malgré eux ; leurs yeux s'enflammaient, tout leur corps tremblait, la fureur défigurait leur visage, et ils auraient tué quiconque les eût contredits. » VOLT., **Dict. philos.**, Fanatisme.

2 « Le majeur qui est dans un état habituel d'imbécillité, de démence ou de fureur, doit être interdit, même lorsque cet état présente des intervalles lucides. » CODE CIV., Art. 489.

— *Spécialt.* Délire de l'inspiré. V. **Enthousiasme, exaltation, inspiration, possession, transport.** *Fureur poétique, prophétique, bachique. Sainte fureur. Fureur divine.*

3 « Mais un dieu me retient, ma pousse, me ramène :
Je ne puis résister à son bras qui m'entraîne.
Oui, je sens ta présence, ô Dieu persécuteur !
Et ta fureur divine a passé dans mon cœur. »
LAMART., **Nouv. médit.**, Apparition de l'ombre de Samuel.

4 « Démétrios contemple avec une sorte de crainte religieuse cette fureur de la déesse dans le corps féminin, ce transport de tout un être, cette convulsion surhumaine... » LOUŸS, **Aphrodite**, IV, I.

‖ 2° Passion* sans mesure, créant un état voisin de la folie*. *Amour, jalousie, passion qui devient une véritable fureur* (Cf. Certitude, cit. 6 ; celui, cit. 6). *Désir d'entasser allant jusqu'à la fureur* (Cf. Accumuler, cit. 6). *Fureur religieuse* (Cf. Conjuration, cit. 5 ; fanatisme, cit. 4). *Fureur amoureuse* (vx.). V. **Rut.** *Jouer, s'adonner au plaisir avec fureur, avec une sorte de fureur* (Cf. Échanson, cit. 1). *À la fureur*, à la folie. V. **Follement, passionnément.**

5 « Sers ma fureur, Œnone, et non point ma raison. »
RAC., **Phèdre**, III, 1.

6 « Il aimait les femmes à la fureur. Çunégonde lui parut ce qu'il avait jamais vu de plus beau. » VOLT., **Candide**, XIII.

7 « ...ma passion de musique devenait une fureur, et il était à craindre que mon travail, se sentant de mes distractions, ne m'attirât un congé qu'il valait beaucoup mieux prendre de moi-même. »
ROUSS., **Conf.**, V.

8 « Il n'est plus pour moi de bonheur, de repos, que par la possession de cette femme que je hais et que j'aime avec une égale fureur. »
LACLOS, **Liais. dang.**, Lett. C.

9 « La vérité est que, dans les dernières années de sa vie (*Delacroix*), tout ce qu'on appelle plaisir en avait disparu, un seul, âpre, exigeant, terrible, les ayant tous remplacés, le travail, qui alors n'était plus seulement une passion, mais aurait pu s'appeler une fureur. »
BAUDEL., **Curios. esthét.**, Vie Delacroix, VI.

10 « La fureur guerrière n'est qu'une neurasthénie collective. »
MAUROIS, **Disc. Dr O'Grady**, XXI.

— Suivi d'un complément désignant l'objet de la passion. *Fureur du jeu, des duels, des procès...* — Avec un compl. à l'infinitif. *La fureur de rimer, de discuter...* V. **Démangeaison, envie, habitude, manie, rage.** *Pourquoi cette fureur de mentir et d'inventer à plaisir ?*

11 « Fureur d'accumuler, monstre de qui les yeux
Regardent comme un point tous les bienfaits des dieux,
Te combattrai-je en vain sans cesse en cet ouvrage ? »
LA FONT., **Fab.**, VIII, 27.

12 « J'ai la fureur d'aimer. Mon cœur si faible est fou. »
VERLAINE, **Amour**, Lucien Létinois, V.

13 « ...il n'y a pas dans le sang, dans la chair d'une femme, cette fureur absurde et généreuse de possession, cet antique instinct dont l'homme s'est fait un droit. »
FRANCE, **Lys rouge**, XXIII.

14 « (*L'art musical italien*) était dévoré par sa fureur de nouveauté. »
R. ROLLAND, **Voyage musical au pays du passé**, p. 203.

— *Faire fureur*, exciter un empressement et un intérêt passionnés. V. **Engouement, succès, vogue...** *Mode, pièce, chanson, nouveauté... qui fait fureur. C'est une vedette qui fait fureur en ce moment.*

15 « Il avait fait fureur au Quartier Latin, jusqu'à ce que sa mère étant morte... le jeune homme se fût trouvé privé des rentes que représentait pour lui le travail parental... »
ARAGON, **Beaux quartiers**, I, VI.

|| 3° **Colère* folle, sans mesure.** *Être transporté de fureur* (Cf. Emportement, cit. 8 ; emporter, cit. 49). *Accès, crise de fureur* (Cf. Contre, cit. 17). *Fureur jalouse. Fureur brutale* (Cf. Assouvir, cit. 3), *bestiale, aveugle. Sa fureur ne connaît plus de borne. Calmer* (cit. 13), *contenir, augmenter* (Cf. Eustache, cit.) *exciter, irriter la fureur de quelqu'un. Des yeux qui étincellent* (cit. 5) *de fureur. Entrer, être en fureur.* V. **Enrager.** *Fureur qui éclate, qui se déchaîne, qui tonne* (Cf. Bouée, cit. 1). *Écrit. Dieu dans sa fureur châtiera les hommes* (Cf. Avant-coureur, cit. 3). — *En parlant des animaux. Bête en fureur. Fauve qui rugit de fureur. Mettre un taureau en fureur.* — *D'une manière plus générale,* Colère *qu'engendre et entretient l'action violente. Attaquer, se battre avec fureur.* V. **Acharnement, ardeur, furie, impétuosité, violence*...** *Se déchaîner avec la dernière fureur* (Cf. Entre-, *préf.*, cit. 8).

16 « Une amante en fureur qui cherche à se venger. »
RAC., **Androm.**, IV, 6.

17 « Un mal qui répand la terreur,
Mal que le ciel en sa fureur
Inventa pour punir les crimes de la terre, »
LA FONT., **Fab.**, VII, 1.

18 « Je fus témoin d'un combat tel que vous n'en voyez jamais dans vos climats d'Europe... On combattit avec la fureur des lions, des tigres, et des serpents de la contrée... »
VOLT., **Candide**, XI.

19 « L'animal en fureur, en frénésie, donne de la tête, des membres, des mâchoires, agit par chocs, par assauts, par *vis viva*, tellement que tout son être est comme le projectile, la massue, la pince, le bélier et les trompettes d'une excitation, laquelle a toutes ces machines pour instruments. »
VALÉRY, **Mélange**, p. 204.

20 « ...sa vaillance sans mesure, irréfléchie, ressemble plus souvent à l'impétuosité qu'au courage ; c'est une élémentaire fureur qui se satisfait d'elle-même et l'enivre... »
GIDE, **Ajax**, 1.

21 « Il avait le visage fermé des gens chez qui l'étonnement a coupé net l'élan de la fureur et qui dévorent leur rage en silence. »
GREEN, **A. Mesurat**, I, XIII.

22 « De fureur, il s'en va cogner un grand coup dans le petit poêle. Tout s'écroule, tout se renverse... »
CÉLINE, **Voyage au bout de la nuit**, p. 453.

|| 4° **Caractère d'extrême violence.** — En parlant des éléments naturels déchaînés. *Poét.* V. **Agitation, impétuosité, violence.** *La fureur de la tempête, des flots, des vents, des flammes...* (Cf. Agiter, cit. 1 ; contre, cit. 24 ; flottant, cit. 1).

23 « Celui qui met un frein à la fureur des flots... »
RAC. (Cf. Complot, cit. 2).

24 « Rien n'est plus délicieux que ces premières journées d'automne où l'air agité de puissants remous semble une mer invisible dont les vagues se brisent dans les arbres, tandis que le soleil, dominant cette fureur et ce tumulte, accorde à la moindre fleur l'ombre qu'elle fera tourner à son pied jusqu'au soir. »
GREEN, **Léviathan**, I, XIII.

— En parlant d'actions, de sentiments (*vieilli ou littér.*). *La fureur des combats, de la guerre* (Cf. Culture, cit. 18). *La fureur de son emportement* (Cf. Attiser, cit. 3), *de son impudicité* (Cf. Accouplement, cit. 2).

25 « De protestations, d'offres et de serments,
Vous chargez la fureur de vos embrassements ; »
MOL., **Misanthr.**, I, 1.

26 « Tout ce que j'ai souffert, mes craintes, mes transports,
La fureur de mes feux, l'horreur de mes remords, »
RAC., **Phèdre**, IV, 6.

27 « C'est lorsque la fureur de la guerre civile et du fanatisme arme les hommes de poignards et que le sang coule à grands flots sur la terre, que le laurier d'Apollon s'agite et verdit. »
DIDER., **Essai s. la poés. dramatique**, XVIII.

|| 5° *Au plur.* (Dans le style soutenu). *Accès, mouvement, acte de folie, de déraison.* V. **Transports.** *Les fureurs d'Oreste* (Cf. RAC., Androm., v. 1625-1648).

28 « Qui saura comme lui chanter... les fureurs de Roland dans une ruelle ? »
LA BRUY., VII, 13.

29 « ...non qu'ils n'aient pour ainsi dire toujours sacrifié le droit aux intérêts, la justice aux faveurs, la raison, la sagesse aux fureurs et aux insanités. »
PÉGUY, **La République...**, p. 54.

— Élan de folle passion (Cf. Convulsif, cit. 1).

30 « Mes fureurs au dehors ont osé se répandre.
J'ai dit ce que jamais on ne devait entendre. »
RAC., **Phèdre**, III, 1.

— Mouvement de folle colère. *Les algarades* (cit. 3) *et les fureurs d'un père. Contagion* (cit. 2) *des fureurs populaires. Entrer* (cit. 45) *dans des fureurs inexprimables.*

31 « Enfin on les menace de toutes les fureurs, de toutes les vengeances du ciel ; »
PASC., **Pens.**, XIII, 841.

32 « ...il n'y eut plus rien, que l'agréable perspective de faire mousser le vieil expéditionnaire et de déchaîner ses fureurs indignées. »
COURTELINE, **MM. ronds-de-cuir**, IIe tabl., II.

33 « ...les petits affronts qu'elle avait dû subir, les humiliations dévorées en silence, les fureurs matées tant bien que mal, tout ce levain de rancune semblait avoir choisi cette minute pour germer et se dilater. »
GREEN, **Léviathan**, II, IV.

— Mouvement de violence, au sens le plus général (Cf. Christianisme, cit. 3). *Les fureurs de la tempête, de la tornade* (Cf. Évoquer, cit. 25). *Les fureurs de l'anarchie* (cit. 3).

34 « ...vous ne sentirez point les fureurs de la bise au milieu de toute votre famille. »
SÉV., 1247, 28 déc. 1689.

35 « Thaïs aimait Lollius avec toutes les fureurs de l'imagination et toutes les surprises de l'innocence. »
FRANCE, **Thaïs**, p. 100.

36 « ...ces malheureux étaient prêts pour toutes les fureurs, toutes les imbécillités, toutes les barbaries de l'antisémitisme et du nationalisme. »
PÉGUY, **La République...**, p. 26.

ANT. — **Raison, sens** (bon). **Calme, douceur, modération, retenue, sang-froid.**

DER. — Cf. Furie, furieux, furibond.

FURFURACÉ, ÉE. *adj.* (1806 ; empr. au lat. *furfuraceus*, de *furfur*, « son » (de céréales). Qui a l'apparence du son. — *Spécialt. Méd.* Se dit d'une desquamation par petites plaques écailleuses semblables au son. V. **Furfures.** *Dartre furfuracée.*

FURFURES. *n. m. pl.* (XIVe s. in LITTRÉ ; empr. au lat. *furfur*, « son » (de céréales). *Méd.* Écailles épidermiques de la peau.

FURFUROL. *n. m.* (fin XIXe s. ; Cf. Fuchsine, cit. HUYSMANS ; comp. sav. de *furfur*, « son » (de céréales), et suff. *-ol*). *Chim.* Aldéhyde ($C^5 H^4 O^2$) correspondant à l'acide pyromucique, liquide incolore et huileux, soluble dans l'eau et dans l'alcool, qui bout à 160°. *Préparation du furfurol en attaquant le son, l'amidon, le sucre à chaud par l'acide sulfurique étendu. Le furfurol existe en petite quantité dans la plupart des boissons fermentées, et donne aux alcools mal rectifiés un grand pouvoir toxique. Utilisation du furfurol dans la fabrication des matières plastiques, des textiles synthétiques...*

FURIBOND, ONDE. *adj.* (XIIIe s. ; empr. au lat. *furibundus*. V. **Fureur**). Qui ressent ou annonce une grande fureur, généralement disproportionnée à l'objet qui l'inspire, au point d'en être légèrement comique. V. **Furieux*.** *Le patron est sorti furibond de son bureau. Air furibond. Rouler des yeux furibonds. Voix furibondes* (Cf. Brusque, cit. 5).

1 « Enfonce ton bonnet en méchant garçon. Campe-toi sur un pied. Mets la main au côté. Fais les yeux furibonds. » MOL., **Scapin**, I, 5.

2 « Lamennais est odieux depuis quelque temps. Son journal est furibond. Le bonhomme ne décolère pas. »
STE-BEUVE, **Mes poisons** (in HENRIOT, **Romantiques**, p. 281).

— D'une furieuse violence. *Colères furibondes* (Cf. Explosion, cit. 8).

3 « Et le vent furibond de la concupiscence
Fait claquer votre chair ainsi qu'un vieux drapeau. »
BAUDEL., **Les épaves**, Femmes damnées.

4 « Ce n'était plus l'irréprochable alternance des *pleins* dodus et des maigres *déliés*... mais une furibonde mêlée de jambages galopant les uns après les autres, sans art, sans chic, sans éclat, où se lisait à livre ouvert la hâte d'en avoir terminé avec une tâche fastidieuse... »
COURTELINE, **MM. ronds-de-cuir**, Ve tabl., I.

ANT. — **Calme, doux, paisible, serein...**

DER. — **Furibard, arde.** *adj.* (fin XIXe s.). *Pop.* Synonyme, composé par déformation plaisante de la finale, de *furibond* (avec accentuation de l'aspect comique de la fureur).

FURIE. *n. f.* (XIVe s. ; *fuire* au XIIe s. ; lat. *furia*. V. **Fureur**).

|| 1° *Mythol.* Une des trois divinités infernales (Alecto, Mégère, Tisiphone) chargées d'exercer sur les criminels la vengeance divine. V. **Euménides, fille** (d'Enfer* ; Cf. Démon, cit. 4). *Serpents* (Cf. RAC., Androm., V, 5), *ailes de chauvesouris, fouets, torches, poignards... attributs ordinaires des Furies. Les Furies considérées comme le symbole des remords. Oreste poursuivi par les Furies vengeresses après son parricide.*

1 « Jupiter, voyant nos fautes ; | Amène-moi la Furie
Dit un jour, du haut des airs : | La plus cruelle des trois. »

Va-t'en, Mercure, aux enfers. | LA FONT., **Fab.**, VIII, 20.

2 « Tes remords te suivront comme autant de furies ; »
RAC., **Britann.**, V, 6.

3 « La douleur, la rupture de l'âme improvisent une tout autre, une affreuse beauté : les narines se pincent, le masque se déforme et devient celui d'une Furie... Vénus enfin abandonne sa proie. »
VALÉRY, **Variété** V, p. 195.

— *Fig.* Femme que la méchanceté, la haine, la vengeance emportent jusqu'à la fureur. V. **Bacchante, harpie, mégère.**

Ce n'est pas une femme, c'est une furie, une vraie furie. Elle s'est jetée sur lui comme une furie. Il n'a pu faire entendre raison à ces furies.

4 « Il se contentait... de dire que votre Émilie (dans « Cinna ») était la rivale de Caton et de Brutus dans la passion de la liberté. À cette heure il va bien plus loin. Tantôt il la nomme la possédée du démon de la république, et quelquefois la belle, la raisonnable, la sainte et l'adorable furie... Elle inspire en effet toute la conjuration... Elle entreprend, en se vengeant, de venger toute la terre... »
GUEZ de BALZ., **Lett. à Corn.**, 17 janv. 1643.

5 « Qui croyez-vous qui veuille me perdre auprès de cette femme que j'adore ? quelle Furie supposez-vous assez méchante, pour tramer une pareille noirceur ? »
LACLOS, **Liais. dang.**, Lett. XLIV.

6 « Arrivés... devant la maison Duplay... les acteurs donnèrent une scène. Des furies dansaient en rond... Le soir, ces mêmes bacchantes coururent à Sainte-Pélagie, où était la mère Duplay... Elles se firent ouvrir les portes par les geôliers effrayés, étranglèrent la vieille femme et la pendirent... »
MICHELET, **Hist. Révol. fr.**, XXI, 10.

‖ 2° Fureur particulièrement vive qui se manifeste avec éclat. (REM. Le mot *furie* est ainsi, avec une signification accentuée, une sorte de doublet de *fureur*, dans tous les sens de ce mot, sauf au sens 1° de « folie »).

7 « Il semble que le mot de *fureur* dénote davantage l'agitation violente du dedans, et le mot *furie* l'agitation violente du dehors. »
VAUGELAS (in LAFAYE).

— V. **Passion.** *Émulation* (cit. 4) *qui devient une sorte de furie. S'abandonner à la furie du jeu.* V. **Manie*.**

8 « ...ce n'est pas d'aujourd'hui qu'elle (*Votre Majesté*) se voit en butte à la furie des épitres dédicatoires. »
MOL., **Fâch.**, Épit. au Roi.

9 « ...tu te demandes pourquoi cette soudaine furie d'écrire... »
MAURIAC, **Nœud de vipères**, I, I.

10 « ...cette sarabande de projets, cette furie de travail et de création. cette débauche de livres... »
HENRIOT, **Portr. de fem.**, p. 340.

— V. **Colère, rage.** *Mettre quelqu'un en furie* (Cf. Bourrade, cit. 3). *Être, entrer en furie. Éruptions* (cit. 3) *de furie. Lionne en furie.*

11 « On eut un moment l'idée que les vainqueurs, dans leur furie, pourraient venir frapper en lui (*le Roi*) le chef de ces Suisses, de ces nobles, qui avaient fait un si grand carnage du peuple. »
MICHELET, **Hist. Révol. fr.**, VII, II.

— *Spécialt.* Colère que développe l'action violente. *Attaquer, charger avec furie* (Cf. Effréné, cit. 1). *La furie française*, d'après l'expression italienne *furia francese* (Cf. Delà, cit. 1), désignant l'impétuosité irrésistible des attaquants français lors des guerres de la fin du XVe siècle. V. **Ardeur, courage ; acharnement.**

12 « Cette manœuvre, qui lui fut propre, était d'accord avec la *furie française* ; mais elle n'eût point réussi avec des soldats moins impétueux et moins agiles. »
CHATEAUB., **M. O.-T.**, t. III, p. 174.

13 « L'action s'engagea avec furie, plus de furie peut-être que l'empereur (*Napoléon*) n'eût voulu, par l'aile gauche française sur Hougomont. »
HUGO, **Misér.**, II, I, V.

— V. **Agitation, violence.** *La furie de l'océan, de la tempête. Mer en furie. Fig. La furie des passions* (Cf. Fermenter, cit. 3), *d'une mêlée, d'une scène dramatique* (Cf. Flamenco, cit. 1).

14 « Du bout de l'horizon accourt avec furie
    Le plus terrible des enfants
    Que le Nord eût portés jusque-là dans ses flancs. »
LA FONT., **Fab.**, I, 22.

15 « ...si le corps mort ne reparait point, ou que la furie du Rhône l'ait jeté au delà d'Arles... »
SÉV., **1268**, 26 fév. 1690.

16 « Et les écueils centenaires
    Rendent des bruits de tonnerre
    Dans l'ouragan ?
    ...

    HUGO, Lég. des siècles, Paysans au bord de la mer, V. |
L'ombre est pleine de furie
    Ô chaos ! onde ahurie,
    Caps ruisselants, »

17 « Tout à coup, une furie de concupiscence sauta sur lui, comme eût fait un tigre. »
BLOY, **Le désespéré**, p. 231.

ANT. — Calme, douceur, langueur, modération, nonchalance.

FURIEUX, EUSE. adj. (1290 ; lat. *furiosus*. V. **Fureur**). En fureur, plein de fureur.

‖ 1° En proie à la fureur qui caractérise certaines folies. V. **Fou*.** *Mettre la camisole à un fou qui écume, qui devient furieux* (Cf. Folie, cit. 3). *Un fou furieux. Accès de folie furieuse d'un épileptique.*

— *Par hyperb. Se réfugier loin d'un monde furieux* (Cf. Asile, cit. 23). *Littér. Roland furieux* (« Orlando furioso », épopée de l'Arioste). — *Substantivt. Il faut enfermer ces furieux !* V. **Énergumène, enragé, fanatique, forcené** (Cf. Qui a le diable au corps).

1 « Qui veut être modéré parmi des furieux s'expose à leur furie ; »
ROUSS., **Lett. à Mgr de Beaumont.**

2 « La plume de M. de Chateaubriand ressemble à l'épée de Roland d'où jaillit l'éclair ; mais ici, sur ces choses de 1830, c'est l'épée de Roland *furieux*, qui frappe à tort et à travers dans le délire de sa vanité, dans sa rage de n'avoir pas été tout sous le régime bourbonien... »
STE-BEUVE, **Caus. du lundi**, 27 mai 1850, t. II, p. 144.

3 « ...elle (*Théroigne de Méricourt*) avait perdu l'esprit... pendant cette longue période de vingt-quatre années (toute une moitié de sa vie !) elle resta folle furieuse, hurlant comme au premier jour. C'était un spectacle à briser le cœur, de voir cette femme héroïque et charmante, tombée plus bas que la bête, heurtant ses barreaux... »
MICHELET, **Hist. Révol. fr.**, VII, II.

— *Spécialt. Poétiqt.* En proie à la fureur de l'inspiré, du possédé.

4 « Allons voir au théâtre, aux accents d'Euripide,
    D'une sainte folie un peuple furieux
    Chanter : *Amour, tyran des hommes et des Dieux ;* »
A. CHÉNIER, **Poèm.**, L'invention.

‖ 2° Qui est animé, excité par une passion folle, sans frein. *Exaspéré, rendu furieux par le désir. Une haine furieuse.* V. **Exacerbé, exalté.** *Une furieuse envie de...* — *Désir, baisers furieux* (Cf. Éperdument, cit. 2).

5 « ...moi qui n'ai pas ses désirs furieux, j'ai peur de me refroidir plus tôt qu'elle encore. »
BALZ., **Lys dans la vallée**, Œuv., t. VIII, p. 1030.

6 « Les femmes surtout y prenaient grand plaisir (*au massacre*)... elles devenaient des spectatrices terribles, insatiables, comme furieuses de plaisir et de curiosité. »
MICHELET, **Hist. Révol. fr.**, VII, VI.

— *Par ext.* T. du lang. précieux. *Vx.* V. **Excessif, extrême, extraordinaire.** *Furieuse dépense* (cit. 10 MOL.).

7 « ...j'ai un furieux tendre pour les hommes d'épée. »
MOL., **Préc.**, 11.

‖ 3° En proie à une folle colère. V. **Hors** (de soi). Cf. Furax (*fam.*). *La contradiction, la résistance l'avait rendu furieux. Foule, meute furieuse, aboyante* (cit.), *exaspérée* (cit. 17). *Être furieux contre quelqu'un, contre soi-même* (Cf. Assiette, cit. 7), *contre quelque chose* (Cf. Critique, cit. 5). *Il est furieux de se voir démasqué* (Cf. Écraser, cit. 14), *délaissé* (Cf. Fêter, cit. 3), *d'avoir perdu... Il est furieux que je lui aie dit ses vérités.* — *Un lion, un taureau furieux* (Cf. Fanon, cit. 1). — *Blas.* (en parlant du taureau, de la licorne) *Dressé sur les pieds de derrière.*

8 « Sors, traître. N'attends pas qu'un père furieux
    Te fasse avec opprobre arracher de ces lieux. »
RAC., **Phèdre**, IV, 2.

9 « Je suis furieuse... Depuis hier vous me faites tous rager. Je bisque beaucoup. Je ne comprends pas. »
HUGO, **Misér.**, V, VIII, I.

10 « Il crie à son peuple, furieux qu'on le tire du noir sommeil... »
SUARÈS, **Trois hommes**, Ibsen, III.

11 « La publication de ce livre et son succès... retentirent cruellement dans le cœur jaloux de Louise, furieuse de ne pouvoir être associée à la nouvelle gloire de Gustave. »
HENRIOT, **Portr. de fem.**, p. 356.

— Qui dénote une folle colère. V. **Furibond.** *Air, regards, gestes, cris furieux. Une furieuse invective.*

12 « ...il sentit la révolte furieuse qui devait à ce moment indigner sa figure. »
PROUST, **Les plaisirs et les jours**, p. 263.

13 « ...haussant quatre ou cinq fois les épaules par un geste furieux, il enfonça ses poings dans les poches de sa veste et s'en fut au salon. »
GREEN, **Ad. Mesurat**, I, IX.

— *Spécialt.* Plein de fureur dans le combat, l'action ardente, violente. V. **Acharné, enragé.** *Les assaillants* (cit. 2) *maintenant furieux. Combattants furieux, acharnés, farouches* (cit. 9). *Une attaque, une charge furieuse.* V. **Impétueux.** *Livrer de furieux combats. Un furieux corps à corps. Mêlées, poussées furieuses* (Cf. Escadron, cit. 3). *Guerre furieuse, acharnée* (cit. 10).

14 « La dispute de cette entrée a été furieuse. On a longtemps vu sur le montant de la porte toutes sortes d'empreintes de mains sanglantes. C'est là que Bauduin fut tué. »
HUGO, **Misér.**, II, I, II.

‖ 4° Qui a un caractère d'extrême violence. V. **Violent.** — *Littér.* En parlant des éléments. V. **Déchaîné.** *Vent, torrent furieux. Une furieuse tempête. Furieuse canicule* (Cf. Ardeur, cit. 3). *Pluie furieuse* (Cf. Enragé, cit. 17).

15 « Dans les clapotements furieux des marées, »
RIMBAUD, **Poés.**, Bateau ivre.

16 « ...sa frêle carcasse pliait sous le vent furieux de la peste et craquait sous les souffles répétés de la fièvre. »
CAMUS, **La peste**, p. 234.

— En parlant d'actions, de mouvements... *De furieuses salves d'artillerie* (cit. 4). *Crises* (cit. 14) *de réaction furieuse. Élan* (cit. 1 et 5), *bonds furieux. Un furieux coup de poing.*

17 « Il pleuvait à verse, ce matin-là, et des rafales effeuillaient le jardin... avec une sorte de joie furieuse... »
GREEN, **Léviathan**, I, V.

18 « ...le vieux aura des contractions de plus en plus furieuses sur lui-même, pour tenter d'écraser ce monstre qui lui pousse à l'intérieur. »
ROMAINS, **H. de b. vol.**, t. V, XXIV, p. 230.

ANT. — Sain (d'esprit), sensé. Apaisé (cit. 28), calme, doux, modéré, paisible, serein, tranquille.

DER. — **Furieusement.** adv. (XIVe s.). D'une manière furieuse, avec fureur. *Attaquer furieusement* (Cf. Ascète, cit. 6). *Passion qui explose* (cit. 6) *furieusement* (Cf. Crever, cit. 8). *Précipiter, faire rouler furieusement* (Cf. Exaspérer, cit. 15 ; exploser, cit. 1). *S'injurier furieusement.*

1 « Enjolras assujettit la barre de la porte, et la verrouilla,... pendant qu'on la battait furieusement au dehors, les soldats à coups de crosse, les sapeurs à coups de hache. »
HUGO, **Misér.**, V, I, XXII.

— *Par hyperb.* T. du lang. précieux. *Vx.* ou *p. plaisant.* Extrêmement (Cf. Blesser, cit. 3 ; brutalité, cit. 6 MOL.). V. **Excessivement** (cit. 3). — Employé comme adv. de quantité (*Rare*).

2 « Il doit s'y dire furieusement d'infamies — et peut-être s'y en faire, » ajoutaient-ils.
BARBEY d'AUREV., **Diaboliques**, À un dîner d'athées, p. 299

FURIOSO. *adj.* (XIXᵉ s. ; mot ital. « furieux, fou »). *Mus.* Qui a un caractère violent, furieux. *Allegro furioso.* Adverbialt. *Jouer furioso.*

FUROLE. *n. f.* (*Furolle* 1520 in LEM. DE BELGES, aussi *furiole* au XVIᵉ s. ; dér. de *feu* avec attraction de *furie*). Feu follet. V. **Follet.**

FURONCLE. *n. m.* (*Furuncle* au XVIᵉ s., PARÉ ; a remplacé la forme pop. *feroncle, froncle* encore en 1690 in FURET. ; empr. au lat. *furunculus,* même sens issu par anal. de forme du sens « bosse de la vigne à l'endroit du bouton », propremt. « petit voleur », rac. *fur,* voleur, ainsi nommé parce qu'il dérobe la sève de la plante). *Méd.* Inflammation circonscrite de la peau qui a son siège dans l'appareil pilosébacé, caractérisée par une tuméfaction* acuminée et la formation d'une petite escarre (V. **Bourbillon**). *Le furoncle, appelé vulgairement clou*, est provoqué par un staphylocoque*. Furoncle à foyers multiples.* V. **Anthrax.** *Eruption de furoncles. Furoncles au cou, aux aisselles... Furoncle qui grossit, mûrit, perce. Suppuration d'un furoncle. Ouvrir un furoncle* (Cf. Bistouri, cit. 2).

« Pasteur, avec Émile Roux... découvrit, dans les furoncles et dans l'ostéomyélite aiguë, le même microbe, le staphylocoque. »
MONDOR, **Pasteur**, VII, p. 116.

DER. — **Furonculeux, euse.** *adj.* (1845 ; dér. sav. de *furunculus,* d'après *furoncle*). Qui est de la nature du furoncle. *Inflammation furonculeuse. Abcès furonculeux.* — Qui est atteint de furoncles, de furonculose, en parlant d'une personne. — **Furonculose.** *n. f.* (fin XIXᵉ s.). Maladie caractérisée par des éruptions simultanées ou successives de furoncles.

FURTIF, IVE. *adj.* (1370 ; empr. au lat. *furtivus,* de *furtum,* « vol », rac. *fur,* « voleur »).

‖ **1°** Que l'on cache, dissimule, garde en secret comme on ferait d'un larcin. V. **Caché, clandestin, secret, subreptice.** *Des amours furtives* (FURET., 1690, signalant que *furtif* ne s'emploie que dans cette expression).

1 « Toi qu'un amour furtif souilla de tant de crimes, »
CORN., **Médée**, III, 3.

2 « Je commençai à combattre mes inclinations furtives, et à vivre en garçon d'honneur. » LESAGE, **Gil Blas**, X, XII.

3 « Il m'est très important que Genève, qui n'est qu'à une lieue de mon séjour, ne passe point pour un magasin clandestin d'éditions furtives... » VOLT., **Lett. Damilaville**, 1894, 2 fév. 1761.

4 « Elles trouvaient, à parler de ses débordements, un plaisir furtif et jaloux. » MAUROIS, **Cercle de famille**, I, VI.

‖ **2°** Qui se fait à la dérobée, qu'on veut faire passer inaperçu, ou qui passe presque inaperçu. V. **Discret, rapide.** *Regard, coup d'œil furtif.* V. **Dérober** (à la dérobée). Cf. Extirper, cit. 5. *Sourire furtif.* V. **Errant, fugace, fugitif.** *Geste furtif. Saisir quelque chose d'une main furtive. Glisser une main furtive dans une poche, un coffret... Marcher à pas furtifs, d'un pied furtif. Pleur furtif* (Cf. Égoutter, cit. 3), *baisers furtifs. Furtive étreinte. Personne, présence furtive* (Cf. Casser, cit. 19). *Ombres, formes furtives. Entrevue furtive, furtives connivences* (cit. 3). — *Manière furtive d'agir.* V. **Dissimulé, insinuant** (Cf. Emmancher, cit. 3). *Soupçon furtif comme un éclair* (Cf. Fulgurant, cit. 6). *Joie, émotion furtive.*

5 « ... pied furtif, taille droite, élancée, bras dodus, bouche rosée... »
BEAUMARCH., **Barb. de Sév.**, II, 2 (Cf. Accort, cit. 3).

6 « Aussitôt que la nuit aura clos tous les yeux, endormi tous les soupçons, le jeune reclus rallumera sa lampe et s'échappera de sa cellule à pas furtifs, un tromblon sous sa robe. »
A. BERTRAND, **Gaspard de la nuit**, La cellule.

7 « Mais le vert paradis des amours enfantines,
...
L'innocent paradis, plein de plaisirs furtifs ? »
BAUDEL., **Fl. du mal**, Spl. et id., Mœsta et Errabunda.

8 « Rasant le sol comme les hirondelles furtives, quelques femmes... filaient à petit bruit le long des maisons... »
GAUTIER, **Toison d'or**, I.

9 « Ils s'embrassèrent, et, après un coup d'œil furtif dans la rue, elle partit en rasant le mur. » MAUPASS., **Notre cœur**, II, II.

10 « ... un regard furtif, à la fois inquisitorial et timoré, après lequel il baissait aussitôt ses paupières sur ses yeux presque clos avec l'onction d'un ecclésiastique en train de dire son chapelet... »
PROUST, **Rech. t. p.**, t. X, p. 221.

11 « Le démon n'attaquait pas Vincent de front ; il s'en prenait à lui d'une manière retorse et furtive. » GIDE, **Faux-Monnayeurs**, I, XVI.

12 « Ce fut d'abord une joie furtive, insaisissable, comme venue du dehors, rapide, assidue, presque importune. Que craindre qu'on espérer d'une pensée non formulée, instable, du désir léger comme une étincelle ? » BERNANOS, **Sous le soleil de Satan**, I, II.

13 « Il cherchait sa voie dans cette rue mal famée qu'animaient quatre ou cinq présences misérables et furtives. »
MAC ORLAN, **La Bandera**, I.

14 « La jeune fille, telle une souris furtive, s'était déjà glissée jusqu'à la porte qu'elle ouvrit sans bruit. » DUHAM., **Voyage P. Périot**, I.

15 « De furtives rougeurs parcouraient son visage, et ses yeux avaient un éclat plus doux. » ARLAND, **Monique**, V, p. 215.

ANT. — Franc, ostensible, ouvert, patent, public.

DER. — **Furtivement.** *adv.* (XIVᵉ s.). D'une manière furtive. V. **Cachette*** (en), **dérobée*** (à la), **secret** (en). *Prendre furtivement* (V. **Dérober**). *S'en aller, sortir furtivement ; s'esquiver furtivement sur la pointe des pieds. Déménager furtivement* (Cf. Mettre la clé sous la porte). *Se glisser, se couler* furtivement quelque part. Essuyer* (cit. 5) *furtivement un pleur.*

1 « ... il avait soixante et trois manières d'en trouver (*de l'argent*) toujours à son besoin, dont la plus honorable et la plus commune était par façon de larcin furtivement fait... » RAB., **Pantagruel**, II, XVI.

2 « Un coup d'œil caressant furtivement jeté » A. CHÉN., **Odes**, II, I.

3 « Beaucoup de gentilshommes mandés des provinces depuis plusieurs jours, étaient entrés furtivement, un à un, dans les Tuileries, armés de poignards, d'épées et de pistolets ; »
MICHELET, **Hist. Révol. fr.**, IV, IX.

4 « Il s'en alla furtivement sur la pointe de ses espadrilles et ferma la porte avec précaution. » MAC ORLAN, **La Bandera**, XIV.

5 « De temps en temps, il retire son binocle aveuglé de vapeur et l'essuie furtivement. » DUHAM., **Salavin**, VI, VIII.

FUSAIN. *n. m.* (XIIᵉ s. ; d'un lat. vulg. *fusago,* dér. de *fusus,* « fuseau », le bois de fusain servant à faire des fuseaux).

‖ **1°** *Bot.* Plante dicotylédone (*Célastrinées*) scientifiquement appelée *evonymus,* arbre ou arbrisseau, dressé, ou grimpant, à feuilles caduques ou persistantes, à fleurs verdâtres hermaphrodites, et à fruits rouges capsulaires qui font nommer le fusain d'Europe « bonnet de prêtre », « bonnet carré ». *Le fusain arbrisseau ornemental des jardins ; massif, haie, bordure de fusains. Tailler des fusains. Feuilles sombres et luisantes du fusain. Bois de fusain dense et très dur employé en ébénisterie et en marqueterie, utilisé sous forme de charbon pour le dessin.*

1 « Les feuilles des fusains luisaient au milieu de la noirceur nocturne, comme si les valets de chambre astiquaient, chaque matin, le fourré opposé à la maison de leurs nobles maîtres. »
MONTHERLANT, **Les jeunes filles**, p. 110.

‖ **2°** *Bx-arts.* Charbon friable fait avec le bois du fusain, dont on se sert comme d'un crayon pour dessiner. *Fusain dur, tendre. Morceau de fusain.* Par appos. *Crayon fusain. Estompe* à fusain. Travailler au fusain. Première ébauche d'un tableau au fusain. Esquisse, croquis, dessin* (cit. 1), *étude au fusain. Fixer un travail au fusain avec un fixatif*. Portrait au fusain et à la sanguine.*

2 « ... je dessinais, au fusain, grandeur nature, le portrait de M. Dudebat... » DUHAM., **Salavin**, III, IV.

3 « ... les *fusains* qu'on emploie tels quels, et les *crayons-fusains* qu'on peut tailler, grâce à leur solidité relative, en pointes fines, et qui donnent, les uns comme les autres, une manière très différente de celle que donne le graphite, beaucoup plus lourde, beaucoup plus opaque. »
J. BRULLER (in ENCYCL. de MONZIE, XVI, 16'28-11).

4 « Nous le (*Degas*) voyons alors employer des crayons gras dont le noir s'écrit plus fortement sur le papier, et aussi le fusain qui à la fin de sa vie devint à peu près son seul moyen de dessin... »
D. ROUART, **Degas**, p. 67.

— *Par ext.* Dessin exécuté au fusain. *Faire des fusains. Fixer un fusain. Exposition de fusains* (Cf. Exposer, cit. 2).

DER. — **Fusainiste** ou **fusiniste.** *n.* (fin XIXᵉ s.). Artiste qui fait des dessins au fusain.

FUSANT, ANTE. *adj.* (XIXᵉ s. in LITTRÉ ; de *fuser*). Qui fuse. — Pyrotechn. *Composition fusante,* qui au lieu de détoner brûle plus ou moins rapidement en produisant un jet de gaz enflammé. *Fusée fusante,* qui fait éclater le projectile avant le choc, en l'air, par oppos. à *percutante.* Dans le même sens *Obus fusant* et substantivt. *Un fusant.*

FUSAROLLE. *n. f.* (*Fuserole* en 1676 ; empr. à l'ital. *fusaruola,* rac. *fuso,* « fuseau »). *Archit.* Collier à grains allongés, sous l'ove de certains chapiteaux. (On écrit aussi *fusarole*).

FUSCINE (*fu-sin'*). *n. f.* (XVIᵉ s. in HUGUET ; empr. lat. *fuscina*). *Antiq. rom.* Fourche à trois dents des pêcheurs de l'antiquité, emblème de Neptune, dieu de la mer. V. **Trident*.** *Gladiateur, rétiaire combattant avec la fuscine.*

FUSEAU. *n. m.* (*Fusel* au XIIᵉ s. ; d'un lat. vulg. *fusellus,* de *fusus,* « fuseau »).

‖ **1°** Petit instrument en bois tourné renflé au milieu et se terminant en pointe aux deux extrémités, qui sert à tordre et à enrouler le fil, lorsqu'on file* à la quenouille*. *Fileuse* qui tourne son fuseau. Fil d'un fuseau.* V. **Fusée.** *Le fuseau des Parques*.*

1 « Que chacune conte une histoire
En faisant tourner ses fuseaux. » VOLT., **Filles de Minée.**

‖ **2°** *Par ext.* La forme* de cet instrument (V. **Fusiforme**). *Arbre fruitier taillé en fuseau. Les fuseaux des cyprès, des peupliers... Colonne* (cit. 4) *en fuseau* (Cf. aussi Fantôme, cit. 13). *Fuseau de bois pour fouler.* V. **Roulet.**

2 « Tous les minarets, qui venaient d'allumer leurs doubles ou triples couronnes lumineuses, ressemblaient à de gigantesques fuseaux d'ombre, portant, à différentes hauteurs dans l'air, des bagues de feu. »
LOTI, **Les désenchant.**, XXX.

— *Muscle en fuseau. Jambes de fuseau* (vx.). *Jambes en fuseau :* jambes fines. V. **Fuselé.**

— *Néol.* Par appos. *Pantalon*-*fuseau :* pantalon à jambes larges au genou se rétrécissant jusqu'à la cheville, et terminées par un sous-pied. *Pantalon fuseau pour le ski.* Absolt. *Porter un fuseau ou des fuseaux. Fuseaux en gabardine.*

3 « ... un équipement type (*du skieur*) se généralise progressivement. Il comporte essentiellement le pantalon-fuseau engagé dans la chaussure par-dessus et non à l'intérieur des socquettes, le chandail à col roulé et manches longues en laine tricotée... En montagne, le fuseau fait place au knicker... » F. GAZIER, **Les sports de la montagne**, p. 47 (éd. P.U.F.).

‖ 3° *Par anal. de forme.* Petite broche où est enroulé le fil pour faire la dentelle. *Dentelle* au fuseau.

— Broche conique autour de laquelle on envide un textile (V. **Rochet**). *Laine qui s'étire* (cit. 2) *sur les fuseaux...*

— *Archit.* Barreau fuselé d'un balcon, d'une rampe d'escalier...

— *Zool.* Genre de mollusques gastéropodes prosobranches (*Fasciolariidés*), scientifiquement nommé *Fusus*, à coquille fusiforme avec une spire longue et pointue. *Le fuseau comprend de nombreuses espèces fossiles.*

— *Anat. Fuseau neuro-musculaire :* « structure fusiforme dans les muscles, constituée par des fibres musculaires striées qui sont enveloppées par une couche de tissu conjonctif et munies d'une fibre nerveuse » (LOVASY).

— *Biol. Fuseau achromatique* ou *fuseau central :* tractus filamenteux en forme de fuseau qui apparaît dans la cellule lors de la mitose*.

4 « Ceux-ci (*les chromosomes*) se placent régulièrement la pointe en dedans, en formant au milieu du *fuseau achromatique* (granulations disposées en stries, en nombre égal à celui des chromosomes, et réunissant les deux sphères directrices) ce qu'on appelle la *plaque équatoriale.* » VALLERY-RADOT, **Le grand mystère**, p. 29.

‖ 4° *Fig.* Géom. *Fuseau sphérique :* portion de la surface d'une sphère comprise entre deux demi-grands cercles ayant leur diamètre commun (ainsi nommée à cause de son aspect). Par ext. *Fuseau cylindrique, conique :* partie de la surface latérale d'un cylindre, d'un cône droit à base circulaire, comprise entre deux plans passant par l'axe.

— *Spécialt.* Géogr. *Fuseau horaire :* chacun des 24 fuseaux sphériques imaginaires tracés à la surface du globe avec les pôles pour extrémités. *À l'intérieur d'un fuseau horaire tous les points ont conventionnellement la même heure.* V. **Heure** (Cf. Dégradation, cit. 6). *Avancer, retarder sa montre d'une heure en changeant de fuseau horaire.*

5 « Le terme d'Europe centrale, associé à l'idée d'un fuseau horaire, évoque toute une atmosphère géographique et sociale, une façon de vivre, de sentir, de penser... » SIEGFRIED, **Âme des peuples**, V, I.

DER. — Fuselé*. V. Fusain.

COMP. — **Fuseau-moteur.** *n. m.* (XXᵉ s.). *Aviat.* Enveloppe fuselée d'un moteur d'avion situé en dehors du fuselage.

FUSÉE. *n. f.* (XIIIᵉ s. ; d'un lat. vulg. *fusata*, de *fusus*, « fuseau »).

I. ‖ **1°** *Vx.* Quantité de fil enroulée sur le fuseau* d'une fileuse. — *Fig. et vx. Démêler une fusée*, une affaire embrouillée.

1 « ... il faut que cette fusée soit démêlée avant le départ de l'ambassadeur. » SÉV., 1022, mai 1687.

‖ **2°** *Par ext.* Fuseau (forme). — Partie de l'épée* qui forme la poignée, entre la garde* et le pommeau*. — *Charronn. et autom.* Chacune des extrémités de l'essieu* d'une voiture qui entrent dans les moyeux de roues. V. **Boîte.** — *Mar. Fusée de vergue :* extrémité de la vergue. — *Horlog.* Cône cannelé où s'enroule la chaîne de l'intérieur d'une horloge à poids, quand on la remonte. « *Les montres modernes n'utilisent guère la fusée* » (LAR. INDUST.). — *Blas.* Meuble de l'écu en forme de losange.

II. *Par anal. de forme.* Projectile qui emporte avec lui le combustible nécessaire à sa propulsion.

‖ **1°** *Pyrotechn.* (XVᵉ s.). Pièce de feu* d'artifice, Tube contenant une préparation fusante (V. **Poudre**) et une préparation lumineuse, qui lorsqu'on l'allume s'élève et éclate en parcelles incandescentes. V. **Chandelle** (romaine). *La combustion de la poudre chasse violemment les gaz à l'arrière du tube et détermine par réaction la propulsion de la fusée. Cartouche et pot d'une fusée. Petite fusée à main. Fusée volante ou à baguette :* longue fusée attachée à une baguette de bois qui en maintient la direction. V. **Serpenteau.** *Fusée blanche, fusée de couleur. Fusée qui monte, s'élève* (cit. 43) *dans le ciel, explose* (cit. 3) *et s'éteint. Sifflement des fusées qui partent. Gerbe, faisceau de fusées.* V. **Bouquet, girande, girandole.**

2 « Son fils, évêque d'Angers, éborgné d'une fusée à l'hôtel de ville... » ST-SIM., **Mém.**, I, 473.

3 « ... les noirs admirables du ciel et des eaux étaient déchirés à temps inattendus, éblouis par les très belles fusées qui montaient, criaient, gesticulaient, se tordaient, mouraient enfin de splendeur. » VALÉRY, **Mélange**, p. 23.

« D'autres fusées partirent, les unes en gerbes d'argent, celles-ci en 4 spirales aux courbes de plus en plus larges comme un ressort détendu, celles-là toutes droites et qui, tout d'un coup, éparpillaient dans les étoiles une infinité de petits points d'or. La dernière affectait la forme d'un gigantesque bouquet tricolore... » GREEN, A. Mesurat, III, IX.

— *Utilisation des fusées aux armées comme moyen de signalisation nocturne. Fusée blanche éclairante. Fusées-signaux de couleur. Fusée à parachute.* Mar. *Fusée lancée en signe de détresse.* Aviat. *Fusée d'atterrissage de fortune.*

« Au risque d'emboutir, il atterrirait n'importe où. Et, pour éviter 5 au moins les collines, il lâcha son unique fusée éclairante. La fusée s'enflamma, tournoya, illumina une plaine et s'y éteignit : c'était la mer. » ST-EXUPÉRY, Vol de nuit, XV.

« ...les fusées barraient la nuit d'un long boulevard de clarté, et, 6 par instants, cela s'égayait de lueurs rouges ou vertes, vite éteintes, pareilles à des enseignes lumineuses. » DORGELÈS, Croix de bois, III.

— *Par métaph.* Clochetons (cit.), *fleurs qui s'élancent comme des fusées* (Cf. Digitale, cit.). *Hirondelles qui lancent leur cri* (cit. 28) *comme une fusée. Rire, invective qui part comme une fusée.* V. **Fuser** (Cf. Feu, cit. 55). — *Fig.* Manifestation rapide, éclatante et soudaine. *Fusée de rires, de traits spirituels*. Ses colères ne durent pas, ce sont des fusées* (ACAD.). *Les fusées de la conversation* (Cf. Entrain, cit. 4).

« Alors un éclat de rire sonore, profond, partit comme une fusée dans 7 la cale noire... » LOTI, Mon frère Yves, VI.

« Les files de becs de gaz éclairaient une solitude immense et glissante, du fond de laquelle trois quatre feux montaient comme de 8 lentes fusées. » ROMAINS, H. de b. vol., t. III, XVI, p. 204.

« Des fusées de clabauderie annoncent, de temps en temps, que le 9 héros de l'abstinence est en train de gagner du terrain. » DUHAM., Scènes vie fut., IX.

— *Par anal.* (avec le trajet de la fusée). Jet de liquide qui gicle. *Fusée d'éclaboussures.* V. **Gerbe.** *Méd. Vomissement en fusée* dans les cas de méningite. — Trajet long et sinueux parcouru par le pus entre le foyer de l'abcès et le point d'émergence (V. **Fistule**).

— *Par anal.* (avec le bruit de la fusée). *Mus.* Trait rapide, ascendant ou descendant, entre deux notes éloignées l'une de l'autre.

‖ **2°** *Artill. Fusées incendiaires. Anciennes fusées autopropulsées à bombes, à obus, à grenades. Fusée à la Congreve. Fusées modernes.* V. **Roquette** (ou rocket). *Fusée antichar* (V. **Lance-fusées, lance-roquettes.** — Cf. Bazooka). Agric. *Fusée paragrêle. Propergols utilisés pour les fusées,* destinées à atteindre des hauteurs considérables (V, V1, V2). *Rampe* de lancement de fusée. *Fusée gigogne, à étages.* Astronaut. *Fusée stratosphérique. Projets de fusées interplanétaires, interstellaires. Tuyères* à réaction d'une fusée.*

« La fusée... doit emporter avec elle sa masse d'éjection. La pro- 10 pulsion cesse quand il n'y a plus de masse, même s'il y a encore de l'énergie. » L. LAMING, L'astronautique, p. 14 (éd. P.U.F.).

— Aviat. *Avion-fusée*, avion à réaction qui n'emprunte pas d'oxygène à l'air pour servir à la combustion mais emporte avec lui combustible et comburant.

‖ **3°** *Par ext.* Composition fusante destinée à mettre le feu à un explosif. *Fusée cylindrique pour faire exploser une mine.* V. **Boudin, saucisson.** — Artill. *Fusée d'obus :* petite fusée fixée sur l'ogive du projectile destinée à le faire éclater. *Fusée fusante* ou *fusée à temps* qui détermine le temps écoulé entre le lancement du projectile et son éclatement. *Fusée percutante* qui fait éclater le projectile au choc. *Fusée à double effet. Réglage d'une fusée.*

« La fusée du shrapnell monte, puis retombe verticalement ; celle du 11 percutant, après l'explosion, se détache de l'ensemble disloqué et reste ordinairement enterrée au point d'arrivée ; » BARBUSSE, Le feu, XIX.

FUSEL. *n. m.* (XXᵉ s.). *Chim. Fusel* ou *Huile de fusel.* Mélange de liquides provenant de la rectification des alcools, eau-de-vie, de goût désagréable.

FUSELAGE. *n. m.* (XXᵉ s. ; de *fuselé*, à cause de la forme). *Aviat.* Corps d'un avion*, auquel sont fixées les ailes. *Fuselage en coque des avions modernes.*

« Le fuselage craque. L'avion s'incline à gauche. Virage sur l'aile ? Atterrissage ? » MART. du G., Thib., t. VIII, p. 152.

FUSELÉ, ÉE. *adj.* (XIVᵉ s. ; de *fusel, fuseau*). En forme de fuseau. V. **Fusiforme.** *Doigts fuselés. Jambes fuselées.* — *Spécialt.* Archit. *Colonne fuselée*, dont le fût est légèrement renflé vers le tiers de sa hauteur.

« ...les doigts vont, fuselés, 1
    Agiles, et non sans une grâce perverse » VERLAINE, Élég., VI.

« C'était un bouquet d'arbres aigus, trop fuselés pour garder la 2 neige. Ils étaient luisants d'un beau vert gras, épais et serrés de feuillages comme des colonnes. Antonio reconnut des cyprès d'Italie. » GIONO, Chant du monde, II, III.

« Peau brune, cheveux blonds, longs muscles fuselés, il a l'air d'un 3 homme de luxe, d'un de ces beaux jeunes gens qui skiaient demi-nus à Saint-Moritz. » SARTRE, Mort dans l'âme, p. 224.

DER. — **Fuselage**. — **Fuseler** (*je fuselle, nous fuselons*). v. tr. (1865 in LITTRÉ). Donner la forme d'un fuseau. *Fuseler un barreau de chaise, une colonne.*

« ... une robe d'étoffe épaisse et souple qui la délineait, serrait ses bras, fuselait sa taille, accentuait le ressaut des hanches, tendait sur le corset bombé. »
                                        HUYSMANS, **Là-bas**, XIII.

FUSER. v. intr. (XVIᵉ s. ; dér. sav. du lat. *fusus*, p.p. de *fundere*, « fondre, couler ». — REM. LITTRÉ et la plupart des dictionnaires ne traitent que des sens technol. QUILLET seul (en 1953) enregistre le sens de « jaillir »).

‖ 1º *Technol.* Couler, se répandre en fondant*. *Cire, bougie qui fuse.* — *Chim.* Se dit de sels qui, sous l'action de la chaleur, se décomposent en éclatant avec une légère crépitation. — *Pyrotechn.* Se dit de la poudre qui brûle sans détoner. V. **Fusant.**

— *Fig.* (HUGO). Se répandre peu à peu. V. **Glisser, répandre** (se).

1   « ... la contrebande... fusait souterrainement dans la circulation commerciale et dans tout le système veineux de l'industrie. »
                                        HUGO, **Travaill. de la mer**, V, III.

2   « À travers ces paroles cyniques, fusait une lueur de confiance. »
                                        MAURIAC, **Le désert de l'amour**, II.

3   « Il frissonna, il devait y avoir des fenêtres ouvertes, un courant d'air glacé fusait sous la porte... »
                                        SARTRE, **Le sursis**, 25 septembre, p. 168.

4   « Au second habitait une femme entretenue : souvent, son parfum fusait sous la porte et se répandait jusque sur le palier. »
                                        ID., **Ibid.**, 27 septembre, p. 268.

‖ 2º (fin XIXᵉ s. ; d'après *fusée**). Partir, jaillir comme une fusée. V. **Jaillir.** *Cris, rires qui fusent de toutes parts. Un coup* (cit. 29) *de feu qui fusa.* Par anal. *Quelques arbres fusent de place en place* (Cf. Coupe, cit. 1).

5   « Des gerbes de voix... fusaient avec les sons presque verts des harmonicas, avec les timbres pointus des cristaux qu'on brise. »
                                        HUYSMANS, **En route**, p. 4.

6   « Et en l'éveillant j'avais seulement, comme quand on ouvre un fruit, fait fuser le jus jaillissant qui désaltère. »
                                        PROUST, **Rech. t. p.**, t. XII, p. 232.

7   « J'ai des cornes de poils blancs, raides, qui fusent hors de mes oreilles... »
                                        COLETTE, **Paix chez les bêtes**, Poum.

8   « À côté d'eux, sous un wagon, fusait un jet strident qui empêchait de s'entendre ; un nuage de vapeur fade les enveloppa. »
                                        MART. du G., **Thib.**, t. VI, p. 142.

9   « Des gerbes irisées fusaient en plein ciel, comme le marteau-pilon en exprime de la fonte incandescente. »
                                        DUHAM., **Récits t. de guerre**, II, Sur la Somme.

10   « La jeune fille laissa fuser un joyeux éclat de rire. »
                                        ID., **Pasq.**, VII, XIX.

DER. — **Fusé, ée.** adj. *Chaux* fusée*, qui privée d'eau s'est réduite en poudre. — **Fusement.** n. m. (1845). *Chim.* Action de fuser. *Fusement des nitrates.* — Cf. Fusible.

FUSETTE. n. f. (XXᵉ s. ; de *fusée*, « fuseau »). Petit tube de carton, de matière plastique sur lequel est enroulé du fil, pour la vente au détail. *Fusette de soie rouge.*

FUSIBLE. adj. et n. m. (XIVᵉ s. ; adapt. bas lat. *fusibilis*, du lat. *fusilis*, source de l'anc. forme *fusile*).

‖ 1º Adj. *Phys.* Qui peut fondre*, passer à l'état liquide* sous l'effet de la chaleur. *L'étain, le plomb sont très fusibles* (Cf. *aussi* Bain, cit. 11).

« Nous savons par expérience que les matières les plus simples sont les plus difficiles à vitrifier et qu'au contraire celles qui sont composées sont assez aisément fusibles. »   BUFF., **Hist. nat. minér.**, Œuv., t. X.

‖ 2º N. m. (XXᵉ s.). *Électr.* Petit fil d'un alliage très fusible (généralement de plomb) qu'on interpose dans un circuit et qui coupe celui-ci en fondant lorsque l'intensité du courant devient anormalement grande. V. **Coupe-circuit, plomb.** *Les fusibles sont un dispositif de sécurité évitant que certaines parties du circuit soient portées au rouge et mettent le feu à l'installation. Court-circuit qui fait fondre, sauter les fusibles. Remettre un fusible.*

ANT. — **Apyre, infusible, réfractaire.**

DER. — **Fusibilité.** n. f. (XVIᵉ s.). *Phys.* Qualité de ce qui est fusible ; disposition à fondre, à se liquéfier. *Fusibilité des métaux. Degré de fusibilité* (ANT. **Infusibilité**).

FUSIFORME. adj. (1784 ; comp. sav. du lat. *fusus*, « fuseau »). Qui a la forme d'un fuseau. *Coquille, poisson fusiforme. Racine, graine fusiforme.*

FUSIL (zi). n. m. (XIIIᵉ s. ; *foisil, fuisil* au XIIᵉ s. ; du lat. pop. *focilis*, rac. *focus*, « feu », ellipse probable de *focilis petra*, « pierre à feu »).

I. *Vx.* Petite pièce d'acier avec laquelle on bat un silex* pour faire jaillir des étincelles. V. **Briquet** 1. *Pierre* à fusil. Battre le fusil.*

1   « En tirant du feu d'une pierre avec son fusil, une petite étincelle tomba dans ce mortier. »   A. PARÉ (in HUGUET, Fusil).

— *Par anal.* (XIIIᵉ s.). Baguette d'acier ou de fer dont se servent les cuisiniers et les bouchers pour aiguiser leurs couteaux*. — *Par ext.* Pierre à aiguiser différents outils.

II. *Armement* (vers 1630). Dans les anciennes armes à feu, pièce d'acier recouvrant le bassinet* (cit. 1) contre lequel vient frapper un silex maintenu entre les crocs du chien* lorsqu'on presse sur la détente. V. **Platine** (à silex). *Arquebuse, mousquet, pistolet à fusil.*

— *Par ext.* (vers 1670). Nom de l'arme à feu portative comportant (à l'origine) cette pièce d'acier. V. *pop.* **Flingot, flingue, pétoire.** *Armes que le fusil est venu remplacer.* V. **Arquebuse, couleuvrine** (à mains), **escopette, espingole, haquebute, mousquet, trombon...** *En 1703 Vauban fit adopter le fusil-baïonnette* (cit. 1) *comme arme unique pour toute l'infanterie*. Fusil à piston* (Cf. Chien, cit. 43), *à tabatière*, à percussion* (dont le chien* frappe sur un grain de poudre fulminante* qui enflamme la charge*). Fusil à aiguille* (1847 ; modèle perfectionné de 1866. V. **Chassepot**). *Fusil Gras. Fusil modèle 1886* (Lebel). *Fusil automatique, semi-automatique où la force de réaction des gaz qui produit le recul* de l'arme est utilisée à exécuter toutes les opérations de la charge. Fusil de guerre, de rempart, antichar, lance-grenades. — Fusil de chasse à un coup, deux coups, à répétition. Fusil pour la chasse aux canards.* V. **Canardière.** *Fusil choke-bored* (V. **Choke-bore**), *hammerless*. — Fusil de gros, de petit calibre** (Cf. Écrabouiller, cit. 1). *Fusil léger* (V. **Carabine, rifle**). *Fusil à canon court* (V. **Mousqueton**). — *Parties du fusil : Canon* (V. **Canon ; baïonnette ; âme, tonnerre, tube... ; guidon**) ; *boîte de culasse* et hausse* (V. **Hausse ; curseur, mire, œilleton...**) ; *culasse mobile* (V. **Culasse ; chien, percuteur...** Cf. Levier d'armement, cran de l'armé, tête mobile, butée d'arrêtoir*, cuvette* de percussion) ; *mécanismes de détente et de répétition* (V. **Détente, éjecteur, extracteur, gâchette, magasin...**) ; *monture et garnitures* (V. **Battant** (3º), **bretelle, couche** (plaque de), **crosse***, (cit. 5), **embouchoir** (dér. d'emboucher), **fût, grenadière, pontet, quillon, sous-garde...**). — *Manœuvre du fusil.* V. **Maniement** (d'armes). — Cf. Connaître, cit. 11. *Armer, désarmer un fusil. Alimenter, charger un fusil.* V. **Chargeur.** *Démontage du fusil. Munitions du fusil.* V. **Balle, bourre, cartouche, chevrotine, dragée, grenaille, plomb.** *Tir, tirer au fusil. Épauler* (cit. 1) *son fusil. Braquer* son fusil sur..., viser avec un fusil. Coucher, tenir en joue avec un fusil* (Cf. Éloigner, cit. 11). *Envoyer un coup* (cit. 26) *de fusil.* V. **Feu** (cit. 50, 51) ; **canarder** (cit. 3). Cf. Espion, cit. 2 ; éviter, cit. 35. *Un fusil qui écarte*. Faire partir, décharger* (Cf. Élancer, cit. 7) *son fusil. Décharge de plusieurs fusils.* V. **Fusillade, mousqueterie.** *Portée utile, théorique d'un fusil.* Par ext. *À une portée* de fusil. — Factionnaire* (cit.), *sentinelle armée d'un fusil. Porter son fusil en bandoulière, à la bretelle. Croiser son fusil* (Cf. Façon, cit. 34). *Fusils formés en faisceaux*. Mettre son fusil au râtelier* d'armes. Entretenir, graisser, nettoyer son fusil. Bronzer* le canon d'un fusil. Nettoyer un canon de fusil* (V. **Écouvillon, lavoir... ; tire-bourre, tire-cartouche**). *Partir à la guerre la fleur au fusil.*

2   « ... à côté de boulets empilés, de boulets de fonte et de boulets de pierre, de tout un attirail d'anciens sièges et d'anciennes batailles, voici de très modernes fusils à répétition formés en faisceaux... »
                                        LOTI, **L'Inde (sans les Anglais)**, V, III.

3   « Les hommes rompirent les faisceaux, s'alignèrent et manœuvrèrent les fusils. »   MAC ORLAN, **La Bandera**, VI.

4   « C'est extraordinaire ce qu'il faut de sang-froid pour empêcher un fusil de partir. »   ID., **Quai des brumes**, IV.

— *Par anal. Fusil à air comprimé, à ressort. Fusil à bouchon, à fléchettes. Enfants qui jouent au soldat avec des fusils de bois.*

— *Par ext.* Se dit du tireur lui-même. *X... est un excellent fusil. Une compagnie de deux cents fusils.*

— *Fig. Être couché en chien* (cit. 44) *de fusil.*

5   « Mais maintenant sa façon d'être couché par terre, en chien de fusil, les bras serrés autour du corps, criait la peur. »
                                        MALRAUX, **Condition humaine**, VI, 6 heures.

— *Changer son fusil d'épaule :* changer de projet, d'opinion, de parti, de méthode, de métier.

6   « Monsieur Thiers avait bien souvent changé son fusil d'épaule. »
                                        E. OLLIVIER (in RAT, **Petit dict. loc. franç.**, p. 84).

7   « J'essayai de tout, et c'est drôle
     Comme cela lasse, à la fin,
     De changer son fusil d'épaule
     Sans cible humaine ou but divin ! »
                                        VERLAINE, **Épigr.**, Prol., V.

— *Fam. Coup de fusil :* addition très élevée, dans un restaurant, un hôtel... *N'allez pas dans ce restaurant, c'est le coup de fusil !*

— *Pop.* (d'origine militaire). Gosier, estomac. *N'avoir rien dans le fusil. S'en coller, s'en mettre dans le fusil.*

8   « ... il (Gavroche) ajouta en lui donnant la plus grosse part : — Colle-toi ça dans le fusil. »   HUGO, **Misér.**, IV, VI, II.

DER. — **Fusilier, fusiller, fusilleur.** — **Fusilière.** adj. f. *Pierre fusilière :* pierre grise ou noire, utilisée pour la construction des bassins de fontaine.

COMP. — **Fusil-mitrailleur.** n. m. Arme collective automatique, alimentée par boîte-chargeur (abrév. F.M.). *Bipied, cache-flammes d'un fusil-mitrailleur. Tireur, chargeur, pourvoyeur d'un fusil-mitrailleur. Mise en batterie d'un fusil-mitrailleur. Le groupe de combat est doté d'une pièce de F.M.*

FUSILIER. *n. m.* (1589 ; de *fusil*). Soldat armé d'un fusil. — Vx. *Fusiliers à cheval* (1649), *Fusiliers du roi* (1671). Cf. Baïonnette, cit. 1. — *Spécialt.* Soldat faisant fonction de garnisaire* (Cf. Exaction, cit. 1).

— (De nos jours). *Fusilier-marin :* matelot breveté ou gradé, initié aux manœuvres de l'infanterie, assurant à bord l'ordre, la discipline et l'instruction et participant aux combats d'abordage et de débarquement. — *Fusilier-mitrailleur* (V. **Tireur**).

FUSILLADE (*zi-yad'*). *n. f.* (1771 ; de *fusiller*. — REM. Ce mot attribué parfois à Bonaparte (1796) est antérieur à la Révolution, mais n'était pas très usité dans les années où l'on employait encore mousqueterie* (Cf. BRUNOT, H.L.F., t. IX, pp. 883, 958). Décharge* de coups* de fusils, et, *par ext.* Combat à coups de fusils. *Une vive fusillade. La fusillade crépita* (cit. 1). *Brève fusillade, au cours d'un combat* (Cf. Escarmouche). *Spécialt. Exécution par fusillade* (Cf. Décimer, cit. 4).

1 « En 1831, une fusillade s'interrompit pour laisser passer une noce. » HUGO, Misér., IV, X, V.

2 « On battait le rappel sur le quai, le galop des chevaux retentissait sur le pavé ; ...l'on entendait au loin le crépitement de la fusillade. » FRANCE, Petit Pierre, XI.

3 « Les miliciens et suspects arrêtés sont passés par les armes. Douze cents environ ont déjà été fusillés... On a fusillé tout l'après-midi. Les fusillades continuent. » MALRAUX, L'espoir, I, III, III.

FUSILLER (*zi-yé*). *v. tr.* (1732, TRÉV. ; de *fusil*). Tuer par une décharge de coups de fusil. — REM. « *Fusiller* ne se dit pas en parlant des ennemis qu'on tue à coups de fusil en se défendant ou en attaquant, mais seulement d'un soldat condamné à passer par les armes » (Dict. de TRÉVOUX). V. **Exécuter, passer** (par les armes). Cf. Coller au mur, au poteau*. *Fusiller un suspect* (Cf. Fusillade, cit. 3). *S'arroger* (cit. 5) *le droit de fusiller. Faire fusiller, se faire fusiller, être fusillé pour trahison* (Cf. Échapper, cit. 3). *Napoléon fit fusiller le duc d'Enghien.*

1 « Il n'en fut pas moins condamné à mort et fusillé, un matin du dernier printemps, lié sur une chaise, passant d'un lit d'hôpital au lieu de son sacrifice après que les infirmières se fussent employées toute une nuit, sa dernière nuit, à entretenir par des piqûres son cœur défaillant. » BERNANOS, Grds cimetières s. la lune, p. 144.

2 « Vous n'avez jamais vu fusiller un homme ? Non, bien sûr, cela se fait généralement sur invitation et le public est choisi d'avance. Le résultat est que vous en êtes resté aux estampes et aux livres. Un bandeau, un poteau, et au loin quelques soldats. Eh bien, non ! Savez-vous que le peloton des fusilleurs se place au contraire à un mètre cinquante du condamné ?... Savez-vous qu'à cette courte distance, les fusilleurs concentrent leur tir sur la région du cœur et qu'à eux tous, avec leurs grosses balles, ils y font un trou où l'on pourrait mettre le poing ? » CAMUS, La peste, p. 271.

— *Absolt.* :

3 « ...la sérénité de la nuit semblait avoir chassé avec le brouillard toutes les inquiétudes... Pourtant, des salves, au loin. « On a recommencé à fusiller... » MALRAUX, Condition humaine, V, 11 heures 15.

— *Par ext.* Tuer (quelqu'un) ou tirer sur (quelqu'un) avec une arme à feu. Cf. Compter, cit. 34.

4 « Coûte que coûte, elle (*la Légion*) recherchait l'ennemi qui la fusillait du sommet d'un piton. » MAC ORLAN, La Bandera, VIII.

— *Fig. Fusiller quelqu'un d'épigrammes, de sarcasmes, de critiques.* V. **Harceler.** *Fusiller du regard.* V. **Foudroyer.** *Fam. Les photographes n'ont cessé de la fusiller toute la journée de leurs caméras.* — *Pop.* V. **Abîmer, bousiller, détériorer, détruire.** *Fusiller un moteur. En quelques mois il a fusillé plusieurs millions.* V. **Dépenser.**

‖ SE FUSILLER. Se combattre mutuellement à coups de fusil.

5 « L'émeute était à un bout, la troupe au bout opposé. On se fusillait d'une grille à l'autre. » HUGO, Misér., IV, X, IV.

6 « Je savais que deux tribus du voisinage avaient l'intention de s'y battre : c'est ce dont elles s'occupent, et comme cela ne cause de mal à personne, il n'y a qu'à les laisser se fusiller en repos. » GOBINEAU, Nouv. asiat., p. 307.

‖ FUSILLÉ, ÉE. *p.p. adj.* — *Substantivt.* Personne qui a été fusillée. *Les Fusillés de la Commune, de la Résistance.* « *Les fusillés* », poème de Hugo.

7 « Le militaire s'était laissé aller, le dos contre le mur. Il dormait, affalé ainsi qu'un fusillé. » MAC ORLAN, Quai des brumes, V.

FUSILLEUR. *n. m.* (fin XVIIIe s. ; de *fusil*). Celui qui fusille. *Un peloton, une bande de fusilleurs.* V. **Fusiller,** cit. 2. — *Par ext.* Celui qui donne l'ordre d'exécution, qui en est responsable. *À bas les fusilleurs !*

« Nous pénétrerons... dans l'enceinte de la Convention et des corps législatifs... C'est parmi eux que nous trouverons des chefs d' « égorgeurs, de démolisseurs, de mitrailleurs, de fusilleurs, de noyeurs... » BARRUEL-BEAUVERT, Act. des Apôtres et Mart., janv. 1797, cité par BRUNOT, H.L.F., t. X, p. 60.

FUSION. *n. f.* (1547 ; lat. *fusio*, rac. *fundere*. V. **Fondre**).

I. ‖ **1°** Passage d'un corps solide à l'état liquide sous l'action de la chaleur. V. **Fonte, liquéfaction.** *Tous les corps solides entrent en fusion à une température plus ou moins élevée. Fusion de la glace, des métaux, des roches... Lois de la fusion ; température, point, chaleur de fusion.* V. **Calorimétrie, surfusion.** *Le point de fusion de la glace est zéro degré à la pression de 760 mm de mercure. Cristallisation* par fusion* (soufre...). *Opérations de fusion, en métallurgie*.* V. **Acier, fonte, sidérurgie ; affinage, alliage, coulage...** *Fusion d'un minerai.* V. **Fondant** (cit. 3), **minerai.** Cf. Fer, cit. 1. *Appareillage des opérations de fusion.* V. **Creuset, four.** *Fusion réductrice, oxydante, sulfurante, scorifiante... Lit de fusion :* mélange de matières que l'on place dans le four ou le creuset.

‖ **2°** État d'une matière liquéfiée par la chaleur. *Scories de fusion* (Cf. Crasse). *On souffle le verre* quand il est en fusion. Métal en fusion.* V. **Coulée ; chiasse, crasse.** *Roches en fusion. Magma à l'état de fusion.*

1 « ...on peut évaluer à un minimum de 150° la température qui règne à 5.000 m de profondeur et on peut conclure à l'existence d'une température d'au moins 2.000°, suffisante pour maintenir à l'état de fusion toutes les roches connues, dès la profondeur de 66 km, insignifiante par rapport à la longueur du rayon terrestre. » HAUG, Traité de géolog., t. I, p. 179.

— *Coulées* de matières en fusion.* V. **Lave ; volcan.**

‖ **3°** Dissolution d'un corps dans un liquide. *La fusion du sucre dans l'eau.*

‖ **4°** *Par ext.* Combinaison, mélange intime de deux corps, de deux germes. *La fécondation* (cit. 2) *résulte de la fusion de deux cellules.*

2 « ...la pénétration du spermatozoïde réalise donc *l'activation* de l'oocyte... il se produit une fusion des noyaux du spermatozoïde et de l'oocyte en un noyau unique, dans lequel s'additionnent les chromosomes des deux éléments : *n + n = 2n... Après cette fusion...* l'oocyte est devenu l'œuf. » CAULLERY, L'embryologie, p. 16 (éd. P.U.F.).

II. *Fig.* Union intime résultant de la combinaison ou de l'interpénétration d'êtres ou de choses. V. **Fondre** (se) ; **confondre** (se) ; **combinaison, mélange, réunion.** *Fusion des corps dans la possession, l'étreinte. Fusion des consciences, des cœurs, des esprits dans une communion* parfaite.* V. **Un** (ne faire qu'). *Fusion de pensées confondues dans la même angoisse. L'unité du moi est faite de la fusion de nos personnalités partielles. Fusion de l'être qui s'évanouit*, se dissout* dans le Tout.* V. **Absorption.** *Fusion de l'individu dans la Nature, en Dieu...* (V. **Panthéisme ; nirvâna**).

3 « Énergie soudaine d'action, rapidité de décision, fusion mystique du raisonnement et de la passion, qui caractérisent les hommes créés pour agir ; » BAUDEL., Art romantique, Mme Bovary, IV.

4 « ...le sentiment du « déjà vu » viendrait d'une juxtaposition ou d'une fusion entre la perception et le souvenir. » BERGSON, Matière et mémoire, p. 97.

5 « L'essentiel, entre Madame de Charrière et Constant, ce sont deux esprits qui s'affrontent, se plaisent, s'enlacent, se dénouent : l'histoire de la fusion de deux esprits et de leur rupture. » HENRIOT, Portr. de fem., p. 225.

6 « Je sentais, dans notre ardeur amoureuse, plus encore que le désir d'une de ces fusions fulgurantes, l'aspiration à quelque étreinte continue. » ROMAINS, Dieu du corps, p. 167.

— *Spécialt.*, en parlant des personnes morales, de réalités sociales, historiques... *Fusion de plusieurs systèmes, religions, philosophies...* (V. **Éclectisme, syncrétisme**). *Fusion de partis, de classes* (Cf. Balance, cit. 20). « *Fusion entre les libéraux et les bonapartistes* » (G. SAND). *Fusion des races dans le creuset* américain.* V. **Assimilation** (cit. 9), **intégration** (Cf. Composé, cit. 32).

7 « La fusion ou centralisation, c'est l'anéantissement des nationalités particulières. » PROUDHON (in P. LAROUSSE).

8 « Un agent de Condé devait reconnaître (le 14 juin 1802) qu'en amalgamant les éléments opposés et en tentant de « fusionner, sous ses auspices, l'ancienne et la nouvelle noblesse (*sic*) », le Consul espérait obtenir, en même temps, « la fusion de l'ancienne gloire et de la nouvelle renommée, de la légitimité et de la richesse, du droit et du pouvoir, des traditions monarchiques et du zèle pour le gouvernement. » MADELIN, Hist. Cons. et Emp., Le Consulat, XVI.

9 « L'identité des arts admet-elle comme corollaire la possibilité de leur fusion ? Identité, fusion, sont-ils synonymes ? Viendra-t-il une époque où cette fusion rêvée par Wagner se réalisera dans le domaine sensible ? Un seul art, la musique à ce qu'il semble, englobera-t-il tous les autres et l'homme futur aura-t-il assez puissants pour les y retrouver en niant l'utilité du bronze ou de la toile pour avoir des sensations picturales ou sculpturales ? » C. MAUCLAIR, Idées vivantes, p. 265.

— *Écon. Fusion de sociétés, d'entreprises.* V. **Concentration, entente, intégration, union.** *Trust, holding, monopole constitué par la fusion de plusieurs grandes sociétés.*

10 « *Fusion.* C'est l'opération qui consiste, de la part de plusieurs sociétés... à réunir leurs patrimoines, de façon à n'en faire qu'une... La fusion peut s'opérer de deux façons : ou bien on constitue avec les ressources des deux sociétés préalablement dissoutes, le capital d'une société nouvelle ; ou bien l'une des sociétés absorbe l'autre : cette dernière seule disparaît. » L. LACOUR, Précis dr. comm., p. 235 (éd. Dalloz).

— *Linguist.* « Processus par lequel deux éléments en contact se combinent de telle façon que l'un des deux ou les deux à la fois subissent une altération qui rend l'analyse directe impossible » (MAROUZEAU, Lex. de la termin. linguist.). *Fusion de deux voyelles* (Monophtongaison).

— Phys. *Fusion binoculaire**. *Fusion optique :* effet visuel unique produit par la juxtaposition de couleurs pures. Par anal. *Fusion tonale :* effet obtenu par l'audition simultanée de plusieurs sons.

ANT. — Coagulation, concrétion, congélation, solidification. Séparation.

DER. et COMP. — Fusionner. Surfusion.

FUSIONNER. *v. tr. et intr.* (début XIXe s. ; Cf. Fusion, cit. 8)

|| 1° *V. tr.* Unir par fusion (des collectivités auparavant distinctes). *Fusionner deux entreprises, deux associations. Fusionner deux compagnies de chemin de fer* (P. LAROUSSE). *Fusionner des intérêts. Fusionner des races, des classes sociales diverses* (Cf. Fusion, cit. 8). V. **Mêler, unifier.**

1 « Dans l'intérieur de chacun de ces groupes (*des races blanches, noires et jaunes*), des métissages fusionneront sans doute plus ou moins les différentes races, mais la distinction entre Blancs, Jaunes et Noirs n'en restera, au moins pendant un certain temps, que plus marquée. »
H.-V. VALLOIS, **Les races humaines,** p. 125 (éd. P.U.F.).

|| 2° *V. intr.* S'unir par fusion. *Ces deux compagnies, ces deux syndicats ont fusionné. Ces deux races finiront par fusionner.* V. **Fondre** (se).

2 « Un ennemi devenait un allié, la maison Russell fusionnait avec sa vieille concurrente, la maison Larralde et Saint-Selve. »
P. BENOIT, Mlle de La Ferté, II, p. 79.

3 « Remarquez que ces différentes vagues ne se mélangent pas, ne se confondent pas : elles se suivent, elles se superposent ou bien se repoussent, mais elles ne fusionnent pas. »
SIEGFRIED, Ame des peuples, IV, I.

ANT. — Séparer.

DER. — Fusionnement. *n. m.* (1865 *in* LITTRÉ). Action de fusionner. *Fusionnement de deux syndicats, de deux entreprises.*

FUSTANELLE. *n. f.* (1844 NERVAL ; du lat. médiév. *fustana.* V. **Futaine**). Court jupon masculin, tuyauté et empesé, qui fait partie du costume national grec. *La fustanelle, étroitement serrée à la taille par une ceinture, tombe en s'évasant jusqu'à mi-cuisse. Evzones* portant la fustanelle.*

« ... l'ambassadeur de Grèce portant le bonnet grec, la veste soutachée, la fustanelle et les knémides du pallikare. »
GAUTIER, Voyage en Russie, XI.

FUSTE. *n. f.* (XIVe s. ; empr. à l'ital. *fusta*). Mar. *Anciennt.* Bâtiment léger, long et de bas bord qui naviguait à la voile ou à la rame.

FUSTET. *n. m.* (XIVe s. ; mot. prov., de l'arabe *fustuq,* « pistachier ». Var. *fustel,* par substitution de suffixe). *Bot.* Nom vulgaire du *rhuscotinus,* variété de sumac* dont le bois fournit une matière tinctoriale jaune, la *fustine,* utilisée pour la teinture des laines et des cuirs fins.

FUSTIGER (*il fustigea, nous fustigeons*). *v. tr.* (XIVe s. ; du lat. *fustigare,* « frapper à coups de bâton » (*fustis*). Corriger* à coups de bâton et, *par ext.,* à coups de verges, de fouet. V. **Battre, flageller, fouetter, frapper.** *Fustiger un condamné publiquement* (Cf. Baguette, cit. 3 ; balle, cit. 7 ; conjuration, cit. 8). *Autrefois les écoliers étaient fustigés par leurs maîtres à la moindre peccadille.*

1 « Que par les criminels les juges soient jugés
Et par les écoliers les maîtres fustigés, »
MOL., Dépit amoureux, II, 6.

— *Par anal.* V. **Cingler.**

2 « Les feuilles gelées craquaient sous ses semelles, les pointes hargneuses des branches lui fustigeaient les joues. »
MART. du G., Thib., t. IV, p. 283.

— *Fig.* V. **Blâmer, châtier, fouailler, stigmatiser...**

3 « Juvénal fustige avec des lanières, Dante fouette avec des flammes ; »
HUGO (Cf. Fouetter, cit. 7).

4 « ... avec quelques paradoxes bien choisis, on fustige l'intellect des sots... »
V. LARBAUD, Fermina Marquez, XIV.

5 « ... il exalte la probité, fustigeant les jouisseurs... »
CAMUS, Homme révolté, Introd., p. 20.

|| SE FUSTIGER. *v. pron.* Se frapper soi-même à coups de fouet ou de lanière. *Ascète* qui se fustige* (Cf. Se donner la discipline*).

DER. — Fustigation. *n. f.* (1411). Action de fustiger. V. **Bastonnade, flagellation.** *La fustigation resta en usage dans l'armée française jusqu'à la Révolution.*

FÛT. *n. m.* (*Fust* vers 1100 ; du lat. *fustis,* « bâton, pieu »).

|| 1° Partie du tronc d'un arbre comprise entre le sol et les premiers rameaux, et *par ext.* Tronc d'arbre. *Bois de haut fût.* V. **Futaie.**

1 « ... la voûte arquée et poudrée de neige, les piliers blancs tels que des fûts de bouleaux... »
HUYSMANS, La cathédrale, III.

2 « C'était une charmeraie splendide. Les fûts droits s'élançaient d'un haut jet, à quatre ou cinq fusant de la même souche puissante dont la masse soulevait le sol comme un tertre... »
GENEVOIX, Forêt voisine, VII.

|| 2° Par anal. *Archit.* Tige d'une colonne* entre la base et

le chapiteau. *Fût monolithe,* d'un seul bloc. *Fût appareillé,* composé de tambours superposés. *Demi-diamètre du fût.* V. **Module.** *Partie inférieure du fût.* V. **Escape.** *Fût droit. Fût en spirale. Fût circulaire, quadrangulaire, octogonal. Fût lisse. Fût à pans coupés, à cannelures* ou cannelé. Colonne* (cit. 5) *à fût mince, à fût renflé.*

3 « Sur le fût des énormes colonnes tournaient des figures décoratives ou symboliques... »
GAUTIER, Roman de la momie, IV.

— Par ext. *Le fût d'un candélabre :* son support.

— *Par métaph.* Ce qui évoque la tige d'une colonne.

4 « La démence des gibus dépassait le possible. Il y en avait de très élevés dont le fût menait à des plates-formes évasées tels que les shakos des voltigeurs du premier Empire,... »
HUYSMANS, La cathédrale, VIII.

5 « ... j'admirais... un cou de parfaite et vivante argile rouge, un fût dru, mouvant, long... mais en même temps épais... »
COLETTE, Naissance du jour, p. 118.

|| 3° *Technol.* Bois sur lequel est montée une arme de trait (V. **Arbalète, arbrier**), le canon d'une arme à feu (V. **Affût**). *Fût d'un fusil,* partie antérieure de la monture précédant la crosse*. Bois formant le corps d'un meuble, d'un outil, d'un instrument... *Fût de charrue. Fût d'une raquette. Fût d'un bât*. Fût d'un archet de violon :* la baguette. *Fût d'un coffre, d'une malle :* sa carcasse.

— *Spécialt.* (XIIIe s ; sens probablt. repris du dér. *futaille** Tonneau* pour mettre le vin, l'eau-de-vie, le cidre, etc. V. **Futaille.** *Bonde*, cannelle*, cercles*, douves* d'un fût. Petit fût d'eau-de-vie.* V. **Baril, tonnelet.** *Un demi-fût* (Cf. Exigu, cit.). *Un fût d'huile* (Cf. Coprah, cit.). *Mettre du vin en fût* (enfûter, enfûtage). *Tirer du vin au fût. Fût en perce*. Vin qui a deux ans de fût. Vin qui sent le fût, qui a pris un goût de fût, une odeur de fût,* vin qui s'est dénaturé (cit. 2) *dans un fût moisi* (Cf. Dénaturé, cit. 2). *La capacité des fûts varie d'une région à l'autre.*

6 « Sa bouche laisse passer un souffle qui sent le fût... »
J. VALLÈS, Jacques Vingtras, L'enfant, p. 14.

7 « Les eaux-de-vie... plairont aux négociants anglais, bons dégustateurs qui savent discerner les qualités du jeune cognac, que l'âge développe dans les fûts de chêne conservés pendant vingt ans dans les docks de Londres. »
CHARDONNE, Dest. sentim., II, III.

DER. — Futaie*, futaille*. — Futée. *n. f.* (1690). Mastic composé de sciure de bois et de colle forte, servant à boucher les trous du bois.

COMP. — Affûter*. Enfûter (Cf. *supra* à l'article).

HOM. — Formes du verbe Être (fus, fut, fût).

FUTAIE. *n. f.* (XIVe s. ; de *fût**). Groupe d'arbres de haut fût* dans une forêt*. *Le dôme sombre d'une futaie* (Cf. Escarboucle, cit. 2). *Par ext.* Forêt d'arbres très élevés. — T. *d'Eaux et forêts.* Peuplement forestier composé d'arbres issus de semences et destinés à atteindre un plein développement avant d'être exploités. *Arbre qui croît en futaie.* V. **Baliveau.** *Jeune futaie. Haute futaie :* futaie parvenue à tout son développement. *Arbres, bois de haute futaie. Futaie mise en coupes réglées. Éclaircie, expurgation* dans une futaie.*

1 « L'usufruitier profite... toujours en se conformant aux époques et à l'usage des anciens propriétaires, des parties de bois de haute futaie qui ont été mises en coupes réglées, soit que ces coupes se fassent périodiquement sur une certaine étendue de terrain, soit qu'elles se fassent d'une certaine quantité d'arbres pris indistinctement sur toute la surface du domaine. Dans tous les autres cas, l'usufruitier ne peut toucher aux arbres de haute futaie... » CODE CIV., Art. 591 et 592.

2 « Les futaies sont des arbres auxquels on laisse prendre tout leur développement naturel avant de les abattre ; aussi les appelle-t-on quelquefois *bois de haut jet* par opposition aux taillis. Le mot *futaie* a un sens très large ; il peut s'employer quelle que soit l'espèce des arbres et quel que soit leur âge. L'exploitation des futaies se fait de plusieurs façons. Anciennement la méthode la plus répandue était de *couper en jardinant,* c'est-à-dire d'abattre sur toute l'étendue de la forêt un certain nombre d'arbres ; mais cette pratique ne s'est conservée que pour un petit nombre d'essences. On préfère ordinairement couper par *bandes* ou *zones* en abattant tous les arbres qui se trouvent sur le terrain de la coupe, à l'exception de quelques-uns qu'on choisit parmi les plus vigoureux et qui servent de *porte-graines* pour le repeuplement. La façon dont se font les coupes, leur quotité ou leur étendue, leur ordre, s'appellent *l'aménagement de la forêt.* »
PLANIOL, Dr. civ., t. I, n° 2792.

3 « Là-bas, il y a de grands arbres, d'amples futaies où le soleil ruisselle et joue... Déjà le sous-bois s'éclaircit, et la chaleur s'allège, et la brise des futaies fraîchit à nos tempes bourdonnantes. »
GENEVOIX, Forêt voisine, XI.

4 « Ces futaies que nous devrions voir, comment cesseront-elles, à nos yeux, d'être les colonnades d'un temple ou les piliers d'une cathédrale ?... La cathédrale est une forêt : ces piliers qui s'élancent d'un jet comme les arbres d'une futaie... »
ID., Ibid., I.

FUTAILLE. *n. f.* (*Fustaille* au XIIIe s. ; de *fût*).

|| 1° Récipient de bois, en forme de tonneau pour le vin, le cidre, l'eau-de-vie, la bière, l'huile, etc. V. **Fût** (Cf. Cellier, cit. 1 et 2). *Futaille vide. Futailles de vin, de capacité diverse et variable selon les régions.* V. **Barrique, bordelaise, feuillette, muid** (et **demi-muid**), **pièce, quartaut, queue, tonneau*.** *Mesurer avec une jauge* la capacité d'une futaille. Futaille de très grande contenance.* V. **Foudre.** *Futaille servant au transport de denrées sèches, telles que pruneaux, morue salée,* etc. V **Baril, boucaut.** *Futaille à*

goudron. V. **Gonne.** — *Bois de chêne pour futailles.* V. **Bourdillon, merrain.** *Mettre une futaille en chantier sur une rance*.*

1 « ...on ne met jamais de vin nouveau dans de vieilles futailles.... »
VOLT., **Essai s. l. mœurs,** Des préjugés populaires...

2 « Tout le vin languedocien prit le nom de Béziers, antique cité des futailles... »
G. RAY, **Les vins de France,** p. 14 (éd. P.U.F.).

|| **2°** Nom collectif désignant un ensemble de tonneaux, de fûts, etc. *Quai encombré de futaille. Ranger la futaille dans un chai*.*

3 « *(Il)*... fit venir son marchand de cidre tout exprès, goûta la boisson lui-même, et veilla dans la cave à ce que la futaille fût bien placée ; »
FLAUB., Mme Bovary, II, III.

COMP. — **Enfutailler.**

FUTAINE. *n. f. (Fustaigne* au XIIIe s. ; *fustane,* 1234 ; du lat. médiév. *fustaneum,* d'après un bas grec *xulina lina,* tissu de coton, littéralt. « tissu d'arbre »). Tissu croisé, dont la chaîne est en fil et la trame en coton. V. **Basin.** *Brassière* (cit. 1), *camisole, cotte** (cit. 2), *jupon simple de futaine* (Cf. Frais 1, cit. 38).

« ...elles lui ont, sans qu'elle en sût rien, couvert les matelas en futaine blanche, bordée de liserés roses. »
BALZ., **Illus. perdues,** I, Œuv., t. IV, p. 586.

FUTÉ, ÉE. *adj. (Fustet* au XIVe s., « bâtonné, battu », p.p. de l'anc. v. *fuster ;* dér. de *fût,* « bâton » ; au XVIe s., *futé,* « sentant le fût » (1546), puis « harassé comme qui vient d'être roué de coups de bâton », d'où fig. « excédé »). Qui est plein de finesse, de malice (comme celui qui, à force d'expérience, a appris à esquiver les coups, à déjouer les pièges, etc.). V. **Débrouillard, finaud** *(fam.),* **madré, malin, roué, rusé.** *Le renard, animal futé* (Cf. Bêtise, cit. 3). *Un paysan futé. Une coquette futée.* Substantivt. *Une petite futée.* V. **Fripon.**

1 « Je suis un peu moins dupe, et plus futé que vous. »
CORN., **Suite du ment.,** II, 7.

— *Par ext.* V. **Malicieux.** *Air futé. Mine futée.*

2 « ...et ces yeux de cochon *(de la chienne Bull),* futés, bridés, et ce sourire d'enfant nègre ! »
COLETTE, **Paix chez les bêtes,** La chienne Bull.

3 « ...il regardait Daniel sans lui répondre, avec un sourire innocent et futé.. »
SARTRE, **Âge de raison,** IX, p. 139.

ANT. — **Benêt, bête, nigaud.**

FUTÉE. V. **FÛT** *(dér.).*

FUTILE. *adj.* (XIVe s. in BLOCH ; du lat. *futilis,* « qui laisse échapper ce qu'il contient, qui fuit », en parlant d'un vase, d'où, au fig., « dépourvu de fond, de sérieux »). Qui n'est d'aucune valeur, d'aucun intérêt, d'aucune importance, ne mérite pas qu'on s'y arrête. V. **Insignifiant.** *Discours, propos futiles.* V. **Creux, frivole, vain, vide** (Cf. Agacer, cit. 4 et *aussi* Baliverne, bavardage, caquetage, commérage...). *Sous le prétexte le plus futile.* V. **Léger.** *Vous me payez là de raisons bien futiles.* V. **Puéril.** *Préoccupation futile* (Cf. Dissiper, cit. 14 ; esprit, cit. 80). *S'occuper de choses futiles.* V. **Bagatelle, bêtise, futilité, rien.** *S'encombrer d'objets futiles.* V. **Babiole, bibelot.** *De futiles honneurs* (V. **Hochet).** *Luxe futile* (Cf. Byzantin, cit.).

1 « ...les professions oiseuses, futiles ou sujettes à la mode, telles, par exemple, que celle de perruquier, qui n'est jamais nécessaire, et qui peut devenir inutile d'un jour à l'autre, tant que la nature ne se rebutera pas de nous donner des cheveux. »
ROUSS., **Émile,** III.

2 « Cependant, je l'avouerai, je me laissai d'abord entraîner par le tourbillon du monde, et je me livrai toute entière à ses distractions futiles. »
LACLOS, **Liais. dang.,** Lett. LXXXI.

3 « L'objet le plus futile peut donner prétexte et naissance aux réflexions et aux opérations les plus pénibles. »
VALÉRY, **Autres rhumbs,** p. 205.

4 « Elle n'a pas regardé un homme pendant des années, sentant que tout était futile, vide et ennuyeux, hormis celui pour qui elle a voulu demeurer ardente et fraîche.. »
CHARDONNE, **Dest. sentim.,** II, I, p. 209.

— *Par ext.* Qui ne se préoccupe que de choses sans importance. V. **Frivole, léger, superficiel.** *Peuple, société, monde futile. Un être, une femme futile* (Cf. Dessous, cit. 16).

5 « ...quelques futiles petits-maîtres qui pensent ridiculiser toute vertu par une plaisanterie... »
VOLT., **Don Pèdre,** Épît. dédic.

ANT. — **Grave. Important, sérieux.**

DER. — **Futilement.** *adv.* (1877 in LITTRÉ). D'une manière futile. — **Futilité.**

FUTILITÉ. *n. f.* (1672 MOL., Fem. sav. III, 2 ; *futileté* au XVIe s. ; de *futile).* Caractère de ce qui est futile. V. **Frivolité, inanité, vanité.** *La futilité d'un raisonnement, d'une objection.* V. **Insignifiance, légèreté, nullité, vide.** *Futilité d'une vie consacrée aux plaisirs.* V. **Inutilité.** *Futilité d'esprit.* V. **Enfantillage, puérilité.** *Elle est d'une incroyable futilité.*

1 « Je me félicite, sire, de penser comme votre majesté sur la vanité et la futilité de la métaphysique ; »
D'ALEMBERT, **Lett. au roi de Pr.,** 17 sept. 1764.

2 « ...la défaite fait tremper les hommes dans une atmosphère d'incohérence, d'ennui, et, par-dessus tout, de futilité. »
ST-EXUP., **Pilote de guerre,** I.

— *Par ext.* Chose futile. *Les futilités de la vie mondaine.* V. **Mondanité.** *S'attacher à des futilités.* V. **Bagatelle, broutille.** *Borner* (cit. 6 MOL.) *son talent à des futilités. Dire des futilités.*

3 « On parle à Paris, et on ne pense guère ; la journée se passe en futilités : on ne vit point pour soi, on y meurt oublié sans avoir vécu. »
VOLT., **Lett. à Cideville,** 2621, 4 fév. 1765.

4 « Les misères du dernier siècle, même les misères morales, qui échappent à toute mesure et à toute comparaison, nous semblaient des futilités, à nous qui pensions alors avoir déjà visité plusieurs cycles de l'enfer. »
DUHAM., **Pesée des âmes,** VII.

— *Spécialt.* Objet futile. V. **Colifichet, frivolité.**

5 « Assez d'autres ont faite les marquis, les marquises, les petits abbés et les impurs du dix-huitième siècle, à grand renfort de poudre, de mouches, de fard... de camaïeux, de céladon craquelé, de bonbonnières et autres futilités. »
GAUTIER, **Souv. de théâtre..,** p. 234.

ANT. — **Gravité, importance, intérêt, poids, sérieux, utilité.**

FUTUR, URE. *adj. et n. m.* (XIIIe s. ; empr. au lat. *futurus,* part. fut. de *esse,* être).

I. *Adj.* || **1°** Qui sera, naîtra, se produira, arrivera. V. **Éventuel, possible, postérieur, prochain, ultérieur, venir** (à). *Temps, siècles futurs* (Cf. Chanson, cit. 3). *Races, générations futures* (Cf. Eugénique, cit. 1 ; exposé, cit. 2). V. **Suivant ; suivre** (à). *Biens présents ou futurs* (Cf. Acquêt, cit. 2 ; ameublement, cit.). *L'évolution* (cit. 13) *passée et future. Besoins actuels et futurs* (Cf. Finalité, cit. 4). *La réalisation future de nos rêves* (Cf. Associer, cit. 13). *Un pressentiment de sa grandeur future. Le futur mariage.*

1 « Temps futurs ! vision sublime !   Car Dieu dénouera toute chaine,
...Dès à présent l'œil qui s'élève   Car le passé s'appelle haine
Voit distinctement ce beau rêve   Et l'avenir se nomme amour ! »
Qui sera le réel un jour ;   HUGO, **Châtim.,** Lux, I.

2 « Ce qui a été m'importe moins que ce qui est ; ce qui est, moins que ce qui peut être et qui sera. Je confonds possible et futur. Je crois que tout le possible s'efforce vers l'être ; que tout ce qui peut être sera, si l'homme y aide. »
GIDE, **Nouv. nourrit.,** IV, II.

3 « Le Chaos, le vieux Chaos, ce désordre premier dans les contradictions ineffables duquel espace, temps, lumière, possibilités, virtualités étaient à l'état futur... »
VALÉRY, **Mon Faust,** p. 55.

4 « Au regard de la civilisation matérielle, le peuple américain est un peuple plus vieux que les nôtres... mais qui nous joue, dès aujourd'hui, bien des scènes de notre vie future. »
DUHAM., **Scènes vie future,** p. 20.

— *La vie future,* celle qui doit succéder à la vie terrestre. V. **Éternité** (cit. 6), **immortalité** (Cf. Élargir, cit. 4). *La cité* future* (Cf. Christianisme, cit. 12).

5 « Je crois que le dogme d'une vie future a été inventé par la peur de la mort ou l'envie de lui rattraper quelque chose. »
FLAUB., **Corresp.,** 108, 7 avril 1846.

|| **2°** (L'adj. précédant presque toujours aujourd'hui le nom). Qui sera tel. *Les futurs époux, les futurs conjoints. Son futur époux. Sa future épouse.* Substantivt. *Le futur, la future.* V. **Fiancé** (Cf. Entre, cit. 30). *Son futur beau-père* (cit. 2). *Son futur gendre. Vos futurs collègues* (Cf. Aspic, cit. 5 ; bas 1, cit. 16). *C'est un futur ministre. Le futur empereur n'était encore qu'un petit officier sans fortune. Voir en quelqu'un un futur chef, un futur champion...* V. **Herbe** (en) et Cf. **Graine** (c'est de la graine de...).

6 « Où allez-vous, belle mignonne, chère épouse future de votre époux futur ? »
MOL., **Mariage forcé,** 2.

7 « Cinq-Mars, les cherchant avec inquiétude, aperçut en avant le cheval de l'abbé *(de Gondy)* qui sautait et caracolait, traînant à sa suite le futur cardinal, qui avait le pied pris dans l'étrier... »
VIGNY, **Cinq-Mars,** IX.

8 « Son génie allait jusqu'à l'effrayer ; elle croyait apercevoir plus nettement chaque jour le grand homme futur dans ce jeune abbé. Elle le voyait pape, elle le voyait premier ministre comme Richelieu. »
STENDHAL, **Le rouge et le noir,** I, XVII.

9 « Les amoureux se voyaient tous les jours. Cosette venait avec M. Fauchelevent. — C'est le renversement des choses, disait mademoiselle Gillenormand, que la future vienne à domicile se faire faire la cour comme ça. »
HUGO, **Misér.,** V, V, VII.

10 « Bien timide encore, et bien respectueux, bien poli, ce futur vainqueur ! »
HENRIOT, **Romantiques,** p. 47.

II. *N. m.* || **1°** Ce qui sera, arrivera. V. **Avenir*.** *Le passé, le présent et le futur* (Cf. Antériorité, cit. ; autre, cit. 121). *Le présent accouche* (cit. 4) *du futur. Futur contingent*. L'homme et le futur.* V. **Attente, espérance, expectative, prévision...**

11 « L'avarice a comme l'amour un don de seconde vue sur les futurs contingents, elle les flaire, elle les pressent. »
BALZ., **Illus. perdues,** I, Œuv., t. IV, p. 477.

12 « Le *passé,* plus ou moins fantastique, ou plus ou moins organisé après coup, agit sur le futur avec une puissance comparable à celle du présent même. »
VALÉRY, **Reg. s. le monde actuel,** p. 16.

13 « Le moindre geste humain se comprend à partir de l'avenir ; même le réactionnaire est tourné vers l'avenir puisqu'il se soucie de préparer un futur qui soit identique au passé. »
SARTRE, **Situations III,** p. 219.

|| **2°** *Gramm.* « Système des formes verbales propres à exprimer qu'une action est rapportée à un moment de l'avenir considéré soit par rapport au présent *(futur simple* : je parlerai), soit par rapport à un autre moment de l'avenir *(futur antérieur... : j'aurai parlé quand vous viendrez)* » (MA-

ROUZÈAU). V. **Temps, verbe.** *Futur exprimé par des formes verbales spéciales. Futur simple à valeur générale* (j'irai à Paris). *Futur simple à valeur affective, marquant un ordre* (tu ne bougeras pas d'ici), *ou une affirmation admise par politesse* (je vous demanderai d'attendre un instant), *ou une probabilité* (il a oublié son portefeuille, ce sera ce coup de téléphone qui lui a fait perdre la tête ; qui sonne ? ce sera encore pour le voisin). *Futur simple inclus dans le récit d'événements passés* (il est nommé généralissime en avril ; en mai il remportera la victoire...).

14　« La forme temporelle usuelle que prend le verbe pour exprimer l'avenir s'appelle « futur » : *Ce dernier moment qui* **effacera** *d'un seul trait toute votre vie, s'*ira *perdre lui-même avec tout le reste dans ce grand gouffre du néant. Il n'y* **aura** *plus sur la terre aucun vestige de ce que nous sommes : la chair* changera *de nature ; le corps* **prendra** *un autre nom ; même celui de cadavre ne lui* **demeurera** *pas longtemps.* (BOSS., Serm. mort). » BRUNOT, **Pens. et lang.**, p. 462.

15　« Le futur antérieur... exprime l'antériorité, dans le futur, d'une action par rapport à une autre : « j'aurai terminé mon travail quand vous arriverez » Il marque aussi (parfois conjointement) l'action accomplie dans le futur : « j'aurai terminé mon travail ce soir ». « Je terminerai mon travail ce soir » indique la simple action future ; la formule précédente ajoute une nuance de certitude, avec transposition dans le futur, le résultat étant considéré comme acquis d'avance. Ce temps grammatical, transposé dans le passé, revêt des valeurs affectives : la probabilité « il aura égaré ma lettre », — un souhait « j'espère qu'il ne lui sera rien arrivé » — ou un regret « Hélas ! j'aurai passé près d'elle inaperçu » (Sonnet d'Arvers). » DAUZAT, **Gramm. raisonnée**, p. 212.

— *L'idée du futur exprimée par le présent dans les subordonnées hypothétiques* (S'il pleut demain, je ne partirai pas), *et dans le cas du futur imminent* (je descends à l'instant). *Futur dans le passé exprimé par le conditionnel dans une proposition subordonnée* (il avait affirmé qu'il ne partirait pas). *Futur proche exprimé par l'auxiliaire* aller (je vais lui dire) *ou par des périphrases* (je suis sur le point de partir, ou *pop.* : je suis pour partir). *Futur probable rendu par l'auxiliaire « d'aspect »* devoir (il doit arriver demain). V. **Devoir**, 5°. — *Futur antérieur exprimé par le parfait dans les subordonnées hypothétiques* (Si demain je n'ai rien reçu de lui, j'irai le voir).

16　« Parmi les adverbes et locutions adverbiales qui servent à marquer un futur prochain, citons : *bientôt, immédiatement, à l'instant, à la minute, avant peu, sous peu, avant longtemps, prochainement, tout à l'heure. Tout de suite* tend à se réduire à *de suite.* C'était un barbarisme insupportable aux yeux des contemporains de Nodier. » BRUNOT, **Pens. et lang.**, p. 469.

— *Conjuguer un verbe au futur. Le futur dans les conjugaisons régulières et irrégulières. Passer du présent au futur. Vous feriez mieux d'en parler au futur !* — Par appos. *Participe, infinitif futur* (dans certaines langues comme le grec ancien).

17　« Quant au socialisme, en dehors des enseignements, d'ailleurs contradictoires à ses doctrines, qu'il pouvait tirer des révolutions françaises, il était obligé d'en parler au futur, et dans l'abstrait. » CAMUS, **Homme révolté**, p. 233.

ANT. — Dernier, passé, présent.

DER. — **Futurition.** *n. f.* (XVIIᵉ s.). *Philos.* (vx.). Caractère d'une chose en tant que future. — **Futurisme.** *n. m.* (1909, Figaro, Manifeste de Marinetti ; de l'ital. *futurismo*). Doctrine esthétique formulée par le poète italien Marinetti, exaltant la valeur du nouveau et du mouvement, de tout ce qui dans le présent (vie ardente, vitesse, machinisme, révolte, goût du risque, etc.) préfigurerait le monde futur. — **Futuriste.** *adj.* (Cf. *supra* Futurisme). Partisan du futurisme, inspiré par le futurisme. *La poésie futuriste annonce sur certains points la poésie dadaïste* et surréaliste*. Art futuriste ; musique, peinture futuriste. Boccioni, Severini, peintres futuristes.*

« Marinetti se moque de l'obsession de l'antique et envoie les chefs-d'œuvre au garde-meubles. Il veut un art où se manifeste la « surpression » de la vie moderne et... la sensation dynamique du mouvement. L'œuvre futuriste essaiera de rendre les divers états du moument par des notations vivement colorées qui se pénètrent et s'entrechoquent... Le futurisme s'est évanoui, n'ayant pu donner d'œuvres. Son meilleur protagoniste, Severini, est allé à un art d'harmonie et de composition décorative. » G. BESSON (in ENCYCL. de MONZIE, XVII, 17, 18-15).

FUYANT, ANTE. *adj.* (Subst. 1213 ; adj. 1539 ; part. prés. de *fuir*). Qui fuit.

‖ **1°** *Poétiqt.* Qui s'éloigne rapidement, qui court.

1　« Le bruit des cors, celui des voix,
N'a donné nul relâche à la fuyante proie, »
LA FONT., IX, Disc. Mᵐᵉ de la Sablière.

« ... les eaux fuyantes, les *jeux* d'eau, les cascades harmonieuses, l'immensité bleue de la mer... » BAUDEL., **Poème du haschisch**, IV.　2

« ... la houle onduleuse et fuyante. »
MAUPASS., **Pêcheuses et guerrières**, p. 267.　3

— *Fig.* Peu stable. V. **Inconstant, instable, mobile** (Cf. Fixe, cit. 4).

« ... trois enfants à peu près de mon âge, fondus dans le gros de la pension et avec qui je n'avais que de fuyants rapports. »
GIDE, **Si le grain ne meurt**, I, VIII.　4

« ... ce public fuyant et inconstant... ce public hors d'atteinte en apparence et qu'il s'agit d'atteindre quand même. »
DUHAM., **Manuel du protestataire**, p. 156.　5

— (fin XIXᵉ s.). Qui échappe, qui se dérobe à toute prise (réelle ou morale). V. **Insaisissable.** *Un regard fuyant. Caractère, homme fuyant* (Cf. Existence, cit. 15), qu'on ne peut retenir, comprendre, amener à une position franche. V. **Évasif.** *Voix fuyante* (Cf. Enveloppant, cit. 4). *Les plus fuyantes expressions d'un visage* (Cf. Apparence, cit. 4). *Les nuances les plus fuyantes d'un sentiment.* V. **Fugitif.**

« ... sa physionomie était mauvaise et remuée, mais énergique et ces yeux durs et fixes ne ressemblaient pas à ces prunelles fuyantes et sournoises que s'était imaginé Durtal. »
HUYSMANS, **Là-bas**, XIX.　6

« Il (*Pétion*) a déjà la pensée généreuse et ample, mais un peu fuyante et incertaine qu'auront les Girondins. »
JAURÈS, **Hist. social. Révòl. fr.**, t. I, p. 369.　7

« ... la silhouette de l'Occitanienne... symbole de la femme éternellement aimée, éternellement jeune et toujours fuyante. »
HENRIOT, **Portr. de fem.**, p. 284.　8

‖ **2°** *Perspect.* et *peint.* Qui paraît s'éloigner, s'enfoncer dans le lointain. *Le fond du tableau n'est pas assez fuyant.* — *Par ext.* En parlant d'un paysage naturel. *Horizons fuyants.*

« Rien n'est comparable pour la beauté aux lignes de l'horizon romain, à la douce inclinaison des plans, aux contours suaves et fuyants des montagnes qui le terminent... »
CHATEAUB., **Lett. à M. de Fontanes** (Œuv. comp. t. VI, p. 307).　9

« De toutes parts, on semait : il y avait un autre semeur à gauche, à trois cents mètres, un autre plus loin, vers la droite ; et d'autres, d'autres encore s'enfonçaient en face, dans la perspective fuyante des terrains plats. C'étaient de petites silhouettes noires, de simples traits de plus en plus minces, qui se perdaient à des lieues. »
ZOLA, **La terre**, I, I.　10

— Dont les lignes s'incurvent fortement vers l'arrière. *Un front fuyant* (Cf. Brosse, cit. 2). *Profil fuyant.*

« ... un vieillard aux yeux vifs, au nez busqué, dont le menton fuyant laissait échapper deux maigres ruisseaux de barbe blanche. »
FRANCE, **Rôtiss. Reine Pédauque**, Œuv., t. VIII, p. 94.　11

ANT. — Fixe, stable. Certain, constant, sûr.

COMP. — V. Faux-fuyant.

FUYARD, ARDE. *adj.* et *n.* (1538 ; de *fuir*).

‖ **1°** *Adj.* (vieilli). Qui est porté à s'enfuir. V. **Lâche.** — Qui refuse le combat.

« ... le voluptueux se retrouve personnel, fantasque comme son désir, tantôt prévenant et d'une mobilité d'éclat qui fascine, tantôt, dès qu'il a réussi, farouche, terne, fuyard, se cachant, comme Adam après sa chute, dans les bois du Paradis, mais s'y cachant seul et sans Ève. »
STE-BEUVE, **Volupté**, XXI.　1

« C'est cette facilité des dispositions rapides qui faisaient hésiter nos armées devant cette Vendée toujours reculante et devant ces combattants si formidablement fuyards. »
HUGO, **Quatre-vingt-treize**, III, IV, 15.　2

‖ **2°** *N. m.* Celui qui s'enfuit, et *particult.* soldat qui abandonne son poste de combat pour fuir. V. **Fugitif.** *Poursuivre les fuyards* (Cf. Audace, cit. 4). V. **Vaincu.** *S'efforcer de rallier les fuyards. Atteindre* (cit. 34), *rejoindre un fuyard* (Cf. Avance, cit. 4).

« ... la pire des mêlées, c'est la déroute ; les amis s'entre-tuent pour fuir ; les escadrons et les bataillons se brisent et se dispersent les uns contre les autres... Napoléon court au galop le long des fuyards, les harangue, presse, menace, supplie... c'est à peine si on le connaît. »
HUGO, **Misér.**, II, I, XIII.　3

FY. *n. m.* (1872 in P. LAROUSSE). *Art. vétér.* Sorte de lèpre des animaux. V. **Fic.**

G

G (*jé*, selon l'épellation traditionnelle ; *gue*, selon l'épellation moderne). *n. m.*

|| **1°** Septième lettre, cinquième consonne de l'alphabet. G (majuscule) ; g (minuscule). Cf. F, cit. 1. — REM. 1. *La lettre G transcrit une consonne occlusive, gutturale, sonore (G phonétique), devant les voyelles vélaires A, O, U* (gare, godet, gustatif), *devant les consonnes, dans la plupart des cas* (gluant, dogme, grand), *à la fin de certains mots* (gong, grog, zig-zag), etc. ; *elle transcrit le son* j (fricatif, chuintant, sonore) *devant les voyelles palatales E, I (et Y)* (géant, gerbe, gigot, gymnastique). — 2. *Le groupe GE devant une voyelle vélaire sert à restituer le son* j (*Ex. :* il changea ; geôle ; gageure). — 3. *Le groupe GU devant E et I se prononce généralement G* (g phonétique, guttural) : guenille, gui ; *il se prononce GU devant une voyelle surmontée d'un tréma* (ciguë, exiguïté), *dans* Aiguille *et ses dérivés et dans quelques mots savants* (consanguinité, linguistique)... *Devant A et O, il se prononce soit G* (verbes en *guer* : nous naviguons), *soit GOUA* (phonét. GWA) *dans le groupe GUA de certains mots empruntés* (Guadeloupe, jaguar). — 4. *Le G final n'est jamais prononcé dans certains mots* (étang...), *dans d'autres mots on peut faire la liaison* (un long hiver ; un sang impur). — *Dans ces exemples la règle, que donne* LITTRÉ, *et qui commande de prononcer le G sourd :* K, *n'est plus suivie.* — 5. *Le groupe de lettres GN transcrit un N mouillé* (ñ espagnol), *sauf dans certains mots empruntés du grec ou du latin* (gnome, gnostique, stagner, magnum). L'ancienne graphie *IGN* est parfois conservée avec la valeur de *N* mouillé (oignon) ; généralement, le *I* a formé diphtongue avec la voyelle précédente (poignet).

|| **2°** Abrév. div. *Phys.* Abrév. de *gramme*. — Lettre représentant le nombre qui exprime l'intensité de la pesanteur. — *Mar.* Pavillon du code de signaux. — *Mus.* Le sol* (notation ancienne ; notation germanique, anglo-saxonne). — *Gramm.* Abrév. de *genre*.

Ga. *Chim.* Abrév. de *Gallium*.

GABARDINE. *n. f.* (*Galvardine, gaverdine* au XVᵉ s., « manteau, cape » ; peut-être du moyen allem. *wallevart*, « pèlerinage » (Cf. le sens de *Pèlerine*). Sens mod. emprunté fin XIXᵉ s. à l'esp. *gabardina*). Tissu d'armure façonnée, en laine, coton... *La gabardine de laine est un tissu cardé, sergé très serré. Pantalon de gabardine. Chemise de sport, en gabardine de coton. Gabardine imperméabilisée.*

1 « L'amie de Vanekem... écrivit à Bernard Quesnay : *Pourriez-vous m'envoyer de la gabardine beige ? Je veux me faire une petite robe.* »
MAUROIS, **B. Quesnay**, XXI.

→ Manteau* de pluie en gabardine imperméabilisée (V. **Imperméable**). *Endosser une gabardine.*

2 « ... nous boirons une eau-de-vie délicieuse... Le flacon est dans la poche de ma gabardine. » DUHAM., **Arch. de l'avent.**, II, p. 31.

GABARE ou **GABARRE.** *n. f.* (*Gabarre* au XIVᵉ s. ; empr. au gascon *gabarra*, tiré du gr. *karabos*, « écrevisse », et au fig. « bateau, navire ». V. **Caravelle**). *Mar.* Ancien bâtiment de charge, de transport, dans la marine de guerre. *Gabarre à trois mâts.* — Embarcation généralement plate, servant au transport des marchandises, au chargement et au déchargement des navires. V. **Allège, embarcation***. *Gabarre à voiles, à vapeur. Gabarre pontée, gabarre de rivière.* — REM. L'ACADÉMIE et la plupart des dictionnaires enregistrent l'orthographe *Gabare ;* mais dans l'usage, on écrit le plus souvent *Gabarre.*

1 « Et mon âme dansait, dansait, vieille gabarre
Sans mâts, sur une mer monstrueuse et sans bords ! »
BAUDEL., **Fl. du mal**, Tabl. paris., XC.

2 « ... le quai, d'où jadis partaient tant de gabares chargées des barriques de la maison Pommerel ; » CHARDONNE, **Dest. sentim.**, p. 119.

→ *Pêche.* Grande seine*. V. **Filet**.

DER. — **Gabaret.** *n. m.* Pêche. V. Seine. — **Gabarier** ou **gabarrier**. *n. m.* (XVᵉ s.). Patron, conducteur de gabarre. Manœuvre travaillant à bord d'une gabarre (HOM. Gabarier, de *gabarit*). — **Gabarot**. *n. m.* (XVIᵉ s.) ou **Gabarotte**. *n. f.* Petite gabarre non pontée.

GABARIT (ri). *n. m.* (1643 selon BLOCH, *Gabari* au XVIIᵉ s. ; empr. au prov. *gabarrit*, altér., sous l'influence de *gabarre*, de *garbi*, mot issu d'un gothique *garwi*, « préparation », et par ext. « modèle ». V. **Galbe**).

|| **1°** *Mar.* « Modèle en vraie grandeur d'une pièce de construction d'un navire, établi pour préparer cette construction » (GRUSS). *Gabarit en bois, en feuilles de métal. Salle des gabarits*, dans un arsenal. *Gabarit de l'étrave, de l'étambot...* — *Spécialt.* Pièces de bois qui soutiennent provisoirement les lisses.

— *Par ext.* Modèle, patron servant à vérifier les dimensions, la forme d'un objet en construction. Patron* suivant lequel on coupe un vêtement.

|| **2°** *Technol.* Appareil servant à vérifier des formes, des dimensions déterminées. V. **Mesure** (appareil de mesure). *Spécialt.* Ch. de fer. *Gabarit de chargement :* arceau sous lequel on fait passer les wagons chargés pour vérifier si leurs dimensions n'excèdent pas les limites fixées par le règlement. *Gabarit de voie :* règle pour mesurer l'écartement des rails.

|| **3°** *Par ext.* Dimension, forme déterminée ou imposée d'avance. *Gabarit réglementaire. Gabarit d'un navire* (V. **Tonnage**). *Chargement d'un wagon, d'un camion conformément au gabarit.*

1 « Le fleuve se déroulait majestueusement à travers une forêt de navires aux mâtures élancées, de tout gabarit et de tout tonnage. » GAUTIER, **Voyage en Russie**, IV.

— Forme type. V. **Modèle, type**.

2 « Amendée, remaniée par la mode, épanouie des hanches en 1900, moins mamelue mais plus ensellée vers 1910, Vénus se rallie aujourd'hui à un gabarit assez curieux, taille évidée et gorge en surplomb comme une Ève d'Albert Dürer. » COLETTE, **Belles saisons**, Nudité.

— Fig. *Son intelligence ne dépasse pas le gabarit commun. Ils sont du même gabarit.* V. **Acabit, genre**.

3 « ... l'abbé Beccarelli... comme tous les prêtres de son gabarit... disait la messe sans s'être confessé de ses luxures. » HUYSMANS, **Là-bas**, V.

DER. — **Gabarier.** *v. tr.* (1764). Façonner, construire conformément au gabarit (DER. **Gabariage**. *n. m.* Opération qui consiste à faire un gabarit. *Par ext.* Contour d'une pièce de construction). — **Gabarieur**. *n. m.* Ouvrier qui trace, construit les gabarits.

GABBRO. *n. m.* (*Gabro* au XVIIIᵉ s. BUFFON ; mot ital.). *Géol.* Nom donné aux roches éruptives grenues à pyroxène. *Les gabbros sont riches en feldspath.*

« En Italie, les plus grands morceaux de serpentine que l'on connaisse sont deux colonnes dans l'église de Saint-Laurent à Rome. La pierre, appelée *gabro* par les Florentins, est une espèce de serpentine. » BUFFON, **Hist. nat. minér.**, Serpentines, Œuv., t. XI, p. 331.

GABEGIE. *n. f.* (1790 ; mot de l'Est, probablement de même racine que l'anc. fr. *gabuser*, « tromper ». V. **Gaber**).

|| **1°** *Vx.* (seul sens enregistré par LITTRÉ en 1866). V. **Fraude, fourberie, tromperie**.

|| **2°** *Sens mod.* (seul enregistré par ACAD. en 1932). Désordre régnant dans un État, une administration, une entreprise, par suite d'une mauvaise organisation, d'une mauvaise gestion financière. V. **Désordre*** ; gaspillage. *Il y a de la gabegie dans cette administration* (ACAD.). *Quelle gabegie !*

« Pas avare, capable de dépenses qui, si on ne connaissait le fond de sa pensée, paraîtraient même prodigalités, il ne souffre jamais, autour de lui, ni gabegie ni gaspillage. » MADELIN, **Hist. Consul. et Emp.**, De Brumaire à Marengo, VI.

ANT. — **Économie, ordre.**

GABELLE. *n. f.* (XIVᵉ s. ; empr. à l'ital. *gabella*, de l'arabe *al-qabâla*, « l'impôt, la recette »).

|| **1°** *Anciennt.* Impôt indirect, taxe sur un produit (« Ce mot était d'abord général pour tous les impôts » FURET. 1690).

1 « La plus grande gabelle qui fut alors à Rome était imposée sur l'herberie qui s'y vendait. » O. de SERRES, **Théât. d'agric.**, VI. 1.

|| **2°** *Spécialt.* (Sous l'Ancien Régime). Impôt indirect frappant la vente du sel, monopole d'État. V. **Salage.** *Pays de grande gabelle*, où les habitants devaient acheter une quantité déterminée de sel, au prix imposé. *Pays de petite gabelle*, où seul le prix du sel était imposé. *Pays de francsalé, pays rédimés, exemptés de gabelle. L'argent de la gabelle* (Cf. Charge, cit. 1). *Fraudes des faux-sauniers pour échapper à la gabelle.*

2 « ...par la gabelle et les aides, l'inquisition entre dans chaque ménage. Dans les pays de grande gabelle... le sel coûte treize sous la livre... Bien mieux, en vertu de l'ordonnance de 1680, chaque personne au-dessus de sept ans est tenue d'en acheter sept livres par an ; »
TAINE, Orig. France contemp., II, t. II, p. 247.

3 « Mais l'impôt exécré, celui dont le souvenir grondait encore au fond des hameaux, c'était la gabelle odieuse, les greniers à sel, les familles tarifées à une quantité de sel qu'elles devaient quand même acheter au roi, toute cette perception inique dont l'arbitraire ameuta et ensanglanta la France. »
ZOLA, La terre, I, V.

→ Administration chargée de percevoir cet impôt. *Officier, agent des gabelles* (Gabeleurs, gabeliers ou gabelous*).

4 « ...il eut le crève-cœur de voir, aux enchères, la Borderie achetée le cinquième de sa valeur, pièce à pièce, par un bourgeois de Château-dun, Isidore Hourdequin, ancien employé des gabelles. »
ZOLA, La terre, I, III.

→ Grenier où était entreposé le sel vendu par l'État.

DER. — **Gabeleur.** *n. m.* (XVIe s.). Employé de la gabelle. — **Gabelou.** *n. m.* (XVIe s., forme de l'Ouest). *Péjor.* Commis de la gabelle. *Par ext.* Employé de l'octroi, de la douane.

GABER. *v. tr.* (vers 1100 ; empr. de même que le substant. *gab* au vieux scandinave *gabba*, « railler »). *Vx.* Plaisanter, railler. — REM. Ce verbe, aujourd'hui inusité, a été repris au XIXe s. par certains écrivains.

« Voilà Lucien gabant, sautillant, léger de bonheur... »
BALZ., **Illus. perdues,** Œuv., t. IV, p. 605.

GABIE. *n. f.* (1546, RAB. ; empr. au prov. *gabio,* « cage »). *Mar. Anciennt.* Demi-hune* en forme de hotte.

DER. — **Gabier.** *n. m.* (1690). *Mar.* Matelot chargé de l'entretien, de la manœuvre des voiles, du gréement. *Gabiers de misaine, de beaupré* (cit.). *Depuis la suppression des mâtures, on appelle gabier les « matelots brevetés de la spécialité manœuvre »* (GRUSS). *Travail, service du gabier.* V. **Matelotage.**

1 « L'équipage était occupé à enverguer les voiles. Le gabier chargé de prendre l'empointure du grand hunier tribord perdit l'équilibre. »
HUGO, Misér., II, II, III.

2 « Étant gabier, il vivait dans sa mâture, perché comme un oiseau, évitant ces soldats entassés sur le pont, cette cohue d'en bas. »
LOTI, Pêch. d'Isl., II, IX.

GABION. *n. m.* (1543 ; empr. de l'ital. *gabbione,* augment. de *gabbia,* « cage »). *Milit.* Cylindre de clayonnage, de branchages tressés, de grillage, destiné à être rempli de terre... pour servir de protection. *Gabion farci,* rempli de branchages. *Gabion clayonné. Gabion servant au revêtement d'un parapet, d'un talus, d'un épaulement... Buse de gabions. Disposer deux étages de gabions. Gabions surmontés de fascines*. S'abriter derrière des gabions pour tirer* (au *fig.* Cf. Axiome, cit. 4).

1 « À cette retraite... apparurent au milieu de la place huit ou dix gabions en rang et cinq pièces d'artillerie sur roue... »
RABELAIS, La Sciomachie.

2 « Tout au long *(de la tranchée)*... des cadavres allemands... sont enchevêtrés et noués... au milieu d'une incompréhensible agglomération de poutres, de cordages... de gabions, de claies... »
BARBUSSE, Le feu, XX.

→ Par anal. *Gabions renforçant une levée de terre, une digue, un barrage.*

→ Grand panier* à anses pour le transport du fumier, de la terre...

DER. — **Gabionnade.** *n. f.* (XVIe s.). Ouvrage fait de gabions. (V. **Abri, fortification, retranchement**). — **Gabionner.** *v. tr.* (XVIe s.). Couvrir, protéger au moyen de gabions. *Gabionner un talus, une digue.* — **Gabionneur.** *n. m.* (XIXe s.). Celui qui fait ou pose des gabions. — **Gabionnage.** *n. m.* (1832). Fabrication ou pose des gabions.

GABLE ou **GÂBLE.** *n. m.* (XIVe s. ; mot normand, rac. germanique probable. Cf. all. *Gabel,* « fourchette », et bas lat. *gabalus,* « croix, gibet », mot d'origine germanique). *Archit.* Pignon décoratif aigu, souvent ajouré et orné, très courant dans l'architecture gothique (V. **Fronton, pignon**). *Rampants d'un gable ornés de crochets. Gable couronné par un fleuron. Archivoltes de portail, lucarnes surmontées de gables.*

« Les yeux s'étaient habitués à voir ces gables de bois surmontant les formerets des voûtes, interrompant les lignes horizontales des corniches et des bahuts ; lorsqu'on les enlevait, souvent les couronnements des édifices achevés devaient paraître froids et pauvres ; les architectes eurent donc l'idée de substituer à ces constructions provisoires, dont l'effet était agréable, des gables en pierre ; c'est ce que Pierre de Montereau fit à la Sainte-Chapelle de Paris dès 1245,... »
VIOLLET-LE-DUC, Dict. rais. archit. franç., Gable.

→ Charpente triangulaire d'une lucarne.

GABORD. *n. m.* (1538 ; empr. au néerl. *gaarboord*). *Mar.* Bordage inférieur de la carène. *Les gabords sont assemblés sur la quille. Bordages assemblés sur les gabords.* V. **Ribord.**

GABURON. *n. m.* (*Gaburron* au XVIIe s. ; empr. au prov. *gaburioun,* peut-être altér. de *cabrioun,* « chevron »). *Mar.* Enveloppe de planches qui protège un mât. (On dit *aussi* Jumelles de racage*.)

GÂCHE. *n. f.* (*Gaiche* en 1294 ; étym. inconnue). *Technol.*

Pièce de métal munie d'une ouverture (V. **Mortaise**) dans laquelle peut s'engager le pêne d'une serrure, d'un verrou. *Gâche fixée au chambranle d'une porte.*

« Il est vrai que ce sont des portes anciennes. Il arrive que le pêne ne retombe pas bien dans la gâche. »
ROMAINS, H. de b. vol., t. III, VII, p. 115.

DER. — **Gâchette.** — HOM. — **Gâche,** dér. de *gâcher.*

GÂCHER. *v. tr.* (*Gaschier* au XIIe s. ; du francique *waskan,* « laver, détremper ». Cf. allem. *waschen,* angl. *to wash*).

‖ 1° Délayer* (du mortier, du plâtre) avec de l'eau. *Gâcher du plâtre pour maçonner.* Absolt. *Gâcher serré, lâche :* en pâte épaisse, liquide.

« ... je me figure le mouleur gâchant largement sa matière et s'inquiétant peu que les trois quarts en tombent à terre ; »
RENAN, Avenir de la science, XII, Œuv., t. III, p. 905.

« Promettons des récompenses aux mitrons plâtreux qui gâchent le mortier ! »
COLETTE, Paix chez les bêtes, La shah.

‖ 2° *Fig.* Faire (un ouvrage) grossièrement sans aucun soin. V. **Bâcler, barbouiller, bousiller, cochonner, galvauder** (vieilli), **saboter, saloper, torcher, torchonner.** *Gâcher la besogne. Travail gâché.*

« ... l'utilité qu'il y a de parquer deux ou trois cents provinciaux », au Palais-Bourbon, « pour leur faire tripoter et gâcher... de petites lois absurdes ou atroces. »
GAUTIER, Préf. Mlle de Maupin, Introd., p. LIII (éd. crit. MATORÉ).

→ (XIXe s.). Perdre, manquer (quelque chose) faute d'en tirer parti, d'en savoir ou d'en pouvoir profiter. V. **Abîmer, gaspiller, gâter, perdre...** *Gâcher un beau sujet. Gâcher une excellente affaire par négligence. Gâcher le métier,* en ne se faisant pas assez payer... *Gâcher une bonne occasion.* V. **Manquer, rater.** *Gâcher son argent, son temps, sa vie, sa jeunesse.* V. **Dissiper, gaspiller** (Cf. Farceur, cit. 7). *Il risque de compromettre* sa carrière, de gâcher son avenir. Gâcher ses dons, son talent.* V. **Galvauder.** *Ce contretemps a gâché tout son plaisir.* (V. **Contrarier, diminuer, ruiner, supprimer...**). *Bonheur irrémédiablement gâché.*

« Encore de l'argent à donner ? Ah ! non, du coup ! vous m'avez fait gâcher bien vingt-deux millions. »
JARRY, Ubu roi, III, 1.

« La montagne respire du départ de ces insensés. Ils ont follement dépensé, prodigué, gâché ses forces religieuses accumulées. »
BARRÈS, Colline inspirée, XIV.

« Il y a peut-être une tragédie qui se prépare, toute une vie gâchée, dissipée, perdue... »
BERGSON, Deux sources morale et relig., p. 36.

« La vérité, c'est que, dès que le besoin d'y subvenir ne nous oblige plus, nous ne savons que faire de notre vie, et que nous la gâchons au hasard. »
GIDE, Journ., 1913, Feuillets.

« Chaque beauté, chaque chose réussie, l'homme s'ingénie à la gâcher, même quand elle est sa création ; »
MONTHERLANT, Le démon du bien, p. 29.

« C'était en effet un très beau sujet de roman, que Balzac a un peu gâché, faute de sympathie pour ses personnages. »
HENRIOT, Portr. de fem., p. 334.

ANT. — **Employer** (bien), **exploiter, profiter, tirer** (parti) ; **conserver, économiser, épargner, garder.**

DER. — **Gâche.** *n. f.* (*Gaische,* « rame » au XIVe s.). Outil avec lequel on gâche le plâtre. *Par anal.* Spatule de pâtissier (HOM. **Gâche** (de serrure). — **Gâcheur**, gâchis*. — **Gâchage.** *n. m.* (1807 in HATZFELD). ‖ 1° Action de gâcher (le plâtre, etc.). ‖ 2° *Fig. Gâchage d'un travail.* V. **Bousillage, sabotage.** *Gâchage de temps, d'argent.* V. **Gaspillage, perte.**

« Rien ne le dégoûtait autant que le sabotage, le gâchage du travail, la fainéantise érigée en principe. »
R. ROLLAND, Jean-Christ., Le buisson ardent, I.

GÂCHETTE. *n. f.* (XVe s. ; de *gâche,* « pièce de serrure »).

‖ 1° Tige de métal, munie d'encoches dans lesquelles pénètrent les saillies de la queue du pêne* d'une serrure. *La gâchette maintient le pêne dans la position de la fermeture.*

« Sigognac entendit tourner la clef dans la serrure, le pêne mordre la gâchette et le verrou grincer de la façon la plus rassurante ; »
GAUTIER, Capitaine Fracasse, XI.

‖ 2° Dans une arme à feu, pièce immobilisant le percuteur* ou la masse percutante (V. **Chien,** cit. 43). *Tête de gâchette. Renflement de la tête de gâchette* (V. **Bossette**). *Écrou, goupille, ressort, poussoir, support de gâchette. L'effacement de la gâchette permet le départ du coup.*

→ *Par ext.* La détente*, par l'intermédiaire de laquelle le tireur agit sur la gâchette. *Appuyer sur la gâchette* (Cf. Épauler, cit. 1).

« Il s'arrêta, la crosse à la hanche, le doigt sur la gâchette, le fusil braqué vers l'arbre noir. »
GIONO, Chant du monde, II, VI.

GÂCHEUR, EUSE. *n.* (*Gascheeur* en 1292 ; de *gâcher*).

‖ 1° *N. m.* Ouvrier qui gâche le plâtre, le mortier.

« ... ce labeur si pénible, si humble, de gâcheur de plâtre et de charretier... »
HUYSMANS, La cathédrale, p. 192.

‖ 2° *Fig.* (*n. m.* et *f.*). Celui, celle qui bâcle, gâche un travail ou qui gâte, gaspille... (V. **Bâcleur, barbouilleur, bousilleur, saboteur ; gaspilleur**). *Gâcheur de besogne.*

C'est un gâcheur, un gnaf ! Cet écrivain est un gâcheur de papier (Cf. Bousiller, cit. 1). *Cette couturière n'est qu'une gâcheuse* (ACAD.).

2 « Propre à rien ! gâcheur de besogne, qui ne travaille pas et qui s'en vante ! »   ZOLA, La terre, III, III.

— Pop. (*fém.*). Celle qui gâche le plaisir d'autrui, en faisant des façons, des chichis. *Une petite gâcheuse.*

GÂCHIS (*chi*). *n. m.* (*Gaschis* en 1564 ; sens fig. au XVIIIᵉ s. ; de *gâcher*).

|| **1°** Mortier* de chaux, de ciment ; plâtre* gâché. — *Par anal.* Terrain détrempé, amas d'ordures plus ou moins liquide. V. **Boue, fange, margouillis, ordure, saleté.** *On patauge dans ce gâchis* (ACAD.).

1 « Sous le gaz verdâtre, ma rue, à cette heure, est un gâchis crémeux, praliné, marron-moka et jaune caramel, — un dessert éboulé, fondu, où surnage le nougat des moellons. »   COLETTE, La vagabonde, p. 14.

|| **2°** *Par ext.* Amas, mélange de choses gâchées, abîmées.

2 « ...une averse, la veille, avait trempé le parquet ; un coup de vent avait éparpillé des lettres sur le petit bureau, renversé un vase, effeuillé des fleurs. Debout, elle contemplait ce gâchis... »   MART. du G., Thib., t. VI, p. 78.

|| **3°** *Fig.* Situation confuse, embrouillée, inextricable. V. **Confusion, désordre, embrouillamini, méli-mélo, pagaïe.** *Un beau* (cit. 71) *gâchis. Gâchis politique, financier. Être dans le gâchis. Quel gâchis !* Cf. pop. *Mastic, pastis.*

3 « À cette époque, une foule de journaux créés pour chaque nuance accusaient l'effroyable pêle-mêle politique appelé « *gâchis* » par un soldat. »   BALZ., Une fille d'Ève, Œuv., t. II, p. 109.

4 « L'innommable gâchis du monde moderne n'est pas seulement d'ordre matériel... »   MART. du G., Thib., t. V, p. 228.

ANT. — Ordre, organisation,...

GADE. *n. m.* (1788 ; empr. au gr. *gados*, « morue »). *Zool.* Genre type de la famille des *Gadidés. Principales espèces de gades.* V. **Cabillaud, capelan, colin** 1, **lieu, merlan*, merluche, morue*, tacaud.**

DER. — *Gadidés. n. m. pl.* Famille de poissons téléostéens (*Anacanthiniens*) dont le principal genre est le gade (V. *aussi* **Lotte**).

GADIN. *n. m.* (arg. d'aviation en 1914). Chute*. *Ramasser un gadin.* V. **Gamelle, pelle.**

GADOUE. *n. f.* (XVIᵉ s. ; origine inconnue).

|| **1°** Matières fécales et immondices dont on se sert comme engrais* (V. **Vidange**). — *Spécialt. Agric.* « Mélange des balayures des rues, des ordures ménagères et des résidus de marchés dans les villes » (OMNIUM AGRIC.). V. **Boue, ordures** (ménagères). *Gadoue verte, fraîche ; gadoue noire, fermentée.*

|| **2°** Terre détrempée, mêlée ou non d'immondices. *Patauger dans la gadoue.*

1 « ...le jardin du Louvre, environné de hauts murs, empuanti par le voisinage de gadoues et de ruisseaux méphitiques... »   L. BERTRAND, Louis XIV, III, II.

2 « Les actes d'héroïsme... ont été accomplis au fond des tranchées, dans la gadoue et le sang. Avec le courage du désespoir. »   MART. du G., Thib., t. IX, p. 263.

— REM. Dans le langage parlé, la forme populaire GADOUILLE (*n. f.*) est très fréquente (au sens 2°).

GAÉLIQUE. *adj.* et *n. m.* (début XIXᵉ s. ; angl. *gaelic*). Relatif aux Gaëls (V. **Celte**). *Civilisation, coutumes, langue, dialectes gaéliques. Caractères de l'alphabet gaélique.* V. **Ogam, runes.** — *Par ext.* Se dit pour *Celtique.*

« Comme si de beaux vers français ne suffisaient pas pour être inconnu, Brizeux écrivait en breton, et plusieurs de ses ballades gaéliques sont populaires là-bas sur la lande ; »   GAUTIER, Portr. contempor., Brizeux.

— N. m. *Linguist.* Groupe des dialectes celtiques* d'Irlande (V. **Irlandais.** — Cf. Breton, cit. 2). *Le gaélique s'est étendu au Vᵉ siècle de l'Irlande à l'Écosse* (V. **Erse** 2) *et au Nord-Ouest de l'Angleterre ; il est encore parlé en Irlande, en Écosse, dans l'île de Man* (mannois)...

GAFFE. *n. f.* (1393 ; prov. *gaf*, d'origine obscure, peut-être gothique).

|| **1°** Perche* munie d'un croc et d'une pointe, ou de deux crocs, et servant à la manœuvre d'une embarcation (Cf. Drome, cit.). *Se servir d'une gaffe pour l'accostage* (cit.). — *Par ext. Gaffe à poissons.*

1 « Et, ma foi, sans un pêcheur qui l'accrocha avec sa gaffe, mon pauvre Alphonse à coup sûr, buvait le bouillon de onze heures. »   MISTRAL, Mes origines, Mém. et réc., p. 278.

2 « Tantôt on rame, tantôt on se sert de la gaffe pour glisser sur l'eau qui court, rapide, entre deux berges couvertes de fleurs jaunes »   MAUPASS., Vie errante, La Sicile.

|| **2°** (1872 ; du verbe *gaffer*). *Fam.* Action, parole « intempestive ou maladroite » (ACAD.). V. **Balourdise, bévue, bêtise, blague, erreur, faute, impair, maladresse, sottise.** — Cf. Ba-

lourdise, cit. 3. *Commettre, faire une gaffe.* V. **Gaffer ; gaffeur, maladroit...** (Cf. Mettre les pieds* dans le plat). *S'efforcer de réparer une gaffe.*

3 « ...la peur d'avoir fait une gaffe... »   COURTELINE, Boubouroche, Nouv., III.

4 « ...au milieu du désarroi que la gaffe qu'il avait faite venait de jeter dans ses idées, il s'était jeté sur la plus voisine, qui était précisément celle qui ne devait pas paraître dans l'entretien... »   PROUST, Rech. t. p., t. IX, p. 153.

5 « C'était la gaffe, qu'il venait de commettre en parlant de ça devant moi. Sa femme lui écrasa le pied sous la table. Il ne comprenait pas pourquoi. »   CÉLINE, Voyage au bout de la nuit, p. 236.

6 « ...craignant d'avoir blessé cet homme, il s'était mis l'esprit à l'alambic pour réparer sa gaffe... »   MONTHERLANT, Les célibataires, I, V.

|| **3°** (début XIXᵉ s. en argot : « *porter gaffe* » : « faire sentinelle ». Cf. Emballer, cit. 2 HUGO). Pop. *Faire gaffe :* faire attention. *Ellipt. Gaffe !* Attention ! — REM. En ce sens, *gaffe* se prononce avec *a* comme *bât.*

7 « — D'accord ! mais ne te gourre pas, répliqua le tenancier. Fais gaffe. Un gars de sa trempe ne se laisse pas cravater sans preuves. »   CARCO, Les belles manières, VIII.

8 « — Fais gaffe... Planque-toi bien : ils ont des jumelles. »   SARTRE, Mort dans l'âme, p. 182.

DER. — **Gaffer.** *v. tr.* et *intr.* (1694). || **1°** *Tr.* Accrocher avec une gaffe. *Gaffer un gros poisson.* || **2°** *Intr.* (1872). *Fam.* Commettre une maladresse, un impair. *Gaffer lourdement.* || **3°** *Arg.* et *pop.* Regarder avec attention. V. **Gaffe,** 3°. — **Gaffeur, euse.** *n.* (1872 ; de *gaffer*). *Fam.* Celui, celle qui commet une gaffe, des gaffes. V. **Balourd, écervelé, maladroit.** *Quel gaffeur ! il n'en rate pas une (de gaffe) ! Adjectivt. Ce qu'elle est gaffeuse !*

« Hubert pensait que sa lourde sœur « gaffait », et que j'étais atteint dans mon orgueil. Il voyait, sur ma figure, les signes de l'angoisse ; mais il n'en pouvait connaître la cause. »   MAURIAC, Nœud de vipères, XVII.

GAG. *n. m.* (XXᵉ s. ; empr. de l'angl. *gag*, « partie d'un dialogue improvisée, rajoutée par l'acteur » et aussi « histoire inventée, blague »). *Cinéma.* Effet comique, souvent constitué par l'altération, le retournement subit d'une situation (Cf. PASINETTI, Filmlexicon). *Gag irrésistible. Film burlesque, dessin animé formé d'une suite de gags. Le gagsman, spécialiste de l'invention des gags dans les studios américains.*

« Sennet eut... un style bien à lui, fondé sur l'accumulation des gags et des trucages... Ses troupes formées selon les méthodes de la *commedia dell'arte* improvisaient leur action en plein air... »   G. SADOUL, Hist. d'un art, Le cinéma, p. 108.

GAGA. *n.* et *adj.* (1879 d'apr. BLOCH ; formation onomat. utilisant la première syllabe de *gâteux*, redoublée). *Fam.* V. **Gâteux.** *Un vieux* gaga. *Il est complètement gaga. Cette femme le rend gaga.*

GAGE. *n. m.* (*Wage* au XIIᵉ s. ; francique *waddi.* Cf. allem. *Wette* ; T. de droit german.).

I. Se dit de tout ce que l'on dépose ou laisse entre les mains de quelqu'un à titre de garantie.

|| **1°** Chose mobilière remise à un créancier (Cf. Gagiste, dér.), en vue de garantir le paiement d'une dette. V. **Caution, cautionnement, dépôt, garantie, nantissement*** (Cf. Antichrèse, cit. 1), *sûreté. Emprunter, prêter, prêteur sur gages* (Cf. Courtier, cit. 2). *Mettre en gage un bijou au mont*-de-piété.* V. **Engager.** *Laisser en gage, pour gage un objet précieux. Les arrhes* constituent un gage aux mains du vendeur. Rendre, retirer un gage* (Cf. Débiteur, cit. 1). *Prendre, offrir, donner un gage. Contrat* de gage. Mortgage, vif-gage.* V. **Mort, vif** (*comp.*).

1 « Le gage confère au créancier le droit de se faire payer sur la chose qui en est l'objet, par privilège et préférence aux autres créanciers. »   CODE CIV., Art. 2073.

2 « Il prit adroitement le diamant de son maître, en fit faire un faux tout semblable qu'il remit à sa place, et donna le véritable en gage à un Arménien pour quelques milliers de roupies. »   VOLT., Le blanc et le noir.

3 « Mon cousin... chassé, faute de payement, d'un taudis irlandais, quoiqu'il eût mis son violon en gage, vint chercher chez moi un abri contre le constable... »   CHATEAUB., M. O.-T., I, 10, 6 (éd. Levaillant, t. I, p. 445).

4 « Dans le tiroir à demi fermé de la table, elle aperçut une reconnaissance du mont-de-piété qui attestait que le valet avait mis sa montre en gage quelques jours auparavant. »   BALZ., Rech. de l'absolu, Œuv., t. IX, p. 647.

— *Par plaisant.* (Vieilli). Demeurer pour gage, être pris, être perdu (alors que les autres, le reste en réchappent). *Laisser pour gage :* perdre.

5 « Un vieux renard...
...
Fut enfin au piège attrapé.
Par grand hasard en étant échappé,
Non pas franc, car pour gage il y laissa sa queue ; »   LA FONT., Fab., V, 5.

|| **2°** *Par ext.* Biens meubles ou immeubles affectés à la garantie d'une dette. V. **Sûreté ; hypothèque, privilège.** *Les meubles du locataire sont le gage du propriétaire. Les biens d'Église servaient de gage à la dette de l'État représentée par les assignats* (cit. 1 ; Cf. *aussi* Assignation, cit.).

6 « Les biens du débiteur sont le gage commun de ses créanciers ; et le prix s'en distribue entre eux par contribution, à moins qu'il n'y ait entre les créanciers des causes légitimes de préférence. »
CODE CIV., Art. 2093.

|| 3° *Spécialt.* (Jeux de société). Objet que le joueur dépose chaque fois qu'il se trompe et qu'il ne peut retirer, à la fin du jeu, qu'après avoir subi une pénitence*.

7 « ... les polissonneries du jeudi — avec les petites filles que les parents de mon ami nous fournissaient innocemment, invitant ensemble à goûter les amis de leur fils et les amies de leur fille —, menues faveurs que nous dérobions, et qu'elles nous dérobaient, sous prétexte de jeux à gages. »
RADIGUET, Diable au corps, p. 27.

|| 4° Ce que l'on consigne entre les mains d'un tiers, en cas de contestation entre deux ou plusieurs personnes, pour être ensuite remis à celle qui aura gain de cause. *Témoin qui reçoit les gages de deux parieurs.*

|| 5° *Anciennt.* (Cheval.). *Gage de bataille, de combat,* gant* jeté en signe de défi et d'engagement à combattre.

8 « Que l'on ouvre la lice à l'honneur, au courage ;
Que les juges du camp fassent tous les apprêts.
Toi, superbe Orbassan, c'est toi que je défie ;
...
Je jette devant toi le gage du combat.
(Il jette son gantelet sur la scène.)
L'oses-tu relever ? »
VOLT., **Tancrède**, III, 6.

|| 6° *Fig.* Se dit de tout ce qui représente un garant* ou une garantie*. — (La garantie portant particulièrement sur l'avenir). V. **Assurance, promesse.** *Première victoire qui est le gage de beaucoup (cit. 3) d'autres. Un gage de l'empressement (cit. 3) qu'on apportera à... Bandeau (cit. 2) royal qui est un gage de l'empire, anneau (cit. 8) gage de fidélité. Ce traité est le gage d'une longue paix. Je ne veux d'autre gage que votre parole, que votre promesse. Je voudrais un gage de votre obéissance. Donner des gages à un parti :* se lier envers lui par quelque acte qui semble engager l'avenir. *Prendre des gages,* s'assurer la possession de certains avantages par mesure de précaution. *Le gouvernement refusait de traiter sans gages suffisants. Otage servant de gage.*

9 « D'une éternelle paix Hermione est le gage ; »
RAC., **Andromaque**, II, 4.

10 « Laisser près du roi ce renard de jésuite, sans lui avoir donné mes instructions secrètes, sans avoir un otage, un gage de sa fidélité à mes ordres ! quel oubli ! »
VIGNY, **Cinq-Mars**, VII.

11 « ... le temps que le bonheur mit à éclore fut, pour Joseph Lebas et pour sa femme, un gage de durée. »
BALZ., **Maison du chat-qui-pelote**, Œuv., t. I, p. 56.

12 « Après une résistance convenable, les deux dames consentirent à donner et à recevoir des boucles de cheveux, opération qui se fit au moyen d'un fil qui descendit, et rapporta les gages échangés. »
MÉRIMÉE, **Âmes du purg.** (Rom. et nouv., p. 395).

13 « Si les goûts opposés avaient été gages de bonheur, elle aurait été bien heureuse. »
MAUROIS, **Lélia**, II, I.

14 « ... nous jetions nos dernières forces dans une attaque sur tous les fronts, et prenions des gages sérieux, avant que les Américains se soient mis en branle. »
MART. du G., **Thib.**, t. VIII, p. 259.

15 « Chez lui la crainte de se tromper s'exprimait plutôt par une certaine incohérence, comme chez ces politiciens dont on dit qu'ils donnent des gages aux partis extrêmes. »
ROMAINS, **H. de b. vol.**, t. V, XXVII, p. 285.

— La garantie s'appliquant plutôt au passé ou au présent. V. **Preuve, témoignage.** *Votre conduite en cette affaire est pour moi un gage certain de votre amitié. Artiste qui donne des gages de son talent (Cf. Exorde, cit. 3). Aveu, baiser qui est un gage d'amour (Cf. Effeuiller, cit. 2).* — *Spécialt.* (vieilli). *Un gage de l'amour,* un enfant.

16 « Quel bonheur qu'aucun gage d'une union aussi détestée... »
BEAUMARCH., **Mar. Figaro**, V, 14.

17 « Dans ce soupir, dans ce visage maternel, tremblant d'alarme, mais de douceur aussi, et où elle aurait pu lire comme un gage d'acceptation, sa sensibilité ombrageuse ne voulut voir qu'une tristesse désapprobatrice. »
MART. du G., **Thib.**, t. VIII, p. 46.

18 « Benjamin Constant... revint à Paris, et, passionné pour la liberté... donna des gages de sa sympathie au gouvernement des Cinq-Cents... »
HENRIOT, **Portr. de fem.**, p. 240.

II. *Au plur.* Somme que l'on donne à un domestique pour paiement de ses services. V. **Appointement, salaire...** *Les gages d'un domestique, d'un valet de chambre, d'une cuisinière* (cit. 3 ; Cf. *aussi* Employer, cit. 16).

19 « Ah ! mes gages ! mes gages ! Voilà par sa mort un chacun satisfait... Il n'y a que moi seul de malheureux, qui, après tant d'années de service, n'ai point d'autre récompense que de voir à mes yeux l'impiété de mon maître punie... Mes gages ! mes gages ! mes gages ! »
MOL., **Don Juan**, V, 6 (éd. 1683 A).

20 « ... c'était un de ces fidèles serviteurs dont les modèles sont devenus trop rares en France, qui... grondent les enfants et quelquefois les pères, s'exposent à la mort pour eux, les servent sans gages dans les révolutions... »
VIGNY, **Cinq-Mars**, I.

21 « César eut la nourriture, six francs de gages par mois, et fut couché sur un grabat, au grenier, près de la cuisinière ; »
BALZ., **César Birotteau**, Œuv., t. V, p. 342.

— Par ext. du sens ancien de rétribution en général, *Casser* aux gages. Être* aux gages de quelqu'un, être payé par lui pour quelque activité à son service (*par ext.*, être au service de, sous la dépendance de...). *Se mettre aux gages de quelqu'un* (Cf. Art, cit. 58). *Ne pas voler* ses gages.

22 « ... il est aux gages du besoin ; il a beau tenir bon, et protester qu'il n'écrira pas sur commande, il vit de sa plume ; il est serf des engagements qu'il doit prendre. »
SUARÈS, **Trois hommes**, Dostoïevski, III.

— *À gages :* qui est payé pour remplir tel ou tel rôle. *Spadassin, tueur à gages. Un insulteur à gages.* — REM. De nos jours, *À gages* se prend toujours en mauvaise part.

23 « Toutes les plumes de folliculaires à gages, bien astiquées, qui attendaient. »
ROMAINS, **H. de b. vol.**, t. III, XVII, p. 235.

24 « Jean-Paul Sénac, je l'ai dit, végétait dans l'ombre d'un politicien nommé Coualieux qui le tyrannisait quand il n'avait pas quelque besoin précis de son humaniste à gages... »
DUHAM., **Pasq.**, V, IV.

COMP. — **Dégager, engager*. Mort-gage. Vif-gage.**

DER. — **Gager.** — **Gagerie.** *n. f.* (XIIIe s.). V. Saisie. — **Gageur, euse.** *n.* (XIIIe s.). *Vx.* Personne qui a l'habitude de gager. — **Gageure.** — **Gagiste.** *n. m.* (1680). *Dr.* Personne dont la créance est garantie par un gage. — Par appos. *Créancier gagiste* (Cf. Chirographaire, cit.). — Homme payé pour rendre certains services sans être domestique. *Gagiste d'un théâtre. Musicien gagiste,* membre non militaire d'une musique de régiment.

« Cet homme était un gagiste du théâtre, le garçon chargé de mettre les partitions sur les pupitres à l'orchestre... »
BALZ., **Cousin Pons**, Œuv., t. VI, p. 772.

GAGER. *v. tr.* (XIIe s. ; de *gage*).

|| 1° *Vx.* Déposer (quelque chose) comme gage dans une contestation, un pari. V. **Parier.**

1 « Je gage cent pistoles que c'est toi. »
MOL., **Impr. de Versailles**, 3.

— *Absolt. Gager que...* V. **Parier*.** — *Par ext.* Se dit encore de nos jours pour exprimer un simple avis (en n'engageant rien d'autre que son opinion). *Gageons qu'il ne tiendra pas ses promesses* (Cf. But, cit. 4 ; carte, cit. 22 ; gageure, cit. 2).

2 « Pesons le gain et la perte, en prenant croix que Dieu est. Estimons ces deux cas : si vous gagnez, vous gagnez tout ; si vous perdez, vous ne perdez rien. Gagez donc qu'il est, sans hésiter. — Cela est admirable. Oui, il faut gager ; mais je gage peut-être trop. »
PASC., **Pens.**, III, 233.

3 « On s'échauffa, et les auteurs dont on parlait devenant toujours plus imperceptibles, on finit par faire des paris. « Je gage, dit l'un, que je pourrai vous citer tel ouvrage et tel écrivain dont vous n'avez jamais ouï parler. Je vous le rendrai bien, répondit l'autre ; »
RIVAROL, **Littérature**, III, Préf.

4 « Et vous, messieurs les Italiens, avez-vous averti votre jeune princesse ? Je gage qu'elle est allée lire avec ses dames au bout du parc ou sur les bords de l'eau. »
VIGNY, **Cinq-Mars**, I.

|| 2° *Vieilli.* Payer* quelqu'un qu'on emploie à son service. V. **Salarier** (Cf. Espion, cit. 6).

5 « Je suis auprès de lui gagé pour serviteur, »
MOL., **Étourdi**, I, 7.

6 « C'est ainsi parmi nous que des auteurs gagés par les libraires écrivent l'histoire ! »
VOLT., **Mœurs**, XV.

|| 3° (1872 P. LAR.). Garantir par un gage. *Gager un emprunt, une émission de billets. Encaisse métallique gageant la circulation monétaire.*

7 « Ainsi les premières émissions des *assignats* français à la fin du XVIIIe siècle étaient gagées par les biens du clergé et de la couronne, devenus propriété nationale. »
REBOUD et GUITTON, **Préc. d'écon. polit.**, t. I, n° 664 (éd. Dalloz).

8 « Ou au contraire est-ce l'idée de gager les monnaies en or qui semblera naïve en ce temps-là ? » MAUROIS, **Cercle de famille**, III, XVII.

GAGEURE (ga-jur). *n. f.* (XIIIe s. ; de *gage, gager*).

|| 1° *Vieilli.* Promesse réciproque de payer le gage convenu si on perd un pari. V. **Pari** (Cf. Amuser, cit. 10). *Faire, accepter une gageure. Littér. La Gageure imprévue,* comédie de Sedaine.

1 « — Juge-nous un peu sur une gageure que nous avons faite. — Et quelle ? — Nous disputons qui est le marquis de *la Critique* de Molière : il gage que c'est moi, et moi je gage que c'est lui. »
MOL., **Impr. de Versailles**, 4.

2 « Puis vinrent les immondes gageures ; ils s'enfonçaient la tête dans les amphores, et restaient à boire sans s'interrompre comme des dromadaires altérés. »
FLAUB., **Salammbô**, I.

3 « ... une des jeunes filles... gagea qu'elle lui demanderait un jour de congé, énormité dans une communauté aussi austère. La gageure fut acceptée, mais aucune de celles qui tenaient le pari n'y croyait. »
HUGO, **Misér.**, II, VI, V.

— *Soutenir la gageure :* accepter la gageure proposée. *Au fig.* Persévérer dans une entreprise, une attitude, comme si on voulait tenir un pari, le gagner.

4 « Je lui fais crédit pour sa conduite ; tous ses amis se sont si bien trouvés de s'être fiés à lui, que vous m'y fier encore : il saura très bien soutenir la gageure par la règle de sa vie. »
SÉV., 688, 28 avril 1678.

|| 2° *Par hyperb.* Action, projet, opinion... qui présente un tel caractère d'étrangeté ou de difficulté qu'on est tenté d'en voir le motif dans une espèce de pari à tenir. Cf. Défi

(au bon sens). *C'est une gageure, cela ressemble à une gageure ! Il a accompli cette gageure de réconcilier deux ennemis mortels* (Cf. Tour de force). *C'est une gageure de croire au succès d'une entreprise si mal engagée.*

5   « Monsieur, je ne sais qui vous a donné le droit de m'écrire dans de pareils termes. Si ce n'est pas une méprise, c'est une gageure ou une impertinence. Dans tous les cas, je vous renvoie votre lettre, qui ne peut pas m'être adressée. »   MUSS., **Nouv.**, Les deux maîtresses, V.

6   « On m'a généralement accordé que c'était une entreprise difficile, et en un certain sens, en ce temps moderne, comme une gageure. »   PÉGUY, **Victor-Marie comte Hugo**, p. 29.

7   « ... il (*Rimbaud*) n'a été que l'occasion, pour Verlaine, de s'enfuir de ce mariage, qui était en lui-même déjà une gageure. La gageure était d'imaginer Verlaine fait pour le mariage. »   HENRIOT, **Portr. de fem.**, p. 430.

GAGNANT, ANTE. adj. et n. (XIIIᵉ s. ; part. prés. de *gagner*). Qui gagne. *Avoir en mains la carte gagnante. Le numéro gagnant. C'est le cheval gagnant qu'il a joué. Jouer un cheval gagnant et placé.* V. **Pari.** *Tout le monde le donne gagnant, prévoit sa victoire, l'indique comme devant l'emporter. Partir gagnant.* — Substantivt. La personne qui gagne. *Le gagnant du gros lot.* V. **Vainqueur.** *Gagnant d'une épreuve, d'un challenge, d'une course. Nous ne sommes pas les gagnants, dans cette affaire.* — *Le cheval, le billet... qui gagne. Il a touché le gagnant.*

ANT. — Perdant.

GAGNE-PAIN. n. m. inv. (XIIIᵉ s., sorte de gantelet ; XVIIᵉ s., sens mod. ; de *gagner*, et *pain*). Ce qui permet (métier, outil...) à quelqu'un de gagner sa vie. *En perdant sa cognée* (cit. 1) *le bûcheron perdait son gagne-pain. Sa plume est son seul gagne-pain. Le voilà en chômage, privé de son modeste gagne-pain.* V. **Emploi.**

1   « C'est le *travail unique de toute ma vie.* Tout le reste n'a été que gagne-pain, gagne-pain joint à un peu de vanité de le gagner aussi bien qu'un autre ; »   STENDHAL, **Vie de Henry Brulard**, 31.

2   « Ce n'est pas pour moi que je monte l'affaire, c'est pour lui, pour lui procurer par la suite un gagne-pain honorable ; pour l'aider à se relever ; »   ROMAINS, **H. de b. vol.**, t. II, IX, p. 100.

GAGNER. v. tr. (XIIᵉ s., *guaaignier* ; franciq. *waidanjan*, « se procurer de la nourriture, du butin ». Cf. allem. *weiden*, paître ; d'où l'emploi de gagner au sens de « paître, brouter », longtemps conservé en vénerie, et au sens de « cultiver » dans les parlers du Sud-Est selon BLOCH. Cf. *Regain*).

I. S'assurer quelque profit matériel.

|| **1°** Par un travail, par quelque activité. *Gagner de l'argent* (Cf. Afficher, cit. 2 ; assez, cit. 47 ; émigrant, cit. 1). *Gagner tant par heure, par jour, par semaine, par mois, par an* (cit. 6. Cf. aussi Estomaquer, cit. 3). V. **Toucher** (Cf. *pop.* Palper). *Gagner plus, davantage, moins...* (Cf. Coût, cit. 3 ; fatiguer, cit. 2). *Marchand qui gagne gros*, qui fait de gros bénéfices*. *Il a gagné tant sur la vente.* V. **Encaisser ; rapporter** (cette vente lui a rapporté tant). *Gagner une fortune. Gagner de petites sommes.* V. **Grappiller, gratter.** *Dépenser, consommer ce que l'on gagne* (Cf. Épargne, cit. 9). *Gagner de quoi vivre. Gagner son pain à la sueur* de son front. *Avoir besoin de gagner son pain, sa vie, et* pop. *sa croûte, son bifteck...* V. **Travailler.** Cf. Aiguillon, cit. 5 ; besoin, cit. 26 et 41 ; étude, cit. 24. *Gagner honorablement sa vie* (Cf. Air 2, cit. 3). *Il gagne bien, largement sa vie* (Cf. Combinaison, cit. 13). *Il a bien de la peine à gagner sa vie* (Cf. Cahin-caha, cit. 4). *Il arrive à gagner sa vie en faisant des heures supplémentaires. Gagner sa vie à faire..., en faisant.* — Absolt. *Il ne songe qu'à gagner, toujours gagner.* V. **Enrichir** (s'), cit. 13 ; **faire** (de l'argent). *Gagner sur un marché, à la Bourse* (cit. 8). Spécialt. *Un manque* à gagner.*

1   « Les pensées des hommes sont devenues un objet important de commerce. Les libraires hollandais gagnent un million par an, parce que les Français ont eu de l'esprit. »   VOLT., **Lett. à un 1ᵉʳ commis**, 20 juin 1733.

2   « Il n'y a dans le monde, à vrai dire, que deux sortes d'hommes, ceux qui ont et ceux qui gagnent. »   VIGNY, **Journ. d'un poète**, p. 236.

3   « À ce métier singulier, Pierrotte ne fit pas fortune, mais il gagna sa vie et largement. »   DAUD., **Petit Chose**, II, VI.

4   « On a autant de peine et de mérite à se passer d'argent qu'à en gagner. »   RENARD, **Journ.**, 14 nov. 1898.

5   « ... le mieux, à mon avis, ça serait que tu repartes gagner ta croûte pendant un temps au moins à l'étranger. »   CÉLINE, **Voyage au bout de la nuit**, p. 421.

6   « Au point où, suivant la remarque de G.K. Chesterton, le dix-neuvième siècle avait placé le gentleman, le seizième le prince, le douzième le prêtre, nous avons placé l'homme-qui-gagne-beaucoup-d'argent. »   DANIEL-ROPS, **Le monde sans âme**, p. 130.

— *Bien gagner, gagner bien..., mériter de gagner. Voici dix mille francs, ne me remerciez pas : vous les avez bien gagnés* (Cf. Vous ne les avez pas volés). *Il gagne bien l'argent qu'on lui donne. Vous me reprochez ma fortune, mais je l'ai gagnée et bien gagnée. Une récompense bien gagnée. C'est un bon cheval, courageux et régulier, qui gagne bien son avoine.* — (Bien étant sous-entendu) *Vous ne gagnez pas l'argent que l'État vous alloue* (cit.).

|| **2°** Par le jeu, par un hasard favorable. *Gagner une somme d'argent à un jeu de cartes, à un jeu de hasard.* V. **Empocher, encaisser, rafler, ramasser.** *Gagner toute la cave d'un joueur.* V. **Décaver.** *Gagner les consommations à la belote... Période de chance où un joueur gagne beaucoup d'argent aux courses, à la roulette... Gagner cent mille francs à la loterie. Il espère gagner le gros lot.* — Par ext. *Le numéro tant gagne un lot de vingt mille francs. La carte qui gagne*, qui fait la levée, qui permet de ramasser l'enjeu. — Absolt. *Méthodes, martingales pour gagner aux courses, à la boule... Le billet qui gagne.* V. **Gagnant.** *Gagner sur tous les tableaux*, à tous les coups... À tous les coups l'on gagne !*

7   « ... tout joueur hasarde avec certitude pour gagner avec incertitude ; »   PASC. **Pens.**, III, 233.

8   « Il n'avait pas de quoi jouer longtemps, et il joua ; son malheur voulut qu'il commençât par gagner, et sur son gain, il eut de quoi perdre. »   MUSS., **Nouv.**, Frédéric et Bernerette, IV.

9   « Je l'engageai fréquemment à jouer, et m'appliquai, avec la ruse habituelle du joueur, à lui laisser gagner des sommes considérables, pour l'enlacer plus efficacement dans mes filets. »   BAUDEL., **Traduct. E. POE, Hist. extraord.**, W. Wilson.

10   « La morale de l'honneur, ou seulement des convenances, a été faite pour donner un double exactement contraire à la morale naturelle, et nous permettre ainsi de gagner à tout coup, tantôt sur l'un tantôt sur l'autre tableau. »   MONTHERLANT, **Les jeunes filles**, p. 218.

II. Acquérir, obtenir quelque avantage.

|| **1°** Au sens le plus général. *Il y a gagné une certaine réputation, un peu de tranquillité... Voilà un grand point* de gagné. Les lauriers gagnés à la guerre.* V. **Acquérir, conquérir, moissonner, recueillir.** *Vous avez bien gagné vos vacances.* V. **Mériter.** *Goûter un repos bien gagné.* — En parlant d'un avantage numérique, *L'enfant a gagné plusieurs centimètres, plusieurs kilos.* V. **Prendre.** *Cette valeur a gagné plusieurs points en Bourse. Notre parti a gagné près de dix mille voix dans le département par rapport aux précédentes élections.* — *Gagner du temps* : obtenir l'avantage de disposer d'un temps plus long, en différant une échéance quelconque (V. **Différer, retarder.** Cf. Filandreux, cit. 2). *Recourir aux chicanes, à la procédure pour gagner quelques mois. Gagner du temps, se dit aussi quand on fait une économie de temps.* V. **Économiser.** *Prenez ce raccourci, vous gagnerez un bon quart d'heure. Gagner de la place. Une meilleure disposition de votre mobilier vous permettrait de gagner un peu de place. Mise en page, corrections qui font gagner plusieurs lignes, une page...*

11   « ... gagner du temps est un grand art quand on n'est pas prêt. »   CHATEAUB., **M. O.-T.**, t. V, p. 63.

12   « Le tonnelier sortit de ce combat bizarre, ayant conclu le seul marché dont il ait eu à se plaindre pendant le cours de sa vie commerciale. Mais s'il y perdit, pécuniairement parlant, il y gagna moralement une bonne leçon et, plus tard, il en recueillit les fruits. »   BALZ., **Eug. Grandet**, Œuv., t. III, p. 562.

13   « Certes, il y a une chose que l'on gagne à Paris, c'est le toupet ; mais l'on y perd un peu de sa crinière. »   FLAUB., **Corresp.**, 327, 26 juin 1852.

— Avec un complément indéterminé. *Ne vous embarquez pas dans cette affaire, vous n'y gagnerez rien, rien de bon.* V. **Retirer, tirer** (avantage, profit). *Relations d'amitié* (cit. 6) *où l'on pense avoir quelque chose à gagner. Avoir tout à perdre et rien à gagner dans une aventure. Tout perdre en voulant tout gagner.* — Absolt. *Vous y gagnerez, vous vous en trouverez bien, vous y trouverez un avantage. Gagner au change*.* V. **Bénéficier.**

14   « On hasarde de perdre en voulant trop gagner. »   LA FONT., **Fab.**, VII, 5.

15   « Ainsi des Lettres : si l'originalité n'y doit être que la révélation d'une personne, elle a tout à gagner à l'adoption de sujets, et d'idées admises. »   PAULHAN, **Fl. de Tarbes**, p. 163.

16   « ... l'auteur (*Gautier, dans Mˡˡᵉ de Maupin*)... a commencé d'écrire sans se faire un plan très précis, et ne s'est même vraiment soucié d'aborder son sujet qu'au milieu de son manuscrit. Le roman, certainement, y perd ; mais l'histoire des mœurs et de la psychologie romantiques y a gagné... »   HENRIOT, **Romantiques**, p. 209.

— GAGNER EN..., sous le rapport de... *Athlète qui a gagné en force ce qu'il a perdu en souplesse. Politicien qui perd en considération ce qu'il gagne en habileté. Œuvre qui gagne en expression* (cit. 29) *ce qu'elle perd en beauté.* Absolt. *Il a changé à son avantage, il a gagné en aisance, en gentillesse, il a fait des progrès sous le rapport de l'aisance... Sa voix a gagné en étendue* (Cf. Fioriture, cit. 2). *Encolure qui gagne en largeur* (Cf. Femme, cit. 97). V. **Augmenter*, croître.** *Son style a gagné en force, en précision.* V. **Améliorer** (s'). Elliptiqt. *Le vin gagne en vieillissant.* — Rare. *Gagner de...* (infra, cit. 19 GAUTIER).

17   « Cette liberté esclave avait quelques avantages : ce qu'on perdait en franchises dans l'intérieur, on le gagnait au dehors en dominations : le Français était enchaîné, la France libre. »   CHATEAUB., **Vie de Rancé**, II, p. 92.

18   « ... la passion y gagne en profondeur ce qu'elle paraît perdre en vivacité. »   BALZ., **Femme de trente ans**, Œuv., t. II, p. 721.

19   « Ses dessins originaux, faits à la plume, sont exquis de finesse, de verve et de *bien rendu,* et gagneront de valeur, d'année en année. » GAUTIER, **Portr. contempor.,** Grandville

20   « La langue, pendant ces longs travaux, n'a cessé de gagner en vigueur et en élégance. »   DUHAM., **Refuges de la lecture,** VIII, p. 257.

— *Absolt.* GAGNER à, suivi d'un infinitif : retirer quelque avantage, avoir une meilleure position... *Nous gagnons rarement à mentir* (Cf. Échec, cit. 9). *C'est un homme qui gagne, qui ne gagne pas, qui gagne beaucoup, peu, à être connu* (Cf. Cingler 1, cit. 2 ; fécondité, cit. 7). *Tableau qui gagne à être vu d'un peu loin. Ce livre gagne à être relu. Ce vin gagne à être chambré. Gagner quelque chose, ne rien gagner à faire..., à être...* (Peu usit.) *Gagner à ce que...*

21   « Le genre humain gagnerait beaucoup à ce que la vertu fût moins laborieuse. »   SENANCOUR, **De l'amour,** Dern. réflex.

22   « Cependant elles ne gagnent pas, les mousmés (ni les vieilles dames) à se produire dans cette tenue. »   LOTI, **Mᵐᵉ Chrysanth.,** XXXVIII.

23   « La plus belle poésie littéraire du monde ne gagne rien à être mise en musique et n'appelle pas nécessairement l'expression musicale. » LICHTENBERGER, **Wagner,** p. 130.

— GAGNER DE, suivi d'un infinitif : Obtenir l'avantage de..., arriver à ce résultat que... *Vous y gagnerez d'être enfin tranquille. Par sa dignité, il a gagné d'être respecté jusque dans sa défaite.*

24   « Et ce sont de ces gens qui,...
...
Ont gagné dans la cour de parler hautement. »
MOL., **Mis.,** II, 2.

25   « J'y gagnai, de plus, de considérer à loisir cette charmante figure, embellie encore par l'attrait puissant des larmes. »
LACLOS, **Liais. dang.,** Lett. XXIII.

26   « Tarrou avait perdu la partie, comme il le disait. Mais lui, Rieux, qu'avait-il gagné ? Il avait seulement gagné d'avoir connu la peste et de s'en souvenir, d'avoir connu l'amitié et de s'en souvenir, de connaître la tendresse et de devoir un jour s'en souvenir. »
CAMUS, **La peste,** p. 313.

‖ 2° *Ironiqt.* (en parlant de quelque chose de fâcheux). V. **Attraper, contracter, prendre.** *Je me suis promené sans manteau, j'y ai gagné un bon rhume. Je n'y ai gagné que des coups.* V. **Rapporter, récolter.** *Gagner un violent mal de tête* (Cf. Charivari, cit. 4). *Jeune sot fier d'avoir gagné sa première maladie* (Cf. Écrivain, cit. 8). *Vous y gagnerez un ridicule éternel ! Vous passerez pour un sot, c'est tout ce que vous aurez gagné.* V. **Retirer.**

27   « ... il avait gagné la gale en saisissant un écouvillon des mains d'un soldat contaminé... »   MADELIN, **Hist. Cons. et Emp.,** De Brumaire à Marengo, VI.

‖ 3° *Laudatif.* V. **Mériter.** *Gagner le ciel, le paradis,* par ses œuvres, par ses vertus. *Gagner le bonheur éternel. Gagner des indulgences. Gagner ses galons sur le champ de bataille.*

28   « Le sujet de son sermon était la charité. Il invita les riches à donner aux indigents, afin d'éviter l'enfer qu'il peignit le plus effroyable qu'il put et de gagner le paradis qu'il fit désirable et charmant. »
HUGO, **Misér.,** I, I, IV.

29   « Les chrétiens ont, les premiers, considéré la vie humaine, et la suite des événements, comme une histoire qui se déroule à partir d'une origine vers une fin, au cours de laquelle l'homme gagne son salut ou mérite son châtiment. »   CAMUS, **Homme révolté,** p. 235.

‖ 4° En parlant de l'avantage particulier que constituent les dispositions favorables d'autrui. (V. **Attirer** (s'), **capter, conquérir.** *Gagner la faveur* (Cf. Amant, cit. 2), *l'amitié* (Cf. Avance, cit. 25), *la confiance* (Cf. Faire, cit. 213), *l'estime, la bienveillance, les bonnes grâces... de quelqu'un.* V. **Plaire.** *Gagner les suffrages, les voix d'électeurs hésitants. Gagner les cœurs* (Cf. Autorité, cit. 10 ; coquetterie, cit. 8), *les esprits* (Cf. Chatouiller, cit. 5). V. **Assujettir** (s'), **séduire, subjuguer.** *Sa bonté lui a gagné le cœur de tous. Gagner de l'influence.*

30   « Quand un Prince en grandeur passerait tous les Dieux,
S'il n'est doux et bénin, courtois et gracieux,
Humain, facile, honnête, affable et débonnaire,
Il ne gagne jamais le cœur du populaire : »
RONSARD, **Pièces retranch.,** Sec. liv. des hymnes, Ép. à Charles.

31   « N'allait-elle pas gagner tous les cœurs, c'est-à-dire la seule chose qu'ont à gagner ceux à qui la naissance et la fortune semblent tout donner ; »   BOSS., **Or. fun. duch. Orléans.**

32   « Il n'y a aucune éloquence dans le *Traité des études monastiques* opposé aux sentiments de Rancé, mais une raison supérieure, une mansuétude touchante, je ne sais quoi qui gagne le cœur... »
CHATEAUB., **Vie de Rancé,** III, p. 187.

33   « ... les jeunes gens de la ville se mettent en dépenses de collations, festins, soupers et autres régals pour traiter les actrices et gagner les bonnes grâces de ces coquettes par friandises, vins fins, dragées, confitures et telles menues délicatesses. »
GAUTIER, **Capitaine Fracasse,** VIII.

— *Par ext.* Se rendre favorable* la personne elle-même. V. **Amadouer, attacher** (s'), **concilier** (se), **séduire.** *Gagner quelqu'un par de bons procédés, par la franchise... La foule fut bientôt gagnée par leur simplicité et leur gentillesse. L'art de gagner les hommes* (Cf. Applaudir, cit. 6). *Gagner quelqu'un par ses caresses* (cit. 17), *ses cajoleries* (cit. 3). *Se laisser gagner par les prières de quelqu'un.* V. **Céder.** *Ces derniers mots achevèrent de me gagner.* V.

Convaincre, persuader. *Nous l'avons enfin gagné à notre cause. Gagner de nouveaux partisans, des fidèles, des prosélytes.* V. **Convertir, rallier.**

34   « Elle avait... gagné un maître de Londres, dont le crédit était grand, et plusieurs autres chefs de la faction. Presque tous ceux qui lui parlaient se rendaient à elle... »   BOSS., **Or. fun. Reine d'Anglet.**

35   « Pour gagner un homme, la première chose à savoir est : « Qu'aime-t-il ? »   STE-BEUVE, **Caus. du lundi,** 7 janv. 1850, t. I, p. 248.

36   « Quelquefois, Jésus usait d'un artifice innocent, qu'employa plus tard Jeanne d'Arc. Il affectait de savoir sur celui qu'il voulait gagner quelque chose d'intime, ou bien il lui rappelait une circonstance chère à son cœur. »   RENAN, **Vie de Jésus,** IX, Œuv., t. IV, p. 187.

37   « Or, ce peut être une tactique profitable que de repousser un voisin dangereux jusqu'à l'extrême opposé, ou tout au contraire le tenir déjà gagné à notre cause... »   PAULHAN, **Entret. s. des faits div.,** IV, p. 139.

— *Péjor.* V. **Circonvenir*, corrompre*.** *L'enquête a révélé que les prisonniers avaient gagné leurs gardiens à prix d'or. Témoins suspects de s'être laissé gagner.* V. **Séduire, tenter.** *Âme faible qui se laisse gagner par le mauvais exemple* (cit. 10). *Gagner les naïfs à force de promesses fallacieuses, de charlatanerie...* V. **Appâter.**

38   « Tu débauches le peuple à force de largesses,
Tu gagnes dans le camp mes soldats par promesses, »
C. de BERGERAC, **Mort d'Agrippine,** IV, 2.

39   « ... les évêques désignèrent tout prêtre ami de la Révolution à la haine, au mépris du peuple, comme gagné, acheté, corrompu par l'intérêt temporel. »   MICHELET, **Hist. Révol. fr.,** III, IX.

III. En parlant de l'avantage pris dans une compétition (l'idée d'adversaire, d'opposition étant toujours au moins sous-entendue).

‖ 1° Le complément désignant l'avantage obtenu, la supériorité. *Gagner le dessus* (vieilli). V. **Prendre** (Cf. Ascendant, cit. 6). *Gagner le prix, une prime.* V. **Remporter.** *Gagner la couronne de lauriers, la coupe, le titre...* V. **Enlever.** *Athlète qui a gagné sa sélection après concours.* — REM. On ne dit plus *gagner,* mais *remporter la victoire* (Cf. encore Boss., Hist. univ., III, 6).

40   « ... quelqu'un qui n'a pas la prétention... de gagner le prix Monthion ou d'être rosière en celui-ci. »
GAUTIER, **Préf. Mˡˡᵉ de Maupin,** p. 15 (éd. critiq. MATORÉ).

41   « Finalement ce fut lui qui gagna la soucoupe. Il s'imposa. »
CÉLINE, **Voyage au bout de la nuit,** p. 95.

— *Vieilli.* GAGNER SUR... *Gagner quelque chose sur quelqu'un,* obtenir de lui quelque chose en triomphant de sa résistance. *Tâchez de gagner cela sur vous :* en faisant effort sur vous. *J'ai gagné sur moi de n'y plus penser* (ACAD.). *J'ai gagné sur lui qu'il ne la reverrait pas* (ACAD.).

42   « ... Mais j'ai gagné sur lui qu'il ne me verra plus. »
CORN., **Polyeucte,** II, 4.

‖ 2° Le complément désignant la compétition même où l'on saisit l'avantage. *Gagner la bataille* (Cf. Fatal, cit. 13), *des batailles* (Cf. Combat, cit. 4 ; empoigner, cit. 4). *Annoncer que la bataille est gagnée* (Cf. Estafette, cit. 3). *Venir prendre part au combat alors qu'il est déjà gagné* (Cf. Arriviste, cit. 2). *Nous avons gagné la guerre, il nous reste à gagner la paix* (Cf. Concorde, cit. 4). *Hannibal gagna des batailles, mais Rome gagna la guerre.*

43   « On a beaucoup discuté sur la bataille de la Marne. L'histoire dira que Joffre l'a gagnée parce qu'il eût été seul responsable s'il l'avait perdue. »   BAINVILLE, **Hist. de France,** XXII.

— *Gagner un procès* (Cf. Condition, cit. 28 ; épice, cit. 3), *une cause* (cit. 48), obtenir un jugement en sa faveur. *Avoir cause* (cit. 46) *gagnée. Gagner un pari*, *la partie*, *la belle, la revanche* (Cf. Apporteur, cit.). *Gagner une partie d'échecs* (cit. 19), *un tournoi de bridge. Je vous accorde partie gagnée,* et fam. *Je vous donne gagné :* j'abandonne la partie, votre victoire étant certaine. Absolt. *Vous avez gagné, félicitations.* V. **Réussir** (Cf. Filer, cit. 11). *Gagner en trichant, en bluffant* (cit.). *Jouer à qui perd* gagne. *Il aime gagner.*

44   « Pour vous autres hommes, les défaites ne sont que des succès de moins. Dans cette partie si inégale, notre fortune est de ne pas perdre, et votre malheur de ne pas gagner. »
LACLOS, **Liais. dang.** Lett. LXXXI.

45   « Il (Poe) a, dans sa jeunesse, gagné un pari de nageur qui dépasse la mesure ordinaire du possible. »   BAUDEL., **E. Poe, Sa vie et ses œuvres,** III (in E. POE).

46   « Lequel vaut mieux : gagner dans une partie où tous les autres joueurs sont faibles, ou perdre dans une partie où tous les joueurs sont forts ; gagner dans une partie faible ou perdre dans une partie forte. Gagner dans un jeu de bassesse ou perdre dans un noble jeu. C'est-à-dire : sommes-nous chargés de gagner quand même, et à n'importe quel prix ; ou sommes-nous chargés de maintenir un certain niveau du jeu ; »   PÉGUY, **Note conjointe,** Sur Descartes, p. 162.

47   « À son action de grâces, se mêlait une fierté toute humaine, une satisfaction d'avocat qui a gagné le procès. »
MART. du G., **Thib.,** t. IV, p. 139.

— *Sport. Gagner une épreuve, un championnat, un concours, un match, une course...* V. **Enlever, remporter.** *L'équipe qui a gagné la Coupe de France. Son cheval a gagné le Grand Prix. Ce boxeur a gagné tous ses combats avant la limite. Il avait course gagnée quand un incident le* *priva de la victoire*, il pouvait alors être considéré comme vainqueur. *Absolt.* V. **Emporter** (l'), **triompher, vaincre.** *Boxeur qui gagne aux points, par knock-out, par arrêt de l'arbitre... Il n'a pas encore gagné, la course n'est pas finie ! Le cheval a gagné d'une longueur*, d'une tête*. Coureur qui gagne de justesse, d'une poitrine, d'un souffle...* Fam. *Il a gagné tout seul, comme un seul homme :* sans trouver de résistance sérieuse. Pop. *Gagner les doigts dans le nez*.*

|| 3° Le complément désignant l'adversaire sur lequel, dans une partie, une épreuve sportive, on prend l'avantage. V. **Battre, vaincre.** *Nous avons fait cinq parties de dames, il n'a pas encore pu me gagner. Je te gagnerai bien un jour ! Il m'a gagné sur cent mètres, au saut à la perche...*

48 « Jean-Jacques Rousseau, qui me gagnait toujours aux échecs, me refusait un avantage qui rendît la partie égale. »
DIDEROT, Salon de 1767.

— *Gagner quelqu'un de vitesse :* arriver avant lui en allant plus vite. V. **Dépasser, devancer.** *Gagner de vitesse les ennemis et leur barrer le chemin de la retraite. Son cheval a été gagné de vitesse, il a été surpris par la soudaine pointe* de son adversaire.* Elliptiqt. *Attention ! il nous gagne !* il va plus vite que nous et va nous rejoindre. V. **Grignoter.** *La nuit, l'orage, la marée nous gagne.* V. **Approcher.** — *Fig.* V. **Prévenir.** *Déjouer les plans d'un rival en le gagnant de vitesse, par quelque démarche que l'on fait avant lui. Le temps nous gagne,* il dépasse le rythme de notre activité, il sera écoulé avant que nous n'ayons fini.

49 « Mais le temps me gagne, les espions m'obsèdent ; je suis forcé de faire à la hâte et mal un travail qui demanderait le loisir et la tranquillité qui me manquent. » ROUSS., Conf., VII.

50 « — Et je ne sais pas pourquoi il ne nous a jamais rejoints, reprit le vieux militaire, car il est meilleur voilier que votre damné *Saint-Ferdinand.* — Il aura eu des avaries, une voie d'eau. — Il nous gagne, s'écria le Français. »
BALZ., Femme de trente ans, Œuv., t. II, p. 814.

51 « En chemin de fer, combien y en a-t-il qui sentent que se presser sur le quai pour gagner les autres de vitesse et s'assurer de la meilleure place est une suprême grossièreté ? »
RENAN, Souv. d'enfance et de jeunesse, VI, IV.

|| 4° GAGNER DU TERRAIN sur quelqu'un, diminuer ou augmenter l'intervalle qui nous sépare de lui, selon que nous le poursuivons ou que nous sommes poursuivis par lui. *L'ennemi a gagné du terrain.* V. **Avancer, progresser.** *Fig.* Faire des progrès. *L'incendie gagne du terrain.* V. **Étendre** (s'). *Hérésie, doctrine, idées qui gagnent du terrain.*

52 « De cinq minutes en cinq minutes, un volontaire en habit noir se dresse au milieu de la salle et publie les résultats connus de l'élection présidentielle... Des fusées de clabauderie annoncent, de temps en temps, que le héros de l'abstinence est en train de gagner du terrain. »
DUHAM., Scènes vie fut., IX, pp. 145-152.

— Elliptiqt. *Laboureur qui cherche à gagner sur la propriété de son voisin.* V. **Empiéter.** *La mer gagne sur la côte. L'incendie gagne* (Cf. Feu, cit. 35). V. **Propager** (se). *Le jour gagne de proche en proche.* V. **Grandir.** *Le calvinisme* (cit. 1) *commençait à gagner.* — Mar. *Gagner au vent,* avancer, se rapprocher du but malgré le vent contraire. — Manège. *Cheval qui gagne à la main,* dont on n'est plus maître.

53 « En dépit des traitements, le mal continuait de gagner ; »
DUHAM., Temps de la recherche, VIII.

IV. *Par ext.* De l'idée d'un terrain conquis à celle d'un point occupé. Atteindre (une position) en parcourant la distance qui sépare de cette position.

|| 1° En parlant d'un lieu, d'un objet vers lequel on se dirige* et qu'on atteint en se déplaçant. *Le navire a gagné le large* (Cf. Amener, cit. 15 ; filet, cit. 6). *Fig.* V. **Large.** *Gagner la pièce voisine* (Cf. Bras, cit. 14), *la gare* (Cf. Convoi, cit. 3), *le métro* (Cf. Atteinte, cit. 2), *sa demeure* (Cf. Courber, cit. 25 ; écornifleur, cit. 1), *les quartiers éloignés* (Cf. Coudoyer, cit. 2), *la rive, le rivage, les côtes* (V. **Aborder, toucher ;** Cf. Démonter, cit. 12 ; favorable, cit. 7), *un pays* (Cf. Entreprendre, cit. 13), *le sommet d'un tertre* (Cf. Escarpement, cit. 3)... *Gagner la porte** (Cf. Doucement, cit. 4), *la sortie.* V. **Aller** (s'en), **partir, sortir.** *Gagner les champs ;* (vx) *gagner le taillis.* V. **Échapper** (s'), **enfuir** (s'). Cf. Armer, cit. 19. *Gagner à nouveau sa place.* V. **Regagner, rejoindre.** *Gagner un lieu au plus court.*

54 « Le père épouvanté gagne aussitôt la porte ; »
CORN., Ment., II, 5.

55 « J'étais si troublée, que... je n'eus que le temps de gagner un fauteuil, et je me trouvai mal au point que je perdis connaissance. »
LACLOS, Liais. dang., Lett. LXI.

56 « S'était-il servi des échelles et des échafaudages des couvreurs pour gagner de toit en toit, de clôture en clôture, de compartiment en compartiment, les bâtiments de la cour Charlemagne... ? »
HUGO, Misér., IV, VI, III.

57 « Vers Midi, Parker déclara qu'il voyait la terre du côté de bâbord, et j'eus toutes les peines du monde à l'empêcher de se jeter à la mer pour gagner la côte à la nage. »
BAUDEL., Traduc. E. POE, Hist. extr., Avent. G. Pym.

58 « ...les trois petites Turques avaient réussi, par des chemins détournés, à gagner sans encombre une des échelles de la Corne-d'Or et à prendre un caïque. »
LOTI, Désench., XI.

59 « Les débris de l'armée romaine gagnèrent Canusium à la faveur de la nuit... »
FRANCE, Livre de mon ami, Livre de Pierre, IX.

60 « ...Edmée gagnait par son boudoir la chambre à coucher ouverte sur le jardin, au revers de l'hôtel. »
COLETTE, Fin de Chéri, p. 6.

61 « Dans un grand fracas de chaises déplacées, les quelque dix ou douze personnes qui étaient entrées se mettaient à table. Toutes, à en juger par la promptitude avec laquelle elles gagnaient leurs places, étaient des habitués du restaurant... »
GREEN, Léviathan, I, III.

62 « ...un de ces trains rapides qui gagnent Paris en une heure. »
DUHAM., Temps de la recherche, XV.

|| 2° (Le lieu, l'objet dont il est question étant atteint par quelque phénomène dont l'action s'étend progressivement). V. **Propager** (se), **répandre** (se). *Le feu, l'incendie a déjà gagné la maison voisine. L'inondation gagne les quartiers les plus éloignés du fleuve. Peste, épidémie qui gagne toutes les provinces. Gangrène, cancer qui gagne un membre, un organe tout entier. L'instruction gagne toutes les couches de la population.* V. **Toucher.**

63 « ...l'ouragan qui gagne
La campagne »
MUSS., Prem. poés., Stances.

64 « Minute à minute, heure par heure, les bruits de la rue décrurent, le silence gagna de proche en proche le monde engourdi. »
DUHAM., Salavin, VI, XV.

65 « L'acclamation, qui s'allume à son contact, gagne en deux secondes toute la masse du public, atteint les parois du long préau... »
ROMAINS, H. de b. vol., t. IV, XXIII, p. 252.

— *Fig.* En parlant d'une contagion* d'ordre moral (Cf. Épidémie, cit. 5). V. **Communiquer** (se). *Ces idées ont gagné certains milieux* (Cf. Filtrer, cit. 9). *Sa tristesse, sa confiance me gagnait. Œuvre où règne un esprit, un ton particulier qui gagne le lecteur* (Cf. Facile, cit. 13). *Je me sentais gagné par son optimisme, par cette gaieté communicative.*

66 « J'avoue que sa surprise me gagnait... »
FRANCE, Crime S. Bonnard, Œuv., t. II, p. 434.

67 « Il la secouait si fort qu'elle faillit tomber. Elle vit l'effroi sur le visage de sa sœur et s'en sentit gagnée par une sorte de panique. »
GREEN, A. Mesurat, I, V.

|| 3° En parlant d'un être touché par une impression physique ou morale qui se fait sentir de plus en plus profondément. V. **Envahir.** *Le froid, le sommeil, la faim, la fatigue* (Cf. Épuisement, cit. 4) *commençaient à le gagner. Il se sentait gagné par un étrange malaise. Agitation* (cit. 15), *émotion* (Cf. Auditoire, cit. 8), *impression* (Cf. Envelopper, cit. 27), *peur, pitié* (Cf. Bonhomme, cit. 1) *qui gagnent un être humain.* V. **Emparer** (s').

68 « L'âpre engourdissement a gagné les cigales »
VERLAINE, Jadis et naguère, Allégorie.

69 « Les larmes le gagnaient ; il avait hâte de sortir. »
DAUD., Petit Chose, I, XIII.

70 « Il y eut un silence. Adrienne se raidit contre la terrible émotion qui la gagnait et, traversant le palier, elle vint s'appuyer sur la rampe mais ne put regarder en bas. »
GREEN, A. Mesurat, I, XVI.

|| SE GAGNER (sens passif). Être gagné, pouvoir être gagné. *Si vous croyez qu'une fortune se gagne comme ça !* (Cf. Abondance, cit. 6). *Toute juste cause se gagne* (Cf. Clémence, cit. 7). — *C'est une maladie qui se gagne facilement.* — (Sens réfl.). *Il s'était gagné de bons amis.*

ANT. — Perdre. Échouer, reculer. Abandonner, éloigner (s'), quitter.

DER. et COMP. — Gagnable. *adj.* (XIIe s., « cultivable » ; XVIe s., sens mod.). *Peu usit.* Que l'on peut gagner. *La partie n'est pas gagnable, mieux vaut abandonner* (ANT. Ingagnable). — Gagnage. *n. m.* (XIIe s.). *Vx.* ou *Dial.* Pâturage ; champ où le gibier va prendre sa nourriture (*infra*, cit. 1). — Gagnant. — Gagne-denier. *n. m.* (XVIe s.). *Vx.* V. Gagne-petit. — Gagne-pain. — Gagne-petit. *n. m.* (1597 ; *petit = peu*). Celui qui a un métier peu rémunérateur. *Ils n'ont rien, ce sont tous des gagne-petit* (*infra*, cit. 2). *Spécialt.* (Vieilli) Rémouleur. — Gagneur. *n. m.* (XIIe s.). Celui qui gagne. *Un gagneur de batailles* (*infra*, cit. 3). — Gain. — Regagner. Cf. aussi Regain.

1 « Tous ces grands fauves sont de tendres sauvages. Mangeurs d'herbe, de jeunes pousses, de baies folles, ils vont leur vie de peur et d'innocence, des sauvages nocturnes où ils font leur viandis aux creux de broussailles sèches où ils se couchent, le jour, en ruminant. »
GENEVOIX, Forêt voisine, X.

2 « Mauvais robin qui n'as, du moins on me l'a dit,
Pour toi que ta fortune,
Qui sans elle n'eusses, triste gagne-petit,
Gagné la moindre thune. »
VERLAINE, Invectives, XVIII.

3 « ...nos pères étaient des conquérants de gloire,
Des chercheurs d'horizons, des gagneurs d'avenir, »
HUGO, Lég. des siècles, XLIX, Paroles dans l'épreuve.

GAI, GAIE. *adj.* (XIIe s. ; peut-être du francique *wâhi,* anc. haut allem. *gâhi,* rapide, vif).

|| 1° En parlant des êtres. Qui a de la gaieté (au sens 1°) V. **Allègre, badin, content, enjoué, espiègle, folâtre, gaillard, guilleret, hilare, jovial, joyeux, mutin, réjoui, rieur, rigoleur, souriant...** (Cf. *aussi* Amuser (s'), ébaudir (s'), jubiler...). *Il est toujours gai ; tantôt gai, tantôt triste* (Cf. Alerte, cit 7 ; bas 1, cit. 84 ; bout, cit. 45 ; étourdir, cit. 17). *Un gai luron*.* V. **Boute-en-train, drille, fou, vivant** (bon). *Un caractère gai et facile. Naturellement gai* (Cf. Animer,

cit. 33). *Il est d'humeur gaie.* Cf. Mélancolie (il n'engendre pas la), train (être en). *Gai comme un pinson. Oiseau, animal vif et gai* (Cf. Alouette, cit. 3).

1 « Pleure de le voir gai comme un oiseau des bois. »
   BAUDEL., Fl. du mal, Spl. et id., Bénédiction.

2 « ... une Mélek si foncièrement gaie de tempérament que même ses longues détresses n'avaient pu éteindre l'éclat de son rire. »
   LOTI, Désench., VI.

3 « ... madame Sabatier était bonne fille, saine, gaie, et riait souvent. »
   HENRIOT, Portr. de fem., p. 386.

— *Spécialt.* Dont la gaieté provient d'une légère ivresse. *Au milieu du repas, il commençait à être gai. Je n'étais pas ivre, simplement un peu gai !* V. **Éméché*, émoustillé, gris.** — REM. On dit dans le même sens : *Avoir le vin gai.* V. **Pointe** (de vin).

‖ **2°** En parlant des choses. Qui marque de la gaieté ; où règne la gaieté. *Un visage gai et riant.* V. **Émerillonné, épanoui, éveillé.** *Une voix gaie* (Cf. Chuchoter, cit. 1). *Dire une chose d'un air gai* (Cf. Engageant, cit. 2). *La gaie rumeur d'une fête* (Cf. Entendre, cit. 35). *Une mélodie fraîche et gaie* (Cf. Aubade, cit. 1). *Verve éblouissante et gaie* (Cf. Animer, cit. 14). *Le repas fut très gai.* V. **Animé** (cit. 42). *Réunion, conversation gaie. Une époque heureuse et gaie. Il n'a pas une vie bien gaie.* V. **Drôle.** *Rien de plus gai, selon Montaigne, que la vraie sagesse* (Cf. Enjoué, cit. 1). *Littér. Le gai savoir,* la poésie des troubadours*.

4 « ... un clerc du gai savoir qui voyage avec sa gourde et son rebec... »
   A. BERTRAND, Gaspard de la nuit, L'air magique de J. de Vitteaux.

5 « La soirée fut vive, gaie, aimable. La belle humeur souveraine du grand-père donna l'ut à toute la fête... On dansa un peu, on rit beaucoup ; ce fut une noce bon(ne) enfant. » **HUGO, Misér., V, VI, II.**

6 « ... d'une voix gaie, toujours prête à pétiller sous la pression d'une malice intérieure. » **ROMAINS, H. de b. vol., t. III, XVI, p. 209.**

— *Vieilli.* Empreint d'une gaieté légèrement licencieuse. V. **Égrillard, gaillard, leste, libre...** *Tenir des propos un peu gais après boire. Le second couplet de cette chanson est plutôt gai.*

7 « ... la chanson gaie, bachique, épicurienne, le genre grivois, gaillard, égrillard... » **STE-BEUVE, Caus. du lundi, 15 juill. 1850, t. II, p. 287.**

‖ **3°** Qui inspire de la gaieté. *Un auteur gai.* V. **Amusant*, badin, comique, divertissant, drôle...** *Le « Mariage de Figaro » est une comédie particulièrement gaie. Une gaie revue de chansonniers. — J'aime ces couleurs gaies.* V. **Riant, vif.** *C'est la pièce la plus gaie de l'appartement.* V. **Clair, ensoleillé, exposé** (bien). *Avec des meubles de bois clair, votre chambre serait beaucoup plus gaie.* V. **Agréable, plaisant.** *Comme c'est gai, cette vue sur le parc ! — Le gai Paris,* américanisme traduisant une vision de Paris comme capitale des plaisirs.

8 « ... la pièce, une des plus gaies qui soient au théâtre, est écrite sans la moindre équivoque... »
   BEAUMARCH., Lett. sur le Barbier de Séville.

9 « Le style et le sentiment dans la couleur viennent du choix, et le choix vient du tempérament. Il y a des tons gais et folâtres, folâtres et tristes, riches et gais, riches et tristes, de communs et d'originaux. »
   BAUDEL., Curios. esthét., Salon de 1846, III.

10 « Cette cour était gaie à cause des bêtes de toute espèce et des gens de service qui la fréquentaient. »
   FRANCE, Livre de mon ami, Livre de Pierre, V.

— *Un gai soleil, un gai rayon* (Cf. Aller, cit. 4). *Une gaie matinée de printemps. Le temps n'est pas gai aujourd'hui. — Tout cela n'est pas gai, hélas ! où allons-nous ?* V. **Encourageant, folichon, réjouissant.** *Ironiqt. Nous voilà encore en panne, c'est gai !*

11 « On n'avait pas allumé d'autre chandelle, on négligeait même de moucher celle qui brûlait ; et ce n'était pas gai, cette cuisine sombre et nue de paysan pauvre, avec le râle d'agonie de ce corps tassé près de la table. » **ZOLA, La terre, II, II.**

12 « ... on ne doute que de ce qu'on désire éperdument ; et ce n'est pas gai. » **HENRIOT, Portr. de fem., p. 153.**

‖ **4°** *Interj.* Par ellipse, pour : *que l'on soit gai ! Allons, gai ! de l'entrain ! du mouvement !* Se dit surtout dans les chansons populaires. *Gai, gai ! marions-nous !*

ANT. — **Abattu, affligé, atrabilaire, chagrin, désolé, dolent, grognon, hypocondre, maussade, mélancolique, morne, morose, pleurard, triste*... Brumeux, ennuyeux, noir, sérieux, sombre. Attristant, décourageant, désolant. Fixe.**

DER. et COMP. — **Gaiement, gaieté. Égayer.**

GAÏAC. n. m. (1532 ; empr. à l'esp. *guayaco,* empr. lui-même au taino d'Haïti.) Plante dicotylédone (*Zygophyllées*) scientifiquement appelée *guaiacum,* comprenant des arbres ou arbustes exotiques (Amérique Centrale, Antilles), à fleurs bleues ornementales, à feuilles persistantes, à bois dur, compact et résineux, d'usage industriel. *Mortier, pilon en bois de gaïac. Gaïac officinal dit « bois de vie ». Résine de gaïac* (Gaïacine). *Propriétés laxatives et sudorifiques de la résine de gaïac. Teinture de gaïac employée comme dentifrice. Bleu de gaïac,* matière colorante tirée de la résine de gaïac.

DER. — **Gaïacol** ou **Gayacol.** *n. m.* (fin XIXᵉ s.). Éther extrait de la résine de gaïac, ou de la créosote*, des goudrons de chêne, de hêtre, de pin. *Propriétés antiseptiques du gaïacol dans les affections des voies respiratoires et des voies urinaires. Carbonate de gaïacol* ou *gaïacol carbonytique,* administré par voie buccale. *Colorant dérivé du gaïacol.* V. **Thionine.**

GAIEMENT (ACAD.) ou **GAÎMENT.** *adv.* (XIVᵉ s. ; de *gai*). D'une manière gaie, avec gaieté. V. **Joyeusement.** *Marcher, aller* (cit. 105), *partir* (Cf. Ancre, cit. 3) *gaiement. Vivre gaiement* (Cf. Chambrée, cit. 2). *Chanter gaiement. La cloche tinte gaiement* (Cf. Clef, cit. 1). *Le soleil entre gaiement par la fenêtre* (Cf. Couler, cit. 35). *Boucles qui jouent gaiement sur un front* (Cf. Enrouler, cit. 8). — Avec entrain, de bon cœur. *Aller gaiement au combat. Le voilà qui reprend gaiement ses mauvaises habitudes,* sans remords (Cf. Bourbeux, cit. 3). *J'accepterais gaiement de...* V. **Volontiers.** — REM. L'ACADÉMIE ne donne que l'orthographe *Gaiement.* Cependant, *gaîment,* indiqué par LITTRÉ, HATZFELD, LAROUSSE, est également en usage (Cf. Ancre, cit. 3 ; clef, cit. 1, etc. et *infra,* cit. 2).

1 « Frédéric se hasarda un jour à lui envoyer un baiser. Il fut surpris de voir qu'elle le lui rendit aussi gaiement qu'autrefois son premier salut. » **MUSS., Nouv., Frédéric et Bernerette, I.**

2 « Je ne sais pas si j'aimais cette dame,
   Mais je sais bien
   Que, pour avoir un regard de son âme,...
   ... J'aurais gaîment passé dix ans au bagne. »
   HUGO, Rayons et Ombres, XXII.

3 « On ne souffre gaiement qu'en France. C'est le peuple qui sait souffrir. » **MICHELET, La femme, p. 161.**

ANT. — **Tristement*.**

GAIETÉ (ACAD.) ou **GAÎTÉ.** *n. f.* (XIIᵉ s. ; de *gai*). — REM. La forme *Gaîté* donnée par LITTRÉ, HATZFELD, LAROUSSE, etc., n'est pas signalée par l'ACADÉMIE (Cf. Gaiement ou gaîment).

‖ **1°** État ou disposition des êtres qu'anime le plaisir de vivre, une humeur riante. V. **Alacrité, allégresse, ardeur, enjouement** (cit. 8), **entrain, exultation, hilarité, humeur** (belle, bonne), **joie, jovialité, jubilation, vivacité...** (Cf. Air, cit. 25 ; athénien, cit. 5 ; équivoque, cit. 8). *Avoir, montrer de la gaieté. Témoigner, manifester une grande gaieté. Une franche gaieté* (Cf. Étudiant, cit. 3). *Une gaieté affectée* (cit. 11), *contrainte* (cit. 13). *Perdre, retrouver, garder toute sa gaieté.* V. **Consumer, cit. 14 ; aveuglement, cit. 1). *Cela m'a redonné un peu de gaieté.* V. **Ragaillardir.** *Gaieté naturelle* (Cf. Contre, cit. 15). *Gaieté légère* (Cf. Dissiper, cit. 7). *Accès de gaieté, de folle gaieté. Mettre en gaieté.* V. **Amuser*, égayer, réjouir.** *Exciter la gaieté. Gaieté débordante, communicative... Un enfant plein de gaieté. Moment, jour, soir de gaieté* (Cf. Accouplement, cit. 3). V. **Fête.** *Gaieté un peu libre.* V. **Gaillardise.** *Gaieté d'un animal* (Cf. Fauvette, cit.).

1 « ... quoiqu'elle ait les plus belles dents du monde, elle ne rit que de ce qui l'amuse. Mais il faut voir comme, dans les folâtres jeux, elle offre l'image d'une gaîté naïve et franche ! comme, auprès d'un malheureux qu'elle s'empresse de secourir, son regard annonce la joie pure et la bonté compatissante ! » **LACLOS, Liais. dang., Lett. VI.**

2 « Adieu la gaieté de ma jeunesse, l'insouciante folie, la vie libre et joyeuse au pied du Vésuve ! » **MUSS., Caprices de Marianne, II, 20.**

3 « ... il y a des tempéraments chez qui cette drogue (le *haschisch*) ne développe qu'une folie tapageuse, une gaieté violente qui ressemble à du vertige, des danses, des sauts, des trépignements, des éclats de rire. » **BAUDEL., Du vin et du haschisch, V.**

4 « Tous ses mouvements avaient de la grâce ; sa gaieté de jeune animal était charmante. » **FRANCE, Hist. comique, IX.**

5 « Pat' est le seul de nous tous qui ait de la gaieté, de la vraie : spontanée, intérieure », songeait Jacques, en regardant le jeune Anglais rire à belles dents. » **MART. du G., Thib., t. VI, p. 41.**

— *Spécialt.* (Cet état étant dû à une légère ivresse). *Être en gaieté après plusieurs toasts. La gaieté gagnait tous les convives.*

6 « Le musicien consciencieux doit se servir du vin de Champagne pour composer un opéra-comique. Il y trouvera la gaieté mousseuse et légère que réclame le genre. » **BAUDEL., Du vin et du haschisch, I.**

7 « Duroy avait trouvé le corton de son goût et il laissait chaque fois emplir son verre. Une gaieté délicieuse entrait en lui ; une gaieté chaude, qui lui montait du ventre à la tête, lui courait dans les membres, le pénétrait tout entier. Il se sentait envahi par un bien-être complet, un bien-être de vie et de pensée, de corps et d'âme. »
   MAUPASS., Bel-ami, I, II.

— **DE GAIETÉ DE CŒUR.** *loc. adv.* En se plaisant à faire de son propre mouvement une chose sans y être obligé (donc, à la fois volontairement* et volontiers). V. **Délibérément** (Cf. Cause, cit. 38). *Offenser, attaquer quelqu'un de gaieté de cœur* (Cf. Calomniateur, cit. 4). *Il ne renonce pas de gaieté de cœur à cette habitude* (Cf. Certitude, cit. 3). *Ils ne vont pas au combat de gaieté de cœur.*

8 « Les juges du chevalier de La Barre ont été des monstres sanguinaires de gaieté de cœur. » **VOLT., Roi de Prusse, 268 (in LITTRÉ).**

9 « L'homme sérieux ne se mêle d'une manière active aux affaires de son temps que s'il y est appelé par sa naissance ou par le vœu spontané de ses concitoyens. Il faut une grande présomption ou beaucoup de légèreté de conscience pour prendre, de gaieté de cœur, la responsabilité des choses humaines quand on n'y est pas obligé. »
   RENAN, Quest. contempor., Préf., Œuv., t. I, p. 11.

‖ **2°** Caractère de ce qui marque ou traduit un tel état. *La gaieté de leurs propos, de la conversation, de ces réunions, de ces repas...* (Cf. Cordial, cit. 1). *Regard, exclamation, accueil plein de gaieté. Apporter, mettre de la gaieté.* V. **Animer, ensoleiller.**

10 « Les vitres de notre voiture en vibrent, et cet air, toujours le même, répété deux lieues durant, est un très vieil air de France, si ancien et si jeune, d'une gaieté si franche et de si bon aloi, qu'au bout d'un moment, nous aussi, nous le chantons avec eux. »
LOTI, **Mon frère Yves**, LXXI.

11 « Ils (*les vitraux*) avaient sans doute été privés volontairement de reflets, afin de ne pas insulter par une insolente gaieté de pierreries en feu à la mélancolique détresse de cette église qui s'élevait dans l'atroce repaire d'un quartier peuplé de mendiants et d'escarpes. »
HUYSMANS, **En route**, I, II.

‖ **3°** Caractère d'une œuvre qui traduit un tel état et y dispose. V. **Humour, ironie, sel...** *Il a mis là beaucoup d'ironie* et de gaieté* (Cf. Désarmer, cit. 3). *C'est une comédie pleine de gaieté. Fabliau respirant la vieille, la grosse gaieté gauloise. Un livre qui manque de gaieté* (Cf. Étudiant, cit. 4). *Raconter, improviser avec beaucoup de gaieté. Gaieté dans le style* (Cf. Épineux, cit. 3).

12 « Me livrant à mon gai caractère, j'ai tenté, dans le Barbier de Séville, de ramener au théâtre l'ancienne et franche gaieté, en l'alliant avec le ton léger de notre plaisanterie actuelle. »
BEAUMARCH., **Lett. sur le Barbier de Séville.**

13 « (Cf. Âpre, cit. 13) Quel grand et vrai savoir des choses de ce monde,
Quelle mâle gaieté, si triste et si profonde
Que, lorsqu'on vient d'en rire, on devrait en pleurer ! »
MUSS., **Poés. nouv.**, Une soirée perdue.

14 « Goya est toujours un grand artiste, souvent effrayant. Il unit à la gaieté, à la jovialité, à la satire espagnole du bon temps de Cervantes, un esprit beaucoup plus moderne... »
BAUDEL., **Curios. esthét.**, VIII, II.

‖ **4°** Trait, acte, geste, propos... manifestant un tel état ; chose plaisante en général. V. **Plaisanterie*.** *Gaietés de la soldatesque* (Cf. Ensauvager, cit. 1). *Les Gaietés de l'escadron,* œuvre de Courteline. *Les gaietés de la promenade.* V. **Plaisir** (Cf. Confortable, cit. 2). *Ironiqt Voilà les gaietés de la province, de l'administration... Deux mois dans le plâtre ! Ce sont les gaietés des sports d'hiver !*

15 « ...je végète depuis si longtemps ! Il y a plus de six semaines que je ne me suis pas permis une gaieté. Celle-là se présente ; puis-je me la refuser ? »
LACLOS, **Liais. dang.**, Lett. LXXIV.

16 « Il observait que les gaietés de la pièce, « quoique approchant de ce qu'on nomme gaudriole, n'allaient pas jusqu'à l'indécence » et étaient parfaitement anodines... »
BEAUMARCH., **Mariage Figaro**, Notice.

17 « ...beuglant éperdument *La reine d'Angleterre,* ce déversoir obligé des gaietés soldatesques... »
COURTELINE, **Train de 8 h 47**, II, 1.

18 « ...ils (*les écoliers du moyen âge*) allaient ensuite, dans les tavernes, s'épancher en énormes gaietés collectives... »
LEMAÎTRE, **Impress. de théâtre**, Villon. p. 16.

ANT. — Abattement, affliction, chagrin, désolation, hypocondrie, mélancolie, tristesse*... Loc. adv. À contre-cœur. — Ennui.

GAILLARD, ARDE. *adj.* et *n.* (vers 1100 ; selon BLOCH probablement d'un gallo-roman *galia*, « force », rad. celt. *gal.* Cf. irland. *gal*, bravoure).

I. ‖ **1°** Plein de vie, du fait de sa robuste constitution, de sa bonne santé, ou de sa fraîcheur. V. **Alerte, allègre, dispos, dru** (*vx*), **frais, fringant, ingambe, sain, valide, vif, vigoureux...** (Cf. Coqueluche, cit. 2). *Il est complètement rétabli, plus gaillard que jamais. Se sentir, se lever frais et gaillard. Un vieillard encore très gaillard.* V. **Vert.**

1 « Tu es gaillard, tu es jeune et dispos, »
RONSARD, **Pièces retranch.**, Chant de liesse.

2 « Je viens de voir, pour mes péchés, cette méchante rapsodie de l'École des Femmes. Je suis encore en défaillance du mal de cœur que cela m'a donné, et je pense que je n'en reviendrai de plus de quinze jours... Je ne sais pas de quel tempérament nous sommes, ma cousine et moi ; mais nous fûmes avant-hier à la même pièce, et nous en revînmes toutes deux saines et gaillardes. »
MOL., **Crit. Éc. des fem.**, 3.

3 « ...nous nous réveillâmes reposé et gaillard comme si nous avions dormi dans notre lit. »
GAUTIER, **Voyage en Russie**, XXI.

4 « Soigne-toi toujours bien afin que, dans un mois... je te trouve plus florissante et plus gaillarde que jamais. »
FLAUB., **Corresp.**, 73, fin janv. 1843.

— *Air gaillard, allure gaillarde.* V. **Décidé, ferme.**

5 « Jamais je ne vous vis un teint si frais et si gaillard. »
MOL., **Avare**, II, 5.

6 « Il avait son pas gaillard, si souple encore qu'il ne faisait aucun bruit. »
ZOLA, **Faute de l'abbé Mouret**, XVI, p. 426.

‖ **2°** Plein d'entrain et de gaieté. V. **Enjoué** (cit. 1), **gai, jovial, joyeux...** *Gai et gaillard. Humeur gaillarde.*

7 « Tout cela me fit gaillarde, et je revins hier trouver mon fils, qui prit pour le moins la moitié de ma joie. »
SÉV., 599, 20 nov. 1676.

8 « Gaillarde et rieuse population d'impétueux soldats et de joyeux conteurs... »
MICHELET, **Hist. de France**, IV, IV.

— *Spécialt.* (Sens vivant, alors que le sens général ci-dessus est vieilli). D'une gaieté un peu libre*. V. **Cru, égrillard*, grivois, léger, leste, licencieux...** *Propos, contes gaillards. Chanson, refrain gaillards* (Cf. Gai, cit. 7). *Les gaillardes anecdotes de Tallemant des Réaux.*

9 « ...une fort bonne servante y fut mise à la porte (*de chez M. Lambercier*) pour un mot un peu gaillard qu'elle avait prononcé devant nous. »
ROUSS., **Conf.**, I.

10 « ...chacun lui adressait quelque compliment gaillard sur sa tournure ; »
MÉRIMÉE, **Carmen**, III.

11 « ...notre magistrat aimait à hérisser sa conversation de pointes, d'équivoques et de propos gaillards, qu'il ne retenait pas même au tribunal. »
NERVAL, **La main enchantée**, I.

12 « ...une stèle dressée de loin en loin au bord de la route, et couverte de signatures, d'inscriptions familières, d'encouragements gaillards, de gentilles obscénités. »
ROMAINS, **H. de b. vol.**, t. IV, VIII, p. 78.

‖ **3°** Substantivt. *Un gaillard,* un homme plein de vigueur et d'entrain. V. **Luron.** *Un grand et solide gaillard.* V. **Costaud.** *Un gaillard décidé et énergique. Quel gaillard ! Ce sera un autre* (cit. 134) *gaillard que son père ! Ah ! le gaillard.* V. **Bougre.** *Une gaillarde,* une femme bien plantée, hardie, aux allures un peu libres. *C'est une rude gaillarde.*

13 « Il était un de ces gens dont le peuple dit : Voilà un fameux gaillard ! Il avait les épaules larges, le buste bien développé, les muscles apparents... »
BALZ., **Père Goriot**, Œuv., t. II, p. 858.

14 « Marianne est très vieille et court sur ses cent ans,
Et comme dans sa fleur ce fut une gaillarde,
Buvant, aimant, moulue aux nuits de corps de garde, »
VERLAINE, **Invectives**, Buste pour mairies.

15 « Un grand gaillard entra, dans toute la force musculeuse de ses quarante ans, les cheveux bouclés, la barbe en pointe, longue et inculte, avec une face de Christ ravagé... »
ZOLA, **La terre**, I, II.

16 « C'était cela pourtant qu'il aurait fallu à Raboliot, une gaillarde décidée, de poigne assez solide pour le saisir au fond de la culotte s'il lui prenait fantaisie de filer ; »
GENEVOIX, **Raboliot**, I, III.

— *Fam.* V. **Drôle** (I, 1°), **gars, individu, lascar** (Cf. Cabaler, cit. 3 ; femme, cit. 104). *Ce sont des gaillards qu'il faut avoir à l'œil. Attendez un peu, mes gaillards ! Voilà mon gaillard qui se met à découcher. Un petit gaillard qui promet.* V. **Bonhomme.**

17 « Voilà un petit gaillard qui n'aura pas froid aux yeux ! »
BALZ., **La rabouilleuse**, Œuv., t. III, p. 865.

18 « On trouve à mon gaillard une excellente place, il mène une vie de Sardanapale avec une fille d'Opéra. »
ID., **Ibid.**, p. 905.

19 « ...nous étions accostés par des gaillards très bien mis, de la tournure la plus convenable, avec lorgnon et chaîne de montre, qui nous priaient de venir nous reposer et prendre des rafraîchissements... »
GAUTIER, **Voyage en Espagne**, p. 248.

20 « Mais il lui faut sur place un braconnier, un gaillard assez fin pour détourner les surveillances à moins qu'il ne passe au travers, assez secret pour travailler seul, assez rude pour qu'on le craigne... »
GENEVOIX, **Raboliot**, II, I.

21 « L'essentiel, c'est que mes gaillards soient largement solvables. »
ROMAINS, **H. de b. vol.**, t. V, VII, p. 63.

II. ‖ **1°** N. m. *Mar.* (Ellipt., pour *château gaillard,* château fort, du sens anc. de *gaillard,* « ferme, solidement établi », une sorte de château fort étant élevé autrefois à l'avant et à l'arrière des grands vaisseaux. Cf. RAB., Pantag., IV, 33). *Anciennt.* (et, encore de nos jours, sur un voilier). Partie extrême du pont supérieur. « Celle qui se trouve sur l'arrière du grand mât s'appelle *gaillard d'arrière ;* celle qui se trouve sur l'avant du hauban de misaine le plus en arrière s'appelle *gaillard d'avant* » (GRUSS). Cf. Caloyer, cit. — *De nos jours.* « Superstructure située sur l'avant du pont supérieur et qui s'étend en largeur d'un côté à l'autre d'un navire » (GRUSS). V. **Dunette, roof, teugue, vibord.**

22 « ...la cloche de la prière sonna : j'allai mêler mes vœux à ceux de mes compagnons. Les officiers occupaient le gaillard d'arrière avec les passagers ; l'aumônier, un livre à la main, un peu en avant d'eux, près du gouvernail ; les matelots se pressaient pêle-mêle sur le tillac... »
CHATEAUB., **M. O.-T.**, t. I, p. 273.

‖ **2°** N. f. *Chorég.* (XVIᵉ s.). Ancienne danse à trois temps, animée et un peu libre. — *Typog.* Caractère d'imprimerie de 8 points, intermédiaire entre le petit-texte et le petit-romain.

ANT. — Épuisé, faible ; fatigué, las. Chagrin, triste...

DER. et **COMP.** — Gaillardise. Ragaillardir. — Gaillardement. *adv.* (vers 1100). D'une manière gaillarde ; avec entrain, bonne humeur. *Supporter gaillardement une épreuve. Porter gaillardement sa cinquantaine* (cit. 1). *Vieilli.* Avec courage, décision.

1 « Je partis sans lumière ; si j'en avais eu, ç'aurait peut-être été pis encore. Il fallait passer par le cimetière : je le traversai gaillardement car, tant que je me sentais en plein air, je n'eus jamais de frayeurs nocturnes. »
ROUSS., **Émile**, II.

2 « ...le dernier représentant de la grande peinture, qui portait gaillardement, avec sa gloire, ses quatre-vingts années et son gros ventre. »
FLAUB., **Éduc. sentim.**, I, IV.

3 « L'auto s'engageait sur le pont, franchissait la Seine, attaquait gaillardement le coteau de Suresnes. »
MART. du G., **Thib.**, t. VI, p. 14.

GAILLARDIE ou **GAILLARDE.** *n. f.* (1866 in LITTRÉ ; du nom propre *Gaillard,* botaniste français). *Genre de plantes ornementales, à fleurs jaunes ou rouges, de la famille des composées.*

GAILLARDISE. *n. f.* (XVIᵉ s. ; de *gaillard*). Bonne humeur, gaieté un peu libre. *Une gaillardise naturelle* (Cf. Complexe, cit. 7). — *Propos gaillard, un peu libre. Débiter, lâcher des gaillardises.* V. **Gaudriole, gauloiserie, grivoiserie, plaisanterie*.** *Une gaillardise un peu osée, qui passe les bornes...*

1 « Charles n'était point de complexion facétieuse, il n'avait pas brillé pendant la noce. Il répondit médiocrement aux pointes, calembours, mots à double entente, compliments et gaillardises que l'on se fit un devoir de lui décocher dès le potage. » FLAUB., Mme Bovary, I, IV.

2 « Cependant les buveurs, tous ivres aux trois quarts, répétaient leur refrain immonde avec un redoublement de gaieté. C'était une gaillardise de haut goût, où étaient mêlés la Vierge et l'enfant Jésus. »
HUGO, Misér., II, III, VIII.

GAILLET. *n. m.* (1786 ; du lat. scientifique *galium*, par croisement avec *caille-lait*). Bot. Plante dicotylédone (*Rubiacées*), herbacée annuelle ou vivace, qui croît dans toutes les régions tempérées du globe. V. **Caille-lait.** *Variétés de gaillet : croisette* (Galium cruciata), *gaillet vrai* ou *caille-lait jaune, gaillet mollugine* ou *caille-lait blanc, gaillet grateron* ou *grippe* ou *rièble. Faux-gaillet.* V. **Aspérule.**

GAILLETTE. *n. f.* (1770 ; mot wallon, dimin. de *gaille*, « grosse noix », du lat. (*nux*) *gallica,* « (noix) gauloise »). Morceau de houille de moyenne grosseur.

DER. — **Gailletin.** *n. m.* (1877). Charbon* de terre cassé en petits morceaux, pour l'usage domestique. V. **Tête-de-moineau.** — **Gailleterie.** *n. f.* (fin XIXe s.). Houille en morceaux après triage.

GAIN. *n. m.* (XIIe s. ; de *gagner*).

‖ 1° Action de gagner. *Une dernière charge de cavalerie décida du gain de la bataille* (cit. 3 ; Cf. aussi Défier 2, cit. 2 ; émotion, cit. 8). V. **Succès, victoire.** *Attacher une importance capitale au gain d'une partie. Assurer à une équipe le gain du match. Le gain d'un procès. Avoir, obtenir, donner gain de cause** (Cf. Bègue, cit. 2 ; désorienté, cit. 5). V. **Emporter** (l'), **réussir.** Absolt. *Probabilités, chances égales de gain et de perte* (Cf. Balancer, cit. 15).

1 « La cour des aides donne gain de cause à ceux qui refusaient des payements en assignats. » MICHELET, Hist. Révol. franç., IV, IV.

2 « ... vous avez raison : c'est donner gain de cause à l'opinion que d'établir son innocence sur le désaveu de sa vie. »
GIDE, Corydon, I, I.

3 « On veut gagner de l'argent pour vivre heureux et tout l'effort et le meilleur d'une vie se concentrent pour le gain de cet argent. Le bonheur est oublié, le moyen pris pour la fin. »
CAMUS, Mythe de Sisyphe, p. 140.

‖ 2° Ce qu'on gagne ; augmentation d'avoir. — En parlant d'un profit* pécuniaire et matériel. V. **Acquet, appointement, bénéfice, boni, commission, dividende, émolument, excédent, fruit, gratification, honoraires, intérêt, lucre, moisson, prime, produit, profit, rapport, récolte, rémunération, rendement, revenant-bon, revenu, salaire, solde, traitement...** *Des gains considérables* (Cf. Entrer, cit. 33), *énormes, modestes, médiocres... Les gains d'un ouvrier* (Cf. Chômer, cit. 3), *d'un spéculateur* (Cf. Cas, cit. 7), *d'un paysan* (Cf. Culture, cit. 1), *d'un chef d'entreprise* (Cf. Clôture, cit. 6) *Gain honnête, honorable* (Cf. Estimer, cit. 8). *Gain sordide, illicite.* V. **Bâton** (tour de), **butin, dessous** (de table). **gratte, pot-de-vin, raccroc, rapine, ristourne, usure...** *Etre âpre au gain.* V. **Enrichissement, mercantilisme.** *Amour, appétit, soif, passion... du gain* (Cf. Âme, cit. 72 ; ardent, cit. 32 ; chinois, cit. 3). *Céder à l'appât, à l'attrait du gain. Le gain d'une année. Il vit de son gain. Gains réalisés par un joueur. Compensation des gains et des pertes. Gains réalisés en fin d'exercice.* V. **Excédent.** *Etre en gain, en possession de sommes supérieures au capital engagé. Se retirer sur son gain.* V. **Charlemagne** (faire). *Tirer, retirer un gain, du gain de quelque chose.* V. **Lucratif.** — Dr. *Gains nuptiaux, gains de survie*.*

4 « A *gain* s'attache une idée d'acquisition ou de succès ; à *profit* une idée de jouissance... L'avare qui veut toujours amasser dans le dessein de jouir, est avide de *gain* ; l'égoïste, qui aspire toujours à se procurer de nouvelles ressources, de nouveaux moyens de bonheur, est avide de *profits*. Un grand *gain* est une grosse somme ; un grand *profit*, un avantage considérable. » LAFAYE, Dict. syn., Gain.

5 « Travailler pour la gloire, et qu'un sordide gain
Ne soit jamais l'objet d'un illustre écrivain. »
BOIL., Art poét., IV.

6 « Un vil amour du gain, infectant les esprits
De mensonges grossiers souilla tous les écrits ; » ID., Ibid.

7 « ... les succès faciles et les occasions de gain rapide qu'offre aujourd'hui la multiplicité des journaux. »
GAUTIER, Portr. contempor., Louis Bouilhet.

8 « ... elle marchandait avec rapacité, — son sang de paysanne la poussant au gain. » FLAUB., Mme Bovary, III, VI.

9 « C'est dans les régimes de l'argent qu'on méprise l'homme au point de penser qu'il ne puisse rien faire de grand sans l'appât du gain. Et c'est pourquoi rien n'est plus bas, comme philosophie du monde, que celle de l'économie libérale, responsable en fin de compte, de la rébellion mortelle de l'argent contre l'esprit. »
DANIEL-ROPS, Ce qui meurt et ce qui naît, p. 188.

— En parlant de toute espèce d'avantage. V. **Acquisition, avantage.** *Les gains d'un parti en progrès* (Cf. Confisquer, cit. 3). *Le gain que l'on retire, que l'on tire d'une lecture.* V. **Fruit, profit** (Cf. aussi Cacher, cit. 42). *Un gain de temps, de place.* V. **Économie.** *Un gain territorial.* V. **Agrandissement, conquête.**

10 « ... c'était un homme à fréquenter pour les gens qui mesurent leur amitié d'après le gain spirituel qu'ils peuvent retirer d'une fréquentation. » BAUDEL., E. Poe, sa vie et ses ouvrages, II (in POE).

ANT. — Dépense, perte. Désavantage, déperdition, dommage, ruine.

GAINE. *n. f.* (XIIe s. ; du lat. *vagina*, « fourreau », par l'intermédiaire de *wagina*, formé sous l'infl. germ. ; encore *gaïne* chez LITTRÉ, suivant ACAD. qui, à partir de la 7e éd. 1878, donne *Gaine*).

‖ 1° Enveloppe* ayant la forme de l'objet qu'elle protège. V. **Custode, étui, fourreau.** *La gaine d'une épée* (cit. 8), *d'un couteau de chasse, d'un pistolet. Gaine d'une paire de ciseaux, d'une règle à calculer... Tirer un poignard de sa gaine* (V. **Dégainer**), *le mettre, le remettre dans sa gaine* (V. **Rengainer**). *Gaine de cuir, de galuchat, de drap, de soie. Fabrication des gaines.* V. **Gainerie, gainier.** *Gaine d'un meuble.* V. **Housse.** *Gaine d'un parapluie.* V. **Protège-parapluie.** *La gaine d'une momie.* (Cf. Envelopper, cit. 6).

1 « Puis, de leur gaine large à clous d'or diaprée,
Tirèrent brusquement leur flamboyante épée, »
RONSARD, Prem. liv. des hymnes, Calays et Zethés.

2 « Dans sa gaine mon couteau bouge ; »
GAUTIER, Émaux et camées, Rondalla.

3 « ... elle ouvrait son salon pour des conférences si peu mondaines que les housses demeuraient sur les fauteuils et que le lustre, dans sa gaine, était une immobile montgolfière dont le plafond fixait l'essor. » MAURIAC, Le mal, I.

— *Vêtement, robe qui moule comme une gaine.*

4 « Le corps est enserré... dans la gaine orfévrie d'une robe... »
HUYSMANS, La cathédrale, IX.

5 « A présent, elle ne bougeait pas... énorme et luisante dans sa gaine de serge lustrée... »
GREEN, Léviathan, II, I.

— *Spécialt.* (début XXe s.). Sous-vêtement en tissu élastique enserrant et affinant les hanches et la taille. V. **Bandage, ceinture, corset.** *Femme moulée dans une gaine. Gaine baleinée, renforcée. Coquette qui étouffe dans une gaine trop étroite* (COMP. — **Gaine-combinaison, gaine-culotte**).

6 « — Vous portez un corset, mademoiselle ?
— Pas exactement. Une gaine plutôt. Pas baleinée, ou presque. »
ROMAINS, H. de b. vol., t. I, III, p. 48.

7 « C'est vers 1918 que j'accompagnai une amie chez sa corsetière en m'étonnant un peu qu'une mode qui supprimait la taille ne pût se passer de gaines secrètes. » COLETTE, Belles saisons, p. 87.

‖ 2° Fig. Se dit de toute contrainte* qui gêne, entrave un développement, une évolution. V. **Carcan, corset** (Cf. Emmailloter, cit. 4).

8 « La barbarie encor tient nos pieds dans sa gaine. »
VIGNY, Poèm. philos., Maison du berger, II.

9 « Du pauvre petit provincial le plus lourdement engagé dans sa gaine, il avait tiré un esprit ouvert et actif. »
RENAN, Souv. d'enfance..., III, III.

10 « Aucun développement ne se peut sans briser des gaines. Sous la pression de la sève nouvelle, elles éclatent ; mais c'est du débris de celles-ci que se forment les gaines et les gênes nouvelles. »
GIDE, Attendu que, XIV.

‖ 3° Biol. Enveloppe résistante qui protège un organe. V. **Aponévrose, névrilème...** *Gaine aponévrotique, tendineuse...*

11 « ... la peau à papilles frémissantes, vaguement bleue par le lacis des petites veines, vaguement jaunie par l'affleurement des gaines tendineuses... d'une richesse et d'une variété incomparables de tons... »
TAINE, Philos. de l'art. t. II, p. 270.

‖ 4° Bx-arts. Support quadrangulaire plus étroit à la base qu'au sommet. *Statuette, pendule posée sur une gaine. Gaine de bois peint, de stuc, de marbre.* V. **Piédestal, sellette, socle.** *Une statue terminée en gaine* (Cf. Corniche, cit. 3). *Secrétaire, commode Empire à colonnes en gaine.* Par appos. *Pieds gaine* (d'une table, d'un guéridon...). — Statue dont la partie inférieure semble engagée dans une gaine. *Cheminée ornée de deux gaines représentant des esclaves.* V. **Cariatide, hermès, terme.** *Gaine d'une horloge* (V. **Caisse, coffre**). *Horloge à gaine.*

12 « La gaine (*de l'horloge Louis XVI*) peut être enrichie de marqueterie ou de bronzes... » E. DACIER, Style Louis XVI, p. 50.

13 « Les tables (*de l'époque Louis XVI*) ont longtemps conservé leurs pieds cambrés ou pieds de biche. Elles ont reçu ensuite des pieds verticaux tantôt « à gaine », c'est-à-dire à section carrée, s'amincissant vers le bas ; tantôt ronds et cannelés, soit verticalement (pieds « en carquois »), soit en spirale ; tantôt enfin ronds, sans cannelures, et terminés « en toupie ». » ID., Ibid., p. 49.

14 « On salit la fortune (*dans le style Empire*)... des têtes coiffées du klaft émergeant d'une gaine de cariatide. »
P. FRANCASTEL, Style Empire, p. 53.

‖ 5° Technol. *Gaine étroite et longue pour obturer une fente.* V. **Bourrelet.** — *Gaine d'aérage,* qui protège les parois d'une cheminée d'aération, dans les mines. — *Gaine d'un obus :* tube d'acier vissé sur la tête d'un obus et destiné à recevoir le détonateur et la fusée. — Mar. *Gaine d'une voile :* ourlet qui l'entoure pour la renforcer.

DER. et COMP. — Dégainer, engainer. — **Gainier.** *n. m.* et *f.* (XIIIe s.). Celui, celle qui vend ou fabrique des gaines, des étuis... — **Gainerie.** *n. f.* (1412). Art, ouvrage, commerce du gainier. Fabrique de gaines, d'étuis. — **Gainer.** *v. tr.* (1866 in LITTRÉ au sens marit.). Faire, mettre une gaine à... Mar. *Gainer une voile.* — *Par ext.* Mouler comme fait une gaine. *Un maillot qui la gainait bien* (s'emploie surtout au participe passé. *Jambes gainées de soie* (Cf. Galbé, cit.). *Bien gainée dans sa robe...).*

1 « Elle était vêtue d'un tailleur tout uni qui la faisait grande, mince, strictement gainée. » MART. du G., **Thib.**, t. V, p. 234.

2 « Il avance les mains, caresse doucement l'abondante poitrine de Maria Molène gainée de velours. »
ROMAINS, **H. de b. vol.**, t. III, XVIII, p. 256.

3 « (elles)... montraient jusqu'aux hanches leurs belles jambes gainées de dentelle. »
JOUHANDEAU, **Chaminadour**, Contes brefs, Les chanteuses.

GALA. *n. m.* (*Galla* en 1736 ; mot ital. empr. à l'anc. fr. *gale*, réjouissance). Grande fête*, généralement de caractère officiel. V. **Cérémonie, réception.** *Soirée de gala. Gala de bienfaisance. Représentation* de gala à l'Opéra. Donner, organiser un gala. Assister en tenue de soirée à un gala, un dîner de gala. Habit, tenue de gala.*

1 « Voitures et chevaux à grand bruit, l'autre jour,
Menaient le roi de Naple au gala de la cour. »
HUGO, **Feuilles d'aut.**, III.

2 « ... le grand-duc de Berg invita les principaux personnages de cette ville à une fête offerte par l'armée française à la capitale nouvellement conquise. Malgré la splendeur du gala, les Espagnols n'y furent pas très rieurs, leurs femmes dansèrent peu... »
BALZ., **Muse du département**, Œuv., t. IV, p. 106.

3 « Le grand habit de gala, dans les fêtes de cour, est taillé sur ce patron ; »
GAUTIER, **Voyage en Russie**, VI.

4 « Elle avait des billets pour le gala de l'Opéra. »
DUHAM., **Arch. de l'aventure**, XVIII.

— *Par anal.* Repas somptueux. V. **Festin.**

5 « J'étais assez souvent invité à des festins dans la famille de M. et madame d'Ops... Chez M. Coppens, un gala, que je fus forcé d'accepter, se prolongea depuis une heure de l'après-midi jusqu'à huit heures du soir. Je comptai neuf services... »
CHATEAUB., **M. O.-T.**, t. III, p. 366.

— *Par ext.* V. **Fête, réjouissance.**

6 « Elle eût alors tout donné pour un seul de ces rendez-vous, qui la rassasiaient. C'étaient ses jours de gala. Elle les voulait splendides ! »
FLAUB., **Mᵐᵉ Bovary**, III, VI.

GALA-, GALACT(O)-. Élément tiré du grec *gala, galactos*, « lait », entrant dans la composition d'un grand nombre de mots savants tels que : **Galactagogue.** *adj.* (1865 in LITTRÉ ; V. **-Agogue**). *Méd.* Qui favorise la sécrétion lactée. *Substances galactagogues, remèdes contre l'agalactie*.* (On dit aussi *Galactogène*). Substantivt. *Un galactagogue. L'anis, le fenouil, la bière sont des galactagogues.* — **Galactomètre.** *n. m.* (1796 ; V. **-Mètre**). Instrument qui sert à mesurer la densité du lait. — **Galactophage.** *adj.* (1771 in TRÉV. V. **-Phage**). Qui se nourrit habituellement de lait. *L'enfant est exclusivement galactophage pendant les premiers mois.* — **Galactophore.** *adj.* (1771 in TRÉV. V. **-Phore**). Qui conduit le lait, l'amène au dehors. *Vaisseaux galactophores*, canaux excréteurs* des glandes mammaires*. Substantivt. « Nom donné aux instruments nommés bouts de sein et, plus récemment, par Budin, à un appareil pouvant s'adapter à une bouteille quelconque destinée à remplacer le biberon » (GARNIER). — **Galactose.** *n. f.* (1re au sens de « formation du lait dans les mamelles » ; 1793 au sens moderne). Sucre dextrogyre obtenu en même temps que le glucose* par hydrolyse du lactose*. — **Galalithe.** *n. f.* (1906 in NOUV. LAR., Suppl.). V. **-Lithe**). Nom déposé du premier produit plastique obtenu en 1879 par le traitement au formol de la caséine* pure. *Disque, peigne en galalithe.*

GALAMMENT. *adv.* (XVIIᵉ s. ; remplace l'anc. *galantement* encore dans RÉGNIER ; de *galant*). D'une manière galante. — Avec une politesse qui (ou vise à plaire) aux femmes. *Offrir galamment sa place à une dame.* — *Vieilli.* Avec goût, avec élégance. V. **Gracieusement.**

1 « ... quand les vers sont tournés galamment. »
MOL., **Fem. sav.**, III, 2.

2 « ... un rideau de soie, galamment retroussé, laissait pénétrer, à travers la persienne, un demi-jour mystérieux. »
MUSS., **Nouv.**, Margot, III.

— En galant homme. *Agir, se conduire, en user galamment*, avec délicatesse (Cf. Financer, cit. 2). *Il a galamment revendiqué pour lui seul toute la responsabilité.* — Avec adresse, avec finesse. *Tirer galamment son épingle du jeu.* V. **Adroitement, habilement, lestement.**

— *Vx.* Avec courage.

3 « Ce mot (*galant*) reçut une signification plus noble dans les temps de la chevalerie, où ce désir de plaire se signalait par des combats. *Se conduire galamment, se tirer d'affaire galamment*, veut même encore dire, *se conduire en homme de cœur*. »
VOLT., **Dict philos.**, Galant.

GALANDAGE. *n. m.* (1785 ; altér. de *garlandage*. V. **Guirlande**). *Techn.* Cloison de briques posées de chant (On dit aussi *Galandise*).

GALANGA. *n. m.* (1298 ; mot du lat. médiéval pharmac., empr. à l'arabe *halangân*). *Bot.* Plante monocotylédone (*Sci-

---

taminées*), herbacée, exotique, à rhizome noueux, utilisée en pharmacie. La racine même de cette plante. *Le galanga possède des propriétés analogues à celles du gingembre* (zingiber).

GALANT, ANTE. *adj.* (XIVᵉ s. ; part. prés. de l'anc. v. *galer*, « s'amuser », à rapprocher, selon DAUZAT, de l'anc. haut allem. *wallan*, « bouillonner », et selon BLOCH du francique *wala*, « bien ». Cf. angl. *Well*).

|| **1º** (De l'anc. sens « vif, entreprenant, hardi »). Substantivt. (*vx.*) Homme vif et rusé, peu recommandable (Cf. LA FONTAINE, désignant le renard : chichement, cit. 1 ; le chat « exterminateur », bas 1, cit. 94). En un sens favorable, Homme vaillant au combat. — *Vert galant* (ancienn.). Bandit ayant coutume de se poster dans les bois (d'où son nom, aussi, de *galant de la feuillée*). *Par ext.* Homme redoutable pour la vertu des femmes. *Henri IV a été souvent surnommé le Vert-Galant.*

1 « ...c'est un vert galant, sur ma parole : il n'a qu'à se montrer pour faire des conquêtes. » LESAGE, **Gil Blas**, IV, V.

|| **2º** Qui est empressé*, entreprenant* auprès des femmes, cherche à leur plaire, leur fait la cour. *L'homme galant est celui qui se rend aimable auprès des dames* (LITTRÉ). *Il s'est montré toute la soirée, particulièrement galant avec elle. Galant et conteur de fleurettes* (cit.). — *Par affaiblissement de sens* (Cf. *infra*, cit. 3). Poli, délicat, attentionné à l'égard des femmes. *Vous n'êtes pas très galant. Soyez galant et offrez votre place à cette dame.*

2 « Un *homme galant* est tout autre chose qu'un *galant homme* ; celui-ci tient plus de l'honnête homme, celui-là se rapproche plus du petit-maître, de l'homme à bonnes fortunes. »
VOLT., **Dict. philos.**, Galant.

3 « ...personne ne croira que je ne sois pas ici d'accord avec vous, mademoiselle... — Et vous comptez en abuser ? — De point en point. — Vous n'êtes point galant. — Quelle funeste erreur ! — Ah ! ... Expliquez-moi, je vous prie... — Comme je suis fort loin d'éprouver ces sentiments indignes de vous, et comme votre beauté ne me laisse pas le loisir de modérer ceux qui m'agitent, je serai très « galant » tout à l'heure, mais dans le sens justement opposé à celui que vous regardez comme bon ; car ce mot-là... peut signifier le contraire de ce qu'il semble dire. »
LOUŸS, **Avent. du roi Pausole**, III, X.

4 « Maintenant, ils étaient galants avec les femmes, portaient le manteau de leurs sœurs, s'effaçaient pour les laisser passer. »
CHARDONNE, **Dest. sentim.**, p. 18.

— (En parlant d'une femme). *Péjor. Femme galante* : femme de mœurs légères qui a de nombreuses aventures. V. **Femme*** (*supra* cit. 103). *Fille galante.* V. **Fille** (5º). Cf. *aussi* Amusement, cit. 9 ; effronté, cit. 3. Littér. *La Vie des Dames Galantes*, de Brantôme.

5 « Vos qualités, certaines du moins, tiennent de près à nos défauts. La plupart des honnêtes femmes ont de l'humeur... Presque toutes les femmes galantes sont généreuses... » DIDEROT, **Salon 1765**, Greuze.

6 « Si je suis galante et perfide comme tu sembles me le dire, pourquoi t'acharnes-tu à me reprendre et à me garder ? »
SAND, **Lett. à Musset**, p. 83.

— *Par ext.* Qui a rapport à l'amour, aux relations amoureuses. *Intrigue, aventure, partie galante. Surprendre quelqu'un en galante compagnie. Humeur galante. Exploits galants. Madrigal, compliments, ton, propos galants. Déclaration galante. Poésie, peinture galante. Les scènes galantes peintes par Boucher. Conte galant.* V. **Libertin.** — *Toilette, déshabillé* (cit. 12), *dessous galants.* V. **Aguichant, troublant.**

7 « C'était un boudoir meublé avec toute l'élégance imaginable. — Les dessus de portes et de glaces représentaient les scènes les plus galantes des *Métamorphoses* d'Ovide : Salmacis et Hermaphrodite, Vénus et Adonis, Apollon et Daphné, et autres amours mythologiques. »
GAUTIER, **Mˡˡᵉ de Maupin**, XII, p. 349.

8 « ...pour y consommer ses turpitudes et y donner de galants rendez-vous. »
COURTELINE, **MM. ronds-de-cuir**, IVᵉ tabl., III.

|| **3º** *Vieilli.* Gracieux et distingué, avec quelque chose de vif, de piquant. V. **Coquet, élégant***, fin. *Un tour, un air galant* (Cf. Après, cit. 63). *Fêtes** (infra cit. 14) *galantes. Les Indes Galantes*, opéra-ballet de Rameau.

9 « Ah ! qu'en termes galants ces choses-là sont mises ! »
MOL., **Misanthr.**, I, 2.

10 « ... je voudrais que cela fût mis d'une manière galante, que cela fût tourné gentiment... je ne veux que ces seules paroles-là... mais tournées à la mode, bien arrangées comme il faut. »
ID., **Bourg. gent.**, II, 4.

11 « Elle se parfuma ; elle releva sa beauté par l'ajustement le plus riche et le plus galant... »
VOLT., **Zadig**, XIII.

|| **4º** *Un galant homme* : un homme d'honneur aux sentiments nobles, aux procédés honnêtes, loyaux et délicats. V. **Généreux, gentleman, probe.** *Agir* (cit. 4) *en galant homme* (Cf. Cacher, cit. 35 ; confondre, cit. 3 ; effleurer, cit. 14 ; enclin, cit. 4 ; entrer, cit. 52). *Avoir affaire à un galant homme auquel on peut se fier* (cit. 6).

12 « Oui, croyez que le galant homme est aussi loin de la lâche complaisance de Philinte que de l'âpre vertu d'Alceste. »
BALZ., **Lys dans la vallée**, Œuv., t. VIII, p. 890.

13 « ...il (*Musset*) était trop galant homme pour démentir les ragots publiés dans la Revue. » HENRIOT, **Romantiques**, p. 188.

|| 5° *Substantivt.* N. m. *Vieilli.* Homme qui aime à faire la cour aux femmes, à faire leur conquête. V. **Beau, blondin, bourreau** (des cœurs), **cavalier, chevalier, céladon, coquard, coureur, cupidon, damoiseau, don Juan, godelureau, marcheur, muguet, patito, séducteur...** *Galants à la conquête d'une belle* (Cf. Ajustement, cit. 4 ; asseoir, cit. 6 ; doucereux, cit. 6). *Littér.* ou *plaisant.* V. **Amant, amoureux, soupirant** (Cf. Campagne, cit. 7). *Elle est fière de tous ses galants. C'est un de ses anciens galants* (Cf. Déserter, cit. 11). *Écrire à son galant.*

14　« Tous ces galants de cour, dont les femmes sont folles,
　　Sont bruyants dans leurs faits et vains dans leurs paroles,
　　De leurs progrès sans cesse on les voit se targuer ;
　　Ils n'ont point de faveurs qu'ils n'aillent divulguer, »
　　　　　　　　　　　　　　　　　　MOL., **Tart.**, III, 3.

15　« Une femme qui n'a qu'un galant croit n'être point coquette ; celle qui a plusieurs galants croit n'être que coquette. »
　　　　　　　　　　　　　　　　　　LA BRUY., III, 18.

16　« Je vois, petite fille, que tu as déjà un galant dans la tête. »
　　　　　　　　　　　　　　　　　　SAND, **Mare au diable**, X.

17　« ...les gens apostés par le meunier pour rosser le galant de sa femme. »　　　　　　　　GONCOURT, **Zemganno**, V.

18　« Elle courait le guilledou, l'Angélique. Son galant, ça devait être un pas grand-chose, qui ne travaillait pas, parce qu'elle filait comme ça, à n'importe quelle heure. »　ARAGON, **Beaux quartiers**, I, XVII.

　— *Au fém.* (provinc.).

19　« Le galant se penche vers sa galante, lui ceint le cou de son petit bras, attire sa tête avec douceur, et tendrement la baise sur la joue. »
　　　　　　　　　　　　　　　　　　GENEVOIX, **Raboliot**, II, III.

ANT. — **Froid, lourdaud, impoli, mufle ; chaste ; commun, épais, grossier...** ; **malhonnête.**

DER. — **Galamment. Galanterie.** — **Galantin.** *n. m.* (1555). *Vieilli.* Galant ridicule.

« Sa tabatière, également en or, contenait un médaillon plein de cheveux qui le rendaient en apparence coupable de quelques bonnes fortunes. Lorsque son hôtesse l'accusa d'être un *galantin*, il laissa errer sur ses lèvres le gai sourire du bourgeois dont on a flatté le dada. »　　　　　BALZ., **Père Goriot**, Œuv., t. II, p. 861.

GALANTERIE. *n. f.* (1559 ; de *galant*).

|| 1° *Vx.* Distinction, élégance, « politesse » dans l'esprit et dans les manières (Cf. Centre, cit. 10 MOL.). — REM. Ce sens, courant au XVIIe s. mais donné déjà comme vieillissant par LITTRÉ, figure encore dans ACAD. 1932 et dans quelques dictionnaires modernes.

1　« La galanterie de l'esprit est de dire des choses flatteuses d'une manière agréable. »　　　　　LA ROCHEF., **Max.**, 100.

|| 2° Sorte de politesse, de courtoisie que l'on témoigne aux femmes par des égards, des attentions, un empressement à leur être agréable. V. **Amabilité, civilité, complaisance, courtoisie, délicatesse, gentillesse, politesse, respect...** *La vieille galanterie française. La galanterie auprès des dames sied bien à un jeune homme* (TRÉV.). *Manquer de galanterie. Il poussa la galanterie jusqu'à me reconduire chez moi.*

2　« Il faut vous bien aimer, mon enfant, dit le vieillard en prenant les deux mains de Véronique dans les siennes et les lui baisant avec cette galanterie de vieilles gens qui n'offense jamais les femmes, oui, bien vous aimer pour avoir quitté Limoges par un temps pareil ; »
　　　　　　　BALZ., **Curé de village**, Œuv., t. VIII, p. 705.

3　« Le jugement dépourvu de galanterie que Flaubert avait rendu sur elle (*madame Foucaud*) ne devait pourtant pas apaiser madame Colet, dont la jalousie ne désarmait pas. »
　　　　　　　　　　　　　　　　　　HENRIOT, **Portr. de fem.**, p. 366.

— *Spécialt.* Empressement inspiré par le désir de conquérir une femme ; goût des bonnes fortunes, des intrigues* amoureuses. V. **Amour*, coquetterie, libertinage...** *Amour* et galanterie* (Cf. Baiser, n. cit. 2 ; coquetterie, cit. 3 ; élévation, cit. 11). *Le manège, le langage, le jargon de la galanterie* (Cf. Fadeur, cit. 5). V. **Assiduité, billet, coquetterie, cour, flirt, larcin** (doux), **marivaudage, poulet, poursuite, propos, séduction ; courtiser, mugueter, poursuivre, serrer** (de près), **tourner** (autour)... ; **siège** (faire le), **soin** (être aux petits soins)... *La galanterie réglée et codifiée par la Préciosité* (Cf. MOL., Préc. rid., scène IV en entier).

4　« ...toujours Messieurs les Français ont un fonds de galanterie qui se répand partout. »　　　　　　　MOL., **Sicil.**, 11.

5　« Ce qui se trouve le moins dans la galanterie, c'est de l'amour. »
　　　　　　　　　　　　　　　　　　LA ROCHEF., **Max.**, 402.

6　« Notre liaison avec les femmes est fondée sur le bonheur attaché au plaisir des sens, sur le charme d'aimer et d'être aimé, et encore sur le désir de leur plaire, parce que ce sont des juges très éclairés sur une partie des choses qui constituent le mérite personnel. Ce désir général de plaire produit la galanterie, qui n'est point l'amour, mais le délicat, mais le léger, mais le perpétuel mensonge de l'amour... Ainsi naquit la galanterie, lorsqu'on imagina des hommes extraordinaires, qui, voyant la vertu jointe à la beauté et à la faiblesse, furent portés à s'exposer pour elle dans les dangers, et à lui plaire dans les actions ordinaires de la vie. Nos romans de chevalerie flattèrent ce désir de plaire, et donnèrent à une partie de l'Europe cet esprit de galanterie que l'on peut dire avoir été peu connu par les anciens. »
　　　　　　　　　　　　　MONTESQ., **Espr. des lois**, XXVIII, XXII.

7　« ...l'esprit général de la galanterie étouffe à la fois le génie et l'amour. »　　　　　　　ROUSS., **Lett. à d'Alembert.**

« Ce n'était plus la galanterie héroïque comme sous la Fronde, le 8 vice élégant et paré comme sous la Régence, le scepticisme et les folles orgies du Directoire... »　　　　NERVAL, **Filles du feu**, Sylvie, I.

« ...c'était le temps des balcons escaladés, des échelles de corde, des 9 ballets et des mascarades ; de cette galanterie espagnole grave et folle à la fois, dévouée jusqu'à la niaiserie, ardente jusqu'à la férocité ; »
　　　　　　　　　　　　　GAUTIER, **Les grotesques**, VI, p. 187.

« Les pays protestants manquent de deux éléments indispensables au 10 bonheur d'un homme bien élevé, la galanterie et la dévotion. »
　　　　　　　　　　　　　BAUDEL., **Journ. int.**, Fusées, XVIII.

« ...madame Colet avait sa cour, et recevait plus d'un hommage... 11 Hugo lui écrira de Guernesey de longues lettres, pleines de chaleur et de galanterie lyrique. »　　　　HENRIOT, **Portr. de fem.**, p. 353.

— *Galanterie vulgaire, de bas étage, de bazar* (Cf. Canaillerie, cit. 2). V. **Débauche ; courir, faire** (du genou, de l'œil, du pied, du plat), **gourdandiner, lorgner, lutiner, patiner, peloter ; touche** (avoir une)... *Galanterie orientée vers les succès, les triomphes faciles.* V. **Coureur, croqueur, suborneur, suiveur, tombeur, trousseur...**

« Il était environné de tentations, assailli continuellement d'œillades 12 langoureuses, provoqué à la galanterie par les plus belles femmes de la Cour. »　　　　　　　　　L. BERTRAND, **Louis XIV**, III, IV.

|| 3° *Par ext.* Propos flatteur, écrit galant (adressé à une femme). *Dire, débiter des galanteries.* V. **Compliment, douceur, fadeur, fleurette** (Cf. Enivrer, cit. 3). *Galanterie d'un goût douteux, un peu forte.* V. **Gaillardise*** (Cf. Conter, cit. 7 ; effaroucher, cit. 9 ; estaminet, cit. 4). *Composer quelque galanterie en vers ou en prose.* V. **Madrigal** (Cf. Emphatique, cit. 4). — *Vx.* Procédé galant (spécialement un cadeau, une fête offerte à une femme).

« ...il ne donne rien du tout, jamais un repas, jamais une galan- 13 terie... »　　　　　　　　　SÉV., 820, 19 juin 1680.

« Il parle, ce ne sont que madrigaux, galanteries parfumées en beau 14 style précieux et du meilleur air ; il a lu les romans et sait la poésie... »
　　　　　　　GAUTIER, **Préf. Mlle de Maupin**, p. 11 (éd. critiq. MATORÉ).

« ...Mirabeau s'adressant à la femme autant qu'à la Reine par une 15 galanterie à la fois respectueuse et hardie : l'Madame, lorsque votre auguste mère admettait un de ses sujets à l'honneur de sa présence, jamais elle ne le congédiait sans lui donner sa main à baiser. »
　　　　　　　　　　　　MICHELET, **Hist. Révol. fr.**, III, VI.

— Intrigue amoureuse. V. **Adultère** (cit. 8), **affaire, aventure, bagatelle, commerce, fortune** (bonne), **fredaine, intrigue, liaison, passade...** *Commerce de galanterie* (Cf. Amante, cit. 16). *Courtier* (cit. 5) *de galanterie.* V. **Entremetteur*, protecteur.** *Avoir une, des galanteries* (Cf. Exciter, cit. 10).

« On peut trouver des femmes qui n'ont jamais eu de galanterie, 16 mais il est rare d'en trouver qui n'en aient jamais eu qu'une. »
　　　　　　　　　　　　　　　　　　LA ROCHEF., **Max.**, 73.

« Charles Myriel, nonobstant ce mariage, avait, disait-on, beaucoup 17 fait parler de lui. Il était bien fait de sa personne... élégant, gracieux, spirituel ; toute la première partie de sa vie avait été donnée au monde et aux galanteries. »　　　　　　　HUGO, **Misér.**, I, I, I.

— *Par ext.* Se dit des mœurs galantes, du monde des femmes galantes.

« ...cette jolie fille passionnée (*Julie Talma*) eut sa part dans la 18 galanterie de l'époque ; mais elle semble s'être acquittée sans scandale de cette obligation professionnelle... »
　　　　　　　　　　　　　HENRIOT, **Portr. de fem.**, p. 239.

ANT. — **Froideur. Brutalité, impolitesse, muflerie.**

GALANTINE. *n. f.* (XIIe s. ; altér. de *galatine*, lat. médiév. *galatina*, peut-être var. de *gelatina.* V. **Gélatine**). *Cuis.* Charcuterie à base de viandes froides désossées (particulièrement cochon de lait, veau, volailles) lardées et assaisonnées de divers ingrédients, que l'on sert dans sa gelée. V. **Ballottine.** *Galantine de volailles, de perdrix, de veau, de porc ; truffée...*

GALAPIAT. *n. m.* (1793 ; selon DAUZAT altér. prob. de l'auvergnat *galapian*, empr. déformé du fr. *galopin*). *Pop.* V. **Vaurien, voyou.** *Un petit galapiat.* V. **Polisson.**

« ...il faut bien qu'il se trouve un brave homme pour réparer le crime de ton galapiat de navigateur ! »　　　PAGNOL, **Fanny**, II, 8.

GALATE. *adj.* et *n.* De Galatie, ancienne contrée d'Asie Mineure (Cf. Celte, cit.).

GALAXIE (*lak-si*). *n. f.* (1557 ; empr. lat. *galaxias*, mot gr., de *gala*, « lait »). La Voie lactée*. — *Par ext.* (XXe s.). La nébuleuse spirale dont la Voie lactée est une apparence et à laquelle appartient le soleil.

« La Voie lactée est l'apparence sous laquelle se présente à nous la Galaxie, spirale où gravite le Soleil. La Galaxie est immense (diamètre voisin de cent mille années-lumière), sa population copieuse (cent milliards de Soleils sans doute). »
　　　　　　　P. COUDERC, **Étapes de l'astron.**, p. 114 (éd. P.U.F.).

— Toute nébuleuse* spirale*. « *Dès 1785... Herschel émit l'hypothèse de l'existence d'objets extérieurs à la Voie lactée, qui furent désignés successivement sous les noms d'* « *univers-îles* », *de nébuleuses, de nébuleuses spirales, de spirales ou de galaxies* » (M. BOLL, Galaxies... photons, p. 211). *La fuite des galaxies*, fondement des théories de l'univers en expansion.

DER. — **Galactique.** *adj.* (1877). Relatif à la Voie lactée (XXᵉ s.). Qui appartient à la galaxie. *Nuage galactique, nébuleuse galactique.* (**COMP.** — **Extragalactique.** *adj.* Qui est extérieur à la galaxie, à une galaxie. *Matière extragalactique*).

GALBANUM. *n. m.* (XIIᵉ s. ; mot. lat.). Gomme résine, à odeur balsamique, fournie par deux variétés de férules*. *Propriétés stimulantes et antispasmodiques du galbanum. Le galbanum, élément du baume de Fioravanti.*

« Ils frissonnèrent quand on les aspergea de galbanum et d'encens, composition réservée aux usages du Temple. »
FLAUB., **Trois contes,** Hérodias, III.

GALBE. *n. m.* (1578 H. ESTIENNE ; *garbe* en 1550 RONS., au sens « air, allure » ; de l'ital. *garbo*, « grâce, belle forme »).

‖ **1°** *Bx-arts.* Contour* ou profil* plus ou moins courbe d'une œuvre d'art. *Le galbe d'un vase* (Cf. Albâtre, cit. 3), *d'un fût de colonne, d'un balustre, d'un chapiteau. Le col de cette amphore est d'un galbe gracieux.* — D'où : contour harmonieux. *Quel galbe !* V. **Courbe, forme, ligne, sinuosité.** — Profil chantourné* d'un meuble, d'un ouvrage de menuiserie. *Le galbe d'un bureau, d'une commode Louis XV.* V. **Arrondi, cintrage, courbure, panse.** *Un galbe bien marqué, excessif.*

1   « La mode est indécise. Les galbes donnés par l'école de David sont brisés par les formes gothiques qui surgissent de toutes parts. »
BALZ., **Complaintes satiriques...** (Œuv. div., t. I, p. 348).

2   « La place et les proportions de l'entasis, le galbe des colonnes (*du Parthénon*), tout cela a été réglé avec une minutie où la science et l'art collaboraient. » CONTENAU et CHAPOT, **L'art antique,** p. 220.

3   « Quant au bureau, il doit dater de 1850, avec son galbe d'un Louis XV alourdi... » ROMAINS, **H. de b. vol.,** t. I, III, p. 40.

‖ **2°** *Par anal.* Contour harmonieux d'un corps, d'un visage humain. *Un visage d'un beau galbe. Bras, épaules, jambes d'un galbe parfait. Le galbe gracieux d'une figure italienne. Cette femme a du galbe.* V. **Forme**(s).

4   « Quand vous direz : « *C'est nature !* » il faut prendre un air hébété qui contraste avec le *galbe* spirituel de votre physionomie habituelle ; »
BALZ., **Des mots à la mode** (Œuv. div., t. II, p. 36).

5   « Pour les femmes brunes... cet âge tant redouté de trente ans... apporte de sensibles améliorations... les contours acquièrent de la plénitude ; les lignes, plus soutenues, sont d'un galbe plus gras et plus ondoyant ; » GAUTIER, **Portr. contempor.,** Mᵐᵉ Damoreau.

6   « Cette belle tête, aux yeux d'outremer, à la bouche fine... on n'en reconnaissait guère le galbe dans le vicomte de Prosny actuel. »
BARBEY d'AUREV., **Une vieille maîtresse,** I, III.

DER. — **Galber.** *v. tr.* (XXᵉ s.). Donner du galbe à. *Galber une colonne, un vase, les flancs d'une commode.* — **Galbé, ée.** *adj.* (1865 LITTRÉ au sens 1). ‖ 1° *Vx.* Dont le contour, le galbe* seul est indiqué. *Feuille d'acanthe galbée.* V. **Esquissé.** ‖ 2° Qui a reçu un galbe caractéristique. *Colonne galbée, légèrement renflée au tiers de sa hauteur. Armoire, commode, table galbée.* V. **Chantourné.** ‖ 3° *Par ext.* Femme au corps bien galbé ; *épaule, jambe bien galbée.* V. **Fait** (au tour, à ravir) ; **tourné** (bien).

« ... ces belles jambes des dames américaines, ces belles jambes bien galbées, visiblement faites en série, gainées d'une miroitante soie artificielle... » DUHAM., **Scènes vie fut.,** VI.

GALBULE. *n. m.* (1801 ; empr. au lat. *galbulus*, « pomme de cyprès »). *Bot.* Cône écailleux et globuleux du cyprès. Fausse baie du genévrier.

GALE. *n. f.* (1205 ; var. de *galle*, « excroissance ». V. **Galle**).

‖ **1°** *Méd.* Maladie contagieuse de la peau, produite par la présence sous l'épiderme d'un parasite animal, l'*acarus de la gale* ou *sarcopte*, et caractérisée par une éruption de vésicules apparaissant en divers endroits du corps. *Noms vulgaires de la gale.* V. **Grattelle, rogne.** *Avoir, attraper, contracter la gale. Démangeaisons* (cit. 1), *prurit* de la gale. Pustules de la gale.* V. **Ciron.** *Lésion spécifique de la gale.* V. **Sillon.** *Emploi du soufre dans le traitement de la gale. La scabieuse, plante jadis réputée, pour guérir la gale.*

1   « Mon remède guérit, par sa rare excellence,
Plus de maux qu'on n'en peut nombrer dans tout un an :
La gale... La fièvre, La peste, La goutte... »
MOL., **Am. médec.,** II, 7.

2   « ... dans des auberges sales, ils attrapèrent la gale et des poux. »
MAUROIS, **Vie G. Sand,** I, III.

— *Par ext.* Se dit de plusieurs affections cutanées distinctes de la gale, mais lui ressemblant. V. **Scabieux.** *Gale bédouine.* V. **Lichen.**

— *Fig.* et *fam. Méchant, mauvais comme la gale,* d'où *Une gale* : une personne très méchante. V. **Peste, teigne, vermine.**

3   « ... je n'ai que moi. Je suis une gale, une peste : les gens d'ici te le diront. Je n'ai pas d'amies. » SARTRE, **Les mouches,** I, 4.

— *Loc. pop. N'avoir pas la gale* : être sain. *Tu peux boire dans mon verre, je n'ai pas la gale.* — *N'avoir pas la gale aux dents* : être doué d'un robuste appétit.

4   « ... trois drôles qui tendaient le bec, qui n'avaient pas la gale aux dents. » GENEVOIX, **Raboliot,** II, V.

‖ **2°** *Art vétér.* Maladie cutanée et contagieuse des animaux, produite par des acariens d'espèces diverses. *Gale de l'encolure du cheval, du dos du chien.* V. **Rouvieux.** *Gale*

du museau des moutons. V. **Bouquet.** *Gale du bœuf, du lapin, du chat. Troupeaux décimés par une épizootie* de gale.*

— *Bot.* Maladie des végétaux due à des bactéries ou à des champignons, et caractérisée par des protubérances, ou galles* sur l'écorce, les feuilles, les fruits. *Gale de l'écorce des arbres.* V. **Teigne.** *Gale noirâtre, fuligineuse* (Cf. Accrocher, cit. 10).

DER. — **Galeux.**

GALÉASSE ou **GALÉACE.** *n. f.* (XVᵉ s. ; empr. à l'ital. *galeazza*, augmentatif de *galea*, « galère »). *Mar. anc.* Bâtiment à voiles et à rames, grande galère* surchargée d'artillerie. V. **Mahonne.**

« Adieu, lougres difformes,
Galéaces énormes,
Vaisseaux de toutes formes, »   HUGO, **Orientales,** V, Navarin, VI.

GALÉE. *n. f.* (XIᵉ s. au sens 1° ; du lat. *galea*).

‖ **1°** *Vx.* V. **Galère.**

‖ **2°** *Par anal. Typogr.* Planchette rectangulaire à rebords sur laquelle le compositeur typographe place les lignes composées ou assemblées dans le composteur.

GALÉGA. *n. m.* (1615 ; mot ital. et esp., peut-être du lat. *gallica* (herba) « herbe de Gaule »). *Bot.* Plante dicotylédone (*Légumineuses Papilionacées*), herbacée, vivace, fourragère, employée en médecine comme galactagogue, dont l'espèce la plus connue est nommée vulgairement « *rue des chèvres* » (galega officinalis).

GALÉJADE. *n. f.* (1881 in DAUDET, mais probablement antérieur ; empr. au prov. *galejado*, plaisanterie, de *galejá*, « plaisanter ». dér. de *galá*, « s'amuser ». V. **Galant**). En Provence, Histoire inventée ou exagérée, plaisanterie* généralement destinée à mystifier*. V. **Blague.** *Dire des galéjades* (V. **Galéjer,** *infra*). *C'est une galéjade !*

1   « D'un autre que de « Moussu Numa », député, membre du Conseil général, ils auraient cru à une farce, à une *galéjade,* allons ! Mais avec celui-là, l'affaire devenait sérieuse... »
DAUD., **Numa Roumestan,** V, p. 97.

2   « Comment ! vous avez cru... mais c'était une *galéjade...* Entre gens de Tarascon, pas moins, on sait bien ce que parler veut dire... »
ID., **Tartar. s. les Alpes,** XII, p. 56.

3   « ... les galéjades du Tribun avaient le mérite d'aérer, de temps à autre, l'atmosphère de ces discussions en vase clos. »
MART. du G., **Thib.,** t. V, p. 57.

DER. — **Galéjer.** *v. intr.* (XXᵉ s.). *Dire des galéjades.* V. **Blaguer, plaisanter*.** *Un goujon de trois kilos, tu galéjes !* (Cf. Tu es de Marseille !).

1   « Et mes deux compères d'aller « galéjer » deux heures durant derrière le même verre d'eau teintée d'absinthe, qui donne à l'étranger l'illusion d'un peuple d'ivrognes, alors que ces gens, soûls de paroles, sont les plus sobres du monde. » CONSTANTIN-WEYER, **Source de joie,** p. 63.

2   « — C'est peut-être pas la petite ? — Mais oui, c'est la petite, naturellement. — La petite ? Allez, vaï, vous galéjez ! »
PAGNOL, **Marius,** I, 8.

GALÈNE. *n. f.* (1553 ; empr. au gr. *galênê*, « plomb »). Sulfure naturel de plomb (Pb S), de densité 7,5, gris-bleuâtre, à clivage parfait et cristallisation cubique, abondant dans presque tous les terrains. *La galène est le plus commun des minerais de plomb*. Galène argentifère, contenant du sulfure d'argent.* V. **Alquifoux.** *Utilisation de la galène comme détecteur, dans les postes de T.S.F. Capsule* à galène. Poste à galène.*

« Ce qui lui plaisait, c'était le skating à Luna, et la radio. Il avait un détecteur à galène... » ARAGON, **Beaux quartiers,** II, XV.

GALÉNIQUE. *adj.* (1723 in J.-B. ROUSSEAU ; empr. du lat. *Galenus*, nom lat. de Galien, célèbre médecin grec). *Méd.* et *pharm.* Conforme à la doctrine de Galien. *Remèdes galéniques* : remèdes végétaux, *par oppos. aux* remèdes chimiques*.

DER. — (de *Galenus*). **Galénisme.** *n. m.* (1771 in TRÉV.). Doctrine médicale de Galien attribuant une action prépondérante aux quatre humeurs : sang, pituite, atrabile et bile. — **Galéniste.** *n.* (1771 in TRÉV.). Adepte du galénisme.

GALÉODE. *n. f.* (1866 in LITTRÉ ; empr. sav. du gr. *galê*, « belette »). *Zool.* Animal arthropode arachnide, ordre des solifuges dont il est le type principal. *La galéode, araignée de grande taille, vit dans les régions chaudes et arides de l'Ancien Monde ; son corps complètement segmenté fait d'elle une forme intermédiaire entre les araignées et les insectes.*

GALÉOPITHÈQUE. *n. m.* (1545 in PARÉ ; comp. sav. du gr. *galê*, « belette », et *pitekos*, « singe »). *Zool.* Genre de mammifères insectivores appelé aussi *taguan*, animal nocturne de la taille d'un chat, qui possède une membrane parachute reliant les membres antérieurs aux membres postérieurs et à la queue. *Grâce à sa membrane, le galéopithèque peut faire de grands sauts de branche en branche ; il habite Madagascar, les îles de la Sonde, les îles Philippines et l'Indochine.*

GALÉOPSIS (*siss'*). *n. m.* (XVIe s. ; lat. *galeopsis* du gr. *galiopsis*, propremt. « œil de belette »). *Bot.* Plante dicotylédone (*Labiées*), herbacée, annuelle, indigène, dont les espèces les plus répandues sont le *galeopsis tetrahit* (appelé Cramois, chanvrin, chanvre sauvage, ortie royale), le *galeopsis ladanum* (ou ortie rouge, filasse bâtarde, gueule de chat), *le galeopsis galeobdolon* (ortie jaune). *Le galeopsis est une mauvaise herbe employée parfois comme fourrage, et dont on extrait une huile à brûler.*

GALÈRE. *n. f.* (1402 ; du catalan *galera*, altér. de l'anc. ital. *galea*, du grec byzantin, *galaia*, *galea*, auquel était emprunté l'anc. fr. *galée* ou *galie*. V. **Galion, galiote**).

I. *Mar.* ‖ **1°** *Antiq.* Bâtiment de guerre des anciens, à voiles et à rames. V. **Trière, trirème** (Cf. *suff.* -Rème). *Les galères de la flotte athénienne.*

1 « ...Toute une mer immense où fuyaient des galères. »
HEREDIA, **Trophées**, Antoine et Cléopâtre.

‖ **2°** Au moyen âge, et jusqu'au XVIIIe s. Bâtiment de guerre long et de bas bord, à faible tirant d'eau, ponté, à deux mâts à antennes, marchant ordinairement à rames, plus rarement à voiles. V. **Galéasse, galiote, prame**. *Les galères étaient construites sur le modèle des trirèmes antiques. La galère a été le bâtiment de guerre type en Méditerranée. Termes de marine propres aux galères.* V. **Arbre** (II, 2°), **calcet, espalier, estive, timon, trinquet**... *Amiral des galères de France,* à la tête d'un corps des galères distinct de la Marine, jusqu'au XVIIe siècle. *Malfaiteurs condamnés à ramer sur les galères.* V. **Galérien**. *Galères des pirates, des Turcs,* où des chrétiens captifs servaient de rameurs (Cf. Équiper, cit. 1). V. **Mahonne, sultane.** *Saint Vincent de Paul fut aumônier des galères. Galère capitane* (cit. 2), *réale**.

2 « Ta galère que nous dorâmes | Domptent le vent et la marée
A soixante paires de rames | Et dont chacune est manœuvrée
Qui de Lépante à Moganez | Par quatre forçats enchaînés. »
HUGO, **Lég. des siècles**, XVI, Chans. des doreurs de proue.

— Loc. prov. *Que diable allait-il faire dans cette galère ?* (Mol., Scapin, II, 7, scène empruntée au « Pédant joué » de Cyrano de Bergerac), se dit quand on ne comprend pas comment quelqu'un a pu s'embarquer dans telle affaire et en telle compagnie. *Je me suis laissé entraîner dans une drôle de galère !* V. **Mésaventure.**

3 « Que diable aller faire aussi dans la galère d'un Turc ? D'un Turc ! »
C. de BERGERAC, **Le pédant joué**, II, 4.

4 « Bernard pensa non sans gaîté à la fureur certaine de M. Achille quand il serait annoncé le crépuscule du Dieu, et au sermon qu'aurait à subir M. Lecourbe, pour avoir entraîné sa maison Quesnay dans cette galère. »
MAUROIS, **B. Quesnay**, XXIV.

— *Vogue la galère !* arrive ce qui pourra.

‖ **3°** Au plur. *Peine des galères* (Cf. Équitablement, cit.), ou ellipt. *Les galères,* la peine de ceux qui étaient condamnés à ramer sur les galères de l'État. *Condamner, envoyer aux galères.* — *Par ext.* (La peine des galères ayant été abolie en 1791). *Peine des fers**, *des travaux forcés**. V. **Chaîne.**

5 « Il y avait au Châtelet de Paris une grande cave longue... On mettait dans cette cave les hommes condamnés aux galères jusqu'au jour du départ pour Toulon. On les poussait sous cette poutre où chacun avait son ferrement oscillant dans les ténèbres, qui l'attendait. Les chaînes, ces bras pendants, et les carcans, ces mains ouvertes, prenaient ces misérables par le cou. On les rivait, et on les laissait là... C'était l'antichambre des galères. C'est dans cette cave que sont nées presque toutes les chansons d'argot. C'est (*de ce cachot*)... que vient le mélancolique refrain de la galère de Montgomery : *Timaloumisanne, timaloumison.* »
HUGO, **Misér.**, IV, VII, II.

— *Fig.* Métier, situation, séjour extrêmement pénible. *C'est une vraie galère. Quelle galère !* V. **Bagne.**

6 « ...j'éprouve maintenant de la joie, forçat libéré que je suis des galères du monde et de la cour. »
CHATEAUB., **M. O.-T.**, t. V, p. 286.

7 « Mieux vaut cent fois jeter nos vers au feu
Et fuir bien loin ce métier de galère »
BANVILLE, **Odes funamb.**, Adieu, paniers.

8 « Le mariage sans amour, ce sont les galères à perpétuité... »
SAND, in MAUROIS, **Lélia**, VII, IV.

II. *Technol.* Sorte de fourneau à réverbère*. — Gros sabot de charpentier ou de menuisier. — Ratissoire à roulettes. — Petit tombereau de maçon. — *Zool.* V. **Physalie.**

DER. — Galérien. V. *aussi* Galéasse. galion, galiote.

GALERIE. *n. f.* (1316 ; ital. *galleria*, du lat. médiév. *galeria*).

‖ **1°** *Archit.* Lieu de passage ou de promenade, couvert, beaucoup plus long que large, ménagé à l'extérieur ou à l'intérieur d'un édifice ou d'une salle. *Galerie haute à balustrade. Galerie qui règne autour d'un bâtiment* (Cf. Caravansérail, cit. 1 ; engager, cit. 5). V. **Péristyle.** *Galerie vitrée.* V. **Véranda.** *Galerie ouverte, cintrée, voûtée, à arcades...* V. **Portique.** *La galerie des Rois de France,* au-dessus du portail de Notre-Dame. *Galeries courant le long d'une rue. Les galeries du Palais-Royal. La Galerie du Palais,* comédie de Corneille dont la scène se passe dans une des galeries extérieures du Palais de Justice sur laquelle

s'ouvraient des boutiques de modes, de libraires. *Galerie à colonnes, ornant un parc, un jardin. Galerie reliant deux bâtiments. Galerie de bois sur la façade d'une maison* (Cf. Établissement, cit. 8). V. **Accourse, balcon, loge, loggia...**

1 « C'est une grande galerie voûtée et enrichie intérieurement d'une colonnade qui règne de droite et de gauche. Vers le milieu de sa profondeur, la voûte s'est brisée, et montre au-dessus de sa fracture les débris d'un édifice surimposé... On voit à gauche, en dehors, une fontaine... ; autour de ce bassin, au-devant de la galerie, dans les entrecolonnements, une foule de petites figures, de petits groupes... »
DIDEROT, **Salon de 1767**, Robert, Ruines.

2 « On y distinguait très bien, quoique habilement soudés au bâtiment principal par de longues galeries à vitraux et à colonnettes, les trois hôtels que Charles V avait amalgamés à son palais... »
HUGO, **N.-D. de Paris**, III, II.

3 « Au sommet... de l'une des tours, de celle qui s'élevait, en entrant, à gauche, il existait une galerie plafonnée qui tournait en même temps qu'un banc circulaire taillé dans le roc... Dans cette galerie, la voix, même la plus basse, suivait le circuit des murs et s'entendait d'un bout du cercle à l'autre. »
HUYSMANS, **Là-bas**, VIII.

— *Galerie intérieure d'un appartement.* V. **Corridor, couloir** (cit. 1), **vestibule.** *Vaste galerie* (Cf. Contigu, cit. 3). *Dortoir* (cit.) *aménagé dans une galerie. Les galeries du château* (cit. 1) *de Combourg. Galeries magnifiquement décorées d'un palais. La Galerie d'Apollon au Louvre,* décorée par Le Brun et Delacroix. *La Galerie des Glaces du château de Versailles* (Cf. Battre, cit. 25).

4 « À cette heure, le château était forcé ; les Suisses, qui avaient défendu, pied à pied l'escalier, la chapelle, les galeries, étaient partout enfoncés... Les plus heureux étaient les gentilshommes qui, maîtres de la grande galerie du Louvre, avaient toujours une issue prête pour échapper. Ils s'y jetèrent et trouvèrent à l'extrémité l'escalier de Catherine de Médicis, qui les mit dans un lieu désert. »
MICHELET, **Hist. Révol. fr.**, VII, I.

— *Spécialt. Galerie construite ou aménagée en vue d'une exposition, d'un salon. Les galeries du Louvre. La Galerie des Machines de l'exposition de 1889.* — *Par ext.* Magasin où sont exposés des objets d'art en vue de la vente. *Exposition des dernières toiles d'un peintre à la galerie X. Galeries de la Rive Droite, de la Rive Gauche,* à Paris (Cf. Exposition, cit. 4). — *Par méton.* Collection d'objets d'art ou de science dans un musée. *Galerie de tableaux* (Cf. Envahir, cit. 15). *Galerie d'art, de peinture et de sculpture. La Galerie des Offices à Florence. Les galeries du Muséum. Galerie zoologique, paléontologique...* (Cf. Coquille, cit. 4). — *De nos jours* (au plur.). Nom pris par certains grands magasins.

5 « Ce qui le surprit davantage, et qui lui fit le plus de plaisir, ce fut le palais des sciences, dans lequel il vit une galerie de deux mille pas, toute pleine d'instruments de mathématiques et de physique. »
VOLT., **Candide**, XVIII.

6 « Des *Frari* je me suis rendu à la galerie *Manfrini*. Le portrait de l'Arioste est vivant. Le Titien a peint sa mère, vieille matrone du peuple, crasseuse et laide... »
CHATEAUB., **M. O.-T.**, t. VI, p. 174.

— *Fig.* Collection de portraits d'hommes célèbres d'une époque, d'un pays, d'une profession... *Galerie des portraits satiriques de Daumier* (Cf. Exagérer, cit. 8). — *Spécialt.* Suite de portraits littéraires. *Il y a dans le Port-Royal de Sainte-Beuve une étonnante galerie de portraits des jansénistes du XVIIe siècle.*

7 « Je dois recueillir aussi un volume de prose composé d'artifices biographiques et littéraires insérés dans des revues ; mais ce n'est pas une composition suivie, c'est une galerie de portraits. »
STE-BEUVE, **Corresp.**, 209, 18 déc. 1831.

8 « Dans la romantique galerie des amants célèbres, Liszt et Marie d'Agoult ont leur place exceptionnelle. »
HENRIOT, **Portr. de fem.**, p. 328.

‖ **2°** (D'abord terme de jeu de paume, désignant l'allée couverte d'où l'on regardait les joueurs). Emplacement réservé aux spectateurs ; les spectateurs eux-mêmes. *La galerie retentit d'applaudissements. Consulter la galerie sur un coup litigieux. Une nombreuse galerie suivait les parties du championnat de bridge.* — *Par ext.* Le monde, l'opinion* des hommes considérés comme assistants. V. **Auditoire, monde, public, spectateur, témoin.** *Parler, poser pour la galerie. Amuser la galerie* (Cf. Éreintage, cit. 1). *Se préoccuper de l'opinion de la galerie* (Cf. Figure, cit. 18). *Ne vous inquiétez pas de la galerie. Il ne pense qu'à étonner, qu'à épater la galerie. Pour la galerie,* aux yeux du monde (mais pas en réalité). *Se donner en spectacle à la galerie.*

9 « Ceux qui rapportent tout à l'opinion ressemblent à ces comédiens qui jouent mal pour être applaudis, quand le goût du public est mauvais : quelques-uns auraient le moyen de bien jouer, si le goût du public était bon. L'honnête homme joue son rôle le mieux qu'il peut, sans songer à la galerie. »
CHAMFORT, **Max. et pens.**, Sur la dignité du caract., XXXI.

10 « Et personne ne m'ôtera de l'idée, d'ailleurs, que ton Jaurès, il plastronne pour la galerie ! Dans le fond, il sait aussi bien que moi que les jeux sont faits ! »
MART. du G., **Thib.**, t. VII, p. 146.

11 « Il faut palabrer, parader, gesticuler, impressionner la galerie... »
LÉAUTAUD, **Théât. M. Boissard**, XXII.

— *Spécialt. Théâtre.* Balcon à encorbellement, à plusieurs rangs de spectateurs. *Premières, secondes galeries.* V. **Paradis, poulailler.** — *Dans une église.* Sorte de tribune continue sur le pourtour intérieur. V. **Jubé, tribune, triforium.**

— *Mar. anc.* Balcon saillant en dehors du couronnement d'un navire.

|| **3°** *Par anal.* Rebord ménagé sur le toit d'une voiture. *Fixer des bagages sur la galerie d'une automobile.* V. **Porte-bagage.** — Devant de foyer d'une cheminée. — Se dit de divers ornements se présentant en relief, en rebord, sur un édifice, un meuble, une lampe, une étoffe... *Galerie de fenêtre sculptée. Châle à galerie.*

12 « Sur cet extérieur règnent encore d'autres ornements placés d'ordinaire à l'intérieur des édifices gothiques, comme rudentures, modillons arabes, soffites à nimbe, galeries à colonnettes, à ogives, à trèfles, ménagées dans l'épaisseur des murs. »
CHATEAUB., M. O.-T., t. VI, p. 197.

|| **4°** Passage souterrain. — *Fortif.* Chemin souterrain ou simplement solidement couvert, pratiqué par l'assiégeant pour s'approcher d'une place. V. **Abri.** — *Mines.* Passage souterrain permettant l'exploitation d'une mine, muraillé ou simplement boisé. V. **Araignée, bure, descenderie, taille.** *Galerie d'épuisement, de recette, d'aération* (V. **Airage**), *de roulage...* (Cf. Étai, cit. 1). *Éboulement* (cit. 1) *dans une galerie. Galeries latérales* (Cf. Exploiter, cit. 1). *Construction d'une galerie.* V. **Boisage, châssis, étrésillon, palplanche...** *Soutenir les voûtes d'une galerie* (Cf. Enfouir, cit. 3).

13 « C'était une belle galerie de roulage, à travers un roc si solide, qu'elle avait eu besoin seulement d'être muraillée en partie. »
ZOLA, Germinal, I, III.

— En général, tout passage souterrain aménagé par l'homme. V. **Boyau, tunnel.** *Galeries dans une cave, dans un égout. Galeries d'une nécropole.* V. **Catacombe** (cit. 1 et 3). *Galerie pour l'écoulement des eaux.*

14 « L'égout a pris aujourd'hui un certain aspect officiel... des mots qui le caractérisent dans le langage administratif sont relevés et dignes. Ce qu'on appelait boyau, on l'appelle galerie... on a construit tous les ans huit et même dix mille mètres de galeries, en maçonnerie de petits matériaux à bain de chaux hydraulique sur fondation de béton. »
HUGO, Misér., V, II, V et VI.

— Petit chemin souterrain creusé par divers animaux (rongeurs, insectivores...). *Galeries de taupe, de mulot...*

GALÉRIEN. *n. m.* (1568 in HUGUET ; de *galère*). Homme condamné à ramer sur les galères du Roi (ou sur celles des Turcs, dans le cas d'un chrétien captif). *Organisation du travail des galériens.* V. **Argousin, chiourme** (cit.), **comite, espalier...** — *Par ext.* Bagnard, forçat*. *Chaîne, alganon de galérien.*

1 « On a eu raison de vous dire que Jean Valjean était un malheureux très méchant. Toute la faute n'est peut-être pas à lui... voyez-vous, l'infamie d'où j'avais essayé de sortir est une chose nuisible. Les galères font le galérien... le bagne m'a changé. J'étais stupide, je suis devenu méchant ; »
HUGO, Misér., I, VII, XI.

— *Mener une vie de galérien :* extrêmement pénible. *Travailler, peiner comme un galérien,* très durement. *Ce sont de vrais galériens.*

2 « Travaille, travaille, galérien, et claque au bout ! »
Ch.-L. PHILIPPE, Père Perdrix, I, I.

3 « Qu'une femme qui ne faisait rien et se donnait du bon temps toute la sainte journée, se permit de les narguer de son calme insolent, tandis qu'ils se tuaient à la peine comme des galériens... »
R. ROLLAND, Jean-Christ., L'adolescent, II.

4 « ...notre société de forçats intellectuels ou de galériens de la Fantaisie... »
BLOY, Le désespéré, p. 70.

GALERNE. *n. f.* (XIIe s. ; orig. incert. ; mot usuel dans les parlers de l'Ouest). — *Mar.* Vent d'Ouest-Nord-Ouest, appelé encore *Vent de galerne.* — *Tourner de bise en galerne* (Cf. Bise, cit. 5).

GALET. *n. m.* (XIIe s. ; dér. de l'anc. dial. normanno-picard *gal*, « caillou » du celt. *gall* ; base prélatine *cal-, car-,* « pierre ») .V. **Caillou, gravier.**

I. Caillou usé et poli par le frottement que la mer dépose sur le rivage ou qu'on trouve dans le lit des torrents. *Plage couverte de galets. Galet rond, galets plats. Déferlement de la mer sur les galets* (Cf. Déferler, cit. 2). *Banc de galets.* V. **Poulier.** Au sing. *Se promener sur le galet.* V. **Plage.**

« ...la plupart des galets que la mer jette sur les rivages sont de la même nature que les pierres à fusil, et l'on en voit, dans quelques anses, des amas énormes : ces galets sont polis. arrondis et aplatis par le frottement... »
BUFF., Hist. nat. minér., Pierres à fusil, Œuvr., t. XI, p. 399.

II. *Techn.* Disque ou petite roue de bois, de métal, d'ivoire, servant à divers usages. *Galets d'un fauteuil, d'un lit, d'une table de nuit.* V. **Roulette.** — *Mécan. Galet simple,* roulant dans une rainure. *Galet à gorge. Galets cylindriques ou coniques. Mécanisme à galets. Les galets d'un pont tournant, d'une plaque de chemin de fer, d'un métier à tisser...*

DER. — **Galette.**

GALETAS. *n. m.* (XIVe s. ; de *Galata*, tour de Constantinople qui domine la ville).

|| **1°** *Vx.* Logement pratiqué sous les combles. V. **Grenier, mansarde.**

« Un bourgeois... se fait bâtir un hôtel si beau... qu'il est inhabitable. Le maître, honteux de s'y loger... se retire au galetas... »
LA BRUY., XIII, 2.

|| **2°** *Par ext.* Logement misérable et sordide. V. **Bouge, réduit, taudis.** *Lucarne d'un galetas* (Cf. Éclairer, cit. 4).

« ...une espèce de galetas assez spacieux, meublé d'un matelas posé à terre, d'une table et de quelques chaises. »
HUGO, Misér., II, IV, II.

« ...les locaux où les plus grands savants français essayaient de percer, de quelques rayons, les ténèbres séculaires... étaient d'immondes réduits, taudis, galetas... »
MONDOR, Pasteur, V.

GALETTE. *n. f.* (XIIIe s. ; de *galet*, à cause de sa forme ronde et plate). Gâteau, ordinairement rond et plat, de pâte feuilletée ou non, fait de farine, de beurre et d'œufs et cuit au four ou sous la cendre. V. **Gâteau*** ; **fouace.** *Galette de pâtissier, de ménage. Galette des Rois,* confectionnée à l'occasion de la fête des Rois* et contenant, généralement, une fève*. *Galette salée. Galette aux pommes de terre* (Cf. Fondre, cit. 16). — *Spécialt.* (Dans certaines régions). Crêpe de farine de sarrasin ou de maïs. — *Mar.* Biscuit dur et plat.

« Une galette toute entière
Cuite sur les charbons du four
Et blanche de sel tout autour, »
RONSARD, Pièces retranch., Liv. de folâtreries, Gaieté.

« — C'est votre fille, le Petit Chaperon Rouge, qui vous apporte une galette et un petit pot de beurre, que ma Mère vous envoie. »
PERRAULT, Contes, Pet. Chaper. rouge.

« Ils m'invitèrent à leur table et nous mangeâmes ensemble la galette. Une fière galette ! Elle craquait, sentait l'anis, le miel et la confiture de coings. »
BOSCO, Jard. d'Hyacinthe, p. 75.

— *Par compar.* (Cf. Chapeau, cit. 3).

« Elles se font des bandeaux à la Vierge, et, avec le reste de leurs cheveux, très noirs et très lisses, composent une espèce de galette ronde qui se porte au sommet de la tête, en avant et de côté, retombant un peu vers le front comme une petite toque cavalièrement posée... »
LOTI, L'Inde (sans les Anglais), p. 72.

— *Plat* comme une galette.* — *Fig. et fam. Une galette :* un homme sans consistance, sans capacité (V. **Nul**). *Une vieille galette.*

— *Par anal.* Objet en forme de galette. *Siège recouvert d'une galette de cuir.*

— *Pop.* (fin XIXe s., par anal. avec les pièces de monnaie rondes et plates). V. **Argent.** *Avoir de la galette.* V. **Fortune.** *Claquer sa galette.*

« Enfin, modère-toi, chère, dans tes dépenses.
La galette n'est pas ce que, vaine, tu penses :
Elle a des hauts et des bas, et surtout des bas ; »
VERLAINE, Élég., VIII.

DER. — **Galetteux, euse.** *adj.* (fin XIXe s.). *Pop.* Qui a de la fortune. — Substantivt. *Des galetteux.* V. **Riche.**

GALEUX, EUSE. *adj.* (XIVe s. ; de *gale*)'.

|| **1°** Atteint de la gale. *Enfant malpropre et galeux. Chien* (cit. 24) *galeux. Arbre galeux.*

« J'aimerais, mais de beaucoup, mieux
Devenir galeux qu'amoureux
Car l'amour est un mal étrange »
LA FONT., Pièces div., VIII, Sur la gale.

« Un vieux chat galeux, chassé sans doute de son logis par ses maîtres, s'était établi dans la rue, sur le trottoir de notre maison... Sa pauvre tête était toute mangée de gale, couverte de croûtes, presque sans poils... »
LOTI, Livre de la pitié et de la mort, p. 27.

« Les pauvres (*ânes*), comme ils étaient pelés, teigneux, galeux, saignants ! »
J. et J. THARAUD, Rabat, VI.

— *Substantivt. :*

« ...ce maudit animal,
Ce pelé, ce galeux, d'où venait tout le mal. »
LA FONT., Fab., VII, 1.

« C'est un titre si beau que celui de galeux
Qu'il est craint de toute la terre. »
ID., Pièces div., VIII, Sur la gale.

— *Fig. Brebis* galeuse.*

« ...ce troupeau était arrivé à faire lui-même sa police, et à chasser spontanément de sa masse toutes les têtes indociles, toutes les brebis galeuses. »
V. LARBAUD, Fermina Marquez, IX.

« Si tu es encore dans nos murs demain à l'aube, je donne l'ordre à quiconque te rencontrera de t'abattre comme une brebis galeuse. »
SARTRE, Théâtre, Les mouches, II, I, 3.

— *Loc. prov. Qui se sent galeux se gratte* (Cf. Qui se sent morveux* se mouche).

— *Substantivt. Un galeux,* individu méprisable qu'on se refuse à fréquenter (Cf. Bandit, cit. 3).

|| **2°** Qui a rapport à la gale. *Éruption galeuse. Lésion galeuse.*

— *Par ext.* Qui semble atteint de la gale. *Bois galeux,* hérissé de protubérances. *Verre galeux,* de vitrification impure et présentant une foule de petits grains solides.

— *Fig.* V. **Lépreux, sale.** *Murs galeux. Jardin galeux* (Cf. Clabauder, cit. 1).

8 « Une végétation pisseuse, galeuse... »
BLOY, **Femme pauvre**, p. 233.
ANT. — **Antigaleux** (remède). **Propre, sain.**

GALGAL. *n. m.* (1865 LITTRÉ ; du gaélique *gal*, caillou. Cf. Galet). V. **Tumulus.**

GALHAUBAN. *n. m.* (1634 ; comp. de *hauban*** ; anciennt. « *cale-hauban* », d'après BLOCH, le début du mot étant l'impératif du v. *Caler*). *Mar.* « Cordage en chanvre ou en fil de fer servant à assujettir les mâts* supérieurs par le travers, et vers l'arrière » (GRUSS).

GALIBOT. *n. m.* (1871 ; mot picard issu, selon BLOCH, de *galibier*, « polisson »). Jeune manœuvre travaillant au service des voies dans les galeries des houillères.
« J'ai tout fait là-dedans, galibot d'abord, puis hercheur... »
ZOLA, **Germinal**, I, I.

GALICIEN, ENNE. *adj.* et *n.* De Galice (région d'Espagne), ou de Galicie (région de Pologne).

GALILÉEN, ENNE. *adj.* et *n.* De Galilée, province de Palestine. — *Le Galiléen*, nom parfois donné à Jésus-Christ, parce qu'il fut élevé à Nazareth, ville de Galilée.

GALIMAFRÉE, *n. f.* (XIVᵉ s. ; orig. obscure ; selon BLOCH de l'anc. fr. *galer*, « s'amuser, mener joyeuse vie » (V. **Galant**) et du picard *mafrer*, « manger beaucoup » (Cf. Bâfrer). *Vx.* Ragoût composé de restes de viande. *Par ext.* Mets peu appétissant.

GALIMATIAS. *n. m.* (1580 ; étymol. obscure). Discours, écrit confus*, embrouillé, inintelligible. V. **Amphigouri, charabia, embrouillamini, pathos, phébus** (Cf. Constituer, cit. 4). *Je n'entends rien à votre galimatias. Il ne s'est pas laissé éblouir* (cit. 15) *par ce pompeux galimatias.*
1 « — ...que voulez-vous dire avec votre galimatias et vos sottises ? »
MOL., **Pourc.**, I, 8.
2 « Ton sonnet n'est qu'un pompeux galimatias ; et il y a dans ta préface des expressions trop recherchées, des mots qui ne sont point marqués au coin du public, des phrases entortillées, pour ainsi dire. »
LESAGE, **Gil Blas**, VII, XIII.
3 « À quoi cette poésie peut-elle servir, sinon à égarer notre bon sens, à jeter le désordre dans nos pensées, à troubler notre cerveau, à pervertir nos instincts, à fêler nos imaginations, à corrompre notre goût, et à nous remplir la tête de vanité, de confusion, de tintamarre et de galimatias ? »
HUGO, **Shakespeare**, II, I, 1.

GALION. *n. m.* (vers 1300 ; de l'anc. fr. *galie, galée*. V. **Galère** (Cf. esp. *Galeón*). — *Mar. anc.* (XVIᵉ-XVIIIᵉ s.). Grand bâtiment, armé en guerre, naviguant sous escorte, destiné au commerce avec l'Amérique et plus spécialement au transport de l'or et des marchandises précieuses que l'Espagne tirait de ses colonies.
1 « L'Allemagne a donné ses ourques redoutables,
Naples ses brigantins, Cadix ses galions, »
HUGO, **Lég. des siècles**, Rose de l'Infante.
2 « Les galions du XVIᵉ siècle étaient généralement à deux ponts, avec trois ou quatre étages à la poupe, où se tenaient les personnages de marque. Ils portaient de six à huit cents tonnes de marchandises, quatre cents hommes d'équipage au moins (il fallait bien cela pour hisser, carguer, orienter leur énorme voilure) et cinq ou six cents soldats... Ils naviguaient assez bien, filant à bonne vitesse quand le vent les poussait en poupe mais louvoyaient difficilement... »
A. THOMAZI, **Les flottes de l'or**, p. 19.
DER. — **Galioniste.** *n. m.* Négociant espagnol faisant le commerce des Indes orientales par les galions.

GALIOTE. *n. f.* (XIVᵉ s. ; de l'anc. fr. *galie, galée*. V. **Galère**).
‖ 1º *Mar. Anciennt.* Petite galère. *Une galiote barbaresque.* — Navire à voiles, et à formes rondes, dont se servaient les Hollandais.
— *Spécialt. Galiote à bombe.* V. **Bombarde** I, 2º.
« (Louis XIV) se vengea d'Alger avec le secours d'un art nouveau... Cet art funeste, mais admirable, fut celui des galiotes à bombes, avec lesquelles on peut réduire des villes maritimes en cendres. »
VOLT., **Siècle Louis XIV**, XIV.
— *De nos jours.* Nom encore donné dans les ports du Nord aux caboteurs et voiliers de pêche hollandais.
‖ 2º Nom des traverses métalliques qui supportent les panneaux de fermeture des écoutilles.

GALIPÉA ou **GALIPÉE.** *n. f.* (1866 in LITTRÉ). *Bot.* Plante dicotylédone (*Diosmées*), arbuste exotique dont l'écorce (V. **Angusture**) s'emploie comme fébrifuge associée au quinquina.

GALIPETTE. *n. f.* (1883 d'apr. DAUZAT ; *calipette* en 1865 dans l'Ouest). *Fam.* V. **Cabriole, culbute, gambade, pirouette.** *Faire des galipettes* (Cf. au *fig.* Faire des frasques).

GALIPOT. *n. m.* (*Garipot* au XVIᵉ s. ; orig. obscure). Matière résineuse qui exsude en hiver des incisions faites à la

---

surface des pins. *Le galipot est communément nommé* térébenthine de Bordeaux. — *Par ext. Mar.* Sorte de mastic fait de résine et de matières grasses, ou de céruse, et de suif fondu, qu'on étale à chaud sur les surfaces à protéger de l'eau de mer (carène, pièces métalliques, etc.).
DER. — **Galipoter.** *v. tr.* (1866). *Mar.* Enduire de galipot.

GALIUM. V. **Gaillet.**

1. GALLE. *n. f.* (1213 ; lat. *galla*, « gale »). *Bot.* Excroissance produite sur les tiges et les feuilles de certains végétaux par les piqûres d'insectes parasites qui y déposent leurs œufs. — *Galles du chêne* ou *Noix de galle*, en forme de noisette ou de noix, provoquées par le cynips*, qui se développe sur les chênes. *La noix de galle, riche en tanin, est utilisée pour la fabrication d'encres, de teintures, etc. Galle du rosier.* V. **Bédégar.**
« Les galles du chêne sont les plus généralement connues, et il n'est point d'arbre dans nos contrées qui n'en présente un plus grand nombre d'espèces. »
BONNET, **Observ.**, 37 (in LITTRÉ).
DER. — **Gallicole.** *adj.* (1865 LITTRÉ). Qui vit dans les galles. *Le cynips, insecte gallicole.* — **Gallifère.** *adj.* (1839 BOISTE). Qui porte des galles, qui est victime des galles. *Chêne gallifère.* — **Gallique.** *adj.* (1839 BOISTE). Qui provient de la noix de galle. *Acide gallique.*

2. GALLE. *n. m.* (*Gall* au XVIᵉ s. ; lat. *gallus* ; grec *gallos*). Prêtre de Cybèle et d'Attis en Phrygie. *Les galles formaient une confrérie ; ils propagèrent leur culte en Grèce et à Rome.*
« ...on vit se répandre, extrêmement populaire, cette mystique violente qui exigeait parfois de ses adeptes le sacrifice de la virilité, ces collèges de prêtres ou de galles dont le bonnet phrygien est resté jusqu'à nous symbole de libération... »
DANIEL-ROPS, **Hist. sainte**, IV, II, p. 332.

GALLÉRIE. *n. f. Entom.* Insecte lépidoptère (*Pyralidés*) dont la chenille creuse des galeries dans la cire des ruches, détruisant le couvain, provoquant l'écoulement du miel. *La gallérie est aussi appelée* fausse teigne des ruches.

GALLICAN, ANE. *adj.* (1488 ; empr. au lat. médiév. *gallicanus*, « gaulois », employé au sens de « français » à propos de l'Église de France). Qui concerne l'Église catholique de France, considérée comme jouissant d'une certaine indépendance à l'égard du Saint-Siège. *Le rite* gallican. Les libertés de l'Église gallicane.* — Qui est partisan des libertés de l'Église de France (Cf. BOSSUET, Sermon sur l'unité de l'Église...). *Cet évêque était gallican. Esprit gallican* (Cf. Constitution, cit. 9).
1 « On disait que le cardinal de Richelieu, dans le dessein de se faire patriarche en France, avait fait faire par M. Dupuy les *Libertés de l'Église gallicane.* »
RAC., **Fragm. et notes histor.**, XLIX.
2 « Il se mêlait peu aux querelles théologiques du moment et se taisait sur les questions où sont compromis l'Église et l'État ; mais si on l'eût beaucoup pressé, il paraît qu'on l'eût trouvé plus ultramontain que gallican. »
HUGO, **Misér.**, I, I, XI.
3 « ...le petit clergé, solidement enraciné dans sa terre, gallican, fort éloigné de Rome, s'est montré dans son ensemble, farouchement résistant. »
SARTRE, **Situations III**, p. 47.
— *Substantivt. Un gallican.*
4 « Il avait pour M. Dupanloup la plus vive affection. Celui-ci était alors légitimiste et ultramontain. Il a fallu les exagérations des temps qui ont suivi pour intervertir les rôles et pour qu'on ait pu le considérer comme un gallican et un orléaniste. »
RENAN, **Souv. d'enfance...**, III, II.
DER. — **Gallicanisme.** *n. m.* (1810 BLOCH). Principes et doctrine de l'Église gallicane. *Le gallicanisme a trouvé son expression dans la Déclaration des Quatre articles de 1682.* — Attachement à ces principes. *Le gallicanisme de Bossuet.*
« Mon antipathie pour les jésuites se fût exprimée en ne parlant jamais d'eux ; un fond de gallicanisme mitigé se fût dissimulé sous le couvert d'une profonde connaissance du droit canonique. »
RENAN, **Souvenirs d'enfance...**, III, I.

GALLICISME. *n. m.* (1578 ; empr. au lat. *gallicus*, « gaulois », pris au sens de « français »).
‖ 1º Construction ou emploi propre à la langue française (V. **Français, gaulois**). *Les gallicismes, idiotismes* du français.*
1 « La coutume est de quitter ici notre gallicisme et user de l'italianisme. »
H. ESTIENNE, **Dial. nouv. lang. français italianisé** (1578).
2 « Bien que l'on comprenne sous le terme de gallicisme (ou en général d'idiotisme) des choses assez mal définies, la plupart sont des expressions affectives de la langue de la conversation... Il faut donc s'attendre à ce qu'ils présentent un contraste frappant avec leur définition... »
Ch. BALLY, **Traité stylis. fr.**, t. I, p. 166.
— REM. 1. Les gallicismes sont le plus souvent inanalysables du point de vue logique, et intraduisibles dans une autre langue. Ils constituent ce qu'il y a de plus spécifiquement français dans notre idiome. La langue familière ou populaire, affective et imagée, en fait un usage fréquent. — 2. *Types de gallicisme.* — a) *Gallicismes de vocabulaire.* dans lesquels un mot ou un groupe est employé dans une acception inhabituelle : *à la bonne heure ; il vient de sortir ; j'en aurai le cœur net.* Un grand nombre d'expressions figurées sont, en réalité, des gallicismes : *monter sur ses grands chevaux ; mettre des bâtons dans les roues ; prendre la mouche ; être dans de beaux draps*, etc. On notera que plus un verbe est riche en extension, plus il se prête à former des gallicismes. Tel est, par exemple, le cas de FAIRE*. — b) *Gallicismes*

dans lesquels un terme grammatical, le plus souvent un pronom très court (*en, le, y, que, quoi*, etc.), perd sa valeur propre pour former une locution : *Il en a pris pour son grade ; tenons-nous-en à l'essentiel ; il ne faut pas s'en faire ; je vous le donne en cent ; ils l'ont échappé belle ; se la couler douce ; il y va de votre bonheur ; il a encore fait des siennes ; que chacun y mette du sien ;* etc. — c) *Gallicismes de construction*, caractérisés par un ordre des mots inhabituel et archaïque (*sans coup férir ; s'en donner à cœur joie ;* etc.) ; par une ellipse (*crainte de se tromper ; retour de Paris ; histoire de rire ;* etc.) ; par la présence d'un mot difficilement analysable souvent qualifié d'**explétif** par les grammairiens (*C'est une belle chose que la science ; encore une semaine de passée ;* etc.). Certains auteurs ont rangé sous l'étiquette de constructions « paragrammaticales » des gallicismes défiant l'analyse (*Il ne manquerait plus que ça ! En dépit qu'elle en ait ;* etc.).

|| **2°** Construction française que l'on introduit abusivement dans une autre langue (par ex. dans la traduction d'un texte français en latin ou en grec). *L'anglais moderne emploie de nombreux gallicismes.* V. **Emprunt.**

GALLINACÉ, ÉE. *adj.* (1770 BUFFON ; du lat. *gallinaceus*, « de poule, de coq », dér. de *gallina*, « poule »). *Zool.* Qui se rapporte ou ressemble à la poule et au coq. *Oiseau gallinacé.* — On dit aussi *Galliforme* (lat. *gallus*, coq, et *forma*, forme).

— *Substantivt.* GALLINACÉS ou GALLIFORMES. *n. m. plur.* Ordre d'oiseaux terrestres auquel appartient le genre *gallus* (V. **Coq, poule**). *Principaux gallinacés :* argus, bartavelle, caille, coq, coq de bruyère, dindon, faisan, francolin, ganga, gélinotte, hoazin (ou opisthocome), hocco, lagopède, logophore, paon, perdrix, pintade, poule, rouloul, talegalle, tétras (genre), tinamou, tragopan, turnix, wyandotte (poule de), etc. *Les gallinacés se répartissent en différentes familles* (Phasianidés, tétraonidés, turnicidés, etc.). N.-B. Les ornithologues rangent la caille et la perdrix tantôt parmi les phasianidés, tantôt parmi les tétraonidés.

1   « ... enfin, s'il (*Columelle*) veut ranger les gallinacés à la classe des granivores... comment s'expliquera-t-il à lui-même cet appétit de préférence qu'ils montrent constamment pour les vers de terre, et même pour toute chair hachée, cuite ou crue... ? »
BUFF., **Hist. nat. ois.**, Le coq, Œuvr., t. V, p. 281.

2   « Les gallinacés sont des oiseaux terrestres répandus sur presque toute la terre, se servant de leurs pattes comme principal organe locomoteur. Leur nourriture est surtout végétale, mais ils mangent aussi des insectes et des vers. »
POIRÉ, **Dict. des sc.**, Gallinacés.

GALLINULE. *n. f.* (début XIXᵉ s. ; du lat. *gallinula*, « petite poule »). Nom scientifique de la poule* d'eau.

GALLIQUE. *adj.* (*Galesche* au XIIᵉ s. ; lat. *gallicus*). Relatif aux anciens Gaulois. *Idiomes galliques, peuples galliques, poètes galliques* (Cf. Envi, cit. 1 MAROT).

GALLIUM. *n. m.* (1875 ; form. sav. à partir du latin *Gallus*, trad. latine du nom de son inventeur Lecoq de Boisbaudran). *Chim.* Corps simple métallique, de poids atomique 69,72, de densité 5,9 (symbole Ga). *Le gallium, analogue au zinc, blanc, dur, faiblement malléable, fond à 30°.*

GALLO-. Rac. de mots savants tirés du lat. *gallus*, « gaulois ». V. **Franco-.** — **Gallo-belge.** *adj.* (XIXᵉ s.). Qui concerne à la fois les Français et les Belges. — **Gallomanie.** *n. f.* (1789 MIRABEAU. V. **Manie**). Tendance à admirer passionnément et aveuglément tout ce qui est français. *Au XVIIIᵉ siècle un courant de gallomanie apporta à la littérature allemande un esprit nouveau.* — **Gallophobie.** *n. f.* (1865 in LITTRÉ. V. **Phobie**). Sentiment d'hostilité contre la France, les Français. — (D'où) **Gallophobe.** *adj. et n.* (fin XIXᵉ s. ; V. suff. **-Phobe**). *Tendances gallophobes. Un gallophobe déclaré* (ANT. **Francophile**). — **Gallo-romain.** *adj.* (début XIXᵉ s.). Se dit de la race et de la civilisation issue du mélange des Romains et des Gaulois après la conquête de la Gaule. *La population gallo-romaine. L'empire gallo-romain. La civilisation gallo-romaine.* — *Substantivt. Les Gallo-Romains. Une Gallo-Romaine.* — **Gallo-roman.** *n. m.* (XXᵉ s.). Langue parlée par les Gallo-Romains.

1   « On nous menait souvent au Mont-Dol, au sommet duquel se trouvaient quelques ruines gallo-romaines... »
CHATEAUB., **M. O.-T.**, t. I, p. 84.

2   « Le *gallo-roman*... devint donc assez rapidement une *langue de civilisation* : des mots savants empruntés au latin littéraire, vinrent se joindre au vieux fonds populaire. Le gallo-roman n'était d'ailleurs point une langue homogène ; il se divisait en parlers locaux. »
BRUNOT, **Précis gram. hist.**, p. 166.

GALLO, GALLOT ou **GALLEC.** *n. m.* (1877 LITTRÉ, Suppl. ; du lat. *gallus*). Patois français parlé en Bretagne. *Le gallo se rapproche du patois de Basse-Normandie.*

GALLOIS, OISE. *adj.* Du pays de Galles (Grande-Bretagne). *Les mineurs gallois ; l'équipe galloise de rugby*.* — *Substantivt. Les Gallois, les Galloises. Le gallois* (ou kymrique), langue des Gallois (Cf. Breton, cit. 2). V. **Celtique.**

GALLON. *n. m.* (1687 ; mot anglais, lui-même emprunté à l'anc. norm. *galon*). Mesure de capacité utilisée dans les pays anglo-saxons pour les grains et les liquides. *Le gallon vaut environ 4 l. 54. Le gallon à vin* (wine gallon) *des États-Unis contient environ 3 l. 785.*

« ... une grosse bouteille d'osier contenant presque trois gallons d'excellent madère... »
BAUDEL., Traduc. E. POE, **Hist. extraord.**, Avent. G. Pym, XII.

HOM. — **Galon.**

GALOCHE. *n. f.* (XIIIᵉ s. selon DAUZAT ; orig. obscure).

|| **1°** Sorte de sabot* à dessus de cuir et semelle de bois qui se porte par-dessus les souliers ou les chaussons. *Une paire de galoches. Enfiler des galoches pour sortir sous la pluie.* — Sorte de chaussure montante à semelle de bois épaisse. V. **Brodequin** (3°). *Galoches ferrées qui sonnent sur le pavé. Garçons, fillettes* (cit. 1) *chaussés de galoches.*

1   « ... nous résolûmes de faire notre première excursion à pied, chaussés de fortes galoches fourrées destinées à séparer la semelle de nos bottes du trottoir glacial... »   GAUTIER, **Voyage en Russie**, XVI, p. 257.

2   « Elle avait aux pieds de grosses galoches de bois, et, le long des hanches, un grand tablier bleu. »   FLAUB., **Mᵐᵉ Bovary**, II, VIII.

3   « Le reste ne fut qu'un vacarme de sabots et de galoches — les galoches noires de mon pays, en bois, bâtées de cuir, sont lourdes et sonores »   COLETTE, **Belles saisons**, p. 252.

— *Fig. et fam. Menton de galoche, en galoche*, long, pointu et relevé vers l'avant comme le nez d'une galoche.

4   « Je viens de voir arriver chez moi une figure en linge sale, un menton de galoche. »   VOLT., **Lett.** en vers..., 75 (in LITTRÉ).

5   « ... son menton affectait la forme dite en galoche. »
BALZ., **Eug. Grandet**, Œuv., t. III, p. 498.

|| **2°** *Mar.* Poulie longue et aplatie dont la caisse est ouverte sur l'une de ses faces.

GALON. *n. m.* (1584 ; de *galonner*).

|| **1°** Ruban de tissu épais et serré, qui sert généralement à border ou orner les vêtements, les rideaux. V. **Passementerie, ruban.** *Galon de soie, de laine, d'argent, d'or. Tresse de galon. Différentes sortes de galons.* V. **Brandebourg, extrafort, lézarde, soutache.** *Galon brillant, éclatant, usé, terni* (Cf. Envahissement, cit. 3). *Galon uni, orné de pompons. Collet* (cit. 3) *de velours bordé d'un galon. Habit chamarré de galons.* — *Galons d'une livrée* (Cf. Bourgeois, cit. 14).

1   « ... les portiers d'hôtel en redingotes grises soutachées de galons noirs. »   MAC ORLAN, **La Bandera**, IV.

2   « Le damas cerise abonde, lui aussi, et le satin rose, et la mousseline, le galon, la tresse, et le gland. »
HENRIOT, **Portr. de fem.**, p. 377.

3   « ... des serviettes de table par douzaines, liées avec un galon rouge. »
CHARDONNE, **Dest. sentim.**, p. 244.

|| **2°** Le GALON, signe de fonctions civiles ou militaires. *Toque à galons d'un magistrat, d'un professeur* (Cf. Examinateur, cit. 1). *Galons d'un képi de préfet.*

— *Spécial. Milit.* Signe distinctif des grades* et des fonctions dans l'armée. V. (*fam.*) **Ficelle, sardine.** *Les galons se portent soit en chevron* soit en sardine*, au bras, à l'épaule, au képi, au bonnet. Galons de laine des hommes de troupe. Galons métalliques* (or ou argent) *des officiers et sous-officiers. Galons de sous-officier en forme de V renversé, sur les manches ou les pattes d'épaule.* V. **Chevron.** *Galons de quartier-maître* (Cf. Campagne, cit. 5), *d'aspirant* (cit. 3) *de marine. Lieutenant à deux galons* (V. **Ficelle**). *Colonel à* (cinq) *galons pleins. Coudre* (cit. 1) *ses galons.*

— *Par ext.* Insignes d'un grade, en forme de galons. *Galons de battle-dress*, barrettes de métal doré ou argenté. *Galons peints sur un casque de combat, sur le char d'un commandant d'arme blindée.* — *Gagner ses galons.* — *Fam. Arroser* (cit. 14) *ses galons. Prendre du galon :* monter en grade. *Au fig.* Obtenir de l'avancement, une promotion*.

4   « Incapable de reconnaître les grades, il disait « Monsieur l'officier » à tout soldat pourvu de galon, qu'il fût sergent ou colonel. »
RADIGUET, **Bal du comte d'Orgel**, p. 31.

5   « Il était exactement lieutenant-colonel et venait de professer trois ans à l'École de Guerre. Son cinquième galon, qu'il avait depuis peu, était la récompense de son enseignement. »
ROMAINS, **H. de b. vol.**, t. III, XIV, p. 187.

— PROV. *Quand on prend du galon, on n'en saurait trop prendre :* « on ne saurait trop profiter d'une chose avantageuse, ou honorifique, trop se procurer d'une chose utile ou agréable » (ACAD.).

DER. — Galonnard. *n. m.* (*arg. milit.*). Officier. — Galonnier, ière. *n. et adj.* Qui fabrique ou vend des galons.

HOM. — **Gallon.**

GALONNER. *v. tr.* (XIIᵉ s. « orner les cheveux de rubans » ; orig. inconnue). Orner ou border de galon. *Galonner un chapeau, une veste, un rideau.*

DER. — Galon*. — Galonné, ée. *adj.* Orné, couvert de galon. *Soubreveste galonnée* (Cf. Dépouiller, cit. 2), *habits galonnés d'or* (Cf. Broderie, cit. 3). — N. m. (*fam.*) *Un galonné :* un officier ou un sous-officier.

GALOP (le *p* ne se prononce ni ne se lie). *n. m.* (vers 1100 ; de *galoper*).

|| **1°** Allure* que prend naturellement le cheval (et certains équidés) lancé à fond de train et faisant une suite de bonds

accomplis en trois temps ou battues (appui d'un pied de derrière, appui d'un pied de devant et de l'autre pied de derrière, appui de l'autre pied de devant). *Le galop est l'allure la plus rapide du cheval. Galop de manège, galop de chasse et galop de course* (Cf. Fantasia, cit. 1). *Mettre son cheval au galop* (Cf. Charger, cit. 1). *Cheval qui prend le galop, qui se met au galop, qui part au galop, au petit, au grand galop* (Cf. Cabrer, cit. 5). *Un cheval au galop*, en train de galoper* (Cf. Aigrette, cit. 5 ; écuyère, cit. 3). *Aller le galop* (Cf. Aubin, cit.). *Un galop aisé, souple, puissant. Galop d'essai.* V. **Canter**. *Cheval qui gagne au petit galop*, facilement. *Courses au galop* (par oppos. aux *courses au trot*).

1 « La jument, ainsi excitée, allongeait encore plus son galop et semblait ne pas toucher la terre. » GAUTIER, **Fortunio**, XI.

2 « On battait le rappel sur le quai ; le galop des chevaux retentissait sur le pavé ; » FRANCE, **Pet. Pierre**, XI.

3 « Le cheval semblait inquiet : les guides relâchées frôlaient la croupe sensible. Il reniflait bruyamment, les oreilles droites, sentant la direction incertaine. Il buta, ébaucha un galop, quand Pauline, revenant à la réalité, lui donna un coup vif du fouet et le remit au trot. » CHARDONNE, **Dest. sentim.**, p. 99.

— *Par ext.* Allure du cavalier dont le cheval est au galop. *Cavaliers* (cit. 2) *hâtant leur galop. Au galop !* commandement militaire. *Les cuirassiers chargèrent au galop. Un galop effréné. Faire un temps de galop* : mettre son cheval au galop pendant un moment.

4 « … qu'on voie ton cheval à la grille ; un temps de galop jusqu'à la ferme ; » BEAUMARCH., **Mar. Figaro**, I, 11.

5 « Le cuirassier, vu de dos, immobile dans sa carapace de fer, l'épée haute, pesamment et carrément assuré sur sa selle, semble attendre pour partir l'ordre : *au galop*. » GAUTIER, **Souv. de théâtre…**, p. 295.

6 « … galop des cavaliers circassiens dans le steppe natal… » LOTI, **Désench.**, III.

— *Fig.* Course, mouvement extrêmement rapide. *Quand la police arriva, les manifestants prirent le galop dans les rues adjacentes. Il est venu au galop, et n'a fait que passer.* — « *Chassez le naturel, il revient au galop* » (Cf. Caractère, cit. 42). *Aller, courir* le galop, faire quelque chose très vite, avec précipitation. *Allons, au travail ! et au galop !* dépêchez-vous (Cf. *pop.* Et que ça saute !) V. **Hâter** (se).

7 « Je hais cet art improvisé au roulement de tambour, ces toiles badigeonnées au galop, cette peinture fabriquée à coups de pistolet… » BAUDEL., **Curios. esthét.**, Salon de 1846, III, XI.

8 « Le prêtre marmottait au galop un latin qu'il n'entendait pas ; » FLAUB., **Corresp.**, 108, 7 avril 1846.

9 « Et tandis que les pages noircissaient le vue d'œil sous le galop précipité de sa main, sa pensée aussi galopait… » COURTELINE, **MM. ronds-de-cuir**, IIe tabl., I.

10 « Vers minuit résonnaient sur la chaussée les petits galops isolés des passants attardés qui voulaient rentrer chez eux avant le couvre-feu… » SARTRE, **Situations III**, p. 22.

|| 2° *Par anal.* Pathol. *Bruit de galop*, « triple bruit du cœur constitué par l'addition aux deux temps normaux d'un troisième temps étranger à ceux-ci » (POTAIN). — *Mus.* Ancienne danse, d'origine hongroise, dont le rythme était celui du galop d'école ; air sur lequel se faisait cette danse. *Le galop bouffon d'Orphée aux Enfers. Quadrilles qui se terminaient sur un galop.*

11 « … un petit homme fait exprès pour commander une musique aussi puissante que la foule en désordre, et pour conduire le galop, cette ronde du sabbat, une des gloires d'Auber, car le galop n'a eu sa forme et sa poésie que depuis le grand galop de *Gustave*. » BALZ., **Fausse maîtresse**, Œuv., t. II, p. 49.

GALOPER. *v. intr.* et *tr.* (XIIe s. ; francique *wala-hlaupan*. Cf. allem. *wohl laufen*, « bien courir »).

|| 1° *V. intr.* Aller au galop. *Les chevaux galopaient* (Cf. Cheval, cit. 5 ; équiper, cit. 5 ; étrier, cit. 3 ; faucon, cit. 3). *Galoper ventre à terre. Exercer les chevaux* (cit. 25) *à galoper sur le pied gauche aussi bien que sur le pied droit. Cheval qui galope sur le bon pied*, en posant d'abord le pied placé du côté où il doit tourner (Cf. Entamer, cit. 15). — *Absolt.* (sens fort). *C'est un cheval qui galope*, rapide, doué pour la course au galop.

1 « … et tous les chevaux, allongeant leur tête sans bride, galopaient d'un train si furieux que leur ventre paraissait frôler la terre. » FLAUB., **Salammbô**, XI.

— En parlant du cavalier (Cf. Cheval, cit. 12 ; empereur, cit. 4). — *Par métaph.* Cf. Chagrin, cit. 4.

2 « C'est une ville de cavaliers, qui partout galopent, caracolent sur des bêtes fières, aux harnais dorés ; » LOTI, **L'Inde (sans les Anglais)**, V, XI.

— *Par ext.* Courir rapidement. *Les gamins galopaient derrière lui* (Cf. Exception, cit. 10). — Courir de côté et d'autre, multiplier les déplacements, les démarches. *Galoper d'un bout à l'autre d'un bâtiment* (Cf. Archive, cit. 9). *Nous avons galopé toute la journée à la recherche d'un appartement.* — Par anal. *Sa plume galopait sur le papier.*

3 « Sur la ligne blanche du clavier ses mains, blanches aussi, galopaient. » COURTELINE, **Boubouroche**, Nouv., IV.

— *Fig.* Aller, faire vite, se hâter. *Nous sommes en retard sur notre programme, il va falloir galoper.* — *Son imagination galope*, s'emballe, s'exalte. *Ses pensées galopaient bien loin d'ici.*

4 « … je vous fis une petite lettre en galopant… » SÉV., 31, 19 juill. 1655.

5 « Une de ces lettres que le primesaut vous fait galoper, suivie par la plume, qui, elle, ne fait que trotter, et encore en butant souvent comme une vieille rossinante de louage. » LOTI, **Aziyadé**, I, XVIII.

|| 2° *V. tr.* Mettre, faire aller au galop. *Galoper un cheval.* — REM. Cet emploi transitif n'est pas signalé dans ACAD. 8e éd.

|| GALOPANT, ANTE. *p. prés.* et *adj.* dans l'expression *Phtisie** galopante.*

ANT. — (*fig.*). **Traîner**.

DER. — Galop. Galopin. — **Galopade** *n. f.* (1611). Sorte de galop d'école, raccourci et ralenti. Chevauchée faite au galop. — *Par ext.* Course précipitée (Cf. *infra*, cit. 1). *La cloche sonna, ce fut bientôt une galopade éperdue à travers le collège* (Cf. Endolorir, cit. 1). — Fig. et fam. *À la galopade*, en hâte et sans soin. *C'est un devoir fait à la galopade !* — **Galope.** *n. f.* (XIXe s.). Sorte de danse. V. **Galop.** — Outil de relieur servant à tracer rapidement des raies. — Fam. *À la galope*, à la galopade (Cf. *infra*, cit. 2). — **Galopeur, euse.** *n.* (fin XIXe s.). Cheval ayant des aptitudes pour le galop. *Cette jument est une bonne galopeuse. Cheval spécialisé dans les courses au galop* (par oppos. à *trotteur*). *Les galopeurs sont au repos pour l'hiver.*

1 « … son habitude de la liberté, des belles galopades à travers les labours, des griseries de grand air, aux quatre vents de la plaine. » ZOLA, **La terre**, II, I.

2 « J'achève le livre de Rebatet, lu à la galope. » GIDE, **Journ.**, 28 fév. 1943.

GALOPIN, INE. *n. m.* et *f.* (dès le XIIIe s. comme nom propre désignant des messagers ; de *galoper*).

|| 1° (fin XVIIe s.). Jeune garçon chargé des commissions. — Gamin employé aux cuisines. V. **Marmiton**.

1 « Elle toucha de sa baguette tout ce qui était dans ce château… Cuisiniers, Marmitons, Galopins, Gardes, Suisses… » PERRAULT, **Contes**, Belle au bois dormant.

|| 2° *Fam.* (XVIIIe s. HAMILT.). Gamin* qui court les rues. *Par ext.* Enfant espiègle, effronté. V. **Chenapan, garnement, polisson, vaurien**.

2 « … elle pleurait de rage, sans pouvoir rattraper sa coiffe qu'un méchant galopin emportait, au bout d'un bâton. » SAND, **Petite Fadette**, XVI.

3 « … je m'en vas te chauffer les oreilles, mauvais galopin ! » FLAUB., **Mme Bovary**, II, VI.

4 « Chaque peuple est devenu pareil à ces galopins batailleurs qui se jettent les uns sur les autres, avec des yeux de petits fauves… » MART. du G., **Thib.**, t. VII, p. 281.

GALOUBET (le *t* ne se lie pas). *n. m.* (1758 ROUSSEAU, Dict. musique ; empr. au provenç. ; orig. obscure). Instrument à vent ressemblant au flageolet, dont on joue surtout dans la France méridionale. *Le son du galoubet, très aigu, couvre deux octaves.*

1 « Elle admira surtout le galoubet, la naïve flûte rustique à trois trous des anciens tambourinaires… » DAUD., **Numa Roumestan**, I.

2 « Écoutez, les Gascons…
…
C'est le lent galoubet de nos meneurs de chèvres !… » Ed. ROSTAND, **Cyr. de Bergerac**, IV, 3.

GALUCHAT. *n. m.* (1762 selon BLOCH ; du nom de l'inventeur). Peau de certains poissons, du genre raie ou squale utilisée après traitement approprié, pour couvrir des gaines, des étuis, etc. *Le galuchat remplace le cuir pour beaucoup d'articles de gainerie. Galuchat à gros grain, à grain fin.*

« Aujourd'hui les gainiers préfèrent se servir de galuchat. Le galuchat est, comme vous le savez sans doute, la dépouille du *raja sephen*, un poisson de la mer Rouge… » BALZ., **Peau de chagrin**, Œuv., t. IX, p. 193.

GALURIN ou, par abrév., **GALURE.** *n. m.* (fin XIXe s. in LAROUSSE). *Pop.* Chapeau.

« Mme Théo m'a fait cadeau de son béret, en remplacement d'un petit galurin de voyage, que je portais sans cesse, mais le plus souvent sous le bras, plié en quatre et qui, m'affirmait-elle, avait fait son temps, était devenu immettable. » GIDE, **Ainsi soit-il**, p. 90.

GALVANIQUE. *adj.* (1801 ; de *Galvani*, médecin et physicien italien (1737-1798). Relatif au galvanisme* ou aux phénomènes étudiés par Galvani. *Pile, électricité galvanique. Courant galvanique* : courant continu utilisé en électrothérapie* ou galvanothérapie*.

« Ces yeux de somnambule révulsés, ces membres dont les muscles jaillissent et se roidissent comme sous l'action d'une pile galvanique… » BAUDEL., **Journ. int.**, Fusées, III.

GALVANISER. *v. tr.* (1799 ; du nom de *Galvani*).

|| 1° Électriser* au moyen de la pile* galvanique, du courant galvanique. — *Spécialt.* Provoquer par ce moyen des contractions* musculaires chez un sujet vivant ou mort

depuis peu. *Galvaniser une grenouille vivante, décapitée ; galvaniser un muscle lisse.*

1 « Au cliquetis de cette affreuse ferraille, la malheureuse enfant tressaillit comme un muscle à une grenouille morte qu'on galvanise. »
HUGO, N.-D. de Paris, VIII, II.

— *Fig.* (1831). Animer d'une énergie soudaine, souvent passagère. V. **Animer, électriser** 2°, **enflammer, entraîner, exalter, exciter.** *Orateur qui galvanise la foule. Galvaniser les énergies* (Cf. Affaiblir, cit. 8), *l'ardeur* (cit. 39). V. **Réveiller.**

2 « Son arrestation sensationnelle (*du général Boulanger*) peut seule galvaniser les électeurs pour le second tour. Son procès où nous serions impliqués, ressusciterait le parti. » BARRÈS, **L'appel au soldat,** XVII.

3 « Au demeurant, l'approche du tragique, de quelque ordre qu'il soit, me galvanise. » GIDE, **Journ..** 29 juill. 1914.

4 « Il se raidit et son énergie (je devrais dire plutôt : son excès de vie) galvanise ceux qui l'entourent. » ID., **Ibid.,** 25 août 1914.

5 « Peu braves les Israélites de cette époque ! Débora n'était plus là pour galvaniser les courages. » DANIEL-ROPS, **Hist. sainte,** II, III.

|| **2° Technol.** Recouvrir un métal d'une couche d'un autre métal par galvanisation*. V. **Métalliser ; argenter, chromer, dorer, nickeler, zinguer.** *Galvaniser le fer pour le préserver de l'oxydation. Fer, fil de fer galvanisé, tôle galvanisée :* recouverts d'une couche de zinc fondu (V. **Zingage**).

ANT. — (*fig.*) **Abattre, affaiblir, aveulir, déprimer.**

DER. — **Galvanisation.** *n. f.* (1802). Action de galvaniser*. *Technol.* Opération qui consiste à fixer un dépôt électrolytique (sel métallique) sur un métal pour le préserver de l'oxydation*. V. **Métallisation ; argenture, chromage, dorure, nickelage.** *La galvanisation s'opère par la décomposition des sels métalliques sous l'action du courant électrique. — Par ext.* (et abusivt.). *Galvanisation du fer par immersion du métal dans un bain de zinc fondu.* V. **Zingage.** — *Méd.* Application thérapeutique des courants continus.

GALVANISME. *n. m.* (1797 ; du nom de *Galvani*). *Phys.* Nom donné à certains phénomènes électriques, découverts par Galvani, dont les muscles et les nerfs sont le siège. *Phénomènes de galvanisme obtenus en soumettant un muscle à une excitation électrique.*

« Elle... se tient roide comme un pieu... et ressemble parfaitement à une momie à laquelle le galvanisme aurait rendu la vie pour un instant. » BALZ., **Modeste Mignon.** Œuv., t. I, p. 359.

GALVANO-. Rad. formé sur le nom de *Galvani* (Cf. Galvanique) et entrant dans la composition de nombreux mots savants tels que : **Galvano-cautère.** *n. m.* (1877 LITTRÉ). Cautère* dont l'incandescence est produite par un courant électrique continu. — **Galvanomètre.** *n. m.* (1802 ; Cf. -*Mètre*). Instrument destiné à mesurer l'intensité des courants électriques. V. **Ampèremètre, rhéomètre, voltmètre** (Cf. Électricité, cit. 3). *L'aiguille du galvanomètre se déplace sur un cadran gradué. Galvanomètre à aimant mobile* V. **Boussole** (des tangentes), *à cadre mobile. Galvanomètre balistique.* — **Galvanoplastie.** *n. f.* (vers 1840 ; Cf. -*Plaste*, -*plastie*). Procédé qui permet d'appliquer un dépôt de sels métalliques libérés par électrolyse* sur des objets que l'on veut recouvrir ou dont on veut prendre l'empreinte. V. **Électrotypie** et *infra* **galvanotypie.** *La galvanoplastie utilise le principe de la galvanisation*. *Galvanoplastie en creux, en relief. Déposer par galvanoplastie une couche protectrice de chrome, de nickel.* V. **Chromage, nickelage.** *Donner à un objet l'apparence de l'or* (V. **Dorure**) *ou de l'argent* (V. **Argenture.** — Cf. *aussi* Ruolz) *par galvanoplastie.* — **Galvanoplastique.** *adj.* Qui a rapport à la galvanoplastie, qui en est le résultat. *Procédé galvanoplastique. Cliché galvanoplastique. Un grand bas-relief galvanoplastique* (GAUTIER, Voyage en Russie, XV). — **Galvanotype.** *n. m.* (XXᵉ s. ; Cf. -*Type*). T. d'impr. Cliché en relief obtenu par galvanotypie (par abrév. *Galvano.* n. m.). — **Galvanotypie.** *n. f.* (début XXᵉ s.). Procédé de galvanoplastie* qui permet de reproduire des gravures, des caractères d'imprimerie, etc. V. **Électrotypie.**

GALVAUDER. *v. tr.* et *intr.* (1690 FURET. ; orig. obscure).

I. *v. tr.* || **1° Vx.** « Poursuivre quelqu'un et le maltraiter » (FURET.).

|| **2° Vx.** Mettre en désordre, gâter, gâcher. « *C'est un mauvais ouvrier, il galvaudera cet ouvrage* » (LITTRÉ).

|| **3°** Compromettre (un avantage, un don, une qualité dont on fait mauvais usage). *Galvauder un nom prestigieux.* V. **Avilir, déshonorer.** *Galvauder sa gloire, sa réputation. — Galvauder son talent, ses dons,* en les consacrant à des objets indignes de soi. V. **Gaspiller, perdre.**

1 « J'ai galvaudé ma vie, ces trois mois et demi ; il faut voir à réparer. » B. CONSTANT, **Journ. intime,** p. 332.

2 « ...il se demandait à quoi pouvait bien servir d'être si malin et d'avoir bêtement galvaudé sa vie... » BLOY, **Femme pauvre,** p. 63.

— *Pronominalt.* SE GALVAUDER. V. **Abaisser** (s'), **dégrader** (se). *Il s'est galvaudé dans ce milieu, au mépris de son rang et de sa dignité. Écrivain de talent qui se galvaude dans des travaux de folliculaire.* — REM. L'emploi pronominal de *galvauder* n'est pas signalé par LITTRÉ. L'ACAD. 8ᵉ éd. l'enregistre.

« Le mariage d'une demoiselle de Troisville avec le général Montcornet... faillit causer une rupture entre les Troisville et le salon d'Esgrignon qui déclara que les Troisville se galvaudaient. » BALZ., **Cabinet des antiques,** Œuv., t. IV, p. 352.

« ... je vous dirais que de vous galvauder ainsi dans ce milieu de faux monde, cela vous donnerait un air pas sérieux, une réputation d'amateur, de petit musicien de salon, qui est terrible à votre âge. » PROUST, **Rech. t. p.,** t. XII, p. 136.

— *Galvauder un mot,* en l'employant à tort et à travers : le déprécier, en affaiblir la portée.

« Ils ont à ce point galvaudé leurs éloges, que l'artiste qui se respecte tient pour encens leurs imprécations. » GIDE, **Journ.,** 3 oct. 1924.

« Le terme de révolution a été galvaudé : tout le monde s'en sert, à propos de n'importe quoi. » SIEGFRIED, **Âme des peuples,** I, IV.

II. *V. intr.* Traîner, muser sans rien faire. *Il reste là à galvauder* (ACAD.).

DER. — **Galvaudage.** *n. m.* (1876 DAUDET in LITTRÉ, Suppl.). Action de galvauder, de gâcher. *Passer sa vie en galvaudage.* V. **Débauche, noce, ribote.** — **Galvaudeux, euse.** *n.* (1865). *Fam.* Vagabond, propre à rien, vivant d'expédients.

« Comment ai-je pu exposer notre amitié aux attaques de ces paltoquets, de ces galvaudeux ? » DUHAM., **Salavin,** III, X.

GAMACHE. *n. f.* (XVIᵉ s. in HUGUET ; empr. au prov. *gamacho*, anc. *galamacha*, de l'esp. *guadamaci*, cuir de Ghadamès). *Anciennt.* Sorte de longue guêtre qui se portait au XVIᵉ siècle pour protéger le bas de chausse. V. **Jambière.**

GAMBADE. *n. f.* (1480 ; selon BLOCH, empr. au prov. *cambado*, dér. de *cambo*, « jambe » ; Cf. it. *gambata*, « croc-en-jambe »). Saut avec mouvement des jambes (ou des pattes), marquant l'expansion de la gaieté, de la vivacité, le besoin de s'ébattre. V. **Bond, cabriole, culbute, entrechat, galipette.** *Faire des gambades. De folles gambades sur l'herbe.* V. **Ébat**(s). *Singe qui fait des gambades.* (Cf. Diablerie, cit. 3). *Gambades de clown. Par métaph.* (Cf. Escapade, cit. 1 MONT.).

1 « ... des intermèdes où les gambades et les sauts ne cherchent plus à amuser l'œil, mais s'ingénient à faire naître, et des étonnements inquiets et des émotions de peur et des surprises presque douloureuses... » GONCOURT, **Zemganno,** XXXI.

2 « Maintenant, avec des gambades, le chien revenait vers son maître. » P. BENOIT, **Mⁱⁱᵉ de la Ferté,** p. 37.

— *Par dénigr.* La danse.

3 « Si j'étais maître à danser, je ne ferais pas toutes les singeries de Marcel, bonnes pour le pays où il les fait ; mais, au lieu d'occuper éternellement mon élève à des gambades, je le mènerais au pied d'un rocher : » ROUSS., **Émile,** II.

— *Fig. Payer en gambades :* éluder le paiement d'une dette (allusion aux bateleurs d'autrefois qui s'acquittaient du droit de péage en faisant danser leur singe). Cf. Payer en monnaie de singe.

DER. — **Gambader.**

GAMBADER. *v. intr.* (1425 ; de *gambade*). Faire des gambades*. V. **Bondir, danser, sauter, sautiller.** *Gambader de joie. Poulain qui gambade. Gambader comme un singe* (Cf. Chien, cit. 19). *Enfant qui s'enfuit en gambadant* (Cf. Courir, cit. 9).

1 « ... le grison se rue | Se vautrant, grattant et frottant,
Au travers de l'herbe menue, | Gambadant, chantant et broutant, »
LA FONT., **Fab.,** VI, 8.

2 « ... de petits chevaux corses gambadant la crinière au vent ; »
DAUD., **Lett. de mon moulin,** Phare des Sanguinaires.

3 « Gais poulains qui vont gambadant sur l'herbe »
VERLAINE, **Épigr.,** II, 2.

GAMBE. *n. f.* (1771 ; de l'it. *gamba*, « jambe »). *Mus. Viole* de gambe.

— *Mar. Gambes, gambes de revers :* « manœuvres dormantes* destinées à fournir aux haubans* de hune le point d'appui nécessaire pour permettre leur ridage* » (GRUSS).

GAMBETTE. *n. f.* (XVIᵉ s. in HUGUET, au sens de « gambade » ; 1771 in TRÉV. au sens de « petite jambe » ; 1880 au sens moderne ; de l'it. *gambetta*). *Pop.* V. **Jambe.** *Jouer, tricoter des gambettes,* s'enfuir.

— *Zool.* (1842). Chevalier* à pieds rouges, oiseau de rivage, répandu en Europe, dans le nord de l'Afrique et dans l'Inde.

GAMBEYER ou **GAMBIER.** *v. tr.* (1865 in LITTRÉ ; de l'it. *cambiare*, « changer »). *Mar.* « Changer la position d'une voile à antenne* ou d'une voile à bourcet* d'un côté du navire à l'autre, en faisant passer la vergue* de l'autre côté du mât » (GRUSS).

GAMBILLER. *v. intr.* (1611 ; de *gambayer, gambeyer* au XVIᵉ s. ; adapt. de l'it. *gambaggiare*). *Fam.* Remuer les jambes quand elles sont pendantes. V. **Gigoter.**

« ...gambiller les pieds en haut devant tout le monde. »
MOL., **Pourc.,** III, 3.

— *Par ext. Pop.* Danser* sur un rythme très vif. V. **Trémousser** (se). Cf. Démener, cit. 2 ; dérailler, cit. 2.

GAMBIT. *n. m.* (1743 ; de l'it. *gambetto*, « croc-en-jambe »). Coup aux échecs*, qui consiste à sacrifier volontairement un pion ou une pièce soit pour dégager le jeu, soit pour s'assurer un avantage d'attaque ou de position. *Jouer gambit. Pion du gambit. Sacrifier un pion dans le gambit du roi, du fou, du cavalier...*

-GAME, -GAMIE. Deuxième élément (du gr. *gamos*, « mariage ») de mots savants composés ou d'emprunt. V. **Agame, amphigame, cryptogame, isogame, phanérogame, polygame...** (*bot.*) ; **hétérogame** (*biol.*) ; **bigame, bigamie, endogamie** (préf. *endo*), **exogamie** (préf. *exo*), **monogame, monogamie, polygame, polygamie, trigame...** V. *aussi* **Gamète, gamo-** (préf.).

GAMELLE. *n. f.* (1611 ; ital. *gamella*, du lat. *camella*, « coupe »).

‖ 1° *Ancienn.* Sorte de jatte, d'écuelle dans laquelle plusieurs matelots ou plusieurs soldats mangeaient ensemble.

1   « Au repas du midi et du soir, les matelots, assis en rond autour des gamelles, plongeaient l'un après l'autre, régulièrement et sans fraude, leur cuiller d'étain dans la soupe... »
CHATEAUB., M. O.-T., t. I, p. 259 (éd. Levaillant).

— Fig. *Être à la gamelle, ·manger à la gamelle :* à l'ordinaire*.

‖ 2° (1872 P. LAR.). Récipient individuel, muni d'un couvercle, et utilisé dans l'armée, en campagne, etc. *Gamelle de soldat, de campeur. Gamelle et quart en aluminium.*

2   « Pour l'homme de la rue, il est encore le ministre soucieux du bien-être du soldat, qui, dans les réfectoires régimentaires, a substitué les assiettes aux traditionnelles gamelles. »
LECOMTE, Ma traversée, p. 176.

3   « Les hommes tendaient leurs bras, deux louches plongeaient dans deux marmites et en sortaient pour atterrir dans deux gamelles. »
CAMUS, La peste, p. 263.

‖ 3° Table commune des officiers d'un navire (V. **Carré ; mess**). *Chef de gamelle.*

‖ 4° Fig. et pop. *Ramasser une gamelle :* tomber (Cf. Gadin, pelle...) et *aussi* Subir un échec*.

GAMÈTE. *n. m.* (vers 1870 ; empr. au gr. *gametê, gametês*, épouse, époux, de *gamos*, mariage). *Biol.* Cellule reproductrice sexuée, possédant la moitié des chromosomes des autres cellules de l'organisme, et qui en s'unissant dans une autre cellule reproductrice de sexe opposé, forme l'œuf* d'où sortira un nouvel être vivant. (REM. Dans la parthénogénèse* un seul gamète forme l'œuf.) *Gamète mâle animal* (V. **Spermatozoïde**), *végétal* (V. **Anthérozoïde**) ; *gamète femelle animal* (V. **Ovule**), *végétal* (V. **Oosphère**). *Production des gamètes dans l'organisme.* V. **Germen.** *Réduction chromosomique dans la formation des gamètes.* V. **Méiose.** *Rencontre, union de deux gamètes de sexe différent.* V. **Fécondation*, hérédité.**

1   « Les deux cellules qui, provenant de deux organismes de sexe différent, se rencontrent dans la génération sexuée pour donner naissance au nouveau vivant sont appelées *gamètes*, du mot même dont les poètes grecs se servaient pour désigner l'épouse ou l'époux... Les gamètes ont la capacité de reproduire le corps tout entier. Les cellules reproductrices forment donc un groupe à part dans l'organisme, groupe que l'on désigne ordinairement par le nom latin du germe, *germen*, tandis que le reste est désigné par le nom grec du corps, *soma*. »
J. CARLES, La fécondation, pp. 11-12 (éd. P.U.F.).

2   « ...pour constituer cet œuf — seul trait d'union entre les générations —, la coopération de deux cellules distinctes, et de provenance différente, aura été nécessaire. Ces deux cellules — *dites cellules reproductrices* ou *gamètes* — sont toutes deux émises par deux individus parents : l'une par la mère, et c'est l'*ovule*, l'autre par le père, et c'est le *spermatozoïde*. » J. ROSTAND, Hérédité hum., p. 6 (éd. P.U.F.).

GAMIN, INE. *n.* (1765 ENCYCL. (art. *Verrerie*) au sens de « jeune aide de verrier » ; 1805 au sens actuel (2°) in FR. MOD, oct. 1952 ; mot dialect. d'orig. obscure).

‖ 1° *Vieilli.* Petit garçon qui sert d'aide, de commissionnaire à un artisan, un commerçant, etc. *Je vous ferai porter ça par mon gamin.*

1   « Il y a beaucoup de variétés ·dans le genre gamin. Le gamin notaire s'appelle saute-ruisseau, le gamin cuisinier s'appelle marmiton, le gamin boulanger s'appelle mitron, le gamin laquais s'appelle groom, le gamin marin s'appelle mousse, le gamin soldat s'appelle tapin, le gamin peintre s'appelle rapin, le gamin négociant s'appelle trottin, le gamin courtisan s'appelle menin, le gamin roi s'appelle dauphin, le gamin dieu s'appelle bambino. » HUGO, Misér., IV, XII, II.

‖ 2° Petit garçon ou petite fille « qui passe son temps à jouer et à polissonner dans les rues » (LAVEAUX). *Un gamin des rues. Gavroche, type du gamin de Paris dans les Misérables.* V. **Drôle, galopin, garnement, gouspin, polisson, voyou.** *Je ne veux pas que tu ailles jouer avec ces gamins !*

2   « Un groupe d'enfants, de ces petits sauvages va-nu-pieds qui ont de tout temps battu le pavé de Paris et qui, lorsque nous étions enfants aussi, nous ont jeté des pierres à tous le soir au sortir de classe, parce que nos pantalons n'étaient pas déchirés... »
HUGO, N.-D. de Paris (1831), II, 5.

3   « ... car il avait de mauvaises habitudes d'éducation qui dérangeaient sa dignité naturelle plus souvent qu'il n'aurait fallu. Rien ne pouvait faire que cet ancien gamin des rues n'eût point par moments l'odeur du ruisseau de Paris. » ID., Claude Gueux.

« Somme toute, et pour tout résumer d'un mot, le gamin est un être qui s'amuse, parce qu'il est malheureux. » ID., Misér., III, I, IX.   4

« Avant de se débarrasser du petit paquet, il regarde s'il n'y a pas autour quelque gamin pour qui ces frites, tièdes encore, seraient une aubaine. Mais les gamins ne jouent plus dans la rue à cette heure-ci. »
ROMAINS, H. de b. vol., t. III, VI, p. 98.   5

— L'accent étant mis sur le côté espiègle et déluré du gamin. V. **Titi.** *Farces, plaisanteries de gamin* (Cf. Feu, cit. 47). *Quelle gamine ! Talleyrand voyait en Thiers un gamin endiablé, plein d'allant* (Cf. Brûlot, cit. 3 ; feu, cit. 31).

« Elle avait un esprit drôle, gentil, inattendu, un esprit de gamine expérimentée qui voit les choses avec insouciance et les juge avec un scepticisme léger et bienveillant. » MAUPASS., Bel-ami, I, II.   6

‖ 3° *Par ext.* Garçon ou fille dans l'âge de l'enfance ou de l'adolescence. V. **Enfant*, gosse.** *Les gamins de l'école primaire* (Cf. Brevet, cit. 3). *Une gamine de onze ans* (Cf. Corps, cit. 24). *Gamins se chamaillant* (cit. 2) *sur la place du village. Quand j'étais gamin, tout gamin. Gamin en culotte courte. Elle a gardé un corps de gamine. Il a beau avoir vingt-cinq ans, il se conduit encore comme un gamin. Gamin qui doit déjà gagner sa vie* (Cf. Exactitude, cit. 7).

« Il continuait à la tutoyer, la traitant en gamine, tellement elle était fine encore pour ses quatorze ans. » ZOLA, La terre, I, I.   7

« Un gamin timide, impulsif et farouche, dont le regard malappris insistait trop, un petit exotique, un jeune barbare qui sortait des musées affolé d'impatience. » V. LARBAUD, Barnabooth, Journ., 24 avril.   8

« ...sa dégaine de gamine maigrelette, sans hanches, sans derrière, d'une minceur agressive et élégante. »
COLETTE, Belles saisons, p. 156.   9

« ...ces jeunes gens... ces gamines, si prétentieuses, que je vois chaque jour dans le train, munis de manuels et de cahiers d'études, qui peuplent les facultés. » LÉAUTAUD, Propos d'un jour, p. 76.   10

— *Pop.* (Marquant la filiation). Fils ou fille encore jeune. *Veuf qui a une gamine de huit ans* (Cf. Encore, cit. 14).

‖ 4° *Adjectivt.* Qui dans l'aspect, le caractère, tient du gamin par la vivacité, la malice, l'insouciance... V. **Espiègle, mutin.** *Air, ton, esprit gamin. Gaieté gamine.*

« De certains jours cependant, le fond gamin de Nello reperçait à travers sa gravité de commande, et du correct gentleman s'échappait quelque folâtrerie, accompli du reste avec le sérieux d'un mystificateur anglais. » GONCOURT, Zemganno, XLIX.   11

« Un petit chapeau de cuir, sportif et gamin, descendait en visière sur son front. » COLETTE, Fin de Chéri, p. 64.   12

ANT. — ·Adulte, grave, mûr, sérieux.

DER. — Gaminer. *v. intr.* (milieu XIX° s.). *Peu usit.* Faire le gamin, jouer comme un gamin (Cf. *infra* cit. 1). — Gaminerie. *n. f.* (1836). Comportement, acte, propos de gamin, dignes d'un gamin. V. **Enfantillage.** *C'est de la gaminerie, n'y faites pas attention. Gaminerie naturelle* (Cf. Épargner, cit. 28). *Il a passé l'âge de ces gamineries !*

« Il y avait de cet enfant-là dans Poquelin, fils des halles ; il y en avait dans Beaumarchais. La gaminerie est une nuance de l'esprit gaulois. Mêlée au bon sens, elle lui ajoute parfois de la force, comme l'alcool au vin. Quelquefois elle est un défaut. Homère rabâche, soit ; on pourrait dire que Voltaire gamine. » HUGO, Misér., III, I, IX.   1

« Chéri lui jeta son feutre mou à la figure, mais Desmond ramassa le chapeau et l'essuya du coude, pour montrer que les gamineries n'étaient plus de saison. » COLETTE, Fin de Chéri, p. 29.   2

GAMMA. *n. m.* (mot grec). Troisième lettre de l'alphabet grec (Γ, γ), correspondant au G phonétique. — *Astron. Point gamma :* intersection de l'écliptique* avec le plan de l'équateur*.

— *Phys.* Abréviation de millionième de gramme. *Rayons gamma :* radiations électromagnétiques très pénétrantes, de même nature que les rayons X, mais de longueur d'onde beaucoup plus petite.

GAMMARE. *n. m.* (XVI° s. RAB. ; empr. au lat. *gammarus, cammarus*, écrevisse, crevette). *Zool.* Animal crustacé* (*Malacostracés, amphipodes*) du groupe des crevettines, appelé vulgairement *crevette d'eau douce, puce d'eau...* V. **Crevette*.**

DER. — Gammaridés. *n. m. pl.* Famille de crevettines dont le type est le gammare.

GAMME. *n. f.* (XII° s. ; du nom de la lettre grecque *gamma*, employée par Gui d'Arezzo pour désigner, concurremment avec *ut*, la première note de la gamme, puis la gamme elle-même, appelée longtemps aussi (Cf. TRÉVOUX) *gamma-ut* et *gamm'ut*).

‖ 1° *Mus.* Dans un système musical donné (V. **Mode**), suite des hauteurs ou fréquences sonores employées (V. **Note**), comprises dans l'intervalle d'une octave* (V. **Note**), et rangées suivant leur ordre naturel (croissant ou décroissant). V. **Échelle** (cit. 15). Cf. *aussi* Chant, cit. 10. *Gamme ascendante, descendante. Gamme de cinq sons* (pentatonique), *de six, de sept sons. Gammes de Pythagore, d'Euler,* basées sur des rapports numériques. *Gamme naturelle ou diatonique majeure, de Zarlin,* « construite sur le principe de l'affinité des sons » (R. HUSSON). — *Gammes utilisées dans l'Occident actuel : gamme tempérée,* où l'octave est divisée en douze demi-tons* égaux (V. **Chromatique,** cit. 1 et *supra*). *Gamme* diatonique*, formée de tons* et de demi-tons. *Gamme majeure*, *mineure*, caractéristiques des modes majeur et mineur (V. **Mode**). *Gammes relatives* : gamme majeure et sa relative mineure (V. **Ton, tonalité**). *Gammes enharmoniques*.

1 « On appelle gamme un mode de division de l'échelle continue des sons en degrés discontinus, exigé par les besoins pratiques de l'art musical. L'extrême parenté des octaves conduit à ne se préoccuper que de la subdivision de l'intervalle d'octave. »
R. HUSSON (in ENCYCL. FR., XVI, 34-8).

2 « Ce n'est plus qu'une masse de vibrations sonores qui se dégage sans cesse des innombrables clochers... Cependant cette mer d'harmonie n'est pas un chaos... Vous y voyez serpenter à part chaque groupe de notes qui s'échappe des sonneries... vous y voyez sauter les octaves d'un clocher à l'autre... vous admirez au milieu d'elles la riche gamme qui descend et remonte sans cesse les sept cloches de Saint-Eustache ; »
HUGO, N.-D. de Paris, III, II.

3 « La voix de Mᵉ Pelletot monta en prononçant la dernière phrase, comme monte la gamme des dernières gouttes d'eau qui remplissent un vase. »
MAUROIS, B. Quesnay, I.

— *Faire, ânonner* (cit. 4) *ses gammes au piano* (Cf. Claustral, cit.). *Chanter la gamme pour exercer sa voix.* — Fig. *Ces premiers poèmes n'étaient que des gammes.* V. **Essai, exercice.**

4 « ... sûr de n'être entendu de personne, il faisait sur des « O », des « A », des « I », roulés, des gammes lentes, passant de l'aigu au plus grave et du flûté en voix de tête au râle funèbre. »
BOSCO, Antonin, p. 74.

5 « Mais ce ne sont là qu'essais et gammes, et la nouvelle belle Hélène avait été déjà deux ou trois fois fiancée... »
HENRIOT, Portr. de fem., p. 421.

— Loc. div. *Chanter* à *quelqu'un sa gamme* (vieilli). *Changer de gamme*, changer de ton*, modifier sa manière de parler ou d'agir.

6 « Allez, votre douceur entretient sa folie.
S'il vous eût vu tantôt lui parler vertement,
Il craindrait vos transports et mon ressentiment ;...
— Ne t'afflige point tant ; va, ma petite femme,
Je m'en vais le trouver, et lui chanter sa gamme. »
MOL., Éc. des maris, II, 7.

‖ **2°** Par anal. *Peint.* Succession, série de couleurs en gradation naturelle. *Gamme des couleurs* (cit. 21). *Gamme de nuances, de tons* (Cf. Dégradation, cit. 4 ; étinceler, cit. 11 GAUTIER). *Couturier, peintre utilisant toute la gamme des gris, du bleu...*

7 « ... la nature ne peut pas commettre de fautes dans l'arrangement de ses tons... Le vrai coloriste ne peut en commettre non plus : et tout lui est permis, parce qu'il connaît de naissance la gamme des tons, la force du ton... » BAUDEL., Curios. esthét., Salon de 1846, III.

8 « Voyez ces gris fins, ces verts tendres, ces terrains neutres, toute cette gamme éteinte et douce qui est celle de nos climats. »
GAUTIER, Souv. de théâtre, De Ziem.

9 « ... le goût d'une matière liée souvent à une gamme qui va du blanc au brun en passant par les ocres, qu'a retrouvée parfois Derain. »
MALRAUX, Voix du silence, p. 194.

‖ **3°** (1840 in GAUTIER. Absent de LITTRÉ, HATZFELD, ACAD. 1932). Série continue où tous les degrés, toutes les espèces sont représentés. *Psychologue qui saisit toute la gamme des sentiments. La gamme des nuances de la jalousie dans l'œuvre de Proust. Joueur de tennis exécutant toute la gamme des coups difficiles. Cave de connaisseur où figure la gamme entière des vins de Bourgogne. Étonnante gamme d'expressions sur le visage d'un mime.* — Fam. *Toute la gamme !* du premier jusqu'au dernier.

10 « Nous suivîmes toute la gamme, depuis le jérès de quatre-vingts ans... jusqu'au jérès sec... Entre ces deux notes extrêmes, il y a tout un registre de vins intermédiaires. » GAUTIER, Voyage en Espagne, p. 270.

11 « Et n'est-ce pas bien cela qu'exprime leur bizarre poésie de sons qui, tout en ayant l'air inintelligible, essaye de chanter en effet la gamme entière des sensations et de noter par les voisinages des mots, bien plus que par leur accord rationnel et leur signification connue, d'intraduisibles sens, qui sont obscurs pour nous, et clairs pour eux ? »
MAUPASS., Vie errante, La nuit.

12 « La charité, l'indulgence, la mansuétude, voilà toute une gamme de vertus qu'il me faut acquérir. » DUHAM., Salavin, IV, 27 janv.

GAMMÉE. adj. fém. (1872 in LITTRÉ, Suppl. ; de *gamma*). *Croix gammée*, dont les branches sont coudées en forme de gamma (V. **Svastika**). *La croix gammée, emblème de l'Allemagne nazie.*

1 « Walter entre... je remarque qu'il a sur ses boutons de manchette une croix gammée. » P. MORAND, L'Europe galante (1926), p. 37.

2 « Le Führer parlait devant le grand étendard rouge à la croix gammée... » SARTRE, Le sursis, p. 252.

GAMO-. Préfixe tiré du gr. *gamos*, « mariage, union », entrant dans la composition de mots savants, surtout en botanique. **Gamopétale.** adj. (début XIXᵉ s.). A pétales unis. N. f. plur. Sous-classe de végétaux phanérogames angiospermes (dicotylédones) dont les fleurs ont les pétales de la corolle soudés (On dit aussi *Monopétales*). Principales familles : Acanthacées, ambrosiacées, apocynées, aristolochiées, asclépiadées, bignoniacées, borraginées, campanulacées, caprifoliacées, composées, convolvulacées, cordiacées, cucurbitacées, cuscutacées, dipsacées, ébénacées, épa-

cridées, éricacées (éricinées), gentianées, gesnériacées, globulariées, hydrophyllacées, jasminées, labiées, lentibulariées, lobéliacées, loganiacées, monotropées, myrsinées, oléacées (oléinées), orobanchées, plantaginées, plombaginées, polémoniacées, primulacées, ramondiacées, rubiacées, sapotacées, scrofularinées, sélaginées, solanées, styracées, utriculariées, vacciniées, valérianées, verbascées, verbénacées. — **Gamosépale.** adj. (1865 in LITTRÉ). Dont les sépales sont soudés.

GANACHE. n. f. (1642 ; empr. à l'it. *ganascia*, « mâchoire »).

‖ **1°** Région latérale de la tête du cheval entre la joue et les bords inférieur et postérieur du maxillaire inférieur (V. **Mâchoire**). *Cheval chargé de ganache* : qui a la mâchoire épaisse. — *Pop.* Mâchoire, tête.

1 « ...c'est le dimanche... après le bal, que le jeune Costelet se tira un coup de fusil dans la ganache. » GIONO, Jean le Bleu, VI, p. 133.

‖ **2°** (fin XVIIIᵉ s.). *Fig.* et *fam.* Personne sans intelligence, sans capacité. V. **Bête, incapable, sot...** *Traiter ses professeurs de ganaches* (Cf. Examen, cit. 15). *Cette vieille ganache d'adjudant.*

2 « On en a fait un terme de mépris, on a eu tort. On peut être ganache quand on a de grandes joues, comme l'on est chevelu quand on a de grands cheveux. » MERCIER, Néologie, I, 291 (1801).

3 « Nous nous moquions de lui, nous le regardions comme une ganache, tout ce qu'il y a de plus ganache... » BALZ., Les employés, Œuv., t. VI, p. 958.

4 « Ce bonhomme Démodocus est par trop ridicule ; lâchons le mot, c'est une ganache homérique ; il ne peut ouvrir la bouche sans laisser échapper une ingénuité... (il) a tout au plus quarante ans. C'est s'y prendre un peu tôt pour baisser et radoter. »
STE-BEUVE, Chateaub., t. II, p. 14 (note).

5 « Il y a de la ganache chez Zeus rassembleur-de-nuées. Il écoute, comme les chefs médiocres, tous ceux qui peuvent l'aborder. C'est le dernier qui a parlé qui, presque toujours, arrache la décision. »
DUHAM., Refuges de la lecture, p. 54.

— Adjectivt. *Il est un peu ganache.* — Spécialt. *Chaise ganache* : sorte de fauteuil capitonné.

6 « Elle (Josépha) avança elle-même un fauteuil ganache à la baronne, et prit pour elle un pliant. » BALZ., Cousine Bette, Œuv., t. VI, p. 453.

DER. — **Ganacherie.** n. f. (néol.). Caractère de la ganache.

« Décidément, il y avait, chez cet illustre philosophe, du La Palisse et même une certaine forme de ganacherie prudente. »
DUHAM., Cri des profondeurs, XI.

GANDIN. n. m. (vers 1855 ; Cf. *infra* cit. 1 ; probablt. « habitué du boulevard de Gand », aujourd'hui boulevard des Italiens, popularisé par la pièce de Barrière, « *Les Parisiens* »). Jeune élégant raffiné et plus ou moins ridicule. V. **Élégant** (cit. 9) ; **dandy**... *Les Gandins*, roman de Ponson du Terrail (1861).

1 « Gandin ! je crois bien que le nom, devenu populaire, et passé dans la langue courante, vient de là (*Les Parisiens de la décadence*), et M. Littré, s'il lui donne asile en son Dictionnaire doit en faire honneur à Théodore Barrière. C'est la seule chose qui ait vieilli dans *Les Parisiens*. Gandin ? cela date de treize ans — autant de siècles. »
J. CLARETIE, L'opin. nat., 22 mars 1868 (in LITTRÉ, Suppl.).

2 « Excepté à l'âge de la première communion... je n'ai jamais pu souffrir *ce maître des gandins* (Musset), son impudence d'enfant gâté... »
BAUDEL., Lett. à A. Fraisse (in HERVIER, Écriv. fr. jugés par leurs contemp., III, p. 293).

DER. — **Gandinerie.** n. f. (1875 DAUD., in LITTRÉ, Suppl.) ou **Gandinisme.** n. m. Manières, allure de gandin.

GANDOURA. n. f. (milieu XIXᵉ s., GAUTIER, FROMENT. ; mot arabe du Maghreb). Sorte de tunique sans manche, que les Arabes portent sous le burnous (Cf. Assujettir, cit. 18).

1 « Voilà les marchands de cafetans, de gandouras, et de robes de chambre en soie de Brousse. » GAUTIER (in P. LAROUSSE).

2 « Le derviche... était nu sous une simple gandoura couleur sang de bœuf... » FROMENTIN, Été dans le Sahara, p. 67.

GANG (*gangh'*). n. m. (néol. ; mot angl. « équipe »). Bande organisée, association de malfaiteurs (V. **Gangster**). — Fig. :

« Faute de la morale de Gœthe, elle (*l'Allemagne de 1933*) a choisi et subi la morale du gang. » CAMUS, Homme révolté, p. 223.

HOM. — Gangue.

GANGA. n. m. (XVIIIᵉ s. CUVIER, BUFFON ; mot catalan). Oiseau galliforme (*Gallinacés*) appelé aussi gelinotte* des Pyrénées.

GANGLION. n. m. (XVIᵉ s. ; du bas lat. *ganglion*, gr. *ganglion*). *Anat.* Petit renflement sur le trajet des vaisseaux lymphatiques et de certains nerfs. *Ganglions lymphatiques*, formés d'une couche médullaire (cordons) et d'une couche corticale (follicules) entourées par un système caverneux (sinus) et par une capsule fibreuse périphérique (On dit aussi, *fam.*, Glandes* lymphatiques). *Relatif aux ganglions.* V. **Adénoïde**. *Dépression du ganglion d'où partent les vaisseaux afférents.* V. **Hile**. *Vaisseaux afférents du ganglion. Ganglion du cou, de l'aisselle, de l'aine. Fonctions des ganglions* : formation des globules blancs, arrêt des germes infectieux. *Maladies, engorgements, inflammations des gan-*

glions. V. **Adénite, bubon** (Cf. Dur, cit. 4 ; éloigner, cit. 22 ; enflure, cit. 2). — *Ganglions nerveux* formés de cellules nerveuses entourées de tissu conjonctif. *Ganglions crâniens, spineux, sympathiques* (*ganglions semi-lunaires*. V. **Plexus,** etc.).

1 « Les innombrables fibres nerveuses, dont ils sont pourvus (*les organes*), viennent de la double chaine des ganglions sympathiques qui se trouvent au-devant de la colonne vertébrale, et des autres ganglions placés autour des vaisseaux de l'abdomen. Ces centres ganglionnaires commandent à tous les organes, règlent leur travail. D'autre part, grâce à leur relations avec la moelle, le bulbe, et le cerveau, ils coordonnent l'action des viscères avec celle des muscles dans les actes qui demandent l'effort du corps entier. »
CARREL, **L'homme, cet inconnu,** III, XI.

2 « Quant aux ganglions lymphatiques, ce sont de petites masses arrondies que l'on sent rouler sous le doigt, principalement à l'aine, à l'aisselle et au cou. Leur hypertrophie si commune chez les enfants lymphatiques, constitue les « glandes ». »
VALLERY-RADOT, **Notre corps...,** IV, p. 56.

— Méd. *Ganglions synoviaux.* V. **Kyste.** *Ganglion anatomique,* accompagnant le chancre syphilitique.

DER. et COMP. — **Gangliforme.** adj. (XVIIIᵉ s.). Qui a la forme. l'aspect d'un ganglion. — **Ganglionite.** *n. f.* (XIXᵉ s.). V. **Adénite.** — **Ganglionnaire.** *adj.* (XIXᵉ s.). Qui concerne les ganglions nerveux (*Système ganglionnaire...*), les ganglions lymphatiques (*fièvre ganglionnaire...*). — V. aussi les dér. du gr. **Aden-** « glande » (**Adénoïde, adénite...**).

« L'état général, malgré l'apparence, restait inquiétant. Tout l'appareil ganglionnaire était tuméfié. »
MART. du G., **Thib.,** t. III, p. 148.

GANGRÈNE. *n. f.* (1495 d'apr. BLOCH, d'abord *cancrène ;* empr. au lat *gangraena*, gr. *gaggraina*, « pourriture »). *Méd.* Mortification et putréfaction des tissus. V. **Nécrose, sphacèle** (Cf. Enfler, cit. 20 ; érysipèle, cit. 2). *La gangrène peut être due à une action directe* (brûlure, plaie, traumatisme), *à une cause générale* (infection, altération sanguine...). *Gangrène sèche,* dans laquelle les tissus sont noirs, desséchés et la pourriture faible, à l'inverse de la *Gangrène humide. Gangrène blanche,* dans laquelle la partie mortifiée est blanchâtre. *Gangrène gazeuse, foudroyante :* complication de certaines plaies, due à un microbe anaérobie (Bacillus perfringens, vibrion septique..). — *Escarre provoquée par la gangrène.* V. **Bourbillon, escarre** et *aussi* **Anthrax, furoncle...** *Trancher* dans le vif, amputer la partie malade, pour empêcher la propagation de la gangrène. Soigner la gangrène* (Cf. Bellis, cit.).

1 « ...la joue blanche et rose est devenue noire, comme un charbon ! Elle exhale des miasmes putrides. C'est la gangrène ; il n'est plus permis d'en douter. Le mal rongeur s'étend sur toute la figure, et de là, exerce ses furies sur les parties basses ; bientôt, tout le corps n'est qu'une vaste plaie immonde »
LAUTRÉAMONT, **Chants de Maldoror,** II, p. 93.

2 « On reconnait les lieux où séjournent les blessés, devait dire un chirurgien d'armée, à l'odeur de putréfaction et de gangrène qui s'en dégage. »
PASTEUR (in MONDOR, **Pasteur,** VI).

— *Par anal.,* en parlant d'un mal qui envahit, dévore...

3 « Anne regardait la gorge nue de la jeune femme. Elle se demandait comment un si charmant écrin pouvait receler une gangrène aussi horrible. »
P. BENOIT, **Mˡˡᵉ de la Ferté,** p. 245.

— *Fig.* Ce qui pourrit, corrompt. V. **Corruption** (cit. 9), **décomposition, destruction, pourriture.** *Gangrène de l'âme* (Cf. Farcin, cit.).

4 « À quoi servirait ce que nous venons d'écrire, si on ne guérissait pas au moins quelques lecteurs de la gangrène du fanatisme ? »
VOLT., **Hist. établ. christ.,** XXIII.

DER. — **Gangrener.** — **Gangreneux.** *adj.* (XVIᵉ s.). Qui est de la nature de la gangrène. *Plaie, ulcère, érysipèle gangreneux.* — REM. LITTRÉ écrit encore *gangréneux.*

GANGRENER. *v. tr.* (1503, *gangréner* jusqu'au XVIIᵉ s. ; de *gangrène*). Affecter de gangrène. *Membre, plaie qui se gangrène. Membre gangrené jusqu'à l'os.*

1 « Je n'ai rien,...
Répondra ce malade à se taire obstiné.
Mais cependant voilà tout son corps gangrené ; »
BOIL., **Épit.,** III.

— *Fig.* V. **Corrompre, empoisonner, ronger, souiller, vicier.** *L'envie, la haine ont gangrené son âme, son cœur.* « Ces mauvais exemples avaient gangrené toute la jeunesse » (ACAD.).

2 « Lorsqu'une fois le fanatisme a gangrené un cerveau, la maladie est presque incurable. »
VOLT., **Dict. philos.,** Fanatisme, II.

3 « Le spectacle des supplices enfante des concupiscences de cannibales ; il vicie et gangrène tout du bas en haut, du haut en bas, point de condition qu'il ne dégrade et n'avilisse. »
BALZ., **Souv. d'un paria,** X (Œuv. div., t. I, p. 320).

1 **GANGSTER** (gangh'-stèr'). *n. m.* (vers 1925 ; mot anglo-américain, de *gang**). Membre d'un gang*. V. **Bandit, malfaiteur.** *Film de gangsters.* — *Par exagér.* V. **Crapule.** *Ce financier est un vrai gangster.*

« Pourquoi devons-nous payer chaque année plusieurs billions de dollars pour combattre les criminels ? Pourquoi, en dépit de ces sommes gigantesques, les gangsters continuent-ils à attaquer victorieusement les banques, à tuer les agents de police, à enlever, rançonner, et assassiner les enfants ? »
CARREL, **L'homme, cet inconnu,** VIII, I.

2 « ...dans notre roman noir, le gangster héroïque a succédé au policier génial, puis le gangster ignoble (par ordre supérieur) au gangster héroïque ; l'audience est restée la même, comme est resté le merveilleux de ces fictions. »
MALRAUX, **Voix du silence,** p. 512.

GANGUE. *n. f.* (1552 FR. MOD., janv. 1955 ; empr. à l'allem. *gang,* « chemin » au sens fig. de « filon »). Substance qui entoure un minerai, une pierre précieuse à l'état naturel. *Gangue terreuse, métallique. Débarrasser un minerai de sa gangue par lavage, broyage, fusion* (Cf. Fondant, cit. 3).

1 « Le rayon qui frappe un diamant entouré de gangue y est-il mieux reflété qu'en un diamant bien taillé où pénètre l'essence même du feu ? »
VILLIERS de l'ISLE-ADAM, **Contes cruels,** Sentimentalisme.

2 « ...si l'on y trouve parfois un trait de naturel, une explosion de sentiment, c'est comme un grain de bon métal dans une gangue pâteuse et grossière. »
TAINE, **Philos. de l'art,** t. I, p. 23.

— *Par anal. Épave entourée d'une gangue de boue...*

3 « Soulevé doucement hors du sol fouillé, les bêches toujours prêtes à aider à l'arrachement lent, le peuplier tiré hors de sa gangue laissait apparaitre un instant des racines dont certaines, d'une finesse extrême, tremblaient en montant au jour. »
TAILLEMAGRE, **Une peupleraie.**

— *Par métaph. et fig* V. **Enveloppe.** *Dégager des idées... de leur gangue* (Cf. Brut. cit. 6 ; extraire, cit. 2).

DER. — **Gangué, ée.** adj. (néol.). Entouré d'une gangue.

« Un vieil homme tout moussu de barbe vend des perce-neige en pied, avec leur bulbe gangué de terre, et leur fleur en pendeloque qui a la forme d'une abeille. »
COLETTE, **La vagabonde,** p. 130.

GANOÏDE. *adj.* (1872 in P. LAROUSSE ; comp. sav. du gr. *ganos,* « éclat », et suff. *-oïde**). *Zool.* Se dit des écailles de poissons caractérisées par une couche épaisse d'émail brillant. *Écailles ganoïdes.* — N. m. pl. Sous-classe de poissons au squelette cartilagineux (*Chondroganoïdes*) ou plus ou moins ossifié (*Ostéoganoïdes*), possédant une fente trachiale operculée de chaque côté de la tête, une vessie natatoire, une queue à lobes très inégaux et des écailles ganoïdes (l'amie exceptée). V. **Amie, esturgeon, polyptère.** *La plupart des ganoïdes sont fossiles.* Au sing. *Un ganoïde.*

GANSE. *n. f.* (1594 ; empr. au prov. mod. *ganso,* propremt. « boucle d'un lacet », du gr. *gampsôs,* « courbé »). Cordonnet* ou ruban* étroit servant à border, à des brides, à orner..., dans l'industrie du costume et de l'ameublement. V. **Cordon, extra-fort, nervure, passement.** *Ganse de coton, de soie... Coudre, poser une ganse. Revers, poches bordés d'une ganse. Ganse de botte.* V. **Tirant.** *Bouton de ganse d'un tricorne.*

1 « En ce temps fait pour les jupons,
Les plumes, les rubans, les ganses,
Les falbalas et les pompons ;
En ce beau temps des élégances, »
BANVILLE, **Odes funamb.,** La voyageuse.

2 « Ce noble laisser-aller qui signalait déjà l'armure même des Fontranges pendant la guerre de Cent ans, distinguait encore son veston noir bordé de ganses. »
GIRAUDOUX, **Bella,** VII.

— *Mar.* Estrope* en quarantenier ou en tresse roustée.

DER. — **Ganser.** *v. tr.* (1819). Garnir d'une ganse. *Ganser une couverture, un habit... Veste gansée de noir.* — **Gansette.** *n. f.* (1865). Petite ganse.

GANT. *n. m.* (XIIᵉ s. ; d'un francique *want*). Pièce de l'habillement, sorte d'étui qui s'adapte exactement à la main et la recouvre jusqu'au poignet ou quelquefois plus haut. — REM. La plupart des dictionnaires définissent le *gant* comme couvrant chaque doigt séparément. Leurs exemples mêmes contredisent aussitôt cette définition : *gants de crin, de boxe,* etc. En réalité, GANT est un terme générique qui désigne *particult.* le *gant* qui épouse la forme de chaque doigt séparément. — *Une paire de gants. Parties d'un gant.* V. **Doigt, empaumure, manchette.** *Bouton, tirette* de gant. Gant n'ayant qu'un seul doigt séparé, le pouce* (V. **Moufle**), *laissant à nu les premières phalanges* (V. **Mitaine**). *Doigt de gant unique.* V. **Doigtier.** *Fabrication des gants.* V. **Ganterie, gantier.** *Gants coupés, tissés, tricotés ; gants façon sellier. Gants de peau, chamois*, chevreau, chien, daim, pécari...). Gants de Suède*. Gant de coton, de laine, de filoselle, de dentelle... Gants fourrés,* à l'intérieur desquels on a laissé le poil, la laine de l'animal ; ou doublés de fourrure, de lainage... pour tenir plus chaud. *Gants blancs* (Cf. Bâtonnier, cit.), *noirs* (Cf. Étole, cit. 2), *clairs* (Cf. Accoutrement, cit. 2), *beurre frais* (cit. 5). *Gants d'homme, de femme. Pointuré* de gant. Gants courts,* s'arrêtant au poignet. *Gants longs,* à longue manchette collante ou évasée, montant jusqu'au coude ou au-dessus du coude. *Gants de sport, de ville. Gants habillés, brodés, ornés, parfumés... Gants à la frangipane*. Gants qui moulent les mains* (Cf. Fidélité, cit. 12). *Mettre des gants.* V. **Ganter** (se). *Enlever* (cit. 11), *quitter, retirer ses gants.* V. **Déganter** (se). Cf. Bizarrerie, cit. 5. *Ôter son gant pour serrer la main de quelqu'un. Tenir ses gants à la main. Faire un signe avec son gant, agiter son gant* (Cf. Faire, cit. 29). *Malfaiteur qui met des gants pour ne pas laisser d'empreintes digitales.*

1 « Ôtez ce gant ; touchez à Monsieur dans la main. »
MOL., **Fem. sav.,** II, 6.

2 « Vos gants blancs sont de trop : on dîne les mains nues. »
  MUSS., **Prem. poés.**, À quoi rêvent les j. filles, I, 2.

3 « Les autres femmes mettent des gants pour se parer ; mademoiselle Ida ne s'en sert, je crois bien, que pour préserver ses mains du grand air et des regards profanes. »
  GAUTIER, **Portr. contempor.**, Ida Ferrier.

4 « À côté des minces cravates
  S'allongent comme des mains plates
  Les gants glacés. »   ID., **Émaux et camées**, La bonne soirée.

5 « Dans son empressement de se mettre au jeu, M. de Karkoël n'ôta pas ses gants, qui rappelaient par leur perfection ces célèbres gants de Bryan Brummell, coupés par trois ouvriers spéciaux, deux pour la main et un pour le pouce. »
  BARBEY d'AUREV., **Le dessous de cartes...**, II.

6 « Les gants qui cachent ses mains sont des gants de peau fine, brodés de soie blanche, quand ceux de sa fille ne sont que des gants de filoselle, des gants de religieuse, presque des gants de domestique. »
  JOUHANDEAU, **Chaminadour**, Contes brefs, Fille unique.

7 « Quand le commandant de gendarmerie revenait, il remettait ses gants de cuir avec beaucoup de sang-froid, doigt par doigt, le pouce le dernier ; »   P. NIZAN, **Cheval de Troie**, X.

— *Fil** à *gant :* fil écru de lin.

— Spécialt. *Gants de protection.* — Anciennt. Pièce de l'armure. V. **Gantelet*** (ceste, miton...). — Sports. *Gant à crispin**, pour l'escrime. *Gant pour jouer à la paume* (Cf. Balle, cit. 1). *Gant de boxe :* gros gant de cuir bourré de crin à pouce séparé. *Gants de 5, 6,... onces**. *Gant d'entraînement, de combat. Lacer ses gants. Ancien boxeur qui remet, reprend les gants,* pratique de nouveau la boxe. — *Gants de travail. Gant d'ouvrier, d'artisan...* V. **Manicle** ou **manique, paumelle.** *Gants de décorticage. Gants pour la cueillette* (cit. 1) *des fruits. Gants de caoutchouc, gants de chirurgien.*

— Par anal. *Gant de crin :* sorte de gant tissé en crin avec lequel on frictionne la peau pour activer la circulation du sang.

8 « Il reniflait du savon, sa chemise enlevée, il frottait au gant de crin son jeune corps musclé. » ARAGON, **Beaux quartiers**, II, XXXII.

— *Gant de toilette :* sorte de poche, généralement en tissu éponge, dans laquelle on enfile la main pour faire sa toilette. V. **Main.**

— Spécialt. *Gant de pelote basque.* V. **Chistera** (Cf. Courroie, cit. 1).

9 « Ensuite, il demande à sa petite amie de vouloir bien desserrer les lanières qui tiennent le gant de bois, d'osier et de cuir à son bras rougi. »   LOTI, **Ramuntcho**, I, IV

— Fig. *Gant de Notre-Dame,* nom vulgaire de l'ancolie* (cit. 2), de la digitale*, de la gantelée*.

‖ Loc. DIV. *Être souple comme un gant,* avoir un caractère docile, et *péjor.* servile.

10 « Voyez, elle se rend
   Plus douce qu'une épouse, et plus souple qu'un gant. »
   CORN., **Menteur**, IV, 6.

11 « Je t'aurai rendu ta belle-mère souple comme un gant ; »
   BALZ., **Contrat de mariage**, Œuv., t. III, p. 205.

— *Se retourner** *comme un gant,* facilement et complètement. Fig. *Retourner quelqu'un comme un gant :* le faire changer complètement d'avis, lui faire adopter une position diamétralement opposée à la sienne.

12 « Je songe à cet animal marin très simple qui se retourne comme un gant, mettant le dedans *dehors*. » VALÉRY, **Autres rhumbs**, p. 115.

— *Aller comme un gant :* convenir* parfaitement (comme le gant qui épouse étroitement la main).

13 « Si je n'avais pas ma Josépha, puisque le père Hulot délaisse sa femme, elle m'irait comme un gant. »
   BALZ., **Cousine Bette**, Œuv., t. VI, p. 146.

— *Une main** *de fer dans un gant de velours.*

— *Jeter le gant :* défier*, provoquer* au combat ou à toute autre lutte (d'une coutume médiévale par laquelle un chevalier qui en défiait un autre au combat lui jetait son gant, que ce dernier ramassait s'il acceptait le combat). *Deux chefs qui se sont jeté le gant et s'affrontent* (cit. 4). — *Ramasser, relever le gant,* accepter le combat, se disposer à la riposte. *Relever le gant et accepter le combat* (cit. 12).

14 « Ceci est un cartel amoureux envoyé par une femme de cœur ; n'eût-elle pensé à moi qu'un jour, il faut bravement relever le gant. »   MUSS., **Nouv.**, Fils du Titien

15 « Le Roi (*Louis XVI*), après un moment de silence et d'étonnement, finit par un mot grave, intolérable, qui jetait le gant à l'Assemblée, commençait la guerre : « Si vous m'abandonnez dans une si belle entreprise, seul, je ferai le bien de mes peuples, seul, *je me considérerai comme leur véritable représentant.* »
   MICHELET, **Hist. Révol. fr.**, I, IV

16 « Notre avenir est sur l'eau », c'est à l'Angleterre qu'il jetait le gant. Pour moi, je pense que l'Angleterre est en train de le ramasser en ce moment. »   MART. du G., **Thib.**, t. VII, p. 159.

— Fam. *Prendre, mettre des gants :* agir avec ménagement*, précaution, pour ne pas heurter, blesser quelqu'un. V. **Forme** (II, 4°). *Cet homme est très susceptible : il faudra prendre des gants pour lui faire cette proposition* (ACAD.)

17 « Il n'a pas pris de gants pour le lui dire. »
   BALZ. (cit. par RAT, Dict. loc. fr., p. 85).

— Vx. *Avoir les gants* (de quelque chose), en avoir la première idée, le mérite*, ou le profit (de l'espagnol *para guantes* « pour les gants », c'est-à-dire le pourboire qu'il était d'usage de donner au messager porteur d'une bonne nouvelle). *Nous avons déjà entendu cela, vous n'en avez pas les gants.* V. **Étrenne.** — *Se donner les gants* (de quelque chose) : s'en attribuer l'honneur, le mérite, généralement mal à propos. V. **Flatter** (se), **vanter** (se).

18 « Mais Barthou, persuadé qu'il n'avait pas besoin de sacrifier son sous-secrétaire d'État pour sauver le ministère, s'était donné les gants de le défendre. » ROMAINS, **H. de b. vol.**, t. V, XXIV, p. 217.

DER. — Gantelet. Ganter. Gantier*. — Gantelée (XIIIᵉ s.) ou Ganteline (1820). *n. f.* Nom vulgaire de plusieurs plantes dont les fleurs sont en doigt de gant telles l'ancolie, la digitale, la campanule...

GANTELET. *n. m.* (1260 ; de *gant*).

‖ 1° Gant* de peau couvert de lames de fer, d'acier, qui faisait partie de l'armure. *Gantelet à doigts non séparés.* V. **Miton.** *Gantelet de chevalier.*

« Le casque semble un crâne, et, de squames couverts
  Les doigts des gantelets luisent comme des vers ; »
  HUGO, **Lég. des siècles**, XV, Éviradnus, VIII.

‖ 2° Gant de cuir épais pour la chasse au faucon* (cit. 2). — Morceau de cuir avec lequel certains artisans (bourreliers, relieurs, cordonniers, chapeliers...) protègent la paume de leurs mains. V. **Manique.**

DER. — Ganteler. *v. tr.* (XVIIIᵉ s. in BRUNOT). Mettre un gantelet. *Main gantelée. Par ext. Chevalier gantelé.*

GANTER. *v. tr* (XVIᵉ s. ; de *gant*.).

‖ 1° Mettre un gant, des gants à... *Ganter un enfant. Main difficile à ganter.* — *Mains gantées de moufles. Une main gantée* (Cf. Beurre, cit. 5). *Doigts gantés* (Cf. Avancer, cit. 3). *Un monsieur ganté et cravaté* (Cf. Emprisonner, cit. 4). — Par ext. *Main gantée de fil* (cit. 6), *gantée de blanc* (Cf. Chapeau, cit. 2). *Bras nu ganté très court* (Cf. Buste, cit. 1).

« Il était ganté de gants jaunes, quoiqu'il fût chaussé de fortes guêtres : »   FLAUB., **Mᵐᵉ Bovary**, II. VII. 1

« Il tendit sa main gantée de renne souple. »   2
   MAUROIS, **B. Quesnay**, XXIV.

— Par anal. *Jambes gantées de soie.* V. **Chaussé, gainé.**

« ... cette femme... aux jambes gantées de bas rouges. »   3
   L.-P. FARGUE, **Poèm.**, p. 67.

‖ 2° Aller*, en parlant des gants eux-mêmes. *Ces gants noirs vous gantent très bien.* — *Fig.* et *fam.* V. **Convenir.** *Cela me gante,* fait mon affaire (Cf. *fam.* Ça me botte)

‖ 3° *Absolt.* Avoir comme pointure* de gants. *Ganter du sept.* — *Fig.*

« Merci du bon petit amour... que vous m'avez servi ; mais ce n'est pas à ma mesure, mon cœur gante plus grand... »   4
   HUYSMANS, **Là-bas**, XXI.

‖ SE GANTER. Mettre des gants. *Se ganter pour sortir.*

ANT. et COMP. — Déganter.

GANTIER, IÈRE. *n.* (1292 ; de *gant*). Personne qui confectionne, qui vend des gants. *Métier de gantier. Ciseaux**, *dépeçoir de gantier.* — Adjectivt. *Ouvrier, marchand gantier.*

DER. — Ganterie. *n. f.* (XIVᵉ s.). Industrie, commerce du gantier. Lieu où l'on fabrique, où l'on vend des gants.

GARAGE. *n. m.* (1802 ; de *garer*).

‖ 1° Action de garer (un véhicule). — *Chem. de F.* Action de garer des wagons à l'écart de la voie principale. *Voie de garage :* voie se détachant de la voie principale par un aiguillage, où l'on gare les trains, les wagons.

« ... les tronçons de trains dormant sur les voies de garage ; »   1
   ZOLA, **Bête humaine**, I.

— *Autom.* (peu usit.). *Garage d'une voiture dans un parc** *Voiture en garage* (V. **Stationnement**).

« Le jour, le pavé est couvert de voitures en garage, car la place est   2
rare dans ce quartier encombré. »   DUHAM., **Voyage P. Périot**, I.

‖ 2° (1899 in NOUV. LAR. ILL.). Lieu couvert généralement clos, abri* destiné à recevoir des véhicules de toute sorte à l'exclusion des véhicules hippomobiles (V. **Remise**). *Garage d'avion. Garage de canots. Garage de cycles, d'automobiles, d'autobus* (V. **Dépôt**). *Garage particulier pour automobile. Villa avec garage au sous-sol, au rez-de-chaussée. Entrée, porte de garage. Sortie de garage où le stationnement est interdit. Rentrer sa voiture, sa bicyclette au garage.*

« ... il s'était fait, l'année précédente, construire un petit garage ;   3
et l'entrepreneur ne lui avait jamais présenté la note... »
   ROMAINS, **H. de b. vol.**, t. V, XXVII, p. 289

— *Spécialt.* Entreprise commerciale s'occupant de tout ce qui concerne la garde, l'entretien et les réparations des cycles* et automobiles*. *Garage de plain-pied. Grand garage à étages. Garage concessionnaire des pièces et accessoires d'une marque déterminée. Emplacement pour les* automobiles (V. **Box**), atelier de réparations, distributeur d'essence (V. **Pompe**), bureau, magasin d'un garage. Personnel d'un garage. V. **Garagiste, laveur, mécanicien, pompiste...**

4 « L'automobilisme a créé, entre autres, le garage (l'immeuble où se fait le garage, opération abstraite ; le langage des chemins de fer avait pris plus simplement le substantif verbal de « garer », gare) ; »
DAUZAT, Les argots, p. 144.

5 « la haute moto rouge, tout étincelante, ronflait sous moi comme un petit avion. Je l'arrêtai deux kilomètres plus loin, devant une pompe à essence. Le rideau de fer du garage n'était relevé qu'à demi... »
BERNANOS, Grds cimetières s. la lune, III, p. 97.

6 « Il y a le garage de rigueur, bariolé de laque rouge et dardant son pylône à tuyau. »
GENEVOIX, Forêt voisine, III.

DER. — **Garagiste**. n. (début XXᵉ s.). Personne qui tient un garage. Garagiste qui donne de l'essence. Métier de garagiste.

1 « ...à partir du moment où vous aurez une bagnole, vos amis ne vous verront plus jamais, moi y a un... La fleur de votre temps, vous la passerez peut-être chez le mécanicien garagiste. »
DUHAM., Arch. de l'avent., VIII.

2 « Il n'y a pas de garagiste ici ? » — «Il y en a un sur la route de Moulins, à neuf kilomètres, mais le mécanicien ne voudra jamais se lever pour venir réparer votre voiture en pleine nuit. »
ANOUILH, L'hermine, I, I.

GARANCE. n. f. (XIIᵉ s. ; bas lat. warantia, warentia, d'un francique wratja). Bot. Plante dicotylédone (Rubiacées Galiacées) des régions chaudes et tempérées, scientifiquement nommée rubia, herbacée, vivace, dont la racine rougeâtre (V. **Alizari**) fournit une matière colorante rouge. V. **Acide** (lizarique), **alizarine, purpurine**. Par ext. Teinture tirée de cette plante. Rosage* d'un tissu teint à la garance. L'alizarine synthétique a ruiné l'industrie de la garance.

— Par ext. et appos. Couleur de cette teinture, rouge* vif. Le pantalon garance de l'ancienne infanterie de ligne. Des rubans garance. Un rouge garance.

DER. — **Garançage**. n. m. (1671). Action de teindre à la garance. — **Garancer**. v. tr. (XIVᵉ s.). Teindre avec la garance. — **Garancerie**. n. f. Lieu où l'on opère le garançage des étoffes. — **Garanceur**. n. m. (1671). Ouvrier qui fait le garançage. — **Garancière**. n. f. (XVIᵉ s.). Champ semé de garance. Atelier de garançage. — **Garancine**. n. f. (XIXᵉ s.). Poudre de garance traitée par l'acide sulfurique, ancien produit tinctorial.

GARANT, ANTE. n. (vers 1100 ; empr. au p. prés. germ. wërento, de wëren, « fournir une garantie » (Cf. allem. gewähren) avec attraction de l'anc. fr. garer, garir, « protéger ». V. aussi **Warrant**). Celui, celle qui répond de son propre fait, ou du fait d'autrui. — Adjectivt. Parties, puissances garantes.

‖ 1° Dr. priv. Personne légalement tenue envers une autre de l'obligation de garantie*. Le vendeur est garant envers l'acheteur de la possession paisible de la chose vendue. « En cas d'éviction totale, la loi astreint le garant à diverses prestations pécuniaires au profit de l'acheteur évincé » (CAPITANT). Transporteur garant des avaries (cit. 1) ou pertes de marchandises. V. **Responsable**. Dans la cession de créance, le cédant est garant de l'existence de la créance, mais non de la solvabilité du débiteur cédé.

1 « Les cohéritiers demeurent respectivement garants, les uns envers les autres, des troubles et évictions seulement qui procèdent d'une cause antérieure au partage. »
CODE CIV., Art. 884.

2 « Le cédant d'une créance ressemble à une caution lorsqu'il garantit la solvabilité actuelle et future du débiteur cédé. Cependant il en diffère à plusieurs points de vue. Il est garant et non caution. Dès lors, le cessionnaire de la créance ne peut recourir contre lui qu'à charge de démontrer qu'il n'a pu obtenir paiement du cédé, tandis que la caution peut être poursuivie dès l'échéance par le créancier, et doit invoquer formellement le bénéfice de discussion. »
CAPITANT, Dr. civ., 5ᵉ éd., t. II, p. 750.

— Par ext. Celui qui répond de la dette d'autrui. V. **Caution**. Pour emprunter il me faudrait des garants. Se rendre, se porter garant.

‖ 2° Dr. internat. pub. État qui garantit une situation, s'engage à la respecter, à essayer de la rétablir, si elle a subi quelque atteinte (DELBEZ). Les garants d'un pacte. État garant.

3 « Les garants (du pacte de Locarno) s'engageaient, en cas d'agression, à donner leur assistance immédiatement, sans passer par le Conseil de la S.D.N. »
DELBEZ, Man. dr. internat. publ., p. 250.

‖ 3° (Dans le langage courant). Se porter garant de la bonne volonté, de la conduite de quelqu'un (Cf. Faveur, cit. 15). Il est le garant de notre succès, de notre prospérité. Je me porte garant que... Je suis garant que... V. **Assurer, porter** (se porter fort), **répondre...** Les dieux en sont garants.

4 « Rien n'est moins sincère que la manière de demander et de donner des conseils : celui qui en demande paraît avoir une déférence respectueuse pour les sentiments de son ami, bien qu'il ne pense qu'à faire approuver les siens, et à le rendre garant de sa conduite ; »
LA ROCHEF., Max., 116.

5 « C'est une règle excellente à adopter sur l'art de la raillerie et de plaisanterie, que le plaisant et le railleur doivent être garants du succès de leur plaisanterie à l'égard de la personne plaisantée, et que, quand celle-ci se fâche, ils ont à leur tour à tort. »
CHAMFORT, Max., Sur la noblesse, XLI.

6 « ... le Parti socialiste allemand qui se portait en quelque sorte garant des intentions pacifiques de son gouvernement... »
MART. du G., Thib., t. VI, p. 103.

7 « Devenu la section la plus importante du monde anglo-saxon, le peuple américain est désormais l'un des éléments dominants de la race blanche, et d'autre part il apparaît de plus en plus comme l'un des leaders, et surtout comme le garant de notre civilisation occidentale menacée. »
SIEGFRIED, Âme des peuples, VII.

— Personne dont l'autorité, le témoignage garantit quelque chose comme vrai, solide. J'ai pour garants plusieurs témoins de l'affaire (ACAD.). Historiens que l'on peut légitimement citer pour garants.

8 « ... pour moi, qui tiens avec Aristote et Horace que notre art n'a pour but que le divertissement... Vous me direz... que je suis... bien hardi... de prendre pour garant de mon opinion, les deux maîtres dont ceux du parti contraire se fortifient. »
CORN., Épît. s. la Suite du Menteur.

— Chose qui garantit. V. **Assurance, gage, garantie, sûreté**. (REM. Dans ce cas, garant devient une sorte de neutre, et reste toujours masculin, même s'il se rapporte à un nom au féminin). L'estime qu'il m'a toujours gardée est le plus sûr garant de mon innocence. Quel meilleur garant de son succès, que l'amitié de tous ses collaborateurs ? L'admiration des contemporains n'est pas un bon garant de la qualité d'une œuvre. — Adjectivt. Mon cœur m'est garant que... : je trouve dans mes sentiments profonds l'assurance que...

9 « Il est mort ; et j'en ai pour garants trop certains
Son courage et son nom trop suspects aux Romains »
RAC., Mithr., V, 1.

10 « Je vous ai demandé de m'entendre ; j'oserai plus, je vous prierai de me répondre. Le refuser, serait me laisser croire que vous vous trouvez offensée, et mon cœur m'est garant que mon respect égale mon amour. »
LACLOS, Liais. dang., Lett. XVII.

11 « Croit toujours de beaux yeux garants d'une belle âme. »
CHÉNIER, Poëm., Notes et vers épars.

‖ 4° Mar. (n. m.) Se dit d'un cordage lorsqu'il est employé pour former un palan

DER. — **Garantie. Garantir.**

GARANTIE. n. f. (XIIᵉ s. ; de garant). Action de garantir ; résultat de cette action.

‖ 1° Dr. priv. Obligation d'assurer à quelqu'un la jouissance d'une chose, d'un droit ou de le protéger contre un dommage éventuel ; responsabilité* résultant de cette obligation. Garantie légale. Garantie due par le vendeur à l'acquéreur (art. 1625 à 1649 du CODE CIV.). Garantie d'éviction* (cit. 1). Garantie des vices* ou défauts de la chose vendue. Garantie des lots dans le partage (art. 884 à 886). Garantie due au cessionnaire d'une créance (art. 1693 et suiv.). Garantie due au preneur dans le louage des choses (art. 1721)... Action, recours en garantie. Appel en garantie. Exception de garantie. Décharge de garantie (Cf. Architecte, cit. 6). — Garantie conventionnelle. Contrat de garantie, dont l'objet principal est de fournir une garantie à un créancier. V. **Aval, caution, cautionnement, consignation, gage, hypothèque, nantissement, warrant**. Donner sa garantie. V. **Engagement, signature**. Garantie de bon fonctionnement. Vendre un objet avec garantie. Délai de garantie. Ma montre est encore sous la garantie. Garantie contre les risques. V. **Assurance**. — Dr. publ. Garantie exigée de certains fonctionnaires, de certains officiers ministériels. V. **Cautionnement**. Garantie d'intérêts, donnée par l'État pour certains emprunts contractés par les collectivités publiques. Emprunt émis sous la garantie de l'État. Garantie des métaux précieux (V. **Poinçon**) donnant lieu à perception par l'État d'un droit de garantie. Brevet délivré sans garantie du gouvernement (abrév. S.G.D.G.) : l'État ne garantissant pas la qualité, la valeur de l'invention. — Dr. int. pub. Obligation incombant à un État en vertu de l'engagement qu'il a pris d'assurer le maintien et le respect des droits d'un autre État. Pacte de garantie et d'assistance.

1 « La garantie que le vendeur doit à l'acquéreur, a deux objets : le premier est la possession paisible de la chose vendue ; le second, les défauts cachés de cette chose ou les vices rédhibitoires. »
CODE CIV., Art. 1625.

2 « D'après l'article 10 du Pacte (de la S.D.N.), le Conseil devait intervenir pour mettre en œuvre l'obligation de garantie assumée par les États, ce qui revenait à dire que l'obligation de garantie pesait aussi bien sur la Société elle-même que sur les États. Dans l'article 2 de la Charte (des Nations Unies), rien de pareil. Aucun devoir d'intervention et par conséquent de garantie n'y est mis à la charge de l'Organisation prise in globo. »
L. DELBEZ, Man. de dr. internat. publ., p. 251.

‖ 2° Ce qui garantit, sert à garantir. — Dr. Garantie fournie pour l'exécution d'une obligation. V. **Sûreté***. Conserver quelque chose en garantie. V. **Couverture, gage**. Prêter sous bonnes garanties. Bon, bulletin de garantie. V. **Certificat**.

— (Dans le langage courant). Il offre, présente des garanties, toutes les garanties (Cf. Assez, cit. 44 ; égout, cit. 7). Chose qui présente d'excellentes garanties, des garanties insuffisantes (Cf. Cour, cit. 26). Cela peut vous servir de garantie. Demander des garanties pour l'avenir. V. **Assurance**. Prendre des garanties. V. **Précaution**. Des garanties *d'exactitude* (Cf. Comptabilité, cit.), *de moralité, de discrétion...,* quant à l'exactitude..., la discrétion. *Garder un otage en garantie.*

3 « Les honneurs que vous rendez aux supériorités établies ne sont-ils pas la garantie de ceux qui vous sont dus ? »
BALZ., **Lys dans la vallée,** Œuv., t. VIII, p. 844.

4 « Une république ou une monarchie nouvelle offre-t-elle à la France des garanties suffisantes de durée, de force, et de repos ? »
CHATEAUB., **Disc. à la Ch. des pairs,** t. III, p. 658 (éd. Levaillant).

5 « Quand il se mêle d'avoir du bon sens. il en a, et du meilleur, du plus franc. Il a de la gaieté, du naturel, il aime Molière : ce sont là des garanties. »   STE-BEUVE, **Caus. du lundi,** 13 mai 1850, t. II, p. 106.

— Ce qui assure la protection*, la sauvegarde*. *Spécialt.* Dispositions juridiques tendant à protéger certains droits. *Garanties constitutionnelles. Garanties parlementaires* (Cf. Empiéter, cit. 8). *Garanties des fonctionnaires,* définies par leur statut.

6 « Toute société dans laquelle la garantie des droits n'est pas assurée, ni la séparation des pouvoirs déterminée, n'a point de constitution. »
DÉCLAR. DR. HOM., **Art. 16** (Cf. Droit 3, cit. 7).

7 « La liberté n'est pas un placard qu'on lit au coin de la rue. Elle est une puissance vivante qu'on sent en soi, et autour de soi, le génie protecteur du foyer domestique, la garantie des droits sociaux, et le premier de ces droits. »   LAMENNAIS, **Paroles d'un croyant,** XX.

8 « Il (*Louis XVIII*) était résolu à donner pour base de la constitution qu'il destinait à son peuple les garanties suivantes : le gouvernement représentatif divisé en deux corps, l'impôt librement consenti, la liberté publique et individuelle, la liberté de la presse... »
CHATEAUB., **M. O.-T.,** t. II, p. 533 (éd. Levaillant).

9 « C'est ce que l'Angleterre demandait aux Stuarts après le Protecteur : c'est ce que la France demandait aux Bourbons après l'Empire. Ces garanties sont une nécessité des temps. Il faut bien les accorder. Les princes les « octroient », mais en réalité c'est la force des choses qui les donne. »   HUGO, **Misér.,** IV, I, I.

GARANTIR. *v. tr.* (vers 1100 ; de *garant*).

I. Assurer, sous sa responsabilité, quelque chose à quelqu'un. V. **Répondre** (de).

|| **1°** *Dr.* (En parlant du débiteur de l'obligation). *Dans la cession de créance, le cédant ne garantit en principe au cessionnaire que l'existence de la créance. Garantir la solvabilité du débiteur cédé dans une clause formelle du contrat. La caution garantit la dette en s'engageant à payer le créancier, si le débiteur principal n'exécute pas son obligation.* V. **Cautionner.** *Le donneur d'aval garantit le paiement de la traite.* V. **Avaliser.** *Emprunts, obligations garantis par l'État* (Cf. Épargnant, cit. 2). *La République garantit le libre exercice des cultes* (cit. 5. — Cf. aussi Amphictyonie, cit. ; canadien, cit. 2). *Garantir un salaire, une retraite, des revenus à quelqu'un. Garantir par traité l'intégrité territoriale d'un État.*

— (En parlant de ce qui contient une *garantie,* de ce qui assure l'exécution d'une obligation). *Le traité garantit l'indépendance de ce pays. Lois garantissant les libertés, les droits du citoyen. Le cautionnement exigé de certains fonctionnaires garantit la bonne exécution des devoirs de leur charge.*

1 « Celui qui vend une créance ou autre droit incorporel, doit en garantir l'existence au temps du transport... »   CODE CIV., **Art. 1693.**

2 « Il (*le vendeur*) a deux obligations principales, celle de délivrer et celle de garantir la chose qu'il vend. »   ID., **Art. 1603.**

3 « *Garantir,* c'est permettre au créancier la *possession paisible et utile* de la chose qui lui est transférée, et s'engager à lui payer des dommages-intérêts, pour le cas où cette promesse ne pourrait pas être exécutée. »
COLIN et CAPITANT, **Dr. civ.,** t. II, p. 458.

4 « *Garantir une situation,* c'est non seulement la respecter, mais encore essayer de la rétablir, si elle a subi quelque atteinte. »
L. DELBEZ, **Man. dr. internat. pub.,** p. 247.

— *Spécialt. Garantir la qualité ou le bon fonctionnement d'une chose. Le titre des ouvrages d'or et d'argent est garanti par l'application de poinçons. Cette voiture n'est pas neuve, mais le vendeur me l'a garantie. Meuble garanti d'époque. Garanti sur facture*. On m'a garanti cette montre pour un an.*

5 « Dans certaines ventes, notamment les ventes de navires, automobiles, machines, montres, le vendeur garantit conventionnellement le bon fonctionnement de la chose vendue pendant un certain temps. Il a l'obligation de réparer la chose vendue pendant le délai de la garantie. »   PLANIOL, **Dr. civ.,** t. II, n° 1468 bis.

|| **2°** *Dans le langage courant.* Rendre sûr ou assuré. V. **Répondre.** *Ce qu'il vient de faire vous garantit de sa fidélité* (ACAD.). — RÉM. LITTRÉ donne en exemple *Cela vous garantit de son zèle.* Cette tournure peut prêter à équivoque, *Garantir* signifiant « mettre à l'abri, préserver » (Cf. *infra,* II, 2°).

6 « Et tous les Dieux enfin, témoins de nos tendresses
Garantiront la foi de mes saintes promesses. »   RAC., **Phèd.,** V, 1.

7 « ... c'est pour n'être pas la victime d'un assassin que l'on consent à mourir si on le devient. Dans ce traité, loin de disposer de sa propre vie, on ne songe qu'à la garantir, et il n'est pas à présumer qu'aucun des contractants prémédite alors de se faire pendre. »
ROUSS., **Contr. social,** II, V.

— (En parlant d'un événement futur). V. **Promettre.** *Je vous garantis le succès. Le médecin m'a garanti une*

prompte guérison. — (Avec un sujet de choses). *Son passé garantit sa conduite à venir. Politique qui garantit une amélioration de la situation. Rien ne peut vous garantir le salut éternel.*

— *Par ext.* Donner pour vrai, en prenant l'affirmation sous sa propre responsabilité. V. **Affirmer, certifier.** (En répondant de la réalité de la chose). *Je peux vous garantir le fait.* V. **Attester.** *On m'a dit qu'il était là hier, mais je ne vous garantis rien.* — (En répondant de son authenticité). *L'expert a garanti le document. Je ne peux vous garantir aucun de ces deux autographes.* — (En répondant de son exactitude). *Je ne peux refaire devant vous tous les calculs, mais je vous garantis le résultat. Pressé de questions, il avoua qu'il ne garantissait pas absolument les faits.* V. **Confirmer.** *Il devait y avoir dix mille personnes, mais je ne garantis pas le chiffre.*

8 « ...et il est à remarquer qu'il (*Bossuet*) ne garantit point tout ce qu'il a dit de la prétendue sagesse des anciens Égyptiens. »
VOLT., **Temple du goût.**

— GARANTIR QUE... V. **Assurer.** *Je vous garantis qu'il ne lui est rien arrivé, tranquillisez-vous. Je te garantis que tout ira bien. Je te garantis que cela ne se passera pas comme ça ! Je vous garantis que vous aurez de mes nouvelles !* (Cf. Ficher : je vous fiche mon billet que...). — Elliptiqt. *N'allez pas voir cette pièce, je vous la garantis détestable* (Cf. Caution, cit. 1).

9 « Qui peut vous garantir qu'une révolution subite ne vous fera pas expirer ? »   MASS., **Carême,** Impén.

10 « Dès que je cesse de le voir, qui me garantit que je le reverrai ? Tout peut se produire dans l'énorme étendue que je ne vois pas, que je ne surveille pas. Dès que je cesse de le voir, qui me garantit qu'il existe ? »   ROMAINS, **Quand le navire...,** VII, p. 115.

11 « ...je vous garantis que devant l'opinion publique vos pétroliers passeraient un mauvais quart d'heure. »
ID., **H. de b. vol.,** t. II, XI, p. 117.

II. *Assurer* (quelqu'un ou quelque chose) contre quelque éventualité, quelque événement fâcheux.

|| **1°** *Dr.* V. **Garantie.** *Le vendeur est obligé de droit à garantir l'acquéreur de toute éviction* (cit. 1). Les vices* dont le vendeur doit garantir l'acheteur sont appelés vices rédhibitoires. Le bailleur doit garantir le preneur : contre les vices de la chose ; contre le trouble apporté à sa jouissance* (COLIN et CAPITANT). *Mon assurance me garantit contre ce risque. L'assuré est garanti contre le bris des glaces et carreaux.* — Substantivt. *Le garant* et le garanti.*

12 « En garantie formelle, pour les matières réelles ou hypothécaires, le garant pourra toujours prendre le fait et cause du garanti... »
CODE PROC. CIV., **Art. 182.**

|| **2°** (Dans le langage courant). Mettre à l'abri de. V. **Défendre, préserver*, protéger...** *Couvrir quelqu'un pour le garantir du froid* (Cf. Cuisant, cit. 1). *Volets, rideaux, écrans... qui garantissent du vent, du soleil...* V. **Abriter.** *Le bouclier garantissait des traits et des coups.* V. **Parer.** *Garantir de la peste, de la contagion... Garantir un malheureux du besoin. Je saurai le garantir du malheur, de la corruption...* V. **Épargner, exempter.** *L'âge* (cit. 51) *ne garantit pas des atteintes de l'amour. La misère le garantissait contre les excès* (Cf. Fantaisie, cit. 40). *Garantissez-moi de mes amis* (cit. 18).

13 « Garantir. c'est servir de garant, de caution ; préserver, c'est sauver de quelque péril qui menace. Jusque-là les deux significations sont très distinctes ; mais, si on passe à l'extension de sens que garantir prend quand il signifie protéger, mettre à l'abri, on trouve qu'il se confond grandement avec préserver. La vaccine garantit ou préserve de la petite vérole ; le sens est le même, et l'usage ne peut y découvrir aucun différence. »   LITTRÉ, **Dict.,** Garantir.

14 « Qui le garantira des chasseurs, disait-elle, ou de la serre aiguë de quelque aigle ou de quelque vautour affamé ? »
Mme d'AULNOY, **L'oiseau bleu.**

15 « ... il n'y avait qu'une femme qui pût me garantir des autres femmes et me mettre à l'épreuve des tentations. »   ROUSS., **Conf.,** V.

16 « A un quart de lieue de Saint-Maurice, il est un village tellement garanti des vents froids par sa situation très remarquable, que des lauriers ou des grenadiers pourraient y subsister sans autre abri en toute saison ; »   SENANCOUR, **Oberman,** XCI.

17 « L'amoureuse, d'abord, ce fut Julie. Elle avait onze ans de plus que Benjamin... Elle était prête encore à s'enflammer : l'esprit n'a jamais garanti personne d'être fou. »   HENRIOT, **Portr. de fem.,** p. 240.

18 « La presse du soir s'empara de l'affaire... et demanda si la municipalité, oui ou non, se proposait d'agir et quelles mesures d'urgence elle envisageait pour garantir ses administrés de cette invasion répugnante. »   CAMUS, **La peste,** p. 25.

— Elliptiqt. *Cette armure vous garantira.* V. **Protéger.**

19 « Ce sang qui tant de fois garantit vos murailles, »
CORN., **Cid,** II. 8.

|| SE GARANTIR. S'assurer à soi-même (ou les uns aux autres) quelque chose. *Coteries* (cit. 2) *dont les membres se garantissent mutuellement un semblant de renommée.*

20 « Aimer la musique, c'est se garantir un quart de son bonheur. »
RENARD, **Journ.,** 28 oct. 1907.

— Se préserver soi-même de quelque chose. V. **Abri, sûreté** (se mettre à l'abri, en lieu sûr). *Se garantir de l'avi-*

lissement (cit. 1), *d'une habitude* (Cf. Emprunter, cit. 16). *Se garantir de la pluie, des coups... Se garantir contre le froid.* V. **Prémunir** (se).

21 « Tu peux te garantir du soleil qui nous brûle,
Dit le fort Iocaste au magnanime Hercule,
Dessous cette ombre assis... » RONSARD, Pièc. posth., Poèm. inach.

22 « ... l'Assemblée est peuple ; persuadée qu'elle est en danger, elle fait ses lois comme il fait ses insurrections, et se garantit à coups de décrets comme il se garantit à coups de piques. »
TAINE, Orig. France contempor., III, t. I, p. 210.

ANT. — **Compromettre, exposer.**

GARBURE. *n. f.* (1782 ; empr. au gascon *garburo*). *Cuis.* Dans le Sud-Ouest de la France, soupe* épaisse faite de pain de seigle, de choux, de lard et de salé d'oie. Par appos. *Potage* garbure.*

« ... c'était ce potage vulgaire qu'on mange encore en Gascogne, sous le nom de garbure ; » GAUTIER, Capit. Fracasse, I, t. I, p. 21.

GARCE. *n. f.* (XIIᵉ s. ; dér. de *gars**).

|| 1º *Ancien.* (Jusqu'au XVIᵉ s.). Féminin de gars. V. **Fille** (Cf. Attifet, cit.).

|| 2º De nos jours. *Péjor. et fam.* Fille* de mauvaise vie.

1 « Au lit par exemple, c'était une superbe affaire et on y revenait et elle nous donnait bien de la joie. Pour une garce c'en était une vraie. » CÉLINE, Voyage au bout de la nuit, p. 62.

2 « ... les grandes garces fardées qui sortaient des magasins lui lançaient des œillades hardies... » SARTRE, L'âge de raison, IX.

— Pop. *Fils de garce*, terme d'injure.

— *Par ext. et fam.* Se dit d'une femme dont on a à se plaindre pour quelque raison. *Ah ! la garce, la petite garce, elle s'est bien jouée de nous !* La vieille garce a refusé son consentement. V. **Chameau, chipie...** — REM. Dans le langage familier ou populaire, *Garce* n'est pas exclusif d'admiration pour le physique d'une femme. *Oh ! la belle garce !*

3 « — Faites donc taire cette femme (*une manifestante*) ! Emmenez-la. Le commissaire haussait les épaules et disait :
— Est-ce que c'est des femmes, ces garces-là ? »
P. NIZAN, Cheval de Troie, X.

4 « Mᵐᵉ Steinheil, née Marguerite Japy, avoue avoir placé elle-même la perle accusatrice dans le portefeuille de Rémy Couillard... Raison de plus pour guillotiner cette garce, toute femme, et grande dame qu'elle est. » ROMAINS, H. de b. vol., t. III, XXIII, p. 305.

— *Par anal.* En parlant d'une chose désagréable, fâcheuse... *Cette garce de vie.* V. **Chienne.**

5 « ... cette garce de société moderne. »
PÉGUY, Victor-Marie comte Hugo, p. 17.

DER. — **Garcette 1.**

1. GARCETTE. *n. f.* (XIIIᵉ s., « petite fille » ; 1643 Terme de Marine ; de *garce*). *Mar.* (*Ancienn.*). Petite tresse faite de vieux cordages avec laquelle on donnait les punitions. *Châtier un matelot à coups de garcette.* — Cordage* court en tresse. *Garcette de ris*, servant à prendre des ris*

2. GARCETTE. *n. f.* (XVIᵉ s. ; empr. à l'esp. *garceta*, « aigrette » (héron). Ancienne coiffure féminine espagnole, courte avec les cheveux sur le front, qui fut portée en France sous Anne d'Autriche. *Coiffée à la garcette.*

GARÇON. *n. m.* (vers 1100 ; ancien cas régime de *gars*, probablt. francique *wrakjo*, d'abord « goujat », « valet », puis « enfant mâle » dès le XIIIᵉ s.).

|| 1º Enfant mâle, par opposition à **FILLE.** *L'œuf portant un chromosome X et un chromosome Y produira un garçon* (Cf. Fille, cit. 19). *Il naît plus de garçons que de filles. Accoucher d'un garçon. Les filles et les garçons* (Cf. Abside, cit. 1 ; éducation, cit. 3). *Fille habillée en garçon* (Cf. Estoc, cit. 1). *Cette petite est un vrai garçon, un garçon manqué. Elle aurait voulu être un garçon* (Cf. Fille, cit. 20).

1 « ... je pus voir un homme que l'Évêque de Soissons avait nommé Germain en confirmation, lequel tous les habitants de là ont connu et vu fille, jusques à l'âge de vingt-deux ans, nommée Marie... Faisant, dit-il, quelque effort en sautant, ses membres virils se produisirent ; et est encore en usage, entre les filles de là, une chanson par laquelle elles s'entravertissent de ne faire point de grandes enjambées, de peur de devenir garçons, comme Marie Germain. »
MONTAIGNE, Essais, I, XXI.

2 « Deux tout petits enfants, le garçon et la fille,
Dans le même berceau souriaient endormis. »
HUGO, Lég. des siècles, LII, VI.

— REM. Au regard des parents, GARÇON s'emploie pour FILS, quand on parle du sexe des enfants. *Ils n'ont que des garçons et souhaitent avoir une fille. L'aîné des garçons devint général.* On dit aussi familièrement *mon garçons* en parlant d'un jeune fils : *mon garçon est au collège* (LITTRÉ). *Il redoute de voir ses garçons partir* (Cf. Exempter, cit. 4). Cependant, on ne dira pas d'un fils adulte ou déjà âgé *Que fait votre garçon ?* mais *Que fait votre fils ?*

3 « ... il n'y a point de princesse de Cachemire ; son père n'a jamais eu que deux garçons qui sont actuellement au collège. »
VOLT., Le blanc et le noir.

« Ça ne tirait pas à conséquence, on se mariait ensuite, les mères seules se fâchaient, lorsque les garçons commençaient trop tôt, car un garçon qui se mariait ne rapportait plus à la famille. »
ZOLA, Germinal, II, III.

— *Petit garçon :* enfant entre l'âge du bébé et la douzième année environ. V. **Garçonnet** (Cf. Boiteux, cit. 4 ; empêtrer, cit. 9 ; étourdir, cit. 12). *Les petits garçons qui vont à l'école.* — Fig. *Faire le petit garçon. Être, se sentir tout petit garçon auprès de quelqu'un* (V. **Inférieur**). *Il le traite en petit garçon.*

5 « Mᵐᵉ de Bullion, aussi avare que riche et glorieuse, traitait son mari comme un petit garçon. » ST-SIM., Mém., 55, 175 (in LITTRÉ).

6 « Certes, ma vie est déjà pleine de morts. Mais le plus mort des morts est le petit garçon que je fus. Et pourtant, l'heure venue, c'est lui qui reprendra sa place à la tête de ma vie, rassemblera mes pauvres années jusqu'à la dernière, et comme un jeune chef ses vétérans, ralliant la troupe en désordre, entrera le premier dans la Maison du Père. Après tout, j'aurais le droit de parler en son nom. Mais justement, on ne parle pas au nom de l'enfance, il faudrait parler son langage. »
BERNANOS, Grds cimet. s. la lune, p. IV.

— *Grand garçon* se dit d'un garçon qui a tellement grandi qu'on n'ose plus l'appeler un petit garçon. *Mon Dieu, mais c'est un grand garçon maintenant ! Tu es un grand garçon,* se dit encore à un petit garçon pour lui marquer de la considération, faire appel à sa raison... — *Jeune garçon,* se dit d'un adolescent (Cf. Botte, cit. 3 ; empoisonner, cit. 24 ; entrevoir, cit. 9 ; envie, cit. 13). *Un tout jeune garçon.* V. **Jouvenceau.**

7 « ... un grand garçon charmant, à tournure d'homme, serré dans sa tunique trop petite de collégien, songeait tout seul, les yeux en plein rêve. » LOTI, Matelot, III.

|| 2º *Par ext.* Jeune homme. *Un garçon de dix-sept ans* (Cf. Boussole, cit. 2), *de vingt ans* (Cf. Espérer, cit. 21), *de vingt-trois ans* (Cf. Ardeur, cit. 26). *Le chef des pilotes, un garçon tout jeune...* (Cf. Et, cit. 14). *Un garçon d'avenir. Garçons et filles à la fête du village* (Cf. Aimant, cit. 3 ; assister, cit. 4). *Garçon fidèle à la jeune fille qu'il aime* (Cf. Aventure, cit. 19).

8 « ... elle était jeune, jolie et fille d'Ève. Mais il ne fallait pas qu'un garçon, même des plus huppés de l'endroit, s'avisât de lui serrer la taille trop fort ; il ne s'en serait pas bien trouvé... »
MUSS., Nouv., Margot, II.

9 « ... un garçon robuste, d'assez haute taille, bien découplé, en dépit d'une sorte de gaucherie que lui donnait, sous la soutane, la carrure même de ses épaules. »
ROMAINS, H. de b. vol., t. III, XI, p. 153.

— GARÇON se dit, dans certaines expressions familières, d'un homme jeune (ou relativement jeune) aussi bien que d'un jeune homme. *C'est un beau* garçon.* V. **Homme** (bel), **type** (*fam.*). *Un joli garçon. Il est très beau garçon.* V. pop. **Gosse** (Cf. Fâcheux, cit. 10 ; faraud, cit. 3). *Bon*, brave* garçon. C'est un brave garçon, mais pas très malin. Étrange* (cit. 6) garçon, drôle de garçon ! Jovial, joyeux garçon* (Cf. Exubérant, cit. 5). *Le pauvre, le malheureux garçon* (Cf. Envoyer, cit. 24 ; fatigue, cit. 4). *Un garçon distingué, discret, bien élevé... Quel gentil garçon, toujours complaisant ! Faire le mauvais*, le méchant garçon. Mon garçon,* manière familière de s'adresser à quelqu'un avec une certaine condescendance. *Écoutez, mon garçon...*

10 « Ah ! mon pauvre garçon, la chance a bien tourné ! »
MOL., Étourdi, II, 6.

11 « Je ne doute pas qu'il ne devienne un homme très remarquable. *Ce garçon-là* trouvera tout autant de fortune qu'il en voudra, le jour où il sera parvenu au pouvoir. » BALZ., Gobseck, Œuv., t. II, p. 623.

12 « C'était un garçon de bonne humeur, et qui ne manquait pas d'esprit... » MUSS., Nouv., Croisilles, I.

13 « Le pauvre garçon avait reçu un coup terrible dont il restait assommé. » BLOY, Le désespéré, p. 130.

14 « — J'ai donc songé à quelques réformes que vous approuverez sans doute... Ma première réforme, mon cher garçon...
— Vous voulez dire mon cher Gaston, je pense ? La langue vous a fourche.
— Cher Gaston, cher garçon.... c'est tout un. De beau-père à gendre, la familiarité est permise. »
É. AUGIER, Gendre de M. Poirier, III, 2.

|| 3º (A partir du XVIIᵉ s.). Jeune homme non marié, homme qui demeure dans le célibat. V. **Célibataire.** *Rester, être encore garçon* (Cf. Ardent, cit. 21). *Vieux garçon,* qui vieillit sans se marier (Cf. Contact, cit. 8). *Des manies de vieux garçon. Appartement de garçon.* V. **Garçonnière.** *Un ménage de garçon,* roman de Balzac. *Mener la vie de garçon, la vie d'un homme indépendant. Enterrer* sa vie de garçon. Déjeuner, dîner de garçons,* ne réunissant que des célibataires (par situation ou par occasion), où les femmes ne sont pas conviées. — *Garçons d'honneur,* jeunes gens non mariés faisant les honneurs* dans un mariage et faisant partie du cortège (Cf. Forcer, cit. 29).

15 « Ils étaient pauvres, chargés de famille, tandis que David était garçon et serait puissamment riche ; »
BALZ., Illus. perdues, Œuv., t. IV, p. 478.

16 « Eugène se vit dans un délicieux appartement de garçon, composé d'une antichambre, d'un petit salon, d'une chambre à coucher et d'un cabinet ayant vue sur un jardin. »
ID., Père Goriot, Œuv., t. II, p. 1022.

17 « Il y a des « garçons » qui, de très bonne heure, ne pensent qu'au mariage ; beaucoup d'autres qui, tout en profitant de leur « vie de garçon », se disent que c'est transitoire ; qui même en profitant d'autant plus. »   ROMAINS, Quand le navire..., II.

— Allus. littér. *Le Garçon*, personnage mythique de Flaubert, symbolisant l'homme qui mène la vie de garçon, avec tous les vices et le comportement anarchique que lui suppose le bourgeois, et le père de famille timoré.

|| 4° *Vx.* Domestique, valet, ouvrier, travaillant pour le compte d'un maître. *Les garçons tailleurs*, dans le ballet du 2ᵉ acte du « Bourgeois gentilhomme » (Cf. Après, cit. 57). *Garçon meunier* (Cf. Enfariner, cit. 1).

18 « Il n'est pas jusqu'au fat qui lui sert de garçon
   Qui ne se mêle aussi de nous faire leçon ; »   MOL., Tart., I, 2.

— (Depuis le XVIIIᵉ s.). Homme en service ou employé subalterne, dans certaines communes, établissements ou administrations, généralement chargé d'accueillir et servir la clientèle. *Garçon coiffeur, épicier, boucher* (Cf. Crétin, cit. 4), *pâtissier* (V. **Patronnet**). *Garçon de bureau* (Cf. Chenil, cit. 3 ; employé, cit. 3), *de magasin, de laboratoire, de salle, de ferme* (Cf. Battre, cit. 66), *d'écurie* (V. **Lad**)... *Garçon de bord*, apprenti sur un navire caboteur, aide sur un bateau de pêche. *Garçon de cabine*, au service des passagers d'un paquebot. V. **Steward**. *Garçon de recettes*, chargé de faire les encaissements. *Garçon de courses*. V. **Coureur, coursier, livreur.**

19 « Avant de vous réduire au triste rôle de garder les manteaux et de noter les coups comme un garçon de billard ou un valet de jeu de paume... » GAUTIER, Préf. Mˡˡᵉ de Maupin, p. 17 (éd. critiq. MATORÉ).

20 « Certains garçons des laboratoires bien entraînés eussent fort bien cuisiné dans un cercueil en activité tellement la putréfaction et ses relents ne les gênaient plus. »   CÉLINE, Voyage au bout de la nuit, p. 256.

— *Spécialt.* *Garçon de café, de restaurant, d'hôtel* (Cf. Balle, cit. 12 ; endosser, cit. 4), et absolt. *Garçon* (Cf. Corbeille, cit. 2 ; débarrasser, cit. 6). V. **Barman, chasseur, groom, serveur.** *Donner un pourboire aux garçons. N'oubliez pas le garçon.* V. **Service.** *Garçon d'étage, de nuit* (Cf. Fatiguer, cit. 27). *Garçon, un demi ! Appeler le garçon.*

21 « Venez donc prendre un petit verre, dit Pierrotin en clignotant et allant vers le café de l'Échiquier où il amena le valet...
   — Garçon, deux absinthes ! cria-t-il en entrant... »
                                    BALZ., Début dans la vie, Œuv., t. I, p. 610.

22 « Au dedans, les mouvements intérieurs sont rapides. Les garçons y vont et viennent sans flâner, ils sont tous occupés, tous nécessaires. Les mets sont peu variés. »   ID., Illus. perdues, Œuv., t. IV, p. 632.

23 « ...déjeunant avec moi au café Hardy et me voyant commander ferme aux garçons, car avec tous mes devoirs à remplir j'étais souvent pressé, il fut ravi parce que ces garçons firent entre eux quelque plaisanterie qui impliquait que j'étais un fat, ce qui ne me fâcha nullement. »   STENDHAL, Vie de Henry Brulard, 2.

24 « Des garçons habillés de noir, cravatés de blanc, nous reçurent et nous conduisirent avec un sérieux anglais à une immense chambre... »   GAUTIER, Voyage en Russie, p. 370.

25 « Il lui semblait que le garçon faisait exprès de traîner les pieds et de contourner si lentement la table d'hôte. »
                                    GREEN, Léviathan, I, III.

26 « Quelques-uns des garçons qui servaient, lâchés entre les tables, fuyaient à toute vitesse, ayant sur leurs paumes tendues un plat que cela semblait être le but de ce genre de courses de ne pas laisser choir. »   PROUST, Rech. t. p., t. V, p. 57.

|| 5° GARÇONNE. *n. f.* (néol. popularisé en 1922 par le roman de V. Margueritte « La Garçonne »). Jeune fille menant la vie indépendante d'un garçon et revendiquant, dans ses relations amoureuses, la même liberté. *George Sand vécut en garçonne.*

27 « ...la garçonne ardente et délurée qu'avaient formée, à Nohant, la vie rustique et les conflits familiaux. »   MAUROIS, Lélia, I, IV.

ANT. — Fille ; marié ; patron.

DER. — Garçonnet. *n. m.* (XIIIᵉ s.). Petit garçon (Cf. *infra*, cit. 1). *Taille* « garçonnet », dans la confection. *Rayon garçonnets*, dans un grand magasin (ANT. Fillette). — Garçonnier. Garçonnière. — Garçonnisme, dans l'expr. Bon-garçonnisme. *n. m.* (néol.). *Fam.* Qualité du bon garçon, de l'homme facile à vivre (Cf. *infra*, cit. 2). V. **Bonhomie.**

1 « ...combien de fois m'a-(t)-il pris envie, passant par nos rues, de dresser une farce, pour venger des garçonnets que je voyais écorcher, assommer et meurtrir à quelque père un peu furieux et forcené de colère ! »   MONTAIGNE, Essais, II, XXXI.

2 « En dépit d'une espèce de garçonnisme, de bon-garçonnisme, qui est, chez vous, entièrement affecté... »
                                    COLETTE, Naiss. du jour, p. 182.

GARÇONNIER, ÈRE. *adj.* (XIIᵉ s. ; de *garçon*). Qui, chez une fille, rappelle les formes, les allures d'un garçon ; qui convient plutôt à un garçon (REM. Le mot a généralement une nuance péjorative). *Habitudes, manières garçonnières. Ton, langage garçonnier.*

1 « Le Temps et l'Amour l'ont vainement mordue à belles dents ; ils n'ont rien diminué du charme vague, mais éternel, de sa poitrine garçonnière. »   BAUDEL., Spl. de Paris, XXXIX.

2 « ..l'éducation garçonnière que lui donna un précepteur un peu fou... »   MAUROIS, Lélia, I.

— Substantivt. *C'est une garçonnière :* une fille qui affecte les allures d'un garçon.

|| GARÇONNIÈRE. *n. f.* (1835 BALZAC). Appartement de garçon, et *par ext.* Petit appartement pour une personne seule (V. **Studio**). *Louer, meubler une garçonnière. Jeune ménage qui vit à l'étroit dans une garçonnière. Garçonnière discrète abritant des amours clandestines* (Cf. Délicieux, cit. 6).

3 « Ses gens avaient une excellente tenue, ses équipages étaient cités, ses soupers avaient quelque succès, enfin sa garçonnière était comptée parmi les sept ou huit dont le faste égalait celui des meilleures maisons de Paris. »   BALZ., Contrat de mariage, Œuv., t. III, p. 85.

4 « ...un rez-de-chaussée meublé en garçonnière, qu'Antoine avait loué au début de leur liaison, au coin de l'avenue et d'une impasse où laquelle donnait une entrée particulière, ce qui permettait d'échapper au contrôle de la concierge. »   MART. du G., Thib., t. V, p. 156.

5 « La lumière jaillit, éclairant non pas, comme l'attendait un peu Salavin, une garçonnière bohème, avec des bibelots japonais, des affiches au mur, des divans, des étoffes, mais une chambre bourgeoise... »   DUHAM., Salavin, V, VII.

1. GARDE. *n. f.* (XIᵉ s. ; de *garder*).

I. Action de garder, de surveiller, de protéger, de défendre. — REM. Dans cette acception, *Garde* comporte toujours l'idée d'attention* portée à quelque chose. En outre, selon le contexte, l'accent est mis soit sur l'idée de surveillance* (action d'éviter, d'écarter un danger), soit sur l'idée de protection* (action de mettre quelque chose, quelqu'un à l'abri d'un danger).

|| 1° Action de garder, de conserver une chose. V. **Conservation, préservation, protection, surveillance.** *Avoir la garde d'un objet. Il a été préposé* à la garde des documents. Commettre* des pièces à la garde d'un avoué* (Cf. Authentique, cit. 10). Remettre quelque chose à la garde de quelqu'un. Mettre les bijoux, des titres en garde dans une banque* (V. **Coffre**). Le service de la consigne* se charge de la garde des bagages* (V. **Consignation**). Je vous laisse la maison en garde pendant mon absence. Je vous en confie la garde. Le concierge* a la garde de l'immeuble. Mettre, tenir sous bonne garde. V. **Sûreté** (en).

1 « La perfidie d'un Juif nommé Simon, préposé à la garde du temple... »   ROLLIN, Hist. anc. (in LITTRÉ).

2 « Tout dépositaire de secret ne doit jamais conserver de papiers s'ils peuvent compromettre un ami qui n'est plus, et qui les mit sous notre garde. »   BEAUMARCH., Mère coupable, III, 8.

— *Dr.* Le fait de détenir, de conserver une chose. « *La cause de la responsabilité* du propriétaire est la garde qu'il a de sa chose* » (PLANIOL). — *Spécialt.* Obligation, pour le propriétaire, l'utilisateur... d'une chose (ou d'un animal) d'empêcher que cette chose ne cause dommage à autrui. — Le fait de détenir la chose d'autrui. *Garde d'un dépôt* (cit. 4), *d'un prêt. Obligation de garde :* obligation de veiller à la conservation de la chose.

3 « Le dépositaire doit apporter, dans la garde de la chose déposée, les mêmes soins qu'il apporte dans la garde des choses qui lui appartiennent. »   CODE CIV., Art. 1927.

4 « L'emprunteur est tenu de veiller, en bon père de famille, à la garde et à la conservation de la chose prêtée. »   ID., Art. 1880.

— *Garde judiciaire :* surveillance légale d'objets saisis, mis sous scellés* ou sous séquestre*.

— *Dr. fisc.* Conservation d'une marchandise constituée en dépôt dans les magasins de la Douane. *Droit de garde :* droit de douane perçu sur cette marchandise.

— Qualité de ce qui se conserve facilement et longtemps. V. **Conservation.** *Des fruits de garde* (vieilli), *de bonne garde. Cette année, le cidre n'est pas de bonne garde.*

|| 2° Action de veiller sur un être vivant, soit pour le protéger (V. **Défense, protection**), soit pour l'empêcher de nuire (V. **Surveillance**). *Confier* un enfant à la garde de quelqu'un.* V. **Soin.** *Donner à une domestique la garde d'un enfant. Prendre, tenir quelqu'un sous sa garde* (V. **Tutélaire**). *Elle nous a donné son chat en garde. Le berger veille à la garde de son troupeau* (Cf. Berger, cit. 1).

5 « Ce fut à cette garde fidèle que la Reine sa mère commit ce précieux dépôt. »   BOSS., Or. fun. Henriette d'Anglet.

6 « Je me lasse de vous avoir sur les bras, et la garde de deux filles est une charge un peu trop pesante pour un homme de mon âge. »   MOL., Préc. rid., 4.

7 « Un enfant que Dieu même à ma garde confie, »   RAC., Athalie, V, 2.

8 « Comme elle ne pouvait emmener son chien Dick... Dundas en accepta gravement la garde. »   MAUROIS, Disc. Dr O'Grady, III.

— *Spécialt. Que Dieu nous ait en garde, en sa sainte garde :* que Dieu nous protège. *Remettre ses enfants à la garde de Dieu.* — Absolt. *À la garde de Dieu !* advienne que pourra (Cf. À la grâce* de Dieu).

— Dr. *Droit de garde :* « attribut de la puissance paternelle donnant à celui qui en est investi le pouvoir et l'obligation de veiller sur la personne de l'enfant, de fixer sa résidence et de diriger son éducation » (CAPITANT). *Le droit de garde peut appartenir au père, à la mère ou au tuteur.* V. **Mineur, puissance** (paternelle), **tutelle.** *Garde des enfants en cas de divorce. La garde des enfants est en principe confiée à l'époux qui a obtenu le divorce* (art. 302 du CODE CIV.). *Garde provisoire durant l'instance.*

9 « Il (le juge) statue... sur la garde provisoire des enfants... »
CODE CIV., Art. 238.

— Action de surveiller un prisonnier. *Assurer la garde des captifs*, des détenus* (Cf. Assurer, cit. 17), *d'une prison** (V. **Garde-chiourme, gardien, geôlier**). — *La loi punit ceux qui auraient laissé divaguer les fous* (cit. 2) *placés sous leur garde.*

— Action de veiller sur un malade. *Confier, donner à une infirmière la garde d'un malade* (V. **Garde-malade**).

10 « Parmi les clientes dont on m'avait confié plus spécialement la garde... » CÉLINE, Voyage au bout de la nuit, p. 388.

‖ 3° (Dans un sens général). V. **Surveillance**. *Patrouille*, ronde* qui assure la garde* (V. **Guet**). *Faire bonne garde. Garde vigilante*. Poste de garde* (V. **Guérite**).

11 « Puisqu'on fait bonne garde aux murs et sur le port.
Il suffit pour ce soir. » CORN., Cid, II, 6 (var. de 1636).

12 « Un loup n'avait que les os et la peau
Tant les chiens faisaient bonne garde. » LA FONT., Fab., I, 5.

— *Chien de garde :* chien dont le rôle est de veiller sur une maison, une ferme, des animaux (Cf. Aboyer, cit. 1 ; aguet, cit. 3 ; cerbère, cit. 1 ; cuirassé, cit. 2).

13 « ... j'ai pensé... à la bonne précaution que ce serait pour moi qui vis seul, dans une maison isolée, de me procurer un gros chien de garde ; » ROMAINS, H. de b. vol., t. II, XIII, p. 133.

14 « Mon boulot consistait encore, d'autre part, avant l'heure des cours, à faire promener et pisser les chiens de garde du magasin. » CÉLINE, Voyage au bout de la nuit, p. 97.

— *Spécialt.* Service de surveillance qui revient périodiquement. *Être de garde,* être chargé de garder un poste, d'effectuer un certain service. *Les pages étaient de garde auprès de la reine* (Cf. Dame, cit. 10). *Garde de nuit.* V. **Veille, vigile**. *C'est son tour de garde. Garde d'écurie :* service de surveillance des chevaux dans une caserne ou un cantonnement.* — *Médecin, pharmacie de garde. L'interne de garde a dû faire une transfusion de sang.* V. **Service** (de service).

15 « Si mon compère Pierre est de garde aujourd'hui. » RÉGNIER, Satires, XI.

16 « Ceux qui étaient « de garde » allaient jusqu'à l'épuisement de la besogne, mais nous étions sans cesse de garde, car le flot des blessés arrivait, ininterrompu. » DUHAM., Pesée des âmes, VI.

17 « La malade allait fort mal... Éva ne quittait pas le logis de la nuit ; elle et Guiscard prendraient la garde à tour de rôle. » A. ARNOUX, Royaume des ombres, V, p. 145.

— *T. milit. Officier de garde.* V. **Service**. *Les hommes de garde* (Cf. Bord, cit. 5). *Sentinelle de garde.* V. **Faction**. *Prendre la garde.* — *Monter la garde :* se rendre à un poste pour le garder. *Garder, surveiller* (Cf. Couvrir, cit. 19). *Vedette* qui monte la garde.* — *Descendre la garde :* quitter le poste après son tour de garde.

18 « Oh ! ma première garde de nuit, cette course à tâtons dans le noir, dans la pluie, la patrouille roulant, se bousculant le long des talus mouillés... je restais là, l'arme haute, et le qui vive ! aux dents..., » DAUD., Contes du lundi, Mon képi.

19 « Pour entrer, il fallait faire vite pour que le cogne qui montait la garde auprès de la porte puisse ne rien avoir aperçu. » CÉLINE, Voyage au bout de la nuit, p. 208.

20 « Marguerite et la vieille Mᵐᵉ Salavin montaient la garde, à tour de rôle, auprès du malade. » DUHAM., Salavin, III, XXV.

21 « Les grosses reliures... montent chez lui la même garde d'honneur que les bocaux chez un pharmacien. » ROMAINS, H. de b. vol., t. V, XIV, p. 100.

— *T. de Mar.* V. **Quart**. *Garde au mouillage :* « service de veille confié à un ou plusieurs hommes, lorsque le navire est au mouillage » (GRUSS). — *Bâtiment de garde :* en rade ou dans une escadre, navire où se tiennent un médecin et un officier de service qui peuvent être réquisitionnés en cas de besoin.

‖ 4° Position de défense en vue d'éviter un coup, un danger.

— *Escr.* Attitude du corps, manière de tenir son arme pour parer* les coups ou attaquer. *Se mettre, se tenir, tomber en garde. Être en garde.* Ellipt. *En garde !* : mettez-vous en garde. *Être hors de garde :* dans une position qui donne prise aux coups de l'adversaire. *Une garde vulnérable, invulnérable, impénétrable... Avoir, tenir la garde haute, basse :* tenir la pointe du fleuret plus haut, plus bas que le poignet. *Fermer, serrer sa garde.* V. **Couvrir** (se). *Ouvrir sa garde :* se découvrir. — *Gardes,* au plur., se dit des différentes positions de l'arme. V. **Prime, quarte, quinte, seconde, tierce.**

22 « Un saut en arrière. En garde, Monsieur, en garde. » MOL., Bourg. gent., II, 2.

23 « ... son épée, quelque habile qu'elle fût, n'atteindrait point la poitrine de Sigognac défendue par cette garde impénétrable contre laquelle s'étaient brisés tous ses efforts. » GAUTIER, Capit. Fracasse, X, t. II, p. 3.

— *T. de Boxe.* Position du corps et des bras du boxeur prêt à parer les coups de l'adversaire ou à le frapper. *Garde classique. Fausse garde.*

« Pat Malone (un boxeur)... déplaça les pieds rapidement, rentra dans sa garde, et frappa pour la seconde fois. » 24
L. HÉMON, Battling Malone, p. 53.

‖ 5° *Fig.* V. **Vigilance**. *Être en garde, se mettre, se tenir en garde contre quelqu'un ou quelque chose.* V. **Attention** (faire), **précautionner** (se), **protéger** (se). Cf. Bergerie, cit. 2. *Mettre quelqu'un en garde.* V. **Alerter, avertir, prévenir**. *Mise en garde* (V. **Avertissement, conseil...**). *L'expérience m'a mis en garde contre de telles séductions, de tels entraînements.* V. **Cuirasser**.

« Soyons désormais en garde contre les louanges. Défiez-vous des gens que vous ne connaîtrez point. » LESAGE, Gil Blas, I, II. 25

« Au risque de te peiner, mon enfant, ne dois-je pas t'apprendre à connaître le monde et te mettre en garde contre des inimitiés imméritées ! » BALZ., Urs. Mirouët, Œuv., t. III, p. 345. 26

« Il était naturellement en garde du côté des sens, capable de tendresse mais d'une tendresse mâle, honnête. » STE-BEUVE, Proudhon, p. 99. 27

« Je vous mets en garde. Parce que vous êtes moins blasé que moi sur ce genre de commérages. » ROMAINS, H. de b. vol., t. II, XIV, p. 149. 28

« L'ai mise en garde contre la confusion du sacré et du profane. » MONTHERLANT, Pitié pour les femmes, p. 239. 29

« Cela peut, s'il a quelque esprit de finesse, le mettre en garde contre l'intempérance de jugement. » DUHAM., Disc. aux nuages, p. 9. 30

— *Être, se mettre, se tenir sur ses gardes.* V. **Aguet** (aux), **qui-vive** (sur le) ; **défier** (se), **méfier** (se). *Se tenir alerte* (cit. 5) *et sur ses gardes.*

« Les femmes ont un certain tact qui les avertit de l'approche du combat. La plupart d'entre elles s'y exposent ou parce qu'elles se sentent sur leurs gardes, ou parce qu'elles prennent plaisir au danger. » MUSS., Nouv., Les deux maîtresses, IV. 31

« Le monde juge de l'homme par la femme. Et il a raison. Et c'est pourquoi sois sur tes gardes !... Regarde bien, écoute beaucoup, parle peu ! » PAILLERON, Le monde où..., I, 2. 32

« Je me tiendrai toujours sur mes gardes, en ayant l'œil sur lui. » LAUTRÉAMONT, Ch. de Maldoror, II, p. 113. 33

« Mais tu sais, Henri est très fort. Demeure sur tes gardes ! Ne te laisse pas impressionner ni séduire. » VILDRAC, La brouille, III, 4. 34

‖ 6° PRENDRE GARDE. Faire, prêter attention* (Se précautionner pour éviter un danger, se protéger, ou simplement, être attentif à ce qui se passe autour de soi). *Prenez garde !* cri (cit. 18) exhortation pour avertir quelqu'un d'un danger, d'un risque. V. **Attention, casse-cou, gare**. Cf. *pop.* Gaffe (faire gaffe). *Prenez garde à vous :* faire bien attention (Cf. *infra* le comp. Garde-à-vous). *Prends garde à toi !* se dit en manière d'avertissement, de menace. *Qu'il prenne garde, il n'a qu'à bien se tenir* ! Prenez garde aux voitures en traversant la rue.* V. **Éviter, garer** (se) (Cf. Carrefour, cit. 4). *Prenez garde à la marche du corridor. Prenez garde à la peinture. Prenez garde à votre tête, la voûte est basse. Si vous n'y prenez garde, vous allez vous blesser* (Cf. Compromettre, cit. 10). *Une chose à laquelle vous devez prendre garde* (Cf. Avis, cit. 37). *Il faut prendre garde à tout.* V. **Aviser** (s'aviser, cit. 19), **considérer, penser, veiller ; œil** (avoir l'œil). *Sans qu'il y prenne garde, il se fait beaucoup d'ennemis.* V. **Apercevoir** (s'). Cf. Éloquent, cit. 2. *Sans prendre garde à ce qu'elle faisait* (Cf. Bas 2, cit. 4). *Elle chantonne sans prendre garde à lui.* V. **Occuper** (s'). *Il marche, distrait, sans prendre garde à personne* (Cf. Bout, cit. 44 ; chacun, cit. 14).

« Oh, oh ! je n'y prenais pas garde : 35
Tandis que, sans songer à mal, je vous regarde,
Votre œil en tapinois me dérobe mon cœur. » MOL., Préc. ridic., 9.

« Si tu as écouté ma conversation avec ma gouvernante, prends garde à tes oreilles. » MUSS., Fantasio, II, 1. 36

« Ma maîtresse vous fait dire, seigneur, que vous preniez garde à vous. Vous vous êtes attiré des haines implacables. » BALZ., Ress. de Quinola, I, 18. 37

« Voilà votre paletot, mon bon ami, prenez garde au froid ! Soignez-vous, ménagez-vous ! » FLAUB., Mᵐᵉ Bovary, II, VI. 38

« ... Augustin vivait à mes côtés sans prendre garde à ce qui se passait en moi, ni le soupçonner. » FROMENTIN, Dominique, III. 39

« L'amour est enfant de Bohème, 40
Il n'a jamais connu de loi ;
Si tu ne m'aimes pas je t'aime
Et si je t'aime prends garde à toi. » MEILHAC et HALÉVY, Carmen.

« La vieille grand-mère, qui était encore si fine à ses moments lucides, faisait semblant de ne pas prendre garde à lui. » LOTI, Pêch. d'Isl., III, XVII. 41

« C'est très curieux : je suis là, je lis et tout d'un coup, je ne sais d'où cela vient, je suis comme illuminé. D'abord je n'y prenais pas garde, puis je me suis résolu à faire l'achat d'un carnet. » SARTRE, La nausée, p. 140. 42

‖ PRENDRE GARDE, suivi d'un infinitif. — Vieilli. *Prendre garde à* (faire) : avoir soin de faire quelque chose. *Prenez garde à bien écouter tout ce qu'il vous dira.* V. **Efforcer** (s'), **tâcher, veiller**.

« Vous, prenez garde à bien représenter avec moi votre rôle de marquis... Tâchez donc de bien prendre, tous, le caractère de vos rôles... » 43
MOL., Impr. de Versailles, 1.

44 « Il n'y a presque point d'hommes dont le jugement soit supérieur à ses passions. Il faut donc bien prendre garde, lorsqu'on veut se faire estimer, à ne pas se faire haïr, mais tâcher au contraire de se présenter par des endroits agréables... »
VAUVEN., Intr. à la connaiss. de l'espr. hum., XL.

— *Prendre garde de* (faire) : s'efforcer d'éviter de, avoir soin* de ne pas (faire). *Prenez garde de tomber* (ACAD.). *Prends garde de te laisser abattre. Il faut prendre garde d'attraper froid.* — REM. Cette construction vieillit. V. **Attention** (faire), **craindre, éviter, garder** (se).

45 « — Vous voulez donc faire de la France une caserne. — Et vous, prenez garde d'en faire un cimetière. »
J. FAVRE et Maréchal NIEL, Dial. (in GUERLAC, p. 283).

46 « ... il marchait doucement, il prenait garde de faire du bruit dans la chambre voisine du silencieux Olivier ; »
R. ROLLAND, Jean-Christ., Dans la maison, I, p. 938.

47 « La voix de tante Adèle me tira de ma contemplation. — Prends garde d'avoir froid ! »
ESTAUNIÉ, Tels qu'ils furent, II, III, p. 202.

— *Prendre garde de ne pas* (faire) : avoir soin de ne pas (faire). *Prends garde de ne pas marcher sur les tombes* (Cf. Éviter, cit. 8). — REM. Cette construction avec une négation admise par LITTRÉ qui donne deux exemples de BOSSUET, n'est pas signalée dans ACAD. 8e éd. De nos jours, elle est parfois considérée comme populaire (Cf. *infra*, cit. 48 BRUNOT) et sujette à équivoque (Cf. *infra*, cit. 50 HANSE).

48 « **Prends garde de tomber** (le peuple dit : *de ne pas tomber*). »
BRUNOT, Pens. et lang., p. 560.

49 « Prenez bien garde de ne pas tacher vos tabliers. »
AYMÉ, Contes du chat perché, p. 64 (in GREVISSE).

50 « *Prends garde de ne pas le rencontrer* n'a-t-il pas l'air de s'opposer exactement à *Prends garde de le rencontrer* ? » HANSE, Dict., Garde.

‖ PRENDRE GARDE QUE, suivi d'une proposition complétive à l'indicatif ou plus ordinairement, au subjonctif. V. **Attention** (faire attention que), **éviter** (que).

51 « Cette locution a, selon le mode du verbe subordonné, et aussi selon que la subordonnée est positive ou négative, des sens tout différents. — 1°) Devant un verbe au *subjonctif*, elle signifie « faire en sorte qu'une chose soit » (ou, s'il y a une négation, « ne soit pas ») : « *Prenez garde, mon fils, que vous entendiez* tout ce que vous faites » BOSS., Serm. char. frat. (1662, péroraison), faites en sorte de bien comprendre ; Cf. : « *Surtout, prends garde qu'on ne te voie !* » GYP, Bijou, XIII, 231. Que l'on remplace dans ces phrases *prendre garde que* par les expressions de même sens *veiller à ce que* ou *faire en sorte que*, le subjonctif s'y accompagnera ou non (comme dans ces exemples) de *ne*, selon le sens. Aussi s'étonne-t-on un peu de la construction suivante, où *ne* manque, malgré le sens : « *Prenez garde que le Dieu vous entende* » FRANCE, Lys rouge, X, 157 (cependant le contexte indique une intention prohibitive = ne vous entende). — 2°) Devant un *indicatif*, l'expression signifie : être attentif à observer, à constater un fait : « *Mais prenez garde que* toutes ces histoires de maîtres supposés sont de vieilles finesses » BEAUMARCH., Barb. de Sév., III, 2... »
G. et R. LE BIDOIS, Syntaxe du fr. moderne, t. II, p. 355.

— A. Suivi de l'indicatif. *Prends garde qu'il fait très froid. Prenez garde qu'il va revenir.* V. **Noter, observer, remarquer, savoir.** — Avec une négation : ne pas faire attention. *Ils n'ont pas pris garde que tout le monde pouvait les voir.*

52 « Prenez garde que, s'il ne dit pas cette dernière phrase, il la pensera. »
ROUSS., Émile, III.

53 « Prenez garde que les paysans sont volontiers incestueux, ivrognes et parricides, comme l'a montré Zola. »
FRANCE, Orme du Mail, Œuv., t. XI, p. 140.

54 « Mais prenons garde que cet esprit émeut toutes nos puissances... »
BARRÈS, Colline inspirée, XX.

— B. Suivi du subjonctif. — a) Sans *ne* (vx.). Veiller à ce qu'une chose soit (Cf. *supra* l'exemple de Bossuet, cité par LE BIDOIS.) — b) Avec *ne* dans la subordonnée : Veiller à ce qu'une chose ne soit pas. *Prenez garde qu'il ne s'en aperçoive.* — REM. Dans le langage parlé, pour insister sur l'idée négative, donner de la force à un avertissement, on ajoute souvent *pas* : *Prenez garde qu'il ne s'en aperçoive pas !*

55 « Prends garde que jamais l'astre qui nous éclaire
Ne te voie en ces lieux mettre un pied téméraire. »
RAC., Phèd., IV, 2.

56 « Prends garde, jeune pilote, que ton câble ne file ou que ton ancre ne laboure, et que le vaisseau ne dérive avant que tu t'en sois aperçu. »
ROUSS., Émile, I, p. 11.

57 « Prenez garde, en ouvrant, que la porte ne grince ! »
Ed. ROSTAND, L'Aiglon, VI, 2.

58 « ...ma mère prenait garde que rien ne clochât dans ma tenue, puis on partait pour l'église. » PROUST, Rech. t. p., t. I, p. 154.

— *Prendre garde à ce que... Prenez garde à ce qu'il n'attrape pas froid.*

59 « M. de Maupassant prend garde à ce que son peintre ne soit jamais un héros. » FRANCE, Vie littér., III, p. 375.

‖ 7° N'AVOIR GARDE DE (faire une chose) : S'abstenir soigneusement, n'avoir aucunement l'intention, être bien éloigné de (la faire). V. **Garder** (se). *Il n'a garde de tromper, il est trop honnête homme* (ACAD.). *Ils n'eurent garde de rétablir cette coutume* (Cf. Amovibilité, cit.), *de préciser davantage* (Cf. Astrologue, cit. 5), *de protester* (Cf. Criailler, cit.). *Je n'aurais garde d'oublier son nom.*

60 « *N'avoir garde de* subit au cours des temps une série de changements de sens qui finissent par lui donner une valeur positive : ne pas craindre, ne pas faire attention à, ne pas se soucier de, n'attacher aucune importance à, ne pas songer à, être éloigné de, se garder de. *N'avoir garde* présente ainsi un *ne* explétif qu'on pourrait qualifier de fossile... » NYROP, Gramm. histor. de la l. fr., t. VI, p. 43.

61 « Elle (la locution *n'avoir garde*) a certes aujourd'hui un caractère plus littéraire qu'usuel, mais elle est connue de tous les Français à cause de sa présence dans :
La tour, prends garde (bis) de te laisser abattre !
Nous *n'avons garde* de nous laisser abattre.
(Ronde enfantine française)
... Historiquement, il peut sembler surprenant que *n'avoir garde de* (où *avoir garde* est affecté de *ne*) en soit arrivé à un sens proche de *se garder de*... Cette bizarrerie, pourtant, s'explique aisément : *se garder*, c'est prendre des précautions pour éviter le danger ; *n'avoir garde*, au sens originel, c'est ne même pas prendre de précautions, tant on considère le péril comme négligeable. »
DAMOURETTE et PICHON, Essai de gramm., t. VI, p. 167.

62 « ... on ne doit point risquer l'affaire, et ce sont des suites fâcheuses, où je n'ai garde de me commettre. » MOL., Avare, IV, 3.

63 « Excellent tireur, et connaissant parfaitement la maladresse de son adversaire, il n'aurait eu garde d'abuser de ses avantages et de chercher à l'atteindre... »
R. ROLLAND, Jean-Christ., Dans la maison, II, p. 1022.

64 « Je n'aurai garde... d'omettre certains détails. »
P. BENOIT, Alberte, p. 11.

65 « N'ayons garde d'oublier le critique insigne des Prétextes et autres essais... » Y. GANDON, Démon du style, p. 17 (note 1).

— Vx. *N'avoir garde de*, avec un sujet de choses : ne pas pouvoir. *Cette permission n'avait garde de lui être refusée* (ACAD.).

‖ 8° *Vx.* (ou arch.). SE DONNER GARDE DE. Se défier, éviter. — REM. L'Académie (8e éd. 1932) enregistre encore cette locution que certains auteurs modernes emploient encore par archaïsme. La tournure *Se donner de garde* (encore dans GAUTIER) semble complètement sortie de l'usage.

66 « *Se donner de garde*, ou plus souvent *Se donner garde de*, signifie Se défier, se précautionner, éviter. *Donnez-vous garde qu'on ne vous attaque. Donnez-vous garde de cet homme. Donnez-vous garde de toucher à cela.* » ACAD., (8e éd.), Garde.

67 « Si vous avez quelque talent en prose, donnez-vous de garde d'en montrer en vers ; si vous êtes distingué dans les lettres, ne prétendez pas à la politique : tel est l'esprit français et sa misère. »
CHATEAUB., M. O.-T., t. III, V, p. 8.

68 « Elle se donnait bien de garde d'attribuer ses caresses à une simple amitié. » GAUTIER, Mlle de Maupin, XII.

69 « Mais donne-toi garde : je reviendrai ! »
R. VERCEL, La clandestine, p. 155.

70 « Donnez-vous garde de recevoir un mauvais coup. »
ID., Ibid., p. 99.

II. (Sens collectif). Groupe de personnes qui gardent (V. **Milice, troupe...**).

‖ 1° Ensemble des hommes chargés de garder, de protéger la personne d'un souverain, d'un chef... V. **Escorte.** *Le roi apparut entouré de sa garde* (Cf. Adjoindre, cit. 1). *La garde royale, impériale. Effectifs d'une garde.* — *La garde du corps d'un roi, d'une haute personnalité...*

71 « La Mort a des rigueurs à nulle autre pareilles ;
Et la garde qui veille aux barrières du Louvre
N'en défend point nos rois. » MALH., Consol. à M. du Périer.

— *Garde d'honneur,* groupe de personnes chargées d'accompagner un souverain, un haut personnage pendant un voyage, un séjour dans un lieu, etc. (Cf. Estafette, cit. 2). — *Au fig.* Cf. Étamine 2, cit. 1.

— Hist. *Garde prétorienne** (V. **Cohorte**). *Garde royale,* composée de la *garde du dedans* (cent-gardes, gardes de la porte, de la prévôté...) et de la *garde du dehors* (gendarmes, chevau-légers, gardes françaises). *Garde noble pontificale**. *Garde constitutionnelle,* donnée à Louis XVI par l'assemblée législative. *Garde du Directoire, garde consulaire.* — *Par ext.* En parlant de corps de troupe à effectifs importants, et non plus d'une garde personnelle, affectée à une personne ou à un ensemble de personnes. *Garde impériale,* créée en 1804, augmentée en 1810 par la création de la *Jeune Garde. La garde impériale comptait plus de 120.000 hommes en 1814. Grenadiers, voltigeurs, cuirassiers de la garde* (Cf. Ébranlement, cit. 2 ; exploit, cit. 5). *Garde nationale,* de 1789 à 1871, corps de citoyens armés chargés de maintenir l'ordre intérieur et de contribuer à la défense du territoire (Cf. Émeute, cit. 5 ; exercer, cit. 41 ; fédération, cit. 7). V. **Milice.** — *Garde nationale mobile,* corps de la gendarmerie*, qui forme des cadres de l'armée active en temps de guerre (abrév. *la garde mobile, la mobile*). — *Garde municipale,* garde chargée de la police militaire de Paris, appelée aussi garde républicaine (abrév. *la garde*). *La musique de la garde va donner un concert aux Tuileries. La garde républicaine mobile,* corps de gendarmerie chargé de la protection du territoire.

72 « Le mot : *La garde meurt et ne se rend pas,* est une invention qu'on n'ose plus défendre. » CHATEAUB., M. O.-T., t. IV, V, p. 19.

73 « Derrière un mamelon la garde était massée,
La garde, espoir suprême et suprême pensée !
« Allons ; faites donner la garde ! » cria-t-il ;
...
La garde impériale entra dans la fournaise. »
HUGO, Châtim., V, XIII, 2.

74 « ... je puis vous jurer qu'il n'y a pas à badiner avec ce qu'on appelle la Garde impériale. »
BALZ., Ténébreuse affaire, Œuv., t. VII, p. 561.

75 « ... la Garde nationale qui met sur le même lit de camp l'épicier du coin et le marquis... »
ID., Vieille fille, Œuv., t. IV, p. 325.

76 « On y croyait si bien à cette garde nationale ! »
DAUD., Contes du lundi, Mon képi.

— Fig. *Vieille garde* : Les amis fidèles et anciens partisans d'un chef d'État, d'un politicien, etc. (Cf. Défaveur, cit. 4). — *Par ext.* et *péjor. :* Vieille femme qui ne veut pas renoncer à la galanterie.

|| **2°** Ensemble des soldats en armes qui occupent un poste, exercent une surveillance (V. **Guet, sentinelle, vigile**): *La garde d'un camp, d'un campement... Commandant de la garde, du guet**, *au moyen âge.* V. **Chevalier** (du guet). *Appeler la garde. À la garde ! Garde montante,* qui va prendre son service ; *garde descendante,* qui vient de terminer son service. *Inspection de la garde montante. Changer la garde. La relève de la garde* (Cf. Combler, cit. 13 ; fonctionner, cit. 6). *Renforcer la garde en cas d'alerte. Garde de police,* groupe de soldats placés à l'entrée d'une caserne et chargés de veiller au bon ordre. *La garde du drapeau**.

77 « Par mon commandement la garde en fait de même,
Et se tenant cachée, aide à mon stratagème ; »
CORN., Cid, IV, 3.

78 « Faites doubler la garde aux murs et sur le port. »
ID., Ibid., II, 6 (var. de 1637).

79 « Est-ce quand tout le monde court à ses fenêtres, crie : A la garde ! éclaire les rues, que les voleurs s'y promènent ? »
BALZ., Une fille d'Ève, Œuv., t. II, p. 84.

80 « Un peu comme dans l'armée. Tous les trucs de relève de garde, de sentinelles, de mots de passe, ça ne fonctionne en cas de péril, que parce qu'on s'y est astreint, même quand il n'y avait pas de péril. »
ROMAINS, H. de b. vol., t. IV, XVI, p. 168.

— *Par ext.* Batterie de tambour destinée à prévenir les hommes qui doivent prendre la garde. *Battre la garde.*

— Art milit. *Avant-garde** (V. **Couvrir**). *Arrière-garde**. — Autrefois. *Grand'garde,* corps de cavalerie chargé de surveiller l'ennemi. *Garde avancée* (ou *garde folle*), garde placée en avant de la grand-garde. *Flanc-garde**.

— *Corps de garde,* groupe de soldats chargés de garder un poste, un bâtiment, une caserne. *Le corps de garde d'un château. Allez vous présenter immédiatement au corps de garde.* — *Histoire, plaisanterie de corps de garde :* histoire, plaisanterie grossière. *Anecdote à faire rougir un corps de garde.*

81 « Les quolibets que je hasarde
Sentent un peu le corps de garde »
LA FONT., Lett., XXIII (in LITTRÉ).

82 « Nous vimes une troupe que nous crûmes les gens du corps de garde... « Qui vive ! » firent-ils en s'approchant... »
BARBEY d'AUREV., Chev. des Touches, VII, p. 188.

— *Par ext.* Local ou bâtiment dans lequel se tiennent les soldats de garde. *Le corps de garde du château est abandonné.*

83 « Cette voûte, sous laquelle est pratiqué le corps de garde, se clôt du côté du quai par une grande porte pleine à deux battants... »
HUGO, Hist. d'un crime, I, XIV.

— *T. de Mar.* Ensemble des marins qui assurent le service des factions, rendent les honneurs et prêtent main-forte en cas de besoin.

III. Choses qui gardent. — *Garde* (d'une épée*, d'un sabre*, d'un poignard*) : rebord placé entre la lame et la poignée, et servant à protéger la main (Cf. Dague, cit. 1 ; espadon, cit. 2). V. **Protection.** *Coquille** *et branches de la garde. Mettre la main sur la garde de son épée* (Cf. Attitude, cit. 5). *Enfoncer, plonger un poignard jusqu'à la garde.*

84 « À ces mots, il tourna la pointe de son épée contre son estomac, la plongea jusqu'à la garde, et tomba sur le corps de don Juan. »
LESAGE, Diable boiteux (in LITTRÉ).

85 « Je bondis sur lui... et je lui plongeai mon sabre jusqu'à la garde dans le dos... » BARBEY d'AUREV., Diaboliques, Dîner d'athées, p. 360.

— Fig. *S'enferrer jusqu'à la garde :* s'enfoncer* dans l'erreur, se tromper complètement, se mettre dans une situation inextricable*. — (Vieilli). *S'en donner jusqu'à la garde, jusqu'aux gardes :* se livrer à des excès ; manger ou boire immodérément. V. **Enivrer** (s'), **soûler** (se).

86 « ... la Rappinière but tant qu'il s'enivra, et la Rancune s'en donna aussi jusques aux gardes. » SCARRON, Rom. comique, I, 4.

— *Gardes, pages de garde :* pages qui se trouvent au commencement et à la fin d'un livre, entre le titre (ou l'avant-titre) et la couverture. « Elles peuvent soit faire partie des premières et dernières feuilles de l'ouvrage, soit être placées par le brocheur ou le relieur » (Essai de termin.

de la Bibliogr. de la France). V. **Reliure***. *Gardes blanches d'un livre broché. Gardes jaspées, recouvertes de soie... d'un livre relié. Garde de front ; garde de queue.*

87 « ... le curé mettait ses lunettes pour lire trois numéros écrits de la main du défunt Minoret sur la garde en papier vélin coloré, collée intérieurement par le relieur sur la couverture, et qu'Ursula venait d'apercevoir. » BALZ., Urs. Mirouët, Œuv., t. III, p. 471.

— *T. de serrurerie* (plur.). Pièces placées à l'intérieur d'une serrure pour empêcher qu'une autre clé ne puisse l'ouvrir. V. **Bouterolle.** « *Il faut changer les gardes de la serrure quand on a perdu la clé* » (ACAD.).

— Technol. *Plaque de garde,* pièce servant à protéger une partie délicate d'un mécanisme, etc. — Mar. *Palans de garde* et absolt. *Gardes :* Palans qui maintiennent la corne d'artimon.

— *Véner.* Ergots du cerf, du sanglier ; leurs traces.

88 « Les traces (*de la bête*) n'étaient malheureusement pas claires... Impossible de juger aux gardes, aux traces de derrière, à rien. »
GENEVOIX, Forêt voisine, IX.

— *T. de jeu de cartes.* Basse carte qui sert à défendre une carte plus forte de la même couleur. *J'ai la garde au roi. Avez-vous la garde à trèfle ? Un bon joueur conserve toujours des gardes.* — Fig. *Avoir garde à carreau,* se tenir prêt à toute éventualité. V. **Carreau** (se tenir à carreau).

89 « ... moi, je cherche à leur plaire en leur donnant une part réelle dans d'excellentes spéculations ; mais j'ai une garde à carreau. »
STENDHAL, Rom. et nouv., Féder, IV.

DER. — Gardien.

COMP. — Avant-garde, arrière-garde. — Contre-garde. *n. f. Fortif.* Ouvrage construit au-dessus d'un bastion, d'une demi-lune, etc. — Flanc-garde. Sous-garde*. — Garde-à-vous. || 1° *Loc.* Abréviation de « prenez garde à vous ». En *T. milit.* Commandement ordonnant aux soldats de se tenir debout, dans une attitude d'immobilité attentive et respectueuse. V. **Fixe** (ANT. **Repos**). *Quand un sous-officier entre dans une chambrée, le premier soldat qui l'aperçoit crie : « Garde à vous ! »* — Sonnerie de trompette ou de clairon correspondant à ce commandement. || 2° *Par ext. N. m.* Position immobile du soldat qui est prêt à exécuter un ordre. *Se mettre, rester au garde-à-vous. Un garde-à-vous impeccable.* — *Par anal.* Attitude de celui qui, par crainte ou déférence, reste immobile et droit. *Fig.* Attitude contrainte, raidissement.

1 « Ce fut donc une halte bien dans une oasis, un bonheur rare et bien apprécié pour ces personnages habituellement en proie au *garde-à-vous* du monde, des salons et de la politique. »
BALZ., Secr. princ. Cadignan, Œuv., t. VI, p. 37.

2 « J'aime certain laisser-aller et l'abandon au naturel ; c'est une des formes de la sincérité sans laquelle je ne me sens pas à mon aise. Il est quantité de gens qui, dès l'éveil, se mettent au « garde-à-vous » et cherchent à remplir leur personnage. Même seuls, ils se campent. »
GIDE, Ainsi soit-il, p. 187.

3 « Sous ce regard d'opprobre, le messager vacillant se remit au « garde-à-vous », les petits doigts sur la couture du pantalon comme il se doit dans ces cas-là. »
CÉLINE, Voyage au bout de la nuit, p. 21.

4 « Il y eut quelques secondes de silence. L'officier regardait Charlot dans les yeux ; autour de Mathieu, les types regardaient l'officier. Charlot se mit au garde-à-vous. — À vos ordres, mon lieutenant. »
SARTRE, Mort dans l'âme, p. 146.

2. GARDE. *n. m.* (XIIe s. ; de *garder*). Qui garde, conserve, surveille, défend. V. **Garder.**

|| **1°** Celui qui garde une chose, un dépôt, un lieu. V. **Conservateur, dépositaire, entreposeur, gardien, surveillant.** *Garde des meubles de la couronne* (V. **Garde-meuble**). *Garde général des archives. Garde de la bibliothèque du roi.* V. **Bibliothécaire** (cit.). *Garde du trésor royal.* V. **Chambrier.** *Garde de la porte.* V. **Huissier.** *Garde des récoltes.* V. **Messier.** *Garde d'un immeuble.* V. **Concierge.**

— *Garde des sceaux.* Ministre auquel sont confiés les sceaux de l'État (anciennement, Chancelier* ; aujourd'hui, Ministre de la Justice*). Cf. Arguer, cit. 2 ; braise, cit. 2.

1 « Clemenceau ayant, en janvier 1908, remanié son cabinet, Briand, promu Garde des sceaux et vice-président du Conseil, était passé de la rue de Grenelle à la Place Vendôme. »
V. MARGUERITTE, A. Briand, p. 113.

— *Forêts. Garde général,* officier des Eaux et forêts chargé de la direction d'un district forestier. — *Garde particulier,* nommé et appointé par un propriétaire foncier. V. **Forestier, garde-chasse.**

— *Garde champêtre**, agent de la force publique, préposé à la garde des propriétés rurales, dans une commune (s'écrit parfois avec un trait d'union).

2 « Les évêques, a-t-il dit, sont des préfets spirituels. Je les protégerai... Et par eux je tiendrai les gardes champêtres des âmes : les curés. »
FRANCE, Lys rouge, XXXIII.

3 « Et il y eut d'abord une citation en correctionnelle, apportée par Bobin, le garde champêtre. » GENEVOIX, Raboliot, II, 2.

— *Spécialt.* Soldat qui surveille un poste, un dépôt de munitions, un arsenal, etc. V. **Sentinelle.**

4 « Tout se tait fors les gardes
Aux longues hallebardes,
Qui veillent aux créneaux
Des arsenaux. »
MUSS., Prem. poés., Venise.

— *Garde de nuit.* V. **Guetteur, réveilleur.**

|| 2° Celui qui a la garde d'un prisonnier. V. **Garde-chiourme, gardien, geôlier**. *Il a trompé la surveillance de ses gardes* (Cf. Accusé, cit. 1).

|| 3° Celui qui veille sur la personne d'un souverain, d'un prince, d'un chef d'armée. *Les gardes du roi. Louis XIV était toujours entouré de gardes* (Cf. Déguenillé, cit. 1 ; exempt, cit. 17). *Il appela aussitôt ses gardes. Gardes, emmenez-le ! Les gardes d'honneur de l'empereur* (Cf. Enfoncer, cit. 14 ; épaulette, cit. 2). *Il sortit escorté de ses gardes.* V. **Escorte**.

5 « Gardes, qu'on obéisse aux ordres de ma mère. »
RAC., *Britannicus*, IV, 2.

6 « Quand le Roi ira voir le cardinal, les gardes de celui-ci ne quitteront pas les armes ; et quand le cardinal ira chez le roi, ses gardes partageront le poste avec ceux de Sa Majesté. »
VIGNY, *Cinq-Mars*, XXIV.

7 « Un chrétien est un roi toujours pressé de gardes. »
MAURIAC, *Souffr. et bonh. du chrét.*, p. 175.

— *Garde du corps*, chargé de garder la personne du souverain. V. **Licteur, mameluk, prétorien**. *Au XVIIe siècle, les gardes du corps portaient une casaque*. L'institution des gardes du corps fut supprimée en 1792 et rétablie par Louis XVIII* (Cf. Escadron, cit. 4). — Par abrév. : *garde* (gardes). *Le capitaine des gardes.* — *Fig.* Personne qui en suit toujours une autre comme ferait un garde. *Il ne sort jamais qu'avec son garde du corps.* V. **Satellite**.

8 « L'ingrate Sophie elle-même trahit son jeune cavalier pour un garde du corps de la compagnie de Grammont. »
NERVAL, *Fragm.*, Sylvie, III.

9 « Le voilà, le bel objet ! avec ses gardes du corps ! »
PAILLERON, *Le monde où...*, I, 14.

10 « — Vous savez que je suis nommé mestre de camp ?
— Bravo. — Du régiment des gardes. — Ah ! des gardes ? »
Ed. ROSTAND, *Cyr. de Bergerac*, III, 2.

— Dans un sens plus général : tout homme armé qui fait partie d'un des corps spéciaux appelés *gardes* (V. GARDE 1). *Garde royal, impérial, national, civique, municipal, garde républicain.* — *Des gardes nationaux* (Cf. Avanie, cit. 4). *Gardes nationaux fédérés.* V. **Fédéré**. *Le régiment des gardes françaises* (ou, par abrév., *des gardes*). *Le capitaine aux gardes :* le capitaine du régiment des gardes. *Un garde française* (Cf. *infra*, cit. 15). *Un cent-gardes*. V. **Cent-Suisses**. *Un garde mobile.* V. **Moblot**. *Un garde noble.*

11 « Ces gardes françaises... étaient furieux dès longtemps, exaspérés contre les journaux, les agitateurs démocrates, qui les appelaient mouchards de Lafayette. »
MICHELET, *Hist. Révol. fr.*, V, VIII.

12 « Là aussi il y avait une grande animation. Gardes nationaux, bourgeois, gardes mobiles criaient, s'agitaient. »
DAUD., *Contes du lundi*, Le porte-drapeau, IV.

13 « L'approche de l'ennemi, tant annoncée, enfin imminente, se sentait au désert de la banlieue, au sérieux de nos grand-gardes. »
ID., *Robert Helmont*, Préf., p. 6.

14 « Mais la loge du concierge était pleine de gardes mobiles. Bientôt, un garde sortait, avec son casque, ses molletières cirées ; il réglait la courroie de son mousqueton. »
P. NIZAN, *Cheval de Troie*, VI.

15 « ...un garde française, un garde républicaine. Cf. *Un cent-Suisse*, c'est-à-dire un des Cent-Suisses..., *un chevau-léger*, c'est-à-dire un homme du corps de troupe appelé les *chevau-légers. Un garde-française...* est resté... en usage... On néglige *un garde républicaine*, attestée par de vieux Parisiens qui ont vu 1848 et 1871 a absolument disparu devant un *garde-républicain* » (où le substantif garde *est masculin*). »
DAMOURETTE et PICHON, *Ess. de gramm. de la l. fr.*, t. I, p. 411.

— T. de Mar. *Gardes de la marine* (ou *gardes-marine*) : membres d'une compagnie de jeunes gentilshommes qui jouaient, avant la Révolution, le rôle des aspirants de notre époque. — *Gardes du pavillon-amiral*, chargés de la garde de la marque de l'amiral (1716-1786). — *Garde d'artillerie*, sous-officier chargé du matériel de l'artillerie de marine. — *Garde maritime.* V. **Garde-pêche**.

COMP. — **Cent-gardes**. Cf. *infra* Garde-...

3. GARDE. *n. f.* (XVIIIe s., ellipse de *Garde-malade**). Celle qui garde un malade, un enfant. V. **Garde-malade, infirmière, nurse**. *La garde a veillé toute la nuit. Laisser un bébé avec la garde.* — REM. Certains grammairiens (Cf. DAMOURETTE et PICHON, *Essai gramm...*, paragr. 335) considèrent ce mot comme la forme féminine normale du précédent.

1 « Tout le monde empiète sur un malade... ; et il n'y a pas jusqu'à sa garde qui se croie en droit de le gouverner. »
VAUVEN., *Réfl. et max.*, 436.

2 « La garde était à la cuisine. La dispute dégénéra en bataille... »
COCTEAU, *Enf. terribles*, p. 65.

4. GARDE-... Élément initial de mots composés (considérés tantôt comme représentant le verbe *Garder*, tantôt comme le substantif *Garde 2*). — REM. La formation du pluriel des noms composés commençant par le mot *garde* n'est pas soumise à des règles fixes. On a tendance à écrire *gardes* lorsque le mot désigne des êtres humains (douaniers gardes-côtes, des gardes-chasse), et à laisser *garde* invariable lorsqu'il s'agit de choses (des garde-côtes, des garde-feu). Quant au nom complément, il prend d'ordinaire la marque du pluriel (le composé étant considéré comme un nom simple : *des gardes-barrières*) ; mais si le sentiment de

la composition est dominant, il peut rester invariable (*des gardes-chasse*, interprété « des gardiens de la chasse »). Dans la pratique, ces deux possibilités se réalisent : *des gardes-magasin(s)*. (Cf. NYROP, Gramm. hist., t. II, p. 249.

« ... le mot *garde* (dans ces composés) ayant cette particularité d'être tantôt nom, tantôt verbe, son accord avec le déterminatif (pluriel) est fonction de la manière dont il est pensé. Si l'on écrit, sans accord, *des garde-cendre, des garde-feu*, c'est que l'on veut désigner par là ce qui garde la cendre ou le feu *; garde* est pensé alors comme verbe, de là son invariabilité. On écrit *des gardes-côte(s), des gardes-chasse*, parce que *garde* est pris comme nom... Ce qu'il faut noter, c'est que de nos jours la tendance est de plus en plus accusée d'accorder *garde*, du moins lorsque ce qui domine dans la pensée, c'est sa valeur de substantif ; or il en est ainsi quand le nom composé désigne non des choses, mais des êtres humains. »
G. et R. LE BIDOIS, *Synt. du fr. moderne*, t. II, paragr. 1006 (pp. 134-135).

GARDE-BARRIÈRE. *n. m. et f.* (1865). *Ch. de Fer.* Personne qui surveille un passage* à niveau sur une voie ferrée. V. **Barrière**. *La maisonnette du garde-barrière, de la garde-barrière.* — Pl. *Des gardes-barrière(s)*.

« Le voyageur du train rapide a-t-il bien le temps de percevoir les sentiments qu'exprime le regard de la garde-barrière ? »
DUHAM., *Salavin*, III, XIV.

GARDE-BŒUF. *n. m.* (1866 in LITTRÉ). Échassier de la famille des *Ardéidés** (Hérons), qui se pose sur les bœufs*, les buffles, les éléphants pour manger les larves parasites logées dans la peau de ces animaux. *Le garde-bœuf est aussi appelé* pique-bœuf. V. **Héron**. — Pl. *Des garde-bœuf(s)*.

GARDE-BOUE. *n. m. inv.* (fin XIXe s. in NOUV. LAR. ILL.). Bande de métal incurvée qui recouvre en partie la roue d'une bicyclette ou d'une automobile, et protège contre les éclaboussures. V. **Aile** (de voiture), **garde-crotte**.

« Il regardait filer les voitures... Elles filaient, si lourdement chargées qu'à chaque ressaut les garde-boue raclaient les pneus ; »
SARTRE, *Le sursis*, p. 90.

GARDE-BOUTIQUE. *n. m. inv.* (1642 OUDIN). *Vx.* Objet que le marchand ne peut pas vendre et qui reste en boutique (On dit plutôt aujourd'hui un *rossignol**).

GARDE-CANAL. *n. m.* (1872 in P. LAR.). Agent des Ponts et chaussées qui surveille les canaux et constate les délits de pêche. — Pl. *Des gardes-canal* ou *gardes-canaux*.

GARDE-CENDRE. *n. m.* (1866 LITTRÉ). Petite bande de métal que l'on place devant une cheminée* pour empêcher les cendres ou les charbons de tomber dans la pièce. V. **Garde-feu**. — Pl. *Des garde-cendre(s)*.

GARDE-CHAÎNE. *n. m.* (1771 TRÉV.). || 1° Mécanisme de montre* destiné à empêcher la chaîne de se casser. || 2° Enveloppe qui recouvre la chaîne d'une bicyclette, d'une motocyclette. V. **Carter**. — Pl. *Des garde-chaîne(s)*.

GARDE-CHASSE. *n. m.* (1690). Homme préposé à la garde du gibier dans un domaine privé (Cf. Entretien, cit. 2). — Pl. *Des gardes-chasse(s)*.

« Tous les jours, à cinq heures du matin, la cloche résonnait faiblement. C'était le garde-chasse qui réveillait Gaston, la cloche se trouvant près de sa fenêtre. Le jeune homme se levait et partait pour la chasse. »
MUSS., *Nouv.*, Margot, V.

GARDE-CHIOURME. *n. m.* (1828). Surveillant des forçats, dans un bagne ou une galère* (Cf. Bagne, cit. 1 ; évasion, cit. 1). V. **Geôlier, surveillant ; chiourme**. — *Par ext.* Surveillant brutal et sans scrupules. — Pl. *Des garde(s)-chiourme(s)*.

1 « C'était donc là ce Bordenave, ce montreur de femmes qui les traitait en garde-chiourme... »
ZOLA, *Nana*, I.

2 « Pendant trois semaines, j'ai obéi, du matin au soir, à des chefs d'équipes, pareils à des gardes-chiourmes, qui criaient : « Soulevez ces poutres ! Portez ces sacs ! Traînez ces brouettes de sable ! »
MART. du G., *Thib.*, t. VI, p. 226.

GARDE-CORPS. *n. m. inv.* (XVe s. FROISSART in LITTRÉ). || 1° *T. de Mar.* Cordage tendu sur le pont d'un navire pour servir d'appui aux matelots. V. **Filière** (1°). — Balustrade qui garnit le bord d'un navire. — *Faux garde-corps :* cordage fixé à la tête du beaupré, servant à diriger ce mât quand on le met en place. V. **Bastingage, herpe, rambarde**. || 2° Parapet établi pour empêcher de tomber d'un pont, d'un lieu élevé. V. **Garde-fou ; balustrade**.

GARDE-CÔTE. *n. m. et adj.* (1617). || 1° *Anciennt.* Service de guet le long des côtes. — Adj. *Grenadiers gardes-côtes, canonniers gardes-côtes.* — Aux États-Unis : douaniers chargés de surveiller les côtes. *Douaniers gardes-côtes.*

« Ils me croient guillotiné de ce matin, et prennent campos, messieurs les gardes-côtes ! »
BARBEY d'AUREV., *Cheval. des Touches*, IX, p. 221.

|| 2° *Mar. milit.* Vaisseau cuirassé à faible rayon d'action, chargé de défendre les côtes. *Le garde-côte « Requin » se distingua dans la défense du canal de Suez.* — Pl. *Des garde-côte(s)*.

|| 3° *Mar. march.* Petits bateaux du genre cotre, chargés de surveiller la pêche le long des côtes. V. **Garde-pêche, navire**.

GARDE-CROTTE. *n. m.* (XIXe s.). *Vieilli.* Bande de cuir ou de métal fixée au-dessus des roues d'une voiture, d'une bicyclette, etc., pour garantir de la boue. V. **Garde-boue, pare-boue**. — Pl. *Des garde-crotte.*

« — Allons, Léon, en voiture ! dit le notaire. Homais se pencha sur le garde-crotte et, d'une voix entrecoupée par les sanglots, laissa tomber ces deux mots tristes : — Bon voyage ! » FLAUB., *Mme Bovary*, II, VI.

GARDE-FEU. *n. m.* (1680). Grille de toile métallique, plaque de tôle que l'on place devant une cheminée pour se préserver des étincelles. V. **Cheminée, garde-cendre, paravent.** — Pl. *Des garde-feu.*

GARDE-FOU. *n. m.* (1611 COTGRAVE). Parapet*, balustrade*... que l'on met au bord d'un fossé, d'un pont, d'un quai, d'une terrasse pour empêcher de tomber. V. **Barrière, garde-corps.** *Se retenir au garde-fou* (Cf. Après, cit. 89). — Fig. *L'appui est le garde-fou du chanteur* (Cf. Appui, cit. 6). *Certains esprits ont besoin de garde-fou.* — Pl. *Des garde-fous.*

1 « Faites donc mettre au moins des gardefous (*sic*) là-haut. » RAC., **Plaid.**, I, 4.

2 « Toutes les barrières qui servaient de garde-fou aux esprits étant ôtées, il (*l'homme*) se donne carrière dans le vaste champ vague qui s'ouvre devant ses yeux. » TAINE, **Philos. de l'art**, t. I, p. 96.

3 « Et l'astre et les flambeaux font des zigzags fantasques
Dans le fleuve plus noir que le velours des masques ;
Et le contemplateur sur le haut garde-fou
Par l'air et par les ans rouillé comme un vieux sou
Se penche, en proie aux vents néfastes de l'abîme. »
VERLAINE, **Poèm. saturn.**, Nocturne parisien.

4 « Le chemin accentuait sa pente, empierré de cailloux glissants. Le garde-fou leur apparut, ses barreaux de fonte peints en blanc. » GENEVOIX, **Raboliot**, III, VI.

5 « ... j'admire *Manon Lescaut* ; mais je voudrais que de telles œuvres puissent servir de garde-fous. » GIDE, **Attendu que...**, p. 42.

GARDE-FREIN. *n. m.* (1872 P. LAR.). Employé de chemin de fer, chargé de manœuvrer les freins. — Pl. *Des gardes-frein(s).*

GARDE-MAGASIN. *n. m.* (1669). || 1° Employé chargé de garder un magasin (V. **Magasinier**). || 2° Milit. Sous-officier chargé de surveiller les magasins d'un corps de troupe (arg. *Garde-mites*). Officier d'administration qui veille au matériel des dépôts d'artillerie et des arsenaux. — Pl. *Des gardes-magasin(s).*

GARDE-MAIN. *n. m.* (1839 BOISTE). || 1° Anciennt. Partie de la garde d'une épée, d'une rapière, d'un sabre d'abordage, qui sert à protéger la main. || 2° Feuille que l'on met sous la main pour écrire, dessiner, ou broder, afin de préserver le papier. — Pl. *Des garde-main(s).*

GARDE-MALADE. *n. m.* et *f.* (XVIIIe s.). Personne qui garde et soigne les malades*. V. **Garde** 3. — Pl. *Des gardes-malades.*

1 « ... il me fallait veiller mon maître et passer la nuit comme une garde-malade. » LESAGE, **Gil-Blas**, II, I.

2 « On a, près de soi, pour compagne de lit, la seule force toute-puissante, la garde-malade voilée qui veille même les mieux-portants : la mort. » SUARÈS, **Trois hommes**, Ibsen, II.

GARDE-MANCHE. *n. m.* (1642). Manche* mobile que l'on met pendant le travail pour préserver la manche de son vêtement. — Pl. *Des garde-manche(s).*

GARDE-MANGER. *n. m.* (1397). Pièce dans laquelle on serre des aliments pour les conserver. — Petite armoire mobile, placard extérieur, généralement garni de toile métallique, dans lequel on conserve des aliments. V. **Armoire, charnier** (*vx.*), **cuisine.** *Mettre les restes d'un repas dans le garde-manger* (Cf. Déjeuner 1, cit. 3).

« Entre ce hangar et la fenêtre de la cuisine se suspend le garde-manger, au-dessous duquel tombent les eaux grasses de l'évier. » BALZ., **Père Goriot**, Œuv., t. II, p. 850.

GARDE-MEUBLE. *n. m.* (1680). || 1° Officier préposé à la garde des meubles du roi. *Castelmoron fut nommé garde-meuble de la couronne.* (Cf. Fauteuil, cit. 5). V. **Meuble** || 2° Auj. Lieu où l'on garde les meubles (de l'État ou des particuliers). *Le garde-meuble national. Mettre des tapis, des tableaux au garde-meuble.* V. **Abri.**

« ... dans ces garde-meubles célèbres, à Paris, à Londres, à Vienne, à Munich, où de vieux garçons vous montrent les splendeurs des temps passés... » BALZ., **Cabinet des antiques**, Œuv., t. IV, p. 346.

GARDE-MITES. *n. m.* (néol.). Arg. milit. V. **Garde-magasin.** — Pl. *Des gardes-mites.*

GARDE-NAPPE. *n. m.* (XVIIIe s.). Petit plateau d'osier, plaque de plastique, ou pièce d'étoffe, que l'on place sous les assiettes, les plats*, les bouteilles... pour protéger la nappe. V. **Dessous** (III, 2°), **support.** — Pl. *Des garde-nappe(s).*

GARDE-NOBLE. n. f. Vx. « Droit qu'avait le survivant de deux époux nobles de jouir des biens des enfants, venant de la succession du prédécédé, jusqu'à ce qu'ils eussent atteint un certain âge, à la charge de les nourrir, de les entretenir et de payer toutes les dettes, sans être tenu de rendre aucun compte » (ACAD., Dict., 6e éd.). — Pl. *Des gardes-nobles.*

HOM. — Garde noble. V. **GARDE** 1 et 2.

GARDE-NOTES. *n. m.* (XVIIe s.). Vx. Ancien nom des notaires. V. **Notaire, tabellion.**

GARDE-PÊCHE. *n. m.* (1669). || 1° Agent chargé de surveiller la pêche. — Pl. *Des gardes-pêche.* || 2° *Vedette garde-pêche :* petite embarcation utilisée pour la surveillance des pêches côtières. || 3° Navire* de guerre qui protège les pêcheurs dans certaines régions éloignées de la métropole. — Pl. (2° et 3°). *Des garde-pêche.*

GARDE-PLACE. *n. m.* (XXe s.). || 1° Vieilli. Employé des chemins de fer chargé de surveiller les places réservées. — Pl. *Des gardes-places.* || 2° Petit cadre fixé au-dessus de chaque place d'un compartiment de chemin de fer, pour recevoir le ticket numéroté du voyageur qui a réservé une place. — Par ext. *Ticket garde-place.* — Pl. *Des garde-place(s).*

GARDE-ROBE. *n. f.* (XIIIe s. au sens 1).
|| 1° Chambre, armoire dans laquelle on range les robes, les vêtements. V. **Penderie.** *La garde-robe de Montaigne se trouvait au-dessus de sa « librairie »* (Cf. Étage, cit. 3).

1 « Regarde dans ma chambre et dans ma garderobe (*sic*) : » Les portraits des Dandins : tous ont porté la robe ; » RAC., **Plaid.**, I, 4.

2 « — Est-ce, Madame, qu'à la cour une armoire s'appelle une garde-robe ? — Oui, butorde, on appelle ainsi le lieu où l'on met des habits. » MOL., **Comtesse d'Escarbagnas**, 2.

|| 2° *Par ext.* L'ensemble des vêtements* d'une personne. *Renouveler sa garde-robe.* — *Spécialt.* Service des officiers préposés à l'entretien des vêtements d'un roi, d'un prince. *Grand maître de la garde-robe. Officier, valet, femme de garde-robe.*

3 « Goriot vint muni d'une garde-robe bien fournie, le trousseau magnifique du négociant qui ne se refuse rien en se retirant du commerce. Madame Vauquer avait admiré dix-huit chemises de demi-hollande... » BALZ., **Père Goriot**, Œuv., t. II, p. 861.

4 « ... les femmes aussi superbement parées que le permettait leur garde-robe de province, un peu arriérées sur les modes de la cour. » GAUTIER, **Capit. Fracasse**, IX, t. I, p. 315.

5 « Ils la gardèrent plusieurs mois, l'habillèrent (car elle n'avait pas de garde-robe)... » MAUROIS, **Lélia**, I, VI.

— *Par anal.* Plante odorante (armoise, verveine, etc.) que l'on met dans le linge pour le parfumer et le protéger des mites.

|| 3° (XVIe s. ; 1314 dans un texte anglais FR. MOD., avril 1954). Lieu où l'on plaçait autrefois la chaise percée. *Aller à la garde-robe.* V. **Cabinet, selle.** — *Par ext.* Matières fécales, excrément. *Il a eu des garde-robes abondantes.* — REM. Le genre féminin de ce composé semble dû à l'influence du genre du mot complément, robe (Cf. Une perce-neige).

6 « Il n'était pas jusqu'à sa garde-robe, où les soldats-citoyens ne prétendissent la conduire (*la reine Marie-Antoinette*), la baïonnette au bout du fusil ; on leur en fit honte. » MICHELET, **Hist. Révol. fr.**, V, VII.

GARDE-VOIE. *n. m.* (1872 P. LAR.). Employé de chemin de fer chargé de garder la voie. — En temps de guerre, soldat chargé de cette surveillance. *Abrév.* G.V.C. (garde des voies et communications). — Pl. *Des gardes-voie(s).*

GARDE-VUE. *n. m.* (1788). || 1° Visière* que l'on met sur les yeux pour les protéger contre l'excès de lumière. || 2° Sorte d'abat-jour.

« ... quand il vous parlait, il était obligé de mettre la main sur ses sourcils comme un garde-vue, pour s'assurer le regard... » BARBEY d'AUREV., **Diaboliques**, Dîner d'athées, p. 297.

GARDÉNIA. *n. m.* (1777 ; mot du lat. bot. formé du nom de *Garden*, botaniste écoss. du XVIIIe s.). Plante dicotylédone (*Rubiacées*), arbuste exotique à feuilles persistantes, à fleurs simples ou doubles d'un beau blanc mat. *Gardénias cultivés en serre.*

GARDEN-PARTY. *n. f.* (1885 ; empr. à l'angl. ; comp. de *garden*, jardin, et *party* « partie de plaisir »). Réception mondaine donnée dans un grand jardin ou dans un parc. V. **Fête.**

« Ils répondirent que,... ils... ne manqueraient pas de venir me relancer pour m'inviter à leurs garden-parties. » PROUST, **Rech. t. p.**, t. IX, p. 197

GARDER. *v. tr.* (XIe s., St Alexis ; du germ. *wardon*, all. *warten*, veiller, prendre garde).

I. Prendre soin, protéger, surveiller.

|| 1° Prendre soin d'une personne, d'un animal. V. **Veiller** (sur) ; **surveiller.** *Garder un enfant* (Cf. Avoir, prendre, tenir sous sa garde*). *Garder un malade :* rester auprès de lui pour le soigner*. V. **Garde-malade.** *Sa mère l'a gardé pendant toute sa pneumonie. Duègne, gouvernante, chaperon qui garde une jeune fille.* — *Garder des bestiaux.* V. **Berger** (cit. 6), **gardeur** (Cf. Chacun, cit. 9). *Jeanne gardait ses moutons quand elle entendit des voix. David gardait les troupeaux de son père* (Cf. Cithare, cit.). *Io était gardée par Argus* (Cf. Éternel, cit. 40). — PROV. *À chacun son métier, les vaches seront bien gardées* (Cf. *infra*, cit. 2).

1 « ... La voilà donc compagne
De certaines Philis qui gardent les dindons
Avec les gardeurs de cochons. » LA FONT., **Fab.**, VII, 2.

2 « ... Chacun son métier
Les vaches seront bien gardées. » FLORIAN, **Fab.**, I, 12.

« Elle rentra chez elle en courant. Une voisine gardait les petits. » ARAGON, **Beaux quartiers**, I, XXV.

— Fig. et fam. *On croirait qu'ils ont gardé les cochons (les dindons) ensemble :* ils sont l'un avec l'autre d'une familiarité choquante. *Dites-donc ! nous n'avons pas gardé les cochons ensemble :* de quel droit êtes-vous si familier ? (Cf. Familiarité *supra* cit. 10).

4 « ... — Si tu savais, mon cher...
— Si tu ?... Tu ?... Qu'est-ce donc qu'ensemble nous gardâmes ? » Ed. ROSTAND, **Cyr. de Bergerac**, II, 7.

|| 2° Empêcher une personne de sortir, de s'en aller. V. **Barricader, enfermer, séquestrer.** *Garder un enfant, une femme, dans une chambre* (Cf. Enfermer, cit. 15). *Garder un prisonnier,* l'empêcher de s'évader (Cf. Exempt, cit. 17 ; félon, cit. 4). V. **Détenir, garde** 1 (tenir sous sa garde, sous bonne garde). *Ceux qui gardaient Jésus* (Cf. Centurion, cit. 1). *Garder de près*.

5 « Il nous le fait garder jour et nuit, et de près : » RAC., **Plaid.**, I, 1.

6 « L'infante est gardée comme un homme à pendre. » BALZ., **Ress. de Quinola**, I, 2.

7 « Il battit Robert avec ses soldats mercenaires, l'attira, le garda, bien logé, bien nourri, dans un château fort, où il vécut jusqu'à quatre-vingt-quatre ans. » MICHELET, **Hist. de France**, IV, V.

8 « J'avais soudain tenu à garder Albertine parce que je la sentais éparse en d'autres êtres auxquels je ne pouvais l'empêcher de se joindre. » PROUST, **Rech. t. p.**, t. XII, p. 189.

— *Garder à vue** : avoir constamment l'œil* sur une personne, la surveiller soigneusement, ne pas la perdre de vue (Cf. Enfermer, cit. 4).

9 « Il avait une jeune femme nommée Aurore qu'il gardait à vue ; sa maison était inaccessible aux hommes. » LESAGE, **Diable boiteux**, IX.

10 « Je vous racontais donc comme quoi ma maîtresse
Était gardée à vue : on la promène en laisse. »
MUSS., **Prem. poés.**, Mardoche, XXX.

— T. de Mar. *Garder un navire en mer* : « se tenir à sa portée et le conserver à vue » pour l'observer, naviguer de conserve ou lui porter secours (GRUSS). — *Garder l'évitage* : « surveiller un navire affourché, au changement de marée, afin de l'empêcher de faire des tours dans les chaînes » (ID).

‖ **3°** Rester dans un lieu pour le surveiller*, pour défendre* quelqu'un ou quelque chose. *Garder le foyer* (Cf. Cantonner, cit. 1), *une maison, un magasin, une boutique. Le chien garde la ferme* (Cf. Chien de garde*). *Garder une terre* (Cf. Avoisinant, cit. 1), *une chasse, un domaine. Garder une route, un poste*, un canal, une forteresse. Sentinelle, patrouille*... qui garde un arsenal, une caserne... Garder une porte, une entrée :* surveiller tous ceux qui entrent ou qui sortent (Cf. Farouche, cit. 3). *Gardez ma porte* et que personne ne vienne me déranger.* V. **Consigner** (Cf. aussi ci-dessus les composés de GARDE- : garde-barrière, garde-canaux, garde champêtre, garde-chiourme, garde-magasin, etc.).

11 « Et que chacun enfin, d'un même esprit poussé,
Garde en mourant le poste où je l'aurai placé. »
RAC., **Athalie**, IV, 5.

12 « La barricade sera probablement bloquée, toutes les rues seront gardées, et tu ne pourras sortir. » HUGO, **Misér.**, IV, XIV, VII.

13 « Des soldats et des eunuques noirs gardaient ces entrées défendues. » LOTI, **Aziyadé**, III, XLI.

14 « Il fallait que quelqu'un restât pour garder la maison... » L. HÉMON, **Maria Chapdelaine**, XII, p. 163.

— *Fig.* En parlant d'une statue, d'une maison, d'un bâtiment. *La statue de la Justice garde l'entrée du Palais :* elle est placée à l'entrée comme une sentinelle. *Deux ormes gardent l'allée du château.*

15 « Tout près du halage se tient le bistrot des mariniers, il garde l'entrée du canal. » CÉLINE, **Voyage au bout de la nuit**, p. 400.

— *Par ext.* Ne pas quitter un lieu. V. **Demeurer, rester.** *Le médecin lui a ordonné de garder la chambre. Il doit encore garder le lit. Il fait un temps à garder le coin du feu* (Cf. Coin, cit. 4).

16 « Un mal subit qui le force à garder le lit... Quand je dis le lit, monsieur, c'est la chambre que j'entends. » BEAUMARCH., **Barb. de Sév.**, III, 2.

17 « Depuis un mois que j'habitais Honfleur, je n'avais pas encore vu la mer, car le médecin me faisait garder la chambre. » MICHAUX, **La nuit remue**, p. 135.

— *Garder les rangs :* rester à sa place dans une ligne de personnes, de soldats, etc. — En T. de Manège : *garder le terrain*, ne pas s'écarter de la piste.

18 « On enterra ces héros chacun à la place où il était tombé. Les rangs avaient été si bien gardés, malgré un déluge de mitraille, qu'on peut les reconnaître encore à la symétrie des fosses... » GAUTIER, **Voyage en Espagne**, p. 136.

‖ **4°** Protéger ; préserver d'un mal, d'un accident, d'un danger. V. **Garantir, protéger, sauvegarder** (N.-B. Dans cette acception, le complément indirect de *garder* est introduit par la prép. *de*). *Garder quelqu'un de l'erreur. Garder un enfant de tout mal. Garder un voyageur du froid* (Cf. Épais, cit. 20).

19 « Car c'est un demi-dieu, à qui plaisent nos sons,
Qui fait cas des pasteurs, qui aime leurs chansons,
Qui garde leur brebis de chaud et de froidure,
Et en toutes saisons les fournit de pâture. »
RONSARD, **Églog.**, III.

20 « J'avais la certitude qu'ils (*mes parents*) sauraient me garder de tout mal et j'éprouvais près d'eux une entière sécurité. » FRANCE, **Livre de mon ami**, Pierre, I, V.

— Suivi d'un infinitif littér. ou arch. *Garder un enfant de se brûler.* V. **Empêcher.** — Cf. Couronne, cit. 1 MALH.

21 « Tu gardes les cœurs de connaître
Que l'univers n'est qu'un défaut
Dans la pureté du Non-être ! »
VALÉRY, **Poés.**, Ébauche d'un serpent.

— Au subjonctif, sans *que* (valeur optative). *Dieu garde le Roi* (Cf. *God save the King*, hymne national anglais). *Dieu me garde de la maladie.* V. **Protéger.** *Dieu nous garde des tentations.* V. **Écarter ; délivrer.** — « Dieu me garde de mes amis ! Quant à mes ennemis, je m'en charge. », mot attribué à Voltaire, et, sous une autre forme, à Gourville (Cf. Ami, cit. 18).

22 « Ma fille, Dieu vous garde, et vous veuille bénir ! »
RÉGNIER, **Sat.**, XIII.

23 « ... — Les saints
Nous protègent. — Les morts nous servent. — Dieu nous garde. »
HUGO, **Hernani**, IV, 3.

24 « Dieu me garde d'aspirer à la pairie ! Dieu garde surtout mon pays que j'y arrive ! » É. AUGIER, **Gendre de M. Poirier**, I, 4.

— Vx. *Dieu vous gard'* (ancienne forme du subj.) : formule de salutation (Cf. l'anglais *God bless you*).

25 « — Ah ! Dieu vous gard', mon frère ! — Et vous aussi,
Mon frère. » MOL., **Fem. sav.**, II, 2.

II. V. **Conserver.**

‖ **1°** Empêcher qu'une chose ne se gâte, ne disparaisse. *Garder du vin dans une cave, un cellier*. Elle garde ses fruits dans son grenier. Garder des fruits dans du sucre.* V. **Confire.** *Il est difficile de garder la viande pendant les grosses chaleurs* (V. **Garde-manger**). — Mettre en lieu sûr. *Garder des marchandises en entrepôt.* V. **Entreposer.** *Garder le courrier de quelqu'un pendant son absence.*

26 « ... je sais bien qu'il veut simplement me remercier d'avoir eu de la complaisance pour lui garder son courrier, et pour le reste ; » ROMAINS, **H. de b. vol.**, t. IV, XIX, p. 212.

‖ **2°** Conserver pour soi, ne pas se dessaisir. *Garder soigneusement ce qu'on possède* (Cf. Apathie, cit. 4). *Garder un objet comme une relique*. Garder les gages, les enjeux : les conserver* en dépôt jusqu'à la fin du jeu. Il garde précieusement tout ce qu'il gagne.* V. **Amasser** (cit. 3), **économiser, épargner, mettre** (mettre de côté). *Garder un objet volé.* V. **Receler.** *Ce qui est bon à prendre est bon* (cit. 97) *à garder. Elle garde un tas de vieilleries inutiles.* V. Encombrer, cit. 3). *Garder l'assiette* (cit. 21) *au beurre.* — *Spécialt.* T. de jeu. *Garder un atout, une carte...* (Cf. Embarras, cit. 12).

27 « On voit s'ouvrir les fleurs que garde
Le jardin, pour dernier trésor : »
GAUTIER, **Émaux et camées**, Ce que disent les hirondelles.

28 « Cet engagement pouvait figurer sur une lettre qu'il leur adresserait, et dont lui ne garderait même pas la copie. » ROMAINS, **H. de b. vol.**, t. V, XII, p. 87.

29 « ... il est plus difficile de garder une fortune que de la gagner. » BAINVILLE, **Hist. de France**, XII.

30 « Sa mère ne pouvait pas se dépouiller ainsi ; il fallait bien qu'elle gardât de quoi vivre. » MAURIAC, **Fin de la nuit**, p. 73.

31 « ... on est tout le temps trop bête. Quand on a de bonnes choses, on est toujours là à les garder pour le lendemain. » GIONO, **Regain**, I, III.

— *Garder sa langue maternelle :* continuer à la parler.

32 « ... M. Hamel se mit à nous parler de la langue française, disant que c'était la plus belle langue du monde, la plus claire, la plus solide : qu'il fallait la garder entre nous et ne jamais l'oublier, parce que, quand un peuple tombe esclave, tant qu'il tient bien sa langue, c'est comme s'il tenait la clef de sa prison... » DAUD., **Contes du lundi**, La dernière classe.

— Ne pas rendre. *Garder quelque chose que l'on vous a confié* (Cf. Façon, cit. 48). Fig. *Garder la main de quelqu'un.*

33 « Je vais vous rendre le billet, si vous voulez. — Eh ! garde-le ; que veux-tu que j'en fasse ?... » LESAGE, **Turcaret**, IV, 1.

34 « Toutes les libertés que se permit Sammécaud furent de saisir deux ou trois fois la main de son amie, de la garder quelques minutes en la pressant à peine, de lui baiser le bout des doigts... » ROMAINS, **H. de b. vol.**, t. V, IV, p. 29.

— *Spécialt. Garder une médecine, un lavement :* ne pas l'évacuer. *Il n'a pu garder sa potion.*

‖ **3°** Conserver sur soi (un vêtement, un bijou). *Garder son chapeau en entrant chez quelqu'un. Garder sa perruque* (Cf. Bouffon, cit. 5). *Garder un ruban, une fleur à sa boutonnière* (cit. 1). *Elle n'a gardé sur elle que ses bijoux* (Cf. Attirail, cit. 7). — Fig. *D'une honnête femme, elle n'a gardé que la robe* (Cf. Carrière, cit. 14).

35 « J'ai ceint mes reins, j'ai gardé cette nuit mes sandales. » GIDE, **Ret. de l'enf. prodigue**, V.

36 « Avoyer avait posé son chapeau sur la table non occupée. Mais Treilhard avait gardé sur la tête, et même un peu sur l'oreille, le sien, qui était un huit-reflets magnifique. » ROMAINS, **H. de b. vol.**, t. V, XXV, p. 238.

‖ **4°** Retenir* (une personne) avec soi. *Garder quelqu'un à dîner* (Cf. Contribution, cit. 3). *Je ne vous garderai pas longtemps. Il m'a gardé une heure.* V. **Tenir.** — Conserver un employé, un domestique à son service (Cf. Emploi, cit. 15 ; félonie, cit.). — *Garder un client,* conserver quelqu'un dans sa clientèle. *Commerçant avisé qui sait garder ses clients.*

37 « Si vous n'avez pas assez de ça pour garder un bon domestique, je ne suis pas assez bête, moi, pour renvoyer un si bon maître. » BEAUMARCH., **Mar. de Figaro**, II, 21.

38 « Vous y plaignez (*dans vos écrits*) le sort des nègres de l'Afrique, Et vous ne pouvez pas garder un domestique. » Ch. ESTIENNE, **Les deux gendres**, I, 7.

‖ **5°** Ne pas dévoiler, ne pas divulguer. *Garder un secret* (Cf. Bouche, cit. 13). *Promettez-moi de garder mon secret* (Cf. Faire, cit. 191). *Gardez cela pour vous :* n'en dites pas un mot*, soyez discret. *Le secret sera bien gardé* (Cf. Conserver, cit. 12 ; curieux, cit. 10). *Garder le secret sur* *ses intentions* (Cf. Attaquer, cit. 24). *Par ext.* Ne pas communiquer, garder pour soi. *Garder ses pensées. Gardez vos réflexions pour vous* : je vous dispense de me les faire connaître. *Garder tout en soi-même* : être renfermé*, réservé*, secret*...

39 « Comment prétendons-nous qu'un autre garde notre secret, si nous ne pouvons le garder nous-mêmes ? » LA ROCHEF., **Max. suppr.**, 584.

40 « ... malgré ce qu'on dit du bavardage des femmes, jamais secret ne fut mieux gardé. » GAUTIER, **Portr. contempor.**, Mᵐᵉ Sontag.

41 « Vous êtes tous les deux ténébreux et discrets :
Homme, nul n'a sondé le fond de tes abîmes,
Ô mer, nul ne connaît tes richesses intimes,
Tant vous êtes jaloux de garder vos secrets ! »
BAUDEL., **Fl. du mal**, Spl. et id., XIV.

42 « ... idées personnelles ainsi nommées parce qu'il faut les garder pour soi. » RENARD, **Poil de Carotte**, p. 60.

43 « Il revoyait le fils de Matelot. Un de ces hommes qui gardent tout en eux, qui écoutent, qui regardent, qui ne disent pas non mais qui pensent non, et c'est non. » GIONO, **Chant du monde**, I, II.

‖ 6° Continuer à avoir... (une qualité, une idée, un sentiment, une attitude, une position...). *Garder sa pureté, sa vertu** (Cf. Animal *adj.*, cit. 4 ; cautère, cit. 1). *Garder son charme, sa force, sa réputation, sa prééminence* (Cf. Amène, cit. 1 ; cap, cit. 4 ; célèbre, cit. 6). *Garder le goût de..., du goût pour...* (Cf. Celtisme, cit. 1 ; entrer, cit. 57). *Garder sa foi, ses croyances. — Garder un avantage. Garder sa place, sa position, sa situation. Garder sa liberté d'action* (Cf. Arbitre, cit. 8). *Cacher* (cit. 25) *son bonheur pour le garder. Garder une chance, une possibilité* (Cf. Canaliser, cit. 3). *Garder son avance sur ses concurrents.*

44 « On garde sans remords ce qu'on acquiert sans crimes ; » CORN., **Cinna**, II, 1.

45 « On a perdu bien peu quand on garde l'honneur. » VOLT., **Adélaïde du Guesclin**, III, 1.

46 « Ses bras cessèrent de me presser sur son cœur, et je crus à une de ces pamoisons comme elle en avait souvent, quoique ordinairement elle gardât, sa force, sa force crispée de l'étreinte... » BARBEY d'AUREV., **Les diaboliques**, Rideau cramoisi, p. 72.

47 « Les femmes sont de grands enfants, Marcenat. Elles ont gardé le sens du merveilleux. » MAUROIS, **Climats**, I, XII.

— *Garder dans son cœur. Garder l'espoir, de l'espoir, de la reconnaissance, de la colère, de la méfiance* (Cf. Agressivité, cit. 2). *Garder rancune** : en vouloir* à... (Cf. Aggraver, cit. 8 ; aigreur, cit. 7). *En garder lourd sur le cœur.* V. **Cœur** (*supra* cit. 15). *Garder le désir, l'intention de...* (Cf. Coquetterie, cit. 8). *Garder fidélité* (Cf. Appuyer, cit. 41).

48 « Ce qui les étonne encore plus, c'est la résignation de ce peuple, son respect pour ses maîtres, laïques, ecclésiastiques, son attachement idolâtrique pour ses rois... Qu'il garde, parmi de telles souffrances, tant de patience et de douceur, de bonté, de docilité, si peu de rancune pour l'oppression, c'est là un étrange mystère. » MICHELET, **Hist. Révol. fr.**, Introd., II.

49 « —Jacques, vous me l'avez dit plusieurs fois, que vous me gardiez un fonds de haine et de colère. » FRANCE, **Lys rouge**, XXXIV.

50 « Alors il s'en alla, sans se presser. Mais il en gardait sur le cœur bien plus lourd qu'il n'avait espéré. » GENEVOIX, **Raboliot**, III, I.

— *Garder une humeur, une disposition d'esprit. Garder son calme*, sa présence d'esprit, son sérieux*, toutes ses facultés. Garder une attitude, une contenance* (cit. 4). Cf. Appliquer, cit. 28. *Garder un masque*, un rôle* (Cf. S'enfermer* dans). *Garder une habitude* (Cf. Changer, cit. 19 et 63 ; envoi, cit. 3).

51 « ... tout en mâchant sa douleur il affectait de garder une attitude insouciante et assurée... » BARRÈS, **Jard. s. l'Oronte**, p. 214.

52 « ... au milieu de l'accablement général, M. Nègre gardait un masque éploré et une âme parfaitement sereine... » COURTELINE, **MM. ronds-de-cuir**, VIᵉ tabl., II.

— *Garder le silence*.* V. **Observer.** Cf. Courber, cit. 31. — *Garder une position, une posture. Garder l'immobilité, son équilibre...* (Cf. Attrait, cit. 12).

53 « Tantôt sur un pied, gardant le plus savant équilibre, et suspendu sans mouvement pendant plusieurs mesures, il étonne, il surprend par l'immobilité de son aplomb. » BEAUMARCH., **Barb. de Sév.**, Lett. s. la critique.

54 « Emma, pourtant, ne paraissait pas joyeuse, et, d'habitude, elle gardait aux coins de sa bouche cette immobile contraction qui plisse la figure des vieilles filles et celle des ambitieux déchus. » FLAUB., **Mᵐᵉ Bovary**, II, VII.

— *Garder la marque*, l'empreinte*, la trace* de quelque chose* (Cf. Coussin, cit. 3 ; écrire, cit. 41 ; empreindre, cit. 2 ; fêlure, cit. 2). *Garder une cicatrice* (cit. 9), *une lésion...*

55 « Dans le premier âge, puis autour de la vingtième année, il avait fait une pointe de tuberculose, et il en gardait sans doute une lésion discrète. » ROMAINS, **H. de b. vol.**, t. III, XVIII, p. 237.

— *Garder dans la mémoire. Garder le souvenir*, la mémoire de...* (Cf. Afféterie, cit. 4 ; anniversaire, cit. 1 ; cuisant, cit. 7 ; ferveur, cit. 2). *Garder une impression, une image. Garder le passé dans son cœur.*

56 « Gardez de cette nuit, gardez, belle nature,
Au moins le souvenir ! » LAMART., **Prem. médit.**, Le lac.

57 « Heureusement, le passé ne meurt jamais complètement dans l'homme. L'homme peut bien l'oublier, mais il le garde toujours en lui. » FUST. de COUL., **Cité antique**, Introd.

« Elle a un mouvement délicieux du visage, qui exprime l'abandon 58 et le ravissement. Dans ce mouvement il y a de la mélancolie comme si elle voulait fixer le moment présent et le garder dans ses yeux. » MAUROIS, **Ariel**, p. 37.

— *Garder une certaine partie, un élément de quelque chose. Garder quelque chose de...* (Cf. Entité, cit. 2 ; enveloppe, cit. 5). *Il n'en a rien gardé.*

« ... quand même elle ne gardait de la religion que les dehors du 59 culte... » TOULET, **Jeune fille verte**, III, p. 73.

« Voilà ce qu'il gardera de son amour avec Marie. Il en gardera sur- 60 tout une grande leçon... » BERTRAND, **Louis XIV**, II, III, p. 146.

« ... de mon ascendance terrienne, j'ai gardé un vif amour pour tout 61 ce qui touche aux choses de la nature. » DUHAM., **Invent. de l'abîme**, VI.

— *Garder un certain aspect* (cit. 23 et 24), *un côté mystérieux* (cit. 22). *Garder sa forme* (Cf. Changer, cit. 62). *Garder un reflet, une lueur* (Cf. Correcteur, cit. 2), *une couleur* (Cf. Aube, cit. 8 ; bleuir, cit. 3). *Garder un ton, un accent* (Cf. Angélique, cit. 1). *Garder un arrière-goût* (cit. 2). *Garder un parfum pénétrant. Garder sa destination* (cit. 1) *d'origine. Garder des allures d'étudiant.*

« L'œuvre garde le jeune éclat, la juste harmonie et la fraîcheur 62 vivace qu'elle avait sur le chevalet ; l'artiste y est tout entier. » GAUTIER, **Souv. de théâtre...**, Collection Comte de...

« Ce qui inquiétait un peu Haverkamp, tout en le séduisant aussi, 63 chez son architecte, c'était le côté rapin qu'il avait gardé, et certains enfantillages. » ROMAINS, **H. de b. vol.**, t. V, XVII, p. 280.

— *Garder les apparences** (cit. 30 et *supra*). V. **Ménager, sauver.** *Garder les apparences de la justice* (Cf. Artificieux, cit. 3), *l'apparence de la liberté* (Cf. Captiver, cit. 3).

« Il savait qu'on ne disait rien d'elle. Elle avait soin, au moins, 64 de garder les apparences. » MAUPASS., **Rencontre**.

« Pour en faire accroire aux gens de Plouherzel et garder la vrai- 65 semblance de mon costume d'emprunt, nous avions concerté cette inti- mité. » LOTI, **Mon frère Yves**, XXI.

‖ 7° *Garder les yeux baissés.* V. **Tenir.** — *Garder les cheveux longs* (Cf. Cosmétique, cit. 2). *Garder la tête libre* (Cf. Culpabilité, cit. 3). *Garder une somme intacte.* — N.-B. Dans cet emploi, l'adjectif qui accompagne le nom complément est attribut et peut suivre immédiatement le verbe « garder ».

« Il avait gardé intacte la chambre de sa compagne. » 66 MAUPASS., **Les bijoux**.

« Elle (*la République*) n'a point d'amour-propre ; elle n'a point de 67 majesté. Heureux défaut qui nous la garde innocente ! » FRANCE, **Orme du Mail**, Œuv., t. XI, p. 155.

III. Mettre de côté, en réserve. V. **Réserver.** *Garder de la viande froide pour le dîner. Le boucher doit nous garder un rôti de veau pour dimanche. Si vous arrivez le premier au train, gardez-moi une place. Garder une bonne bouteille pour le dessert. Garder un livre pour les vacances.* — Par anal. *Il lui garde jalousement son amour* (Cf. Fade, cit. 7). *Qui sait ce que le sort nous garde ?* qui sait ce qui arrivera demain.

« Sans doute. C'est le prix que vous gardait l'ingrate. » 68 RAC., **Androm.**, II, 5.

« Mais je garde à ce prince un traitement plus doux. 69 Madame, il va bientôt paraître devant vous. » ID., **Britann.**, II, 3.

« C'était une des grandes occupations du clerc que de les entretenir 70 (*ses ongles*) et il gardait, à cet usage, un canif tout particulier dans son écritoire. » FLAUB., **Mᵐᵉ Bovary**, II, III.

« ... quand tu en auras d'autres (*peaux*), garde-m'en une à ce prix. » 71 GIONO, **Regain**, II, I.

— Loc. fig. *Garder une dent* contre quelqu'un. Garder à quelqu'un un chien* de sa chienne. Garder une poire* pour la soif* : ménager quelque chose en prévision des besoins à venir (V. **Épargner**). — *Garder pour la bonne bouche* : réserver un bon morceau pour la fin du repas. *Au fig.* Réserver le meilleur pour la fin.

IV. Observer fidèlement, avec soin. V. **Observer, pratiquer, respecter.** *Garder la loi. Garder les commandements de Dieu. Garder les arrêts*. Garder la continence* (cit. 2), *le jeûne. Garder le décorum* (cit. 1), *les convenances, une règle de bienséance* (cit. 10. — Cf. *aussi* Fabuliste, cit.). *Il faut garder une mesure en tout*, ne pas dépasser certaines limites (Cf. Copieux, cit. 2). *Garder une juste mesure* (Cf. Ébauche, cit. 4 ; excès, cit. 3). *Garder son rang*, ses distances** : s'abstenir de toute familiarité. V. **Maintenir.** *Garder une certaine réserve, une discrétion absolue. Garder une conduite exemplaire. Garder les sentiers de la justice* (Cf. Bien, cit. 74). *Garder sa foi, sa parole, ses serments.*

« La loi par laquelle ce peuple est gouverné est tout ensemble la 72 plus ancienne du monde, la plus parfaite, et la seule qui ait toujours été gardée sans interruption dans un État. » PASC., **Pens.**, IX, 620.

« Jusque-là, il avait toujours évité de parler de Berthe avec Marie. 73 Et si elle n'avait pas gardé exactement la même réserve en ce qui concernait son propre ménage, c'est, genre de confidences, ne leur était nullement habituel. » ROMAINS, **H. de b. vol.**, t. V, XX, p. 151.

« ... il a gardé une certaine réserve, comme il convient à un témoin 74 de bonne volonté. » CAMUS, **La peste**, p. 324.

‖ **SE GARDER.** ‖ **1°** Se protéger, se défendre.

75 « (*Il*) prétendait que la vendette est le duel des pauvres. « Cela est si vrai, disait-il, qu'on ne s'assassine qu'après un défi en règle. « Garde-toi, je me garde », telles sont les paroles sacramentelles qu'échangent deux ennemis avant de se tendre des embuscades l'un à l'autre. »
                                    MÉRIMÉE, **Colomba**, III.

76 « À ses côtés (*du roi Jean le Bon*), son plus jeune fils, qui mérita le surnom de Hardi, guidait son courage aveugle, lui criant à chaque nouvel assaut : Père, gardez-vous à droite, gardez-vous à gauche. »
                                    MICHELET, **Hist. de France**, VI, II.

77 « Avant que les municipalités s'organisent, le village se gouverne, se garde, se défend, comme association armée d'habitants du même lieu. »
                                    ID., **Ibid.**, V, II.

78 « A lui voir tant de prudence, n'allez pas croire au moins que Tartarin eût peur... Non ! seulement il se gardait. »
                                    DAUD., **Tartar. de Tarascon**, I, V.

    — *Se garder à carreau* (cit. 7) : se tenir sur ses gardes. — Sens passif. *Ces fruits se gardent mal*, sont difficiles à garder. V. **Conserver**.

    ‖ 2° *Se garder de* suivi d'un substantif (noms de personnes ou de choses abstraites). Prendre garde à. V. **Défier** (se), **garantir** (se), **méfier** (se), **préserver** (se). *Gardez-vous des flatteurs. Il faut se garder des jugements hâtifs* (Cf. Archaïsme, cit. ; avarice, cit. 1 ; critique, cit. 40). *Se garder de quelque chose avec attention*, prudence*, circonspection* (Cf. Y regarder* à deux fois). *Se garder de la tentation, du péché.*

79 « Ma fille, mon enfant, gardons-nous du péché d'orgueil. »
                                    PÉGUY, **Myst. de la char. de J. d'Arc**, p. 184.

80 « Une partie de chasse de temps en temps, pour l'élégance de la chose... en se gardant comme de la peste des départs à l'aube, ou des marches sous la pluie. »
                                    ROMAINS, **H. de b. vol.**, t. III, XVIII, p. 238.

    — *Se garder de*, suivi d'un infinitif : s'abstenir* soigneusement de, avoir soin de ne pas (faire), se défendre de. *Gardez-vous de tomber. Il faut se garder de remettre les choses au lendemain. Je me garderai bien d'intervenir dans votre querelle* (Cf. Apercevoir, cit. 15 ; arriviste, cit. 2 ; attendre, cit. 35 ; augmenter, cit. 19 ; circonspection, cit. 2 ; conduire, cit. 11 ; confondre, cit. 4 ; coup, cit. 44 ; écouter, cit. 26 ; espérer, cit. 10 ; expectant, cit. 1).

81 « Gardez-vous, leur dit-il, de vendre l'héritage
        Que nous ont laissé nos parents.
    Un trésor est caché dedans. »   LA FONT., **Fab.**, V, 9.

82 « Garde-toi, tant que tu vivras,
    De juger les gens sur la mine. »   ID., **Ibid.**, VI, 5.

83 « (*Elle*) lui dit tout bas qu'il fallait bien se garder de lui parler de cette aventure ; »
                                    Mme de LA FAYETTE, **Princ. de Clèves**, III.

84 « Gardez-vous de demander du temps ; le malheur n'en accorde jamais. »
                                    MIRABEAU, **Disc. s. le projet Necker**, 26 sept. 1789.

85 « ... Gardez-vous, votre tête entraînée
    Par ce poids, de tomber en avant sur le sol ! »
                                    Ed. ROSTAND, **Cyr. de Bergerac**, I, 4.

86 « Pourtant elle s'était gardée de montrer à son père la coupure du journal parisien, elle l'avait brûlée sans en souffler mot à personne... »
                                    MAURIAC, **La fin de la nuit**, p. 50.

    — Avec *en*, représentant un verbe exprimé précédemment. *Vous détromper ? Je m'en garderai bien ! Le provoquer ? Gardez-vous-en bien !*

87 « — La coupe de la jupe, vous ne la déconseillez pas ?
    — Moi, Madame ? Je m'en garderai bien. J'ai une telle confiance dans votre jugement... »
                                    COLETTE, **Belles saisons**, p. 96.

    — *Ellipt.* Vx. *Garder* pour « se garder » : prendre garde. V. **Éviter**. *Gardez de le détromper*, ayez soin de ne pas le détromper. *Garde qu'il ne s'en aperçoive* : veille à ce qu'il ne s'en aperçoive pas (Cf. Enfumer, cit. 2). — N.B. La particule *ne* est régulière, comme après *prendre garde que, éviter que, empêcher que*. Ce tour ne s'emploie plus guère de nos jours qu'en poésie.

88 « Prince Jésus, qui sur tous a maîtrie,
    Garde qu'Enfer n'ait de nous seigneurie : »
                                    VILLON, **Testament**, Ballade des pendus.

89 « Heureux, trois fois heureux, celui que Dieu corrige !
    Gardons de repousser les peines qu'il inflige : »
                                    VIGNY, **Poés.**, La prison.

    ‖ GARDÉ, ÉE. *p.p.* (REM. Pour les emplois ordinaires de ce participe, se reporter au corps de l'article). — *Chasse gardée* : chasse réservée à son propriétaire, et généralement sous la surveillance d'un garde (V. **Garde-chasse**). — *Carte gardée* : protégée par une carte de même couleur. *Roi gardé.*

    — *Proportion gardée*, ou plus ordinairement *Toute proportion gardée, toutes proportions gardées* : en tenant compte des différences entre les choses ou les personnes que l'on compare.

90 « Le soin maniaque avec lequel j'ai préparé certains de mes romans, ou du moins certaines de leurs parties, n'est pas, toutes proportions gardées, sans rappeler l'application du chartiste... »
                                    MART. du G., in **Figaro littér.**, 24 déc. 1955.

    — *Révérence gardée*. V. **Révérence**.

    ANT. — Abandonner, acquérir, aliéner, céder, chambarder, changer, congédier, détériorer, détruire, dissiper, donner, écarter, échanger, enlever, évacuer, gâcher, gaspiller, gâter, lâcher, laisser, libérer, quitter, rejeter, rendre, renoncer (à), renvoyer, transmettre, vendre. Débarrasser (se), défaire (se), départir (se), dessaisir (se). Disparaître (faire). Négliger, oublier, perdre. Dévoiler, divulguer, ébruiter, révéler. Déroger, enfreindre, transgresser, violer.

    DER. et COMP. — Garde, gardeur, garderie. Regarder*. Cf. Égard.

GARDERIE. *n. f.* (1579 ; de *garder*).

    ‖ 1° Étendue de bois que surveille un seul garde forestier.

    ‖ 2° (1877 LITTRÉ, Suppl.) École, local où l'on garde les enfants en bas âge ou les élèves des écoles en dehors des heures de classe. V. **Asile, crèche, jardin** (d'enfants).

GARDEUR, EUSE. *n.* (XIIe s. ; de *garder*). Celui, celle qui garde des animaux. V. **Berger, gardien**. *Gardeur de cochons. Gardeuse d'oies, de dindons* (cit. 1).

    « ... les mains d'Anne d'Autriche, si vantées, si célébrées, ne sont, à   1
    celles-là, que les mains de gardeuse de dindons ou de laveuse de vaisselle. »
                                    GAUTIER, **Mlle de Maupin**, VIII.

    « ... que ne suis-je comme toi, gardeur de chèvres, nu sous une toison   2
    de brebis, dans l'air libre. »
                                    GIDE, **Théâtre**, Saül, III, 4.

GARDIAN. *n. m.* (mot repris au prov. mod.). Gardien de bœufs, de taureaux, de chevaux, dans la Camargue. *Le gardian et son troupeau.* V. **Manade**.

    « La veste du gardian était rapiécée de toutes parts... »
                                    MONTHERLANT, **Bestiaires**, p. 283.

GARDIEN, ENNE. *n.* (1255 ; de *gardenc*, lui-même dérivé de *garde*, XIIe s., par substitution du suffixe -*ien*, au suff. germ. -*enc*).

    ‖ 1° Celui, celle qui a charge de garder une personne, un animal, un lieu, un bâtiment, etc. V. **Garde**. *Gardien d'un détenu, d'un prisonnier. Gardien de prison.* V. **Geôlier, surveillant**. *Tromper, surprendre la vigilance de ses gardiens. Poster des gardiens à toutes les portes.* V. **Sentinelle**. *Gardien sévère, vigilant.* V. **Cerbère, dragon**. *Gardiens du sérail.* V. **Eunuque**. *Gardien d'un hôtel, d'un immeuble, d'un bureau.* V. **Concierge, guichetier, huissier, portier**. *Gardien de nuit.* V. **Veilleur**. *Gardien d'une église.* V. **Suisse**. *Gardien de square, de jardin public. Gardien de musée. Visite sous la conduite* (cit. 3) *du gardien. Adressez-vous au gardien. Gardien des manuscrits, des chartes.* V. **Chartrier**. *Gardien d'objets, de marchandises en dépôt, en entrepôt.* V. **Consignataire, dépositaire, hallier, magasinier**. *Gardien de troupeaux, de bestiaux.* V. **Berger*, bouvier, chevrier, conducteur, cow-boy, dindonnier, domestique, gardeur*, gardian, pasteur, porcher, vacher**. *Troupeau sans gardien* (Cf. Encombrer, cit. 1). *Ce chien est un bon gardien.*

    « ... Trois pasteurs, enfants de cette terre,   1
    Le suivaient, accourus aux abois turbulents
    Des molosses, gardiens de leurs troupeaux bêlants. »
                                    A. CHÉNIER, **Bucoliques**, L'aveugle.

    — *Spécialt.* Dr. *Gardien judiciaire* (ou *des scellés*) : « nom donné à l'individu préposé par la justice à la garde des objets saisis, mis sous scellés, séquestrés ou confiés d'une manière quelconque pour empêcher leur distraction et dont il ne doit se dessaisir que'en face d'une mainlevée régulière » (CAPITANT). V. **Séquestre**.

    — En T. de Jurispr. *Le gardien de la chose* : la personne responsable du dommage causé par une chose ou par un animal qu'elle a sous sa garde*.

    « ... normalement, le gardien de la chose est son propriétaire ; il en   2
    résulte que, si un accident arrive, on utilise contre lui *la présomption de faute* (établie par l'article 1384 du Code civil qui parle des choses qu'on a sous sa garde). »
                                    PLANIOL, **Dr. civ.**, t. II, p. 349 (11e éd.).

    — En T. de Sports, *Gardien de but* : le joueur chargé de défendre le but au football, au hockey... V. **Goal, portier**.

    ‖ 2° *Par ext.* Celui qui garde, défend, protège. V. **Garant, protecteur**. *Un sénat, gardien de la Constitution. Une assemblée, gardienne des traditions. Les gendarmes, gardiens de l'ordre public* (Cf. Émeute, cit. 13). Fig. *La constitution, gardienne des libertés.*

    « Suis-je donc gardien, pour employer ce style,   3
    De la virginité des filles de la ville ? »
                                    MOL., **Dépit amoureux**, V, 3.

    « ... ils (*les membres du parlement anglais*) votèrent que la fameuse   4
    loi *Habeas corpus*, la gardienne de la liberté, ne devait jamais recevoir d'atteinte »
                                    VOLT., **Mœurs**, CLXXIX.

    « ... une épée est une amie fidèle, gardienne de la vie et de l'honneur   5
    de son maître. »
                                    GAUTIER, **Capit. Fracasse**, V.

    « J'avais une estime pour eux (*les sergents de ville*) !   6
    Protecteurs de la paix civile,
    De l'ordre gardiens valeureux, »   VERLAINE, **Invectives**, XLV.

    — *Spécialt. Gardiens de la paix* : nom donné, depuis un arrêté du préfet de police de Paris créant le 8 septembre 1870 le corps des *gardiens de la paix publique*, aux agents de police ou sergents de ville. V. **Agent**.

    — *Adjectiv. Le père gardien* : le supérieur, dans certains couvents. *Le gardiennat, office du père gardien. Ange gardien.* V. **Ange** (*supra* cit. 9 et, *au fig.*, cit. 18). Substantivt. *Les bienheureux gardiens.*

7　« Ils (*les anges*) viennent à nous chargés de ses dons (*de Dieu*) ; ils retournent chargés de nos vœux... Tel est l'emploi et le ministère de ces bienheureux gardiens : ... à toute heure et à tous moments ils (*les anges*) se tiennent prêts pour nous assister : gardiens toujours fervents et infatigables ; sentinelles qui veulent toujours,... »
BOSS., **Panég. p. l. fête Anges gard.**

8　« L'être mystérieux dont on sent la présence à côté de soi, derrière soi, et qui parfois vous touche du doigt pour vous remettre dans la juste route et qui doit être ce qu'on appelle un ange gardien, dans le langage de la ferveur... »　DUHAM., **Invent. de l'abime, XIV.**

DER. — **Gardiennage.** *n. m.* (1823). Emploi de gardien. Service assuré par le gardien. *Frais de gardiennage.* — *Spécialt.* Service de garde et de surveillance dans un port.

GARDON. *n. m.* (XIIIᵉ s. ; orig. obscure). Poisson physostome (*Cyprinidés*), appelé aussi *able, échatout, vangeron...* qui vit de préférence dans les eaux douces. *La chair du gardon est comestible, mais fade.* — *Frais comme un gardon,* en parlant de quelqu'un qui est en bonne santé, en bonne forme.

1. GARE. *n. f.* (1690 FURET. au sens 1 ; de *garer*).

‖ **1°** Bassin, élargissement d'un cours d'eau navigable où les bateaux peuvent se croiser, se garer*. *Gare fluviale.*

‖ **2°** Chem. de fer. À l'origine, Emplacement disposé sur une voie de chemin de fer pour le croisement des trains. *Gare d'évitement.*

1　« Le chemin... sera à une seule voie, sauf à établir des gares ou élargissements de distance en distance, pour que les chars ou voitures puissent se croiser facilement. »
ORDONNANCE du 21 sept. 1831, citée par P.J. WEXLER, **Formation du vocab. des ch. de fer, p. 82.**

— Ensemble des immeubles et installations établies aux stations des lignes de chemin de fer pour l'embarquement et le débarquement des voyageurs et des marchandises (*par oppos. aux* simples stations* ou haltes*). V. **Chemin de fer, embarcadère** (cit. 2). — REM. Ce sens, signalé dès 1835, a peu à peu triomphé du précédent.

2　« Nous n'avons pas trouvé *gare d'évitement* tout court avant 1836... Jusqu'en 1844 au moins, à en juger par l'*Encyclopédie des chemins de fer* de Tourneux, gare signifiera d'abord « gare d'évitement » ; ce n'est que de façon secondaire que l'auteur ajoute : « Les stations ou lieux d'embarquement et de débarquement des voyageurs et des marchandises sur les chemins de fer s'appellent aussi gares. »
P.J. WEXLER, **Formation du vocab. des ch. de fer, p. 83.**

— *Gare de voyageurs. Gare de marchandises. Gare de départ. Gare d'arrivée. Gare terminus* (située aux extrémités d'une ligne). *Gare d'embranchement* ou *de bifurcation,* où se séparent deux lignes principales, où une ligne secondaire vient se relier à la ligne principale. *Gare de triage,* où s'opèrent le triage des wagons de marchandises et la formation des trains. *Gare de transit* ou *de transbordement* où s'effectue de train à train le transbordement des marchandises et des voyageurs. *Gare régulatrice,* gare proche d'un théâtre d'opérations militaires, où les hommes et le matériel sont dirigés vers leur destination définitive. *Gare maritime* dont les voies aboutissent aux quais du port d'embarquement ou de débarquement. *Gare frontière. Les bâtiments de la gare. Salle d'attente, hall* (Cf. Emigrant, cit. 1), *bureaux, guichets, consigne* (cit. 4), *buffet, buvette d'une gare. Quais, trottoirs, voies, passages souterrains, feux d'une gare* (Cf. Chemin de fer, cit. 8). *Le personnel, les employés, les porteurs de la gare. Chef de gare. Grande gare. Gare de l'Est. Gare du Nord. Gare Saint-Lazare. Petite gare de campagne fleurie et déserte.* V. **Halte, station.** *Juste le temps de gagner la gare* (Cf. Convoi, cit. 3). *Aller à la gare. Entrer dans la gare.*

3　« La gare, ses voies nues, semblait morte... flambant étrangement à vide sous le rabat de ses deux marquises, ses toits perdus dans la nuit. Près du buffet, un cadran éclairé marquait la demie de dix heures. »
COURTELINE, **Train de 8 h. 47, II, II.**

4　« ... ces lieux spéciaux, les gares, lesquels ne font pas partie pour ainsi dire de la ville mais contiennent l'essence de sa personnalité de même que sur un écriteau signalétique elles portent son nom... Malheureusement ces lieux merveilleux que sont les gares, d'où l'on part pour une destination éloignée, sont aussi des lieux tragiques... »
PROUST, **Rech. t. p., t. IV, p. 56-57.**

5　« ... son train s'est arrêté à la gare régulatrice. Et juste pendant cet arrêt, des avions boches ont bombardé la gare ! »
MART. du G., **Thib., t. IX, p. 121.**

— EN GARE. *L'express* (cit.) *entre en gare. Livraison en gare de X.*

6　« Ils accueillirent d'une acclamation enthousiaste l'entrée en gare du train de 8 h. 47, dont ils prirent d'assaut un compartiment vide. »
COURTELINE, **Train de 8 h. 47, II, I.**

— Par ext. *Gare aérienne* ou *aérogare.* V. **Aéroport***. *La gare aérienne d'Orly, du Bourget.*

— Pop. (XXᵉ s.). *A la gare !* exclamation pour « envoyer promener » quelqu'un ou quelque chose.

2. GARE ! *interj.* (1460 ; impér. de *garer*). Interjection pour avertir de se garer, de se ranger, de laisser passer quelqu'un, quelque chose, d'éviter un choc... et *par ext.* de prendre garde à quelque éventualité fâcheuse. *Gare !* V. **Attention.** *Gare devant ! Gare derrière ! Gare ! gare ! Crier* (cit. 31) *gare. Crier gare à quelqu'un pour le mettre en*

garde. *N'allez pas plus loin, je vous crie gare !* V. **Cassecou.** *Sans crier gare* (vx. *sans dire gare*) : sans avertir. *Ils sont arrivés sans crier gare* (Cf. aussi Confident, cit. 4). — Vieilli. *Gare* (qq. chose). *Gare la bombe !* (ACAD.) *Gare la voiture, le train ! Gare les accrocs*!* (cit. 1).

1　« Soit. Mais gare le bois si j'apprends quelque chose ! »
MOL., **Sgan., 22.**

2　« Gare alors s'il découvre sur son passage un autre terrain, un immeuble à vendre, qui ne figurent pas dans le rapport... »
ROMAINS, **H. de b. vol., t. IV, II, p. 14.**

— GARE à..., tournure moderne admise par l'Académie. *Gare aux conséquences* (ACAD.). *Gare au premier qui rira* (DAUD., cité par DURRIEU). *Gare à qui ne marchera pas droit* (Cf. Egal, cit. 39). — REM. Avec un pronom ou un infinitif, on met toujours à (GREVISSE, n° 993, rem. 2). *Gare à toi* (ACAD.). *Gare à vous si je vous y reprends ! Gare à ne pas tomber.*

3　« Ma fiancée est pure et gare à qui la scandalisera ! »
MAUROIS, **Silences Col. Bramble, IX.**

— GARE QUE... *Gare qu'il ne faille tout recommencer.*

4　« Gare qu'aux carrefours on ne vous tympanise, »
MOL., **Éc. des fem., I, 1.**

5　« Si l'inégalité vous plaît, gare que demain elle ne se retourne contre vous ! »　ROLLAND, **Jean-Christ., t. IX, p. 63** (cité par GREVISSE).

GARENNE. *n. f.* (XIIIᵉ s. ; bas lat. *warenna,* altér. de *varenna* (V. **Varenne**), par croisement, selon DAUZAT, avec *wardôn,* garder, et *warôn,* garer : « endroit où on garde le gibier »). *Anciennt.* Dr. féod. Réserve de gibier, domaine de chasse réservée. *Droit de garenne,* privilège seigneurial aboli dans la nuit du 4 août 1789.

— *Spécialt.* Bois, étendue boisée où les lapins vivent et se multiplient à l'état sauvage. V. **Friche, varenne.** *Garenne couverte de broussailles, de bruyères, de fougères. Clapier*, halots*, terriers* d'une garenne. Chasser dans une garenne. Garenne forcée,* ou *privée,* enclos où l'on élève des lapins en liberté. *Peupler une garenne. Les propriétaires des garennes sont responsables des dégâts que les lapins peuvent commettre dans les propriétés voisines.*

1　« ...on a voulu peupler une garenne avec des lapins clapiers... »
BUFF., **Hist. nat. anim., Le lapin, Œuv., t. II, p. 549.**

2　« ... nous vous ferons tirer un lapin dans la garenne... »
FLAUB., **Mᵐᵉ Bovary, I, III.**

— *Lapin de garenne* (Cf. Clapier, cit. 1 et 2) et ellipt. *Un garenne. Des garennes* ou *des garenne* (peu usit.). *Manger un garenne en civet.*

3　« — Madame, c'est un homme pas beau, qui a deux garenne pendus sous sa blouse... Madame veut le voir ? »
COLETTE, **Étoile Vesper, p. 10.**

4　« Un garenne surpris détale à travers les fougères d'un galop élastique et mat ; sa queue blanche disparait à l'orée d'un terrier ; plus rien... »　GENEVOIX, **Forêt voisine, VI.**

— Pêch. Endroit d'une rivière où la pêche est réservée.

GARER. *v. tr.* (attesté au XVᵉ s., mais antérieur. Cf. Egarer ; d'un francique *warôn,* avoir soin). Mettre (un bateau, un véhicule) à l'écart, à l'abri, en un lieu sûr ou spécialement aménagé. V. **Abriter, ranger ; garage, gare.** Absolt. *Vous pouvez garer au parc*. Garer son bateau en l'amarrant le long du quai. Garer sa voiture sur le bascôté de la route. Garer sa bicyclette dans une remise, un appentis. Garer un convoi dans une gare, sur une voie de garage* (pour permettre le passage d'un autre train).

1　« Garer se dit des bateaux qu'on lie, qu'on attache, qu'on amarre en des lieux où ils sont en sûreté. »　FURET., **Dict. (1690).**

— Par ext. Fam. *Garer sa fortune à l'étranger. Garer les meubles.* V. **Sauver.**

— *Garer de* (quelque chose). V. **Préserver.**

2　« ... ils étaient d'une intelligence trop vive pour ne pas voir que, entrainée sur une pente effroyable, la Révolution allait aux catastrophes dont seule l'eût pu, sans doute, garer une Assemblée enfin assagie... »　MADELIN, **Talleyrand, I. V.**

‖ SE GARER. Se ranger de côté pour laisser passer (un bateau, un train, une voiture). *Les bateaux qui montent doivent se garer vers la terre pour laisser passer les bateaux qui descendent. Omnibus qui se gare pour laisser passer le rapide. Nous eûmes juste le temps de nous garer* (Cf. Crier, cit. 21).

3　« ... une trompe d'automobile surprit bizarrement nos oreilles et nous fit garer sur la piste. »　J. et J. THARAUD, **Marrakech, X.**

— Se mettre à l'abri en un lieu de stationnement. *Parc où se garent les automobiles.* — Fam. *Je me suis garé dans la rue voisine :* j'y ai garé ma voiture. *Manœuvre pour se garer.*

4　« L'auto s'est garée dans la remise de l'hôtel où nous avons laissé nos sacs. »　GIDE, **Nouv. prétextes, p. 176.**

— SE GARER DE. Prendre garde d'éviter, faire en sorte d'éviter. *Se garer des voitures. Se garer des coups* (cit. 13). V. **Préserver** (se), **protéger** (se). *Se garer d'un péril* (ACAD.). V. **Défendre** (se). *C'est un fou dangereux, il faut vous en garer* (ACAD.). V. **Éviter.**

5   « Buteau, qui, au vent de la gifle, dans sa jeunesse, levait le coude et se garait, en claquant des dents, se contenta de hausser les épaules, d'un air de moquerie insultante. »   ZOLA, La terre, IV, II.

6   « ... dans ce conte charmant de *Gribouille*, qui se jette à l'eau, un jour qu'il pleut beaucoup, non point pour se garer de la pluie, ainsi que ses vilains frères ont tenté de le faire croire, mais pour se garer de ses frères qui se moquaient. »   GIDE, Si le grain ne meurt, I, II.

7   « (Elle) suivait l'avenue de Messine en se garant des passants et des voitures sans rien voir, confinée dans sa pensée immuable... »   CHARDONNE, Dest. sentim., p. 447.

8   « Sans joie, sans tristesse, passive, elle semblait habituée à se garer de tout élan, de toute émotion... »   ID., Ibid., p. 462.

DER. — Garage, gare.

GARGAMELLE. *n. f.* (1468 ; empr. au prov. *gargamela*, « gosier », par croisement entre *calamela*, « chalumeau », d'où, au *fig.* « tuyau de gorge », et la racine *garg-*, « gorge »). *Pop.* Gorge, gosier.

« ... (il) gobait les écus comme des pruneaux. Au cinquième, il y eut une rumeur dans le café, un cercle se fit, pétrifié d'admiration : Ah ! le bougre, quelle gargamelle, pour se coller ainsi de la monnaie dans le gésier ! »   ZOLA, La terre, II, VI.

GARGANTUA. *n. m.* (1532 ; nom propre d'un personnage de Rabelais, doué d'un appétit prodigieux). Gros mangeur. *Un appétit, un repas de Gargantua.*

DER. — **Gargantuesque.** *adj.* (XIXᵉ s. BALZAC ; abs. de LITTRÉ). Digne de Gargantua.

1   « ... les du Ronceret donnaient un grand dîner à trois services... Ce repas gargantuesque durait six heures. »   BALZ., Cabinet des antiques, Œuv., t. IV, p. 430.

2   « Bouilloux et Labbé, curiosités gargantuesques, font assaut de gueule... Labbé boit le vin blanc dans un seau à traire les vaches, Bouilloux se voit apporter un gigot entier dont il ne cède rien à personne, que l'os dépouillé. »   COLETTE, Maison de Claudine, p. 85

GARGARISER. *v. tr.* (XIVᵉ s. ; empr. au lat. médic. *gargarizare*, lui-même empr. du grec). Rincer* l'arrière-bouche et la gorge avec de l'eau ou un liquide médicamenteux. *Médicament prescrit pour gargariser les cavités buccale et pharyngienne.* V. **Gargarisme.** *Les vétérinaires emploient la seringue à lavements pour gargariser la gorge des animaux.*

— *Fig.* et *fam.* Flatter, circonvenir. *Gargariser quelqu'un de belles paroles, de vaines promesses.*

1   « ... on n'eût pas trouvé son pareil pour gargariser le personnel du miel calmant de discours aussi onctueux de bonne grâce que dépourvus de bonne foi. »   COURTELINE, MM. ronds-de-cuir, IIIᵉ tabl., I.

|| SE GARGARISER. *v. pron.* (d'usage plus courant que le transitif). *Se gargariser à l'eau bouillie, tiède. Le médecin m'a ordonné de me gargariser toutes les deux heures. Faire gargariser un malade.*

2   « ... vous gargariser la gorge avec de l'eau. »   RAC., Trad., Banquet de Platon, V, 474.

— *Par ext.* et *pop.* V. **Boire.**

3   « Tous, le nez tourné vers le poêle où se rissolaient les alouettes, flairaient la bonne odeur. Et ils burent gravement, se gargarisèrent. »   ZOLA, La terre, I, III.

— *Fig.* et *fam.* V. **Délecter** (se), **savourer.** *Il se gargarise de compliments* (ACAD.) : il les écoute avec délectation. *Les fanatiques d'un parti se gargarisent avec des formules* (cit. 18) *creuses, de grands mots.*

4   « Il pérore, l'imbécile !... Il se gargarise de lieux communs ! »   MART. du G., Thib., t. V, p. 214.

5   « On commençait d'entendre répéter tout autour de soi, chaque jour, à voix basse, ce mot de libération dont les écrivassiers et les politiciens allaient se gargariser pendant plusieurs années... »   DUHAM., Cri des profondeurs, X.

GARGARISME. *n. m.* (XIIIᵉ s. ; empr. au lat. médic. *gargarisma*, d'orig. grecque).

|| **1º** Médicament liquide dont on fait usage pour se gargariser*. *Gargarisme au chlorate de potasse. Gargarismes employés pour le traitement des affections bucco-pharyngées.*

|| **2º** Action de se gargariser. *Ordonner des gargarismes et des pulvérisations.*

GARGOTE. *n. f.* (1680 RICHELET ; probablt. usité dès le début du XVIIᵉ s., le dér. *gargotier* étant attesté en 1642 ; de *gargoter*, au sens de « manger malproprement »). *Péj.* Restaurant* à bon marché, où la cuisine et le service manquent de soin. V. **Auberge, cabaret, taverne.** *Cuisine de gargote.* V. **Ratatouille** (*fam.*), **tambouille** (*fam.*).

1   « En attendant mon départ de Paris dont je n'avais pas encore fixé le jour, je me mis dans une de ces petites auberges à qui le mépris de la pauvreté a fait donner le nom de gargotes. »   MARIV., Paysan parvenu, I, p. 42.

2   « Dans la plus vilaine gargote, on est servi plus proprement, plus décemment, en linge moins sale, et l'on a mieux à manger. »   ROUSS., Conf., VII.

3   « ... la forte et nauséabonde odeur de vin et de mangeaille qui vous saisit à Paris, en passant devant les gargotes de faubourgs. »   BALZ., Paysans, Œuv., t. VIII, p. 45.

— *Par anal.* Tout établissement où l'on mange mal.

« Soupons-nous à l'*Anglais* ? — Non, c'est une gargote. »   BANVILLE, Odes funamb., Acad. royale de mus.   4

DER. — Gargotier.

GARGOTER. *v. intr.* (XIVᵉ s. ; de l'anc. fr. *gargate, gargote*, « gorge, gosier »). *Vx.* Faire un bruit de gorge en mangeant ou en buvant, d'où Manger ou boire gloutonnement et malproprement.

— *Par ext.* (1839 in BOISTE ; repris du dérivé *gargote*). Cuisiner sans art ni soin (*peu usit.*).

DER. — Gargote.

GARGOTIER, IÈRE. *n.* (1642 ; de *gargote*). Celui, celle qui tient une gargote*.

1   « J'ai fait marché avec un gargotier du quartier pour qu'il me nourrisse. J'ai devant moi, et payés, trente dîners, si l'on peut appeler cela des dîners. »   FLAUB., Corresp., 69, 16 nov. 1842.

— *Péj.* Cuisinier, traiteur qui fait de la cuisine de gargote.

2   « Croient-ils que le préfet sera bien aise de dîner là-bas, sous une tente, comme un saltimbanque ?... Ce n'était pas la peine, alors, d'aller chercher un gargotier à Neufchâtel ! »   FLAUB., Mᵐᵉ Bovary, II, VIII.

— *Une mentalité de gargotier, de marchand de soupe.*

3   « Si ces gargotiers d'âmes avaient du talent, s'ils servaient à leurs pensionnaires des nourritures fines, des essences de théologie, des coulis de prières, des sucs concrets d'idées, ils végéteraient incompris des ouailles. »   HUYSMANS, En route, p. 4.

GARGOUILLADE. *n. f.* (1747 in BRUNOT ; de *gargouille*). *Chorégr.* Ancien pas de danse, voisin du « saut de chat ».

1   « ... les professeurs de danse se sont efforcés d'ordonner et de simplifier leurs enseignements, en définissant par des termes appropriés les attitudes principales de la danse... Certains (*mots choisis*) caractérisent la figure créée : gargouillades, pirouettes. »   M. BOURGAT, Technique de la danse, p. 44 (éd. P.U.F.).

— *Mus.* Vocalise ou roulade mal exécutée, qui rappelle le bruit de l'eau tombant d'une gargouille.

2   « Les castrats ont « une voix claire, un fausset délicieux, et la gargouillade beaucoup moins cadencée. »   CUISIN, Peintre des coulisses, p. 80 (in MATORÉ).

GARGOUILLE. *n. f.* (1500 ; *gargoule* en 1294, composé du rad. *garg-*, « gorge », et de *goule*, « gueule »).

|| **1º** Dégorgeoir* en saillie par lequel s'écoulent à distance des murs, les eaux de pluie recueillies dans les gouttières*, les chéneaux*. *Gargouilles des édifices gothiques. Gargouilles sculptées en forme de démons, de monstres fabuleux, d'animaux fantastiques. Gargouille à corps de serpent et à mufle de lion. Gargouille à tête de dragon qui crache l'eau par sa gueule béante. Gargouilles du Mont-Saint-Michel* (Cf. Clocheton, cit.), *de Notre-Dame de Paris, de la cathédrale de Chartres... Console*, corbeau* soutenant l'assise d'une gargouille. Bruit de l'eau tombant d'une gargouille.* V. **Gargouillement, gargouillis.**

1   « Les gargouilles à laide figure, les petits monstres aux traits vagues, qui vivent là-haut dans l'air, grimaçaient à côté de nous au soleil... »   LOTI, Mon frère Yves, X.

2   « ... ces gargouilles, ces créatures hybrides matérialisant les vices vomis, rejetés du sanctuaire, rappelant au passant qui les voit expumer à pleine gueule les lies des gouttières, que hors de l'Église, ce ne sont que gémonies de l'esprit et cloaques d'âme. »   HUYSMANS, La cathédrale, XIV, p. 312.

|| **2º** Par anal. *Technol.* Partie d'une gouttière ou d'un tuyau servant à l'écoulement des eaux pluviales.

DER. — Gargouillade. — Gargouiller*. — Gargoulette.

GARGOUILLEMENT. *n. m.* (1532 ; de *gargouiller*). Tout bruit analogue à celui de l'eau tombant d'une gargouille*. V. **Gargouillis, glouglou.** *Gargouillements d'un siphon d'évier, d'un robinet.*

1   « Du palier qui séparait le dortoir des dortoirs voisins arrivaient les gargouillements de la fontaine où les clients de l'étage venaient parfois prendre un peu d'eau. »   DUHAM., Salavin, II.

2   « L'air ne bougeait pas. La lumière montait. On n'entendait que le gargouillement du ruisseau contre les cailloux. »   BOSCO, Le sanglier, IV, p. 154.

— *Méd.* Bruit produit par le passage de bulles de gaz à travers un liquide, dans une cavité naturelle ou pathologique. *Gargouillement pulmonaire. Gargouillements gastro-intestinaux.* V. **Borborygme.**

GARGOUILLER. *v. intr.* et *tr.* (1337 ; de *gargouille*).

|| **1º** *V. intr.* Produire un bruit analogue à celui de l'eau tombant d'une gargouille. *L'eau gargouille à la bonde d'une baignoire qui se vide.*

1   « Ce bruit n'empêchait pas d'entendre l'eau gargouiller dans les gouttières et ruisseler sur les masures ; »   DUHAM., Salavin, III, VIII.

— *Méd.* Produire des gargouillements*. *Avoir les intestins qui gargouillent.*

2   « L'enfant se rendormait en gargouillant de la gorge et du nez. »   GIONO, Chant du monde, I, VII.

‖ 2° V. tr. (*Technol.*). Polir le marbre. V. **Égriser.**
DER. — Gargouillement. Gargouillis.

GARGOUILLIS. *n. m.* (1581 ; de *gargouiller*). V. **Gargouillement.**

1 « ... on entend un gargouillis liquide et chantonnant, Moûlu s'excuse, il dit : « C'est mon estomac ! » SARTRE, Mort dans l'âme, p. 229.

2 « ...il entend monter vers lui une rengaine extravagante. Une voix de femme qui s'efforce de suivre les gargouillis d'une radio. » DUHAM., Archange de l'avent., XII.

GARGOULETTE. *n. f.* (1397 ; de *gargoule*, anc. forme de *gargouille*). Vase poreux dans lequel les liquides se rafraichissent par évaporation. V. **Alcarazas.**

1 « Devant la tente du Madani les esclaves sommeillent, l'eau fraîchit dans les gargoulettes ou dans les peaux de chèvre suspendues à trois piquets... » J. et J. THARAUD, Marrakech, XIV.

2 « ...la gargoulette d'eau fraîche pendue sous le figuier qui ombrage le puits. » BOSCO, Jard. d'Hyacinthe, p. 47.

GARGOUSSE. *n. f.* (1634 ; altér. du prov. *cargousso*, de *carga*, « charger »). *Milit.* Charge de poudre à canon, dans son enveloppe cylindrique. *La gargousse, cartouche* à canon. Artilleurs qui mettent une gargousse* (Cf. Charger, cit. 1). *Gargousses entièrement métalliques de l'artillerie moderne.*

« Des sons nets marquaient le temps de la charge... le froissement des gargousses de soie poussées à coups de poing l'une sur l'autre, le battement clair des culasses refermées... » FARRÈRE, La bataille, XXVII.

GARIBALDIEN, IENNE. *adj.* (1872 in P. LAROUSSE ; de *Garibaldi*). *Hist.* Relatif à Garibaldi. — *Substantivt.* Partisan de Garibaldi, et *spécialt.* Soldat de Garibaldi appelé aussi Chemise* rouge (Campagnes de 1860-1862 ; 1866-1870).

GARIGUE. V. **GARRIGUE.**

GARNEMENT. *n. m.* (vers 1100 ROL. (CIX) ; anc. dér. de *garnir* : « ce qui garnit, ce qui protège », puis (XIVᵉ s.) « protecteur, soutteneur » et enfin « voyou, vaurien »).

‖ 1° Au sens fort. *Vieilli.* V. **Vaurien, voyou.** *Un garnement sans scrupule.*

1 « Le peuple des soucis croit que c'est châtiment,
...
Enfin qu'on a pendu le mauvais garnement. »
LA FONT., Fab., III, 18.

2 « ...un garnement qui voulait brûler les couvents et enlever les filles. » VOLT., L'ingénu, IX.

‖ 2° *Au sens faible.* Enfant, jeune homme turbulent, insupportable. V. **Coquin, galopin, gredin, voyou** (Cf. Éprouver, cit. 36 ; fredaine, cit. 4). *Mauvais garnement. Petit garnement ! Quel est le garnement qui a cassé ce carreau ?*

3 « Oh ! le petit garnement ! Aussi leste que joli ! » BEAUMARCH., Mar. de Figaro, II, 15.

GARNI. *n. m.* (début XIXᵉ s. ; p.p. substantivé de *garnir*). Maison, chambre meublée, affectée à la location. *Habiter dans un garni* (Cf. Étudiant, cit. 4). *Loger en garni. Police des garnis. Logeurs ou loueurs de garnis.*

1 « Elle vit avec une rente de 6.000 francs, en garni, sans femme de chambre, dans la misère. » FLAUB., Corresp., 91, 2 avril 1845.

2 « Cela sentait la misère honteuse, la misère en garni de Paris. » MAUPASS., Bel-ami, I, III.

3 « Derrière une porte, un gosse pleurait ; ça sentait les cabinets. « C'est un garni », pensa Philippe. Garni, c'était un mot triste qu'il avait lu souvent, dans des romans naturalistes, et toujours avec répugnance. » SARTRE, Le sursis, p. 144.

GARNIR. *v. tr.* (XIᵉ s. ; francique *warnjan*, Cf. allem. *warnen*, « prendre garde », d'où le sens primitif de « protéger »). Pourvoir une chose de ce qu'il est nécessaire ou utile d'y mettre ou d'y ajouter. — REM. Sauf dans l'expression spéciale *se garnir*, ce verbe ne se dit que des choses : on ne *garnit* pas quelqu'un, quelqu'un n'est pas *garni*. Seule l'ancienne langue présente quelques cas de cet emploi :

1 « Jadis n'y eut fille, en toute Aemonie,
Qui fût de grâce et beauté mieux garnie
Que Coronis,... » MAROT, Métamorph. d'Ovide, II.

2 « ...Homère... les garnit toujours (*les héros*) de vivres... » RAC., Rem. s. l'Odyss. d'Homère, VII.

‖ 1° Pourvoir d'éléments destinés à protéger ou à renforcer. *Garnir une place forte.* V. **Armer, flanquer, fortifier*, munir.** *Remparts garnis de leurs défenseurs.* V. **Garnison.** *Navire garni de canons. Gantelet qu'on a garni de lames d'acier. Casse-tête* (cit.) *garni de clous. Âme de câbles* (cit. 1) *garnie de suif et de goudron. Étoupes* (cit. 1) *goudronnées dont on garnit les joints.* V. **Calfater.** *Garnir de plaques d'acier* (V. **Blinder, cuirasser***), *de bois* (V. **Boiser**), *d'un revêtement* (V. **Chemiser, revêtir**), *de clayonnages* (V. **Clayonner**), *de piquants* (V. **Hérisser**), *de boules* (V. **Bouler**), *de carton* (V. **Cartonner**), *de coussins* (V. **Matelasser**)... *Éléments de protection dont on garnit des tonneaux, des bouteilles, des fenêtres...* V. **Cercler, clisser,**

treillisser... Garnir des bas. V. **Renforcer.** — Mar. « *Garnir un objet de limandes, de bitord ou de fil de caret formant natte, c'est l'entourer de façon à le préserver des frottements ou des chocs* » (GRUSS). *Garnir un cordage, un espar.* V. **Fourrer.**

3 « Il perdit encore trois lunes à équiper les cent douze éléphants qui logeaient dans les remparts... Hannon fit refondre les plaques d'airain dont on garnissait leur poitrail, dorer leurs défenses, élargir leurs tours... » FLAUB., Salammbô, Hannon.

— Pronominalt. *Spécialt.* En parlant des femmes au moment des règles, des couches. *Se garnir* (de serviettes hygiéniques).

‖ 2° Pourvoir de tous les éléments dont la présence est nécessaire ou normale. *Garnir un four* (de bois), *une bibliothèque* (de livres), *un buffet* (de vaisselle), *un étui, un nécessaire* (des diverses pièces), *un lit* (des draps, matelas, couvertures...), *une lampe* (d'huile, de pétrole...), *des sièges* (en les rembourrant), *un chapeau* (de sa coiffe), *une épée* (de sa garde)... V. **Approvisionner, canner, capitonner, équiper, outiller, pailler, rembourrer, rempailler, remplir, vitrer, voiler...** *Bien garni*, abondamment pourvu. V. **Fourni.** *Bourse, portefeuille bien garnis* (d'argent). *Table bien garnie* (de mets). *Bouche bien garnie*, avec toutes ses dents, des dents saines. — *Spécialt.* (vieilli). *Maison, appartement, chambre garnis* (des meubles et objets nécessaires). V. **Garni, meublé.** — Mar. *Garnir une vergue*, la gréer* de toutes ses poulies, filières, marche-pieds. *Garnir un cabestan*, en disposant tout pour virer. — Techn. *Garnir le drap.* V. **Lainer.**

4 « Quand des Français la bourse est bien garnie, RONSARD, Pièc. posth., Au trésorier de l'Épargne.

5 « Tout ce qu'il fut possible de faire pour nous, ce fut de nous assurer deux petites chambres garnies, ou plutôt dégarnies, dans une espèce de mauvais lieu. » SAND, Hiver à Majorque, p. 44.

6 « ...s'il ne lui restait plus les jambes, du moins lui restait-il l'estomac et sa fortune lui permettait de garnir sa table... » Ch.-L. PHILIPPE, Père Perdrix, I, V.

7 « Il se répandit une forte odeur d'encens. Peut-être garnissait-on des encensoirs dans la sacristie. » ROMAINS, H. de b. vol., t. II, IV, p. 43.

8 « Les mots sortaient en trébuchant de sa bouche mal garnie. » CAMUS, La peste, p. 118.

— *Fam.* Se garnir les poches (d'argent). V. **Enrichir** (s'), **remplir** (se). — *Pop.* Se garnir le ventre, la panse, le bocal. V. **Manger.**

— GARNIR DE... (le complément précisant avec quoi l'on garnit). *Vaisseau garni de ses rames* (Cf. Argonaute, cit.). *Couche* (cit. 1) *garnie d'un matelas et de draps. Fenêtre* (cit. 4) *garnie de persiennes et de châssis.*

9 « Il... n'oublia pas de garnir sa ceinture d'autant de doublons que don Garcia put la charger. » MÉRIMÉE, Âmes du purgatoire.

10 « C'était une chambre garnie tout bonnement de meubles d'acajou assez laids, comme tous les meubles de ce genre, et tapissée de papier à douze sous » HUGO, Misér., I, V, III.

— (Les objets désignés par le complément étant pris pour sujet.) *Meubles garnissant un appartement* (Cf. Étude, cit. 52). *Livres qui garnissent les rayons d'une bibliothèque* (cit. 3). *Les barbillons qui garnissent les côtés* (cit. 8) *du bec. Les jolies dents qui garnissent sa bouche.*

— *Par ext.* Couvrir, recouvrir un espace. V. **Occuper, remplir.** *Cheveux qui garnissent la tête. Pyramides de chocolat* (cit. 3) *garnissant les planches d'un étalage. Feuilles, bourgeons qui commencent à garnir les branches au printemps.* — Pronominalt. *La salle se garnissait peu à peu, les spectateurs arrivaient.*

11 « Je vis la salle se garnir peu à peu de figures à moi connues. » FRANCE, Crime S. Bonnard, Œuv., t. II, p. 329.

12 « La plupart des internés garnissaient les tribunes. » CAMUS, La peste, p. 260.

‖ 3° Pourvoir d'éléments qui s'ajoutent à titre d'accessoires ou d'ornements. *Garnir une robe de dentelle, de broderies, de passementeries...* V. **Agrémenter, border, encadrer, orner, passementer, soutacher...** *Garnir de fleurs, de plumes, d'émaux, de diamants...* V. **Enrichir.** *Flambeau* (cit. 17) *garni d'un abat-jour.* V. **Entourer.** *Tonnelle garnie de vigne* (Cf. Feuillu, cit.). *Garnir une fenêtre de bourrelets.* V. **Calfeutrer.** *Garnir un manteau de fourrure, d'étoffe...* V. **Doubler, fourrer, ouatiner.** *Garnir des vitrines, des murs... d'objets d'art, de tableaux...* — Avec la chose pour sujet. *Ex-voto* (cit. 1) *garnissant des murs. Chéchia* (cit.) *qui garnit le sommet de la tête.*

13 « Jupiter était vêtu d'une brigandine couverte de velours noir, à clous dorés ; il était coiffé d'un bicoquet garni de boutons d'argent doré ; » HUGO, N.-D. de Paris, I, I.

14 « Dominique posa un vase garni de soucis sur le coin d'une table... » CHARDONNE, Dest. sentim., p. 460.

— *Spécialt.* Cuis. *Garnir de légumes une pièce de bœuf. Plat de viande garni* (de légumes). V. **Complet.** *Garçon, avec quoi sont garnies les escalopes ?* V. **Garniture.** *Choucroute garnie*, accompagnée* de charcuteries diverses. *Assiette garnie* (vieilli), assiette* anglaise. *Rôti garni de* *pommes de terre et de cresson* (cit.). *Dinde garnie de marrons, de truffes...* (V. **Farcir, truffer**).

ANT. — Dégarnir, dénuder, démunir, priver. Dépeupler, vider.

DER. et COMP. — Garnement. Garni. Garnison. — **Garnissage.** *n. m.* (1785). Action de garnir ; résultat de cette action. *Spécialt.* Technol. Placement des petites pièces nécessaires au montage d'un métier à tisser et des armures. Opération dans l'apprêt des draps destinée à en rendre laineuse la surface. Mise en place des ornements dans les ouvrages de céramique. — **Garnisseur, euse.** *n.* (XIIIe s.). Ouvrier qui garnit, qui pose des garnitures. *Au fém.* Machine à garnir le drap. — **Garniture.** — **Dégarnir.** — **Regarnir.** *v. tr.* (XIIIe s.). Garnir à nouveau.

GARNISON. *n. f.* (1213 ; d'abord action ou moyen de garnir, de protéger ; spécialisé au XVIIe s. dans le sens militaire).

|| **1° Vx.** Action de garnir. — *De nos jours.* Techn. *Pièce de garnison,* pièce soudée au corps d'un objet d'orfèvrerie. *Doré par garnison,* en parlant d'un ouvrage doré par places.

|| **2°** (XVIe s.). Milit. Troupes qu'on met dans une place, pour en assurer la défense et tenir le pays. *Ville forte munie d'une garnison* (Cf. Citadelle, cit. 1). *Garnison d'une ville frontière* (Cf. Brûler, cit. 51). *La garnison s'est défendue vaillamment, a été forcée de se rendre... Par ext.* Corps de troupes caserné (cit. 2) dans une ville. *Être en garnison, tenir garnison à Metz. Ville de garnison,* où séjourne une garnison. *Major* de garnison.*

1 « J'appelle garnisons les gendarmes (hommes de guerre) qui sont disposés par les villes limitrophes pour la conservation de tout le pays »
         CALVIN, **Instit.**, 1201 (in LITTRÉ).

2 « Le roi fit la garnison prisonnière de guerre, et entra dans Valenciennes, étonné d'en être le maître. »
         VOLT., **Siècle de Louis XIV**, XIII.

3 « Le silence était profond, et l'ombre épaisse sur les tours du vieux Vincennes. La garnison dormait depuis neuf heures du soir. Tous les feux s'étaient éteints à six heures par ordre des tambours. On n'entendait que la voix des sentinelles placées sur le rempart... »
         VIGNY, **Serv. et grand. milit.**, II, III.

4 « Il en fut de même pour les militaires, qu'on rassembla de nouveau dans les casernes restées libres : ils reprirent une vie normale de garnison. »
         CAMUS, **La peste**, p. 293.

— *Ellipt.* Ville où est casernée une garnison. *Cette ville est une garnison agréable. Changer de garnison. Regagner sa garnison. Limites de la garnison. Commandant d'armes d'une garnison. Vie de garnison. Amours, conquêtes de garnison,* de passage (comme en peut avoir un militaire qui ne reste pas longtemps dans une garnison).

5 « Les soldats et les officiers ont ces airs ineffaçables de *gentlemen*, résolus et discrets, qu'ils portent au bout du monde, jusque dans les garnisons de la colonie du Cap et les établissements de l'Inde... »
         BAUDEL., **Curios. esthét.**, XVI, VI.

6 « ... la pire garnison où le hasard... pût m'envoyer pour mon début. »
         BARBEY d'AUREV., **Diaboliques**, Rideau cramoisi, p. 30.

7 « L'idée de m'en aller vivre d'une vie de garnison dans quelque ville de province m'inspirait de la répugnance. »
         DUHAM., **Pesée des âmes**, XII.

DER. — Garnisonnaire (XVIIe s.), puis (1771) **Garnisaire.** *n. m.* Vx. Gardien judiciaire qu'on établissait chez un saisi ou un débiteur du fisc (avant la loi du 9 février 1877 sur la sommation avec frais). *Mettre garnison, lever la garnison, c'était installer ou retirer les garnisaires.* — Soldat qu'on établissait chez les parents ou les complices d'un conscrit réfractaire ou d'un déserteur.

GARNITURE. *n. f.* (XIVe s. ; de *garnir*). Se dit de ce qui peut servir à garnir une chose, pour la renforcer, la compléter ou l'orner. *Garniture d'une robe, d'une toilette.* V. **Agrément, berthe, bordure, broderie, cache-peigne, ornement, parure, passementerie*, volant...** *Garniture de dentelles* (Cf. Broche, cit. 5). *Garniture de boutons, de diamants...* V. **Assortiment.** *Garniture d'un chapeau, d'une paire de bas,* ce qui sert à les renforcer. *Garniture de cheminée :* ensemble des objets ornant le dessus d'une cheminée (Cf. Essuyer, cit. 7). *Garniture de foyer :* pelle, pincettes, chenets, etc. — Mar. *Garniture d'un mât, d'une voile, d'une vergue.* V. **Armement, gréement.** *Garniture d'un cordage.* V. **Garnir** (1°), **natte, paillet.** *Atelier de la garniture,* dans un arsenal, où les garnituriers préparent les pièces du gréement. — *Tapiss.* Intérieur et accessoires de literie. — *Pharm.* Linges dont une femme se garnit. — *Archit.* Ce qui sert à garnir un comble, un toit. — *Impr. Garniture de bois, de fonte :* pièces servant à séparer les pages dans la forme. — *Cuis.* Accessoires servant à assaisonner ou orner un mets. *Garniture de persil, de jaunes d'œufs, de champignons... Garniture d'un vol-au-vent.* V. **Financière.** *Garniture d'un plat de viande :* les légumes qui l'accompagnent.

« ... si j'étais de vous, je lui achèterais... une belle garniture de diamants, ou de rubis, ou d'émeraudes. »   MOL., **Am. médec.**, I, 1.

— *Technol. Garnitures métalliques, filamenteuses, en cuir, en caoutchouc...* destinées à protéger ou renforcer divers objets. V. **Bout, bouterolle, calandre, capuchon, couverture, cuissière, embout, enveloppe, ferrement, ferrure, grébiche...** *Garniture à hélice,* renforçant un tube souple. — Pièces mobiles dont se compose une pompe. Pièces d'une arme à feu liant le canon à la monture. Dispositif assurant l'étanchéité dans un piston, un presse-étoupe. V. **Bourrage,**

bourrelet. Partie de treillage remplissant un vide entre deux bâtis. V. **Remplissage.** — *Céram.* Nom générique des pièces fabriquées à part (anses, becs, pieds...) et collées aux poteries. — *Pyrot.* Petites pièces d'artifice destinées à augmenter l'effet des fusées.

1. GAROU. *n. m.* (XIIe s.). V. **LOUP-GAROU.**

2. GAROU. *n. m.* (1700 ; prov. mod. *garoup* au XVIe s., d'origine obscure). Variété du daphné*, arbrisseau appelé aussi *bois gentil, malherbe, sainbois,* dont l'écorce est utilisée en médecine pour ses propriétés vésicantes. *Les graines du garou sont purgatives.*

GARRIGUE. *n. f.* (1546 ; de *garric,* « un des noms prélatins du chêne, qui paraît ibère » (DAUZAT). Terrain aride à sous-sol calcaire de la région méditerranéenne ; végétation broussailleuse qui couvre ce genre de terrain. V. **Lande, maquis.** *Garrigue inculte.* — REM. La plupart des dictionnaires, en particulier LITTRÉ et ACAD. (8e éd.), donnent l'orthographe *garigue,* mais seul *garrigue* est en usage (Cf. Chêne-vert, cit. MARTONNE ; ciste, cit. GIDE ; flamme, cit. 8 GIONO).

1 « Las du vignoble, nous errions sur les collines, dans ces garrigues brûlées mauvaisement où végètent, opiniâtres, les chênes-verts et les buissons épineux. »
         DUHAM., **Temps de la recherche**, II.

2 « On s'engagea enfin à travers une vaste garrigue, peuplée de houx, de myrtes, d'argélas épineux. »
         BOSCO, **Un rameau de la nuit**, II, p. 127.

3 « On donne le nom de garrigue... à la végétation constituée par de la petite broussaille formée de buissons épars et de taches herbacées desséchées en été, qui couvre les terrains arides et plus ou moins rocailleux à sous-sol calcaire de la région méditerranéenne. »
         MARTONNE, **Géogr. phys.**, t. III, p. 1273.

1. GARROT. *n. m.* (XIIIe s. ; empr. au prov. *garrot,* même rac. que *garra.* Cf. Jarret). Chez les grands quadrupèdes, partie du corps située au-dessus de l'épaule et qui prolonge l'encolure*. *Cheval, bœuf blessé au garrot.*

« ... une haute bête roussâtre a franchi le fossé. Elle trottait bas, les jambes tremblantes ; elle inclinait sa tête rameuse, dans un tel geste de lassitude et d'abandon que son garrot semblait chargé d'un faix énorme, douloureux. »   GENEVOIX, **Forêt voisine**, XII.

2. GARROT. *n. m.* (début XIVe s. « trait d'arbalète, bâton » ; de l'anc. fr. *guaroc,* dér. du v. *garokier,* « tordre », d'orig. francique (BLOCH), ou de *garrot* 1 par métaph. « jambe, bâton » selon DAUZAT).

|| **1° Vx.** V. **Bâton.** « ... on lui donnera cent coups de garrot » (FURET.).

|| **2°** *Spécialt.* Morceau de bois passé dans une corde pour la serrer en tordant. *Garrot d'une scie. Par ext.* Appareil analogue, lien servant à comprimer l'artère principale d'un membre pour arrêter une hémorragie (Cf. Bretelle, cit. 1).

1 « Au cours de l'examen, une hémorragie considérable se produisit par l'un des orifices de la blessure. Il fallut poser un garrot en toute hâte et porter le blessé sur la table d'opérations. »
         DUHAM., **Salavin**, VI, XXIX.

— *Supplice du garrot,* et absolt., *Le garrot.* V. **Strangulation** ; **garrotte** (Cf. Billet, cit.).

2 « Notre poétique contrebandier, éperdument épris d'une jeune religieuse, se laisse maladroitement surprendre et finit par subir le supplice du garrot en place publique. »
         GAUTIER, **Souv. de théâtre...**, p. 23.

DER. — **Garrotte.** *n. f.* (XVIIe s. V. VAUGELAS ; repris au XIXe s. de l'esp. *garrote,* lui-même empr. au franç.). Supplice par strangulation* ; instrument de ce supplice, sorte de collier de fer serré par une vis (Cf. *infra* cit. STENDHAL). — **Garrotter.** *v. tr.* (XIIIe s.). Attacher*, lier* très solidement, comme avec un garrot. *Garrotter un prisonnier* (Cf. Couple, cit. 1 ; exécution, cit. 19 et *infra* cit.). *Par anal. Enfant garrotté dans ses langes :* emmailloté, entortillé (Cf. *infra* cit. ROUSSEAU). Spécialt. *Jambes garrottées sur des éclisses* (Cf. Bandage, cit. 2). — Fig. *Être garrotté par un contrat, des serments, des conventions, des préjugés.* V. **Lier.** *Opposition garrottée et réduite à l'impuissance.* V. **Bâillonner, museler** (ANT. Délier, délivrer, libérer...).

1 « Le ministre de la police lui fait chercher, il s'agit pour lui de la *gar(r)otte* (manière d'étrangler pour les nobles) ou tout au moins des galères. »   STENDHAL, **Rom. et nouv.**, Le coffre et le revenant.

2 « Garrotté, pieds et mains, de cent chaines de fer. »
         RONSARD, **Prem. liv. des hymnes**, De l'Éternité.

3 « On doit s'attendre à de grandes oppositions de la part des nourrices, à qui l'enfant bien garrotté donne moins de peine que celui qu'il faut veiller incessamment. »   ROUSS., **Émile**, I.

4 « Les conventions humaines m'ont trop longtemps garrotté. »
         CHAMFORT, **Lett. de Mirabeau**, p. 319.

5 « Il y avait un an, vers la même époque, dans les mêmes lieux, que nous ne nous étions promenés ensemble ; je me sentais lié, garrotté, par d'autres serments ; je m'étais dit de bien mesurer mes paroles. »
         STE-BEUVE, **Volupté**, XIX.

6 « Un jour, quatre hommes masqués, qui avaient reçu des ordres, se jetèrent sur lui et le garrottèrent solidement, de manière qu'il ne pût remuer que les jambes. »
         LAUTRÉAMONT, **Chants de Maldoror**, II, p. 71.

GARRULITÉ. *n. f.* (1477 in WARTBURG ; empr. au lat. *garrulitas*). *Peu usit.* Envie constante de bavarder. V. **Loquacité, verbiage.**

1 « On pourrait bien me reprocher encore que je laisse quelquefois trop courir ma plume, et que, quand je conte, je tombe un peu dans la garrulité. » BRILLAT-SAVARIN, Physiol. du goût, Préf.

2 « Tu railles ma garrulité peut-être à tort. » VERLAINE, Élég., VIII.

GARS (gâ). *n. m.* (XIIe s. ; ancien cas sujet de *garçon.* V. **Garçon**). *Fam.* Garçon, jeune homme et, *par ext.* Homme. *Un petit gars, un jeune gars, un grand gars* (Cf. Boiter, cit. 5 ; épeurer, cit. 1 ; éprouver, cit. 36 G. SAND). *C'est un drôle de gars.* V. **Type.** *Un brave gars. Un beau gars. Qui est-ce, ce gars-là ? Des gars dangereux, des gars du milieu* Cf. Mec. (pop.) ; *et aussi* Coup, cit. 15.

1 « ...et lors à grande outrance
Le pauvre gars était banni de France. » MAROT, Épît., XLV.

2 « Le mot *gars*, que l'on prononce gâ, est un débris de la langue celtique. Il a passé du bas breton dans le français, et ce mot est, de notre langage actuel, celui qui contient le plus de souvenirs antiques. » BALZ., Les Chouans, Œuv., t. VII, p. 777.

— En apposition. *Le gars Ernest.*

3 « ... tous nos *gars :* le *gars* Bixiou, le *gars* Lora ! Enfin toute notre séquelle ! » BALZ., Cousine Bette, Œuv., t. VI, p. 479.

— *Spécialt.* Garçon résolu. V. **Gaillard.**

4 « Ça c'est un gars ! opinait-il. C'est pas de la pâte de réglisse. » ROMAINS, H. de b. vol., t. V, XXVII, p. 289.

— Garçon, jeune homme de la campagne. *Les gars et les filles du village.*

5 « Les gars du patelin fraternisaient avec les jeunes messieurs de Sérianne... » ARAGON, Beaux quartiers, I, XIV.

— (Appellation fam.). *Eh, les gars ! À moi, les gars ! Dis, mon gars* (Cf. Casser, cit. 9 ; étoile, cit 20). *Bonjour, mon petit gars !*

GARUM (rom'). *n. m.* (1545 ; mot lat., du gr. *garon*). Saumure de poissons aromatisés, employée comme assaisonnement, dans l'antiquité romaine.

1 « Les anciens tiraient du poisson deux assaisonnements de très haut goût, le *muria* et le *garum...* Le *garum,* qui était plus cher, nous est beaucoup moins connu. On croit qu'on le tirait par expression des entrailles marinées du scombre ou maquereau » BRILLAT-SAVARIN, Physiol. du goût, t. I, 41, p. 115.

2 « ...gigots de chamelles et de buffles, hérissons au garum, cigales frites... Tout débordait de saumure, de truffes et d'assa-fœtida. » FLAUB., Salammbô, I.

GARUS (russ'). *n. m.* (1755 in WARTBURG ; nom propre). Élixir composé de cannelle, safran... et employé comme tonique.

« Allons chez Bridoux prendre un verre de garus. » FLAUB., Mme Bovary, III, VI.

GASCON, ONNE. *adj. et n.* (lat. *Vasco* devenu *Wasco*). De la Gascogne, ancienne province de France.

‖ 1° *Un Gascon, les Gascons. La faconde des Gascons* (Cf. Cautèle, cit. 2). *Le gascon, le parler gascon,* dialecte d'oc*. *Tournures et mots propres au gascon.* V. **Gasconisme.** *Parler avec l'accent gascon.* V. **Gasconner.**

1 « Un Gascon, pour s'être vanté
De posséder certaine belle,
Fut puni de sa vanité.» LA FONT., Contes et nouv., Le Gascon puni.

2 « Lucien avait au plus haut degré le caractère gascon, hardi, brave, aventureux, qui exagère le bien et amoindrit le mal, qui ne recule point devant une faute s'il y a profit, et qui se moque du vice s'il s'en fait un marchepied. » BALZ., Illus. perdues, Œuv., t. IV, p. 486.

3 « ...les Gascons... ils doivent être fous :
Rien de plus dangereux qu'un Gascon raisonnable. » ROSTAND, Cyrano de Bergerac, IV, 3.

‖ 2° *Par ext. et fig.* Qui a des traits de caractère propres aux Gascons. *Il se vante, mais c'est un Gascon.* V. **Craqueur, fanfaron, hâbleur, menteur** (Cf. Cadet, cit. 5). *Histoire de Gascon.* V. **Gasconnade.** *Offre de Gascon.* — PROV. *Garde (-toi) d'un Gascon ou Normand, l'un hâble trop et l'autre ment.*

4 « L'homme eut peur ; mais comment esquiver ? et que faire ?
Se tirer en Gascon d'une semblable affaire
Est le mieux : il sut donc dissimuler sa peur. » LA FONT., Fab., VIII, 10.

5 « Sans doute, il pouvait, il devait dire ces choses-là, mais les dire plus légèrement, d'un ton moins accentué et pour ainsi dire moins gascon. » STE-BEUVE, Corresp., 34, 13 fév. 1827.

DER. — Gasconisme. *n. m.* (1584). Façon de parler ou d'écrire propre aux Gascons. *Pasquier relevait dans Montaigne de nombreux gasconismes. Les jurons : cadédiou, cadédis, mordiou... sont des gasconismes.* — Gasconnade. *n. f.* (fin XVIe s. DAUZAT). Action, propos de Gascon, digne d'un Gascon. *Dire des gasconnades.* V. **Fanfaronnade, hâblerie, vanterie.** — Gasconner. *v. intr.* (fin XVIe s.) Parler avec l'accent gascon. *Par ext.* Dire des gasconnades.

« Godefroid ne grasseyait pas, ne gasconnait pas, ne normandisait pas, il parlait purement et correctement... » BALZ., Maison Nucingen, Œuv., t. V, p. 604.

GAS-OIL (gaz-oïl). *n. m.* (vers 1925 ; empr. de l'angl.). Produit combustible de la distillation des pétroles* de cou-

leur brune, jaune ou noirâtre s'enflammant à 90°, de densité 0,83 à 0,87. *Le gas-oil, carburant utilisé dans les moteurs à combustion interne.*

GASPILLAGE (gas'-pĭ-yaj). *n. m.* (1740 ACAD. ; de *gaspiller*).

‖ 1° Action de gaspiller (En se livrant à des dépenses excessives ou inutiles). *Le gaspillage du patrimoine, de la fortune familiale.* V. **Dilapidation, dissipation, prodigalité.** — (En conséquence d'un manque de soin ou d'attention). *Gaspillage de marchandises, de matières premières...* V. **Coulage, déprédation, perte.** *Gaspillage des deniers publics.* V. **Gabegie** (cit. MADELIN). *Entreprise ruinée par les gaspillages. Il y a du gaspillage.*

1 « On craignait sa vigilance, et le gaspillage était moindre. » ROUSS., Conf., V.

2 « On parla de la cherté du blé et la mère Blanchet remarqua, comme elle le faisait tous les soirs, qu'on mangeait trop de pain. Madeleine ne dit mot. Cadet Blanchet voulut la rendre responsable du gaspillage. » SAND, François le Champi, I.

‖ 2° Fig. *Gaspillage de forces* (Cf. Enlisement, cit. 2), *de talent.*

3 « D'un haussement d'épaules résigné, les deux artistes déplorèrent le gaspillage de talents que font les démocraties armées... » MAUROIS, Disc. Dr O'Grady, VIII.

ANT. — Accumulation, avarice, conservation, économie, épargne, parcimonie.

GASPILLER (gas-pi-yé). *v. tr.* (1561 empr. prov. *gaspilha,* probablt. d'orig. gauloise). Dépenser, consommer sans discernement, hors de propos, inutilement. *Gaspiller sa fortune, ses biens, son argent en achats inconsidérés, en prodigalités.* V. **Dépenser*, claquer, croquer, dévorer, dilapider, dissiper, donner, engloutir, prodiguer** (Cf. Brûler la chandelle par les deux bouts*) ; **jeter** (l'argent par les fenêtres*). *Gaspiller les deniers publics.* — *Gaspiller l'eau en période de sécheresse.*

1 « Emma en avait une quantité (*de chaussures*) dans son armoire, et qu'elle gaspillait à mesure, sans que jamais Charles se permît la moindre observation. » FLAUB., Mme Bovary, II, XII.

2 « Alors que le prix de toutes choses montait irrésistiblement, on n'avait jamais tant gaspillé d'argent, et quand le nécessaire manquait à la plupart, on n'avait jamais mieux dissipé le superflu. » CAMUS, La peste, p. 215.

— Fig. *Gaspiller son temps, ses forces, son énergie, son talent, ses dons. Gaspiller une occasion,* la laisser échapper. V. **Gâcher, perdre.**

3 « .. quelle puissance ennemie coupe et gaspille ainsi nos jours, les prodigue ironiquement à toutes les indifférences appelées attachements, à toutes les misères surnommées félicités ! » CHATEAUB., M. O.-T., t. IV, p. 266.

4 « La guerre, qui gaspille tout, le sang, la vie, le courage et la peur, les biens temporels et les autres, se montre surtout d'une prodigalité folle à l'égard d'un trésor entre tous précieux pour les hommes périssables, je veux dire à l'égard du temps. » DUHAM., Pesée des âmes, VII.

— Pronominalt. *Se gaspiller en efforts inutiles.*

5 « (Il) ne se gaspillait guère en émotions accessoires. » DUHAM., Pasquier, I, VI.

ANT. — Accumuler, amasser, conserver, cueillir, économiser, entasser, épargner, ménager, thésauriser.

DER. — Gaspilleur, euse. *n.* (1538). Qui gaspille. V. **Dépensier, dissipateur, prodigue.** Adjectivt. *Il est très gaspilleur* (ANT. Avare, économe).

« La toilette de cette femme, si gaspilleuse et si élégante, était encore assez bien fournie pour lui permettre de paraitre... dans tout son éclat. » BALZ., Splend. et mis. des courtisanes, Œuv., t. V, p. 848.

GASTER. *n. m.* (XVIe s. ; mot grec). *Vx.* Le ventre, l'estomac (Cf. Gastrolâtre, cit. RAB.). *Messer Gaster* (Rab., IV, 57 ; La Font., III, 2).

« À la voir d'un certain côté (*la royauté*),
Messer Gaster en est l'image.
S'il a quelque besoin, tout le corps s'en ressent.
De travailler pour lui les membres se lassant,
Chacun d'eux résolut de vivre en gentilhomme,
Sans rien faire, alléguant l'exemple de Gaster. » LA FONT., Fab., III, 2.

GASTÉRO-, GASTR(O)-, -GASTRE. Élément tiré du grec *gastêr,* « ventre », et qui entre dans la composition de nombreux noms savants tels que : *Amphigastre*, épigastre, hypogastre*, urogastre** et les suivants :

GASTÉROMYCÈTES. *n. m. pl.* (*Gastéromyces,* 1839 in BOISTE ; du grec *mukês,* « champignon »). Champignons de la classe des *basidiomycètes*,* dont les spores se forment à l'intérieur d'une enveloppe close. *Le lycoperdon, vulgairement appelé vesse-de-loup, genre de gastéromycètes.*

GASTÉROPODES. *n. m. pl.* (1795 ; du gr. *poûs, podos,* « pied »). Classe de mollusques* caractérisée par un pied aplati en disque charnu servant à la reptation*. *La coquille* univalve et spiralée* (V. **Spire**) *des gastéropodes abrite une masse viscérale enroulée suivant une hélice conique. Appareil dentaire corné, tête et pied rétractiles des* *gastéropodes. Opercule* corné ou calcaire fermant la coquille d'un gastéropode à l'état de rétraction. Ordres de gastéropodes : Opisthobranches, prosobranches (comprenant les hétéropodes), pulmonés. Principaux gastéropodes :* Buccin, escargot, fuseau, haliotide, limace, limnée, littorine, nérite, ombrelle, paludine, pleurobranche, pourpre, testacelle, triton, turbinelle, turbo, turritelle, vermet...

GASTRALGIE. *n. f.* (1835 ; gr. *algôs*, « douleur »). *Méd.* Douleur vive, localisée au niveau de l'estomac* et généralement symptômatique d'une affection de cet organe.

DER. — **Gastralgique.** *adj.* (1865 in LITTRÉ). Qui se rapporte à la gastralgie.

GASTRIQUE. *adj.* (XVIᵉ s.). Qui a rapport à l'estomac*. *Artères gastriques. Suc gastrique. La pepsine, ferment soluble du suc gastrique. Embarras* gastrique.* — Par ext. *Un gastrique,* malade qui souffre de l'estomac.

1 « ...lui, jaune, gastrique au possible et constipé, n'était nullement porté sur la nourriture. » CÉLINE, **Voyage au bout de la nuit**, p. 27.

2 « Il rêvait d'un café bien noir et bien chaud. Il avait des mouches devant les yeux, et des points d'or. La crampe gastrique s'accentuait. » ARAGON, **Beaux quartiers**, II, XXXVIII.

GASTRITE. *n. f.* (1803). *Méd.* Inflammation aiguë ou chronique de la muqueuse de l'estomac.

« Le marquis dit à tous ceux qui lui demandent raison de ce changement : — Ma femme a une gastrite. Moi qui la soigne et qui connais son secret, je sais qu'elle a seulement une petite crise nerveuse de laquelle elle profite pour rester chez elle. » BALZ., **Étude de femme**, Œuv., t. I, p. 1056.

GASTRO-ENTÉRITE. *n. f.* (1823. V. **Entérite**). *Méd.* Inflammation simultanée des muqueuses de l'estomac et des intestins. *Des gastro-entérites.*

GASTRO-INTESTINAL, ALE, AUX. *adj.* (1808. V. **Intestinal**). *Méd.* Qui a rapport à la fois à l'estomac et à l'intestin.

« Je lui déclare que mes dix-huit « bonshommes » me paraissent atteints de troubles *gastro-intestinaux* graves, très voisins des troubles paratyphiques... » MART. du G., **Thib.**, t. IX, p. 243.

GASTROLÂTRE. *n. m.* (XVIᵉ s. Mot forgé par RABELAIS, Pant. IV, 58 ; du gr. *latreuein*, « adorer »). Celui qui fait un dieu de son ventre, qui ne vit que pour les plaisirs de la table. V. **Gourmand.**

1 « Les gastrolâtres, d'un autre côté, se tenaient serrés par troupes et par bandes, joyeux... tous tenaient Gaster pour leur grand dieu, l'adoraient comme dieu, lui sacrifiaient comme à leur dieu omnipotent... » RABELAIS, IV, LVIII.

2 « La digestion... constitue un combat intérieur qui, chez les gastrolâtres, équivaut aux plus hautes jouissances de l'amour. » BALZ., **Cousin Pons**, Œuv., t. VI, p. 537.

GASTROLOGIE. *n. f.* (1839 in BOISTE ; gr. *logos*, « discours »). Science de l'art culinaire*. V. **Cuisine.**

GASTRONOME. *n. m.* (1803 ; de *gastronomie*). Amateur* de bonne chère, qui connaît l'art de bien manger. V. **Gourmet**, (fam.) **gueule** (fine). *Le goût, le palais exercé, raffiné d'un gastronome. Lucullus, gastronome célèbre de l'antiquité. Académie des gastronomes* (BRILL.-SAV., III, 22). ANT. **Glouton, goinfre.**

1 « Il n'engageait jamais ces soi-disant gastronomes qui ne sont que des gloutons, dont le ventre est un abime, et qui mangent partout, de tout et tout. » BRILLAT-SAVARIN, **Physiol. du goût**, 146, t. II, p. 129.

2 « Brillat-Savarin a justifié par parti pris les goûts des gastronomes ; mais peut-être n'a-t-il pas assez insisté sur le plaisir réel que l'homme trouve à table. » BALZ., **Cousin Pons**, Œuv., t. VI, p. 537.

3 « On compte sur vous, dimanche prochain ? Dîner de famille, mais on sait manger... Je ne vous dis que ça... Une recette de ma grand-mère... » Je ne lui ai pas demandé, à ce gastronome qui me quitte, qu'il m'en dise davantage. » COLETTE, **Prisons et paradis**, p. 75.

GASTRONOMIE. *n. f.* (1623 dans le titre d'un ouvrage grec, puis 1800 ; empr. au gr. *gastronomia*). Art de la bonne chère V. **Cuisine, culinaire** (art). *Brillat-Savarin, théoricien de la gastronomie. La France, pays de la gastronomie. Rôle de la cuisine* dans la gastronomie* (Cf. Apprêter, cit. 11). *La Gastronomie* (1800), poème de Berchoux. qui retrace l'histoire de la cuisine.

« La gastronomie est la connaissance raisonnée de tout ce qui a rapport à l'homme, en tant qu'il se nourrit. Son but est de veiller à la conservation des hommes, au moyen de la meilleure nourriture possible. Le sujet matériel de la gastronomie est tout ce qui peut être mangé : son but direct, la conservation des individus, et ses moyens d'exécution, la culture qui produit, le commerce qui échange, l'industrie qui prépare, et l'expérience qui invente les moyens de tout disposer pour le meilleur usage. » BRILLAT-SAVARIN, **Physiol. du goût**, 18, t. I, pp. 68-70.

DER. — **Gastronome, gastronomique.**

GASTRONOMIQUE. *adj.* (1826 BRILLAT-SAVARIN ; de *gastronomie*) Qui a rapport à la gastronomie. V. **Culinaire.** *Menu, recette, repas gastronomique. Ce plat est un chef-d'œuvre gastronomique. Amateur* (cit. 4) *de raffinements gastronomiques.* V. **Gastronome.** *Relais gastronomiques.*

« Les connaissances gastronomiques sont nécessaires à tous les hommes, puisqu'elles tendent à augmenter la somme de plaisir qui leur est destinée... » BRILLAT-SAVARIN, **Physiol. du goût**, 20, t. I, p. 71. 1

« ... en Belgique, l'appétit germanique, se raffinant sans s'amoindrir, devient sensualité gastronomique. » TAINE, **Philos. de l'art**, t. I, p. 260. 2

« Le snobisme gastronomique suscite une levée d'hostelleries et d'auberges telle qu'on n'en vit jamais. » COLETTE, **Prisons et paradis**, Vins, p. 70. 3

« ...pour maintenir, pour sauver et justifier l'orgueil gastronomique de France... » ID., **Ibid.**, p. 78. 4

GASTROTOMIE. *n. f.* (1611 ; du gr. *tomê*, « section »). *Chirurg.* « Opération qui consiste à ouvrir l'estomac après laparotomie » (GARNIER).

GASTRULA. *n. f.* (fin XIXᵉ s. ; lat. sav. mod., dimin. de *gastra*, vase, rac. *gaster*). *Embryol.* Stade de la segmentation embryonnaire, où dans le type le plus simple l'embryon* prend la forme d'un sac par invagination d'un de ses pôles constituant l'ébauche de l'intestin, et présente deux couches de cellules, l'ectoderme et l'endoderme (V. *aussi* **Blastula, morula**).

GÂTEAU. *n. m.* (XIIᵉ s., *gastel, wastel* ; probablt. d'un franciq. *wastil.* « nourriture »).

|| **1º** Pâtisserie* ordinairement à base de farine (cit. 4), de beurre et d'œufs. *Gâteau aux amandes, au chocolat, aux marrons, à la crème...* (Cf. Étage, cit. 9). *Couper une part de gâteau. Gros, petits gâteaux à la vitrine d'un pâtissier. Commander un gâteau pour six personnes. Principaux noms de gâteaux.* V. **Baba, barquette, cake, chausson, chou, clafoutis, croquante, dartois, échaudé, éclair, frangipane kouglof. mille-feuilles, moka, mont-blanc, pavé, pithiviers, plum-cake, polonais, pouding, puits** (d'amour), **quatre-quarts, religieuse, saint-honoré, savarin, Savoie** (gâteau de), **tarte, touron, vacherin...** *Gâteaux secs.* V. **Allumette, biscuit, brioche, four** (petit), **galette, gaufre, gaufrette, madeleine, macaron, massepain, meringue, merveille, pain** (de Gênes), **palmier, petit-beurre, rocher, sablé...** *Gâteau feuilleté* (V. **Feuilleté**), *fourré, meringué...* Par ext. *Gâteau de riz, de semoule. de maïs...* V. **Entremets, tôt-fait.**

« ... deux énormes gâteaux, l'un aux amandes, l'autre une sorte de tarte à la crème couverte d'un abondant caramel. » GIDE, **Journ.**, 10 janv. 1943. 1

— *Gâteau de fête* (cit. 16), *d'anniversaire. Gâteau monté* (Cf. Finir, cit. 6). *Gâteau des Rois,* contenant la fève*. V. **Galette.** *Trouver la fève au gâteau :* au fig., faire quelque heureuse trouvaille, avoir quelque bonne chance.

« Autrefois, on tirait le gâteau des rois avant le repas. M. de Fontenelle fut roi, et, comme il négligeait de servir d'un excellent plat qu'il avait devant lui, on lui dit : « Le roi oublie ses sujets ». À quoi il répondit : « Voilà comme nous sommes, nous autres ! » CHAMFORT, **Caract. et anecd.**, Fonten. et le gâteau des rois. 2

— *Fig.* et *fam.* V. **Profit.** *Avoir part au gâteau,* participer à une affaire avantageuse. *Les compères se sont entendus pour partager le gâteau. C'est du gâteau ! se dit de quelque chose d'agréable, de facile.* V. **Nanan.** *Il se plaint de sa vie de garnison, mais c'est du gâteau à côté de celle que j'ai vécue !*

« Malheur à l'écrivain nouveau. 3
Le moins de gens qu'on peut à l'entour du gâteau,
C'est le droit du jeu, c'est l'affaire. »
LA FONT., **Fab.**, X, 14 (Cf. Auteur, cit. 28).

« ... la jalousie qui se déclare entre tous les hommes en présence d'un gâteau quelconque à partager, et qui les rend comparables à des chiens se disputant une proie... » BALZ., **Illus. perdues**, Œuv., t. IV, p. 850. 4

— *Fam.* (par jeu de mots avec gâter). *Papa, maman, grand-père gâteau,* qui gâte beaucoup ses enfants.

« Après s'être montré beau-père agréable et grand-père gâteau, le baron emmena son fils dans le jardin pour lui présenter des observations pleines de sens sur l'attitude à prendre à la Chambre... » BALZ., **Cousine Bette**, Œuv., t. VI, p. 176. 5

|| **2º** Par anal. Masse d'une substance analogue à la pâte et prenant la forme aplatie d'un gâteau. *Gâteau de plâtre* (Cf. Faîtière, cit.), *de plomb. Gâteau de marc d'olives, de graines pressées.* V. **Tourteau.** — Spécialt. *Gâteau de cire, de miel,* masse d'alvéoles, où les abeilles déposent leur miel. V. **Gaufre, rayon.** — Morceau de cire ou de terre dont les sculpteurs garnissent les creux d'un moule...

GÂTER. *v. tr.* (*Guaster* vers 1100 ; lat. *vastare*, « ravager » devenu *wastare* sous l'infl. du rad. germ. *wast-* ; Cf. allem. *wüst*, « désert » ; d'où le sens de « dévaster » vivant jusqu'au XVIIᵉ s. et sensible dans *dégât*).

I. Mettre (une chose) en mauvais état.

|| **1º** *Vx.* (Sens fort). Couvrir de dégâts. V. **Détruire*, dévaster, ravager, ruiner, saccager.** *L'armée ennemie gâta le pays en se retirant* (LITTRÉ). *La grêle a gâté les vignes* (ACAD.). *La nielle a gâté les blés.* V. **Nieller.** — Cf. *aussi* Arbre, cit. 10.

« Son discours dura tant que la maudite engeance 1
Eut le temps de gâter en cent lieux le jardin. »
LA FONT. **Fab.** IX, 5.

2 « Le mauvais temps... nous a transis, et a gâté nos rues, au point que j'ai été huit jours sans sortir... » SÉV., 1125, 19 janv. 1689.

— *Vieilli*. V. **Abîmer, détériorer, endommager, gâcher...** *La petite vérole lui a gâté le teint* (ACAD.). *Une voiture m'a éclaboussé, et la boue a gâté mon manteau* (ACAD.). V. **Salir, souiller, tacher...** *La lecture continuelle gâte la vue.* V. **User.** *Se gâter la vue à force de veilles.*

3 « Quand on a gâté sa constitution par une vie déréglée, on la peut rétablir par des remèdes ; » ROUSS., Émile, IV.

4 « Monsieur, je vous prenais pour la personne qui doit me rapporter ma mitre. On l'a mal emballée à Paris ; la toile d'argent est horriblement gâtée dans le haut. Cela fera le plus vilain effet, ajouta le jeune évêque d'un air triste, et encore on me fait attendre ! » STENDHAL, Le rouge et le noir, I, XVIII.

|| 2° *Spécialt*. Détériorer en pourrissant, en putréfiant.. V. **Altérer*, avarier, corrompre, pourrir, putréfier.** *Le temps orageux gâte la viande. Poisson avancé* qui sera tout à fait gâté demain. Ces fruits sont déjà trop mûrs, il faut les manger avant qu'ils ne soient gâtés.* Substantivt. *Ôter le gâté d'un fruit.* — Par métaph. *Gâter le pain des anges* (Cf. Empoisonner, cit. 22). — *Dents gâtées.* V. **Carié, malade.**

5 « Et il riait, en montrant impunément ses dents gâtées... » BAUDEL., Spleen de Paris, XXI.

6 « ... les mouches se dressaient toutes ensemble comme un nuage. Elles gâtaient le pain et la viande ; elles venaient sucer le moût jusque dans la barbe des dormeurs, jusque sur les mains des hommes de barre... » GIONO, Jean le Bleu, VIII.

|| 3° Priver de sa beauté, de ses qualités naturelles. V. **Défigurer, enlaidir.** *Gâter son visage par un excès de fard* (cit. 1). *Le soleil a gâté son teint.* V. **Flétrir.** *Vue, perspective, place gâtée par un bâtiment mal placé.*

7 « Si tu as des enfants, j'espère qu'ils n'arriveront pas de manière à te gâter la taille le lendemain de ton mariage ; » BALZ., Contrat de mariage, Œuv., t. III, p. 165.

8 « Le jardin, un peu gâté par les constructions assez laides dont nous avons parlé... » HUGO, Misér., I, I, VI.

9 « La figure était médiocre, gâtée par un trop gros nez, mais les lèvres étaient incandescentes... » HUYSMANS, Là-bas, VII.

10 « ... cesse enfin de gâter ce visage si beau et de ronger ton cœur à pleurer ton époux. » V. BÉRARD, Trad. Odyssée, p. 322.

— En parlant des ouvrages de l'art. *Peintre qui gâte son tableau en voulant le retoucher.* V. **Massacrer, saboter.** *Gâter un texte en essayant de le corriger* (cit. 7). — Cf. aussi Fidèle, cit. 23). *Gâter une pièce en affadissant* (cit. 4) *le sujet.* « *L'art gâte quelquefois la nature* » (LA BRUYÈRE, Cf. Art, cit. 31). « *Un auteur gâte tout quand il veut trop bien faire* » (LA FONT., Cf. Auteur, cit. 29). *Fautes de goût qui gâtent un ouvrage de jeunesse. Gâter de beaux souvenirs en essayant de les transcrire.* V. **Déflorer.**

11 « Qui est-ce qui a gâté presque toutes les compositions de Rubens, si ce n'est cette vilaine et matérielle nature flamande, qu'il a imitée ? » DIDER., Salon de 1767, De la manière.

12 « Je veux que dans mes tableaux on puisse ôter une figure sans gâter la disposition de l'ensemble. » L. DAVID (in Henri GUERLIN, Art d'enseigner par les maîtres, p. 76).

13 « À travers le charme du style de l'auteur des *Confessions*, perce quelque chose de vulgaire, de cynique, de mauvais ton, de mauvais goût ; l'obscénité d'expression particulière à cette époque, gâte encore le tableau. » CHATEAUB., M. O.-T., t. IV, p. 362 (éd. Levaillant).

|| 4° Priver de ses avantages, de ses effets profitables, heureux, favorables. *Intrigues qui gâtent une affaire* (cit. 37). *Voilà un incident qui pourrait bien gâter les affaires :* en troubler ou en compromettre* l'heureuse évolution. *Gâter le métier :* le rendre moins lucratif en vendant trop bon marché sa marchandise ou sa peine. V. **Gâcher.** *Vendre cent mille francs un tableau dont il aurait pu demander le double ! il gâte le métier. Ne faites pas trop de zèle, vous gâteriez le métier !*

14 « ...quand on gâte ses affaires, on passe le reste de sa vie à les rapsoder... » SÉV., 177, 21 juin 1671.

15 « On a bien de la peine à refaire sa situation quand on l'a gâtée. » B. CONSTANT, Journ. intime, p. 305.

16 « ...Duroy se leva pour partir, ayant peur de gâter par quelque mot maladroit la besogne faite, son œuvre de conquête commencée. » MAUPASS., Bel-ami, I, II.

17 « Était-ce possible qu'on se disputât de la sorte, qu'on se gâtât l'existence, lorsqu'on avait tout pour être heureux ? » ZOLA, La terre, IV, II.

— *Tout gâter*, compromettre*, ruiner toutes les possibilités de succès. *Surtout, ne lui dites plus rien, n'insistez pas, sinon vous allez tout gâter* (Cf. Démentir, cit. 2 ; emporter, cit. 16). *Il a failli* (cit. 19) *tout gâter. Ne rien gâter, n'entraîner aucune conséquence fâcheuse. Vous pouvez lui en dire un mot, cela ne gâtera rien. Ce qui ne gâte rien, s'emploie comme une sorte de litote pour signifier qu'il s'agit d'un avantage supplémentaire. Elle est jolie, bien élevée et, de plus, riche, ce qui ne gâte rien.*

18 « Il y a des gens dont tout le mérite consiste à dire et à faire des sottises utilement, et qui gâteraient tout s'ils changeaient de conduite. » LA ROCHEF., Max., 156.

19 « C'est notre inquiétude, c'est notre impatience qui gâte tout... » MOL., Mal. imag., III, 3.

20 « ...Mais être roi ne gâte rien, Lorsque d'ailleurs on est aimable. » VOLT., Lett. en vers et en prose, 76 (in LITTRÉ).

|| 5° Affaiblir, diminuer, anéantir, détruire en privant de son effet agréable. *Je ne veux pas gâter votre plaisir, vos illusions* (Cf. Complaire, cit. 7). *Gâter son plaisir en le décrivant* (cit. 1). *Événement, pensée qui peut gâter un plaisir, une joie* (Cf. Assouvissement, cit. 6 ; exaspérer, cit. 4 ; faute, cit. 22). *Cette mauvaise nouvelle nous a gâté nos vacances.* V. **Empoisonner, gâcher.** *Cette idée m'a gâté l'appétit* (cit. 14).

21 « Peut-être faut-il craindre, en voyage, de gâter par des lectures faites d'avance l'impression première des lieux célèbres. » NERV., Fille du feu, Isis, III.

22 « Le soir, précurseur des voluptés profondes, lui gâtait les choses les plus succulentes. » BAUDEL., Spleen de Paris, XXII.

23 « Nous te regrettons tous ; cela gâte un peu le plaisir que nous avons à être ici. » FLAUB., Corresp., 103, 26 sept. 1845.

24 « ...cette déception l'amena à abréger de moitié le temps qu'elle s'était proposé de demeurer en France. D'ailleurs, ce séjour, Larralde achevait de le lui gâter par son insistance à vouloir l'entretenir de questions d'argent. » P. BENOIT, Mlle de la Ferté, II, p. 83.

|| 6° En parlant d'une faculté, d'une qualité humaine. V. **Déformer, diminuer, fausser, galvauder, frelater, sophistiquer, vicier.** *Ces lectures romanesques lui ont gâté l'esprit, le jugement. Conversations* (cit. 1) *qui peuvent gâter l'esprit et le sentiment. Modes qui gâtent le goût d'une société* (Cf. Encanailler, cit. 1). *Dons naturels gâtés par une mauvaise éducation. Les alcools grossiers gâtent le palais* (Cf. Fin, cit. 8). *Érudition gâtée par le pédantisme.* V. **Entacher.**

25 « Certain enfant qui sentait son collège, Doublement sot et doublement fripon, Par le jeune âge, et par le privilège Qu'ont les pédants de gâter la raison, » LA FONT., Fab., IX, 5.

26 « ...avec tous les soins que vous avez pris, vous n'avez pu parvenir encore à gâter la bonté de votre tempérament... » MOL., Mal. imag., III, 3.

27 « L'esprit qu'on veut avoir gâte celui qu'on a. » GRESSET, Méchant, IV, 7.

28 « L'erreur ajoutée à la vérité ne l'augmente point. Ce n'est pas étendre la carrière des arts que d'admettre de mauvais genres ; c'est gâter le goût ; » VAUVENARGUES, Réfl. et max., 272.

29 « ... l'amour de son plaisir, le libertinage, l'intrigue pour l'intrigue, le goût des déguisements et des mascarades, un peu trop de Figaro, si je puis dire, gâtaient le sérieux et rompaient dans la pratique la suite des desseins que son beau et impétueux génie était d'ailleurs si capable de concevoir. » STE-BEUVE, Caus. du lundi, 20 oct. 1851, t. V, p. 47.

30 « ... un joli garçon qui gâtait de belles qualités par une extraordinaire paresse. » ZOLA, La terre, I, III.

— Par ext. *Gâter quelqu'un :* lui faire perdre ses qualités. *Il ne faut pas être trop doux avec les femmes, on finit par les gâter* (Cf. Acoquiner, cit. 1). *Le pédantisme l'a gâté* (Cf. Expliquer, cit. 21). *Je l'avais connue charmante, ses succès littéraires l'ont gâtée. Jeune homme faible gâté par de mauvaises lectures. Ces mauvaises fréquentations ont fini par le gâter.* V. **Corrompre, dégrader, dépraver, perdre.**

31 « ...tout consiste à ne pas gâter l'homme de la nature en l'appropriant à la société. » ROUSS., Julie, Ve part., Lett. VIII.

32 « Si je n'ai pas été gâté, il faut que ma nature soit bonne. » CHATEAUB., M. O.-T., t. II, p. 180.

33 « ... moi qui fume toute la journée, moi qui suis gâté par toutes sortes de vices, de manies et de tics. » DUHAM., Salavin, I, XVI.

II. Avec un compl. de personne. || 1° Traiter (un enfant) avec une faiblesse et une indulgence extrêmes, qui risquent d'entretenir ses défauts ou même de corrompre son bon naturel. *Il a gâté plus que les autres.* V. **Cajoler** (cit. 3), **choyer** (cit. 2). *Fils unique qui a été trop gâté, gâté comme un prince* (Cf. Enfant, cit. 25). *Grand-mère qui gâte son petit-fils* (Cf. Affectionner, cit. 1). *On lui a rendu un bien mauvais service en le gâtant de la sorte. C'est un enfant gâté, horriblement gâté, auquel on passe tous ses caprices* (Cf. Entourer, cit. 4).

34 « Gesril était gâté dans la maison où j'étais gourmandé : nous avons été tous deux d'honnêtes gens et des fils tendres et respectueux. » CHATEAUB., M. O.-T., t. I, p. 59.

35 « Je suis un misérable, je suis justement puni. Moi seul ai causé les désordres de mes filles, je les ai gâtées. Elles veulent aujourd'hui le plaisir, comme elles voulaient autrefois du bonbon. Je leur ai toujours permis de satisfaire leurs fantaisies de jeunes filles. » BALZ., Père Goriot, Œuv., t. II, p. 1071.

— Par ext. *C'est un enfant gâté, un véritable enfant gâté :* une personne capricieuse habituée à voir satisfaire ses moindres désirs. *Caprice d'enfant gâté.*

36 « C'est une mince coquette qui ne fait rien qu'à sa guise, un véritable enfant gâté. » MUSS., Caprices de Marianne, I, 4.

37 « Et c'est pour cela, maudite chère enfant gâtée, que je suis maintenant couché sur les pieds... » BAUDEL., Spleen de Paris, XXXVII.

38 « Tu la traites toujours comme une enfant gâtée ; Alors elle en abuse et manque de raison. » SAMAIN, Aux flancs du vase, Polyphème, I.

— Fig. *Être l'enfant gâté d'une société, du public, de la fortune, du succès.* V. **Chéri, favori, favorisé** (Cf. Étude, cit. 34).

39 « ...j'étais un peu l'enfant gâté du bord, mais je ne tiens plus à personne, et il m'est indifférent de les quitter. »
LOTI, **Aziyadé**, I, XXIV.

‖ **2°** Traiter (une personne quelconque) en comblant de prévenances, de cadeaux, de gentillesses... *Mari qui gâte sa femme* (Cf. Être aux petits soins). *Quel festin ! on peut dire que vous nous avez gâtés ! C'est trop, vous me gâtez !* V. **Combler.** — En parlant d'un temps, d'événements exceptionnellement favorables. *Pas une goutte de pluie pendant tout notre séjour, nous avons été gâtés. Quelle malchance ! vous n'avez pas été gâtés.* Par antiphrase. *Nous sommes gâtés !* nous n'avons vraiment pas de chance.

40 « ...elle affectait de vouloir gâter les hommes, elle lâchait des plaisanteries qui les faisaient éclater de gros rires. »
ZOLA, **La terre**, II, I.

41 « En fait de nouilles et de bordeaux râpeux, il nous gâtait, on peut le dire. » CÉLINE, **Voyage au bout de la nuit**, p. 374.

‖ SE GÂTER. Passer d'un bon à un mauvais état. *Fruits qui commencent à se gâter. Les confitures risquent de se gâter si on les couvre mal.* V. **Moisir.** *Le temps se gâte,* commence à devenir mauvais. V. **Brouiller** (se). — *J'ai l'impression que les choses se gâtent,* tournent mal. *Les esprits semblent calmes, mais cela peut se gâter d'un jour à l'autre. Attention, cela va se gâter.* V. **Barder.**

42 « Nous voici comme aux premiers jours.
Pendant cela le miel se gâte. » LA FONT., **Fab.**, I, 21.

43 « Visiblement, ça se gâtait ; l'orage flottait dans l'air. Sous la lente poussée d'une brise d'Ouest, une invasion de nuages lourds gagnait morceaux par morceaux le ciel demeuré jusqu'alors d'une limpidité immaculée... » COURTEL., **Train de 8 h. 47**, I, VII.

44 « En effet, au bout des dix premiers mois, il n'y avait pas encore eu de querelle entre les deux sœurs, ni dans le ménage, lorsque les choses, lentement, se gâtèrent. Cela commença par de méchantes humeurs. On se boudait, on en vint aux mots durs ; et, dessous, le ferment du tien et du mien, continuant son ravage, gâtait peu à peu l'amitié. » ZOLA, **La terre**, III, I.

— *Esprit, goût qui se gâtent. Les plus beaux dons se gâtent faute d'aliment. C'est un garçon qui s'est gâté par de mauvaises fréquentations.*

45 « (Les enfants) ne se gâtent pas moins par des peines mal ordonnées que par l'impunité. » LA BRUY., XI, 59.

46 « Le cœur de La Rochefoucauld était trop noble pour se gâter ou s'endurcir, trop vigoureux pour se rompre. »
FAGUET, **Ét. littér., XVIIᵉ s.**, La Rochef., II.

ANT. — Améliorer, amender, bonifier, conserver, corriger, entretenir, maintenir, préserver. Décorer, embellir. Purifier. Maltraiter.

DER. et COMP. — Dégât. — **Gâteur, euse.** *n.* (1213). *Peu usit.* Celui, celle qui gâte (quelqu'un ou quelque chose). *Gâteur de papier.* — **Gâteux. Gâterie. Gâtine.** — **Gâte-bois.** *n. m.* (1397). Celui qui gâte le bois, mauvais menuisier. — **Entom.** V. **Cossus.** — **Gâte-métier.** *n. m.* (1615). *Vieilli.* Celui qui gâte le métier. — **Gâte-papier.** *n. m.* (XIIIᵉ s.). *Vieilli.* Celui qui gâte le papier (Cf. **Gratte-papier**), mauvais écrivain. V. **Écrivailleur, écrivassier, scribouillard.** — **Gâte-sauce.** *n. m.* (1811). *Vx.* Mauvais cuisinier. *De nos jours.* Marmiton. V. **Tournebroche.**

« ...il ne s'était pas rencontré de ministre qui eût pris sur lui d'avoir une opinion, de décider la moindre chose, sans que cette opinion, cette chose eût été vannée, criblée, épluchée par les gâte-papier, les porte-grattoir et les sublimes intelligences de ses bureaux. »
BALZ., **Ferragus**, Œuv., t. V, p. 113.

GÂTERIE. *n. f.* (1609, « altération d'un texte » ; 1837 au sens mod. BALZ.). Action ou moyen de gâter, de choyer (quelqu'un). V. **Cajolerie, caresse, chatterie, complaisance, indulgence, prévenance, soins** (petits). *Elle invente mille gâteries pour lui plaire.*

1 « Et encore, les gâteries continuelles de la mère, qui mourut un an après le mariage de sa fille, rendaient-elles assez difficile la tâche d'un amant. » BALZ., **Les employés**, Œuv., t. VI, p. 866.

2 « Mais elle n'avait pour ces animaux familiers ni gâteries, ni mots mignards, ni ces puériles tendresses qui semblent couler des lèvres des femmes sur le poil velouté du chat qui ronronne. »
MAUPASS., **Clair de lune**, La reine Hortense.

3 « Elle avait, par grande gâterie, pris sur ses bras notre petite sœur... »
DUHAM., **Pasq.**, II, II.

— *Spécialt.* Menus cadeaux (surprises, friandises...).

4 « Et l'abbé, n'ayant désormais aucun ménagement à garder, traitait Rognes durement, ne lui accordant du culte que le strict nécessaire, sans gâteries de prières en plus, de cierges et d'encens brûlés pour le plaisir. » ZOLA, **La terre**, III, VI.

5 « Rares sont les mineurs qui s'attachent à un cheval ou à un autre, et lui apportent du dehors de petites gâteries, des carottes, par exemple. » LÉAUTAUD, **Propos d'un jour**, p. 133.

GÂTEUX, EUSE. *n.* et *adj.* (1839 BALZ. ; T. d'hôpital, variante pop. péjor. de *gâteur*, « qui gâte ses draps, ses vêtements »).

‖ **1°** *Méd.* « Nom donné aux paralytiques, aux infirmes et aux aliénés qui rendent involontairement les urines et les selles » (GARNIER). *Vieux gâteux qui fait* (cit. 16) *sous lui la nuit.*

1 « ...des idiots décrépits, des gâteux octogénaires, des larves humaines que ne dirigeait même plus l'instinct animal... »
GAUTIER, **Portr. contempor.**, Balz., VI.

‖ **2°** *Par ext.* Dont les diverses fonctions, et particulièrement les facultés intellectuelles, sont troublées ou paralysées, par l'effet de l'âge ou de la maladie. V. **Déliquescent,**

enfance (tombé en), **ramolli.** *Il est devenu complètement gâteux. Balbutiements* (cit. 4) *de gâteux. Vieillard gâteux qui mange salement.*

2 « Phraséologie toujours vague ; les mots tombent, tombent de cette plume pluvieuse, comme la salive des lèvres d'un gâteux bavard ; »
BAUDEL., **Art romantique**, XXVI.

3 « ...un ancien censeur devenu gâteux et dont la mémoire s'était arrêtée comme une montre brisée : elle marquait perpétuellement quarante ans... Aussi... tournait-il autour de sa table, persuadé de surveiller des élèves en récréation. » SARTRE, **Situations I**, p. 74.

— *Par hyperb.* Aussi dénué d'intelligence qu'un véritable gâteux. V. **Idiot***. *Mais tu deviens gâteux ! Ne discute plus avec lui, il est vraiment gâteux.*

4 « ...et moi, l'idiot, le gâteux, je ne suis pas censé comprendre, hein ? » GREEN, A. **Mesurat**, I, XIV.

5 « Ne vous figurez pourtant pas que dans l'administration nous soyons tous gâteux ! » ROMAINS, **H. de b. vol.**, t. II, XV, p. 163.

— *Spécialt.* Qui devient stupide sous l'empire d'un sentiment violent auquel l'intelligence critique ne s'oppose plus. *Il adore cette petite, il en est gâteux ! L'admiration, la joie le rend gâteux.*

6 « Il passait les prendre à la maison de santé... et puis les reconduisait après le spectacle, gâteux, repus de visions, heureux et saufs... »
CÉLINE, **Voyage au bout de la nuit**, p. 319.

DER. — Gaga. — **Gâtisme.** *n. m.* (1889). État de celui qui est gâteux (dans tous les sens de ce mot). V. **Abêtissement, abrutissement, aliénation, enfance, ramollissement...** *En voilà un raisonnement ! c'est du gâtisme.*

GÂTINE. *n. f.* (XIIᵉ s. ; de *gâter*, proprt. « terre dévastée, déserte »). *Région.* Terre marécageuse et stérile, par suite de l'imperméabilité du sous-sol. *Le mot gâtine, devenu nom propre, désigne certaines contrées des provinces de l'Ouest. La gâtine vendéenne. La forêt de Gâtine chantée par Ronsard.*

« Il est arrivé qu'après que plusieurs lieux incultes ont commencé à être cultivés, on leur a conservé le nom de gâtine, assez commun en Touraine, Beauce, Le Maine. » ENCYCL., VII (1757), 523.

GATTE. *n. f.* (XVIᵉ s. « hune » in HUGUET ; var. région. de *jatte**, citée dans le sens ci-dessous par FURET., BOISTE, etc.). *Mar.* Tôle à rebord pour recevoir l'huile qui s'écoule des coussinets... — Emplacement à l'avant du navire où sont lovées les chaînes d'ancre à mesure de leur rentrée par les écubiers*.

GATTILIER. *n. m.* (1755 ; dér. de l'esp. *gatillo*, altér. de *(agno)castil*, par crois. avec *gato*, chat). *Botan.* V. **Agnuscastus.**

GAUCHE. *adj.* et *n.* (1471 ; adj. verbal de *gauchir**).

I. ‖ **1°** Qui est de travers, qui présente une déviation. *Une règle toute gauche.* V. **Dévié, oblique, tordu.** *Table, planche gauche.* Substantivt. masc. *Le gauche d'une surface.* — *Spécialt.* Géom. *Courbe* gauche. L'hélice est une courbe gauche. Quadrilatère gauche,* dont tous les côtés ne sont pas dans le même plan. *Surface gauche :* surface réglée non développable. — *Fig.* et *vx.* Mal bâti, mal conçu.

1 « Je trouve ce raisonnement un peu gauche... » SÉV., 924, 1683

‖ **2°** *Par anal.* Qui s'y prend de travers. V. **Maladroit, malhabile, inhabile.** *Il est gauche dans tout ce qu'il fait.* V. **Balourd, emmanché, empaillé, empoté, emprunté, godiche*, lourdaud, nigaud, pataud.** *Un grand garçon un peu gauche.* V. **Dadais, flandrin.** — *Par ext. Geste gauche,* maladroit ou disgracieux. *La langue de cet écrivain est gauche, lourde, embarrassée* (cit. 22). — *Manières gauches. Attitude, air gauche :* gêné et mal à l'aise. V. **Contraint, embarrassé, empêché, piteux, provincial, timide** (Cf. Déplaire, cit. 10).

2 « ...sa taille est assez gauche, sa beauté très médiocre, et son esprit des plus communs. » MOL., **Avare**, IV, 3.

3 « Il était très grand de taille, et gauche au delà de tout. Il bégayait, ou, du moins, *zurait* en parlant. »
STE-BEUVE, **Corresp.**, 1232, 22 août 1841.

4 « Ce voyageur ailé, comme il est gauche et veule !
Lui, naguère si beau, qu'il est comique et laid ! »
BAUDEL., **Fl. du mal**, Spl. et id., L'albatros.

5 « Il se sentait fort gauche dans ce rôle de mentor. »
MART. du G., **Thib.**, t. IX, p. 87.

— *Substant. masc.* (vx.). Ce qu'il y a de gauche, d'embarrassé dans le maintien, les manières. V. **Gaucherie.**

6 « La nouvelle comtesse de Mailly avait apporté tout le gauche de sa province dont, faute d'esprit, elle ne put se défaire. »
ST-SIM., III, 55 (in LITTRÉ).

II. *Par ext.* ‖ **1°** En parlant de la main, Qui est situé du côté du cœur, parce que cette main est ordinairement malhabile, gauche au sens I, 2° (REM. *Gauche* a remplacé l'ancien mot *senestre** sorti de l'usage au XVIIᵉ s., comme *droit* a remplacé *dextre*). *Par ext.* De ce côté est la main gauche, par opposition à « droit ». *Le cœur est du côté gauche et le foie du côté droit* (Cf. Changer, cit. 11). *Main, bras gauche.* Substantivt. *Un crochet* (cit. 2) *du gauche :* du poing gauche. *À main gauche :* du côté gauche.

7 « Vous trouverez... sous la grande armoire à main gauche, une provision de papier, de plumes et d'encre... »
LACLOS, **Liais. dang.**, Lett. LXXIII.

— *Allus. bibl. Quand tu fais l'aumône* (cit. 2), *que ta main gauche ne sache pas ce que fait ta main droite.*

— *Mariage de la main gauche :* union libre, concubinage. *Autref.* Le mariage qu'un noble contractait avec une femme d'une condition inférieure, à qui il donnait, pendant la cérémonie nuptiale, la main gauche au lieu de la main droite.

8 « ... la princesse de la Trémouille épouse un comte d'Ochtensilbourg, qui est le plus riche et le plus honnête homme du monde : vous connaissez ce nom-là ; sa naissance est un peu équivoque ; sa mère était de la main gauche ; toute l'Allemagne soupire de l'outrage qu'on fait à l'écusson de la bonne Tarente ; »
SÉV., 804, 3 mai 1680.

— *Le pied gauche. Boiter* (cit. 3) *du pied gauche. Partir du pied gauche. Se lever du pied gauche :* au fig., se lever du mauvais pied, d'où Être mal à son aise, de mauvaise humeur.

— *Par anal.* En parlant des choses orientées (qui ont un avant et un arrière, ou un sens défini). Se dit du côté correspondant au côté gauche d'une personne orientée de même manière. *Le côté gauche du pied. Ventricule gauche du cœur* (Cf. Artériel, cit. 1). *Aile* (cit. 31) *gauche, flanc gauche d'une armée* (Cf. Couvrir, cit. 31). *Arrière gauche, demi gauche, ailier gauche d'une équipe de football. Aile gauche d'un bâtiment. Côté gauche d'un navire.* V. **Bâbord.** *Aile, phare gauche d'une voiture. Rive* gauche d'un fleuve* (dans le sens du courant). Cf. Bravache (cit. 2).

— *Spécialt.* Chim. *Acide tartrique gauche.* V. **Lévogyre.**

— *Par ext.* En parlant de la partie d'une chose qui est du côté gauche dans le champ visuel de l'observateur. *La partie gauche d'un tableau, d'une carte postale. Le battant gauche d'une porte. Le côté gauche de la chaussée.* — *Spécialt. Polit.* Se dit dans une assemblée délibérante du côté situé à main gauche du président (Cf. *infra*, 2°). *Centre gauche :* la partie de l'hémicycle où siègent les membres du centre les plus près de la gauche.

— *Subst. fém.* Orientation de l'espace correspondant au côté gauche d'une personne et *par anal.* d'une chose. *S'asseoir à la gauche de quelqu'un. Il les mettra la gauche* (Cf. Droite, cit. 9). *À ma gauche* (Cf. Carré, cit. 5), *sur notre gauche* (Cf. Blockhaus, cit.). *La bataille éclata à sa gauche* (Cf. Attention, cit. 19). *Trottoir de gauche.* — *La gauche d'une équipe, d'une armée* (Cf. Couper, cit. 34). — *Fig. Jusqu'à la gauche,* complètement* (V. **Jusque**). *Il est endetté jusqu'à la gauche.*

— *Partie, côté d'une chose qu'un observateur voit à sa gauche. Poussez la virgule de trois chiffres vers la gauche. La gauche de la chaussée. Ne roulez pas sur la gauche !*

9 « Des centaines d'automobiles passaient de front en tenant la gauche comme en Angleterre. Il me parut voir au loin sur la droite, mais ce n'est pas certain, une sorte d'agitation poussiéreuse et lumineuse qui pouvait être le passage d'autos en sens inverse. »
MICHAUX, **La nuit remue**, p. 26.

— *À gauche.* loc. adv. Du côté gauche, sur la gauche. Milit. *Demi-tour à gauche. Gauche !* Mar. *À gauche.* V. **Bâbord.** — *En France, l'alliance se porte à gauche. Première rue à gauche. Marcher, rouler, tourner à gauche. Doubler à gauche. Laisser une marge à gauche en écrivant.* Loc. prép. *À gauche de l'escalier* (Cf. Col, cit. 4).

10 « Moi, qui le plus souvent voyage pour mon plaisir, s'il fait laid à droite, je prends à gauche. »
MONTAIGNE, **Ess.**, III, IX.

— *Fig. Passer l'arme à gauche.* V. **Mourir.**

11 « Les crânes sont les six maîtres d'armes qui j'ai fait passer l'arme à gauche — Cela veut dire tuer, n'est-ce pas ? — Nous disons ça comme ça, reprit-il avec la même innocence... »
VIGNY, **Stello**, XXIII.

— *Mettre de l'argent à gauche :* de côté*, en le dissimulant (Cf. *pop.* Planquer).

— *Vx.* V. **Faux.** *Un jugement à gauche* (Cf. Envers, cit. 5).

— *Écrire de gauche à droite. Se dandiner de droite à gauche* (Cf. Affliger, cit. 7). *Aller à droite et à gauche* (Cf. Biaiser, cit. 1). *Tourner la tête à droite* (cit. 6) *et à gauche. Cardinal qui donne des bénédictions à droite et à gauche* (Cf. Camail, cit. 1). *Fig.* De tous côtés, de toute part. *Emprunter à droite et à gauche* (Cf. Arlequin, cit. 5). *Faire des sourires, des civilités à droite et à gauche* (Cf. Caresser, cit. 18).

12 « ... j'ai déambulé plutôt de droite à gauche tout le long de la route... »
CÉLINE, **Voyage au bout de la nuit**, p. 450.

13 « Tout le monde saluait la patronne avec une jovialité mêlée de respect et elle dispensait des saluts à droite et à gauche, comme une souveraine au fond de sa calèche... »
GREEN, **Léviathan**, I, III.

— *Maison flanquée* (1, cit. 4) *d'hôtels de droite et de gauche.* — *Par ext. De droite et de gauche :* de tous côtés. *Venir, accourir de droite et de gauche* (Cf. Droit 2, II, cit. 5).

14 « Et elle se mit à courir de droite et de gauche, cherchant son sac à main qu'elle avait pris avec elle, la veille. »
GREEN, **A. Mesurat**, III, V.

‖ 2° *Spécialt.* et *absolt.* (1791). *La gauche :* les membres d'une assemblée politique qui siègent à la gauche du président et professent des idées avancées*, progressistes* (REM.

En 1789, les royalistes s'étant placés ostensiblement à la droite du président, les partisans de la Révolution se placèrent à gauche et la tradition maintint cette disposition). — La fraction de l'opinion publique que représentent ces membres de l'assemblée. *Progrès, recul de la gauche aux dernières élections. Concession de la droite à la gauche* (Cf. Être, cit. 29). *Opposition de gauche* (Cf. Derechef, cit. 2). *Gouvernement, politique de gauche. Député, écrivain, homme de gauche. Être de gauche. Extrême gauche :* partie de la gauche dont les opinions sont les plus avancées. *Journal, feuille* (cit. 12) *d'extrême gauche.* — *Au plur.* Les partis de gauche. *Rassemblement, union des gauches* (Cf. Front populaire). Loc. adv. *Être à gauche,* avoir des opinions de gauche. *X est plus à gauche que son frère.*

15 « Il est difficile cette fois aux libellistes de dire qu'il y a un concert entre « la droite » de l'Assemblée et une partie de « la gauche ».
L'ami des patriotes, XLI, t. II, p. 298, 27 août 1791 (in BRUNOT, **Hist. lang. fr.**, t. IX, p. 769).

16 « Lorsqu'on me demande si la coupure entre partis de droite et partis de gauche, hommes de droite et hommes de gauche, a encore un sens, la première idée qui me vient est que l'homme qui pose cette question n'est certainement pas un homme de gauche. »
ALAIN, **Propos**, Droite et gauche, déc. 1930 (Œuv., p. 979).

17 « Moi je me charge de retrouver les camarades du P.C. Mais il y a les autres, les socialistes, les radicaux, tous les types plus ou moins vaguement « de gauche », les sympathisants comme toi ». Schneider a un sourire froid : « Les mous ». — « Disons « les tièdes ».
SARTRE, **Mort dans l'âme**, p. 241.

18 « — Si la gauche fait une politique de droite, ce n'est plus la gauche, dit Henri. »
S. DE BEAUVOIR, **Les mandarins**, VII, p. 384.

ANT. — **Droit, plan ; adroit, agile, habile. Dextre, droit. Droite.**

DER. — **Gauchisant, ante**, adj. (*néol.*). Dont les idées se rapprochent de celles de la gauche, qui est plutôt favorable à la gauche. *Écrivain gauchisant.* — **Gaucher, ère.** adj. (XVᵉ s.). Qui se sert ordinairement de la main gauche. *Ce joueur de tennis est gaucher* (Cf. Ambidextre*, cit.). Substantivt. *Un gaucher, une gauchère* (**ANT. Droitier**). — **Gaucherie*.** — **Gauchement.** adv. (1575). D'une manière gauche, maladroite ou contrainte. V. **Maladroitement.** *Tenir gauchement un instrument dont on n'a pas l'habitude de se servir. Sortir gauchement un objet de sa poche* (Cf. Feuilleter, cit. 4). *Imiter gauchement un geste* (Cf. Arrêter, cit. 58). *S'y prendre gauchement* (**ANT. Adroitement, habilement**).

1 « Il nouait gauchement la petite brassière, Ayant plus d'habitude aux chemises d'acier. »
HUGO, **Lég. des siècles**, Confiance de Fabrice, VIII.

2 « Trop tard pour les éviter. Il se sentit rougir jusqu'aux oreilles. Il salua gauchement. »
ARAGON, **Beaux quartiers**, I, XXIII.

GAUCHERIE. n. f. (1762 ACAD. ; de *gauche*).

‖ 1° Manque d'adresse, d'aisance, d'assurance, de grâce. *La gaucherie de son maintien. Il y a de la gaucherie dans sa démarche, elle a l'air de marcher sur des œufs. Gaucherie d'adolescent.* V. **Embarras** (cit. 17), **timidité** (Cf. Enfantin, cit. 2). *Gaucherie dans l'expression* (Cf. Éblouir, cit. 11). V. **Inhabileté, lourdeur, maladresse.**

1 « ... Jeanne parut, essoufflée, rouge comme une pivoine, les yeux grands ouverts, les bras ballants, charmante dans sa gaucherie naïve. ».
FRANCE, **Crime S. Bonnard**, Œuv., t. II, p. 409.

2 « Il se gardait bien de montrer un siège, sachant par expérience que, debout devant lui, les bras ballants, la gaucherie du pauvre prêtre doublait sa timidité naturelle, le tenait mieux à sa merci. »
BERNANOS, **Sous le soleil de Satan**, I, 3.

‖ 2° Acte, geste gauche, faute qui dénote de l'inhabileté, de la maladresse. *Les gaucheries de son maintien* (Cf. Éclater, cit. 31). — Action maladroite. *Gaucherie commise par ignorance*, par manque de perspicacité. Gaucheries d'un provincial.* V. **Balourdise.**

3 « On eût dit, à toutes mes balourdises, que j'allais excitant à plaisir la haine d'une femme aimable et puissante, à laquelle, dans le vrai, je m'attachais davantage de jour en jour, et dont j'étais bien éloigné de vouloir m'attirer la disgrâce quoique je fisse, à force de gaucheries, tout ce qu'il fallait pour cela. »
ROUSS., **Conf.**, X.

4 « Par moments, des gaucheries, des oublis, des inadvertances comme il en arriverait au grand Corneille. »
STE-BEUVE, **Chateaub.**, t. II, p. 91.

5 « ... vous ne trouverez jamais, chez Hugo, la moindre impropriété de langage, une erreur de grammaire, une défaillance de syntaxe, une faiblesse de vocabulaire, une gaucherie. »
GIDE, **Attendu que...**, IV.

ANT. — **Adresse, agilité, dextérité ; aisance, grâce.**

GAUCHIR. v. intr. et tr. (fin XIVᵉ s. ; altér. probable de l'anc. fr. *guenchir*, « faire des détours », d'un francique *wankjan* par attrac. de l'anc. fr. *gauchier*, « fouler », d'un francique *walkan*).

I. V. intr. ‖ 1° En parlant des choses planes. Perdre sa forme, se contourner V. **Courber** (se), **déformer** (se), **tordre** (se), **voiler** (se). *Règle, planche qui gauchit.*

‖ 2° (*Vx.*). Se détourner de la position qu'on a, de la route qu'on suit. V. **Dévier.**

1 « Si tu prends bien ma voie, et marches sans gauchir, La vérité saura pleinement t'affranchir. »
CORN., **Imit.**, III, v. 6065.

— *Fig.* (VX.). V. **Biaiser.**

2 « Mais, malheureusement, l'expulsion de Jacques II, qu'il appelle abdication, le forçait à se tenir sur la réserve à gauchir, à tergiverser, pour ne pas faire de Guillaume un usurpateur. »
ROUSS., **Contr. social**, II, II.

‖ **3º** *Fig.* (vx.). S'écarter de la ligne, de la direction initiale.

3　« Souvent ce terrible travail terminé avec cette intensité d'action dont lui seul était capable, il s'apercevait que la pensée avait gauchi à l'exécution, qu'un épisode prédominait, qu'une figure qu'il voulait secondaire pour l'effet général saillait hors de son plan... »
　　　　　　　　　GAUTIER, **Portr. contempor.**, Balz., III.

II. *V. tr.* ‖ **1º** Rendre gauche. V. **Déformer, tordre.** *Gauchir une planche, un battant de porte...* Spécialt. *Aviat.* En parlant des ailes d'un avion, En abaisser les extrémités mobiles (V. **Aileron**) pour incliner ou redresser l'appareil.

4　« ...comme il était quelquefois rentré des bals du Prado ou des Bals de l'Odéon en crottant ses bas de soie et gauchissant ses escarpins. »
　　　　　　　　　BALZ., **Père Goriot**, Œuv., t. II, p. 873.

‖ **2º** *Fig.* (XVIIᵉ s., Saint-Evrem.). Altérer, déformer, fausser. *Gauchir un fait, une idée...* (REM. Ce sens signalé par P. LAROUSSE (1872) n'est indiqué ni dans LITTRÉ, ni dans HATZFELD, ni dans ACAD. 8ᵉ éd.).

5　« L'étude immodérée engendre une crasse dans son esprit et gauchit tous ses sentiments. »　　　ST-ÉVREM. (in P. LAROUSSE).

6　« De chaque détour surgissent ou s'enfuient une erreur, un mensonge involontaire, une vérité chenue de trente ans d'âge, qui gauchit les faits et respecte les figures. »
　　　　　　　　　COLETTE, **Étoile Vesper**, p. 48.

ANT. — Dresser, redresser.

COMP. — Dégauchir.

DER. — Gauche*. — Gauchissement. *n. m.* (1547). Action de gauchir ; résultat de cette action. V. **Déformation.** En parlant d'un objet, d'une surface plane. *Gauchissement d'une règle, d'une porte... Gauchissement de couches géologiques* (Cf. Cassure, cit. 2). — *Fig.* V. **Altération*, déviation.** *Gauchissement dans l'exécution* (cit. 5) *d'un projet.*

1　« La moindre erreur, le plus léger gauchissement, y produiraient des déviations énormes. Ce n'est là que la partie matérielle de la décoration. »　　　GAUTIER, **Portr. contempor.**, Thierry.

2　« Peut-être touchée de jansénisme, sa mère, d'un gauchissement léger, avait-elle déformé la doctrine. »　　MAURIAC, **Le mal**, VII.

GAUCHO. *n. m.* (1842, selon DAUZAT, mot espagnol pron. *gaou-tcho*, usuel en Argentine et en Uruguay surtout, tiré de l'araucan ou du quichua ; pron. habit. *go-tcho* ou *go-cho*). Berger chargé de surveiller les troupeaux dans les pampas de l'Amérique du Sud. *Des gauchos, adroits au lasso. Manteau de gaucho* (V. **Poncho**).

GAUDE. *n. f.* (XIIIᵉ s. DAUZAT ; germ. *walda*). *Bot.* Variété de réséda*.

— *Par anal. de couleur* (1386 in DAUZAT ; mot franc-comtois). Bouillie de farine de maïs.

GAUDÉ (XVIᵉ s.) ou **GAUDEAMUS** (XVᵉ s. selon DAUZAT). *n. m.* (du latin *gaude*, impér., et *gaudeamus*, 1ʳᵉ pers. pl. subj. à sens impér. de *gaudere*, se réjouir ; mots de prières liturgiques). Oraison ou chant religieux de réjouissance. *Réciter des gaudés. Entonner le gaudeamus.* — *Par ext.* (fam.). *Vx.* Divertissement, repas joyeux.

« ...vous me manderez comment se sera passé ce *gaudeamus* de conversation. »　　　　　　SÉV., 956, 7 mars 1685.

GAUDIR (SE). *v. réfl.* (XIIIᵉ s. ; empr. au lat. *gaudere*, se réjouir). *Vx.* V. **Réjouir** (se). Par ext. *Se gaudir de quelqu'un.* V. **Moquer** (se).

« Après avoir admiré toutes les richesses de cet appartement, les belles femmes qui s'y gaudissaient, et qui toutes avaient fait assaut de toilette entre elles pour l'inauguration de cette splendeur... »
　　　　　　　　　BALZ., **Un début dans la vie**, Œuv., t. I, p. 729.

GAUDRIOLE. *n. f.* (1741, formé avec *gaudir* sur le modèle de *cabriole*). *Fam.* Propos gai, plaisanterie un peu leste. V. **Gaillardise, gauloiserie, grivoiserie.** *Dire, débiter, chanter des gaudrioles. Gaudrioles quelque peu épicées* (cit. 4).

1　« Il observait que les gaietés de la pièce, « quoique approchant de ce qu'on nomme gaudriole, n'allaient pas jusqu'à l'indécence » et étaient parfaitement anodines... »　BEAUMARCH., **Mariage de Figaro**, Notice.

2　« ...républicain à calembours et à bons mots, diseur de gaudrioles de cimetière, lequel déclara qu'aux massacres de septembre, *tout s'était passé avec ordre.* »　　CHATEAUB., **M. O.-T.**, t. II, p. 17.

3　« Enfin il débitait des gaudrioles si comiques, avec son vieux fourrier qui avait eu le nez gelé, et qu'on appelait *Nezrestant*, en riait lui-même. »　　BALZ., **Médec. de camp.**, Œuv., t. VIII, p. 448.

— *Spécialt.* (au sing.). **Bagatelle, débauche, noce.** *Il ne pense qu'à la gaudriole.*

4　« Non ! c'était bête, fallait pas tout lâcher pour une fois qu'une fille vous laissait le bec en l'air. Ça se retrouve, la gaudriole : tandis que la terre, quand on la tient, le vrai est de la garder. »
　　　　　　　　　ZOLA, **La terre**, III, IV.

GAUFRE. *n. f.* (XIIᵉ s., empr. au francique ou au néerl. *wafel*, « rayon de miel »).

‖ **1º** Gâteau* de cire des abeilles.

1　« ...la liqueur que rousse on voit couler
　　Dans les gaufres de cire, alors que les avettes (*abeilles*)
　　Ont en miel converti la douceur des fleurettes. »
　　　　　　　　　RONSARD, **Prem. liv. des hymnes**, De Charles.

‖ **2º** *Par anal.* Pâtisserie, gâteau de pâte légère, cuite entre deux fers qui lui impriment un dessin en relief. *Moule à gaufre.* V. **Gaufrier.** *Petite gaufre.* V. **Gaufrette.**

« ...M. l'aumônier les **régala**, au nom des maîtres du logis, chacun d'une gaufre et d'une maille. »
　　　　　　　　　A. BERTRAND, **Gaspard de la nuit**, Vieux Paris, IX.

DER. — Gaufrer. — Gaufrette. *n. f.* (1536). Petite gaufre (Cf. *infra*, cit. 2). — Gaufrier. *n. m.* (1365 BLOCH). Moule* formé de deux plaques entre lesquelles on fait cuire les gaufres. *Fig.* V. **Moule.** *Opéra jeté dans le gaufrier italien* (Cf. Forme, cit. 47).

1　« Je n'ai pas l'esprit suffisamment malléable pour le couler dans ces gaufriers ! »　　　　　HUYSMANS, **En route**, II, I.

2　« ...des piles de ces gaufrettes mâconnaises, minces, dorées, craquantes et transparentes comme on en faisait chez les parents de Lamartine et comme on en confectionne toujours sur des fers spéciaux bien ornés, dans la plupart des maisons. »
　　　　　　　　　LECOMTE, **Ma traversée**, p. 603.

GAUFRER. *v. tr.* (1439 d'apr. BLOCH ; de *gaufre*). *Technol.* Imprimer* (sur une étoffe, du cuir, du papier, etc.) des motifs ornementaux en relief ou en creux. *Gaufrer du papier, du carton. Gaufrer une étoffe.* V. **Cloquer.** *Gaufrer du velours entre des cylindres gravés et chauffés. Gaufrer au fer chaud le dos d'un livre relié en cuir. Fer à gaufrer. Gaufrer des fleurs artificielles.*

1　« ...la jeune dame de Trinquelage, coiffée d'une haute tour de dentelle gaufrée à la dernière mode de la cour de France. »
　　　　　　　　　DAUD., **Lett. de mon moulin**, Trois messes basses, II.

2　« (*Il*) retirait de sa poche... une blague japonaise plate et gaufrée, qui contenait son papier à cigarette et son tabac. »
　　　　　　　　　HUYSMANS, **Là-bas**, II.

3　« ...elle préparait les cisailles et les madeleines pour gaufrer elle-même son plus joli « devant » de lingerie fine... »
　　　　　　　　　COLETTE, **Maison de Claudine**, Mode de Paris.

DER. — Gaufrage. *n. m.* (1806). Action de gaufrer (Cf. *infra*, cit.). — Gaufreur, euse. *n.* (1677 BLOCH). Celui, celle qui gaufre. *N. f.* Machine à gaufrer. — Gaufroir. *n. m.* (1788 DAUZAT). Fer à gaufrer. *Gaufroir de relieur.* — Gaufrure. *n. f.* (XVᵉ s.). Apprêt, empreinte, résultant du gaufrage

« Les velours de lin, de coton, de soie acquièrent par le gaufrage un relief et une préciosité qui les rendent comparables au velours de Gênes... Les toiles trop légères sont à déconseiller. Elles risqueraient de se dégaufrer. »　　**Connaissance des Arts**, 15 nov. 1955, pp. 60-61.

GAULE. *n. f.* (1278 ; du german. *walu-*).

‖ **1º** Longue perche. *Abattre des noix avec une gaule.* V. **Gauler ; gaulage.** *Diriger des bœufs avec une gaule.* — Manche d'une ligne à pêcher. V. **Canne** (à pêche).

1　« Si de ma tremblante gaule
　　Je puis lever hors de l'eau
　　Pris à l'haim (*hameçon*) un gros barbeau »
　　　　　　　RONSARD, **Gayetez**, Vœu d'un pêcheur aux naïades.

2　« Un enfant de six à sept ans, beau comme un ange... marchait dans le sillon parallèle à la charrue et piquait le flanc des bœufs avec une gaule longue et légère, armée d'un aiguillon peu acéré. »
　　　　　　　　　SAND, **Mare au diable**, II.

‖ **2º** Bâton* ou baguette dont on se sert pour frapper. *Appliquer* (cit. 32) *des coups de gaule sur le dos de quelqu'un.* — Houssine dont se sert le cavalier pour diriger son cheval.

3　« ...après m'avoir eu quatre ans pour serviteur,
　　Il ne me fallait pas payer en coups de gaules, »
　　　　　　　　　MOL., **Étourdi**, II, 7.

4　« — Dites-moi, don Garcia, traitez-vous vos maîtresses comme vos chevaux ? Employez-vous souvent la gaule pour leur faire passer leurs caprices ? »　　　MÉRIMÉE, **Âmes du purgatoire.**

DER. — Gauler. — Gaulée. *n. f.* (1611). Quantité de fruits abattus à la gaule. *Une gaulée de noix.* — Gaulette. *n. f.* (1451). Petite gaule. — Gaulis. *n. m.* (1392). Branche d'un taillis qu'on a laissé croître. *Lames de gaulis :* branches fendues en long dont on fait des paniers. — *Par ext.* Ensemble forestier dont les pousses, devenues grandes, sont encore minces. *Le gaulis est intermédiaire entre le taillis et la futaie.*

« Mais nos oreilles épient en vain : pas un craquement de brindilles brisées, nul froissement de gaulis, un silence absolu, aussi énorme que la forêt. »　　　GENEVOIX, **Forêt voisine**, IX.

GAULER. *v. tr.* (1360 ; de *gaule*). Battre un arbre avec une gaule pour en faire tomber les fruits. *Gauler un châtaignier Gauler des noix, des pommes.*

« Des enfants gaulent les pommiers, et j'écoute avec ravissement la pluie des fruits que les femmes ramassent dans l'herbe courte. »
　　　　　　　　　GIDE, **Journ.**, 8 oct. 1914.

DER. — Gaulage. *n. m.* (XIXᵉ s.). Action de gauler.

GAULOIS, OISE. *adj.* et *n.* (XVᵉ s. dérivé de *Gaule*, du francique *walha*, « pays des Walh » ou Romans).

‖ **1º** *Adj.* De Gaule. *Le sol gaulois. Les peuples gaulois, la race gauloise.* V. **Celte*.** *Les brenns, les vergobrets, chefs gaulois. Langage gaulois.* V. **Archaïsme**, cit. *Poètes gaulois.* V. **Barde** (cit 1). *Prêtres gaulois.* V. **Druide, eubage, ovate, saronide.** V. aussi **Gui.** *Vêtements, bijoux gaulois.* V. **Braie, sagum, sayon, torque.** *Moustache à la gauloise*, longue et tombante (Cf. Busqué, cit.).

1　« L'infériorité des armes gauloises donna l'avantage aux Romains ; le sabre gaulois ne frappait que de taille, et il était de si mauvaise trempe qu'il pliait au premier coup. »
　　　　　　　　　MICHELET, **Hist. de France**, I, I.

2　« ...de longues moustaches châtain clair, tombantes, à la gauloise. »
　　　　　　　　　GIDE, **Si le grain ne meurt**, I, X.

— *Par ext.* Français, en tant que descendant des Gaulois. *Le coq gaulois,* symbole de la France (depuis la Révolution française, à la faveur de la ressemblance entre *gallus,* « coq », et *gallicus,* « gaulois », en latin).

3 « Mais c'est le coq gaulois qui réveille le monde :
Et son cri peut promettre à votre nuit profonde
L'aube du soleil d'Austerlitz ! »   HUGO, **Odes,** III, VII, 4.

4 « ... la race gauloise, même à ses instants les plus poétiques, manque de réserve et de chasteté : voyez Voltaire, Molière, La Fontaine, et Rabelais et Villon, les aïeux. Ils ont tous le coin par où l'on nargue le sublime, et d'où l'on fait niche au sacré tant qu'on le peut. »
STE-BEUVE, **Caus. du lundi,** 15 juill. 1850, t. II, p. 291.

— *Fig.* (vx.). Qui a le caractère inculte et mal poli des vieux temps (LITTRÉ).

5 « Avant moi (*François 1er*), tout était grossier, pauvre, ignorant, gaulois. »   FÉN., **Dial. des morts,** Louis XII et François 1er.

— *Spécialt.* (XVIIe s.). Qui a la franche gaieté un peu libre des « bons vieux temps ». *L'esprit gaulois des fabliaux, de Rabelais, des « Contes » de La Fontaine. Histoire gauloise.* V. **Égrillard, épicé, gaillard, grivois, leste, licencieux...** et *aussi* **Gauloiserie.** — *Fam. C'est gaulois !* c'est d'un comique bouffon, d'un facétieux propre à réjouir un esprit gaulois.

6 « Une bouffonnerie toute gauloise se sauve par son énormité... »
BEAUMARCH., **Barb. de Sév.,** Notice.

7 « C'est là que brille dans tout son éclat le véritable esprit gaulois, et il est à regretter que le *cant* anglais, qui s'est introduit dans nos mœurs, nous prive de ces bonnes farces un peu grasses où le drolatique de l'expression fait oublier la licence du détail. »
GAUTIER, **Les grotesques,** X, p. 370.

8 « ... son esprit est réellement français, — gaulois même, — sans mélange d'élément étranger, c'est-à-dire un esprit tempéré, enjoué, malin, d'une sagesse facile, d'une bonhomie socratique, issue de Montaigne et Rabelais, qui rit plus volontiers qu'il ne pleure, et cependant sait à propos mouiller le sourire d'une larme ; »
ID., **Portr. contempor.,** Béranger.

‖ **2°** Substantivt. *Un Gaulois. Nos ancêtres les Gaulois. Les Gaulois cisalpins*, transalpins*. Les Gallo-Romains* issus des Gaulois et des Romains. La cervoise*, boisson traditionnelle des Gaulois.* — Collect. *La bravoure légendaire du Gaulois.* — *Le gaulois,* la langue des Gaulois (Cf. Breton, cit. 2). *Le gaulois appartenait au groupe des langues celtiques*.*

— *N. f.* Cigarette fabriquée par la Régie française des tabacs. *Un paquet de gauloises.*

9 « Schneider fume en cachant sa cigarette dans sa main à cause des sentinelles. Il sort un paquet de gauloises, il le tend à Brunet. « Une cigarette ?... »   SARTRE, **Mort dans l'âme,** p. 216.

DER. — **Gauloiserie.** *n. f.* (1872 in P. LAROUSSE). Propos licencieux, ou assez leste. *Dire, raconter des gauloiseries.* V. **Gaillardise, gaudriole, grivoiserie.** — **Gauloisement.** *adv.* (1877 LITTRÉ, Suppl.). De façon gauloise. *Une anecdote gauloisement troussée.*

GAULTHÉRIE. *n. f.* (XIXe s. ; du nom du botaniste canadien *Gaulther*). Plante dicotylédone (*Éricinées*), arbuste à feuilles odorantes et persistantes. *Les feuilles distillées de la gaulthérie donnent une essence appelée « essence de Wintergreen »* (ou Gaulthériline).

GAUPE. *n. f.* (1401 ; allem. du sud *walpe,* « femme sotte »). *Pop.* et *vx.* Femme malpropre. V. **Souillon** (Cf. Calleux, cit. 2). — *Adjectiv. :*

1 « Plus vilaine encore et plus gaupe
Que le plus sale Marmiton. »   PERRAULT, **Contes,** Peau d'âne.

— *Spécialt.* Prostituée de bas étage. V. **Garce, putain.**

2 « Oh ! une gaupe, une gourgandine, s'écria le curé, une femme de mœurs équivoques, occupée de théâtre, hantant les comédiens et les comédiennes, mangeant sa fortune avec des folliculaires, des peintres... »
BALZ., **Béatrix,** Œuv., t. II, p. 357.

3 « Ci-gît qui, pour avoir par trop aimé les gaupes,
Descendit jeune encore au royaume des taupes. »
BAUDEL., **Prem. poèmes,** XII.

GAUR. *n. m.* (XIXe s. ; mot de l'hindoustan *gour,* transcrit *gore, gaur* en angl.). Espèce de bœuf sauvage de l'Inde. *Troupeau de gaurs.*

« ... un énorme crâne de gaur. La lumière de la grande chaleur luisait en moire sur les cornes... »   MALRAUX, **La voie royale,** III, 2.

GAUSS. *n. m.* (fin XIXe s. ; nom du mathématicien et physicien Karl-Friedrich Gauss (1777-1855). *Phys.* Ancien nom de l'unité C.G.S. d'intensité de champ magnétique. V. **Œrsted.** — Unité d'induction magnétique.

GAUSSER (SE). *v. pron.* (XVIe s. RONSARD ; orig. inconnue). Se moquer ouvertement (de quelqu'un ou de quelque chose). V. **Railler.**

1 « ... nous voyons que d'un homme on se gausse,
Quand sa femme chez lui porte le haut-de-chausse. »
MOL., **Fem. sav.,** V, 3.

2 « Oui, pour se gausser des uns et des autres, il invente je ne sais combien de sottises qui font rire. »   DANCOURT, **La gazette,** 18.

3 « Il s'indignait ou se gaussait d'expressions comme « le fond de l'air ». Qu'y faire ? L'expression a raison contre lui ; elle exprime excellemment ce qu'elle a mission d'exprimer. »   GIDE, **Journ.,** août 1910

— *Absolt* V. **Moquer** (se), **plaisanter.**

4 « J'avais, toi là, lorgné quelque minois passant.
Tu m'en fis l'observation en te gaussant. »
VERLAINE, **Élég.,** VII.

5 « ... on se scandalisait un peu, mais surtout on le prenait à la blague, on se gaussait. »   GIDE, **Si le grain ne meurt,** II, II.

— *Transitivt.* Vieilli. *Gausser quelqu'un.*

6 « Ils ne laissèrent pas de le gausser sur la musique. »
SOREL, **Francion,** p. 159 (in HATZFELD).

DER. — **Gausse.** *n. f.* (Gosse en 1611). *Vx.* Mauvaise plaisanterie par laquelle on se gausse de quelqu'un. V. **Blague, farce, mensonge.** — **Gausserie.** *n. f.* (1539 BLOCH). *Vx.* V. **Moquerie, raillerie.** — **Gausseur, euse.** *n. et adj.* (1539 BLOCH). *Vx.* V. **Moqueur ; blagueur.**

1 « ... Tout beau, gausseur,
Ne t'imagine point de contraindre une sœur. »
CORN., **Mélite,** var. 1.

2 « Pour mystifier les voyageurs, je leur ai raconté un tas de gausses sur l'Égypte, la Grèce et l'Espagne. J'avais des éperons, je me suis donné pour un colonel de cavalerie, histoire de rire. »
BALZ., **Un début dans la vie,** Œuv., t. I, p. 686.

GAVACHE. *n. m.* (1546 RAB. ; empr. au gasc. *gavacho,* sobriquet désignant les Pyrénéens ; même rac. que *gaver*). *Vx. Péjor.* Vaurien, lâche ; rustre, grossier.

« Sortez, vaillants ! sortez, bravaches !
L'avant-bras couvert du manteau,
Que sur vos faces de gavaches
J'écrive des croix au couteau ! »
GAUTIER, **Émaux et camées,** Rondalla.

GAVE. *n. m.* (1671 in BLOCH ; béarnais *gabe,* d'orig. prélatine). Cours d'eau pyrénéen. V. **Torrent.** Cf. Cascade, cit. 3. *Gave de Pau, d'Oloron.*

« Ô montagnes d'azur ! ô pays adoré !...
... Cascades qui tombez des neiges entraînées
Sources, gaves, ruisseaux, torrents des Pyrénées ; »
VIGNY, **Le cor.**

GAVER. *v. tr.* (1642 ; d'une rac. *gav-,* « gorge », d'orig. prélatine. Cf. anc. franç. *gave.* V. **Gavion**). Faire manger de force et abondamment (les animaux qu'on veut engraisser*). *Gaver des volailles.* V. **Embecquer.** *Poulardes, oies gavées.*

— *Par anal.* V. **Bourrer, gorger, rassasier.** Cf. Engraissement, cit. HUGO. *Gaver un enfant de gâteaux, de sucreries. Se gaver :* manger* avec excès. *Se gaver de fruits jusqu'à en être malade. Le voilà gavé* (Cf. Avoir le ventre plein*).

1 « L'enfant, avec sa brioche mordue qu'il n'achevait pas, semblait gavé. »   HUGO, **Misér.,** V, I, XVI.

2 « Comme il partait, il les invita à venir faire le lendemain, la vendange dans sa vigne. On se gaverait de raisin, tant que la peau du ventre en tiendrait. »   ZOLA, **La terre,** IV, IV.

3 « Léa le réveillait pour le gaver de fraises, de crème, de lait mousseux et de poulets de grain. »   COLETTE, **Chéri,** p. 40.

— *Fig.* Emplir, rassasier. *Ses maîtres l'ont gavé de connaissances inutiles. Se gaver de musique, de poésie, de cinéma... Être gavé de compliments, d'honneurs.* V. **Comblé.**

4 « C'était pour lui l'heure vraiment douce de la journée, où se pouvaient gaver, délecter tout à l'aise, de belle prose administrative, ses instincts de rond-de-cuir endurci. »
COURTEL., **MM. ronds-de-cuir,** IIIe tabl., I.

5 « Tandis que ses camarades de philosophie passaient leurs récréations à se gaver de formules de manuels, Santos se promenait dans le parc, seul à seule avec Fermina Marquez. »
V. LARBAUD, **Fermina Marquez,** XVIII.

6 « ... gavé de gloire, mais ruiné et éreinté, le pays n'aspirait plus... qu'à la paix : »   MADELIN, **Hist. Cons. et Emp.,** Ascension de Bonaparte, XIV.

— *Spécialt.* Aviat. *Gaver un moteur :* le munir de compresseurs pour le vol à haute altitude.

ANT. — **Priver, sous-alimenter.**

DER. — **Gavage.** *n. m.* (fin XIXe s.). Action de gaver ; son résultat. *Engraissement des volailles par le gavage* (à l'aide d'un entonnoir, d'une gaveuse). *Méd.* Introduction d'aliments dans l'estomac d'un malade à l'aide d'un tube. — **Gaveur, euse.** *n.* (1870). Personne qui gave les volailles. *N. f.* (1889). Appareil pour gaver les volailles. N. m. *Technol.* Compresseur employé pour les moteurs d'avion.

« Le gavage devenait plus laborieux depuis que le porridge avait cédé la place aux pruneaux. »   MART. du G., **Thib.,** t. IX, p. 33.

GAVIAL. *n. m.* (1789 LACÉPÈDE ; empr. au hindi *ghariyal*). Reptile crocodilien* (*Gavialidés*) dont les mâchoires, allongées en forme de bec, sont munies d'une protubérance à leur extrémité. *Gavial du Gange, gavial de Schlegel* (Indonésie).

GAVION (XIIIe s. ; *vx.*) ou **GAVIOT** (XIXe s.). *n. m.* (Cf. anc. franç. *gave,* « gosier ». V. **Gaver**). *Pop.* Gosier. *En avoir jusqu'au gaviot. Se rincer le gaviot. Serrer le gaviot :* le cou. V. **Kiki.**

« Je vous permets bien de leur serrer le gavion, comme il faut. »
ST-SIM., **Mém.,** XIX, 147 (lett. de 1713).

GAVOTTE. *n. f.* (1588 BLOCH ; prov. *gavoto,* « danse des gavots » ou montagnards. Cf. Gavache). Danse à rythme binaire ; air sur lequel on la danse. *Jouer, danser une gavotte* (Cf. Boléro, cit. ; cornemuse, cit.). *Dans la suite instrumentale, la gavotte vient souvent après la sarabande.*

« Clymène chante cette gavotte que toute la troupe danse... »
LA FONT., **Daphné**, I, 2 (*j. de sc.*).

GAVROCHE. *n. m.* (XIXᵉ s. ; du nom de *Gavroche*, personnage des « Misérables », de HUGO (1862). Gamin de Paris, spirituel et moqueur. V. **Titi.**

« Disparition de l'esprit de fronde, de l'esprit satirique. Le gavroche loustic qui dégonflait les baudruches sociales d'un lazzi, n'existe plus. »
LÉAUTAUD, **Propos d'un jour**, p. 75.

GAYAL. *n. m.* (mot hindi). Espèce de bœuf sauvage de l'Inde, ressemblant au gaur*.

GAZ (*gaz'*). *n. m.* (*Gas* en 1670, trad. du flamand ; mot créé par Van Helmont (1577-1644), d'après le lat. *chaos*, pour désigner une substance subtile mêlée aux corps).

|| **1°** *Vx.* Vapeur invisible, émanation (Cf. ENCYCL., Art. *Gas*).

|| **2°** (1787). Tout corps qui se présente à l'état de fluide expansible et compressible (Cf. État gazeux*) dans les conditions de température et de pression normales. V. **Fluide**, cit. 5 (fluide gazeux, aériforme*). *Étude théorique des gaz : gaz parfaits* (par oppos. à *gaz réels*). *Propriétés des gaz :* expansibilité, élasticité, compressibilité, pesanteur (V. **Compression ; décompression, détente** (4°), **dilatation, expansion, explosion...**). *Les gaz sont élastiques*, coercibles*... Compression, détente adiabatique, isotherme, des gaz. Mécanique des gaz.* V. **Aérodynamique.** *Mesure de la pression des gaz* (V. **Baroscope, manomètre**). *Gaz comprimé, raréfié. Chaleur spécifique ; énergie interne d'un gaz. Température des gaz* (V. **Thermodynamique**). — *Théorie moléculaire ; théorie cinétique des gaz. Agitation moléculaire à l'intérieur d'un gaz. Passage d'un solide, d'un liquide à l'état de gaz* (V. **Sublimation, vaporisation**). *Liquéfaction*; condensation* d'un gaz. On appelait gaz permanents les gaz que l'on croyait non liquéfiables. L'hydrazine, gaz très soluble* (V. **Dissolution.** Cf. Eau, cit. 1.) *Dégagement de gaz dans un liquide.* V. **Effervescence.** *Bulle* (cit. 6) *de gaz.* — *Gaz plus lourd, plus léger que l'air. Aérostat*, ballon* gonflé* avec un gaz* (Cf. Déperdition, cit. 1).

1 « Quand Vitagliani déboucha la première bouteille de vin de Champagne, Sarrasine lut dans les yeux de sa voisine une crainte assez vive de la petite détonation produite par le dégagement du gaz. »
BALZ., **Sarrasine**, Œuv., t. VI, p. 102.

2 « Strigélius développe un parallèle qui lui tient à cœur entre l'imagination poétique et la cinétique des gaz. Il prétend que dans la cervelle du poète les idées élémentaires dansent, s'entrechoquent et rebondissent d'une manière aussi fortuite que les atomes dans le récipient que décrit Maxwell... »
ROMAINS, **H. de b. vol.**, t. IV, XXII, p. 247.

— *Composition chimique d'un gaz. Analyse d'un gaz à l'aide de l'eudiomètre*. Gaz formant l'atmosphère*.* V. **Air.** *Gaz les plus courants.* V. **Azote, chlore, fluor, hydrogène, oxygène, ozone...** ; et *aussi* **Carbure** (hydrocarbures : acétylène, butane éthylène, formène, etc.). *Gaz rares.* V. **Argon, crypton** (ou **krypton**), **hélium, néon, radon, xénon.** *Gaz radio-actifs* (V. **Émanation, radiation**). — *Gaz carbonique. Gaz* (anhydride) *sulfureux... Gaz ammoniac*. Gaz oléifiant* (vx.). V. **Éthylène.**

— *Spécialt.* En parlant des gaz, des vapeurs qui s'exhalent de certains corps. V. **Émanation, exhalaison, fumée, fumerolle, vapeur*.** *Gaz des marais :* formène ou méthane (Cf. Éthylène, cit. 1). V. *aussi* **Grisou.** — *Gaz délétère** (cit.), méphitique.*

— En parlant des gaz de l'organisme. *Infiltration de gaz dans les tissus.* V. **Emphysème, gangrène** (gazeuse). — *Spécialt.* Gaz accumulés dans la cavité gastro-intestinale. *Déplacement des gaz stomacaux, intestinaux* (V. **Borborygme**). *Effets produits par l'accumulation de gaz.* V. **Ballonnement, colique** (flatulente), **flatulence, flatuosité, météorisation, météorisme, pet.**

3 « Un cheval ne peut pas faire cinq cents mètres sans lâcher du crottin, et du gaz. »
ROMAINS, **H. de b. vol.**, t. III, XII, p. 167.

|| **3°** (milieu XIXᵉ s.). En parlant des gaz combustibles*, utilisables pour l'éclairage, le chauffage, etc. *Gaz des forêts, gaz forestier,* obtenu par distillation du charbon de bois. *Gaz à l'eau,* obtenu par l'action du carbone sur la vapeur d'eau. *Gaz riche,* mélange d'hydrogène et d'oxyde de carbone. *Gaz pauvre, gaz à l'air* (azote et oxyde de carbone), *gaz mixte* (obtenu par addition d'air humide). V. **Gazogène.** — *Gaz de houille*, gaz Lebon,* obtenu par distillation de la houille (Cf. *infra*, absolt. *Le gaz*). — *Gaz d'huile,* obtenu par gazéification des huiles de pétrole et cracking des vapeurs d'huile (Cf. *aussi* Gaz à l'eau carburée). — *Gaz de pétrole :* gaz naturel exploité par puits ; *gaz de pétrole liquéfié ; gaz résiduaire des raffineries.*

— *Absolt. Le gaz* (usité surtout en parlant du gaz de houille). *Fabrication du gaz* (dans des fours à cornues*, à chambres horizontales ou verticales). *Usine à gaz. Coke* de gaz,* obtenu par délutage (V. **Lut**). *Traitement du gaz*

brut : barbotage (V. **Barboteur**), condensation*, extraction (V. **Extracteur**), dégoudronnage, lavage, réfrigération, épuration*, débenzolage... *Sous-produits du gaz* (V. **Benzol, coke, crude ammoniac, goudron**). *Charbon à gaz.* — *Transport du gaz par « feeders »* (canalisations). *Distribution du gaz* (V. **Gazomètre**). *Conduite de gaz. Compteur* à gaz. Gaz à tous les étages. Brancher le gaz, branchement du gaz. Gaz de ville :* le gaz distribué par la ville, par oppos. au *gaz en bouteilles* (butane, propane...). *Compagnie du gaz ; employé, contrôleur du gaz. Tarif du gaz ; quittance de gaz. Exploitation** (cit. 5) *municipale du gaz.*

— *Utilisations du gaz. Gaz d'éclairage. Éclairage, chauffage au gaz. La flamme bleue, la lumière du gaz* (Cf. Corridor, cit. 3 ; élève, cit. 4). *Le chantonnement* (cit.) *du gaz. Bec*, brûleur*, chalumeau, lampe à gaz. Bec de gaz,* pour l'éclairage des voies publiques. V. **Réverbère** (Cf. Barricade, cit. 3 ; clignotant, cit. 2 ; file, cit. 3 ; flaque, cit. 1). *Cuisinière, réchaud ; chauffe-eau, chauffe-bain fonctionnant au gaz. Radiateur à gaz. Allumer, éteindre le gaz. Fuite de gaz. Intoxication par le gaz.* — *Fours* à gaz,* dans l'industrie.

4 « Nous sommes violemment affolés de gaz et de verre. Le gaz, dans la maison, est complètement inadmissible. Sa lumière, vibrante et dure, est offensante. Quiconque a une cervelle et des yeux refusera d'en faire usage. »
BAUDEL., Traduc. E. POE, **Hist. grot. et sér.**, Philos. de l'ameubl.

5 « Au vieux réverbère à branches
       Agonise un gaz indigent ; »
SAMAIN, **Chariot d'or**, Nocturne provincial.

6 « Il y a, au deuxième étage, une marche sur laquelle on trébuche sérieusement. Et ce gaz qui n'éclaire pas, qui siffle, qui chuinte et qui fait danser, sur le mur, l'ombre écarquillée de la rampe. »
DUHAM., **Salavin**, III, IX.

— *Fig. et pop. Il y a de l'eau dans le gaz :* l'atmosphère est à la querelle (Cf. Il y a de l'orage dans l'air).

|| **4°** En parlant des gaz destinés à produire des effets nocifs sur l'organisme. *Gaz asphyxiants* (cit.), *délétères* (cit. 1), *suffocants, toxiques, vésicants. Gaz lacrymogène, hilarant. Gaz de guerre, de combat...* (V. **Chloropicrine, cyanogène, ypérite...**). *Masque* à gaz. Alerte aux gaz. Intoxiqué par les gaz.* V. **Gazé** (Cf. Antécédent, cit. 1). — *Chambre à gaz,* pour l'exécution des condamnés à mort (aux États-Unis)...

7 « Il y a un fantassin qui passe aveuglé par les gaz asphyxiants. »
APOLLINAIRE, **Calligrammes**, Il y a.

|| **5°** En parlant du mélange gazeux utilisé dans les moteurs* dits à explosion. *Gaz carburés. Gaz d'admission, d'échappement. Compression, combustion, explosion, détente des gaz. Résidu de la combustion de gaz.* V. **Calamine.** *Donner, mettre les gaz,* en appuyant sur l'accélérateur. — *Manette des gaz,* sur un avion (Cf. Face, cit. 49). *À pleins gaz :* à pleine puissance. *Ellipt. Fam. Pleins gaz. Marcher pleins gaz.*

8 « L'avion de Schreiner prenait son terrain pour atterrir. — Trop long ! grogna Magnin... — Peut-être va-t-il remettre la sauce... Schreiner remettait les gaz, en effet. »
MALRAUX, **L'espoir**, I, I, II, 3.

ANT. — Liquide, solide.

DER. — Gazé, gazer 2, gazeux, gazier 2.

COMP. — Gazéifier, gazéiforme, gazoline. V. le préf. **Gazo-.**

HOM. — Gaze, et formes du v. gazer.

GAZE. *n. f.* (1554 RONS. ; peut-être du nom de la ville de *Gaza*). Tissu léger de soie, de lin ou de laine, à armure complexe, à fils sinueux. *Gaze de soie, de fil ; gaze d'or, d'argent. Gaze de laine.* V. **Barège, grenadine.** *Gaze légère, arachnéenne, claire, translucide, transparente. Ruban de gaze* (V. **Marabout**). *Écharpe, voile* ; rideau, moustiquaire* de gaze... Étoffe, robe de gaze* (Cf. Étoffe, cit. 2). *Bayadères* (cit. 1) *vêtues de gaze d'or* (CHATEAUB.). — *Par ext.* Étoffe, voile de gaze. Cf. Coquette, cit. 10 ; écarter, cit. 6. *Couvrir d'une gaze.* V. **Gazer** (en dér.)

1 « J'aime un sein qui palpite et soulève une gaze. »
CHÉNIER, **Poèm.**, Art d'aimer, II.

2 « ... une de ces robes étranges de danseuses, où une gaze transparente et sombre laisse entrevoir les splendeurs amorties d'une jupe éclatante. »
BAUDEL., **Spl. de Paris**, XXII.

— *Manchon de gaze métallisée,* pour l'éclairage. — *Chirurg. Gaze stérilisée. Bande, pansement, tampon de gaze.* V. **Taffetas.**

3 « ... du linge que nous taillons en carré et que nous faisons stériliser pour nos pansements, parce que nous manquons de gaze. »
DUHAM., **Récits t. de guerre**, III, XXIV.

4 « La gaze enveloppait le crâne et tournait autour du cou, croisant devant les oreilles. En séchant elle avait pris cet aspect miteux, roulotté, qui donne au pansement ancien un air de saleté, de tristesse. »
ARAGON **Beaux quartiers**, I, XXIV.

5 « Il avait sorti de son paquetage un rouleau de gaze et une fiole bleue. Il versa le liquide brûlant sur le pouce de Mathieu et l'entoura de gaze. Mathieu fit remuer la poupée et la considéra en souriant : tout ce soin pour empêcher le sang de couler trop tôt. »
SARTRE, **Mort dans l'âme**, p. 173.

— *Par anal.* Voile transparent (Cf. Buée, cit. 1). *Les ailes de gaze d'une libellule. Pétales de gaze* (Cf. Colchique, cit. 1) *Par métaph.* Cf. Chant, cit. 3.

6 « ...ce ciel blafard, pluvieux, sans cesse rayé d'averses, et même dans les beaux jours, voilé comme d'une gaze délicate par les vapeurs légères qui s'envolent du sol moite et forment un dôme diaphane... » TAINE, **Philos. de l'art**, t. I, p. 35

— *Fig.* et *vieilli.* Ce qui voile légèrement la pensée.

7 « Nuls traits à découvert n'auront ici de place ;
Tout y sera voilé, mais de gaze, et si bien
Que je crois qu'on n'en perdra rien. »
LA FONT., **Contes**, Le tableau.

8 « ...quelques galanteries assez vives, mais habillées de la gaze la plus pudique... » GAUTIER, **M**ⁱˡᵉ **de Maupin**, II.

DER. — Gazer 1, gazier 1.

HOM. — Gaz. Formes du v. gazer.

GAZÉIFIER. *v. tr.* (1802 BLOCH ; de *gaz*, et suff. *-fier**). *Chim.* Faire passer à l'état de gaz. V. **Sublimer, vaporiser.** — Faire dissoudre du gaz carbonique dans (un liquide). *Gazéifier une eau minérale.*

DER. — Gazéifiable. *adj.* (1839 BOISTE). Susceptible d'être gazéifié. — Gazéification. *n. f.* (1866 LITTRÉ). Action de gazéifier. *Gazéification souterraine* : transformation du charbon en gaz dans la mine.

GAZÉIFORME. *adj.* (1811 ; de *gaz*, et *-forme**). Qui est à l'état de gaz (V. **Aériforme**).

GAZELLE. *n. f.* (*Gazel* au XIIIᵉ s. ; empr. de l'arabe *ghazâl, ghazâla*). *Zool.* Mammifère ongulé (*Bovidés antilopinés.* V. **Antilope**), ruminant à longues pattes fines, à cornes annelées, à pelage jaunâtre. *L'élégance, la sveltesse, la vélocité de la gazelle.* — *Fig. Des yeux de gazelle* : de grands yeux doux.

« En général, les gazelles ont les yeux noirs, grands, très vifs et en même temps si tendres que les Orientaux en ont fait un proverbe, en comparant les beaux yeux d'une femme à ceux de la gazelle ; elles ont pour la plupart les jambes plus fines et déliées que le chevreuil, le poil aussi court, plus doux et plus lustré ; » BUFF., **Hist. nat. anim.**, Les gazelles, Œuvr., t. III, p. 368.

1. GAZER. *v. tr.* (1762 ; de *gaze*). *Vieilli.* Couvrir d'une gaze, d'une étoffe légère et transparente. — *Fig. Vx.* ou *littér.* Déguiser, dissimuler, voiler (ce qu'on dit, ce qu'on écrit) sous une forme transparente. *Gazer des détails trop libres* (ACAD.).

1 « Il faut lui parler sans la regarder... dans une attitude contrite... de cette façon, tu pourras lui dire tout ce que tu voudras, pourvu que cela soit convenablement gazé... » GAUTIER, **M**ⁱˡᵉ **de Maupin**, II.

2 « Ainsi qu'on l'a vu, le drôle n'avait pas pris la peine de gazer son opinion au baron de Nucingen. » BALZ., **Splend. et mis. des courtisanes**, Œuv., t. V, p. 849.

2. GAZER. *v. tr.* (1829 BOISTE ; de *gaz*).

‖ **1°** Passer à la flamme des fils dont on veut enlever le duvet (V. **Flamber**). *Gazer le coton avant le tissage.*

‖ **2°** (guerre de 1914-1918). Intoxiquer* par un gaz de combat. V. **Asphyxier** (employé le plus souvent au passif). *Il a été gazé en 1917. Gazé.* p.p. adj. *Soldat gazé* et substantivt. *Les gazés de la guerre.*

1 « Nous sommes ceux de l'autre guerre
Le fer n'a pas trouvé le chemin de nos cœurs
Et nous portons des cicatrices de vainqueurs
Dans nos poumons gazés des bruits de remorqueurs
Vieux rafiots qui naviguèrent »
ARAGON, **Crève-cœur**, Petite suite sans fil, III.

2 « ...il est mort en 27 des suites de la guerre : il avait été gazé, un mois avant l'armistice. » SARTRE, **Mort dans l'âme**, p. 128.

‖ **3°** V. intr. *Fam.* (d'abord « marcher à plein gaz », en parlant d'un moteur). *Autom.* et *aviat.* Aller à toute vitesse. V. **Filer, foncer, marcher.** *Par ext.* Aller à souhait, marcher. *Ça ne pourra pas gazer.*

3 « Prenez une bagnole qui gaze, me dit le commandant... et en route !... Une demi-heure plus tard nous gazions de nouveau sur la route. » SAINÉAN, **Argot de la guerre**, 147 (en 1915).

4 « Attendez, les copains !... Je vais chercher une civière. Sinon, ça ne gazera pas, on va l'esquinter. » MALRAUX, **L'espoir**, I, I, II, 1.

GAZETTE. *n. f.* (1600 ; empr. à l'ital. *gazzetta*, du vénitien *gazeta*, « petite monnaie », prix d'une gazette). Écrit périodique contenant des nouvelles (politiques, littéraires...). V. **Journal***, revue. *La « Gazette »* de Théophraste Renaudot (1631), s'appela *Gazette de France* en 1762 (Cf. Arranger, cit. 13). *Les Gazettes d'Amsterdam* (1663), *de Leyde* (1680), *de Rotterdam* (1689), *d'Utrecht* (1710)... *Gazette hebdomadaire, quotidienne. Lire, parcourir une gazette* (Cf. Effronté, cit. 8, BAUDEL.). — REM. *Gazette*, dans le langage courant, a été remplacé par Journal « sauf dans les parlers du Nord-Est et du Sud-Est » (BLOCH) et dans les titres de certaines publications (Gazette des tribunaux ; Gazette du Palais). On le rencontre aussi dans la langue littéraire moderne (Cf. cit. *infra*).

1 « Certes, je ne m'étonne plus de ce que cherchant tous les samedis votre nom dans les gazettes, je ne pouvais l'y rencontrer. Vous êtes à la tête d'une Armée dans un climat dont Renaudot n'a point de connaissance. » C de BERGERAC. **Lett. satiriques** (1654)

2 « A l'imitation des gazettes politiques, on commença en France à imprimer des gazettes littéraires en 1665 ; car les premiers journaux ne furent en effet que de simples annonces des livres nouveaux... » VOLT., **Dict. philos.**, Gazette (Cf. Écrivain, cit. 4 et aussi Lettres d'Argental (5 déc. 1768), Chabanon, (24 déc. 1766).

3 « Point de journal ni de gazette qui n'invite son lecteur, une fois la semaine, à séparer la « paille des mots » d'avec « le grain des choses. » PAULHAN, **Fleurs de Tarbes**, p. 62.

— *Fig.* Colportage de nouvelles ; récit, détail de circonstances... « *La gazette de la cour* » (MONTESQ.). « *Les gazettes de la médisance* » (VOLT.). — Personne qui aime à colporter des nouvelles. V. **Bavard, commère, concierge, potinière.** *Cette femme est la gazette du quartier* (ACAD.).

4 « Ce cher vidame était l'entrepôt de toutes les confidences, la gazette du faubourg ; discret néanmoins, et comme toutes les gazettes, ne disant que ce que l'on peut publier. » BALZ., **Cabinet des antiques**, Œuv., t. IV, p. 379.

5 « A six heures, le soir, c'était là que se tenait la gazette du pays ; » ZOLA, **La terre**, II, V.

DER. — Gazetier, ière. *n.* (1633). Celui, celle qui rédigeait, publiait une gazette. V. **Journaliste.** « *Théophraste Renaudot est le gazetier de France le plus fameux* » (RICHELET). — Celui, celle qui répand, colporte des nouvelles (Cf. Écouteur, cit. 2 GIDE).

« Et cependant, il est incontestable que sa conduite a excité un grand scandale. Cela s'explique par l'acharnement que ses ennemis... ont mis à le vilipender. Tous s'y sont employés de leur mieux... gazetiers et pamphlétaires, étrangers et protestants. » L. BERTRAND, **Louis XIV**, III, IV.

GAZEUX, EUSE. *adj.* (1775 ; de *gaz*).

‖ **1°** Relatif aux gaz ; de la nature des gaz. *État gazeux. Corps, fluide gazeux. Masse gazeuse* (Cf. Espace, cit. 18). *Volume gazeux* (Cf. Éthylène, cit.). *Pression gazeuse* (Cf. Étoile, cit. 18). — *Air gazeux* (vx.) : l'acide carbonique.

1 « ...le passage de l'état liquide à l'état gazeux se définira scientifiquement comme un changement quantitatif, c'est-à-dire par une pression mesurable exercée sur un piston ou par des relations mesurables entre les molécules. » SARTRE, **Situations III**, p. 150.

‖ **2°** Qui contient du gaz en dissolution. *Eau, boisson, limonade gazeuse* (Cf. Échantillon, cit. 4). *Eau gazeuse naturelle*, par oppos. à *eau gazéifiée**, *eau de Seltz. Eau minérale gazeuse*, non *gazeuse.*

2 « Le barman versait l'eau gazeuse dans le verre de Gomez. » SARTRE, **Mort dans l'âme**, p. 32.

— *Méd. Gangrène** gazeuse. — Thérap. *Bain gazeux.*

ANT. — Solide ; liquide.

1. GAZIER, IÈRE. *n.* (1723 ; de *gaze*). *Vx.* Ouvrier, ouvrière, dans la fabrication de la gaze.

2. GAZIER, IÈRE. *adj.* et *n.* (1802 in BLOCH ; de *gaz*).

‖ **1°** *Adj.* Relatif au gaz d'éclairage. *Industrie gazière.*

‖ **2°** *N. m.* Ouvrier dans une usine à gaz. Employé d'une compagnie du gaz.

— *Arg. milit.* V. **Gars, homme, type.**

GAZO-. Premier élément de mots savants, formé sur *gaz.* — Gazogène. *n. m.* (1865 LITTRÉ. Cf. *-Gène*). ‖ **1°** *Vx.* Appareil portatif pour fabriquer de l'eau de Seltz. ‖ **2°** Appareil transformant par oxydation incomplète un combustible solide en gaz. *Gaz de gazogène* : gaz à l'air, à l'eau, mixte. V. **Gaz** (3°). *Gazogène à houille, à coke, à bois, à tourbe... Gazogène à grille, à cuve ; à tirage naturel, à vent soufflé. Gazogène à épurateur*, alimentant un moteur à explosion. *Camion à gazogène* (Cf. *infra* cit. 2). — Gazomètre. *n. m.* (1789 LAVOISIER. Cf. *-Mètre*). ‖ **1°** *Vx.* Appareil pour mesurer le volume des gaz. ‖ **2°** (1809) Appareil mesurant le volume et réglant le débit du gaz d'éclairage. V. **Compteur.** — *Spécialt.* Grand appareil de réserve de gaz régularisant la pression. V. **Réservoir.** *Gazomètre à cloche.*

1 « A droite, par-dessus les gazomètres de Vanves, carcasses de Colisées mangés par les vautours... les fumées s'endormaient. » P. MORAND, **Europe galante**, p. 65.

2 « ...le lourd camion à gazogène s'ébranlait en pétaradant dans un nuage bleuâtre... » CARCO, **Belles manières**, I, I.

GAZOLINE. *n. f.* (fin XIXᵉ s. ; de *gaz*, et suff. *-ol* et *-ine*). Nom commercial de l'éther de pétrole, très volatil (on dit aussi *Gazolène.* n. m., *gazoléine.* n. f.).

« Sa vitalité, son canot à gazoline,... ses cocktail-parties... et sa belle voix expliquaient sa popularité. » P. MORAND, **Magie noire**, p. 103.

GAZON. *n. m.* (*Wason* en 1213 ; francique *waso*, « motte de terre garnie d'herbe »).

‖ **1°** *Vx.* Motte de terre garnie d'herbe.

— *Spécialt. Jard.* Motte, plaque de terre couverte de gazon (au sens 2°) que l'on découpe à la bêche et dont on se sert pour faire les pelouses artificielles. *Gazons plaqués.*

— *Par ext.* Terre garnie d'herbe (Cf. Charge, cit. 4). « *Les fortifications faites de gazon sont fort bonnes* » (FURET.). *Autel* (cit. 7) *de gazon. Motte de gazon* (Cf. Fauconnerie, cit.).

1 « L'armée française en bataille au pied de la colline du Roi, sur des forts de gazon et derrière des redoutes et des fascines... » VIGNY, **Cinq-Mars**, X.

∥ 2° Herbe courte et fine (le plus souvent en parlant des graminées*). V. **Herbe**. *Gazon naturel au flanc d'un coteau, au pied d'une montagne...* (Cf. Carnaval, cit. 3 ; front, cit. 25). *Tertre couvert de gazon* (Cf. Esparcette, cit.). *Gazon artificiel obtenu par semis ou par placage* (Cf. supra, 1°). *Semer du gazon. Arroser ; faucher, tondre le gazon. Tondeuse* à gazon.* — *Bordure, cordon, pelouse, rond... de gazon* (Cf. Après, cit. 30 ; contenir, cit. 4 ; émeraude, cit. 2). *Tapis de gazon* (Cf. Allée, cit. 3). *Parterre de gazon.* V. **Boulingrin.** — *Gazon vert, frais ; brûlé, fauve* (cit. 1).

2 « Le gazon fin semble le duvet de la terre. »
BUFF. (in P. LAROUSSE).

3 « ... une large pelouse de gazon, qui ressemble parfaitement à un tissu de velours, et d'un vert si brillant, qu'il pourrait soutenir la comparaison avec celui de la plus pure émeraude. »
BAUDEL., Traduc. E. POE, **Hist. grot. et sér.**, Domaine d'Arnheim.

4 « ... les arbres sont jeunes, les gazons peignés à la tondeuse et mêlés de corbeilles de fleurs, avec les soins habituels aux résidences princières. »
LOTI, **Figures et choses...**, Passage de Sultan.

→ *Bot. Gazon anglais* : l'ivraie* vivace. *Gazon de chat.* V. **Germandrée.** *Gazon d'Espagne, d'Olympe.* V. **Statice.** *Gazon de Mahon.* V. **Julienne.** *Gazon de Marie.* V. **Alysse.** *Gazon d'or.* V. **Orpin.** *Gazon de Parnasse.* V. **Muguet.** *Gazon turc.* V. **Saxifrage.**

5 « Pour le moment, ces beaux terrains bien dessinés, exhaussés, surveillés, sont certainement les moins maléfiques... D'autant plus qu'on les plante en gazon anglais, c'est-à-dire avec la graminée la moins chargée en mystère... »
GIRAUDOUX, **Intermezzo**, I, 1.

→ *Fig. et pop.* Cheveux. *Il n'a plus de gazon sur la terrasse ; son gazon est mité* : il est chauve.

∥ 3° Surface couverte de gazon (V. **Pelouse, pré ; verdure**). *Marcher, se coucher sur le gazon* (Cf. Côtoyer, cit. 3 ; étirer, cit. 6). *Gazon rustique* (Cf. Bord, cit. 9).

6 « La teinte rougeâtre des chênes et des trembles sur le vert foncé des gazons... »
NERVAL, **Filles du feu**, Angélique, VI.

7 « ... la petite fille se roulait alors sur le gazon, au milieu de l'herbe qu'on fanait »
FLAUB., **Mme Bovary**, II, X.

DER. — Gazonner.

GAZONNER. *v. tr.* et *intr.* (*Wassonner* au XIIIe s. ; de *gazon*).

∥ 1° *V. tr.* Revêtir de gazon. *Faire gazonner la bordure d'un massif. Gazonner par semis, par placage. Gazonner un pâturage* (V. **Gazonnement,** *dér.*). *Parterre, talus gazonné* (Cf. Courant 2, cit. 3).

« ... le garde champêtre et plusieurs personnes se sont mis à travailler pour élever sur la place où gît monsieur Benassis une espèce de pyramide en terre, haute de vingt pieds, que l'on gazonne, et à laquelle tout le monde s'emploie. »
BALZ., **Médec. de camp.**, Œuv., t. VIII, p. 531.

∥ 2° *V. intr.* Pousser* en gazon. *Herbe qui gazonne.* — Se couvrir de gazon. *Les prés gazonnent.*

DER. — **Gazonnant, ante.** *adj.* (1338). Qui pousse, se développe en formant du gazon. *Plantes gazonnantes* (on dit aussi **Gazonneux, euse**). — **Gazonnement.** *n. m.* (1762). Action de revêtir de gazon. *Gazonnement d'une pente de montagne.*

COMP. — **Dégazonner.** *v. tr.* Enlever le gazon. *Dégazonner, à l'aide d'une charrue spéciale* (dégazonneuse), *un terrain que l'on veut niveler* (DER. **Dégazonnage.** *n. m.*). — **Regazonner.** *v. tr.* Regarnir de gazon.

GAZOUILLER. *v. intr.* (1316 ; radical onomatopéique. V. **Jaser**). Produire un bruit léger et doux « tel que celui d'un petit ruisseau qui coule sur les cailloux, ou celui des petits oiseaux » (FURETIÈRE). V. **Bruire, murmurer.** *Oiseaux qui gazouillent.* V. **Babiller, chanter, jaser ; gringotter...** (Cf. Bouvreuil, cit.).

1 « Le loriot siffle, l'hirondelle gazouille... »
CHATEAUB., **Génie du christ.**, I, V, 5.

2 « Grenouilles croassent et oiseaux gazouillent
Croassements réguliers comme une scie, et sur ce fond, tout le cisaillement pépié des oiseaux. »
VALÉRY, **Mélange**, p. 20.

— (dès le XIVe s.). Parler avec douceur (V. **Chuchoter, murmurer...** Cf. Bec, cit. 13) ; faire entendre des sons articulés, en parlant d'un petit enfant (V. **Babiller**). « *L'enfant gazouille au berceau* » (LAMART. ; Cf. Bêler, cit. 1).

3 « Le tout petit est étendu dans son lit. Il ne gazouille pas, il ne pleure pas, il ne rit pas non plus ; il regarde. »
DUHAM., **Les plaisirs et les jeux**, I, VIII.

— *Transit. Le chant qu'il gazouille. Gazouiller des couplets* (LITTRÉ).

4 « Non seulement cet oiseau (*le perroquet*) a la facilité d'imiter la voix de l'homme : il semble en avoir le désir ; ... il gazouille sans cesse quelques-unes des syllabes qu'il vient d'entendre... »
BUFF., **Hist. nat. ois.**, Le jaco ou perroquet cendré, Œuvr., t. VII, p. 199.

DER. — **Gazouillant, ante.** *adj.* Qui gazouille. *Cette onde gazouillante* (LA FARE in LITTRÉ). *Ruisseau qui gazouille. L'hirondelle gazouillante.* — **Gazouillement.** *n. m.* (XIVe s.). Action de gazouiller ; bruit qui en résulte. V. **Chant, murmure, ramage.** *Le gazouillement d'une hirondelle, d'un oiseau* (V. **Cri**). *Le doux gazouillement des ruisseaux* (Cf. Bocage, cit. 1). *Gazouillement d'un enfant* (V. **Babil**), *de jeunes filles* (V. **Chuchotement, murmure**). *Le gazouillement d'une voix* douce, mélodieuse* (Cf. Fioriture, cit. 2). — **Gazouilleur, euse.** adj. (*néol.*). Qui gazouille. *Enfant gazouilleur.* — **Gazouillis.** *n. m.* (1555). Bruit produit par un ensemble de gazouillements. « *Le gazouillis exprime un bruit plus désordonné, plus embrouillé, plus confus (que le gazouillement)* » (LAFAYE). *Le gazouillis des oiseaux, des ruisseaux. Le frais gazouillis des enfants, des jeunes filles* (Cf. Femme, cit. 18).

« Le doux gazouillis des fontaines. »
R. BELLEAU, **Stances**, La cerise. 1

« Ici le gazouillis enroué des ruisseaux
S'accorde doucement aux plaintes des oiseaux ; »
RONSARD, **Églogues**, I. 2

« (*D'autres oiseaux*) En sautillant font entendre à la fois
Le gazouillis de leurs confuses voix : »
VOLT., **Épit.**, CXXXII. 3

« Tous les jours étaient des jours de fête : on n'entendait plus que le gazouillement des oiseaux... »
FÉN., **Télém.**, II. 4

« ... sa voix est un gazouillement si mélodieux, que ma voix semble dure près de la sienne. »
GAUTIER, **Mlle de Maupin**, XV, p. 417. 5

« ... la nichée gavée, un bruit d'éventail, un trait de feu bleu et jaune rejaillissaient du nid, et l'attente haussait d'un ton le pépiement des petits invisibles, qui ressemble au gazouillement d'un baiser. »
COLETTE, **Hist. p. Bel-Gazou**, Mésanges. 6

GEAI (*jè*). *n. m.* (XIIe s. ; bas lat. *gaius*, onomat. ou emprunt au nom propre *Gaius*, par sobriquet pop.). Oiseau passeriforme dentirostre (*Passereaux Corvidés**), scientifiquement appelé *Garrulus. Le geai est de la taille du pigeon ; sa tête est garnie d'une huppe, son plumage bigarré. Geai bleu.* V. **Rollier.** *Cri du geai.* V. **Cajoler** (I), **jaser.** *Geai imitateur* (mésangeai). — *Être bavard comme un geai* (Cf. Comme une pie*).

« Ah çà ! capitaine Bluteau, vous me faites babiller comme un geai, et vous ne me dites rien de votre vie, qui doit être curieuse. »
BALZ., **Médec. de camp.**, Œuv., t. VIII, p. 395. 1

« Le geai : le sous-préfet aux champs. »
RENARD, **Hist. natur.**, p. 110. 2

« Les geais criards, c'était eux qui montraient sous les feuilles ce beau plumage d'un roux rosé, qui tendaient dans leur vol ces rémiges bleues et blanches, claires comme un ciel pommelé d'avril. »
GENEVOIX, **Forêt voisine**, XI, p. 146. 3

— *Allus. litt. Le geai paré des plumes du paon*, se dit, par allusion à la fable de LA FONTAINE (Cf. Autre, cit. 5) de Celui « qui se fait honneur d'une chose d'emprunt » (LITTRÉ).

« Il est assez de geais à deux pieds comme lui
Qui se parent souvent des dépouilles d'autrui. »
LA FONT., **Fab.**, IV, 9. 4

HOM. — G, jais, jet.

GÉANT, ANTE. *n.* (vers 1100 *Jaiant, jeant* ; du lat. vulg. *gagantem.* accus. de *gagas*, altér. de *gigas*, personn. mythol.). Être d'une taille anormalement grande.

∥ 1° *Mythol.* Être fabuleux, né de la Terre (Gaïa) et du Ciel (Ouranos). V. **Cyclope, titan...** *La guerre des géants.* V. **Gigantomachie.** Cf. Assyrien, cit. *Les Géants essayèrent de détrôner Zeus. Le géant Typhon fut foudroyé par Zeus. Lutte d'Hercule et du géant Antée*. Les Géants personnifiaient les grandes forces naturelles.*

« Jadis la terre était heureuse ; elle était libre.
Et, donnant l'équité pour base à l'équilibre,
Elle avait ses grands fils, les géants ; ses petits,
Les hommes ; ... »
HUGO, **Lég. des siècles**, IV, Le Titan, I. 1

« ... comme il est nécessaire qu'un mortel aide les dieux dans la lutte, on a recours à Héraclès... Les géants se dispersèrent, et le monde entier fut jonché de débris et de projectiles. C'est ainsi qu'Encelade fut écrasé par la Sicile, sous laquelle l'enferma la déesse Athéna... »
GRIMAL, **Mythologie grecque**, p. 31 (éd. P.U.F.). 2

— *T. biblique.* Fils d'un ange et d'une femme.

« Or, les géants étaient sur la terre en ces jours-là, et cela après que les fils de Dieu furent venus vers les filles des hommes, et qu'elles leur eurent donné des enfants : ce sont là les héros renommés dès les temps anciens. »
BIBLE (CRAMP.), **Genèse**, VI, 4. 3

« Le Seigneur n'a point pardonné aux antiques géants, lesquels, *confiants* dans leur force, s'étaient révoltés. »
ID., **Ecclésiastique**, XVI, 7. 4

— Dans les légendes, mythes et contes, Être fabuleux, gigantesque, souvent considéré comme l'ancêtre de l'espèce humaine, comme un génie* bienfaisant ou malfaisant... (V. **Ogre**). *Race de géants disparue* (Cf. Entassement, cit. 1).

— Dans les littératures. *Le géant Goliath, que tua David* (Cf. Espadon, cit. 2). *Les géants Gargantua et Pantagruel. Don Quichotte prit les moulins à vent pour de dangereux géants.* Par métaph. Cf. Fisc. cit. 2.

« Du temps que la Nature en sa verve puissante
Concevait chaque jour des enfants monstrueux,
J'eusse aimé vivre auprès d'une jeune géante,
Comme aux pieds d'une reine un chat voluptueux. »
BAUDEL., **Fl. du mal**, Spl. et id., La géante. 5

— *Par ext. Géogr. Saut du géant, Pas du géant, Chaussée des Géants...* désignent des accidents géographiques.

∥ 2° Personne dont la taille excède anormalement la moyenne. V. **Monstre ; acromégalie, gigantisme.** Cf. les *préf.* Hyper- (hypertrophie, hypermégalie...) ; macro- (macrosomie...).

« ... la nature a donné des termes à la stature d'un homme bien conforme, passé lesquels elle ne fait plus que des géants ou des nains... »
ROUSS., **Contr. social**, II, IX. 6

— *Par ext.* Personne dont la taille, sans être la conséquence de troubles pathologiques, dépasse largement la commune mesure. V. **Colosse, malabar** (*fam.*). Cf. Courber,

cit. 19 ; culotte, cit. 3 ; épuiser, cit. 26 ; équarrir, cit. 1 ;
équilibre, cit. 4 ; faune, cit. 2. *Une force de géant, une
étreinte de géant* (Cf. Etau, cit. 1). *Une allure de bon géant.*

7　« ...un géant de garde, tout vêtu de blanc lui aussi, survint à ce
moment précis et me poussa dehors... »
　　　　　　　　　CÉLINE, **Voyage au bout de la nuit**, p. 191.

→ *Pas* de géant. Marcher, courir à pas de géant.* Fig.
Cf. Arpenter, cit. 3 ; carrière, cit. 8.

‖ 3° *Fig.* V. **Génie, héros, surhomme, titan.** *Les géants
de la pensée, de l'art. Shakespeare, Gœthe, Hugo, géants de
la littérature. Les géants du sport, de la route...*

8　« ...le petit monde dans lequel j'entre à présent était supérieur au
monde qui lui a succédé en 1830 ; nous étions des géants en comparaison de la société de cirons qui s'est engendrée. »
　　　　　　　　　CHATEAUB., M. O.-T., t. IV, p. 93.

9　« Ses ailes de géant l'empêchent de marcher. »
　　　　　　　　　BAUDEL., **Fl. du mal**, Spl. et id., L'albatros (Cf. Poète).

10　« Les géants consacrés par les siècles éveillent l'esprit plus que les
nains à la mode. »
　　　　　　　　　MAUROIS, **Ét. littér.**, Romains, I.

11　« Les raisons de Sainte-Beuve de ne pas admirer de pied en cap le
géant de *la Comédie humaine* (Balzac) sont médiocres, autant que
fines... »
　　　　　　　　　HENRIOT, **Romantiques**, p. 265.

→ *Par ext.* (en parlant des Choses). *Le baobab, géant des
forêts. Les chênes, ces géants* (Cf. Bras, cit. 44 RAC.). « *La
baleine, ce géant des mers* » (LITTRÉ).

12　« ...le clocher de Creizker, le géant des clochers bretons... »
　　　　　　　　　LOTI, **Mon frère Yves**, II.

13　« ...la génératrice centrale, cette géante multiforme... »
　　　　　　　　　CÉLINE, **Voyage au bout de la nuit**, p. 212.

14　« Les roitelets sont morts et déchus, leurs petites principautés féo-
dales, Allemagne, Italie, Japon, sont à terre. Le monde est simplifié :
deux géants se dressent seuls, et ne se regardent pas d'un bon œil. »
　　　　　　　　　SARTRE, **Situations III**, p. 67.

‖ 4° *Adj.* Dont la taille dépasse de beaucoup la moyenne.
V. **Colossal, énorme, gigantesque, grand, immense.** *Arbre,
tronc géant* (Cf. Calumet, cit. 3). *Pierres géantes.* V. **Cyclopéen**, cit. 1. *Édifice géant.*

15　« Hêtres, charmes, bouleaux, vieux troncs couverts d'écailles,
Piliers géants tordant des hydres à vos pieds, »
　　　　　　　　　SAMAIN, **Chariot d'or**, Symphonie héroïque.

→ *Par ext. Entreprise géante, trust géant* (Cf. Anonymat,
cit.). *Mécanisme géant* (Cf. Arrêter, cit. 25). *Cité, ville
géante* (Cf. Capitale, cit. 3 ; champignon, cit. 2 ; énorme,
cit. 4). *Clameur géante* (Cf. Apocalypse, cit. 4). *Œuvre
géante* (Cf. Exhaustif, cit. 4).

16　« Lentement, le sol buvait cette fécondité, et de la terre gorgée,
engraissée, le pain blanc poussait, débordait, en moissons géantes. »
　　　　　　　　　ZOLA, **La terre**, V, I.

ANT. — Animalcule, avorton, myrmidon, nain. Petit*.

DER. — du lat. V. **Gigantesque, gigantisme...** — **Géantisme.** *n. m.*
V. **Gigantisme.**

GECKO (*jè-ko*). *n. m.* (1768 ; mot malais, onomat.). Reptile saurien (*Crassilingue*) portant aux doigts des quatre
pattes des lamelles adhésives. *Les geckos sont insectivores,
leur forme et leur couleur leur permet de se confondre avec
le milieu environnant. Le gecko fait partie des lacertiens* ou
lacertiliens.*

-GÉE. Élément (gr. *gê*, terre) de quelques mots composés
empruntés du grec. Cf. Apogée, hypogée, périgée. V. préf.
Géo-.

GÉHENNE. *n. f.* (XIIIᵉ s. ; lat. ecclés. *gehenna*, de l'hébreu *ge-hinnom*, « vallée de Hinnom », lieu situé près de
Jérusalem (Cf. *infra*, cit. RENAN).

‖ 1° *T. bibl.* Le séjour des réprouvés. V. **Enfer***, cit. 9.
Le feu, les tortures de la géhenne.

1　« Si ton œil droit est pour toi une occasion de chute, arrache-le et
jette-le loin de toi ; car il est avantageux pour toi qu'un seul de tes
membres périsse et que ton corps entier ne soit pas jeté dans la
géhenne. »　　　　　　　　　BIBLE (SEG.), **Év. Matthieu**, V, 30.

2　« Ce monde, est-ce un éden tombé dans la géhenne ? »
　　　　　　　　　HUGO, **Contempl.**, VI, VI.

3　« La Géhenne était la vallée occidentale de Jérusalem. On y avait
pratiqué à diverses époques le culte du feu, et l'endroit était devenu
une sorte de cloaque. La Géhenne est donc dans la pensée de Jésus une
vallée ténébreuse, obscène, un gouffre souterrain plein de feu. Les
exclus du royaume y seront brûlés et rongés par les vers, en compagnie
de Satan et de ses anges rebelles. »
　　　　　　　　　RENAN, **Vie de Jésus**, XVII, Œuv., t. IV, p. 256.

→ *Par ext.* Lieu de souffrance.

4　« Au pied de ce mur de géhenne et dans l'intervalle des ouvertures
basses de la maison étaient plantées une glycine monumentale d'une
vitalité prodigieuse et sept vignes... »
　　　　　　　　　JOUHANDEAU, **Tite-le-Long**, La cour.

‖ 2° (Par croisement avec *gêne*). *Fig. et vieilli.* Torture
appliquée aux criminels. *Mettre un coupable à la géhenne.*
V. **Question.** Par ext. *Mettre son esprit à la géhenne.* —
Souffrance intense, intolérable. V. **Douleur, souffrance,
supplice, torture.** *Son existence fut une géhenne.*

5　« Je ne veux pas corrompre son esprit à le tenir à la géhenne et au
travail, à la mode des autres, quatorze ou quinze heures par jour,
comme un portefaix... »　　　　　　　　　MONTAIGNE, **Essais**, I, XXVI.

« Tu changes en blancheur la nuit de ma géhenne,　　　　　　　　6
Et tu fais un autel de lumière inondé
Du tas de pierres noir dont on m'a lapidé. »
　　　　　　　　　HUGO, **Contempl.**, V, VIII.

ANT. — Éden, paradis ; plaisir.

DER. — Cf. Gêne.

1. GEINDRE (se conj. comme *feindre*). *v. intr.* (*Giembre*
au XIIᵉ s. ; du lat. *gemere*. Cf. Gémir). Faire entendre des
plaintes* faibles et inarticulées. V. **Gémir, plaindre** (se).
Blessé qui geint (Cf. Avant-poste, cit. 1). *Animal qui geint
de peur* (Cf. Daim, cit. 2).

1　« ...dès qu'il vit le médecin, son exaltation tomba, et, au lieu de
sacrer comme il faisait depuis douze heures, il se prit à geindre faiblement. »　　　　　　　　　FLAUB., Mᵐᵉ **Bovary**, I, II.

2　« Les enfants, percés de froid et ne pouvant dormir, geignaient sous
le pauvre abri des ménages... » FROMENTIN, **Année dans le Sahel**, p. 82.

3　« Pour l'instant, le malade ne souffrait guère ; ronflant et geignant,
il somnolait. »　　　　　　　　　MART. du G., **Thib.**, t. IV, p. 122.

→ *Par anal.* Faire entendre un son analogue à un geigne-
ment*. *Girouette rouillée qui geint à tous les vents.*

4　« Et lorsque Maribas riait ou pleurait, on entendait comme geindre
un archet sur les trois cordes d'un violon démantibulé. »
　　　　　　　　　A. BERTRAND, **Gaspard de la nuit**, p. 71.

5　« L'orgue enfoui sous la peau d'ours, quand son maître l'agaçait avec
la manivelle, geignait lamentablement, semblait demander grâce, poussait des soupirs asthmatiques... »
　　　　　　　　　GAUTIER, **Voyage en Russie**, p. 165.

6　« De temps en temps sous l'ouragan
Un vieux sapin geint et se couche »
　　　　　　　　　APOLLINAIRE, **Alcools**, Rhénanes, Les sapins.

→ *Au fig. Fam. et péjor.* Se lamenter* à tout propos, sans
raison valable. *Vieillard acariâtre qui ne cesse de geindre.*
V. **Geignard** (Cf. Fureter, cit.). *Mauvaise joueuse geignant
toujours quand elle perd* (Cf. Fléau, cit. 9). *Passer sa vie
à geindre* (Cf. Exister, cit. 17).

7　« Aussi bien pourquoi me mettrais-je à geindre ?
Vous ne m'aimiez pas, l'affaire est conclue,
Et, ne voulant pas qu'on ose me plaindre,
Je souffrirai d'une âme résolue. »
　　　　　　　　　VERLAINE, **Rom. s. paroles**, Birds in the night.

8　« Se plaindre et geindre sans rien vouloir améliorer, jalouser le sort
du voisin sans rien vouloir changer au sien, vous aide à supporter la
vie. »　　　　　　　　　R. ROLLAND, **Liluli**, p. 24.

DER. — **Geignant, ante.** *adj.* (1856 IN LACHÂTRE). *Peu usit.* Qui a
l'habitude de geindre. — **Geignard, arde.** *adj.* (1867). *Fam.* Qui se
lamente à tous propos. V. **Geignisseur, pleurnicheur.** *Une vieille fille
aigrie et geignarde.* — *Par anal. Une musique geignarde.* V. **Plaintif.** —
Substantivt. *Quelle geignarde !* — **Geignement.** *n. m.* (1842 d'apr.
WARTBURG). Action de geindre. V. **Gémissement, plainte.**

1　« Elle poussait des soupirs, implorait le ciel, par une habitude de
mollesse geignarde. »　　　　　　　　　ZOLA, **La terre**, II, II.

2　« On se remet en marche, parsemés sur la route maintenant grisâtre,
très lentement, très pesamment, avec des geignements et de sourdes
malédictions que l'effort étrangle dans les gorges. »
　　　　　　　　　BARBUSSE, **Le feu**, II, XIX.

2. GEINDRE. *n. m.* V. **GINDRE.**

GEISHA ou **GHESHA.** *n. f.* (*Guécha*, 1887 LOTI ; mot japonais). Chanteuse et danseuse japonaise.

1　« Eh bien, mais, pourquoi donc pas des *Guéchas* ?
Qu'est-ce que cela peut me faire, à moi, qu'elles soient des Guéchas ? »
　　　　　　　　　LOTI, Mᵐᵉ **Chrysanth.**, III, p. 36.

2　« ...douze geishas en robes sombres, qui jouaient du tambourin... »
　　　　　　　　　FARRÈRE, **La bataille**, XVII, p. 147.

GEL. *n. m.* (*Giel* vers 1100 ; du lat. *gelu*).

‖ 1° Temps de gelée*. *Persistance, rigueur du gel. Ce rude
hiver a compté trois semaines de gel ininterrompu. Les
sans-logis victimes du gel.* — REM. Encore vivant au
XVIᵉ s., *gel* a ensuite disparu de l'usage courant jusqu'au
milieu du XIXᵉ s. Aucune édition du dictionnaire de l'ACAD.
ne le mentionne. De nos jours, il est encore moins fréquent
que *gelée. Gel* ne désigne d'abord que le fait de geler,
d'être gelé ; il évoque surtout les manifestations du phénomène météorologique désigné sous le nom de *gelée.*

1　« Un matin de gel, où les traineaux glissaient dans la petite ville,
arriva une lettre timbrée de Dresde... »
　　　　　　　　　APOLLINAIRE, **L'hérésiarque**, p. 147.

2　« À Barnaoul... les gels nocturnes ont commencé dès septembre, et
les chutes de neige ne font plus sentir plus à partir du début de novembre. »
　　　　　　　　　De MARTONNE, **Traité géogr. phys.**, t. I, p. 284.

‖ 2° Congélation* des eaux (et de la vapeur d'eau atmosphérique). V. **Givre, glace** (Cf. Diamant, cit. 11). *Embâcle d'un cours d'eau à la suite d'un gel prolongé. Navigation fluviale interrompue par le gel. Arborisations* produites par le gel sur les vitres. Le gel a fait éclater les
tuyauteries. Assurance contre les dégâts mobiliers et immobiliers causés par le gel.*

3　« ...ce brouillard de décembre, glacial, tout en paillettes de gel suspendues... »　　　　　　　　　COLETTE, **La vagabonde**, p. 14.

→ *Spécialt.* Congélation de « l'eau de constitution des matières organiques, et principalement, des tissus végétaux

ou de l'eau d'infiltration qui a pénétré soit entre les particules d'une terre arable, soit dans les fissures des roches » (POIRÉ).

4 « Pendant l'hiver, le gel pénètre dans le sol jusqu'à une profondeur qui peut atteindre plusieurs mètres. »
De MARTONNE, *Traité géogr. phys.*, t. I, p. 284.

— Géol. *Gel des eaux* de fusion.* V. **Regel.** *Désagrégation des roches par le gel.*

5 « Dans les régions tempérées les roches sont imbibées d'eau. Le gel entraîne une augmentation de volume de cette eau d'imbibition et par suite un écartement des particules. Au dégel, la roche est dissociée et s'effrite. »
HAUG, *Traité géol.*, t. I, p. 373.

— *Phys.* Substance obtenue par floculation d'une solution colloïdale. *Gel d'agar-agar. Gel de silice, utilisé après séchage, comme support de catalyseur.*

— *Fig.* Écon. polit. *Gel des crédits.* V. **Geler.**

ANT. — Dégel.

COMP. — **Antigel** ou **Anti-gel.** *n. m.* (1930). Mélange qui abaisse le point de congélation* de l'eau. *Antigel pour radiateurs d'automobiles.* — Adjectivt. *Produit antigel.*

GÉLASIME. *n. m.* (1802 in BOSC, Histoire naturelle des crustacés ; du gr. *gelasimos*, « curieux »). Genre de crustacés décapodes* brachyures* comprenant de petits crabes à pinces très inégales, qui habitent les régions tropicales. *Les gélasimes, vulgairement nommés crabes appelants, parce qu'ils agitent toujours leur grosse pince comme pour faire signe à quelqu'un.*

GÉLATINE. *n. f.* (1611 ; empr. à l'ital. *gelatina.* Cf. Galantine). Substance albuminoïde extraite, sous forme de gelée*, de tissus animaux fibreux soumis à l'action prolongée de l'eau bouillante. *Gélatine animale. Gélatine d'os.* V. **Gelée** (des charcutiers). *Gélatine de poisson.* V. **Ichtyocolle.** *Sucre de gélatine.* V. **Glycocolle.** *Gélatine végétale tirée des algues. Soupe à la gélatine* (Cf. Crétin, cit. 3) *Collage* des vins avec de la gélatine. Utilisation de la gélatine dans la fabrication des colles ; dans l'industrie photographique et cinématographique* (V. **Pellicule**) ; *en photogravure* (V. **Photocollographie, phototypie**) ; *en médecine,* etc.

« J'avais commandé une épreuve de la photographie de Guys... Or, il s'est trouvé que le cliché s'est abîmé, la gélatine s'est déchirée, il y avait de grandes raies vides sur l'épreuve. »
LÉAUTAUD, *Journ. littér.*, t. I, p. 179.

— *Par ext.* Substance détonante d'aspect gélatineux*. *Gélatine explosive,* composée de nitroglycérine et de fulmicoton.

DER. — **Gélatiné, ée.** *adj.* (1874 WARTBURG). Enduit de gélatine. *Plaque gélatinée.* — **Gélatineux, euse.** *adj.* (1743). Qui a la nature, la consistance ou l'apparence de la gélatine. *Confiture, sauce gélatineuse. Chair gélatineuse* (Cf. Flasque, cit. 2).

COMP. — **Gélatiniforme.** *adj.* (1845 WARTBURG). Semblable à de la gélatine. *Tumeur gélatiniforme.* — **Gélatino-bromure, gélatino-chlorure*.** *n. m.* (1898 in NOUV. LAR. ILL.). Composition formée d'un sel d'argent, bromure ou chlorure, en suspension dans la gélatine.

« La troisième grande étape de la photographie n'est franchie qu'après 1871, quand les expériences de Gaudin sur les émulsions de sel d'argent dans la gélatine (1861) furent mises au point par Maddox, Mawdesley et Johnston, et quand Benett et Monckhoven eurent réussi à augmenter... la sensibilité des plaques au *gélatino-bromure d'argent.* »
J. PRINET, *La photographie*, p. 19 (éd. P.U.F.).

GELÉE. *n. f.* (vers 1100 ; part. substantivé ; du lat. *gelare*).

‖ **1°** État de la température lorsqu'elle s'abaisse au-dessous du zéro de l'échelle thermométrique et provoque la congélation des eaux. V. **Gel, glace.** *Les premières gelées* (Cf. Fleurir, cit. 3). *Faibles gelées matinales avec formation de verglas*. Gelées nocturnes. Fortes gelées d'hiver. Un temps de gelée, froid, clair et sec. Gelée pénétrante qui semble engourdir* (cit. 1) *les êtres et les choses* (Cf. Arranger, cit. 19). *Gelées hâtives* (ou *d'automne*) *qui mortifient les fruits. Gelées tardives* (ou *printanières*). *Protection des plantes, des arbres contre la gelée, au moyen de paillassons, de réchauds, de serres... Minéraux et végétaux atteints* (cit. 11) *par la gelée.* V. **Gélif.** *Gelée blanche,* congélation de la rosée avant le lever du soleil, par les nuits étoilées de printemps et d'automne.

1 « La gelée avait si bien purifié l'air, durci la terre, et saisi les pavés, que tout avait cette sonorité sèche dont les phénomènes nous surprennent toujours. »
BALZ., *Femme de trente ans, Œuv.*, t. II, p. 788.

2 « Les badauds voient le pavé sec, le ciel clair, et, quand un vent bien sec leur coupe les oreilles, ils appellent cela une belle gelée. »
MUSS., **Il faut qu'une porte...**

3 « La gelée solidifie les canaux que la neige recouvre et rattache les îles à la terre ferme. Dans les mois froids, il n'y a plus qu'un seul élément, la glace. »
GAUTIER, **Voyage en Russie,** p. 106.

4 « ... (ils) partirent au galop de leur cheval, sur les routes un peu saupoudrées de gelée blanche. » LOTI, **Ramuntcho,** I, VII, p. 84.

‖ **2°** Suc de substance animale qui s'est coagulé* en se refroidissant (Cf. Feu, cit. 22). *Gelée de viande blanche.* V. **Blanc-manger.** *Gelée d'os, gelée des charcutiers.* V. **Gélatine.** *Terrine de lapin en gelée. Bœuf en gelée. Poulet à la gelée. Chaud-froid* de poulet en gelée. Napper un moule à aspic* avec de la gelée. Laisser prendre* la gelée.*

5 « ... quatre andouillettes brillantes de gelée qui s'épanouissent sur leur garniture de persil. » SARTRE, **La nausée,** p. 65.

6 « ... elle ne manquait pas... de recueillir la gelée de volaille dans les pots à confitures... » CHARDONNE, **Dest. sentim.,** p. 37.

— *Par anal.* Jus de fruits cuits avec du sucre, qui se coagule en se refroidissant. V. **Confiture.** *Gelée de coings. Gelée de pommes* (ou *de pomme*), *de groseilles. L'acide pectique* donne leur consistance aux gelées.*

7 « Un talon de pain chaud fariné, vidé de sa mie, tapissé intérieurement de beurre et de gelée à la framboise. »
COLETTE, **Prisons et paradis,** Puériculture.

— *Par ext.* Tout corps de consistance gélatineuse.

— *Pharm.* V. **Pâte.** *Gelée de lichen amère.*

— *Zool. Gelée de mer.* V. **Méduse, rhizostome** (Cf. Colorer, cit. 4).

DER. et **COMP.** — (du rad. sav. de *gelée*). **Gélolevure.** *n. f.* (XX° s.). Levure* cultivée sur gélose*. — **Gélose.** *n. f.* (1858). Substance cellulosique de consistance gélatineuse*, extraite d'une algue marine des Indes ou *agar.* V. **Agar-agar, gélatine** (végétale). *La gélose, milieu de culture* microbienne.*

GELER (*je gèle, nous gelons*). *v. tr.* et *intr.* (XII° s. ; du lat. *gelare*).

I. *V. tr.* ‖ **1°** Transformer en glace*, solidifier par le froid. V. **Congeler, glacer.** *Le froid a gelé la mare. Un froid à geler le mercure* (Cf. Constituer, cit. 3), un froid très intense (le point de congélation du mercure étant de — 39° C.). Pronominal. *Buée qui se gèle sur les vitres* (V. **Givre**).

1 « ... sous une atmosphère noircie de vapeurs, on voit les brouillards, qui se gèlent quelquefois jusqu'au verglas, former sur la mer comme un tissu glacé de toile d'araignées... »
BUFF., **Add. théorie terre,** Mers et lacs, III.

2 « La pelisse est une arme contre le froid, qu'ils (*les Russes*) savent si bien manier qu'avec elle ils se rient de temps à geler le mercure. »
GAUTIER, **Voyage en Russie,** p. 98.

— *Par anal.* V. **Coaguler** (se), **figer.** *Par exagér. Froid* (2, cit. 4) *qui gèle le sang.*

3 « ... au bruit que la toile fit à mon oreille en se levant, mon sang se gela dans mes veines. On eut beau me faire respirer des liqueurs, je ne revenais point. » MARMONTEL, **Mém.,** III.

— *Par ext.* Durcir par le froid. *L'hiver sibérien gèle profondément le sol.* — Pronominalt. :

4 « Leurs habits mouillés se gèlent sur eux. »
SÉGUR, **Hist. Napol.,** IX, II (in LITTRÉ).

‖ **2°** Désorganiser par un froid excessif (des tissus vivants animaux ou végétaux). *Le froid gèle surtout les extrémités du corps. Geler le nez et les oreilles* (Cf. Enrager, cit. 14). *Les nuits printanières trop froides gèlent les bourgeons.* V. **Griller.**

5 « Faunes qui habitez ma terre paternelle,...
... Favorisez la plante et lui donnez secours,
Que l'été ne la brûle, et l'hiver ne la gelle (*gèle*). »
RONSARD, **Sonn. à Hélène,** II, VIII.

— *Par ext.* et *par exagér.* Faire souffrir du froid. *Il passe sous cette porte un courant d'air qui me gèle.* Pronominalt. *Ne restez pas dehors à vous geler.*

— *Fig.* Mettre mal à l'aise. V. **Gêner, glacer, réfrigérer, refroidir** (Cf. Jeter du froid ; donner, faire froid). *Son abord hautain me gèle. Ce ton sinistre gela l'auditoire.*

6 « Sonnez pour qu'on mette une bûche au feu ; votre idée me gèle. »
MUSS., **Il faut qu'une porte...**

II. *V. intr.* V. **Congeler** (se), **figer** (se), **prendre** (se). *L'alcool gèle à — 130° C. La mer gèle rarement dans les fiords* (cit. 1). *Brouillard qui gèle en tombant.* V. **Frimas.**

7 « ... les huiles ne gèlent pas parfaitement, et... au lieu d'augmenter de volume à la gelée, comme l'eau, elles en diminuent lorsqu'elles se figent. » BUFF., **Expér. s. végét.,** 4° mém.

8 « ... la mer de Norvège se prit entièrement dans les Fiords, où la violence du ressac l'empêche ordinairement de geler. »
BALZ., **Séraphita, Œuv.,** t. X, p. 462.

— *Par anal. Le linge étendu a gelé sur la corde.*

— *Par ext.* Être endommagé par le froid. *Explorateur dont les mains ont gelé au cours d'une expédition polaire. Geler sur place. Plantes qui gèlent sur pied, sur tige. Pailler des fraisiers pour les empêcher de geler.*

9 « Quand les vignes gèlent en mon village, mon prêtre en augmente l'ire de Dieu sur la race humaine... » MONT., **Essais,** I, 26.

— *Par exagér.* Souffrir du froid* (cit. 10). V. **Grelotter, transir.** *Fermez donc la fenêtre, on gèle ici !*

10 « Il (*y*) fait presque aussi froid que dans ma chambre, où, près d'un grand feu, je gèle en me rôtissant. »
ROUSS., **Lett. à M. Lalliaud** (in LITTRÉ).

11 « Vite, mon petit, je gèle. J'ai pris froid dans ce bazar de Neuilly... »
COLETTE, **Chéri,** p. 77.

III. GELER avec un sujet impersonnel. *Il a gelé cette nuit. Il va geler fort. Il gèle à glace*,* assez pour que se produise une congélation au moins superficielle des eaux dormantes. *Il gèle à pierre fendre* (Cf. De, cit. 84), si fort que les pierres peuvent éclater par la congélation de leur eau d'imbibition. *Il a gelé blanc.* V. **Gelée** (blanche).

12 « Il fait un froid extrême ; notre thermomètre est au dernier degré, notre rivière est prise ; il neige, et gèle et regèle en même temps. »
SÉV., 1123, 14 janv. 1689.

13 « Depuis quelques jours la température s'était sensiblement refroidie ; toutes les nuits il gelait blanc... »
GAUTIER, Voyage en Russie, p. 90.

|| GELÉ, ÉE. p.p. et adj. *La Seine est gelée* (Cf. Embâcle, cit.). *Fontaine à demi gelée* (Cf. Barbu, cit. 2). *Croûte de neige gelée. Terre gelée et durcie* (Cf. Espalier, cit. 1). — Allus. litt. *L'épisode des « paroles gelées » dans le Quart livre de Rabelais.*

14 « Le piétinement des durs sabots résonnait sur la terre gelée ; »
GENEVOIX, Dernière harde, I, II.

15 « Les bêtes s'arrêtaient en plein soleil avec leurs poils tout salés de neige gelée, dure comme une poussière de granit ; »
GIONO, Chant du monde, II, I.

— *Soldats russes à demi gelés* (Cf. Environnant, cit. 1). *Grenadier de l'Empire qui eut les pieds gelés à la retraite de Russie. Vipères si engourdies* de froid qu'elles semblent gelées* (Cf. Amortir, cit. 1). *Des blés gelés.*

16 « ... un serpent sur la neige étendu,
Transi, gelé, perclus,... »
LA FONT., Fab., VI, 13.

17 « Or ces pensées mortes depuis des millénaires
Avaient le fade goût des grands mammouths gelés »
APOLLINAIRE, Alcools, Palais.

— *Par exagér. Être gelé (jusqu'aux moelles, jusqu'aux os), avoir très froid.* V. **Transi** (Cf. Embrumer, cit. 1). *Avoir les mains gelées.* V. **Gourd.**

18 « Vos petites cheminées de Paris, où l'on se rôtit les jambes pour avoir le dos gelé, ne valent pas nos poêles. »
VOLT., Corresp., 1051, 18 janv. 1752.

19 « — Voulez-vous boire un verre ? demanda Kraus en souriant. — Oui, un grog bien chaud. J'ai les pieds gelés. »
MAC ORLAN, Quai des brumes, V.

20 « ...deux petites pièces de grenier, dites inhabitables, gelées l'hiver, cuisantes l'été... »
MONDOR, Pasteur, IV.

— *Fig. :*

21 « La pauvre belle Madelonne est si pénétrée de ce grand froid, qu'elle m'a priée de vous faire ses excuses... Sa poitrine, son encre, sa plume, ses pensées, tout est gelé ; elle vous assure que son cœur ne l'est pas ; »
SÉV., 709, 18 déc. 1678.

22 « ...mais les sentiments sont comme les graines, ils peuvent être gelés très longtemps et renaître... »
MAUROIS, À la recherche de Proust, V, III.

— *Un accueil gelé.* V. **Froid, glacé, glacial.** *Un auditoire gelé. Avoir le bec gelé* (fam.), *se taire. N'avoir pas le bec gelé, être très bavard. Avoir l'esprit gelé.* V. **Engourdi.**

— *Spécialt. Écon. polit. Crédits gelés :* immobilisés dans des investissements, donc indisponibles (Cf. l'angl. *Frozen credits,* expression qui fut d'abord appliquée après la guerre de 1914-18 aux crédits consentis aux Allemands par les banques anglaises et américaines).

23 « L'Allemagne et les États de l'Europe centrale manquaient de capitaux ; mais dans le premier de ces pays, des milliards de marks empruntés à court terme étaient restés immobilisés, gelés dans des investissements de longue durée ; la situation des banques anglaises et américaines qui s'en trouvaient privées en fut affaiblie et le crédit se déroba. »
P. REBOUD et H. GUITTON, Pr. écon. polit., t. II, p. 712 (éd. Dalloz).

ANT. — Bouillir, dégeler, fondre, liquéfier, réchauffer. — Brûlant, chaud. Ardent, chaleureux, vif.

COMP. — Congeler, dégeler, engelure, regeler.

DER. — **Gélif, ive.** *adj.* (XVIe s.). Techn. Qui se fend, s'est fendu par le gel. *Arbres gélifs.* Géol. *Pierres gélives* (Cf. *infra,* cit.). — **Gélivure.** *n. f.* (1737). Fente* creusée par le gel dans les arbres, les pierres. V. **Gerçure.** — **Gelure.** *n. f.* (1898). *Méd.* Congélation* des chairs. V. **Froidure.**

1 « Nous avons cependant trouvé dans les forêts beaucoup d'arbres attaqués de défauts considérables, qui ont certainement été produits par les fortes gelées. Ces défauts sont, 1° des gerçures qui suivent la direction des fibres, et que les gens de forêts appellent *gélivures ;* 2° Une portion de bois mort renfermée dans le bon bois, ce que quelques forestiers appellent *la gélivure entrelardée.* »
BUFF., Exp. s. végét., 4e mém.

2 « Ce sont... les roches qui s'imbibent le plus facilement d'eau, comme les calcaires marneux, qui sont désagrégées par la gelée et qui sont dites *gélives.* »
HAUG, Traité géol., t. I, p. 373.

GÉLINE. *n. f.* (XIIe s. ; du lat. *gallina*). *Vx.* Poule (Cf. Croupion, cit. 2 ; fin, cit. 7). On écrit aussi *Geline, gelinotte.*

« Flans, chapons et grasses gelines, »
VILLON, Lais de F. Villon, XXXII.

DER. — **Gélinotte.** *n. f.* (XVIe s.). Oiseau galliforme (Gallinacés, tétraonidés) d'Europe et d'Asie, très voisin de la perdrix, communément appelé coq* des marais. *Le plumage roux, à taches blanches, grises et noires, de la gélinotte. Gélinotte commune.* V. **Poule** (des bois, des coudriers). *Gélinotte des Pyrénées.* V. **Ganga.** *Gélinotte d'Écosse.* V. **Grouse.** *Gélinotte blanche.* V. **Lagopède.**

« Les gélinottes, dont la chair, parfumée par les baies de genièvre dont elles se nourrissent, répand une odeur de térébenthine qui surprend d'abord, apparaissent fréquemment sur les tables russes. »
GAUTIER, Voyage en Russie, p. 133.

GÉMEAU, GÉMELLE, EAUX. *adj.* et *n.* (XVIe s. ; réfection savante de *jumeau*,* d'après le lat. *gemellus*).

|| 1° *Vx.* V. **Jumeau.** *Des filles gémelles.* Substantivt. *Des gémeaux.*

« Je suis son frère, Monsieur : nous sommes gémeaux ; et, comme nous nous ressemblons fort, on nous prend quelquefois l'un pour l'autre. »
MOL., Méd. vol., 11.

|| 2° *Les Gémeaux* (Castor et Pollux). Constellation* zodiacale, troisième signe* du Zodiaque* correspondant à la période du 22 mai au 22 juin.

DER. et COMP. — **Gémellaire.** *adj.* (1877). Qui se rapporte aux jumeaux. *Grossesse, portée gémellaire.* — **Gémellé, ée.** *adj.* V. **Jumelé.** *Colonnes gémellées.* — **Gémeller.** *v. tr.* (1556). Mettre au monde des jumeaux. *Fig.* V. **Jumeler** (Cf. *infra,* cit. GIDE). — **Gémelliflore.** *adj.* (XIXe s. ; Cf. -Flore). *Bot.* Dont les fleurs sont disposées deux à deux. (On dit aussi *Géminiflore*). — **Gémellipare.** *adj.* (XIXe s. ; Cf. -Pare). Qui accouche de jumeaux. *Femelle gémellipare* (**DER. Gémelliparité.** *n. f.* (XIXe s.). État d'une femelle qui porte des jumeaux). — **Gémellité.** *n. f.* (1866). Cas où se présentent des jumeaux.

1 « ... j'appelais ce camarade dont l'exaltation fraternelle eût gémellé la mienne, et je me racontais à lui, et lui parlais à haute voix, et sanglotais de ne le point sentir à mon côté. »
GIDE, Si le grain ne meurt, I, IX.

2 « Les naissances doubles (jumeaux) sont même relativement fréquentes, puisqu'elles figurent à peu près pour 1/90e dans le total des naissances. Le taux de la gémellité, d'ailleurs, varie suivant les pays... »
J. ROSTAND, L'homme, II, p. 39.

GÉMINATION. *n. f.* (XVIe s. HUGUET ; empr. au lat. *geminatio*). État de ce qui est disposé par paire. Bot. *La gémination des folioles, des pistils.* — *Rhétor.* Figure de rhétorique consistant dans la répétition d'un mot : *Liberté, Liberté que de crimes on commet en ton nom.* — *Linguist.* Redoublement expressif d'un phonème ou d'une syllabe dans les radicaux onomatopéiques ou les formations populaires : *la fifille à sa mémère.*

GÉMINER. *v. tr.* (1561 ; empr. au lat. *geminare*). *Vx.* Diviser* en deux. — SE GÉMINER. *v. réfl.* Se dédoubler.

|| GÉMINÉ, ÉE. *adj.* (1529). Doublé, répété. *Commandements, actes, arrêts géminés.* V. **Réitéré.** Archit. *Colonnes, fenêtres, arcades géminées :* groupées deux par deux sans être en contact direct. V. **Double, gémellé, jumelé.** — Épigr. *Lettres géminées,* doublées à la fin des mots pour indiquer la duplication, le pluriel (IMPP. désignant deux empereurs (imperatores) ; MM. (pour Messieurs) ; — Linguist. *Consonnes géminées* (Ex. : *ll* ou *nn* dans la prononciation emphatique de illustre, innovation). — Biol. *Noyaux géminés.* Bot. *Organes géminés.* — Pédag. *Écoles, classes géminées,* où sont mêlés garçons et filles. V. **Mixte.**

1 « M. Laurens se déclare troublé dans sa conscience à l'endroit des petites fenêtres géminées, et des colonnettes énigmatiques qu'il a étudiées dans ce monument. »
SAND, Hiver à Majorque, p. 82.

2 « Les républicains et les monarchistes ensemble, premièrement font des raisonnements géminés, deuxièmement font des raisonnements conjugués, appariés, couplés, géminés. »
PÉGUY, La République..., p. 229.

GÉMIR. *v. intr.* (vers 1150 ; du lat. *gemere.* V. **Geindre**).

|| 1° Exprimer sa souffrance d'une voix plaintive et inarticulée. V. **Crier, geindre, lamenter** (se), **plaindre** (se). *Blessés gémissant sur un champ de bataille, sur des lits d'hôpitaux* (Cf. Concerté, cit. 2). *Gémir comme un agonisant* (Cf. Ensevelir, cit. 21). *Mère qui gémit devant le cadavre de son enfant. Voix qui gémit et pleure** (Cf. Courlis, cit. 1). *Gémir plaintivement, lamentablement. Gémir faiblement, doucement. Gémir de douleur*.*

1 « Le mulet se sent défendant,
Se sent percer de coups : il gémit, il soupire, »
LA FONT., Fab., I, 4.

2 « À chaque pas, elle s'arrêtait, gémissant, geignant. »
JOUHANDEAU, Chaminadour, VII, La grande Sophie, I.

3 « Dans sa chambre, la Slaoui se roulait sur son lit et se mordait les poings. Tantôt, elle gémissait et se lamentait à la mode arabe, tantôt elle se frappait la poitrine et lacérait ses vêtements. »
MAC ORLAN, La Bandera, XVIII.

4 « (Le malade) dont les exclamations n'avaient pas cessé, à l'autre bout de la pièce, précipita le rythme de sa plainte jusqu'à en faire, lui aussi, un vrai cri, pendant que les autres gémissaient de plus en plus fort. »
CAMUS, La peste, p. 236.

— *Par ext.* Manifester sa douleur, son infortune par des plaintes. V. **Plaindre** (se), **pleurer.** *Il est tout le temps en train de gémir. Gémir pour attirer la pitié. Gémir sur un cercueil* (Par métaph. Cf. Élégie, cit. 1).

5 « Gémir, pleurer, prier est également lâche... »
VIGNY (Cf. Énergiquement, cit.).

6 « M. Lheureux revint à la charge, et, tour à tour menaçant et gémissant, manœuvrant de telle façon que Bovary finit par souscrire un billet à six mois d'échéance. »
FLAUB., Mme Bovary, II, XIV.

7 « Les femmes gémissaient, dit-il, mais sous prétexte de gémir sur Patrocle, c'était sur son propre malheur que chacune pleurait. »
DUHAM., Refuges de la lecture, I, p. 29.

|| 2° *Par anal.* Faire entendre un cri, un chant plaintif, en parlant de certains oiseaux. *La colombe* (cit. 3), *le ramier, la tourterelle gémissent.*

|| 3° *En parlant des choses.* Émettre un son, une sorte de murmure prolongé et plaintif. *Le vent gémit dans les arbres*

(Cf. Briser, cit. 26 ; bise 1, cit. 4). *Le vent fait gémir les agrès* (cit.), *les troncs d'arbres* (Cf. Fier, cit. 6), *les toitures* (Cf. Bouleverser, cit. 20). *Coques de navire qui se heurtent et gémissent* (Cf. Amarrer, cit. 3). *Porte qui gémit, grince quand on l'ouvre.*

8 « Que le vent qui gémit, le roseau qui soupire,
Que les parfums légers de ton air embaumé, »
LAMART., **Prem. médit.**, Le lac (Cf. Embaumer, cit. 4).

9 « Laissons le vent gémir et le flot murmurer. »
ID., **Harmon.**, Le premier regret.

10 « Une grande tempête faisait trembler les mansardes et gémir les clochers ; »
BAUDEL., **La Fanfarlo**, p. 390.

11 « L'orchestre, en sourdine, grince, gémit, tremblote... »
LOTI, **Mᵐᵉ Chrysanth.**, XXXIV.

12 « ...de vieilles guimbardes de wagons qui s'arrêtent toutes les dix minutes, avec une secousse dont gémissent les freins, et les reins... »
COLETTE, **Belles saisons**, p. 163.

13 « La porte de fer gémissait... »
COCTEAU, **Difficulté d'être**, p. 18.

— *Gémir en s'affaissant sous le poids de quelque chose. Ressorts, coussins qui s'affaissent en gémissant.*

14 « Et son corps, ramassé dans sa courte grosseur,
Fait gémir les coussins sous sa molle épaisseur » BOIL., **Lutrin**, I.

— Loc. *Faire gémir la presse* : faire beaucoup imprimer* (Cf. Application, cit. 4 BALZAC).

— REM. *Gémir* s'est employé, dans la langue classique, pour Gronder, résonner. « *Les coups des terribles marteaux... faisaient gémir les profondes cavernes...* » (FÉN., Cf. Enclume, cit. 2).

15 « La terre au loin gémit, le jour fuit, le ciel gronde. »
VOLT., **Henr.**, VIII.

|| **4°** *Fig.* Éprouver des tourments ; être accablé, opprimé. V. **Souffrir** (Cf. Enchaîner, cit. 5 ; fléau, cit. 3). *Gémir de son sort. Gémir sous l'oppression, la tyrannie* (Cf. Courber, cit. 15). *Gémir sous le faix des ans* (Cf. Courber, cit. 25). *Vieux cheval gémissant au timon d'un fiacre.* V. **Peiner** (Cf. Étalon, cit. 1 BUFF.). « *Ceux qui cherchent* (cit. 9) *en gémissant* » (PASC.).

16 « Tous les grands peuples, écrasés par leurs propres masses, gémissent, ou comme vous dans l'anarchie, ou sous les oppresseurs subalternes... »
ROUSS., **Considér. s. le gouvern. de Pologne**, V.

17 « Je gémis, opprimée, et ton fils est esclave ! »
LECONTE de LISLE, **Poèm. trag.**, Les Érinnyes, II, II.

18 « Là, Balzac traverse sa crise, qui donne un accent dramatique à cette partie des *Lettres à l'Étrangère*, où on le voit, gémissant, harassé d'écrire, épuisé, s'avouant vaincu et près de déserter sa tâche héroïque »
HENRIOT, **Portr. de fem.**, p. 348.

|| **5°** Transit. *Peu usit.* Faire entendre en gémissant. *Gémir une plainte.*

19 « L'oreille n'entend rien qu'une vague plaintive
...
Où la voix des zéphirs,
Ou les sons cadencés que gémit Philomèle (*le rossignol*) »
LAMART., **Nouv. médit.**, Chant d'amour.

DER. — **Gémissement.** — **Gémisseur.** *adj.* et *n.* (1464). Qui gémit pour un rien. V. **Geignard.** — **Gémissant, ante.** *adj.* (XVᵉ s.). Qui gémit*. *Parler d'une voix gémissante.* V. **Plaintif.** *Les cris gémissants des pleureuses corses. Voix gémissante de la tourterelle.* — Fig. *L'élégie* (cit. 2) *à la voix gémissante.* — Par ext. « *Les grands chars* (cit. 5) *gémissants...* » (HUGO). *Essieu gémissant.* — Qui souffre. *Esprit gémissant* (Cf. Bas, cit. 6).

1 « Leur gémissante voix longtemps se plaignit seule. »
HUGO, **Odes et ballades**, Ball. III.

2 « Les grues émigrantes passent dans des régions où, en plein jour, l'œil les distingue à peine. La nuit, on les entend seulement ; et ces voix rauques et gémissantes, perdues dans les nuages, semblent l'appel et l'adieu d'âmes tourmentées qui s'efforcent de trouver le chemin du ciel... »
SAND, **Mare au diable**, Append., I.

GÉMISSEMENT. *n. m.* (XIIᵉ s. ; de *gémir*).

|| **1°** Expression vocale, inarticulée et plaintive, de la douleur, de la souffrance. V. **Lamentation, plainte, pleur, sanglot, soupir.** *Gémissements des blessés, des mourants. Sourds gémissements de douleur* (Cf. Épouvante, cit. 4). *Cela lui arracha* (cit. 24) *un gémissement. Pousser, faire entendre des gémissements* (Cf. Affliction, cit. 1 ; bois, cit. 3). *Gémissements outrés, constants.* V. **Jérémiade.** *Les gémissements plaintifs d'une bête, d'un chien* (Cf. Cesser, cit. 10).

1 « ...quels seront nos gémissements à la vue de ce tombeau... ? »
BOSS., **Or. fun. Mar.-Thér.**

2 « ...un panier oblong recouvert d'une étoffe, d'où sortaient de petits gémissements plaintifs et flûtés, ressemblant assez à ceux d'un enfant en bas âge. »
GAUTIER, **Voyage en Espagne**, p. 44.

— *Par anal.* Cri* de certains oiseaux. *Le gémissement de la tourterelle, du ramier.*

3 « J'ai ouï parler de la douceur et du gémissement de la colombe... »
GUEZ de BALZ., **Lett.**, 11, VI.

|| **2°** *Par ext.* Son* plaintif. *Gémissements du violoncelle, de l'orgue, de la guitare hawaïenne, de la scie musicale. Le gémissement du vent dans les ramures* (V. **Bruit.** cit. 5 LAMART.). *Le gémissement alternatif de la mer* (V. **Bruit.** cit. 5 LAMART.). *Le gémissement des sirènes**

« Et l'orgue même en pousse un long gémissement » 4
BOIL., **Lutrin**, III.

« ...dans mon demi-sommeil, je continuai d'entendre dans la trémie 5
les gémissements du vent dont les rafales soulevaient sur mes bottes les cendres du foyer. »
FRANCE, **Livre de mon ami**, Pierre, II, XII.

« Enfin la charrette s'ébranle, et le grincement des roues, le gémis- 6
sement des ressorts... s'évanouissent progressivement dans la nuit. »
MART. du G., **Thib.**, t. VIII, p. 142.

|| **3°** V. **Douleur, souffrance ; plainte.** *Le gémissement d'une âme malheureuse, d'un esprit angoissé, d'un peuple opprimé.*

« Quand mon cœur déchiré laisse échapper des gémissements, j'ai l'air 7
d'un homme qui se plaint sans sujet... »
ROUSS., **Conf.**, XII.

« ...sa pensée poétique (*de Byron*) n'est qu'un gémissement, une 8
plainte, une imprécation ; en cette qualité, elle est admirable : il ne faut pas demander à la lyre ce qu'elle pense, mais ce qu'elle chante. »
CHATEAUB., **M. O.-T.**, t. II, p. 151.

« ...c'est un cri d'ensemble poussé par des milliers d'hommes, et 9
on dirait le gémissement de l'humanité même, de l'humanité retrouvant au réveil ses peines, avec l'écrasante idée de la mort. »
LOTI, **L'Inde (sans les Anglais)**, p. 61.

GEMME. *n. f.* (XIᵉ s. ; du lat. *gemma*, « pierre précieuse », et « bourgeon »).

I. || **1°** *Minér.* Nom générique des minéraux considérés comme *pierres* précieuses. — *Les gemmes possèdent généralement l'éclat adamantin, une grande réfringence et une grande dureté* (POIRÉ). *Gemme orientale.* V. **Corindon.** *Brillant comme une gemme* (Cf. Champignon, cit. 1). *Signification symbolique des gemmes, dans la liturgie, l'occultisme.*

« Dans nombre de tableaux de Primitifs, les pierres précieuses abon- 1
dent... Nous devons logiquement, je crois, ainsi que pour la teinte des vêtures, chercher dans chacune de ces gemmes un dessein... si nous empruntons au pape Innocent III ses idées sur la mystagogie des gemmes, nous découvrons que la chalcédoine, qui pâlit à la lumière et brasille dans la nuit, est le symbole de l'humilité ; que la topaze coïncide avec la chasteté et le mérite des bonnes œuvres ; que la chrysoprase, cette reine des minéraux, implique la sagesse et la vigilance. »
HUYSMANS, **La cathédrale**, pp. 144-149.

— *Adjectivt. Pierre gemme. Sel gemme*, chlorure de sodium qui se tire des mines et ressemble à des gemmes.

« ...on a donné le nom de *sel gemme* à ce sel fossile : il est abso- 2
lument de la même nature que celui qui se tire de l'eau de la mer par l'évaporation ; il se trouve sous une forme solide, concrète et cristallisée en amas immenses, dans plusieurs régions du globe... »
BUFF., **Hist. nat. minér.**, Sel marin et sel gemme.

|| **2°** *Par anal.* (1391). Suc résineux qui coule des pins par les entailles de leur tige. V. **Résine.**

« Dans la propriété de Balisac, les résiniers ne sont pas vaillants 3
comme ici : quatre amasses de gemme, lorsque les paysans d'Argelouse en font sept ou huit. »
MAURIAC, **Thérèse Desqueyroux**, XII.

II. *Bot.* (lat. *gemma*). V. **Bourgeon.**

DER. et COMP. — (lat. *gemma*). **Gemmation.** *n. f.* (1798). *Bot.* Développement des bourgeons. Moment où se produit ce développement. *Zool.* Reproduction par gemmation ou gemmiparité. V. **Bourgeonnement.** — **Gemmé, ée.** *adj.* (XVIᵉ RONS. ; *gemé* vers 1100). Orné de pierres précieuses. — **Gemmer.** *v. intr.* (1845). Pousser des bourgeons. — *V. tr.* (1820). *Sylv.* Inciser (l'écorce des pins) pour recueillir la gemme ou résine. — **Gemmage.** *n. m.* (1864 in WARTBURG). Action de gemmer (les pins). Cf. *infra*, cit. — **Gemmeur.** *n. et adj.* (1877 LITTRÉ). Qui gemme les pins. *Ouvrier gemmeur.* — **Gemmifère.** *adj.* (1596). *Minér.* Qui contient des pierres gemmes. *Bot.* Qui porte des bourgeons. *Sylv.* Qui produit de la gemme. *Le pin maritime est gemmifère.* — **Gemmiflore.** *adj.* (fin XIXᵉ s.). *Bot.* Dont les fleurs semblent renfermées dans des bourgeons. — **Gemmule.** *n. f.* (1808). *Bot.* Bourgeon de l'embryon, rudiment de tige.

« ...le gemmage les torture vivants (*ces arbres*), les balafre, par la pinède entière, de longues plaies d'où bave dans le suif rosâtre des résines. »
GENEVOIX, **Forêt voisine**, Pins.

GÉMONIES. *n. f. pl.* (1548 in HUGUET ; empr. au lat. *gemoniæ (scalæ)*, « escalier des gémissements », à Rome où on exposait les cadavres* des condamnés après leur strangulation, avant de les jeter dans le Tibre). — *Fig.* (1820 LAMART.). *Traîner, vouer quelqu'un aux gémonies :* l'accabler publiquement de mépris, d'opprobre*.

« Le vois-tu (*le vulgaire*) donnant à ses vices
Les noms de toutes les vertus,
Traîner Socrate aux gémonies...? »
LAMART., **Prem. médit.**, Le génie.

GÉNAL, LE, AUX. *adj.* (1757 ENCYCL. ; du lat. *gena*, joue). *Anat.* Relatif aux joues*. *Muscles génaux. Glande génale.*

GÊNANT, ANTE. *adj.* (XVIᵉ s. *gehinnant* ; XVIIᵉ s. *gesnant*, FURET. ; de *gêner*). Qui gêne*, incommode, importune. V. **Déplaisant, désagréable, emmerdant** (*pop.*), **ennuyeux, fâcheux, incommodant** (Cf. Crédit, cit. 17 ; être, cit. 5 ; figure, cit. 19). *Position gênante. C'est très gênant, assez gênant, un peu gênant pour lui.* V. **Assujettissant** (cit. 2), **embarrassant.** *Il est gênant de passer pour ce qu'on n'est pas* (Cf. Figure, cit. 19). *Le plus gênant, c'est de...* (Cf. État, cit. 25). *Ce n'est pas bien gênant. Un objet, un meuble gênant.* V. **Encombrant.** *Une présence gênante, importune. À force d'empressement, il devient gênant.* V. **Envahissant, fâcheux, gêneur** (Cf. Empressé, cit. 6). *Effusions* (cit. 10) *gênantes Équivoque* (cit. 28) *gênante. Scrupules gênants*

(Cf. Besoin, cit. 8). *Gênante pudeur* (Cf. Écarter, cit. 13). *Attitude gênante, regard gênant, qui met mal à l'aise*. Un cérémonial gênant.*

1 « Il n'est pas gênant et vous laisse une entière liberté. »
Mme de GENLIS, **La bonne mère,** II, 3.

2 « ... des yeux durs, d'une fixité gênante. »
LEMAÎTRE, **Les rois,** p. 23.

3 « ... l'amitié que Vigny avait vouée à ces deux-là (*V.* Hugo et Sainte-Beuve) était certainement sincère, et elle s'étale dans ces lettres avec quelque chose même d'un peu gênant, par l'excès des protestations et l'abus des coups d'encensoir, d'ailleurs réciproques. »
HENRIOT, **Les romantiques,** p. 154.

ANT. — **Agréable, commode.**

GENCIVE. *n. f.* (XIIe S. WARTB. ; adapt. du lat. *gingiva*). *Anat.* Portion de la muqueuse buccale qui recouvre le bord alvéolaire (V. **Alvéole,** 2°) des deux maxillaires. *Les gencives fixent les dents* en enserrant leur collet. Avoir les gencives saines, malades, décolorées* (Cf. Croc, cit. 2). *Inflammation, tumeur des gencives.* V. **Épulide, gingivite, parulie.** *Se badigeonner les gencives avec un collutoire.*

1 « Noir et si vieil qu'il n'ait dent en gencive, »
VILLON, **Testament,** Ballade.

2 « ... ses lèvres rentraient sous ses gencives... »
HUGO, **N.-D. de Paris,** VII, VII.

3 « Malgré ses soixante-dix ans, le berger besognait de ses gencives aussi vite que le petit avec ses dents. »
ZOLA, **La terre,** IV, I.

4 « On eût vendu son âme pour embrasser ces perles blanches, et la contraction de cette lèvre rouge, et ces gencives qui semblaient faites de la pulpe d'une cerise mûre. »
LOTI, **Aziyadé,** IV, VIII.

→ *Par ext. et pop.* La mâchoire, les dents. *Un grand coup dans les gencives. Il en a pris dans les gencives.*

DER. — (du lat. *gingiva*). V. **Gingival, gingivite.**

GENDARME. *n. m.* (1549 ; *gensdarmes* au XIVe s. ; de *gens* (Cf. Gent), et « *arme* »).

I. *Ancienn.* Homme de guerre à cheval, armé de toutes pièces et ayant sous ses ordres un certain nombre d'autres cavaliers. V. **Argoulet** (cit.).

1 « On ne connut plus que les gendarmes ; les gens de pied n'avaient pas ce nom, parce que, en comparaison des hommes de cheval, ils n'étaient point armés. »
VOLT., **Mœurs,** XXXVIII.

2 « Il (*Charles VII*) conserva des compagnies réglées de quinze cents gendarmes. Chacun de ces gendarmes devait servir avec six chevaux ; »
ID., **Ibid.,** LXXX.

— *Spécialt.* A désigné certains gentilshommes cavaliers de compagnies d'ordonnance attachés à la Maison du Roi, de la Reine... *Gendarmes du roi* (Henri IV). *Compagnie des gendarmes de la Garde. À dix-sept ans, Vigny fut nommé sous-lieutenant dans les gendarmes rouges du roi.*

— *Par ext.* Soldat* en général.

II. (1790). *De nos jours.* Militaire appartenant à un corps spécialement chargé de veiller au maintien de l'ordre et de la sûreté publique, à la recherche et à la constatation de certaines infractions et à l'exécution des arrêts judiciaires. V. **Gendarmerie, maréchaussée.** *Caserne de gendarmes* (Cf. Gendarmerie). *Brigade de gendarmes* (V. **Brigadier**). *Gendarmes italiens.* V. **Carabinier.** *Noms populaires donnés aux gendarmes.* V. **Bleu** (cit. 14), **cogne, grippe-coquin** (*vx.*), **guignol.** *Gendarme d'opérette.* V. **Pandore.** *Gendarme dressant le procès-verbal d'une contravention* (Cf. Flagrant, cit. 2), *surveillant un prisonnier* (Cf. Encadrer, cit. 4), *protégeant un blessé* (Cf. Battre, cit. 41). *Perquisition, enquête opérées par des gendarmes. Gendarme à pied, à cheval, à bicyclette. Aller chercher, attendre les gendarmes* (Cf. Ballot, cit. 4). *Être arrêté par les gendarmes, ramené entre deux gendarmes. Les gendarmes lui passèrent les menottes.* « Le gendarme est sans pitié », pièce de Courteline.

3 « ... il y avait trois gendarmes, leurs dolmans bleus, leurs képis à visière brillante ; un cliquetis sautillait avec eux, de gourmettes ou d'armes, ou de menottes. »
GENEVOIX, **Raboliot,** I, III.

4 « Je suis gendarme, tu entends ! J'ai les tribunaux derrière moi, peut-être : avec la prison à la clef... la prison, tu entends, crapule ! »
ID., **Ibid.,** III, III.

5 « Si les gendarmes ainsi m'avaient pincé en vadrouille, je crois bien que mon compte eût été bon. »
CÉLINE, **Voyage au bout de la nuit,** p. 24.

→ *Par ext.* Le gendarme, symbole de la force publique, de l'ordre... *La peur du gendarme.*

6 « Il voyait rouge, cherchait des moyens, rêvait confusément de violences, des assassinats, que la terreur des gendarmes l'empêchait seule de commettre. »
ZOLA, **La terre,** IV, VI.

7 « Pour l'instant, mes croyances religieuses et philosophiques, mes principes de morale, mes théories sociales, etc., sont représentés par cette grande personnalité, le gendarme. »
LOTI, **Aziyadé,** I, X.

— *Loc. fam. Dormir en gendarme :* ne dormir que d'un œil. *Faire le gendarme :* veiller, au moyen de contrôles incessants, de sanctions, à faire régner l'ordre, la discipline. *C'est un gendarme* se dit d'une personne, et *spécialt.* d'une grande femme, à l'air autoritaire et revêche (V. **Virago**). *Un grand gendarme de femme* (cit. 96).

8 « Mais la forte Mme Loiseau, qui avait une âme de gendarme, resta revêche, parlant peu et mangeant beaucoup. »
MAUPASS., **Boule de suif,** p. 27.

— *Loc. Chapeau de gendarme :* bicorne que portaient les gendarmes au XIXe s., et *par anal.* Chapeau de papier. *Enfant coiffé d'un chapeau de gendarme fait d'un journal plié.*

III. *Fig.* — *Pop.* (1477 en patois auvergnat ; ainsi nommé d'après sa raideur, selon DAUZAT). Hareng-saur*.

— (1599). Paillette, défaut dans une pierre précieuse, un diamant.

— Nom donné, dans certaines régions, à des poissons (Vairon, en Lorraine), des oiseaux, des insectes, des plantes... (Cf. WARTBURG, fasc. 39, pp. 107-108).

9 « Dans les arbres (fromagers) les « gendarmes » suspendent leur nid aux branches... »
GIDE **Journ.,** 3 avril 1944.

DER. — **Gendarmer** (se), **gendarmerie.**

GENDARMER (SE). *v. pron.* (1547 DU FAIL, « gouverner despotiquement »). S'irriter, s'emporter pour une cause légère. *Se gendarmer contre quelqu'un, quelque chose.* V. **Emporter** (s'). Cf. Monter sur ses grands chevaux. *Il n'y a pas de quoi se gendarmer.* — Protester, réagir vivement (contre quelque chose). *Il a dû se gendarmer pour le faire tenir tranquille.* V. **Fâcher.**

1 « Est-ce qu'au simple aveu d'un amoureux transport,
Il faut que notre honneur se gendarme si fort ? »
MOL., **Tart.,** IV, 3.

2 « Assez causé, ajouta-t-il en voyant Eugène près de se gendarmer. Nous aurons ensemble un petit bout de conversation quand vous le voudrez. »
BALZ., **Père Goriot,** Œuv., t. II, p. 916.

3 « Mon goût correct s'est gendarmé
Contre ces vers de Mallarmé. »
MALLARMÉ, **Vers de circonst.,** Autour d'un mirliton.

4 « ... on était persuadé que l'opinion française, favorable à la paix, se gendarmerait devant la guerre ; »
MADELIN, **Hist. Cons. et Emp.,** Le Consulat, XIX.

GENDARMERIE. *n. f.* (1473 ; de *gendarme*).

I. *Ancienn.* Corps de gendarmes (hommes d'armes) formant une cavalerie* lourde (Cf. Estradiot, cit.). — Corps de troupes de police qui, par l'intermédiaire des prévôts de province, relevaient des maréchaux de France. *Gendarmerie des maréchaux, gendarmerie de la maréchaussée.* V. **Maréchaussée.**

1 « Sous François 1er et sous Henri II, les forces des armées consistaient en une gendarmerie nationale et en fantassins légers. »
VOLT., **Polit. et législ.,** Observ. s. J. Lass, Melon et Dutot.

2 « Sa force (*de Louis XI*) était en cavalerie ; il n'avait que 14.000 piétons, mais 1800 gens d'armes... D'une telle masse de gendarmerie... il ne tenait qu'à lui d'écraser cette noblesse (*les chevaliers de Maximilien*) ; »
MICHELET, **Hist. de France,** XVII, IV.

— Corps d'élite, attaché à la Maison du roi, de la reine, ou des princes. *Gendarmerie du Roi* (Cf. Carton, cit. 1). *Gendarmerie de la Garde, gendarmerie des chasses.*

II. *De nos jours.* Corps militaire, formant une partie de l'armée (Cf. Armée, cit. 14), chargé d'assumer la police administrative du territoire, la surveillance des armées de terre et de mer (V. **Prévôté**) et de collaborer à la police judiciaire (CAPITANT). *La gendarmerie fut créée par l'Assemblée nationale en 1790 pour remplacer l'ancienne maréchaussée. La gendarmerie, élément de la force* publique, comprend la gendarmerie départementale, la garde* républicaine et la garde mobile. Compagnies, légions, pelotons, sections, brigades de gendarmerie. Brigadier, officier, commandant de gendarmerie. École d'application de gendarmerie. Gendarmerie maritime, spécialement chargée de la surveillance des arsenaux et des établissements de la Marine. Gendarmerie de l'air.*

3 « La police judiciaire sera exercée... par : ... 4° « Les officiers et gradés de gendarmerie, ainsi que les gendarmes comptant au moins trois ans de service dans la gendarmerie et nominalement désignés par arrêté du ministre de la Défense nationale et du garde des sceaux... »
CODE INSTR. CRIM., Art. 9.

— *Par ext.* Caserne où les gendarmes sont logés ; bureaux où ils remplissent leurs fonctions administratives. *Faire viser son livret militaire à la gendarmerie.*

GENDELETTRE. *n. m.* (1843 BALZ. ; formé par agglutination de *gens de lettres.* V. **Gens**). *Fam.* et *iron.* Homme de lettres. *Les cafés où palabrent les gendelettres.*

« Ces de La Trémouaille... descendent-ils de ceux que cette bonne snob de Mme de Sévigné avouait être heureuse de connaître parce que cela faisait bien pour ses paysans ? Il est vrai que la marquise avait une autre raison... car, gendelettre dans l'âme, elle faisait passer la copie avant tout. »
PROUST, **Rech. t. p.,** t. II, p. 63.

GENDRE (*jandr'*). *n. m.* (XIe s., WARTB. ; du lat. *gener*) Par rapport au père et à la mère d'une femme, le mari de celle-ci. V. **Beau-fils.** *Faire de quelqu'un son gendre* (Cf. Assez, cit. 44). *Gendre et beau-père* (cit. 1). *Il en veut à ses gendres de l'avoir privé de ses filles** (cit. 7). — *Belle-mère* (cit. 1) *qui aime son gendre et déteste sa bru.* — Cf. *aussi* Affaire, cit. 49 ; bienséance, cit. 14 ; condition, cit. 12 ; ébaubi, cit. 2. — *Le gendre de Monsieur Poirier,* comédie d'Émile Augier et de Jules Sandeau (1854).

1 « Quand la marierons-nous ? quand aurons-nous des gendres ? »
LA FONT., **Fab.,** IV, 4.

2 « ... je ne veux pas pour gendre d'homme à grandes visées. Les filles élevées dans nos familles n'ont pas besoin de prodiges, mais d'un homme qui se résigne à s'occuper de son ménage, et non des affaires du soleil et de la lune. » BALZ., **Ress. de Quinola**, I, 12.

3 « Il le trouvait bien un peu gringalet, et ce n'était pas là un gendre comme il l'eût souhaité ; mais on le disait de bonne conduite, économe, fort instruit, et sans doute qu'il ne chicanerait pas trop sur la dot. » FLAUB., **Mme Bovary**, I, III.

DER. — Engendrer 2

GÊNE. n. f. (1538 ; altér., par croisement avec *géhenne**, de l'anc. fr. *gehine*, « torture », de *gehir*, « avouer par la torture » ; Cf. anc. haut allem. *jehan*, « avouer »).

|| 1° *Vx.* V. **Question, torture** (Cf. Bourreau, cit. 1 MOL.).

1 « Préparez seulement des gênes, des bourreaux »
    Devenez inventifs en supplices nouveaux, » CORN., **Médée**, V, 5.

2 « ... on va mettre ces deux messieurs à la gêne, c'est-à-dire à la question ordinaire et extraordinaire. » VIGNY, **Cinq-Mars**, XXV.

— *Fig.* (Ce sens très fort étant encore courant au XVIIe s.). Tourment, peine extrême.

3 « Puis-je vivre et traîner cette gêne éternelle,
    Confondre l'innocente avec la criminelle,
    ...
    Vivre avec ce tourment, c'est mourir à toute heure. »
    CORN., **Rodog.**, V, 4.

4 « Sont-ils d'accord tous deux pour me mettre à la gêne ? »
    RAC., **Phèd.**, V, 4.

|| 2° Malaise ou trouble physique que l'on éprouve dans l'accomplissement de certaines fonctions ou de certains actes. *Avoir, sentir de la gêne dans la respiration*, être un peu oppressé. V. **Étouffer, suffoquer.** *Éprouver une sensation de gêne pendant la digestion.* V. **Incommodé** (être). *Éprouver une certaine gêne à avaler.* V. **Difficulté.** *Blessure, accident qui laisse, dont on garde un peu de gêne. Être à la gêne dans des souliers, un corset, des vêtements trop étroits.* V. **Gêner.** *Gêne aux entournures* (cit.).

|| 3° Situation embarrassante, imposant une contrainte ou quelque désagrément. V. **Embarras*, ennui*, incommodité, obstacle...** *Habitudes qui ne sont qu'assujettissement* (cit. 5) *et gêne continuelle.* V. **Chaîne, charge, entrave, esclavage, sujétion, tutelle...** *Gêne qui rend un travail, des relations... désagréables* (Cf. Contre-cœur, cit. 1). *C'est une gêne cruelle de ne pouvoir dire ce qu'on pense* (ACAD.). *Avant d'accepter votre invitation, je voudrais être sûr de ne vous causer aucune gêne.* V. **Dérangement.** — *Vieilli. Mettre à la gêne.* V. **Embarrasser.** — PROV. *Où il y a de la gêne, il n'y a pas de plaisir* (Cf. Famille, cit. 24).

5 « Un bienfait purement gratuit est certainement une œuvre que j'aime à faire. Mais quand celui qui l'a reçu s'en fait un titre pour en exiger la continuation sous peine de sa haine, quand il me fait une loi d'être à jamais son bienfaiteur, pour avoir d'abord pris plaisir à l'être, dès lors la gêne commence et le plaisir s'évanouit. »
    ROUSS., **Rêver.**, VIe promen.

6 « Des travaux interrompus, beaucoup de liens de tous les jours, mille gênes qui se sont succédé m'ont empêché de quitter Paris depuis plus de quatre ans : » STE-BEUVE, **Corresp.**, 445, 1er fév. 1835.

7 « Il n'y a entre nous aucune contrainte, aucune gêne, parce qu'il n'y a jamais chez Gourmont aucun sentiment de supériorité. »
    LÉAUTAUD, **Journ. littér.**, 8 avr. 1906, p. 287.

— *Spécialt.* Situation embarrassante due au manque d'argent. V. **Pauvreté*, pénurie, privation.** *Être dans la gêne.* V. **Besoin ; besogneux.** *Se trouver dans une grande gêne* (Cf. Étude, cit. 53). *Subir une gêne passagère. Rentier que la dépréciation de la monnaie a mis dans la gêne.*

8 « Il jouait ses six derniers roubles, comme on sème dans les champs d'Eldorado, pour en récolter dix mille, payer toutes ses dettes et sortir de la gêne. » SUARÈS, **Trois hommes**, Dostoïevski, V.

9 « ... la théière d'argent — le trésor héréditaire qu'aux heures de gêne on a regardé avec tant d'angoisse et qu'on a sauvé, malgré tout, par miracle — ... » DUHAM., **Salavin**, V, III.

|| 4° Impression désagréable que l'on éprouve en présence d'autrui, devant quelqu'un, quand on se sent mal à l'aise, par timidité ou pour toute autre raison. V. **Confusion, embarras** (II, 4°), **trouble.** *Cette gêne me déconcerte* (cit. 6) *me trouble. La timidité est la cause* (cit. 22) *de ma gêne. Gêne que trahissent certaines attitudes* (Cf. Étudier, cit. 15). *Éprouver de la gêne.* V. **Contenance** (perdre), **mettre** (ne pas savoir où se). *Je ne peux pas me défendre, devant lui, d'une certaine gêne. Il y eut un moment de gêne, de silence...* V. **Froid** (jeter un). *Il m'accueillit sans aucune gêne. Parler sans gêne* (Cf. Converser, cit. 2). V. **Carrément, franchement*...**

10 « Comment n'eus-je pas un moment d'embarras, de timidité, de gêne ? Naturellement honteux, décontenancé, n'ayant jamais vu le monde, comment pris-je avec elle, du premier jour, du premier instant, les manières faciles, le langage tendre, le ton familier que j'avais dix ans après, lorsque la plus grande intimité l'eût rendu naturel ? »
    ROUSS., **Conf.**, II.

11 « (*Elle*) s'appuyait sur Vitalis avec assez d'abandon pour que lui-même pût le voir, en marchant, quelque gêne, ou un peu de trouble, peut-être. » TOULET, **Jeune fille verte**, I, p. 11.

12 « Chaque samedi, Heredia recevait ; dès quatre heures son fumoir s'emplissait de monde : diplomates, journalistes, poètes ; et j'y serais mort de gêne si Pierre Louÿs n'eût été là. »
    GIDE, **Si le grain ne meurt**, I, X.

« ... on ne sait quoi de dédaigneux et de fort, ses yeux qui regardent 13
sans gêne, tout droit, avec une gravité inattendue... »
    ARAGON, **Beaux quartiers**, II, XVIII.

— *Sans gêne* (loc. adv. employée adjectiv.). Qui prend ses aises, sans s'inquiéter dans ses propos, dans sa conduite, de l'opinion ou de la commodité d'autrui. V. **Cavalier, désinvolte, effronté, impoli...** *Il est vraiment sans gêne.* V. **Procédé** (manquer de). *Je n'ai jamais vu personne d'aussi sans gêne.* Substantivt. *C'est un sans gêne* (ACAD.).

— SANS-GÊNE n. m. V. à l'ordre alphabétique.

ANT. — **Aisance, bien-être. Commodité, facilité, liberté. Abondance, fortune, richesse. Aplomb, assurance, confiance... Familiarité.** (De sans gêne) **Cérémonieux, poli...**

DER. et COMP. — **Gêner. Sans-gêne.**

HOM. — Formes de gêner. **Gène.**

GÈNE. n. m. (début XXe s., mot créé par Johannsen ; d'abord angl. *gene*, d'orig. grecque. V. **-Gène**). *Biol.* Nom donné à des unités définies localisées sur les chromosomes*, auxquelles est lié le développement des caractères héréditaires de l'individu (Cf. Génotype). *Caractère héréditaire lié à un gène, à plusieurs gènes.* V. **Hérédité.** *Gène dominant, récessif, létal. L'altération d'un gène est une des causes de mutation*.*

« ... on peut les considérer (*les gènes*) comme des unités d'ordre pure- 1
ment chimique, des combinaisons définies de molécules complexes, occupant une position étroitement déterminée dans un chromosome. »
    M. CAULLERY, **Génét. et héréd.**, p. 88 (éd. P.U.F.).

« ... la différence entre un œil *brun* et un œil *bleu* — différence qui 2
tient à une distribution différente du pigment dans l'iris — est en rapport avec un certain gène, présent dans l'une des paires chromosomiques, et qui, selon sa constitution, fait l'œil brun ou bleu. »
    J. ROSTAND, **Héréd. hum.**, p. 26 (éd. P.U.F.).

DER. — **Génique.** adj. (XXe s.). Des gènes ; relatif aux gènes. *Carte génique des chromosomes.*

-GÈNE. Suffixe du rad. grec. *gen-*, commun aux mots évoquant l'idée d'engendrer, qui entre dans la composition de nombreux noms et adjectifs savants tels que : *Aborigène, agglutinogène, allogène, amphigène, aquigène, autogène, chromogène, coralligène, cyanogène, électrogène, endogène, formogène, fumigène, galactogène, gazogène, glycogène, halogène, hétérogène, histogène, homogène, hydrogène, lacrymogène, nitrogène, oxygène, parthogène, pélogène, phellogène, phosgène, photogène, phytogène, pyogène, saccharigène, séricigène, thermogène, typhogène, vaccinogène, zymogène...* (REM. C'est de cette forme qu'est issu le suffixe *-ÈNE** employé en chimie). V. *aussi* suff.**-Génèse, -Génie.**

GÉNÉALOGIE. n. f. (XIIe s. ; bas lat. *genealogia*, empr. au grec).

|| 1° Suite d'ancêtres qui établit une filiation (V. **Ascendance, descendance, extraction, famille, filiation, lignée, origine, race, souche...**). *Faire, dresser la généalogie d'un individu, d'une famille. Généalogie obscure, mal établie, truquée... Généalogie d'Abraham, de David, du Christ... Généalogie des dieux antiques.* V. **Théogonie.** *Généalogie des Bourbons. Nobles qui connaissent leur généalogie* (Cf. Envier, cit. 3). V. **Quartier.**

« Roquebrune lui voulut confier sa généalogie en parchemin, pour 1
faire valoir à l'Espagnole la splendeur de sa race. »
    SCARR., **Roman comique**, I, XIX.

« La généalogie de Jésus-Christ dans l'Ancien Testament est mêlée 2
parmi tant d'autres inutiles, qu'elle ne peut être discernée. »
    PASC., **Pens.**, VIII, 578.

« Louis XIV l'accusait (*Saint-Simon*) de ne songer qu'à démolir les 3
rangs, qu'à se constituer le grand-maître des généalogies. »
    CHATEAUB., **Vie de Rancé**, III.

— *Par anal. Généalogie d'un pur sang, d'animaux de race.* V. **Pedigree.** *Généalogie des espèces vivantes en biologie.* V. **Phylogénèse.**

— *Fig.* V. **Origine.**

« ... le moindre morceau de bois vermoulu qu'il achetait rue de Lappe 4
avait toujours une provenance illustre, et il faisait des généalogies circonstanciées à ses moindres bibelots. »
    GAUTIER, **Portr. contempor.**, Balz., VI.

|| 2° Science qui a pour objet la recherche des filiations. *Duchesne, d'Hozier, fondateurs de la généalogie scientifique.*

DER. — **Généalogique.** — **Généalogiste.** n. m. (1654 CYR. DE BERG. ; Cf. *infra* cit.). Celui qui dresse les généalogies, qui s'occupe de généalogie. *Les d'Hozier furent de célèbres généalogistes. Généalogiste du Roi*, dignitaire de l'ordre du Saint-Esprit qui était chargé de rechercher les titres de noblesse des chevaliers.

« ... depuis qu'un fameux généalogiste m'a fait voir aussi clair que 1
le jour que tous vos titres de noblesse furent perdus dans le Déluge... »
    C. de BERGERAC, **Lett. satir.**, Contre un faux brave.

« ... je possédais le *mémorial* des titres envoyés à Malte en 1789 2
pour mon agrégation à l'ordre ; mais je n'avais pas le travail des Chérin sur ces titres... Les deux Chérin, Bernard et son fils... étaient morts. On connaît la sévérité du père et du fils : le pere se plaignait des *généalogistes chambrelants* (ouvriers qui travaillent en chambre), *gens sans études*, qui, pour de l'argent, bercent les particuliers d'idées chimériques de noblesse et de grandeurs. »
    CHATEAUB., **M. O.-T.**, Suppl., Généalogie de ma famille.

3 « Un homme, pour suivre le roi à la chasse, une femme pour être présentée à la reine, doit établir au préalable, et devant le généalogiste et par pièces authentiques, que sa noblesse remonte à l'an 1400. »
TAINE, **Orig. France contemp.**, I, t. I, p. 157.

GÉNÉALOGIQUE. *adj.* (1480 ; de *généalogie*). Relatif à la généalogie. *Degrés généalogiques. Carte, table généalogique. Histoire, recherches généalogiques. Érudit* (cit. 7) *en matière généalogique. Pièce, document généalogique.* V. **Nobiliaire.** — *Livres généalogiques,* établissant la généalogie des animaux de race pure. V. **Herd-book, stud-book...**

1 « On peut s'enquérir de ma famille... dans le dictionnaire de Moréri, dans les diverses histoires de Bretagne de d'Argentré, de dom Lobineau, de dom Maurice, dans l'*Histoire généalogique de plusieurs maisons illustres de Bretagne* du P. Du Paz... »
CHATEAUB., **M. O.-T.,** t. I, p. 16.

— *Arbre* généalogique* (1671). V. **Branche, rameau, tige, tronc...** (Cf. Enter, cit 2). Fig. *Arbre généalogique des sciences humaines,* classification des sciences dans le système de Bacon. *Arbre généalogique des espèces animales.*

2 « Si nous considérons l'arbre généalogique du règne animal tel que l'a établi Lucien Cuénot... nous apercevons, tout à la base du tronc, les êtres microscopiques formés d'une seule cellule ; un peu plus haut s'insèrent le phylum, ou *clade,* des Spongiaires, et celui des Cœlentérés ; puis, le tronc se bifurque en deux puissantes branches, l'une portant tous les animaux dont le système nerveux se trouve situé en majeure partie au-dessus du tube digestif, l'autre portant tous ceux dont le système nerveux se trouve au-dessous. C'est la première de ces deux branches qui est la nôtre... »
J. ROSTAND, **L'homme,** VIII.

DER. — *Généalogiquement. adv.* (XIXᵉ s.). D'une manière généalogique. *Noblesse authentique, généalogiquement établie.*

GÉNÉPI ou **GÉNIPI.** *n. m.* (1733 ; mot savoyard, d'orig. inconnue). *Bot.* Nom générique des absinthes* ou armoises* de haute montagne. Liqueur (absinthe) ou vulnéraire faite avec ces plantes.

« Le pauvre garçon s'échauffa tellement qu'il gagna une pleurésie, dont le génépi ne put le sauver, quoiqu'il y soit, dit-on, spécifique. »
ROUSS., **Conf.,** V.

GÊNER. *v. tr.* (1381, au partic. *gehiné* ; de *gêne*). Soumettre, exposer à la gêne, à une gêne.

|| 1º *Vx.* Mettre à la torture, au supplice. V. **Supplicier, torturer.**

1 « La Reine, à la gêner prenant mille délices,
Ne commettait qu'à moi l'ordre de ses supplices ; »
CORN., **Rodog.,** I, 4.

— *Fig.* Soumettre à une peine morale très vive, à un véritable tourment. V. **Tourmenter.**

2 « Et le puis-je, Madame ? Ah ! que vous me gênez ! »
RAC., **Andr.,** I, 4.

|| 2º Mettre (un être vivant) à l'étroit ou mal à l'aise, en causant une gêne d'ordre physique. *Ces souliers me gênent.* V. **Serrer.** *Enfant gêné et comprimé* (cit. 8) *dans ses langes. Gêné dans des vêtements trop raides.* V. **Empêtrer, engoncer.** *Cette veste me gêne aux emmanchures. Ce type de gaine ne vous gênera pas. Ses cheveux* (cit. 25) *épais la gênent. Je me sens gêné pour respirer.* V. **Angoisser, oppresser.** *Ils sont tellement habitués à cette odeur que cela ne les gêne plus. J'ai changé de lunettes, mais ces nouveaux verres me gênent. Est-ce que le soleil, la fumée vous gêne ?* V. **Déranger, incommoder, indisposer.**

3 « L'empereur, quoique malade et gêné à cheval par une souffrance locale, n'avait jamais été de si bonne humeur... »
HUGO, **Misér.,** II, I, VII.

4 « Furtivement, elle tira vers le bas sa jupe dont la ceinture la gênait. »
CHARDONNE, **Dest. sentim.,** p. 438.

— En entravant, en freinant le mouvement ou le développement (Cf. Contrainte, cit. 5). *Joueur gêné dans son effort. Coureur déclassé pour avoir gêné un concurrent. Cette genouillère me gêne un peu pour marcher. Donnez-moi ce paquet qui vous gêne.* V. **Embarrasser, encombrer** (cit. 3). *Ces bâtiments en bordure de l'aérodrome peuvent gêner les aviateurs* (cit. 3). *Couper* (cit. 2) *les mauvaises herbes qui gênent les légumes. Gaine qui emmaillote* (cit. 4) *et gêne le germe.*

5 « Tout ce qui gêne et contraint la nature est de mauvais goût ; cela est vrai des parures du corps comme des ornements de l'esprit. »
ROUSS., **Émile,** V.

6 « Le roulis le remuait, le gênait dans sa besogne... »
LOTI, **Mon frère Yves,** LXXXIX.

7 « — Je donne ma valise à un porteur, dit Guy. Elle n'est pas lourde, mais elle me gênerait pour parler. »
CHARDONNE, **Dest. sentim.,** p. 279.

— *Par ext.* En parlant de la fonction ou de l'action soumise à cette gêne. *Astigmatisme* (cit.) *gênant la vision. Corset qui gêne la respiration, la circulation. Le terrain difficile gêne le mouvement des troupes.* V. **Entraver, restreindre.** *Travaux qui gênent la circulation des voitures. Estuaire* (cit 2) *où une barre gêne la navigation.* V. **Obstruer.**

8 « La mousqueterie des assiégeants, quoique gênée et de bas en haut, était meurtrière. »
HUGO. **Misér.,** V, I, XXII.

|| 3º Mettre dans une situation embarrassante, difficile, où s'exerce une espèce de contrainte*. V. **Embarrasser, empêcher.** *Il me gêne dans mes projets. Lois, règlements, usages qui peuvent gêner un être* (Cf Entre 2, cit. 11 ; femme, cit. 52). *J'ai été gêné par le manque de temps, de place. On sent que l'auteur a été gêné par sa thèse.* V. **Captif** (être), **esclave.** *C'est un poète que la rime paraît gêner. Libérez-vous de tous ces préjugés qui vous gênent.* V. **Contraindre.**

9 « Vois sous ce chêne
S'entre-baiser ces oiseaux amoureux ;
Ils n'ont rien dans leurs vœux
Qui les gêne ; »
MOL., **Bourg. gent.,** Ball. des nat., 5.

10 « Britannicus le gêne, Albine ; et chaque jour
Je sens que je deviens importune à mon tour. »
RAC., **Brit.,** I, 1.

11 « Napoléon avait été dénoncé dans l'infini, et sa chute était décidée. Il gênait Dieu. »
HUGO, **Misér.,** II, I, IX.

12 « Ce mari commençait à me gêner, plus que s'il avait été là et que s'il avait fallu prendre garde. Une lettre de lui prenait soudain l'importance d'un spectre. »
RADIGUET, **Diable au corps,** p. 86.

13 « Jean est certainement plus gêné que secouru par l'abondance de ses souvenirs. »
GIDE, **Journ.,** 23 mai 1919.

— *Gêner les penchants, l'inclination, les habitudes, les intérêts... de quelqu'un.* V. **Contrarier** (Cf. Autoritarisme, cit.). *Mon succès le gêne* (Cf. Ameuter, cit. 3). *Tout ce qui peut gêner notre action.* V. **Brider, nuire, obstacle** (faire), **paralyser.** *Gêner l'industrie, le commerce* (Cf. Entier, cit. 6 ; exclusif, cit. 1). *Cela ne gêne en rien la marche de son affaire* (Cf. Clôture, cit. 6). *Gêner et appauvrir* (cit. 2) *la langue en voulant la purifier. Prose qui ne paraît jamais gênée* (Cf. Emploi, cit. 3).

14 « ...les sottises imprimées n'ont d'importance qu'aux lieux où l'on en gêne le cours ; »
BEAUMARCH., **Mariage de Figaro,** V, 3.

15 « Au reste, il existe un critérium très sûr pour savoir si le clerc qui agit publiquement le fait conformément à son office : il est immédiatement honni par le laïc, dont il gêne l'intérêt (Socrate, Jésus). »
BENDA, **Trahis. des clercs,** p. 132.

16 « ...ces fausses ou véritables pudeurs qui gênent tant les conversations trop occidentales. »
CÉLINE, **Voyage au bout de la nuit,** p. 425.

17 « La raréfaction grandissante de la monnaie commença à gêner considérablement le commerce. »
MART. du G., **Thib.,** t. VII, p. 140.

— En parlant de quelqu'un auquel on inflige l'importunité d'une présence, d'une démarche. V. **Déplaire, déranger, importuner.** *J'ai détourné la tête pour ne pas le gêner* (Cf. Éviter, cit. 33). *Je crains de vous gêner en m'installant chez vous.* V. **Trop** (être de). *Je voudrais vous voir un instant, si cela ne vous gêne pas. Si cela ne vous gêne pas de coucher dans la même chambre* (cit. 7). *Est-ce que cela vous gênerait de faire cette course pour moi ? Je ne vous gêne pas, vraiment ?* — Absolt. *Il a toujours peur de s'imposer, de gêner.* — *Il est plus gênant que gêné.*

18 « Et ces intrus gênaient les gabiers, qui voulaient être seuls et le leur donnaient à entendre. »
LOTI, **Mon frère Yves,** XXV.

19 « ...habitué depuis nombre d'années à travailler seul, nerveux et beaucoup moins stimulé que gêné par la présence de vingt-cinq camarades. »
GIDE, **Si le grain ne meurt,** I, VIII.

20 « ...une invincible timidité me retenait, et cette crainte, qui me paralyse souvent encore, d'importuner, de gêner ceux vers qui je me sens le plus naturellement entraîné. »
ID., **Ibid.,** I, X.

21 « Je parlerai donc de mes vers et de mon métier. Que ceux que cela gêne ferment ce livre, et ne lisent pas mes vers. »
ARAGON, **Yeux d'Elsa,** p. XVI.

— *Spécialt.* Mettre dans une situation financièrement embarrassante. *C'est une dépense qui va me gêner en ce moment. Je voudrais bien vous rendre service, mais je me trouve un peu gêné moi-même.* V. **Gêne ; court** (à), **serré...**

22 « ...il apprit que son père, depuis longtemps gêné dans ses affaires, venait de faire faillite... »
MUSS., **Nouv., Croisilles,** I.

23 « ...bien sûr que ça ne gênait point les Delhomme de nourrir leur père ; tandis que les Buteau, dame ! ils n'avaient pas de quoi. »
ZOLA, **La terre,** IV, II.

24 « — Un petit secours, patron. Trois fois rien, ce serait encore assez. — Tastard. excusez-moi. J'arrive à la fin du mois, non sans grosses difficultés. J'ai de la famille, vous ne l'ignorez point. Je suis moi-même très gêné. »
DUHAM., **Salavin,** IV, 27 juin.

|| 4º Affecter de l'impression de gêne, de confusion ressentie en présence d'autrui. V. **Intimider, troubler.** *Elle était gênée par leurs regards* (Cf. Avaler cit. 8), *par la curiosité* (cit. 19) *des passants. Sa timidité finit par me gêner moi-même* (Cf. Égard, cit. 16). *Contenance* (cit. 3) *gênée.* V. **Affecté, contraint, emprunté, gauche.** *Avoir l'air gêné* (Cf. Ennuyeux, cit. 2). *Je me sens gêné en face de lui, il me fait perdre mes moyens. Elle rougit, gênée par cette allusion. Sourire gêné.*

25 « Il lâcha un nouveau rire, et le regard oblique qu'il jeta sur Jean, gêna beaucoup ce dernier, qui se taisait en arrondissant le dos, depuis qu'on parlait de Jacqueline. »
ZOLA, **La terre,** IV, I.

26 « Pour jouer, elles les gênaient et les intimidaient trois fois plus que le public des grands jours, — si railleuses, toutes ! »
LOTI, **Ramuntcho,** I, XIV.

27 « Son sourire, son rire, ont l'air, après chaque phrase, de vous demander pardon. C'est un des êtres les plus gênés que je connaisse. »
GIDE, **Journ.**, 14 janv. 1902. »

28 « Comme il ne lui en parlait jamais, il était d'autant plus gêné d'avoir dit quelque chose qui pouvait avoir l'air de s'y rapporter, et plus encore d'avoir paru gêné. »
PROUST, **Rech. t. p.**, t. IX, p. 153.

29 « Ce jour-là, pourtant, M. Jacob ne souriait pas ; il ne faisait pas de grâces. Dès les premiers mots, il avait pris un air gêné, puis il était devenu tout rouge, puis il avait baissé les yeux et il s'était mis à contempler le radiateur... »
DUHAM., **Salavin**, I, I.

‖ SE GÊNER. *réfl.* S'imposer quelque contrainte physique ou morale. *En vous gênant un peu, vous pourrez tenir à trois sur la banquette arrière.* V. **Serrer** (se). *Ne vous gênez pas, je vous en prie, vous êtes ici chez vous. Un homme avec qui l'on ne se gêne pas.* V. **Contraindre** (se). Cf. Consort, cit. *Elle ne s'est point gênée pour lui dire ce qu'elle pense* (Cf. Faux, cit. 21). *On ne lui dit rien, il aurait bien tort de se gêner !* Ironiqt. *Ne vous gênez pas !* se dit à quelqu'un d'indiscret, d'inconvenant, qui en prend un peu trop à son aise.
— *Spécialt.* S'imposer une gêne financière (Cf. Envoyer, cit. 15).

30 « Il est vrai que je n'aimais pas à rester longtemps avec elle et il n'est guère en moi de savoir me gêner. » ROUSS., **Conf.**, IX.

31 « ... les beautés les plus cachées lui apparaissent sans voiles. — On ne se gêne pas devant lui ; — c'est un eunuque. »
GAUTIER, **Préf.** M¹¹ᵉ **de Maupin**, p. 17 (éd. critiq. MATORÉ).

32 « Nous ne nous gênions pas plus que les sauvages, nous promenant presque nus dans le jardin, véritable île déserte. »
RADIGUET, **Diable au corps**, p. 148.

33 « ... l'artiste est un grand seigneur, dont la vie, les pensées, se font, comme il leur plaît, devant le public, aussi bien que dans la solitude, et n'ont à se gêner pour personne. »
ROMAINS, **H. de b. vol.**, t. VI, p. 283.

34 « C'est ça, insulte-moi ! Allez, allez ! Ne te gêne pas ! Être dénaturé ! »
ARAGON, **Beaux quartiers**, I, XXII.

35 « Ses lettres (*de la Grande Catherine*) à Grimm étaient beaucoup plus savoureuses, l'impératrice, moins intimidée par le baron que devant le sage de Ferney, ne se gênant pas pour dire tout à trac... ce qui lui passait par la tête. » HENRIOT, **Portr. de fem.**, p. 205.

— *Récipr.* V. **Contrarier** (se). *Coéquipiers qui se gênent en voulant reprendre le ballon. Agissons donc de concert au lieu de nous gêner l'un l'autre.*

ANT. — Soulager. Aider, assister, débarrasser, dégager, libérer, servir. Mettre (à l'aise). Aise (à l'), désinvolte, libre.

DER. — Gênant. Gêneur.

1. GÉNÉRAL, ALE, AUX. *adj.* (XIIᵉ s. ; lat. *generalis*, proprt. « qui appartient à un genre* »).

‖ 1° Qui se rapporte, s'applique, se réfère à un ensemble de cas ou d'individus. *Idées, notions, conceptions* (cit. 4), *critiques* (cit. 13), *observations, vues générales,* par oppos. à *particulières* (Cf. Abstraire, cit. 2 ; apercevoir, cit. 10 ; association, cit. 17 ; beauté, cit. 4 ; bien 1, cit. 98 ; élever, cit. 71 ; énumération, cit. 4 ; envolée, cit. 3 ; étroit, cit. 10). *Principes généraux* (Cf. Abandonner, cit. 1 ; base, cit. 12). *Lois générales* (Cf. Enchaîner, cit. 15). *Traits, caractères généraux. Types généraux de la comédie* (Cf. Caractère, cit. 67). *D'une manière générale,* sans application à un cas spécial (Cf. Exagérer, cit. 7). *Parler en termes généraux. Sens, signification générale d'un mot* (Cf. Atteindre, cit. 43 ; exemple, cit. 35). — Log. *Proposition* générale.* — *Abusivt.* Se dit parfois de ce qui est sans référence à une réalité précise. V. **Indécis, vague***. *Il n'y a là qu'un bavardage fait de lieux communs et de considérations générales.* V. **Généralité.**

1 « N'allons point nous appliquer nous-mêmes les traits d'une censure générale... mes paroles, comme les satires de la comédie, demeurent dans la thèse générale. » MOL., **Crit. Éc. d. fem.**, 6.

2 « Il y a des causes générales, soit morales, soit physiques, qui agissent dans chaque monarchie, l'élèvent, la maintiennent, ou la précipitent ; tous les accidents sont soumis à ces causes ; et si le hasard d'une bataille, c'est-à-dire une cause particulière, a ruiné un État, il y avait une cause générale qui faisait que cet État devait périr par une seule bataille. » MONTESQ., **Considér.**, XVIII.

3 « ... il est si naturel de commencer toute entreprise intellectuelle par quelques propos d'un caractère général, que celui qui manquerait à cela, surtout s'il a composé des écrits arrivés à quelque publicité, passerait pour se singulariser. »
RENAN, **Quest. contempor.**, Œuv., t. I, p. 155.

4 « Il y avait en moi un personnage qui savait plus ou moins bien regarder, mais c'était un personnage intermittent, ne reprenant vie que quand se manifestait quelque essence générale, commune à plusieurs choses, qui faisait sa nourriture et sa joie. »
PROUST, **Rech. t. p.**, t. III, p. 718 (éd. Pléiade).

5 « Il n'y a de vérité psychologique que particulière, il est vrai ; mais il n'y a d'art que général. » GIDE, **Faux-Monnayeurs**, II, II.

— Au comparatif et au superlatif, suivant l'étendue ou l'extension* plus ou moins grande du terme ou de l'idée. *Terme plus général qu'un autre* (Cf. Absurde, cit. 1 ; adroit, cit. 2 ; appétence, cit. 1 ; assaisonnement, cit. 1, etc.). *Auteur* (cit. 23) *est plus général qu'*écrivain. *Animal est plus général que* chien. *Attribuer* (cit. 18) *a une signification plus générale qu'*imputer. *Proposition plus générale qu'une autre,* ayant pour sujet un terme plus général. *Employer un*

mot dans son acception la plus générale. *L'équation* (cit. 2) *la plus générale de chaque degré. Dégager les principes les plus généraux. L'association* (cit. 1), *la plus générale de toutes les lois qui gouvernent l'univers.*

6 « ...quand on dit que la nutrition est une fonction *plus générale* que la locomotion, on entend que tout être doué de locomotion l'est aussi de nutrition, et que, *de plus,* certains autres êtres le sont aussi... »
LALANDE, **Vocab. de la philos.**, Général (*note*).

7 « J'ai posé les principes, et j'ai vu les cas particuliers s'y plier comme d'eux-mêmes, les histoires de toutes les nations n'en être que les suites, et chaque loi particulière liée avec une autre loi, ou dépendre d'une autre plus générale. »
MONTESQ., **Espr. des lois**, Préf.

8 « ...les phénomènes les plus simples sont nécessairement les plus généraux ; car ce qui s'observe dans le plus grand nombre est, par cela même, dégagé le plus possible des circonstances propres à chaque cas séparé. Il faut donc commencer par l'étude des phénomènes les plus généraux ou les plus simples, et considérer successivement les phénomènes plus particuliers ou plus compliqués. »
A. COMTE, **Philos. posit.**, I, II.

— *Substantivt.* (neutre). *La déduction* (cit. 1) *considérée comme allant du général au particulier, et l'induction du particulier au général. Conclure du particulier au général.* V. **Généraliser.** « *Il n'y a de science que du général* » (ARISTOTE).

9 « ...cela tombe sur le général, mais le monde en fait des applications particulières ; » SÉV., 476, 11 déc. 1675.

10 « Dans ces trois cas il procède de même, s'emparant de quelques points de la question, s'y fixant et s'y affectionnant avec sagacité et opiniâtreté, et concluant du particulier au général sans s'inquiéter de ce qui le gêne et en le sacrifiant. »
STE-BEUVE, **Caus. du lundi**, 6 oct. 1851, t. V, p. 20.

11 « ...c'est le sentiment du général qui, dans l'écrivain futur, choisit lui-même ce qui est général et pourra entrer dans l'œuvre d'art. Car il n'a écouté les autres que quand, si bêtes ou si fous qu'ils fussent, répétant comme des perroquets ce que disent les gens de caractère semblable, ils s'étaient faits par là-même les oiseaux prophètes, les porte-parole d'une loi psychologique. Il ne se souvient que du général. »
PROUST, **Rech. t. p.**, t. III, p. 900 (éd. Pléiade).

12 « Si le propre de l'art est d'attacher le général au particulier, l'éternité périssable d'une goutte d'eau aux jeux de lumières, il est plus vrai encore d'estimer la grandeur de l'écrivain absurde à l'écart qu'il sait introduire entre ces deux mondes. »
CAMUS, **Mythe de Sisyphe**, p. 188.

‖ 2° Qui s'applique à l'ensemble, à la majorité, au plus grand nombre des cas ou des individus d'une classe déterminée. *Règle* générale. En règle* générale. C'est là un phénomène général, une tendance générale, des périodes d'après-guerre.* V. **Constant, habituel*, ordinaire.** *Une tendance générale chez les savants.* V. **Dominant.** *Contraste criant* (cit. 41) *entre le luxe de quelques-uns et la misère générale. La volonté générale* (Cf. Énoncé, cit. 1 ; exécutif, cit. 1). *L'intérêt général* (Cf. Attitude, cit. 21 ; fédération, cit. 2). *Travailler au bien général.* V. **Commun.** *Rapports de l'argot* (cit. 3) *et de la langue générale* (Cf. Argotique, cit.). V. **Courant.** *Expression qui entre dans l'usage général* (Cf. Banque, cit. 3). *L'esprit* (cit. 176 et 177) *général d'une nation.* « *Une opinion générale est l'opinion de la plupart ; une opinion universelle est l'opinion de tous* » (LITTRÉ).

13 « *Général,* ne rappelant l'idée d'une totalité que d'une manière sommaire, n'est point incompatible avec des exceptions. Aussi dit-on proverbialement : il n'y a point de règle si *générale* qui n'ait son exception... « Malgré la corruption *générale,* il reste encore des gens de bien répandus partout » (MASS.)... *Universel,* au contraire, portant la pensée sur les individus ou les particuliers, ne souffre l'exclusion d'aucun. »
LAFAYE, **Dict. syn.**, p. 449.

14 « ...il exprimait avec un rare bonheur un sentiment général, et chantait tout haut ce que chacun murmurait tout bas. »
GAUTIER, **Portr. contempor.**, Béranger.

15 « En un pareil moment, refuser de servir, c'est faire passer son intérêt personnel avant l'intérêt général. »
MART. du G., **Thib.**, t. VII, p. 181.

16 « ...c'est à partir de ce dimanche qu'il y eut dans notre ville une sorte de peur assez générale et assez profonde pour qu'on pût soupçonner que nos concitoyens commençaient vraiment à prendre conscience de leur situation. » CAMUS, **La peste**, p. 115.

‖ 3° Qui intéresse, groupe, réunit tous les individus, tous les éléments d'un ensemble déterminé. *Assemblée* (cit. 11) *générale de tous les évêques de la province. Concile général* (Cf. Assembler, cit. 21). *Amnistie* (cit. 2) *générale. Assaut général. La mêlée devint générale. Un cri* (cit. 20) *général.* V. **Unanime.** *Indignation générale. Chambardement* (cit. 1) *général remettant tout en cause.* V. **Total.** *Concours général. C'était un mouvement général, un entraînement* (cit. 1) *universel. Essai* (cit. 14) *de grève générale. Mobilisation générale. États* (cit. 97 et 98) *généraux. Égoïsme, usage presque général* (Cf. Amollissement, cit. ; apathie, cit. 4 ; boucle, cit. 1). *Culpabilité, responsabilité générale.* V. **Collectif, global.** *Confession générale. Récapitulation générale.*

17 « Non : elle (*mon aversion*) est générale, et je hais tous les hommes... » MOL., **Misanthr.**, I, 1.

18 « ...les cent membres du Conseil des Anciens, dépendant eux-mêmes de la Grande Assemblée, réunion générale de tous les riches. »
FLAUB., **Salammbô**, VI.

19 « Au moment où l'on s'y attendait le moins, le capitaine lança ses hommes contre la barricade... Avant qu'elle fût arrivée aux deux tiers de la rue, une décharge générale de la barricade l'accueillit. »
HUGO, **Misér.**, V, I, XII.

20 « Dans cette lutte que j'ai entreprise, l'affaire actuelle n'est qu'un engagement d'avant-garde ; mais, si j'en crois les renforts qui m'arrivent, la mêlée pourrait bien devenir *générale*... »
MONDOR, **Pasteur**, IX.

— *Spécialt.* Milit. *Alarme, assemblée générale*, et substantivt. *La générale.* Batterie de tambours ou sonnerie de clairons appelant tous les soldats au rassemblement. *Battre, sonner la générale.*

21 « Depuis une heure environ, la *générale* était battue dans Paris, à l'étonnement de tout le monde ; les gardes nationaux arrivaient de toutes parts. » MICHELET, **Hist. Révol. fr.**, V, VIII.

— *Théât. Répétition générale*, ou elliptiqt. *Générale.* Ultime répétition d'ensemble d'une pièce (avant la « première »), sous la forme d'une représentation devant un public d'amis, de spectateurs privilégiés. *Être invité à la générale d'une pièce.*

— En parlant de la connaissance, des notions relatives à un ensemble de connaissances. *Culture* générale. Une éducation** (cit. 13) *générale, universelle. Histoire*, médecine*, philosophie* générale. Tableau général.* V. **Synoptique.** *Idée générale d'un chapitre. Méthode générale et systématique* (Cf. Espèce, cit. 26).

22 « ...ce que l'anatomie générale doit à Bichat, la physiologie à Claude Bernard, la pathologie et l'hygiène le devront à Pasteur. »
MONDOR, **Pasteur**, IX.

— *Log. form.* En parlant d'un terme, Qui désigne une classe. *Chien est un terme général.*

— *Spécialt.* Qui intéresse toutes les parties d'un individu, d'un organisme. *Méd. État** (cit. 11) *général* (Cf. Apparence, cit. 28). *Maladie* générale. Anémie, nervosité générale* (Cf. Éprouver, cit. 26). *Lourdeur de tête et stupéfaction générale* (Cf. Faiblesse, cit. 4). *Paralysie* générale.* — Entom. *Métamorphose* générale.*

‖ 4° Qui embrasse l'ensemble d'un service, d'une organisation. *Direction générale. Intendance, inspection générale. État-major, quartier général* (Cf. Armée, cit. 13 et 14). *Conseil général* (Cf. Arrondissement, cit. 5). Qualifiant le titulaire lui-même d'une haute fonction, d'un grade supérieur dans une hiérarchie. *Fermiers* (cit. 1) *généraux. Officiers généraux* (Cf. Armée, cit. 14). *Lieutenant* général du Royaume. Procureur, avocat général. Vicaire général. Père général.* V. **Supérieur.** *Consul général. Secrétaire général.*

23 « Il était votre supérieur direct, le chef réel de la maison, sous le titre de secrétaire général qu'il s'était fait donner au moment de la réforme de l'École, son ancien titre de surveillant général ayant dû lui paraître trop appuyé, trop pion. »
ROMAINS, **H. de b. vol.**, t. II, XV, p. 165.

‖ 5° EN GÉNÉRAL. *loc. adv.* (XIVe s.). D'un point de vue général, en ne considérant que les caractères généraux (par oppos. à *en particulier*). *Parler en général*, abstraction faite des cas spéciaux (Cf. Attiser, cit. 39). *Se défier* (cit. 5) *des hommes en général. La comédie représente en général tous les défauts des hommes* (Cf. Affaire, cit. 40). *La psychologie classique étudie l'homme en général*, par opposition au *moi individuel.*

24 « Il est plus aisé de connaître l'homme en général, que de connaître un homme en particulier. » LA ROCHEF., **Max.**, 436.

25 « ...c'est l'homme en général, et non tel homme, qu'ils représentent. »
TAINE, **Philos. de l'art**, t. II, p. 32.

26 « Le désespoir, comme l'absurde, juge et désire tout, en général, et rien, en particulier. » CAMUS, **Homme révolté**, p. 26.

— *Ellipt.* Pour parler en général, d'une manière générale. *Les Anglais, les Français, et, en général, tous les Occidentaux... Molière et, en général, les grands auteurs comiques...*

27 « Religion, amour à ce point, patriotisme, tous les grands sentiments en général qui mènent les hommes, autant de superstitions. »
LÉAUTAUD, **Propos d'un jour**, p. 83.

— Dans la plupart des cas, le plus souvent*. V. **Communément, couramment, généralement, habituellement*, ordinairement...** (Cf. À propos, cit. 6 ; aviso, cit. ; bas 1, cit. 76 ; caméra, cit. ; faveur, cit. 6, etc.). *C'est en général ce qui arrive.*

ANT. — Individuel, particulier, personnel, singulier, spécial ; exceptionnel, inhabituel, local, partiel, rare.

DER. — Généralement. Généraliser. Généralité.

2. GÉNÉRAL, ALE. *n.* (XVe s., au sens milit. ; ellipse de *capitaine général.* Cf. le précédent).

I. *N. m.* ‖ 1° (Sans désignation de grade). Celui qui commande en chef une armée ou quelque unité militaire importante. *Général en chef* (cit. 22). *Un grand général* (Cf. Enflammer, cit. 9). *Alexandre, Hannibal, César... comptent parmi les plus fameux généraux de l'antiquité.* V. **Capitaine, guerre** (homme de). *Général sage, habile, expérimenté* (Cf. Armée, cit. 2). V. **Manœuvrier, stratège, tacticien.** *Général peu ménager du sang de ses hommes.* V. **Boucher.** *Ovation*, triomphe* accordés aux généraux romains victorieux. Général d'armée* (Cf. Changer, cit. 1).

1 « ...Vercingétorix, qui était nommé chef et général de toutes les parties des Gaules révoltées... » MONTAIGNE, **Essais**, II, XXXIV.

« ...on croit tout gagné, parce qu'on a repoussé Luc (*Frédéric II*) à la septième attaque. Les choses peuvent encore éprouver un nouveau changement dans huit jours, et alors le char paraîtra nécessaire ; mais jamais aucun général n'osera s'en servir, de peur du ridicule en cas de mauvais succès. »
VOLT., **Lett. à Mad. de Fontáine**, 1487, 18 juill. 1757. 2

« Il (*Bonaparte*) se plaint de ce qu'on veut lui donner pour adjoint Kellermann : « Je ne puis pas servir volontiers avec un homme qui se croit le premier général de l'Europe, et je crois qu'un mauvais général vaut mieux que deux bons. »
CHATEAUB., **M. O.-T.**, t. II, p. 330 (éd. Levaillant). 3

« Le grand général (et on peut presque en dire autant du grand politique) est celui qui a réussi, et non celui qui aurait dû réussir. »
RENAN, **Disc. et confér.**, Acad. fr., 23 août 1885. 4

— *Par anal.* Celui qui est à la tête d'un ordre religieux. V. **Supérieur.** *Le général des Jésuites, des Dominicains.* — *Anciennt.* Se disait de ceux qui étaient placés à la tête de quelque corps ou administration. *Général des galères, des finances, des monnaies, des vivres militaires...*

« Le général de la Compagnie (*de Jésus*) résidait à Rome. Les Pères provinciaux, en Europe, étaient obligés de correspondre avec lui une fois par mois. » CHATEAUB., **Génie du Christianisme**, IV, VI, V. 5

‖ 2° Officier* du plus haut grade* commandant une grande unité. *Général de brigade* (2 étoiles), *de division* (3), *de corps d'armée* (4), *d'armée et commandant en chef* (5). *Généraux de cavalerie, d'infanterie, d'artillerie, du génie, de l'aviation*, selon l'arme à laquelle ils appartiennent. *Insignes des généraux.* V. **Chêne** (feuille de), **étoile.** *Dégradation, destitution d'un général* (Cf. Capitulation, cit. 2). *Par appos. Médecin général, intendant général*, assimilés aux officiers généraux. — REM. Les généraux de brigade ont anciennement porté le nom de « maréchaux de camp » et les généraux de division celui de « lieutenants généraux » (Cf. LITTRÉ, Suppl. 1877).

« Mais du soldat au colonel, au général exclusivement, quel imbécile homme de guerre a jamais eu la prétention qu'il dût pénétrer les secrets du cabinet, pour lesquels il fait la campagne ? »
BEAUMARCH., **Mar. de Figaro**, Préf. 6

« Notre cavalerie était tellement démontée, que l'on a dû réunir les officiers auxquels il restait un cheval pour en former quatre compagnies de cent cinquante hommes chacune. Les généraux y faisaient les fonctions de capitaines, et les colonels celles de sous-officiers. »
NAPOLÉON, **Bulletin** du 3 déc. 1812 (in CHATEAUB., **M. O.-T.**, t. II, p. 464, éd. Levaillant). 7

« Le général s'était levé sur ses étriers et, d'un grand geste de théâtre, d'un beau geste de son épée nue, il salua notre drapeau troué... »
DORGELÈS, **Croix de bois**, XI. 8

« Au début de la guerre, on lui avait fendu un peu l'oreille au général Tombat, juste ce qu'il fallait pour une disponibilité honorable... »
CÉLINE, **Voyage au bout de la nuit**, p. 132. 9

II. *N. f.* ‖ 1° (XVIIe s.). Supérieure de certains ordres religieux.

‖ 2° (1802). La femme d'un général. *Madame la générale* (ACAD.). *Réception chez la générale.* — REM. L'appellation « Madame la Générale » est née sous la Révolution, après la disparition des titres nobiliaires. Malgré LITTRÉ, P. LAROUSSE et l'ACADÉMIE (8e éd. 1932), l'usage en est condamné par de nombreux critiques qui font observer que le généralat étant un grade, et non une dignité comme le maréchalat, c'est un abus d'appeler « Générale » la femme d'un général, à moins qu'il ne s'y mêle une pointe d'ironie.

« ...une lettre... (du 14 messidor an VI)... trahit... une intimité persistante et toujours familière entre « le cher Barras » et la générale Bonaparte. »
MADELIN, **Hist. Cons. et Emp.**, Ascension de Bonaparte, XVII. 10

« Pauline (*Fourès*) divorça, reprenant son nom de Bellisle, et devint la maîtresse en titre (*de Bonaparte*) ; la liaison faisait sourire, sans les scandaliser, officiers et soldats... on l'appelait familièrement « Bellilotte », mais, en goguenardant, les soldats disaient d'elle : « Notre générale ».
ID., **Ibid.**, XVII. 11

« La générale Hugo, comtesse de Siguenza, voyageait entourée de respect... les duchesses espagnoles devaient lui céder le pas. »
MAUROIS, **Olympio**, I, II. 12

— En parlant d'une femme chef d'armée.

« Voltaire a dit générale au féminin, en parlant d'une femme chef d'armée : Marguerite d'Anjou tire son mari de Londres et devient générale de son armée... » (*Mœurs*, CXIV). « Au contraire, Thomas a laissé général au masculin : Marguerite d'Anjou, femme de Henri VI, roi d'Angleterre, fut active et intrépide, général et soldat... » (*Essais sur les femmes*). Les deux peuvent très bien se dire suivant le point de vue de l'esprit. »
LITTRÉ, **Dict.**, Général. 13

DER. — V. **Généralissime.** — **Généralat.** *n. m.* (1585). Grade, fonctions de général (dans l'Armée). — Dignité générale d'un ordre religieux. *Le généralat de l'Oratoire.* — Temps que durent les fonctions de général. *À la fin de son généralat.*

« Au mois de juin Bonaparte est appelé au généralat des troupes cantonnées dans les Alpes-Maritimes ; Carnot réclame contre Barras l'honneur de cette nomination. »
CHATEAUB., **M. O.-T.**, t. II, p. 327 (éd. Levaillant).

GÉNÉRALEMENT. *adv.* (XIIe s. ; de général 1).

‖ 1° D'un point de vue général, à prendre les choses en général. *Juger trop généralement. Généralement parlant* (Cf. Apprendre, cit. 25). *À parler généralement* (Cf. Faux, cit. 24).

1 « Comment un aveugle-né se forme-t-il des idées des figures ?... S'il les glisse (ses doigts) le long d'un fil bien tendu, il prend l'idée d'une ligne droite ; s'il suit la courbe d'un fil lâche, il prend celle d'une ligne courbe. Plus généralement, il a, par des expériences réitérées du toucher, la mémoire des sensations éprouvées en différents points... »
DIDER., Lett. s. les aveugles, p. 56.

2 « Cependant, Léon Say avait raison en principe. Très généralement le revenu de la terre est égal à la valeur de l'argent. »
BAINV., Fortune de la France, p. 121.

→ *Vx.* En bloc, sans exception.

3 « ...l'on doit approuver la comédie du *Tartuffe*, ou condamner généralement toutes les comédies. » MOL., Tart., Préf.

‖ 2° Dans l'ensemble ou la grande majorité des individus. V. **Communément.** *Opinion généralement reçue* (Cf. Assimiler, cit. 10 ; établir, cit. 48). *Homme généralement estimé. Usage très généralement répandu.*

4 « C'est donc une chose assez généralement reconnue, que l'Europe doit au Saint-Siège sa civilisation... »
CHATEAUB., Génie du Christianisme, IV, VI, LX.

‖ 3° Dans la plupart des cas, le plus souvent. V. **Général** (en général, d'une manière générale), **habituellement, ordinairement, règle** (en règle générale). *Il est généralement aimable avec nous. Il fait généralement beau à cette époque de l'année* (Cf. Aimer, cit. 4 ; bêtise, cit. 10 ; cassure, cit. 2 ; équité, cit. 11, etc.).

ANT. — Particulièrement, spécialement. Jamais, rarement.

GÉNÉRALISATION. n. f. (1778 ; de généraliser).

‖ 1° Action de généraliser ou de se généraliser (au sens 1° du mot). *Souhaiter, recommander la généralisation de telle ou telle mesure. Risques de généralisation d'un conflit, d'une insurrection...* V. **Extension.** — En parlant d'une maladie qui de locale devient générale. *Lutter contre la généralisation du mal.*

‖ 2° Opération intellectuelle par laquelle on étend à l'ensemble d'une classe, ou à une autre classe, les propriétés et caractères observés sur un nombre limité de cas ou d'individus. (V. **Analogie, induction**). Son résultat. *L'abstraction* (cit. 2) *est inséparable de la généralisation. Effort, capacité* (cit. 4) *de généralisation.* V. **Synthèse** (Cf. Extrapolation, cit.). *Dangers, abus de la généralisation hâtive, imprudente* (Cf. Combler, cit. 10) *Généralisation à partir d'un exemple unique* (Cf. Ab uno disce omnes ; et *aussi* Une hirondelle* ne fait pas le printemps).

1 « ...cet esprit de généralisation philosophique qui élève à la hauteur d'une tragédie l'aventure la plus humble. »
GOURMONT, Livre des masques, p. 123.

2 « Si l'on veut débarrasser ce livre de l'excès de généralisation où m'entraîne sans doute le désir de prouver... »
BLUM, Du mariage, Av.-prop.

3 « C'est le goût des généralisations qui fait perdre à l'observateur tout le fruit de sa patience. » DUHAM., Les plaisirs et les jeux, VII, I.

4 « Il lui est arrivé de se tromper, de céder à des généralisations spécieuses et de persévérer quelque temps dans l'erreur, mais il ne se dupait jamais par orgueil d'infaillibilité... » MONDOR, Pasteur, IV.

— *Spécialt.* (Log. form.). « Opération par laquelle, reconnaissant des caractères communs entre plusieurs objets singuliers, on réunit ceux-ci sous un concept* unique dont ces caractères forment la compréhension* » (LALANDE). V. **Conception, idée*** (générale). Cf. *aussi* Extension.

ANT. — Individualisation, limitation, localisation.

GÉNÉRALISER. v. tr. (fin XVIe s. d'AUBIGNÉ ; de général 1). Rendre général.

‖ 1° En étendant, en appliquant à l'ensemble ou à la majorité des individus. V. **Étendre, universaliser.** *Usage, méthode qu'il conviendrait de généraliser. Généraliser une mesure, une pratique. Pronominalt. Mode qui se généralise. L'instruction s'est généralisée en France depuis les lois scolaires.* V. **Répandre.** *Mot dont un sens se généralise à telle ou telle époque. Crise généralisée* (Cf. Après-guerre, cit. 2). — En s'étendant des parties à l'ensemble d'un organisme. *Le mal tend à se généraliser. Cancer* (cit. 4) *généralisé. Esclavage généralisé.*

1 « Ce plan généralisait, systématisait, les mesures que la nécessité avait imposées dans le Nord et dans l'Ouest... »
MICHELET, Hist. Révol. fr., X, VIII.

2 « En un certain sens, l'amère intuition du christianisme et son pessimisme légitime quant au cœur humain, c'est que l'injustice généralisée est aussi satisfaisante pour l'homme que la justice totale. »
CAMUS, Homme révolté, p. 53.

‖ 2° En affectant d'une extension* ou d'une portée plus grande, par une généralisation* d'ordre intellectuel. *Généraliser abusivement* (cit.) *quelques passages de vieilles chroniques. Généraliser un peu sa pensée* (Cf. Débridement, cit. 1). *Généraliser le résultat d'une observation. Généraliser le concret* (cit. 5).

3 « De la raison, des mains industrieuses, une tête capable de généraliser des idées, une langue assez souple pour les exprimer ; ce sont là de grands bienfaits accordés par l'Être suprême à l'homme... »
VOLT., Dict. philos., Homme.

4 « Simplifier les causes, et généraliser les effets, doit être le but du physicien... » BUFF., Minér., t. IX, p. 101 (in LITTRÉ).

5 « L'argot est la langue de la misère. On peut nous arrêter ; on peut généraliser le fait, ce qui est quelquefois une manière de l'atténuer ; on peut nous dire que tous les métiers, toutes les professions... ont leur argot. » HUGO, Misér., IV, VII, I.

6 « Lorsqu'on a parlé de l'impudeur naturelle au lyrique moderne, le mot certes ne pouvait s'appliquer aux *Méditations* de 1820 ; elles contiennent si peu d'indiscrétion qu'une biographie qui s'y documenterait serait grossièrement inexacte... En s'idéalisant, Lamartine s'est, si je puis dire, généralisé : le *moi* poétique qu'il a substitué à son *moi* réel a pris une valeur de type. »
G. LANSON, Introd. à l'éd. critiq. des Médit.

— *Absolt.* Raisonner par généralisation*. *Esprit impatient d'ordonner et de généraliser* (Cf. Analytique, cit. 3). *Expérience* (cit. 46) *qui permet de prévoir, c'est-à-dire de généraliser. C'est un cas d'espèce, ne généralisons point.*

7 « Enfin ceux qui généralisent ne pourront faire des théories durables qu'autant qu'ils connaîtront par eux-mêmes tous les détails scientifiques que ces théories sont destinées à représenter. »
Cl. BERNARD, Introd. à la médecine expérim., I, I, p. 63.

8 « Le savant généralise, l'artiste individualise. »
RENARD, Journ., 17 janv. 1889.

9 « (*Lausanne*) Ville laborieuse, sans fantaisie », se dit Antoine, qui généralisait vite. » MART. du G., Thib., t. IV, p. 45.

ANT. — Limiter, localiser, restreindre. Distinguer, individualiser, particulariser, singulariser, spécialiser, spécifier.

DER. — Généralisable. adj. (1845). Qui peut être généralisé. *Mesures généralisables. Proposition, observation aisément généralisable.* — **Généralisateur, trice.** *adj.* (1792). Qui généralise, aime à généraliser. *Esprit généralisateur* (Cf. Analytique, cit. 4). — **Généralisation.**

GÉNÉRALISSIME. n. m. (fin XVIe s. comme substant. ; it. generalissimo, superl. de generale, général). Général chargé du commandement en chef, ayant sous ses ordres les autres généraux. *Foch fut nommé en 1918 généralissime des armées alliées* (Cf. Barrage, cit.).

« ... un général français, Foch, reçut enfin le commandement unique des armées alliées. La guerre eut désormais une direction et une méthode. Une bataille de plus de sept mois commençait qui devait être la dernière et que le généralissime était résolu à ne pas abandonner. »
BAINV., Hist. de France, XXII.

GÉNÉRALITÉ. n. f. (XIIIe s. ; empr. au lat. philos. generalitas. V. Général).

I. (De *général* 1). ‖ 1° Caractère de ce qui est général (au sens philos. du terme). *Généralité d'un terme, d'une proposition* (Cf. Espèce, cit. 11). *Vous ne pouvez conférer à cette affirmation une telle généralité.*

1 « ...pour s'en tenir à *général*, le mot peut avoir très légitimement deux sens : l'idée de genre se limitant sous deux rapports : par opposition à l'espèce, d'après le *degré* de généralité ; par opposition à l'individu, d'après le *caractère* même de généralité. »
M. BERNÈS (in LALANDE, Vocab. philos., Général).

2 « Nous avons établi la hiérarchie des sciences d'après le degré de généralité et d'abstraction des phénomènes correspondants. »
A. COMTE, Philos. posit., IV, 208.

3 « La thèse morte, le talent reste, et si le cas évoqué manque de cette généralité nécessaire à la vie des livres, qui fait les chefs-d'œuvre éternels, ce noble écrit (« *Stello* » de Vigny) mérite encore l'examen... »
HENRIOT, Les romantiques, p. 130.

— *Par ext.* Idée, notion générale (surtout au plur.). *Ouvrir un cours par une leçon de généralités* (Cf. Amphithéâtre, cit. 4). *Généralités,* titre souvent donné au chapitre d'introduction de quelque étude ou traité.

4 « L'esprit scientifique, perdant enfin sa spécialité, sera porté aux généralités, obligé de condenser et de coordonner les principales branches de la science... » A. COMTE, Philos. posit., IV, 198.

5 « Je considère en effet que faire sa spécialité des généralités est un principe antiphilosophique et antiscientifique, quoiqu'il ait été proclamé par une école philosophique moderne qui se pique d'être fondée sur les sciences. »
Cl. BERNARD, Introd. à la méd. expérim., I, I, p. 62.

6 « C'est un roman (*Les Misérables*) construit en manière de poème, et où chaque personnage n'est *exception* que par la manière hyperbolique dont il représente une *généralité.* »
BAUDEL., Art romantique, XXV, III.

— *Péjor.* (surtout au plur.). Propos, discours d'un caractère si général qu'il apparaît sans rapport direct avec le sujet. *Orateur qui se perd dans de vagues généralités. A une question précise, il a répondu par des généralités.*

7 « Et pour comble, me dit-il, le grand rabbin de Jérusalem, à qui on avait adressé une plainte collective, le priant d'intervenir, s'est contenté d'émettre, en réponse, cette généralité plutôt offensante : « Pour nicher ensemble il faut être des moineaux de même plumage. »
LOTI, L'Inde (sans les Anglais), III, XII.

‖ 2° *Vx.* L'ensemble des individus, des citoyens. V. **Totalité.** « *La puissance exécutrice* (cit. 1) *ne peut appartenir à la généralité* » (ROUSSEAU). — *Par ext.* (De nos jours, suivi d'un compl. partitif au plur.). Le plus grand nombre. V. **Commun, majorité, multitude, plupart.** *C'est l'opinion de la généralité des hommes. Dans la généralité des cas.*

II. (1443 ; de *général* 2). *Vx.* Réunion, état-major des officiers généraux. — *Sous l'Ancien Régime,* A d'abord désigné une circonscription financière dirigée par un *général des finances,* avant d'être confondue au XVIIe s. avec la circonscription administrative placée sous l'autorité d'un intendant* *Turgot fut intendant de la généralité de Limoges.*

ANT. — (Sens I). **Particularité, spécialité ; détail, précision. Exception. Minorité.**

GÉNÉRATEUR, TRICE. *adj.* et *n.* (1519 ; empr. au lat. *generator*).

‖ **1º** *Adj.* Qui engendre, qui sert à engendrer*. *Biol.* (Vieilli). *Organes générateurs.* V. **Génital.** *Fonction* *génératrice.* V. **Reproduction.** *Organisme générateur* (V. **Géniteur**).

1   « L'unité du règne organique exige que tous les tissus soient ramenés à un seul. Quand une telle filiation ne laissera plus aucune obscurité, et que les lois de la transformation du tissu générateur en chaque tissu secondaire seront enfin établies... »
A. COMTE, *Philos. posit.*, II, 220.

2   « On sait que, dans la thèse de la « continuité du plasma germinatif », soutenue par Weismann, les éléments sexuels de l'organisme générateur transmettraient directement leurs propriétés aux éléments sexuels de l'organisme engendré. » BERGSON, *Évol. créatrice*, I, p. 26.

— Fig. *Principe* *générateur* (de certains effets). *Acte, mouvement générateur de désordres. Tradition ascétique* (cit. 2) *génératrice d'énergie.* V. **Créateur.** *La puissance politique, génératrice de toutes les autres* (Cf. Désarmer, cit. 11). *Une politique génératrice de catastrophes* (V. **Source**).

3   « ...ces préparations didactiques contre lesquelles protestent certaines personnes ignorantes et voraces qui voudraient des émotions sans en subir les principes générateurs, la fleur sans la graine, l'enfant sans gestation... » BALZ., *Rech. de l'absolu, Œuv.*, t. IX, p. 474.

4   « ...il y aurait une infinité indifférenciée de cercles, d'ellipses, de triangles et de polygones dans l'espace géométrique, sans l'acte générateur du mathématicien qui trace une figure en reliant une série de points choisis selon une certaine loi. » SARTRE, *Situations III*, p. 204.

— *Spécialt.* (XVIIIᵉ s.). *Géom.* Qui engendre par son mouvement (une ligne, une surface, un solide). *Point générateur d'une ligne, ligne génératrice d'une surface...* — Substantivt. *La génératrice*, la ligne génératrice (Cf. Coquille, cit. 4). *Triangle générateur*, dont la révolution engendre un cône.

‖ **2º** (XIXᵉ s.). *N. m.* (ellipse de *appareil générateur*) ou *f.* (ellipse de *machine génératrice*). *Techn. Générateur de vapeur*, chaudière* d'une machine à vapeur. *Générateur, génératrice d'électricité*, transformant une énergie quelconque en énergie électrique. *Générateurs mécaniques* (V. **Dynamo, magnéto...**), *chimiques* (V. **Accumulateur, pile...**), *thermiques. Groupement de générateurs.* V. **Batterie.** *Génératrices à courant continu, à courant alternatif.* V. **Alternateur.**

5   « Je me postai devant la grande vitre de la génératrice centrale, cette géante multiforme qui rugit en pompant et en refoulant je ne sais d'où, je ne sais quoi, par mille tuyaux luisants, intriqués et vicieux comme des lianes. » CÉLINE, *Voyage au bout de la nuit*, p. 212.

ANT. — **Destructeur. Récepteur.**

GÉNÉRATION. *n. f.* (XIIᵉ s. ; empr. au lat. *generatio*).

‖ **1º** Action d'engendrer*. *Biol.* Production d'un nouvel individu ; fonction par laquelle les êtres se reproduisent. V. **Multiplication, procréation, propagation, reproduction*.** *Différents modes de génération. Génération asexuée.* V. **Gemmiparité** (Cf. Bourgeonnement.), **monogénie** (plantes), **scissiparité, sporulation** (animaux protozoaires). *Génération asexuée d'un être à reproduction sexuée.* V. **Parthénogénèse** (plantes, animaux). *Génération sexuée.* V. **Sexe** (femelle*, mâle* ; fécondation (cit. 1) ; gamète* ; embryon*). *Organe de la génération chez les animaux* (V. **Génital**), *les plantes* (V. **Plante**). *Génération par accouplement*, par insémination* artificielle. *Génération ovipare* (V. **Œuf* ; frai, ponte**), *vivipare* (V. **Enfant, fœtus ; conception, gestation, grossesse, maternité ; accouchement**). *Aptitude à la génération* (V. **Fécondité, virilité ; fécond, prolifique ; étalon, géniteur**). *Inaptitude à la génération* (V. **Agénésie, castration, impuissance, stérilité**). *Génération et hérédité*.* V. **Génétique*; eugénique.** *Génération et croissance des animaux.* V **Zoogénie, zootechnie.**

1   « ...il y a beaucoup d'espèces d'animaux qui engendrent sans copulation... Il a donc fallu que les physiciens cherchassent une mécanique de génération qui convînt à tous les animaux. Le célèbre Harvey, qui le premier démontra la circulation, et qui était digne de découvrir le secret de la nature, crut l'avoir trouvé dans les poules : elles pondent des œufs ; il jugea que les femmes pondaient aussi... et il fut établi dans toute l'Europe que nous venons d'un œuf. » VOLT., *Homme aux quarante écus*, VII.

2   « ...tous ceux qui ont fait des recherches et des systèmes sur cette matière se sont uniquement attachés à la génération de l'homme et des animaux ; ils ont rapporté à cet objet toutes leurs idées, et n'ayant considéré que cette génération particulière, sans faire attention aux autres espèces de générations que la nature nous offre, ils n'ont pu avoir d'idées générales sur la reproduction ; et comme la génération de l'homme et des animaux est de toutes les espèces de générations la plus compliquée, ils ont eu un grand désavantage dans leurs recherches... » BUFF., *Hist. anim.*, IV, *Œuvr.*, t. I, p. 455.

3   « La fécondation ne représente que le mode de génération le plus puissant ou le plus souple, mais elle donne naissance aux plus variés, aux plus individualisés des vivants. » J. CARLES, *Fécond.*, Introd., p. 9 (éd. P.U.F.).

— *Génération spontanée :* théorie répandue avant les travaux de Pasteur, d'après laquelle certains êtres organisés naîtraient spontanément, c'est-à-dire « par la seule force de la matière qui s'organiserait toute seule dans des circonstances favorables » (LITTRÉ). V. **Hétérogénie.** *La « génération spontanée » fut réfutée par la découverte des germes* et de l'antisepsie.

4   « *Génération spontanée...* Pasteur a montré que, dans les conditions où il a expérimenté, c'est une erreur de croire à l'apparition spontanée des bactéries et des levures ; jamais il n'a prétendu que, dans d'autres conditions, des êtres vivants plus simples que ceux-là, ne puissent se former directement aux dépens de substances brutes. »
NOUV. LAR. ILL. (1896-1904), *Génération.*

5   « Il (*Pasteur*) démontra à ce moment que le liquide le plus putrescible restait pur si on le tenait à l'abri des poussières de l'air, mais qu'il s'altérait si une parcelle du coton, qui avait retenu les poussières, était mise à son contact. Il écrivait à Pouchet : « Je pense que vous avez tort, non de croire à la génération spontanée... mais d'affirmer la génération spontanée. Dans les sciences expérimentales on a toujours tort de ne pas douter alors que les faits n'obligent pas à l'affirmation... » MONDOR, *Pasteur*, IV.

6   « Le vieux savant, théoricien buté, avait eu son heure de célébrité pour avoir soutenu contre Pasteur l'aventureuse thèse de l'*hétérogénie* ou génération spontanée. » GIDE, *Si le grain ne meurt*, I, IV.

— *Spécialt. L'acte de la génération*, et, *elliptiqt.* (vx.) : *La génération :* acte sexuel. V. **Accouplement*, copulation.** *Instinct de la génération* (V. **Génésique**).

7   « La génération est la principale des actions naturelles... » MONTAIGNE, *Essais*, II, XII.

8   « Le génie de nos Celtes, je parle surtout des Gaëls, est fort et fécond, et aussi fortement incliné à la matière, à la nature, au plaisir, à la sensualité. La génération et le plaisir de la génération tiennent grande place chez ces peuples. » MICHELET, *Hist. de France*, I, IV.

9   « La nature, avant tout, veut la reproduction des êtres ; partout, depuis le sommet des montagnes jusqu'au fond de l'Océan, la vie a peur de mourir. Dieu, pour conserver son ouvrage, a donc établi cette loi, que la plus grande jouissance de tous les êtres vivants fût l'acte de la génération. » MUSS., *Conf. d'un enf. du siècle*, I, V.

— *Spécialt.* Théol. *Génération du Fils, du Verbe* (éternellement engendré* par le Père). Mythol. *Génération des dieux.* V. **Théogonie.**

— *Fig.* V. **Création, genèse, origine, naissance, production***...

10   « ...des milliers de figures bizarres fouillées dans l'ivoire et dont la génération a usé deux familles chinoises ; » BALZ., *Fausse maitresse, Œuv.*, t. II, p. 18.

11   « ...il faut se figurer les usages nombreux et ordinaires du dictionnaire. On y cherche le sens des mots, la génération des mots, l'étymologie des mots ; » BAUDEL., *Curios. esthét.*, IX, IV.

12   « Le Romantisme n'a pas éclaté victorieusement, tout d'un coup, en 1830, au travers de plusieurs chefs-d'œuvre. Il n'y a jamais de génération spontanée, en littérature. » HENRIOT, *Les romantiques*, p. 459.

— *Spécialt.* Géom. *Génération d'une surface, d'un solide*, par mouvement ou révolution* *Définition par génération*, qui définit une figure par la façon dont elle est engendrée. — Math. *Génération d'un nombre*, sa formation à l'aide de l'unité ou d'autres nombres. — Mus. *Génération d'un accord*, sa production par le son fondamental et les harmoniques.

13   « ...il y a entre la mécanique et la géométrie cette différence, non seulement que dans celle-ci la génération des figures par le mouvement est, pour ainsi dire, arbitraire et de pure élégance, mais encore que la géométrie ne considère dans le mouvement que l'espace parcouru ;... » D'ALEMB., *Introd. au Traité de dynam., Œuvr.*, t. I, p. 394.

‖ **2º** Ensemble de ceux qui descendent* de quelqu'un à chacun des degrés* (cit. 4 et 5) de filiation*. V. **Enfant, fils, progéniture, rejeton, souche.** *La suite des générations dans une famille** (cit. 10 et 19. — Cf. aussi Alliance, cit. 2). *De génération en génération. Immigrants incapables de s'assimiler* (cit. 20) *après trois générations. De la seconde génération.* V. **Épigone.** *Race, nom qui s'est éteint à la cinquième génération. Tare, trait distinctif qui saute une génération.* V. **Hérédité.**

14   « ...car je suis le Seigneur votre Dieu, le *Dieu* fort et jaloux, qui venge l'iniquité des pères sur les enfants jusqu'à la troisième et jusqu'à la quatrième génération... » BIBLE (SACY), *Exode*, XX, 5.

15   « Je vous ai pris pour son bisaïeul paternel, maternel, sempiternel : il y a au moins trois générations entre elle et vous. » BEAUMARCH., *Barb. de Sév.*, II, 14.

16   « ...selon une observation vulgaire, la goutte saute par-dessus une génération, et va d'un grand-père à un petit-fils... » BALZ., *La rabouilleuse, Œuv.*, t. III, p. 854.

17   « ...tout aïeul, penché sur le berceau des petits-enfants, conçoit mieux qu'un philosophe et qu'un grand moraliste la chaine doucement renouée des générations et cet éternel recommencement du monde. » STE-BEUVE, *Caus. du lundi*, 22 sept. 1851, t. IV, p. 558.

18   « ...ils quitteront Limoges et oublieront très vite les gestes souples de l'ouvrier porcelainier, inculqués par une longue pratique, souvent perfectionnés et transmis à travers des générations. » CHARDONNE, *Dest. sentim.*, p. 481.

— *Par ext.* Espace de temps correspondant à l'intervalle qui sépare chacun des degrés d'une filiation (évalué à une trentaine d'années). *Il y a une génération entre Corneille et Racine. Trois générations font environ un siècle. Homère florissait* (cit. 13) *deux générations après la guerre de Troie.*

19 « Chaque génération est de trente-trois années, la vie du Christ (le Christ est le type de tout) ; » CHATEAUB., M. O.-T., t. V, p. 25.

‖ 3° **Ensemble des individus ayant à peu près le même âge.**

20 « Pour saisir l'équivoque de ce terme, il suffit de poser cette question : combien y a-t-il de générations simultanément vivantes ? Ou celle-ci, qui est sensiblement la même : combien de générations se succèdent dans un même siècle ? Si par « du même âge » on entend « de la même année », la réponse est : une centaine. Mais par « du même âge », on peut entendre « de la même décade » (Cf. les expressions : les moins de trente ans, les moins de quarante ans, etc.) ; la réponse est alors : une dizaine. Enfin, du point de vue de la descendance, on en compte trois. » M. MARSAL (in LALANDE, Vocab. philos., Génération).

— *La génération présente, actuelle* (Cf. Amoindrissement, cit. 1). *Les générations passées* (Cf. Expérience, cit. 32), *futures* (Cf. Confiner, cit. 9 ; eugénique, cit. 1 ; exposé, cit. 2). V. **Postérité.** *La jeune, la nouvelle génération* (Cf. Conjuguer, cit. 3 ; faillite, cit. 6). *Les hommes de ma génération, de notre génération, de la génération de X* (Cf. Apporter, cit. 33 ; barbare, cit. 19 ; engendrer, cit. 8). *La génération qui allait faire la Révolution* (Cf. Avenir, cit. 18). *La génération des écrivains classiques. Une génération sacrifiée.*

21 « Il est dit que cette génération ne passera point jusqu'à ce que tout cela se fasse. Sur cela je dirai qu'après cette génération, il viendra une autre génération, et toujours successivement. » PASC., Pens., X, 651.

22 « Je conviens qu'à la vérité la génération passée ressemblait beaucoup à ma pièce ; que la génération future lui ressemblera beaucoup aussi ; mais que pour la génération présente, elle ne lui ressemble aucunement ; » BEAUMARCH., Mariage de Figaro, Préf.

23 « C'est le temps qu'il faut à une génération pour se produire, pour naître, fleurir et régner, puis se trouver en face d'une autre génération nouvelle déjà grandie... » STE-BEUVE, Chateaub., t. I, p. 36.

24 « ... je viens de voir l'image du vieil homme de lettres qui a survécu à la génération dont il fut le brillant amuseur ; » BAUDEL., Spl. de Paris, XIV.

25 « Chaque génération doit à la suivante ce qu'elle a reçu de ses devancières, un ordre social établi. » RENAN, Dial. et fragm. philos., A M. Berthelot.

26 « ...c'était une de ces églises qui meurent tristement dans l'oubli... mais où des générations croyantes ont laissé comme un souvenir de leur ferveur. » GREEN, Léviathan, I, IX.

— *Avec une détermination de date.* Ensemble des individus à peu près du même âge arrivant à l'âge d'homme, accédant à la vie publique à telle date. *La génération de 89, de 1830, de 1914... La génération classique de 1660.*

27 « ...a un très haut degré, il a le caractère commun à toutes les figures de la génération de Quarante-Huit... » SUARÈS, Trois hommes, Ibsen, III.

GÉNÉREUSEMENT. *adv.* (XVIe s. HUGUET ; de *généreux*). Avec générosité

‖ 1° *Vx.* De façon courageuse. *Se battre, verser son sang généreusement.*

‖ 2° En montrant de la grandeur d'âme, de la magnanimité. *Défendre généreusement les opprimés. Se conduire généreusement envers un vaincu.*

‖ 3° Avec libéralité. *Récompenser généreusement quelqu'un.* V. **Compter** (sans) ; **grassement ; main** (à pleine). — Sans épargner sa peine, son dévouement. *Se dépenser généreusement au chevet d'un malade.*

1 « Le duc d'Estrées est outré qu'un homme qu'il logeait généreusement, ait ainsi blessé et outragé l'hospitalité. » SÉV., 1157, 28 mars 1689.

2 « La Russie ne retrouvera sans doute plus des pères et des fils comme ceux-là, qui sont nobles, au sens de l'élite : ils sont le choix de la nature, et ils y répondent généreusement. » SUARÈS, Trois hommes, Dostoïevski, III.

‖ 4° Avec abondance. *Verser généreusement à boire. Viande généreusement lardée* (Cf. Dévorer, cit. 5).

GÉNÉREUX, EUSE. *adj.* (XIVe s. ; empr. au lat. *generosus*, « de bonne extraction, de bonne race », et *fig.* « noble de cœur »).

‖ 1° *Vx.* De race noble. *Prince d'un sang généreux.* — *Par anal.* En parlant d'animaux qui ont noble allure. V. **Fier.** *Des coursiers généreux.*

‖ 2° *Par ext.* « Qui a l'âme grande et noble et qui préfère l'honneur à tout autre intérêt » (FURET.).

— *Vieilli.* V. **Ardent, audacieux, brave, chevaleresque, courageux, fort, hardi, intrépide, vaillant.** *De généreux guerriers* (Cf. Assez, cit. 53). *Cœur généreux* (Cf. Assortir, cit. 12 ; athlète, cit. 8 ; blâme, cit. 4 ; excuse, cit. 18).

1 « Courage amis ! c'est maintenant qu'il faut,
Vous dont le sang est généreux et chaud,
Accompagner cette belle entreprise. » RONSARD, La Franciade, I.

2 « Qu'un homme sans honneur ne le méritait pas ;
Que malgré cette part que j'avais en ton âme,
Qui m'aima généreux me haïrait infâme. » CORN., Cid, III, 4.

3 « J'aime, je l'avouerai, cet orgueil généreux
Qui jamais n'a fléchi sous le joug amoureux. » RAC., Phèd., II, 1.

4 « Vous êtes mon lion superbe et généreux ! » HUGO, Hernani, III, 4.

— *Spécialt.* Chez Descartes (*adj.* et *substant.*) :

5 « Ainsi les plus généreux ont coutume d'être les plus humbles ; et l'humilité vertueuse ne consiste qu'en ce que la réflexion... est cause que nous ne nous préférons à personne, et que nous pensons que les autres ayant leur libre arbitre aussi bien que nous, ils en peuvent aussi bien user. » DESC., Traité des passions, III, CLV.

6 « Le généreux met sa liberté au service de l'amour et l'amour consiste dans « le consentement par lequel on se considère dès à présent comme joint avec ce qu'on aime ; en sorte qu'on s'imagine un tout, duquel on pense être seulement une partie, et que la chose aimée en est une autre ». L. BRUNSCHVICG, Descartes, p. 61.

→ *De nos jours.* Qui a un grand cœur, de nobles sentiments qui le portent au désintéressement* (2°), à l'oubli et au don de soi-même, au dévouement pour son prochain. V. **Bon*, charitable, humain.** *Un homme généreux, prompt à se dévouer pour ses amis* (Cf. Facile, cit. 24), *Âme généreuse. Esprit, caractère généreux.* V. **Beau*.** *Nature généreuse des femmes* (cit. 34). — *Spécialt.* V. **Clément, indulgent, magnanime, pitoyable, sensible.** *Montrez-vous généreux, pardonnez-lui.* V. **Chrétien.** *Caractère généreux, incapable de rancune, de ressentiment* (Cf. Empoisonner, cit. 18). *Vainqueur généreux envers le vaincu* (Cf. Cesser, cit. 34). — *Par ext. Sentiments, actes généreux.* V. **Élevé, grand, noble** (Cf. Égoïste, cit. 1). *Souffle généreux et humain* (Cf. Coopération, cit. 2). *Actions* (cit. 22) *nobles, généreuses, désintéressées. Généreux sacrifices. Généreuse bonté* (Cf. Affabilité, cit. 2). *Généreux dévouement. Généreux appui* (Cf. Égide, cit. 4). V. **Bienveillant, fraternel, gentil, obligeant.** *Parole généreuse* (Cf. Critique, cit. 39). *Pensées* (Cf. Enthousiasme, cit. 15), *illusions généreuses* (Cf. Erreur, cit. 5). *Souffle généreux de l'enthousiasme* (Cf. Boire, cit. 29). *Généreux idéal.* Foi (cit. 47) *généreuse.* « *Il est généreux de se ranger du côté* (cit. 34) *des affligés* » (MOL.). *Pardon généreux. Céder à un mouvement généreux. Armistice* (cit. 1) *généreux jusqu'à l'imprudence.*

7 « Les plus coupables sont les moins généreux, c'est la règle. » BEAUMARCH., Mariage de Figaro, Préf.

8 « Tu doutes trop de moi, Jacques, ce n'est pas généreux... » DAUD., Petit Chose, Le rêve.

9 « Je ne suis pas si sec qu'on pourrait le croire... Une action généreuse ? Aussitôt mes yeux se brouillent d'émotion. » LÉAUTAUD, Propos d'un jour, p. 85.

10 « Vous avez la bouche pleine de formules généreuses, mais votre cœur est souillé par toutes sortes de basses sottises. » DUHAM., Récits t. de guerre, IV, XX.

11 « Ne faut-il pas un cœur aussi généreux pour se réjouir du bonheur d'autrui que pour s'apitoyer sur son infortune ? » ROMAINS, Lucienne, p. 69.

— *Substantivt :*

12 « Ne va point sottement faire le généreux. » BOIL., Sat., VIII

‖ 3° *Spécialt.* (à partir du XVIIe s.). Qui donne, est enclin à donner plus qu'il n'est tenu de le faire. V. **Bienfaisant, charitable, donnant, large, libéral, magnifique, prodigue.** *Un homme généreux, qui a le cœur* sur la main, un cœur d'or. Généreux ami des arts, des lettres.* V. **Mécène.** *Se montrer généreux.* — *Par ext. Don, geste généreux.* — *Substantivt. Faire le généreux. Faire le généreux pour épater la galerie.*

13 « Il y a beaucoup moins d'ingrats qu'on ne croit ; car il y a bien moins de généreux qu'on pense. » ST-ÉVREM., Sur les ingrats (in GUERLAC).

14 « Mécénas était un seigneur généreux qui faisait de grands biens aux gens de lettres. » FURET., Dict., Généreux.

15 « Les gens généreux font de mauvais commerçants. » BALZ., Illusions perdues, Œuv., t. IV, p. 474.

16 « La bonne humeur a quelque chose de généreux ; elle donne plutôt qu'elle ne reçoit. » ALAIN, Propos, p. 475.

— *Par ext. Être généreux de son temps, de ses forces, de ses faveurs.*

17 « Galswinthe vécut au milieu d'eux dans l'insouciance de son corps, généreuse jusqu'à la prodigalité de ce corps charmant. » P. BENOIT, Mlle de la Ferté, p. 85.

‖ 4° *Fig.* (En parlant des choses). *Sol généreux, terre généreuse*, qui a une grande force productive. V. **Fécond, fertile, productif, riche.** *Sève généreuse* (Cf. Flétrir, cit. 3). V. **Fort, vivace.** *Sang généreux, sain.* V. **Ardent, sain.** *Vin généreux, qui réconforte.* V. **Corsé ; tonique.** *Source généreuse.* V. **Abondant, inépuisable, intarissable.** *Repas, festin généreux.* V. **Copieux.** *Éloquence généreuse. Une poitrine, une gorge généreuse* V. **Plantureux.**

18 « La grande nation au sang généreux et riche et les entrailles fécondes ; elle est inépuisable en génies ; » HUGO, Littér. et philos., Sur Mirabeau, VII.

19 « En général, le climat (*de Majorque*) est sain et généreux dans toute la partie méridionale qui s'abaisse vers l'Afrique. » SAND, Hiver à Majorque, p. 21.

20 « Je suis bien obligé de croire qu'une langue aussi généreuse est l'instrument et le trésor d'un peuple vigoureux... » DUHAM., Refuges de la lecture, IV, p. 172.

ANT. — **Bas, couard, étroit, froid, lâche, mesquin, petit, vil. Âpre** (au gain), **avare, avaricieux, avide, chiche, cruel, cupide, égoïste, intéressé, ladre, lésineur, radin** (*fam.*). **Aride, médiocre, pauvre, sec, stérile.**

DER. — **Généreusement.**

GÉNÉRIQUE. *adj.* (1596 ; dér. sav. du lat. *genus, eris,* V. **Genre**). *T. didact.* « Qui appartient à la compréhension du genre », *par oppos.* à spécial, spécifique* (LALANDE). V. **Genre** (II, 1°). *Caractère générique. Proposition générique,* exprimant un caractère inhérent au concept. *Unité générique.*

1   « ...l'unité générique n'ajoute rien de réel à la nature de chaque individu. »   DESC., **Rép. aux 2**ᵐᵉˢ **object.**

2   « *Général* et *spécial* désignent ce qui a respectivement le *caractère* du genre ou de l'espèce ; *générique* et *spécifique,* ce qui appartient au genre ou à l'espèce. »   M. BERNÈS (in LALANDE, **Vocab. philos.,** Générique).

— *Terme, nom générique ; expression générique,* désignant un genre entier. *Voie est le terme générique désignant les chemins, routes, rues,* etc. V. **Commun, général...** *Spécialt.* Biol. *Donner le nom générique et le nom spécifique d'un animal, d'une plante.*

3   « Ainsi, le terme noctuelle servant à désigner un genre nombreux de lépidoptères nocturnes, il faut pour faire connaître chacune des espèces, accoler au nom générique un nom spécifique... »   LEGOARANT (in LITTRÉ).

— *Substantivt.* Cinéma. *Un générique* (Néol.). Présentation d'un film*, faisant partie de la bande cinématographique (généralement au début) et où sont indiqués les noms des auteurs, collaborateurs (techniciens et interprètes), producteurs, etc. *Générique sur fond fixe. Musique accompagnant le générique.*

4   « J'invente le générique. J'emploierai les claquettes (c'est-à-dire la planche noire qui sert à donner le numéro avant la prise). Un machiniste les présentera, claquera aux noms des vedettes et les découvrira une seconde comme si elles allaient tourner. »   COCTEAU, **La belle et la bête,** Journ., p. 69.

ANT. — **Spécifique ; spécial. Individuel, particulier.**

GÉNÉROSITÉ. *n. f.* (XVᵉ s. ; empr. au lat. *generositas,* propremt. « bonne race, noblesse d'extraction »). *Caractère d'un être généreux*, d'une action généreuse.*

‖ 1° *Vx.* Qualité d'une âme fière, bien née ; sentiment de l'honneur qui porte aux actions nobles et courageuses. V. **Courage, noblesse, vaillance, valeur.**

1   « C'est générosité quand pour venger un père
Notre devoir attaque une tête si chère ; »   CORN., **Cid,** IV, 2.

2   « Souviens-toi de ton nom, soutiens sa dignité ;
Et prenant d'un Romain la générosité,
Sache qu'il n'en est point que le ciel n'ait fait naître
Pour commander aux rois, et pour vivre sans maîtres. »   ID., **Cinna,** III, 4.

— *Spécialt.* Chez Descartes.

3   « Ainsi je crois que la vraie générosité, qui fait qu'un homme s'estime au plus haut point qu'il se peut légitimement estimer, consiste seulement partie en ce qu'il connaît qu'il n'y a rien qui véritablement lui appartienne que cette libre disposition de ses volontés, ni pourquoi il doive être loué ou blâmé sinon pour ce qu'il en use bien ou mal, et partie en ce qu'il sent en soi-même un ferme et constante résolution d'en bien user, c'est-à-dire de ne manquer jamais de volonté pour entreprendre et exécuter toutes les choses qu'il jugera être les meilleures : ce qui est suivre parfaitement la vertu. »   DESC., **Traité des passions,** III, CLIII.

‖ 2° Qualité qui élève l'homme au-dessus de lui-même et le dispose à sacrifier son intérêt personnel, son avantage à celui des autres, à se dévouer pour son prochain. V. **Abandon, don, oubli** (de soi-même), **abnégation, désintéressement ; cœur, grandeur** (d'âme), **noblesse** (de sentiments, de cœur). *La générosité de son âme* (Cf. Émouvoir, cit. 30), *de son caractère, de sa nature. Sentiment de générosité* (Cf. Enflammer, cit. 8). *Agir, céder* (cit. 1) *par générosité, par pure générosité. Élan de générosité. Montrer sa générosité.* V. **Dévouement.**

— *Spécialt.* Sentiment d'humanité* qui porte à se montrer bienveillant, charitable, pitoyable, à pardonner les injures, les fautes, à épargner un ennemi... V. **Bienveillance, bonté, clémence** (cit. 4), **indulgence, magnanimité.** *Générosité d'une âme éprise d'équité* (cit. 9) *révoltée par l'injustice, accessible à la pitié* (Cf. Calamité, cit. 3). *Avoir la générosité de ne pas abuser de sa victoire.*

4   « La générosité souffre des maux d'autrui, comme si elle en était responsable. »   VAUVEN., **Réfl. et max.,** 173.

5   « La générosité n'est que la pitié des âmes nobles. »   CHAMFORT, **Max. et pens.,** Sur les sentiments, XX.

6   « Et réellement il y allait de la vie de s'arrêter un instant ; dans ce naufrage universel, tendre la main à son compagnon, à son chef mourant, était un acte admirable de générosité ; le moindre mouvement d'humanité devenait une action sublime... »   SÉGUR, **Hist. Napol.,** XII, 2 (in LITTRÉ).

7   « La générosité jouit des félicités d'autrui, comme si elle en était responsable. »   LAUTRÉAMONT, **Chants de Maldoror,** Poés., II.

8   « ...le seul plénipotentiaire de Versailles qui eût recréé l'Europe avec générosité, et le seul, sans *exception,* avec compétence. »   GIRAUDOUX, **Bella.** I.

« ...le jeune bourgeois ne peut venir à la révolution que sur la vue des injustices sociales ; il y vient par générosité individuelle, ce qui est toujours suspect, car la source de la générosité peut tarir... »   9   SARTRE, **Situations III,** p. 223.

‖ 3° Disposition à donner plus qu'on n'est tenu de le faire. V. **Bienfaisance, largesse, libéralité, magnificence, munificence.** *La générosité des donateurs. Faire preuve de générosité. Rivaliser de générosité* (Cf. Factice, cit. 8). *Il l'a récompensé avec générosité.* V. **Largement** (Cf. Faire bonne mesure). *Générosité démesurée, excessive.* V. **Prodigalité.** — *Au plur. Faire des générosités.* V. **Bienfait, cadeau, don.**

« M. Necker a écrit quelque part que lorsqu'un homme est généreux sans affectation, ceux-là même qui s'enrichissent de ses générosités trouvent qu'il ne fait que son devoir. »   10   B. CONSTANT, **Journ. intime,** p. 235.

« La générosité est si sacrée chez ce peuple (*arabe*) qu'il est permis 11 de voler pour donner. »   STENDHAL, **De l'amour,** p. 177.

« ...avec de la générosité, elle avait l'apparence de l'avarice ; »   12   CHATEAUB., **M. O.-T.,** t. I, p. 34

ANT. — **Bassesse, égoïsme, lâcheté, petitesse, vilenie ; âpreté, avarice, avidité, cupidité, ladrerie, lésinerie, mesquinerie, parcimonie.**

GENÈSE. *n. f.* (XVᵉ s. ; titre du prem. livre de la Bible (d'apr. WARTBURG) ; empr. au lat. *genesis,* « naissance, génération », d'orig. grecque).

‖ 1° Nom du premier livre de l'Ancien Testament (V. **Bible**) qui contient l'histoire de la création* du monde (prend une majuscule dans ce sens). *La Genèse. — Par ext.* V. **Cosmogonie.**

« ...mais les vieux préjugés prévalaient, et ces vieux préjugés durent 1 être ménagés par l'auteur de la *Genèse,* qui écrivait pour enseigner les voies de Dieu, et non la physique. »   VOLT., **Dict. philos.,** Genèse.

‖ 2° *Géom.* (vx.). V. **Génération.**

— *Biol.* (vx.). *Genèse des espèces,* origine, production des espèces. V. **Génétique.** *Genèse spontanée.* V. **Génération.**

— *Fig.* (XIXᵉ s. BAUDEL. ; PROUDHON cité par P. LAROUSSE) Ensemble des formes ou des éléments qui ont contribué à produire quelque chose ; manière dont une chose s'est formée. V. **Création, élaboration, formation, naissance.** *Genèse d'une œuvre d'art, d'un ouvrage de l'esprit.* « *La genèse d'un poème* », traduction par Baudelaire d'un Essai de Poe. *Genèse d'un sentiment, d'une idée, d'une théorie...*

« On dit que Balzac charge sa copie et ses épreuves d'une manière 2 fantastique et désordonnée. Un roman passe dès lors par une série de genèses, où se disperse... l'unité... de l'œuvre. »   BAUDEL., **Art romant.,** Conseils aux jeunes littér.

« La genèse d'un objet d'étude (par exemple d'un être, d'une fonc 3 tion, d'une institution) est la façon dont il est devenu ce qu'il est au moment considéré, c'est-à-dire la suite des formes successives qu'il a présentées, considérées dans leur rapport avec les circonstances où s'est produit ce développement. »   LALANDE, **Vocab. philos.,** Genèse.

« On peut admettre que la détermination économique joue un rôle 4 capital dans la genèse des actions et des pensées humaines... »   CAMUS, **Homme révolté,** p. 246.

DER. — **Génésiaque.** *adj.* (1839 in BOISTE ; gr. *genesiakos*). Relatif à la Genèse. *Jours génésiaques.* Par ext. V. **Cosmogonique.** *Récit génésiaque.* — **Génésique.** *adj.* (1825). Relatif à la génération, à la sexualité. V. **Sexuel.** *Instinct génésique.* — *Substantivt.* (vx.). *Le génésique :* la sexualité*.

« ...le *génésique,* ou *amour physique,* qui entraîne les sexes l'un vers 1 l'autre, et dont le but est la reproduction de l'espèce. »   BRILLAT-SAVARIN, **Physiol. du goût,** I, t. I, p. 39.

« ...la truffe dispose aux plaisirs génésiques ; »   2   ID., **Ibid.,** 44, t. I, p. 121.

« Pour lui, l'améthyste guérit bien l'ivresse, mais surtout l'ivresse 3 morale, l'orgueil ; le rubis enraye les entraînements génésiques... »   HUYSMANS, **Là-bas,** p. 294.

« L'hyperexcitation génésique a été signalée au cours de certaines 4 maladies chroniques... » BINET, **Amour et émotion chez la femme,** p. 153.

-GÉNÈSE. Élément (du lat. *genesis,* « génération, formation ») qui entre dans la composition de quelques mots savants tels que : *biogénèse, épigénèse, glycogénèse, hypergénèse, ontogénèse, parthénogénèse, phylogénèse, spermatogénèse...* **-GÉNÉSIE** (même orig.). Cf. Agénésie, palingénésie, syngénésie... (Cf. *aussi* la forme -GÉNÉSIQUE dans les dérivés de ces mots.)

GENET. *n. m.* (XIVᵉ s. ; empr. de l'esp. *jinete* « cavalier armé à la légère » et d'orig. arabe). Petit cheval* de race espagnole.

« Van der Meulen... se reconnaît à l'air de noblesse de ses cavaliers, aux têtes busquées et aux croupes arrondies de ses genets d'Espagne... »   GAUTIER, **Souv. de théâtre,** Collect. de Villafranca.

GENÊT. *n. m.* (*Geneste,* n. f., au XIIᵉ s. ; du lat. *genesta,* var. de *genista,* même sens). *Bot.* Plante dicotylédone (*Légumineuses-papilionacées*), scientifiquement appelée *genista,* arbrisseau épineux ou inerme aux nombreuses variétés indigènes et exotiques, à fleurs jaune d'or odorantes. *Lande couverte de genêts. Touffe, fourré de genêts. Genêts en* *fleurs* (Cf. Agneau, cit. 2). *Fleurs de genêts semblables à des papillons d'or* (Cf. Ajonc, cit. 2). *Parfum des genêts* (Cf. Embaumer, cit. 5). — *Genêt épineux.* V. **Vignon.** *Genêt des teinturiers.* V. **Genestrolle** (*infra*). *Genêt à balais.* V. **Cytise** (V. *aussi* **Hérissonne**). *Propriétés diurétiques du genêt d'Espagne.*

1 « Ailleurs, dans la chaude paix de la pinède, les genêts qui commencent à fleurir mêlent à l'odeur des sèves résineuses leur arome d'amande amère. » GENEVOIX, **Forêt voisine**, Pins, p. 59.

2 « Les pommes de pin craquaient et des gousses de genêts éclataient au soleil... Au printemps, imaginez tous ces genêts en fleur... ces grandes hampes en flammes... » CHARDONNE, **Dest. sentim.**, pp. 386-387.

DER. — **Genestrolle**. *n. f.* (XVe s. ; du prov. *genestrolo*, dim. de *genestro*, genêt). Variété de genêt, appelée vulgairement *genêt des teinturiers* et, scientifiquement, *genista tinctoria* qui fournit une matière tinctoriale jaune utilisée autrefois par les teinturiers. — **Genêtière**. *n. f.* (*Genestrière* en 1611). Terrain couvert de genêts.

GÉNÉTHLIAQUE. *adj.* (XVIe s. ; empr au lat. *genethliacus*, du gr. *genethliakos*). Qui est relatif à la naissance d'un enfant. *Poème généthliaque.* — *Astrol.* Relatif à l'horoscope.

« ...il n'y a plus qu'en Amérique et en Angleterre où l'on sache établir le thème généthliaque et édifier un horoscope. »
HUYSMANS, **Là-bas**, IX.

GÉNÉTIQUE. *adj.* et *n. f.* (1846, *adj.* ; empr. au gr. *genetikos*, « propre à la génération »).

|| 1° *Adj. Philos.* Qui concerne la genèse de quelque chose. *Méthode, théorie génétique.*

— *Biol.* Relatif à l'hérédité, et, par attraction de *gène**, Relatif aux gènes. V. **Héréditaire** (Cf. Eugénique, cit. 1 et 2).

1 « Quelle est l'origine de la diversité génétique de l'espèce ? Elle ne peut être que l'œuvre de la mutation ; autrement dit, les gènes originels de l'espèce se sont diversifiés au cours de son évolution en subissant les changements de constitution moléculaire. »
J. ROSTAND, **Héréd. hum.**, p. 101 (éd. P.U.F.).

|| 2° *N. f.* (début XXe s.). Branche de la biologie, Science de l'hérédité. V. **Hérédité.** *La génétique étudie les caractères héréditaires et les variations accidentelles* (V. **Mutation**) *par des croisements entre variétés, races, espèces différentes ; elle contribue à l'explication du transformisme**, *et, dans le domaine pratique, à l'amélioration des espèces** (cit. 30).

2 « Le maniement pratique de l'hérédité est donc de tous les temps ; mais ce n'est qu'au cours des deux derniers siècles qu'a commencé à s'ébaucher la mise en œuvre scientifique de ce domaine et c'est seulement depuis le début du XXe siècle qu'il forme une science expérimentale particulière, la GÉNÉTIQUE... L'expérimentation n'étant pas possible sur l'homme, c'est sur les animaux et les plantes, que la Génétique a pu s'édifier et c'est sur la base ainsi obtenue qu'on peut *interpréter* les faits sporadiques ou réguliers offerts par l'hérédité humaine. » M. CAULLERY, **Génét. et héréd.**, p. 7 (éd. P.U.F.).

DER. — **Génétiquement**. *adv.* (XXe s.). D'un point de vue génétique. V. **Héréditairement** (Cf. Émotif, cit. 2). — **Généticien, enne**. *n.* (XXe s.). Personne qui s'occupe de génétique (On a dit aussi *génétiste*, et *généticiste* qui est un anglicisme). *Généticien spécialisé dans la sélection animale.* V. **Zootechnicien.**

1 « Les généticiens se sont justement préoccupés de la *fréquence* des mutations. »
M. CAULLERY, **Génétique et héréd.**, p. 82 (éd. P.U.F.).

2 « ...les généticistes pensent que l'hérédité s'impose à l'homme comme le fatum antique, et que le salut de la race se trouve, non pas dans l'éducation, mais dans l'eugénisme. »
CARREL, **L'homme, cet inconnu**, p. 303.

GENETTE. *n. f.* (XIIIe s. ; empr. à l'esp. *jineta*, d'orig. arabe). *Zool.* Mammifère carnivore (*Viverridés*) au corps allongé, à longue queue annelée de noir et de blanc, Espèce de civette* qui vit en Afrique et en Europe méridionale. *La fourrure de la genette est assez appréciée.*

GÊNEUR, EUSE. *n.* (1866 in DAUZAT ; de *gêner*). Personne qui gêne. V. **Emmerdeur** (*pop.*), **fâcheux, importun, raseur** (Cf. Empêcheur* de danser en rond). *Un coin retiré à l'abri des gêneurs.*

« Peut-être l'idée de supprimer un gêneur ne lui a-t-elle semblé si naturelle qu'en raison de l'absence de scrupules que vous laissez paraître sur ce point. » M. AYMÉ, **Tête des autres**, IV, 6.

GENÉVRETTE. V. GENIÈVRE, *dér.*

GENÉVRIER. *n. m.* (1372 ; dér. de *genièvre*). *Bot.* Plante phanérogame gymnosperme (*Conifères-Cupressinées*), scientifiquement appelée *Juniperus*, arbre ou arbrisseau à feuilles persistantes écailleuses ou en aiguille, à fruits noirs ou violets (V. **Genièvre**), dont le bois est utilisé en marqueterie. *Genévrier de l'Europe méridionale.* V. **Sabine.** *Genévrier oxycèdre appelé « cèdre piquant » dont on tire l'huile de cade. Feu de genévriers* (Cf. Entretenir, cit. 1 ; flamme, cit. 8).

1 « Le vert genévrier de ses senteurs me grise, »
Ctesse de NOAILLES, **Poés.**, Vivants et morts, Avoir tout accueilli...

2 « Des chênes verts, des gommiers épineux, des genévriers rabougris, de larges massifs d'euphorbe d'un vert de mousse gras et luisant, posés sur la pierraille comme d'énormes tortues vertes ; »
J. et J. THARAUD, **Marrakech**, X, p. 157.

DER. — **Genévrière**. *n. f.* (1839). Terrain couvert de genévriers.

GÉNIAL, ALE, AUX. *adj.* (1509, au sens du lat. *genialis*, « qui a un caractère de fête » ; sens mod. dans la seconde moitié du XIXe s., par attraction de *génie*). Qui a du génie* (au sens II, 2°). *Un écrivain, un mathématicien génial* (Cf. Excitant, cit. 4). Qui marque le génie. *Œuvre géniale ; géniale invention* (Cf. Entrecroiser, cit. 4). — REM. Dans son Supplément (1877), LITTRÉ condamne la « déviation » de *génial* dont le sens « vrai » est : « Qui a un caractère de fête ». Le sens néologique l'a emporté. Admis par HATZFELD et LAROUSSE à la fin du XIXe s., il figure seul dans ACAD. 1932.

1 « Il faut quelque travail pour se rendre compte de cette transparence et de cette simplicité géniale de l'exécution. »
Mme de GASPARIN, **B. du Jura**, II, 1er voy., 2e éd., 1865 (in LITTRÉ).

2 « Et je comprends parfaitement qu'un Tolstoï, qui fut le moins littérateur de tous les écrivains, ait manqué de sympathie pour l'art de celui qui fut le plus génial des hommes de lettres (*Shakespeare*). »
R. ROLLAND, **Vie de Tolstoï**, p. 121.

3 « Elle ne pouvait pas très bien comprendre ce qui lui était arrivé, et l'extraordinaire aventure qui avait un temps mêlé sa vie à celle du génial hors-la-loi (*Verlaine*). » HENRIOT, **Portr. de fem.**, p. 431.

— *Par ext.*, avec un sens affaibli. *Idée géniale.* V. **Astucieux, bon, ingénieux, lumineux.** *C'est génial !* V. **Formidable***, **fort.**

ANT. — Faible, médiocre, moyen.

DER. — **Génialement**. *adv.* (1869). D'une manière géniale. *Œuvre génialement traduite.* V. **Magistralement.** — **Génialité**. *n. f.* (1873). Caractère de ce qui est génial (*peu usit.*).

« ...ce vicaire du Christ (*Lamennais*) ne faisait plus, malgré la sainteté de sa personne et la génialité de son verbe, figure que de révolté. »
HENRIOT, **Les romantiques**, p. 280.

GÉNICULATION. *n. f.* (1866 in LITTRÉ ; dér. sav. du lat. *geniculum*, dim. de *genu*, « genou »). Courbure en forme de genou.

GÉNIE. *n. m.* (1532 ; empr. au lat. *genius*, « divinité tutélaire », *au fig.* en lat. impér. « inclination, talent »).

I. || 1° *Mythol. ant* Esprit qui présidait à la destinée de chacun, sorte d' « ange gardien, qui, à ce qu'on croyait, naissait avec chaque mortel et mourait avec lui, après avoir accompagné, avoir dirigé ses actions, et veillé à son bien-être pendant toute sa vie » (RICH, cité par LALANDE). *Le génie de Socrate.* V. **Démon** (cit. 6). Esprit qui présidait à une collectivité, une organisation, un lieu... *Le génie de Rome. Génie tutélaire.*

1 « Tout est mêlé de bien et de mal sur la terre ; il y a donc incontestablement de bons et de mauvais génies. Les Perses eurent leurs *péris* et leurs *dives*, les Grecs leurs *daimons* et *cacodaimons*, les latins leurs *bonos* et *malos genios*. Le bon génie devait être blanc, le mauvais devait être noir, excepté chez les nègres, où c'est essentiellement tout le contraire. Platon admit sans difficulté un bon et un mauvais génie pour chaque mortel. » VOLT., **Dict. philos.**, Génies.

— *De nos jours.* Être mythique, esprit bon ou mauvais qui nous inspire, influe sur notre destinée. *Bon génie, génie protecteur, génie familier* (Cf. Cathédrale, cit. 2). *Être poussé par un mauvais génie* (Cf. Démon, cit. 7), *un malin génie.*

2 « Je supposerai donc qu'il y a... un certain mauvais génie, non moins rusé et trompeur que puissant, qui a employé toute son industrie à me tromper. » DESC., **Médit.**, I.

3 « Il semble que mon mauvais génie ait lâché prise, et je vis depuis trois mois sous la baguette de la fée bienfaisante. »
CHAMFORT, **Histoire**, II.

4 « Il est de charmantes créatures méconnues par le sort, à qui tout devait réussir dans la vie, mais qui vivent et meurent malheureuses, tourmentées par un mauvais génie, victimes de circonstances imprévues. » BALZ., **Une fille d'Ève**, Œuv., t. II, p. 71.

— *Par anal.* Personne qui a une influence déterminante, bonne ou mauvaise, sur quelqu'un. V. **Ange** (bon, mauvais ange). *Cet homme est son mauvais génie. Je suivrai vos conseils, vous avez toujours été mon bon génie.*

5 « Il assure que vous êtes son bon génie. » SÉV., 570 (in LITTRÉ).

|| 2° *Par ext.* Être surnaturel doué d'un pouvoir magique. V. **Divinité, démon, djinn, dragon, efrit, elfe, esprit, fée, gnome, lutin, ondin, péri, sylphe...** *Génie des bois, des montagnes... Génie aérien. Génie des Mille et une Nuits. Génie bienfaisant, malfaisant. Évocation, apparition, disparition des génies.*

6 « À peine eut-elle commencé à frotter cette lampe, qu'en un instant, en présence de son fils, un génie hideux et d'une grandeur gigantesque s'éleva et parut devant elle... » GALLAND, **Mille et une Nuits**, Lampe merv.

7 « ...si quelque génie malhonnête et intolérant, quelque démon du contretemps venait me dire... » BAUDEL., **Spl. de Paris**, XVI.

|| 3° Être allégorique personnifiant une idée abstraite. *Le génie des arts, du commerce... Le génie de la liberté.* — Représentation de cette allégorie. *Les Cupidons**, *génies de l'amour. Le génie de la Bastille.*

II. (Sous l'influence du lat. *ingenium*).

|| 1° a) *Vx.* (XVIIe-XVIIIe s.). Les aptitudes innées, les dispositions naturelles, bonnes ou mauvaises de quelqu'un ; l'esprit, la personne qui possède ces aptitudes, ces dispositions. V. **Caractère, esprit, nature.** *L'essor* (cit. 8) *d'un*

grand et beau génie. Les esprits (cit. 119) *forts sont de faibles génies. Génie étroit* (cit. 9 et 10), *grossier génie* (Cf. Cacophonie, cit.), *pauvre génie.* V. **Nullité.** *Génie élevé* (Cf. Badinerie, cit. 6). *Chaque homme a son génie propre* (Cf. Apporter, cit. 23 ; avancer, cit. 36 ; caméléon, cit. 3).

8 « Abandonne ton âme à son lâche génie ; » CORN., **Cinna**, III, 4.

9 « Et bien vous prend, ma sœur, que son noble génie
N'ait pas vaqué toujours à la philosophie. » MOL., **F. sav.**, I, 1.

10 « ... ceux que l'on choisit pour de différents emplois, chacun selon son génie et sa profession... » LA BRUY., II, 3.

— *Par ext.* (sens actuel). Ensemble des caractères particuliers, distinctifs qui forment la nature propre d'une chose, d'une réalité vivante, son originalité, son individualité. *Le génie d'une race, d'un peuple, d'un pays... Le génie de la Grèce, de la France* (Cf. Esprit, cit. 172). *Le génie français* (Cf. Engendrer, cit. 8). *Le génie d'une époque, génie moderne* (Cf. Bicoque, cit. 4). *Le génie de la langue française. Le Génie du Christianisme,* œuvre de Chateaubriand.

11 « Il est vrai que du ciel la prudence infinie
Départ à chaque peuple un différent génie ; »
CORN., **Cinna**, II, 1.

12 « Pourquoi disons-nous le génie d'une langue ? C'est que chaque langue par ses terminaisons, par ses articles, ses participes, ses mots plus ou moins longs, aura nécessairement des propriétés que d'autres langues n'auront pas. Le génie de la langue française sera plus fait pour la conversation, parce que sa marche nécessairement simple et régulière ne gênera jamais l'esprit. Le grec et le latin auront plus de variété... Le style lapidaire sera plus dans le génie de la langue latine que dans celui de la française et de l'allemande. »
VOLT., **Dict. philos.**, Génie.

13 « Le génie de la Bretagne, c'est un génie d'indomptable résistance et d'opposition intrépide, opiniâtre, aveugle; »
MICHELET, **Hist. de France**, III, Bretagne.

14 « Le haut génie de la Grèce, ce ne fut pas l'habileté des Ulysse et des Thémistocle qui les fit vainqueurs de l'Asie, ce fut cette invention des méthodes de la raison qui fit d'eux les suprêmes initiateurs de l'humanité à venir. » ID., **La femme**, p. 176.

15 « ... ces deux femmes savaient se plier aux façons d'être de l'évêque avec ce génie particulier de la femme qui comprend l'homme mieux que l'homme ne se comprend. » HUGO, **Misér.**, I, I, IX.

16 « Pourtant l'homme et la femme, plus ils s'aiment, plus il leur est fatal de vivre ensemble et confondus. Au génie de l'espèce, qui ne s'inquiète que du moment, se substitue le génie de la tendresse, qui prétend accorder les éléments contraires, et faire un état durable d'un état passager. Une telle violence à la nature ne va pas sans douleur. »
SUARÈS, **Trois hommes**, Dostoïevski, IV.

17 « ... le génie de la langue, c'est-à-dire le sens profond de la langue, doit être respecté, même dans un dialogue réaliste. »
DUHAM., **Déf. des lettres**, III, p. 260.

18 « ... on doit laisser à chacun — dans la conversation comme dans la littérature — la liberté nécessaire pour adapter son tempérament au génie de notre langue. »
DAUZAT, **Génie de la langue franç.**, Av.-prop.

— b) Disposition naturelle, aptitude remarquable pour quelque chose. V. **Disposition, don*, goût, penchant, talent.** *Suivre son génie, forcer son génie* (ACAD.). *Avoir le génie de son métier* (Cf. Écolier, cit. 8). *Le génie des affaires, du bazar* (cit. 3). V. **Bosse.** *Saint-Simon a le génie du mot à l'emporte-pièce* (cit. 2). En mauvaise part, *Avoir le génie du mal, de la destruction, de la gaffe. Il a le génie d'embrouiller les choses les plus simples...*

19 « ... le talent et le génie qu'elles (*les femmes*) ont seulement pour les ouvrages de la main... » LA BRUY., III, 49.

20 « M. le duc de Luynes,... avait un très beau génie pour la traduction,... » RAC., **Abr. hist. Port-Royal**, I.

21 « ... ceux en qui on remarquera le génie de la guerre... »
FÉN., **Télém.**, XI.

22 « Lulli, qui ne vit aucun bon musicien en France, avait le génie de la musique. » VOLT., **Dict. philos.**, Génie.

23 « (*Il*) avait le génie de la chicane. Ce trait achève son portrait. »
FRANCE, **Petit Pierre**, XXII.

— Vx. *De génie* : naturellement, sans effort (comme par inspiration).

24 « ... on sent la force et l'ascendant de ce rare esprit, soit qu'il prêche de génie et sans préparation, soit qu'il prononce un discours étudié et oratoire... » LA BRUY., **Disc. Acad. fr.**

|| **2°** (dès la fin du XVIIe s.). Aptitude supérieure de l'esprit qui élève un homme au-dessus de la commune mesure et le rend capable de créations, d'inventions, d'entreprises qui paraissent extraordinaires ou surhumaines à ses semblables. *Génie des grands hommes, des grands créateurs** (Cf. Acquérir, cit. 14). *Le génie d'Alexandre le Grand, de Napoléon* (Cf. Abhorrer, cit. 3 ; ardeur, cit. 38), *de Pierre le Grand* (Cf. Barbarie, cit. 2)... *Le génie de Molière, de Victor Hugo, de Shakespeare, de Milton...* (Cf. Éclat, cit. 36). *Le génie de Mozart, de Beethoven. Génie poétique* (Cf. Expression, cit. 44), *musical* (Cf. Chicaner, cit. 7). *Ensemble de qualités qui font le génie* (Cf. Apparemment, cit. 4). *Avoir du génie* (Cf. Créateur, cit. 6). *Elle avait du caractère* (cit. 57) *plutôt que du génie. Être doué de génie* (Cf. Entraîneur, cit.). *Homme plein de génie* (Cf. Ascension, cit. 10 ; facile, cit. 27), *dans la pleine possession de son génie. Avoir confiance, croire en son génie* (Cf. Bâcler, cit. 2 ; étoile, cit. 25 ; fierté, cit. 5). *Être tourmenté par son génie* (Cf. Bambin, cit. 2), *asservi* (cit. 19) *par son génie. Génie qui inspire* (Cf. Enfler, cit. 1), *exalte, enivre* (cit. 13). *Invention*, inspiration*, intuitions, feu du génie. Explosion* (cit. 12), *éclair*, trait* de génie. Force irrésistible, abondance, fécondité* (cit. 8) *du génie* (Cf. Attention, cit. 18). *Génie qui s'impose à tous* (Cf. Contester, cit. 7). *Génie de premier ordre* (Cf. Criant, cit. 40), *surhumain* (Cf. Empire, cit. 16), *transcendant. Génie impétueux de Bossuet* (Cf. Familiarité, cit. 16). *Un sujet à la taille de son génie* (Cf. Avertir, cit. 17). *Un destin inférieur à son génie* (Cf. Auréoler, cit. 2). *Il y a du génie dans...* (Cf. Croupir, cit. 7). *Énigme, secret du génie* (Cf. Extériorisation, cit.). *Le génie, maladie du cerveau* (Cf. Étisie, cit. 2). *Génie et érudition* (cit. 4). *Le savoir n'est pas preuve de génie* (Cf. Esprit, cit. 138). *Génie et talent* (Cf. Escompter, cit. 2). *Génie et contraintes littéraires* (Cf. Extirpation, cit.), *morales, domestiques* (Cf. Écarter, cit. 10)... *La sagesse vaut mieux que le génie* (Cf. Bonheur, cit. 15). *Le génie anoblit* (cit. 6) *même la turpitude.*

« Le terme de *génie* semble devoir désigner, non pas indistinctement les grands talents, mais ceux dans lesquels il entre de l'invention. C'est surtout cette invention qui paraissait un don des dieux, cet *ingenium quasi ingenitum,* une espèce d'inspiration divine. » 25
VOLT., **Dict. philos.**, Génie.

« Le génie est un phénomène que l'éducation, le climat ni le gouvernement ne peuvent expliquer. » 26
CHAMFORT, **Max. et pens.**, Sur la science, XIX.

« Le génie... peut être défini *faculté créatrice,* soit qu'il trouve des idées ou des expressions nouvelles. Le génie des idées est le comble de l'esprit ; le génie des expressions est le comble du talent. Ainsi, que le génie féconde l'esprit ou le talent, en fournissant des idées à l'un et des expressions à l'autre, il est toujours créateur dans le sens qu'on attache ordinairement à ce mot : le génie est donc ce qui engendre et enfante : c'est, en un mot, le don de l'invention. » 27
RIVAROL, **Littér.**, Le génie et le talent.

« L'éclair de l'immense, quelque chose qui resplendit et qui est brusquement surhumain, voilà le génie. » 28
HUGO, **P.-S. de ma vie**, Du génie.

« Ah ! frappe-toi le cœur, c'est là qu'est le génie. » 29
MUSS. (Cf. Cœur, cit. 155).

« Ce que l'homme ici-bas appelle le génie, 30
C'est le besoin d'aimer ; hors de là tout est vain. »
ID., **Poés. nouv.**, À la Malibran, XXVII.

« Langue que pour l'amour inventa le génie. » 31
ID. (Cf. Harmonie).

« Tout ce qu'impliquent les mots : *volonté, désir, concentration, intensité nerveuse, explosion,* se sent et se fait deviner dans ses œuvres (*Wagner*). Je ne crois pas me faire illusion ni tromper personne en affirmant que je vois là les principales caractéristiques du phénomène que nous appelons *génie ;* ou du moins, que dans l'analyse de tout ce que nous avons jusqu'ici légitimement appelé *génie,* on retrouve les dites caractéristiques. » 32
BAUDEL., **Art romantique**, XXI, IV.

« Le talent sans génie est peu de chose. Le génie sans talent n'est rien. » 33
VALÉRY, **Mélange**, p. 163 (Cf. Esprit, cit. 154).

« Il faut terriblement de talent, chère amie, pour rendre un peu de génie supportable. » 34
GIDE, **Prétextes**, p. 83.

— Loc. prov. *Le génie est une longue patience.* — Allus. littér. *Le génie n'est autre chose qu'une grande aptitude à la patience,* mot attribué à BUFFON et que LITTRÉ rapporte avec une fausse référence : il ne se trouve pas, en effet, dans le *Disc. de réception* de BUFFON *à l'Acad.*

« M. de Buffon me dit à ce sujet un mot bien frappant, un de ces mots capables de produire un homme tout entier : *Le génie n'est qu'une plus grande aptitude à la patience.* Il suffit en effet d'avoir reçu cette qualité de la nature... » 35
HÉRAULT de SÉCHELLES, **Voyage à Montbard**, p. 15 (in LALANDE, Génie).

« ... il n'y a pas de vrai génie sans patience. » 36
MUSS., **Nouv.**, Le fils du Titien, VIII.

« Quand il a dit que le génie n'était qu'une plus grande aptitude à l'application et une plus grande patience, on voit que Buffon n'entendait point cette patience froide et qui n'a rien de commun avec le feu sacré. Le génie de Buffon participe du poète autant que du philosophe ; il confond et réunit les deux caractères en lui, comme cela s'était vu aux époques primitives. » 37
STE-BEUVE, **Caus. du lundi**, 21 juillet. 1851, t. IV, p. 351.

« Génie ! Ô longue impatience ! » 38
VALÉRY, **Charmes**, Ébauche d'un serpent.

— *De génie* : qui a du génie ou qui en porte la marque. V. **Génial.** *Un homme de génie* (Cf. Apothéose, cit. 4 ; aptitude, cit. 6 ; arborer, cit. 9 ; bachot, cit. ; bizarrerie, cit. 4 ; décrier, cit. 8 ; étincelle, cit. 11). *Écrivain de génie* (Cf. Caractère, cit. 30). *Peintre, musicien, mathématicien de génie. Œuvre, invention de génie.*

« Il faudrait peut-être avant tout, répondit Canalis, définir l'homme de génie, et l'une de ses conditions est l'invention : l'invention d'une forme, d'un système ou d'une force. Ainsi Napoléon fut inventeur, à part ses autres conditions de génie. Il a inventé sa méthode de faire la guerre. Walter Scott est un inventeur, Linné est un inventeur, Geoffroy Saint-Hilaire et Cuvier sont des inventeurs. De tels hommes sont hommes de génie au premier chef. Ils renouvellent, augmentent ou modifient la science ou l'art. » 39
BALZ., **Mod. Mignon**, **Œuv.**, t. I, p. 528.

« Quoi, se disait peut-être un *homme de génie,* — je suis donc une curiosité... Et ce qui me paraît si naturel, cette image échappée, cette évidence immédiate, ce mot qui ne m'a rien coûté, cet amusement éphémère de mes yeux intérieurs, de ma secrète oreille, de mes heures, et ces accidents de pensée ou de parole... me font un monstre ? » 40
VALÉRY, **Rhumbs**, p. 262.

— Avec un sens affaibli. *Un moqueur de génie* : étonnant, extraordinaire (Cf. Attaque, cit. 8). *Idée, trait de génie*, plein d'ingéniosité, d'astuce (Cf. Idée géniale*).

41 « Bruce... me donna un goût vif pour toutes les sciences dont il parlait. De là mon amour pour les mathématiques et enfin cette idée, j'ose dire de *génie : Les mathématiques peuvent me faire sortir de Grenoble.* » STENDHAL, **Vie de Henry Brulard**, 8.

— Par ext. *N. m.* Personne qui a du génie. (REM. Dans cet emploi, *génie* a une valeur superlative que n'ont pas au même degré les expressions *Avoir du génie, le génie de X, l'homme de génie ;* il ne s'applique qu'au petit nombre d'hommes dont l'apport marque d'une forte empreinte l'histoire de l'humanité.) *Platon, Michel-Ange, Léonard de Vinci, Shakespeare, Newton, Einstein... furent des génies. Danton, le génie le plus fort de la Révolution* (Cf. Fluctuation, cit. 2). *Cette femme mérite le nom de génie. Un génie sublime. Le génie comparé à un aigle** (V. **Aigle,** cit. 3), *à une montagne* (Cf. Aussi, cit. 24)... *Les génies en littérature* (Cf. Effort, cit. 24). *Pascal, cet effrayant* (cit. 5) *génie. Wagner, génie prodigieux qui exalte, écrase* (cit. 10). *Franklin, vaste et puissant génie* (Cf. Autel, cit. 14). *Génie méconnu, incompris* (Cf. Asile, cit. 5 ; fatalement, cit. 2). *Se croire un génie, se prendre pour un grand génie* (Cf. Comte, cit. 2 ; énigme, cit. 2 ; entendre, cit. 18). En mauvaise part, *Ce n'est pas un génie* (V. **Aigle, phénix**), se dit d'une personne médiocre.

42 « On sait que les grands génies ne se trompent jamais à demi, et qu'ils ont le privilège de l'énormité dans tous les sens. » BAUDEL., **Curios. esthét.**, Salon 1846, IV.

43 « Toi qui sous le laurier lèves ta tête blanche, Génie entré vivant dans l'immortalité ! » BANVILLE à HUGO (in HUGO, Œuv., t. XIX, p. 197, La 100e représent. de *N.-D. de Paris*, 13 oct. 1879).

44 « Il avait une haute conscience de sa valeur, et pensait être seul à ne pas se dénier justice : il se croyait en conséquence le droit d'en vouloir à l'univers entier. Il se prenait tout ensemble pour un héros, pour un génie et pour une victime. » A. HERMANT, **L'aube ardente**, XI, p. 149.

45 « Il existe en outre une classe d'hommes qui, quoique aussi dysharmoniques que les criminels et les fous, sont indispensables à la société moderne. Ce sont les génies. Ces individus sont caractérisés par la croissance monstrueuse de quelqu'une de leurs activités psychologiques. Un grand artiste, un grand savant, un grand philosophe est généralement un homme ordinaire dont une fonction s'est hypertrophiée. » CARREL, **L'homme, cet inconnu**, IV, VI.

46 « ... une intelligence qui se perd prive peut-être l'humanité d'un apport essentiel. Le hasard qui arrache un génie à la pauvreté, à la besogne, à la destruction, se produit de temps en temps : la société n'a pas à compter, en toute occasion, sur son aide. Et, s'il n'est pas question que la société pousse à la culture du génie (ce ne sont pas les grands laboratoires riches, où des «chercheurs» sont payés pour chercher, qui font forcément les grandes découvertes), il est indispensable que, du moins elle ne s'oppose pas, de toute la force de son inertie, au génie qui veut se manifester. » DANIEL-ROPS, **Ce qui meurt et ce qui naît**, p. 156.

III. (1759 ; sous l'influence d'*ingénieur**). Milit. *Génie militaire.* Art des fortifications. V. **Aréotectonique.** *Par ext.* Arme, service essentiellement techniques chargés de travaux de tous ordres, notamment de la construction et de l'entretien des casernements, de la fortification permanente, de la mise en œuvre de ponts, chemins de fer, transmissions... *Soldats, officiers du génie* : caserniers*, sapeurs* mineurs, électro-mécaniciens, mineurs-artificiers, pontonniers, sapeurs de chemins de fer et de communications, télégraphistes, radio-télégraphistes... *Territoire sous les ordres d'un officier du génie.* V. **Chefferie.** *École du génie.*

47 « S'il se rencontrait des obstacles imprévus dans la carrière du génie, peut-être pourrais-je tourner mes juges d'un autre côté. » P.-L. COUR., **Lett.**, I, 5 (in LITTRÉ).

— Par anal. *Génie maritime :* art des constructions navales. *Par ext.* Corps d'officiers chargés de la construction des bâtiments de l'État et de leurs réparations (GRUSS).

— *Génie civil :* art des constructions. *Par ext.* Ensemble des ingénieurs civils. *Génie rural.*

ANT. — Médiocrité, nullité.

DER. — Génial. — Cf. *aussi* les dér. du lat. *ingenium*.

-GÉNIE. Suff. du gr. *-geneia*, « production », qui entre dans la composition de quelques noms savants tels que : *androgénie, embryogénie, géogénie, géomorphogénie, glycogénie, hétérogénie, histogénie, ontogénie, orogénie, ostéogénie, pathogénie, photogénie, phylogénie, zoogénie*... (Cf. les formes -GÉNIQUE, -GÉNISME, -GÉNISTE, dér. de ces mots).

GENIÈVRE. *n. m.* (1584 ; *geneivre* au XIIe s. ; du lat. *juniperus*).

|| 1° Bot. Nom vulgaire du genévrier. V. **Genévrier** (Cf. Bois, cit. 4 ; flamber, cit. 13). *Bois, grains, baies... de genièvre.*

|| 2° Fruit du genévrier. Petite baie violette ou noire très parfumée. *Le genièvre est employé comme aromate* dans la cuisine* (volaille, choucroute...). *Infusion, liqueur... à base de genièvre.* V. **Amer, bitter, genévrette** (*infra*, dér.).

|| 3° Par ext. Eau de vie* de grains fabriquée dans le Nord et particulièrement en Hollande, autrefois distillée sur des baies de genièvre. V. **Gin.** *Le genièvre s'obtient par la dis-*

tillation de certaines céréales (avoine, froment, maïs, orge, sarrasin, seigle, riz...) *et doit son arôme à une légère torréfaction des malts. Boire du genièvre. Un verre de genièvre,* et ellipt. *Un genièvre.*

« La Belgique, paradis des commis-voyageurs en vins. Boissons du peuple, le faro et le genièvre. » BAUDEL., **Sur la Belgique**, Bruxelles.

DER. — Genévrette ou genevrette. *n. f.* (1771). Boisson fermentée à base de fruits sauvages et aromatisée avec du genièvre (fruit). — Genièvrerie. *n. f.* (1791). Fabrique de genièvre (alcool).

GÉNIO-. Élément (adapt. du gr. *geneion*, « menton ») qui entre dans la composition de quelques mots savants tels que *genioglosse* (muscle qui tient au menton et à la langue), *génioplastie* (restauration du menton par autoplastie)... — REM. On dit aussi *génoplastie*.

GÉNISSE. *n. f.* (*Genice* au XIIIe s. ; d'un lat. vulg. *junicia*, lat. class. *junix*). Jeune vache qui n'a pas encore vêlé. V. **Taure** (Cf. Bœuf*). *Les veaux et les génisses.*

« ... le meuglement d'une génisse qu'on amène au boucher, et qui se refuse de ses quatre sabots... » GIRAUDOUX, **Suzanne et le Pacifique**, VII.

— REM. En T. de Bouch. et de Mégiss., on emploie *Veau* pour le veau ou la génisse, comme on emploie *Bœuf* pour le bœuf ou la vache. V. **Veau.** — *Spécialt.* Dans le style noble, ou poétiq., *Génisse* s'emploie pour *Vache* jugé trop bas (Cf. LA FONT., Associé, cit. 2). V. **Vache.**

« (*Je*) déclarai les mots égaux, libres, majeurs... Je fis fraterniser la vache et la génisse... » HUGO, **Rép. à un acte d'accus.** (in Contempl., I, 7).

GÉNITAL, ALE, AUX. *adj..* (XIVe s. ; empr. au lat. *genitalis*, qui engendre). Anat. Qui sert à la génération* sexuée des animaux. *Parties* génitales ; organes génitaux internes, externes* (V. **Sexe**). *Appareil génital mâle* (Cf. Homme*). V. **Cordon** (spermatique), **épididyme, pénis, prostate, testicule, vésicule** (séminale)... *Appareil génital femelle* (Cf. Femme*). V. **Ovaire, oviducte, trompe, utérus, vagin, vulve.** *Glande génitale.* V. **Gonade.** *Productions de l'appareil génital.* V. **Ovule ; sperme.** *Fonctions génitales* (Cf. Cycle, cit. 3).

« Qu'a fait l'action génitale aux hommes, si naturelle, si nécessaire et si juste, pour n'en oser parler sans vergogne et pour l'exclure des propos sérieux et réglés ? » MONTAIGNE, **Essais**, III, V.

— Qui concerne la reproduction, les organes de la reproduction. V. **Sexuel.** *Vie génitale de la femme* (Cf. Cycle, cit. 3 ; épanouissement, cit. 4 ; fécondation, cit. 3). *Cycle* (cit. 3) *génital.*

DER. — Génito-. — COMP. — Uro-génital.

GÉNITEUR, TRICE. *n.* (1137 in WARTB. ; empr. au lat. *genitor*). Celui, celle qui engendre (T. du style burlesque ou ironique). V. **Mère, père.** *Nos géniteurs.* V. **Ancêtre, parent.**

« Je ne crois pas que depuis des siècles aucun de mes ancêtres ait jamais éprouvé le moindre désir d'en savoir plus long que ses géniteurs. » BERNANOS, **Journ. d'un curé de camp.**, p. 291.

— *Spécialt.* Zool. *n. m.* (XIXe s.). Animal mâle destiné à la reproduction. V. **Reproducteur** (Cf. Progéniteur).

« Les possibilités techniques qu'offre l'insémination artificielle sont considérables... Utilisation maximum des sujets d'élite et limitation du nombre des mâles, dont l'entretien est onéreux, vaste diffusion des qualités d'un géniteur (dilution du sperme). » L. GALLIEN, **Sélection animale**, p. 114 (éd. P.U.F.).

GÉNITIF. *n. m.* (XIVe s. ; empr. au lat. *genitivus casus*, proprem. « cas qui engendre » parce qu'il marque l'origine). Gramm. Dans les langues flexionnelles, Cas* des noms, adjectifs, pronoms, participes, qui exprime le plus souvent la dépendance ou l'appartenance. *Génitif partitif, possessif, de qualité, de définition. Génitif objectif, subjectif. Génitif absolu,* en gr. anc. *Désinence du génitif. Mettre un mot au génitif singulier, pluriel.*

GÉNITO- (de *génital**). Premier élément de quelques mots savants d'anatomie et de médecine. — **Génito-crural, ale, aux.** *adj.* (1877). Qui appartient aux parties génitales et à la cuisse. *Nerf génito-crural.* — **Génito-urinaire.** *adj.* (1856). Anat. Qui a rapport aux fonctions de la génération et à l'excrétion urinaire. *Organe, appareil génito-urinaire. Voie génito-urinaire. Maladies génito-urinaires.*

GÉNITOIRES. *n. f. pl.* (XVe s. sous cette forme ; empr. au lat. *genitalia* avec subst. de suffixe). Vx. V. **Testicules.** (REM. Ne s'emploie de nos jours que par plaisanterie.)

GÉNITURE. *n. f.* (XVe s. ; empr. au lat. *genitura*, même sens). Vx. (ou plaisant, de nos jours). Enfant par rapport à ses géniteurs*, ses parents. V. **Descendance, enfant, progéniture** (Cf. Aventure, cit. 4).

« ... on voyait que le père avait dû être, dans le temps, digne de procréer cette géniture dont il avait l'orgueil... » BARBEY d'AUREVILLY, **Diaboliques**, À un dîner d'athées, p. 295.

COMP. — Primogéniture, progéniture.

GÉNO-. (adapt. du gr. *genos*, race). Premier élément de quelques mots savants. **Génocide.** *n. m.* (1946). Destruction méthodique d'un groupe ethnique (Cf. *infra*, cit. 1). *L'extermination des Juifs par les Nazis est un génocide. Par ext.* Personne qui en est l'auteur. *Par appos. Tyran génocide.* — **Génotype.** *n. m.* (XXᵉ s.). *Biol.* Patrimoine héréditaire d'un individu dépendant des *gènes** hérités de ses parents, *par oppos. à phénotype*. Les jumeaux vrais ont même génotype, mais acquièrent des phénotypes plus ou moins différents* (Cf. *infra*, cit. 2).

1 « ... l'Assemblée (*des Nations Unies*) n'a pas craint... de s'affirmer comme un organe quasi législatif, en affirmant que le génocide est un crime du droit des gens. Elle a approuvé une convention sur le génocide, que les États sont priés de ratifier. »
L. DELBEZ, **Man. dr. intern. pub.**, 25.

2 « Les propriétés constitutionnelles formant le génotype et d'où découle le phénotype de l'individu, apparaissent, d'après les méthodes expérimentales de la Génétique, comme dépendant d'unités définies, les *gènes*, localisées sur les chromosomes. »
CAULLERY, **Génét. et héréd.**, p. 86 (éd. P.U.F.).

GÊNOIS, OISE. *adj.* et *n.* ‖ 1° De la ville de Gênes. *Substantivt.* Habitant, habitante de Gênes.

‖ **2°** *N. f.* Petit gâteau aux amandes.

‖ **3°** Frise provençale composée de tuiles superposées et fixées dans le mortier (RÉAU).

« Sous les génoises des toits, les engoulevents venaient s'abriter. »
GIONO, **Jean le Bleu**, VII.

GENOU. *n. m.* (*Genoil* vers 1100, puis *genouil*, éliminé par *genou*, issu du plur. *genouz* ; d'un lat. pop. *genuculum*, de *geniculum*, dimin. de *genu*).

‖ **1°** *Anat.* Articulation du fémur (cuisse) et du tibia (jambe), et région avoisinante, chez l'homme (V. **Articulation, jointure, trochlée**). *Face antérieure, région rotulienne du genou* (V. **Rotule**) ; *face postérieure du genou* (V. **Jarret, poplité** (creux poplité). *Surfaces articulaires du genou :* extrémité inférieure du fémur* (condyles fémoraux), extrémité supérieure du tibia* (cavités glénoïdes) et face postérieure de la rotule*. *Fibro-cartilages du genou :* cartilages semi-lunaires ou falciformes (V. **Ménisque**). *Ligaments* reliant les pièces osseuses formant le genou :* ligament capsulaire (V. **Capsule**), et six ligaments périphériques. *Séreuse articulaire du genou* (V. **Synovial, synovie**).

1 « L'articulation du genou réunit la cuisse à la jambe. Chez les vertébrés inférieurs, les deux os de la jambe... entrent en rapport... avec l'extrémité inférieure de l'os de la cuisse. Chez l'homme, par suite du développement considérable qu'a pris le tibia, cet os seul s'articule avec le fémur... L'articulation du genou est donc une *articulation fémoro-tibiale*... très différente, morphologiquement, de son homologue, l'articulation du coude... Du reste, au point de vue mécanique, elle appartient au même groupe que cette dernière : c'est une articulation trochléenne... »
TESTUT, **Anat.**, t. I, p. 692.

— Méd. *Malformations du genou. Genoux tournés en dehors* (V. **Arqué, cagneux ;** scientif. « genu valgum »), *en dedans* (« genu varum »). *Hyperextension du genou* (« genu recurvatum »). *Affections, contusions, plaies, entorses, luxations du genou. Arthrite du genou* (V. **Épanchement** (de synovie), **hydarthrose**). *Se blesser, être blessé au genou* (Cf. Boiter, cit. 2 ; couronner, cit. 15). *Se fouler un genou* (Cf. Enfant, cit. 37). *Avoir mal au genou* (Cf. Émotion, cit. 6). — *Amputer la jambe au-dessus du genou* (Cf. Fer, cit. 14). — *Protection du genou* (V. **Genouillère.** — Cf. Bandage, cit. 2).

2 « — Tu n'as rien de cassé ? Mais elle ne s'était même pas évanouie. Elle se mit debout, se tâta, releva ses jupes jusqu'aux cuisses, tranquillement, pour voir ses genoux qui la brûlaient... »
ZOLA, **La terre**, I, I.

— *Genoux pointus. Genoux ronds, polis. Fig. et fam. Être chauve* comme un genou. — Genoux souples, forts. Élasticité* (cit. 4) *des genoux d'un coureur. Genoux tremblants*, vacillants* de faiblesse* (cit. 5). *Ses genoux se dérobaient** (cit. 25 et 26) *sous lui. S'enfoncer jusqu'aux genoux.* — *Coussinet* (cit. 2) *posé sous les genoux. Bas, jupe qui couvre le genou* (Cf. Assaut, cit. 16). *Pantalon usé aux genoux :* à l'endroit des genoux.

3 « Les genoux étaient admirablement purs, les chevilles élégantes et fines... »
GAUTIER, **Mˡˡᵉ de Maupin**, XVI.

4 « ...j'ai frappé si violemment la terre du pied que ma jambe s'est enfoncée jusqu'au genou dans la sépulture récente... »
BAUDEL., **Spleen de Paris**, XXXVIII.

5 « Une jupe qui atteint le genou ; »
ROMAINS. **H. de b. vol.**, t. III, IV, p. 59.

6 « ... ses moustaches rêches et ses genoux aigus... »
CÉLINE, **Voyage au bout de la nuit**, p. 32.

— *Appuyer du genou. Pousser une porte du genou. S'arcbouter* (cit. 1) *des pieds et des genoux. Tenir un ennemi vaincu sous son genou* (Cf. Dague, cit. 2).

— *Frôler du genou.* Spécialt. *Faire du genou à une femme. Se faire du genou sous la table. Poser quelque chose sur ses genoux. Les mains sur les genoux* (Cf. Attendre, cit. 19 ; énerver, cit. 7). *Écrire sur ses genoux* (Cf. Casser, cit. 29). *Être assis le menton sur les genoux* (Cf. Asseoir, cit. 23). *Serrer quelque chose entre ses genoux* (Cf. Casser, cit. 3) — *Prendre un enfant, quelqu'un sur ses genoux* (Cf. Caresser,

cit. 7 ; édifiant, cit. 2). *Être assis, blotti sur les genoux de quelqu'un* (V. **Giron**). Cf. Asseoir, cit. 13 ; évoquer, cit. 10. *Poser sa tête sur les genoux de quelqu'un.* Cf. Crouler, cit. 6.

7 « ... il (*le pharaon*) s'assit les chevilles jointes et les mains posées sur les genoux, dans l'attitude solennelle des divinités. »
GAUTIER, **Rom. de la momie**, IV.

8 « ... son tablier de taffetas noir qui formait un creux entre les genoux. »
CHARDONNE, **Dest. sentim.**, p. 236.

— *Tomber aux genoux de quelqu'un :* se prosterner devant lui (Cf. Faveur, cit. 14). *Fig.* Se soumettre, s'humilier devant quelqu'un ou, encore, le bénir, l'adorer comme un bienfaiteur (Cf. Buter, cit. 7 ; *infra* À GENOUX). V. **Pied** (se jeter aux pieds de...). *Être aux genoux de quelqu'un* (V. **Esclave, obéissant, soumis**). *Embrasser* (cit. 8) *les genoux de quelqu'un* en signe de supplication, de dévotion, de soumission ou de gratitude infinie (Cf. Auparavant, cit. 6).

9 « Seigneur, c'est donc à moi d'embrasser vos genoux. »
RAC., **Iphig.**, III, 5.

10 « ... je vous en supplie, que le plaisir que je trouve à vous écrire, ne soit plus troublé par la crainte de vous déplaire. Je ne veux pas vous désobéir : mais je suis à vos genoux... je vous crie, écoutez mes prières, et voyez mes larmes ; ah ! Madame, me refuserez-vous ? »
LACLOS, **Liais. dang.**, Lett. LVIII.

— *Flexion* (V. **Génuflexion**), *extension du genou. Fléchir*, plier*, ployer* le genou, les genoux. Sentir ses genoux fléchir* (Cf. Abattre, cit. 28), *trembler* (Cf. Cordelière, cit.). *Genoux fléchis* (Cf. Ferme, cit. 5). — *Plier, fléchir* (cit. 3 et 15) *le ou les genoux en signe de soumission*, de prière*.* V. **Abaisser** (s'), **humilier** (s')... (Cf. Âge, cit. 65 ; armée, cit. 1 ; couronne, cit. 9 ; créateur, cit. 1). *Fig. Ployer les genoux :* montrer de la bassesse, de la servilité.

11 « Nous passons près des rois tout le temps de nos vies
À souffrir des mépris et ployer les genoux »
MALHERBE, **Paraphr. du ps. CXLV.**

12 « Relevant un genou et laissant l'autre ployé, Timopht étendit ses bras vers le roi avec un geste suppliant. »
GAUTIER, **Roman de la momie**, X.

13 « ... Suzanne était si charmante à voir que le jeune homme, soudain, fléchit un genou. »
DUHAM., **Pasq.**, IX, XI.

14 « Il n'était plus jeune cet homme-là. Il devait même être tout près de la retraite. Il pliait les genoux en marchant. »
CÉLINE, **Voyage au bout de la nuit**, p. 30.

— *Mettre un genou en terre*, pour tirer (Cf. Découvert, cit. 1) ou en signe de dévouement, de soumission, d'admiration, de dévotion* (Cf. Fin, *adj.*, cit. 13).

15 « Les dix mille, un genou en terre, les trente mille à deux genoux, tous ensemble jurèrent la sainte unité de la France. »
MICHELET, **Hist. Révol. fr.**, III, IV.

— *Tomber sur les genoux, se traîner sur les genoux.*

16 « ... et quand la mort, « la grande réconciliatrice » a passé, qui de nous ne tombe sur les genoux et ne fait en silence sur l'âme délaissée le geste du pardon ? »
MAETERLINCK, **Trésor des humbles**, IV.

— *Fig. Être sur les genoux :* très fatigué* (Cf. Emplir, cit. 9).

‖ À GENOUX. *loc. adv.* Les genoux en terre (Cf. Attitude, cit. 9). *Les petits, à genoux devant lui, le regardent faire* (Cf. Boulanger, cit.). *Se mettre à genoux.* V. **Agenouiller** (s'). Cf. Falloir, cit. 11. *Mettez-vous à genoux. Ellipt. À genoux ! Fig. C'est à se mettre à genoux :* c'est admirable. *Tomber*, se jeter à genoux* (Cf. Décomposer, cit. 5 ; espada, cit. ; état, cit. 4). *Demander pardon, implorer, supplier à genoux* (Cf. Esclave, cit. 15). *Demander à genoux, à deux genoux :* avec une grande insistance, en s'abaissant. *Fig. Il est toujours à genoux, il est né à genoux :* il est d'un caractère servile*. *Ne comptez pas qu'elle vienne à genoux lui crier merci* (Cf. Avancer, cit. 9). — *Prier à genoux. Il la trouva à genoux dans l'église* (Cf. Béant, cit. 13). *Enfants de chœur à genoux* (Cf. Cristallin, cit. 2). *Monter un escalier* (cit. 1) *à genoux.*

17 « Chaque jour à l'église il venait, d'un air doux,
Tout vis-à-vis de moi se mettre à deux genoux. »
MOL., **Tart.**, I, 5.

18 « Un peuple obéissant vous attend à genoux, » RAC., **Mithrid.**, I, 3.

19 « Si je vous le disais, que chaque nuit je veille,
Que chaque jour je pleure et je prie à genoux ! »
MUSS., **Poés. nouv.**, Ninon.

20 « (*Elle*) avait tout entendu ; elle prit quelque considération pour Julien. Celui-là n'est pas né à genoux, pensa-t-elle, comme ce vieil abbé. »
STENDHAL, **Le rouge et le noir**, II, IV.

21 « Les hommes à genoux comblaient ta moindre envie.
Tu nageais dans l'argent et tu roulais sur l'or. »
VERLAINE, **Élég.**, V.

22 « Je tombai à genoux devant la pauvre femme, je cachai mon visage dans sa robe... »
DUHAM., **Salavin**, I, III.

23 « Lui, qui avait tant d'orgueil, et beaucoup d'amour-propre, cette peau enflammée de l'orgueil malade, il se met à genoux, en chemise, autant de fois qu'il le faut. Il supplie, il baise la main qui donne. »
SUARÈS, **Trois hommes**, Dostoïevski, V.

24 « Fra Angelico, dit-on, peignait à genoux : si cela est vrai, beaucoup d'écrivains lui ressemblent, mais ils vont plus loin que lui : ils croient qu'il suffit d'écrire à genoux pour bien écrire. »
SARTRE, **Situations II**, p. 240.

‖ 2° *Par anal.* Chez certains mammifères (quadrupèdes), articulation du membre antérieur, entre l'avant-bras* et le canon*. *Le genou du cheval « correspond en réalité au poignet de l'homme »* (POIRÉ). — Vétér. *Cheval à genoux arqués* (V. **Arqué, brassicourt**). *Genou couronné*.

25   « Lorsqu'un des membres antérieurs se présente obliquement par comparaison avec l'autre, il forme un angle plus ou moins ouvert à l'articulation du genou... S'il (*l'angle*) est ouvert en avant, on dit que le cheval a le *genou effacé* ou le *genou de veau ;* s'il est ouvert en arrière, l'animal est dit *brassicourt* lorsque la disposition est originelle, et *arqué* lorsque cette disposition est produite par l'usure. »
OMNIUM AGRIC., **Genou.**

‖ 3° *Technol.* Nom donné à des articulations, à des joints constitués par l'emboîtement d'une partie convexe et d'une partie concave.

— *Mar.* Pièce courbe unissant la varangue* à l'allonge*.

DER. — (de *genouil*). **Genouillère.** *n. f.* (XIIe s.). ‖ 1° Ce qu'on attache au genou, sur le genou pour le protéger. *Bottes* à genouillère. Genouillère de bitumier, de couvreur, de ramoneur. Genouillère de cheval.* **Spécialt.** Pièce d'armure* couvrant le genou (Cf. Cubitière, cit.). — *Méd.* Manchon élastique que l'on met au genou. — Sports. *Genouillères de gardien de but, de joueur de hockey...* ‖ 2° *Par anal.* (XVIIe s.). *Technol.* Charnière mobile. — Partie coudée d'un tuyau* ; articulation d'un tuyau de gaz, etc.

COMP. — V. **Agenouiller.** — (du lat. *genu*) V. **Génuflexion.** Cf. aussi le préf. *Genu-* qui sert à former des mots en médecine (*Position genucubitale, genu-pectorale...*).

GENRE. *n. m.* (XIIe s. ; du lat. *genus, generis*, origine, naissance ; var. *gerre*, et *gendre*, jusqu'au XVIe s.).

I. ‖ 1° *Vx.* V. **Race.**

1   « Je te salue roi, de Mars victorieux,
      Et vous, vaillants Hectors, heureux genre des dieux. »
BUTTET, **Épithalame** (in HUGUET).

‖ 2° **Spécialt.** (XIIe s.). *Le genre humain*, ensemble des hommes considérés indépendamment de toute notion de sexe, de race, de pays, etc. V. **Espèce, race ; homme, humanité** (Cf. Créature, cit. 7). *Bienfaiteurs* (cit. 6) *du genre humain. Fléau du genre humain* (Cf. Émigration, cit. 1). *Servir le genre humain* (Cf. Bienfaiteur, cit. 8). *Ami* (cit. 23), *ennemi* (V. **Misanthrope.** — Cf. Atrabilaire, cit. 5 ; bien 1, cit. 114) *du genre humain. Un crime* (cit. 6) *contre le genre humain. Histoire du genre humain* (Cf. Abîme, cit. 17 ; assoupissement, cit. 8 ; bien 1, cit. 98 ; contribuer, cit. 3 ; damnable, cit. 2 ; édifice, cit. 10 ; église, cit. 5 ; empire, cit. 15 ; enrager, cit. 9 ; évader, cit. 5 ; exactitude, cit. 19 ; fédération, cit. 4).

2   « Je n'y puis plus tenir, j'enrage, et mon dessein
      Est de rompre en visière à tout le genre humain. »
MOL., **Misanthr.,** I, 1.

3   « ...il y a longtemps que le genre humain ne serait plus si sa conservation n'eût dépendu que des raisonnements de ceux qui le composent. »
ROUSS., **De l'inégalité parmi les hommes,** I.

4   « ...Le genre humain, considéré comme un grand individu collectif accomplissant d'époque en époque une série d'actes sur la terre, a deux aspects, l'aspect historique et l'aspect légendaire... l'auteur, en racontant le genre humain, ne l'isole pas de son entourage terrestre... L'épanouissement du genre humain de siècle en siècle, l'homme montant des ténèbres à l'idéal... l'éclosion lente et suprême de la liberté... voilà ce que sera, terminé, ce poème dans son ensemble ; »
HUGO, **Lég. des siècles,** Préf. 1re série (1857).

5   « Après ne pas vivre avec ceux qu'on aime, le plus grand supplice est de vivre avec ceux que l'on n'aime pas, c'est-à-dire avec plus des trois quarts du genre humain. »
FLAUB., **Corresp.,** 204, t. II, p. 50.

— *Par plaisant. Le genre humain :* toutes les femmes. *Don Juan, l'épouseur* du genre humain.

II. ‖ 1° *Philos.* Idée générale d'un groupe d'êtres ou d'objets présentant des caractères communs (V. **Concept**) ; « groupe fictif dans lequel tous les individus, *en nombre indéfini*, ayant certains caractères communs, sont idéalement rassemblés » (GOBLOT). *Caractères communs à tout un genre.* V. **Générique.**

6   « Les deux mots *genre* et *concept* se distinguent par une nuance assez délicate, mais presque toujours observée : le genre est l'idée générale envisagée surtout au point de vue de son extension ; le concept, l'idée générale envisagée surtout au point de vue de sa compréhension. Ainsi on dit plutôt le *genre homme*, si on songe aux individus en nombre indéfini auxquels ce mot peut être attribué ; on dit plutôt le *concept d'homme*, si on songe aux qualités qui sont communes à tous les hommes. »
GOBLOT, **Vocab. philos.,** Concept.

— *Genre et espèce.* V. **Classe, espèce** (cit. 25).

7   « Pour consumer sa vie à pointiller sans cesse
      Sur le genre et l'espèce... »
CORN., **Imit.,** I, 3.

8   « Un genre s'étend à plusieurs espèces ; un genre suprême n'en a point au-dessus de lui ; une espèce infime n'en a point au-dessous d'elle. »
DIDER., **Opinion des anc. philos.,** Stoïcisme.

9   « Quand deux termes généraux sont contenus l'un dans l'autre, le plus grand en extension s'appelle *genre*, le plus petit s'appelle *espèce*. En compréhension, le genre est plus petit que l'espèce. Le genre s'étend à plusieurs espèces, tandis que l'espèce *comprend* les attributs du genre. »
GOBLOT, **Vocab. philos.,** Genre.

‖ 2° *Biol.* Subdivision de la famille. V. **Classification, famille** (cit. 37). Cf. Agrume, cit. *Plusieurs espèces* (cit. 26 et 30) *voisines forment un genre.*

10   « Comme je l'ai déjà fait sentir, la nature n'a ni classes ni genres, elle ne comprend que des individus. »
BUFF., **Hist. nat. des anim.,** 11.

« Une espèce est désignée (nomenclature binaire) par le nom de genre   11
suivi du nom spécial à l'espèce. Le Chat, le Lion, le Tigre, le Couguar appartiennent au genre Felis et sont respectivement appelés *Felis domesticus, Felis leo, Felis tigris, Felis concolor.* »
POIRÉ, **Dict. sc.,** Genre.

‖ 3° *Littér.* et *Bx-arts.* Moyen de classification des œuvres, des sujets. *Genre de la prose, de la poésie. Genres en vers :* lyrisme, épopée (cit. 1), drame, poésie didactique, bucolique, ... *Genres en prose :* éloquence, philosophie, histoire, critique, correspondance (*genre épistolaire*), science, roman, nouvelle (Cf. Exigence, cit. 11), essai. *Genre oratoire, comprenant les genres démonstratif, délibératif, judiciaire.* « *L'évolution des genres dans l'histoire de la littérature »*, ouvrage de Brunetière. — *Genre noble, genre bas. Lois, règles d'un genre. Genre simple, genre mixte. Le drame est un genre mixte entre la tragédie et la comédie. Genre principal, secondaire.* — *Genres de composition littéraire* (description, portrait, caractère, narration, dissertation, discours, dialogue, analyse, lettre... — (Du point de vue du ton, du style) *Genre classique, romantique ; genre sérieux, merveilleux, héroïque ; genre dramatique, grave, comique* (Cf. Comédie, cit. 18), *héroï-comique, larmoyant ; genre badin, burlesque, grotesque ; genre anecdotique*, élégiaque, emphatique* (cit. 2). *Conte* (cit. 7) *du genre philosophique. La fable* (cit. 14), *genre naturel* (Cf. Étendue, cit. 16). *Le genre polémique* (Cf. Exceller, cit. 4). *Genre vague* (Cf. Esquisser, cit. 3), *fleuri* (Cf. Fleurir, cit. 28). *Le genre ennuyeux* (cit. 9, VOLT.).

« J'irais plus haut peut-être au temple de Mémoire,   12
  Si, dans un genre seul, j'avais usé mes jours. »
LA FONT., **Poés. mêlées,** LXIX.

« Il ne faut donner l'exclusion à aucun genre ; et si l'on me deman-   13
dait quel genre est le meilleur, je répondrais : *Celui qui est le mieux traité.* »
VOLT., **L'enf. prodigue** (Préf. de 1737).

« La langue poétique (*au début du XIXe s.*) comprenait plusieurs tons   14
(ou styles), suivant les divers genres. La distribution en genres était une distribution essentielle, à laquelle les théoriciens néo-classiques attachaient une importance primordiale... Parmi ces genres, les uns étaient « réguliers ». Boileau avait fixé les règles de l'élégie ; d'autres théoriciens avaient achevé et complété son œuvre. Mais la fable restait « libre ». Des genres peuvent être provisoirement délaissés ; d'autres, comme le poème épique, étaient florissants, sinon par la qualité des œuvres, au moins par leur abondance. Un genre nouveau, la poésie descriptive, avait toute la faveur des auteurs et du public. Il existait aussi de petits genres et de grands genres : Népomucène Lemercier, le dernier législateur du Parnasse, avait consacré un volume à la tragédie, un volume à la comédie, deux volumes à l'épopée. C'étaient là les grands genres. »
BRUNEAU, in BRUNOT, **Hist. lang. fr.,** t. XII, p. 55-56.

« ... nous recourrons à tous les genres littéraires pour familiariser le   15
lecteur avec nos conceptions : un poème, un roman d'imagination, s'ils s'en inspirent, pourront, plus qu'un écrit théorique, créer le climat favorable à leur développement. »
SARTRE, **Situations II,** p. 28.

— Classe ou nature du sujet traité par l'artiste. *Chaque genre a ses beautés* (Cf. Artiste, cit. 1). *Le genre (du) portrait, (du) paysage. Le genre nature morte. Le genre tableau d'histoire. Tableau, peinture de genre :* jusqu'au XVIIIe siècle, tout ce qui n'était pas peinture d'histoire (ou de style) ; de nos jours, désigne plus spécialement les tableaux d'intérieurs, les natures mortes et les peintures d'animaux. *Greuze, Chardin, Téniers sont des peintres de genre. Le genre fignolé ; flou.* V. **Manière.** *Genres d'architecture* (V. **Style**).

« La peinture se divise en technique et idéale, et l'une et l'autre se   16
sous-divise en peinture de portrait, peinture de genre et peinture historique. »
DIDER., **Salon de 1765,** t. XIII, p. 325.

« Tous les genres d'architectures sont réunis à la cathédrale de   17
Séville. Le gothique sévère, le style de la renaissance, celui que les Espagnols appellent *plateresco* ou d'orfèvrerie, et qui se distingue par une folie d'ornements et d'arabesques incroyables, le rococo, le grec et le romain, rien n'y manque... »
GAUTIER, **Voyage en Espagne,** p. 253.

« ...la peinture d'histoire. après avoir été en art ce que le poème   18
épique et la tragédie étaient en poésie, a beaucoup perdu de son importance. Les meilleurs élèves de l'École abandonnent ce « genre noble »... Après s'être montré habile dans tous les genres, Aimé Morot se contente d'être un excellent portraitiste ; »
L. HOURTICQ, **France,** p. 410.

« Puvis de Chavannes a créé, pour ainsi dire, un genre, la décoration   19
des péristyles de musées... »
ID., **Ibid.,** p. 423.

— *Mus. Genre*, division du tétracorde*, considéré dans les intervalles des quatre sons qui le composaient : *genre diatonique*, chromatique*, enharmonique*.

III. *Gramm.* et *Linguist.* Forme spéciale employée dans certaines langues pour distinguer les êtres masculins, les êtres féminins et les choses qui n'ont pas de sexe. *Le genre masculin*. Le genre féminin*. Le genre neutre*. Tout substantif, en français, a un genre.* — *Par ext.* Forme que l'on donne aux pronoms, aux adjectifs et à certains participes, suivant le genre du nom qu'ils représentent ou auquel ils se rapportent. *L'adjectif qualificatif s'accorde en genre et en nombre avec le nom qu'il qualifie. L'adjectif attribut prend le genre et le nombre du nom sujet. Le genre grammatical (ou formel) ne correspond pas toujours au genre naturel.* — *Genre commun :* se dit des noms qui peuvent désigner indifféremment un être mâle ou un être femelle (artiste, camarade, élève, garde, etc.), ou des adjectifs qui n'ont qu'une forme pour les deux genres (agile, large, nécessaire, sage, utile, etc.). — *Genre épicène :* se dit des substantifs dont le genre grammatical est fixe, quel que soit le genre naturel de l'être qu'ils désignent (aigle, panthère, putois, serpent, souris, etc.). — REM. 1º Un grand nombre de substantifs ont changé de genre au cours de l'histoire (*Ex.* Automne, effluve, épiderme, épithète, équivoque, œuvre, ombre, phalène, steppe, etc.). 2º Certains noms ont deux genres suivant qu'ils sont employés au singulier ou au pluriel (*Ex.* Amour, délice, orgue). D'autres ont les deux genres, mais avec des sens différents (*Ex.* Aide, aigle, couple, critique, enseigne, faune, foudre, garde, guide, légume, livre, manche, manœuvre, mémoire, mode, mousse, œuvre, page, parallèle, pendule, période, poêle, poste, solde, somme, tour, vase, voile, etc.). 3º Dans les langues à flexion*, c'est généralement la désinence qui marque le genre. — En français, les marques du genre sont nombreuses : une désinence (*les petits chats, les petites chattes*), un article (*le crayon, la table*), une consonne de liaison (*de joyeux élèves, de joyeuses élèves*), etc.

20 « ... Le genre masculin étant le plus noble, doit prédominer toutes les fois que le masculin et le féminin se trouvent ensemble. »
VAUGELAS, **Rem. s. la lang. fr.**, p. 83.

21 « Du langage français bizarre hermaphrodite,
De quel genre te faire, équivoque maudite,
Ou maudit ? car sans peine aux rimeurs hasardeux
L'usage encor, je crois, laisse le choix des deux. »
BOIL., **Sat.**, XII.

22 « (*Les avocats*) n'ont jamais su combien la déclamation est l'opposé de l'éloquence, et combien les adjectifs affaiblissent les substantifs, quoiqu'ils s'accordent en genre, en nombre, et en cas ; »
VOLT., **Lett. à d'Alembert**, 159, 25 mars 1765.

23 « La catégorie grammaticale du genre s'entend de l'ensemble des phénomènes par lesquels se manifeste dans le langage un concept ontologique primitif qui est la division, en plusieurs classes, de la masse des noms représentant les divers êtres. On distingue : dans telle langue, un genre animé, et un genre inanimé, parce qu'à l'origine, les êtres ont été classés par tel groupe humain en vivants et en non-vivants ; dans telle autre langue, un genre andrique et un genre métandrique, parce que tel groupe a réparti primitivement les êtres en deux classes dont l'une comprend les hommes, tandis que l'autre se composait des femmes, des animaux des deux sexes et des choses proprement dites ; dans une troisième langue, un genre masculin, un genre féminin et un genre neutre, parce que les ancêtres ont partagé les êtres en trois classes : les êtres mâles, les êtres femelles, les êtres sans sexe. »
L. ADAM, **Le genre dans les diverses langues** (1883).

24 « Notre genre grammatical est si peu apte à l'expression du genre naturel que les trois quarts du temps en français nous n'avons aucun moyen d'exprimer par le genre grammatical la différence des sexes. »
VENDRYES, **Le langage**, p. 109.

25 « Il est impossible... de ne pas donner aux noms leur genre, et les formes correspondantes aux mots qui accompagnent le nom. Quoique *table* et *tableau* n'aient pas de sexe, il est impossible de dire *un table*, *une tableau*. La notion linguistique de genre est donc fort souvent à part de la notion de sexe, elle a une tout autre valeur et toute autre importance. »
BRUNOT, **Pens. et lang.**, p. 86.

26 « Dans les noms de choses qui ont été formés, ce ne sont point des considérations de sexe qui ont déterminé la répartition dans un genre ou dans l'autre, mais des analogies et des raisons de forme. Pendant des années, on a hésité entre *un automobile* et *une automobile.* »
ID., **Ibid.**, p. 87.

27 « GENRE. Catégorie fondée en principe sur la distinction des sexes, un nom pouvant être **masculin, féminin** ou **neutre** suivant qu'il désigne un être ou un objet conçu comme mâle (all. *der* Mann), femelle (*die* Frau), ou indifférent à l'égard du sexe... (*das* Wesen). C'est là le **genre naturel...** qui suppose une correspondance, rarement réalisée, entre la grammaire et la nature ; par suite des changements de sens et de forme il arrive dans l'histoire des langues que la notion de genre naturel s'abolit et est remplacée par celle de **genre grammatical** ou **formel...** lequel n'est défini que par des caractéristiques grammaticales ; »
MAROUZEAU, **Lex. de la terminol. ling.**, p. 100.

28 « Il y a des bizarreries dans le genre des noms de personnes. Les féminins *clarinette, estafette, flûte, ordonnance, recrue, vigie* peuvent par ellipse, désigner des hommes. En revanche, les masculins *bas-bleu, laideron, mannequin, tendron, trottin* désignent des femmes. »
R. GEORGIN, **Diffic. et finesses de notre langue**, p. 135.

IV. (Vers 1400, BLOCH). *Dans le langage courant.*

|| 1º V. **Espèce, sorte, type.** *Quel genre de chapeau, de costume désirez-vous ? Ce genre de livres se vend beaucoup. Les images de ce genre* (Cf. Aurore, cit. 20). *Il goûte fort ce genre d'esprit* (V. **Forme**). *Il excelle en ce genre d'exercice. Chaussures en tout genre, en tous genres. Menuiserie en tout genre.*

29 « L'air spirituel est dans les hommes ce que la régularité est dans les femmes : c'est le genre de beauté où les plus vains puissent aspirer ; » ·
LA BRUY., XII, 32.

30 « ... il fut jugé à mort unanimement, sans que l'arrêt prononçât le genre du supplice. »
VOLT., **Hist. de Russie**, II, 10.

31 « ...vous avez reçu comme moi une sorte d'éducation qui développe le cœur et la sensibilité. »
LOTI, **Aziyadé**, II, X.

32 « ...elle était apparue à Swann non pas certes sans beauté, mais d'un genre de beauté qui lui était indifférent qui ne lui inspirait aucun désir,... »
PROUST, **Rech. t. p.**, t. I, p. 265.

33 « Le digne homme n'imagine pas combien il peut raser les élèves avec des propos de ce genre ; »
GIDE, **Faux-Monnayeurs**, I, XII.

34 « Je vous dirai que, si j'avais voulu, j'aurais eu des centaines d'occasions de ce genre. »
SARTRE, **La nausée**, p. 158.

— *Du même genre*, de même espèce, de même famille.
V. **Congénère***.

— Par ext. *Dans tous les genres*, dans tous les domaines

(Cf. Essai, cit. 18). V. **Domaine** (2º). *Dans son genre, en son genre :* dans le genre dont fait partie la personne ou la chose en question (Cf. Apostolique, cit. 4 ; archétype, cit. 4). *Il est parfait en son genre* (Cf. Bien 1, cit. 1). *Ce spectacle est unique en son genre. Dans son genre, cette villa est très originale.*

35 « C'est un personnage illustre dans son genre, et qui a porté le talent de se bien nourrir jusqu'où il pouvait aller : on ne reverra plus un homme qui mange tant et qui mange si bien ; »
LA BRUY., XI, 122.

36 « ...un artiste, quelque parfait qu'il soit dans son genre, s'il n'a point d'invention, s'il n'est point original, n'est point réputé génie ; »
VOLT., **Dict. philos.**, Génie, 1.

37 « On fait en tout genre des découvertes subites dans le caractère des Italiens... »
Mme de STAËL, **Corinne**, IX, 1.

38 « *Haut...* 12º Grand, excellent, distingué dans son genre... 15º En mauvaise part, excessif en son genre. » LITTRÉ, **Dictionnaire**, Haut.

39 « L'Europe va-t-elle garder sa prééminence dans tous les genres ? »
VALÉRY, **Crise de l'esprit** (1919). Cf. Cap, cit. 4.

|| 2º V. **Façon, manière, mode.**

— *Genre de vie :* façon de vivre, ensemble des habitudes d'un individu ou d'un groupe d'individus. Cf. Biographie, cit. 2 ; état, cit. 112. *Ce genre de vie a dû vous dépayser. Le genre de vie américain* (Cf. The american way of life).

— Manières, habitudes, façons de s'habiller, de parler, de se comporter... V. **Allure, attitude, manière(s), tenue.** *Je n'aime pas son genre. Elle a un mauvais genre, un drôle de genre, elle ne sait pas se conduire en société, elle a de mauvaises manières. Avoir bon genre, être bien élevé, élégant, distingué.* V. **Façon** (III). *C'est un genre qu'il se donne. Le genre de la maison me déplaît. Le genre bas.* V. **Étage** (bas). — Suivi d'un nom ou d'un adjectif en apposition. *Le genre bohème, le genre artiste. Le genre « zazou » a été très populaire à Paris après la dernière guerre. Le genre anglais. Le genre boulevardier, distingué, précieux, prétentieux, snob. Un genre douteux.*

40 « Tu peux rendre des services, être nommé pair de France, épouser une femme riche. Sois ultra. D'ailleurs, c'est bon genre, ajouta-t-elle en lançant le mot qui pour elle était la raison suprême. »
BALZ., **Illus. perd.**, Œuv., t. IV, p. 817.

41 « ...l'élégance était scandinave et calédonienne, le genre anglais pur ne devait prévaloir que plus tard... »
HUGO, **Misér.**, I, III, II.

42 « ...Mme Bovary mère semblait prévenue contre sa bru. Elle lui trouvait *un genre trop relevé pour leur position de fortune...* »
FLAUB., **Mme Bovary**, I, VII.

43 « ...d'abord Charles n'avait point écouté ses conseils pour l'interdiction des romans, puis le *genre de la maison* lui déplaisait. »
ID., **Ibid.**, II, XII.

44 « C'est peut-être ce qui a achevé de me dégoûter du genre miteux en affaires ? »
ROMAINS, **H. de b. vol.**, t. II, VI, p. 56.

— *Absolt.* V. **Chic, élégance.** *Il a du genre. Cette femme manque de genre. Faire du genre, se donner du genre :* affecter certaines manières. V. **Affectation** (II).

45 « Nous avions l'habitude, en entrant en classe, de jeter nos casquettes par terre... il fallait, dès le seuil de la porte, les lancer sous le banc, de façon à frapper contre la muraille, en faisant beaucoup de poussière ; c'était le *genre.* »
FLAUB., **Mme Bovary**, I, I.

46 « Ce qu'il y a de certain, c'est qu'elle n'était pas Parisienne, qu'elle arrivait d'un chef-lieu quelconque dont elle gardait encore l'accent, ne savait rien de Paris et manquait absolument de genre, au dire de mademoiselle Constant, sa femme de chambre. »
DAUDET, **Jack**, I, I, p. 15.

47 « La maîtresse de maison, pour faire « genre », recevait devant la porte. »
RADIGUET, **Diable au corps**, p. 109.

— V. **Goût.** *Une plaisanterie de mauvais genre*, de mauvais goût. *Ce bonhomme n'est pas du tout mon genre*, il ne me plaît pas. *Ce n'est pas mon genre*, ce n'est pas de mon goût, ce n'est pas dans mes goûts.

48 « ...c'est une maison que j'aime beaucoup, où l'on n'est pas gêné et qui est tout à fait *dans mon genre ;* »
FLAUB., **Corresp.**, 73, fin janv. 1843.

49 « Moi l'inversion c'est pas mon genre... »
CÉLINE, **Voyage au bout de la nuit**, p. 419.

50 « Dire que j'ai gâché des années de ma vie, que j'ai voulu mourir, que j'ai eu mon plus grand amour, pour une femme qui ne me plaisait pas, qui n'était pas mon genre ! »
PROUST, **Rech. t. p.**, t. II, p. 219.

COMP. — Sous-genre. — DER. (du lat. *genus*). Cf. Congénère, général, générique.

1. GENS (*jan*). *n. m.* et *f. pl.* (pluriel de *Gent**). — REM. A. *Gens* ne se dit plus en parlant d'un nombre déterminé de personnes. On a dit *dix, vingt... gens* jusqu'au XVIIIe s. (Cf. cit. *infra*). L'emploi de *cent gens, mille gens*, désignant un nombre indéterminé, est fréquent dans la langue classique (Cf. Aide, cit. 4 LA FONT. ; bienséance, cit. 9 MOL.). On emploie plutôt de nos jours : *une douzaine, une centaine... de gens.* — N.-B. Avec certains adjectifs, on dit fort bien *trois pauvres gens, quatre honnêtes gens...*

1 « Il y a là vingt gens qui sont fort assurés de n'entrer point... »
MOL., **Impr. de Vers.**, 3.

2 « Deux gens qui auraient le malheur d'être sourds, aveugles et muets. »
DIDER., **Lett. s. les aveugles.**

B. *Gens*, ancien pluriel de *gent* (n. f.) est ordinairement féminin en ancien français. « Devenu masculin sous l'influence de l'idée d'*homme*, il garde pourtant le genre féminin dans quelques cas où l'adjectif lui est étroitement uni par le sens ou la construction » (HATZFELD). — ‖ a) Les adjectifs à forme féminine distincte et qui précèdent immédiatement *gens* se mettent au féminin (*Bonnes gens, vieilles gens*) ; dans ce cas les adjectifs et pronoms placés avant *gens* prennent aussi le féminin, tandis que ceux qui le suivent restent au masculin (*Toutes ces bonnes gens sont ennuyeux ;* « *Ces petites gens d'entre lesquels je suis sorti* » (DUHAMEL in GREVISSE). ‖ b) Les adjectifs et pronoms qui ne précèdent *gens* que par inversion restent toujours au masculin : « *Instruits par l'expérience, les vieilles gens sont prudents* » (LITTRÉ) ; « *Qu'est-ce qu'ils diraient toutes ces bonnes gens...* » (PROUST in GREV.). ‖ c) Lorsque *gens* est précédé de *tous* sans article et qu'il est suivi d'une épithète ou d'un déterminatif, *tous* reste généralement au masculin (« *Tous gens bien endentés* », LA FONT.). ‖ d) « *Gens* suivi de la préposition *de* et d'un nom désignant une qualité, une profession... veut toujours l'adjectif ou le participe au masculin » (GREVISSE). « *Certains gens d'affaires* » (ACAD.).

‖ 1º Personnes en nombre indéterminé. V. **Homme, humain, personne.** *Il y a des gens qui...* (Cf. Acquêt, cit. 3 ; atteindre, cit. 46 ; casaque, cit. 3). *Peu de gens, beaucoup de gens, tant de gens...* (Cf. Accident, cit. 13 ; accord, cit. 6 ; agréable, cit. 6 ; agréer, cit. 3 ; amour, cit. 22 ; argent, cit. 23 ; blâme, cit. 3 ; blanc, cit. 26). *Assez* (cit. 54) *de gens. Bien* (cit. 100) *des gens. La plupart des gens* (Cf. Callosité, cit.). *Groupe, multitude, foule de gens* (Cf. Avoir, cit. 22 et 48 ; famille, cit. 24). *Un tas de gens* (fam.). *Ces gens-là* (Cf. Adjoindre, cit. 1 ; agioteur, cit. 1 ; caricature, cit. 5). *Quelles gens sont-ils ?* V. **Catégorie, genre, sorte.** *Une sorte de gens* (Cf. Bouchonner, cit. 3 ; celui-ci, cit. 1). *Certaines gens... Tous les gens* (Cf. Bête, cit. 31).

3 « Quelles gens êtes-vous ? Quelles sont vos affaires ? »
RAC., **Plaid.**, II, 8.

4 « Parmi ce que de gens sur la terre nous sommes,
Il en est peu... » LA FONT., **Fab.**, II, 13.

5 « Les *gens* du monde, les *gens* de lettres, les honnêtes *gens*, et les *gens* de tout genre répandaient, au mois de janvier 1824, tant d'opinions différentes sur madame Firmiani qu'il serait fastidieux de les consigner toutes ici. » BALZ., **Mᵐᵉ Firmiani**, Œuv., t. I, p. 1032.

6 « Un tas de gens. Beaucoup plus qu'on ne croit. Et pas de canailles. Des gens comme toi et moi. Des Français... »
ARAGON, **Beaux quartiers**, II, XIX.

— Employé avec un adjectif épithète, un déterminatif... *Gens simples* (Cf. A, cit. 1), *austères* (cit. 4), *avares* (cit. 3), *chiches* (cit. 2). *Gens travailleurs, paresseux* (Cf. Allure, cit. 2). *Gens brusques* (cit. 1), *grossiers* (Cf. Amusement, cit. 8). *Gens polis, bien élevés* (Cf. Bousculer, cit. 4). *Gens affolés* (cit. 8), *ahuris* (cit. 3), *ridicules* (Cf. Contrefaire, cit. 5). *Gens timides, nerveux, faibles...* (Cf. Aborder, cit. 9 ; contrefaire, cit. 3 ; fatigue, cit. 7). *Gens braves : courageux. Braves gens : gens honnêtes et bons* (Cf. Brave, cit. 11 ; aplomb, cit. 5 ; couver, cit. 4 ; finir, cit. 2). *Ce sont de braves gens.* — *Bonnes gens* (Cf. Angle, cit. 7 ; bêtise, cit. 14 ; côté, cit. 24 ; épuiser, cit. 30). — *Gens honnêtes. Honnêtes gens* (Cf. Cachet, cit. 4 ; calomnie, cit. 5 ; canaille, cit. 1, 3, 5 et 11 ; célébrité, cit. 5 ; espionnage, cit. 1 ; estime, cit. 2 ; exécration, cit. 2). *Tous les honnêtes gens, les plus honnêtes gens de la ville...* — *Gens de bien* (Cf. Apologiste, cit. 2 ; aujourd'hui, cit. 22 ; cajoler, cit. 4 ; captieux, cit. 2 ; envier, cit. 1 ; exergue, cit. 2 ; factieux, cit. 3). *Gens d'honneur* (Cf. Conclure, cit. 3), *de devoir, de mérite* (Cf. Béjaune, cit. 3). — *Gens sans aveu* (cit. 2). *Gens de sac et de corde.* V. **Malfaiteur.** *Méchantes gens. Sales gens.*

7 « Les vendanges, la récolte des fruits, nous amusèrent le reste de cette année, et nous attachèrent de plus en plus à la vie rustique au milieu des bonnes gens dont nous étions entourés. »
ROUSS., **Conf.**, VI.

8 « Laissez-nous prisonniers sur parole, et vous verrez si nous sommes gens d'honneur. » BEAUMARCH., **Mar. de Figaro**, II, 19.

9 « Votre lettre aimable et votre offre d'hospitalité m'ont comblé. Je sais combien cela est vrai de votre part, combien on est *bonnes gens* en Italie... » STE-BEUVE, **Corresp.**, 148, 3 oct. 1830.

10 « Pourquoi monsieur se sert-il de gens de sac et de corde ? »
BALZ., **Splend. et mis. des courtisanes**, Œuv., t. V, p. 781.

11 « Au lieu du beau costume demi-arabe que portent les gens de sa classe, il avait un pantalon européen et des bretelles. »
SAND, **Hiv. à Majorque**, p. 152.

12 « Nous voyons bien que vous êtes des mauvaises gens, des brigands, des *rien du tout* et des menteurs. » ID., **Mare au diable**, Append., II.

— Allus. hist. *Oh ! les braves gens !* Cri d'admiration du roi Guillaume 1ᵉʳ de Prusse devant le courage des Français à la bataille de Sedan (1ᵉʳ sept. 1870). Cf. GUERLAC, Cit. franç., p. 285.

— *Habiles gens* (Cf. Accident, cit. 7). *Gens doctes, savants* (Cf. Arbitrage, cit. 2). *Gens avancés* (cit. 61, 64), *civilisés* (cit. 5). *Gens supérieurs* (Cf. Extrêmement, cit. 4). — *Gens d'esprit** (Cf. Amusant, cit. 1 ; avare, cit. 5 ; bête, cit. 34 ; esprit, cit. 149), *de savoir* (Cf. Argumenter, cit. 2), *de goût* (Cf. Exercer, cit. 47), *d'envergure* (Cf. Essentiel, cit. 18).

13 « ...il y a à la ville comme ailleurs de fort sottes gens, des gens fades, oisifs, désoccupés... » LA BRUY., VII, 13.

14 « Le mal des gens d'esprit, c'est leur indifférence,
Celui des gens de cœur, leur inutilité. »
MUSS., **Poés. nouv.**, Sur la paresse.

— *Gens aisés, riches, pauvres* (Cf. Caste, cit. 2). *Pauvres gens* (Cf. Absolu, cit. 12 ; agent, cit. 9). *Les pauvres gens,* poème de Victor Hugo ; roman de Dostoïevski. — *Gens comme il faut* (Cf. Classe, cit. 4). *Gens bien. Gens de qualité, de condition** (Cf. Apprendre, cit. 8 ; estimer, cit. 15). *Gens nobles, titrés. Gens du monde* (Cf. Cheval, cit. 8 ; curieux, cit. 3 ; curiosité, cit. 18 ; échapper, cit. 28 ; enterrer, cit. 20 ; exempt, cit. 8). *Gens du beau monde, du grand monde :* la haute société* (Cf. Canaille, cit. 12). — *Gens de petite origine* (Cf. Arriver, cit. 67). *Gens de peu, de rien. Gens du peuple* (Cf. Endimanché, cit. 1). *Petites gens* (Cf. Déroger, cit. 6).

15 « Maintenant, *monsieur,* car d'après mes ordres tout le monde ici va vous appeler monsieur, et vous sentirez l'avantage d'entrer dans une maison de gens comme il faut ; »
STENDHAL, **Le rouge et le noir**, I, VI.

16 « Il fallait un rêve ardent pour donner la vie aux idées de ces petites gens, presque tous mornes, bouffons, plats et bas sur pattes. »
SUARÈS, **Trois hommes**, Ibsen, II.

17 « Sa clientèle était surtout composée de gens titrés, d'hommes de lettres éminents et de rastaquouères illustres. Les gens titrés le traitaient poliment et le payaient régulièrement ; »
V. LARBAUD, **Barnabooth**, p. 11.

— REM. *Gens de bien. Gens d'esprit, gens du monde* ont pu être considérés comme des adjectifs et recevoir la marque du comparatif ou du superlatif. Mais aujourd'hui, des expressions comme *Les plus gens de bien* (que LITTRÉ donne avec des citations de BOSSUET, de BOURDALOUE et de MASSILLON) ne sont plus en usage.

— *Les gens du pays, du village* (V. **Habitant.** — Cf. Énoncer, cit. 9 ; fiord, cit. 1). *Gens du Nord, du Midi. Gens de couleur** (cit. 14). *Les gens d'aujourd'hui, d'autrefois* (Cf. Alors, cit. 5). *Les gens de ma génération* (Cf. Engendrer, cit. 8). — *Gens de gauche, de droite, en politique* (Cf. Chemise, cit. 6). — *Rencontrer des gens de connaissance* (cit. 30. — Cf. aussi Buter, cit. 4). *Les gens qu'on a connus* (Cf. Authentique, cit. 17). *Les gens qu'on aime* (Cf. Assaisonnement, cit. 7 ; auprès, cit. 11 ; changer, cit. 65).

18 « ...tous les gens du village, hommes, femmes, enfants... »
HUGO, **Misér.**, I, I, III.

19 « Les gens des champs, les gens d'ici
Ont du malheur à l'infini. »
VERHAEREN, **Camp. hallucinées**, Le départ.

— *Vieilles gens* (Cf. Ahurir, cit. 1). *Jeunes gens :* personnes jeunes (V. **Adolescent ; fille, garçon**) et *spécialt.,* pluriel courant de Jeune homme* (Cf. Attirer, cit. 39 ; avarice, cit. 6 ; balancer, cit. 18 ; boiteux, cit. 3 ; bonheur, cit. 4). — REM. « On dit habituellement — remarque LITTRÉ — *Ce sont des jeunes gens* et non *de jeunes gens*, à cause que, l'adjectif étant accolé, *jeunes gens* est regardé comme un mot unique. » Cependant, avec un qualificatif précédant *jeunes gens* on emploiera *de. De beaux jeunes gens.*

20 « Les vieilles gens se plaisent aux cachotteries, n'ayant rien à montrer qui vaille. » CHATEAUB., **M. O.-T.**, t. VI, p. 234.

21 « Il aura même la jalousie du passé, maladie des très jeunes gens aux débuts de leur vie sentimentale. »
V. LARBAUD, **Amants, heureux amants**, p. 119.

22 « Ils y avaient installé un collège pour jeunes gens... »
ROMAINS, **H. de b. vol.**, t. V, VI, p. 51.

— *Absolt.* Les Hommes en général. *Les bêtes et les gens* (Cf. An, cit. 3 ; bonasse, cit. 4). *Les choses et les gens.* — *Spécialt.,* en parlant de personnes déterminées, et parfois d'une seule personne. *Abandonner* (cit. 2) *les gens. Traiter les gens...* (Cf. Ainsi, cit. 19 ; car, cit. 2). *Appeler* (cit. 39) *les gens par leur nom. Saluer les gens* (Cf. Approcher, cit. 16). *Vous vous moquez* des gens. V. **Monde** (Cf. Aller, cit. 79). *Il a une façon de regarder les gens sous le nez !* « *Il ne faut point juger des gens sur l'apparence* » (cit. 12).

23 « Garde-toi, tant que tu vivras,
De juger les gens sur la mine. » LA FONT., **Fab.**, VI, 5.

24 « ...tous les soins qu'il donne aux gens et qu'il prodigue aux femmes, ne dissimulent pas le retrait intérieur, ni le quant-à-soi farouche d'un cœur qui a pu se livrer mais ne se livre plus... »
SUARÈS, **Trois hommes**, Ibsen, III.

‖ 2º GENS DE... suivi d'un nom désignant l'état, la profession. *Gens de métier* (Cf. Assembler, cit. 27) ; *de travail* (Cf. Entrepreneur, cit. 4). *Gens de robe*, gens de justice*, gens de loi** (V. **Avocat, avoué... magistrat.** Cf. Compter, cit. 8 ; corruptible, cit. 7 ; féroce, cit. 3 ; filtrer, cit. 9). *Gens de basoche* (cit.), *de chicane* (cit. 1). *Gens de police* (Cf. Espion, cit. 5). *Gens d'Église.* V. **Prêtre, moine.** *Gens de guerre, d'épée* (V. **Militaire, soldat.** Cf. Aboucher, cit. 2). *Gens d'armes* (vx.). V. **Gendarme.** *Gens de pied, de cheval* (vx.). V. **Fantassin ; cavalier.** *Gens de mer**. V. **Marin.** *Gens de cour* (Cf. Bande, cit. 8 ; flagorner, cit. 2). *Gens d'affaires*, de finance.* — *Gens de maison*, de service* (V. **Domestique**) ; *gens de journée.* — *Gens de lettres**. V. **Auteur, écrivain, gendelettre** (Cf. Brûlot, cit. 3 ; cabotin, cit. ; embouche, cit. 3 ; faufiler, cit. 2). *La Société des gens de lettres.*

25 « Si vous êtes exempt de gens de guerre, vous n'êtes pas exempt de politesse, peut-être ? »   BEAUMARCH., Barb. de Sév., II, 14.

26 « ... et nous consulterons, sous des noms supposés, des gens de loi discrets, éclairés, pleins d'honneur. »   ID., Mère coupable, V, 8.

27 « ... il y avait un très beau régiment de gens de pied qui entrait dans les villes où son éminence devait entrer ou coucher. »
                                                                VIGNY, Cinq-Mars, XXV.

28 « Les gens de lettres, ceux qui sont vraiment dignes de leur nom et de leur qualité, ont été de tout temps sensibles à certains procédés, à certains actes de prévenance et de délicatesse, à certaines choses faites à temps et d'une manière qui les honore. Ils s'inquiètent moins de la solidité et de la suite chez les hommes puissants qui passent, que d'une certaine libéralité qui a son principe dans les sentiments. »
                                        STE-BEUVE, Caus. du lundi, 12 janv. 1852, t. V, p. 310.

29 « Un jour Dumas passait : les divers gens de lettres
     Devant son gousset plein s'inclinaient à deux mètres,
     En murmurant : « Ils sont trop verts ! »
                                        BANVILLE, Odes funamb., Le Mirecourt.

30 « .. la voix, absolument française, a cette lenteur douce, un peu onctueuse, des gens d'Église ; »
                                        LOTI, Fig. et choses, Trois journ. de guerre, IV.

|| 3° *Spécialt. et vieilli.* Les personnes qui font partie d'un ensemble déterminé (troupe, parti...). *Nos gens, ses gens ont été battus. Tous nos gens sont arrivés. — Spécialt.* Soldats (Cf. Aventurier, cit. 3).

31 « Ces mutins ont pour chef les gens de Laodice. »
CORN., Nicom., V, 3 (Cf. *aussi* Assaillir, cit. 3 ; épée, cit. 1 ; espionner. cit. 2 ; exempter, cit. 3).

— *Autref.* Domestiques, serviteurs (Cf. Aller, cit. 91 ; comment, cit. 20). *Un grand seigneur et ses gens.* V. **Suite.**

32 « ... mon carrosse : où est-ce qu'est mon carrosse ? Mon Dieu ! qu'on est misérable d'avoir des gens comme cela ! »   MOL., Pourc., III, 2.

33 « Ah ! les sottes gens que nos gens ! »
                                        MARIVAUX, Jeu de l'amour et du hasard, II, 6.

34 « Mes gens, mon cuisinier, mon cocher, le palefrenier, les jardiniers, ma femme de chambre sont de fort honnêtes personnes... »
                                        BALZ., Mém. de deux j. mariées, Œuv., t. I, p. 291.

— *Droit des gens.* V. **Gent** (3°).

COMP. — Gendarme ; gendelettre. — HOM. — Gent.

2. GENS (*jinss'*). *n. f.* (XIXᵉ s. ; mot lat.). Dans l'antiquité romaine, Groupe de familles dont les chefs descendaient d'un ancêtre* (cit. 1) commun (V. **Éponyme**). *Les membres de la gens* (gentiles) *portaient le même nom.*

« La *gens* était la famille, mais la famille ayant conservé l'unité que sa religion lui commandait, et ayant atteint tout le développement que l'ancien droit privé lui permettait d'atteindre... Il était naturel que les membres d'une même *gens* portassent le même nom, et c'est aussi ce qui arriva... L'unité de naissance et de culte se marqua par l'unité de nom. »   FUSTEL de COUL., Cité antique, pp. 121-122.

DER. — (du lat. *gens*). Gentilé. *n. m.* (1752 ; dér. sav. du lat. *gentilis*). *Vx.* Nom des habitants d'un pays. *Français est le gentilé de France.* — Gentilice. *adj.* (XVIᵉ s. ; empr. au lat. *gentilicius*). Qui appartient à une gens, relative à une gens. *Nom gentilice.*

1. GENT (*jan*). *n. f.* (vers 1100 ; lat. *gens*, accus. *gentem*, « nation, peuple »).

|| 1° *Vx.* V. **Nation, peuple.**

1 « La gent qui porte le turban. »   MALH., III, 1.

|| 2° *Vieilli* ou *Littér.* (et souvent ironique). V. **Race.** *La gent animale* (Cf. Art, cit. 65 LA FONT.). *La gent qui fend les airs* (cit. 17 LA FONT.) : les oiseaux. *La gent trotte-menu :* les souris (Cf. Chercher, cit. 28 LA FONT.). *La gent qui porte crête* (cit. 1). *La gent marécageuse :* les grenouilles.

2 « ... la gent marécageuse,
     Gent fort sotte et fort peureuse,
     S'alla cacher sous les eaux, »   LA FONT., Fab., III, 4.

3 « ... d'un fourré encore touffu, sous un chêne plus résistant, elle entendit le cri de ralliement de sa gent et y répondit aussitôt. »
                                        PERGAUD, De Goupil à Margot, p. 160.

— En parlant des hommes. V. **Espèce, famille, race** (*fig.*). *La gent doctrinale* (Cf. Attirer, cit. 45 ST-SIM.). *La gent corvéable* (cit. P.-L. COUR.). *La gent épicière* (cit. 3 G. SAND). *La gent comique* (LESAGE). *La gent hypocrite* (BÉRANGER). *La gent moutonnière.*

4 « ... les hameaux d'alentour... s'étaient vidés de leurs mendiants, de leurs estropiés, de leurs fous... Cette gent était échelonnée sur le parcours, avec des musiques, des accordéons, des vielles ; »
                                        LOTI, Pêch. d'Isl., IV, VI.

5 « ... tout ce qui, dans les humanités ultérieures n'aura que ça à faire que de s'occuper à ces avocasseries, la gent de robe, les Pas perdus, la basoche. »   PÉGUY, La République..., p. 366.

|| 3° *Droit des gens* (1668 LA FONT.). Droit des nations, traduction du lat. *jus gentium*, qui désigne aussi le droit naturel, le droit international public. V. **Droit** (cit. 67 et *supra*).

HOM. — Gens, gent 2.

2. GENT, ENTE. *adj.* (vers 1100 ; du lat. *genitus*, « né », par ext. « bien né », d'où « noble, beau »). *Vx.* Gracieux, joli. V. **Gentil.**

1 « Ces gentes épaules menues, »
VILLON, Testament, Les regrets de la belle Heaumière, LIII.

2 « ... vous pouvez passer à cette heure pour une très gente fille. »
                                        SAND, Petite Fadette, XXXIII.

« ... telles fillettes,
     Gentes mangeuses de galettes »
                                        VERLAINE, Poèm. div., Impromptu.   3

ANT. — Laid, vilain.

HOM. — Gent ; gens, jante. — COMP. — Agencer.

DER. — Gentement. *adv.* (XIᵉ s.). *Vx.* V. **Gentiment.**

« ... maître rat échappe vitement,
     Puis mit à terre un genou gentement, »
                                        MAROT, Épit., À son ami Lyon.

GENTIANE (*-siane*). *n. f.* (XIIIᵉ s. ; empr. au lat. *gentiana*). Plante dicotylédone (*Gentianées*) herbacée à suc amer, qui croît dans les montagnes. *Gentiane acaule à belles fleurs bleues. Gentiane jaune* ou *grande gentiane. Propriétés toniques, digestives, et fébrifuges de la racine de gentiane. Infusion, teinture de gentiane. Apéritif à la gentiane.* V. **Amer ; quinquina.** *Par ext.* Toute boisson (généralement apéritive) à base de racine de gentiane.

« ... une plante grimpante et touffue à fleurs bleues (de ce bleu   1
profond que je ne connaissais qu'à la gentiane, et que Jammes dit être
une gentiane en effet)... » GIDE, Nouv. prétextes, Journ. s. dates, VI.

« Pour lui, celui d'apéritif qu'il préférait, c'était la gentiane-cassis. »   2
                                        CÉLINE, Voyage au bout de la nuit, p. 221.

DER. — Gentianacées (1811) ou Gentianées (1896). *n. f. pl. Bot.* Famille de plantes (*Phanérogames angiospermes*) dicotylédones gamopétales superovariées, ayant pour type la gentiane. *Gentianées aquatiques.* V. **Ményanthe, villarsie.** Au sing. *Une gentianée.*

1. GENTIL (*-ti*) *n. m.* (1488 ; empr. au plur. lat. *gentiles*, correspondant à l'hébreu *gôim*, « peuples non juifs ». V. **Goy**). Nom que les Juifs et les premiers chrétiens donnaient aux païens*. *Chrétiens* (cit. 1) *persécutés par les Gentils. Saint Paul, apôtre des Gentils.*

« Chose étrange ! que le christianisme soit maintenant obligé de se défendre devant ses enfants, comme il se défendait autrefois devant ses bourreaux, et que l'*Apologétique aux* GENTILS *soit devenue l'Apologétique aux* CHRÉTIENS ! »
                                        CHATEAUB., Génie du christ., III, IV, II.

— *Par ext. Relig. chrét.* V. **Infidèle, mécréant.** *Convertir les Gentils* (Cf. Aspersion, cit. 3). *Le gentilisme, religion des Gentils.* V. **Paganisme.** *Adjectivt.* (Peu usit.). *Les peuples gentils, les nations gentiles.* V. **Gentilité.**

ANT. — Chrétien, juif.

DER. — Gentilité. *n. f.* (XIVᵉ s.). Ensemble des peuples païens (ANT. Chrétienté). *Par ext.* V. **Idolâtrie, paganisme.**

« Qu'était-ce que les Mages, dont nous honorons la mémoire ?   1
C'étaient les sages de la gentilité... »
                                        BOURDAL., Serm., Sur l'Épiphanie.

« Les Mages, au milieu des ténèbres de la gentilité, sont éclairés   2
des plus vives lumières de la grâce. »   ID., Ibid.

2. GENTIL, ILLE (*-ti, -tiy'*). *adj.* (XIᵉ s. ; du lat. *gentilis*, « de famille, de race »).

|| 1° *Vx.* Noble de naissance. V. **Gentilhomme.** *Par anal.* Noble de cœur (V. **Généreux**), d'où brave, vaillant. V. **Preux.** *Gentil chevalier* (Cf. Avocat, cit. 19).

« ... un si gentil et si vertueux Prince »   1
                                        DU BELLAY, Les regrets, CXXIV.

« Gentil damoisel, que je ne sais encore nommer, recevez ma fille   2
pour femme... Je ne la pourrais donner à un plus prud'homme. »
BOULENGER, Merlin l'Enchanteur, in Rom. Table ronde, XXI, p. 52.

|| 2° (XVIᵉ s.). Qui plaît par la grâce délicate de ses formes, de son allure, de ses manières. V. **Agréable, aimable, beau, charmant, gent** (*vx*), **gracieux, joli, mignon, plaisant.** *Un petit garçon fort gentil* (Cf. Boiteux, cit. 1). *Fillette, femme gentille* (Cf. Attrayant, cit. 1 ; bander, cit. 5 ; emprunt, cit. 10). *Elle est gentille comme un cœur*, *gentille comme tout. Un gentil minois.*

« Le sorcier en fit une fille   3
     De l'âge de quinze ans, et belle, et si gentille,
     Que le fils de Priam pour elle aurait tenté »
                                        LA FONT., Fab., IX, 7.

« ... de petits êtres gentils, fort mignons et fort poupins, très   4
dignes d'être trouvés charmants par d'autres même que par leurs
mères. »   GAUTIER, Souv. de théâtre..., Gavarni, II.

« Le cœur de Lola était tendre, faible et enthousiaste. Le corps   5
était gentil, très aimable, et il fallut bien que je la prisse dans son
ensemble comme elle était. » CÉLINE, Voyage au bout de la nuit, p. 51.

— En parlant d'animaux. *Gentille alouette* (cit. 1).

— En parlant de choses. V. **Charmant** (Cf. *fam.* Un amour de...). *Une gentille petite robe. De gentils bibelots. C'est gentil ce que vous chantez là !* — Fam. *C'est gentil comme tout. C'est gentil tout plein.*

« Théodore leur fit présent de l'étonnant tableau qu'ils n'avaient   6
pu voir, et qui représentait l'intérieur de cette vieille boutique, à
laquelle était dû tant de bonheur. — C'est-y gentil ! s'écria Guillaume.
Dire qu'on voulait donner trente mille francs de cela. »
                                        BALZ., Maison du chat-qui-pelote, Œuv., t. I, p. 47.

« ... il se souvint d'un ancien retour, pareil... ; de la gentille mas-   7
carade avec les habits de mariage de la vieille tante et de l'oncle... »
                                        HENRIOT, Les romantiques, p. 412.

— REM. *Gentil* convient au charme superficiel de tout ce qui est petit, léger, menu, délicat. Par suite, son emploi comporte parfois (surtout en matière d'arts, de littérature, etc.) une nuance dépréciative ou de légère condescendance. V. **Gentillet, mièvre, mignard.** *Une comédie gentille, sans plus. Un gentil talent.*

8 « À huit ans, ma fille me brodait ce napperon, tenez... Oh ! ce n'est pas du travail fin, mais c'est gentil tout de même. »
COLETTE, *Maison de Claudine. La couseuse.*

‖ 3° *(XIXᵉ s. par un retour probable au sens archaïque).* Qui plaît par sa délicatesse morale, sa bienveillance. V. **Délicat, généreux** (Cf. *fam.* Chic). *Une intention gentille. Gentille attention. J'ai reçu votre gentille lettre* (Cf. Affamé, cit. 5). *Être gentil avec quelqu'un, pour quelqu'un,* avoir pour lui des égards, des attentions (cit. 44). V. **Bon.** *Personne gentille et serviable.* V. **Complaisant, obligeant.** *C'est un garçon très gentil.* V. **Chic** (*fam.* Un chic type). *Sois gentil, prête-moi cette somme. Vous êtes trop gentil de... C'est gentil de votre part de... C'est très gentil à vous.*

9 « — Eh bien, mes enfants ! vous venez faire visite au vieux capitaine ; c'est gentil à vous. »
VIGNY, **Servit. et grand. milit.,** I, V.

10 « Il se montrait gentil, plein de soins, d'égards, de tendresse. »
MAUPASS., **Bel-ami,** II, VI.

11 « Elle est trop gentille, aussi, cette petite ! A-t-on jamais vu un amour de femme comme celle-là ? Pas un mot, pas une plainte ! »
COLETTE, **Chéri,** p. 115.

12 « La misère poursuit implacablement et minutieusement l'altruisme et les plus gentilles initiatives sont impitoyablement châtiées. »
CÉLINE, **Voyage au bout de la nuit,** p. 290.

— *Substantivt. Faire le gentil :* affecter des manières agréables, aimables (Cf. Cheval, cit. 32 ; fois, cit. 14).

‖ 4° *Spécialt.* V. **Doux, tendre.** *De gentils mots d'amour.*

13 « (Il) me disait les mots les plus gentils du monde, »
MOL., **Éc. d. fem.,** II, 5.

— À propos d'enfants. V. **Sage, tranquille.** *Les enfants sont restés bien gentils toute la journée.*

— À propos d'une femme, dans un sens libre.

14 « — (DULAC *s'approche et à mi-voix*). Si je le garde encore une fois, tu seras gentille ? — (EURYDICE *baisse les yeux*). Oui. »
J. ANOUILH, **Eurydice,** III.

— *Ironiqt. Par antiphr. Vous faites là un gentil métier.* V. **Joli.** *Tout cela est bien gentil, mais en attendant, le travail n'avance pas.*

15 « Certes, pour un amant, la fleurette est mignonne,
Et vous me traitez là de gentille personne. »
MOL., **Misanthr.,** II, 1.

‖ 5° *D'une certaine importance.* V. **Coquet.** *Il en coûte la gentille somme de...*

‖ 6° *Bois gentil.* V. **Daphné, garou.**

* ANT. — Disgracieux, laid, vilain ; malgracieux, odieux ; insupportable.

DER. et COMP. — Gentilhomme. — **Gentillâtre.** *n. m.* (1310 ; Cf. *suff.* -*Âtre*). *Péjor.* Gentilhomme* de petite noblesse ou de maigre fortune (Cf. *infra,* cit. 3). — **Gentillesse.** — **Gentillet, ette.** *adj.* (XVIᵉ s.). Assez gentil ; petit et gentil. *C'est gentillet, ce petit jardin. Une frimousse gentillette.* — **Gentiment.** *adv.* (XVIᵉ s. et aussi *gentillement ; gentiment* au XIIᵉ s.). *D'une manière gentille. Coiffe gentiment attachée à la chevelure* (Cf. Convenablement, cit.). *Offrir gentiment un cadeau* (cit. 2). *S'amuser gentiment* (Cf. Fleur, cit. 14). *Accueillez-le gentiment.* V. **Aimablement.** *Vous m'avez si gentiment offert votre aide que j'aurais mauvaise grâce à le refuser.*

1 « ... je voudrais que cela fût mis d'une manière galante, que cela fût tourné gentiment. »
MOL., **Bourg. gent.,** II, 4.

2 « Et elle expliquait cela si humblement et si gentillement (*gentiment*) que c'était plaisir de l'entendre. »
SAND, **Petite Fadette,** XXI.

3 « ... le malheureux gentillâtre dont la misère a été décrite au commencement de cette histoire. »
GAUTIER, **Capit. Fracasse,** XXII, t. II, p. 323.

GENTILHOMME (*ti-yom*), plur. **GENTILSHOMMES** (*ti-zom*). *n. m.* (vers 1100 ; de *gentil 2,* et *homme*). Homme noble de race, de naissance. *Le roi, premier gentilhomme de son royaume. Simple gentilhomme.* V. **Écuyer.** *Nom et armes* (cit. 41) *d'un gentilhomme. Gentilhomme de vieille souche, de haut lignage*. Maison* d'un gentilhomme* (Cf. Allier, cit. 3). *Gentilhomme, noble par sa mère* (Cf. Anoblir, cit. 3). *Gentilhomme pauvre.* V. **Gentillâtre** (Cf. Bâtir, cit. 51). *Gentilhomme campagnard* (cit. 1). V. **Hobereau.** *Gentilhomme courtisan* (Cf. Antichambre, cit. 5 ; empressé, cit. 2). *Aisance* (cit. 4), *élégance d'un gentilhomme. Avantages* (cit. 4), *privilèges d'un gentilhomme. Faire le gentilhomme. Le Bourgeois gentilhomme,* comédie de Molière (1670).

1 « (Il) aura l'effronterie de dire qu'il est aussi gentilhomme que feu Monsieur mon mari, qui demeurait à la campagne, qui avait meute de chiens courants, et qui prenait la qualité de comte dans tous les contrats qu'il passait. »
MOL., **Escarb.,** 2.

2 « ... le bourgeois gentilhomme est odieux aux riches bourgeois qui ont la modestie altière et qui connaissent la grandeur et l'humilité de leur condition et, à la fois, aux gentilshommes (*sic*), parce qu'il veut forcer l'accès de la noblesse. »
SARTRE, **Situations II,** p. 140.

— *Loc. prov. Vivre en gentilhomme :* dans l'oisiveté (Cf. Continuer, cit. 2 ; coutume, cit. 1).

3 « Chacun d'eux résolut de vivre en gentilhomme,
Sans rien faire,... »
LA FONT., **Fab.,** III, 2.

— *Spécialt.* Noble attaché à la personne du roi, d'un prince, d'un grand. V. **Chambellan, écuyer, menin.** *Gentilshommes de la chambre* (cit. 10). *Compagnie* de gentilshommes.* V. **Cadet, mousquetaire.** *Gentilshommes ordinaires* du roi,* qui transmettaient ses ordres aux corps constitués. *Gentilshommes servants,* qui servaient le roi à table.

— *Par anal. et fig.* Homme qui montre de la noblesse, de la générosité, dans ses sentiments et dans ses actes, de la distinction, de la dignité dans ses manières. *Vous êtes de vrais gentilshommes* (Cf. Européanisme, cit.). *Agir, se conduire en gentilhomme.* V. **Gentleman, seigneur.**

4 « Il était facile à prévoir que ces prélats, mis en demeure de céder devant la foule, de démentir solennellement leur opinion officielle, répondraient en gentilshommes. Le plus faible, ainsi poussé, deviendrait un brave. Gentilshommes ou non, c'étaient enfin des Français. »
MICHELET, **Hist. Révol. franç.,** IV, VII.

5 « Dans une société où les femmes seraient toutes de vraies grandes dames, tous les hommes deviendraient des gentilshommes. »
MAUPASS., **La femme de Paul,** Correspondance, p. 119.

ANT. — Bourgeois, manant, prolétaire, roturier, rustre, vilain.

DER. — Gentilhommerie. *n. f.* (1668). *Fam. et péj.* Qualité de gentilhomme. V. **Noblesse** (Cf. Bras, cit. 18 et *infra* cit. 1 et 2). Ensemble de gentilshommes. — **Gentilhommière.** *n. f.* (XVIᵉ s.). Modeste maison de campagne d'un gentilhomme. V. **Château** (cit. 4).

1 « Eh ! de grâce, mettez, pour un moment, votre gentilhommerie à côté, et souffrez que je vous parle maintenant comme je pourrai. »
MOL., **G. Dand.,** I, 4.

2 « M. de Brissac, ivre de gentilhommerie, désigne souvent Dieu par cette phrase : « Le gentilhomme en haut ». »
CHAMFORT, **Caract. et anecd.,** Dieu gentilhomme.

3 « Cette famille... voyait de sa gentilhommière les riches abbayes qu'elle avait fondées... »
CHATEAUB., **M. O.-T.,** t. I, p. 24.

GENTILLESSE. *n. f.* (XIIᵉ s. ; de *gentil*).

‖ 1° *Ancienn̈t.* V. **Noblesse.**

‖ 2° « Caractère de ce qui est à la fois joli et gracieux » (LITTRÉ). *Gentillesse d'un petit enfant, d'un oiseau.* V. **Grâce, joliesse.**

1 « L'écureuil est un joli petit animal qui n'est qu'à demi sauvage, et qui, par sa gentillesse, par sa docilité, par l'innocence même de ses mœurs, mériterait d'être épargné ; »
BUFF., **Hist. nat. anim.,** L'écureuil, Œuvr., t. II, p. 602.

— *Gentillesse* se dit encore, de nos jours, de manières douces qui attirent la sympathie, l'indulgence. *Elle m'a demandé son pardon avec une telle gentillesse que je n'ai pas pu le lui refuser* (Cf. Folâtrerie, cit. 2 STE-BEUVE).

— *Vieilli.* Agrément, charmes (d'une femme).

2 « Ces messieurs me reprochaient mon indifférence pour le plus piquant de tous (*les amusements de Venise*), vantant la gentillesse des courtisanes vénitiennes, et disant qu'il n'y en avait point au monde qui les valussent. »
ROUSS., **Conf.,** VII.

— *Par ext. (Vx).* S'est dit de « Certains tours de souplesse agréables (*Il a fait mille gentillesses devant nous. Il a dressé son chien à mille gentillesses* » ACAD.), et de « saillies agréables » (LITTRÉ). V. **Finesse.** — REM. Dès 1680, RICHELET notait à propos de *gentillesse :* « Ce mot, pour dire *Jolies choses d'esprit,* est un peu vieux, et il commence à n'être plus en usage ».

3 « Peste ! où prend mon esprit toutes ces gentillesses ? »
MOL., **Amphitryon,** I, 1.

— *Ironiqt.* GENTILLESSE se dit encore aujourd'hui de traits méchants, d'injures, de mauvais traitements. *Toutes les gentillesses qu'on a débitées sur mon compte* (Cf. Coureur, cit. 9 ROUSS.). *Ces gentillesses que l'homme a inventées pour torturer ses semblables* (Cf. Écorcher, cit. 2).

‖ 3° (Sens moral développé depuis le XIXᵉ s. et qui ne se trouve ni dans LITTRÉ ni dans ACAD. 1932). Qualité d'une personne qui a de la bonne grâce, de l'empressement à être agréable à autrui (par marques de sympathie ou d'affection, des attentions délicates, des prévenances, etc.), le souci de lui épargner de la peine, du désagrément, de la contrariété. V. **Amabilité, aménité, complaisance, délicatesse, douceur, grâce** (bonne), **obligeance.** *Il est d'une extrême gentillesse. Plaire par sa gentillesse. Il a eu la gentillesse de m'aider. Recevoir quelqu'un avec beaucoup de gentillesse. Accueil plein de gentillesse. Je vous remercie de votre gentillesse. Il compte* (cit. 33) *sur votre gentillesse pour se faire pardonner, il abuse de votre gentillesse.* V. **Bienveillance, bonté, générosité, indulgence.**

4 « ... sa nature... n'était pas la gentillesse qu'on croyait d'abord d'après ses délicates attentions... »
PROUST (Cf. Foncièrement, cit.).

5 « Il (*Alphonse Daudet*) se montrait indulgent — peut-être, avec un discret sourire — pour l'ignorance d'autrui. Au sommet du succès et de la gloire, il restait simple et agréablement camarade. Mais cette bonté n'était pas fade et se gardait d'être dupe. Mais cette n'allait pas sans fougue... »
LECOMTE (Cf. Aller, cit. 59).

6 « Ces messieurs ont la gentillesse d'emmener Fernande avec eux lorsqu'ils vont en promenade. »
GREEN, **Léviathan,** I, VIII.

7 « Il poussait même la gentillesse jusqu'à faire la conversation avec la servante de la prisonnière... »
HENRIOT, **Portr. de fem.,** p. 135.

— *Par ext.* Action, parole pleine de gentillesse. V. **Attention, prévenance.** *De sa part, c'était une gentillesse. Il voulait me faire une gentillesse. Je vous remercie de toutes les gentillesses que vous avez eues pour moi. Il la comble de gentillesses. Faites-moi la gentillesse d'accepter.*

8 « La façon rogue, malgracieuse, dont il repousse, en son orgueil, la moindre gentillesse, la moindre attention, est véritablement d'un malotru. »   HENRIOT, **Portr. de fem.,** p. 188.

ANT. — **Grossièreté, rudesse. Dureté, méchanceté.**

GENTLEMAN (*djèn-tle-man'*). *n. m.* (1558, *gentilleman* ; 1698, *gentleman* ; empr. à l'anglais, lui-même formé d'après *gentilhomme* ; appliqué uniquement aux Anglais jusqu'à la fin du XVIIIᵉ s.). Homme distingué, d'une parfaite éducation. V. **Galant** (homme), **gentilhomme** (fig.). *Se comporter* (cit. 8) *en gentleman. Il a le sens de l'honneur, c'est un vrai gentleman.* Plur. *Des gentlemen* (*djèn'-tle-men'*). Cf. Gentry, cit. 2.

1 « C'était M. Maillard lui-même, un véritable gentleman de la vieille école : belle mine, noble prestance, manières exquises, et un certain air de gravité, de dignité et d'autorité fait pour produire une vive impression. »
BAUDEL., Traduc. E. POE, **Hist. grotesq. et sér.,** Syst. Dʳ Goudron...

2 « Mépriser le danger, tenir sous le feu, ce n'est même pas à leurs yeux un acte de courage, cela fait simplement partie d'une bonne éducation. D'un petit bouledogue qui tient tête à un gros chien, ils (*les Anglais*) disent gravement : « C'est un gentleman ». »
MAUROIS, **Silences col. Bramble,** IV.

COMP. — **Gentleman-rider** (*-raï-deur*). *n. m.* (1840 ; mot angl., *rider,* cavalier). Homme élégant et sportif qui monte des chevaux de course. *Par ext.* Jockey amateur. Plur. *Des gentlemen-riders. Course de gentlemen-riders.*

« Il faut donc, pour mener une troïka, un cocher d'une habileté consommée. Quel charmant sport ! nous sommes surpris qu'aucun gentleman-rider de Londres ou de Paris n'ait la fantaisie de l'imiter. »
GAUTIER, **Voyage en Russie,** p. 101.

GENTRY (*djèn'-tré*). *n. f.* (1688 ; mot angl.). Noblesse anglaise non titrée (par oppos. à *Nobility,* noblesse titrée). *Par ext.* En France, La haute société. V. **Monde** (beau, grand).

1 « Il (*Bumbo*) supplie la noblesse, la gentry de Clare, de se séparer de cette misérable aristocratie de Dublin, de cette meute altérée de sang, et de se joindre au peuple pour le salut commun. »
BALZ., **Feuilleton journ. polit.** (Œuvr., div., t. I, p. 647).

2 « J'étudiai très curieusement cette espèce de *gentry,* et je trouvai difficile de comprendre comment ils pouvaient être pris pour des gentlemen par les gentlemen eux-mêmes. »
BAUDEL., Traduc. E. POE, **Hist. extraord.,** L'homme des foules.

GÉNUFLEXION. *n. f.* (XIVᵉ s. ; empr. au lat. médiév. *genuflexio,* dér. du lat. eccl. *genuflectere,* « fléchir le genou » (VULGATE). Action de fléchir le genou, les genoux en signe d'adoration*, de respect, de soumission. V. **Agenouillement, fléchissement** (du genou), **prosternation ; agenouiller** (s'), **prosterner** (se). *Faire, esquisser* (cit. 5) *des génuflexions devant l'autel, devant un roi* (Cf. Encenser, cit. 1). *Saluer par une génuflexion.* V. **Salut.** *Ébauche de génuflexion dans la révérence.*

1 « ...chaque jour, une foule passait devant lui, avec des génuflexions et des baise-mains à l'orientale. »
FLAUB., **Trois contes,** Lég. St Julien l'Hosp., II.

2 « De temps à autre, au fond, un sacristain passait en faisant devant l'autel l'oblique génuflexion des dévots pressés. »
ID., **Mᵐᵉ Bovary,** III, I.

3 « Quant aux génuflexions répétées avant et pendant les cinq prières quotidiennes, elles représentent, pour les hommes vieillissants, une gymnastique efficace. »   DUHAM., **Turquie nouv.,** IV.

— *Par anal.* Flexion du genou.

4 « On choisit pour lui des skis à sa taille et on les fixa avec de fortes ligatures, après des tâtonnements et quelques génuflexions. »
CHARDONNE, **Dest. sentim.,** p. 485.

— *Fig.* Acte de respect, de soumission... V. **Adulation, flatterie ; obséquiosité, servilité.** *Se confondre, se répandre en génuflexions devant un supérieur.*

DER. — **Génuflecteur, trice.** *adj. et n.* (fin XIXᵉ s.). Qui fait des génuflexions. Substant. *Un génuflecteur.* Au fig. V. **Adulateur, servile.**

GÉO-. Premier élément de mots savants, tiré des composés grecs tels que *geographia, geodaisia, geometria,* et contenant le rad. *gê,* « terre ».

GÉOBIOLOGIE. *n. f.* (XXᵉ s. ; de *géo-,* et *biologie*). Science des rapports de l'évolution géologique de la Terre avec celle de la vie et des organismes vivants.

GÉOCENTRIQUE. *adj.* (1732 ; de *géo-,* et *centre*). *Astron.* Qui est mesuré, considéré par rapport à la terre prise pour centre (*par oppos.* à Héliocentrique, etc.). *Coordonnées géocentriques. Mouvement géocentrique d'une planète :* mouvement apparent vu de la Terre. *Latitude géocentrique :* latitude d'une planète observée de la Terre. *Système astronomique géocentrique :* faisant de la Terre le centre de l'Univers. *Le Système géocentrique de Ptolémée fut remis en question par Copernic.*

DER. — **Géocentrisme.** *n. m.* Théorie faisant de la Terre le centre de l'Univers.

GÉODE. *n. f.* (1556 ; empr. du gr. *geôdês,* propremt. « terreux »). *Minér.* Masse pierreuse sphérique ou ovoïde, creuse, dont l'intérieur est tapissé de cristaux.

« ...les géodes ou pierres d'aigle, qui sont elles-mêmes de gros grains (*morceaux*) de mine (*minerai*) de fer, dont la cavité intérieure est très grande... »
BUFF., **Introd. hist. minér.,** IXᵉ mém., Œuvr., t. IX, pp. 326-327.

DER. — **Géodique.** *adj.* (1845). Qui a la forme d'une géode.

GÉODÉSIE. *n. f.* (1647 ; empr. du gr. *geodaisia,* « partage de la terre »). Science qui a pour objet la détermination de la forme de la Terre, la mesure de ses dimensions, l'établissement des cartes, etc. V. **Topographie.** *Opérations de géodésie.* V. **Arpentage, canevas, levée, nivellement, planimétrie, triangulation.** *Instruments, appareils* de géodésie. V. **Géodésigraphe** (*infra*), **goniomètre, graphomètre, jalon, mire, niveau, planchette, tachéographe, tachéomètre, théodolite...**

DER. et COMP. — **Géodésien.** *n. m.* (1866). Personne qui s'occupe de géodésie. — **Géodésigraphe.** *n. m.* (1845 ; de *géodésie,* et *-graphe*). Instrument voisin du graphomètre* — **Géodésique.** *adj.* (1742). Relatif à la géodésie. *Opération, instrument, nivellement géodésique. Ligne géodésique* (absolt. *la géodésique*) : ligne la plus courte entre deux points d'une surface. Par ext. *Polygone, cercle, ellipse... géodésique.*

GÉODYNAMIQUE. *adj. et n. f.* (fin XIXᵉ s. ; de *géo*-, et *dynamique**). Étude des modifications de l'écorce terrestre dues aux agents externes et internes. V. **Géologie.** *Géodynamique interne, externe.*

« Les phénomènes localisés dans l'atmosphère font l'objet de la Météorologie ; ceux qui ont pour théâtre l'hydrosphère sont du domaine de l'Océanographie et de l'Hydrographie ; la Géologie dynamique ou Géodynamique se confine à l'étude de la lithosphère et de ses relations avec ses autres enveloppes de la Terre. *On peut définir les phénomènes géologiques ceux qui affectent la lithosphère, en modifiant d'une manière quelconque son aspect extérieur ou sa structure interne.* On appelle souvent Géodynamique externe l'étude des réactions de l'atmosphère et de l'hydrosphère sur la lithosphère et Géodynamique interne, l'étude des mouvements de la lithosphère et celle des rapports qui existent entre la pyrosphère et la lithosphère. »
HAUG, **Traité de géologie,** t. I, p. 4.

GÉOGÉNIE. *n. f.* (1803 ; var. *géogonie,* 1829 ; de *géo-,* et *génie*). Théorie, hypothèses sur la formation de la Terre. V. **Cosmogonie, géologie.**

DER. — **Géogénique.** *adj.* (1856 ; var. *géogonique*). Relatif à la géogénie.

GÉOGNOSIE. *n. f.* (1802 ; de *géo*-, et *-gnosie**). Science traitant de la composition minéralogique du globe terrestre. V. **Géologie* ; lithologie, paléontologie, stratigraphie.**

DER. — **Géognosique** ou **Géognostique.** *adj.* (1829). *Vx.* Relatif à la géognosie.

GÉOGRAPHE. *n. m.* (1542 ; V. **Géographie**). Personne versée dans l'étude ou l'enseignement de la géographie*. *Vidal de La Blache, grand géographe français.* — Par appos. *Ingénieur géographe.*

« — Je suis géographe, dit le vieux monsieur. — Qu'est-ce qu'un géographe ? — C'est un savant qui connaît où se trouvent les mers, les fleuves, les villes, les montagnes et les déserts. »
ST-EXUP., **Le petit prince,** XV. — Cf. *aussi* Crayon, cit. 2 ; ethnologue, cit. ; explorateur, cit. 2.

« ...le géographe est le seul savant qui s'astreigne à la fois à connaître la répartition des phénomènes superficiels, physiques, biologiques ou économiques, à démêler les causes de cette répartition, en la rattachant à des lois générales, et à en rechercher les effets. »
De MARTONNE, **Traité géogr. phys.,** t. I, p. 23.

GÉOGRAPHIE. *n. f.* (vers 1500 ; empr. au lat. *geographia,* « description de la terre », mot d'origine grecque).

‖ **1°** Science qui a pour objet l'étude des phénomènes physiques, biologiques, humains, localisés à la surface du globe terrestre, et *spécialt.* l'étude de leur répartition, des forces qui les gouvernent, et de leurs relations réciproques. *Géographie générale ; géographie régionale, locale* (V. **Chorographie**). *Géographie physique générale.* V. **Climatologie, météorologie ; hydrographie, hydrologie ; morphologie.** *Géographie biologique* (Biogéographie) : *géographie botanique* (Phytogéographie), *géographie zoologique* (Zoogéographie), *géographie paléontologique* (Paléogéographie). *Géographie humaine : géographie des races, géographie des religions, géographie linguistique, géographie sociale, géographie économique* (géographie agricole, industrielle...), *géographie politique* (Cf. cit. 16) *de géographie* (Cf. Cribler, cit. 8). V. **Carte* ; mappemonde, planisphère, portulan...** *Cours, traité, manuel de géographie. Ignorance en géographie* (Cf. Crasse, cit. 3). *Étudier la géographie. Licence de géographie. Professeur de géographie.* — *Abrév. fam.* (arg. des écoles). *Faire de la géo. Prof. de géo.*

« La géographie m'a toujours tenté. L'Histoire ne peut s'en passer. Je voudrais faire une géographie à la fois physique et politique... On y ferait le matérialisme de l'histoire... on insisterait sur les circonstances physiologiques, physiques, botaniques, zoologiques, minéralogiques, qui peuvent expliquer l'histoire. »
MICHELET, **Journ. de mes idées** (in HENRIOT, **Romantiques,** p. 385).

2 « ...le botaniste étudie les organes d'une plante, ses conditions de vie, sa position dans la classification ; s'il cherche à déterminer son aire d'extension, il dit qu'il fait de la *géographie botanique*. Le géologue analyse le mécanisme du phénomène volcanique en lui-même ; il a conscience de faire de la *géographie physique* lorsqu'il cherche à préciser la répartition des volcans. Le statisticien combine les chiffres en vue d'établir la marche des divers phénomènes démographiques ; s'il essaie de se rendre compte de la répartition de la population, il sait qu'il fait de la *géographie humaine*. »
De MARTONNE, **Géogr. phys.**, t. I, p. 21.

3 « ...la géographie moderne envisage *la répartition à la surface du globe des phénomènes physiques, biologiques et humains, les causes de cette répartition et les rapports locaux de ces phénomènes*. Elle a un caractère essentiellement scientifique et philosophique, mais aussi un caractère descriptif et réaliste. » ID., **Ibid.**, t. I, p. 24.

4 « ...c'est un groupe vraiment spécial des phénomènes superficiels de notre planète que l'ensemble de tous ces faits auxquels participe l'activité humaine ; groupe complexe de faits infiniment variables et variés, toujours englobés dans le cadre de la géographie physique, mais qui ont toujours cette caractéristique aisément discernable de toucher plus ou moins directement à l'homme. À l'étude de cette catégorie de phénomènes géographiques, nous donnons... le nom de « géographie humaine ». BRUNHES, **Géogr. hum.**, t. I, p. 5.

5 « La géographie étudie la physionomie du globe, c'est-à-dire les aspects qui résultent du climat, du relief, des associations végétales, des groupements humains, ainsi que les forces physiques et humaines qui président à leur aménagement dans l'espace et dans le temps ; elle essaie d'expliquer leur corrélation soit dans l'ensemble terrestre qui les conditionne tous, soit dans les cadres régionaux où ils se localisent. Elle ne se contente plus d'être un simple catalogue de faits localisés, elle prétend en donner une explication scientifique. »
CLOZIER, **Les étapes de la géogr.**, p. 96 (éd. P.U.F.).

— *Vocabulaire de la géographie.* A. V. **Aire, continent, contrée, partie** (du monde), **pays, région, zone ; équateur, hémisphère, pôle, tropique ; coordonnée, latitude, longitude ; méridien, parallèle.**

B. V. **Relief*** ; **chaîne, col, cuvette, montagne*, plaine*, plateau, plissement, thalweg, trouée, val, vallée***... — **Mer*, océan ; archipel, baie 1, cap, côte*, détroit, golfe*, île*, isthme, péninsule.** — **Végétation*** ; **désert, forêt, savane, steppe, toundra.** — **Faune*.** — **Hydrographie ; bassin, fleuve*, lac, rivière* ; partage** (ligne de)..., **seuil.**

C. V. **Race ; habitat, peuplement, population ; campagne, densité, ville.** — **Économie* ; agriculture, commerce, industrie.** — **État, frontière.** — REM. Se reporter aux mots donnés ci-dessus, où sont classés la plupart des termes géographiques. Cf. *aussi* le vocab. des sciences annexes de la géographie (V. **Cartographie, géodésie, topographie ; biologie, botanique, démographie, écologie, ethnographie, ethnologie, géologie, pédologie, sociologie...**).

— *Par ext.* Livre, manuel, traité de géographie. *Acheter une géographie.* — *Ensemble de théories géographiques. La géographie de Strabon, de Humboldt.*

6 « Les géographies, dit le géographe, sont les livres les plus précieux de tous les livres. Elles ne se démodent jamais. Il est très rare qu'une montagne change de place. Il est très rare qu'un océan se vide de son eau. Nous écrivons des choses éternelles. »
ST-EXUP., **Le petit prince**, XV.

‖ 2° La réalité physique, biologique, humaine qui fait l'objet d'étude de la science géographique. *La géographie de la France, du bassin parisien, de la Méditerranée* (Cf. Compartiment, cit. 5).

— *Par anal.* V. **Topographie** (*fig.*).

7 « Le Roi instruisit en détail Monsieur le Dauphin de tout ce qu'il avait à faire (*la nuit de ses noces*), et fit une manière de géographie dont il se réjouit fort avec les courtisans. »
SÉV., **792**, 22 mars 1680.

8 « La connaissance que j'ai de la « géographie de l'Assemblée »...
MIRABEAU (Disc., 15 sept. 1789) in BRUNOT, **H.L.F.**, t. IX, p. 769.

DER. — Géographique. *adj.* (1546). Relatif à la géographie. *Études, connaissances, œuvres géographiques* (Cf. Exploration, cit. 3). *Expression* (cit. 14) *géographique. Réalité, nécessité géographique* (Cf. Canadien, cit. 1). *Milieu géographique* (Cf. Amener, cit. 13 ; écrasant, cit. 3). *Changements géographiques* (Cf. Écliptique, cit.). *Extension géographique d'un phénomène, d'un mot.* V. **Spatial** (Cf. Étymologie, cit. 2). *Carte* (cit. 16) *géographique. Service géographique de l'armée* (cit. 14). — *Faire le point géographique d'un lieu.* V. **Point.** — Géographiquement. *adv.* (1555). D'une manière géographique ; quant à la géographie.

1 « L'Italie... serait ramenée à son mortel morcellement et réduite derechef, suivant le mot froidement féroce de Metternich, à n'être — pour toujours — qu'une « *expression géographique* ». »
MADELIN, **Talleyrand**, IV, XXX.

2 « Qu'il s'agisse de sa constitution ethnique, qu'il s'agisse de sa constitution psychologique, ce peuple (*français*) est plus que tout autre une création de son domaine et l'œuvre séculaire d'une certaine donnée géographique. » VALÉRY, **Reg. s. le monde actuel**, p. 120.

3 « Une double zone constitue le domaine propre des études géographiques : la zone inférieure de l'enveloppe atmosphérique de notre terre, et la zone superficielle de l'écorce solide. »
BRUNHES, **Géogr. hum.**, t. I, p. 1.

GEÔLE (jôl). *n. f.* (*Jaiole* au XIIᵉ s. ; du bas lat. *caveola*, dim. de *cavea*, « cage », sens conservé jusqu'au XVIᵉ s.). *Littér.* V. **Cachot, prison** (Cf. Équivaloir, cit. 5). *Mettre à la geôle. Jeter dans une geôle. Registre de la geôle* (ACAD.). — Résidence du geôlier. V. **Conciergerie.**

1 « La geôle étant en mauvais état, M. le juge d'instruction trouve à propos de faire transférer Champmathieu à Arras où est la prison départementale. » HUGO, **Misér.**, I, VI, II.

— Fig. *La geôle du monde* (Cf. Extraire, cit. 3).

2 « ...le charme de Cirey fut tout à fait rompu et détruit pour la triste voyageuse : elle ne s'y considéra plus que comme en prison et dans une véritable geôle, jusqu'à l'heure où elle put en sortir. »
STE-BEUVE, **Caus. du lundi**, 17 juin 1850, t. II, p. 222.

COMP. — V. Enjoler.

DER. — Geôlage. *n. m* (1306). *Féod.* Redevance payée au geôlier à l'entrée et à la sortie de chaque prisonnier. — Geôlier, ière. *n.* (1294). *Vx.* ou *Littér.* Celui, celle qui garde les prisonniers ; concierge d'une prison. V. **Concierge, garde-chiourme, gardien, guichetier, porte-clefs.** *Être gardé, surveillé par un geôlier* (Cf. Citadelle, cit. 2 ; émettre, cit. 4). — *Fig.* V. **Garde, gardien.**

1 « L'on sait vos intrigues contre l'État, s'écria la reine. Et avec qui, madame ? répliqua la princesse. N'êtes-vous pas ma geôlière depuis deux ans ? » Mᵐᵉ d'AULNOY, **Deux contes de fées**, L'oiseau bleu.

2 « Précédé du geôlier qui tenait les clefs et de ses deux garçons qui me suivaient pour m'empêcher de rebrousser chemin... »
CHATEAUB., **M. O.-T.**, t. V, p. 354.

3 « ...le prisonnier songe plus souvent à se sauver, que le geôlier à fermer sa porte ; » STENDHAL, **Chartreuse de Parme**, XIX.

4 « Puis, pauvre prisonnier, qu'on raille et qu'on tourmente,
Croisant ses bras oisifs sur son sein qui fermente,
En proie aux geôliers vils comme un vil criminel, »
HUGO, **Orientales**, XL, I.

5 « Un père (*dans les œuvres de Molière*), c'est un ogre, c'est un argus, c'est un geôlier, un tyran, quelque chose qui n'est bon tout au plus qu'à retarder un mariage pendant trois actes jusqu'à la reconnaissance finale. » GAUTIER, **Préf. Mˡˡᵉ de Maupin**, p 12.

GÉOLOGIE. *n. f.* (1751 DIDER., « Explication du système des connaissances humaines » ; du lat. médiév. *geologia* employé au XIVᵉ s. par Richard de Bury en Angleterre, en 1603 par Aldrovandi en Italie (DAUZAT) ; Cf. *géo-*, et *-logie*).

‖ 1° Science qui a pour objet l'histoire du globe terrestre, et *spécialt.* l'étude de la structure et de l'évolution de l'écorce terrestre. *Sciences utilisées par la géologie.* V. **Géognosie, minéralogie, pétrographie ; paléontologie, stratigraphie ; spéléologie.** *Géologie descriptive, régionale* (V. **Géographie, orographie**) ; *géologie dynamique externe et interne* (V. **Géodynamique, géomorphogénie, géophysique, orogénie, tectonique...** et certains comp. du préf. **Géo-**). *Applications de la géologie à l'agrologie*, à la recherche des minerais, des métaux... Théories, en géologie.* V. **Neptunisme, plutonisme, vulcanisme...** *Le concordisme* (cit.) *prétendait concilier les données de la Bible et celles de la géologie.*

1 « La *cosmologie*, ou *science de l'univers*... se distribue en *uranologie*... en *aérologie*, en *géologie* ou *science des continents*... »
DIDER., **Explic. du syst. fig. des conn. hum.**

2 « C'est ainsi que la géologie s'efforce de représenter tous les changements du monde passé par le seul jeu des causes actuelles. »
BERTHELOT, **Leçon d'ouvert. au Collège de France** (1864).

3 « — Vous aimez la géologie ? — C'est ma passion. Seules, dans la vie, avaient été douces pour lui, les pierres »
ST-EXUP., **Vol de nuit**, VI.

— *Vocabulaire de la géologie.* A. *Époques, âges géologiques.* V. **Cycle** (cit. 4), **ère** (cit. 8), **période, étage, système ; Précambrien** (ou *Azoïque*) ; **Primaire** (ou *Paléozoïque*) : cambrien, silurien, dévonien, carbonifère, permien ; **Secondaire** (ou *Mésozoïque*) : trias, jurassique (et lias), crétacé ; **Tertiaire** : éocène, oligocène, miocène, pliocène (ou Néogène) ; **Quaternaire** (ou *Néozoïque*) : pléistocène, paléolithique, mésolithique, néolithique... (V. *aussi* **Préhistoire**) — Cf. *aussi* les suff. -fère, et -lithique.
B. *Phénomènes géologiques.* a) *Phénomènes d'origine externe.* V. **Érosion ; affaissement, altération, corrosion, dégradation, désagrégation, éboulement, éboulis, ravinement, ruissellement, transport. Sédimentation, alluvionnement, stratification. Glaciation. Aérolithe, météorite.** — b) *Phénomènes internes.* V. **Bouleversement, cataclysme, séisme, tremblement** (de terre). **Orogénie ; dislocation, effondrement, soulèvement, transgression, régression, surrection. Volcanisme ; coulée, éruption, projection. Métamorphisme.**
C. *Formations étudiées par la géologie.* V. **Écorce** (terrestre), **roche*** (roches clastiques*, cristallophylliennes*, détritiques*, métamorphiques*, sédimentaires*... ; combustibles...), **minéral, sol, terrain** (terrains glaciaires, neptuniens, pélagiques, plutoniens, volcaniques... ; primitifs) ; **affleurement, agglomération, alluvion, amas, banc, caillou** (cailloux éclatés, polis, roulés...), **couche** (alternance*, discordance* des couches), **dépôt, filon, formation, gisement, minerai, sédiment ; strate, veine... Fossile.** — **Anticlinal, synclinal ; plissement. Clase, faille, fissure, fracture, strie, sulcature.** — *Formations et phénomènes caractéristiques.* V. **Agglomérat, brèche, conglomérat, diluvium, falun, lœss, pisolithe,** etc. **Bloc** (erratique, perché), **chaussée** (des Géants), **cheminée** (des fées), **déjection** (cône de), **géode, marmite** (des Géants), **rognon, stalactite, stalagmite.** (V. *aussi* **Géographie** et certains mots-centres tels que **Roche ; dépôt, sédiment, volcan,** etc.).
D. *Pratique de la géologie.* V. **Forage, sondage. Carte, coupe, profil...**

— *Par ext.* Livre, traité de géologie. *La géologie de Haug.*

‖ **2°** Les terrains, formations, etc., que la géologie étudie. *La géologie du bassin parisien.* V. **Formation, orographie, structure...** — *Fig.* :

4   « On était effrayé en pensant aux périodes qui avaient dû s'écouler avant que s'accomplît une pareille révolution dans la géologie d'un visage, et de voir quelles érosions s'étaient faites le long du nez, quelles énormes alluvions, au bord des joues, entouraient toute la figure de leurs masses opaques et réfractaires. »
               PROUST, **Rech. t. p.**, t. XV, p. 99.

DER. — **Géologique.** *adj.* (1798). Qui concerne la géologie*. *Étude géologique d'une région, d'un terrain* (Cf. Émergence, cit.). *Carte géologique* (Cf. Bassin, cit. 9). *Théories géologiques,* qui concernent l'évolution, la constitution de l'écorce terrestre. *Les temps géologiques* (Cf. Cycle, cit. 4 ; ère, cit. 8). *Formations géologiques.* — **Géologiquement.** *adv.* (XIXᵉ s.). Quant à la géologie, du point de vue de la géologie. — **Géologue.** *n. m.* (1798). Celui qui est versé dans l'étude de la géologie. *Un grand géologue.*

« L'assiette géologique et minéralogique du pays n'est pas moins riche en terrains de tout âge et en roches de mainte espèce. »
               VALÉRY, **Reg. s. le monde actuel**, p. 180.

GÉOMANCIE. *n. f.* (XIVᵉ s. ; bas lat. *geomantia,* mot gr. ; Cf. *Géo*-, et *-mancie*). Divination* par la terre, la poussière, les cailloux ou par des points marqués au hasard et réunis pour former des figures.

« Puis avec un style (*stylet*), fit hâtivement certain nombre de points divers, les accoupla par géomancie... »   RAB., III, 25.

DER. — **Géomancien, ienne.** *n.* (XVIᵉ s.). Personne qui pratique la géomancie. V. **Devin.**

« On voit en Chine, dans les campagnes, des sillons qui, systématiquement, ne sont pas tracés rectilignes : c'est pour que les mauvais esprits soient empêchés de les suivre, car on sait qu'ils ne peuvent aller que droit ; c'est dans la même inspiration qu'est consulté le géomancien quand il s'agit de fixer l'emplacement d'une maison ou d'une usine. »   SIEGFRIED, **Âme des peuples**, Concl., p. 215.

GÉOMÈTRE. *n. m.* (vers 1300 ; lat. *geometres,* empr. au gr.).

‖ **1°** Celui qui est versé dans la géométrie (Cf. Cercle, cit. 2 ; espace, cit. 2 ; euclidien, cit.). *Euclide, Pythagore, Descartes, Monge... furent de grands géomètres.*

1   « Plus vous serez poète, moins vous serez géomètre, et, dans la vie, il faut un peu de géométrie, et, ce qui est pis encore, beaucoup d'arithmétique. »   LOTI, **Aziyadé**, I, XVIII.

2   « Il y a des géomètres-nés, et que l'on observe dans leur jeunesse, un orgueil étonnamment simple, sincère et le moins déguisé du monde, qui résulte naturellement d'une supériorité qu'ils ont éprouvé posséder dans l'art de comprendre et de résoudre quantité de questions auxquelles la plupart des gens exercent en vain leur esprit. »
            VALÉRY, **Variété V**, p. 222.

— Par appos. *Géomètre arpenteur,* et absolt. *Géomètre :* géomètre qui s'occupe du levé des plans, du nivellement. V. **Arpenteur** (Cf. Arpenter, cit. 1).

‖ **2°** *Par ext.* (Vieilli). V. **Mathématicien.** Cf. Chaîne, cit. 27 ; équilibre, cit. 3. *Newton fut un grand géomètre* (LITTRÉ). — « *Que nul n'entre ici s'il n'est géomètre* », formule inscrite au fronton de l'Académie de Platon.

3   « Les géomètres et tous ceux qui agissent méthodiquement, n'imposent des noms aux choses que pour abréger le discours, et non pour diminuer ou changer l'idée des choses dont ils discourent. »
          PASC., **Espr. de géom.**, 1.

4   « Ce qui fait que de certains esprits fins ne sont pas géomètres, c'est qu'ils ne peuvent du tout se tourner vers les principes de géométrie ; mais ce qui fait que des géomètres ne sont pas fins, c'est qu'ils ne voient que ce qui est devant eux et qu'étant accoutumés aux principes nets et grossiers de géométrie, et à ne raisonner qu'après avoir bien vu et manié leurs principes, ils se perdent dans les choses de finesse où les principes ne se laissent pas ainsi manier. »
         ID., **Pens.**, I, 1 (V. *aussi* Faux, cit. 32 et 35).

— Fig. « *L'éternel géomètre* » (VOLT.) : Dieu.

‖ **3°** *Entom.* Nom donné aux lépidoptères de la famille des *Géométrides* (Cf. *infra,* dér.) à cause de la démarche de leurs chenilles, qui paraissent mesurer le sol avec leur corps qu'elles tendent et arquent alternativement. V. **Arpenteuse ; phalène*.**

DER. — **Géométral, ale, aux.** *adj.* (1665). Qui représente un objet avec ses dimensions relatives exactes, sans tenir compte de la perspective. *Plan géométral* (absolt. *Un géométral*). *Dessin géométral. Coupe, élévation géométrale* (DER. **Géométralement.** *adv.* 1547). — **Géométrides.** n. m. pl. (*Néol.*). Famille d'insectes lépidoptères* hétérocères comprenant plus de deux mille espèces. V. **Phalène.** *Les géométrides sont de grands papillons nocturnes ou crépusculaires. Types de géométrides* : abraxas, biston, cheimatobie, géomètre, hibernie, métrocampa, uraptérix, zérène.

GÉOMÉTRIE. *n. f.* (XIIᵉ s. ; lat. *geometria,* d'orig. gr. ; Cf. *Géo*-, et *-métrie* ; a d'abord désigné l'arpentage). Science de l'espace* (« l'idée d'espace ayant subi une transformation parallèle (à celle du concept de géométrie) il est toujours vrai de dire que la Géométrie est la science de l'espace » LALANDE). V. **Espace*** (cit. 4, 8 et 9) ; **étendue, grandeur, mesure ; mathématique(s).** *La géométrie,* « *science de toutes les espèces d'espace* » (KANT), « *science des ensembles ordonnés à plusieurs dimensions* » (RUSSEL). *Géométrie élémentaire. Géométrie plane, dans l'espace. Géométrie ana-*

lytique, créée par DESCARTES et FERMAT (Cf. *infra,* cit. 5 VALÉRY). *Géométrie descriptive* (MONGE ; V. **Descriptif,** cit. 4) ; *géométrie cotée* (V. **Cote,** 4°). *Géométrie projective* (étude de la transformation des propriétés des figures par projection*). *Géométrie quantitative,* métrique *, géométrie qualitative* (Cf. *infra,* cit. 4 POINCARÉ). *Géométrie euclidienne, non-euclidienne* (Cf. Espace, cit. 9). *Géométrie de situation* (ou Topologie, ou Analysis situs). — *Figure de géométrie* (Cf. Cahier, cit. 2). *Exactitude* (cit. 16), *en géométrie. Sciences voisines, utilisant la géométrie ou utilisées par elle.* V. **Arpentage, dessin** (industriel...), **géodésie, perspective, planimétrie, stéréométrie, trigonométrie.**

1   « ... elles (*les nations*) n'ont jamais eu d'opinions constantes... Il n'y a d'immuable que la géométrie ; tout le reste est une variation continuelle. »   VOLT., **Essai s. les mœurs**, Introd., Des rites égyptiens.

2   « *Géométrie...* est la science des propriétés de l'étendue, en tant qu'on la considère comme simplement étendue et figurée. Ce mot est formé de deux mots grecs, *gê* ou *gaïa,* terre et *metron,* mesure ; et cette étymologie semble nous indiquer ce qui a donné naissance à la *Géométrie :* imparfaite et obscure dans son origine... elle a commencé par une espèce de tâtonnement, par des mesures et des opérations grossières, et s'est élevée peu à peu de ce degré d'exactitude et de sublimité où nous la voyons. »   D'ALEMB. (in ENCYCL., **Géométrie**).

3   « La géométrie et la mécanique doivent... être envisagées comme de véritables sciences naturelles, fondées... sur l'observation, quoique, par l'extrême simplicité de leurs phénomènes, elles comportent un degré infiniment plus parfait de systématisation, qui a pu quelquefois faire méconnaître le caractère expérimental de leurs premiers principes. »   A. COMTE, **Philos. posit.**, II.

4   « On a dit souvent que la géométrie métrique était quantitative, tandis que la géométrie projective était purement qualitative ; cela n'est pas tout à fait vrai... La véritable géométrie qualitative, c'est... l'Analysis Situs. » H. POINCARÉ, **Valeur de la science**, I, III, paragr. 2.

5   « ... *en toute matière,* Descartes se sent géométre dans l'âme. La géométrie lui est un modèle. Elle lui est aussi le plus intime excitant de la pensée, — et non seulement de la pensée, mais de la volonté de puissance... Il conçoit de très bonne heure la possibilité d'une invention qui permettra de traiter systématiquement *tous* les problèmes de la géométrie en les réduisant à des problèmes d'algèbre... Sans doute, la Géométrie de Descartes présente au lecteur moderne un aspect bien différent de celui d'un Traité de Géométrie analytique de notre temps. Mais la voie y est ouverte... »   VALÉRY, **Variété V**, pp. 222-23.

— *Étudier, enseigner la géométrie* (Cf. Enseignement, cit. 6). *Faible en géométrie* (Cf. Droit, cit. 70). *Problème* de géométrie. Traité, manuel de géométrie.* Absolt. *Acheter une géométrie. Géométrie,* de Descartes (4° essai ; 1637). *Traité de géométrie supérieure,* de Chasles (1852). *Traité de l'application de l'analyse à la géométrie,* de Monge.

6   « Je me mettais à piocher ma géométrie, en recommençant depuis le début ; »   MART. du G., **Thib.**, t. II, p. 263.

— REM. Au XVIIᵉ s., *Géométrie* s'est employé au sens général de *Mathématiques* (V. **Géomètre**).

7   « On trouvera peut-être étrange que la géométrie ne puisse définir aucune des choses qu'elle a pour principaux objets ; car elle ne peut définir ni le mouvement, ni les nombres, ni l'espace ; et cependant ces trois choses sont celles qu'elle considère particulièrement et selon la recherche desquelles elle prend ces trois différents noms de mécanique, d'arithmétique, de géométrie, ce dernier mot appartenant au genre et à l'espèce. »   PASC., **De l'espr. de géom.**, 1.

— Allus. littér. *Esprit de géométrie.* V. **Esprit,** cit. 125 PASCAL (Pascal emploie aussi, dans le même sens, *Esprit géométrique*).

— *Fig.* :

8   « Il y a donc en nous une géométrie naturelle, c'est-à-dire une science des proportions qui nous fait mesurer les grandeurs en les comparant les unes aux autres, et concilie la vérité avec les apparences. »   BOSS., **Conn. de Dieu...** I, VIII.

— *Vocabulaire de la Géométrie.* V. **Axiome, corollaire, démonstration, lemme, postulat, problème, résolution, scolie, théorème ; coupe, diagramme, épure, figure, graphique, schéma, tracé.**

— *Opérations.* V. **Abaissement, abaisser, circonscrire, construction, construire, développement, développer, duplication, élévation, engendrer, génération, inscription, inscrire, inverser, inversion, mesure, mesurer, projection** (plane, orthogonale*...), **quadrature, rapporter, réduction, réduire, révolution, rotation** (Cf. Trisection), **tracer...** *Instruments utilisés en géométrie.* V. **Compas, curseur, curvimètre, équerre, micromètre, pantographe, pantomètre, planimètre, rapporteur, tire-ligne, vernier...** — *Figures géométriques.* V. **Figure*. Point*** ; centre, pôle... **Ligne*** (droite*, courbe, brisée...) ; **apothème, arête, asymptote, axe, bissectrice, corde, côté, diagonale, diamètre, directrice, droite, flèche, génératrice, hypoténuse, médiatrice, médiane, normale, périmètre, perpendiculaire, rayon, sécante, sous-normale, sous-tangente, sous-tendante, tangente, vecteur...** ; **courbe*** : **arc, circonférence, conchoïde, conique, cubique, cycloïde, développante, développée, ellipse, ellipsoïde, épicycloïde, hélice, hélicoïde, hyperbole, hyperboloïde, parabole, paraboloïde, quadrant, sextant, spirale... Surface*** : **aire, angle*, base, carré, cercle, face, losange, lunule, méridien, parallélogramme, plan, polygone** (et le suff. **-Gone** : décagone, octogone, etc.), **quadrilatère, rectangle, rhombe, secteur, segment, trapèze, triangle... Volume*** ; **anneau, calotte, cône, couronne, cube, cylindre, fuseau, onglet, parallélépipède, polyèdre** (et suff. **-Èdre** :

décaèdre, octaèdre...), **prisme, pyramide, sphère, tore, trapézoèdre, tronc** (de cône, de pyramide... ; Cf. *aussi* Tronqué), **zone...** — *Caractère des figures.* V. **Coincidence, coincident, égal, égalité, équidistance, équidistant, équilatéral, équipollence, équivalence, équivalent, homologie, homologue, homothétie, isopérimètre, proportion, proportionnel, symétrie, symétrique ; hauteur, largeur, longueur, surface, superficie, volume ; mesurable, incommensurable... Convergence, convergent, divergence, divergent, normal, parallèle, parallélisme. Curviligne, mixtiligne, rectiligne ; régulier, irrégulier.** — *Portions caractéristiques de l'espace.* V. **Lieu** (géométrique) ; **inflexion, intersection, section, tangence.**

GÉOMÉTRIQUE. *adj.* (1371 ; lat. *geometricus*, empr. au gr. V. **Géomètre**).

‖ **1°** Qui concerne la géométrie, relatif à la géométrie. *Méthode, démonstration géométrique. Construction* (cit. 6) *géométrique. Progression* géométrique. Lieu* géométrique. Espace* (cit. 5 et 8) géométrique. Quantité géométrique* (Cf. Agrandir, cit. 1). *Figure* géométrique.*

1   « J'appelle donc « géométriques » celles des figures qui sont traces de ces mouvements que nous pouvons exprimer en peu de paroles. »
VALÉRY, *Eupalinos*, p. 63.

2   « ...il y aurait une infinité indifférenciée de cercles, d'ellipses, de triangles et de polygones dans l'espace géométrique, sans l'acte générateur du mathématicien qui trace une figure en reliant une série de points choisis selon une certaine loi. »
SARTRE, *Situations III*, p. 204.

‖ **2°** *Par ext.* En parlant de Formes simples*, régulières*. *Formes géométriques d'un édifice* (cit. 1). *Plan géométrique d'une ville moderne. Bâtiment géométrique* (Cf. Coron, cit.), *d'une simplicité géométrique.* — *Ornementation géométrique*, sans éléments zoomorphiques ou végétaux (*Ex. :* Damiers, dents de scie, grecques...).

3   « ...le port bleu, les bateaux blancs, la dentelle géométrique des cordages et des mâts... » COLETTE, *Belles saisons*, p. 149.

4   « On voudrait lui faire dire comment il justifie théoriquement les toutes dernières toiles qu'il vient de peindre. Que signifie cette décomposition des formes en éléments géométriques ? »
ROMAINS, *H. de b. vol.*, t. IV, XXII, p. 248.

‖ **3°** Qui procède avec la rigueur, la précision de la géométrie, au sens ancien de Mathématiques. *Exactitude, précision, rigueur géométrique. Une évidence, une certitude géométrique.* V. **Exact, précis, rigoureux ; mathématique***. *Esprit géométrique.* V. **Esprit**, cit. 126 PASCAL (Cf. *aussi* Esprit de géométrie).

5   « ...j'appelle tout nombre divisible en deux également, nombre pair. Voilà une définition géométrique. »
PASC., *De l'esprit géométrique*, sect. 1. *De la méthode des démonstrations géométriques, c'est-à-dire méthodiques et parfaites.* — REM. Dans cet opuscule, de même que dans les *Pensées*, PASCAL emploie Géométrie, géomètre et géométrique au sens large de Mathématique, mathématicien...

ANT. — (sens 3°). **Approximatif, imprécis, vague.**

DER. — **Géométriquement.** *adv.* (1336). D'une manière géométrique. *Démontrer, prouver géométriquement.* — *Par ext.* D'une manière précise, scientifique, rigoureuse. V. **Mathématiquement.**

« Clarke et Leibni(t)z... ont prouvé... presque géométriquement l'existence du souverain Être ; »
CHATEAUB., *Génie du christ.*, I, V, I.

GÉOMORPHOGÉNIE. *n. f.* (XIXe s. ; Cf. *Géo-, morpho-*, et *-génie*). Étude de la formation du relief terrestre. V. **Géologie** (dynamique).

GÉOPHAGE. *adj.* (1839 in BOISTE ; Cf. *Géo-*, et *-phage*). Qui mange de la terre.

DER. — **Géophagie.** *n. f.* (1866 LITTRÉ) ou **Géophagisme.** *n. m.* Perversion du goût qui incite à manger de la terre. *La géophagie est une forme de malacie* très répandue chez certaines peuplades sauvages.

GÉOPHILE. *n. m.* (XIXe s. ; Cf. *Géo-*, et *-phile*). Animal arthropode (classe des Myriapodes chilopodes) au corps étroit et long, formé de 40 à 75 anneaux. *Le géophile est un mille-pattes* aveugle, phosphorescent, qui vit dans la terre.

GÉOPHYSIQUE. *n. f.* (fin XIXe s. ; Cf. *Géo-*, et *-physique*). Étude des propriétés physiques du globe terrestre (mouvements de l'écorce, magnétisme terrestre, électricité terrestre, météorologie). — *Adj. Études, prospection géophysiques. Observatoire géophysique. Union géodésique et géophysique internationale.*

« Les études géophysiques sont fondées sur des observations de genres très divers, concernant la météorologie, la pesanteur, le magnétisme terrestre, l'électricité atmosphérique, la radio-électricité, la séismologie, l'actinométrie, les radiations qui parviennent du soleil ou des espaces cosmiques... »
Ch. MAURAIN, **Étude phys. de la terre**, p. 7 (éd. P.U.F.).

GÉORAMA. *n. m.* (1823 ; de *géo**-*, et gr. *orama*, « spectacle », sur le modèle de *panorama*. Cf. Diorama). Représentation en relief d'une partie ou de la totalité de la surface terrestre. V. **Planisphère.**

GÉORGIEN, IENNE. *adj.* et *n.* Relatif à la Géorgie, habitant de la Géorgie (État des États-Unis d'Amérique ou République membre de l'U.R.S.S.). — N. m. *Linguist.* La plus importante des langues caucasiennes. — *Géol.* Étage inférieur du cambrien*.

GÉORGIQUE. *adj.* (XVIIIe s. comme adj. ; lat. *georgicus*, gr. *geôrgikos*, de *gê*, et *ergon*, « œuvre »). *Littér.* Qui concerne les travaux des champs. *Genre, poème géorgique.*

— LES GÉORGIQUES. *n. f. pl.* Poème géorgique. *Les Géorgiques* de Virgile, de Delille.

GÉOSYNCLINAL, AUX. *n. m.* (XIXe s. ; de *geo*, et *synclinal*). Vaste dépression* synclinale, caractérisée par une énorme épaisseur de sédiments (V. **Fosse**). *Le géosynclinal méditerranéen. Les chaînes de montagnes*, selon J. Hall, *« se forment sur l'emplacement des géosynclinaux »* (POIRÉ).

« Les régions restées océaniques... sont caractérisées par des dépôts rappelant ceux des grandes profondeurs des océans actuels... Ces sédiments (*sédiments bathyaux*) accumulés sur de grandes épaisseurs supposent la permanence de mouvements d'affaissement de l'écorce terrestre, suivant des zones auxquelles on a donné le nom de *géosynclinaux*. »
De MARTONNE, **Traité de géogr. phys.**, t. II, p. 831.

GÉOTHERMIE. *n. f.* (XIXe s. LITTRÉ ; Cf. *Géo-*, et *-thermie*). Chaleur de la terre. Étude des variations de la température avec la profondeur.

DER. — **Géothermique.** *adj.* (XIXe s.). Relatif à la chaleur de la terre. *Degré géothermique :* profondeur de laquelle on s'enfonce pour observer une augmentation de température de 1° (31 mètres près de la surface terrestre).

GÉOTROPISME. *n. m.* (1868 FRANCK ; de *géo-*, et *-tropisme**). Réaction de locomotion et d'orientation de la matière vivante (V. **Tropisme**) sous l'influence de la pesanteur. *Géotropisme des végétaux, des animaux.*

« Végétaux et Animaux sont géotropiques, c'est-à-dire croissent et se meuvent dans la direction de la pesanteur. Les tiges des Plantes, les Végétaux mobiles et la plupart des Animaux présentent du géotropisme *négatif ;* nous préférons dire *ascensionnel...* Les racines des Plantes sont douées de géotropisme *positif ; ...* »
G. VIAUD, **Les tropismes**, p. 46 (éd. P.U.F.).

DER. — **Géotropique.** *adj.* (XIXe s.). Relatif aux phénomènes du géotropisme.

GÉOTRUPE. *n. m.* (1839 BOISTE ; de *géo-*, et gr. *trupaô*, « percer »). Insecte coléoptère (*Scarabéidés*) qui vit dans les matières stercoraires. *Les géotrupes sont souvent confondus avec les bousiers**, et sont comme eux coprophages.*

GÉPHYRIENS. *n. m. pl.* (1890 ; dér. sav. du gr. *gephura*, « pont », à cause de leur apparence « intermédiaire » entre Vers et Échinodermes). *Zool.* Classe d'Annélides chétopodes, tous marins, au corps non segmenté, sans appendices, mais pourvus d'une trompe rétractile. *Types principaux de géphyriens :* échiure, siponcle. — Au sing. *Un géphyrien.*

GÉRANCE. *n. f.* (1845 ; dér. de *gérant*). Fonction de gérant*. *Gérance d'une entreprise, d'une société.* V. **Administration, gestion.** *La gérance d'une Société à responsabilité limitée est confiée à un ou plusieurs mandataires, qualifiés de gérants. Gérance d'un commerce. Mettre, donner un fonds de commerce en gérance. Contrat de gérance. Gérance-location ou gérance libre. Gérance salariée. Gérance-vente.* — *Par ext.* Temps que dure cette fonction. *Gérance de trois ans.*

« Le contrat de gérance produit, tant au regard des parties qu'à l'égard des tiers, des effets qui varient selon que le gérant est le préposé ou le mandataire du propriétaire du fonds, ou bien le locataire dudit fonds. On englobe, en effet, sous le nom de gérance, des situations juridiques très différentes. »
DALLOZ, **Nouv. répert.**, Fonds de comm., n° 250.

COMP. — **Cogérance.**

GÉRANIUM. *n. m.* (1545 ; empr. au lat. botan. *geranium*, lat. class. *geranion* (Cf. Belle de nuit, cit.), du gr. *geranos*, « grue », par ressemblance du fruit avec le bec de cet oiseau). *Bot.* Plante dicotylédone (*Géraniées*), herbacée, annuelle ou vivace, indigène ou exotique, sauvage et souvent ornementale. *Principales variétés de géranium :* herbe à Robert (*G. robertianum*) ou bec de grue, géranium sanguin, géranium des prés, géranium d'Orient... — *Par ext.* (abusivt.). Nom communément donné au *pélargonium*, plante cultivée en terre ou en pot, à feuilles arrondies et à fleurs en ombelles roses, blanches ou rouges. *Géranium rosat.* V. **Pélargonium.** *Vives couleurs des fleurs de géranium* (Cf. Brasiller, cit. 2 ; capucine, cit.). *Odeur forte des géraniums* (Cf. Arôme, cit. 5). *Pot de géranium* (Cf. Accouder, cit. 2).

1   « ...un groupe de géraniums, d'espèces variées, magnifiquement fleuris. »
BAUDEL., Traduc. E. POE, Hist. grotesq. et sér., Cottage Landor.

2   « ...certain géranium dont la fleur double et serrée imite la rose... »
COLETTE, **Belles saisons**, p. 19.

3   « ...elle coupait cinq ou six tiges de géraniums rouges, les seules plantes qui consentaient à pousser dans cette terre avare, et elle rentrait à la ville pour les disposer dans des vases. »
GREEN, **A. Mesurat**, I, IV.

DER. — **Géraniées** (1829) ou **Géraniacées.** *n. f. pl.* (1845). *Bot.* Famille de plantes phanérogames angiospermes, classe des dicotylédones dialypétales, superovariées, herbacées, généralement odorantes, riches en huiles essentielles et pour la plupart ornementales. *Types principaux de géraniées.* V. **Averrhoa***, **capucine, géranium, pélargonium, redoul** (ou **rodoul, roudou**).

COMP. — **Géranium-lierre.** *n. m.* Nom donné abusivement au Pélargonium-lierre*. *Des géraniums-lierres.*

GÉRANT, ANTE. *n.* (1787 ; substant. partic. de *gérer*). *Dr.* Celui, celle qui gère pour le compte d'autrui. V. **Administrateur, agent, directeur, dirigeant, gestionnaire, mandataire.** *Gérant de portefeuille. Gérant d'affaires.* V. **Gestion** (d'affaires). *Le gérant et le géré. Spécialt.* « Mandataire placé à la tête d'une entreprise ou d'un établissement déterminé en dépendant » (CAPITANT). *Gérant d'un fonds de commerce, d'une succursale* (V. **Gérance**). *Il n'est pas propriétaire de ce café, mais seulement gérant. Magasin qui change de gérants. Le gérant, la gérante de l'établissement, de l'hôtel.* V. **Tenancier.** *Propriétaire qui cherche un gérant. Gérant d'un immeuble. Payer son loyer au gérant. Gérant d'immeubles.*

1 « Lui (*le propriétaire*) on (*ne*) le voit jamais. Il n'oserait pas se montrer. Il envoie son gérant, la vache. »
CÉLINE, **Voyage au bout de la nuit,** p. 219.

2 « ... la petite auberge, dont la Société avait réalisé l'achat depuis quelques semaines, en gardant les anciens patrons comme gérants provisoires. »
ROMAINS, **H. de b. vol.,** t. V, XXVII, p. 272.

— Dans certains types de société, Personne chargée par la loi, les statuts ou les associés de l'administration des affaires sociales. *Gérant d'une société civile, d'une société en commandite, d'une société à responsabilité limitée. Gérant choisi parmi les associés, en dehors des associés. Par appos. L'associé gérant.*

— *Spécialt. Gérant d'un journal, d'un périodique,* directeur responsable de la publication.

3 « Tout journal ou écrit périodique aura un gérant (un directeur de la publication). »
LOI du 30 juin 1881, modifiée par l'ORDONN. du 26 août 1944, Art. 6.

— *Fig. :*

4 « Chaque génération n'est que la gérante temporaire et la dépositaire responsable d'un patrimoine précieux et glorieux qu'elle a reçu de la précédente... »
TAINE (Cf. Fondation, cit. 6).

ANT. — **Géré** (dans la gestion d'affaires).

DER. — **Gérance.** — **COMP.** — **Cogérant.**

GERBE. *n. f.* (XIVe s. ; *jarbe* au XIIe s. ; d'un francique *garba*).

|| 1° Botte* de céréales coupées, où les épis sont disposés d'un même côté et qui va s'élargissant des queues aux têtes. *Gerbe de blé, d'avoine, d'orge, de seigle... Mettre le blé en gerbes* (Cf. Faucheur, cit. 1 ; fertilité, cit. 2). *Lier une gerbe ; javelles* liées en gerbes* (Cf. Lieuse). *Mettre les gerbes en tas, en meule* après la moisson*. Ouvrier (broqueteur*) qui charge les gerbes sur les voitures. Rentrer les gerbes* (Cf. Fertiliser, cit. 1). *Gerbes battues sur l'aire.* V. **Airée** (Cf. Fléau, cit. 1). *La gerbe de blé, emblème* (cit. 1) *de l'agriculture, symbole de l'abondance.*

1 « La misérable soulevait trois, quatre javelles, tant que ses bras maigres pouvaient en contenir ; puis, avec un lien tout prêt, elle nouait sa gerbe fortement. »
ZOLA, **La terre,** III, IV.

2 « C'était Jean, à demi caché derrière les gerbes, que, depuis le matin, il charriait des pièces voisines... On ne devait se mettre à la grande meule que le lendemain, et il avait simplement fait des tas... »
ID., **Ibid.**

3 « Les femmes couraient dans les éteules. Elles se penchaient sur les gerbes ; elles les relevaient à pleins bras... »
GIONO, **Jean le Bleu,** VII, p. 164.

— *Par plaisant. Cocu en gerbe* (Cf. Cocu).

|| 2° *Par ext.* Botte de fleurs coupées à longues tiges, rappelant la forme d'une gerbe. *Gerbe de fleurs, de roses, de glaïeuls, de lys... Offrir une gerbe à une mariée.*

4 « ... je reste seule avec ma gerbe de roses, une grande gerbe banale serrée dans une ceinture de ruban vert pâle... C'est bien la gerbe d'un « grand serin » tel que mon nouvel amoureux ! »
COLETTE, **La vagabonde,** p. 61.

— *Gerbe de roseaux* (Cf. Feu, cit. 60). *Gerbe d'osier :* botte d'osier, dans le langage des vanniers.

|| 3° *Par anal. de forme,* En parlant de ce qui rappelle une gerbe. V. **Bouquet, faisceau.** *Gerbe de colonnes* (Cf. Faisceau, cit. 7). *Gerbe rose de l'épine en fleurs* (Cf. Étaler, cit. 18).

5 « Dans les jardins, les lauriers-roses de pleine terre, qui commencent à fleurir à profusion, deviennent des gerbes magnifiquement rosées. »
LOTI, **Ramuntcho,** I, XIX.

— En parlant de ce qui s'élance, jaillit en forme de gerbe. *Gerbe de liquide* (Cf. Essence, cit. 20). *Gerbe d'eau qui gicle* (V. **Fusée**), *qui jaillit d'un bassin* (Cf. Circuler, cit. 5), *retombe en pluie* (Cf. Épanouir, cit. 11). *Gerbe d'écume* (cit. 2). *Gerbe d'eau soulevée par un projectile qui tombe à la mer.* V. **Colonne.**

« Chaque obus soulevait une longue gerbe de terre dans un nuage de fumée ; » 6
DORGELÈS, **Croix de bois,** III.

— *Gerbe de feu* (cit. 35), *de flammes, d'étincelles...* Pyrotech. *Gerbe multicolore de fusées* (cit. 4 ; Cf. aussi Élever, cit. 43).

« D'une des cheminées sortaient des étincelles qui montaient en gerbes pour retomber en pluie d'or sous une fumée épaisse dont le ciel était voilé. » 7
FRANCE, **Rôtiss. Reine Pédauque,** Œuv., t. VIII, p. 86.

— *Spécialt. Artill.* Ensemble des trajectoires parcourues par les projectiles lancés sur un même tir dans les tirs successifs d'une même pièce. *Gerbe d'éclatement :* ensemble des trajectoires des éclats d'obus. *Gerbe de torpilles :* ensemble de torpilles lancées simultanément. — *Phys.* Faisceau de trajectoires de particules électrisées, lors de la désintégration d'un atome.

|| 4° *Fig.* Ensemble* de choses semblables réunies. « *La dernière gerbe* », recueil posthume de poèmes de Victor Hugo.

« La science est la gerbe des faits. » HUGO, **Shakespeare,** I, II, 1. 8

« ... il faut rassembler autour de lui cette gerbe de talents dont il n'est que la plus haute tige... » TAINE, **Philos. de l'art.** t. I, p. 4. 9

« On ne peut pas toujours tendre sa volonté et toujours se raidir, 10 et c'est un bonheur que de délier enfin, dans l'effusion, cette gerbe de forces tressées pour la lutte. » CAMUS, **La peste,** p. 303.

COMP. — **Engerber***.

DER. — **Gerbée.** *n. f.* (1432). Botte de paille où il reste quelques épis. — Botte de fanes*, de tiges de céréales... servant de fourrage. — **Gerber.** *v. tr.* (XIIIe s.). Mettre en gerbes. V. **Engerber.** *Par anal.* (1567). Mettre en tas. V. **Entasser.** *Gerber des tonneaux.* — *V. intr.* (peu usit.). Prendre une forme de gerbe. *Fusées qui gerbent.* — **Gerbage.** *n. m.* (XVIe s.) Action de gerber (des céréales). *Gerbage du blé.* — **Gerbeur, euse.** *adj.* (XVIe s.). Qui sert au gerbage. N. f. Appareil de levage pour gerber les tonneaux. — **Gerbier.** *n. m.* (XIIIe s.) Grand tas de gerbes isolé dans les champs. V. **Meule.** *Gerbier de blé de seigle... Autref.* Sorte de grange*, construction mobile destinée à abriter une meule. — **Gerbière.** *n. f.* (1803). Charrette pour le transport des gerbes. V. **Chartil.**

GERBILLE (*bi-ye*). *n. f.* (XIXe s. LACHÂTRE ; du lat. zool. *gerbillus*). *Zool.* Petit mammifère rongeur (*Muridés*) qui rappelle la gerboise par ses pattes postérieures plus longues que les antérieures.

GERBOISE. *n. f.* (XVIIIe s. BUFFON ; *gerbo* en 1700 et encore in HATZFELD ; empr. au lat. zool. *gerboa*, de l'arabe *djerboù*). *Zool.* Petit mammifère rongeur (*Dipodidés*), scientifiquement appelé *dipus*, à pattes antérieures très courtes, à pattes postérieures et queue très longues qui lui permettent de se tenir debout comme le kangourou et de faire des bonds prodigieux (plus de 6 mètres). *Les gerboises sont des animaux sauteurs, nocturnes, qui se creusent des terriers et vivent par troupes dans les déserts et les steppes, particulièrement en Afrique et en Asie* (REM. Le nom de *gerboise* s'applique à tous les *dipodidés*).

« Gerboise est un nom générique que nous employons ici pour désigner des animaux remarquables par la très grande disproportion qui se trouve entre les jambes de derrière et celles de devant... Ces petits animaux cachent ordinairement leurs mains ou pieds de devant dans leur poil, en sorte qu'on dirait qu'ils n'ont d'autres pieds que ceux de derrière , pour se transporter d'un lieu à un autre, ils ne marchent pas... mais ils sautent très légèrement et très vite à trois ou quatre pieds de distance, et toujours debout comme des oiseaux ; »
BUFFON. **Hist. nat. anim.,** Gerboise, Œuvr., t. III, pp. 456-59.

GERCE. *n. f.* (XVIe s. au sens 1° ; de *gercer*).

|| 1° Nom vulgaire d'une sorte de teigne* qui ronge les étoffes, les papiers.

|| 2° (1777). Fente* dans le bois causée par la dessiccation. *Par ext.* Planche ainsi fendillée.

|| 3° *Dialect.* ou *peu usit.* V. **Gerçure.**

GERCER. *v. tr.* et *intr.* (XVIe s. : *jarser* au XIIe ; d'un lat. vulg. *charissare*, var. de *charassure*, gr. *kharassein*, « faire une entaille »).

|| 1° *V. tr.* Faire de petites crevasses, en parlant de l'action du froid ou de la sécheresse. V. **Crevasser, fendiller, fendre.** *Le grand froid gerce les mains, les lèvres* (Cf. Dessécher, cit. 1). V. **Gerçure***.

« Mon front hâlé, mes doigts qu'a gercés la froidure, 1
D'un jeune montagnard me donnent la figure : »
LAMART., **Jocelyn,** V, 2 août 1795.

|| 2° *V. intr.* Se couvrir de petites crevasses. *Lèvres qui gercent au moindre froid.*

|| SE GERCER. *Mains qui se gercent. Sol qui se gerce. Chaleurs qui font gercer le sol.*

« La terre se gerçait de sécheresse comme pour plus d'accueil de 2
l'eau. » GIDE, **Nourrit. terrestres,** I, III.

|| GERCÉ, ÉE. *p. p.* et *adj.* Qui présente de petites crevasses. *Lèvres gercées. Terre aride* (cit. 3) *et gercée.*

« ... Queue-en-Brie, un village de maréchaux-ferrants et de vachères 3
aux mains gercées... » HUGO, **N.-D. de Paris,** VIII, VI.

DER. — Gerce, gerçure. — **Gercement.** n. m. (1856). Action de gercer, de se gercer ; résultat de cette action. *Gercement du sol après la sécheresse.*

GERÇURE. n. f. (XIVe s. ; de *gercer*).

‖ **1°** Petite fissure de l'épiderme et d'une partie du derme, qu'on observe le plus souvent au niveau des mains, des lèvres, et des mamelons. V. **Crevasse*, entaille, excoriation, fissure, rhagade.** *Avoir des gerçures. Gerçures des lèvres provoquées par le froid. Gerçures aux mains des ouvriers, des ménagères... Gerçures aux mamelons des nourrices. Soigner des gerçures à l'eau boriquée, par onction de corps gras (cérat, cold-cream, glycérine, vaseline...).*

1 « Je fais la vaisselle aussi. Tu ne me crois pas ? Regarde mes mains. Il y en a, hein, des gerçures et des crevasses ? »
SARTRE, **Les mouches,** I, 4.

‖ **2°** Petite fente qui se produit à la surface de la terre, aux troncs d'arbres... V. **Gélivure.** *Gerçure qui provoque un éboulement* (Cf. Ébouler, cit. 2). *Arbre couvert de gerçures* (arbre gerçuré).

2 « ...l'écorce aux gerçures saignantes, qui simulent des chiffres ébauchés ; »
STE-BEUVE, **Volupté,** XXI, p. 217.

‖ **3°** *Technol.* Fendillement* à la surface d'une matière, d'un revêtement. *Gerçures d'un enduit de tableau.*

3 « Il ne manque au moderne que le cadre enfumé, la poussière, quelques gerçures et autres signes de vétusté pour être estimé, recherché, et jugé à sa valeur... »
DIDER., **Salon de 1767** (Œuv., t. XIV, p. 351)

GÉRER (se conjugue comme *exécrer*). v. tr. (XVIe s. in HUGUET ; empr. au lat. jurid. *gerere*, propremt. « porter », fig. « administrer »). *Dr.* Administrer* les intérêts, les affaires d'un autre. V. **Gérance, gérant, gestion.** *Gérer un commerce, un domaine, une affaire... Affaire gérée par plusieurs personnes.* V. **Cogérance.** *Gérer des fonds.* V. **Manier.** *Gérer une succession vacante. Gérer les biens d'un mineur, d'un incapable, gérer une tutelle.* V. **Tuteur.**

1 « ...des parents ou alliés en état de gérer la tutelle. »
CODE CIV. (1803), **Art. 432.**

2 « Comme il gérait les propriétés de « Madame », il s'enfermait avec elle pendant des heures dans le cabinet de Monsieur... »
FLAUB., **Trois contes,** Un cœur simple, II.

3 « Je vais à Tunis pour y gérer un magasin de phonographes... »
DUHAM., **Salavin,** VI, III.

4 « Il géra comme la sienne propre la fortune de Galswinthe, plaçant ses revenus, lui donnant l'argent de poche qu'elle demandait, et se montrant tout à fait raisonnable quant au prix de pension qu'il exigeait de sa pupille. »
P. BENOIT, **Mlle de la Ferté,** II, p. 76.

— *Gérer les affaires d'une société, les finances, les intérêts d'une collectivité.*

— *Par ext.* En parlant de ses propres affaires. V. **Administrer, conduire, diriger, gouverner, régir.** *Gérer son avoir avec économie* (cit. 22). *Aliéné qui ne peut gérer son bien* (Cf. Folie, cit. 3 VOLT.). *Mal gérer sa fortune, son capital, ses affaires.*

5 « Elle faisait modestement la charité, et sa fortune, mal acquise mais bien gérée, alimente encore une bonne œuvre... »
HENRIOT, **Portr. de fem.,** p. 375.

— *Fig.* :

6 « Mettre en scène, c'est gérer les biens spirituels de l'auteur... »
JOUVET, **Réflex. du com.,** p. 188.

DER. — Gérance, gérant. n. m. *En T. de Dr.* Dans la gestion* d'affaires. Le *maître* de l'affaire, celui pour le compte duquel agit le gérant. *Le gérant et le géré.*

GERFAUT. n. m. (XIVe s. ; *girfaut* au XIIe s. ; d'un comp. germ. *gîrfalko*, propremt. « vautour-faucon »). *Zool.* Oiseau rapace diurne (*Falconidés*), scientifiquement appelé *hierofalco*, de grande taille, à bec très crochu, à queue longue et droite, qui vit dans les pays du Nord, niche dans les falaises ou sur les arbres, et se nourrit d'oiseaux, de rongeurs... *Gerfaut d'Islande, de Norvège, du Groenland... Le gerfaut était très estimé au moyen âge pour la fauconnerie (chasse au héron, au faisan) en raison de sa ténacité à la poursuite.* V. **Fauconnerie** (cit.).

1 « ...le gerfaut diffère spécifiquement de l'autour par le bec et les pieds qu'il a bleuâtres, et par son plumage qui est brun sur toutes les parties supérieures du corps, blanc taché de brun sur toutes les parties inférieures, avec la queue grise, traversée de lignes brunes. »
BUFFON, **Hist. nat. ois.,** Le gerfaut, Œuvr., t. V, p. 127.

2 « Comme un vol de gerfauts hors du charnier natal,
Fatigués de porter leurs misères hautaines,
De Palos de Moguer, routiers et capitaines
Partaient, ivres d'un rêve héroïque et brutal. »
HEREDIA, **Les trophées,** Les conquérants.

1. GERMAIN, AINE. adj. et n. (XIIIe s. ; lat. *germanus,* de *germen,* propremt. « qui est du même sang »).

‖ **1°** *Adj.* Né des mêmes père et mère. *Frères* (cit. 1) *germains. Sa sœur germaine.* REM. De nos jours, cet emploi se limite au langage juridique qui distingue les frères *germains* (dans le langage courant simplement « frères ») des frères *utérins* ou *consanguins* (dans le langage courant, « demi-frères »).

« Les frères ou sœurs germains du mineur sont seuls exceptés de la limitation de nombre posée en l'article précédent ; »
CODE CIV., Art. 408. 1

— *Substant.* (Vx. dans le langage courant). Frères ou sœurs de mêmes parents. V. **Frère, sœur.** *Les germains, les utérins et les consanguins.*

« Les gens de Cornélie, entre qui vos Romains
Ont déjà reconnu des frères, des germains, »
CORN., **Pomp.,** IV, 1. 2

— *Fig.* et *vieilli.* V. **Apparenté, parent, voisin.**

« Ces animaux, dit-il, sont germains du renard. »
LA FONT., **Fab.,** IX, Disc. à Mme de La Sablière. 3

« ...le regret n'est pas le remords, quoiqu'il en soit un peu germain. »
BALZ., **Mém. deux j. mariées,** Œuv., t. I, p. 202. 4

‖ **2°** *Adj.* (employé avec cousin*). *Cousins germains,* se dit de cousins ayant au moins une grand-mère ou un grand-père commun. *Ils sont cousins germains par un grand-père paternel qui s'est marié deux fois ; ils n'ont pas la même grand-mère. Leurs pères sont frères, leurs mères sœurs ; ils sont cousins germains par leurs quatre grands-parents. Les cousins germains sont parents au quatrième degré** (cit. 5). *Cousin germain du père ou de la mère* (Cf. *fam.* Oncle* à la mode de Bretagne). — *Substant. Cousins issus de germains :* cousins au cinquième ou au sixième degré* de parenté, qui descendent d'un cousin germain (ou d'une cousine germaine) ou dont les parents sont cousins germains entre eux. — REM. L'ACADÉMIE (8e éd.), suivie de la plupart des dictionnaires, définit les *cousins issus de germains* comme des « Personnes qui sont sorties de deux cousins germains », définition qui pourrait s'appliquer aux frères et sœurs issus du mariage de deux cousins germains (N.-B. Le dictionnaire de l'ACAD. dans ses éditions successives, de même que LITTRÉ, qui cite VOLTAIRE (Candide, 19), écrit *cousins issus de germain* (sans s). Cependant l'orthographe « issus de germains » est déjà admise au XVIIe s. (FURETIÈRE) et au XVIIIe s. (TRÉVOUX).

« Un de mes parents. Un cousin issu de germains... »
DUHAM., **Salavin,** VI, XX. 5

— *Par ext.* Qui a des traits communs, comparables.

« La petite montagnarde de Valldemosa... n'en est pas moins une cousine germaine de la poétique bergère sainte Geneviève et de la bergère sublime Jeanne d'Arc. »
SAND, **Hiver à Majorque,** p. 192. 6

2. GERMAIN, AINE. adj. et n. (XVIIe s. ; repris au lat. *Germanus,* peut-être du celtique *gair,* « voisin », et *maon, man,* « peuple », nom donné par les Gaulois à leurs voisins de l'Est).

‖ **1°** *Adj.* Qui appartient à la Germanie, nom de la région correspondant à peu près à l'Allemagne, à l'époque du Bas-Empire et du haut moyen âge (REM. La forme féminine est peu usitée, et on préfère *germanique** lorsqu'il s'agit de choses). *Les guerriers germains* (Cf. Flexible, cit. 7). *Éléments germains de la civilisation gréco-latine* (Cf. Centre, cit. 14).

‖ **2°** *N.* (inusit au f.). Habitant de la Germanie. *Les Germains* (Cf. Burgondes, Francs, Goths, Lombards, Saxons, Suèves, Teutons, Vandales...). *Invasion des Germains.*

« Les Germains, établis dans l'Empire du consentement de l'empereur, ne restèrent pas tranquilles dans la possession des terres qu'ils avaient occupées. Ces mêmes Huns, qui autrefois avaient forcé les Goths de passer le Danube, entraînèrent les autres Germains demeurés en Germanie, et tous ensemble ils passèrent le Rhin. »
MICHELET, **Hist. de Fr.,** II, I.

DER. — Germaniser, germano-. — **Germanisme.** n. m. (1736). *Linguist.* Tournure, idiotisme* propre à la langue allemande. — **Germaniste.** n. (1866). Linguiste* qui est versé dans l'étude des langues germaniques, et plus spécialement de l'allemand. — *Par ext.* Spécialiste d'études allemandes (droit allemand, littérature et civilisation allemandes...). Cf. Germanisant.

« ...les plaisants germanismes de Grimm, qui n'était pas encore devenu puriste. »
ROUSS., **Conf.,** VIII.

GERMANDRÉE. n. f. (*Gemandree* au XIIe s. ; altér. obscure du lat. médiév. *calamendria,* lat. class. *chamædrys,* du gr. *khamaidrus,* « chêne nain »). *Bot.* Plante dicotylédone (*Labiées*), scientifiquement appelée *teucrium,* herbe ou arbrisseau, annuel ou vivace selon les variétés, aromatique, possédant des propriétés toniques, excitantes, vulnéraires et fébrifuges. *Variétés de germandrées : germandrée sauvage,* dite sauge des bois, mélisse des bois (Teucrium scorodonia), *germandrée petit chêne* (T. chamædrys), *germandrée aquatique* (T. scordium*)... *Amer** à base de germandrée.

GERMANIQUE. adj. (1532 RAB., Pant., II, 9 ; empr. au lat. *germanicus.* Cf. Germain).

‖ **1°** Qui a rapport aux Germains*. *Race germanique* (Cf. Flexible, cit. 7). *Les Burgondes, peuple germanique. Invasions germaniques. Empire romain germanique. Influence germanique en France* (Cf. Croûte, cit. 3). V. **Teuton, tudesque.** — *Substant. Louis le Germanique,* fils de Charlemagne.

— *Linguist. Langues germaniques :* nom donné aux langues des peuples que les Romains nommaient Germains, et à celles qui en dérivent. Dans le même sens, *Groupe ger-*

manique et substant. *Le germanique* (Cf. Celtique, cit.). *Germanique oriental : gothique. Germanique septentrional :* norrois ou nordique (inscriptions runiques*), islandais, norvégien, suédois, danois. *Germanique occidental :* allemand ; haut allemand (bavarois, alaman, francique), yidich ; bas allemand, hollandais, flamand, frison ; anglais, anglo-saxon (ou vieil anglais). — *Suffixe germanique* (Cf. -Ard, cit. 2).

|| **2°** De l'Allemagne, relatif à l'Allemagne. V. **Allemand.** *Confédération germanique. Pacte russo-germanique. Domination germanique* (Cf. Faisceau, cit. 14). — Substant. et peu usit. *Les Anglais et les Germaniques* (Cf. Faveur, cit. 28). REM. Dans ce sens on préfère « allemand », qui est plus précis que « germanique ».

— Des régions de langue et de civilisation allemandes (Allemagne, Suisse, Autriche...). *Les pays latins et les pays germaniques* (Cf. Agrandir, cit. 10). *Caractère, sensibilité germanique.* Substant. *Un germanique.*

1   « Les Allemands sont Saxons, Prussiens, Bavarois, Autrichiens ; mais le caractère germanique, sur lequel devrait se fonder la force de tous, est morcelé comme la terre même qui a tant de différents maîtres. »   STAËL, **De l'Allemagne,** I, II.

2   « On ne voit que là de ces brunes Allemandes pleines à la fois de la langueur germanique et de la vivacité française. »   MUSS., **Nouv.,** Margot, I.

3   « ...mais à dire vrai, je trouve effroyablement germanique la couleur de l'ennui que respire toute son enquête, teutonnes ses notes, et tudesques ses conclusions. »   GIDE, **Nouv. prétextes,** p. 72.

4   « ...un grand gaillard d'une carrure et d'un aspect si germaniques, que même ceux qui n'avaient sur l'Allemagne que les idées les plus vagues n'hésitèrent pas à l'identifier. »
                                   ROMAINS, **H. de b. vol.,** t. IV, IX, p. 87.

GERMANISER. *v. tr.* (XVIᵉ s. HUGUET ; de *germain* 2). Rendre germanique ; imposer le caractère germanique, la domination allemande. *Germaniser un pays. Pays germanisé par l'occupation allemande.*

« Battus, nous serons germanisés ; mais je te jure que les Allemands sauront rétablir l'ordre. Communistes, juifs et francs-maçons n'auront plus qu'à faire leurs valises. »   SARTRE, **Le sursis,** p. 323.

|| SE GERMANISER. Prendre le caractère germanique. *Région, peuple qui se germanise.*

DER. — **Germanisant, ante.** *adj.* (1872). Qui affectionne ce qui est germanique, allemand. Substant. *Un germanisant.* REM. « ...un *germaniste* est un savant ou un lettré qui s'occupe de philologie ou de littérature germaniques... un *germanisant* est un monsieur quelconque touché par l'esprit germanique » THÉRIVE, Quer. de lang., II, p. 182.
— **Germanisation.** *n. f.* (1876). Action de germaniser, de se germaniser ; résultat de cette action.

« ...la résistance du peuple polonais aux exactions de la germanisation prussienne. »   PÉGUY, **La République...,** p. 248.

GERMANIUM. *n. m.* (1885 ; de *Germania*, Allemagne, où il fut découvert). *Chim.* Corps simple métallique (Ge, dens. 5,46, numéro atom. 32, masse atom. 72,6) très disséminé dans la nature, qui se rapproche assez du bismuth.

GERMANO-. Préfixe (du lat. *germanicus.* Cf. Germain 2) se rapportant aux Allemands, à l'Allemagne. — **Germanophile.** *adj.* et *n.* (début XXᵉ s.). Qui aime les Allemands (DER. **Germanophilie.** *n. f.* Cf. -philie, -philie). — **Germanophobe.** *adj.* et *n.* (début XXᵉ s.). Qui déteste les Allemands (DER. **Germanophobie.** *n. f.* Cf. -Phobe, -phobie).

« Les fragments du discours de Mussolini, que donne le journal germanophile de Tunis, sont de nature à justifier les méprisantes vitupérations de la radio anglaise. »   GIDE, **Journ.,** 5 déc. 1942.

GERME. *n. m.* (XIIᵉ s. ; lat. *germen*).

|| **1°** Premier rudiment d'un être vivant. REM. Ce terme vague, dénué de caractère scientifique, s'applique aussi bien au gamète*, qu'à l'embryon*, la graine*... (Cf. Embryon, cit. 2 ; exubérance, cit. 1). *Le germe assure la reproduction* de l'espèce. Germe humain ; germe mâle* (Cf. Féconder, cit. 1). *Qui porte le germe.* V. **Proligère.** *Germe qui se développe* (cit. 18).

1   « Né d'un germe venu d'un autre germe, y a-t-il eu une succession continuelle, un développement sans fin de ces germes...? »
                                             VOLT., **Philos. ignor.,** XX.

2   « ...derrière, la herse, sous les claquements du fouet, enterrait les germes, du même train doux et comme réfléchi. »
                                                  ZOLA, **La terre,** I, I.

3   « Elle ne garde, dans sa spermathèque, que le liquide séminal où nagent les millions de germes qui, jusqu'à son dernier jour, viendront un à un, au passage des œufs, accomplir dans l'ombre de son corps l'union mystérieuse de l'élément mâle et femelle dont naîtront les ouvrières. »   MAETERLINCK, **Vie des abeilles,** V, VI.

4   « ...la vie apparaît comme un courant qui va d'un germe à un germe par l'intermédiaire d'un organisme développé. Tout se passe comme si l'organisme lui-même n'était qu'une excroissance, un bourgeon que fait saillir le germe ancien travaillant à se continuer en un germe nouveau. »   BERGSON, **Évol. créatrice,** p. 27.

— Abusivt. *Germe d'un œuf.* V. **Chalaze.**

5   « Les deux cordons (*chalazæ*), qu'Aquapendente regardait comme le germe ou la partie produite par la semence du mâle, se trouvent aussi bien dans les œufs inféconds que la poule produit sans commu-

nication avec le coq que dans les œufs féconds... La partie de l'œuf qui est fécondée est très petite ; c'est un petit cercle blanc qui est sur la membrane du jaune... » BUFFON, Hist. anim., V, Œuvr., t. I, p. 481.

— *Spécialt.* Nom générique donné dans le langage courant à des éléments microscopiques qui, en se développant, produisent des organismes (ferments, bactéries desséchés, rotifères, tardigrades, spores de champignons, œufs et kystes de protozoaires...). V. **Kyste, spore...** *Pasteur réfuta la théorie de la génération spontanée en démontrant la présence des germes* (Cf. Erreur, cit. 38 ; évidence, cit. 15). *Germes véhiculés par l'air, l'eau...* (Cf. Charpie, cit. 1). *Germes banaux. Germes microbiens, pathogènes, infectieux ; germe de putréfaction* (Cf. Antiseptique, cit.). *Désinfecter pour tuer les microbes et les germes* (V. **Antisepsie** (cit. 1).

6   « Pour Louis Pasteur, la vie ne pouvait venir spontanément de la matière brute. Le plus infime animalcule procédait d'un germe vivant. »
                                                      MONDOR, **Pasteur,** IV.

7   « L'examen microscopique des corpuscules, puis la découverte de filaments, de spores, de germes dans l'intestin des vers, enfin la contamination par ingestion de feuilles altérées de mûriers, lui montraient qu'il était dans la bonne voie. »   ID., **Ibid.,** V.

— (Dans un sens plus précis). *Bot.* Partie de la semence qui doit former la plante. V. **Blaste** (radicule, tigelle), **embryon.** *Le germe se nourrit des réserves contenues dans la graine* (V. **Germination**) *pour devenir plantule*.* — *Par ext.* Première pousse* de ce germe qui sort de la graine, du bulbe, du tubercule (V. **Germer**). *Germe qui cherche son chemin* (cit. 13) *entre les pierres. Germes de pommes de terre. Germes de blé, d'orge... Ôter les germes.* V. **Dégermer, égermer.** Cuis. *Poulet aux germes de soja.*

8   « Nous cessâmes de cultiver nos petits jardins, nos herbes, nos fleurs. Nous n'allions plus gratter légèrement la terre, et crier de joie en découvrant le germe du grain que nous avions semé. »
                                                      ROUSS., **Conf.,** I.

9   « ...un gland de chêne déclôt ses valves jumelles et lance à l'aventure un germe couleur de corail... »
                                           COLETTE, **Belles saisons,** p. 74.

|| **2°** *Fig.* Principe, élément de développement (de quelque chose). V. **Cause, commencement, principe, semence, source.** *Germe de vie, de mort, de maladie. Germe d'incendie* (Cf. Empresser, cit. 6). *Germe d'une idée* (Cf. Embryon, cit. 5). *Germes d'une crise* (cit. 9) *économique.* V. **Origine.** *Germe de corruption* (cit. 2) *qui se développe chez un individu.* V. **Levain.** *Tout crime* (cit. 8) *porte en soi un germe de malheur. Étouffer la rébellion dans son germe. Germe de division, de discorde... Œuvre qui contient en germe la philosophie de tout un siècle.*

10   « Qui croirait... que le germe de Pyrrhus et d'Andromaque est dans *Pertharite* (de Corneille) ? Qui croirait que Racine en ait pris les sentiments, les vers même ? »   VOLT., **Mél. littér.,** Lettre à d'Olivet.

11   « Les Français semèrent en Égypte ces germes de civilisation que Méhémet a cultivés ; la gloire de Bonaparte s'accrut, un rayon de lumière se glissa dans les ténèbres de l'islamisme, une brèche fut faite à la barbarie. »   CHATEAUB., **M. O.-T.,** t. III, p. 105.

12   « La réforme politique contient en germe les réformes sociales. »
      L. GAMBETTA, **Disc. à Belleville,** 26 mai 1870 (*Le Rappel,* 28 mai 1870).

13   « ...l'humidité glacée des hivers de Constantinople, qui déjà, l'année précédente, avait développé dans sa poitrine les germes de la mort. »
                                               LOTI, **Désenchant.,** LIII.

14   « Même en germe, je ne possède aucune des vertus qui font le soldat, l'orateur, l'homme d'argent ou l'homme d'État. »
                                             DUHAM., **Salavin, Journ.,** 7 janv.

15   « Car la nature la plus honnête n'est pas stérilisée des moindres germes de vice, au point de ne se ressentir en aucune façon de circonstances favorables à leur développement. »
                                      ROMAINS, **H. de b. vol.,** t. V, IV, p. 32.

DER. — V. **Germinal.** — COMP. — **Dégermer, égermer.**

GERMEN (*jèrmène*). *n. m.* (XIXᵉ s. ; mot latin). *Biol.* Ensemble des cellules reproductrices d'un être vivant, par oppos. au reste de l'organisme ou soma*. V. **Gamète** (cit. 1) ; **germe, germinatif** (plasma). V. *aussi* **Hérédité.**

1   « ...admettons que le soma puisse influencer le germen, comme on le croit quand on tient les caractères acquis pour transmissibles. »
                                       BERGSON, **Évol. créatrice,** p. 83.

2   « À la suite des travaux de WEISMANN on estime que l'organisme comporte deux éléments fondamentaux. D'une part, le *soma*, constituant la majeure partie de l'individu (viande, os, sang, intestins, etc.), c'est la fraction périssable de l'individu. D'autre part, le *germen,* représenté par les cellules germinales, lesquelles transmettent grâce aux chromosomes les potentialités héréditaires de la lignée. »
                           L. GALLIEN, **Sélect. animale,** p. 66 (éd. P.U.F.).

HOM. — **Germaine** (germain).

GERMER. *v. intr.* (XIIᵉ s. ; lat. *germinare*).

|| **1°** Se dit des graines, bulbes ou tubercules, destinés ou non à la semence, qui poussent leur germe au dehors. V. **Germination*.** *Apparition des radicules d'une graine qui commence à germer. Semence qui se passe dans le sol. Le blé a germé tard cette année. Faire germer un haricot sur du coton humide. On fait germer l'orge pour la fabrication de la bière* (V. **Germoir**). *Il faut conserver les pommes de terre, les oignons... dans un lieu sec et sombre pour les empêcher de germer...* Par ext. *Plante qui germe,* dont la graine germe.

1 « — Arbre, que fais-tu là ? pourquoi t'es-tu hâté
De sourdre, de germer, de grandir dans une heure ? »
    HUGO, **Lég. des siècles**, IX, Le cèdre.

2 « ... le reste allait au petit bonheur, la semence jetée dans n'importe
quel terrain, germant au hasard, et le ciel injurié si elle ne germait
pas. »   ZOLA, **La terre**, II, V.

3 « Il existait une autre pièce derrière celle-là, si humide, que le
père avait préféré coucher en haut : on regrettait même d'y serrer
les pommes de terre, car elles y germaient tout de suite. »
    ID., **Ibid.**, II, III.

4 « ... une très mauvaise plante, qui germe, résiste et se propage,
malgré les privations d'eau, les froids, et même les « coupes » répétées. »
    LOTI, **Désenchant.**, XXXII.

|| **2°** *Fig.* Commencer à se développer. V. **Développer** (se),
former (se), **naître** (Cf. Espoir, cit. 19). *Un mal qui germe*
(Cf. Calomnie, cit. 5). *Vertus qui commencent à germer* (Cf.
Éclore, cit. 7). *Cette idée commence à germer dans les
esprits. Sentir germer en soi un sentiment nouveau.*

5 « Je vois que mes leçons ont germé dans ton âme. »
    MOL., **Éc. d. maris**, II, 3.

6 « ... ces paroles que le duc m'avait dites s'offraient sans cesse à ma
mémoire, et devenaient des semences d'ambition qui germaient d'instant en instant dans mon esprit. » LESAGE, **Gil Blas**, VIII, II.

7 « Le soir, ce souvenir nous exaltait beaucoup, et mille projets enthousiastes germaient dans nos têtes. »
    FRANCE, **Livre de mon ami**, II, VI.

8 « Il y a vraiment des graines qui ne germent en notre âme que sous
la pluie des larmes que l'on répand à cause de nous ; et cependant
ces graines produisent de bonnes fleurs et des fruits salutaires. »
    MAETERLINCK, **Trésor des humbles**, XI.

9 « Tout mot qui tombait dans son esprit y germait et engendrait
une moisson d'images et de conjectures. »
    MAUROIS, **Terre promise**, IV.

10 « ... il n'y a pas de bonne graine qui se perde, pas une idée qui
ne germe un jour, pas une parcelle de conscience acquise, qui disparaisse. »   MART. du G., **Jean Barois**, Âge critique, III.

|| GERMÉ, ÉE. p. p. et adj. *Blé, orge germés. Les pommes de
terre germées ne sont plus propres à la consommation.*

DER. — **Germoir.** — (Dér. sav. de *germinare*) **Germinateur, trice.**
adj. (1770). Qui a le pouvoir de faire germer. — Cf. Germinatif.

GERMINAL. *n. et adj.* (1793 au sens I ; 1845 au sens II ;
dér. sav. du lat. *germen, germinis*).

I. N. m. Septième mois du calendrier républicain allant
du 21 ou 22 mars au 18 ou 19 avril, ainsi nommé parce qu'il
est le mois de la germination (Cf. Floréal, cit.). *24 Germinal
de l'an XIII* (Cf. Banque, cit. 3). — *Germinal*, roman de Zola.

II. GERMINAL, ALE, AUX. *adj.* Relatif au germe* ou au germen*. *Feuille germinale*, qui se développe en place de la
graine. *Cellule germinale*, cellule reproductrice. V. **Gamète.**

1 « On sait comment Weismann a été conduit, par son hypothèse de
la continuité du plasma germinatif, à considérer les cellules germinales, — ovules ou spermatozoïdes, — comme à peu près indépendantes
des cellules somatiques. » BERGSON, **Évol. créatrice**, p. 79.

2 « ... la terre laissait partout, cette année-là, amicalement se briser
son écorce sous la poussée des puissances germinales. »
    BOSCO, **Jard. d'Hyacinthe**, p. 185.

GERMINATIF, IVE. *adj.* (XVIᵉ s. ; dér. sav. du lat. *germinare*, « germer »). Qui a rapport au germe ou à la germination*. *Durée du pouvoir germinatif d'une graine.* — *Spécialt.*
Embryol. *Vésicule germinative, tache germinative de l'œuf.*

1 « La structure cellulaire de l'oocyte est évidente ; il a, jusqu'à sa
maturation, un noyau sphérique volumineux (vésicule germinative,
ou de Purkinje), pourvu, en général, d'un nucléole également sphérique et massif (tache germinative, ou de Wagner). »
    CAULLERY, **Embryol.**, p. 11 (éd. P.U.F.).

— *Biol. génér.* Qui a rapport au germen*. *Théorie de la
continuité du plasma germinatif*, affirmant l'indépendance
du germen et niant l'hérédité des caractères acquis (Cf.
Germinal, cit. 1).

2 « C'est ainsi que de nouveaux aspects structuraux et mentaux apparaissent dans l'individu, et aussi dans la race. On dirait que le
plasma germinatif subit peu à peu l'influence du milieu. »
    A. CARREL, **L'homme, cet inconnu**, p. 258.

GERMINATION. *n. f.* (XVᵉ s. ; empr. au lat. *germinatio*,
rac. *germen*). Bot. Ensemble des phénomènes par lesquels
une graine* développe son embryon* et donne naissance à
une nouvelle plante de même espèce que celle qui l'a formée. *Germination d'une graine. La germination n'est possible que si la graine est normalement constituée, mûre
(la maturité vraie ne commence parfois que plusieurs
années après la séparation du fruit), douée de vitalité (le
pouvoir germinatif* des graines peut durer plus d'un
siècle pour certaines espèces), et si les conditions extérieures sont bonnes (présence d'air, d'eau, de chaleur, de
lumière...). Pendant la germination, l'embryon passe de
l'état de vie ralentie à celui de vie active, se développe aux
dépens de la graine (albumen) qu'il fait éclater en sortant
radicule et tigelle* (V. **Plantule**).*

1 « J'écouterai chanter dans mon âme profonde
L'harmonieuse paix des germinations. »
    Ctesse de NOAILLES, **Cœur innombrable**, Le verger.

— *Fig.* V. **Développement.**

2 « ... l'idée de l'Empire, en germination depuis un an, jaillissait
soudain des circonstances, si imprudemment créées par le complot
royaliste. » MADELIN, **Hist. Cons. et Emp.**, Avènement de l'Empire, VII.

GERMOIR. *n. m.* (1700 ; de *germer*). Caisse, pot destiné à
recevoir certaines graines qui doivent être mises en terre
après leur séparation de la plante, mais qu'on ne veut semer
que plus tard. — Bâtiment où l'on fait germer des semences,
des plants. *Germoir à pommes de terre. Germoir d'une brasserie, où l'on fait germer l'orge.*

GERMON. *n. m.* (1769 ; mot poitevin). *Zool.* Nom vulgaire
du thon* blanc, très commun sur les côtes françaises de
l'Atlantique.

GÉROMÉ. *n. m.* (1845 ; *giraumé* en 1757 ; prononc. région.
de *Gérardmer*). Fromage* affiné à pâte molle fabriqué dans
les Vosges.

GÉRONDIF. *n. m.* (1520 FABRI ; du lat. *gerundivum*, ou
gerundi (modus), de *gerere*, faire).

|| **1°** *En lat.* Forme verbale qui est la déclinaison* de
l'infinitif : *cantare, cantandi, cantandum, cantando. Le
gérondif a supplanté peu à peu le participe présent, qui a
fini par n'être plus employé que comme adjectif.*

|| **2°** *En fr.* Forme verbale en -*ant*, généralement précédée
de la préposition *en* (cit. 43) et servant à exprimer des
compléments circonstanciels de simultanéité, de manière,
de moyen, de cause, etc. V. **Participe, verbe.** *En se plaignant, on se console* (MUSSET). *En forgeant, on devient
forgeron. En partant maintenant, vous arriverez pour l'ouverture. La mêlée en hurlant grandit comme une flamme*
(HUGO). *Tout en marchant, il prenait des notes.*

— (Sans la préposition, dans des formules figées) *Chemin
faisant* (Cf. Chemin, cit. 12 ; faire, cit. 108). *Généralement parlant. Ce faisant, ce disant, en faisant, en disant cela.*
V. **Ce**, III, 2°.

— Combiné avec *aller*, le gérondif (qui ne se distingue
alors plus du participe présent) marque l'action continue,
la progression dans le temps. *La fauve passion va sonnant
l'olifant* (VERLAINE). Cf. Aller (cit. 46, 47, 48).

1 « ... les gérondifs ont une marque, qu'ils prennent devant eux quand
ils veulent, qui est *en*, comme *en faisant cela, vous ne sauriez faillir*... »
    VAUGELAS, **Rem. s. la langue franç.**, p. 186.

2 « ... fort souvent, le gérondif n'a pas de sujet déterminé : *L'appétit
vient en mangeant* (quand on mange)... Quand on dit : *Mon cœur
battait en montant l'escalier*, le gérondif se rapporte à l'idée de *moi*
contenue dans le sujet *mon cœur*, mais non à ce sujet lui-même, il
faudrait au moins dire que le gérondif est correctement rapporté soit
au sujet exprimé, soit au sujet implicitement contenu dans un déterminatif. Mais on trouve aussi des constructions bien plus hardies. Le
gérondif peut avoir pour sujet l'objet de la phrase : *Si son astre, en
naissant, ne l'a formé poète* (BOIL., Art p., I, 4). Il peut aussi avoir
un sujet qui suit : *Dites-moi, étant jeune fille, rien ne vous faisait
prévoir qu'elle deviendrait joueuse ?* (CAPUS, Un ange, I, 6). »
    BRUNOT, **Pens. et lang.**, p. 233.

3 « La combinaison avec *en* s'est imposée, dès le XVᵉ siècle, comme la
plus logique. En effet, dans ce genre de phrase, l'action présentée
comme principale se produit à la faveur ce comme au sein de l'autre ;
la préposition de l'intériorité, *en*, est donc ici en situation. À ce point
s'est manifestée, dans la suite, l'aptitude de *à* à mettre dans tout
son jour la fonction de gérondif, là où il ne paraît pas, notre esprit le supplée, comme la marque authentique de cette forme verbale... Au XVIIᵉ siècle encore, il n'est pas rare qu'il y ait : « *Te
rendant* un époux, je te rends plus qu'un père » CORN., Cinna,
714 ; « Il eût cru s'abaisser *servant* un médecin » LA FONT., Fab.,
VI, 7... Mais au XVIIIᵉ siècle l'emploi de *en* devient plus habituel.
Depuis le XIXᵉ siècle il paraît à peu près indispensable... »
    G. et R. LE BIDOIS, **Synt. du fr. moderne**, I, pp. 476-477.

GÉRONTE. *n. m.* (1636 ; empr. au gr. *gerôn*, « vieillard »).
Nom propre habituel des personnages de vieillards dans la
comédie classique. *Par ext.* (1829). Vieillard crédule, facile
à berner.

« Vous m'avez indignement trompé, lui dit-il, et vous avez compromis
jusqu'à mon honneur ; je ne suis pas un Géronte de comédie, et il
me faut votre vie ou vous aurez la mienne. »
    BALZ., **Les Chouans, Œuvr.**, t. VII, p. 993.

DER. et **COMP.** — **Gérontisme.** *n. m.* (1866). Sénilité* mentale. —
Gérontocratie. *n. f.* (1825 BÉRANGER ; Cf. -Cratie). Gouvernement,
domination des vieillards. — **Gérontologie.** *n. f.* (Néol. ; Cf. -Logie, et
infra, cit. 3).

1 « Mais, comme, grâce à la gérontocratie qui nous opprime, l'enfance
de cette vie ne commence qu'à quarante ans, jusque-là, il faut faire
quelque chose, combler le fossé, se créer un autre avenir que celui de
l'ambition : il faut souvent se marier, en un mot. »
    BALZ., **Feuilleton journ. polit.**, XXIX (Œuv. div., t. I, p. 411).

2 « ... les vieilles sociétés riches ont tendance à devenir des géronto-
craties. Les vieillards y règnent dans les conseils, dans les états-
majors parce que, dans un monde qui n'a pas changé depuis longtemps, l'expérience devient un bien précieux. »
    MAUROIS, **Art de vivre**, V, 2.

3 « On entend par gérontologie l'étude des problèmes qui se rattachent
au vieillissement. La gérontologie est une science très vaste qui ne
s'applique pas seulement à l'individu âgé, mais aussi à l'individu jeune
en voie de vieillissement, et qui englobe des questions biologiques et
médicales et des questions économiques et sociales. »
    Dʳ H. KAUFMANN, **Revue de la mutuelle de l'éduc. nation.**,
    avril-mai 1956.

GERRIS. *n. m.* (1872). Insecte hémiptère-hétéroptère (*Gerridés*) à formes très sveltes, courant par bonds saccadés et rapides à la surface des eaux. *L'araignée d'eau, nom vulgaire du gerris.*

GERSEAU. *n. m.* (1678 ; altér. prob. de *herseau*, dimin. de *herse*). Mar. « Filin ou cordage qui vient en renforcement d'une poulie » (GRUSS).

GERZEAU. *n. m.* (1798 ; *jarzeu* au XIIᵉ s. ; probablt. dér. de l'anc. fr. *jard*, « poil long et dur de la laine »). Nom vulgaire de la nielle* des blés.

GÉSIER. *n. m.* (vers 1300 ; du bas lat. *gigerium*, plur. class. *gigeria*, « entrailles des volailles »). Troisième poche digestive des oiseaux, faisant suite au jabot* et au ventricule* succenturié. V. **Estomac**. *Parois épaisses et musculeuses du gésier des granivores*. Trituration des aliments dans le gésier* (Cf. Autruche, cit. 1).

« ... ils (*les dindons*) boivent, mangent, avalent de petits cailloux, et digèrent à peu près comme les coqs ; et, comme eux, ils ont double estomac, c'est-à-dire un jabot et un gésier ; mais, comme ils sont plus gros, les muscles de leur gésier ont aussi plus de force. »
BUFFON, **Hist. nat. ois.**, Le dindon, Œuvr., t. V, p. 320.

⌾— *Par ext. et pop.* V. **Estomac, gosier**. (Cf. Enfiler, cit. 12).

GÉSIR (*je gis, il gît, nous gisons ; je gisais, nous gisions. Gisant*). *v. intr.* (XIIᵉ s. ; du lat. *jacere*, « être étendu »). — REM. Dans l'usage actuel, *Gésir* n'est plus employé qu'au présent, à l'imparfait (dans la langue écrite), et au part. prés. (surtout comme terme d'archéol.).

‖ **1°** Être couché, étendu (Cf. Décevant, cit. 3). *Malade qui gît sur son lit* (Cf. Catarrhe, cit. 2 ; esquinter, cit. 3). *Feuilles mortes qui gisent sur le sol.*

— *Spécialt.* V. **Enterrer**. *Ci-gît*, ancienne formule d'épitaphe (Cf. Ci, cit. 1 ; académicien, cit. 1).

1 « Ci-gît qui toujours babilla,
Sans avoir jamais rien à dire, »   VOLT., **Poés. mêlées**, Épitaphe.

2 « La comtesse gisait, le corps affaissé, les bras pendants, sur un fauteuil sale dans cette chambre qui ressemblait à la bauge d'un sanglier. »   BALZ., **Lys dans la vallée**, Œuv., t. VIII, p. 929.

3 « Les morts gisent couchés sous nos pieds dans la terre. »
HUGO, **Contempl.**, IV, XII.

4 « La marée était basse encore, et les barques gisaient échouées sur la vase, montrant leurs coques et prenant des attitudes penchées à réjouir un peintre d'aquarelles. » GAUTIER, **Voyage en Russie**, p. 17.

5 « ... des chaises gisaient par terre, au milieu de la débâcle du déménagement. On aurait dit une maison morte. »
ZOLA, **La terre**, IV, VI.

— *Par anal. et fig. :*

6 « Là gisaient maintenant six années de vie commune, de ruptures, de jalousies et de reprises, six années de souvenirs et de secrets, — jusqu'au dernier de tous, le plus tragique, et qui aboutissait là. »
MART. du G., **Thib.**, t. II, p. 243.

‖ **2°** *Par ext.* Se trouver (en parlant de choses cachées, enfouies, ensevelies).

7 « À l'endroit où gisait cette somme enterrée. »
LA FONT., **Fab.**, IV, 20.

— *Minéral. Vieilli.* (Cf. Exploiter, cit. 4).

— *Par métaph.* loc. prov. *C'est là que gît le lièvre ; savoir où gît le lièvre*.

— *Fig.* V. **Consister, résider**.

8 « Tout le secret ne git qu'en un peu de grimace, »
CORN., **Ment.**, I, 6.

9 « Je comprenais l'amour conjugal autrement que ne le comprend la plupart des hommes, et je trouvais que sa beauté, que sa magnificence git précisément en ces choses qui le font périr dans une foule de ménages. »   BALZ., **Médec. de camp.**, Œuv., t. VIII, p. 487.

‖ GISANT, ANTE. p. prés. adj. *Cadavre gisant* (Cf. Enjamber, cit. 1). *Bois gisant* coupé et tombé à terre. *Ruine gisante dans l'herbe* (Cf. Équarrir, cit. 2).

10 « Il voit ce corps gisant, le croit privé de vie, »
LA FONT., **Fab.**, V, 20.

11 « ... ces masses inertes, qui restaient gisantes comme des cadavres, sans force pour se relever. »   MICHELET, **Hist. de France**, I, III.

— *Substant.* (Cf. Aïeul, cit. 3).

12 « Les religieuses, assoupies, semblables à deux allégories drapées de noir, encadraient le gisant, dont l'immobilité conférait à cette mise en scène une majesté authentique. »
MART. du G, **Thib.**, t. IV, p. 194.

— *Spécialt.* Statue représentant un personnage mort. *Gisants sculptés sur les tombeaux du moyen âge.*

13 « Un jour, en visitant la chapelle d'un château voisin, Claire vit une tombe de pierre sur laquelle étaient sculptés des « Gisants », un seigneur et sa dame, couchés sur le dos, une épée entre eux. »
MAUROIS, **Terre promise**, VII.

ANT. — Debout.

DER. — Gisement. Gîte. Giter. — Gésine. *n. f.* (XIIᵉ s.). Vx. V. Accouchement, parturition.

1 « ... la laie était en gésine. »   LA FONT., **Fab.**, III, 6.

2 « De la salle, que je viens d'appeler salle de travail, arrivaient les soupirs et les plaintes des femmes en gésine. »
DUHAM., **Biogr. de mes fantômes**, p. 227.

GESSE. *n. f.* (*jaisse* en 1364 ; XIᵉ s. en judéo-français, empr. au prov. *geissa*, d'étym. inconnue). Bot. Plante dicotylédone (*Légumineuses papilionacées*), scientifiquement appelée *lathyrus*, dont quelques espèces sont cultivées comme fourrage. *Gesse chiche.* V. **Jarosse** (ou jarousse). *Gesse odorante.* V. **Senteur** (pois de). *Intoxication par la farine de gesse* (V. **Lathyrisme**).

GESTATION. *n. f.* (1582, au sens lat. d' « exercice qui consistait à se faire porter » ; 1748 au sens actuel ; empr. au lat. *gestatio*, « action de porter », de *gestare*, fréquent. de *gerere*, « porter »). Physiol. État d'une femelle vivipare qui porte* son petit, depuis la conception jusqu'à l'accouchement. V. **Génération, prégnation**. *L'utérus*, organe de la gestation... Gestation de la femme.* V. **Grossesse**. *La durée de la gestation est à peu près constante pour une espèce donnée et varie d'une espèce à l'autre ; mais aucune loi rigoureuse ne la fait dépendre ni de la taille, ni de la perfection ou du genre de vie des animaux* (20 jours pour la souris, 110 jours pour la lionne, 120 jours pour le castor, 270 jours pour la femme, 690 jours pour l'éléphant...). *Gestation unipare, multipare* (V. **Portée**).

1 « ...je crois qu'on doit suspendre son jugement sur la seconde observation touchant la durée de la gestation, qu'il dit n'être que de neuf mois... »
BUFF., **Hist. nat. anim.**, Addit... pachyd., Œuvr., t. IV, p. 438.

2 « ...certaines personnes ignorantes et voraces qui voudraient des émotions sans en subir les principes générateurs, la fleur sans la graine, l'enfant sans la gestation. »
BALZ., **Rech. de l'absolu**, Œuv., t. IX, p. 474.

3 « Avec les progrès de la grossesse, la folliculinémie augmente progressivement pour atteindre, à la fin de la gestation, 50.000 à 100.000 unités d'hormone par litre. »   BINET, **Vie sex. de la femme**, III, XX.

— *Fig.* (XIXᵉ s. in P. LAROUSSE). Travail latent qui prépare la naissance, la mise au jour d'une création de l'esprit, d'une situation nouvelle... (Cf. Apparaître, cit. 20). *La gestation d'une œuvre, d'un poème* (ACAD.). V. **Genèse** (Cf. *fam.* Accoucher* d'une idée, d'une œuvre...).

4 « La nécessité de *porter longtemps son sujet*, la gestation, en un mot, est une condition absolue du don d'écrire. »
ALBALAT, **Art d'écrire**, IX, p. 161.

5 « En règle générale, on ne fait rien de bon avec un thème qui n'a pas eu, dans l'esprit, son temps de gestation normal. »
MAUROIS, **B. Quesnay**, XIX.

6 « De son travail, il (*Balzac*) ne dit jamais que l'extérieur et le matériel... Rien de l'arrangement de telle scène, la trouvaille de tel trait, la chimie interne de cette extraordinaire gestation. »
HENRIOT, **Portr. de fem.**, p. 347.

DER. — (de *gestare*, porter). Gestatoire. *adj.* (1531 ; 1752 au sens ci-dessous ; adapt. sav. du lat. *gestatorius*, dans l'expression *sedia gestatoria*). En parlant de la chaise à porteurs dont le pape fait usage : *chaise gestatoire*.

1. GESTE. *n. m* (*Gest* en 1213 ; empr. au lat. *gestus*). Mouvement du corps (principalement des bras, des mains, de la tête) volontaire ou involontaire, révélant un état psychologique, ou visant à exprimer, à montrer quelque chose. V. **Attitude** (cit. 8 et 13), **mouvement**. *Le geste, moyen d'expression. Faire beaucoup de gestes en parlant.* V. **Gesticuler**. *L'expression* par le geste.* V. **Mimique, pantomime**. *Langage par gestes des sourds-muets* (V. **Dactylologie**). *Guetter les moindres gestes de quelqu'un* (Cf. Faiblesse, cit. 31). *Animer* (cit. 13), *encourager quelqu'un de la voix et du geste. Joindre le geste à la parole* (Cf. Accentuer, cit. 11). *Grande abondance de gestes. Gestes démonstratifs* (cit. 4), *expressifs* (cit. 1). *Imiter, mimer les gestes de quelqu'un. Geste fait instinctivement. Geste instinctif, habituel, machinal* (Cf. Feuilleter, cit. 4). *Gestes lents, brusques* (Cf. Avare, cit. 26), *naturels et simples* (Cf. Attirer, cit. 29), *rudes* (Cf. Carrure, cit. 1), *paternels* (Cf. Curé, cit. 5), *vifs* (Cf. Animation, cit. 4). V. **Manière**. *Autorité dans le geste et dans le regard* (Cf. Enflammer, cit. 9). *La maladresse de ses gestes* (Cf. Enfantin, cit. 5). *Précision des gestes chez un chirurgien* (cit. 1), *un prestidigitateur. Gestes apprêtés, calculés, contraints* (cit. 14). V. **Contorsion, minauderie**. *Gestes convulsifs, fébriles. Gestes désordonnés, excessifs* (cit. 7). V. **Gesticulation**. *Gestes pleins de chaleur, de fougue... Geste de recul* (Cf. Approche, cit. 7). *Gestes stéréotypés. Gestes rituels. Gestes de l'amour, de la prière.*

1 « Les mouvements du cœur peints d'une adresse extrême
Par des gestes puisés dans la passion même,
Bien marqués pour parler, appuyés, forts, et nets,
Imitant en vigueur les gestes des muets, »
MOL., **Val-de-Gr.**, v. 147-150.

2 « ... ils sont comme pétris de phrases et de petits tours d'expression, concertés dans leur geste et dans tout leur maintien ; »
LA BRUY., V, 15.

3 « ... le geste et le port de la femme actuelle donnent à sa robe une vie et une physionomie qui ne sont pas celles de la femme ancienne. »
BAUDEL., **Curios. esthét.**, Peintre vie moderne, IV.

4 « ...chez un orateur, le geste... rivalise avec la parole. Jaloux de la parole, le geste court derrière la pensée et demande, lui aussi, à servir d'interprète. »   BERGSON, **Le rire**, p. 32.

5 « Dans un défaut, dans une qualité même, le comique est ce par où le personnage se livre à son insu, le geste involontaire, le geste inconscient. »   ID., **Ibid.**, p. 111

6   « ...l'hôpital avait enseigné à Edmée des gestes professionnels, non point doux mais assurés, qui atteignent un point visé sans avertir ni effleurer la zone environnante. »
COLETTE, **Fin de Chéri**, p. 125.

7   « Ses gestes incohérents trahissaient sa fébrilité. »
MART. du G., **Thib.**, t. VIII, p. 69.

8   « Les gestes de l'orateur sont des métaphores. Soit qu'il montre nettement entre le pouce et l'index la chose bien saisie ; soit qu'il la touche du doigt, la paume vers le ciel. Ce qu'il touche, ce qu'il pince, ce qu'il tranche, ce qu'il assomme, ce sont des imaginaires, actes jadis réels, quand le langage était le geste ; et le geste, une action. »
VALÉRY, **Autres rhumbs**, p. 149.

9   « Le geste est, dans l'art, le plus puissant moyen d'expression, en ce qu'il décèle une âme si profondément pénétrée, qu'impatiente de se manifester, elle choisit les signes les plus rapides. »
GUERLIN, **Art enseigné par les maîtres**, p. 100-1.

10   « La piété doit être sans gestes, comme la douleur, et j'oserai presque dire : aussi silencieuse. » MONTHERLANT, **Les jeunes filles**, p. 64.

11   « Si le geste baroque se déploie en s'éloignant du corps, celui de Latour est dirigé vers le corps, comme ceux qui expriment le recueillement ou le frisson. Il est rare que les coudes quittent la poitrine de ses personnages et les doigts de ses mains offertes (dans le *Saint Sébastien* par exemple) ne sont pas tendus. »
MALRAUX, **Voix du silence**, p. 380.

— *Avoir le geste élégant* (cit. 4), *gauche, mesuré, sobre...*

12   « Sans doute, quand il a bu, il a le verbe haut et le geste prompt... »
JOUHANDEAU, *Chaminadour*, Contes brefs, V, III.

— *Spécialt.* Simple mouvement expressif ou caractéristique, du bras, de la main, de la tête. V. **Signe**. *Faire un geste de la main. Saluer d'un geste de la main. Geste approbateur* (cit. 5) *de la tête.* V. **Hochement**. *Geste circulaire* (Cf. Exhibition, cit. 3), *emphatique* (cit. 1), *des bras. Exorciser* (cit. 6) *d'un grand geste du bras. Geste évasif, impérieux, menaçant* (Cf. Brûlant, cit. 8). *Geste pudique* (Cf. Attirer, cit. 29), *impudique, obscène, immonde* (Cf. Fille, cit. 37). *Accomplir* (cit. 14), *avoir, ébaucher* (cit. 7), *esquisser* (cit. 7), *réprimer un geste d'assentiment, de contrariété* (cit. 3), *de dénégation, de protestation, d'effroi, de refus, de reproche. Ce geste l'a trahi. Geste du salut, du serment. Le geste auguste* (cit. 14) *du semeur.*

13   « Si de fortune par la rue
Quelque courtisan je salue,
Ou de la voix, ou du bonnet,
Ou d'un clin d'œil tant seulement,
De la tête, ou d'un autre geste, »
RONSARD, **Odes**, III, XXVII.

14   « Je réponds d'un geste de tête, »
MOL., **Amphitryon**, III, 1.

15   « Elle traversa une salle et posa sa main en passant sur l'épaule de Chéri, mais il sut qu'elle voulait, par ce geste de tendresse et de possession délicate, faire rougir d'envie et d'irritation une jeune infirmière brune... » COLETTE, **Fin de Chéri**, p. 43.

16   « Mais c'est en vain qu'elle tourna la poignée, d'un geste d'abord hésitant, puis de plus en plus nerveux, puis affolé. »
BERNANOS, **Sous le soleil de Satan**, Prol., IV.

17   « Elle savait bien qu'elle aussi elle avait de ces petits gestes qu'avaient les femmes. Mais les siens étaient choisis, longuement médités, lourds d'intentions. C'était de les prendre sous le bras, de leur mettre la main sur l'épaule la plus proche (et non sur l'autre, ce qui serait enlacer). Par ces gestes, elle voulait dire : « Je suis une camarade, un frère pour vous, rien de plus... »
MONTHERLANT, **Le songe**, I, VI.

— *Par exagér. N'avoir qu'un geste à faire pour* (obtenir telle ou telle chose).

18   « En de pareils moments de paroxysme, Jaurès n'aurait eu qu'un cri à pousser, un geste de la main à faire, pour que cette foule fanatisée se jetât, derrière lui, tête baissée, à l'assaut de n'importe quelle Bastille. » MART. du G., **Thib.**, t. VII, p. 57.

— *Par métaph. et fam. Avoir le geste large* : être généreux.

— *Fig.* V. **Acte, action** (Cf. Coudée, cit. 3). *Geste d'autorité* (Cf. Briser, cit. 9), *de bravoure, de clémence, de générosité. En faisant cela, il a fait un beau geste* (ACAD.).

19   « ...ces gens, assez neufs sur la ferme, butés, rapaces, étaient incapables à tout jamais d'apprécier un geste désintéressé comme celui de ma mère. » GIDE, **Si le grain ne meurt**, I, VI.

20   « Il reconnaît, avec loyauté, qu'on ne peut accuser le gouvernement d'aucun geste provocateur. » MART. du G., **Thib.**, t. VII, p. 77.

2. GESTE. n. f. (XIe s. ; du lat. *gesta*, plur. neutre du part. passé de *gerere*, « faire »). *Vx.* V. **Exploit**.

1   « ...ce grand chroniqueur des gestes d'Alexandre, » BOIL., **Épît.**, XI.

— *Hist. littér.* Ensemble de poèmes épiques* du moyen âge, relatant les exploits d'un même héros. V. **Cycle**. *La Geste de Guillaume d'Orange, du Roi* (Charlemagne)... *Chanson* de geste (ou de gestes). Cf. Assonance, cit. 1.

2   « La geste de Doon de Mayence, qui est proprement la *geste féodale*, raconte la lutte de la féodalité contre la royauté... Cette geste décrit surtout les exploits des quatre fils d'Aymon... La principale chanson de cette geste, *Renaud de Montauban* (XIIIe siècle)... raconte leurs multiples aventures. » BRAUNSCHVIG, **Notre littéraire...**, t. I, p. 25.

— *Par ext.* V. **Épopée**.

3   « Déjà il y a une Geste noire ; d'abord l'âge d'or de l'Afrique, puis l'ère de la dispersion et de la captivité, puis l'éveil de la conscience, les temps héroïques et sombres des grandes révoltes... »
SARTRE, **Situations III**, p. 276.

— *Au plur.* (1615). *Les faits et gestes de quelqu'un*, toute sa conduite. *La police interrogea le prévenu sur ses faits et gestes.*

4   « On ne parle ici que des discours, et des faits et gestes de la Brinvilliers. » SÉV., 530, 1er mai 1676.

GESTICULER. v. intr. (1578 ; empr. au lat. *gesticulari*. V. **Geste** 1). Faire beaucoup et même trop de gestes* (Cf. Clouer, cit. 3 ; compatriote, cit. 4). *Aller et venir en gesticulant* (Cf. Fausset, cit. 5). *Gesticuler en parlant.*

1   « ...vous devez... gesticuler le moins qu'il vous sera possible. »
MOL., **Impr. de Versailles**, 1.

2   « Figurez-vous, monsieur, qu'entré dans la salle, je trouve d'abord trois cents femmes en chemise, ou peu s'en faut, toutes criant, hurlant, gesticulant, faisant un vacarme à ne pas entendre Dieu tonner. »
MÉRIMÉE, **Carmen**, III.

3   « ...je ne vis plus... que deux ombres démesurées d'un bleu d'encre... qui... se brisaient au pied de la façade, l'escaladaient verticales et gesticulaient sur le toit... »
COLETTE, **Naissance du jour**, p. 214.

4   « ...ils font parler et gesticuler tout ce monde de guignols de la façon la plus divertissante. » MAUROIS, **Lélia**, VII, VI.

DER. — (du même radic.). **Gesticulant, ante**. adj. (*Néol.*). Qui gesticule. *Foule gesticulante et hurlante*. **Gesticulateur**. n. m. (1578 ; empr. au lat. *gesticulator*). Celui qui fait beaucoup de gestes (surtout dans la conversation). *Les Méridionaux sont de grands gesticulateurs.* — **Gesticulation**. n. f. (XIVe s. ; empr. au lat. *gesticulatio*). Action de gesticuler. V. **Geste**. *Évoquer* (cit. 19), *exprimer* (cit. 38) *quelque chose par la gesticulation* (Cf. Accent, cit. 5). V. **Pantomime**. *Se livrer à des gesticulations frénétiques* (Cf. Corybante, cit.).

1   « ...le Midi n'avait pas encore fait invasion avec ses teints passionnément pâles, ses yeux ardents et ses gesticulations furibondes. »
GAUTIER, **Portr. contempor.**, Paul de Kock.

2   « Il secoua la pluie qui alourdissait son chapeau, alluma une pipe et repartit, faisant tournoyer sa canne pour satisfaire à son besoin de gesticulation. » DUHAM., **Salavin**, III, VII.

GESTION (jès-tyon). n. f. (1482 BLOCH ; empr. au lat. *gestio*, de *gerere*. Cf. Gérer). Action de gérer* (les affaires d'un autre, et *par ext.* ses propres affaires). V. **Administration*, direction, gouvernement** (*vx*), **manutention** (*vx*). *Gestion d'un patrimoine, d'une fortune* (Cf. Coffre-fort, cit.). *Gérant* responsable de sa gestion.* V. **Gérance**. *Avoir la gestion des fonds.* V. **Maniement**. *Méthodes, règles de gestion d'une entreprise.* V. **Économie, organisation**. *Gestion des intérêts publics, généraux, locaux* (Cf. Autonomie, cit. 2 ; département, cit. 2). *Une bonne, sage, saine gestion. Mauvaise gestion. Durant sa gestion, au cours de sa gestion. Donner quitus à un comptable après apurement de ses comptes de gestion.*

1   « *Gestion*, de *gerere*, porter, exprime une *charge*, une commission, et a rapport à la manière dont on s'en acquitte ou au compte qu'on en doit rendre. » LAFAYE, **Dict. syn.**, p. 640.

2   « Cette double maison appartenait à monsieur Pillerault, un octogénaire, qui en laissait la gestion à monsieur et madame Cibot, ses portiers depuis vingt-six ans. »
BALZ., **Cousin Pons**, Œuv., t. VI, p. 561.

3   « Le fils du bailli, garçon sans aucune espèce de fortune, succédait à un intendant enrichi par une gestion de trente années... »
ID., **Les paysans**, Œuv., t. VIII, p. 91.

— *Dr. civ.* « Administration du patrimoine ou de certains biens d'une personne physique ou morale par son représentant légal, judiciaire ou conventionnel » (CAPITANT). *Gestion des biens de la communauté par le mari. Le mari n'est pas tenu de rendre compte de sa gestion. Le tuteur est comptable* (cit. 2) *de la gestion des biens du mineur.*

4   « Le mandataire répond non seulement du dol, mais encore des fautes qu'il commet dans sa gestion. » CODE CIV., **Art. 1992**.

— *Dr. comm. Gestion d'une société.*

5   « Pour dégager leur responsabilité, le président et les administrateurs impliqués (*d'une société anonyme en faillite ou en liquidation judiciaire*) doivent faire la preuve qu'ils ont apporté à la gestion des affaires sociales toute l'activité et la diligence d'un mandataire salarié. »
DALLOZ, **Nouv. répert.**, Société, no 1113.

— *Compt. publ. Compte de gestion*, établi pour l'ensemble des opérations effectuées pendant l'année budgétaire, par opposition au *compte d'exercice* (cit. 22).

6   « ...c'est (*la gestion*) le procédé classique des comptes de caisses — le procédé des comptes de maison, par exemple — et c'est d'ailleurs la forme normale de comptabilité imposée aux comptables des deniers publics... Opposée à la gestion, la notion d'exercice se comprend aisément. Il s'agit maintenant non plus d'élaborer le budget en l'état des recettes et des dépenses matériellement exécutées du premier au dernier jour de l'année budgétaire, mais en l'état « des services faits et des droits acquis pendant l'année financière » — quelle que soit, en principe, la date de leur exécution effective » —
TROTABAS, **Pr. de sc. et lég. fin.**, p. 41 (éd. Dalloz).

— *Lég. milit.* Service confié à un *gestionnaire* (Cf. *infra*, dér.).

— *Spécialt. Dr. civ. Gestion d'affaires* : acte d'une personne (appelée *gérant*) qui a voulu agir pour le compte d'un tiers (appelé *géré*), sans avoir reçu mandat de celui-ci.

7   « Lorsque volontairement on gère l'affaire d'autrui, soit que le propriétaire connaisse la gestion, soit qu'il l'ignore, celui qui gère contracte l'engagement tacite de continuer la gestion qu'il a commencée, et de l'achever jusqu'à ce que le propriétaire soit en état

d'y pourvoir lui-même ; il doit se charger également de toutes les dépendances de cette même affaire. Il se soumet à toutes les obligations qui résulteraient d'un mandat exprès que lui aurait donné le propriétaire. »   CODE CIV., Art. 1372.

DER. — **Gestionnaire.** *adj.* (1874). Qui concerne la gestion d'une affaire, ou qui en est chargé. *Officier gestionnaire.* Substant. *Un gestionnaire,* sous-officier ou officier qui administre une manutention, un mess, etc. V. **Gérant.**

GEYSER (*jézère*). *n. m.* (1783 ; empr. à l'anglais *geyser,* d'orig. islandaise). *Géol.* Source d'eau chaude jaillissant par intermittence. *Les geysers d'Islande, de Nouvelle-Zélande, de Yellowstone, aux États-Unis.*

1   « Parmi les plus remarquables (*geysers de Yellowstone*), on peut citer le geyser du *Géant,* qui, toutes les vingt-quatre heures, projette à 60 m de hauteur une colonne d'eau de 2 m de diamètre ; le Vieux-Fidèle (*Old-Faithful*), dont le nom est justifié par la régularité de ses éruptions se reproduisant toutes les 65 minutes ; la *Géante,* remarquable surtout par les dimensions de son bassin, qui n'a pas moins de 19 m de profondeur sur 10 m de diamètre ; enfin le *Geyser architectural,* véritable pièce de grandes eaux, projetant dans toutes les directions des jets de dimensions et d'inclinaisons très diverses. »
                    POIRÉ, **Dict. sciences,** Geyser.

— *Fig.* :

2   « ... ces hymnes grandioses de la foi de l'homme qui semblent sourdre dans les cathédrales, comme d'irrésistibles geysers, du pied même des piliers romans. »   HUYSMANS, **En route,** p. 6.

3   « Des gros obus tombaient... soulevant des geysers noirs... »
                    DORGELÈS, **Croix de bois,** XI.

GHETTO. *n. m.* (1690 ; mot italien attesté en 1516, désignant le quartier des fonderies à Venise, où les Juifs étaient établis). Nom donné au moyen âge, en Italie, au quartier où les Juifs étaient tenus de résider. *Le ghetto de Venise, de Milan... — Par ext.* Quartier juif d'une ville moderne (Au Maroc, on dit *mellah**).

« Quand naguère je traversais les ghettos de Galicie, de Bohême et de Hongrie, et que je voyais ces Juifs sordides dans leurs souquenilles boueuses... »   J. et J. THARAUD, **Marrakech,** VII

GIAOUR. *n. m.* (1771 TRÉVOUX ; du turc *giaour,* incroyant). Terme de mépris appliqué aux « infidèles » en Turquie. — *Le Giaour,* célèbre poème de Lord Byron, publié en 1813.

« Aziyadé me regardait fixement. Devant un Turc, elle se fût cachée ; mais un giaour n'est pas un homme ; »   LOTI, **Aziyadé,** I, V.

GIBBEUX, EUSE. *adj.* (XVe s. ; du lat. *gibbosus,* de *gibbus,* « bosse »). *Terme didact.* Qui a la forme d'une bosse. V. **Arrondi, bosselé.** *La partie gibbeuse du foie.* — Qui est muni d'une ou de plusieurs bosses. *Un dos gibbeux.* Par ext. En parlant des personnes. V. **Bossu, voûté.**

« ... défilés de chameaux profilant sur l'horizon fauve leurs cous d'autruche et leurs dos gibbeux ; »
                    GAUTIER, **Portr. contempor.,** Marilhat.

DER. — **Gibbosité.** *n. f.* (1314 ; dér. sav. de *gibbosus*). Bosse produite par une courbure anormale de la colonne vertébrale (*Particult.* Saillie anormale de la cage thoracique). V. **Bosse, cyphose.** *Les gibbosités de Polichinelle*. Gibbosité pottique,* observable dans le mal de Pott. — *Par anal.* Toute proéminence en forme de bosse.

1   « Les érudits font descendre Polichinelle d'un certain Maccus, personnage des Atellanes dont on a retrouvé, dans les fouilles, des figurines grotesques ornées d'une double gibbosité, comme les pointe son arrière petits-fils. »   GAUTIER, **Souv. de théâtre...,** Les marionnettes.

2   « Et je revois encore — souvenir comique ! — la main (*d'un avocat*)... qui, dans le feu de l'action oratoire, s'abattait de temps en temps sur la large gibbosité de son client, assis devant lui au banc des prévenus et, presque à la hauteur de sa bosse... »
                    LECOMTE, **Ma traversée,** p. 43.

GIBBON. *n. m.* (XVIIIe s., mot introduit en France par Dupleix ; empr. d'un dialecte de l'Inde). Genre de singes d'Asie (*Hylobatidés*). *Les gibbons sont parmi les plus intelligents des singes.*

« ... cet animal, jusqu'à présent inconnu, et qui a été apporté des Indes orientales sous le nom de *gibbon,* marche debout... et a la face aplatie ; il est aussi sans queue, mais ses bras, au lieu d'être proportionnés comme ceux de l'homme... à la hauteur du corps, sont d'une longueur si démesurée, que l'animal étant debout sur ses deux pieds, il touche encore la terre avec ses mains sans courber le corps et sans plier les jambes ; »
                    BUFFON, **Hist. nat. anim.,** Nomencl. des singes, Œuvr., t. IV, p. 3.

GIBECIÈRE. *n. f.* (1280 ; de l'anc. fr. *gibecier,* « aller à la chasse ». V. **Gibier**).

‖ 1º *Anciennt.* Sorte de bourse* qu'on portait à la ceinture.

‖ 2º Sac, ordinairement de cuir, dont se servent les chasseurs, les paysans, les pêcheurs, et qu'on porte en bandoulière. V. **Sac ; carnassière, carnier, fauconnière, sacoche...** (Cf. Chère, cit. 2). — Sac de cuir des écoliers, porté à l'épaule. — *Particult.* Sac dont se servaient les escamoteurs*. *Tour de gibecière :* tour d'escamotage. Fig. *Il a plus d'un tour dans sa gibecière* (V. **Sac**).

1   « ... une immense gibecière, retenue aux épaules par une large courroie en cuir jaune, lui battait sur les reins. »
                    BARRÈS, **Colline inspirée,** p. 290.

2   « Dans sa gibecière il y avait du fromage et du pain, des pommes, des noix, selon les saisons... »
                    Ch.-L. PHILIPPE, **Père Perdrix.** I, III.

GIBELET. *n. m.* (1549 ; altération de *guimbelet,* 1410 ; empr. à l'angl. *wimble,* « foret ». Cf. Vilebrequin). Petite vrille, petit foret pour percer les tonneaux de vin.

GIBELIN. *n. m.* (1339 DU CANGE ; de *Weibelingen,* élu en 1138 empereur d'Allemagne). Nom donné en Italie aux partisans des Empereurs d'Allemagne. *Les gibelins représentaient le parti de l'étranger, ennemi des guelfes* qui soutenaient la papauté.* Adj. *Les troupes gibelines, la faction* (cit. 1) *gibeline.*

1   « Je fus pelaudé (*attaqué, étrillé*) à toutes mains : au gibelin j'étais guelphe, au guelphe gibelin ; »   MONTAIGNE, **Essais,** III, XII.

2   « (*Ce Sadi*) était né dans un temps où les querelles de l'Empire et du sacerdoce avaient laissé dans les États et dans les esprits des plaies profondes. Il était gibelin et persécuté par les guelfes ; »
                    VOLT., **Mél. littér.,** A M. de***, prof. d'hist.

— *Fig. Guelfes et gibelins :* les partis les plus opposés.

3   « Mme de Maintenon, Mme de Thianges, *guelfes* et *gibelins,* songez que tout est rassemblé. »   SÉV., 563, 29 juillet 1676.

GIBELOTTE. *n. f.* (1617 ; de l'anc. fr. *gibelet,* « plat d'oiseaux ». V. **Gibier**). *T. de Cuis.* Fricassée* au vin blanc. *Gibelotte de lapin. Lapin en gibelotte.*

GIBERNE. *n. f.* (1748 PUYSÉGUR ; de l'ital. *giberna,* d'orig. incert.). *Milit.* Boîte recouverte de cuir, portée à la ceinture ou en bandoulière, où les soldats mettaient leurs cartouches. V. **Cartouchière, grenadière.** — *Fig. Avoir le bâton de maréchal dans sa giberne,* pouvoir, de simple soldat, parvenir aux plus hauts grades.

1   « ... il a été dit, je ne sais plus par qui, que dans chaque giberne de soldat il y a un brevet de maréchal. »
                    BALZ., **Souv. d'un paria,** III (Œuv. div., t. I, p. 242).

2   « ... les gibernes pleines de cartouches, des gardes nationaux tués sur le talus de la redoute. »   HUGO, **Misér.,** V, I, XV.

DER. — **Giberner.** *v. intr.* (XIXe s.). *Pop.* Causer, bavarder.

GIBET (*ji-bè*). *n. m.* (XIIe s. ; du francique *gibb,* « bâton fourchu »).

‖ 1º *Potence** où l'on exécute les condamnés à la pendaison. *Condamner, envoyer, conduire* (Cf. Embusquer, cit. 1) *un criminel au gibet. Échapper* (cit. 21) *au gibet.* — Se dit aussi des Fourches* (cit. 3) patibulaires où l'on exposait les cadavres (cit. 3) des suppliciés. *Le gibet de Montfaucon.*

1   « On le menace ; on lui dit que, sous peine
          D'être pendu, d'être mis, haut et court,
          En un gibet, il faut que sa puissance
          Se manifeste avant la fin du jour. »
                    LA FONT., **Contes et nouv.,** Belphégor.

2   « Le 30 janvier 1661, anniversaire du régicide, les restes du protecteur (*Cromwell déterré*) pendillèrent au haut d'un gibet. »
                    CHATEAUB., **Les quatre Stuarts,** Le protectorat.

3   « ... Un gibet plein de pendus rabougris
          Secoués par le bec avide des corneilles
          Et dansant dans l'air noir des gigues non pareilles,
          Tandis que leurs pieds sont la pâture des loups. »
                    VERLAINE, **Poèm. saturn.,** Effet de nuit.

4   « Hurrah ! la bise siffle au grand bal des squelettes !
          Le gibet noir mugit comme un orgue de fer ! »
                    RIMBAUD, **Poés.,** Bal des pendus.

‖ 2º *Par ext.* Se dit de tout lieu ou instrument de supplice. *Spécialt. Le gibet du Christ :* la croix sur laquelle il fut attaché.

5   « ... et pour tout signe d'espérance et d'union, ce signe de crainte et d'abnégation ; ce gibet sanctifié, étrange emblème, triste reste d'institutions antiques et grandes que l'on a misérablement perverties. »
                    SENANCOUR, **Oberman,** XII.

6   « Elle était là debout près du gibet, la mère !
          Et je me dis : Voilà la douleur ! et je vins. »
                    HUGO, **Contempl.,** V, XXVI.

GIBIER (*ji-bié*). *n. m.* (XIIe s. au sens de « chasse » ; sens mod. au XVIe s. ; du francique *gabaiti,* « chasse au faucon »).

‖ 1º Terme collectif désignant tous les animaux bons à manger que l'on prend à la chasse*. *Pays qui abonde en gibier.* V. **Giboyeux.** *Peupler un pays de gibier. Quel gibier chasse-t-on dans ces parages ? Gros gibier.* V. **Cerf, chevreuil, daim, sanglier... Menu, petit gibier.** V. **Bécasse, caille, faisan, lapin, lièvre, perdrix... Gibier à plume** (V. **Oiseau**) *Gibier à poil. Gibier d'eau* (V. **Canard, poule, sarcelle**), *de plaine, de passage* (V. **Bécasse, palombe...**). *Gibier au gîte*.* V. **Breuil, remise.** *Gibier qui piète dans les vignes. Attirer le gibier au moyen d'appâts*, lui tendre des pièges*, des collets*...* V. **Braconnier.** *Poursuivre, rabattre le gibier, le faire lever en battant les buissons...* V. **Chasse.** *Passe* du gibier. Chien qui poursuit, arrête*, apporte le gibier. Pièce de gibier. Mettre le gibier dans son sac.* V. **Gibecière.** *Panier à gibier.* V. **Bourriche.**

— *Cuis.* La viande du gibier. *Manger du gibier. Le fumet du gibier. Cuisinier qui sait accommoder le gibier, préparer le gibier. Gibier mariné, mortifié, faisandé.* V. **Vener ; venaison.** *Gibier en salmis*, en civet. Chaud-froid, pâté de gibier.*

1   « Le gibier du lion, ce ne sont pas moineaux,
          Mais beaux et bons sangliers, daims et cerfs bons et beaux. »
                    LA FONT., **Fab.,** II, 19.

2 « ...il sort peu, excepté le matin, et alors il dit qu'il va à la chasse. Il est vrai qu'il rapporte rarement du gibier ; mais il assure qu'il est maladroit à cet exercice. »   LACLOS, Liais. dang., XI.

3 « Le gibier fait les délices de nos tables ; c'est une nourriture saine, chaude, savoureuse, de haut goût, et facile à digérer toutes les fois que l'individu est jeune. »
                              BRILLAT-SAVARIN, Physiol. du goût, p. 39.

4 « Il scrutait les yeux de l'Anglais, comme un chasseur scrute le buisson d'où le gibier va sortir. »   FARRÈRE, La bataille, X.

|| 2° *Fig.* et *fam.* Personne qu'on cherche à prendre, à attraper, à duper. *Escroc qui a trouvé un gibier à sa taille.*

5 « ...nous ne faisons que jouer, lorsque nous trouvons un gibier aussi facile que celui-là. »   MOL., Pourc., II, 3.

— *Gibier de potence* : filou (cit. 1) qui mérite d'être pendu (Cf. Aristocrate, cit. 2). *Gibier de cour d'assises. Petit gibier de correctionnelle.*

6 « ...il a rejeté cet assassinat sur mon hôte, Joseph Bridau. Si ce gibier de potence a commis ce crime... »
                              BALZ., La rabouilleuse, Œuv., t. III, p. 1059.

— En parlant de choses, d'objets que l'on poursuit ou dont on fait sa nourriture intellectuelle. *Les romans ne sont point gibier de dévotes* (ACAD.). V. **Viande.**

7 « L'homme qui vit avec force n'a que faire des idées mortes, ce gibier de savant. »   SUARÈS, Trois hommes, Ibsen, III.

8 « Je suis dans un de ces moments où je vois si nette la piste de ce gibier qui s'appelle le bonheur. »   GIRAUDOUX, Électre, II, 3.

DER. — Giboyer*. — Cf. (du même rad.) Gibecière, gibelotte.

GIBOULÉE. *n. f.* (1548 ; étymol. inconnue). Pluie soudaine, quelquefois accompagnée de vent, de grêle ou même de neige, et bientôt suivie d'une éclaircie. V. **Averse, ondée, orage.** *Les giboulées de mars* (Cf. Bon, cit. 118). *Les premiers grains d'une giboulée* (Cf. Criquet, cit.).

1 « La grêle d'une dernière giboulée, car on était aux premiers jours d'avril, battait avec bruit la vitre de la voiture et rebondissait sur la chaussée déjà sablée de grains blancs. »
                              MAUPASS., Notre cœur, II, VI.

2 « Quand le printemps approcha... au temps des Saints de glace et des giboulées de la Semaine Sainte... »
                              PROUST, Rech. t. p., t. IV, p. 45.

3 « ...c'était seulement le mois de mars, un temps d'éclaircies fugitives que coupaient de hargneuses giboulées. »
                              GENEVOIX, Dernière harde, I, V.

— *Fig. Une giboulée de coups. Recevoir une giboulée.* V. **Dégelée, volée.**

GIBOYER (ji-boi-yé). *v. intr.* (XIIe s. ; dér. du rad. de gibier*). *Vx.* V. **Chasser** (Cf. Fête, cit. 6 LA FONT.).

DER. — Giboyeur. *n. m.* (1583). *Vx.* Qui aime à giboyer, qui chasse beaucoup. — Giboyeux, euse. *adj.* (1700). Riche en gibier. *Pays giboyeux. Terre giboyeuse.*

« ...fils d'une terre giboyeuse où craillent le soir les faisans qui se branchent... »   GENEVOIX, Raboliot, I, 1.

GIBUS. *n. m.* (1834 ; du nom de l'inventeur). Chapeau haut de forme qu'on peut aplatir grâce à des ressorts qui sont placés à l'intérieur de la coiffe. *Adj. Un chapeau gibus* (Cf. Claque, 3°).

« ...un de ces chapeaux dits gibus qui se plient par une mécanique et se déforment aussitôt... »   BOURGET, Le disciple, I.

GICLER. *v. intr.* (1810 d'apr. DAUZAT, Suppl. ; une première fois en 1542 ; du prov. *giscla*). Jaillir, rejaillir avec une certaine force, en parlant de liquides. V. **Jaillir.** *La boue a giclé sur les passants.* V. **Éclabousser.** *Le sang giclait de sa blessure.* — REM. *Gicler* est enregistré par LITTRÉ qui le définit dans son Supplément (1877) : « Terme populaire. Rejaillir en éclaboussant ». L'ACADÉMIE le donne encore comme populaire dans la 8e éd. (1932). Il est aujourd'hui entré dans la langue courante.

1 « ...gicler... vient de la région franco-provençale, où le verbe *gicla* a le même sens (la forme provençale est *giscla*). Le mot *gicler* était couramment usité dans la Suisse romande, même dans la bonne société à la fin du siècle dernier. A Paris, il a d'abord été adopté, au début de ce siècle, par les écrivains en quête de mots rares ; aujourd'hui, il est assez répandu, dans la langue courante. »
                              DAUZAT, Ét. de linguist. fr., p. 290.

2 « Et lorsque le sang gigle (*sic*) et que la pâte du cerveau l'éclabousse, il grince des dents et rit. »   HUYSMANS, Là-bas, XI.

3 « Le raisin est quasi mûr. La petite aurore me le livre froid, perlé, élastique et giclant sucré sous la dent... »
                              COLETTE, Naiss. du jour, p. 219.

4 « Il touchait la blessure du taureau. Elle giclait et palpitait sous ses doigts comme un fruit pourri. »
                              GIONO, Chant du monde, II, III.

5 « D'autres (*arbres*) à tête spongieuse, et si on y enfonce la main par mégarde, un liquide brun gicle partout. »
                              MICHAUX, La nuit remue, p. 167.

— *Par anal.* V. **Jaillir, rejaillir, répandre** (se).

6 « Le blanc soleil giclait au creux d'un torrent vide ; »
                              Ctesse de NOAILLES, Poés., Vivants et morts, Dans l'azur antique.

7 « Des gens giclaient sur le trottoir par la vaste porte à tambour... »
                              CÉLINE, Voyage au bout de la nuit, p. 181.

8 « La lumière a giclé sur l'acier et c'était comme une longue lame étincelante qui m'atteignait au front. » CAMUS, Étranger, I, VI.

DER. — Giclée. *n. f.* (*Néol.*). Jet* de liquide qui gicle. — Gicleur. *n. m.* (1906). Petit tube du carburateur* servant à faire gicler l'essence dans le courant d'air aspiré par le moteur. *Gicleur de ralenti*. *Réparer, démonter* (cit. 5) *son gicleur.* — Giclement. *n. m.* (début XXe s.). L'action ou le fait de gicler.

« Le fatal giclement de mon sang... »
                              APOLLINAIRE, Ombre de mon amour, XI.

GIFFARD. *n. m.* (1877 LITTRÉ, Suppl. ; du nom de l'inventeur de cet appareil breveté en 1858). Injecteur* permettant l'alimentation automatique des chaudières de machines sous pression.

GIFLE. *n. f.* (XIIIe s., sous la forme *giffe* ; au sens de *joue* encore au XVIIe s. ; sens moderne depuis 1807 ; mot d'un parler du Nord-Est, du francique *kifel*, « mâchoire »). Coup* donné du plat ou du revers de la main sur la joue de quelqu'un. V. **Soufflet ;** (*fam.* et *pop.*) **Baffe, beigne, beignet, calotte, claque, emplâtre, giroflée** (à cinq feuilles), **mornifle, pain, talmousse, taloche, tape, tarte, torgnole...** *Donner, flanquer, recevoir une gifle. Une paire de gifles :* deux gifles données sur les deux joues par un va-et-vient de la main, du plat et du revers. *Une averse de gifles.*

1 « ...est-ce que vous m'avez en haine à ce point de me faire farouche mine pour quelques méchantes gifles et pugnalades distribuées en bonne guerre à je ne sais quels garçons et marmousets... ? »
                              HUGO, N.-D. de Paris, VII, IV.

2 « Et, comme Laure et Jules venaient de casser la cruche, il leur allongea une paire de gifles qui les fit hurler. »
                              ZOLA, La terre, V, I.

3 « Maurice, qui était un homme d'action, croyait à la nécessité des châtiments corporels. Il la gifla, persuadé qu'une gifle fortifierait en elle le sentiment de la vérité. »   Ch.-L. PHILIPPE, Bubu, II.

4 « ...des gifles claquèrent, des coups de poings sonnèrent, des coiffures voltigèrent, le sang gicla d'un nez ; »
                              PERGAUD, De Goupil à Margot, p. 211.

5 « Il prodiguait à ses acteurs de légères tapes sur les joues, tapes qui, parfois, se risquaient jusqu'aux proportions de la gifle. »
                              DUHAM., Pasq., IX, II.

— *Fam. Tête à gifles* : visage déplaisant par un air de fatuité, de bêtise... Cf. Tête à claques.

— *Fig. Cet échec est une gifle pour lui.* V. **Affront, humiliation, vexation.**

6 « Ce jour-là, les Lengaigne l'emportaient, c'était une vraie gifle pour les Macqueron. »   ZOLA, La terre, IV, IV.

7 « Était-ce vraiment le moment de me parler du coût de la vie, alors que je venais de perdre ma place ? Je vous assure que je reçus en plein visage, comme une gifle, la phrase de maman. »
                              DUHAM., Salavin, I, III.

DER. — Gifler.

GIFLER. *v. tr.* (1808 ; d'abord pop. ; de *gifle*). Frapper (quelqu'un) sur la joue, du plat ou du revers de la main. V. **Gifle** (cit. 3). *Gifler un insolent.* V. **Claquer, souffleter.** *Gifler un enfant* (V. **Battre**).

1 « Elle avait un amant qui s'appelait Maurice, qui était mauvais et qui la giflait à pleines mains. »   Ch.-L. PHILIPPE, Bubu, VIII.

2 « À ce moment, l'agent l'a giflé à toute volée d'une claque épaisse et lourde, en pleine joue. »   CAMUS, L'étranger, IV.

3 « Ah ! s'il te plaît, ne ris pas ou je te flanque ma main sur la figure. — Oh ! oui, gifle-moi, je te le demande, gifle-moi. »
                              AYMÉ, Tête des autres, IV, 12.

— *Par ext.* V. **Cingler.** *Visage giflé par la pluie, le vent...*

4 « Elle s'était assise, dans un coin, contre la vitre, et le soir éclairé de Paris giflé de pluie se fondait avec ses rêveries... »
                              ARAGON, Beaux quartiers, II, IX.

— *Par métaph.* ou *fig.* V. **Humilier, souffleter** (*fig.*).

5 « Je souris quand même, puisque c'est la consigne ; mais il me semble que ces pimbêches me giflent au sang sur les deux joues... »
                              LOTI, Désenchant., IV.

6 « Grue ! Sale femme ! Sale femme !... Jacques, dites-moi des mots que je puisse lui jeter à la figure, des mots malpropres qui la giflent. »
                              AYMÉ, Tête des autres, III, 7.

GIG (*ghigh*). *n. m.* (1872 in P. LAROUSSE ; mot anglais). Légère barque* à voile. V. **Embarcation** (cit. 2).

GIGANTESQUE. *adj.* (1598 ; empr. de l'ital. *gigantesco*, dér. de *gigante*, « géant »).

|| 1° Qui tient du géant* ; qui, dans son genre, dépasse de beaucoup la taille ordinaire ou qui, à l'échelle humaine, nous paraît extrêmement grand. V. **Grand* ; colossal** (cit.), **cyclopéen, démesuré, éléphantesque, énorme, géant** (*adj.*), **monstrueux, prodigieux, titanesque.** *Homme, femme, être gigantesque, d'une taille gigantesque. Le diplodocus, le mammouth, animaux gigantesques. Les baleines, « cétacés gigantesques, les plus grands animaux de l'époque actuelle »* (POIRÉ). *Le sequoia, arbre gigantesque. Ramures gigantesques* (Cf. Côte, cit. 8 ; empanacher, cit. 3). *Statue, édifice, monument... gigantesques* (Cf. Ceci, cit. 2 ; couronnement, cit. 3 ; élancement, cit. 3 ; façade, cit. 3 ; flamme, cit. 2). *Crêtes gigantesques d'une montagne* (Cf. Angle, cit. 2).

1 « ...il est presque certain que dans les premiers âges de la nature vivante, il a existé non seulement des individus gigantesques en grand nombre, mais même quelques races constantes et successives de géants... »   BUFFON, Époques de la nature, VI, Note.

2 « Tout le monde connaît suffisamment la gigantesque stature, la force et l'agilité prodigieuses, la férocité sauvage et les facultés d'imitation de ce mammifère (*l'Orang-Outang*). »
BAUDEL., Trad. E. POE, **Hist. extraord.**, Double assassinat rue Morgue.

3 « ...l'on dirait un sphinx de granit énorme, démesuré, gigantesque, comme pourraient en tailler des Titans qui seraient sculpteurs, et auprès duquel les monstres camards de Karnak et de Giseh sont dans la proportion d'une souris à un éléphant. »
GAUTIER, **Voyage en Espagne**, p. 278.

4 « Les ombres des hommes s'allongeaient sur la neige et la lueur d'un falot dessinait sur le sol une étoile gigantesque. »
MAC ORLAN, **Quai des brumes**, XII.

|| **2°** *Fig.* Qui dépasse la commune mesure. V. **Énorme, étonnant, formidable, prodigieux.** *L'œuvre gigantesque de Balzac* (Cf. Économie, cit. 10). *Entreprise, tâche gigantesque* (Cf. Chômeur, cit. 2). *Guerre, querelle gigantesque* (Cf. Affronter, cit. 7). Ironiqt. *Mystification, blague* (cit. 2) *gigantesque. Une bêtise gigantesque.* V. **Incommensurable, insondable, monumental.** — *Les héros gigantesques de la légende, de la tragédie* (Cf. Boursoufler, cit. 2 ; éteindre, cit. 48). *Le nom, l'ombre gigantesque d'un grand homme* (Cf. Abonder, cit. 2 ; attraction, cit. 7). — *Épithète* (cit. 2) *boursouflée* et gigantesque.* V. **Grandiloquent.**

5 « Oh ! gigantesque paradoxe, dont la monstruosité exclut toute solution ! » BAUDEL., Trad. E. POE, **Nouv. hist. extr.**, W. Wilson.

6 « Le pauvre homme est resté là comme une similitude parabolique de ce christianisme gigantesque d'autrefois dont ne veulent plus nos générations avortées. » BLOY, **Femme pauvre**, I, XV.

— Substant. *Avoir le goût du gigantesque. Aspirer au gigantesque* (Cf. Colonne, cit. 2).

7 « ...l'invraisemblance du roman, l'énormité des faits, l'enflure des caractères, le gigantesque des idées et la bouffissure du langage... »
BEAUMARCH., **Barb. de Sév.**, Lettre... sur la critique...

ANT. — **Petit ; exigu, infime, minime, minuscule, médiocre, mesuré, moyen ; mignard, raffiné, subtil.**

DER. — **Gigantesquement.** *adv.* (1847). D'une manière gigantesque.

« Je regrette les temps de la grande Cybèle
Qu'on disait parcourir, gigantesquement belle,
Sur un grand char d'airain, les splendides cités ; »
RIMBAUD, **Poés.**, Soleil et chair, I.

GIGANTISME. *n. m.* (XVIIIᵉ s. BUFFON in LITTRÉ ; dér. sav. du lat. *gigas*. V. **Géant**). Développement extraordinaire de la taille par rapport à la taille normale des autres individus de la même espèce ou du même âge. *Gigantisme infantile. Gigantisme acromégalique.* V. **Acromégalie.**

1 « Lorsque le type long s'exagère, il aboutit au *gigantisme*, ou plutôt à une forme de gigantisme que l'on pourrait appeler physiologique, par opposition au gigantisme pathologique... Dans le gigantisme pathologique, l'anomalie de la taille n'est qu'un élément, un symptôme de la maladie. Les tares morphologiques ou fonctionnelles associées sont tout aussi importantes. » A. BINET, **Formes de la femme**, pp. 82-83.

2 « Pour Brissaud et Meige (1895), le *gigantisme* et l'*acromégalie* seraient une seule et même affection donnant naissance au type gigantesque lorsqu'elle se développe avant la soudure des épiphyses, évoluant au contraire vers le type acromégalique quand elle apparaît plus tard. »
GARNIER et DELAMARE, **Dict. des t. techn. de méd.**, Gigantisme.

ANT. — **Nanisme.**

GIGANTOMACHIE. *n. f.* (XVIᵉ s. in HUGUET ; empr. au lat. *gigantomachia*, d'orig. grecque. V. **Géant**, et **-machie**). *Mythol.* Combat des géants contre les dieux (V. **Géant**). Œuvre dont ce combat est le sujet. *Phidias avait sculpté une gigantomachie à l'intérieur du bouclier d'Athéna. La gigantomachie de Pergame*, grande frise sculptée du IIᵉ siècle avant J.-C. *La gigantomachie burlesque de Scarron.*

« La gigantomachie dont nous venons de donner une idée succincte abonde en vers plaisants, en manières de dire originales, en idiotismes qui sentent bien leur terroir. »
GAUTIER, **Les grotesques**, X, p. 369.

GIGOGNE. *n. f.* (1659 en parlant de la *Mère Gigogne* ou *Dame Gigogne*, personnage de théâtre créé en 1602, femme géante, des jupes de laquelle sortaient une foule d'enfants ; altér. prob. de *cigogne**). *Une Mère Gigogne :* une femme qui a beaucoup d'enfants ou qui aime à s'entourer de nombreux enfants. *C'est une véritable Mère Gigogne. La fécondité* (cit. 2) *d'une Mère Gigogne.*

1 « Louis m'a dit hier que tu viendrais le chercher et faire tes troisièmes couches à Paris, affreuse mère Gigogne que tu es ! »
BALZ., **Mém. de deux j. mariées**, Œuv., t. I, p. 274.

2 « On y retrouvait encore deux ou trois neveux et nièces, petits-neveux et petites-nièces de madame Danquin qui, sans enfants, était néanmoins une mère Gigogne ; » FRANCE, **Vie en fleur**, XXIV.

— *Par anal. Table gigogne :* meuble composé d'une série de tables, de tablettes s'emboîtant les unes dans les autres. — *Fusée* gigogne.*

GIGOLETTE. *n. f.* (1850 DAUZAT, Suppl. ; de *gigue**). *Pop.* Fille délurée, facile. *Dancing fréquenté par des trottins et des gigolettes* (Cf. Danse, cit. 13).

1 « *Gigolette* s'applique à une jeune personne délurée et légère qui fréquente les bals populaires. » R. BAILLY, **Dict. syn.**, Fille.

« ...ce terme : gigolettes,
Pour désigner telles fillettes,
Gentes mangeuses de galettes
Nôtres... » VERLAINE, **Poèm. div.**, Impromptu.

2

DER. — *Gigolo.* *n. m.* (1850). *Vx.* Compagnon, amant de la gigolette (vers 1900). — *De nos jours*, Amant d'une femme, en général plus jeune qu'elle et plus ou moins entretenu par elle. *Par ext.* Jeune homme de bonne mine, élégant, mais dont les allures, les moyens d'existence semblent quelque peu suspects.

« Elle t'aime : c'est son tour de trembler, elle souffrira comme une amoureuse et non pas comme une maman dévoyée. Tu lui parleras en maître, mais pas en gigolo capricieux... » COLETTE, **Chéri**, p. 189.

GIGOT. *n. m.* (XVᵉ s. ; de *gigue* 1 ; par anal. de forme avec cet instrument de musique, d'apr. BLOCH et WARTBURG).

|| **1°** Cuisse de mouton, d'agneau, de chevreuil (V. **Cuissot, gigue**), coupée pour être mangée. *Gigot de mouton* (ACAD. Mouton), ou absolt. *Gigot. Un gigot de pré-salé* (ACAD.). *Manger un gigot, du gigot. Mettre un gigot à la broche, au four. Gigot rôti, braisé. Découper un gigot. Émincé, tranche de gigot. La souris du gigot. Le manche du gigot :* la partie de l'os par où on peut prendre le gigot. *Manche à gigot :* instrument qui emboîte cet os et sert à maintenir le gigot quand on le découpe.

1 « ...ne trouvant plus de poulets à couper, (elle) fut réduite à lui servir des tranches de gigot de mouton. »
SCARRON, **Rom. com.**, II, VIII.

2 « ...il mangea deux perdrix,
Avec une moitié de gigot en hachis. » MOL., **Tart.**, I, 4.

3 « Un gigot de mouton que nous avions laissé sur une pierre a, par son odeur, immédiatement attiré un gypaète... »
FLAUB., **Corresp.**, 259, 4 juin 1850.

4 « ...puis la femme apporta à des Hermies, pour qu'il pût le découper, le fameux gigot. Il était d'un rouge magnifique, coulait en de larges gouttes, sous la lame. » HUYSMANS, **Là-bas**, IX.

5 « Jean découpe un de ces délicieux petits gigots limousins parfumés aux herbes des collines. » CHARDONNE, **Dest. sentim.**, p. 313.

— *Par ext. Un gigot aux flageolets, aux haricots verts... :* plat de restaurant composé de tranches de gigot et de légumes.

|| **2°** *Les gigots d'un cheval :* les jambes de derrière d'un cheval.

|| **3°** *Par plaisant.* (fam.). Jambe, cuisse d'une personne. *Étendre ses gigots, avoir de bons gigots.* — Vx. *Remuer le gigot*, danser, gigoter.

« Ça, ne songeons qu'à rire, cousin. Il faut ici remuer le gigot. » REGNARD, **Le bal**, 16.

6

|| **4°** *Par anal.* de forme. *Modes.* S'est dit des manches de robe ou de corsage très amples et renflées vers les épaules. *Porter des gigots, des manches à gigot* (LITTRÉ). — On dit aujourd'hui *Des manches gigot.*

DER. — *Gigoté* ou (*vx*) *Gigotté.* *adj.* (1680). Qui a les cuisses, les membres, faits de telle ou telle façon, en parlant du cheval, du chien. *Cheval bien gigoté, mal gigoté.* — *Gigoter.* *v. intr.* (1694 d'abord *Gigotter ;* fréquentatif de *giguer*, selon BLOCH). *Fam.* Remuer vivement les jambes, et *par ext.* agiter ses membres, tout son corps. V. **Remuer, trémousser** (se). *Enfant, bébé qui gigote. Se débattre en gigotant* (Cf. Bras, cit. 48). — *Spécialt.* Se dit d'un animal (particult. du lièvre) qui agite convulsivement ses pattes avant de mourir. — REM. Tout en suivant l'orthographe de l'ACAD. (6ᵉ éd. 1835), qui écrivait *Gigotter* avec deux *t*, LITTRÉ remarque que c'est une « exception non fondée ». À partir de la 7ᵉ éd. (1878), l'ACADÉMIE écrit *Gigoter.*

1 « ...il protestait énergiquement de la tête, se débattait comme un beau diable et gigotait, les pattes hautes, battant l'air de ses lourdes bottes. » COURTELINE, **Train de 8 h. 47**, I, VI.

2 « ...Jean-Paul qui ne supportait pas d'être contraint, fût-ce à recevoir une caresse, se débattit et gigota avec une telle vigueur qu'Antoine, essoufflé et riant, dut le reposer à terre. »
MART. du G., **Thib.**, t. IX, p. 81.

1. GIGUE. *n. f.* (XIIᵉ s. « instrument à cordes » (Cf. Viole de gambe*) ; du germ. *giga ;* par anal. « cuisse, jambe », 1655 ; « fille enjouée », 1650, d'apr. WARTBURG). *Vx.* Fille gaie et enjouée qui saute, gambade. — *De nos jours* (déjà en 1650). *Pop.* En mauvaise part. Fille grande et maigre. *Une grande gigue* (On dit aussi *Gigasse*).

— *Fam.* V. **Jambe.** *Avoir de grandes gigues* (V. **Gigot**). — Spécialt. *Gigue de chevreuil.* V. **Cuisse, cuissot, gigot.**

2. GIGUE. *n. f.* (1658 ; empr. de l'angl. *jig*, attesté en 1560 ; empr. probl. au précéd.). *Danse** d'origine anglaise ou irlandaise, consistant en mouvements rapides des jambes, des talons et des pieds exécutés par un danseur seul sur un rythme vif à deux temps. *Par ext.* Air sur lequel se danse la gigue. *La gigue servait souvent de conclusion à la suite* instrumentale. Gigue de Corelli, de Bach...*

« Maintenant les hommes dansaient, au son d'une flûte qui jouait un air de gigue » LOTI, **Mon frère Yves**, LXXXVII.

— *Par ext. Danser la gigue :* danser, s'agiter violemment, se trémousser (Cf. Gibet, cit. 3 VERLAINE).

GILDE. V. GUILDE.

GILET. *n. m.* (1557, rare jusqu'au XVIIIe s. ; esp. *jileco, gileco, jaleco,* mot arabe d'Algérie, « casaque des captifs chrétiens chez les Mores » ; du turc *yelek*).

‖ **1o** Sorte de veste courte sans manches et ne recouvrant que le torse, qui se porte par-dessus la chemise et sous le veston. *Costume trois pièces comprenant un gilet. Dos de gilet en satin. Gilet d'habit, de livrée. Gilet fantaisie* (cit. 9. Cf. *aussi* Complet, cit. 1 ; élégant, cit. 9). *Gilet de velours, de piqué, de soie...* (Cf. Débraillé, cit. 3 ; fluctuer, cit.). *Porter un gilet ; ôter, enlever son gilet* (Cf. Bistrot, cit. 2 ; bretelle, cit. 1). *Être en gilet, sans veste. Mettre les pouces dans les entournures de son gilet. Poche de gilet* (V. **Gousset**). *Boutonner son gilet.*

1   « Il emporta sa collection de gilets les plus ingénieux : il y en avait de gris, de blancs, de noirs, de couleur scarabée, à reflets d'or, de pailletés, de chinés, de doubles, à châle ou droits de col, à col renversé, de boutonnés jusqu'en haut, à boutons d'or. »
                                        BALZ., **Eug. Grandet**, Œuv., t. III, p. 509.

2   « Il (*le costume*) se compose, le dimanche, d'un gilet d'étoffe de soie bariolée, découpé en cœur et très ouvert sur la poitrine, ainsi que la veste noire... »   SAND, **Hiv. à Majorque**, p. 169.

3   « (*Lors de la première représentation d'Hernani*) M. Théophile Gautier surtout insultait les yeux par un gilet de satin écarlate et par l'épaisse chevelure qui lui descendait jusqu'aux reins. »
                                        HUGO, in Œuvr. compl., V. Hugo raconté, LIII.

— Fig. *Venir pleurer dans le gilet de quelqu'un. — Parler dans son gilet* (Cf. Dans sa barbe).

4   « ...un rédacteur en chef qui fait des mots dans son gilet. »
                                        ROMAINS, **H. de b. vol.**, t. V, XXIV, p. 216.

— Spécialt. *Gilet de sauvetage, gonflé à l'air comprimé.* — *Gilet d'armes,* pour se garantir des coups d'armes blanches.

5   « ...lacée dans ce gilet d'armes de peau de chamois qui lui faisait comme une cuirasse... »
                                        BARBEY d'AUREV., **Diaboliques**, Le bonheur dans le crime, p. 175.

‖ **2o** Vêtement court, avec ou sans manches, se portant sur la peau ou sur la chemise (V. **Camisole**). *Gilet de flanelle, de coton* (Cf. Faire, cit. 167). *Gilet de laine tricotée* (V. **Sweater, tricot**).

6   « Moi, à cause du froid (car il ne fait pas chaud du tout, le temps est sec) et par précaution, j'ai dès maintenant endossé la chemise de flanelle. Me voilà donc condamné au gilet de santé. »
                                        FLAUB., **Corresp.**, 233, 3 nov. 1849.

DER. — **Giletier, ière.** *n.* (1828). Celui, celle qui fabrique des gilets (V. **Tailleur**).

    « Giletier d'abord avec la « gamine »... il avait perdu tout avantage à en exercer le métier quand la petite... s'était tournée vers la couture pour dames... Sans doute la petite, devenue grande, avait encore souvent à faire des gilets. »   PROUST, **Rech. t. p.**, t. VI, pp. 22-23.

GILLE. *n. m.* (1640 ; nom d'un bouffon de foire ; du lat. *Ægidius ;* dans la loc. *faire gille* (XVIe s.), « fuir », à rapprocher de l'anc. fr. *giler, guiler,* « duper », d'orig. germ.). Personnage niais et naïf.

GILLOTAGE. *n. m.* (XIXe s. ; de *Gillot,* inventeur du procédé). Procédé de gravure en relief sur zinc (*Zincographie*), inventé en 1850.

GIMBLETTE. *n. f.* (1680 ; prov. mod. *gimbleto*). Petit gâteau sec en forme d'anneau.

    « Tout le temps du service, la table est couverte de gimblettes, de sucreries ; au milieu, un étalage de fleurs. »
                                        DELACROIX, **Journ.**, 20 févr. 1852.

GIN (*djinn'*). *n. m.* (1794 d'apr. BLOCH ; angl. *gin,* adapt. du néerl. *genever,* « genièvre »). Eau-de-vie de grains, fabriquée dans les pays anglo-saxons. V. **Genièvre** (3o). *Cocktail au gin et au citron* (Gin-fizz).

1   « C'était la plus belle fille de Londres. Ivre de *gin...* elle a tué son amant dans un accès de jalousie. »
                                        BALZ., **Splend. et mis. des courtis.**, Œuv., t. V, p. 767.

2   « ...le gin-fizz avait le goût de limonade purgative. Ça s'éparpillait en poussière acidulée sur la langue et ça finissait par un goût d'acier. »   SARTRE, **Âge de raison**, p. 93.

HOM. — Djinn.

GINDRE (ACAD.) ou **GEINDRE.** *n. m.* (*Joindre* en 1260 ; forme mod. 1694 ; lat. *junior,* « plus jeune »). Ouvrier boulanger qui pétrit le pain.

HOM. — Geindre (verbe).

GINGEMBRE. *n. m.* (*Gimgibre* au XIIe s. ; *gingembre* 1300 ; lat. *zingiberi,* gr. *ziggiberis,* d'un mot indien). Plante monocotylédone (*Scitaminées ; Zingibéracées**), herbacée, vivace, à rhizome charnu émettant des tiges aériennes. *Le gingembre officinal, originaire de l'Asie tropicale, est cultivé aux Antilles. La racine (rhizome) de gingembre est employée comme condiment, stimulant, digestif...* — *Par ext. Le condiment tiré du gingembre.* V. **Assaisonnement, condiment, épice** (cit. 5). *Le gingembre est aromatique** (V. **Aromate**). *Odeur de gingembre. Propriétés aphrodisiaques* du gingembre. Le ginger-beer, boisson gazeuse aromatisée au gingembre.*

    « ...cent clous, queues et têtes,
    De gingembre sarrasinois, »   VILLON, **Testament** CXI.

GINGEOLE. *n. f.* V. JUJUBE.

GINGIVAL, ALE, AUX. *adj.* (1866 ; dér. sav. lat. *gingiva,* « gencive »). Relatif aux gencives*. *Muqueuse gingivale.*

DER. — (du lat. *gingiva*). **Gingivite.** *n. f.* (1830). *Méd.* Inflammation des gencives, souvent associée à la stomatite*. V. **Ulite.** *Gingivite aiguë, chronique. Gingivite expulsive,* aboutissant au déchaussement des dents* (Cf. Pyorrhée alvéolo-dentaire).

GINGLARD ou **GINGLET.** *n. m.* V. GINGUET.

GINGLYME. *n. m.* (XVIe s. ; gr. *gigglumos,* « charnière »). *Anat.* Articulation trochléenne (*ginglyme angulaire*) ou trochoïde (*ginglyme latéral*).

GINGUER. *v. intr.* (XVe s. ; var. de *giguer.* V. **Gigue**). *Région.* V. **Folâtrer, sauter...** Par ext. *Cheval qui gingue.* V. **Ruer.**

GINGUET, ETTE. *adj.* (XVIe s. ; du précédent, parce que le vin vert, acide, fait sursauter). Un peu aigre*, acide*, en parlant du vin. Substant. *Boire du ginguet.* (Var. *Ginglet,* 1852 ; *Ginglard,* 1878).

— Par ext. *Vx.* Sans valeur, médiocre.

GINKGO (*jin-go*). *n. m.* (1850 ; introduit en France au XVIIIe s. ; mot chinois). Plante phanérogame gymnosperme (*Conifères* ; Taxinées*), arbre originaire d'Extrême-Orient, à fleurs dioïques, à amandes comestibles. *Le ginkgo est aussi appelé Arbre aux quarante écus* (à cause de son prix élevé, en Occident, au XVIIIe s.), *arbre du ciel, salisburia...*

GIOCOSO (*djio-*) *adj.* (mot ital.). *Mus.* Gai, vif, léger (indique le caractère d'un morceau).

GIORNO (A) (*a-djiorno*). *loc. adv.* (1866 LITTRÉ ; loc. ital.). Aussi brillamment que par la lumière du jour. *Salles, jardins éclairés à giorno* (ou, vieilli *a giorno*). Adjectivt. *Éclairage à giorno.*

1   « ...notre imagination éclairée *a giorno* ne nous égare dans les ténèbres d'aucune illusion. »   GOBINEAU, **Pléiades**, I, VII.

2   « Il me semble assister à un grand festin éclairé à giorno »
                                        APOLLINAIRE, **Calligrammes**, Merveilles de la guerre.

3   « Les bars, les cafés, éclairés à giorno, étaient pleins. »
                                        MART. du G., **Thib.**, t. V, p. 251.

GIPSY (*djip-si*). *n.* (1816 ; nom angl. des *tziganes,* altér. d'*Égyptian,* « Égyptien »). V. **Bohémien, gitan, tzigane.** *Un, une gipsy, des gipsies* (ACAD.).

    « Chrysanthème, comme une gipsy, s'accroupit devant certaine boîte carrée, en bois rouge. qui contient un petit pot à tabac... »
                                        LOTI, Mme **Chrysanth.**, XXVI.

GIRAFE. *n. f.* (XVIe s. ; *giraffa,* puis *giraffle* au XVe s. ; ital. *giraffa,* de l'arabe *zarâfa.* En anc. franç. (XIIIe s.), les formes *giras, orafle* sont empr. à l'arabe). *Zool.* Mammifère ongulé (*Girafidés*) caractérisé par sa grande taille, son cou très long et rigide, son pelage roux marqué d'un système de raies claires formant un cloisonnement polygonal. *La girafe, appelée autrefois Caméléopard, est un animal déclive, qui ne peut marcher que l'amble.*

1   « La girafe est un des premiers, des plus beaux, des plus grands animaux, et qui sans être nuisible est en même temps l'un des plus inutiles ; la disproportion énorme de ses jambes, dont celles de devant sont une fois plus longues que celles de derrière, fait obstacle à l'exercice de ses forces ; son corps n'a point d'assiette, sa démarche est vacillante... »   BUFFON, **Hist. nat. anim.**, La girafe, Œuvr., t. III, p. 425.

2   « J'ai connu l'affût au bord des marécages
      Où la girafe boit les jambes écartées... »
                                        APOLLINAIRE, **Calligrammes**, Les soupirs du servant de Dakar.

— *Cou de girafe :* cou très long (Cf. Escargot, cit. 3).

— Fig. et pop. *Peigner la girafe :* faire un travail inutile et long, ou *encore* ne rien faire.

3   « D'ailleurs, je m'en fous... On verra bien... Faire ça, ou peigner la girafe ! »   MART. du G., **Thib.**, t. VII, p. 143.

— *Pop.* Personne grande et maigre.

— *Cinéma* et *Radio.* Longue perche ou potence articulée qui supporte un microphone et que l'on déplace pour suivre une source sonore mobile.

DER. — **Girafeau.** *n. m.* (1874 in LITTRÉ, Suppl.). Petit de la girafe. — **Girafidés.** *n. m. pl.* Famille de mammifères artiodactyles ruminants, dont les appendices crâniens sont des excroissances osseuses courtes, cachées sous un revêtement cutané. *Types de girafidés.* V. **Girafe, okapi.**

GIRANDE. *n. f.* V. GIRANDOLE.

GIRANDOLE. *n. f.* (1571 ; empr. à l'ital. *girandola,* dimin. de *giranda,* « gerbe de feu », d'où vient *girande* (1694), rac. bas lat. *gyrare,* « tourner »).

‖ **1o** Faisceau de jets d'eau, de fusées. V. **Gerbe** (On dit aussi GIRANDE). *Girandole d'un feu d'artifices :* gerbe tournante. V. **Bouquet, soleil.**

‖ **2o** Par ext. Chandelier* à plusieurs branches disposées en pyramide. *Girandole de cristal, d'argent.*

1 « ...les vieilles girandoles dorées qui ornent la cheminée et les rideaux à gros glands, annonçaient l'opulence dont avait joui le curé. »
BALZ., Médec. de camp., Œuv., t. VIII, p. 360.

2 « Une girandole à trois branches éclaire ce curieux oratoire. »
BARRÈS, Colline inspirée, p. 137.

— *Par anal.* Assemblage de diamants, de pierres précieuses formant pendants d'oreilles. V. **Pendant, pendentif.**
— *Jardin.* Bouquet* de fleurs, en parlant de certaines plantes. — *Arbor.* Taille en pyramide des arbres à fruits.

3 « Le lilas de Perse, qui élève droit en l'air ses girandoles gris de lin. »
BERNARD. de ST-P., **Paul et Virginie.**

|| 3° (Probablt. par attraction de *Guirlande*). Guirlande lumineuse servant d'enseigne, de décoration pour une fête, etc. *Girandole formant des festons, des astragales...*

GIRASOL (sol). n. m. (1542 ; empr. à l'ital. *girasole*, de *girare*, « tourner », et *sole*, « soleil »). *Minér.* Variété d'opale* (quartz hyalin), employée en joaillerie. — *Bot.* (1622). *Vx.* V. **Tournesol.**

GIRATION. n. f. (1377 ; dér. sav. du bas lat. *gyrare*, repris au XIXe s. pour le sens mod.). Mouvement circulaire. V. **Rotation** (Cf. Cœur, cit. 10). *Rayon de giration.* Mar. *Cercle de giration*, décrit par un navire dans un tour complet.

DER. — (de *gyrare*). **Giratoire.** adj. (1779 CONDORCET). Qui est circulaire*, en parlant d'un mouvement. *Mouvement giratoire.* V. **Rotatif** (Cf. Enrouler, cit. 3). Par ext. *Point giratoire*, autour duquel s'effectue un mouvement giratoire. Spécialt. *Sens giratoire* : sens obligatoire que doivent suivre les véhicules autour d'un rond-point.

1 « ...de prodigieuses bandes d'écumes apparurent... Ces bandes, à la longue... s'étendirent à une grande distance, et, se combinant entre elles, elles adoptèrent le mouvement giratoire des tourbillons apaisés et semblèrent former le germe d'un vortex plus vaste. »
BAUDEL., Traduc. E. POE, Hist. extraord., Descente dans le Maelstrom.

2 « ...Gianni apparaissait comme le centre et l'axe du mouvement giratoire de toutes ces machines *tourneboulantes.* »
GONCOURT, Zemganno, IV.

GIRAUMONT ou **GIRAUMON.** n. m. (1732 ; orig. obsc.). *Bot.* Nom vulgaire d'une variété de courge d'Amérique. V. **Courge** (courge potiron).

« Nous y entrâmes à travers les lierres et les giraumonts humides que la pluie avait abattus des rochers. »
CHATEAUB., Atala, Les laboureurs.

GIRELLE. n. f. (1562 WARTB.). Poisson acanthoptérygien (*Coridés*) des mers chaudes, scientifiquement appelé *julis.*

« La rascasse rouge, la pieuvre d'agate, la girelle à baudrier d'azur... »
COLETTE, Prisons et paradis, Midi sévère.

GIRIE. n. f. (1790 ; dér. de l'anc. fr. *girer*, « tourner »). *Fam.* Plainte affectée. V. **Jérémiade.** Manière affectée. V. **Chichi.**

« — Elle malade ! Mais c'est des *giries !* répondit à haute voix Sylvie et de manière à être entendue. Elle n'était pas malade ce matin, va ! »
BALZ., Pierrette, Œuv., t. III, p. 733.

GIRL (*gheurl*). n. f. (début XXe s. ; empr. à l'angl. *girl*, « fille, jeune fille »). Jeune danseuse de music-hall faisant partie d'une troupe, d'un ensemble chorégraphique.

1 « Il y a enfin, au music-hall... ces troupes de girls, entraînées militairement pour réaliser des effets d'ensemble, eux aussi de plus en plus mécanisés. »
F. de MIOMANDRE, La danse, p. 64.

2 « ...cinquante girls, surgies dans une lumière de féerie chimique, lèvent la jambe et montrent nues jusqu'à la racine les cuisses de la pudibonde Amérique. »
DUHAM., Scènes vie fut., III, p. 56.

GIROFLE. n. m. (XIIe s. *girofre ;* du lat. *caryophyllon*, d'orig. grecque). Bouton des fleurs du giroflier*, ayant la forme d'un clou à tête. *Le girofle, épice* (cit. 5), *employé en cuisine* (Cf. *aussi* Épicer, cit. 3). *Assaisonnement aux clous de girofle. Odeur de girofle* (V. **Basilic,** cit. 2). *Essence de girofle, utilisée en parfumerie.*

DER. — **Giroflée.** — **Giroflier.** n. m. (1372 ; de *girofle*). *Bot.* Plante dicotylédone (*Myrtacées*) appelée scientifiquement *Caryophyllus* ou *eugenia aromatica*, arbre exotique de grande taille, dont les feuilles sont assez semblables à celles du laurier et les fruits, baies globuleuses, aux myrtes. *Boutons floraux du giroflier* (Cf. *supra* Girofle).

GIROFLÉE. n. f. (XVe s. ; de *girofle*). Plante dicotylédone (*Crucifères*), scientifiquement appelée *cheiranthus*, herbacée, vivace, à fleurs jaunes très odorantes. *Variétés de giroflées.* V. **Cocardeau, matthiole, quarantaine, ravenelle, violier.**

— Fìg. et fam. *Giroflée à cinq feuilles* (cit. 5), marque des cinq doigts laissée par une gifle. *Par ext.* V. **Gifle, soufflet.**

« ...et vite, ou je te réchauffe la joue par une giroflée à cinq feuilles. »
BALZ., César Birotteau, Œuv., t. V, p. 546.·

GIROLLE. n. f. (1513 ; dér. prob. de *girer*, « tourner »). Chanterelle* comestible.

« Quatrième menu, d'hiver et d'automne : les champignons, girolles, cômelles ou mousserons, ramassés dans les bois détrempés, et sautés au beurre pendant quelques minutes. »
COLETTE, Prisons et paradis, p. 91.

GIRON. n. m. (XIIe s. ; du francique *gêro*, « pièce d'étoffe en pointe »).

|| 1° *Anciennt.* Pan de vêtement taillé en pointe, et *spécialt.* Pan du vêtement allant de la ceinture au genou (Cf. Déposer, cit. 8).

« Elle ne laisse fleur ni petite ni grande
Sans en faire un bouquet, puis va trouver sa bande
Qui l'attend sur la rive, et versant son giron
Montre toutes les fleurs des jardins d'environ, »
RONSARD, Bocage royal, A Tresillustre Prince Charles. 1

— *Par ext.* (dès le XIIe s.). Partie du corps allant de la ceinture aux genoux, chez une personne assise. *Enfant blotti dans le giron de sa mère.*

« — Elle va mieux, répondit-elle en caressant la chevelure de la petite déjà blottie dans son giron. »
BALZ., Lys dans la vallée, Œuv., t. VIII, p. 801. 2

« ...c'était, je le répète, une aimable personne : beau giron, gracieux corsage. »
DUHAM., Pasq., V, VI. 3

|| 2° *Fig.* V. **Milieu, sein.** *Enfant élevé dans le giron maternel, le giron familial. Le giron de l'Église :* la communion des fidèles.

« Il faut de tant d'abus l'Église décharger
Et non s'en séparer, mais fermement la suivre,
Et dedans son giron toujours mourir et vivre. »
RONSARD, Rép. inj. et calomn. 4

« ...quand vous aurez remis votre petit poussin sous les ailes de son brave père, vous rentrerez dans le giron de cette tribu de Grignan... »
SÉV., 1296, 20 août 1690. 5

« Si réellement j'aspire au bonheur de faire rentrer dans le giron de l'Église ces consciences égarées... »
STENDHAL, Rom. et nouv., Le rose et le vert, VI. 6

« Les enfants élevés, comme vous, dans le giron maternel, restent plus longtemps enfants que les autres... »
BALZ., Cousine Bette, Œuv., t. VI, p. 364. 7

|| 3° *Blas.* (XVIe s.). Surface triangulaire dont la pointe aboutit au centre de l'écu.

— *Archit.* (XVIIe s.). Largeur de la marche d'un escalier. *Cette marche a vingt-cinq centimètres de giron. Marche à giron droit*, rectangulaire (*par oppos. aux* marches de forme oblique des escaliers à vis).

— *Technol.* Enveloppe d'une manivelle de treuil.

DER. — **Gironner.** v. intr. (1537 HUGUET). *Technol.* Donner l'arrondi* à un ouvrage d'orfèvrerie, de chaudronnerie, d'architecture. *Gironner un escalier tournant.* — **Gironné, ée.** adj. (XIIe s.). *Marche gironnée*, d'un escalier tournant. — *Blas. Gironné* se dit d'un écu divisé en girons de deux émaux alternés.

GIROND, ONDE. adj. (1828 BLOCH ; d'abord terme d'arg. ; du prov. *giroundo*, hirondelle selon DAUZAT, ou d'un nom propre médiéval selon BLOCH). *Pop.* En parlant d'une femme bien faite (et parfois d'un beau garçon). V. **Beau, gracieux, joli, mignon.** — *Particult.* En parlant d'une femme potelée, aux formes arrondies, rondes.

« Elle est charmante, la caissière. Un peu gironde peut-être. »
ANOUILH, Eurydice, I.

GIRONDIN, INE. adj. et n. (1793 ; de *Gironde*, département de France). De la Gironde. *Le vignoble girondin. Elle est girondine par sa mère.* — *Spécialt.* S'est dit du parti qui se forma en 1791 autour de quelques députés de la Gironde. *Le parti girondin. La politique girondine à tendance fédéraliste* (cit.). Substant. *Les Girondins et les Jacobins. Procès et mort des Girondins* (octobre 1793). *Histoire des Girondins*, de Lamartine.

« La mort des Girondins, demandée tant de fois, fut le calmant qu'on crut devoir donner à la fureur des violents... »
MICHELET, Hist. Révol. franç., XIII, IX.

GIROUETTE. n. f. (1530 BLOCH ; de l'anc. normand *wirewite*, croisé avec *girer*).

|| 1° Plaque de métal qui, en tournant autour d'un axe vertical placé au sommet d'un édifice, indique, par son orientation, la direction du vent. *Girouette en forme de banderole, de flèche, de pennon, de coq*. Bruit d'une girouette qui grince* (Cf. Aigrement, cit. 1 ; esprit, cit. 40). *Girouette qui tourne à tous vents* (Cf. Femme, cit. 22).

« ...quelque girouette inconstante, et suivant
Sur le haut d'une tour la volonté du vent ? »
RONSARD, Remontr. au peuple de France.

« Je suis assez semblable aux girouettes, qui ne se fixent que quand elles sont rouillées. »
VOLT., Lett. d'Albaret, 1624, 10 avr. 1759. 2

« ...le vent avait fait tourner une vieille girouette rouillée, dont les cris ressemblèrent à un gémissement poussé par la maison... »
BALZ., Autre étude de femme, Œuv., t. III, p. 246. 3

— Par anal. *Mar.* Étamine tournant sur une verge au haut d'un mât.

|| 2° *Fig.* Personne versatile* qui change aisément d'avis, de sentiment. *Ne vous fiez pas à lui, c'est une girouette.* V. **Pantin.** *L'opportuniste, cette girouette politique.*

« M. Thiers est une girouette qui, malgré son incessante mobilité, reste sur le même bâtiment. » CHATEAUB., M. O.-T., t. VI, p. 269. 4

5 « Il cachait ainsi sous un déluge de lieux communs son incapacité, son défaut absolu d'instruction, et une faiblesse de caractère qui ne peut être exprimée que par le mot un peu vieilli de *girouette*. »
BALZ., **Député d'Arcis**, Œuv., t. VII, p. 653.

GISANT. V. GÉSIR.

GISEMENT. *n. m.* (vers 1200, au sens « action de se coucher » ; de *gésir*).

‖ **1º** *Mar.* (1690). Situation d'une côte précisée par le calcul. *Relever le gisement d'un cap, d'une île* (Vx). — « Angle que fait une direction donnée (astre ou objet) par rapport à l'axe d'un navire » (GRUSS).

‖ **2º** *Minér.* (1721). Disposition des couches de minéraux* dans le sous-sol. *Un gisement continu, interrompu, horizontal, oblique...* V. **Veine.** — *Par ext.* Masse minérale importante, propre à l'exploitation*. *Prospecter une contrée riche en gisements.* V. **Bassin.** *Découvrir un gisement* (V. **Gîte**) *pétrolifère, métallifère, d'or* (V. **Placer**), *de tourbe, de soufre...* V. **Minerai*.** — *Par métaph.* Cf. Exploiter, cit. 3.

— *Fig.* V. **Mine.** *Livre de mémoires, gisement inépuisable d'anecdotes. Les archives notariales, ce gisement presque inexploité par les historiens.*

« Cette vieille terre parisienne est un gisement d'événements, de mœurs, de lois, de coutumes ; tout y est minerai pour le philosophe. »
HUGO, **Paris**, II, V.

GITAN, ANE. *n.* (1831 HUGO ; parfois sous sa forme esp. d'origine, *gitano, gitana*, nom des tziganes en Espagne : du lat. *Ægyptanus*, « Égyptien »). V. **Gipsy**). Bohémien, bohémienne d'Espagne. *Les gitans. Des gitanes* (Cf. Crier, cit. 3). *Gitans de Camargue. Pèlerinage des gitans aux Saintes-Maries-de-la-Mer.* Adj. *Un flamenco* (cit. 2) *gitan. Une jeune fille gitane.* V. **Romanichel.**

1 « L'Espagne est un des pays où se trouvent aujourd'hui en plus grand nombre encore, ces nomades dispersés dans toute l'Europe, et connus sous les noms de *Bohémiens, Gitanos, Gypsies* (Gipsies), *Zigeuner*, etc. La plupart demeurent, ou plutôt mènent une vie errante dans les provinces du Sud et de l'Est, en Andalousie, en Estramadure, dans le royaume de Murcie ; il y en a beaucoup en Catalogne. Ces derniers passent souvent en France. On en rencontre dans toutes nos foires du Midi. D'ordinaire, les hommes exercent les métiers de maquignon, de vétérinaire et de tondeur de mulet ; ils y joignent l'industrie de raccommoder les poêlons et les instruments de cuivre, sans parler de la contrebande et autres pratiques illicites. Les femmes disent la bonne aventure, mendient et vendent toutes sortes de drogues innocentes ou non. »
MÉRIMÉE, **Carmen**, IV

2 « Je ne serai tout de même pas assez stupide pour demander à une gitane de me révéler mon avenir. »   MAC ORLAN, **La Bandera**, I.

— Nom donné à une marque de cigarettes fabriquée par la Régie française des tabacs. *Fumer une gitane. Un paquet de gitanes.*

GÎTE. *n. m.* et *f.* (XIIᵉ s. ; anc. p. p. substantivé du v. *gésir*).

I. N. m. ‖ **1º** Lieu où l'on trouve à se loger, où l'on peut coucher. V. **Abri, demeure, logement, maison...** *S'abriter* (cit. 5) *au gîte. Trouver un gîte à sa convenance* (cit. 6). *N'avoir point de gîte assuré. Chemineaux sans gîte* (Cf. Escouade, cit. 1). *Voyageur à la recherche d'un gîte.* V. **Couvert** (cit. 2). *Avoir bon* (cit. 17) *souper, bon gîte et le reste*, expr. prov. depuis LA FONTAINE (Fables, IX, 2). « *Le dernier gîte* » (Cf. Aller, cit. 105 LA FONT.).

1 « Vraiment, Amour, je te vois bien puni
   D'aller si tard et mendier ton gîte : »
   RONSARD, **Bocage royal**, II, Amour logé.

2 « Vous n'irez pas fort loin pour trouver votre gîte,
   Et de la part du Prince on vous fait prisonnier. »
   MOL., **Tart.**, V, 7.

3 « À la nuit il revenait à son gîte désolé, et au coup de marteau la petite accourait d'un pas tremblant pour ouvrir la porte d'entrée. »
   BAUDEL., **Mangeur d'opium**, II.

4 « Sur les routes, par des nuits d'hiver, sans gîte, sans habits, sans pain, une voix étreignait mon cœur gelé... »
   RIMBAUD, **Saison en enfer**, Mauvais sang.

5 « Mais cela n'avait pas l'obscurité ni la mélancolie des gîtes des laboureurs, qui sont toujours à demi enfouis au bord des chemins ; »
   LOTI, **Pêch. d'Isl.**, II, III.

— *Gîte d'étape*, localité désignée pour étape* à des soldats en marche. V. **Halte.**

6 « Depuis quelques mois, un des conjurés... avait indiqué la plage de Biville comme le lieu le plus propre par où pénétrer sans être repéré, et un autre conspirateur... avait organisé les gîtes d'étape qui permettraient de s'acheminer sans trop de peine vers Paris... »
   MADELIN, Hist. Cons. et Emp., Avènement de l'Emp., IV.

‖ **2º** *T. de Chasse.* Lieu où s'abrite le gibier, et spécialement le lièvre. V. **Bauge, forme** (IV, 8º), **refuge, repaire, retraite, tanière, terrier...** « *Un lièvre en son gîte songeait...* » (Cf. Faire, cit. 41 LA FONT.). Par métaph. *Revenir au gîte, sortir de son gîte*, en parlant de personnes (Cf. Ahan, cit. 1 ; bois, cit. 20).

7 « ... les soirs de pleine lune et de grand vent, les lièvres craintifs, trompés par la clarté lunaire et apeurés du bruit des branches, ne quittent leur gîte que fort tard dans la nuit. »
   PERGAUD, **De Goupil à Margot**, p. 10.

— *Loc. prov. Un lièvre va toujours mourir au gîte* : après bien des voyages on finit par rentrer et se retirer au pays. *Il faut attendre le lièvre au gîte :* pour être sûr de trouver quelqu'un il faut l'attendre chez lui.

8 « ... on ignorait entièrement à Nemours l'existence du docteur Minoret à qui une rencontre inattendue fit concevoir le projet de revenir, comme les lièvres, mourir au gîte. »
   BALZ., **Urs. Mirouët**, Œuv., t. III, p. 280.

‖ **3º** Spécialt. *Géol.* Dépôt de minerai, contrée contenant des gisements*. *Gîte houiller, aurifère...*

9 « Sauf pour les diamants, extraits... des gîtes alluviaux qui tapissent les couches des grès primaires, les principaux foyers miniers se succèdent le long des frontières orientales... »
   DEMANGEON, Cours de géogr. (classe philos.), p. 440.

— *Bouch.* Partie inférieure de la cuisse du bœuf. *Gîte à la noix*, le morceau du gîte où se trouve la noix*. *Gîte à l'os*, derrière du gîte.

II. N. f. Mar. (XIXᵉ s.). ‖ **1º** V. **Bande.** *Donner* de la gîte. V. **Giter.**

‖ **2º** Lieu où s'est enfoncé un navire échoué. V. **Souille.**

DER. — Giter.

GÎTER. *v. intr.* et *tr.* (XIIIᵉ s. ; de *gîte*).

‖ **1º** V. *intr. Vieilli* ou *littér.* Avoir son gîte quelque part. V. **Coucher, demeurer, habiter, loger.** *Endroit où gîte un blaireau* (cit. 2). *Pâturages où gîtent les brebis* (Cf. Cheik, cit. 2). *Chercher une auberge où gîter pour la nuit.*

1 « Le lièvre était gîté dessous un maître chou. »
   LA FONT., **Fab.**, IV, 4.

2 « ... la beauté du temps les avait invitées à aller à pied de leur auberge à leur logement, car nous sommes déjà gités et chèrement gités ; »   CHAMFORT, **Lett. de Mirabeau**, 20 août 1784.

— *Fig.* V. **Résider.**

3 « Dans le lard pur réside une vertu, gîte une saveur, qu'en vain je prêche au professeur René Moreau depuis des lustres... »
   COLETTE, **Belles saisons**, p. 247.

— *Mar.* Donner de la gîte*, s'incliner sur un bord. *Navire qui gîte dangereusement par suite d'un mauvais arrimage.* — Être échoué. *Le bateau gîte sur ce fond.*

‖ **2º** V. *tr.* (Vx). Pourvoir d'un gîte, mettre dans un gîte. — *Pronominalt.* (Vieilli). *J'ignore où il a été se gîter* (ACAD.).

4 « Cependant, de les avoir vus ainsi disparaître pour aller se gîter, comme sans doute chaque nuit, en quelque métairie isolée dans un bas-fond, la compréhension lui était venue, plus exacte, de ces humbles existences de paysan, attachées à la terre et au champ natal... »
   LOTI, **Ramuntcho**, I, I.

GIVRE. *n. m.* (1611 ; *joivre* au XVᵉ s. ; mot prélatin). Couche de glace extrêmement ténue et d'une grande blancheur, provenant de la cristallisation, par temps froid, au contact d'un corps solide exposé à l'air, des fines gouttelettes d'eau en surfusion des brouillards et des nuages. V. **Frimas, gelée** (blanche), **rosée.** *Arbres, buissons couverts de givre. Givre appendu* (cit. 3) *aux branches. Cristaux* (cit. 3) *de givre. Campagne toute blanche de givre. Structure feuilletée du givre.*

1 « Le *givre* est formé par des cristallisations de glace offrant l'apparence de feuilles de fougère, qui sont souvent suspendues en hiver aux branches des arbres et produisent l'effet le plus pittoresque. »
   POIRÉ, **Dict. des sc.**, Givre.

2 « Montagnes que voilait le regard de l'automne,
   Vallons que tapissait le givre du matin, »
   LAMARTINE, **Harmon.**, Milly ou La terre natale.

3 « Le givre, qui brillait aux buissons décharnés, lui semblait la blancheur des fleurs d'avril précédant l'apparition des feuilles. »
   SAND, **Mare au diable**, Append., IV.

4 « C'était une de ces rudes matinées d'hiver où toute la nature est luisante, cassante et dure comme du cristal. Les arbres, vêtus de givre, semblent avoir sué de la glace ; »   MAUPASS., **Bel-ami**, I, VII.

— *Par anal. Chim.* Cristaux blancs apparaissant à la surface d'un récipient en cas de refroidissement dû à l'évaporation d'un liquide ou à la détente d'un gaz. — *Par ext.* Petits cristaux blancs de diverses substances qui se déposent sur certains fruits desséchés, sur la vanille, etc.

DER. et COMP. — Dégivrer*. — **Givrage.** *n. m.* (Néol.). *Aviat.* Formation de givre sur les parties exposées (ailes, hélices) d'un avion. *Dangers du givrage. Systèmes de protection contre le givrage.* — **Givrer. Givreux.**

GIVRER. *v. tr.* (1845, au p. p. *givré* ; de *givre*). Couvrir de givre. *Arbres givrés. Vanille givrée.* — *Pronominalt.* Subir le phénomène du givrage. *Pare-brise, pales d'hélice qui se givrent.*

1 « Les vitres étaient couvertes de fougères givrées. »
   MAUROIS, **Cercle de famille**, II, VIII.

— *Fig.* :
2 « Nulle couronne n'était inscrite au chaton de sa bague, et sur sa parole l'esprit n'avait pas givré ses brillantes aiguilles. »
   PROUST, **Les plaisirs et les jours**, p. 209.

— *Par anal.* Couvrir de quelque couche blanche comme le givre.

3 « Sur chaque table, afin d'entretenir la soif des frites, givrées de sel et minces comme des monnaies du pape, s'entassaient dans une coupe. »   MART. du G., Thib., t. III, p. 223.

GIVREUX, EUSE. *adj.* (1829 ; de *givre*). *Joaill.* Qui présente une petite tache blanche (V. **Glace**) provenant de l'éclat fait par l'outil du lapidaire. *Pierres, diamants givreux.*

DER. — **Givrure.** *n. f.* (1866). Tache mate, défaut de la pierre givreuse. V. **Étonnure, glace.** *Givrure qui amortit les feux d'un diamant.*

GLABELLE. *n. f.* (1806 ; lat. *glabellus*, dimin. de *glaber*, glabre ; propremt. « espace glabre, nu »). *Anat.* Espace compris entre les deux sourcils.

GLABRE. *adj.* (1545 ; empr. au lat. *glaber*, sans poil). Dépourvu de poils. *Menton, visage glabre.* V. **Imberbe, nu.** *Peau glabre.* V. **Lisse.**

1 « ... Un spectre grimaçant et glabre. »
                    BAUDEL., **Raccommodeur de fontaine.**

2 « La face entièrement glabre, comme celle d'un annamite ou d'un singe Papion... »   BLOY, **Le désespéré**, p. 245.

3 « Il avait un visage régulier, glabre et qu'on aurait pu juger séduisant, n'eût été sa pâleur anormale... »   DUHAM., **Salavin**, VI, XX.

4 « ...l'ingrat espace glabre, derrière l'oreille, demande à être soigneusement dérobé aux regards... »   COLETTE, **Belles saisons**, p. 86.

— *Bot.* Sans poils, sans duvet. *Tiges, feuilles, plantes glabres.*

ANT. — **Barbu, cotonné, cotonneux, duveté, duveteux, poilu*, velouté.**

GLAÇANT, ANTE. *adj.* (XIIe s., au sens de « glissant » ; XVIIIe s., sens mod. ; de *glacer*). Qui glace. *Vieilli* au sens propre. *Froid, vent glaçant.* V. **Glacial.**

1 « ... c'était avec du mouvement qu'on avait produit cette fixation et ce froid glaçant. »   VOLT., **Dial.**, XIII.

— *Fig.* Qui interdit, qui décourage à force de froideur, de sévérité. *Attitude, manières glaçantes. Dignité glaçante.*

2 « Rien de glaçant en de certains cas comme l'heure qui sonne. C'est une déclaration d'indifférence. C'est l'éternité disant : que m'importe ! »   HUGO, **Homme qui rit**, I, III, IV.

3 « ...ce grand discours de Jaurès prononcé au Parlement sur la détresse paysanne, et que vous nous avez présenté comme étant la plus haute expression, comme la plus glorieuse manifestation de son génie poétique était, malgré toute sa splendeur, d'un matérialisme implacable et glaçant. »   PÉGUY, **La République...**, p. 27.

GLACE. *n. f.* (XIIe s. ; lat. vulg. *glacia*, du lat. class. *glacies*).

I. ‖ **1°** Eau congelée*. V. **Givre, neige, verglas.** *Cours d'eau, lac recouvert d'une couche de glace.* V. **Embâcle, gel.** *Patiner, glisser sur la glace* (Cf. Appuyer, cit. 29). *Glace qui plie, qui craque sous le poids de quelqu'un* (Cf. Débâcle, cit. 1). *Morceau de glace.* V. **Glaçon.** *Cristaux* (cit. 2) *de glace. Mer* de glace.* V. **Glacier, sérac.** *Glace qui fond au dégel.* V. **Débâcle.** *Casser la glace d'une fontaine. Froid comme glace.*

1 « Le 6 novembre (1812) le thermomètre descendit à dix-huit degrés au-dessous de zéro : tout disparait sous la blancheur universelle. Les soldats sans chaussure sentent leurs pieds mourir ; leurs doigts violâtres et raidis laissent échapper le mousquet dont le toucher brûle ; leurs cheveux se hérissent de givre, leurs barbes de leur haleine congelée ; leurs méchants habits deviennent une casaque de verglas. Ils tombent, la neige les couvre ; ... On ne sait plus de quel côté les fleuves coulent ; on est obligé de casser la glace pour apprendre à quel orient il faut se diriger. »
                    CHATEAUB., **M. O.-T.**, t. III, p. 229.
— *Ferrer* un cheval à glace :* avec des crampons qui l'empêchent de glisser sur la glace. *Fig.* Ferré (cit. 3) *a glace.*

— *Plur.* Morceau, bloc, masse de glace. *Les glaces du pôle* (Cf. Envahissement, cit. 2). *Glaces éternelles* (Cf. Alpin, cit. 4). *Navire pris dans les glaces. Glaces de fond, flottantes** (Cf. Froid, cit. 3). V. **Banquise, iceberg.**

2 « ...j'avais devancé par mes vœux et par mes travaux les derniers explorateurs des glaces arctiques. »
                    CHATEAUB., **M. O.-T.**, I, VII, 1 (éd. Levaillant).

3 « Il rapporte que, bien qu'il ait été souvent entouré par les glaces *avant* d'atteindre le 72e parallèle, cependant, arrivé là, il n'en vit plus un morceau... »   BAUDEL., Traduct. E. POE, **Avent. G. Pym**, XVI.

— *Glace artificielle.* Fabrication de la glace. V. **Congélateur, frigorifique, réfrigérateur ; froid*** (*supra* cit. 12). *Manquer de glace en plein été* (cit. 1). *Champagne frappé* (cit. 12) *de glace. Barre, pain de glace. Acheter dix kilos de glace pour garnir une glacière. Rafraîchir une boisson avec de la glace. Garçon, un peu de glace !* V. **Glaçon.** *Glace employée en médecine* (notamment contre l'inflammation).

4 « À entendre certains habitués, notre colonisation devenait de plus en plus pénible à cause de la glace. L'introduction de la glace aux colonies, c'est un fait, avait été le signal de la dévirilisation du colonisateur. »   CÉLINE, **Voyage au bout de la nuit**, p. 120.

— Par ext. *Vieilli.* Température à laquelle se forme la glace (Degré 0). *Le thermomètre est à glace* (ACAD.). *À la glace,* gelé, très froid (au pr. et au fig. Cf. cit. *infra*). *Saints* de glace.*

« Cependant une petite sueur froide s'empara de Berthier : « Je ne sais ce que j'ai, dit-il, je me sens à la glace. — Je le crois bien, dit le frère compagnon. — Comment, vous le croyez bien ! dit Berthier ; qu'entendez-vous par là ? — C'est que je suis gelé aussi, dit Coutu. »   5
                    VOLT., **Relat. de la maladie... du jésuite Berthier.**

« Oui, en vérité, mon cher maître, notre théâtre est à la glace. Il n'y a, dans la plupart de nos tragédies, ni vérité, ni chaleur, ni action... »   D'ALEMBERT, **Lett. à Volt.**, 31 oct. 1761.   6

« ...durant le terrible hiver de 1784, le thermomètre de Réaumur se trouva une seule fois à 6 degrés au-dessus de glace dans un jour de janvier ; »   SAND, **Hiver à Majorque**, p. 20.   7

— *Loc. fig.* (La glace étant prise comme symbole de la froideur, de l'insensibilité...). *Les glaces de l'âge** (cit. 45 et 51 ; consumer, cit. 8) : l'engourdissement de la vieillesse. *Un cœur de glace. Être de glace,* absolument insensible (Cf. Feu, cit. 70). *Avoir un air, un visage de glace. Un accueil* (cit. 4) *de glace.* V. **Glacial.** *Il y a de la glace entre nous,* une gêne, une contrainte extrêmes (Cf. Escadron, cit. 8). *Fondre, rompre la glace :* dissiper la gêne. Faire cesser la contrainte dans un entretien, une entrevue, etc. *La glace est fondue, rompue.*

« ...insensiblement les glaces se fondent, sa belle humeur revient ; »   8
                    SÉV., 266, 20 avril 1672.

« Personne de vous deux n'a encore fait les premiers pas ; ce n'est pas à vous de rompre cette glace... »   ID., 705, 12 oct. 1678.   9

« Elle me regarda curieusement, et je sentis qu'en ce moment il se fondait bien des glaces entre nous. »   10
                    BALZ., **Lys dans la vallée**, Œuv., t. VIII, p. 805.

« ...le sentiment de courage satisfait que lui donnait la hardiesse d'avoir enfin osé rompre la glace sur cet étrange sujet. »   11
                    STENDHAL, **Rom. et nouv.**, II.

« Tous ces efforts rencontrèrent une barre de fer, un mur de glace. Le vicaire ne sortit pas d'une froideur absolue. »   12
                    RENAN, **Souv. d'enfance...**, I, III.

« ... c'était des textes latins ou grecs, enrichis de notes manuscrites, qui ne présentaient pas le moindre intérêt, mais il sentit en les déchiffrant je ne sais quoi d'attrait de camaraderie qui le mit un peu plus en confiance. La glace était rompue. »   A. HERMANT, **Aube ardente**, p. 31.   13

‖ **2°** Boisson ou crème congelée et fondante, parfumée aux diverses essences ou substances employées en confiserie. V. **Rafraîchissement, sorbet.** *Les glaces furent faites pour la première fois à Paris, en 1660, par l'Italien Procope* (LITTRÉ). *Glace à la vanille, au citron, à la pistache, au café, au chocolat, au marasquin, pralinée, panachée... Glace granitée, meringuée, au four... Glace aux fruits confits.* V. **Plombières.** *Glace à la crème Chantilly.* V. **Liégeois.** *Gâteau à base de glace.* V. **Parfait.** *Glaces de forme spéciale.* V. **Bombe, tranche.** *Prendre, déguster une glace. Glace double, demi-glace.*

« Elle mangeait alors une glace au marasquin, qu'elle tenait de la main gauche, dans une coquille de vermeil, et fermait à demi les yeux, la cuiller entre les dents. »   FLAUB., **Mme Bovary**, I, VIII.   14

« Pour les glaces (car j'espère bien que vous ne m'en commanderez que prises dans ces moules démodés qui ont toutes les formes d'architecture possible), toutes les fois que j'en prends, temples, églises, obélisques, rochers, c'est comme une géographie pittoresque que je regarde d'abord et dont je convertis ensuite les monuments de framboise ou de vanille en fraîcheur dans mon gosier. »   15
                    PROUST, **Rech. t. p.**, t. XI, p. 160.

« ...une de ces glaces au citron qui brûlent de froid les lèvres et la langue... »   VALÉRY, **Rhumbs**, p. 57.   16

II. (1245). *Par anal.* (avec le poli, le brillant, la transparence de la glace).

‖ **1°** Plaque de verre ou de cristal de notable épaisseur, employée à divers usages, selon qu'elle est ou non étamée. *Fabrication des glaces.* V. **Glacerie, miroiterie, verrerie.** *Doucir, lustrer une glace. — Glaces sans tain*. Glace fermant la devanture d'une boutique.* V. **Vitrage.** *Bris de glaces. Débris de glace.* V. **Calcin.** *Glaces de vitrine, d'une porte. Clair, uni comme une glace* (Cf. Élever, cit. 7). *Glace qui se dépolit. Glace ternie. — Spécialt.* Châssis vitré, vitre fixe ou mobile d'une voiture, d'une automobile. V. **Parebrise.** *Baisser, lever les glaces d'une berline* (cit. 3), *d'un carrosse* (cit. 4). *Glaces d'un wagon. Glaces de sécurité,* faites avec du verre spécialement trempé qui ne se brise pas en éclats dangereux. *Glace incassable.*

« ...il n'y a point de capitaine de cavalerie... qui ne fasse le voyage en chaise de poste avec des glaces et des ressorts... »   17
                    VOLT., **Siècle de Louis XIV**, VIII.

« Mme Martin Bellème voyait confusément à travers les glaces de son coupé la multitude des parapluies cheminer comme des tortues noires sous les eaux du ciel. »   FRANCE, **Lys rouge**, p. 104.   18

— (Glace avec tain). *Fabrication des glaces.* V. **Argenture, étamage.** *La glace d'un miroir. Panneau* de glace. Glace taillée, biseautée, de Venise, de Saint-Gobain* (Cf. Étinceler, cit. 13).

« Apportez-nous le miroir... et gardez-vous bien d'en salir la glace par la communication de votre image. »   MOL., **Préc. rid.**, 6.   19

« Les panneaux de glaces qui l'environnaient répétaient majestueusement de toutes parts son énorme personne ; »   20
                    MUSS., **Nouv.**, Croisilles, II.

« On est comme un homme devant un miroir, ou plutôt, selon que l'a dit un poète, on est cet miroir même,
    ...dont la glace luisante
Recevrait les objets sans les pouvoir aimer. »   21
                    STE-BEUVE, **Chateaub.**, t. I, p. 273.

22 « Un beau manège, avec des glaces dans tous les sens, et taillées à facettes, et de l'or... »   ARAGON, **Beaux quartiers**, I, XXV.

— *Par méton.* Miroir d'une assez grande dimension. *La galerie des glaces*, au château de Versailles. *Glace encastrée* (cit. 1) *dans un mur. Glace au-dessus d'une cheminée* (Cf. Essuyer, cit. 7). V. **Trumeau.** *Glaces d'un vestibule* (Cf. Fleurir, cit. 25), *d'un portemanteau. Glace ovale, articulée* (cit. 4). V. **Psyché.** *Armoire* (cit. 6) *à glace* (Cf. Béer, cit. 2). *Se voir, se regarder dans une glace. Faire sa toilette devant une glace* (Cf. Balafrer, cit. 2 ; bride, cit. 16 ; cheveu, cit. 25). *Cadre* d'une glace.*

23 « Après avoir rajusté son pourpoint et posé avec soin sa toque sur son oreille, il se regarda d'abord dans une glace pour voir s'il avait bonne mine... »   MUSS., **Nouv.**, Fils du Titien, III.

24 « Puis, tenant un mur entier, une glace immense s'ouvrait comme un horizon clair. Elle était formée de trois panneaux dont les deux côtés latéraux, articulés sur des charnières, permettaient à la jeune femme de se voir en même temps de face, de profil et de dos, de s'enfermer dans son image. »   MAUPASS., **Notre cœur**, I, II.

25 « Madame se regarde tant qu'elle finira par user toutes les glaces de la maison. »   ID., *Ibid.*

26 « Quand il se regardait dans une glace, il était toujours tenté de l'essuyer. »   RENARD, **Journ.**, 18 févr. 1892.

27 « En face de lui, il y a une grande glace qui occupe tout un pan de mur, une glace dont il connaît, de longtemps, toutes les rayures, tous les défauts. Cette glace réfléchit normalement les vitres de la devanture, l'image fugitive des passants, trois ou quatre plantes vertes aux feuilles résignées... »   DUHAM., **Salavin**, III, IV.

28 « Pendant qu'elle rajustait son chapeau et attachait sa voilette, Marcelle debout derrière elle surgit dans la glace, leurs deux visages reflétés, proches et séparés par un espace indéfinissable. »   CHARDONNE, **Dest. sentim.**, p. 326.

— *Par ext.* Toute espèce de miroir, même de petite dimension. *Glace à main* (Cf. Coquet, cit. 12). *Petite glace de bazar à trois faces* (cit. 32). *Glace pendue à l'espagnolette* (cit.). *Glace de poche.* — REM. Cette extension est due au vieillissement du mot miroir dans le langage courant. LITTRÉ ne signalait en 1866 que le sens de « miroir de grande dimension ».

29 « Monsieur, avez-vous un miroir ? Un miroir, une glace de poche, n'importe quoi ? »   SARTRE, **Huis clos**, 5.

|| 2° *Par anal.* (XVII⁰ s.). *Pâtiss.* Couche brillante et lisse comme un vernis, à base de sucre et de blanc d'œuf, dont on recouvre certains gâteaux, certaines confiseries. *Piquer des bougies dans la glace d'un gâteau d'anniversaire.* — *Cuis.* Couche de gelée, faite d'un jus de viande réduit. *Daube servie dans sa glace.*

|| 3° *Spécialt. Joaill.* Petite trace d'éclat sur une pierre précieuse. V. **Givrure.**

ANT. — *(Fig.).* Chaleur, sensibilité.

DER. et COMP. — Glacerie. — Glaceux. adj. (1400). *Joaill.* Qui présente des glaces. *Diamant glaceux.* V. **Givreux.** — Glacier. — Glacière. — Glaçon. Cf. aussi Glaçure. — Brise-glace. Essuie-glace. — Cf. Glacer, glacière, glacial, glacis.

GLACER. v. tr. (XII⁰ s., le mot ayant aussi en a. fr. le sens de « glisser » ; lat. *glaciare.* V. **Glace**).

|| 1° Convertir (un liquide) en glace. V. **Congeler, geler.** *Froid assez vif pour glacer le vin. Patiner sur un lac glacé par l'hiver. La rivière n'est pas encore glacée sur toute sa surface.* — *Pronominalt. Le bassin s'est glacé cette nuit. Fleuves qui se glacent* (Cf. Automne, cit. 12). — *Intransit.* Vx. *Les fontaines d'eau vive ne glacent jamais* (ACAD.). V. **Geler.**

1 « Avant qu'un tel dessein m'entre dans la pensée, On pourra voir la Seine à la Saint-Jean glacée ; »   BOIL., **Sat.**, I.

2 « Ils ne peuvent trouver leur subsistance que dans une mer ouverte, et ils sont forcés de la quitter dès qu'elle se glace en entier. »   BUFFON, **Hist. nat. ois.**, XVIII, p. 18 (in LITTRÉ).

— En parlant de la terre. Durcir sous l'effet d'un froid intense. *Croûte de terre glacée à la surface d'un champ. Berges* (cit. 1) *raides et glacées.*

— *Par hyperb. Littér. Glacer le sang,* saisir d'une émotion si forte que le sang paraît brusquement se figer* (Cf. Cheveu, cit. 30). *Pronominalt. Son sang se glace à ce spectacle* (Cf. Effrayer, cit. 8).

3 « Juste ciel ! tout mon sang dans mes veines se glace. »   RAC., **Phèd.**, I, 3.

|| 2° *Par ext.* Rendre très froid. V. **Refroidir.** *L'air qui passe par ce carreau cassé a glacé la chambre. Maison quelque temps inhabitée qu'on retrouve glacée. Coucher dans des draps glacés. Tirer du puits une eau glacée.* V. **Froid.** *Pluie glacée* (Cf. Bourrasque, cit. 5). *Vent glacé* (Cf. Couloir, cit. 5 ; flageller, cit. 1). *Bise glacée.* V. **Aigre, glacial.** *Solitudes, steppes glacées,* où règne un froid rigoureux.

4 « L'hiver a quitté la plaine Qu'hier il glaçait encor. »   HUGO, **Odes et ball.**, Ball. 9.

5 « Et aussi, quelques matins glacés, où l'on voyait, en s'éveillant, les cimes devenues neigeuses et blanches. »   LOTI, **Ramuntcho**, II, X.

6 « ...quand la bourrasque se déchaîne sur la vaste plaine, fait craquer le vieux toit, et menace de submerger la sainte ville de Bels, quand au dehors tout est hostile et glacé, quand on ne voit à travers les petits carreaux gelés qu'un noir corbeau qui vole... »   J. et J. THARAUD, **Ombre de la croix**, X.

7 « ...il avait la sensation d'être nu dans la bise qui s'élevait glaçant les larmes sur son visage, mais son cœur était plein de joie. »   GREEN, **Léviathan**, II, VIII.

8 « La chaleur des salles semblait correspondre à l'ardeur du soleil, mais sur la terrasse où ils s'assirent pour prendre le café un air glacé les refoula dans le hall. »   CHARDONNE, **Dest. sentim.**, p. 489.

— Refroidir à la glace artificielle, mettre dans de la glace ou garnir de glace. *Glacer une boisson. Boissons glacées. Glacer du champagne.* V. **Frapper.** *Chocolat, café glacé. Crème, bombe glacée.* V. **Glace.**

9 « Des boissons glacées et des fraises à la crème d'abord, mon dessert chéri. »   CÉLINE, **Voyage au bout de la nuit**, p. 364.

|| 3° Causer une vive sensation de froid, pénétrer d'un froid très vif. *Ce vent glace le visage* (Cf. Froid, cit. 4). *Traverser un torrent dont l'eau glace les pieds. Vous avez les mains glacées. Cette petite pluie fine me glace. Le train n'était pas chauffé, nous sommes glacés.* V. **Transi.**

10 « Il avait déjà toutes les extrémités, jusqu'au visage, glacées de froid, avec une sueur mortelle qui lui coulait tout le long du corps... »   MONTAIGNE, **Ess.**, I, Append.

11 « Il se réveilla. Il était glacé. Un vent, qui était froid comme le vent du matin, faisait tourner dans leurs gonds les châssis de la croisée restée ouverte. Le feu s'était éteint. »   HUGO, **Misér.**, I, VII, IV.

12 « ...elle se plaignait de la persistance de l'hiver, déclarait que malgré les fournaises les plus actives elle demeurait toujours grelottante et glacée et elle lui donna à tâter ses mains qui étaient, en effet, froides ; »   HUYSMANS, **Là-bas**, XII.

13 « L'air du petit matin glaçait déjà les épaules brisées par la nuit et le poids de la misère qui retombait sur chacun avec le jour qui naissait. »   MAC ORLAN, **Quai des brumes**, VI.

— *Poétiqt.* Priver de la chaleur caractéristique de la jeunesse et de la vie. V. **Engourdir, refroidir.** *Quand l'âge* (cit. 46) *nous glace. Cœur glacé par le froid* (cit. 15) *des années.*

14 « Dans son dégoût sincère de la vie, il conclut à rétrograder lentement vers tout ce qui l'éteint et la glace ; »   STE-BEUVE, **Chateaub.**, t. I, p. 287.

15 « Je t'aime de toute mon âme, ma bien-aimée. L'absence me glace le cœur, plus encore que la neige et l'hiver de ce pays étranger. »   MART. du G., **Thib.**, t. IV, p. 231.

|| 4° *Fig.* Paralyser*, décourager par sa froideur ou quelque aspect rebutant. *Abord, attitude qui glace les gens.* V. **Glaçant, glacial, réfrigérant.** *Expression* (cit. 37) *indifférente qui glace les bonnes volontés. Cet examinateur glace les candidats.* V. **Intimider.** *C'est un sujet ingrat qui a glacé son imagination, son talent.*

16 « Mon indifférence pour la chose eût glacé ma plume et abruti mon esprit. On s'imaginait que je pouvais écrire par métier, comme tous les autres gens de lettres, au lieu que je ne sus jamais écrire que par passion. »   ROUSS., **Conf.**, X.

17 « Les Prix portent malheur, Prix académiques, prix de vertu, décorations, toutes les inventions du diable encourageant l'hypocrisie et glacent les élans spontanés d'un cœur libre. »   BAUDEL., **Art romantique**, X.

18 « Sa manière de faire le bien glace ses obligés. »   VILLIERS de l'ISLE-ADAM, **Axel**, II, 2.

19 « Loin de me faire rire, elles (*ces bouffonneries*) me glaçaient, comme lorsqu'on entend plaisanter sur son mal quelqu'un qui est mortellement frappé. »   LACRETELLE, **Silbermann**, p. 117.

20 « Je glaçais les gens, par mon seul aspect. Plus j'en prenais conscience, plus je me raidissais. »   MAURIAC, **Nœud de vipères**, I, II

21 « Si Stendhal n'aimait pas les femmes du monde un peu glacées par le *cant*, c'est qu'il préférait la compagnie des natures libérées et vides, voilà tout. »   HENRIOT, **Romantiques**. p. 367.

— *Pronominalt. :*

22 « Une névrose l'empêche (*le pianiste Milkov*) de jouer ; ses doigts se glacent quand il touche un clavier. »   CHARDONNE, **Dest. sentim.**, p. 212

— *Par ext. Air, abord glacé :* empreint d'une froideur extrême. V. **Figé.** *Regard glacé.* V. **Dur.** *Politesse glacée. Accueil glacé.* V. **Hostile.**

23 « Mᵐᵉ de Ludres... lui fit une mine glacée... »   SÉV., 666, 22 oct. 1677.

24 « Après cela, comment me reçois-tu ? avec une politesse glacée, et en tranchant du seigneur. On dirait que mes visites commencent à te peser. »   LESAGE, **Gil Blas**, VIII, XIII.

25 « Il remarqua l'air glacé de madame de Rênal, il comprit qu'elle était en colère de ce qu'il avait osé lui baiser la main. »   STENDHAL, **Le rouge et le noir**, I, VI.

26 « Mais Pascal prononce des sentences glacées avec une langue et des lèvres brûlantes. »   SUARÈS, **Trois hommes**, Pasc., III.

27 « Elle nous adressait la parole à la troisième personne, d'une voix non pas servile, mais soumise et presque glacée. »   DUHAM., **Pasq.**, III, I.

|| 5° *Fig.* Frapper d'une émotion violente et profonde, qui cloue sur place. V. **Pétrifier.** *Glacer d'effroi* (Cf. Approche, cit. 20). *Affreux silence qui glace le cœur* (cit. 42). *Ce hurlement dans la nuit les glaça d'horreur.*

28 « Quoi ? la peur a glacé mes indignes soldats ? »
RAC., Athal., V, 5.

29 « ... les hommes groupés autour d'un cadavre et d'un scélérat, dans la .cabane à demi-brisée, se taisaient, glacés par l'horreur... »
VIGNY, Cinq-Mars, XXII.

30 « Souvent, au milieu de mes joies, une soudaine douleur me glaçait, j'entendais le nom d'Henriette prononcé par une voix d'en haut comme le : — Caïn, où est Abel ? »
BALZ., Lys dans la vallée, Œuv., t. VIII, p. 951.

31 « Ces bandes mobiles, insaisissables, attendues partout, et que la terreur rendait comme présentes partout, glaçaient d'effroi nos populations moins militaires qu'aujourd'hui. »
MICHELET, Hist. Révol. franç., III, IX.

32 « Je dirai des choses formidables !... qui étonneront les plus sceptiques !... et glaceront le cœur des plus braves, d'une indicible épouvante ! ! ! »
COURTELINE, MM. ronds-de-cuir, IIIᵉ tabl., II.

|| 6° (XVIIᵉ s.). Revêtir d'une glace, de quelque vernis lisse et brillant. *Pâtiss.* Couvrir d'une couche de sucre unie et transparente. V. **Enrober**. *Glacer des gâteaux, des fruits, des quartiers d'orange... Fruits, marrons glacés.* — *Cuis.* Couvrir d'une gelée. *Glacer des viandes froides, de la galantine.*

33 « J'ai trouvé un homme d'une politesse exquise, irréprochable, — une tranche de galantine pourrie supérieurement glacée — mais crispé, vibrant de je ne sais quoi. »
BLOY, Le désespéré, p. 165.

— *Technol.* Garnir d'un apprêt*, d'un enduit*. V. **Calandrer, cirer**. *Glacer des étoffes, un plastron, des peaux... Gants glacés. Col glacé. Chemise glacée* (Cf. Enfiler, cit. 8). *Tissu glacé.* V. **Luisant, lustré**. *Papier glacé.* V. **Satiné**. Substantivt. *Le glacé du papier. Ruban d'un joli glacé.*

— *Peint.* Revêtir d'une couleur brillante et transparente une couleur déjà sèche afin d'en augmenter l'éclat. V. **Glacis**. *Par ext.* (en parlant de jeux de lumière naturels) Faire briller ou colorer en surface. V. **Lustrer**. Pronominalt. *Corbeaux* (cit. 3) *dont les ailes moirées se glacent de rose au lever du jour.*

34 « Ce splendide costume, où se jouait la lumière, semblait glacé de flamme à tous ses plis. »
HUGO, N.-D. de Paris, X, V.

35 « Aussi, bientôt le vêtement se graisse, se miroite, se glace et prend ces tons de bitume qu'affectionnent les peintres espagnols dans leurs tableaux picaresques ; »
GAUTIER, Voyage en Russie, p. 68.

ANT. — **Dégeler, déglacer, fondre ; brûler, chauffer, échauffer, réchauffer ; attirer, émouvoir, encourager, enivrer, enthousiasmer, exciter... Brûlant, chaud ; ardent, chaleureux... déglacé.**

DER. et COMP. — **Déglacer**. — **Glaçage**. *n. m.* (1872). *Techn.* Action de glacer (en polissant, en apprêtant...). *Glaçage des étoffes, du papier, des épreuves photographiques...* V. **Lissage, lustrage, satinage**. — **Glaçant**. — **Glaceur**. *n. m.* (1829). Ouvrier employé au glaçage. — **Glaciation**. *n. f.* (XVIᵉ s.) *Vx.* Action de transformer, de se transformer en glace. (De nos jours) *Géol.* Formation particulière des périodes glaciaires ; période pendant laquelle une région est recouverte par les glaces. — **Glacis**.

GLACERIE. *n. f.* (1765 ENCYCL. ; de *glace*). Industrie ou commerce des glaces de verre. *Colbert introduisit en France l'art de la glacerie jusqu'alors exclusivement vénitien. Par ext.* Manufacture de glaces. *Les premières glaceries françaises furent fondées en 1666.*

GLACEUX. V. GLACE (dér.)

GLACIAIRE. *adj.* (1866 LITTRÉ ; dér. sav. du lat. *glacies*). *Géogr.* Propre aux glaciers. *Calotte glaciaire. Langue, source glaciaire. Relief glaciaire. Creusement, érosion* (cit. 1) *glaciaire. Formes glaciaires de certaines montagnes. Cirques, vallées (ou auges) glaciaires.* V. **Fiord** (cit. 2). *Verrous glaciaires. Régularisation des formes glaciaires par l'action torrentielle.*

— *Géol. Période glaciaire :* période du début de l'ère quaternaire, consécutive à un abaissement considérable de la température atmosphérique, et caractérisée par l'extension des glaciers sur d'immenses étendues. *Selon la progression ou le recul des glaciers, on distingue parfois plusieurs périodes glaciaires séparées par des périodes interglaciaires. Faune des périodes glaciaires.* V. **Pléistocène**.

GLACIAL, ALE. *adj.* (XIVᵉ s. ; empr. au lat. *glacialis*, de *glacies*. V. **Glace**).

|| 1° Qui a la température de la glace, qui pénètre d'un froid très vif. *Air, vent glacial* (Cf. Cingler, cit. 6 ; courir, cit. 32). *Nuit, matinée, après-midi* (cit. 6) *glaciale d'hiver* (Cf. Accroupir, cit. 5 ; bruit, cit. 5). — *Géogr. Zone glaciale*, entre le cercle polaire et le pôle. *Mers glaciales. Océan* glacial.* — REM. Le masculin pluriel est hésitant, mais ni *glacials* ni *glaciaux* ne sont pratiquement employés.

1 « À chaque battement de la porte, un souffle glacial venait de la route, blanche de neige. »
ZOLA, La terre, I, V.

|| 2° *Fig.* D'une froideur qui glace*, rebute, paralyse. **Glaçant**. *Air, abord extérieur... glacial* (Cf. Aigre, cit. 15 ; austère, cit. 15). V. **Dur, froid, hautain, sec...** *Réception glaciale.* V. **Frais**. *Un homme glacial.* V. **Glace** (de), **marbre** (de) ; **imperturbable, insensible, marmoréen**. *Orateur, écrivain, style glacial*, dénué de toute émotion, mortellement ennuyeux.

« ... il (*Bartholoméo*) ne déposait jamais la majesté que le temps imprimait à la personne, et l'habitude... de donner à son regard une fixité napoléonienne, rendait son abord glacial. »
BALZ., La vendetta, Œuv., t. I, p. 889.

2

« ... elle a dans toute sa personne je ne sais quoi d'imperturbable, de glacial et de naïf qui vous démonte. »
FLAUB., Corresp., 30 mai 1852.

3

« Un silence glacial accueillit cette lecture. Mᵉ Destouesse, qui exerçait pourtant ses fonctions depuis trente ans, en parut gêné. »
P. BENOIT, Mˡˡᵉ de la Ferté, V, p. 296.

4

« Dès notre première conversation, j'aurais dû comprendre que vous êtes un être glacial, sans instincts, une puritaine élevée par une vieille fille dans l'hypocrisie victorienne. Je ne vous ai tenue dans mes bras qu'un instant, mais ce fut assez pour mesurer tant de raideur et de refus... »
MAUROIS, Terre promise, XIV.

5

« Cet accueil glacial fut suivi d'une semonce que j'écoutai sans souffler. J'aurais dû pleurer, mais un orgueil mauvais m'en empêcha. »
BOSCO, Âne Culotte, p. 26.

6

ANT. — **Ardent, brûlant, chaud... ; accueillant, chaleureux, enthousiaste, sensible...**

1. GLACIER. *n. m.* (1332, *région. ;* usuel seulement au XVIIIᵉ s. (1757 ENCYCL.), où il est encore en concurrence avec *glacière*, jusqu'à la distinction établie définitivement par Saussure à la fin du siècle ; empr. aux parlers alpins ; de *glace*). Champ de glace éternelle, formé par l'accumulation d'épaisses couches de neige que la pression due à leur propre poids transforme en glace. *Mouvement de descente des glaciers. Glaciers polaires* (dits *continentaux*, ou *inlandsis*, s'ils s'étendent sur des continents entiers). *Glaciers de montagne, en calotte* ou encaissés. Glacier de vallée.* V. **Crevasse, langue, névé, rimaye, sérac**. *Glacier de cirque*. Glacier de paroi*, accroché à un versant. *Action des glaciers sur le relief.* V. **Érosion, erratique** (bloc), **glaciaire, moraine, moutonné** (roche), **strié** (roche). *Profil accidenté* (gradins, paliers, verrous...) *d'une vallée creusée par les glaciers. Glaciers des Alpes.* (V. **Mer*** (de glace), *des Montagnes Rocheuses, des Andes...*

« Les glaciers sont des amas plus ou moins étendus de glace en mouvement, que l'on rencontre sur la terre ferme à de hautes altitudes ou sous les latitudes élevées. Au même titre que le vent, les ruissellement, les eaux courantes, ils constituent de puissants agents d'ablation, de transport, de sédimentation et même de corrosion. »
HAUG, Traité de géol., I, XXVI.

1

« Le Jura lui sert de borne à l'endroit du nord ; à l'est, la Suisse et la Savoie dressent leurs pics neigeux et leurs glaciers éternels. »
GAUTIER, Souv. de théâtre..., p. 1.

2

« C'est le point de vue de Flaubert, qui s'ennuyant devant les montagnes de Luchon, écrivait à George Sand ce propos caractéristique : « je donnerais tous les glaciers pour le musée du Vatican. C'est là qu'on rêve... »
HENRIOT, Les romantiques, p. 453.

3

« Le glacier vert pend, coule immobile au long d'un mont blanc, non point blanc mais mauve comme la violette dite de Parme. »
COLETTE, Belles saisons, p. 50.

4

2. GLACIER. *n. m.* (de *glace*).

|| 1° (1765). *Vieilli.* Fabricant, vendeur de glaces de verre. V. **Miroitier**.

|| 2° (1803). Celui qui prépare ou débite des glaces, des sorbets. *Glacier-limonadier.*

GLACIÈRE. *n. f.* (1640 ; de *glace*).

|| 1° *Vx.* V. **Glacier 1**.

« Insensiblement des vapeurs s'élevèrent des glacières et formèrent des nuages sous mes pieds. L'éclat des neiges ne fatigua plus mes yeux ; et le ciel devint plus sombre encore et plus profond. Un brouillard couvrit les Alpes... »
SENANCOUR, Oberman, Lett. VII.

1

|| 2° *Ancienn.* Cavité souterraine en maçonnerie dans laquelle on conservait la glace produite pendant l'hiver. — *De nos jours.* Sorte d'armoire hermétiquement close et tapissée de matières isolantes, dans laquelle sont ménagés des récipients destinés à recevoir la glace qui entretient dans l'appareil une basse température favorable à la conservation des denrées. *Mettre un bloc de glace dans la glacière. Conserver du lait dans une glacière. Faire rafraîchir du vin à la glacière.* — REM. La dernière édition du Dict. de l'ACAD. donne encore au mot *glacière* le sens d' « appareil où l'on fabrique de la glace artificielle » ; cependant, pour éviter toute confusion, l'usage s'est établi de donner un autre nom à ces appareils. V. **Frigidaire, frigorifique, réfrigérateur**.

— *Fig.* Lieu extrêmement froid. *Cette chambre est une glacière, une vraie glacière* (Cf. Empester, cit. 2).

« ...une étroite vallée que la montagne enserre de partout comme un grand mur. Quand le soleil y donne, c'est une fournaise ; quand la tramontane souffle, une glacière... »
DAUD., Petit Chose, Gagne ta vie.

2

ANT. — (*Fig.*). Étuve, fournaise.

1. GLACIS. *n. m.* (1421 WARTBURG ; dér. de *glacer*, au sens anc. de « glisser »). Pente douce et unie, de terre ou de maçonnerie. *Milit.* Talus incliné qui s'étend en avant d'une fortification. *Glacis garnis de barbelés* (vieilli).

« La plage (*du navire*), en forme de triangle arrondi, était large et longue, plane, sans rambardes ni parapets, et légèrement inclinée en abord, à la façon d'un glacis de forteresse. »
FARRÈRE, La bataille, XXV

1

2 « Même les forteresses cananéennes étaient formidables ; les Hyksos avaient enseigné l'art des murailles doubles, épaisses parfois de 3 m. 50, précédées d'un glacis oblique, qui favorisait le tir ; »
DANIEL-ROPS, **Hist. sainte**, II, III.

— *Fig.* V. **Protection.**

3 « Quand je le voyais en disposition de se livrer à ce genre de débordements, je passais derrière mon bureau, qui est très long et très large et qui peut servir de glacis. »
DUHAM., **Cri des profondeurs**, XI, p. 212.

— *Archit.* Pente donnée à la saillie d'une corniche, d'une cimaise. *L'eau de pluie s'écoule par l'inclinaison des glacis.*

2. GLACIS. *n. m.* (1757 ; de *glacer*). *Peint.* Mince couche de couleur, transparente* comme une glace, qu'on étend sur des couleurs déjà sèches pour en harmoniser les teintes et leur donner plus d'éclat. *Étendre, poser les glacis.* V. **Glacer.** *Des glacis lumineux. Pinceau à glacis.*

1 « Jean-François de Troy peignait franc... et ne glaçait jamais. Les glacis n'ont jamais résisté aux cureurs de tableaux. Ceux-ci enlèvent au moins l'accord et l'harmonie d'un tableau terminé par ces mêmes glacis. »
CAYLUS, in BRUNOT, Hist. lang. fr., t. VI, p. 688.

2 « Il est probable que les premiers Vénitiens peignirent sur des fonds très blancs. Leurs chairs brunes ne semblent que de simples glacis laqueux sur un fond qui transparaît toujours. »
E. DELACROIX. **Journ.**, 5 oct. 1847.

GLAÇON. *n. m.* (XIIe s. ; de *glace*).

‖ 1° Morceau de glace. *La rivière charrie des glaçons* (Cf. Archipel, cit. 1). *Avoir les mains froides comme un glaçon* (ACAD.). — Petit cube de glace artificiel. *Mettre un glaçon dans son verre.*

« ... (le) choc incessant des glaçons, précipités les uns contre les autres pendant la débâcle des mers polaires. »
LAUTRÉAMONT, **Chants de Maldoror**, IV, p. 150.

‖ 2° *Fig.* Personne froide. *C'est un vrai glaçon.* V. **Froid** 1.

GLAÇURE. *n. f.* (1771 ; adapt. de l'allem. *glasur*, « vernis de la porcelaine »). *Technol.* Enduit ou préparation qui donne à certaines matières un aspect vitrifié ou glacé. *Céramiques couvertes de glaçure.* — Par ext. *Papier à glaçure.*

« ... une lettre de huit pages sur papier à glaçure bleue et initiales R.A. »
FLAUB., **Éduc. sentim.**, II, III.

GLADIATEUR. *n. m.* (XIIIe s. ; empr. au lat. *gladiator*, « qui combat avec le glaive »). *Antiq. rom.* Homme qui combattait dans les jeux du cirque*. V. **Belluaire, bestiaire, mirmillon, rétiaire.** *Le métier de gladiateur* (Cf. Art, cit. 57). *Combat de gladiateurs dans l'arène** (cit. 7), *l'amphithéâtre*.* V. **Hoplomachie.** *Entraîneur, loueur de gladiateurs.* V. **Laniste.** *Massacres de gladiateurs* (Cf. Attester, cit. 11). *Révoltes de gladiateurs.*

1 « Ah ! s'ils ont pu choisir pour leur libérateur
Spartacus, un esclave, un vil gladiateur, » RAC., Mithrid., III, 1.

2 « Aux duovirs et aux édiles, le *lanista* (laniste) baille au meilleur prix, pour. les combats où succombe ordinairement la moitié des combattants, la troupe de gladiateurs, *familia gladiatoria*, qu'il entretient de ses deniers... Les gladiateurs qui la composent (*cette armée de combattants*) sont répartis en instructeurs et en élèves, et versés, d'après leurs aptitudes physiques, dans des « armes » différentes : les Samnites, qui portent le bouclier (*scutum*) et l'épée (*spatha*) ; les Thraces, qui se protègent d'une rondache (*parma*) et manient le poignard (*sica*) ; les *murmillones* (mirmillons), coiffés d'un casque sur lequel est représenté un poisson de mer, la *murma* ; les rétiaires, qui leur sont d'ordinaire opposés, avec leur filet et leur trident... les gladiateurs étaient également dressés à lutter sur l'eau dans les naumachies et sur la terre ferme de l'amphithéâtre ; et, dans l'arène, ils étaient appelés tantôt à se mesurer avec les bêtes fauves... tantôt à en découdre entre eux, et c'étaient les duels de l' « hoplomachie »... Les gladiateurs, conduits en voiture du *ludus magnus* au Colisée, mettaient pied à terre en arrivant devant l'amphithéâtre, et faisaient le tour de l'arène en ordre militaire, vêtus de chlamydes teintes de pourpre et brodées d'or. Ils marchaient l'allure dégagée et les mains libres, suivis de valets qui portaient leurs armes ; et lorsqu'ils arrivaient à la hauteur de la loge impériale... (Cf. Ave, Cœsar, morituri te salutant). »
CARCOPINO, **Vie quotidienne à Rome**, pp. 274-275-277.

GLAÏEUL. *n. m.* (XIIIe s. ; du lat. *gladiolus*, même sens, dim. de *gladius*, « glaive », en raison de la forme des feuilles de cette plante). Plante monocotylédone (*Iridées*) herbacée, vivace, à bulbe aplati, à feuilles longues et pointues d'où sort une hampe florale droite portant un épi fourni de grandes fleurs décoratives. — *Glaïeul puant.* V. **Iris** (iris fétide).

« Viens-tu pas voir mes ondines
Ceintes d'algue et de glaïeul ? » HUGO, **Odes et ball.**, Ball. IV.

GLAIRE. *n. f.* (XIIe s. DAUZAT, « blanc d'œuf cru » ; du lat. vulg. *clarea*, dérivé de *clarus*, « clair », et peut-être influencé par le *g* de l'anc. fr. *glaire*, « gravier »).

‖ 1° Nom du blanc d'œuf cru. *Séparer la glaire et le jaune d'un œuf.*

‖ 2° *Par anal.* Matière visqueuse plus consistante que le mucus*, que sécrètent les muqueuses dans certains états pathologiques. V. **Crachat, humeur, mucosité.**

« Sur une chaise, au chevet de Pierre, il y avait une cuvette remplie d'une eau trouble et mousseuse. — Je ne vomis plus que des

glaires, dit Pierre d'une voix égale. Il y a longtemps que j'ai rendu tout ce que j'avais dans l'estomac. » SARTRE, **Le sursis**, p. 173.

DER. — **Glairer.** *v. tr.* (1680), *T. de Rel.* Frotter de blanc d'œuf (glaire ou glairure) la couverture d'un livre pour lui donner du lustre. — **Glaireux, euse.** *adj.* (XIIIe s.) Qui a la nature ou l'aspect de la glaire. *Urine glaireuse.* — **Glairure.** *n. f.* (1819). Blanc d'œuf mélangé d'alcool dont on frotte la reliure d'un livre avant de le dorer.

GLAISE (*glèz*). *n. f.* (XIIe s. sous les formes *glise, gleise*, puis *gloise* ; du gaul. *gliso*). Terre grasse, compacte et plastique, imperméable. V. **Argile, marne** (Cf. Brique, cit. 1 ; contenir, cit. 2). *Carrière de glaise.* V. **Glaisière.** *Glaise qui englue* (cit. 3) *les chaussures* (Cf. Chausser, cit. 1). *Glaise cuite* (Cf. Choc, cit. 2) *dont on fait des tuiles, des poteries.* — *Ébauche en glaise d'une statue.* V. **Modelage.** *Ébauchoir, grattoir à glaise.* — Adjectiv. *Cahute* (cit. 1), *forteresse de terre glaise* (Cf. Chantier, cit. 2).

« ... des plaines vertes coupées de précipices, où les sources filtrent dans la glaise... » NERVAL, **Promen. et souv.**, Butte Montmartre.

DER. — **Glaiser.** *v. tr.* (1690). Enduire de glaise. *Glaiser un bassin.* — Amender un sol en y mêlant de la glaise. *Glaiser un champ, une terre.* — **Glaisière.** *n. f.* (1762). Terrain d'où l'on tire de la glaise. — **Glaiseux, euse.** *adj.* (XIIe s.). Qui est de la nature de la terre glaise ; qui contient de la glaise. *Sol glaiseux. Terre glaiseuse* (Cf. Engrais, cit. 2).

« La terre, dont la première couche nous fut légère à enlever, devient glaiseuse et collante, est dure à manier et adhère à l'outil comme du mastic. Il faut, à chaque pelletée, racler le fer de la bêche. »
BARBUSSE, **Le feu**, XXIII.

GLAIVE. *n. m.* (XIIe s. ; *gladie* au Xe s. ; du lat. *gladius*, même sens).

‖ 1° *Archéol.* Épée* de combat à deux tranchants, pour frapper d'estoc et de taille. *Soldat romain armé du glaive. Gladiateur* combattant avec le glaive.*

1 « Quand le défilé (*des gladiateurs*) avait pris fin, on procédait à l'examen des armes, la *probatio armorum*, afin que fussent écartés les glaives dont le tranchant ou la pointe étaient émoussés... »
CARCOPINO, **Vie quotidienne à Rome**, p. 277.

— *En T. d'Écrit. :*

2 « ... tous ceux qui prennent le glaive périront par le glaive. »
BIBLE (CRAMP.). V. Épée, cit. 1 (SACY).

— *Allus. littér.* Le glaive de Damoclès* (Cf. Appendre, cit. 1). — *Par métaph. :*

3 « Pendant ce temps-là, notre mauvais génie travaillait à nous perdre. Nous étions dans le délire du plaisir, et le glaive était suspendu sur nos têtes. Le fil qui le soutenait allait se rompre. »
Abbé PRÉVOST, **Manon Lescaut**, II, p. 170.

‖ 2° *Par métaph.* ou *fig.* Symbole de la guerre, des combats, des exploits guerriers. V. **Épée** (Cf. Annales, cit. 5 ; destructeur, cit. 2). *Tirer le glaive. Remettre le glaive au fourreau :* faire la paix.

— Symbole de la toute-puissance divine, du châtiment divin. *Le glaive du Seigneur* (Cf. Ébrécher, cit. 3). *L'ange* (cit. 8) *au glaive de feu* (Cf. Étincelant, cit. 10).

4 « Ne pensez pas que je sois venu apporter la paix sur la terre ; je suis venu apporter, non la paix, mais le glaive. »
BIBLE (CRAMP.), **St Matthieu**, X, 34.

5 « ... (Cf. Affiler, cit. 1)... Le glaive que je tiens en main, dit le Seigneur notre Dieu, est aiguisé et poli : il est aiguisé, afin qu'il perce ; il est poli et limé, afin qu'il brille. »
BOSS., **Or. fun. Marie-Thér.**

— *Le glaive spirituel :* le pouvoir d'excommunication* (cit. 2).

— Symbole du pouvoir judiciaire, de la force légale, etc. *La balance* (cit. 5) *et le glaive*, attributs de la justice. *Le glaive de la loi.*

6 « Il faut que les deux comités prennent les mesures nécessaires pour que le glaive de la loi les frappe sans délai. »
Journ. de la Montagne (1794).

7 « ... le glaive de la justice n'a pas de fourreau ; »
J. de MAISTRE, **Soirées de St-Pétersbourg**, I.

DER. — (du lat. *gladius*). **Gladié, ée.** *adj.* En forme de glaive. V. **Ensiforme.**

GLAND (*glan*). *n. m.* (XIe s. en judéo-franç. ; du lat. *glandem*, accus. de *glans*).

‖ 1° Fruit du chêne, akène* contenant une graine, enveloppé à sa base dans une cupule*. *Glands tombés d'un chêne* (cit. 2). *Nourrir des porcs avec des glands. Écureuil qui se nourrit de glands* (Cf. Esquirol, cit.). *Glands doux*, fruits comestibles de certaines variétés de chênes. *Le gland, nourriture supposée des premiers hommes* (Cf. Blé, cit. 12 ; bois, cit. 5).

1 « ... ces glands doux dont il faisait, pareil aux pourceaux qu'il gardait, sa nourriture. » GIDE, **Retour de l'enf. prodigue**, I.

— *Pop.* Terme de mépris appliqué à un individu maladroit, d'esprit lourd. *Quel gland !* Cf. Gourde.

2 « Chez nous... il n'y a pas de place pour les petits glands de ton espèce. » R. NIMIER, **Hussard bleu**, p. 18.

‖ 2° *Par anal.* Zool. *Gland de mer.* V. **Balane.** — *Anat.* (XVIe s.). Extrémité antérieure de la verge. *Couronne du* *gland. Inflammation du gland* (V. **Balanite**), *du gland et du prépuce* (balano-posthite). — Extrémité conique du clitoris.

— *Par ext.* (XIVe s.). Morceau de bois, de métal, de verroterie ayant la forme du gland. *Passement.* Ouvrage tressé ayant la forme d'un gland, souvent orné de houppes ou de freluches*. *Glands de rideau, d'embrasse* (cit.), *de cordelière, de coussin. Gland de soie, d'or* (Cf. Aplatir, cit. 3), *d'argent, de perles, de fil, de laine. Gland à graine d'épinard.* — *Glands du poêle*, terminant les cordons accrochés aux quatre coins d'un corbillard* (Cf. *infra*, cit.).

3 « Nous avons les quatre glands du poêle à *garnir*... S'il n'y a personne, qui les tiendra ?... »
BALZ., **Cousin Pons**, Œuv., t. VI, p. 771.

4 « Les zébus des attelages ont les cornes peinturlurées, dorées ; portent des colliers, des clochettes, des glands de verroteries. »
LOTI, **L'Inde (sans les Anglais)**, p. 144.

5 « Le damas cerise abonde, lui aussi, et le satin rose, et la mousseline, le galon, la tresse, le gland. »
HENRIOT, **Portr. de fem.**, p. 377.

DER. — **Glandage.** *n. m.* (XVIe s.). Lieu où l'on recueille les glands. — *Anciennt.* Droit de ramasser les glands, ou droit de glandée. — **Glandée.** *n. f.* (vers 1500). Récolte de glands (Cf. Épars, cit. 2). Syn. de *Glandage.* — Cf. Glande et les dér. du lat. *balanus* (balane, balanifère, balanite...).

GLANDE. *n. f.* (XIIIe s. *glandre ;* du lat. médic. *glandula*, dér. de *glans* « gland »).

|| **1o** Organe dont la fonction est de produire une sécrétion. *Glandes salivaires, ciliaires, mammaires* (V. **Mamelle, sein**), *sudoripares...* — *Forme des glandes : glandes acineuses* (V. **Acinus**), *en grappe, tubuleuses.* — *Glandes ouvertes ou exocrines*, déversant à l'extérieur leurs produits (lait, larme, mucus, pituite, sébum, salive...). *Glandes closes ou endrocrines* (cit. 1 et 2) à sécrétion interne (*glande pinéale** ou épiphyse, *glande pituitaire* ou hypophyse*, *glandes* ou capsules *surrénales*, *glande* ou corps *thyroïde**, thymus... Cf. Cellule, cit. 7. V. **Hormone**). Descartes plaçait le siège de l'âme (cit. 19) dans la *glande pinéale.* — *Glandes mixtes, endocrines et exocrines.* V. **Foie, pancréas, testicule, ovaire.** — *Glandes récrémentitielles de l'estomac, des intestins. Glandes excrémentielles*.* V. **Rein** (Cf. *aussi* Cérumineux, sébacé, sudoripare). — *Glandes génitales, reproductrices, sexuelles.* V. **Gonade, ovaire, testicule.** Cf. Eunuque, cit. 4 ; femme, cit. 10). — *Usage médical des extraits de glandes.* V. **Opothérapie.**

1 « ...on ne peut pas imaginer dans un recoin du corps un viscère, une glande, renâclant devant la besogne. »
ROMAINS, **H. de b. vol.**, t. IV, VI, p. 45.

2 « Les glandes, telles que la thyroïde, la surrénale, le pancréas, synthétisent, en utilisant les substances contenues dans le plasma sanguin, des corps nouveaux, la thyroxine, l'adrénaline, l'insuline. Elles sont de véritables transformateurs chimiques. Elles créent ainsi des produits indispensables à la nutrition des cellules et des organes, à nos activités physiologiques et mentales. »
CARREL, **L'homme, cet inconnu**, p. 101.

|| **2o** *Par ext.* Se dit, vulgairement, de tumeurs qui se forment à une certaine profondeur. *Souffrir de glandes à l'aisselle, au cou. Enfant qui a des glandes*, dont les ganglions* lymphatiques sont enflammés. V. **Adénite, adénome.**

3 « Il y avait déjà quelques mois que la santé de la reine d'Espagne était altérée : il lui était venu des glandes au cou, qui peu à peu dégénérèrent en écrouelles. »
ST-SIM., **Mém.**, III, 978.

DER. — **Glandulaire.** *adj.* (1611). Qui a la nature ou la forme d'une glande. *Tissu, corps glandulaire. Les reins, organes glandulaires.* (SYN. **Glanduleux**, euse.). — Qui a rapport aux glandes. *Sécrétions glandulaires. Troubles glandulaires.* — **Glandule.** *n. f.* (1495). *Méd.* Petite glande. *Glandules thymiques, thyroïdes* (V. **Parathyroïdes**). — **Glanduleux**, euse. *adj.* (1314). V. **Glandulaire.** *Le foie, organe glanduleux.*

GLANER. *v. tr.* (XVIe s. ; d'abord *glener* au XIIIe s. ; du bas lat. *glenare* (VIe s.), dér. d'un mot gaulois).

|| **1o** Ramasser dans les champs, après la moisson, les épis qui ont échappé aux moissonneurs. *Glaner quelques épis.* — *Par ext. Glaner un champ.* — *Absolt. Trouver à glaner* (Cf. *par métaph.* Dernier, cit. 8).

1 « Ruth s'en alla et vint glaner dans un champ derrière les moissonneurs... Elle glana dans le champ jusqu'au soir, et elle battit ce qu'elle avait glané ; »
BIBLE (CRAMP.), **Ruth**, II, 3 et 17.

— Cueillir ou ramasser au hasard, capricieusement, pièce à pièce. *Glaner du bois* (cit. 22), *des brindilles, des écorces, des fleurs, des fruits sauvages.* V. **Récolter.**

2 « ...je glanais la mûre, la merise, ou la fleur, je battais les taillis et les prés... »
COLETTE, **Mais. de Claudine**, p. 11-12.

— *Par ext.* et *fig. Glaner sa nourriture de maison en maison*, vivre de façon errante et précaire.

3 « Et comme l'oiseau sans asile,
Tu vas glanant ville en ville
Les miettes du pain étranger. » LAMART., **À Mme Desbordes-Valmore.**

|| **2o** *Fig.* Recueillir par-ci par-là des bribes dont on peut tirer quelque avantage, quelque parti. V. **Butiner, grappiller, puiser, récolter.** *Anecdotes* (cit. 1), *détails glanés*

ici et là (Cf. Échapper, cit. 14). *Connaissances glanées au hasard* (Cf. Aisé, cit. 6). *Cette époque a été bien étudiée ; à peine y pourrait-on glaner quelques faits* (LITTRÉ).

4 « Tout est dit... l'on ne fait que glaner après les anciens... »
LA BRUY., I, 1 (Cf. Dire, cit. 112).

5 « Il n'y a pas de quoi glaner après ma fille : elle a en vérité tout dit et mieux que je n'eusse pu faire. » SÉV., **1312**, 17 déc. 1670.

6 « ...ces nations (*Anglais, Français*) n'ont fait que glaner après les riches moissons (*en Amérique*) des Espagnols ; »
VOLT., **Mœurs**, CXLIX.

7 « Nous allons glanant sur vos pas et ramassant par-ci par-là quelques petites feuilles que vous avez négligées et que nous nous attachons fièrement sur l'oreille en guise de cocarde. »
DIDER., **Lett. à Volt.**

8 « Je l'ai lu, sans pouvoir y glaner une misérable ligne qui me servit. »
ID., **Salon de 1767**, Œuvr., t. XIV, p. 391 (in POUGENS).

9 « Le peu de lettres qu'il avait, bien peu, une certaine lecture glanée çà et là, entre deux bourrasques, se compliquait de fautes d'orthographe. » HUGO, **Travaill. de la mer**, I, III, XII.

DER. — **Glanage.** *n. m.* (1596). Action de glaner. — **Glane.** *n. f.* (XIIIe s.). Poignée d'épis glanés. Action de glaner. *Droit de glane.* — *Par ext. Glane d'oignons*, chapelet d'oignons attachés ensemble. *Glane de poires :* rangée de poires voisinant sur une même branche. *Fig.* Petite quantité. — **Glanure.** *n. f.* (XVIe s.). Ce que l'on glane. *Fig.* V. **Bribe.** *Études et glanures*, titre d'un ouvrage d'Émile Littré (1880). — **Glaneur, euse.** *n. m.* et *f.* (XIIIe s.). Celui, celle qui glane. *Les Glaneuses*, tableau de J.-F. Millet (1857).

1 « ...comme on voit le glaneur
Cheminant pas à pas recueillir les reliques
De ce qui va tombant après le moissonneur. »
DU BELLAY, **Antiq. rom.**, XXX.

2 « C'est la moisson du savant M. Ménage ; voyons si l'on pourra trouver des glanures après lui, ... » BAYLE, **Dict. crit.**, Barclai.

3 « Sa gerbe n'était point avare ni haineuse ;
Quand il (*Booz*) voyait passer quelque pauvre glaneuse :
— Laissez tomber exprès des épis, disait-il. »
HUGO, **Lég. des siècles**, II, Booz endormi.

4 « En un seul point la femme le cède à l'homme : l'esprit de synthèse. La femme est plus éparse et rassemble moins. L'homme est bûcheron. La femme, glaneuse. Pendant la vendange, la femme grappille. »
L. DAUDET, **La femme et l'amour**, En manière de conclusion.

GLAPIR. *v. intr.* et *tr.* (vers 1200 ; altér. de *glatir** sous l'infl. de *japper.* V. **Clapir***).

|| **1o** Se dit des animaux qui poussent un aboi* bref et aigu. V. **Aboyer, crier.** *Le renard, le lapin, l'épervier, la grue glapissent. Petit chien qui glapit.*

1 « ...le renard glapit, aboie, et pousse un son triste, semblable au cri du paon ; »
BUFF., **Hist. nat. anim.**, Le renard, Œuvr., t. II, p. 582.

2 « Un renard glapissait pour avertir sa femelle qu'il rabattait vers elle un levraut. » CONSTANTIN-WEYER, **Source de joie**, p. 64.

|| **2o** Se dit des personnes qui font entendre une voix aigre, des cris aigus. *Marchand forain qui glapit.* Péj. *Médiocre chanteur qui ne sait que glapir.* — En parlant de choses. *Vent* (Cf. Fourche, cit. 3), *phonographe, sirènes d'alarme qui glapissent.* Transit. *Glapir des injures, des rengaines. Glapir sa douleur.*

3 « ...une vieille femme venait de poser sur le trépied ardent une poêle pleine de graisse, qui glapissait au feu avec un bruit pareil aux cris d'une troupe d'enfants qui poursuit un masque. »
HUGO, **N.-D. de Paris**, I, II, VI.

4 « Un phonographe glapissait dans un cabaret borgne. »
MART. du G., **Thib.**, t. I, p. 95.

5 « Presque aussitôt, toutes les sirènes d'alerte se mirent à glapir en même temps. » ID., **Ibid.**, t. IX, p. 133.

|| **GLAPISSANT, ANTE.** *adj.* (1665). *Voix glapissante. Animal, monstre, personnage glapissant.* V. **Criard.**

6 « Sa voix glapissante déchirait le tympan des oreilles. »
BALZ., **Urs. Mirouët**, Œuvr., t. III, p. 299.

7 « Les monstres glapissants, hurlants, grognants, rampants, ... »
BAUDEL., **Fleurs du mal**, Au lecteur.

DER. — **Glapissement.** *n. m.* (1538). Cri aigu de certains animaux. *Le glapissement du renard, du chacal. Par ext. Glapissements d'une femme, d'un homme en colère. Fig. Les glapissements de l'envie.*

1 « Son glapissement (*du renard*) est une espèce d'aboiement qui se fait par des sons semblables et très précipités. »
BUFF., **Hist. nat. anim.**, Le renard, Œuvr., t. II, p. 582.

2 « ...les glapissements de la réclame leur sont inutiles. »
BLOY, **Femme pauvre**, p. 238.

3 « Cris d'oiseaux dans la tempête, ululements de chouette dans la nuit, glapissements de chacal ou de renard en chasse, appels terrifiants des sentinelles nocturnes... »
J. et J. THARAUD, **Marrakech**, p. 248.

4 « ...éviter que la vieille n'arrive à nous compromettre tous avec ses sales glapissements devant les voisins et les curieux. »
CÉLINE, **Voyage au bout de la nuit**, p. 295.

GLARÉOLE. *n. f.* (1811 ; empr. au lat. scient. *glareola*, de *glarea*, « gravier »). Oiseau charadriiforme (*Échassiers glaréolidés* ou *cursoriidés*) vivant en colonies sur les grèves, dans les marais. *Les glaréoles se nourrissent d'insectes ; on les nomme communément hirondelles des marais, perdrix de mer...*

GLAS. *n. m.* (XIIe s. ; bas lat. *classum*, pour lat. class. *classicum*, « sonnerie de trompettes »). Tintement* d'une cloche d'église pour annoncer l'agonie (cit. 6), la mort ou les obsèques d'une personne. *Sonner, tinter le glas. Glas funèbre, lugubre, sinistre.*

1 « Son pas funèbre est lent comme un glas de beffroi ; »
HUGO, **Lég. des siècles**, Rose de l'Infante.

2 « J'avais aussi les cloches de Saint-Germain... Tantôt des carillons joyeux et fous précipitant leurs doubles-croches ; tantôt des glas noirs, lugubres, dont les notes tombaient une à une comme des larmes. »
DAUDET, **Pet. Chose**, II, V.

3 « Parfois du village un glas s'élevait, portant aux grillons, aux blés, aux cigales l'inexplicable mort. » ST-EXUP., **Courrier Sud**, p. 53.

— *Par anal.* Salves d'artillerie tirées aux funérailles d'un souverain ou d'un officier élevé en grade.

— *Fig. Sonner le glas d'une espérance, d'une institution, d'une mode... :* annoncer leur fin, leur chute (Cf. Exotisme, cit. 3).

4 « J'écoute résonner tout bas
Le glas de ma jeunesse. » TOULET, **Contrerimes**, IV.

5 « Montaigne sonne le glas de la Renaissance. Il met en relief la stérilité de l'érudition, la diversité contradictoire des opinions que les anciens nous ont transmises sur la nature et sur la vie. »
BRUNSCHVICG, **Descartes**, p. 7.

6 « On parle encore de ces courtisans qui firent le succès du « *Mariage de Figaro* » quoiqu'il sonnât le glas du régime. »
SARTRE, **Situations II**, p. 129.

GLASS. *n. m.* (1628 ; empr. à l'all. *Glass*). *Arg.* V. **Verre** (à boire). *Boire, siffler un glass.*

« Et on boit pas un glass ? proposait la fille. Viens donc. C'est ma tournée... » CARCO, **Jésus-la-Caille**, III, VII.

GLATIR. *v. intr.* (vers 1100 ; du lat. *glattire*, « japper », en parlant des petits chiens). *Vx.* V. **Glapir.** — Crier, en parlant de l'aigle*.

GLAUCIER. *n. m.* ou **GLAUCIÈRE.** *n. f.* (XIXe s. ; dér. sav. du lat. *glaucium*). *Bot.* Plante dicotylédone (*Papavéracées*), communément appelée *pavot cornu*.
DER. — (de *glaucium*). **Glaucique.** *adj.* (1856). *Chim. Acide glaucique*, extrait du glaucier jaune.

GLAUCOME. *n. m.* (1649 ; empr. au lat. médic. *glaucoma*). *Méd.* Maladie de l'œil caractérisée par une augmentation de la pression intra-oculaire qui accroît la dureté du globe, et une diminution de l'acuité visuelle. *Glaucome aigu, chronique.*

GLAUQUE. *adj.* (1503 ; empr. au lat. *glaucus*). D'un vert qui rappelle l'eau de mer. V. **Verdâtre.** *Mer glauque. Un vert glauque d'eau trouble.* (Cf. Fenêtre, cit. 6). *Feuillage glauque d'un peuplier* (Cf. Colombe, cit. 3). *Yeux glauques.*

1 « Ses yeux, où le ciel se reflète,
Mêlent à leur azur amer,
Qu'étoile une humide paillette,
Les teintes glauques de la mer. »
GAUTIER, **Émaux et camées**, Cærulei oculi.

2 « Cette mer, toujours un peu verdâtre, agitée, houleuse, semblait plus glauque par le contraste de toutes ces blancheurs sur lesquelles déferlaient les vagues en silence. »
BARBEY d'AUREV., **Vieille maîtresse**, II, XII.

3 « ... l'amère senteur des glauques goëmons. »
HUGO, **Contempl.**, V, XXIV.

GLÈBE. *n. f.* (XVe s. ; empr. au lat. *gleba*). *Vx.* Motte de terre. *Écraser les glèbes.* — *Par ext.* (dans la langue écrite) Champ, sol cultivé. *Paysans attachés* (cit. 19) *à la glèbe, courbés sur la glèbe* (Cf. Cheval, cit. 2).

1 « Et voilà que François redoutait fort : c'est cette chaude fièvre du paysan qui ne veut se départir de sa glèbe. »
SAND, **François le Champi**, XIX.

2 « Autour de moi je ne voyais qu'une terre aux mottes ingrates. Cette terre me parut pauvre et d'une navrante stérilité. Pas un corbeau ne picorait la glèbe. » BOSCO, **Jard. d'Hyacinthe**, p. 101.

— *Spécial. Féod.* Fonds de terre avec ses serfs immeubles, incapables de quitter la terre qu'ils doivent cultiver. *Serfs attachés à la glèbe.*

3 « ... le moyen âge continuait, le système barbare où la glèbe compta plus que l'homme, où la terre, le fumier, la cendre, furent suzerains de l'esprit. » MICHELET, **Hist. Révol. fr.**, I, III.

GLÉCHOME (-kom) ou **GLÉCOME.** *n. m.* (1839 ; adapt. du gr. *glêkhon*, « pouliot »). *Bot.* Plante dicotylédone (*Labiées*) à tiges rampantes, communément appelée *lierre terrestre, herbe de Saint-Jean*, etc.

1. GLÈNE. *n. f.* (XVIe s. ; empr. au gr. *glênê*, « cavité »). *Anat.* Cavité peu profonde d'un os dans laquelle s'emboîte un autre os. *Glène antibrachiale.*

COMP. — **Glénoïde**, ou **Glénoïdal.** (1754). *adj.* (Cf. -Oïde). *Anat.* Se dit de toute cavité articulaire recevant un condyle*. V. **Articulation.** *Cavité glénoïdale* ou *glénoïde de l'omoplate*, recevant la tête de l'humérus. Substant. *La glénoïde du tibia, du temporal.*

2. GLÈNE. *n. f.* (1786 ; empr. au prov. mod. *gleno*). *Mar.* « Portion de cordage ployée en rond sur elle-même, c'est-à-dire lovée » (GRUSS).
DER. — **Gléner.** *v. tr.* (1865). *Mar.* Lover* un cordage.

GLETTE. *n. f.* (XIIe s. ; du lat. *glittus*, var. de *glutus*, « agglutiné »). V. **Litharge.**

GLISSADE. *n. f.* (1556 BELLEAU ; de *glisser**). Action de glisser* ; mouvement que l'on fait en glissant. *Glissade d'une couleuvre* (cit. 3) *dans l'herbe. Il fit une glissade sur le parquet ciré et tomba* (V. **Chute**). — *Les enfants s'amusent à faire des glissades sur l'étang gelé* (V. **Glisser**).

1 « ... n'ayes plus de peur
De choir sur le roc, ni frayeur
De la violente glissade
De l'aigle... » BELLEAU, **La tortue**, Stance finale.

2 « ... en retenant son cheval qui avait fait une grande glissade... »
ST-SIM., **Mém.**, t. IV, XIX.

3 « ... une ample forme aérienne plongeait sous le dais de brouillard, basculait sur une aile dans une glissade effarante... C'était un héron... »
GENEVOIX, **Forêt voisine**, VIII, p. 95.

4 « La glace portait comme de la roche. Il s'élança d'une longue glissade jusqu'à un trou de la berge. Il se cacha. »
GIONO, **Le chant du monde**, II, I.

— *Chorégr.* Pas de danse qui consiste à passer lentement le pied devant soi, à gauche ou à droite, en frôlant le sol. V. **Glissé.** *Glissade battue*, brisée*.*

— *Aviat.* (XXe s.). Se dit d'une manœuvre acrobatique. *Glissade sur l'aile, sur la queue. Amorcer une glissade.*

— *Par ext.* V. **Glissoire.**

— *Fig.* V. **Faiblesse, faute, pas** (faux).

5 « ... si la présence de son amant lui fait faire quelque faux pas, c'est une glissade dont elle se relève à l'heure tôt ; »
CORN., **Exam. du Cid**.

6 « Il y a des glissades qui finissent dans une impasse. On s'y enfonce. » BAINVILLE, **L'Allemagne**, p. 150.

GLISSANT, ANTE. *adj.* (vers 1370 ; de *glisser*).

|| 1° Où l'on glisse facilement. *Pavé glissant* (Cf. Atteler, cit. 8). *Sentier glissant* (cit. 15).

1 « En passant, nous jetions l'œil au fond de ces caves aux marches si polies, si glissantes, si bien savonnées qu'on y tombe comme dans un trou de formicaleo... » GAUTIER, **Voyage en Russie**, p. 3.

2 « ... cependant que je marche sur le pavé glissant, sur le grès rose et gris des ruelles de ma colline. » DUHAM., **Temps de la rech.**, X.

— *Fig.* V. **Dangereux, hasardeux.** *Terrain glissant. Pente glissante* (Cf. Enivrer, cit. 4). *Pas glissant* (Cf. Fourberie, cit. 3).

3 « Je ne pouvais savoir quel obstacle puissant
M'arrêtait sur un pas si doux et si glissant, ... »
MOL., **Étourdi**, V, 10.

4 « Tout doit tendre au bon sens : mais, pour y parvenir,
Le chemin est glissant et pénible à tenir ; » BOIL., **Art poét.**, I.

5 « ... vous allez partir, mon enfant ; vous allez à la cour, c'est un terrain glissant aujourd'hui. Je regrette pour vous qu'il ne soit pas resté ce qu'il était. » VIGNY, **Cinq-Mars**, I.

|| 2° Qui glisse facilement entre les mains ou le long d'un autre corps. *Poisson glissant qui échappe des mains* (Cf. Cœur, cit. 3). *Tronc d'arbre mouillé et glissant* (Cf. Aveuglette, cit. 1). *Graisser un rouage de machine pour le rendre glissant.* V. **Huiler, lubrifier.** *Rampe d'escalier devenue glissante par le frottement des mains.*

6 « Ce qu'on sent, ce qu'on touche, c'est ce qui échappe continuellement des mains qui le serrent ; plus on serre les choses glissantes, plus elles échappent. »
BOSS., **Médit. sur l'Évang.**, La Cène, I, 90e jour.

7 « Vos dames (*de Provence*)... avec leurs coiffures glissantes de pommades... » SÉV., 157, 15 avr. 1671.

8 « ... la grâce à lignes fuyantes qu'Edmée habillait si bien de robes plates et de tuniques glissantes. » COLETTE, **Fin de Chéri**, p. 15.

9 « Il cheminait à grandes allures, fermes, régulières, et en même temps d'une légèreté glissante que les années n'avaient pas encore alourdies... » GENEVOIX, **Dernière harde**, p. 158.

— *Fig.* V. **Fuyant.** *Faveur* (cit. 2) *glissante des grands.*

10 « Habitué à des visages comme celui de Lola... Mathieu avait cent fois tenté de retenir ensemble ces traits glissants, mais ils s'échappaient. » SARTRE, **Âge de raison**, p. 106.

GLISSEMENT. *n. m.* (XIVe s. ; de *glisser**). Action de glisser* ; mouvement de ce qui glisse. *Glissement d'un traîneau sur la neige, d'un rideau le long de sa tringle. Séreuse qui facilite le glissement des organes de l'abdomen* (Cf. Enveloppe, cit. 3). *Glissement lent* (Cf. Colonne, cit. 1).

1 « ... le glissement commence, au rythme des avirons, sur la grande nappe unie où notre passage laisse comme des plissures de soie. »
LOTI, **Supr. vis. d'Orient**, p. 12.

2 « Il traversa la pointe de la jonchère, et ce fut le bruissement des hautes tiges, leur glissement frais le long de ses jambes... »
GENEVOIX, **Dernière harde**, p. 107.

— *Par ext.* Bruit de ce qui glisse (Cf. Couvrir, cit. 22).

3 « Longtemps elle entendit chanter Carole. Puis ce fut le piano et des glissements de pas sur le parquet ; on dansait. »
PLISNIER, **Meurtres**, t. III, p. 167.

4 « Au dehors, tout était calme, nous avons entendu le glissement d'une auto qui passait. »
CAMUS, **L'étranger**, p. 51.

— Mécan. *Frottement* de glissement.* V. **Frottement** (*supra* cit. 8). *Faciliter le glissement des pièces d'une machine au moyen d'un lubrifiant.*

— Géol. *Glissement vertical le long d'un plan de faille** (cit.). V. **Affaissement, éboulement.** *Glissement de terrain :* déplacement plus ou moins lent des couches superficielles de l'écorce terrestre.

5 « Les mouvements de masse, éboulements, écoulements visqueux, glissements de terrains, peuvent se traduire sous une forme brutale, en quelques minutes, ou au contraire s'étaler sur une longue période dépassant une vie humaine. Ces deux aspects, l'un spectaculaire, l'autre imperceptible, existent en tous points du globe... L'humidification du plan stratigraphique inférieur d'une masse argileuse structurellement inclinée peut conduire au glissement de l'ensemble sur le *substratum*... les mouvements de masse, d'intensité maximum dans les zones climatiques à oscillations saisonnières, sont considérablement amplifiés par la préparation en profondeur d'un plan de glissement lubrifié. »
J. POUQUET, **L'érosion**, pp. 30-35 (éd. P.U.F.).

6 « Les glissements du sol sont, plus qu'aucun autre processus du modelé, conditionnés par le climat... Dans les pays chauds et humides, les glissements lents opèrent d'une façon plus continue ; la décomposition chimique dissout une partie notable des terrains affectés par le mouvement, en augmentant la proportion du résidu argileux qui facilite le glissement. »
De MARTONNE, **Géog. phys.**, t. II, p. 562.

— *Fig.* Action de tendre progressivement et insensiblement vers quelque chose. V. **Évolution** (Cf. Chrétien, cit. 11). *Mot qui change de sens par glissement d'une idée à une autre. Le résultat des élections marque un léger glissement à gauche.*

7 « C'est ainsi qu'il a peu à peu et de plus en plus glissé dans le sens gouvernemental, dans le sens autoritaire, dans le sens d'une autorité de commandement. Ce glissement, cet infléchissement, s'est fait sentir peu à peu dans toute sa méthode et dans toute son action. »
PÉGUY, **La République...**, p. 72.

8 « C'est à l'ignorance du peuple, à trop de négligences envers lui, que certains intellectuels attribuaient ce malaise, ces saccades et ces glissements vers des doctrines subversives. »
LECOMTE, **Ma traversée**, p. 102.

ANT. — Frottement (*Mécan.*).

GLISSER. *v. intr.* et *tr.* (anc. fr. *glier*, d'un francique *glîdan* ; altéré en *glicier* (XIIᵉ s. ;), par infl. de *glacer**).

I. *V. intr.* ‖ **1°** Se déplacer d'un mouvement continu, volontaire ou non, sur une surface lisse ou le long d'un autre corps, par une impulsion une fois donnée. *Il empoigna la corde et se laissa glisser jusqu'au sol.* V. **Affaler** (**s'**), **couler.** *Nageur qui se laisse glisser sur son erre* (cit. 2). *Glisser sur une pente raide* (Cf. Couler, cit. 21) *à écorche*-cul. Glisser sur la glace avec des patins* (V. **Patiner**), *sur la neige avec des skis* (V. **Skier**). — *Absolt. Ils manquent l'école pour aller glisser* (LITTRÉ). — V. **Glissade.** *Terrain qui a glissé.* V. **Glissement.** *Glisser dans la boue* (Cf. Chaussure, cit. 4), *sur le pavé mouillé, sur un parquet ciré, sur une peau de banane. Femme évanouie* (cit. 18) *qui glisse et s'affaisse.* V. **Tomber.** *Son pied a glissé* (Cf. Fange, cit. 3). *Le pied lui a glissé.* V. **Manquer.**

1 « Et Rodolphe, insensiblement, se laissait glisser du tabouret jusqu'à terre ; »
FLAUB., **Mᵐᵉ Bov.**, II, IX.

2 « D'assez grand matin nous eûmes le malheur de perdre un homme, qui tomba à la mer. C'était... l'un des meilleurs matelots que possédât la goélette. En passant sur l'avant, le pied lui glissa, et il tomba entre deux quartiers de glace pour ne jamais se relever. »
BAUDEL., Traduc. E. POE, **Avent. G. Pym**, XVII.

3 « ... j'essayai de dégager ma main de celle de mon père ; lui, croyant que j'avais glissé, me serra plus fort. »
DAUDET, **Pet. Chose**, Les babarottes.

4 « ... la piscine où notre roi Agamemnon, le père d'Électre, glissa, revenant de la guerre, et se tua, tombant sur son épée. »
GIRAUDOUX, **Électre**, I, 1.

5 « L'outrage appelle la majesté. Dans la rue les plus dignes sont ceux qui viennent de glisser sur du crottin. »
ID., **Ibid.**, II, 7.

— *Voiture qui glisse sur le verglas.* V. **Déraper.** — *Curseur* qui glisse dans sa coulisse.* V. **Coulisser.** *Encensoir* (cit. 1) *qui glisse sur sa chaînette. Une larme glissa sur sa joue.* V. **Rouler.**

6 « Nous frappons à une grosse porte qui aussitôt glisse dans ses rainures et s'ouvre. »
LOTI, **Mᵐᵉ Chrysanth.**, III.

— *Spécialt. :*

7 « De sa blanche et débile main, elle pousse un rabot sur la planche ; le rabot glisse et ne mord point. »
ROUSS., **Émile**, V.

8 « Ils (*les cerfs*) se cabraient contre le tronc des arbres pour atteindre les hautes lianes des lierres. Leurs pinces glissaient en éraflant l'écorce lisse... »
GENEVOIX, **Dernière harde**, p. 29.

— Par métaph. *Glisser comme une lame sur une cuirasse* (cit. 4).

9 « Je ne peux plus lire que les livres qui me font travailler. Sur les autres, ma pensée glisse comme une charrue sur du marbre. J'aime labourer. »
VIGNY, **Journ. d'un poète**, p. 89.

— *Faire glisser les épaulettes* (cit. 1) *d'une combinaison* (Cf. Entrevoir, cit. 5). *Vêtements trop larges qui flottent* (cit. 8) *et glissent d'eux-mêmes. Chemise* (cit. 2) *qui glisse de l'épaule à la hanche.*

10 « Mais dès que Bouboule, d'un tour d'épaules, avait laissé glisser jusqu'à la taille son kimono, personne ne riait plus. »
COLETTE, **Belles saisons**, p. 131.

— En parlant d'un objet lisse. V. **Échapper, tomber.** *Savon qui glisse des mains. Manche de fléau* (cit. 1) *poli par l'usure, qui glisse dans les mains.* — Fig. :

11 « N'avez-vous pas été bien surpris, Monsieur, de vous voir glisser des mains M. de Vardes, que vous teniez depuis dix-neuf ans ? »
SÉV., 915, 26 mai 1683.

12 « Non seulement le pouvoir avait glissé des mains du roi, mais il n'était point tombé dans celles de l'Assemblée ; il était par terre, aux mains du peuple... »
TAINE, **Orig. France contemp.**, Révolution, III, t. I, p. 3.

— *Glisser entre les doigts comme une anguille, une couleuvre, un poisson.* V. **Filer** (Cf. Farceur, cit. 8).

13 « Ma fille me prie de vous mander le mariage de M. de Nevers : ce M. de Nevers, si difficile à ferrer, ce M. de Nevers si extraordinaire, qui glisse des mains alors qu'on y pense le moins, il épouse... »
SÉV., 119, 10 déc. 1670.

14 « Il faut voir dans nos grands combats,
Ce corps si souple et si fragile,
Ainsi qu'une couleuvre agile,
Fuir et glisser entre nos bras. »
MUSSET, **Prem. poés.**, Madrid.

— *Spécialt.* Phys. et Mécan. (V. **Glissement**). *Huiler, graisser, lubrifier les rouages d'un mécanisme pour qu'ils glissent mieux.* — Mar. *Faire glisser la chaîne de l'ancre.* V. **Riper.**

‖ **2°** *Par anal.* Avancer comme en glissant. *Cygne* (cit. 4), *embarcation* (cit. 1) *qui glisse au fil* (cit. 3) *de l'eau* (Cf. Amer, cit. 2). *Boa* (cit. 1) *qui glisse parmi les pierres.* V. **Ramper.**

15 « Entre le laurier-rose et le lotus jaseur
Glisse amoureusement le grand Cygne rêveur »
RIMBAUD, **Poésies**, V, IV.

16 « Elle glisse plus qu'elle ne marche. » R. ROLLAND, **Liluli**, p. 7.

17 « Il y a des jours où je suis si las que, lorsque je traverse une rue et qu'un tramway en pleine vitesse glisse vers moi, j'ai envie de me laisser tomber entre les rails. »
V. LARBAUD, **Barnabooth**, Journ., 7 octobre.

— *Par ext.* (Cf. *infra*, SE GLISSER). *Rayons de soleil, de lune qui glissent à travers le feuillage* (Cf. Effiler, cit. 1 ; enchâsser, cit. 3). *Glisser entre les rangs, à travers la foule* (Cf. Cour, cit. 3 ; engorger, cit. 3).

18 « Mais tout à coup j'ai vu dans la nuit sombre
Une forme glisser sans bruit. »
MUSSET, **Poés. nouv.**, Nuit de décembre.

19 « Elle... vit une lumière éclatante qui glissait par les fentes de la porte. »
FRANCE, **Thaïs**, II, p. 106.

20 « Ô Thébains, la guerre, entre tant d'avantages, recouvre le corps de la femme d'une cuirasse d'acier et sans jointure où ni le désir ni la main ne peuvent glisser... »
GIRAUDOUX, **Amphitryon 38**, III, 1.

— *Par métaph.* Passer doucement, graduellement, insensiblement. *Glisser du réel au fictif* (cit. 2). *La majorité gouvernementale glisse vers la droite.*

21 « Élisabeth... cessant d'être une fille, et devenant une jeune fille, glissait de l'âge où les garçons se moquent des filles à l'âge où les jeunes filles émeuvent les garçons. »
COCTEAU, **Enf. terr.**, p. 75.

22 « A qui s'étonne que plus d'un écrivain glisse à la morale, aux affaires, à la politique, l'on doit répondre qu'il s'enfuit comme un émigrant parce qu'il n'a rien à manger. »
PAULHAN, **Fleurs de Tarbes**, p. 31.

— *Fig.* V. **Abandonner** (**s'**), **aller** (se laisser). *Glisser sur une mauvaise pente* (Cf. Enchaînement, cit. 4). *Glisser dans le vice* (Cf. Encore, cit. 7), *dans les abîmes du désespoir.* (V. **Sombrer**). Fam. *Se laisser glisser,* mourir.

23 « ... je ne pouvais souffrir l'idée que cet homme extraordinaire glissât jamais dans le ridicule. » DUHAM., **Pasq.**, III, IX.

24 « ... je me demandais si je ne courais pas quelque risque personnel, si je ne glissais pas à une sorte de complicité en n'ayant pas l'air de réprouver tout de suite son entreprise. »
CÉLINE, **Voy. au bout de la nuit**, p. 286.

‖ **3°** *Par ext.* Passer légèrement sur quelque chose. V. **Passer.** *Frisson qui glisse sur la chair* (cit. 22). *Reflets qui glissent sur la glace et s'effacent* (cit. 19). V. **Courir.**

25 « ... un ciel immense où glissent les nuages... »
BARRÈS, **Colline insp.**, p. 8.

26 « Ses doigts, glissant doucement sur les touches, esquissèrent un air de Schumann. » MAUROIS, **Bernard Quesnay**, V.

27 « Le vent tire en gémissant des nuées pesantes dont l'ombre glisse sur la plaine. » MAURIAC, **Nœud de vipères**, XV.

— *Par métaph.* V. **Effleurer.** *Regard qui glisse sur les choses* (Cf. Auner, cit. ; chair, cit. 32 ; espace, cit. 19).

28 ... un sourire glissait sur ses lèvres sévères. »
FRANCE, **Dieux ont soif**, p. 153.

|| 4º *Fig.* Ne pas approfondir, ne pas insister. *N'insistons pas, glissons.*

29 « ...je sens tous les jours ce que vous me dites une fois, qu'il ne fallait point appuyer sur ces pensées: Si l'on ne glissait pas dessus, on serait toujours en larmes... »　　　　　SÉV., **141**, 3 mars 1671.

30 « Glissez, mortels, n'appuyez pas. »
　　　　　P. Ch. ROY (Cf. Appuyer, cit. 29).

31 « Le lieu, le temps, l'auditoire à ma dévotion, et la magie d'une lecture adroite assurant mon succès, je glissais sur le morceau faible en appuyant sur les bons endroits... »
　　　　　BEAUMARCH., **Barb. de Sév.,** Lettre... sur la critique.

32 « Il ne faut pas glisser trop légèrement sur une matière aussi importante. »　　　　　CHATEAUB., **Génie du christ.,** I, III, III.

— Ne faire qu'une impression faible ou nulle sur quelqu'un (Cf. Effleurer, cit. 11). *Un être sur qui tout glisse.* V. **Indifférent, insensible** (Cf. Émousser, cit. 7). *Les injures glissent sur eux.* Cf. Corps, cit. 40.

33 « Les caractères vifs, sur lesquels glissent les peines légères, sont ceux qui résistent le moins aux grands chagrins. »
　　　　　BERNARD. de ST-P., **Paul et Virg.,** p. 145.

34 « Les objets glissaient sur moi inaperçus ou méprisés... »
　　　　　STENDHAL, **Souvenirs d'égotisme,** I.

II. *V. tr.* Faire passer, introduire adroitement ou furtivement (quelque chose). V. **Insinuer, passer.** *Glisser un levier sous une pierre.* V. **Engager.** *Glisser quelque chose à quelqu'un* (Cf. Confiture, cit. 1). *On lui glissa une sonde dans la vessie* (Cf. Boutonnière, cit. 2). *Glisser du courrier* (cit. 8) *sous la porte, un billet dans une enveloppe, un cruchon* (cit.) *dans un lit. Glisser une main dans sa poche, deux doigts dans son gilet* (Cf. Craindre, cit. 12 ; défaire, cit. 6). *Glisser un larcin sous son manteau.* V. **Dissimuler.**

35 « ...avec une crispation de terreur, comme si l'on eût glissé un aspic entre sa plate poitrine d'enfant et son corset. »
　　　　　BARBEY d'AUREV., **Les diaboliques,** Dessous de cartes..., I.

36 « Glisser un mot furtif dans une tendre main, ... »
　　　　　HUGO, **Feuill. d'automne,** XVIII.

37 « L'abbé glissa ses mains sous sa ceinture. »
　　　　　MART. du G., **Thib.,** t. I, p. 12.

38 « Au revoir, madame, dit Daniel en glissant un billet dans la main de la vieille. Nous vous remercions de votre aimable hospitalité. »
　　　　　SARTRE, **Le sursis,** p. 39.

— *Fig. Glisser un mot à l'oreille de quelqu'un.* V. **Dire, souffler** (Cf. Calomnie, cit. 5). *Tâche de lui glisser cela. Glisser insidieusement une clause dans un contrat. Glisser une pointe sous des fleurs** (cit. 13), *un trait d'ironie dans un compliment* (Cf. Aigu, cit. 14). *Glisser un regard entre les cils.*

39 « Ce serait d'abord une assez sotte chose que de glisser des discussions politiques dans un récit qui doit ou amuser ou intéresser. »
　　　　　BALZ., **Fausse maîtresse,** Œuvr., t. II, p. 12.

40 « Le cabotin diplomate avait même soin de faire toujours glisser dans les réclames une phrase poétique sur la fascination de sa personne et la sensibilité de son âme. »
　　　　　FLAUB., **Mme Bov.,** II, 15, p. 145.

41 « Est-ce que jamais vous n'avez eu un secret à lui dire et n'avez pour cela soulevé ses boucles, glissé le secret dans l'oreille, puis rabattu la boucle sur l'oreille avec une petite tape ? »
　　　　　MONTHERLANT, **Le songe,** II.

|| SE GLISSER. *v. pron.* Passer, pénétrer adroitement ou subrepticement quelque part. V. **Couler** (se), **entrer, faufiler** (se), **introduire** (s'), **insinuer** (s'), **mettre** (se), **pénétrer.** *Se glisser comme une souris dans un trou, par un interstice, une fissure* (Cf. Étouffer, cit. 26). *Se glisser dans ses draps* (Cf. Déborder, cit. 16), *sous une tonnelle* (Cf. Assourdir, cit. 7). *Gens effrayés* (cit. 11) *qui se glissent le long des maisons. Galant qui se glisse dans la chambre d'une fille* (Cf. Escalade, cit. 3).

42 « ...Dans le lit il se glisse
En grand silence... »　　　LA FONT., **Contes,** Mandragore.

43 « J'ai couru vers le temple, où nos Grecs dispersés
Se sont jusqu'à l'autel dans la foule glissés. »
　　　　　RAC., **Andr.,** V, 3.

44 « Tantôt, humble serpent, il se glisse sous l'herbe. »
　　　　　BOIL., **Lutrin,** V.

45 « Comme elle passait la porte de l'hôtel, en se glissant pour attirer moins l'attention, la patronne la héla. »
　　　　　MONTHERLANT, **Le songe,** XVII.

46 « Elle s'était glissée derrière un mur au moment où il allait la saisir... »　　　　　GIONO, **Le chant du monde,** II, 5.

— *Fig. Espoir* (cit. 10) *qui se glisse dans le cœur. Un soupçon s'était glissé en moi. Habitude qui se glisse et s'enracine en nous* (Cf. Endurance, cit. 2).

47 « ...(*Caquets*) Qui rampent cautement, se coulent et se glissent
Au cœur des auditeurs... »
　　　　　RONSARD, **Pièces posth.,** Poèmes inach.

48 « ...de même, dit ce Père (*Saint Bernard*), que le reptile s'insinue et se coule subtilement, aussi le péché se glisse-t-il comme imperceptiblement dans une conscience où la passion et l'erreur lui donnent entrée. »　　　　　BOURDAL., **Serm. sur la fausse conscience.**

49 « Ce mot qui faisait si bonne figure à la troisième ligne de votre chapitre, ce mot que vous considériez avec tendresse, par quelle malice féroce est-il revenu se glisser moins de trois lignes plus bas, avant même la fin de la phrase ? »
　　　　　DUHAM., **Disc. aux nuages,** p. 25.

— Impersonnlt. *Il s'est glissé quelques erreurs dans un texte, quelques fautes dans l'impression d'un livre* (Cf. Erratum, cit. ; feu, cit. 74).

50 « ...de tout temps, il s'est glissé parmi les hommes de belles imaginations, que... »　　　　　MOL., **Mal. im.,** III, 3.

|| GLISSÉ, ÉE. *adj.* Chorégr. (1752). *Un pas glissé.* Substant. *Un glissé.* V. **Glissade ; coulé.**

ANT. — Approfondir, appuyer, enfoncer, frotter, insister.

DER. — Glissade. — Glissage. *n. m.* (1866). Opération consistant à faire descendre par des glissoirs*, le long des montagnes, les bois abattus. — Glissant. — Glissement. — Glisseur, euse. *n.* (1636). Celui, celle qui glisse sur la glace (COMP. — Hydroglisseur). — Glissière. *n. f.* (1866). Technol. Pièce métallique retenant par une rainure une autre pièce que le mouvement ferait dévier. *Fermeture à glissière.* V. Coulisse. Mécan. *Glissière de la tige du piston dans une machine à vapeur.* V. Guide. — Glissoir. *n. m.* (XVIIe s.). Petit coulant mobile où passe une chaîne. Couloir ménagé sur le versant d'une montagne pour l'opération du glissage*. — Glissoire, *n. f.* (1308, au sens de « conduit pour écouler l'eau » ; sens mod. 1606). Sentier frayé sur la glace où les enfants s'amusent à glisser. V. Glissade.

1 « ...un bruit de panneaux que l'on faisait courir très vite dans leurs glissières ; »　　　　　LOTI, **Mme Chrysanth.,** III.

2 « Il aperçut brusquement la suite de ses actes comme une espèce de glissoire qui, par des détours bien calculés, menait à un précipice. »
　　　　　ROMAINS, **H. de b. vol.,** t. II, VIII, p. 80.

GLOBAIRE. *adj.* (1866 LITTRÉ ; de *globe*). Formé de globules.

GLOBAL, ALE. adj. (1864 ; de *globe*, au sens fig. de « masse totale de quelque chose ». V. **Englober**). Qui s'applique à un ensemble, qui est pris en bloc*. *Revenu global.* V. **Entier, total.** *Impôt global. Somme globale. Chiffre global.*

« Et il y aurait certainement moyen d'inclure dans cette somme globale le prêt destiné à l'achat de l'immeuble de Saint-Cyr. »
　　　　　ROMAINS, **H. de b. vol.,** V, p. 92.

— *Spécialt.* Pédag. *Méthode globale,* méthode de lecture consistant à faire reconnaître aux enfants l'ensemble du mot avant d'en analyser les éléments.

ANT. — Partiel.

DER. — Globalement. *adv.* (1842 MOZIN). D'une manière globale, dans son ensemble. V. Bloc (en). ANT. Détail (en).

« Pour une manœuvre si grandiose que toutes les forces navales y seraient engagées, il était nécessaire qu'on pût, globalement, opposer aux escadres anglaises des escadres qui ne leur fussent point, en quantité et qualité, par trop inférieures. »
　　　　　MADELIN, **Hist. Cons. et Emp.,** Avènement de l'Empire, XI.

GLOBE. *n. m.* (XIVe s. ; lat. *globus*). Corps sphérique ou sphéroïdal.

|| 1º V. **Boule, orbe, rond, sphère.** *Le centre, le diamètre d'un globe. Globe de métal, de verre... Petit globe.* V. **Globule.**

1 « Les Égyptiens reconnurent un Dieu suprême... ; ils le nommaient *Knef,* et ils le représentaient sous la forme d'un globe. »
　　　　　VOLT., 1re **Homélie,** Athéisme.

2 « Le ciel touchait aux cimes des pins, semblait posé sur elles, s'y appuyait longuement ainsi qu'un globe de cristal vert : un globe sans épaisseur ou d'une épaisseur infinie, impondérable et dense cependant, de contours si fluides qu'ils déconcertaient le regard, mais dont la courbe s'infléchissait, sensible, comblait les yeux de sa radieuse perfection. »　　　　　GENEVOIX, **Raboliot,** IV, I.

— *Par anal.* de forme*. *Le globe d'un sein*. Gorge* (cit. 9) *en globe. Globes d'une gorge*. Des yeux en globes.* V. **Globuleux.**

3 « ...Le traître, d'une main,
Pressait avidement les globes de son sein ; »
　　　　　CHÉNIER, **Élégies,** La lampe.

4 « Tantôt le peignoir glissant à propos découvrait un dos lustré comme un marbre ; tantôt c'était un demi-globe de neige ou d'ivoire qui s'impatientait des rigueurs du corset. » GAUTIER, **Capit. Fracasse,** VIII.

5 « Son sein, neige moulée en globe, ... »
　　　　　ID., **Émaux et cam.,** Symph. blanc majeur.

6 « Il avait d'énormes yeux en globes hors des orbites comme si on lui avait mis le pied sur le ventre. »
　　　　　GIONO, **Chant du monde,** I, 9, p. 143.

— Anat. *Globe de l'œil. Globe oculaire.* V. **Œil** (Cf. Cornée, cit. ; éprouver, cit. 26). — Obstétr. *Globe de sûreté,* masse dure et globuleuse que forme le corps de l'utérus contracté après l'expulsion du délivre.

|| 2º *Spécialt.* en parlant des Astres. V. **Astre, étoile, planète...** (Cf. Correspondance, cit. 11 ; économie, cit. 8 ; existence, cit. 3). *Le globe du soleil* (Cf. Abri, cit. 7 ; couchant, cit. 2), *de la lune* (Cf. Astre, cit. 3). *Globe de feu :* météore.

7 « ...de son volume original... c'est-à-dire d'une masse nébuleuse... possédant... un diamètre de plus de cinq mille six cents millions de milles, le grand astre central, origine de notre système solaire-planétaire-lunaire, s'est graduellement réduit, obéissant à la loi de la Gravitation, à un globe d'un diamètre de huit cent quatre-vingt-deux mille milles seulement ; » BAUDEL., Traduct. E. POE, Eurêka, VIII.

|| 3º *Globe terrestre.* V. **Monde, terre** (Cf. Arrondissement, cit. 1). *Formation du globe terrestre.* — Absolt. *Le globe, notre globe, ce globe* (Cf. Apparition, cit. 3 ; dissoudre, cit. 1 ; étourdi, cit. 4 ; expiation, cit. 5). *Mettre le feu au*

globe (Cf. Explosible, cit.). *La croûte, l'écorce terrestre, partie superficielle du globe. Surface du globe* (Cf. Équinoxe, cit.). *Bouleversements, cataclysmes, convulsions qui ont modifié la surface du globe.* « *Discours sur les Révolutions de la surface du globe* », de Cuvier. *Moitié du globe.* V. **Hémisphère.** *Une partie, une région du globe :* de la surface terrestre (Cf. Envahir, cit. 11 ; équilibre, cit. 20 ; extension, cit. 10). *Voyageur qui parcourt le globe.* V. **Globe-trotter.** *Carte du globe.* V. **Mappemonde, planisphère.**

8   « Ce sera quand le Globe et tout ce qui l'habite,
     Bloc stérile arraché de son immense orbite,
     Stupide, aveugle, plein d'un dernier hurlement,
     ...
     Ira fertiliser de ses restes immondes
     Les sillons de l'espace où fermentent les mondes. »
                         LEC. de LISLE, **Poëm. barb.**, Solvet seclum.

9   « ... Buffon trace en traits approximatifs l'histoire entière de notre globe, depuis le moment où il n'était qu'une masse de lave ardente jusqu'à l'époque où notre espèce, après tant d'autres espèces détruites ou survivantes, a pu l'habiter. »
                         TAINE, **Orig. France contemp.**, I, t. I, p. 268.

10   « Les astronomes nous apprennent que notre globe, après s'être détaché du soleil en goutte brûlante, est demeuré fort longtemps dans un état physique qui excluait rigoureusement toute possibilité de vie à sa surface. »
                         J. ROSTAND, **L'homme**, VIII.

— *Par ext.* Représentation du globe terrestre, sous la forme d'une sphère.

11   « Cette année-là, elle avait enrichi sa vitrine d'un globe terrestre de verre, éclairé intérieurement, et qui tournait avec lenteur de façon à montrer les couleurs différentes des cinq parties du monde. Ce globe me plaisait beaucoup. Il était assez gros et d'une douce transparence. Les mers y étaient d'un bleu vif, rayées de courants mauves, l'Europe verte, d'un vert sombre... et l'Asie rouge brique ; l'Afrique y brûlait de soleil ; l'Amérique indigo s'incurvait sur les mers ; l'Océanie n'était qu'azur, immense azur... »   BOSCO, **Rameau de la nuit**, p. 116.

— *Par anal. Globe céleste,* sur lequel sont représentées les constellations. V. **Armillaire** (sphère).

— *Spécialt. Globe impérial :* boule surmontée d'une couronne et d'une croix, symbole de la puissance souveraine. *Le sceptre et le globe. Blas.* Représentation de la sphère terrestre. *Globe cintré et croiseté.*

|| 4° *Technol.* Sphère ou demi-sphère creuse de verre*, de cristal*... *Globe que l'on place sur les appareils d'éclairage pour diffuser la lumière. Soulever le globe d'une lampe. Globe électrique. Globe d'une lampe astrale. Mettre un objet sous un globe. Pendule, couronne de mariée sous globe.* Fig. *Mettre sous globe* (une personne, une chose) : tenir à l'abri de tout danger (Cf. Mettre dans du coton). *C'est à mettre sous globe :* à conserver soigneusement (expression souvent ironique).

12   « ... une lampe, dont la lumière, passant à travers deux globes de verre remplis d'eau, jetait sur leur ouvrage une forte lueur... »
                         BALZ., **Double famille**, Œuvr., t. I, p. 927.

13   « La pendule, toujours sous son globe de verre, entre deux candélabres égyptiens, figurait une lyre. »
                         ID., **Cousin Pons**, Œuvr., t. VI, p. 661.

14   « Le soir vous me mettrez sous globe. Il fait très froid chez vous. C'est mal installé. »   ST-EXUP., **Petit prince**, VIII.

15   « ... et tombant de globes laiteux une lumière de sacristie. »
                         ROMAINS, **H. de b. vol.**, t. III, XIX, p. 272.

DER. — Global. Globeux, euse. *adj.* (1611). Arrondi en globe. *Capsule, enveloppe globeuse.* V. **Sphérique.**

COMP. — || 1° (De l'angl.) **Globe-trotter.** *n. m.* (1906 ; angl. *trotter,* « coureur »). *Voyageur** qui parcourt le monde. Par appos. *Des journalistes globe-trotters.* — || 2° (Du lat. *globus*) **Globicéphale.** *n. m.* (Cf. -Céphale). Cétacé de la famille des Delphinidés*. V. **Dauphin, épaulard.** — **Globigérine.** *n. f.* (1872 P. LAR. ; lat. *gerere,* « porter »). Animal protozoaire rhizopode (*Foraminifères*), pélagique, dont les coquilles accumulées constituent des dépôts calcaires (*Boue à globigérine*). *La boue à globigérine ne dépasse pas* 5.000 *à* 6.000 *mètres de profondeur.* — **Globo** (in). *loc. adv.* (début XVIIIᵉ s. ST-SIMON in LITTRÉ). En bloc, sans examiner les détails. V. **Globalement.** — Cf. *aussi* Globule et Englober.

GLOBULE. *n. m.* (XVIIᵉ s. PASCAL ; lat. *globulus,* dimin. de *globus*). V. **Globe**).

|| 1° *Vieilli.* Corpuscule sphérique ou sphéroïdal. V. **Boulette, grain.** *Des globules de mercure, d'eau..., d'air* (V. **Bulle**). *Formé de globules.* V. **Globaire, globuleux.**

1   « Quand on dit que le chaud n'est que le mouvement de quelques globules... »   PASCAL, **Pensées**, VI, 368.

2   « ... à chaque angle de chaque toit il a attaché une sonnette, et le globule du battant pend au dehors. »
                         CLAUDEL, **Connaiss. de l'Est**, Pagode.

— *Par plaisant.* Le globe terrestre.

3   « ... je vous avoue qu'en jetant la vue sur ce globe, ou plutôt ce globule, je pense que Dieu l'a abandonné à quelque être malfaisant ; »
                         VOLT., **Candide**, XX.

|| 2° *Spécialt.* (XIXᵉ s.) *Physiol.* Se dit des éléments qui se trouvent en suspension dans certains liquides organiques. *Globules de la lymphe, du lait... Globules du sang, globules sanguins* ou « *éléments figurés du sang* » (Cf. Curare, cit. ; fibrine, cit.). *Globules rouges.* V. **Hématie.**

Globules blancs. V. **Leucocyte.** *Les globules rouges adultes sont privés de noyau, les globules blancs* « *sont des cellules** *complètes et actives* » (VAN DER BERGHE, Le sang). *Matière colorante des globules rouges.* V. **Oxyhémoglobine.** *Le foie* (cit. 1) *détruit les vieux globules rouges. Diminution des globules rouges.* V. **Aglobulie, anémie** (cit.). *Augmentation des globules blancs* (V. **Leucémie**). *Antitoxines* (cit. 2) *élaborées par les globules blancs.*

« Les globules rouges ne sont pas des cellules vivantes. Ce sont de petits sacs pleins d'hémoglobine. A leur passage dans les poumons, ils se chargent de l'oxygène que leur prendront, quelques instants plus tard, les avides cellules des organes. Et en même temps, celles-ci se débarrasseront dans le sang de leur acide carbonique, et de leurs autres déchets. Les globules blancs, au contraire, sont des cellules vivantes. Tantôt ils flottent dans le plasma des vaisseaux, tantôt ils s'en échappent par les interstices des capillaires, et rampent à la surface des cellules des muqueuses, de l'intestin, de tous les organes. »
                         CARREL, **L'homme, cet inconnu**, p. 91.

— *Globules polaires :* chacun des deux globules expulsés par les ovocytes (cellule reproductrice femelle), pour former par réduction des chromosomes le gamète* femelle.

— *Pharm. Globules pharmaceutiques, homéopathiques.* V. **Pilule.**

DER. — Globulaire. *adj. et n.* (1679 ; d'abord « composé de globules »). || 1° *Adj.* Qui a la forme d'un globe, d'une sphère. *Masses globulaires.* || 2° *N. f.* (1694). Plante dicotylédone (*Globulariées*), vivace, à tige herbacée ou ligneuse. *Globulaire vulgaire. Globulaire alypum,* fournissant une décoction purgative (Séné des Provençaux). *Les globulaires ont des fleurs réunies en capitules globuleux.* — **Globulariées.** *n. f. pl.* (du précéd.). Famille de plantes phanérogames angiospermes (*Dicotylédones Gamopétales*) dont le type principal est la globulaire. — **Globuleux.** — **Globulin.** *n. m.* (1846). Petit élément figuré du sang, se présentant sous forme de bâtonnet, puis de disque et jouant probablement un rôle dans la coagulation (on dit aussi *Hématoblaste ;* plaquette sanguine, thrombocyte). — **Globuline.** *n. f.* (1ʳᵉ moitié du XIXᵉ s.). Nom donné aux variétés d'albumines*, insolubles dans l'eau. *Le fibrinogène, les fibrines sont des globulines.*

COMP. — Globuliforme. *adj.* (XIXᵉ s.). En forme de globule. — **Aglobulie.**

GLOBULEUX, EUSE. *adj.* (1611 ; de *globule*).

|| 1° Formé de globules.

« Selon Descartes, la lumière... est une matière globuleuse. »
                         VOLT., **Philos. de Newton**, II, 1.   1

|| 2° Qui a la forme d'un globule*, d'un petit globe*. V. **Globulaire.** *Œil globuleux,* dont le globe est saillant. *L'œil globuleux d'une grenouille.*

« Si je cherche en mon souvenir la carrure, l'œil globuleux de Charles Humbert, belliqueux directeur du *Journal...* »   2
                         COLETTE, **Étoile Vesper**, p. 49.

GLOCKENSPIEL (*glo-kenn-chpil*). *n. m.* (mot allem. « jeu de cloches »). *Mus.* Instrument de percussion, sorte de carillon à main. *Glockenspiel à clavier, à marteaux.*

GLOIRE. *n. f.* (XIIᵉ s. ; *glorie* au XIᵉ s. ; lat. *gloria*).

I. || 1° Célébrité, renommée éclatante et répandue dans un très vaste public, tenant à des mérites, des actions ou des œuvres jugées remarquables. V. **Célébrité, éclat** (III, 2°), **honneur, illustration, lustre, rayonnement, renom, renommée, réputation.** *L'honneur vaut mieux que la gloire* (Cf. Considération, cit. 6). *Amour, désir, passion de la gloire.* V. **Ambition.** *Rechercher la gloire, courir après la gloire. Être altéré* (cit. 19), *avide** (cit. 12) *de gloire. Aspirer* (cit. 9) *à la gloire. Avoir besoin* (cit. 59) *de gloire. Âmes* (cit. 72) *éprises de gloire. Adorer, déifier la gloire* (Cf. Fléau, cit. 4). *Acquérir* (cit. 11) *de la gloire* (Cf. Arrondir, cit. 3). *S'élever dans la gloire.* V. **Capitole** (monter au). *L'apogée* (cit. 1), *le comble, le faîte, le sommet, le zénith de la gloire. Remporter le prix de la gloire* (Cf. Exploit, cit. 1). *Recueillir une ample* (cit. 5) *moisson de gloire. Cueillir les lauriers**). *Se couvrir de gloire. Être couvert de gloire.* V. **Célèbre, fameux, glorieux.** *Être en pleine gloire, auréolé** (cit. 5) *de gloire.* V. **Briller.** *Mourir en pleine gloire. Gloire solide, durable, éternelle, immarcescible, immortelle* (V. **Immortalité**). *La vraie gloire* (Cf. Copie, cit. 13). *Fausse gloire* (Cf. Évaporer, cit. 6). — *La gloire étourdit* (cit. 7), *enivre** (cit. 7, 12, 14 et 15). *Les vapeurs de la gloire. Accoutumer un peuple à la gloire* (Cf. Arc, cit. 17). *Poète qui chante* (cit. 19) *la gloire. Mépriser la gloire* (Cf. Éloge, cit. 9 ; état, cit. 56). *Dire adieu* (cit. 13) *à la gloire. Vanité de la gloire* (Cf. Amusement, cit. 5). *La gloire passe, s'efface* (cit. 25). *Le succès**, *imitation frelatée* (cit. 5) *de la gloire. Qu'importe la gloire ?* (Cf. Embaumer, cit. 1). — *La gloire des grands hommes, des héros, des conquérants* (cit. 1). *La gloire d'un prince.* Expérience, cit. 14). *La gloire de Salomon* (Cf. Arroi, cit. 2). *Roi qui étend* (cit. 22) *sa gloire* (Cf. Enfler, cit. 12). *Sa gloire en sera augmentée, diminuée* (cit. 13). *Sa gloire éclipse* (cit. 14) *celle des autres. Être embarrassé* (cit. 24) *de sa gloire. Célébrer, vanter la gloire de quelqu'un.* V. **Exalter** (cit. 5), **glorifier.** *Gloire naissante. Sa gloire va périr* (Cf. Âme, cit. 31). *Gloire obscurcie**. *Ternir sa gloire* (Cf. Faveur, cit. 8). *Transmettre sa gloire à la postérité* (V. **Nom, renom.** Cf. Épitaphe, cit. 3). — *La gloire, repré-*

sentée sous l'apparence d'une femme ailée, tenant la trompette de la Renommée et une branche de lauriers (V. **Renommée**). *Lauriers*, myrtes*, palmes*, attributs de la gloire. Ailes* (cit. 12) *de la gloire. Premiers regards de la gloire* (Cf. Aurore, cit. 7). *Courtiser la gloire. Amant* (cit. 4) *de la gloire.*

1   « Cherche un renom qui les âges surmonte,
Un bruit qui dure, une gloire qui monte
Jusqu'aux neveux,... »   RONSARD, **Pièces posth.**, Caprice.

2   « Qui ne contrechange (*échange*) volontiers la santé, le repos et la vie à la réputation et à la gloire, la plus inutile, vaine et fausse monnaie qui soit à notre usage ? »   MONT., **Essais**, I, XXXIX.

3   « La gloire est plus solide après la calomnie,
Et brille d'autant mieux qu'elle s'en vit ternie. »
CORN., **Nicom.**, IV, 1.

4   « La gloire des grands hommes se doit toujours mesurer aux moyens dont ils se sont servis pour l'acquérir. » LA ROCHEF., **Maximes**, 157.

5   « Aucun chemin de fleurs ne conduit à la gloire. »
LA FONT., **Fab.**, X, 13.

6   « La douceur de la gloire est si grande, qu'à quelque objet qu'on l'attache, même à la mort, on l'aime. » PASC., **Pens.**, II, 158.

7   « La plus grande bassesse de l'homme est la recherche de la gloire, mais c'est cela même qui est la plus grande marque de son excellence ; car, quelque possession qu'il ait sur la terre, quelque santé et commodité essentielle qu'il ait, il n'est pas satisfait, s'il n'est dans l'estime des hommes. »   ID., **Ibid.**, VI, 404.

8   « La grandeur et la gloire ! Pouvons-nous encore entendre ces noms dans ce triomphe de la mort ? Non, Messieurs, je ne puis plus soutenir ces grandes paroles, par lesquelles l'arrogance humaine tâche de s'étourdir elle-même pour ne pas apercevoir son néant. »
BOSS., **Orais. fun. duch. d'Orl.**

9   « Ô Pisistrate, la gloire est belle ; heureux ceux qui la savent trouver, mais qu'il est pernicieux de la vouloir trouver où elle n'est pas ! »
FÉN., **Dial. des morts**, XI, Solon, Pisistrate.

10   « La gloire est la réputation jointe à l'estime ; elle est au comble, quand l'admiration s'y joint. »   VOLT., **Dict. phil.**, Gloire.

11   « L'on sait assez que la gloire ne rend pas un homme plus grand ; personne ne vaut cela ; mais, du moins, elle l'assure de sa grandeur, elle voile sa misère, elle rassasie son âme, enfin elle le rend heureux. »
VAUVEN., **Max. et réflex.**, Introduc.

12   « La gloire est la preuve de la vertu. »   ID., **Ibid.**, 413.

13   « L'amour de la gloire, une vertu ! Étrange vertu, que celle qui se fait aider par l'action de tous les vices ; qui reçoit pour stimulants l'orgueil, l'ambition, l'envie, la vanité, quelquefois l'avarice même ! »
CHAMFORT, **Max. et pens.**, Sur les sentiments, IV.

14   « Allons, enfants de la patrie,
Le jour de gloire est arrivé. »
ROUGET de LISLE, **La Marseillaise.**

15   « La gloire n'est jamais où la vertu n'est pas. »
LE FRANC DE POMPIGNAN, **Didon**, IV, 3.

16   « La gloire ne peut être où la vertu n'est pas. »
LAMART., **Prem. méd.**, L'Homme.

17   « Mais le temps ? — Il n'est plus. — Mais la gloire ? — Hé
[qu'importe
Cet écho d'un vain son qu'un siècle au siècle apporte,
Ce nom, brillant jouet de la postérité ! »
ID., **Nouv. méd.**, Le poète mourant.

18   « ...dans les arts on peut bien avoir du mérite ailleurs, mais ce n'est qu'à Paris qu'on se fait de la gloire. »
STENDHAL, **Rom. et nouv.**, Le rose et le vert, I.

19   « La gloire, après la mort, ne se sent probablement pas ; dans la vie, elle se sent bien peu. »   VIGNY, **Journ. d'un poète**, p. 97.

20   « Ceux qui pieusement sont morts pour la patrie
...
Toute gloire près d'eux passe et tombe éphémère ; »
HUGO, **Chants crépusc.**, III.

21   « La gloire est le soleil des morts ; »
BALZ., **Rech. de l'absolu**, Œuvr., t. IX, p. 573.

22   « ...ce qu'il faut nommer, selon les talents, la vogue, la mode, la réputation, la renommée, la célébrité, la faveur publique, ces différents échelons qui mènent à la gloire, et qui ne la remplacent jamais. »
ID., **Illus. perdues**, Œuvr., t. IV, p. 680.

23   « Sa gloire naissante, renforcée chaque mois de nouveaux rayons, brillait de toutes les splendeurs de l'aurore ; »
GAUTIER, **Portr. contemp.**, Balzac, I, p. 46.

24   « Un jour... tu m'as dit « que tu me donnerais pas ton bonheur pour la gloire de Corneille ». La gloire ! la gloire ! mais qu'est-ce que c'est que la gloire ! Ce n'est rien. C'est le bruit extérieur du plaisir que l'Art nous donne. »   FLAUB., **Corresp.**, 210, 1847.

25   « ...la gloire, qui est encore, quoi que l'on dise, ce qui a le plus de chance de n'être pas tout à fait une vanité. »
RENAN, **Disc. et conf.**, Disc. récep. Acad.

26   « ...la célébrité va rarement chercher ceux qui ont fait profession de fuir la gloire et dont la qualité dominante a été la modestie. »
ID., **Souv. enf...**, IV, I.

27   « Bref, nous constatons et affirmons que plus une œuvre dramatique secoue la torpeur publique, provoque d'enthousiasme, enlève d'applaudissements et fait de bruit autour d'elle, plus les lauriers et les myrtes l'environnent, plus elle fait répandre de larmes et pousser d'éclats de rire, plus elle exerce — pour ainsi dire de force — une action sur la foule, plus elle s'impose, enfin, — plus elle réunit par cela même les symptômes ordinaires du chef-d'œuvre, et plus elle mérite, par conséquent, la gloire. Nier cela serait nier l'évidence. »
VILLIERS de L'ISLE-ADAM, **Contes cruels**, Machine à gloire, p. 62.

28   « — Napoléon, monsieur le Vidame, eut une autre femme que Joséphine et que Marie-Louise. Cette compagne, vous ne la connaissez

pas et moi je l'ai vue de près ; elle porte un manteau d'azur constellé d'étoiles, elle est couronnée de lauriers ; la croix d'honneur brille sur sa poitrine ; elle se nomme la Gloire. »
FRANCE, **Crime S. Bonnard**, Œuvr., t. II, p. 398.

29   « C'était le succès ; ... mon nom, dans la presse, s'entourait déjà de ce ridicule qui précède ce que notre époque qui n'est pas difficile appelle la gloire. »   V LARBAUD, **Barnabooth**, III, Journ., p. 345.

30   « Il va vivre d'abord pour la volupté, la richesse, la splendeur, en attendant de vivre pour la gloire... »
L. BERTRAND, **Louis XIV**, II, IV.

31   « Je ne sais pas si j'aime la gloire ; j'aime les foules qui piétinent, les trompettes, les oriflammes qui claquent, les palmes qu'on agite, le soleil, l'or, la pourpre, le bonheur, la chance, vivre enfin. »
COCTEAU, **Mach. infernale**, p. 104.

— Allus. litt. « *À vaincre sans péril on triomphe sans gloire* » (CORN., **Cid**, II, 2). — Cf. *aussi* Atour, cit. 7 (MOL.).

— *Il aspire à toutes les gloires* : à tous les genres de gloire (ACAD.). *La gloire littéraire, militaire... La gloire des armes* (cit. 19 ; Cf. *aussi* Entraînement, cit. 4). *La gloire du triomphe*, la gloire que le triomphe procure.

— *Honneur acquis par une action, un mérite...* V. **Honneur.** *Il eut la gloire de...* (Cf. Amorce, cit. 6 ; art, cit. 24). *S'attribuer* (cit. 19) *toute la gloire de...* V. **Mérite.** *Sa gloire, sa plus grande gloire a été de...* (Cf. Emparer, cit. 3 ; écrire, cit. 47 ; épisode, cit. 6 ; exclusivement, cit. 2). *C'est une des gloires du christianisme de... ; un des titres* de gloire* (Cf. Asile, cit. 23). *Refuser la gloire* (Cf. Corps, cit. 36), *partager la gloire de...* (Cf. Bord, cit. 18 ; dominer, cit. 2).

32   « La vanité est si ancrée dans le cœur de l'homme qu'un soldat, un goujat, un cuisinier, un crocheteur se vante et veut avoir ses admirateurs ; et les philosophes mêmes en veulent ; et ceux qui écrivent contre veulent avoir la gloire d'avoir bien écrit ; et ceux qui les lisent veulent avoir la gloire de l'avoir lu ; et moi qui écris ceci, ai peut-être cette envie ; »   PASC., **Pens.**, II, 150.

33   « Ceux qui écrivent en faveur de la gloire veulent avoir la gloire d'avoir bien écrit. Ceux qui le lisent veulent avoir la gloire de l'avoir lu. Moi, qui écris ici, je me vante d'avoir cette envie. Ceux qui le liront se vanteront de même. »
LAUTRÉAMONT, **Chants de Maldoror**, p. 303.

34   « ...c'est le bonheur de vivre
Qui fait la gloire de mourir. »   HUGO, **Odes et ball.**, IV, IV, 1.

— *Se faire gloire de... :* se vanter d'une chose, en tirer orgueil, fierté. *Non seulement il reconnaît le fait, mais il s'en fait gloire* (Cf. Bûcheur, cit. ; exercice, cit. 23).

35   « Ces dieux qui se sont fait une gloire cruelle
De séduire le cœur d'une faible mortelle. »   RAC., **Phèdre**, II, 5.

— *Dire, publier quelque chose à la gloire de quelqu'un :* faire connaître quelque chose qui lui fait gloire, honneur. *Poème à la gloire de...* V. **Éloge.**

36   « ...il faut dire à sa gloire, que si jamais homme a été capable de soutenir un si vaste empire... ç'a été sans doute Alexandre... »
BOSS., **Hist.**, III, 5.

— En parlant des choses. *La gloire de son nom, de son pays... Moines qui écrivent pour la gloire de leur ordre* (Cf. Couvent, cit. 2). *Cette mode eut son heure de gloire* (Cf. Cancan, cit.). *Assortiment* (cit. 7) *qui fait la gloire d'un magasin. L'homme, « gloire et rebut de l'univers »* (PASC. Cf. Chaos, cit. 4).

37   « ...la gloire de son nom et de ses actions immortelles (*de Condé*). »
BOSS., **Or. fun. Le Tellier**.

38   « C'est notre patrie qui a la gloire d'avoir inventé la navigation... »
FÉN., **Télém.**, III.

‖ 2° *Par exagér. et vx* (sens fréquent au XVIIᵉ s. Cf. CAYROU). V. **Considération, estime** (3°), **honneur, réputation** (Cf. Exciter, cit. 20 RACINE). *Élever, abaisser* (cit. 11) *la gloire de quelqu'un. Être content, mécontent de sa gloire* (Cf. Bien, cit. 64). *S'élever à quelque gloire* (Cf. Corbeau, cit. 6).

39   « Un même coup a mis ma gloire en sûreté,
Mon âme au désespoir, ma flamme en liberté. »   CORN., **Cid**, V, 5.

40   « ...alors, ne voyant que la gloire de la dame dont nous parlions, je répondis sur le champ... »   MARIVAUX, **Pays. parv.**, VIIᵉ part.

‖ 3° *Vx.* V. **Orgueil ; amour-propre, fierté.** « *Il y a une sotte gloire et une belle gloire* » (RICHELET). — *Spécialt. et Péjor.* V. **Gloriole, vanité, superbe.** *Être plein de gloire* (V. **Glorieux**). — On dit encore, de nos jours, *Faire une chose par gloire* : par ostentation*.

41   « Ce sont ces mauvaises gens de Chevoche qui sont toujours prêtes à faire n'importe quoi.
Par gloire, pour braver le monde ! »
CLAUDEL, **Annonce faite à Marie**, I, 3.

‖ 4° *Par ext.* Personne célèbre. V. **Célébrité.** *Il fut une des gloires de son pays, de son siècle.* V. **Fleuron, ornement.** *Gloires reconnues* (Cf. Correspondre, cit. 4).

42   « Songe à ton avenir qui veut écraser tant d'orgueils ridicules et faire oublier tant de gloires présentes. »
SAND, **Lettres à Musset**, p. 26.

II. ‖ 1° Éclat prestigieux dont la grandeur est environnée. V. **Éclat, lustre, rayonnement, splendeur.** *La gloire du maître du monde* (Cf. Abjection, cit. 1). *La gloire de Carthage, de Rome* (Cf. Anachronisme, cit. 2 ; catacombe, cit. 2). *Fierté d'une gloire ancienne* (Cf. Bibelot, cit. 2)

Nostalgie. de la gloire passée. Plusieurs siècles de gloire (Cf. Consacrer, cit. 9). *Apporter à un pays un peu de gloire, un regain de gloire* (Cf. Ère, cit. 6). — REM. *Gloire* s'employait fréquemment au XVIIᵉ s. au sens de « magnificence », d' « éclat majestueux ».

43 « Venez dans mon palais, vous y verrez ma gloire. »
                                                  RAC., **Athal.**, II, 7.

44 « Je souhaitais qu'on vous vît dans votre gloire, au moins votre gloire de campagne, car celle d'Aix est encore plus grande. »
                                                  SÉV., **582**, in LITTRÉ.

45 « ... elle fut contrainte... d'étaler... à la France même et au Louvre, où elle était née avec tant de gloire, toute l'étendue de sa misère. »
                                          BOSS., **Orais. fun. Reine d'Anglet.**

46 « ... il vaudrait mieux... qu'elle (*Troie*) fût encore dans toute sa gloire... »
                                                  FÉN., **Tél.**, X.

‖ **2°** Spécialt. *La gloire de Dieu.* V. **Majesté, splendeur** (Cf. Appartenir, cit. 20 ; ciel, cit. 4 ; communiquer, cit. 6). *L'éclat de la gloire divine* (Cf. Expression, cit. 47). *Célébrer* (cit. 7) *la gloire de Dieu. Pour la plus grande gloire de Dieu.* V. **Ad majorem Dei gloriam.**

47 « Mon Dieu ! j'ai combattu soixante ans pour ta gloire ; »
                                                  VOLT., **Zaïre**, II, 3.

— *T. biblique.* « La splendeur dont Dieu s'environne quand il se manifeste » (LITTRÉ). *Trône de gloire* (Cf. Asseoir, cit. 25 ; brebis, cit. 4).

48 « Je vis paraître en ce même lieu la gloire du Dieu d'Israël, selon la vision que j'avais eue dans le champ ; »
                                          BIBLE (SACI), **Ézéchiel**, VIII, 4.

— *Par anal.* « *Le roi brillant du jour descendant dans sa gloire...* » (Cf. Brillant, cit. 4 LAMART., et *aussi* Esprit, cit. 34).

‖ **3°** Les hommages* rendus à la divinité. *Rendre gloire à Dieu* (Cf. Armée, cit. 1). Ellipt. *Gloire à Dieu...* V. **Gloria.**

49 « Au même instant, il se joignit à l'ange une grande troupe de l'armée céleste, louant Dieu, et disant : Gloire à Dieu au plus haut des cieux, et paix sur la terre aux hommes de bonne volonté. »
                                          BIBLE, **Évang. St Luc**, II, 13-14.

— *Par ext.* Hommage de respect, d'admiration... *Gloire au marquis de Carabas !* (Cf. Bas, cit. 75).

50 « Gloire à notre France éternelle ! »   HUGO (Cf. Fort, cit. 80).

— *Rendre gloire à quelqu'un.* V. **Autel** (élever des autels à). Fig. *Rendre gloire à la vérité, à la justice.* V. **Témoignage.**

51 « ... si quelque orthodoxe ou hétérodoxe m'accusait d'avoir la moindre part à l'article *Genève*, je vous supplie instamment de rendre gloire à la vérité. J'ai appris le dernier toute cette affaire. »
                                          VOLT., **Lett. Vernes**, 1521, 29 déc. 1757.

‖ **4°** *Théol.* La béatitude* des élus. *Élévation à la gloire éternelle.* V. **Glorification, sainteté.** *Le séjour de gloire, la ville de gloire* : le paradis (Cf. Bond, cit. 8). *La gloire céleste, éternelle, ultime* (Cf. Envisager, cit. 10 ; espérance, cit. 27 ; esprit, cit. 52). *Couronne de gloire.* — Par ext. *Avènement* (cit. 1) *de gloire* (PASCAL).

‖ **5°** *Beaux-Arts* (XVIIIᵉ s.). Auréole* enveloppant le corps du Christ (*par oppos.* au Nimbe). *Christ en gloire, au tympan d'une église romane, gothique.* — Représentation picturale du ciel, avec des anges et des saints. *La « Gloire de Venise » du Tintoret. La « Gloire du Val-de-Grâce »* (de Mignard), poème de MOLIÈRE. — Faisceau de rayons divergents d'un triangle représentant la Trinité. *La gloire est un motif décoratif fréquent dans les églises de style jésuite* (XVIIᵉ et XVIIIᵉ siècles).

— *Fig.* V. **Auréole, nimbe ; splendeur.**

52 « ... et là-bas, au lointain, nous voyons le troupeau s'avancer dans une gloire de poussière. » DAUDET, **Lett. de mon moulin**, Installation.

53 « Soleils couchants derrière les ports ! gloires incomparables des cités maritimes, calme du ciel, pourpre des eaux, sur quelle âme bruyante de douleur ou de joie ne jetteriez-vous pas le silence ! »
                                          LOUYS, **Aphrodite**, II, II.

— *Théâtre.* Dans les pièces féeriques, « Machine suspendue... sur laquelle se placent les personnages surhumains qui doivent descendre du ciel ou y monter. » (ACAD.).

ANT. — **Déshonneur, flétrissure** (2), **honte, humiliation, ignominie, infamie, obscurité, opprobre, turpitude.**

DER. — (du lat. *gloria*). V. **Gloriette, glorieux, glorifier, glorification, gloriole.**

GLOME. *n. m.* (1878 in P. LAROUSSE, Suppl. ; lat. *glomus*, « peloton, boule »). Plaque cornée du sabot, chez les Solipèdes (*Équidés*).

DER. — (du lat. *glomus*). **Gloméris.** *n. m.* (XIXᵉ s.). Animal arthropode (*Myriapodes* — *Chilognathes*) voisin du cloporte. *Le gloméris peut se rouler en boule.* — **Glomérule.** *n. m.* (XVIIIᵉ s.). Petit amas. *Bot.* Réunion compacte et irrégulière de fleurs, de fruits (V. **Inflorescence**). — Se dit des pelotons vasculaires ou glandulaires. *Anat. Glomérules de Malpighi* (*glomérules rénaux*). *Glomérules cérébelleux, glandulaires, sudoripares, olfactifs.*

GLORIA. *n. m.* (1680 ; mot lat.).

‖ **1°** Hymne récitée ou chantée à la Messe, après le Kyrie,

et qui commence par les mots *Gloria in excelsis Deo* (Gloire à Dieu... V. **Gloire** II, 3°, cit. 49 BIBLE). *Chanter un gloria, des gloria.*

‖ **2°** (1817 DAUZAT, Suppl.). *Fam.* Café mélangé d'eau-de-vie.

« ... les tables noires sont poissées par les *glorias*, les vitres épaisses jaunies par les mouches... »
                                          FLAUB., **Mme Bov.**, II, XIV.

GLORIETTE. *n. f.* (XIIᵉ s., « petite chambre, pavillon » ; de *gloire.* V. **Gloire**). Petit pavillon, et *spécialt.* Pavillon de verdure, dans un jardin. V. **Tonnelle.** — REM. Cet emploi est fréquent dans le Nord-Est de la France et en Belgique.

« (*celui qui*)... s'aménageait... une gloriette ou folie, en retrait d'angle ou en encorbellement, contre les remparts d'une ville morte — dentelle de fer et d'or sous le masque des pampres... »
                                          SAINT-JOHN PERSE, **Œuvr. poét.**, Vents, IV. 5.

— *Par ext.* (XIVᵉ s.). Grande cage à oiseaux, en forme de pavillon (V. **Volière**).

GLORIEUX, EUSE. *adj.* (*Glorius* vers 1100 ; d'abord subst. . en parlant de Dieu, des élus ; lat. *gloriosus*, de *gloria.* V. **Gloire**).

‖ **1°** Qui donne, procure de la gloire ; qui est plein de gloire (en parlant des choses). V. **Beau, célèbre, éclatant, fameux, illustre, magnifique, mémorable.** *Glorieuses actions. Glorieux exploits. Nom glorieux, réputation glorieuse. Prince de glorieuse mémoire*.* Victoire glorieuse* (Cf. Entendre, cit. 58). *Glorieux sacrifice. Glorieuses blessures* (Cf. Chair, cit. 8). *Glorieux chef-d'œuvre* (Cf. Appendicule, cit.). *Existence, vie glorieuse. Histoire glorieuse d'un pays...* (Cf. Aussi, cit. 34). *Le cours glorieux d'une belle vie...* (Cf. Assez, cit. 13). *Mort glorieuse* (Cf. État, cit. 58). *Titre glorieux* (Cf. Effectif, cit. 1).

1 « ... tout ce que peuvent donner de plus glorieux la naissance et la grandeur accumulées sur une tête... »
                                          BOSS., **Or. fun. Reine d'Anglet.**

— *Journée glorieuse.* Absolt. et substant. *Les trois glorieuses :* les 27, 28 et 29 juillet 1830.

2 « ... l'Opposition... peut perdre autant de batailles qu'elle en livre, il lui suffit, comme les alliés en 1814, de vaincre une seule fois. Avec *trois glorieuses journées,* enfin, elle détruit tout. »
                                          BALZ., **Député d'Arcis**, Œuvr., t. VII, p. 733.

3 « La Révolution de 1830 avait relevé les trois couleurs qui signifiaient les frontières naturelles, l'affranchissement des peuples, la revanche, la gloire : d'où le nom de « trois glorieuses » donné aux journées de Juillet. »
                                          BAINVILLE, **Hist. de France**, XIX, p. 458.

‖ **2°** Qui s'est acquis, qui a de la gloire (surtout en parlant de la gloire des armes). V. **Célèbre, fameux, illustre.** *Glorieux conquérant.* V. **Grand.** *Les glorieux ancêtres* (cit. 4). *Glorieux général* (Cf. Barrer, cit. 6).

4 « Glorieux conquérant de la moitié du monde. »
                                          ROTROU, **Bélisaire**, I, 2.

5 « Toutes les qualités d'un héros glorieux ; »
                                          MOL., **D. Garc.**, I, 1.

6 « ... il était beau, ce révolté déjà glorieux (*Lassalle*), ce manieur de foules dont l'ambition démesurée avait déconcerté Henri Heine. »
                                          HENRIOT, **Portr. de femmes**, p. 422.

— REM. *Glorieux*, appliqué à une personne, était le plus souvent péjoratif dans la langue classique (Cf. *infra*, 3°). VOLTAIRE en déconseillait l'emploi au sens d' « illustre » :

7 « Homme glorieux, esprit glorieux, est toujours une injure... ainsi on dit, un règne glorieux, et non pas un roi glorieux... on ne dira pas, les princes glorieux, pour dire les princes illustres. »
                                          VOLT., **Dict. phil.**, Gloire.

— *Substant.* V. **Célébrité** (*infra* cit. 7), **grand.**

8 « Je ne me suis jamais senti grand goût pour portraire les triomphants et les glorieux de ce monde... »
                                          GIDE, **Si le grain ne meurt**, I, I.

‖ **3°** *Vieilli.* Qui a le sentiment d'une gloire personnelle dont il tire orgueil. V. **Fier, orgueilleux.** *Glorieux de se voir loué* (Cf. Amadoué, cit. 1), *de marcher en tête de la troupe, de porter les reliques* (Cf. Beaucoup, cit. 10). *Tout glorieux d'être reconnu par l'empereur* (Cf. Ancien, cit. 7).

9 « Après cette victoire, il n'est point de Romain
       Qui ne soit glorieux de vous donner la main. »
                                          CORN., **Hor.**, IV, 3.

10 « Il est aussi honnête d'être glorieux avec soi-même qu'il est ridicule de l'être avec les autres. »
                                          LA ROCHEF., **Max.**, 307.

11 « Les discours d'humilité sont matière d'orgueil aux gens glorieux, et d'humilité aux humbles. »
                                          PASC., **Pens.**, VI, 377.

12 « ... vous êtes glorieux : je vois bien que vous voulez que je vous aille voir la première ; »
                                          SÉV., **192**, 9 août 1671.

— *Péjor.* Qui a trop bonne opinion de lui-même ; qui affecte des airs de supériorité dans sa vanité de paraître. V. **Avantageux, fat, fier, présomptueux, suffisant, superbe, vain, vaniteux** (Cf. Bec, cit. 9 ; fatuité, cit. 3). *Glorieux de sa richesse, de son rang...* (Cf. Estimer, cit. 28). *Glorieux comme un paon*.* Un air glorieux.* V. **Avantageux, important, suffisant** (Cf. Assurance, cit. 11).

13 « ... espèce d'animaux glorieux et superbes, qui méprisez toute autre
espèce... approchez, hommes... »   LA BRUY., XII, 119.

14 « La nation des auteurs est un peu vaine et glorieuse. »
                                                 LESAGE, Gil Blas, XI, 14.

— *Substant.* (Péjor.). *Un glorieux, une glorieuse. Faire
le glorieux. Le Glorieux, comédie de Destouches.*

15 « Voyez-vous, dirait-on, cette Madame la Marquise qui fait tant la
glorieuse ? c'est la fille de Monsieur Jourdain, qui était trop heureuse,
étant petite, de jouer à la Madame avec nous. »   MOL., Bourg. gent., III, 12.

16 « Celui... qui a bonne opinion de soi, et que le vulgaire appelle un
glorieux... »   LA BRUY., II, 14.

17 « Auteur solide, ingénieux,
   Qui du théâtre êtes le maître,
   Vous qui fîtes le Glorieux,
   Il ne tiendrait qu'à vous de l'être, »
                                       VOLT., Lett. en vers et en prose, 96.

18 « Le glorieux n'est pas tout à fait le fier, ni l'avantageux, ni l'orgueilleux. Le fier tient de l'arrogant et du dédaigneux, et se communique peu. L'avantageux abuse de la moindre déférence qu'on a pour
lui. L'orgueilleux étale l'excès de la bonne opinion qu'il a de lui-
même. Le glorieux est plus rempli de vanité ; il cherche plus à s'établir dans l'opinion des hommes ; il veut réparer par les dehors ce qui
lui manque en effet... L'orgueilleux se croit quelque chose ; le glorieux veut paraître quelque chose.»   ID., Dict. phil., Gloire.

‖ 4° Qui participe de la gloire céleste (V. **Gloire**, II). *Le
trône glorieux de Dieu* (Cf. Étoiler, cit. 6). — *La glorieuse
Vierge Marie. Les glorieux apôtres saint Pierre et saint
Paul. Glorieux martyrs. Substant. Les glorieux.* V. **Élu,
saint.**

— *Théol. Corps glorieux,* se dit de l'état où seront les
corps des bienheureux après la résurrection (LITTRÉ).

19 « ... en ressuscitant glorieux, il a élevé son humanité à un état de
perfection où nous ne pouvons nous défendre de l'aimer... »
                          BOURDAL., Myst., Sermon s. résurr. Jésus-Christ, II.

‖ 5° *Par ext.* Plein de splendeur, de majesté. V. **Magnifique, splendide.** *Un glorieux coucher de soleil* (Cf. Aboutissement, cit. 2).

20 « ... que cherche-t-il (*Chateaubriand*) dans le libéralisme... ? —
des images, toujours des images : il les veut nobles sans doute, brillantes, à effet, glorieuses... ; il les moissonne avec leur panache en
fleur ; il en fait trophée et gloire. »
                                       STE-BEUVE, Chateaub., t. II, p. 59.

ANT. — **Avilissant, déshonorant, ignominieux, infamant, infâme,
inglorieux ; ignoré, obscur, méprisé. Humble, modeste.**

DER. — **Glorieusement.** *adv.* (XIIe s.). D'une manière glorieuse, avec
gloire. *Mourir glorieusement.* « *Des fautes... glorieusement réparées* »
(BOSS.). « *Finir glorieusement sa carrière* » (VOLT.). — REM. « *Glorieusement* (à la différence de *glorieux*) *est toujours pris en bonne
part* » (VOLT.). — *Par ext.* V. **Splendidement.** *Nudité glorieusement
étalée* (Cf. Coquille, cit. 6 MART. DU GARD).

GLORIFICATION. *n. f.* (XIVe s. ; empr. au bas lat. *glori-
ficatio,* de *gloria.* V. **Gloire**). Action de glorifier ; son résultat. V. **Apologie, célébration, exaltation, louange.** *Glorification des héros. La glorification de l'homme.*

1 « ... ce qui prédomine dans son œuvre, c'est la représentation de
l'homme illustre, la glorification du génie humain. »
                                       GAUTIER, Portr. contemp., David d'Angers.

2 « Ils vont chercher dans les générations ultérieures... un acquittement, cette vanité, un jugement, ce faux-semblant, une apologie, cette
faiblesse, une glorification, cette fanfare, une apothéose, cette cendre. »
                                       PÉGUY, La République..., p. 366.

3 « Cette glorification du particularisme national... »
                                       BENDA, Trahis. des clercs, p. 161.

— *Glorification de Dieu. — Glorification des élus* (V.
Glorifier).

ANT. — **Abaissement, avilissement, humiliation ; critique.**

GLORIFIER. *v. tr.* (XIIe s. ; adapt. du lat. *glorificare.*
Cf. -Fier).

‖ 1° Honorer (quelqu'un, quelque chose) en proclamant
ses mérites, sa gloire. V. **Gloire** (rendre) ; **célébrer, exalter,
honorer, louanger, louer, magnifier.** *Glorifier les héros, les
morts de la guerre. Glorifier la mémoire d'un grand
homme.* V. **Auréoler** (de gloire). *On l'a glorifié à l'égal
d'un dieu.* V. **Adorer, déifier, diviniser, élever.** *Glorifier
le corps humain* (Cf. Étaler, cit. 47). *Glorifier une victoire,
une révolution* (Cf. Esprit, cit. 179). *Glorifier une vertu.* V.
Vanter. *Poème qui glorifie les actions, hauts faits de...* V.
Chanter.

1 « Je suis si glorifiée en ce monde pour quelques bonnes intentions
que je tiens de la grâce de Dieu, que j'ai sujet de craindre d'être humiliée et
confondue dans l'autre. »
                          Mme de MAINTENON, Lett. à l'abbé Gobelin, 5 avr. 1691 (in LITTRÉ).

2 « Ce qu'il disait là, ce n'était point par esprit chagrin, ni en qualité
de vieillard qui dénigre le présent et se plaît à glorifier le passé ; »
                                       STE-BEUVE, Caus. du lundi, 3 juin 1850, t. II, p. 166.

3 « *Ravissant* ; c'est un mot que je voudrais réinventer à neuf pour
glorifier l'azur de cette matinée splendide. »
                                       GIDE, Journ., 23 août 1923.

4 « Anne inspecta d'un bref regard les tables, les murs où des chro-
mos sans verres glorifiaient les prouesses de l'amiral Courbet... »
                                       P. BENOIT, Mlle de la Ferté, p. 139.

---

5 « Inconcevables contradictions d'une pensée qui prône l'effort, qui
glorifie l'effort et songe à le supprimer. »
                                       DUHAM., Scènes vie fut., XV.

‖ 2° *Spécialt.* Rendre gloire* à Dieu. V. **Louer ; bénir** (II)
Cf. Artifice, cit. 1. *Glorifier Dieu, le nom de Dieu par ses
prières, par une vie pieuse...*

6 « Veut-il par mon trépas que je le glorifie ? »
                                       RAC., Esth., II, 8.

7 « ... ceux qui ont connu Dieu sans connaître leur misère ne l'ont
pas glorifié, mais s'en sont glorifiés. »   PASC., Pens., VII, 547.

8 « Le monde entier te glorifie,
   L'oiseau te chante sur son nid ;
   Et pour une goutte de pluie
   Des milliers d'êtres t'ont béni. »   MUSS., Espoir en Dieu.

— *Théol.* Appeler à la gloire* céleste, à la béatitude.

9 « Comme ils fuyaient la gloire et cherchaient les supplices,
   Les supplices enfin les ont glorifiés. »   CORN., Imit., I, 18.

10 « ... il viendra pour venger les humbles, en glorifiant dans leurs
personnes l'humilité... »
                          BOURDAL., Sur le jug. dern., Serm. 1er dim. avent.

‖ 3° *Par ext.* Rendre plus beau, glorieux (5°). *La lumière
glorifie les objets* (Cf. Emparer, cit. 16 COLETTE).

‖ SE GLORIFIER. *v. pron.* Se faire gloire*, tirer gloire de...
V. **Applaudir** (cit. 17), **enorgueillir** (s') ; **flatter** (se), **louer**
(se), **piquer** (se), **prévaloir** (se), **targuer** (se), **vanter** (se).
Cf. Enfler, cit. 29 ; entonner, cit. 5 ; envelopper, cit. 12.
*Se glorifier de son nom. Il se glorifie de tout ce qu'il fait.
Il a tort de s'en glorifier. Pays qui se glorifie de son his-
toire, de ses grands hommes.*

11 « Orgueil, contrepesant toutes les misères : ou il cache ses misères :
ou, s'il les découvre, il se glorifie de les connaître. »
                                       PASC., Pens., VI, 405.

12 « Le même siècle qui se glorifie aujourd'hui d'avoir produit Auguste,
ne se glorifie guère moins d'avoir produit Horace et Virgile. »
                                       RAC., Disc. acad.

13 « Non seulement nous n'avons rien à regretter. Mais nous n'avons
rien, nous n'avons rien fait dont nous n'ayons à nous glorifier. Dont
nous ne puissions, dont nous ne devions nous glorifier. »
                                       PÉGUY, La République..., p. 237.

— *En parlant de Dieu.* Cf. Appartenir, cit. 20 BOSSUET.

— SE GLORIFIER DANS. Mettre sa gloire, son honneur en
quelqu'un, en quelque chose. *Dieu se glorifie dans ses
saints. Un père se glorifie dans ses enfants* (LITTRÉ et
ACAD.).

14 « Molière prêtait son âme à Alceste ou à Clitandre, non à Scapin
ni à Mascarille. Mais Beaumarchais donne la sienne à Figaro et se
glorifie en lui. » LEMAÎTRE, Impress. de théâtre, Beaumarchais, p. 133.

ANT. — **Abaisser, avilir, confondre, déshonorer, humilier, rabaisser.
Damner.**

DER. — **Glorifiable.** *adj.* (XVIe s.). Digne d'être glorifié. — *Du lat.*
Glorificateur. *n. m.* (XVIe s.). *Peu usit.* Celui qui glorifie (ANT. **Blasphémateur**). Cf. *aussi* Glorification.

GLORIOLE. *n. f.* (Mot inventé par l'abbé DE SAINT-PIERRE,
mort en 1743, mais imprimé pour la première fois en 1753,
in VOLT. ; empr. au lat. *gloriola,* dim. de *gloria.* V. **Gloire**).
Vaine gloire*, vanité qu'on tire de petites choses. V. **Orgueil, vanité.** *La fumée de la gloriole* (Cf. Flatter, cit. 9
ROUSS.). *Afficher, étaler ses richesses par pure gloriole.*
V. **Ostentation.**

1 « ... ils ne purent obtenir que leurs plénipotentiaires eussent le
titre d'Excellence. Les affaires furent retardées par ces prétentions et
refus que les Romains nommaient *gloriole,* que tout le monde condamne
quand on est sans caractère, et sur lesquels on insiste dès qu'on en a
à un. »   VOLT., Annales de l'Empire, Ferd. III.

2 « Nous avons besoin de citoyens... qui méprisent les distinctions de
vanité ou les glorioles,... »
                          Abbé de ST-PIERRE, Disc. prél. aux Annales polit.

3 « ... le besoin toujours croissant d'un autre bien que la gloriole littéraire, dont à peine la vapeur m'avait atteint que j'en étais déjà dégoûté ; »   ROUSS., Rêver., IIIe promen.

4 « L'abbé de St-Pierre est l'auteur d'une expression qui commence à
prendre faveur ; c'est le mot de gloriole, si bien adapté à cette vanité
puérile qui ne vit, si on peut parler de la sorte, que de la fumée
la plus légère et la plus prompte à s'exhaler,... »
                                       D'ALEMB., Éloge de l'abbé de St-Pierre.

5 « Ne sentez-vous pas déjà comme le bon sens se substitue au faux
point d'honneur, et comme ce Rabelais, qui ne fait rien par gloriole
et par crânerie, va corriger désormais les derniers des Bayards ? »
                                       STE-BEUVE, Caus. du lundi, 7 oct. 1850, t. III, p. 11.

ANT. — **Humilité, simplicité.**

GLOSE. *n. f.* (XIIe s. ; empr. au bas lat. *glosa,* « mot qui
a besoin d'être expliqué », variante de *glossa,* du grec
glôssa, « langue, idiotisme »).

‖ 1° Annotation* entre les lignes ou en marge d'un texte,
d'un manuscrit, pour expliquer ou interpréter un mot
difficile, éclaircir un passage obscur. V. **Explication, interprétation, note.** *Glose interlinéaire. Glose marginale. Le
copiste a interpolé la glose dans le texte. Gloses de la
Bible, du Digeste. Gloses de Reichenau* (Cf. Gloser, cit. 2).
Déchiffrer (cit. 4) *un texte sans glose.* — *Par ext.* Commentaire*, note explicative, interprétation critique. *N'aboutir
qu'à de vaines gloses* (Cf. Collège, cit. 3 ; concordisme,
cit.). *D'ineptes gloses* (Cf. Élaborer, cit. 4).

1 « ... La glose des légistes
Lourdement gâte ce beau texte. »   MAROT, **Épitres**, XLIX.

2 « ... les pages ont très souvent un rez-de-chaussée d'annotations si considérables que les étages de lignes supérieures sont réduits à une proportion beaucoup trop restreinte et que le texte réel n'a l'air que de la glose de notes. »   GAUTIER, **Souv. de théâtre...**, Eug. Sue, II.

3 « ... ces éditions bipontiques, illustrées de notes, gloses et commentaires très savants. »
FRANCE, **Rôtiss. Reine Pédauque**, Œuvr., t. VIII, p. 19.

4 « Les possesseurs de manuscrits y inséraient (*dans le Digeste*), en marge ou entre les lignes, des notes, des références, des explications que l'on appelle des « gloses ». Il arrive souvent qu'un copiste maladroit ou négligent fasse passer la glose dans le corps du manuscrit qu'il copie. »   GIFFARD, **Dr. rom.**, t. I, p. 77 (éd. Dalloz).

‖ **2º** *Par ext.* Commentaire oiseux ou malveillant. *Les gloses des bavards, des commères.*

5 « Je sais que c'est un texte où chacun fait sa glose ; »
BOIL., **Sat.**, X.

DER. — Gloser.

GLOSER. *v. tr.* (XIIe s. ; de *glose*).

‖ **1º** Expliquer par une glose*, un commentaire. V. **Annoter, commenter, interpréter, traduire.**

1 « De le gloser et commenter,
De le définir et décrire,
Diminuer ou augmenter, »   VILLON, **Testament**, CLXXIV.

2 « Quelques mots romans, glosant — c'est-à-dire interprétant — des mots latins ou germaniques, attestent l'existence de la langue romane (*Gloses de Reichenau*, VIIIe s.).
F. BRUNOT et Ch. BRUNEAU, **Précis gramm. hist. lang. fr.**, p. VIII.

— Intransit. *Gloser sur un texte.* — *Par ext. Gloser sur tout :* se perdre en discussions, en vains discours, à propos de tout.

3 « Qu'ont fait ces commentateurs et ces glossateurs, surtout ceux qui ont glosé sur les lois, qu'ont-ils fait ordinairement, sinon de charger les marges des livres de leurs imaginations, qui ne font le plus souvent qu'embrouiller le texte ? »
BOSS., **Exp. doct. cathol.**, Avert.

4 « Nous glosions sur tout et coupions en quatre les plus ténus cheveux du monde. »   GIDE, **Si le grain...**, I, X.

‖ **2º** *Fig.* Vieilli. V. **Critiquer*.**

5 « Quoi, pour un maigre auteur que je glose en passant,
Est-ce un crime, après tout, et si noir et si grand ? »
BOIL., **Sat.**, IX.

— Intransit. *Il glose sur nous tous, se répand en propos malveillants* (Cf. Cagotisme, cit.). *On en glose partout.* V. **Jaser.**

6 « ... ceux qui veulent gloser, doivent bien regarder chez eux s'il n'y a rien qui cloche. »   MOL., **Scap.**, II, 1.

DER. — Gloseur, euse. *n.* (XIIe s.). *Peu usit.* Celui, celle qui glose sur tout, se montre malveillant dans ses propos. — Glosateur. *n. m.* (1426) ; puis **Glossateur** (Cf. Gloss(o)-). Auteur d'une glose ou d'un recueil de gloses. V. **Commentateur** (Cf. Gloser, cit. 3).

1 « Si vous consultez nos auteurs,
Législateurs et glossateurs, »   MOL., **Pourc.**, II, 11.

2 « L'information de ce glossateur est prodigieuse. Il sait tout ce que l'on peut savoir de Sainte-Beuve... » HENRIOT, **Romantiques**, p. 260.

GLOSSAIRE. *n. m.* (1664 ; *glosaire* au XVIe s. ; empr. au bas lat. *glossarium*, d'orig. grecque. V. **Glose**). Dictionnaire* (cit. 1) qui donne l'explication de mots anciens ou mal connus. *Le Glossaire archéologique du moyen âge et de la Renaissance de V. Gay. Le Glossaire du bas latin de Du Cange.* — *Par ext.* Lexique d'une langue vivante, particulièrement d'un dialecte ou patois. *Le Glossaire des patois de la Suisse romande de Gauchat, Jeanjaquet et Tappolet.*

« Aux XVIIe et XVIIIe siècles..., on sentit le besoin de rendre accessibles au public certains textes dialectaux ou écrits en un français hérissé de termes régionaux (comme les coutumes). Dans cette intention, on composa des glossaires explicatifs. »
WARTBURG, **Bibliogr. dict. patois**, 9.

GLOSS(O)-. Élément (du grec *glôssa*, « langue ». V. **Glose**) entrant dans la composition de plusieurs mots savants tels que : **Glossine.** *n. f.* (XIXe s.). Insecte diptère (*Muscidés*), dont le type est la mouche *tsé-tsé*. — **Glossite.** *n. f.* (1811). Inflammation de la langue. — **Glossopètre.** *n. m.* (1556 ; *glossopierre* au XVe s. ; empr. au lat. *glossopetra*). Dent de poisson fossile. — **Glosso-pharyngien, enne.** *adj.* (1747). *Anat.* Qui tient à la langue et au pharynx. *Nerf glosso-pharyngien.* — **Glossotomie.** *n. f.* (1771). Amputation de la langue.

GLOTTE. *n. f.* (1654 ; empr. au grec attique *glôtta*, « langue »). *Anat.* Orifice du larynx servant à l'émission de la voix. *Occlusion, dilatation de la glotte.*

« C'était ce que les praticiens appellent un spasme de la glotte, désordre fugace mais parfois dangereux et dont, trois ans plus tôt, Stéphane Mallarmé venait de mourir. »
DUHAM., **Invent. de l'abime**, XV.

DER. — Glottique. *adj.* (1856). Relatif à la glotte. *Spasme glottique.*

COMP. — Épiglotte.

GLOTTORER. *v. intr.* (1839 BOISTE ; empr. au lat. *glottorare*). Faire entendre un claquement du bec, en parlant de la cigogne.

GLOUGLOU. *n. m.* (1628 ; onomat.). *Fam.* Bruit que fait un liquide lorsqu'on le verse d'une bouteille. *Des glouglous de bouteille.* — *Par anal.* Cri du dindon, roucoulement de pigeon, etc.

1 « Qu'ils sont doux,
Bouteille jolie,
Qu'ils sont doux
Vos petits glou-gloux (*glouglous*) !   MOL., **Méd. m. lui**, I, 5.

2 « ... ce pigeon pattu... se nomme aussi pigeon glouglou, parce qu'il répète continuellement ce son... »
BUFF., **Hist. nat. ois.**, Le pigeon, Œuvr., t. V, p. 498.

3 « Le troupeau entier défila, on n'entendait que le ruissellement de cette eau bienfaisante, des glouglous de gorge qui avalaient, tous heureux de s'éclabousser, de se tremper, les bêtes et les gens. »
ZOLA, **La terre**, IV, 1.

4 Seuls quelques (*obus de*) 210 essoufflés passaient très haut, avec un glouglou de bouteille qui se vide... » DORGELÈS, **Croix de bois**, XI.

GLOUGLOUTER. *v. intr.* (XVIe s. RONS. ; de *glouglou*). Crier, en parlant du dindon. Produire un bruit de glouglou*.

1 « Et la bouteille
Grosse à merveille
Glou-gloute auprès de moi : »
RONSARD, **Pièces retranch.**, Odelette.

2 « Déjà elle (*la dinde*) glougloute d'orgueil. »
RENARD, **Hist. nat.**, Dindes.

3 « Plusieurs, penchés sur le tonneau qui glougloutait, regardaient distribuer le vin. »   DORGELÈS, **Croix de bois**, XIV.

4 « Au centre d'une place, un minuscule jet d'eau glougloutait pour moi tout seul. »   CÉLINE, **Voyage au bout de la nuit**, p. 41.

GLOUSSER. *v. intr.* (*Clocir* au XIIe s., puis *clousser* au XIVe s., *glosser* en 1538 ; var. du lat. *glocire*, onom.). Se dit de la poule appelant ses petits, ou prête à couver. — *Par anal. Dindon, gélinotte qui glousse.* « *Le renard glousse ou crie* » (CHATEAUB.). — *De petits rires ironiques gloussaient sur son passage.*

1 « ... des femmes tombées sur les tapis se roulèrent... une autre, subitement atteinte d'un strabisme hideux, gloussa... »
HUYSMANS, **Là-bas**, XIX.

2 « Broucke avait un petit rire de poule qui glousse. »
DORGELÈS, **Croix de bois**, XIII.

DER. — Gloussant, ante. *adj.* (XVIe s.). Qui glousse. — Gloussement. *n. m.* (XVe s.). Cri de la poule, de la gélinotte. — *Par anal. Gloussements de satisfaction* (Cf. aussi Avaler, cit. 4 ; couper, cit. 32).

1 « Il ouvrait de nouvelles enveloppes, jetait sur leur contenu un regard rapide, souriait, se rengorgeait avec une sorte de gloussement... »
GIDE, **Si le grain...**, II, II.

2 « Cerbelot pousse, de seconde en seconde, un petit rire gloussant. »
DUHAM., **Salavin**, IV, 10 mai.

GLOUTERON. *n. m.* (XVe s. ; croisement entre l'anc. fr. *gleteron* et *glouton*. V. **Grateron**). — *Bot.* Nom vulgaire de la bardane*.

GLOUTON, ONNE. *adj.* (vers 1100 ; du lat. de basse époque *glutto*, de *gluttus*, mot pop. « gosier ». Cf. Engloutir).

‖ **1º** Qui mange avidement, excessivement, en engloutissant* les morceaux. V. **Avale-tout, bouffe-tout, brifaud** (vx), **goinfre, goulu, gourmand, piffre, safre** (vx), **vorace.** *Un homme, un enfant glouton* (Cf. Bégayant, cit. 1). *Le loup, animal glouton.* — *Par ext. Appétit* (cit. 7) *glouton, avidité* (cit. 8) *gloutonne.*

1 « ... le bruit des fourchettes et des cuillers, les rires de la conversation, les diverses expressions de ces figures gloutonnes et indifférentes... »   BALZ., **Père Goriot**, Œuvr., t. II, p. 1082.

— Substant. *Manger en glouton, avaler comme un glouton.* V. **Manger* ; bâfrer, dévorer, empiffrer** (s'), **ingurgiter...**

2 « ... des gloutons, dont le ventre est un abime, ... »
BRILLAT-SAVARIN (Cf. Gastronome, cit. 1).

3 « Montaigne blâme le souci du choix chez les jeunes ; il préfère les voir plutôt un peu gloutons, que gourmets. »
GIDE, **Journ.**, 26 juillet 1924.

‖ **2º** (XVIIIe s. BUFF.). *Zool.* Mammifère carnivore (*Mustélidés*), appelé aussi « goulu » ou « carcajou ». *Le glouton habite les régions septentrionales de l'Europe et de l'Asie.*

ANT. — I. Frugal, gourmet, sobre, tempérant.

DER. — Gloutonnerie. — Gloutonnement. *adv.* (XVe s.). A la façon d'un glouton. *Manger gloutonnement.* — Fig. *Lire gloutonnement* (Cf. Avidement, cit. 7).

1 « Les loups mangent gloutonnement. »   LA FONT., **Fab.**, III, 9.

2 « *Delacroix* considérait la femme comme un objet d'art, délicieux et propre à exciter l'esprit, mais un objet d'art désobéissant et troublant, si on lui livre le seuil du cœur, et dévorant gloutonnement le temps et les forces. »
BAUDEL., **Curios. esthét.**, Vie Delacroix, VII.

GLOUTONNERIE. *n. f.* (XIIIe s.). Avidité de glouton ; défaut du glouton. *Une écœurante gloutonnerie* (Cf. Estomac, cit. 5). — *Fig.* V. **Appétit, avidité.** *Gloutonnerie du regard* (Cf. Attention, cit. 28).

1 « ... renoncer à une folle gloutonnerie de conquêtes, ... »
LOTI, **Supr. vis. d'orient,** p. 304.

2 « Un repas en commun dans une gare est prétexte seulement à vacarme, à plaisanteries usagées, quand cette excitation ne fait pas place à une gloutonnerie maussade et silencieuse... »
COLETTE, **Belles saisons,** p. 153.

GLU. *n. f.* (vers 1175 ; du bas lat. *glus,* var. du lat. class. *gluten*).

‖ **1°** Matière visqueuse et tenace comme de la colle, extraite de l'écorce du houx. *Prendre de petits oiseaux à des bâtons enduits de glu* (Cf. *par métaph.* Abuser, cit. 9). *Chasse à la glu* (Cf. Engin, cit. 9). *Se prendre à la glu.* V. **Engluer** (s'). *Se dégager de la glu.* V. **Dégluer** (se).

1 « Je mettrai pour celui qui gagnera le prix,
Un merle qu'à la glu en nos forêts je pris ; »
RONSARD, **Églogues,** I.

2 « Qui n'a vu un pauvre oiseau, une pauvre mouche s'attraper par les pattes à de la glu ? »
LOTI, **Pêch. Islande,** II, XII.

‖ **2°** *Fig.* En parlant de personnes indiscrètes, importunes dont on ne peut se dégager. *Il est collant comme de la glu. C'est une vraie glu.* — En parlant de choses qui séduisent*, captivent, retiennent : *La glu du plaisir, de la séduction* (Cf. Autour, cit. 12).

3 « Je craindrais... pour M. de la Garde, la glu du faubourg Saint-Jacques... »
SÉV., **1261,** 5 février 1690.

4 « ... j'oubliais que tu t'es laissé prendre à sa glu. »
BALZ., **Duchesse de Langeais,** Œuvr., t. V, p. 199.

5 « Je me suis laissé prendre l'aile à cette glu perfide, espérant n'y laisser qu'une plume et croyant pouvoir m'envoler quand bon me semblerait... »
GAUTIER, **Mlle de Maupin,** V.

DER. — **Gluer*.** — **Gluau.** *n. m.* (1375). Branche ou planchette enduite de glu pour prendre les petits oiseaux. *La chasse aux gluaux est prohibée.* V. **Volant.**

« Il avait des gluaux perfectionnés pour les alouettes et les cailles... »
ZOLA, **La terre,** IV, 3, p. 320.

GLUC(O)- et **GLYC(O)-.** Élément du grec *glukus,* « doux », entrant dans la formation de nombreux mots savants tels que : **Glucide.** *n. m.* (1923). *Chim.* Nom générique des hydrates de carbone, de formule Cx(H2O)y. — **Glucine.** *n. f.* (1798). Oxyde de glucinium. — **Glucinium.** *n. m.* Métal blanc (découvert en 1798), cassant, de densité 1,7, de masse atomique 9,02, de symbole Gl, qu'on trouve notamment dans l'émeraude (SYN. *Béryllium*). — **Glucomètre** ou **gleucomètre** ou **glycomètre.** *n. m.* (Cf. -Mètre). Aréomètre destiné à mesurer la quantité de sucre des moûts (V. **Pèse-moût**). — **Glucose** ou (parfois) **glycose.** *n. m.* (1853). Sucre de raisin, d'amidon, de fécule. *Le glucose ou sucre de fruit se rencontre dans le miel, le raisin, la plupart des fruits sucrés.* — Terme générique servant à désigner les sucres de même formule que le glucose (C6 H12 O6). *Variétés principales de glucose :* Dextrose, galactose*, lévulose. *Diastase transformant le saccharose* en glucose* (V. **Sucrase**), le lactose* en glucose* (V. **Lactase**). — REM. L'ACADÉMIE fait *glucose* du féminin, mais les chimistes l'emploient au masculin. — **Glucoserie.** *n. f.* (fin XIXe s.). Fabrique de glucose (Cf. Fécule, cit. 2). — **Glucoside.** *n. m.* (1872 in P. LAROUSSE). Nom générique de composés du glucose qu'on trouve dans les végétaux. V. **Salicine, saponine, vicianine.** — **Glycémie.** *n. f.* (1872 in P. LAROUSSE ; Cf. -Émie). Présence de sucre dans le sang (Cf. *infra*). — **Glycocolle.** *n. m.* (1866 ; Cf. Colle). Amino-acide résultant de l'action de l'acide sulfurique sur la gélatine. — **Glycogène.** *n. m.* (1853 Cl. BERNARD ; Cf. -Gène). Matière organique ayant la composition de l'amidon. *Le glycogène emmagasiné dans le foie* (cit. 1). — **Glycogénèse.** *n. f.* (1877 in LITT., Suppl.). Formation du glycogène dans le foie (on dit aussi : *Glycogénie* (1853). — **Glycogénique.** *adj.* (1853). Qui a rapport à la glycogénie. *La fonction glycogénique du foie.* — **Glycol.** *n. m.* (1855 ; Cf. -Ol). Nom générique des corps possédant deux fois la fonction alcool. (SYN. *Diol*). — **Glycosurie.** *n. f.* (1866; gr. *ourein,* uriner). V. **Diabète.** Présence de sucre dans l'urine. — **Glycosurique.** *adj.* et *n.* (1878 P. LAROUSSE). Se dit des personnes atteintes de glycosurie. V. **Diabétique.** — Cf. *aussi* Glycérie, glycérine, glycine.

GLUER. *v. tr.* (XIIe s. ; de glu). *Peu usit.* Enduire de glu. V. **Engluer.**

COMP. — **Dégluer, engluer.**

DER. — **Gluant, ante.** *adj.* (vers 1265). Qui est de la nature de la glu. V. **Collant, visqueux.** *Boue gluante* (Cf. Bâton, cit. 7 ; fibrine, cit.). *Mains gluantes.* V. **Poisseux.** — *Fig.* V. **Collant** (fig.), **importun, tenace.**

« La boue venait à mi-jambes, dans le boyau. L'eau coulait de partout, de la paroi gluante et de la nuit. Ils pataugeaient dans ce ruisseau de glu noire... »
DORGELÈS, **Croix de bois,** XIV.

GLUI. *n. m.* (XIIe s. ; orig. incert.). *Vx.* Paille de seigle servant à couvrir les toits, à faire des liens, des emballages...

GLUME. *n. f.* (1584 ; rare jusqu'au XIXe s. ; du lat. *gluma,* « balle de graine »). *Bot.* Enveloppe des fleurs de graminées, puis de leurs graines. V. **Balle.** *Glume du blé.*

DER. — **Glumelle.** *n. f.* (1828). Une des deux bractées* verdâtres qui enveloppent immédiatement les fleurs de graminées. *La glumelle se trouve sous la glume.*

GLUTEN (*glu-tèn'*). *n. m.* (XVIe s ; mot lat. *gluten,* « glu, colle »). Matière azotée visqueuse qui subsiste après élimination de l'amidon des farines de céréales. *Le gluten contribue à la fermentation du pain. Pain de gluten, pour le régime des diabétiques. Extraire le gluten de la farine de blé* (Cf. Falsification, cit. 2).

DER. — **Glutinatif.** *adj.* (1549). V. **Agglutinatif.** — **Glutineux.** *adj.* (vers 1265). De la nature du gluten. V. **Adhésif, gluant, visqueux.** — Qui contient du gluten. — **Glutinosité.** *n. f.* (XVIe s.). État de ce qui est glutineux

GLYCÉRIE. *n. f.* (fin XIXe s. ; dér. sav. du gr. *glukeros,* « doux »). Plante monocotylédone (*Graminées*) herbacée, annuelle ou vivace. *Glycérie flottante,* dite manne de Pologne. *Glycérie maritime.*

GLYCÉRINE. *n. f.* (1823 CHEVREUL ; dér. sav. du gr. *glukeros,* « doux »). *Chim.* Liquide incolore, sirupeux, de saveur sucrée, soluble dans l'alcool, de formule C3 H5 (OH)3, de densité 1,26, provenant de la saponification des graisses (Cf. Émulsionner, cit.). *Utilisations de la glycérine en médecine (comme antiseptique, contre les gerçures) ; dans l'industrie (encres, colle, couleurs, savon à la glycérine) ; en pyrotechnie (dynamite, nitroglycérine).* — *Éther oléique de la glycérine.* V. **Oléine.** — *Combinaison d'acide margarique et de glycérine.* V. **Margarine.**

DER. — **Glycéré, glycérat** ou **glycérolé.** *n. m.* (fin XIXe s.). Médicament, à usage externe, à base de glycérine. — **Glycéride.** *n. f.* (1869 BERTHELOT). Éther de la glycérine. — **Glycériner.** *v. tr.* (*Glycériné,* 1872 P. LAR.). Enduire de glycérine. — **Glycérique.** *adj.* (1869 BERTHELOT). *Chim. Acide glycérique,* obtenu par oxydation de la glycérine. — **Glycérophosphate.** *n. m.* (1872 P. LAR.). *Méd.* Sel dérivant de l'acide glycérophosphorique (obtenu par la combinaison de l'acide phosphorique et de la glycérine). *Administrer le phosphore sous forme de glycérophosphates.*

COMP. — **Nitroglycérine.**

GLYCINE. *n. f.* (1786 ; dér. sav. du gr. *glukus,* doux). — *Bot.* Plante dicotylédone (*Légumineuses-papilionacées*), d'origine exotique. *Grappes de fleurs* (cit. 5) *mauves et odorantes de la glycine* (Cf. aussi Argent, cit. 11). *Une glycine qui s'étale et grimpe en guirlande le long d'un mur.*

« ... nous découvrons le monstre d'une glycine extravagante ; ses cent lianes se lacent, s'entremêlent, se nouent, se nattent en une sorte de câble difforme et tortu, qui, lançant de tous côtés le long serpent de ses bois, s'épanouit sur la treille qui recouvre sa fosse en un ciel épais de grappes mauves. »
CLAUDEL, **Connaiss. de l'Est,** Halte sur le canal.

GLYCO-. V. GLUCO-.

GLYPHE. *n. m.* (1701 ; du gr. *gluphè,* « ciselure »).

‖ **1°** *Archéol.* Trait gravé* en creux. V. **Ciselure.** *Médaillon orné de glyphes. Glyphes doriques.* V. **Triglyphe.**

‖ **2°** Élément entrant dans la composition de mots savants tels que *aglyphe, anaglyphe, galvanoglyphe, hiéroglyphe, triglyphe, zoogluphite,* ...

GLYPTIQUE. *n. f.* (1796 ; du gr. *gluptikos,* « relatif à la gravure »). Art de graver sur pierres fines. *Forme mineure de la sculpture en bas-relief, la glyptique a produit chez les Grecs et les Romains de remarquables chefs-d'œuvre.* V. **Camée, intaille.**

GLYPTO-. Élément (du gr. *gluptos,* qui entre dans la composition de mots savants tels que : **Glyptothèque.** *n. f.* (1839 BOISTE ; Cf. -Thèque). Cabinet, musée de pierres gravées, de camées... *La glyptothèque de Munich.* — **Glyptodon** ou **Glyptodonte.** *n. m.* (fin XIXe s. ; gr. *odous, odontos,* « dent »). *Paléont.* Genre de mammifères édentés, couverts d'une carapace, qu'on trouve à l'état fossile dans les terrains quaternaires d'Amérique. — **Glyptographie.** *n. f.* (1756 ENCYCL. ; Cf. -Graphie). Science qui a pour objet l'étude des pierres gravées de l'antiquité.

G.M.T. Abréviation de l'anglais « *Greenwich mean time* », heure moyenne du méridien de Greenwich, qui est l'heure légale de l'Europe occidentale (REM. On traduit parfois G.M.T. par *G. meridian time,* ou *G. middle time*). *Atterrissage à 20 h 50 G.M.T.*

GNAF ou **GNIAF** (*gn* mouillé). *n. m.* (*gnafe* 1808 ; du lyonnais *gnafre,* « cordonnier ». Cf. *Gnafron,* personnage du guignol lyonnais, qui exerce ce métier). *Pop.* V. **Cordonnier, savetier.** *Fig. et vx.* Maladroit*, gâcheur.

GNANGNAN, aussi **GNAN-GNAN, GNIAN-GNIAN** (*gn* mouillé). *n.* et *adj.* (*gnian, gnian...* onomat. imitant les hésitations, les plaintes de quelqu'un, 1784 in BEAUM. ; *des gnan-gnans* mauvais rôles, 1825 in TALMA ; 1866 sens. mod.).

Fam. *N. m.* et *f.* Personne molle, sans énergie, à qui le moindre effort arrache des plaintes. *Une vraie gnangnan. Des gnangnans.* — Adj. invar. *Elles sont un peu gnangnan* (REM. La forme adjective n'est pas enregistrée par ACAD. 8ᵉ éd.).

« Je n'ai rien à reprocher à cette jeune fille, mais je la trouve gnangnan ; on dirait une salade de laitue dans laquelle on aurait oublié le vinaigre. » J. JANIN, in P. LAROUSSE, Dict., Gnangnan.

GNAPHALE (*ghna-*). *n. m.* (XIXᵉ s. ; du gr. *gnaphalion*, plante cotonneuse). *Bot.* Plante dicotylédone (*Composées*) annuelle ou vivace selon les variétés, qui croît dans les régions tempérées ou froides, les contrées montagneuses. *Gnaphale pied de lion*, ou *immortelle des neiges*. V. **Edelweiss**. *Gnaphale dioïque*, ou *pied de chat*. V. **Antennaire**. *Gnaphale fangeux*, ou *immortelle des marais*. V. **Immortelle**.

GNEISS (*ghnèsse*). *n. m.* (1779 ; empr. de l'all. *gneiss*). *Minéral.* Roche métamorphique* cristallophyllienne à structure schisteuse, composée de feldspath*, de quartz*, de mica*, et d'éléments variables divers (amphibole, apatite, cordiérite, hornblende, grenat...) qui caractérisent certaines variétés. *Le gneiss, roche très répandue, d'aspect feuilleté, de couleur gris clair ou rougeâtre. Gneiss porphyroïde*, à gros cristaux de quartz ou de feldspath. *Gneiss glanduleux ou œillé*, à gros cristaux de feldspath entourés de mica noir. *Gneiss acide*, dont le feldspath dominant est l'orthose ; *gneiss basique*, dont le feldspath dominant est un plagioclase. *Gneiss amphibolique, pyroxénique...*

« Les gneiss sont d'autant plus résistants qu'ils sont moins feuilletés. On les utilise à l'empierrement, plus rarement à la construction... Quand ils sont bien fissibles, on en fait des dalles ou des plaques pour toitures (Bretagne, Massif Central, Alpes, etc.). » POMEROL et FOUET, Les roches métamorphiques, p. 50 (éd. P.U.F.).

DER. — **Gneisseux, euse** (1877) ou **Gneissique** (1856). *adj.* Qui est de la nature du gneiss.

GNÈTE (*ghnète*). *n. f.* (fin XIXᵉ s., sous la forme lat. *gnetum* in ENCYCL. BERTHELOT). *Bot.* Plante phanérogame gymnosperme (*Gnétacées*), ligneuse, volubile, à grandes feuilles pétiolées et coriaces, qui croît dans les régions tropicales. *La gnète de Java est cultivée pour ses graines comestibles.*

DER. — **Gnétacées.** *n. f. pl.* (1872). Famille de plantes phanérogames gymnospermes comprenant des arbrisseaux généralement aphylles, à rameaux grêles et longs, parfois sarmenteux et volubiles, à fleurs unisexuées, et dont le fruit est un achaine* ou une samare*. *Types principaux de gnétacées :* éphèdre ou raisin de mer, gnète, welwitschie.

GNOCCHI (*gn* mouillé ; *gno-ki*). *n. m. pl.* (1898 ; mot ital.). *Cuis.* Pâtes* italiennes faites de farine, d'œufs, de fromage, que l'on fait cuire au lait bouillant puis gratiner au four. *Plat de gnocchi à la sauce tomate.*

GNOGNOTTE ou **GNOGNOTE** (*gn* mouillé). *n. f.* (1846 BALZ. ; probablt. onomat. enfantine exprimant le dédain). **Fam.** *C'est de la gnognote !* Tout à fait négligeable, en parlant d'une chose, d'une personne de nulle valeur (usité seulement dans cette expression).

« Josépha, c'est de la gnognote ! cria l'ancien commis-voyageur. » BALZ., Cous. Bette, Œuvr., t. VI, p. 306.

GNÔLE, GNIÔLE, GNAULE ou **NIÔLE** (*gn* mouillé). *n. f.* (1701 FURET. au sens de « coup » (V. **Gnon**) ; XIXᵉ s. au sens de « niais » ; 1882 sens moderne dont l'évol. est obscure ; mot lyonnais d'orig. incert.). **Fam.** Eau-de-vie*, alcool. *Bouteille, verre de gnôle. Prendre une gnôle, un petit coup de gnôle.*

1   « ...cette sale habitude que tu as quand on nous distribue de la gniôle, sous prétexte que tu crois que ça fait du mal, au lieu de donner ta part à un copain, tu le verser sur la tête pour te nettoyer les tifs. » BARBUSSE, Le feu, XIII.

2   « Lyon a fourni quelques mots pittoresques à l'argot de la guerre : leur histoire mérite d'être contée. Le plus répandu est le nom de l'eau-de-vie, la *gnôle* ou *niôle*... Dans les patois franco-provençaux (Lyonnais, Savoie, Suisse romande), *niôla*, descendant du latin *nebula*, désigne le brouillard ou les nuages... L'eau-de-vie peut donc également, suivant les conceptions populaires, chasser la brume ou créer le brouillard devant les yeux... » DAUZAT, Argot de la guerre, IV, p. 100.

GNOME (*ghnôm'*). *n. m.* (1583 ; empr. au lat. des alchimistes *gnomus*. Cf. gr. *gnômê*, « intelligence »). Nom de petits génies* laids et difformes, qui, selon le Talmud et les Cabalistes, président à la terre dont ils gardent les trésors. V. **Esprit** (Cf. Dieu, cit. 16). *Le monde surnaturel des fées* (cit. 3), *des gnomes, des sylphes et des ondins.*

« ...on aperçoit... une masse d'architecture moitié gothique, moitié sarrasine, qui a l'air de se soutenir dans les airs comme par miracle... et semble l'œuvre fantastique des Sylphes, des Fées, des Génies et des Gnomes réunis. » BAUD., Traduct. E. POE, Hist. grot. et sér., Domaine d'Arnheim.

— *Par anal.* Homme très petit et contrefait. V. **Nabot, nain.**

DER. — **Gnomide.** *n. f.* (1670). Gnome femelle.

GNOMIQUE (*ghno-*). *adj.* (1616 ; du gr. *gnômikos*, « sentencieux »). *Littér. anc.* Qui se présente sous forme de sentences. *Poésie gnomique*, ensemble de maximes, de préceptes, de conseils pratiques versifiés. *La poésie gnomique fut florissante chez les Grecs au VIᵉ s. avant J.-C.* — *Par ext.* Qui écrit cette poésie. *Poète gnomique*, et substant. *les gnomiques.*

GNOMON (*ghno-*). *n. m.* (1547 ; empr. au lat. *gnomon*, du gr. *gnômôn*, même sens). Ancien instrument astronomique composé d'une tige verticale (V. **Style**) faisant ombre sur une surface plane, ou d'une plaque percée d'un trou, projetant une image elliptique du soleil. *Par la longueur et la direction de l'ombre, ou par la place de l'image, le gnomon marque les heures, permet de mesurer la hauteur du soleil, de construire la méridienne... etc.* V. **Cadran, horloge** (solaire). *Utilisation des gnomons dans l'antiquité.*

« Les Péruviens avaient des obélisques, des gnomons réguliers, pour marquer les points des équinoxes et des solstices. » VOLT., Mœurs, CXLVIII.

DER. — **Gnomonique.** *adj.* et *n. f.* (1547). *Adj.* Relatif aux gnomons. *N. f.* Art de construire les gnomons. *Traité de gnomonique.* — -**Gnomonie.** Élément tiré du gr. *gnômôn* et qui entre dans la composition de *Physiognomonie** (V. *aussi* **Physionomie**).

GNON (*gn* mouillé). *n. m.* (1651, pop. « enflure provoquée par un coup » ; forme apocopée d'*oignon**). *Pop.* V. **Coup**. *Donner, recevoir un gnon.*

GNOSE (*ghn-*). *n. f.* (XVIIᵉ s. ; empr. au gr. eccl. *gnôsis*, « connaissance »).

‖ **1º** *Vx.* Connaissance suprême des mystères de la religion.

« ... on a voulu introduire une fausse gnose pleine d'ordures à la place de la véritable... (La gnose) C'est aussi la *science du salut*. Pour exprimer cette science, saint Paul se sert souvent du mot de *gnose*, c'est-à-dire tout simplement, *connaissance* ; et c'est cette connaissance en cette science du Seigneur, science non spéculative mais pratique, dont Isaïe avait prédit que toute la terre serait remplie au temps du Messie. » BOSS., Traduct. nouv. mystiq., St Clément d'Alexandrie, II, III.   1

‖ **2º** *Hist. relig.* « Éclectisme philosophique prétendant à concilier toutes les religions et à en expliquer le sens profond par le moyen d'une connaissance ésotérique et parfaite des choses divines, communicable par tradition et par initiation » (LALANDE). V. **Gnosticisme, gnostique ; éon.**

« La gnose seule, grâce à une tradition secrète, est en possession de la vérité. Un vaste système d'émanations successives renferme tout le secret de la philosophie et de l'histoire. Le christianisme, qui est l'acte le plus récent de la tragédie que joue l'univers, est l'œuvre de l'éon *Christos*, qui, par son union intime avec l'homme Jésus, a sauvé ce qui est sauvable de l'humanité. » RENAN, Église chrét., IX, Œuvr., t. V, p. 475.   2

‖ **3º** *Occult.* Philosophie suprême initiatique et ésotérique, contenant toutes les connaissances sacrées, et *par ext.* Tout savoir qui se donne comme Le Savoir par excellence. V. **Ésotérisme, occultisme, théologie, théosophie.**

-**GNOSE**, -**GNOSIE**, -**GNOSTIQUE**. Second élément de mots savants, empr. au gr. *gnôsis*, « connaissance », et à ses dérivés. V. **Diagnose, diagnostic, diagnostique ; géognosie, géognostique ; prognose, prognostique** (et *aussi* **Pronostic**). — V. *aussi* -**Gnomonie** (dér. de *Gnomon*).

GNOSTICISME (*ghn-*). *n. m.* (1842 ; de *gnostique*). *Hist. relig.* Ensemble des doctrines de la gnose, qui apparurent vers le IIᵉ siècle après J.-C. V. **Gnose** (2º), **gnostique** (2º). *Condamnation du gnosticisme par l'Église chrétienne. Nombreuses sectes de gnosticisme* (Cf. Valentinianisme*).

« Les gnostiques admettaient plusieurs rites païens, des chants, des hymnes, des images du Christ, soit peintes, soit sculptées. Sous ce rapport, leur influence dans l'histoire du christianisme fut de premier ordre. Ils constituèrent le pont par lequel une foule de pratiques païennes entrèrent dans l'Église... C'est par le gnosticisme que l'Église fit sa jonction avec les mystères antiques et s'appropria ce qu'ils avaient de satisfaisant pour le peuple. » RENAN, Église chrét., IX, Œuvr., t. V, p. 477.

GNOSTIQUE (*ghn-*). *n.* (fin XVIᵉ s. ; du gr. *gnôstikos*, « qui sait », savant, sage).

‖ **1º** *Vx.* Celui qui a la connaissance des mystères de la religion.

« Le gnostique n'est donc autre chose qu'un chrétien digne de ce nom, qui a tourné la vertu chrétienne en habitude : c'est en d'autres termes, cet homme spirituel et intelligent qui est lumière en Notre-Seigneur, ce chrétien parfait qui est infailliblement contemplatif, au sens que saint Paul a dit de tout véritable chrétien, « qu'il ne contemple pas ce qui se voit, mais ce qui ne se voit point. » BOSS., Traduct. nouv. mystiq., St Clément d'Alexandrie, III.   1

‖ **2º** Adepte du gnosticisme. V. **Gnosticisme** (cit.), **ophite, valentinien.** *Basilide, Valentin, Saturnin, Carpocrate furent les premiers grands gnostiques.* — Adject. *Secte gnostique ; hérésie gnostique* (Cf. Construction, cit. 5).

« ...les gnostiques, dans leur prétention de tout embrasser, et habitués qu'ils étaient à regarder les dieux des nations comme des êtres divins, bien inférieurs au Dieu suprême, voulaient connaître le christianisme, prenaient Jésus avec enthousiasme comme un éon incarné   2 à mettre à côté de tant d'autres, et lui faisaient une belle place dans leurs formules de philosophie de l'histoire... Il y eut des gnostiques chrétiens, juifs, samaritains ; mais il y eut aussi des gnostiques non chrétiens. »   RENAN, **Église chrét.**, IX, Œuvr., pp. 471-472.

3   « À la grâce toute puissante et arbitraire, les gnostiques ont voulu seulement substituer la notion grecque d'initiation qui laisse à l'homme toutes ses chances. »   CAMUS, **Homme révolté**, p. 51.

‖ 3° *Par ext.* Tout initiateur d'une doctrine secrète de salut. *Adject.* Qui a rapport à une telle doctrine.

DER. — Gnosticisme.

GNÔTHI SEAUTON (*ghnoti séôton'*). Mots grecs, maxime de Socrate qui signifie « Connais-toi toi-même », traduite en latin par « *Nosce te ipsum* »*. Substant. *Le gnôthi seauton de Socrate.*

GNOU (*gn* mouillé au XVIIIe s. ; *ghn* de nos jours). *n. m.* (*Nou* en 1775, in QUERHOENT cité par BUFFON ; *gnoo* 1778, sec. voy. du capit. COOK ; *gnou* ou *niou* in BUFF. ; mot hottentot). *Zool.* Mammifère ongulé (*Bovidés Bubalinés*) au corps lourd, à la tête épaisse et velue, aux membres grêles, qui rappelle le taureau par la tête et les cornes, le cheval par la queue et la crinière, et l'antilope pour le reste. *Les gnous sont des ruminants qui vivent par troupeaux dans les plaines de l'Afrique du Sud, et dont la chair est très appréciée.*

« On voit que cet animal est très remarquable, non seulement par sa grandeur, mais encore par la beauté de sa forme, par la crinière qu'il porte tout le long du cou, par sa longue queue touffue et par plusieurs autres caractères qui semblent l'assimiler en partie au cheval, et en partie au bœuf. Nous lui conserverons le nom de *gnou* (qui se prononce *niou*), qu'il porte dans son pays natal... »
                    BUFF., **Hist. nat. anim.**, Le gnou..., Œuvr., t. IV, p. 623.

GO (TOUT DE). *loc. adv.* (en 1579, *avaler tout de gob*, « d'un trait » ; *gob*, anc. subst. verb. de *gober*). *Fam.* Directement, sans détour ni préparation. *N'allez pas lui avouer cela tout de go. — Par ext.* Librement, sans façon ni cérémonie. *Il est entré tout de go* (ACAD.).

1   « Mais il n'osa pas d'abord lui parler de l'affaire, son courage s'en allait, à l'idée de conter ainsi tout de go la culbute avec Françoise. Ils causèrent du beau temps, du bien que ça faisait à la vigne. »
                    ZOLA, **La terre**, IV, I.

2   « Comme la pensée ne l'encombrait pas, il pouvait sortir tout de go ce qui lui passait par la tête, et cela donnait à sa conversation une verdeur extrêmement plaisante. »   GIDE, **Si le grain ne meurt**, I, X.

GOAL (*gôl*). *n. m.* (mot anglais ; LAROUSSE 1922). *Vieilli.* But*, gain d'un point au football, au rugby, au polo, etc. — *Par ext.* Gardien* de but (abrév. de *goal-keeper*, gardien de but).

GOBBE ou **GOBE.** *n. f.* (1690 FURET. ; de *gober**). Bol, ou boulette alimentaire destinée à engraisser la volaille ou à empoisonner les animaux nuisibles. *Gobbe de viande hachée et de strychnine.*

GOBELET. *n. m.* (XIIIe s. *gubulet* ; dimin. de l'anc. franç. *gobel*. V. **Gober***).

‖ 1° *Vase** à boire généralement plus haut que large, avec ou sans anse, et ordinairement sans pied. V. **Chope, godet, quart, tasse, timbale.** *Gobelet de verre, d'étain, d'argent, de faïence. Gobelet pour préparer les cocktails.* V. **Shaker.** — *Par ext. Boire un gobelet de cidre, de vin* (Cf. Fin, cit. 7), *de lait* (Cf. Film, cit. 3).

1   « Elle s'extasiait, comme une pensionnaire, sur la veste blanche du barman, la grâce avec laquelle il secouait les gobelets d'argent, les noms bizarres ou poétiques des mélanges. »
                    RADIGUET, **Diable au corps**, p. 43.

2   « Ce n'est pas avec un gobelet de cocacola qu'un citoyen inquiet peut oublier son tourment. »   DUHAM., **Scènes vie fut.**, IV.

‖ 2° (1549). Instrument de prestidigitation*, ayant la forme d'un gobelet à boire. *Tours de gobelet* (Cf. Escamotage, cit. 1 ; escamoteur, cit.). — *Fig.* V. **Fourbe.** *Méfiez-vous des joueurs de gobelets.* — Jeux. *Gobelet à dés* : récipient tronconique servant à lancer les dés.

3   « Tu es des charlatans le seigneur, ...
     ...et de ceux qui aux places
     Jouant des gobelets font tours de passe-passes, »
                    RONSARD, **Pièces posth.**, Hymnes, X.

4   « ...avec la connaissance des affaires répandue dans les diverses classes de la société, on est à l'abri des gobelets et des finesses de la vieille diplomatie. »   CHATEAUB., **M. O.-T.**, t. V, p. 125.

— *Par anal.* (XIXe s.). *Arbor.* Taille en gobelet.

DER. — Gobeleterie. *n. f.* (1791). Fabrication, vente de gobelets. — Gobeletier. *n. m.* (1803). Celui qui fabrique, vend des gobelets. — Gobelottage. *n. m.* (fin XIXe s.). Action de gobelotter. — Gobelotter ou gobeloter. *v. intr.* (1680). *Fam.* Boire avec excès du vin, des liqueurs ; festiner. — Gobelotteur, euse. *n. m. et f.* (début XIXe s.). Celui, celle qui aime gobelotter.

1   « Pour avoir des amis, ne faut-il pas se lier avec des jeunes gens, posséder quelques sous afin d'aller gobeloter avec eux, se rendre ensemble partout où vont les étudiants ! »
                    BALZ., **Messe de l'athée**, Œuvr., t. II, p. 1158.

---

2   « Sans la fausse bonhomie du fainéant et le laisser-aller du gobelotteur de campagne, cet homme eût effrayé les gens les moins perspicaces. »   ID., **Paysans**, Œuvr., t. VIII, p. 56.

3   « ... le bonheur animal d'un peuple qui vit dehors, un pays de trafic, de paresse et de gobelotage... »
                    COLETTE, **Belles saisons**, Mes cahiers, p. 150.

1. GOBELIN. *n. m.* (XVIe s. ; bas lat. *gobelinus*. Cf. gr. *kobalos*, et all. *kobold*, « lutin »). *Vx.* V. **Lutin.**

2. GOBELIN. *n. m.* (du nom de la manufacture de tapisserie fondée au XVIIe s. à Paris dans la maison des Gobelins, célèbre famille de teinturiers). Tapisserie provenant de la manufacture des Gobelins. *Salon orné de beaux Gobelins, ou gobelins. Un gobelin représentant une chasse de Diane.*

GOBE-MOUCHE ou **GOBE-MOUCHES.** *n. m.* (1548 ; de *gober*, et *mouche*).

‖ 1° *Zool.* Oiseau du type passereau, appartenant au genre *muscicapa*, se nourrissant de mouches et autres insectes volants.

1   « Les gobe-mouches arrivent en avril et partent en septembre. Ils se tiennent communément dans les forêts, où ils cherchent la solitude et les lieux couverts et fourrés ; »
                    BUFF., **Hist. nat. ois.**, Le gobe-mouche, Œuvr., t. VI, p. 414.

— *Par anal.* (1764). *Bot.* V. **Dionée.**

‖ 2° *Fig. et fam.* (Sens popularisé en 1759 par le personnage « M. Gobemouche », d'une pièce de Favart). Homme crédule*, qui « gobe »* toutes les nouvelles, toutes les opinions. V. **Gogo, naïf, niais.** *Un pauvre gobe-mouche, victime d'un escroc. Faire le gobe-mouche dans les rues.* V. **Badaud.**

2   « J'allais, avec la foule des gobe-mouches attendre sur place l'arrivée des courriers... »   ROUSS., **Confess.**, V.

3   « ... ces pauvres gobe-mouches d'Allemands qui croient tout. »
                    STENDHAL, **Souv. égot.**, Lettres inédites, p. 234 (éd. Charpentier).

GOBER. *v. tr.* (1549 ; déjà au XIIIe s., *se gober*, au sens de « se vanter » ; d'un rad. gaul. présumé *gobbo-*, « bouche »).

‖ 1° Avaler* vivement en aspirant, et généralement sans mâcher. *Gober une huître, un œuf cru* (Cf. Couvée, cit. 3), *des pruneaux* (Cf. Gargamelle, cit.). — *Poisson qui gobe l'appât. — Fam.* V. **Manger.** *Le loup lui a gobé tous ses moutons* (Cf. Compter, cit. 3 ; croquer, cit. 4). — *Pop.* Attraper, choper.

1   « Et il goba fort agréablement sa mouillette beurrée. »
                    BALZ., **Eug. Grandet**, Œuvr., t. III, p. 541.

2   « ... elle gobait indifféremment les insectes, les fruits, et n'hésitait même pas, l'occasion se présentant, à démolir ou à dévorer la couvée tardive d'un petit oiseau... »   PERGAUD, **Goupil à Margot**, p. 149.

‖ 2° *Fig. et fam.* (1650). Croire sans examen. *Gober les nouvelles les plus invraisemblables. Il gobe tout ce qu'on lui dit, c'est un gogo*. *Gober l'appât** (cit. 3), *le morceau, l'hameçon* : se laisser attraper, tromper, duper.

3   « Mais je ne suis pas homme à gober le morceau,
     Et laisser un champ libre aux vœux du damoiseau : »
                    MOL., **Éc. des femm.**, II, 1.

4   « Tous deux également sont propres à gober les hameçons qu'on leur veut tendre ; »   ID., **Pourc.**, II, 3.

5   « Il n'en fallut pas davantage à ce pauvre prince pour lui persuader l'ineptie d'une supposition qu'il avait si aisément gobée, et, tout d'un coup, pour lui faire naître la honte d'avoir si pleinement donné dans un panneau si grossièrement tendu... »   ST-SIM., **Mém.**, III, XLIII.

6   « Après ça, il faut bien quelque chose à ceux qui sont en bas... On leur donne à gober les légendes, les chimères, l'âme, l'immortalité, le paradis, les étoiles. Ils mâchent cela. Ils le mettent sur leur pain sec. »
                    HUGO, **Misér.**, I, I, VIII.

7   « ...tout le dîner, je demurai pantelant, gobant leurs propos, tourmenté du désir de leur parler... »   GIDE, **Si le grain...**, I, IX.

— *Par ext.* (1846). Accorder crédit à quelqu'un, l'estimer, l'apprécier (Cf. Avoir quelqu'un à la bonne*). *Elle ne le gobe pas beaucoup.*

8   « Autrefois j'aimais les gendarmes.
     Drôle de goût, me direz-vous...

     Mais je les gobais tout de même,
     Comme on prise de bons enfants. »   VERLAINE, **Invectives**, XLV.

‖ SE GOBER. Être gobé. *L'huître ne se mâche pas, elle se gobe.* — *Fig. réfl.* Avoir une haute opinion de soi-même, être plein de suffisance*, de fatuité.

9   « Le brave garçon, en effet, ne laissait pas que de se gober quelque peu ; il faisait fort grand cas de sa gracieuse personne et se fût très bien, comme on dit, passé la main dans les cheveux... »
                    COURTELINE, **Train de 8 h 47**, I, I.

DER. — Go (tout de). Gobbe ou gobe. — Gobeur, gobichonner. — Cf. *aussi* Gobelet, goberger (se), gobeter.

COMP. — Dégobiller, gobe-mouche.

GOBERGE. *n. m.* (1680 RICHELET ; probablt. altér. d'*écoperche**). *Menuis.* Se dit de cales ou instruments de bois qui servent à maintenir en presse un placage, une pièce à coller, etc. — *Au plur.* Ais soutenant le sommier et le matelas dans un bois de lit. *Poser un sommier sur les goberges.*

GOBERGER (SE). *v. pr.* (XVe s. in LITTRÉ ; dér. de l'anc. fr. *gobert,* « facétieux ». Cf. Gober).

|| 1º *Vx.* et *fam.* S'amuser de quelqu'un. V. **Gausser** (se).

|| 2º (1648 SCARRON). Prendre ses aises, se bien traiter, faire bombance (cit. 2). *Se goberger comme un coq* (cit. 8) *en pâte.* V. **Prélasser** (se). Cf. Cantonner, cit. 1. *Domestiques qui se gobergent.*

« ... (les *avoués*) se trouvent avoir gagné, en dormant dans leur lit, en se gobergeant à votre table, en se chauffant au coin du feu, cent, deux cents, trois cents, neuf cents francs... »
BALZ., **Code gens honnêtes,** Œuvr. div., t. I, III, I, p. 135.

GOBETER (se conj. comme *jeter*). *v. tr.* (XIIIe s. au sens de « avaler de bons morceaux » ; *Techn.,* 1757 ENCYCL. ; anc. franç. *gobet,* « bouchée, morceau ». V. **Gober**). *Maçonn.* Crépir ou jointoyer en jetant du plâtre, à la main ou avec une truelle. *Gobeter un mur, une cloison.* — Préparer un gobetis. — *Agric.* Battre le terreau d'une champignonnière.

DER. — Gobetis. *n. m.* (1866 LITTRÉ). Plâtre ou mortier liquide pour gobeter.

GOBEUR, EUSE. *n.* (1554 ; de *gober*). Celui, celle qui gobe. *Gobeur d'huîtres.*

1 « Celui qui le premier a pu l'apercevoir (*l'huître*)
En sera le gobeur   l'autre le verra faire. » LA FONT., *Fab.,* IX, 9.

— *Fig.* et *fam.* (1721). Personne qui croit naïvement tout ce qu'on lui dit. V. **Crédule, naïf.** *Gobeur de fausses nouvelles.* — Adjectivt. *Esprit gobeur.*

2 « Il m'a dit sur la littérature des choses très justes, je veux dire pas des choses de gobeur, de liseur ordinaire, mais des choses d'un homme ayant vécu... » LÉAUTAUD, **Journ. litt.,** 2 déc. 1906, t. I, p. 333.

3 « Leur psychologie, qui est une psychologie d'adulte, s'éclaire par cette question d'âge ; ils sont sceptiques, peu gobeurs même quand ils sont superstitieux, généralement peu naïfs. »
SIEGFRIED, **Âme des peuples,** p. 37.

GOBICHONNER. *v. intr.* (1847 BALZAC ; de *gober*). *Fam.* Mener joyeuse vie, et bien manger. V. **Festiner, festoyer.** — *Transit. :*

« ... et il se sentit capable des plus grandes lâchetés pour continuer à vivre bien, à savourer toutes les primeurs à leur date, enfin à *gobichonner* (mot populaire, mais expressif) de bons petits plats soignés. » BALZ., **Cousin Pons,** Œuvr., t. VI, p. 535.

GOBIE. *n. m.* (1803 ; du lat. *gobio,* goujon). Poisson acanthoptérygien (*Gobidés*). *Le gobie, ou goujon de mer, vit dans les mers et les eaux saumâtres.*

GODAILLE. *n. f.* (XVIe s. ; à rapprocher de *godale, goudaille,* « sorte de bière », ou aussi de *gogaille**, ou encore anc. fr. *gaudillos, gaudailles,* du rad. lat. de *gaudere,* se réjouir). *Fam.* Débauche* de table. V. **Gogaille, ribote.**

« ... cet ancien paysan sobre, dur à son corps, vivant de pain et d'eau, avait pris là des habitudes de godaille, le goût de la viande et de l'eau-de-vie, tellement les vices se gagnent, lorsque, c'est lui-même que c'est un fils qui débauche son père. » ZOLA, **La terre,** V, 2, p. 427.

DER. — Godailler. *v. intr.* (1752). *Fam.* Se livrer à la godaille. — Godailleur, euse. *n.* (1831). Celui, celle qui godaille. V. **Débauché, noceur, patachon.**

1 « Celui que je soupçonnerais le plus, Tonsard, a passé la nuit à godailler ; mais votre adjoint était de la noce, ... »
BALZ., **Paysans,** t. VIII, p. 307.

2 « Vous le rencontrerez peut-être sur le boulevard ou dans un café, godaillant, débraillé, jouant au billard... »
ID., **César Birotteau,** Œuvr., t. V, p. 430.

GODAN, ou **GODANT.** *n. m.* (fin XVIIe s. SAINT-SIMON ; orig. incert. ; Cf. peut-être les dialect. *gaudence, godence,* « contes pour rire », du lat. *gaudere*). *Vx.* Conte, tromperie, piège.

1 « ... c'étaient mes ennemis personnels ; ils gouvernaient Monseigneur ; c'était bien certainement à eux à qui je devais cet inepte et hardi godant qu'ils avaient donné à Monseigneur, et qui l'avait mis dans une si grande colère. » ST-SIM., **Mém.,** III, XLVII.

2 « Par principe il ne m'a pas l'air de donner dans le godan de l'Inévitable. » ROMAINS, **H. de b. vol.,** t. IV, X, p. 99.

GODASSE. *n. f.* (fin XIXe s. ; altér. pop. de *godillot**). *Pop.* V. **Chaussure, godillot.**

« J'ai de la neige dans le cou, dans mes godasses et jusque dans le creux de l'estomac. » MAC ORLAN, **Quai des brumes,** IV.

GODDAM ! *interj.* (début XVIIIe s. ; de l'angl. *God damn* (*me*) « Dieu me damne ! »). Sorte de juron anglais.

« Diable ! c'est une belle langue que l'anglais !... Les Anglais, à la vérité, ajoutent par-ci, par-là, quelques autres mots en conversant ; mais il est bien aisé de voir que *god-dam* est le fond de la langue ; »
BEAUMARCH., **Mar. Fig.,** III, 5.

GODELUREAU. *n. m.* (1552 RAB. ; Cf. peut-être l'anc. fr. *galureau,* composé de *gal-* (V. **Galant**), et *lureau,* var. de *luron**). *Fam.* et *péjor.* Jeune galantin. V. **Freluquet.**

1 « Quand nos comédiens arrivèrent, la chambre des comédiennes était déjà pleine des plus échauffés godelureaux de la ville dont quelques-uns étaient déjà refroidis par le maigre accueil qu'on leur avait fait. » SCARRON, **Roman comique,** I, VIII.

2 « Ce sont de beaux morveux, de beaux godelureaux, pour donner envie de leur peau ; » MOL., **Avare,** II, 5.

3 « ... il (*Louis XIV*) avait encore pour elles (*ses maitresses*) des égards, — et un respect, — qui auraient pu servir de modèle aux godelureaux de sa Cour. » L. BERTRAND, **Louis XIV,** III, IV.

GODENOT. *n. m.* (1644 ; dér. sans doute du moyen fr. *godon,* surnom injurieux donné aux Anglais). *Vx.* Figurine de bois ou d'ivoire représentant un homme et servant à des tours de prestidigitation.

« Vous voyez que le Mazarin n'est qu'une manière de godenot qui se cache aujourd'hui et qui se montrera demain, ... »
RETZ, **Mém.,** IV, 320 (année 1652).

— *Fig.* Homme petit et difforme.

GODER. *v. intr.* (1762 ; du rad. de *godron*). *Cost.* Faire de faux plis (V. **Godet**) en bombant*, soit par suite d'une mauvaise coupe, soit par un ajustage défectueux de l'étoffe sur la doublure. V. **Grigner.** *Une jupe taillée en biais risque de goder.* — Par anal. *Le papier mal collé gode sur le mur.*

« Malgré la tiédeur de mai, il portait un pardessus d'hiver, démodé, dont le col godait à la nuque. » DUHAM., **Salavin,** V, I.

DER. — Godage. *n. m.* (1774). V. **Godet.**

HOM. — Godet.

GODET. *n. m.* (XIIIe s. ; orig. obscure, peut-être moyen néerl. *codde,* morceau de bois de forme cylindrique).

|| 1º Petit vase* à boire sans pied ni anse. V. **Gobelet.**

1 « J'ai tari le plus fin de la cave paternelle, godet à godet, délicatement.... » COLETTE, **Prisons et paradis,** Vins, p. 68.

— *Par ext.* et *pop.* V. **Verre.**

2 « Hé ! Gilieth, par ici... Hé ! Mulot... Viens prendre un godet avec nous. » MAC ORLAN, **La Bandera,** 78.

|| 2º *Par anal.* Tout petit récipient de même forme où l'on délaie (cit. 2) de l'encre, des couleurs, où tombe l'huile d'un quinquet, d'un coussinet de graissage*, où l'on recueille la résine, le latex, etc.

3 « Les godets à couleur étaient en porcelaine blanche, et toujours propres, rangés de façon à permettre à l'œil de trouver aussitôt la nuance voulue dans la gamme des tons. »
BALZ., **Honorine,** Œuvr., t. II, p. 289.

4 « Il monta sur le tablier, alla emplir lui-même les godets graisseurs des cylindres ; » ZOLA, **Bête humaine,** V.

5 « C'est long à suinter le caoutchouc dans les petits godets qu'on accroche au tronc des arbres. Souvent, on n'en a pas plein un petit verre en deux mois. » CÉLINE, **Voyage au bout de la nuit,** p. 129.

6 « Il remarqua sur le bureau un godet à eau en cristal de roche, qui représentait deux fruits accolés dans leur feuillage... C'est un godet japonais, de l'époque Kienlong. »
CHARDONNE, **Dest. sentim.,** 88.

— *Par ext.* (Technol.). *Godets d'une porte.* V. **Crapaudine.** — Fourneau de pipe. — Égout d'un chéneau. — *Bot.* Capsule de certains fruits. *Godet ou cupule du gland de chêne.* V. **Vélanède.**

7 « Le chardon à foulon, j'ai cru longtemps qu'il n'emplissait ses godets sous l'averse que pour donner à boire aux oiseaux : mais on m'apprend que dans cette eau il déploie des rets impalpables, pièges à la taille des visiteurs minuscules... » COLETTE, **Belles saisons,** p. 19.

— *Mécan.* V. **Auge, auget.** *Roue à godets. Chaîne* à godets,* chaîne sans fin d'un élévateur, d'une drague, d'un excavateur, munie d'une série continue de godets. *Godets d'une noria.*

|| 3º Faux pli, boursouflure d'un vêtement, d'une étoffe, d'un papier qui gode*. — *Spécialt.* Cout. *Jupe à godets,* à gros plis souples, ronds et sinueux, qui tombent en s'évasant (V. **Goder**).

8 « Des cannelures rondes qui vont de la base jusqu'au sommet, simulent les plis d'une étoffe, les « godets » de soie d'une robe de femme ; » LOTI, **L'Inde (sans les Anglais),** Vers Bénarès, IV.

DER. — Godron.

GODICHE. *adj.* (1752 ; dér., selon HATZFELD, du rad. de *Godon,* forme hypocoristique de *Claude*). *Fam.* V. **Benêt, bête, maladroit, niais, sot.** *Il est assez godiche* (ACAD.). *Avoir l'air godiche.* V. **Emprunté, gauche.** Substant. *Quelle godiche, cette fille !* (Peu usit. au masc.).

1 « ... ton regard, disais-je, allait de préférence
Aux hommes de carrée et de ronde apparence,
Plutôt qu'aux freluquets à l'air godiche ou sec, »
VERLAINE, **Élégies,** III.

2 « ... les effets préparés d'avance, que Léon lui passait, pièce à pièce, les yeux baissés, avec des gestes godiches d'officiant. »
MART. du G., **Thib.,** t. VI, p. 10.

DER. — Godichon, onne. *adj.* (1752). Diminutif de godiche. *Petite fille godichonne.* — Substant. *En voilà un godichon !*

GODILLE. *n. f.* (Goudille, en 1792 ; orig. obsc.). « Aviron* placé à l'arrière d'une embarcation, dans un creux ou demi-cercle, pratiqué dans la partie supérieure du tableau, et permettant la propulsion par un mouvement hélicoïdal de la pelle » (GRUSS).

1 « (*Les jonques*) marchent sans bruit à la godille, avec ce petit tré-moussement qui est particulier à ce genre d'allure. »
LOTI, **Fig. et choses...**, Trois journ. de guerre, III.

2 « ...un coup de roulis avait jeté la guenon à l'eau... Et Royer était allé la cueillir à la godille, avec l'aviron qui lui restait. »
R. VERCEL, **Remorques**, III.

DER. — Godiller. *v. intr.* (1792). Manœuvrer une embarcation avec la godille. — Godilleur. *n. m.* (1856). Batelier qui godille.

« Sur une péniche immense, un godilleur transporte une minuscule balle de thé. »   MAUROIS, **B. Quesnay**, XXVIII.

GODILLOT. *n. m.* (1876 ; du nom d'*Alexis Godillot*, four-nisseur de l'armée). Chaussure militaire à tige courte. V. **Brodequin, chaussure.** — *Par anal. Pop.* Gros soulier quel-conque. V. **Godasse.**

1 « Ses larges godillots craquelés et racornis, qu'on dirait taillés à la serpe dans le vieux bois, portent encore à leurs talons un peu de la boue glorieuse des tranchées. »   DORGELÈS, **Croix de bois**, IV.

2 « ...un ouvrier, en cotte bleue, un mégot aux lèvres ; deux godillots tout neufs, en cuir épais, pendaient, à cheval sur son épaule. »
MART. du G., **Thib.**, t. VII, p. 253.

GODIVEAU. *n m.* (1546 RAB., selon DAUZAT ; altér. prob. de « *gogue* (boudin) *de veau* », expression dialect. de l'Ouest). *Cuis.* Hachis de viande façonné en boulettes oblon-gues (V. **Quenelle**) de la grosseur du doigt, pochées à l'eau bouillante salée. V. **Farce.**

« Lorsqu'on apporta la tourte, large comme une roue de charrue, il y eut un recueillement, les godiveaux impressionnaient ; et M. Charles poussa la politesse jusqu'à jurer sur son honneur qu'il n'en avait jamais vu de plus belle à Chartres. »   ZOLA, **La terre**, II, 7, p. 186.

GODRON. *n. m.* (*Goderon*, en 1379 ; dér. de *godet*).

‖ 1° Ornement creux ou saillant, de forme ovoïde, aux bords de la vaisselle d'argent. *Argenterie à godrons. Vase à petits godrons.* — *Par ext.* Toute pièce d'orfèvrerie façon-née à godrons. *Godrons de cuivre* (REM. On écrit aussi GAUDRON. Cf. Curiosité, cit. 21 FRANCE).

‖ 2° *Par anal. Technol.* Ornement de même forme sur des ouvrages d'architecture, d'ébénisterie.

« ...une maison méridionale, couverte en godrons de tuiles et crépie de rose. »   COLETTE, **Belles saisons**, p. 30.

‖ 3° *Cost.* Gros pli rond et empesé d'une fraise, d'un jabot... V. **Tuyau.** *Collerette à godrons.* — *Par ext.* Fer servant à godronner*.

DER. — Godronnage. *n. m.* (1855). Action de godronner*. Résultat de cette action. *Le godronnage élégant d'un jabot.* — **Godronner.** *v. tr.* (1379). Border, orner de godrons. *Godronner de la vaisselle.* — Plisser, friser en godrons. *Manchette godronnée. Perruque godronnée.* — *Par anal.* Bot. *Feuille godronnée*, à bords découpés en festons sé-parés par des plis profonds. — **Godronneur, euse.** *n.* (1855). Celui, celle qui fait des godrons.

1 « ...de la belle vaisselle, toute neuve, toute godronnée au fruit ; »
SÉV., 1232, 6 nov. 1689.

2 « Vous êtes déjà paré et godronné comme pour un bal. »
GAUTIER, **Mlle de Maupin**, VII, p. 196.

GOÉLAND (go-é-lan). *n. m.* (*Gaellan*, vers 1500 ; empr. au bas breton *gwelan*, « mouette »). Oiseau de mer lariforme (*Palmipèdes, laridés*) scientifiquement appelé *larus*, de la taille d'une grosse mouette. *Les goélands nichent au sol, sur les côtes, et vivent en colonies* (Cf. Corniche, cit. 2). — REM. L'orthographe *goéland*, admise en 1835 par l'ACAD., qui la rectifia en 1878, se trouve encore dans LITTRÉ.

1 « On raconte que les goélands des îles Feroë sont si forts et si voraces, qu'ils mettent souvent en pièces des agneaux dont ils empor-tent des lambeaux dans leurs nids ; »
BUFF., **Hist. nat. ois.**, Goélands et mouettes.

2 « A l'horizon, des voiles maltaises découpent leur triangle blanc, pareil aux ailes relevées en ciseaux d'un goéland qui pêche. »
FROMENTIN, **Année dans le Sahel**, p. 38.

3 « Les goélands faisaient un tapage extraordinaire autour de nous ; ils étaient une bande qui criaient et battaient l'air de leurs ailes blanches... »   LOTI, **Mon frère Yves**, XLI.

GOÉLETTE (go-é-lèt). *n. f.* (*Goualette*, en 1752 ; formé sur *goéland*, avec changement de suff. — REM. L'orthographe *goélette*, admise par l'ACAD. en 1835 et rectifiée en 1878, se trouve encore dans LITTRÉ).

‖ 1° *Zool.* Hirondelle* de mer.

‖ 2° *Mar.* Bâtiment léger à deux mâts et à voiles au-riques*. *Goélette de pêche.* V. **Schooner.** *Gréer* un yacht en goélette.* — *Par ext.* Voile aurique (d'une goélette ou de tout autre bâtiment). *Misaine goélette.* V. **Fortune.** *Corne* de grand'voile goélette.*

1 « Au milieu du courant, où l'eau est la plus profonde, stationnent les bricks et les goélettes du commerce, à la mâture élancée, aux cor-dages aériens, dont les traits se dessinent si nettement en noir sur le fond clair du ciel. »   GAUTIER, **Voyage en Espagne**, p. 247.

2 « C'était une goélette longue et basse, avec une mâture très inclinée sur l'arrière... »   BAUDEL., **Traduct. E. POE**, Avent. G. Pym, XIII.

3 « La *Jane Guy* était une goélette de belle apparence, de la conte-nance de cent quatre-vingts tonneaux. »   ID., **Ibid.**, XIV

GOÉMON. *n. m.* (*Goumon*, au XIVe s. ; empr. au bas bre-ton *gwemon*). *Bot.* Algues marines appartenant au genre *fucus** et à d'autres genres d'algues brunes ou rouges. V. **Fucus, varech.** *Goémon de fond, de rive. Goémon-épave*, rejeté par la mer sur le rivage. *Valeur fertilisante du goé-mon putréfié.* — REM. L'orthographe *goëmon*, d'abord ad-mise par l'ACAD., se trouve encore dans LITTRÉ.

1 « ...l'amère senteur des glauques goémons. »
HUGO, **Contemplations**, p. 321.

2 « Ses pieds s'embarrassaient dans de longues plantes brunes, emmê-lées comme des chevelures, qui étaient les goémons traînant à terre. »
LOTI, **Pêch. d'Islande**, I, III.

— *Par ext.* Engrais fait de goémon.

GOÉTIE. *n. f.* (XVIe s. ; du gr. *goêteia*, « sorcellerie »). *Antiq.* Magie incantatoire par laquelle on invoquait les es-prits malfaisants.

« En quoi cela est-il moins surprenant que les artifices de la goétie, que les sorts jetés par des magiciens ou des bergers ? »
HUYSMANS, **Là-bas**, XV.

GOGAILLE. *n. f.* (1564 ; dér. de l'anc. fr. *gogue*, « réjouis-sance »). *Pop.* (Vx.). Repas copieux et joyeux. *Faire go-gaille.* V. **Bombance.**

1. GOGO (A). *loc. adv.* (XVe s. ; redoublement plaisant de *gogue*, « réjouissance »). *Fam.* V. **Abondamment, discrétion** (à), **souhait** (à). *Avoir tout à gogo.*

« Ne parlons que de joie, et jusqu'au conjungo
Laissez-moi, s'il vous plaît, m'en donner à gogo. »
Th. CORN., **D. César d'Avalos**, I, 4 (in LITTRÉ).

2. GOGO. *n. m.* (1834 ; nom d'un personnage de *Robert Macaire*, comédie de Frédérick Lemaître, popularisé par le grand acteur, puis par les caricatures de Daumier). *Fam.* Homme crédule* et niais, facile à tromper, surtout en ma-tière de finances. V. **Bon, gobe-mouches, naïf, pigeon.** *Les gogos, proies faciles des aigrefins qui les dupent et les grugent*. C'est bon pour les gogos.*

« ...ces froids banquiers sans âme qu'on dit vertueux et qui ruinent des milliers de familles avec leurs rails qui sont de l'or pour eux et du fer pour les *Gogos !* »   BALZ., **Cous. Bette.**, Œuvr., t. VI, p. 433.

GOGUENARD, ARDE. *adj.* (1607 ; dér. de l'anc. fr. *gogue*, « réjouissance »). Qui plaisante en se moquant ; qui a l'air de se moquer d'autrui. V. **Moqueur, narquois, railleur** (Cf. Excepté, cit. 8). *Ton, sourire, œil goguenard. Humeur, raillerie goguenarde.* — Substant. (Cf. Baptiser, cit. 4 ; choquer, cit. 9).

1 « Lorsqu'ils viennent, d'un ton de mauvais goguenard,
Vous railler sottement sur l'amour d'un vieillard ; »
MOL., **Éc. d. m.**, III, 8.

2 « — Je vous ai bien dit que c'était un médecin goguenard.
— Oui ; mais je l'enverrais promener avec ses goguenarderies. »
ID., **Méd. m. l.**, II, 2.

3 « ...son rire goguenard qui avait l'air de se ficher du monde. »
ZOLA, **Dr Pascal**, t. I, p. 28.

4 « Mais le visage (*de Verlaine*) était d'une laideur magnifique et surpre-nante, d'une laideur à la Socrate, populacière et divine, avec son beau crâne pareil à la coupole d'un temple, son front dévasté par le génie et la souffrance, avec aussi, le clignotement goguenard des yeux obliques, démentait ce que l'homme pouvait avoir de rustique et de falot. »   Laurent TAILHADE, **Quelques fantômes de jadis.**

ANT. — Sérieux.

DER. — Goguenarder. *v. intr.* (XVIe s.). Faire le goguenard*, plai-santer. *Soyez donc un peu sérieux ; cessez de goguenarder.* — *Transit.* (Peu usit.). V. **Railler.** — Goguenarderie. *n. f.* (1666 ; var. *goguenardie*, au XVIe s.). Vieilli V. **Goguenardise.** (Cf. *supra*, goguenard, cit. 2). — **Goguenardise.** *n. f.* (1872 P. LAROUSSE). V. **Plaisanterie, raillerie.** *Un ton de goguenardise.*

1 « Le Roi, fort accoutumé à lui (*Rose*) et à ses goguenarderies, car il était plaisant et fort salé... »   ST-SIM., **Mém.**, t. I, LVI.

2 « Cela te sied bien de me goguenarder ! reprit Montcornet en sou-riant. Te crois-tu le droit d'insulter un pauvre général comme moi... ? »
BALZ., **Paix du mén.**, Œuvr., t. I, p. 995.

3 « ...nous pourrons ensuite goguenarder tout à notre aise, et faire des vers à ventre déboutonné. »
STE-BEUVE, **Caus. du lundi**, 3 juin 1850, t. II, p. 183.

4 « ...un recueil de plaisanteries bonnes ou mauvaises, de goguenar-dises et de goguenardise. »   GOBINEAU, **Nouv. asiat.**, p. 35.

5 « ...elle découvrit un soir dans mon regard une gaîté un peu bour-guignonne, et dans mon haleine le secret de ma goguenardise, hélas !... »
COLETTE, **Maison de Claudine**, p. 57.

GOGUENOT. *n. m.* (1823 *gogueneau* ; mot normand, « pot à cidre »).

‖ 1° *Dialect.* (Normandie). Pot à cidre.

‖ 2° *Technol.* Cône de poterie soutenant un bétonnage.

‖ 3° *Pop.* Vase de nuit, et *par ext.* Latrines. — *Fig.* Tout endroit malpropre.

« On ne demande pas la chambre des pairs, mais, tout de même, on se plairait ailleurs que dans un pareil goguenot. »
BLOY, **Femme pauvre**, 28.

GOGUETTE. *n. f.* (XIII⁵ s., « propos joyeux » ; XV⁵ s., « ripaille » ; de l'anc. fr. *gogue*, « réjouissance »). *Fam.* (depuis le XIX⁵ s.). *En goguette :* émoustillé*, légèrement ivre après des libations un peu trop copieuses. *Tapage nocturne de marins en goguette. Être en goguette.* Se dit encore pour Être en partie fine.

1 « Bons vivants que met en goguette
Le vin d'une vieille feuillette. »
BÉRANGER, Av. de Bagnolet (in LITTRÉ).

2 « Les esquisses que mon fils avait faites d'après les dessins de Goya représentant des moines en goguette, et dont il avait orné notre chambre, le scandalisèrent un peu ; » SAND, Hiver à Majorque, III, I.

3 « Il a même... soupé, il y a trois jours, en goguette. »
BARBEY d'AUREV., Les diaboliques, Le plus bel amour de don Juan, I.

4 « Le fiacre venait en effet de dégorger, au seuil de l'édifice, des collégiens en goguette qui avaient besoin de voir la mort pour y croire. » VILLIERS de L'ISLE-ADAM, Contes cruels, p. 115.

GOÏ, GOÏM. V. GOY.

GOINFRE. *n. m.* (XVI⁵ s., d'AUBIGNÉ ; orig. obscure. Cf. Gouin et goulafre). Individu qui mange avec excès et salement. V. **Glouton, goulu, gourmand, vorace.** *Il se jette sur les plats comme un goinfre.*

1 « S'il faut rire ou chanter au milieu d'un festin,
Un docteur se tient alors au bout de son latin :
Un goinfre en a toute la gloire. » BOIL., Poés. div., I.

2 « Nous étions là cinq ou six goinfres émérites, et nous avons briffé et lampé au mieux ; » GAUTIER, Les grotesques, IX, p. 298.

3 « (*les riches Romains*)... des malheureux assez goinfres pour s'étendre afin de mieux se remplir et qui une fois remplis, se vidaient comme des outres, leurs gros doigts bagués d'or au fond de la gorge, sans seulement prendre la peine de se mettre sur leur séant, devaient avoir à la fin du repas bien besoin de se décrasser... Il est vrai qu'ils habitaient des villas somptueuses. »
BERNANOS, Grds cimet. s. la lune, p. 37.

4 « ... il s'épongeait le front fréquemment, mangeait beaucoup, non tant comme un gourmet que comme un goinfre... »
GIDE, Faux-Monnayeurs, III, I.

5 « Il se pencha sur son assiette et l'on ne peut dire qu'il commença de manger il bâfra ; comme un goinfre, comme un pourceau. »
ID., Ainsi soit-il, p. 50.

ANT. — Frugal, sobre, tempérant.

DER. — Goinfrade. *n. f.* (1866 LITTRÉ). Acte ou repas de goinfre. — Goinfrer. *v. intr.* (vers 1628, d'apr. BLOCH). *Fam.* Manger comme un goinfre. — Goinfrerie. *n. f.* (XVII⁵ s.). Caractère du goinfre ; manière de manger du goinfre. *L'attirail* (cit. 1) *de la goinfrerie.*

« Il se précipita vers les cuisines, emporté par cette goinfrerie qui devait surprendre l'univers. » FLAUB., Trois contes, Hérodias, II.

GOITRE. *n. m.* (1552 ; *gouistre*, en 1530 ; d'un dialecte lyonnais venu de l'anc. fr. *goitron*, « gorge » (XII⁵ s.) ; du lat. vulg. *gutturio*, de *guttur*, « gorge »). Tumeur* du corps thyroïde, qui déforme la partie antérieure du cou. *Goitre endémique de certaines régions montagneuses* (V. **Crétinisme**). *Goitre exophtalmique.* — REM. L'ACAD. a d'abord écrit *goëtre*, orthographe que l'on retrouve dans LITTRÉ.

1 « Le cou long, avec un soupçon de goitre qui ne lui seyait point mal... (*à la Dauphine*). » ST-SIM., Mém., III, 1159 (in LITTRÉ).

2 « ... la très étonnante faculté des grenouilles de gonfler comme un goitre leur gosier, à la manière des pigeons lors de la saison des amours... » GIDE, Journ., 22 mai 1943.

DER. — Goitreux, euse. *adj.* (1411). Qui est de la nature du goitre. *Tumeur goitreuse.* Qui est atteint d'un goitre. *Femme goitreuse depuis son adolescence.* Substant. *Un goitreux* (Cf. Crétin, cit. 3).

1 « Beaucoup d'individus, sans avoir des goitres, paraissent attaqués de la même maladie que les goitreux. On peut attribuer ces gonflements, ces engorgements à des parties trop brutes de l'eau, et surtout de l'air, qui s'arrêtent, embarrassent les conduits, ... »
SENANCOUR, Oberman, LXXVII.

2 « Je me suis remis à travailler, mais ça ne va pas du tout ! J'ai peur de n'avoir plus de talent et d'être devenu un pur crétin, un goitreux des Alpes. » FLAUB., Corresp., V, p. 135.

GOLD POINT (*poïn't*). *n. m.* (mots anglais, fin XIX⁵ s.). *T. d'Écon. polit.* Se dit des cours extrêmes du change au delà desquels il devient avantageux d'exporter ou d'importer de l'or.

« Lorsque les changes et les cours de l'or sont libres, il existe deux cours extrêmes de l'or ou d'une devise au delà desquels il y a intérêt à « sortir » ou à « entrer ». Ce sont le gold point de sortie et le gold point d'entrée. »
DICT. DES SCIENCES ÉCON., Gold point (éd. P.U.F. 1956).

GOLF. *n. m.* (mot angl. devenu usuel vers 1889 ; *goff*, en 1792). *Sports.* Jeu qui consiste à faire pénétrer une balle dans des trous disposés le long d'un parcours. *Joueur de golf* (Cf. Éphèbe, cit. 4), *muni d'un assortiment de crosses* (V. **Club**) *que porte un garçon* (V. **Caddie.** Cf. Cadet). *Frapper la balle de golf, la pousser dans un trou* (Green). *Un terrain de golf* (Link) *de neuf ou dix-huit trous, parsemé d'obstacles naturels ou artificiels* (Bunker). *Partie de golf opposant deux adversaires* (Single), *deux équipes de deux joueurs* (Double). — *Néol. Golf-miniature,* jeu de jardin ou de salon.

— Cost. *Culottes, pantalon de golf,* bouffants, et serrés au-dessous du genou. — Sorte de gilet* de laine. V. **Chandail, sweater.**

« Il voyait Martine à sa table de travail ; elle feuilletait ses fiches, les pieds dans des chaussons fourrés, un golf jaune sur le dos. »
PLISNIER, Martine, p. 256.

« Un pantalon de golf roux bouffait au-dessus de ses chaussures énormes. » ID., Ibid., p. 363.

DER. — Golfeur, euse. n. (*néol.*). Joueur, joueuse de golf.

GOLFE. *n. m.* (XIII⁵ s. ; de l'ital. *golfo*, lui-même dér. du gr. *kolpos* V. **Gouffre**).

‖ **1°** Vaste bassin* en cul-de-sac plus ou moins largement ouvert, que forme la mer dans son avancée à l'intérieur des terres. V. **Échancrure, mer*.** *Golfe profond. Petit golfe.* V. **Baie*.** *Golfe étroit et profond, en Norvège.* V. **Fiord** (cit. 1. Cf. *aussi* Cœur, cit. 23). *Golfe à l'embouchure d'un fleuve.* V. **Estuaire.** *Le golfe de Gascogne, de Finlande, du Mexique...* (Cf. Anfractuosité, cit. 4 ; aplanissement, cit. 1 ; assembler, cit. 31 ; autorité, cit. 19 ; couronne, cit. 18 ; échouage, cit. 2 ; exhaler, cit. 14 ; fleuve, cit. 5).

1 « On peut... distinguer deux types de mers bordières suivant leurs formes et la manière dont elles communiquent avec l'océan : les unes sont des *golfes*, plus ou moins largement ouverts, mais se terminant en cul-de-sac (golfe de Saint-Laurent, mer d'Okotsk) ; les autres sont des chenaux ouverts aux deux bouts, le type en est la Manche (que les Anglais appellent *Channel*), et on pourrait appeler des *manches* toutes les mers de cette catégorie. »
De MARTONNE, Traité de géog. phys., t. I, p. 395.

2 « La Grèce était une grande péninsule, dont les caps semblaient avoir fait reculer les mers, et les golfes s'ouvrir de tous côtés, comme pour les recevoir encore. » MONTESQ., Espr. lois, XXI, VII.

3 « ...nous tâcherons de les distinguer (*les mers méditerranées*) de celles qu'on doit appeler golfes, et aussi de celles qu'on devrait regarder comme des lacs, » BUFF., Hist. nat., Preuve théor. terre.

4 « Les ouvertures des golfes, des baies, des méditerranées, rien n'échappe à la sagesse de ce bon et savant homme. »
CHATEAUB., Génie du christ., I, V, 3.

5 « ...ils habiteraient une maison basse à toit plat, ombragée d'un palmier, au fond d'un golfe, au bord de la mer. »
FLAUB., Mᵐᵉ Bovary, II, XII.

6 « Antonio arriva à une crique d'eau profonde ; elle luisait entre les branches de cendres d'un bouleau. Il descendit jusqu'au bord. C'était un petit golfe tranquille creusé dans un granit bleuâtre. Antonio se pencha. » GIONO, Chant du monde, I, II.

‖ **2°** Poétiq. V. **Abri, asile, havre, retraite.**

7 « Que ne peut-elle (*l'âme*), ô mer, sur tes bords qu'elle envie,
Trouver comme ta vague un golfe dans la vie, »
LAMART., Harm., I, X, p. 51.

GOLMOTTE. *n. f.* V. AMANITE.

GOMÉNOL. *n. m.* (fin XIX⁵ s. ; de *Gomen,* localité de Nouvelle-Calédonie. Marque déposée). Liquide oléagineux, antiseptique, cicatrisant, provenant de la distillation d'une variété de myrtacées et utilisé dans les affections des voies respiratoires.

DER. — Goménolé, ée. adj. Qui renferme du goménol. *Huile, vaseline goménolée.*

GOMME. *n. f.* (XII⁵ s. *gome ;* du bas lat. *gumma,* autre forme de *gummi,* du gr. *kommi,* lui-même d'origine orientale).

‖ **1°** Substance mucilagineuse transparente qui découle de l'écorce de certains arbres (V. *infra,* **Gommifère**). *Les gommes, solubles dans l'eau, s'épaississent à l'air. Gomme de cerisier* (cit. 2), *d'abricotier.* V. **Bran.** *Gomme suintant aux branches* (cit. 4) *des arbres. Gomme d'acajou* (V. **Anacardier**). *Gomme adragante* (V. **Astragale**). *Gomme arabique ou d'Arabie, du Sénégal,* provenant d'un acacia. *Colle à la gomme arabique. Gomme de l'hévéa* ou latex*, dont on fait le caoutchouc.* Cf. *aussi* Gutta-percha. — *La gomme laque, qui est en réalité une résine* et non une gomme, sert en teinture, en maroquinerie, entre dans la composition des vernis, des cires à cacheter. Arbre à gomme laque.* V. **Butéa.** — *Peinture à base de gomme* (Cf. Gouache). — *Gommes-résines,* aromatiques, provenant d'ombellifères, de légumineuses et de térébenthacées, peu solubles dans l'eau, solubles dans l'alcool. V. **Assa-fœtida, calamite, élémi, encens, galbanum, ladanum, myrrhe, oliban, opopanax...** — *Gomme-gutte,* sorte de gomme-résine, de couleur jaune, utilisée en peinture et en médecine. *Tube de gomme-gutte* (Cf. Border, cit. 6). *Un purgatif à base de gomme-gutte.*

1 « Un paysage de la forme et de la grandeur d'une lettre de change où il y avait beaucoup de gomme-gutte fortifiée par du bistre... »
STENDHAL, Vie de Henry Brulard, 25.

— Méd. et confis. *Pastilles, boules de gomme* contre la toux. *Bonbons à la gomme.* — *Gomme à mâcher,* suc laiteux additionné de sucre et parfumé, qu'on vend sous forme de tablettes ou de dragées. Par abrév. *Mâcher de la gomme. Marchand de gomme* (Cf. Enseigne, cit. 9). REM. On dit d'ordinaire *chewing-gum*.*

2 « Sa toux est purement nerveuse, je l'ai calmée avec une pastille de gomme, et le sommeil l'a gagné. »
BALZ., Lys d. la vallée, Œuvr., t. VIII, p. 817.

3 « ... le patron est un homme ventru et taciturne, qui a toujours l'air de mâcher une boule de gomme... »
ROMAINS, H. de b. vol., t. IV, I, p. 8.

‖ **2°** Par ext. *Papet.* (XIXe s.). Bloc de caoutchouc servant à effacer*. Gomme à crayon, à encre. *Effacer d'un coup de gomme.*

4 « Le légionnaire Fernando Lucas fut effacé comme un trait de crayon d'un coup de gomme. »   MAC ORLAN, **La Bandera**, XIX.

— *Bot.* (1742). Maladie de certains arbres qui se traduit par des ulcérations d'où suintent des liquides visqueux. *La gomme du pêcher, de l'abricotier* (On dit plutôt GOMMOSE).

— *Pathol.* (1845). Sorte de tumeur caractérisée soit par une consistance, soit par un écoulement qui rappellent la gomme. *Gomme syphilitique. Gomme tuberculeuse.*

‖ **3°** *Arg.* (Vx). *La gomme*, classe des gommeux. *La haute gomme.* V. **Gratin.** — *(Auj.).* Pop. *Il nous la fait à la gomme :* à l'épate*, au chiqué*. *Un individu, un type à la gomme*, incapable, sans valeur. *Des idées à la gomme.* — Arg. sportif. *Mettre la gomme, toute la gomme :* activer l'allure.

DER. et COMP. Dégommer, engommer. — Gomme-gutte, gomme-résine. Cf. *supra* à l'article. — Gommer, gommeux. — **Gommifère.** *adj.* (1845). Qui produit de la gomme. *Un arbuste gommifère* (On dit aussi GUMMIFÈRE). — **Gommier.** *n. m.* (1694). Nom générique des arbres fournissant de la gomme, tels que l'acacia, le mimosa... *Gommier blanc, rouge...* V. **Eucalyptus.**

« Des chênes verts, des gommiers épineux, des genévriers rabougris, de larges massifs d'euphorbe d'un vert de mousse gras et luisant, posés sur la pierraille comme d'énormes tortues vertes ; »
          J. et J. THARAUD, **Marrakech**, X.

GOMMER. *v. tr.* (XIVe s. ; de *gomme*).

‖ **1°** Enduire de gomme. *Gommer les bords d'une enveloppe*, pour mieux la fermer. V. **Coller.** — Empeser par gommage* (Cf. Apprêter, cit. 1). *Gommer de la toile, du taffetas.* — Mélanger de gomme. *Gommer une tisane. Gommer une couleur* pour la rendre adhésive avant de l'appliquer sur une surface lisse.

« A la suite de M. Taine, ils gommaient des notes, les collaient les unes à la suite des autres... »   HUYSMANS, **Là-bas**, II.

‖ **2°** (XXe s.). Frotter avec une gomme de caoutchouc. *Gommer un dessin, un mot écrit dans une lettre, une tache d'encre.* V. **Effacer.**

‖ GOMMÉ, ÉE. *p. p.* et *adj.* Enduit de gomme. *Enveloppe gommée ; papier gommé.* Cf. Collant. *Taffetas* gommé, toile gommée.* V. **Agglutinatif** (Cf. Apprêter, cit. 1). *Papier à cigarettes gommé.* — Mêlé de gomme. *Tisane gommée, eau gommée.* — Gratté avec une gomme. *Texte manuscrit, copie dactylographiée où l'on trouve la trace d'un mot gommé.*

DER. — Gommage. *n. m.* (1845). Action de gommer ; résultat de cette action. *Gommage des tissus,* « opération de teinture qui consiste à passer certains tissus dans un bain de gomme afin d'augmenter leur affinité pour les matières colorantes » (POIRÉ). *Gommage des étoffes,* apprêt qui a pour but de leur donner une certaine raideur.

GOMMEUX, EUSE. *adj.* (1314 ; de *gomme*).

‖ **1°** Qui produit de la gomme. *Arbres gommeux et résineux.* Qui est de la nature de la gomme. *Substance gommeuse* (Cf. Filamenteux, cit.).

1 « ...on traite cet extrait (de haschisch) par l'eau, qui dissout les matières gommeuses étrangères, et la résine reste alors à l'état de pureté. »   BAUDEL., **Parad. artif.**, Poème du haschisch, II.

— *Méd. Tumeurs gommeuses.* V. **Gomme** (2).

‖ **2°** *Substant.* (1877). *Fig.* et *péjor.* Jeune homme que son élégance excessive et son air prétentieux rendent ridicule. V. **Élégant** (*supra* cit. 7).

2 « ...ces fils de pacha, traînés sur les boulevards de Paris, gommeux et abêtis... »   LOTI, **Aziyadé**, III, LIV.

— Le féminin *Gommeuse* s'est dit d'une chanteuse de café-concert.

3 « Moi, j'ai été gommeuse à l'Alcazar de Limoges ! »
          COLETTE, **Belles saisons**, Mes Cahiers, p. 166.

GOMPHOSE. *n. f.* (XVIe s. PARÉ ; du gr. *gomphos*, « clou, cheville »). *Anat.* Articulation* constituée de deux os emboîtés l'un dans l'autre. V. **Synarthrose.**

GONADE. *n. f.* (fin XIXe s. ; empr. au gr. *gonê*, « semence »). *Biol. anim.* Organe qui produit les gamètes*, dit aussi glande sexuelle ou reproductrice, glande génitale*. *Gonade mâle* (V. **Testicule**), *femelle* (V. **Ovaire**).

« La physiologie testiculaire est réglée par les sécrétions de l'hypophyse qui assurent l'intégrité fonctionnelle de la gonade mâle. »   L. GALLIEN, **Sélect. anim.**, p. 103 (éd. P.U.F.).

COMP. — Gonadotrope. *adj.* (Cf. -Trope). Qui agit sur les glandes sexuelles, les gonades. *Hormone gonadotrope,* nom donné à plusieurs hormones sécrétées par l'hypophyse (Cf. Gonadotrophine) qui stimulent l'activité fonctionnelle des glandes sexuelles.

« ...on peut précipiter l'ovulation par un traitement d'hormones gonadotropes approprié. »
          L. GALLIEN, **Sélect. anim.**, p. 91 (éd. P.U.F.).

GOND (*gon*, le *d* ne se lie pas). *n. m.* (vers 1100 ; lat. *gomphus*, « cheville », du gr. *gomphos*). Pièce de fer coudée

en équerre, sur laquelle tournent les pentures d'une porte ou d'une fenêtre. V. **Charnière, crapaudine, paumelle.** *Sceller, fixer les gonds d'une porte. Gonds arrachés, rouillés* (Cf. Engourdir, cit. 12). *Porte qui tourne, roule, grince sur ses gonds* (Cf. Commun, cit. 26). *Huiler les gonds.*

1 « Des portes tout à coup les gonds d'acier gémissent. »
          HUGO, **Odes et ball.**, IV, XI.

2 « ... il frappa d'une certaine manière à la porte de la mansarde, qui tourna aussitôt sur ses gonds rouillés et criards. »
          BALZ., **La vendetta**, Œuvr., t. I, p. 879.

3 « La porte, dont les gonds huilés étaient moelleux comme de la ouate... »   BARBEY d'AUREV., **Les diaboliques**, Rideau cramoisi, p. 68.

— Loc. fig. *Faire sortir, jeter, mettre quelqu'un hors des gonds, hors de ses gonds :* hors de lui-même, sous l'effet de la colère (ou, dans la lang. class., de quelque émotion. Cf. Écrasement, cit. 1 PASCAL). *Sortir de ses gonds.* V. **Emporter** (s').

4 « Il était évident qu'il fallait que Javert eût été, comme on dit, « jeté hors des gonds » pour qu'il se fût permis d'apostropher le sergent comme il l'avait fait, après l'invitation du maire de mettre Fantine en liberté. »   HUGO, **Misér.**, I, V, XIII.

5 « ... il ne réagissait plus à des propos qui naguère l'eussent mis hors de ses gonds. »   MAURIAC, **Génitrix**, VII.

DER. et COMP. — Engoncer. — **Gonder.** *v. tr.* (1845). *Peu usit.* Munir de gonds.

GONDOLE. *n. f.* (1549 RAB. ; *gondele* au XIIIe s. ; *gondre* au XIVe s. ; empr. au vénitien *gondola* ; du gr. *kondy*, « vase ». Cf. Vaisseau). Barque vénitienne à un seul aviron, longue et plate, aux extrémités relevées et recourbées, remarquable par la nette courbure de son axe longitudinal. V. **Péotte.** *Les gondoles des canaux de Venise* (Cf. Canal, cit. 3 ; fond, cit. 19). *Promenade en gondole* (Cf. Fête, cit. 13).

1 « On va sur le canal (de Versailles) dans des gondoles, on y trouve de la musique, on revient à dix heures, on trouve la comédie, minuit sonne, on fait médianoche... »   SÉV., 563, 29 juillet 1676.

2 « À six heures du matin ils (les gondoliers) arrivent à leurs gondoles attachées, la proue à la terre, à des poteaux. Alors ils commencent à gratter et laver leurs barchette aux Traghetti (stations), comme des dragons étrillent, brossent et épongent leurs chevaux au piquet. La chatouilleuse cavale marine s'agite, se tourmente aux mouvements de son cavalier qui puise de l'eau dans un vase de bois, la répand sur les flancs et dans l'intérieur de la nacelle... Puis il frotte les avirons, éclaircit les cuivres et les glaces du petit château noir ; il épouste (époussette) les coussins, les tapis, et fourbit le fer taillant de la proue. Le tout ne se fait pas sans quelques mots d'humeur ou de tendresse, adressés dans le joli dialecte vénitien, à la gondole quinteuse ou docile. »   CHATEAUB., **M. O.-T.**, IV, VII, 7 (éd. Levaillant).

DER. — Gondoler. — Gondolier, ière. *n.* (1532 RAB.). Batelier, batelière qui conduit une gondole. *Les gondoliers de Venise.*

« La toilette de la gondole achevée, le gondolier passe à la sienne : il se peigne, secoue sa veste et son bonnet bleu, rouge ou gris... Sa femme, sa fille, ou sa maîtresse lui apporte dans une gamelle une miscellanée de légumes, de pain et de viande. Le déjeuner fait, chaque gondolier attend en chantant la Fortune : il a devant lui, un pied en l'air, présentant son écharpe au vent, au haut du monument de la Douane de mer. A-t-elle changé le signal ! Le gondolier favorisé, l'aviron levé, part debout à l'arrière de sa nacelle... »
          CHATEAUB., **M. O.-T.**, IV, VII, 7 (éd. Levaillant).

GONDOLER. *v. intr.* (1771, T. de Mar. ; de *gondole*). *Mar.* Etre relevé de l'avant et de l'arrière comme une gondole. *Bâtiment qui gondole.* — *Technol.* Se recourber dans certaines parties. V. **Bomber** (se), **courber** (se), **déjeter** (se), **gonfler** (se). *Planche, carton, tôle qui gondole.* V. **Jouer, travailler.** *Fenêtre légèrement gondolée dont les vitres se sont brisées. Décor gondolé à force de servir* (Cf. Décevoir, cit. 5). *Vernis qui gondolent et s'écaillent.*

‖ SE GONDOLER (1845 BESCHERELLE, mais absent in LITTRÉ et ACAD.). Même sens : *placage qui s'est gondolé.* — *Fig.* (1881). *Pop.* Rire à se tordre.

ANT. — Aplatir (s'), redresser (se).

DER. — Gondolage (1866 LITTRÉ), Gondolement (néol.). *n. m.* Action de gondoler ; résultat de cette action. *Gondolage sous l'action de l'humidité.* — **Gondolant, ante.** *adj.* (fin XIXe s. LAROUSSE). *Pop.* Qui fait rire. V. **Amusant, comique*, tordant.** *Un clown vraiment gondolant. C'est gondolant, cette histoire !*

1. -GONE, -GONAL. Éléments (du gr. *gônia*, « angle ») entrant dans la composition de mots savants tels que : *Décagone, diagonal, dodécagone, ennéagone, hendécagone, heptagone, hexagone, isogone, octogone, orthogonal, pentadécagone, pentagone, polygone, tétragone, trigone.* — Cf. *aussi* Gonio-.

2. -GONE, -GONIE. Éléments (du gr. *gonos*, « génération ») entrant dans la composition de quelques mots savants. V. **Archégone, cosmogonie, oogone, spermogonie, théogonie.**

GONFANON (XIe s.) ou **GONFALON** (XIIIe s.). *n. m.* (franciq. *gundfano*, « étendard de combat ». V. **Fanon, fanion**). *Au moyen âge.* Bannière de guerre faite d'une bandelette à plusieurs pendants en pointe, suspendue à une lance. V. **Drapeau, enseigne, étendard, oriflamme.**

« Le sixième corps de bataille, ils l'ont fait de Bretons. Ils sont là trente mille chevaliers. Ceux-là chevauchent en vrais barons ; ils portent des lances dont la hampe est peinte ; leurs gonfanons flottent au vent. »   BÉDIER, **Traduct. Ch. de Roland**, CCXXI.

— Bannière ecclésiastique sous laquelle se rangeaient les vassaux de l'Église. — Dans les républiques italiennes, Désignait aussi la bannière de l'État.

DER. — Gonfanonier (vers 1100) ou gonfalonier (XIVᵉ s.). *n. m.* Porteur du gonfalon. *Spécialt.* (Anciennt). *Gonfalonier de l'Église,* titre porté par le protecteur établi par les papes dans les villes d'Italie. *Gonfalonier de justice,* magistrat suprême de certaines municipalités italiennes, notamment à Florence. *De nos jours,* Désigne encore en certaines villes italiennes un officier municipal.

« Et le gonfalonier du saint-siège et de Dieu,
Gandolfe, à qui, plus tard, le pape Urbain fit faire
Une statue équestre en l'église Saint-Pierre, »
HUGO, **Lég. des siècles,** L'Italie. — Ratbert, Les conseillers...

GONFLEMENT. n. m. (1542 ; de *gonfler*). Action de gonfler (V. **Gonflage**) ou de se gonfler ; état de ce qui est gonflé. *Gonflement d'un aérostat. Gonflement de la poitrine.* V. **Bombement, dilatation.** *Gonflement des muscles. Gonflement d'une partie du corps, d'un organe* (Cf. Énorme, cit. 9). V. **Ballonnement, bouffissure, débordement, dilatation, distension, empâtement, emphysème, enflure*, fluxion, grosseur, grossissement, hypertrophie, intumescence, météorisme, œdème, tuméfaction, turgescence, tympanisme, tympanite...** *Gonflement de la vague* (Cf. Abaissement, cit. 1).

1   « Qui a vu les bas-reliefs de Reims se souvient du gonflement de la lèvre inférieure des vierges sages regardant les vierges folles. »
HUGO, **Misér.,** I, VI, I.

2   « Mais il ne riait pas et regardait dans le jardin la neige mince, tombée la nuit sur les gazons. Le gonflement spasmodique, presque insensible, de ses muscles maxillaires trahissait seul sa nervosité. »
COLETTE, **Chéri,** p. 84.

3   « La contraction d'un muscle non distendu est caractérisée par le raccourcissement et le gonflement de son corps charnu. Les deux caractères, diminution de longueur, augmentation de grosseur, vont toujours de pair et sont proportionnels à l'intensité de la contraction, de telle façon que cette dernière peut être mesurée indifféremment par le degré du raccourcissement ou par celui du gonflement. »
RICHER, **Nlle anat. artist.,** III, Attit. et mouv., p. 7.

— *Fig.* V. **Augmentation, exagération.** *Gonflement de la circulation* (cit. 7) *des billets.* V. **Inflation.**

4   « ...la cause initiale du gonflement des revenus nominaux consiste, non pas dans l'impression des billets de banque..., mais dans les déficits budgétaires,... »
G. FAIN, in DICT. DES SCIENCES ÉCON., Inflation (éd. P.U.F.).

ANT. — Dégonflement. Aplatissement, compression, contraction, dépression, diminution, rétrécissement.

GONFLER. v. tr. (1559 ; lat. *conflare,* comp. de *flare,* « souffler » ; par l'interm. de parlers du Sud-Ouest selon BLOCH, de l'ital. *gonfiare* selon DAUZAT).

‖ **1°** Distendre en remplissant d'air, de gaz. *Gonfler une vessie, une outre, en y insufflant de l'air. Gonfler un ballon, une chambre à air, un pneu, un canot* (cit. 3) *pneumatique, un aérostat... Pompe servant à gonfler. Gonfler sa poitrine* (V. **Bomber.** Cf. Évader, cit. 17 ; exhaler, cit. 24), *ses joues, ses narines.* V. **Dilater, enfler.** *Vent qui gonfle les voiles d'un navire* (Cf. Flasque, cit. 3), *une étoffe légère.* V. **Bouffer** (faire).

1   « La poitrine en avant et les poumons gonflés
Comme de la toile, »   BAUDEL., **Fl. du mal,** Spl. et id., LXIX.

2   « ...parfois, un soupir gonflait sa poitrine et soulevait les émaux de son gorgerin ; »   GAUTIER, **Roman de la momie,** I.

3   « Aucun d'eux, du reste, ne semblait sentir ce souffle du large, gonflant les blouses, menaçant d'emporter les chapeaux. »
ZOLA, **La terre,** I, III, p. 35.

4   « Ses yeux agrandis étaient pleins de larmes et de lueurs ; de sa poitrine gonflée de soupirs, montait une haleine semblable aux premiers souffles de l'orage. »   FRANCE, **Thaïs,** I, p. 13.

5   « ...à sécher des linges plein les ficelles et encore des combinaisons framboise que le vent gonfle en sautant dedans par bouffées. »
CÉLINE, **Voyage au bout de la nuit,** p. 400.

— *Gonfler à bloc*,* jusqu'à la limite de l'élasticité. *Fig.* (Fam.). *Être gonflé à bloc,* rempli d'une ardeur et d'une assurance à toute épreuve. V. **Remonté.** *Ellipt.* (Pop.) *Il est vraiment gonflé !* Cf. Culotté (en bonne ou mauvaise part). Substant. *C'est un gonflé* : un courageux, un dur*.

‖ **2°** Faire augmenter de volume, sous l'action d'une cause quelconque. *Gonfler ses biceps en les contractant* (V. **Gonflement**). *Orage gonflant les rivières* (Cf. Famine, cit. 2). *Torrent gonflé par les pluies, par la fonte des neiges. Éponge* (cit. 5), *parapluie gonflé d'eau* (Cf. Ficeler, cit. 1). *Objets entassés qui gonflent un sac, des poches* (Cf. Besace, cit. 3 ; fafiot, cit.). *Épaule* (cit. 9) *dont la chair gonfle la dentelle.*

6   « Le corps n'est pas loin, dit un muletier, je l'aperçois qui flotte au fond de la ravine, gonflé d'eau comme une outre. »
A. BERTRAND, **Gaspard de la nuit,** Les muletiers.

7   « Il ramassa le portefeuille et le devina, rien qu'en le palpant, rien qu'à sa consistance, gonflé de billets de banque. »
DUHAM., **Salavin,** II.

8   « ...le matin, elle (*la servante*) relevait ses jupes, elle les tenait, avec son menton, elle dénouait l'attache de la poche qui était gonflée de vanille, de poivre et parfois de tabac. »   GIONO, **Jean le Bleu,** IX.

9   « Toute sa petite personne dodue gonflait ses vêtements de serge noire et n'était que rondeurs. »   GREEN, **Léviathan,** I, X.

— *Par hyperb.* V. **Bourrer.** *Livre gonflé de citations* (Cf. Florilège, cit. 2).

10   « ...carrioles précaires, gonflées de viande, ... de prisonniers, de blessés, d'avoine, de riz et de gendarmes et de pinard aussi... »
CÉLINE, **Voyage au bout de la nuit,** p. 37.

— En parlant du corps, d'organes. *Yeux gonflés de larmes* (Cf. Brouiller, cit. 30). *Visage gonflé de sommeil. Sein gonflé de lait.*

11   « ...les bras croisés sur son sein, le visage gonflé, ruisselant et chose navrante, le parquet, mouillé de ses larmes. »
BLOY, **Désespéré,** p. 232.

12   « Dès qu'elle entendait le pas d'un homme elle mouillait ses lèvres avec sa langue, elle les laissait un peu en repos pour qu'elles soient bien gonflées, rouges, luisantes et, dès que l'homme passait devant elle, elle levait les yeux. »   GIONO, **Jean le Bleu,** VII.

13   « ...toute sa face rose et charnue participait à un mouvement de déglutition qui lui gonflait la gorge. »
ROMAINS, **H. de b. vol.,** t. V, XVI, p. 118.

— *Spécialt.* Sous l'action de causes pathologiques provoquant une enflure*. *Estomac, abdomen gonflés.* V. **Ballonner, dilater, distendre, météoriser.** *Aliments flatueux qui gonflent le ventre. Je me sens tout gonflé. Maladie qui gonfle le visage, les traits.* V. **Bouffir, boursoufler, congestionner.** *Face congestionnée et gonflée.* V. **Soufflé, vultueux.** *Genou gonflé à la suite d'une chute.* V. **Tuméfier.** *Joues gonflées par une fluxion* (cit. 4). *Jambes gonflées par l'œdème. Main gonflée.* V. **Pote.**

14   « Françoise, maintenant, avait le sang aux joues, les poignets gonflés ; ... »   ZOLA, **La terre,** III, VI, p. 276.

15   « ...un visage gonflé, congestionné, où se marquaient subitement deux grosses veines sur le front et de vilaines poches sous les yeux. »
GIDE, **Isabelle,** V.

16   « Un visage que la fatigue a gonflé. Un autre qu'elle a creusé. »
ROMAINS, **H. de b. vol.,** t. IV, VII, p. 60.

17   « Ses mains vieillies, aux veines gonflées et bleues,... »
ARAGON, **Beaux quartiers,** II, IV.

‖ **3°** *Fig.* a) En parlant de l'orgueil, de la vanité... *Personnage gonflé du sentiment de son importance.* V. **Plein.** *Ses succès l'ont gonflé d'orgueil.* V. **Remplir.**

18   « — Que vous semble d'Adraste ? — Ah ! quel orgueil extrême ! C'est un homme gonflé de l'amour de soi-même. »
MOL., **Misanthr.,** II, 4.

19   « La modestie, au reste, n'est guère le défaut des littérateurs de cette époque ; ils sont plus gonflés que la grenouille envieuse du bœuf ; »   GAUTIER, **Les grotesques,** IX, p. 296.

20   « Nous étions autrement fiers, autrement droits, autrement orgueilleux, infiniment fiers, portant haut la tête, infiniment pleins, infiniment gonflés des vertus *militaires.* »   PÉGUY, **La République...,** p. 236.

21   « Je me sentais comme gonflé par l'importance de ce secret... »
MAURIAC, **Pharis.,** II.

— b) En parlant de sentiments divers. *Joie qui gonfle le cœur* (Cf. Éclatement, cit. 2). *Cœur gonflé de chagrin* (V. **Gros**), *d'espoir, de désirs, de rage, d'amour* (Cf. Effluve, cit. 8), *d'enthousiasme* (Cf. Élan, cit. 6)... V. **Débordant.**

22   « — J'en rougis de dépit. — J'en suis gonflé de rage. »
MOL., **Dépit amoureux,** IV, 4.

23   « ...je confesse que je me sentais gonflé d'indignation à chacune des timides et inopportunes suggestions de notre commandant. »
BAUDEL., **Traduct. E. POE, Avent. G. Pym,** XVII.

24   « Aucun pauvre désir ne gonfle ma poitrine
Lorsque je vois le soir les couples s'enlaçant »
APOLLINAIRE, **Alcools,** L'ermite.

25   « Nos cœurs gonflés de bonheur veulent conserver cette joie, en jouir longtemps, et des chants la leur feraient perdre. Restons avec l'amour qui nous remplit. »   BARRÈS, **Colline insp.,** IX.

26   « La vue de ces doigts décharnés, jaunis et auxquels tant de souvenirs d'enfant restaient attachés, lui gonfla soudain le cœur. »
MART. du G., **Thib.,** t. IV, p. 153.

27   « Un espoir immense me gonfle le cœur. »
DUHAM., **Salavin, Journ.,** 10 juin.

— *Poétiqt.* V. **Remplir.**

28   « ...et sa pensée restait pleine de choses inexprimées, gonflée d'effusions vagues qui n'étaient point sorties. »
MAUPASS., **Fort comme la mort,** I, III.

— c) Avec un complément désignant une évaluation. V. **Exagérer, grossir, surestimer.** *Gonfler l'importance d'un incident, le nombre des manifestants...*

‖ **4°** *Intrans.* Augmenter de volume, devenir volumineux. V. **Grossir.** *Cette pluie va faire gonfler le raisin. Crème, pâte qui gonfle.* V. **Foisonner.** *Soufflé qui a bien gonflé.* V. **Lever.** *Le bois a gonflé.* V. **Travailler.** — *Le genou a gonflé.* V. **Enfler** (Cf. Boiter, cit. 2). *Son visage a un peu gonflé avec l'âge.* V. **Arrondir** (s'), **élargir** (s'), **empâter** (s'). *Organe qui gonfle.* V. **Intumescent, tumescent, turgescent.** *Climat qui fait gonfler.* V. **Grossir.**

29   « La colonie vous les fait gonfler ou maigrir les petits commis... »
CÉLINE, **Voyage au bout de la nuit,** p. 125.

30   « Est-ce que les poignets vous font mal à vous aussi ? La chair a dû gonfler pendant que je dormais. »   SARTRE, **Morts sans sépulture,** I, 1.

31   « La température était à trente-neuf cinq, les ganglions du cou et les membres avaient gonflé, deux taches noirâtres s'élargissaient à son flanc. »   CAMUS, **La peste,** p. 31.

‖ SE **GONFLER**. Devenir gonflé, enflé. *Ballon, voile qui se gonfle. Les bourgeons* (cit. 1) *commencent à se gonfler. Veines qui se gonflent. Poitrine, sein qui se gonfle* (Cf. Enfler, cit. 19). *Abcès qui se gonfle de pus. Les nuages se gonflent à l'horizon* (Cf. Enfler, cit. 2).

32 « ... lorsqu'on les nourrit trop largement (*les chevaux*), leurs jambes se gonflent,... »
BUFF., **Hist. nat. anim.**, Add., Le Cheval, Œ., t. IV.

33 « Les murs... étaient si minces, que la chaux dont nos chambres étaient crépies se gonflait comme une éponge. »
SAND, **Hiver à Majorque**, I, VII.

34 « Tout absorbait, se trempait, tout reverdissait dans l'averse. Le blé reprenait une santé de jeunesse, ferme et droit, portant haut l'épi, qui allait se gonfler, énorme, crevant de farine. »
ZOLA, **La terre**, III, I, p. 199.

35 « ... les nuages se gonflent en mamelons, se fendent en croupes, s'arrondissent en des outres fécondes, se dispersent en des traînées épandues de laite ; »
HUYSMANS, **Là-bas**, XI.

36 « La gorge de Marcelle se gonfla sous le col, elle ferma les yeux un instant, puis se leva... et jeta dans la corbeille à papier les fleurs fanées. »
CHARDONNE, **Dest. sentim.**, p. 326.

37 « Les eaux se gonflaient et redescendaient lentement. »
CAMUS, **La peste**, p. 277.

— *Fig.* V. **Augmenter, croître, élargir** (s'), **grandir, grossir...**

38 « La musique, déjà très forte, s'est gonflée. »
GIDE, **Journal**, Feuill. de route (1895-96), Biskra, p. 84.

39 « Et le temps a passé, et, comme ça, son désir s'est gonflé en lui jusqu'à l'emplir. »
GIONO, **Regain**, I, IV.

40 « Cette préoccupation de l'argent, dont le besoin a tenu tant de place dans la vie et les conditions de travail de l'écrivain, continue à remplir ces lettres, où l'on voit se gonfler la dette et s'élargir le gouffre effrayant où Balzac engloutit d'avance ce qu'il gagne. »
HENRIOT, **Romantiques**, p. 348.

— En parlant de l'homme, du cœur (sous l'action de certains sentiments). *Son cœur se gonflait d'un nouvel amour* (Cf. Antée, cit. 2). Absolt. *Cœur qui se gonfle :* s'attriste, devient gros*. *Se gonfler d'orgueil, et ellipt.* Fam. *Se gonfler, s'enorgueillir, être fier. Ne te gonfle pas tant, ça n'en vaut pas la peine !*

41 « Il n'a jamais rien fait d'autre que des additions. Et toute la journée il répète comme toi : « Je suis un homme sérieux ! Je suis un homme sérieux ! » et ça le fait gonfler d'orgueil. »
ST-EXUP., **Petit prince**, VII.

ANT. — Dégonfler. Aplatir, comprimer, contracter, déprimer, rétrécir ; vider. Plat.

COMP. — Dégonfler, regonfler.

DER. — **Gonflage**. *n. m.* (XXᵉ s.). Action de gonfler (un pneumatique). *Gonflage des pneus.* — **Gonfle**. *n. f.* (1757). Techn. Cavité ou boursouflure dans le fil de métal tiré à la filière. — *Pop.* Petite ampoule. — *Dial.* Hydropisie. — REM. Dans certaines provinces, on emploie aussi le mot comme adjectif, à la place de « gonflé ». *Il a les mains toutes gonfles.* — **Gonflement**. — **Gonfleur**. *n. m.* (XXᵉ s.). Appareil servant à gonfler.

« — Eh bien, mais c'est la gonfle : une variation... une variété... ou plutôt une variante de l'hydropisie visqueuse... »
MART. du G., **La gonfle**, farce paysanne, I, 3.

GONG (*gongh'*). *n. m.* (1691 ; empr. au malais).

‖ 1° *Mus.* Instrument de percussion employé en Extrême-Orient, composé d'un plateau de métal suspendu, sur lequel on frappe avec une baguette à tampon. *Joueurs de gong. Danser au son du gong* (Cf. Balancer, cit. 5). *Vibrations d'un gong.* — REM. Après avoir défini *gong* comme « synonyme de tam-tam », LITTRÉ revient sur cette définition dans son Supplément : « Le gong n'est pas synonyme de tam-tam. Le gong est un instrument de cuivre que l'on frappe, et le tam-tam est recouvert d'une peau comme les timbales » (LITTRÉ, Suppl., 1877).

1 « La bouche... semblait le merveilleux instrument d'un organe presque suave dans le médium... et qui, dans le haut, vibrait aux oreilles comme le son d'un gong. »
BALZ., **Petits bourgeois**, Œuvr., t. VII, p. 109.

2 « Au loin, le gong d'un temple battait faiblement. »
FARRÈRE, **La bataille**, V.

3 « Les sauvages tapent sur un gong ou sur des cymbales. »
ALAIN, **Propos**, L'esprit des cloches, p. 161.

— *Par métaph.* :

4 « Car l'âme humaine est un gong de douleur où le moindre choc détermine des vibrations qui grandissent, des ondulations indéfiniment épouvantables... »
BLOY, **Femme pauvre**, p. 228.

‖ 2° *Par ext.* Instrument analogue utilisé pour donner un signal particulièrement sonore. *Gong d'appartement pour annoncer les repas. Le gong n'a pas encore sonné. Tintement du gong.*

5 « — Est-ce qu'on sonne la cloche aux heures des repas, pour vous appeler ? Tu peux bien me répondre... On tape sur un gong. »
SARTRE, **P. respectueuse**, I, 2.

— *Spécialt.* Boxe. *Coup de gong annonçant la fin d'un round. Boxeur sauvé du knock-out par le gong.*

6 « Au coup de gong annonçant le commencement du premier round, il s'était levé d'un saut et avait chargé selon sa tactique ordinaire... »
HÉMON, **Battling Malone**, p. 105.

GONGORISME. *n. m.* (XIXᵉ s. ; de *Góngora*, nom d'un célèbre poète espagnol, 1561-1627). *Littér.* Préciosité, recherche dans le style (abus des images, des métaphores, etc.), mise à la mode par Góngora. V. **Cultisme.** *Par ext.* Affectation, style précieux (Cf. Afféterie, cit. 3 HUGO). V. **Euphuisme, marinisme.**

1 « Dût-on nous taxer de marinisme et de gongorisme, nous avouons que cette recherche extrême et pleine de trouvaille nous va mieux que les idées communes coulées comme une pâte baveuse dans le gaufrier du lieu commun. »
GAUTIER, **Moniteur universel**, 17 sept. 1866.

2 « En forçant l'antithèse, on tombe dans le style précieux, dans le gongorisme, le trait, l'affectation, le jeu de mots. On altère des pensées vraies, on fait passer des pensées fausses ; tout ce qu'on écrit est artificiel ou puéril. »
ALBALAT, **Formation du style**, XI.

DER. — **Gongoriste**. *adj.* (XIXᵉ s.). Marqué de gongorisme. *Substant.* Partisan du gongorisme.

-GONIE. V. -GONE 2.

GONIO-. Premier élément (du gr. *gônia*, « angle ») de composés savants tels que *Goniographe, goniomètre*, etc.

GONIOMÉTRIE. *n.- f.* (1724 ; mot créé par le mathématicien Lagny. Cf. Gonio-, et -mètre). *Géom.* Science de la mesure des angles.

DER. — **Goniomètre**. *n. m.* (1783). Instrument servant à mesurer les angles. Spécialt. *Goniomètre d'arpenteur*, utilisé par les arpenteurs-géomètres. — Opt. et Minér. *Goniomètres d'application, à réflexion*, mesurant les indices des verres et cristaux taillés en forme de prisme. — Artill. *Goniomètre boussole, de siège*, servant à la préparation d'un tir. — Anthrop. et Physiol. Appareil servant à mesurer les angles de la face et du crâne, l'amplitude des mouvements de certaines articulations... — Radio. V. Radiogoniomètre. — **Goniométrique**. *adj.* (XIXᵉ s.). Qui a rapport à la goniométrie.

GONNE. *n. f.* (XIᵉ-XIIᵉ s., *gone, gonne*, et également dimin. *gonele, gonnelle*, au sens de grande robe ou cotte d'armes ; 1507 (HUGUET), au sens par métaph. ; bas lat. *gunna*, mot gaulois). *Mar.* Baril à goudron. V. **Futaille.**

GONNELLE. *n. f.* (1872 P. LAROUSSE). Poisson acanthoptérygien (*Blenniidés*), scientifiquement appelé *centronotus. La gonnelle commune se rencontre sur la côte atlantique, au nord de la Loire.*

GONOCOQUE. *n. m.* (1890 P. LAROUSSE, 2ᵉ Suppl. ; *gonococcus* en 1885 ; comp. sav. du gr. *gonos*, au sens physiol. de « semence », et *kokkos*, « grain ». Cf. -Coque). Microbe spécifique de la blennorragie, découvert en 1879 par Neisser. *« Les gonocoques sont des microcoques en forme de rein accolés généralement deux à deux par leur face concave »* (GARNIER et DELAMARE).

« ... le damné gonocoque qui fait tellement pour compliquer les relations entre hommes et femmes... »
MICHAUX, **La nuit remue**, Petits soucis de chacun.

DER. — **Gonococcie**. *n. f.* (Néol.) *Méd.* Ensemble des affections dues à l'infection de l'organisme par le gonocoque.

GONORRHÉE. *n. f.* (XVIᵉ s. ; *gomorree* au XIVᵉ s. ; lat. méd. *gonorrhœa*, du gr. *gonorrhoia*, « écoulement de semence », les anciens croyant que l'écoulement urétral de la blennorragie était une spermatorrhée). V. **Blennorragie.**

GONZE. *n. m.* (XVIIᵉ s. ; arg. ital. *gonzo*, « lourdaud »). *Arg.* V. **Gars, homme, type.**

1 « Les gonzes me suivent et voilà les magnes et les giries avec Lange, le patron de la boîte... »
CARCO, **Jésus-la-Caille**, II, VI.

— *Fém.* GONZESSE (1821). V. **Femme** (cit. 97), **fille, maitresse.**

2 « Elle craignait pour lui la caserne. M. Colombin rigolait : « Oh ! ça, c'est la belle vie, pour sûr. Et qu'est-ce qu'il y a comme gonzesses. »
ARAGON, **Beaux quartiers**, II, IX.

GORD (*gor*). *n. m.* (XIIIᵉ s. *gort* ; d'un gaulois *gorto*, « haie », d'apr. WARTBURG). *Pêch.* Pêcherie formée d'une double rangée de perches en angle au fond d'une rivière, fermée au sommet par un filet.

GORDIEN. V. NŒUD.

GORET. *n. m.* (1297 ; dimin. de l'anc. fr. *gore*, « truie », d'orig. onomatop. Cf. allem. *gorren*, « grogner »).

‖ 1° Jeune cochon. *Truie suivie de ses gorets.*

« Un soldat ouvrit la porte des soues et une centaine de petits gorets ronchonneurs et goguenards se précipita vers l'eau claire. »
MAC ORLAN, **La Bandera**, VIII.

— *Fig. Fam.* Enfant sale, malpropre. *Va te laver, petit goret !*

‖ 2° *Mar.* (1694). « Balai très raide, ou grande brosse, dont on se sert, en mer, pour nettoyer la carène d'un navire » (GRUSS).

GORFOU. *n. m.* (XIXᵉ s. ; danois *goir-fugl*, nom du pingouin des îles Féroé). Oiseau alciforme (*Palmipèdes Sphéniscidés*), scientifiquement appelé *eudyptes*, de la taille d'un canard. *Le gorfou vit dans les mers australes en colonies innombrables.*

GORGE. *n. f.* (XIIᵉ s. ; lat. pop. *gorga,* variante du bas lat. *gurga,* lat. class. *gurges,* « gouffre, tourbillon »).

I. ‖ **1°** *Dans le langage courant.* Partie antérieure du cou*. *Prendre quelqu'un à la gorge* (Cf. Arracher, cit. 41). *Étrangler* (cit. 8) *quelqu'un en le saisissant à la gorge* (Cf. Égratignure, cit. 1). *Serrer la gorge.* V. (pop.) **Kiki, sifflet.** *Chien qui saute à la gorge d'un voleur. Couper la gorge à quelqu'un.* V. **Égorger** (Cf. Coudre, cit. 6). *Se tuer en se tranchant la gorge. Ces furieux vont se couper la gorge :* s'entre-tuer. *Veines de la gorge.* V. **Jugulaire** (lat. *jugulum :* gorge).

1 « Et comme une victime aux marches de l'autel,
   Il semblait présenter sa gorge au coup mortel : »
                                        CORN., **Hor.,** IV, 2.

2 « Une griffe en jaillit, avide de sa proie,
   Saisit l'homme à la gorge irrésistiblement, »
                LECONTE de LISLE, **Poèmes tragiq.,** Lévrier de Magnus, IV.

— Loc. fig. *Se couper la gorge :* se battre en duel (Cf. Bon, cit. 113). *S'entrecouper* (cit. 2) *la gorge. Prendre quelqu'un à la gorge :* le contraindre par la violence, par une pression impitoyable. *S'il n'a point d'argent pour vous payer, le prendrez-vous à la gorge ?* (ACAD.). *Tenir quelqu'un à la gorge :* le réduire à un état où il ne peut plus opposer de résistance. *Misères qui nous tiennent à la gorge* (Cf. Élever, cit. 22 PASCAL). *Mettre, tenir à quelqu'un le pied, le couteau, le poignard, le pistolet sur la gorge :* lui imposer sa volonté par la violence et les pires menaces. V. **Contraindre.** *Avoir le couteau sur* (ou *sous*) *la gorge :* être l'objet de cette violence et de ces menaces. *Le poignard sur la gorge, il a dû céder. Tendre la gorge,* se laisser tuer, accabler sans résistance.

3 « Mais, cependant, ô ciel ! ô mère infortunée !
   De festons odieux ma fille couronnée
   Tend la gorge aux couteaux par son père apprêtés. »
                                        RAC., **Iphig.,** V, 4.

4 « Il faut agir cependant, car le danger est là qui les prend à la gorge. »
                        TAINE, **Orig. France contemp.,** I, t. I, p. 260.

— *Spécialt.* En parlant des animaux. *Il étouffe* (cit. 3) *les loups d'une seule étreinte à la gorge. Gorge d'un oiseau, d'un pigeon* (Cf. Chai, cit. ; duvet, cit. 1 ; foncé, cit. 7). *Oiseaux désignés par la couleur de leur gorge* (Cf. Gorge-blanche, gorge-bleue, rouge-gorge).

5 « ...ces mystérieux oiseaux... qu'on nomme exactement colombes poignardées, à cause de la tache de sang qu'elles portent au milieu de leur gorge blanche. »
                                        BLOY, **Le désespéré,** p. 163.

‖ **2°** *Par ext.* (XIIIᵉ s.). *Dans la langue littér.* Seins de la femme. V. **Buste** (cit. 2), **poitrine, sein.** (Cf. Appât, cit. 13 ; avec, cit. 28 ; embonpoint, cit. 4 ; équipage, cit. 14). *Robe qui comprime* (cit. 2) *la gorge. Une collerette couvrait sa gorge* (Cf. Forme, cit. 25). V. **Gorgerette, gorgerin.** *Gorge voilée. Décolleté* (cit. 3) *découvrant la naissance de la gorge. Gorge abondante* (cit. 4), *opulente, rebondie* (Cf. Effronté, cit. 4), *énorme* (cit. 9), *plate. Elle a peu, trop de gorge. Gorge naissante, virginale. Gorge formée, épanouie. Gorge gonflée par le lait. Gorge ferme* (cit. 1), *bien taillée. Gorge aux belles formes* (cit. 25). *Blancheur d'une gorge.* « *Les trésors de sa gorge d'albâtre* » (cit. 4, LA FONT.). *Gorge d'un ambre* (cit. 3) *fin. Gorge frémissante* (Cf. Frisson, cit. 17). *Tour* de gorge.* V. **Corsage, soutien-gorge** (Cf. Fil, cit. 2).

6 « Une gorge faite au tour qu'on ne voit point du tout ; mais je gage qu'il n'y a rien là qui la relève, et que cela se soutient tout seul. »
                                        DIDER., **Salons,** Greuze.

7 « Elle était fort maigre, fort blanche, de la gorge comme sur ma main. Ce défaut seul eût suffi pour me glacer : jamais mon cœur ni mes sens n'ont su voir une femme dans quelqu'un qui n'eût pas des tétons... »
                                        ROUSS., **Confess.,** IX.

8 « Je me haussai tout palpitant pour voir le corsage et fus complètement fasciné par une gorge chastement couverte d'une gaze, mais dont les globes azurés et d'une rondeur parfaite étaient douillettement couchés dans des flots de dentelle. »
                                        BALZ., **Lys dans la vallée,** Œuvr., t. VIII, p. 785.

9 « Que tu me plais dans cette robe
   Qui te déshabille si bien,
   Faisant jaillir ta gorge en globe,
   Montrant tout nu ton sein païen ! »
                        GAUTIER, **Émaux et camées,** À une robe rose.

10 « ...une gorge très blanche, encore peu formée, mais qui faisait les plus admirables promesses, et tenait déjà beaucoup ; une gorge ronde, polie, ivoirine, pour parler comme les ronsardisant(s), délicieuse à voir, plus délicieuse à baiser. »
                                        ID., **Mˡˡᵉ de Maupin,** VII.

11 « ...en sorte que le corsage s'ouvrit et que les deux blancs trésors apparurent dans toute leur splendeur : ...sur cette gorge étincelante et claire comme de l'argent s'épanouissaient les deux belles roses du paradis. »
                                        ID., **Ibid.,** XVI.

12 « Un large pectoral... couvrait la poitrine de la base du col à la naissance de la gorge... »
                                        ID., **Roman de la Momie,** I.

13 « Ta gorge qui s'avance et qui pousse la moire, »
                        BAUDEL., **Fleurs du mal,** Spl. et id., Beau navire.

14 « Ronde et fraîche comme la lune,
   Vive ta gorge aux bouts de fraise ! »
                        VERLAINE, **Chair,** Chanson pour elles.

II. ‖ **1°** *Dans le langage courant.* Cavité intérieure du cou, à partir de l'arrière-bouche (correspondant au larynx,

au pharynx et à l'œsophage). V. **Gosier,** et *arg.* **Dalle, gargamelle.** *Gorge irritée par le tabac* (Cf. Brûler, cit. 25), *brûlée par l'alcool* (Cf. Flamber, cit. 4). *Gorge sèche, altérée* (cit. 15). *Avoir mal à la gorge. Mal de gorge.* V. **Amygdalite, angine, laryngite, pharyngite, trachéite...** (Cf. Baume, cit. 6). *Soins de la gorge.* V. **Badigeonnage, gargarisme.** *Avoir des gargouillements, des picotements, un chat*, une boule* dans la gorge. Introduire dans la gorge.* V. **Ingurgiter.** *Bouchées qui restent au fond de la gorge* (Cf. Arrêter, cit. 60 ; étouffer, cit. 10). *Gorge serrée par l'angoisse* (cit. 3). *Sanglot qui monte à la gorge, qui noue la gorge. L'odeur âcre nous prenait à la gorge* (Cf. Essence, cit. 20). V. **Suffoquer** (rac. lat. *fauces,* gorge). *Avoir une arête dans la gorge.*

15 « Et jamais la soif véhémente
   Qui l'été les gorges tourmente
   Du pauvre peuple et des grands Rois
   Ne te tourmente ; car tu bois »
                        RONSARD, **Pièces retranch.,** La grenouille.

16 « ...les yeux devenaient troubles comme sous un voile et, à la gorge, quelque chose s'étranglait. »
                                        LOTI, **Matelot,** LI.

17 « La certitude qu'elle allait disparaître lui infligea ce serrement de la gorge, ce spasme de la poitrine qui décèlent le désarroi produit dans notre système nerveux par un choc trop intense. »
                                        BOURGET, **Divorce,** III.

18 « Affreusement tristes, tristes à ne pouvoir les supporter, à nouer la gorge et tarir la salive... »
                                COLETTE, **Naiss. du jour,** p. 147.

19 « Un sanglot, qu'il n'avait su ni prévoir ni étouffer, lui laboura la gorge. »
                                MART. du G., **Thib.,** t. VI, p. 161.

20 « Il semblait alors dans l'impossibilité d'extirper du fond de sa gorge des tampons d'ouate qui l'eussent étouffé. »
                                CAMUS, **La peste,** p. 251.

— Considérée comme le centre de production de la voix. *Crier, chanter à pleine gorge* (Cf. Courroux, cit. 4). *Cri, rire qui vient du fond de la gorge* (Cf. Éructer, cit. 3 ; fond, cit. 24). *Rire à gorge déployée* (cit. 12). *Appui* (cit. 6) *de la voix en gorge. Chanter de la gorge,* en resserrant la gorge, en étranglant le son. *Voix de la gorge.* V. **Guttural.** *S'éclaircir* (cit. 1), *se racler la gorge* (Cf. Couvrir, cit. 22). *Faire rentrer à quelqu'un des mots dans la gorge :* l'obliger à se rétracter, à désavouer ses propos.

21 « ...avec des gémissements très doux, avec une sorte de roucoulement de gorge... »
                                        HUYSMANS, **Là-bas,** X.

22 « Buteau, d'ailleurs, la regardait à la tuer, à lui renfoncer le oui dans la gorge. »
                                ZOLA, **La terre,** III, VI, p. 278.

23 « Soudain les fenêtres du couvent s'ouvrirent, et les religieuses apparurent, riant et chantant à gorge déployée. »
                                BARRÈS, **Colline inspirée,** VIII.

24 « Elle avait la sensualité naturelle et joueuse d'un animal jeune, et son rire de gorge, lorsqu'il ne faisait pas penser à un fou rire d'enfant, ressemblait à un roucoulement amoureux. »
                                MART. du G., **Thib.,** t. II, p. 192.

25 « Sa gorge contractée laissait passer un son rauque. »
                                GREEN, **Léviathan,** I, XIII.

26 « Sa voix, qui s'était élevée, puis affaissée de nouveau, par moment raclait sa gorge, comme un râle. »
                                BOSCO, **Le sanglier,** II, p. 68.

‖ **2°** *Par méton.* (Fauconn., XVIᵉ s.) Ce qui entre dans la gorge, le jabot de l'oiseau de proie, l'aliment qu'on lui donne. *Gorge chaude :* chair encore chaude et palpitante qu'on donne à l'oiseau. *La grenouille veut faire* « *gorge chaude et curée* » *du rat* (LA FONT., IV, 11) : en faire son repas, s'en régaler. Fig. *Faire gorge chaude de quelqu'un* (vx), se régaler de plaisanteries sur son compte et à ses dépens. *Faire des gorges chaudes de quelque chose,* se répandre en plaisanteries plus ou moins malveillantes, exercer sa malignité à propos de cette chose. V. **Moquer** (se). *Leur liaison était connue, on en faisait partout des gorges chaudes.*

27 « Et qui refusait de passer par cette épée infaillible, était le lendemain matin proclamé, moqué au quartier, un sujet de passe-temps et de gorge chaude. »
                                MICHELET, **Hist. Révol. franç.,** IV, III.

28 « ...si j'avais eu la folie de m'intéresser un peu à lui et de lui parler avec confiance, il serait allé tout bouillant à Mathieu et ils en auraient fait des gorges chaudes. » SARTRE, **Âge de raison,** p. 155.

— *Rendre gorge,* se disait de l'oiseau rendant la viande qu'il avait avalée, puis *par ext.* pour « vomir ». De nos jours, au *fig. :* Restituer par force ce qu'on a pris par des moyens illicites. *Faire rendre gorge à un trafiquant malhonnête.*

29 « Le contrôleur général... dit tout bas à un maître des requêtes... : Il faudra bien faire rendre gorge à ces sangsues sacrées du roi et sangsues profanes : il est temps de soulager le peuple qui, sans nos soins et notre équité, n'aurait jamais du quoi vivre que dans l'autre monde. »
                                VOLT., **Homme aux quarante écus,** IV.

III. *Par anal.* Se dit de divers lieux ou objets creux et étroits.

‖ **1°** *Géogr.* (1675). Passage étroit, défilé entre deux montagnes ; vallée étroite et encaissée. V. **Cañon, col, couloir, porte.** *Gorge de montagne* (Cf. Battement, cit. 3). *Gorges en terrain calcaire* (Cf. Causse, cit.). *Gorges profondes, sauvages* (Cf. Épouser, cit. 16). *Déboucher* (cit. 2) *d'une gorge. Les gorges du Tyrol, du Frioul, du Tarn, du Verdon... Gorges de Franchard dans la forêt de Fontainebleau* (Cf. *infra,* cit. 32 MUSSET).

30 « Le Saint-Gothard est taillé à pic du côté de l'Italie ; le chemin qui se plonge dans la Val-Tremola fait honneur à l'ingénieur forcé de le dessiner dans la gorge la plus étroite. »
CHATEAUB., **M. O.-T.**, t. V, p. 389.

31 « Farrabesche montra la gorge étroite qui semblait fermer ce vallon au-dessous de sa maison... »
BALZ., **Curé de village**, Œuvr., t. VIII, p. 673.

32 « Les voilà, ces sapins à la sombre verdure,
Cette gorge profonde aux nonchalants détours. »
MUSSET, **Poés. nouv.**, Souvenir.

33 « Il est situé très loin, dans une ombreuse région, au tournant d'une gorge profonde, au pied de très hautes cimes. »
LOTI, **Ramuntcho**, I, XV, p. 131.

— *Fortif.* Entrée d'un ouvrage fortifié. *Gorge d'un bastion, d'un redan, d'une redoute...* — *Bot.* Partie rétrécie. *Gorge d'un calice, d'une corolle* — *Pyrot.* Étranglement à l'orifice d'une fusée.

|| 2° *Mécan.* et *Mar.* Partie creuse, cannelure où s'enroule la corde. *Gorge d'une poulie. Gorge de cosse, de réa.* — *Artill.* Cavité, rainure ménagée autour d'un cylindre, d'un cône. *Gorge d'un étui de cartouche.* — *Archit.* Cannelure, moulure concave.

34 « Elle passa le bout de son doigt dans la gorge d'une moulure de son fauteuil. »
COLETTE, **Fin de Chéri**, p. 87.

→ *Techn.* Se dit de diverses échancrures ou entailles. *Gorge d'une serrure*, partie du ressort à laquelle répond la barbe du pène. *Gorge d'amaigrissement*, entaille à angle aigu dans une pièce de charpente. *Gorge d'un éventail*, la partie où les brins sont réunis et retenus par un clou. *Gorge d'une charrue*, partie antérieure du versoir. *Gorge d'une écritoire*, la partie destinée à recevoir les crayons, canifs, etc. *Gorge d'un isolateur électrique*, l'échancrure dans laquelle repose le fil.

— *Par méton.* Large baguette de bois taillée où l'on fixe l'extrémité d'une estampe, d'une carte, et sur laquelle on les enroule. — Morceau de bois échancré auquel les porteurs d'eau suspendent leurs seaux.

DER. et **COMP.** — **Arrière-gorge. Coupe-gorge** (Cf. **Couper**, dér.). **Sous-gorge. Soutien-gorge.** — **Dégorger. Égorger. Engorger. Regorger. Rengorger.** Cf. *aussi* **Gargouille.** — **Gorge. Gorger. Gorgerette. Gorgerin.** — **Gorget.** *n. m.* (1757 ENCYCL.). *Menuis.* Rabot pour faire les moulures dites *gorges.* V. **Bouvet.** Petite moulure ou *gorge.* — **Gorge-de-pigeon.** *adj. invar.* (1653). D'une couleur à reflets changeants comme la gorge du pigeon. *Rubans gorge-de-pigeon.*

« ... les draperies gorge-de-pigeon s'enflèrent sous l'haleine d'un vent invisible... »
GAUTIER, **Toison d'or**, II.

GORGÉE. *n. f.* (XIIᵉ s. ; de *gorge*). Quantité de liquide qu'on avale en un seul mouvement de déglutition. V. **Lampée** (*fam.*). *Boire, avaler, prendre une gorgée, quelques gorgées d'eau, de vin, de café...* (Cf. Écœurer, cit. 2). *Grandes, bonnes gorgées* (Cf. Avaler, cit. 1). *Arrière-goût* (cit. 1) *que laisse la dernière gorgée. Boire à petites gorgées* (Cf. Approcher, cit. 4). *Déguster* (cit. 2) *par gorgées espacées.*

1 « ...on n'a pu lui en faire prendre (*d'émétique*) que cinq ou six mauvaises gorgées... »
SÉV., 583, 30 sept. 1676.

2 « J'ai avalé une fameuse gorgée de poison... Les entrailles me brûlent. La violence du venin tord mes membres, me rend difforme, me terrasse. »
RIMBAUD, **Une saison en enfer**, Nuit de l'enfer.

3 « Il buvait à petites gorgées machinales, le whisky qu'on lui avait servi par erreur. »
COLETTE, **Fin de Chéri**, p. 114.

4 « Jacques s'enhardit, reprit une gorgée, la laissa descendre en lui comme une boule de feu, puis une autre, puis tout le contenu du verre, jusqu'au fond. »
MART. du G., **Thib.**, t. I, p. 194.

— *Par anal. :*

5 « Il huma une grande gorgée d'air glacé... »
MAC ORLAN, **Quai des brumes**, VI.

— *Par métaph. :*

6 « Ce fut le billet de la circonstance, le billet suppliant, impérieux et enivré, d'un homme qui a déjà bu une première gorgée de bonheur et qui en demande une seconde... »
BARBEY d'AUREV., **Les diaboliques**, Rideau cramoisi, p. 48.

GORGER. *v. tr.* (XIIIᵉ s. ; de *gorge*).

|| 1° Remplir (de nourriture) jusqu'à la gorge, avec excès *Il remplissait lui-même nos assiettes et nous gorgeait de tout. Nous avons été gorgés de bonne chère dans cet hôtel.* Pronominalt. V. **Bourrer** (se), **empiffrer** (s'). *Cet enfant s'est gorgé de crème à en être malade. Mouette qui se gorge de chair* (Cf. Éclabousser, cit. 8).

1 « C'est du séjour des dieux que les abeilles viennent.
Les premières, dit-on, s'en allèrent loger
Au mont Hymette, et se gorger
Des trésors qu'en ces lieux les zéphyrs entretiennent. »
LA FONT., **Fabl.**, IX, 12.

2 « Gorgés de vin et de nourriture, ils étaient déjà vaincus par leurs propres excès. »
MICHELET, **Hist. de France**, I, I.

3 « Et gorgés jusqu'aux dents de genièvre et de bières, »
BAUDEL., **Amœnitates Belgicæ**, VI.

4 « Gorgés de douceurs et de vin rosé, les poches pleines de petits santons, nous quittons l'auberge. »
COLETTE, **Belles saisons**, p. 44.

5 « ...pour que la volaille se gorgeât de tout ce qu'on avait laissé de graines sur le sol. »
JOUHANDEAU, **Tite-le-Long**, IX

— *Par métaph. :*

6 « Il semble que le malheur est sur nous et qu'il ne s'en ira qu'après s'être gorgé de nous. »
FLAUB., **Corresp.**, 104, 20 mars 1846.

— *Absolt.* Alimenter avec excès. *Il ne faut pas gorger les enfants.* — Pronominalt. *Il s'est gorgé tout au long du repas.* V. **Bâfrer.** — Spécialt. *Gorger des volailles*, pour les engraisser. V. **Gaver.**

|| 2° *Par anal.* Remplir jusqu'à gonfler, imprégner, saturer... *Terres basses gorgées d'eau, d'humidité.* « *L'écœurante* (cit. 3) *chaleur gorge la chambre...* » (RIMBAUD). — Pronominalt. *Se gorger d'air pur, de soleil... Borée se gorgeant de vapeurs* (Cf. Ballon, cit. 1 LA FONT.).

7 « Le soir de juin, gorgé de lumière, tendait à pencher du côté de la nuit. »
COLETTE, **La chatte**, p. 72.

8 « On entend le gloussement des ruisseaux encore gorgés de l'orage nocturne. »
JAMMES, **Clara d'Ellébeuse**, II.

9 « La terre, gorgée d'eau, fume, et les ornières pleines de pluie, reflètent un azur trouble. »
MAURIAC, **Nœud de vipères**, XVIII.

|| 3° *Fig.* Pourvoir à profusion. V. **Combler, remplir.** *Favori qu'un prince gorge de biens, d'honneurs... Gorger d'or et d'argent. Cœur gorgé d'ambitions* (Cf. Attrition, cit. 3). *Voyageur gorgé d'impressions, de souvenirs* (Cf. Briser, cit. 34). V. **Plein.** — Pronominalt. *Les pirates se sont gorgés de butin. Se gorger de tous les plaisirs terrestres.* V. **Rassasier** (se), **soûler** (se). *Bûcheur qui se gorge de connaissances.* V. **Apprendre*.**

10 « ...Protaire, favori de Brunehault, prenait le bien des seigneurs, et en gorgeait le fisc ; »
MONTESQ., **Espr. des lois**, XXXI, 1.

11 « Cette vie délicieuse dura quatre ou cinq jours, pendant lesquels je me gorgeai, je m'enivrai des plus douces voluptés. Je les goûtai pures, vives, sans aucun mélange de peine : ce sont les premières et les seules que j'ai ainsi goûtées, et je puis dire que je dois à Mᵐᵉ de Larnage de ne pas mourir sans avoir connu le plaisir. »
ROUSS., **Confess.**, VI.

12 « La fausseté de la situation dans laquelle j'allais entrer ne pouvait être devinée par un homme gorgé de bonheur. »
BALZ., **Lys dans la vallée**, Œuvr., t. VIII, p. 982.

13 « Il dormit fiévreux, gorgé de rêves. » COLETTE, **La chatte**, p. 183.

ANT. — Priver, vider.

GORGERETTE. *n. f.* (vers 1260 ; dimin. de l'anc. fr. *gorgère*, dér. de *gorge*). Sorte de collerette, couvrant une partie de la gorge, que portaient autrefois les femmes (Cf. Coquille, cit. 5)

1 « Le commencement de votre poitrine que votre gorgerette laissait entrevoir ne peut appartenir qu'à une jeune fille... »
GAUTIER, **Mˡˡᵉ de Maupin**, XIII.

2 « ...ces jolies gorgerettes froncées des portraits de Raphaël... »
BALZ., **Fille d'Ève**, Œuvr., t. II, p. 97.

GORGERIN. *n. m.* (1336 ; de *gorgère*. V. **Gorgerette**).

|| 1° *Anciennt.* « Partie inférieure d'un casque servant à protéger le cou et composé d'une ou plusieurs pièces métalliques articulées à recouvrement » (GRANDSAIGNES). — *Par anal.* (Vx). Collier épais protégeant le cou d'un chien (Cf. LA FONT., X, 8).

|| 2° *Vx.* Syn. de GORGERETTE.

« Toutes beautés à mes yeux ne sont rien
Au prix du sein, qui soupirant secoue
Son gorgerin... »
RONSARD, **Amours de Cassandre**, CXV.

|| 3° *Archit.* (1564). Partie étroite du chapiteau dorique ou toscan, au-dessus de l'astragale de la colonne (dite aussi *gorge*).

GORGONE. *n. f.* (XVIᵉ s., *Myth.* ; gr. *gorgôn*, de *gorgos*, terrible).

|| 1° *Myth.* Monstre mythologique. *Les trois Gorgones, Sthéno, Euryale et Méduse, filles de Phorcys et de Céto*, étaient selon Eschyle des « *vierges ailées à la chevelure de serpents* » *qui pétrifiaient les mortels qui les regardaient. La Gorgone désigne le plus souvent Méduse. Tête de la Gorgone sur l'égide*.* — *Archit.* Tête décorative de femme, vue de face, à la bouche ouverte et à la chevelure de serpents.

« On eût dit que quelque autre église avait envoyé à l'assaut de Notre-Dame ses gorgones, ses dogues, ses grées, ses démons, ses sculptures les plus fantastiques. C'était comme une couche de monstres vivants sur les monstres de pierre de la façade. »
HUGO, **N.-D. de Paris**, X, IV.

|| 2° *Zool.* (1856). Animal cœlentéré coralliaire (*Octocoralliaires*) pourvu d'un polypier corné et formant une colonie arborescente qui rappelle la tête d'une Gorgone. (On dit aussi GORGONIE.) V. **Polypier.**

GORGONZOLA. *n. m.* (XXᵉ s. ; du nom de la ville italienne de *Gorgonzola*). Fromage italien, qui rappelle le roquefort.

GORILLE. *n. m.* (1866 LITTRÉ ; empr. au lat. zool. *gorilla*, créé en 1847 par le voyageur américain Savages, d'après le mot *gorillai* qui, dans le texte grec du Périple d'Hannon, désigne des êtres humains velus rencontrés sur les côtes d'Afrique par le navigateur carthaginois). Grand singe anthropomorphe, famille des *anthropoïdés*. *Le gorille, dont la taille peut atteindre deux mètres, doué d'une grande force, vit en famille dans les forêts vierges de l'Afrique équatoriale. Gorille traditionnellement décrit comme féroce et lubrique* (Cf. Brute, cit. 2).

« C'était un homme court, carré des épaules ; avec des bras et des mains de gorille ; » GIDE, **Si le grain...**, p. 178.

GOSIER. *n. m.* (1530 ; *josier* en 1270 ; du bas lat. *geusiæ*, « joue, bords du gosier », d'orig. gauloise). Gorge, dans sa partie intérieure. V. **Gorge**, II. — REM. *Gosier*, de même que *gorge*, est un mot du langage ordinaire. Seule l'expression *isthme* du gosier* appartient au langage scientifique.

|| **1°** Arrière-gorge et pharynx communiquent avec l'œsophage. V. (*pop.*) **Avaloire, corridor, dalle, entonnoir, fusil, gargamelle, goulot, pavé,** et (*vx*) **gavion, lampas.** *Entrée du gosier.* V. **Amygdale, luette.** *Bol* (cit.) *alimentaire franchissant l'isthme* du gosier.* V. **Avaler ; déglutition.** *Boisson qui coule dans le gosier* (Cf. Amphore, cit. 1 ; badigoince, cit. 2), *au fond du gosier* (Cf. Enfourner, cit. 1 ; fond, cit. 23). *Gosier obstrué, serré.* V. **Engouer, étrangler.** *Crampe* (cit. 1), *contraction du gosier* (Cf. Cruche, cit. 4). *Chiens engloutissant des blocs de chair d'un seul coup de gosier* (Cf. Curée, cit. 3). *Gosier altéré* (Cf. Abreuver, cit. 2), *en feu, ardent* (Cf. Étancher, cit. 3). *Avoir le gosier sec*, avoir soif, être toujours assoiffé. *Avoir une éponge* dans le gosier. S'humecter* le gosier. Avoir le gosier ferré* (vx), *pavé*, insensible à l'action de la chaleur, des épices, des liqueurs fortes. *Un grand gosier* : un gros mangeur, grand buveur (Cf. le *Grandgousier* de Rabelais, « aimant à boire net autant qu'homme qui pour lors fût au monde »).

1 « Le bonhomme Grandgousier, buvant et se rigolant avec les autres, entendit le cri horrible que son fils avait fait entrant en lumière de ce monde, quand il bramait, demandant : « A boire ! à boire ! à boire ! » Dont il dit : « *Que grand tu as !* » (*supple.* le gosier). Ce que oyant, les assistants dirent que vraiment il devait avoir par ce le nom *Gargantua*... Et, pour l'apaiser, lui donnèrent à boire à tire-larigot... » RAB., I, VII.

2 « ... un os lui demeura bien avant au gosier. » LA FONT., **Fabl.**, III, 9.

3 « Il avait une envie de filer qui lui fit jeter d'un coup le reste de madère dans son gosier. » ARAGON, **Beaux quartiers**, I, XXIV.

|| **2°** Siège de la voix, prolongement du pharynx communiquant avec le larynx. *Chanter, crier à plein gosier.* V. **Égosiller** (s'). *Chanter* (cit. 4) *avec un certain effort du gosier. Gosier du rossignol* (Cf. Épigramme, cit. 8). *Un beau gosier, un gosier de rossignol*, une belle voix. *Coup de gosier* : émission de voix, de son en un seul effort (Cf. Batterie, cit. 6). *Gosier enroué. Se racler le gosier. Avoir du gosier* : une voix forte (Cf. Aplomb, cit. 8).

4 « ... deux ou trois chansons ridicules qui font valoir le gosier d'une actrice ; » VOLT., **Candide, XXV.**

5 « Madame de Vanneaulx voulait faire garder son oncle, comme les entrepreneurs du Théâtre-Italien prient leur ténor à recettes de se bien couvrir le gosier, et lui donnent leur manteau quand il a oublié le sien. » BALZ., **Curé de village, Œuvr.**, t. VIII, p. 578.

6 « Quand nous poussâmes notre premier hurlement de terreur, quelque chose répondit qui venait du côté du beaupré du navire étranger, et qui ressemblait si parfaitement au cri d'un gosier humain que l'oreille la plus délicate en aurait tressailli et s'y fût laissé prendre. » BAUDEL., Traduct. E. POE, **Avent. G. Pym**, X.

7 « Il a fallu choisir des hommes au gosier rare, pour se faire entendre du haut de si prodigieux minarets ; » LOTI, **Désenchant.**, XVII.

8 « Je me suis mis à crier à plein gosier et je l'ai insulté... » CAMUS, **L'étranger**, II, V.

9 « Dans le feuillage des peupliers, obéissant à un signal invisible, une multitude d'oiseaux se mirent à chanter à plein gosier, ce fut une petite rafale cuivrée d'une violence extraordinaire, et puis ils se turent, mystérieusement. » SARTRE, **Mort dans l'âme**, p. 43.

10 « Le jeune homme allait disparaître. Joseph le rattrapa d'un énergique coup de gosier. » DUHAM., **Pasq.**, X, I.

DER. et **COMP.** — **Dégoiser. Égosiller (s').** — **Grand-gosier.** *n. m.* (1694). *Ornith.* Nom vulgaire du pélican. — Cf. *aussi* Goitre, guttural.

GOSSE. *n.* (1798 ; orig. obsc.). *Fam.* Enfant, jeune garçon ou fille. V. **Enfant** I. — REM. Ce mot, bien que très courant dans la langue parlée, ne figure pas dans ACAD. 8e éd. — *Un gosse d'une dizaine d'années.* V. **Drôle, gamin.** *Gosses qui jouent dans la rue. Une pauvre gosse. Un sale gosse*, un enfant insupportable. *Un gosse dissimulé* (Cf. Face, cit. 51). *Pardonnez-lui, ce n'est qu'un gosse. C'est un grand gosse, un vrai gosse*, se dit de quelqu'un qui est resté très enfant. *Quand j'étais gosse... J'étais encore tout gosse...* V. **Môme.**

1 « Ils sautillaient l'un derrière l'autre, en farandole, riant comme des gosses. » DORGELÈS, **Croix de bois**, I.

2 « Il faut tâcher de sauver cette petite canaille... Et presque un gosse. Et qui jouait du couteau comme père et mère... » DUHAM., **Salavin**, VI, XIV.

3 « Qu'avait pu devenir ce sale gosse d'Armand ? Évidemment, il avait mérité la maison de correction, mais enfin c'était son fils... » ARAGON, **Beaux quartiers**, III, II.

— *Spécialt.* (Pop.) *Un beau gosse, une belle gosse* se dit d'adolescents, d'adultes encore jeunes, pour beau garçon*, belle fille* (Cf. Faire, cit. 174). Adjectivt. *Être beau gosse.*

« J'étais beau gosse ! J'avais des mollets, mon vieux ! » CÉLINE, **Voyage au bout de la nuit**, p. 49. 4

« Thérèse acheta trois sacs de confetti et les mit dans les bras d'Armand. Ils parcouraient la foule, et elle puisait dans l'un des sacs ce qu'elle jetait aux passants, à ceux qu'elle trouvait beaux gosses, des grands paysans éberlués, ou des messieurs de sa connaissance qu'elle aguichait. » ARAGON, **Beaux quartiers**, I, XXV. 5

— *Fam.* et *pop.* Enfant jeune, à l'égard de la filiation. V. **Enfant**, II. *Avoir des gosses, faire des gosses. Avoir une femme et des gosses ; sa femme et ses deux gosses. Les gosses du voisin.* Péjor. *Gosse de riches*.*

« Fils, neveux, nièces... Un beau troupeau, en vérité. Barnabé, qui redoute le bruit, marmonne : — C'est une usine à gosses, chez vous ! » DUHAM., **Plais. et jeux**, II, VIII. 6

« Chemin faisant, une femme à lunettes, un peu osseuse, modérément emmerdante. Quatre gosses. Un eczéma. Et la rosette de l'Instruction publique. » ROMAINS, **H. de b. vol.**, t. IV, XV, p. 147. 7

« Un gosse. Je croyais lui donner du plaisir et je lui ai fait un gosse. Je n'ai rien compris à ce que je faisais. » SARTRE, **Âge de raison**, p. 24. 8

« ... Marcelle lui avait jeté un jour, par-dessus son épaule : « Quand une femme est foutue, elle n'a qu'à se faire faire un gosse. » ID., **Ibid.**, p. 157. 9

DER. — **Gosseline.** *n. f.* (1836). *Vx* et *fam.* **Fillette*.**

GOTHIQUE. *adj.* et *n.* (1482, « médiéval » ; bas. lat. *gothicus*, « relatif aux Goths »).

|| **1°** *Vieilli* et *péjor.* Du moyen âge. V. **Barbare, médiéval.** *Les siècles gothiques.* — *Par ext.* Digne du moyen âge. V. **Ancien, arriéré, suranné.** *Langage gothique.* V. **Archaïsme** (cit.).

« On dirait que Ronsard, sur ses « pipeaux rustiques », 1
Vient encor fredonner ses idylles gothiques, »
BOIL., **Art poét.**, II.

« *Réhabilitations*, mot... qui a fait vieillir et rendu gothique celui de *lettres de noblesse...* » LA BRUY., XIV, 3. 2

« Les siècles gothiques nous ont laissé des monuments où la hardiesse et la majesté respirent à travers les ruines du goût et de l'élégance. » RAYNAL, **Hist. philos.**, 19, XII. 3

|| **2°** *Bx-arts.* (1615 ; repris à l'ital. *gotico*). Se disait aux XVIIe et XVIIIe s., des Formes d'art connues en France entre la période de l'art antique et celle de l'art de la Renaissance, et que l'on croyait venir des Goths. *L'art gothique et l'art classique.*

« (*Tout s'y voyant*) Assaisonné du sel de nos grâces antiques, 4
Et non du fade goût des ornements gothiques,
Ces monstres odieux des siècles ignorants, » MOL., **Val-de-Gr.**, 84.

« On a entièrement abandonné l'ordre gothique (*d'architecture*)... » LA BRUY., I, 15. 5

« Connaissez-vous l'architecture de nos vieilles églises, qu'on nomme gothique ? — Oui je la connais, on la trouve partout. — N'avez-vous pas remarqué ces roses, ces points, ces petits ornements coupés et sans dessein suivi, enfin tous ces colifichets dont elle est pleine ?... L'architecture grecque est bien plus simple : elle n'admet que les ornements majestueux et naturels ; on n'y voit rien que de grand, de proportionné, de mis en place. Cette architecture, qu'on appelle gothique, nous est venue des Arabes. » FÉN., **Dial. s. éloq.**, II. 6

« Architecture gothique est celle qui s'éloigne des proportions et du caractère de l'antique... L'Architecture gothique est souvent très solide, très pesante et très massive, et quelquefois au contraire, extrêmement déliée, délicate et riche. Son principal caractère est d'être chargée d'ornements qui n'ont ni goût ni justesse... Toutes les anciennes cathédrales sont d'une architecture gothique. » ENCYCL., 1757, **Gothique.** 7

— De nos jours. *Style gothique*, style répandu en Europe du XIIe s. au XVIe s., qui a fleuri entre le style roman* et le style Renaissance*, abusivement nommé *gothique* bien qu'il soit né dans l'Île-de-France. *Architecture gothique, anciennement nommée ogivale*. Caractères de l'architecture gothique, représentée surtout par les cathédrales.* V. **Arc** (brisé), **arc-boutant, clef, ogive** et *aussi* **Architecture, cathédrale, église** (Cf. Arc-doubleau, cit. ; encorbeller, cit. ; éprouver, cit. 22). *Notre-Dame de Paris, cathédrale gothique. Vaisseau gothique à flèche élevée* (Cf. Cathédrale, cit. 1). *Église gothique* (Cf. Flamme, cit. 2). *Prodigieuse efflorescence* (cit. 3) *de l'art gothique dans la cathédrale de Burgos. Fenêtre, portail... gothique. Réhabilitation et vogue du style gothique pendant le romantisme* (Cf. HUGO, Décolorer, cit. 2). — *Sculpture, statue gothique. Peinture, miniature, orfèvrerie, vitraux... gothiques.* — Substant. *Le gothique*, le style gothique. *Les lobes fleuris, les flèches déchiquetées du gothique* (Cf. Chant, cit. 3). *Gothique ancien ; gothique tardif* dit parfois *gothique rayonnant*, fleuri, flamboyant** à cause de l'abondance de ses ornements (Cf. Élancement, cit. 1). *Le romantisme et la mode du gothique* (Cf. Faux, cit. 9). *Faux gothique*, gothique du XIXe s.

« Les forêts des Gaules ont passé à leur tour dans les temples de nos pères, et nos bois de chênes ont ainsi maintenu leur origine sacrée. Ces voûtes ciselées en feuillages, ces jambages qui appuient les murs et finissent brusquement comme des troncs brisés, la fraîcheur des voûtes, les ténèbres du sanctuaire, les ailes obscures, les passages secrets, les portes abaissées, tout retrace les labyrinthes des bois dans l'église gothique ; tout en fait sentir la religieuse horreur, les mystères et la divinité. » CHATEAUB., **Génie du christ.**, III, I, VIII. 8

9 « ... cette hardie et légère architecture, qu'on appelle gothique, et qui n'exprime en effet, que l'élan mystique du christianisme au moyen âge. »   MICHELET, **Hist. de France**, II, I.

10 « Le mot *gothique*, dans le sens où on l'emploie généralement, est parfaitement impropre, mais parfaitement consacré. Nous l'acceptons donc, et nous l'adoptons, comme tout le monde, pour caractériser l'architecture de la seconde moitié du moyen âge, celle dont l'ogive est le principe, qui succède à l'architecture de la première période, dont le plein cintre est le générateur. »   HUGO, **N.-D. de Paris**, I, I, *note.*

11 « La cathédrale de Salisbury, toute gothique, a une flèche merveilleusement élancée ; l'intérieur est un peu simple ; il y a trop de nudité ; mais en somme, que d'élégance et de grandeur ! »
                    STE-BEUVE, **Corresp.**, 52, 12 sept. 1828.

12 « La nuit. La pluie. Un ciel blafard que déchiquette
       De flèches et de tours à jour la silhouette
       D'une ville gothique éteinte au lointain gris. »
                    VERLAINE, **Poèmes saturniens**, Effet de nuit.

13 « Cet édifice... était le dernier monument du moyen âge, la dernière fusée lancée par le style gothique flamboyant, par le gothique déchu mais exaspéré de mourir... »   HUYSMANS, **La cathédrale**, p. 406.

14 « Devant notre art médiéval, l'Asiatique a l'impression d'impudeur, et bien plus vive que devant les nus de la Grèce : l'art gothique a *démasqué* l'homme. »   MALRAUX, **Voix du silence**, p. 219.

— Par ext. *Architecte, peintre... gothique. Ferronniers romans et gothiques* (Cf. Ferronnerie, cit.). Substant. *Les gothiques,* les artistes gothiques (Cf. Fermer, cit. 39).

‖ 3° *Écriture gothique.* Écriture à caractères droits, à angles et à crochets, qui remplaça vers le XIIe s. l'écriture romane. *Écriture semi-gothique* ou *gothique onciale. Caractères gothiques* (Cf. Entremêler, cit. 5). — Substant. *La gothique :* l'écriture gothique. *Écrire en gothique. La gothique, restée longtemps en usage en Allemagne tend à disparaître et ne se rencontre plus guère que manuscrite.*

15 « A ces mots il saisit un vieil « Infortiat »,
       ...
       Inutile ramas de gothique écriture »   BOIL., **Lutrin**, V.

— *Linguist.* n. m. *Le gothique ou* (plus usité) *gotique,* langue des Goths, rameau oriental des langues germaniques*. *Le gotique nous est connu par une traduction de la Bible en cette langue* (Wulfila, IVe s.).

GOTON. n. f. (1809 ; de *Margoton*, tiré de *Margot*, hypocoristique de *Marguerite*, prénom fém.). *Vieilli.* Fille de campagne (Cf. Calleux, cit. 2). — *Plus particult.* Servante aux manières rustiques et négligées. — *Vieilli.* Femme dissolue, prostituée*.

1 « Elle avait tant souffert, sans se plaindre, d'abord, quand elle le voyait courir après toutes les gotons de village, et que vingt mauvais lieux le lui renvoyaient le soir, blasé et puant l'ivresse ! »
                    FLAUB., **Mme Bovary**, I, I.

2 « Aux gouvernantes qu'il entretenait jadis avec un certain décor succèdent aujourd'hui des gotons et des servantes, qui sont ses tyrans domestiques. »   BERNANOS, **Sous le soleil de Satan**, II, XI.

GOUACHE. n. f. (1752 ; terme techn. empr. à l'it. *guazzo.* « détrempe », du lat. *aquatio,* « action d'arroser, de mouiller »). *Peint.* Préparation où les matières colorantes sont délayées dans de l'eau mêlée de gomme et de substances telles que le miel, qui les rendent pâteuses. *Peindre à la gouache* (Cf. Enluminure, cit. 2). *A la différence de l'aquarelle* (cit.) *la gouache couvre les fonds. Dessin rehaussé de gouache.* — Par ext. Tableau peint à la gouache. *Une collection de gouaches.*

1 « Le charme particulier de l'aquarelle, auprès de laquelle toute peinture à l'huile paraît toujours rousse et pisseuse, tient à cette transparence continuelle du papier ; la preuve c'est qu'elle perd de cette qualité quand on gouache quelque peu ; elle la perd entièrement dans une gouache. »   DELACROIX, **Journal**, 6 oct. 1847.

2 « Les deux panneaux en retour disparaissaient sous des dessins à la plume, des paysages à la gouache et des gravures d'Audran, souvenirs d'un temps meilleur et d'un luxe évanoui. »
                    FLAUB., **Trois contes.** Un cœur simple, I.

DER. — **Gouacher.** v. tr. (début XIXe s.). Rehausser de touches de gouache. *Gouacher un dessin, une aquarelle.* Absolt. *Peindre en gouachant* (Cf. supra, cit. 1). — *Dessin gouaché sur papier gris.*

GOUAILLER. v. tr. et intr. (1747 VADÉ ; même rac. *gav, gaba,* « gorge », que dans *gaver, engouer*). V. tr. *(Vieilli).* Railler sans délicatesse. *Gouailler quelqu'un.* V. **Plaisanter, railler.**

1 « — Comment peut-elle savoir quelque chose de notre inquiétude sur Michu ? Personne du dehors n'est entré dans le château, elle nous *gouaille,* se dirent les vingt espions par un regard. »
                    BALZ., **Ténébreuse affaire**, Œuvr., t. VII, p. 532.

— V. intr. Dire des railleries. V. **Moquer** (se). *Répondre en gouaillant.*

2 « Cet être braille, raille, gouaille, bataille, a des chiffons comme un bambin et des guenilles comme un philosophe... »
                    HUGO, **Misér.**, III, I, III.

3 « Ils riaient entre eux, ils plaisantaient, ils gouaillaient. Ils ont toujours été le parti de la dérision. »   PÉGUY, **La République...**, p. 273.

DER. — **Gouailleur.** — **Gouaille.** n. f. (XVIIIe s. in VADÉ, d'apr. DAUZAT). *Vieilli.* Action de gouailler (Cf. Blagueur, cit.). — **Gouaillerie.** n. f. (1823). Action de gouailler, caractère de celui qui aime à gouailler ; plaisanterie, raillerie*. *Gouaillerie parisienne.*

1 « ...elle prit un air tout imprévu de moquerie, de cette gouaillerie française qui semble la moelle de notre race... »
                    MAUPASS., **Notre cœur**, I, I.

« ...toute sa mauvaise humeur tomba, glissée à la gouaillerie d'une amicale querelle. »   COURTELINE, **MM. ronds-de-cuir**, IV, III. 2

« Allons, tant mieux ! interrompit la jeune fille en français, avec l'accent d'une gouaillerie presque tout à fait parisienne. » 3
                    LOTI, **Désenchant.**, I, II.

GOUAILLEUR, EUSE, n. et adj. (1755 ; de *gouailler*). *Substant.* (vieilli). Celui, celle qui gouaille. — *Adj.* Qui gouaille, qui aime à railler. V. **Facétieux, moqueur, railleur.** *Être un peu gouailleur* (Cf. Crâner, cit. 2). — Par ext. *Sourire gouailleur. Ton gouailleur.* — Moqueur avec une nuance de vulgarité. *Intonations gouailleuses* (Cf. Élever, cit. 75).

1 « ...devant à l'habitude de traiter les affaires une certaine facilité de parole, (*il*) passait pour être *gouailleur,* et disait tout bonnement les choses avec plus d'esprit que n'en mettaient les indigènes dans leurs conversations. »   BALZ., **Député d'Arcis**, Œuvr., t. VII, p. 652.

2 « ...Mme de Marelle, pleine de cet esprit gouailleur, sceptique et gobeur qu'on appelle l'esprit de Paris... » MAUPASS., **Bel-Ami**, I, VIII.

3 « ...il avait rapporté un ton d'assurance un peu gouailleur qui cachait une grande retenue naturelle ; »   GIDE, **Si le grain...**, II, I.

4 « Oui, c'était bien Antoine, son élocution tranchante et satisfaite, un peu gouailleuse aux finales... »   MART. du G., **Thib.**, t. V, p. 165.

GOUALER. v. tr. et intr. (1837, arg. VIDOCQ ; var. prob. de *gouailler**). *Arg.* Chanter, crier. *Goualer sa chanson.*

DER. — **Goualante.** n. f. (XIXe s.). Chanson, complainte populaire. *Pousser une goualante. Les goualantes ont été remises à la mode par Aristide Bruant.* — **Goualeuse.** n. f. (1843 E. SUE, Myst. de Paris ; sobriquet donné à une des héroïnes, à cause de sa jolie voix). Chanteuse des rues.

« Elle chante en cousette et en goualeuse des rues, sans penser qu'on peut chanter autrement. Elle force ingénument son contralto râpeux et prenant... »   COLETTE, **Vagabonde**, p. 20.

GOUAPE. n. f. (1835 ; empr. au prov. mod. *gouapo,* « gueux », de l'arg. esp. *guapo,* « brigand »). *Pop.* Mauvais sujet de bas étage. V. **Frappe, voyou.** *Une sale petite gouape.*

1 « Le gringalet lève la tête , il a, sous les narines, une moustache taillée court, semblable à une morve de cirage. Il regarde Salavin cruellement, droit dans les yeux, comme s'il voulait le tuer... Salavin n'aime pas ces affreuses petites gouapes. Il sent monter un flot de colère. »   DUHAM., **Salavin**, III, XVI.

2 « Sa casquette de travers, son teint blafard, son œil traqué, le rictus de sa bouche, lui donnaient soudain une face de gouape. »
                    MART. du G., **Thib.**, t. VII, p. 69.

DER. — **Gouaper.** v. intr. (XIXe s.). *Vx.* Mener une vie de gouape. — **Gouapeur, euse.** n. (1827). *Vx.* Personne sans aveu qui vagabonde. *Adjectivt.* .

« Toi ! tu es né pour être autre chose qu'un jobard, tu es en homme ce que je suis en femme : un génie *gouapeur* ! » 1
                    BALZ., **Cousine Bette**, Œuvr., t. VI, p. 436.

« ...en disant que, lorsqu'on était marié avec une femme gentille et honnête, on ne devait pas gouaper dans tous les bastringues. » 2
                    ZOLA, **L'assommoir**, VIII.

GOUDRON. n. m. (XVIe s. ; *gotran* en 1381 ; *goudran* encore au XVIIe s. ; altér. de *catram* XIIIe s. ; empr. à l'arabe d'Égypte *qatran*). Produit liquide, huileux, visqueux, de couleur brune ou noire, à odeur empyreumatique, obtenu par la distillation sèche de nombreuses matières organiques. *Les goudrons ont une densité supérieure à 1, sont insolubles dans l'eau et brûlent avec une flamme fumeuse. Goudron végétal ou goudron de bois :* substance résineuse obtenue par distillation ou carbonisation du bois (V. **Poix**). *Goudron de pin, de sapin, de bouleau... Goudron de Norvège. Le goudron de bois fournit par distillation de l'essence térébenthine, de la naphtaline, de la paraffine, de la créosote* (hêtre). — *Goudron de tourbe, de lignite, de schistes. — Goudron animal,* produit par la distillation des os. — *Goudron de houille* (V. **Coaltar**), un des produits de la distillation de la houille (V. **Houille**) recueilli notamment dans la fabrication du gaz d'éclairage (usine à gaz) et du coke (cokeries). *Une tonne de houille fournit de 30 à 90 kg de goudron selon la température de distillation. Distillation du goudron ; produits de la distillation primaire :* huiles (huiles légères ou benzols, huiles phénoliques, huiles moyennes, lourdes, huiles anthracéniques. V. **Huile**), eau, résidu (V. **Brai**). *Le goudron de houille est un mélange de nombreux corps donnant eux-mêmes naissance à des milliers de dérivés :* Acétone, amines, ammoniaque*, aniline*, antipyrine, anthracène, benzène*, butadiène, carbazol, coumarone, crésols, naphtalène*, naphtol, paraffine, phénanthrène, phénol*, quinoléine, toluène*, xylène... *Baril de goudron* (V. **Gonne**).

— *Utilisation des goudrons. Mar. Le goudron végétal, utilisé pour enduire les carènes des bâtiments et les cordages, pour le calfatage** (Cf. Câble, cit. 1 ; calfat, cit. ; filin, cit.). *Méd. Le goudron végétal employé : à usage interne,* comme balsamique, antiseptique, anticatarrhal *; à usage externe,* comme antiparasitaire, et pour les maladies de peau squameuses. Eau de goudron, sirop de goudron, pommade au goudron. — Trav. publ. Goudron pour route :* liant* routier, goudron de houille « préparé » (partiellement distillé) ou « reconstitué » (brai sec mélangé avec des huiles lourdes). *Le bitume* (*du pétrole*), *liant routier semblable au goudron auquel il est parfois mélangé.* V. **Asphalte, bitume***. *Mélange de goudron et de cailloux, de laitier, pour le revêtement des routes.* V. **Tarmacadam ; goudronnage.** *Le goudron imperméabilise la chaussée, la rend lisse et adhésive.* — *Industr. et agric. Utilisation du goudron de houille comme combustible*, dans l'agglomération des poussiers, pour la fabrication d'électrodes, l'imprégnation des bois, le revêtement des cartons et des toiles... ; en agriculture, comme insecticide.*

1 « Je m'enivre ardemment des senteurs confondues
De l'huile de coco, du musc et du goudron. »
BAUDEL., **Fl. du mal**, Spl. et id., La chevelure.

2 « Deux matelots, en jaquette grise et en camisole rayée, étaient alors occupés à enduire de goudron sa forte carcasse, qui avait souffert de la pointe aiguë des brisants. Le goudron bouillait, épais, visqueux, dans un chaudron posé sur un trépied... »
BARBEY d'AUREV., **Vieille maîtresse**, II, X.

3 « ... telle était la chaleur que se liquéfiait le goudron des routes : il giclait sur les petites mains d'Orgère agrippées au volant. Écorchée par l'auto, la route saignait noir. »
MAURIAC, Coup de couteau, Trois récits, p. 45.

4 « La *distillation totale* des goudrons de houille donnant de nombreux et précieux sous-produits, l'utilisation à l'état brut, pour la combustion ou l'entretien des routes par exemple, est désormais à proscrire. Même au goudron *semi-distillé* actuellement employé les routes, déjà préférable au goudron brut, doit se substituer le *goudron reconstitué*, composé d'un brai fluxé avec les huiles provenant de la distillation totale et dont les meilleurs composants ont été extraits. »
J. BECK, Le goudron de houille, p. 24 (éd. P.U.F.).

DER. — Goudronner*. — **Goudronneux, euse**. adj. (1845). De la nature du goudron. *La poix est une matière goudronneuse.* — N. f. Machine à goudronner.

GOUDRONNER. v. tr. (1457 ; de *goudron*). Enduire ou imbiber de goudron. *Goudronner des cordages, du carton, de la toile... Goudronner une route.* V. **Goudronnage.**

|| **GOUDRONNÉ, ÉE**. p, p. et adj. *Étoupe* (cit. 1) *goudronnée pour calfater les bateaux.* Rouf *goudronné* (Cf. Abriter, cit. 3). *Papier goudronné pour emballage. Toitures en carton goudronné. Toile goudronnée. Une belle route goudronnée.*

1 « Une double toile goudronnée servait de couverture en quelques endroits. »
BALZ., **Illus. perdues**, Œuvr., t. IV, p. 691.

2 « Sur la route bordée de peupliers qui allait vers la ville, ils roulaient. Les pneus craquaient sur la grande piste goudronnée où il n'y avait qu'à se laisser planer. »
P. NIZAN, **Le cheval de Troie**, I, I.

3 « ... ces demeures d'hommes en papier goudronné, en bois de rebut, en tôle prête à s'envoler, qu'en guise de toit maintiennent de grosses pierres, une brique, n'importe quoi de lourd... »
ARAGON, **Beaux quartiers**, II, XXVIII.

DER. — **Goudronneur**. n. m. (1532). *Mar.* Ouvrier qui goudronne (les cordages, les bateaux...). — **Goudronnage**. n. m. (1769 ENCYCL., Planches, t. VII ; Marine, planche XI bis). Action de goudronner et résultat de cette action. *Goudronnage des cordages, des toiles, des planches... pour les préserver de l'humidité.* — *Trav. publ. Goudronnage des routes,* opération consistant à répandre du goudron* (froid ou chaud) sur les voies macadamisées. *Goudronnage superficiel, ou épandage ·de goudron simple. Goudronnage en profondeur par épandage de tarmacadam* et passage au rouleau compresseur. Le goudronnage rend les routes solides, durables, souples, antidérapantes, non poussiéreuses, faciles à entamer et à reconstruire.*

« Le Dr Guglielminetti... est donc le véritable promoteur du goudronnage des routes et mérite bien son surnom de «Dr Goudron ». En 1902 fut goudronnée la promenade des Anglais à Nice, puis, peu à peu, avec des moyens et des méthodes d'abord primitifs, le procédé fut appliqué partout. Mais l'objectif premier était la suppression des poussières. Le renforcement de la route par mélange et pénétration en profondeur ne fut envisagé qu'après. » J. BECK, **Goudron de houille**, p. 61 (éd. P.U.F.).

GOUET. n. m. (1382 ; transcript. de *goi* (1376) prononcé *goué*, d'un lat. vulg. gaulois *gubius*, var. masc. de *gubia*. V. **Gouge**). Grosse serpe* à l'usage des vignerons, des bûcherons... — Variété de cépage de Savoie (on écrit aussi *Gouais*). — *Bot.* (1764) Un des noms vulgaires de l'*Arum maculatum.* V. **Arum***.

GOUFFRE. n. m. (XIIe s. ; var. *goffre, gloufe* en anc. fr., confondu longtemps avec *golfe*, distingué au XVIIe s. ; bas lat. *colpus*, du gr. *kolpos.* V. **Golfe**).

|| **1°** Trou vertical, effrayant, redoutable, par sa profondeur et sa largeur. V. **Abime.** *Les bords, les parois, le fond* (cit. 5) *d'un gouffre. Gouffre béant, gouffre qui s'ouvre devant quelqu'un. Attirance* (cit. 1 et 2), *vertige qu'inspire la vue d'un gouffre. Descendre, tomber, plonger, se précipiter au fond d'un gouffre* (Cf. Fabuleux, cit. 6). *Gouffre ·d'un terrain accidenté* (V. **Précipice**). *Gouffre sous-marin* (V. **Fosse**). *Gouffre d'eau,* creux profond entre les lames d'une mer agitée. *Gouffre de feu, gouffre de l'enfer.*

1 « ... des peines éternelles préparées aux impies dans le gouffre noir du Tartare... » FÉN., Télém., IV.

2 « ... nous sortîmes, résolus à examiner plus soigneusement l'abîme de granit noir dans lequel nous étions entrés lors de notre première exploration. Nous nous souvînmes de n'avoir regardé qu'imparfaitement à travers l'une des fissures qui sillonnaient la paroi du gouffre, et nous nous sentîmes impatients de l'explorer, bien que nous n'eussions guère d'espoir de découvrir une issue. »
BAUDEL., Traduct. E. POE, Avent. G. Pym, XXIII.

« Pendant un plus effroyable mouvement de roulis, on le jeta dans un de ces gouffres d'eau, qui s'ouvrent et aussitôt se referment. »   3
LOTI, Matelot, L.

— *Poétiqt.* Le gouffre de la mer, la profondeur* des eaux. *Le gouffre mouvant* (Cf. Balancer, cit. 3). *Navire glissant sur les gouffres amers* (Cf. BAUDEL., Amer, cit. 2).

« Il les aurait fait tous voler, jusqu'au dernier,   4
Dans le gouffre enrichi par maint et maint naufrage. »
LA FONT., Fabl., XII.

« Je sens vibrer en moi toutes les passions   5
D'un vaisseau qui souffre ,
Le bon vent, la tempête et ses convulsions
Sur l'immense gouffre
Me bercent... »   BAUDEL., **Fl. du mal**, Spl. et id., La musique.

— *Spécialt.* Courant* tourbillonnaire, dans les mers et les océans. *Le gouffre du Maelstrom, rendu célèbre par le récit d'E. Poe.* V. **Maelstrom.** *Tournoiement d'eau d'un gouffre. Navire englouti dans un gouffre.*

« ... ils (*les gouffres de la mer*) sont produits par le mouvement de deux ou de plusieurs courants contraires ; »   6
BUFF., **Théor. de la terre**, Preuves, XV.

« Le baril auquel j'étais attaché nageait presque à moitié chemin de la distance qui séparait le fond du gouffre de l'endroit où je m'étais précipité par-dessus bord, quand un grand changement eut lieu dans le caractère du tourbillon. La pente des parois du vaste entonnoir se fit de moins en moins escarpée. Les évolutions du tourbillon devinrent graduellement de moins en moins rapides. Peu à peu l'écume et l'arc-en-ciel disparurent, et le fond du gouffre sembla s'élever lentement. »   7
BAUDEL., Trad. E. POE, Hist. extraord., Descente dans le Maelstrom.

— *Géol.* Vaste cavité en forme d'entonnoir* creusée par les eaux de ruissellement dans les terrains calcaires. *Les gouffres ont reçu des noms différents selon les régions.* V. **Aven, bétoire, doline, igue...** *Gouffre de Padirac. Spéléologues qui explorent un gouffre.*

« ... aucune discussion n'est possible sur la légitimité de l'expression de « relief calcaire »... Ce sont partout les mêmes murailles abruptes, les mêmes gorges étroites aux parois percées de grottes, les mêmes plateaux sans eaux courantes, crevés de gouffres béants. »   8
De MARTONNE, Géogr. phys., t. II, p. 649.

— *Par métaph.* Noir, profond comme un gouffre. Ingurgiter, engloutir (cit. 3) comme un gouffre.

« ... il pénétra dans la cuisine qui s'ouvrait à côté de l'armoire comme un gouffre noir... »   MAC ORLAN, **Quai des brumes**, VII.   9

|| **2°** *Fig.* En parlant de ce qui a la profondeur d'un gouffre, de ce qui est insondable*. V. **Abime.** *Le gouffre du néant*, de l'oubli. Gouffre de l'ennui* (Cf. Emmitoufler, cit.). *Un fossé** (cit. 3) *nous séparait, c'est maintenant un gouffre.*

« ... ce gouffre infini ne peut être rempli que par un objet infini et immuable, c'est-à-dire que par Dieu lui-même. »   10
PASC., Pensées, VII, 425.

« Pascal avait son gouffre, avec lui se mouvant. »   11
BAUDEL., **Nouv. fl. du mal**, VIII, Le gouffre.

« On se perd dans ces gouffres de misère qu'on appelle la nature humaine. »   BARBEY d'AUREV., **Hist. sans nom**, p. 242.   12

— En parlant d'une situation déplorable, de quelque lieu ou état de perdition* dans lequel on sombre. *Un gouffre de malheurs* (Cf. Abîme, cit. 3), *de souffrances. Rouler au gouffre de la guerre* (Cf. Conservation, cit. 5). *Tomber dans le gouffre des vices. Être au bord du gouffre,* devant un péril imminent (V. **Précipice**).

« En quel gouffre d'horreur m'as-tu précipité ? » CORN., **Rodog**,. V, 4.   13

« Je vais sortir d'un gouffre où triomphent les vices, »   14
MOL., **Mis.**, V, 4.

« L'amour de la gloire, passion menteuse, feu follet ridicule, qui conduit toujours droit au gouffre de tristesse et de vanité. »   15
DELACROIX, **Lettr. à M. Soulier**, p. 11.

« ... Toi l'unique que j'aime,   16
Du fond du gouffre obscur où mon cœur est tombé. »
BAUDEL., **Fl. du mal**, Spl. et id., De profundis clamavi.

« ... elle se sentit replongée comme par degrés dans son même gouffre, jusqu'au fond de son désespoir affreux... »   17
LOTI, Pêch. d'Isl., IV, X.

« C'est cependant une loi de l'histoire que de l'excès du mal naisse toujours un grand bien, et c'est lorsque ce donquichottisme patronal nous eut menés au bord du gouffre, ... que nous nous sommes saisis... »   18
ARAGON, **Beaux quartiers**, II, II.

« Une voix intérieure, à peine perceptible, l'avertit, une dernière fois, qu'elle sombrait dans un gouffre redoutable ; qu'elle avait tort d'aimer justement celui-là... » MART. du G., **Thib.**, t. VI, p. 162.   19

— En parlant de ce qui engloutit et paraît insatiable.

« Or telle est votre convoitise. C'est un gouffre toujours ouvert, qui ne dit jamais : C'est assez ; » BOSS., 1er Serm. p. 4e Dim. de Car.   20

« ... un gouffre flamboyant, rouge comme une forge ;   21
Gouffre où les régiments, comme des pans de murs,
Tombaient... » HUGO, **Châtiments**, V, XIII, II (Cf. Forge, cit. 3).

— *Spécialt.* Ce qui engloutit de l'argent, chose ruineuse*. *Le gouffre du jeu. Ce procès est un gouffre.* V. **Ruine.** En parlant d'une personne. *Cet homme est un gouffre, ne lui prêtez plus d'argent.* V. **Dépensier, dissipateur.**

22 « Cette disposition chimérique fait comprendre les folles entreprises de Balzac à la poursuite de l'argent, dans son continuel embarras financier, ses fabuleux rêves de fortune, le gouffre sans cesse élargi de ses dilapidations et de ses spéculations désastreuses. »
HENRIOT, **Romantiques**, p. 354.

ANT. — **Éminence, pic.** — COMP. — **Engouffrer.**

1. GOUGE. *n. f.* (XIVe s. ; bas lat. *gubia*. V. **Gouet**). *Technol.* Outil creusé en canal, à bout tranchant et courbe. *Gouge de bourrelier, de charron, de chaudronnier, de ferblantier, de forgeron, de menuisier, de sculpteur, de sabotier. Gouge de charpentier servant à évider le bois, à faire des cannelures* (V. **Goujure**). *Gouge de cordonnier, pour creuser le talon des chaussures.* — *Méd.* Ciseau à tranchant semi-circulaire qui sert à ruginer les os et à enlever les exostoses.

DER. — **Goujon*** 1, **goujure.** — **Gouger.** *v. tr.* (1767). Travailler (le bois) à la gouge, pratiquer une goujure*. — **Gougette.** *n. f.* (1757). Petite gouge, ciseau* de menuisier.

2. GOUGE. *n. f.* (fin XVe s. ; empr. au languedocien *goujo*, d'abord « fille »). V. **Goujat.** *Vx.* et *triv.* V. **Femme, fille.** — *De nos jours*, Femme de mauvaise vie (peu usit.).

1 « ... assez belle, mais mal tenue, l'air un peu gouge avec des yeux de folie. »
J. LEMAÎTRE, **Les rois**, p. 183.

— *Dialect.* (Sud-Ouest) Servante* de ferme.

2 « ... elle avait été à douze ans servante de métayer, domestique de domestiques, ce qui s'appelle dans la Lande une gouge ; et on l'obligeait à tenir dans chaque main, la main d'un enfant, et on attachait le nouveau-né sur son frêle dos : s'il pleurait, elle était battue... »
MAURIAC, **Génitrix**, XII.

GOUGELHOF. V. **KOUGLOF.**

GOUINE. *n. f.* (*Gouin*, masc. au XVe s., mauvais garnement ; au fém. en 1675 ; même rac. que *goujat**. — DAUZAT observe que *Jean le Gouin*, surnom donné aux matelots, dérive d'un autre mot : *gwen*, qui signifie « blanc » en breton). *Vx.* Prostituée*. — *De nos jours.* (*Pop.*) Homosexuelle*. V. **Femme*.**

« ... c'était Marcelle à dix-huit ans, elle avait l'air d'une gouine, avec la bouche veule et les yeux durs. »
SARTRE, **L'âge de raison**, p. 160.

GOUJAT. *n. m.* (*Gougeas*, au plur. XVe s. ; mot languedocien, proprement « garçon », de l'hébreu *goja*, « servante chrétienne ». V. **Gouge** 2, **gouine** et **goy**).

|| 1° *Vx.* Valet d'armée (Cf. Admirateur, cit. 1). PROV. *Mieux vaut goujat debout* (cit. 12 LA FONT.) *qu'empereur enterré.*

1 « L'armée de M. de Luxembourg n'est point encore séparée ; les goujats parlent même du siège de Trèves ou de Juliers. »
SÉV., **705**, 12 oct. 1678.

— *Par ext.* et *péjor.* Subalterne, valet.

2 « Ils sont trop verts, dit-il, et bons pour des goujats. »
LA FONT., **Fabl.**, III, 11.

3 « La politique est le goujat de l'humanité et non son inspirateur. »
RENAN, **Avenir de la science**, XXII, Œuvr., t. III, p. 1092.

— *Vx.* (1676). Apprenti maçon*.

4 « ... je vis... édifier une grande maison... les maçons, grimpés sur de hautes échelles, se passer de l'un à l'autre, jusqu'au faîte, les pierres destinées à la construire... et les goujats leur monter le mortier nécessaire pour les sceller... »
LECOMTE, **Ma traversée**, p. 19.

|| 2° *Fig.* (vers 1720). *Vieilli.* Homme sale et grossier (LITTRÉ). V. **Rustre.** — *De nos jours.* Homme sans usage, manquant de savoir-vivre et d'honnêteté, et dont les indélicatesses, volontaires ou involontaires, sont offensantes. V. **Malotru, mufle, salaud** (Cf. Dernier, cit. 14). *Il s'est comporté comme un goujat. Elle l'a traité de goujat* (REM. *Goujat*, comme *mufle* s'emploie particulièrement lorsqu'il s'agit d'injures faites à une femme).

5 « ... de quoi vous mêlez-vous ? Vous êtes un goujat, mon cher. »
COURTELINE, **MM. ronds-de-cuir**, II, I.

6 « Non, il n'y a pas à dire, si Célimène n'est, comme je le crois et comme il ressort du texte même de la pièce, qu'une jeune veuve assez naïvement coquette et médisante, ses soupirants se conduisent comme de parfaits goujats ; »
J. LEMAÎTRE, **Impress. de théâtre**, Molière, II.

7 « Elle s'offre à moi dans les termes les plus formels. Si elle insiste, je serai bien obligé de la refuser, en termes non moins formels. Telle que je crois connaître l'opinion française, il me semble qu'elle me jugerait ainsi : « Un homme n'agit pas de la sorte ! Ou c'est un goujat, ou c'est un impuissant. Il est abominable de faire un pareil affront à une femme. »
MONTHERLANT, **Jeunes filles**, 27 avr. 1927.

ANT. — **Gentleman.**

DER. — **Goujaterie.** *n. f.* (1611 ; 1853 au sens mod. FLAUB.). Caractère, conduite, action de goujat. V. **Grossièreté, impolitesse, indélicatesse, muflerie** (Cf. Abjection, cit. 3). *Faire une goujaterie. Le règne de la goujaterie* (Cf. Égard, cit. 15).

« Mais quant à faire des grossièretés gratuites à ce malheureux homme, uniquement parce qu'il est *laid* et qu'il manque de bonnes façons, ce serait d'une goujaterie imbécile. »
FLAUB., **Corresp.**, 407, 12 juillet 1853.

1. GOUJON. *n. m.* (XIIe s. ; de *gouge* 1). *Technol.* Petite gouge* de sculpteur. — Cheville* de bois ; cheville de métal, taraudée aux deux extrémités et recevant le plus souvent un écrou, qui sert à lier, assembler plusieurs pièces de certaines machines. — Broche qui unit les deux parties d'une charnière. V. **Goupille.** — Axe d'une poulie. — Clou* à deux pointes pour assembler des planches.

DER. — **Goujonner.** *v. tr.* (1467). *Technol.* Assembler avec des goujons. *Goujonner des planches.*

2. GOUJON. *n. m.* (XIVe s. ; lat. *gobio*). *Zool.* Poisson physostome (*Cyprinidés*), scientifiquement appelé *gobio*, nommé parfois *gouvion, goiffon*, dont la taille ne dépasse guère 15 cm, très commun dans les eaux douces limpides à fond sablonneux. *La chair du goujon est très estimée. Pêcher le goujon, du goujon. Friture de goujon.* — *Le goujon, dédaigné par le héron de* LA FONTAINE (Cf. Dîner, cit. 1).

« ... les goujons, ventre en l'air, viraient au bord des larges goulots, oscillaient une hésitante seconde, et, d'un coup de queue vif, les nageoires pectorales vibrantes comme des embryons d'ailes, piquaient du nez vers les ténèbres fraîches. »
GENEVOIX, **Raboliot**, I, I.

DER. — **Goujonnier.** *n. m.* (1845). Sorte de filet*, petit épervier à mailles serrées pour la pêche au goujon. — **Goujonnière.** *adj. fém.* (1845). *Perche goujonnière*, nom vulgaire de la grémille*.

GOUJURE. *n. f.* (1694 ; de *gouge* 1). *Technol.* Cannelure des poulies, dans lesquelles s'engagent les cordages.

GOULASCH ou **GOULACHE.** *n. m.* ou *f.* (fin XIXe s. ; mot hongrois). *Cuis.* Bœuf cuit et assaisonné à la mode hongroise.

GOULE. *n. f.* (1821 NODIER ; de l'arabe *ghoûl*, « démon qui dévore les hommes »). *Mythol. orient.* Sorte de vampire* femelle. *Les goules passaient pour déterrer et dévorer les cadavres des cimetières.* — *Les goules revêtaient la forme de jeunes femmes, séduisaient les hommes et buvaient leur sang.* — *Par ext.* et *fig.* Femme lascive, insatiable.

1 « Goules, dont la lèvre
Jamais ne se sèvre
Du sang noir des morts ! »
HUGO, **Odes et ball.**, Ball. XIV.

2 « ... On sent en vous des goules, des lamies,
D'affreux êtres sortis des cercueils soulevés. »
ID., **Lég. des s.**, Éviradnus, XVI.

3 « — Dans quel cimetière cette jeune goule a-t-elle déterré ce cadavre ? s'écria le plus élégant de tous les romantiques. »
BALZ., **Peau de chagrin**, Œuvr., t. IX, p. 177.

4 « ... ces gros reins cambrés de goule qu'agitaient des trémoussements lascifs... »
LOTI, **Mon frère Yves**, XXV.

5 « Une femme comme ça ne fait pas une fin dans les bras d'un vieux... Oui, la voilà, la « goule » qui ne veut que de la chair fraîche... »
COLETTE, **Chéri**, p. 138.

GOULÉE. *n. f.* (XIIe s. ; de l'anc. fr. *goule*. V. **Gueule**). *Fam.* Grosse bouchée ou gorgée. PROV. *Brebis qui bêle* perd sa goulée.*

1 « Ce maudit animal vient prendre sa goulée
Soir et matin, dit-il, et des pièges se rit ; »
LA FONT., **Fabl.**, IV, 4.

— *Par ext. Aspirer une goulée d'air.*

2 « Il respirait dehors, à longues goulées, un air si abondant et vif qu'il en suffoquait un peu ; »
GENEVOIX, **Raboliot**, I, III.

GOULET. *n. m.* (1358, comme T. de Chasse ; de l'anc. fr. *goule*. V. **Gueule**).

|| 1° *Vx.* (XVIe s.). Col d'une bouteille. V. **Goulot** (Cf. Cul, cit. 16 RÉGNIER).

|| 2° (1555). Passage*, couloir* étroit dans les montagnes. *Vallée encaissée, coupée de goulets, d'étranglements.* — *Par ext.* Issue, ouverture étroite.

— (1743). Entrée étroite d'un port, d'une rade. *Le goulet de la rade de Brest. Goulet embouteillé par une épave.*

« Ce dangereux goulet se dirige vers la droite par un mouvement de serpent, y rencontre une montagne élevée de trois cents toises au-dessus du niveau de la mer, ... » BALZ., **Séraphita**, Œuvr., t. X, p. 459.

— *Pêche.* (1759). Entonnoir d'osier ou de filet qui empêche le poisson de sortir des nasses, des sennes, des verveux.

GOULOT. *n. m.* (1611 ; de *goule*. V. **Gueule**). Col* étroit d'un récipient. *Goulot d'une bouteille** (cit.), *d'une fiole, d'un vase, d'un flacon* (Cf. Chanteau, cit. ; émeri, cit.). *Boire au goulot d'une cruche, d'une bouteille* (Cf. Écœurer, cit. 2).

1 « ... (ils) buvaient à tête renversée, la bouche collée au goulot, avec des claquements de lèvres humides. »
L. HÉMON, **Battling Malone**, p. 27.

2 « ... la mère Bouquet a fait cacheter le goulot des litres... : c'est devenu du vin bouché. » DORGELÈS, **Croix de bois**, VI, p. 116.

3 « Nous le trouvons, dit Mme de Boigne, souvent écrivant sur le coin d'une table de salon avec une plume à moitié écrasée, entrant difficilement dans le goulot d'une mauvaise fiole qui contenait son encre. »
MAUROIS, **Chateaubriand**, VI. II.

— *Pop.* (fin XIXe s.). V. **Bouche, gosier.**

GOULOTTE. *n. f.* (1694 ; *goulette* en 1611 ; de *goule*. V **Gueule**). *Arch.* Petite rigole taillée dans le plat d'une corniche pour permettre l'écoulement de l'eau. — Conduit incliné servant à l'écoulement des eaux pluviales. — Petit canal en pente douce taillé dans la pierre ou le marbre, par où l'eau s'écoule dans des bassins. *Fontaine dont les eaux tombent en cascade de goulottes de marbre.*

1 « Au bas de la niche, la goulotte d'une fontaine dont les eaux sont reçues dans une auge, ... »
DIDER., **Salon de 1767**, Œuvr., t. XIV, p. 411 (in POUGENS).

— *Technol.* Se dit de conduits* inclinés dans lesquels passent matières ou produits entraînés par gravité.

2 « ... des machines à calibrer qui trient les fruits selon leur grosseur en les faisant tomber dans des casiers à travers des goulottes de diamètre de plus en plus grand. »
P. ROBERT, **Agrumes dans le monde**, p. 210.

GOULU, UE. *adj.* (XVᵉ s. ; de *goule*. V **Gueule**).

‖ 1º Qui mange avec avidité. V **Glouton, goinfre, gourmand, vorace**, et (*vx*) **Brifaud, safre**. *Il est très goulu* (pop. Gouliafre). *Un homme très goulu* (Cf. Esclave, cit. 16). *Le loup, le canard, le brochet, la perche* (Cf. Avaler, cit. 7), *animaux goulus.* — Substant. *Un goulu, une goulue.* V **Bâfreur.**

1 « Le goulu se jette sur la nourriture, happe, gobe, dévore, s'assouvit, mange avec une sorte de fureur et en écartant les autres. »
LAFAYE, **Dict. synon.**, p. 638.

2 « ... je lui ai dit que c'était une belle pomme rouge, et il a mordu dedans comme un goulu. Si vous aviez vu quelle grimace ! »
SAND, **Mare au diable**, X.

— *Par ext. Baisers goulus. Regards goulus* (Cf. Attention, cit. 28). V **Avide**. *Amour goulu.*

3 « C'est que chacun n'a pas cette amitié goulue
Qui n'en veut que pour soi. »   MOL., **Éc. des femmes**, II, 3.

— *Pop.* (Vieilli). Femme à grande bouche. *La Goulue, fameuse danseuse du Moulin-Rouge, dont Toulouse-Lautrec fit le portrait.*

‖ 2º *Hortic.* (1771). *Pois goulus ou gourmands*, dont on mange les cosses. V **Mangetout.**

— *Technol.* (1845). *Tenailles goulues*, à longues mâchoires.

ANT. — **Frugal, sobre, tempérant.**

DER. — **Goulûment.** *adv.* (1546 BELLEAU). D'une façon goulue, à la manière d'un goulu. *Avaler* (Cf. **Friper**), *manger* (Cf. Déterger, cit. 2), *boire goulûment.* Fig. *S'engraisser* (cit. 8) *goulûment de prébendes, de rapines. Regarder goulûment une jolie femme.* Cf. Dévorer (des yeux).

1 « Pour te manger goulûment » (*Il s'agit du crabe qui dévore une huître*).   BELLEAU, **L'huître**, Stance finale.

2 « Là, on mangea : du riz chaud qui vous remplissait le ventre et qu'on ne se lassait pas de bâfrer, goulûment, avec de pleins quarts de café brûlant, moins par faim réelle que pour rattraper ces jours de misère, pour se gaver, se sentir plein. » DORGELÈS, **Croix de bois**, XI.

3 « ... se laissant aller entre les bras de Simon, (*elle*) l'embrassa goulûment à pleines lèvres. »   CARCO, **Les belles manières**, II, VII.

COMP. — **Engouler.**

GOUM. *n. m.* (1853 ; forme algérienne de l'arabe *qaum*, « troupe »). Contingent militaire fourni par une tribu, en Algérie.

« Le goum est rassemblé devant la porte. Il y a là deux ou trois cents cavaliers groupés confusément autour de l'étendard... »
FROMENTIN, **Été dans le Sahara**, p. 81.

DER. — **Goumier.** *n. m.* (XIXᵉ s.). Cavalier d'un goum.

« Des goumiers en manteau rouge passent près de l'hôtel des Empereurs. »   APOLLINAIRE, **Ombre de mon amour**, X.

GOUPIL (*gou-pil*). *n. m.* (XIIᵉ s. ; du lat. vulg. *vulpiculus*, dér. de *vulpes* ; infl. germ. à l'initiale). Nom ancien et populaire du renard. *Rusé comme un goupil. Un nez de goupil* (Cf. Bossué, cit. 3).

GOUPILLE. *n. f.* (1439 ; orig. incert. *fém.* du précéd. selon BLOCH). *Technol.* Cheville ou broche métallique qui sert à assembler deux pièces percées chacune d'un trou. *Placer une goupille pour maintenir deux pièces d'armurerie, d'horlogerie. Goupille pleine. Goupille fendue, dont on écarte les branches.* V aussi **Goujon.**

DER. — **Goupillage.** *n. f.* (fin XIXᵉ s.). Action de placer des goupilles ; son résultat. — **Goupiller.** *v. tr.* (en anc. fr. « ruser » ; techn. 1671). Fixer avec des goupilles. *Goupiller une roue sur un axe.* Fig. et pop. (XXᵉ s.) V **Arranger, combiner, préparer.** *Tâche de goupiller ça. Ça, c'est bien goupillé. Ça s'est mal goupillé. Explique-moi comment ça se goupille.*

GOUPILLON. *n. m.* (1539 ; *guipellon* au XIIᵉ s. ; d'apr. BLOCH, du néerl. *wisp*, « bouchon de paille », ou d'apr. DAUZAT, de *guiper*, par attraction de *goupil*).

‖ 1º Tige garnie de touffes de poil, ou boule de métal creuse et percée de trous, montée au bout d'un manche, dont on se sert dans les cérémonies de l'Église, pour asperger d'eau bénite. V **Aspersoir**. *Prêtre qui bénit l'assistance au moment de l'aspergès*, qui exorcise (cit. 8). *qui bénit un catafalque avec un goupillon. Assistants qui, dans un enterrement, se passent le goupillon devant le cercueil.*

« Toutes autres personnes (*que les princes*)... prennent elles-mêmes le goupillon dans le bénitier et l'y remettent après avoir jeté de l'eau bénite, sans que les hérauts fassent le moindre mouvement. »   1
ST-SIM., **Mém.**, III, LXV.

« ... tous les portiers du voisinage affluaient et aspergeaient la dépouille mortelle du portier d'un coup de goupillon. »   2
BALZ., **Cousin Pons**, Œuvr., t. VI, p. 773.

« L'ecclésiastique passa le goupillon à son voisin. C'était M. Homais. Il le secoua gravement, puis le tendit à Charles... »   3
FLAUB., Mᵐᵉ **Bovary**, III, X.

— *Loc. fam. Le sabre* et le goupillon :* l'Armée et l'Église (Cf. Gouverner, cit. 29 GAUTIER).

‖ 2º *Par anal.* Brosse* ou balai* ayant une certaine ressemblance avec un goupillon. *Nettoyer* une bouteille avec un goupillon.* V **Écouvillon.**

DER. — **Goupillonner.** *v. tr.* (1839 BOISTE). Nettoyer (une bouteille) avec un goupillon.

GOURA. *n. m.* (1839 BOISTE ; nom indigène). *Ornith.* Oiseau columbiforme, unique type de la famille des *Gouridés. Le goura, ou pigeon couronné, vit en Océanie ; il porte une aigrette sur la tête.*

GOURAMI. *n. m.* (1839 BOISTE, *gorami* et *gourami* ; nom indigène importé des îles de la Sonde). Poisson acanthoptérygien (*Labyrinthibranches*), scientifiquement appelé *osphromenus. Le gourami, qui peut atteindre deux mètres de long, comprend des variétés de poissons d'aquarium, le gourami à trois taches et le gourami bleu.*

GOURBI. *n. m.* (1841 ; mot d'arabe algérien). Nom donné aux habitations sommaires des Arabes, en Algérie. V **Cabane, hutte, maison.**

« Ils habitent, soit les villages clairs aperçus au loin, soit les tentes brunes et pointues cachées, comme d'énormes champignons, derrière des broussailles sèches ou des bois de cactus. »   MAUPASS., **Vie errante**, Vers Kairouan, 11 déc.   1

« Les demi-nomades (*d'Afrique du Nord*) ont souvent un type d'habitation intermédiaire entre la tente et la maison : c'est le *gourbi* ou *mechta*.   2
Ce qui caractérise le gourbi, c'est d'être un abri provisoire et sommaire. Mais, tandis qu'il existe une seule catégorie de tentes, il y a beaucoup d'espèces de gourbis, suivant la nature des matériaux utilisés. La couverture est généralement en diss (*arundo tenax*), ou en roseaux, ou en chaumes de céréales. On peut distinguer, d'après les matériaux employés pour les murs, le gourbi en branchages, le gourbi en pierres sèches, le gourbi en pisé. »
A. BERNARD in V. DE LA BLACHE, **Géogr. univ.**, t. XI, 1ʳᵉ part. p. 90.

— *Par ext.* S'est dit pendant la première guerre mondiale des abris de tranchée (Cf. Cagna). — *Pop.* Habitation misérable et sale (Cf. Cambuse, carrée, piaule).

GOURD, DE. *adj.* (XIIᵉ s. ; *gort*, fém. *gorde*, du bas lat. *gurdus*, « lourdaud, grossier », puis « engourdi par le froid »). Engourdi* et comme perclus par le froid. *Avoir les doigts gourds. Main gourde.* V **Pote.** — Fig. *Se sentir gourd* (Cf. Déplacé, cit. 11).

« Hommes, femmes... éblouis par ce passage de l'ombre à la lumière, secouant leurs membres gourds, cherchent à se mouvoir. »   1
HUYSMANS, **La cathédrale**, p. 458.

« Les reporters avec leurs doigts gourds prirent des croquis à travers les fissures de la cloison. »   BARRÈS, **Leurs figures**, p. 164.   2

ANT. — **Agile, dégourdi.**

COMP. — **Dégourdir, engourdir.**

GOURDE. *n. f.* (XIVᵉ s. ; *gorde* au XIIIᵉ s. ; altér. de *coorde*, venant, comme *courge*, du lat. *cucurbita*). Espèce de courge (*lagenaria*) dite courge* calebasse* (Cf. *Les fruits de la gourde sont ligneux et creux, à maturité* (Cf. Cause, cit. 36). — *Par ext.* (XVIᵉ s.). Récipient constitué par le fruit de la gourde après séchage et vidage. — *Par anal.* (XIXᵉ s.). Sorte de bouteille ou de flacon protégé par une enveloppe d'osier, de cuir ou de drap. *Soldat, alpiniste qui porte au côté, en bandoulière, une gourde de vin, de rhum.* V **Bidon, flacon** (Cf. Envahir, cit. 9).

« ... plusieurs d'entre eux joignaient à leur équipage de route une gourde sans doute pleine d'eau-de-vie, et suspendue par une ficelle à leur cou. »   BALZ., **Les Chouans**, Œuvr., t. VII, p. 767.   1

« Les pots, les cruches, les grosses bouteilles habillées de jonc se confondaient dans une affreuse mêlée, et les flacons d'osier se heurtaient désespérément contre les gourdes cuirassées de corde. »
BAUDEL., Traduct. E. POE, **Nouv. hist. extraord.**, Le roi Peste.   2

— *Par métaph.* :

« N'es-tu pas l'oasis où je rêve, et la gourde
Où je hume à longs traits le vin du souvenir ? »   3
ID., **Fl. du mal**, Spl. et id., La chevelure.

— *Fig.* et *fam.* (1691 DAUZAT, Suppl.). V **Bête, carafe, ganache, godiche, stupide** (Cf. Escrime, cit. 4). *Quelle gourde ! Il s'est conduit comme une gourde.*

« ... jolie et un peu gourde. Il y a des tas de façons d'être gourde. »
ROMAINS, **H. de b. vol.**, t. IV, V, p. 41.   4

GOURDIN. *n. m.* (XVIᵉ s. ; de l'ital. *cordino*, dimin. de *corda* ; a désigné primitivement la corde dont le maître de chiourme sur les galères frappait les forçats). Gros bâton* lourd et solide. V. **Matraque** (Cf. Bataille, cit. 21). *Fig. Le gourdin du pouvoir, de la tyrannie* (Cf. Gouverner, cit. 29 GAUTIER). *Mener les hommes au gourdin.* V. **Trique.**

« Et il regarda en souriant l'énorme gourdin qu'il faisait tourner, dans sa poigne solide de campagnard, en des moulinets menaçants. »
MAUPASS., **Clair de lune**, p. 13.

GOURER. *v. tr.* (XVᵉ s. VILLON ; *gorré* au XIIIᵉ s. ; Cf. arabe *gurûr*, « tromperie »). *Pop.* Tromper, duper.

‖ SE GOURER. *(pop.)* Se tromper. *Il s'est gouré dans son addition.* Se faire des illusions (Cf. Gaffe, cit. 7).

DER. — **Goure.** *n. f.* (1723). *Vx.* Drogue falsifiée. *Fig.* Tromperie, duperie.

GOURGANDINE. *n. f.* (1642 ; mot pop. du centre ; rac. péjor. *gorr-*, in WARTBURG, 198 a). *Fam.* Femme facile, dévergondée. V. **Femme** (*supra* cit. 103). Cf. Catin, coureuse, fille (cit.), gaupe (cit. 2). *Passer sa vie avec les gourgandines.*

1   « ...passionnément attachée à ce fils unique pour qui elle avait espéré une vie si brillante, elle ne pouvait supporter l'idée de le voir lié à une « gourgandine » et logé dans un grenier. »
MAUROIS, **Lélia**, I, II.

2   « La vieille sotte lui donnait tout son argent, qu'il buvait avec des gourgandines. »
J. ANOUILH, **L'hermine**, II.

GOURMAND, ANDE. *adj.* (1354 WARTB. ; orig. obscure. Cf. Gourmet).

‖ 1° Qui aime les bons morceaux, les friandises, et en mange sans modération. *Enfant gourmand. Femme gourmande. Il est très gourmand* (Cf. *pop.* Porté sur la gueule*). *Gourmand comme un chat* (Cf. Babine, cit. 2).

1   « ...j'aime à manger, sans être avide : je suis sensuel, et non pas gourmand. »
ROUSS., **Confess.**, I.

2   « Cet homme, ... était l'esclave de celui des sept péchés capitaux que Dieu doit punir le moins sévèrement : Pons était gourmand. »
BALZ., **Cousin Pons**, Œuvr., t. VI, p. 533.

3   « Que vous êtes donc gourmand ! reprit-elle en s'égayant un peu à son tour ; eh bien ! si vous ne pouvez pas vivre cinq ou six heures sans manger, est-ce que vous n'avez pas là du gibier dans votre sac, et du feu pour le faire cuire ? »
SAND, **Mare au diable**, II.

— (Suivi d'un complément) *Être gourmand de...* V. **Amateur, friand.** *Il est très gourmand de gibier.*

— Substant. *Appétit* (cit. 12) *d'un gourmand. Gourmand qui se goberge, s'empiffre, se lèche, se pourlèche les babines. Un gourmand raffiné.* V. **Bec** (bec fin), **bouche** (fine), **friand, gastronome, gourmet, gueule** (fine), **lécheur** (de plats). *Gourmand de bas étage.* V. **Brifaud, glouton, goinfre, goulu, piffre, ripailleur.** — REM. Le mot *gourmand* a longtemps. eu simplement le sens de « gros mangeur, glouton » ; il semble que l'idée de choix, de raffinement se soit introduite au XVIIIᵉ s. : on la voit apparaître dans l'article *Gourmandise* de l'ENCYCL., contre lequel TRÉVOUX proteste vivement, niant que la gourmandise implique un « raffinement dans les aliments », et maintenant qu'elle implique seulement « excès » et « avidité ». — Au reste, l'ACAD. et LITTRÉ donnent de *gourmand* et de *glouton* une définition identique : « Qui mange avec avidité et avec excès ». Cependant, LITTRÉ fait une judicieuse distinction au bas de son article *Gourmand* :

4   « Le gourmand est celui qui aime à manger. Le goinfre est un gourmand dont la gourmandise a quelque chose d'ignoble et de repoussant. Le goulu est celui qui enfourne dans sa *goule* ou bouche ce qu'il mange ; il n'y a pas dans ce mot l'idée de plaisir et de discernement en mangeant. Le glouton est celui qui engloutit, et est par conséquent très voisin du goulu. »
LITTRÉ, **Dict.**, Gourmand.

5   « L'âme d'un gourmand est toute dans son palais ; »
ROUSS., **Émile**, II.

6   « Enfin, que peut-on désirer dans une faculté susceptible d'un tel point de perfection, que les gourmands de Rome distinguaient, au goût, le poisson pris entre les ponts de celui qui avait été pêché plus bas ? »
BRILLAT-SAVARIN, **Physiol. du goût**, II, 14.

7   « Les mets les plus appétissants, les drôleries cuisinées avec le plus de réflexion, les produits culinaires le plus âprement assaisonnés avaient moins de ragoût et de montant, exhalaient moins de volupté sauvage pour le nez et le palais d'un gourmand, que les tableaux de M. Decamps pour un amateur de peinture. »
BAUDEL., **Curios. esthét.**, Salon de 1846, VI.

‖ 2° Par ext. *Un appétit gourmand.* V. **Intempérant.** — *Par métaph. :*

8   « Et pour rassasier votre appétit gourmand, ... » MOL., **Sgan.**, 6.

— Fig. *Jeter sur une femme des regards gourmands. Attention gourmande. Être gourmand d'honneurs, de flatteries, ...* V. **Amateur, amoureux, avide, passionné.**

9   « Non que je sois, Lecteur, si gourmand de gloire, ou tant tourmenté d'ambitieuse présomption... »
RONSARD, **Œuvr. en prose**, Quatre prem. livr. odes, Au lecteur.

10   « ...ces âmes non blasées, pas abondantes, mais vives et gourmandes de vivre. »
R. ROLLAND, **Jean-Christ.**, La foire sur la place, II.

‖ 3° Arbor. (XVIIᵉ s.). *Branche gourmande, dont la pousse* nuit aux rameaux fruitiers voisins en absorbant la sève à son profit. Substant. *Un gourmand. Élaguer les gourmands.* — Hortic. *Bois gourmands* (V. **Goulu**).

ANT. — **Frugal, sobre, tempérant.**

DER. — **Gourmander, gourmandise.**

GOURMANDER. *v. intr. et tr.* (1372 ; de *gourmand*, au sens de « agir en gourmand » ; XVᵉ s., au sens de « réprimander », sous l'influence de *gourmer*).

I. Ancient. *V. intr.* Se livrer à la gourmandise, « dévorer avidement, à la manière d'un gourmand » (CAYROU). — REM. Ce sens aujourd'hui disparu était « encore usité dans la conversation » au XIXᵉ s., selon LITTRÉ.

II. *V. tr.* ‖ 1° *Vx.* Manier durement (un cheval). V. **Gourmer.** *Cavalier qui gourmande la bouche de son cheval* (cit. 15 FÉN.). *Par ext.* Brider, contenir, dominer, maîtriser.

1   « Je prétends gourmander mes propres sentiments, » MOL., **Sgan.**, 18.

‖ 2° *Sens mod.* Reprendre quelqu'un en lui adressant des critiques, des reproches sévères. V. **Catéchiser, gronder, morigéner, réprimander*, tancer** (Cf. *fam.* Frotter* les oreilles). *Gourmander un élève. Juvénal gourmandant le peuple latin* (Cf. Fiel, cit. 1).

2   « Il entend un enfant crier.
La mère aussitôt le gourmande,
Le menace... »
LA FONT., **Fab.**, IV, 16.

3   « Je voudrais surtout qu'on pût engager nos frères les journalistes à renoncer à ce ton pédagogue et magistral avec lequel ils gourmandent les fils d'Apollon, et font rire la sottise aux dépens de l'esprit. »
BEAUMARCH., **Barb. de Sév.**, Lettre... sur la critique...

4   « Elle lui écrivait des lettres fort spirituelles, le gourmandait et lui donnait de bons conseils... »
CHATEAUB., **M. O.-T.**, t. II, p. 350.

5   « (Fabrice) vit le plus gros de ces généraux qui parlait à son voisin, général aussi, d'un air d'autorité et presque de réprimande ; il jurait. Fabrice ne put retenir sa curiosité... et dit à son voisin : — Quel est-il ce général qui gourmande son voisin ? »
STENDHAL, **Chartr. de Parme**, III.

6   « Elle gourmandait mes lâchetés, s'indignait de mes défaillances et me reprochait les invectives dont je m'accablais à plaisir, parce qu'elle voyait, disait-elle, les inquiétudes d'un esprit mal équilibré... »
FROMENTIN, **Dominique**, XIII.

7   « Elle le gourmandait sans cesse pour tout ce qu'il faisait et pour tout ce qu'il ne faisait pas, lui reprochait aigrement ses moindres actes, ses habitudes.. »
MAUPASS., **M Parent**, I.

— *Pronominalt. :*

8   « Tout en parlant, Patrice Périot se jugeait et se gourmandait dans le secret de son esprit, ... »
DUHAM., **Voyage de P. Périot**, II.

GOURMANDISE. *n. f.* (XIVᵉ s. ; de *gourmand*).

‖ 1° Caractère, défaut de celui qui est gourmand. V. **Appétit, avidité, gloutonnerie, goinfrerie.** *La gourmandise, l'un des sept péchés capitaux. Gourmandise des premiers hommes, des évêques, des médecins, des financiers* (cit. 7. Cf. *aussi* Dinde, cit. 1 ; fait, cit. 47). *Gourmandise insatiable. Apaiser sa gourmandise* (Cf. Caramel, cit.). PROV. *La gourmandise tue plus d'hommes que l'épée* : les excès de table font périr plus d'hommes que la guerre. — *Avec gourmandise :* avec l'avidité, avec l'expression d'un gourmand qui se prépare à savourer un plat.

1   « Qu'est-ce que la gourmandise ? C'est une attache démesurée aux plaisirs de la bouche. Quelle est la plus dangereuse gourmandise ? C'est l'ivrognerie, qui nous fait perdre la raison, et nous change en une bête furieuse. Quel est le plus grand danger de la gourmandise ? C'est qu'elle nous porte à la luxure. »
BOSS., **Catéchisme de Meaux**, II, Des sept péchés capitaux.

2   « La gourmandise est le vice des cœurs qui n'ont point d'étoffe. »
ROUSS., **Émile**, II.

3   « La gourmandise est un acte de notre jugement, par lequel nous accordons la préférence aux choses qui sont agréables au goût sur celles qui n'ont pas cette qualité. »
BRILLAT-SAVARIN, **Physiol. du goût**, Aphorismes, VI.

4   « La gourmandise, le péché des moines vertueux. »
BALZ., **Cousin Pons**, Œuvr., t. VI, p. 536.

5   « Il me semble toujours que c'est dans la gourmandise que l'égoïsme se manifeste le plus honteusement ; »
GIDE, **Journal**, 25 janvier 1929.

6   « ...combien d'hommes dits « en vue » ont tourné en habitude périlleuse leur qualité la plus française, la gourmandise, la connaissance des terroirs à vin, des produits du sol, des recettes vénérables ? »
COLETTE, **Étoile Vesper**, p. 68.

7   « ... nous voilà loin des discrètes combinaisons, lentes, réfléchies, qui formèrent la gourmandise française, amoureuse de certaines « symphonies de gueule » où l'harmonie prenait source et élan dans une noble retenue. »
ID., **Prisons et paradis**, p. 77.

8   « ...avant d'y tremper les lèvres, il humait avec gourmandise l'arome du thé, légèrement parfumé de citron et de rhum. »
MART. du G., **Thib.**, t. V, p. 175.

— Fig. V. **Avidité, désir.** *Considérer un beau tableau, une belle femme avec gourmandise.*

9   « ... cette gourmandise des yeux (chez l'avare) n'est jamais contente... »
BOSS., **Concupisc.**, IX.

10   « J'attends Dieu avec gourmandise. »
RIMBAUD, **Une saison en enfer**, Mauvais sang.

11   « Ces Gascons paillards parlaient de l'amour avec gourmandise et grivoiserie ; »
MAUROIS, **Lélia**, II, II.

‖ 2° Plur. (1866). Mets capables de plaire à un gourmand. V. **Bonbon, friandise** (Cf. Chatterie, gâterie). *Bourrer un enfant de gourmandises.*

12   « Il fallait quérir par toute la table encore des gourmandises, rien que pour elle... »
CÉLINE, **Voy. au bout de la nuit**, p. 364.

ANT. — **Frugalité, modération, sobriété, tempérance.**

GOURME. *n. f.* (XIIIᵉ s. ; du francique *worm*, « pus »). *Méd.* Nom vulgaire donné à diverses dermatoses (V. **Eczéma, impétigo**) qui affectent le visage et le cuir chevelu des enfants mal soignés (Cf. Croûtes de lait). — *Jeter sa gourme* s'est dit des petits enfants atteints de la gourme.

1 « ... Hélène ne vient pas avec moi... J'ai Marie, qui jette sa gourme, comme vous savez ; » SÉV., 441, 6 sept. 1675.

2 « Moi, j'ai eu des croûtes, la gale, la gourme, toutes les maladies des pauvres ; » J. ANOUILH, **La sauvage**, II.

— *Vétér.* « Maladie spécifique du cheval, caractérisée par une inflammation des voies respiratoires, donnant lieu à la toux, à une forte fièvre, à une abondante sécrétion catarrhale, ... » (POIRÉ). *Ce cheval jette sa gourme*, il a par les narines un écoulement dû à la gourme (LITTRÉ). *C'est un poulain, il n'a pas encore jeté sa gourme* (ACAD.).

— *Fig. et fam. Jeter sa gourme* se dit des jeunes gens qui font leurs premières folies, leurs premières frasques (Cf. Farce, cit. 11).

3 « Tout ce système d'amour, quintessencié par mademoiselle de Scudéri, et géographié sur la carte du royaume de Tendre, vint se perdre dans la Fronde, gourme du siècle de Louis XIV encore au pâturage. » CHATEAUB., **Vie de Rancé**, I, p. 14.

4 « À rebours de son cadet, Philippe, en ces matières, professait les théories des pères bourgeois du temps, qui étaient qu'un jeune homme doit jeter sa gourme et que le plus tôt est le mieux. » A. HERMANT, **Aube ardente**, p. 23.

DER. — Gourmer, gourmette.

GOURMER. *v. tr.* (1320 ; de *gourme*).

I. ‖ **1°** Brider (un cheval) avec sa gourmette. *Il faut gourmer ce cheval plus court* (ACAD.). *Si un cheval n'est gourmé, il ne se ramène pas bien* (LITTRÉ).

‖ **2°** *Fig.* SE GOURMER. Affecter un maintien raide, compassé.

1 « On craignit, en recevant ce phénix berruyer, de ne pas dire des choses assez spirituelles, et naturellement on se gourma devant madame de La Baudraye qui produisit une espèce de terreur parmi la gent femelle. » BALZ., **Muse du département**, Œuvr., t. IV, p. 59.

‖ GOURMÉ, ÉE. *adj.* (XVIIIᵉ s.). *Raide comme un cheval gourmé. Une personne gourmée. Bourgmestres gourmés* (Cf. Flamand, cit.). Par ext. *Air, maintien gourmé*. V. **Affecté, cérémonieux, compassé, composé, empesé, grave, important, prétentieux.**

2 « Lord Dudley, l'un des vieux hommes d'État les plus considérables de l'Angleterre, se tenait debout devant la cheminée, gourmé, plein de morgue, froid, avec l'air railleur qu'il doit avoir au Parlement ; il sourit en entendant mon nom. » BALZ., **Lys d. la vallée**, Œuvr., t. VIII, p. 1027.

3 « ...l'air gourmé, rogue et pédant dont s'arment les magistrats une fois sur leur siège. » ID., **Député d'Arcis**, Œuvr., t. VII, p. 668.

4 « ... le cocher, gourmé dans sa livrée, la tête raide en son grand col, demeurait les reins inflexibles et le fouet posé sur le genou. » MAUPASS., **La femme de Paul**, p. 8.

5 « Cécile et Marthe se traitaient l'une l'autre avec une courtoisie distante, comme les élèves de ces pensionnats gourmés où les plus intimes amies se disent « vous ». » ROMAINS, **Lucienne**, p. 125.

6 « ... il était là gourmé et précieux comme un âne chargé de reliques... » SARTRE, **Âge de raison**, p. 155.

II. *Par ext.* (Vieilli). Battre à coups de poings.

7 « Buckingham me disait autrefois qu'il avait aimé trois reines, qu'il avait été obligé de gourmer toutes trois ; » RETZ, **Mém.**, II, p. 565.

— *Pronominalt.* V. **Battre** (se). *Qu'ils s'accordent entre eux ou se gourment, qu'importe !* (MOL., Fem. sav., II, 6).

8 « Le patron et ses deux acolytes juraient, tempêtaient, s'arrachaient les écoutes et le gouvernail des mains. L'un voulait ceci, l'autre voulait cela, et je vis le moment où ils allaient se gourmer. » GAUTIER, **Voyage en Espagne**, p. 267.

DER. — Gourmade. *n. f.* (1599). *Fam.* Coup de poing. — *Fig.* Remontrance, reproche.

1 « Je ne sais qui me tient qu'avec une gourmade
Ma main de ce discours ne venge la bravade. » MOL., **Éc. des femmes**, V, 4.

2 « En recevant cette espèce de gourmade en paroles, l'étonnement du jeune homme cessa, car il reconnut alors son Mentor femelle dont la tendresse le surprenait toujours, tant il avait l'habitude d'être rudoyé. » BALZ., **Cousine Bette**, Œuvr., t. VI, p. 186.

GOURMET (*gour-mè* ; le *t* ne se lie pas : un *gourmè-avisé*). *n. m.* (1402 WARTB. ; dér. de l'anc. fr. *gromet*, « valet », puis « valet de marchand de vins » (V. **Groom**), orig. incert. ; un rapport s'est établi avec *gourmand*).

‖ **1°** *Vieilli.* Dégustateur* expert en vins, capable d'en reconnaître l'origine, d'en apprécier le bouquet, la saveur.

‖ **2°** *Par ext.* (XVIIᵉ s. LA BRUY.). Fin connaisseur en vins.

1 « Pendant que les grands négligent de rien connaître... à leurs propres affaires... ; qu'ils se contentent d'être gourmets ou *coteaux*... » LA BRUY., I, IX, 24.

— (XVIIIᵉ s.) Qui apprécie le raffinement en matière de boire et de manger. V. **Gourmand*** ; **bec** (bec fin)... *Lucullus, illustre gourmet romain. Une cuisine pour gourmet. Savourer un plat en fin gourmet* (Cf. Amateur, cit. 4 ; chambertin, cit. ; claquer, cit. 2). — Adjectivt. *Un vieillard gourmet.*

« Dans ces temps-là Rome nourrissait ces gourmets qui prétendaient avoir le palais assez fin pour discerner si le poisson appelé *loup-de-mer* avait été pris dans le Tibre entre deux ponts, ou près de l'embouchure de ce fleuve ; et ils n'estimaient que celui qui avait été pris entre deux ponts. » JAUCOURT, in ENCYCL. (1757), **Gourmandise.** 2

« Et ne sommes-nous pas environnés de gourmets qui peuvent indiquer la latitude sous laquelle un vin a mûri tout aussi sûrement qu'un élève de Biot ou d'Arago sait prédire une éclipse ? » BRILLAT-SAVARIN, **Physiol. du goût**, Médit., II, p. 14. 3

« ...gourmet raffiné, se connaissant mieux que pas un aux bons morceaux ; » GAUTIER, **Les grotesques**, V. 4

— *Fig.* (XIXᵉ s.). Se dit dans le domaine des jouissances intellectuelles et artistiques (Cf. Glouton, cit. 3). *Savourer la vie, la peinture, la musique... en gourmet.* V. **Connaisseur.**

« Les *Œuvres de Courier* ne se réimprimeront pas, mais elles seront achetées par tous les hommes de goût et d'érudition. Le nombre de ces fins connaisseurs, gourmets de la littérature, ne sera jamais assez ample pour que Courier reçoive d'autres honneurs. » BALZ., **Feuilleton journ. polit.**, V, (Œuvr. div., t. I, p. 371). 5

« L'œil est un gourmet comme la bouche, et la peinture est un festin exquis qu'on lui sert. » TAINE, **Philos. de l'art**, t. I, p. 263. 6

« Ils sont gourmets autant que gourmands en fait de bien-être, et régulièrement, tranquillement, sans enthousiasme ni fièvre, ils recueillent toutes les harmonies agréables de saveurs, de sons, de couleurs et de formes, qui naissent au milieu de leur prospérité et de leur abondance comme les tulipes dans un terreau. » ID., **Ibid.**, I, p. 262. 7

« Un esprit fatigué continue au fond de moi sa recherche de gourmet, veut un mot meilleur, et meilleur que meilleur. » COLETTE, **Étoile Vesper**, p. 218. 8

GOURMETTE. *n. f.* (XVᵉ s. ; de *gourme*, cette affection atteignant souvent la bouche du cheval). Chaînette à mailles serrées qui fixe le mors dans la bouche du cheval, en passant sous la ganache. *Attacher la gourmette.* V. **Gourmer.** *Gourmette qui blesse la sous-barbe.* — *Cheval qui a rompu sa gourmette*, que le mors ne retient plus, qui s'emporte.

« On rentra vite, au milieu d'un bruit argentin de gourmettes secouées, sous une ondée oblique et rouge du soleil couchant. » MAUPASS., **Fort comme la mort**, p. 104. 1

— *Technol.* Polissoir formé d'une chaînette en maille d'acier. — *Orfèvr.* Chaîne de montre, ou bracelet en maille de métal.

« Tout en parlant, incliné vers elle, il tripotait la gourmette d'or qu'elle portait au poignet. » MART. du G., **Thib.**, t. VI, p. 108. 2

GOURNABLE. *n. f.* (1694 ; orig. inconnue). Cheville de chêne employée sur les navires en bois pour fixer les bordages de la carène.

DER. — Gournabler. *v. tr.* (1755). Enfoncer des gournables. *Gournabler un bordage.*

GOUSPIN ou **GOUSSEPAIN.** *n. m.* (1839 BOISTE ; de l'anc. verbe pop. *gousser*, « manger » ; propremt. « qui se nourrit de pain sec »). — *Pop.* V. **Gamin, vaurien.**

GOUSSAUT. *n. m.* (1615 ; orig. inconnue). S'est dit de différents animaux lourds de démarche ou de vol. — Adjectivt. *Cheval, chien, faucon goussaut.*

GOUSSE. *n. f.* (vers 1520 ; orig. obscure). Capsule* allongée s'ouvrant par deux fentes, fruit* des légumineuses (V. **Cosse, légume**, 2°) et de quelques autres plantes. *Gousse de casse, de dividivi, de fève, de pois, de vanille.* — Par ext. *Une gousse d'ail*.* V. **Caïeu** (Cf. Bouilli, cit. 1).

« Il mangeait des gousses d'ail cru tout le jour comme des bonbons. » GIONO, **Jean le Bleu**, V.

— *Par anal. Archit. Gousse de chapiteau*, ornement du style ionique, ressemblant à une gousse de fève. — *Pêch.* Masse lestant les filets. *Placer des gousses de plomb.* — *Arg.* Lesbienne.

GOUSSET. *n. m.* (1278 ; dér. de *gousse*, bien que ce dernier mot ne soit attesté que plus tardivement).

‖ **1°** *Vx.* Creux de l'aisselle. *Par ext.* Odeur spéciale de cette partie du corps : *Sentir le gousset.* — Pièce de l'armure protégeant l'aisselle. — *Par ext.* (de nos jours) Pièce de toile placée à l'endroit de l'aisselle, dans une manche de chemise. *Coudre les goussets d'une chemise.*

‖ **2°** *Anciennt.* Petite bourse, d'abord portée sous l'aisselle, et plus tard en dedans de la ceinture du pantalon. — *De nos jours.* Petite poche* de gilet ou de pantalon (Cf. Convocation, cit. 4). *Glisser sa montre dans le gousset du gilet.* Fig. *Avoir le gousset vide*, manquer d'argent.

« Le fier abbé met la main dans le gousset d'une vieille culotte de panne, prend un écu... » CHATEAUB., **M. O.-T.**, I, p. 89. 1

« Il ne portait jamais de gants, et fourrait habituellement ses mains dans ses goussets vides dont l'entrée salie, presque toujours déchirée, ajoutait un trait de plus à la négligence de sa personne. » BALZ., **L'Interdiction**, Œuvr., t. III, p. 20. 2

« Derrière la montre, au fond du gousset, on tâta et l'on saisit un papier... » HUGO, **Misér.**, IV, XII, VII. 5

‖ 3° *Technol.* Plaque de tôle, généralement triangulaire. servant à des assemblages. — Traverse oblique soutenant les bras d'une potence. — Console de bois.

‖ 4° *Blas.* Pairle* plein à sa partie supérieure.

COMP. — Vide-gousset.

GOÛT. *n. m.* (XIIe s. *gost ;* du lat. *gustus*).

I. ‖ 1° Sens* grâce auquel l'homme et les animaux perçoivent les saveurs* propres aux aliments. V. **Goûter ; déguster, gustation, gustatif** (papilles gustatives). *La langue* et le palais*, organes du goût. Avoir le goût fin, usé. Épices, liqueurs qui émoussent le goût* (Cf. Breuvage, cit. 2 ; échelonner, cit. 1). *Aliment* (cit. 1) *qui flatte le goût, agréable au goût* (Cf. Apprêter, cit. 11 ; arbre, cit. 48 ; arrière-bouche, cit. 1 ; besoin, cit. 8). *Sensations, plaisirs du goût. Dépravation** (Cf. Dépraver, cit. 10), *perversion du goût.* V. **Cacophagie.** — *Physiologie du goût,* ouvrage de Brillat-Savarin (1824).

1   « Le goût est celui de nos sens qui nous met en relation avec les corps sapides, au moyen de la sensation qu'ils causent dans l'organisme destiné à les apprécier. Le goût, qui a pour excitateurs l'appétit, la faim et la soif, est la base de plusieurs opérations dont le résultat est que l'individu croît, se développe, se conserve et répare les pertes causées par les évaporations vitales. »
    BRILLAT-SAVARIN, **Physiol. du goût,** Médit., II, 6.

2   « Le corps veut que nous mangions, et il nous a bâti ce théâtre succulent de la bouche tout éclairé de papilles et de houppettes pour la saveur. Il suspend au-dessus d'elles comme le lustre de ce temple du goût, les profondeurs humides et avides des narines. »
    VALÉRY, **Mélange,** p. 69.

‖ 2° V. **Saveur.** *Chair de goût délicat. Goût d'une viande.* V. **Fumet.** *Plat de haut goût :* très relevé, très épicé. *Relever le goût d'une sauce.* V. **Montant** (donner du montant) ; **assaisonner** (cit. 1). *Aliments d'goûts divers.* V. **Acide, âcre, aigre*, alliacé, amer, âpre, astringent, douceâtre, doux, fade, fort, fruité, mielleux, moelleux, nidoreux, relevé, vineux...** *Aliments qui ont bon goût, un goût incomparable...* V. **Appétissant*, délectable, délicieux, exquis fin** (Cf. Chair, cit. 56 ; cinquante, cit. 4 ; confiserie, cit. ; conserve, cit. ; corps, cit. 3 ; cru, cit. 1 ; cuire, cit. 9 ; empyreumatique, cit. ; exquis, cit. 10 ; flamber, cit. 4 ; fondant, cit. 1.) *Aliment dépourvu de goût* (V. **Insipide**), *qui a mauvais goût, un goût désagréable, exécrable.* V. **Dégoûtant.** *Goût de fumée*, de moisi*, de pourri*, de roussi*, de vieux*... Vin qui a un goût de terroir*, un goût de fût, de bouchon, de pierre* à fusil, de piqué.* — *Cette liqueur a un goût indéfinissable ; ne trouvez-vous pas qu'elle a mauvais goût, qu'elle a un goût ?* — *Cela vous laisse un mauvais goût dans la bouche*.*

3   « Quand j'écrivais l'empoisonnement d'Emma Bovary, j'avais si bien le *goût d'arsenic dans la bouche,* j'étais si bien empoisonné moi-même que je me suis donné des indigestions... très réelles, car j'ai vomi tout mon dîner. »   FLAUB., **Corresp.,** 951, 1868 (Lettre à Taine).

4   « ...dans la mémoire enchantée des amis, le moindre lapin de chou prend à la longue, un goût de lièvre ? »   DUHAM., **Salavin,** III, XI.

— *Par ext.* Se dit des odeurs, des parfums, ... *Il avait encore sur les lèvres le goût de ses baisers* (cit. 21). *Tabac qui a mauvais goût. Un goût de renfermé.* — *Fig. Goût d'amertume* (cit. 1) *que laisse un échec. Goût de mélancolie qui s'attache à certains souvenirs.*

5   « ...cette journée avait une saveur faible, étrange, persistante, un goût inconnu qui ne s'en irait plus. »   FRANCE, **Lys rouge,** IV.

6   « Oh ! si tu savais, si tu savais, terre excessivement vieille et si jeune, le goût amer et doux, le goût délicieux qu'a la vie si brève de l'homme ! »   GIDE, **Nourrit. terrestres,** III.

7   « Une ville sans concierge ça n'a pas d'histoire, pas de goût, c'est insipide telle une soupe sans poivre ni sel, une ratatouille informe. »   CÉLINE, **Voy. au bout de la nuit,** p. 194.

‖ 3° V. **Appétence, appétit, envie.** *Mettre en goût.* V. **Allécher.** *Manger de tel ou tel mets avec goût, avec plus de goût que de tel autre.* V. **Déguster, goûter.** *Je ne me sens aucun goût pour ce plat. N'avoir, ne prendre, ne trouver goût à rien.*

8   « Je n'avais goût à rien ; j'allais à table comme on marche au supplice ; je n'avalais quelques bouchées qu'au prix de grands efforts ; »   GIDE, **Si le grain...,** I, V.

— *Loc. fig. Faire passer à quelqu'un le goût du pain :* lui ôter la vie, ou *par ext.* lui faire perdre l'envie de recommencer.

9   « ...répétez-le que vos filles entreront chez moi, malgré moi, et je vous fais perdre le goût du pain. » JOUHANDEAU, **Tite-le-Long,** XXII.

— *Préférence dans le choix des aliments. Composez cette sauce à votre goût. Dites-moi votre goût. Mangez à votre goût. Son goût va d'abord aux crudités* (cit. 1). *Par goût, j'aime mieux la viande saignante. Un goût bizarre pour certains aliments* (Cf. Envie, cit. 36). *Goût dépravé.*

II. *Fig.* ‖ 1° Aptitude à sentir, à discerner les beautés et les défauts d'une œuvre d'art, d'une production de l'esprit. *Je m'en rapporte à votre goût. Fiez-vous à son goût. Ce que nous appelons beauté dépend de notre goût plus que de notre jugement. Écrivain qui suit son goût* (Cf. Cuistre, cit. 3). — *Avoir le goût bon, délicat, difficile* (cit. 26), *fin, sûr, exquis* (cit. 10), *infaillible, sévère. Goût*

naturel (Cf. Cadence, cit. 2), *personnel* (Cf. Fabrication, cit. 2), *parfait* (Cf. Art, cit. 59). *Former* (cit. 24) *le goût* (Cf. Correction, cit. 3). *Épurer* (cit. 9) *son goût. Goût qui s'affine* (cit. 2), *s'élargit* (V. **Éclectisme**). *Avoir le goût gâté* cit. 28. Cf. *aussi* Encanailler, cit. 1), *faux* (cit. 24. Cf. *aussi* Arlequin, cit. 3 ; extirpation, cit.). *Dépravation, perversion du goût. C'est le côté faible* (cit. 32) *de son goût. Ôter le goût* (Cf. Entaille, cit. 14). *Affadir, corrompre* (cit. 9), *le goût. Goût détestable, défectueux* (cit.), *émoussé* (cit. 5), *grossier, vulgaire. Mauvais goût* (Cf. Arrangeur, cit. ; biais, cit. 3 ; entortillage, cit. 2). — *Par ext.* Avis, jugement, opinion. *Juger selon son goût* (Cf. Arbitrairement, cit. 2), *par son goût* (Cf. Fanatisme, cit. 1). *Sur ce point, son goût n'est pas le mien. A mon goût* (Cf. Ballade, cit. 3) *ceci ne vaut rien.*

10   « Consultes-en ton goût : il s'y connaît en maître, »   MOL., **Val-de-Gr.,** 360.

11   « ...le goût des gens est étrangement gâté là-dessus... »   ID., **Crit. Éc. des femmes,** 6.

12   « Votre goût a servi de règle à mon ouvrage. »   LA FONT., **Fab.,** V, 1.

13   « ...il est bien plus difficile de donner du goût à ceux qui n'en ont pas que de former le goût de ceux qui ne l'ont pas encore tel qu'il doit être. »   FÉN., **Éduc. des filles,** V.

14   « La société des femmes gâte les mœurs et forme le goût... »   MONTESQ., **Espr. des lois,** XIX, VIII.

15   « Il ne suffit pas, pour le goût, de voir, de connaître la beauté d'un ouvrage ; il faut la sentir, en être touché. Il ne suffit pas de sentir, d'être touché d'une manière confuse ; il faut démêler les différentes nuances. Rien ne doit échapper à la promptitude du discernement ; »   VOLT., **Dict. philos.,** Goût, I.

16   « En littérature ancienne, Huet était du meilleur goût, du plus sain et du plus fin, du plus délicat et du plus sévère : en français, il est sujet à se tromper, à confondre, à ne point marquer nettement les différences. »   STE-BEUVE, **Caus. du lundi,** 3 juin 1850, t. II, p. 175.

‖ 2° LE BON GOÛT ou *absolt.* LE GOÛT. « Faculté de juger intuitivement et sûrement des valeurs esthétiques, en particulier dans ce qu'elles ont de correct ou de délicat » (LALANDE). V. **Beau, délicatesse, esthétique ;** et *aussi* **Aptitude** (cit. 3). *Paris, centre* (cit. 10) *du bon goût* (Cf. *aussi* Commencer, cit. 10 ; critique, cit. 4 ; empreindre, cit. 11 ; fanatique, cit. 9). *Avoir du goût ; manquer de goût, être dénué de goût* (Cf. Classique, cit. 2 ; écrire, cit. 50 et 51 ; éreinter, cit. 3 ; esprit, cit. 139). *Faute de goût. Affadissement du goût. Gens sans goût.* V. **Béotien, philistin** (Cf. Cabaler, cit. 3 ; copiste, cit. 3). *Homme, femme, gens de goût* (Cf. Céans, cit. 3 ; enhardir, cit. 4 ; exercer, cit. 47). *La France de Louis XIV enseignait le goût aux autres nations* (Cf. Empire, cit. 5). *Universalité, pérennité du goût* (Cf. Existence, cit. 15). *Règles universelles du goût selon les classiques* (Cf. Critique, cit. 11 et 13 ; arrêt, cit. 13). *Théorie contraire de la relativité du goût* (Cf. *infra*, cit. 18 VOLT.). *Ouvrage qui pèche contre le goût. Le goût manque à certains artistes, à certains écrivains de génie* (Cf. Arranger, cit. 2). *On trouve en Racine le goût qui fait défaut à Corneille.* — *Le Temple du goût,* ouvrage de Voltaire. *Par ext. Femme habillée, coiffée avec goût.* V. **Élégance, grâce, ton** (bon ton). *Meubles choisis avec goût. Un petit appartement arrangé avec goût, une vraie bonbonnière*.*

17   « ...(celui-là) ... le goût défectueux. Il y a donc un bon et un mauvais goût, et l'on dispute des goûts avec fondement. »   LA BRUY., I, 10 (Cf. Art, cit. 59 et Défectueux, cit. 2).

18   « Mais, me direz-vous, n'y a-t-il point des beautés de goût qui plaisent également à toutes les nations ? il y en a sans doute en très grand nombre... mais, au milieu de cet accord général, les coutumes de chaque peuple introduisent dans chaque pays un goût particulier.
... Si les nations d'Europe, au lieu de se mépriser injustement les unes les autres, voulaient faire une attention moins superficielle aux ouvrages et aux manières de leurs voisins, non pas pour en rire, mais pour en profiter, peut-être de ce commerce mutuel d'observations naîtrait ce goût général qu'on cherche si inutilement. »   VOLT., **Essai s. l. poés. épiq.,** I, Des diff. goûts des peuples.

19   « Le goût peut se gâter chez une nation ; ce malheur arrive d'ordinaire après les siècles de perfection. »   ID., **Dict. philos.,** Goût, I.

20   « ...il y a mille gens de bon sens contre un homme de goût, et mille personnes de goût contre une d'un goût exquis. »   DIDER., **Lettre sur les sourds et muets.**

21   « Que de beautés pourtant nous coûtent les gens de goût, depuis Scudéri jusqu'à La Harpe ! »   HUGO, **Préf. de Cromwell,** 1.

22   « Le goût seul, aussi rare peut-être que le beau, est le goût qui fait deviner le beau où il est et qui le fait trouver aux grands artistes, qui ont le don d'inventer. »   DELACROIX, **Écrits,** II, p. 87.

23   « J'ai revu Musset et je lui disais une nation n'a de goût que dans les choses où elle réussit. Les Français ne sont bons que pour ce qui se parle ou ce qui se lit. Ils n'ont jamais eu de goût en musique ni en peinture. »   ID., **Journal,** 26 février 1852.

‖ 3° Penchant* accompagné ou non de l'aptitude à le satisfaire. V. **Amour*,** et *aussi* **Disposition*, vocation...** *Céder à son goût naturel. Montrer dès l'enfance un goût très décidé, pour la peinture, la musique. Son goût des langues s'accompagne de dons réels* (Cf. Expression, cit. 11). *On peut avoir du goût pour un art et n'y faire preuve d'aucun goût* (Cf. *infra*, cit. 24 LA ROCHEF.). *Il a peu de goût pour ce genre de travail. Avoir un goût très vif, un goût passionné pour une chose :* s'y intéresser vivement. V. **Aimer,** apprécier (Cf. Ancien, cit. 16). *Donner à un enfant du goût pour la chimie* (cit. 1). *La difficulté* (cit. 2) *du métier commençait à lui en donner le goût. Goût du décor* (Cf. Éclairer, cit. 25). *Avoir le goût des arts* (Cf. Besoin, cit. 26), *Le goût du beau, des beaux meubles, des beaux livres* (V. **Bibliophile**), *de l'exotique* (cit. 7), *du merveilleux, de la solitude, de la plaisanterie, du risque, du danger* (Cf. Aristocratie, cit. 10 ; courage, cit. 17), *le goût de jardiner, de s'instruire, de lire, d'enseigner...* V. **Ami, amateur, amoureux...** (Cf. Aiguille, cit. 5 ; apostolat, cit. 1 et 2 ; assemblée, cit. 6 ; constant, cit. 2). *Mettez donc du goût dans ce que vous faites.* V. **Cœur.** *Pousser le goût de l'ordre jusqu'à la méticulosité. Prendre goût à une chose, prendre du goût pour une chose,* commencer à l'aimer, en devenir amateur*. V. **Attacher** (s'). Cf. Besogner, cit. 2. *Perdre le goût de la solitude, de la société, du travail, de l'épargne* (cit. 5). — *N'avoir goût à rien* (Cf. Éparpiller, cit. 23). — *Être en goût de travailler :* en éprouver présentement le désir, y être disposé. *Cela m'a mis en goût. Travailler par goût plutôt que par nécessité* (Cf. Amuser, cit. 13). — *Par ext.* Ce qui plaît. *Être au goût de.* V. **Plaire.** *Cela est à mon goût,* à ma convenance. V. **Gré, guise.** *Cette plaisanterie ne fut pas de son goût, à son goût* (Cf. A, cit. 12). — *Au plur.* Se dit des tendances, des préférences qui se manifestent dans le genre de vie, les habitudes de chacun. *Être liés par des goûts communs. Affinité de goûts* (V. **Caractère**), *contrariété de goûts. Avoir des goûts dispendieux, fastueux* (cit. 5), *des goûts de luxe, de grandeur, des goûts modestes. Ses goûts l'ont ruiné* (Cf. Accoutumance, cit. 2 ; éminemment, cit. 1 ; empoisonner, cit. 6). — *Personne de goûts vulgaires, de goûts belliqueux. Des goûts très éclectiques.* V. **Dilettantisme.** *Des goûts bizarres, maladifs, dépravés.* V. **Manie, singularité.** *Changer* (cit. 17 et 19) *de goût, ses goûts. Contrarier quelqu'un dans ses goûts. Sacrifier ses goûts.* — *Loc. prov. Des goûts et des couleurs on ne dispute** (cit. 4) *point.* V. **Opinion.** *Tous les goûts sont dans la nature,* il faut savoir admettre la diversité des goûts.

24 « Ce terme de *goût* a diverses significations, et il est aisé de s'y méprendre : il y a différence entre le goût qui nous porte vers les choses, et le goût qui nous en fait connaître et discerner les qualités, en s'attachant aux règles. On peut aimer la comédie sans avoir le goût assez fin et assez délicat pour en bien juger, et on peut avoir le goût assez bon pour bien juger de la comédie sans l'aimer. Il y a des goûts qui nous approchent imperceptiblement de ce qui se montre à nous ; d'autres nous entraînent par leur force ou par leur durée. » LA ROCHEF., Réflex. div., Du goût.

25 « On renonce plus aisément à son intérêt qu'à son goût. » ID., Max., 390.

26 « Notre amour-propre souffre plus impatiemment la condamnation de nos goûts que de nos opinions. » ID., Ibid., 13.

27 « Ah ! tu prends donc, pendard, goût à la bastonnade ? » MOL., Amph., I, 2.

28 « ... les femmes docteurs ne sont point de mon goût. » ID., Fem. sav., I, 3.

29 « Ses ministres, ses généraux, ses maîtresses, ses courtisans s'aperçurent, bientôt après qu'il fut le maître, de son faible plutôt que de son goût pour la gloire. » ST-SIM., Mém., IV, LI.

30 « — Si vous étiez capable de le morigéner... je vous dirais de vous opposer à ses goûts ; mais, belle comme je vous voici avec eux, laissez-le barbouiller, crayonner. » BALZ., La rabouilleuse, Œuvr., t. III, p. 872.

31 « Veux-tu mettre un habit neuf à une vieille sentence ? tu n'en as pas besoin pour dire que du goût et des couleurs il ne faut pas disputer. » MUSS., Fantasio, II, 1.

32 « Elle lui plaisait par sa conversation, par ses manières de voir, par ses goûts, par son esprit, et par un peu de malice qui est le hochet de l'esprit. » ID., Nouvelles, Emmeline, IV.

33 « ... le goût du sacrifice n'est qu'une forme de la prodigalité de la vie. » MONTHERLANT, Le songe, VII.

34 « ... ainsi trouvant parmi nos sentiments actuels des répugnances folles et des goûts condamnables, nous y reconnaissons les ondes affaiblies d'un ébranlement qui, trente ans plus tôt, agita les groupes de cellules dont nous sommes les descendants. » MAUROIS, Cercle de famille, I, I.

35 « ... le goût désintéressé du nouveau... » ROMAINS, H. de b. vol., t. V, XXIV, p. 236.

36 « Je me sentais si incapable de tuer quelqu'un, qu'il valait décidément mieux que j'y renonce et que j'en finisse tout de suite. Non que l'expérience m'eût manqué, on avait même fait tout pour me donner le goût, mais le goût me faisait défaut. » CÉLINE, Voy. au bout de la nuit, p. 87.

— *Par plaisant. Il a du goût pour la peinture*.

— *Spécialt.* Inclination* amoureuse pour une personne. V. **Attachement, attirance, attrait, caprice, désir, faible, faiblesse.** *Avoir du goût pour quelqu'un* (Cf. Enfant, cit. 43). *Trouver quelqu'un à son goût* (Cf. Coqueter, cit. 1). *Il a un goût prononcé pour les femmes rousses.* V. **Prédilection.** *Elle était à son goût. Ce n'est qu'un goût, non une passion*: cet attachement est passager (Cf. Amour, cit. 12 ; appas, cit. 13 ; carabin, cit.). *Prendre du goût pour une femme* (Cf. Couleuvre, cit. 4). *Amour-goût* (Cf. Amour, cit. 15). — *Goûts spéciaux, contre nature.* V. **Homosexualité, perversion** (Cf. En, cit. 18).

« ...d'une fille on risque la vertu,
Lorsque dans son hymen son goût est combattu, » MOL., Tart., II, 2.   37

« Peut-être que Dorante prendra du goût pour ma sœur... » MARIVAUX, Jeu de l'amour et du hasard, I, 4.   38

« ... elles n'étudient pas assez l'art de soutenir notre goût, de se renouveler à l'amour, de ranimer, pour ainsi dire, le charme de leur possession par celui de la variété. » BEAUMARCH., Mar. Figaro, V, 7.   39

« ... 2° L'amour-goût, celui qui régnait à Paris vers 1760... C'est un tableau où, jusqu'aux ombres, tout doit être couleur de rose, où il ne doit entrer rien de désagréable sous aucun prétexte, et sous peine de manquer d'usage, de bon ton, de délicatesse, etc... rien n'y étant passion et imprévu, il a souvent plus de délicatesse que l'amour véritable, car il a toujours beaucoup d'esprit ; » STENDHAL, De l'amour, I.   40

« Je serais un peu plus sot qu'il ne convient, si jamais je me laissais entraîner à avoir du goût pour cette grande poupée blonde. Ce raisonnement le laissa plus froid et plus calculant qu'il n'avait jamais été. » ID., Le rouge et le noir, II, XIV.   41

« ... il a pris un goût vif pour de la passion, et s'est trouvé tout surpris et tout désappointé quand son désir a été assouvi. » GAUTIER, Mlle de Maupin, VI.   42

« ... tu disais que j'avais des goûts spéciaux. — Mais non, protesta M. de Guermantes qui, en effet, n'avait pas dit ces mots et ne croyait peut-être pas chez son frère à la réalité de ce qu'ils désignent. » PROUST, Rech. t. p., t. IX, p. 153.   43

‖ 4° Se dit des choses qui marquent, dénotent, révèlent tel ou tel goût bon ou mauvais. *Voilà qui n'est pas de bon goût* (Cf. Enjouement, cit. 8). *Édifice, bijou de mauvais goût* (Cf. Chrysocale, cit. ; façade, cit. 8), *d'un goût détestable. Vêtements, meubles de bon goût, d'un goût discret. Toilettes d'un mauvais goût criard* (cit. 4), *d'un goût douteux* (cit. 8). *Architecture d'un goût luxuriant* (Cf. Entrecolonnement, cit. 1), *baroque.*

« Il ne s'agit point si les langues sont... mortes ou vivantes, mais... si les livres qu'elles ont formés sont d'un bon ou d'un mauvais goût. » LA BRUY., XII, 19.   44

« Ce ne sont que dorures, incrustations, brèches et marbres de couleur chiffonnés comme des étoffes, que guirlandes de festons, lacs d'amour, anges bouffis, tout cela enluminé, fardé, d'une richesse folle et d'un mauvais goût sublime. » GAUTIER, Voyage en Espagne, p. 229.   45

« Le bâtiment où se trouve la bibliothèque, dont on veut faire un musée, est du goût le plus pur et le plus délicieux ; » ID., Ibid., p. 41.   46

— *Allusion, plaisanterie de mauvais goût, d'un goût douteux. Il serait de mauvais goût d'insister. Trait qui offense le bon goût* (Cf. Caporalisme, cit.). *Sentiment de bon goût* (Cf. Empreindre, cit. 11). — *Il montra un goût parfait en la circonstance.* V. **Tact.**

— V. **Genre, manière*, mode, style*.** *Tableau dans le goût classique, moderne. Vases ornés dans le goût de l'antiquité. Poème dans le goût élégiaque. Ouvrage, ornement au goût de l'époque* (Cf. Allant, cit. 4), *au goût du jour* (Cf. Assaisonné, cit. 7 ; attique, cit. ; costumer, cit. ; écriture, cit. 13). — *Par ext. et fam. C'est un scandale dans le goût de l'affaire Stavisky* (V. **Semblable**).

« ... j'entreprends un nouveau procès dans le goût de celui des Calas... » VOLT., Lettre à Mme du Deffand, 2934, 24 sept. 1766.   47

« Sans vouloir déprécier les qualités de M. Dargaud, qui sont trop dans le goût du jour pour ne pas se recommander d'elles-mêmes, je demanderai à suivre de préférence un historien plus sévère, et dont le jugement et la marche m'inspirent toute confiance. » STE-BEUVE, Caus. du lundi, 11 août 1851, t. IV, p. 411.   48

« La seconde salle, merveilleusement tapissée, meublée, décorée, selon le goût chinois... » FARRÈRE, La bataille, VI.   49

« Sans doute mes modèles étaient vieux jeu ; mais maintenant je me suis mis au goût du jour... » V. LARBAUD, Barnabooth, p. 16.   50

« Botticelli appartient au goût florentin comme le Tintoret au goût vénitien. Il l'aime : il ne lutte pas contre lui ; mais il lui échappe comme le Tintoret échappe au goût vénitien ; » MALRAUX, Voix du silence, p. 399.   51

ANT. — Dégoût. Antipathie, aversion, répugnance, répulsion. Grossièreté, vulgarité.

DER. et COMP. — Dégoût, dégoûter. — Avant-goût, arrière-goût, ragoût.

1. GOÛTER. v. tr. et intr. (*Goster* au XIIe s. : du lat. *gustare*.)

I. V. tr. ‖ 1° Percevoir, apprécier par le sens du goût* la saveur d'un aliment ou d'une boisson. V. **Déguster, savourer ; gustation.** *Garder un instant du vin dans la bouche pour le mieux goûter* (Cf. Flairer, cit. 4 et fini, cit. 67). *Prenez le temps de bien goûter ce plat.* — *Absolt. Avaler sans goûter. Mangez lentement pour bien goûter. On goûte mal lorsqu'on est enrhumé.*

— *Spécialt.* Prendre d'un mets, d'une boisson, généralement en petite quantité, afin d'en éprouver la saveur. V. **Essayer.** *Goûter un plat. Cuisinier qui goûte une sauce. Expert qui goûte un vin.* V. **Dégustateur.** *Absolt. Goûtez !* (Cf. Fin, cit. 8). *Goûtez et comparez !*

« ... Comme ces fins gourmets qui vont goûter le vin ;
Sans acheter d'aucun, à chaque pièce on tâte. » REGNARD, Le bal, 4 (in LITTRÉ).   1

2   « ... elle déclara que personne au monde ne savait faire les ome-
lettes comme elle, que chez ses parents, elle les faisait toujours, et
qu'elle suppliait sa marraine d'en goûter une de sa main. »
               MUSS., **Nouvelles**, Margot, IV.

3   « ... (Il) fit venir son marchand de cidre tout exprès, goûta la boisson lui-même... »
               FLAUB., **Mme Bov.**, II, III.

4   « Il goûte lentement, à petites gorgées de gourmet. »
               DORGELÈS, **Croix de bois**, IV.

|| **2°** *Fig.* En parlant de choses qui procurent un plaisir
physique ou moral ; des sensations agréables ou des joies
que l'on éprouve. V. **Jouir** (de), **savourer.** *Goûter le bruit
de la pluie* (Cf. Égoutter, cit. 3), *l'ombre et la fraîcheur
d'un lieu* (Cf. Asile, cit. 21), *les beautés d'une saison, de la
nature* (Cf. Chrysanthème, cit. ; doré, cit. 3 ; évoquer, cit. 9).
Goûter de doux plaisirs, les plaisirs de la volupté (Cf. Abstrait, cit. 2 ; accoupler, cit. 8 ; épicurien, cit. 1 ; époux,
cit. 10). *Goûter la paix d'une retraite* (Cf. Coriace, cit. 2),
le repos (Cf. Agiter, cit. 26), *le calme* (cit. 13), *les charmes*
(cit. 8), *les délices de l'éternité* (Cf. Espérer, cit. 19), *les
joies de la considération* (cit. 8). *Goûter une consolation*
(Cf. Abreuver, cit. 5), *la douceur d'un succès* (Cf. Arme,
cit. 34), *une parfaite allégresse* (Cf. Agiter, cit. 3), *une joie intense*
(Cf. Blémir, cit. 2), *un vrai contentement* (Cf. Evaporer,
cit. 2), *le bonheur. Goûter les joies délicates de la lecture,
l'harmonie d'un tableau.* V. **Délecter** (se).

5   « Je sais et je sens que faire le bien est le plus vrai bonheur que
le cœur humain puisse goûter ; mais il y a longtemps que ce bonheur
a été mis hors de ma portée, et ce n'est pas dans un aussi misérable
sort que le mien qu'on peut espérer de placer avec joie et avec fruit
une seule action réellement bonne. »   ROUSS., **Rêver.**, VIe prom.

6   « Ce fut alors que je goûtai pour la première fois l'inexprimable
bonheur de la solitude. » B. CONSTANT, **Journal intime**, p. 214.

7   « Entre la chatte, le rosier, les mésanges par couples et les derniers
hannetons, Alain goûta les moments qui échappaient à la durée humaine, l'angoisse et l'illusion de s'égarer dans son monde. »
               COLETTE, **La chatte**, p. 33.

— *Par ext.* V. **Éprouver** (3°), **ressentir, sentir.** *Goûter
l'amertume de l'abandon, du remords, de la déception.
Goûter une joie honteuse* (Cf. Aumône, cit. 14), *le poison de
l'amour* (Cf. Accoutumer, cit. 1).

8   « Cela se paie, le bonheur de ne pas aimer des médiocres. Et aimer
des médiocres se paie par la médiocrité du bonheur qu'on y goûte. »
            MONTHERLANT, **Les jeunes filles**, p. 44.

|| **3°** Trouver à son goût, juger favorablement. V. **Aimer,
apprécier, estimer.**

— *Vx.* En parlant des personnes. V. **Priser.** *Le roi goûtait
fort Colbert* (Cf. Extravagant, cit. 1). « *C'est un avantage
rare à un prince de goûter un savant* » (FONTENELLE in
LITTRÉ).

9   « ... Gourville, raconte dans ses Mémoires très sincères comment il
fit la connaissance de Fouquet, qui le goûta et l'employa à plus d'une
sorte de négociations. »
          STE-BEUVE, **Caus. du lundi**, 12 janv. 1852, t. V, p. 297.

— *Se dit des choses. Goûter une pièce de théâtre, un
morceau de musique qu'on craignait de ne pas aimer. On
goûta très vite les œuvres de ce peintre. Les érudits goû-
tèrent peu « Salammbô ». Une œuvre que je goûte fort. Un
genre que je ne goûte guère.* — *Ellipt. Goûter Rabelais* (Cf.
Comique, cit 7), *Mozart...* — *Goûter la modération d'un
propos, la justesse d'un argument.* V. **Approuver.** *Il ne
goûte pas beaucoup les mathématiques, la poésie :* il n'y
entend* rien, n'y prend aucun plaisir. *Il ne goûte pas la
plaisanterie.*

10   « C'est la louange, Iris. Vous ne la goûtez point ; »
         LA FONT., **Fab.**, IX, Disc. à Mme de La Sablière.

11   « Si on ne goûte point ces *Caractères*, je m'en étonne ; et si on les
goûte, je m'en étonne de même. »   LA BRUY., XVI, 49.

12   « Mais peu à peu je goûtai la sociabilité dont nous distingue, ce
commerce charmant, facile et rapide des intelligences, cette absence
de toute morgue et de tout préjugé, cette inattention à la fortune et
aux noms, ce nivellement naturel de tous les rangs, cette égalité des
esprits qui rend la société française incomparable et qui rachète nos
défauts... »   CHATEAUB., **M. O.-T.**, II, p. 172.

13   « — Je ne m'y connais pas non plus, mais je goûte vivement la
poésie quelle qu'elle soit... »   J. RENARD, **Monsieur Vernet**, I, IV.

14   « Nous goûtons Cranach et Dürer ; mais nous goûtons aussi Delacroix
et Goya ; et cela va sans dire ; et nous avons raison de les goûter ;
et ne les goûter point, de notre temps, serait sottise : on ne réapprend
pas à ignorer. »   GIDE, **Nouv. prétextes**, p. 34.

II. V. intr. || **1°** GOÛTER à. Prendre quelque peu d'une chose
dont on n'a pas encore bu ou mangé. *Quand voulez-vous
goûter à notre vin ?* (LITTRÉ). *Goutez-y, vous m'en direz des
nouvelles. On lui avait servi un bon plat, il y a à peine
goûté.* V. **Toucher** (à). REM. *Goûter à* s'emploie comme
goûter au sens d' « essayer ». *Goûtez à ce vin, à ce plat*
(ACAD.). *Le général a goûté à la soupe des soldats.*

— *Fig. Quand on a, une fois, goûté à l'action...* (Cf.
Alcool, cit. 4).

15   « Un moment venu, nombre d'intellectuels, las de se raidir et de
s'ennuyer dans la tour d'ivoire, ont goûté sans vergogne aux plaisirs
ordinaires... »   DUHAM., **Scènes vie future**, III.

— GOÛTER DE. Boire ou manger une chose pour la première fois. *Voulez-vous goûter de notre vin ?* (ACAD.). *Goûtez
de cette volaille, elle est excellente* (ID.). — REM. *Goûter de
est souvent pris dans le même sens que goûter à.*

---

16   « ... Goûter la première
De ce qu'on sert devant les dieux. »   LA FONT., **Fab.**, IV, 3.

17   « Car je vous assure qu'aucun de ceux que j'avais conviés ne goûtera
de mon souper. »   BIBLE (SACY), **Évang. St Luc**, 14, 24.

18   « Il a d'abord goûté d'une pomme âcre, puis d'une poire rêche... »
            DUHAM., **Les plaisirs et les jeux**, I, II.

— *Fig.* Faire l'épreuve de. *Il a goûté du métier* (ACAD.).
V. **Expérimenter ; essayer** (de), **tâter** (de). *Quand on a
goûté de Paris, on ne veut plus le quitter. Ayant goûté du
pouvoir, il n'aspirait qu'à s'y maintenir. Quand on a goûté
de l'amour... Dans sa vie aventureuse, il goûta même de la
prison.*

19   « Il n'eut pas plus tôt... goûté de cette philosophie... qu'il sentit
son âme enflammée d'amour pour elle, »
       ROLLIN, **Traité des études**, V, III, 2 (in HATZFELD).

|| **2°** (1538). Faire un léger repas, une collation*, entre le
déjeuner et le dîner. *Goûter à cinq heures. Donner à goûter
à un enfant. Goûter sur l'herbe, dans un salon de thé.*

20   « ... j'avais perdu l'appétit en entendant traiter ainsi mes amis, on
me demanda ce que j'avais. Je répondis que j'avais *goûté* fort tard. »
          STENDHAL, **Vie de Henry Brulard**, 28.

|| SE GOÛTER. Être goûté. *Le vin se goûte mieux quand on
mange* (LITTRÉ).

|| GOÛTÉ, ÉE. adj. *Fig. Un écrivain très goûté de son vi-
vant, dont les œuvres sont encore goûtées et applaudies*
(Cf. Coquet, cit. 1 ; entretien, cit. 8).

2. GOÛTER. n. m. (1538 in WARTB., ; du précédent). Léger
repas que l'on fait entre le déjeuner et le dîner. V. **Collation.** *Le goûter de cinq heures* (Cf. Après-midi, cit. 4 et
aussi l'angl. *Five o'clock*). *Enfant qui emporte son goûter
dans son sac.* — REM. *Goûter* s'est longtemps écrit *goûté*.

1   « ... tu ne rôderas plus tout le jour au quartier des femmes, plus
d'échaudés, de goûtés à la crème, plus de main-chaude ou de colin-
maillard. »   BEAUMARCH., **Mar. Figaro**, I, 10.

2   « Il imagina d'aller faire une petite fête avec lui, seul à seul, et à
l'heure du goûter il l'enleva. »   A. HERMANT, **Aube ardente**, VII.

1. GOUTTE. n. f. (*Gote* au Xe s. ; du lat. *gutta*).

I. || **1°** Très petite quantité de liquide qui affecte naturel-
lement sous l'action des forces capillaires (V. **Capillarité,
tension**) une forme sphéroïdale. V. **Globule.** *Goutte d'eau*.
Petites, grosses, larges gouttes. Très petite goutte. V.
Gouttelette. *Gouttes claires, limpides, transparentes, cristallines, épaisses, figées. Gouttes chaudes, froides, glacées.
Microbes, animalcules que le microscope fait apercevoir*
(cit. 4) *dans une goutte d'eau. Arroser, verser par gouttes,
réduire en gouttes* (V. **Asperger, pulvériser**). *Gouttes restant dans un récipient vidé* (V. **Égoutture**). *Goutte d'eau
qui tombe d'une voûte, d'un plafond* (Cf. Cachot, cit. 2 ;
caverne, cit. 3 ; égout, cit. 2 ; égrener, cit. 2). *Le brouillard
se condense* (cit. 1) *en gouttes d'eau. Il n'est pas tombé une
goutte d'eau, une goutte de pluie depuis des mois* (Cf. Enduit, cit. 3). *Épaules emperlées* (cit. 1) *de gouttes d'eau.
Goutte d'eau froide* (Cf. Emportement, cit. 9). — *Goutte de
rosée* (Cf. Auréole, cit. 2 ; capillaire, cit. 1 ; femme, cit. 36).
V. **Perle** (*fig.*). *Goutte de pluie** (Cf. Bénir, cit. 18 ; bourrasque, cit. 5 ; bruissement, cit. 3 ; écouter, cit. 4 ; entonnoir, cit. 2). *De larges gouttes de pluie étoilaient* (cit. 5)
le trottoir. Goutte de boue (Cf. Bulle, cit. 6). — *Goutte de
vin* (Cf. Bouteille, cit.), *de bière, de rhum, de liqueur.* —
Goutte de miel (Cf. Boire, cit. 37), *d'huile* (Cf. Déteindre,
cit. 1), *de vinaigre.* — *Goutte d'acide formique* (Cf. Abeille,
cit. 5), *de borax* (Cf. Cul, cit. 18), *de vitriol* (Cf. Corrosif,
cit. 2). *Gouttes de mercure. Goutte de métal, de plomb
fondu...* — *Phys. Instrument pour mesurer le volume des
gouttes.* V. **Stalagmomètre.** « *Le poids des gouttes d'un
liquide s'écoulant par un orifice capillaire est proportionnel au diamètre de cet orifice* » (loi de Tate). *Goutte
suspendue par capillarité* à l'extrémité d'un tube.

1   « Rivière, fontaine et ruisseau
portent en livrée jolie
gouttes d'argent, d'orfèvrerie ; »   Ch. d'ORLÉANS, **Rondel.**

2   « ... une goutte d'eau suffit pour le tuer. »
         PASC. (Cf. Écraser, cit. 1).

3   « Si je pouvais t'offrir, pour m'ouvrir ta demeure,
Ma goutte de rosée ou mes corolles d'or ! »
         HUGO, **Odes et ball.**, Ball. 2.

4   « Comme sur une fleur une goutte de pluie,
Comme une pâle étoile au fond du firmament,
Ainsi brille en tremblant le regard de ma mie. »
         MUSS., **Poés. nouv.**, Idylle.

5   « ... il fut pris, rue Coquillière, par une de ces belles pluies qui
grossissent tout à coup les ruisseaux, et dont chaque goutte fait
cloche en tombant sur les flaques d'eau de la voie publique. »
         BALZ., **Ferragus**, Œuvr., t. V, p. 37.

6   « ... je ne pouvais m'empêcher d'éprouver la sensation de l'homme
qui regarde dans son verre vidé la dernière goutte du champagne rosé
qu'il vient de boire. »
         BARBEY d'AUREV., **Diaboliques**, Dîner d'athées, p. 350.

7   « ... dans la vieille cour d'honneur,
L'orage d'abord jette ses larges gouttes. »
         RIMBAUD, **Poésies**, LXVIII.

8 « La roche, au-dessus de lui, à quelques centimètres de son visage, ruisselait d'eau, de grosses gouttes continues et rapides, tombant sur une sorte de rythme entêté, toujours à la même place. »
ZOLA, **Germinal**, I, IV.

9 « Duroy avait visité deux fois le Mzab, et il raconta les mœurs de ce singulier pays, où les gouttes d'eau ont la valeur de l'or... »
MAUPASS., **Bel-ami**, I, II.

10 « ... la pluie s'était mise à tomber. Ce fut d'abord de larges gouttes mouchetant le sol d'une ondée de gros sous, puis, sans transition, un déluge... »
COURTELINE, **Train de 8 h. 47**, II, I.

11 « Un mot de vous, au contraire, c'est la goutte d'huile sur le feu, cela anime en moi une ferveur passionnée... »
MONTHERLANT, **Jeunes filles**, p. 149.

12 « Personne n'est jamais allé supposer qu'un vase qu'il suffirait, pour l'emplir et le faire déborder, d'une seule goutte d'eau. »
PAULHAN, **Entret. sur faits divers**, p. 14.

13 « Je cherche une goutte de pluie
Qui vient de tomber dans la mer.
Dans sa rapide verticale
Elle luisait plus que les autres »
SUPERVIELLE, **Fable du monde**, La goutte de pluie.

— *Goutte de sang*. *Son sang coulait* (cit. 9) *en larges gouttes* (Cf. Cher, cit. 24 ; épée, cit. 6). *Avoir une goutte, quelques gouttes de sang noble, de sang bleu.*

14 « Il est de tout son sang comptable à sa patrie ;
Chaque goutte épargnée a sa gloire flétrie ; CORN., **Horace**, III, 6.

15 « Je pensais à toi dans mon agonie, j'ai versé telles gouttes de sang pour toi. » PASC., **Pensées**, VII, 553.

16 « ... il n'a dans les veines qu'une goutte de sang de saint Louis, mais il l'a ; » CHATEAUB., **M. O.-T.**, t. VI, p. 253.

17 « Il se pique de n'avoir dans les veines que de ce *sang azul* dont les plus vieilles races, dégradées par des mésalliances, n'ont plus maintenant que quelques gouttes... »
BARBEY d'AUREV., **Les diaboliques**, p. 395.

— Par exagér. *Ne pas avoir une goutte de sang dans les veines* : se dit (LITTRÉ, ACAD.) d'un homme qui est saisi d'effroi, d'épouvante, d'horreur, ou, plus couramment, d'un homme sans énergie, sans caractère* (V. **Lâche, mou, veule**). — REM. En cas d'équivoque, on dira plutôt, dans le premier cas : *Ne plus avoir une goutte de sang dans les veines. — Jusqu'à la dernière goutte de sang* : jusqu'au bout, jusqu'aux dernières limites. *Il s'est battu jusqu'à la dernière goutte de son sang*, au péril de sa vie (V. **Fin, mort**). — *La dernière goutte de sang*, les dernières ressources. *J'y ai mis jusqu'à la dernière goutte de mon sang* : j'ai épuisé tous mes efforts, toute mon énergie, tout mon argent (V. **Épuiser**).

— *Goutte de sueur** (Cf. Eau, cit. 18). *De grosses gouttes (de sueur) perlaient** *à son front* (Cf. Découler, cit. 3). — *Suer** *à grosses gouttes* : transpirer abondamment.

18 « Il suait à grosses gouttes quoique ce fût au mois de janvier. »
Guez de BALZ., **Le barbon**.

19 « Se figure-t-on un ouvrier qui travaille sans cesse à une fournaise, et qui n'a... ni une goutte de sueur, ni un grain de cendre au visage ? »
HUGO, **Misér.**, I, I, XI.

20 « ... Mᵐᵉ veuve Lefrançois, la maîtresse de cette auberge, était si fort affairée, qu'elle suait à grosses gouttes en remuant ses casseroles. »
FLAUB., **Mᵐᵉ Bov.**, II, I.

21 « Il transpirait des si grosses gouttes que c'était comme s'il avait pleuré avec toute sa figure. »
CÉLINE, **Voy. au bout de la nuit**, p. 446.

— En parlant des larmes*. *De grosses gouttes coulaient sur ses joues* (Cf. Pleurer* à chaudes larmes).

22 « Elle pleurait... Il vit sa joue toute mouillée, et une goutte d'eau prête à tomber encore au bord des cils. » MAUPASS., **Bel-ami**, II, IV.

— Fam. *Avoir la goutte au nez*, avoir le nez qui coule (en parlant des mucosités qui s'écoulent des fosses nasales). V. **Morve, roupie.** — Pop. *Goutte militaire* : « reste de blennorragie qui se montre au méat urinaire » (HATZFELD). — *Goutte d'urine.*

23 « Chaque fois, Macaire (*le chien*) laissait tomber deux ou trois gouttes. La fréquence des réverbères l'obligeait à une stricte parcimonie. » ROMAINS, **H. de b. vol.**, t. IV, VIII, p. 79.

‖ 2° Par métaph. *Goutte de lumière, de soleil...*

24 « L'automne, l'automne merveilleux, mêlait son or et sa pourpre aux dernières verdures encore vives, comme si des gouttes de soleil fondu avaient coulé du ciel dans l'épaisseur des bois. »
MAUPASS., **La femme de Paul**, p. 61.

25 « ... cette goutte de clair de lune qui était tombée dans la nuit sur les lèvres de Catherine. » FRANCE, **Rôtiss. Reine Pédauque**, VIII, p. 85.

26 « L'été, vers midi, une goutte de soleil descendait dans la cour comme une guêpe puis s'envolait. » GIONO, **Jean le Bleu**, III.

— *En goutte, en forme de goutte. Favoris* (cit. 11) *gonflés en gouttes.*

‖ 3° Loc. — *Faire goutte* : couler en formant des gouttes séparées (en parlant d'un sirop).

— *Se ressembler comme deux gouttes d'eau** : se dit de deux personnes, de deux choses, qui se ressemblent trait pour trait. *Ces jumeaux se ressemblent comme deux gouttes d'eau.* — REM. D'après les anciens grammairiens et LITTRÉ lui-même, cette locution ne serait correcte que si l'on nomme deux personnes. Les exemples ci-après montrent que nos meilleurs écrivains n'en ont pas jugé ainsi. Même quand les deux personnes ne sont pas nommées, le tour est acceptable et s'explique aisément par une ellipse : « *comme deux gouttes d'eau se ressemblent* » (Cf. *aussi* Démocrate, cit. 1 STE-BEUVE).

27 « ...j'aurai le plaisir de voir des créatures qui seront sorties de moi, de petites figures qui me ressembleront comme deux gouttes d'eau... »
MOL., **Mar. forcé**, 1.

28 « La Choiseul ressemblait, comme dit Ninon, à un printemps d'hôtellerie comme deux gouttes d'eau : la comparaison est excellente. »
SÉV., **150**, 1ᵉʳ avril 1671.

29 « ... elle (*la mort*) ressemble au sommeil comme deux gouttes d'eau ; »
VOLT., **Corresp.**, 2464, 9 mai 1764.

— *La dernière goutte. Boire, épuiser jusqu'à la dernière goutte* (Cf. Encaisser, cit. 5 ; encre, cit. 1). *Verser, faire tomber la dernière goutte.* V. **Égoutture.** *Ce café est bon jusqu'à la dernière goutte, il n'a pas de dépôt. Pressurer** *jusqu'à la dernière goutte.* V. **Fin***.

— *Il n'y en a plus une goutte, pas une goutte* : plus du tout*, pas la moindre quantité. — *Fig.* :

30 « ... quant à mon père je ne désirais qu'une chose : ne pas me trouver auprès de lui. J'observai, avec remords, que je n'avais pas pour lui une *goutte* de tendresse ni d'affection. »
STENDHAL, **Vie de Henry Brulard**, 26.

— Loc. prov. *C'est la goutte d'eau qui fait déborder** (cit. 1) *le vase.* V. **Combler** (la mesure).

31 « Ce courrier de Bavière, qui était arrivé le jeudi au soir, et dont il ne vint rendre compte que le samedi à cinq heures du soir, a été la dernière goutte qui a fait répandre le verre. » SÉV., **390**.

— *C'est une goutte d'eau dans la mer, dans l'océan* : c'est une quantité négligeable, insignifiante*, qui se perd dans une quantité infiniment plus grande ; c'est bien peu par rapport à ce qui reste à faire (Cf. Absorber, cit. 4).

32 « Si peu que nous soyons... et si faibles que nous paraissions, — une goutte d'eau dans l'océan de la force allemande, — nous croyons que ce sera la goutte d'eau qui colorera l'océan. »
R. ROLLAND, **Jean-Christ.**, Dans la maison, I, p. 989.

33 « ... au milieu de tant de morts, ces deux exécutions passèrent inaperçues : c'était une goutte d'eau dans la mer. »
CAMUS, **La peste**, p. 189.

— GOUTTE À GOUTTE. loc. adv. Une goutte après l'autre. *Verser** *un liquide goutte à goutte.* V. **Instiller.** *Couler** *goutte à goutte.* V. **Dégouliner, dégoutter, égoutter** (s'), **goutter.** *Écoulement goutte à goutte.* V. **Stillation.** *L'eau coulant goutte à goutte des parois d'une caverne forme des stalactites, des stalagmites... Le sang coulait goutte à goutte de sa blessure.* — Fig. *Les jours s'écoulent* (cit. 12) *goutte à goutte. L'envie lui tombait dans l'âme goutte à goutte* (Cf. Fiel, cit. 6). *Son zèle s'échappe* (cit. 45) *goutte à goutte. L'argent fuit goutte à goutte* (Cf. Entonnoir, cit. 1).

34 « Comme un fromage mol, de qui l'humeur s'égoutte
Par les trous d'un panier à terre plante à goutte. »
RONSARD, **Pièces retranchées**, Hymnes, Des astres.

35 « ... la pluie ne tomba plus que goutte à goutte des bords du toit... »
A. BERTRAND, **Gaspard de la nuit**, Ronde sous la cloche.

36 « Le sang continuait à pleuvoir goutte à goutte, »
HUGO, **Lég. des siècles**, X, Le parricide.

37 « ... de petits bonheurs savourés goutte à goutte... »
A. DAUDET, **Pet. Chose**, II, IX.

38 « Cependant la tache s'élargissait par terre, et un liquide sombre tombait toujours de sa main fermée, goutte à goutte d'abord, ensuite en mince filet noir. »
LOTI, **Aziyadé**, IV, IX.

39 « Le temps passe goutte à goutte. »
DORGELÈS, **Cabaret de la belle femme**, p. 16.

‖ 4° *Par ext.* Très petite quantité de liquide, et *spécialt.* de boisson. *Voulez-vous du café ? Juste une goutte.* V. **Peu.** *Ajoutez à la sauce une goutte, un filet** *de vinaigre.* — Pop. *Donner la goutte*, donner à téter. *Goutte de lait* : organisation d'assistance sociale qui distribue du lait à prix réduit dans des conditions d'hygiène déterminées, aux enfants en bas âge. — *Spécialt.* Petite quantité de boisson alcoolique. *Une goutte de vin ne vous fera pas de mal.* V. **Doigt, larme.** *Une goutte de cognac* (Cf. Flacon, cit. 4).— *Fam.* Absolt. (1795) *Boire la goutte* : boire un petit verre d'alcool*, d'eau-de-vie*. *Offrir, payer la goutte à quelqu'un.* « *Y a d'la goutte à boire là-haut !* » refrain militaire. V. **Verre.**

40 « Le vent du coteau,
La Meuse, la goutte.
Qu'on boit sur la route. » VERLAINE, **Sagesse**, III, II.

— Ironiqt. *Boire la goutte, une goutte*, manquer de se noyer*. *Fig.* Perdre de l'argent dans une entreprise (V. **Bouillon, tasse**).

— Technol. *Mère goutte*, ou *première goutte* : ce qui coule de la cuve ou du pressoir avant le pressurage du raisin ou des pommes. *Vin, cidre de mère goutte, de première goutte*, ou, absolt., *de goutte*.

41 « La lie de mon vin vous appartient comme la mère goutte... »
VOLT., **Lettre à d'Argental**, 4385, 1ᵉʳ janv. 1777.

‖ 5° *Pharm.* Unité de mesure de certains liquides qui s'emploient à très petite dose. *On évalue la goutte à peu près au poids d'un grain* (ACAD.). Plur. nom donné à certains médicaments qui sont prescrits et administrés en gouttes. *Gouttes alcalines* (carbonate de potasse).

gouttes amères de Baumé (à base de strychnine. Cf. Noix vomique), *gouttes noires, anglaises* (opiacées). *N'oublie pas de prendre tes gouttes ! Instruments pour administrer des gouttes.* V. **Compte-gouttes** (*Comp.* de Compter), **pipette.**

42 « Les paroles firent sur l'âme de l'Ingénu l'effet des gouttes d'Angle- terre, qui rappellent un mourant à la vie, et lui font entrouvrir des yeux étonnés, ... »
VOLT., **Ingénu,** X.

43 « Suzanne ! des gouttes à ta maîtresse ! Tu sais comment je le pré- pare. »
BEAUMARCH., **Mère coupable,** IV, 18.

44 « — Les gouttes ! là ! les gouttes !
Il râlait presque. — Quatre ! pas plus !
Je les lui versai. Il saisit la tasse et but avec avidité. »
BOSCO, **Rameau de la nuit,** p. 267.

|| 6° *Par anal.* En parlant de petits objets comparables à une goutte. *Plumage, pelage parsemé de gouttes de cou- leur.* V. **Tache.** — *Goutte d'opium.* V. **Boulette.**

45 « ... il (*le martin-pêcheur huppé*) est tout parsemé de gouttes blanches, ... »
BUFFON, **Hist. nat. ois.,** Le martin-pêcheur huppé.

46 « Il considéra l'enfant agenouillé qui pelotait une goutte d'opium contre le verre chaud de la lampe, et songea tout haut, par brèves phrases chinoises... »
FARRÈRE, **La bataille,** XX.

— *Spécialt.* Joaill. *Goutte d'eau :* pierre précieuse taillée en forme de goutte et montée en pendentif. *Goutte de diamant*.*

47 « Les longs gants perle aux bras nus de sa compagne le fascinaient. Il regardait la lumière s'accrocher aux gouttes de diamants du collier, montés d'une façon ancienne, à de minces fils pendant. »
ARAGON, **Beaux quartiers,** II, V.

— *Archit.* « Petits ornements de forme conique, placés dans le plafond de l'ordre dorique ou sous les triglyphes. *Les gouttes de la corniche* » (ACAD.).

II. (XIIe s.). GOUTTE formant en combinaison avec la par- ticule *ne* (et les verbes *voir, entendre, comprendre, connaî- tre.* Cf. Avaler, cit. 12 SAND) une négation renforcée. *N'y voir goutte,* ne rien voir du tout (Cf. Abat-jour, cit. 2 ; broche, cit. 4). *N'y entendre goutte,* ne rien comprendre. V. **Pas** (du tout), **rien.** — REM. A l'origine, *goutte* se faisait suivre d'un partitif : *je n'ai goutte d'argent :* je n'ai pas du tout d'argent. Dans ces emplois, *goutte* est une sorte de complément et marque une quantité infime ou négligeable, comme les mots *pas*, point*, mie*,* qui sont devenus de véritables négations (V. aussi **Brin, grain** (cit. H. ESTIENNE), **liard,** etc.).

48 « J'étais si interdit que je ne voyais goutte et que je n'entendais rien du compliment qu'elle me fit. » SCARRON, **Roman com.,** I, XIII.

49 « On ne voit goutte sur l'escalier. »
BEAUMARCH., **Barb. de Sév.,** III, 10.

50 « Oh ! qu'il était joyeux, et, quoiqu'on n'y vît goutte,
Que de fois il compta les bornes de la route ! »
MUSS., **Prem. poés.,** Mardoche, L.

51 « Ici, toutes les femmes parlent politique. — Je n'y entends goutte. »
PAILLERON, **Monde où l'on s'ennuie,** I, 2.

52 « ... elle suivait du regard le jeu de bridge auquel elle ne compre- nait goutte. »
P. VÉBER, **Fardeau de la jeunesse** (in DAMOURETTE et PICHON).

DER. et COMP. — **Compte-gouttes, dégoutter, égoutter, gouttelette, gouttière.** — **Goutter.** *v. intr.* (XIIe s.). Laisser couler goutte à goutte. V. **Dégoutter.** *Les toits gouttaient après l'orage. Couler goutte à goutte. Eau qui goutte d'un robinet* (HOM. Goûter).

2. GOUTTE. *n. f.* (XIIIe s. ; de *goutte* 1 ; cette affection ayant été attribuée à des gouttes d'humeur viciée). *Méd.* Affection diathésique*, souvent héréditaire, caractérisée par des poussées inflammatoires autour des articulations, avec dépôt d'urates*. *La goutte provient d'un défaut d'éli- mination de l'acide urique.* — REM. *Goutte* a longtemps ser- vi à désigner « une diathèse... correspondant à l'arthri- tisme » (GARNIER). On parle encore dans ce sens de *Goutte sciatique* (V. **Sciatique**) ; *goutte sereine* (paralysie du nerf optique. V. **Amaurose**). V. aussi **Arthrite, rhumatisme.** — *Avoir la goutte* (Cf. Agacement, cit. 1 ; alternatif, cit. 1). *Une attaque de goutte. Les douleurs de la goutte* (Cf. Aigu, cit. 10 ; bouger, cit. 5 ; cri, cit. 2). *Les excès de table pré- disposent à la goutte* (Cf. Échoir, cit. 4). *La colchicine, les sels de lithine* (V. **Lithiné**), *sont employés contre la goutte.*

1 « ... et comme en français vous appelez *la goutte* ce que les méde- cins appellent poliment *arthritis :* ... »
SÉV., **844,** 21 août 1680.

2 « ... depuis six semaines le marquis était retenu chez lui par une attaque de goutte. »
STENDHAL, **Le rouge et le noir,** II, VII.

3 « ... pour l'instant il avait la goutte, chose fort à la mode en ce temps-là, comme l'est à présent la migraine. »
MUSS., **Nouv.,** Croisilles, II.

4 « Qu'est-ce que c'est, même, cette douleur dans le talon, qui le te- naille depuis quelque temps ? Ah ! la goutte. On l'entoure, on le cajole. » LÉAUTAUD, **Théâtre de Maurice Boissard,** II.

— *Spécialt. Goutte abarticulaire, viscérale :* ensemble de manifestations rénales, digestives, nerveuses... survenant chez les goutteux (On disait aussi *Goutte métastatique, remontée, rétrocédée, larvée,* lorsque ces manifestations ve- naient remplacer les phénomènes articulaires habituels). — *Goutte articulaire : goutte aiguë, sthénique,* qui se pré- sente sous forme d'accès douloureux nocturnes (*attaques*

de goutte) siégeant généralement aux gros orteils. *Goutte asthénique. Goutte chronique, tophacée* (V. **Tophus**), *noueuse. Goutte saturnine :* manifestations articulaires du saturnisme*. — *Goutte localisée aux mains* (V. **Chiragre**), *aux genoux* (Gonagre), *aux pieds* (V. **Podagre**)... *Avoir la goutte aux reins* (Cf. Ampoule, cit. 2).

— *Loc. prov. Aux fièvres et à la goutte, les médecins ne voient goutte. Goutte tracassée est à demi pansée,* l'exercice est bon pour les goutteux.

DER. — **Goutteux.**

HOM. — Formes des v. **Goûter, goutter.**

GOUTTELETTE. *n. f.* (XIIIe s. ; de *goutte*). Petite goutte d'un liquide. *Gouttelette d'eau, de rosée. Gouttelette grais- seuse* (Cf. Émulsionner, cit.). *Brouillard formé de fines gouttelettes.*

1 « La fraîcheur humide du matin commençait à tomber sur la mer ; la rosée se déposait en gouttelettes serrées sur les planches de la barque... »
LOTI, **Aziyadé,** I, XXI.

— *Fig.* Petite quantité ; quantité infime.

2 « Je n'ai jamais eu pour vous ni une gouttelette de désir, ni une gouttelette d'amour, ni une gouttelette d'affection, ni une gouttelette de tendresse. » MONTHERLANT, **Les lépreuses,** Épilogue, p. 271.

GOUTTEREAU. *n. m.* V. GOUTTIÈRE (dér.).

GOUTTEUX, EUSE. *adj.* (XIIe s. ; de *goutte* 2). Qui est atteint de la goutte*. *Un vieillard goutteux* (Cf. Arrière, cit. 8). *Femme goutteuse.* — Substant. *Un goutteux* (Cf. Confirmer, cit. 2). — Qui se rapporte à la goutte, est causé par elle. *Déformation goutteuse de la cheville.* V. **Diathé- sique.**

1 « Un lion décrépit, goutteux, n'en pouvant plus, »
LA FONT., **Fabl.,** VIII, 3.

2 « Aveugle, goutteuse, presque sourde, elle vivait seule dans un gre- nier ; »
MUSS., **Nouv.,** Croisilles, VI.

3 « ... il aperçut le vieux marquis de San-Réal qui se promenait ap- puyé sur le bras de son valet de chambre, en marchant avec toute la précaution d'un goutteux et d'un cacochyme. »
BALZ., **Fille aux yeux d'or,** Œuvr., t. V, p. 288.

COMP. — **Antigoutteux.** *adj.* (XIXe s.). Propre à combattre la goutte. *Le camphre*, la colchicine*, la lithine* sont des antigoutteux.*

GOUTTIÈRE. *n. f.* (XIIe s ; de *goutte*).

|| 1° *Vx.* Partie inférieure d'un toit, d'où l'eau tombe goutte à goutte (Cf. Larmier). — *Par ext.* (et encore de nos jours) Le toit lui-même (Cf. Astrolabe, cit.). *Courir sur les gouttières. Chat de gouttière,* de l'espèce banale. — Pop. *Lapin, gibelotte* de gouttière.* V. **Chat.**

1 « Les nombreux torrents qui tombent des gouttières,
Grossissant les ruisseaux, en ont fait des rivières. »
BOIL., **Sat.,** VI.

|| 2° *Spécialt. Archit.* Canal demi-cylindrique, fixé au bord inférieur des toits. V. **Chéneau.** *Gouttière en zinc, en plomb, en fer-blanc. Eau qui se rassemble dans une gout- tière. Entendre l'eau gargouiller* (cit. 1) *dans les gout- tières. Nettoyer des gouttières engorgées. Nez* de gouttière.*

2 « Il se plaint qu'il y a une gouttière de la maison voisine qui verse l'eau de la pluie chez lui... »
HUGO, **Misér.,** I, VI, II.

3 « Ça ruisselait, les gouttières gorgées vomissaient l'eau à pleine gueule... »
COURTELINE, **Train de 8 h. 47,** II, I.

4 « Les *gouttières* sont les conduites demi-cylindriques, en fer-blanc ou en zinc, qui courent le long des bords des toits pour recueillir les eaux pluviales, qui s'en échappent ensuite par des tuyaux de descente en zinc ou en fonte. Leurs bords sont repliés en ourlet ; elles sont assu- jetties en tête des chevrons par des crochets en fer les enveloppant en dessous. Il ne faut pas les confondre avec les *chéneaux,* comme on le fait souvent. Ces derniers sont faits de même, mais sont placés sur la corniche, et parfois même creusés dans son épaisseur. »
J.-F. BOIS in POIRÉ, **Dict. des Scienc.,** Gouttière.

— *Par ext.* Fissure par où l'eau goutte à l'intérieur d'une maison.

5 « Dans le vieux toit de mousse, il y avait des gouttières qui, toujours aux mêmes endroits, infatigables, monotones, faisaient le même tin- tement triste ; »
LOTI, **Pêch. d'Islande,** III, XIV.

|| 3° *Par anal.* Se dit de tout ce qui rappelle, par sa forme ou son usage, une gouttière, un chenal d'écoulement. — *Chir.* Appareil destiné à immobiliser un membre ou une partie du corps dans les cas de fracture*. *Gouttière métal- lique, plâtrée. Placer une jambe brisée dans une gouttière.*

— *Anat.* Rainure à la surface d'un os, où se place un vaisseau, un tendon. *Gouttière bicipitale* (de l'humérus). V. **Coulisse.** *Gouttière sagittale.* — *Gouttières vertébrales,* sil- lons situés de part et d'autre de l'épine dorsale et occupés par les muscles spinaux.

— *Archéol. Gouttière d'un dais :* parement de passemen- terie retombant tout autour d'un dais.

— *Menuis.* V. **Rejeteau.**

— *Milit. Gouttière d'une épée,* évidement pratiqué dans le sens de la lame pour l'alléger et en faciliter la trempe.

DER. — **Gouttereau.** *adj. m.* (1462 WARTBURG ; sous la forme *goutterot* parfois encore utilisée). *Archéol.* Se dit des murs latéraux des édifices gothiques, en raison des gouttières qui les surmontent et recueillent l'eau des combles. *Fenêtres hautes et ornées de vitraux, percées dans les murs gouttereaux* (Cf. Arc-doubleau, cit.).

GOUVERNABLE. *adj.* (1829 ; de *gouverner*). Susceptible d'être gouverné. *Peuple difficilement gouvernable.* V. **Malléable, obéissant, soumis.**

ANT. et **COMP.** — Ingouvernable.

GOUVERNAIL. *n. m.* (XIIᵉ s. ; lat. *gubernaculum*, « aviron à large palette »).

‖ **1°** *Mar.* Plan mince orientable servant à régler la direction, les évolutions d'un navire. *Le gouvernail est généralement situé à l'arrière, en poupe ; gouvernail d'étambot*. *Gouvernail de fortune. Gouvernail compensé*, facilitant l'effort de la manœuvre. *Corps du gouvernail* (V. **Safran**) ; *axe du gouvernail* (V. **Mèche ; aiguillot, ferrure**). *Passage de la mèche du gouvernail.* V. **Jaumière, louve, manchon.** *Sauvegardes* de gouvernail. Manœuvre du gouvernail* (V. **Barre, timon ; drosse**). *Pilote* qui manœuvre le gouvernail, tient la barre* (cit. 4) *du gouvernail.* V. **Barreur, timonier** (Cf. Courant, cit. 6 ; exhorter, cit. 7). *Navire désemparé, sans gouvernail* (Cf. Avarie, cit. 4 ; fanal, cit. 6). *Navire sensible au gouvernail.*

1 « Au moyen du gouvernail, la machine pouvait aisément s'orienter dans toutes les directions. »
BAUDEL., Traduct. E. POE, Hist. extraord., Le canard au ballon.

2 « Le radeau était épais mais il restait maniable sur les hautes eaux. Il avait un grossier gouvernail de frêne à l'arrière et Antonio avait besoin de toute sa force pour le bouger et il fallait garder la position un bon moment car la masse des cinquante troncs de sapins obéissait un peu en retard. » GIONO, Chant du monde, III, I.

3 « Le gouvernail d'étambot... commence, au XIIᵉ siècle, à se substituer à l'aviron de flanc ou de queue, c'est-à-dire à la pagaie-gouvernail, qui servait jusqu'alors à faire évoluer le navire. Bien que le gouvernail axial... semble directement lié à l'essor de la navigation moderne, son efficacité supérieure, et même son utilité pour la marine à voiles de l'époque où il s'est imposé, restent encore sans explication technique satisfaisante ; ce qui constitue un mystère assez irritant pour l'historien. » DUCASSÉ, Histoire des techniques, p. 63 (éd. P.U.F.).

— *Gouvernail de profondeur d'un sous-marin :* gouvernail horizontal servant à régler la profondeur d'immersion, à assurer la stabilité (On dit aussi *Barre de plongée*).

— *Aviat. Gouvernail de direction, de profondeur* V. **Empennage, gouverne.**

‖ **2°** *Par métaph.* ou *fig.* (XVIᵉ s.). Ce qui sert à diriger, à conduire. *État, pays semblable à un navire sans gouvernail. Saisir le gouvernail dans la tempête. Âme errante, sans gouvernail dans les orages de la vie* (Cf. Conducteur, cit. 2). — *Fig.* et *spécialt.*, en parlant de la conduite* des affaires publiques, du Gouvernement* d'un État, d'une grande entreprise... *Saisir, tenir, maintenir, abandonner le gouvernail. Être au gouvernail :* au poste de commande.

4 « ...Dieu éternel l'a laissé au gouvernail de son franc arbitre... »
RAB., I, XXIX.

5 « Lors ma pauvre raison, des rayons éblouie
D'une telle beauté, se peut évanouie,
Laissant le gouvernail aux sens et au désir,
Qui depuis ont conduit la barque à leur plaisir. »
RONSARD, Amours de Marie, II, Élégie.

6 « Durant cette tempête n'a-t-il pas (*le cardinal de Richelieu*) tenu le gouvernail d'une main et la boussole de l'autre. »
VOITURE, Lett., 74 (in LITTRÉ).

7 « La France est sans direction, et j'irais m'occuper de ce qu'il faut ajouter ou retrancher aux mâts d'un navire dont le gouvernail est arraché. » CHATEAUB., M. O.-T., t. V, p. 266.

GOUVERNANCE. *n. f.* (XIIIᵉ s. ; de *gouverner*). *Vx.* « Nom donné à quelques bailliages de l'Artois et de la Flandre » (LEPOINTE).

GOUVERNANT, ANTE. *adj.* et *n.* (1437 ; adj. verbal de *gouverner*).

I. *Adj.* Qui gouverne (un pays, l'État). *Le parti gouvernant. La classe gouvernante. L'équilibre* (cit. 22) *des forces gouvernantes.*

1 « C'est le rôle d'un chef de parti que d'assurer le recrutement d'une classe gouvernante ; » MAUROIS, Art de vivre, IV, 4.

II. *N.* ‖ **1°** (XVᵉ s.). *Vx.* Celui, celle qui a le gouvernement d'une ville, d'un pays. V. **Gouverneur.** Par ext. *Gouvernante.* Femme d'un gouverneur.

2 « Il y est très souvent question de Mᵐᵉ la gouvernante de Provence, c'est ainsi que M. de Chaulnes vous nomme. » SÉV., 76 (in LITTRÉ).

‖ **2°** (1534). GOUVERNANTE. *n. f.* Femme à qui l'on confie la garde et l'éducation d'un ou de plusieurs enfants. V. **Bonne** (d'enfant), **nourrice, nurse** (Cf. Besoin, cit. 64 ; choix, cit. 5 ; emboucher, cit. 3). — *Vieilli.* Femme chargée d'accompagner, de surveiller une jeune fille, une jeune femme. V. **Chaperon, duègne** (cit. 1). Cf. Éternel, cit. 40 ; évanouissement, cit. 3. *Une gouvernante sévère.*

3 « Les beaux noms de gouverneurs et de gouvernantes n'étaient pas inconnus à nos pères : ils savaient à qui l'on confiait les enfants des rois... » LA BRUY., VII, 22.

4 « Souvent une mère qui passe sa vie au jeu, à la comédie, et dans des conversations indécentes, se plaint d'un ton grave qu'elle ne peut pas trouver une gouvernante capable d'élever ses filles. »
FÉN., Éduc. des filles, XIII.

5 « (*Mᵐᵉ de Maintenon*) gouvernante des enfants du roi, mais de ses enfants naturels ; » J. LEMAÎTRE, Impress. de théâtre, Scarron.

6 « C'est proprement comme gouvernante de ma mère que Mademoiselle Shackleton entra dans notre famille. Ma mère allait bientôt atteindre l'âge d'être mariée... » GIDE, Si le grain..., I, I.

— *Par ext.* (1690). Femme qui a soin du ménage d'un homme seul. V. **Bonne, domestique** (Cf. Épargner, cit. 11). *Gouvernante de curé* (Cf. Cuisiner, cit. 2). *Vieillard dominé par sa gouvernante.*

7 « ...ayant fouillé inutilement un très grand nombre de tiroirs, j'eus recours à ma gouvernante. Thérèse vint clopin-clopant. — Monsieur, me dit-elle, il fallait me dire que vous sortiez et je vous aurais donné votre cravate... Thérèse ne me laisse plus la disposition de rien... Cependant elle jouit avec un si tranquille orgueil de son autorité domestique, que je ne me sens pas le courage de tenter un coup d'État contre le gouvernement de mes armoires. »
FRANCE, Crime S. Bonnard, Œuv., t. II, p. 424.

‖ **3°** (1794). *Les gouvernants :* ceux qui détiennent et exercent le pouvoir politique et, *spécialt.*, le pouvoir exécutif. V. **Gouvernement.** *Gouvernants et gouvernés* (Cf. Aristocratie, cit. 3). *Gouvernants et opposants* (Cf. Auréole, cit. 12). *Incapacité des gouvernants* (Cf. Écœurer, cit. 4). *Ce sont les administrateurs* (cit. 2), *non les gouvernants.*

8 « Quand tous ses gouvernants (*du peuple français*) s'en allèrent un jour... d'autres se présentèrent qu'on ne demandait pas... »
P.-L. COUR., Œuv., Lettre VI.

9 « ...les vices et les passions des gouvernants ont le terrible pouvoir de lancer au carnage le plus pur et le plus noble des forces humaines. » ALAIN, Propos, p. 139.

10 « À considérer, pendant vingt-cinq ans, la duperie des peuples, l'insanité des gouvernants, cette suite incroyable d'événements absurdes en tous domaines, le bon sens étouffé... on dirait que la Providence affecte aux postes éminents des chefs étourdis, afin d'accomplir plus commodément ses propres desseins. »
CHARDONNE, Amour du prochain, IX.

11 « À l'intérieur de tout groupe social, le plus petit comme le plus grand, le plus primitif comme le plus évolué, le plus éphémère comme le plus durable, naît une distinction fondamentale entre les « gouvernants » et les « gouvernés »... En définitive, la différence la plus profonde qui sépare les diverses catégories de régimes politiques repose sur le fait que les gouvernants y sont ou non l'émanation d'élections générales et sincères. »
DUVERGER, Les régimes politiques, pp. 5 et 11 (éd. P.U.F.).

— **REM.** La plupart des dictionnaires ne signalent *Gouvernant* dans cette acception qu'au pluriel. « Il ne s'emploie plus guère qu'au pluriel » (ACAD., 8ᵉ éd.). Cependant, l'emploi au singulier, rare au XIXᵉ s. (Cf. Émeutier, cit. HUGO) semble assez répandu dans le langage politique contemporain, au moins dans un sens collectif : *le gouvernant et le gouverné.*

12 « Remarquons d'ailleurs que le gouvernant moderne, du fait qu'il s'adresse à des foules, est tenu d'être moraliste, de présenter ses actes comme liés à une morale, à une métaphysique, à une mystique. »
BENDA, Trahison des clercs, p. 185.

13 « ...le mouvement de bascule qui substitue le gouverné au gouvernant. » ALAIN, Propos, p. 767.

ANT. — Gouverné, sujet.

GOUVERNE. *n. f.* (1292, « action de gouverner, gouvernement, conduite », de *gouverner*).

‖ **1°** (1723 ; d'abord T. de Commerce). Ce qui doit servir de règle de conduite. *Cette lettre vous servira de gouverne* (LITTRÉ). *Je vous confie cela pour votre gouverne.*

1 « ...c'est un homme d'esprit qui a beaucoup voyagé, qui sait le monde... il ne pourrait que vous donner de bonnes indications pour la gouverne intérieure. » STE-BEUVE, Corresp., 415, 19 oct. 1834, t. I, p. 470.

2 « J'ai seulement pris ces chiffres pour votre gouverne... Dites-moi ce que vous désirez ; après le déjeuner, j'irai compléter. »
ZOLA, L'assommoir, IX, t. II, p. 85.

3 « Seulement, prends garde, a-t-il ajouté pour ma gouverne, faut pas crâner chez lui, parce que si tu crânes on te foutra à la porte en moins de deux... » CÉLINE, Voyage au bout de la nuit, p. 205.

‖ **2°** (XIXᵉ s.). *Mar.* Action de diriger une embarcation. *Aviron de gouverne* et absolt. *Gouverne :* sorte de godille*. — *Aviat.* Surface mobile et, *par ext.* tout dispositif servant à la conduite d'un avion*, d'un dirigeable*, d'une fusée*... *Gouvernes d'un avion.* V. **Empennage, gouvernail ; aileron.** *Gouvernes de fusée, contrôlées par un gyroscope.*

GOUVERNEMENT. *n. m.* (XIIᵉ s. ; de *gouverner*).

I. Action de gouverner.

‖ **1°** Action ou manière de diriger, de régir (quelque chose ou quelqu'un). *Vieilli.* V. **Administration, conduite, direction, gestion, maniement.** *Gouvernement d'une maison, d'une famille* V. **Économie** (cit. 5), **ménage** (Cf. Gouvernant, cit. 7). *Constituer* (cit. 1), *préposer quelqu'un au gouvernement des bouteilles, des vivres...* — *Vx. Avoir quelque chose en son gouvernement* (ACAD.) : en avoir la charge, la responsabilité.

1 « Je me détourne volontiers du gouvernement de ma maison. »
MONTAIGNE, **Essais**, III, IX.

— *Le gouvernement des esprits, des âmes.* V. **Direction.**
Le gouvernement de l'enfance (cit. 1). V. **Éducation, institution** (vx). *Le gouvernement de soi-même.* V. **Maîtrise.**

2 « Le pire état de l'homme, c'est quand il perd la connaissance et
le gouvernement de soi. »   MONTAIGNE, **Essais**, II, II.

3 « Eh quoi ! l'art des arts, le gouvernement des âmes, demande-t-il
moins de talent... ? »   MASS., **Pens.**, Choix d'un état.

4 « J'eus le bonheur de lui voir saisir enfin le gouvernement de cet
esprit maladif. »   BALZ., **Lys dans la vallée**, Œuv., t. VIII, p. 937.

5 « ... elles m'apparaissaient comme des créatures faibles et jolies,
soumises, pour le gouvernement de leur petite personne, à des règles
qu'elles acceptaient. »   RENAN, **Souv. d'enfance...**, II, VI.

6 « Platon a dit des choses merveilleuses sur le gouvernement de soi-
même, montrant que ce gouvernement intérieur doit être aristocratique, c'est-à-dire par ce qu'il y a de meilleur sur ce qu'il y a de pire. »
ALAIN, **Propos**, p. 186.

— *Spécialt. Le gouvernement du monde, de l'univers, par
Dieu.*

‖ **2°** *Action d'exercer le pouvoir politique* sur (un groupe
social). V. **Administration.** *Le gouvernement d'une société
humaine par l'exercice de l'autorité*, *du pouvoir*. *Gouvernement des États* (Cf. Absolu, cit. 3), *des peuples* (Cf.
Établissement, cit. 2), *de la chose publique* (Cf. Beauté,
cit. 49). *Prendre en main* le gouvernement *d'un pays* (Cf.
Prendre les brides*, les rênes* ; *tenir le gouvernail*, *le
timon*). *Participer au gouvernement économique* (Cf.
Consommateur, cit. 2).

7 « Le roi, ayant sur lui tout le gouvernement de son peuple, lui donna
(à M. de Montausier) toute la conduite de son fils. »
FLÉCH., **Montausier.**

— *Allus. littér. :*

8 « (L') extension des fonctions de l'État n'irait pas... sans une transformation de ses méthodes, qui substituerait « au gouvernement des
personnes l'administration des choses ». Il y a longtemps qu'Henry de
Saint-Simon, s'il n'emploie pas cette formule elle-même, a lancé l'idée. »
BOUGLÉ et RAFFAULT, **Élém. de sociologie**, p. 238.

9 « Le système concentrationnaire russe a réalisé... le passage dialectique du gouvernement des personnes à l'administration des choses,
mais en confondant la personne et la chose. »
CAMUS, **Homme révolté**, p. 294.

— *Absolt. L'art, la science du gouvernement* (Cf. Cybernétique, cit.). *Le parfait gouvernement* (Cf. Absolu, cit. 21 ;
corps, cit. 38). *Les lois et le gouvernement doivent beaucoup à l'Église* (cit. 5). *La pratique, l'exercice du gouvernement. Méthode de gouvernement. Organe de gouvernement* (Cf. Arrondissement, cit. 5). *Être associé, participer
au gouvernement* (Cf. Empereur, cit. 3).

10 « Le gouvernement est un ouvrage de raison et d'intelligence. »
BOSS., **Politique**, V, I, 1.

11 « (Ils) étudient le gouvernement, deviennent fins et politiques... »
LA BRUY., IX, 24.

12 « ... il a su tout le fond et tout le mystère du gouvernement ; »
ID., **Disc. Acad. fr.**

13 « On dirait, ma parole, que dans ce pays-ci le gouvernement est le
passe-temps naturel des gens qui n'ont plus rien à faire. »
É. AUGIER, **Gendre de M. Poirier**, I, 4.

14 « Le terrorisme peut être une méthode de gouvernement, parce qu'en
agissant sur l'imagination des masses gouvernées il augmente le pouvoir de la loi. »   ROMAINS, **H. de b. vol.**, t. IV, X, p. 104.

15 « Si tout l'art du gouvernement doit avoir pour fin suprême de
permettre l'accomplissement maximum de la personne humaine, dans
son ordre, c'est-à-dire matériellement et spirituellement, il est bien
certain que, dans un grand nombre de pays, le seul énoncé d'un tel
dessein paraît tout à fait risible. »
DANIEL-ROPS, **Ce qui meurt et ce qui naît**, III, p. 97.

— *Vx. Le gouvernement civil, séculier, opposé au gouvernement ecclésiastique, religieux* (Cf. Anarchiste, cit. 1).
Sur le gouvernement civil, traité de Locke.

16 « Prudence. De toutes les vertus requises pour le gouvernement,
voilà sans contredit la plus importante, voilà l'âme de tout gouvernement, soit séculier, soit religieux. »
BOURDAL., **Pens.**, t. II, Gouvern. relig., V.

— *Le gouvernement d'un seul, d'un tyran, d'une caste,
d'une classe :* le fait de gouverner. *Par ext.* Le fait d'exercer une influence déterminante ou excessive sur la vie politique. V. suff. **-Crate, -cratie.** *Le gouvernement des bureaux* (V. **Bureaucratie**), *des riches* (V. **Ploutocratie, timo-
cratie**), *des vieillards* (V. **Gérontocratie**), *des femmes* (V.
Gynécocratie), *des militaires, de l'armée* (V. **Militarisme**),
des prêtres, de la religion (V. **Théocratie ; cléricalisme**).
Peu usit. (formations plaisantes) *Gouvernement de la canaille* (V. **Canaillocratie**), *des prostituées* (V. **Pornocratie**),
des voyous (V. **Voyoucratie**).

‖ **3°** *Spécialt. Dr. anc.* Direction politique et administrative d'une ville, d'une province, etc., exercée au nom du
souverain ; charge de gouverneur*. *Avoir le gouvernement
d'une province, d'une ville, d'une place forte. Avoir sur
les bras* (cit. 29) *le gouvernement d'une province.* — *Le
gouvernement d'un seigneur, d'un comte, d'un duc..., d'un
pacha (pachalik), d'un voïvode (voïvodie), etc. Par ext.
Pendant son gouvernement, un long gouvernement.*

17 « Quelle pensez-vous que fût son occupation dans ses gouvernements ?
la justice. »   FLÉCH., **Montausier.**

— *Par ext.* Ville, circonscription régie par un gouverneur
(V. **Domaine**). *Le territoire d'un gouvernement. S'établir en
son gouvernement.*

18 « Le territoire presque entier du gouvernement de Moscou leur appartient (aux seigneurs russes), et ils y règnent sur un million de serfs. »
SÉGUR, **Hist. de Napol.**, VIII, 1.

— Circonscription, division militaire de la France, avant
1789.

— La résidence du gouverneur.

19 « (Le maréchal de Lorge) s'établit au gouvernement, chez Mélac... »
ST-SIM., **Mém.**, I, XVI.

II. Le pouvoir qui gouverne un État (V. **Autorité, force**
(publique), **pouvoir, puissance**) ; ceux qui détiennent ce
pouvoir.

‖ **1°** Le pouvoir qui assume la direction suprême des affaires publiques d'un État ; les organes de ce pouvoir. —
REM. Dans ce sens très général, *Gouvernement* comprend
toutes les modalités (législatif, exécutif) du pouvoir politique. V. **État**, III, 3°. *La machine du gouvernement* (Cf.
État, cit. 133). *Vivre sous un gouvernement, sous les lois*
d'un gouvernement (Cf. Ancien, cit. 11). *Vivre sans gouvernement, dans l'anarchie** (cit. 2). *Pays, ville qui possède
son gouvernement.* V. **Autonomie** (cit. 1). *Soumettre un
pays, un territoire à un gouvernement* (Cf. Fédéraliste,
cit.). *Gouvernement central, gouvernements locaux d'un État
fédéral**. V. **Fédéralisme.** — *Le gouvernement établi* (Cf.
Enchaîner, cit. 10). *Gouvernement régulier* (Cf. Extorsion,
cit. 2). *Gouvernement instable, faible, mal assuré. Gouvernement fort, stable* (Cf. Asseoir, cit. 47), *ordonné, sage*
(Cf. Côté, cit. 17). *Gouvernement impopulaire, populaire*
(Cf. Autant, cit. 21). *Durée d'un gouvernement. Gouvernement qui s'adoucit* (cit. 13) *avec le temps. Gouvernement qui
s'écroule, s'effondre* (cit. 8. Cf. aussi Asseoir, cit. 45). *Détruire, changer* (cit. 5) *le gouvernement* (Cf. Attentat,
cit. 9). *Gouvernement qui résiste aux attaques, à l'émeute*
(cit. 4). — *Gouvernement révolutionnaire, insurrectionnel,
fondé sur l'émeute.* Cf. Baïonnette, cit. 4 (V. **Révolution**).

20 « Outre le droit des gens qui regarde toutes les sociétés, il y a un
droit politique pour chacune. Une société ne saurait subsister sans un
gouvernement. »   MONTESQ., **Espr. des lois**, I, 3.

21 « ... les gouvernements qui se conduisent le mieux sont ceux dont
on parle le moins. »   ROUSS., **Émile**, IV.

22 « Un gouvernement serait parfait s'il pouvait mettre autant de raison dans la force que de force dans la raison. »
RIVAROL, **Fragments et pens. polit.**, Généralités.

23 « Les gouvernements sont une chose qui s'établit de soi-même ; ils
se font, et on ne les fait pas. On les affermit, on leur donne la
consistance, mais non pas l'être. Tenons pour assuré qu'aucun gouvernement ne peut être une affaire de choix ; c'est presque toujours
une nécessité. »   JOUBERT, **Pens.**, XIV, 19.

24 « On a beau se torturer, faire des phrases et du bel esprit, le plus
grand malheur des hommes, c'est d'avoir des lois et un gouvernement...
Tout gouvernement est un mal, tout gouvernement est un joug. »
CHATEAUB., **Essai sur les révolutions.**

25 « Jamais homme n'offrit une plus belle image de ces vieux républicains, amis incorruptibles de l'Empire, qui restaient comme les vivants
débris des deux gouvernements les plus énergiques que le monde ait
connus. »   BALZ., **La vendetta**, Œuv., t. I, p. 890.

26 « Chez les Anglais, tout est prompt dans ce qui concerne l'action
du gouvernement, dans le choix des hommes et des choses, tandis que
chez nous tout est lent ; »   ID., **Curé de village**, Œuv., t. VIII, p. 718.

27 « Rien de plus difficile à fonder que le gouvernement, j'entends le
gouvernement stable : il consiste dans le commandement de quelques-
uns et dans l'obéissance de tous, chose contre nature. »
TAINE, **Orig. France contempor.**, I, t. I, p. 40.

28 « Si mauvais que soit un gouvernement, il y a quelque chose de pire,
c'est la suppression du gouvernement. »   ID., **Ibid.**, III, t. I, p. 81.

29 « L'importance des révolutions se mesure à l'intérêt que peut avoir
le gouvernement à retarder leur réussite. »
LOUYS, **Avent. du roi Pausole**, IV, III.

30 « Tous les peuples sont pour la paix, aucun gouvernement ne l'est. »
LÉAUTAUD, **Propos d'un jour**, p. 45.

— *Relations des individus, des gouvernés, et du gouvernement.* V. **État, pouvoir** (Cf. Charte, cit. 2). *Endoctrinement*
(cit.) *par le gouvernement. Gouvernement qui corrompt les
gouvernés* (Cf. Encourager, cit. 13).

— *En parlant d'un régime politique précis. Le gouverne-
ment des Bourbons, de l'Empire, de la Restauration* (Cf.
Acariâtre, cit. 2), *de Louis-Philippe* (Cf. Assaillir, cit. 8).
V. **Règne.** *Le gouvernement de la III° République. Le gou-
vernement provisoire d'Alger.* — *Gouvernement pontifical.*
V. **Saint-Siège.** Cf. Camerlingue, cit. *Gouvernement du
Maroc (Maghzen), de l'ancienne Turquie (Divan** ; Sublime-
Porte**)... V. aussi **Protectorat, régence.**

— *Dr. intern. Représentant, mandataire d'un gouvernement étranger. Gouvernements de fait généraux, locaux.
Reconnaissance** *d'un gouvernement.*

31 « Dans la pratique... l'usage s'est introduit qu'un gouvernement de
fait doit être reconnu par les États tiers : c'est la « reconnaissance de
gouvernement »... (Ses conditions) se ramènent à une seule considération : il faut que le gouvernement de fait exerce un autorité suffisamment stable et effective. »   DELBEZ, **Man. de dr. intern. pub.**, p. 168.

‖ 2° Le pouvoir exécutif* ; les organes qui l'exercent (*par oppos. au* pouvoir législatif). — REM. Cette acception est courante en droit constitutionnel, mais prête souvent à confusion avec le sens 3°, plus usuel dans les pays à régime parlementaire. Appliqué au pouvoir exécutif, le terme de *Gouvernement* se distingue de « l'Administration* » et désigne « la fonction la plus élevée du pouvoir exécutif visant la direction suprême des affaires publiques et déterminant l'orientation générale de la politique du pays ». (CAPITANT). — *Faiblesse, renforcement du gouvernement par rapport au pouvoir législatif. Communication, message* du gouvernement au parlement. Limitation des pouvoirs du gouvernement par décentralisation*, self-government*... La centralisation* (cit.) renforce le gouvernement. Gouvernement français* (chef* de l'État ; conseil* des ministres), anglais (couronne ; cabinet), américain (Président), russe (présidium du Soviet suprême ; conseil des ministres)...*

32 « Qu'est-ce donc que le gouvernement ? Un corps intermédiaire établi entre les sujets et le souverain pour leur mutuelle correspondance, chargé de l'exécution des lois et du maintien de la liberté tant civile que politique... J'appelle... *gouvernement* ou suprême administration, l'exercice légitime de la puissance exécutive... »
ROUSS., Contrat social, III, I (Du gouvernement en général). — Cf. Tout le livre III du *Contrat social*.

33 « J'emploie ici le mot gouvernement pour désigner ce que très souvent on appelle le *pouvoir exécutif*... Le mot gouvernement est... employé dans deux sens différents. J'ai déjà désigné par le mot gouvernement l'ensemble des organes directeurs de l'État. En parlant ici du *gouvernement*, j'ai en vue cet organe que, dans la langue politique moderne, on oppose au parlement, qui est placé à côté de lui, au sommet de l'État... »
DUGUIT, Dr. constit., t. II, p. 768.

34 « La structure, les caractères du gouvernement... sont assez variables. Cependant, sa forme habituelle est celle-ci : un individu est titulaire de toutes les attributions qui appartiennent au gouvernement ; il a des collaborateurs, des subordonnés appelés ministres... qui ont surtout un rôle important lorsque le gouvernement est *parlementaire*. »
ID., Ibid., p. 769.

— *Abusivt.* En parlant de l'Administration centrale de l'État. *Employé* (cit. 2) *du gouvernement* (Cf. Emploi, cit. 15). *Fonctionnaire, agent préposé du gouvernement* (Cf. Arbitraire, cit. 9 ; commun, cit. 25). *Aux frais du gouvernement* (Cf. Aux frais de la princesse).

‖ 3° *Dans les régimes parlementaires*, La partie du pouvoir exécutif qui est responsable devant le Parlement ; le corps des ministres (*par oppos. au* Chef de l'État, irresponsable). V. **Cabinet** (*infra* cit. 9), **conseil** (des ministres), **ministre** ; **président** (du conseil) ; **ministre** ; **secrétaire** (d'État), **sous-secrétaire** (d'État). *Chef*, président, membres du gouvernement. Commissaire* du gouvernement. Constituer, former le gouvernement. Entrer au gouvernement. Gouvernement de droite, de gauche ; socialiste, modéré. Le gouvernement Poincaré, Briand... Un gouvernement de pacifistes, de bellicistes* (cit.). Les délibérations du gouvernement* (Cf. Financier, cit. 3). Le gouvernement est unanime, divisé. Divergences au sein du gouvernement. La politique étrangère, financière du gouvernement (Cf. Emprunt, cit. 6). Les fonctions, les actes du gouvernement.* V. **Arrêté, décision, décret, instruction ; police, réglementaire** (pouvoir)... *Actes du gouvernement publiés au Journal officiel*. Le gouvernement a l'initiative des projets de loi*. Autorisation préalable des publications par le gouvernement. V. **Censure.** — *Partisans, fidèles du gouvernement* (Cf. Autorité, cit. 28). *Soutenir le gouvernement. Opposition* au gouvernement (Cf. Bataille, cit. 15 ; escarmouche, cit. 3). Le gouvernement a posé la question de confiance*. Mettre en minorité, faire tomber* le gouvernement. Le gouvernement démissionnaire expédie les affaires courantes. Le nouveau gouvernement.*

35 « Quant au gouvernement, il montrait cette faiblesse, cette indécision, cette mollesse, cette incurie ordinaires à tous les gouvernements, et dont aucun n'est jamais sorti que pour se jeter dans l'arbitraire et la violence. »
FRANCE, Île des pingouins, V, VI.

‖ 4° *Dr. colon.* « Organisme chargé de la direction administrative d'une colonie » (CAPITANT) ou « d'un territoire faisant partie de l'Union française ». V. **Gouverneur.** *Gouvernement du Sénégal, de la Guinée. Gouvernement général de l'A.E.F., de l'A.O.F., de l'Algérie.*

36 « Le gouvernement général est la plus importante des institutions propres à l'Algérie, et le gouverneur général constitue le pivot de l'administration algérienne... Le gouverneur général représente le gouvernement de la République dans toute l'étendue du territoire algérien ; le gouvernement et la haute administration de l'Algérie sont centralisés à Alger sous son autorité. » A. BERNARD, L'Algérie (1929), p. 407.

III. Organisation, structure politique de l'État. V. **Constitution** (cit. 5), **institution(s), régime*, système.** *Formes, espèces de gouvernement* (Cf. Avantage, cit. 32 ; chanson, cit. 9 ; éducation, cit. 4 ; exigence, cit. 1). *Gouvernement monocratique ; monarchique, impérial, consulaire...* V. **Consulat, cour** (III, 1°), **empire, monarchie, régence, royauté.** *Gouvernement absolu* (cit. 5), *tyrannique...* V. **Absolutisme, arbitraire, autocratie, autoritarisme, autorité, césarisme, despotisme** (cit. 5), **dictature, tyrannie** (Cf. Amender, cit. 6 ; arbre, cit. 27). *Gouvernement aristocratique* (cit. 1), *collégial*, directorial.* V. **Aristocratie** (cit. 2, 3), **oligarchie ; duumvirat, triumvirat, pentarchie, tétrarchie ; directoire...** *Gouvernement direct, populaire.* V. **Ochlocratie.**

Gouvernement démocratique, républicain. V. **Démocratie** (cit. 3), **république** (Cf. Égal, cit. 9 ; fédératif, cit. 1). *Gouvernement parlementaire* (V. **Parlementarisme**), *représentatif*. — Gouvernement informe, balancé* (cit. 24) *entre plusieurs systèmes.*

37 « ...en vérité, l'excellente et meilleure police est à chaque nation celle sous laquelle elle s'est maintenue. Sa forme et commodité essentielle dépend de l'usage. Nous nous déplaisons volontiers de la condition présente. Mais je tiens pourtant que d'aller désirant le commandement de peu en un État populaire, ou en la monarchie une autre espèce de gouvernement, c'est vice et folie. »
MONTAIGNE, Essais, III, IX.

38 « Les diverses formes de gouvernements tirent leur origine des différences plus ou moins grandes qui se trouvèrent entre les particuliers au moment de l'institution. »
ROUSS., De l'inégalité parmi les hommes, II.

39 « On a de tout temps beaucoup disputé de la meilleure forme de gouvernement, sans considérer que chacune est la meilleure en certains cas, et la pire en d'autres. Pour nous, si, dans les différents États, le nombre des magistrats doit être inverse de celui des citoyens, nous conclurons qu'en général le gouvernement démocratique convient aux petits États, l'aristocratique aux médiocres, et le monarchique aux grands. »
ID., Émile, V.

40 « Toute nation a le gouvernement qu'elle mérite. »
J. de MAISTRE, Lett. et opusc..., 15-27 août 1811.

41 « Le gouvernement russe est une monarchie absolue tempérée par l'assassinat. »
CUSTINE, La Russie en 1839, t. I, p. 317 (in GUERLAC). — Cf. le mot célèbre de CHAMFORT (Chanson, cit. 9).

42 « (La République) a un titre à mes yeux : elle est, de tous les gouvernements, celui qui nous divise le moins. »
THIERS, Disc. au Parlement, 13 fév. 1850.

— *Allus. littér.* Les trois gouvernements, selon MONTESQUIEU (Cf. Esprit des Lois, liv. II et III). V. **Républicain ; monarchique ; despotique** (cit. 1).

— « *C'n'était pas la peine de changer de gouvernement* », refrain célèbre d'un couplet de *La Fille de madame Angot.*

ANT. — Anarchie, désordre... Gouverné, sujet... Opposition.

DER. — Gouvernemental. — COMP. — V. Self-government.

GOUVERNEMENTAL, ALE, AUX. *adj.* (1801 ; de *gouvernement*).

‖ 1° Relatif au gouvernement*, au pouvoir politique, ou (dans un sens plus étroit), au pouvoir exécutif. *Méthodes, institutions gouvernementales. Organes gouvernementaux.*

1 « On peut distinguer deux grandes catégories d'organes gouvernementaux : les Assemblées... et les organes constitués par un homme seul ou un petit comité... La terminologie applicable à ceux-ci demeure très incertaine : on les appelle tantôt « organes exécutifs », tantôt « organes gouvernementaux » au sens strict... la seconde (*dénomination*) conduit à une confusion grave puisqu'elle désigne par le même terme... le tout et la partie. »
DUVERGER, Régimes politiques, p. 27 (éd. P.U.F.).

‖ 2° Relatif au ministère. V. **Gouvernement** (III, 3°). *L'équipe gouvernementale. La politique gouvernementale est approuvée par l'Assemblée.*

2 « Partout ailleurs, le personnel gouvernemental a changé. Chez nous, le même est toujours là. Grave. »
LÉAUTAUD, Propos d'un jour, p. 47.

— *Spécialt.* Qui soutient le gouvernement, le ministère ; qui est favorable à sa politique. *Journal, parti gouvernemental. Députés gouvernementaux.*

ANT. — Antigouvernemental. *adj.* Qui est contre le gouvernement, dans l'opposition*.

DER. — Gouvernementalisme. *n. m.* (1845). Attitude politique qui consiste à approuver, à soutenir le pouvoir, le gouvernement.

« Un autre signe de ce temps, c'était l'anarchie mêlée au gouvernementalisme (nom barbare du parti correct). On était pour l'ordre avec indiscipline. »
HUGO, Misér., V, I, XII.

GOUVERNER. *v. tr.* (XIᵉ s. ; lat. *gubernare*, du gr. *kybernân.* V. **Cybernétique**).

I. ‖ 1° Diriger (une embarcation) au moyen d'un gouvernail*, ou de ce qui en tient lieu. V. **Diriger, manœuvrer, piloter ; navigation.** *Gouverner une barque, un navire, une péniche.*

1 « Car, en voyant du Ciel l'ordre qui point ne faut,
J'ai le cœur assuré qu'un moteur est là-haut,
Qui tout sage et tout bon gouverne cet empire,
Comme un pilote en mer gouverne son navire. »
RONSARD, Rép. inj. et calomn.

2 « On ne choisit pas pour gouverner un vaisseau celui des voyageurs qui est de meilleure maison. »
PASC., Pens., V, 320.

— Par métaph. *Gouverner, mener, conduire sa barque* : ses affaires. Gouverner le vaisseau de l'État* (Cf. Tenir la barre, le gouvernail*...).

— *Absolt. Gouverner à la lame*, vent arrière. *Gouverner à barre* franche* (V. **Barrer,** 2°), *à la roue*. Gouverner de telle façon que les voiles restent gonflées* (Cf. Porter plein*). *Gouverner vers bâbord.* V. **Venir** (sur). *Gouverner sur un cap*.* V. **Diriger.**

‖ 2° *Par anal. Vx.* V. **Conduire, mener.** *Gouverner un cheval, une voiture.* — *Fig. et vx. Gouverner son regard, une œillade* (Cf. Affété, cit. 1).

3 « ...la manière dont Itobad gouvernait son cheval... »
VOLT., Zadig, XIX.

‖ **3° Intrans.** Être gouverné, piloté (en parlant d'un navire). *Gouverner sur son ancre, sur sa bouée :* être poussé par le courant, le vent. *Un navire qui gouverne bien :* qui obéit bien au gouvernail.

II. Diriger la conduite de quelque chose, de quelqu'un.

‖ **1° Vx.** V. **Administrer, gérer, régir.** *Gouverner ses biens, sa fortune, sa maison...* (Cf. Économe, cit. 2 ; économie, cit. 1 ; éparpiller, cit. 9).

‖ **2° Vieilli.** Exercer une influence* déterminante sur la conduite de quelqu'un. V. **Conduire** (cit. 27), **diriger.** *Gouverner un enfant.* V. **Éduquer, élever, instruire** (Cf. Bon, cit. 96 ; convenable, cit. 3). *Avoir quelqu'un à gouverner, à surveiller.* Cf. Avoir charge (cit. 19) d'âme. *Il se laisse gouverner par sa femme.* V. **Guider, influencer, mener, régenter, tenir** (en lisière*). *Il gouverne toute sa famille, tout son entourage.* V. **Dominer.** *Une personne difficile à gouverner.* V. **Manier.**

4 « Il est plus difficile de s'empêcher d'être gouverné que de gouverner les autres. »
LA ROCHEF., Max., 151.

5 « Pour gouverner quelqu'un longtemps et absolument, il faut avoir la main légère, et ne lui faire sentir que le moins qu'il se peut sa dépendance. »
LA BRUY., IV, 71.

6 « Un homme sage ni ne se laisse gouverner, ni ne cherche à gouverner les autres... il veut que la raison gouverne seule et toujours. »
ID., Ibid.

7 « ...celui qui est à la cour, à Paris, dans les provinces, qui voit agir des ministres, des magistrats, des prélats, s'il ne connaît les femmes qui les gouvernent, est comme un homme qui voit bien une machine qui joue, mais qui n'en connaît point les ressorts. »
MONTESQ., Lett. pers., CVIII.

8 « Devais-je m'expliquer devant un malheureux valet, insolent d'être parvenu à presque gouverner son maître ? »
BEAUMARCH., Mère coupable, II, 20.

9 « La Sauvage, qui gouvernait Schmucke avec l'autorité d'une nourrice sur son marmot, le força de déjeuner avant d'aller à l'église. »
BALZ., Cousin Pons, Œuv., t. VI, p. 768.

— *Gouverner une conscience, les consciences.* V. **Directeur** (de conscience). Cf. Crédit, cit. 10.

10 « Le jésuite qui la gouverne la fait communier deux fois la semaine... »
SÉV., 813, 25 mai 1680.

— *Gouverner son cœur, ses sentiments, ses sens, ses désirs...* V. **Maîtriser** (Cf. Anticiper, cit. 4 ; discernement, cit. 6). *Gouverner ses instincts.* V. **Freiner, refréner.** *Gouverner sa mémoire* (Cf. Faiblir, cit. 2).

11 « ...on a beaucoup de peine à gouverner son imagination ; »
SÉV., 813, 25 mai 1680.

12 « Dès que vous ne gouvernez plus vos pensées, la sottise va de soi, par le seul mouvement de la langue. »
ALAIN, Propos, p. 246.

13 « ...je ne prétends pas gouverner ma vie. Nul, hormis les saints, n'a jamais gouverné sa vie. Toute vie est sous le signe du désir et de la crainte, à moins qu'elle ne soit sous le signe de l'amour. »
BERNANOS, Grands cimetières s. la lune, I, III.

— *Exercer son empire* sur. *L'intérêt, l'ambition, la crainte le gouvernent. Les forces qui gouvernent le corps* (Cf. Etioler, cit. 9). *Les forces, les instincts qui gouvernent l'intelligence* (Cf. Cultiver, cit. 11 ; épouvantable, cit. 6). *Les mobiles qui gouvernent ses actions. Règle qui gouverne la conduite.* V. **Gouverne** (n. f. 1°) ; **régler.** *Les principes qui gouvernent l'art...*

14 « Mes sens par la raison ne sont plus gouvernés, »
MOL., Mis., IV, 3.

15 « L'intérêt ne me gouverne point. »
ID., Méd. m. l., II, 4.

16 « Si les pieds et les mains avaient une volonté particulière, jamais ils ne seraient dans leur ordre qu'en soumettant cette volonté particulière à la volonté première qui gouverne le corps entier. »
PASC., Pens., VII, 475.

17 « Il ne connaissait pas les mobiles étranges qui gouvernent quelquefois les actions des femmes ; »
MUSS., Nouv., Frédéric et Bernerette, III.

18 « Ce majestueux phénomène psychique, l'inspiration, gouverne l'art tout entier, la tragédie comme la comédie, la chanson comme l'ode, le psaume comme la satire, l'épopée comme le drame. »
HUGO, P.-S. de ma vie, Promontorium somnii.

19 « Mon père, comme tous les hommes dont la vie est gouvernée par des passions exigeantes et précises... »
DUHAM., Pasq., I, VI.

— *Les lois, les idées, les forces qui gouvernent le monde, l'univers, la société, l'humanité...* V. **Mener, régir** (Cf. Association, cit. 1 ; attribuer, cit. 16 ; esprit, cit. 177 ; fantastique, cit. 11). *Religion qui gouvernera longtemps les sociétés* (Cf. Façonner, cit. 12).

20 « La fortune et l'humeur gouvernent le monde. »
LA ROCHEF., Max., 435.

21 « Tôt ou tard les hommes qui pensent et qui écrivent gouvernent l'opinion ; et l'opinion, comme vous savez, gouverne le monde. »
D'ALEMB., Dialogues, Descartes et Christine.

22 « Trois puissances gouvernent les hommes : le fer, l'or et l'opinion ; et, quand le despotisme a lui-même détruit cette dernière, il ne tarde pas à perdre les deux autres. »
CHAMFORT, Max. et pens., Sur la politique, IX.

23 « Les Morts gouvernent les vivants. »
A. COMTE, Catéchisme positiviste.

24 « Il reconnut qu'un tel fait se produisait avec la rigueur inexorable des lois qui gouvernent le monde. »
FRANCE, Mannequin d'osier, Œuv., t. XI, p. 242.

25 « Les lois de la gravitation, de l'optique, de l'acoustique, cessent de gouverner le monde. »
DUHAM., Salavin, V, XI.

— *Absolt.* V. **Commander, diriger** (Cf. Absolu, cit. 1 ; ambition, cit. 7). *Dans cette maison, ce sont les enfants qui gouvernent. Vouloir gouverner* (Cf. Entremetteur, cit. 1).

26 « ...quand la femme gouverne, la maison n'en va pas plus mal. »
ROUSS., Julie, IVe part., Lett. IX.

‖ **3° Gramm.** V. **Régir.**

27 « ...ce sont les mots indéterminés qui, dans le langage des Grammairiens, *gouvernent* ou *régissent* les noms déterminants. Ainsi les méthodes pour apprendre la langue latine disent que le verbe actif *gouverne* l'accusatif : »
ENCYCL., (DID.), Gouverner.

III. Exercer le pouvoir politique* sur. V. **Gouvernement*.** *Gouverner les peuples, les nations, les hommes.* V. **Conduire, diriger** (Cf. Berger, cit. 14, 15 ; échec, cit. 17 ; équité, cit. 4 ; fleur, cit. 38). *Corrompre, amollir* (cit. 4) *les hommes pour les gouverner plus aisément. Gouverner le corps* (cit. 38) *social, une grande nation* (Cf. Emparer, cit. 3), *une province* (Cf. Empereur, cit. 3). *Faire gouverner un pays par des notables* (Cf. Fédéraliste, cit.). *Chef*, monarque*, tyran*, prince, régent... qui gouverne un pays. République que gouvernent deux assemblées et un conseil des ministres. Ce pays est gouverné par une oligarchie financière, par un parti politique...*

28 « En un mot, c'est l'ordre le meilleur et le plus naturel que les plus sages gouvernent la multitude, quand on est sûr qu'ils la gouverneront pour son profit, et non pour le leur. »
ROUSS., Contrat social, III, V.

29 « Law me dit : Monsieur, jamais je n'aurais cru ce que j'ai vu pendant que j'ai administré les finances. Sachez que le royaume de France est gouverné par trente intendants. Vous n'avez ni parlement, ni comités, ni états, ni gouverneurs, j'ajouterai presque ni roi ni ministres : ce sont trente maîtres des requêtes, commis aux provinces, de qui dépend le bonheur ou le malheur de ces provinces, leur abondance ou leur stérilité. »
D'ARGENSON, Journ. et mém., t. I, p. 43 (note) in GUERLAC.

30 « Qu'importe que ce soit un sabre, un goupillon ou un parapluie qui vous gouverne ! — C'est toujours un bâton, et je m'étonne que des hommes de progrès se soient à disputer sur le choix du gourdin qui leur doit chatouiller l'épaule... »
GAUTIER, Mlle de Maupin, Préf., p. 32.

31 « On crut sauver la liberté en disputant au roi le droit de régner par lui-même et en essayant de transporter au conseil des ministres la pleine souveraineté : discussion assez stérile, car il m'importe assez peu par qui je suis gouverné, si je suis trop gouverné. »
RENAN, Quest. contempor., Œuv., t. I, p. 64.

32 « La politique, c'est-à-dire la manière de gouverner l'humanité de la même façon que l'on gouverne une machine ou un troupeau, disparaîtra comme un art spécial. La science maîtresse, le souverain d'alors, ce sera la philosophie... »
ID., Ibid, p. 231.

— *Par ext. Les lois, la constitution, les principes politiques qui gouvernent un pays.*

33 « La loi par laquelle le peuple est gouverné est tout ensemble la plus ancienne loi du monde, la plus parfaite, et la seule qui ait toujours été gardée sans interruption dans un État. »
PASC., Pens., IX, 620.

34 « La loi, en général, est la raison humaine, en tant qu'elle gouverne tous les peuples de la terre ; »
MONTESQ., L'esprit des lois, I, III.

— *Absolt.* Diriger les affaires publiques d'un Etat, détenir et exercer le pouvoir politique et, spécialt, le pouvoir exécutif (Cf. Envoyer, cit. 5). *La vocation, l'ambition de gouverner. Esprit* (cit. 129) *de suite indispensable pour gouverner. Gouverner en maître, en tyran... Gouverner sagement, bien gouverner* (Cf. Art, cit. 65). *On ne peut gouverner ni avec* (cit. 12) *lui, ni sans lui. Classe qui gouverne dans l'intérêt commun, à son profit* (Cf. Aristocratie, cit. 3). *Ceux qui gouvernent* (Cf. Borne, cit. 16). V. **Chef** (du gouvernement), **gouvernant, homme** (d'Etat) ; **rênes** (tenir les rênes du pouvoir). *Avoir charge* (cit. 24) *de gouverner. L'art de gouverner* (Cf. Commander, cit. 31).

35 « Il est contre l'ordre naturel que le grand nombre gouverne et que le petit soit gouverné. »
ROUSS., Contrat social, III, IV.

36 « La masse n'a droit de gouverner que si l'on suppose qu'elle sait mieux que personne ce qui est le meilleur. »
RENAN, Avenir de la science, Œuv., t. III, p. 1007.

37 « Le pouvoir politique... ne peut vivre que du sacrifice de l'intellect... gouverner, c'est aller s'expédient en expédient... »
VALÉRY, Reg. s. le monde act., p. 301.

38 « Gouverner, en temps de guerre, c'est quelque chose comme de piloter un navire qui fait eau de toutes parts... »
MART. du G., Thib., t. VIII, p. 254.

39 « Se destiner à la politique, c'est se sentir une vocation, non seulement de critiquer, mais de gouverner. Sinon, autant le seul journalisme. »
ROMAINS, H. de b. vol., t. II, XV, p. 183.

40 « Les politiques médiocres passent le plus clair de leur temps à faire des projets ou à exposer des doctrines... Le Café du Commerce parle et ne gouverne pas. »
MAUROIS, Art de vivre, IV, 5.

41 « Il s'agit de savoir comment on gouvernera. Depuis toujours, il n'y a que deux méthodes : la force ou la ruse. »
ARAGON, Beaux quartiers, III, VI.

— *Allus. hist.* « *Gouverner c'est prévoir* », mot attribué à E. de GIRARDIN et, parfois, à THIERS. — *Le roi règne et ne gouverne pas :*

42 « Le roi n'administre pas, ne gouverne pas, il règne. Les ministres administrent et gouvernent, et ne peuvent avoir un seul subalterne contre leur gré ; mais le roi peut avoir un ministre contre son gré, parce qu'encore une fois, il n'administre pas, il ne gouverne pas, il règne. »
Le National, 4 fév. 1830, art. attribué à THIERS.

43 « La *Monarchie selon la Charte* est un catéchisme constitutionnel : c'est là que l'on a puisé la plupart des propositions que l'on avance comme nouvelles aujourd'hui. Ainsi ce principe, que *le Roi règne et ne gouverne pas*, se trouve tout entier dans les chapitres IV, V, VI et VII sur la prérogative royale. »
CHATEAUB., M. O.-T., t. IV, p. 98. — N.-B. Le livre des Mém. d'où cette citation est extraite, a été écrit en 1839. *La Monarchie selon la Charte* date de 1816.

|| SE GOUVERNER. *v. pron.* || **1°** Être maître* de soi, de ses instincts, de ses impulsions... (Cf. Conduite, cit. 19). *Se gouverner à force de volonté*.

44 « ... des personnes qui sont capables de se gouverner ; »
RAC., Trad., Banquet de Platon.

|| **2°** Exercer le pouvoir politique sur soi-même (en parlant d'une société). *Société qui se gouverne aristocratiquement* (cit.). *Droit des peuples à se gouverner eux-mêmes* (Cf. *aussi* Détrôner, cit. 2).

|| **3°** Être gouverné. *Les passions se gouvernent par la volonté*.

45 « ... il en irait bien mieux,
Si tout se gouvernait par ses ordres pieux. » MOL., Tart., I, 1.

46 « De là vient en partie mon inaptitude à laisser ma pensée se gouverner par la rime, inaptitude que j'ai depuis bien vivement regrettée ; »
RENAN, Souv. d'enfance..., I, II.

|| GOUVERNÉ, ÉE. p. p. et adj. *Masses gouvernées* (Cf. Gouvernement, cit. 14). *Passions gouvernées*.

47 « Le vrai du pessimisme est en ceci que la simple humeur non gouvernée va au triste ou à l'irrité. ALAIN, Propos s. le bonheur, p. 263.

— *Substant. Les gouvernés* : l'ensemble de ceux qui doivent obéir au pouvoir politique, et que l'on oppose aux *Gouvernants** (Cf. cit. 11 DUVERGER). V. **Sujet.** *L'intérêt des gouvernés* (Cf. Aristocratie, cit. 3. Cf. *aussi* Encourager, cit. 13). — Collectivement. *Les droits du gouverné*.

48 « ... c'est une chimère, et la plus inepte des chimères, que la créance en un futur état de choses où il n'existera que des gouvernés doux, patients, modérés, pleins de bon sens, de raison, d'instruction, et sachant la vérité des choses, pour s'embrasser avec des gouvernants intègres. »
GOBINEAU, Pléiades, II, II.

DER. — Gouvernable, gouvernance, gouvernant, gouvernante, gouverne, gouvernement, gouverneur.

GOUVERNEUR. *n. m.* (vers 1050 au sens 1 ; de *gouverner*). — REM. *Gouverneur* qui a éliminé de bonne heure *gouvernant* au sens de « gouverneur de province, de ville », a longtemps gardé pour féminin *gouvernante*, aujourd'hui inusité au sens de « femme d'un gouverneur »).

I. || **1°** *Anc. dr.* Haut fonctionnaire royal à qui était confié le gouvernement militaire d'une province, d'une grande ville. *Gouverneur et lieutenant* pour le roi. À la veille de la Révolution, on comptait quarante gouverneurs généraux (provinces et territoires) et quatre cents gouverneurs particuliers* (villes et places fortes). *Les gouverneurs dirigèrent effectivement l'administration des provinces jusqu'au ministère de Richelieu ; ils n'eurent plus guère ensuite que des fonctions honorifiques. — Gouverneurs de palais, de châteaux, de maisons royales*.

1 « Nous avons eu une Jacqueline de la Prudoterie qui ne voulut jamais être la maîtresse d'un duc et pair, gouverneur de notre province. »
MOL., G. Dandin, I, 4.

— *Par ext. Le gouverneur de la maison d'un comte*. V. **Administrateur** (Cf. Etre, cit. 12).

— *Charge, titre, dignité de gouverneur*. V. **Gouvernorat.** — *Gouverneurs de l'antiquité perse* (V. **Satrape**), *grecque* (V. **Tétrarque**), *romaine* (V. **Légat, proconsul, procurateur, vicaire**). *Gouverneurs musulmans* (V. **Bey, dey, pacha... ; vali**). *Le palatin*, le voïvode*, anciens gouverneurs, en Pologne ; le stathouder*, gouverneur hollandais...*

|| **2°** *Milit. Gouverneur militaire* : titre de l'officier général placé à la tête de certaines régions militaires (Paris, Lyon...). *Gouverneur d'une place forte, en temps de guerre*. — *Par ext. Gouverneur d'un fort, d'une prison...* sous l'Ancien Régime.

|| **3°** Chef mis par l'État à la tête de certaines grandes institutions financières et, *spécialt.*, de la Banque de France. *Le gouverneur de la Banque de France est assisté d'un sous-gouverneur*.

|| **4°** *Dr. colon.* Fonctionnaire qui, dans une colonie ou un territoire dépendant d'une métropole, est à la fois le principal représentant de l'autorité métropolitaine et le chef de l'administration. *Gouverneur d'une colonie, d'un territoire d'outre-mer, d'une union de colonies* (gouverneur général). *Le vice-roi* des Indes faisait fonction de gouverneur général. Le gouverneur général de l'Algérie* (Cf. Gouvernement, cit. 37). *Arrêté du gouverneur général* (Arrêté gubernatorial).

2 « Le gouverneur général représente le Gouvernement de la République française dans toute l'étendue de l'Algérie... Il est responsable de ses actes devant le Gouvernement de la République. »
LOI du 20 sept. 1947, Art. 5.

II. *Vx.* ou *Hist.* Celui qui dirigeait l'éducation d'un ou plusieurs enfants. V. **Mentor, précepteur, régent ; gouvernante** (Cf. Désobéir, cit. 6). *Gouverneur des enfants royaux* (Cf. Elire, cit. 1). *Gouverneur des pages du roi.* — REM. La distinction entre *gouverneur* et *précepteur* est faite dès le XVII° s. ; Cf. ST-SIM. *infra*, cit. 4.

3 « Sa leçon se fera tantôt par devis (*conversation*), tantôt par livre ; tantôt son gouverneur lui fournira de l'auteur même... tantôt il lui en donnera la moelle et la substance toute mâchée. »
MONTAIGNE, Essais, I, XXVI.

4 « Le duc de Beauvillier devint gouverneur des enfants de France... En peine de choisir un précepteur, il s'adressa à Saint-Sulpice... il y avait déjà ouï parler de l'abbé de Fénelon... il le vit, il en fut charmé ; il le fit précepteur. » ST-SIM., Mém., t. I, XVII.

5 « Si, dans vos nombreuses relations, vous espérez de quelque prince russe, comte polonais, baron allemand, n'importe ? qui voulût un gouverneur, un précepteur, n'importe encore ? pensez à moi, je vous prie ; » STE-BEUVE, Corresp., 104, 31 janv. 1830, t. I, p. 174.

III. *Technol.* Ouvrier papetier chargé de la préparation des chiffons destinés à la fabrication de la pâte à papier (On dit aussi *Gouverneau*).

DER. — Gouvernat (début XIX° s.) ; gouvernorat. *n. m.* (XX° s.). Charge, dignité de gouverneur. — (du lat. *gubernator*). Gubernatorial, ale. *adj.* (XX° s.). Qui a rapport au gouverneur (de l'Algérie ou d'une colonie). *Les arrêtés gubernatoriaux doivent être publiés au Journal officiel de l'Algérie* (DALLOZ, Nouv. répert.).

GOY, GOÏ ou **GOYE.** *n. m.* (XVI° s. ; hébreu *goï*, « chrétien ». V. **Goujat**). Nom donné par les Israélites aux personnes étrangères à leur culte et, *spécialt.*, aux chrétiens (*Plur.* Goym, goïm, goyim).

1 « Et s'il se prend fantaisie, dans cette franche correspondance, de dire quoi que ce soit des « goym », sois sûr que je prêterai l'oreille. »
DUHAM., Pasq., VI, X.

2 « ... le *goy* vertueux, même s'il ne connaît pas la Loi, est « comme un grand prêtre ». Dans cette vue, le peuple élu est le messager de la parole ; » DANIEL-ROPS, Peuple de la Bible, IV, III.

3 « ... les portiers qui doivent interdire l'entrée aux incirconcis, aux *goyim*... » ID., Ibid.

GOYAVE. *n. f.* (*Gouyave* en 1640 ; empr. de l'esp. *guayaba*, mot caraïbe). Fruit du goyavier, à saveur parfumée et sucrée. *Gelée, confiture de goyave*.

DER. — Goyavier. *n. m.* (1555 selon DAUZAT). Plante dicotylédone (*Myrtacées*) appelée scientifiquement *Psidium* et vulgairement « Poirier des Indes ». *La goyave, fruit du goyavier*.

GRABAT. *n. m.* (XII° s. ; mais rare jusqu'au XVI° ; *grabatum* au XI° s. ; lat. *grabatus*, gr. *krabbatos*). Lit* misérable. *Un méchant, un mauvais grabat. Grabat d'un indigent, d'un miséreux. Il gisait sur un grabat* (Cf. Catarrhe, cit. 2). *Mourir, expirer* (cit. 4) *sur un grabat* (Cf. Délice, cit. 8).

1 « ... quant au lit du roi (*Frédéric II*), c'était un grabat de sangles avec un matelas mince, caché par un paravent. Marc-Aurèle et Julien, ses deux anthres, et les plus grands hommes du stoïcisme, n'étaient pas plus mal couchés. » VOLT., Mém. écrits par lui-même.

2 « Le grabat où M. Leblanc avait été renversé était une façon de lit d'hôpital porté sur quatre montants grossiers en bois à peine équarri. »
HUGO, Misér., III, VIII, XX.

— *Par ext. et vieilli.* Lit de malade. *Être sur le grabat* : être malade. V. **Grabataire.**

3 « Vous me permettez de ne vous pas écrire de ma main quand ma détestable santé me tient sur le grabat... » VOLT., Lett. Richelieu, 3172, 17 août 1767.

4 « Venez-vous purger encore, saigner, droguer, mettre sur le grabat toute ma maison ? » BEAUMARCH., Barb. de Sév., III, 5.

DER. — Grabataire. *adj.* et *n.* (1721). *Vx.* Qui est malade et ne quitte pas le lit. *Vieillard grabataire* (V. **Infirme**). Substantivt. *Un grabataire*.

« La sœur Perpétue était une forte religieuse,... sucrant la tisane selon le bigotisme ou l'hypocrisie du grabataire... »
HUGO, Misér., I, VII, I.

GRABELER. *v. tr.* (XVI° s. RAB. ; ital. *garbellare*, arabe *gharbal*, « crible »). *Vx.* V. **Cribler.** — *Pharm.* Trier* les fragments d'une substance médicinale.

DER. — Grabeau. *n. m.* (1466). Fragment d'une substance médicinale, d'une drogue, après criblage. *Séparer les grabeaux*.

GRABUGE. *n. m.* (XVI° s. ; var. *garbuge, gaburge ; grabouil* au XV° s. ; ital. *garbuglio*). Fam. Dispute, querelle bruyante ; désordre qui en résulte. V. **Dispute, querelle ; désordre, gâchis.** *Il y a du grabuge dans le ménage* (ACAD.). *Ne faites pas tant de grabuge.* V. **Bruit.** — *Par ext.* V. **Bagarre, bataille.** *Ça va faire du grabuge !*

« — En ce cas, le peuple n'est pas au bout de ses peines ; et, d'ici-là, il pourrait bien y avoir du grabuge. — Je le crains plus que je ne le souhaite, car il y en a toujours qui payent les pots cassés. — Le monde se révoltera. »
BALZ., Souvenirs d'un paria, VIII, IX (Œuv. div., t. I, p. 303).

— REM. On emploie généralement *Grabuge* avec l'article indéfini (*Du grabuge*). On ne dirait plus de nos jours : « *Tout ce petit grabuge... va finir en deux mots* » (REGNARD).

— *Spécialt.* Jeu de cartes.

GRÂCE. *n. f.* (XIᵉ s. ; lat. *gratia*).

I. (XIᵉ s. « aide de Dieu » ; XIIᵉ s. « faveur »).

‖ **1°** Ce qu'on accorde à quelqu'un pour lui être agréable, sans que cela lui soit dû. V. **Avantage, bienfait, don, faveur*, gracieuseté.** *Demander, solliciter une grâce* (Cf. Enfermer, cit. 2). *Obtenir, recevoir une grâce. Je vous prie d'intercéder* pour lui obtenir cette grâce. Faire à quelqu'un la grâce de...* V. **Plaisir** (Cf. Boire, cit. 12 ; brûlable, cit. ; employer, cit. 17). *Accorder*, concéder* (cit. 1), *octroyer une grâce. Demander* (cit. 25) *quelque chose comme une grâce, demander pour grâce, en grâce. Implorer* en grâce. Secours matériel accordé en grâce.* V. **Aide, aumône, secours, subside.** — Absolt. « *Tout ce qui vient d'elles est grâce et faveur* » (FRANCE. Cf. Dame, cit. 18).

1   « Je demande la mort pour grâce ou pour supplice ; »
                                    CORN., **Horace,** IV, 7.

2   « ... vous vous réconcilierez tous deux. C'est une grâce que je vous demande ; »
                                    MOL., **Sic.,** 15.

3   « Adieu. Promettez-moi de vivre comme frères ;
     Que j'obtienne de vous cette grâce en mourant. »
                                    LA FONT., **Fab.,** IV, 18.

4   « Elle a demandé en grâce de venir dans le diocèse de Meaux... »
                                    BOSS., **Lett. quiét.,** CXVII.

— Fig. « *La fortune... distribuait ses grâces* » (LA FONT.). — Par hyperb. (Formule de politesse). *Faire la grâce de...* V. **Amabilité, gentillesse, honneur.** *Vous m'avez fait la grâce de m'écrire... Me ferez-vous la grâce d'accepter ? C'est trop de grâce que vous me faites* (souvent employé ironiquement).

5   « — Il dit, Madame, qu'il vous trouve la plus belle personne du monde.
     — C'est bien de la grâce qu'il me fait. »
                                    MOL., **Bourg. gent.,** III, 16.

6   « Il ne me reste plus qu'à vous remercier de vos observations ; s'il vous en vient quelques-unes, faites-moi la grâce de me les communiquer. »
                                    DIDER., **Lett. s. les sourds-muets.**

‖ **2°** *Les bonnes grâces de quelqu'un :* les faveurs qu'il accorde ; ses dispositions favorables. V. **Amitié, bienveillance, faveur** (Cf. Aride, cit. 4 ; branler, cit. 3). *Rechercher, se concilier*, gagner, trouver ; perdre les bonnes grâces de quelqu'un. — Être, rentrer dans les bonnes grâces de quelqu'un.* — Spécialt. En parlant d'une femme. V. **Amour, faveur.** *Posséder, gagner* (cit. 33) *les bonnes grâces d'une jeune fille.*

7   « ... pour gagner les bonnes grâces du victorieux ; »
                                    CORN., **Exam. de Pompée.**

8   « Elle livra aux Romains une place de grande importance... pour mettre son fils Xipharès dans les bonnes grâces de Pompée. »
                                    RAC., **Mithrid.,** Préf.

9   « ... lui, pour sa part, possédait les bonnes grâces de deux femmes de qualité. »
                                    LESAGE, **Gil Blas,** III, V.

10   « Le bruit commun était qu'il avait eu ses bonnes grâces, avant qu'elle fût mariée. »
                                    HAMILT., **Gram.,** 8 (in LITTRÉ).

11   « (*Le roi de Pologne*) protesta sur-le-champ contre l'abdication qu'on lui avait arrachée, et étant rentré dans les bonnes grâces du czar, il s'empressa de remonter sur le trône de Pologne. »
                                    VOLT., **Hist. de Russie,** I, XIX.

‖ **3°** Disposition à faire des faveurs, à être agréable à quelqu'un. V. **Bienveillance, bonté, protection.** *Être en grâce auprès de quelqu'un :* jouir de la considération, de la faveur de quelqu'un. V. **Plaire.** *Rentrer en grâce :* retrouver une faveur qu'on avait momentanément perdue, obtenir son pardon. *Retour en grâce.* — REM. De ces deux dernières expressions, la première vieillit tandis que la seconde reste bien vivante.

12   « Je puis croire pourtant,
     Sans trop de vanité, que je suis en sa grâce. »
                                    MOL., **Dép. am.,** I, 3.

13   « ... et quelque austère que nous paraisse, et que soit même la pénitence, pouvons-nous ne la pas aimer quand il s'agit de rentrer en grâce avec le maître de qui dépend tout notre bonheur... »
                                    BOURDAL., **Sévérité de la pénitence,** IIᵉ part.

14   « Rentré en grâce auprès de Mᵐᵉ de Pompadour, je lui communiquai ma peine, le suppliant de savoir du roi s'il me serait favorable. »
                                    MARMONTEL, **Mém.,** VII.

— Fig. *Trouver grâce devant quelqu'un, devant les yeux, aux yeux de quelqu'un :* lui plaire, gagner sa bienveillance, son indulgence (Cf. Autre, cit. 51 ; derviche, cit. 1). *Personne ne trouve grâce à ses yeux, il critique tout le monde.*

15   « Seigneur, si j'ai trouvé grâce devant vos yeux,
     Si jamais à mes vœux vous fûtes favorable, »
                                    RAC., **Esther,** II, 7.

16   « Mᵐᵉ de T. a trouvé grâce devant Madame de Montespan. »
                                    SÉV., **370** (in LITTRÉ).

— Vx. *De grâce, par grâce :* par pure bonté. *De sa grâce :* de son propre gré, de son propre mouvement, spontanément.

17   « Profitons de l'instant que de grâce il nous donne, »
                                    BOIL., **Épît.,** III.

18   « ... votre cœur magnifique
     Me promit, de sa grâce, une bague. »
                                    MOL., **Dép. am.,** I, 2.

— De nos jours. *De grâce.* S'emploie dans un sens affaibli (Cf. Je vous en prie* ; pour l'amour* du ciel, de Dieu.

— Camarade, cit. 6 ; emporter, cit 48 ; extravaguer, cit. 1 ; fait, cit. 42). *Permettez, de grâce...* (Cf. Ah ! cit. 3). *De grâce, arrêtez* (cit. 50). *Dites-moi, de grâce* (Cf. Avance, cit. 6). *De grâce, ne le répétez pas* (Cf. Farce, cit. 1).

19   « Ah ! de grâce, laissez, je suis fort chatouilleuse. »
                                    MOL., **Tart.,** III, 3.

— Dr. civ. *Délai* de grâce. Terme* de grâce :* délai que les juges peuvent accorder à un débiteur pour l'exécution de son obligation (Cf. CODE CIV., Art. 1244). *Accorder à quelqu'un un jour, une heure de grâce.*

— Spécialt. Titre d'honneur donné à certains dignitaires, surtout dans les pays anglo-saxons. *Sa Grâce le duc de... Votre Grâce.* V. **Honneur.**

‖ **4°** La bonté divine ; les faveurs qu'elle dispense. V. **Bénédiction, faveur.** *La grâce de Dieu*. Elle remercie Dieu de la grâce qu'il lui a faite* (Cf. Faire, cit. 135). — *C'est la grâce que je vous souhaite.* Loc. *Par la grâce de Dieu*.* V. **Volonté.** *Louis, par la grâce de Dieu, roi* de France et de Navarre.*

20   « Le roi reçut son hommage, et lui permit de se dire prince d'Orange par la grâce de Dieu, de battre monnaie... »
                                    DUCLOS, **Hist. Louis XI,** t. III, p. 65.

— An* de grâce, se dit de chacune des années de l'ère chrétienne (Ne s'emploie plus que par archaïsme ou plaisanterie).

— Havre* de grâce.

— Loc. *A la grâce de Dieu... :* comme il plaira à Dieu (Cf. *supra* cit. 53). *Les choses iront à la grâce de Dieu :* sans autre secours*, et par ironie, n'importe comment.

21   « Quand j'agis avec elle, j'ai l'impression que je suis le Quai d'Orsay : je fais tout à tâtons et à la grâce de Dieu. »
                                    MONTHERLANT, **Jeunes filles,** p. 221.

— Spécialt. Théol. chrét. Aide surnaturelle qui rend l'homme capable d'accomplir la volonté de Dieu et de parvenir au salut. V. **Bénédiction, esprit** (1°), **inspiration, secours** (Cf. Divin, cit. 14 ; examen, cit. 7). *Dieu accorde, donne, répand sa grâce* (Cf. Bénir, cit. 1 ; don, cit. 13 ; église, cit. 3). *Dieu communique ses grâces à qui il lui plaît* (Cf. L'esprit souffle où il veut). *La grâce a touché* ce pécheur. Attendre, espérer la grâce de Dieu* (Cf. Espérance, cit. 26, 27). *Recevoir la grâce* (Cf. Capacité, cit. 2). *La force de la grâce* (Cf. Faiblesse, cit. 37). *Efficace* (2, cit. 1) *de la grâce. Manifestations, effets, opérations de la grâce* (Cf. Esprit, cit. 14). *Entretenir et fortifier la vie de la grâce* (Cf. Eucharistie, cit. 3). *Les sacrements* sont destinés à produire, à fortifier la grâce dans les âmes. Confirmation* de la grâce reçue au baptême*. Être confirmé* en grâce. Doctrines sur la grâce.* V. **Prédestination ; calvinisme, jansénisme, molinisme, pélagianisme.** *Disputes, controverses sur la grâce* (Cf. Épaissir, cit. 2). — *État* (cit. 27) *de grâce* (Cf. Divinité, cit. 1 PASC.). *Être en état de grâce* (V. **Pureté**). *Passage du péché à l'état de grâce par l'absolution* (V. **Justification**). *Mourir, vivre dans la grâce :* en état de grâce. *Je vous salue*, Marie pleine de grâce* (Cf. Bassesse, cit. 9 ; femme, cit. 4). — *Perdre la grâce en commettant un péché* mortel. S'exclure* (cit. 20) *de la grâce. Âme privée de la grâce* (Cf. Apologie, cit. 4). — *Lieu saint, sacré, habité par la grâce* (Cf. Bienheureux, cit. 10). « *La prière, le canal* (cit. 15) *des grâces* » (MASSILLON). *Délectation** (cit. 4) *de la grâce.*

22   « Car c'est par la grâce que vous êtes sauvés *en vertu* de la foi ; et cela ne vient pas de vous, puisque c'est un don de Dieu... »
                                    BIBLE (SACY). **Ép. St Paul aux Éphés.,** II, 8. — N.-B. La version de CRAMPON et celle de SEGOND portent : « par le moyen de la foi ».

23   « Nous appelons « Grâce actuelle une inspiration de Dieu par laquelle il nous fait connaître sa volonté, et par laquelle il nous excite à la vouloir accomplir ». »
                                    PASC., **Prov.,** IV.

24   « Pour faire d'un homme un saint, il faut bien que ce soit la grâce ; et qui en doute ne sait ce que c'est que saint et qu'homme. »
                                    ID., **Pens.,** VII, 508.

25   « (*L'Être suprême*)... nous a donné la raison pour connaître ce qui est bien, la conscience pour l'aimer, et la liberté pour le choisir. C'est des dons sublimes que consiste la grâce divine ; et comme nous les avons tous reçus, nous en sommes tous comptables. »
                                    ROUSS., **Julie,** VIᵉ part., Lett., VII.

26   « Qu'est-ce que la grâce ? C'est l'inspiration d'en haut, c'est le souffle, *flat ubi vult,* c'est la liberté. La grâce est l'âme de la loi. Cette découverte de l'âme de la loi appartient à saint Paul ; et ce qu'il nomme grâce au point de vue céleste, nous, au point de vue terrestre, nous le nommons droit. »
                                    HUGO, **Shakespeare,** I, II, 10.

27   « — Combien faut-il de temps encore (*avant le baptême*) ? demanda le médecin. — Un mois, répondit la supérieure. — Elle sera morte, répliqua le docteur. — Oui, mais en état de grâce et sauvée, dit l'abbé. »
                                    BALZ., **Splend. et mis. des courtis.,** Œuv., t. V, p. 692.

28   « La foi a cela de particulier que, disparue, elle agit encore. La grâce survit par l'habitude au sentiment vivant qu'on en a eu. »
                                    RENAN, **Souv. d'enfance...,** I, I.

29   « Le dogme de la grâce est le plus vrai des dogmes chrétiens. »
                                    ID., **Ibid.,** VI, V.

30   « L'abondance de la grâce le baignait d'une extase ineffable. »
                                    ZOLA, **Faute de l'abbé Mouret,** III, IX.

31   « ... la grâce agit dans les plus grands criminels et relève les plus misérables pécheurs. »   PÉGUY, **Note conjointe,** Sur Descartes, p. 101.

32 « Lorsque vous sortez du confessionnal vous êtes en « état de grâce ». L'état de grâce... Hé bien ! que voulez-vous, il n'y paraît pas beaucoup. Nous nous demandons ce que vous faites de la grâce de Dieu. Ne devrait-elle pas rayonner de vous ? Où diable cachez-vous votre joie ? »
BERNANOS, **Gr. cimet. s. la lune**, p. 253.

33 « La Grâce, comme l'inspiration du poète, lui semble être un retournement total, instantané, de l'âme. »
MAUROIS, **Ét. littér.**, Claudel, I.

34 « Pour l'homme de Rousseau, la Grâce, c'est-à-dire le contact avec le divin, est fonction de la nature humaine, et d'elle seule : elle est un don naturel que l'erreur des hommes leur fait perdre. »
DANIEL-ROPS, **Ce qui meurt et ce qui naît**, II.

35 « *Grâce*, dans le langage théologique, au sens fort et primitif, ne désigne pas seulement une faveur, un secours librement donné à tel ou tel, sans mérite antécédent. Ce mot signifie essentiellement la grande merveille, la condescendance divine, en vertu de laquelle l'homme (avant la chute par la vocation première, après la chute par la Rédemption), est élevé à une destination surnaturelle. Et cet ordre gratuit consiste en ce que Dieu, transformant la créature humaine, lui donne « le pouvoir d'être fait enfant du Père », cohéritier du Christ, participant au mystère intime de la Trinité. C'est cette transformation du serviteur en fils, cette déification de l'homme, qui constitue par excellence l'ordre surnaturel, l'ordre *de la Grâce* ; et toutes les *grâces* particulières n'ont de sens et de réalité que relativement à cette destinée, qui ne peut être naturelle à aucune créature, qui est donc toute « gracieuse ». M. BLONDEL (in LALANDE, **Vocab. de la philos.**, Grâce).

— Cf. encore Autel, cit. 22 (MASS.) ; bénéfice, cit. 2 (FÉN.) ; conversion, cit. 2 (PASC.) ; enfler, cit. 31 (BOSS.) ; évêque, cit. 5 (GRENTE) ; fléchir, cit. 7 (BOSS.).

— *Grâce concomitante*, efficace** (cit. 8 et 9), *excitante* (cit. 5), *justifiante, nécessitante, originelle, sanctifiante*, suffisante, vivifiante**. — *Grâce d'état* : grâce attachée à une situation particulière. *Fig.* Ce qui permet de supporter une situation, un état pénible, douloureux. *Il ne se rend pas compte de la gravité de sa maladie, c'est une grâce d'état.*

— *Fig.* V. **Don** (cit. 16), **inspiration**. *Pour créer de telles œuvres, il faut avoir la grâce.*

36 « ... les Dons (*des Fées*) n'étaient pas la récompense d'un effort, mais tout au contraire une grâce accordée à celui qui n'avait pas encore vécu, une grâce pouvant déterminer sa destinée et devenir aussi bien la source de son malheur que de son bonheur. »
BAUDEL., **Spleen de Paris**, XX.

37 « Il (*Hégésippe Moreau*) possède véritablement la grâce, le don gratuit... il aurait dû mille fois rendre grâces pour cette grâce à laquelle il doit tout, sa célébrité et le pardon de tous ses vices littéraires. »
ID., **Art romantique**, XXII, H. Moreau.

‖ 5° *Spécialt.* (XIIIe s.). Pardon, remise de dette, accordée bénévolement. V. **Amnistie, sursis**. *Demander, implorer* grâce*. V. **Indulgence, miséricorde, quartier** (Cf. Assiéger, cit. 14 ; cribler, cit. 12). *Requête pour obtenir une grâce.* V. **Supplique**. *Se jeter aux pieds de quelqu'un pour demander grâce. Crier* (cit. 32) *grâce.* V. **Supplier**. Ellipt. *Grâce !* V. **Merci, pitié**. *Intercéder pour obtenir la grâce de quelqu'un. Donner grâce* (vx). Cf. Entériner, cit. 1. *Faire grâce.* V. **Absoudre, disculper, épargner, excuser, pardonner** (Cf. Dès, cit. 7 ; embusquer, cit 1 ; épisode, cit. 2). *Faire grâce à quelqu'un d'une peine* (Cf. Effroyable, cit. 4).

38 « S'il venait à mes pieds me demander sa grâce ! »
RAC., **Androm.**, II, 1.

39 « Elle a vu venir le coup sans demander grâce. »
FLÉCH., **Mme de Montausier**.

40 « Cette capitulation consentie, le général promit de faire grâce au reste de la population et d'empêcher ses soldats de piller la ville ou d'y mettre le feu. »
BALZ., **El Verdugo**, Œuv., t. IX, p. 870.

— *Coup de grâce* : coup qui termine les souffrances d'un blessé, d'un supplicié en lui donnant la mort. *Donner le coup de grâce à un fusillé.* *Par ext.* Coup qui achève d'abattre, de perdre quelqu'un ou quelque chose. *Donner, porter le coup de grâce.* V. **Achever, perdre**. *Attendre* (cit. 19) *le coup de grâce.*

41 « J'y fus hué : ce dernier coup de grâce
M'allait sans vie étendre sur la place ; »
VOLT., **Pauvre diable**.

— *Dr. pén.* « Mesure de clémence que prend le pouvoir social au profit d'un individu reconnu coupable et irrévocablement condamné » (DONNEDIEU DE VABRES). *Le droit de grâce appartient au Président de la République* (Cf. Attribut, cit. 5). *La grâce peut prendre la forme d'une remise de peine ou d'une commutation de peine. Grâce collective, individuelle. Lettre de grâce, sous l'Ancien Régime. Décret de grâce. Recours* en grâce.* V. **Requête, supplique**. *Grâce simple, grâce amnistiante** (V. **Amnistie**).

42 « (*le prince*) perdrait le plus bel attribut de sa souveraineté, qui est celui de faire grâce... »
MONTESQ., **Espr. des lois**, VI, 5.

43 « Oh ! madame, il n'y a pas de grâce entière pour les assassins ! On commence par commuer la peine en vingt ans de travaux. »
BALZ., **Curé de village**, Œuv., t. VIII, p. 684.

44 « Munie de la grâce signée par l'archiduchesse, Angélique retourna au lieu où était détenu son mari. »
NERVAL, **Filles du feu**, Angélique, VIII.

45 « ... comme un proscrit qui a reçu ses lettres de grâce et retrouve sa terre natale. »
DUHAM., **Salavin**, III, XVIII.

46 « Le Président de la République exerce le droit de grâce en Conseil supérieur de la magistrature. » CONSTITUTION, **27 oct. 1946**, Art. 35.

— *Faire grâce à quelqu'un d'une dette, d'une obligation.* V. **Dispenser, exempter, remettre**. *Ses créanciers se sont montrés impitoyables ; ils ne lui ont pas fait grâce d'un sou.*

47 « Cela est échu, mais j'ai encore les dix jours de grâce. »
DANCOURT, **Les agiot.**, II, 1.

48 « On fait grâce d'une chose en s'emparant du reste. « Les commis lui prirent tous ses effets, et lui firent grâce de son argent. »
VOLT., **Dict. philos.**, Grâce.

— *Fig. Aucune faute n'échappe à ce censeur sévère, il ne fait grâce de rien* (Cf. Additionner, cit. 1). *Je vous fais grâce du détail.* Ironiqt. *Faites-moi grâce de vos observations.* V. **Épargner**. — Ellipt. *Grâce ! ne continuez pas.*

49 « Le reste des idées de cet auteur (*Bohemius*) sont de la même force, et nous en ferons grâce au lecteur. »
DIDER., **Opin. des anc. philos.** (Théosophes).

50 « Anne d'Orgel ne parla de rien d'autre à table. Il ne fit grâce d'aucun détail et en profita même pour dresser la généalogie complète des Grimoard de la Verberie. »
RADIGUET, **Bal du Comte d'Orgel**, p. 106.

51 « L'inspection détaillée du rez-de-chaussée dura près d'une demi-heure. Antoine ne faisait grâce de rien au visiteur... »
MART. du G., **Thib.**, t. V, p. 170.

II. (XIIe s.). Action de reconnaître un bienfait, une grâce... V. **Reconnaissance, remerciement**. *Rendre grâce* (Cf. Bouche, cit. 24), *grâces* (Cf. Cependant, cit. 2). V. **Remercier**. *Rendre grâce au ciel, à Dieu, d'un événement heureux.* Par anal. *Rendre grâce à quelque chose.*

52 « Je rends grâces aux Dieux de n'être pas Romain, »
CORN., **Hor.**, II, 3.

53 « Je vous rends, leur dit-il, mille grâces, les belles, »
LA FONT., **Fab.**, I, 17.

54 « Il rendit grâces aux dieux par d'innombrables sacrifices »
FÉN., **Télém.**, VIII.

55 « Grâces vous soient rendues, mon ami, pour avoir pensé que j'étais digne de vous entendre ! » CHAMFORT, **Lett. de Mirabeau**, V.

56 « La France, dès qu'elle peut parler, rend grâce à Voltaire. »
MICHELET, **Hist. Révol. fr.**, IV, XI.

— Formule de politesse (vieilli). *Mille grâces* : mille mercis, merci mille fois.

— *Action* de grâce, de grâces. Le prélat fit l'action de grâce* (Cf. Amen, cit. 2 CHATEAUB.). *Chanter un cantique, en action de grâces.* V. **Te Deum ; doxologie, gloria**. — *Fig. :*

57 « Sans cesser de chanter sa vie, Édouard de La Gandara, vers quatre-vingts ans, la quitta dans une action de grâces. »
COLETTE, **Étoile Vesper**, p. 164.

— Par ext. et absolt., *Les grâces* : prière* de remerciement qui se dit après les repas. *Dire grâces, les grâces, ses grâces* (Cf. Expédier, cit. 7).

58 « Et maintenant la femme et l'enfant s'étant retirées,
Je reste seul pour dire grâces devant la table desservie »
CLAUDEL, **Annonce faite à Marie**, IV, 5.

— Ellipt. *Grâce (en soit rendue) à Dieu* (Cf. Auteur, cit. 2). *Grâce au ciel* (Cf. Attendre, cit. 64 ; fêlure, cit. 6). — Vx. *Grâces au ciel, à Dieu...* (Cf. Atteinte, cit. 4 ; criminel, cit. 3). *Grâce à Dieu, nous avons réussi.* V. **Bonheur** (par), **heureusement, merci** (Dieu merci). — *Grâce aux dieux ! Mon malheur passe mon espérance* (RAC., Andr., V, 5).

— *Loc. prép. Grâce à...* (quelqu'un, quelque chose). V. **Aide** (à l'aide de...), **moyen** (au), **moyennant**. *Grâce à son aide, nous avons pu y arriver.* V. **Avec**. *Grâce à vos bons soins. Grâce à sa prudence, à sa sagesse.* — REM. *Grâce à...* implique un résultat heureux, favorable, à moins qu'il ne soit employé par ironie. Dans les autres cas : V. **Cause** (à cause de), **fait** (du fait de), **faute** (par la faute de), **suite** (par suite de). — ANT. **Malgré** ; **dépit** (en dépit de).

59 « Grâce aux préventions de son esprit jaloux,
Nos plus grands ennemis ont combattu pour nous. »
RAC., **Brit.**, V, 1.

60 « Je fis fort peu de progrès, grâce aux lenteurs d'une détestable méthode... » STENDH., **Rom. et nouv.**, Souv. d'un gentilh.

61 « Dormi une demi-heure dans la loge de Copeau (grâce au Vouvray de Ruyters j'avais à peine fermé l'œil cette nuit). »
GIDE, **Journ.**, 1er juill. 1914.

62 « *À l'aide de* est courant : *ouvrir à l'aide d'un passe-partout.* Le même rapport est souvent contenu dans *grâce à : J'ai obtenu cette place grâce au bon certificat que vous m'aviez donné.* Le mot marquait originairement une idée de gratitude, elle est bien effacée. »
BRUNOT, **Pens. et lang.**, p. 668.

— Cf. Acidité, cit. ; agiotage, cit. ; aller, cit. 47 ; amène, cit. 1 ; anesthésique, cit. ; antinomie, cit. 2 ; antisepsie, cit. ; apposition, cit. 3 ; art, cit. 29 ; assourdir, cit. 7 ; auriculaire, cit. 3 ; blanc, cit. 10 ; caisse, cit. 7 ; cécité, cit. 2 ; chanteur, cit. 2 ; couler, cit. 26 ; époustouflant, cit. ; fermer, cit. 14.

III. (1280). ‖ 1° Sorte de charme, d'agrément qui réside dans les personnes, les choses... V. **Agrément, attrait, charme**. *La grâce* « *n'est pas précisément la beauté* ; *c'est ce charme secret qui fait qu'elle touche et qu'elle attire* » (TRÉV.). V. **Beau** (cit. 17), **beauté** (cit. 12, 22, 30, 34 et 35). *La grâce attire, plaît, séduit, touche... Grâce qui réside* dans la douceur, l'harmonie, l'élégance, la simplicité d'une personne, d'une chose. Grâce saine (Cf. Ampleur, cit. 1), naturelle (Cf. Corselet, cit.). Grâce alanguie, appesantie (cit. 14), nonchalante, souple. Grâce juvénile (Cf. Ébrouer, cit. 4). Grâce printanière. La grâce fugitive de la jeunesse, de l'adolescence (cit. 1). Grâce distinguée (cit. 41), mondaine. Grâce triste, douloureuse (Cf. Embellir, cit. 11). Grâce sans afféterie (cit. 2). La grâce de la femme*, la grâce féminine. V. Vénusté (Cf. Aérien, cit. ; amorce, cit. 3 ; culte, cit. 13 ; exagérer, cit. 5). La grâce d'un enfant. La grâce d'un jeune animal, d'une biche, d'un cygne (Cf. Capricieux, cit. 3). Croître (cit. 7) en forme et en grâce. Supérieur en grâce (Cf. Féroce, cit. 3). Avoir de la grâce (Cf. Croupe, cit. 6). Femme bien faite, mais sans grâce (Cf. Expression, cit. 39). La grâce du corps, des proportions... (Cf. Attacher, cit. 90 ; élégant, cit. 3). La grâce d'un nu ; statue pleine de grâce (Cf. Caractère, cit. 26 ; caresser, cit. 12). Parée de sa grâce (Cf. Bijou, cit. 4). La grâce d'un visage, d'une figure (cit. 12), des traits. — Grâce des gestes, des mouvements, des attitudes... V. Aisance (cit. 4), désinvolture, facilité (Cf. Gaieté, cit. 4). Manières pleines de grâce. V. Gracieux. Évoluer, danser avec grâce (Cf. Aimant, cit. 3). Faire quelque chose avec beaucoup de grâce (Cf. Apprêt, cit. 2). Danser sans grâce, pesamment*, lourdement (Cf. Bamboula, cit. 2). Avoir grâce à faire quelque chose (vx). Cf. Fluxion, cit. 1. Il ne fait rien avec (cit. 77) grâce.

63 « Je ne trouve qu'en vous je ne sais quelle grâce
Qui me charme toujours et jamais ne me lasse. »
RAC., Esth., II, 7.

64 « L'enfant a de la grâce ; il la conserve dans l'âge adulte, elle s'affaiblit dans l'âge viril, elle se perd dans la vieillesse. »
DIDER., Pens. s. la peint. (in LITTRÉ).

65 « La grâce entoure l'élégance, et la revêt. »
JOUBERT, Pens., VIII, CXVIII.

66 « La grâce est le vêtement naturel de la beauté ; la force sans grâce, dans les arts, est comme un écorché. »
ID., Ibid., XX, XIX.

67 « ... qui peut résister aux séductions de la grâce ? Fût-elle même dédaigneuse, elle serait encore toute-puissante ; »
STAËL, Corinne, VI, I.

68 « ... la fraîcheur virginale, la grâce qui s'ignore, tout ce charme qui s'en va si vite et que rien ne remplace... »
GAUTIER, Portr. contempor., Mme Sontag.

69 « Que d'aisance dans le port et dans la démarche ! Quelle grâce piquante dans la toilette et dans le sourire, dans la vivacité du babil, dans le manège de la voix flûtée, dans la coquetterie des sous-entendus ! »
TAINE, Orig. France contempor., I, t. I, p. 224.

70 « De sa légèreté ailée cette âme communique quelque chose au corps qu'elle anime : l'immatérialité qui passe ainsi dans la matière est, ce qu'on appelle la grâce. »
BERGSON, Le rire, p. 21.

71 « Quand un être a de la grâce, il en a toujours, et la grâce ne lasse point. »
MAUROIS, Art de vivre, II, 5.

72 « Marguerite était à l'âge où les femmes heureuses jouissent encore d'une grâce menacée, poignante, exquise. »
DUHAM., Salavin, V, III.

— La grâce d'un paysage, des fleurs (cit. 1). La grâce d'une courbe (Cf. Évidage, cit. 1). Un intérieur, un logis sans grâce (Cf. Acariâtre, cit. 3). — La grâce de la vie primitive V. Candeur (cit. 3). Qualités qui s'épanouissent (cit. 17) avec grâce.

73 « ... Paris, en sa grâce et son immensité, souriait au soleil ; »
FRANCE, Les dieux ont soif, XXVIII.

— Spécialt. Grâce des propos, de l'expression. V. Aisance, douceur, élégance, facilité, goût, suavité... (Cf. Enchantement, cit. 10). Parler, s'exprimer, badiner (cit. 4) avec grâce. La grâce du style, de la manière (Cf. Abondant, cit. 7 ; flou, cit. 3). Grâce légère, attique (cit. 8). La grâce des nuances du langage (Cf. Apercevoir, cit. 16). Livre barbare (cit. 19) et sans grâce. Lettres d'une grâce exquise (Cf. Faire, cit. 36). La grâce touchante de l'élégie (cit. 2). — Au plur. V. Beauté, finesse, ornement. Les grâces du style*, du langage, de l'expression, d'un genre (Cf. Accompagner, cit. 7 ; fleurir, cit. 28). Les grâces de la poésie (Cf. Air, cit. 12). Les grâces d'un auteur, des classiques... Grâces antiques (Cf. Arranger, cit. 2 ; assaisonner, cit. 7). Les grâces de Racine (Cf. Élégance, cit. 9).

74 « Comme les grâces des deux langues sont différentes, j'ai cru à propos de prendre cette liberté (de traduire librement), afin que ce qui était excellent en latin ne devînt pas insupportable en français. »
CORN., Poés. div., Au lecteur.

75 « ... faites-nous voir, si vous le pouvez, toutes les grâces de cette douce éloquence qui s'insinuait dans les cœurs par des tours si nouveaux et si naturels ; »
BOSS., Orais. fun. Anne de Gonz.

76 « Oui, vos moindres discours ont des grâces secrètes »
RAC., Esther, III, 4.

77 « ... s'il riposte avec grâce et légèreté, le jeu m'amuse et la partie s'engage. »
BEAUMARCH., Barb. Sév., Lett... s. la critique...

78 « ... charmez toujours vos amis par les grâces étincelantes de votre talent... »
STE-BEUVE, Corresp., 42, 2 mars 1828, t. I, p. 91.

79 « En parlant d'elle, on a à parler de la grâce elle-même, non pas d'une grâce douce et molle, entendons-nous bien, mais d'une grâce vive, abondante, pleine de sens et de sel, et qui n'a pas du tout les pâles couleurs. »
ID., Caus. du lundi, 22 oct. 1849, t. I, p. 53.

— Les grâces d'une personne (vieilli). V. Attrait (cit. 20), charme (Cf. Agrément, cit. 6 ; attrayant, cit. 2 ; éclater,

cit. 28 ; enchanteur, cit. 5 ; enjôler, cit. 3 ; fleurir, cit. 6). Faire assaut (cit. 20) de grâces. Coquette qui déploie toutes ses grâces. Des grâces ingénues (Cf. Fard, cit. 10). Les grâces d'un beau corps (Cf. Accord, cit. 13, 14 ; élégance, cit. 3). Les grâces de ses yeux, de son regard (Cf. Casque, cit. 3 ; coutumier, cit. 3 ; étonner, cit. 37). Allus. littér. Le miroir, conseiller (cit. 5) des grâces. — Les grâces et les plaisirs (Cf. Amusement, cit. 5).

80 « ... au sujet de l'amour... on fait quelque chose sans les grâces de l'esprit, rien sans les grâces corporelles. » MONTAIGNE, Essais, III, III.

81 « Et son cœur est épris des grâces d'Henriette. »
MOL., Fem. sav., II, 3.

82 « C'était même une de ses grâces que de ne point songer à en avoir. »
MARIVAUX, Paysan parvenu, IVe part.

83 « ... les grâces ne s'usent pas comme la beauté ; elles ont de la vie, elles se renouvellent sans cesse, et au bout de trente ans de mariage, une honnête femme avec des grâces plaît à son mari comme le premier jour. » ROUSS., Émile, V.

84 « ... les grâces de son corsage fleurissaient déjà ; »
BALZ., Lys dans la vallée, Œuv., t. VIII, p. 957.

85 « Elle ne se doutait pas et je me doutais à peine moi-même que ses pures grâces d'enfant, écloses maintenant à quelques soleils de plus, dans tout l'éclat d'une maturité précoce, faisaient de sa beauté naïve une puissance pour elle, une admiration pour tous et un danger pour moi. » LAMART., Graziella, IV, II.

— Par ext. Manières gracieuses. Faire des grâces. V. Façon (cit. 42). Enfant qui fait des grâces, des câlineries*. Avec mille grâces... (Cf. Encre, cit. 4). — Démonstrations d'amitié, politesses.

86 « L'une d'elles refusa avec mille grâces, expliquant copieusement... que son médecin lui interdisait toutes sucreries désormais... »
CÉLINE, Voyage au bout de la nuit, p. 347.

— Spécialt. Sorte de jeu de volant. Jeu des grâces.

87 « On l'imaginait bien jouant aux grâces dans la cour de quelque pensionnat, avec un ruban de velours noir au cou et les nattes roulées dans une résille !... » MART. du G., Thib., t. VIII, p. 201.

|| 2° BONNE GRÂCE. a) Vx. « Grâce relevée de quelque chose de simple, de franc et de libre » (LITTRÉ). Cf. Bon, cit. 39. Une personne de bonne grâce : avenante, gracieuse (Cf. Attirant, cit. 5 ; boiteux, cit. 4 ; encore, cit. 12). — Mauvaise grâce : absence de grâce, lourdeur, grossièreté (Cf. Accompagnement, cit. 1 ; contretemps, cit. 4 ; course, cit. 2).

88 « Pleine d'appas, jeune et de bonne grâce. » LA FONT., Or.

89 « ... elle est d'une taille parfaite et d'une très bonne grâce à tout ce qu'elle fait. » SÉV., 549, 18 juin 1676.

90 « Que la plaisanterie est de mauvaise grâce ! » MOL., Mis., I, 1.

— b) Sens mod. (par ext.). Bonne volonté naturelle et aimable. V. Affabilité, amabilité, aménité, douceur, gentillesse... (Cf. Enjouement, cit. 9 ; folâtrerie, cit. 2). Faire quelque chose de bonne grâce, de la meilleure grâce du monde. V. Bénévolement, gré (de bon. gré), volontiers. Convenir (cit. 12) de ses torts, s'exécuter (cit. 24, 25) de bonne grâce. Personne amène, avenante, qui plaît par sa bonne grâce. Il a accueilli ma demande avec beaucoup de bonne grâce, une bonne grâce charmante. — Mauvaise grâce : mauvaise volonté. Il fait tout de mauvaise grâce : avec répugnance*.

91 « Cédons de bonne grâce, et d'un esprit content
Remettons à Dircé tout ce qu'elle prétend. »
CORN., Œdipe, I, 4.

92 « ... vous m'avez obligé de la meilleure grâce du monde, assurément. »
MOL., Bourg. gent., III, 4.

93 « ... je n'ai pas assurément à me reprocher d'avoir mal répondu dans mon cœur à ses bontés, mais bien d'y avoir répondu quelquefois de mauvaise grâce, tandis qu'il mettait lui-même une grâce infinie dans la manière de me les marquer. » ROUSS., Conf., X.

94 « ... la bonne grâce, qui donne tant de prix aux petits services. »
BERNARD. de ST-P., Paul et Virginie, p. 52.

95 « ... l'enjouement et la bonne humeur, la bonne grâce à se moquer de soi-même dont il a fait si souvent preuve... »
BAUDEL., Parad. artif., Mangeur d'opium, IX.

96 « Il aidait à baisser la tente, à la plier, à charger les mulets, et cela, sans façons obséquieuses, et avec cette bonne grâce et cette gaieté naturelles, partage des Orientaux qui savent vivre. »
GOBINEAU, Nouv. asiat., p. 296.

97 « ... cette bonne grâce raffinée qui, chez lui, pouvait, quand besoin était, remplacer l'insolence qu'à certaines heures, il savait montrer. »
MADELIN, Talleyrand, XVI.

— Avoir mauvaise grâce à... : être mal venu de..., n'être pas bien placé pour... Il aurait mauvaise grâce à se plaindre d'une chose qu'il a lui-même désirée (ACAD.).

98 « Comme il avait déclaré délicieux les premiers de ces chastes rendez-vous, il aurait eu mauvaise grâce à se dérober aux suivants. »
ROMAINS, H. de b. vol., t. XX, XX, p. 148.

|| 3° Mythol. Les trois Grâces : les trois déesses qui personnifiaient le don de plaire. V. Déesse, divinité (Cf. Attrait, cit. 16 ; avec, cit. 11). Les trois Grâces, Aglaé, Thalie et Euphrosyne, compagnes de Vénus.

99 « Amour de ses beaux traits lui composa les yeux,
Et les Grâces, qui sont les trois filles des Cieux,
De leurs dons les plus beaux cette Princesse ornèrent, »
RONSARD, Prem. liv. des poèm., Élégie.

— *Fig. Sacrifier aux Grâces* « se dit par ironie de quelqu'un qui cherche à mettre de la grâce dans ses manières, dans son style » (ACAD.) : *agir, parler avec grâce. Les Grâces ont présidé à sa naissance, l'ont formé de leurs mains,* se dit d'un enfant, d'une femme pleine de charme, qui a beaucoup de grâce naturelle.

100 « ... représentons-nous ce jeune Prince que les Grâces semblaient elles-mêmes avoir formé de leurs mains. »
BOSS., *Orais. fun.* Marie-Thér.

ANT. — Dette, obligation ; défaveur, haine, malveillance, méchanceté ; abandon. Condamnation, disgrâce, exécution. Ingratitude. Laideur, lourdeur, maladresse, grossièreté.

DER. — Gracier. Cf. *aussi* Gracieux, gratifier. — COMP. — V. Disgrâce. — HOM. — Grasse.

GRACIER. *v. tr.* (XIᵉ s., « rendre grâces, remercier » ; XIVᵉ s., « remettre une amende » ; sens mod. admis ACAD. 1835 ; de *grâce*). Faire grâce* à (un condamné) ; lui remettre ou commuer sa peine. *Gracier un condamné à mort, un prisonnier, un banni. Condamné gracié par le chef de l'État.*

« Mon cousin ne sort pas de prison, sa peine finie, comme un vulgaire malfaiteur. Il vient d'être gracié. » DUHAM., **Salavin**, VI, XX.

ANT. — Condamner, exécuter, punir.

DER. — Graciable. *adj.* (1311 « reconnaissant » ; sens mod. en 1690). Qui est digne de pardon, qui peut être gracié. V. **Pardonnable.** *Condamné graciable. Fait, crime graciable.*

« Un législateur sage aurait... dans les cas particuliers les plus graciables, modéré la peine du crime... »
MONTESQ., **Espr. des lois**, VI, XIII.

GRACIEUX, EUSE. *adj.* (*Gracios* au XIIᵉ s. ; du lat. *gratiosus*, « aimable »).

‖ 1° *Vx.* Qui témoigne de grâce, de bienveillance (Cf. Grâce, I). V. **Bienveillant, bon, favorable.**

1 « Que si même(s) un jour le lecteur gracieux,
Amorcé par mon nom, sur vous tourne les yeux, » BOIL., **Épit.**, X.

2 « La plupart des peuples du Nord disent, Notre gracieux souverain ; apparemment qu'ils entendent bienfaisant. »
VOLT., **Dict. phil.**, Gracieux.

— En parlant des choses. V. **Agréable, bienfaisant, doux, plaisant.** *Gracieux vent* (Cf. Aspirer, cit. 1).

3 « ... pendant que nous mourions (*de chaleur*) à Paris, il faisait ici un orage jeudi qui rend encore l'air tout gracieux. »
SÉV., **712**, 1678.

‖ 2° *Par ext.* Qui est aimable, qui cherche à être agréable dans les relations sociales. V. **Accort, affable, aimable, amène, avenant, civil, charmant, coquet** (VX), **courtois, empressé, gentil, poli.** *Il est gracieux pour tout le monde* (LITTRÉ). *Homme bénin* (cit. 2) *et gracieux. Elle fait des efforts* (cit. 23) *pour être gracieuse.* Par ironie. *Gracieux comme une porte* de prison. *Accueil* (cit. 1) *gracieux* (Cf. Familiariser, cit. 5). *Manières élégantes et gracieuses.* V. **Distingué, raffiné.**

4 « Et quel est cet abord ? qu'il est peu gracieux ! »
ROTROU, **Antig.**, II, 4.

5 « Propos flatteur et gracieux, » LA FONT., **Fabl.**, IX, 15.

‖ 3° Qui est accordé, sans être dû, sans que rien soit exigé en retour. V. **Bénévole, gratuit.** *Munificence gracieuse* (Cf. Baser, cit. 1). *Prêter un concours gracieux. Faire quelque chose à titre gracieux :* bénévolement. *Prime offerte à titre gracieux.*

6 « En effet, l'Édit de Nantes ne fut pas un acte gracieux, dû à la volonté du roi, dans la plénitude de sa souveraineté, mais un traité dont les articles furent débattus comme avec des belligérants. »
BAINVILLE, **Hist. de France**, X.

— Dr. *Juridiction gracieuse :* pouvoir qu'ont les tribunaux ou leurs présidents de statuer sur des matières non contentieuses, n'intéressant que la partie demanderesse.

‖ 4° Qui a de la grâce (III), du charme, de l'élégance... V. **Attrayant** (cit. 1), **beau*, charmant, élégant, gentil, joli...** *Une femme gracieuse, plus gracieuse que belle* (Cf. Beau, cit. 17). *Un corps gracieux, svelte et gracieux.* V. **Délicat, gracile.** *Gracieuse comme une nymphe, comme une sylphide*... Bras* (cit. 1) *gracieux. Enfant gracieux.* V. **Joli, mignon.** *Gracieux comme un chérubin, un ange... Un gracieux animal. Gracieux comme un chat, comme un félin. Léger* et *gracieux. Fleurs gracieuses* (Cf. Botanique, cit. 3). — *Formes gracieuses, contours gracieux* (V. **Moelleux, suave**).

7 « Les deux bêtes les plus gracieuses du monde,
Le chat et la souris, se haïssent. Pourquoi ? — »
HUGO, **Lég. des siècles**, LV.

8 « Sous ces cheveux argentés qui ombragent votre noble front, sous ce long manteau qui vous couvre, l'œil reconnaît encore le port majestueux d'une reine, et les formes gracieuses d'une Diane chasseresse. »
MUSS., **Caprices de Marianne**, I, 2.

— *Geste gracieux.* V. **Élégant** (Cf. Avare, cit. 26). *Gracieux sourire.* V. **Doux, tendre.** *Chant gracieux* (Cf. Accompagner, cit. 8). *Andante* (cit. 2) *mélancolique et gracieux.* V. **Gracioso.** *Mot gracieux, expression, tournure gracieuse* (Cf. Caprice, cit. 11). *Style gracieux* (Cf. Ferme, cit. 8).

« La gracieuse inquiétude de la tête d'un oiseau sur sa branche. » 9
RENARD, **Journ.**, 18 juillet 1896.

« Par les dieux, les claires danseuses... Quelle vive et gracieuse 10 introduction des plus parfaites pensées ! Leurs mains parlent, et leurs pieds semblent écrire. Quelle précision dans ces êtres qui s'étudient à user si heureusement de leurs forces moelleuses... »
VALÉRY, **L'âme et la danse**, p. 137.

— Substant. *Le gracieux :* ce qu'il y a de gracieux ; le genre gracieux, en littérature, en art (*vieilli*) Cf. Excessif, cit. 13.

« Watteau a été dans le gracieux à peu près ce que Téniers a été 11 dans le grotesque. »
VOLT., **Louis XIV**, Artistes.

ANT. — Méchant, sévère ; abrupt, impoli, malgracieux, pesant ; contentieux, onéreux ; disgracieux, informe, laid.

DER. — Gracieusement. *adv.* (1302). D'une manière gracieuse. *Accueillir gracieusement quelqu'un.* V. **Aimablement** (Cf. Excuser, cit. 22). — *Un cadeau sera remis gracieusement à tout acheteur.* V. **Gratuitement ;** gracieux (à titre gracieux). Iron. *Enrichir gracieusement quelqu'un de ses conseils* (Cf. Bijou, cit. 5). — Avec grâce. *Elle sourit gracieusement. Se balancer gracieusement.* V. **Mollement.** *Figures gracieusement sculptées* (Cf. Armoire, cit. 4). — Gracieuseté. *n. f.* (1462). Manière aimable, pleine de grâce. V. **Amabilité, civilité, politesse.** *Faire mille gracieusetés, force gracieusetés* (Cf. Calotte et *infra*, cit. 1 et 2). — *Don gracieux.* V. **Gratification ;** cadeau, don (Cf. *infra*, cit. 3).

« ... toutes sortes de gracieusetés et d'allusions flatteuses pour les 1 grands personnages avec lesquels il s'était trouvé aux eaux... »
GAUTIER, **Les grotesques**, X, p. 381.

« Je n'ai pas voulu lui laisser emporter notre cher Boule, qui l'adore 2 et qui a pour elle mille et mille gracieusetés. »
LÉAUTAUD, **Journ. littér.**, 20 oct. 1903.

« ... il s'était fait, l'année précédente, construire un petit garage ; 3 et l'entrepreneur ne lui en avait jamais présenté la note, sans qu'il eût été précisé entre eux de quoi cette gracieuseté était le paiement. »
ROMAINS, **H. de b. vol.**, t. V, XXVII, p. 289.

GRACILE. *adj.* (1545 J. BOUCHET, mais inus. jusqu'à la 2ᵉ moitié du XIXᵉ s., in LITTRÉ, Suppl. ; empr. au lat. *gracilis*. V. **Grêle**). Mince et délicat. V. **Élancé, fluet, grêle, mince.** *Formes graciles d'une svelte jeune fille.* — REM. « A l'exemple de *gracilité*, note LITTRÉ dans son Supplément, on a fait le néologisme et le latinisme *gracile*... Ce latinisme ne paraît point utile, puisqu'on a *grêle ; gracilité* s'explique et se justifie parce que le substantif de grêle manque. » Malgré l'opinion de LITTRÉ, l'ACAD. a adopté *gracile* en soulignant qu'il exprime « en bonne part » la même idée que *grêle*.

« Et que mon souffle anime une flûte gracile. » 1
VALÉRY, **Poésies**, Narcisse parle.

« (*ce garçonnet*) devait me laisser un souvenir ébloui de sa sveltesse, de sa grâce et de sa volubilité... Un maillot noir pailleté d'acier 2 moulait exactement son corps gracile. » GIDE, **Si le grain...**, I, III.

ANT. — Gros, trapu.

GRACILITÉ. *n. f.* (1488 ; lat. *gracilitas*. V. **Gracile**). Caractère de minceur délicate. *Une gracilité juvénile, enfantine.*

« Comme ses épaules ont encore la gracilité juvénile ! » 1
GAUTIER, **La toison d'or**, IV (in Fortunio).

« ... aucune mollesse malgré tant de grâce ; et l'étonnante gracilité 2 de ce petit corps impubère ne fait pourtant point regretter que les formes ne soient ou plus enfantines ou plus pleines. »
GIDE, **Journ.**, Feuilles de route, Rome, 1896.

« ... j'admirais l'allongement de ses doigts sur la flûte, la sveltesse 3 de son corps enfantin, la gracilité de ses jambes nues... »
ID., **Si le grain...**, II, II.

ANT. — Force, grosseur.

GRACIOSO. *n. m.* (1715 ; mot esp.). *Vx.* Bouffon de la comédie espagnole.

« ... graciosos bariolés, clowns aux reparties aiguës et aux miraculeuses cabrioles ; » GAUTIER, **Mⁱˡᵉ de Maupin**, XI.

— Mus. *adj.* Gracieux. *Andante grazioso.*

GRADATION. *n. f.* (1464 ; empr. au lat. *gradatio*, de *gradus*, « degré »). Progression* par degrés* successifs, et le plus souvent ascendante*. V. **Accroissement, augmentation.** *Gradation insensible, lente, prudente. Gradation de la chaleur, de la lumière, du son. Gradation des sens entre termes voisins* (Cf. Ancêtre, cit. 10). *Par gradation.* V. **Graduellement.** — *Par ext.* V. **Degré, grade, palier.** *Passer par des gradations successives* (Cf. Espèce, cit. 26), *par une suite de gradations.*

« ... le tableau, dans son ensemble, est du sublime s'il en fût jamais. 1 Ce n'est point par surprise que l'âme en est saisie ; elle est amenée par une gradation insensible, jusqu'à ce point d'attendrissement où les sanglots nous étouffent... » MARMONTEL, **Poétique française**, IV.

« Avec une gradation lente et ménagée on rend l'homme et l'enfant 2 intrépides à tout. »
ROUSS., **Émile**, I.

« Cet incomparable morceau offre une gradation de sentiments, une 3 science de la tristesse, des angoisses et des transports de l'âme, que les anciens n'ont jamais connues. »
CHATEAUB., **Génie du christ.**, II, III, III.

« La pensée qui te survient maintenant, elle a été amenée jusqu'à 4 toi... par des successions, des gradations, des transformations et des renaissances. » FLAUB., **Tentation de St Antoine**, p. 418.

« L'intérêt (*dramatique*), réel et soutenu dans sa gradation, demeure 5 d'ordre exclusivement psychologique. » HENRIOT, **Romantiques**, p. 150.

— Spécialt. *Mus.* Progression ascendante, de degré en degré, suivant l'échelle* des sons (Cf. Crescendo, cit. 5). *Gradation des notes de la gamme.* — Archit. *Gradation des ordres* du plus lourd au plus léger :* dorique, ionique, corinthien. — *Rhét.* Figure qui consiste à disposer plusieurs mots ou expressions selon une progression croissante ou décroissante. *Les mots* lourdaud, animal, âne (Cf. LA FONT., Le charlatan, Fabl., VI, 19) *forment une gradation ascendante. Gradation savante.* — *Bx-arts.* Affaiblissement graduel de l'expression, de la lumière dans les figures secondaires pour faire saillir le personnage ou le groupe principal. *Gradation des masses.* — Spécialt. *Peint. Passage insensible d'un ton à un autre. Gradation décroissante.* V. **Dégradation.**

6 « Vous connaissez la gradation délicate qui, chez Vinci, fait insensiblement émerger la forme du milieu de l'ombre, la gradation délicieuse qui, chez Corrège, fait sortir la clarté plus forte de la clarté universelle. »   TAINE, *Philos. de l'art,* t. II, p. 335.

ANT. — Saut, saute.

GRADE. n. m. (1578 ; empr. à l'ital. *grado,* selon DAUZAT, ou au lat. *gradus,* selon BLOCH).

|| 1° *Vx.* Degré d'honneur, de dignité (Cf. Attacher, cit. 41).

1 « Votre grade hors du commun
      Incommode fort qui vous aime. »   CORN., *Poés. div.,* X, 170, 13.

— *De nos jours.* Degré* d'une hiérarchie. *Grades de la police. Grade de sous-brigadier des douanes. Grade de commandeur de la Légion d'honneur. Les trente-trois grades de la franc-maçonnerie* (cit. 1, 2, 3). *Grades honorifiques*. Assimilation*, équivalence* de grades. Appointements attachés à un grade. Avancer, monter en grade* (V. **Avancement**). *Élever, nommer à un grade supérieur* (V. **Promotion**). *Accéder au plus haut grade.* V. **Échelon.** *Conférer un grade* (Cf. par métaph. Aristocratie, cit. 9). — Spécialt. *Grade universitaire,* attesté par un diplôme conféré après examen. *Être admis au grade de docteur ès lettres.* V. **Titre.** *Prendre ses grades* (vieilli). V. **Diplôme.** *Collation* d'un grade de licence.*

2 « ...l'abbé Loraux me prit dans sa cure et me fit faire mon Droit. Pendant les quatre années d'études voulues pour prendre les grades, je travaillai beaucoup... » BALZ., *Honorine,* Œuvr., t. II, p. 254.

3 « Après avoir fait avec succès ses études au petit séminaire d'Aix et pris ses grades à l'école de droit de cette ville, Raynouard vint à Paris... » STE-BEUVE, *Caus. du lundi,* 6 oct. 1851, t. V, p. 4.

— *Milit.* Degré de la hiérarchie militaire, distinct de la dignité* (celle de Maréchal de France, par ex.) ou du titre (celui de Fourrier, par ex.). *Grades dans les Armées de terre et de l'air. Troupe :* V. **Caporal** (cit. 12 ; et *aussi* Brigadier*), **caporal-chef.** Sous-officiers : V. **Sergent*** (ou Maréchal* des logis), **sergent-chef, sergent-major, adjudant***, **adjudant-chef***. *Grade d'aspirant*. — Officiers subalternes : V. **Sous-lieutenant, lieutenant, capitaine.** — Officiers supérieurs : V. **Commandant*** (chef de bataillon* ; chef d'escadrons ou d'escadron*), **lieutenant-colonel, colonel.** — Officiers généraux : V. **Général*** (de brigade, de division, de corps d'armée, d'armée). *Ancien grade de lieutenant-général, d'officier de santé* (Cf. Officiat)... — *Grades* (et équivalence des grades) *dans l'armée de mer. Équipages de la flotte.* V. **Quartier***-**maître,** quartier-maître de 1re **classe** (caporal ; caporal-chef) ; **second***-**maître** de 2e, de 1re **classe** (sergent, sergent-chef) ; **maître** (sergent-major) ; **premier***-**maître** (adjudant) ; **maître***-**principal** (adjudant-chef) ; **aspirant.** *Officiers :* V. **Enseigne** de 2e, de 1re **classe** (sous-lieutenant, lieutenant) ; **lieutenant*** **de vaisseau** (capitaine), **capitaine*** (de corvette = commandant ; de frégate = lieutenant-colonel ; de vaisseau = colonel) ; **contre***-**amiral** (général de brigade), **vice***-**amiral** (général de division), **vice-amiral d'escadre** (général de corps d'armée), **amiral** (de la Flotte = général d'armée).

— *Épaulettes, étoiles, galons, insignes de grade. Commission* conférant un grade. Casser un sous-officier, un officier de son grade.* V. **Dégrader.** *Destituer un militaire de son grade pour la cassation*, la dégradation*.

4 « ...tout ce qu'il y avait de gens en France de son âge qui servaient, et à qui on donnait des grades... » ST-SIM., *Mém.,* I ; LX.

5 « La cour est toute militaire, les grades seuls nuancent les rangs. » RIVAROL, *Lettres,* XXVIII, Au marquis Détilly.

6 « ...aussi, par la protection du maréchal Davoust, sa croix d'officier et son grade lui furent-ils maintenus... » BALZ., *La rabouilleuse,* Œuvr., t. III, p. 874.

7 « Vous distinguez d'abord les officiers de la garde, en capote grise, dont une patte sur l'épaule marque le grade ; » GAUTIER, *Voy. en Russie,* VI, p. 78.

— *Loc. fam. En prendre, prendre quelque chose pour son grade :* se faire réprimander vertement. *En avoir pour son grade :* en avoir pleine mesure.

8 « ...vous étiez constamment dans beaucoup plus d'épreuves que je ne le soupçonnais. C'est toujours ainsi. Et moi permettez-moi de vous le dire, moi aussi j'en ai plus que pour mon grade... » PÉGUY, *Victor-Marie comte Hugo,* p. 84.

9 « Une femme comme moi n'aurait pas le courage de finir ? Allons, allons, nous en avons eu, ma belle, pour notre grade. » COLETTE, *Chéri,* p. 138.

|| 2° *Géom.* Centième partie d'un quadrant*, dans un système de graduation* centésimale de la circonférence. Le

grade (gr), *quatre-centième partie de la circonférence. Sous-multiples du grade :* décigrade, centigrade, milligrade.

COMP. — **Dégrader*** ; **centigrade, décigrade, milligrade.**

DER. — Cf. Gradin, graduel, graduer. — **Gradient** (-*dyan*). n. m. (1890). *Météo.* Variation de pression atmosphérique évaluée en millimètres et par degré* géographique entre un point donné et le centre le plus proche de cyclone ou d'anticyclone. *Un gradient très élevé favorise de violents cyclones* (cit. 1). — **Gradé.** adj. m. (1796). Qui a un grade (inférieur) dans l'armée. Substant. *De simples gradés.*

« Toute la hiérarchie des gradés s'éploie et s'évertue, passe, repasse, comme des météores, et, agitant des bras où brillent les galons, multiplie les ordres et les contre-ordres que portent, en se faufilant, les plantons et les cyclistes... »   BARBUSSE, *Le feu,* VII.

-GRADE. Élément tiré du latin *gradi,* « marcher » (Cf. lat. *retrogradis*) et entrant dans la composition de quelques mots savants tels que : *digitigrade*, *plantigrade*, ...

GRADIN. n. m. (1671 ; empr. à l'ital. *gradino,* dim. de *grado,* « degré d'escalier ». V. **Grade**). Chacun des bancs disposés en étages dans un amphithéâtre*. *Gradins d'un cirque, d'un hémicycle* (Cf. Descendre, cit. 4). *La foule s'entasse sur les gradins* (Cf. Banalité, cit. 12 ; étager, cit. 3).

1 « Ces gradins, qui rappellent ceux des amphithéâtres de Rome, sont en granit bleuâtre et n'ont d'autre toiture que le ciel. » GAUTIER, *Voyage en Espagne,* p. 52.

2 « Il (*le théâtre*) est collé au flanc d'une colline, légèrement incurvée, qu'il couvre de gradins jusqu'au sommet... Les gradins sont d'une pierre calcaire qui atteint presque à la blancheur du marbre, mais deux rangées dans le bas et deux autres vers le milieu, réservées aux spectateurs de marque, ont un dossier taillé dans une autre pierre légèrement rose. » J. de LACRETELLE, *Le demi-dieu,* p. 93.

3 « Il sent derrière lui des gradins à perte de vue, des gradins de vélodrome, surchargés de spectateurs. » MART. du G., *Thib.,* t. VIII, p. 137.

— *Par anal.* En parlant des différents plans d'un terrain. *Collines, jardins en gradins.* V. **Étage.** *Gradins d'une montagne.* V. **Assise.** — *Géol. Faille* (cit.) *en gradins.*

4 « ...Toute la culture, inclinée sur des terres fertiles, était disposée en larges gradins irréguliers jetés autour de ces monticules...
Ce jardin... s'élève en vastes gradins sur les premiers plans de la montagne. Au clair de lune, et lorsque l'irrégularité de ces gradins est dissimulée par les ombres, on dirait d'un amphithéâtre taillé pour des combats de géants. » SAND, *Hiver à Majorque,* III, I.

— *Technol.* V. **Étagère** (2°). — *Jard. Gradins de gazon,* marches de terre gazonnée. — *Min. Exploitation souterraine d'un gisement d'ardoise par gradins droits ou renversés,* en attaquant le minerai par la partie supérieure ou inférieure, après avoir donné à l'ensemble du chantier une disposition en escalier.

GRADUEL, ELLE. adj. (XIVe s., *liturg.* ; 1560, *T. de Dr.* « substitutions graduelles » (Cf. FURET. et TRÉV.) ; empr. au lat. *gradualis.* V. **Grade**). Qui va par degrés*. V. **Progressif.** *Aggravation* (cit.) *graduelle d'une maladie. Élaboration* graduelle d'un diagnostic* (Cf. Empoisonnement, cit. 3). *Complication graduelle d'un mécanisme* (Cf. Canaliser, cit. 1). *Atténuation graduelle des tons dans un tableau.* V. **Dégradation.**

1 « Si quelque chose peut confirmer ce que nous avons dit au sujet de la cessation graduelle de la vie, et prouver encore mieux que sa fin n'arrive que par nuances, souvent insensibles, c'est l'incertitude des signes de la mort ; » BUFF., *Hist. nat. hom.,* De la vieillesse et de la mort.

2 « Je sentais un refroidissement graduel dans les lettres de Mme d'Houdetot. » ROUSS., *Confess.,* X.

3 « Pascal... tient à marquer davantage et d'une manière infranchissable la différence des sphères. Il méconnaît ce qu'il pouvait y avoir de graduel et d'acheminant au christianisme dans la philosophie ancienne. » STE-BEUVE, *Caus. du lundi,* 29 mars 1852, t. V, p. 534.

— *Spécialt.* Liturg. *Versets graduels,* et substant. *Le graduel,* partie de la messe entre l'épître et l'évangile, qui se disait autrefois sur les degrés du jubé* ou de l'ambon*. *Chanter le graduel.* — Par ext. Livre de chants pour la messe. *Un graduel relié en plein chagrin*.

ANT. — Brusque, soudain, subit.

DER. — **Graduellement.** adv. (XIVe s. HATZF. ; 1596 WARTB.). Par degrés*, par échelons*. V. **Petit** (à petit), **peu** (à peu), **progressivement** ; **doucement, jour** (de jour en jour) *Avancer, gagner du terrain graduellement.* V. **Pas** (à pas), **pied** (à pied). *Amener graduellement un art à sa perfection* (Cf. Escrime, cit. 3). *Une grande déception l'envahit graduellement* (Cf. Femelle, cit. 6).

1 « ...dans le même acte de gutturation, on peut éprouver successivement une seconde et même une troisième sensation, qui vont en s'affaiblissant graduellement, et qu'on désigne par les mots : arrière-goût, parfum ou fragrance ; » BRILLAT-SAVARIN, *Physiol. du goût,* Médit. II, 12.

2 « Les évolutions du tourbillon devinrent graduellement de moins en moins rapides. » BAUDEL.. Trad. E. POE, *Hist. extraord.,* Descente dans le Maelstrom.

3 « J'avais d'abord été scandalisé par ce besoin de ma main de toucher l'oreille de M. Sureau. Graduellement, je sentis que mon esprit acquiesçait. » DUHAM., *Salavin,* I, I.

GRADUER. v. tr. (1404 au sens de grade universitaire ; empr. au lat. médiév. *graduare,* de *gradus.* V. **Grade**).

|| 1° Diviser en degrés. *Graduer une éprouvette, un baromètre, une règle.*

|| 2° Augmenter graduellement. *Graduer les exercices, les difficultés. Graduer l'intérêt d'une œuvre dramatique. Graduer les effets.* V. **Échelonner.**

1 « ...et peu à peu... tous les bruits inexplicables de la nuit et de la tempête s'éteignirent dans un *decrescendo* que Beethoven n'eût pas mieux gradué. » GAUTIER, **Voyage en Russie,** IV, p. 43.

2 « Melchior avait ingénieusement combiné le programme, de manière à mettre en valeur à la fois la virtuosité du fils et celle du père : ils devaient jouer ensemble une sonate de Mozart pour piano et violon. Afin de graduer les effets, il avait été décidé que Christophe entrerait seul d'abord. » R. ROLLAND, **Jean-Christ., L'aube,** III.

3 « C'est pourquoi il est sage d'étudier plutôt les leviers, les grues, et les horloges, que d'aller tout de suite aux électrons. L'expérience n'est pas une petite chose : graduer l'expérience, c'est l'art d'instruire. » ALAIN, **Propos,** Leç. de chos. pour adultes, p. 172.

|| 3° *Vieilli.* Conférer un grade universitaire. *Se faire graduer* (dans telle faculté).

|| GRADUÉ, ÉE. *p. p.* et *adj.* || 1° *Thermomètre gradué. Échelle graduée. Cercle gradué servant à la mesure des angles. Règle graduée pour les opérations de nivellement* (V. **Mire**).

|| 2° V. **Progressif.** *Recueil de problèmes, d'exercices gradués.*

4 « ...rien ne peut les (*les loirs*) faire sortir de leur engourdissement qu'une chaleur douce et graduée ; ils meurent lorsqu'on les met tout à coup près du feu ; il faut, pour les dégourdir, les en approcher par degrés. » BUFF., **His. nat. anim.,** Le loir.

5 « Tout professeur a ainsi une échelle de notes graduées, du *passable* au *très bien.* » BRUNOT, **Pensée et langue,** p. 682.

|| 3° *Vieilli.* Qui a obtenu un grade* universitaire (V. **Diplômé**). Substant. *Un gradué en droit,* titulaire du diplôme de capacité en droit.

DER. — **Graduation.** *n. f.* (XIVᵉ s.). Division en degrés d'égale longueur effectuée sur un instrument de mesure. *Graduation centésimale d'un thermomètre.* V. **Échelle.** — *Par ext.* Ces divisions elles-mêmes. *Lecture des graduations* (Cf. Compas, cit. 4). — Technol. *Bâtiments de graduation,* où l'on pratique une concentration graduelle de l'eau des marais salants pour recueillir le sel marin.

GRADUS. *n. m.* (abrév. de *Gradus ad Parnassum,* « Degré vers le Parnasse », œuvre du jésuite Aler, 1702). Dictionnaire de prosodie latine. — *Par ext.* Dictionnaire poétique. *Un gradus français.*

GRAFFITI. *n. m. plur.* (au sing., peu usité, *graffito* (1866) ou *graffite* (1878) ; mot ital.). *Archéol.* Inscription ou dessin tracé sur les murailles, les monuments des villes antiques. *Les graffiti des catacombes.* — *Par ext.* Inscription ou dessin griffonné sur les murs, les portes... d'édifices publics ou privés. *Graffiti orduriers, politiques.*

1 « ...: un de ces escaliers de service où des graffiti obscènes sont charbonnés à la porte des appartements par des fournisseurs mécontents ou des domestiques renvoyés ! » PROUST, **Rech. t. p.,** X, p. 235.

2 « Le bison d'Altamira n'est ni un graffito ni un dessin moderne, mais il ne nous enseigne rien (à l'exception de la présence de la création artistique jusque dans la préhistoire) des Magdaléniens, et peu de chose du sentiment magique particulier qu'il exprime. » MALRAUX, **Voix du silence,** p. 615.

GRAFIGNER. *v. tr.* (XVIᵉ s. ; de *greffe* 1, selon DAUZAT). *Dial.* Égratigner (Cf. *pop.* Égraffigner). — Ramasser des chiffons.

« Voilà alors que ma sacrée gouine saute aux yeux de sa bourgeoise, et qu'elle la graf(f)igne, et qu'elle la déplume... » ZOLA, **L'assommoir,** VI, t. I, p. 234.

1. GRAILLER. *v. intr.* (XVᵉ s. ; de *graille,* dialect. « corneille » ; du lat. *gracula*). Crier comme une corneille. *Par anal.* Parler d'une voix enrouée et rauque qui rappelle le cri de la corneille.

DER. — **Graillement.** *n. m.* (XIVᵉ s.). Vx. Croassement. *Par anal.* (1671). Son de voix enrouée. — **Graillon.** *n. m.* (1823). Pop. Mucosité épaisse expectorée avec une toux rauque. V. **Crachat.** — REM. Cette dérivation étymologique donnée par DAUZAT n'est pas acceptée par BLOCH ni par WARTBURG, qui rattachent le mot à *Graillon,* débris d'un repas. — (DER. **Graillonner.** *v. intr.* (1823). Pop. Tousser pour expectorer des graillons. V. **Cracher.** — *Par ext.* V. **Grailler** 1).

1 « Dans la pièce ténébreuse et vide, son souffle graillonnait avec de menus sifflements. » GENEVOIX, **Raboliot,** I, II.

2 « Des gramophones graillonnaient... » P. MORAND, **Magie noire,** I, 1, p. 15.

2. GRAILLER. *v. intr.* (1606 ; var *grailer* de l'anc. fr. *graile,* « trompette » ; du lat. *gracilis,* « fluet » (son). *Vén.* Sonner du cor pour rappeler les chiens.

« Enfin très tard, à nuit close, un piqueur graillait aux chiens perdus. » LA VARENDE, **Nez-de-cuir,** p. 194.

GRAILLON. *n. m.* (1642 ; région. *grailler,* « griller » ; Cf. *supra* Graillon, dér. de *Grailler* 1).

|| 1° Reste, débris d'un repas. V. **Rogaton, rognure.** *Chien qui mange des graillons.*

1 « ...son pansement (*de la bonne*) ayant été si souillé par les graillons qu'il fallut le refaire. » CÉLINE, **Voyage au bout de la nuit,** p. 287.

— *Par anal. Technol.* Rognures d'un bloc de marbre ou de pierre.

|| 2° (1762). Odeur ou goût de graisse brûlée. *Cuisine qui sent le graillon.* — *Par ext.* Cuisine malpropre faite avec de la mauvaise graisse.

2 « On entra dans la salle à manger les narines Reniflaient une odeur de graisse et de graillon » APOLLINAIRE, **Alcools,** Palais.

3 « Je ne dépense un peu que pour la nourriture, parce que j'ai l'estomac fragile, et horreur du graillon. » ROMAINS, **H. de b. vol.,** t. II, XV, p. 184.

DER. — **Graillonner.** *v. intr.* (1866). Prendre une odeur de graillon. *Friture qui graillonne.*

« ...des roux graillonnaient dans les poêlons, avec une fumée forte de farine brûlée ; » ZOLA, **L'assommoir,** VII, t. I, p. 254.

GRAIN. *n. m.* (XIᵉ s. ; lat. *granum*).

|| 1° Fruit comestible des graminées (V. **Céréales**). *Le grain des céréales est un caryopse*. Grain de blé* (Cf. Farine, cit. 2), *d'avoine* (cit. V. **Gruau**), *de maïs* (Cf. Animer, cit. 7), *de mil* (Cf. Affaire, cit. 18), *de riz* (Cf. Béribéri, cit.), *de seigle, d'orge... Ôter les grains d'un épi*. V. **Égrener.**

1 « ...il tenait un épi dans sa main gauche, de la main droite il en cueillait les grains ; il renversa la main, la porta à sa bouche, sortit sa langue et lapa avec un mouvement de la tête ces petits fuseaux dorés. » SARTRE, **Mort dans l'âme,** p. 135.

— *Fig. Grain d'orge. Méd.* V. **Orgelet.** — *Cout.* Point rappelant un grain d'orge. — *Menuis.* Petit morceau de bois pour remplir un vide, une fente. *Assemblage* à grain d'orge,* assemblage de deux pièces de bois taillées l'une à angle aigu, l'autre à angle rentrant.

— *Les grains,* ou *le grain* (collectif) : les grains récoltés des céréales. — *Agric. Le grain est séparé des tiges et enveloppes* (V. **Balle, paille**) *par le battage*.* V. **Moisson.** — *Abusivt. Battre, dépiquer le grain sur l'aire :* battre les céréales pour obtenir le grain. *Cribler*, trier*, vanner* les grains. Rentrer le grain. Ensacher le grain. Paléage du grain. Conservation du grain.* V. **Grange, grenier, silo.** *Éventer*, remuer le grain pour éviter l'échauffement. Grossière mouture* des grains.* V. **Flocon, gruau, semoule.** *Moudre le grain pour en tirer la farine.* V. **Farine*** (cit. 1) ; **bran, son.** *Moudre comme grain* (Cf. Assommer, cit. 14). *Le grain, nourriture des animaux.* V. **Granivore** (Cf. Créer, cit. 34 ; essayer, cit. 17). *Poule qui picore des grains. Jeter du grain aux oiseaux* (Cf. Empresser, cit. 8). *Poulet de grain,* poulet de qualité supérieure nourri exclusivement de grain (V. **Engrener**). *Alcool, eau-de-vie* (cit. 2) *de grains. Furfurol* des alcools de grains. Résidu de la distillation des grains.* V. **Drèche.**

— *Écon. polit. Réglementation du commerce des grains sous l'Ancien Régime* (Cf. Famine, cit. 2). *Les physiocrates* et le problème des grains.* « Lettres sur la liberté du commerce des grains » de Turgot. *Libre circulation des grains* (Cf. Fédération, cit. 5). *Importer des grains de l'étranger. Mesures à grain.* V. **Bichet, boisseau, mine, muid, setier...**

2 « En France, les famines sont fréquentes, parce que l'exportation du blé y est souvent défendue, et que l'abondance est autant désavantageuse aux fermiers que les disettes sont funestes aux peuples. Le prétexte de remédier aux famines dans un royaume, en interceptant le commerce des grains entre les provinces, donne encore lieu à des abus qui augmentent la misère, qui détruisent l'agriculture, et qui anéantissent les revenus du royaume. » QUESNAY (in ENCYCL. DID., Grain).

3 « Le commerce de grains semblait avoir absorbé toute son intelligence. S'agissait-il de blé, de farine, de grenailles, de reconnaître leurs qualités, les provenances, de veiller à leur conservation, de prévoir leurs cours, de prophétiser l'abondance ou la pénurie des récoltes, de se procurer les céréales à bon marché, de s'en approvisionner en Sicile, en Ukraine, Goriot n'avait pas son second. » BALZ., **Père Goriot,** Œuv., t. II, p. 920.

4 « ...les pigeons... traversaient par bandes, à tire-d'aile, la rive des Esclavons, pour aller chercher sur la grande place le grain qu'on y répand régulièrement pour eux à cette heure ; » MUSS., **Nouv.,** Fils du Titien, IV.

5 « ...et les fléaux s'abattaient toujours, le grain sautait, pleuvait, en grêle, sous le toc-toc haletant du couple de batteurs. » ZOLA, **La terre,** III, VI.

— *Par métaph. La paille des mots et le grain des choses,* expression employée par Leibniz à propos de la forme et du fond.

6 « Il fait la guerre à une certaine forme d'intellectualisme qui prend « la paille des mots pour le grain des choses », à un certain type de discours d'où le raisonnement a banni la raison. » MAUROIS, **Ét. littér.,** Bergson, I.

7 « Point de journal ni de gazette qui n'invite son lecteur, une fois la semaine, à séparer la « paille des mots » d'avec le « grain des choses ». » PAULHAN, **Fleurs de Tarbes,** p. 62.

|| 2° Grain destiné à la semence et *par ext.* Toute semence comestible (légumineuses ; vesce, lentille, haricot, etc.). V. **Graine, semence.** *Grain des semailles*. Grain pour fourrage.* V. **Farrago.** *Semer* le grain* (Cf. Enlever, cit. 34 ; germe, cit. 8). *Grain qui germe* (Cf. Espoir, cit. 19). *Arracher* (cit. 1) *le produit du grain.*

8 « Lors de Cérès les bons grains secourables
    Sous longs sillons de terres labourables
    Sont enterrés... »   MAROT, **Métamorph. d'Ovide**, I.

— Bibl. *Parabole du bon grain et de l'ivraie**. *Séparer l'ivraie du bon grain*, les bons des méchants (Cf. Arracher, cit. 2). *Parabole du grain de sénevé**. *Le grain qui meurt pour que naisse la plante*. « *Si le grain ne meurt* », œuvre d'André Gide.

9 « ... Celui qui sème le bon grain, c'est le Fils de l'homme. Le champ, c'est le monde ; le bon grain, ce sont les enfants du royaume, et l'ivraie, ce sont les enfants d'iniquité. »
        BIBLE (SACY), **Évang. St Matthieu**, XIII, 37-38.

10 « ... le royaume des cieux est semblable à un grain de sénevé qu'un homme prend et sème dans son champ. Ce grain est la plus petite de toutes les semences ; mais lorsqu'il a crû, il est plus grand que tous les autres légumes, et il devient un arbre... »   ID., **Ibid.**, XIII, 31-32.

11 « En vérité, en vérité, je vous le dis, si le grain de blé tombé en terre ne meurt pas, il demeure seul ; mais s'il meurt il porte beaucoup de fruit. Celui qui aime son âme la perd, et celui qui hait son âme en ce monde, la conservera pour la vie éternelle. »
        ID. (CRAMP.), **Évang. St Jean**, XII, 24-25.

12 « Il faut, pour qu'un printemps renaisse
    Que le grain consente à mourir
    Sous terre, afin qu'il reparaisse
    En moisson d'or pour l'avenir. »   GIDE, **Théât.**, Perséphone, III.

‖ 3° *Par ext.* Fruit, graine ou toute autre partie menue et arrondie de certaines plantes. *Grain des fruits en grappe ; grain de raisin* (Cf. Cuvage, cit.), *de groseille... Grain de fruits composés ; grains d'une grenade, d'une mûre, d'une framboise... Grain de genièvre, de poivre, de café* (Cf. Expliquer, cit. 31). *Café, poivre en grains*, par oppos. à « moulu ». *Écosser des haricots pour en prendre les grains. Haricots en grains* par oppos. à « haricots verts ou en cosses ». *Grain de mimosa :* la fleur du mimosa.

13 « Et j'ai pensé à toi qui as une peau douce
    comme un grain de raisin et une nèfle rousse. »
        JAMMES, **Poèm.**, Caügt.

14 « Le fruit du caféier est une baie renfermant deux grosses graines qui sont les « grains de café ». La baie rouge du poivrier n'est autre que le grain de poivre... Le fruit du fraisier est un akène ; de nombreux akènes sont insérés, en forme de petits grains secs, à la surface d'un réceptacle globuleux, charnu et odorant, qui n'est autre que la *fraise*. »
        GUYOT, **Biol. végét.**, pp. 117-118 (éd. P.U.F.).

‖ 4° *Par anal.* Petite chose arrondie, rappelant un grain. *Grain d'ambre* (V. **Perle**). *Grain de chapelet* (Cf. Ceinture, cit. 1). — *Pharm.* Petite pilule. V. **Granule, pilule.**

— Parcelle menue, généralement de forme arrondie, ou trop petite pour qu'on en distingue la forme. V. **Corpuscule, fragment, morceau, parcelle.** *Grain de grêle.* V. **Grêlon** (Cf. Criquet, cit.). *Grains de métal* (Cf. Gangue, cit. 2). V. **Grenaille.** *Grain de minerai* (Cf. Feuille, cit. 15). Vx. *Grain d'or :* morceau d'or très pur. *Grain de sable* (Cf. Aggloméŕer, cit. ; arête, cit. 6 ; enrayer, cit. 3). *Grain de poussière, de poudre, de farine, de pollen... Grain de sel* (Cf. Cul, cit. 17), *de couscous* (cit.), *de tabac* (Cf. Caftan, cit. 2). *Grain d'une substance mal délayée* (V. **Grumeau**). — Allus. littér. *Le grain de sable de Pascal :*

15 « Cromwell allait ravager toute la chrétienté ; la famille royale était perdue, et la sienne à jamais puissante, sans un petit grain de sable qui se mit dans son uretère. Rome même allait trembler sous lui ; mais ce petit gravier s'étant mis là, il est mort, sa famille abaissée, tout en paix, et le roi rétabli. »   PASC., **Pens.**, II, 176.

16 « ... tu mettrais plus facilement un grain de sel sur la queue d'un moineau que de me faire croire que je suis pour quelque chose dans ton affaire. »   BALZ., **Vieille fille**, Œuv., t. IV, p. 223.

17 « Il n'y avait pas, grâce à elle, un grain de poussière dans la maison ; tout était propre, net, frotté, brossé... »
        MUSS., **Nouv.**, Margot, I.

— *Par métaph.* GRAIN exprime l'extrême petitesse, l'insignifiance. *C'est un grain de sable dans le désert ! La terre est un grain de poussière dans l'espace* (Cf. Atome, cit. 10).

18 « La terre n'est qu'un grain de sable dans le désert infini des mondes. Mais si l'on ne souffre que sur la terre, elle est plus grande que tout le reste du monde. »   FRANCE, **Jardin d'Épicure**, p. 43.

— *Fig. Grain de sel* s'est dit pour « trait d'esprit ». V. **Sel**, et *aussi* **Cum grano salis.**

19 « ... je n'ai pas trouvé le moindre grain de sel dans tout cela. »
        MOL., **Crit. Éc. d. fem.**, 3.

— Fam. *Mettre, mêler son grain de sel :* intervenir, s'immiscer mal à propos (dans une conversation, une affaire...). *Il faut toujours qu'il vienne mettre son grain de sel.*

— *Grain de poudre*, nom d'un drap de laine fin et serré, dont le tissage rappelle les grains de poudre.

‖ 5° *Par anal.* Aspérité grenue d'une surface, d'une matière. *Granit à gros grains, à petits grains. Grains d'une peau d'orange.* — *Grain de beauté :* petite saillie ou tache brune de la peau qui fait ressortir la blancheur du teint. V. **Beauté*** (cit. 37), **nævus** (Cf. Cicatrice, cit. 4).

20 « ... deux grains de beauté sur le devant du cou, un grain de beauté à la saignée du bras gauche... » MONTHERLANT, **Les célibataires**, VI.

— Aspect d'une surface plus ou moins grenue. *Grain de la peau* (Cf. Cold-cream, cit.). *Le grain de sa peau est d'une*

grande finesse (Cf. Une peau lisse, satinée). — *Le grain d'un cuir, d'une peau* (V. **Chagrin**). *Reliure à grain fin* (Cf. Finesse, cit. 13). *Maroquin à gros grain, à petit grain. Grain d'un papier* (Cf. Dessin, cit 2). *Grain d'une étoffe. Soie gros grain. Du gros-grain.* V. **Gros** (*comp.*). — Spécialt. *Grain d'une plaque photographique*, dimension des particules de bromure d'argent précipitées dans l'émulsion qui la recouvre. — *Grav.* Effet produit par les tailles diversement croisées d'une gravure.

21 « ... le soulier de maroquin, la calotte de même, d'un beau grain... »
        LA BRUY., II, 28.

22 « ... une chair dont le tissu et le grain rappellent plus l'ivoire, la pierre que la chair mal défendue des femmes épuisées qui lavent des lessives sous le drapeau de fer des lavoirs... »
        NIZAN, **Cheval de Troie**, I, I.

— Aspect des particules plus ou moins apparentes formant la masse d'une matière solide, inorganique ou organique. *Le grain des pierres. Grain d'un marbre, d'un granit. L'acier a le grain plus fin que le bronze. Examen* (cit. 8) *du grain d'un métal. Grain très fin de l'ébène* (cit. 1).

23 « Belley vous fournira des pierres lithographiques d'un grain aussi doux et aussi onctueux, aussi fidèles à prendre et à rendre que toutes celles qu'on tire de l'étranger. » GAUTIER, **Souv. de théâtre...**, p. 14.

24 « Comme s'il y avait près d'ici une profonde carrière de viande, qui fût dans toute son épaisseur de la même qualité, du même grain ; »
        ROMAINS, **H. de b. vol.**, t. IV, VI, p. 44.

‖ 6° *Fig.* Très petite quantité. V. **Atome, once, pointe.** *Grain d'amour-propre. Avoir un petit grain de vanité* (cit. 9), *d'ambition* (cit. 9), *de jalousie... Il entre un grain de coquetterie dans cette attitude. Il n'a pas un grain de bon sens.* V. **Brin.** *Un grain de fantaisie, de folie* (cit. 1). Absolt. *Avoir un grain, un petit grain :* être un peu fou. V. **Fou*.**

25 « Enfin, apprenez encore que ces âmes qui paraissent si grandes ont toutes un petit grain de folie que nous devons savoir exploiter. »
        BALZ., **Maison du chat-qui-pelote**, Œuv., t. I, p. 67.

26 « Maintes fois, il le reconnaît lui-même, il manquait de bon sens dans les déterminations, et il est des circonstances où il se reproche de n'en avoir pas eu un grain. »
        STE-BEUVE, **Caus. du lundi**, 20 oct. 1851, t. V, p. 47.

27 « Il avait dans la liberté du tête-à-tête un grain de cette vieille gaieté gauloise, relevée ici d'une pointe d'ail à la provençale. »
        ID., **Ibid.**, 6 oct. 1851, t. V, p. 3.

28 « Le moindre acte de vertu, le moindre grain de talent, me paraissent infiniment supérieurs à toutes les richesses, à tous les succès du monde. »   RENAN, **Souv. d'enfance...**, II, VII.

29 « Personne n'a su tourner les compliments comme lui. Les siens sont faits de véritable affection, avec un grain de malice dans une galanterie fine et caressante. »
        FAGUET, **Ét. littér.**, XVIIᵉ s., La Font., I.

— Vx. *Ne... grain*, ancienne négation du même type que *ne... goutte**.

30 « Le cierge ne savait grain de philosophie » LA FONT., **Fab.**, IX, 12.

31 « On connaît la plaisanterie de H. Estienne : *Comme celuy qui disait : En notre cave on n'y voit* goutte, *en notre grenier on n'y voit* grain (Apol. II, 260). »   BRUNOT, **Pens. et lang.**, p. 495.

— Spécialt. *Vx.* Petit poids valant 0,053 g, 72ᵉ partie d'une drachme* ou gros. *Poids de 24 grains.* V. **Scrupule.** *Poids de 480 grains.* V. **Once.** *Quelques grains d'ellébore* (cit. 1 et 2), *de bézoar* (cit.). — Fig. *Un grain d'esprit et une once d'affaires* (Cf. Entrer, cit. 59).

32 « ... cela fait une fourmilière de dits, de redits, d'allées, de venues, de justifications ; et tout cela ne pèse pas un grain. »
        SÉV., 589, 16 oct. 1676.

‖ 7°(1552 in RAB. ; d'abord usité chez les marins normands ; peut-être par anal: de forme des grêlons). *Mar.* Vent violent et de peu de durée qui s'élève soudainement et qui est généralement accompagné de précipitations (pluie, neige, grêle*). V. **Fougue.** *Grain noir*, annoncé par un nuage épais. *Grain blanc*, sans nuage, annoncé par le moutonnement de la mer. *Grain arqué.* V. **Tornade.** *Saluer le grain :* amener les voiles hautes à l'approche d'un grain. *Veiller au grain :* se disposer à saluer le grain (au fig. V. **Veiller**). *Recevoir un grain.* — *Dans le langage courant*, Averse soudaine et brève apportée par le vent. V. **Averse*, ondée.** *Ce n'était qu'un grain et le soleil reparut bientôt.*

33 « Le paquebot arriva par une belle matinée du mois d'octobre 1819, sans avaries, sans avoir eu le moindre grain. »
        BALZ., **La rabouilleuse**, Œuv., t. III, p. 879.

34 « Il suffit d'un grain subit, d'une saute de vent, pour vous faire chavirer, et alors votre habileté de nageur ne servirait qu'à prolonger votre agonie. »   GAUTIER, **Voyage en Russie**, V, p. 58.

35 « ... un affreux temps. Un grain passait, comme disent les marins. »
        FRANCE, **Jocaste**, IX, Œuv., t. II, p. 83.

36 « Un grain creva, noyant tout. »   R. VERCEL, **Remorques**, VI.

— *Fig. Voir venir le grain :* voir venir un ennui, un danger.

37 « J'entends bien que tu as été à la hauteur des circonstances ; que tu as vu, avant tout le monde, venir le grain ; que tu as réalisé à temps... »   MAURIAC, **Nœud de vipères**, XVII.

ANT. — Masse. Bonace ; embellie.

DER. — Grenaille, grenaison, grener*, greneter*, grènetier, grènetis, grenu. V. Graine et dér. de *granum* (grani-, grano-) et de *granulum*.

COMP. — Égrener. Gros-grain.

GRAINAGE. V. GRENAGE.

GRAINE. n. f. (XIIᵉ s. ; lat. *grana*, pl. neutre pris comme fém. de *granum*. V. **Grain**).

‖ 1º *Bot.* Partie des plantes à fleurs (phanérogames) qui assure leur reproduction, ovule* fécondé de la fleur (V. **Fleur**). *La graine est contenue dans le fruit* (angiospermes), ou *nue* (gymnospermes). — REM. Certains fruits menus ne contenant qu'une graine sont parfois pris pour la graine (grain de blé), et certaines graines à écailles charnues sont considérées comme des fruits (genièvre). — *Plante désignée par la production des graines.* V. suff. **-Sperme** (asperme, monosperme, polysperme, trisperme...). *Nombreuses graines d'une capsule, d'une gousse, d'une cosse...* V. **Fruit**. *L'akène, le caryopse ne contiennent qu'une graine.* V. **Pépin**. *La graine d'une baie.* V. **Pépin**. *La graine d'une drupe* (V. **Amande**) *est enfermée dans l'endocarpe lignifié* (V. **Noyau**). *Structure de la graine.* V. **Albumen** (cit.), **embryon** (cotylédon, endosperme, gemmule, radicule, tigelle), **mésophyte**, **tégument** (ou **épisperme**), **périsperme**, **spermoderme** (arille, caroncule, écalure, hile), **vasiducte**. *Graine attachée au placenta* par le funicule*. Graine à albumen, graine exalbuminée, sans embryon. Graine stérile, sans embryon. Graine à tégument sec ou charnu, lisse, velu* (V. **Coton**, cit. 3) ; *graine ciliée, ailée, à aigrette, aigrettée* (Cf. Éparpiller, cit. 6). *Graine sans tégument.* V. **Apérisperme**. *Aleurone* des graines. — Dissémination, sémination* des graines. Fruit déhiscent qui s'ouvre pour libérer, projeter ses graines* (Cf. Chapelet, cit. 5 ; déhiscence, cit.). *Graines des fruits indéhiscents libérées après corruption du fruit. Vitalité des graines. Germination* et première pousse d'une graine.* V. **Germe, germer** (cit. 8). *Plante issue de graine.* V. **Satif**. — *Utilisation des graines comme semence.* V. **Semence**. *La graine, de la graine de..., collectif désignant les graines, la semence. Plante qui monte en graine, qui produit sa semence. On laisse monter en graine les poireaux, les laitues, pour en récolter la semence. Graines de laitue, de chou, de pomme de terre, d'œillet... Graines qui bisent*, s'échauffent. Criblage, triage, chaulage des graines* (V. **Décuscuteuse, trieur**). *Vente des graines au poids, en sachet...* V. **Graineterie**. *Semer des graines en ligne* (V. **Rayon**), *dans un trou* (V. **Poquet**) ; *enfouir, recouvrir des graines. Ensemencer* (cit. 3 et 5) *un champ avec des graines. Mélange de graines pour prairies artificielles.* V. **Fenasse**. *Semis* de graines. — Utilisation des graines dans l'alimentation de l'homme et des animaux* (Cf. Exubérance, cit. 1). *Décortiquer* des graines. Graine de haricot, de pois, de fève, de vesce, de poivre, de millet...* (V. **Grain**), *de chanvre* (V. **Chènevis**). *Graines aromatiques d'anis, de cumin, de café...* (Cf. Culture, cit. 6). *Graines oléagineuses de colza, de coton* (cit. 3), *de croton, de navette, de sésame... de lin* (V. **Linette**), *dont on tire l'huile par concassage*. Tourteau* de graines oléagineuses.* — Spécialt. *Graine de paradis.* V. **Amome** (ou cardamome).

1   « On pourrait bien dire, si l'on voulait, que chacune de ces graines avait sa destinée, qui était de germer, de pousser, de devenir arbre à son tour, et que cela n'arrive peut-être pas une à une, pour un million de graines qui pourrissent. »
ALAIN, **Propos**, Aimer ce qui existe, p. 29.

2   « Et en effet, sur la planète du petit prince, il y avait comme sur toutes les planètes, de bonnes herbes et de mauvaises herbes. Par conséquent de bonnes graines de bonnes herbes et de mauvaises graines de mauvaises herbes. Mais les graines sont invisibles. Elles dorment dans le secret de la terre jusqu'à ce qu'il prenne fantaisie à l'une d'elles de se réveiller. Alors elle s'étire, et pousse d'abord timidement vers le soleil une ravissante petite brindille inoffensive. »
ST-EXUP., **Le petit prince**, V.

3   « ...une graine perdue germait par miracle entre des cailloux. »
CHARDONNE, **Dest. sentim.**, p. 221.

4   « Au delà d'un certain temps de conservation, la graine n'est plus en état de germer. La *longévité des semences* est beaucoup plus grande qu'on ne le croit communément, mais beaucoup moindre que ne le laisserait supposer la légende des graines vivantes extraites des tombeaux pharaoniques ou tirées du sol après un enfouissement plusieurs fois séculaire. »
GUYOT, **Biol. végét.**, p. 8 (éd. P.U.F.).

5   « ...pour que la volaille se gorgeât de tout ce qu'on avait laissé de graines sur le sol. »
JOUHANDEAU, **Tite-le-Long**, IX.

— *Par métaph.* (Cf. Germer, cit. 10).

6   « Chacune de nos lectures laisse une graine qui germe. »
RENARD, **Journ.**, 8 mai 1901.

7   « Il (*le romancier*) ramasse une graine menue, la sème, il l'arrose, il l'expose au soleil et voilà qu'il fait pousser toute une forêt ténébreuse, avec des ravins, des cascades, des cavernes et des combes hantées par des bêtes sauvages. »
DUHAM., **Inventaire de l'abîme**, VII.

— *Fig. Monter en graine*, se dit d'une jeune fille qui avance en âge et tarde à se marier.

8   « ...la fille aînée de Croissy, déjà fort montée en graine et très laide. »
ST-SIM., **Mém.**, I, XVIII.

9   « — Comment ! il ne s'est pas trouvé quelque vieux gentilhomme campagnard pour épouser cette chère petite, faite pour devenir une châtelaine ? disait-elle. Ils l'ont laissée monter en graine, et elle va se jeter à la tête d'un Rogron. » BALZ., **Pierrette**, Œuv., t. III, p. 714.

— *En prendre de la graine* (fam.), en tirer un exemple, une leçon (capable de produire les mêmes bons résultats). *Ton frère était bachelier à 16 ans ; prends-en de la graine !*

10 « Tu liras ça, gamin : vous pourrez tous en prendre de la graine ! »
MART. du G., **Thib.**, t. V, p. 288.

— *Graine de...* (péjor.), pour exprimer ce qu'on pense qu'une personne sera dans l'avenir. *Graine d'assassin. Graine de potence*. Surveillez ce jeune homme, c'est de la graine de voyou.* Dans le même sens, *Mauvaise graine*, se dit d'enfants dont on ne présage rien de bon (V. **Engeance**), et *par plaisant.* d'enfants plus ou moins turbulents, malicieux.

11 « — Ah ! Fichue graine ! dire qu'on a élevé ça et que ça vous retire le pain de la bouche !... J'en suis dégoûté, ma parole ! j'aimerais mieux pourrir déjà dans la terre... »
ZOLA, **La terre**, I, II.

— *Frange, épaulette, gland à graine d'épinards*, dont les filets rappellent un assemblage de graines d'épinards, qui étaient portés autrefois par les officiers et ne figurent plus de nos jours que sur certains uniformes d'apparat. — Vx. *Un homme à graine d'épinards*, qui occupe un rang élevé dans l'armée.

12 « Voilà ce que nous a valu la Révolution ! des sacripants à graines d'épinards. »
BALZ., **Les paysans**, Œuv., t. VIII, p. 244.

‖ 2º *Par anal.* Nom donné à l'œuf du ver à soie. *Acheter de la graine de ver à soie.*

13 « Jusqu'en 1828, une magnanerie avait été établie là, moins pour faire de la soie que pour obtenir ce qu'on nomme de la graine. »
BALZ., **L'initié**, Œuv., t. VII, p. 345.

14 « ...Pasteur méditait sur les premières hypothèses que lui suggérait le problème des maladies du ver à soie : tout papillon renfermant des corpuscules doit donner lieu à une graine malade. »
MONDOR, **Pasteur**, IV.

DER. — **Grainer.** V. **Grener**. — **Grainetier, ière.** n. (*Grènetier* en 1572). Personne qui vend des grains, des graines destinés à la consommation, et parfois des fourrages, des légumes... — REM. L'orthographe *grènetier* a encore la préférence au XIXᵉ s. (LITTRÉ, HATZFELD). *Acheter des lentilles, du maïs chez le grainetier.* — **Graineterie.** n. f. (*Grèneterie* en 1660). Commerce, magasin du grainetier. — **Grainier, ière.** n. (1636). Personne qui vend des graines de semence. N. m. Local où l'on conserve les graines de semence.

GRAISSE. n. f. (*Craisse* au XIIᵉ s. ; d'un lat. vulg. *crassia*, dér. de *crassus*. V. **Gras**).

‖ 1º Substance onctueuse*, de fusion facile, répandue en diverses parties du corps de l'homme et des animaux, dans le tissu conjonctif sous-cutané (Cf. Figure, cit. 14). *Excès de graisse.* V. **Adiposité, embonpoint**. *Prendre de la graisse.* V. **Engraisser, grossir**. *Être noyé dans la graisse* (Cf. Apathie, cit. 3). *Être bouffi, soufflé de mauvaise graisse* (Cf. Baudruche, cit.). *Souris ronde de graisse* (Cf. Caverneux, cit. 1). *Vivre de sa graisse, sur sa graisse :* de sa propre substance (en parlant des animaux hibernants). *Fig. Vivre sur son bien).* — Fam. *La graisse ne l'étouffe pas, ne l'empêche pas de courir*, se dit par plaisant. d'une personne maigre. *Boule* de graisse. Pâton, peloton de graisse. Péter dans sa graisse, crever* (cit. 11 et 16) *de graisse.*

1   « Où diable avez-vous pris qu'elle veuille que vous soyez aussi rondelette que Mᵐᵉ de Castelnau ? N'y a-t-il point de degré entre votre maigreur excessive et un pâton de graisse ? »
SÉV., **626**, 19 juill. 1677.

2   « ...ce sont (*les ortolans*) de petits pelotons de graisse, et d'une graisse délicate, appétissante, exquise ; »
BUFF., **Hist. nat. ois.**, L'ortolan.

3   « ...cette graisse, qui, dans les autruches grasses, forme... une couche épaisse de plusieurs pouces sur les intestins ; » ID., **Ibid.**, L'autruche.

4   « Enfin, il se tapit dans un chaume, non loin d'une caille qui sommeillait à la façon des poules, le ventre dans la poussière, abrutie de chaleur, suant sa graisse à travers ses plumes. »
JAMMES, **Roman du lièvre**, I.

5   « ...c'est une femme rude, épaisse, membrue comme un homme... sous la graisse, l'on sent les os, gros et larges... »
SUARÈS, **Trois hommes**, Pasc., II.

6   « Tu te portes assez bien et tu es gras. Je ne te le reproche pas, d'ailleurs. C'est de la bonne graisse royale, jaune comme le suif d'une chandelle, il en faut. » SARTRE, **Théât.**, Les mouches, II, II, 5.

7   « Mais, dans ces quatre personnages adipeux, la même coulée de graisse onctueuse avait rosi, gonflé les chairs, saponifié les doux épidermes, bardé le dos, lardé les bras énormes, les échines charnues, les ventres obèses, les hanches et les cuisses rebondies et, jusqu'aux mains, porté du gras, qui boudinait les doigts rondelets et mous. »
BOSCO, **Antonin**, p. 240.

8   « Chez la femme, en effet, la graisse estompe les reliefs, comble les méplats, arrondit tous les contours. Et cette graisse n'est pas distribuée à l'aventure. Faisant défaut sous la peau du nez et aux paupières, existant en couches très minces à la face dorsale des mains et des pieds, au niveau des clavicules, elle s'accumule, au contraire, dans certains territoires d'élection. Elle y dessine des courbes moelleuses et séductrices que le corps de l'homme ne connaît pas. Elle fait saillir les bosselures propres au genou de la femme, incurve la cuisse, comble l'encoche du flanc, le losange des lombes, donne au cou sa gracieuse rondeur... L'accumulation normale de la graisse constitue « l'enveloppement » ou « le potelé » des formes. » BINET, **Formes de la femme**, II.

— *Fig.* (in RAB. « *Moutons de haulte gresse* », c'est-à-dire bien en chair, bien engraissés, d'où, au fig. « *beaux livres de haulte gresse* », livres de qualité ; l'origine rabelaisienne de l'expression lui ayant fait prendre un sens détourné. *De haute graisse*, d'une gaieté truculente, un peu grivoise. *Contes, spectacle de haute graisse.*

9 « Ensuite, nous échangeâmes, par-dessus les fossés, des injures bien plaisantes, à la façon d'Ajax et d'Hector le Troyen. Mais les nôtres étaient de plus moelleuse graisse. » R. ROLLAND, Colas Breugnon, II.

|| **2°** Cette substance, tirée du corps de certains animaux, et servant à divers usages industriels et domestiques. *Graisse de porc.* V. **Lard, panne ; axonge, saindoux.** *Équarrir une baleine, un mouton... pour en retirer la graisse. La graisse de morse fournit une huile très onctueuse. Chaussures imperméabilisées à la graisse de phoque. Faire fondre de la graisse et en recueillir les cretons*, les rillons*. Graisse jaune, rance.*

10 « ...Renaud les dépeçait (*les phoques*), fondait leur graisse pour fabriquer des crèmes de beauté... » R. VERCEL, Remorques, II.

— *Spécialt.* Cuis. *Assaisonner des pommes de terre à la graisse d'oie. Rôti enduit de graisse brûlante* (Cf. Empaler, cit. 2). *Graisse à frire.* V. **Friture.** *Odeur de graisse.* V. **Graillon** (cit. 2. Cf. aussi Courroie, cit. 2). *Retirer les étoiles** (cit. 26), les yeux de graisse d'un bouillon figé (cit. 4).* V. **Dégraisser.**

11 « ...une cuisse de chapon bouilli ruisselant de graisse et fondant... » MARMONTEL, Mém., VI.

12 « ...il vit arriver par douzaines des bécassines, blanches de graisse, dormant sur des rôties... » BRILLAT-SAVARIN, Physiol. du goût, Variétés, VIII.

13 « L'odeur du fricot montait et les cri-cris de la graisse semblaient les premiers bouillonnements d'une promesse. » Ch.-L. PHILIPPE, Père Perdrix, I, IV.

14 « ...la graisse croustillante d'une petite gigue de cochon... » COLETTE, Belles saisons, p. 100.

— Pop. *Boniments** *à la graisse (d'oie, de chevaux de bois), sans valeur.* V. **Faux.**

15 « Tu vas pas déjà abrutir ces mecs-là avec tes boniments à la graisse, lui reprocha-t-il de sa voix traînante. » DORGELÈS, Croix de bois, I.

|| **3°** *Corps gras**, *matière grasse. Graisses animales, végétales* (alimentaires ou industrielles). V. **Beurre, huile, margarine, suif.** *Graisses minérales, obtenues par distillation du pétrole.* V. **Paraffine, vaseline...** *L'oléine**, *la stéarine**, *principaux constituants de nombreuses graisses. Substance qui a les caractères des graisses.* V. **Lipoïde.** *Rôle du foie* (cit. 1) *dans la digestion des graisses alimentaires* (Cf. Chyle, cit. 2 ; émulsionner, cit.). *Utilisation des graisses dans les industries de saponification** (V. **Glycérine, savon**), *en pharmacie et parfumerie* (V. **Pommade**), *pour la lubrification des pièces de machine* (V. **Cambouis ; graissage**), *l'entretien des armes (graisse d'armes).* — *Nettoyer à la benzine un vêtement taché de graisse.* V. **Dégraisser.**

16 « ...quelques douzaines de moujiks en touloupe miroitée de crasse et de graisse... » GAUTIER, Voyage en Russie, p. 82.

17 « ...les graisses qui jaunissaient déjà ses mains de mécanicien... » ZOLA, Bête humaine, II.

18 « Après avoir hésité entre une tache de graisse et une tache d'encre, Quinette s'était décidé pour une tache de graisse. » ROMAINS, H. de b. vol., t. III, V, p. 83.

19 « Seuls certaines graisses et le glucose entrent dans le corps sans être, au préalable, modifiés. C'est pourquoi la consistance des amas adipeux varie suivant la nature des graisses animales ou végétales contenues dans les aliments. On peut, par exemple, rendre la graisse d'un chien dure ou molle en le nourrissant soit avec des graisses à haut point de fusion, soit avec de l'huile liquide à la température du corps. » CARREL, L'homme, cet inconnu, III, VIII.

— *Par anal.* Altération des vins, bières, cidres, qui leur donne une consistance visqueuse. *Aspect filant du vin atteint de graisse.*

ANT. — Maigre.

COMP. — Dégraisser*. Engraisser*.

DER. — **Graisseux, euse.** adj. (1532). De la nature de la graisse. *Anat.* V. **Adipeux.** *Tissu graisseux* (Cf. Fesse, cit. 2). *Localisation graisseuse chez l'homme* (V. **Stéatomérie**), *chez l'animal* (V. **Maniement**). — *Méd. Tumeur graisseuse.* V. **Lipome.** — *Taché de graisse.* V. **Gras, huileux, sale.** *Table graisseuse* (Cf. Ébrécher, cit. 6).

1 « Voilà, reprit Grosbois, en sortant de sa poche un carnet graisseux, j'ai levé déjà un petit plan exact de chaque parcelle... » ZOLA, La terre, I, III.

2 « Gibout, l'auscultant, lui fourra sous le nez sa tête graisseuse, étoilée de pellicules ; » MONTHERLANT, Les célibataires, IX.

3 « ...l'on remarque que les muscles constituent environ la moitié du poids corporel, et que les réserves graisseuses représentent environ, pour un sujet moyen, 12 à 15 p. cent de son poids... » FABRE et ROUGIER, Physiol. médic., p. 254.

GRAISSER. v. tr. et intr. (XVᵉ s. ; de *graisse*).

I. V. tr. || **1°** Enduire, frotter d'un corps gras. V. **Oindre.** *Graisser les essieux d'une voiture. Graisser la boîte de vitesses, le pont arrière. Faire graisser sa voiture. Les engrenages d'une montre, d'une machine.* V. **Huiler, lubrifier.** — Par plaisant. *Se graisser le museau :* s'enduire le visage de crème.

1 « Il est bien nécessaire... de faire tant de dépense pour vous graisser le museau. » MOL., Préc. rid., 4.

2 « (Il) graissait ses souliers de chasse avec le lard de ses cochons... » FLAUB., Mᵐᵉ Bovary, I, I.

—

« ...Jacques répétait, exaspéré : —Jamais elle (*la locomotive*) ne montera, si on ne la graisse pas. Et... il prit la burette, pour la graisser en marche... Puis, il lui fallut faire le tour, ainsi qu'un insecte rampant, pour aller graisser le cylindre de gauche. » ZOLA, Bête humaine, VII. 3

« ...des crèmes de beauté, ces crèmes dont les réclames amusaient tant le capitaine lorsqu'il y lisait que telle star n'acceptait à aucun prix de se graisser le museau avec autre chose que de l'huile de phoque... » R. VERCEL, Remorques, II. 4

— Fig. et fam. *Graisser ses bottes** (cit. 2). — Par ext. Se préparer à mourir.

« Ah ! je ne fus pas fier, j'en eus froid dans le dos. Je me dis : — Mon pauvre ami, tu peux graisser tes bottes ; ton histoire est finie, ou ne tardera guère... » R. ROLLAND, Colas Breugnon, VII. 5

— *Graisser la patte à quelqu'un :* lui mettre de l'argent dans la main pour gagner ses bons offices, le soudoyer*. V. **Appâter, corrompre.**

« Il disait qu'un plaideur dont l'affaire allait mal
Avait graissé la patte à ce pauvre animal. » RAC., Plaid., I, 1. 6

« ...ne fût-ce que pour se faire graisser la patte par l'un ou l'autre des deux partis. » BALZ., Les paysans, Œuv., t. VIII, p. 241. 7

— Vx. *Graisser le marteau :* soudoyer le portier.

« On n'entrait point chez nous sans graisser le marteau. » RAC., Plaid., I. 1. 8

|| **2°** Tacher de graisse. V. **Encrasser, salir, souiller.** *Enfant qui se graisse les doigts en mangeant. Vêtement qui se graisse à l'usage* (Cf. Glacer, cit. 35).

« Ses cheveux, mêlés entre le collet de son habit et sa cravate, luxuriants sur les épaules, graissent les places qu'ils caressent. » BALZ., Fille d'Ève, Œuv., t. II, p. 87. 9

II. V. intr. *Technol.* Tourner en graisse*. *Le collage** *empêche le vin de graisser.*

ANT. — Dégraisser. — HOM. — Graisset.

DER. — **Graissage.** n. m. (XVIᵉ s.). Action de graisser. *Mécan.* Interposition d'un corps gras lubrifiant entre deux surfaces de frottement. *Le graissage empêche le grippage**. *Graissage par burettes, par graisseur** *mécanique... Graissage continu par la boîte à graisse. Coussinet** *de graissage. Huiles de graissage.* V. **Pétrole.** — *Technol.* Action de tourner en graisse. *Graissage du cidre.* — **Graisseur.** n. m. (1532). *Technol.* Ouvrier ou appareil automatique qui opère le graissage*. *Graisseur de roues de wagon. Graisseur d'automobile.* Adjectivt. *Robinet graisseur, godet** (cit. 4) *graisseur.*

« Et il n'avait qu'un reproche à lui (*la locomotive*) adresser, un trop grand besoin de graissage : les cylindres surtout dévoraient des quantités de graisse déraisonnables... » ZOLA, Bête humaine, V. 1

« Parvenu à la traverse d'avant, il s'accroupit devant le godet graisseur du cylindre de droite, il eut toutes les peines du monde à l'emplir, en se tenant d'une main à la tringle. » ID., Ibid., VII. 2

« ...les matelots et les soutiers, souillés de mazout, les graisseurs, peints d'huile. » P. MORAND, Magie noire, III, I. 3

« Il était fait pour passer sa vie dans les huiles de graissage, l'essence, les pièces détachées. » R. NIMIER, Hussard bleu, p. 32. 4

GRAISSET. n. m. (XVIᵉ s. ; du celt. *craxantus*, « crapaud », d'apr. WARTBURG). V. **Rainette.**

HOM. — Formes du v. Graisser.

GRAM. n. m. (fin XIXᵉ s. ; nom d'un bactériologiste danois). Solution iodo-iodurée employée en bactériologie pour colorer les microbes. *Gram positif, négatif.*

GRAMEN. n. m. (1372 ; mot lat.). Nom générique des graminacées*, des herbes de gazon*, etc. *D'épais gramens* (Cf. Épaissir, cit. 7).

« On dit qu'un Allemand a fait un livre sur un zeste de citron ; j'en aurais fait un sur chaque gramen des prés, sur chaque mousse des bois, sur chaque lichen qui tapisse les rochers ; » ROUSS., Rêver., Vᵉ prom. 1

« Il y a bien assez de terre dans ces plaines pour les racines du gramen ... » BALZ., Curé de village, Œuv., t. VIII, p. 654. 2

DER. — **Graminacées.** n. f. pl. (XVIIIᵉ s. ; rare jusqu'à nos jours où il prend souvent la place de *graminées* dans la classification botanique). *Bot.* Famille de plantes monocotylédones phanérogames angiospermes, à tige cylindrique (V. **Chaume**) creuse entre les nœuds, à fleurs peu apparentes groupées en épillets, dont l'axe porte des bractées appelées glumes* et glumelles*. *La plupart des céréales et de nombreuses plantes fourragères appartiennent à la famille des graminacées. Les avenacées, tribu des graminacées ayant pour type l'avoine. Principaux genres de graminacées.* V. **Graminée.**

GRAMINÉE. adj. f. (1732; empr. au lat. *gramineus*). De la famille des graminacées. *Plante graminée*, et substant. *Une graminée. L'élyme**, *graminée voisine de l'orge. La tige des graminées fournit la paille. La pampe, fane des graminées. L'ergot**, *maladie des graminées. La spumaire**, *champignon parasite des graminées. Famille des graminées.* V. **Graminacées.**

— *Principales graminées :* agrostide, alfa, alpiste, andropogon, avoine, blé, canche, chiendent, cretelle, dactyle, fétuque, fléole, flouve, glycérie, gramen, houlque, ivraie, nard, orge, oyat, panic, paturin, phragmite, riz, seigle, sorgho, sparte, vétiver, vulpin.

— *Par ext.* V. **Herbe** (Cf. Faire, cit. 146). *Un brin de graminée* (Cf. Contraste, cit. 6).

1 « Au bord des chemins, montaient de hautes graminées, comme au mois de mai... »
LOTI, **Ramuntcho**, II, II.

2 « Admirables graminées, des deux côtés de la route, semblables à des avoines gigantesques, en vieil argent doré. »
GIDE, **Voyage au Congo**, p. 70.

GRAMMAIRE (*gram'maire* ; *gran-maire* au XVIIᵉ s. ; Cf. MOL. *infra*, cit. 1). *n. f.* (XIIᵉ s. ; empr. anc. au lat. *grammatica*, gr. *grammatikê*, proprem. « art de lire et d'écrire les lettres ». Cf. le doublet Grimoire*).

|| **1°** *Jusqu'au XIXᵉ s. et de nos jours dans le langage courant.* Ensemble des règles à suivre pour parler et écrire correctement une langue (Cf. 2°, *grammaire normative*). *Règle de grammaire* (Cf. Avec, cit. 18, écrire, cit. 56). *Faute* de grammaire. Étude* (cit. 10 et 11) *de la grammaire française, latine, anglaise... La grammaire française est tissue de règles et d'exceptions** (cit. 15) *à la règle. Orthographe* et grammaire ; vocabulaire*, rhétorique* et grammaire* (Cf. Éloquence, cit. 5). *Livre de grammaire* (Cf. 3° *infra*). — *Objet de la grammaire : étude des signes du langage* (V. **Lettre** (consonne, voyelle), **mot, ponctuation, signe** (orthographique)], *des éléments sonores du mot* (V. **Phonème, syllabe ; diérèse, diphtongue, euphonie, hiatus, liaison ; accent, contraction, élision, enclitique, proclitique. Homonyme**), *de sa formation* (V. **Composition, dérivation, formation ; affixe, crément, infixe, préfixe, racine, radical, suffixe, terminaison ; étymologie, famille**), *des différentes sortes de mots, ou parties du discours* (V. **Adjectif, adverbe, article, conjonction, interjection, locution, nom, préposition, pronom, verbe**), *de leur forme* [V. **Genre** (féminin, masculin, neutre), **nombre** (duel, pluriel, singulier). **Cas, déclinaison, désinence, flexion, inflexion. Comparatif, superlatif. Conjugaison** (mode, temps, personne), **forme, sens, voix**], *de leur fonction* (V. **Analyse** (grammaticale), **fonction** ; antécédent, apostrophe, apposition, attribut, complément, épithète, sujet**), *des conséquences de ces formes et de ces fonctions quant à l'orthographe* (V. **Orthographe ; accord, invariable, variable**), *de la structure de la phrase.* V. **Analyse** (logique), **construction, locution, phrase, proposition. Affirmation, interrogation, négation ; comparaison, coordination, inversion, juxtaposition, subordination. Figure*, idiotisme, tour, tournure.**

1 « — Veux-tu toute ta vie offenser la grammaire ?
— Qui parle d'offenser grand'père ni grand'mère ? »
MOL., **Fem. sav.**, II, 6.

2 « Grammaire. Art qui enseigne à bien décliner et conjuguer, à construire et à bien orthographer les noms, les verbes, et les autres parties de l'oraison. »
FURET., **Dict. univ.**, Grammaire.

3 « La grammaire étant l'art de lever les difficultés d'une langue, il ne faut pas que le levier soit plus lourd que le fardeau. »
RIVAROL, **Fragm. et pens. littér.**, Notes.

4 « Nous avons compliqué notre grammaire parce que nous l'avons voulu faire d'après les grammaires latines. »
CONDILLAC, **Princ. gram. fr.**, p. 327.

5 « Sans qu'un dictionnaire puisse jamais devenir un traité de grammaire, il se rencontre de temps en temps des mots qui, par leur nature et par leur emploi, invitent à quelques recherches et à quelques décisions grammaticales. »
LITTRÉ, **Dict.**, Préf., p. XVIII.

6 « La grammaire, quand elle est autre chose que la constatation et recommandation prudente de l'usage le plus général et le musée de formes délicates de l'idiome qui ont besoin d'être préservées, a été fabriquée par des gens de cabinet qui avaient perdu le sens de la langue parlée et qui avaient en vue l'expression logique de la pensée et non pas son expression vivante et délectable. »
CLAUDEL, **Posit. et proposit.**, p. 82.

|| **2°** *Linguist.* Étude systématique des éléments constitutifs d'une langue, sons, formes, mots, procédés (MAROUZEAU). V. **Phonétique, phonologie ; morphologie, syntaxe ; lexicologie, sémantique, stylistique.** *Plus spécialt.* Étude des formes et des fonctions (morphologie et syntaxe). *Grammaire descriptive* ou *synchronique*, qui enregistre un état de langue donné (*grammaire de l'ancien français, du français populaire moderne, d'un écrivain...*). *Grammaire historique* ou *diachronique*, qui étudie l'histoire, la formation de la langue. *Grammaire normative* ou *dogmatique* (Cf. 1°), qui donne les règles permettant de ne pas s'écarter d'un état de langue dit « correct », ou « bon usage » (*grammaire française, grammaire latine, anglaise...*). *Grammaire comparée*, qui compare des langues comparables (*Grammaire des langues romanes*). *Grammaire générale.* V. **Linguistique.** — *Agrégation de grammaire.*

7 « Il y a quelque trente ans, on a tout espéré de la grammaire historique, pour réveiller la curiosité... (*Elle a*) commencé à faire pénétrer dans quelques cerveaux une conception nouvelle de la règle grammaticale ; elle y a introduit l'idée du mouvement, elle en a ainsi ruiné l'absolutisme, car, en faisant connaître l'âge et les origines des dogmes, elle a permis d'en mesurer la valeur véritable. Elle a, de la sorte, commencé à substituer à la foi naïve de jadis une confiance raisonnée et limitée, plus digne d'hommes qui pensent. »
BRUNOT, **Pens. et lang.**, Introd., p. XII.

8 « La *grammaire* des pédagogues n'était pas une science, mais une sorte de discipline normative (l'expression est de Saussure) donnant des règles à observer. La *philologie* envisageait l'étude de telle langue

particulière du point de vue étroit de la critique des textes. La *grammaire comparée*, très féconde comme moyen, se croyait un but, et raisonnait artificiellement sur les langues comme sur des entités abstraites et fixes. »
DAMOURETTE et PICHON, **Ess. de gramm. de la lang. fr.**, t. I, p. 9.

9 « L'introduction qui ouvre ce livre montrera comment a évolué la notion de grammaire au cours de ces derniers siècles, comment le grammairien, tout d'abord simple « greffier de l'usage », est devenu un philosophe qui prétendait imposer une logique inflexible aux faits du langage, puis un historien qui suivait dans leur enchaînement les transformations d'un idiome, enfin une sorte de naturaliste qui observe et décrit dans son ensemble l'état d'une langue à une époque donnée, sans en négliger les origines ni les tendances, mais sans vouloir juger celles-ci ni se targuer de les modifier. »
F. GAIFFE, **Gramm. Lar. XXᵉ s.**, Préf., p. 5.

|| **3°** *Par ext.* Livre, traité, manuel... de grammaire (Cf. A, cit. 18 ; épurer, cit. 10 ; érudit, cit. 6). *Grammaire scolaire. Grammaire complète. Leçons, exercices, tableaux de conjugaisons d'une grammaire ; grammaire qui condamne les tournures erronées* (cit. 3). *Écrire, faire un thème en s'aidant d'un dictionnaire et d'une grammaire.* — *Principales grammaires* Grammaire générale de Port-Royal (1660) ; Grammaire de Condillac (1755) ; Grammaire des grammaires de Gérault-Duvivier (1811) ; Grammaire historique de la langue française de F. Brunot (1886) ; Grammaire historique de la langue française de Nyrop (1908-1930) ; Grammaire des langues romanes de Diez (1836-1844) ; de Meyer Lübke (1890-1900) ; La pensée et la langue de F. Brunot (1922) ; Essai de grammaire de la langue française de Damourette et Pichon (1938) ; Précis de grammaire historique de la langue française de F. Brunot et Ch. Bruneau (1933) ; Grammaire de l'Académie française (1932) ; Observations sur la grammaire de l'Académie de F. Brunot (1932), etc. V. *aussi* **Grammairien***.

10 « Les langues existaient depuis une longue suite de siècles, quand on est parvenu à rédiger les grammaires qui nous en rendent aujourd'hui l'étude plus facile. » CHAMFORT, **Lett. Mirabeau à Chamfort**, I.

11 « ...ces phrases que j'ai apprises là-bas, pendant notre exil aux Pescadores, à coups de lexique et de grammaire... »
LOTI, **Mᵐᵉ Chrysanth.**, III.

|| **4°** *Par anal.* (1867). Ensemble des règles d'un art. *Grammaire de la musique, de la peinture...*

12 « Les couleurs, le peintre le sait bien, obéissent à une grammaire : elles s'appellent ou se repoussent ; leur équilibre exige que les dominantes ne restent pas isolées et trouvent des rappels ; elles aussi atteignent leur effet optimum lorsque le délassement de leur diversité ne sert qu'à mieux faire goûter l'unité de leur ensemble. Nous reconnaissons là les règles de la plastique, telles qu'elles régissent aussi les rapports des lignes et des volumes. »
R. HUYGHE, **Dial. avec le visible**, p. 208.

DER. — **Grammairien.** — Cf. *aussi* Grammatical.

GRAMMAIRIEN, IENNE. *n.* (XIIIᵉ s., au masc. ; de *grammaire*). Personne spécialisée dans l'étude de la grammaire. — Lettré qui étudie la langue et fixe les règles du bon usage qu'il justifie par la tradition, l'étymologie, la logique, le souci de clarté et d'élégance, etc. *Règle, remarque, recommandation, opinion de grammairien. Distinction subtile, exemple de grammairien* (Cf. Avant, cit. 35). *Suivre l'avis des grammairiens. Purisme d'un grammairien.* V. **Puriste.** *Querelle de grammairiens* (Cf. Byzantin, cit. et *aussi* le vers d'Horace *Grammatici certant et adhuc sub judice lis est :* les grammairiens discutent et... Cf. Adhuc). *Écrivains* (cit. 5, 10) *et grammairiens. Autorité des grammairiens au XVIIᵉ s. Écrivains qui se libèrent de la tutelle des grammairiens. Meigret, Vaugelas, Ménage, Arnauld..., grammairiens célèbres.* — (XIXᵉ s.). Personne spécialisée dans l'étude du langage. V. **Linguiste, philologue.**

1 « Quand voit-on naître les critiques et les grammairiens ? tout juste après le siècle du génie et des productions divines. »
DIDER., **Salon de 1767.**

2 « Ne suffit-il pas, comme le notait Sarcey, d'entendre ou de lire à voix haute un passage incriminé pour convenir que « les grammairiens eux-mêmes et les professeurs de rhétorique *n'ont pas le temps* d'en éplucher les syllabes » et qu' « ils sont étourdis, éblouis ? »
RAT, in BEAUMARCH., **Barb. Sév.**, Notice (éd. Garnier).

3 « On conçoit donc qu'il existe une manière particulièrement recommandable de parler, et que dans l'établissement de cette **norme**, les grammairiens doivent avoir un rôle éminent. C'est en ce sens que la grammaire, qui, dans son principe, est une science, deviendra par son application l'art de bien parler et partant de bien écrire. Loin de nous la pensée de revenir à la vieille définition : l'art de parler et d'écrire correctement. Le grammairien n'a pas le droit d'édicter des dogmes arbitraires basés sur des idées *a priori*. En revanche, il a le devoir de dresser l'inventaire soigneux des richesses de la langue française, de préciser la nature de ces richesses et la manière dont elles peuvent être utilisées, bref, de présenter aux écrivains, dans une savante ordonnance, le répertoire sémantique dans lequel ils auront à puiser. »
DAMOURETTE et PICHON, **Essai de gramm. de la lang. fr.**, t. I, p. 53.

GRAMMATICAL, ALE, AUX. *adj.* (XVᵉ s. ; repris au dér. lat. *grammaticalis*). Relatif à la grammaire ; de la grammaire. *Faute grammaticale* (Cf. Euphonique, cit. 2). *Forme grammaticale* (Cf. Aimer, cit. 28). *Mots grammaticaux*, se dit des mots invariables ou mots* outils, *par oppos. au* nom, *au* pronom, *à l'*adjectif, *au* verbe. *Analyse* grammaticale, analyse de mots dans une proposition, une phrase donnée (nature, genre, nombre, fonction, groupe, voix, forme, sens, mode, temps, personne...).

1 « La richesse d'une langue en formes grammaticales est toujours
l'image de sa richesse de pensée. »
DAMOURETTE et PICHON, *Ess. de gramm. de la lang. fr.*, t. I, p. 13.

2 « ... même quand ils concernent la paisible science grammaticale,
les termes scolaires changent avec les générations. »
DUHAM., *Disc. aux nuages*, p. 45.

— *Spécialt.* Conforme à la grammaire et à ses règles.
*Cette façon de parler est grammaticale, mais elle n'est pas
élégante* (ACAD.).

DER. — **Grammaticalement.** *adv.* (XVIᵉ s.). D'une manière grammaticale (Cf. Antécédent, cit. 2). — **Grammatiste.** *n. m.* (1575). *Antiq.*
Celui qui enseignait à lire et à écrire, chez les Grecs. *Fig.* et *vieilli*
(péjor.). Petit grammairien, pédant. — **Grammaticalisé, ée.** *adj.*
(*néol.*). Qui a acquis les caractères d'un mot grammatical*. « *Pendant* »
préposition est la forme grammaticalisée du verbe « pendre » *au participe présent.* — **Grammaticalisation.** *n. f.* (*néol.*). Acquisition des
caractères d'un mot grammatical. *Grammaticalisation du nom goutte
dans la négation ne... goutte.*

GRAMME. *n. m.* (1790 au sens lat. ; loi du 3 avril 1793 ;
empr. au lat. *gramma*, « vingt-quatrième partie d'une
once* », d'orig. gr.). Unité de poids du système métrique
(dans le système C.G.S.*), représentant la masse d'un cen-
timètre cube d'eau distillée, au maximum de densité (environ 4°). Abrév. *g. Multiples du gramme.* V. **Décagramme,
hectogramme, kilogramme, myriagramme, quintal, tonne.**
Sous-multiples du gramme. V. **Décigramme, centigramme,
milligramme.** *Gramme-force :* force équivalente à 981 dynes.
— *Fig.* Très petite quantité. *Il n'a pas un gramme de bon
sens.*

COMP. — V. à l'article (**Centigramme, décagramme...**).

-GRAMME. Suffixe tiré du gr. *gramma*, « lettre, écriture »,
et entrant dans la composition de mots savants dont certains désignent les courbes* tracées par un appareil enregistreur. V. **Graphique** (*Ex.* Marégramme tracé par le
marégraphe). V. **Anagramme, bélinogramme, câblogramme,
chronogramme, diagramme, épigramme, idéogramme, mé-
tagramme, monogramme, paragramme, parallélogramme,
photogramme, programme, tautogramme, télégramme,
tétragramme.**

GRAMOPHONE. *n. m.* (*Grammophone* en 1887, WARTBURG ;
nom d'une marque indus. angl., comp. de *gramo-* (V.
-gramme), et de *-phone**). *Vieilli.* Nom donné au début du
XXᵉ s. au phonographe* à disques. « *Grammophone* (sic)...
*espèce de phonographe dans lequel le cylindre enregis-
treur est remplacé par un disque.* » (NOUV. LAR. ILLUS.). —
REM. *Gramophone* enregistré dans la première édition du
Larousse universel n'est pas dans la seconde (1948). Il ne
figure pas dans le *Larousse du XXᵉ siècle* (1930).

1 « ... avez-vous rapporté de votre voyage de nouveaux disques pour
mon gramophone ? »   MAUROIS, *Disc. Dr O'Grady*, IX.

2 « ... par la porte ouverte du salon on entendit un air de danse au
gramophone. »   CHARDONNE, *Dest. sentim.*, p. 445.

GRAND, ANDE (le *d* final se lie avec la valeur d'un *t*).
adj. (Xᵉ s. ; lat. *grandis*, qui a éliminé *magnus*). Qui dépasse la moyenne. — REM. Le mot perd souvent ce sens
fort au comparatif et au superlatif relatif, où il ne marque
plus qu'une relation entre deux ou plusieurs grandeurs*.

I. *Dans l'ordre physique* (avec possibilité de mesure).

‖ 1° Quant à la hauteur, la taille. *Un homme grand, très
grand* (Cf. Athlète, cit. 7 ; corpulent, cit. ; faraud, cit. 3).
Grand et maigre. V. **Asperge** (cit.), **échalas** (cit. 3 et 4),
escogriffe (cit. 1 et 2), **flandrin, perche...** *Grand et mince.*
V. **Élancé** (cit. 1). *Grand et fort. Extrêmement grand.* V.
Géant, gigantesque, immense. *Grande femme*, *femme
grande.* V. **Femme** (*supra* cit. 95. Cf. *aussi* Chair, cit. 16 ;
élancer, cit. 10 ; femme, cit. 97 et 101). *De belles grandes
filles* (cit. 31). *Une grande blonde* (cit. 9). *Grande taille.*
V. **Élevé, haut, imposant.** *Grands animaux* (Cf. Attacher,
cit. 89 ; aumaille, cit. ; bramement, cit. 1). *Les grands singes.*
Fig. Monter sur ses grands chevaux (cit. 38 et 39). *Grands
arbres* (Cf. Attacher, cit. 46). *Grandes colonnes* (Cf. Assemblage, cit. 10). *Grande lettre.* V. **Capitale.**

1 « Adonc monta Gargantua sur sa grande jument... et, trouvant en
son chemin un haut et grand arbre... dit : « Voici ce qu'il me fallait :
cet arbre me servira de bourdon et de lance. » Et il arracha facilement
de terre... »   RAB., I, XXXVI.

2 « Qu'il apparut plus grand que de coutume ;
    Si que marchant au milieu des plus forts,
    Haut relevé de la tête et du corps,
    Les surpassait... »   RONSARD, *La Franciade*.

3 « Un grand Bulgare, haut de six pieds... » VOLT., *Candide*, VIII.

4 « ... Ce Pic, le plus haut des Espagnes,
    N'existe point. S'il m'est caché par ces montagnes,
    Il n'est pas grand. Un jeu d'ombre l'anéantit. »
                            HUGO, *Lég. des siècles*, Cid exilé, II.

5 « Mais Hamilcar tendait ses yeux sur une grande tour dont les
trois étages faisaient trois monstrueux cylindres... Ce haut édifice dominait les bâtiments... »   FLAUB., *Salammbô*, VII, p. 138.

— *Mar. Grand mât*. « Pour les navires à voiles l'adjectif
grand s'applique particulièrement à des objets qui appartiennent au grand mât et qui en dépendent » (GRUSS).

*Grands bras, grand mât de hune, grands haubans, grand
foc, grand-voile...*

« Une vigie était placée sur le beaupré, une autre dans le petit 6
hunier du grand mât. »   CHATEAUB., *M. O.-T.*, t. I, p. 356.

— *Spécialt.* (la taille marquant un degré de croissance).
Qui atteint toute sa taille ou une taille notable. *Ses enfants
sont déjà grands. De grands enfants*. *Tu comprendras
quand tu seras grand. Tu n'es pas assez grand pour sortir
seul. C'est maintenant une grande fille. Elle se fait grande*
(Cf. Fainéantise, cit. 1). *Tu es trop grand pour te faire
câliner comme un bébé* (Cf. Câlinerie, cit. 1). *Les enfants
veulent toujours imiter les grandes personnes*. V. **Adulte.**
*Ce jeune chien est déjà grand. « Petit poisson deviendra
grand »* (Cf. Attendre, cit. 87 LA FONT.). V. **Grandir.** *Quand
les blés seront grands.* V. **Mûr.** — *Par ext.* V. **Âgé** (dans les
comp. grand-père, grands-parents, etc.).

« Elle allait sur ses treize ans, grande déjà comme une asperge 7
montée, avec un air d'effronterie ; »   ZOLA, *L'assommoir*, X.

« ... les enfants se taisent à l'approche des grandes personnes. » 8
                                    COCTEAU, *Enf. terribles*, p. 5.

— *Substant.* (fam.) *Les grands*, les écoliers les plus âgés.
*Le réfectoire des grands. Il a trouvé un grand qui le pro-
tège. Ce gosse parle, se conduit déjà comme un grand.*
Fam. Mon grand (en s'adressant à son fils).

« ... un grand, c'est-à-dire un jeune homme au delà de la puberté 9
et ayant un pied de plus que nous. »
                        STENDHAL, *Vie de Henry Brulard*, 24.

« Les deux ou trois cent élèves que pouvait loger le collège étaient 10
divisés, suivant l'ancienne coutume, en quatre sections, nommées *les
Minimes, les Petits, les Moyens* et *les Grands*. La division des Minimes
embrassait les classes désignées sous le nom de huitième et septième ;
celle des Petits, la sixième, la cinquième et la quatrième ; celle des
Moyens, la troisième et la seconde, enfin celle des Grands, la rhétorique, la philosophie, les mathématiques spéciales, la physique et la
chimie. »   BALZ., *L. Lambert*, t. X, p. 361.

— *Loc. fam. Être assez grand pour...*, être de taille* à...,
en état de... (sans avoir besoin de l'aide de personne).
*Laisse-moi tranquille, je suis assez grand pour savoir ce
que j'ai à faire, pour m'en charger moi-même... Vous êtes
assez grand pour lui dire ce que vous en pensez.*

« On fut demander à Matta s'il n'était pas assez grand pour faire 11
lui-même ses présents à Madame de Senantes, sans les envoyer par
le chevalier de Gramont. »   HAMILTON, *Gram.*, 4.

‖ 2° Quant à la longueur. V. **Long.** *Grands pieds, grandes
mains* (Cf. Bossué, cit. 2), *grands bras* (Cf. Branche, cit. 2).
Grands yeux en amande (cit.), *grands cils* (Cf. Abaisser,
cit. 2). *Grands cheveux bouclés* (cit. 5), *grande perruque*
(Cf. Cap, cit. 1). *Un grand pas* (Cf. Arracher, cit. 36). *Aller*
(cit. 7), *marcher à grands pas* (Cf. Bouc, cit. 3), *à grandes
enjambées* (cit. 3). *Grande distance.* V. **Astronomique.** *Grandes rivières, grands fleuves* (cit. 1, 2 et 5). *Grandes lignes*.
*Grand parcours. Grande épée, grand bâton... Grande robe,
grande veste... Grand comme la main*.

« Indépendamment de ces deux rues principales, diamétrales... la 12
Ville et l'Université avaient chacune leur grande rue particulière, qui
courait dans le sens de leur longueur, parallèlement à la Seine. »
                            HUGO, *N.-D. de Paris*, III, II.

« Presque jamais d'arbres, au Maroc ; mais, en revanche, toujours 13
ces grandes lignes tranquilles des paysages vierges que n'interrompt ni
une route, ni une maison, ni un enclos. »   LOTI, *Au Maroc*, p. 23.

‖ 3° Quant à la surface. V. **Ample, étendu*, large, spacieux, vaste.** *Grand salon, grand appartement, grande
pièce...* (Cf. Arranger, cit. 9 ; carabine, cit.). *Grand lac*
(Cf. Asphalte, cit. 1), *grands bois* (Cf. Canal, cit. 2), *grandes
forêts... Grande culture* (cit. 3). *Grande ville* (Cf. Étrangement, cit. 1). *Le grand ciel* (cit. 19. Cf. *aussi* Bleu, cit. 10).
Grande feuille, grande carte (Cf. Brigantine, cit. ; cahute,
cit. 2)... *Rendre plus grand.* V. **Agrandir*, augmenter*.**

« Que le monde, dit-il, est grand et spacieux ! » 14
                            LA FONT., *Fabl.*, VIII, 9.

« ... un simple paysan qui a trouvé les moyens de fabriquer à meil- 15
leur marché que partout ailleurs les chapeaux à grands bords en usage
dans le pays ; »   BALZ., *Médecin de camp.*, Œuvr., t. VIII, p. 358.

« Pour l'enfant, amoureux de cartes et d'estampes, 16
    L'univers est égal à son vaste appétit.
    Ah ! que le monde est grand à la clarté des lampes !
    Aux yeux du souvenir que le monde est petit ! »
                        BAUDEL., *Fl. du mal*, Le voyage.

« Deux liards couvriraient fort bien toutes mes terres, 17
    Mais tout le grand ciel bleu n'emplirait pas mon cœur. »
                        HUGO, *Lég. des siècles*, X, Aymerillot.

— *Ouvrir la bouche aussi grande qu'un four* (Cf. Bâiller,
cit. 1). *Ouvrir de grands yeux*, qui deviennent grands par
le mouvement qui les fait ouvrir davantage. V. **Étonnement.** *Elle ouvrit la fenêtre toute grande* (Cf. Firmament,
cit. 2). *Grand ouvert*, ouvert autant qu'il est possible. —
REM. Dans cette expression, *grand* s'accorde généralement : *la bouche grande ouverte* (Cf. Cantique, cit. 4). *fenêtres grandes ouvertes* (Cf. Bruissement, cit. 5) ; cependant
quelques auteurs, donnant à *grand* une valeur adverbiale,
le laissent invariable (Cf. GREVISSE, n° 385).

18 « La porte s'ouvrit. Elle s'ouvrit vivement, toute grande, comme si quelqu'un la poussait avec énergie et résolution. »
HUGO, **Misér.**, I, II, III.

19 « L'enfant accaparé par les belles images
Écarquille les siens moins démesurément
Quand tu fais les grands yeux je ne sais si tu mens »
ARAGON, **Les yeux d'Elsa**, I.

20 « Il avait les yeux grands ouverts et me fixait. »
BOSCO, **Rameau de la nuit**, p. 250.

‖ **4°** Quant au volume et à l'ensemble des dimensions en général. *Deux fois, trois fois... plus grand.* V. **Double, triple, ... multiple.** *Extrêmement grand.* V. **Colossal, démesuré, effrayant, énorme, monumental.** *Grand édifice* (Cf. Appui, cit. 15). *Grand tonneau. Grand trou.* V. **Profond.** « *Mon verre n'est pas grand...* » (Cf. Boire, cit. 9 MUSSET).

21 « ... hier Baltimore, aujourd'hui Knoxville, après-demain la Nouvelle-Orléans, et puis nous nous envolons, après avoir admiré la plus grande usine ou le plus grand pont ou le plus grand barrage du monde... »
SARTRE, **Situations III**, p. 75.

— *Dessiner, sculpter plus grand que nature,* en donnant des proportions supérieures aux dimensions naturelles. Fig. *Héros d'épopée, de roman, plus grand que nature.* — *Avoir les yeux plus grands que le ventre,* demander, se faire servir plus de nourriture qu'on n'en peut absorber. V. **Avide.**

22 « Les dieux d'Homère sont des hommes plus grands et plus forts que nature, soit au physique, soit au moral. »
MARMONTEL, **Élém. littér.** (in LITTRÉ, **Nature**).

— Substant. *L'infiniment grand,* selon PASCAL (Cf. Atome, cit. 17).

‖ **5°** En parlant des mesures elles-mêmes. *Grande hauteur, profondeur, largeur...* (Cf. Ascension, cit. 5). *Grande contenance, capacité... Grande surface. Grand poids. Grand espace, grande durée. Grande quantité. Grand nombre*.* V. **Illimité, immensurable, incommensurable, infini, maximum.** *Grande vitesse. Rouler à grande allure* (Cf. Camion, cit. 3). *Aller grand train*.* V. **Beau, bon.** *Grande somme. Grande part. Grand âge.*

23 « Singulières erreurs, illusions d'optique. Il y a des pays qui sont grands et qui paraissent petits. Il y a des pays qui sont petits et qui paraissent grands. Tout ainsi et du même regard il y a des périodes, des temps qui sont grands et qui paraissent petits, qui sont longs et qui paraissent courts. Et il y a des temps qui sont petits et qui paraissent courts, et qui paraissent longs, qui paraissent grands. »
PÉGUY, **Victor-Marie comte Hugo**, p. 61.

— *Spécialt.* (entre un nombre et une unité de mesure). V. **Bon.** *Deux grandes heures,* deux heures et plus. *Il vous faut compter quinze grands jours avant d'avoir vos papiers,* au minimum quinze jours et sans doute davantage. *C'est à deux grandes lieues d'ici. Il vous en faut deux grands mètres.*

24 « Je ne doute pas que si quelque capitaine des grands grenadiers lit jamais cet ouvrage, il ne hausse de deux grands pieds au moins les bonnets de sa troupe ; »
VOLT., **Micromégas**, V.

25 « Jean réfléchit une grande minute. »
ZOLA, **La terre**, II, III, p. 124.

— (L'unité de mesure paraissant seulement plus grande) *Je suis resté deux grands mois dans le plâtre !*

26 « Chère infidèle ! eh bien, qu'êtes-vous devenue ?
Depuis quinze grands jours vous n'êtes pas venue ! »
BANVILLE, **Odes funamb.**, Une vieille lune.

‖ **6°** Quant à l'abondance ou à l'intensité. *Grande foule.* V. **Nombreux.** *Il n'y a pas grand monde dans la salle. Grand concours de peuple. Grandes eaux* (vieilli). V. **Crue.** *Les grandes eaux de Versailles,* la mise en action simultanée de tous les jets d'eau et cascades. *Laver à grande eau,* avec beaucoup d'eau. *Grande pluie. J'en ai une grande provision. Il n'a pas grand argent,* pas beaucoup d'argent. *Grande fortune.* V. **Ample, beau, gros.** *Grande dépense.* V. **Considérable** (cit. 3). *À grands frais. Trop grand.* V. **Excessif.**

27 « Du coup, reprit Farrabesche, je compris monsieur Bonnet, il n'eut pas de grandes paroles à me dire pour m'expliquer ma besogne. »
BALZ., **Curé de village**, Œuvr., t. VIII, p. 674.

28 « Des pluies de déluge lavèrent le pavé à grande eau, nettoyèrent le ciel et le laissèrent pur de nuages au-dessus des rues luisantes. »
CAMUS, **La peste**, p. 264.

— *Le grand jour*. Au grand jour*. Le grand air,* l'air abondant, sain et vif qui circule dans un espace découvert (par oppos. à *confiné*). *Cet enfant a besoin de grand air, du grand air de la campagne. Linge exposé au grand air. Grand vent* (Cf. Brûler, cit. 4). *Grande marée. Grand feu* (Cf. Absence, cit. 5). *Grande chaleur, grand froid.* V. **Intense, terrible, vif, violent.** *Grande lumière* (Cf. Auprès, cit. 13). *Grands éclats* (Cf. Arracher, cit. 35). *Grand bruit** (Cf. Affecter, cit. 2 ; ample, cit. 1 ; apprêter, cit. 2). *Grands cris* (Cf. Bousculer, cit. 4), *grand tapage* (Cf. Faire, cit. 258). *Grand silence* (Cf. Faire, cit. 257). *Grand soupir. Grand effort, grande fatigue. Grand coup** (cit. 52 et 63)...

29 « Ce grand bruit et cette grande lumière avaient attiré les Barbares au pied des murs... ils regardaient béants d'horreur. »
FLAUB., **Salammbô**, XIII, p. 298.

30 « ... les méfaits du grand air, fauteur de rides, des éphélides et des poils de moustache. »
COLETTE, **Belles saisons**, p. 37.

II. *Dans l'ordre qualitatif* (non mesurable) ‖ **1°** Au sens le plus général. V. **Considérable, extraordinaire, important...** *Grande querelle* (Cf. Aborder, cit. 6), *grande passion* (Cf. Absence, cit. 6), *grands soucis* (Cf. Absent, cit. 7), *grande aversion* (Cf. Absolu, cit. 10), *grande absurdité* (cit. 2), *grande question* (Cf. Affaiblir, cit. 7), *grands problèmes, grande nouvelle* (Cf. Annoncer, cit. 1), *grands événements* (Cf. Approche, cit. 23), *grand dessein* (Cf. Appuyer, cit. 4), *grand secours* (Cf. Aride, cit. 5), *grande règle* (Cf. Attarder, cit. 5), *grand bonheur* (Cf. Attente, cit. 9), *grand chagrin, grand mérite, grands vices. Grande cruauté* (V. **Atroce, terrible**). *Le plus grand de tous les maux* (Cf. Causer, cit. 1). *Si grand.* V. **Tel** (Cf. Estime, cit. 2).

— (Sans article) V. **Beaucoup** (de...). *Avoir grand avantage* (Cf. Absolument, cit. 4). *Faire grand tort* (Cf. Ânerie, cit. 3). *Avoir grand besoin* (Cf. Arrêter, cit. 72). *Faire grand cas* (Cf. Assaisonner, cit. 2), *grande attention* (cit. 29). *Remède qui fait grand bien. Je ne vois pas grand mal à cela...*

— *Spécialt.* (équivalent d'un superlatif). *Grand travailleur. Une grande beauté* (Cf. Autre, cit. 107). *Grand lâche, grand sot... Grand joueur, grand buveur... Grande coquette*. Grande amoureuse. Grand menteur, grand dépensier, grand escroc* (cit. 11). *Grande bavarde. Grand blessé* (Cf. Achever, cit. 21). — *De grand matin,* à l'heure la plus matinale. *Au grand jamais*. Au grand complet*.*

31 « ... ces grands faiseurs de protestations. »
MOL., **Misanthr.**, I, 1.

32 « Ce que quelques-uns appellent babil est proprement une intempérance de langue qui... »
LA BRUY., **Caract. de Théophr.**, Du grand parleur.

33 « Vous êtes de grands ignorants tous tant que vous êtes ! s'écria le Grec... »
VOLT., **Zadig**, XII.

34 « Vous avez dû partir de grand matin de Limoges, pour être ici à dix heures, je vais donc tout préparer pour le déjeuner. »
BALZ., **Curé de village**, Œuvr., t. VIII, p. 616.

35 « Toi que mes bras au grand jamais n'enlaceront » ARAGON, **Les yeux d'Elsa**, Plainte pour la mort...

— V. **Essentiel, important, principal.** *Les grandes puissances. Les grandes villes d'Europe. La grande industrie. Les grands principes de la morale. Le grand point* est de... Le grand jour est arrivé. Le grand soir*. La Grande Guerre*. Grandes écoles. Grands vins, grands crus.* V. **Meilleur.**

36 « Je voudrais bien savoir si la grande règle de toutes les règles n'est pas de plaire... »
MOL., **Crit. Éc. des femm.**, V, 6.

‖ **2°** Quant à l'importance sociale ou politique, la condition, le rang, la dignité... *Un grand personnage. Grand seigneur* (Cf. Arrière-ban, cit. 10 ; bourgeois, cit. 4 ; comte, cit. 2). *Grande dame* (cit. 11. Cf. aussi Faire, cit. 173). *Le grand monde** (Cf. Fils, cit. 7). *Les grands dignitaires* (Cf. Archichancelier, cit.). « *Pour grands que soient les rois...* » (Cf. Autre, cit. 2 CORN.).

37 « Dieu seul est grand, mes frères, et dans ces derniers moments surtout où il préside à la mort des rois de la terre, plus leur gloire et leur puissance ont éclaté, plus, en s'évanouissant alors, elles rendent hommage à sa grandeur suprême. »
MASSILLON, **Orais. fun. de Louis XIV.**

38 « ... ne point supposer ce qui est faux, je veux dire que le grand ou le beau monde sait sa religion et ses devoirs ; » LA BRUY., XV, 29.

39 « Elle a les traditions de la grande compagnie, elle possède une immense instruction, connaît le blason du premier comme du dernier gentilhomme en Europe... »
BALZ., **Lys dans la vallée**, Œuvr., t. VIII, p. 846.

40 « Pour comble de malheur Pierrot est amoureux, non pas du joli museau noir, de la jupe losangée de Colombine, mais d'une grande dame, d'une très grande dame, d'une Éloa, d'une duchesse ! »
GAUTIER, **Souv. de théâtre...**, p. 57.

— *Spécialt.* (désignant le titre* du plus haut dignitaire ou d'un prince). *Grand prêtre* (Cf. Arrestation, cit. 3). *Grand chambellan, grand écuyer, grand veneur, grand maître de l'Université... Grand officier de la Légion d'honneur. Un des grands colliers* (cit. 5) *de l'ordre. Grand cordon.* — *Le Grand Turc* (Cf. Accoupler, cit. 1). V. **Sultan.** *Le Grand Mogol. Grand-Duc, Grande-Duchesse de Luxembourg.* Par anal. *Grand-Duché. Grande Maîtrise de l'ordre de Malte.*

41 « Le titre de grands a toujours été donné en France à plusieurs premiers officiers de la couronne, comme grand-sénéchal, grand-maître, grand-chambellan, grand-écuyer, grand-échanson, grand-panetier, grand-veneur, grand-louvetier, grand-fauconnier. On leur donna ces titres par prééminences, pour les distinguer de ceux qui servaient sous eux. »
VOLT., **Dict. philos.**, Grand.

— *Par ext.* Propre aux grands personnages, aux occasions où ils paraissent. *Avoir grand air* (cit. 15 et 16). *Une grande façon* (cit. 41). *Être en grande tenue*. Donner un grand dîner. Grande cérémonie. En grande pompe*. Une grande naissance*. Un grand nom*.* V. **Auguste.** *Grand emploi, grand poste.* V. **Élevé** (Cf. Arriver, cit. 29 ; emploi, cit. 11).

42 « Serait-ce un habitant de l'empire céleste ?
Ses traits sont grands et fiers ; et... »
CHÉNIER, **Bucoliques**, L'aveugle.

43 « M. Valenod regarda un de ses gens en grande livrée, qui disparut et bientôt on n'entendit plus chanter. »
STENDHAL, **Le rouge et le noir**, I, XXII.

— *Substant.* Grand personnage, grand seigneur. V. **Aristocrate, magnat, noble.** *La Bruyère a peint les grands dans le chapitre IX des Caractères* (Cf. Alerte, cit. 6 ; autre, cit. 14). *Situation, attitude, sentiments des grands...* (Cf. Adulateur, cit. 1 ; apparence, cit. 10 ; assez, cit. 32 ; assistance, cit. 3 ; brigue, cit. 3 ; dès, cit. 7 ; encensoir, cit. 4). « *Les grands de la terre, arbitres* (cit. 11 Boss.) *du monde* ». *Grand d'Espagne,* titre donné aux plus hauts seigneurs qui ont le privilège de rester couverts devant le roi (Cf. Financier, cit. 3).

44 « ... Tous les emportements, toute la violence et toute la vanité des grands vient de ce qu'ils ne connaissent point ce qu'ils sont : ... »
PASC., **Opusc.**, Trois discours sur condit. des grands.

45 « Pendant que les grands négligent de rien connaître, je ne dis pas seulement aux intérêts des princes et aux affaires publiques, mais à leurs propres affaires... des citoyens s'instruisent du dedans et du dehors d'un royaume, étudient le gouvernement,... se placent, s'élèvent, deviennent puissants... Les grands, qui les dédaignaient, les révèrent : heureux s'ils deviennent leurs gendres. »
LA BRUY., IX, 24.

46 « Grand est autre que puissant : on peut être l'un et l'autre ; mais le puissant désigne une place importante, le grand annonce plus d'extérieur et moins de réalité : le puissant commande, le grand a des honneurs. »
VOLT., **Dict. philos.**, Grand.

47 « (*Don Ricardo salue profondément le roi, et met son chapeau sur sa tête*).
— Vous vous couvrez ? — Seigneur, vous m'avez tutoyé.
(*Saluant de nouveau*)
Me voilà grand d'Espagne. »
HUGO, Hernani, IV, 1.

48 « Les grands sont ce qu'ils veulent, les petits sont ce qu'ils peuvent... »
ID., L'homme qui rit, II, III, IX.

49 « Il n'y a de repos, vous dis-je, que pour les petits, que dans le mépris des grands qui ne peuvent penser au peuple que par intérêt ou sadisme... »
CÉLINE, Voy. au bout de la nuit, p. 68.

|| 3° Quant au mérite, aux qualités intellectuelles ou morales, aux talents, et en général dans l'ordre des valeurs. V. **Fameux, glorieux, illustre, supérieur.** *Grand homme* (Cf. Abuser, cit. 17 ; agacement, cit. 2 ; amitié, cit. 9 ; appartenir, cit. 27 ; brouter, cit. 3 ; favoriser, cit. 2). V. **Génie, héros.** *Grand prince, grand capitaine, grand ministre* (Cf. Centre, cit. 21)... *Grand philosophe* (Cf. Apostropher, cit. 1), *grand penseur* (Cf. Attaquer, cit. 53), *grands esprits* (Cf. Blasphème, cit. 4). *Grande figure du passé* (Cf. Attarder, cit. 8). *Grand écrivain* (Cf. Aucun, cit. 43 ; auteur, cit. 23 ; caprice, cit. 10). *Grand poète* (Cf. Article, cit. 20 ; centupler, cit. 1). *Grand artiste* (cit. 5). *Grand peintre* (Cf. Effacer, cit. 16). *Les grands créateurs* (Cf. Autorité, cit. 47). *Grand acteur. Grand médecin* (Cf. Abord, cit. 12). *Les grands maîtres. Un grand champion...* — *En quoi l'homme est grand* (Cf. Connaître, cit. 36 PASCAL). *Il fut grand par certains côtés. Si grands qu'ils aient été, ils ne furent que des administrateurs* (cit. 2). « *Rien ne nous rend si grands qu'une grande douleur* » (cit. 14 MUSSET).

50 « Aussi avait-il (*Condé*) pour maxime : écoutez, c'est la maxime qui fait les grands hommes : que dans les grandes actions il faut uniquement songer à bien faire, et laisser venir la gloire après la vertu. »
BOSS., **Orais. fun. de Condé.**

51 « Ce grand, ce sublime Corneille,
Qui plut bien moins à notre oreille
Qu'à notre esprit, qu'il étonna ; »
VOLT., **Temple du goût.**

52 « Grand est un des mots les plus fréquemment employés dans le sens moral, et avec le moins de circonspection. Grand homme, grand génie, grand esprit, grand capitaine, grand philosophe, grand orateur, grand poète ; on entend par cette expression « quiconque dans son art passe de loin les bornes ordinaires ». Mais comme il est difficile de poser ces bornes, on donne souvent le nom de grand au médiocre. »
ID., **Dict. philos.**, Grand.

53 « Bonaparte n'est point grand par ses paroles, ses discours, ses écrits, par l'amour des libertés qu'il n'a jamais eu... ; il est grand pour avoir créé un gouvernement régulier, un code de lois..., des cours de justice, des écoles, une administration forte, active, intelligente... ; il est grand pour avoir fait renaître en France l'ordre du sein du chaos... ; il est grand surtout pour être né de lui seul, pour avoir su, sans autre autorité que celle de son génie, ... se faire obéir par trente six millions de sujets... ; il est grand... pour avoir surpassé tous les vainqueurs qui le précédèrent, pour avoir rempli dix années de tels prodiges qu'on a peine aujourd'hui à les comprendre. »
CHATEAUB., **M. O.-T.**, t. II, p. 653.

54 « Grand homme, si l'on veut ; mais poète, non pas. »
MUSS., **Poés. nouv.**, Après une lecture, XV.

55 « Il y a exception pour cet homme simple et grand, Pierre Corneille, suivant moi immensément supérieur à Racine, ce courtisan rempli d'adresse et de bien-dire. »
STENDHAL, **Vie de Henry Brulard**, 41.

56 « ...il est petit de passer sa vie à dire comment les autres ont été grands. »
ID., **Souvenirs d'égotisme**, p. 232.

57 « Ô Waterloo ! je pleure et je m'arrête, hélas !
Car ces derniers soldats de la dernière guerre
Furent grands ; ils avaient vaincu toute la terre, »
HUGO, Châtiments, L'expiation, V, XIII, 2.

58 « Quand tout se fait petit, femmes, vous restez grandes.
...
Oh ! oui, vous êtes bien le sexe fier et doux,
Ardent au dévouement, ardent à la souffrance, ...
...Dont l'âme à la hauteur des héros s'élargit, »
ID., Ibid., VI, VIII.

59 « Les grands événements, les grands hasards, les grandes aventures, les grands hommes, Dieu merci, on en a assez vu, on en a par-dessus la tête. »
ID., **Misér.**, IV, I, I.

60 « Dans les sciences expérimentales les grands hommes ne sont jamais les promoteurs de vérités absolues et immuables. Chaque grand homme tient à son temps et ne peut venir qu'à son moment ; en ce sens qu'il y a une succession nécessaire et subordonnée dans l'apparition des découvertes scientifiques. »
Cl. BERNARD, **Introd. à la méd. expérim.**, p. 81.

61 « Ces grands philosophes sont des explorateurs. Ceux qui sont grands ce sont ceux qui ont découvert des continents. Ceux qui ne sont pas grands ce sont ceux qui n'ont pensé qu'à se faire recevoir solennellement en Sorbonne. »
PÉGUY, **Note conjointe**, p. 60.

— Avec un nom propre. « On remarquera que l'épithète se met avant le substantif lorsqu'on parle du mérite du personnage : *le grand Alexandre.* Mais, lorsqu'on veut distinguer le personnage d'autres qui portent le même nom, alors l'épithète doit toujours être après le substantif : « *Alexandre le Grand* » (LITTRÉ). — a) *Le grand Corneille et le grand Condé* (Cf. Époque, cit. 5). *Le grand Frédéric. Notre grand Molière...*

62 « Vive la mémoire du grand Colbert, qui fit naître l'industrie en France... »
VOLT., **Lettre à M. Laurent**, 3830, 6 déc. 1771.

— b) *Albert le Grand. Henri le Grand. Louis le Grand. Napoléon le Grand. Pierre le Grand...*

63 « Je n'ai point encore achevé l'histoire de ce héros russe nommé Pierre le Grand (i. e. *Histoire de l'empire de Russie sous Pierre le Grand,* publiée en 1767). »
VOLT., **Lettre à la duch. de Saxe-Gotha**, 31 juill. 1761.

64 « Rois vainqueurs ou bénis, se disputant entre eux
Ces fiers surnoms le grand, le beau, le fort, le juste, »
HUGO, Lég. des siècles, XII, III.

— *Par ext.* (en parlant des choses et qualités humaines). V. **Beau, grandiose, magnifique, noble...** *Quelque chose de grand s'accomplit* (cit. 16). *Grandes actions* (Cf. Accoutumer, cit. 11). *Grands desseins. Grandes choses* (cit. 19 et 20. Cf. aussi Appliquer, cit. 21 ; exécuter, cit. 5). *Grand ouvrage.* V. **Magistral.** *Rien de grand ne se fait sans audace* (cit. 16), *sans fanatisme* (cit. 7). *Grande âme, grand caractère, grand cœur.* V. **Courageux, fier, généreux, magnanime...** *De grand cœur* (cit. 49). *Grands sentiments.* V. **Élevé.** *Ce qu'il y a de plus grand.* V. **Cime, comble, faîte, sommet.** *Grand art. La grande poésie. De grande classe.* V. **Excellent.** *Le grand siècle. La Grande Armée. Rien n'est plus grand que ce mot de... Seul le silence est grand...* (Cf. Faiblesse, cit. 32). Alch. *Le grand œuvre.*

65 « Voyons les dernières paroles d'Épicurus, et qu'il dit en mourant : elles sont grandes et dignes d'un tel philosophe... »
MONTAIGNE, Essais, II, XVI.

66 « Attale a le cœur grand, l'esprit grand, l'âme grande,
Et toutes les grandeurs dont se fait un grand roi ; »
CORN., Nicom., II, 3.

67 « ...l'autre, et par l'avantage d'une si haute naissance, et par ses grandes pensées que le ciel envoie... semble né pour entraîner la fortune dans ses desseins et forcer les destinées. »
BOSS., **Orais. fun. de Condé.**

68 « Les hommes qui embelliront le siècle de Louis XIV par tous ces talents ne seront jamais oubliés... Tout le monde convient que ce grand siècle passé fut celui du génie ; »
VOLT., **Lettre au baron de Faugères**, 4322, 3 mai 1776.

69 « Tout était grand, le lieu, le moment ; et, chose rare, les paroles ne furent nullement au-dessous. La sagesse du Dauphiné, l'austérité du Vivarais, le tout animé du souffle de Languedoc et de Provence. »
MICHELET, Hist. de la Révol. fr., III, IV.

70 « La probité, la sincérité, la candeur, la conviction, l'idée du devoir, sont des choses qui, en se trompant, peuvent devenir hideuses, mais qui, même hideuses, restent grandes ; leur majesté, propre à la conscience humaine, persiste dans l'horreur ; »
HUGO, Misér., I, VIII, III.

71 « Il est impossible d'imaginer une grande civilisation sans une grande littérature. »
DUHAM., **Refuges de la lecture**, VIII, p. 274.

72 « Maintenant je sais que l'homme est capable de grandes actions. Mais s'il n'est pas capable d'un grand sentiment, il ne m'intéresse pas. »
CAMUS, La peste, p. 179.

— *Ironiqt.* et *péjor.* V. **Emphatique, exagéré, grandiloquent.** *De grands mots* (Cf. Assommer, cit. 9 ; déclamateur, cit. 3). *Vos grandes phrases ne me touchent pas.*

— *Substant.* (Neutre) *Le grand,* ce qui est grand, élevé. V. **Grandeur, sublime.** *Affectation* (cit. 2) *du grand. Aller au delà du grand* (Cf. Enfler, cit. 32). *Le grand et le sublime de la religion* (Cf. Esprit, cit. 119). *Aller, viser au grand* (dans la vie, dans l'art...). *Amour, culte du grand.*

73 « Des cinq sources du grand. Il y a... cinq sources principales du sublime... (l') élévation d'esprit... le pathétique... les figures... la noblesse de l'expression... la composition et l'arrangement des paroles... »
BOIL., **Traité du sublime**, VI.

III. Sous la forme masculine au féminin. — REM. L'adjectif *grand,* comme le lat. *grandis* n'avait en anc. fr. qu'une terminaison pour les deux genres : « *Le discord et les grands haines* » (FROISSART). On corrigea longtemps ce qui paraissait une anomalie en marquant par une apostrophe la prétendue élision du *e.* LITTRÉ proteste encore contre l'usage d'écrire *grand'mère, grand'messe.* « Il serait meilleur, écrit-il, de supprimer cette apostrophe... mais un homme seul n'a pas autorité suffisante pour cela. » L'ACADÉMIE en 1932 a finalement reconnu l'orthographe *grand-mère, grand-messe* déjà adoptée par HATZFELD à la fin du siècle dernier. En dehors des véritables mots composés, qu'on trouvera à l'ordre alphabétique, la langue a retenu un certain nombre d'expressions où *grand* ne s'accorde pas. *Grand-rue*, la rue principale (Cf. Angle, cit. 4 ; anxiété, cit. 8 ; boyau, cit. 2). *Grand-route. Grand-messe*, par oppos. aux *messes basses* (Cf. Fixer, cit. 22). *La grand-chambre des Parlements d'autrefois. Grand-croix**. *Avoir grand-faim, grand-soif* (Cf. Boire, cit. 17). *J'ai grand-peur que cela ne tourne mal* (Cf. Assurance, cit. 2). *Faire grand-pitié. À grand-peine.* »

74 « Si le Roi m'avait donné
     Paris, sa grand'ville, »   MOL., **Mis.**, I, 2.

75 « *(Il)* couchera dans votre grand chambre avec sa mie. »
                                          RAC., **Lettres**, 173, 31 mars 1698.

76 « Il fallait parlementer, plaider, demander pardon pour des fautes imaginaires. Je n'y manquais jamais, car j'ai toujours eu grand pitié de ces natures douloureuses. »
                               DUHAM., **Biographie de mes fantômes**, p. 176.

— GRAND-CHOSE, employé encore au XVIIᵉ s. sous sa forme positive dans le sens de *beaucoup* (Cf. Cause, cit. 49 MOL.), ne s'emploie plus qu'avec la négation, au sens de « peu de chose » (Cf. Casquette, cit. 2). *Cela ne vaut pas grand-chose. Ce n'est pas grand-chose. Il n'en sortira pas grand-chose de bon.* — *Substant.* (fam.) *Un pas grand-chose*, quelqu'un qui mérite peu d'estime ou de considération.

77 « ...quel pas grand'chose ! mais bien rigolo tout de même ! »
                                          ZOLA, **La terre**, IV, III, p. 328.

78 « Mais je ne vaux pas grand'chose non plus et je me demande si mes accès d'humilité ne sont pas, eux aussi, inspirés par une espèce d'orgueil. »   DUHAM., **Salavin**, I, XV.

79 « Son galant, ça devait être un pas grand'chose, qui ne travaillait pas... »   ARAGON, **Beaux quartiers**, I, XVII.

IV. Adverbialt. ‖ **1°** GRAND, surtout dans les expressions *voir grand, faire grand*, en parlant de grands projets, de grandes vues, de grandes réalisations. *Il a su voir grand, et le voilà maître du marché. Il s'est ruiné, il a vu trop grand. Un architecte qui fait grand.*

80 « Voici quelques-uns des reproches unanimement adressés à Shakespeare : ...Dépasser le but. — Avoir trop d'esprit. — N'avoir pas d'esprit. — Faire « trop grand ». — « Faire grand ».
                               HUGO, **W. Shakespeare**, II, I, 1.

81 « On dit depuis quelque temps : Faire grand, pour travailler en grand... Faites grand, Sire, fut une flatterie adressée dans le temps à Napoléon III... Faire grand est très peu français. »
                                          LITTRÉ, **Suppl.**, Grand.

82 « *Voir grand*, Avoir des vues larges, excessives. On dit de même *Faire grand.* »   ACAD., **Dict.** 8ᵉ éd. (1932).

— Par ext. *Ganter* (cit. 4) *plus grand.*

‖ **2°** EN GRAND, en observant de grandes dimensions, un vaste plan ; hors de toute vue étroite. *Il a réalisé en grand ce que vous avez fait en petit. Faire en grand une culture, un élevage. Fabriquer en grand :* sur une grande échelle. *Il faut voir les choses un peu en grand*, sans s'attarder aux détails. V. **Gros** (en).

83 « Les petites machines ne réussissent point en grand parce que les frottements les dérangent : il en est de même des États ; la Chine ne peut se gouverner comme la république de Lucques. »
                               VOLT., **Pensées sur l'administr. publ.**, XXVI.

84 « Les opérations rurales sont toutes utiles, mais la plupart ne le sont que lorsqu'on a les moyens de les faire un peu en grand. Autrement il vaut mieux se borner à son affaire et la bien conduire. »
                                          SENANCOUR, **Oberman**, LXVII.

85 « Il faut tenter une expérience en grand, répondit froidement le grand Cointet, car ce qui réussit dans une marmite échoue dans une fabrication entreprise sur une grande échelle. »
                               BALZ., **Illus. perdues**, Œuvr., t. IV, p. 960.

86 « Une culture en grand, avec beaucoup d'argent, des mécaniques, d'autres affaires encore tout ce qu'il y a de mieux comme science. »
                                          ZOLA, **La terre**, IV, V, p. 372.

ANT. — Petit*. Minime. Bref, court. Exigu. Faible. Médiocre, modeste. Bas, mesquin.

DER. et COMP. — Grandelet, grandement, grandet. Grandeur. Grandir. Agrandir. Cf. Grandesse, grandiose, grandiloquent, grandissime. — Grand-chantre (V. Chantre). — Grand-croix (V. Croix). — Grand-duc (V. Duc, ducal, duché, duchesse). — Grand-livre (V. Livre). — Grand-maman. Grand-mère. Grand-messe (V. Messe). — Grand-oncle. Grand-papa. Grand-père. Grands-parents. Grand-prêtre (V. Prêtre). — Grand-tante. Grand-teint (V. Teint). — Grand-voile (V. Voile). — Cf. également Magn- et Méga-.

GRANDELET, ETTE. *adj.* (1393 ; dimin. de *grand*). Fam. Qui commence à devenir grand, à avancer en âge. *Ses enfants sont déjà grandelets. Ce n'est pas encore une jeune fille, mais elle est grandelette* (Cf. Bavette, cit.).

GRANDEMENT. *adv.* (XIVᵉ s. ; *grammment* au XIIᵉ s. ; de *grand*).

‖ **1°** Beaucoup, tout à fait. *Il s'est grandement trompé. Chagriner* (cit. 2) *grandement. Cela importe grandement. Il a grandement contribué au succès.* V. **Fortement** (Cf. Autorail, cit. 2). *Vous avez grandement raison. Il est grandement temps de partir. Grandement satisfait.* V. **Amplement.**

1 « Puissant prélat, je me plains grandement
     Du trésorier... »   MAROT, **Épitres**, XVI.

2 « Il faut croire qu'elle a été grandement choquée de ce que les enfants d'ici l'ont décoiffée à la danse ; » SAND, **Petite Fadette**, XXIV.

3 « Il était grandement l'heure de déjeuner. »
                               ARAGON, **Beaux quartiers**, I, XXIII.

— Largement, en abondance. *Il a grandement de quoi vivre.*

‖ **2°** Dans des proportions et avec une ampleur qui dépasse l'ordinaire. *Être logé grandement. Faire les choses grandement*, sans rien épargner. V. **Généreusement.**

‖ **3°** D'une façon moralement grande, élevée. V. **Noblement.** *Il pense, il agit grandement* (ACAD.).

4 « La multitude applaudit les grandes choses grandement exprimées. »
                               V. COUSIN, in P. LAROUSSE.

ANT. — Peu. Peine (à). Chichement, mesquinement, petitement. Bassement.

GRANDESSE. *n. f.* (XIIᵉ s. ; de *grand*, au sens de « grandeur » ; sens actuel, 1667 ; de l'espagn. *grandeza*). Dignité de *grand** d'Espagne.

1 « ...mon père sourd à leurs prières songea à se fortifier... La grandesse et beaucoup d'établissements lui furent proposés directement de la part du roi d'Espagne, qui furent également rejetés. »
                                          ST-SIM., **Mém.**, I, V.

2 « L'aîné, le duc de Soria d'aujourd'hui, vient d'être dépouillé de tous ses biens, honneurs et grandesse par le roi Ferdinand, qui venge une vieille inimitié. »   BALZ., **Mém. de deux jeunes mariées**, Œuvr., t. I, p. 177.

3 « Mais comment oser croire que la fille du vieillard le plus entiché de sa grandesse qui fût en Espagne, pourrait être donnée au fils d'un épicier de Paris ! »   ID., **El Verdugo**, Œuvr., t. IX, p. 867.

GRANDEUR. *n. f.* (XIIᵉ s. ; de *grand*).

I. *Sens absolu.* Qualité de ce qui est grand ; chose qui rend grand.

‖ **1°** Dans l'ordre physique (Vx). *Animal ayant en partage la grandeur et la force* (Cf. Aigle, cit. 1). *Sanglier d'une énorme* (cit. 8) *grandeur. Grandeur d'une branche* (cit. 4). V. **Dimension.**

1 « ...il faut lui accorder (*à l'éléphant*) au moins l'intelligence du castor, l'adresse du singe, le sentiment du chien, et y ajouter ensuite les avantages particuliers, uniques, de la force, de la grandeur et de la longue durée de la vie... »   BUFF., **Hist. nat. anim.**, L'éléphant.

— Fig. *Regarder quelqu'un du haut de sa grandeur*, de haut en bas, avec un air de supériorité, de dédain.

— Vx. V. **Longueur.**

« ...la Mousse est un peu effrayé de la grandeur du voyage... »
                               SÉV., 297, 11 juill. 1672.

‖ **2°** Dans l'ordre qualificatif. V. **Ampleur, étendue, immensité, importance.** *Grandeur d'une entreprise* (Cf. Entraînement, cit. 1), *d'un projet. Grandeur du crime.* V. **Énormité, gravité** (Cf. Estimer, cit. 4). *Grandeur d'un sacrifice, d'un péril. Grandeur des désirs.* V. **Intensité** (Cf. Étendue, cit. 20).

3 « ...et le sien (*son cœur*) voit si peu
     Dans ce profond respect la grandeur de mon feu ! »
                                          MOL., **Dép. amour.**, IV, 2.

4 « À mesure qu'il en parle, il est saisi, plus qu'il ne l'a été jamais, par la grandeur et l'imminence des dangers. »
                               ROMAINS, **H. de b. vol.**, t. IV, XXIII, p. 255.

‖ **3°** Dans l'ordre social et politique. V. **Élévation, force, gloire, pouvoir, puissance.** *Grandeur d'un roi* (Cf. Apogée, cit. 2 ; appliquer, cit. 18 ; éclipser, cit. 1), *d'un conquérant* (Cf. Étendue, cit. 12). *Grandeur de Louis XIV* (Cf. Animer, cit. 10 ; grand, cit. 37). *Heures de grandeur* (Cf. Empire, cit. 14). *Grandeur de Bonaparte* (Cf. Grand, cit. 53 CHATEAUB.). *La fausse et véritable grandeur* (Cf. Badiner, cit. 6 ; courber, cit. 23 LA BRUY.). *Être enivré* (cit. 29) *de sa grandeur.* « *Ni l'or, ni la grandeur ne nous rendent heureux* » (Cf. Divinité, cit. 6 LA FONT.). « *La grandeur est un songe* » (BOSS.). *Air de grandeur.* V. **Majesté.** *Rester simple au sein de la grandeur. Faire la grandeur de quelqu'un.* V. **Fortune, prospérité** (Cf. Favori, cit. 9). *Histoire de la grandeur et de la décadence de César Birotteau*, roman de Balzac. — *Grandeur d'un État* (cit. 142), *d'une nation* (Cf. Britannique, cit.), *d'une cité* (Cf. Épargner, cit. 6). *La grandeur romaine* (Cf. Aspect, cit. 1). *Considérations sur les causes de la grandeur des Romains et de leur décadence*, œuvre de Montesquieu (1734). *Vestiges de grandeur.* — *Grandeur de Dieu.*

5 « Mais c'est parce qu'en châtiant les hommes vous ne cherchez point précisément à faire éclater votre grandeur toute-puissante, et qu'il vous suffit de leur faire sentir les effets de votre grandeur souveraine... »
                               BOURDAL., **Carême**, Sur la vraie chrétienne, II.

6 « Voici, en un mot, l'histoire des Romains : ils vainquirent tous les peuples par leurs maximes ; mais, lorsqu'ils y furent parvenus, leur république ne put subsister ; il fallut changer de gouvernement, et des maximes contraires aux premières, employées dans ce gouvernement nouveau, firent tomber leur grandeur. » MONTESQ., **Rom.**, XVIII.

7 « (*Le précepteur*) amortit beaucoup mon admiration pour la grandeur, en me prouvant que ceux qui dominaient les autres n'étaient ni plus sages ni plus heureux qu'eux. »   ROUSS., **Confess.**, III.

8 « Ainsi tout s'occupait de Rancé depuis le génie jusqu'à la grandeur, depuis Leibni(t)z jusqu'à madame de Maintenon. »
                               CHATEAUB., **Vie de Rancé**, III, p. 197

9 « ... la vraie grandeur des nations consiste dans leur travail, dans leur prospérité, dans le progrès régulier de leurs institutions libres ; dans le développement de leur esprit, dans l'équilibre de leur conscience... » FUSTEL de COUL., **Questions contemp.**, p. 58.

10 « ... il avait le sens de la grandeur et de la beauté... » L. BERTRAND, **Louis XIV**, II, IV.

11 « ... une poésie qui porta plus loin et plus haut que les étendards de ces princes la grandeur française, et fit naître dans l'Italie de Virgile et d'Ovide une gloire, une grandeur nouvelles, qui se réclament de la France. » ARAGON, **Les yeux d'Elsa**, p. 88.

12 « Carthage n'est plus que le nom de sa grandeur rayée du monde. » MALRAUX, **Voix du silence**, p. 624.

— Emphat. ou iron. *Ma grandeur, sa grandeur...*, le grand personnage que je suis, qu'il est... — *Par ext.* Titre honorifique employé autrefois pour tous les grands seigneurs, et récemment encore pour les évêques* (Cf. Authenticité, cit. 2).

13 « Jupiter dit un jour : « Que tout ce qui respire
S'en vienne comparaître au pied de ma grandeur. »
LA FONT., **Fabl.**, I, 7.

14 « Monseigneur, j'ai reçu avec une soumission aveugle les ordres qu'il a plu à Votre Grandeur... » LA BRUY., XI, 7.

15 « Madame Magloire l'appelait volontiers *Votre Grandeur*. Un jour, il se leva de son fauteuil et alla à sa bibliothèque chercher un livre. Ce livre était sur un des rayons d'en haut. Comme l'évêque était d'assez petite taille, il ne put y atteindre. — *Madame Magloire*, dit-il, *apportez-moi une chaise. Ma Grandeur ne va pas jusqu'à cette planche.* » HUGO, **Misér.**, I, I, IV.

— *Au pluriel.* V. **Dignité, distinction, gloire, honneur, pompe...** *Avoir le goût, l'amour* (cit. 46), *la folie** (V. **Mégalomanie**) *des grandeurs. Être esclave* (cit. 19) *des grandeurs. Les soucis que donnent les grandeurs. Naître au sein des grandeurs. Tout l'éclat des grandeurs. Mépriser les grandeurs de ce monde.*

16 « ... le mépris du bien et des grandeurs frivoles
Ne doit point éclater dans vos seules paroles. »
MOL., **Fem. sav.**, V, 1.

17 « Il avait toujours dit aux gens de Provins qu'ils servaient de marchepied aux grandeurs de la rusée madame Tiphaine. » BALZ., **Pierrette, Œuvr.**, t. III, p. 772.

18 « ... aussi connaît-il parfaitement la politique et n'est-il presque jamais, comme Jaurès, ému des grandeurs qu'elle paraît conférer ; » PÉGUY, **La République...**, p. 115.

|| **4°** Dans l'ordre intellectuel, moral, spirituel.

19 « Tout l'éclat des grandeurs n'a point de lustre pour les gens qui sont dans les recherches de l'esprit. La grandeur des gens d'esprit est invisible aux rois, aux riches, aux capitaines, à tous ces grands de chair. La grandeur de la sagesse, qui n'est nulle sinon de Dieu, est invisible aux charnels et aux gens d'esprit. Ce sont trois ordres différents de genre...
Il est bien ridicule de se scandaliser de la bassesse de Jésus-Christ, comme si cette bassesse était du même ordre, duquel est la grandeur qu'il venait faire paraître. Qu'on considère cette grandeur-là dans sa vie, dans sa passion, dans son obscurité, dans sa mort... : on la verra si grande qu'on n'aura pas sujet de se scandaliser d'une bassesse qui n'y est pas.
Mais il y en a qui ne peuvent admirer que les grandeurs charnelles, comme s'il n'y en avait pas de spirituelles ; et d'autres qui n'admirent que les spirituelles, comme s'il n'y en avait pas d'infiniment plus hautes dans la sagesse. » PASCAL, **Pensées**, XII, 793.

— V. **Élévation, noblesse.** *Grandeur et misère de l'homme selon Pascal* (Cf. Argument, cit. 2 ; avantageux, cit. 2 ; bassesse, cit. 3 ; besogne, cit. 3 ; connaître, cit. 36 ; enseigner, cit. 15 ; entre-deux, cit. 3 ; faiblesse, cit. 15). *Être sensible, ouvert à la grandeur* (Cf. Enflure, cit. 3 ; enivrer, cit. 10). *Vraie grandeur de l'homme* (Cf. État, cit. 82 ; étioler, cit. 9). V. **Mérite, valeur.**

20 « Pensée fait la grandeur de l'homme. » PASCAL, **Pensées**, VI, 346.

21 « Tout l'univers apprend à l'homme ou qu'il est corrompu ou qu'il est racheté. Tout lui apprend sa grandeur ou sa misère. » Ces articles me semblent de grands sophismes. Pourquoi imaginer toujours que Dieu, en faisant l'homme, s'est appliqué à exprimer grandeur et misère ? quelle pitié ! » VOLT., **Dern. rem. sur les Pens. de Pascal**, LXXII.

22 « ... sa nature, toute composée de piété et d'humanité, tendait perpétuellement au sacrifice, et de faiblesse en faiblesse il ne devait plus retrouver de grandeur qu'en devenant un martyr. » STE-BEUVE, **Caus. du lundi**, 14 juill. 1851, t. IV, p. 339.

23 « Tout cela était prononcé d'un accent humble, fier, désespéré et convaincu, qui donnait je ne sais quelle grandeur bizarre à cet étrange honnête homme. » HUGO, **Misér.**, I, VI, II.

24 « Quelle tentation, pour celui qui est grand dans un ordre, que d'estimer, que d'admirer, peut-être que d'aimer entre tous celui qui est le plus grand dans un autre ordre et le plus de tous peut-être celui qui est le plus grand dans l'ordre contraire. Polyeucte admire Sévère en homme qui s'y connaît ; car sa grandeur chrétienne est fondée sur le dépassement et non sur l'ignorance de la grandeur païenne et de la sévérité antique. » PÉGUY, **Note conjointe**, p. 182.

25 « La grandeur de l'homme fut toujours, est encore et sera jusqu'à la fin de notre temps de s'attaquer à des œuvres difficiles, à des œuvres sans espoir, de porter des fardeaux sans aucune récompense, de soigner des vieillards dont on sait bien qu'ils sont condamnés, de baiser les lépreux au visage, de regarder en face tout ce qui peut nous rappeler au sentiment de l'humilité originelle. » DUHAM., **Manuel du protest.**, I.

— *Grandeur d'âme.* V. **Générosité, magnanimité** (Cf. Âme, cit. 59 ; calcul, cit. 6 ; croire, cit. 43 ; filet, cit. 10). *Pensée pleine de grandeur* (Cf. Contraster, cit. 1). V. **Sublime, sublimité.** *Grandeur d'un idéal, d'un acte, d'une vie...* V. **Beauté, héroïsme.** *Servitude et grandeur militaires*, œuvre de Vigny (1835).

« Ce n'est pas sans dessein que j'ai essayé de tourner les regards de l'Armée vers cette GRANDEUR PASSIVE, qui repose dans l'*abnégation* et la *résignation*. Jamais elle ne peut être comparable en éclat à la Grandeur de l'action où se développent largement d'énergiques facultés ; » VIGNY, **Servit. et gr. milit.**, III, X. 26

« ... en voyant ce couple si beau, l'homme et l'enfant, accomplir dans des conditions si poétiques, et avec tant de grâce unie à la force, un travail plein de grandeur et de solennité, je sentis une pitié profonde mêlée à un respect involontaire. » SAND, **Mare au diable**, II. 27

« Hélas, on voit encor les astres se lever, 28
...
Mais la grandeur des cœurs c'est ce qu'on ne voit plus. »
HUGO, **Lég. des siècles**, XX, IV.

« La défaite momentanée de l'idéal pacifiste ne pouvait en altérer la grandeur, ni en compromettre le triomphe. » MART. du G., **Thib.**, t. VIII, p. 26. 29

« La grandeur d'un métier est peut-être, avant tout, d'unir des hommes. Il n'est qu'un luxe véritable et c'est celui des relations humaines. » MAUROIS, **Ét. littér.**, St-Exup., I. 30

— *Spécialt.* (Dans l'art) V. **Beauté.** *Tragédie, poème plein de grandeur* (Cf. Éclat, cit. 35 ; fond, cit. 55). *Grandeur de l'inspiration, du style.* V. **Sublime.** *Grandeur d'une toile de Rembrandt, de la Neuvième Symphonie... Grandeur affectée, artificielle* (Cf. Boursoufler, cit. 4 ; faste, cit. 1).

« À ces mots, *je ne vous connais plus, — je vous connais encore*, on se récria d'admiration ; on n'avait jamais rien vu de si sublime : il n'y a pas dans Longin un seul exemple d'une pareille grandeur ; ce sont ces traits qui ont mérité à Corneille le nom de *grand...* » VOLT., **Comm. sur Corneille**, Horace, II, 3. 31

« C'est la fin de l'exhalaison lyrique. Le chant qui expire. Mais quelle largeur il a eue ! Donner une telle impression de grandeur par des moyens si simples ! » ROMAINS, **H. de b. vol.**, t. IV, XXII, p. 235. 32

II. (*Sens relatif*). Qualité de ce qui est plus ou moins grand, de ce qui peut devenir plus grand et plus petit. V. **Dimension*, étendue*, taille*.** *De la grandeur d'une main. Choses d'égale grandeur* (Cf. Cube, cit. 1), *de la même grandeur* (Cf. Égal, cit. 1). *Un certain ordre* de grandeur* (Cf. Épuiser, cit. 9). *Grandeur réelle et apparente des objets. Grandeur qu'on apprécie, évalue. Grandeur d'un phénomène.* V. **Amplitude.** *De grandeur inégale* (Cf. Feu, cit. 62). *Des livres de toutes les grandeurs.* V. **Format.** — REM. Le mot vieillit dans ce sens physique, quoique l'ACAD. écrive encore : *La grandeur d'un logis, d'un bois, d'un étang, d'un parc, d'une province.* On ne peut plus dire comme le fait LITTRÉ « *Ces deux hommes sont de même grandeur* » pour « Ces deux hommes sont de la même taille. » V. **Stature, taille.**

« ... elle me demande la grandeur de sa maison ; je dis qu'elle est fort grande ; » SÉV., **1183**, 8 juin 1689. 33

« Mille toises ! s'écria le nain : juste ciel ! d'où peut-il savoir ma hauteur ?... quoi ! cet atome m'a mesuré ! il est géomètre, il connaît ma grandeur ; et moi... je ne connais pas encore la sienne ! » VOLT., **Micromégas**, VI. 34

« On ne saurait apprendre à bien juger de l'étendue et de la grandeur des corps, qu'on n'apprenne à connaître aussi leurs figures et même à les imiter ; car au fond cette imitation ne tient absolument qu'aux lois de la perspective ; » ROUSS., **Émile**, II. 35

« On dit... que deux objets sont du même *ordre de grandeur* s'ils sont mesurés usuellement avec la même unité, ou avec le même multiple ou sous-multiple de l'unité. » LALANDE, **Dict. philos.**, Grandeur. 36

— GRANDEUR NATURE. *Expr. adject.* Aux dimensions réelles, en parlant de ce qui est représenté ni plus grand, ni plus petit que nature. « *Une figure* (cit. 7) *est dite de grandeur nature quand elle est exécutée à la grandeur réelle* » (RÉAU). *Portrait, statue grandeur nature. Écolier dessinant une feuille de platane grandeur nature.* — REM. Cette expression courante ne se trouve ni dans LITTRÉ, ni dans ACAD., ni dans LAROUSSE. Elle est enregistrée par QUILLET.

« Un Américain veuf... lui avait offert cinquante dollars pour exécuter, d'après une photo décolorée, de la taille d'une carte de visite, un portrait en pied, grandeur nature, de Mrs Saxton... » MART. du G., **Thib.**, t. VI, p. 41. 37

« ... là où les tatoueurs s'obstinent à croire qu'est le cœur, juste au milieu du ventre, un cœur grandeur nature avec une flèche. » GIRAUDOUX, **Suzanne et le Pacifique**, VIII. 38

— *Spécialt.* (Astron.) Unité de mesure de l'éclat des étoiles*. V. **Magnitude.** *Étoile de première grandeur*, la plus brillante.

« ... vous ne voyez pas avec vos petits yeux certaines étoiles de la cinquantième grandeur que j'aperçois très distinctement ; » VOLT., **Micromégas**, IV. 39

III. (Mathém.). Ce qui est susceptible de grandeur (au sens II), ce qui est susceptible de mesure*. V. **Quantité.** *Définition, mesure d'une grandeur. Échelle* (cit. 23) *des grandeurs* (Cf. Corps, cit. 15). *Grandeur variable.*

« ... Les Mathématiciens définissent ordinairement la *grandeur*, ce qui est susceptible d'augmentation et de diminution... On peut, ce me semble, définir assez bien la *grandeur*, ce qui est composé de parties... La *grandeur* s'appelle aussi *quantité*, et sous cette idée on peut dire que la grandeur abstraite répond à la quantité *discrète*, et la grandeur concrète à la quantité *continue*. » D'ALEMB., **Encycl.**, Grandeur. 40

41 « ...le mot *grandeur* s'appliquera de façon générale à tout ce que l'on peut tenter de mesurer ; ce sera une capacité calorifique, la durée d'une substance, une vitesse, une différence de potentiel, un indice de réfraction, un pouvoir réfléchissant, une température, un intervalle de temps, aussi bien qu'une longueur ou une masse. »
PÉRARD, **Les mesures physiques**, p. 8 (éd. P.U.F.).

ANT. — Exiguïté, petitesse. Faiblesse, médiocrité. Décadence, misère. Bassesse, mesquinerie.

GRANDGUIGNOLESQUE. V. GUIGNOL (*comp.*).

GRANDILOQUENCE. *n. f.* (1547 BUDÉ in HUGUET, dans un sens non péjor. ; absent depuis de tous les dictionn. jusqu'au Suppl. de LITTRÉ (1877), citant un texte de PROUDHON de 1868 ; lat. *grandiloquus*, « au style pompeux, élevé », de *grandis*, sublime, et *loqui*, parler). Éloquence ou style affecté, qui abuse des grands mots et des effets faciles. V. **Emphase***. *Éviter la grandiloquence. Le ridicule de la grandiloquence* (Cf. Effacement, cit. 3).

1 « Évitez soigneusement ici la grandiloquence et l'excès de noblesse et profitez de ces vers pour marquer que Phèdre est habituée à ce qu'on ne lui résiste pas. » GIDE, **Attendu que...**, p. 189.

2 « La grandiloquence des orateurs et le tapage des oisifs s'emparaient de l'attention générale, au moment où des hommes de génie, dans les conditions matérielles les plus mortifiantes, s'absorbaient en des recherches éminemment profitables. » MONDOR, **Pasteur**, V.

ANT. — Naturel, simplicité. Sobriété.

DER. — Grandiloquent, quente. adj. (1890 in P. LAROUSSE, 2e Suppl.) Qui s'exprime avec grandiloquence. V. **Emphatique***, pompeux. *Orateur, avocat grandiloquent.* — *Où il entre de la grandiloquence. Style, discours grandiloquent.*

1 « ...des images grandiloquentes — « La Liberté descendue du Ciel, nous rejetterons nos ennemis dans le néant, le peuple est éternel, je sortirai de la citadelle de la raison avec le canon de la vérité » — auraient donné à ses discours (*de Danton*) quelque chose de factice, si un accent de résolution indomptable et la netteté des conseils pratiques ne leur avaient communiqué la vie, la flamme, la puissance d'action. » JAURÈS, **Hist. social. Révol. franç.**, t. IV, p. 12.

2 « Éloquente, grandiloquente, volubile, Mme de Noailles ne livrait pourtant que peu d'elle-même, en agitant autour d'elle des paroles nombreuses, comme autant de voiles qu'exigeait sa pudeur. » COLETTE, **Belles saisons**, p. 223.

GRANDIOSE. adj. (1798 ; employé d'abord le plus souvent substantivement ; empr. à l'ital. *grandioso*). Qui frappe, impressionne par son caractère de grandeur, son aspect majestueux, son ampleur. V. **Beau, grand, imposant, impressionnant, majestueux, magnifique.** *Spectacle grandiose. Paysage, nature grandiose. Le temple grandiose de Karnak.* V. **Monumental.** *Époque terrible et grandiose* (Cf. Banaliser, cit. 1). *Composition, développement grandiose* (Cf. Ampleur, cit. 2). *Les progrès, les rêves grandioses d'un conquérant. Œuvre grandiose.*

1 « ...nous avions devant nous une ville régulière, d'aspect grandiose, aux rues larges, aux vastes promenades, aux édifices pompeux, de style demi-anglais, demi-allemand, marqué au sceau de la modernité la plus récente. » GAUTIER, **Voyage en Russie**, p. 3.

2 « De tout cela il est résulté un art magnifique, grandiose, solennel, mais, ossuaire de l'idée, sauf deux ou trois glorieuses exceptions, légèrement ennuyeux... » ID., **Les grotesques**, X, p. 337.

3 « Cet ami du peuple était par exemple en admiration devant la monstrueuse ploutocratie de son pays natal, et y voulait voir la plus grandiose manifestation de la puissance humaine. » A. HERMANT, **Aube ardente**, VII.

— *Substant.* Caractère grandiose. V. **Grandeur, noblesse.** *Le grandiose d'un spectacle, d'un drame, d'un dessein... Saisi par ce grandiose* (Cf. Cri, cit. 23).

4 « La baie de Naples... et toute cette terre virgilienne présentent un spectacle magique ; mais il n'a pas, selon moi, le grandiose de la campagne romaine. » CHATEAUB., **Lettre à Fontanes**, 1804.

5 « ...le grandiose des draperies qui voltigeaient autour de leurs formes divines... » GAUTIER, **Mlle de Maupin**, XIII.

ANT. — Médiocre, mesquin, petit.

DER. — Grandiosement. adv. (fin XIXe s.) Peu usit. D'une façon grandiose.

GRANDIR. *v. intr. et tr.* (XIIIe s. ; de *grand*).

I. *V. intr.* Devenir plus grand. *Cet enfant a beaucoup grandi cette année* (Cf. Cotillon, cit. 2). *Il a grandi de cinq centimètres. Je l'ai trouvé grandi. Comme il est grandi ! Enfant grandi trop vite* (Cf. Dégingandé, cit. 2 ; délicat, cit. 7). *Arbre qui grandit rapidement* (Cf. Germer, cit. 1). V. **Croître, développer** (se), **pousser.** *Grandir à vue d'œil* (Cf. *au fig.* Calomnie, cit. 2). *Les ombres grandissent vers le soir.* V. **Allonger** (s').

1 « Votre honte, ô maudits, grandit comme au couchant Grandit l'ombre des arbres ! » HUGO, **Châtiments**, V, X, 4.

2 « Quand on est jeune, le temps donne l'impression d'être sans limites ; à mesure que l'on grandit, c'est lui qui se rapetisse, il devient mesquin et court, il se réduit à notre misérable proportion. » JALOUX, **Le reste est silence**, p. 146.

— Paraître, devenir plus grand (par un effet d'optique). *Objet qui grandit ou diminue selon l'éloignement* (Cf. Errer, cit. 18).

3 « ...les objets grandissent dans les imaginations des hommes comme les rochers dans les brouillards, à mesure qu'ils s'éloignent. » HUGO, **Littér. et philos. mêlées**, Fragm. de crit., V.

— Devenir plus intense. *L'obscurité grandit. Le vacarme ne cessait de grandir.*

4 « La clarté d'aurore qu'il y avait dans la prunelle grandissait. » HUGO, **Quatre-vingt-treize**, III, VII, V.

— *Fig. Grandir en sagesse, en vertu*, devenir plus sage, plus vertueux. *Pouvoir qui grandit, va grandissant* (Cf. Abaisser, cit. 6 ; favori, cit. 14). V. **Accroître** (s'), **augmenter, étendre** (s'). *Désirs, tendances qui ne font que grandir, qu'on laisse grandir.* V. **Fleurir, mûrir** (Cf. Bourgeonner, cit. 2 ; circonscrire, cit. 6 ; faire, cit. 98). *Le malaise* (Cf. Envahir, cit. 14), *le mécontentement* (Cf. Envisager, cit. 15). *l'angoisse* (Cf. Épouvante, cit. 6) *grandissaient, ne cessaient de grandir.* V. **Aggraver** (s'). *Courage qui grandit au milieu des épreuves. Son prestige grandit.*

5 « Cet effroi bête et inexplicable grandissait toujours et devenait de la terreur. » MAUPASS., **Contes**, Sur l'eau, p. 140.

6 « ...ma passion grandira de toute ta douleur, de toute notre mélancolie !... » VILLIERS de l'ISLE-ADAM, **Contes cruels**, L'inconnue, p. 229.

7 « Ibsen a éprouvé le dégoût de n'être pas à son rang ; son orgueil a grandi dans l'humiliation. » SUARÈS, **Trois hommes**, Ibsen, II.

— *Par ext.* Gagner en autorité, en noblesse. V. **Élever** (s'). *Il sort grandi de cette épreuve.*

8 « Je retournai chez moi stupéfait. Ce petit vieillard sec avait grandi. Il s'était changé à mes yeux en une image fantastique où se personnifiait le pouvoir de l'or. » BALZ., **Gobseck**, Œuvr., t. II, p. 637.

9 « Le nom grandit quand l'homme tombe ; » HUGO, **Châtiments**, V, XIII, 4.

II. *V. tr.* (déjà en anc. fr., mais rare jusqu'au XIXe s.). Rendre plus grand. *De hauts talons qui le grandissent.* V. **Hausser.** *Le cothurne* (cit. 1) *grandissait l'acteur antique.* — Faire paraître plus grand. *La coupe de ses vêtements le grandit. Microscope qui grandit les objets.* V. **Agrandir, grossir.** — Imaginer plus grand. *Les enfants grandissent ce qui les entoure* (Cf. Attrister, cit. 11).

10 « Il dépassait les plus grands d'une demi-tête. Une calvitie précoce lui dégageait le front et le grandissait encore... cet ancien tuberculeux était un colosse. » MART. du G., **Thib.**, t. III, p. 195.

— *Fig.* En donnant plus de grandeur, de noblesse. V. **Ennoblir.** *Vertus qui grandissent un homme* (V. **Élever**, cit. 27 ; **exalter**, cit. 15). *Ce succès l'a grandi aux yeux de sa femme. Il y a dans l'admiration* (cit. 4) *quelque chose qui grandit l'intelligence. Les attaques de ses ennemis n'ont fait que le grandir.*

11 « Le sceptre est un jouet pour un enfant, une hache pour Richelieu, et pour Napoléon un levier à faire pencher le monde. Le pouvoir nous laisse tels que nous sommes et ne grandit que les grands. » BALZ., **Peau de chagrin**, Œuvr., t. IX, p. 231.

12 « La réserve et la dignité de caractère servent donc à grandir un homme, et, quand un peu de talent le met en lumière, lui donnent une assez haute position. » VIGNY, **Journ. d'un poète**, p. 149.

13 « Si la vérité de chacun est ce qui le grandit, nous pouvons, vous et moi, qui ne sommes pas de même obédience, nous sentir rapprochés par notre goût commun de la grandeur, par notre amour commun de l'amour. » MAUROIS, **Ét. littér.**, St-Exup., III.

— En donnant plus d'intensité, de force. V. **Amplifier, développer, fortifier.**

14 « Et puisqu'il en est du chagrin comme du désir des femmes, qu'on grandit en y pensant, avoir beaucoup à faire rendrait plus facile, aussi bien que la chasteté, l'oubli. » PROUST, **Rech. t. p.**, t. XIII, p. 218.

— V. **Exagérer.** *L'imagination grandit les dangers.*

‖ SE GRANDIR. Se rendre plus grand. *Se grandir en se haussant sur la pointe des pieds.*

15 « De taille ordinaire, Séraphîtüs se grandissait en présentant son front, comme s'il eût voulu s'élancer. » BALZ., **Séraphita**, Œuvr., t. X, p. 470.

— *Fig.* V. **Élever** (s'). « *La médiocrité croit se grandir en rabaissant le mérite* » (ACAD.).

16 « Les héros homériques ont toujours assez de finesse et de présence d'esprit pour célébrer leurs adversaires. L'Angleterre les imitera, qui louera Napoléon pour se mieux grandir elle-même. » DUHAM., **Refuges de la lecture**, p. 37.

ANT. — Décroître, diminuer, rapetisser. Atténuer, réduire, restreindre. — **COMP.** — Agrandir.

DER. — Grandissement. n. m. (XIXe s.) Vieilli. Action de devenir plus grand, de rendre plus grand. V. **Agrandissement.** *Opt.* V. **Grossissement.**

« Tandis qu'un chœur de cloches dures
Dans le grandissement du jour
Monte, aubade franche d'injures,
À l'adresse du Dieu d'amour ! »
VERLAINE, **Jadis et naguère**, L'angélus du matin.

GRANDISSANT, ANTE. *adj.* (XIXe s. ; p. prés. adj. de *grandir*). Qui grandit peu à peu, qui va croissant. *Inclinaison grandissante du plancher* (Cf. Couler, cit. 21). *Bruit, jour grandissant* (Cf. Estomper, cit. 1 HUGO). *Animation* (cit. 4), *hostilité grandissante* (Cf. Couard, cit. 2). V. **Croissant.** *Dangers d'un fonctionnarisme* (cit. 2) *grandissant.*

1 « Et il attendit le jour du dîner avec une impatience grandissante. » MAUPASS., **Bel-Ami**, I, V.

2 « D'abord hésitante, vagabonde, sa folie chaque jour grandissante s'était venue, enfin et définitivement, fixer en un chaos d'âpre misanthropie qu'une admiration désordonnée de l'antiquité compliquait, sans que l'on sût pourquoi. » COURTELINE, **MM. ronds-de-cuir**, III, II.

GRANDISSIME. adj. (vers 1300 ; du superl. ital. *grandissimo*). *Fam.* Très grand. *Vous me ferez un grandissime plaisir* (ACAD.). *Au grandissime galop.* V. **Triple** (Cf. Écuyer, cit. 3).

1 « J'en vois un (*Adhémar*) dans les Croisades, qui était un grandissime seigneur il y a six cents ans ; » SÉV., 465, 6 nov. 1675.

2 « ... une actrice charmante qui avait les sentiments les plus élevés et à laquelle je n'ai jamais donné un sou. D'abord par la grandissime raison que mon père me donnait toujours cent cinquante fr(ancs) par mois sur lesquels il fallait vivre, et cette pension était fort mal payée à Marseille, en 1805. » STENDHAL, **Vie de Henry Brulard**, 1.

GRAND-MÈRE. n. f. (XVIᵉ s. ; de *grand*, « âgé », et *mère*). Mère du père ou de la mère de quelqu'un. V. **Aïeul(e)** et (fam.) **maman** (grand-, bonne), **mémé, mémère** (Cf. Affectionner, cit. 1 ; amour-propre, cit. 9 ; atteinte, cit. 16 ; consultation, cit. 2 ; estoquer, cit.). *Grand-mère maternelle**, *paternelle**. *Avoir encore ses deux grand-mères. Du temps de nos grands-mères* (Cf. Assassin, cit. 14). — REM. L'usage de l'apostrophe avait produit « la ridicule anomalie », contre laquelle s'est élevé LITTRÉ, « d'écrire des *grand'mères* sans s, et des *grands-pères* avec s. ». Depuis le remplacement de l'apostrophe erronée par le tiret, la forme *grand-mères* au plur. devient absurde. Cependant l'ACADÉMIE (8ᵉ éd. 1932) écrit *Des arrière-grand-mères* (Cf. GREVISSE, 293, 2°, Rem. 2).

1 « Ma mère me considérait trop encore comme un bébé, pour me devoir raisonnablement un petit-fils ou une petite-fille. Il lui apparaissait impossible d'être grand-mère à son âge. Au fond, c'était pour elle la meilleure preuve que cet enfant n'était pas le mien. » RADIGUET, **Diable au corps**, p. 158.

2 « ... la porte s'ouvrit, et, le cœur battant, il me sembla voir ma grand-mère devant moi... « Tu trouves que je ressemble à la pauvre grand-mère », me dit maman — car c'était elle — avec douceur... Ses cheveux en désordre, où les mèches grises n'étaient point cachées... la robe de chambre même de ma grand-mère qu'elle portait, tout m'avait, pendant une seconde, empêché de la reconnaître et fait hésiter si je dormais ou si ma grand-mère était ressuscitée. Depuis longtemps déjà ma mère ressemblait à ma grand-mère bien plus qu'à la jeune et rieuse maman qu'avait connue mon enfance. » PROUST, **Rech. t. p.**, t. X, p. 335.

— *Vx.* sous la forme *mère-grand*, en particulier dans les contes.

3 « Il était une fois une petite fille de village, la plus jolie qu'on eût su voir ; sa mère en était folle, et sa mère-grand plus folle encore. Cette bonne femme lui fit faire un petit chaperon rouge... » PERRAULT, **Contes**, Le petit chap. rouge.

— *Fam.* Vieille femme. *Une vieille grand-mère assise devant sa porte. Des contes de grand-mère*, de bonne femme.

GRAND-ONCLE. n. m. (XIIIᵉ s. ; de *grand*, « âgé », et *oncle*). Frère du grand-père ou de la grand-mère. *Un de mes grands-oncles.* — REM. Dans le langage courant, on appelle souvent *oncle* le *grand-oncle* (Cf. PROUST, Swann, I, 102 : « *mon oncle Adolphe, un frère de mon grand-père... »*

— *Par ext.* Cousin germain d'un grand-père ou d'une grand-mère. V. **Oncle** (à la mode de Bretagne).

GRAND-PÈRE. n. m. (XVIᵉ s. ; de *grand*, « âgé », et *père*). Père du père ou de la mère de quelqu'un. V. **Aïeul**, et fam. **Papa** (grand-, bon), **pépé, pépère** (Cf. Arguer, cit. 1 ; bêtise, cit. 16 ; contour, cit. 7 ; enveloppe, cit. 9). *Grand-père paternel**, *maternel**. *Ses deux grands-pères* (Cf. Auprès, cit. 7). *L'époque de nos grands-pères*, en parlant de l'avant-dernière génération.

« Mon excellent grand-père qui dans le fait fut mon véritable père et mon ami intime... » STENDHAL, **Vie de Henry Brulard**, 5.

— *Fam.* Homme âgé, vieillard. *Un brave grand-père qui somnolait dans son coin.*

GRANDS-PARENTS. n. m. pl. (XVIᵉ s. ; de *grand*, « âgé », et *parents*). Le grand-père et la grand-mère du côté paternel et maternel. V. **Aïeul, ascendant.** *Le petit est en vacances chez ses grands-parents.*

« ...ma grand-tante et mes grands-parents ne soupçonnèrent pas qu'il ne vivait plus du tout dans la société qu'avait fréquentée sa famille... » PROUST, **Rech. t. p.**, t. I, p. 27

GRAND-TANTE. n. f. (XIIIᵉ s. ; de *grand*, « âgé », et *tante*). Sœur du grand-père ou de la grand-mère. *Une de ses grands-tantes* (Cf. Grand-mère, *rem.*). — REM. On dit couramment *tante* en parlant d'une grand-tante (Cf. STENDHAL, Vie de H. Brulard, VII : « *ma tante Élisabeth* », en parlant de la sœur de son grand-père).

— *Par ext.* Cousine germaine d'un grand-père ou d'une grand-mère. V. **Tante** (à la mode de Bretagne).

« La cousine de mon grand-père — ma grand-tante — chez qui nous habitions... » PROUST, **Rech. t. p.**, t. I, p. 72.

GRANGE. n. f. (XIIᵉ s. ; lat. pop. *granica*, de *granum*. V. **Grain**). Bâtiment clos servant à abriter la récolte, dans

une exploitation agricole. V. **Fenil, grenier ; gerbier, hangar** (à récolte), **magasin**... *Sol en terre battue d'une grange. Passages transversaux, portes permettant l'accès de la grange aux voitures chargées de gerbes. Emmagasiner les céréales en gerbes, la paille, le foin dans une grange. Mettre en grange.* V. **Engranger.** *Surface de battage, aire d'une grange. Battre en grange, batteur** *en grange. Contenu d'une grange.* V. **Grangée.** *Ranger les jougs, les chaînes dans la grange* (Cf. Capharnaüm, cit. 2). *Bâtiments des granges.* (cit. 18), *dormir dans une grange.*

« Or, n'est-ce pas joyeux de voir, au mois de juin,   **1**
Dans les granges entrer des voitures de foin
Énormes ?... »•   RIMBAUD, **Poésies**, Le forgeron.

« La grange de Combernon. C'est un vaste édifice aux piliers carrés,   **2** avec des charpentes en ogives qui viennent s'y appuyer. Tout est vide, sauf le fond de l'aile de droite qui est encore rempli de paille ; brins de paille par terre; le sol de terre battue. » CLAUDEL, **Annonce faite à Marie**, Prol., (*décor*).

DER. et COMP. — **Grangée.** n. f. (1564). Contenu d'une grange pleine. *Grangée de blé.* — **Granger, ère** ou **grangier, ière.** n. (XIIIᵉ s. ; de *grange* au sens de « ferme »). *Dialect.* V. **Métayer.** — **Engranger.**

« Nous dînâmes dans la cuisine de la grangère... » ROUSS., **Confess.**, IV.

GRANI-. Préfixe tiré du lat. *granum*, « grain », et qui entre dans la composition de quelques mots savants. — **Granifère.** adj. (1835 ; V. **-Fère**). *Bot.* Qui porte un grain, une granule. *Calice granifère.* — **Graniforme.** adj. (XIXᵉ s. ; V. **-Forme**). Qui a la forme, la dimension d'un grain de blé. — **Granivore.** adj. (1751 ; V. **-Vore**). *Zool.* Qui se nourrit de grains. *Oiseaux granivores.* Substant. *Les granivores* (Cf. Faune, cit. 5).

GRANIT (*nit'*) ou **GRANITE.** n. m. (1611 ; « granit oriental » : sorte de jaspe, sens mod. en 1690 ; ital. *granito*, « grenu ». V. **Grain**). — REM. L'orthographe *Granit* est seule admise par la plupart des dictionnaires, et notamment par ACAD. (8ᵉ éd.). LITTRÉ note : « on trouve aussi *granite* ». Cette dernière orthographe est adoptée par les géologues, géographes... (Cf. *infra*, BUFFON, HAUG).

— *Minéral.* Roche dure, formée de cristaux de feldspath*, de quartz* et de mica* ou d'amphibole*. *Le granit, roche magmatique, cristalline, à texture grenue, se présente en massifs, filons... Granit à texture invisible, microgrenue* (Microgranite). *Granit à mica blanc.* V. **Pegmatite.** *La syénite**, *roche voisine du granit. Le kaolin** *résulte de l'altération du feldspath des granits. Métamorphisme produit par les granits sur les roches encaissantes.* — *Mur, banc de granit. Bloc de granit* (Cf. Coche, cit.). *Balustre* (cit. 2) *de granit. Édifice, monument de granit...* (Cf. Etouffer, cit. 14 ; faux, cit. 9). *Terrains, rivages, côtes* (cit. 12) *de granit.* V. **Granitique.**

« De toutes les matières produites par le feu primitif, le granite est   **1** le moins simple et le plus variée : il est ordinairement composé de quartz, de feldspath et de schorl (*amphibole*) ; ou de quartz, de feldspath et de mica...
... les granites recouvrent encore aujourd'hui la plus grande partie du globe , » BUFFON, **Hist. nat. minér.**, Du granite.

« ... il ne faudrait pas s'y promener plus de trois ou quatre heures   **2** pour user entièrement la semelle de ses souliers, car le granit est âpre comme une lime et revêche comme du papier de verre. » GAUTIER, **Voyage en Espagne**, p. 95.

« Toujours ce chaume et ce granit brut qui jettent encore dans les   **3** villages bretons une note de l'époque primitive. » LOTI, **Mon frère Yves**, XLVI.

« Hutton, avait émis dès la fin du XVIIIᵉ siècle l'opinion que le   **4** granite résulte de la fusion de roches détritiques... Cette manière d'envisager le granite comme une roche métamorphique fut conservée par les premiers auteurs qui substituèrent à l'hypothèse de l'origine ignée du granite celle de la formation de cette roche par voie hydrothermale... Ces idées sur l'origine métamorphique du granite... ne trouvèrent que peu d'écho en Europe. Le granite y était et y est encore envisagé par un grand nombre de géologues soit comme la première croûte solide formée à la surface du globe, soit comme une véritable roche éruptive. » HAUG, **Traité de géol.**, t. I, p. 181.

— *Par anal.* Pierre, matériau de construction ayant l'aspect du granit. *Petit granit :* variété de marbre.

— *Fig.* *Le granit, symbole de dureté. Cœur de granit :* insensible, impitoyable (V. **Pierre**). *Un corps et une âme de granit* (Cf. Bâtir, cit. 53).

« Tout granit que fût Cambon, comme idée, comme principe, il était   **5** un homme aussi, un homme de chair, un homme et tuable. » MICHELET, **Hist. Révol. fr.**, t. II, p. 240.

« ...Gautier célébra ce style de granit, aussi indestructible que les   **6** cathédrales. » MAUROIS, **Olympio**, IV, V.

DER. — **Granitaire.** adj. (1877). De la nature du granit. — **Granité, ée.** adj. (fin XIXᵉ s.). Qui présente des grains comme le granit. V. **Grenu.** *Papier granité.* Substant. *Le granité :* tissu de laine à gros grains. *L'armure du granité est dérivée de celle du satin.* T. de Confis. Glace granulée ; sorte d'entremets. — **Granitelle.** adj. (1694 ; ital. *granitello, de granito*). Qui ressemble au granit, en parlant d'un marbre*. Substant. (1826). Variété de granit à petits grains. — **Graniter.** v. tr. (1866). Peindre, moucheter (une surface) de manière à imiter le granit. *Graniter des stucs, une toile.* — **Graniteux, euse.** adj. (XVIIIᵉ s. BUFFON). Peu usit. Qui est formé de granit. *Roche graniteuse.* « *Gravier graniteux* » (BUFFON). — **Granitique.** adj. (XVIIIᵉ s. BUFF.). Qui est de la nature du granit. *Sol, terrain granitique, roches* granitiques. Qui est propre au granit. *Relief granitique, topographie granitique* (De MARTONNE). *Fig.* De granit, de pierre. V. **Dur.** *Une sérénité granitique* (Cf. Blasement, cit. GAUTIER et *infra*, cit. 1). — **Granitoïde.** *adj.* (XVIIIᵉ s. BUFF.). Qui a l'apparence du granit, qui ressemble au granit. *Roches granitoïdes* (Cf. *infra*, cit. 2).

1 « ...elle a une voix qui vous tire un billet de mille francs du cœur le plus granitique... » BALZ., **La rabouilleuse,** Œuvr., t. III, p. 1093.

2 « **Roches granitoïdes.** On peut réunir sous cette dénomination et étudier en même temps la plupart des roches plutoniennes à structure grenue (granite, granulite, diorite, syénite) et les gneiss, qui passent souvent au granite par transitions insensibles. »
De MARTONNE, **Géogr. phys.,** t. II, p. 631.

GRANULE. *n. m.* (1842 ; empr. au lat. *granulum,* dimin. de *granum,* « grain »). *T. didact.* Petit grain. *Spécialt.* Bot. (*Vx*). V. **Spore.** *Pharm.* Petite pilule. *Granules homéopathiques.*

« ...la vieille thérapeutique... savait au moins que les remèdes ingérés sous forme de pilules, de granules, de bols, étaient infidèles, et elle ne les prescrivait qu'à l'état liquide ! »
HUYSMANS, **Là-bas,** VII.

DER. — (de *granulum*) **Granulaire.** *adj.* (1845). Qui se compose de granules. V. **Granulé, granuleux.** *Roche granulaire.* V. **Grenu.** — **Granulie.** *n. f.* (1865). Forme aiguë et généralisée de la tuberculose, les poumons et de nombreux organes y étant envahis de granulations grises. *La granulie est aussi appelée phtisie granulique aiguë, tuberculose miliaire aiguë.* — **Granulite.** *n. f.* (XIXᵉ s.). Roche granitoïde à structure grenue, à feldspath alcalin et à mica blanc et noir (on l'appelle parfois *Granit à deux micas*). — **Granulome.** *n. m.* (1890 ; suff. -Ome). Tumeur* de nature inflammatoire « ayant l'aspect des néoplasmes* et déterminant les mêmes réactions qu'eux » (GARNIER). *Granulomes spécifiques de la tuberculose, de la syphilis... Granulome ulcéreux des parties génitales.* — V. aussi **Granuli-, granulo-.**

GRANULER. *v. tr.* (1611 ; dér. sav. de *granulum.* V. **Granule**). Réduire en granules. *Granuler du plomb, de l'étain* (V. **Grenaille**). *Granuler une poudre pharmaceutique.*

|| **GRANULÉ, ÉE.** *p. p. adj.* Qui présente des granulations, qui est formé de petits grains, de granules. V. **Granulaire, granuleux.** *Teigne granulée :* impétigo du cuir chevelu. — Substant. *Pharm.* Préparation pharmaceutique constituée par du sucre granulé auquel est ajoutée une substance médicamenteuse. *Une cuillerée de granulé. Par ext.* (dans le lang. courant) Chaque grain de la préparation. *Des granulés de phosphate de chaux. Vermifuge en granulés.*

DER. — **Granulage.** *n. m.* (1845). Action de granuler. *Le granulage d'un métal.* — **Granulation.** *n. f.* (1690). || 1° Formation d'une substance en petits grains, par réduction (V. **Granulage,** *supra*) ou agglomération. *Granulation d'un métal par fusion et passage au crible* (V. **Grenaille**). Absolt. *Métall.* Opération consistant à mettre en contact un alliage, etc. en fusion avec de l'eau, pour produire une fragmentation. — || 2° *Par ext.* V. **Grain, granule.** *Spécialt. Méd.* Lésion organique consistant en tumeurs de la taille d'un grain, de structure variable. *Granulations grises, tuberculeuses* (LAËNNEC) : petites nodosités dures, isolées ou confluentes (on les appelle aussi *Tubercules miliaires*). V. **Tubercule, tuberculose.** *Granulations sur une plaie, une muqueuse. Granulations du foie, lors de la cirrhose*.*

GRANULEUX, EUSE. *adj.* (XVIᵉ s. PARÉ ; dér. sav. de *granulum.* V. **Granule**).

|| **1°** Formé de petits grains. *Roche, terre granuleuse.* — Dont la surface est ou semble couverte de petits grains. *Papier granuleux. Surface granuleuse de la langue.* V. **Papilleux.**

« ...il m'établit un fort beau passeport sur papier granuleux aux armes de Castille... » CÉLINE, **Voy. au bout de la nuit,** p. 166.

|| **2°** *Méd.* Formé de granulations* ; présentant des granulations. *Tumeur granuleuse.*

ANT. — Compact, lisse.

GRANULI-, GRANULO-. Premier élément de mots savants, tiré du lat. *granulum.* — **Granuliforme.** *adj.* (1803). En forme de grain, de granule. — Cf. *les termes de méd.* Granulo-graisseux, granulothérapie (injection intra-veineuse de granules), etc.

GRAPE-FRUIT ou **GRAPEFRUIT** (*grép'frout'*). *n. m.* (mot anglo-américain). Fruit de la famille des *Aurantiacées* (groupe des *Citrus*), appelé scientifiquement *Citrus paradisi. Le grape-fruit* (ou *grapefruit*) *ou pomélo* est souvent confondu avec le *pamplemousse*.*

« On eût probablement évité cette confusion (*entre les pamplemousses et les pomélos*) en adoptant pour le fruit du pomélo le nom américain de *grape-fruit* sous lequel il est commercialement connu et qui évoque la fructification en grappes de cette espèce... Aux États-Unis où sa culture a pris une si grande extension... le grape-fruit n'était pas considéré comme un fruit commercial avant 1885. Aujourd'hui, pour des millions d'Américains... le *breakfast*... On vante ses qualités apéritives et stomachiques ainsi que les vertus toniques du principe amer qu'il contient. »
P. ROBERT, **Les agrumes dans le monde,** pp. 25-26.

-GRAPHE, -GRAPHIE, ... Suffixes (du gr. *graphein,* « écrire ») entrant dans la composition de nombreux mots. *Le suffixe* -graphe *sert à former des substantifs désignant des personnes* (auteurs*, écrivains... : biographe) *ou des instruments* (barographe : baromètre enregistreur*..., télégraphe) ; *des adjectifs* (autographe). *Le suffixe* -graphie *entre dans la composition de substantifs désignant des pro-*

cédés d'enregistrement (photographie, télégraphie), *des ouvrages* (biographie), *des enregistrements* (radiographie... Cf. *aussi* -Gramme). *Le suffixe* -graphique *sert à former des adjectifs. On trouve aussi les suffixes* -graphiste (télégraphiste), -graphier (dactylographier, télégraphier...).

Actinographe	Monographie, -graphique
Aérographie	Musicographe
Agraphie	Myographe, -graphie
Ampélographe, -graphie	Mythographe, -graphie
Anémographe	Neurographie
Angiographie	Nomographie
Arithmographe	Nosographie
Autobiographie, -graphique	Océanographie, -graphie, -graphique
Autographe, -graphie, -graphique	Olographe
Barographe (Cf. Baromètre)	Ophiographie
Bibliographe, -graphie, -graphique	Ophtalmographie
Biographe, -graphie, -graphique	Opistographe
Cacographie, -graphie	Orographe, -graphique
Cardiographe, -graphie	Orthographe, -graphie, -graphique
Cartographe, -graphie, -graphique	Ostéographie
Cécographe, -graphie	Paléographe, -graphie, -graphique
Chalcographe, -graphie, -graphique	Pantélégraphe
Chirographe, -graphaire	Pantographe
Chorégraphe, -graphie, -graphique	Papyrographie, -graphique
Chorographie	Paragraphe
Chromographe	Pasigraphie
Chromolithographie	Pétrographie
Chromophotographie	Phonographe
Chromotypographie	Photocollographie
Chromophotographe, -graphie	Photographe, -graphie, -graphique
Chrysographe	Photolithographie
Cinématographe, -graphie, -graphique	Phototypographie, -graphique
Cristallographie	Physiographe, -graphie
Cryptographe, -graphie, -graphique	Phytographie
Dactylographe, -graphie, -graphique	Polygraphe, -graphie
Démographe, -graphie, -graphique	Pornographe, -graphie
Dendrographe	Psychographie
Diagraphe, -graphie, -graphique	Radiographe, -graphie, -graphique
Dynamographe	Radiotélégraphie
Ellipsographe (Cf. Ellipse)	Sciographe, -graphie
Épigraphe, -graphie, -graphique	Sélénographie, -graphie
Ethnographe, -graphie, -graphique	Sidérographie
Géographe, -graphie, -graphique	Sigillographie, -graphique
Glyptographie	Sismographe
Hagiographe, -graphie	Sphygmographe, -graphie
Halographie	Sténodactylographe, -graphie
Héliographe, -graphie	Sténographe, -graphie, -graphique
Hématographie	Stéréographie, -graphique
Historiographe, -graphie, -graphique	Stratigraphie, -graphique
Homographe, -graphie	Stylographe, -graphie, -graphique
Horographie	Tachéographie
Hyalographe	Tachygraphe, -graphie, -graphique
Hydrographe, -graphie, -graphique	Télautographe, -graphie
Ichnographie	Télégraphe, -graphie, -graphique
Iconographie, -graphique	Télémétrographie
Idéographe, -graphique	Téléphotographie
Lexicographe, -graphie, -graphique	Téléstéréographe
Lithographe, -graphie, -graphique	Thermographe
Lithotypographie	Termométrographe
Logographe, -graphie	Topographe, -graphie, -graphique
Marégraphe	Typographe, -graphie, -graphique
Mécanographe, -graphie, -graphique	Typolithographie
Métallographie, -graphique	Typophotographie, -graphique
Micrographe, -graphie, -graphique	Typotélégraphie, -graphique
Microphotographie	Uranographe, -graphie, -graphique
Mimographe	Xylographe, -graphie, -graphique
	Zincographe, -graphie
	Zoogéographie
	Zoographe, -graphie, -graphique

— **N. B.** — On trouvera ces mots soit à l'ordre alphabétique, soit en dérivé du mot principal de la famille (*Cartographe* et *Cartographique* sous **Cartographie**), soit sous une racine ou préfixe (*Chromographe,* etc. sous **Chromo-** ; *Chrysographie,* sous **Chryso-**).

GRAPHIE. *n. f.* (1762 ACAD. comme élément de mots (Cf. le précédent) ; 1878 P. LAR., 1ᵉʳ Suppl. au sens mod. ; dér. sav. du gr. *graphein*). « Mode ou élément de représentation de la parole par l'écriture » (MAROUZEAU). *Graphies phonétiques.* V. **Transcription.** *Graphie historique, usuelle d'une langue. Graphie traditionnelle, étymologique d'un mot, ne correspondant pas à la prononciation* (V. **Orthographe**). *Étude des graphies d'un texte ancien.*

1 « ...ces deux strophes mêmes il les cite mal. Quelles que soient les différences de graphie entre une graphie ancienne et une graphie moderne, je ne pense point qu'elles aillent jusqu'à ce que je vois. »
PÉGUY, **Victor-Marie comte Hugo,** p. 74.

2 « Aux graphies compliquées en usage dans la Mésopotamie, en Asie-Mineure et sur le Nil, cunéiformes, babyloniens, hiéroglyphes égyptiens ou hittites, on allait substituer un système de vingt-cinq à trente signes capables de rendre toutes les nuances du langage. »
DANIEL-ROPS, **Peuple de la Bible,** II, I.

GRAPHIQUE. *adj.* et *n.* (1757 ENCYCL., Astron., *opérations graphiques* ; du gr. *graphein*).

I. *Adj.* Qui représente par des lignes, des figures... sur une surface. *Signes, caractères* graphiques. Description, représentation graphique. Système graphique.* V. **Alphabet, écriture.** *Arts graphiques.* V. **Dessin, peinture...** *Substant.* (*Vx*). *La graphique. n. f. :* les arts du dessin. — *Procédés graphiques. Construction graphique :* représentation d'un corps par des coupes*, plans*, élévations*. *Dessin graphique :* art de faire des constructions graphiques. *Calcul graphique :* méthode consistant à remplacer le calcul numérique par des constructions de figures (V. **Nomographie**).

Méthodes, procédés graphiques : représentation graphique de relations abstraites ; emploi des appareils enregistreurs*. — Par ext. *Analyse graphique.* V. **Graphologique.**

II. *N. m.* (1845, « dessin appliqué aux sciences » ; sens actuel vers 1900). Représentation du rapport de deux variables par une ligne, joignant des points caractéristiques (les abscisses représentent une grandeur, *par ex.* le temps, les ordonnées l'autre, *par ex.* l'espace). V. **Courbe, diagramme, tableau, tracé...** *Graphique des températures successives d'un malade, ou feuille de température. Graphique tracé par un appareil enregistreur. Le marégramme, graphique tracé par un marégraphe* (V. **-Gramme**). *Graphique de la marche des trains. Utilisation des graphiques en économie : graphiques relatifs à l'évolution d'un phénomène dans le temps* (Chronogramme), *relatifs à une distribution de fréquence* (Histogramme). *Graphique de production. Mise en graphique d'une statistique*.*

1 « C'est à peine si on lui montre la feuille de température. Il veut voir ces graphiques réguliers, apprendre à lire cette écriture pointue. »
CHARDONNE, **Dest. sentim.,** III, VIII.

2 « ... il inscrit, ou plutôt fait inscrire sur des graphiques les courbes de production de la fabrique, et au fur et à mesure, il se représente comme la courbe pourrait se développer ; »
ARAGON, **Beaux quartiers,** I, IV.

3 « Le graphique des progrès de la peste, avec sa montée incessante, puis le long plateau qui lui succédait, paraissait tout à fait réconfortant au docteur Richard... « c'est un bon, un excellent graphique », disait-il. »
CAMUS, **La peste,** p. 256.

— *Par ext.* Toute représentation graphique d'un phénomène (et non plus seulement le diagramme rectangulaire ou *graphique cartésien*). *Graphiques à plusieurs dimensions* (Stéréogrammes, cyclogrammes).

4 « La grande invention de rendre les lois sensibles à l'œil et comme lisibles à vue s'est incorporée à la connaissance, et *double* en quelque sorte le monde de l'expérience d'un monde visible de courbes, de surfaces, de diagrammes, qui transposent les propriétés en figures... Le *graphique* est capable du continu dont la parole est incapable ; il l'emporte sur elle en évidence et en précision. C'est elle, sans doute, qui lui commande d'exister, qui lui donne un sens, qui l'interprète ; mais ce n'est plus par elle que l'acte de possession mentale est consommé. »
VALÉRY, **Variété III,** p. 182.

5 « Aux symboles divers seront préférés, dans un travail scientifique, des rectangles dont seule la hauteur sera variable... Ces formes de graphiques sont généralement peu commodes pour suivre une évolution dans le temps, les chronogrammes les plus simples et les plus courants étant obtenus par un graphique cartésien dans lequel les points représentatifs de chaque chiffre sont reliés entre eux et chacun à chacun par des demi-droites, afin d'obtenir ce qu'on appelle assez improprement une courbe. »
ROMEUF, **Dict. des sciences écon.,** Graphique.

ANT. — Oral.

DER. — **Graphiquement.** *adv.* (XVIIe s. MOL.). Par le dessin et l'écriture. *Dépeindre graphiquement* (Cf. Appartenir, cit. 32 MOL.).

GRAPHISME. *n. m.* (1875 in LITTRÉ, Suppl. ; dér. sav. du gr. *graphein,* « écrire »). Caractère propre de l'écriture*, et *spécialt.* caractères particuliers d'une écriture individuelle, donnant des indications sur la psychologie, les tendances... du scripteur (V. **Graphologie.** Cf. Écriture, cit. 9). — *Par ext.* (néol.). Aspect des signes graphiques (écriture, dessin, etc.), considérés sur le plan esthétique.

« La beauté des lignes et l'élégance de leur graphisme est en Occident l'apanage exclusif des artistes, mais en Orient, en Chine, le besoin de la beauté est resté si universel que ces mêmes qualités sont requises jusque dans le simple tracé de l'écriture. »
R. HUYGHE, **Dialogue avec le visible,** p. 32, note n° 25.

GRAPHITE. *n. m.* (1801 ; dér. sav. de *graphein*). Variété de carbone* cristallisé, appelée aussi *plombagine, mine de plomb,* et formée de carbone presque pur. *Minerai de graphite* (graphite en rognons, en paillettes, graphite amorphe). *Le graphite est employé dans la fabrication des crayons*, sert d'enduit réfractaire, de lubrifiant, de conducteur électrique* (*électrodes de graphite*)...

DER. — **Graphitage.** n. m. (*Néol.*). Lubrification de pièces mobiles métalliques par enduit de graphite. — **Graphiter.** v. tr. (*Néol.*). Enduire de graphite ; mélanger à du graphite. *Lubrifiant graphité.* — **Graphiteux, euse.** adj. (XIXe s.). Qui contient du graphite. *Minerai graphiteux.* — **Graphitique.** adj. (fin XIXe s.). Obtenu par l'oxydation du graphite. *Acide graphitique, en paillettes insolubles, en poudre* (acide pyrographitique).

GRAPHO-. Premier élément de mots savants, tiré du gr. *graphein,* « écrire ». — **Graphologie.** *n. f.* (1868 ; V. **-Logie**). Étude du graphisme*, de ses lois physiologiques et psychologiques ; science de l'identité des écritures*. *Système de graphologie, de J.-H. Michon* (1871) ; *A.B.C. de la graphologie, de J. Crépieux-Jamin. Faire le portrait psychologique d'un scripteur par la graphologie. Applications de la graphologie à la pédiatrie, à la criminologie, à l'orientation professionnelle.* — **Graphologique.** *adj.* (1907). Relatif à la graphologie. *Observation, analyse, esquisse graphologique.* — **Graphologue.** *n.* (1877 LITTRÉ). Personne qui étudie, qui pratique la graphologie. (Cf. Fleur, cit. 15). — *Expert-graphologue,* expert en écritures. — **Graphomanie.** *n. f.* (XVIIIe s. ; V. **-Manie**). *Méd.* Besoin pathologique d'écrire (on dit aussi *Graphorrhée*). — **Graphomètre.** *n. m.* (1597 ; V. **-Mètre**). Instrument de topographie destiné à la mesure des angles. *Le graphomètre se compose d'un demi-*

cercle (V. **Limbe**) *divisé en degrés, les extrémités du diamètre portant des pinnules* ; il est muni d'une alidade* mobile. Ligne de zéro, ligne de foi d'un graphomètre. Arpentage* au graphomètre.*

1 « Nous allions lever des plans au graphomètre et à la planchette ; un jour nous levâmes un champ à côté du chemin des Boiteuses. »
STENDHAL, **Vie de Henry Brulard,** p. 26.

2 « Et puis, étant toutes graphologues, elles entreprirent de sonder le mystère de l'écriture. »
LOTI, **Les désenchant.,** II.

3 « On peut bien, en effet, convenir d'une forme géométrique pour chaque lettre et enseigner son tracé dit « correct » ; il reste toujours que l'acte graphique engage une suite de gestes expressifs du système nerveux et musculaire de chacun et, par delà, de son système psychique. L'écriture devient la courbe d'un sismographe et l'œil expert du graphologue saura la déchiffrer... toute lettre dit à la fois sa place dans l'alphabet, mais encore la nervosité, la mollesse, l'autorité, l'élégance... de celui qui l'écrit. »
R. HUYGHE, **Dial. avec le visible,** p. 31.

4 « ... la *graphologie...* s'occupe... du rapport qui existe entre une écriture et son auteur, en tant que reflet de la personnalité intime de celui-ci. »
H. HERTZ, **La graphologie,** p. 6 (éd. P.U.F.).

GRAPPE. *n. f.* (*Grape* au XIIe s. ; d'un francique *krappo*).

‖ 1° *Vx.* Crochet (V. **Grappin**). — Spécialt. (*de nos jours*). Crampon* d'un cheval ferré à glace.

‖ 2° (*Par anal.* de forme). Assemblage de fleurs ou de fruits portés par des pédoncules étagés sur un axe commun (V. **Inflorescence**). *Les groseilles mûrissent par grappes. Fleurs en grappes* (Cf. Fleurir, cit. 19). *Grappes de cytise* (cit. 3), *de glycine* (cit.). *Grappes rouges ou blanches des marronniers* (Cf. Éclabousser, cit. 9). *Grappes jaunes du faux-ébénier* (Cf. Éparpiller, cit. 5). *Grappes de la vigne* (Cf. Emblème, cit. 1). *Fouler les grappes de raisin pour en exprimer* (cit. 1) *le jus* (Cf. Concevoir, cit. 5). *Vin de grappe, qui coule naturellement du raisin avant son foulage. Égrener* une grappe.* V. **Égrapper, grappiller.** — Fam. et fig. *Mordre* à la grappe.*

1 « Il y avait sur le buffet, dans une coupe, de magnifiques raisins de Fontainebleau. Je montai sur une chaise et pris de ces raisins une grappe longue et pesante qui remplissait la coupe aux trois quarts. »
FRANCE, **Livre de mon ami,** V.

2 « Elle choisit un à un les grains de chasselas en balançant la grappe attachée à son bois, une longue grappe d'ambre vert devant la lumière... »
COLETTE, **Chéri,** p. 77.

3 « ... (*elle*) me barbouillait le nez avec le jus d'une grappe ; et moi, je lui en écrasais une, juteuse et noire, sur sa gorge dorée que le soleil brûlait... »
R. ROLLAND, **Colas Breugnon,** V, p. 114.

‖ 3° *Par ext.* V. **Assemblage, faisceau, groupe.** *Grappe d'abeilles agglomérées* (Cf. Essaim, cit. 2). *Certains animaux* (oiseaux, seiches, insectes) *portent ou déposent leurs œufs en grappes.* — *Oignons qui pendent en grappes, par grappes le long d'un mur. Grappe de cheveux bouclés* (Cf. Coiffure, cit. 2 ; fadeur, cit. 1). *Chatoiement* (cit.) *d'une grappe de joyaux.*

4 « Les poules n'ont pas besoin du coq pour produire des œufs : il en naît sans cesse de la grappe commune de l'ovaire... »
BUFF., **Hist. nat. ois.,** Le coq.

5 « ... les énormes grappes de maïs qui sèchent à l'air... forment un lourd feston alterné de rouge et de jaune d'ambre... »
SAND, **Hiver à Majorque,** I, VI.

6 « Des bougies sont suspendues par grappes au plafond de chêne sculpté ; »
LOTI, **Aziyadé,** LIV.

7 « Ces œufs (*de la seiche*), ronds, de 5 mm de diamètre à peu près, sont réunis en grappe et fixés aux algues marines. Ils sont connus sous le nom vulgaire de « Raisins de mer ». »
POIRÉ, **Dict. des Sciences,** Seiche.

— Fig. *Grappes humaines* (Cf. Brouhaha, cit. 3 ; essence, cit. 20).

8 « Tous les oiseaux se taisaient, se perchaient en grappes sur les petits perchoirs de bois et restaient là, ébouriffés et peureux, ... »
GIONO, **Jean le Bleu,** IV.

9 « Les femmes à la fontaine parlaient, avec des grappes de mioches après elles. »
ARAGON, **Beaux quartiers,** I, XXV.

10 « Le train s'ébranlait lentement. Les types se mirent à courir, en criant et riant ; ils s'accrochaient par grappes aux marchepieds. »
SARTRE, **Le sursis,** p. 333.

COMP. — Égrapper.

DER. — **Grappiller*.** — **Grappillon.** *n. m.* (1584). Partie d'une grappe de raisin ou petite grappe entière.

« ... les cordons de vignes dont les pampres vrillés et les grappillons entraient par les fenêtres... »
BALZ., **Curé de village,** Œuvr., t. VIII, p. 608.

GRAPPILLER. *v. intr.* et *tr.* (1549 ; de *grappe*).

I. *V. intr.* Cueillir* les petites grappes de raisin qui restent dans une vigne après la vendange (Cf. Glaneur, cit. 4). — Par ext. *Grappiller dans un verger.* — Par métaph.

1 « J'aime à m'abandonner à lui sans trop savoir où il me mène ; et qu'importe ! puisque c'est le long d'un sentier où tout invite à la maraude ; nous musons ; il cueille et grappille partout, cause avec tout, prête à tout son sourire et fait récréation de la création tout entière... »
GIDE, **Nouveaux prétextes,** p. 267.

— *Fig.* Faire de petits profits secrets, plus ou moins illicites. V. **Gratter.**

2 « Ses gens mouraient de faim, et ses filles aussi, dont l'aînée qui se mêlait tant qu'elle pouvait de la dépense, grappillait dessus, pour se donner un morceau en cachette avec ses sœurs... »
ST-SIM., **Mém.**, I, XLIX.

3 « Il se rencontre de pauvres femmes qui font jeûner leurs enfants, et grappillent pour avoir une robe. »
BALZ., **Père Goriot**, Œuvr., t. II, p. 969.

II. *V. tr.* Prendre de-ci, de-là (des fruits, des fleurs...). V. **Cueillir, glaner, prendre, ramasser, récolter** (Cf. *aussi* Couleur, cit. 34).

4 « ...s'en aller, juchés sur une bourrique, à leurs jardins de Suresnes ou de Bagnolet, et d'y passer la journée à grappiller des groseilles, ou à cueillir des cerises sur l'arbre. » L. BERTRAND, **Louis XIV**, II, II.

5 « Tonsard se bâtit alors cette maison lui-même, en prenant les matériaux de-ci et de-là, se faisant donner un coup de main par l'un et l'autre, grappillant au château les choses de rebut... »
BALZ., **Les paysans**, Œuvr., t. VIII, p. 47.

— *Fig.* Prendre, recueillir au hasard. *Grappiller des nouvelles, des connaissances.*

6 « Je suis assurée que vous ne les avez jamais lues qu'en courant (les *Provinciales*), grappillant les endroits plaisants ; »
SÉV., 1245, 21 déc. 1689.

— *Spécialt.* V. **Écornifler, gratter.** *Quelque argent grappillé à droite et à gauche. Il n'a rien pu grappiller là-dessus* (fam.).

DER. — **Grappillage.** *n. m.* (1537). Action de grappiller. *Le grappillage de la vigne.* — *Fig.* V. **Écorniflerie, gratte** (*fam.*). — **Grappilleur, euse.** *n.* (1611). Celui, celle qui grappille.

1 « ...un misérable grappillage sur le traitement des auteurs. »
BEAUM., VI, 202, **Rap. aux aut. dram.** (in BRUNOT, H.L.F., t. VI, p. 1381).

2 « Le glanage, le grappillage, même dans les contrées où les usages locaux les ont établis, sont interdits dans tout enclos. — Les grappilleurs ou les glaneurs ne peuvent entrer dans les vignes et dans les champs ouverts que pendant le jour et après complet enlèvement des récoltes. » LOI du 21 juin 1898, Art. 75.

GRAPPIN. *n. m.* (1376 ; empr. au prov. *grapin,* dér. selon DAUZAT, d'un francique *krappo.* V. **Grappe**).

|| **1°** *Mar.* Petite ancre* d'embarcation à quatre pointes recourbées. *Mouiller le grappin. Anneau d'un grappin.* V. **Cigale** (3°). — Crochet* d'abordage à l'extrémité d'un cordage. V. **Chat** (6°), **corbeau** (II, 1°), **crampon, croc, harpeau.** *Jeter le grappin sur un bâtiment.*

1 « *Jeter les grappins d'abordage* : lancer d'un navire à un autre les grappins enchaînés, dont l'effet est de rapprocher et de tenir l'un à côté de l'autre deux bâtiments qui vont se battre bord à bord. »
JAL, **Glossaire nautique.**

2 « Mais si éloignés qu'ils fussent l'un de l'autre, et à cause même de cet éloignement, ils aimaient à se rapprocher, et comme deux navires attachés par les grappins d'abordage, ils ne pouvaient plus se quitter. »
BAUDEL., **Curios. esthét.**, Delacroix, VI.

— *Par anal. :*

3 « L'on voit au haut de cette Tour une grande fenêtre, où je jette un grappin pour m'y guinder. »
LA BOULLAYE-LE-GOUZ, **Voyages**, p. 314 (éd. de 1653).

— Fig. et fam. *Avoir, jeter le grappin sur quelqu'un* (Vx), et (de nos jours) *Mettre le grappin dessus* : se rendre totalement maître de lui, l'accaparer et *aussi* Saisir, empoigner (V. **Harponner**). *C'est un raseur, quand il a mis le grappin sur vous, il ne vous lâche plus.*

4 « La maréchale de Rochefort, dame d'honneur de Mᵐᵉ la duchesse d'Orléans, avait le grappin sur la duchesse de Villeroy ; »
ST-SIM., **Mém.**, II, LXVII.

|| **2°** Par ext. *Technol.* Tout instrument muni de crochets. *Grappins à égrapper le raisin, à racler la suie. Chaussures munies de grappins. Grappin de pêche* (Cf. Engin, cit. 8).

GRAS, ASSE. *adj.* (*Cras* au XIIᵉ s. ; du lat. *crassus*, « épais », avec infl. prob. de *grossus*, « gros »).

I. || **1°** Formé de graisse* ; de nature graisseuse. *Matière, substance grasse.* Chim. *Corps gras.* V. **Graisse ; lipide.** *Les corps gras, esters de la glycérine, substances neutres comprenant les beurres, cires, graisses, huiles, suifs. Les acides stéarique* et oléaique* sont des acides gras.*

1 « On connaissait par l'analyse quinze ou vingt corps gras neutres... La synthèse s'appuie sur cette loi même pour former aujourd'hui... plus de deux cents millions de corps gras. »
BERTHELOT, **Confér. d'ouverture au Coll. de France** (1864).

2 « ...une ration alimentaire bien équilibrée doit contenir un minimum de matières grasses... » FABRE et ROUGIER, **Physiol. médic.**, p. 209.

— *Fromage gras à 50 %. Extrait* (cit. 1) *gras. Crème grasse pour peaux sèches. Eaux* grasses. Spécialt. *Aliments gras,* à base de viande ou de graisse. *Bouillon gras. Choux gras,* accommodés avec du jus de viande ou de la graisse (Fig. et fam. *Faire ses choux* gras). *Les catholiques font abstinence d'aliments gras le vendredi. Par ext. Jours gras,* où l'Église catholique permet à ses fidèles de consommer de la viande. *Spécialt. Les jours du Carnaval précédant le Carême. Mardi-Gras.*

3 « Je suis friand de poisson et fais mes jours gras des maigres... »
MONTAIGNE, **Essais**, III, XIII.

---

4 « Le dimanche gras, il y eut grand bal réglé chez le Roi... »
ST-SIM., **Mém.**, I, II.

5 « À un bal que donne le cardinal Mazarin aux jours gras de 1647, elle nous décrit, l'une après l'autre, les principales beautés et reines de la fête... » STE-BEUVE, **Caus. du lundi**, 1ᵉʳ déc. 1851, t. V, p. 183.

— *Par ext. et fig. Contes gras, propos gras.* V. **Graveleux, licencieux, obscène** (par allusion à la licence de langage des *jours gras,* où se jugeaient les *causes grasses,* de sujet grivois). Adverbialt. *Parler gras,* dire des grossièretés (Cf. *infra,* cit. 32 au sens de « grasseyer »).

6 « Son discours était émaillé de paroles grasses, presque obscènes, mais étonnamment expressives. » APOLLINAIRE, **Hérésiarque**, p. 59.

7 « Elle retrouva Chéri grandi trop vite, creux, les yeux fardés de cerne, portant des complets d'entraîneur et parlant plus gras que jamais. » COLETTE, **Chéri**, p. 29.

— *Substant. Le gras,* la partie grasse de la viande. *Manger le maigre* et laisser le gras sur son assiette. Faire gras,* manger de la viande (Adverbialt. *Manger gras*). *Riz, choux* (cit. 2) *au gras,* accommodés avec du jus de viande ou de la graisse.

8 « Dans les choses indifférentes elle aimait à obéir, et s'il ne lui eût pas été permis, prescrit même, de faire gras, elle aurait fait maigre entre Dieu et elle, sans que la prudence eût besoin d'y entrer pour rien. » ROUSS., **Conf.**, VI.

9 « Le gras est aussi bon que le maigre ; dans chaque bouchée il faut les mêler l'un à l'autre et l'ensemble acquiert un goût de noisette. »
Ch.-L. PHILIPPE, **Père Perdrix**, I, IV.

— *Par ext.* V. **Graisse.**

10 « ...la table... couverte de sa vaisselle épaisse, tournant au jaune, où le gras des eaux de l'évier restait en noir dans les égratignures des couteaux. » ZOLA, **L'assommoir**, III, t. I, p. 104.

|| **2°** Par ext. (en parlant des personnes) Qui a beaucoup de graisse. V. **Adipeux, dodu, grassouillet, gros, potelé, rebondi, rond*** (Cf. *fam.* Rondelet, rondouillard) ; **embonpoint** (cit. 4 et 7). *Un enfant gras* (Cf. Feu, cit. 36). *Fille grasse et appétissante* (cit. 4. Cf. *fam.* Gironde). *Femme* (cit. 4) *forte et grasse, aux formes* amples, puissantes, arrondies... V. **Corpulent, fort** (Cf. Charnel, cit. 7). *Une beauté grasse* (Cf. Engraisser, cit. 4). « *Grasse, mafflue et rebondie* » (Cf. Conclusion, cit. 9 LA FONT.). *Quadragénaire gras et bedonnant.* V. **Obèse, pansu, replet, ventru** (Cf. Bête, cit. 22). *Chair* (cit. 32) *fraîche et grasse. Épaules* (cit. 7), *cuisses* (cit. 2) *grasses. Grasse poitrine.* V. **Abondant.** *Visage gras et empâté* (cit. 3). V. **Bouffi, plein** (Cf. Cruel, cit. 9). *Main grasse et velue* (Cf. Arrivant, cit. 4). *Être excessivement gras* (Cf. Crever* d'embonpoint, dans sa peau), *gras à pleine peau*, gras comme une caille*, comme un cochon*, un porc*, comme un moine*, un chanoine*, gras à lard.* V. **Graisse** (cit. 1 à 8). — Pop. *Gras du bide.*

11 « Il faut un roi qui soit gros et gras comme quatre... »
MOL., **Impr. de Vers.**, 1.

12 « Quant à son embonpoint, elle est plutôt grasse que maigre. Je suis un peu Turc sur ce point, et il ne me plairait guère de rencontrer une arête où je cherche un contour ; il faut que la peau d'une femme soit bien remplie, sa chair dure et ferme comme la pulpe d'une pêche un peu verte... » GAUTIER, **Mˡˡᵉ de Maupin**, I.

13 « ...elle était grasse comme une grive* après la vendange... »
BALZ., **La rabouilleuse**, Œuv., t. III, p. 850.

14 « Si la femme grasse est parfois un charmant caprice, la femme maigre est un puits de voluptés ténébreuses ! »
BAUDEL., **Essais, notes...**, Max. s. l'amour.

15 « ...son embonpoint précoce... lui avait valu le surnom de Boule de Suif. Petite, ronde de partout, grasse à lard, avec des doigts bouffis, étranglés aux phalanges, pareils à des chapelets de courtes saucisses ; avec une peau luisante et tendue, une gorge énorme qui saillait sous sa robe, elle restait cependant appétissante et courue, tant sa fraîcheur faisait plaisir à voir. » MAUPASS., **Boule de suif**, p. 20.

16 « ...on dit que c'est l'intérêt de l'espèce qui guide en amour les préférences de chacun, et pour que l'enfant soit constitué de la façon la plus normale fait rechercher les femmes maigres aux hommes gras et les grasses aux maigres... » PROUST, **Rech. t. p.**, t. IV, p. 157.

17 « Chez les femmes grasses, l'adipose peut être ou généralisée ou, au contraire, localisée. » A. BINET, **Formes de la femme**, p. 104.

— *Loc. fam. N'être pas gras de lécher les murs :* être bien nourri, se bien traiter.

18 « Ça ne traînait pas avec elle, le pain et la viande. On peut la tâter, elle n'est pas grasse de lécher les murs... » ZOLA, **La terre**, IV, VI.

— *Substant. Les gras et les maigres.*

19 « La maigre a de la taille et de la liberté ;
La grasse est dans son port pleine de majesté ; »
MOL., **Mis.**, II, 4.

20 « Certaine insuffisance de la glande thyroïde se rencontre chez les maigres aussi bien que chez les gras ; »
PAULHAN, **Entret. s. faits div.**, p. 95.

— En parlant d'animaux (Cf. Arbitre, cit. 5 ; attaquer, cit. 13 ; avent, cit. 27 ; avent, cit. ; beau, cit. 68). *Chapon gras. Coq trop gras* (Cf. Fécond, cit. 4). — Spécialt. *Bœuf* gras. Les sept vaches* grasses* (Cf. Abondance, cit. 10). *Tuer le veau* gras* (Cf. Choisir, cit. 2).

21 « Un faisandeau bien gras est un morceau exquis, et en même temps une nourriture très saine... » BUFF., **Hist. nat. ois.**, Le faisan.

22 « La jument, grasse alors comme un cheval de moine,
Regardait son seigneur d'un regard presque humain ; »
HUGO, Lég. des siècles, Cid exilé, XI, 5.

— *Tranche de foie* (cit. 2) *gras.*

‖ 3° Enduit, sali de graisse. V. **Graisseux, huileux, poisseux.** *Avoir les cheveux gras, les mains grasses. Combinaison de mécanicien, toute grasse de cambouis. Charcuterie enveloppée dans du papier gras* (Cf. Charcutier, cit.).

23 « ...un établi tout petit, encombré de pinces, de cisailles, de scies microscopiques, grasses et très sales. »
ZOLA, L'assommoir, II, t. I, p. 67.

24 « ...des filles énormes et bouffies, aux cheveux jaunes, plâtrées et grasses de fard, dévisageaient les passants avec de sales regards. »
R. ROLLAND, Jean-Christ., Antoinette, p. 865.

25 « ...une litière de papiers gras, de boîtes de conserves, de pochettes à cigarettes vides... »
COLETTE, Belles saisons, p. 40.

26 « ...il arrive qu'un gamin dégringole les étages quatre à quatre, en faisant chanter la paume de sa main sur la rampe juste un peu grasse. »
ROMAINS, H. de b. vol., t. V, XIX, p. 143.

II. *Par anal.* ‖ 1° Qui évoque la graisse par sa consistance. V. **Onctueux.** *Chair grasse des champignons* (cit. 1). *Vin gras,* atteint de la graisse*. *Bois gras,* à la texture molle et poreuse (Cf. Errer, cit. 10). *Terre argileuse et grasse.* V. **Fort** (Cf. Bolaire, cit. ; escargot, cit. 2). *Boue grasse. Brouillard gras.* V. **Gluant, visqueux.** *Pavé gras,* glissant. — Mar. *Temps gras,* humide et brumeux.

27 « Le pavé était gras, la brume tombait, et il lui semblait que les ténèbres humides, l'enveloppant, descendaient indéfiniment dans son cœur. »
FLAUB., Éduc. sentim., I, III.

28 « Ses gros souliers trouaient et emportaient la terre grasse dans le balancement cadencé de son corps ; »
ZOLA, La terre, I, I.

29 « ...il se hâta de ressortir, après s'être trempé la tête dans l'eau poussiéreuse qui était grasse au toucher. »
R. ROLLAND, Jean-Christ., Foire s. la place, I, p. 644.

— *Fig.* En parlant de l'éclat d'une couleur, du velouté d'un parfum, d'une saveur... *Le vert gras et luisant de l'euphorbe* (cit.).

30 « Le jardin, vaste, entouré de jardins, exhalait dans la nuit la grasse odeur des terres à fleurs, nourries, provoquées sans cesse à la fertilité. »
COLETTE, La chatte, p. 6.

— *Par ext. Toux grasse,* accompagnée d'une abondante expectoration de mucosités glaireuses (Adverbialt. *Tousser gras*). *Avoir la poitrine grasse,* chargée de mucosités.

31 « Seule une vieille femme, assise devant une menthe verte, troublait, par une toux grasse, la paix de ce lieu... »
COLETTE, Fin de Chéri, p. 107.

‖ 2° Important par le volume, l'épaisseur. V. **Épais.** — (En parlant d'un son). V. **Pâteux.** *Voix* grasse. Rire gras. Avoir la langue grasse, le parler gras* (Cf. Béatitude, cit. 5) et adverbialt. *Parler gras.* V. **Grasseyer.**

32 « ...il parle gras ; »
LA BRUY., XIII, 14.

33 « ...il tournait des madrigaux à la comtesse Martin avec cette voix héréditaire, rude et grasse, dont les Juifs ses pères pressaient leurs débiteurs... »
FRANCE, Lys rouge, I.

34 « Vairon, en corps de chemise, se mit à faire l'hercule forain, lançant le boniment d'une voix grasse et canaille qui sentait la barrière. »
DORGELÈS, Croix de bois, I.

35 « Ce n'était pas un homme du pays. Il n'avait pas l'accent. Un parler un peu gras, comme les Tourangeaux. »
ARAGON, Beaux quartiers, I, XII.

— *Imprim. Encre* grasse. Caractères* gras.* Substant. *Écrire en gras.* — *Bx-arts. Crayon* gras. Dessin aux traits* gras, aux contours gras,* larges et appuyés. Adverbialt. *Peindre gras,* par couches épaisses.

36 « Nous le voyons (*Degas*) alors employer des crayons gras dont le noir s'écrit plus fortement sur le papier... »
Denis ROUART, Degas à la rech. de sa techn., p. 67.

— *Bot. Plantes grasses,* à feuilles épaisses et charnues. V. **Cactées.** *Le cierge*, plante grasse du Mexique.*

37 « ...derrière ces fenêtres, s'épanouissent dans des pots de porcelaine, de faïence, ou de terre vernie, toutes sortes de fleurs : géraniums, verveines, fuchsias, plantes grasses... »
GAUTIER, Voyage en Russie, III, p. 25.

— *Substant. Le gras de la jambe,* la partie la plus charnue, le mollet.

38 « ...la jambe a bien coulé, les feux sont amortis... rien n'était capable de guérir ces duretés et ces raideurs de gras de jambe qui a telle évacuation. »
SÉV., 958, 15 avril 1685.

39 « ...hier matin, jouant avec Charles Neate, qui avait un canif à la main, j'en ai reçu un petit coup dans le gras de la jambe... »
STE-BEUVE, Corresp., 9, 6 mai 1822, t. I, p. 37.

‖ 3° *Fig.* V. **Abondant, planteureux.** *Sol gras,* qui produit beaucoup. V. **Fertile.** *De grasses récoltes, de grasses prairies.*

40 « ...il faut... mettre les juments pleines et celles qui allaitent leurs poulains dans la partie où le pâturage est le plus gras, séparer celles qui n'ont pas conçu ou qui n'ont pas encore été couvertes, et les mettre avec les jeunes poulines dans un autre parquet où le pâturage soit moins gras... »
BUFFON, Hist. nat. anim., Le cheval.

41 « ...une longue allée de tilleuls aboutissait à un saut-de-loup et formant percée, sur de gras pâturages tachetés de bestiaux. »
GAUTIER, Voyage en Russie, III, p. 33.

42 « Il y a des morceaux de Provence gras, herbus, baignés de sources... »
COLETTE, Pris. et paradis, p. 50.

— *Par métaph. Une éloquence grasse,* qui coule d'abondance et avec aisance (Cf. Babine, cit. 2). *Distribuer de grasses récompenses.*

— *Dormir la grasse matinée, faire* (*la*) *grasse matinée,* se lever très tard (Cf. Devoir, cit. 25).

43 « Ha ! que c'est chose belle, et fort bien ordonnée,
Dormir dedans un lit la grasse matinée, »
RÉGNIER, Sat., VI.

44 « Je ronflerais mon soûl la grasse matinée,
Et je m'enivrerais le long de la journée : »
REGNARD, Le joueur, I, 1.

45 « ...le jeune Gargantua se conduit déjà comme le plus goulu et le plus glouton des moines de ce temps-là, commençant sa journée tard, dormant la grasse matinée, débutant par un déjeuner copieux... »
STE-BEUVE, Caus. du lundi, 7 oct. 1850, t. III, p. 8.

46 « Elle se levait la première et, comme nous faisions la grasse matinée, elle nous apportait le petit déjeuner au lit. »
SARTRE, Huis clos, 5.

— *Spécialt.* (Technol.). *Chaux* grasse,* qui augmente au contact de l'eau. — *Lessive grasse,* riche en alcali.

— Adverbialt. et pop. *Il y a gras* (à gagner). V. **Gros.** *Il n'y a pas gras à manger,* pas beaucoup.

47 « Fougères regarda Magus et dit : — *Il y a gras !* en employant un mot d'argot, alors à la mode dans les ateliers. »
BALZ., P. Grassou, Œuv., t. VI, p. 124.

ANT. — Maigre ; décharné, efflanqué, émacié, étique ; pauvre, sec.

HOM. — Grâce.

COMP. — **Gras-double.** *n. m.* (1611. Cf. Double, 2°). *Cuis.* Membrane comestible de l'estomac du bœuf. *Plat de gras-double à la bourgeoise. Des gras-doubles.* — **Gras-fondu.** *n. m.* ou **Gras-fondure.** *n. f.* (1615 ; de *fondu,* p. p. de *fondre*). *Art vétér.* Maladie du cheval* caractérisée par une inflammation du bas-ventre accompagnée d'une diarrhée qui provoque un amaigrissement considérable.

DER. — Grassement, grasseyer, grassouillet. — Grasset, ette. *adj.* (XIIe s.). *Peu usit.* Un peu gras. Substant. (1755 ENCYCL., t. V, 411 b). *Le grasset du bœuf, du cheval,* région du membre postérieur comprenant la rotule et les parties molles environnantes. — *Bot. La grassette,* plante dicotylédone (*Lentibulariées*), scientifiquement appelée *pinguicula,* herbacée, vivace, qui croît dans les régions marécageuses.

« ...la petite grassette, si douce, referme sur l'insecte sa feuille, le tue et le digère. »
COLETTE, Belles saisons, p. 19.

GRASSEMENT. *adv.* (XIVe s. ; de *gras*). V. **Confortablement, largement.** *Vivre grassement. Se faire payer grassement* (Cf. Besoin, cit. 73 ; bourbeux, cit. 3). *Rétribuer grassement un employé.* V. **Généreusement.**

1 « ...elle boira de cette eau, et mangera quelques grenouilles qui s'y nourrissent grassement ; »
Mme d'AULNOY, Deux contes de fées, Le nain jaune.

2 « En payant grassement les guides, je crus suppléer à la mine et au propos ; ce fut encore pis. Ils me prirent pour un pied-plat, qui marchait par commission, et qui courait la poste pour la première fois de sa vie. »
ROUSS., Conf., XI.

3 « ...un jazz grassement appointé... » COLETTE, Fin de Chéri, p. 27.

ANT. — Chichement, maigrement.

GRASSEYER (se conjugue sur le modèle de *balayer,* mais conserve partout l'*y*). *v. intr.* (1660 ; *grassier* en 1530 ; de *gras*). Parler gras, avec une prononciation gutturale ou peu distincte des *r* (Cf. Gasconner, cit.).

1 « ...Marat, Desmoulins, qui bégayaient ou grasseyaient, ne faisaient guère qu'écrire, parlaient rarement. »
MICHELET, Hist. Révol. fr., t. I, p. 494 (éd. Pléiade).

2 « Il grasseyait beaucoup. Sa voix, au moins aussi puissante que celle de l'Oudet de Charles Nodier, jetait une incroyable richesse de son dans la syllabe ou dans la consonne sur laquelle tombait ce grasseyement. » BALZ., Autre étude de femme, Œuv., t. III, p. 238.

— *Transit. :*

3 « ...un bellâtre, qui se promenait entre les fauteuils des dames, une rosette à la boutonnière, grasseyant de lourdes gracieusetés... »
R. ROLLAND, Jean-Christ., Foire s. la place, I, p. 727.

DER. — Grasseyant, ante. *adj.* (vers 1780 BUFF.). Qui grasseye. — **Grasseyement.** *n. m.* (1694). Défaut de prononciation d'une personne qui grasseye (cit. 2). *Grasseyement naturel, affecté.* — **Grasseyeur, euse.** *n. m. et f.* (1743). Celui, celle qui grasseye.

1 « ...leur voix (*des aras*)... n'est qu'un cri qui semble articuler *ara,* d'un ton rauque, grasseyant, et si fort qu'il offense l'oreille. »
BUFFON, Hist. nat. ois., Les aras.

2 « Achille Roussin était un bel homme à la barbe blonde, au parler grasseyant... » R. ROLLAND, Jean-Christ., Foire s. la place, II, p. 753.

3 « ...devrai-je jusqu'à la fin entendre la voix grasseyante de Constance me chanter sur un air de valse : *Maman — dis-moi...,* I, II.
GIDE, Si le grain..., I, II.

4 « Un léger grasseyement, qu'on eût dit bourguignon, dans sa voix... donnait à ses moindres propos une saveur singulière ; »
ID., Ibid., I, X.

GRASSOUILLET, ETTE. *adj.* (1680 ; de *gras*). Assez gras* et rebondi. V. **Potelé.** *Un bambin grassouillet. Une figure grassouillette.*

1 « L'abbé Cruchot, petit homme dodu, grassouillet... »
BALZ., Eug. Grandet, Œuv., t. III, p. 501.

2   « Avant de poser un accord, Estrachard regarde le clavier et ses mains. Chaque main, au moment de saisir les notes, a l'air d'un petit poulpe blanc et grassouillet. » ROMAINS, H. de b. vol., t. V, XXI, p. 168.

GRATERON. n. m. (1314 BLOCH ; mot des parlers de l'Ouest ; altér., d'après *gratter*, de *gleteron*, dér. de l'anc. fr. *gleton*, *cleton*, du francique *kletto*, « bardane ». Cf. all. *Kleite*. V. **Glouteron**). Nom vulgaire de plusieurs plantes accrochantes. V. **Gaillet.**

GRATICULER. v. tr. (1671 ; empr. à l'ital. *graticolare*, de *graticola*, propremt. « petit gril », lat. *craticula*, « petite grille »). Diviser (un dessin, une peinture) en carrés égaux que l'on reproduit en réduction sur le graticule* afin de conserver les proportions de l'original.

DER. — **Graticule.** n. m. (1701). Châssis* sur lequel est tendue une feuille de papier divisée en un certain nombre de carrés égaux, utilisé pour graticuler. V. **Treillis. — Graticulation.** n. f. (1845). Action de graticuler.

GRATIFICATION. n. f. (1362, sens actuel dès l'origine ; empr. au lat. *gratificatio*, « bienveillance, faveur »).

‖ 1° Au sens large. Somme d'argent donnée à quelqu'un en sus de ce qui lui est dû. V. **Avantage, cadeau, don, gracieuseté, libéralité, récompense.** *Gratification accordée à un bon employé, à un porteur* (V. **Pièce, pourboire**), *à un concierge* (V. **Denier** (à Dieu), **étrennes**)... *Gratification de fin d'année. Gratification trimestrielle, annuelle, ordinaire, extraordinaire... Gratification cachée, illicite.* V. **Dessous** (de table), **pot-de-vin.**

1   « Outre deux cents pistoles de gages fixes, je reçois de lui, de temps en temps, de petites gratifications ; »   LESAGE, Gil Blas, XI, X.

2   « Une petite gratification d'un rouble-argent, qu'il ne sollicita pas, mais qu'il ne refusa pas non plus. »   GAUTIER, Voyage en Russie, XVI, p. 246.

3   « S'il arrive à son maître de joindre au peu qu'il lui doit chaque semaine une gratification, elle proteste, comme fâchée... »   JOUHANDEAU, Chaminadour, II, VI.

4   « Elle prélève là-dessus dix centimes, qu'elle donne au gosse comme gratification. Il prend aussitôt sa course vers la place des Fêtes, et transforme sa récompense en boules de gomme. »   ROMAINS, H. de b. vol., t. I, V, p. 62.

‖ 2° Dr. « Prestation fournie par un employeur en sus du salaire*, à titre de récompense ou de rémunération exceptionnelle, soit spontanément, soit en vertu d'un usage, soit même à la suite d'une promesse » (CAPITANT). « *Les gratifications sont toujours assimilées au salaire en matière d'accident du travail et en matière fiscale* » (ID.). *Gratification sous forme de doublement du salaire du mois de décembre. Gratifications diverses remises aux ouvriers* (V. **Prime, surpaye**), *aux vendeurs* (V. **Guelte**). — *Mar.* V. **Chapeau** (de mérite). — *Anciennt.* Complément de traitement* alloué aux fonctionnaires. V. **Allocation, indemnité.**

5   « La misère, secrète encore chez le directeur de la Guerre, et qui avait pour paravent un traitement de vingt-quatre mille francs, sans compter les gratifications, était donc arrivée à son dernier période chez l'employé. »   BALZ., Cousine Bette, Œuv., t. VI, p. 183.

ANT. — **Retenue.**

GRATIFIER. v. tr. (1366 ; lat. *gratificari*, « avoir de la complaisance, faire une faveur » ; sens actuel depuis le XVIIᵉ s. sous l'infl. de *gratification*).

‖ 1° Pourvoir libéralement de quelque avantage (don, faveur, honneur...). *Favori qu'un prince gratifie de pensions, de titres, de toute sorte d'honneurs* (Cf. Envie, cit. 23). V. **Accorder, allouer, donner, honorer, nantir, récompenser.** *Emploi dont on est gratifié* (Cf. Conciergerie, cit. 1). *Le Ciel, les Muses l'ont gratifié d'un don, d'un talent exceptionnel* (Cf. Écrouelle, cit. 2). *Candidat gratifié d'une note indulgente.* V. **Avantager, favoriser.** *Gratifier un porteur d'un bon pourboire. Elle le gratifia d'un sourire reconnaissant.*

1   « Je lui appris ensuite que le généreux Portugais, en me chargeant du portrait, m'avait gratifié d'une bourse de cinquante pistoles. »   LESAGE, Gil Blas, VII, X.

2   « Souffre la vérité, coquin, puisque tu n'as pas de quoi gratifier un menteur... »   BEAUMARCH., Mar. Figaro, IV, 10.

3   « ...elle s'assit à l'écart dans un jardin, pour entendre, loin de la foule, un de ces concerts dont la musique des régiments gratifie le peuple parisien. »   BAUDEL., Spl. de Paris, XIII.

4   « Il était extraordinairement faible et, dès qu'on cessait de le soutenir, se laissait glisser de côté. On l'avait gratifié, à la prière du docteur, de deux béquilles neuves dont il ne pouvait encore se servir. »   DUHAM., Salavin, VI, XXX.

— *Absolt.* (vx). *Ceux que le Ciel gratifie*, comble de grâces (Cf. Agréer, cit. 3).

5   « ...une manière de faire des grâces qui est comme un second bienfait ; le choix des personnes que l'on gratifie. »   LA BRUY., X, 35.

— Avec un complément de chose.

6   « La noblesse, grand Roi, manquait à ma naissance ; \
       Ton père en a daigné gratifier mes vers. »   CORN., Poés. div., 2.

‖ 2° (Sens qui tend à évincer le précédent). *Ironiqt.* et *par antiphr.* Affliger de quelque chose de mauvais, d'inop-

portun, de dérisoire. *Gratifier un garnement d'une volée de coups, d'une paire de gifles.* V. **Battre, châtier, frapper, maltraiter*.** *Il l'a gratifié d'un bon coup de pied.* V. **Donner.** *L'insolence dont il me gratifie après tout ce que j'ai fait pour lui.* V. **Remercier.** *Auteur qui se voit gratifié des erreurs d'un autre.* V. **Attribuer, imputer.** *Bavard qui vous gratifie des détails les plus oiseux.* Cf. Grâce (ne pas faire grâce de). *Le nom d'escroc dont il m'a gentiment gratifié !* Réciproqt. *Ils se sont gratifiés des pires injures.*

7   « Pour lit, du foin ressuant et tout mouillé hors un seul matelas rembourré de puces, dont, comme étant le Sancho de la troupe, j'ai été pompeusement gratifié. » ROUSS., Corresp. du Peyrou, t. III, p. 354.

8   « C'était autrefois du nom de janséniste que la méchanceté gratifiait les objets de sa haine ; ce sobriquet a vieilli ; celui d'encyclopédiste y a succédé et ne tardera pas à vieillir de même. » D'ALEMB., Éloges de Hautev., note 6.

9   « ...j'augmente en elle la haine dont je veux gratifier son mari. » LACLOS, Liais. dang., Lett. XXXVIII.

— Avec un complément de chose. *Accent fâcheux dont on a gratifié un mot* (Cf. Binôme, cit.). *Gratifier de deux l le verbe appeler.*

ANT. — **Priver.** — DER. — **Gratification.**

GRATIN. n. m. (1564 ; de *gratter*).

‖ 1° *Cuis.* Partie de certains mets qui s'attache et rissole au fond ou sur les parois du récipient dans lequel on a fait cuire, et qu'on ne détache qu'en grattant. *Le gratin d'une bouillie, d'une purée.*

1   « Mᵐᵉ de Saint-Géran, en mangeant tous les gratins des poêlons des petits enfants, n'attrape rien ; »   SÉV., 774, 24 janv. 1680.

— *Par anal.* Manière d'apprêter certains mets que l'on met au four et fait rissoler après les avoir recouverts de chapelure, de fromage râpé. *Merlan, sole au gratin. Macaroni au gratin.*

— *Par ext.* Croûte légère qui se forme à la surface d'un mets ainsi préparé ; le mets lui-même. *Savourer un excellent gratin, un gratin au fromage. Gratin de pommes de terre, gratin dauphinois. Gratin flamand aux endives. Gratin de queues d'écrevisses. Plat à gratin*, pour faire les gratins.

‖ 2° *Fig. Pop.* Partie de la société — ou d'une société elle-même choisie — particulièrement relevée par ses titres, ses distinctions, son élégance, sa richesse... V. **Crème, élite*, fleur** (fine), **panier** (dessus du). *Tout le gratin de la ville assistait à la réception. Il ne fréquente que le gratin.* — *Par ext.* Ce qu'il y a de mieux, de meilleur. *Le reste n'est pas mal, mais ça, c'est le gratin.* V. **Bouquet.**

2   « Les Guermantes, tout en vivant dans le pur « gratin » de l'aristocratie, affectaient de ne faire aucun cas de la noblesse. » PROUST, Rech. t. p., t. VIII, p. 74.

ANT. — (*Fig.*). **Écume, lie, populace.**

DER. — **Gratiner.**

GRATINER. v. intr. et tr. (1825 ; de *gratin*).

‖ 1° *V. intr.* (vieilli). S'attacher et rissoler en cuisant. *Bouillie qui commence à gratiner* (V. **Cramer**).

   « ...quand vous voyez que la chaleur a pénétré le mélange et qu'il commence à gratiner... »   BRILLAT-SAVARIN, Physiol. du goût, Variétés, XI.

‖ 2° *V. tr.* (Seul emploi signalé par ACAD.). Faire cuire en gratin. *Gratiner des pommes de terre, une sole, des macaroni. Soupe aux oignons gratinée* (Cf. Crotte, cit.). — Substant. *Un gratiné, un gratin. Une gratinée*, une soupe gratinée.

— *Pop.* Qui, en son genre, a quelque chose de réussi et de remarquable (REM. Se dit aussi bien ironiquement). *C'est une histoire gratinée. C'est plutôt gratiné !* V. **Fort.**

GRATIOLE (*syol*). n. f. (1572 ; bas lat. *gratiola*, dim. de *gratia*, « grâce », les vertus médicales de cette plante l'ayant fait nommer au moyen âge *gratia dei*, en anc. fr. *grâce-dieu*). Plante dicotylédone (*Scrofularinées*), herbacée, vivace, communément appelée *herbe à pauvre homme*, *séné des prés*, qui croît dans les prés humides. *La gratiole officinale* « sert dans les campagnes comme purgatif, d'où son appellation populaire ; c'est une plante nauséeuse, drastique, toxique » (POIRÉ).

GRATIS (-*tiss*). adv. (XIVᵉ s. DAUZAT ; de l'adv. lat. *gratis*, même sens). Sans qu'il en coûte rien au bénéficiaire. V. **Gratuitement,** et *pop.* **Œil** (à l'). *Vous recevrez gratis un échantillon. Médecin qui soigne les pauvres gratis. Assister gratis à un spectacle :* sans rien débourser, sans bourse délier. *Donner la comédie gratis. Avoir le vivre et le couvert gratis.* — Loc. *Demain* (cit. 6) *on rasera gratis.*

1   « ...Si dom Coursier voulait \
     Ne point celer sa maladie, \
     Lui loup gratis le guérirait ; »   LA FONT., Fabl., V, 8.

2   « Le passage et la nourriture me furent accordés gratis. »   Abbé PRÉVOST, Manon Lescaut, II, p. 208.

3   « — Soyez jeune, soyez beau, soyez comme Lucien de Rubempré, que voilà chez votre femme, et vous obtiendrez *gratis* ce que vous ne pourrez jamais acheter avec tous vos millions !... » BALZ, Splend. et mis. des courtis., Œuv., t. V, p. 866.

« ...toutes ces merveilles. dès que vous montez en chemin de fer, vous les avez gratis ; oui, gratis, car vous payez pour être transporté, non pour voir des vallées, des fleuves et des montagnes. La vie est pleine de ces plaisirs vifs, qui ne coûtent rien, et dont on ne jouit pas assez. » ALAIN, **Propos**, p. 88.

— Loc. lat. *Gratis pro Deo* : littéralement « gratuitement pour (l'amour de) Dieu », sans autre motif que de plaire à Dieu (S'emploie, dans le langage courant, comme un simple redoublement de *gratis*).

— *Adjectivt.* V. **Gratuit**. *Spectacle, billet gratis.*

5 « Un entrepreneur de spectacles ayant prié M. de Villars d'ôter l'entrée gratis aux pages, lui dit : « Monseigneur, observez que plusieurs pages font un volume. » CHAMFORT, **Caract. et anecd.**, Un calembour.

GRATITUDE. n. f. (1445 ; empr. au bas lat. *gratitudo*, de *gratus*, « reconnaissant »). Sentiment d'affection que l'on ressent pour celui dont on est l'obligé. V. **Gré, reconnaissance**. *Sentiment de gratitude.* « *Nous devons toute notre gratitude à celui qui ne veut pas de reconnaissance* » (LAFAYE). *Geste délicat qui inspire de la gratitude. Tant de bienfaits* (cit. 1) *lui ont valu la gratitude de tous. Cette nouvelle marque de bonté redouble ma gratitude. Éprouver, ressentir une gratitude infinie. Manifester, exprimer, témoigner toute sa gratitude à quelqu'un. Remercier quelqu'un avec gratitude, lui dire sa gratitude. Soyez assuré de ma gratitude. Marques de gratitude. Apparences* (cit. 20) *de gratitude. Regard plein de gratitude.*

1 « ...*gratitude*, état ou habitude sensible d'une personne qui sait gré, qui éprouve du contentement et de l'affection en songeant à une grâce reçue : *reconnaissance*, action de *reconnaître*, c'est-à-dire d'avouer qu'on est redevable, de récompenser, de s'acquitter. » LAFAYE, **Dict. synon.**, Gratitude.

2 « Je ne trouve rien (*de*) si cher que ce qui m'est donné et ce pourquoi ma volonté demeure hypothéquée par titre de gratitude, et (*je*) reçois plus volontiers les offices (*services*) qui sont à vendre. » MONTAIGNE, **Essais**, III, IX.

3 « Celui-là n'a pas un bon cœur, que la gratitude fatigue... » BEAUMARCH., **Mère coupable**, V, 7.

4 « L'inconnu leva vers Loisel un visage empreint de gratitude, un visage où, sans aucune chance d'erreur, on pourrait lire cet aveu : « Vous êtes la courtoisie même, et je ne sais comment vous remercier de vos bons offices. » DUHAM., **Salavin**, III, V.

5 « Tiens, je n'ai jamais pu t'avoir de véritable gratitude, et c'est pour cela, surtout pour cela, que je t'en veux : tu as fait de moi un ingrat. Pourtant, ce doit être si bon d'éprouver de la gratitude. » ID., **Ibid.**, III, XXVI.

6 « ...quand on pense à ce qu'il (*Rousseau*) a apporté, par ses livres, de tendresse et de rêverie à ces cœurs jusqu'à lui racornis dans la lecture des Voisenon et des Crébillon, à cette rosée qu'il a répandue sur la sécheresse du siècle, on comprend mieux l'étonnant pouvoir de cet homme, la passion, l'attachement et la gratitude qu'il a inspirés... » HENRIOT, **Portr. de fem.**, p. 189.

ANT. — Ingratitude.

GRATTAGE. n. m. (1788 ; de *gratter*). Action de gratter ; résultat de cette action. *Grattage de la façade d'une maison.* V. **Ravalement**. *Grattage des métaux.* V. **Gratture**. *Effacer un mot par grattage. Vieille édition dont la page de titre a été endommagée par un grattage.*

« Le surnuméraire copiait et recopiait le fameux mémoire... Animé par sa participation mécanique à cette grande idée, l'enfant de vingt ans refaisait un tableau pour un simple grattage... » BALZ., **Les employés**, Œuv., t. VI, p. 916.

— *Spécialt.* (Chirurg.). *Grattage d'un os.*

GRATTE. n. f. (1549, « grattelle, gale » ; 1733, « coup, rossée » ; 1786, techn.).

‖ 1° *Pop.* V. **Gale**.

‖ 2° *Techn. Mar.* Sorte de racle en fer, petite, plate, triangulaire, tranchante sur les trois côtés, dont on se sert pour gratter les diverses parties d'un bâtiment. — *Agric.* Sorte de sarcloir.

‖ 3° (1866 LITTRÉ). *Fam.* Petit profit obtenu en grappillant. *Faire de la gratte.*

GRATTELER. v. tr. (1839 BOISTE ; dimin. de *gratter*). Gratter légèrement (une plaque de métal, de marbre...) pour polir.

GRATTELLE. n. f. (XIIIᵉ s. ; de *gratter*). *Fam.* Gale* légère.

DER. — Gratteleux, euse. adj. (XIIIᵉ s.). Qui a la grattelle.

GRATTER. v. tr. et intr. (XIIᵉ s. ; francique *krattôn*. Cf. allem. *Kratzen*).

I. *V. tr.* ‖ **1°** Frotter avec quelque chose de dur en entamant très légèrement la surface. *Gratter un mur, la façade d'une maison.* V. **Ravaler**. *Gratter un plancher sale* (Cf. Échauder, cit. 1), *le carrelage d'une cuisine. Gratter au couteau* (cit. 2) *un fruit pourri. Gratter la semelle d'une chaussure boueuse.* V. **Racler**. *Gratter une surface métallique à décaper*. *Gratter la peau d'un poisson qu'on écaille. Gratter le fond d'une marmite couvert de gratin*. *Ripe** *servant à gratter la pierre, le marbre. Gratter une feuille de papier, de parchemin tachée. Gratter légèrement la terre pour y semer des graines* (Cf. Germe, cit. 8).

« Il gratta même par places l'étoffe avec un couteau à désosser qu'il 1 retira des basques de son vêtement de cérémonie. » MAC ORLAN, **Quai des brumes**, VII.

— *Absolt. Plume qui gratte* (le papier), qui ne court pas aisément, qui accroche.

« L'engourdissement de mes doigts entraine l'engourdissement de ma 2 cervelle. Une plume qui gratte, et mon style est embarrassé. » GIDE, **Journ.**, 3 oct. 1916.

— *Par hyperb. Gros vin qui gratte la gorge.* V. **Racler, râper**.

— *Loc. div. Gratter le papier.* V. **Gratte-papier** (dér.). *Gratter la terre :* labourer superficiellement. *Par ext.* Faire de la culture.

« Il n'a eu, pour ainsi dire, qu'à gratter la terre sous un ciel plus 3 fortuné, et cet avantage l'a plongé dans la misère et l'indolence. » RAYNAL, **Hist. philos.**, XI, 25 (in LITTRÉ).

— *Gratter pour recueillir tout ce qui peut être utilisé. Gratter les fonds de tiroir*.

« Sans doute on pourra gratter les recoins du territoire, faire la 4 chasse aux embusqués dans les dépôts et les services de l'intérieur. » ROMAINS, **H. de b. vol.**, t. XV, p. 51

‖ **2°** (En employant les ongles, les griffes...). *Gratter sa manche avec son ongle, pour enlever une tache* (Cf. *infra* 3°). *Se gratter la tête, le front, l'oreille...*, par énervement, par ennui, pour se donner une contenance...

« Je lui disais donc, en me grattant la tête, 5
Que je voulais dormir... » RAC., **Plaid.**, I, 2

« Elle... plongea sa main dans ses cheveux et se mit à se gratter 6 lentement la tête, geste propre aux enfants terrifiés et indécis. » HUGO, **Misér.**, II, III, V.

« ... les mêmes tics : cligner de l'œil de temps en temps, se gratter le 7 nez avec l'index. » LÉAUTAUD, **Théâtre de M. Boissard**, XXVII.

— *Cheval qui gratte le sol avec ses sabots* (Cf. Fanon. cit. 1). *Poule grattant le fumier pour y trouver des vers.* V. **Fouiller, remuer**.

« ... un coq et une poule qui piquèrent du bec, grattèrent la mousse 8 fraiche et l'humus forestier, sans perdre un seul instant. » COLETTE, **Hist. Bel-Gazou**, Le renard.

« Qu'il est beau ! » se dit-elle en contemplant son fils... il sait boire 9 à la soucoupe, il sait rugir à l'odeur de la viande crue, il gratte à mon exemple la sciure du plat, d'une manière anxieuse et précipitée... » ID., **Paix chez les bêtes**, Nonoche.

— *Spécialt.* (En cas de démangeaison). *Gratter une partie du corps qui démange. Se gratter les jambes, les mains. Gamin sale qui ne cesse de se gratter la tête. S'écorcher en grattant un bouton. Envenimer une plaie en la grattant. Chien mordu par des puces qui se gratte le flanc.*

« Puis elle (*l'écureuil*) s'essuya le museau sur le velours du fau- 10 teuil... se gratta l'oreille, disposa sur son dos sa queue en point d'interrogation... » COLETTE, **Paix chez les bêtes**, Ricotte.

— PROV. *Trop parler nuit, trop gratter cuit.*

— *Fig. Gratter une vieille plaie, une vieille blessure d'amour-propre.* V. **Entretenir, ranimer** (Cf. Exagérer, cit. 9). *Gratter quelqu'un où cela lui démange**.

— *Par ext. Fam.* Faire éprouver une démangeaison. *Ça me gratte terriblement. Poil** *à gratter.* — REM. Du mot *gratter* pris dans ce sens et du verbe *chatouiller*, le langage populaire a fait le verbe *Grattouiller*.

« (LE TAMBOUR) — Quand j'ai dîné, il y a des fois que je sens 11 une espèce de démangeaison ici (*Il montre le haut de son estomac*). Ça me chatouille, ou plutôt, ça me grattouille. (KNOCK, *d'un air de profonde concentration*) — Attention, ne confondons pas. Est-ce que ça vous chatouille, ou est-ce que ça vous grattouille ? » ROMAINS, **Knock**, II, 1.

‖ **3°** Faire disparaître ce qui est sur la surface ainsi frottée. V. **Enlever ; effacer***. *Gratter un mot sur le papier, une inscription. Gratter la boue qui souille des chaussures. Gratter l'étiquette* (cit. 1) *collée sur une bouteille. Gratter un vernis qui s'écaille.*

« Sur l'écu, les armes du préfet impérial avaient été grattées. » 12 P. NIZAN, **Le cheval de Troie**, V.

« Sa sœur Anna, les mains protégées par des gants défraîchis, gar- 13 nit les lampes, essuie minutieusement les mèches, gratte les gouttes de cire sur les bobèches... » CHARDONNE, **Dest. sentim.**, p. 39.

— *Par métaph. Gratter le vernis, le décor...*, afin de faire apparaître la réalité profonde.

« ... c'est ainsi que nous sommes. Dès qu'on gratte un peu le vernis : 14 des petites barbares ! » LOTI, **Les désenchant.**, XXIII.

« Sous l'artiste on veut atteindre l'homme ? Grattons jusqu'à la 15 honte la fresque ; nous finirons par trouver le plâtre. Nous aurons perdu la fresque, et oublié le génie en cherchant le secret. » MALRAUX, **Voix du silence**, p. 418.

— *Spécialt.* (*Pop.*). En parlant de ce qu'on prélève à son profit, de ce qu'on gagne ou met de côté par de petits moyens. V. **Gratte, vol**. *C'est une affaire où il n'y a pas grand-chose à gratter. J'arriverai bien à gratter quelque chose là-dessus.* V. **Grappiller**. *Il ne peut rien gratter sur un budget aussi modeste.* V. **Économiser**. *Absolt. Gratter sur tout, sur la dépense.*

‖ **4°** *Arg. sport.* Dépasser (un concurrent). V. **Devancer, griller...** *Coureur cycliste qui gratte ses concurrents dans* une côte. *Il ne songe qu'à gratter les autres voitures sur la route.* V. **Doubler.** *Élève qui se laisse, qui se fait gratter à une composition.*

16 « Nos routes sont rendues meurtrières par la hantise stupide du dépassement. Il y a une foule d'hommes qui se laisseraient gifler, et diraient merci, qui avaleraient n'importe quoi, mais qui n'avaleront pas la poussière de la voiture qui les précède. Ils écraseraient l'univers entier parce qu'une femme en carte leur a dit : « Alors, tu vas te laisser gratter par cet abruti. »
MONTHERLANT, **Service inutile,** La prudence..., p. 118.

II. *V. intr.* ‖ 1° *Gratter à la porte,* au lieu de frapper (par discrétion, timidité...). « *Gratter* se dit aussi chez les Princes, de ceux qui font un petit bruit avec les ongles à la porte, afin que l'huissier leur ouvre. Il n'est pas permis de heurter à la porte de la chambre du Roi, on y gratte seulement » (FURET.).

17 « N... arrive avec grand bruit ; il écarte le monde, se fait faire place ; il gratte, il heurte presque ; il se nomme. » LA BRUY., I, 301.

18 « ... une femme dont la voix est douce et qui est venue gratter mystérieusement à votre huis vers la tombée du jour. »
GAUTIER, Mlle de Maupin, p. 11.

19 « ... votre peintre d'amant grattera demain à votre porte, peut-être ce soir... » COLETTE, **Vrilles de la vigne,** p. 150.

— *Gratter du violon, de la guitare,* en jouer médiocrement.

‖ 2° *Pop.* (Cf. *Gratter la terre, le papier...*). Travailler.

20 « On va le loger en attendant qu'il trouve à gratter... »
P. NIZAN, **Le cheval de Troie,** II.

III. SE GRATTER. *Réfl.* Gratter son corps, une partie du corps lorsqu'on a des démangeaisons. *Prurit insupportable qui fait qu'on ne cesse de se gratter. Animal qui se gratte contre un arbre. Se gratter jusqu'au sang* (Cf. Bouton, cit. 6). *Avoir la manie de se gratter.* V. **Titillomanie.**

21 « Il ne parlait pas plus qu'un lion ; il se grattait comme un lion, bâillait comme un lion, se mettait sur le flanc comme un lion ennuyé, et rêvait apparemment de sang et de forêts. »
CHATEAUB., M. O.-T., t. II, p. 121.

22 « ... il y a des malades qui se grattent et qui se donnent ainsi une espèce de plaisir double, mêlé de douleur, qu'ils payent ensuite de douleurs plus cuisantes. » ALAIN, **Propos,** Gribouille, p. 120.

23 « Il n'arrêtait pas de se gratter tout autour de lui-même, giratoirement pour ainsi dire, de l'extrémité de la colonne vertébrale à la naissance du cou. Il se sillonnait l'épiderme et le derme même de rayures d'ongles sanglantes.. » CÉLINE, **Voy. au bout de la nuit,** p. 127.

— *Par métaph. :*

24 « La littérature est un vésicatoire qui me démange. Je me gratte par là jusqu'au sang. »
FLAUB., **Corresp.,** 427, 21-22 sept. 1853, t. III, p. 345.

— *Pop. Tu peux toujours te gratter.* V. **Fouiller** (se).

— *Réciproqt.* (Vx). *Deux vieux ânes qui s'entregrattent* (Cf. Entre-, cit. 6 MAROT et Âne, cit. 15 LA FONT.). V. **Flatter** (se).

DER. et COMP. — **Gratin. Grattage. Gratte. Gratteler. Grattelle. Grattoir. Regratter.** V. *aussi* **Grateron.** — **Gratte-ciel.** *n. m. invar.* (fin XIXe s. ; trad. littér. de l'angl. *sky-scraper*). Immeuble à très nombreux étages, atteignant une grande hauteur. *Les premiers gratte-ciel furent construits aux États-Unis en 1883* (Cf. Building et *infra,* cit. 1). — **Gratte-cul.** *n. m.* (1530 BLOCH). Nom donné parfois au fruit du rosier, plus souvent au fruit de l'églantier ou rosier sauvage, parfois aussi aux capitules de la bardane commune. — REM. Selon MÉNAGE, le nom viendrait de la plaisanterie populaire qui consistait à mettre dans le lit de la victime la bourre piquante qui garnit ce fruit (Cf. *infra,* cit. 2, 3, 4). — **Gratte-dos.** *n. m.* (fin XIXe s.). Baguette portant à l'une de ses extrémités une petite main d'os, d'ivoire, permettant de se gratter le dos. — **Grattement.** *n. m.* (XVIe s.). *Peu usit.* Action de gratter (Cf. *infra,* cit. 5, 6). — **Gratte-papier.** *n. m.* (1578). *Péjor.* Modeste employé, petit fonctionnaire chargé des écritures. V. **Bureaucrate,** clerc, copiste, expéditionnaire, scribouillard (Cf. *infra,* cit. 7, 8). *Vieilli.* Mauvais écrivain. V. **Plumitif.** *Des gratte-papier ou des gratte-papiers.* — **Gratte-pieds.** *n. m.* (XXe s.). Paillasson ou grille métallique permettant de décrotter les chaussures. V. **Grattoir.** — **Gratteur, euse.** *n.* (XIIIe s.). Celui, celle qui gratte. *Gratteur de papier.* V. **Grattepapier.** Modeste écrivain (Cf. *infra,* cit. 9). — **Grattoire.** *n. f.* (XVIe s.). Outil de serrurier servant à dresser et arrondir les parties saillantes d'une clef. — **Grattoire.** *n. f.* (XVIe s.). Outil de serrurier servant à dresser et arrondir les parties saillantes d'une clef. — **Grature.** *n. f.* (XIIIe s.). Débris provenant d'un grattage. *Gratures de cuivre.*

1 « Je n'avais pas l'œil fait aux gratte-ciel et ils ne m'étonnaient pas : ils m'apparaissaient — plutôt que comme des constructions humaines habitées par des hommes, — comme ces parties mortes du paysage urbain, rochers, collines, qu'on rencontre dans les villes bâties sur un sol tourmenté... » SARTRE, **Situations III,** p. 93.

2 « La rose à la parfin devient un gratecu (*gratte-cul*)
Et tout avec le temps par le temps vaincu. »
RONSARD, **Amours de Marie,** Voyage de Tours.

3 « Une de nous avait cueilli de la bruyère rouge, une se spécialisait dans la recherche des châtaignes tombées, une s'écorchait les mains à récolter les gratte-culs, qu'on met chez nous en confitures. »
COLETTE, **Belles saisons,** p. 28.

4 « ... le petit garçon lui tendit une poignée de ces fruits durets des rosiers, que les personnes sans dignité appellent des gratte-culs, et dont les enfants et les oiseaux s'enchantent dans leurs mystérieuses dînettes. » MONTHERLANT, **Les célibataires,** IV.

5 « ... suspendant ses exercices par des reprises d'haleine, de pensifs grattements de tête... » GONCOURT, **Zemganno,** IV.

6 « Elle vint bien des fois. Les premiers temps, elle n'osait pas et frappait à la porte avec des gestes retenus, un petit grattement de pattes de fourmi. » Ch.-L. PHILIPPE, **Bubu,** VIII.

« ...des gratte-papier intrigants et paresseux, humbles et vaniteux, oisifs jusque dans l'accomplissement de leur besogne oiseuse, jaloux les uns des autres et fiers de leur bureau... » 7
FRANCE, **M. Bergeret à Paris,** XIII, Œuvr., t. XII, p. 408.

« Il avait débuté jadis à la succursale de Chartres, comme infime gratte-papier. » ROMAINS, **H. de b. vol.,** t. III, IV, p. 54. 8

« Nous autres, gratteurs de papier qui n'avons pas déposé le stylo... » 9
COLETTE, **Belles saisons,** p. 103.

GRATTOIR. *n. m.* (1611 ; de *gratter*). Instrument qui sert à gratter. *Spécialt.* Sorte de canif à lame ovale servant à gratter l'écriture, les taches... V. **Couteau.** *Grattoir de bureau.* — *Techn.* Nom donné à divers instruments de formes variées servant à gratter, ciseler, graver, inciser, racler, etc. *Grattoir d'ajusteur, de boulanger, de chaudronnier, de cordonnier, de menuisier...* Grav. *Grattoir à creuser, grattoir à ombre.* Luth. *Grattoir à anche.* Agric. Instrument de labourage à soc court. — Grille, lame de métal... où l'on gratte ses chaussures avant d'entrer. V. **Gratte-pieds.**

GRATUIT (tui'), **UITE.** *adj.* (XIVe s. ; empr. au lat. *gratuitus,* de *gratis**).

‖ 1° Qui se fait, qui se donne « pour rien, sans considération d'intérêt » (FURET.). V. **Désintéressé.** *Bienfait* (cit. 8) *gratuit ; bienveillance gratuite* (Cf. Faveur, cit. 12). V. **Bénévole** (cit.), **gracieux.** *Collaboration* (cit. 1) *gratuite. Cette libéralité est toute gratuite* (ACAD.), *purement gratuite...* — Dr. *Avantage* (cit. 39) *gratuit* (contrat de bienfaisance). Anc. Dr. *Don* gratuit.*

« Les sept voix qui ont été pour moi, je ne les ai pas mendiées, elles sont toutes gratuites ; » LA BRUY., **Lettre à Bussy,** 9 déc. 1691. 1

« ...des spécialistes, dont le zèle est d'autant plus vif qu'il est rarement gratuit. » DUHAM., **Scènes vie fut.,** IV. 2

— Substant. *Le gratuit, le désintéressé* (Cf. Bourgeois, cit. 12).

— *Spécialt.* Que l'on donne sans faire payer ; dont on jouit sans payer. *Donner des leçons, des consultations* (cit. 4) *gratuites. Enseignement* (cit. 4) *gratuit et obligatoire.* Par ext. *École gratuite :* où l'enseignement est gratuit. *Médecin gratuit. — Entrée gratuite à un spectacle.* V. **Libre.** *Consommations gratuites. Garage, parc gratuit.*

« Je ne présentais qu'un seul avantage moi, en somme, mais alors celui qui vous est difficilement pardonné, celui d'être presque gratuit, ça fait tort au malade et à sa famille un médecin gratuit, si pauvre soit-elle. » CÉLINE, **Voy. au bout de la nuit,** p. 252. 3

— *À titre* gratuit. Aliénation, contrat à titre gratuit* (V. **Donation...**). *Acquérir à titre gratuit* (Cf. Concours, cit. 10).

‖ 2° (XVIIIe s.). Qui n'a pas de raison valable, de fondement, de preuve, de justification. V. **Arbitraire, douteux, fantaisiste, fondé** (peu, mal), **hasardeux, incertain ; air** (en l'air). *Affirmations, accusations, suppositions gratuites* (Cf. État, cit. 59). *Hypothèse toute gratuite.* V. **Hypothétique.** *Insulte, méchanceté, médisance, offense gratuite. Imputation gratuite.* V. **Absurde, injustifié.**

« ... Ce n'est... pas une supposition précaire ou gratuite, que d'avancer, comme je l'ai fait, que... » 4
BUFF., **Hist. nat.,** Preuve théor. terre, VII.

« Mais quant à faire des grossièretés gratuites à ce malheureux homme, uniquement parce qu'il est laid et qu'il manque de bonnes façons, non, ce serait d'une goujaterie imbécile. » 5
FLAUB., **Corresp.,** 407, 12 juill. 1853, p. 274.

— *Par ext.* (sens absent des dictionnaires courants). Qui n'est pas déterminé par des motifs extérieurs ou des considérations rationnelles (V. **Irrationnel**). *Élément gratuit subjectif, inconscient d'une décision. Théorie de l'acte gratuit* (Cf. GIDE, cit. *infra* et Gratuitement, cit. 7). *Art gratuit.*

« Le suicide de Kiriloff (*dans « Les possédés »*) est un acte absolument gratuit, je veux dire que sa motivation n'est point extérieure... » 6
GIDE, **Dostoïevsky,** VI, p. 212.

« C'est que son art n'est pas gratuit, il veut prouver. » 7
SARTRE, **Situations I,** p. 14.

« L'auteur qui suit l'enseignement des premiers (les théoriciens de l'Art pour l'Art) a pour souci principal de faire des ouvrages qui ne servent à rien : s'ils sont bien gratuits, bien privés de racines, ils ne sont pas loin de lui paraître beaux. » ID., **Situations II,** p. 9. 8

« À qui refuse toute autre détermination que celle de l'individu et de son désir, toute primauté, sinon celle de l'inconscient, il revient en effet de se révolter en même temps contre la société et la raison. La théorie de l'acte gratuit couronne la revendication de la liberté absolue. » CAMUS, **L'homme révolté,** p. 121. 9

ANT. — **Intéressé. Payant, rétribué. Cher, coûteux, dispendieux, onéreux. Certain, fondé, justifié, motivé, prouvé, sérieux, solide, sûr. Utilitaire.**

DER. — **Gratuitement.** V. **Gratuité.**

GRATUITÉ. *n. f.* (XIVe s. ; empr. au lat. *gratuitas*).

‖ 1° Caractère de ce qui est gratuit, désintéressé, et *spécialt.* non payant. *Gratuité d'un bienfait, d'une faveur. Gratuité de l'enseignement.*

« La réflexion, venant sur l'effort du sacrifice, sur son entière gratuité... » ST-SIM., **254,** 161 (in LITTRÉ). 1

2 « La seule espèce d'instruction que la société doive, avec la plus entière gratuité, est celle qui est essentiellement commune à tous parce qu'elle est nécessaire à tous. »
TALLEYRAND, in JAURÈS, **Hist. social. Révol. fr.**, t. III, p. 415.

|| **2° Fig.** Caractère de ce qui est injustifié, non motivé. *Gratuité d'une insulte.*

— *Gratuité d'un acte ; d'une œuvre...* V. **Désintéressement, détachement.**

3 « Toute la gratuité, l'insouciance, le détachement qu'il pourrait y avoir, sans cette amertume, sans cette imbibition de tout par l'amertume. » ROMAINS, **H. de b. vol.**, t. II, XV, p. 184.

4 « ... les lecteurs bourgeois entendent à leur façon ce que l'écrivain nomme la *gratuité* de son œuvre : pour celui-ci c'est l'essence même de la spiritualité et la manifestation héroïque de sa rupture avec le temporel ; pour ceux-là un ouvrage gratuit est foncièrement inoffensif, c'est un divertissement ; » SARTRE, **Situations II**, p. 176.

ANT. — Intérêt. Cherté. Utilité.

GRATUITEMENT. *adv.* (1400 ; de *gratuit*). D'une manière gratuite ; sans rétribution, sans contrepartie. V. **Gracieusement, gratis** (Cf. Pour les beaux* yeux de..., à l'œil*, pour rien*). *Aller au spectacle gratuitement. Soigner un malade gratuitement.* — *Concéder gratuitement.* V. **Bénévolement.** — *Dieu donne sa grâce gratuitement.*

1 « De pure grâce, sans payement de retour. C'est ce que *gratis* signifie en soi, absolument, et ce que *gratuitement* exprime en rapport avec un sujet d'action. D'où il suit que *gratis* convient mieux pour le passif, en parlant d'une chose reçue. » LAFAYE, **Dict. syn., Suppl.**, Gratis.

2 « Saint Paul avait établi que l'homme ne peut rien par ses œuvres de justice, qu'il ne peut que par la foi. Saint Augustin démontre son impuissance en la foi même, Dieu seul la donne ; la donne gratuitement, sans rien exiger, ni foi, ni justice. Ce don *gratuit*, cette *grâce*, est la seule cause de salut. Dieu fait *grâce* à qui il veut. » MICHELET, **Hist. Révol. fr.**, Introd., I, 10.

3 « Cette option, d'ailleurs, je l'ai eue gratuitement. Mais j'étais prêt à la payer. » ROMAINS, **H. de b. vol.**, t. V, XXII, p. 180.

— Sans motif, sans fondement, sans preuve. *Accuser gratuitement. Prêter gratuitement à quelqu'un des intentions mauvaises.* — Sans motif extérieur ou rationnel. *Agir gratuitement, par simple caprice, par jeu...*

4 « ... nul n'est mauvais gratuitement ; il faut qu'il y ait une raison qui détermine, et cette raison est toujours une raison d'intérêt. » MONTESQ., **Lettr. pers.**, LXXXIV.

5 « ... je n'ai jamais offensé personne ; ils m'accablent gratuitement. » VOLT., **Lettre Tressan**, 418, 9 déc. 1736.

6 « Ce simple exposé des conséquences qu'on prêtait gratuitement à cette utile Compagnie, suffit pour couvrir de honte les auteurs de ces rêves délirants ; » BALZ., **Hist. des Jésuites** (Œuvr. div., t. I, p. 19).

7 « Je ne veux pas de motif au crime ; il me suffit de motiver le criminel. Oui ; je prétends l'amener à commettre gratuitement le crime ; à désirer commettre un crime parfaitement immotivé... Prenons-le tout adolescent : je veux qu'à ceci se reconnaisse l'élégance de sa nature, qu'il agisse surtout par jeu, et qu'à son intérêt il préfère couramment son plaisir. » GIDE, **Caves du Vatican**, V, III.

8 « — Remarquez, Salavin, que vous me jugez non sur une parole, non même sur un acte, mais sur des pensées que vous me prêtez gratuitement. » DUHAM., **Salavin**, V, I.

ANT. — Chèrement, coûteusement. Solidement.

GRAU (grô). *n. m.* (1872 LITTRÉ, Suppl. ; du lat. *gradus*, « degré »). *Dialect.* Dans le Midi de la France, Chenal par lequel un cours d'eau, un étang débouche dans la mer. V. **Embouchure ; canal, chenal.** Défilé*, passage montagneux.

GRAVATS. *n. m. pl.* (*Gravoi* au XII° s. ; au plur. *gravois* (XVI° s.) ; *gravas* (XVII° s.), *gravats* (1771) ; dér. de *grève**).

|| **1°** Partie du plâtre* qui ne traverse pas le tamis. *Battre les gravats pour les écraser.*

|| **2° Par anal.** Débris provenant d'une démolition. V. **Décombre, plâtras** (Cf. Effondrement, cit. 1 ; explosion, cit. 3 ; faisceau, cit. 1). *Amoncellement, tas de gravats.*

1 « ... un gros (*obus*) noir venait de tomber tout près, dans les ruines, arrachant une gerbe de gravats et de fumée. » DORGELÈS, **Croix de bois**, VII.

— REM. La forme archaïque *gravois* se rencontre encore dans la langue littéraire.

2 « ... des terrains vagues, encombrés de gravois parmi lesquels, obstinés, poussent le pissenlit et le tussilage. » DUHAM., **Invent. de l'abîme**, I.

DER. — Gravatier. *n. m.* (1762 ACAD.). Celui qui enlève les gravats, les décombres d'un chantier.

GRAVATIF, IVE. *adj.* (XIVe s. ; repris dès 1755, ENCYCL., art. Douleur ; dér. sav. du lat. *gravare*). *Méd.* Qui consiste en une sensation de pesanteur. *Douleur gravative.*

1. GRAVE. *adj.* (XVe s. ; XIIIe s. d'apr. DAUZAT, sans référence ; empr. au lat. *gravis*. Cf. Grief).

|| **1° Vx.** V. **Lourd, pesant ; gravité.** *Les corps graves*, et absolt. *les graves.*

1 « Les découvertes de Galilée sur la chute des graves. » LAPLACE, **Expos. V, 15.**

|| **2° Fig.** Qui se comporte, agit avec réserve et dignité ; qui donne de l'importance aux choses, ne prend rien, ne fait rien légèrement. V. **Austère, circonspect, digne, posé, réfléchi, réservé, sage, sérieux*.** *Un grave magistrat ; un grave souverain.* V. **Imposant, majestueux, solennel.** *Un personnage grave* (Cf. Étudier, cit. 21). *Un moraliste grave et froid*, un grave puritain.* V. **Raide, rigide, sévère ; intransigeant.** *Rousseau, le « grave citoyen de Genève »* (Cf. Extravagant, cit. 3). *Les gens graves* (Cf. Estime, cit. 8). *Des femmes graves et simples* (Cf. Entourer, cit. 10). *Un homme grave et calme** (Cf. Auvent, cit. 2 ; cavalier, cit. 5). *Grave et parfois sombre* (Cf. Commerce, cit. 8). *Un cercle* (cit. 8) *de personnes graves.* Par ext. *Un grave tribunal, une grave assemblée* (Cf. Aréopage, cit. 1). — *Péjor. Un pédant grave et affecté.* V. **Doctoral, gourmé, important, sentencieux.** *Grave et obstiné* (Cf. Âne, cit. 6). *Un auteur, un orateur grave et ennuyeux.* V. **Lourd, pesant.** — En parlant d'un état momentané. *Devenir subitement grave* (Cf. Assombrir, cit. 2).

2 « Grave, se dit figurément en morale de ce qui est majestueux, sérieux, posé, comme si c'était un corps pesant et qui eut de la peine à se remuer. Les Princes, les Prélats, les Magistrats doivent être graves. Les Espagnols sont graves dès leur jeunesse. » FURETIÈRE, **Dict.**, Grave.

3 « Une gravité trop étudiée devient comique... cela ne s'appelle pas être grave, mais en jouer le personnage ; celui qui songe à le devenir ne le sera jamais... » LA BRUY., XII, 29.

4 « Il avait choisi un avocat qu'il croyait fort grave, et qui n'était que pesant. » VOLT., **Lettre d'Argent.**, 4343, 19 juill. 1776.

5 « — Apprenez, monsieur, que nous sommes graves, plus que graves, ennuyeux ; nous ne voulons point qu'on nous amuse, et nous sommes furieux d'avoir ri. » BALZ., **Albert Savarus**, Œuvr., t. I, p. 759.

6 « Loustalot, mort à vingt-neuf ans en 1790, était un sérieux jeune homme, honnête, laborieux. Médiocre écrivain, mais grave, d'une gravité passionnée, son originalité réelle, c'est de contraster avec la légèreté des journalistes du temps. » MICHELET, **Hist. Révol. fr.**, II, VII.

7 « Germain était grave et attendri auprès d'elle, comme le jeune Jacob saluant Rachel aux citernes de Laban. » SAND, **Mare au diable**, Append., I.

8 « ... des personnes graves, excessivement graves... qui rendent généralement malheureux tous les gens qui les entourent. » BAUDEL., **Curios. esthét.**, IV.

— *Substant. :*

9 « Piètres amants, les muets, les graves, les figés, les cérémonieux. » LÉAUTAUD, **Propos d'un jour**, p. 16.

— Par ext. *Air grave* (Cf. Fixer, cit. 12). *Joueurs de cartes à l'air grave* (Cf. État, cit. 96). *Figure, visage grave* (Cf. Flamand, cit.). *Aspect* (cit. 23) *grave et mystérieux. Attitude grave et étudiée.* V. **Compassé, empesé, solennel** (Cf. Exalter, cit. 26). *Démarche, allure, pas grave* (Cf. Calmer, cit. 9). *Manières, mœurs graves.* — *Sentiment grave.* V. **Sérieux** (Cf. Engagement, cit. 10). *De graves réflexions. La réalité grave et mystérieuse de l'enfance* (cit. 10). *Splendeur grave* (Cf. Absorber, cit. 3).

10 « Marcher d'un grave pas, et d'un grave sourcil,
Et d'un grave souris à chacun faire fête,
Balancer tous ses mots, répondre de la tête... »
DU BELLAY, **Regrets**, 86, p. 212.

11 « Elle a rendu ma vie plus grave, plus noble, plus honorable, en m'inspirant toujours le respect, sinon la force des devoirs. » CHATEAUB., **M. O.-T.**, t. II, p. 7.

12 « Je connais des ministres protestants, très larges d'idées, qui sauvent tout par leur cravate blanche irréprochable. J'ai de même fait passer ce que la médiocrité humaine regarde comme des hardiesses grâce à un style modéré et à des mœurs graves. » RENAN, **Souv. d'enf...**, VI, IV.

13 « Elle, d'un air demi-grave, demi-moqueur, d'un petit air particulier et très drôle le menant là pour lui faire faire une pénitence qu'elle lui avait commandée. » LOTI, **Ramuntcho**, p. 108.

— *Parler d'un ton grave* (Cf. Appuyer, cit. 21). *Paroles, épîtres* (cit. 3) *graves et sentencieuses* (Cf. Affectation, cit. 7). *Grave plaidoyer* (Cf. Avocat, cit. 5). *Grave conciliabule* (Cf. Entamer, cit. 5). *Ouvrage grave* (Cf. Extraordinaire, cit. 16). — *Musique grave et douce. Grave andante* (cit. 3).

14 « Le magister, se tournant à ses cris,
D'un ton fort grave à contretemps s'avise
De le tancer... » LA FONT., **Fabl.**, I, 19.

15 « Dans les cercles, j'aurais parlé avec les femmes d'un air doctoral, et soutenu des thèses de sentiment d'un ton de voix grave et mesuré, comme un homme qui en sait beaucoup plus qu'il n'en veut dire sur la matière qu'il traite... » GAUTIER, **Mlle de Maupin**, XI.

— *Style, genre grave.* Substant. *Le grave. Allus. litt. Passer du grave au doux** (cit. 39 BOILEAU).

16 « Le grave est au sérieux ce que le plaisant est à l'enjoué : il a un degré de plus, et ce degré est considérable... » VOLT., **Dict. phil.**, Grave.

|| **3°** Qui a de l'importance, du poids. — *Vieilli. En parlant des personnes.* Qui a de l'autorité*. *Auteur grave.* — *Autorité grave* (ACAD.).

17 « Damascène, auteur grave, atteste avoir vu une fille velue comme un ours. » A. PARÉ, XIX, 9.

18 « Un auteur grave est celui dont les opinions sont suivies dans les matières contentieuses ; » VOLT., **Dict. phil.**, Grave.

— *En parlant des choses.* V. **Important, sérieux.** *Tout est grave dès qu'il s'agit de la patrie* (Cf. Badin, cit. 5 Rouss.). *Fait grave* (Cf. Engendrer, cit. 6). *Blaguer les choses graves* (Cf. Fadaise, cit. 4). *Question grave !* (Cf. Fonctionnaire, cit. 2). *Il ne faut point badiner sur un sujet si grave* (Acad.). *Avoir des motifs, des raisons graves pour... J'ai une bien grave nouvelle à vous apprendre.* V. **Cruel, pénible, triste.**

19 « David... fait venir son fils et son successeur ; et, parmi plusieurs graves avertissements, il lui donne celui-ci très considérable... »
BOSS., Sermons, Justice, II.

20 « Le rôle d'une jolie femme est beaucoup plus grave que l'on ne pense. Il n'y a rien de plus sérieux que ce qui se passe le matin à sa toilette... »
MONTESQ., Lettr. pers., CXI.

21 « ... la question des sauces, ragoûts... question grave et qui demanderait un chapitre grave comme un feuilleton de science... »
BAUDEL., La Fanfarlo.

— *Spécialt.* Susceptible de conséquences sérieuses, de suites fâcheuses, dangereuses. V. **Dangereux** (Cf. Conséquence, cit. 8). *Situation grave, grave affaire...* (Cf. Exceptionnel, cit. 2). *De graves ennuis. Circonstances graves. L'heure, l'instant, le moment est grave.* V. **Critique, dramatique, tragique** (Cf. Cache-cache, cit.). *Grave menace, grave danger* (Cf. Antitoxine, cit. 2). *Ce qu'il y a de grave dans cette affaire c'est que...* (Cf. Détenir, cit. 4). *Symptôme grave* (Cf. Écroulement, cit. 6). *Souffrir d'une grave blessure.* V. **Cruel.** *Maladie grave et peut-être mortelle*. De graves troubles* (Cf. Béribéri, cit.). *Grave intervention, grave opération* (Cf. Amputer, cit. 1 ; éponge, cit. 3). *Ce n'est rien de grave* (Cf. Engouer, cit. 2). *C'est grave, très grave !*

22 « ... les chemins sont un peu moins dangereux ; mais ils ont le grave inconvénient d'être resserrés entre deux murailles ou deux fossés... »
SAND, Hiver à Majorque, III, I.

23 « Au moment d'oser une démarche très grave, qui risquait de bouleverser son existence intime... »
BOURGET, Un divorce, I.

24 « Avez-vous remarqué... qu'on ne peut pas cumuler les maladies ? Supposez que vous ayez une maladie grave ou incurable, un cancer sérieux ou une bonne tuberculose, vous n'attraperez jamais la peste ou le typhus... »
CAMUS, La peste, p. 213.

— *Par ext. Blessé grave* (ANT. **Blessé léger**).

25 « Un mort, deux blessés graves, tous les autres blessés légers, avait dit l'officier de service au téléphone. »
MALRAUX, Espoir, III, III.

— En parlant d'une faute, d'une punition (Cf. Excuse, cit. 16). *Faute grave ; péché grave* (V. **Lourd, mortel** ; Cf. Chose, cit. 26). *L'accusé n'a rien fait de grave. — Graves sanctions. Peine très grave* (Cf. Arrêt, cit. 6).

26 « ... qu'il fût aussi grave d'y manquer de compétence ou de bonne foi, cette idée ne lui était jamais venue. »
ROMAINS, H. de b. vol., t. V, XXV, p. 240.

‖ 4° *Acoust.* Se dit des sons produits par des ondes de faible fréquence (*par ex. :* de 100 à 200 périodes par seconde), appartenant aux degrés inférieurs de l'échelle musicale. V. **Bas.** *Son, note grave* (Cf. Flûte, cit. 4). *Fa grave* (Cf. Fanal, cit. 4). *Voix* grave.* V. **Bas, caverneux** (cit. 2), **profond ; basse, contralto** (cit. 2). *Voix chaude* (cit. 11) *et grave. Ton grave. Accompagnement dans le registre grave.*

27 « (La voix)... de Yann qui avait des sonorités douces et caressantes dans les notes graves. »
LOTI, Pêch. d'Islande, p. 225.

— Substant. *Le grave :* le registre des sons graves. *Passer du grave à l'aigu* (cit. 5). *Il a une belle voix dans le grave. Le grave de la flûte, de la trompette, du violon... — Les graves :* les sons graves.

‖ 5° *Gramm. Accent grave,* dans la prononciation grecque, désignation de l'absence de ton* (syllabes ne comportant pas d'élévation de la voix), et *par ext.* signe graphique marquant cet aspect du ton. — *En français,* signe (`) servant à noter le timbre de l'*e* ouvert et à distinguer certains mots de leurs homonymes (à, où, là).

ANT. — Léger. Badin, bouffon, burlesque, comique, enjoué, étourdi, évaporé, facétieux, familier, folâtre, folichon, frivole, risible. Anodin, bénin, futile. Aigu, clair, clairet.

DER. — Gravement. V. Grayité ; grief.

2. GRAVE. *n. f.* (1690 ; V. **Grève**). *Vx.* Le rivage où les pêcheurs de Terre-Neuve faisaient sécher la morue. — GRAVES. *n. f. pl.* Terrains tertiaires de la Gironde. — GRAVES. *n. m.* Vin des vignobles poussant sur les graves. *Une bouteille de graves.*

GRAVELEUX, EUSE. *adj.* (XIIIe s. ; de *gravelle*).

‖ 1° Qui contient du gravier, est mêlé de graviers. *Terre graveleuse.* V. **Caillouteux, pierreux.** — Spécialt. *Fruit graveleux :* dont la chair contient de petits amas de corps durs. *Poire graveleuse.*

1 « Non seulement les terres noires et fertiles, mais les argileuses et les graveleuses récompensent l'homme de ses peines. »
FÉN., Exist. de Dieu, I, 2.

‖ 2° (XVIe s.) *Méd.* Renfermant de la gravelle. *Urine graveleuse.* — Relatif à la gravelle. *Affection graveleuse.* — Substant. *Un graveleux, une graveleuse.*

‖ 3° (fin XVIIe s.). *Fig.* Qui est très licencieux, « voisin de l'obscénité » (LITTRÉ), « pénible pour la conscience comme la gravelle pour le corps » (DAUZAT). *Contes, propos graveleux.* V. **Cru, libre, licencieux.** *Conversations graveleuses.*

« Voulez-vous un sujet gai... ? Oui, et même un peu graveleux. »
DIDER., Salon de 1765.   2

« Hier, sur la plage, je fus contrainte de changer de place pour ne pas être plus longtemps la confidente involontaire d'une anecdote graveleuse, dite en termes si violents que je me sentais humiliée autant qu'indignée d'avoir pu entendre cela. »
MAUPASS., La femme de Paul, Corresp., p. 115.   3

ANT. — Austère, châtié, sérieux, sévère...

DER. — Graveleusement. adv. (*Néol.*). D'une manière graveleuse, licencieuse. — Gravelure. n. f. (1707). Propos, discours, anecdotes graveleuses. V. Licence, grivoiserie, obscénité.

« Cet auteur a donné au théâtre un grand nombre de comédies pleines de gravelures et de gros sel ; mais il s'en est repenti avant sa mort ; »
LESAGE, Diable boiteux, XII.   1

« La plupart du temps, ses discours comportaient des gravelures comme il s'en disait au dix-huitième siècle. »
BALZ., Illus. perdues, Œuvr., t. IV, p. 532.   2

« Il ne me veut aucun bien, cet homme-là, — il me veut. Il n'a pas l'humeur à plaisanter, même graveleusement. »
COLETTE, Vagabonde, p. 26.   3

GRAVELLE. *n. f.* (XIIe s. ; « gravier » ; sens médic. au XIIIe s. ; de *grève**). *Méd.* « Concrétions rénales ordinairement de la grosseur d'une tête d'épingle » (GARNIER). V. **Calcul.** — *Par ext.* Affection caractérisée par la formation dans le rein, la vessie et le transport dans l'urine, de ces concrétions. V. **Lithiase.** *Avoir la gravelle, souffrir de la gravelle. Gravelle urique, phosphatique.*

« (*Mon esprit*) dit que c'est pour mon mieux que j'ai la gravelle ; que les bâtiments de mon âge ont naturellement à souffrir quelque gouttière... »
MONTAIGNE, Essais, III, XIII.   1

« Ce curé, donc, qui s'était logé dans la même hôtellerie que nos comédiens, fit consulter sa gravelle par les médecins du Mans, qui lui dirent, en latin fort élégant, qu'il avait la gravelle... »
SCARRON, Rom. comique, I, XIV.   2

« Aujourd'hui les convois en brûlant leurs rails y broient d'imperceptibles grains de sable. Introduisez ce grain de sable invisible pour les voyageurs dans leurs reins, ils ressentiront les douleurs de la plus affreuse maladie, la gravelle ; on en meurt. »
BALZ., Cousin Pons, Œuvr., t. VI, p. 541.   3

DER. et COMP. — Graveleux. Dégraveler. — Gravelée. adj. f. (1534 ; *clavelée* au XIIIe s.). Se dit de la cendre de lie de vin. *Cendre gravelée,* et substant. *La gravelée.* — Graveler. v. tr. (XIXe s.). Couvrir de gravier. *Graveler une allée, une cour* (DER. Gravelage. n. m. (XIXe s.). Action de graveler ; son résultat. *Gravelage d'une route*).

GRAVEMENT. *adv.* (XVIe s. ; de *grave*).

‖ 1° D'une manière grave, avec gravité. V. **Dignement, posément, sérieusement.** *Marcher, se tenir gravement.* (Cf. Bœuf, cit. 5 ; ceinture, cit. 1). *Parler gravement. Dire* (Cf. Fille, cit. 36), *faire gravement quelque chose* (Cf. Affubler, cit. 3 ; balance, cit. 2 ; barbier, cit. 2 ; barman, cit. ; bâtard, cit. 5).

« Il allait par pays accompagné du chien,
Gravement, sans songer à rien, »
LA FONT., Fabl., VIII, 17.   1

« ... Cydias, après avoir toussé, relevé sa manchette, étendu la main et ouvert les doigts, débite gravement ses pensées quintessenciées. »
LA BRUY., V, 75.   2

« Quand la gravité n'est que dans le maintien, comme il arrive très souvent, on dit gravement des inepties : cette espèce de ridicule inspire de l'aversion. »
VOLT., Dict. phil., Grave.   3

‖ 2° D'une manière importante, considérable, et *spécialt.* dangereuse. *Se tromper gravement.* V. **Considérablement.** *Offenser gravement. Être gravement menacé.* V. **Dangereusement.** *Gravement blessé.* V. **Grièvement.** *Phénomènes qui retentissent gravement sur l'organisme.* Cf. Avitaminose, cit. 1.

ANT. — Facétieusement, légèrement ; drôlement.

GRAVER. *v. tr.* (XIIe s., « faire une raie dans les cheveux » ; sens actuel au XIVe s. ; d'un francique *graban*).

‖ 1° Tracer en creux sur une matière dure (métal, pierre, bois), au moyen d'un instrument pointu (burin, ciseau, ...). V. **Buriner, engraver** 1 (*vx*), **tracer ; sculpter.** *Graver une inscription, des caractères...* (Cf. Événement, cit. 7). *Graver quelque chose sur l'airain* (cit. 2), *le bronze..., le marbre* (Cf. Écrit, cit. 9). *Graver un nom sur un arbre* (cit. 34 ; Cf. Cerne, cit. 1). *Graver des armes, un chiffre* sur de la vaisselle* (Cf. Éconduire, cit. 2). *Lettre gravée sur le cachet- pointe d'une épingle* (cit. 8). *Date* (cit. 2 et 5) *gravée sur une tombe,... Écolier qui grave son nom au couteau sur son pupitre. Collier* (cit. 11) *de chien portant gravé le nom du propriétaire.*

« J'ai gravé sur le tronc nos noms et nos amours,
Qui croîtront à l'envi de l'écorce nouvelle. »
RONSARD, Sonnets à Hélène, II, VIII.   1

« ... nous sommes de ceux qui ne pensent pas que la haine et la vengeance aient quelque chose à graver sur la pierre d'un tombeau. »
HUGO, Littér. et philos. mêlées, Sur lord Byron.   2

« ... le nom de Byron gravé au couteau sur le pilier de la prison de Chillon... »
FLAUB., Corresp., 97, 15 juin 1845, t. I, p. 181.   3

— Par anal. *Graver de la musique, les paroles de quel-qu'un sur la cire d'un disque.* V. **Enregistrer ; gravure** (5°).

|| 2° *Spécialt.* Tracer en creux un dessin, des caractères, etc. sur une matière dure, en vue de leur reproduction. *Graver la copie d'un tableau en relief, en creux.* V. **Gravure***. *Estampe* (cit. 4) *gravée en relief. Graver une plan-che, une vignette... sur cuivre, sur pierre, sur bois... Scène gravée sur un sceau, un cachet...* (Cf. Authentiquer, cit. 2). *Pierre gravée en creux.* V. **Intaille.** *Portrait gravé au burin* (cit. 2). Absolt. *Instruments servant à graver.* V. **Burin, échoppe, poinçon.** *Graver à l'eau-forte. Graver sur pierre.* V. **Lithographier.**

4 « Le diable existe... On le grave en vignettes, on le broche en ro-mans... » A. BERTRAND, Gaspard de la nuit, p. 43.

5 « ...il a gravé lui-même à l'eau-forte une suite de délicieux des-sins pour le *Werther* de Gœthe... »
GAUTIER, **Portr. contemp.**, T. Johannot.

— *Spécialt. Graver une médaille, une monnaie :* graver le poinçon* avec lequel on frappe le coin* d'une médaille, d'une monnaie. — *Graver des caractères* d'imprimerie :* graver les poinçons avec lesquels on frappe les matrices*. *Imprimer l'empreinte gravée.* V. **Estamper.**

— Reproduire par le procédé de la gravure. *Graver un portrait. Faire graver des cartes de visite, des faire-part... Faire graver son chiffre sur son papier à lettres.*

|| 3° *Fig.* Rendre manifeste, concrétiser par quelque chose de remarquable. V. **Fixer, sculpter** (fig.), **tracer.** *« Ses rides sur son front ont gravé ses exploits »* (CORN. ; Cf. Autre-fois, cit. 2). *Nom gravé dans les annales* (cit. 5) *du monde...* (Cf. Facette, cit. 1). *L'ennui est gravé sur son visage.* V. **Écrit** (Cf. Écrire, cit. 18).

6 « ...la nature ayant gravé son image et celle de son auteur dans toutes choses... » PASC., **Pens.**, II, 72.

7 « Ces pensées, qui avaient gravé leur triste sévérité dans les rides précoces de son front... » HUGO, **Bug-Jargal**, II.

— Rendre durable (dans l'esprit, le cœur)... V. **Empreindre, fixer, imprimer, incruster, marquer, tracer.** *Graver une chose dans le cœur* (Cf. Caractère, cit. 10). *Idée gravée dans le fond de l'âme* (Cf. Caractère, cit. 7). *Les moindres détails sont gravés dans sa mémoire** (Cf. Burin, cit. 1). *Graver un souvenir, une image.*

8 « Moi, je l'excuserais ? Ah ! vos bontés, Madame,
Ont gravé trop avant ses crimes dans mon âme. »
RAC., **Androm.**, IV, 3.

9 « ...que de projets énergiques, que de sympathies, que je croyais avoir gravées sur les pages de mon cœur, comme sur du marbre, n'ont-elles pas effacé, lentement, de ma raison désabusée, leurs lignes... »
LAUTRÉAMONT, Chants de Maldoror, II, p. 87.

10 « Comme le roi d'Yvetot, je vis fort bien sans gloire et n'ai plus la moindre envie de graver le nom de Pierre Nozière dans la mémoire des hommes. » FRANCE, **Livre de mon ami**, II, I.

11 « Les premiers moments de mon séjour à Constantinople ont gravé ces images dans mon souvenir. » LOTI, **Aziyadé**, p. 42.

|| SE GRAVER. *v. pron.* Être gravé, au propre et au figuré. *Se graver dans la mémoire* (Cf. Cœur, cit. 139 ; effacer, cit. 22 ; figurer, cit. 15). *Se graver dans l'âme* (Cf. Em-preinte, cit. 10). *Sentiment qui se grave dans les regards* (Cf. Faner, cit. 19).

12 « C'était l'an 1796. Il ouvre sa première campagne le 20 mars, date fameuse qui devait se graver plusieurs fois dans sa vie. »
CHATEAUB., **M. O.-T.**, III, p. 86.

13 « Mon image en son cœur se grava la première,
Comme dans l'œil qui s'ouvre, au matin, la lumière ; »
LAMART., **Harm.**, Le premier regret.

14 « Les récits de famille ont cela de bon qu'ils se gravent plus forte-ment dans la mémoire que les narrations écrites ; ils sont vivants comme le conteur vénéré, et ils allongent notre vie en arrière, comme l'imagination qui devine peut l'allonger en avant dans l'avenir. »
VIGNY, **Grand. et servit. milit.**, I, I.

15 « Les choses que l'on entend souvent finissent par se graver dans l'esprit. » DUHAM., **Cri des profondeurs**, III.

GRAVES. *n. f. pl.* et *n. m.* V. **GRAVE** 2.

GRAVEUR. *n. m.* (XIVe s. ; de *graver*). Personne dont la profession est de graver* (V. **Ciseleur, nielleur, sculpteur**). *Graveur sur métaux, sur bois, sur pierre* (Lapicide). *Gra-veur en cristal* artificiel* (Cristallier). *Graveur en bijou-terie* (V. **Bijoutier, orfèvre**). *Bigorne* de graveur. Graveur sculptant une scène sur un écu* (cit. 1).

1 « ...j'avais un goût vif pour le dessin, le jeu du burin m'amusait assez, et, comme le talent du graveur pour l'horlogerie est très borné, j'avais l'espoir d'en atteindre la perfection. » ROUSS., **Conf.**, I.

— *Spécialt.* Artiste qui, par les divers procédés de la gra-vure*, confectionne des planches destinées à la reproduc-tion. *Ce n'est pas un peintre, un dessinateur très original, mais c'est un excellent graveur. Graveur à l'eau-forte* (V. **Aquafortiste**), *à l'aquatinte* (aquatintiste), *à la pointe sèche... Graveur sur bois, sur pierre, etc.* (V. **Xylographe ; lithographe...**). — *Graveur de médailles, de monnaies* (V. **Médailleur, médailliste**). — *Outils, matériel du graveur.* V. **Berceau** (3°), **bloc** (de plomb), **boësse, bouterolle** (3°), **brunissoir, ciseau*, ciselet, échoppe** 2, **grattoir, langue-de-chat, matoir, molette, onglette, poinçon, pointe, racloir, tapette, touret ; planche, pupitre ; tampon, vernis** (dur, mou).

2 « Le graveur en taille-douce est proprement un prosateur qui se propose de rendre un poète d'une langue dans une autre. »
DIDER., Salon de 1765 (in LITTRÉ).

— *Par ext.* En photogravure*, ouvrier qui traite à l'acide les copies sur métal. *Graveur de trait, graveur de simili* (similiste) en photogravure. *Graveur de forme,* en hélio-gravure.

GRAVIDE. *adj.* (1866 LITTRÉ ; lat. *gravidus,* de *gravis,* « lourd »). *Méd.* Qui contient un embryon, un fœtus. *Utérus gravide.*

DER. — Gravidisme. *n. m.* (1866). État physiologique de la femme enceinte (GARNIER). V. **Grossesse.**

GRAVIER. *n. m.* (XIIe s. ; dér. anc. de *grève**).

|| 1° *Géol.* Roche détritique à éléments assez gros (sables grossiers et cailloux), d'origine fluviatile ou littorale (On dit aussi Cailloutis). *Terre mêlée de gravier.* V. **Graveleux.** *Torrent qui recouvre un terrain de gravier.* V. **Engraver** 2. *Débarrasser un cours d'eau du gravier qui encombre son lit.* V. **Dégravoyer.** *Gravier servant de lest.* V. **Ballast** (1°).

1 « Les cours d'eau d'allure torrentielle charrient des blocs... Ces blocs... se transforment en cailloux roulés ou galets. Ils se déposent... sur les berges convexes des rivières. Ils sont généralement plus ou moins calibrés, présentant souvent une grosseur déterminée dans cha-cun des lits qui constituent un cailloutis... Des lits de sable alterneront fréquemment avec des lits de gravier. » HAUG, Traité de géol., t. I, p. 107.

|| 2° Ensemble de petits cailloux servant au revêtement des allées, dans un jardin, etc. *Le gravier d'une allée, une allée de gravier. Marcher sur le gravier* (Cf. Bulle, cit. 3 ; épier, cit. 9). *Ratisser, étaler le gravier* (Cf. Creuser, cit. 14). *Un camion, un tombereau de gravier.*

2 « Le jardinier continuait à ratisser le gravier sous les arbres enve-loppés de lierre ; » CHARDONNE, Dest. sentim., p. 140.

3 « Il s'arrêta devant un cône de gravier qu'une grue nourrissait à pleines palerées. » DUHAM., Salavin, III, X.

— *Les graviers :* les petits cailloux formant le gravier.

4 « Les graviers, en marchant, me restaient au talon. »
MUSS., **Poés. nouv.**, Dupont et Durand.

|| 3° *Méd.* (*Vieilli*). Concrétion qui se forme dans les reins, la vessie. V. **Calcul, gravelle, pierre** (Cf. au *fig.* Balsa-mique, cit. 6).

5 « ...ce petit gravier s'étant mis là (*dans l'uretère*), il (*Cromwell*) est mort... » PASC., **Pens.**, II, 176.

DER. — Gravière. *n. f.* (1876 in LITTRÉ, Suppl.). Lieu où l'on extrait le gravier. — Gravillon. *n. m.* (1571, « petit gravier, caillou » ; de *grave*, « gravier »). Fin gravier. *Répandre du gravillon sur une route* (opération du *gravillonnage*). COMP. — Égravillonner.

GRAVIR. *v. intr.* et *tr.* (1213 ; orig. obsc., le *v* n'étant pas expliqué par le rapprochement avec l'ital. *gradire,* du lat. class. *gradi,* « s'avancer »).

|| 1° *V. intr.* (Seul emploi jusqu'au XVIe s. et dans les dict. du XVIIe s. Cf. FURET. ; vieilli de nos jours). Monter avec effort, en s'aidant des mains, en s'accrochant. (V. **Escalader**), et *par ext.* S'élever sur une pente escarpée (V. **Monter ; grimper**). *Gravir sur une muraille, au haut d'une muraille. Gravir jusqu'au sommet de la colline* (LITTRÉ).

1 « Mon cher comte... vous avez été dans le pays des chèvres ; car il n'y a que ces jolies personnes qui puissent gravir dans ces rochers... » SÉV., 1149, 14 mars 1689.

2 « La botanique veut que l'on coure les montagnes, que l'on gravisse contre des rochers escarpés... » FONTEN., **Tournefort.**

— *Fig.*

3 « On a dit de Milton qu'à force de gravir *des pieds et des mains,* et à la sueur de son front, il avait atteint jusqu'à Homère... »
STE-BEUVE, Chateaub., t. II, p. 22.

|| 2° *V. tr.* (forme mod. déjà usitée au XVIe s.). Monter avec effort (une pente rude). V. **Escalader, monter.** *Gravir une pente escarpée, rude, raide...* (Cf. Capitole, cit. 2). *Gravir un raidillon, une côte* (cit. 9. Cf. *aussi* Colonne, cit. 12). *Gravir une colline, une montagne...* (V. **Ascension** ; Cf. Difficile, cit. 18 RAYNAL ; ébouler, cit. 3 LAMART.). *Gravir un talus, un monticule, une éminence* (cit. 1). *Gravir des degrés, les marches, les escaliers* (Cf. Aplomb, cit. 12 ; en-censoir, cit. 1 ; entrain, cit. 3). *Gravir les étages lentement, péniblement, avec effort... Gravir une montée à pied, en marchant, à cheval, en voiture...*

4 « En lui (*mon cheval*) faisant gravir roc ou montagne,
Autant m'était que trotter en campagne. » MAROT, Épitres, 26.

5 « ...il faut mettre pied à terre... car aucune charrette ne peut gravir le chemin pavé qui y mène... »
SAND, Un hiver à Majorque, III, I.

6 « Pour gravir la pente rapide, les nobles bêtes courbaient le col... »
GAUTIER, Voyage en Russie, IX, p. 124.

7 « Je gravis d'un pas lourd les degrés de mon escalier. »
FRANCE, Crime S. Bonnard, Œuv., t. II, p. 279.

8 « Presque chaque jour, Édouard gravissait à la hâte les quatre étages et restait là quelques instants... » DUHAM., Salavin, III, XXV.

— Fig. *Gravir son calvaire*. Gravir les degrés, les échelons* (cit. 4) *de la hiérarchie.* V. **Franchir.**

9 « Il vous reste beaucoup à gravir de la montagne de la vie, et de longtemps vous ne parviendrez à la zone où se trouve la neige. » GAUTIER, Mlle de Maupin, VI.

10 « Vous ne pouvez vous dire heureux que lorsque le bonheur vous a aidé à gravir des hauteurs d'où vous pouvez le perdre de vue sans perdre en même temps votre désir de vivre. » MAETERLINCK, Sagesse et destinée, LVII.

ANT. — Descendre.

GRAVITATION. *n. f.* (1722 ; empr. du lat. scient. *gravitatio* (NEWTON), dér. sav. du lat. *gravitas.* V. **Gravité**). *Phys.* et *Astron.* Phénomène par lequel deux corps quelconques s'attirent avec une force proportionnelle au produit de leur masse et inversement proportionnelle au carré de leur distance. V. **Attraction** (cit. 5), **force** (attractive). *Les lois de la gravitation universelle, pressenties par Képler, ont été formulées par Newton. Le mouvement des planètes autour du soleil est un effet de la gravitation* (V. **Graviter ; révolution**). *Centre* de gravitation, d'attraction. Formation des astres, des étoiles* (cit. 17 et 18) *sous l'influence de la gravitation.*

« Des lois empiriques de Képler... Newton a déduit sa loi de gravitation universelle... Newton... a réussi la plus magistrale synthèse : la pesanteur des corps à la surface du Globe s'identifie avec la force qui s'exerce entre les astres, le mouvement des projectiles avec le cours des satellites, les marées s'expliquent par l'attraction luni-solaire, les perturbations des planètes se calculent... l'aplatissement de la Terre aux pôles est prédit, la précession des équinoxes s'éclaire... » COUDERC, Étapes de l'astronomie, p. 100 (éd. P.U.F.).

GRAVITÉ. *n. f.* (vers 1200 ; lat. *gravitas*, a éliminé *griété, grieveté*).

‖ 1° Qualité d'une personne grave ; air, maintien grave. V. **Grave** (2°) ; **austérité, circonspection, componction, dignité, sérieux.** *Gravité majestueuse.* V. **Majesté.** *Gravité froide et sévère.* V. **Raideur, rigidité, sévérité.** *Gravité simple, sans apprêt* (Cf. Escorte, cit. 6). *Gravité superbe* (Cf. Farandole, cit. 2). *Fausse gravité* (Cf. Fantaisiste, cit. 4). *Affectation* (cit. 4) *de gravité* (Cf. Échanson, cit. 2 ; entacher, cit. 2). *Composer* son personnage en affectant la gravité... Censurer quelqu'un avec gravité* (Cf. Emphase, cit. 2). *Accueillir quelqu'un avec gravité* (Cf. Familiariser, cit. 5). *Un air de gravité. Perdre sa gravité.* V. **Sérieux.**

1 « La gravité est un mystère du corps inventé pour cacher les défauts de l'esprit. » LA ROCHEF., Max., 257.

2 « (Hérodote) — Ne serait-il pas temps que ton ombre eût un peu de gravité ? (Lucien) — Gravité ! J'en suis las à force d'en avoir vu. » FÉN., Dial. des morts, Hérodote et Lucien.

3 « Le duc de La Rochefoucauld a dit que « la gravité est un mystère du corps, inventé pour cacher les défauts de l'esprit ». Sans examiner si cette expression *mystère du corps*, est naturelle et juste, il suffit de remarquer que la réflexion est vraie pour tous ceux qui affectent de la gravité, mais non pour ceux qui ont dans l'occasion une gravité convenable à la place qu'ils tiennent, au lieu où ils sont, aux matières qu'on traite. » VOLT., Dict. philos., Grave.

4 « La gravité est le bouclier des sots. » MONTESQ., Cahiers, p. 37.

5 « Enfoncée dans un grand fauteuil, Emmeline écoutait gravement ; je n'ai pas besoin d'ajouter que cette gravité était troublée à chaque instant par un fou rire et par les questions les plus plaisantes. » MUSS., Nouv., Emmeline, III.

6 « De certains jours cependant, le fond gamin de Nello reperçait à travers sa gravité de commande, et du correct gentleman s'échappait quelque folâtrerie, accomplie du reste avec le sérieux d'un mystificateur anglais. » GONCOURT, Zemganno, XLIX.

7 « Cette singulière disposition naturelle ne lui ôtait rien de la gravité solennelle, du sourire dignement bienveillant, de l'air compassé qui impressionnait tout le monde... » GOBINEAU, Les pléiades, I, VI.

8 « En vérité, ce qu'il y a de plus étrange dans l'homme, c'est sa gravité et sa sagesse cachées. » MAETERLINCK, Trésor des humbles, VII.

— *La gravité du ton, des paroles. La gravité d'un discours* (Cf. Emphase, cit. 5). *Paroles pleines, empreintes de gravité. Gravité d'une cérémonie, d'un procès.* V. **Solennité** (Cf. Enceinte, cit. 4).

9 « ... j'aime Delacroix, disant : « Il y a dans l'œuvre une gravité qui n'est pas dans l'homme. » GIDE, Journ., Août 1893.

10 « L'adagio de la sonate en ré majeur (102,2) traduit avec une gravité comme religieuse un sentiment triste, celui, semble-t-il, de l'isolement. » HERRIOT, La vie de Beethoven, p. 253.

‖ 2° (« Difficulté, chose grave » au XVIe s. ; sens actuel au XVIIe s.). Caractère de ce qui a de l'importance, de ce qui peut entraîner de graves conséquences*. V. **Grave** (3°) ; **grièveté** (vx), **importance.** *La gravité du sujet, de la question, du problème. Donner* (cit. 50) *de la gravité à une question, à un sujet...* — *Gravité d'une faute, d'une erreur. Gravité relative d'une culpabilité.*

11 « Comprenez-vous maintenant, ajouta-t-il, la gravité de l'action que vous avez commise ? » FRANCE, Crime S. Bonnard, Œuv., t. II, p. 483.

— *Spécialt.* Caractère dangereux. *Gravité des circonstances, des événements. Les événements politiques, mili-*

taires prirent un caractère de gravité (Cf. Embuscade, cit. 2). — *Gravité d'un symptôme, d'une maladie, d'une blessure. Un accident sans gravité.*

12 « À partir de cet instant, tout à fait insignifiant en apparence, et dont aucune personne présente n'eût à coup sûr soupçonné la gravité, quelque chose fut changé, irrévocablement changé, dans ma relation avec Franz (Liszt). » Marie d'AGOULT, Mém. (in HENRIOT, Portr. de fem., p. 332).

‖ 3° (1680). *Peu usit.* Caractère d'un son grave. *La gravité de la voix* (LITTRÉ).

‖ 4° *Phys.* (XVIe s. ; sens propre du lat. *gravitas*). *Vieilli.* Phénomène par lequel un corps est attiré vers le centre de la terre. V. **Pesanteur ; attraction, gravitation.** *Lois de la gravité :* de la chute* des corps. — REM. *Gravité* s'est employé au XVIIIe s. pour *Gravitation* (Cf. ENCYCL. ; TRÉV.).

— *Spécialt. Centre de gravité.* V. **Centre** (Cf. Épicycloïde, cit.). — *Fig.* V. **Centre*** (cit. 14, 15), **foyer.** *Les centres de gravité de l'Europe.*

13 « De ta chute, ignorant, ne vois-tu pas les causes,
Et qu'elle vient d'avoir du point fixe écarté
Ce que nous appelons centre de gravité ? » MOL., Fem. sav., III, 2.

14 « ... il sentait bien que ce poids en surcharge l'obligerait fatalement à modifier son centre de gravité. » MART. du G., Thib., t. IV, p. 202.

— *Technol. Chem. de fer. Manœuvre des wagons sous l'effet de la pesanteur (par poussée, plan incliné). Triage par gravité. Ce wagon ne doit pas passer à la gravité :* au triage par gravité.

ANT. — Badinage, bouffonnerie, enfantillage, enjouement, étourderie, familiarité, frivolité. Bénignité, futilité. Clarté (son). Légèreté.

DER. (du lat.) — V. Gravitation, graviter.

GRAVITER. *v. intr.* (1734 VOLT. ; du lat. scient. *gravitare* (NEWTON), créé d'après *gravitas.* V. **Gravité**). Obéir aux lois de la gravitation*, en parlant d'un corps.

‖ 1° *Vx.* « Tendre et peser vers un point » (TRÉVOUX). *Graviter vers la terre.* V. **Tomber.** *La force centripète* (cit.)... *fait graviter la lune sur la terre...* (VOLT.).

1 « Il est donc prouvé, par la loi de Képler et par celle de Newton, que chaque planète gravite vers le soleil, centre de l'orbite qu'elles décrivent. Ces lois s'appliquent dans les satellites de Jupiter par rapport à Jupiter leur centre ; dans les lunes de Saturne, par rapport à Saturne ; dans la nôtre, par rapport à nous : toutes ces planètes secondaires, qui roulent autour de leur planète centrale, gravitent aussi avec leur planète centrale vers le soleil ; » VOLT., Philos. Newton, III, V.

— *Fig.* et *vieilli.* V. **Porter** (se), **tendre...** (vers). *Graviter à, vers quelque chose*

2 « Et dans la France elle-même, voyez-vous toutes ces routes, noires d'hommes, de voyageurs en marche, qui des extrémités se dirigent vers le centre ?... L'union gravite à l'unité. » MICHELET, Hist. Révol. fr., III, XII.

3 « As-tu jamais pensé, ma jolie aventure,
aux dangers que court notre pauvre bonheur
quand l'un vers l'autre, au fond de l'infinie nature,
mystérieusement gravitaient nos deux cœurs ? » GÉRALDY, Toi et moi, Chance.

‖ 2° GRAVITER AUTOUR. Tourner* autour (d'un centre d'attraction). *Les planètes gravitent autour du soleil, les satellites autour d'une planète* (Cf. Atmosphère, cit. 2). *Absolt. Les astres qui gravitent à cette distance du soleil...* — REM. « On dit aussi — note LITTRÉ — un peu improprement : *graviter autour* ». Cette tournure, qui est aujourd'hui seule courante, figure seule dans ACAD. 8e éd.

4 « Comme autour d'un soleil un système gravite,
Une sphère de cuivre énorme fait marcher
Quatre globes où pend un immense plancher ; » HUGO, Lég. des siècles, LVIII, Plein ciel.

— *Fig. Courtisans qui gravitent autour d'un monarque. Graviter autour de quelqu'un que l'on admire, que l'on aime* (Cf. Astre, cit. 16 GAUTIER ; cavalier, cit. 9).

5 « Le genre humain gravite autour de cet aimant, » HUGO, Année terrible, Mai 1871, III.

6 « Je me tiendrai au milieu comme une citadelle vivante et vous autres graviterez autour de moi. » JARRY, Ubu roi, IV, 3.

— *Graviter dans un orbe, une orbite...* — *Fig. :*

7 « Salavin demeurait insensible à ces émotions élémentaires. Non qu'il s'abandonnât à de douceureuses léthargies : sa rêverie semblait orientée, assurée d'une issue ; mais elle gravitait maintenant dans un orbe où les saisons n'ont plus d'empire. » DUHAM., Salavin, V, VIII.

8 « On a dû faire sortir tous les êtres de l'orbite où ils gravitaient pendant la paix. » ID., Récits t. de guerre, IV, XXVIII.

GRAVOIR. *n. m.* (XVe s. ; de *graver*). *Technol.* Instrument servant à graver. *Spécialt.* Outil de lunetier, de charron, etc.

GRAVOIS. *n. m. pl.* V. GRAVATS.

GRAVURE. *n. f.* (XIIe s. au sens de « rainure d'arbalète » ; de *graver*).

‖ 1° *Vx.* Sillon, trait gravé. V. **Ciselure, entaille, glyphe** 2.

1 « ...après avoir avalé le bon vin d'une belle coupe, nous en considérons les gravures et l'ouvrage. » MONTAIGNE, IV, 129 (in LITTRÉ).

— *Spécialt.* Ornement architectural formé d'entailles légères. — Rainure pratiquée dans une semelle pour cacher le point. — *Par anal.* Écusson* d'une vache.

|| 2º *Peu usit.* Action de graver*. *La gravure d'une inscription. Soigner la gravure d'une planche* (HATZFELD). — Manière dont un objet est gravé. *La gravure d'un bijou* (Cf. Émail, cit. 1 MOL.).

|| 3º *Absolt.* Art de graver, soit pour orner un objet dur, soit pour reproduire une œuvre graphique.

— *Gravure décorative. Gravure en pierres dures.* V. **Glyptique**, et préf. **Glypto-** ; **camée, intaille** ; **anaglyphe, basrelief, sculpture**. *Gravure sur métaux,* etc. V. **Toreutique**. *Gravure d'orfèvrerie.* V. **Bijouterie** ; **ciselure, nielle**. *Gravure sur pierres précieuses. Gravure sur verre, à l'acide fluorhydrique* (V. **Cristallerie**). *Gravure sur bois, à l'aide d'une pointe rougie au feu.* V. **Pyrogravure**. *Gravure avec incrustations*. — *Gravure en médailles* et en monnaies** (V. **Champ, champlever** ; **exergue** ; **réserve, réserver**).

— *Spécialt.* La gravure, procédé de reproduction. *La gravure fait partie des arts* graphiques* (V. **Dessin**). *Gravure directe :* procédés excluant tout agent chimique. — *Procédés de gravure. Gravure en relief, en taille* d'épargne** (où les blancs du dessin sont évidés et les parties qui doivent venir en noir épargnées) : *gravure sur bois* (V. **Xylographie**), *en camaïeu, en clair-obscur ; gravure sur métal en manière criblée.* — *Gravure en creux* (où les parties creusées de la planche apparaissent en noir, après avoir été bourrées au tampon). *Gravure sur métaux, sur cuivre* (V. **Chalcographie, sidérographie**). *Gravure au burin, en taille* douce*, à la pointe sèche. Gravure carrée* (tailles perpendiculaires). *Gravure à l'eau-forte* (où les parties de la planche de cuivre dégarnies de vernis à la pointe sont attaquées par l'acide azotique. V. **Eau-forte, mordant**). *Gravure en pointillé* (Stipple), *au burin ou à l'eauforte* (où la taille est remplacée par des pointillés). *Gravure à la manière noire.* V. **Mezzotinte** (ou **Mezzo-tinto**). *Gravure en manière de crayon* (variété de pointillé), *en manière de lavis** (V. **Aquatinte**). — *Gravure sur pierre* (V. **Lithographie**). — *Gravure en couleur : gravure sur trois planches de cuivre* (V. **Trichromie**), *sur pierre* (Chromolithographie, lithochromie)... *Matériel utilisé pour la gravure.* V. **Graveur***. — *Opérations, termes techniques de gravure.* V. **Buriner, ébarber** (et **boësser**), **échopper, grener, hacher, pointiller, repousser, tracer...** ; **grené** (n. m.), **grignotis, guillochis, hachure, pointillé, taille*** (et **entretaille**) ; **bavochure**.

2 « *Gravure.* La gravure est un art qui* s'en va, mais sa décadence n'est pas due seulement aux procédés mécaniques avec lesquels on la supplée, ni à la photographie, ni à la lithographie, genre qui est loin de la suppléer, mais plus facile et plus économique... La gravure est une véritable traduction, c'est-à-dire l'art de transporter une idée d'un art dans un autre... La langue étrangère du graveur... ne consiste pas seulement à imiter par le moyen de son art les effets de la peinture, qui est comme une autre langue. Il a, si l'on peut parler ainsi, sa langue à lui qui marque d'un cachet particulier ses ouvrages... » DELACROIX, *Journ.*, 25 janv. 1857.

3 « La gravure est aux arts plastiques ce que l'imprimerie est à la pensée, un puissant moyen de vulgarisation ; sans elle un chef-d'œuvre renfermé au fond d'une avare galerie resterait pour ainsi dire inconnu... il existe beaucoup d'esprits intelligents, sensibles aux pures jouissances de l'art, qui, pour des raisons de fortune et de position... n'auraient jamais connu certains chefs-d'œuvre... sans le secours de la gravure, dont l'invention a concordé par un parallélisme providentiel avec la renaissance des arts... La toile unique, la fresque... se multiplient indéfiniment par la gravure... Une belle gravure est plus qu'une copie ; c'est une interprétation ; c'est à la fois une œuvre de patience et d'amour. » GAUTIER, *Souv. de théâtre*, Noces de Cana.

— *Par ext. Gravure photochimique, électro-chimique :* procédés à plat ou « planographiques » (V. **Phototypie, photolithographie, zincographie** ; **offset**) ; procédés en relief ou typographiques (V. **Photogravure** ; **gillotage, similigravure**) ; procédés en creux (V. **Héliogravure, photoglyptie**).

|| 4º Reproduction de l'ouvrage du graveur, par un procédé quelconque. V. **Épreuve***, **estampe***. *Reproduction, tirage des gravures.* V. **Clichage, cliché, empreinte, étampe** ; **impression, tirage** ; **électrotypie, galvanoplastie, galvanotypie, stylographie...** *Gravure avant, après la lettre* (V. **Épreuve**, *infra* cit. 35). *Livre orné de gravures.* V. **Illustration** ; **figure, frontispice, hors-texte, vignette...** *Gravure en noir et blanc, gravure au trait. Gravure enfumée,* jaunie par le temps. *Gravures en couleurs, enluminées* (V. **Enluminure**), *rehaussées* (V. **Rehaut**). *Gravure sur bois, sur pierre...* (V. **Bois, lithographie**)... Cf. *supra*, 3º). *Gravure originale,* exécutée directement par l'artiste original. *Gravure de Dürer, Rembrandt, Goya. Gravure de Lépicié, d'après Chardin, de Demarteau, d'après Boucher... Marchand de gravures. Gravure encadrée.*

4 « Les gravures à plusieurs teintes du dix-huitième siècle ont obtenu de nouveau les faveurs de la mode... le pastel, l'eau-forte, l'aquatinte ont fourni tour à tour les contingents à cet immense dictionnaire de la vie moderne disséminé dans les bibliothèques, dans les cartons des amateurs et derrière les vitres des plus vulgaires boutiques. Dès que la lithographie parut, elle se montra tout de suite très apte à cette énorme tâche... » BAUDEL., **Curios. esthét.**, Peintre de la vie mod., II.

5 « Tu ne connais pas un marchand de gravures ? Je voudrais mettre des images au mur. » SARTRE, **P. respectueuse**, I, 2.

— *Spécialt. Gravure de mode** (Cf. Accoutrement, cit. 2 ; évaporer, cit. 14).

6 « Ils voudraient tous avoir l'air de gravures de mode pour tailleurs... Moi, vous comprenez, je ne peux pas sortir de ma nature ; je ne peins pas « pommade » ; je fais ce que je vois... » MAUROIS, Disc. Dr O'Grady, XVI.

— *Par ext.* Toute image reproduisant un tableau, une photographie, etc. (V. **Reproduction** ; **photographie**). *Accrocher des gravures au mur.*

— *Dr. Liberté de la publication, de l'exposition et de la mise en vente des gravures et dessins* (loi du 29 juillet 1881). *Dépôt légal des gravures.* Lois du 2 août 1882 et du 16 mars 1898 relatives aux gravures obscènes.

|| 5º Action de graver un disque* phonographique ; son résultat. *L'enregistrement* de ce disque est remarquable mais la gravure en est médiocre.*

COMP. — Héliogravure, photogravure, pyrogravure, similigravure, ...

GRÉ. *n. m.* (*Gred* au Xe s. ; du lat. *gratum*, neutre de *gratus*, « chose agréable »).

|| 1º Ce qui plaît, ce qui convient ; ce que l'on souhaite. V. **Caprice, fantaisie, goût, plaisir, volonté**. — REM. *Gré,* « dès le moyen âge, s'est restreint à des locutions fixées » (BLOCH). On trouve, cependant, quelques exemples littéraires et archaïques d'emploi du mot en dehors de ces locutions.

1 « Les affections sont aussi différentes que le sont les caractères, et le gré de l'un est souvent tout opposé à celui de l'autre. » BOURDAL., **Pens.**, t. II, p. 481 (in LITTRÉ).

2 « ...mais, en dehors de certaines nécessités reconnues, toutes les dispositions législatives qui touchent aux mœurs, aux intérêts, à certains abus sont complètement abolies par un *mauvais gré* général. » BALZ., **Les paysans**, Œuv., t. VIII, p. 143.

— AU GRÉ DE... Selon le goût, la volonté de... (Cf. Chardon, cit. 1 ; croyance, cit. 11 ; entrelacs, cit. 4 ; espérer, cit. 36). *Trouver quelqu'un, quelque chose à son gré. À votre gré.* V. **Convenance, guise**. — *Mener quelqu'un à son gré :* à son bon plaisir* (Cf. Étrenner, cit. 1). *Se marier à son gré* (Cf. Croisade, cit. 2 ; embarquer, cit. 13). *Flâner* (cit. 3) *partout à son gré. Nous ne pouvons pas changer cela à notre gré.* V. **Volonté** (à). — On a dit, dans le même sens : *Selon le gré de...*

3 « Je n'ai rien fait encore, et n'ai point rencontré De temps pour lui parler qui fût selon mon gré. » MOL., **Princ. d'Élide**, I, 2.

4 « Avec une indifférence voulue il regardait les jeunes filles, n'en trouvant d'ailleurs aucune à son gré... » LOTI, **Matelot**, XXX, p. 119.

5 « Je changeais à mon gré de nature... » FRANCE, **Pet. Pierre**, VIII.

6 « ...je laissais Casimir apprêter à son gré les fleurs sur une commode... » GIDE, **Isabelle**, IV, p. 70.

— *Au gré de son caprice, de son désir, de son envie, de sa fantaisie* (cit. 32. Cf. *aussi* Besoin, cit. 14). *Au gré de son cœur, de son ambition...*

7 « ...que j'ai de plaisir De trouver une femme au gré de mon désir ! » MOL., **Éc. des maris**, II, 7.

8 « Le ciel pouvait me réserver une belle fille qui fût plus au gré du monde, mais non pas qui fût plus au gré de mon cœur. » MARIVAUX, **Marianne**, IVe part.

9 « Enfin, tout allait au gré de mes désirs, grâce à la bonne opinion qu'elle avait de moi... » ROUSS., **Conf.**, III.

— Fig. *Au gré des événements, des circonstances :* selon que, comme, quand les circonstances le permettent*. *Flotter* (cit. 6 et 19) *au gré du vent, des courants, des flots...* (Cf. Aborder, cit. 3 ; balancer, cit. 3 ; flot, cit. 13).

10 « ...cette habitude du paysan qui ne passe pas devant le pain sans y tailler une tartine, au gré des heures de travail. » ZOLA, **La terre**, IV, II.

— *Vx.* AVOIR, PRENDRE EN GRÉ : Trouver bon, agréable. V. **Agréer** ; **accepter** (Cf. Ardent, cit. 31 LA FONT.). *Il faut prendre en gré les afflictions que Dieu nous envoie* (ACAD.) : les recevoir avec patience, résignation.

11 « ...elle est assez raisonnable pour prendre en gré tous les lieux où son mari et son devoir la réduiront ; » SÉV., **1475**, 4 janv. 1697.

— DE SON GRÉ, *de son plein gré.* V. **Bénévolement, volontairement, volontiers**. *Obéir de bon gré, sans rechigner.* V. **Grâce** (de bonne grâce).

12 « ...les hommes n'obéissent de bon gré qu'aux lois qu'ils se sont faites pour le bien de la société ; » VOLT., **Mœurs**, CXLV.

— DE GRÉ OU DE FORCE*. *Il le fera de gré ou de force* (ACAD.).

13 « ...de force ou de gré je me veux satisfaire, » CORN., **Héracl.**, I, 2.

— BON GRÉ MAL GRÉ, s'emploie dans un sens analogue mais en insistant plus sur l'idée de résignation que sur celle de contrainte. *Bon gré mal gré, il devra faire ce voyage.* — REM. L'ACADÉMIE (8e éd.) écrit *Bon gré, mal gré* avec une virgule à l'article GRÉ, mais sans virgule à l'article MAL, ce qui est plus conforme à l'usage.

14 « ...Il veut, bon gré, mal gré,
Ne se coucher qu'en robe et qu'en bonnet carré. »
RAC., **Plaid.**, I, 1.

15 « ...paraître intransigeante, pour effrayer l'Europe, et gagner, par
l'intimidation, cette hasardeuse partie diplomatique où elle se trouvait, bon gré mal gré, engagée... » MART. du G., **Thib.**, t. VII, p. 18.

— DE GRÉ À GRÉ. À l'amiable*, en se mettant d'accord.
Traiter de gré à gré. — *Marché de gré à gré :* passé par
entente directe entre les contractants.

16 « De son côté, reprit-il, monsieur Chabert consent à poursuivre
de gré à gré avec vous un jugement qui annulera son acte de décès
et prononcera la dissolution de son mariage... »
BALZ., **Colonel Chabert**, Œuv., t. II, p. 1131.

— CONTRE LE GRÉ... : contre la volonté. *Faire quelque chose
contre le gré de ses parents. Subir quelque chose contre son
gré :* à son corps défendant, malgré* soi, malgré qu'on en
ait (Cf. Atavique, cit. ; besogne, cit. 3).

17 « Ils ont compris que le vrai bien devait être tel que tous pussent
le posséder à la fois, sans diminution et sans envie, et que personne
ne le pût perdre contre son gré. » PASC., **Pens.**, VII, 425.

|| 2° *Par ext.* Ce que l'on pense, ce que l'on estime juste,
préférable. V. **Goût, sentiment ; opinion.** — REM. Dans cette
acception, *Gré* ne s'emploie que sous la forme suivante :
Au gré de... (*gré, à leur gré,* etc. (Cf. Autour, cit. 8 ;
balance, cit. 18 ; ennuyant, cit.). *Cela est préférable, à mon
gré.* V. **Sens** (à mon sens). Cf. Cagot, cit. 1 ; école, cit. 16).
Le temps coule (cit. 17) *trop lentement au gré des hommes.*

18 « Celle (*la narration*) du troisième acte, qui est à mon gré la plus
magnifique... » CORN., **Exam. de Pomp.**

|| 3° V. **Gratitude, reconnaissance** (*Vx.* Sauf sous la forme :
Savoir gré).

19 « Très peu de gré, mille traits de satire,
Sont le loyer de quiconque ose écrire : »
VOLT., **Épit.**, CXXX, À la duch. du Maine.

— SAVOIR GRÉ, *savoir bon gré, un gré infini à quelqu'un,*
avoir de la reconnaissance pour quelqu'un (Cf. Étayer,
cit. 11 ; flegme, cit. 4). *Il faut en savoir gré à l'auteur.*
V. **Remercier** (Cf. Engourdissement, cit. 3). *Je vous saurais gré de vouloir bien me répondre d'urgence :* je vous
serais obligé de...

20 « En vérité, je vous sais bon gré de cela, et voilà l'action la plus
sage que vous ayez faite de votre vie. » MOL., **Mal. imag.**, I, 5.

21 « ...je sais un gré infini à Collé d'avoir mis Henri IV sur le théâtre. »
VOLT., **Lett. d'Argental**, 2118, 17 avril 1762.

22 « Sait-on gré du superflu à qui nous prive du nécessaire ? »
BEAUMARCH., **Mariage Figaro**, III, 5.

23 « Elle est injuste », se dit-il : « elle devrait lui savoir gré de s'occuper de l'enfant. » MART. du G., **Thib.**, t. IX, p. 53.

24 « Je disais à une femme, dans un rendez-vous que j'avais avec elle,
pour lui marquer mon ardeur : J'attends cette soirée depuis trois
jours. — Je vous en sais gré, me répondit-elle. »
LÉAUTAUD, **Propos d'un jour**, p. 21.

— *Savoir mauvais gré à quelqu'un de quelque chose,*
être peu satisfait, mécontent de ce qu'il a dit ou fait. V.
Maugréer (Cf. Aussi, cit. 62 ; éluder, cit. 4).

25 « Pour vous au reste, madame, la gloire est déjà venue et elle viendra de plus en plus chaque jour ; vous devez vous résigner à vous
l'entendre dire et à n'en pas savoir mauvais gré à vos admirateurs
parmi lesquels j'ose réclamer une petite place. »
STE-BEUVE, **Corresp.**, 69, 31 mai 1829, t. I, p. 131.

— Vieilli *Se savoir bon gré, se savoir gré de...* V. **Applaudir** (s'), **féliciter** (se).

26 « La belle ne sut gré de tous ces sentiments. » LA FONT., **Fab.**, VII, 5.

DER. et COMP. — Agréable, agréer, agrément, désagréable, désagrément, malgré, maugréer.

GRÈBE. *n. m.* (1557 ; mot savoyard). Oiseau aquatique
palmipède, appelé scientifiquement *podiceps,* dont la
taille varie de celle du pigeon à celle du canard, selon les
variétés. *Le grèbe a un plumage argenté et duveteux.* —
Manchon de plumes de grèbe. Ellipt. *Manchon de grèbe.*
— REM. On trouve parfois *grèbe* du féminin, notamment
chez ROUSSEAU (dans une citation inexactement rapportée par LITTRÉ).

1 « ...je ne tirai qu'un seul coup de fort loin sur une grèbe que je
manquai. » ROUSS., **Julie**, IV, 7.

2 « ...le gémissement funèbre du grèbe ! »
Al. BERTRAND, **Gaspard de la nuit**, p. 32.

3 « Les temps sont venus. L'homme a pris possession
De l'air, comme du flot la grèbe et l'alcyon. »
HUGO, **Lég. des siècles**, LVIII, Plein ciel.

4 « N'a-t-on pas signalé quelquefois (*à Paris*) un martin-pêcheur
(l'oiseau bleu ou le roi pêcheur) et une fois un grèbe huppé ? »
Léon BINET (in **Figaro littér.**, 14 juill. 1956).

GRÉBICHE, GRÉBIGE ou **GRIBICHE.** *n. f.* (1866 in
LITTRÉ). *Impr.* Numéro d'inscription d'un manuscrit sur
les registres d'un imprimeur. *La grébiche est reproduite à
la fin du volume imprimé.*

GREC (*grèk*), **GRECQUE** (*grèk'*). *adj. et n.* (XVIᵉ s. ;
empr. au lat. *græcus,* qui avait d'autre part donné *grégeois, grègue, grièche, grive*). De Grèce.

I. Adj. *Le sol grec. La péninsule, les îles grecques. Le
peuple grec.*

— (*Grèce ancienne*). *L'antiquité primitive grecque.* V.
Préhellénique ; minoen, mycénien. *Les cités*, les républiques grecques, leurs rivalités, leurs unions et fédérations* (V. **Cité ; athénien, spartiate ; amphictyonie, hégémonie**), *leurs constitutions, institutions, leurs magistrats
et fonctionnaires* (V. **Aréopage, sénat ; docimasie, liturgie ; amphictyon, archonte, éphore, héliaste, nomothète,
polémarque, proxène, prytane, sophroniste, thesmothète,
triérarque...**). *Colonies grecques. Armée grecque, son commandant* (V. **Polémarque**), *sa cavalerie* (V. **Hipparchie**),
ses fantassins (V. **Hoplite, peltaste...**). *Bouclier grec.* V.
Pelte. *Les trières* de la flotte grecque. Mercenaires grecs.
Bourg ou canton grec.* V. **Dème.** *Monuments, édifices de
la ville grecque.* V. **Acropole, agora, odéon, panthéon, parthénon, pœcile...*

1 « (*Corinthe*) fut une ville de la plus grande importance dans un
temps où le peuple grec était un monde, et les villes grecques des
nations. » MONTESQ., **Espr. des lois**, XXI, VII.

— *Mythologie* et théogonie grecques. Le panthéon des
dieux grecs. Prêtres* (V. **Corybante, mystagogue...**) *et
oracles* grecs. Fêtes et jeux en l'honneur des dieux et hé
ros grecs.* V. **Fête* ; canéphore, lampadéphore...** (Cf. *le
suff* -Phore) ; **chœur ; danse* ; musées ; néméens** (jeux) ;
néoménie ; panathénées, panathéniens (jeux), **pandèmes,
phalliques** (fêtes), **pythiques** (jeux), **thesmophories...**
Athlètes grecs et jeux athlétiques.* V. **Gymnase, gymnastique ; agonistique, orchestrique ; olympiade, olympique ;
agonothète, hellanodice ; pancratiaste ; pentathlon...** *Beauté
des éphèbes* grecs exercés dans les gymnases. Costume
grec.* V. **Chiton, chlamyde, himation, pallium...** — *Courtisane grecque.* V. **Hétaïre.** — *Théâtre et acteurs grecs.* V.
Chœurs*, choreute, cothurne, deutéragoniste, masque... *Instruments* (V. **Diaule, sambuque...**) *et modes* (Cf. Éolien...)
de la musique grecque. Chant funèbre* (V. **Thrène**), *liturgique* (V. **Dithyrambe**) *grec.* — *Poids, mesures, et monnaies
grecques.* V. **Drachme, médimne, mine, obole, statère, talent...*

— *L'art grec. Les trois ordres de l'architecture grecque*
(V. **Corinthien, dorique, ionique**), *caractérisés par leurs
chapiteaux*. La sculpture grecque. Aphrodite* (*Vénus**) *grecque au profil rectiligne. Le profil* grec.*

— *La langue grecque. Locution propre à la langue grecque.* V. **Hellénisme.** *Dialectes grecs.* V. **Attique, dorien, éolien, ionien, lesbien...** *Lettres* (Cf. Cadméen) *de l'alphabet
grec* (Cf. le tableau dans le texte). *L'i grec* (y). *Écriture des
manuscrits grecs primitifs.* V. **Boustrophédon.** *Modes* et
voix de la conjugaison des verbes grecs. Le jardin des racines grecques,* ouvrage du grammairien Lancelot (1657).

— *Les auteurs* (cit. 37) *grecs. Grands genres* de la littérature grecque. Formes de la poésie grecque* (V. **Épode,
mélique, ode, sille, strophe...**). *Métrique* grecque* (V. **Vers ;
choriambe...**). *Poète-chanteur grec.* V. **Aède, poète, lyrique**
(poète), **rhapsode.** *La tragédie grecque.* V. **Tétralogie, tri-
logie ; chœur, chorège...** *Les philosophes grecs : présocra-
tiques, académiques, cyniques*, pyrrhoniens*, stoïciens*,
épicuriens... Les sophistes grecs. Savants, géomètres, physiciens, médecins grecs. Historiens, rhéteurs grecs.* — *Finesse
de l'esprit grec.* V. **Atticisme** (cit. 1 et 3. Cf. *aussi* Attique,
cit. 4). *Marquer d'un caractère propre à la civilisation
grecque.* V. **Gréciser, helléniser.** *La civilisation grecque de
l'antiquité* (cit. 6). « *Le miracle* grec. »

2 « ...le miracle grec, une chose qui n'a existé qu'une fois, qui ne
s'est jamais vue, qui ne se reverra plus, mais dont l'effet durera
éternellement, je veux dire un type de beauté éternelle, sans nulle
tache locale ou nationale. »
RENAN, **Prière sur l'Acropole**, Œuv., t. II, p. 753.

3 « Ce ne sont pas seulement des hommes, les plus beaux de tous,
qu'a faits la statuaire grecque. Elle a fait aussi des dieux, et, du
jugement de tous les anciens, ces dieux étaient ses chefs-d'œuvre. »
TAINE, **Philos. de l'art**, t. II, p. 200.

4 « Quand plus tard Rome eut dépouillé le monde grec, l'énorme ville
eut son peuple de statues presque égal à sa population de vivants. »
ID., **Ibid.**, t. I, p. 75.

5 « ...que l'on considère la ligne de l'architecture grecque, et que l'on
me dise si l'on ne voit pas dans cet art quelque chose de ce bel
équilibre et de cet enthousiasme si bien discipliné. »
J. de LACRETELLE, **Le demi-dieu**, II.

— *Renvoyer aux calendes grecques.* V. **Calendes** (cit. 3).

— *Période de l'histoire grecque d'Alexandre* (mort en 323
av. J.-C.) *jusqu'à la conquête romaine.* V. **Alexandrin, hellénistique** (période). *Empire grec,* ou empire romain
d'Orient de la mort de Théodose (mort en 476 apr. J.-C.)
jusqu'à la chute de Constantinople (1453). V. **Byzantin.**

— *Guerre de l'Indépendance grecque,* soutenue contre les
Turcs, de 1821 à 1829. *Les hétairies*, sociétés secrètes grecques. Les palikares, soldats de la milice grecque. Partisan
de l'Indépendance grecque en Europe.* V. **Philhellène.** —
Allus. litt. *L'Enfant grec,* symbole du patriotisme grec célébré par V. Hugo.

N°	Imprimerie		Appellation	Equivalence française	N°	Imprimerie		Appellation	Equivalence française	N°	Imprimerie		Appellation	Equivalence française
1	A α	A, α	alpha	a	9	I, ι	I, ι	iota	i	17	P, ρ	P, ρ	rô	r
2	B, β, ϐ	B, β, ϐ	bêta	b	10	K, κ	K, κ	kappa	k	18	Σ, σ, ς	Σ, σ, ς	sigma	s
3	Γ, γ	Γ, γ	gamma	gu	11	Λ, λ	Λ, λ	lambda	l	19	T, τ	T, τ	tau	t
4	Δ, δ	Δ, δ	delta	d	12	M, μ	M, μ	mu	m	20	Y, υ	Υ, υ	upsilon	u
5	E, ε	E, ε	epsilon	é	13	N, ν	N, ν	nu	n	21	Φ, φ	Φ, ϕ	phi	ph
6	Z, ζ	Z, ζ	dzêta	dz	14	Ξ, ξ	Ξ, ξ	ksi	x	22	X, χ	X, χ	khi	kh
7	H, η	H, η	êta	ê	15	O, o	O, o	omicron	o	23	Ψ, ψ	Ψ, ψ	psi	ps
8	Θ, θ	Θ, ϑ	thêta	th	16	Π, π	Π, π	pi	p	24	Ω, ω	Ω, ω	oméga	ô

6 « — Ami, dit l'enfant grec, dit l'enfant aux yeux bleus,
Je veux de la poudre et des balles. »   HUGO, Orient., L'Enfant.

— (Grèce moderne). *Les souverains grecs et le prince héritier de Grèce* (V. **Diadoque**). *Les Nomes*, divisions administratives du royaume grec.* V. **Nomarchie**. *Paysans et evzones grecs vêtus de la fustanelle*. Bonnet* grec. Calotte* grecque. Les clephtes*, anciens montagnards de l'Olympe et du Pinde. — L'Église* orthodoxe* grecque. Le rite grec. Patriarche* grec, grec-melchite* (V. **Melchite**). *Les caloyers*, religieux grecs de l'ordre de Saint-Basile. — Calendrier des martyrs grecs.* V. **Ménologe**. — *Croix grecque,* à quatre branches égales.

7 « ... nous nous arrêtâmes pour voir des ruines : ce sont celles d'un couvent grec dévasté par les Albanais... »
CHATEAUB., **Itin. Paris à Jérusalem**, 1re part., p. 136.

8 « Les arcades (*de l'église*) qui se développent autour de la partie centrale comme les quatre bras de la croix grecque, les chapelles symétriques, sont tracées d'après un plan d'un style très pur ; »
J. de LACRETELLE, **Le demi-dieu**, V.

II. *N.* || **1°** *N. m. et f. Les Grecs.* V. **Hellène**. *Un Grec d'Athènes, de Smyrne. Une belle Grecque. Le roi des Grecs. — Les Grecs de l'antiquité, initiateurs de la civilisation romaine. Les Grecs d'aujourd'hui. — Relig. Qui suit la religion grecque orthodoxe. Rites des Grecs*

9 « Les Grecs, avant Homère, n'avaient guère négocié qu'entre eux, et chez quelques peuples barbares ; mais ils étendirent leur domination à mesure qu'ils formèrent de nouveaux peuples. »
MONTESQ., **Espr. des lois**, XXI, VII.

10 « Les Grecs étaient une grande nation, composée de villes qui avaient chacune leur gouvernement et leurs lois. »   ID., **Ibid.**, XXIII, XVII.

11 « Ainsi firent ces Grecs, qui dirigèrent leur esprit sur tous les points, accordèrent au raisonnement entre nos facultés, le rang prééminent, et, cependant, s'inclinèrent toujours devant leurs divinités c'est-à-dire devant la nature. »
J. de LACRETELLE, **Le demi-dieu**, VIII.

— Fig. *Savant comme un Grec. Je ne suis pas Grec dans cette matière.* — Péjor. *Rusé, et même filou* comme un Grec.* V. **Escroc, fripon**. — REM. En raison de ce sens défavorable, fréquent aux XVIIIe et XIXe s., *Hellène* est parfois substitué à *Grec* pour désigner des personnes.

12 « À pédant, pédant et demi. Qu'il s'avise de parler latin. J'y suis Grec ; je l'extermine. »   BEAUMARCH., **Mar. Figaro**, III, 15.

13 « Je ne suis pas un grand Grec dans ce que ces gens-ci appellent la politesse... »   STENDHAL, **Le rouge et le noir**, II, II.

|| **2°** *N. m. La langue grecque. Parler grec. Le grec ancien fait, avec le latin, partie des humanités* classiques* (Cf. Bourrer, cit. 6 ; enseignement, cit. 6 ; érudit, cit. 1 : étaler, cit. 28)... *Prononciation érasmienne et prononciation reuchlinienne du grec* (Cf. aussi Esprit : esprit rude, esprit doux ; iotacisme, itacisme). *Le grec moderne ou néo-grec* (V. **Romaïque**) *ressemble beaucoup au grec classique.*

— Allus. littér. *Pour l'amour du grec...*

14 « — Philaminte. Quoi ? Monsieur sait du grec ? Ah ! permettez, de [grâce.
Que pour l'amour du grec, Monsieur, on vous embrasse.
(Il la baise toutes, jusques à Henriette, qui le refuse)
— Henriette. Excusez-moi, Monsieur, je n'entends pas le grec. »
MOL., **Fem. sav.**, III, 3.

|| **3°** *N. f.* (*Bx-arts*). Ornement fait de lignes droites qui reviennent sur elles-mêmes à angle droit. *Grecque ornant une frise d'architecture** (V. **Frette**), *un galon de passementerie, une reliure. — À la grecque,* à la manière des Grecs ou des Grecques. *Robe, coiffure à la grecque : chambre décorée à la grecque,* dans le style grec de l'antiquité.

15 « Ses cheveux blonds, relevés à la grecque sur le sommet de sa tête, étaient ornés d'une couronne de verveine... »
CHATEAUB., **Martyrs**, X.

16 « Ce banquier subalterne, et néanmoins millionnaire, aimait le style grec. La corniche de la chambre était une grecque. Drapé par une étoffe teinte en pourpre et disposée à la grecque le long de la muraille comme le fond d'un tableau de David, le lit, d'une forme très pure. datait du temps de l'Empire où tout se fabriquait dans ce goût. »
BALZ., **Illus. perdues**. Œuv.. t. IV. p. 835.

— *Technol.* Scie de relieur ; entaille obtenue avec cette scie.

DER. et COMP. — **Gréciser**. *v. tr.* (XVIe s.). Donner une forme grecque à un mot, soit à l'aide d'une désinence soit en le traduisant. *L'humaniste Schwarzerd avait grécisé son nom en Melanchthon.* V. aussi **Helléniser**. — **Grécité**. *n. f.* (1808). Caractère de ce qui est grec. — **Grecquer**. *v. tr.* (1701). Entailler avec une scie à grecque. — Cf. aussi Hellène et dér.

GRÉCO-. Préfixe (empr. au lat. *græcus*) entrant dans la composition de mots savants tels que : **Gréco-bouddhique**. *adj.* (début XXe s.). Qualifie un art de l'Inde où paraissent des influences grecques. — **Gréco-latin**. *adj.* (1856). Qui concerne à la fois le grec et le latin. *Les humanités gréco-latines* (Cf. Educateur, cit. 2). — **Grécomanie**. *n. f.* (fin XIXe s.). Manie d'imiter les usages, la langue... des Grecs. — **Gréco-romain**. *adj.* (1856). Qui appartient aux Grecs et aux Romains. *Art, polythéisme gréco-romain.* — *Sport.* (fin XIXe s.) *Lutte* gréco-romaine.*

GREDIN, INE. *n.* (1640 in WARTBURG ; du moyen néerl. *gredich*, selon BLOCH).

|| **1°** *Vx.* « Gueux, misérable qui est de la lie du peuple » (FURET.), qui est réduit à la mendicité.

— Ecrivain médiocre, avide, besogneux ou famélique.

« Il semble à trois gredins, dans leur petit cerveau,   1
Que, pour être imprimés, et reliés en veau,
Les voilà dans l'État d'importantes personnes ; »
MOL., **Fem. sav.**, IV, 3.

« Des gredins du Parnasse ont dit que je vends mes ouvrages. Ces   2
malheureux cherchent à penser pour vivre, et moi je n'ai vécu que pour penser. »   VOLT., **Lett. Panckoucke**, 3437, 13 févr. 1769.

|| **2°** Personne sans probité, sans honneur, vile, méprisable. V. **Bandit, coquin, criminel, malfaiteur, vaurien**. — (En un sens atténué) V. **Chenapan, fripon, garnement**. *Petit gredin, je vais te tirer les oreilles !*

« À quoi servirait-il d'avoir tant d'honnêtes gens dans le ministère,   3
si les gredins triomphent encore ? »
D'ALEMB., **Lett. à Volt.**, 28 août 1775.

« Ce gredin de mari a pour lui la loi... »   4
BALZ., **Cousine Bette**, Œuvr.. t. VI, p. 384.

« Tout ce tas monstrueux de gredins et de cuistres »   5
HUGO, **Châtiments**, VII, VIII, 4.

« Fanny, qui vivait très en froid avec son père, blessée de ce qu'il   6
s'était retiré chez son gredin d'aîné, au lieu de se réinstaller chez elle... »   ZOLA, **La terre**, IV, IV.

DER. — **Gredinerie**. *n. f.* (1690 FURET.). Manière d'agir, action de gredin. V. **Abjection, bassesse, friponnerie, improbité** (Cf. Exagéré, cit. 4).

GRÉEMENT. *n. m.* (1670 BLOCH ; de *gréer**). T. de Mar.

|| **1°** Action de gréer*. *Achever le gréement d'une barque, d'un thonier.* — REM. En ce sens, on dit aussi *Gréage*.

|| **2°** « Ensemble des choses qui servent à gréer » (ACAD.). — REM. L'ACADÉMIE (8e ed.) définit *Gréement* c'est-à-dire à « Garnir un bâtiment de tout ce dont il a besoin pour être en état de naviguer » (art. *Gréer*). Cette définition correspondrait à peu près à *Agrès* et apparaux. Cependant, la définition que l'ACADÉMIE donne du terme *Agrès* laisse entendre que *Gréement* doit être pris dans un sens plus étroit : « les agrès comprennent ainsi, outre le gréement, le gouvernail, les ancres, les avirons et autres objets de rechange en voiles, cordages, etc. » (art. *Agrès*). -LITTRÉ restreint *gréement* à « L'ensemble de tous les cordages ou manœuvres soit courantes, soit dormantes, qu'il est nécessaire de placer et qui sont actuellement en service dans un bâtiment ». GRUSS, dans la 3e édition (1952) de son *Petit Dictionnaire de Marine,* après avoir défini les *Agrès* : « Ensemble de tout ce qui concerne la mâture : voiles, vergues, cordages, manœuvres courantes et dormantes, pouliage, etc. », donne du

gréement une définition précise : « On entend par gréement l'ensemble des objets nécessaires : 1° À la propulsion du navire sur les navires à voiles ; mâts, vergues, voiles, manœuvres dormantes et courantes, etc. 2° À l'amarrage du navire tel que ancres, chaînes, etc. 3° Aux mâts, cheminées, mâts de charge, et à leur tenue sur les navires à vapeur. 4° À la sécurité du navire, de l'équipage et des passagers ; tels que embarcations, appareils de T.S.F., radeaux, appareils de navigation ». Le même auteur désigne par *Mâture* et *gréement* l' « Ensemble des mâts, vergues, etc., avec leurs manœuvres dormantes et courantes ». V. **Agrès, cordage, manœuvre, mât, mâture, poulie, voile** (Cf. Alourdir, cit. 1 ; appareillage, cit. 1 ; équipement, cit. 1). — *Gréement d'un mât, d'une vergue.* V. **Garniture.** *Guibre* pour le gréement de beaupré. La perruche, gréement supérieur de l'artimon.*

1 « Moyennant cette somme, le bateau et un gréement tout neuf, voiles, jarres, cordages, ancre de fer, tout fut à nous. »
LAMART., **Graziella**, I, XVIII.

2 « Le vacarme effroyable produit par le mugissement du vent dans le gréement et par les coups de mer qui balayaient le pont nous empêchait d'entendre ce qui se disait... »
BAUDEL., Traduc. E. POE, **Avent. G. Pym**, VIII.

3 « Tout à coup, on aperçut un homme qui grimpait dans le gréement avec l'agilité d'un chat-tigre. » HUGO, **Misér.**, II, II, III.

GRÉER. v. tr. (1636 d'apr. DAUZAT ; d'un vieux verbe *agreier*, XIIᵉ s., du scand. *greida*, « équiper »). *Mar.* Garnir (un bâtiment, et *par ext.* un mât) de voiles, poulies, cordages, etc. (V. **Gréement**). — REM. *Gréer*, comme le note GRUSS, ne s'emploie plus guère que pour un voilier. *Gréer une goélette* (V. **Équiper**). *Gréer une vergue :* la garnir de toutes ses poulies, filières, marchepieds. — *Gréer une embarcation :* l'équiper de ses accessoires. — *Ce navire est gréé en goélette :* sa mâture, son gréement sont disposés de la même façon que sur une goélette.

1 « Je possédais un canot à voiles... Il avait un pont coupé, avec un coqueron, et il était gréé en sloop ; »
BAUDEL., Traduc. E. POE, **Avent. G. Pym**, I.

2 « La *Jane Guy* était une goélette de belle apparence... Elle aurait dû être gréée en trois-mâts-barque et différer à tous égards des constructions usitées pour les mers du Sud. » ID, **Ibid.**, XIV.

DER. — Gréage, gréement.

COMP. — Dégréer, regréer.

1. GREFFE. n. m. (vers 1100 sous la forme *groife*, du lat. *graphium*, « stylet », lui-même du grec *grapheion*, même sens).

|| 1° *Anciennt.* Stylet, poinçon pour écrire.

|| 2° *Par ext.* (1378). Bureau où l'on garde les minutes des actes de procédure. *Le greffe de la justice de paix, du tribunal de commerce* (Cf. Bilan, cit. 2 ; communication, cit. 4)... *Déposer au greffe un dossier, une pièce de procès.*

1 « Le comte de Mirabeau, très laid de figure, mais plein d'esprit, ayant été mis en cause pour un prétendu rapt de séduction, fut luimême son avocat. « Messieurs, dit-il, je suis accusé de séduction : pour toute réponse, et pour toute défense, je demande que mon portrait soit mis au greffe. »
CHAMFORT, **Caract. et anecd.**, Laideur de Mirabeau.

2 « À gauche, dans cette vaste salle d'entrée, se trouve le greffe de la Conciergerie, espèce de bureau formé par des vitrages où siègent le directeur et son greffier, où sont les registres d'écrou. »
BALZ., **Splend. et mis. des courtis.**, Œuvr., t. V, p. 931.

DER. — Greffier.

2. GREFFE. n. f. (*greife*, n. m. au XIIIᵉ s. et jusqu'en 1538, où la forme mod. apparaît chez ESTIENNE ; métaph. de *greffe* 1).

|| 1° *Arbor.* Pousse d'une plante, que l'on insère dans une autre plante pour que celle-ci produise les fruits de la première. V. **Greffon** (dér. de *Greffer*) ; **ente, scion.** *La greffe développe sur le sujet, ou porte-greffe, où on l'a greffée toutes les qualités de son espèce d'origine. On utilise comme greffe un œil*, une branche* ou un morceau d'écorce pourvu d'un ou plusieurs bourgeons. Une greffe d'abricotier, d'oranger. Ligaturer*, enduire de mastic une greffe pour la maintenir sur le sujet. Greffe qui prend bien, qui dépérit.*

1 « Une greffe est une sorte de bouture plantée dans un tronc vivant. »
BONNET, **Consid. corps org.**, (in LITTRÉ).

— *Par anal. Greffe animale :* portion d'organisme prélevée sur un individu afin de l'implanter soit sur une autre partie du corps de celui-ci, soit sur le corps d'un autre individu, pour qu'elle s'y développe normalement ou y produise un effet donné.

2 « Quand on a déterminé l'aptitude d'un fragment de tissu ou d'organe à subir avec succès une greffe, on se rend compte que celle-ci a d'autant plus de chances de « prendre » et d'évoluer que le milieu intérieur de l'hôte est plus identique à celui d'où émane le greffon. »
ARON et GRASSÉ, **Biol. anim.**, p. 676.

|| 2° (XVIIᵉ s.). *Arbor.* Opération par laquelle on implante une greffe, un greffon* (en ce sens, on dit plus couramment *Greffage*) ; résultat de cette action. *La greffe permet de réunir sur un même pied les qualités du sujet* (V. **Porte-greffe**) *et celles de l'individu fournisseur du greffon** (V. **Étalon**, cit. 2). *Diverses variétés de greffe : en anneau, en berceau, en couronne, en écusson, en fente, en sifflet. Mastic pour greffe, couteau à greffe. La greffe a réussi.*

3 « ...au moyen de la greffe, l'homme a pour ainsi dire créé des espèces secondaires qu'il peut propager et multiplier à son gré... »
BUFF., **Époques de la nature**, VII.

4 « Le *greffage* est une opération très usitée en horticulture et qui consiste à souder un végétal ou une portion de végétal sur un autre dans des conditions telles que les deux éléments soudés puissent croître et vivre l'un sur l'autre. Le résultat de l'opération est appelé *greffe*. »
POIRÉ, **Dict. des Sciences**, Greffage.

5 « Pour qu'une greffe réussisse, il est nécessaire que les tissus jeunes et en voie de formation soient en contact... L'époque et l'habileté de l'opérateur concourent, bien entendu, à la réussite des greffes. »
P. PASSY, in OMNIUM AGRIC., Greffage.

— *Chirurg. Greffe expérimentale opérée sur des animaux. Greffe réparatrice sur les plaies des accidentés, des brûlés...* V. **Anaplastie, rhinoplastie.** *Greffe de tissus ; greffe cutanée, osseuse, vasculaire ; greffe de la cornée ; greffe d'organes... Origine variée du greffon utilisé pour la greffe.* V. **Autoplastie, hétéroplastie...** (Cf. *suff.* -Plastie). *Greffe d'implants glandulaires : greffe testiculaire, ovarienne... pour compenser les déséquilibres endocriniens.*

6 « Aussi une greffe est-elle particulièrement à même d'être pratiquée chez l'animal même auquel on a prélevé le greffon : c'est la greffe dite *autoplastique* ou autogreffe. Elle est plus difficile si l'on choisit pour hôte un autre animal de même espèce : on dit alors que la greffe est *homoplastique.* Enfin la greffe devient tout à fait problématique quand on l'exécute chez un animal d'une autre espèce : on appelle *hétéroplastique* cette dernière sorte de greffe. »
ARON et GRASSÉ, **Biol. anim.**, pp. 676-677.

COMP. — Porte-greffe.

GREFFER. v. tr. et intr. (1530 ; de *greffe* 2).

|| 1° *Hort. et Arbor.* Insérer une greffe* (*greffon*) sur (un *sujet*). V. **Enter.** *Greffer un rosier sur un églantier, un poirier sur un cognassier. Greffer* (telle ou telle espèce d'arbre) *sur franc*, sur sauvageon*. Greffer un pommier sur paradis.* — *Absolt. Époque propice pour greffer. Ciseau, couteau, gouge à greffer.* — *Pronominalt. Le pommier se greffe sur paradis, sur doucin, etc.*

1 « Si l'on greffe l'amandier sur le prunier, la greffe ne subsistera que peu d'années. »
BONNET, **Consid. corps org.**, Œuvr., t. V, p. 453 (in POUGENS).

2 « Il avait avisé un églantier sauvage, poussé tout seul, comme ça. Au lieu de l'arracher, il s'était amusé à y greffer une Reine des Neiges, rose alors à la mode. »
R. IKOR, **Les fils d'Avrom**, pp. 26-27.

— Soumettre (un sujet, un *porte-greffe*) à l'opération de la greffe*. *Plants assez vigoureux pour être greffés. Ces arbres seront greffés avec des greffons sélectionnés. Greffer* (un arbre) *en écusson.* V. **Écussonner.** — REM. Ce sens courant n'est signalé ni par LITTRÉ, ni par ACAD.

3 « J'avais un arbuste inutile
Qui languissait dans mon canton,
Un beau jardinier de la ville
Vient de greffer mon sauvageon. »
VOLT., **Lett. en vers et en prose**, 148.

— *Par ext.* (Biol.). *Greffer une cornée prélevée sur un cadavre ; greffer un rein, un fragment osseux...*

4 « ...n'est-on pas parvenu à greffer sur le dos d'un rat vivant la queue détachée du corps d'un autre rat ? »
LAUTRÉAMONT, **Chants de Maldoror**, V, p. 189.

|| 2° *Fig.* V. **Ajouter, enter, insérer, introduire...** *Lois nouvelles greffées sur le code Napoléon.* — *Pronominalt. Des complications imprévues sont venues se greffer là-dessus.*

5 « ...les mêmes erreurs se propageront, s'accommoderont de tous les climats, se grefferont, pour ainsi dire, sur les tiges que chacun produit. »
CONDILLAC, **Hist. anc.**, III, 2.

6 « ...la Grèce, à qui nous devons beaucoup, et dont l'esprit s'est pour ainsi dire greffé sur notre esprit. »
FUSTEL de COUL., **Leç. à l'impér. s. orig. civilis. fr.**, p. 47.

7 « ...Grétry a vicié sa conception, en greffant après coup de nouveaux opéras sur ces symphonies dramatiques. »
R. ROLLAND, **Musiciens d'autref.**, p. 270.

8 « Le drame de famille s'était greffé à vif sur le drame d'amour. »
MART. du G., **Thib.**, t. III, p. 278.

COMP. — Regreffer.

DER. — **Greffage.** n. m. (1872 in P. LAROUSSE). Action de greffer ; ensemble des opérations dont la greffe* (cit. 4) est le résultat. *Greffage des plants de pépinière, des arbres du verger. Variétés sélectionnées que l'on propage par greffage et regreffage. Greffage par approche, par rameau détaché, par œil ou bourgeon détaché.* V. **Greffe** (1°). — **Greffeur.** n. m. (vers 1500). Celui qui greffe. — **Greffoir.** n. m. (1700). Outil, sorte de couteau à greffer. — **Greffon.** n. m. (XVIᵉ s. in HUGUET ; repris au XIXᵉ s. 1872 in P. LAROUSSE, 1873 in LITTRÉ). Partie d'un végétal dont on veut obtenir de nouveaux spécimens et qu'on greffe sur un autre végétal dit *sujet* ou *porte-greffe*. V. **Greffe.** *Choix des greffons sur les arbres-étalons* (Cf. Étalon, cit. 2). — *Chirurg.* Fragment de tissu ou d'organe transplanté dans l'opération de la greffe* (cit. 2). *Prélever un greffon.*

1 « Les instruments employés pour procéder au greffage sont : les *scies* pour trancher les sujets ; le *sécateur*, pour supprimer certaines ramifications inutiles ; la *serpette*, pour parer les plaies après la scie ;

greffoir, pour tailler les greffons. Pour les *greffes en fente*, une lame forte, pour fendre les sujets, *couteau*, *ciseau* à greffer. Pour quelques greffes spéciales, la *gouge à greffer*, le *métrogreffe*, etc. »
P. PASSY, in OMNIUM AGRIC., Greffage.

2 « L'un des arbustes porte, de par une singularité de greffage, des roses mi-parties jaunes, mi-parties rouges. »
COLETTE, Pour un herbier, p. 13.

3 « Récolté près d'Alger, un vin blanc se souvient ponctuellement, depuis des années, du noble greffon bordelais qui le sucra juste assez, l'allégea et le rendit gai. » ID., Prisons et paradis, Vins, p. 69.

GREFFIER. *n. m.* (1378 ; de *greffe* 1). Officier public préposé au greffe* (Cf. *infra*, cit. et *aussi* Accusation, cit. 3 ; authentique, cit. 4 ; avenir 2, cit. ; concordat, cit. 1 ; enrôler, cit. 1 ; extrait, cit. 3). *Charge de greffier. Greffier du tribunal civil, de la justice de paix, du tribunal de commerce... Greffier en chef de la Cour d'appel, du Tribunal civil, assisté de greffiers et de commis expéditionnaires. Registre du greffier d'audience.* V. **Plumitif.** *Copies grossoyées délivrées par les greffiers.* V. **Grosse.**

1 « *Greffier*. Officier public auxiliaire de la justice, titulaire de sa charge, nommé par décret du chef du Gouvernement, ayant pour fonctions de diriger les services du greffe, et en outre, d'assister le tribunal à l'audience et dans les autres fonctions de judicature pour tenir les notes d'audience, recueillir les dépositions des témoins, transcrire les jugements sur les feuilles dénommées minutes, délivrer les grosses des jugements, les expéditions des actes judiciaires. »
CAPITANT, Vocab. jurid., Greffier.

2 « Les greffiers près les tribunaux judiciaires de tous ordres, bien qu'ils ne soient pas des officiers ministériels, jouissent du même droit de présentation (de leurs successeurs). »
DALLOZ, Nouv. répert., Office publ. ou ministériel, N° 8.

3 « Les commis expéditionnaires sont de simples scribes, sans caractère officiel, qui ne peuvent remplir aucune des fonctions attribuées aux greffiers. Ils sont rémunérés par le greffier en chef. »
ID., Ibid., Greffier, N° 105.

— *Fig.* et *fam.* (fin XIXe s.). Chat (par rapprochement avec *griffe*).

COMP. — **Commis-greffier.** *n. m.* « Commis assermenté, nommé par le greffier et agréé par le tribunal auquel il est attaché pour suppléer le greffier aux audiences et auprès des juges d'instruction » (CAPITANT).

« Tous les juges d'instruction ont un commis-greffier, espèce de secrétaire judiciaire assermenté, dont la race se perpétue sans primes, sans encouragements, qui produit toujours d'excellents sujets, chez lesquels le mutisme est naturel et absolu. »
BALZ., Splend. et mis. des courtis., Œuvr., t. V, p. 946.

GRÉGAIRE. *adj.* (XVIe s., dans une trad. de SUÉTONE, *gregarius miles*, simple soldat ; 1829 BOISTE, au sens 1° ; adapt. du lat. *gregarius*, de *grex, gregis*, « troupeau »).

|| 1° *Biol.* Se dit des espèces dont les individus vivent côte à côte en troupes plus ou moins nombreuses (POIRÉ). *Les moutons, les poissons migrateurs, les criquets... animaux grégaires.*

1 « Un animal qui, comme nous, a été grégaire pendant des siècles, ignore la splendide liberté d'esprit du tigre et du léopard. »
MAUROIS, Disc. Dr O'Grady, IV (Cf. *infra*, cit. 3).

2 « ...activités instinctives innées propres aux structures nerveuses... qui se manifestent de façon permanente ou seulement dans certaines conditions quand l'animal devient grégaire. »
CHAUCHARD, Sociétés animales, Société humaine, p. 30 (éd. P.U.F.).

|| 2° *Par ext.* (1909 R. POINCARÉ). Qui provoque le groupement d'êtres vivants, ou qui en résulte. *Tendance, instinct grégaire. Sentiments, réactions grégaires.* — *Spécialt.* « Se dit des Dispositions qu'ont certains hommes à s'agréger les uns aux autres, certains individus à suivre docilement les impulsions du groupe où ils se trouvent » (ACAD.). *Esprit grégaire* (V. **Moutonnier**).

3 « ...il (*chacun de nous*) ne peut se défendre d'un goût dépravé pour la sottise quand elle est l'œuvre du troupeau tout entier... Tout système qui méprisera l'égoisme périra. Mais aussi tout régime qui négligera le vieux fonds grégaire de l'espèce humaine sera secoué tous les deux mille ans par des crises mystiques et pénibles, ... »
MAUROIS, Disc. Dr O'Grady, IV.

4 « ...l'instinct qu'on nomme grégaire pousse à vivre ensemble un grand nombre d'animaux. » F. CHALLAYE, Psychol., p. 186.

DER. — **Grégarisation.** *n. f.* (début XXe s.). Évolution vers l'état grégaire. — **Grégarisme.** *n. m.* (1876 in LITTRÉ, Suppl.). Tendance à vivre en troupes ; état des êtres qui vivent en troupes.

1 « ...le simple effort pour échapper à la pression de la masse est déjà ardu, en une époque où la presse, le cinéma, la radio, tout nous contraint à subir la loi du grégarisme le plus accablant, ... »
DANIEL-ROPS, Ce qui meurt et ce qui naît, VI, p. 237.

2 « ...Ledoux étudiant la tendance au groupement ou grégarisme chez les Blattes a montré qu'elle dépend d'une attraction olfactive ; »
CHAUCHARD, Sociétés animales, Société humaine, p. 23 (éd. P.U.F.).

3 « Certains sociologues, à propos des réactions des foules, se servent volontiers du terme *grégarisme*... Mais ce mot ne peut s'entendre que d'un comportement social, l'opposé de celui d'une foule. Le phénomène de Panurge, entre autres, est un phénomène grégaire, donc social. »
F. PICARD, Les phénom. soc. chez les anim., p. 68.

GRÉGARINE. *n. f.* (1872 P. LAR. ; dér. sav. de *grégaire*). *Zool.* Protozoaire (*Grégariniens*) vivant en parasite dans le tube digestif des vers et des arthropodes.

GRÈGE. *adj.* (1679 ; empr. de l'ital. (*seta*)*greggia*, « (soie) brute »). Se dit de la soie telle qu'on l'obtient après simple dévidage du cocon. *Soie grège.* Par ext. *Fil grège.* — Substant. *Des grèges de Florence, de Syrie.*

GRÉGEOIS. *adj. m.* (XIIe s. ; de l'anc. fr. *grégois.* V. **Grec**). *Feu* (cit. 58) *grégeois* : mélange de soufre, de poix, de salpêtre, etc. dont les Byzantins se servaient dans les sièges de places fortes et les combats navals.

GRÉGORIEN, ENNE. *adj.* (1410 ; de *Gregorius*, nom de plusieurs papes). Se dit de modifications liturgiques introduites par le pape Grégoire 1er au VIe s. *Rite grégorien, réforme grégorienne.* — *Chant** (cit. 3) *grégorien*, et substant. *Le grégorien.* V. **Plain-chant.** « *Du chant grégorien* » (CHATEAUB. G. du christ., III, I, 2).

1 « ...la mise en musique de textes classiques, Horace et Virgile, dans une tonalité encore très proche du grégorien... »
J. CHAILLEY, La musique médiévale, p. 20.

2 « Les longs mélismes des vocalises grégoriennes étaient parfois difficiles à retenir pour des chanteurs peu musiciens auxquels n'était même pas offert encore l'auxiliaire de l'écriture des notes. »
ID., Ibid., p. 20.

— *Calendrier** *grégorien*, issu de la réforme du calendrier julien par le pape Grégoire XIII en 1582. *Année grégorienne.*

GRÈGUE. *n. f.* (XVe s. ; empr. au prov. *grega*, « grecque ». Cf. esp. *Gregüescos*, même sens).

— *Anciennt.* (surtout au pluriel). Haut de chausse*. V. **Culotte.** — *Tirer ses grègues* : remonter ses chausses pour mieux courir et, par suite, s'enfuir (Cf. LA FONT. II, 15).

« Le vieux magistrat... essaye une paire de grègues bouffantes toutes neuves que lui vient d'apporter Eustache Bouteroue, apprenti du maître Goubard, drapier-chaussetier. »
NERVAL, La main enchantée, III.

1. GRÊLE. *n. f.* (*Gresle* au XIIe s. HATZF. ; de *grêler*).

|| 1° Pluie qui, sous l'effet de la congélation, tombe en grains ovoïdes. V. **Grêlon** (*infra*, dér.), **grésil.** *Averse de grêle. Nuages lourds de grêle. La grêle fouette, cingle* (cit. 5) *les vitres. Récolte ravagée par la grêle. Fruits cotis par la grêle. Canons contre la grêle* (Cf. Paragrêle).

1 « ...la nuit n'était plus si sombre, les grêlons l'éclairaient de rayures pâles, innombrables, comme s'il eût tombé des jets de verre. Le bruit devenait assourdissant, une mitraillade, un train lancé à toute vapeur sur un pont de métal, roulant sans fin. Le vent soufflait en furie, les balles obliques sabraient tout, s'amassaient, couvraient le sol d'une couche blanche. — La grêle, mon Dieu !... Ah ! quel malheur !... Voyez donc !... de vrais œufs de poule ! »
ZOLA, la terre, II, 2, p. 108.

2 « La grêle jette sur nous par myriades ses perles de verre ; »
LOTI, Fig. et choses..., Passage procession.

3 « ...des bombes, sur les coteaux, ont éclaté, que les vignerons lancent pour que les nuages de grêle s'écartent ou qu'ils se résolvent en eau. » MAURIAC., Nœud de vipères, XI.

|| 2° Par métaph. *Pleuvoir, fondre comme grêle* (Cf. Agioteur, cit. 2 ; armer, cit. 9). — Fig. *Une grêle de cailloux* (cit. 2), *de projectiles* (Cf. Effaroucher, cit. 1), *de balles, d'obus* (Cf. Farcir, cit. 7 ; faucher, cit. 5), *d'insectes* (Cf. Criquet, cit.). *Coups qui tombent dru comme grêle* (V. **Quantité**). — *Accabler quelqu'un sous une grêle d'injures, de questions, d'arguments.* — Loc. *Méchant comme la grêle.*

4 « ...j'évitai par une prompte fuite une grêle de coups qui seraient tombés sur moi. » LESAGE, Gil Blas, VII, I.

5 « ...il croyait triompher de sa femme, et l'accablait alors d'une grêle de phrases qui répétaient la même idée, et ressemblaient à des coups de hache rendant le même son. »
BALZ., Lys dans la vallée, Œuvr., t. VIII, p. 905.

DER. — **Grêleux.** *adj.* (XVIe s.). Qui a l'apparence de la grêle, qui annonce la grêle. *Temps grêleux.* — **Grêlon.** *n. m.* (XVIe s.). Grain d'eau congelée qui tombe pendant une averse de grêle. *D'énormes grêlons. Potager saccagé par les grêlons* (Cf. Grêle, cit. 1).

1 « La violence de l'ouragan augmentait encore, toutes les vitres de la fenêtre furent brisées, et la force acquise était telle, qu'un grêlon alla casser une cruche, pendant que d'autres roulaient jusqu'au matelas du mort. » ZOLA, La terre, II, 2, p. 109.

2 « Le tonnerre se mit à bavarder d'un bout à l'autre du ciel. Puis, sur un appel plus violent, quelques grêlons roulèrent, mais sans trop de mal pour les fleurs. » ALAIN, Propos, 11 juin 1910, Prairial.

2. GRÊLE. *adj.* (*Graisle* vers 1100 ; du lat. *gracilis*. V. **Gracile**).

|| 1° D'une longueur disproportionnée à son diamètre, à sa largeur. V. **Filiforme, fin, fluet, long, maigre, mince.** *Membres longs et grêles* (Cf. Eunuque, cit. 4). *Jambes, bras grêles. Personne, animal aux formes grêles.* V. **Délié, élancé.** *Corps grêle et chétif.* V. **Faible, fragile, menu.** *Ossature grêle* (Cf. Attache, cit. 10). *Épaules* (cit. 4) *grêles. Échassier perché sur ses pattes grêles. Grêle envergure* (cit. 21) *d'un oiseau* (Cf. *aussi* Fond, cit. 40). — *De grêles peupliers. Silhouette grêle d'un pont métallique, d'une grue mécanique.* — REM. Par comparaison avec *gracile**, et avec *frêle**, *grêle* n'exprime pas l'idée d'une fragilité gracieuse mais d'une finesse excessive et un peu sèche.

1 « Une Japonaise, dépourvue de sa longue robe et de sa large ceinture aux coques apprêtées, n'est plus qu'un être minuscule et jaune, aux jambes torses, à la gorge grêle et piriforme ; »
LOTI, Mᵐᵉ Chrysanth., XXXVIII.

— *Par ext.* Se dit d'un son aigu* et sans grande intensité. *Voix grêle* (Cf. Chanter, cit. 5 ; faute, cit. 34 ; fêlé, cit. 5 ; fluer, cit. 3). *Timbre grêle d'un instrument de musique, d'une sonnerie* (Cf. Annoncer, cit. 18 ; cavale, cit. 2).

2 « M. d'Alembert, avec sa petite voix grêle, est un excellent lecteur ; »
VOLT., Lett. La Harpe, 3804, 4 sept. 1771.

3 « Passé minuit, quand tout enfin se tait, le silence appartient aux rossignols, qui emplissent l'oasis d'une exquise et grêle musique de cristal. »
LOTI, Jérusalem, p. 187.

‖ 2° Anat. *L'intestin grêle*, ou substant. *le grêle*, portion de l'intestin comprise entre le duodénum et le cæcum. *Vaisseaux chylifères, villosités de l'intestin grêle* (Cf. Chyme, cit. ; estomac, cit. 1).

ANT. — Épais, fort.

DER. — Grêler. v. tr. (1757 ENCYCL.). *Technol.* Amincir en forme de ruban. *Grêler de la cire avant de la blanchir.* — Grêloir. n. m. (1700). Appareil pour couler la cire en forme de rubans.

GRÊLER. v. impers. (XIIᵉ s. ; de l'anc. francique *grisilôn*, d'apr. WARTB.). Se dit quand il tombe de la grêle. *Il grêlera sans doute bientôt. Il grêle souvent sur ces vignobles.* Fig. *Il va grêler des coups de bâton.*

1 « À qui il grêle sur la tête, tout l'hémisphère semble être en tempête et orage. »
MONTAIGNE, Essais, I, XXVI.

2 « Le nuage est fort épais, et j'ai bien peur que, s'il vient à crever, il ne grêle sur mon dos force coups de bâton... »
MOL., Méd. vol., 14.

— *Transit.* Gâter, dévaster* par la grêle. *Un orage a grêlé les jardins. Toute cette région a été grêlée* (ACAD.). — Par ext. *Ce propriétaire a été grêlé* (ACAD.). — Frapper comme la grêle (Cf. Broder, cit. 3). *Grêler quelqu'un de coups.*

3 « Tu remplaces mon troupeau d'autrefois, mes moutons odorants dont les petits pieds grêlaient la route... »
COLETTE, Paix chez les bêtes, Chienne jalouse.

— Fig. et fam. (1611). *Visage grêlé*, marqué par la petite vérole.

4 « Le comte de Lanty était petit, laid et grêlé ; sombre comme un Espagnol, ennuyeux comme un banquier. »
BALZ., Sarrazine, Œuvr., t. VI, p. 82.

DER. — Grêle (n. f.).

GRELIN. n. m. (1694 ; *guerlin* en 1634, « cordage plus mince que le câble » ; de *grêle 2*, d'apr. WARTBURG). *Mar.* Fort cordage* (Cf. Amure, cit.). *Grelin de halage, d'amarrage.*

« Enfin, la ligne embarquée, un grelin gros comme un doigt glissa vers le cargo. »
R. VERCEL, Remorques, IV.

GRÊLON. V. GRÊLE 1.

GRELOT. n. m. (*Grilot* en 1392 ; du moyen haut all. *grillen*, « crier », et interférence avec les noms dialect. du *grillon*). Sorte de sonnette*, constituée d'une boule de métal creuse, percée de trous, contenant un morceau de métal qui la fait résonner dès qu'on l'agite, la remue. *Grelot attaché au collier d'un cheval, d'un chien. Tintement de grelots qui annonce l'approche d'un troupeau, d'une voiture à cheval, d'une carriole* (cit. 1). V. Tintinnabuler.

1 « Et l'on se retournait quand, avec son grelot,
La Bélisa passait sur sa mule au galop. »
MUSS., Prem. poés., Don Paez, III.

2 « On entendait, dans la profondeur de la lande, les grelots des troupeaux, très disséminés à cause de l'étendue de la forêt... »
P. BENOIT, Mˡˡᵉ de la Ferté, II, p. 95.

— LE GRELOT, insigne de la folie (les marottes des fous de cour étant munies de grelots). *Grelots de bouffon* (cit. 6). *Avoir droit au grelot, bien mériter le grelot :* être fou, se conduire de façon insensée.

— Pop. *Trembler le grelot :* trembler si fort que les dents claquent. V. Grelotter. *Avoir les grelots :* avoir peur.

— All. litt. *Attacher* (cit. 1) *le grelot.*

3 « La difficulté fut d'attacher le grelot.
L'un dit : « Je n'y vas point, je ne suis pas si sot » ;
L'autre : « Je ne saurais. » Si bien que sans rien faire
On se quitta... »
LA FONT., Fabl., II, 2.

4 « ... avec ses défauts, l'*Histoire de la Marine* (d'Eug. Sue)... a le mérite d'ouvrir la voie. Attacher le grelot est en toute chose une action périlleuse, et l'on ne peut que louer M. Eugène Sue d'avoir essayé de porter la lumière dans ce côté si peu exploré de nos annales. »
GAUTIER, Souv. de théâtre..., p. 37.

DER. — Grelotter.

GRELOTTER. v. intr. (fin XVIᵉ s. D'AUBIGNÉ, d'apr. la loc. *trembler le grelot*).

‖ 1° Trembler de froid. V. Claquer (des dents), frissonner, trembler, trembloter. *Il grelotte au coin d'un mauvais feu. Grelotter sous ses vêtements* (Cf. Couvrir, cit. 36 ; fond, cit. 22). — *Grelotter de peur. Grelotter de fièvre.* — Transit. (vieilli). *Grelotter la fièvre* (Cf. Entasser, cit. 6).

1 « On dit que c'est bien pis en Italie ; les maisons n'y sont faites que pour respirer le frais ; et quand les gelées viennent, toute la nation grelotte. »
VOLT., Lettre à Mᵐᵉ Denis, 1051, 18 janv. 1752.

2 « ... il est ennuyeux d'être en hiver parce que l'on grelotte, en été parce qu'on sue ; »
GAUTIER, Mˡˡᵉ de Maupin, XI.

3 « Emma, ivre de tristesse, grelottait sous ses vêtements et se sentait de plus en plus froid aux pieds, avec la mort dans l'âme. »
FLAUB., Mᵐᵉ Bov., III, V.

4 « C'était en hiver, un mois de décembre très froid, elle grelottait a demi nue dans des guenilles, ses pauvres petits pieds tout rouges dans des sabots. »
HUGO, Misér., V, VI, III.

5 « ... tout le monde grelottait, tout le monde avait la fièvre, et c'était pitié de voir ces visages jaunes, tirés, les yeux cerclés, trop grands, de ces malheureux condamnés se trainer, pendant trois mois, sous ce soleil inexorable... »
DAUDET, Lettres de mon moulin, En Camargue, IV.

6 « ... (il) courut se débarbouiller à l'eau glacée dans la minuscule cuvette. Il grelottait et claquait des dents. »
MAC ORLAN, Quai des Brumes, X, p. 147.

‖ 2° Émettre un bruit de grelot. *Chaînes d'attelage* (cit. 1 HUGO) *qui grelottent au vent du matin.*

7 « Juste au-dessus de sa tête, un timbre, aigu et perforant comme une vrille, grelottait interminablement. »
MART. du G., Thib., t. IV, p. 285.

DER. — Grelottant, ante. adj. (XIXᵉ s.). Qui grelotte. *Elle est toute grelottante.* — Grelottement. n. m. (XIXᵉ s.). *Peu usit.* Action de grelotter. *Être secoué de grelottements.* Bruit d'un objet qui grelotte. *Le grelottement d'une sonnette.*

1 « L'aurore grelottante en robe rose et verte... »
BAUDEL., Fl. du mal, Crépusc. du matin.

2 « ... ce grelottement sourd de ferrailles funèbres, ... »
HUGO, Lég. des siècles, VI, II, Montfaucon, 2.

3 « Je m'étonne de donner une forme écrite aux souvenirs que déclenche un grelottement de sonnette. C'est qu'on se lasse de tout, même de se taire. »
COLETTE, Étoile Vesper, p. 42.

4 « ... presque toutes les maisons avaient un malade dans son cocon de draps et de couvertures, ratatiné et grelottant. »
GIONO, Jean le Bleu, IX, p. 287.

GRELUCHON. n. m. (1725 d'apr. BLOCH ; orig. incert.). *Vieilli.* Amant de cœur d'une femme qu'un autre homme entretient. *Payer les dettes de son greluchon.*

1 « Je ne sais comment faire avec les dames, qui veulent que je loue leurs cousins et leurs greluchons. »
VOLT., Lettre à Cideville, 30 mai 1745.

« Elle s'arracha de mes bras au petit jour, avec mille serments de me rejoindre bientôt, m'appelant son âme, sa vie, et son greluchon. »
FRANCE, Rôtiss. Reine Pédauque, Œuvr., t. VIII, p. 143.

GRÉMIAL. n. m. (1542 ; du lat. eccl. *gremiale*, de *gremium*, « giron »). *Liturg. rom.* Morceau d'étoffe brodée que l'on place sur les genoux d'un évêque officiant, lorsqu'il s'assied. *Des grémiaux.*

GRÉMIL. n. m. (XIIIᵉ s. ; de *grès**, et anc. fr. *mil*, « millet* »). *Bot.* Plante dicotylédone (*Borraginées*), appelée herbe aux perles, herbacée, annuelle ou vivace. *Le grémil officinal, ou thé de Fontainebleau, connu pour ses propriétés diurétiques.* — *Grémil des teinturiers* (V. Orcanette).

GRÉMILLE. n. f. (1802). *Zool.* Poisson acanthoptérygien (*Percidés*), petite perche sans écailles, vivant en eau douce sur les fonds de gravier. *La grémille porte des noms variés : grémeuille, greuillet, grimau, goujon, perchat, perche, goujonnière.*

GRENACHE. n. m. (XIVᵉ s. ; *garnache* au XIIIᵉ s. ; de l'ital. *vernaccia*, de la ville de *Vernazza*, d'apr. COROMINAS). Cépage noir, à gros grains, cultivé dans le Languedoc, le Roussillon. — Vin produit par ce cépage.

GRENADE. n. f. (XVᵉ s. ; *pume* (pomme) *grenate* au XIIᵉ s. ; empr. du lat. *granatum*, « fruit à grains », par l'intermé. d'un dial. ital.).

‖ 1° Fruit du grenadier*, baie ronde de la grosseur d'une orange, renfermant de nombreux pépins entourés d'une pulpe rouge. *Grains de grenade. Saveur aigrelette des grenades. Sirop de grenade ou grenadine* (Cf. Bézoar, cit.).

1 « La grenade entr'ouverte au fond de ses réseaux
Nous laisse voir l'éclat de ses rubis nouveaux. »
CHÉNIER, Bucoliques, Damalis.

2 « Tu sais, ma passion, que, pourpre et déjà mûre,
Chaque grenade éclate et d'abeilles murmure ; »
MALLARMÉ, Après-midi d'un faune.

3 « Nathanaël, te parlerai-je des grenades ?
On les vendait pour quelques sous, à cette foire orientale,
Sur des claies de roseaux où elles s'étaient éboulées...
Leur jus est aigrelet comme celui des framboises pas mûres. »
GIDE, Nourrit. terrestres, IV, III, Ronde de la grenade.

4 « Si les soleils par vous subis,
Ô grenades entrebâillées,
Vous ont fait d'orgueil travaillées
Craquer les cloisons de rubis, | Et que l'or sec de l'écorce
À la demande d'une force
Crève en gemmes rouges de
[jus, ... »
VALÉRY, Charmes, Les grenades.

— Fig. :

5 « ... une bouche de grenade, qui en s'entr'ouvrant laissait voir une double file de perles d'Orient... »
GAUTIER, La mille et deuxième nuit (in Fortunio, p. 287).

‖ 2° *Par anal.* (1520). Projectile formé d'une charge d'explosif enveloppée de métal, muni d'un détonateur pour en régler l'explosion. *Grenade à main, à fusil. Grenade fusante, percutante. Grenade fumigène, suffocante, incendiaire. — Dégoupiller une grenade avant de la lancer. Être blessé, tué par un éclat* (cit. 2) *de grenade. Grenade sousmarine,* contre les submersibles.

6 « ...j'y fus blessé à la jambe d'un coup de grenade... »
                                                MOL., **Préc. rid.,** 11.

7 « ...il balance pendant plusieurs secondes une grenade. Elle va éclater... Elle disparaît dans le trou. L'engin a explosé aussitôt arrivé, et un horrible écho humain lui a répondu dans les entrailles de la terre. »   BARBUSSE, **Le feu,** XX.

— *Par ext.* Ornement de l'uniforme des soldats du génie, des sapeurs-pompiers... *Grenade de képi, d'écusson.*

COMP. — Lance-grenades.

DER. — Cf. Grenat. — **Grenadage.** *n. m.* (vers 1914). Action de lancer des grenades contre un ennemi. *Le grenadage d'un sous-marin.* — **Grenader.** *v. tr. et intr.* (néol.). Attaquer à la grenade. — **Grenadier*.** — **Grenadeur.** *n. m.* Appareil servant au lancement des grenades sous-marines. — **Grenadière.** *n. f.* (1680). Gibecière à grenades. — **Grenadille.** *n. f.* (1694). Nom vulgaire de la passiflore*. — **Grenadin.** *n. m. Ornith.* Petit oiseau d'Afrique (XVIIIᵉ s. BUFF.). *Bot.* Variété d'œillet. *Cuis.* Petit fricandeau. *Un plat de grenadins de veau au jus* (ACAD.). Volaille farcie. — Adj. *Sirop grenadin* (1866) : sirop fait avec du jus de grenade (on dit surtout *grenadine*). — **Grenadine.** *n. f.* (fin XIXᵉ s.). Sirop fait de jus de grenade (Cf. Fantaisie, cit. 12). — *Text.* (1829). *Étoffe de grenadine,* dont les fils sont constitués par deux brins fortement tordus.

GRENADIER. *n. m.* (1425 ; de *grenade,* 1°).

‖ 1° Plante dicotylédone (*Granatées*), scientifiquement appelée *punica,* arbrisseau épineux à feuillage persistant, qui produit la grenade*. *Fleurs rouges du grenadier* (Cf. Épanouir, cit. 8). *L'écorce de la racine de grenadier contient du tanin et un alcaloïde* (pelletiérine). *Le balaustier*, grenadier sauvage* (V. **Balauste**).

1 « Le logis est entouré de treilles et de grenadiers en pleine terre, de là vient le nom donné à cette closerie. »
                                                BALZ., **La grenadière,** Œuvr., t. II, p. 184.

2 « Rapporté des environs de Carthage par les Romains, le grenadier commun (*P. granatum*) est cultivé encore aujourd'hui dans le sud de l'Europe et dans les Antilles· pour ses fruits et pour ses fleurs. »
                                                POIRÉ, **Dict. sciences.**

‖ 2° (1667). Soldat spécialisé dans le lancement des grenades et *par ext.* Soldat d'élite. *Régiment de grenadiers. Grenadiers de la Garde Impériale* (Cf. Exploit, cit. 5). *On recrutait les grenadiers parmi les hommes de haute taille. Les deux grenadiers,* célèbre ballade de H. Heine. — Par métaph. *Un vrai grenadier* : un homme de grande taille, une femme grande, d'allure virile. *Boire, jurer comme un grenadier* (Cf. Éreinter, cit. 3).

3 « Ces grenadiers couverts de blessures, vainqueurs de l'Europe, qui avaient vu tant de milliers de boulets passer sur leurs têtes, qui sentaient le feu et la poudre ; »
                                                CHATEAUB., **M. O.-T.,** t. III, p. 315.

4 « Quand les hauts bonnets des grenadiers de la garde avec la large plaque à l'aigle, apparurent, symétriques, alignés, tranquilles, superbes, dans la brume de cette mêlée, l'ennemi sentit le respect de la France ; »   HUGO, **Misér.,** II, I, XII.

‖ 3° *Zool.* V. **Macroure.**

GRENAILLE. *n. f.* (1354 ; du rad. de *grain**).

‖ 1° Rebut de graines dont on nourrit les volailles.

‖ 2° Métal réduit en grains. *Grenaille d'acier.* — Par ext. *Cartouche chargée de grenaille de plomb,* de menus grains pour tuer les petits oiseaux.

DER. — **Grenaillement.** *n. m.* (1866 LITTRÉ). Action de réduire en grenaille. — **Grenailler.** *v. tr.* (1757). Mettre en petits grains. *Grenailler du plomb. Métal grenaillé.*

GRENAISON. V. GRENER (dér.).

GRENAT. *n. m.* (XIIᵉ s. ; de *grenate,* adj. V. **Grenade**). *Minéral.* Pierre* précieuse très dure (silicates complexes), généralement de la couleur des grains de la grenade mûre. *Grenat d'un beau rouge. Grenat almandin ou almandine.* V. **Alabandine, escarboucle** (cit. 1). *L'idocrase, grenat quadratique. Variété noire de grenat.* V. **Pyrénéite.** — Par ext. *Couleur grenat* ou ellipt. *Grenat. Une étoffe grenat. Velours grenat* (Cf. Canapé, cit. ; capiton, cit. 1). V. **Rouge.**

GRENER. *v. intr. et tr.* (XIIᵉ s. ; du rad. de *grain**).

‖ 1° V. *intr.* Produire de la graine. *Herbe qui grène abondamment. Le blé grène mal cette année.*

‖ 2° V. *tr.* Réduire en petits grains. *Grener de la terre,* l'émietter. *Grener du sel, du sucre. Poudre grenée.* — Par ext. *Grener une peau.* V. **Greneler.**

‖ **GRENÉ, ÉE.** adj. Qui offre à la vue ou au toucher une multitude de petits grains très rapprochés. V. **Grenu.** *Dessin grené, cuir grené.* Substant. *Un beau grené, le grené d'une gravure, d'une reliure de peau.*

DER. — **Grenaison.** *n. f.* (1752). *Agric.* Formation du grain des céréales. *La grenaison a été précoce cette année.* — **Grènerie, grèneterie,**

grènetier. — Cf. Graineie, graineterie, grainetier. — **Grenage.** *n. m.* (1730). *Technol.* Action de réduire en grains (la poudre à canon, le sucre...). — **Greneler** (se conj. comme *appeler*). *v. tr.* (1611). Préparer une peau, un papier de telle sorte qu'il paraisse couvert de grains. *Greneler une reliure. Une peau grenelée.* — **Grènetis.** *n. m.* (1690 ; *greneïs* au XIVᵉ s.). Cordon fait de petits grains au bord des monnaies, des médailles. V .**Crénelage.** *On ne peut rogner les bords d'une pièce ornée de grènetis sans qu'il y paraisse* (on dit aussi *grèneture*). — **Greneur.** *n. m.* (fin XIXᵉ s.). Ouvrier qui donne le grain aux pierres ou aux plaques de métal utilisées en gravure. — **Greneuse.** *n. f.* (fin XIXᵉ s.). Machine employée pour grener* le cuir. — **Grenure.** *n. f.* (1757). État du cuir grené. Action de grener les parties ombrées d'une gravure.

GRENIER. *n. m.* (XIIᵉ s. ; du lat. *granarium,* de *granum,* « grain »).

‖ 1° Partie d'un bâtiment rural, d'ordinaire située sous les combles, où l'on conserve les grains et les fourrages. V. **Fenil, grange, pailler.** *Serrer les foins, le blé au grenier. Les greniers se sont emplis de foin** (cit. 3). *Grenier à blé** (cit. 10). *Par ext.* V. **Silo.** Par anal. *Grenier à sel*. Greniers publics, greniers d'abondance organisés par la Convention.* V. **Magasin.** — *Fig.* Pays, contrée fertile, qui produit beaucoup de blé. *La Beauce et la Brie, greniers de la France.*

1 « (Mᵐᵉ de Neuillan) la (Mˡˡᵉ d'Aubigné) donc de la clef de son grenier pour donner le foin et l'avoine. » ST-SIM., **Mém.,** I, XLIX.

2 « Et c'était ainsi que la Beauce, l'antique grenier de la France, la Beauce plate et sans eau, qui n'avait que son blé, se mourait peu à peu d'épuisement... »   ZOLA, **La terre,** II, V.

3 « On sait combien est fertile et mouvementée cette terre (*la Sicile*), qui fut appelée le grenier de l'Italie, que tous les peuples envahirent et possédèrent l'un après l'autre... »   MAUPASSANT, **Vie errante,** La Sicile.

4 « Trente et trois années de fertilité vinrent donc ; et le blé ayant été mis en gerbes, fut serré ensuite dans les greniers d'une Égypte éternelle. »
                            PÉGUY, **Myst. des saints Inn.** (Œuvr., p. 393, éd. Pléiade).

5 « Maintenant plus que jamais, il veut sentir son avenir comme un grenier chargé de ressources abondantes. »
                            ROMAINS, **H. de b. vol.,** t. IV, XIX, p. 210.

6 « Sous la lucarne du grenier, avec sa poulie de bois et sa corde, s'ouvrent deux petites fenêtres d'où s'échappe une odeur de maïs et de fruits. »   BOSCO, **Jard. d'Hyacinthe,** Borisols, I.

‖ 2° *Par ext.* Étage supérieur d'une maison sous les combles. V. **Comble** (Cf. Arpenter, cit. 4 ; brisis, cit. ; coiffer, cit. 16 ; comporter, cit. 4 ; fatras, cit. 5). *Mettre des hardes, des meubles, des objets inutilisables au grenier. Reléguer un tableau au grenier. Grenier poussiéreux, sombre, éclairé par une simple lucarne* (Cf. Araignée, cit. 10). *En être réduit à loger au grenier.* V. **Mansarde.** *Aménager un grenier en débarras. Grenier où l'on monte par un escalier, une échelle* (Cf. Faire, cit. 216). — *Fouiller une maison de la cave au grenier :* depuis le bas jusqu'en haut.

— *Allus. litt. Dans un grenier, qu'on est bien à vingt ans !* refrain d'une chanson de Béranger (1829), qu'on cite généralement par ironie (Cf. Étudiant, cit. 4). — *Le grenier des Goncourt,* étage élevé de la villa des frères Goncourt à Auteuil où ceux-ci tenaient des réunions littéraires (Cf. *infra,* cit. 9 VALÉRY).

7 « Au-dessus de ce troisième étage étaient un grenier à étendre le linge et deux mansardes où couchaient un garçon de peine, nommé Christophe, et la grosse Sylvie, la cuisinière. »
                            BALZ., **Père Goriot,** Œuvr., t. II, p. 854.

8 « Aveugle, goutteuse, presque sourde, elle vivait seule dans un grenier : »   MUSS., **Nouvelles,** Croisilles, VI.

9 « ... quelques ateliers bouillonnante du mélange écumant des arts. Même un grenier (*celui des Goncourt*) devint illustre ; et le seul grenier au monde capable d'une telle fécondité, il enfanta une Académie excellente qui s'accorde aimablement avec son aînée, et dont il vous plaira, Messieurs, que je salue les gloires et les talents au passage. »
                            VALÉRY, **Variété IV,** p. 12.

10 « A dix ans, nous trouvions refuge dans la charpente du grenier. Des oiseaux morts, de vieilles malles éventrées, des vêtements extraordinaires : un peu les coulisses de la vie. »
                            ST-EXUP., **Courrier Sud,** III, III.

11 « Un grenier éclairé par une lucarne. Pêle-mêle d'objets hétéroclites : des malles ; un vieux fourneau, un mannequin de couturière. »
                            SARTRE, **Morts sans sépulture** (décor du 1ᵉʳ tableau).

GRENOUILLE. *n. f.* (1488 ; altér. de l'anc. franç. *reinoille* (XIIᵉ s.), du lat. pop. *ranucula,* dimin. de *rana,* « grenouille ». V. **Raine, rainette, ranidés**).

‖ 1° *Zool.* Batracien (ou amphibien) anoure (sous-ordre des *Phanéroglosses*) aux pattes postérieures longues et palmées. *Des œufs de grenouille sortent les têtards, qui mènent une vie exclusivement aquatique. Grenouilles vertes.* V. **Rainette.** *Friture de cuisses de grenouille. Grenouille rousse.* V. **Roussette.** *Pêche à la grenouille. Mare aux grenouilles. Coassement* (V. **Coasser,** dér. cit. 1 et 2) *des grenouilles. Grenouille-taureau,* énorme grenouille d'Amérique. *Expériences de physiologie sur les grenouilles* (Cf. Curare, cit. et aussi Aplatir, cit. 6).

— *Allus. litt. La grenouille qui veut se faire aussi grosse que le bœuf,* fable de La Fontaine (I, 3). — *Les grenouilles qui demandent un roi* (Ibid. III, 4). *Le combat des rats et des grenouilles,* ou *Batrachomyomachie,* poème grec antique parodiant les exploits de l'Iliade. — *Les Grenouilles,* comédie d'Aristophane. — *Allus. bibl. Les grenouilles d'Égypte.*

1 « Aaron étendit sa main sur les eaux d'Égypte, et les grenouilles en sortirent et couvrirent la terre d'Égypte. »
BIBLE (SACY), **Exode**, VIII, 6

2 « Les reines des étangs, grenouilles veux-je dire
(Car que coûte-t-il d'appeler
Les choses par noms honorables ?) »
LA FONT., **Append. fabl.**, Le soleil et les grenouilles.

3 « ... l'ornière est pleine d'eau, la grenouille y fait tranquillement ses têtards... »
BALZ., **Les paysans**, Œuvr., t. VIII, p. 16.

4 « En ramassant un fruit dans l'herbe qu'elle fouille,
Chloris vient d'entrevoir la petite grenouille
Qui, peureuse et craignant justement pour son sort,
Dans l'ombre se détend soudain comme un ressort, ... »
SAMAIN, **Aux flancs du vase**, La grenouille.

5 « Le peuple vert des grenouilles avait presque suspendu dès l'aurore son concert : seules encore, dans le matin, quelques solistes enragées, au goitre blanc, gonflant leur membrane tympanique à fleur de peau, avaient lancé leur chant monotone de croa, croax, corex, croex. »
PERGAUD, **De Goupil à Margot**, Évasion de la mort.

— Par plaisant. *Sirop de grenouille :* l'eau (à boire).

— PROV. *Il n'y a pas de grenouille qui ne trouve son crapaud :* il n'est pas de fille si laide qui ne trouve son mari.

‖ **2°** *Fig.* et *pop.* Tirelire en forme de grenouille, et *par ext.* Somme d'argent mise en réserve par une association quelconque. *Le caissier a mangé, fait sauter la grenouille* (Cf. Faire sauter la caisse).

6 « Trompe-la-Mort a mangé la grenouille, et je sais qu'*ils* ont juré de l'exterminer. »
BALZ., **Splend. et mis. des courtis.**, Œuvr., t. V, p. 949.

‖ **3°** (Techn.) *Mar.* Garniture d'un réa* de poulie.

DER. — Grenouillère. *n. f.* (1534). Lieu marécageux. — Bain d'eau courante peu profonde où l'on barbote. *La Grenouillère*, titre de tableaux célèbres de Cl. Monet et A. Renoir. — Grenouillette. *n. f.* (XVIIIe s.). — *Bot.* Espèce de renoncule. *Méd.* Tumeur placée sous la langue.

GRENU, UE. *adj.* (XIIIe s. ; de *grain*).

‖ **1°** *Bot.* Riche en grains. *Épis grenus.*

‖ **2°** En parlant de la peau, des tissus, des cuirs, dont le grain est apparent. *Du chagrin* grenu. *Un marbre grenu. Un cou grenu* (Cf. Cheveu, cit. 5). Substant. *Admirer le grenu d'une colonne antique.* V. **Grené.**

1 « ... les stigmates de la petite vérole sont franchement indiqués sur ce visage d'un rose significatif marbré de légères taches blanches. On sent bien le grenu de la peau, cette espèce de semoule qu'y laisse la terrible maladie. »
L. BERTRAND, **Louis XIV**, I, I.

2 « ... un cognassier de la Chine, fruit grenu, feuillage de zinc bleu gondolé, fleur rose et comme humide encore d'aquarelle... »
COLETTE, **Pour un herbier**, p. 65.

GRÈS, *n. m.* (XIIe s. ; du francique *greot*, « gravier »).

‖ **1°** *Minér.* Roche sédimentaire formée de petits éléments (V. **Sable**) unis par un ciment de nature variable (siliceux, calcaire, etc.). *Les grès, roches détritiques cohérentes, à éléments plus petits que les conglomérats*. *Grès siliceux, calcaires, ferrugineux* (grès rouge des Vosges), *glauconieux* (renfermant des nodules de phosphate de chaux), *gypseux, bitumineux. Grès feldspathique* (arkose), *grès brun à ciment ferrugineux* (V. **Alios**), *grès micacé* (psammite). *Les quartzites, grès siliceux très durs et cohérents, à cassure luisante, peuvent être d'origine sédimentaire ou métamorphique. Les tufs* *peuvent être rattachés au groupe des grès. Grès calcaires tendres entrant dans la constitution des mollasses*. *Grès roussard, grès bigarré. Carrière de grès.* V. **Grésière** (*infra*, dér.). *Le grès est réfractaire au feu* (Cf. Argile, cit. 1). — *Le grès est utilisé pour le pavage, la construction. Pavé, moellon de grès. Meule, poudre de grès, utilisées pour poncer.* V. **Gréser** (*infra*, dér.) ; **abrasif.**

1 « Le grès que les ouvriers appellent *grisar* est si dur et si difficile à travailler, qu'ils le rebutent même pour n'en faire que des pavés... »
BUFF., **Hist. nat. min.**, Du grès.

2 « De là l'on distingue toute la vallée, coupée d'étangs et de rivières, avec les longs espaces dénudés qu'on appelle le Désert d'Ermenonville, et qui n'offrent que des grès de teinte grise, entremêlés de pins maigres et de bruyères. »
NERVAL, **Filles du feu**, Angélique, X.

3 « On désigne sous le nom de *sables* celles (*les roches psammitiques*) dont les éléments ne sont pas agrégés ; sous le nom de *grès*, celles dont les particules intégrantes sont réunies par un ciment quelconque. »
HAUG, **Traité de géol.**, t. I, p. 108.

4 « Les grès résistent bien à l'érosion et constituent souvent l'ossature du relief des régions sableuses (forêt de Fontainebleau)... Les grès siliceux à grain fin et les quartzites sont certainement les roches les plus résistantes à l'érosion et à toute altération... Par contre les grès calcaires, les mollasses, et les grès à grain grossier résistent mal et présentent des formes molles. »
POMEROL et FOUET, **Les roches sédimentaires**, pp. 124-125 (éd. P.U.F.).

‖ **2°** (1330). Terre glaise mêlée de sable fin dont on fait des poteries*. *Vases, cornues, chopes, creusets en grès. Pichet, pot de grès. Grès cérame*. Grès flammés ou flambés*, poteries ornementales recouvertes d'une couche irrégulière d'oxydes de fer qui prennent à la cuisson la forme de flammes.

DER. — Grésage. *n. m.* (1872). Action de gréser. V. **Polissage.** — Gréser. *v. tr.* (1676). Polir, poncer* avec une meule de grès, de la poudre de grès. *Spécialt.* Rogner les pointes du verre à vitre après l'avoir coupé au diamant (V. **Grésoir**). — Gréseux, euse. *adj.* (1829). De la nature du grès ; contenant du grès. *Bloc gréseux ; roche gréseuse.* — Gréserie (1704, *Gresserie*) ou Grésière (1801). *n. f.* Carrière d'où l'on extrait le grès. *Par ext.* (sous la forme *Gresserie*). Construction en pierres de grès. *Cette tour est faite de gresserie* (ACAD.). Poterie de grès. — Grésillon. *n. m.* (1811). — (1875) Charbon en petits morceaux. *Du grésillon d'anthracite.* — Grésoir. *n. m.* (1636). Instrument du vitrier servant à gréser le verre coupé au diamant. V. **Grugeoir.** *Façonner une vitre au grésoir.*

GRÉSIL. (*gré-zi*, ou plus couramment, *gré-zil'*). *n. m.* (vers 1100 ROL. ; selon WARTB., d'un anc. francique *grisilôn*. V. **Grêle**). Variété de grêle*, menue, blanche et dure qui tombe surtout au printemps. *Ce n'est pas de la neige qui tombe, c'est du grésil.* *Les grains de grésil sont parfois couverts d'une couche de glace transparente, « qui indique un commencement de fusion suivie d'une nouvelle solidification »* (POIRÉ). *Pluie mêlée de grésil. Couche blanche et argentée de grésil* (V. **Frimas**).

1 « Sous les ifs et les pins qu'argente le grésil, »
VERLAINE, **Amour**, Pensée du soir.

2 « Décembre envoyait des poignées de grésil contre les vitres. »
DAUDET, **Pet. Chose**, II, XV.

3 « ... la bise piquait, et un fin grésil, glissant sur les vêtements sans les mouiller, gardait fidèlement la tradition des Noëls blancs de neige. »
ID., **Lett. de mon moulin**, Trois messes basses.

4 « ... un vent froid s'était levé, mouillé d'aiguilles de grésil. »
DUHAM., **Pasquier**, VII, XXVI.

DER. — Grésiller 1.

GRÉSILLEMENT. *n. m.* (1721 ; de *grésiller* 2 ; interférence avec *grésil*). Crépitation* analogue à celle du grésil qui tombe, à celle de certaines substances sur le feu, etc. V. **Crépitement** (dér. de *Crépiter*). *Grésillement de la graisse répandue sur un réchaud. Grésillement dans un appareil* (cit. 15) *téléphonique.* V. **Friture** (fig.).

1 « Lorsqu'on mêle le mercure avec le zinc en fusion, il se fait un bruit de grésillement, semblable à celui de l'huile bouillante dans laquelle on trempe un corps froid ; »
BUFF., **Hist. nat. min.**, Du mercure.

2 « Nous entendions aussi un froissement de palmes proche et le grésillement du sable qui cheminait et pleuvait finement contre les murs... »
COLETTE, **Prisons et paradis**, Ouled-Naïl, p. 130.

3 « On entendait le grésillement du jet d'eau, le ricanement des rainettes autour du bassin de la plage, et, par moments, des voix de promeneurs le long de la palissade du jardin. »
MART. du G., **Thib.**, t. II, p. 193.

— *Spécialt.* Cri* du grillon (on dit aussi *Grésillonnement*).

4 « L'air paisible était tout criant du grésillement des courtilières, des grillons et des sauterelles. »
GIONO, **Chant du monde**, III, I.

1. GRÉSILLER. *v. impers.* (début XIIe s. ; de *grésil*). Peu usit. Se dit du grésil qui tombe. *Il a plu et grésillé toute la journée.*

2. GRÉSILLER. *v. tr.* et *intr.* (XIVe s. ; altér. de *gredller*, var. rég. de *griller*, sous l'infl. de *grésiller* 1).

‖ **1°** *V. tr.* (peu usit.). Déterminer un plissement, un racornissement, sous l'action de la chaleur. V. **Racornir, sécher...** *Le soleil a grésillé toutes les fleurs du massif. Le feu a grésillé ce parchemin* (ACAD.).

‖ **2°** *V. intr.* (par rapprochement entre le bruit d'une matière grésillée par la chaleur et le bruit du grésil qui tombe). V. **Grésiller** 1). Produire un crépitement* rapide et assez faible (V. **Crépiter ; grésillement**). *Huile qui grésille sur le feu. On entend grésiller un insecte, un grillon...*

1 « La pluie tombait et grésillait sur le vitrage... »
SAND, **Petite Fadette**, XXXII.

2 « ... le cierge s'était éteint en grésillant dans l'eau-de-vie... »
J. et J. THARAUD, **A l'ombre de la croix**, p. 171.

3 « ... l'air bourdonne de taons et de guêpes, la libellule grésille... »
COLETTE, **Paix chez les bêtes**, Les papillons.

4 « L'omelette grésillait dans la poêle... »
GENEVOIX, **Raboliot**, II, III.

DER. — Grésillement.

GRESSIN. *n. m.* (*Grissin* in P. LAROUSSE 1872 ; de l'ital. *grissino*). Petite flûte de pain biscotté.

GRÈVE. *n. f.* (XIIe s. ; lat. pop. *grava*. V. **Grave** 2, **gravier**).

‖ **1°** Terrain plat, formé de sables, de graviers... et situé au bord de la mer ou d'un cours d'eau. V. **Bord, lais, plage, rivage.** *À partir de cet endroit de la côte*, *la grève fait place à des falaises, à des rochers. Grève large, étroite. Grève nue, déserte* (Cf. Aigre, cit. 7). *S'asseoir, se reposer sur la grève, au bord d'un lac* (Cf. Asile, cit. 22). *S'endormir* (cit. 17) *près de la grève. Flots, vagues qui déferlent sur la grève ; mer qui s'assoupit, vient mourir, s'endorment* (cit. 27) *sur la grève* (Cf. Argenter, cit. 6 ; assoupissement, cit. 5 ; avant, cit. 46). *Terrain qui s'incline vers la grève*

(Cf. Contrebas, cit. 1). *Grève formée de sables mouvants, où l'on s'enlise* (cit. 1). *Terrains des grèves de la Gironde.* V. **Grave** 2.

1 « J'avais pris l'habitude d'aller les soirs m'asseoir sur la grève, surtout quand le lac était agité. Je sentais un plaisir singulier à voir les flots se briser à mes pieds. » ROUSS., Conf., XII.

2 « À l'extrémité d'une côte dangereuse, sur une grève où croissent à peine quelques herbes dans un sable stérile, s'élève une longue suite de pierres druidiques... » CHATEAUB., Martyrs, X.

3 « Que j'aime à contempler dans cette anse écartée
La mer qui vient dormir sur la grève d'argent,
Sans soupir et sans mouvement. » LAMART., Harm., I, X.

4 « Voyez, à notre gauche, ce tas de cendres qu'on appelle ici une dune, la digue grise à notre droite, la grève livide à nos pieds et devant nous, la mer couleur de lessive faible, le vaste ciel où se reflètent les eaux blêmes. » CAMUS, La chute, p. 86.

— *Par ext.* Banc de sable mobile. *Les grèves de la Loire.*

— Spécialt. *La Grève, la place de Grève.* Place de Paris située au bord de la Seine (Cf. Cité, cit. 9) à l'emplacement de l'actuel Hôtel de Ville. Les exécutions publiques avaient lieu à la Grève. *Être roué, décapité, pendu en Grève. Les ouvriers attendaient l'embauche sur la place de Grève* (Cf. *infra,* Faire grève, et 2º).

5 « *(La Brinvilliers)* fut menée devant Notre-Dame, où elle fit amende honorable, et de là en Grève, accompagnée de M. Pirrot, docteur en théologie, qui lui aida à monter sur l'échafaud. » Gazette d'Amsterdam, 28 juillet 1676 (in SÉV., 557, note).

6 « C'était de tous points un misérable, fort déshonoré, qui, à force d'aventures honteuses, fut obligé de se laisser déshériter et de prendre la croix de Malte. Il fut pendu en effigie à la Grève... » ST-SIM., Mém., I, XXVI.

7 « La place de Grève... était anciennement un grand terrain inutile, sur lequel la rivière jetait quantité de gravier, d'où lui vient sans doute le nom qu'elle porte... » ENCYCL. (DID.), art. Paris.

8 « La Grève avait dès lors cet aspect sinistre que lui conservent encore aujourd'hui l'idée exécrable qu'elle réveille, et le sombre Hôtel de Ville de Dominique Bocador... Il faut dire qu'un gibet et un pilori permanents, une justice et une échelle, comme on disait alors, dressés côte à côte au milieu du pavé, ne contribuaient pas peu à faire détourner les yeux de cette place fatale, où tant d'êtres pleins de santé et de vie ont agonisé ; » HUGO, N.-D. de Paris, II, II.

9 « Une foule innombrable de turlupins, de béquillards, de gueux de nuit accourus sur la grève, dansaient des gigues devant la spirale de flamme et de fumée. » A. BERTRAND, Gaspard de la nuit, La tour de Nesle.

— Vx. *Faire grève,* « se tenir sur la place de Grève, en attendant de l'ouvrage, suivant l'habitude de plusieurs corps de métiers parisiens » (LITTRÉ). *Être en grève.* V. **Chômage.**

‖ 2º *Par ext.* (1805). Cessation volontaire et collective du travail décidée par des salariés pour obtenir des avantages matériels ou moraux. V. **Arrêt** (de travail), **coalition, débrayage,** ... (Cf. Appartenir, cit. 35). *Faire grève, se mettre en grève. Syndicat* qui décide, déclare la grève, lance un ordre de grève* (Cf. Coup., cit. 31). *Grève destinée à appuyer des revendications professionnelles, une demande d'augmentation des salaires, une amélioration des conditions du travail. Grève d'un corps de métier, de fonctionnaires, de postiers* (Cf. Débat, cit. 7), *de cheminots. La grève, arme politique, moyen de pression sur le gouvernement* (grève politique). *Grève de solidarité. — Grève partielle. Grève générale* (Cf. Éblouissant, cit. 6 ; essai, cit. 14). *Grève perlée*. Grève tournante,* qui affecte successivement tous les secteurs de production. *Grève sur le tas, grève des bras croisés,* les ouvriers, les employés, présents à leur centre de travail, demeurant inactifs. *Grève avec occupation d'usines. Comité de grève,* qui la décide et la dirige. *Piquet* de grève. Travaux interrompus par les grèves. — Par ext. Grève du lait,* interruption volontaire dans la livraison, le ramassage ou la distribution du lait. *Grève du gaz, de l'électricité, des transports, des taxis, des examens... Grève de l'impôt :* refus concerté et collectif d'acquitter les contributions légales. — *Briser* (cit. 19) *une grève ; briseur de grève. Ouvriers qui refusent de faire la grève.* V. **Jaune, renard.** *Contraindre des ouvriers à faire grève, en violant la liberté du travail. Laisser pourrir une grève. Répondre à la grève par un lock-out*.*

10 « Jamais il n'aurait haussé les salaires, à la suite de la dernière grève, sans la nécessité où il s'était trouvé d'imiter Montsou (*une mine où l'on avait augmenté les salaires*), de peur de voir ses hommes le lâcher. » ZOLA, Germinal, II, p. 8.

11 « C'est dans les grèves que le prolétariat affirme son existence. Je ne puis me résoudre à voir dans les grèves quelque chose d'analogue à une rupture temporaire de relations commerciales qui se produirait entre un épicier et son marchand de pruneaux, parce qu'ils ne pourraient s'entendre sur les prix. La grève est un phénomène de guerre ; c'est donc commettre un gros mensonge que de dire que la violence est un accident appelé à disparaître des grèves. » G. SOREL, Réflexions sur la violence, pp. 433-434.

12 « Ces événements, qui étaient la grève des postiers, d'autres grèves de moindres dimensions qui ne cessaient de bouillonner çà et là, et la grève générale, dont on commençait à parler non plus comme d'un mythe grandiose, mais comme d'une échéance précise et prochaine... » ROMAINS, H. de b. vol., t. V, XXIV, p. 222.

13 « ... la puissance de grève dépend de la nécessité plus ou moins pressante, que l'on passe comme une chaîne au cou des pouvoirs. Il y a de la force et une sorte de guerre dans la grève.

Toutefois l'acte de grève n'est nullement violent par lui-même ; il n'est rien ; il n'est que refus, il n'est qu'absence.

Je me suis trouvé un jour à deux pas de la grève des examinateurs (c'est une vieille histoire) ; je m'attendais que l'ordre de grève ; j'étais décidé à le suivre. Cela va tout seul. Mais répondre à une question sur le droit de grève, c'est tout autre chose ; » ALAIN, Propos, 1934, Droit des fonctionnaires.

14 « On a pris l'habitude de considérer la grève générale un peu comme la tarasque, mais un jour viendra où les syndicats seront assez forts pour la réaliser. Allez, ce sera du joli. L'eau, le gaz, l'électricité, le pain, tout manquera. » ARAGON, Beaux quartiers, I, VII.

15 « La route séparait deux mondes : en face de l'usine, les piquets de grève regardaient l'usine. Contre l'usine, les gardes, le concierge regardaient les grévistes. » P. NIZAN, Cheval de Troie, VI.

16 « Le droit de grève s'exerce dans le cadre des lois qui le réglementent. » CONSTITUTION de 1946, Préambule, alinéa 6.

17 « La grève *(dans les services publics)* porte atteinte à la continuité indispensable des services publics. D'après une jurisprudence déjà ancienne, elle est illicite... Le problème a pris un aspect nouveau avec la Constitution de 1946... Il résulte d'un arrêt du Conseil d'État du 7 juillet 1950... que, dans la carence du législateur, il appartient au Gouvernement d'apporter à l'exercice du droit de grève dans les services publics les limitations qu'il juge nécessaires sous le contrôle du juge... » L. ROLLAND, Droit administ., 130, p. 107 (éd. Dalloz).

— *Par ext. Faire la grève de la faim* (en parlant de prisonniers, de détenus...) : refuser de manger, en manière de protestation.

DER. — (sens 1) **Gravats, gravatier, gravelle, graveleux, gravelure, gravier.** Cf. **Engraver.** — (sens 2) **Gréviste.** *n.* (1821 CHATEAUB., Corresp.). Salarié qui fait grève*. *Une foule de grévistes* (Cf. Conspuer, cit.). *Collecte au profit des grévistes. Les grévistes ont envoyé une délégation. Négocier la reprise du travail avec les grévistes. Les grévistes ont obtenu satisfaction.* — Adjectivt. *Le mouvement gréviste.*

1 « Le préfet de Lille était accouru, les gendarmes avaient battu les routes ; mais, devant le calme des grévistes, préfet et gendarmes s'étaient décidés à rentrer chez eux. » ZOLA, Germinal, t. I, p. 252.

2 « Brusquement, ce mardi matin, une foule de quinze cents grévistes avait cerné le tissage, huant les jaunes et cassant les vitres à coups de pierres. » MAUROIS, B. Quesnay, XVII.

GREVER (*je grève, je grèverai*). *v. tr.* (XIIe s. ; du lat. *gravare,* « charger »).

‖ 1º *Vx.* Accabler (en causant un grief*, du souci, du chagrin...), affliger.

1 « ...En l'accès du tourment qui me grève... » RÉGNIER, Dial. (in LITTRÉ).

2 « ...je n'aurais plus d'autre soin et d'autre volonté que de l'assister, elle et son fils et d'empêcher par mon travail la misère de la grever. » SAND, François le Champi, XIII.

‖ 2º (1636). Frapper de charges financières, de servitudes. V. **Charger, frapper, imposer.** *Le pays est grevé de lourds impôts.* V. **Écraser.** *Dépenses qui grèvent un budget.* V. **Alourdir.** *Hypothèques qui grèvent une succession. Donation grevée de diverses obligations. Immeuble grevé de servitudes, d'interdictions* (Cf. Encorbellement, cit. 1). — Absolt. *Grever l'économie d'un pays.* V. **Accabler, surcharger.**

3 « Cet avoir sera grevé d'une petite rente faite a Lisbeth... » BALZ., Cousine Bette, Œuvr., t. VI, p. 251.

4 « La commune était pauvre, à quoi bon la grever des frais, gros pour elle, que nécessiterait la réparation du presbytère ? » ZOLA, La terre, IV, IV.

5 « ...le conseil repoussait chaque année la réparation du presbytère, le maire Hourdequin déclarait le budget trop grevé déjà, ... » ID., Ibid., III, VI.

6 « L'État n'a donc pas intérêt à grever la radio de trop lourdes charges, au contraire. » DUHAM., Manuel du protest., p. 161.

— *Fig.* :

7 « ...mais j'aime trop ma solitude pour la grever d'une dépendance quelconque. » BALZ., Honorine, Œuvr., t. II, p. 287.

— *Dr.* Charger (quelqu'un) d'une substitution, d'un fidéicommis*. *Grever un légataire, un héritier.*

ANT. — **Affranchir, aider, alléger, assister, décharger, dégrever.**

DER. — **Grief.** — COMP. — **Dégrever*.**

GRIANNEAU. *n. m.* (1757 VOLT. ; dimin. d'un supposé *grian,* de *Grigelhahn,* mot de la Suisse além.). *Dialect.* Jeune coq* de bruyère.

GRIBANE. *n. f.* (XVe s.). Barque normande à fond plat, à mât et à voiles.

GRIBLETTE. *n. f.* (1611 ; anc. haut all. *griubo.* Cf. all. *Griebe,* « cretons »). *Cuis.* Petit morceau de viande, de volaille, enveloppé de bardes de lard, qu'on fait rôtir sur le gril.

GRIBOUILLAGE. *n. m.* (1752 ; de *gribouiller*). Dessin* confus, informe. V. **Gribouillis, griffonnage.** *Faire des gribouillages. Gribouillage d'enfant. Gribouillage crayonné* (cit. 3) *distraitement. Buvard couvert de gribouillages.* — *Péjor.* Écriture informe, illisible. Mauvais dessin, mauvaise peinture (V. **Barbouillage**).

1 « Diderot, pourtant sensible à Rembrandt, emploie le mot de gribouillis en parlant de ses eaux-fortes : il y avait toujours eu aux Pays-Bas des demi-barbares bons coloristes... » MALRAUX, Voix du silence, p. 88.

2 « Cette dernière phrase du Journal est un gribouillage presque illisible. La main ne dirigeait plus la plume. »
MONTHERLANT, Le songe, XVI.

GRIBOUILLE. *n. m.* (1548, *plus sotte que n'est Gribouille*, in « Sermon des fous » ; nom d'un personnage naïf et sot). Personne naïve et mal avisée qui se jette stupidement dans les ennuis, les maux mêmes qu'elle voulait éviter (Cf. PROV. Il est fin comme Gribouille qui se jette dans l'eau par crainte de la pluie). *Une politique de Gribouille. Nos Gribouilles politiques.*

« Tout le monde comptait sur les états généraux, soit pour échapper à la taxation, soit pour garantir le paiement de la dette publique : autant de Gribouilles impatients de se se jeter à l'eau de peur d'être mouillés. »
BAINVILLE, Hist. de France, XV.

GRIBOUILLER. *v. intr. et tr.* (1548 d'apr. BLOCH ; 1611 COTGRAVE, au sens de « gargouiller » ; 1835 ACAD. au sens actuel ; var. de *grabouiller*, selon DAUZAT et selon BLOCH et WARTB., mais WARTB, fasc. 52, le fait dériver d'un rad. germ. *Kriebelen*). *V. intr.* Faire des gribouillages (V. **Griffonner**), et *péjor.* faire un mauvais dessin, une mauvaise peinture. (V. **Barbouiller**). *Empêcher un enfant de gribouiller sur les murs. Il ne peint pas, il gribouille.* — *V. tr.* Écrire, dessiner (quelque chose) de manière confuse. *Gribouiller une lettre. Message gribouillé, parfaitement illisible.*

ANT. — Calligraphier.

DER. — Gribouillage. — **Gribouillette.** *n. f.* (1690). *Vx.* Jeu consistant à jeter un objet au milieu d'enfants qui se le disputent. *Fig.* (*Vx*). *Jeter son cœur à la gribouillette :* à l'aventure*. — **Gribouilleur, euse.** *n.* (1808). Personne qui gribouille ; mauvais peintre, mauvais écrivain (V. **Barbouilleur**). — **Gribouillis.** *n. m.* (RAB., nom d'un diable (II, 14) et d'un cuisinier (IV, 40) ; 1611 au sens de « borborygme » ; sens actuel 1866). Dessin, écriture informe. V. **Gribouillage.** *Gribouillis indéchiffrable.*

1 « Un peu plus tard, il sortit de sa poche un carnet aux coins rongés et couvrit une page de gribouillis. »
DUHAM., Salavin, V. V.

2 « Asseyez-vous, causez, levez-vous, marchez et ne prenez pas garde au gribouilleur d'album qui, de temps en temps, donnera un coup de crayon en vous regardant. »
FARRÈRE, La bataille, III.

GRIÈCHE. *adj.* (XIIIᵉ s. ; probablt. anc. fr. *griesche*, « grecque », qui a pris un sens péjor.). Utilisé seulement dans les mots composés *ortie*-grièche, *pie*-grièche (V. ces mots).

1. GRIEF (*gri-yèf*) *n. m.* (XIIᵉ s. ; subst. verbal de *grever*. Cf. Grief 2).

|| **1º** Dommage que l'on subit (*Vx* dans le langage courant). *Redresser les griefs :* les réparer. — *De nos jours.* T. de Droit. *Griefs d'appel,* ce en quoi le demandeur se trouve lésé par un jugement dont il appelle.

1 « La partie, au contraire, à laquelle un jugement alloue toutes ses conclusions ne peut en appeler puisqu'elle n'en subit aucun grief. »
DALLOZ, Nouv. répert., Appel civil, 79.

|| **2º** Sujet, motif de plainte (généralement contre une personne). V. **Doléance** (cit. 3), **plainte, reproche.** *Avoir des griefs contre quelqu'un* (Cf. Exciter, cit. 33). *Quel grief avez-vous contre lui ? Dire, exposer, formuler ses griefs.* V. **Plaindre** (se), **récriminer.** *Nourrir des griefs secrets. Grief imaginaire, mince, mesquin* (Cf. Flot, cit. 16), *griefs de clocher* (Cf. Chicanier, cit. 2). *Griefs réels. Ses griefs sont justifiés.* — *Faire grief de quelque chose à quelqu'un,* lui en savoir mauvais gré, le lui reprocher. V. **Blâmer, reprocher** (Cf. Corps, cit. 3 ; cuistre, cit. 5 ; cynisme, cit. 3). *L'ingrat me fait grief des services mêmes que je lui ai rendus* (ACAD.). *Il lui fait grief d'avoir publié des entretiens confidentiels. Il a agi dans son intérêt, et nous ne lui en faisons pas grief.* — REM. *Faire grief* n'est pas signalé dans les dictionnaires courants, en dehors d'ACAD. 8ᵉ éd. (1932).

2 « ... la haine des méchants ne fait que s'animer davantage par l'impossibilité de trouver sur quoi la fonder, et le sentiment de leur propre injustice n'est qu'un grief de plus contre celui qui en est l'objet. »
ROUSS., Confess., IX.

3 « ... la liste des griefs secrets était ouverte, où chaque opprobre essuyé s'inscrirait. »
MADELIN, Talleyrand, XX.

4 « Leurs cœurs ulcérés se soulageaient, ils alternaient les litanies de leurs récriminations, chacun à son tour disait son grief. »
ZOLA, La terre, III, II.

5 « Sa haine le portait à blâmer chez autrui ce qu'il conseillait lui-même : c'est là, et non ailleurs, que se trouve la contradiction dont on peut lui faire un juste grief. »
BARTHOU, Mirabeau, p. 252.

6 « Et aucun des membres de l'Académie qui s'étaient montrés sympathiques à ma candidature n'en prit ombrage et ne m'en fit grief. »
LECOMTE, Ma traversée, p. 537.

7 « Il aurait pu prononcer un mot, un seul. Il n'a pas prononcé ce mot, je ne lui en fais pas grief. Il a femme, enfants, et une réputation avec laquelle il ne peut pas jouer. »
DUHAM., Salavin, I, I.

— *Spécialt.* Dr. *Griefs d'accusation.* V. **Réquisitoire.** *Demandeur qui formule des griefs.*

8 « Une partie qui demande la résolution d'un contrat peut, en cause d'appel, formuler de nouveaux griefs à l'appui de cette demande. »
DALLOZ, Nouv. répert., Demande nouvelle, 42.

2. GRIEF, IÈVE. *adj.* (vers 1100 ; d'un lat. vulg. *grevis* ; lat. class. *gravis*). *Vx* ou *arch.* V. **Grave** (4º).

« Le pauvre garçon a eu pour sa part d'assez grièves tribulations. »
JOUBERT, Lettre à Chênedollé, 1ᵉʳ sept. 1807.

ANT. — Bénin, léger.

DER. — **Grièveté.** *n. f.* (XIVᵉ s.). *Vx* ou *arch.* V. **Gravité.** — **Grièvement.** *adv.* (XIVᵉ s.). *Vx* ou *arch.* (sauf dans l'expression courante *grièvement blessé*). V. **Gravement*, sérieusement** (ANT. Légèrement).

« Elle n'a vu dans ce vieux soldat blessé grièvement, alors âgé de cinquante-huit ans, qu'un coffre-fort. Elle s'est imaginé être promptement veuve... »
BALZ., La marâtre, I, 8.

GRIFFE. *n. f.* (XVᵉ s. ; *grif*, n. m. au XIIIᵉ s. ; *griffe* au XVᵉ s. ; dér. de *griffer*).

|| **1º** Ongle pointu et crochu de certains animaux (mammifères, oiseaux, reptiles). V. **Ongle.** *Longues, puissantes griffes. Griffe acérée. Griffe fixe, rétractile*. Corne* des griffes. Patte armée de griffes* (Cf. Enchâsser, cit. 8). *Griffes des carnassiers ; griffes du chat, du lion, du tigre... Griffes des vampires. Griffe des oiseaux de proie, de l'aigle, du faucon...* V. **Serre.** *Aiguiser* (cit. 6) *ses griffes. Sortir ses griffes* (pour attaquer ou se défendre). *Rentrer ses griffes* (Cf. Faire patte de velours*). *Chat qui attaque, saisit sa proie avec ses griffes. Animal qui utilise ses griffes pour grimper, se percher, fouir...* — *Par ext. La griffe, les griffes.* Les pattes armées de griffes (Cf. Apôtre, cit. 9 ; approuver, cit. 4). *Coup de griffe.* V. **Griffer.** *Souris entre les griffes d'un chat. Épervier qui emporte sa proie dans ses griffes.* — Icon. *Représentation du diable avec des griffes.*

1 « Jetez-lui promptement sous la griffe un mouton ; »
LA FONT., Fabl., XI, 1.

2 « Ah ! sans doute, c'est la griffe de Satan qui s'est gantée de cette peau de satin : »
GAUTIER, Mᴵˡᵉ de Maupin, VIII.

3 « ... ses pattes minces, armées de brèves griffes en cimeterre, savent fondre confiantes dans la main amie. »
COLETTE, Paix chez les bêtes, Nonoche.

4 « ... (le chat) était occupé à donner de vifs et allègres coups de griffe sur la joue de l'enfant... »
MICHAUX, La nuit remue, p. 27.

— *En griffe,* en forme de griffe (Cf. Cubitière, cit.).

5 « ... des figures fines et des mains petites de patricien, avec des ongles invraisemblables, effilés en griffes. »
LOTI, Fig. et choses..., Trois journ. de guerre, IV.

— *Par ext.* En parlant d'ongles humains qui ressemblent à des griffes par leur robustesse, leur longueur exagérée... *Coupez vos ongles : je ne veux plus vous voir avec ces griffes.*

6 « ... je m'élançai convulsivement et à plusieurs reprises par une secousse générale, jusqu'à ce qu'enfin, m'accrochant au bord si désiré avec des griffes plus serrées qu'un étau... »
BAUDEL., Traduct. E. POE, Hist. extraord., Avent. Hans Pfaall.

— *Fig.* Les GRIFFES, symbole d'agressivité, de méchanceté, de domination cruelle, de rapacité... *Montrer les griffes :* menacer* (Cf. Enflammer, cit. 23). *Rentrer ses griffes :* revenir à des sentiments moins belliqueux. *Prudes dont l'honneur est armé* (cit. 22 MOL.) *de griffes et de dents. La griffe du malheur, de la souffrance. Les griffes de l'amour* (Cf. Émousser, cit. 7 BAUDEL.). *Coup de griffe,* attaque, critique malveillante, remarque blessante lancée dans la conversation. *Rogner les griffes de quelqu'un :* l'empêcher de nuire. *Tomber sous la griffe, dans les griffes de quelqu'un :* tomber sous sa domination, en son pouvoir. *Être dans les griffes, entre les griffes d'une personne,* à la merci de ses mauvais desseins, sous son influence (Cf. Financer, cit. 1). *Tenir quelqu'un entre ses griffes. Arracher* (cit. 28) *une personne des griffes d'une autre. Sauver ce qu'on peut des griffes de la chicane* (Cf. Éprouver, cit. 35).

7 « ... combien d'animaux ravissants par les griffes desquels il vous faudra passer... »
MOL., Scap., II, 5.

8 « ... votre présence à Issoudun pouvait sauver votre frère, et arracher pour vos enfants, des griffes de cette vermine, une fortune de quarante et peut-être soixante mille livres de rente ; »
BALZ., La rabouilleuse, Œuvr., t. III, p. 931.

9 « Mais elle n'en tenait pas moins sous sa griffe la succession de Cadet Blanchet, parce qu'elle l'avait si bien conduit qu'il s'était engagé pour les acquéreurs de ses terres et qu'il était resté caution pour eux du paiement. »
SAND, François le Champi, XIX.

10 « Sur ses traits fins se lisait même une expression d'angoisse, comme si la griffe ancienne de la souffrance restait plantée dans ce bonheur trop neuf. »
MART. du G., Thib., t. VI, p. 164.

11 « L'Allemagne aurait battu en retraite, forcé l'Autriche à rentrer ses griffes, et tout se serait terminé, à l'amiable, par des marchandages de chancelleries. »
ID., Ibid., t. VII, p. 156.

|| **2º** *Par anal. Bot.* Racines tubéreuses de certaines plantes, dont l'ensemble rappelle une griffe. *Griffes d'asperge, de renoncule...* — Appendice grâce auquel certaines plantes grimpantes s'accrochent. *Les griffes du lierre.*

12 « Les murs, quoique construits de ces pierres schisteuses et solides dont abonde le sol, offraient de nombreuses lézardes où le lierre attachait ses griffes. »
BALZ., Les Chouans, Œuvr., t. VII, p. 885.

|| **3º** *Technol.* Nom de divers outils, pièces, en forme de griffe. *Griffe de maçon, de plombier, de tapissier... Griffe de doreur,* sorte de tenailles pour tenir l'ob-

jet à dorer. *Griffe de jardinier*, sorte de petit râteau à dents pointues et recourbées. *Griffe à musique*, sorte de plume à cinq becs pour tracer les portées. — *Chirurg.* Appareil employé pour rapprocher les fragments d'une rotule fracturée. — *Mar.* Crochet qui termine un palan. — *Bijout.* Chacun des petits crochets qui maintiennent une pierre sur un bijou. — *Archit.* Ornement en forme de griffe à la base d'une colonne. — Crampons qui aident certains ouvriers à grimper (aux arbres, aux poteaux...). — Pièce métallique en forme de griffe qui entraîne une autre pièce...

|| **4°** (XVIIIᵉ s.). Empreinte imitant une signature. *Griffe d'un fabricant, d'un fonctionnaire... Apposer sa griffe. Exemplaires revêtus de sa griffe. Par ext.* Instrument qui sert à faire cette empreinte.

13   « ...il prit une griffe, imprima le visa en encre bleue sur le passeport, écrivit rapidement les mots : Mantoue, Venise et Farrare dans l'espace laissé en blanc par la griffe... »
STENDHAL, **Chartr. de Parme**, XI.

|| **5°** *Fig.* (XIXᵉ s.). Marque* de la personnalité de quelqu'un dans ses œuvres. V. **Empreinte.** *Dans les plus mauvais ouvrages d'un écrivain de génie, on reconnaît encore sa griffe* (P. LAROUSSE). *Cet article porte sa griffe. Mettre sa griffe dans une œuvre collective.* — REM. Ce sens n'est pas signalé par LITTRÉ. — Loc. prov. *À la griffe on reconnaît le lion* (V. **Ongle,** et l'adage **Ex* ungue leonem** (ÉRASME I, 9, 84).

14   « La fin de *Candide* est ainsi pour moi la preuve criante d'un génie de premier ordre. La griffe du lion est marquée dans cette conclusion tranquille, bête comme la vie. »
FLAUB., **Corresp.**, 318, 24 avr. 1852 (éd. Conard, t. II, p. 398).

15   « ...quatre-vingt-douze collaborateurs avaient coopéré à l'éclosion de tant de choses. Soit, mais il y avait là un signe : la griffe du maître (A. *Dumas*) était marquée d'une manière indéniable sur chacun des innombrables feuillets. »
Phil. AUDEBRAND in **Mémoires d'Alex. DUMAS**, Préf. de Blanchard.

DER. — **Griffu.** — COMP. — **Agriffer** (s').

GRIFFER. *v. tr.* (1386 ; d'un haut all. *grîpan*, all. mod. *greifen.* Cf. *Grimper, gripper*). Égratigner* d'un coup de griffe ou d'ongle. *Chat qui griffe un enfant. Griffer quelqu'un involontairement, dans un accès de colère... Joue griffée.* V. **Écorché.** Pronominalt. *Ils se sont griffés en jouant.* Absolt. *Ce chat griffe si on le taquine. Être prêt à griffer à mordre.*

1   « Puis il souffla brusquement, tel un chat qui va griffer. »
DUHAM., **Pasquier**, III, II.

2   « Elle se mordait les lèvres ; elle griffait le drap avec ses ongles. »
ROMAINS, **H. de b. vol.**, t. V, XXVI, p. 269.

3   « — Haaah ! Je veux griffer — Attends un peu : bientôt tes ongles de fer traceront mille sentiers rouges dans la chair des coupables. »
SARTRE, **Théâtre, Les mouches,** III, 1.

DER. — **Griffe, griffonner, griffure.** — **Griffade.** *n. f.* (1564). Coup de griffe. — **Griffeur, euse.** *adj. et n* (XXᵉ s.). Qui griffe. — **Griffon.** *n. m.* (1411, au sens de crochet). Hameçon double pour pêcher le brochet (1866).

GRIFFON. *n. m.* (vers 1100 ; du lat. *gryphus*, gr. *grups*).

|| **1°** Animal fabuleux, monstre à corps de lion, à tête et à ailes d'aigle (Cf. *aussi* Hippogriffe). *Le griffon, de création orientale, servit de motif décoratif aux Gréco-Latins et aux architectes du moyen âge.* — *Blas.* Figure représentant cet animal.

1   « ...la fée du désert coiffée en Tisiphone, sa tête couverte de longs serpents, montée sur un griffon ailé... »
Mᵐᵉ d'AULNOY, **Deux contes de fée,** Le nain jaune.

2   « ...le griffon qui était le monstre de l'air et qui volait avec les ailes d'un aigle et les griffes d'un tigre ; »
HUGO, **Misér.**, V, I, V.

|| **2°** (1672). Nom vulgaire de certains grands oiseaux de proie (vautour, fauve...). *Par ext.* Nom vulgaire du martinet* noir.

|| **3°** (1660). Chien* de chasse (Barbet) à poils longs et broussailleux, à odorat très fin. *Griffons courants ; griffons d'arrêt. Le griffon compte parmi les plus intelligents des chiens.*

3   « ...des chiens, parmi la foule, des griffons noirs, de grands barbets jaunes, se sauvaient en hurlant, une patte écrasée... »
ZOLA, **La terre,** II, VI.

|| **4°** Vx. Fontaine publique jaillissante (d'après l'ornementation des anciens robinets). *Par ext.* (*de nos jours*). Endroit où l'eau minérale d'une source sort du sol.

4   « Si peu qu'on l'ait exploitée, votre source doit avoir un dossier d'autorisation... Donnez-moi aussi le chiffre de son débit, le plus exact possible... sa température au griffon... vous savez ce qu'on appelle griffon ?... à la sortie du sol, si vous aimez mieux. »
ROMAINS, **H. de b. vol.**, t. V, XIV, p. 108.

HOM. — **Griffon** (Cf. Griffer, dér.).

GRIFFONNAGE. *n. m.* (1621 ; de *griffonner*). Écriture mal formée, illisible ; dessin informe. V. **Barbouillage, gribouillage, gribouillis.** *Ce griffonnage est indéchiffrable. Faire des griffonnages.*

1   « Écrire ! pouvoir écrire ! cela signifie la longue rêverie devant la feuille blanche, le griffonnage inconscient, les jeux de la plume qui tourne en rond autour d'une tache d'encre... »
COLETTE, **La vagabonde,** p. 18.

— *Fig.* Ce qu'on rédige hâtivement, avec négligence ou maladresse. *Griffonnages de jeunesse.*

2   « Comme d'habitude, j'avais, — en sortant du Ministère qui abritait mes lectures et mes premiers griffonnages littéraires, — déjeuné avec mon compatriote et ami d'enfance Edmond Cousturier... »
LECOMTE, **Ma traversée,** p. 190.

GRIFFONNER. *v. tr.* (1555 ; de *griffer*).

|| **1°** Écrire (quelque chose) d'une manière confuse, peu lisible. *Griffonner son nom. Griffonner un projet de contrat* (Cf. Authentique, cit. 1). *Papier griffonné.* V. **Barbouiller.**

1   « Un papier griffonné d'une telle façon,
Qu'il faudrait, pour le lire, être pis que démon. »
MOL., **Misanthr.**, IV, 4.

2   « ...son regard tomba sur le menu griffonné à l'encre violette. Elle le considéra sans pouvoir le lire... »
GREEN, **A. Mesurat,** II, IV.

3   « ...aux médecins qui, malgré leur instruction, griffonnent, dit-on, des ordonnances illisibles. »
ROMAINS, **H. de b. vol.**, t. II, VI, p. 68.

— Dessiner (quelque chose) grossièrement, confusément. *Griffonner une silhouette, un paysage... Griffonner des dessins sur les murs avec un morceau de charbon.* V. **Charbonner.**

— *Absolt.* Faire des lettres, des signes, des dessins informes. V. **Gribouiller.** *Griffonner sur un buvard. Griffonner comme un chat. Empêchez les enfants de griffonner partout !*

4   « Je suis émerveillé de votre belle écriture, la plupart des princes griffonnent, et Votre Altesse Sérénissime aura peine à trouver des secrétaires qui écrivent aussi bien qu'elle. »
VOLT., **Lettre au Pr. de Prusse,** 18.

|| **2°** *Par ext. et fig.* Rédiger à la hâte. *Griffonner une lettre* (Cf. Encrier, cit. 1), *un bulletin* (cit. 2), *un billet* (Cf. Facilité, cit. 13). *Griffonner des notes sur un carnet. Rapport griffonné à la hâte.*

5   « Quelquefois, quand je me trouve vide, quand l'expression se refuse, quand, après (avoir) griffonné de longues pages, je découvre n'avoir pas fait une phrase, je tombe sur mon divan et j'y reste hébété dans un marais intérieur d'ennui. »
FLAUB., **Corresp.**, 318, 24 avril 1852, t. II, p. 394.

6   « Un mot griffonné à la hâte, roulé ensuite en cigarette et fourré dans le trou de la serrure, avertissait Gabrielle... »
COURTELINE, **MM. ronds-de-cuir,** IV, I.

7   « ...des lettres de trente pages, que je passais une nuit entière à griffonner. Des lettres où je déversais tous mes enthousiasmes de la journée, toutes mes haines, surtout ! »
MART. du G., **Thib.**, t. II, p. 262.

— *Absolt. :*

8   « Je t'ai vu là griffonnant sur ton genou, et chantant dès le matin. »
BEAUMARCH., **Barb. de Sév.**, I, 2.

9   « La méchante habitude du papier et de l'encre fait qu'on ne peut s'empêcher de griffonner. J'ai pris la plume, ignorant ce que j'allais écrire, et j'ai barbouillé cette description, trop longue au moins d'un tiers... »
CHATEAUB., **M. O.-T.**, t. VI, p. 8.

ANT. — **Calligraphier.**
DER. — **Griffonnage.** — **Griffonnement.** *n. m.* (vers 1630). Bx-arts. Ébauche* de cire ou de terre. — **Griffonneur, euse.** *n.* (XVIᵉ s.). Personne qui griffonne. *Fig.* Mauvais écrivain. — **Griffonnis.** *n.* (1652). Esquisse à la plume. Gravure qui a l'aspect de l'esquisse à la plume.

GRIFFU, UE. *adj.* (XVIᵉ s. ; de *griffe*). Armé de griffes, et *par ext.* d'ongles longs et crochus. *Animal griffu. Main griffue.*

1   « Le vautour, l'aigle, tous les brigands griffus. »
MICHELET, **L'oiseau,** p. 143.

2   « ...ces mains noueuses, griffues, semblables aux peignes de fer employés par les bourreaux,... produisent la terreur la plus tragique. »
GAUTIER, **Voyage en Russie,** XV, p. 220.

— *Par anal. Arbre, rameau griffu.*

3   « ...le Bureau de la Chambre décidait que le mur du coin de la rue de Bourgogne serait très sensiblement surélevé et, à son sommet, parsemé de grosses touffes, acérées et griffues, de pointes de fer qui rendraient malaisé et périlleux tout essai d'invasion. »
LECOMTE, **Ma traversée,** p. 171.

— *Fig. Mains griffues,* mains d'une personne cruelle, avide, qui ne lâche pas prise. V. **Griffe** (*fig.*).

4   « Elle croyait la tenir dans ses mains griffues pour tout le temps de sa vie, ... »
SAND, **François le Champi,** XXI.

GRIFFURE. *n. f.* (1875 in LITTRÉ, Suppl. ; de *griffer*). Égratignure* faite par des griffes, des ongles. *Griffure superficielle. Une longue griffure lui barrait la joue. Dos couvert de griffures.* — *Par ext.* Toute égratignure. V. **Écorchure, éraflure.** — *Griffure d'une reliure, d'un tableau, d'une gravure.* V. **Rayure.**

GRIGNER. *v. intr.* (XIIᵉ s. ; « plisser les lèvres en montrant les dents », d'un francique *grînan.* Cf. all. *greinen,* angl. *to grin*). Technol. (XIXᵉ s.). V. **Goder.** *Étoffe qui grigne.*

DER. — **Grignoter.** — **Grigne.** *n. f.* (XVIIᵉ s.). Technol. Plissement. *Spécialt.* Inégalité du feutre. Fente que le boulanger fait sur le pain. *Par ext.* Couleur dorée du pain bien cuit. — **Grignon.** *n. m.* (1564). Morceau croustillant pris sur le côté le plus cuit du pain. Tourteau* d'olives.

GRIGNOTER. *v. intr.* et *tr.* (1532 RAB. ; de *grigner*).

‖ 1° *V. intr.* Manger en rongeant. *Spécialt.* Manger très peu, du bout des dents. *Il grignote toute la journée sans faire de véritable repas. Elle ne mange guère, elle grignote.* V. **Chipoter.**

‖ 2° *V. tr.* Manger (quelque chose) petit à petit, lentement, en rongeant. *Grignoter un croûton, un biscuit. Souris qui grignote un fromage, des papiers...* (V. **Ronger**).

1 « Les souris grignotaient famélatiquement quelques bouts de laine à l'envers de la basse lisse. » GAUTIER, **Capit. Fracasse,** I.

2 « Le petit clerc était déjà là, furetant comme un rat dans les paperasses et grignotant une croûte de pain. » DUHAM., **Salavin,** II.

— *Fig.* Détruire peu à peu, lentement. *Grignoter son capital.* V. **Dévorer.** *Sommeil grignoté par mille bruits* (Cf. Crever, cit. 9). *Grignoter un adversaire* (Cf. Boulotter, cit.).

3 « Elle essaie de manger Crevel ! mais elle ne pourra que le grignoter. » BALZ., **Cousine Bette, Œuvr.,** t. VI, p. 433.

4 « Elle avait eu la révélation subite de ce glissement de l'heure, de cette course imperceptible, affolante quand on y songe, de ce défilé infini des petites secondes pressées qui grignotent le corps et la vie des hommes. » MAUPASS., **Fort comme la mort,** p. 315.

5 « *Le Journal* du 29 octobre 1914 raconte qu'au cours d'un déjeuner au Grand Quartier Général un convive ayant interrogé Joffre sur ses intentions maintenant que la guerre de tranchées semblait remplacer la guerre de mouvement il répondit : "Pour le moment je les grignote." » GUERLAC, **Cit. franç.,** Appendice, p. 329.

— S'approprier, gagner (quelque petite chose). V. **Racler.** *Il n'y a rien à grignoter dans cette affaire.* — *Absolt.* Faire quelque profit. *Trouver à grignoter.*

DER. — Grignotement. n. m. (1868). Action de grignoter. *Grignotement d'une souris.* — *Par ext.* Bruit de grignotement (Cf. Calèche, cit. 2). — Grignoteur, euse. adj. et n. (XVIᵉ s.). Qui grignote. *N. f.* (néol.). Machine-outil pour le découpage des bois, des métaux en feuille. — Grignotis. n. m. (vers 1500). *Grav.* Taille en traits courts par laquelle le graveur représente les corps rugueux.

« Dans ce tombeau, un grignotement de rat usant ses incisives prenait des résonances étranges. » GAUTIER, **Capit. Fracasse,** XIX.

GRIGOU. *n. m.* (vers 1658 MOL. ; empr. au languedoc. *grigou,* « gredin, filou », dér. de *grec*, péjor.). *Fam.* V. **Avare, ladre.** *Un vieux grigou.*

1 « Que maudite soit l'heure que (*où*) vous avez choisi ce grigou ! ... » MOL., **Jalousie du barbouillé,** v. 5.

2 « ...ce grigou-là ne parle pas plus de me mettre sur son testament que si je ne le connaissais pas ! » BALZ., **Cousin Pons, Œuvr.,** t. VI, p. 655.

GRI-GRI. V. GRIS-GRIS.

GRIL (*gri* pour ACAD., mais plus fréquemt. *gril*). *n. m.* (*Grail* au XIIᵉ s. ; forme masc. de *grille**. — REM. La spécialisation des deux formes *gril* et *grille* ne commence qu'au XVᵉ s. et n'est définitive qu'au XVIIᵉ s. Jusqu'à la fin du XVIᵉ s., selon BLOCH, *grille* est plus usuel que *gril.* Cependant, Cf. *infra,* cit. 1 MONTAIGNE).

‖ 1° Ustensile de cuisine à tiges métalliques parallèles sur lequel on fait cuire à feu vif de la viande, du poisson. *Mettre une côtelette à cuire sur le gril.* V. **Griller, rôtir.** *Bifteck cuit sur le gril.* V. **Grillade.** *Ancien gril en bois.* V. **Boucan.** *Gril pour rôties.* V. **Grille-pain.** *Gril à braise* (Cf. Coin, cit. 13), *à gaz, à rayons infra-rouges.*

1 « Ils ont du bois si dur qu'ils en coupent, et en font leurs espées (*épées*) et des grils à cuire leur viande. » MONTAIGNE, **Essais,** I, XXXI.

2 « Un vieux gril, à trois pieds hauts, salamandre tordue au service de la flamme, reçoit le poisson bénit de sauce... » COLETTE, **Prisons et paradis,** Le poisson au coup de pied.

3 « Mais, ça a l'air d'un gril à côtelettes, ce jardin ! Pourquoi ne faites-vous que des plates-bandes parallèles ? » ID., **Ibid.,** Treille muscate.

— *Par anal.* Ancien instrument de supplice (Cf. Enfer, cit. 15). *Saint Laurent souffrit le martyre sur un gril.*

4 « J'ai passé mon hiver à faire des vers sombres. Cela sera intitulé : *Châtiments... Napoléon le Petit,* étant en prose, n'est que la moitié de la tâche. Ce misérable n'était cuit que d'un côté, je le retourne sur le gril. » HUGO, **Lettre à Esquiros,** 5 mars 1853.

— Fig. et fam. *Être sur le gril,* extrêmement anxieux ou impatient, comme sous l'effet d'une vive brûlure (Cf. Être sur des charbons ardents). *Tenir quelqu'un sur le gril.*

5 « Élisabeth torturait Paul par un système de caches et d'allusions incompréhensibles à quelque chose d'*agréable*... où il n'aurait aucune part... Paul se retournait sur le gril, brûlé de curiosité. » COCTEAU, **Enfants terribles,** p. 139.

‖ 2° *Technol.* Claire-voie* en amont d'une vanne d'écluse pour arrêter les immondices. — *Théât.* Plancher à claire-voie au-dessus du cintre* pour la manœuvre des décors. — *Mar.* Chantier de carénage* à claire-voie.

DER. — Griller 1. — HOM. — Gris.

GRILLADE. V. GRILLER 1 (*dér.*).

GRILLAGE. *n. m.* (1739 ; attesté une première fois en 1342 ; de *grille*).

‖ 1° Treillis le plus souvent métallique, à mailles* plus ou moins serrées, qu'on met aux fenêtres, aux portes à jour, etc. (Cf. Barrière, cit. 16). *Poser un grillage à la porte d'un garde-manger, d'un poulailler. Grillage d'un crible, d'un tamis. Grillage en bois des fenêtres arabes.* V. **Moucharaby.**

1 « ...aucune tête de femme ne se montrait derrière les grillages discrets des *haremlikes* ; » LOTI, **Aziyadé,** I, IV.

2 « Contre le fin grillage abaissé devant la porte-fenêtre, un sphinx des lauriers-roses donne de la tête, rebondit et rebondit, et le grillage tendu sonne comme une peau de tambour. » COLETTE, **Naiss. du jour,** p. 29.

— *Par anal.* Clôture* en treillis de fil de fer (V. **Claire-voie.** Cf. Arène, cit. 7). *Jardins enclos d'un grillage. Acheter dix mètres, un rouleau de grillage galvanisé.*

3 « ...la maison de Tournefier, et le chenil clos de grillages où s'alignaient les tonneaux des trois chiens. » GENEVOIX, **Raboliot,** I, IV.

‖ 2° Treillage bouchant un étang pour y retenir le poisson (Cf. Crapaudine, cit. 2).

4 « Des grillages à mailles fines, entre des contreforts maçonnés, bouchaient de place en place le ruisseau d'écoulement sans arrêter le passage des eaux ; » GENEVOIX, **Raboliot,** I, I.

— *Technol.* Charpente à claire-voie pour soutenir des fondations dans l'eau ou les terrains marécageux. *Grillage sur pilotis.*

DER. — Grillager*. — HOM. — V. Griller 1 (*dér.*).

GRILLAGER. *v. tr.* (1845 ; de *grillage*). Munir d'un grillage. *Grillager une fenêtre. Parc grillagé. Guichet* (cit. 1) *grillagé.*

1 « La grande cave regardait la rivière par deux longs soupiraux grillagés. » DORGELÈS, **Croix de bois,** VII.

2 « Taucogne, le fermier général de M. le comte, avait fait grillager la fosse aux brochets, à cause des loutres. » GENEVOIX, **Raboliot,** I, I.

DER. — Grillagerie. n. f. (1872). Ouvrage ou métier de grillageur*. — Grillageur. n. m. (1845). Ouvrier qui fabrique ou pose des grillages.

GRILLE. *n. f.* (*Greille* au XIIIᵉ s. ; du lat. *craticula,* « petit gril »).

‖ 1° *Anc. fr.* V. **Gril.**

1 « Comme une paire de maquereaux sur la grille. » D'AUBIGNÉ, **Sancy,** I, 1 (in HUGUET).

‖ 2° (XVᵉ-XVIᵉ s.). Assemblage à claire-voie de barreaux (cit. 1) entrecroisés ou non, fermant une ouverture ou servant de séparation à l'intérieur d'un édifice. *Grilles aux fenêtres d'une prison. Cachot fermé* (cit. 19) *de triples grilles. Les grilles et les verrous** (Cf. Captiver, cit. 1 ; défiant, cit. 4). *Être, mettre sous les grilles,* en prison (Cf. Sous les verrous). — *Grille d'un château fort.* V. **Herse.** *Grille de fortification*. Grille d'égout.*

2 « ...déçue par sa liberté dont elle a fait un mauvais usage, elle songe à la contrainte de toutes parts ; des grilles affreuses, une retraite profonde, une clôture impénétrable... » BOSS., **Sermon p. prof. de Mᵐᵉ de La Vallière.**

3 « ...un trou quadrangulaire d'environ un pied carré, grillé d'une grille en fer à barreaux entrecroisés... » HUGO, **Misér.,** II, VI, 1.

4 « D'autres dortoirs se composaient de logettes juxtaposées, en maçonnerie, fermées de grilles comme les stalles d'une ménagerie. » MART. du G., **Thib.,** t. I, p. 163.

5 « Du balcon du couvent, les nonnes, à travers les grilles, assistaient aux mouvements de la rue. » HENRIOT, **Portr. de femmes,** p. 74.

— *Grille de bois d'un confessionnal,* séparant le pénitent du confesseur (V. **Coulisse.** Cf. Circonstancier, cit. 2 ; confesse, cit.). *Grille du parloir d'un couvent, d'une prison,* séparant les religieux ou les détenus de leurs visiteurs (Cf. Espace, cit. 12).

6 « Le lendemain matin, avant la sieste, le confesseur vint annoncer au Français que la sœur Thérèse et la Mère consentaient à le recevoir à la grille du parloir, avant l'heure des vêpres. » BALZ., **Duchesse de Langeais, Œuvr.,** t. V, p. 136.

7 « ...on aperçoit une porte vitrée, celle d'un parloir où les parents et les avocats communiquent avec les accusés par un guichet à double grille en bois. » ID., **Splend. et mis. des courtis., Œuvr.,** t. V, p. 931.

— *Par anal.* Clôture* généralement formée de barreaux montants et parallèles, plus ou moins ouvragés. *Esplanade* (cit. 2) *entourée de grilles. Grille de clôture hérissée de chardons*. Grille d'un square, d'un jardin* (Cf. Écriteau, cit. 2 ; épier, cit. 7). *Grille d'escalier en fer forgé* (Cf. Déshonorer, cit. 23). *Les grilles de la place Stanislas à Nancy, ouvrages de ferronnerie d'art. Montants*, pilastres*, sommiers*, traverses* d'une grille. Escalader* (cit. 2) *une grille* (Cf. Fafiot, cit.). *Cheval attaché à une grille* (Cf. Étrille, cit.).

8 « ...une petite cour proprette, séparée de la chaussée par une vieille grille de fer contenue entre deux pilastres en brique. Entre chacun de ces pilastres et la maison voisine, se trouvent deux autres grilles assises sur de petits murs également en brique et à hauteur d'appui. » BALZ., **Cabinet des antiques, Œuvr.,** t. IV, p. 433.

9 « La merveille des merveilles est la grille blanche qui, au centre de la salle transparente, enferme la pierre du tombeau. Elle se compose de hautes plaques de marbre mises debout, si finement ajourées que

l'on dirait d'immenses découpures d'ivoire, et sur chacun des montants, toujours du même marbre sans défaut, sur chacune des traverses encadrant ces plaques presque légères, courent des guirlandes de petites fleurs éternelles, fuchsias ou tulipes, qui sont des incrustations de lapis, de turquoise, de topaze ou de porphyre. »
LOTI, **L'Inde (sans les Anglais)**, VI, III.

10 « Une forte grille de clôture, au fond, en bordure de la rue des Vignes, eût dû défendre les deux jardins ; mais je n'ai jamais connu cette grille que tordue, arrachée au ciment de son mur... »
COLETTE, **Maison de Claudine**, p. 7.

11 « Une petite rue privée, desservant des villas, s'enfonçait à droite, séparée de la rue Nansouty par une grille. »
ROMAINS, **H. de b. vol.**, t. IV, XVI, p. 170.

12 « Une grille opaque cachait un grand jardin planté d'arbres. »
CHARDONNE, **Dest. sentim.**, p. 447.

— Spécialt. *Grille mobile* (dite *grille ouvrante*) *servant de porte**. V. **Entrée.** *Sonner à la grille d'entrée. Franchir* (cit. 6) *une grille. Fermer une grille à clef* (Cf. Enfermer, cit. 4). *Grille ouverte sur la cour* (Cf. Déraper, cit.).

13 « On entrait dans ce champ plein de croix et de fosses,
Par une grille en bois que la nuit on fermait ; »
HUGO, **Lég. des siècles**, LVII, Petit Paul.

14 « Chéri referma derrière lui la grille du petit jardin et huma l'air nocturne... »
COLETTE, **Fin de Chéri**, p. 5.

15 « Près de la grille, à l'entrée, dans son petit pavillon, demeurait la concierge... »
CÉLINE, **Voyage au bout de la nuit**, p. 62.

|| 3° *Par ext. Technol.* Châssis formé de barres de fer ou de fonte soutenant le charbon dans un fourneau. *Grille de foyer**. *Grille d'une locomotive.*

16 « ... et Pecqueux... cassa à coups de marteau du charbon, qu'il étala avec la pelle, en une couche bien égale, sur toute la largeur de la grille. »
ZOLA, **Bête humaine**, V, p. 168.

17 « De fureur, il s'en va cogner un grand coup dans le petit poêle. Tout s'écroule, tout se renverse : le tuyau, la grille et les charbons en flammes. »
CÉLINE, **Voyage au bout de la nuit**, p. 453.

— Coquille en fonte à claire-voie, où l'on brûle du coke ou de la houille (Cf. Feu, cit. 27).

18 « ... quand je vous parle « cendre », vous entendez « escarbilles », ou bien ce résidu gris comme le fer, pesant comme lui, qu'on retire, à pleins seaux, du calorifère, de la salamandre, de la grille à coke. »
COLETTE, **Prisons et paradis**, Feu sous la cendre.

19 « Elle tirait les rideaux, allumait du feu dans la grille... »
CHARDONNE, **Dest. sentim.**, p. 191.

— *Urban. Grilles* entourant le pied des arbres.

— *Blas.* Barreaux de la visière du heaume (qui protégeaient les yeux du guerrier). *Le casque des comtes est grillé à neuf grilles.*

— *Électr.* Électrode en forme de grille. *Lampe de T.S.F. à double grille.* V. **Bigrille.**

— *Diplom.* (Vx). Parafe en forme de barreaux entrecroisés que les secrétaires du roi apposaient devant leur signature.

— *Spécialt.* Carton à jours conventionnels pour la lecture des textes rédigés en langage chiffré. Quadrillage pour le chiffrement et le déchiffrement des messages. V. **Cryptographie.**

20 « Comme on ajuste sur les papiers diplomatiques la « grille » qui isole les mots vrais... »
CLAUDEL, **Connaiss. de l'Est**, Visite.

— *Par métaph.* :

21 « La valeur poétique... du gueux... est dans les lettres un mot de passe et comme une grille, sans laquelle maint roman ou poème nous resterait obscur. »
PAULHAN, **Fleurs de Tarbes**, p. 34.

— *Par anal. Grille de mots* croisés.*

|| 4° *Fig.* Tout ce qui rappelle l'aspect d'une grille ou en évoque l'idée. *Grille de fleurs* (cit. 5).

22 « ... elle regardait au travers de la grille blonde de ses cils. »
HUYSMANS, **Là-bas**, XIII.

23 « Partout la mer, ou la réclusion dans les vallées étroites, derrière les portes de la glace et les grilles de la forêt. »
SUARÈS, **Trois hommes**, Ibsen, I.

DER. — Grillage, griller 2.

1. GRILLER. v. tr. et intr. (XIIe s. ; de *gril*).

I. *V. tr.* || 1° Faire cuire, rôtir sur le gril*. *Griller du boudin, des sardines. Saucisses grillées* (Cf. Armée, cit. 18). *Viande grillée* (V. **Grillade**) *à grand feu* (cit. 23), *sur des braises* (V. **Carbonnade**). *Volaille grillée à la crapaudine*.*

1 « ... un arôme de tartines grillées et de cacao. »
COLETTE, **Chéri**, p. 175.

— *Par anal.* Cuire à sec sur des charbons ou de la braise. V. **Brasiller.** *Griller des marrons.*

2 « Madame Denis mangera demain vos huîtres ; je pourrai bien en manger aussi, pourvu qu'on les grille. Je trouve qu'il y a je ne sais quoi de barbare à manger un aussi joli petit animal tout cru. »
VOLT., **Lettre à M. de Chabanon**, 3241, 21 déc. 1767.

3 « ... l'odeur du feu de bois et de la châtaigne grillée... »
COLETTE, **Belles saisons**, p. 100.

— *Spécialt. Technol.* Soumettre une substance, en présence ou non d'oxygène, à l'action de la chaleur, en vue

d'une analyse, ou d'un traitement chimique. *Griller du minerai.* — Faire passer les toiles de coton à la flamme, après le tissage, pour enlever le duvet.

|| 2° V. **Brûler.** *Les chauffeurs** grillaient la plante des pieds de leurs victimes. Le chat s'est grillé les moustaches en dormant trop près du feu.*

4 « Mais alors, mon ami, je t'aurais avec délices écorché, grillé vif ; »
R. ROLLAND, **Colas Breugnon**, V.

— *Par anal.* Chauffer à l'excès.

5 « Elle demeurait agenouillée, tournant le dos, les yeux dans la flambée qui lui grillait le visage. »
MART. du G., **Thib.**, t. IV, p. 109.

— *Par ext.* Racornir* par un excès de chaleur (ou de froid). V. **Dessécher.** *Herbes grillées par le soleil. La gelée grille les bourgeons.* V. **Brouir.**

— *Spécialt.* V. **Torréfier.** *Griller du café. Orge grillée. Amandes grillées.* — *Fam. Griller une cigarette*. On va en griller une.* V. **Fumer.**

6 « Yacoub, charge-moi ma pipe, j'éprouve le besoin d'en griller une, mon petit homme... »
GAUTIER in MATORÉ, **Vocab. et soc. sous Louis-Philippe**, p. 101.

7 « Un homme d'une cinquantaine d'années, couleur café grillé... »
P. MORAND, **Magie noire**, Syracuse, p. 115.

— *Électr.* Mettre hors d'usage par un court-circuit ou par un courant trop intense. *Griller les résistances d'un radiateur. Lampe grillée.*

|| 3° *Fig. Griller une station, les étapes.* V. **Brûler.** *Griller sa fortune.* V. **Fricoter.** — *Traître qui se fait griller. Le voilà grillé.* V. **Brûler** (Cf. *pop.* Flambé, foutu). — *Fam.* Dépasser, supplanter. V. **Gratter** (*fam.*). *On les a grillés, à cent à l'heure. Se laisser griller.*

II. *V. intr.* Se rôtir sur le gril. *Ne laissez pas griller trop longtemps les côtelettes.* — *Par anal. Mettre des châtaignes à griller dans la cendre.*

8 « Les viandes grillent en plein vent, les sauces se composent... »
SAINT-JOHN PERSE, **Œuvre poétique**, Éloges, I.

— *Par ext.* V. **Calciner** (se).

9 « ... elle frappa de ses poings un vieux mur, où grillaient des herbes poussées entre les pierres. »
ARAGON, **Beaux quartiers**, I, XXII.

— *Par exagér. et fam.* Être exposé à une chaleur trop vive (Cf. Cuire).

10 « Ce n'est plus tenable, nous grillons, dit Gervaise en s'essuyant la figure, ... »
ZOLA, **L'Assommoir**, t. I, p. 183.

— *Fig.* (1546). V. **Brûler.** *Griller de,* suivi d'un infinitif ou d'un substantif. *Griller d'impatience, griller dans sa peau* (fam.) : être en proie à une extrême impatience. — Absolt. : *Je grille !*

11 « L'autre grille déjà de conter la nouvelle :
Elle va la répandre en plus de dix endroits. »
LA FONT., **Fabl.**, VIII, 6.

12 « Le duc de la Force, qui grillait d'être de quelque chose, et qui en était bien capable, intrigua si bien qu'il eut la place de vice-président du conseil des finances... »
ST-SIM., **Mém.**, V, XXI.

13 « Nous grillons de vous entendre ! »
GIRAUDOUX, **Folle de Chaillot**, I, p. 25.

— *Spécialt.* Dans les jeux de recherche ou de devinette. V. **Brûler.** *Attention ! Vous grillez !*

COMP. — Grille-pain. n. m. invar. (1872). Appareil sur lequel on grille des tartines de pain. *Grille-pain électrique.*

DER. — Grillade. n. f. (1628). *Cuis.* Manière d'apprêter de la viande ou du poisson en les grillant. *Tranche de filet de bœuf à la grillade.* V. Chateaubriand. — *Par ext.* Viande grillée. *Manger une grillade de porc.* — Grillage. n. m. (1757). Action de griller*. *Grillage des cacahuètes.* — *Métall.* Opération consistant à chauffer au rouge un minerai en présence d'oxygène, soit pour le rendre plus friable, soit pour en dégager certaines substances combinées avec lui. *Grillage des minerais sulfurés du cuivre. On obtient le mercure par grillage de son sulfure.* — *Technol.* Action de griller* les étoffes. *Le grillage est une des opérations d'apprêt des tissus de coton.* — Grilloir. n. m. (1829). *Technol.* Fourneau pour griller* les étoffes. Local où s'opère le grillage*.

« Il se hâtait d'y manger quelque pourpoint de lapin, quelque grillade, enfin ce qui avait le moins de suc... »
ST-SIM., **Mém.**, IV, V.

2. GRILLER. v. tr. (1463 ; de *grille*). Fermer d'une grille. *Griller un guichet. Fenêtre grillée* (Cf. Fanfaron, cit. 3).

1 « Faites donc une fois griller les croisées qui donnent sur mes couches. »
BEAUMARCH., **Mar. Figaro**, II, 21.

2 « Sa cuisine, dont les fenêtres grillées donnaient sur la cour... »
BALZ., **Eug. Grandet**, Œuvr., t. III, p. 496.

3 « Quant à la petite porte par laquelle je suis tant de fois entré... je la retrouve avec son judas grillé. »
FRANCE, **Crime S. Bonnard**, Œuvr., t. II, p. 468.

— *Fig.* :

4 « Leurs branches grillaient à demi deux fenêtres basses qui s'ouvraient sur cette espèce de jardin ; »
LAMART., **Graziella**, I, XII.

— *Par ext.* (Vx). Enfermer (quelqu'un) derrière des grilles. — *Spécialt. Griller une fille,* la cloîtrer dans un couvent.

GRILLON (gri-yon). n. m. (1372 ; var. dialect. *grelet* ; anc. fr. *grillet, grille,* dér. du lat. *grillus,* avec infl. prob. de l'anc. fr. *grésillon*, même sens). Insecte orthoptère sauteur (*Gryllidés*), communément appelé *cri-cri**, en raison de la stridulation* produite (chez le mâle) par le frottement des élytres. *Cri aigu* (cit. 5) *du grillon.* V. **Grésillement.** *Le grillon grésille* ou grésillonne, avec un bruit de crécelle* (cit. 2). *Les grillons, insectes omnivores. Le grillon des champs vit dans des terriers, le grillon domestique,* dit *grillon du foyer, dans les cheminées. Chanson du grillon dans l'âtre. Grillon-taupe* (ou *taupe-grillon*). V. **Courtilière.** « *Le Grillon du foyer* », l'un des *Contes de Noël* de Dickens.

1 « On y alimente ses rêveries en entendant le grillon, — cette cigale de l'âtre de l'homme, — qui chante dans la cendre chaude, comme la cigale de l'été chante dans les blés brûlés de soleil... »
BARBEY d'AUREV., **Une vieille maîtresse,** II, X.

2 « Mais comment se fait-il, petits grillons, noirs et luisants comme jais, que, le jour, vous ne disiez pas mot et que, le soir, avec la lune vous chantiez les vêpres du laboureur ? »
MISTRAL, **Les îles d'or,** Les grillons.

GRILL-ROOM. *n. m.* (1896 ; mot angl.). Restaurant où l'on consomme des grillades*, préparées sous les yeux des clients. — Plur. *Des grill-rooms.*

« Au geste de sa canne levée, un taxi s'arrêta. « Au restaurant... euh... au restaurant du *Dragon Bleu.* » Il traversa le grill-room au son des violons, baigné d'une électricité atroce qu'il trouva tonifiante. »
COLETTE, **Chéri,** p. 108.

GRIMAÇANT, ANTE. *adj.* (XVIIe s.). Qui grimace. *Figure, bouche grimaçante.* — *Par anal.* Qui fait de mauvais plis.
« Les souliers grimaçants, vingt fois rapetassés, »   BOIL., **Sat.,** X.
« Un spectre grimaçant et glabre. »
BAUDEL., **Poèm. attrib.,** Raccommodeur de fontaine.
« Elle avait la bave à la bouche, et tout le visage grimaçant, déformé de douleur, ... »   ARAGON, **Beaux quartiers,** II, X.

GRIMACE. *n. f.* (*Grimache* au XIVe s. ; d'un francique *grima*, « masque »).

|| 1° Contorsion* du visage, involontaire ou faite à dessein, soit en signe de déplaisir, soit simplement par jeu. *Grimace de dégoût* (cit. 3), *de douleur. L'odeur d'eucalyptus* (cit. 2) *lui fit faire la grimace. Grimaces comiques d'un clown.* V. **Singerie.** *Grimace du singe* (Cf. Bienfaisance, cit. 4). *Grimace convulsive.* V. **Tic.** (Cf. Consolider, cit. 5). *Grimace féroce* (Cf. Étrangler, cit. 22). *Une sotte grimace* (Cf. Figer, cit. 7). *Les grimaces déforment les traits* (Cf. Déformation, cit. 1). *Les enfants s'amusent à se faire des grimaces.*

1 « ...sa gueule faisait une laide grimace, »
MOL., **Princ. d'Élide,** I, 2.

2 « ...l'ours boucha sa narine :
Il se fût bien passé de faire cette mine.
Sa grimace déplut... »   LA FONT., **Fabl.,** VII, 7.

3 « Dans cette position M. Barthélemy d'Orbane m'apprit à faire des grimaces. Je le vois encore et moi aussi. C'est un art dans lequel je fis les plus rapides progrès, je riais moi-même des mines que je faisais pour faire rire les autres. Ce fut en vain qu'on s'opposa bientôt au goût croissant des grimaces, il dure encore, je ris souvent des mines que je fais quand je suis seul. » STENDHAL, **Vie de Henry Brulard,** 5.

4 « Elle emplit deux verres, elle regarda son neveu et sa nièce d'un œil si rond, qu'ils durent les vider sans une grimace, pour ne pas la blesser. Ils la quittèrent, la gorge en feu. »
ZOLA, **La terre,** II, VII.

5 « ...dans le cadre rond de sa glace... il se renvoyait des grimaces. Il fronçait le nez, tirait la langue, s'arrondissait la bouche en cœur... »
COURTELINE, **Train de 8 h 47,** I, I.

— *Fig.* Marque de répugnance. *Faire la grimace,* manifester son mécontentement, son dégoût. V. **Moue** (faire la), **renfrogner** (se). *Faire la grimace devant un plat qu'on n'aime pas.*

6 « Sache qu'il faut aimer, sans faire la grimace,
Le pauvre, le méchant, le tortu, l'hébété, »
BAUDEL., **Nouv. fl. du mal,** Le rebelle.

7 « Le professeur fit la grimace et tout de suite me prit en aversion. Depuis lors, quand il me parla, ce fut toujours du bout des lèvres, d'un air méprisant. » DAUDET, **Pet. Chose,** I, II.

— *Fig. et fam. Faire la grimace à quelqu'un,* lui faire un accueil froid, hostile. V. **Mine** (grise). — *Par anal. Faire la grimace à une invitation.*

8 « La comédienne est aussi fière que la duchesse... elle la morgue, elle lui fait la grimace... »   SÉV., **443,** 11 sept. 1675.

— *Par ext.* (peu usit.). Mauvais pli (d'une étoffe, d'un habit). — *Par métaph.* (vieilli). Ride.

9 « Je n'ai ni vapeurs la nuit... ni de *grimace* à mes mains ; »
SÉV., **1283,** juin 1690.

|| 2° *Fig.* Mine* affectée par feinte*. V. **Affectation, dissimulation, frime, hypocrisie.** *Ce n'est que pure grimace* (Cf. Argumenter, cit. 2). *Ne vous laissez pas prendre à ses grimaces. Grimace de vertu* (Cf. Condamnation, cit. 6). *Grimaces d'amour* (Cf. Comédien, cit. 5). *Molière a raillé les grimaces des hypocrites* (Cf. Dévot, cit. 9 ; effaroucher, cit. 6). *Payer de grimaces.* V. **Singe** (monnaie de). Cf. Aloi, cit. 3.

10 « Quitte cette grimace, et mets à part la feinte. »
CORN., **Galerie du Palais,** III, 4.

« Que ces francs charlatans, que ces dévots de place,
De qui la sacrilège et trompeuse grimace
Abuse impunément et se joue à leur gré
De ce qu'ont les mortels de plus saint et sacré, »   MOL., Tart., I, 5.   11

« Reste à savoir où cesse le vrai visage, où commence la grimace. »
GIDE, **Journal,** 20 mai 1933.   12

— *Spécialt.* (PASCAL). Marques extérieures qui imposent à l'imagination.

« Mais n'ayant que des sciences imaginaires, il faut qu'ils (*les magistrats, les médecins*) prennent ces vains instruments qui frappent l'imagination à laquelle ils ont affaire ; et par là, en effet, ils s'attirent en effet le respect. Les seuls gens de guerre ne sont pas déguisés de la sorte, parce qu'en effet leur part est plus essentielle, ils s'établissent par la force, les autres par grimace. »   PASC., **Pens.,** II, 82.   13

« Quand la force attaque la grimace, quand un simple soldat prend le bonnet carré d'un premier président et le fait voler par la fenêtre. »
ID., **Ibid.,** V, 310.   14

— *Au plur.* V. **Afféterie** (cit. 2), **façon, minauderie, mine, simagrée, singerie.** *Voilà bien des grimaces ! Les grimaces de la coquetterie* (Cf. Assortissant, cit. 1 ; emprunter, cit. 11). *Grimaces de circonstance, de commande* (cit. 6). *Grimaces affectées* (cit. 4).

« Tout ce qu'il vous débite en grimaces abonde ;
À force de façons, il assomme le monde ; »   MOL., **Mis.,** II, 4.   15

— *Loc. prov. Un vieux singe se connaît, s'y connaît* (cit. 19) *en grimaces. On n'apprend pas à un vieux singe* à faire la grimace.* V. **Singe.**

« Un vieux singe se connaît en grimaces : j'ai offert mille francs par mois, une voiture ; »
BALZ., **Splend. et mis. des courtis.,** Œuvr., t. V, p. 854.   16

|| 3° Spécialt. *Archéol.* Figure grotesque sculptée sur les sièges des stalles dans les églises médiévales. — Boîte de pains à cacheter dont le couvercle est une pelote à épingles.

« ...une grimace en carton pleine de pains à cacheter rouges... »
HUGO, **Misér.,** V, IV.   17

DER. — **Grimacer*.** — **Grimacier, ère.** *adj.* (1580, sculpteur de grimaces ; 1660, sens mod.). Qui a l'habitude de faire des grimaces. *Singe grimacier. Figure.* (*Vieilli*). V. **Minaudier.** *Coquette grimacière. Pruderie grimacière.* V. **Affecté.** — Qui fait le difficile, le dégoûté (à table). *Un enfant grimacier.* — Substant. *Vous n'êtes qu'un grimacier.* V. **Hypocrite.**

« ...ils donnent hautement dans le panneau des grimaciers... »
MOL., **D. Juan,** V, 2.

« Une fois convaincu qu'il n'y a que mensonge et fausseté dans les démonstrations grimacières qu'on me prodigue, j'ai passé rapidement à l'autre extrémité ; »   ROUSS., **Rêver.,** 6e promen.   3

« Leurs bergers sont plus grimaciers que ceux de Fontenelle ; ils minaudent la vertu, l'innocence et les mœurs champêtres ; »
JOUBERT, **Pensées,** XXIV, V, XXX.   3

GRIMACER. *v. intr. et tr.* (1428, BLOCH et DAUZAT ; 1442, *grimacher,* WARTBURG ; de *grimace*).

I. *V. intr.* Faire une grimace, des grimaces (Cf. Faux, cit. 21). *Grimacer de dépit, de dégoût. Figure de gargouille* (cit. 1) *qui grimace.*

« ...et le monocle, alors fort en vogue, sous lequel un juvénile souci d'élégance fit pendant quelques mois grimacer mon visage. »
LECOMTE, **Ma traversée,** p. 288.   1

« ...Maud mit ses lunettes noires, Pierre grimaçait un peu à cause du soleil. »   SARTRE, **Le sursis,** p. 45.   2

— *Spécialt.* (1769, BOIL., Art poét., III). *Bx-arts.* Avoir une expression outrée. *Caricature qui grimace* (Cf. Caricaturiste, cit. 1). — *Par métaph. :*

« Au reste je n'ai tracé ce portrait et quelques autres que pour satisfaire au goût de ces lecteurs qui aiment à connaître les personnages avec lesquels on les fait vivre. Pour moi, si j'avais eu le talent de ces sortes de caricatures, j'aurais cherché soigneusement à l'étouffer ; tout ce qui fait grimacer la nature de l'homme me semble peu digne d'estime... »   CHATEAUB., **Itin...,** p. 255.   3

— *Fig.* Faire des façons. V. **Minauder.**

— *Par ext.* Faire un faux pli. V. **Goder.** *Robe qui grimace.*

II. *V. tr.* Dire ou faire quelque chose en grimaçant, de mauvaise grâce. *Grimacer un sourire.*

« Un autre, renfrogné, rêveur, mélancolique,
Grimaçant son discours, semble avoir la colique ; »
RÉGNIER, **Satires,** II.   4

— Contrefaire, feindre (en grimaçant).

DER. — **Grimacerie.** *n. f.* (1668 LA FONT. VI, 6). Action de grimacer. *Au plur.* Grimaces (Peu usit.).

GRIMAUD. *n. m.* (*Grimault* en 1480 ; probablt. emploi fig. du nom propre *Grimaud,* d'un francique *grima,* « masque » ; infl. possible de *grimoire*). Vx. et péjor. Écolier des petites classes, élève ignorant (Cf. Bambin, cit. 2).

« Je représentai à l'abbé Égault qu'il m'avait appris le latin ; que j'étais un écolier, son disciple, son enfant... il demeura sourd à mes prières... Je me retranche derrière son lit ; il m'allonge à travers le lit des coups de férule ; je m'entortille dans la couverture, et m'animant au combat, je m'écrie : *Macte animo, generose puer !* Cette érudition de grimaud fit rire malgré lui mon ennemi ; »
CHATEAUB., **M. O.-T.,** t. I, p. 86.   1

— *Par ext.* Homme inculte (Cf. Excellemment, cit. 5). Pédant de collège (Cf. Cuistre). Mauvais écrivain. V. **Gribouilleur.** *Un grimaud, barbouilleur* (cit. 1) *de papier.*

2 « ...tous ces jolis musiciens de chez Toulongeon ne sont que des grimauds auprès de lui (*le jeune médecin Amonio*). »
SÉV., 532, 6 mai 1676.

3 « C'est une des manies de ces petits grimauds à cervelle étroite, que de substituer toujours l'auteur à l'ouvrage et de recourir à la personnalité, pour donner quelque pauvre intérêt de scandale à leurs misérables rapsodies... »
GAUTIER, Mlle de Maupin, Préf., p. 22.

4 « ...un terne et suffisant grimaud, doué d'une niaiserie d'idées et d'une trivialité de style de premier ordre, une plume banale par excellence. »
VILLIERS de l'ISLE-ADAM, Contes cruels, Deux augures, p. 38.

— *Adjectivt.* D'humeur chagrine, maussade.

5 « Trop timide pour inviter une danseuse, et craignant d'ailleurs de brouiller les figures, je devins naturellement très grimaud et ne sachant que faire de ma personne. »
BALZ., Lys dans la vallée, Œuvr., t. VIII, p. 785.

GRIME. *n. m.* (1778 ; en 1694 *faire la grime*, « faire la moue ». Cf. Grimace). *Théât.* Rôle de vieillard ridé, ridicule. *Jouer les grimes. Acteur qui joue ce rôle. Cet acteur est un excellent grime* (ACAD.).

GRIMER. *v. tr.* (1828 ; de *grime*). *Théât.* (vx). Marquer un acteur de rides pour lui vieillir le visage. — REM. Ce sens figure seul dans LITTRÉ sous la forme pronominale. *Cet acteur se grime bien.*

1 « ...mais, dans la vieillesse, tout chez la femme a parlé, les passions se sont incrustées sur son visage ; elle a été amante, épouse, mère ; les expressions les plus violentes de la joie et de la douleur ont fini par grimer, torturer ses traits, par s'y empreindre en mille rides, qui toutes ont un langage ; »
BALZ., Femme de trente ans, Œuvr., t. II, p. 838.

— *Par ext.* (sens actuel) in BOISTE 1829. V. **Farder, maquiller.** *La maquilleuse grime les acteurs avant leur entrée en scène. Cet acteur excelle à se grimer* (ACAD.). V. **Tête** (se faire une tête). *Un visage grimé* (Cf. Briller, cit. 7).

2 « Natalie et sa mère furent assez surprises en voyant la figure mal grimée de la marquise, et lui demandèrent s'il ne lui était rien arrivé de fâcheux. »
BALZ., Contrat de mariage, Œuvr., t. III, p. 145.

3 « ...il excellait à se déguiser, à se grimer ; il eût donné des leçons à Frédérick Lemaître, car il pouvait se faire dandy quand il le fallait. »
ID., Splend. et mis. des courtis., Œuvr., t. V, p. 747.

4 « Sa figure grimée en rouge brique et blanc craie ne laisse pas deviner grand'chose de son vrai visage ; »
COLETTE, La vagabonde, p. 41.

DER. — **Grimage.** *n. m.* (1858 BAUDEL.). Action de grimer ; maquillage.

« Je voyais distinctement, non seulement les détails les plus minutieux de leurs ajustements (*des comédiens*)... mais encore toute la ligne de séparation du faux front d'avec le véritable, le blanc, le bleu et le rouge, et tous les moyens de grimage. »
BAUDEL., Parad. artif., Poème du haschisch, III.

GRIMOIRE. *n. m.* (XIIIe s. ; *gramoire* au XIIe s. ; altér. de *grammaire*, qui, au moyen âge, désigne la grammaire latine, inintelligible pour le vulgaire ; d'où « livre mystérieux »). Livre de magie à l'usage des sorciers (Cf. Comprendre, cit. 8). *Les magiciens consultaient leurs grimoires pour y trouver des formules d'évocation* (cit. 4) *des démons. Ces écrits sentent le grimoire, sont suspects d'hérésie, de sorcellerie* (Cf. Sentir le fagot).

1 « — Ne ferais-tu pas bien de le montrer à monsieur le vicaire ? lui dit sa mère pour qui tout livre imprimé sentait toujours un peu le grimoire. — J'y pensais ! répondit simplement Véronique. »
BALZ., Curé de village, Œuvr., t. VIII, p. 549.

— *Par ext.* Ouvrage ou discours obscur, inintelligible. *Ce livre constitue* (cit. 4) *un véritable grimoire. Écrit indéchiffrable, illisible*. V. **Hiéroglyphe** (Cf. État, cit. 70). *Les ordonnances de ce médecin sont d'incompréhensibles grimoires. Cette lettre est un grimoire que je n'ai pu déchiffrer* (ACAD.).

2 « ...il vous déchiffrera son grimoire ; »   SÉV., 813, 25 mai 1680.

3 « Il est certain encore que l'archidiacre s'était épris d'une passion singulière pour le portail symbolique de Notre-Dame, cette page de grimoire écrite en pierre par l'évêque Guillaume de Paris... »
HUGO, N.-D. de Paris, I, IV, V.

4 « Un érudit est là, qui déchiffre aux assistants les grimoires des feuilles du jour ; chacun écoute, avec silence et conviction. »
LOTI, Aziyadé, III, XXXIV.

5 « A la droite et à la gauche du vieillard, son gendre Lecourbe et l'aîné de ses petits-enfants, Antoine, personnages secondaires et voilés d'ombre, entendaient, résignés, le grimoire du notaire. »
MAUROIS, B. Quesnay, I.

GRIMPANT, ANTE. *adj.* (1691 ; de *grimper*). Qui grimpe, qui a l'habitude de grimper. *Le chamois, animal grimpant.* Bot. *Plante grimpante,* dont la tige s'élève en s'accrochant ou en s'enroulant (cit. 5) aux corps voisins. *Plantes grimpantes* : butée, chèvrefeuille, clématite, cobéa, glycine, igname, lierre, pois, tamier, vanillier, vigne (vierge), volubilis... *Vrilles* *d'une plante grimpante. Vigne grimpante* (Cf. Émonder, cit. 3). *Rosier* *grimpant. La dalbergie*, *arbrisseau grimpant.*

1 « Là, s'il est quelque lieu sans route et sans chemins,
Un rocher, quelque mont pendant en précipices,
C'est où ces dames (*les chèvres*) vont promener leurs caprices ;
Rien ne peut arrêter cet animal grimpant. »
LA FONT., Fabl., XII, 4.

---

2 « Des plantes grimpantes, balançant des clochettes de toutes couleurs et accrochant leurs vrilles à un treillage solide peint en vert... »
GAUTIER, Capit. Fracasse, XXII.

3 « La plupart des plantes grimpantes s'enroulent vers la gauche, en sens inverse des aiguilles d'une montre ; »
DUHAM., Pasquier, VII, XV.

— *Substant.* (fin XIXe s.). Arg. *Un grimpant.* V. **Pantalon.**

4 « ...les « grimpants » raidis de plâtre, les cottes bleues, les bourgerons déteints... »
COLETTE, Paix chez les bêtes, La Shah.

GRIMPER. *v. intr.* (1495 ; forme nasalisée de *gripper**).

‖ **1°** Monter en s'aidant des mains et des pieds. V. **Élever** (s'), **monter**. *Grimper aux arbres* (cit. 1), *sur un arbre* (Cf. Bord, cit. 10). *Il a grimpé au faîte de l'arbre* (cit. 9). *Grimper aux murs avec une corde à nœuds* (Cf. Feu, cit. 58). *Grimper à l'échelle* (cit. 6. Cf. aussi Fenil, cit.). *Grimper sur l'impériale d'une voiture* (Cf. Égipan, cit. 2). *Couvreurs qui grimpent sur un toit* (Cf. Ardoise, cit. 2). — *Grimper à la force des poignets* (Cf. Équilibriste, cit.). — *Substant.* Gymn. *Le grimper, exercice à la corde lisse ou à nœuds.*

1 « ...je grimpais... sur l'impériale de la diligence... »
BARBEY d'AUREV., Les diaboliques, Le rideau cramoisi, p. 79.

2 « ...j'avais remarqué un beau chêne qui, par-dessus le mur, laissait pendre une forte branche jusque dans le jardin de Fontanelle. Grimper dans le chêne, atteindre la branche, n'était pour moi qu'un jeu. »
BOSCO, Rameau de la nuit, p. 155.

— *Par anal.* En parlant d'animaux. *La panthère s'aide de ses griffes pour grimper aux arbres. La martre grimpe au nid de l'écureuil pour y faire* (cit. 11) *ses petits. La chèvre aime à grimper sur les lieux escarpés* (Cf. Écarter, cit. 3).

3 « (L'écureuil) a les ongles si pointus et les mouvements si prompts, qu'il grimpe en un instant sur un hêtre dont l'écorce est fort lisse. »
BUFF., Hist. nat. anim., L'écureuil.

— En parlant de plantes (V. **Grimpant**). *Fleurs* (cit. 5) *qui grimpent aux parois d'une grotte. Plantes sauvages qui grimpent aux arbres* (Cf. Entrelacer, cit. 2 ; faîtage, cit. 1).

4 « La vigne lentement de ses tendres rameaux
Grimpe s'insinuant aux festes (*faîtes*) des ormeaux, »
RONSARD, Le bocage royal, I.

5 « Il semait... au pied des roches, des giraumonts, des courges et des concombres, qui se plaisent à y grimper. »
BERNARD. de ST-P., Paul et Virginie, p. 21.

6 « Il faut qu'un vieux dallage ondule sous les portes,
Que le lierre vivant grimpe aux acanthes mortes, »
HUGO, Voix intérieures, IV, I.

— *Par métaph.* (Cf. Arabesque, cit. 6).

‖ **2°** *Par ext.* Monter avec effort sur un lieu élevé, d'accès difficile. *Il a grimpé jusqu'au sommet du glacier* (ACAD.). *Grimper sur une haute falaise* (Cf. Débandade, cit. 1). *Grimper à travers des éboulements de roches* (Cf. Courir, cit. 3). *Grimper comme un chat,* avec agilité. — REM. Dans l'usage courant et familier, *Grimper* s'emploie parfois pour *monter,* sans idée d'effort ni de difficulté. *Grimper sur un banc, sur une marche.*

7 « Ils grimpent sur le roc en se donnant la main les uns aux autres. »
RAC., Camp. de Louis XIV.

8 « J'étais souvent effrayé de les voir grimper comme des chats sur des planches déjetées et sur des terrasses tremblantes ; »
SAND, Hiver à Majorque, III, I.

9 « Sans se presser, il grimpa sur un tabouret et mit le gaz en veilleuse. »
MAC ORLAN, Quai des brumes, V.

10 « À quelques pas, un bambin en tricot bleu pâle cherchait à grimper sur le parapet de la terrasse à l'aide d'un petit seau, renversé à dessein au pied du mur. »
MART. du G., Thib., t. IX, p. 25.

— *Par anal.* Suivre une pente raide et montante, en parlant de choses. *Ce chemin grimpe vers la montagne* (Cf. Épaulement, cit. 2). *Route qui grimpe dur.*

11 « La route de Mégare à Corinthe est incomparable. Le sentier taillé à même la montagne, à peine assez large pour que votre cheval y tienne, et à pic sur la mer, serpente, monte, descend, grimpe et se tord aux flancs de la roche couverte de sapins et de lentisques. »
FLAUB., Corresp., 279, 10 févr. 1851, t. II, p. 297.

12 « Devant nous... grimpe une ville pointue, peinte en rose par les hommes, comme l'horizon par l'aurore victorieuse. »
MAUPASS., Vie errante, La côte italienne.

— *Grimper à l'assaut** (cit. 16) *de...* V. **Escalader.**

— *Transit.* V. **Escalader, gravir.** *Grimper un étage* (cit. 6), *un escalier quatre à quatre. La voiture grimpe la côte à toute allure.*

13 « ...lorsque son cheval hésite à se jeter dans quelque précipice, ou à grimper quelque muraille de rochers. »
SAND, Hiver à Majorque, III, I.

14 « L'auto-mitrailleuse, déjà loin sur la route du retour, semblait un gros coléoptère agile qui grimpait allégrement les pentes. »
MAC ORLAN, La Bandera, X.

15 « ...Mme Legras court au perron qu'elle grimpa aussi vite que ses grosses jambes le lui permettaient... » GREEN, A. Mesurat, I, XII.

— Par métaph. :

16 « Le regard remonte comme un écureuil, grimpe la grande muraille aveugle, le dôme côtelé jusqu'à la « couronne de colonnes ». »
ROMAINS, H. de b. vol., t. III, XIX, p. 259.

|| 3° *Fig.* et *fam.* V. **Élever** (s'), **hisser** (se), **parvenir.**

17 « ... puis du billet de banque
On grimpe au million, rapide saltimbanque ;
Le million gobé fait mordre au milliard. »
HUGO, Châtiments, III, I.

18 « Ce sera le moment de se montrer à la hauteur ». Phrase ambiguë, qui pouvait signifier : aller se battre, mais qu'Antoine, sans hésiter, traduisait : grimper au pouvoir. » MART. du G., Thib., t. III, p. 155.

19 « Un alpiniste mondain », disait-on, tant il était désireux de grimper aux sommets glacés de la société. »
P. MORAND, Magie noire, Afrique, III, p. 141.

— Spécialt. V. **Échelle** (monter à l').

20 « ... on l'asticotait nous Robinson, histoire de le faire grimper et de le mettre en boîte. » CÉLINE, Voyage au bout de la nuit, p. 103.

|| GRIMPÉ, ÉE. p. p. *Un couvreur grimpé sur un toit. Un enfant grimpé sur un âne* (LITTRÉ). — **REM.** *Grimper* se conjugue avec *avoir*. L'emploi de l'auxiliaire *être*, admis par certains grammairiens (« *Maintenant que nous sommes grimpés, reposons-nous* » HANSE) « ne paraît pas devoir être conseillé » (THOMAS). Le participe passé *Grimpé* équivaut à *JUCHÉ, PERCHÉ.*

21 « ... un de ces malheureux, grimpé sur un arbre, harangue la foule en bégayant, au milieu des rires et des huées. »
DAUDET, Contes du lundi, I, Pays. d'insurrection.

22 « Grimpés sur le banc de pierre, nous écoutions. »
DORGELÈS, Croix de bois, II.

ANT. — **Descendre, dévaler.** — **COMP.** — **Regrimper.**

DER. — **Grimpant.** — **Grimpée.** *n. f.* (1865). *Fam.* « Ascension rude et pénible d'une côte, d'un plateau,... » (LITTRÉ, Suppl.). *Nous avons encore une bonne grimpée devant nous.* — **Grimpereau.** *n. m.* (1555). *Zool.* Oiseau passeriforme (*Passereau, certhiidés*), scientifiquement appelé *certhia*, plus petit que le moineau. V. **Échelet(te), sittelle.** *Le grimpereau grimpe le long des arbres.* — **Grimpette.** *n. f.* (1922). *Chemin court en pente rapide.* — **Grimpeur, euse.** *adj.* (1596). *Qui a l'habitude de grimper. Le koala*, mammifère marsupial grimpeur. Oiseau grimpeurs,* et *ellipt.* (1803) *Les grimpeurs,* ordre d'oiseaux caractérisé par un bec allongé et par une disposition de doigts (deux en avant, deux en arrière), qui leur permet de s'accrocher aux arbres et d'y grimper.* V. **Ara, coucou, perroquet, pic, todier, torcol.** *Les psittacidés*, famille d'oiseaux grimpeurs.* — *En T. de Sports* (1877). *Un grimpeur,* un alpiniste. — *Cyclisme* (néol.). *Un grimpeur,* coureur qui excelle à monter les côtes.

GRINCEMENT. *n. m.* (XVIᵉ s. ; *gricement* au XVᵉ s. ; de *grincer**). Action de grincer* ; bruit aigre ou strident qui en résulte. V. **Crissement.** *Grincements de dents* (cit. 10. Cf. Blasphémer, cit. 3). *Grincement d'une girouette, d'un moulin à café* (Cf. Bringuebaler, cit. 1), *d'une porte* (Cf. Érotomane, cit.), *des roues d'une charrette* (Cf. Gémissement, cit. 6), *d'une plume sur le papier* (Cf. Bruit, cit. 11)...

1 « Mais les fils du royaume seront jetés dans les ténèbres du dehors, où il y aura des pleurs et des grincements de dents. »
BIBLE, Évang. St Matthieu, VIII, 12.

2 « On n'entendait que le grincement des cigales. »
FLAUB., Salamm., XI.

3 « ... je dois avouer que le grincement d'une scie ou celui de la quatrième corde du plus habile violoniste me font exactement le même effet. » GAUTIER, Les grotesques, V.

4 « (Les albatros) criaient sans trêve de leur vilaine voix gémissante, qui semble le grincement d'une girouette ou d'une poulie rouillée. »
LOTI, Matelot, XLIX.

5 « ... je supporte le cri de la craie contre la vitre, si c'est *moi* qui la presse sur le verre, — (et même je ris de la grimace), — et pourquoi ce même grincement m'est odieux s'il vient de ton acte ? »
VALÉRY, Analecta, XLIV.

GRINCER. *v. intr.* (1488 ; forme nasalisée de *grisser* (vers 1300), d'orig. obscure).

|| 1° Faire entendre une sorte de craquement en serrant les mâchoires et en frottant les dents d'en bas contre celles d'en haut. V. **Craquer** (des dents), **crisser.** *Grincer des dents sous l'action de l'agacement, de la douleur, de la colère, par tic nerveux pendant le sommeil. Grincer des dents* (cit. 12) *au moindre bruit discordant. Les damnés grinceront des dents* (Cf. Fin, cit. 8). — *Par ext. Bruit qui écorche* les oreilles et fait grincer les dents. Ses dents grincent de rage* (Cf. Concevoir, cit. 25).

1 « Les dents deçà delà lui grincent en la gueule
D'un bruit tout enroué, comme d'une grand'meule »
RONSARD, Sec. livre des hymnes, Castor et Pollux.

2 « (Quasimodo)... criait et grinçait des dents, ses cheveux roux se hérissaient... » HUGO, N.-D. de Paris, p. 234.

3 « ... il roula des yeux sanglants, grinça des dents et serra les poings jusqu'à s'enfoncer les ongles dans les paumes... »
FRANCE, Mannequin d'osier, VI, Œuvr., t. XI, p. 301.

4 « Oh, assez, Monsieur Chasle ! » fit Antoine, en grinçant des dents. »
MART. du G., Thib., t. IV, p. 205.

— Transit. (vieilli). *Grincer les dents.*

5 « Perdit raison, contenance et couleur,
Grinçant les dents de rage et de douleur ; »
RONSARD, La Franciade, II.

6 « Les fanatiques grinceront les dents et ne pourront pas mordre ; »
D'ALEMB., Lett. à Volt., 13 mai 1759.

|| 2° *Par anal.* en parlant de choses. V. **Crier.** *Girouette rouillée qui grince aigrement* (cit. 1) *au revers. Porte qui grince sur ses gonds* (Cf. Commun, cit. 26). *Roue, essieux qui grincent* (Cf. Cesser, cit. 22 ; entrechoquer, cit. 3). *Violon faux* (cit. 36) *qui grince.* — **REM.** Ce sens, développé vers le milieu du XIXᵉ siècle, est signalé par LITTRÉ sans exemple littéraire.

7 « ... les poulies grinçaient, piaulaient, sifflaient, et, par instants, jetaient des cris aigus qui semblaient jaillir d'un gosier humain. »
GAUTIER, Voyage en Espagne, p. 267.

8 « Les fiers animaux frémissaient sous la petite main de l'enfant et faisaient grincer les jougs et les courroies liées à leur front, en imprimant au timon de violentes secousses. »
SAND, Mare au diable, II.

9 « Là grince le rouet sinistre du cordier. »
HUGO, Lég. des siècles, VI, II, Montfaucon, II.

10 « L'omnibus, ouragan de ferraille et de boues,
Qui grince, mal assis entre ses quatre roues, »
VERLAINE, La bonne chanson, XVI.

11 « Oh ! les cimes des pins grincent en se heurtant
Et l'on entend aussi se lamenter l'autan »
APOLLINAIRE, Alcools, Le vent nocturne.

12 « ... il savait aussi que le sommier rebelle allait grincer, à la grande colère du redoutable Jaboulet, le voisin de dortoir. »
DUHAM., Salavin, II.

— Spécialt. En parlant du cri de certains animaux. *La chauve-souris grince. Le cri rauque de l'épervier* (cit. 3) *grince à travers l'espace.*

13 « ... les cigales font grincer leur corselet avec plus de vivacité que jamais... » GAUTIER, Voyage en Espagne, p. 135.

— Fig. :

14 « Et sa muse (de J.-B. Rousseau) qui toujours grince,
Et qui fuit les jeux et les ris, »
VOLT., Épît., CV, Au roi de Prusse, 1742.

15 « Et ce qui me le (Voltaire) fait chérir, c'est le dégoût que m'inspirent les voltairiens, des gens qui rient sur les grandes choses ! Est-ce qu'il riait, lui ? Il grinçait ! » FLAUB., Corresp., 633, t. IV, p. 364.

16 « ... Hugo se souvenait avec émotion du temps, de l'heureux temps où il voulait être « premier en mariage » et en paternité comme en poésie. Mais sa vie désormais grinçait, semée de dissonances, et cela était sans remède. « Nos destinées et nos volontés jouent presque toujours à contretemps. » MAUROIS, Olympio, VI, II.

DER. — **Grincement.** — **Grinçant, ante.** *adj.* (XXᵉ s.). *Qui grince. Porte, poulie grinçante.* — *Fig.* V. **Discordant, dissonant.**

1 « Puis la lourde et robuste puissance de sa pensée commençait à se mouvoir dans la force d'abord un peu grinçante et dans la puissance un peu sourde de sa parole, qui prenait aux entrailles. »
PÉGUY, La République..., p. 20.

2 « ... les voitures de compagnie... antiques guimbardes aux essieux grinçants... » DORGELÈS, Croix de bois, IV.

GRINCHER. *v. intr.* (var. dialect. de *grincer*). Grincer, grogner.

« ...comme elle se démène... remplissant la maison de son corps efflanqué, furetant, grimpant, grinchant, grommelant, grognant, grondant... » R. ROLLAND, Colas Breugnon, I.

GRINCHEUX, EUSE. *adj.* (1844 ; var. dialect. de *grinceur* (1611), « qui grince facilement des dents »). D'humeur maussade et revêche. V. **Acariâtre, hargneux.** *Femme pincée et grincheuse.* V. **Pimbêche.** *Vieillard grincheux.* — *Par ext. Humeur susceptible et grincheuse. Substant. Quel grincheux !*

1 « Un homme du Nord, pas méchant, plutôt grincheux, quinteux et, pour tout dire, mal servi par la chance, à bien des égards. »
DUHAM., Salavin, V, III.

2 « ... ma chienne elle-même, mal lunée, grincheuse, frileuse, me jette tout juste un regard noir et blanc, sans quitter sa corbeille. »
COLETTE, La vagabonde, p. 15.

3 « Au bout d'une journée de travail, en compagnie de vieux professionnels grincheux, jaloux et malveillants... »
MAC ORLAN, Quai des brumes, II.

GRINGALET. *n. m.* (XIIIᵉ s. ; *guingalet* au XIIᵉ s. « sorte de cheval chétif » ; selon WARTB., à rattacher plutôt au suisse all. *gränggeli*). Homme de petite taille, de corps maigre et chétif. V. **Faible** (Cf. Efflanqué, cit. 2).

1 « M'est avis que c'était plutôt... qui dirait, le gringalet de page. »
BEAUMARCH., Mar. Figaro, II, 21.

— Adjectiv. :

2 « Il le trouvait bien un peu gringalet, et ce n'était pas là un gendre comme il l'eût souhaité ; » FLAUB., Mᵐᵉ Bovary, I, III.

GRINGOTTER. *v. tr.* et *intr.* (XVᵉ s. ; orig. incert.). Chanter, en parlant du rossignol. Gazouiller, en parlant des petits oiseaux.

GRINGUENAUDE. *n. f.* (XVIᵉ s. ; orig. obscure). Petite ordure qui demeure attachée aux émonctoires* par malpropreté. — Petit reste bon à manger. V. **Relief.**

1. GRIOT. *n. m.* (1751 ; var. de *gruau**). Recoupe du blé.

2. GRIOT, OTTE. n. (*Guiriot*, fin XVIIᵉ s. ; orig. inc. V. **Gris-gris**). Nègre d'Afrique occidentale appartenant à une caste spéciale. *Les griots, souvent choisis par les princes comme conseillers, sont à la fois poètes, musiciens, chanteurs et sorciers.*

« Vous ignorez peut-être qu'il existe parmi les noirs de diverses contrées de l'Afrique des nègres doués de je ne sais quel grossier talent de poésie et d'improvisation qui ressemble à la folie. Ces nègres, errant de royaume en royaume, sont, dans ces pays barbares, ce qu'étaient les rhapsodes antiques, et dans le moyen âge les *minstrels* d'Angleterre, les *minsinger* d'Allemagne, et les *trouvères* de France. On les appelle *griots*. Leurs femmes, les *griot(t)es*, possédées comme eux d'un démon insensé, accompagnent les chansons barbares de leurs maris par des danses lubriques, ... »   HUGO, **Bug-Jargal**, XXVI.

GRIOTTE. n. f. (1539 ; var. *agriotte*, empr. au prov. *agriota*, dér. de *agre*, aigre*).

‖ **1°** Cerise à queue courte, à chair molle et très acidulée, à jus coloré. *Les griottes, dites cerises de Montmorency, servent à la fabrication des confitures et des liqueurs.* — Adjectivt. *Cerises griottes.*

‖ **2°** Par ext. *Minér.* Marbre taché de rouge et de brun. *Griotte d'Italie. La griotte du Languedoc, sorte de marbre d'un rouge cerise.* — Adjectivt. *Les marbres griottes.*

DER. — **Griottier.** n. m. (XVIᵉ s.). Cerisier qui produit les griottes.

GRIPPAGE. n. m. (1869 in LITTRÉ, Suppl. ; de *gripper*). Ralentissement ou arrêt du mouvement de pièces ou organes mécaniques, provoqué par le frottement et la dilatation des surfaces métalliques mal lubrifiées. *Grippage d'un mécanisme qui se bloque, se coince. Un bon graissage permet d'éviter le grippage d'un moteur, d'une machine.*

GRIPPE. n. f. (XIIIᵉ s. au sens de « griffe », et au fig. de « rapine, querelle, mésaventure ». V. **Gripper**).

‖ **1°** *Vx.* (XVIIᵉ s. CORN.). Fantaisie soudaine, goût passager, caprice.

1   « Mais encor suis-je plus heureux
Que tant de fous et d'amoureux
Qui se sont perdus par leurs grippes. »   CORN., **Poés. div.**, 39.

2   « C'est un homme (*le duc de Noailles*) de grippe, de fantaisie, d'impétuosité successive, qui n'a aucune suite dans l'esprit que pour les trames, les brigues... »   ST-SIM., **Mém.**, III, LXII.

— Par antiphr. (1762). Antipathie*, prévention soudaine. *Prendre (quelqu'un ou quelque chose) en grippe* (Cf. Abreuver, cit. 8 ; embarras, cit. 9). *Elle l'avait pris en grippe, ne pouvait plus le souffrir, ni le voir en peinture.*

3   « Voilà quel était l'homme qui, toujours par le même motif peut-être, me prit en grippe, uniquement sur ce que je le servais fidèlement. »   ROUSS., **Confess.**, VII.

4   « Cette tante Séraphie m'avait pris en grippe, je ne sais pourquoi, et me faisait sans cesse gronder par mon père. »   STENDHAL, **Vie de Henry Brulard**, 8.

5   « Je n'avais pas l'intention d'y faire un long séjour, car j'avais pris en grippe cette belle ville... »   MÉRIMÉE, **Carmen**, II.

6   « Je n'ai jamais été bien forte pour lire les journaux, mais, à présent, je les ai pris en grippe. »   SARTRE, **Le sursis**, p. 74.

‖ **2°** (1743, ainsi nommée sans doute parce qu'elle saisit brusquement). « Maladie infectieuse, épidémique, contagieuse, caractérisée par un début ordinairement brusque, un abattement général et une symptomatologie très variable, revêtant le plus souvent la *forme thoracique* (catarrhe et congestion broncho-pulmonaire) ou la *forme nerveuse* (névralgies variées) »   GARNIER (V. **Influenza**). *Rhume compliqué de grippe. Épidémie de grippe. La grippe dite espagnole fit de nombreuses victimes à la fin de la Grande Guerre. Attraper, avoir la grippe. Accès de grippe.*

7   « Je suis bien fâché d'apprendre que la grippe vous ait si fort abattu. Je me flatte que l'esprit soutiendra le corps, comme l'huile fait durer la flamme dans la lampe. »   FRÉDÉRIC II, **Lettre à Volt.**, 78, 6 avril 1743.

8   « Vous avez peut-être ouï parler de ces mauvais rhumes épidémiques, auxquels les Français, qui nomment tout, ont donné le nom de grippe, qui est en effet très significatif. »   BONNET, **Lett. div.** (in LITTRÉ).

9   « En somme, des gens comme Gigon, des gens chez qui le sang est fort, peuvent très bien, à l'occasion d'une petite grippe... Et puis, quoi de plus naturel ? Une grippe, voilà qui tourne facilement à la pneumonie. »   DUHAM., **Salavin**, II.

DER. — **Grippal, ale.** adj. (néol.). Propre à la grippe. *État grippal. Affection grippale.* — **Grippé, ée.** adj. (1782). Atteint de la grippe. *Être un peu grippé, fortement grippé.*

« Le jour suivant, je me réveillai courbaturé, grippé, si souffrant que je ne me décidai qu'après-midi à retourner chez les Bucolin. »   GIDE, **Porte étroite**, VI, p. 126.

GRIPPER. v. tr. et intr. (1405 ; du francique *grîpan*, « saisir ». Cf. allem. *greifen*. V. *aussi* **Griffer, grimper**).

I. *V. tr.* ‖ **1°** *Vieilli.* Attraper*, saisir lestement et avidement (particulièrement avec les griffes). V. **Happer**. *Ce chat a grippé un morceau de viande. Il a grippé la souris à la sortie du trou* (ACAD.).

1   « Et toutes deux, très mal contentes,
Disaient entre leurs dents : « Maudit coq, tu mourras. »
Comme elles l'avaient dit, la bête fut grippée. »   LA FONT., **Fabl.**, V, 6.

— Prendre au collet, arrêter. *Gripper un voleur* (Cf. Attraper, cit. 10 SCARRON). — Dérober, voler. *On lui a grippé sa bourse* (ACAD.).

‖ **2°** (Extension néologique de l'intransitif. Cf. *infra*, II, 2°) Provoquer un grippage* dans (un mécanisme). *Insuffisance de graissage qui grippe une machine.* — Par métaph. *L'esprit bureaucratique grippe les rouages de l'administration.*

2   « Un travail sourd, incompréhensible, grippait ses articulations, »   JALOUX, **Les visiteurs**, II.

II. *V. intr.* ‖ **1°** (1757 ENCYCL.). Se froncer, se retirer (en parlant des étoffes). *Ce tissu grippe un peu.*

3   « Si une étoffe frappée inégalement, ou fabriquée sur une chaîne mal tendue, ou sur une lisière mal disposée, forme à la surface de petits plis, des tiraillements, on dit qu'elle grippe. »   ENCYCL. (DID.), **Gripper**.

‖ **2°** (1757 ENCYCL., art. Foret). *Technol.* S'accrocher, se coincer, s'arrêter par l'effet du grippage*. *Pièces mal huilées qui grippent. Le moteur va gripper si vous ne le graissez pas.* — Par métaph. :

4   « ... des freins claqués comme « bien que » ou « quoi que », au lieu du solide « malgré que », qui grippe et grince à la perfection. »   CLAUDEL, **Positions et propos.**, p. 84.

‖ **SE GRIPPER.** ‖ **1°** (1752 TRÉV. Cf. *supra*, II, 1°) *Ce taffetas s'est tout grippé* (ACAD.). — *Méd.* (1814). *Facies grippé*, aspect particulier que prend le visage, qui paraît alors crispé, contracté et comme diminué, dans certaines crises douloureuses suraiguës.

‖ **2°** (Cf. *supra*, II, 2°). *Machine qui se grippe. Moteur grippé.*

ANT. — Lâcher. Tourner (rond). Tomber (bien, droit).

DER. et **COMP.** — **Agripper.** — **Grippement.** n. m. (1606, « action de saisir »). ‖ **1°** (1845). V. **Grippage.** ‖ **2°** (1866). État de la face grippée*. — **Grippe-sou.** n. m. (1680, celui qui, moyennant une commission d'un sou par livre, se chargeait de toucher les rentes des particuliers). *De nos jours* (depuis VOLT.). *Avare* qui fait de petits gains sordides, de misérables économies. Par métaph. *Langue de grippe-sou* (Cf. Embarrasser, cit. 22). — Cf. aussi *Grippeminaud* « chat qui grippe » in RAB. (I, 54 et V, 11) et LA FONT. (VII, 16).

« Et force grippe-sous prêtant à grande usure »   LECONTE de LISLE, **Poèmes barbares**, Paraboles de dom Guy, VII.

GRIS, E. adj. et n. (XIIᵉ s. ; du francique *grîs*, Cf. allem. *greis*).

I. ‖ **1°** D'une couleur intermédiaire entre le blanc et le noir. *Les tons gris* (Cf. Exquis, cit. 11) *d'un ciel d'automne, d'une mer orageuse, d'une muraille* (Cf. Épanouir, cit. 2 ; exposer, cit. 2). *Le plumage gris de certains oiseaux.* V. **Griset, grisette.** *La teinte grise de certains métaux* (plomb*, fer, etc.), *de certains alliages* (potin gris), *de certaines roches* (gneiss, grès, granit, ...). *De gros nuages gris qui annoncent un orage* (Cf. Amoncellement, cit. 2 ; bourre, cit. 2). *La lumière, la lueur grise d'un jour sans soleil.* (Cf. Cale, cit. 2 ; foncer, cit. 1). *Ciel gris* (Cf. Brûler, cit. 40). *Jour triste et gris, temps gris* (Cf. Estomper, cit. 3). Ellipt. *Il fait gris*, le temps est couvert. — PROV. *La nuit tous les chats* (cit. 16) *sont gris.*

1   « Ce tableau est si harmonieux, malgré la splendeur des tons, qu'il en est gris — gris comme la nature — gris comme l'atmosphère de l'été, quand le soleil étend comme un crépuscule de poussière tremblante sur chaque objet. »   BAUDEL., **Curios. esthét.**, Salon de 1845, II.

2   « ... on avançait dans la lueur d'en bas, malade comme celle de la forêt et si grise que la rue en était pleine comme un gros mélange de coton sale. »   CÉLINE, **Voyage au bout de la nuit**, p. 177.

— *Yeux gris* (Cf. Bec, cit. 3 ; étudier, cit. 27). *Visage gris* (Cf. Éphélide, cit.). *Fatigue, peur qui rend le visage gris. Peau grise et terne.*

3   « Ton œil mystérieux (est-il bleu, gris ou vert ?)...

Réfléchit l'indolence et la pâleur du ciel. »   BAUDEL., **Fl. du mal**, Spl. et id., L.

4   « Dites un mot plaisant, et leur œil devient gris
Et terne comme l'œil d'un poisson qu'on fait frire ; »   ID., **Amœnitates Belgicæ**, VI.

5   « À quatre-vingt-dix ans, ses vieilles mains grises, déformées, noueuses... »   JOUHANDEAU, **Tite-le-Long**, XXIII.

— *Costume gris. Robe de toile grise* (Cf. Aspiration, cit. 7). *Bas gris* (Cf. Camisole, cit. 2). *Chapeau gris* (Cf. Aviser, cit. 3). *Chemises, gants gris.* — Par méton. *Sœurs* grises*, vêtues d'une robe grise. *Éminence* grise* (le P. Joseph portant comme tous les capucins la robe grise).

6   « Il renifle déjà le seau, la cuvette étroite, la serviette grise en nid d'abeilles avec un trou et des taches de rouille. »   ROMAINS, **H. de b. vol.**, t. IV, XV, p. 156.

— *Gris de poussière*, couvert d'une couche de poussière grise. *Voiture grise de poussière.*

7   « Les camions étaient gris de la poussière des routes, gris aussi les hommes assis quatre par quatre, les casquettes grises posées de travers et leurs mains allongées sur les pantalons de coutil, bien sagement. »   BERNANOS, **Grands cimet. s. la lune**, I, II.

8   « Les branches des ficus et des palmiers pendaient, immobiles, grises de poussière, autour d'une statue de la République, poudreuse et sale. »   CAMUS, **La peste**, p. 100.

— Typogr. *Page grise*, par suite d'un mauvais encrage.

— (L'adj. *gris* servant à désigner certains êtres ou objets, certaines espèces). *Ambre* gris. Papier* gris. Lettre* grise. Onguent* gris. Rainette* grise. Vin* gris. Crevette* grise.* — Anat. *Substance* grise.*

— *Spécialt.* (Par l'effet de l'âge). V. **Argenté.** *Cheveux* (Cf. Éteindre, cit. 52 ; fidèlement, cit. 2), *sourcils* (Cf. Aviver, cit. 2), *poil gris. Barbe* (cit. 11 et 23) *grise. Poils gris, blancs, mêlés aux poils encore noirs.* V. **Poivre** (et sel). Par méton. *Avoir déjà la tête grise.* Ellipt. *Être gris de bonne heure.* V. **Grisonner.**

9 « Il me sied bien, ma foi, de porter tête grise,
Et d'être encor si prompt à faire une sottise, »
MOL., **Étourdi**, II, 4.

10 « Je ne m'apercevais pas combien j'avais changé. Mais, au fait, eux... à quoi s'en apercevaient-ils ? Je n'avais pas un cheveu gris, ma moustache était noire. » PROUST, **Rech. t. p.**, t. XV, p. 88.

|| **2º** *Fig.* Sans éclat. V. **Terne.** *Une vie grise*, sans intérêt. V. **Morne.** *Style gris*, sans couleur. V. **Grisaille.** *Gris et étriqué* (cit. 7).

11 « ... vie terne et grise où les sentiments trop forts étaient des malheurs, où l'absence de toute émotion était une félicité. » BALZ., **Curé de Tours**, Œuvr., t. III, p. 814.

12 « Or Robineau ce soir était las. Il venait de découvrir, en face de Pellerin vainqueur, que sa propre vie était grise. » ST-EXUP., **Vol de nuit**, V.

13 « Il faut, pour qu'une seule idée heureuse vienne à maturité, beaucoup de grise besogne et beaucoup de rêveries. » DUHAM., **Pasquier**, VIII, II.

— *(Par oppos. à la couleur, à la netteté des romantiques ou des parnassiens).*

14 « Il faut aussi que tu n'ailles point
Choisir tes mots sans quelque méprise :
Rien de plus cher que la chanson grise
Où l'Indécis au Précis se joint. »
VERLAINE, **Jadis et naguère**, Art poétique.

— *Spécialt.* (XVᵉ s.). Dépourvu de cet éclat que donne la joie, l'aménité ; dans l'expression *Faire grise mine à quelqu'un :* lui faire mauvais visage, médiocre accueil. V. **Maussade.**

15 « Allons, plus de ta grise mine ! »
VERLAINE, **Chansons pour elle**, IX.

|| **3º** (1690 FURET.). Qui est près d'être ivre*. V. **Vin** (entre deux vins, pris de vin). *Se sentir un peu gris à la fin d'un repas arrosé de vins généreux.*

16 « On appelle du *vin gris*, un vin délicat, tel que celui de Champagne, qui est entre le blanc et le clairet : et on dit, qu'un homme est *gris*, lorsqu'il a beaucoup bu de vin, et qu'il commence d'être ivre. » FURETIÈRE, **Dict.**, Gris.

17 « Violette tomba, la tête sur la table, non pas gris, mais ivremort... » BALZ., **Ténébreuse affaire**, Œuvr., t. VII, p. 475.

18 « Depuis le matin, à Cloyes, il était gris déjà, le pantalon boueux, la blouse ignoble de taches, une casquette en loques renversée sur la nuque ; et il fumait un cigare d'un sou, humide et noir, qui empestait. » ZOLA, **La terre**, I, II.

II. N. m. (XVᵉ s.) || **1º** Couleur grise. *Peindre un mur, des volets en gris. Tirer* sur le gris.*

19 « Gris et couleurs terreuses. L'ennui de toute peinture est le gris. » DELACROIX, **Journal**, 13 janv. 1857.

20 « Les Français ne sont pas naturellement coloristes. Le gris en toutes choses est leur nuance favorite ; habitués aux tons froids de la pierre, ils redoutent dans l'architecture les teintes variées des marbres dont les Italiens font un si heureux usage ; la couleur, pour tout dire, leur semble de mauvais goût, comme si dans la nature elle n'était pas toujours unie à la forme, et ils préfèrent, au risque de beaucoup d'ennui, une teinte abstraite et neutre, qui laisse prédominer la ligne » GAUTIER, **Souv. de théâtre...**, La vente Jollivet.

— *Tons, nuances de gris. Un gris argenté, clair, pâle, lumineux, laiteux, sombre, cendré, plombé, brouillé...* (Cf. Barbouillage, cit. 3). *Gris perle* ou *gris de perle* (Cf. Ardoisé, cit. 3). *Gris souris. Gris de lin. Gris fer. Gris ardoise...* — *Gris tirant sur une autre couleur. Un gris jaune* (Cf. Aussi, cit. 31), *brun* (V. **Bis**), *bleu, vert, roux* (V. **Noisette**), *noir...* (Cf. Estomper, cit. 5).

21 « Un immense dais de brume d'un gris de perle très doux et très fin, tenant de la neige en suspens, posait sur la ville et semblait s'appuyer sur les clochers... » GAUTIER, **Voyage en Russie**, IX, p. 120.

22 « ... de tout petits nuages d'un blanc doré avec un peu de gris de nacre dans leurs ombres. » LOTI, **Ramuntcho**, XXIII.

23 « Vers l'Ouest, ciel et lac sont d'une même couleur de perle, un gris d'une délicatesse attendrie, nacre exquise où tous les tons mêlés dorment encore mais où déjà frémit la promesse de la riche diaprure du jour. » GIDE, **Voyage au Congo**, p. 32.

— *Adjectivt.* (Avec un trait d'union, dans ce cas, entre le mot *gris*, qui reste invariable, et le mot précisant la nuance). *Robe gris-souris. Tapis gris-perle* (Cf. Cribler, cit. 9). *Lumière gris-de-perle de la lune* (Cf. Forêt, cit. 2). *Étoffe gris-de-lin* (ACAD.). *Jupe gris-fer* (cit. 3). *Enveloppes gris-vert* (Cf. Feuille, cit. 9).

24 « ... il en sortit (*de cet œuf*) un petit carrosse d'acier poli, garni d'or de rapport : il était attelé de six souris vertes, conduites par un raton couleur de rose, et le postillon, qui était aussi de la famille ratonienne, était gris-de-lin. » Mᵐᵉ d'AULNOY, **Deux contes de fées**, L'oiseau bleu.

25 « ...on ne voit qu'une mer unie gris-perle, ses reflets de vert indécis et d'ambre pâle. » CHARDONNE, **Dest. sentim.**, III, II.

— *Spécialt.* En parlant de la robe* du cheval caractérisée par un mélange de poils blancs, noirs et autres. *Différents gris : clair, très clair, ordinaire, foncé ; gris fer, gris bleu, gris ardoise, gris sale, gris isabelle, gris rouanné,* et (en vieillissant) *gris blanc mat, porcelaine, sale, rosé, argenté. Gris pommelé*.* — Adjectivt. *Chevaux gris.* — Substant. (Ellipt.). *Un gris*, un cheval dont le poil est gris.

26 « La calèche attelée de quatre chevaux gris-pommelé avec ses postillons en casaque de satin, son bruit de fouets et ses éclairs de vernis, lui passa devant les yeux comme un tourbillon. » GAUTIER, **Fortunio**, IV, p. 43.

|| **2º** (*Ellipt.*). Vêtements gris. *S'habiller de gris. Il ne porte que du gris. Tout de gris vêtu. Le gris est peu salissant.*

27 « Dans la pénombre du palier, Tarrou avait l'air d'un grand ours vêtu de gris. » CAMUS, **La peste**, p. 140.

|| **3º** *Zool.* V. **Petit-gris.**

DER. et COMP. — *Grisaille, grisard, grisâtre, griser, griset, grisette, grison.* — *Petit-gris.* Cf. aussi *Grizzly* et (simple attraction) *Vert-de-gris.*

GRISAILLE. *n. f.* (1625 ; de *gris*).

|| **1º** *Bx-arts.* Peinture monochrome en camaïeu gris donnant l'illusion du relief. *Peindre, travailler en grisaille. Faire de la grisaille. Retables anciens dont les volets représentent des statues peintes en grisaille.*

1 « ...la glace et son trumeau à peinture en grisaille offraient un remarquable ensemble de ton, de couleur et de manière. » BALZ., **Urs. Mirouët**, Œuvr., t. III, p. 331.

2 « Même, sur son fond frotté d'une espèce de grisaille, il (*Rubens*) indique souvent des rehauts avec du blanc. » DELACROIX, **Journal**, 9 juill. 1850.

3 « ...tous les ornements et les reliefs d'architecture y sont peints, comme la voûte de la Bourse, en grisaille, au lieu d'être exécutés réellement : » GAUTIER, **Voyage en Espagne**, p. 181.

— Par ext. *Exécuter une grisaille.* — Se dit parfois d'une première esquisse où les clairs sont rendus par le blanc de la toile, les ombres par une seule teinte (Cf. Chevalet, cit. 2).

— Composition employée dans la peinture sur verre pour exécuter le trait et le modelé ; vitraux en verre blanc peints uniquement avec cette composition.

4 « L'art nous donne une image beaucoup plus riche du génie français. C'est une sorte non de grisaille monochrome, mais de verrière de cathédrale, où toutes les couleurs du ciel et de la terre s'harmonisent. » R. ROLLAND, **Musiciens d'autrefois**, p. 3.

— Nom donné à certains émaux peints de Limoges de l'époque de la Renaissance.

|| **2º** *Par anal.* (fin XIXᵉ s. LOTI, 1883. Cf. Écume, cit. 2). Ton ou aspect naturel qui fait songer à la peinture en grisaille. — REM. Ce sens, développé depuis la fin du XIXᵉ s., ne figure ni dans LITTRÉ, ni dans ACAD., ni dans les dictionnaires modernes courants.

5 « ... le ciel de l'avril s'étendait, d'un bleu profond et sans un nuage, perdu au loin dans une grisaille brumeuse. » COURTELINE, **MM. ronds-de-cuir**, I, I.

6 « Juste au bord des eaux, qui baissent chaque jour, une teinte verte persiste aux branches ; autrement, n'importe où l'on regarde, c'est, dirait-on, la rouille de l'arrière-automne, ou les grisailles de l'hiver. » LOTI, **L'Inde (sans les Anglais)**, V, VII.

7 « Tout lui semblait baigné d'un demi-jour perpétuel. On eût dit une grisaille, où les lignes s'estompaient, s'enfonçaient, émergeaient par moments, s'effaçaient de nouveau. » R. ROLLAND, **Jean-Christ.**, La foire sur la place, I, p. 688.

8 « La bure des vieilles feuilles continuait à couvrir le sous-bois de sa grisaille éteinte et froide. » GENEVOIX, **La dernière harde**, I, V.

— *Fig.* Caractère terne, atmosphère morne, manque d'éclat ou d'intérêt. *Grisaille d'une vie sans histoire.* V. **Mélancolie, monotonie, tristesse.** *Sombrer dans la grisaille, l'ennui.*

9 « Il y avait bien quelques lueurs dans cette grisaille : la tendresse de sa mère, l'affection de Daniel... » MART. du G., **Thib.**, t. VI, p. 233.

ANT. — Couleur, éclat, fraîcheur.

DER. — *Grisailler.* v. tr. et intr. (1649 SCARRON). Peindre en grisaille, en gris. — (1819). Prendre une teinte grise, grisâtre. — Fig. *Quelque chose de passé, de grisaillé, de froid* (cit. 29 CHATEAUB.). V. **Pâle.** — *Grisailleur.* n. m. (1640). Vx. Peintre en grisaille.

« Ornés de figures taillées,
Tres artistement grisaillées »
SCARRON, **Énéide travestie**, IV (in LITTRÉ).

GRISANT, ANTE. adj. (1877 ; p. prés. adj. de *griser*). Qui grise, en exaltant, en surexcitant. V. **Enivrant*, excitant.** *Parfums grisants. Louanges grisantes. Spectacle, succès qui a quelque chose de grisant.* — REM. Ce mot, tardivement enregistré dans les dictionnaires courants (LAR. UNIV. 1922) ne figure encore pas dans ACAD. 1932.

1 « Grands bois grisants et forts comme une chevelure ! » SAMAIN, **Chariot d'or**, Symph. héroïque, Forêts, p. 153.

2   « Je ne sais rien de grisant comme l'odeur des filles de Provence, un soir de bal, dans une fête foraine d'août ou de septembre. »
L. DAUDET, **La femme et l'amour**, I.

3   « Et ce qu'il y avait de grisant, c'était moins de faire à Marie une suggestion pratique qui ne pressait pas, que de lui verser, à cette minute, dans l'oreille, tout le sens moite et caressant d'un mot. »
ROMAINS, **H. de b. vol.**, t. V, XXIII, p. 199.

GRISARD. *n. m.* (1351 adj., « gris, grisâtre »). Nom vulgaire du goéland rayé, du blaireau, du peuplier blanc, d'une espèce de grès très dur...

« Le goéland varié ou le grisard. Le plumage de ce goéland est haché et moucheté de gris brun sur fond blanc ; les grandes pennes de l'aile sont noirâtres ; »   BUFF., **Hist. nat. ois.**, Le goéland varié.

GRISÂTRE. *adj.* (vers 1500 ; de *gris*). Qui tire sur le gris. *Couleur grisâtre. Bâtisses* (Cf. Étager, cit. 2), *lichens* (Cf. Épineux, cit. 1) *grisâtres. Ciel, jour, matin grisâtre* (Cf. Filtrer, cit. 10). *Un temps grisâtre d'automne.*

1   « Qu'il s'élève une vapeur qui attriste le ciel, et qui répande sur l'espace un ton grisâtre et monotone, tout devient muet, rien ne m'inspire, rien ne m'arrête ; »   DIDER., **Essai sur la peinture**, III.

— *Fig.* Désolant, morne, triste.

2   « ...quand on est comme moi un voluptueux, un mystique, et qu'on n'obéit point à un grisâtre impératif moral, à une austérité de buveurs d'eau... »   ROMAINS, **H. de b. vol.**, t. IV, VII, p. 74.

GRISER. *v. tr.* (1538, colorer ; de *gris*).

I. *Vx.* Donner (ou prendre) une teinte grise.

— *De nos jours* (1873 in LITTRÉ, Suppl.). Le GRISÉ. *n. m.* Teinte grise obtenue par des hachures (sur une gravure, une carte...), par un pointillé plus ou moins espacé et nourri. Se dit aussi de la réglure* des factures, registres...

II. (V. **Gris**, I, 3º). ‖ **1º** (1718). Rendre gris. V. **Enivrer**. *On l'a grisé pour le faire parler. Ils se sont amusés à le griser, à le faire boire.*

1   « Sa coquetterie consistait à boire avec les rouliers. Personne n'avait jamais pu le griser. »   HUGO, **Misér.**, II, III, II.

2   « Jerphanion réussit à lui faire boire deux ou trois verres de vin. Elle n'en avait pas l'habitude, et vers la fin déclara que la tête lui tournait : « Mais vous voulez me griser ! Monsieur. Vous voulez me griser ! » dit-elle en affectant un ton de théâtre. »
ROMAINS, **H. de b. vol.**, t. IV, XXI, p. 230.

— En parlant des vins, de l'alcool. V. **Tête** (monter, porter à la tête, tourner la tête). *Petit vin rosé qui vous grise facilement.*

— *Par anal.* Mettre dans un état d'excitation physique comparable aux premières impressions de l'ivresse. *L'air vif et pur du matin grise le promeneur. Prisonnier grisé par le grand air en sortant de sa cellule* (cit. 4). *Odeurs, parfums qui grisent. Mouvement, fatigue qui grise* (Cf. Envol, cit. 2). *Soldat grisé par l'odeur de la poudre.*

3   « Je demeurais haletant, si grisé de sensations, que le trouble de cette ivresse fit délirer mes sens. Je ne savais plus vraiment si je respirais de la musique, ou si j'entendais des parfums, ou si je dormais dans les étoiles. »   MAUPASS., **Vie errante**, La nuit.

4   « ...un peu de cet air vif des montagnes qui grise et qui fait danser. »
DAUDET, **Lettres de mon moulin**, Installation.

5   « Cette odeur âcre de fille, ce parfum violent de foin fouetté de grand air, le grisaient, raidissaient tous ses muscles, dans une rage brusque de désir. »   ZOLA, **La terre**, II, IV.

‖ **2º** *Fig.* V. **Enivrer, enthousiasmer, étourdir, exalter, exciter,** ... *Griser quelqu'un de promesses, de beaux discours* (Cf. Exhilarant, cit. 2). — *Se laisser griser par le succès. Nature que grise la beauté, le sublime* (Cf. Éprouver, cit. 15). *Ce concert de louanges, ces flatteries le grisaient.* V. **Tête** (tourner la).

6   « ...elles tâchèrent de griser Modeste en s'adressant à son orgueil et lui montrant une des plus hautes destinées à laquelle une femme pouvait alors aspirer. »   BALZ., **Mod. Mignon**, Œuvr., t. I, p. 541.

7   « Les capucins et autres moines entraînaient les paysans, les grisaient de sermons sauvages, de processions frénétiques, leur mettaient dans la main l'épée, le poignard contre l'Empereur. »
MICHELET, **Hist. Révol. franç.**, III, III.

8   « Au vrai, j'étais grisé par la diversité de la vie, qui commençait à m'apparaître, et par ma propre diversité... »   GIDE, **Si le grain...**, I, X.

9   « Ne se laissant ni griser ni même distraire par les plaisirs de Mombello, il occupait à travailler la plus grande partie de ses journées et de ses nuits... »   MADELIN, **Hist. Consul. et Emp.**, Ascens. de Bonaparte, XI.

10   « L'éblouissement, l'illumination, la plénitude de cet instant, qui avait la douceur d'une aurore, le grisèrent aussitôt... Une ivresse presque divine l'animait... »   MONDOR, **Pasteur**, II.

‖ SE GRISER. ‖ **1º** S'enivrer* (Cf. Arroser, cit. 14). *Se griser pour noyer son chagrin.*

11   « Coquin, depuis que ta femme est morte, je m'aperçois que tu te grises tous les jours. Tu ne t'enivrais auparavant que deux ou trois fois par semaine. »   CHAMFORT, **Dialogues**, Époux inconsolable.

12   « Il s'était raidi encore, de plus en plus digne à mesure qu'il se grisait. Une fraternité d'ancien militaire ivrogne, une tendresse secrète le portait vers le braconnier ; »   ZOLA, **La terre**, I, IV.

— Par anal. *Se griser d'air* (cit. 9) *pur, de longues marches à travers champs. L'aigle se grise de son vol* (Cf. Enivrer, cit. 20).

— *Par métaph.* V. **Étourdir** (s').

« De sorte que, *pour ne pas vivre*, je me plonge dans l'Art, en désespéré ; je me grise avec de l'encre comme d'autres avec du vin. »
FLAUB., **Corresp.**, 629, 18 déc. 1859, t. IV, p. 356.   13

‖ **2º** *Fig.* S'exalter*, se repaître (de quelque chose d'exaltant). *Se griser de ses propres paroles. Se griser d'orgueil* (Cf. Châtier, cit. 6), *d'émotions* (cit. 16). *Se griser de popularité.*

« ...puis il descendait chez sa fille, il s'y grisait du bonheur des pères... »   BALZ., **Cousin Pons**, Œuvr., t. VI, p. 636.   14

« Les employés se grisaient du récit, prodigieusement intéressés. »
COURTELINE, **MM. ronds-de-cuir**, V, II.   15

« ...eussent-ils été gentils pour lui, au lieu de se griser de colère contre eux il les eût embrassés, et il n'avait pas les réactions normales de l'homme d'honneur outragé ; »   PROUST, **Rech. t. p.**, t. XII, p. 142.   16

« Antoine se grisait de sa témérité. À peine s'il balança une seconde avant d'oser... »   MART. du G., **Thib.**, t. III, p. 251.   17

GRISERIE. *n. f.* (1847 BALZAC ; de *griser*, II. — REM. Ce mot, enregistré par LITTRÉ (Suppl. 1877), ne figure pas dans ACAD. 1932).

‖ **1º** Excitation comparable aux premiers effets de l'ivresse. V. **Étourdissement**. *Odeurs provoquant une sorte de griserie* (Cf. Fermenter, cit. 1). *Griserie qui vient de l'action, du mouvement.* V. **Enivrement, exaltation, excitation, ivresse.**

« Le trapèze apportait au jeune homme une espèce de griserie du corps ; »   GONCOURT, **Zemganno**, IV.   1

« ...la Vitesse, griserie inconnue de nos pères... »   MAURIAC, **Le jeune homme**, p. 26.   2

— Avec un compl. désignant la cause de cette excitation.

« ...son habitude de la liberté, des belles galopades à travers les labours, des griseries de grand air, aux quatre vents de la plaine. »
ZOLA, **La terre**, II, I.   3

« La partie à présent se continue, et ses pensées se perdent dans la griserie physique de recommencer la lutte. »
LOTI, **Ramuntcho**, I, IV.   4

« Cette griserie de vivre, éparse dans l'atmosphère, Lucien l'avait respirée avec cet orgueil de l'amoureux chaste et qui porte en lui une émotion sacrée, alors que tant d'autres ont déjà profané leur cœur. »
BOURGET, **Un divorce**, III.   5

« ...les lettres dictées par lui... révèlent une griserie d'activité qui se surexcite devant le travail même qu'il impose à tous, comme devant l'esprit qui, chez le peuple, s'accuse. »
MADELIN, **Hist. Cons. et Emp.**, Avènement de l'Empire, I.   6

‖ **2º** *Fig.* Exaltation morale, intellectuelle..., s'accompagnant d'une certaine altération du jugement. *Griserie du succès, du pouvoir. Céder à la griserie des mots.*

« Il s'agit, poursuivant l'enquête à l'envers, de rechercher, moins encore si l'écrivain a échappé à la griserie des mots que s'il était capable d'y échapper... »   PAULHAN, **Fleurs de Tarbes**, p. 52.   7

« La griserie de l'irrationnel et la vocation de l'extase détournent de l'absurde un esprit clairvoyant. » CAMUS, **Mythe de Sisyphe**, p. 55.   8

— *Au plur.* :

« ...ce besoin de prêter une signification psychique aux riens de la création, qui produit les œuvres inexplicables de Jean-Paul Richter, les griseries imprimées d'Hoffmann... »   BALZ., **Cousin Pons**, Œuvr., t. VI, p. 539.   9

« Les mirages de l'imagination peuvent rehausser leurs aspirations idéalistes et leur réserver de nobles griseries ; »
MONDOR, **Pasteur**, II.   10

GRISET. *n. m.* (XIIe s. adj., « un peu gris » ; de *gris*).

‖ **1º** (1721). Nom vulgaire de petits passereaux, tels que les chardonnerets, qui ont encore le plumage gris du jeune âge.

‖ **2º** (1791). Espèce de requins fusiformes, assez commune dans la Méditerranée.

GRISETTE. *n. f.* (XIIe s. adj. V. **Griset**).

‖ **1º** (1651). *Vx.* Étoffe commune de teinte grise.

‖ **2º** (1665 LA FONT.). *Par méton.* (« Fille vêtue de grisette »). Fille de petite condition (généralement ouvrière ou employée dans les maisons de couture, lingerie, modes...), de mœurs faciles et hardies (Cf. Coquet, cit. 13 ; fange, cit. 6). V. **Femme*** (*supra* cit. 103) ; **courtisane*, lisette, lorette, manola...** *Étudiants* (cit. 3 et 4) *et grisettes de l'époque romantique.* « *Mimi Pinson, profil de grisette* », conte de Musset.

« ...laissons la qualité :
Sous les cotillons des grisettes
Peut loger autant de beauté
Que sous les jupes des coquettes... | ...Une grisette est un trésor
Car, sans se donner de la peine,
Et sans qu'aux bals on la promène,
On en vient aisément à bout ; »
LA FONT., **Contes**, I, Joconde.   1

« ...je lui faisais la guerre d'une petite grisette qu'il aimait de tout son cœur, dans la rue des Petits-Champs. »
RETZ, **Mémoires**, II, p. 372.   2

« ...ces petits êtres gentils à croquer, à l'air fripon, au nez retroussé, à la robe courte, à la jambe bien prise, qu'on nomme grisettes... Ce qui constitue l'originalité de la grisette... c'est sa grande   3

indépendance dans l'exercice du sentiment, ce qui ne ressemble pas précisément à de la vertu, mais excuse au moins, jusqu'à un certain point, les fréquentes atteintes que cette dernière peut recevoir. »
BALZ., *Caricature*, 6 janv. 1831 (in MUSSET, **Contes**, Notes, 122).

4 « Certes, les grisettes de Paul de Kock n'ont pas l'élégance de la *Mimi-Pinson* d'Alfred de Musset, mais elles sont fraîches, gaies, amusantes, bonnes filles, et aussi jolies sous leur bonnet de percale ou léger chapeau de paille... »
GAUTIER, **Portr. contemp.**, P. de Kock.

5 « Oui, et cent mille fois oui, j'aime mieux une putain qu'une grisette... c'est ainsi je crois qu'on appelle ce quelque chose de frétillant, de propre, de coquet, de minaudé, de contourné, de dégagé et de bête, qui vous emmerde perpétuellement et veut faire de la passion comme elle en voit dans les drames-vaudevilles. »
FLAUB., **Corresp.**, 29, 18 mars 1839, t. I, p. 43.

‖ 3° Nom vulgaire donné à certaines espèces de fauvettes, de macreuses, de râles, de papillons de nuit, d'agarics, etc.

GRIS-GRIS (1728) ou **GRI-GRI** (1569). *n. m.* (orig. inconnue). Amulette* en honneur auprès des peuplades noires de l'Afrique. *Par ext.* Toute espèce d'amulette, de fétiche.

1 « Ces billets à qui les Européens ont donné le nom de gris-gris, sont des sentences de l'Alcoran avec quelques figures arbitraires... »
P. LABAT, **Relation de l'Afr. occid.** (in BLOCH).

2 « Les *marabous* avec toute leur famille, voyagent de province en province en enseignant les peuples... le commerce le plus lucratif pour eux, est celui de vendre des *gris-gris*, qui sont des bandes de papiers remplis de caractères mystérieux, que le peuple regarde comme des préservatifs contre tous les maux ; ils ont le secret d'échanger ces papiers contre l'or des nègres ; »
ENCYCL., art. **Marabous**.

GRISOLLER. *v. intr.* (1718 ; onomatop.). Faire entendre son chant (en parlant de l'alouette).

DER. — Grisollement. *n. m.* (1877 in LITTRÉ, Suppl.). Cri de l'alouette.

GRISON, ONNE. *adj.* et *n.* (1449 ; de *gris*).

I. Adj. (*Vx*). Un peu gris, qui grisonne*.

« Que j'aime mes plaisirs, et que les passe-temps
Des amours m'ont rendu grison avant le temps ; »
RÉGNIER, **Sat.**, V.

II. N. (*Vx*). Celui qui grisonne. — Couleur du poil qui grisonne (Cf. Âge, cit. 37). — Domestique sans livrée, vêtu de gris, pouvant ainsi s'acquitter de commissions secrètes. V. **Valet.** — Âne (cit. 1, et Cf. Éponge, cit. 2 LA FONT.).

DER. — Grisonner.

GRISONNANT, ANTE. *adj.* (1546 RAB. ; p. prés. adj. de *grisonner*). Qui grisonne. *Barbe* (cit. 17) *grisonnante. Cheveux* (Cf. Bassesse, cit. 18 ; brosse, cit. 3 ; extravagant, cit. 3), *sourcils* (Cf. Enchâsser, cit. 4), *favoris* (cit. 10) *grisonnants. Homme déjà mûr et grisonnant* (Cf. Chapeau, cit. 7 : déplumer, cit. 2).

« Il se sent malheureux jusqu'au voisinage de la défaillance. Son front dégarni et ses tempes grisonnantes, dans la glace. »
ROMAINS, **H. de b. vol.**, t. III, XVIII, p. 249.

GRISONNER. *v. intr.* (1470 ; de *grison*). Commencer à devenir gris (en parlant du poil), commencer à avoir le poil gris, par l'effet de l'âge.

1 « Ruffin commence à grisonner ; mais il est sain... »
LA BRUY., XI, 123.

2 « Ses cheveux grisonnent prématurément. Mais le gris lui va bien. »
ROMAINS, **H. de b. vol.**, t. I, XIV, p. 151.

DER. — Grisonnant. — Grisonnement. *n. m.* (1546). État de ce qui grisonne.

« ...le léger grisonnement des tempes... »
ROMAINS, **H. de b. vol.**, t. II, XIV, p. 156.

GRISOU. *n. m.* (1796 : var. *feu brisou* 1753 ENCYCL. ; forme wallonne de *grégeois**). Gaz combustible qui se dégage spontanément dans les mines de houille (V. **Exhalaison, mofette**). *Le grisou est formé de méthane* (77 à 99 %), *d'anhydride carbonique, d'azote et d'oxygène. Suintement, dégagement instantané, jet de grisou* (V. **Soufflard**). *Le grisou et l'air ambiant forment un mélange détonant. On combat l'accumulation du grisou par la ventilation des galeries et les risques d'inflammation par l'emploi de lampes de sûreté. Indicateur de grisou.* V. **Grisoumètre.** — *Explosion de grisou. Catastrophe causée par le grisou.*

1 « Lorsqu'elle l'eut mené au fond de la taille, elle lui fit remarquer une crevasse dans la houille. Un léger bouillonnement s'en échappait, un petit bruit, pareil à un sifflement d'oiseau. — Mets ta main, tu sens le vent... C'est du grisou. »
ZOLA, **Germinal**, I, p. 52.

— Adjectivt. *Feu grisou.*

2 « On a vu des explosions de feu grisou anéantir des familles entières ; mais elles connurent l'agonie peu de temps, parce que la mort est presque subite, au milieu des décombres et des gaz délétères... »
LAUTRÉAMONT, **Chants de Maldoror**, IV.

DER. et COMP. — Grisoumètre. *n. m.* (1877 in LITTRÉ, Suppl.). Appareil servant à mesurer la quantité de grisou répandu dans l'air d'une mine. — Grisouteux, euse. *adj.* (1876 in LITTRÉ, Suppl.). Qui contient du grisou. *Air grisouteux. Mine grisouteuse.*

GRIVE. *n. f.* (vers 1280 ; fém. de l'anc. fr. *griu*, « grec », par allus. aux migrations de l'oiseau). Oiseau passeriforme (*Passereaux** ; *Turdidés*) scientifiquement appelé *turdus*,

et, dont le plumage est brun plus ou moins clair, parsemé de noirâtre (les *Turdus* à plumage sombre sont appelés *Merles**). V. **Tourd** (vx). *La grive fait partie des dentirostres*. Grive commune, musicienne, ou grive des vignes* (V. **Vendangette**) ; *grosse grive* (V. **Draine**) ; *grive litorne** (V. **Jocasse, litorne**) ; *grive mauvis**. — *Plumage de la grive* (V. **Grivelé**, cit. BUFFON). *Cri, chant de la grive* (V. **Babiller**). *Chasser la grive* (Cf. Ajuster, cit. 5). *Grasse* (cit. 13) *comme une grive.*

1 « La *Grive* proprement dite (*T. musicus*), à dos gris olivâtre avec les couvertures inférieures des ailes jaunes ; elle nous arrive en grandes troupes à la fin de septembre et séjourne jusqu'à la fin des vendanges, mangeant beaucoup de raisin et très recherchée alors pour sa chair délicate ; on l'attire, à l'aide de graines de sorbier, près de lacets ou de gluaux dans lesquels elle se prend facilement. »
POIRÉ, **Dict. des Sciences**, Grive.

— Loc. *Soûl comme une grive*, par allus. à l'habitude qu'a la grive de se gorger de raisin, au moment de la vendange.

2 « Il y avait l'autre jour une dame qui confondit ce qu'on dit d'une grive ; et, au lieu de dire, elle est soûle comme une grive, elle dit que la première présidente était sourde comme une grive ; cela fit rire. »
SÉV., 116 (in LITTRÉ).

3 « Le petit domestique est, parlant par respect, soûl comme une grive ; »
BALZ., **Député d'Arcis**, Œuvr., t. VII, p. 710.

— PROV. *Faute de grives, on mange des merles :* faute de ce que l'on désire, il faut se contenter* de ce que l'on a.

— Arg. (1628). Guerre, pillage et *par ext.* Garde, police (d'où le dérivé *Grivier*. Cf. Emballer, cit. 2 HUGO), régiment (Cf. DAUZAT, Argot de la guerre 1914-1918). V. **Griveton**.

4 « La *grive*, oiseau réputé maraudeur, symbolise à merveille la guerre du temps de Callot. »
DAUZAT, **Les argots**, p. 154.

DER. — Griveler ; griveton, grivois. — Grivelé, ée. *adj.* (XIII° s.). Tacheté, mêlé de brun (ou de gris) et de blanc comme le plumage de la grive. *Oiseau grivelé.* — Fig. et *vx.* Marqué, marbré. — Grivelure. *n. f.* (XVI° s.). Coloration, nuance blanche, grise et brune.

« La famille des grives a sans doute beaucoup de rapports avec celle des merles, mais pas assez néanmoins pour qu'on doive les confondre... on a appelé grives ceux de ces oiseaux dont le plumage était grivelé, ou marqué sur la poitrine de petites mouchetures disposées avec une sorte de régularité ; »
BUFF., **Hist. nat. ois.**, Les grives.

GRIVELER (*il grivelle ; vous grivelez*). *v. tr.* et *intr.* (1620 ; de *grive*, par allus. « aux menus pillages que font les grives dans les vignes » (BLOCH). *Vieilli.* Gagner d'une manière illicite, dans un emploi, une charge. Consommer sans avoir de quoi payer (au café, au restaurant).

« ...de pauvres détenus, sur la portion de viande desquels on avait peut-être *grivelé* pour acheter tout ce luxe de mauvais goût... »
STENDHAL, **Le rouge et le noir**, I, XXII.

DER. — Grivèlerie. *n. f.* (XVI° s.). Action de griveler et *spécialt.* Petite escroquerie qui consiste à consommer sans payer, dans un café, un restaurant, un hôtel. V. **Fraude, resquille.** *La grivèlerie, ou filouterie d'aliments, est un délit* (CODE PÉN., Art. 401). — Griveleur. *n. m.* (1642). *Vieilli.* Coupable de grivèlerie.

« ...le raisonnement des juges de ce monde qui punissent l'adultère d'une amende de vingt-cinq francs et fichent au bloc pour six mois un mendiant coupable de grivèlerie. »
BERNANOS, **Grands cimetières sous la lune**, II, III.

GRIVETON. *n. m.* (1896 ; de *grive** au sens argotique). Soldat et *spécialt.* Simple soldat. — REM. On prononce parfois *Grifton* « écrit à tort *Griffeton* » (DAUZAT, **Les argots**, p. 115). — V. **Grivois** (1°).

« J'ai des nippes... Tu feras un paquet de tes fringues de griveton et tu les emporteras avec toi. » MAC ORLAN, **Quai des brumes**, VIII.

GRIVOIS, OISE. *n.* et *adj.* (1690 au sens 1° ; de *grive* au sens de « guerre ». V. **Grive, griveton**).

‖ 1° *Vx.* — N. m. Mercenaire, soldat.

1 « Toujours prêt, comme le grivois,
De brusquer un friand minois »
J. MOREAU, **Suite du Virgile travesti**, VIII (in LITTRÉ).

— N. f. *Grivoise*, femme qui vit avec les soldats (LITTRÉ).

‖ 2° (1694). Par anal. *Vieilli.* « Bon drôle, bon compagnon » (TRÉVOUX). V. **Luron.**

2 « Un essaim de grivois
Buvant à leurs mignonnes » BÉRANGER, **Vert-vert**, III.

‖ 3° (1707). *Adj.* Qui est d'une gaieté licencieuse, un peu hardie. V. **Déshonnête, égrillard, gaillard, gaulois, immodeste, léger, leste, licencieux, trivial.** *Un conteur, un auteur grivois. Chansons, histoires grivoises, propos grivois.* V. **Cru, épicé** (Cf. Cochon). *Comédie de boulevard grivoise. Le ton, le genre grivois des comédies du XVIII° siècle.*

3 « Les saillies de Piron et le ton grivois de Crébillon me plaisent beaucoup. » DUCLOS, **Mém.**, Œuvr., t. X, p. 40 (in LITTRÉ).

4 « Ce théâtre jouera seul les pièces qu'on appelle grivoises, c'est-à-dire sales. » P.-L. COURIER, **Livret**.

5 « Et les Lisettes, et les Martons, quelles gaillardes, tudieu ! — Les courtisanes des rues sont loin d'être aussi délurées, aussi promptes à la riposte grivoise. » GAUTIER, **Mlle de Maupin**, Préf., p. 10.

6 « ...ce gras cabaretier flamand, d'humeur goguenarde et grivoise, qui fume sur sa porte... »
Al. BERTRAND, **Gaspard de la nuit**, Fantaisies..., VI.

7   « ...cette honnêteté grivoise, qui défend le mariage, en lui donnant les allures de la débauche : le genre gaulois. »
R. ROLLAND, **Jean-Christ.**, La foire sur la place, I, p. 708.

ANT. — Grave, honnête, modeste, prude, pudibond, sérieux...

DER. — **Grivoiserie.** *n. f.* (1872 in P. LAROUSSE). Caractère de ce qui est grivois. V. **Gauloiserie, licence...** *Il y a loin de la grivoiserie au véritable érotisme*. *Une grivoiserie frisant l'obscénité*. — Action ou parole grivoise. V. **Gaudriole, gravelure**. *Dire des grivoiseries.*

1   « Les morceaux de haute graisse de Rabelais, les priapées de Piron, les indécences des Italiens, les gravelures de Gueullette et les grivoiseries de Collé sont éclipsés... »
LINTILHAC, La comédie au XVIIIᵉ s. (in RAT, Notice Barb. Sév., p. 3).

2   « Ces Gascons paillards parlaient de l'amour avec gourmandise et grivoiserie ; »
MAUROIS, **Lélia**, II, II.

GRIZZLI, GRIZZLY. *n. m.* (1866 ; empr. de l'anglo-amér. *grizzly* (*bear*), « ours grisâtre », de *grizzle*, « gris »). Ours* gris des montagnes Rocheuses.

GROENLANDAIS, AISE (*gro-enn'*). *adj. et n.* (de *Groenland*). Du Groenland. *Esquimaux groenlandais. Kayak groenlandais.*

GROG (*grogh'*). *n. m.* (1785 ; angl. *grog*, mot tiré du sobriquet de l'amiral Vernon, *Old Grog* (d'après son habit de *grogram*, « (étoffe à) gros grain ») qui obligea ses marins à étendre d'eau leur ration de rhum). Boisson faite d'eau chaude sucrée et d'eau-de-vie, d'alcool... *Grog au rhum. Grog au citron. Boire un grog très chaud, brûlant, pour combattre le rhume, la grippe.*

1   « Le grog est fashionable, et le vieux vin de France
Réveille au fond du cœur la gaieté qui s'endort. »
MUSS., **Prem. poés.**, Rafaël.

2   « Je lui ferai faire un grog bien chaud. Ce ne sera rien. Un grog brûlant. Je l'envelopperai de couvertures. »
ST-EXUP., **Courrier Sud**, II, VII.

DER. (de l'angl. *Grog*). — **Groggy.** adj. (*néol.* ; mot angl. « ivre »). *T. de Boxe.* Se dit du boxeur qui, étourdi par les coups, se maintient debout avec peine et semble près de s'écrouler. V. **Sonné.**

GROGNEMENT. *n. m.* (XVᵉ s. ; de *grogner*).

|| **1°** Cri du cochon, du sanglier (on dit aussi *Grommellement*), de l'ours, etc. consistant en une sorte de ronflement bref et sourd. *Les grognements des pourceaux.*

1   « Puis la ville se remplissait d'un bourdonnement de voix, où se mêlaient des hennissements de chevaux, des bêlements d'agneaux, des grognements de cochons... » FLAUB., **Trois contes**, Un cœur simple, II.

|| **2°** Action de grogner, en parlant des personnes ; murmure* de mécontentement. V. **Bougonnement, grommellement, grondement...** *Des grognements de colère, de protestation.*

2   « Je me vois encore dans ma chaire, me débattant comme un beau diable, au milieu des cris, des pleurs, des grognements, des sifflements... »
DAUDET, **Pet. Chose**, I, IX.

3   « Mais un grognement arriva du palier, la voix de Maheu bégayait, empâtée. » ZOLA, **Germinal**, I, p. 15.

GROGNER. *v. intr.* (1250 ; *grunir* au XIIᵉ s., *grogner* d'après *groin* ; lat. *grunnire*, var. de *grundire*. V. **Gronder**).

|| **1°** Pousser son cri, en parlant du cochon, du sanglier et *par ext.* de l'ours, etc. V. **Grognement.** Cf. Cochon, cit. 5. *Le sanglier grogne ou grommelle.*

1   « ...l'enchanteur et la fée parurent, qui la métamorphosèrent en truie, afin qu'il lui restât au moins une partie de son nom et de son naturel grondeur : elle s'enfuit, toujours grognant, jusque dans la basse-cour. » Mᵐᵉ d'AULNOY, **Deux contes de fées**, L'oiseau bleu.

2   « À ce moment, une troupe de cochons déboucha à un tournant. Les bêtes flaireuses, aux petits yeux, aux jambes courtes, grognaient, gargouillaient, ronflaient, renâclaient, reniflaient. »
APOLLINAIRE, **L'Hérésiarque...**, L'otmika.

— *Par anal.* Émettre un bruit sourd, une sorte de grondement. V. **Gronder.** *Chien qui grogne en montrant les dents.* — Par ext. :

3   « ...dans les grottes où grogne la mer au fond des trous invisibles... » MAUPASS., **Vie errante**, La côte italienne.

4   « ...pendant qu'il manœuvrait les vitesses, et que grognaient les pignons... » ROMAINS, **H. de b. vol.**, t. V, XXIII, p. 208.

|| **2°** Manifester son mécontentement par de sourdes protestations. V. **Bougonner, grommeler, gronder, maugréer, murmurer, protester, ronchonner.** Cf. Claquement, cit. 1. *Grogner entre ses dents. Obéir en grognant.* V. **Pester, râler, rouspéter.** *Les soldats de la vieille garde de Napoléon grognaient, mais le suivaient toujours.* V. **Grognard.** *Elle grogne sans cesse.* V. **Grognon.** *Grogner contre quelqu'un, après quelqu'un.*

5   « Ce nouvel Égiste grognait toujours quand il me voyait entrer chez sa dame... » ROUSS., **Confess.**, II.

6   « La quête se faisait en sortant du caveau, le gardien grognait même à cause d'une pièce belge qu'on lui avait refilée. »
CÉLINE, **Voyage au bout de la nuit**, p. 255.

7   « — J'étais tellement heureux ici. — On ne l'aurait pas cru, dit Mᵐᵉ Louise. Vous étiez toujours à grogner après quelqu'un. »
SARTRE, **Le sursis**, p. 172.

— *Transit. Pop. et vx.* Gronder (quelqu'un). *Il ne fait que me grogner* (LITTRÉ). — Dire (quelque chose) en grognant. *Grogner des insultes, des reproches.*

DER. — **Grognement, grogneur, grognon.** — **Grognant**, ante. *adj.* (XIXᵉ s. Cf. *infra.* cit. BAUDEL.). Qui grogne. — **Grognard, arde.** *adj.* (XIIIᵉ s.). *Vieilli.* Qui a l'habitude de grogner, de protester. Par ext. *Air grognard* (Cf. *infra*, cit. ROUSS.). Substant. *Un grognard.* — *Spécialt.* Soldat de la vieille garde sous Napoléon 1ᵉʳ (Cf. Exact, cit. 14 et *infra*, cit. VIGNY). *Un vieux grognard.* — **Grognasse.** *n. f.* (XXᵉ s. ; suff. péjor. *-asse*). Femme vieille et laide (péjor. et pop.). V. **Pouffiasse.** Cf. Femme, cit. 97. — **Grognasser.** *v. tr.* (1872 P. LAROUSSE). Pop. Grogner d'une façon continuelle (DER. **Grognasserie.** *n. f.* V. **Grognerie**, *infra*). — **Grogne.** *n. f.* (XIVᵉ s.). *Fam. et vx.* Mécontentement exprimé en grognant. — **Grognerie.** *n. f.* (XVᵉ s.). *Peu usit.* Action de grogner, murmures, plaintes, gronderies continuelles.

1   « Les monstres glapissants, hurlants, grognants, rampants,
Dans la ménagerie infâme de nos vices, »
BAUDEL., **Fl. du mal**, Au lecteur.

2   « Un visage mécontent est encore un spectacle qu'il m'est impossible de soutenir, surtout si j'ai lieu de penser que ce mécontentement me regarde. Je ne saurais dire combien l'air grognard et maussade des valets qui servent en rechignant m'a arraché d'écus dans les maisons où j'avais autrefois la sottise de me laisser entraîner... »
ROUSS., **Rêveries**, 9ᵉ prom.

3   « Canonnier dans la Garde des consuls, sergent dans la Garde Impériale, lui avaient toujours paru de plus hauts grades qu'officier de la ligne. J'ai vu beaucoup de grognards pareils. »
VIGNY, **Serv. et grand. milit.**, II, XI.

GROGNEUR, EUSE. adj. (1680 ; de *grogner*). Qui grogne souvent, par mécontentement. V. **Bougon, grognard** (*vx*), **grognon.** Par ext. *Air grogneur.* Substant. *Un grogneur.*

« Je tenais à cette fille que je ne connaissais point, à cette fille taciturne et toujours mécontente. J'aimais sa figure grogneuse, la moue de sa bouche, l'ennui de son regard ; »
MAUPASS., **Sœurs Rondoli**, II.

GROGNON. adj. et n. (1752, *mère Grognon*, TRÉV. ; de *grogner*). Qui a l'habitude de grogner, qui est d'une humeur maussade, désagréable. V. **Grognard** (vx), **grogneur ; acariâtre, bougon, maussade, morose.** *Un enfant grognon, qui boude, pleure, se plaint sans cesse.* V. **Pleurnicheur.** — Par ext. *Un air, un visage grognon.* — REM. La forme *Grognon* est employée avec un fém. aussi bien qu'avec un masc. (Cf. Demeurant, cit. 4 ROUSS. ; fureteur, cit. 5). ACAD. (8ᵉ éd.) admet le féminin *Grognonne. Humeur grognonne* (Cf. *infra*, cit. 2 STE-BEUVE).

1   « — Maman, Hélène ne veut pas jouer, s'écria le petit... — Laisse-la, Charles. Tu sais bien qu'elle est toujours grognon. »
BALZ., **Femme de trente ans**, Œuvr., t. II, p. 779.

2   « Je signale encore la compagnie grognonne des cochons et les mille gentillesses des petits lézards. » STE-BEUVE (in P. LAROUSSE).

3   « Elle vieillit, glacée et grognon. »
LA VARENDE, **Belles escl.**, p. 245 (in GREVISSE).

— *Substant.* N. m. invar. *Un, une grognon. Un vieux grognon, un insupportable grognon.* V. **Mécontent, ronchon, rouspéteur** (*fam.*). — Par appos. *C'est une vraie mère grognon* (ACAD.).

4   « Chez les Religieuses les petites pensionnaires qu'elles élèvent, appellent entre elles la mère *Grognon*, celle qui est chargée du soin de leur éducation, parce qu'elle les reprend de leurs fautes. »
TRÉVOUX, **Dict.**, Grogneur.

ANT. — Affable, aimable, charmant, gai...

DER. — **Grognonner.** *v. intr.* (1712 FÉN.). Pousser des grognements comme le pourceau (V. **Grogner**, 1°) ; faire le grognon (V. **Grogner**, 2°). — **Grognonnerie.** *n. f.* (1845). Action de grognonner ; paroles de grognon.

« ...dans la bergère, le baron qui lui faisait face se plaignait de ses rhumatismes et grognonnait. » GIDE, **Isabelle**, IV.

GROIN. *n. m.* (XIIᵉ s., *gruing* ; du lat. pop. *grunnium*, de *grunnire*. V. **Grogner**). Museau* du porc, du sanglier, et *par ext.* museau tronqué et propre à fouir. *Groin du porc, du pourceau* (Cf. Avaler, cit. 35 ; caver, cit. 2). *Extrémité du groin.* V. **Boutoir.** *Passer un anneau* dans le groin d'un porc.* V. **Anneler ; boucle** (de groin). — *Groin de la taupe.*

1   « Les porcs assoupis enfonçaient en terre leur groin ; »
FLAUB., **Mᵐᵉ Bov.**, II, VIII.

2   « Le sanglier est pendu la hure en bas... Du groin, encore souillé de terre, tombent des gouttes de sang... »
DUHAM., **Plaisirs et jeux**, IV, XIV.

— *Par anal.* Visage hideux, bestial (Cf. Hure, mufle...).

3   « ...cette honteuse gueule où je démêlais un groin de goret, des yeux d'usurier de campagne... » HUYSMANS, **Là-bas**, II.

GROISIL. *n. m.* (var. de *Grésil**). *Technol.* Débris de verre pulvérisés utilisés dans la fabrication des verres communs.

1. GROLE ou **GROLLE.** *n. f.* (1523 ; lat. *gracula*. V. **Grailler**). *Dialect.* (Ouest, Berry). Corneille, choucas, freux.

2. GROLE ou **GROLLE.** *n. f.* (dialect. au moyen âge. Cf. GODEFROY ; arg. paris. au XIXᵉ s. ; origine obscure). *Pop.* V. **Chaussure, soulier.**

3. GROLE. *n. f.* (fin XIXᵉ s. ; altér. de *grelot*). Pop. *Avoir les groles :* avoir peur. V. **Grelot**.

GROMMELER. *v. intr. et tr.* (1382 ; a remplacé *grommer*, XIIᵉ s. ; *grumeler*, XIIIᵉ s. ; « mot expressif, qui a dû se former en germ. » (DAUZAT) ; moy. néerl. *grommen*. Cf. all. *grummeln*).

‖ **1°** *V. intr.* Murmurer, se plaindre* entre ses dents. V. **Bougonner, grogner, gronder, murmurer.** *Donner, céder quelque chose en grommelant* (Cf. Caloyer, cit.). *Grommeler d'être dérangé.* (cit. 14) *de ses habitudes.*

1 « Je pestais, je grommelais, je jurais, je donnais au diable toute cette maudite cohue. » ROUSS., Confess., III.

2 « Notre voiture faisait lever des files de dormeurs qui se rangeaient contre le mur en grommelant et en nous prodiguant toutes les richesses du vocabulaire andalou. » GAUTIER, Voyage en Espagne, p. 242.

— *Par anal. Chien* (cit. 5) *qui grommelle entre ses dents.* V. **Grogner, gronder.** — *Spécialt.* Grogner*, en parlant du sanglier (On dit aussi *Grumeler, nasiller*).

‖ **2°** *V. tr.* Dire en grommelant. *Grommeler des injures, des menaces entre ses dents. Paroles grommelées, indistinctes...*

3 « ...je m'en allai tout pantois... mais grommelant entre mes dents ces tristes paroles... » VOLT., Homme aux 40 écus, III.

4 « ...il faut que la bonne serve d'interprète à l'enfant de la ville ; sans quoi l'on n'entend rien à ce qu'il grommelle entre ses dents. » ROUSS., Émile, I.

5 « Il se posa lentement sur son siège, avec circonspection, et en grommelant quelques paroles inintelligibles. » BALZ., Sarrasine, Œuvr., t. VI, p. 86.

DER. — *Grommellement. n. m.* (XVIᵉ s.). Action de grommeler ; ce que l'on grommelle.

GRONDEMENT. *n. m.* (XIIIᵉ s. ; de *gronder*).

‖ **1°** Son menaçant, sourd et prolongé, que font entendre certains animaux. V. **Grognement ; gronder** (1°). *Le grondement, les grondements d'un chien furieux, d'un ours...*

1 « La voix de l'ours est un grondement, un gros murmure souvent mêlé d'un frémissement de dents qu'il fait entendre quand on l'irrite » BUFF., Hist. nat. anim., L'ours.

‖ **2°** Bruit sourd et prolongé (V. **Gronder,** 2°). *Grondement du canon* (Cf. Canonnade, cit. ; explosion, cit. 3). *Grondement de la bataille* (cit. 12). *Grondement d'un moteur, d'un avion* (Cf. Cercle, cit. 4), *d'une voiture* (Cf. Côte, cit. 10). *Grondement d'une rivière, d'un torrent, d'une cataracte...* (Cf. Bruit, cit. 9). *Un grondement continu, confus, lointain, indistinct. Grondement de tonnerre* (Cf. Éboulement, cit. 1 ; ébranler, cit. 28). *Grondement énorme* (cit. 4), *épouvantable, assourdissant...* (Cf. Explosion, cit. 2).

2 « ...ramené aux plus mauvais jours du siège de Paris par ce grondement de canonnade lointaine. » COURTELINE, MM. ronds-de-cuir, V, I.

3 « ...le grondement des eaux dans le fond de ce golfe de Biscaye... un grondement rythmé, comme serait la monstrueuse respiration du sommeil de la mer ; » LOTI, Ramuntcho, II, XII.

4 « Ce n'est pas le silence de l'éternité, c'est le tumulte d'un orage de montagne, c'est le grondement d'un torrent gonflé par les pluies, c'est la rumeur d'une multitude en marche, c'est le fracas d'un combat qui règne en ce lieu du perpétuel repos. » DUHAM., Voyage P. Périot, I.

— *Fig. Le grondement de la colère, des passions...*

5 « À un certain âge, ce qu'il y a de plus difficile à croire, c'est que ce qui touche à la chair ait une telle importance et que les grondements de nos pauvres orages retentissent jusque dans l'éternité. » MAURIAC, Souffr. et bonh. du chrét., p. 87.

ANT. — *Gazouillis, murmure...*

GRONDER. *v. intr. et tr.* (XIIᵉ s., var. *grondir, grondre* ; du lat. *grundire*, var. de *grunnire*. V. **Grogner**).

I. *V. intr.* ‖ **1°** Émettre un son menaçant et sourd, en parlant de certains animaux. V. **Grogner.** *Chien qui gronde. Le chacal* (cit.) *gronde. Lion qui gronde et rugit.*

1 « Les chiens de garde que nous voyons souvent gronder en songeant et puis japper tout à fait et s'éveiller en sursaut... » MONTAIGNE, Essais, II, XII.

2 « ...votre petit chien Brusquet ? gronde-t-il toujours aussi fort ?... » MOL., D. Juan, IV, 3.

3 « Le dogue Liberté gronde et montre ses crocs ; » HUGO, Châtiments, Nox, I.

4 « Quand mes sens ont parlé, tout en moi fait silence, Comme au désert, la nuit, quand gronde le lion. » SAMAIN, Chariot d'or, Évocations, Bacchante, p. 117.

‖ **2°** *Par anal.* (en parlant des choses). Produire un bruit sourd, grave et terrible. V. **Frémir,** 1° (l'idée de menace étant plus ou moins marquée, selon les emplois). *Le canon* (cit. 1), *le « brutal »* (cit. 10) *gronde. Le tonnerre gronde.* V. **Tonner.** *L'orage grondait sourdement.* V. **Menacer.** *Volcan qui gronde avant l'éruption.*

5 « ...ce n'est pas en vain qu'il (*Dieu*) lance la foudre, ni qu'il fait gronder son tonnerre ! » BOSS., Serm., 2ᵉ serm. purif. Vierge, 1ᵉʳ point.

« L'âpre rugissement de la mer pleine d'ombres, Cette nuit-là, grondait au fond des gorges noires, » 6 LECONTE de LISLE, Poèmes barbares, Mille ans après.

— *Par métaph. :*

« Nos passions sont comme les volcans : elles grondent toujours, 7 mais l'éruption n'est qu'intermittente. » FLAUB., Corresp., 403, 25-26 juin 1853, t. III, p. 248.

— *Fig.* Être menaçant, près d'éclater. *La révolution, l'émeute gronde. Le conflit qui grondait.* — *La fureur, la colère qui grondait en elle* (Cf. Braver, cit. 4).

« Dès qu'on ouït gronder l'orage qui vient de fondre sur l'Empire 8 et la Hongrie... » FLÉCH., Orais. fun. Marie-Thérèse.

« Les têtes fermentaient. Une tempête, qui ne faisait encore que 9 gronder, flottait à la surface de cette foule. » HUGO, N.-D. de Paris, I, I.

— Produire un son grave, sourd... *La mer, le fleuve gronde* (Cf. Buccinateur, cit. ; émouvoir, cit. 16 ; enfoncer, cit. 35). *Le vent gronde dans la cheminée* (Cf. Feu, cit. 12). *Les contrebasses grondaient sourdement. Sons qui grondent* (Cf. Éteindre, cit. 34).

« ...d'autres fois, c'était Meyerbeer faisant gronder les touches sous 10 quelques-unes de ses puissantes harmonies ; » GAUTIER, Portr. contemp., Sophie Gay.

« ...la montagne était coupée comme une falaise, la mer grondait au 11 bas, bleue et pure ; » NERVAL, Filles du feu, Octavie.

« Un espace paisible, ami du loisir et du soleil, l'environne, bien 12 qu'on entende sans cesse gronder les trains sur les deux ponts de fer de la rue Proudhon, où vieillit une ombre de tunnel. » ROMAINS, H. de b. vol., t. III, XIX, p. 266.

— *Par métaph. :*

« Et mon cœur orageux dans ma poitrine gronde 13 Comme le chêne au vent dans la forêt profonde ! » HUGO, Châtiments, I, V.

‖ **3°** *En parlant des personnes.* Murmurer, se plaindre à voix basse entre ses dents, sous l'effet de la colère, etc. V. **Bougonner, grogner, grommeler, maronner, murmurer, rognonner, ronchonner** (Cf. Essuyer, cit. 17). *Un atrabilaire qui gronde sans cesse, critique tout...* V. **Criailler.** *Gronder entre ses dents* (Cf. Barboter, cit. 9).

« Tant que le jour est long, il gronde entre ses dents, » 14 REGNARD, Fol. am., I, 1.

« ...il vit que le visage de cette bonne fille était baigné de larmes, 15 et, tout son courage l'abandonnant, il lui fut impossible de retenir les siennes, bien qu'il grondât et menaçât encore. » SAND, Mare au diable, VI.

« Ma grand-mère dit cela parce qu'elle aime à gronder et à se 16 plaindre. » ID., Petite Fadette, XIX.

« Il se plaint, gronde et de reproche en insulte, sa femme l'a traité 17 de pouilleux. » JOUHANDEAU, Chaminadour, II, IX.

— *Transit.* Dire en grondant, en bougonnant. « *Foutre le camp !* » (cit. 7), *gronda-t-il... Gronder des menaces, des protestations entre ses dents.*

— *Vx.* Dire, fredonner à mi-voix (V. **Murmurer**), sans idée de colère, de menace... *Gronder une petite chanson entre ses dents* (Cf. Air 2, cit. 17 MOL.). — *De nos jours.* Dire ou chanter d'une voix très grave, caverneuse. *Basse qui gronde un air d'opéra.*

« Voilà mon petit doigt... qui gronde quelque chose. » 18 MOL., Mal. im., II, 8.

« ...et, de sa voix d'orgue, il lui gronda le bonjour. » 19 FRANCE, Manneq. d'osier, II, Œuvr., t. XI, p. 254.

II. *V. tr.* (XVIIᵉ s.). Réprimander avec humeur. V. **Admonester, attraper, crier** (après), **disputer** (fam.), **emballer, engueuler** (pop.), **fâcher** (se fâcher contre), **gourmander, morigéner, quereller, rabrouer, réprimander, secouer** (fam.), **tancer, tempêter, tonner** (contre). *Gronder un enfant désobéissant. Tu vas te faire gronder. Gronder un élève.* — REM. *Gronder* s'emploie surtout en parlant des enfants ou avec une nuance d'indulgence. *Gronder amicalement, affectueusement un camarade.* V. **Gronderie.**

« Je vous ai toujours aimé... Je suis en droit, par mon amitié, de 20 vous gronder vivement, de vous reprocher votre humeur avec moi » VOLT., Lettre Maupertuis, 693, 28 mai 1741.

« Madame Derville voyait avec étonnement que son amie, toujours 21 grondée par M. de Rênal à cause de l'excessive simplicité de sa toilette, venait de prendre des bas à jour et de charmants petits souliers arrivés de Paris. » STENDHAL, Le rouge et le noir, I, XIII.

« ...c'était un de ces fidèles serviteurs dont les modèles sont de- 22 venus trop rares en France, qui... grondent les enfants et quelquefois les pères... » VIGNY, Cinq-Mars, I.

« J'irai parler à M. Cadet Blanchet, je lui dirai de me battre et de 23 ne pas vous gronder pour moi. » SAND, François le Champi, III.

« Sa mère le gronda, de son air dur, en prenant une grosse voix, 24 comme on fait pour gronder les petits enfants, et lui s'en alla tout penaud s'asseoir dans un coin. » LOTI, Mon frère Yves, XX.

« Sous le couperet, ma mère m'aurait grondé pour avoir oublié 25 mon foulard. » CÉLINE, Voyage au bout de la nuit, p. 160.

— *Absolt. Une mère qui gronde sans cesse* (Cf. Fléau, cit. 8).

ANT. — *Taire* (se). **Murmurer. Louer, récompenser, remercier...**

DER. — Grondement, gronderie, grondeur, grondin. — **Grondant**, ante. adj. (XVIe s.). Qui gronde, pousse des grondements. *Fauves grondants et rugissants. La muraille grondante de l'artillerie* (cit. 4). *Flots grondants. Murmure grondant d'orage* (Cf. Exaspération, cit. 6). *Révolution grondante.* V. **Menaçant.**

1   « Parmi ces éloquences furieuses, parmi ces voix hurlantes et grondantes, il y avait des silences féconds. »
            HUGO, **Quatre-vingt-treize**, II, III, I, 6.

2   « La foule grondante ne se calme plus, malgré le geste de la main qui demande le silence... »
            ARAGON, **Beaux quartiers**, II, XXIX.

GRONDERIE. n. f. (XVIe s. d'AUBIGNÉ ; de *gronder*). Action de gronder quelqu'un ; réprimande. V. **Gronder** (4°). — REM. *Gronderie*, comme *Gronder*, s'emploie surtout en parlant d'une réprimande adressée à un enfant ou « faite... sur le ton amical » (ACAD.). — *Affectueuse, amicale gronderie. Gronderies continuelles des parents.* V. **Admonestation, criaillerie, réprimande...** *Une gronderie toute maternelle* (Cf. Chèrement, cit. 2).

  « Elle lui faisait de ces charmantes gronderies tendres qui ont tant de grâce remontant de la fille au père. »
            HUGO, **Misér.**, IV, III, IV.

ANT. — **Compliment, félicitation.**

GRONDEUR, EUSE. adj. (XVIe s. ; de *gronder*). Qui a l'habitude de gronder, de bougonner (V. **Gronder**, 3°) ou de réprimander (V. **Gronder**, 4°). *Un homme grondeur* et substant. *Un grondeur.* V. **Bougon, grognon.**

1   « ...un gros homme... d'une allure assez pesante, avec une mine de grondeur... »
            MARIVAUX, **Pays. parv.**, IV.

— Par ext. *Naturel grondeur* (Cf. Grogner, cit. 1). *Humeur grondeuse. Air grondeur, voix grondeuse.* V. **Coléreux.**

2   « Et l'on n'a jamais vu un amour si grondeur, » MOL., **Mis.**, II, 1.

3   « ...sa tendresse grondeuse pour sa petite-fille s'augmentait de cet ancien remords. »
            J. LEMAÎTRE, **Les rois**, p. 190.

4   « Des enfants piaillent dans l'ombre et tombent : une voix grondeuse les relève. »
            L.-P. FARGUE, **Poèmes**, p. 67.

— *Fig.* Qui gronde, qui émet un grondement. V. **Bruyant, tonnant.**

5   « ...l'immense orgue des vents grondeurs, »
            BAUDEL., **Fl. du mal**, Spl. et id., LXII.

6   « La terre est calme auprès de l'océan grondeur ; »
            HUGO, **Lég. des siècles**, I.

ANT. — **Aimable, doux. Silencieux.**

GRONDIN. n. m. (1606 ; de *gronder*, à cause du grondement que ce poisson fait entendre quand il est pris). Nom vulgaire des poissons du genre trigle*. V. **Rouget.**

GROOM (*groum'*). n. m. (1669 dans un ouvrage sur l'Angleterre ; répandu au XIXe s. ; mot angl. V. **Gourmet**). *Vx.* Jeune laquais* d'écurie, qui suivait son maître lorsque ce dernier était à cheval, qui conduisait sa voiture, etc. *Les gens du monde appelaient leur groom un « tigre »* (Cf. infra, cit. 2 BALZ.).

1   « Le jeune duc tourna rapidement son cheval et alla au grand galop rejoindre son *groom* qui suivait à cinq cents pas. »
            STENDHAL, **Rom. et nouv.**, Le rose et le vert, VIII.

2   « Il avait un tigre, et non pas un groom, comme l'écrivent des gens qui ne savent rien du monde. »
            BALZ., **Maison Nucingen**, Œuvr., t. V, p. 607.

— *De nos jours.* Jeune domestique en livrée, chargé de faire les courses dans les hôtels, restaurants, cercles... V. **Chasseur, commissionnaire.**

3   « À côté des voitures, devant le porche où j'attendais, était planté comme un arbrisseau d'une espèce rare un jeune chasseur... aussi frappant dans le hall qui correspondait au narthex, ou église des Catéchumènes, des églises romanes, et où les personnes qui n'habitaient pas l'hôtel avaient le droit de passer, les camarades du groom « extérieur » ne travaillaient pas beaucoup plus que lui... »
            PROUST, **Rech. t. p.**, t. IV, p. 131.

GROS, OSSE. adj., adv. et n. (XIIe s. ; lat. impérial pop. *grossus*).

I. *Adj.* ‖ **1°** — a) Qui, dans son genre, dépasse la mesure ordinaire, soit par l'ensemble de ses dimensions (volume ou surface), soit, en parlant de choses plates ou allongées, par son épaisseur, sa section. *Une grosse pierre* (Cf. Cailloutage, cit.). *Gros nuage, grosse vague. Grosse goutte.* V. **Large** (Cf. Filtre, cit. 1). *Grosse larme* (Cf. Brûlant, cit. 3). *Eau qui bout, tombe, coule à gros bouillons* (cit. 2 et 3). *Gros anneau* (cit. 10). *Grosse boucle* (cit. 3). *Gros fil. Grosse aiguille. Grosse barre. Gros bâton. Gros paquet. Grosse valise.* V. **Volumineux.** *Grosse voiture. Un gros bateau* (Cf. Canal, cit. 5). *Gros canon* (cit. 3). *Gros livre* (Cf. Avis, cit. 9 ; cahier, cit. 4). *Grosse écriture* (cit. 5), *gros caractères*. *Fruit à grosse peau.* V. **Épais.** *Du gros cuir, du gros carton. Grosse couverture. Gros bas de laine. Gros cachenez* (cit.). *Gros arbre* (Cf. Entour, cit.). *Un gros bœuf* (cit. 4), *un gros taureau* (Cf. Auroch, cit.). *Gros chat* (Cf. Angora, cit. ; arbitre, cit. 5). *Gros rat* (Cf. Cavalerie, cit. 3). *Gros oiseau* (Cf. Albatros, cit. 2). *Gros insecte* (Cf. Araigne, cit. 2). *Grosse araignée* (cit. 11. Cf. Fil, cit. 27). *La grenouille qui veut se faire aussi grosse que le bœuf* (LA FONT., Fabl., I, 3).

— *En parlant des personnes.* V. **Corpulent, empâté, énorme, épais, fort, gras, massif, obèse, pesant, puissant, rebondi, replet, rond, rondelet, ventripotent, ventru** (Cf. Enfoncer, cit. 48). *Personne grosse et courte* (cit. 5. V. **Boulot, courtaud, ragot, trapu**), *grosse et grande* (V. **Colossal, important, imposant, mastodonte.** Cf. pop. Maous). *Être gros et gras** (cit. 11. Cf. aussi Bien nourri*), *gros et flasque* (V. **Bouffi, boursouflé**). *Un gros homme** (Cf. Cercueil, cit. 3 ; corpulent, cit. ; fin, cit. 17). *Un gros père* (Cf. Caleter, cit.), *un gros pépère, un gros garçon.* V. **Patapouf, pataud, piffre, poussah** (Cf. Bœuf, cit.). *Grosse femme**, *grosse bonne femme, grosse fille* (Cf. Camard, cit. 1), *grosse dame* (Cf. Caramel, cit.) ; *grosse dondon, grosse matrone, grosse mémère. Femme bien en chair** *sans être grosse.* V. **Joufflu, potelé.** *Être gros, grosse comme un bœuf* (cit. 11), *une vache, un éléphant...* (Cf. Crever d'embonpoint*, être envahi par la graisse). *Monstrueusement gros.* V. **Monstrueux.** *Personne sans taille grosse comme une boule, une barrique, une bombonne, un tonneau, un pot à tabac, une tour... Porter un corset, une gaine pour paraître moins gros. Personne trop grosse qui voudrait maigrir**, *qui fait une cure d'amaigrissement.* — (Avec un nom propre) *Le gros Un Tel* (Cf. Cerner, cit. 3). *La grosse Margot.* Loc. fig. *Être Gros-Jean comme devant* (cit. 20), éprouver quelque désillusion* (par allus. au type pop. du Gros-Jean, homme du commun, modeste). *Louis le Gros,* Louis VI de France, qui était devenu très gros en vieillissant.

1   « ...Madame Bouvillon... était une des plus grosses femmes de France, quoique des plus courtes ; et l'on m'a assuré qu'elle portait d'ordinaire sur elle, bon an mal an, trente quintaux de chair, sans compter les autres matières pesantes ou solides qui entrent dans la composition d'un corps humain. » SCARRON, **Roman comique**, p. 198.

2   « Il devient gros et gras : Dieu prodigue ses biens
À ceux qui font vœu d'être siens. » LA FONT., **Fabl.**, VII, 3.

3   « On disait de l'avant-dernier évêque d'Autun, monstrueusement gros, qu'il avait été créé et mis au monde pour faire voir jusqu'où peut aller la peau humaine. »
            CHAMFORT, **Caract. et anecd.**, Obésité évêque d'Autun.

4   « Il était gros, marchait avec peine, soufflait beaucoup et souffrait affreusement des pieds qu'il avait fort plats et fort gras. »
            MAUPASS., **Contes de la Bécasse**, Avent. de Walter Schnaffs.

5   « Il était fabuleusement gros, et grand en proportion : la tête carrée, les cheveux roux, taillés ras, la figure rasée, grêlée, gros yeux, gros nez, grosses lèvres, double menton, le cou court, le dos d'une largeur monstrueuse, le ventre comme un tonneau, les bras écartés du corps, les pieds et les mains énormes, un gigantesque amas de chair, déformé par l'abus de la mangeaille et de la bière, un de ces pots-à-tabac, à face humaine, comme on en voit rouler parfois dans les rues des villes de Bavière... »
            R. ROLLAND, **Jean-Christ.**, La révolte, III, p. 575.

— *En parlant des parties du corps. Un gros ventre.* V. **Arrondi, bombé, épanoui, renflé...** *Avoir une grosse tête* (Cf. Bosse, cit. 4 ; enfoncer, cit. 50), *de gros os, de gros membres* (V. **Membru**). *Gros mollets ; grosses chevilles. Grosse main.* V. **Patoche, pote** (main pote). *Gros cou* (Cf. Cou de taureau). *Grosse poitrine.* V. **Ample, opulent.** *Grosse figure.* V. **Plein** (Cf. Lune*). *Avoir de grosses joues* (V. **Joufflu.** Cf. Emerillonné, cit. 2), *un gros menton* (Cf. Double, triple menton), *un gros nez* (Cf. Aquilin, cit.). *Nez gros du bout* (Cf. Flavescent, cit.). *Grosses lèvres des nègres.* V. **Charnu, épais** (Cf. Épaté, cit. 10). *Gros yeux ronds.* V. **Globuleux** (Cf. Fixité, cit. 3). *Fig. Faire les gros yeux.* V. **Œil.** *Grosses moustaches. Gros cheveux. Grosse artère* (cit. 1). — *Chat qui fait le gros dos**. *Avoir les yeux plus gros que le ventre.* V. **Ventre.**

— b) *Spécialt.* GROS désignant une sorte, une catégorie de grande taille par rapport à une autre. *Gros grains :* froment, méteil et seigle. *Gros sel**. *Gros pain**. *Gros-vert* (Cf. infra, comp.). *Grosse mouche**. *Gros gibier**, *gros bétail**. *Les gros mammifères. Les grosses dents**, *les molaires. Le gros intestin. Une grosse caisse** (cit. 7).

— c) GROS exprimant les dimensions relatives de quelque chose ou de quelqu'un. *Gros comme le poing, comme la tête... Un caillou gros comme le bout du doigt* (Cf. Avalanche, cit. 4), *un gravier gros comme une tête d'épingle. Faucon* (cit. 1) *gros comme une poule. Ironiqt. Il est gros comme une puce, comme un fil!* — *Fig. Gros comme le bras* (cit. 16), *comme les deux bras* (cit. 17). V. **Bras.**

6   « Elle, qui n'était pas grosse en tout comme un œuf, »
            LA FONT., **Fabl.**, I, 3.

7   « Le gland, qui n'est pas gros comme mon petit doigt, »
            ID., **Ibid.**, IX, 4.

‖ **2°** Qui dépasse son volume habituel, qui est temporairement, anormalement gros. *Avoir la joue grosse d'une fluxion* (ACAD.). V. **Enflé, grossi.** *Cheville qui devient grosse après une foulure. Se sentir l'estomac, le ventre gros, après un bon repas.* V. **Ballonné, gonflé.** *Avoir les yeux gros de larmes. Fig. Cœur** (cit. 27) *gros de soupirs, de colère* (cit. 7), *qui semble gros, qui oppresse. Avoir le cœur gros :* avoir du chagrin*. *Pop. Cela fait gros cœur,* cela fait de la peine.

8   « Le cœur gros de soupirs, qu'il n'a point écoutés, »
            RAC., **Phèdre**, III, 3.

9 « Un matin nous partons, le cerveau plein de flamme,
   Le cœur gros de rancune et de désirs amers, »
                            BAUDEL., **Fl. du mal**, Le voyage.

10 « Avec une obstination douce et suppliante, elle se taisait, la bouche
   serrée et les yeux gros de larmes. »   FRANCE, **Dieux ont soif**, V.

— Mar. *Grosse mer*, mer houleuse* dont les vagues s'enflent (Cf. Calme, cit. 4). Par ext. *Gros temps*, mauvais
temps.

11 « La mer était grosse et le ciel brumeux. »   MÉRIMÉE, **Tamango**.

12 « Sans doute les hommes de garde avaient aperçu le vaisseau naufragé ; mais le gros temps les empêchait de virer de bord. » ID., **Ibid**.

— *Spécialt.* (après le nom). *Femme grosse.* V. **Enceinte*** 2 ;
grossesse. — Vieilli. *Être grosse à pleine ceinture* (ACAD.
— Cf. *vulg*. *Être pleine*). *Rendre grosse.* V. **Engrosser**
(*vulg*.). — REM. *Enceinte* tend à éliminer *grosse*, en ce
sens.

13 « C'est ma sœur Lise qui est allée avec le cousin Buteau, et qui est
   grosse de six mois, à cette heure... »   ZOLA, **La terre**, I, I.

— *Fig.* (fém. ou masc.) Vx. *Être gros de...* avoir envie*
de... — De nos jours. *Gros de...* qui recèle certaines choses
en germe, en puissance. *Nuée grosse d'orage. Un fait gros
de conséquences* (cit. 6).

14 « Le présent est gros de l'avenir... »
                            DIDER., **Opin. des anc. philos.**

15 « Monsieur de Nueil revint donc de Courcelles, en proie à un sentiment gros de résolutions extrêmes. »
                            BALZ., **Femme abandonnée**, Œuvr., t. II, p. 228.

16 « Ce discours est gros de choses. »   STE-BEUVE, **Proudhon**, p. 42.

‖ 3° *Fig.* En parlant des choses. *Grosse averse, grosse
chute de neige.* V. **Abondant.** *Gros feu.* V. **Nourri.** *Grosse
récolte. Acheter par grosses quantités. Gros bourg, gros
village...* (Cf. Accoucher, cit. 2). *Gros attroupement.* Par
anal. *Gros appétit*, qui ne se satisfait que par une grande
quantité de nourriture. *Spécialt.* Qui dépasse ou semble
dépasser la mesure exprimée. *Un gros kilo. Un gros quart
d'heure.* V. **Bon.**

17 « *Le désordre fut à son comble,* comme disent les journaux en parlant de la Chambre. Au bout d'un gros quart d'heure le silence se
   rétablit un peu. »   STENDHAL, **Le rouge et le noir**, II, XXIII.

— V. **Considérable, immense, important.** *Grosse fortune,
gros trésor* (Cf. Cache, cit.). *Grosse somme, gros héritage.
Le gros lot*. Faire de grosses dépenses.* V. **Excessif.** *Subir
de très grosses pertes. Grosse situation. Grosse affaire,
grosse usine. Jouer gros jeu* (Cf. Croupier, cit. 2 et *infra*
GROS, II, *adv.*).

— V. **Grand** (par son importance ou le caractère essentiel de son objet). *Gros travaux, gros ouvrage* (Cf. Architecture, cit. 6). *Faire de grosses réparations. On déplore de
gros dégâts.* Constr. *Gros œuvre*. Grosse industrie.* V.
Lourd. *Grosse chaudronnerie.* — *Le plus gros est fait.* V.
Essentiel, principal.

— V. **Fort, intense.** *Gros bruit* (Cf. Floc, cit.). *Grosse
voix*, forte et grave. Faire la grosse voix pour gronder
quelqu'un. Gros baiser.* V. **Appuyé, sonore** (Cf. Bonjour,
cit. 4). *Gros soupir.* V. **Profond.** *Gros bleu*, bleu soutenu
assez foncé. — *Grosse faim.* — *Grosse fièvre.* V. **Violent.**
Gros rhume. — *De gros soucis, de gros ennuis. Gros chagrin. Grosse faute, grosse erreur.* V. **Grave.** *Gros mot*, qui
exprime quelque chose de grave (Cf. *aussi*, en un autre
sens, I, 4°).

18 « J'en reviens à ton mot adultère. C'est quand même un bien gros
   mot. »   GIRAUDOUX, **Électre**, I, 2.

19 « L'honneur... l'honneur... Avec toi, tout de suite les gros mots ! »
                            ANOUILH, **Ornifle**, II, p. 102.

— *Spécialt.* Dr. *Prêt à la grosse aventure.* V. **Aventure**
(Cf. Assureur, cit.).

— En parlant des personnes. *Gros buveur* (cit. 1), *gros
mangeur*, celui qui boit, mange en très grande quantité.
V. **Beau, grand.**

20 « — Il est l'heure de dîner, dit Laquedem, la marche excite l'appétit
   et je suis un gros mangeur. »   APOLLINAIRE, **L'Hérésiarque...**, p. 21.

— Se dit d'un personnage important par le rang, par la
fortune. V. **Important, influent, opulent, riche.** *Gros bourgeois, gros banquier, gros capitaliste. Gros coulissier* (Cf.
Agent, cit. 14). *Gros commerçant, gros épicier* (cit. 2). *Une
grosse héritière* (Cf. *aussi* GROS, III, *n. m.*). Fam. *Gros
bonnet* (cit. 11 ; frousse, cit. 1), *grosse légume*.

21 « ...un procès pendant en la cour entre deux gros seigneurs... »
                            RAB., II, X.

22 « Quelquefois le terme *gros* est mis au physique pour *grand*, mais
   jamais au moral. On dit de gros biens, pour grandes richesses ; une
   grosse pluie, pour grande pluie ; mais non pas gros capitaine, pour
   grand capitaine ; gros ministre, pour grand ministre. Grand financier
   signifie un homme très intelligent dans les finances de l'État ; gros
   financier ne veut dire qu'un homme enrichi dans la finance. »
                            VOLT., **Dict. philos.**, Grand, grandeur.

‖ 4° Qui manque de raffinement, de finesse, de délicatesse... (avec ou sans nuance péjorative). V. **Commun,
épais, grossier, ordinaire.** *Avoir de gros traits. Forme
grosse et massive* (Cf. Embellir, cit. 3). *Gros drap* (Cf. Bou-

ton, cit. 7 ; cape, cit. 1). *Grosses chaussures, gros sabots**
(Cf. Cacher, cit. 7). *Gros vin** (Cf. Austère, cit. 1) et dans
le même sens, *Du gros bleu, du gros rouge**. Manger de
bon gros bœuf.* V. **Bon** (cit. 10). Cf. Épaissir (cit. 1). *Grosse
besogne* (cit. 4). V. **Pénible.** — Fig. *Gros rire. Grosse gaieté.
Grosse plaisanterie.* V. **Vulgaire.** *Grosses vérités :* vérités
évidentes pour tous. *Gros bon sens.* V. **Simple, solide.** *Vanter le gros bon sens du paysan français. Grosse certitude*
(cit. 9). — *Gros mot*, mot grossier*, choquant. V. **Grossièreté, injure, juron** (Cf. Blesser, cit. 22). *Dire des gros mots.*

23 « Il faut haïr et mépriser avec esprit. Les gros mots blessent le bon
   goût ; le sot rire est toujours le rire d'un sot ; il rend haïssable celui
   qui l'a. »   JOUBERT, **Pensées**, VIII, LXXXI.

24 « Il raconta une histoire qui débutait bien et qui finit tout à coup
   par un mot qui était une grosse bouffonnerie et par un calembour. »
                            STENDHAL, **Rom. et nouv.**, Le rose et le vert. IV.

25 « Il était alors curieux de voir toutes ces figures noires se tourner
   vers le musicien, perdre par degrés leur expression de désespoir stupide, rire d'un gros rire et battre des mains... »   MÉRIMÉE, **Tamango**.

26 « ...la plaisanterie y est assenée, les traits d'esprit y sont émoussés ;
   une grosse jovialité ou une grosse colère en font tous les frais. »
                            TAINE, **Philos. de l'art**, t. I, p. 253.

27 « ...il lui échappait un juron drolatique, ou même d'assez gros
   mots, — un très gros et très court, dont elle s'apostrophait elle-même. »
                            R. ROLLAND, **Jean-Christ.**, La révolte, II, p. 468.

28 « Tout me persuade de plus en plus que ces questions de stratégie
   dont on fait un si grand mystère et pour la solution desquelles on prétend que des connaissances extrêmement spéciales sont indispensables,
   sont des questions de gros bon sens — qu'un simple esprit, droit, lucide
   et prompt, est souvent plus habile à résoudre que nombre de vieux
   généraux. »   GIDE, **Journal**, 25 oct. 1916.

— *Spécialt.* Avec une valeur emphatique, pour renforcer
quelque qualification péjorative. V. **Grand.** *Gros fainéant*
(Cf. Extrait, cit. 4). *Gros malin, gros méchant. Gros lourdaud, gros bêta, gros nigaud, gros butor... C'est une grosse
bécasse.*

II. *Adv.* Dans de grandes dimensions. *Écrire gros*, avec
de gros caractères. *Plume qui écrit gros*, qui fait des traits
larges. *On voit gros avec ces lunettes.* — Par ext. V. **Beaucoup.** *Cela coûte gros.* V. **Cher.** *Jouer, parier gros*, une
grosse somme. Fig. *Il y a gros à parier que... Risquer gros.*
— *En avoir gros sur le cœur*, avoir du chagrin, du dépit,
de la rancune...

29 « Je gagne gros dans mon commerce. »
                            STENDHAL, **Le rouge et le noir**, I, XII.

30 « On s'accoutumait, il ne pleuvait ni ne ventait davantage, sans
   compter que la commune y économisait gros. »
                            ZOLA, **La terre**, IV, IV.

31 « La police a constamment l'œil dessus. Elle y entretient des indicateurs de toute espèce. Votre logeuse... eh bien ! il y a gros à parier
   pour qu'elle en soit. »   ROMAINS, **H. de b. vol.**, t. I, XXI, p. 250.

‖ EN GROS. *loc. adv.* En grandes dimensions. *C'est écrit en
gros sur l'écriteau.* — En grande quantité. *Achat en gros,
vente en gros ou au détail** (cit. 1. Cf. *aussi* Entreprise,
cit. 12 ; fleurir, cit. 15). *Acheter de la viande en gros* (Cf.
À la cheville**). Fig. *En gros et en détail*, dans l'ensemble
et dans le détail (Cf. Baisser, cit. 32). V. **Bloc** (en bloc) ; **ensemble** (dans l'ensemble) ; **globalement, vue** (à vue de
pays). *Savoir en gros ce qu'est une chose* (Cf. Admettre, cit.
145). *Dites-moi en gros ce dont il s'agit.* V. **Abrégé** (en),
grossement, substance (en). *Voilà l'histoire en gros.*

32 « (Il) ne m'a dit la chose qu'en gros ; »   MOL., **Scap.**, II, 1.

33 « Nous jouissions d'un imprévu limité, ce qui donnait une grande
   valeur à l'Histoire. Elle nous apprenait qu'il fallait, en gros, s'attendre
   à ce qui a été. »   VALÉRY, **Reg. s. le monde actuel**, p. 206.

34 « Je pense que c'est fort bien ainsi, que c'est fort bien en gros et
   sous réserve de quelques objections. »
                            DUHAM., **Défense des lettres**, II, VII.

III. *N. m.* et *f.* (désignant une personne). Personne grosse.
Un petit gros. Un bon gros. Fam. *Un gros plein de soupe.
Mon gros*, terme familier à l'adresse d'un enfant ou d'une
grande personne (grosse ou non).

— Personne riche, influente (pop.). *Les petits payent pour
les gros. Les gros s'entendent toujours au détriment des
petits* (Cf. *aussi* Compte, cit. 6).

35 « Que peut-on gagner, répétaient-ils souvent entre eux, à plaider
   contre un gros ? »   STENDHAL, **Le rouge et le noir**, I, XXVI.

IV. *N. m.* (désignant une chose). ‖ 1° La partie la plus
grosse d'une chose. *Le gros de l'arbre*, le tronc. Fig. *Se
tenir au gros de l'arbre*, s'attacher à ce qu'il y a de plus
sûr. — *Le gros de l'eau*, la pleine mer au moment des nouvelles et pleines lunes.

— La plus grande quantité de quelque chose. *Le gros de
l'assemblée, de la nation. Le gros de l'armée* (Cf. File,
cit. 8), *des troupes.*

36 « Le gros de l'assemblée fut de l'avis du premier ministre. »
                            RAC., **Port-Royal**.

37 « En tête, une dizaine de partisans montés, une section de légion.
   Ensuite le gros des troupes, réguliers, convois, mitrailleurs. »
                            MAC ORLAN, **La Bandera**, XIII.

— *Absolt.* (vx). *Un gros :* une grande quantité. *Un gros de cavaliers, de fantassins* (ACAD.).

38 « Un gros de courtisans en foule l'accompagne. » CORN., **Pol.**, I, 4.

— Le moment le plus intense. *Le gros de la tempête. Le gros de l'été.* V. **Fort.**

39 « Là, le gros de la tempête avait concentré sa colère, déversé des torrents de grêlons, des trombes d'eau, et foudroyé à grands fracas la forêt de pins et de chênes. » BOSCO, **Jardin d'Hyacinthe**, p. 33.

40 « Elle aurait voulu crier. Elle était sans voix. Elle tremblait comme au gros de l'hiver. Pierrot, Pierrot... » ARAGON, **Beaux quartiers**, I, XXIV.

— La partie la plus importante. V. **Essentiel, important, principal.** *Le gros d'un travail, d'une besogne* (Cf. Charge, cit. 25). *Le gros de l'affaire, de l'histoire* (Cf. Épisode, cit. 5).

— *Spécialt.* de nos jours, par oppos. à DÉTAIL*. T. de commerce. *Commerce de gros :* d'achat et de vente en grandes quantités. *Magasin qui fait le gros et le demi-gros*. *Maison de gros* (V. **Grossiste**). *Prix de gros.*

41 « Les lettres d'or aux balcons des commerces de gros, baroques et lyriques, achevaient de déconcerter ses yeux neufs... » ARAGON, **Beaux quartiers**, II, XXVI.

‖ 2° Nom donné à certaines choses. — *Gros de Naples, de Tours :* tissu de soie à gros grain, sorte de taffetas épais.

42 « ...robes de gros de Tours flambé... » HUGO, **Misér.**, V, V, VI.

43 « ...dans la robe de gros de Naples de sa mère avec un voile de crêpe de Chine... » JOUHANDEAU, **Tite-le-Long**, XXIV.

— Houille en gros morceaux. *Se chauffer avec du gros.* — Ancien poids valant 1/8 d'once.

V. N. f. ‖ **1°** Écriture en gros caractères.

‖ **2°** Par ext. *Procéd. civ.* (XVe s.). Expédition d'une obligation notariée ou d'une décision judiciaire, dont les caractères sont plus gros que ceux de la minute*, et qui est revêtue de la formule exécutoire (cit. 3). V. **Copie** (cit. 3), **expédition.** *Notaire qui délivre la grosse d'un contrat. Grosse d'un jugement*. Faire une· grosse.* V. **Grossoyer.**

44 « La partie qui voudra se faire délivrer une seconde grosse, soit d'une minute d'acte, soit par forme d'ampliation sur une grosse déposée, présentera, à cet effet, requête au président du tribunal de première instance... » CODE PROCÉD. CIV., Art. 844.

45 « ... s'il y a dix parties, il y a dix copies de la requête et dix significations de cette requête : il existe une minute que garde votre avoué. Cette minute, qui reste au dossier, s'appelle la *grosse*. Ce surnom, vous le prendriez pour un quolibet, un calembour, s'il vous était donné de voir la *grosse*. Cette grosse consiste en feuilles de papier timbré du grand calibre, sur lesquelles vos raisons sont déduites, selon l'ordonnance, à vingt lignes par feuilles et à cinq syllabes par lignes. » BALZ., **Code des gens honnêtes** (Œuvr. div., t. I, p. 133).

‖ **3°** *Comm.* (1453). Douze douzaines*. *Une grosse de peignes, de brosses...*

46 « La grosse, les douze douzaines, revenait à dix sous et se vendait soixante. » HUGO, **Misér.**, V, IX, V.

ANT. — Délié, exigu, filiforme, fin, menu, minuscule, petit ; chétif, efflanqué, fluet, frêle, maigre, mince, sec ; creux, émacié. Faible ; bénin ; délicat, fin ; distingué, raffiné, recherché. — Petit, peu ; détail (en). — Détail.

DER. — Grosserie, grossesse, grosset, grosseur, grossier*, grossir*, grossiste, grossoyer.

COMP. — Dégrossir, engrosser. — Gros-bec. *n. m.* (1555). *Zool.* Oiseau passeriforme (*Passereaux ; fringillidés*), conirostre, scientifiquement appelé *coccothraustre*, de taille légèrement supérieure à celle du moineau, qui se nourrit d'insectes, de graines et surtout d'amandes de fruits. *Les gros-becs sont dévastateurs de cerisiers.* — Gros-cul. *n. m.* (XXe s.). *Pop.* Tabac grossier pour la pipe. — Gros-grain. *n. m.* (Grosgrain au XVIe s.). Sorte d'ottoman*, tissu de soie à côtes plus ou moins grosses. *Veste de gros-grain.* Ruban de ce tissu, vendu au mètre. *Garniture, ruché de gros-grain rouge. Gros-grain de chapeau. Monter une jupe sur un gros-grain.* — Gros-noir. *n. m.* Sorte de raisin* noir à gros grains ronds. — Gros-vert. *n. m.* Sorte de raisin à gros grains verts et ronds.

GROSEILLE (gro-zey'). *n. f.* (XIIe s. *grosele*, devenu *groseille* sous l'infl. de *groseillier ;* haut all. *Krusel-bere*, propremt. « baie frisée ». Cf. all. mod. *Krauselbeere*). Fruit du groseillier. *Groseilles rouges, blanches :* petites baies rouges ou blanches, en grappes, de saveur acide. *Les groseilles rouges et blanches se consomment comme dessert, au naturel, au sucre, au vin... Égrapper, égrener des groseilles. Gelée, sirop de groseille* (ou *de groseilles*). Absolt. *De la groseille :* du sirop de groseilles. — *Groseille à maquereau :* grosse baie solitaire verdâtre, jaune, rouge ou violacée selon les variétés, qui se consomme au naturel ou confite, et qui est ainsi nommée parce qu'on l'emploie dans une sauce pour le maquereau. — *Groseille noire.* V. **Cassis.**

1 « ...une petite pannerée de groseilles à maquereau. » COLETTE, **Prisons et paradis**, p. 91.

— *Par ext.* La couleur de la groseille rouge, rose vif voisin du rouge. *Robe groseille.*

2 « Des écharpes citron, des gants groseille ; » COLETTE, **Belles saisons**, p. 51.

DER. — Groseillier. *n. m.* (XIIe s.). Plante dicotylédone (*Grossulariées*), scientifiquement appelée *ribes*, arbrisseau indigène cultivé pour

ses fruits, dont on connaît une cinquantaine d'espèces des régions tempérées et boréales. *Groseillier rouge* (ribes rubrum) ou *groseillier à grappes*, à fruits rouges ou blancs en grappes. *Groseillier épineux* (ribes uva-crispa), dit *groseillier raisin-crépu* ou *à maquereau*, à fruits solitaires. *Groseillier noir* (ribes nigrum) à feuilles odorantes et fruits noirs. V. **Cassis, cassissier.** *Bordure, haie, champ de groseilliers.*

GROSSE. *n. f.* V. GROS.

GROSSEMENT. *adv.* (1314 ; de *gros*). *Peu usit.* En gros, sans entrer dans les détails. V. **Grosso-modo.**

GROSSERIE. *n. f.* (XVIe s., aussi dans le sens de « grossièreté » ; de *gros*).

‖ **1°** *Technol.* Nom générique des gros ouvrages de taillandier*.

‖ **2°** Vaisselle* d'argent.

‖ **3°** *Vx.* Commerce de gros.

GROSSESSE. *n. f.* (1283, aussi au sens de « grosseur » ; de *gros**). État d'une femme enceinte* de la conception à l'accouchement. V. **Gestation*** (Cf. Enfanter, cit. 2 ; fécondité, cit. 4). *La durée normale de la grossesse est de 260 à 290 jours, soit environ 9 mois. Grossesse avancée. Être au sixième mois de sa grossesse. Grossesse normale. Grossesse pénible, difficile. Mener sa grossesse à terme.* V. **Accouchement, délivrance.** *Grossesse interrompue avant le 180e jour* (V. **Avortement.** Cf. Avorter, cit. 1). *Femme épuisée par de nombreuses grossesses.* V. **Maternité.** — *Signes de la grossesse :* suppression des règles, gonflement et sensibilité des seins, pigmentation du visage (V. **Masque**)... *Diagnostic précoce de la grossesse par le test de Zondek* (injection d'urine à des souriceaux mâles impubères). *Grossesse topique ou utérine*, cas normal où l'ovule* se fixe dans l'utérus*. *Grossesse ectopique ou extra-utérine, soit dans une trompe* (grossesse tubaire), *dans l'ovaire* (grossesse ovarienne), *dans la cavité péritonéale* (grossesse abdominale). *Grossesse gémellaire.* V. **Jumeau*.** *Grossesse gémellaire biovulaire*, par fécondation d'ovules différents. V. **Superfécondation, superfétation.** *Grossesse gémellaire uniovulaire*, par fractionnement de l'embryon. *Grossesse trigémellaire, multiple. Malaises, troubles, maladies de la grossesse :* albuminurie gravidique, éclampsie, ictère, varices, vomissements incoercibles... ; envies (cit. 36), manies... — *Ceinture* de grossesse. Robe de grossesse.* — *Dr. Présomptions légales, fondées sur une durée de grossesse de 300 jours au plus et 180 jours au moins* (filiation légitime, action en désaveu. Cf. Désavouer, cit. 4).

1 « L'enfant, né avant le cent quatre-vingtième jour du mariage, ne pourra être désavoué par le mari, dans les cas suivants : ·1° s'il a eu connaissance de la grossesse avant le mariage ; ... » CODE CIV., Art. 314.

2 « ... sa femme lui annonça un jour que, par divers signes irrécusables, elle avait reconnu être enceinte et qu'elle espérait même ne pas demeurer primipare si cette grossesse avait une heureuse issue. » APOLLINAIRE, **L'Hérésiarque...**, p. 89.

3 « ... après une grossesse non pas très pénible, mais assez troublée, (elle) avait mis au monde un fils, trois ou quatre semaines avant terme... » ROMAINS, **H. de b. vol.**, t. V, XX, p. 156.

4 « Lorsqu'à la suite de faits pathologiques, l'œuf ne peut atteindre l'utérus, il s'implante dans la trompe même : c'est la grossesse tubaire ou extra-utérine, qui évolue presque toujours vers de graves accidents hémorragiques... » R. MERGER, **La naissance**, p. 19 (éd. P.U.F.).

— Pathol. *Grossesse nerveuse* ou *fausse* (cit. 19) *grossesse :* état morbide présentant quelques-uns des signes de la grossesse, sans qu'il y ait développement d'un produit de la conception (GARNIER).

GROSSET, ETTE. *adj.* (XIIe s. ; de *gros*). *Peu usit.* Un peu gros*. V. **Grassouillet, rondelet.**

« La Vrillère... était un homme dont la taille différait peu d'un nain, grosset, monté sur de hauts talons... » ST-SIM., **Mém.**, IV, XLIV.

ANT. — Mincet.

GROSSEUR. *n. f.* (XIIe s. ; de *gros*).

‖ **1°** Volume de ce qui est gros*. V. **Volume.** *Des pommes d'une grosseur inaccoutumée. Grosseur d'une personne.* V **Corpulence, embonpoint, obésité, rotondité.** *Grosseur prodigieuse* (Cf. Boutonner, cit. 1). *La grenouille de La Fontaine, envieuse* (cit. 2) *de la grosseur du bœuf.*

1 « C'était un homme d'une grosseur prodigieuse et entassée... » ST-SIM., **Mém.**, II, LXX.

2 « Race (*du Flamand*) pourtant un peu molle dans sa grosseur, plus forte que robuste, mais d'une force musculaire immense. » MICHELET, **Extraits historiques**, p. 93.

‖ **2°** Volume de ce qui est plus ou moins gros. V. **Dimension*, épaisseur, largeur, taille, volume.** *Trier des œufs, des fruits... selon leur grosseur. Grosseur des bestiaux* (Cf. Coûter, cit. 4 ; faire, cit. 118). *Le faisan* (cit.) *est de la grosseur du coq. Grosseur d'un paquet, d'une valise...* V. **Volume.** *Grosseur d'une boule* (V. **Circonférence, diamètre**), *d'une balle, d'un obus...* V. **Calibre.** *Grosseur d'une colonne* (Cf. Architrave, cit. 2). *Des fils de grosseur différente. Des pierres précieuses de toutes grosseurs. Une bague à la* *grosseur de son doigt. Grosseur d'une plume* : la largeur du bec. *Grosseur d'une écriture. Grosseur d'un trait.*

|| 3° *Par ext.* Sorte d'enflure ou de boule, visible ou sensible au palper. V. **Abcès, bosse, boule, enflure, excroissance, gonflement, tumeur.** *Avoir une grosseur à l'aine.*

ANT. — Finesse, minceur, petitesse.

GROSSIER, ÈRE. *adj.* (XIIIᵉ s. ; de *gros*).

|| 1° Qui est de basse qualité, de peu de valeur ou qui est façonné rudimentairement. V. **Brut, commun, gros, ordinaire.** *Matière grossière. Calcaires* grossiers,* plus ou moins impurs et mélangés de silice ou d'argile. *Instrument grossier.* V. **Rudimentaire.** *Laine grossière* (Cf. Cape, cit. 1). *Drap, tissu grossier. Vêtement grossier* (Cf. Dame, cit. 14). *Nourriture grossière. Grossier pain de seigle.*

1 « Le sec et grossier pain d'avoine qui est la principale nourriture du pauvre paysan savoyard... »
SAUSSURE, Voyage dans les Alpes, I, p. 344.

2 « ... il était convaincu qu'on y donne de la mauvaise nourriture, du vin grossier... » ROMAINS, H. de b. vol., t. V, XXIII, p. 201.

— Qui manque de soin, de fini. *Travail grossier.* (Cf. Ni fait ni à faire). *Savonnage, essorage... grossier.* V. **Sommaire.** *Dessin grossier* (Cf. Cadre, cit. 1). V. **Informe.** *Grossière ébauche* (cit. 1). *Meuble, bijou d'un travail grossier. Grossière imitation.* — Qui manque d'élaboration, d'approfondissement. *Solution grossière.* V. **Approximatif** (Cf. Expédient, cit. 9). *Je n'en ai qu'une idée grossière.* V. **Élémentaire, imparfait, imprécis, vague.** *Cette brochure ne vous en donnera qu'une première idée bien grossière.*

3 « Toute politique, même la plus grossière, suppose une idée de l'homme, car il s'agit de disposer de lui, de s'en servir, et même de le servir. » VALÉRY, Reg. s. le monde actuel, p. 72.

|| 2° Qui manque de finesse, de délicatesse, de grâce, en parlant des traits, des formes d'une personne. V. **Épais, lourd, massif, mastoc.** *Visage aux traits grossiers, qui semble taillé à coups de serpe. Une femme d'aspect viril aux formes grossières. Mains, attaches grossières.*

|| 3° Qui n'a pas été dégrossi, poli par la culture, l'éducation, la civilisation... *Siècles grossiers. Peuples grossiers.* V. **Barbare, fruste, inculte, primitif, rude.** *Gens grossiers, peu raffinés* (Cf. Abject, cit. 2 ; amusement, cit. 8 ; avilir, cit. 25 ; équivoque, cit. 5). *Public grossier qui n'apprécie pas le beau* (Cf. Amusant, cit. 2). *Mœurs, manières grossières d'un campagnard.* V. **Agreste, rustique, sauvage, vulgaire.** *Grossière âpreté* (cit. 6) *des mœurs. Âme basse et grossière* (Cf. Bas, cit. 24). *Esprit grossier des vulgaires humains* (Cf. Droit, cit. 14). *Homme grossier dans ses manières.* V. **Balourd, dégrossi** (mal dégrossi), **hirsute, incivil, indélicat, inélégant, lourdaud, paysan, rustaud, rustre** (Cf. aussi Bouvier, brute, butor, charretier, crocheteur, faraud (cit. 1), goujat, malappris, malotru, manant, maroufle, mâtin, mufle, paltoquet, pignouf, voyou... ; huron, ostrogoth, wisigoth... ; ours* mal léché, porc, cheval de charrue, de carrosse...). *Homme grossier d'esprit.* V. **Béotien, philistin** (Cf. Avoir l'esprit* enfoncé dans la matière). *Devenir moins grossier.* V. **Décrasser** (se), **dégrossir** (se).

4 « La plupart des jeunes gens croient être naturels, lorsqu'ils ne sont que mal polis et grossiers. » LA ROCHEF., Max., 372.

5 « ... Vous n'êtes que racaille,
Gens grossiers, sans esprit, à qui l'on n'apprend rien. »
LA FONT., Fabl., VIII, 21.

6 « Nos pères, tous grossiers, l'avaient (*le goût*) beaucoup meilleur, »
MOL., Mis., I, 2.

— Digne d'un homme peu évolué, d'un esprit simple, peu subtil, peu cultivé. V. **Gros, maladroit.** *Grossier artifice* (cit. 8). *Manœuvre, ruse grossière* (Cf. Cousu de fil* blanc). *Ce mensonge grossier n'a trompé personne. Le piège grossier des sens* (Cf. Erreur, cit. 8), *des mots* (Cf. Fallacieux, cit. 5). *Grossière illusion. Faute* (cit. 32), *erreur grossière.* V. **Balourdise, lourderie.** *Grossière confusion, grossier contresens. Ignorance grossière.* V. **Crasse.**

7 « Faut-il, Monsieur, qu'une personne comme vous s'amuse à ces grossières feintes ? » MOL., Méd. m. l., I, 5.

8 « ... un enchaînement d'erreurs et d'illusions, aussi grossières que le peut être une illusion d'optique : le bâton brisé dans l'eau, par exemple, ou mieux le rocher qui paraît monter sous les eaux de la cascade. » PAULHAN, Fleurs de Tarbes, p. 123.

— *Spécialt.* Relatif à ce qui est bassement matériel, charnel *par opposition à* ce qui concerne l'esprit. *Bien-être grossier et stupide.* V. **Matériel** (Cf. Élancement, cit. 3). *Préoccupations grossières.* V. **Assouvissement, cit. 2). *Plaisirs grossiers.* V. **Animal** (cit. 2), **bas, bestial, charnel, sensuel.** *Amour grossier* (Cf. Civilisation, cit. 4). *Débauche grossière.* V. **Crapule.** *Appétits, désirs grossiers.*

9 « Vous, du côté de l'âme et des nobles désirs,
Moi, du côté des sens et des grossiers plaisirs ; »
MOL., Fem. sav., I, 1.

|| 4° Qui offense la pudeur, qui est contraire aux bienséances. *Propos grossiers.* V. **Bas, blessant, choquant, cochon, cru, dégoûtant, inconvenant, malhonnête, malséant, malsonnant, obscène, ordurier, trivial, vulgaire.** *Terme, mot*

grossier. V. **Gros** (mot), **grossièreté, juron.** *Injure grossière.* V. **Insultant** (Cf. Cordialement, cit. 4). *Dire des mots grossiers.* V. **Injurier, insulter, jurer** (Cf. Jurer* comme un charretier, être mal embouché*). *Raconter des choses grossières* (Cf. Dire des horreurs, et *aussi* Badin, cit. 4). *Histoire, plaisanterie grossière.* V. **Gaulois, poivré, salé** (Cf. Plaisanterie de corps de garde). *Équivoque* (cit. 16) *grossière. Appellation grossière* (Cf. Fille, cit. 39). *Faire des choses grossières, des gestes grossiers* (Cf. Délicatement, cit. 3). *Un homme grossier envers les femmes.* V. **Discourtois, effronté, impoli, incorrect, insolent** (Cf. De mauvaise compagnie). *Grossier personnage. Mari grossier et brutal* (Cf. Félin, cit. 3). *Femme grossière.* V. **Harengère, poissarde.**

10 « ... tous ces seigneurs de la cour, qui n'étaient pas tout à fait dans l'habitude d'être grossiers et de voir chez le roi des joyeusetés aussi libres... » BEAUMARCH., Barb. de Sév., Notice.

11 « J'ai même un grand goût pour les histoires libertines, si elles sont spirituelles et point grossières. »
LÉAUTAUD, Théâtre de M. Boissard, XXXVII.

12 « Il s'est montré grossier, violent, incorrect à tous points de vue. J'ai pris sur moi de lui fermer la porte au nez et de le laisser dehors tant qu'il sera dans cet état. » DUHAM., Pasquier, III, XV.

|| 5° *Vx.* Qui vend en gros. *Marchand grossier.* V. **Grossiste.**

ANT. — Achevé, fignolé, fini, ouvragé, raffiné, recherché, travaillé. Délié, délicat, fin, mignon. Parfait, précis. Aristocratique, civilisé, cultivé, éduqué, évolué, poli, raffiné. Élevé, éthéré, léger, subtil. Correct, décent, distingué, élégant. Aimable, avenant, civil, complaisant, courtois.

DER. — Grossièrement. Grossièreté.

GROSSIÈREMENT. *adv.* (XIVᵉ s. ; de *grossier*). D'une manière grossière. *Un homme grossièrement vêtu* (Cf. Cahoter, cit. 2). *Bois grossièrement équarri* (cit. 2), *cannelé* (Cf. Crémaillère, cit.). V. **Imparfaitement.** *Morceaux grossièrement attachés, assemblés, cousus...* V. **Sommairement.** *Motif grossièrement dessiné, sculpté...* V. **Maladroitement.** — *Calculer grossièrement un prix de revient.* V. **Approximativement, gros** (en), **grosso-modo.** *Plan grossièrement esquissé* (cit. 1).

1 « Voilà, mon cher cousin, fort grossièrement le sujet de la pièce. »
SÉV., 1015, 10 mars 1687.

2 « Certes, cela est dessiné grossièrement, sans esprit, et d'un crayon qui s'écrase en appuyant sur le contour... »
GAUTIER, Portr. contemp., Paul de Kock.

— *Se tromper grossièrement.* V. **Lourdement** (Cf. Fait, cit. 44). *Louer quelqu'un grossièrement.* V. **Maladroitement.** *Heurter grossièrement le bon goût.*

3 « Elle avait cru coquet de s'habiller tout en vert, couleur qui jurait grossièrement avec le ton de ses cheveux rouges. »
FLAUB., Éduc. sentim., III, II.

— D'une façon blessante ou inconvenante. *Répondre grossièrement à quelqu'un.* V. **Brutalement, effrontément, ...**

GROSSIÈRETÉ. *n. f.* (1642 ; de *grossier*).

|| 1° Caractère de ce qui est grossier, de peu de valeur. Peu usit. *Grossièreté d'un tissu, d'une matière...*

1 « Il avait modelé la femme en forme d'amphore, ... et il parvint à racheter la grossièreté de la matière par la magnificence des contours. » FRANCE, Rôtiss. Reine Pédauque, Œuvr., t. VIII, p. 116.

— Caractère de ce qui est imparfaitement façonné, exécuté. *Grossièreté d'un assemblage. Grossièreté d'une exécution musicale* (Cf. Choquer, cit. 5). *Grossièreté de fabrication.*

2 « Un temps j'ai cru que l'ordinaire bille de verre me contenterait, pourvu qu'elle fût chargée de sa grossièreté de fabrication, résignée à son bas prix. » COLETTE, Belles saisons, Derniers écrits, p. 258.

|| 2° Manque de délicatesse, de subtilité, de culture, de raffinement... *Grossièreté d'une nation* (V. **Barbarie.** Cf. Barbare, cit. 10). *Grossièreté du peuple* (Cf. Augmenter, cit. 10). *Grossièreté des mœurs.* V. **Brutalité, rudesse, rusticité** (Cf. Barbare, cit. 13). *Vices dans toute leur grossièreté.* V. **Bassesse** (Cf. Apprêt, cit. 9). *Amitié* (cit. 12) *exempte de toute grossièreté. Grossièreté d'une personne qui manque de savoir-vivre.*

3 « Alexis, âgé de vingt-deux ans, se livra à toutes les débauches de la jeunesse, et à toute la grossièreté des anciennes mœurs... »
VOLT., Russie, II, X.

4 « Quand ils ne jouaient pas, les viveurs du temps de Molière faisaient pis. Ils avaient un terrible fond de grossièreté et de férocité. Il ne faut point se laisser prendre à la belle tenue toute superficielle du grand siècle. »
J. LEMAÎTRE, Impress. de théâtre, IIIᵉ série, Molière, I.

5 « ... le représentant soviétique dans les conférences internationales : il sait allier le charme et la brutalité, l'amabilité et la grossièreté, la souplesse et la violence ; et avec lui on ne sait jamais sur quel pied danser... » SIEGFRIED, Âme des peuples, p. 150 (Cf. Danser, cit. 9).

6 « Le comte fut d'avis que cette impolitesse, dont il convenait, se rattachait à la grossièreté générale de l'époque. »
ROMAINS, H. de b. vol., t. III, XI, p. 151.

— *Par anal. Grossièreté d'un mensonge, d'une erreur...*

— *Par ext.* Action peu délicate, dans les relations sociales. V. **Goujaterie, impolitesse, incorrection, insolence,** lourderie (ou **lourdise**), **muflerie**... *C'est là une suprême grossièreté* (Cf. Gagner, cit. 51).

|| 3° Caractère de ce qui offense la pudeur, les bienséances. V. **Inconvenance, obscénité, vulgarité, trivialité**. *La grossièreté d'un mot, d'une plaisanterie, d'une conversation... Par ext. Caractère d'une personne grossière dans son langage. La grossièreté de ces jeunes gens est incroyable.*

7 « On trouve, dans Catulle, deux choses dont la réunion est ce qu'il y a de pire au monde : la mignardise et la grossièreté. »
JOUBERT, **Pensées**, XXIV, XXXV.

8 « ... si les hommes ne sont pas toujours, polis, les femmes, par contre, sont toujours d'une inqualifiable grossièreté. »
MAUPASS., **Corresp.**, p. 118.

9 « Est-il possible de lui faire comprendre que, même devant l'appareil inanimé, s'il se conduit avec impertinence, avec inconvenance, avec grossièreté, il insulte non seulement au talent des artistes, mais encore, selon la nature de l'émission, à l'intelligence, à l'art, à la science, à la religion ? »
DUHAM., **Manuel du protest.**, VI.

— *Par ext.* Mot, propos grossier*. V. **Mot** (gros mot). Cf. Argot (cit. 9). *Dire, débiter des grossièretés.* V. **Cochonnerie, obscénité, ordure, saleté**... (Cf. Dire des horreurs*, parler gras*...). *Grossièreté à l'adresse de quelqu'un.* V. **Injure, insulte.**

10 « Il appelait allègrement toutes choses par le mot propre ou malpropre et ne se gênait pas devant les femmes. Il disait des grosssiètetés, des obscénités et des ordures avec je ne sais quoi de tranquille et de peu étonné qui était élégant. »
HUGO, **Misér.**, III, II, III.

ANT. — Finesse. Délicatesse. Amabilité, civilité, complaisance, courtoisie, éducation, élégance, goût, politesse, raffinement. Attention, égard. Bienséance, convenance, correction. Distinction.

GROSSIR. *v. intr.* et *tr.* (XIIe s. ; de *gros*).

I. V. intr. || 1° Devenir gros, plus gros. V. **Augmenter***. *Personne qui grossit.* V. **Engraisser** (Cf. Prendre du poids*, de la graisse*, de l'ampleur, de l'embonpoint, du ventre...). *Il a grossi depuis que nous l'avons vu. Je l'ai trouvé grossi. Grossir du visage, de la taille, des jambes...* V. **Épaissir**. *Elle a peur de grossir.* V. **Empâter** (s'). Cf. Perdre sa ligne*. *Cet enfant a bien grossi depuis qu'il est à la campagne.* V. **Développer** (se), **forcir.** *Aliment, régime* qui fait grossir, qui empêche de grossir. — Tronc d'arbre qui grossit. L'ovaire des fleurs grossit et devient un fruit.* V. **Croître.** *Larme qui grossit et coule* (cit. 7). *La rivière a grossi. Ballon qui grossit quand on le gonfle.* V. **Dilater** (se). — *Spécialt.* V. **Enfler, gonfler, tuméfier** (se). *Sa joue s'est mise à grossir après l'extraction de la dent. Abcès qui grossit.*

1 « Quant à ce qu'il reconnût Albertine... elle avait, au dire de tous, tellement changé et grossi que ce n'était guère probable. »
PROUST, **Rech. t. p.**, t. XIII, p. 29.

2 « Les ganglions avaient encore grossi, durs et ligneux au toucher. »
CAMUS, **La peste**, p. 32.

— Paraître plus gros. *Mar.* Mer *qui grossit,* qui devient houleuse* — Se rapprocher*. *Navire qui grossit à vue d'œil.*

|| 2° Augmenter en nombre, en importance, en intensité. V. **Augmenter**. *La foule des badauds grossissait. Argent* (cit. 35) *qui grossit dans les coffres. Bruit qui grossit.*

3 « Puisque c'est maintenant une valeur de leur portefeuille — une petite valeur — ils aiment mieux la voir grossir que péricliter. »
ROMAINS, **H. de b. vol.**, t. IV, XI, p. 118.

|| 3° *Fig.* Prendre de l'ampleur, des proportions. V. **Amplifier** (s'). *Tout s'enfle* (cit. 23), *tout grossit dans la bouche des gens outrés.*

II. V. tr. || 1° Rendre gros, plus gros, volumineux. *Affluents qui viennent grossir un fleuve. Les pluies ont grossi la rivière. Torrent grossi par l'orage.* Pronominalt. (peu usit.) *Le nuage se grossit* (ACAD.).

4 « La pluie tombait toujours, grossissant les rigoles d'eau boueuse... »
GREEN, **A. Mesurat**, I, XIV.

— Faire paraître gros, plus gros. *Ce vêtement vous grossit. Une coiffure qui grossit le visage.* Absolt. *Les jupes froncées grossissent.* — *Verre qui grossit les objets.* V. **Grossissant.** Absolt. *Lunette, loupe qui grossit.* V. **Agrandir.** *Microscope* qui grossit mille fois.*

|| 2° Rendre plus nombreux, plus important. V. **Accroître, augmenter.** *Troupes qui grossissent une armée.* V. **Renforcer.** *Personnes qui viennent grossir une foule* (Cf. Affluer, cit. 4 ; création, cit. 11). *Grossir le nombre des mécontents. Grossir les rangs des chômeurs. Des primes grossissent son salaire de moitié. Grossir sa fortune* (Cf. Argent, cit. 37). V. **Étendre.** *Dettes qui viennent grossir un déficit. Grossir la dose.* V. **Forcer.** Pronominalt. *Liste qui se grossit de plusieurs noms.* V. **Enrichir** (s').

5 « Il... vint... grossir la foule de ses auditeurs. » RAC., **Port-Royal.**

6 « À l'heure où cette coalition était bien près de se grossir de la Prusse, l'Empereur croyait cependant que, tout au contraire, elle allait s'affaisser par la conclusion de la paix avec l'Angleterre et la Russie. »
MADELIN, **Hist. Cons. et Emp.**, Vers l'Empire d'Occident, XIII.

7 « De leur côté, les Buteau, exaspérés, grossissaient la note des frais, comptaient les repas, mentaient sur les vêtements, réclamaient jusqu'à l'argent des cadeaux faits aux jours de fête. » ZOLA, **La terre**, IV, VI.

8 « Il laissait les revenus de ces placements s'ajouter au principal, moins pour le grossir, que pour en couvrir les risques. »
ROMAINS, **H. de b. vol.**, t. III, XIII, p. 183.

— Rendre plus intense, plus fort. *Grossir sa voix pour intimider quelqu'un. L'écho grossit le bruit de la foudre* (Cf. Entortiller, cit. 4). *Musique affaiblie ou grossie selon le vent* (Cf. Boitillant, cit. 4).

|| 3° V. **Amplifier, exagérer** (cit. 14). *Ces journaux ont tendance à grossir le nombre des manifestants. La renommée a grossi ses exploits* (Cf. Essaim, cit. 6). *Grossir une légende* (Cf. Calotin, cit. ; fable, cit. 15). *Grossir les défauts, les qualités d'autrui* (Cf. Diminuer, cit. 8 ; envie, cit. 4). *Il ne faut pas grossir les difficultés, l'importance d'une chose.* V. **Dramatiser** (Cf. Regarder par le petit bout de la lorgnette*). *Danger grossi par l'imagination. La presse grossit à plaisir les événements. On a grossi l'affaire à des fins politiques.* Pronominalt. *Se grossir l'importance d'un fait.*

9 « Que vous prenez de peine à grossir vos ennuis ! »
CORN., **Illusion**, IV, 2.

10 « Ne grossis-tu pas des scrupules d'enfant ? »
BALZ., **Lys dans la vallée**, Œuvr., t. VIII, p. 1012.

11 « Les désordres, inséparables d'un tel bouleversement, ont été grossis à plaisir, complaisamment exagérés... »
MICHELET, **Hist. Révol. fr.**, IV, I.

12 « Mais le pis était que ma pauvre mère grossissait dans les mêmes proportions mes torts et mes fautes. » FRANCE, **Petit Pierre**, I.

13 « Comme on vit mal, dit l'un, avec ceux que l'on connaît trop. On gémit sur soi-même sans retenue, et l'on grossit par là de petites misères ; eux de même. »
ALAIN, **Propos**, 27 déc. 1910, Passions de voisinage.

ANT. — Émacier (s'), maigrir. Diminuer, rapetisser. Décroître, faiblir. Amincir, effiler. Amoindrir, minimiser.

DER. — Grossissement. — Grossissant, ante. adj. (XVIIIe s. in HATZFELD). Qui devient de plus en plus gros. Foule grossissante. V. Croissant. — Opt. Qui fait paraître plus gros. Verre grossissant.

1 « Je sens mon sombre esprit comme un flot grossissant. »
HUGO, **Lég. des siècles**, XX, II.

2 « Il était comme un homme qui a eu longtemps devant les yeux des lorgnettes grossissantes et qui, les abaissant soudain, voit les objets s'éloigner de lui et reprendre leur vraie grandeur. »
MAUROIS, **B. Quesnay**, XXI.

GROSSISSEMENT. *n. m.* (1560 ; de *grossir*).

|| 1° Action de devenir gros ; résultat de cette action. V. **Augmentation** (de volume). *Grossissement anormal d'une personne. Grossissement d'une tumeur.* V. **Accroissement, développement.** *Grossissement de la pupille.* V. **Dilatation.** — *Grossissement apparent d'un obstacle qui approche, du train qui entre en gare.* — Action de devenir plus intense ; résultat de cette action. *Grossissement de la voix.* V. **Amplification.**

1 « Celui-ci, déjà, rappliquait ; on entendait le grossissement de son pas, lentement traînaillé par les dalles du couloir. »
COURTELINE, **MM. ronds-de-cuir**, II, II.

|| 2° Action de rendre plus gros ; résultat de cette action. V. **Agrandissement.** — *Opt.* Accroissement apparent de la taille d'un objet, grâce à un instrument interposé. *Grossissement d'un instrument d'optique destiné à regarder des objets très petits* : rapport des diamètres apparents de l'image et de l'objet, situés à la même distance de l'œil. *Grossissement d'un instrument d'optique destiné à regarder les objets très éloignés* : rapport des angles sous lesquels on voit l'objet avec l'instrument et à l'œil nu. *Loupe, lunette, télescope à fort grossissement. Énorme grossissement des microscopes électroniques.*

2 « ... le parasite, pour être aperçu, exige l'emploi du microscope et de forts grossissements. » MONDOR, **Pasteur**, VII.

— *Fig.* V. **Amplification, déformation, exagération.** *Le grossissement de l'imagination, du souvenir... Voir les gens, les choses avec un certain grossissement* (Cf. Angle, cit. 7).

3 « ... les tragiques spectacles de 93, plus effrayants encore peut-être pour les émigrés qui les voyaient de loin avec le grossissement de l'épouvante... »
HUGO, **Misér.**, I, I, I.

ANT. — Amaigrissement ; affaiblissement. Amoindrissement, réduction.

GROSSISTE. *n.* (fin XIXe s. ; de *gros*). *Comm.* Marchand en gros*, qui sert d'intermédiaire entre le détaillant et le producteur ou le fabricant. *Détaillant qui s'approvisionne chez plusieurs grossistes.* — Par appos. *Épicier grossiste* (Cf. vx. Marchand grossier*). — REM. Ce mot, tardivement enregistré dans les dictionnaires (LAR. UNIV. 1922), figure dans ACAD. 8e éd. (1932).

« ... l'industriel ne se soucierait guère d'entretenir des relations directes avec une infinité de petits commerçants dont chacun ne représenterait pour lui qu'un débouché très limité. L'épicier grossiste s'entremet donc entre le fabricant et le détaillant. Le fabricant, qui travaille en série, livrera au grossiste ses produits par grandes masses. Le détaillant obtiendra du grossiste les produits en quantités et aux dates correspondant à ses possibilités d'écoulement. S'il s'agit de den-

rées venant de l'étranger, le rôle du grossiste est plus indispensable encore, soit qu'il entre lui-même en rapport avec le producteur, soit (comme il arrive le plus souve.nt) qu'il ait affaire à l'agent que ce producteur étranger entretient dans le pays... Le grossiste... doit avoir à sa disposition un assez fort capital, parce que la constitution de stocks importants nécessite une mise de fonds élevée, et que généralement il consent au détaillant de larges crédits. »
PIROU et BYÉ, Tr. d'écon. polit., t. I, IIᵉ fasc., p. 209.

ANT. — Détaillant.

GROSSO-MODO. loc. adv. (XVIᵉ s. , loc. du lat. scolast., signif. « d'une manière grosse »). En gros, sans entrer dans le détail. V. **Gros***, **grossement**. *Dites-nous grosso-modo de quoi il s'agit.*

ANT. — Exactement, précisément.

GROSSOYER (*gro-soua-yé* ; se conjugue comme *Broyer*). v. tr. (1335 ; de *grosse*, n. f.). Faire la grosse de... V. **Copier, expédier. Grosse***. *Notaire, greffier qui grossoie un acte, un jugement... Faire grossoyer un contrat. Acte grossoyé.*

1 « Il semblait avoir deviné quelque succession à déguster, à partager, à inventorier, à grossoyer, une succession pleine d'actes à faire... »
BALZ., Peau de chagrin, Œuvr., t. IX, p. 161.

2 « ...quand Roumestan ne l'emmène pas à la Chambre ou au palais, comme aujourd'hui, il reste assis pendant des heures à grossoyer devant la longue table installée pour les secrétaires à côté du cabinet du patron. »
DAUDET, Numa Roumestan, VI.

GROSSULARIÉES. n. f. pl. (XIXᵉ s. ; du lat. bot. mod. *grossularia*, « groseillier »). *Bot.* Famille de plantes phanérogames angiospermes, classe des dicotylédones dialypétales (nommée aussi *Ribesiacées*) dont le type principal est le groseillier* ou ribes. Au sing. *Une grossulariée.*

GROTESQUE. n. et adj. (1532 ; ital. *grottesca*, dér. de *grotta*, « grotte », var. *crotesque*, d'après *croute*. V. **Grotte**).

‖ **1º** N. f. Nom donné aux ornements découverts aux XVᵉ et XVIᵉ siècles dans les ruines ensevelies des monuments antiques italiens (ruines appelées *grottes*), et consistant en arabesques, rinceaux, sujets fantastiques peints ou sculptés en stuc. — Par ext. *Les grotesques de Pinturricchio, de Raphaël*, à l'imitation des grotesques antiques.

1 « L'étymologie de grotesque est *grutta* (sic), nom qu'on donnait aux chambres antiques mises à jour par les fouilles, et dont les murailles étaient couvertes d'animaux terminés par des feuillages, de chimères ailées, de génies sortant de la coupe des fleurs, de palais d'architecture bizarre, et de mille autres caprices et fantaisies. »
GAUTIER, Les grotesques, X.

2 « Ces gracieuses fantaisies — sculptures en stuc ou peintures murales dans le goût des fresques de Pompéi —, introduites au Vatican par Pinturricchio dans la décoration des appartements des Borgia, puis par Raphaël dans les Loges, furent plus tard acclimatées en France par les peintres italiens de l'École de Fontainebleau, et les ornemanistes français, depuis Du Cerceau jusqu'à Bérain, ont brodé sur ce thème d'infinies variations. Les grotesques se distinguent des *arabesques*, avec lesquelles on les confond souvent, par l'emploi de figures : »
RÉAU, Dict. d'art, Grotesques.

— *Par ext.* Figures fantasques, caricaturales. *Peintre de grotesques. Les grotesques gravées par Callot* (Cf. Burlesque, cit. 2).

3 « ...différentes belles actions de la vie de saint Jean de Dieu, encadrées dans des grotesques et des fantaisies d'ornement qui dépassent ce que les monstres du Japon et les magots de la Chine ont de plus extravagant et de plus curieusement difforme. »
GAUTIER, Voyage en Espagne, p. 180.

‖ **2º** *Adj.* (1ʳᵉ moitié du XVIIᵉ s., notamment in SAINT-AMANT (Cf. Égueuler, cit. 2) qui, selon Pellisson, s'était offert à faire les « termes grotesques » pour le dict. de l'Acad.). Risible par son apparence bizarre, caricaturale. V. **Bizarre, bouffon, burlesque, caricatural, comique, extraordinaire, extravagant, falot** 2 (*vx*), **ridicule, risible**. *Personnage, figure, allure grotesque.* V. **Carême-prenant, carnaval** (fig.). Cf. Écorcher, cit. 12 ; écumant, cit. 3. *Un grotesque fantoche* (Cf. Épater, cit. 5). *Costume, accoutrement grotesque. Scène grotesque* (Cf. Contempler, cit. 4). *Les contorsions, les mines grotesques d'un clown*. Contraste, opposition grotesque. Caricature, charge, comédie, farce grotesque. Un grotesque sonnet* (Cf. Égueuler, cit. 2). *Intentions niaises et grotesques* (Cf. Effet, cit. 32).

4 « ...Les plus grotesques aventures
De Don Quichotte en bel arroi. »
SAINT-AMANT, La chambre du débauché, p. 63.

5 « ...qu'y a-t-il de plus propre à exciter le rire que de voir une chose aussi grave que la morale chrétienne remplie d'imaginations aussi grotesques que les vôtres ? »
PASC., Prov., XI.

6 « ...des arbres aquatiques dépouillés de feuilles, dont les troncs rabougris, les têtes énormes et chenues, élevées au-dessus des roseaux et des broussailles, ressemblaient à des marmousets grotesques. »
BALZ., Les Chouans, Œuvr., t. VII, p. 885.

7 « Et moitié courant, et moitié faisant la roue, le grotesque personnage vêtu d'une souquenille couleur caca d'oie aux arabesques noires, et découpée en dents de scie, arrivait au bord de l'eau. »
GONCOURT, Zemganno, I.

8 « Ce sont ces rôles que j'aurais aimé jouer, les rôles comiques, même un tantinet grotesques... »
LÉAUTAUD, Théâtre de M. Boissard, XXVIII.

— *Par ext.* Ridicule, qui prête à rire (sans aucune idée de bizarrerie). Cf. Commun, cit. 20. *Un pédant grotesque et sinistre. Une histoire banale et grotesque.*

9 « ...ces scènes qui avaient été touchantes, et qui, de ce fait, tendaient simplement à devenir grotesques. »
ARAGON, Beaux quartiers, I, XI.

10 « Je vous assure que cette conversation est inconvenante entre nous, Ariane... Cela frise le mélo maintenant. Je me sens grotesque. Arrêtons-nous ! Le ridicule me donne un malaise physique insupportable ! »
ANOUILH, Ornifle, II, p. 89.

‖ **3º** *Substant. et vieilli.* Personne grotesque. *Cet homme est un grotesque* (ACAD.). *Une grotesque. Les grotesques politiques.* Cf. Fantoche, cit. 2. — *Vx.* V. **Bouffon**.

11 « C'est... un poète, et le grotesque du genre humain. »
MONTESQ., Lett. pers., XLVIII.

— *Allus. littér. Les Grotesques*, ouvrage de critique littéraire de Th. Gautier, dans lequel il entend réhabiliter... « les difformités littéraires... les déviations poétiques » et *spécialt.* les auteurs français de tendance réaliste, satirique, libertine du début du XVIIᵉ s.

12 « Avec eux (*les réalistes*) s'annonce un large courant, d'orientation si contraire au classicisme, auquel pourtant le classicisme ne craindra pas de puiser. Plus tard... eux-mêmes et leurs successeurs feront figure d' « irréguliers », un peu de victimes. Idéalisés, ils se pareront d'une sorte d'auréole romantique : ainsi dans *Les Grotesques* de Th. Gautier, ou dans le *Cyrano* de Rostand. »
JASINSKY, Hist. littér. fr., t. I, p. 279.

‖ **4º** N. m. Ce qui est grotesque, le genre grotesque. *Il est d'un grotesque achevé.*

— *Spécialt. Art et Littér.* Le comique de caricature poussé jusqu'au fantastique, à l'irréel. *Les romantiques firent du grotesque un des éléments essentiels de l'art. L'alliance du grotesque et du sublime fut longtemps critiquée par les tenants du classicisme. Le grotesque et le charmant* (Cf. Fertilité, cit. 4).

13 « Le grotesque antique est timide, et cherche toujours à se cacher... Dans la pensée des modernes, au contraire, le grotesque a un rôle immense. Il y est partout ; d'une part, il crée le difforme et l'horrible ; de l'autre, le comique et le bouffon... le grotesque est, selon nous, la plus riche source que la nature puisse ouvrir à l'art. »
HUGO, Préf. de Cromwell (Cf. Drame, cit. 5).

14 « ...le grotesque, cet élément indispensable dont les esprits étroits et minutieux ont voulu rejeter du domaine de l'art, abonde chez lui (*Saint-Amant*) à chaque vers, et se tortille au bout des rimes aussi capricieusement que les guivres et les tarasques au bout des gouttières gothiques... »
GAUTIER, Les grotesques, V.

15 « Le comique est, au point de vue artistique, une imitation ; le grotesque une création... le rire causé par le grotesque a en soi quelque chose de profond, d'axiomatique et de primitif qui se rapproche beaucoup plus de la vie innocente et de la joie absolue que le rire causé par le comique de mœurs... J'appellerai désormais le grotesque comique absolu... »
BAUDEL., Curios. esthét., De l'essence du rire, .V.

16 « Le mélange du grotesque et du tragique est agréable à l'esprit, comme les discordances aux oreilles blasées. »
ID., Journ. int., Fusées, XVIII.

17 « Il ne faut pas mêler le sublime au grotesque. »
LITTRÉ, Dict., Grotesques.

18 « ...le comique de caricature ou *grotesque*, dont les origines remontent à l'Antiquité, qui avait fleuri au moyen âge, et dont la tradition se développe largement à partir de la Renaissance... Alors que le *grotesque*, par libre fantaisie, pousse la caricature jusqu'à l'irréalité, le *burlesque*... se tient dans la réalité vulgaire... »
JASINSKY, Hist. littér. fr., t. I, p. 262.

ANT. — Commun, habituel, normal, ordinaire. Émouvant.

DER. — Grotesquement. adv. (XVIIᵉ s.). D'une manière grotesque. *Être grotesquement accoutré.* V. **Absurdement, burlesquement, ridiculement**... (Cf. Disproportionné, cit. 2).

GROTTE. n. f. (1553 RONS. ; une prem. fois au XIIIᵉ s. ; empr. à l'ital. *grotta*, du lat. *crypta*, prononcé *crupta* (V. **Crypte**) ; a remplacé l'anc. fr. *croute*). Excavation, cavité de grande taille dans le rocher, le flanc d'une montagne, etc. V. **Antre, baume** 2, **caverne*** (cit. 3). *Grotte naturelle. Grotte profonde, obscure... Roche, rocher, montagne creusée de grottes* (Cf. Aiguille, cit. 16). *Grotte marine* (Cf. Coquillage, cit. 1.). *Les stalactites* et stalagmites* d'une grotte* (Cf. Colonnette, cit.). *Grotte ornée de feuillages, de fleurs* (cit. 5). Cf. Barnacle, cit. ; émailler, cit. 1. *Grotte miraculeuse. La grotte de Lourdes* (Cf. Abside, cit. 2). *Se réfugier, chercher asile* (cit. 31) *dans une grotte* (Cf. Aussitôt, cit. 8). *Grottes préhistoriques*, ayant servi d'abri aux hominiens. *Grottes à ossements. Grottes à peinture.* — *Grotte artificielle de pierres rapportées, de coquilles.* V. **Rocaille**. — *Par anal. Arbustes entrelacés* (cit. 2) *qui forment des grottes, des voûtes.*

1 « Remplissez l'air de cris en vos grottes profondes ;
Pleurez, Nymphes de Vaux, faites croître vos ondes, »
LA FONT., Élég. pour Fouquet.

2 « ...cette grotte était taillée dans le roc, en voûte pleine de rocailles et de coquilles ; elle était tapissée d'une jeune vigne qui étendait ses branches souples également de tous côtés. »
FÉN., Télém., II.

3 « C'était une porte cintrée et creusée à même le roc. Elle donnait sur une grotte. Dans cette grotte on avait taillé des murs bien lisses, une voûte en berceau et au fond, une petite abside. »
BOSCO, Hyacinthe, p. 25.

4   « La grotte de Lourdes fut longtemps ce qu'Armand imagina de plus beau sur la terre, avec sa Vierge au manteau bleu. »
ARAGON, **Beaux quartiers**, I, IX.

DER. — Cf. rad. sav. *Spéléo-*.

GROUILLANT, ANTE. *adj.* (XVIᵉ s. ; de *grouiller*). Qui grouille, qui remue en masse confuse. V. **Fourmillant, pullulant** (Cf. Essaim, cit. 3). *Foule grouillante.* — Par ext. *Rue, place grouillante de monde. Matelas grouillant de vermine.*

1   « ...la foule grouillante des passions mauvaises et des misères hideuses qui pullulent dans nos civilisations comme des vers dans un arbre pourri. »   TAINE, **Philos. de l'art**, t. II, p. 76.

2   « ...les bistrots grouillants de la rue Rochechouart. »
SARTRE, **Le sursis**, p. 48.

ANT. — Immobile. Désert, vide.

GROUILLEMENT. *n. m.* (XVIIIᵉ s. BUFF. in LITTRÉ : de *grouiller*). État de ce qui grouille. V. **Fourmillement, mouvement, pullulement.** *Le grouillement des abeilles, d'un essaim. Le grouillement de la foule*. Un grouillement cosmopolite* (cit. 3). *Un grouillement de navires dans le port...*

   « ...j'essayais de me figurer la Sorbonne du moyen âge et ses alentours, le grouillement de la montagne Sainte-Geneviève, le monde bizarre des écoliers d'autrefois... »
J. LEMAÎTRE, **Impress. de théâtre**, Villon.

GROUILLER. *v. intr.* (vers 1460 ; origine incertaine).

|| 1º *Vx.* et *pop.* V. **Bouger, remuer.** — REM. *Grouiller* se rencontre encore en ce sens chez quelques écrivains contemporains. L'ACAD. en donne pour exemples : *Cet enfant grouille sur sa chaise. Elle ne grouille pas plus qu'un morceau de bois.* Cf. *infra*, SE GROUILLER.

1   « Et l'on demande l'heure, et l'on bâille vingt fois, Qu'elle grouille aussi peu qu'une pièce de bois. »
MOL., **Mis.**, II, 4.

2   « Ah ! le chameau, il n'a pas grouillé d'un pouce... »
ZOLA, **La terre**, III, V.

3   « — Mais, ma brave femme, je vous ai déjà dit que votre homme et cette borne, c'est la même chose... Je ne peux pas faire grouiller les pierres, que diable ! »   ID., **Ibid.**, V, I.

4   « Le garçon, tournant manettes et leviers, grouille comme un mécanicien sur sa locomotive... »
ROMAINS, **H. de b. vol.**, t. IV, XVIII, p. 196.

|| 2º *Spécialt.* Remuer, s'agiter* en masse confuse, en parlant d'éléments nombreux. V. **Fourmiller, pulluler.** *Insectes, fourmis qui grouillent sur le sol...* (Cf. Engourdissement, cit. 1). *Les vers grouillent dans ce fromage. Enfants, animaux qui grouillent dans une ruelle. La foule grouillait sur la place. Des millions d'êtres grouillent sur la croûte terrestre* (Cf. Apparition, cit. 4).

5   « Ces enfants grouillaient tous, pêle-mêle comme une nichée de chiens. »   BALZ., **Médecin de campagne**, Œuvr., t. VIII, p. 511.

6   « Je voyais les députés grouiller comme des insectes noirs au fond d'un puits. »   FRANCE, **Hist. comique**, X.

— *Fig.* :

7   « ...les révoltes anciennes grouillent dans le centre du Céleste Empire... »   RIMBAUD, **Illuminations**, Soir historique.

|| 3º *Par ext.* Présenter une agitation confuse ; être plein de, abonder* en... *Cette branche grouille d'insectes. Route, rue qui grouille de monde. Une plage à la mode qui grouille de baigneurs.* V. **Grouillant.** Absolt. *Le boulevard* (cit. 2) *grouillait...*

8   « ...plusieurs passants sont arrêtés devant une boutique. La rue grouille derrière eux, les frôle de son mouvement, les sollicite... »
ROMAINS, **H. de b. vol.**, t. I, II, p. 33.

— *Fig.* :

9   « Je suis dévoré de comparaisons, comme on l'est de poux, et je ne passe mon temps qu'à les écraser ; mes phrases en grouillent. »
FLAUB., **Corresp.**, 360, 27 déc. 1852, t. III, p. 79.

|| SE GROUILLER. *v. pron. Vx.* Se remuer, bouger.

10   « Vous ne vous grouillez pas ? »
MOL., **Escarb.**, 2. — REM. Les éditeurs de 1730, 1734 ont corrigé en « Vous ne grouillez pas ». « La correction même... semble prouver que la forme réfléchie était un provincialisme » DESPOIS et MESNARD, Notes in MOL., éd. Hachette des Grands écrivains de la France.

— *Par ext.* et *pop.* (1649 CYRANO cit. *infra*). Se dépêcher, se hâter. *Allons, grouillez-vous !* (Cf. le comp. pop. *Se dégrouiller*, fréquent dans le langage enfantin).

11   « ...j'entendis, comme je dormais bien fort, du monde dans notre rue, criant tout bas tant qu'il pouvait « Aux voleurs ! » Dame, je me levai sans me grouiller, mis mon chapeau ma tête... »
CYRANO DE BERGERAC, **Le pédant joué**, IV, 4.

12   « Grouille-toi. Puisque j'te dis qu'ils viennent ! »
CARCO, **Jésus-la-Caille**, III, II.

DER. — Grouillant, grouillement. — Grouillis. *n. m.* (XVIᵉ s.) *Vx.* V. **Grouillement.** — Grouillot. *n. m.* (XXᵉ s.). *Arg. de la Bourse.* Jeune employé qui porte les ordres d'achat, de vente.

GROUP (*group'*). *n. m.* (1723 ; empr. à l'ital. *gruppo*). Sac d'espèces monnayées qu'on expédie cacheté d'un lieu à un autre.

GROUPE. *n. m.* (1668 R. de PILES, traduct. de « De arte graphica » de DU FRESNOY ; empr. à l'ital. *gruppo, groppo*, « nœud, assemblage »).

|| 1º *T. d'Art.* Réunion de plusieurs personnages, de plusieurs éléments figurés formant une unité organique dans une œuvre d'art (peinture, sculpture). *Groupe sculpté. Le groupe des trois Grâces.*

1   « De groupes contrastés un noble agencement,
Qui du champ du tableau fasse un juste partage,
... Mais où, sans se presser, le groupe se rassemble,
Et forme un doux concert, fasse un beau tout-ensemble. »
MOL., **Val-de-Grâce**.

2   « Pour qu'un groupe se forme et soit réel à l'œil, il faut qu'il y ait une liaison entre le mouvement de chaque figure et de celle qui la suit ; que les attitudes des personnages s'enchaînent... »
JOUBERT, **Pensées**, XX, XXXVII.

— *Par anal.* :

3   « Groupe fier et beau, après tout, que cette femme aux pieds bruns et nus, au visage tourmenté, aux larmes dévorées, dans les bras de cet homme sympathique à sa douleur cachée, debout, la tête nue, enveloppée encore du manteau qu'il n'avait pas pris le temps de détacher... »   BARBEY d'AUREV., **Vieille maitresse**, I, V.

|| 2º Un certain nombre de personnes réunies, rapprochées dans un même lieu. V. **Réunion.** *Un groupe d'hommes* (Cf. Aiguiser, cit. 3 ; attraper, cit. 18). *Un petit groupe ; un groupe de trois, quatre personnes.* V. **Trio, quatuor** (fig.). *Un joyeux groupe de jeunes filles, de jeunes écoliers.* V. **Volée.** *Groupe compact, important.* V. **Essaim, grappe** (fig.) ; **troupe.** *Des groupes se formèrent dans la rue.* V. **Attroupement.** *Cortège* (cit. 1), *procession, théorie qui se sépare en groupes. Groupes qui s'égrènent* (cit. 4). *Groupes de soldats* (Cf. Estrade, cit. 2). *Les invités vinrent par petits groupes.* V. **Paquet** (fig.). Cf. Écart, cit. 9. *S'entretenir, discuter par groupes* (Cf. Couvrir, cit. 48). *Croiser un groupe de paysans, d'étrangers...* (Cf. Egrener, cit. 1). *Aller de groupe en groupe. Traverser, fendre* (cit. 10) *les groupes* (Cf. Éperon, cit. 5). *Se trouver au milieu d'un groupe de badauds, de curieux* (Cf. Exhibition, cit. 3). *Groupes animés, en mouvement* (Cf. Fantasia, cit. 1 ; flot, cit. 13). *Le groupe de tête, dans une course.* V. **Peloton.**

4   « Les gens allaient et venaient par groupes, devant leurs maisons. »
R. ROLLAND, **Jean-Christ.**, L'adolescent, II, p. 275.

5   « Une fois rhabillés, nous fûmes répartis en files traînardes, par groupes hésitants... »   CÉLINE, **Voyage au bout de la nuit**, p. 206.

6   « Ils s'engagèrent dans une impasse où des hommes, debout, s'attardaient par groupes à pérorer, au lieu d'entrer dans le théâtre. »
MART. du G., **Thib.**, t. VII, p. 116.

— Ensemble de personnes ayant quelque chose en commun (indépendamment de leur présence au même endroit). V. **Association, groupement.** *Groupe humain, groupe d'hommes, groupe social.* V. **Collectivité, communauté, corps** (II, 3º), **société ; classe** (cit. 1, -7), **famille** (cit. 24), **nation, tribu,** etc. (Cf. Attacher, cit. 83 ; culture, cit. 2 ; expérience, cit. 49 ; extension, cit. 4 ; folie, cit. 9). *Groupe ethnique.* V. **Race** (Cf. Ethnographie, cit. 3 ; ethnologie, cit.). *Opposition du groupe et de la société.* **Emprise** (cit. 5) *du groupe. S'affilier, appartenir à un groupe, être* (cit. 76) *d'un groupe, au sein d'un groupe* (Cf. Éthique, cit. 3 ; exotérique, cit.). *Être agrégé* (cit. 2) *à un groupe, admis dans un groupe. S'embrigader* (cit.) *dans un groupe. Les intérêts, les espoirs... de tout un groupe* (Cf. Bien, cit. 55). *Un groupe de délicats, de parvenus...* (Cf. Agio, cit. ; apprêt, cit. 11). *Groupe fermé* (Cf. Argot, cit. 8). *Un petit groupe mondain.* V. **Clan, coterie** (Cf. Exclusif, cit. 6). *Commander* (cit. 31), *conduire un groupe d'hommes. Groupe de brigands.* V. **Bande** 2. *Groupe d'ouvriers.* V. **Équipe.** *Travail en groupe, en équipe.* V. **Collectif** (Cf. Commandite, cit. 2).

7   « ...le mouvement qui porte naturellement tout homme à aimer le groupe dont il relève parmi les quelques groupes qui se partagent la terre. »   BENDA, **Trahis. des clercs**, p. 227.

8   « ...outre votre rémunération normale, vous vous trouverez avoir acquis la confiance, l'estime d'un groupe de gens, dont les moyens ne sont pas négligeables. »   ROMAINS, **H. de b. vol.**, t. V, VI, p. 49.

9   « L'homme... est un animal social. Il ne peut vivre qu'en groupe. L'importance du groupe varie au cours de l'histoire. C'est tantôt une famille, tantôt une tribu, tantôt un ordre, tantôt une secte, tantôt une nation. »   MAUROIS, **Étude sur Bergson**, IV.

10   « Le groupe étroit où l'homme s'est vraiment formé, le petit nombre des êtres en mutuelle dépendance... »
CHARDONNE, **Amour du prochain**, p. 22.

— *Spécialt. Groupe politique, parlementaire* : ensemble des parlementaires d'un même parti*, de mêmes opinions (Cf. Arrivisme, cit. ; déperdition, cit. 2). *Les groupes d'une Assemblée, d'une Chambre. Discipline de groupe* (Cf. Fidèle, cit. 12). — *Les groupes constituant un parti.* V. **Cellule, section.** *Groupe d'opposition.*

11   « Plusieurs assistants firent observer que la tradition libertaire n'admettait que la « discipline spontanée » du groupe... le rôle du chef étant d'assurer l'exécution de ce que le groupe a librement décidé. »
ROMAINS, **H. de b. vol.**, t. IV, XVI, p. 177.

— *Groupe littéraire, artistique.* V. **Cénacle, école** (Cf. Épanouir, cit. 15). *Le groupe de la Pléiade.* « *Chateaubriand et son groupe littéraire* », ouvrage de Sainte-Beuve.

Le premier groupe romantique (Cf. Fantastique, cit. 5). *Le groupe des Jeune-France. Le groupe des Six* (groupe musical fondé en 1918 par Cocteau, Honegger, Milhaud, etc.).

— *Groupe financier* (cit. 6). — *Groupe industriel :* ensemble d'entreprises qui établissent des liens entre elles, en vue d'obtenir, notamment, un accroissement de la productivité.

12 « Quant à son objet, le groupe industriel répondrait à un souci d'efficience. Il se distinguerait ainsi du cartel, dans la mesure où celui-ci tend... à une position de monopole. Il se distinguerait également de la formule d'entente... le groupe se distingue encore du cartel puisque un cartel repose toujours sur une convention. Il se distingue également du trust puisque dans le trust les adhérents perdent toute autonomie... » J. ROMEUF, **Dict. des sciences écon.**

— *Milit.* Unité élémentaire de combat, dans l'infanterie. *Le groupe de combat est constitué d'une pièce de fusiliers* (F. M.) *et d'une équipe de grenadiers-voltigeurs. Groupe antichars. Sous-officier chef de groupe. Section* comprenant trois groupes.* — *Artill.* Unité tactique correspondant au bataillon*. *Les batteries d'un groupe.* — *Aviat.* Unité, dans l'armée de l'air. *Le groupe comprend le plus souvent deux escadrilles. Groupe de chasse, de reconnaissance.*

13 « Ces jours-ci... les missions sacrifiées ont coûté au Groupe 2/33 dix-sept équipages sur vingt-trois. » ST-EXUP., **Pilote de guerre,** XXIII, p. 191 (Cf. *aussi* En, cit. 18).

‖ 3° En parlant des choses. V. **Collection, ensemble*.** *Groupe d'arbres* (Cf. Allée, cit. 3), *de baraques* (cit. 2). *Groupe d'îles, de montagnes, de canaux* (cit. 4). *Groupe d'étoiles.* V. **Constellation** (Cf. Épicycloïde, cit.). — Biol. *Groupe de cellules* (Cf. Échange, cit. 16). *Groupes ganglionnaires.* — *Groupe d'armées* (cit. 13). — *Groupe d'œuvres formant un cycle. Groupe d'expériences, de faits...* (Cf. Chaîne, cit. 35).

14 « ... le cimetière. Chez les Mesurat on appelait ainsi un groupe de douze portraits accrochés dans la salle à manger, ... » GREEN, **A. Mesurat,** I, I.

— *Typogr. Groupe de lettres.* V. **Lettrine.** — *Linguist. Groupe de voyelles. Groupes de mots,* formant des unités secondaires dans la phrase. V. **Expression, locution, ...** (Cf. Accommoder, cit. 14 ; conjonction, cit. 7). *Groupes sémantiques, syntaxiques, phonétiques...* Mus. *Groupe de notes.* V. **Gruppetto.**

15 « ... écoutez les groupes aux violons dans la mort d'Yseult ; voilà l'inimitable... » ALAIN, **Propos,** 21 mai 1921, Artisans et artistes.

— *Technol. Groupe d'appareils.* Spécialt. *Groupe électrogène*. Groupe motopropulseur d'un avion* (moteur et hélice).

— *Groupe scolaire :* ensemble des bâtiments d'une école communale. *Ecole de filles, de garçons, école maternelle d'un groupe scolaire.*

— *Math. Théorie des groupes,* élaborée par E. Galois. *Ensemble ayant une structure de groupe. Groupes de transformations, de substitutions. Groupe symétrique, alterné. Applications de la notion de groupe à la résolution des équations, à la mécanique et à la physique moderne...*

‖ 4° *Spécialt.* Dans une classification*, Ensemble de personnes, de choses ayant un caractère commun. V. **Catégorie, classe, division, espèce** (cit. 30), **famille** (cit. 37), **ordre, sorte.** *On peut classer, diviser ces personnes en deux groupes. Groupe de corps chimiques ; le groupe des amines* (Cf. Béribéri, cit.). *Groupe de langues, de dialectes* (Cf. Breton, cit. 2 ; ethnie, cit.).

16 « En fait, il y a deux espèces de protestants : les taciturnes et les parleurs. Nous autres, nous avons toujours été du dernier groupe. » DUHAM., **Salavin,** VI, I.

— *Géol.* Ensemble des terrains correspondant à une ère* (*Groupe secondaire, tertiaire*) ou à une époque* (*Groupes éocrétacé, mésocrétacé appartenant au Système* crétacé*). V. **Époque** (cit. 17).

17 « Les congrès recommandant d'appeler *groupe* l'ensemble des terrains correspondant à une ère ; mais ce terme désignant en zoologie un groupement d'ordre tout à fait secondaire... il serait fâcheux de l'employer pour une division de premier ordre et il paraît préférable de se servir du terme de *série*... » HAUG, **Traité de géol.,** t. II, p. 560.

— *Biol. Groupes sanguins :* classification des individus selon les agglutinogènes* et les agglutinines* de leur sang. *Groupe 1 ou* AB (récepteurs universels) ; *groupe 4 ou* O (donneurs universels).

18 « On a retrouvé chez les grands singes les quatre groupes sanguins qui caractérisent notre espèce... » J. ROSTAND, **L'homme,** I.

COMP. — **Sous-groupe.** *n. m.* (XXᵉ s.). Subdivision d'un groupe (dans une classification, etc.). Cf. Arrivisme (cit. PÉGUY).

GROUPEMENT. *n. m.* (1839 BOISTE ; de *grouper*).

‖ 1° Action de grouper, de réunir en groupe. V. **Assemblage, rassemblement, réunion...** *Groupement d'usines dans une zone industrielle, de matériel de guerre sur un point stratégique.* V. **Accumulation, concentration.**

1 « Par le groupement des bâtiments, en squares, cours et terrasses fermées, on a évincé les clochers. » RIMBAUD, **Illuminations,** Villes.

« Dès qu'il y a plusieurs familles en voisinage et coopération, le groupement des enfants d'après l'âge se fait de lui-même pour les jeux. » ALAIN, **Propos,** 25 juillet 1921, Qu'est-ce que l'école ?

— Etat de ce qui est en groupe. *Groupement des parties d'un tout.* V. **Arrangement, disposition.**

‖ 2° Réunion* de personnes, de choses groupées. — REM. *Groupement* désigne une réunion généralement plus importante que *Groupe** et, lorsqu'il s'agit de personnes, insiste plus que *Groupe* sur le caractère consenti, volontaire de l'union. — *Groupement social, politique.* V. **Association*** (Cf. Activité, cit. 3 ; affilier, cit. 1 ; esprit, cit. 82). *Groupement corporatif* (cit. 2), *syndical...* V. **Confédération** (Cf. C.G.T.), **fédération, organisation, syndicat, union...** (Cf. Explosif, cit. 1). *Groupement de partis politiques.* V. **Bloc, coalition, front, rassemblement.** — *Groupement de maisons, d'habitations.* V. **Agglomération.**

3 « ... les transformations du XIXᵉ siècle, lequel, en donnant aux groupements nationaux une consistance inconnue avant lui... » BENDA, **Trahis. des clercs,** p. 227.

— *Milit. Groupement tactique :* réunion temporaire d'éléments de diverses armes, destinés à l'accomplissement d'une mission précise. *Dissoudre un groupement tactique après l'accomplissement de sa mission.*

ANT. — **Dispersion, division, éparpillement. Développement, distribution.**

COMP. — **Regroupement.** — **Sous-groupement.** *n. m.* (néol.). *Milit.* Unité secondaire d'un groupement tactique.

GROUPER. *v. tr.* (1694 ; de *groupe*).

‖ 1° Disposer en groupe. V. **Agrouper** (*vx*), **réunir.** *Grouper des figures, des personnages.*

1 « Il (*Watteau*) a réussi dans les petites figures qu'il a dessinées et qu'il a très bien groupées ; » VOLT., **Temple du goût.**

2 « ... autour de lui (*Jésus-Christ*) sont groupés les convives avec différentes attitudes d'étonnement, d'insouciance et d'incrédulité... » GAUTIER, **Souven. de théâtre...,** Noces de Cana.

— Intrans. et vieilli. *Ces figures groupent bien* (ACAD.).

3 « Dans le Bélisaire, la femme, l'enfant et le vieillard groupent parfaitement ; mais le soldat ne groupe ni avec eux, ni avec les personnages peints dans le lointain, ni avec le lieu, ni, pour ainsi dire, avec lui-même. » JOUBERT, **Pensées,** XX, XXXVII.

‖ 2° Mettre ensemble*. V. **Assembler, réunir.** *Grouper des soldats, grouper des individus en une collectivité...* V. **Attrouper, rapprocher.** *Grouper tous les adversaires du régime.* V. **Coaliser.** *Bande de forcenés, d'énergumènes* (cit. 4) *groupés autour d'un chef. Association, fédération* (cit. 2) *groupant des Etats. Branches cadettes d'une famille* (cit. 4) *qui restent groupées autour de la branche aînée.* — *Grouper des colonnes deux à deux.* V. **Architecte qui groupe des maisons autour d'un parc... Grouper des objets de provenances diverses.** V. **Amasser, collectionner.** *Grouper les éléments d'une construction...* V. **Assembler, joindre.** *Grouper plusieurs idées en une phrase, plusieurs thèmes dans un livre...* V. **Bloquer, concentrer, condenser ; arranger, ranger** (Cf. Fabulation, cit. 2). *Grouper des qualités, des défauts* (Cf. Entre-deux, cit. 4). *Grouper des cérémonies* (Cf. Enterrement, cit. 3).

4 « Ce don musical, si rare parmi les natures littéraires, ordinairement rebelles à l'harmonie, avait attiré et groupé autour d'elle une pléiade de compositeurs, sûrs d'être appréciés, compris, exécutés avec un sentiment profond, un art exquis. » GAUTIER, **Portr. contemp.,** Sophie Gay.

5 « ... l'aptitude à grouper les faits, à confronter les signes, dans la recherche de la difficulté... » DUHAM., **Pasquier,** I, Prologue.

6 « Prenez un certain nombre d'individus, ayant chacun ses traits de caractère, ses idées, ses répulsions et ses manies ; groupez ces individus, par une incorporation ou une mobilisation, en un bataillon d'infanterie ; ils vont acquérir rapidement des traits collectifs... » MAUROIS, **Et. littér.,** Romains, II (Cf. Emporter, cit. 37).

— *Grouper dans une même famille, une même classe...* V. **Classer, ranger.** *On peut grouper ces animaux en trois familles.*

‖ SE GROUPER. *v. pron. Se grouper en une collectivité* (Cf. Corps, cit. 44), *autour d'un chef...* (Cf. Embrumer*, cit. 1). *Huttes qui se groupent en village* (Cf. Coquillage, cit. 1), *maisons qui se groupent* (Cf. Espace, cit. 17). V. **Agglomérer** (s').

7 « Ce village, bâti tout d'un coup, éclos au souffle d'une volonté, a cette régularité ennuyeuse que n'ont pas les habitations qui se sont groupées peu à peu au caprice du hasard et du temps. » GAUTIER, **Voyage en Espagne,** p. 144.

8 « Les lames, encore petites, se mettaient à courir les unes après les autres, à se grouper ; » LOTI, **Pêch. Islande,** II, I.

ANT. — **Couper, disperser, disséminer, distribuer, diviser, échelonner, égailler, éparpiller, fractionner, parsemer, séparer. Développer, étendre.**

DER. — **Groupage.** *n. m.* (XIXᵉ s.). Action de réunir des colis ayant une même destination (Cf. Expéditeur, cit. 3). — **Groupeur.** *n. m.* (fin XVIIIᵉ s. en politique ; 1877 au sens mod.). Commissionnaire qui groupe les colis pour le compte de plusieurs expéditeurs.

GROUSE. *n. f.* (*Grou* en 1771; mot écossais). Nom écossais du lagopède d'Écosse. V. **Grianneau, lagopède, tétras; coq** (de bruyère).

1. GRUAU. *n. m.* (1390 ; au XIIᵉ s. *gruel :* de l'anc. fr. *grût*).

‖ **1°** Grain d'avoine mondé, broyé, privé de son (V. **Fleurage**), dépouillé de ses annexes florales. *Bouillie, tisane de gruau.* — *Ellipt.* Plat à base de gruau. *Le gruau engraisse* (Cf. Conglutiner, cit. 2). *Donner du gruau à un bébé. Du gruau à la crème* (Cf. Calorie, cit. 2). — *Par ext. Gruau d'orge, de froment, d'une céréale quelconque.* V. **Farine***. *Faire passer des gruaux dans un convertisseur*.*

‖ **2°** Fine fleur de froment. *Farine de gruau* faite avec la partie du froment la plus riche en gluten, la plus nourrissante et la plus dure. *Pain de gruau.* V. **Mousseau.**

2. GRUAU. *n. m.* V. GRUE (*dér.*).

GRUE. *n. f.* (XIIᵉ s. ; lat. pop. *grua ;* du lat. class. *grus*).

‖ **1°** *Zool.* Grand oiseau échassier (*Mégalornithidés* ou *gruidés*). *La grue, oiseau migrateur* (Cf. Bécasse, cit. 1 ; brise, cit. 1) *qui vole par bandes. La grue se nourrit d'insectes, de mollusques, de batraciens. Cri de la grue.* V. **Craquer, craqueter, glapir.** *Chasser la grue avec un faucon* (cit. 1) *gruyer*.* — *Grue couronnée.* V. **Trompette.** *La « demoiselle de Numidie », sorte de grue.*

1 « Des vols de grues filent sur ma tête. J'entends le froissement des plumes, l'ébouriffement du duvet dans l'air vif, et jusqu'au craquement de la petite armature surmenée. »
DAUDET, **Lettres de mon moulin**, En Camargue, III.

2 « Du dehors, au ciel opaque, un bizarre cri rouillé pénétrait dans la chambre. Une sorte de roucoulement triste, qui semblait à la fois très proche et très lointain. — Qu'est-ce que c'est ? murmura Mᵐᵉ de Saint-Selve. — Les premières grues qui passent, dit Anne. L'hiver ! »
P. BENOIT, Mᴵˡᵉ **de la Ferté**, III, p. 185.

— *Loc. fig. Faire le pied de grue* (Cf. Chien, cit. 37), attendre longtemps sur ses jambes (comme une grue qui se tient sur une patte). — *Bayer* aux grues* (Cf. Flâner, cit. 1).

3 « Je courais, je faisais la grue
Tout un jour au bout d'une rue. » CORN., **Poés. div.**, X, 27.

4 « J'ai fait le pied de grue un instant devant sa porte. »
STENDHAL, **Journal**, p. 243.

‖ **2°** (1415). Femme de mœurs légères et vénales. V. **Prostituée.** *Fig. et pop.* (du fait des stations prolongées de la fille qui *fait le pied de grue*). *Grue faisant les cent pas sur le trottoir.* — REM. Cette acception semble être sortie de l'usage jusqu'à la seconde moitié du XIXᵉ s. Pour LITTRÉ, *Grue* s'applique à une « grande femme qui a l'air gauche ».

5 « Je connais ma maîtresse mieux que vous, et elle n'est une grue ni de près ni de loin. » COURTELINE, **Boubouroche**, Nouv., II.

6 « ... un temps où les grues s'appelaient lorettes ou cocottes et n'étaient pas aussi chères qu'aujourd'hui. »
LÉAUTAUD, **Théâtre de M. Boissard**, IV.

‖ **3°** (Par assimil. de forme). *Technol.* (1467 ; infl. par le moy. néerl. *crane*. V. **Crône**). Machine de levage* et de manutention constituée par une charpente mobile autour d'un pivot, et terminée par une flèche* supportant une poulie où passe un câble ou une chaîne rattachée à un treuil. V. **Chèvre, crône, derrick, sapine...** *Soulever au moyen d'une grue.* V. **Guinder.** *La portée d'une grue dépend de la longueur de sa volée*. Empattement* d'une grue. Grue d'applique ou potence*. Grue à pivot, à plateau. Grue montée sur rails, sur wagon. Grue à vapeur, électrique* (Cf. *aussi* Bossoir). *Grue de chantier* (cit. 2. Cf. *aussi* Atterrissement, cit. 3). *Grue de port, de quai, grue flottante, sur ponton,* pour le chargement et le déchargement des navires.

7 « Pour gagner le wharf, nous prenons place à cinq ou six dans une sorte de balancelle qu'on suspend par un crochet à une élingue, et qu'une grue soulève et dirige à travers les airs, au-dessus des flots, vers une vaste barque où le treuil la laisse lourdement choir. »
GIDE, **Voyage au Congo**, I, p. 13.

DER. — **Gruau.** *n. m.* (1547). Petit de la grue. — **Gruyer** (*gru-yé*), ère. *adj.* (XIIIᵉ s.). *Vén.* Qui a rapport à la grue. *Faucon* gruyer,* dressé à chasser la grue. *Faisan gruyer,* qui ressemble à une grue. — **Grutier.** *n. m.* (début XXᵉ s.). Ouvrier ou mécanicien qui manœuvre une grue.

GRUERIE. *n. f.* V. *infra,* GRUYER (*dér.*).

GRUGER. *v. tr.* (Grugier en 1482 ; du holl. *gruizen,* « écraser »).

‖ **1°** *Ancienn.* Réduire en grains. V. **Égruger.**

‖ **2°** *Spécialt.* (1660). *Vx.* Briser avec les dents. *Gruger des noisettes, des bonbons.* V. **Croquer.** — *Par ext.* V. **Manger.**

1 « Perrin fort gravement ouvre l'huître et la gruge, »
LA FONT., **Fabl.**, IX, 9.

‖ **3°** *Fig.* Duper quelqu'un en affaires ; le dépouiller* de son bien. V. **Spolier, voler.** *Il s'est laissé gruger par des aigrefins* (cit.).

2 « ...on nous mange, on nous gruge,
On nous mine par des longueurs ; » LA FONT., **Fabl.**, I, 21.

3 « Ma rente va vous manquer, et, d'après ce que je vous entends dire, vous vous laisseriez gruger jusqu'au dernier sou par ce misérable... » BALZ., **La rabouilleuse**, Œuvr., t. III, p. 919.

« Oh ! les hommes ! ils grugent autant les femmes que les femmes grugent les vieux... allez ! » 4
ID., **Splend. et mis. des courtis.**, Œuvr., t. V, p. 815.

DER. — **Grugeoir.** *n. m.* (1606). V. **Égrugeoir, grésoir.** — **Grugeur, euse.** *n.* (1780). Celui, celle qui· gruge (Cf. Affameur, cit.).

COMP. — **Égruger.**

GRUME. *n. f.* (1636, « grain de raisin » ; bas lat. *gruma,* « cosse, gousse, écorce » ; lat. class. *gluma*).

‖ **1°** *Vitic.* Grain* de raisin. — REM. On présente généralement ce terme comme proprement bourguignon et s'appliquant au raisin seul. WARTBURG a démontré, à l'aide de nombreux exemples, que *grume* a, en réalité, une extension plus grande de sens et d'usage

‖ **2°** (1685 FURET.). *Sylv.* Écorce qui reste sur le bois coupé non encore équarri. *Bois de grume, en grume,* couvert de son écorce.

« ... après avoir exercé trente ans la charge de maître particulier 1 des Eaux et Forêts, il (*La Fontaine*) avoue qu'il a appris dans le Dictionnaire universel (*celui de Furetière, alors achevé*) ce que c'est que du bois en grume, qu'un bois marmenteau, qu'un bois de touche, et plusieurs autres termes de son métier qu'il n'a jamais su. »
FURETIÈRE, 2ᵉ **Factum** (in LA FONT., Œuvr., p. 974).

« Toi qui crois tout savoir, merveilleux Furetière 2
... (*quand Guilleragues*) Eut à coups de bâton secoué ton manteau, Le bâton, dis-le-nous, était-il de grume
Ou bien du bois de marmenteau ? »
LA FONT., **Épigr. contre Furet.** (in ID., Ibid., p. 645).

« Cette épigramme montre clairement que l'objection qu'on a faite 3 au sieur de La Fontaine d'ignorer la nature du bois en grume et du bois marmenteau est bien fondée. Le bois en grume est du bois de charpente et de charronnage débité avec son écorce et qui n'est point équarri... l'un et l'autre de ces bois ne sont pas propres à venger des traits médisants... »
FURETIÈRE, **Réponse à La Font.** (in ID., Ibid., p. 974).

« Pour mieux comparer la force du bois des arbres écorcés avec 4 celle du bois ordinaire, j'eus soin de mettre ensemble chacun des six chênes que j'avais fait amener en grume, avec un chêne écorcé, de même grosseur à peu près ; » BUFFON, **Expér. s. l. végétaux**, II, 1.

— *Par ext.* Pièce de bois non encore équarrie et couverte de son écorce.

« ...le roulier qui dort, aux sonnailles de son percheron, dans la 5 senteur des grumes chauffées par le soleil. »
GENEVOIX, **Forêt voisine**, I.

« ...quand une grume biscornue refuse de passer sous la scie, le 6 patron lui fait prendre une cognée : « Débarbouille-moi ça... » Alors ses longs bras font merveille... On a plaisir à le voir mouliner... Mais c'est fini, la grume peut passer. Déjà la circulaire jette sa plainte déchirante... » ID., **Ibid.**, XIV.

GRUMEAU. *n. m.* (XIIIᵉ s. *grumel ;* du lat. class. *grumus,* « motte (de terre) »). Petite portion de matière agglutinée en grains*. *Grumeaux de sel, de sable, de terre. Sel en grumeaux.*

« On trouve du sel en grumeaux adhérés à de la lave altérée ou 1 à du sable vomi par les volcans. »
BUFF., **Hist. nat. min.**, t. VIII, p. 116 (in LITTRÉ).

« Il arrive souvent qu'en creusant sa trémie, le fourmi-lion ren- 2 contre de gros grains de sable ou de petits grumeaux de terre sèche. » BONNET, **Contempl. nat.**, XII, 42 (in LITTRÉ).

— Masse coagulée et gluante en suspension dans un liquide. *Grumeaux du lait qui caille. Grumeaux dans une sauce, une pâte.* V. **Marron, maton.** *Bouillie pleine de grumeaux. Crème qui a fait des grumeaux. Grumeaux de sang.* V. **Caillot.**

DER. — **Grumeler.** — **Grumeleux, euse.** *adj.* (1375). Qui contient des grumeaux, qui est en grumeaux. *Par ext.* Qui présente des parties dures, des granulations à la surface ou à l'intérieur. *Poires grumeleuses. Laine brute s'étalant en nappes grumeleuses* (Cf. Étirer, cit. 2). *Peau grumeleuse.* — **Grumelure.** *n. f.* (1769). *Techn.* Trou ou soufflure dans une pièce de métal fondu.

« Mais elle se vit soudain toute petite, un fétu, avec une peau grumeleuse, parce qu'elle avait la chair de poule... »
SARTRE, **Le sursis**, p. 284.

GRUMELER (SE). *v. pron.* (XIIIᵉ s. ; de *grumel.* V. **Grumeau**). Se mettre en grumeaux. *Lait qui tourne et se grumelle.* — *Au p. p. Bouillie toute grumelée.* Par ext. V. **Grumeleux.**

« ...on a trouvé des mèches de cheveux, — des mèches très épaisses 1 de cheveux gris. Ils ont été arrachés avec leurs racines... À leurs racines grumelées — affreux spectacle ! — adhéraient des fragments de cuir chevelu... »
BAUDEL., Traduct. E. POE, **Hist. extraord.**, Double assassinat.

— *Transit.* (Néol.). Couvrir de grumeaux, d'espèces de grumeaux.

« ...il dînait d'une tasse de café au lait bouillant et offrait à ses 2 visiteurs une coupe de cidre, souvenir de la Beauce, « où des bulles grumelaient le verre et lui donnaient une extrême beauté en brodant de mille points délicats sa surface que le cidre rosait. »
MAUROIS, **À la rech. de Proust**, IV, 1.

COMP. — **Engrumeler.**

GRUPPETTO (*grou-pèt-to*). *n. m.* (1866 in LITTRÉ ; mot ital. « petit groupe »). *Mus.* Ornement* composé de trois ou quatre petites notes brodant autour d'une note principale.

Exécuter un gruppetto, des gruppetti avec légèreté. Le gruppetto, ornement fréquent dans la musique pour clavecin. V. **Groupe.**

« Il n'existe peut-être pas d'exemple plus fort de ce que je dis là que le *gruppetto* des musiciens, qui est un ornement de virtuose, connu, prévu, usé comme un carrefour. Mais écoutez les groupes aux violons dans la mort d'Yseult ; voilà l'inimitable... »
ALAIN, **Propos**, 21 mai 1921, Artisans et artistes.

GRUYER. *n. m.* (XIIIe s. ; probablt. d'un gallo-romain *grodiarius*, « maître forestier », lui-même dér. du francique *grôdi*, « ce qui est vert »). *Féod.* Officier préposé aux délits commis dans les forêts. — *Adj.* Qui avait droit de juridiction forestière. *Seigneur gruyer.*

« ...un gruyer, ou juge des délits forestiers... »
TAINE, **Orig. France contemp.**, Ancien Régime, I, t. I, p. 33.

DER. — **Gruerie.** *n. f.* (1479). *Ancienn.* Juridiction féodale relative aux bois. *Officier de gruerie.* — Privilège royal ou féodal sur les bois. *Jouir de la gruerie.*

GRUYÈRE (*gru-yèr* ; pop. *gru-èr*). *n. m.* (1680 ; du nom d'une région du canton de Fribourg, en Suisse, la *Gruyère*). Fromage* de lait de vache, cuit, à pâte dure, d'abord fabriqué dans la Gruyère, puis dans le Jura français (sous le nom de *vacherin**) et les Vosges. *Une meule de gruyère. Manger un morceau de gruyère. Les yeux* du gruyère. Soupe au gruyère* (Cf. Caramélé, cit.). *Gruyère râpé.*

« ...les étudiants de la rue Pavée, courant en foule aux *Trois Maures* chercher, à neuf heures, deux sous de gruyère ou de miel... »
BALZ., **Dict. des enseignes** (Œuvr. div., t. I, p. 183).

GRYPHÉE. *n. f.* (1839 ; formé par l'interm. du bas lat. *gryphus*, class. *grypus*, gr. *grupos*, « recourbé ». V. **Griffon**). *Zool.* Mollusque lamellibranche (ordre des *Anisomyaires*) constituant un sous-genre de l'huître, à coquille allongée et irrégulière. *Gryphée comestible ou huître portugaise.*

GUAI ou **GUAIS** (*ghè*). *adj. m.* (1839 BOISTE ; très probablt. même mot, dans l'anc. orth. *guay*, que *gai*, pris dans le sens anc. techn. « qui joue librement, qui a du jeu », de même sens. *cheval gai*, « sans brides ni harnais » ; WARTBURG date de 1723 l'expr. *hareng gai*, que LITTRÉ donne également à *gai*, en signalant toutefois à l'article *hareng* qu'on trouve aussi « *harengs guais* »). Se dit du hareng quand il est vide de laite et d'œufs.

GUANACO (*goua-*). *n. m.* (1766 BUFFON ; aussi sous la forme *huanacus* et *guanaque* ; péruvien *huanaco*). Lama* à l'état sauvage.

« Il y a exemple dans toutes les langues qu'on donne quelquefois au même animal deux noms différents, dont l'un se rapporte à son état de liberté, et l'autre à celui de domesticité (*Ex. : sanglier et cochon*)... Il en est de même des lamas et des pacos... Ces noms sont ceux de leur état de domesticité ; le lama sauvage s'appelle *huanacus* ou *guanaco*, et le paco sauvage *vicunna* ou *vigogne.* »
BUFF., **Hist. nat. anim.**, Le lama et le paco.

GUANO (*goua-no*). *n. m.* (1598 ; var. *guana*, n. f., XVIIIe s. FRÉZIER, cit. in TRÉVOUX ; mot esp., empr. au péruvien *huano*, dial. quichua). Matière constituée par d'énormes amas de déjections d'oiseaux marins. *Les gisements de guano sont particulièrement abondants sur les côtes du Pérou et du Chili, et dans certaines îles du Pacifique. Le guano est un puissant engrais* (cit. 3) azoté, dont les propriétés fertilisantes étaient connues, selon les anciens voyageurs, depuis longtemps par les Péruviens.*

« Il y a aussi certains endroits des côtes et des îles dont le sol entier, jusqu'à une assez grande profondeur, n'est composé que de la fiente des oiseaux aquatiques : telle est, vers la côte du Pérou, l'île d'Iquique, dont les Espagnols tirent ce fumier et le transportent pour servir d'engrais aux terres du continent (*Note.* Depuis plus d'un siècle on enlève annuellement la charge de plusieurs navires de cette fiente réduite en terreau, à laquelle les Espagnols donnent le nom de *guana*...). »
BUFF., **Hist. nat. ois.**, Oiseaux aquatiques.

— *Par ext.* Engrais fabriqué avec des débris et déchets d'origine animale. *Guano de poisson. Guano de viande.*

GUBERNATORIAL, ALE. *adj.* V. **GOUVERNEUR** (*dér.*).

1. GUÉ (*ghé*). *n. m.* (*Guet* au XIIe s. ; du lat. *vadum*, croisé avec un germanique *wad*). Endroit d'une rivière où le niveau de l'eau est assez bas pour qu'on puisse la traverser à pied. V. **Passage** (Cf. Biaiser, cit. 3 ; chemin, cit. 2). *Passer un gué* (Cf. Aider, cit. 11). *Traverser à gué.* V. **Guéer.** *Cours d'eau peu profond qu'on passe à gué.* V. **Guéable.** *Troupeau qui s'abreuve au gué.*

1 « L'ânier, qui tous les jours traversait ce gué-là,
Sur l'âne à l'éponge monta, »
LA FONT., **Fabl.**, II, 10.

2 « ... passa bravement le ruisseau à gué, ayant de l'eau jusqu'à mi-jambe. »
GAUTIER, **Les grotesques**, VIII.

3 « On passe sur un pont de bois tremblant et déjeté. Les mules chargées de nos sacs et de nos couvertures passent à gué. »
GIDE, **Nouv. prétextes**, p. 234.

— PROV. : *On ne change pas les chevaux au milieu du gué* : on ne change pas de personnel dans une passe difficile, périlleuse (Cf. le mot de LINCOLN : *Il ne faut pas changer d'attelage en traversant une rivière*, in GUERLAC, p. 252).

2. GUÉ ! (*ghé*). *interj.* (1666 MOLIÈRE ; mais probablt. d'emploi beaucoup plus ancien dans les refrains populaires ; var. de *gai, gay*). Interjection exprimant la joie et figurant dans plusieurs chansons populaires anciennes. *La bonne aventure, ô gué !*

« J'aime mieux ma mie, au gué (ô gué) *!*
J'aime mieux ma mie. »
MOL., **Misanthr.** (Chanson du roi Henri), I, 2.

GUÉABLE. *adj.* V. **GUÉER** (*dér.*).

GUÈBRE. *n.* (*Quebre* en 1657 ; empr. au persan *gabr*, « adorateur du feu »). Perse qui suit la religion de Zoroastre. V. **Parsi.** *Un, une Guèbre. Secte des Guèbres.* — Adjectivt. *L'émigration guèbre vers l'Inde.*

« Les persécutions que nos mahométans zélés ont faites aux guèbres les ont obligés de passer en foule dans les Indes... » 1
MONTESQ., **Lettres persanes**, LXXXVI.

« Le droit divin des rois, les faux dieux juifs ou guèbres, » 2
HUGO, **Lég. des siècles**, LVIII, II.

GUÈDE. *n. f.* (XIe s. ; d'un german. *waizda*, allem. *waid*). *Bot.* Nom vulgaire du pastel*. *Par ext.* Couleur bleue extraite de la guède et employée en teinturerie.

GUÉER (*ghé-é*). *v. tr.* (XIIe s. ; du bas lat. *vadare*). Passer à gué*. *Guéer un cours d'eau.*

« Descendus de la colline, nous guéâmes un ruisseau ; »
CHATEAUB., **M. O.-T.**, t. I, p. 66.

— *Par ext.* Faire baigner dans un gué*. *Guéer un cheval, un chien. Guéer du linge*, le laver, le rincer dans l'eau courante.

DER. — **Guéable.** *adj.* (XIIe s.). Que l'on peut passer à gué*. *Petite rivière guéable en maints endroits* (ANT. — Inguéable).

« On l'envoie reconnaître si la rivière est guéable ; » 1
SÉV., 294, 3 juill. 1672.

« Le premier obstacle était le Jourdain. Dans cette basse partie, il est large — quatre-vingt mètres — mais peu profond et ordinairement guéable. » 2
DANIEL-ROPS, **Peuple de la Bible**, II, III.

GUELFE. *n. m.* (1339 DU CANGE ; de *Welf*, nom d'une puissante famille d'Allemagne qui prit le parti des papes). Nom donné en Italie aux partisans des papes. *Les guelfes, ennemis des gibelins* (cit. 1, 2, 3) *qui soutenaient l'empereur d'Allemagne.* — Adjectivt. *La faction* (cit. 1) *guelfe.*

« Boniface fut longtemps *gibelin* quand il fut particulier, et on peut bien juger qu'il fut *guelfe* quand il devint pape. »
VOLT., **Essai sur les mœurs**, LXV.

GUELTE. *n. f.* (1866 ; empr. à l'allem. *geld*, « argent »). Tantième* accordé à un employé de commerce proportionnellement aux ventes qu'il effectue. V. **Boni, gratification, prime.**

« ...la guelte est une remise destinée à stimuler le zèle de l'employé, à l'engager à recevoir le client avec amabilité et à faire valoir les avantages de l'objet à vendre. » LAROUSSE COMM., **Guelte.**

GUENILLE. *n. f.* (1611 ; mot dialect. de l'Ouest ; étym. inconnue). Chiffon, loque*. *Entasser des guenilles dans un sac. Par ext. Au plur.* (le plus souvent). Habit, vêtement misérable, en lambeaux. V. **Défroque, haillon, hardes** (Cf. Brasier, cit. 1 ; cas, cit. 9 ; flanc, cit. 9). *Gueux attifé* (cit. 2) *de guenilles. Fillette pauvre trempée de pluie sous ses guenilles* (Cf. Dérisoire, cit. 2). *Mendiant en guenille(s).* V. **Déguenillé.**

« ...que je n'aie des habits raisonnables, pour quitter vite ces guenilles... » 1
MOL., **Mar. forcé**, 2.

« ...la voilà qui se cache, tant elle est malpropre et en guenilles. » 2
Mme d'AULNOY, **Deux contes de fées**, L'oiseau bleu.

« ...partout des guenilles trouées, de vieux manteaux graisseux et déteints aux intempéries... » TAINE, **Philos. de l'art**, t. II, p. 228. 3

« Et la misère en guenilles de ces faubourgs, » 4
VERHAEREN, **Villes tentaculaires**, Les usines.

« On finit par découvrir, derrière une hutte, une vieille femme borgne, accroupie, vêtue de guenilles terreuses. » 5
GIDE, **Voyage au Congo**, p. 221.

— *Par métaph. La guenille philosophique* (Cf. Haillon, cit. HUGO).

— *Fig.* Chose méprisable, d'importance nulle. « *Le corps* (cit. 4), *cette guenille* » (MOL.).

« Guenille, si l'on veut ; ma guenille m'est chère. » 6
MOL., **Femm. sav.**, II, 7.

« ...chacun voulait sauver sa guenille de vie, comme si le temps n'allait pas, dès demain, nous arracher nos vieilles peaux, dont un juif bien avisé n'aurait pas donné une obole. » 7
CHATEAUB., **M. O.-T.**, t. V, p. 223.

— *Par ext.* En parlant d'un homme usé par l'âge, la maladie, ou dénué de toute vigueur morale. V. **Loque** (Cf. aussi Chiffe).

8 « — Mon Dieu, comme vous disposez de moi !... dit alors madame Marneffe. Et mon mari ?... — Cette guenille ? »
BALZ., **Cousine Bette**, Œuvr., t. VI, p. 222.

9 « ... et je te retrouve les traits déjà flétris par la débauche, les joues marbrées de bleu, un homme ? Non ! Une guenille ! Tu le sais toi-même. » GOBINEAU, **Nouvelles asiatiques**, p. 57.

DER. — Guenilleux, euse. adj. (1766 DIDEROT). Couvert de guenilles. — *Substant.* (Cf. Fameux, cit. 5). *Fig.* Qui n'a pas plus de valeur qu'une guenille. V. **Sordide.** — Guenillon. n. m. (1666 BOILEAU). Petite guenille. *Par ext.* (SÉV.). Petit billet ; écrit de peu de valeur.

COMP. — Déguenillé.

GUENIPE. n. f. (XVe s. ; mot dialect. de l'Ouest ; étym. incert.). *Vx.* Femme malpropre ou débauchée (Cf. Guenon, cit. 6).

« ... (*ils*) se proclamaient les plus francs imbéciles de la terre de s'être ainsi acoquinés auprès de semblables guenipes. » GAUTIER, **Mlle de Maupin**, X.

GUENON. n. f. (1505 ; orig. inconnue). *Zool.* Nom vulgaire des cercopithèques*.

1 « Après les singes et les babouins, se trouvent les guenons ; c'est ainsi que j'appelle, d'après notre idiome ancien, les animaux qui ressemblent aux singes ou aux babouins, mais qui ont de longues queues... » BUFF., Hist. nat. anim., Les singes.

2 « L'ami du grand L'Hôpital, le chancelier Olivier, dans sa langue du seizième siècle, laquelle bravait l'honnêteté, compare les Français à des guenons qui grimpent au sommet des arbres et qui ne cessent d'aller en avant qu'elles ne soient parvenues à la plus haute branche, pour y montrer ce qu'elles doivent cacher. »
CHATEAUB., M. O.-T., t. V, p. 136. — N·B. L'image de la guenon « qui monte de branche en branche jusqu'au sommet de l'arbre, et puis montre le cul » se trouve aussi au XVIe s. dans CHARRON, cité par LITTRÉ.

— *Dans le langage courant :* Femelle du singe. V. **Singesse.** *Guenon allaitant son petit.*

3 « Le mot guenon a eu, dans ces derniers siècles, deux acceptions différentes de celle que nous lui donnons ici ; l'on a employé ce mot guenon généralement pour désigner les singes de petite taille, et en même temps on l'a employé particulièrement pour nommer la femelle du singe. » BUFF., Hist. nat. anim., Les singes.

4 « Une petite Marocaine, noire, à figure de guenon spirituelle, se toucha le front et fit une grimace. » MAC ORLAN, **La Bandera**, XVI.

— *Fig. et fam.* Femme très laide.

5 « Vous êtes un imbécile, un insensé ; et je tiens celle que vous aimez pour une guenon, si elle n'est pas de mon sentiment ; » MARIVAUX, **Fausses confidences**, II, 2.

6 « Mon cher, je quitterai cette infâme danseuse ignoble, cette vieille toupie qui a tourné sous le fouet de tous les airs d'opéra, cette guenipe, cette guenon... » BALZ., **Prince de la Bohème**, Œuvr., t. VI, p. 846.

DER. — Guenuche. n. f. (XVIe s.). Petite guenon. *Fig.* Femme petite et laide.

« Au lieu d'aller faire des gambades dans le boudoir de cette guenuche. » HÉBERT, **Père Duchesne** (in BRUNOT, H.L.F., X, 1, p. 213).

GUÉPARD. n. m. (*Gapard* en 1706 ; adapt. de l'ital. *gatto-pardo*, « chat-léopard »). Mammifère carnivore (*Félidés*), qui ne diffère de la panthère* que par un corps plus haut sur pattes, une tête plus petite, une très courte crinière et des ongles non rétractiles (Cf. Belluaire, cit. 2). *Le guépard, quadrupède à robe jaune tachée de brun, est une variété de grand chat* sauvage qui se rencontre en Asie et en Afrique.*

1 « ... le guépard n'est point un lynx, il n'est aussi ni panthère ni léopard, il n'a pas le poil court comme ces animaux, et il diffère de tous par une espèce de crinière ou de poil long de quatre ou cinq pouces qu'il porte sur le cou et entre les épaules ; ... c'est un animal commun dans les terres voisines du cap de Bonne-Espérance ; tout le jour il se tient dans des fentes de rochers ou dans des trous qu'il se creuse en terre ; pendant la nuit il va chercher sa proie ; » BUFF., Hist. nat. anim., Le margay.

2 « Un guépard, s'écria mon beau-père, de plus en plus exalté par ses propres paroles, c'est un animal persan, de race féline, qui a la taille et la douceur du chien et le pelage du léopard. » JALOUX, **Fumées dans la campagne**, VIII.

GUÊPE. n. f. (*Guespe* au XIIe s. ; du lat. *vespa*, devenu *wespa* par croisement avec l'anc. haut all. *wefsa*). Insecte hyménoptère (*Vespidés*), scientifiquement appelé *vespa*, dont la femelle porte un aiguillon. *Formes allongées et sveltes de la guêpe. La guêpe, insecte aculé*. Guêpe qui darde (cit. 7) son aiguillon (cit. 7). Douloureuse piqûre de guêpe. Guêpe qui harcèle un dormeur. Guêpe qui bourdonne (cit. 1). — Cf. Battre, cit. 68). De nombreuses espèces de guêpes vivent en société, d'où leur nom de guêpes sociales. La poliste*, guêpe très commune en France. Grosse guêpe.* V. **Frelon.** *Guêpe ichneumon* (solitaire). V. **Sphex.** *Les guêpes nichent en terre (guêpes maçonnes ou souterraines) ou dans les arbres creux. Nid de guêpes.* V. **Guêpier.** *Les guêpes s'attaquent aux fruits mûrs, au miel* (Cf. Adjuger, cit. 1) *des ruches*, etc.

1 « La méchanceté fabrique des tourments contre soi... comme la mouche guêpe pique et offense autrui, mais plus soi-même, car elle y perd son aiguillon et sa force pour jamais... » MONTAIGNE, **Essais**, II, V.

2 « La calomnie est comme la guêpe qui vous importune, et contre laquelle il ne faut faire aucun mouvement, à moins qu'on ne soit sûr de la tuer ; sans quoi, elle revient à la charge, plus furieuse que jamais. » CHAMFORT, Max. et pens., X.

3 « Des guêpes, çà et là, volent, jaunes et noires. »
VERLAINE, **Jadis et naguère**, Allégorie.

4 « La guêpe. Elle finira pourtant par s'abimer la taille ! »
J. RENARD, **Hist. naturelles.**

— *Taille de guêpe,* taille très fine, par anal. avec le mince pédoncule qui relie, chez la guêpe, le corselet* à l'abdomen (Cf. *Une guêpière*, gaine* très étroite qui donne « la taille de guêpe »).

5 « Pour le bouquet de la fête, on prie Florinde de danser. — ... Sa taille de guêpe se cambre audacieusement et fait scintiller la baguette de diamants qui orne son corsage ; » GAUTIER, **Souv. de théâtre**, Le diable boiteux.

6 « ... Polaire, actrice pathétique sans le savoir, belle en dépit du canon antique, qui ne voulut jamais modeler au gré de la mode son corps de guêpe. Sa taille jouait à l'aise dans un faux col : 42 centimètres. » COLETTE, **Belles saisons**, p. 89.

— *Fig.* Femme maligne, qui aime à tourmenter. *Une fine guêpe,* une femme rouée. V. **Mouche** (fine). *Pas folle*, la guêpe !*

7 « Parmi ces bonnes âmes qu'elle a auprès d'elle il en est une qui est bien la plus fine guêpe, la plus perfide et la plus rouée confidente qui se puisse voir... » STE-BEUVE, **Caus. du lundi**, 10 juin 1850, t. II, p. 194.

— *Littér. Les Guêpes,* comédie d'Aristophane (422 av. J.-C.), imitée par Racine (*Les Plaideurs*).

DER. — Guêpier.

GUÊPIER. n. m. (XIVe s. ; de *guêpe*).

|| 1° *Zool.* Passereau syndactyle (*Lévirostres*, *méropidés*) scientifiquement appelé *merops*, plus petit que le merle et se nourrissant surtout d'abeilles et de guêpes. *Les guêpiers, oiseaux de couleurs vives et variées, habitent surtout les pays chauds. Le guêpier commun, espèce européenne.*

1 « On compare le vol du guêpier à celui de l'hirondelle, avec qui il a plusieurs autres rapports... ; il ressemble aussi, à bien des égards, au martin-pêcheur, surtout par les belles couleurs de son plumage et la singulière conformation de ses pieds ; » BUFF., Hist. nat. ois., Le guêpier.

2 « ... étincelants guêpiers vert-émeraude... »
GIDE, **Voyage au Congo**, p. 193.

|| 2° *Entom.* (1762 ; *guespiere* au XVIe s.). Nid de guêpes, aérien ou souterrain, composé d'une enveloppe boursouflée et de rayons* parallèles construits avec une matière cartonneuse. *Les rayons d'un guêpier sont formés d'alvéoles* (cit.) *hexagonales où les larves sont nourries de matières sucrées.* — *Par ext.* Société de guêpes vivant dans un même nid. *Enfumer* un guêpier.

3 « Le cheval du drogman ayant mis le pied dans un guêpier, les guêpes se jetèrent sur lui... » CHATEAUB., Itinér..., III.

— *Fig.* Position critique dans une affaire où l'on risque fort d'être dupé, ou parmi des gens qui cherchent à vous nuire. *Se fourrer*, donner, tomber dans un guêpier.* V. **Danger, piège.**

4 « Ils s'étaient tous contre moi ; je me suis fourré la tête dans un guêpier. » BEAUMARCH., **Barb. de Sév.**, IV, 8.

5 « ... l'Empereur, sans le prévoir, court, sinon à un abîme, du moins à un guêpier, parce qu'il croit, à tort, « connaître » les prêtres d'Italie et de Rome... » MADELIN, **Hist. Cons. et Emp.**, Vers l'Empire d'Occident, XII.

GUÈRE et (*vx* ou *poét.*) **GUÈRES.** adv. (*Guaires* au XIIe s. ; d'un francique *waigaro*, « beaucoup »).

I. *Vx.* V. **Beaucoup, très.** — REM. L'emploi de *guère* sans négation, déjà rare au XVIe s., est complètement sorti de l'usage, dès le XVIIe s., sauf dans un cas d'ellipse unique (Cf. *infra*, III).

1 « À la vérité, en toutes choses, si nature ne prête un peu, il est malaisé que l'art et l'industrie aillent guiere (*guère*) avant. » MONTAIGNE, **Essais**, I, XX.

II. GUÈRE avec la négation NE, au sens de « pas beaucoup, pas très ». V. **Autrement** (pas), **médiocrement, peu, trop** (pas). — REM. a)« L'adverbe *guère* et la négation *ne* ont contracté une alliance si invétérée, si étroite que, depuis le XVIIe s., aucun supplément négatif (tel que *pas, point*) ne s'immisce dans leur union... *Guère* doit à son association fréquente avec *ne* de paraître négatif (*pas beaucoup*), alors qu'en réalité c'est un adverbe positif (*en grande quantité*) » G. et R. LE BIDOIS, Syntaxe du français moderne. — b) NE... GUÈRE a un sens restrictif ou limitatif qui en fait (comme de « pas beaucoup, pas très ») l'expression atténuée du « peu ».

2 « Peu très précis, *guère* vague. *Peu* convient quand il est question de choses rigoureusement appréciables sous le rapport du nombre, de la quantité, du degré ; *guère* dans tous les autres cas... *Peu* est absolu, *guère* relatif. Il y a *peu* d'hommes discrets ; il *n'y a guère* d'hommes discrets qui sachent se taire jusqu'à la mort. » LAFAYE, **Dict. des synon.**, Peu, guère.

3 « Le premier travail (dans la maxime) est la généralisation. *Toujours* ou *jamais* est le langage de la maxime : point ou peu, le moins possible, de *souvent*, de *parfois*, de *presque* ou de *guère*. Point de *je* ou *tel*, ou *quelques-uns* ; mais *nous*, *l'homme*, *on*, *tout le monde*. » LANSON, **L'art de la prose**, p. 134.

|| **1o** NE... GUÈRE devant un adjectif : *Vous n'êtes guère raisonnable. Il ne fait guère chaud* (fam.). *Les ardeurs* (cit. 23) *de jeunesse ne sont guère durables. Cet ouvrage n'est guère avancé* (cit. 70). *Il n'est guère naturel de..., que...* (Cf. Bourgeois, cit. 5). *Événements qui ne sont guère soumis au calcul* (Cf. Calculer, cit. 4) *Ces jeunes chefs ne sont guère aptes à commander* (cit. 37).

4 « Ah ! je l'aime bien, cette grande bête, mais il n'est guère raisonnable, vrai !... Est-ce qu'il n'est pas jaloux ! »
ZOLA, **La terre**, V, III.

5 « C'est au sein de pareils villages qu'il fallait chercher des vieillards durables, plutôt des vieillardes car — selon le mot désabusé d'une de celles-ci, — « ce n'est guère solide, un homme ».
COLETTE, **Belles saisons**, p. 240.

6 « Ce qu'il faut, dit Gertrude, c'est d'abord en parler à Madeleine, et la mettre avec nous à fond. Ça ne sera guère difficile... »
GENEVOIX, **Rroû**, I, IX.

|| **2o** NE... GUÈRE devant un adverbe : *Vous ne l'avez guère bien reçu.*

7 « ...je ne vais guère loin chercher dans mon cœur pour y trouver de la douceur pour vous... »
SÉV., 102, 16 avr. 1670.

|| **3o** NE... GUÈRE devant un comparatif (d'adjectif ou d'adverbe). *Vous n'êtes guère plus avancé* (cit. 70) *qu'avant. Ce défaut n'est guère moins excusable* (cit. 1) *qu'un autre. — Petit mur qui n'a guère plus d'un mètre de haut* (Cf. Épaulement, cit. 1). *Il ne va guère mieux qu'hier.*

8 « Cependant la véritable mère de famille, loin d'être une femme du monde, n'est guère moins recluse dans sa maison que la religieuse dans son cloître. »
ROUSS., **Émile**, V.

9 « Pendant longtemps le roi n'aura guère plus d'importance qu'un duc ou un comte ordinaire. »
MICHELET, **Hist. de France**, III, H. Capet.

10 « Il est juste de dire que la plus vieille de nos jeunes premières n'a guère plus de soixante ans... »
GAUTIER, **Mlle de Maupin**, Préf., p. 37.

11 « Mais je ne veux pas vous cacher que cela me fera beaucoup de peine et que je n'en ai guère plus d'envie de me noyer. »
SAND, **Mare au diable**, III.

12 « ...les jambes ne vont plus, les bras ne sont guère meilleurs... »
ZOLA, **La terre**, I, II.

|| **4o** NE... GUÈRE avec un verbe. *On ne s'attendait* (cit. 103) *guère à le voir. Cheval qui n'avance guère* (Cf. Asphalte, cit. 3). *Cela ne se dit guère* (Cf. Assaisonnement, cit. 5). *Personne, besogne qui ne plaît guère* (Cf. Aussi, cit. 63 ; escamotage, cit. 3). *Nous ne savons guère ce qu'est au juste la beauté* (cit. 1). *Ce n'est guère votre fait* (cit. 13), *de votre ressort, dans vos habitudes... Je n'aime guère ce quartier. Cette robe ne lui va guère* (Cf. aussi Accorder, cit. 28 ; affliger, cit. 14 ; aller, cit. 76 ; artillerie, cit. 2 ; assurer, cit. 80 ; attention, cit. 22 ; attrister, cit. 10 ; changement, cit. 7 ; chemin, cit. 31 ; épargner, cit. 29 et 31 ; estimer, cit. 18 ; exporter, cit. 2 ; femme, cit. 112).

13 « Au moins, dites-leur bien que je ne les crains guère ; »
RAC., **Plaideurs**, II, 3.

14 « ...quand on a le plaisir de se perdre dans l'immensité, on ne se soucie guère de ce qui se passe dans les rues de Paris. »
VOLT., **Lettre à Mme du Deffand**, 2807, 19 févr. 1766.

15 « Chanter des *Te Deum* auxquels tu ne crois guère, »
BAUDEL., **Fl. du mal**, Spl. et id., VIII.

→ Avec une nuance temporelle. (Durée). V. **Longtemps** (pas). *La paix ne dura guère* (ACAD.). *Tu ne tarderas guère* (Cf. Aider, cit. 1). *Il n'y a guère que* (Vx)..., il n'y a pas longtemps que.

16 « Amitiés, comme on sait, qui ne dureront guère, la carrière du critique-né ne pouvant s'accorder longtemps avec les amitiés particulières, toutes vouées à de plus ou moins fatales ruptures. »
HENRIOT, **Romantiques**, p. 234.

→ (Fréquence). V. **Rarement, souvent** (pas), **jamais** (presque). *Vous ne venez guère nous voir* (ACAD.). *On ne voit guère de chef-d'œuvre d'esprit* (cit. 50) *qui soit l'œuvre de plusieurs. Il ne passe guère devant les boîtes des bouquinistes sans en tirer quelque bouquin* (cit. A. FRANCE). Cf. *aussi* Ambition, cit. 4 ; attaquer, cit. 23 ; dépasser, cit. 7.

17 « Et vêtu d'une robe, hélas ! qu'on nomme bière,
Robe d'hiver, robe d'été,
Que les morts ne dépouillent guère. »
LA FONT., **Fabl.**, VII, 11.

→ REM. a) *Ne... guère* est employé absolument dans des tournures vieillies ou familières, pour désigner des choses (Cf. Dire, cit. 64). *Je n'y vois guère, je n'entends guère.* V. **Grand-chose** (pas).

18 « ...en ses affaires
Il se trouve assez neuf et ne voit encor guère(s), »
MOL., **Étourdi**, II, 2.

→ b) L'usage de *guère*, précédé d'une préposition, encore très vivant au XVIIe s., a complètement disparu de nos jours.

19 « ...Par ma foi, l'âge ne sert de guère »
MOL., **Éc. des maris**, III, 5.

→ c) *Il ne s'en faut de guère*, tour vieilli, mais encore recommandé par LITTRÉ sur l'exemple de BEAUCOUP, a été remplacé de nos jours par *Il ne s'en faut guère* : il s'en faut de peu, il ne manque pas grand-chose. *Il ne s'en est guère fallu* (ACAD.).

|| **5o** NE... GUÈRE devant un nom qu'il détermine. *Il n'y a guère de gens qui...* (Cf. Âge, cit. 7 ; aigre, cit. 13). *Le peuple n'a guère d'esprit* (Cf. Âme, cit. 68). *Je n'ai guère de courage* (cit. 5). *Il ne boit guère de vin* (Cf. aussi Avis, cit. 1 ; baiser, cit. 7 ; embêter, cit. 3 ; épithète, cit. 3 ; étoile, cit. 18). — REM. « L'unité linguistique formée par *ne... guère* et son complément ne peut être ni sujet ni objet secondaire. Le français n'admet pas une phrase comme : *Guère de gens ne sont sincères.* Et l'on n'écrirait plus, comme le faisait PASCAL : « *Il ne servira plus à guère de gens* » (Prov. 4). Mais si l'on peut dire : *Il n'est venu guère de touristes*, ou (mais moins bien) : *Il n'est venu guère de touristes*, c'est qu'en réalité le sujet dans ce tour, c'est le pronom *il* ; *guère de touristes* n'est là que le complément de *il*, son « explicitation » (G. et R. LE BIDOIS, **Synt. du fr. mod.**, p. 604).

20 « Il n'y avait guère(s) de jours qu'il ne bombardât ainsi quelqu'un. »
ST-SIM., **Mém.**, II, XLIV.

21 « Il n'est guère de passion sans lutte. »
CAMUS, **Mythe de Sisyphe**, p. 101.

|| **6o** GUÈRE construit avec *ne... plus* : *Un vieux médecin qui n'exerce* (cit. 38) *plus guère. Mot qui n'est plus guère employé* (Cf. Cavée, cit.).

|| **7o** GUÈRE construit avec *ne... que*, au sens de « presque », « seulement », « si ce n'est ». *Il n'y a guère que vous qui puissiez faire ce travail. Il n'y a guère que deux heures qu'elle est partie. L'Empire romain des deux premiers siècles n'était guère autre chose qu'un État fédératif* (Cf. Autonome, cit. 1). *On ne marche guère qu'en babouches* (cit. 2) *dans ce pays. Les hommes ne se cachent* (cit. 56) *guère que pour mal agir. Vieux garçon fantasque* (cit. 4) *qui ne dîne guère que trois fois par semaine* (Cf. aussi Alanguir, cit. 1 ; approcher, cit. 63 ; démonter, cit. 8 ; éventuel, cit. 3 ; exception, cit. 13 ; facile, cit. 13 ; faveur, cit. 31 ; femme, cit. 79).

22 « Être infatué de soi, et s'être fortement persuadé qu'on a beaucoup d'esprit, est un accident qui n'arrive guère qu'à celui qui n'en a point, ou qui en a peu. »
LA BRUY., V, 11.

23 « Vous ne cherchez que des vérités utiles, et vous n'avez guère trouvé, dites-vous, que d'inutiles erreurs. »
VOLT., **Essai sur les mœurs**, Introd.

III. GUÈRE, employé sans négation, au sens de « pas beaucoup », dans des tournures fortement elliptiques plus ou moins familières. *Je vais vous verser du vin. — Guère, je vous prie* (LITTRÉ). *Aimez-vous cela ? — Guère* (= je ne l'aime guère). *Il doit avoir une trentaine d'années, guère plus. Le voici de retour, guère plus riche qu'avant.*

24 « — Oh ! tout de même... vous exagérez un peu... — Guère, Hamond ! Ne protestez pas ! »
COLETTE, **La vagabonde**, p. 95.

25 « Haverkamp est amoureux de cette parfaite viande rouge... Le dessus grillé à grand feu, et qui enveloppe la pulpe comme la croûte d'un gâteau. Haverkamp mange cette chair, guère plus chaude, guère moins vivante que la sienne. »
ROMAINS, **H. de b. vol.**, t. IV, VI, p. 44.

ANT. — Beaucoup, très.

HOM. — Guerre. — COMP. — Naguère.

GUÉRET. n. m. (*Guaret* au XIIe s. ; du lat. *vervactum*, « jachère », avec infl. germ. sur l'initiale). Terre labourée et non ensemencée (Cf Bœuf, cit. 4). *Par ext.* V. **Jachère**. *Laisser une terre en guérets. Lever, relever les guérets*, labourer une terre qu'on a laissé reposer.

1 « Ne parlez à un grand nombre de bourgeois ni de guérets, ni de baliveaux... si vous voulez être entendu... »
LA BRUY., VII, 21.

2 « Ces sommets labourés par les torrents avaient l'air de guérets abandonnés ; le jonc marin et une espèce de bruyère épineuse et flétrie y croissaient par touffes. »
CHATEAUB., **Itinér...**, I, p. 122.

3 « La terre nue et fraîchement remuée formait une bosse de la longueur d'un corps humain ; de petites plantes déracinées par la bêche étaient posées sur ce guéret les racines en l'air ; »
LOTI, **Aziyadé**, V, IV.

→ *Poét.* (vx). Champ cultivé ; champ couvert de moissons. *Nettoyer les guérets de leurs chardons* (cit. 2). *Les corbeaux* (cit. 3) *s'abattent sur les guérets. Guérets surchargés de blé* (Cf. Épuiser, cit. 2).

4 « Cérès s'enfuit éplorée
De voir en proie à Borée
Ses guérets d'épis chargés, » BOIL., **Odes**, Sur la prise de Namur.

GUÉRIDON. n. m. (1615 ; du nom d'un personnage de farce *Guéridon* ou *Guélidon*). Table ronde, pourvue d'un seul pied central et (généralement) d'un dessus de marbre, supportant des objets légers, décoratifs ou non. — *Par ext.* Toute petite table ressemblant plus ou moins à un guéridon. *Guéridon en acajou sculpté. Guéridon à trois pieds.* V. **Trépied**. *Tige* d'un guéridon. Guéridon supportant une lampe, un plateau, des livres, un vase... Visiteur qui pose ses gants sur le guéridon* (Cf. Enlever, cit. 11). *Petit déjeuner servi sur un guéridon* (Cf. Encombrer, cit. 2 ; et aussi Courir, cit. 4 ; familier, cit. 7).

1 « Enfin, la bonne approcha une petite table ronde, telle qu'on en avait autrefois et qu'on nommait *guéridon...* »
BRILLAT-SAVARIN, **Physiol. du goût**, t. II, p. 153

2 « Ils finirent par s'accommoder d'un guéridon de marbre à deux places, dans un débit de la rue de l'Arsenal... »
DUHAM., **Salavin**, III, X.

GUÉRILLA. *n. f.* (1834 ; empr. à l'esp. *guerrilla*, « ligne de tirailleurs »). Troupe de partisans*. *Les guérillas espagnoles harcelaient les soldats de Napoléon. Franc-tireur d'une guérilla.* V. **Guérillero.**

« Durant cette guerre sublime contre Napoléon, qui, aux yeux de la postérité, placera les Espagnols du dix-neuvième siècle avant tous les autres peuples de l'Europe, ... don Blas fut l'un des plus fameux chefs de guerillas. » STENDHAL, **Rom. et nouv.**, Le coffre et le revenant.

— *Par ext.* Guerre de détail*, de coups (cit. 49) de main. *Guérilla sanglante, meurtrière.*

GUÉRILLERO. *n. m.* (1856 LACHÂTRE ; mot esp.). Soldat d'une guérilla. *Les guérilleros espagnols.*

GUÉRIR. *v. tr. et intr.* (*Guarir* au XIIᵉ s. et jusqu'au XVIIᵉ s. ; var. *garir* ; d'un german. *warjan*, « réprimer ». *Guérir* a d'abord signifié « protéger, préserver » ; sens mod. au XIIᵉ s.).

I. *V. tr.* ‖ **1°** Délivrer* d'un mal physique ; rendre la santé (à). V. **Sauver ; arracher** (à la maladie, à la mort). *Guérir un malade* (Cf. Antitoxique, cit. ; empirique, cit. 5). *Guérir un toxicomane.* V. **Désintoxiquer.** *Guérir quelqu'un d'une maladie* (Cf. Assassin, cit. 10), *d'une fracture... Une cure thermale vous guérira de vos rhumatismes. Ce sirop l'a guéri de sa toux.*

1 « Les médecins ne te guériront pas car tu mourras à la fin. Mais c'est moi qui guéris et rends le corps immortel. »
PASC., **Pens.**, VII, p. 553.

2 « ...ce qu'il y a de fâcheux auprès des grands, c'est que, quand ils viennent à être malades, ils veulent absolument que leurs médecins les guérissent. » MOL., **Malade imag.**, II, 5.

3 « ...elle a guéri nombre de malades que les médecins auraient fait mourir si l'on avait essayé de leurs remèdes. »
SAND, **Petite Fadette**, VIII.

— *Médicament*, remède* qui guérit de la fièvre* (Cf. Abracadabra, cit. 1). *Traitement* qui guérit de la folie* (cit. 2).

4 « ...de spécifique qu'il était contre la colique, il guérit de la fièvre quarte, de la pleurésie... l'hémorragie, dites-vous ? il la guérit. »
LA BRUY., XIV, 68.

— *Absolt.* *La médecine, art de guérir. Le but* (cit. 11) *du médecin est de guérir. Médecin qui soigne* et *guérit par les simples** (Cf. Aromate, cit. 3). *Charlatan qui guérit par des talismans* (Cf. Consteller, cit. 4). *Un cataplasme* (cit. 2) *soulage, mais ne guérit pas.*

5 « La science qui instruit et la médecine qui guérit sont fort bonnes sans doute ; mais la science qui trompe et la médecine qui tue sont mauvaises. Apprenons-nous donc à les distinguer. » ROUSS., **Émile**, I.

6 « Et questionné par un de ses malades sur je ne sais quel remède en vogue, un autre médecin célèbre, Bouvart, répondait : « Dépêchez-vous d'en prendre pendant qu'il guérit. »
STE-BEUVE, **Caus. du lundi**, 24 avril 1854, t. X, p. 94.

7 « ...il n'y a point de médecin sans la passion de soigner et de guérir. » DUHAM., **Invent. de l'abîme**, VII.

8 « Car il savait que, pour une période dont il n'apercevait pas le terme, son rôle n'était plus de guérir. Son rôle était de diagnostiquer. » CAMUS, **La peste**, p. 210.

— *Par ext.* *Guérir une maladie* (Cf. Attouchement, cit. 1 ; feinte, cit. 15). *Le quinquina guérit la fièvre* (cit. 2). V. **Couper, tomber** (faire). *Pilules propres à guérir tous les maux.* V. **Panacée, poudre** (de perlimpinpin). Cf. Fournir, cit. 3. *Emplâtre* (cit. 3) *qui guérit tous les maux. Guérir une crise* (cit. 2) *d'hystérie. Guérir une blessure* (cit. 1), *une foulure* (cit.). *Guérir une plaie.* V. **Cicatriser.** *Guérir les écrouelles* (cit. 2). *Guérir la fatigue.* V. **Apaiser** et Cf. Application, cit. 8.

9 « Où ils ne peuvent guérir la plaie, ils sont contents de l'endormir... » MONTAIGNE, **Essais**, II, XII.

10 « ...les talents des hommes sont comme les vertus des drogues, que la nature nous donne pour guérir nos maux, quoique son intention soit que nous n'en ayons pas besoin. Il y a des plantes qui nous empoisonnent, des animaux qui nous dévorent, des talents qui nous sont pernicieux. » ROUSS., **Julie**, Vᵉ part., Lettre II.

11 « Certaines paysannes, qui passent pour sorcières, guérissent radicalement la rage en Pologne, avec des sucs d'herbe. »
BALZ., **L'Initié**, Œuvr., t. VII, p. 388.

12 « Le beau temps doit guérir, aussi, les maux qui font souffrir les bêtes. » GENEVOIX, **Rroû**, IV, IV.

‖ **2°** *Fig.* Délivrer* d'un mal moral. *Guérir quelqu'un de l'ennui* (Cf. Croix, cit. 18). *Il faut le guérir de cette obsession, de ce souci.* V. **Débarrasser, ôter.** *Le Dieu* (cit. 35) *qui guérit les âmes.*

13 « ...une charité qui songeait à gagner les cœurs, et à guérir des esprits malades. » BOSS., **Orais. fun. de Louis de Bourbon.**

14 « On prétend nous guérir de l'amour par la peinture de ses faiblesses... » ROUSS., **Contrat social**, Lettre à d'Alembert.

15 « ...quelques années d'expérience n'avaient pu me guérir encore radicalement de mes visions romanesques. » ID., **Confess.**, V.

« Qui nous guérira de la médecine, qui se prend pour une religion ? » SUARÈS, **Trois hommes**, Ibsen, VI (Cf. Drogue, cit. 4). 16

— *Guérir de la coquetterie* (cit. 4).

« Il y a plusieurs remèdes qui guérissent de l'amour, mais il n'y en a point d'infaillibles. » LA ROCHEF., **Maximes**, ·459. 17

— *Guérir de,* suivi d'un infinitif (*Vieilli*). V. **Consoler.**

« Un soupir, une larme à regret épandue
M'aurait déjà guéri de vous avoir perdue ; »
CORN., **Polyeucte**, II, 2. 18

— *Absolt.* (Cf. Anatomiste, cit.).

« Vous qui pleurez, venez à ce Dieu, car il pleure
Vous qui souffrez, venez à lui, car il guérit. »
HUGO, **Contempl.**, III, IV. 19

— *Par ext.* V. **Adoucir, apaiser, calmer, pallier, remédier** (à). *Guérir le mal* (Cf. Apparence, cit. 32). *Guérir les égarements de l'esprit* (Cf. Anneau, cit. 8). *Chagrin, ennui, peine que rien ne guérit* (Cf. Endormir, cit 7 ; engourdir, cit. 5 ; essayer, cit. 21). *La mort guérit tout* (Cf. Devise, cit. 3). *Guérir les effets de l'anarchie* (Cf. Baguette, cit. 7). *L'action* (cit. 3) *guérit la timidité.* V. **Corriger.**

« La pauvreté des biens est aisée à guérir ; la pauvreté de l'âme, impossible. » MONTAIGNE, **Essais**, III, X. 20

« Le temps guérit les douleurs et les querelles, parce qu'on change : on n'est plus la même personne ; ni l'offensant, ni l'offensé, ne sont plus eux-mêmes. » PASC., **Pensées**, II, 122. 21

« Quelle religion nous enseignera donc à guérir l'orgueil et la concupiscence ? » ID., **Ibid.**, VII, 430. 22

« Il est peu de plaies morales que la solitude ne guérisse. »
BALZ., **Mᵐᵉ de La Chanterie**, Œuvr., t. VII, p. 252. 23

« Si, au contraire... vous pouviez avoir la patience, je dirai même le bon sens. de laisser faire le médecin qui guérit toute chose, le Temps... » MUSS., **Bettine**, 17. 24

« ...un homme, quel qu'il soit, c'est toujours un malade. Celui qui souffre dans son corps ne l'est que deux fois. Mais la maladie originelle, et mortelle dès l'origine, qui la guérit ? » SUARÈS, **Trois hommes**, Pascal, III. 25

II. *V. intr.* ‖ **1°** Recouvrer* la santé. V. **Convalescence** (être en), **mieux** (aller) ; **échapper, réchapper** (d'une maladie) ; **remettre** (se), **renaître, ressusciter, rétablir** (se), **revenir** (en), **sortir** (de maladie). *Oiseau qui guérit de ses blessures* (Cf. Coup, cit. 18). *Espérons* (cit. 25) *qu'elle guérira. Malade condamné*, qui ne guérira pas.* V. **Incurable.** — Cf. *infra*, SE GUÉRIR.

« ...le seul moyen de guérir, c'est de se considérer comme guéri. »
FLAUB., **Corresp.**, 629, 18 déc. 1859, t. IV, p. 358. 26

« ...parfois. de brefs accès de toux la soulageaient, mais ils l'effrayaient plus encore, comme le signe d'une maladie abhorrée et elle mettait tous ses soins à les empêcher de se produire, s'imaginant qu'elle guérirait ainsi. » GREEN, **A. Mesurat**, III, I. 27

— *Par ext.* *Plaie qui guérit vite.* V. **Cicatriser** (se), **fermer** (se). *Rhume mal soigné, blessure négligée qui ne guérit pas.*

« Est-ce que ma lèpre guérira ? Non pas, autant qu'il y aura une parcelle de chair mortelle à dévorer. Est-ce que l'amour en mon cœur guérira ? Jamais, tant qu'il y aura une âme immortelle à lui fournir aliment. » CLAUDEL, **Annonce faite à Marie**, III, 3. 28

‖ **2°** *Fig.* (Cf. Accorder, cit. 20 ; cicatrice, cit. 9 ; consoler, cit. 14 ; faiblesse, cit. 27).

« ...il semble... qu'il (*Dieu*) leur ait réservé ce dernier et infaillible moyen de guérir des femmes. » LA BRUY., III, 6. 29

« Je sais ce qu'il en coûte, et qu'il est des blessures
Dont un cœur généreux peut rarement guérir ; »
VOLT., **Tancrède**, V, 3. 30

« Je sais un moyen de guérir
De cette passion malsaine » BAUDEL., **Amœnitates Belgicæ**, VI. 31

« Pour guérir de tout, de la misère, de la maladie et de la mélancolie, il ne manque absolument que le *goût du travail.* »
ID., **Journ. int.**, Mon cœur mis à nu, XC. 32

« L'important, disait l'abbé Galiani à Mᵐᵉ d'Épinay, n'est pas de guérir, mais de vivre avec ses maux. Kierkegaard veut guérir. Guérir, c'est son vœu forcené, celui qui court dans tout son journal. »
CAMUS, **Mythe de Sisyphe**, p. 58. 33

— *Par ext.* *Souffrance qui ne guérit pas* (Cf. Fermer, cit. 29). *Amour qui guérit dans un cœur.*

« La blessure guérit, mais la marque reste ; »
ROUSS., **Nouv. Héloïse**, VIᵉ part., Lettre VII. 34

‖ SE GUÉRIR. Recouvrer la santé, se délivrer d'une maladie, d'un mal physique (Cf. *supra*, II, 1°). *Il se guérira peu à peu* (ACAD.). V. **Tirer** (s'en). *Il se guérirait sans doute, s'il avait son frère auprès de lui* (Cf. Empirer, cit. 5). *Elle s'est guérie assez vite de sa pleurésie.*

« Nous guérissons infailliblement tous ceux qui se guérissent d'eux-mêmes, » VOLT., **Dict. philos.**, Maladie. 35

— Se procurer la guérison à soi-même. *Il s'est guéri par sa persévérance à suivre le régime qui lui avait été recommandé* (LITTRÉ).

« Sans doute que vous m'appliquerez ce proverbe : Médecin, guérissez-vous vous-même. » BIBLE (SACY), **Év. St Luc**, IV, 23. 36

— *Par ext.* *Sa blessure ne se guérit guère* (ACAD.). *Sa plaie s'est vite guérie. Ce genre de maladie ne se guérit guère* (Cf. Astrologie, cit. 2). V. **Inguérissable.**

37 « Toutes les maladies se guérissent, et le vice est aussi une maladie. »
MUSS., **Lorenzaccio**, III, 3.

— Fig. *Son cœur a trop souffert pour se guérir jamais* (ACAD.). — *Il ne s'est pas encore guéri de ses préjugés.* V. **Débarrasser** (se) ; **délivrer** (se) ; **perdre**. *Il finira par se guérir de cette mauvaise habitude, de cette manie.* V. **Corriger** (se). *Il ne peut se guérir de sa folie* (Cf. Accabler, cit. 17).

38 « Ou l'amour est un bien, ou c'est un mal ; si c'est un bien, il faut croire en lui ; si c'est un mal, il faut s'en guérir. »
MUSS., **Confess. d'un enf. du siècle**, V, V.

39 « Vous tombez peu à peu dans une mélancolie dont vous ne parviendrez peut-être jamais à vous guérir si vous ne réagissez pas maintenant. »
GREEN, A. **Mesurat**, III, VI.

‖ GUÉRI, IE. *p. p.* et adj. *Il a été très malade, mais le voilà enfin guéri.* V. **Pied** (sur). *Un aveugle* (cit. 34) *guéri.* — Fig. *Être entièrement guéri d'une passion* (Cf. Agiter, cit. 24). — Fam. *Être guéri de tous les maux, du mal de dents, être mort. En être guéri de...* suivi d'un infinitif. V. **Revenu** (en être). *J'en suis guéri de dépenser pour de pareilles bêtises !*

40 « ... je ne vois nulle race de gens si tôt malade et si tard guérie que celle qui est sous la juridiction de la médecine. »
MONTAIGNE, **Essais**, II, XXXVII.

41 « En amour, celui qui est guéri le premier est toujours le mieux guéri. »
LA ROCHEF., **Maximes**, 417.

42 « Ceux qui ont eu de grandes passions se trouvent, toute leur vie, heureux et malheureux d'en être guéris. »
ID., **Ibid.**, 485.

43 « Je n'ai plus de fièvre, puisque je suis guérie ; »
HUGO, **Misér.**, I, VIII, II.

44 « Il y a pis. Il y a le moment où vous ne souffrirez presque plus. Oui ! Presque guérie, c'est alors que vous serez « l'âme en peine », celle qui erre, qui cherche elle ne sait quoi... »
COLETTE, **Vrilles de la vigne**, La guérison.

45 « À tout jamais je suis guérie des bêtes ! je n'en veux plus, vous m'entendez ? »
GENEVOIX, **Rroû**, IV, XI.

ANT. — **Aggraver, contaminer, détraquer** ; **attraper** (une maladie), **tomber** (malade)

DER. — Guérison. — Guérisseur, euse. — Guérissable. *adj.* (XIVe s.). V. **Curable**. *Blessé guérissable. Mal guérissable.* (ANT. — **Incurable, inguérissable**). — COMP. — **Inguérissable**.

GUÉRISON. *n. f.* (XIIe s. ; de *guérir*). Action de guérir*. *Un malade espère toujours sa guérison.* V. **Rétablissement** (Cf. Appât, cit. 8 ; bon, cit. 19). *La guérison du malade compte* (cit. 41) *seule pour le médecin. Il doit sa guérison à une cure* de soleil. Convalescent* en voie* de guérison, qui touche à sa guérison. Chances de guérison* (Cf. Équiper, cit. 7). Symptômes de guérison* (Cf. Cellule, cit. 2). Je vous souhaite une prompte et entière guérison. Guérison complète, radicale. Guérison miraculeuse d'un démoniaque* (cit. 3). Prier, faire brûler des cierges* (cit. 2) pour une guérison. — Guérison inespérée.* V. **Résurrection**. *Obtenir une guérison* (Cf. Dévouement, cit. 1 LA·FONT.). — *Guérison d'une blessure* (V. **Cicatrisation**), *d'une douleur* (V. **Cessation**).

1 « Que je vous suis obligé... de cette guérison merveilleuse ! »
MOL., **Méd. m. l.**, III, 6.

2 « Les médecins sont cruels et ont ôté au public des gens admirables et désintéressés, qui faisaient en vérité des guérisons prodigieuses. »
SÉV., **754**, 22 nov. 1679.

3 « La vertu des plantes, selon cet homme, est infinie, et les guérisons des plus affreuses maladies sont possibles. »
BALZ., **L'Initié**, Œuvr., t. VII, p. 388.

4 « L'*Introduction* des *Suspiria* nous apprend qu'il y a eu pour le mangeur d'opium, malgré tout l'héroïsme développé dans sa patiente guérison, une seconde et une troisième rechute. »
BAUDEL., **Parad. artif.**, Mangeur d'opium, VI.

5 « On était persuadé que, pour opérer des guérisons de cette sorte, il fallait un nombre énorme de quartiers de noblesse, et que lui seul les avait. »
RENAN, **Souv. d'enfance...**, I, III.

6 « Celui qui meurt pour le progrès des connaissances ou la guérison des maladies, celui-là sert la vie, en même temps qu'il meurt. »
ST-EXUP., **Terre des hommes**, p. 208.

7 « De temps en temps seulement, la maladie se raidissait et, dans une sorte d'aveugle sursaut, emportait trois ou quatre malades dont on espérait la guérison. »
CAMUS, **La peste**, p. 290.

— Fig. *Guérison d'un pécheur* (Cf. Conversion, cit. 6). *Guérison d'un défaut, d'un vice. Guérison d'une passion. Guérison d'un chagrin.* V. **Apaisement**.

8 « Il y a des rechutes dans les maladies de l'âme, comme dans celles du corps ; ce que nous prenons pour notre guérison n'est, le plus souvent, qu'un relâche, ou un changement de mal. »
LA ROCHEF., **Maximes**, 193.

9 « ... les petites incommodités que vous ressentez à présent, et qui peut-être exigent quelques remèdes, ne sont pourtant rien en comparaison de la maladie effrayante (*l'amour*) dont voilà le guérison assurée. »
LACLOS, **Liais. dang.**, Lettre CXXVI.

10 « Alors il faut attendre... Attendre la guérison, la fin de l'amour... la guérison, mon amie, la vraie guérison. Cela vient... mystérieusement. On ne la sent pas tout de suite. »
COLETTE, **Vrilles de la vigne**, La guérison.

ANT. — **Aggravation, blessure, contagion.**

GUÉRISSEUR, EUSE. *n.* (*Gariseor* au XVe s. au sens de « garant » ; XVIIe s., adj. *médecin guérisseur* ; XVIIIe s., sens mod.). Celui, celle qui guérit*.

« Les Anglais, qui exaltent la mer par une forme de leur nationalisme, la considèrent comme une grande guérisseuse et ne connaissent pas de meilleur remède qu'une longue traversée. »
J. de LACRETELLE, **Le demi-dieu**, I.   1

— *Spécialt.* Celui, celle qui fait profession de guérir sans avoir la qualité officielle de médecin. V. **Empirique, rebouteur, rebouteux** (pop.). *Guérisseur habile. Guérisseur qui se prétend doué d'un fluide* efficace.* V. **Charlatan**. *Consulter un guérisseur. Avoir foi aux guérisseurs. Procès intenté par l'ordre des médecins contre un guérisseur.*

« ...nous sommes des praticiens, des guérisseurs, et nous n'imaginerions pas d'opérer quelqu'un qui se porte à merveille ! »
FLAUB., **Mme Bovary**, II, XI.   2

« Il ne savait qu'aimer, se faire aimer, dispenser et provoquer l'amour : fonction immense, mais indéfinie, et maintes fois sans doute importune aux guérisseurs de profession qui traitaient les blessés, les malades plus précisément : besogne indiscrète, mais plus salutaire que les pansements et les drogues. »
A. HERMANT, **Aube ardente**, IX.   3

GUÉRITE. *n. f.* (*Garite* au XIIIe s. ; adapt. probable du prov. *garida*).

‖ 1° *Vx.* Refuge. *Enfiler, gagner la guérite* : s'enfuir pour se mettre en lieu sûr.

‖ 2° *Vieilli.* Siège à capote, généralement en osier.

‖ 3° *Milit.* Abri* de bois ou de pierre, où une sentinelle se met à couvert. V. **Guitoune** (pop.). Cf. Écrouler, cit. 8 ; fois, cit. 21. *Factionnaire qui monte la garde* dans sa guérite. Guérite de douanier* (Cf. Éveiller, cit. 36). *Ancienne guérite de guetteur.* V. **Échauguette, échiffe, poivrière**.

« Il guetta le moment où l'une des sentinelles serait aux deux tiers de sa faction et retirée dans sa guérite, à cause du brouillard. »
BALZ., **Muse du départ.**, Œuvr., t. IV, p. 104.   1

« Un premier rempart crénelé, d'au moins trente pieds de haut, avec des bastions, des mâchicoulis, des guérites de pierre... »
LOTI, **L'Inde (sans les Anglais)**, V, III.   2

— *Par anal.* Logette de bois aménagée pour abriter un travailleur isolé, faire office de bureau sur un chantier, etc... *Guérite d'aiguilleur.*

« Un soir le chef de chantier débaucha les derniers venus, car il n'y avait plus de travail. Ernst passa à son tour devant la petite guérite percée d'un guichet qui servait de bureau et de caisse. »
MAC ORLAN, **Quai des brumes**, VIII.   3

GUERRE. *n. f.* (XIIe s. ; du francique *werra*, a éliminé le lat. *bellum*).

‖ 1° Lutte armée entre groupes sociaux et *spécialt.* entre États. — *La guerre, considérée comme un phénomène social* (Cf. Concurrence, cit. 3). *Le concept de guerre. La guerre est éternelle* (cit. 21). Cf. Être, cit. 19 ; fatalité, cit. 2. *La guerre, acceptation* (cit. 4) *de la mort. La guerre est un fléau*, un cataclysme, une calamité* (Cf. Affliger, cit. 4). *La cruauté, la brutalité de la guerre* (Cf. Abstraction, cit. 9 ; barbarement, cit. 3 ; écharper, cit. 1). *Divers aspects, diverses images de la guerre* (Cf. Artillerie, cit. 3). *La crainte, la peur, la haine de la guerre* (Cf. Abstention, cit. 1 ; ancrer, cit. 8). *Vouloir délivrer l'humanité de la guerre. Tenter une justification de la guerre* (Cf. Agoniser, cit. 1). *Aimer la guerre, être affamé* (cit. 8) *de guerre et de sang. Mystique de la guerre* (Cf. Éteindre, cit. 19). — *De la guerre*, ouvrage de Clausewitz.

« ...de nombreuses définitions de la guerre ont été proposées. Insistant sur son aspect juridique, M. Quincy Wright pense que « la guerre est la condition légale qui permet à deux ou plusieurs groupes hostiles de mener un conflit par forces armées ». Considérant ses intentions, Clausewitz dit que « la guerre est un acte de violence dont le but est de forcer l'adversaire à exécuter notre volonté »... Quoi qu'il en soit, disons, pour nous résumer, que la guerre est une forme de violence qui a pour caractéristique essentielle d'être méthodique et organisée quant aux groupes qui la font et aux manières dont ils la mènent. En outre, elle est limitée dans le temps et l'espace et soumise à des règles juridiques particulières, extrêmement variables... Sa dernière caractéristique est d'être sanglante, car lorsqu'elle ne comporte pas de destructions de vies humaines, elle n'est qu'un conflit ou un échange de menaces. La « guerre froide » n'est pas la guerre. »
G. BOUTHOUL, **La Guerre**, pp. 32-33 (éd. P.U.F.).   1

« Par la cruelle guerre on renverse les villes,
On déprave les lois divines et civiles,
On brûle les autels et les temples de Dieu ;
L'équité ne fleurit, la justice n'a lieu,
Les maisons de leurs biens demeurent dépouillées,
Les vieillards sont occis, les filles violées,
Le pauvre laboureur du sien est dévêtu,
Et d'un vice exécrable on fait une vertu. »
RONSARD, **Sec. liv. des poèmes**, Exhort. p. la paix.   2

« La guerre est une chose si horrible, que je m'étonne comment le seul nom n'en donne pas de l'horreur... »
BOSS., **Pens. chrét. et morales**, XXXVI.   3

« La guerre est un mal qui déshonore le genre humain... »
FÉN., **Dial. des morts**, Socrate et Alcibiade.   4

« Le nombre infini de maladies qui nous tuent est assez grand ; et notre vie est assez courte pour qu'on puisse se passer du fléau de la guerre. »
VOLT., **Lettre à Mme du Deffand**, 4179, 27 févr. 1775.   5

6 « La guerre est donc divine en elle-même, puisque c'est une loi du monde. La guerre est divine par ses conséquences d'un ordre surnaturel tant générales que particulières... La guerre est divine dans la gloire mystérieuse qui l'environne, et dans l'attrait non moins inexplicable qui nous y porte... La guerre est divine par la manière dont elle se déclare... La guerre est divine dans ses résultats qui échappent absolument aux spéculations de la raison humaine... La guerre est divine par l'indéfinissable force qui en détermine les succès. »
J. de MAISTRE, Soirées de St-Pétersbourg, II, VIIᵉ entret.

7 « ... il n'est point vrai que, même contre l'étranger, la guerre soit *divine ; il n'est point vrai que la terre soit avide de sang.* La guerre est maudite de Dieu et des hommes mêmes qui la font et qui ont d'elle une secrète horreur, et la terre ne crie au ciel que pour lui demander l'eau fraîche de ses fleuves et la rosée pure de ses nuées. »
VIGNY, Serv. et grand. milit., II, I.

8 « ... est-il beaucoup plus humain de massacrer une famille de paysans allemands que vous ne connaissez pas, qui n'a eu avec vous de discussion d'aucune nature, que vous volez, que vous tuez sans remords, dont vous déshonorez en sûreté de conscience les femmes et les filles, parce que *c'est la guerre ?* »
CHATEAUB., M. O.-T., t. V, p. 254.

9 « ... la guerre, la guerre civilisée, épuise et totalise toutes les formes du banditisme, depuis le brigandage des trabucaires aux gorges du mont Jaxa jusqu'à la maraude des Indiens Comanches dans la Passe-Douteuse. »
HUGO, Misér., III, IV, IV.

10 « Mais la guerre éternelle a placé son empire destructeur sur les campagnes et moissonne avec joie des victimes nombreuses. »
LAUTRÉAMONT, Chants de Maldoror, I, p. 52.

11 « Si affreuses que puissent devenir les misères de la guerre, au moins elles peuvent être compensées. Il y a l'honneur de la guerre. Et il y a la grandeur de la guerre. »
PÉGUY, La République..., p. 328.

12 « ... ces hommes qui avaient été tenaillés par la fatigue, fouettés par la pluie, bouleversés par toute une nuit de tonnerre, ces rescapés des volcans et de l'inondation entrevoyaient à quel point la guerre, aussi hideuse au moral qu'au physique, non seulement viole le bon sens, avilit les grandes idées, commande tous les crimes — mais ils se rappelaient combien elle avait développé en eux et autour d'eux tous les mauvais instincts sans en excepter un seul : la méchanceté jusqu'au sadisme, l'égoïsme jusqu'à la férocité, le besoin de jouir jusqu'à la folie. »
BARBUSSE, Le feu, XXIV.

13 « — Ce serait un crime de montrer les beaux côtés de la guerre... même s'il y en avait ! »
ID., Ibid., XXIV.

14 « Qui veut la guerre veut par cela même des massacres inutiles, des exécutions pour l'exemple, et des otages fusillés. »
ALAIN, Propos, Persuasion, 3 déc. 1921.

15 « La guerre possède à un degré éminent le caractère essentiel du sacré ; elle paraît interdire qu'on la considère avec objectivité. Elle paralyse l'esprit d'examen. Elle est redoutable et impressionnante. On la maudit et on l'exalte. »
R. CAILLOIS, Quatre essais de sociol. contemp., p. 77.

16 « La guerre n'est pas une maladie... C'est un mal insupportable parce qu'il vient aux hommes par les hommes. »
SARTRE. Le sursis, p. 205.

— *L'épée*, le glaive*, symboles de la guerre. Personnification de la guerre. Temple de la Guerre. Mars, dieu de la guerre.*

17 « Bientôt ils défendront...
De figurer aux yeux la Guerre au front d'airain. »
BOIL., Art poét., III.

— *Spécialt.* Dr. intern. pub. *Législation internationale sur l'interdiction, la prévention directe (V.* **Charte, garantie, pacte**) *ou indirecte (V.* **Désarmement**) *de la guerre. Droit préventif de la guerre (jus ad bellum). V.* **Arbitrage, médiation, sanction.** *Droit de guerre ; droit de faire la guerre pour se défendre (Cf. Désarmement, cit. 2 ; état, cit. 143). — Droit de la guerre, les lois de la guerre (jus in bello). Cf. Esclavage, cit. 3. Violation des lois de la guerre : crime de guerre. Procès des criminels de guerre. Le droit de la guerre a été codifié par les conventions de La Haye (1899 ; 1907). « Lois et Coutumes de la Guerre », titre de la quatrième convention de La Haye (1907), réglant les questions concernant la qualité de belligérant ; les moyens licites de lutte ; l'attitude envers les ennemis blessés, prisonniers ; l'occupation* du territoire ennemi. — Commencement de la guerre. « La guerre ne commence régulièrement que par un avertissement préalable non équivoque » (DELBEZ). Déclaration de guerre émanant de l'organe désigné par la Constitution. Déclarer la guerre (Cf. Affronter, cit. 6 ; embargo, cit. 1). Attaquer sans déclaration de guerre (Cf. Algarade, cit. 1). Déclaration de la guerre (Cf. Faute, cit. 41). Le droit de faire la paix et la guerre (Cf. Attribuer, cit. 3). Déclaration de guerre conditionnelle. V.* **Ultimatum.** *État de guerre. V.* **Belligérance.** *Pays qui s'abstient de participer à la guerre. V.* **Neutralité, neutre.** *Conventions entre pays qui font la guerre. V.* **Alliance, allié, coalition...** *— Fin de la guerre, par un accord, une convention*, un traité* de paix. L'armistice* ne fait pas cesser l'état de guerre.*

18 « La guerre ne peut être déclarée sans un vote de l'Assemblée nationale et l'avis préalable du Conseil de la République. »
CONSTIT. du 27 oct. 1946.

— *En guerre :* en état de guerre. *Nations en guerre (Cf. Arpent, cit. 2). Ceux contre qui on est en guerre. V.* **Ennemi, i.** *— Entrer en guerre. Entrée (cit. 7) en guerre, dans la guerre. — Faits de guerre (Cf. Bataille, cit. 6) ; opérations de guerre. V.* **Bataille, campagne, combat, expédition ; approche, assaut, attaque, attaquer, bombardement, bombarder, capturer, cerner, charge, charger,**

chasse (donner la), **cheminement, contre-attaque, contre-attaquer, débarquement, débarquer, débusquer, défendre, défense, défensive, déloger, engagement, envahir, entourer, envelopper, extermination, exterminer, harceler, investir, observation, observer, offensive, poursuivre, progression, retraite, siège...** *Exploit de guerre. Ruse de guerre. V.* **Embuscade, piège** ; *fig. V.* **Artifice, ruse** *(on disait aussi Tour de vieille guerre). Contrebande* de guerre (Cf. Agio, cit.). Danse de guerre (Cf. Corybante, cit.). Cri* (cit. 18) de guerre ; chant de guerre. — Nom de guerre, que prenaient les soldats en s'enrôlant. Fig. V.* **Pseudonyme, surnom.** *Le nom de guerre d'un écrivain, d'une actrice... — Correspondance de guerre, lettres de guerre (Cf. Ascèse, cit. 5). Spécialt. Correspondant* de guerre d'un journal. Bulletin, communiqué de guerre. — Homme de guerre (Cf. Brûleur, cit. 1) ; gens de guerre (Cf. Aboucher, cit. 2) : soldats de métier. V.* **Guerrier, soldat.** *Blessé, mutilé* de guerre ; prisonnier* de guerre. Foudre* (cit. 18, 19) de guerre, de la guerre (vx) Cf. Arbitre, cit. 10. — Croix* de guerre. — Provisions, munitions de guerre (Cf. Amasser, cit. 13 ; arsenal, cit. 2). Instrument de guerre (Cf. Armée, cit. 9). Matériel* de guerre. V.* **Arme, armement, artillerie, aviation,** *etc. (Cf. Capitaine, cit. 8). Choses nécessaires à la guerre (Cf. État, cit. 40). Arme de guerre ; fusil de guerre (par oppos. à Fusil de chasse). Fabrication des armes de guerre* (V.* **Arsenal**). *Fourche de guerre, au moyen âge. Armure* de guerre (par oppos. à Armure de tournoi...). Cheval de guerre. V.* **Palefroi.** *Machines* de guerre. V.* **Baliste, bélier, bombarde, catapulte, chausse-trape, onagre.** *— Place de guerre. V.* **Fortification*** ; **avant-poste, .poste** *(avancé)... — Bateau, navire* de guerre (Cf. Battre, cit. 43). Marine* de guerre ; flotte* (cit. 2) de guerre. Port de guerre. Aviation de guerre. — Usine, industrie, production de guerre. Reconversion d'une économie de guerre en économie de paix. Trésor de guerre. Budget de guerre. Indemnités de guerre, payées par le pays vaincu (Cf. Boucher, cit. 3). Dommages de guerre. V.* **Dommage** *(supra cit. 6).*

— *L'art*, le métier, la science de la guerre. V.* **Stratégie, tactique** *(Cf. Discipline, cit. 2). L'apprentissage, l'école (cit. 14) de la guerre. Les exercices de la guerre (Cf. Baigner, cit. 22).*

19 « L'art de la guerre est l'art de détruire les hommes, comme la politique est celui de les tromper. »
D'ALEMBERT, Mélanges de littérature.

20 « Qu'est-ce que la guerre ? disait-il (*Napoléon*) ; un métier de barbares où tout l'art consiste à être le plus fort sur un point donné. »
CHATEAUB., M. O.-T., t. III, p. 205.

— *Absolt. et vieilli. Le métier des armes. Apprendre, savoir la guerre (Cf. Aventurier, cit. 6 FÉNELON).*

21 « Celui-ci (*Barclay*) manœuvrera, il est brave, il sait la guerre ; mais c'est un général de retraite. »
SÉGUR, Hist. de Napoléon. IV, 5.

— *Par ext. Les questions militaires* ; l'organisation des armées (en temps de paix, comme en temps de guerre). Conseil* de guerre. Ministère de la Guerre, et absolt. la Guerre. V.* **Défense*** *(nationale).*

22 « Tu comprends, fiston, Lebrun passe des colonies à la guerre. »
ARAGON, Beaux quartiers, II, VII.

— *La guerre, une guerre, considérée comme un phénomène historique, localisé dans l'espace et dans le temps. V.* **Conflagration, conflit, hostilité, lutte** *(armée). Cf. Cataclysme, cit. 2 ; courage, cit. 9 ; émigration, cit. 1 Il n'y a avoir la guerre ; il n'y aura pas de guerre (Cf. Alerte, cit. 4). La guerre nous sera-t-elle épargnée ? (cit. 15). La guerre peut encore s'éviter (cit. 50) ; la guerre est inévitable (Cf. Entêter, cit. 10). Alternative (cit. 5) entre le commerce et la guerre. La guerre et la paix, roman de Tolstoï. En cas de guerre (Cf. Ajourner, cit. 3). Menaces, bruits, rumeurs de guerre (Cf. Énerver, cit. 10 ; entraînement, cit. 1). Causes lointaines, profondes, d'une guerre. Occasion, prétexte de guerre. V.* **Casus belli.** *Accepter, envisager (cit. 13) l'éventualité de la guerre (Cf. Axiome, cit. 6). Projets de guerre (Cf. Assentiment, cit. 1) ; plan de guerre (Cf. Attentif, cit. 13). Politique de guerre (Cf. Course aux armements). Esprit, vent de guerre (Cf. Discorde, cit. 2). Se préparer à la guerre (Cf. Bon, cit. 48) ; mener un pays, un peuple à la guerre (Cf. Foi, cit. 16). Être l'artisan (cit. 13) de la guerre. Fauteur* de guerre. Pays sur le pied* de guerre. Porter la guerre dans un pays (Cf. Couvrir, cit. 49). Attiser, envenimer la guerre (Cf. Arrondir, cit. 8). Faire durer, éterniser (cit. 8) une guerre. — La guerre éclate (cit. 18). V. Empêtrer, cit. 15. Pays, peuple assailli, surpris par la guerre (Cf. Fléau, cit. 5). Pays ruiné par la guerre. Les destructions (Cf. Casse, cit. 2), les deuils, les malheurs causés par la guerre (Cf. Endolorir, cit. 3 ; envie, cit. 14). Guerre meurtrière, sanglante... (Cf. Éteindre, cit. 23). Les horreurs, les désastres d'une guerre. Vie bouleversée, troublée par la guerre (Cf. Anormal, cit. 3). Essor arrêté par la guerre (Cf. Enrichir, cit. 13). L'enjeu (cit. 2), les conséquences d'une guerre (Cf. Avilissement, cit. 11 ; bouleverser, cit. 5 ; épuisement, cit. 6). État fondé sur la guerre, la conquête (Cf. Empiéter, cit. 2). Pays, gens que la guerre enrichit (cit. 1). Profiter de la guerre (Cf. Étrangler, cit. 19).*

Profiteur* de guerre. Prise de guerre. V. **Butin, capture.**
Le prix d'une guerre ; guerre qui coûte des milliards. Financer *une guerre. La guerre est une industrie* (Cf. Apparaître, cit. 19). Allus. hist. *La guerre est l'industrie nationale de la Prusse* (phrase attribuée à MIRABEAU). *Le nerf de la guerre.* V. **Argent** (cit. 52 et 53). — *Issue d'une guerre ; gagner, perdre la guerre.* V. **Vaincre, victoire ; capitulation, défaite, écrasement** (Cf. Concorde, cit. 4). *Le succès de la guerre* (Cf. Combat, cit 4). *Attendre la fin de la guerre ; la guerre est finie* (Cf. Ennemi, cit. 19 ; flan, cit.). *Guerre qui s'arrête, recommence.* V. **Trêve** (Cf. Avec, cit. 83). — *L'enseignement, la leçon d'une guerre, de la guerre.*

23 « Plus que les charges qui ressemblent à des revues, plus que les batailles visibles déployées comme des oriflammes, plus même que les corps à corps où l'on se démène en criant, cette guerre, c'est la fatigue épouvantable; surnaturelle, et l'eau jusqu'au ventre, et la boue et l'ordure et l'infâme saleté. C'est les faces moisies et les chairs en loques et les cadavres qui ne ressemblent même plus à des cadavres, surnageant sur la terre vorace. C'est cela, cette monotonie infinie' de misères, interrompue par des drames aigus, c'est cela, et non pas la baïonnette qui étincelle comme de l'argent, ni le chant du coq du clairon au soleil ! »
BARBUSSE, **Le feu**, XXIV.

24 « La guerre... Je vois des ruines, de la boue, des files d'hommes fourbus, des bistrots où l'on se bat pour des litres de vin, des gendarmes aux aguets, des troncs d'arbres déchiquetés et des croix de bois, des croix, des croix... Tout cela défile, se mêle, se confond. La guerre... »
DORGELÈS, **Croix de bois**, V.

25 « Ceux-là, au lieu de tout mettre en œuvre pour éviter la guerre, ils ne pensent plus qu'à une chose ; accroître, à tout hasard, le plus vite possible, leurs chances de victoire... (Cf. Défendre, cit. 10)... »
MART. du G., **Thib.**, t. V, p. 184.

— LOC. PROV. *Si tu veux la paix, prépare la guerre,* adage latin (*Si vis pacem, para bellum*).

26 « Les préparatifs de guerre, que le plus faux des adages préconise pour faire triompher la volonté de paix, créent, au contraire, d'abord la croyance chez chacun des deux adversaires que l'autre veut la rupture, croyance qui amène la rupture et, quand elle a eu lieu, cette autre croyance chez chacun des deux que c'est l'autre qui l'a voulue. »
PROUST, **Rech. t. p.**, t. XII, p. 200.

— *Temps que dure une guerre. Années de guerre* (Cf. Abolir, cit. 9). *Durant, pendant la guerre. En temps de guerre* (Cf. Armée, cit. 13). *Avant, après la guerre.* V. **Avant-guerre** (Cf. L'entre-deux guerres, et *aussi* Caprice, cit. 8).

27 « ...il suffit de considérer ce qui se passe en temps de guerre. Le meurtre et le pillage, comme aussi la perfidie, la fraude et le mensonge ne deviennent pas seulement licites ; ils sont méritoires. »
BERGSON, **Deux sources morale et religion**, I, p. 26.

28 « Que ceux déjà qui m'en veulent se représentent ce que fut la guerre pour tant de très jeunes garçons : quatre ans de grandes vacances. »
RADIGUET, **Diable au corps**, p. 7 (N. B. Il s'agit de la guerre de 1914-1918).

— *Hommes recrutés, levés, mobilisés pour une guerre* (Cf. Chair* (cit. 15) à canon, et *aussi* Aiguiser, cit. 3). *La mobilisation* n'est pas la guerre. La femme* (cit. 106) *dans la guerre. Troupes assemblées pour faire la guerre.* V. **Armée.**

— *Absolt.* Action de se battre dans un conflit armé. V. **Bataille, combat, lutte ;** (*fam.*) **baroud, bagarre, boucherie** (cit. 2), **casse-gueule, casse-pipe.** *À la guerre* (Cf. Approcher, cit. 35). *Aller à la guerre, en guerre, partir pour la guerre, en guerre* (Cf. Avertir, cit. 21 ; chevalier, cit. 3). *Malbrough s'en va-t'en guerre,* chanson populaire. — *Substant. et pop. C'est un va-t'en guerre :* un belliciste. *Revenir de la guerre* (Cf. Barrer, cit. 7). *Faire la guerre.* V. **Battre** (se), **combattre, guerroyer.** *On voit qu'il a fait la guerre, qu'il a vu le feu. Les officiers qui ne font pas la guerre* (Cf. Embusqué, planqué ; camp, cit. 2). *Faire la guerre avec tel régiment, sous tel officier. Soldat, homme éprouvé, endurci dans la guerre, à la guerre.* V. **Aguerri, chevronné** (Cf. Alarmer, cit. 5). *Homme assuré* (cit. 68) *dans la guerre, à la guerre. Bravoure, courage, vaillance à la guerre. Périr, mourir, tomber à la guerre :* au champ d'honneur*. V. **Champ** (de bataille), **front ; combat...** (Cf. Finir, cit. 20). *Les chances* (cit. 5), *les hasards de la guerre, du combat. Les lauriers de la guerre* (Cf. Estimer, cit. 6). *Les honneurs* de la guerre* (Cf. Battre, cit. 46). « *La guerre a ses douceurs* » (LA FONT. ; Cf. Alarme, cit. 8). *Être heureux en guerre* (Cf. Entreprise, cit. 1). *En amour comme en guerre* (Cf. Avancer, cit. 20). *L'arène* (cit. 10) *de la guerre. Indiens sur le sentier de la guerre.*

29 « La guerre, ah ! bon sang ! c'est ça qui fait les hommes !... Lorsqu'on n'y est pas allé, on ne peut pas savoir. Il n'y a que ça, se foutre des coups... »
ZOLA, **La terre**, I, V.

30 « ...faire la guerre au loin est assurément une épreuve très pénible, mais... la supporter sur le territoire national, et cela trois fois en un siècle, face au plus savamment cruel des ennemis, c'est beaucoup plus qu'il n'en faut pour surmener un peuple édifié tour à tour dans le malheur et la gloire. »
DUHAM., **Pesée des âmes**, IX.

31 « La guerre, dès qu'on la fait à portée de fusil, calme les passions à ce point que je me crois capable, d'après les discours, de deviner si un homme a fait la guerre ou non. »
ALAIN, **Propos**, Le règne des sots, 12 avril 1921.

— REM. *Faire la guerre,* se dit des combattants, comme du chef de l'État qui combat ou de la nation elle-même.

— *Allus. hist. :*

« Ma formule est la même partout. Politique intérieure ? Je fais 32 la guerre. Politique étrangère ? Je fais la guerre. Je fais toujours la guerre. »
CLEMENCEAU, **Discours 8 mars 1918.**

— *Par ext.* V. **Campagne, expédition.** *Raconter ses guerres* (Cf. Engager, cit. 50). *Vieux soldat qui a fait de nombreuses guerres.* — En parlant d'une guerre, d'une campagne, d'une expédition précise. *La guerre des géants.* V. **Gigantomachie** (Cf. Assyrien, cit.). *La guerre de Troie* (Cf. Fleurir, cit. 13). *La guerre de Troie n'aura pas lieu,* pièce de Giraudoux. *Les guerres médiques, puniques. Les guerres des Romains* (Cf. Exercer, cit. 39). *Commentaires de la guerre des Gaules,* ouvrage de César. *La guerre de Trente ans, de Cent ans. La guerre des Deux-Roses. Les guerres saintes.* V. **Croisade.** *La guerre contre* (cit. 20) *l'Autriche, contre les Arabes* (Cf. Apprentissage, cit. 8), *les Saxons* (Cf. Exiger, cit. 2)... *La guerre d'Espagne* (Cf. Entonner, cit. 5). *Guerre russo-japonaise* (Cf. Camouflet, cit.). *La guerre de 70,* la guerre franco-allemande de 1870. *La première, la seconde guerre mondiale* (Cf. Asphyxiant, cit. ; camouflage, cit. 1). *La Grande Guerre, la guerre de 14* (la guerre de 1914-1918). *La dernière guerre* (Cf. pop. La der des der. V. **Dernier**, cit. 4). *La drôle de guerre :* nom donné à la période de guerre qui précéda l'invasion allemande (sept. 1939-mai 1940). — REM. Dans le langage courant on dit absolt. *La guerre* pour désigner la dernière grande guerre (celle de 1914-1918, puis celle de 1939-1945). *Depuis la guerre ; avant la guerre.* V. **Après-guerre ; avant-guerre.** *D'une guerre à l'autre.* V. **Entre** 2 (cit. 3 : entre-deux guerres).

« On a ri longtemps de ce mélodrame où l'auteur faisait dire à des 33 soldats de Bouvines : « Nous autres, chevaliers de la guerre de Cent ans ». C'est fort bien fait, mais il faut donc rire de nous-mêmes : nos jeunes gens s'intitulaient « génération de l'entre-deux guerres » quatre ans avant l'accord de Munich. »
SARTRE, **Situations II**, p. 42.

— *Les guerres des rois, des monarchies. Guerres de la République, de la liberté... Guerre nationale, populaire.*

« Nos ennemis font une guerre d'armée, vous faites une guerre de 34 peuple. »
Adresse de LA CONVENTION, 16 avril 1793.

— *Guerre juste* (Cf. Côté, cit. 35), *injuste. Guerre inexpiable. La sale guerre,* se dit en parlant d'une guerre qu'on veut flétrir. — *Allus. hist. : La guerre fraîche et joyeuse,* adaptation d'une phrase du Kronprinz : « Il faut revenir fraîchement et joyeusement à l'état d'esprit des ancêtres » (L'Allemagne en armes, 1913, in GUERLAC).

« Ainsi, la guerre, selon la formule, reste fraîche et joyeuse. Si, 35 par inadvertance, le souverain assistait réellement à toutes les saletés et à toutes les ignominies que procurent à l'humanité la gangrène, le gâtisme précoce et les grandes infections, il serait capable de sentir travailler son imagination et de s'en trouver incommodé. »
DUHAM., **Récits temps de guerre**, IV, XIII.

— *Guerre de défense* ; guerre de libération* (V. **Résistance**). *La guerre de la liberté* (Cf. Avant-garde, cit. 1). *Guerre d'agression*, de conquête, d'hégémonie* (Cf. Aller, cit. 49). *Guerre antinationale* (cit.). *Guerre de pacification. Guerre d'extermination. Guerre raciale* (V. **Génocide**). *Guerre coloniale ; petite guerre* (Cf. Abaissement, cit. 2). *Grandes guerres* (Cf. Cascade, cit. 7). *Guerre continentale, mondiale* (Cf. Exigence, cit. 5 ; exode, cit 4), *universelle* (Cf. Élévation, cit. 5), *planétaire :* guerre qui s'étend sur une partie importante de la planète. *Guerre ouverte ; guerre à mort, à outrance. Guerre totale* (Cf. Écrasement, cit. 3). *Guerre d'usure.* — *Guerre préventive*.*

« ...les guerres nationales, les batailles, les meurtres, les repré- 36 sailles, qui font frémir la nature et choquent la raison, et tous ces préjugés horribles qui placent au rang des vertus l'honneur de répandre le sang humain. »
ROUSS., **De l'inégal. parmi les hommes,** II.

« Heureux ceux qui sont morts dans une juste guerre ! 37 Heureux les épis mûrs et les blés moissonnés ! »
PÉGUY, **Œuvres,** Ève.

« Guerre d'usure totale. Usure de l'homme vivant, mais aussi de 38 tout ce qui s'attache à lui, de tout ce qui est chose d'homme, de tout ce qu'il a ramassé et créé. »
ROMAINS, **H. de b. vol.,** t. XV, p. 51.

« ...ces guerres généralisées qui semblent témoigner d'une activité 39 prodigieuse de l'homme, alors qu'elles dénoncent au contraire son apathie grandissante... Ils finiront par mener à la boucherie, à époques fixes, d'immenses troupeaux résignés. »
BERNANOS, **Journal d'un curé de campagne,** p. 162.

« La guerre totale implique en premier lieu que la multitude des 40 combattants tende à coïncider avec le chiffre même de la population mâle adulte disponible, en second lieu que la quantité du matériel employé corresponde au niveau le plus élevé que peut atteindre l'industrie de la nation belligérante développée au maximum. »
R. CAILLOIS, **Quatre essais de sociol. contemp.,** p. 104.

— *Guerre de positions* (Cf. Combativité, cit. 2), *de tranchées, de siège. Guerre de mouvement. Guerre éclair* (allem. Blitzkrieg), basée sur le principe d'une attaque foudroyante. *Guerre mécanisée* (V. **Blindé, char...**). *Guerre terrestre ; aérienne* (Cf. Avion, cit. 6). *Guerre sur mer, guerre sous-marine. Guerre de course.* V. **Corsaire, course** (*supra* cit. 13). *Bâtiment armé en guerre. Guerre chimique* (V. **Gaz** : gaz de guerre), *bactériologique. Guerre atomique. Guerre moderne, scientifique* (Cf. Culture, cit. 18).

41 « .. à côté des guerres accidentelles il en est d'essentielles pour lesquelles l'instinct guerrier semble avoir été fait. De ce nombre sont les guerres d'aujourd'hui. On cherche de moins en moins à conquérir pour conquérir. On ne se bat plus par amour-propre blessé, pour le prestige, pour la gloire. On se bat pour n'être pas affamé, dit-on, — en réalité pour se maintenir à un certain niveau de vie au-dessous duquel on croit qu'il ne vaudrait plus la peine de vivre. Plus de délégation à un nombre restreint de soldats chargés de représenter la nation. Plus rien qui ressemble à un duel. Il faut que tous se battent contre tous, comme firent les hordes des premiers temps. Seulement on se bat avec les armes forgées par notre civilisation, et les massacres sont d'une horreur que les anciens n'auraient même pas imaginée. Au train dont va la science, le jour approche où l'un des adversaires, possesseur d'un secret qu'il tenait en réserve, aura le moyen de supprimer l'autre. Il ne restera peut-être plus trace du vaincu sur la terre. »
BERGSON, **Deux sources morale et religion**, IV, p. 305.

— *Guerre de partisans, d'escarmouches, de harcèlement.* V. **Guérilla.** *Petite guerre :* guerre de harcèlement et *par ext.* simulacre de guerre. V. **Exercice, manœuvre.** *Enfants qui jouent à la petite guerre.* — *Guerre des Chouans. La guerre des Gueux.* V. **Jacquerie.** (Cf. Emeute, cit. 6).

42 « Cette petite guerre, qui harcelait sans répit les soldats de la garnison de Bou-Jeloud, créait une atmosphère irritante et débilitante. »
MAC ORLAN, **La Bandera**, X.

— *Guerre sainte :* guerre que mènent les fidèles d'une religion au nom de leur foi. *Guerre sainte menée par les chrétiens, au moyen âge* (V. **Croisade**). *Guerre sainte des musulmans.* — *Guerre religieuse* (Cf. Fanatiser, cit. 1). *Guerres de religion.* (Spécialt., en France) : les luttes armées entre catholiques et protestants, aux XVIe et XVIIe siècles.

— *Guerre civile* (cit. 1), *intestine :* lutte armée entre groupes de citoyens d'un même Etat. V. **Barricade**(s), **émeute, révolte, révolution** (Cf. Apprentissage, cit. 12 ; arminien, cit. ; ballotter, cit. 4 ; esquiver, cit. 7 ; flèche, cit. 5). *Guerre civile et étrangère* (Cf. Dedans, cit. 23). *Allumer* (cit. 3), *exciter la guerre civile* (Cf. Attentat, cit. 10 ; bon, cit. 119 ; feu, cit. 42). *Période de guerres civiles* (Cf. Attention, cit. 8). *La guerre civile des Chouans* (Cf. Embuscade, cit. 2), *de la Commune* (cit. 4).

43 « Les guerres civiles ont cela de pire que les autres guerres, de nous mettre chacun en échauguette en sa propre maison. »
MONTAIGNE, **Essais**, III, IX.

44 « Toutes les guerres sont civiles ; car c'est toujours l'homme contre l'homme qui répand son propre sang, qui déchire ses propres entrailles. »
FÉN., **Dial. des morts**, Socrate et Alcibiade.

45 « (*La France*) dit à ses gouvernants, à vous-mêmes : quand me débarrasserez-vous de ce haillon de guerre civile ? »
GAMBETTA, **Disc. à la Chambre**, 21 juin 1880.

46 « Toute guerre civile est une guerre d'idées où se mêlent des intérêts. »
BAINVILLE, **Hist. de France**, VI.

— Dr. féod. *Guerre privée :* action par laquelle un particulier assurait par la force la réparation d'un tort qui lui avait été causé (par oppos. à *Guerre publique*).

‖ 2º *Par ext.* Hostilité, lutte entre groupes sociaux, Etats, n'allant pas jusqu'au conflit armé et sanglant et que l'on oppose souvent à la *Guerre politique, militaire. Guerre économique, guerre douanière, guerre des tarifs, des débouchés.* — *Guerre de propagande, guerre des ondes, guerre idéologique* (Cf. Expansionnisme, cit.). *Guerre des cultures* (cit. 19). *Guerre des nerfs,* visant à briser la résistance morale de l'adversaire. *Guerre psychologique.* — *Guerre larvée. Guerre froide* (néol.) : état de tension*, d'hostilités entre Etats.

47 « La guerre froide est une guerre limitée, limitation qui porte non sur les enjeux, mais sur les moyens employés par les belligérants... La guerre froide apparaît, dans la perspective militaire, comme une course aux bases, aux alliés, aux matières premières et au prestige. »
R. ARON, **Guerres en chaîne**, pp. 209-212.

‖ 3º *Fig.* Toute espèce de combat*, de lutte*. *Guerre littéraire, poétique* (Cf. Acharner, cit. 10). *Guerre de plume :* querelle d'écrivains, dispute qui se poursuit par des écrits. *Journal qui fait la guerre au gouvernement* (Cf. Escarmouche, cit. 3).

48 « Je m'intéresse plus à la guerre des Russes contre les Ottomans qu'à la guerre de plume du parlement. »
VOLT., **Lettre à Mme du Deffand**, 3731, 6 janv. 1771.

— *Vivre en guerre, en état de guerre, sur le pied de guerre avec tout le monde.* V. **Hostilité, inimitié ; dispute, querelle...** (Cf. Armer, cit. 20). *Faire la guerre.* (Cf. Blancbec, cit. 1). *Etat de guerre, de guerre ouverte, déclarée entre deux personnes.* (Cf. Ferrailler, cit. 2). *Déclarer la guerre* (Cf. Client, cit. 6 ; exercer, cit. 11). — *En parlant d'animaux* (Cf. Allumer, cit. 18 LA FONT.).

49 « De là vient le discord sous lequel nous vivons,
De là vient que le fils fait la guerre à son père,
La femme à son mari, et le frère à son frère, »
RONSARD, **Disc. et mis. de ce temps**, Remontr. au peuple de France.

50 « Nous pouvons conclure de là
Qu'il faut faire aux méchants guerre continuelle. »
· LA FONT., **Fabl.**, III, 13.

— *Faire la guerre à quelqu'un sur quelque chose, à propos de quelque chose... :* combattre, réprimer* cette chose en lui (V. **Corriger, quereller, réprimander**).

51 « ... ne lui faites point la guerre trop ouvertement sur tout ceci... »
SÉV., **848**, 1er sept. 1680.

— *Faire la guerre à une chose :* la combattre, chercher à la détruire. *Faire la guerre aux abus, aux injustices...* Elliptiqt. *Guerre à l'injustice, aux despotes ! Guerre à la guerre !*

52 « Guerre à la rhétorique et paix à la syntaxe ! »
HUGO, **Contempl.**, I. VII.

— *Les animaux se font mutuellement la guerre* (Cf. An, cit. 1 ; avec, cit. 49). — *Faire la guerre aux lapins...* V. **Chasser** (Cf. Air, cit. 20).

53 « Tous les animaux sont perpétuellement en guerre ; chaque espèce est née pour en dévorer une autre... Les mâles de la même espèce se font la guerre pour des femelles, comme Ménélas et Pâris... »
VOLT., **Dict. philos.**, Guerre.

— *Guerre entre la raison et les passions, la conscience et l'intérêt, le devoir et le plaisir... L'homme doit faire la guerre à ses passions.* V. **Gouverner, maîtriser, refréner.**

54 « ...il ne peut être sans guerre, ne pouvant avoir paix avec l'un qu'ayant guerre avec l'autre... »
PASC. (Cf. Diviser, cit. 11).

— Loc. *De guerre lasse :* en renonçant à résister, à combattre... (Cf. Accommoder, cit. 19). *Céder, accepter de guerre lasse. De guerre lasse, il dut y renoncer.* — REM. Dans cette locution, l'adjectif reste au féminin. Selon LITTRÉ, cette tournure « représente une figure hardie où la lassitude est transposée de la personne à la guerre : *de guerre lasse,* la guerre étant lasse, c'est-à-dire les gens qui font la guerre étant las de la faire ». Selon GREVISSE « il semble préférable de voir là un faux accord, qui s'explique par le fait qu'anciennement l's de *las* était prononcé à la pause ».

55 « Enfin, de guerre lasse, à sept heures du soir, on consentit qu'elle y passât la nuit. »
LACLOS, **Liaisons dangereuses**, Lettre CXLVII.

56 « (*Ils*) avaient fini, de guerre lasse, par ne plus s'occuper de ce mystère. »
BALZ., **Sarrasine**, Œuvr., t. VI, p. 85.

— *De bonne guerre :* par des procédés loyaux, sans hypocrisie ni traîtrise. V. **Loyalement.** — REM. Cette locution s'est employée autrefois au sens propre : en respectant les lois de la guerre. Cf. LITTRÉ qui cite RETZ.

— *À la guerre comme à la guerre :* il faut accepter les inconvénients, les privations qu'imposent les circonstances (V. **Résignation**), ou encore : la guerre justifie les moyens.

57 « À la guerre comme à la guerre, pensa l'artiste en contemplant la table. Et il se mit à manger en homme qui avait déjeuné à Vierzon, à six heures du matin, d'une exécrable tasse de café. »
BALZ., **La rabouilleuse**, Œuvr., t. III, p. 1002.

— PROV. *Qui terre a guerre a :* la possession de terres, de richesses, est source de conflits. — REM. Ce proverbe a inspiré diverses adaptations : *Qui plume a guerre a* (VOLT., Lettre d'Argental, 4 oct. 1748) ; *Qui gloire a guerre a* (HUGO, P.-S. de ma vie, Tas de pierres, IV).

ANT. — Paix* ; calme, concorde, entente...

DER. — Guerrier, guerroyer. V. *aussi* Aguerrir.

HOM. — Guère.

GUERRIER, IÈRE. n. et adj. (XIe s. ; de *guerre*).

I. N. Celui, celle qui fait la guerre, dont le métier est de faire la guerre. V. **Combattant, militaire, soldat.** Cf. *poét.* Enfant, fils de Bellone, de Mars... — REM. *Guerrier* ne s'emploie qu'en parlant des gens de guerre du passé ou dans le style noble, soutenu. *Jeanne d'Arc, illustre guerrière. L'armure, l'épée, le bouclier* (cit. 2) *du guerrier antique. Les guerriers francs, germains, barbares* (Cf. Empêcher, cit. 9 ; flexible, cit. 7). *Guerriers sauvages* (Cf. Barbouiller, cit. 12). *La caste des guerriers. Braves, fiers, généreux, hardis, vaillants guerriers* (Cf. Abord, cit. 2 ; assaillant, cit. 3 ; assez, cit. 53 ; audace, cit. 3 et 10 ; estimer, cit. 6). *Vieux guerrier* (Cf. Arme, cit. 16), *guerrier blanchi sous le harnois. Guerrier illustre* (Cf. Estime, cit. 9). *Armée de guerriers* (Cf. Appareil, cit. 7 ; apprendre, cit. 52 ; autre, cit. 10 ; contention, cit. 2 ; éclabousser, cit. 2 ; écumant, cit. 4 ; épisode, cit. 6 ; extermination, cit. 2). *Convoquer le ban et l'arrière-ban* (cit. 12) *de ses guerriers.* — Spécialt. *Un grand, un célèbre guerrier.* V. **Capitaine, conquérant.**

1 « Dans la bouche de plusieurs (*sous la Révolution*), soldat était à peu près synonyme de gredin... Je sais bien qu'on dit surtout *guerrier*, qui convient mieux au ton emphatique des discours. Dès 1790, en pleine paix... Lameth entend distinguer les « guerriers d'une nation libre » des « satellites des despotes ». »
BRUNOT, **Hist. lang. fr.**, t. IX, 2, XV, p. 924 (Cf. aussi t. X, p. 24).

2 « La mêlée où, debout sur le large étrier,
Le sabre au poing, trouant les hordes infidèles,
Il buvait à longs traits l'ivresse du guerrier. »
LECONTE de LISLE, **Poèmes tragiques**, Apothéose de Moussa-el-Kebir.

3 « Ce ne sont pas des soldats : ce sont des hommes. Ce ne sont pas des aventuriers, des guerriers, faits pour la boucherie humaine — bouchers ou bétail. Ce sont des laboureurs et des ouvriers qu'on reconnaît dans leurs uniformes. Ce sont des civils déracinés. Ils sont prêts. Ils attendent le signal de la mort et du meurtre ; mais on voit, en contemplant leurs figures entre les rayons verticaux des baïonnettes, que ce sont simplement des hommes. »
BARBUSSE, **Le feu**, XX.

— Collectivt. *Le guerrier* : l'homme de guerre, le soldat*. *La psychologie du guerrier* (Dans cette acception, *Guerrier* n'a pas la nuance emphatique du premier sens).

4 « Les animaux ne font pas la guerre, et cela ne prouve pas la raison dans les animaux, comme quelques-uns disent ; tout au contraire. Le guerrier est un métaphysicien. Le guerrier s'est dessiné un dieu, une justice, des maximes, un ordre humain qu'il croit surhumain. »
ALAIN, **Propos**, Fanatisme, 15 déc. 1934.

5 « Le droit de tuer, qui s'ajoute au risque de l'être, transporte le guerrier dans un univers d'une effrayante intensité. »
R. CAILLOIS, **Quatre essais de sociol. contemp.**, p. 132.

II. *Adj.* || **1°** (dans le style soutenu) Relatif à la guerre, au combat, aux armes. V. **Militaire.** *Actions, exploits, travaux guerriers* (Cf. Blanchir, cit. 12 CORN.). *Chant, hymne guerrier* (Cf. Adonique, cit.). *Appareil* (cit. 10) *guerrier. Arche* (cit. 10) *guerrière* : arc de triomphe. *Cuirasse guerrière* (Cf. Aventurier, cit. 15).

6 « ...qu'à l'instant la trompette guerrière
Dans le camp ennemi jette un subit effroi. » RAC., **Athal.**, V, 3.

7 « Et du Nord au Midi, la trompette guerrière
A sonné l'heure du combat » M.-J. CHÉNIER, **Chant du départ.**

8 « Comme une mécanique grondante et compliquée qui débite les produits de son activité intérieure, la stupide machine guerrière lâche, de minute en minute, des hommes sanglants. »
DUHAM., **Récits temps de guerre**, I, Nuits en Artois, IV.

9 « ... (il) considérait l'industrie comme un sport guerrier et ne parlait qu'avec orgueil des coups reçus dans les campagnes saisonnières. »
MAUROIS, **B. Quesnay**, II.

— Vx. *Champ guerrier* : champ de bataille.

|| **2°** Qui a ou qui montre des dispositions pour la guerre, les armes. V. **Belliqueux.** *Nation, race guerrière* : qui aime à se battre. *Pays, peuple guerrier. Femme guerrière.* V. **Amazone** (cit. 1). *Âme guerrière* (Cf. Bomber, cit. 5 ; corps, cit. 5). *Esprit, caractère guerrier. Ardeur, humeur, valeur guerrière* (Cf. Arrière, cit. 8 ; barbare, cit. 13). *Air guerrier, mine guerrière.* V. **Martial.**

10 « Qu'était la grande armée, sinon une France guerrière d'hommes qui, sans famille ayant, de plus, perdu la République, cette patrie morale, promenait cette vie errante en Europe ? »
MICHELET, **Extraits historiques**, p. 394.

ANT. — Pacifique, pacifiste.

GUERROYER. *v. intr. et tr.* (XIe s. ; de *guerre*).

I. *V. intr.* Faire la guerre (contre quelqu'un). *Le seigneur guerroyait contre ses vassaux.* — Absolt. *Aimer à guerroyer.* V. **Batailler, battre** (se). — REM. *Guerroyer* ne s'emploie plus de nos jours qu'en parlant des gens de guerre du moyen âge, de l'Ancien Régime, ou par allusion à eux et plus ou moins ironiquement.

1 « Ha ! Prince, c'est assez, c'est assez guerroyé :
Votre frère avant l'âge au sépulcre envoyé,
Les plaies dont la France est sous vous affligée, »
RONSARD, **Disc. et mis. de ce temps.** Remontr. au peuple de France.

2 « ...au temps où la maison de Bourgogne guerroyait contre la maison de France. » BALZ., **Les paysans**, Œuvr., t. VIII, p. 91.

3 « ...Guerroyer, se chamailler pour rien,
Pour un oui, pour un non, pour un dogme arien, »
HUGO, **Lég. des siècles**, II, XV, Éviradnus, XIV.

— Fig. *Guerroyer contre les abus, les privilèges...*

4 « Nul ne fait plus la guerre à la morale que l'homme le plus moral, quand il ne guerroie pas pour elle, ni une guerre plus dangereuse, parce qu'il sait le fort et le faible de sa victime... »
SUARÈS, **Trois hommes**, Ibsen, IV.

II. *V. tr.* (*vx*). Combattre* (quelqu'un).

5 « Venez-vous-en avec moi, car je veux guerroyer le roi mon seigneur, ... » VOLT., **Essai sur les mœurs**, L.

DER. — **Guerroyant, ante.** *adj.* (XVIe s.). Qui guerroie, qui aime la guerre, les combats. *Humeur guerroyante.* V. **Belliqueux, combatif.** — **Guerroyeur.** *adj. et n.* (XIIIe s.). Qui aime à guerroyer.

GUET. *n. m.* (XIIIe s. ; de *guetter*).

|| **1°** Action de guetter*. *Faire le guet* (Cf. Égrillard, cit. 3). *Complice faisant le guet pendant que des voleurs opèrent. Être au guet* (Cf. Chat, cit. 3 ; daim, cit. 2). V. **Affût, aguet(s).**

1 « (Il) avertit ses enfants
D'être toujours au guet et faire sentinelle. »
LA FONT., **Fabl.**, IV, 22.

2 « Les premiers moments se passent dans une sorte de paroxysme d'attente et de guet, qui double la puissance de l'ouïe et de la vue. »
LOTI, **Ramuntcho**, I, VIII.

— *Avoir l'œil, l'oreille au guet* (Cf. Éveiller, cit. 32). V. **Ouvrir** (l'œil), **prêter** (l'oreille).

3 « Aie aussi l'œil au guet, Nérine, et prends bien garde qu'il ne vienne personne, » MOL., **Pourc.**, I, 1.

4 « ...ils allaient l'oreille inquiète et le regard au guet... »
LOTI, **Matelot**, XXXIV.

— *Fig.* En parlant de l'attention extrême portée à des choses d'ordre moral ou intellectuel.

5 « ...cet homme pris et possédé de son savoir... qui veut rentrer à toute force dans la conversation, et qui est toujours au guet pour prendre au bond l'occasion de se remettre en danse... »
SÉV., **128**, 26 janv. 1689.

|| **2°** *Spécialt.* (vieilli). Surveillance exercée de nuit par la troupe ou la police (en vue de protéger un camp, une place, ou de maintenir l'ordre). *Établir des postes de guet. Sentinelle chargée du guet.* V. **Faction.** *Villes où les bourgeois faisaient le guet.* Féod. *Droit de guet*, payé au seigneur si on n'assurait pas personnellement le guet. *Guet des métiers*, exercé dans les villes par les divers artisans à tour de rôle. — *Guet de mer*, surveillance des côtes.

6 « Sûr que le forçat en rupture de ban ne pouvait être bien loin, il établit des guets, il organisa des souricières et des embuscades et battit le quartier toute la nuit. » HUGO, **Misér.**, II, V, X.

— Par ext. (*Anciennt.*) Troupe, patrouille, garde, qui faisait le guet. *Guet à cheval, à pied. Compagnie, chevalier du guet. Archers, sergents du guet. Mot* du guet, mot d'ordre. *Villon, comme beaucoup d'écoliers de Paris, se divertissait à rosser le guet.*

7 « Pour enseigne et mot du guet :
Foin du loup et de sa race ! » LA FONT., **Fabl.**, IV, 16.

8 « ...les pas du guet sonnent après le couvre-feu. »
ROMAINS, **H. de b. vol.**, III, I, p. 9

GUET-APENS (*ghè-ta-pan*). *n. m.* (fin XVIe s. ; 1472, dans l'expr. *de guet apens*, encore employée dans l'art. 296 du CODE PÉNAL (Cf. Assassinat, cit. 2) ; altér. de *de guet apensé*, de l'anc. fr. *apenser*, « réfléchir, préméditer »). « Fait d'attendre plus ou moins longtemps, en un ou plusieurs endroits, un individu, soit pour lui donner la mort, soit pour exercer sur lui des actes de violence » (CAPITANT). *Le guet-apens est une espèce de préméditation*. *Tendre un guet-apens. Attirer quelqu'un dans un guet-apens* (Cf. Agent, cit. 9). *Être victime d'un guet-apens, tomber dans un guet-apens. Échapper à un guet-apens.*

1 « Le pauvre Prévan perdit la tête, et croyant voir un guet-à-pens (*guet-apens*) dans ce qui n'était au fond qu'une plaisanterie, il se jeta sur son épée. » LACLOS, **Liaisons dangereuses**, Lettre LXXXV.

2 « Aussi l'endroit est-il merveilleusement désert et propice aux guet-apens. » GAUTIER, **Voyage en Espagne**, p. 202.

3 « ...César Borgia... considéra toujours la paix comme les Hurons et les Iroquois considéraient la guerre, c'est-à-dire comme un état dans lequel la dissimulation, la feinte, la perfidie, le guet-apens, sont un droit, un devoir et un exploit. »
TAINE, **Philos. de l'art**, t. I, V, p. 182

— *Par ext.* Machination, piège perfidement préparé en vue de nuire gravement à quelqu'un qu'on veut surprendre. V. **Attaque, attentat, embûche, embuscade...** *Le coup d'État du 2 Décembre, guet-apens contre la République* (Cf. Exiler, cit. 4). *Considérer comme un guet-apens une rencontre organisée à notre insu. On prit le temps de son absence pour faire juger son procès, c'est un guet-apens* (ACAD.).

4 « Je prie qu'on veuille noter que je suis un des plus grands ennemis — loyaux — de Jaurès... Je suis l'adversaire le plus résolu de son ministérialisme... Mais il ne s'agit pas de cela. Il s'agit d'un guet-apens vulgaire et d'un assassinat concerté. On dit dans les salles de rédaction... qu'on le tient cette fois, qu'on l'attendait là, qu'on va lui casser les reins... » PÉGUY, **La République...**, pp. 40-41.

— *Par plaisant.* Surprise, chose ou situation surprenante, soigneusement préparée. *Un gâteau de fête, du champagne, mais c'est un guet-apens !*

5 « Ils ont l'obsession de la femme. Un jardin que l'on traverse est un guet-apens de femmes nues. »
ROMAINS, **H. de b. vol.**, t. IV, XV, p. 154.

GUÊTRE. *n. f.* (XVe s. *guietre* ; peut-être du francique *wrist*, « cou-de-pied », selon BLOCH). Vêt. Enveloppe de tissu ou de cuir qui recouvre le haut de la chaussure et parfois le bas de la jambe. V. **Chausse.** *Une paire de guêtres. Sous-pied d'une guêtre. Chausser, mettre, lacer, boutonner ses guêtres* (Cf. Cordon, cit. 1). *Guêtres de chasse en cuir.* V. **Houseau, jambière.** — *Demi-guêtres de ville en drap. Demi-guêtres de modèle militaire.* — *Loc. fig.* (vieilli). *Tirer ses guêtres* : s'en aller. *Traîner ses guêtres* : flâner. *Laisser ses guêtres quelque part*, y mourir. — Allus. hist. « *Nous sommes archiprêts ; il ne manque pas un bouton de guêtre* », paroles attribuées au maréchal Lebœuf, ministre de la Guerre en 1870, au moment de la déclaration de guerre.

1 « Il portait des souliers cachés par des guêtres, faites sur le modèle de celles de la garde impériale, et qui lui permettaient sans doute de garder les mêmes chaussettes pendant un certain temps. »
BALZ., **Cousin Pons**, Œuvr., t. VI, p. 527.

2 « ...Ce sont les boursiers qui ont les premiers porté la guêtre et le soulier ; le sous-pied les gênait pour monter en courant les marches de la Bourse... » FLAUB., **Corresp.**, 456, 29 janv. 1854, t. IV, p. 22.

DER. — **Guêtrer.** *v. tr.* (1549). Chausser de guêtres. — **Guêtron.** *n. m.* (1839 BOISTE). Guêtre à courte tige.

GUETTE ou **GUÈTE.** *n. f.* (1690 FURETIÈRE ; peut-être prononc. pop. de *guêtre*). Menuis. Demi-croix de Saint-André, posée en contre-fiche* dans une charpente. *Assembler, poser une guette.*

GUETTER. *v. tr.* (vers 1100, *guaitier* ; du francique *wahton*, « veiller ». Cf. all. *wachen*). Surveiller* avec attention. — REM. Selon le contexte, l'accent est mis sur l'intention d'agir par surprise, de s'informer, de se prémunir contre un danger, ou seulement d'attendre* un événement que l'on prévoit ou espère.

‖ **1°** (Dans le présent) V. **Épier, observer.** *Le chat guette la souris. Il fut attaqué par un malandrin qui le guettait. Chasseur, animal guettant le gibier, une proie* (Cf. Abriter, cit. 6 ; buse. cit. 1). *Un espion guettait ses moindres mouvements. Assassin guettant le sommeil de quelqu'un* (Cf. Crocheter, cit.). *Chien qui guette les moindres gestes de son maître* (Cf. Faiblesse, cit. 31). — Réciproqt. *Adversaires, ennemis qui se guettent.*

1   « *(Le renard)* guettait à toute heure
    Les poules d'un fermier... »
                             LA FONT., Fabl., XI, 3.

2   « Et depuis lors je veille au sommet de Leucate,
    Comme une sentinelle à l'œil perçant et sûr,
    Qui guette nuit et jour brick, tartane ou frégate, »
                            BAUDEL., Fl. du mal, Lesbos.

3   « Il guettait, dans les lacs qu'ombrage le bouleau,
    La naïade qu'on voit radieuse sous l'eau »
                 HUGO, Lég. des siècles, XXII, Le satyre. Prologue.

4   « Un d'eux, paysan vindicatif, qui avait reçu en plein visage le plomb du seigneur, le guetta un soir, derrière les arbres du mail et le manqua de peu, car il lui brûla d'une balle le bout de l'oreille. »
              FRANCE, Crime S. Bonnard, Œuvr., t. II, p. 344.

5   « Pas un coup de feu ; les deux lignes, face à face, se guettaient, haineuses et résignées. »   **DORGELÈS, Croix de bois,** XV.

— *Absolt.* V. **Guet** (faire le) ; **écoute** (être à l'). *Guetter à sa fenêtre... Archer* (cit. 3), *soldat, sentinelle en train de guetter* (Cf. Entonnoir, cit. 3). *Il est toujours à épier* (cit. 7), *fureter* (cit. 2), *guetter...*

6   « Mais tu ne nous écoutes pas, mais comme un chien de garde tu guettes, ... »   **CLAUDEL, Annonce faite à Marie,** I, 1.

‖ **2°** Attendre avec impatience une chose à venir en étant extrêmement attentif à ne pas la laisser échapper. *Guetter une occasion* (Cf. Filoutage, cit. 2), *le moment, l'instant favorable.* V. **Affût** (être à l'). *Guetter les symptômes, les signes, l'approche* (cit 26) *d'un mal, d'une guérison...* (Cf. Cellule, cit. 2). *Guetter la fin de l'orage* (Cf. Accoter, cit. 2). *Auteur envieux guettant la prochaine publication d'un écrivain* (Cf. Coaliser, cit.). *Guetter les fautes* (cit. 34) *d'un élève. Guetter un signal. Guetter le passage, la sortie d'une vedette.*

7   « Lucien et Louise avaient dans du Châtelet un espion intime qui guettait avec la persistance d'une haine mêlée de passion et d'avarice l'occasion d'amener un éclat. »
              BALZ., Illus. perdues, Œuvr., t. IV, p. 573.

8   « Ce moment, Adrienne le connaissait bien ; elle en guettait l'approche avec une inquiétude dont elle n'aurait su dire si c'était pour elle un plaisir ou une souffrance. » **GREEN, A. Mesurat,** I, IV.

9   « ...le fidèle bélier, mascotte du régiment, le museau baissé vers le sol dur et déjà brûlant de la route, guettait philosophiquement le signal de la marche... »   **MAC ORLAN, La Bandera,** VI.

— *Par ext.* (En parlant d'une personne qui viendra). « *Je guette ici le ministre pour lui présenter une pétition* » (LITTRÉ). *Guetter le facteur* (cit. 12) *qui doit apporter une lettre importante.* « *Il guettait son débiteur pour lui réclamer de l'argent* » (ACAD.). *Guette-le, il ne va pas tarder.*

‖ **3°** *Fig.* (Avec un sujet désignant une chose plus ou moins personnifiée). Attendre (quelqu'un) en faisant peser sur lui une menace, un danger tout proche. *La mort, la maladie le guette. L'ennui* (cit. 19) *le guette et bientôt le tient. Épouvante* (cit. 6), *remords qui guettent quelqu'un* (Cf. Fantôme, cit. 14). *Vous ne comprenez donc pas ce qui vous guette ? Rêveurs candides* (cit. 2) *que guette malicieusement la vie.*

10 « C'est la paralysie générale qui vous guette. Vous devriez voir un spécialiste. »   **COURTELINE, Boubouroche,** Pet. histor., p. 19.

11 « Le comique défait les passions et même les sentiments ; la frivolité les guette à leur naissance et les dissout dans son tourbillon. »
              ALAIN, Aventures du cœur, p. 35.

12 « Un autre mal guettait Joseph, déjà tapi en lui et ne se manifestant que par ce que Mme Dézaymeries appelait un gros rhume... »
              MAURIAC, Le mal, I.

— *Par ext.* Attendre (sans idée de menace).

13 « Le bruit, le mouvement, les foules et les musiques orientales, tout cela nous guette un peu plus loin, dans une pénombre déjà piquée de mille petites lumières. » **LOTI, Supr. visions d'Orient,** p. 4.

DER. — Guetteur. — Guette. *n. f.* (XIIe s.). *Vx* ou *dial.* Action de guetter. V. **Guet.**

« La branche craque. Il voit bien ; sa guette le rend tout tremblant. »
          GIONO, Regain, I, IV.

GUETTEUR. *n. m.* (XIIIe s. ; de *guetter*). Celui qui guette, qui est chargé de guetter.

1   « Dans les coins les plus reculés il y a toujours quelqu'un qui vous observe. Bien posté pour y voir, mais lui-même invisible, l'œil au ras de quelque mur, partout se tient à l'affût un guetteur. Rien n'échappe à sa surveillance, et l'acuité de son regard relève du miracle. »   **BOSCO, L'âne Culotte,** p. 82.

— *Spécialt.* (*Anciennt.*). Homme posté au haut d'un beffroi et chargé d'annoncer à son de cloche toute espèce de danger (attaque, incendie, etc.). V. **Veilleur.** *Le guetteur donnait l'alarme.*

2   « J'aimerais que ma vie ne laissât après elle d'autre murmure que celui d'une chanson de guetteur, d'une chanson pour tromper l'attente. Indépendamment de ce qui arrive, n'arrive pas, c'est l'attente qui est magnifique. »   **A. BRETON, L'amour fou,** III.

— *Milit.* Soldat qui veille dans une tranchée, un poste d'écoute. V. **Sentinelle.** *Échauguette où s'abritait un guetteur. Abri de guetteur.* — *Mar.* Préposé à la signalisation optique ou électrique, dans les phares, les sémaphores, les stations radio-émettrices installés le long des côtes. — Homme de veille.

3   « Tandis que les premiers guetteurs, s'accoudant au parapet, prenaient la veille, notre section reflua sur l'autre versant du mont pour s'installer. »   **DORGELÈS, Croix de bois,** VIII.

GUEULE. *n. f.* (Xe s. *gole, goule* ; du lat. *gula,* « gosier, bouche des animaux »).

I. Se dit de la bouche* de certains animaux, surtout carnassiers. *Le lion ouvre une gueule énorme* (Cf. Enflammer, cit. 23). *La gueule d'un chien, d'un loup, d'un renard, d'un furet... — La gueule d'un poisson carnassier (brochet, perche, requin...). — La gueule d'un reptile* (Cf. Aspic, cit. 2 ; fasciner, cit. 4), *d'un boa, d'un crocodile... Gueule ouverte, béante* (Cf. Curée, cit. 3 ; empaillé, cit.). *Happer* *d'un coup de gueule.* — *Spécialt.* (*Vén.*). *Chien qui chasse de gueule,* qui aboie en suivant les traces du gibier.

1   « J'ai donc vu ce sanglier, ...
    Ses deux yeux flamboyants ne lançaient que menace,
    Et sa gueule faisait une laide grimace, »
              MOL., Princ. d'Élide, I, 2.

2   « Les chiens, ayant éventé notre présence, aboyaient à pleine gueule de sorte que toute la ferme fut bientôt en rumeur. »
              GAUTIER, Voyage en Espagne, p. 227.

3   « Combien de gens ont des gueules de bulldog, des têtes de bouc, de lapin, de renard, de cheval, de bœuf ! »
              MAUPASS., Sœurs Rondoli, II.

4   « ...les crocodiles et les requins qui passent entre deux eaux la gueule ouverte autour des bateaux d'ordures et de viandes pourries qu'on va leur déverser au large, à la Havane. »
              CÉLINE, Voyage au bout de la nuit, p. 29.

— LOC. PROV. *Se jeter, se précipiter, précipiter quelqu'un dans la gueule du loup,* dans un danger certain, et de façon imprudente. — *Il fait noir comme dans la gueule d'un loup.*

5   « Il fait noir comme dans la gueule d'un loup, dit en ce moment Pille-miche. »   **BALZ., Les Chouans, Œuvr.,** t. VII, p. 1055.

— *Poét. La gueule de l'enfer, d'un monstre infernal ou mythologique, du démon* (Cf. Arracher, cit. 28 ; broyer, cit. 1 ; éclipse, cit. 1).

6   « L'enfer semble une gueule effroyable qui mord. »
              HUGO, L'année terrible, Octobre, III.

II. *Pop.* Se dit du visage ou de la bouche des personnes. *Avoir la gueule fendue comme une grenouille, comme une tirelire :* avoir une très grande bouche.

— *Spécialt.* ‖ **1°** La bouche considérée comme servant à parler ou crier : *Vas-tu fermer, boucler ta gueule !* V. **Boîte.** *Ellipt. Ta gueule !* Tais-toi ! *Crever* (cit. 26) *la gueule ouverte,* en appelant au secours. *Donner, pousser un coup de gueule :* crier, gronder ou chanter très fort. *Un fort en gueule, une grande gueule :* un homme bavard et grossier (V. **Braillard,** cit. 1 ; **gueulard**) ou encore un homme qui est plus fort en paroles qu'en actes, qui parle beaucoup mais n'agit guère. *Il n'a que de la gueule.* — (Vx) *Gueule ferrée,* personne qui parle grossièrement. *Mots de gueule :* paroles brutales et grossières.

7   « Vous êtes, mamie, une fille suivante
    Un peu trop forte en gueule, et fort impertinente : »
              MOL., Tart., I, 1.

8   « Est-ce qu'il faut toujours l'entendre crier ?
    Quelle gueule !... »   **RAC., Plaideurs,** I, 2.

9   « On ne peut guère fermer la gueule à ces roquets-là (*la canaille littéraire*), parce qu'ils jappent pour gagner un écu. »
              VOLT., Lettre à Mme Denis, 1082, 22 mai 1752.

10 « ... il n'y avait pas un homme (*Hanriot*) qui s'entendît de si loin ; c'était (il faut dire un mot) *une gueule* terrible, à faire taire toute une place. »   **MICHELET, Hist. Révol. fr.,** X, XI.

11 « ...les coups de gueule de Derouet, — ces coups de gueule dont la renommée amenait chaque soir sur Montmartre de longues bandes vadrouilleuses affluant là aux quatre extrémités de Paris — ... »
              COURTELINE, MM. ronds-de-cuir, VI, III.

12 « Il n'est pas grossier, brutal, fort en gueule, comme cet animal de Groult qui amuse toute la salle. »
              DUHAM., Récits temps de guerre, I, La grâce.

‖ **2°** La bouche considérée comme servant à manger ou à engloutir (Cf. Aboyer, cit. 3 ; artillerie, cit. 6 ; bouillie, cit. 1). *S'en mettre plein la gueule. Avoir la gueule pavée, blindée.* V. **Gosier.** *Se rincer la gueule* (V. **Boire**). *Avoir la gueule de bois,* avoir la bouche empâtée et sèche par suite d'un excès de boisson. — *Fine gueule.* V. **Gastronome, gourmand, gourmet.** — PROV. *La gueule fait périr plus de gens que le glaive :* la gourmandise est plus meurtrière que la guerre.

13   « Son peu de fortune et sa passion pour le Bric-à-Brac lui commandaient un régime diététique tellement en horreur avec sa *gueule fine*, que le célibataire avait tout d'abord tranché la question en allant dîner tous les jours en ville. »
BALZ., **Cousin Pons**, Œuvr., t. VI, p. 533.

14   « On n'a jamais peint les exigences de la Gueule, elles échappent à la critique littéraire par la nécessité de vivre ; mais on ne se figure pas le nombre des gens que la table a ruinés. »
ID., *Ibid.*, p. 534.

15   « ... il avait la gueule de bois, comme s'il s'était saoulé la veille. »
SARTRE, **Mort dans l'âme**, p. 9.

— *Fig.* : Appétit, ambition.

16   « (*Le président*) de Mesmes, bien éveillé, bien averti, avait tourné vers cette première charge de la robe une gueule béante. »
ST-SIM., **Mém.**, IV, XXI.

‖ 3° *Par ext.* (Pop.). V. **Face, figure, tête, visage**. *Il a une bonne gueule, une gueule sympathique, une sale gueule. Une gueule de voyou. Une gueule de vache. Cette gueule-là ne me revient pas* (Cf. Antipathique). *Tu en fais une gueule ! C'est bien fait pour ta gueule ! Faire une gueule d'enterrement** (cit. 3). *Il est venu, la gueule enfarinée** (cit. 3). *Faire la gueule, faire sa gueule*. V. **Bouder ; tête** (faire la). *Ne fais donc pas la gueule ! — Se casser la gueule*. V. **Tomber**. *Casser** *la gueule à quelqu'un* (Cf. Flirter, cit.). *Foutre* (cit. 4) *son poing sur la gueule*. V. **Battre**. *Soldat qui va se faire casser* (cit. 9) *la gueule*. V. **Tuer**. — (Arg. milit.) *Une gueule cassée*, un mutilé de guerre blessé au visage. — (Arg. du Nord) *Gueules noires*, surnom des mineurs.

17   « Montgobert m'a fait rire du respect qu'elle a eu pour M. de Grignan ; elle avait mis qu'il vint à ce bal *la gueule enfarinée* ; tout d'un coup elle s'est reprise, elle a effacé *la gueule*, et a mis *la bouche*. »
SÉV., 631 (éd. Pléiade, t. II, p. 605).

18   « — ... la croix est pour ceux qui peuvent encore se faire casser la gueule. — Désabusez-vous, mon brave : il y a aussi des croix pour les invalides. »
BALZ., **Souv. d'un paria**, I (Œuvr. div., t. I, p. 223).

19   « ... quelle modeste jeune fille, habitée d'amour, ne flétrit *in petto* sa rivale en la traitant de gueule de pou et de vache malade ?... »
COLETTE, **Étoile Vesper**, p. 15.

20   « Tu parleras, cochon, ou je te casse la gueule ! »
GENEVOIX, **Raboliot**, I, II.

— REM. Dans le langage populaire, le mot perd parfois son sens péjoratif. *Tu as une jolie gueule, ma poupée !*

21   « Il écoutait, distrait, l'hommage qu'on lui rendait. — Ma petite gueule ! mon jésus !... soupirait Fernande. »
CARCO, **Jésus-la-Caille**, II, III.

— *Gueule d'amour*, surnom populaire de séducteurs irrésistibles bien que vulgaires.

— *Par ext.* (Néol.). *Fam.* Se dit de l'aspect, de la forme d'un objet. *Ce chapeau a une drôle de gueule* (Cf. Air). *L'affaire prend une sale gueule*, mauvaise tournure*. — (Absolt). *Ça a de la gueule ; ce paysage, ce tableau a de la gueule* : a grand air, fait grand effet.

22   « Ne vous étonnez donc pas que mon casino, bien que d'une formule âprement moderne, ait aussi cette douce gueule de lieu saint de l'Islam. »
ROMAINS, **H. de b. vol.**, t. V, XXVII, p. 287

23   « Il n'y a qu'à voir la gueule d'un billet de dix francs à côté de deux pièces de cent sous pour comprendre l'argent. »
GIRAUDOUX, **Folle de Chaillot**, II, p. 153.

III. *Par anal.* ‖ 1° Se dit des choses dont la forme rappelle la gueule d'un animal. — *Bot. Fleur, corolle en gueule*, divisée en deux lèvres qui demeurent plus ou moins ouvertes. *Gueule-de-loup* (Cf. *infra*, comp.).

‖ 2° Ouverture* par laquelle entre ou sort quelque chose. *La gueule d'un four, d'un haut fourneau* (V. **Gueulard**), *d'un tunnel. La gueule d'une cruche, d'une gouttière, d'une fontaine, d'un tonneau.* — *Spécial. La gueule d'un canon, d'une bombarde* (cit.), *d'un tromblon* (Cf. Braquer, cit. 2). *Charger un canon jusqu'à la gueule*, se disait autrefois lorsqu'on bourrait l'âme du canon de poudre et de mitraille pour rendre son tir plus meurtrier.

24   « Enfin l'*Othello*, qui se trouvait alors à dix portées de fusil, montra distinctement les gueules menaçantes de douze canons prêts à faire feu. »
BALZ., **Femme de trente ans**, Œuvr., t. II, p. 816.

25   « Au bas, des arcades à piliers trapus ouvrent leurs gueules sombres, au fond desquelles scintillent vaguement les montres de quelque boutique d'orfèvrerie. »
GAUTIER, **Voyage en Russie**, IV, p. 50.

COMP. — Bégueule, dégueuler, dégueulasse, égueuler, engueuler. — Brûle-gueule. Casse-gueule. — Amuse-gueule. *n. m.* (Néol.). Friandise ou menu *hors-d'œuvre. Ce qu'on sert pour l'apéritif, le cocktail, accompagné d'amuse-gueule : olives, chips, toasts...* — Gueule-de-loup. *n. f.* (1809). *Bot.* Muflier* des jardins. *Techn.* Tuyau coudé monté sur pivot au sommet d'une cheminée. *Archit.* Assemblage de deux pièces pour une surface courbe. Partie courbe d'une cimaise*, d'une doucine*.

DER. — Gueuler, gueuleton, gueuloir. — Gueulante. *n. f.* Néol. (*arg. scol.*). Clameur de protestation ou d'acclamation. *Élèves qui poussent une gueulante. Gueulante qui salue la fin d'un cours.* — Gueulée. *n. f.* (XIIᵉ s.). *Vx.* V. **Bouchée, goulée**. — Gueulement. *n. m.* (1877). Action de gueuler. V. **Aboiement, cri ; protestation**. — Gueulard, arde. ‖ 1° *Adj.* (1567). *Pop.* Qui a l'habitude de parler haut et fort, de gueuler*. V. **Bruyant, criard**. — *Substant. Faites taire ce gueulard.* — (Vieilli) V. **Glouton, gourmand**. ‖ 2° *N. m.* (1395). *Technol.* Ouverture supérieure d'un haut fourneau*, par où se fait le chargement. Ouverture du foyer d'une chaudière (de bateau, de locomotive à vapeur...). — *Mar.* V. **Porte-voix**.

« Le fourneau avait 23 pieds de hauteur. On a jeté par le gueulard (c'est ainsi qu'on appelle l'ouverture supérieure du fourneau) les charbons ardents que l'on tirait des petits fourneaux d'expériences ; »
BUFF., **Introd. hist. min.**, V, 1.   1

« ... de simples gueulards, trompant la classe ouvrière par leur comédie, mais au fond tremblant devant la police, et à ses ordres. »
ROMAINS, **H. de b. vol.**, t. IV, XVI, p. 175.   2

« ... si j'avais une femme aussi gueularde que la tienne, je ne ferais ni une ni deux, pendant qu'elle parlemente à tue-tête dans la cuisine, je partirais tout seul avec l'âne et le veau... »
JOUHANDEAU, **Chaminadour**, p. 36.   3

GUEULER. *v. intr.* (1648 ; de *gueule*). *Très fam.* (ACAD.). Chanter, crier, parler très fort (Cf. Croire, cit. 35 ; dur, cit. 30 ; ensemble, cit. 6). *Qu'a-t-il donc à gueuler toute la journée ? Il gueule pour un rien. — Ne fais donc pas gueuler comme ça ton poste de radio !* V. **Beugler**. — Par ext. V. **Crier, protester, tempêter**. *Les nouveaux impôts vont faire gueuler les commerçants.* — Transit. *Gueuler une rengaine, des ordres, des injures, la vérité...* (Cf. Chant 1, cit. 5 ; complice, cit. 1).

« Nous gueulons contre notre époque. »
FLAUB., **Corresp.**, 686, 15 juill. 1861, t. IV, p. 442.   1

« La solitude me grise comme de l'alcool. Je suis d'une gaieté folle, sans motifs, et je gueule tout seul de par les appartements de mon logis, à m'en casser la poitrine. »
ID., *Ibid.*, 592, déc. 1858, t. IV, p. 284.   2

« Alors, la maison craqua, un tel gueulement monta dans l'air tiède et calme de la nuit, que ces gueulards-là s'applaudirent eux-mêmes ; car il ne fallait pas espérer de pouvoir gueuler plus fort. »
ZOLA, **L'Assommoir**, t. I, p. 299.   3

« Flaubert est tout le contraire de l'homme réservé. Il gueule. Il invective. »
DUHAM., **Refuges de la lecture**, VI, p. 202.   4

GUEULES. *n. m.* (XIIIᵉ s. ; même mot que *gueule**, au plur. *gueules* désignant au moyen âge de petits morceaux de fourrures découpés dans la peau du gosier de l'animal (particulièrement de la martre) et servant d'ornements, Cf. au XIIIᵉ s. l'expr. « collet orné de gueules » ; ces fourrures ont désigné la couleur rouge, soit du fait de la couleur naturelle fauve, soit du fait d'une teinture habituelle à ces ornements ; on sait que les fourrures (vair, hermine) ont une grande place en héraldique). *Blas.* La couleur rouge de l'écu. V. **Émail**. *Il porte de gueules à bande d'or* (ACAD.).

« ... des armoiries de la ville, qui sont de gueules au pampre d'or feuillé de sinople. »
A. BERTRAND, **Gaspard de la nuit**, p. 36.   1

« Lorsque ces couleurs ne peuvent être peintes, elles sont représentées par des signes conventionnels... au diapré sans signification héraldique dont les graveurs revêtaient parfois les blasons aux grandes surfaces unies, le P. Pietra Santa imagina de substituer, en 1636, un système de hachures conventionnelles à signification précise... L'argent est représenté par un champ nu... les gueules, par des lignes verticales... »
D'HAUCOURT et DURIVAUX, **Le Blason**, p. 48 (éd. P.U.F.).   2

GUEULETON. *n. m.* (1743 VADÉ ; de *gueule*). *Fam.* Repas gai, d'ordinaire entre amis, où l'on mange et boit avec excès. V. **Festin**. *Faire un gueuleton, un gueuleton à tout casser, un bon petit gueuleton...*

« ... L'étude a été mise en possession cejourd'hui de ces témoignages du culte que nos prédécesseurs ont constamment rendu à la *dive* bouteille et à la bonne chère... nous célébrerons la conquête de ce livre qui contient la charte de nos gueuletons. »
BALZ., **Un début dans la vie**, Œuvr., t. I, p. 716.   1

« Et les nôtres, dis donc, nos députés, qu'est-ce qu'ils avaient comme idéal ? Se remplir les poches, et les petites femmes et tout le tremblement. Ils se payaient des gueuletons avec notre argent. »
SARTRE, **Mort dans l'âme**, p. 275.   2

DER. — Gueuletonner. *v. intr.* (1838). Faire un gueuleton, des gueuletons. *Il aime gueuletonner*. V. **Manger**.

GUEUSE. *n. f.* (1543 ; de l'all. *Gans*, plur. dial. *Göse*, terme utilisé par les fondeurs all. pour désigner les morceaux informes de fer fondu). *Technol.* Masse de fer fondu, telle qu'elle sort du haut fourneau. V **Fonderie**. *Couler une gueuse ; une gueuse d'une tonne.* — Moule de sable dans lequel on verse le métal en fusion.

« Ordinairement on fait, au bout de douze heures, ouverture au creuset (*du haut fourneau*) ; la fonte coule comme un ruisseau de feu dans un long et large sillon où elle se consolide en un lingot ou gueuse de quinze cents à deux mille livres de poids ; »
BUFF., **Hist. nat. min.**, Du fer.

GUEUSER. *v. intr.* (1501 ; de *gueux*). Vivre en gueux* ; mendier. — Transit. *Gueuser son pain, sa nourriture.*

« Et moi qui l'ai reçu gueusant et n'ayant rien... »
MOL., **Tart.**, V, 1.   1

« Tout marquait en lui un jeune débauché qui avait eu de l'éducation, et qui n'allait pas gueusant comme un gueux, mais comme un fou. »
ROUSS., **Confess.**, III.   2

« Cependant tu vas, gueusant
Quelque vieux débris gisant
Au seuil de quelque véfour
De carrefour ; »
BAUDEL., **Fl. du mal**, Tabl. paris., LXXXVIII.   3

GUEUSERIE. *n. f.* (1606 ; de *gueux*). Métier, condition de gueux. V. **Mendicité, misère, pauvreté**.

1 « ...cela me paraît une sorte de magie noire, comme la gueuserie des courtisans : ils n'ont jamais un sou, et font tous les voyages... »
SÉV., 844, 21 août 1680.

2 « Tout pays où la gueuserie, la mendicité est une profession, est mal gouverné. La gueuserie, ai-je dit autrefois, est une vermine qui s'attache à l'opulence ; oui, mais il faut la secouer. »
VOLT., Dict. philos., Gueux.

3 « — Quel est donc ce brigand qui, là-bas, nez au vent,
Se carre, l'œil au guet et la hanche en avant,
Plus délabré que Job et plus fier que Bragance,
Drapant sa gueuserie avec son arrogance, » HUGO, Ruy Blas, I, 2.

— Chose de vil prix (Cf. Auprès, cit. 24).

— Par ext. Action vile. V. **Friponnerie, indélicatesse.**

4 « D'abord, savoir si les billets souscrits par Blanchet à la Sévère n'ont pas été extorqués par ruse et gueuserie... »
SAND, François le Champi, XIX.

5 « — Ah ! non, ah ! non, mon oncle, en v'là assez ! Je vous ai dit de ne pas nous mêler à toutes ces gueuseries... »
ZOLA, Le terre, V, I.

GUEUX, EUSE. n. (1452 ; empr., selon BLOCH, au moy. néerl. *guit*, « coquin, fripon, fourbe »).

‖ 1° Celui, celle qui vit d'aumônes, est réduit à mendier pour vivre. V. **Mendiant ; gueusaille ; claque-faim, clochard, indigent, miséreux, nécessiteux, pouilleux, traine-misère, vagabond, va-nu-pieds.** *Mener une vie de gueux. Gueux qui demande l'aumône* (cit. 7). — *La Chanson des gueux,* recueil de poèmes de J. Richepin (1876).

1 « Un quartier comme celui-ci, où il n'y a que des gueux. »
RAC., Lettres, 6, 26 janv. 1661.

2 « Enfin, quoi qu'on puisse penser de ces infortunés, si l'on ne doit rien au gueux qui mendie, au moins se doit-on à soi-même de rendre honneur à l'humanité souffrante ou à son image, et de ne point s'endurcir le cœur à l'aspect de ses misères. »
ROUSS., Julie, IV, V, II.

3 « ...des mendiants en loques, des gueux d'hôpital tendent vers lui leurs mains suppliantes ; »
TAINE, Philos. de l'art, t. II, pp. 227-228.

4 « Le soldat... couche comme un gueux sur la paille. »
FRANCE, Petit Pierre, XXII, p. 155.

— Par ext. V. **Pauvre.**

5 « ...L'avare... vit en gueux. » LA FONT., Fabl., IV, 20.

— Adjectivt. (Cf. Arpent, cit. 1 ; assigner, cit. 14 ; bâtir, cit. 51).

6 « Montchevreuil était... sans esprit aucun, et gueux comme un rat d'église. »
ST-SIM., Mém., I, III.

7 « Qu'y a-t-il de plus ridicule qu'un grand seigneur devenu gueux, qui porte dans sa misère les préjugés de sa naissance ? »
ROUSS., Émile, III.

‖ 2° (T. de mépris). Être vil. V. **Bélitre** (cit.), **coquin, fripon, malandrin.**

8 « ...et, quand l'autre viendra, prends ta règle et donne-lui une raclée en lui disant qu'il est un gueux, qu'il voulait se servir de toi, que tu révoqueras ta procuration, et que tu lui rendras son argent la semaine des trois jeudis. »
BALZ., Petits bourgeois, Œuvr., t. VII, p. 204.

— Au fém. Femme de mauvaise vie. — *Courir la gueuse :* se débaucher.

9 « ...une fille coureuse,
De qui le noble emploi n'est qu'un métier de gueuse ? »
MOL., Étourdi, IV, III.

10 « Eh mais, peut-être bien, infâme saligaud, que tu voudrais courir la gueuse !... pour revenir ici avec la gale, n'est-ce pas ? ou quelque chose de mieux encore, et en empoisonner tout mon escadron ? »
COURTELINE, Train de 8 h 47, V.

DER. — **Gueusaille.** n. f. (1608). Troupe de gueux. L'ensemble des gueux. *Appartenir à la gueusaille.* — **Gueusailler.** v. intr. (1642). Vivre en gueux ; fréquenter les gueux.

1. GUI (ghi). n. m. (*Vist* au XIVe s. ; du lat. *viscum,* devenu *guix,* par croisement avec *glu*). Bot. Plante parasite (*Loranthacées*) qui croît sur les branches de certains arbres, surtout le poirier, le pommier, le peuplier et, plus rarement, le chêne. *Feuilles persistantes du gui. Boules de gui. Le gui blanc, gui du chêne, utilisé en pharmacie.* — *Le gui, plante sacrée chez les Gaulois. La cueillette du gui. Au gui l'an neuf !* locution ancienne associant le gui aux fêtes du premier de l'An.

1 « On s'avança vers le chêne de trente ans, où l'on avait découvert le gui sacré. On dressa au pied de l'arbre un autel de gazon... un Eubage vêtu de blanc monta sur le chêne, et coupa le gui avec la faucille d'or de la Druidesse ; une saie blanche étendue sous l'arbre reçut la plante sacrée, les autres Eubages frappèrent les victimes, et le gui, divisé en égales parties, fut distribué à l'assemblée. »
CHATEAUB., Martyrs, IX.

2 « Des guis d'un vert luisant pendent à toutes les bifurcations des branches où il a pu séjourner de l'humidité. »
BALZ., Les paysans, Œuvr., t. VIII, p. 16.

3 « Mais le remède universel, la panacée, comme l'appelaient les druides, c'était le fameux *gui.* Ils le croyaient semé sur le chêne par une main divine, et trouvaient dans l'union de leur arbre sacré avec la verdure éternelle du gui un vivant symbole du dogme de l'immortalité. On le cueillait en hiver, à l'époque de la floraison, lorsque la

---

plante est le plus visible, et que ses longs rameaux verts, ses feuilles et les touffes jaunes de ses fleurs, enlacés à l'arbre dépouillé, présentent seuls l'image de la vie, au milieu d'une nature morte et stérile. »
MICHELET, Hist. de France, I, II.

2. GUI. n. m. (1694 ; du néerl. *giek* ou *gijk*). Mar. « Fort espar arrondi sur lequel vient se border toute voile à corne » (GRUSS). *Gui d'artimon sur lequel est bordée la brigantine*. Croissant* de gui. Gui fixé au mât par une mâchoire.*

GUIBOLLE, ou **GUIBOLE.** n. f. (1840 d'apr. DAUZAT ; orig. inc.). Pop. V. **Jambe.** *Jouer des guibolles,* courir, se sauver vivement

1 « Ma *guibole* se consolide, mais je boiterai pendant longtemps. »
FLAUB., Corresp., 1809, févr. 1870, t. VIII, p. 210.

2 « Le matin, il se plaignait d'avoir des guibolles de coton, ... »
ZOLA, L'Assommoir, t. I, p. 192.

GUIBRE. n. f. (début XIXe s. ; altér. de *guivre**). Mar. Avant de navire où l'on sculptait un poisson de mer (Cf. Guivre). Sur les navires en bois, « construction rapportée à l'avant et destinée à fournir les points d'appui nécessaires pour l'attache du beaupré » (GRUSS).

« Les guibres et les antennes s'appuyaient familièrement sur le parapet du quai comme des chevaux qui reposent leur tête sur le col de leur voisin d'attelage ; »
GAUTIER, La toison d'or, I (in Fortunio...).

GUICHE. n. f. (XIIe s. ; var. *guige, guinche ;* du lat. *vitica,* « vrille de la vigne », croisemt. probable avec le germ. *windan,* « tourner »). Archéol. Courroie pour suspendre un bouclier. V. **Enguichure.**

— Bande d'étoffe attachée de chaque côté de la robe des chartreux.

— N. f. plur. Mèches de cheveux frisées. V. **Accroche-cœur.**

COMP. — Enguichure.

GUICHET. n. m. (XIIe s. ; de l'anc. scand. *vik,* « cachette », selon BLOCH).

‖ 1° *Vieilli.* Petite porte* pratiquée dans une porte monumentale, une muraille de fortification, etc. *Se présenter au guichet d'une ville fortifiée. Porte de grange munie d'un guichet* (Cf. Engin, cit. 1).

‖ 2° Petite ouverture, pratiquée à hauteur d'homme dans une porte, un mur, et par laquelle on peut parler à quelqu'un, faire passer des objets (Cf. Barricader, cit. 4). *Guichet de la porte d'un couvent, d'une prison. Passer de la nourriture à un prisonnier par le guichet de sa cellule. Guichet grillé ou grillagé.* V. **Judas** (Cf. Grille, cit. 8).

1 « Abramko n'ouvrait jamais à personne sans avoir regardé par un guichet grillagé, formidable. »
BALZ., Cousin Pons, Œuvr., t. VI, p. 635.

2 « La mère Angélique... s'avança seule vers la porte de clôture, à laquelle M. Arnauld heurtait déjà. Elle ouvrit le guichet... M. Arnauld commandait d'ouvrir : la mère Angélique dut tout d'abord prier son père d'entrer dans le petit parloir d'à côté, afin qu'à travers la grille elle lui pût parler commodément et se donner l'honneur de lui justifier ses résolutions...
...toute cette scène du *Guichet...* cette Journée que M. Royer-Collard aime à citer comme une des grandes pages de la nature humaine... »
STE-BEUVE, Port-Royal, Journée du guichet.

3 « Il passa devant la prison. À la porte pendait une chaine de fer attachée à une cloche. Il sonna. Un guichet s'ouvrit. — Monsieur le guichetier, dit-il... voudriez-vous bien m'ouvrir et me loger pour cette nuit ? »
HUGO, Misér., I, II, I.

— Par anal. *Guichet d'un confessionnal* (cit. 1). — Petite ouverture par laquelle le public communique avec les employés d'une administration, d'un bureau. *Se présenter au guichet de la poste* (Cf. Espérer, cit. 28 ; encrier, cit. 1), *de la perception, d'une caisse d'épargne* (Cf. Assiéger, cit. 5), *d'une banque* (Cf. Assaut, cit. 13). *Banque qui paye, rembourse à guichets ouverts* (Cf. Désastre, cit. 6). — *Guichet de location,* où l'on délivre les billets pour assister a un spectacle. *Troupe qui joue à guichets fermés (ou bureaux fermés),* après avoir loué la totalité des places disponibles. *Employé assis derrière son guichet* (Cf. État, cit. 134). *Adressez-vous au guichet d'à côté.* — REM. Par extension, le mot continue d'être utilisé même lorsque les opérations administratives se déroulent de part et d'autre d'un simple comptoir* séparant les employés du public.

4 « Ce n'est plus la barricade aujourd'hui qui discerne, qui sépare en deux le bon peuple de France, les populations du royaume. C'est un beaucoup plus petit appareil, mais infiniment plus répandu, surtout aujourd'hui, un caisse, un bureau, un comptoir... le *guichet.* Quelques cadres de bois, plus ou moins mobiles, un grillage métallique, plus ou moins fixé, font tous les frais d'un guichet. C'est pourtant avec cela, c'est avec ce peu que l'on gouverne la France très bien. »
PÉGUY, La République..., p. 203.

5 « Le guichet a droit à notre considération respectueuse, à notre admiration : il a dompté, il a maté le peuple de France, ce peuple dont on aime à dire qu'il est indomptable. Le guichet est une forme de la discipline à laquelle, vraiment, aucun peuple ne saurait résister. »
DUHAM., Récits temps de guerre, IV, XXXI.

— Spécialt. *Les guichets du Louvre, des Tuileries*, étroits passages voûtés qui font communiquer les cours intérieures et les abords du palais.

6 « Gurau passe sous les guichets du Louvre ; il débouche dans la rue de Rivoli. » ROMAINS, H. de b. vol., t. V, XXIV, p. 232.

DER. — **Guichetier.** n. m. (1611). Celui qui est préposé à un guichet. *Guichetier de prison.* V. **Geôlier** (Cf. Guichet, cit. 3).

GUIDE. n. m. et *f.* (1370 ; anc. prov. ou ital. *guida*, même sens).

I. N. m. || **1°** Celui, celle qui accompagne pour montrer le chemin. *Faire une course en montagne avec un guide. Un guide sûr, expérimenté, intrépide* (Cf. Escarpement, cit. 2) *Les guides de Chamonix, de Zermatt. Alpinistes encordés* (cit.) *précédés d'un guide. Se faire accompagner en voyage par un guide* (Cf. Campagne, cit. 8). *Servir de guide à quelqu'un* (Cf. Fier, cit. 23). V. **Cicerone.** — *Guide d'un musée, d'un monument historique. Suivez le guide ! N'oubliez pas le pourboire du guide ! N'oubliez pas le guide !*

1 « Aussi les Lovelace n'osaient-ils ni louer de bateaux pour se promener sur le lac, ni chevaux, ni guides pour visiter les environs. » BALZ., A. Savarus, Œuvr., t. I, p. 781.

2 « L'on nous donna pour guide un jeune garçon qui connaissait parfaitement les chemins et nous conduisit sans encombre à Ecija... » GAUTIER, Voyage en Espagne, p. 228.

3 « Ils cheminent à la queue leu leu, menés par des guides à casquette d'uniforme qui hurlent dans un porte-voix pour dominer le bruit des mécaniques... » DUHAM., Scènes vie future, VIII.

— *Milit.* Soldat ou gradé sur lequel tout le rang doit régler son alignement et sa marche. — Indigène qui connaît le pays et peut renseigner une armée en campagne Cf. Fatalité, cit. 14). — Nom donné à certains cavaliers* sous la Révolution et le second Empire. *Régiment de guides.*

— *Mar. Guide d'une escadre*, navire sur lequel les autres navires règlent leurs mouvements.

|| **2°** *Fig.* Celui, celle qui conduit d'autres hommes dans la vie, les affaires, une entreprise, une recherche... V. **Conducteur, conseiller, directeur, gouverneur, mentor, pilote.** *Les hommes se donnent souvent pour guides ceux qui savent les flatter. Ce jeune homme aurait besoin d'un guide éclairé et compréhensif* (Cf. Abuser, cit. 18). *Maîtres qu'on prend pour guides en art* (cit. 63). — *Les guides des peuples.* V. **Berger, chef** (Cf. ital. *Duce* ; all. *Führer*), **pasteur...** (Cf. Employer, cit. 15).

4 « ...sous la conduite d'une reine qui lui servait de mère par la tendresse et de guide par son expérience. » FLÉCHIER, Orais. fun. Marie-Thérèse.

5 « Le poète primitif a des devanciers, mais pas de guides. » HUGO, P.-S. de ma vie, Le goût.

6 « Parmi ceux qui l'aidèrent à se former, son parrain, le Cardinal, tient une place éminente. Mazarin n'avait pas de génie. Mais il fut pour Louis XIV le grand initiateur, — son guide et, dans une certaine mesure, son père spirituel. » L. BERTRAND, Louis XIV, II, II.

7 « Ces minorités à leur tour vaudraient ce que vaudraient les chefs qu'elles auraient pour inspirateurs et pour guides. » ROMAINS, H. de b. vol., t. IV, XVI, p. 175.

— *Par ext.* En parlant d'une chose, d'un principe directeur. V. **Boussole, flambeau** (poét.). *Prendre en art le goût pour guide. Choisir la raison pour guide, en ses écrits, dans la conduite de sa vie* (Cf. Âme, cit. 10 ; astreindre, cit. 2 ; consulter, cit. 9). *L'homme trouve un guide dans sa foi* (Cf. Attiédir, cit. 2), *sa conscience* (cit. 14). *N'avoir d'autre guide que son caprice. Complications où l'on aurait besoin d'un guide.* V. **Fil.**

8 « Le poète ne doit avoir qu'un modèle, la nature ; qu'un guide, la vérité. » HUGO, Odes et ballades, Préf. 1826.

|| **3°** Ouvrage contenant des renseignements ou des conseils utiles à qui veut voyager, travailler ou s'instruire par lui-même. V. **Vade-mecum.** *Acheter chez un libraire un guide des Alpes, un guide illustré, un guide des ressources hôtelières.* — Titre de différents ouvrages (le *Guide des rues de Paris* ; le *Guide de l'archéologue, de l'étudiant, de l'amateur de disques...*) et de différents traités de morale, dont les plus célèbres sont le *Guide des pécheurs*, de Luis de Grenade, et le *Guide spirituel*, de Molinos. — REM. 1. En cette acception, le mot a longtemps été féminin (Cf. *La Guide des pécheurs*, MOL., Sgan., 1). — 2. L'usage veut que l'on parle de l'*indicateur* des chemins de fer, de l'*annuaire* des téléphones.

9 « Ne connaissant pas les hôtels de Sens, il fit halte sous un réverbère pour consulter le guide. » ST-EXUP., Courrier Sud, VIII.

10 « (*L'œuvre de Pausanias*) fait penser à un guide rédigé par un touriste anglais, de tendances traditionalistes, fort scrupuleux, au cerveau positif et rassis. Il énumère et mentionne plutôt qu'il ne goûte ; » J. de LACRETELLE, Le demi-dieu, II.

|| **4°** *Technol.* Se dit de parties d'outillage dont le rôle est de guider le mouvement rectiligne, circulaire... de pièces mobiles. *Guide d'un foret, d'une tige de piston, de soupapes dans un moteur à explosion. Changer des guides usés.* V. **Boitard, glissière.** — *Rainures d'un guide de scie à ruban.*

II. N. f. (surtout au pluriel). Lanières de cuir, cordons attachés au mors d'un cheval attelé et servant à le diriger.

Petites guides pour conduire un cheval lorsqu'on marche à côté de lui. *Grandes guides*, pour conduire le cheval de flèche d'un attelage. *Tirer sur les guides, lâcher les guides.* V. **Rêne(s).** *Conduire à grandes guides*, aller à toute vitesse.

11 « Et déjà des carrioles partaient, on attelait dans les auberges, on dénouait les guides des chevaux attachées aux anneaux des trottoirs. » ZOLA, La terre, II, VI.

— *Fig. Mener la vie à grandes guides*, « prodiguer sa fortune, sa santé » (LITTRÉ, ACAD.). Se dit aujourd'hui pour « faire de grandes dépenses ». V. **Train** (mener grand).

DER. — **Guiderope.** n. m. (1855 BAUDEL., traduc. d'un texte de POE de 1844 ; de l'angl. *guide-rope*, formé du fr. *guide* et de *rope*, « corde »). Cordage que les pilotes d'aérostats laissaient traîner sur le sol dans certaines manœuvres.

« Le *guide-rope*... est simplement une très longue corde qu'on laisse traîner hors de la nacelle, et dont l'effet est d'empêcher le ballon de changer de niveau à un degré sensible... un autre office très important du *guide-rope* est de marquer la direction du ballon. » BAUDEL., Traduct. E. POE, Hist. extraord., Le canard au ballon.

GUIDER. v. tr. (1367 ; réfect. d'après *guide* de l'anc. fr. *guier*, XIIᵉ s., venant lui-même du francique *witan*, « montrer une direction »).

|| **1°** Accompagner en montrant le chemin. V. **Conduire, piloter.** *Guider un voyageur, un touriste. Guidez-nous, puisque vous connaissez la route. Se laisser guider à travers un bois. Aveugle guidé par son caniche.*

1 « À travers le labyrinthe d'escaliers où le guidait un homme en livrée... » BALZ., César Birotteau, Œuvr., t. V, p. 494.

2 « Oh hi ! mes pigeons, gare à la souche de chêne. Là, Bosselé, attention au sapin. Droit, Aurore... Il les guidait doucement à travers la forêt ouverte. » GIONO, Chant du monde, II, III.

3 « Il allait devant eux, le jour, dans une colonne de nuées, pour les guider dans leur chemin, et la nuit dans une colonne de feu, pour les éclairer. » DANIEL-ROPS, Peuple de la Bible, II, I.

— *Spécialt.* (Tout en soutenant, en veillant à la marche). *Guider un aveugle à travers une rue. Mère qui guide les premiers pas de son enfant. Guider quelqu'un en lui tenant le bras* (Cf. Évacuer, cit. 6). *Il la guidait dans sa marche. Guider la marche de quelqu'un.*

|| **2°** *Par ext.* Faire aller, pousser dans une certaine direction. V. **Diriger, mener** et (*vx*) **gouverner.** *Cavalier* (cit. 4) *guidant son cheval. Le berger guide son troupeau.* — (Techn.) *Guider à distance.* V. **Radioguider, téléguider.** *Bateau, avion, tank, engin, fusée... guidés par radio.*

4 « ... je vois l'outil
Obéir à la main ; mais la main, qui la guide ? » LA FONT., Fabl., IX, Disc. à Mᵐᵉ de La Sablière.

— *Guider une opération, une manœuvre* (Cf. Dévidage, cit.).

|| **3°** *Par anal.* (En parlant des choses). Mettre sur la voie, aider à reconnaître le chemin. *Bornes, poteaux indicateurs qui guident le voyageur. L'étoile* qui *guida les rois mages. Thésée guidé par le fil d'Ariane. Phares guidant les navigateurs. Lumière qui éclaire et guide* (Cf. Aurore, cit. 3). *Chien guidé par son flair* (cit. 1), *par des traces. L'odeur le guidait. Traits, repères servant à guider un outil* (Cf. Équivalent, cit. 4).

5 « Pour surcroît de malheur, ce n'était pas nuit de lune et nous n'avions pour nous guider que la tremblotante lueur des étoiles. » GAUTIER, Voyage en Espagne, p. 226.

6 « Guidé par ton odeur vers de charmants climats, » BAUDEL., Spl. et id., Parfum exotique.

|| **4°** *Fig.* Mettre ou entraîner dans une certaine direction morale, intellectuelle... ; aider à choisir une direction. V. **Conseiller, éclairer, éduquer, orienter.** *Guider quelqu'un dans ses études, dans le choix d'une carrière* (Cf. Affectueusement, cit.). *Des parents qui te guideront* (Cf. Fortune, cit. 11). *Assister* (cit. 8) *celui qu'on guide. Il piétine, il a été mal guidé* (Cf. Étude, cit. 14).

7 « ...il est à propos que le peuple soit guidé, et non pas qu'il soit instruit... » VOLT., Lettre à Damilaville, 2818, 19 mars 1766.

8 « Écoutez, mon enfant, si vous avez confiance en ma tendresse, laissez-moi vous guider dans la vie. À dix-sept ans l'on ne sait juger ni de l'avenir ni du passé, ni de certaines considérations sociales. » BALZ., Gobsek, Œuvr., t. II, p. 621.

— *C'est son intérêt, son ambition, sa passion... qui le guide. Être guidé par des principes, une morale, une doctrine, une discipline, une sagesse* (Cf. Brouiller, cit. 32 ; église, cit. 11 ; épreuve, cit. 23 ; auspice, cit. 9). *La raison ne nous guide pas toujours sûrement* (Cf. Achopper, cit. 1). *Se laisser guider par ses caprices, par ses instincts.* V. **Mener** (Cf. Foulée, cit. 1). *La délicatesse, la bonté qui le guide en toutes circonstances.*

9 « Un clair discernement de ce que vous valez
Nous fait plaindre le sort où cet amour vous guide, » MOL., Psyché, I, 2.

10 « ...pour guider l'homme, la marche de la nature est toujours la meilleure. » ROUSS., Julie, II, V, III.

11 « ...nul intérêt personnel ne la guidait en ceci, mais bien uniquement le désir de me protéger contre moi-même... » GIDE, Si le grain..., II, II.

12 « Il se laisse plutôt guider par son flair, ou par ce qu'il a personnellement observé. »   ROMAINS, H. de b. vol., t. IV, IV, p. 22.

— *Principes qui guident nos choix, nos décisions... Faune dont la sensibilité guide la distribution dans certains étangs* (cit. 6). Cf. Commander, déterminer.

13 « Hors celui du président du conseil et de quelques ministres politiques, *tous* les choix, y compris ceux des ministres techniciens, ne devraient être guidés que par des considérations de valeur technique et morale. »   MAUROIS, Art de vivre, IV, 1.

|| SE GUIDER. Trouver son chemin (*Rare*, employé absolument). « *Cet aveugle se guide à l'aide d'un bâton* » (LITTRÉ). *Un fil pour se guider dans ce dédale* (cit. 7).

14 « Je vous servais de guide, et je n'ai su depuis
Moi-même me guider, tant égaré je suis. »
    RONSARD, Églogues, Le cyclope amoureux.

15 « ...il fallait réellement une habitude extrême de cette navigation pour se guider à travers ces méandres capricieux. »
    GAUTIER, Voyage en Russie, II, p. 378.

— *Se guider sur*, se diriger d'après quelque chose que l'on prend pour repère. *Les marins se guidaient sur l'étoile polaire. Se guider sur le soleil, sur un clocher. —* Fig. *Se guider sur une impression, une intuition, un signe. Se guider sur l'exemple de quelqu'un. Se guider sur l'étymologie* (cit. 5) *dans l'emploi des mots.*

ANT. — Abuser, aveugler, berner, dépayser, écarter, égarer, fourvoyer, tromper.

DER. — **Guidage.** n. m. (1611). Action de guider ; ce qui sert à guider. — (*Technol.*) Ensemble de pièces qui guident la descente et la remontée des cages d'extraction dans les mines (on dit aussi *Guidonnage*). — *Mécan.* Dispositif qui guide une pièce mobile d'une machine. — (*Aviat.*) Aide apportée aux avions en vol par des stations radio-électriques. V. **Radioguidage, téléguidage.** — **Guideau.** n. m. (1322). Mar. Sorte de barrage fait de planches inclinées, pour diriger l'écoulement de l'eau. *Dresser des guideaux à l'entrée d'un port. —* Pêche. Filet* en forme de sac.

COMP. — **Guide-âne.** n. m. (1732 ; au plur. *Guide-âne* ou *guide-ânes*). Petit livre, aide-mémoire contenant des instructions élémentaires pour guider les débutants dans un art, une profession. V. Pense-bête. — Transparent* aidant à écrire droit. — REM. La langue technique a formé de nombreux composés désignant des appareils ou instruments. Le sens reste toujours « appareil qui guide, qui sert à guider (telle ou telle chose) ».

GUIDON. n. m. (XIVe s. ; de l'ital. *guidone*, même sens).

|| 1° *Vx.* Étendard d'une compagnie de gendarmerie* ou de cavalerie lourde. V. **Drapeau, enseigne, fanion.** — *Par ext.* Celui qui portait cet étendard. V. **Enseigne** (Cf. Portedrapeau). — La charge de guidon :

1 « (M. de PONS) fut ainsi à la cour plusieurs années avant la mort du Roi, qui... lui donna enfin pour rien un guidon de gendarmerie. »
    ST-SIM., Mém., V, XXIX.

— *Par anal.* Bannière d'une confrérie, d'un ordre quelconque. — *Mar.* Pavillon triangulaire ou à deux pointes. — *Milit.* Fanion servant à déterminer l'alignement* dans les manœuvres d'infanterie.

|| 2° (1757 ENCYCL.). Petite saillie, à l'extrémité du canon d'une arme à feu qui, avec l'œilleton* ou le cran de hausse*, donne la ligne de mire. *Guidon d'un fusil, d'un pistolet. Viser plein guidon,* en laissant apparaître toute la hauteur du guidon dans l'évidement du cran de hausse. *Guidon en aiguille, en grain d'orge.*

|| 3° *Typogr. Guidon de renvoi,* repère qui signale où l'on doit placer une addition à un texte. — *Mus.* Signe que les graveurs de musique plaçaient en bout de ligne pour annoncer la note commençant la ligne suivante.

|| 4° (fin XIXe s.). Tube de métal, de forme variable, qui commande la roue directrice d'une bicyclette, d'une motocyclette. *Guidon d'acier, de duralumin. Le guidon porte les poignées et les freins. Guidon surbaissé de course. Guidon plat, relevé. —* (En T. de Sport). *Coureur cycliste qui pédale, les mains en haut du guidon, sans effort. Empoigner le guidon à pleines mains, tirer sur le guidon, fournir un gros effort. Rouler le guidon dans les dents,* courbé sur sa machine.

2 « Le beffroi de la gare marquait quatre heures trente-cinq. Courbé sur le guidon, Bénin gravit la rampe de la cour ; »
    ROMAINS, Les copains, II.

DER. — **Guidonnage.** n. f. (1877 LITTRÉ). *Technol.* V. Guidage.

1. GUIGNARD. n. m. (XVIIe s. ; peut-être dérivé, selon HATZFELD, de *guigner,* au sens dial. de « remuer »). Nom vulgaire de petits échassiers (*Charadriidés*) appelés aussi pluviers* des Alpes. *La chair délicate des guignards, utilisée dans les pâtés de Chartres.*

2. GUIGNARD. V. GUIGNE 2 (*dér.*).

1. GUIGNE. n. f. (1393, *guine* ; bas lat. *guina,* peut-être de l'anc. haut all. *wîhsila,* Cf. all. mod. *Weichsel,* « griotte »). Petite cerise* à longue queue, de chair molle, rouge et très sucrée, dont la forme rappelle celle du bigarreau*. *Guigne noire, rouge. —* Fig. *Femme fraîche comme une guigne* (Cf. Avenant, cit. 3). — Fam. *Se soucier de quelqu'un, de quelque chose comme d'une guigne :* très peu, pas du tout

1 « Quant aux cadeaux de la corbeille... elles s'en souciaient comme d'une guigne. »   LOTI, Les désenchant., III.

2 « Or, sachez... que ces païens qui se soucient, comme d'une guigne, de la vie éternelle, et ne lavent pas plus leur âme que leurs pieds, exigent de leur curé la pluie et le beau temps. »
    R. ROLLAND, Colas Breugnon, III.

DER. — **Guignier.** n. m. (1544 *guinier*). Variété de cerisier* qui produit des guignes. — **Guignolet.** n. m. (1829). Liqueur faite avec des guignes, fabriquée particulièrement en Anjou.

« — Je n'ai justement plus de fine, mes bons messieurs ; mais j'ai encore du guignolet. »   ROMAINS, Les copains, III.

2. GUIGNE. n. f. (1866 ; *avoir la guigne,* au sens de « loucher » en 1864 ; var. pop. de *guignon*). V. **Guigner**). *Fam.* Mauvaise chance qui semble s'attacher à un homme. *Avoir la guigne.* V. **Guignon, malchance*** ; (*fam.*) **poisse...** *Flanquer* (cit. 7) *la guigne à quelqu'un. Guigne qui s'acharne* (cit. 1) *sur quelqu'un. Une guigne noire.*

1 « Je ne crois pas du tout à la guigne et crois que c'est s'en préserver que de se refuser à y croire. »   GIDE, Journal, 9 févr. 1943.

2 « Poupaert est un homme du Nord, un garçon qui a souffert tous les malheurs imaginables : femme, santé, famille, courage, tout l'a trahi. Il est devenu comme un spécialiste de la guigne. »
    DUHAM., Salavin, I, XV.

ANT. — Chance, et (*fam.*) Pot, veine.

DER. — **Guignard**, arde. adj. (« qui cligne de l'œil », en anc. fr. ; fin XIXe s. au sens mod.). Qui a la guigne. V. Malchanceux. *Je suis guignard aujourd'hui.* — Substant. *C'est une guignarde.* (ANT. Veinard, verni)

GUIGNER. v. tr. (XIIe s. ; d'abord au sens de « faire signe », puis « faire signe de l'œil, loucher » ; a aussi le sens de « remuer » dans de nombreux dial. ; sans doute d'un francique *winkan.* Cf. all. *winken,* « faire signe »). Regarder quelqu'un ou quelque chose à la dérobée (et généralement avec convoitise). *Guigner le jeu de son voisin, le décolleté d'une femme, ... —* Absolt. *Guigner de l'œil.* V. **Lorgner, loucher.**

1 « J'ai guigné ceci (la cassette d'Harpagon) tout le jour. »
    MOL., Avare, IV, 6.

2 « Tout le régiment connaît Lucie, tous les hommes la désirent, et quand elle traverse le débit bondé, portant les verres, ils la guignent d'un air goulu et disent crûment leur goût. »
    DORGELÈS, Croix de bois, VI.

3 « Son fils le guignait du coin de l'œil, où voulait-il en venir ? Mais le silence d'Edmond glaçait le vieux malin et lui mettait la puce à l'oreille. »   ARAGON, Beaux quartiers, II, VII.

— *Fig.* Guetter avec convoitise. V. **Convoiter, vues** (avoir des). *Guigner une place, un héritage, un beau parti...*

4 « Il revint la semaine suivante, et se vanta d'avoir, après force démarches, fini par découvrir un certain Langlois qui, depuis longtemps, guignait la propriété sans faire connaître son prix. »
    FLAUB., Mme Bovary, III, V.

1. GUIGNETTE. n. f. (1465 ; bas lat. *gubia,* « serpette, gouge »). *Technol.* Petite serpe. — *Mar.* (1845). Outil de calfat. — (Par anal. de forme) *Pêch.* (1872). Nom vulgaire du vigneau*. V **Littorine.**

2. GUIGNETTE. n. f. (XVIIIe s. BUFFON ; peut-être de *guigner.* V. **Guignard** 1). Oiseau charadriiforme, du genre échassier (*Charadriidés*), appelé scientifiquement tringoïde ou actitis. *La guignette fréquente à l'automne les rivages marins.*

« On pourrait dire que la guignette n'est qu'un petit bécasseau, tant il y a de ressemblance entre ces deux oiseaux pour la forme et même pour le plumage... La guignette vit solitairement le long des eaux, et cherche, comme les bécasseaux, les grèves et les rives de sable ; »   BUFF., Hist. nat. ois., La guignette.

GUIGNOL. n. m. (1848 G. SAND, Cf. cit. *infra ;* du nom du canut lyonnais *Guignol,* var. *Chignol,* dont Mourguet, vers la fin du XVIIIe s., fit le héros de son théâtre de marionnettes à Lyon).

|| 1° Marionnette* sans fil, animée par les doigts de l'opérateur. *Manœuvrer ses guignols.*

1 « Maurice et Lambert ont fabriqué un théâtre de marionnettes, qui est vraiment quelque chose d'étonnant... Ils ont une vingtaine de personnes à eux et ils font parler et gesticuler tout ce monde de guignols de la façon la plus divertissante. »
    SAND, Lett. à A. de Bertholdi, déc. 1848 (in MAUROIS, Lélia, p. 413).

— *Fig.* Personne involontairement comique ou ridicule. V. **Pantin.** *Quel guignol que cet homme-là ! Ne fais donc pas le guignol ! Les personnages de ce roman ne sont que des guignols.*

— *Arg.* V. **Gendarme.**

|| 2° Théâtre de marionnettes où l'on joue des pièces dont Guignol est le héros ; les pièces elles-mêmes. *Mener ses enfants au Guignol, à Guignol, à un spectacle de Guignol. Un ton de guignol* (Cf. Farce, cit. 4). *C'est du guignol !* une vraie farce.

2 « Mais à peine l'un d'eux (des gendarmes) apparut-il sur le toit, que la foule, comme les enfants à Guignol, se mit à vociférer, à prévenir la victime. »   RADIGUET, Diable au corps, p. 19.

COMP. — **Grand-guignolesque.** *adj.* (Début XXe s. ; par l'interm. du nom d'un théâtre parisien, *le Grand-Guignol*, fondé en 1897 et spécialisé dans la représentation de mélodrames horrifiants. On dit d'ailleurs : *c'est du Grand-Guignol*, de quelque chose de réel qui rappelle ce genre de spectacle). Digne du Grand-Guignol. *Péripéties grand-guignolesques, scène d'horreur grand-guignolesque.*

GUIGNON. *n. m.* (XIIe s. in *Tristan*, de BÉROUL ; de *guigner*, « regarder de côté, ou de travers », d'où, « de façon défavorable » ; le mot évoque l'idée de « mauvais œil ». Cf. Guigne 2). *Fam.* Mauvaise chance persistante (au jeu, dans la vie...). *Avoir du guignon, être en guignon. Être poursuivi par le guignon. Porter le guignon à quelqu'un*, lui porter malheur. *Quand le guignon s'en mêle, rien ne réussit.* V. **Malchance***, **poisse** (*pop.*). Cf. Fatalité, cit. 13. — *Le Guignon*, titre de poèmes de Baudelaire et de Mallarmé.

1 « Je ne sais, ma très chère, comme vous pourriez croire que votre présence fût un obstacle à la fortune de vos frères ; vous n'êtes guère propre à porter guignon. » SÉV., 816, 5 juin 1680.

2 « Il y a, dans l'histoire littéraire... de vraies damnations, — des hommes qui portent le mot *guignon* écrit en caractères mystérieux dans les plis sinueux de leur front. » BAUDEL., **Edgar POE**, sa vie et ses œuvres, I.

3 « Ceux qui disent : « J'ai du guignon », sont ceux qui n'ont pas encore eu assez de succès et qui l'ignorent... il n'y a pas de guignon. Si vous avez du guignon, c'est qu'il vous manque quelque chose : ce quelque chose, connaissez-le... » ID., **Art romantique**, IV.

4 « Ils courent sous le fouet d'un monarque rageur, Le Guignon, dont le rire inouï les prosterne. » MALLARMÉ, **Poésies**, Le guignon.

5 « J'estime surtout qu'il y a de mauvaises natures pour qui tout est guignon, et à qui tout fait tort. » GIDE, **Prétextes**, p. 8.

ANT. — Bonheur, chance, veine (*fam.*).

COMP. — Enguignonné.

DER. — Guignonnant, ante (on écrit aussi *guignonant* ou *guignolant*). *adj.* (XIXe s.). Qui inspire le dépit par son caractère de mauvaise chance obstinée ou cruelle. *C'est guignonnant !*

« Le pauvre jeune homme est sans fortune et amoureux fou, voilà qui est *guignonant*. » STENDHAL, **Rom. et nouv.**, Féder, p. 1281.

GUILDE ou **GILDE.** *n. f.* (1872 P. LAROUSSE ; *ghilde* in LITTRÉ, Suppl. 1877 ; *gelde* au XIIe s. ; lat. médiév. *gilda, ghilda*, empr. au moy. néerl. *gilde*, « troupe, corporation »). Au moyen âge, sorte d'association de secours mutuel entre marchands (V. **Hanse**), artisans, bourgeois.

« La gilde était avant tout une association de secours mutuels, de protection, d'assurances contre toutes sortes d'accidents ; une étroite solidarité unissant les membres d'une gilde liés entre eux par un serment. Elle avait en outre des fonctions religieuses... » M. PROU, in ENCYCL. (BERTHELOT), Gilde.

GUILLAUME. *n. m.* (1605 ; nom propre). *Technol.* Rabot* à fer étroit et échancré, servant à faire les rainures, les moulures. — Outil des ravaleurs, pour gratter et nettoyer les pierres.

GUILLEDOU. *n. m.* (*courir le guildrou* au XVIe s. ; orig. incert., peut-être du scandin. *kveldulfr*, « loup du soir, loup-garou », l'expression semblant « devoir être... rapprochée de la locution *avoir vu le loup* qu'on applique aux filles qui ont couru » RAT, Dict. loc. fr.). *Loc. fam. Courir le guilledou* : aller en quête d'aventures galantes* (cit. 18).

« Moi, je vous croyais des maîtresses à la douzaine, des danseuses, des actrices, des duchesses, rapport à vos absences... Qu'en vous voyant sortir, je disais toujours à Cibot : Tiens, voilà monsieur Pons qui va courir le guilledou ! » BALZ., **Cousin Pons**, Œuvr., t. VI, p. 647.

GUILLEMET. *n. m.* (1670 ; de *Guillaume*, imprimeur qui inventa ce signe, d'après MÉNAGE). Signe typographique consistant en un petit crochet courbe ou anguleux et que l'on emploie par paires (« ... ») pour isoler un mot, un groupe de mots, un passage, etc., cité, rapporté, ou simplement mis en valeur. *Mettre une citation entre guillemets. Ouvrir, fermer les guillemets* : inscrire la paire de signes correspondant au début («) ou à la fin (») de la citation. *Guillemets ouvrants, fermants.*

1 « Dans l'écriture, les guillemets indiquent qu'on cite textuellement des paroles : *L'aïeule regarda déshabiller l'enfant, disant : « Comme il est blanc ! approchez donc la lampe ! »* (V. H., Chât., Nuit du 4). » BRUNOT, **Pens. et lang.**, p. 342.

2 « Vous abrégez sous cette forme et mettez entre guillemets une phrase qui, dans mon texte, est plus longue, mais qui, je le reconnais, prête à équivoque. La voici : ... » F. PORCHÉ, **Lettre à Gide** (in GIDE, Corydon, Append., p. 201).

3 « Vous et moi, nous écrivons « Je ne sais rien », à la bonne franquette. Mais supposons que j'entoure ce *rien* de guillemets. Supposons que j'écrive, comme M. Bataille : « Et surtout « rien », je ne sais « rien ». Voilà un *rien* qui prend une étrange tournure ; il se détache et s'isole, il n'est pas loin d'exister par soi. » SARTRE, **Situations I**, p. 183.

DER. — Guillemeter. *v. tr.* (1800). Mettre entre guillemets. *Guillemeter un passage, une citation, un mot. Faut-il guillemeter cette phrase ou la mettre en italique ?*

GUILLEMOT. *n. m.* (1555 ; dimin. de *Guillaume*, surnom de cet oiseau). *Zool.* Oiseau alciforme (*Palmipèdes* ; *Alcidés**) habitant les régions arctiques. *Petit guillemot. Guillemot à capuchon. Le mergule, le macareux sont voisins du guillemot.*

« Le guillemot nous présente les traits par lesquels la nature se prépare à terminer la suite nombreuse des formes variées du genre entier des oiseaux. Ses ailes sont si étroites, qu'à peine peut-il fournir un vol faible... cet oiseau est très peu défiant, il se laisse approcher et prendre avec une grande facilité ; et c'est de cette apparence de stupidité que vient l'étymologie anglaise de son nom guillemot. » BUFF., **Hist. nat. ois.**, Le guillemot.

GUILLERET, ETTE. *adj.* (1460 ; probablt. de même famille que *guilleri*). Qui manifeste une gaieté vive, pétulante. V. **Folâtre, frétillant, fringant ; éveillé, gai, vif.** *Il est tout guilleret dès le matin.* — Par ext. *Air guilleret.* V. **Réjoui.**

1 « Petit, trapu, devenu sec, il (le comte Hulot) portait sa verte vieillesse d'un air guilleret ; ... » BALZ., **Cousine Bette**, Œuvr., t. VI, p. 177.

2 « Mais un jour par semaine de bonne humeur ce n'est pas assez et Madeleine n'aimait pas le voir guilleret, parce qu'elle savait que le lendemain soir il rentrerait tout enflambé de colère. » SAND, **François le Champi**, II.

3 « Un jour elle m'en revint toute guillerette des Armées, et munie d'un brevet d'héroïsme, signé par l'un de nos grands généraux, s'il vous plaît. » CÉLINE, **Voyage au bout de la nuit**, p. 77.

— Un peu libre, léger. V. **Leste.** *Propos guilleret.*

ANT. — Accablé, triste*...

GUILLERI. *n. m.* (1560 BLOCH ; probablt. onomat. Cf. *Compère Guilleri*, personnage de chansons populaires). *Vx.* Chant du moineau*.

GUILLOCHER. *v. tr.* (XVIe s. ; de *Guilloche*, dimin. de *Guillaume*). Orner de traits gravés en creux et entrecroisés. *Guillocher une plaque de cuivre, un boîtier de montre, un cadre...*

|| GUILLOCHÉ, ÉE. *p. p.* et *adj.* Orné de guillochis.

1 « Il plongea son large pouce et son index dans sa boîte d'argent guilloché... » BARBEY d'AUREV., **Les diaboliques**, p. 179.

2 « ... les petites pipes rentrent dans leurs étuis guillochés, se rattachent aux ceintures ; » LOTI, Mme Chrysanthème, LI, p. 279.

— Par anal. :

« Le roi tient son sceptre à la main, et porte une robe longue, guillochée et ramagée avec une délicatesse inconcevable. » GAUTIER, **Voyage en Espagne**, p. 35.

4 « Point de rose sur la joue un peu creuse, ni sous la paupière que la fatigue, le clignement fréquent ont, déjà, délicatement guillochée... » COLETTE, **La vagabonde**, p. 126.

— Substant. *Guilloché* : ouvrage de guillochis.

DER. — Guillochage. *n. m.* (1792). Action de guillocher ; son résultat. — Guilloche. *n. f.* (1866). Outil à guillocher. V. **Burin.** — Guillocheur. *n. m.* (1788). Ouvrier, artiste qui guilloche. V. **Graveur.** — Guillochis. *n. m.* (XVIe s.). Ornement formé de traits gravés entrecroisés avec régularité, symétrie. *Un fin guillochis.* — Guillochure. *n. f.* (XIXe s.). Chacun des traits, entrecroisements de traits formant un guillochis. *Les guillochures régulières d'un boîtier de montre.*

1 « Petit à petit, les délicates sculptures, les guillochis merveilleux de cette architecture de fées s'oblitèrent, se bouchent et disparaissent. » GAUTIER, **Voyage en Espagne**, p. 175.

2 « C'était une vieille alliance d'or, un de ces bijoux de grosse joaillerie commune, si usée, que les guillochures en avaient presque disparu. » ZOLA, **La terre**, IV, IV.

3 « Elle avait aux pieds des sabots noirs, à guillochures, d'un modèle élégant. » ROMAINS, **H. de b. vol.**, t. XXI, XI, p. 200.

GUILLOTINE. *n. f.* (1790 ; du nom de *Guillotin*, médecin qui préconisa l'usage de cet instrument de supplice, utilisé en Italie dès le XVIe s.).

|| **1°** Instrument de supplice servant à trancher la tête des condamnés à mort, par la chute d'un couperet qui glisse entre deux montants verticaux. V. **Échafaud, justice** (bois de). Cf. *pop.* La bascule, la faucheuse, la monte à regret, la veuve*... et *aussi* Charrette, cit. 2 ; exécuteur, cit. 5. — Préconisée par Guillotin en 1789, *la guillotine fut mise au point en 1791 par le docteur Louis* (on l'appela d'abord la *Louison*, la *Louisette*) *et adoptée le 20 mars 1792. Parties de la guillotine* : montants, lame (V. **Couperet, couteau, mouton**), planches maintenant le cou du condamné (V. **Lunette**). *Dresser* (cit. 9) *la guillotine.*

1 « Vous avez sur le cou une ligne rouge que je vois. La guillotine vous attend. Oui, vous mourrez en place de Grève. » BALZ., **Melmoth réconcilié**, Œuvr., t. IX, p. 293.

2 « La *guillotine* est la concrétion de la loi ; elle se nomme *vindicte* ; elle n'est pas neutre et ne vous permet pas de rester neutre. Qui l'aperçoit frissonne du plus mystérieux des frissons. Toutes les questions sociales dressent autour de ce couperet leur point d'interrogation. » HUGO, **Misér.**, I, I, IV (V. **Échafaud**, cit. 6).

3 « Isabel fut condamnée à mort, son recours en grâce fut rejeté. Il mourut sur la guillotine de mort violente, en avance de quelques mois sur une grande partie de ses contemporains. » MAC ORLAN, **Quai des brumes**, X, p. 159.

— Le supplice* de la guillotine. V. **Décapitation, exécution.** *Condamner* (cit. 16), *envoyer un criminel à la guillotine* (Cf. Couteau, cit. 17).

‖ *2° Par anal.* Technol. *Fenêtre à guillotine,* dont le châssis* glisse verticalement entre deux rainures et peut se retenir en l'air, au moyen de tourniquets*. — *Cisaille à guillotine,* montée sur un long manche. Absolt. *Guillotine :* faucille servant à la récolte du goémon. — *Obturateur photographique à guillotine.*

4 « Par la fenêtre à guillotine, on voyait un coin de ciel noir, entre les toits pointus. » FLAUB., Mᵐᵉ **Bovary,** III, I.

DER. — Guillotiner.

GUILLOTINER. *v. tr.* (1790 ; de *guillotine*). Faire mourir par le supplice de la guillotine. V. **Décapiter, exécuter, raccourcir** (*fam.*) ; **couper, faucher, trancher** (la tête).

1 « ... la veille de sa mort, Danton disait avec sa grosse voix : C'est singulier, le verbe « guillotiner » ne peut pas se conjuguer dans tous ses temps ; on peut bien dire : je serai guillotiné, tu seras guillotiné, mais on ne dit pas : j'ai été guillotiné. » STENDHAL, **Le rouge et le noir,** XLII.

2 « ... si l'on admet la discontinuité de l'être, comment guillotinera-t-on un criminel, puisqu'il est évident que l'homme qui a assassiné et celui qu'on mène à l'échafaud sont différents ? » DANIEL-ROPS. **Monde sans âme,** VII, p. 215.

‖ GUILLOTINÉ, ÉE. *p. p. adj. Assassin guillotiné.* Substant. *Le cadavre d'un guillotiné.*

DER. — Guillotinement. *n. m.* (1790). Peu usit. Action de guillotiner. (On disait aussi *Guillotinage, guillotinade...*). V. **Exécution.** — Guillotineur. *n. m.* (1790). Celui qui guillotine (V. **Bourreau, exécuteur**) ou est responsable de condamnations à la guillotine. « *Plutôt cent fois être guillotiné que guillotineur* », mot attribué à Danton.

GUIMAUVE. *n. f.* (*Widmalve* au XIIᵉ s. ; d'un premier élément *gui-*, issu du lat. *hibiscus* (gr. *hibiskos,* « mauve ») par croisement avec *gui**, et de *mauve** « qui a été ajouté pour éviter une confusion de sens » BLOCH). *Bot.* Plante dicotylédone dialypétale (*Malvacées*), scientifiquement appelée Althea, herbacée, vivace, à tige plus haute et à feuilles plus petites que la mauve*. *Les fleurs, les feuilles, les racines de guimauve ont des propriétés émollientes. Guimauve officinale. Guimauve rose* (Althea rosea) : la rose trémière. *Infusion, sirop de guimauve. Pâte de guimauve,* pâte molle et sucrée que l'on vend dans les foires, etc. — Absolt. *Mou comme de la guimauve* (de la pâte de guimauve).

1 « ... il (*le miel*) a la fermeté et la consistance de la pâte de guimauve. » CHATEAUB., **Itinéraire...,** 1ʳᵉ partie, p. 182.

2 « Il était mou, comme en guimauve ; sa main fondait dans celle qu'on lui tendait. » GIDE, **Journal,** 7 oct. 1942, p. 30.

— *Fig. Un style en pâte de guimauve :* fade et inexpressif. *Une sentimentalité à la guimauve.*

GUIMBARDE. *n. f.* (1625), sorte de danse, puis instrum. de musique ; empr. au prov. mod. *guimbardo,* « danse », de *guimba,* « sauter ». V. **Guibolle.**

‖ *1° Vx.* Petit instrument de musique rudimentaire, fait de deux branches de fer et d'une languette métallique. *Par ext.* Mauvaise guitare* (cit. 7).

1 « Un gars que la pelade avait rendu chauve comme César, serrait entre ses dents une gumbarde qu'il tenait de la main gauche, tandis que de la droite il faisait vibrer son instrument pour accompagner le cantique. » APOLLINAIRE, **L'hérésiarque...,** p. 154.

‖ *2° Technol.* Petit rabot* de menuisier, d'ébéniste, pour aplanir le fond des creux.

‖ *3° Vx.* (1723). Long chariot* couvert à quatre roues. — *De nos jours,* Mauvaise voiture, vieille voiture incommode. V. **Tacot.** *Une guimbarde cahotante* (cit.). *Il a vendu sa vieille guimbarde. De vieilles guimbardes de wagons* (Cf. Gémir, cit. 12).

2 « C'était une affreuse guimbarde, — cela était posé à cru sur l'essieu ; — il est vrai que les banquettes étaient disposées à l'intérieur avec des lanières de cuir ; — ... les roues étaient rouillées et rongées d'humidité ; ... » HUGO, **Misér.,** I, VII, V.

3 « ... le vétérinaire, qui montait dans sa vieille guimbarde disloquée... » ZOLA, **La terre,** I, III.

GUIMPE. *n. f.* (*Guimple* au XIIᵉ s. ; d'un francique *wimpil.* Cf. all. *Wimpel,* « banderole »).

‖ *1°* Partie du costume des religieuses. Morceau de toile qui couvre la tête, encadre le visage, cache le cou et la gorge. V. **Barbette.**

1 « Elles sont vêtues de noir, avec une guimpe qui, selon la prescription expresse de saint Benoît, monte jusqu'au menton. » HUGO, **Misér.,** II, VI, II.

‖ *2°* Vêtement de femme, Sorte de chemisette*, de corsage sans manches, très montant, en tissu léger. *Guimpe de tulle, de dentelle... Guimpe froncée, plissée, à col brodé. Guimpe qui enserre* (cit. 3) *le cou jusqu'aux oreilles* (Cf. Modestie).

2 « Cependant la reine se pâmait de rire à une fenêtre, dans sa haute guimpe de Malines aussi raide et plissée qu'un éventail. » A. BERTRAND, **Gaspard de la nuit,** VIII, p. 90.

3 « Le costume est tout noir, varié à peine par une draperie de dentelle blanche sur les bras et les épaules. Une guimpe haut-montante cache le cou. » STE-BEUVE, **Caus. du lundi,** 28 juill. 1851, t. IV, p. 382.

— Sorte de plastron formant dos, que l'on porte avec une robe décolletée, une veste de tailleur...

GUINCHE. *n. m. et f.* (1821 ; orig. inconnue). Pop. *N. m.* Bal* public, bal musette. — *N. f.* V. **Danse.**

DER. — Guincher. *v. intr.* (1821). Pop. V. **Danser, gambiller.**

GUINCHEUR. *adj. et n. m.* (1878 ; de *guincher* au XVIᵉ s. ; *guenchir* au XIIᵉ s. « s'esquiver, se dérober » ; germ. *wankjan,* all. *wanken,* « vaciller ». Cf. Gauchir). Se dit d'un cheval* qui en s'approchant de l'écurie frappe du pied et cherche à mordre. *Cheval guincheur.*

GUINDAGE, GUINDAL, GUINDANT. V. GUINDER (*dér.*).

GUINDEAU. *n. m.* (XIIᵉ s. ; de *guinder*). *Mar.* Petit cabestan* horizontal servant à lever les ancres. (On dit aussi *Guindas*).

« ... en cinq minutes notre pont fut balayé de bout en bout, la chaloupe et la muraille de tribord furent enlevées, et le guindeau lui-même mis en pièces. » BAUDEL., Traduct. E. POE, **Avent. G. Pym,** VIII.

GUINDER. *v. tr.* (part. *windé* au XIIᵉ s. ; empr. au scand. *winda,* « hausser »).

‖ *1° Mar.* Hisser* (un mât) au moyen d'un palan* (V. **Guinderesse**). *Guinder un mât de hune.* — *Par ext.* Élever (un fardeau) avec une machine (grue, poulie...). V. **Élever, hisser, lever ; guindage, guindal.** — *Plus générat.* Hisser. *Colonnes guindées sur d'énormes bases* (Cf. Ecraser, cit. 16). — *Pronominalt. Se guinder sur ses pattes* (Cf. Contrefaire, cit. 6).

1 « Sinon, il consentait d'être en place publique
Guindé, la hart (*corde*) au col, étranglé court et net, » LA FONT., **Fabl.,** VI, 19.

2 « ... nous admirâmes les peines qu'ils eurent sans doute à guinder leur canon si haut, ... » ST-SIM., **Mém.,** t. I, XXIII.

— *Par métaph.* (*vx*). V. **Hausser.** — *Pronominalt. Se guinder,* se hisser, se hausser.

3 « ... les machines qui l'avaient guindé si haut... sont encore toutes dressées pour le faire tomber dans le dernier mépris : » LA BRUY., VIII, 32.

4 « Il mit cinq ans à l'achever et parachever, et ce ne fut pas sans peine qu'il le guinda à cette hauteur de ridicule souverain et inaccessible où nous le voyons. » GAUTIER, **Les grotesques,** IV, p. 136.

5 « Pourquoi jouer avec moi-même une dangereuse comédie, uniquement pour me guinder jusqu'à des couronnes que je pourrais fort bien manquer... » GOBINEAU, **Les Pléiades,** I, I, p. 10.

‖ *2° Fig.* (XVIᵉ s.). Donner une élévation factice qui s'accompagne de raideur, d'un manque de naturel. *Guinder son style* (ACAD.). — *Pronominalt. Se guinder,* devenir guindé (Cf. *infra,* GUINDÉ, ÉE). *Se guinder pour dire de bons mots.* V. **Travailler** (se).

6 « Sa dignité se guinda, sa royauté la rendit précieuse et quintessenciée. » BALZ., **Illus. perdues, Œuvr.,** t. IV, p. 500.

7 « Elles (*les lettres de Saint-Évremond et de Ninon*) sont d'une parfaite sincérité, et la nature humaine ne s'y déguise et ne s'y guinde en rien : ... » STE-BEUVE, **Caus. du lundi,** 26 mai 1851, t. IV, p. 185.

8 « Le récit se guinde un peu et tout ce qu'on nous rapporte du héros prend l'allure d'informations solennelles et publicitaires. » SARTRE, **Situations I,** p. 20.

‖ GUINDÉ, ÉE. *p. p. et adj.* (XVIIᵉ s.). Qui manque de naturel en s'efforçant de paraître digne, grave, d'un niveau supérieur. *Par ext.* Peu naturel, mal à l'aise. V. **Contraint.** *Personne guindée.* V. **Affecté, étudié** (Cf. Collet* monté). *Cet homme est toujours solennel* et guindé* (ACAD., Solennel). *Avoir un air guindé* (Cf. Avoir l'air d'avoir avalé* sa canne ; être toujours monté sur ses échasses...). *Être guindé dans une tenue de cérémonie.* V. **Corseté, engoncé, raide.** — *Style guindé.* V. **Académique, ampoulé, apprêté, boursouflé, empesé, emphatique, pompeux.** *Écrivain guindé* (Cf. Alambiquer, cit. 5).

9 « Il est guindé sans cesse ; et dans tous ses propos,
On voit qu'il se travaille à dire de bons mots. » MOL., **Misanthr.,** II, 4.

10 « Il n'a rien de vrai, ni de naturel, il est guindé et outré en tout... » FÉN., **Dial. des morts,** Anc. dial., 24.

11 « A beaucoup d'égards, nous préférons la piété amusante et spirituelle de Pierre Camus, l'ami de François de Sales, à la tenue raide et guindée qui est devenue plus tard la règle du clergé français... » RENAN, **Souv. d'enfance...,** IV, I.

12 « ... les quelques pages que j'avais écrites à Neuchâtel ; elles se ressentent de l'effort et le ton m'en paraît guindé. » GIDE, **Journal,** 5 janv. 1948, p. 282.

13 « Y a-t-il un art de ne pas lasser ? *Le grand secret est le naturel.* Toute posture guindée est pénible à tenir et d'ailleurs toujours sans beauté. » MAUROIS, **Art de vivre,** II, 5.

14 « Trapu, un peu guindé dans des vêtements noirs... » MART. du G., **Thib.,** t. V, p. 93.

— *Par métaph.* et *fig.* Raide comme une personne guindée.

15 « Malgré sa Rambla plantée d'arbres, ses belles rues alignées, Barcelone a un air un peu guindé et un peu roide, comme toutes les villes lacées trop dru dans un justaucorps de fortifications. » GAUTIER, **Voyage en Espagne,** p. 288.

16 « Je vois une grande bâtisse muette, guindée dans sa solennité provinciale. » SARTRE, **Théâtre**, Les mouches, I, 2.

ANT. — **Abaisser, descendre. Laisser** (aller). — **Aisé, naturel.**

DER. — **Guindeau.** — **Guindage.** *n. m.* (1517). Action de guinder, d'élever un fardeau, un mât avec un palan. — **Guindal.** *n. m.* (*Windas* au XIIᵉ s.) Appareil pour soulever les fardeaux. — **Guindant.** *n. m.* (1690). *Mar. Guindant de mât,* hauteur comprise entre les jottereaux et le pont supérieur, ou entre la noix et le choquag du mât inférieur. *Guindant d'une voile,* hauteur le long du mât d'une voile carrée ou aurique. *Guindant de pavillon,* hauteur d'un pavillon du côté fixé à la hampe, *par oppos.* à la longueur nommée ballant*. — **Guinderesse.** *n. f.* (1606). *Mar.* Gros cordage ou fil d'acier pour guinder un mât.

GUINÉE. *n. f.* (1669 ; empr. à l'angl. *guinea*, « guinée »).

‖ **1º** Ancienne monnaie anglaise valant 21 shillings, ainsi nommée parce que les premières pièces furent frappées avec de l'or de Guinée. *La guinée, remplacée par le souverain (sovereign) en 1817, n'est plus de nos jours qu'une monnaie de compte.* V. **Souverain.**

1 « Il s'en vengea en véritable Anglais, et en homme à qui les guinées ne coûtaient pas grand-chose. » CHAMFORT, **Caract. et anecd.**, Belle leçon et belle fête..., p. 225.

‖ **2º** (1682). *Vx.* Pièce de toile de coton de qualité courante, qui peut-être tire son nom « du fait qu'on se servait de cette toile comme de moyen d'échange avec les nègres de Guinée » (BLOCH). *Guinées de Pondichéry.*

2 « ...des ordres de faire travailler à des assortiments de toiles, guinées, salempouris et bétilles. » Fr. MARTIN, **Journal**, II, p. 290 (1682).

GUINGOIS (DE). *loc. adv.* (1442, de *gingois* ; selon WARTBURG, de la famille de *gigoter, gigue*, germ. *giga*). *Fam.* De travers. V. **Obliquement, travers** (de). *Cette planche, cette console est placée de guingois* (ACAD.). *Vous êtes assis tout de guingois, installez-vous confortablement !*

1 « Dinarzade, son épée de guingois, à la façon de Frédéric II, debout entre une roue de la voiture et la croupe d'un cheval, ... » CHATEAUB., **M. O.-T.**, t. II, p. 50.

2 « Toujours assis de guingois, comme sur un bras de fauteuil. » GIDE, **Journal**, 14 juill. 1930.

3 « ...la tête coiffée d'un chapeau melon beige de guingois sur le sommet du crâne, ... » MAC ORLAN, **Quai des brumes**, VIII, p. 122.

— *Fig.* V. **Mal.**

4 « Oui, tout est mal arrangé, rien ne s'ajuste à rien, ce vieux monde est tout déjeté, je me range dans l'opposition. Tout va de guingois ; ... » HUGO, **Misér.**, IV, XII, II.

— REM. Toutes les éditions du DICT. de l'ACAD. donnent depuis 1694 comme sens premier *guingois. n. m.*, défini par « ce qui n'est point droit », sans l'illustrer d'aucune citation d'auteur. « *Il y a du guingois dans cette construction* » (LITTRÉ). « *Il y a un guingois dans ce jardin* (ACAD. 8ᵉ éd.). Cet emploi de *guingois. n. m.* qui n'est attesté ni au XVᵉ ni au XVIᵉ siècles n'appartient pas davantage à l'usage moderne.

ANT. — **Droit.**

GUINGUETTE. *n. f.* (1697 ; fém. de *guinguet*, « étroit » (*maison guinguette*), du germ. *giga* selon WARTBURG ; issu d'un nom propre selon DAUZAT). Sorte de café (cit. 5), de cabaret populaire où l'on consomme et où l'on danse, le plus souvent en plein air dans la verdure. V. **Auberge, bal, bastringue** (cit. 1), **estaminet**... (Cf. Étourdissement, cit. 8). *Guinguette de banlieue au bord de l'eau. Guinguette où l'on se retrouve le dimanche pour danser. Tonnelles, charmilles d'une guinguette. Orchestre de guinguette.* — *La Guinguette,* tableau de Van Gogh.

1 « La guinguette, sous sa tonnelle
De houblon et de chèvrefeuil,
Fête, en braillant la ritournelle,
Le gai dimanche et l'argenteuil. »
GAUTIER, **Émaux et camées**, Carnaval de Venise, I.

2 « Il y a une guinguette au bord de l'eau, un type boit, on voit sa casquette, son verre et son long nez au-dessus de la charmille. » SARTRE, **Mort dans l'âme**, p. 279.

— *Par ext.* et *vx.* Maison de campagne.

3 « Personne ne pouvait comprendre une dépense si prodigieuse pour une simple guinguette, puisqu'une maison au milieu d'un champ, sans terres, sans revenu, sans seigneurie, ne peut avoir d'autre nom, ... » ST-SIM., **Mém.**, t. III, LXI.

4 « À ce jardin était jointe une guinguette assez jolie qu'on meubla suivant l'ordonnance. » ROUSS., **Confess.**, V.

GUIPER. *v. tr.* (1350 ; francique *wipan*, « entourer de soie »). *Passem.* Passer un brin de soie (sur ce qui est déjà tors). Entourer (un fil électrique) de fils isolants. — Travailler avec le guipoir*. *Guiper des franges,* les tordre au guipoir. — Imiter (sur vélin) la dentelle nommée guipure*.

DER. — **Guipure.** — **Guipage.** *n. m.* Action de guiper. Gaine végétale qui isole un fil électrique. — **Guipoir.** *n. m.* (1723). Outil de passementier, pour faire des torsades. — **Guipon.** *n. m.* (1342). *Mar.* Sorte de balai fait de morceaux d'étoffe ou de fils de caret fixés au bout d'un manche, qui sert à laver le plancher ou à étendre le goudron sur les carènes.

GUIPURE. *n. f.* (1393 ; de *guiper*). *Passem.* Sorte de dentelle sans fond dont les motifs sont séparés par de grands vides. V. **Dentelle** (cit. 3). *Guipure de fil, de soie ; au fuseau, à l'aiguille, au crochet... Barrettes, boucles, picots, fleurs... d'une guipure. Guipure de Venise, guipure point de rose... Guipure d'Irlande, de Flandre, du Puy... Guipure point Colbert. Guipure fabriquée à la machine. Faire de la guipure* (Cf. Broderie, cit. 2). *Col, manchettes de guipure* (Cf. Enserrer, cit. 3). *Volants de guipure* (Cf. Emprisonner, cit. 5). *Chemisier de guipure.*

— *Fig.* Ce qui rappelle la guipure par l'aspect ajouré et délicat. *Guipures légères de l'architecture gothique* (Cf. Chant, cit. 3).

« La rosée avait laissé sur les choux des guipures d'argent avec de longs fils clairs qui s'étendaient de l'un à l'autre. » FLAUB., **Mᵐᵉ Bovary**, I, IX.

GUIRLANDE. *n. f.* (1540 ; *guerlande* en 1400 ; empr. à l'ital. *ghirlanda* qui a remplacé l'anc. fr. *garlande, galande.* Cf. Galandage).

‖ **1º** Cordon décoratif de végétaux naturels ou artificiels, de papier découpé... que l'on pend en feston, que l'on enroule en couronne, etc. *Faire, tresser une guirlande. Guirlande de roses* (Cf. Entêter, cit. 2), *de fleurs entrelacées. Guirlande de feuilles, de verdure* (Cf. Botanique, cit. 3). *Bœufs couronnés* (cit. 17) *de guirlandes. Guirlande enroulée autour d'une colonne. Accrocher des guirlandes aux murs. Guirlandes tricolores tendues en travers des rues, des places, aux fêtes du 14 juillet.*

1 « Pourquoi ces festons, ces fleurs, ces guirlandes ? Où courait cette foule, ... ? » FLAUB., **Mᵐᵉ Bovary**, II, VIII.

2 « J'ai tendu des cordes de clocher à clocher ; des guirlandes de fenêtre à fenêtre ; des chaînes d'or d'étoile à étoile, et je danse. » RIMBAUD, **Illuminations**, Phrases.

3 « C'est dans la salle de bal du *Café de la Poste* qu'on l'a jugé hier soir. Il y avait dans les branches de sapin de notre dernier concert, les guirlandes tricolores en papier, ... » DORGELÈS, **Croix de bois**, IX.

— *Par ext.* Sa représentation dans les arts décoratifs (peinture, sculpture...). *Guirlande sculptée de feuilles d'acanthe* (cit. 2). *Peinture allégorique encadrée de guirlandes. Tissu, papier orné de guirlandes de roses. Fleurs en semis et en guirlandes sur une porcelaine.*

4 « Des guirlandes de fleurs richement sculptées et d'un beau caractère serpentent à travers les glaces et descendent le long en festons. » BALZ., **Mém. de deux j. mariées**, Œuvr., t. I, p. 135.

5 « Une guirlande de fleurs se jouait sur le lambris ; » MUSS., **Nouv.**, Margot, III.

6 « Une guirlande de roses pompon circulait coquettement autour d'une glace de Venise ; » GAUTIER, **Omphale**, p. 233 (in Fortunio).

— *Par anal.* Végétation qui présente l'aspect de guirlandes. *Les guirlandes du lierre, de la glycine... Roses en guirlandes qui bordent une allée* (Cf. Dôme, cit. 3). *Ce qui a la forme d'une guirlande.* V. **Feston.** *Guirlande de diamants* (Cf. Amphithéâtre, cit. 2). *Candélabres* (cit. 2) *rangés en guirlande.*

7 « Ils apercevaient sur l'autre rive, devant une muraille faite d'arcades aveugles, et ourlée d'une guirlande d'arbres, les tonneaux de Bercy rangés par centaines comme des moutons. » ROMAINS, **H. de b. vol.**, III, XIX, p. 266.

— *Fig.* « *La guirlande de Julie* », recueil de madrigaux composés pour Mˡˡᵉ de Rambouillet, ainsi nommé parce que chaque feuillet était orné d'une fleur.

‖ **2º** Par anal. de forme. *Mar.* Pièce de bois courbe qui sert de liaison à l'avant, en dedans de l'étrave, et à l'arrière d'un navire.

DER. et COMP. — **Enguirlander.** — **Guirlander.** *v. tr.* (XVIᵉ s.). *Vx.* Orner de guirlandes. V. **Enguirlander.**

« Des tours portant des faisceaux de tourelles, guirlandées de clochetons ; des donjons travaillés comme de la dentelle. » GOBINEAU, **Nouvelles asiatiques**, p. 282.

GUISARME. *n. f.* (XIIᵉ s. ; orig. inconnue). Arme* médiévale, à lame asymétrique prolongée en dague et munie d'un ou deux crochets. *Les guisarmiers, francs-archers qui portaient la guisarme.*

GUISE. *n. f.* (vers 1050 ; d'un germ. *wîsa*, manière).

‖ **1º** *Vx* ou *arch.* V. **Façon, manière, sorte.**

1 « La tortue enlevée, on s'étonne partout
De voir aller en cette guise
L'animal lent et sa maison. » LA FONT., **Fabl.**, X, 2.

2 « Notre amour est de telle guise que vous ne pouvez mourir sans moi, ni moi sans vous. » BÉDIER, **Tristan et Iseut**, XIX, p. 216.

‖ **2º** *De nos jours* (en locution). A SA GUISE, selon son goût, sa volonté propre. *Laissez chacun vivre, agir à sa guise* (Cf. Comme il l'entend ; à son gré*, à sa fantaisie*). *Ils peuvent aller et venir à leur guise. À votre guise,* comme vous voudrez (Cf. Comme bon vous semble, comme il vous plaira). *Il n'en fait qu'à sa guise, à sa tête*.

3 « Les poètes font à leur guise : » MOL., **Amph.**, Prologue.

4 « Il ne voulait étudier qu'à sa guise, se révoltait souvent, et restait parfois des heures entières plongé dans de confuses méditations. ... » BALZ., **Sarrasine**, **Œuvr.**, t. VI, p. 93.

5 « ... enivrez-vous sans cesse ! De vin, de poésie ou de vertu à votre guise » BAUDEL., **Spleen de Paris**, XXXIII.

6 « ... il ne faut point dire que nous transformons les faits à notre guise. » PAULHAN, **Entret. s. faits divers**, III, p. 81.

— En parlant des choses, des sentiments...

7 « ... Laissons faire à leur guise
Le bonheur qui s'enfuit et l'amour qui s'épuise. »
VERLAINE, **Jadis et naguère**, Circonspection.

— EN GUISE DE... *Loc. prép.* En manière de..., comme. *On lui a donné ce petit emploi en guise de consolation* (ACAD.).

8 « Certains se sont levés avant l'aube. Ceux qui l'ont fait de leur plein gré, pour un plaisir ou en guise de prouesse, ... » ROMAINS, **H. de b. vol.**, t. III, XVII, p. 228.

— A la place de.. (en parlant d'une chose qui en remplace une autre, fait l'office d'une autre). — REM. Avec *en guise de*, le nom n'est jamais précédé de l'article. *Il portait un simple ruban en guise de cravate. Boire de l'orge en guise de café. Flacon fermé par des herbes en guise de bouchon* (Cf. Fiasque, cit.).

9 « ... des murs gris, presque noirs, sans fenêtres, percés, en guise de portes, de trous carrés, ... » FROMENTIN, **Été dans le Sahara**, II, p. 111.

10 « .. on l'aurait prise pour un garçon, vêtue, en guise de robe, d'une vieille blouse à son père, serrée autour de la taille par une ficelle. » ZOLA, **La terre**, I, III, p. 39.

11 « Jacques, pour écrire, s'asseyait généralement sur son lit, un atlas sur les genoux en guise de pupitre. » MART. du G., **Thib.**, t. V, p. 21.

COMP. — **Déguiser**.

GUITARE. *n. f.* (1360 ; empr. à l'esp. *guitarra*, de l'arabe *gîtâra*, gr. *kithara*). Instrument de musique à six cordes que l'on pince avec les doigts. *La guitare rappelle le violon par la forme mais possède à la place des ouïes une ouverture circulaire ou rosace* ; *son manche est divisé en petites cases pour guider l'emplacement des doigts* (V. **Touche, touchette**). *D'origine orientale, la guitare est devenue l'instrument national de l'Espagne. Jouer de la guitare. Solo de guitare flamenco ; sérénade, romance à la guitare. Chanter en s'accompagnant d'une guitare* (Cf. Apporter, cit. 10 ; aubade, cit. 1 ; basque, cit. 2). *Œuvres classiques pour luth ou clavecin interprétées à la guitare.* — Jazz. *Chorus* de guitare. Guitare électrique, à son amplifié.* — *Porter sa guitare sur son dos* (Cf. Écritoire, cit. 2). *Mauvaise guitare.* V. **Guimbarde** (vx).

1 « ... déjà le son des guitares causait de l'inquiétude aux pères, et alarmait les maris jaloux ; » LESAGE, **Diable boiteux**, I.

2 « On jugeait encore à ses traits et à la vivacité de ses yeux, qu'elle devait avoir fait racler bien des guitares. » ID., **Gil Blas**, VII, VII.

3 « ... le prince touchait languissamment les cordes de sa guitare ; » VIGNY, **Cinq-Mars**, XIX.

4 « L'orchestre, composé d'une grande et d'une petite guitare, d'une espèce de violon aigu et de trois ou quatre paires de castagnettes, commença à jouer les jotas et les fandangos indigènes... » SAND, **Hiver à Majorque**, III, I, p. 167.

— *Par ext.* et *abusivt.* S'emploie pour désigner tout instrument à cordes pincées ou grattées. V. **Balalaïka, banjo, cithare, guiterne, guzla, luth, lyre, mandoline, turlurette...** *Guitare arabe, orientale. Guitare hawaïenne,* aux sons gémissants.

5 « ... une petite guitare arabe à trois cordes, au ventre en calebasse et au long manche d'ébène et d'ivoire, qui servit à la Péri dans sa scène de séduction musicale. » GAUTIER, **Portr. contemp.**, Marilhat, p. 240.

— *Par compar. :*

6 « ... les nerfs d'Isabelle, frémissants comme les cordes d'une guitare qu'on vient de pincer ; » GAUTIER, **Capit. Fracasse**, XVI, p. 174.

7 « Si la sensibilité est une sorte de guitare que nous avons en nous-mêmes et que les objets extérieurs font vibrer, on a tant raclé sur cette pauvre mienne guimbarde que quantité de cordes en sont cassées depuis longtemps... » FLAUB., **Corresp.**, 449, 28 déc. 1853, t. III, p. 419.

DER. — **Guitariste.** *n.* (1829). Personne qui joue de la guitare. *Un excellent guitariste.*

GUITERNE. *n. f.* (XIIIe s. ; altér. du lat. *cithara*).

‖ 1° Instrument de musique à sept cordes grattées en usage aux XVIe et XVIIe s. (Cf. Braillement, cit. 3).

‖ 2° (1694). *Mar.* Arc-boutant* qui soutient une machine à mâter.

GUITOUNE. *n. f.* (fin XIXe s. ; empr. à l'arabe *kitoun*, « tente »). *Arg. milit.* Tente de campement et *par ext.* Abri de tranchée. — Dans le langage courant (*Fam.*). V. **Tente**. *Guitoune de campeur.*

1 « ... notre guitoune, petite cave basse, sentant le moisi et l'humidité où l'on trébuche sur des boîtes de conserves vides et des chiffons sales... » BARBUSSE, **Le feu**, I, II.

2 « Le caporal Gilieth surveillait et aidait ses hommes qui installaient les guitounes devant les écuries. » MAC ORLAN, **La Bandera**, XII, p. 148.

GUIVRE. *n. f.* (vers 1100 ; lat. *vipera*, avec infl. germ. pour le *gu-*, comme guêpe). *Vx* (jusqu'au XVe s.). Nom d'un serpent. — De nos jours (*Blas.*). V. **Serpent**.

« ... comme une vipère dressée sur sa queue, comme la guivre du blason des Sforza, ... » BARBEY d'AUREV., **Vieille maîtresse**, I, XI.

DER. — **Guivré, ée.** *adj.* (1611). *Blas.* Orné de guivres, d'une tête de guivre.

GULDEN (*goul-dèn'*). *n. m.* (1771 ; mot holl.). Pièce de monnaie hollandaise en or, valant un florin* (On dit aussi *guilder*).

GUMMIFÈRE. *adj.* (1845). V. GOMMIFÈRE.

GUSTATIF, IVE. *adj.* (1503 ; dér. sav. du lat. *gustare*, « goûter »). Qui a rapport au goût*. *Nerf gustatif. Papilles gustatives de la langue. Perte de la sensibilité gustative. Impression gustative* (Cf. Excitabilité, cit. 3).

GUSTATION. *n. f.* (1530 ; du lat. sav. *gustatio*). Perception des saveurs par le goût. *Les papilles gustatives, organes de la gustation, avec l'ensemble des muqueuses de la bouche.*

GUTTA-PERCHA (*gu-ta-pèr-ka*). *n. f.* (1845 ; mot angl. tiré du malais). Sorte de gomme* obtenue par solidification du latex* de certains arbres poussant à Sumatra (*payena, palaquium*). *La gutta-percha, plastique et extensible, mais non élastique, conduit mal l'électricité et sert d'isolant. Câbles* électriques, téléphoniques, enrobés de gutta-percha. Chatterton*, colles, chaussures et gants isolants... en gutta-percha.*

GUTTE. *n. f.* V. GOMME-GUTTE.

GUTTURAL, ALE, AUX. *adj.* (1578 ; dér. sav. du lat. *guttur*, « gosier »). Qui appartient au gosier. *Artère gutturale.* Qui affecte le gosier : *angine gutturale.* — Par ext. *Toux, voix gutturale* (Cf. Commandement, cit. 4). *Son guttural,* émis par le gosier.

1 « ... vous la connaissez, cette voix du haschisch ? Grave, profonde, gutturale, et ressemblant beaucoup à celle des vieux mangeurs d'opium. » BAUDEL., **Parad. artif.**, Poème du haschisch, III.

2 « Otto Schulze... s'exprimait dans un français correct, quoique un peu guttural... » CARCO, **Belles manières**, I, I.

— *Phonét. Consonne gutturale.* — *Substant.* « Consonne occlusive qui donne faussement l'impression d'être prononcée « de la gorge »... et qui en réalité comporte le relèvement du dos de la langue contre le palais mou ou voile du palais (*g, k*...) ce qui a conduit parfois à préférer pour ce type de consonnes les noms de vélaire* ou post-palatale, et... de laryngale* » (MAROUZEAU, Lex. de term. ling., p. 104).

GUZLA. *n. f.* (1791 ; mot croate). Instrument de musique monocorde, espèce de violon, en usage chez les peuples dalmates. — *La Guzla,* œuvre de Mérimée.

GYMKHANA. *n. m.* (début XXe s. ; mot hindou apparu en angl. en 1861). Fête de plein air, avec des jeux ou des épreuves d'adresse, telles que des courses d'obstacles bizarrement placés. *Gymkhana automobile, motocycliste.*

GYMNASE. *n. m.* (*Gynnasy* au XIIe s. ; *gynaise* au XIVe s. ; empr. au lat. d'orig. gr. *gymnasium*. V. **Gymn(o)-**). *Antiq. gr.* Établissement public de culture* physique. V. **Académie, palestre**. *Les athlètes* (cit. 2) *grecs, nus ou demi-nus, s'entraînaient dans le gymnase au lancement du disque et du javelot, à la lutte, à la course à pied, etc. Gymnastes* qui s'exercent à monter au mur d'assaut du gymnase. Agrès* d'un gymnase.* V. **Octogone**. *Portique*, xyste* d'un gymnase.*

1 « ... il n'y a plus de cité sans gymnase ; c'est un des signes auxquels on reconnaît une ville grecque... Ce gymnase était un grand carré, avec des portiques et des allées de platanes, ordinairement près d'une source ou d'une rivière, décoré par une quantité de statues de dieux et d'athètes couronnés. » TAINE, **Philos. de l'art**, t. II, pp. 190-191.

2 « Les jeunes filles ont des gymnases et s'exercent comme les garçons, nues ou en courte tunique, à courir, à sauter, à jeter le disque et la lance ; » ID., **Ibid.**, p. 188.

— *Par anal* (1704). Établissement où l'on pratique les exercices du corps, et, *spécialt.* Vaste salle aménagée à cet effet, avec tous les appareils nécessaires. *Assister à des séances de culture physique dans un gymnase.* — REM. Ce sens moderne figure avec illustration littéraire.

3 « Dans tous les collèges il faut établir un gymnase ou lieu d'exercices corporels pour les enfants. Cet article si négligé est, selon moi, la partie la plus importante de l'éducation, non seulement pour former des tempéraments robustes et sains, mais encore plus pour l'objet moral, qu'on néglige ou qu'on ne remplit que par un tas de préceptes pédantesques et vains qui sont autant de paroles perdues. » ROUSS., **Gouvernement de Pologne**, IV.

4 « Un logement pour lui et ses compagnons et un gymnase temporaire avaient été préparés dans une villa au pied de la route qui monte jusqu'à Beachy Head. Tous les matins ils escaladaient la pente ensemble, couverts de leurs sweaters d'exercice, à longues foulées nerveuses d'athlètes déjà bien en souffle. » L. HÉMON, **Battling Malone**, p. 99.

— *Spécialt.* En Allemagne, École* secondaire. V. **Lycée.**

5 « Classique ! ce mot dit tout. La libre passion, arrangée, expurgée à l'usage des écoles ! La vie, cette plaine immense que balayent les vents. renfermée entre les quatre murs d'une cour de gymnase ! »
R. ROLLAND, Jean-Christ., La révolte, I, p. 436.

— *Le théâtre du Gymnase*, à Paris. Pièce jouée au Gymnase.

DER. — Gymnasiarque. n. m. (1530 ; par empr. au lat. d'orig. gr. *gymnasiarchus*). *Vx.* Directeur d'école. — (1700). Chef d'un gymnase antique. *La gymnasiarquie, dignité du gymnasiarque.* — (1845). Professeur ou professionnel de gymnastique (*peu usit.*).

« C'est un gymnasiarque de première force, un cycliste hors ligne : il a déjà gagné trois ou quatre épreuves d'amateurs. »
DUHAM., Salavin, IV, 4 févr.

GYMNASTE. n. m. (1534 ; empr. au gr. *gymnastês*). *Antiq. gr.* Maître qui dirigeait les exercices et formait les athlètes dans les gymnases.

— *Par anal.* (1866). *Vx.* Professeur de gymnastique. — *Auj.* Professionnel de gymnastique. V. **Acrobate.** *Cirque* *qui présente un numéro de gymnastes.* — Personne qui s'adonne régulièrement et avec méthode à la gymnastique. *Équipe de gymnastes.*

1 « Tomaso Bescapé, plus jeune, avait été un gymnaste émérite... Mais avec l'âge, l'Italien avait été obligé de se rabattre sur des pantomimes d'une gymnastique plus modeste, et dans lesquelles il se contentait de faire quelques cabrioles... » GONCOURT, Zemganno, V.

2 « C'était un mobilier complet de sport-boy et de petit gymnaste : trapèze, cordes, barres, poids, haltères, tout ce qu'il faut pour exercer la force d'un enfant et préparer la grâce virile. »
FRANCE, Livre de mon ami, I, VI.

3 « ...un bataillon de gymnastes ouvriers dont les maillots clairs et les bras nus trouèrent un instant le déferlement du flot humain. »
ARAGON, Beaux quartiers, II, XXIX.

GYMNASTIQUE. adj. (XIVᵉ s. ; empr. au lat. d'orig. gr. *gymnasticus*). V. **Gymn(o)-).** Qui a rapport aux exercices du corps (Cf. Élancé, cit. 2). *Éducation, entraînement gymnastique.* V. **Athlétique.** — *Par ext. Pas gymnastique,* pas de course cadencé (Cf. Escouade, cit. 2). — REM. On écrit aussi : *pas de gymnastique.*

1 « Il s'était souvent mêlé à nos récréations gymnastiques, à mes frères et à moi, et il avait déployé devant nous une vigueur et une souplesse qui tenaient du prodige. »
BARBEY d'AUREV., Les diaboliques, Dessous de cartes..., III.

2 « Elle inventa également pour eux toute une série d'exercices gymnastiques alors inconnus : les exercices des *poulies,* des *hottes,* les *lits de bois,* les *souliers de plomb ;* »
STE-BEUVE, Caus. du lundi, 14 oct. 1850, t. III, p. 31.

3 « ... et, si aujourd'hui, oubliant nos corps mal venus ou gâtés de plébéiens ou de penseurs, nous voulons retrouver quelque ébauche de la forme parfaite, c'est dans ces statues, monuments de la vie gymnastique, oisive et noble, que nous allons chercher nos enseignements. »
TAINE, Philos. de l'art, t. I, p. 74.

— *Substant. La gymnastique,* art d'assouplir et de fortifier le corps par des exercices convenables et *par ext.* Ces exercices eux-mêmes. V. **Éducation** (physique), **entraînement ; athlétisme, sport.** *La gymnastique chez les Grecs.* V. **Agonistique, athlétique, gymnique, orchestique, sphéristique.** *Exercices, tours de gymnastique.* V. **Estrapade, rétablissement, saut...** (Cf. Gymnaste, cit. 1). *Mouvements de gymnastique. Appareils et instruments de gymnastique.* V. **Agrès ; barre** (fixe, barres parallèles), **cheval** (d'arçon, de saut), **corde, extenseur, trapèze, tremplin, vindas ; canne, haltère, mil, xylofer...** *Maillot* *de gymnastique.* Faire de la *gymnastique suédoise, médicale, corrective, rythmique. Gymnastique acrobatique du cirque.* V. **Voltige.** *Professeur, moniteur de gymnastique. École, société, stade de gymnastique.*

4 « Il (*l'État*) lui enseignait la gymnastique, parce que le corps de l'homme était une arme pour la cité, et qu'il fallait que cette arme fût aussi forte et aussi maniable que possible. »
FUSTEL de COUL., Cité antique, p. 267.

5 « À côté de l'orchestrique il y avait en Grèce une institution plus nationale encore, et qui était la seconde partie de l'éducation, la gymnastique. »
TAINE, Philos. de l'art, t. II, p. 183.

6 « ... ce que l'on voyait dans les façons, le geste et la pose du Grec, ce n'était pas l'homme de cour, c'était l'homme de la palestre... tel que la gymnastique héréditaire dans une race choisie l'avait formé... »
ID., Ibid., p. 196.

7 « La vraie gymnastique, comme les Grecs l'avaient comprise, c'est l'empire de la droite raison sur les mouvements du corps. »
ALAIN, Propos sur le bonheur, p. 12.

8 « ... il consacra plus de quinze minutes à la gymnastique suédoise. »
DUHAM., Pasq., X, VIII.

9 « C'est tout pour aujourd'hui, les gars. À la douche et au pas de gymnastique. »
SARTRE, Mort dans l'âme, p. 251.

10 « Roberte m'a tellement pressé que j'ai pris le pas de gymnastique pour venir chez vous. »
AYMÉ, La tête des autres, I, 12.

— *Par ext.* Série de mouvements plus ou moins acrobatiques, mais exécutés sans méthode et à des fins autres que l'éducation physique.

11 « Pour apporter les plats, les garçons se livraient à des gymnastiques étranges ; ils avaient l'air de saltimbanques tenant des chaises en équilibre sur le bout du nez. »
GAUTIER, Voyage en Russie, V, p. 61.

12 « Alignés derrière lui en longues files régulières, d'autres burnous répondent, s'inclinent, s'agenouillent, frappent leur front contre la terre, se redressent, chantent, psalmodient, jamais lassés, semble-t-il, de leur sainte gymnastique. »
J. et J. THARAUD, Rabat, III, p. 56.

— *Fig.* V. **Exercice, travail** (Cf. Émeute, cit. 4). *Gymnastique de l'esprit, de la pensée* (Cf. Escrime, cit. 7 ; faussaire, cit. 8). *Se livrer à une gymnastique intellectuelle* (Cf. Approfondir, cit. 12).

13 « La déclamation était une espèce d'apprentissage de l'éloquence appliquée à des sujets anciens ou fictifs, une gymnastique où l'athlète essayait des forces qu'il devait employer dans la suite aux choses publiques, ... »
DIDER., Claude et Néron, I, 1.

14 « Il existe en effet, concède-t-il, ... une critique indifférente « qui ne voit dans la gymnastique littéraire qu'une distraction pour son oisiveté »... »
GAUTIER, Préf. Mˡˡᵉ de Maupin, Introd., p. LV (éd. critique MATORÉ).

15 « ...Lucien avait étudié les plaisanteries et les articles des petits journaux. Sûr d'être au moins l'égal des plus spirituels rédacteurs, il s'essaya secrètement à cette gymnastique de la pensée... »
BALZ., Illus. perdues, Œuvr., t. IV, p. 664.

16 « ...dans la description des divers exercices, manège, chasse, lutte, natation, Rabelais s'amuse : ces tours de force de maître Gymnaste deviennent, sous sa plume, des tours de force de la langue. La prose française fait là aussi sa gymnastique, et le style s'y montre prodigieux pour l'abondance, la liberté, la souplesse, la propriété à la fois et la verve. Jamais la langue, jusque-là, ne s'était trouvée à pareille fête. »
STE-BEUVE, Caus. du lundi, 7 oct. 1850, t. III, p. 11.

17 « Dans la souffrance et la dissimulation, elle (*la femme*) s'exerce et s'assouplit, comme à une gymnastique quotidienne pleine de risques... »
COLETTE, La vagabonde, p. 36.

GYMNIQUE. adj. (1542 ; empr. au lat. d'orig. gr. *gymnicus.* V. **Gymn(o)-).** Qui a rapport aux exercices que les athlètes pratiquaient nus. V. **Gymnastique.** *Combats, jeux gymniques du cirque.* — *Substant.* Science des exercices du corps propres aux athlètes professionnels. V. **Athlétique.**

1 « Entre les combats gymniques, le pugilat était un des plus rudes et des plus périlleux, ... »
ROLLIN, Hist. anc., Œuvr., t. V, p. 71 (in POUGENS).

2 « (*Chez les Grecs*) La tragédie, la comédie, les chœurs de danse, les jeux gymniques sont une partie du culte. »
TAINE, Philos. de l'art, t. II, p. 122.

GYMN(O)-. Élément tiré du gr. *gumnos,* « nu », entrant dans la composition d'un certain nombre de mots savants, tels que : **Gymnase*, gymnaste*, gymnastique*, gymnique*. — Gymnocarpe.** adj. (1839 ; V. **-Carpe**). *Bot.* Se dit des plantes dont le fruit n'est enveloppé d'aucun organe accessoire. — **Gymnopédie.** n. f. (Cf. Danse, cit. 8). — **Gymnosophiste.** n. m. (1488 ; V. **Sophiste**). Philosophe d'une ancienne secte hindoue, dont les membres ne portaient pas de vêtements et menaient une vie d'ascètes contemplatifs. V. **Yoga.** *La gymnosophie, doctrine des gymnosophistes.* — **Gymnosperme.** adj. (XVIIIᵉ s. ; V. **Sperme**). *Bot.* Qui a les semences à nu... *Substant. Les gymnospermes.* n. f. pl. Sous-embranchement des phanérogames, comprenant des plantes à ovule nu porté par une feuille fertile. V. **Conifère, gnétacée.** (REM. Les botanistes écrivent aussi *Un gymnosperme*). — **Gymnote.** n. m. (1771 ; par empr. au lat. scientif. *gymnotus,* du gr. *nôtos,* « dos »). *Zool.* Poisson (*Téléostéens, physostomes*) d'eau douce de l'Amérique tropicale, dépourvu de nageoire dorsale et muni, de chaque côté de la queue, de lamelles membraneuses qui déchargent de l'électricité. *Le gymnote, vulgairement nommé* anguille électrique, *se nourrit de poissons que ses décharges paralysent.*

-GYNE. Suffixe du gr. *gunê.* V. **Gyné-.** Cf. Androgyne, misogyne...

GYNÉ(CO)-. Préfixe tiré du gr. *gunê, gunaïkos,* « femme », et entrant dans la composition de quelques mots savants, tels que : **Gynécée*. — Gynécologie.** n. f. (1666 ; V. **Logie**). *Méd.* « Étude de l'organisme de la femme et de son appareil génital considéré au point de vue morphologique, physiologique et pathologique » (GARNIER). *Chaire de gynécologie.* — **Gynécologique.** adj. (1845). Qui a rapport à la gynécologie. *Examen gynécologique.* — **Gynécologiste** (1866) ou **Gynécologue** (1872). n. m. Médecin spécialiste de gynécologie. *Consulter un gynécologue.*

« À mon sens, la gynécologie ne se limite pas, en effet, à la pathologie des organes génitaux de la femme. Elle est de plus grande envergure et englobe toute la sexologie féminine. Elle comprend, par conséquent, non seulement l'anatomie, la physiologie et la pathologie des caractères sexuels primaires, mais elle comporte, en outre, l'étude des caractères sexuels secondaires et, en particulier, des modifications morphologiques survenant après la puberté. Elle s'étend même aux caractères sexuels tertiaires, caractères purement psychiques, et ne se manifestant guère qu'à la nubilité. La gynécologie, ainsi comprise, du point de vue pratique comme du point de vue strictement étymologique, est bien à proprement parler « la science de la femme »... »
A. BINET, Souv. et propos d'un gynécologue, p. 35.

GYNÉCÉE. n. m. (1701 ; *gynæcée* en 1694 ; empr. au lat. d'orig. gr. *gynæceum*). *Antiq.* Appartement des femmes (cit. 86), dans les maisons grecques et romaines. V. **Harem.**

Le gynécée était distinct de l'appartement des hommes. —
Fig. Endroit où vit et travaille habituellement un groupe
de femmes.

1 « ... j'ai passé une bonne partie de mes jours et de mes nuits à
côtoyer des parcs comme un voleur et à convoiter les gynécées. »
STE-BEUVE, **Volupté,** IV.

2 « Aujourd'hui les femmes doivent être élevées pour le salon comme
autrefois elles l'étaient pour le gynécée. »
BALZ., **Contrat de mariage,** Œuvr., t. III, p. 164.

3 « ... s'engourdir dans une béate torpeur de gynécée... »
CARCOPINO, **Vie quotidienne à Rome,** III, I.

— *Bot.* Ensemble des carpelles*. V. **Pistil.**

GYPAÈTE. *n. m.* (1800 ; comp. sav. du gr. *gups*, « vautour », et *aetos*, « aigle »). *Zool.* Grand oiseau rapace
diurne (*Falconidés*), vulgairement nommé *vautour barbu*
ou *vautour des agneaux. Le gypaète, à long bec crochu, à
large et longue queue et à vastes ailes, habite les régions
montagneuses de l'ancien continent. Le gypaète se nourrit surtout de charognes, dont l'odeur l'attire* (Cf. Gigot,
cit. 3).

1 « L'ibis rose et le gypaète
Au blanc plumage, aux serres d'or. »
GAUTIER, **Émaux et camées,** Nostalgies d'obélisques, I.

2 « ...des gypaètes tachés de noir et de gris clair, traversaient lentement cette solitude... » FROMENTIN, **Été dans le Sahara,** p. 41.

GYPSE. *n. m.* (1762 ; *gips* en 1464 ; empr. au lat. d'orig.
gr. *gypsum*, « plâtre »). *Minér.* Sulfate hydraté de calcium
naturel (SO^4 Ca, 2 H^2 O), communément appelé *pierre à
plâtre. Cristaux*, macles* de gypse. Gypse fer-de-lance.
Les lits de gypse* (V. **Cliquart**) *abondent dans le bassin
parisien. Variétés de gypse :* V. **Alabastrite, albâtre.** *Cuisson du gypse* (V. **Plâtre**).

1 « L'eau qui circule activement dans les couches superficielles de
l'écorce terrestre rencontre des substances anhydres, avec lesquelles
elle peut entrer en combinaison... *L'anhydrite,* c'est-à-dire le sulfate
de calcium anhydre, se transforme en *gypse,* sulfate de calcium hydraté, qui cristallise avec deux molécules d'eau. »
HAUG, **Traité de géol.,** t. I, p. 364.

2 « Le gypse lui-même ne renferme pas de restes d'organismes marins,
mais on y trouve souvent, et notamment dans celui des environs de
Paris, des squelettes de vertébrés terrestres, qui ont été entraînés
accidentellement dans la lagune. Les différents bancs de gypse sont
séparés les uns des autres par des couches argileuses ou marneuses,
qui renferment des mollusques marins ou fluviatiles. »
ID., **Ibid.,** t. IV, pp. 1401-1402.

DER. — **Gypseux, euse.** *adj.* (XVIe s. PARÉ). *Minér.* De la nature
du gypse. *Albâtre gypseux.* — **Gypsomètre.** *n. m.* (1890 ; V. **-Mètre**).
Appareil servant à déterminer la teneur des vins en sulfate de potassium. *Gypsomètre de Salleron.*

GYPSY. V. GIPSY.

-GYRE. Suffixe du gr. *guros.* V. **Gyr(o)-.** Cf. Dextrogyre,
lévogyre. — **Autogyre** ou **Autogire.** *n. m.* (1928 ; esp. *auto-
giro,* nom donné à l'appareil par son inventeur De La
Cierva en 1923). *Aviat.* Type d'avion* dont les ailes sont

remplacées par une voilure* tournante, dite *rotor*, à rotation libre, assurant la sustentation de l'appareil. V. **Hélicoptère.**

« Lorsque le rotor n'assure que la sustentation, l'appareil est appelé *autogire ;* une hélice, tractive ou pulsive, semblable à celle des
avions, est nécessaire pour permettre à l'appareil d'avancer... Lorsque
le rotor assure non seulement la sustentation mais encore la translation, l'appareil est appelé *hélicoptère ;* il n'y a plus besoin, dans
ces conditions, de l'hélice, tractive ou pulsive, de l'autogire. »
P. LEFORT, **Le matériel volant,** pp 102-103 (éd. P.U.F.).

GYRIN. *n. m.* (1803 ; empr. au lat. sav. d'orig. gr. *gyrinus.*
V. **Gyr(o)-**). Insecte aquatique (*Coléoptères gyrinidés*) de
l'hémisphère boréal, vulgairement appelé *tourniquet*, dont
une dizaine d'espèces habitent les eaux stagnantes de la
région parisienne.

GYR(O)-. Préfixe tiré du gr. *guros*, « cercle » et entrant
dans la composition de quelques mots savants, tels que :
Gyromancie. *n. f.* (XIVe s. ; V. **-Mancie**). Divination qui se
pratique en tournant rapidement sur soi-même au centre
d'un cercle portant des lettres tracées au hasard sur sa
circonférence. *Les prédictions de la gyromancie se tirent
des mots formés par l'assemblage des lettres sur lesquelles
le consultant finit par tomber étourdi.* — **Gyroscope*.** —
Gyrostat. *n. m.* (1922 ; du gr. *statos*, « qui se tient »). Tout
solide animé d'un mouvement de rotation autour de son
axe. V. **Gyroscope.** *Application du gyrostat à des fins de
stabilisation* (Cf. *aussi* Gyravion ou giravion, gyroplane).

GYROSCOPE. *n. m.* (1852 ; V. **-Scope**). Appareil inventé
par Foucault en 1852 pour fournir une preuve expérimentale de la rotation de la terre et des lois du mouvement
pendulaire (V. **Gyrostat**). *Tout solide de révolution pouvant être déplacé sans que la direction de son axe de rotation soit modifié, constitue un gyroscope. Une toupie, un
volant de machine sont des gyroscopes. Gyroscope de démonstration. Petit gyroscope servant de jouet d'enfant.* —
Aviat. *Gyroscope directionnel,* instrument indiquant le cap
suivi par l'avion. *Rôle des gyroscopes dans le radioguidage
des avions.* — *Mar.* Appareil auto-régulateur de commande
des gouvernails de profondeur et de direction des torpilles.

1 « Chaque trente secondes, pour vérifier le gyroscope et le compas,
Fabien plongeait sa tête dans la carlingue. »
ST-EXUP., **Vol de nuit,** XII.

2 « Tout petit, tu n'as plus voulu que des jouets scientifiques. Voilà
tes gyroscopes, tes éprouvettes, tes électro-aimants, tes cornues, ta
grue mécanique. » ANOUILH, **Voyag. sans bag.,** 3e Tableau.

DER. — **Gyroscopique.** *adj.* (1898). Qui ressemble ou a rapport au
gyroscope. *Balance, toupie gyroscopique. Compas* gyroscopique. Effet
gyroscopique.* — *Aviat.* Horizon* gyroscopique.

1 « Fabien usait ses forces à dominer l'avion, la tête enfoncée dans
la carlingue, face à l'horizon gyroscopique car, au dehors, il ne distinguait plus la masse du ciel de celle de la terre, perdu dans une
ombre où tout se mêlait, une ombre d'origine des mondes. »
ST-EXUP., **Vol de nuit,** XV.

2 « On appelle *effet gyroscopique* un phénomène qui se produit quand
un corps solide de révolution a un mouvement de rotation très rapide autour d'un axe voisin de son axe de révolution. »
J.-L. DESTOUCHES, **Mécanique des solides,** p. 113 (éd. P.U.F.).

H

H (*ach'* ; l'épellation « nouvelle » *he*, indiquée par LITTRÉ, HATZFELD, est inusitée). *n. m.* ou *f.* (de la lettre latine *h*, devenue muette dès l'Empire ou du *h* aspiré initial germanique, de l'esprit rude en grec...).

|| 1° Huitième lettre, sixième consonne de l'alphabet. *H* (majuscule) ; *h* (minuscule). *Écrire un H, une H. L'h.*

— REM. 1. *Genre du H.* Jusqu'au XIXᵉ s., grammairiens et lexicographes (FURET., TRÉV.) donnent H comme *subst. fém.* De nos jours, l'ACAD. (8ᵉ éd.) et de nombreux grammairiens (BRUNOT, HANSE, DAMOURETTE et PICHON) s'en tiennent à cet usage, tandis que des écrivains (Cf. cit. *infra*) et d'autres linguistes (CLÉDAT, FOUCHÉ, GREVISSE, etc.) le font du *masc.*

1 « Je ne sais où vous prendre, mon cher philosophe ; votre lettre n'était ni datée, ni signée d'un H : car encore faut-il une petite marque dans la multiplicité des lettres qu'on reçoit. »
VOLT., **Lettre à Helvétius**, 27 oct. 1760.

2 « J'écoute le crapaud... il reprend : « ou ! ou ! ou ! » Mais ce n'est pas cela. Il y a une consonne avant cette voyelle, je ne sais quelle consonne de gorge, une *h* un peu aspirée. »
J. RENARD, **Journ.**, 12 juin 1898.

3 « ... (mon père) nous faisait écrire notre vieux nom en deux mots, avec un H majuscule, s'il vous plaît... »
DUHAM., **Biogr. de mes fant.**, p. 54.

— REM. Ces exemples sont signalés par GREVISSE, qui a relevé « **une H** » chez A. HERMANT, J.-L. VAUDOYER ; mais aussi « **un H** » chez COLETTE et MAUROIS.

2. *Valeurs du H. L'h aspiré* proprement dit est en réalité un son expiré « qui avait disparu du latin parlé dès l'époque de Cicéron (et qui) a été introduit en français avec des mots germaniques, comme *hardi, haubert* » (GREVISSE) ; ce son expiré a disparu du français de Paris, dès le XVIᵉ s., mais subsiste encore dans certaines régions et parfois dans certaines interjections (*Hé ! holà ! hic !*). — *L'h dit « aspiré » du français moderne ne correspond pas à une expiration mais sert à maintenir un hiatus en empêchant la liaison et l'élision. L'h « aspiré » initial sera signalé dans le dictionnaire par le signe (★) placé avant le mot* (Ex.: *Un héros ; des haricots, les Hollandais ; c'est honteux... ; trahir, enhardir.*) — *L'h muet* (ou *muette*), simple signe graphique qui ne correspond à aucune modification dans la prononciation (*Ex.: Un homme, des hommes, l'histoire, l'hiver... ; bonheur, malheur, exhiber,...*).

4 « Dans l'ancien latin, la lettre *h* représentait une aspiration, mais cette lettre était devenue muette dès les premiers temps de l'Empire. Aussi trouve-t-on... en vieux français des graphies comme *erbe, eure*... Mais on a généralement rétabli dans l'orthographe française l'*h* muet du latin. Cependant, nous écrivons *orge* (latin *hordeum*), *avoir* (latin *habere*)... Dans les mots d'origine germanique, ou d'origine grecque, l'*h* initial, dit « aspiré », représente ce qui reste de l'ancienne aspiration, c'est-à-dire la suppression de la liaison avec le mot précédent. C'est sous une influence germanique que le mot *haut*, d'origine latine, a pris un *h* aspiré ; en latin, il n'avait même pas d'*h* muet,... »
CLÉDAT, **Précis d'orthogr. franç.**, p. 76.

5 « Les phénomènes de mue de contiguïté (*liaison, élision*)... peuvent être entravés par ce que les grammairiens classiques appellent l'*h* aspirée, que M. Nyrop appelle *h* disjonctive et que nous appelons **assurance d'hiatus.** »
DAMOURETTE et PICHON, **Essai de gramm...**, t. I, p. 207.

3. *Groupes comprenant l'H.* Les groupes TH, RH sont empruntés au grec et transcrivent le *te*, le *re* aspirés grecs. — Le groupe PH, prononcé *Fe* est emprunté au latin qui transcrivait ainsi le ꝑ (*phi*) grec. — Le groupe CH transcrit soit un son chuintant inconnu au latin (chant, chapeau), soit le *ke* aspiré grec (chiromancie).

6 « Comme la consonne *h* ne représentait plus aucun son en français, on l'a utilisée arbitrairement, en l'ajoutant au *c* (*pour transcrire le son nouveau* che),... On aurait sans doute préféré un autre artifice, si l'on avait prévu qu'on emprunterait régulièrement aux mots latins d'origine grecque une graphie identique pour représenter le *ke* provenant du *ke aspiré* grec. »
CLÉDAT, **Précis d'orthogr. franç.**, p. 33.

|| 2° Abrév. div. *Chim.* Abrév. de *hydrogène**. *Rayons H*, obtenus en bombardant des atomes d'hydrogène avec des rayons alpha. *Bombe H*, bombe atomique à l'hydrogène. — *Phys.* Abrév. d'*hecto*, d'*heure** (Cf. *L'heure H*). — Abrév. de *Hautesse*.

HOM. — Hache.

★ **HA !** *interj.* (onomat.). — REM. Simple variante de *ah*, « désuète par suite de la disparition de l'*h* aspiré » (DAUZAT), cette interjection « peut toujours être remplacée par *ah !* dont l'emploi est beaucoup plus large » (HANSE).

|| 1° Sert à donner plus de force à l'expression :

1 « Ha ! si vous aviez vu comme j'en fis rencontre, »
MOL., **Tart.**, I, 5.

2 « Ha ! vraiment, mon pauvre Sosie
À te revoir j'ai de la joie au cœur. »
ID . **Amph.**, I, 1

|| 2° Exprime la douleur :

3 « Toinette... se plaint toujours en disant : Ha ! »
MOL., **Mal. imag.**, I, 2 (*jeu de scène*).

|| 3° Exprime la surprise, agréable ou non :

4 « Ha ! Que me dites-vous ?... »
MOL., **Éc. des maris**, II, 3.

— *Substant.* :

5 « ... faire du fracas
À tous les beaux endroits qui méritent des has. »
MOL., **Misanthr.**, III, 1.

|| 4° Exprime le rire, surtout sous la forme redoublée *ha, ha !*

6 « Montrez-moi ce papier. Ha, ha. Où sont donc les paroles que vous avez dites ? »
MOL., **Mal. imag.**, II, 5.

— Substant. *Pousser des ha !*

7 « Toutes les fois qu'il lui échappait quelque chose de plaisant, il le ponctuait à la fin d'un *ha !* ou d'un *ho !* poussé du fond des poumons, mais unique et d'un effet singulier ; »
NERVAL, **Contes et facéties**, La main enchantée, II,

★ **HABANERA.** *n. f.* (1898 LOTI ; mot esp. dér. de *Habana*, nom esp. de l'île de La Havane). Danse espagnole, originaire de La Havane. *Danser une habanera* (Cf. Fandango, cit. 2). — Musique sur laquelle s'exécute cette danse. *La célèbre habanera pour violon, de Maurice Ravel.*

1 « Ce sont de très vieux noëls du pays de Guipuzcoa, rapides et alertes comme des habaneras... » LOTI, **Fig. et choses...**, p. 98.

2 « On dit aussi bien, en français, havanaise (Cf. *Havanaise*, de Saint-Saëns). Sur un dessin rythmique constant, croche pointée, double-croche, deux croches (mesure à 2/4), l'arabesque de la mélodie se déploie librement (Ex. : *Habanera*, de *Carmen*). Elle est devenue en Espagne une danse de théâtre. La mimique qui l'accompagne est d'un caractère lascif. » INITIAT. MUS., p. 382.

HABEAS CORPUS (AD SUBJICIENDUM). *n. m.* Mots latins signifiant *que tu aies le corps* (tu auras à présenter l'individu) *devant le juge*, formule par laquelle commençait le *writ* ou acte délivré par la juridiction compétente pour enjoindre à celui qui détient un prévenu de le faire comparaître devant le juge ou devant la cour, afin qu'il soit statué sur la validité de son arrestation. *Par ext.* Cet acte lui-même (*writ d'habeas corpus*).

— Nom donné à l'institution garantie par la loi anglaise de 1679 (communément appelée *Habeas corpus Act*) en vue d'assurer le respect de la liberté individuelle (Cf. Gardien, cit. 4).

1 « Le Conventionnel sortit et harangua la multitude, en parlant des droits sacrés du foyer, de l'*habeas corpus* et du domicile anglais. »
BALZ., **Ténébreuse affaire**, Œuvr., t. VII, p. 467.

2 « Toute personne arrêtée et détenue doit recevoir du lord chancelier ou, à la requête de celui-ci, de l'un des juges compétents, un *Writ d'Habeas corpus*. En vertu de cet acte, le prévenu est amené devant le magistrat qui a délivré le *Writ* ou devant un autre juge compétent. Ce magistrat est obligé de prononcer immédiatement sa mise en liberté, s'il peut fournir caution de se présenter devant la justice. »
DUGUIT, **Droit constit.**, t. V, p. 51.

HABILE. *adj.* (*able* au XIIIᵉ s., « propre à » ; *abil(e)* au XIVᵉ s. ; *habile* au XVᵉ s. ; lat. *habilis*, « commode, facile à manier », et *par ext.* « bien adapté »).

I. *Vx.* ou *Spécialt.* || **1°** *Vx.* (en parlant des choses). Apte, convenable, propre. « *L'âge habile à être capitaine* » (XVIᵉ s., DEROZIERS in HUGUET).

— En parlant des personnes. V. **Capable.** *Spécialt.* (de nos jours). *Dr.* Qui remplit les conditions requises pour l'exercice d'un droit*. *Rendre une personne habile à contracter, à succéder...* V. **Habiliter.** *Habile à ester en justice, à tester...* (Cf. l'ancien adage *Le mort saisit le vif, son hoir le plus proche habile à lui succéder*).

|| **2°** *Par ext.* et *Vx.* (XVᵉ s.). Prompt* à... *Absolt.* Diligent, empressé. *Allez vite tous deux et revenez : on verra lequel est le plus habile* (ACAD. 1694). — REM. VOLTAIRE (Dict. phil., Habile) signale ce sens « dans le style comique », en citant MOLIÈRE.

1   « Mais demain, du matin, il vous faut être habile
À vider de céans jusqu'au moindre ustensile : »
                      MOL., Tart., V, 4.

— REM. *Habile* s'est dit au XVᵉ et au XVIᵉ s. des animaux agiles, rapides.

2   « ... les daims légers... et les chevaux habiles. »
                  LEMAIRE DE BELGES, Illustr., I, 23.

II. || **1°** (XVIᵉ s.). Qui exécute ce qu'il entreprend, ce qu'il fait, avec autant d'adresse que d'intelligence ou de compétence. V. **Adroit*** (cit. 2 LAFAYE et cit. 3 LITTRÉ), **capable** (2°), **industrieux.** *Artisan* (cit. 10), *ouvrier, travailleur habile et expérimenté*. V. **Bon, émérite, expert, praticien, routier** (vieux routier). Cf. Atteindre, cit. 23 ; forge, cit. 7. *Habile dans son métier, en tous métiers* (Cf. Brocanter, cit. 1). *Un arrimeur* (cit. 1) *habile. Un habile faussaire* (Cf. Fabriquer, cit. 10). *Habile artiste, possédant une forte technique** (Cf. Anatomie, cit. 4 ; croquis, cit. 1 ; effet, cit. 31). *Peintre habile dans tous les genres* (cit. 18). *Habile prestidigitateur*. Il est très habile de ses doigts. Les danseuses les plus habiles* (Cf. Caractère, cit. 33). *Pianiste, violoniste prodigieusement habile.* V. **Virtuose.** — *Habile financier. Habile banquier* (cit. 3). *Habile capitaine* (cit. 3), *habile stratège. Habile ministre* (Cf. Favoritisme, cit. 1). *Habile diplomate. Politicien habile* (Cf. Entreprendre, cit. 3).

3   « Un homme peut avoir lu tout ce qu'on a écrit sur la guerre, ou même l'avoir vue, sans être habile à la faire... L'habile homme est... celui qui fait un grand usage de ce qu'il sait ; le capable peut, et l'habile exécute. »
                  VOLT., Dict. philos., Habile.

4   « Cette belle porcelaine est produite à Limoges, grâce... à des générations d'ouvriers très habiles, grâce aussi à des perfectionnements techniques, qui ont une longue histoire. »
                CHARDONNE, Destin. sentim., p. 129.

— Par ext. *Des mains, des doigts habiles* (Cf. Des doigts de fée). *L'affaire est entre des mains habiles* (Cf. En bonnes mains*). *Une habile épée :* un escrimeur habile (Cf. Garde, cit. 23).

5   « Deux ou trois grands génies suffisent pour pousser bien loin des théories en peu de temps ; mais la pratique procède avec plus de lenteur, à cause qu'elle dépend d'un trop grand nombre de mains dont la plupart même sont peu habiles. »
              FONTENELLE, Éloge de Chazelles (in LITTRÉ).

— *Habile dans les relations sociales.* V. **Diplomate** (adj.), **fin, malin, politique** (adj.). *Un homme habile et intrigant*. V. **Débrouillard, roublard, roué, rusé** (Cf. *fam.* A la coule). *Un personnage habile et plein de ressources*. *La passion rend souvent les plus sots habiles* (Cf. Fou, cit. 17). *Il ne faut pas être bien habile pour y arriver* (Cf. Il ne faut pas être grand clerc*, grand sorcier*). *Il se croit plus habile que les autres.* V. **Fort, malin** (Cf. Aigreur, cit. 3). *Se piquer d'être habile* (Cf. Flatteur, cit. 5). *Il est habile en toutes circonstances* (Cf. Il sait y faire*, il entend le jar* (*arg.* vieilli), il n'est pas manchot*, il sait se retourner*, il connaît toutes les rubriques*, il sait tomber* sur ses pieds, il se tirerait d'un puits...). *Il est plus habile dans ce genre d'affaires.* Iron. *Plus habile en paroles qu'en actes* (Cf. Beau* parleur). — Péjor. *Habile courtisan, habile flatteur. Habile hypocrite* (Cf. Enfiellé, cit. 2). — Allus. litt. « *Les plus accommodants* (cit.) *ce sont les plus habiles* » (LA FONT.).

6   « Le désir de paraître habile empêche souvent de le devenir. »
              LA ROCHEF., Réflex. et maxim., 199.

7   « Il y a des gens habiles dans tout ce qui ne les regarde pas, et malhabiles dans ce qui les regarde ; »
           ID., Réflex. div., De la diff. des esprits.

8   « ... Tu prétends être fort habile :
En sais-tu tant que moi ? J'ai cent ruses au sac. »
              LA FONT., Fabl., IX, 14.

9   « L'habile homme est celui qui cache ses passions, qui entend ses intérêts, qui y sacrifie beaucoup de choses, qui a su acquérir du bien ou en conserver. »
              LA BRUY., II, 55.

10   « Habile courtisan emporte un peu plus de blâme que de louanges ; il veut dire trop souvent habile flatteur... Le renard qui, interrogé par le lion sur l'odeur qu'exhale son palais, lui répond qu'il est enrhumé, est un courtisan habile. »   VOLT., Dict. philos., Habile.

11   « Joseph, quand il conduit, montre avec éclat qu'il est très brutal, très égoïste, très habile et, malgré tout, prodigieusement naïf, comme le sont tous les artificieux, tous les roublards de carrière. »
             DUHAM., Pasq., X, VI.

— Par ext. *Amour-propre* (cit. 7) *habile dans ses calculs. Égoïsme habile* (Cf. Exalter, cit. 16). *Un zèle habile* (Cf. Éprouver, cit. 34).

— REM. *Habile* a commencé à perdre dès la fin du XVIIᵉ siècle ou le début du XVIIIᵉ, le sens de « docte et savant » que l'on rencontre chez quelques auteurs classiques. LA FONTAINE (VIII, 19) oppose *habile* et *ignorant.* MOLIÈRE entend *habile homme* au sens d'homme de science, d'érudit (Cf. Air, cit. 29 ; érudition, cit. 1) que l'on retrouve chez PASCAL (Pens. II, IV, 251), LA BRUY. (Cf. Ancien, cit. 15 ; art, cit. 59 ; avenir, cit. 6) et encore chez FÉNELON (cité par LITTRÉ).

— *De nos jours,* dans le domaine intellectuel, *Habile* qualifie bien le talent, l'ingéniosité, l'art ou l'artifice, mais il n'évoque pas l'idée de génie. Il exclut même parfois : *Un écrivain habile et froid, plus habile qu'original. Habile seulement dans l'analyse* (Cf. Apte, cit. 3).

12   « Ce mot ne convient point aux arts de pur génie ; on ne dit pas, un habile poète, un habile orateur ; et si on le dit quelquefois d'un orateur, c'est lorsqu'il s'est tiré avec habileté, avec dextérité, d'un sujet épineux. »   VOLT., Dict. philos., Habile.

13   « Les observations de La Bruyère, comme il est naturel de la part d'un habile observateur qui n'était point un grand esprit, sont intéressantes et piquantes, à proportion qu'elles portent sur de plus petits objets. »   FAGUET, Étud. litt., XVIIᵉ s., La Bruyère, IV.

14   « Un intellectuel est un prestidigitateur de la pensée. »
          R. ROLLAND, Au-dessus de la mêlée, p. 87.

15   « Les médiocres esprits deviennent toujours plus habiles, ne cessant de parcourir leur médiocre lieu... »   VALÉRY, Rhumbs, p. 275.

— Substant. *Les habiles :* les malins, les ingénieux (généralement péjor.).

16   « Les habiles en littérature sont ceux qui, comme les Jésuites de Pascal, ne lisent point, écrivent peu et intriguent beaucoup. »
          P.-L. COURIER, Lettre à M. Renouard (in LITTRÉ).

17   « Aussi les habiles s'enferment dans leur cabinet, ne fût-ce que pour dormir, placent une lampe allumée près de leurs carreaux et disent avoir passé trois mois à l'œuvre enlevée en trois jours. »
         GAUTIER, Portr. contemp., Tony Johannot, p. 226.

18   « Les habiles, dans notre siècle, se sont décerné à eux-mêmes la qualification d'homme d'état ; si bien que ce mot, homme d'état, a fini par être un peu un mot d'argot. Qu'on ne l'oublie pas, en effet, là où il n'y a qu'habileté, il y a nécessairement petitesse. Dire : « les habiles », cela revient à dire : « les médiocres ».
             HUGO, Misér., IV, I, II.

— *Habile à...* suivi d'un verbe à l'infinitif. V. **Apte** (cit. 7), **entendu, propre, rompu** (à). *Être habile à faire* (cit. 190) *quelque chose.* V. **Exceller** (à), **savoir.** *Homme habile à ruser, à tromper* (Cf. Adresse, cit. 3 ; expérience, cit. 11). — *Habile à...* (quelque chose). *Expert habile aux estimations* (cit. 3). V. **Bon, expert.**

19   « C'est Saint-Donat qui la traite (*Mme de Coulanges*) ; je ne sais s'il est bien habile à ces sortes de maux. »
             SÉV., 1374, 21 avril 1694.

20   « On ne trouvait pas étrange que ces grands hommes fussent aussi habiles à rendre la beauté sur la toile que dans le marbre. »
         GAUTIER, Souv. de théâtre..., Vente Jollivet, p. 282.

|| **2°** *Par ext.* Qui est fait avec adresse et intelligence. *Un habile tour* (Cf. Anse, cit. 3). *Manœuvre, opération, démarche habile.* V. **Diplomatique** (2°). *Une intervention habile. Ce que vous avez fait là n'est pas très habile. Dissimulation, camouflage* (cit. 3) *habile. Ils ont jugé plus habile de ne se démasquer* (cit. 6) *qu'au dernier moment. Raisonnement, argument trop habile.* V. **Captieux, subtil.** *Formule* (cit. 14) *habile. Habiles jongleries verbales* (Cf. Discursif, cit. 1).

21   « ... ce qu'il y a de plus fatal à la vie humaine, c'est-à-dire l'art militaire, est en même temps ce qu'elle a de plus ingénieux et de plus habile,... »   BOSS., Orais. fun. Louis de Bourbon.

— *Spécialt.* en parlant d'une œuvre d'art, d'une œuvre littéraire. *Un film habile. Une intrigue habile.*

ANT. — Gauche, inhabile, maladroit, malhabile, mauvais, naïf, niais, sot. Apprenti.

DER et **COMP.** — Habilement, habileté, habiliter, inhabile.

HABILEMENT. *adv.* (XIVᵉ s. ; de *habile*). D'une manière habile.

|| **1°** *Vx.* Diligemment, promptement. — REM. Ce sens, sorti de l'usage dès le XVIIIᵉ siècle, s'est longtemps conservé dans les dictionnaires. LITTRÉ ne le signale pas comme vieilli.

1   « ... le peuple s'est mis dans la tête que son âme (*de Bourdeille*) revient la nuit tout en feu dans l'église... Cette folie est venue à tel point, qu'il a fallu ôter le corps habilement de la chapelle,... »
             SÉV., 280, 27 mai 1672.

|| **2°** Avec habileté, art, intelligence. V. **Adroitement, bien, délicatement, dextrement, expertement...** *Écrire, peindre, travailler habilement. Figure, scène habilement campée* (cit. 10). *Toile habilement tissée.* Cf. Fondamental, cit. 3 (*fig.*). — *Bijou habilement ciselé.* — *Se tirer habilement d'une difficulté. Tirer habilement son épingle du jeu* (V. **Galamment**). *Diplomate, homme politique qui conduit habilement une négociation. Orateur qui amalgame* (cit. 1)

*habilement dans ses discours, ses passions et celles de l'au-
ditoire.*

2 « Il y a des gens niais qui se connaissent et qui emploient habi-
lement leur niaiserie. »   LA ROCHEF., **Réflex. et maxim.**, 208.

3 « Le metteur en œuvre travaille adroitement ce que l'homme de
goût a dessiné habilement. »   VOLT., **Dict. philos.**, Habile.

4 « Au moment de verser le sang, les vieilles haines fanatiques,
habilement ravivées de jalousie sociale, ne furent pas assez fortes
encore. »   MICHELET, **Hist. Révol. franç.**, III, IX.

5 « ... c'est un petit chapeau, une voilette légère, sauf un grand
dessin habilement placé devant les yeux. »
                                        ROMAINS, **H. de b. vol.**, IV, XII, p. 133.

HABILETÉ. *n. f.* (1539 ; de *habile*. V. **Habilité**).

I. *Vx.* V. **Aptitude, capacité.** *Spécialt.* (Dr.). V. **Habilité.**
« Leur habileté à disputer les droits des couronnes »
(FLÉCH. in LITTRÉ). — REM. *Habileté* a signifié également au
XVIIe siècle « Promptitude, rapidité ». « *Ce Basque fait des
messages avec une habileté extraordinaire* » (FURET.).

II. ‖ 1° Qualité de celui qui est habile, de ce qui est habile (II, 1°). V. **Adresse, dextérité, capacité, industrie.**
Habileté de main. V. **Adresse** (cit. 1), **tour** (de main) ;
patte (fig.). *S'émerveiller* (cit. 2) *de l'habileté de quelqu'un. Escamoter* (cit. 1) *quelque chose avec habileté. L'habileté d'un artisan, d'un ouvrier, d'un peintre... Avoir de
l'habileté, une habileté remarquable, exceptionnelle* (cit. 6),
singulière (V. **Bonheur**, cit. 4), *rapide, sûre, consommée...*
(Cf. **Faculté**, cit. 6). *Grande habileté technique* (Cf. Créateur, cit. 6). *Extrême habileté d'un exécutant, d'un musicien...* V. **Brio, virtuosité.** *Habileté oratoire.* V. **Éloquence.**
Exploiter avec habileté les ressources de sa voix (Cf.
Fausset, cit. 4). *Manier l'épigramme* (cit. 8) *avec habileté.
Ouvrage, travail exécuté avec habileté.* V. **Chic, facilité,
maîtrise** (Cf. D'une main sûre, de main d'ouvrier*, de
main de maître*). *Les bonnes traditions et l'habileté péri-
clitent, se perdent dans ce métier.* V. **Technique** (Cf. Exécuteur, cit. 6). *Habileté innée, naturelle ou acquise.*
V. **Aptitude, capacité, don** ; **art** (cit. 48), **routine, savoir-
faire, talent.** *Le mérite et l'habileté ne suffisent pas toujours pour réussir* (Cf. Énorme, cit. 12). *Habileté d'un financier, d'un homme d'affaires, d'un ministre, d'un général, d'un homme politique* (Cf. Génie, cit. 14).

1 « ... il connaissait M. de Turenne, dont l'habileté consommée
n'avait besoin d'aucun ordre pour faire tout ce qu'il fallait. »
                                        BOSS., **Orais. fun. Louis de Bourbon.**

2 « ... ses détails si sobres et si larges montrent une habileté consommée, qui connaît la puissance d'une touche mise à sa place et ne
se trompe jamais. »
                                GAUTIER, **Souv. de théâtre...**, Noces de Cana, p. 212.

3 « ... ils savent peindre les habits, les accessoires, les architectures,
les paysages, avec une justesse et un fini surprenants ; leur habileté
de main est admirable. »   TAINE, **Philos. de l'art**, III, II, II.

4 « Je dois la clarté de mon esprit, en particulier une certaine
habileté dans l'art de diviser (art capital, une des conditions de
l'art d'écrire), aux exercices de la scolastique et surtout à la géométrie, qui est l'application par excellence de la méthode syllogistique. »
                                RENAN, **Souvenirs d'enfance...**, IV, II.

5 « ... l'habileté d'un escamoteur. »
                                        J. RENARD, **Poil de Carotte**, p. 36.

6 « Le petit Dauphin, chassé de sa capitale, dut reconquérir son
royaume pour ainsi dire province par province. Sans la présence
d'esprit et l'habileté de Turenne, qui rétablit sa fortune au combat
de Bléneau, il allait devenir un autre roi de Bourges. »
                                        L. BERTRAND, **Louis XIV**, II, I, p. 88.

7 « Cependant, l'habileté, l'intelligence ou le savoir-faire ·deviennent
suspects, comme s'ils dissimulaient quelque défaut des convictions. »
                                        PAULHAN, **Fleurs de Tarbes**, p. 53.

— *Habileté dans les affaires humaines, dans les relations sociales.* V. **Diplomatie, doigté, perspicacité, tact.** *Il
s'est tiré de ce mauvais pas avec habileté.* V. **Délicatesse,
dextérité, élégance.** *Mener une affaire avec habileté. Profiter d'un bon conseil* (cit. 2) *avec habileté. Habileté à se
pousser, à réussir dans le monde.* V. **Entregent.** *Une habileté sans scrupule.* V. **Roublardise, rouerie.** *Faire ce que
la morale commande et non ce que l'habileté conseille
(cit. 5). Il a réussi son coup avec une merveilleuse habileté* (Cf. Coup de maître, tour de force...). *Son habileté
se joue des difficultés, jongle* avec les difficultés.

8 « Il est difficile de juger si un procédé net, sincère et honnête
est un effet de probité ou d'habileté. »
                                        LA ROCHEF., **Réflex. et maxim.**, 170.

9 « C'est une grande habileté que de savoir cacher son habileté. »
                                        ID., **Ibid.**, 245.

10 « (*Le sénéchal de Rennes*) avait une affaire épineuse où il fallait
de l'habileté. »   SÉV., **442**, 9 sept. 1675.

11 « Le terme de l'habileté est de gouverner sans la force. »
                                        VAUVEN., **Max. et réflex.**, 96.

12 « L'habileté est à la ruse ce que la dextérité est à la flouterie. »
                                        CHAMFORT, **Max. et pensées**, XXXIX.

13 « Après avoir expliqué, tout à son avantage, la rouerie à laquelle
il fallait répondre par de l'habileté.... l'avocat résuma son plan
de campagne. »   BALZ., **Petits bourgeois**, Œuvr., t. VII, p. 202.

— REM. Comme *habile** (Cf. la remarque *supra* cit. 11),
habileté ne suppose pas le génie dans le domaine intellectuel. Il l'exclut même parfois. V. **Art, artifice, ingéniosité,
talent...**

« Mais quand M. Alfred Mortier écrit *Sylla*, il ne me montre que   14
de l'habileté. C'est un beau tour de force, mais non de la force. »
                                        LÉAUTAUD, **Théâtre de Maurice Boissard**, XXXII, p. 162.

‖ 2° Acte, procédé* habile. V. **Finesse** (Cf. Conquête,
cit. 1). *Les petites habiletés d'un intrigant. Les habiletés
du métier.* V. **Artifice, ficelle, truc.** *Les habiletés du démon.*
V. **Ruse** (Cf. Bailler, cit. 2).

« Il s'en faut bien que toutes nos habiletés ou toutes nos fautes   15
portent coup. »   VAUVEN., **Max. et réflex.**, 554.

« ... toutes habiletés de métier, qui doivent toujours s'effacer de   16
l'art, quand elles y entrent ; »
                                        SUARÈS, **Trois hommes**, Dostoïevski, III, p. 223.

« Son grand et généreux esprit (*de Vergniaud*) l'emporte vite au   17
delà des combinaisons et des habiletés. »
                                        JAURÈS, **Hist. social. Révol. fr.**, t. VI, p. 304.

« Les finesses et les habiletés comptent pour peu de chose dans   18
l'œuvre des véritables hommes d'État... Point n'est besoin d'un équilibriste, l'homme de bon sens, en l'espèce, réussit mieux. »
                                        SIEGFRIED, **La Fontaine...**, p. 253.

ANT. — **Apprentissage, gaucherie ; impéritie, inhabileté, maladresse,
simplicité.**

HABILITÉ. *n. f.* (XIIIe s. ; du lat. *habilitas*). *Vx.* Qualité
qui rend apte à. « *Nous n'apportons point en naissant l'habilité à faire ces choses* » (BOSSUET in LITTRÉ). — REM.
Bien qu'il figure encore dans ACAD. 8e éd. (*Habilité à succéder*) et dans la plupart des dictionnaires, *Habilité* ne
se dit plus en Jurisprudence. V. **Capacité.**

« ... l'unique concession du nom, titre, etc., de prince du sang, et
de l'habilité après eux à la couronne,... récompense d'une naissance
tellement impure, que, jusqu'à ces bâtards (*de Louis XIV*), les
hommes en pas un pays, n'ont voulu les connaître,... »
                                        ST-SIM., **Mem.**, IV, XXII. — N.B. On trouve dans le même sens
                                        chez cet auteur *habileté* (Cf. IV, XXIII, pp. 376 et 379).

HABILITER. *v. tr.* (vers 1300 ; du lat. médiév. *habili-
tare*. V. **Habile**). *Dr.* Rendre (quelqu'un) habile* (au sens
juridique), conférer (à un incapable*) la capacité juridique. *Habiliter un incapable à passer un acte juridique.*
V. **Autoriser.**

« Si l'un des époux se trouve hors d'état de manifester sa volonté,   1
son conjoint peut se faire habiliter par justice à le représenter,
d'une manière générale, ou pour certains actes particuliers, dans
l'exercice des pouvoirs visés à l'article précédent...
   À défaut de pouvoir légal, de mandat ou d'habilitation par justice, les actes faits par un époux en représentation de l'autre sans
pouvoir de celui-ci ont effet à l'égard de ce dernier dans la mesure
déterminée par l'article 1375. »   CODE CIV., **Art. 219.**

— Rendre (quelqu'un) légalement capable d'exercer
certains pouvoirs, d'accomplir certains actes. *Le mandataire est habilité à agir au nom du mandant. Il est habilité à passer ce marché au nom de l'État.* V. **Qualité** (avoir
qualité pour). — *Par ext.* Rendre habile, apte à. V. **Qualifier.**

« ... il n'était plus un général ordinaire, un simple exécutant ; il   2
avait tout conçu seul et, seul, tout mené à bien. Ainsi était-il, à ses
yeux, habilité pour conduire encore d'autres opérations... »
                                        MADELIN, **Hist. Cons. et Empire**, Ascens. Bonaparte, VI, p. 78.

« ... le sacrement, que transmet le prêtre habilité par l'ordi-   3
nation... »   SIEGFRIED, **Âme des peuples**, III, III.

DER. — **Habilitation.** *n. f.* (1373 ; lat. médiév. *habilitatio*). Action
d'habiliter (cit. 1), de conférer la capacité à un incapable.

HOM. — **Habilité.** — COMP. — **Réhabiliter.**

HABILLAGE. *n. m.* (1462 ; de *habiller*). *Techn.* :

‖ 1° Action d'habiller* (au sens I). *Habillage d'une bête
de boucherie, d'une volaille, d'un poisson. Habillage d'une
montre. Habillage d'un arbre.*

‖ 2° Action d'habiller (II, 5°) comme d'un vêtement.
Habillage des bouteilles. Habillage d'une gravure.

HABILLEMENT. *n. m.* (1374 ; de *habiller*).

‖ 1° Action d'habiller, de pourvoir ou de se pourvoir
d'habits, de vêtements. *Frais, dépenses d'habillement.
L'habillement des troupes. Magasin d'habillement* (Cf. Espionnage, cit. 3). *Officier, capitaine* (cit. 5) *d'habillement.*

« ... le bureau de la *solde* par exemple donnait les renseignements   1
relatifs à la *solde*, le bureau de l'*habillement* ceux sur l'*habillement* ;
supposons l'affaire d'un officier d'habillement du 7e léger devant restituer sur sa solde 107 francs, montant de la serge qu'il a reçue indûment, il me fallait les renseignements des deux bureaux susnommés... »
                                        STENDHAL, **Vie de Henry Brulard**, 41, p. 372.

« Il restait ainsi moins de vingt-cinq mille francs pour l'habille-   2
ment de six personnes,... »
                                        ROMAINS, **H. de b. vol.**, t. III, XI, p. 145.

— REM. *Habillement* n'est pas usité dans le sens de *revêtir*, de *mettre* des vêtements. On ne dit pas « Elle employa
une heure à son habillement ». On emploie le verbe *habiller* : « Il lui faut une heure pour s'habiller. » V. *aussi*
Toilette.

‖ 2° L'Ensemble des habits dont on est vêtu. V. **Costume,
effet(s), équipage** (vx), **habit*, vêtement*.** *Les diverses*

parties de l'habillement (ACAD.). *Les chaussures sont distinguées de l'habillement dans l'indice des prix de détail des objets manufacturés à Paris. Le fard lui paraît un complément indispensable de l'habillement* (Cf. Farder, cit. 11). — REM. En ce sens, *habillement* ne s'emploie plus pour désigner une pièce du costume. On ne dit plus « Revêtons-nous *d'habillements* » (Cf. Apprêter, cit. 5 RAC.) ni « des *habillements* trop étroits » (Cf. Épaule, cit. 4 LAMART.). *Habillement* s'applique à l'ensemble du costume et aussi à la manière de s'habiller. V. **Costume, mise, tenue.** *Un habillement singulier, bizarre, grotesque.* V. **Accoutrement*, attifement, déguisement.**

3 « *L'habillement* dépend du goût ou de la fantaisie de chacun. Deux personnes portant le même *habit* peuvent néanmoins différer par *l'habillement,* suivant leur manière de s'ajuster,... »
LAFAYE, **Dict. syn.,** p. 1023.

4 « ... elle n'avait pour habillement qu'une méchante petite jupe. »
MOL., **Fourb. de Scap.,** I, 2.

5 « Des étoffes de ménage, fines, mais fortes et peu salissantes, composent presque tout l'habillement des enfants et du père. Sa femme ne porte que des robes blanches de toile de coton ; »
SENANCOUR, **Oberman,** LXV.

6 « Marius avait toujours deux habillements complets, l'un vieux « pour tous les jours », l'autre tout neuf, pour les occasions. »
HUGO, **Misér.,** III, V, II.

7 « ... avec leurs grands cols clairs et leurs pompons rouges tranchant sur le bleu marine de leur habillement. »
LOTI, **Mon frère Yves,** III, p. 13.

8 « ... ils mettent des drôles d'habillements, des habillements d'État, des toges, des toques, des simarres, des déguisements, des mascarades, et sur l'épaule des machins en poil de lapin que (*dont*) je ne sais même pas le nom. »
PÉGUY, **La République...,** p. 303.

HABILLER (*a-bi-yé*). *v. tr.* (*Abillier* au XIIIe s. ; du lat. pop. *bilia,* « bille de bois, tronc ébranché et écorcé », avec le sens de « préparer, arranger, apprêter » ; *habiller* au sens moderne de « vêtir » vers 1400 sous l'influence d'*habit*).

I. *T. de Métiers.* Apprêter une chose pour l'usage qu'on en veut faire (V. **Habillage**). *Habiller une bête de boucherie* (Cf. Frais, cit. 23), *du gibier, de la volaille, un poisson :* les dépouiller, les vider, les mettre en état pour les vendre ou les accommoder. *Habiller une montre :* disposer les diverses pièces de son mécanisme. V. **Ajuster.** *Habiller un arbre :* tailler les racines et les branches d'un arbre que l'on a arraché pour le replanter ailleurs.

II. Couvrir de vêtements. V. **Mettre** (des vêtements à), **vêtir.**

‖ **1°** Couvrir quelqu'un de ses vêtements habituels (Cf. Aller, cit. 73 ; endoctriner, cit. 3). *Habiller un enfant. Il est impotent, il lui faut un domestique pour l'habiller.*

1 « Elle faisait le lit des enfants, qu'elle venait de lever et d'habiller. »
ZOLA, **L'Assommoir,** p. 12.

— *Par anal.* (T. d'Art). *Peintre qui peint un personnage nu avant de l'habiller. Habiller une figure nue, une académie.*

‖ **2°** Fournir quelqu'un en vêtements. *Uniformes dont l'État habille un certain nombre de ses fonctionnaires. Officier chargé, dans une caserne, d'habiller les recrues.* V. **Équiper.** *Dame charitable qui se charge d'habiller une famille pauvre, un enfant en loques* (Cf. Être, cit. 87 ; garde-robe, cit. 5).

2 « Il me fit habiller à ses frais depuis les pieds jusqu'à la tête. »
LESAGE, **Estève Gonzalez,** XIX.

3 « (*Un prince belliqueux*) trouve incontinent un grand nombre d'hommes qui n'ont rien à perdre ; il les habille d'un gros drap bleu à cent dix sous l'aune, borde leurs chapeaux avec du gros fil blanc, les fait tourner à droite et à gauche, et marche à la gloire. »
VOLT., **Dict. philos.,** Guerre.

‖ **3°** Couvrir de tels ou tels vêtements, de telle ou telle manière. *Vous n'avez pas assez habillé cet enfant. Habillez-le chaudement, large* (Cf. Aise, cit. 2). *Habillé de vêtements amples.* V. **Draper.** *Habillez-le de laine pour l'envoyer à la montagne.* — *Habiller quelqu'un de façon disgracieuse, grotesque.* V. **Accoutrer, affubler, attifer, fagoter, ficeler, harnacher.** *Habillé à l'étroit dans son costume du dimanche.* V. **Endimancher.** *Une fillette habillée de blanc* (cit. 17). *Enfants qu'on habille en Pierrot, en Sioux... pour le Mardi-Gras.* V. **Costumer, déguiser, travestir.** *Une fille habillée en garçon.*

4 « ... des couturiers qui apportaient de belles étoffes de soie pour habiller la mariée,... »
LESAGE, **Gil Blas,** X, IX.

‖ **4°** *Spécialt.* Faire, confectionner des habits. *Le même tailleur nous habille, vous et moi. Vous me donnez un délai trop court pour vous habiller.*

5 « Un philosophe se laisse habiller par son tailleur : il y a autant de faiblesse à fuir la mode qu'à l'affecter. » LA BRUY., XIII, 11.

— Absolt. *Ce tailleur, cette couturière habille bien.*

— *Par ext.* En parlant des vêtements. V. **Aller, convenir, seoir.** *Ce costume, cette robe vous habille bien.* Absolt. *Ce tissu habille bien.*

‖ **5°** *Par anal.* Couvrir* comme d'un vêtement. V. **Entourer, envelopper, recouvrir.** *Habiller une borne-fontaine pour la protéger contre le gel. Habiller de housses des chaises, des fauteuils. Habiller un livre d'une jaquette illustrée. Habiller de paillons des bouteilles de vin.* Spécialt. *Habiller des bouteilles :* les revêtir d'étiquettes, de capsules ou de coiffes de papier métallique. *Habiller une gravure :* disposer le texte autour de l'illustration. — *Arbre* (cit. 32) *habillé de lierre et de ronces.*

6 « Sur la petite place, les siècles ont habillé de mousse une fontaine à coupes étagées, et chaque fibre de mousse, chaque brin de soie verte et dorée distille sa goutte d'eau vivante. »
COLETTE, **Belles saisons,** Mes cahiers, p. 151.

‖ **6°** *Fig.* V. **Arranger.**

7 « Souvent j'habille en vers une maligne prose : »
BOIL., **Sat.,** VII.

8 « J'ai donné vos lettres au faubourg... on y trouve la réflexion de M. de Grignan admirable : on l'a pensée quelquefois ; mais vous l'avez habillée pour paraître devant le monde. »
SÉV., 253, 1er mars 1672.

— V. **Couvrir, déguiser, dissimuler, envelopper.** *Gaze* (cit. 8) *pudique qui habille des galanteries assez vives. Orateur qui habille de phrases sonores des pensées banales.* V. **Orner, parer.** *Les hommes de la Révolution ont habillé à l'antique les vertus républicaines.* V. **Draper.** *Habiller un drame ancien en costumes modernes* (Cf. Embourgeoiser, cit. 1).

9 « Il n'est rien si commun qu'un nom à la latine ;
Ceux qu'on habille en grec ont bien meilleure mine ; »
MOL., **Fâch.,** III, 2.

10 « Les passions y paraissent... convulsives, parce qu'elles sont peu à peu dépouillées de tout ce qui les habille. »
SUARÈS, **Trois hommes,** Dostoïevski, III, p. 221.

— *Habiller un texte, un rapport,* le présenter de telle façon qu'on en altère, qu'on en fausse le sens, la portée.

— Fam. *Habiller quelqu'un,* en dire du mal. V. **Calomnier, médire** (de). *Il a été bien habillé par ses prétendus amis !*

11 « Voilà comme ils vous habillent. »
D'ALEMB., **Lettre à Volt.,** 23 janv. 1757.

‖ **S'HABILLER.** ‖ **1°** Mettre* ses habits. V. **Vêtir** (se). *S'habiller à la hâte, précipitamment* (Cf. Aurore, cit. 8 ; coiffeur, cit. 2). *Il est long à s'habiller. Aidez-le à s'habiller.* V. **Ajuster** (s'), **arranger** (s'), **boutonner** (se), **chausser** (se) ; **endosser...**

12 « Les domestiques ici... sont plus longs à s'habiller que les maîtres. »
BEAUMARCH., **Mar. de Figaro,** III, 5.

13 « ... chaque fois maintenant que Charles sortait de bonne heure, Emma s'habillait vite et descendait à pas de loup le perron... »
FLAUB., **Mme Bovary,** II, IX, p. 106.

14 « Tu ne sauras donc jamais t'habiller tout seul ? »
COLETTE, **Chéri,** p. 14.

‖ **2°** En parlant de la façon de s'habiller. *Habillez-vous plus légèrement. S'habiller court, long. S'habiller de noir, de gris... S'habiller avec chic, élégance* (cit. 8), *goût, décence, discrétion, recherche... S'habiller à la dernière mode. Femme d'un certain âge qui s'habille comme une jeune fille. S'habiller en Colombine pour aller au bal masqué. Soldat en permission qui s'habille en civil.* — Absolt. *Cette femme ne sait pas s'habiller ; elle n'a aucun goût.*

15 « ... un maître à danser qui s'habille comme un petit-maître,... »
LESAGE, **Diable boiteux,** VII.

16 « Il s'habillait. Pour cette fête, il choisissait les étoffes les plus rudes, les cuirs les plus lourds, il s'habillait comme un paysan. Plus il devenait lourd, plus elle l'admirait. Elle-même bouclait cette ceinture, tirait ces bottes. » SAINT-EXUP., **Vol de nuit,** X, p. 93.

— *Absolt.* Revêtir des habits de sortie, de cérémonie, une tenue de soirée... *Faut-il s'habiller pour cette soirée ? Il est trop tard pour m'habiller et sortir* (Cf. Ennuyer, cit. 12), *pour aller dans le monde* (Cf. Délicat, cit. 4). *Va t'habiller ; mets ton plus beau costume* (Cf. Se mettre sur trente-et-un*).

‖ **3°** Se pourvoir d'habits. *Chez qui vous habillez-vous ? S'habiller en confection ; sur mesure, chez un bon tailleur. Il s'habille chez le bon faiseur. S'habiller de neuf.* V. (fam.) **Fringuer** (se), **nipper** (se), **requinquer** (se). *En être réduit à s'habiller à petits frais chez un fripier* (Cf. Chichement, cit. 4.).

17 « Il (*de Rubempré*) courut avec une vélocité de cerf jusqu'à l'hôtel du Gaillard-Bois, monta dans sa chambre, y prit cent écus, et redescendit au Palais-Royal pour s'y habiller de pied en cap. Il avait vu les bottiers, des lingiers, des giletiers, des coiffeurs au Palais-Royal où sa future élégance était éparse dans dix boutiques. »
BALZ., **Illusions perdues,** Œuvr., t. IV, p. 609.

18 « ... les gens chic. mais là, les gens véritablement élégants, femmes ou hommes, ne peuvent pas attendre plus longtemps avant de s'habiller pour la saison prochaine ? » COLETTE, **Chéri,** p. 119.

‖ **4°** *Fig. :*

19 « Le monde aujourd'hui n'est plein... que de ces imposteurs qui... s'habillent insolemment du premier nom illustre qu'ils s'avisent de prendre. »
MOL., **Avare,** V, 5.

|| Habillé, ée. *p. p.* et *adj.* V. **Vêtu.** *Attendez un instant : je ne puis vous recevoir, je ne suis pas habillé. Il se coucha tout habillé* (Cf. Excursion, cit. 2).

20 « Allez-vous-en voir, vous, si ma femme est habillée. »
MOL., *Mal. imag.,* II, 2.

21 « Il remonta chez lui et s'endormit tout habillé sur son lit. »
MAUPASS., **Bel-Ami,** I, IV, p. 87.

— *Personne bien habillée. Il est toujours mal habillé.* V. **Accoutré...** Cf. *supra,* II, 3° et *aussi* Fichu, foutu (comme quatre sous, comme l'as de pique, comme un sac).

— *Habillé de* (telle façon, telle couleur). Cf. *supra,* II, 3° et *aussi* Brillant, cit. 28 ; corsage, cit. 2 ; étincelant, cit. 13 ; fil, cit. 1 ; flexible, cit. 2.

— *Spécialt.* V. **Mis** (bien mis). *Elle est sortie, belle, habillée, élégante, tirée à quatre épingles* (Cf. Fourberie, cit. 6). *Il n'y aura à cette soirée que des gens habillés.* Par ext. *Une tenue, une robe habillée, d'apparat. Ils ne pouvaient paraître à la cour qu'en habit habillé* (Cf. Anachronisme, cit. 3). *Un tissu, une couleur qui fait habillé.*

22 « *Iphis* voit à l'église un soulier d'une nouvelle mode ; il regarde le sien et en rougit ; il ne se croit plus habillé. »
LA BRUY., XIII, 14.

ANT. — Déshabiller, dévêtir. — Nu.

COMP. — Déshabiller, rhabiller.

DER. — Habillage, habillement. — **Habilleur, euse.** *n.* (XIIe s.). *Technol.* Ouvrier corroyeur qui habille les peaux. — Pêcheur chargé de préparer la morue. — *T. de Théâtre.* Celui, celle qui aide les acteurs et actrices à s'habiller, prend soin de leurs costumes (Cf. Étalagiste, cit. 2). Par ext. *Elle est habilleuse chez un grand couturier.*

« Une habilleuse aux gestes rapides vêtit Claire d'un fourreau de velours noir, bordé d'hermine,... »
MAUROIS, **Terre promise,** X, p. 61

HABIT. *n. m.* (XIIIe s. ; lat. *habitus,* « manière d'être, costume »).

|| **1°** Au sing. *(vieilli).* Ensemble des vêtements qui couvrent le corps. V. **Costume, habillement, tenue, vêtement.** — REM. Au XVIIe s. on entend par *Habit* la « tenue complète », le « costume entier d'homme ou de femme, y compris la chaussure et la coiffure » (CAYROU, citant MOL., Bourg. gent., II, 5). Au siècle suivant, l'abbé GIRARD (1677-1748) note que l'habit ne comprend ni le linge, ni le chapeau, ni les souliers. « *Le justaucorps, la veste, la culotte, la robe, la jupe, le corset sont des habits, mais la chemise et la cravate ne le sont point quoiqu'ils soient vêtements* » (Dict. de TRÉVOUX). De nos jours, il ne s'emploie que très rarement au singulier et seulement en parlant du vêtement masculin. V. **Costume*, vêtement*.** — *L'étoffe* (cit. 1) *d'un habit. Habit de gros drap, de velours...* (Cf. Enterrer, cit. 7). *Habit correct* (cit. 5), *simple, strict. Habit somptueux, auguste* (cit. 8) *et magnifique... Habit neuf ; vieil habit, habit râpé, usé...* (Cf. Bigarrure, cit. 4). *Habit bien coupé, qui va bien* (Cf. Beau, cit. 70). *Cet habit vous engonce. Habit démodé* (Cf. Frapper, cit. 31). *Commander, acheter un nouvel habit. Engager* (cit. 1) *son habit ; mettre son habit au clou. Tailleurs qui travaillent à un habit* (Cf. Après, cit. 57). *Confectionner*, couper*, tailler* un habit. Retourner* un habit. Changer d'habit* (Cf. Beauté, cit. 36), *changer chaque jour quelque chose à son habit...* V. **Atour** (cit. 2), **habillement, parure.** *Se soucier de son habit, être sensible à l'habit* (Cf. Fagoter, cit. 4). — Vx. *L'habit d'une dame* (Cf. Atour, cit. 8 LA FONT.).

1 « Une femme ne prendra point un habit d'homme, et un homme ne prendra point un habit de femme ; »
BIBLE (SACY), **Deutéron.,** XXII, 5

2 « L'habit qu'il eut sur lui fut son seul héritage ; »
BOIL., **Sat.,** I.

3 « ... le déguisement qu'il a pris est l'habit d'une femme. »
MOL., **Pourc.,** III, 1.

4 « *Théodote* avec un habit austère a un visage comique,... »
LA BRUY., VIII, 61.

5 « Chez de certaines gens un habit neuf, c'est presque un beau visage. »
MARIVAUX, **Vie de Marianne,** 1re part.

|| **2°** *Au plur.* LES HABITS. L'ensemble des pièces composant l'habillement. V. **Affaires, effets, vêtements,** et *(fam.)* **fringues, frusques, hardes, nippes** (Cf. Affecter, cit. 5 ; autrement, cit. 17). *Ensemble des habits, du linge, etc.* V. **Frusquin** (saint-frusquin cit.), **garde-robe, trousseau...** *Assortir* (cit. 1) *ses habits et ses chapeaux, ses parures... Un grand luxe d'habits* (Cf. Equipage, cit. 9). — *Beaux, superbes habits* (Cf. Agencer, cit. 2 ; curieux, cit. 1). *Habits simples, modestes* (Cf. Avilissement, cit. 2). *Modeste dans ses habits* : dans son habillement (Cf. Avaricieux, cit. 4). *Habits à la mode, démodés...* V. **Mode** (Cf. Créer, cit. 4 ; empire, cit. 5 ; extravagant, cit. 5). *Habits grotesques, ridicules* (V. **Accoutrement, défroque, oripeau**). *Habits anciens, vieux habits relégués dans un grenier. Habits du XVIIe siècle, agrémentés, chamarrés de broderies* (cit. 1, 3), *de passements*, brodés d'or* (Cf. Éclater, cit. 26). *Habits tout neufs* (Cf. Emprisonner, cit. 4). *Habits chauds, confortables...* (Cf. Exigence, cit. 2). *Habits usagés, sales, mouil-*

lés, déchirés... (Cf. Élève, cit. 4 ; geler, cit. 4). *De méchants habits.* V. **Hardes** (Cf. Glacé, cit. 1). *Habits qui montrent la corde, qui tombent en loques*.* V. **Guenille.** *Marchand d'habits.* V. **Fripier** (cit. 2). — *Acheter ses habits tout faits, sur mesure, chez un tailleur, une couturière. Mettre, ranger ses habits dans un placard, une penderie, une garde-robe* (cit. 2), *un vestiaire. Entretenir ses habits. Brosse à habits. Emporter des habits en voyage* (Cf. Commodité, cit. 6). *Mettre, ôter ses habits.* V. **Habiller** (s') ; **déshabiller** (se). — *Habits d'homme, de femme, d'enfant* (Cf. Flotter, cit. 17). *Habits de drap, de toile, de coton* (Cf. Écœurer, cit. 1). *Habits de mariage* (Cf. Gentil, cit. 7), *de deuil* (Cf. Cheveu, cit. 21 ; ensevelir, cit. 8). *Habits de voyage, de ville. Habits de travail. Habits du dimanche* (cit. 4) Cf. Endimanchement, cit. — *Habits militaires.* V. **Uniforme** (Cf. Epaulette, cit. 2). *Habits civils* (cit. 11).

6 « Tel deuil n'est pas bien souvent que changement d'habits, »
LA FONT., **Contes,** La coupe enchantée, III, IV.

7 « Elle réforma tout ce qu'il y avait de mondain et de sensuel dans ses habits,... »
RAC., **Port-Royal,** I.

8 « L'or et les diamants brillent sur ses habits ; »
VOLT., Les Scythes, I, 1.

9 « Si j'avais à remettre la tête d'un enfant ainsi gâté, j'aurais soin que ses habits les plus riches fussent les plus incommodes, qu'il y fût toujours gêné, toujours contraint,... » ROUSS., **Émile,** II.

10 « S'il avait soin de lui-même et de ses habits, il n'aurait pas l'air d'un va-nu-pieds. » BALZ., La rabouilleuse, Œuvr., t. III, p. 908.

11 « Dans le nombre de ces Parisiens accusés d'être si spirituels, il s'en trouve qui se croient infiniment mieux en uniforme que dans leurs habits ordinaires, et qui supposent chez les femmes des goûts assez dépravés pour imaginer qu'elles seront favorablement impressionnées à l'aspect d'un bonnet à poil et par le harnais militaire. »
ID., **Cousine Bette,** I, Œuvr., t. VI, p. 135.

12 « ... il aperçut ses habits de tous les jours, jetés là, vides, fatigués, flasques, vilains,... » MAUPASS., **Bel-Ami,** I, III, p. 49.

13 « ... j'en suis venu à adopter pour un temps le langage et les coutumes de la Turquie, — même ses beaux habits de soie et d'or. »
LOTI, **Aziyadé,** XXIV, p. 108.

— Loc. *Habits de velours, ventre de son,* se dit de celui qui utilise toutes ses ressources à l'habillement et n'a plus même de quoi se nourrir.

|| **3°** *Spécialt.* En parlant de certains types de vêtements, caractéristiques d'une époque, appropriés à un usage précis ou propres à certaines fonctions, à certaines professions. — *Anciennt. Habit à la française, à l'espagnole* (Cf. Epiloguer, cit. 6). *Habit à l'antique, habit romain* (Cf. Calquer, cit. 2). *Habit porté par les aristocrates, sous l'Ancien Régime. Habit de cour* (Cf. Dégager, cit. 8). *Habit bourgeois* (cit. 14), *habit noir du tiers état* (cit. 93). — *Habit du matin* (Cf. Elégant, cit. 4). — *Habit court :* vêtements ordinaires, par oppos. à *l'habit long,* propre à certaines fonctions (V. **Soutane ; robe, toge**).

14 « Tel rit d'un juge en habit court, qui-i *(sic)* tremble au seul aspect d'un procureur en robe. »
BEAUMARCH., **Mar. Figaro,** III, 14.

— De nos jours. *Habit de chasse* (Cf. Boutonner, cit 2), *de cheval. Femme en* (cit. 23) *habit d'amazone. Habit de fête* (Cf. Faucon, cit. 2), *de gala* (cit. 3). *Habit habillé* (Cf. Anachronisme, cit. 3). — *Habit de clown, d'équilibriste* (cit.). *Habit de bouffon* (cit. 6), *d'arlequin** (cit. 4 et 5 ; Cf. aussi Bigarrure, cit. 3). — *Habit de laquais, de valet de chambre, de groom.* V. **Livrée** (Cf. Âme, cit. 73 ; assemblage, cit. 16 ; friser, cit. 4). *Habit d'huissier, d'encaisseur.*

15 « Jerphanion n'est pas loin de regretter qu'il n'y ait pas un uniforme de l'École. Est-ce qu'il n'en a pas existé un, jadis ?... Hélas !... Ça devait être du propre ! Un semis de violettes, ou de graines d'épinard, sur un habit d'huissier jeunet. Quelque chose qui devait évoquer l'Académicien gamin,... »
ROMAINS, **H. de b. vol.,** t IV, XVIII, p. 200.

— *L'habit vert,* tenue officielle des membres de l'Institut de France. *L'habit vert,* comédie de de Flers et Caillavet. Fig. *Briguer l'habit vert.*

— *L'habit religieux, ecclésiastique* (cit. 1). *Habit de prêtre.* V. **Soutane** (Cf. Ensorceler, cit. 8). *Habit de chartreux* (Cf. Ensevelir, cit. 6), *de capucin... Habit porté par pénitence, dans certains ordres.* V. **Sac** (de toile). *Habit de chœur :* « vêtements que doivent revêtir les membres du clergé pour assister à un office liturgique » (DICT. LITURGIE ROM.). — Absolt. *Prendre l'habit :* devenir prêtre, moine (Cf. Égarement, cit. 2). *Cérémonie de la prise d'habit :* entrée* en religion (on dit aussi, pour les religieuses, « prise de voile* »). *Quitter l'habit :* se défroquer* (jeter le froc* aux orties).

16 « Votre cousine d'Harcourt a pris l'habit à Montmartre : toute la cour y était. » SÉV., 564, 31 juill. 1676.

17 « Cette sainte fille, trop pauvre pour porter le magnifique habit de son ordre, qui était une robe blanche avec le scapulaire écarlate,... »
HUGO, **Misér.,** II, VI, VI.

18 « J'ai dû quitter mon couvent... et porter un habit séculier. Mon Père, dit Brotteaux, en examinant la souquenille de M. de Longuemare, votre habit témoigne suffisamment que vous n'avez pas renié

votre état ; à le voir, on croirait que vous avez réformé votre ordre plutôt que vous ne l'avez quitté...
— J'ai quitté mon habit, monsieur, ce qui est une manière d'apostasie ; »   FRANCE, **Les dieux ont soif,** VI, pp. 58-59.

19   « ... si je prends l'habit, je ne le quitterai plus. Je n'aurais sans doute pas la force d'être une contemplative. Mais je veux soigner des malades. donner ma vie aux souffrants, aux pauvres, aux prisonniers, à tous ceux qui ne peuvent pas porter le fardeau de leur vie. »
                                DUHAM., **Cri des profondeurs,** XI, p. 219.

— Prov. *L'habit ne fait pas le moine :* il ne suffit pas de revêtir les apparences d'un état pour en acquérir, en posséder les caractères ; on ne doit pas juger des gens sur l'apparence.

20   « Vous savez que l'habit ne fait pas la science ; »
                                REGNARD, **Folies am.,** I, 5.

|| **4° Spécialt.** « Partie de l'habillement de l'homme ouverte par devant et à basques plus ou moins longues » (LITTRÉ). V. **Jaquette, veste.** — REM. *Habit* a parfois servi à désigner tout vêtement de dessus. V. **Cape** (cit. 1). — *Habit de gros drap* (Cf. Bouton, cit. 7). *Habit feuille-morte* (cit), *bleu* (Cf. Fluctuer, cit.). *Le corps* (II, 4°), *les basques* (cit. 3), *les revers, les parements, le col, le collet d'un habit* (Cf. Graisser, cit. 9). *Boutonner* (cit. 1) *son habit. Épousseter* (cit. 2) *la manche de son habit. Fleurir* (cit. 17) *la boutonnière de son habit.*

21   « Qu'on se figure ce personnage affublé d'un habit dont les basques étaient si courtes, qu'elles laissaient passer cinq à six pouces du gilet, et les pans si longs qu'ils ressemblaient à une queue de morue, terme alors employé pour les désigner. »
                                BALZ., **Les Chouans,** II, Œuvr., t. VII, p. 824.

— *Spécialt.* « Celui des vêtements du haut du corps que l'usage fait choisir comme seul convenable dans les réunions un peu cérémonieuses » (LITTRÉ). V. **Frac.** *Habit noir à queue* de pie, *à queue* de morue (Cf. Gagner, cit. 52). *Habit de cérémonie.* Absolt. *L'habit :* partie supérieure du vêtement de cérémonie, à basques échancrées sur les hanches et pendantes par derrière (Cf. Espèce, cit. 16 ; finir, cit. 34). *Liserés, parements de soie d'un habit. Par ext.* Le vêtement de cérémonie complet. *Pantalon, gilet d'habit. De nos jours, l'habit est souvent remplacé par le smoking. Habit bien coupé, bien taillé, qui tombe bien... Location d'habits et vêtements de cérémonie. Des officiels en habit et chapeau haut de forme. Habit-veste,* à basques très courtes. *L'habit est obligatoire* (Cf. Tenue de soirée). *Porter l'habit.*

22   « Suivant leur position sociale différente, ils avaient des habits, des redingotes, des vestes, des habits-vestes ; — bons habits, entourés de toute la considération d'une famille, et qui ne sortaient de l'armoire que pour les solennités ; »
                                FLAUB., **Mme Bovary,** I, IV, p. 22.

23   « Son habit était en drap léger, avec de spacieux revers, une longue queue de morue et de larges boutons d'acier. »
                                HUGO, **Misér.,** III, II, II.

24   « — Tu n'as pas d'habit ? Bigre ! en voilà une chose indispensable pourtant. À Paris, vois-tu, il vaudrait mieux n'avoir pas de lit que pas d'habit. »   MAUPASS., **Bel-Ami,** I, I, p. 17.

25   « Rien que des dentelles, de la gaze, des couleurs claires et gaies ; pas un habit noir, il va sans dire, pour faire tache d'encre comme dans vos galas européens. »   LOTI, **Désenchantées,** II, IV, p. 55.

|| **5° Fig.** Ce qui recouvre comme le fait un habit. V. **Apparence, costume, dehors, extérieur.** *Mettre un habit neuf à une vieille idée, à une vieille sentence :* lui donner une forme, une expression nouvelle (Cf. Goût, cit. 31).

26   « Il faut connaître aussi le vice revêtu
        D'un habit vertueux, qui d'autant plus offense
        Qu'il se montre honorable et a belle apparence. »
                RONSARD, **Disc. mis. de ce temps,** Instit. pour adolesc. du Roy.

HABITACLE. n. m. (XIIe s. ; du lat. impérial *habitaculum,* « petite maison »).

|| **1°** (Style biblique ou poét.). V. **Demeure**. *L'habitacle du Très-Haut* (Cf. *aussi* Fréquenter, cit. 2).

1   « C'était néanmoins dans cet habitacle de mélancolie que je me proposais de séjourner pendant quelques semaines. »
                BAUDEL., Trad. E. POE, **Nouv. hist. extr.,** Chute maison Usher.

2   « Voilà, nous apprend-on, comme se constitue l'habitacle et le mouvant refuge de cet étrange animal, qu'un muscle vêt, qu'il revêt d'une coque. »   VALÉRY, **Variété V,** L'homme et la coquille, p. 31.

|| **2° Spécialt.** *Mar.* Sorte d'armoire*, de « cuvette ou de caisse cylindrique en bois ou en cuivre, recouverte à la partie supérieure d'une glace et qui contient le compas de route et les lampes » (GRUSS). Cf. Compas, cit. 4. *Fanal* enfermé dans son habitacle.*

3   « Mon frère était à l'arrière se tenant à une petite barrique vide solidement attaché sous l'échauguette derrière l'habitacle,... »
                BAUDEL., Trad. E. POE, **Hist. extr.,** Descente dans le Maelstrom.

— *Aviat.* Partie de l'avion où s'installe le pilote ou l'équipage. V. **Poste** (de pilotage).

HABITANT, ANTE. n. (XIIe s. ; de *habiter*).

|| **1°** (*En un sens général*). Se dit des êtres vivants qui habitent, occupent, peuplent un lieu. V. **Faune, population ; occupant,** et **-cole** (suff.). *Les habitants du globe terrestre.* V. **Terrien.** *Le soleil n'éclaire pas à la même heure*

tous les habitants de la terre. V. **Homme, humain, périœcien, périscien.** « *Sélénien se dit des habitants supposés de la Lune* » (LITTRÉ). *Globes sans habitants. Habitants des cavernes.* V. **Troglodyte.** *Ces animaux gigantesques, habitants des forêts de l'époque glaciaire. Ces oiseaux, habitants des bocages* (V. **Bocager**), *des marais* (V. **Palustre**)...

1   « Les animaux qui en sont les habitants et les architectes (*de ces coquilles*). »   BONNET in LITTRÉ, art. **Coquille.**

2   « Le cousin qui voltige dans l'air a d'abord été habitant de l'eau. »
                                ID., **Ibid.,** art. **Cousin.**

3   « Les singes, habitants domiciliés de ces forêts, »
                BERNARD. DE ST-P., **Paul et Virginie,** p. 96.

— Poét. *Les habitants de l'air* (cit. 20) : les oiseaux. *Les habitants de l'eau, des ondes :* les poissons, les grenouilles. *Les habitants des forêts, des bois :* les oiseaux, les animaux sauvages. V. **Hôte** (Cf. *aussi* les cit. de LA FONT. où le fabuliste applique le mot aux grenouilles : Beauté, cit. 49 ; aux souris : caverneux, cit. 1 ;...). — *Les habitants de l'Olympe :* les dieux de la mythologie. *Les habitants du Parnasse :* les poètes.

4   « Je vous sacrifierai cent moutons ; c'est beaucoup
        Pour un habitant du Parnasse. »   LA FONT., **Fabl.,** VIII, IV.

5   « (*un jardinier*) ... la serpe à la main,
        De ses arbres à fruits retranchait l'inutile,
        Ébranchait, émondait,...
                ... Était-il d'homme sage
        De mutiler ainsi ces pauvres habitants ? »   ID., **Ibid.,** XII, XX.

6   « Les dieux même, les dieux, de l'Olympe habitants, »
                                RAC., **Phèd.,** IV, 6.

— *Au fém.* HABITANTE (Cf. Ensevelissement, cit. 1 BAUDEL.).

7   « Ô toi qui m'apparus dans ce désert du monde,
        Habitante du ciel, passagère en ces lieux !
        Ô toi qui fis briller dans cette nuit profonde
        Un rayon d'amour à mes yeux :
        À mes yeux étonnés montre-toi tout entière ;
        Dis-moi quel est ton nom, ton pays, ton destin ; »
                LAMART., **Prem. méd.,** XX, Invocation.

|| **2° Particult.** *Démogr.* Se dit des personnes qui habitent, vivent en un lieu déterminé, y ont leur demeure, leur domicile, ou leur résidence habituelle. V. **Population**. *Les habitants d'un continent, de l'Europe occidentale*, de l'Europe orientale*, de ce pays* (V. **Peuple**), *de cette région, de cette île* (V. **Insulaire**), *de cette oasis* (V. **Oasien**), *des villes* (V. **Citadin**), *des villages* (V. **Villageois**), *des anciens bourgs* (V. **Bourgeois**), *des campagnes* (V. **Campagnard, contadin, paysan, rural**), *des montagnes* (V. **Montagnard**). *Les habitants de la banlieue, des faubourgs* (V. **Banlieusard, faubourien**), *de la paroisse* (V. **Paroissien**), *de cette rue, du voisinage* (V. **Voisin**). *Habitants originaires* (V. **Aborigène, autochtone, indigène, natif, naturel**), *non originaires* (V. **Allogène, aubain, étranger, naturalisé**) *du pays qu'ils habitent. Habitant qui quitte son pays d'origine* (V. **Émigrant, émigré**) *pour s'installer dans un pays étranger* (V. **Immigrant, immigré**), *dans une colonie* (V. **Colon, planteur**). *Nationalité* des habitants* (V. **Citoyen, étranger, résidant, sujet**). *Habitants de même nationalité* (V. **Compatriote**), *de la même ville* (V. **Concitoyen**). *Le maire s'est adressé aux habitants de la commune.* V. **Administré.** — *Dénombrement, recensement des habitants. La France compte près de quarante-trois millions d'habitants, Paris près de trois millions.* V. **Âme.** *Nombre d'habitants au kilomètre carré* (V. **Densité**). *Pays surpeuplé regorgeant d'habitants.* — *Les mœurs, les caractères, le naturel des habitants de ce pays.* V. **Gens** (Cf. Aveuglement, cit. 8 ; français, cit. 3).

8   « Non loin du Nord il est un monde
        Où l'on sait que les habitants,
        Vivent, ainsi qu'aux premiers temps,
        Dans une ignorance profonde : »
                LA FONT., **Fabl.,** IX, Disc. à Mme de La Sablière.

9   « Vous passerez aussitôt au fil de l'épée les habitants de cette ville, et vous la détruirez avec tout ce qui s'y rencontrera, jusqu'aux animaux. »   BIBLE (SACY), **Deutéron.,** XIII, 15.

10   « Peut-être un jour, s'il y a des millions d'habitants de trop en France, sera-t-il avantageux de peupler la Louisiane ; »
                                VOLT., **Essai s. les mœurs,** CLI.

11   « Les rares habitants qui se trouvaient, en ce moment, à leurs fenêtres ou sur le seuil de leurs maisons, regardaient ce voyageur... »
                                HUGO, **Misér.,** I, II, I.

12   « La nécessité de connaître le nombre des habitants et leur répartition ne fait pas de doute. Lors de la colonisation ou de l'étude d'une terre nouvelle, l'évaluation de sa population est un des premiers soucis. On ne conçoit pas un pays policé sans recensement. »
                                A. SAUVY, **La population,** I, p. 12 (éd. P.U.F.).

— N.B. On trouvera une liste des noms d'habitants de villes, de régions, de pays, dans le Supplément historique et géographique.

— Collectivt. *Loger* chez l'habitant :* chez les gens du pays.

— *Au fém.* HABITANTE (peu usit.). « *Jadis ces femmes (françaises) furent d'heureuses habitantes de Moscou* » (SÉGUR in LITTRÉ). *Il devait garder le meilleur souvenir de ce village et de ses gracieuses habitantes.*

HABITAT. *n. m.* (1842 ; de *habiter*).

|| **1°** Milieu* géographique qui réunit les conditions favorables à la vie d'une espèce animale ou végétale. *Habitat d'un animal, d'une plante.. La mer est l'habitat des phytozoaires, à de rares exceptions près.*

1 « Il faut distinguer l'*habitat* qui définit les conditions habituelles de la vie des animaux, de la *distribution géographique,* qui définit la région du globe qu'ils habitent ordinairement, et de la *station* ou *localité,* qui est le point précis où des individus ont été trouvés. Suivant leur habitat, les animaux sont *halophiles* ou *marins, potamophiles* (habitant l'eau douce), *hygrophiles* (habitant les lieux humides), ou enfin, *géophiles.* ou *terrestres.* »
Rémy PERRIER in POIRÉ, **Dict. Sciences,** Habitat.

2 « Pays où l'orge et le froment ont sans doute leur habitat d'origine. » DANIEL-ROPS, **Peuple de la Bible,** I, I, p. 10.

|| **2°** *Spécialt.* (XX⁰ s.). Mode d'organisation et de peuplement* par l'homme du milieu où il vit. *Géographie* de l'habitat* (Cf. *infra,* cit. 4). *Habitat rural, urbain. Habitat dispersé, disséminé ; habitat groupé. Habitat sédentaire, nomade.*

3 « Parmi les facteurs déterminant l'habitat, les indigènes ont eu à tenir compte de la proximité des terres de culture, de la présence de l'eau et de la sécurité. »
A. BERNARD in VIDAL DE LA BLACHE, **Géogr. univ.,** t. XI, p. 89.

4 « Dans la géographie de l'habitat, il ne suffit pas de décrire les divers types de maisons, il faut expliquer à quels besoins répondent les divers dispositifs adoptés... L'habitat comprend non seulement le logis des hommes, où ils se mettent à l'abri des intempéries et en sécurité pendant les heures de repos, mais aussi toutes les constructions annexes où ils enferment leurs animaux domestiques, leurs récoltes, leurs réserves de fourrage et de semences, leur matériel de culture. »
DEMANGEON et PERPILLOU, **Géogr. gén.** (cl. de 2⁰), XXVII.

— *Par ext.* (néol.) HABITAT se dit de l'ensemble des conditions d'habitation*, de logement*. *Loi du 21 novembre 1940, relative à la restauration de l'habitat rural. Amélioration de l'habitat.*

5 « ... un fonds national d'amélioration de l'habitat est institué (Ord. 26 oct. 1945, art. 10). Ce fonds a pour objet de faciliter l'exécution des travaux de réparation, d'assainissement et d'amélioration des immeubles à usage principal d'habitation,... »
DALLOZ, **Nouv. répert. dr.** (1952), Habitation, n° 9.

HABITATION. *n. f.* (XII⁰ s. ; du lat. *habitatio,* de *habitare.* V. **Habiter**).

|| **1°** Action d'habiter dans un lieu, de loger d'une manière durable dans une maison, sous un toit... V. **Logement.** *Cette expérience d'habitation en commun ne fut pas de longue durée.* V. **Vie** (communauté de vie, vie en commun*) ; **cohabitation.** *Bâtiments, immeubles, locaux à usage d'habitation. Droit d'habitation. Intervention de l'État en matière d'habitation. Améliorer les conditions d'habitation.* V. **Habitat.** *Politique nationale de l'habitation.*

1 « ... je quittai la ville pour n'y plus habiter ; car je ne compte pas pour habitation quelques courts séjours que j'ai faits depuis, tant à Paris qu'à Londres et dans d'autres villes, mais toujours de passage, ou toujours malgré moi. » ROUSS., **Confess.,** IX.

2 « Celui qui a un droit d'habitation dans une maison, peut y demeurer avec sa famille, quand même il n'aurait pas été marié à l'époque où ce droit lui a été donné. » **CODE CIV., Art.** 632.

3 « Sous le ciel pâlissant, les bâtiments de la Borderie sommeillaient encore, à demi sombres, trois longs bâtiments aux trois bords de la vaste cour carrée, la bergerie au fond, les granges à droite, la vacherie, l'écurie et la maison d'habitation à gauche. »
ZOLA, **La terre,** II, 1.

4 « ... les locaux à usage d'habitation ne peuvent (*dans ces communes*) être affectés à un autre usage, ni transformés en meublés, hôtels, pensions de famille ou établissements similaires... »
LOI du 1ᵉʳ **sept. 1948, Art.** 76.

— REM. *Habitation* ne s'emploie plus guère avec un complément d'objet : *L'habitation de cette maison est malsaine* (ACAD. et LITTRÉ).

— Vieilli. *Faire son habitation dans tel ou tel endroit* (LITTRÉ) : y établir sa demeure. V. **Pénates, séjour.** *Le tigre fait son habitation dans les contrées brûlantes* (LITTRÉ).

— *Spécialt.* (vx). *Avoir habitation avec une femme* (ACAD. et LITTRÉ) : avoir avec elle des relations charnelles.

5 « J'avais d'ailleurs remarqué que l'habitation des femmes empirait sensiblement mon état : » ROUSS., **Confess.,** XII.

— *Fig. :*

6 « L'habitation du songe est une faculté de l'homme. »
HUGO, **P.-S. de ma vie,** L'esprit, Promontorium somnii.

|| **2°** Lieu où l'on habite. V. **Demeure, domicile, établissement, logement, logis, maison*, résidence ; habitacle, séjour.** *Les quelques pièces qui lui servent d'habitation.* V. **Appartement ; chambre, turne** (pop.). *Habitation personnelle.* V. **Chez*-soi, home.** *Changer d'habitation* (Cf. Déménager ; transporter ses pénates*). *Être en quête d'une habitation ; trouver une habitation provisoire, une habitation écartée, retirée.* V. **Abri, asile, ermitage, gîte, nid, retraite, toit ; trou** (pop.). *S'installer dans une habitation toute neuve* (Cf. Essuyer les plâtres). *Êtres* d'une habi-*

tation. *Ameublement, décoration de l'habitation. Riche habitation.* V. **Château, manoir, palais.** *L'habitation principale et ses dépendances. Habitation de plaisance, de campagne.* V. **Propriété, villa.** *Groupe d'habitations.* V. **Agglomération ; immeuble.** *Habitations à bon marché* (H.B.M.), *à loyer modéré* (H.L.M.). *Habitation de montagne.* V. **Chalet.** *Habitation rurale.* V. **Ferme*, manse...** *Habitation commune.* V. **Phalanstère.** *Habitation destinée aux prêtres, aux religieux.* V. **Couvent, cure, doyenné, ermitage, presbytère.** *Habitations rudimentaires, exotiques.* V. **Ajoupa, cabane, cahute, case, gourbi, hutte, isba, tente...** *Habitations lacustres. Habitations des castors. Abris servant d'habitation aux animaux.* V. **Abri.**

7 « Il m'était échappé de dire dans mon transport : « Ah ! madame, quelle habitation délicieuse ! Voilà un asile tout fait pour moi. »
ROUSS., **Confess.,** VIII.

8 « L'hôtel de Crevel était donc un magnifique spécimen du luxe des sots, comme l'hôtel de Josépha le plus beau modèle d'une habitation d'artiste. » BALZ., **Cousine Bette,** Œuvr., t. VI, p. 473.

9 « Il était le seul reste d'une habitation de plaisance, maintenant disparue. » FLAUB., **Trois contes,** Un cœur simple, II, p. 17.

10 « ... ces casernes grisonnantes, que l'on nomme des H.L.M., sigle vulnérable qui signifiait encore « habitations à loyer modéré », mais que l'on pourrait aussi traduire autrement : « hommes libres et malheureux » DUHAM., **L'archange de l'aventure,** I, p. 7.

COMP. — **Cohabitation.**

HABITER. *v. tr.* et *intr.* (XII⁰ s. ; du lat. *habitare*).

I. V. *intr.* || **1°** Avoir sa demeure en un lieu. V. **Demeurer*, loger, résider, vivre ; crécher** (pop.). *Habiter à la ville, en ville, dans les faubourgs, en banlieue, à la campagne. Habiter sur une hauteur, dans une vallée. Les Francs* (cit. 1) *habitaient le long du Rhin. Habiter au bord de la mer. — Où habite-t-il ? Il habite près de Fontainebleau, en France, à l'étranger, aux colonies. Habiter dans une cabane* (V. **Cabaner,** vx). *C'est ici, c'est ici qu'il habite* (Cf. Feu, cit. 48 ; fumée, cit. 2). *Elle habitait aux environs* (Cf. Alibi, cit. 2). *Habiter dix-neuf quai Saint-Michel* (Cf. Éditeur, cit. 5). *Habiter au rez-de-chaussée, au second étage* (Cf. Fuser, cit. 4). *Habiter chez des amis, chez sa grand-tante* (cit.). *Aller habiter en un endroit donné.* V. **Établir** (s'), **fixer** (se). — *Habiter avec quelqu'un.* V. **Cohabiter** (Cf. Femme, cit. 118). *Sœurs qui habitent ensemble, sous le même toit.*

1 « Mieux vaut habiter dans une terre déserte, qu'avec une femme querelleuse et irritable. »
BIBLE (SEG.), **Prov.,** XXI, 19.

2 « M. Sucre et madame Prune, mon propriétaire et sa femme, deux impayables, échappés de paravents, habitent au-dessous de nous, au rez-de-chaussée. » LOTI, Mᵐᵉ **Chrysanth.,** XIV, p. 90.

3 « L'abbé Vécard habitait rue de Grenelle, à proximité des bureaux de l'archevêché où il dirigeait maintenant le service des Œuvres diocésaines. » MART. du G., **Thib.,** t. IV, V II, p. 125.

— *Habiter de façon provisoire et précaire.* V. **Camper, giter.** *Habiter longtemps en un lieu.* V. **Séjourner ; rester** (y rester).

— *Spécialt.* (style biblique). *Homme et femme qui habitent ensemble,* qui ont des relations charnelles.

4 « Marie, sa mère, ayant été fiancée à Joseph, il se trouva, avant qu'ils eussent habité ensemble, qu'elle avait conçu par la vertu du Saint-Esprit. » BIBLE (CRAMP.), **Év. St Matthieu,** I, 18.

|| **2°** *Fig.* V. **Vivre.** *Habiter tout le jour dans une certaine atmosphère, une certaine ambiance* (Cf. Envelopper, cit. 12). *L'innocence et le mystère n'habitent pas longtemps ensemble.* V. **Exister ; coexister** (Cf. Évaporer, cit. 5). — (Style biblique) *L'Esprit de Dieu habite en vous. Le péché habite en moi.*

5 « Ne savez-vous pas que vous êtes le temple de Dieu, et que l'Esprit de Dieu habite en vous ? »
BIBLE (SACY), **Prem. ép. St Paul aux Corinth.,** III, 16.

6 « ... la raison, d'ordinaire, N'habite pas longtemps chez les gens séquestrés. »
LA FONT., **Fabl.,** VIII, X.

7 « Mais quelquefois l'avenir habite en nous sans que nous le sachions, et nos paroles qui croient mentir dessinent une réalité prochaine. » PROUST, **Rech. t. p.,** t. IX, I, p. 55.

8 « ... la nature que nous refoulons n'en habite pas moins en nous. »
ID., **Ibid.,** t. XII, II, p. 109.

II. V. *tr.* || **1°** Occuper* (une habitation*, un logis*) de façon durable. *Habiter un édifice* (Cf. Architecture, cit. 1), *une maison* (Cf. Famille, cit. 12 ; golfe, cit. 10), *une villa* (Cf. Goinfre, cit. 3), *un gratte-ciel* (cit. 1), *un palais* (Cf. Bouffon, cit. 5), *un gourbi* (cit. 1), *un ermitage* (cit. 2). *Il habite l'hôtel, une chambre d'hôtel. Habiter ensemble un logis* (Cf. Faute, cit. 10). *Par ext. Vagabond qui habite un fossé.* V. **Coucher** (dans). Cf. Engrosser, cit. 2. *Joueur invétéré qui habite les tripots.* V. **Fréquenter, hanter** (Cf. Carte, cit 5) — *Par métaph. Foyer* (cit. 8) *qu'habite la vertu.*

— *Par ext.* (le complément désignant le lieu où se trouve le domicile, la résidence). *Il habite Paris, le quartier latin* (Cf. Étudiant, cit. 4). *Habiter une ville* (Cf. Endormir, cit. 19 ; garder, cit. 17), *sa ville natale* (Cf. Environ, cit. 5).

Cité habitée par des ouvriers (Cf. Évangéliser, cit. 2). *Habiter un quartier mal famé. Rue habitée par des gens interlopes* (Cf. Fourvoyer, cit. 1). *Habiter la campagne* (cit. 1). *Habiter un pays sauvage* (Cf. Expatrier, cit. 1). *La contrée, la terre qu'il habite...* (Cf. Empreinte, cit. 8 ; fondre, cit. 32 ; geler, cit. 5). *Il a habité cette région pendant plus de trois ans. — Tout ce qui habite le globe* (cit. 8 et 9) : tout ce qui y vit.

9   « Ils habitaient un bourg plein de gens dont le cœur
     Joignait aux duretés un sentiment moqueur. »
                                        LA FONT., *Philémon et Baucis.*

10   « J'appelle mondains, terrestres ou grossiers ceux dont l'esprit et le cœur sont attachés à une petite portion de ce monde qu'ils habitent, qui est la terre ; »   LA BRUY., VI, 3.

11   « Je veux essayer du *chez moi* sur cette terre étrangère, où jusqu'à présent je n'ai fait que passer, dans les auberges, dans les caravansérails ou sous la tente, changeant tantôt de demeure et tantôt de bivouac, campant toujours, arrivant et partant, dans la mobilité du provisoire et en pèlerin. Cette fois je viens y vivre et l'habiter. »
                                FROMENTIN, *Année dans le Sahel*, p. 6.

— En parlant des animaux (V. **Tenir** (se), **terrer** (se), **vivre***) et des végétaux (V. **Croître, pousser**). *Les fauvettes* (cit.) *qui habitent nos jardins. Mur qu'habite un insecte* (Cf. Fragile, cit. 4). *Les lieux que l'ours habite* (Cf. Affaire, cit. 65). Par ext. *Corbeaux qui habitent les ténèbres* (Cf. Funèbre, cit. 13). *Animaux, végétaux qui habitent les eaux* (Cf. Aquicole, amnicole), *les contrées alpestres* (alpicole), *sablonneuses* (arénicole), *les champs* (arvicole), *les cavernes* (cavernicole), *les fleurs* (floricole), *les herbes* (herbicole), *le bois* (lignicole), *la surface de la terre entière* (orbicole), *les rochers* (rupicole), *les forêts* (arboricole, sylvicole), *la terre* (terricole), *les objets en forme de tube* (tubicole). *Habiter les buissons* (V. **Buissonnier**).

— Par ext. *Le monde surnaturel habite par les fées* (cit. 3).

|| 2° *Fig.* Être comme dans une demeure. V. **Hanter, résider** (dans). *L'âme fiévreuse* (cit. 3) *qui habite ce corps frêle. Bonté, vertu qui habite une rude enveloppe* (cit. 9). *La croyance* (cit. 5), *l'enthousiasme, la flamme* (cit. 14) *qui l'habite.* V. **Animer, posséder.** *L'angoisse qui l'habite* (Cf. Déserter, cit. 12). *Le projet qui habite son cœur* (Cf. Entier, cit. 19). *Fou* (cit. 8) *habité par un démon.*

12   « ... je ne sais quelle profonde tristesse habitait mon âme, mais ce n'était autre chose que la pensée cruelle que je n'étais pas aimé. »
                                        NERVAL, *Filles du feu*, Octavie.

13   « — Tu parles très bien, et la sagesse habite ta vieille tête chauve ; »   GAUTIER, **Roman de la momie**, VII, p. 119.

14   « La complication, je ne la recherche point ; elle est en moi. Tout geste me trahit où je ne reconnais point toutes les contradictions qui m'habitent. »   GIDE, *Si le grain...*, I, IX, p. 251.

15   « ... on peut, à la fois, être habité par l'esprit et pleinement efficace dans le réel, comme le seront Jeanne d'Arc ou sainte Thérèse d'Avila. »   DANIEL-ROPS, **Peuple de la Bible**, II, III, p. 244.

— En parlant des personnes. V. **Vivre** (dans). *Habiter les hautes régions, les hautes sphères de la science, de la philosophie* (Cf. Essor, cit. 8). *Habiter le devoir, la vertu* (Cf. Étincelant, cit. 7). *Habiter un rêve* (Cf. Franchir, cit. 8).

|| HABITÉ, ÉE. *p. p.* et *adj.* V. **Occupé.** *Maison habitée,* qui a présentement des occupants. *Maison habitée depuis peu, longtemps demeurée inhabitée. Terres habitées.* V. **Peuplé** (Cf. Abîme, cit. 9 ; étendue, cit. 11). *Les terres habitées ne représentent qu'une faible partie de la superficie du globe. Aux confins des terres habitées de l'Atlas commence le désert. Se demander si les planètes sont habitées* (Cf. Enquérir, cit. 5).

ANT. — Dépeuplé, désert. Inoccupé. Déshabité, inhabité.

DER. et COMP. — **Déshabité, ée.** *adj.* (XIIe s.). *Vx.* Qui n'est plus habité. *Pays, palais, édifice déshabité.* — **Habitant, habitat.** — **Habitable.** *adj.* (XIIe s.) Où l'on peut habiter, vivre. *L'homme a conquis toute l'étendue habitable de la terre* (Cf. Éther, cit. 6 ; frontière, cit. 3). — *Maison, logement habitable. Aménager une pièce pour la rendre habitable. Immeuble, château qui n'est plus habitable* (Cf. Cloporte, cit. 2). — ANT. **Inhabitable.** — Par hyperb. *Sous un tel régime politique ce pays n'est plus habitable.* V. **Vivable.** Cf. Embourgeoisement, cit. — **DER. Habitabilité.** *n. f.* (1845). Qualité de ce qui est habitable. — ANT. **Inhabitabilité**).

1   « À l'aspect de ces jardins abandonnés, de ces chambres déshabitées, de ces galeries fanées par les fêtes, de ces salles où les chants et la musique avaient cessé, Napoléon pouvait repasser sur sa carrière : il se pouvait demander si avec un peu plus de modération il n'aurait pas conservé ses félicités. »
                                        CHATEAUB., M. O.-T., III, VI.

2   « ... c'était comme une maison où on ne va qu'aux vacances. C'est à peine habitable. »   CÉLINE, *Voyage au bout de la nuit*, p. 447.

3   « Les sociétés de crédit immobilier peuvent consentir... des prêts pour l'acquisition et la remise en état d'habitabilité,... de bâtiments d'habitation inoccupés et destinés à devenir la résidence principale des acquéreurs. »
                        DALLOZ, **Nouv. répert. dr.** (1953), Habitation, n° 47-2°.

HABITUDE. *n. f.* (XIVe s. ; au sens de « complexion » ; lat. *habitudo*).

. *Vx.* Complexion, constitution d'un être. V. **Habitus.**

— REM. *Habitude du corps,* au sens d'*habitus,* ne figure pas dans ACAD. 1935, mais l'expression se trouve encore dans LITTRÉ (1866), P. LAROUSSE (1873), HATZFELD.

1   « ... cette physionomie,... cette habitude du corps, menue, grêle, noire et velue, lesquels signes le dénotent très affecté de cette maladie... »   MOL., **Pourc.**, I, 8.

II. (XVe s.). Manière d'être ou disposition permanente acquise sous l'influence d'une action extérieure, de l'éducation ou d'un effort personnel. — REM. De façon générale, l'habitude *acquise* est opposée à la nature ou aux aptitudes *innées.* Mais on a souvent remarqué qu'elle finit par prendre certains des aspects de la nature.

|| 1° Façon d'agir constante. V. **Coutume***. — (*Dans une collectivité*) Manière, façon d'être à laquelle la plupart des membres d'une société se conforment. V. **Coutume** (cit. 5), **mœurs, règle, rite, tradition, usage.** *Conforme aux habitudes.* V. **Admis, classique, courant, habituel, normal...** *Habitudes d'habillement.* V. **Mode.** *C'est l'habitude, on a l'habitude, en Espagne, de manger très tard. Habitudes des peuplades primitives...* (Cf. Avorter, cit. 1). *Pudeurs qui ne sont guère dans nos habitudes occidentales* (Cf. Après, cit. 5). *Habitudes et conventions* (cit. 7) *sociales... S'encroûter* (cit. 2) *dans les habitudes de la province. Habitudes administratives* (Cf. Fou, cit. 6). *Habitudes des diverses professions* (Cf. Contrecarrer, cit. 2). *Les habitants de ce pays, de cette région ont tous pris, contracté l'habitude de...* (Cf. Costumer, cit. ; fréter, cit. 1). *S'adapter facilement aux habitudes de divers pays.* (V. **Cosmopolite**).

2   « C'est dans les mœurs, dans les institutions, dans le langage même que se déposent les acquisitions morales ; elles se communiquent ensuite par une éducation de tous les instants ; ainsi passent de génération en génération des habitudes qu'on finit par croire héréditaires. »
                        BERGSON, **Deux sources morale et religion**, p. 289.

3   « La vie sociale nous apparait comme un système d'habitudes plus ou moins fortement enracinées qui répondent aux besoins de la communauté. »   ID., *Ibid.*, p. 2.

4   « En était-il arrivé, sans s'en apercevoir, aux pires habitudes d'esprit du bavardage parlementaire et du journalisme ? »
                        ROMAINS, **H. de b. vol.**, t. III, XVI, p. 215.

— (*Chez les individus*) Façon d'agir ou de se comporter plus ou moins constante et régulière. V. **Coutume** et (*péjor.*) **Manie, marotte** (Cf. Certain, cit. 12 ; fréquent, cit. 1). *J'ai l'habitude, c'est mon habitude de me promener à cinq heures* (Cf. Faire, cit. 197). *Nous avons l'habitude de nous servir chez ce marchand, c'est notre fournisseur attitré*. Monotonie, régularité, constance des habitudes. On ne lui connaît que cette habitude* (Cf. Fréquentation, cit. 6). — La bienfaisance, habitude de faire le bien. L'habitude de bavarder, de s'enivrer* (cit. 18), *de fumer* (cit. 29). *Avoir l'habitude de boire* : s'adonner* à la boisson, être sujet* à boire. *L'habitude de fréquenter les mauvais lieux, de courir* (cit. 51) *les femmes...* (Cf. Engouffrer, cit. 7). *L'habitude des stupéfiants, de l'opium* (Cf. Énergie, cit. 11). — *Habitudes d'orgueil* (Cf. Borner, cit. 25), *de braverie* (cit. 2), *de silence* (Cf. Cacher, cit. 21), *de défiance* (Cf. Figer, cit. 6) ; *de paresse* (Cf. Faction, cit. 6), *de fainéantise* (cit. 1) ; *d'ascétisme* (cit. 3). V. **Attitude, penchant.** *Habitudes de travail. Habitudes insouciantes, de bohème...* (Cf. Briser, cit. 28). *Habitudes sédentaires* (Cf. Excitation, cit. 6). *L'habitude du vice* (Cf. Embourber, cit. 2). — *Avoir des habitudes de grand seigneur, de soudard.* V. **Façon(s), manière(s).** *Habitudes élégantes, douces* (Cf. Bien-être, cit. 1). *Habitudes de carabin* (cit.). *Les habitudes d'un animal.* V. **Mœurs** (Cf. Engoulevent, cit.). — *Habitudes intellectuelles, d'esprit* (Cf. Appétence, cit. 4 ; empirisme, cit. 2). *Habitude à laquelle on s'abandonne volontiers.* V. **Péché** (mignon). *Drôle d'habitude. Sale habitude* (Cf. Gnôle, cit. 1). *Innocente habitude. Bonne, excellente, salutaire, heureuse habitude. Habitude néfaste.* V. **Errement, pli** (mauvais pli). *Habitude qui devient un tic** (Cf. Fantassin, cit. 1). V. **Déformation.** *Se faire une habitude de quelque chose* (Cf. Auteur, cit. 40 ; créer, cit. 17 ; essuyer, cit. 7). — *Habitudes qui se créent* (cit. 20), *se forment... Contracter* (cit. 6), *prendre une habitude* (Cf. Bout, cit. 20 ; différent, cit. 9). *Garder, conserver une habitude. Habitudes constantes, inchangeables, invétérées, enracinées* (cit. 15), *implantées en nous. Vieilles habitudes. Longue habitude* : acquise depuis fort longtemps. *Il est très régulier dans ses habitudes, réglé* comme une horloge. Un casanier* très attaché* (cit. 101) *à ses habitudes. Être esclave* de ses habitudes, encroûté, sclérosé dans ses habitudes. J'en ai tellement l'habitude que je ne puis m'en passer*, c'est plus fort* que moi. La chaîne, le joug, le train-train des habitudes.* V. **Routine** (Cf. Forger, cit. 3). *Donner à quelqu'un une habitude.* V. **Familiariser** (avec). *L'oisiveté crée de mauvaises habitudes.* V. **Acquérir.** *Communiquer*, imposer ses habitudes à quelqu'un. Changer les habitudes de quelqu'un.* (V. **Déclimater, dépayser, déshabituer**). *Changer, rompre ses habitudes* (Cf. Exciter, cit. 41). *Cela sort de ses habitudes, n'est pas dans ses habitudes* (V. **Extraordinaire**). *Abandonner ses vieilles habitudes* (Cf. Dépouiller* le vieil homme). *Déranger, gêner quelqu'un dans ses habitudes* (Cf. Autoritarisme, cit. ; bouleversement, cit. 3). *Dépouiller quelqu'un de* *ses habitudes* (Cf. Factice, cit. 6). *Se corriger d'une mauvaise habitude* (Cf. Couper, cit. 15). *Perdre l'habitude d'employer une expression* (Cf. Fraîcheur, cit. 18). *Habitude qui s'en va* (Cf. Discontinuer, cit 2). *J'ai fini par lui faire perdre cette habitude. Retrouver ses habitudes.*

5 « Les vertus morales sont habitudes acquises et apprises par longue accoutumance et long usage, insinuées et imprimées de longue main en cette partie et faculté de l'âme irraisonnable pour corriger, châtier, subjuguer et mettre sous l'obéissance les passions de l'appétit et de la sensualité ; »   RONSARD, **Œuvres en prose**, Des vertus...

6 « Ce qui forme les habitudes, ce sont les actes fréquents et réitérés. »   BOURDAL., **Pens.**, t. III, p. 73.

7 « Je ne quitterai point mes douces habitudes ; »
                      MOL., **D. Juan**, V, 2.

8 « ... ils ont contracté du barreau certaine habitude de déclamation. »
                      ID., **Pourc.**, II, 10.

9 « ... il met du rouge, mais rarement, il n'en fait pas habitude. »
LA BRUY., XIII, 14. — N. B. On dirait aujourd'hui *Il n'en fait pas une habitude.*

10 « ... j'ai déjà vieilli dans l'habitude de ne dire jamais mon secret, et encore plus de ne trahir jamais, sous aucun prétexte, le secret d'autrui. »   FÉNELON, **Télémaque**, III.

11 « La seule habitude qu'on doit laisser prendre à l'enfant est de n'en contracter aucune ; »   ROUSS., **Émile**, I.

12 « Une femme doit-elle perdre l'habitude de séduire ? »
                      BALZ., **Ress. de Quinola**, II, 8.

13 « ... ses manières décidées, la sécurité de son regard, le port de sa tête, tout aurait trahi ces habitudes régimentaires qu'il est impossible au soldat de jamais dépouiller, même après être rentré dans la vie domestique. »   ID., **Médecin de campagne**, Œuvr., t. VIII, p. 319.

14 « ... dans l'ombre du lit, derrière un rideau, les ustensiles de toilette trahissant encore les anciennes habitudes élégantes de l'homme du monde ; »   HUGO, **Misér.**, I, I, VI.

15 « Lisez et ne rêvez pas. Plongez-vous dans de longues études ; il n'y a de continuellement bon que l'habitude d'un travail entêté. Il s'en dégage un opium qui engourdit l'âme. »
                      FLAUB., **Corresp.**, 285, 26 juill. 1851.

16 « C'était un vieillard dont la vie, les idées, les habitudes, formaient avec celles du pays le plus singulier contraste. »
                      RENAN, **Souvenirs d'enfance...**, V, p. 90.

17 « Ce qui est moins acceptable, c'est le penchant qu'il manifeste à faire des dupes, je veux dire l'habitude qu'il a de spéculer sur la niaiserie du partenaire. »   DUHAM., **Salavin**, I, XV.

18 « Peu porté lui-même au paradoxe — par une sorte de respect filial de la vérité, et aussi par l'habitude professionnelle de penser juste — il ne le détestait pas chez autrui. »
                      ROMAINS, **H. de b. vol.**, t. IV, IX, p. 90.

19 « ... quand vous avez l'habitude de vous coucher sur la droite, ce n'est pas à mon âge que vous changez ; »
                      ID., **Ibid.**, t. II, VII, p. 75.

20 « ... grognon, comme un vieux chien qu'on aurait dérangé dans ses habitudes et qui essaie de retrouver son panier à coussin partout où on veut bien lui ouvrir la porte. »
                      CÉLINE, **Voyage au bout de la nuit**, p. 30.

21 « Souvent un léger changement dans les habitudes peut agir en bien dans le cas d'une personne nerveuse. »
                      GREEN, **A. Mesurat**, IV, p. 239.

— REM. 1. *Être dans l'habitude de faire une chose* (ACAD. et LITTRÉ) est une tournure vieillie. « Je n'ai reçu qu'une lettre de vous, ma chère fille, et j'en suis fâchée, j'étais dans l'habitude d'en recevoir deux » (SÉV. in LITTRÉ). Cependant, on dit encore sous la forme impersonnelle et négative *Il n'est pas dans son habitude* (et surtout *dans ses habitudes*) *d'agir ainsi. Ce n'est pas dans ses habitudes de rentrer si tard.* — 2. *Habitude* ne s'emploie plus avec la préposition *à* : *L'habitude à régner* (CORN.), *à souffrir* (VOLT.). *L'habitude qu'elle a aux péchés* (PASC. in LITTRÉ).

— Spécialt. *Habitudes sexuelles.* Par euphém. *Mauvaises habitudes* (V. **Onanisme**).

22 « — Dame ! déclara la Bécu, quand on ne marie point les filles ! Ils ont bien tort de ne pas la donner au fils du charron... Et, d'ailleurs, à ce qu'on raconte, celle-là se tue le tempérament avec ses mauvaises habitudes. »   ZOLA, **La terre**, IV, 4.

— Absolt. *L'habitude, la force** *de l'habitude* (Cf. Axe, cit. 2 ; découdre, cit. 4). *L'ornière**, *les chaînes, les liens de l'habitude* (Cf. Aisément, cit. 5). *L'habitude, obstacle à la volonté* (Cf. Empêcher, cit. 13). *L'habitude enchaîne* (Cf. Former, cit. 47). *Sentiment qu'engendre l'habitude* (Cf. Affermir, cit. 6). *L'habitude, source d'inertie et d'inconscience* (V. **Automatisme**).

23 « ... l'empire de l'habitude est très grand sur les vieillards et sur les gens indolents, très petit sur la jeunesse et sur les gens vifs. Ce régime n'est bon qu'aux âmes faibles, et les affaiblit davantage de jour en jour. »   ROUSS., **Émile**, II (Note).

24 « L'habitude est une étrangère
        Qui supplante en nous la raison :...
        ... cette vieille au pas monotone
        Endort la jeune liberté ;
        Et tous ceux que sa force obscure
        A gagnés insensiblement,
        Sont des hommes par la figure,
        Des choses par le mouvement. »
                      SULLY PRUDHOMME, **Poés.**, L'habitude.

25 « D'ailleurs, quand il n'y a, de part ou d'autre, ni dégoût physique ni haine, l'habitude finit par créer une espèce de lien malgré tout... »
                      LOTI, **Mme Chrysanth.**, XVI, p. 94.

26 « Soulevant un coin du voile lourd de l'habitude (l'habitude abêtissante qui pendant tout le cours de notre vie nous cache à peu près tout l'univers...). »   PROUST, **Rech. t. p.**, t. XIII, p. 157.

— *Vice, défaut d'habitude*, dû à l'éducation, aux circonstances, à la persévérance dans une mauvaise voie, et non à la nature du sujet (Cf. Égarement, cit. 3).

— Loc. *Par habitude :* en suivant un penchant, une inclination affermis par le temps, sans spontanéité, ni réflexion. V. **Machinalement.** *Acheter par habitude un journal qu'on ne lit pas. Fumer sans plaisir, par habitude. Suivre certains principes par habitude et sans examen* (cit. 4).

27 « L'on est encore longtemps à se voir par habitude, et à se dire de bouche que l'on s'aime, après que les manières disent qu'on ne s'aime plus. »   LA BRUY., IV, 37. — (Cf. *aussi* Asservissement, cit. 3 ; empresser, cit. 5 ; éreinter, cit. 7).

— *À son habitude, selon, suivant son habitude :* comme de coutume*, comme d'ordinaire* (Cf. Cribler, cit. 13 ; écouter, cit. 8 ; faire, cit. 162). *Comme à son habitude* (Cf. Fouiller, cit. 13).

28 « Suivant son habitude, il se remémorait jusque dans le détail ce discours qu'il avait improvisé. »
                      ROMAINS, **H. de b. vol.**, t. V, XIV, p. 215.

‖ D'HABITUDE. *loc. adv.* V. **Habituellement** (Cf. Accabler, cit. 14 ; animer, cit. 41 ; appréhension, cit. 9 ; assertion, cit. 6 ; farder, cit. 11 ; frileux, cit. 6 ; garder, cit. 54). *D'habitude, il prend ce chemin. Il est plus ponctuel, d'habitude. Garçon, un filtre, un apéritif, comme d'habitude !*

— *Par ext.* En parlant d'un événement quelconque et non plus d'un acte individuel, commandé par les habitudes de quelqu'un. V. **Généralement, ordinaire** (d'). *Le café est meilleur que d'habitude* (Cf. Empaumer, cit. 2). *Il y a eu moins de monde que d'habitude. Comme d'habitude* (Cf. Envelopper, cit. 6 ; fois, cit. 18).

‖ **2°** *Vx.* « Accès auprès de quelqu'un, fréquentation ordinaire » (ACAD. et LITTRÉ). *Avoir habitude auprès de quelqu'un ou avec quelqu'un, en quelque lieu, en quelque maison* (ACAD. 1935, qui indique qu'en ce sens *Habitude* est vieux).

29 « Je vous avoue que je n'ai aucune habitude avec ces messieurs-là (*Aristote et Horace*), et que je ne sais point les règles de l'art. »
                      MOL., **Crit. Éc. des femmes**, VI.

‖ **3°** Processus par lequel la répétition de mêmes actes, de mêmes situations, de mêmes phénomènes, avive, atténue ou supprime certaines sensations, impressions ou sentiments qu'ils faisaient primitivement éprouver. V. **Accoutumance** (cit. 4) ; **acclimatement, adaptation**, et aussi **Endurance** (cit. 2), **endurcissement, entraînement.** *L'habitude de l'effort* (Cf. Amollir, cit. 6), *du danger* (Cf. Affermir, cit. 6), *de la misère, du malheur. L'habitude rend insensible au bruit. Il finira, comme tout carabin, par supporter la vue du sang, c'est une question d'habitude. Affaire d'habitude. L'habitude de coucher sur la dure, de faire de longues marches, de passer des nuits blanches. On n'a pas encore pu prendre l'habitude de ne point manger* (Cf. Accoutumer, cit. 19). *L'habitude rend les poisons anodins* (cit. 7). *L'habitude nous apprivoise* (cit. 21) *avec les choses.* V. **Familiariser.** *L'influence anesthésiante, apaisante, calmante de l'habitude* (Cf. Cesser, cit. 7). *L'habitude amortit* (cit. 6), *émousse* (cit. 4) *la sensibilité. L'habitude nous empêche de voir les objets familiers* (Cf. Chambre, cit. 6). *L'habitude engendre l'indifférence, la satiété.* « *L'habitude qui fortifie tous les penchants qu'elle ne détruit pas...* » (LACLOS, Cf. Époux, cit. 11). *Plaire par la nouveauté, dégoûter par l'habitude* (Cf. Aurore, cit. 20). *L'habitude apprend à goûter certains plaisirs qu'on n'appréciait pas tout d'abord.*

30 « La grâce de la nouveauté et la longue habitude, quelque opposées qu'elles soient, nous empêchent également de sentir les défauts de nos amis. »   LA ROCHEF., **Réflex. et max.**, 426.

31 « — Qui t'a donné une philosophie aussi gaie ? — L'habitude du malheur. »   BEAUMARCH., **Barb. de Séville**, I, 2.

32 « ... cet effet singulier de l'habitude qui introduit l'indifférence dans toutes les pratiques prescrites, et qui fait regarder les cérémonies les plus augustes et les plus terribles comme des choses convenues de pure forme ; »   B. CONSTANT, **Adolphe**, X, p. 97.

33 « ... il faut avouer aussi qu'il y a un charme étrange, plus doux, plus dangereux peut-être, dans l'habitude de vivre avec ce qu'on aime. Cette habitude, dit-on, amène la satiété ; c'est possible ; mais elle donne la confiance, l'oubli de soi-même, et lorsque l'amour y résiste, il est à l'abri de toute crainte. »
                      MUSSET, **Frédéric et Bernerette**, VI, p. 225.

34 « La verdure, les oiseaux qui chantent, les blés qui remuent au vent, les hirondelles qui vont si vite, l'odeur de l'herbe, les coquelicots, les marguerites, tout ça me rend folle ! C'est comme le champagne quand on n'en a pas l'habitude. »
                      MAUPASS., **La femme de Paul**, Au bois, p. 73.

35 « ... je crois là-dessus (*les combats de gladiateurs*), d'après l'expérience des soldats, des infirmières et des médecins, que l'habitude rendrait promptement insensible à ce genre de spectacle. »
                      ALAIN, **Propos**, Hist. et rom., p. 340.

36 « ... nous connaissons le mécanisme de cette hébétude, de cet émoussement d'habitude qui rend, qui finit par rendre une âme impénétrable aux infusions de la grâce. »
PÉGUY, **Note conjointe...**, p. 118

37 « La saveur du premier baiser m'avait déçu comme un fruit que l'on goûte pour la première fois. Ce n'est pas dans la nouveauté, c'est dans l'habitude que nous trouvons les plus grands plaisirs. »
RADIGUET, **Diable au corps**, p. 63

38 « Au contraire de tant d'autres, l'habitude est une condition de mon plaisir. Plus j'ai de souvenirs, d'images de mes plaisirs passés, plus grand est mon plaisir du moment. »
LÉAUTAUD, **Propos d'un jour**, Amour, p. 16

— REM. La distinction entre l'*habitude passive* (ou *négative*) désignant l'accoutumance, l'adaptation et l'*habitude active* (ou *positive*) désignant l'apprentissage (*infra*, 4°), est restée « classique mais peut-être à tort » (LALANDE).

|| 4° *Spécialt.* Aptitude* acquise, par un effort plus ou moins prolongé, à exécuter des actes, des opérations déterminés. *La répétition* d'une opération engendre l'habitude. Je n'ai plus l'habitude de conduire une motocyclette, j'ai perdu la main*, il faut que je m'y remette, que je me remette en train. Manque d'habitude.* (Cf. Esprit, cit. 125). *C'est une habitude qui reviendra vite. Acquérir une habitude.* V. **Apprendre, initier** (s'). *Toute habitude repose sur l'éducation* d'une aptitude* (cit. 11) primitive, sur un dressage* (Cf. Former, cit. 27), sur un entraînement. Il faut un apprentissage*, plus ou moins long, pour acquérir et perfectionner une habitude. Les psychologues ont dressé les courbes graphiques, formulé les lois relatives à l'acquisition des habitudes. Lois de Jost, d'Ebbinghaus, sur la maturation des habitudes, l'espacement et la durée des séances d'apprentissage. — Habitudes intellectuelles ou mentales sur lesquelles reposent les opérations supérieures de la pensée. Avoir l'habitude de calculer de tête, de manier les formules logarithmiques. Habitude d'embrasser un grand nombre d'idées* (Cf. Esprit, cit. 92). S'enrichir d'habitudes ; l'habitude des automatismes* (cit. 3, 4 et 7). L'habitude endort (cit. 39) nos facultés en se substituant à elles.*

39 « L'habitude de penser en donne la facilité ; elle nous rend plus pénétrants et plus prompts à tout voir. Nos organes, comme nos membres, acquièrent par l'exercice plus de mobilité, de force et de souplesse. »
JOUBERT, **Pensées**, III, XXX, p. 47

40 « L'habitude du métier est si nécessaire dans tous les arts, et cette culture incessante de l'esprit dirigée vers un but doit si bien accompagner le génie qui crée, que, sans elle, les lueurs les plus heureuses s'évanouissent. »
DELACROIX, **Écrits**, Œuvr. littér., p. 96

41 « Il conviendrait de séparer nettement l'*accoutumance* de l'organisme, l'*adaptation biologique*, phénomène physiologique dans lequel la volonté n'intervient pas, au moins directement, et d'autre part l'*habitude psychologique* qui est une forme de vouloir, qui consiste en une manière spéciale de penser, de diriger son attention, d'enchaîner ses idées. »
D. ROUSTAN, **Leçons de philos.**, p. 498

42 « L'habitude est un facteur essentiel du comportement le plus intelligent, le plus plastique. Tout comportement intelligent aboutit sans cesse à de nouvelles habitudes. »
H. DELACROIX, **Grandes formes vie mentale**, p. 90 (éd. P.U.F.)

43 « ... l'habitude est la condition d'une conscience bien orientée et maîtresse d'elle-même. Mais si nous devons utiliser l'habitude, nous ne devons pas nous laisser envahir par elle. »
F. ALQUIÉ, **Psychologie** (in Leçons de philosophie, t. I, p. 160, note)

— REM. Les psychologues, à la suite de M. Egger, distinguent généralement les *habitudes générales*, aptitudes très vastes (écrire, jouer d'un instrument de musique) et les *habitudes spéciales*, actes très précis.

— *Par ext.* V. **Expérience, pratique.** *Avoir l'habitude des hommes, des fortes têtes :* savoir les diriger. *Avoir l'habitude des méthodes scientifiques* (Cf. Expérience, cit. 44). *Métier qui demande plus d'habitude que de génie* (Cf. Capacité, cit. 7).

— PROV. *L'habitude est une seconde nature :* notre nature première subit une transformation sous l'influence de l'habitude, de sorte qu'une seconde nature paraît se substituer à la première. — REM. Cette pensée a été exprimée sous des formes diverses par Cicéron, saint Augustin (Cf. GUERLAC), Rousseau (Cf. Éloigner, cit. 18), etc. — *De l'influence de l'habitude sur la façon de penser*, ouvrage de Maine de Biran (1802). *De l'habitude*, ouvrage de Ravaisson (1838).

44 « La nature, nous dit-on, n'est que l'habitude. Que signifie cela ? N'y a-t-il pas des habitudes qu'on ne contracte que par force, et qui n'étouffent jamais la nature ?... Il en est de même des inclinations des hommes. Tant qu'on reste dans le même état, on peut garder celles qui résultent de l'habitude, et qui nous sont le moins naturelles ; mais, sitôt que la situation change, l'habitude cesse et le naturel revient. »
ROUSS., **Émile**, I, p. 8

45 « Entre l'habitude et la nature, la différence n'est donc que de degré, et cette différence peut être réduite et amoindrie jusqu'à l'infini... (l'*habitude*) est une nature acquise, une *seconde nature*, qui a sa raison dernière dans la nature primitive, mais qui seule l'explique à l'entendement. »
RAVAISSON, **De l'habitude**, pp. 22-23

46 « Le style c'est l'habitude, la seconde nature de la pensée. »
J. RENARD, **Journ.**, 23 juill. 1899

47 « Si l'habitude est une seconde nature, elle nous empêche de connaître la première, dont elle n'a ni les cruautés ni les enchantements. »
PROUST, **Sodome et Gomorrhe**, p. 210 (éd. La Gerbe)

48 « C'est ici que l'on voit bien... que l'habitude est littéralement une seconde nature. Elle a même force et pour ainsi dire même commandement que la nature. »
PÉGUY, **Note conjointe...**, p. 262

ANT. — Accident, anomalie. Désuétude, exception, inhabitude, occasion, rareté.

HABITUEL, ELLE. adj. (XIVᵉ s. ; du lat. médiév. *habitualis*, de *habituare*. V. **Habituer**). Qui tient de l'habitude* par sa régularité, sa constance).

|| 1° Passé à l'état d'habitude individuelle ou de coutume collective. V. **Accoutumé, coutumier, commun, ordinaire.** *Un exemple de sa distraction habituelle.* V. **Perpétuel.** *Actes, mouvements, gestes habituels* (Cf. Carrure, cit. 1). V. **Familier, machinal.** *Une familiarité* (cit. 8) *qui ne lui est pas habituelle. Cette expression lui est devenue habituelle* (Cf. Fruste, cit. 2 ; garder, cit. 73). *Son itinéraire habituel* (Cf. Fortuit, cit. 4). *Son journal habituel. Livre dont on fait sa lecture habituelle, son bréviaire*. *Se servir chez son fournisseur habituel* (Cf. Foire, cit. 3). *Fréquentation habituelle.* V. **Commerce** (II). *Client habituel des cabarets.* V. **Pilier.** *Le train-train habituel ; la monotonie de la vie habituelle.* V. **Quotidien** (Cf. Émotionner, cit. 1 ; entretenir, cit. 16 ; fugacité, cit. 2 ;...). *Les réjouissances habituelles du Mardi-Gras.* V. **Traditionnel.** *Le va-et-vient habituel d'un bureau, d'un collège* (Cf Fonctionner, cit. 5). *Le cérémonial religieux habituel.* V. **Rituel.** *Formules habituelles de salutation. Clause* *de style habituelle dans certains contrats.* V. **Consacré, usuel,** *usage* (d'). *Expédier les affaires habituelles.* V. **Courant.**

1 « ..., la physionomie du soldat au bivouac comme au feu, son attitude habituelle et caractéristique, le haussement d'épaule du fantassin, le traînement de jambe du cavalier, le type spécial de chaque arme ou de chaque campagne. »
GAUTIER, **Portr. contemp.**, Horace Vernet, p. 314.

2 « L'Auvergnat a dit cela en faisant rouler les r, sonner les d, et d'un ton qui contraste avec l'indifférente courtoisie de ses propos habituels. »
ROMAINS, H. de b. vol., t. IV, III, p. 19.

|| 2° Qui est constant*, ou du moins très fréquent*. V. **Ordinaire.** *Ce n'est pas très habituel.* V. **Courant, fréquent.** *Fam. C'est l'histoire habituelle, le coup habituel.* V. **Classique.** *Le bleu azuré, couleur habituelle du ciel sans nuages. État habituel des muscles.* V. **Normal** (Cf. Figure, cit. 14). *Condition habituelle de la fécondation* (cit. 4). *Les causes habituelles de l'asphyxie* (cit. 1). *État habituel* (Cf. Fureur, cit. 2). *Il souffre du foie de façon habituelle.* V. **Chronique** 2. *La forme habituelle du gouvernement* (cit. 34). *Physionomie habituelle* (Cf. Galbe, cit. 4). *Disposition habituelle du caractère* (Cf. Envieux, cit. 3). *Irritation* (Cf. Exprimer, cit. 18) *habituelle. Signes habituels d'une passion* (Cf. Apercevoir, cit. 16). *Procédé habituel* (Cf. Exaspérer, cit. 11). *Illusions habituelles de l'entendement* (Cf. Extension, cit. 15). *Au sens habituel du terme* (Cf. Arbitre, cit.).

3 « Les traits du visage d'un homme viennent insensiblement à se former et à prendre de la physionomie par l'impression fréquente et habituelle de certaines affections de l'âme. »
ROUSS., **Émile**, IV.

4 « ... la voix habituelle du cygne privé est plutôt sourde qu'éclatante : »
BUFFON, **Hist. nat. ois.**, Le cygne.

ANT. — Accidentel, anormal, étonnant, exceptionnel, extraordinaire, inhabituel, inaccoutumé, insolite, inusité, occasionnel, original, rare, unique.

HABITUELLEMENT. adv. (XIVᵉ s. ; de *habituel*). D'une manière habituelle. V. **Ordinaire** (d'), **ordinairement.** *Il fourre habituellement ses mains dans ses poches* (Cf. Gousset, cit. 2). *Habituellement vêtu d'un complet bleu* (Cf. Fluctuer, cit.). *Éléments qu'emploie habituellement un écrivain* (Cf. Extraordinaire, cit. 8).

1 « On sut de ses valets de chambre, après sa mort, qu'il se macérait habituellement par des instruments de pénitence,... »
ST-SIM., **Mém.**, II, XXXII.

2 « Il (St Paul) parlait habituellement et facilement en grec ;... »
RENAN, **Les apôtres**, Œuvr., t. IV, X, p. 572.

— Selon l'usage, la coutume. *Habituellement, lors de son élection, le Président de la République gracie un certain nombre de condamnés.*

— De façon presque constante* ; presque toujours*. V. **Constamment, couramment.** *Il écoute habituellement les informations matin et soir.* V. **Assidûment.** *Habituellement, les gens trop semblables se supportent mal.* V. **Fréquemment, souvent** (Cf. Exaspérer, cit 12). *Front* (cit. 3) *plus développé qu'il ne l'est habituellement.* V. **Généralement, normalement.** *L'article* (cit. 20) *manque habituellement dans ce cas, en français. C'est ainsi qu'on définit habituellement ce terme.* V. **Communément.**

ANT. — Accidentellement, exceptionnellement, rarement ; extraordinaire (par) ; hasard (par).

HABITUER. v. tr. (vers 1320 ; du lat. médiév. *habituare*, lui-même de *habitus*, « manière d'être »).

|| 1° V. **Accoutumer.** *Habituer un enfant, une recrue au froid, à la fatigue.* V. **Endurcir ; entraîner.** *Les gens de ce pays sont habitués à l'altitude.*

|| **2°** Donner des habitudes*. V. **Apprendre, dresser, éduquer, façonner, former.** *Habituer un enfant à se bien tenir. Ils sont mal élevés, personne ne les a habitués à la politesse.* V. **Initier.** *Il faut l'habituer à prendre ses responsabilités. On l'avait habitué à considérer cela comme une faute* (Cf. Assonance, cit. 2). *Cette lutte constante l'a habitué à l'énergie* (Cf. Carcasse, cit. 6). *Habituer un animal à venir manger dans la main.* V. **Apprivoiser.**

1   « C'était en vain que Mᵐᵉ Londe faisait mettre à la petite fille des effets des plus seyants, lui peignait les cheveux..., l'habituait à sourire gentiment ;... »   GREEN, **Léviathan**, II, IV, p. 173.

2   « Les mois qui venaient de passer,... les avaient habitués à compter de moins en moins sur une fin prochaine de l'épidémie. »
                                                        CAMUS, **La peste**, p. 289.

— Vx. *Habituer de...* — REM. LITTRÉ donne un exemple de cette tournure emprunté à A. CHÉNIER.

|| S'HABITUER. *v. pron.* || **1°** *Vx.* S'établir, s'installer en un lieu. *« Ceux qui allèrent s'habituer au Canada furent, en grande partie, des Normands »* (LITTRÉ).

3   « ... je me suis habitué ici, où, sous le nom d'Anselme, j'ai voulu m'éloigner les chagrins de cet autre nom qui m'a causé tant de traverses. »   MOL., **Avare**, V, 5.

|| **2°** S'accoutumer (cit. 17) à, se familiariser avec. *Les yeux s'habituent à l'obscurité* (Cf. Étoile, cit. 9), *à voir de nouvelles formes architecturales* (Cf. Gable, cit.). *L'oreille s'habitue au bruit* (Cf. Canon, cit. 5). *À la longue on s'habitue à cette température, à ce climat.* V. **Acclimater** (s'), **accommoder** (s'... de), **adapter** (s'), **faire** (se faire). *Je ne pouvais m'habituer au ciel de Paris* (Cf. Brûler, cit. 40). *S'habituer à l'effort physique, au travail, au manque de sommeil* (Cf. Excitant, cit. 9). *S'habituer à la discipline.* V. **Plier** (se). *S'habituer à une responsabilité* (Cf. Flottement, cit. 2). *S'habituer à l'idée de la mort.* V. **Familiariser** (se). *Je ne peux pas m'habituer à ce voisinage, à cette nouvelle vie.*

4   « Quand on s'est habitué à une vie de distractions, on éprouve toujours une sensation mélancolique en rentrant en soi-même, dût-on s'y trouver bien. »   STAËL, **Corinne**, XV, 3.

5   « On finit par s'habituer
      A la trahison de la femme : »   VERLAINE, **Épigrammes**, XII, I.

6   « Les yeux s'étaient habitués à la nuit, on y voyait comme on voit en rêve, et on distinguait parfois, sortant des fourrés pour aussitôt s'évanouir, d'imprécises bêtes rôdeuses au pas de velours. »
                                        LOTI, **L'Inde (sans les Anglais)**, p. 17.

7   « Il s'habitue, et quand on s'habitue à une chose elle finit par n'être plus drôle du tout. »   J. RENARD, **Poil de Carotte**, p. 27.

8   « Quel dommage (disait-il), qu'il faille renoncer à la vie. *Depuis le temps, je commençais à m'y habituer.* »
                                        PÉGUY, **Note conjointe...**, p. 115.

9   « Les premières douleurs sont les pires. Peut-être parce qu'on ne s'est pas encore habitué à l'injustice de la vie. Elles détruisent en nous cette jeune idole que chacun de nos proches s'était complu à créer. »   JALOUX, **Dernier jour création**, III, p. 37.

10 « Cette fois je vous demande de me répondre, afin que je puisse donner libre cours à ma tendresse et si votre cœur répond au mien m'habituer à mon bonheur. »
                                        MONTHERLANT, **Jeunes filles**, p. 11.

|| **3°** Prendre l'habitude, la pratique de quelque chose en s'y exerçant, en s'y appliquant. *Il s'habitue à travailler régulièrement, à penser clairement. L'esprit s'habitue à trouver la rime* (Cf. Évertuer, cit. 1). *— S'habituer à partager, à tout mettre en commun* (Cf. Équipe, cit. 4). *S'habituer à parler, à improviser devant un auditoire.*

11 « Mais, en attendant, elle fera bien d'apprendre un état et de s'habituer à servir les autres. »   SAND, **Mare au diable**, V, p. 44.

|| HABITUÉ, ÉE. *p.p. adj.* Qui a acquis l'habitude* de. *Habitué au travail, à l'obéissance. Homme habitué aux manœuvres louches* (Cf. Coup, cit. 48). *Esprit* (cit. 113) *habitué à la confusion. Habitué à certains visages, à certains spectacles...* (Cf. Accidenté, cit. ; glissant, cit. 10). *Yeux habitués à un faible* (cit. 26) *éclairage. — Habitué à porter des habits convenables* (Cf. Endimanchement, cit.), *à marcher en file* (cit. 10). *Les politiciens, habitués qu'ils sont à frapper l'esprit du public...* (Cf. Bout, cit. 39). *Habitué à travailler seul* (Cf. Gêner, cit. 19). *Habitué à remuer ses souvenirs* (Cf. Fébrile, cit.). *— Habitué à ce que...* (Cf. Grandiloquence, cit. 1).

— Spécialt. et Vx. *Prêtre habitué* et Substant. *Un Habitué. n. m.* Ecclésiastique qui, tout en n'ayant ni charge ni dignité dans une église, est associé aux fonctions du prêtre en titre.

12 « Le Parlement eut alors liberté tout entière d'instrumenter contre les habitués, vicaires, curés, porte-Dieu, qui refusaient d'administrer les mourants. »   VOLT., **Hist. Parlem. de Paris**, LXVI.

— *De nos jours.* Celui, celle qui fréquente de façon régulière un lieu. *Les habitués des courses* (Cf. Endosser, cit. 4 ; gagner, cit. 61). *Les habitués du café, du restaurant..* V. **Client.** *Un habitué de la maison.* V. **Familier.**

13 « Il y avait encore sur la place du Palais-Royal cinq ou six fiacres stationnant pour les habitués des cercles et des maisons de jeu. »
                                        NERVAL, **Filles du feu**, III, p. 268.

14 « Les habitués de la maison et les camarades de l'Opéra firent des présents en bijoux, en vaisselle, en sorte que le ménage Colleville fut beaucoup plus riche en superfluités qu'en capitaux. »
                                        BALZ., **Petits bourgeois**, Œuvr., t. VII, p. 87.

15 « ... j'avais retraversé ce qui avait été autrefois pour moi le mystère d'un hôtel inconnu, où quand on arrive, touriste sans protection et sans prestige, chaque habitué qui rentre dans sa chambre, chaque jeune fille qui descend dîner,... jettent sur vous un regard où l'on ne lit rien de ce qu'on aurait voulu. »
                                        PROUST, **Rech. t. p.**, t. IX, p. 210.

16 « Les clients de ce café, ce sont des habitués que j'ai vus depuis des années revenir aux mêmes places,... »
                                        ARAGON, **Paysan de Paris**, p. 32.

ANT. — Déclimater, désaccoutumer, dépayser, déshabituer, rouiller.

DER. — Habituel, habituellement.

HABITUS. *n. m.* (1839 BOISTE ; du lat. *habitus*, « manière d'être »). *Méd.* « Apparence générale du corps, considérée comme expression extérieure de l'état de santé ou de maladie du sujet » (GARNIER). V. **Habitude** (I). *Habitus physiologique. Habitus morbides.*

★ **HÂBLER.** *v. intr.* (1542 ; empr. à l'esp. *hablar*, « parler »). *Vx.* Parler beaucoup, avec forfanterie. V. **Exagérer, vanter** (se).

DER. — Hâbleur. — ★ **Hâblerie.** *n. f.* (1628). Propos, manière d'être de celui qui hâble. *Ne croyez pas un mot de ses hâbleries.* V. **Blague, craque, fanfaronnade, forfanterie, gasconnade, mensonge, menterie, plaisanterie, vanterie, vantardise.**

1   « Sa hâblerie lui avait acquis quelque réputation. »
                                        FURET., **Rom. bourg.**, II, 46.

2   « ... il commença un discours plein de hâbleries, d'exagérations et de rodomontades... »   GAUTIER, **Capit. Fracasse**, V.

3   « ... ce besoin de forfanterie, de hâblerie, de vantardise ingénue, propre à tout soldat qui se respecte. »
                                        COURTELINE, **Train de 8 h 47**, Épilogue.

★ **HÂBLEUR, EUSE.** *n.* (1555 ; de *hâbler**). Celui, celle qui a l'habitude de hâbler. *Un incorrigible hâbleur.* V. **Blagueur, brodeur, craqueur, faiseur, fanfaron, gascon, menteur, vantard.** *Ce médecin n'est qu'un hâbleur.* V. **Charlatan, vendeur** (d'orviétan). Cf. Assassin, cit. 9. — *Adjectiv.* (Cf. Engin, cit. 2). *Un Parisien hâbleur et gouailleur.*

1   « Cependant mon hâbleur, avec une voix haute,
      Porte à mes campagnards la santé de notre hôte, »
                                        BOIL., **Sat.**, III.

2   « ... ses ambassadeurs célébraient, avec le génie hâbleur des Grecs, les richesses de l'Orient, les empires, les royaumes qu'on pouvait y conquérir... »   MICHELET, **Hist. de France**, IV, III.

3   « Lorsque arriva l'invasion prussienne, Saint-Antoine, au cabaret, promettait de manger une armée, car il était hâbleur comme un vrai Normand... »   MAUPASS., **Contes de la Bécasse**, Saint-Antoine.

4   « Et on restait trois heures à table en racontant des coups de fusil. C'étaient d'étranges et invraisemblables aventures, où se complaisait l'humeur hâbleuse des chasseurs. »
                                        ID., **Ibid.**, La bécasse.

★ **HACHAGE.** *n. m.* (V. ★ HACHER (*Dér.*).

★ **HACHE.** *n. f.* (XIIᵉ s. ; d'un ancien francique *hâppia*)

|| **1°** Instrument servant à couper, à fendre, et composé d'une lame tranchante de forme variable, fixée à un manche par une tête à douille. *Taillant*, tranchant* d'une hache. Couper, fendre du bois avec une hache. Abattre* (cit. 4), *ébrancher* (cit. 1) *un arbre à coups de hache. Équarrir* (cit. 1) *un tronc de sapin à la hache. Mettre, porter la hache dans un bois*, commencer de l'exploiter (cit. 2). *Se frayer* (cit. 3) *une route la hache à la main à travers une forêt vierge. Sapeurs* qui défoncent une porte à coups de hache* (Cf. Furieusement, cit. 1). — *Hache à main* (ou Hachette), petite hache à manche court, maniable d'une seule main. *Hache de pierre, à tranchant de silex taillé, dont se servaient les premiers hommes* (Cf. Façonner, cit. 7). — Technol. *Hache de bûcheron* (V. **Cognée, merlin**), *de charpentier* (V. **Herminette**), *de tonnelier* (V. **Aisseau, cochoir, doloire**). *Hache d'ouvrage*, outil des ardoisiers. V. **Doleau.** *Hache munie d'un tranchant et d'un marteau.* V. **Aissette, hacherau, tille.**

1   « Un grand chêne du mont Ida, que la hache a coupé par mille coups dont toute la forêt a retenti... »   FÉN., **Télém.**, XIII.

2   « À la vérité, le bois de cet arbre n'est formé que d'un paquet de filaments ; mais son aubier est si dur qu'il fait rebrousser les meilleures haches ; »   BERNARD. de ST-P., **Paul et Virg.**, p. 33.

3   « Apprends à manier d'un bras vigoureux la hache et la scie, à équarrir une poutre... »   ROUSS., **Émile**, III.

4   « Un peloton de sapeurs-pompiers, la hache à l'épaule, venait d'apparaître en ordre de bataille à l'extrémité de la rue. »
                                        HUGO, **Misér.**, V, I, XVIII.

— *Par métaph.* :

5   « ... la phrase qui avait coupé tous liens entre eux, à jamais, comme d'un coup de hache. »   ZOLA, **La terre**, V, II.

— Fig. *Fait, taillé à coups de hache :* grossièrement (V. **Serpe**).

— *Porter la hache dans une administration :* y supprimer les abus, les emplois superflus... *Comité de la Hache.* nom donné, en 1938 et 1947, à des comités de réforme administrative.

— Spécialt. *Hache de guerre.* V. **Francisque** (cit. 1), **tomahawk** (Cf. Empêcher, cit. 9). *Hache d'armes,* ancienne arme* d'hast, composée d'une forte hache à très long manche (Cf. Craquer, cit. 4). — Mar. *Hache d'abordage**

6 « ... si, à propos des sauvages ou des anciens Francs, je dis « la hache de guerre », tous comprennent du premier coup ; si je dis « le tomahawk », ou « la francisque », plusieurs supposeront que je parle teuton ou iroquois. »
TAINE, **Orig. France contemp.**, I, t. I. pp. 295-296.

7 « Sur le bureau de « la jeune fille » bientôt octogénaire, j'ai toujours vu une ravissante hache à manche court, tout acier, amoureusement fourbie. — Qu'est-ce que c'est que cette hache ? dis-je un jour à ma respectable amie. — C'est une hache, répondit-elle. — Et... vous vous en servez ? — Tous les jours, puisque tous les jours je la regarde. On m'a refusé, quand j'étais petite, une « hache d'abordage » que j'avais lue dans un roman d'aventures. Dès que j'ai été grande, je l'ai achetée. »
COLETTE, **Belles saisons,** Noël.

— *Hache du bourreau,* avec laquelle il tranche la tête du condamné. *Décapitation** à la hache. Supplice de la hache* (Cf. Croix, cit. 2). *Périr par la hache, sous la hache, sur l'échafaud.*

8 « Je n'ai qu'à déployer l'appareil des supplices,
Et pour soldats choisis, envoyer des bourreaux
Qui portent hautement mes haches pour drapeaux. »
CORN., **Pompée**, IV. 5.

9 « À Westminster, le cicerone qui montre la hache dont un inconnu se servit pour décoller Charles 1er, dit aux curieux : « Ne touchez pas la hache ! »
BALZ., **Notice sur La Font.** (Œuvr. div., t. I, p. 148).

10 « Elle seule, on ne sait comment, survécut à l'exécution de tous les siens sous la hache révolutionnaire. »
HENRIOT, **Portr. de femmes,** p. 265.

— Antiq. rom. *La hache et les faisceaux** (cit. 3) *des licteurs* (V. **Faisceau**).

‖ 2° *Fig.* **En hache :** en forme de hache (Cf. Sécuriforme). — Typogr. *Composition en hache :* composition désuète où les marges extérieures et les marges de pied se trouvent encadrées par des notes (Essai de termin. de la Bibliogr. de la France). — Agric. *Pièce de terre, champ en hache,* pénétrant comme un coin dans un autre champ.

11 « En hache vers le village, et derrière la cour, dépendait encore de cette habitation un petit terrain humide et bas... »
BALZ., **Les paysans,** Œuvr., t. VIII, p. 44.

HOM. — Ache. H (lettre). Hache, haches, hachent (formes du v. Hacher).

DER. — Hacher*. — ★**Hachereau**. *n. m.* (XVe s.). Petite hache de charpentier en forme de marteau tranchant d'un côté. Petite cognée de bûcheron. — ★**Hachette**, *n. f.* (1380). Petite hache. *Hachette à bois* (Cf. Frigo, cit. 1).

« Quatre petits poulets fendus par moitié, frappés du plat de la hachette, salés, poivrés, bénits d'huile pure... »
COLETTE, **Naissance du jour,** p. 60.

★ **HACHER.** *v. tr.* (vers 1300 ; *dehachier* au XIIe s. ; dér. de *hache*).

‖ **1°** Couper en menus morceaux avec une hache ou tout autre instrument tranchant. *Hacher du persil, des oignons, des champignons. Hacher de la chair de volaille avec des fines herbes pour faire une farce* (cit.). *Manger de la viande hachée. Hacher le chanvre* (Cf. Chevalet, cit. 1). *Hacher de la paille. Le coupe-racines hache les tubercules destinés à la nourriture du bétail. Un des procédés d'extraction* (cit. 3) *des essences odorantes consiste à hacher certaines fleurs ou feuilles.* — Absolt. *Couperet*, hachoir* qui hache gros. Hacher fin, menu.*

1 « ... une casserole où il y avait, à ce qu'il disait, un lapin déjà tout haché... »
LESAGE, **Gil Blas,** X, XII.

2 « ... le matin, je lui hachais du tabac pour fumer cinq ou six pipes ; »
ID., **Ibid.,** X, XII.

3 « Prenez six gros oignons, trois racines de carottes, une poignée de persil ; hachez le tout et le jetez dans une casserole, où vous le ferez chauffer et roussir au moyen d'un morceau de bon beurre frais. »
BRILLAT-SAVARIN, **Physiol. du goût,** Variétés, X.

— Loc. prov. *Hacher menu comme chair** à pâté.

4 « Vous auriez bien besoin de dix (*langues*) des mieux nourries,
Pour fournir tour à tour à tant de menteries ;
Vous les hachez menu comme chair à pâtés. »
CORN., **Le Menteur,** IV, 3.

5 « Bonnes gens qui fauchez, si vous ne dites au Roi que le pré que vous fauchez appartient à Monsieur le Marquis de Carabas, vous serez tous hachés menu comme chair à pâté. »
PERRAULT, **Contes,** Le chat botté.

— *Hacher quelqu'un en pièces,* supplice autrefois usité en Asie.

6 « ... ils condamnent les deux infortunés à être hachés en pièces ; c'est un supplice usité en Chine et en Tartarie pour les parricides... »
VOLT., **Russie,** I, IV.

— Fig. *Se faire hacher :* se défendre jusqu'à complète extermination.

« Il a fallu tenir dix jours sur ce morne chantier, se faire hacher par bataillons pour ajouter un bout de champ à notre victoire, un boyau éboulé, une ruine de bicoque. » 7
DORGELÈS, **Croix de bois,** XI.

— *Par exagér.* Être disposé à tout souffrir pour défendre quelqu'un, quelque chose. *Elle se ferait hacher pour vous. Il se ferait hacher plutôt que de revenir sur sa décision.*

« Ah ! vous ne le connaissez pas, s'écria Lise. Il se ferait plutôt hacher que de céder... Non, non, c'est fini ! » ZOLA, **La terre,** I, V. 8

« J'ai tout sacrifié à la famille ; je me ferais hacher pour que la famille fût à jamais grande et glorieuse. » ID., **Docteur Pascal,** I, p. 9. 9

‖ **2°** *Par anal.* Découper maladroitement, grossièrement. *Ce couteau émoussé ne tranche plus la viande, il la hache.* V. **Déchiqueter.** — *Par ext.* Endommager* en brisant en petits morceaux. en déchiquetant. *Grêle qui hache les récoltes.*

« Comme il fallait qu'elle massacrât toujours quelque chose, elle hachait rêveusement à coups de cravache les jeunes pousses d'un arbre qui se penchait aux bords du chemin. » 10
BARBEY d'AUREV., **Vieille maîtresse,** I, VII, t. I, p. 167.

« De trop fortes pluies pourrissaient les semences, des coups de grêle hachaient le blé en herbe... » ZOLA, **La terre,** I, V. 11

« ... l'orage monte... l'orage qui, de sa grêle, hachera toute vendange... » MAURIAC, **Le mal,** II. 12

— *Une rafale de mitrailleuse hache les assaillants.*

‖ **3°** *Fig.* V. **Couper, entrecouper, interrompre.** *Discours haché d'éclats de rire. Orateur au débit haché.*

« Et, en phrases hachées, coupées d'incidentes étrangères au sujet, il raconta l'histoire du Paradou... » 13
ZOLA, **Faute abbé Mouret,** I, VII.

« Il... engageait d'interminables conversations hachées par les coups de marteau du savetier... » DUHAM., **Salavin,** V, XIX. 14

« .. Antoine allait le contredire, il l'arrêta de la main, et, malgré la toux qui hachait ses phrases, avançant le menton avec une humble bonne grâce, il continua... » MART. du G., **Thib.,** t. III, p. 125. 15

« Un travail haché porte toujours la trace des interruptions. »
MAUROIS, **Art de vivre,** III, 1. 16

— *Style haché :* style coupé en phrases très courtes, ou bien encore décousu*, manquant d'enchaînement (cit. 3). V. **Abrupt** (cit. 3 DIDER.), **heurté, saccadé, sautillant** (Cf. Caractère, cit. 29).

« Le reste de ses écrits est composé toujours de pièces et de morceaux, de très beaux morceaux, mais qui ne réussissent à faire qu'un ensemble haché, saccadé. Il y a du grandiose, mais à tout moment brisé, un grandiose qui *casse* à tout coup. » 17
STE-BEUVE, **Chateaubr.,** t. I, p. 127.

‖ **4°** Spécialt. *Technol.* Entailler avec une hache, un ciseau. *Hacher une pierre, une planche pour en dégrossir le parement.* — En T. de *Dess.* et de *Grav.* Sillonner de hachures*. V. **Hachurer.** *Hacher une estampe.*

DER. — Hachis, hachoir, hachure. — ★**Hachage** (1873) ou ★**Hachement** (1606). *n. m.* Action de hacher ; résultat de cette action. *Le hachage de la paille.*

COMP. — ★**Hache-légumes**. *n. m. inv.* (1866). *Cuis.* Instrument servant à couper menu des légumes pour la préparation des potages. — ★**Hache-paille**. *n. m. invar.* (1765). *Agric.* Instrument servant à hacher la paille et le fourrage dont on nourrit le bétail. V. **Coupe-paille.** — ★**Hache-viande**. *n. m. inv.* (fin XIXe s.). Instrument de charcutier ou simple ustensile de cuisine servant à hacher la viande en menus fragments.

★ **HACHEREAU, ★ HACHETTE.** V. ★ HACHE (*Dér.*).

★ **HACHICH** ou ★ **HACHISCH,** ★ **HACHISCHIN** ou ★ **HACHICHIN.** V. ★ HASCHISCH.

★ **HACHIS.** *n. m* (1538 ; de *hacher*). *Cuis.* Viande ou poisson haché très menu. *Hachis de porc.* V. **Saucisse** (chair à). *Farcir une volaille avec du hachis* (V. **Farce**). *Boulette de hachis.* V. **Croquette, godiveau.** — *Par anal.* Tout comestible haché. *Hachis de persil, d'échalotes, de champignons.*

« Foin des lamelles, des hachis, des rognures, des pelures de truffe ! » COLETTE, **Prisons et paradis,** Rites. 1

— *Par ext.* Mets préparé avec de la viande ou du poisson finement haché. *Hachis Parmentier. Préparer, servir un hachis. Accommoder un reste de gigot* (cit. 2) *en hachis.*

« ... ses hachis étaient assaisonnés d'une manière qui les rendait très agréables au goût. » LESAGE, **Gil Blas,** II, I. 2

« ... on me servit un soir dans une hôtellerie, pour un lapin de garenne, un matou en hachis : cela m'a dégoûté des fricassées. » ID., **Ibid.,** X, XII. 3

« ... un noyau douillet de volaille en hachis... » 4
COLETTE, **Pris. et parad.,** Déjeuner marocain.

★ **HACHOIR.** *n. m.* (1471 ; de *hacher*). *Cuis.* Large couteau* pour hacher (viandes, légumes, etc.). V. **Couperet, hansart.** *Le hachoir, ustensile du boucher, du charcutier.* — *Par ext.* Épaisse planche de chêne ou de hêtre sur laquelle on hache.

★ **HACHURE.** n. f. (1440 ; de *hacher*). *Dess. et Grav.* Se dit de traits parallèles ou croisés qui marquent les demi-teintes, les ombres.

1 « ... l'artiste se contente d'un ton local et sommaire relevé de quelques hachures pour indiquer les ombres. »
GAUTIER, **Souvenirs de théâtre...**, Fouilles mont Palatin, p. 327.

2 « Une des ambitions du graveur est alors le rendu du relief... La direction même des hachures, tantôt rectilignes et tantôt courbes, tantôt parallèles et tantôt convergeant vers un point de fuite, suggère avec une force et une précision singulières le modelé des surfaces et l'orientation des plans. C'est d'instinct qu'un Schongauer ou un Dürer hachuraient « dans le sens de la forme ».
J. LARAN, **Les estampes**, p. 44 (éd. P.U.F.).

— *Cartogr.* Traits conventionnels qui figurent les accidents de terrain, la densité de la population, etc. *L'espacement des hachures est inversement proportionnel à la rapidité des pentes qu'elles représentent.*

— *Technol.* Entailles* pratiquées sur les métaux avant de les dorer ou de les argenter.

— *Par ext.* et *fig.* V. **Raie, rayure.**

3 « L'ombre était si claire qu'elle rayait à peine de légères hachures la rive ensoleillée. »
ZOLA, **Faute abbé Mouret**, II, X.

4 « Une banlieue quelconque... que bientôt la pluie recommence à rayer de ses petites hachures grises. »
LOTI, **Jérusalem**, p. 62.

DER. — ★ **Hachurer.** v. tr. (1893 COURTELINE). Couvrir de hachures (cit. 2). V. **Hacher**, rayer. *Parties hachurées d'une carte.* — REM. Ce verbe très courant ne figure encore pas dans ACAD. 8e éd. (1935).

« ... le tailleur qui s'était levé et qui hachurait à la craie les reins formidables du concierge. »
COURTELINE, **MM. ronds-de-cuir**, V, III.

HACIENDA. n. f. (XXe s. ; mot esp., dér. de *hacer*, « faire ». Cf. au XVIe s. *faciende*, « affaire, occupation », et aussi « métairie » ; lat. *facianda*, « choses à faire », de *facere*, « faire ». Cf. encore l'anc. prov. *fazenda*, « petite ferme »). Habitation avec grande exploitation rurale, en Amérique du Sud. V. **Ferme** 2.

« Le coup fait, on l'attribua à un parti d'Indiens... El Jabali le crut, ou feignit de le croire... Un beau jour, El Jabali disparut... il ne resta de lui que son hacienda fortifiée... sous la garde d'un ancien général, Don Alvarez Nuna... »
BOSCO, **Le sanglier**, p. 141.

★ **HADDOCK.** n. m. (1866 ; *hadot* au XIIIe s., forme encore conservée par LITTRÉ ; mot anglais). Poisson de la famille des *Gadidés*, qui se consomme généralement fumé. V. **Aiglefin, morue.**

« ... puis, il examina la liste des poissons, demanda un haddo(c)k, une sorte de merluche fumée qui lui parut louable... »
HUYSMANS, **À rebours**, XI.

★ **HADJI.** n. m. (1839 BOISTE ; *hagis* en 1568 selon DAUZAT ; mot arabe). Titre que prend tout musulman qui a fait le pèlerinage de La Mecque (*hadj* ou *hadjdj*).

« Il portait une pelisse vert-émir, comme en portent les descendants du Prophète ou les hadjis qui ont fait le pèlerinage de La Mecque. »
GAUTIER, in P. LAR.

★ **HAGARD, ARDE.** adj. (1393, en parlant de l'épervier ; sans doute orig. german. Cf. moyen angl. *hagger*, « sauvage », et all. *Hagerfalk*, « faucon sauvage »).

‖ 1° *Vx.* (T. de Fauconn.) Se disait de l'oiseau (faucon, épervier) qui, pris après une ou plusieurs mues à l'état sauvage, restait trop farouche pour pouvoir être apprivoisé (*par oppos.* à *l'oiseau niais*).

‖ 2° *Fig.* (XVIe s.). Qui a une expression égarée et farouche. V. **Effaré*.** *Œil hagard* (Cf. Engoulevent, cit. ; faire, cit. 262). *Prunelle hagarde* (Cf. Éteindre, cit. 9). *Mine hagarde. Air, visage hagard*

1 « ... ces yeux rouges et hagards... »
MOL., **Pourc.**, I, 8.

2 « Je pense à la négresse, amaigrie et phtisique,
Piétinant dans la boue, et cherchant, l'œil hagard,
Les cocotiers absents de la superbe Afrique
Derrière la muraille immense du brouillard ; »
BAUDEL., **Fl. du mal**, Tabl. paris., Le cygne.

3 « ... avec cet air suppliant et hagard de poule qui aurait perdu l'oiseau sauvage de sa couvée. »
ALAIN-FOURNIER, **Grand Meaulnes**, I.

4 « Comme des sourds-muets parlant dans une gare
Leur langage tragique au cœur noir du vacarme
Les amants séparés font des gestes hagards »
ARAGON, **Le crève-cœur**, Les amants séparés.

— *Être hagard. Un fou hagard. Sortir hagard d'un sommeil cataleptique* (cit.).

5 « ... pâle, hagard, bouleversé par tous ces excès d'émotions... »
HUGO, **Misér.**, II, VIII, VII.

6 « Aussitôt reçue la nouvelle, elle m'entraîna, échevelée, hagarde, à l'assaut de la gare du Nord. »
CÉLINE, **Voyage au bout de la nuit**, p. 330.

— *Par ext.* (depuis HUGO, qui a fait de *hagard*, comme de *farouche, fauve*, etc., un des mots-clefs de sa poésie). En parlant de choses, de scènes, de sentiments qui rendent l'homme hagard, qui ont un caractère inquiétant, effrayant. V. **Sauvage.** *Une sorte d'excitation hagarde* (Cf. Enfiévrer, cit. 3).

« ... Ah ! je sens la colère hagarde
Battre de l'aile autour de mon front... »
HUGO, **Lég. des siècles**, IV, Le géant, aux dieux.   7

« Une seule tête pâlit
De ne voir où qu'elle regarde
Qu'une même absence hagarde »
VALÉRY, **Poés.**, Pythie.   8

DER. — ★ **Hagardement.** adv. (XVIe s.). D'une façon hagarde.

HAGIOGRAPHE. adj. et n. (XVe s. ; grec *hagios*, « saint, sacré », et *graphein*. V. **-Graphe**).

‖ 1° *Vx* (adj.). *Livres hagiographes*, se disait des livres de la troisième partie de l'Ancien Testament qui ne sont pas inclus dans la Loi et les Prophètes (on dit aujourd'hui *Hagiographa*). — *Substant.* Écrivain sacré, auteur d'un des livres hagiographes.

‖ 2° De nos jours. (n.). Auteur qui traite de la vie et des actions des saints. *Légendes naïves recueillies par les anciens hagiographes.*

« Les plus célèbres hagiographes sont les jésuites d'Anvers, que nous appelons communément en France Bollandistes, du nom du P. Bollandus, qui a le premier travaillé à l'ouvrage des *Acta Sanctorum*. »
TRÉVOUX, **Dict.**, Hagiographe.   1

« Il y a toujours de pieux hagiographes pour nous persuader que les saints n'ont jamais fait de bêtises, étant gamins. »
DANIEL-ROPS. **Ce qui meurt...**, VI, p. 215.   2

— *Par ext.* Biographe qui embellit systématiquement la vie de son héros.

« Balzac a lui-même beaucoup prêté à ce dénigrement, dont un hagiographe seul se refuserait à voir les raisons évidentes, et qu'un biographe sincère comme Zweig ne peut absolument pas dissimuler. »
HENRIOT, **Romantiques**, p. 353.   3

DER. — Hagiographie.

HAGIOGRAPHIE. n. f. (début XIXe s. BOISTE ; de *hagiographe*). Rédaction des vies des saints. *Les Actes des Martyrs, les Martyrologes, les bulles de canonisation... sont les bases de l'hagiographie catholique. Hagiographie primitive et naïve dans la Légende dorée*.

« Entre tant de particularités que la Bretagne possède en propre, l'hagiographie locale est sûrement la plus singulière. »
RENAN, **Souvenirs d'enfance...**, II, II.   1

« Un sourire d'extrême bienveillance ne quitte pas ses lèvres, le sourire des images de piété, celui que les petits livres d'hagiographie prêtent aux saints personnages de jadis. »
BARRÈS, **Colline inspirée**, V.   2

— *Par ext.* Biographie excessivement élogieuse.

« M. Guillemin... M. Raymond Escholier... auront bien travaillé pour sa gloire... en le ramenant à la vérité de sa vie, très différente de sa légende et de l'hagiographie grossissante et simplificatrice du *Victor Hugo raconté (par un témoin de sa vie)*. »
HENRIOT, **Romantiques**, p. 99.   3

DER. — Hagiographique. adj. (XIXe s.). Qui a rapport à l'hagiographie. *Récits d'un caractère hagiographique* (Cf. Concevoir, cit. 4).

« Le premier... de ces deux ouvrages (*Vie de sainte Radegonde*) avait été, sans comparaison, le plus immense insuccès de l'époque... C'était pourtant une chose réellement grande, ce récit hagiographique... »
BLOY, **Le désespéré**, p. 95.

HAGIOLOGIQUE. adj. (1694 ; grec *hagios*, « saint, sacré », et *logos*. V. **-Logie, -logique**). Qui concerne les saints. *Le « Vocabulaire hagiologique » de Chastelain (1694) était une liste des noms de saints.*

DER. — Hagiologie. n. f. (1866 LITTRÉ, « discours sur les saints ou les choses saintes »). Corps de littérature formé par la réunion des ouvrages hagiographiques.

★ **HAI !** interj. V. ★ **HÉ !**

★ **HAIE** (*hè*). n. f. (XIIe s. ; francique *hagja*).

I. ‖ 1° Clôture* faite d'arbres, d'arbustes, d'épines ou de branchages, et servant à limiter ou à protéger un champ, un jardin. *Domaine, verger clos de haies. Prairie bordée de haies. Haie de cyprès. Haie de charmes.* V. **Charmille.** *Haie de troènes, de fusains, d'aubépines, d'arbustes* (Cf. Brousse, cit.). V. **Bordure.** *Des haies épaisses* (Cf. Clore, cit. 7 ; épine-vinette, cit. 2). *Haie séparant des propriétés mitoyennes. Chemin entre des haies* (Cf. Faufiler, cit. 8 ; flanc, cit. 11). *Le long d'une haie* (Cf. Froid, cit. 10). *Brèche, trouée dans une haie. Échalier* pour franchir une haie. Prunellier* des haies. Bois taillis fermé de haies* (V. **Breuil**). *Tailler une haie.*

« ... il me fallut rejoindre en courant mon père et mon grand-père qui m'appelaient, étonnés que je ne les eusse pas suivis dans le petit chemin... Je le trouvai tout bourdonnant de l'odeur des aubépines. La haie formait comme une suite de chapelles qui disparaissaient sous la jonchée de leurs fleurs amoncelées en reposoir ; au-dessous d'elles, le soleil posait à terre un quadrillage de clarté... »
PROUST, **Rech. t. p.**, t. I, p. 188.   1

« Anne se trouva alors devant une haie touffue où se mêlaient des mûriers, des noisetiers, de jeunes acacias. »
P. BENOIT, **Mlle de la Ferté**, I, p. 72.   2

« Il y a, pour abriter la maison du mistral, cette haie de cyprès. »
CONSTANTIN-WEYER, **Source de joie**, IX.   3

— *Haie vive*, formée d'arbustes en pleine végétation. V. **Bouchure** (Cf. Échapper, cit. 41 ; fruitier, cit. 2). *Haie* *servant d'abri* contre le vent.* V. **Brise-vent.** *Haie morte ou sèche,* faite de branches sèches, de bois mort.

— *Sport.* (Hipp.). *Course de haies,* où les chevaux ont à franchir des haies (naturelles ou factices), à l'exclusion des gros obstacles (réservés au steeple*-chase). *Dresser un cheval sur les haies. Cheval qui se dérobe à une haie.* — *Athlét. Course de haies,* où le coureur doit franchir un certain nombre de haies factices (sorte de cadres en bois ou en métal renforcés de barres transversales). *Les courses de haies classiques sont le 110 mètres haies et le 400 mètres haies.*

4   « Ils abordent la haie à toute allure, ils la franchissent dans la foulée. »
              MONTHERLANT, **Olympiques,** Les sauteurs de haies.

|| **2°** *Par anal.* Obstacle constitué par une file de choses qui interdisent l'accès, le passage. *Haie de rochers, d'écueils. Haie de baïonnettes.*

5   « Les frontières ne furent plus qu'une haie de places fortes. »
              RAYNAL, **Hist. philos.,** XIII, 58 (in LITTRÉ).

|| **3°** *Fig.* (déjà au XIVᵉ s., FROISSART). File de personnes (soldats, gardes, curieux,...) bordant une voie pour laisser passage à quelqu'un, à un cortège. V. **File, rang.** *Une haie d'agents de police rangés le long d'un trottoir.* V. **Cordon.** *Une double haie. Forçats avançant entre deux haies de gardes-chiourme* (Cf. Bagne, cit. 1). *Cortège qui défile entre deux haies de spectateurs. Haie d'honneur*.*

6   « Une commotion pareille à celle que produit la foudre ébranla tous les spectateurs, quand on vit Laurence que le frôlement de son amazone avait annoncée ; ses gens s'étaient vivement mis en haie pour la laisser passer. »
              BALZ., **Ténébreuse affaire,** Œuvr., t. VII, p. 525.

7   « Aussi, quand Véronique sortit de l'église, trouva-t-elle presque toute la paroisse rangée en deux haies. Chacun, à son passage, la salua respectueusement dans un profond silence »
              ID., **Curé de village,** Œuvr., t. VIII, p. 679.

— *Border* (vieilli), *former, faire la haie,* être rangé, se disposer en haie. *Garçons d'honneur faisant la haie à la sortie de l'église. Rompre la haie.*

8   « ... l'infanterie forma la haie sur les bords de la Saône, depuis la porte du fort jusqu'à la place des Terreaux. »
              VIGNY, **Cinq-Mars,** XXV, t. II, p. 432.

9   « Les gardes suisses d'un côté, les gardes françaises de l'autre font la haie aussi loin qu'elle peut s'étendre. »
              TAINE, **Orig. France contempor.,** I, t. I, p. 143.

10   « Puis, tout autour de la salle, par delà les rangées d'officiers formant la haie le long du passage réservé au cortège présidentiel, et refluant très loin dans le vestibule d'entrée, la jeune foule enthousiaste des étudiants. »
              LECOMTE, **Ma traversée,** p. 487.

II. *Techn.* V. **Age*, flèche.**

★ HAÏE ! *interj.* Vx. V. **AÏE !** et **★ HUE !**

★ HAÏK. *n. m.* (1840 Th. GAUTIER ; var. *heygue* au XVIIᵉ s. ; mot arabe). Longue pièce d'étoffe rectangulaire, dans laquelle les femmes musulmanes se drapent comme dans un manteau, par-dessus les autres vêtements. *Haïks et burnous.*

1   « Le haïk (*des femmes d'El-Aghouat*) est une étoffe de coton cassante et légère, de couleur incertaine entre le blanc, le jaune et le gris. Il se porte à peu près comme le vêtement des statues grecques, agrafé sur les pectoraux ou sur les épaules, et retenu à la taille par une ceinture. »
              FROMENTIN, **Été dans le Sahara,** p. 146.

2   « Le triste haïk blanchâtre cache toujours aux yeux les visages et les robes aux riches couleurs. »
              J. et J. THARAUD, **Rabat,** V.

3   « Elle referma sur son caftan violet les plis de son haïk et se voila le visage jusqu'aux yeux... »
              MAC ORLAN, **La Bandera,** XV.

★ HAÏKAÏ. *n. m.* (XXᵉ s. ; mot japonais). Poème classique japonais de trois vers, dont le premier et le troisième sont heptasyllabiques, le deuxième pentasyllabique.

★ HAILLON (*ha-yon*). *n. m.* (1404 ; moyen haut all. *hadel,* lambeau). Vieux lambeau d'étoffe servant de vêtement. V. **Chiffon, défroque, guenille, loque, oripeau,** et (*vx*) **penaille.** *Vêtu* (Cf. Emporter, cit. 2), *couvert* (cit. 40) *de haillons. Pauvre qui grelotte dans ses haillons* (Cf. Couvrir, cit. 36). *Un vieillard en haillons* (Cf. Bandit, cit. 4). *Haillons de mendiant.* — REM. Le mot s'emploie surtout au pluriel ; le singulier prend un sens collectif.

1   « Il y avait dans ses vêtements des vestiges de magnificence. C'était de la soie usée, une mante propre, quoique passée, des dentelles soigneusement raccommodées ; enfin les haillons de l'opulence ! »
              BALZ., **Un épisode sous la Terreur,** Œuvr., t. VII, p. 431.

2   « ... on prendrait un morceau d'étoffe, et l'on travaillerait pendant dix ans à le salir, à le trouer, à le rapiécer, à lui faire perdre sa couleur primitive, que l'on n'arriverait pas à cette sublimité du haillon ! »
              GAUTIER, **Voyage en Espagne,** p. 18.

3   « Quelle splendeur qu'un juste abandonné de tous,
      N'ayant plus qu'un haillon dans le mal qui le mine, »
              HUGO, **Contempl.,** V, XXVI.

4   « Elle était pieds nus et en haillons comme le jour où elle était entrée si résolument dans sa chambre, seulement ses haillons avaient deux mois de plus ; les trous étaient plus larges, les guenilles plus sordides. »
              ID., **Misér.,** IV, II, IV.

---

5   « Voilà l'Orient vrai et, partant, poétique : des gredins en haillons galonnés et tout couverts de vermine. »
              FLAUB., **Corresp.,** 378, 27 mars 1853, t. III, p. 137.

— *Par métaph. :*

6   « La génération nouvelle a décidément jeté là le haillon classique, la guenille philosophique, l'oripeau mythologique. Elle a revêtu la robe virile, et s'est débarrassée de ses préjugés, tout en étudiant les traditions. »
              HUGO, **Littér. et philos...,** Idées au hasard, I.

7   « Ô vivants, la pensée est la pourpre de l'âme ;
      Le blasphème en est le haillon. » *   ID., **Contempl.,** VI, XVII.

8   « ... ce haillon de guerre civile ? »
              GAMBETTA (Cf. Guerre, cit. 45).

DER. — **★ Haillonneux, euse.** *adj.* (XVIᵉ s.). *Vieilli.* Qui est en haillons. V. **Déguenillé, dépenaillé.**

« Toute petite, elle errait, haillonneuse, vermineuse, sordide. »
              MAUPASS., **Contes de la Bécasse,** La rempailleuse.

★ HAINE. *n. f.* (*Haïne* au XIIᵉ s. ; de *haïr*).

|| **1°** Sentiment violent qui pousse à vouloir du mal à quelqu'un et à se réjouir du mal qui lui arrive. V. **Abomination, aigreur, animadversion, animosité** (cit. 7), **antipathie, aversion, colère, dégoût, détestation, éloignement, exécration, horreur, hostilité, inimitié, malignité, rancœur, rancune, répulsion, répugnance, ressentiment...** *Caractère, effets de la haine* (Cf. Absence, cit. 4 ; affectif, cit. 2 ; affection, cit. 1 et 3 ; ardeur, cit. 38 ; assombrir, cit. 12 ; concorde, cit. 2 ; cordial, cit. 6 ; dissension, cit. 2 ; électricité, cit. 1 ; éloignement, cit. 12 ; entente, cit. 4 ; faire, cit. 272 ; fermenter, cit. 4 ; fiel, cit. 4). *L'amour* et la haine. L'envie*, la jalousie*, ferments* (cit. 2), *sources, levains de haine. Un amour-propre blessé engendre la haine* (Cf. Envenimer, cit. 5). *Haine, mépris* et vengeance*. La haine et la calomnie* (cit. 5). *Il est sans haine, incapable de haine.*

1   « *Haine* est le mot général, le nom propre de la passion excitée dans l'âme contre ce qui la blesse ou lui fait peine, comme *amour* est le nom de la passion produite en nous par ce qui nous agrée. »
              LAFAYE, **Dict. syn.,** Haine.

2   « La haine n'est qu'ire enracinée. »   CALVIN, **Instit.,** 302.

3   « La haine a sa cristallisation ; dès qu'on peut espérer de se venger, on recommence à haïr. »   STENDHAL, **De l'amour,** VI.

4   « La haine est un tonique, elle fait vivre, elle inspire la vengeance ; mais la pitié tue, elle affaiblit encore notre faiblesse. »
              BALZ., **Peau de chagrin,** Œuvr., t. IX, p. 239.

5   « — Ne confondez pas la haine et la vengeance, lui disait l'abbé, c'est deux sentiments bien différents, l'un est celui des petits esprits, l'autre est l'effet d'une loi à laquelle obéissent les grandes âmes. Dieu se venge et ne hait pas. La haine est le vice des âmes étroites, elles l'alimentent de toutes leurs petitesses, elles en font le prétexte de leurs basses tyrannies. »
              ID., **Muse du département,** Œuv., t. IV, p. 82.

6   « La haine, c'est l'hiver du cœur. »   HUGO, **Contempl.,** II, XX.

7   « La Haine est le tonneau des pâles Danaïdes ;
      ...
      La Haine est un ivrogne au fond d'une taverne,
      Qui sent toujours la soif naître de la liqueur
      ...
      Et la Haine est vouée à ce sort lamentable
      De ne pouvoir jamais s'endormir sous la table. »
              BAUDEL., **Fl. du mal,** Tonneau de la Haine.

8   « ... la haine est une liqueur précieuse, un poison plus cher que celui des Borgia, — car il est fait avec notre sang, notre santé, notre sommeil et les deux tiers de notre amour ! Il faut en être avare ! »
              ID., **Art. romantique,** IV, III.

9   « Je me mis à haïr cette Alberte, et, par haine de désir trompé, à expliquer sa conduite avec moi par les motifs qui pouvaient le plus me la faire mépriser, car la haine a soif de mépris. Le mépris, c'est son nectar à la haine ! »
              BARBEY D'AUREV., **Diabol.,** Rideau cramoisi, p. 54.

10   « La haine, c'est la colère des faibles !... »
              DAUD., **Lett. de mon moulin,** Dilig. de Beaucaire.

— *Haine mortelle, éternelle, implacable, irréconciliable, enracinée, invétérée, jurée, déclarée, furieuse, ardente, tenace, acharnée, opiniâtre, farouche* (cit. 14), *venimeuse, mordante... Haine cordiale*. Avoir, concevoir, éprouver de la haine pour quelqu'un* (Cf. Détestation, cit. 1). V. **Haïr*.** *Il le hait d'une haine profonde. Prendre, avoir quelqu'un en haine* (Cf. Fournée, cit. 4). *Poursuivre quelqu'un de sa haine. Nourrir une haine contre quelqu'un. Être animé, aveuglé de haine. Cœur dévoré par la haine* (Cf. Bassesse, cit. 20), *gros de colère* (cit. 7) *et de haine, enivré* (cit. 26) *de haine. Assouvir sa haine.* V. **Vengeance.** *Libelle où on a mis toute sa haine.* V. **Fiel, venin.** *Mots chargés de haine* (Cf. Expressif, cit. 20). *S'attirer, exciter la haine de quelqu'un* (Cf. Gaucherie, cit. 3). *Inspirer de la haine. Engendrer* (cit. 7) *une haine. Être, devenir l'objet de la haine de quelqu'un.* V. **Odieux.** *Braver la haine d'un ennemi, n'avoir pas peur de sa haine* (Cf. Aridité, cit. 3). *Haine qui couve, qui se déclare entre deux personnes* (Cf. Envenimer, cit. 4), *entre deux peuples* (Cf. Émule, cit. 1 ; envenimer, cit. 7 ; esprit, cit. 10 ; étendard, cit. 2). *Sa haine n'est pas encore éteinte* (cit. 59), *ne désarme* (cit. 10) *pas. Leur haine devint plus âpre* (cit. 10). *Garder* (cit. 49) *une haine. Haine nationale, patriotique* (Cf. Exalter, cit. 14). *Déchaîner la haine entre les classes. Haine raciale, religieuse.* V. **Fanatisme, intolérance.** *Siècle ensanglanté par la haine* (Cf. Aveugle, cit. 10).

11 « Quelque haine qu'on ait pour un fier ennemi, »
                                        RAC., Théb., III, 6.

12 « Lorsque notre haine est trop vive, elle nous met au-dessous de
ceux que nous haïssons. »   LA ROCHEF., Max., 338.

13 « De la dispute, Calvin passa aux injures, et des injures à cette
haine théologique qui est la plus implacable de toutes les haines. »
                                        VOLT., Mœurs, CXXXIV.

14 « On partage avec plaisir l'amitié de ses amis pour des personnes auxquelles on s'intéresse peu soi-même ; mais la haine, même
celle qui est la plus juste, a de la peine à se faire respecter. »
                                        CHAMFORT, Max., S. les sentiments, XXIII.

15 « Son accent trahissait une haine réfléchie comme celle d'un Corse,
implacable comme sont les jugements de ceux qui, n'ayant pas étudié
la vie, n'admettent aucune atténuation aux fautes commises contre
les lois du cœur. »
                                        BALZ., Lys dans la vallée, Œuv., t. VIII, p. 1011.

16 « Dans ce cabaret, vrai nid de vipères, s'entretenait donc, vivace
et venimeuse, chaude et agissante, la haine du prolétaire et du
paysan contre le maître et le riche. »
                                        ID., Les paysans, Œuv., t. VIII, p. 55.

17 « Aujourd'hui encore, entre Nîmes et la montagne de Nîmes, il y a
une haine traditionnelle, qui, il est vrai, tient de moins en moins
à la religion : ce sont les Guelfes et les Gibelins. »
                                        MICHELET, Hist. de France, III, Languedoc.

18 « Je conçus pour lui une haine qui n'est pas éteinte encore. »
                                        GAUTIER, Portr. contemp., p. 5.

19 « Parce que j'étais le plus beau des deux, et le plus intelligent,
mon frère me prit en haine... »
                                        LAUTRÉAMONT, Chants de Maldoror, IV, p. 181.

20 « Tant qu'ils sont pauvres, ils nourrissent contre la dureté et
l'avarice de leurs maîtres une haine recuite et renfermée, et, s'ils
ont à leur tour des valets, ils profitent de l'expérience de la servitude
pour surpasser la dureté et l'avarice dont ils ont souffert. »
                                        MAETERLINCK, Vie des abeilles, V, XI.

21 « De la haine qu'elle m'inspirait, rien ne s'exprima dans mes
paroles. Pourtant ma belle-mère dut en sentir le souffle dès ce
soir-là... »   MAURIAC, Pharisienne, XIII.

22 « On voulait avoir l'au-delà avec soi contre ceux qu'on haïssait ;
la haine qu'on éprouvait était si entière, si pure de tout mélange
qu'elle trouvait pour s'exprimer des accents religieux qui ressemblaient aux incantations et partageaient le Ciel et l'Enfer. »
                                        JOUHANDEAU, Tite-le-Long, XVII.

— Au plur. S'attirer des haines implacables (Cf. Garde,
cit. 37). Fomenter, allumer, exciter, déchaîner, attiser
(cit. 8) les haines. On voit tant de haines éclater (cit. 2).
Assoupir (cit. 20) les haines publiques et particulières.
V. Antagonisme, dissension, querelle, rivalité... Bassesse
(cit. 17) des haines. Longue chaîne de violences et de
haines (Cf. Contre-révolution, cit.). Épouser (cit. 12) les
haines. Haines sourdes (Cf. Expier, cit. 10). Haines vigoureuses d'un misanthrope (Cf. Complaisant, cit. 1). Les plus
fortes haines (Cf. Familiarité, cit. 4). Les haines les plus
injustifiées (Cf. Fomentation, cit.). De vieilles haines.

23 « Combien je vais sur moi faire éclater de haines. »
                                        RAC., Androm., III, 7.

24 « ... une de ces haines sourdes et capitales, comme il s'en rencontre en province. »
                                        BALZ., Cabinet des antiques, Œuv., t. IV, p. 339.

25 « Les haines entre classiques et romantiques étaient aussi vives que
celles des guelfes et des gibelins, des gluckistes et des piccinistes. »
                                        GAUTIER, Portr. contemp., p. 7.

26 « ... homme bon sous son écorce rude, loyal avec sa finesse, ami
sincère des études et de ceux qui les cultivent, éloigné de toute brigue,
et sachant se préserver des haines et des colères qui empoisonnent
et déshonorent trop souvent l'érudition. »
                                        STE-BEUVE, Caus. du lundi, 6 oct. 1851, t. V, p. 19.

27 « Ainsi les rares énergies qui échappaient au paludisme, à la soif,
au soleil, se consumaient en haines si mordantes, si insistantes, que
beaucoup de colons finissaient par en crever sur place, empoisonnés
d'eux-mêmes, comme des scorpions. »
                                        CÉLINE, Voyage au bout de la nuit, p. 118.

— Avec un génitif objectif. Avoir la haine de l'étranger
(cit. 38. V. Xénophobie et suff. -Phobe, -phobie), de l'envahisseur, des tyrans, des persécuteurs (Cf. Âpre, cit. 10).
Avoir la haine et le mépris des traîtres (Cf. Félon, cit. 6).
Une haine atroce (cit. 8) de soi-même. Haine du prochain,
des hommes, de la femme. V. Misanthropie, misogynie.

28 « Cette haine des rois, que depuis cinq cents ans
     Avec le premier lait sucent tous ses enfants, »
                                        CORN., Cinna, II, 1.

29 « ... une de ces grosses prostituées qui font des livres, entre Paris
et Nice, avec leur haine de l'homme, ce ne léchant elles-mêmes dans
un miroir. »
                                        SUARÈS, Trois hommes, Dostoïevski, IV.

|| 2° Aversion profonde pour quelque chose. Sujet de
haine. Avoir de la haine pour le vice, pour le péché (Cf.
Acharnement, cit. 1), le mensonge... Le bourgeois (cit. 12)
a la haine du gratuit, du désintéressé. J'ai pris la vie en
haine (Cf. Crime, cit. 4). Sa haine contre le grec (Cf. Épigramme, cit. 8), contre le régime (Cf. Explosion, cit. 9).

30 « Nous avons pris chacun une haine mortelle
     Pour un nombre de mots... »   MOL., Fem. sav., III, 2.

31 « ... ce qui domine chez lui (Rancé), est une haine passionnée de
la vie ; »   CHATEAUB., Vie de Rancé, III, p. 197.

32 « ... la haine du domicile et la passion du voyage. »
                                        BAUDEL., Spl. de Paris, XII.

33 « Le point de départ comme le point d'arrivée de toutes ses pensées
était la haine de la loi humaine ; cette haine qui, si elle n'est arrêtée
dans son développement par quelque incident providentiel, devient,
dans un temps donné, la haine de la société, puis la haine du genre
humain, puis la haine de la création, et se traduit par un vague et
incessant et brutal désir de nuire, n'importe à qui, à un être vivant
quelconque. »   HUGO, Misér., I, II, VII.

34 « Dans l'âme de Pascal, il y avait une passion brûlante pour le
bien. La haine du mal, le goût de la vérité, le mépris du mensonge
et de l'imposture, l'horreur de toute impureté ne peut guère aller plus
loin. »   SUARÈS, Trois hommes, Ibsen, IV.

35 « La haine de la sottise ne suffit pas à faire une philosophie. »
                                        DUHAM., Refuges de la lecture, VI, p. 198.

|| 3° Loc. prépos. EN HAINE DE... À cause de la haine qu'on
éprouve pour (quelqu'un ou quelque chose). Organiser la
révolte en haine des oppresseurs. Ouvrage écrit en haine
de la religion, de la société.

36 « ... nouveau roi de France, Philippe-Auguste. Celui-ci affectait, en
haine du roi d'Angleterre, une intimité fraternelle avec son fils
révolté. »   MICHELET, Hist. de France, IV, V.

— PAR HAINE DE... Par haine du gouvernement français
(Cf. Agissement, cit.). Par haine d'un principe, d'une idée
(Cf. Face, cit. 26). Il agit ainsi par haine de tout ce qui
est beau, grand... — REM. Cette tournure, qui n'est pas
signalée dans les dictionnaires courants, tend à supplan-
ter la précédente.

ANT. — Amour. Affection, amitié, commisération, concorde, entente,
faible, faiblesse, fraternisation, fraternité, tendresse... Culte, passion.

DER. — Haineux.

★ HAINEUX, EUSE. adj. (XIIe s., hainos ; de haine).

|| 1° Naturellement porté à la haine. V. Malveillant,
vindicatif. Des gens haineux (Cf. Crédule, cit. 5). Caractère haineux. Une âme haineuse. — Substant. Un haineux.

1 « ... un seul haineux empoisonnerait tout le plaisir d'y trouver
(à Genève) quelques amis. »
                                        ROUSS., Lett. à Moultou, 25 avr. 1762 (in LITTRÉ).

2 « Du Croisier, homme haineux et capable de couver une vengeance
pendant vingt ans... »
                                        BALZ., Cabinet des antiques, Œuv., t. IV, p. 339.

3 « ... les gradés, les petits surtout, plus abrutis, plus mesquins et
plus haineux encore que d'habitude... »
                                        CÉLINE, Voyage au bout de la nuit, p. 31.

|| 2° Qui trahit la haine. Regards haineux.

4 « Quant à Ahmet, il était fort pâle, et son regard assez doux
d'habitude se fixa sur moi d'une façon haineuse. »
                                        FROMENTIN, Été dans le Sahara, p. 215.

5 « Il parlait la bouche serrée, les dents haineuses. »
                                        FRANCE, Lys rouge, XXXIV.

|| 3° Inspiré par la haine. V. Enfiellé, fielleux, venimeux.
Se répandre en propos haineux. Écrits haineux (Cf. Aristocrate, cit. 2 ; estaminet, cit. 3). Une joie mauvaise, haineuse. Opposition mesquine et souvent haineuse. Préjugés haineux.

ANT. — Affectueux*, bienveillant, tendre.

DER. — ★ Haineusement. adv. (XIVe s.). D'une façon haineuse,
par haine.

« Et d'abord Calvin, qui demeurait dans une des plus humbles
maisons du haut Genève... n'avait pas à Genève d'autorité bien
grande. Pendant longtemps, sa puissance fut haineusement limitée
par les Genevois. »   BALZ., S. Cath. de Médicis, Œuv., t. X, p. 180.

★ HAÏR (je hais, tu hais, il hait, nous haïssons, vous
haïssez, ils haïssent ; je haïssais ; je haïs ; je haïrai ;
je haïrais ; hais, haïssons ; que je haïsse, qu'il haïsse ;
qu'il haït ; haïssant ; haï). v. tr. (XIIe s. ; francique hatjan,
Cf. allem. hassen, angl. to hate).

|| 1° Avoir (quelqu'un) en haine. V. Abhorrer, détester,
exécrer, honnir, maudire. V. aussi Sentir, souffrir, voir
(ne pas pouvoir voir). Il le jalouse au point de le haïr
(V. Envie, envier). Haïr son ennemi (Cf. Aimer, cit. 3 ;
commun, cit. 1 ; ennemi, cit. 2), son rival (Cf. Endurer,
cit. 11). Se venger de ceux qu'on hait. Haïr l'être qu'on a
aimé (Cf. Âme, cit. 5 ; aimer, cit. 14, 15 et 17 ; bien 1,
cit. 64 ; bienfait, cit. 4 ; éclater, cit. 20 ; ensorcellement,
cit. 3 ; explication, cit. 8 ; faire, cit. 10). Haïr quelqu'un
à mort, mortellement, cordialement*. Misanthrope qui hait
les hommes, son prochain, ses frères (Cf. Aimer, cit. 6
et 45 ; complaisant, cit. 3). Haïr les étrangers, les hommes
d'une nation. On ne peut l'aimer (cit. 11), ni le haïr à
demi. Haïr les méchants (Cf. Excommunier, cit. 4). Je hais
cette engeance (cit. 3). Être haï de tous. Se faire haïr de
tout le monde, se rendre odieux à tout le monde (Cf. Garde,
cit. 44). V. Bête (noire). « Qu'ils me haïssent, pourvu
qu'ils me craignent » (cit. 6).

1 « Vous avez appris qu'il a été dit : Tu aimeras ton prochain, et
tu haïras ton ennemi. Mais moi, je vous dis : Aimez vos ennemis,
bénissez ceux qui vous maudissent, faites du bien à ceux qui vous
haïssent, et priez pour ceux qui vous maltraitent et qui vous persé-
cutent, afin que vous soyez fils de votre Père qui est dans les cieux ; »
                                        BIBLE (SEG.), Év. St Matthieu, V, 43-45.

2 « Va, je ne te hais point. »   CORN., Cid, III, 4.

3 « Je crains notre victoire autant que notre perte.
Rome, si tu te plains que c'est là te trahir,
Fais-toi des ennemis que je puisse haïr. » ID., **Horace**, I, 1.

4 « ... je hais tous les hommes : » MOL., **Mis.**, I, 1.

5 « L'on hait avec excès lorsque l'on hait un frère. »
RAC., **Théb.**, III, 6.

6 « J'ai voulu te paraître odieuse, inhumaine ;
Pour mieux te résister, j'ai recherché ta haine.
De quoi m'ont profité mes inutiles soins ?
Tu me haïssais plus, je ne t'aimais pas moins. »
ID., **Phèd.**, II, 5.

7 « Les héros chez Quinault parlent bien autrement,
Et jusqu'à *je vous hais*, tout s'y dit tendrement. »
BOIL., **Sat.**, III.

8 « Je ne vous aime point, monsieur ; vous m'avez fait les maux qui
pouvaient m'être les plus sensibles, à moi votre disciple et votre
enthousiaste... c'est vous qui me ferez mourir en terre étrangère,
privé de toutes les consolations des mourants... Je vous hais, enfin,
puisque vous l'avez voulu ; mais je vous hais en homme encore plus
digne de vous aimer, si vous l'aviez voulu. »
ROUSS., **Dern. lett. à Volt.** (in Conf., X).

9 « Dans le monde, disait M..., vous avez trois sortes d'amis : vos
amis qui vous aiment, vos amis qui ne se soucient pas de vous, et vos
amis qui vous haïssent. » CHAMFORT, **Max.**, S. l'amitié, III.

10 « Oh ! Quand on est haï, que vite on est méchant ! Je ne suis
pas haï, ou du moins je m'inquiète peu de ceux qui me haïssent.
Mais mon mal et mon crime, c'est de n'être pas aimé, de n'être pas
aimé comme je voudrais l'être, comme j'aimerais l'être, aimant. »
STE-BEUVE, **Corresp.**, 143, 17 sept. 1830, t. I, p. 203.

11 « Haïr quelqu'un, c'est s'en inquiéter autant que si on l'aimait ;
— c'est le distinguer, l'isoler de la foule ; c'est être dans un état
violent à cause de lui ; c'est y penser le jour et y rêver la nuit ;
c'est mordre son oreiller et grincer des dents en songeant qu'il
existe ; que fait-on de plus pour quelqu'un qu'on aime ? »
GAUTIER, **Mlle de Maupin**, VIII.

12 « ... ils ne cherchent qu'à nous prendre en faute, ils nous haïssent
de toute la haine du domestique pour le maître, du petit pour le
grand, de l'animal pour le cornac. »
ID., **Souv. de théâtre...**, Gavarni, II.

13 « ... on n'est jamais mieux haï que dans son propre art... »
HUGO, **Littér. et philos...**, S. Mirabeau, II.

— Négativt. (*Par euphém.*). Aimer.

14 « ... et vous croyez que... il aimera mieux m'épouser, moi qui
lui suis indifférente, pendant qu'il a de l'amour pour la comtesse,
qui peut-être ne le hait pas... » MARIVAUX, **Le legs**, I.

— Avec un compl. de cause. *Haïr quelqu'un de quelque
chose* (vx), lui en vouloir à cause de... — Avec *de* et l'infinitif. *Je le hais de m'avoir toujours trompé.* — Avec *de ce
que*. *Il me hait de ce que..., à cause du fait que.*

15 « ... si je suis contente de cette petite faveur de la fortune, je
la hais bien d'ailleurs de me brouiller et de me déranger dans mes
desseins. » SÉV., 262, 6 avril 1672.

16 « Au fond, elle le haïssait. Elle le haïssait de ce qu'elle l'avait
aimé. » R. ROLLAND, **L'âme enchantée**, t. II, p. 15.

— Absolt. *Les méchants envient et haïssent* (Cf. Admirer, cit. 6). *Aimer* (cit. 31) *ou haïr* (Cf. Exemple, cit. 19).
Je ne sais pas haïr (Cf. Aisément, cit. 4). *Peut-on haïr
sans cesse ?* (cit. 4).

17 « Dire qu'on ne saurait haïr,
N'est-ce pas dire qu'on pardonne ? » MOL., **Amph.**, II, 6.

18 « Vous qui savez aimer, vous devriez savoir haïr. »
MUSS., **Lorenzaccio**, III, 2.

19 « Ils haïrent parce qu'ils aimaient trop. »
MICHELET, **Hist. Révol. fr.**, VIII, III.

20 « Mon Dieu ! quelle haine dans sa voix ! Et ce regard restait fier,
sans honte. On peut donc haïr sans honte ? »
BERNANOS, **Journ. d'un curé de camp.**, p. 146.

‖ **2°** Avoir (quelque chose) en haine. *Haïr le vice, le
péché, le mal... Haïr les plaisirs* (Cf. Flatter, cit. 6), *la
flatterie* (cit. 2). *Haïr un idéalisme paresseux et couard*
(cit. 3). *Haïr le pouvoir* (Cf. Essentiel, cit. 2), *la tyrannie,
la règle* (Cf. Exécration, cit. 4), *la contrainte, l'étude...
Je hais cette façon de parler* (Cf. Enfariner, cit. 3), *cette
minutie, ces compilations pédantesques* (Cf. Fait, cit. 18).
*Je hais comme la mort l'état de plagiaire** (cit. MUSS.).
Haïr une chose comme la peste. V. **Fuir.** *Je ne hais rien
tant que ces manières, ces contorsions* (cit. 3). *Je hais le
mouvement* (Cf. Déplacer, cit. 1).

21 « Qui ne hait en soi son amour-propre, et cet instinct qui le porte
à se faire Dieu, est bien aveuglé. » PASC., **Pens.**, VII, 492.

22 « Que j'ai toujours haï les pensers du vulgaire ! »
LA FONT., **Fab.**, VIII, 26.

23 « ... je hais et méprise les fausses nouvelles. »
SÉV., 272, 4 mai 1672.

24 « ... elles (*ces dames vertueuses*) étaient toutes si laides, qu'il
faut être un saint pour ne pas haïr la vertu. »
MONTESQ., **Lett. pers.**, LV.

25 « Vous me demanderez si j'aime ma patrie.
Oui ; — j'aime fört aussi l'Espagne et la Turquie...
... Mais je hais les cités, les pavés et les bornes.
Tout ce qui porte l'homme à se mettre en troupeau. »
MUSS., **Prem. poés.**, La coupe et les lèvres, Dédic.

26 « Il (*Danton*) n'était pas assez pur pour haïr le mal. »
MICHELET, **Hist. Révol. fr.**, XII, I.

27 « ... Je hais les choses éternelles,
Elles sont sans pitié, l'implacable est en elles. »
HUGO, **Années funestes**, XXIX.

28 « ... cette caricature grossière, cette charge médiocre de la vie
chrétienne, j'avais feint d'y voir une représentation authentique pour
avoir le droit de la haïr Il faut oser regarder en face ce que
l'on hait. » MAURIAC, **Nœud de vipères**, XX.

— Négativt. (*Par euphém.*). Aimer assez. *Il ne hait pas
le bon vin. Je ne hais pas une pointe d'ail dans la salade.* — (REM. L'expression est quelque peu littéraire ; on
dit couramment *ne pas détester*). *Si vous aimez sa manière, je ne la hais pas non plus* (Cf. Bannir, cit. 16). *Je ne
hais pas l'outrance en art* (Cf. Excès, cit. 8).

29 « La bonne dame ne haïssait pas le vin d'Espagne. »
HAMILTON, **Gram.**, IX.

— Avec un compl. à l'infinitif, désignant le fait, l'action
qui inspire de la répugnance. *Vx. HAÏR à...* (Cf. A, cit. 15).
Par euphém. *Ne pas haïr à...* V. **Répugner.**

30 « Je hais mortellement à vous parler de tout cela ; »
SÉV., 831, 14 juill. 1680.

31 « ... de petits défauts... dont nous ne haïssons pas à être raillés... »
LA BRUY., V, 55.

— De nos jours. Littér. *HAÏR DE... Je hais d'être
dérangé à chaque instant.* V. **Horreur** (avoir). — *Par
euphém.* (plus usité). *Il aime le bon vin et ne hait pas,
à l'occasion, d'être un peu gris :* il lui est assez agréable
de... — REM. LITTRÉ n'admet la tournure *haïr de...* qu'avec
une négation. On en trouve, cependant, de nombreux
exemples à la forme affirmative, même à l'époque
classique.

32 « ... je hais d'écrire à tout le reste du monde. »
SÉV., 665, 20 octobre 1677.

33 « ... je hais toujours de vous déplaire. »
ID., **À Mme de Grignan** (Lett. de date incertaine).

34 « Je vous avoue que, si je n'étais pas canusi (*ancien prêtre du
Japon*), je ne haïrais pas d'être quekar (*quaker*). »
VOLT., **Dial.**, XVI, L'Indien et le Japonais.

— Avec *que* et le subjonctif. Avoir horreur que... *Il ne
hait pas que..., il aime assez que...*

35 « ... je hais toujours que les hommes aient mal au derrière... »
SÉV., 589, 16 oct. 1676.

36 « Je hais qu'on joute à qui sera le plus féroce ; »
HUGO, **Année terrible**, mai 1871, VI.

37 « Il ne hait pas qu'on l'admire ; pour le reste, il ne s'occupe pas
des autres. » SUARÈS, **Trois hommes**, Ibsen, VII.

‖ SE HAÏR. Réfl. *Il déteste son crime, il se hait lui-même*
(ACAD.). Dans le langage mystique, Haïr, mépriser en soi
la nature pécheresse (Cf. Exciter, cit. 23).

38 « La vraie et unique vertu est donc de se haïr, car on est haïssable par sa concupiscence, et de chercher un être véritablement aimable, pour l'aimer. » PASC., **Pens.**, VII, 485.

— SE HAÏR DE... et l'infinitif. Se reprocher vivement de...

39 « Je me hais de te voir ainsi mésestimée.
T'aimant si dignement j'aime ta renommée. »
M. RÉGNIER, **Élégies**, II.

40 « ... je ne l'ai point encore vue, je m'en hais. »
SÉV., 366, 1er janv. 1674.

— Récipr. *Ces deux hommes se haïssent cordialement*
(cit. 3). V. **Entre-haïr** (s'). Cf. Entre 2, cit. 10. *Pourquoi nous
haïr ?* (Cf. Frontière, cit. 1).

41 « Tous les hommes se haïssent naturellement l'un l'autre. »
PASC., **Pens.**, VII, 451.

42 « Ce n'est donc plus aux hommes que je m'adresse ; c'est à toi,
Dieu de tous les êtres... Tu ne nous as point donné un cœur pour
nous haïr, et des mains pour nous égorger ; »
VOLT., **Traité s. la tolérance**, XXIII, Prière à Dieu.

43 « Les hommes sont forcés de se haïr pour se dévorer, et c'est
un grand désavantage qu'ils ont là par rapport aux animaux, lesquels
s'entre-mangent avec fureur, mais sans haine. »
VALÉRY, **Mélange**, p. 77.

ANT. — Aimer. Adorer, affectionner, bénir, chérir. — Entendre (s').

DER. et COMP. — Haine. Haïssable. Entre-haïr (s'). Cf. *aussi*
préf. -Miso.

★ **HAIRE.** n. f. (Xe s. ; francique *harja*, « vêtement grossier fait de poil ». Cf. allem. *Haar* et angl. *hair*, « cheveu »).

‖ **1°** Petite chemise faite d'une grossière étoffe de poils
de chèvre ou de crin, portée à même la peau par esprit
de mortification et de pénitence. *Porter la haire et le cilice. La haire et la discipline* (cit. 1) *de Tartufe. Prendre
la haire*, commencer une vie de pénitence.

1 « ... tels désirs (*amoureux*) sont... capables de remèdes matériels...
Les haires de nos aïeux étaient de cet usage ; c'est une matière tissue
de poil de cheval, de quoi les uns d'entre eux faisaient des chemises, et d'autres des ceintures à gêner leurs reins. »
MONTAIGNE, **Essais**, II, XXXIII.

2 « Chaque matin, j'offrais humblement mon dos à la discipline, et
pour que la réparation fût proportionnée au scandale que j'avais
causé, je portais habituellement une haire armée de petites pointes
de fer. » STENDHAL, **Rom. et nouv.**, Souv. d'un gentilh. italien.

‖ **2°** *Techn.* Tissu grossier dont on fait les vêtements de
travail des brasseurs. — Première forme que présente le
drap quand les poils n'ont pas encore été soumis au foulage. *Drap en haire.*

★ **HAÏSSABLE.** *adj.* (XVIᵉ s. ; de *haïr*). Qui mérite d'être haï. V. **Odieux.**

1 « À le prendre rigoureusement, *odieux* exprime plutôt comme un fait ce que *haïssable* présente comme une capacité ou un devoir. Ce qui est *odieux* excite effectivement beaucoup de haine ; ce qui est *haïssable* est bon ou propre à être haï. »
LAFAYE, **Dict. syn.,** Haïssable, odieux.

— En parlant d'un être. *Un individu haïssable.* Un *enfant haïssable.* V. **Insupportable.**

2 « ... s'il ne faut pas fréquenter les- mauvaises gens, encore ne faut-il pas augmenter leur humiliation et le malheur qu'ils ont d'être haïssables à tout le monde. » SAND, **Petite Fadette,** XXVIII.

3 « ... ce bégueulisme s'exaspéra jusqu'à produire la plus haïssable et la plus rechignée de toutes les pécores. »
BLOY, **Femme pauvre,** I, III.

— En parlant des choses. V. **Détestable, exécrable.** *Un vice haïssable entre tous.* V. **Maudit.** *Hypocrisie particulièrement haïssable. Une espèce de bonheur qui lui paraît haïssable* (Cf. Dépens, cit. 6).

4 « Je trouve la guerre haïssable, mais. haïssables bien plus ceux qui la chantent sans la faire. »
R. ROLLAND, **Au-dessus de la mêlée,** p. 59.

5 « Il y a eu un temps, de la sorte, où Ibsen voyait une hypocrisie haïssable partout où la force dissimule son droit, et partout où la faiblesse ne revendique pas le sien d'être rebelle. »
SUARÈS, **Trois hommes,** Ibsen, VI.

6 « Mais la moyenne en tout est haïssable, comme = médiocrité. »
LÉAUTAUD, **Propos d'un jour,** p. 46.

— Par hyperb. *Il fait un temps haïssable cet été.*

7 « ... la poste est haïssable ; les lettres sont à Paris, et on ne veut les distribuer que demain... » SÉV., **534,** 8 mai 1676.

8 « Ce vent et ce froid étaient haïssables d'abord parce que « cambroussards ». À Paris, l'on n'en connaît pas de pareils. »
ROMAINS, **H. de b. vol.,** t. V, XXVII, p. 276.

— Allus. littér. « *Le moi est haïssable* » (PASC., Pens., VII, 455). V. **Moi.**

9 « Je sais aussi bien que personne, combien le « moi » est haïssable. Les autres nous sont moins indulgents que nous ne le sommes à nous-mêmes. » CONSTANTIN-WEYER, **Source de joie,** I.

ANT. — Aimable ; adorable.

HAÏTIEN, ENNE (*a-i-syin*). *adj.* et *n.* De Haïti (Antilles). *Coutumes haïtiennes. Un Haïtien, une Haïtienne.*

★ **HAJE.** *n. m.* (1866 in LITTRÉ ; var. de *naja*. V. ce mot). *Zool.* Espèce de serpent venimeux d'Afrique, du genre naja*, vulgairement nommé aspic (V. **Aspic**) et improprement « serpent à lunettes ». — Par appos. *Vipère haje.*

★ **HALAGE.** *n. m.* (1488 ; de *haler*). *Mar.* Action de haler un bateau. *Halage d'un navire par un autre. Halage d'une péniche du bord d'un fleuve, d'un canal... Le halage se fait au moyen de longues amarres attachées au bateau* (V. **Cordelle**) *et tirées par des hommes* (V. **Haleur**), *des chevaux, des treuils, des tracteurs... Halage à bras d'hommes. Les bateliers de la Volga étaient employés au halage des bateaux. Chevaux de halage* (V. **Tirage**) *tirant un coche* d'eau. Cale* *de halage. Chemin de halage et elliptiqt. Le halage, chemin qui longe un cours d'eau pour permettre le halage des bateaux.* V. **Lé** (Cf. Garder, cit. 15). V. *aussi* **Marchepied.** — *Dr. Servitude de halage,* servitude des propriétaires riverains d'un cours d'eau navigable ou flottable.

1 « ... il vit de loin un paysan, homme de près de six pieds, qui, dès le petit jour, semblait fort occupé à mesurer des pièces de bois déposées le long du Doubs, sur le chemin de halage. »
STENDHAL, **Le rouge et le noir,** I, IV.

2 « Les propriétaires riverains des fleuves et rivières navigables ou flottables sont tenus, dans l'intérêt du service de la navigation et partout où il existe un chemin de halage, de laisser le long des bords desdits fleuves et rivières, ainsi que sur les îles où il en est besoin, un espace libre de 7 m 80 de largeur. — Ils ne peuvent planter d'arbre ni se clore par haies ou autrement qu'à une distance de 9 m 75 du côté où les bateaux se tirent et de 3 m 25 sur le bord où il n'existe pas de chemin de halage. »
LOI **du 8 avril 1898,** III, Art. 46.

— *Par métaph. :*

3 « L'époque où nous entrons est le chemin de halage par lequel des générations fatalement condamnées tirent l'ancien monde vers un monde inconnu. » CHATEAUB., **M. O.-T.,** t. VI, p. 271.

HOM. — Hallage.

★ **HALBI.** *n. m.* (1771). Boisson normande faite de pommes et de poires fermentées.

★ **HALBRAN.** *n. m.* (*Halebran* au XIVᵉ s. ; empr. au moy. haut all. *halber-ant,* proprt. « demi-canard », à cause de sa petitesse). Jeune canard sauvage.

« Les jours de brume, il s'enfonçait dans un marais pour guetter les oies, les loutres et les halbrans. »
FLAUB., **Trois contes,** Lég. St Julien l'Hosp., I.

DER. — ★**Halbrener.** *v. intr.* (XVIᵉ s.). Chasser le halbran. *Par ext.* (trans.). *Faucon halbrené,* qui s'est cassé les plumes en halbrenant, *Fig.* et *vx.* V. **Fatigué.**

★ **HÂLE.** *n. m.* (*Hasle* au XIIᵉ s. ; de *hâler*).

‖ **1°** Action de l'air et du soleil, qui jaunit et flétrit les corps organiques. « *Les Dames ne veulent point sortir sur le haut du jour de crainte du hâle* » (Dict. de TRÉV. qui écrit *Hale*). *Le hâle a fané les herbes* (ACAD.). — *Visage bruni par le hâle.*

1 « Il avait femme et belle et jeune encor,
Ferme surtout : le hâle avait fait tort
À son visage, et non à sa personne. »
LA FONT., **Contes,** Jument de compère Pierre.

2 « ... on disait que j'étais beau garçon, mais comme peut l'être un paysan dont le visage est à la merci du hâle de l'air et du travail des champs. »
MARIVAUX, **Paysan parvenu,** I.

3 « Le hâle de l'été avait posé son masque jaune sur les chairs de ces visages et leur prêtait presque la même nuance qu'aux cheveux et qu'à la barbe. » GAUTIER, **Voyage en Russie,** II, p. 377.

‖ **2°** (XIXᵉ s. in GAUTIER). *Par ext.* Couleur plus ou moins brune que prend la peau exposée à l'air et au soleil. *Un hâle léger dorait son visage. Le hâle lui va bien. Fard qui imite le hâle d'une peau bronzée.* — REM. Ce sens ignoré de LITTRÉ n'est pas non plus signalé dans les dictionnaires modernes courants.

4 « ... nous avions depuis longtemps fait le sacrifice de notre fraicheur, et une couche de hâle de plus sur notre figure bistrée et jaunie ne nous importait guère. »
GAUTIER, **Voyage en Espagne,** p. 206.

5 « Sa peau a dépassé le ton de hâle qui convenait au bleu de ses yeux. Elle a trop affronté de soleils, trop de bains ont salé son épiderme délicat. » COLETTE, **Belles saisons,** p. 35.

6 « — Comme vous êtes brun, Mathieu !
— C'est du hâle de luxe, dit Mathieu gêné. Ça s'attrape sur les plages, à ne rien faire. »
SARTRE, **Le sursis,** p. 207.

★ **HÂLÉ, ÉE.** V. ★ **HÂLER.**

★ **HALECRET.** *n. m.* (XVᵉ s. ; empr. au moy. néerl. *halskleedt.* Cf. all. mod. *Halskragen*). *Archéol.* Pièce de l'armure*, corselet de fer battu formé de deux parties pour le devant et le derrière.

HALEINE. *n. f.* (*Aleine* au XIIᵉ s. ; de l'anc. fr. *alener,* lat. *anhelare* par métathèse de *n* et *l,* écrit avec un *h* initial par réfection du lat. *halare,* « souffler »).

I. ‖ **1°** Mélange gazeux qui sort des poumons pendant l'expiration*. *Haleine d'une personne, d'une bête* (Cf. Fouir, cit. 3). *Tiédeur de l'haleine. Haleines qui font de la buée par temps froid* (Cf. Amortir, cit. 11). *Miroir qui se trouble sous une haleine* (Cf. Candide, cit. 4). *Odeur de l'haleine. Haleine inodore, fraîche, parfumée, embaumée* (Cf. Fleur, cit. 19 ; fleurant, cit.). *La douceur de son haleine* (Cf. Fraîcheur, cit. 11). *Haleine qui garde l'odeur d'un aliment* (Cf. Foule, cit. 7), *qui sent l'ail, le tabac, l'alcool... Haleine vineuse* (Cf. Chancelant, cit. 1). *Sentir l'haleine de quelqu'un. Il a fumé et bu, je l'ai senti à son haleine. Haleine forte, fétide,* causée par le mauvais fonctionnement des organes en communication avec la bouche. *Avoir mauvaise haleine* (Cf. Sentir mauvais de la bouche*). *Pathol. Le diabète, la fièvre typhoïde... communiquent à l'haleine une odeur spéciale parfois révélatrice.*

1 « D'abord avec son haleine
Il se réchauffe les doigts : » LA FONT., **Fab.,** V, 7.

2 « Il a tant bu, que je ne pense pas qu'on puisse durer contre lui, et l'odeur du vin qu'il souffle est montée jusqu'à nous. — Monsieur mon beau-père, je vous conjure... — Retirez-vous : vous puez le vin à pleine bouche. — Madame, je vous prie... — Fi ! ne m'approchez pas : votre haleine est empestée. » MOL., **G. Dand.,** III, 7.

3 « Qu'il m'est doux de rêver de toi d'errer libre d'ennuis,
Quand tu mêles, pensive, à la brise des nuits
Le parfum de ta douce haleine ! »
HUGO, **Odes et ball.,** V, XX.

4 « ... comme au temps froid
La tiède haleine d'une bouche,
La respiration se voit : » GAUTIER, **Ém. et camées,** Fumée.

5 « Édouard fit connaissance avec une haleine agréable qui sentait le gingembre et la bergamote. Il hésita un tiers de seconde entre ces deux parfums et, son odorat de chimiste ne souffrant pas le doute, il prit un second baiser pour éclaircir son jugement. — C'est de la bergamote, murmura-t-il. » DUHAM., **Salavin,** III, I.

‖ **2°** L'expiration elle-même, et par ext. la respiration (inspiration et expiration). V. **Respiration, souffle.** *Rythme de l'haleine* (Cf. Étable, cit. 3). *Haleine égale* (Cf. Enfoncer, cit. 33). *Haleine coupée* (Cf. Flageller, cit. 1).

6 « Vous, qui me regardez, éloignez-vous de moi, car mon haleine exhale un souffle empoisonné. »
LAUTRÉAMONT, **Chants de Maldoror,** I.

7 « La couverture avait glissé et elle respirait si doucement que son haleine ne soulevait même pas sa gorge déjà lourde. »
ZOLA, **Germinal,** I, p. 82.

— *Retenir son haleine :* s'arrêter volontairement de respirer. *Retenir son haleine pour mieux écouter* (cit. 11) *pour passer inaperçu...*

8 « Toutes les bouches retenaient leur haleine, comme si elles eussent craint d'ajouter le moindre souffle au vent qui secouait les deux misérables. »
HUGO, **Misér.,** II, II, III.

9 « De ma chambre, j'écoutais sans le vouloir, retenant mon haleine... »   DUHAM., **Temps de la recherche**, VII.

— *Perdre l'haleine et la vie* (vx). Cf. Crever (cit. 18).
Être sans haleine (vx), sans force, sur le point de s'évanouir (Cf. Frisson, cit. 15). — Par ext. *Perdre haleine*, ne
plus pouvoir respirer à la suite d'un effort trop soutenu.

10 « Mangeons comme de droit, buvons comme permis,
Mais, sacrebleu ! surtout, n'allons pas perdre haleine
À tant courir... »   VERLAINE, **Élég.**, VIII.

— *À perdre haleine*, et (vx) *À perte d'haleine*, loc. adv.
*Courir à perdre haleine. Rire, chanter à perdre haleine.
Parler, tenir des discours à perdre haleine.* V. **Longue-
ment** (Cf. Decrescendo, cit.).

11 « Sois gai pour tromper l'ennemi
Et chante à perdre haleine »
                        BÉRANGER, **Faridond.** (in LITTRÉ).

— *Être hors d'haleine.* V. **Essoufflé, haletant** (Cf. À bout
de souffle*). *Il arriva tout en eau et hors d'haleine. Cette
poursuite l'a mise hors d'haleine.*

12 « Je me suis, à courir, presque mis hors d'haleine. »
                                    MOL., **Fâch.**, II, 3.

13 « Quand il fut au haut de l'escalier, il s'arrêta, tant il se sentait
hors d'haleine. »   FLAUB., **Mme Bovary**, II, VI.

— *Reprendre haleine :* reprendre sa respiration après
une interruption, respirer à l'aise après un effort. V. **Respirer, souffler** (Cf. Abasourdir, cit. 1 ; abattre, cit. 19 ;
chœur, cit. 10 ; demander, cit. 30. Cf. *aussi* dans le même
sens *Prendre haleine* (vx) à : Eau, cit. 17 ; étourdir,
cit. 18 ; fatigue, cit. 12). *Personne essoufflée* (cit. 2) *qui
reprend haleine après une montée pénible. Interrompre
un discours pour reprendre haleine.* — Fig. *S'arrêter, se
reposer pour reprendre des forces. Travailleur qui reprend
haleine* (Cf. Courber, cit. 30). *Combattant qui lutte sans reprendre haleine* (Cf. Débander, cit. 1 ; forcené, cit. 8). *Laissez-nous reprendre haleine ! Reprendre haleine avant de
fournir* (cit. 18) *à d'autres projets.*

14 « La période est longue, il faut reprendre haleine. »
                                    LA FONT., **Fab.**, II, 1.

15 « ... je repris haleine une minute dans l'escalier, juste le temps
d'inventer une histoire pour expliquer mon retard. »
                                    DAUD., **Petit Chose**, I, III.

‖ 3° Temps pendant lequel on peut rester sans respirer,
intervalle entre deux inspirations. *Longue haleine ; courte
haleine.* V. **Anhélation, essoufflement.** *Cheval court d'haleine, qui manque d'haleine* (vx), *cheval qui a du fond*
(cit. 60) *et de l'haleine. Avoir beaucoup d'haleine, de l'haleine* (vx). *Il faut qu'un plongeur, qu'un coureur ait beaucoup d'haleine* (ACAD.). V. **Souffle.**

16 « J'ai une assez bonne carrure, la poitrine large, mes poumons
doivent y jouer à l'aise ; cependant j'avais la courte haleine, je
me sentais oppressé, je soupirais involontairement, j'avais des palpi-
tations, je crachais du sang ; »   ROUSS., **Conf.**, V.

17 « Il fallait le voir haletant, palpitant, l'haleine courte... »
                    BARBEY d'AUREV., **Diaboliques**, Dîner d'athées, p. 292.

— *Fig.* (Littér.). *Auteur qui a l'haleine courte, qui manque d'haleine*, qui n'a ni abondance, ni facilité (Cf. Conter,
cit. 1 ; efflanqué, cit. 3 ; essouffler, cit. 6). *Acquéreur qui
manque d'haleine dans une vente aux enchères* (cit. 3),
qui, ne pouvant persévérer, abandonne.

— En parlant des choses. *Récit de longue haleine* (vx),
qui dure longtemps (Cf. Assembler, cit. 17). — *Travail
de longue haleine*, qui exige beaucoup de temps et d'efforts
(Cf. Bâtir, cit. 43). *Un dictionnaire est un ouvrage de
longue haleine.*

18 « Une ode, une chanson se peut faire sans peine ;
Mais une Franciade, œuvre de longue haleine,
Ne s'accomplit ainsi... »
                    RONSARD, **Pièc. retranch.**, Sec. liv. des hymnes.

19 « ... il (*Mérimée*) l'engageait (*Tourguéniev*) à tenter d'écrire un
grand livre, au lieu de se cantonner dans des nouvelles de courte
haleine, et le conseil est remarquable de la part du conteur ramassé
qu'était Mérimée, dont le chef-d'œuvre, *la Vénus d'Ille*, n'a que trente
pages... »   HENRIOT, **Romantiques**, p. 381.

— *D'une haleine* (littér.) : sans s'arrêter pour respirer.
V. **Trait** (d'un). *Boire un bol de café d'une haleine, d'une
seule haleine. Débiter* (cit. 16) *une phrase d'une haleine.*
— *Fig.* Sans pause, sans interruption. *Parcours fourni
d'une seule haleine*, sans étape (cit. 6). *Courir chez soi
d'une seule haleine. Livre écrit d'une haleine.* V. **Jet** (d'un
seul jet) : Cf. Distance, cit. 7.

20 « ... je n'écris point mes lettres tout d'une haleine ; »
                                    SÉV., **617**, 23 juin 1677.

21 « ... ils... boivent tout d'une haleine une grande tasse de vin pur ; »
                    LA BRUY., **Caract. Théophr.**, De la rusticité.

22 « Quatre à quatre, il dégringole l'escalier séculaire de l'Académie
et s'en va d'une haleine retenir sa place pour Sarlande. »
                                    DAUD., **Petit Chose**, I, IV.

23 « Puis je sortis sans bruit, et filai d'une seule haleine jusqu'au
boulevard de l'Hôpital. »   DUHAM., **Pasq.**, III, V.

— *Fig.* EN HALEINE. *loc. adv.* En exercice, en train (*propremt.* dans un état tel qu'on ne soit pas obligé de s'arrêter
pour reprendre haleine). V. **Forme** (en), **train.** — Vieilli

Sportif qui se met en haleine par un entraînement quo-
tidien. Travail qui met en train et en haleine* (Cf. Élément,
cit. 18). *Reprendre les échecs pour se remettre en haleine*
(Cf. Cran, cit. 2). *Il fait quelques vers par-ci par-là, pour
se tenir en haleine* (ACAD.).

24 « Depuis plus d'une semaine,
Je n'ai trouvé personne à qui rompre les os ;
La vertu de mon bras se perd dans le repos,
Et je cherche quelques dos,
Pour me remettre en haleine. »   MOL., **Amphitr.**, I, 2.

25 « ... il s'amuse évidemment de ce qu'il écrit : c'est le moyen le plus
sûr de réussir, de rester toujours en veine et en haleine. »
                    STE-BEUVE, **Caus. du lundi**, 13 mai 1850, t. II, p. 104.

— De nos jours. *Tenir quelqu'un en haleine :* maintenir
son attention en éveil, empêcher qu'elle ne se relâche, et
plus spécialt., maintenir dans un état d'incertitude,
d'attente. *L'espérance* (cit. 19) *tient les hommes en haleine.
Il ne lui fit pas de promesse formelle pour mieux la tenir
en haleine.*

26 « Plus je parcourais cet agréable asile, plus je sentais augmenter
la sensation délicieuse que j'avais éprouvée en y entrant : cependant
la curiosité me tenait en haleine. »
                                    ROUSS., **Julie**, IVe part., Lett. XI.

27 « Il n'y avait aucune punition dans la maison ; la lecture des
notes et les réflexions du supérieur étaient l'unique sanction qui
tenaient. tout en haleine et en éveil. »
                                    RENAN, **Souv. d'enfance...**, III, III.

28 « ... de menus événements qui pouvaient sembler fortuits mais qui,
tous, tinrent Patrice Périot en haleine et aggravèrent son inquiétude. »
                                    DUHAM., **Voy. P. Périot**, VIII.

II. *Par anal.* Ce qui rappelle l'haleine d'une personne. —
Souffle (du vent) V. **Souffle.** *Haleine de la bise* (cit. 7),
du vent (Cf. Foc, cit. 1). *Un calme* (cit. 1) *sans haleine.
Les premières haleines du printemps.* V. **Brise.**

29 « ... on n'entendait plus que le gazouillement des oiseaux, ou la
douce haleine des zéphyrs qui se jouaient dans les rameaux des
arbres... »   FÉN., **Télém.**, II.

30 « ... ces grandes haleines du large qu'on respire sur les côtes
de la mer. »   MAUPASS., **Bel-Ami**, I, VI.

31 « À mesure que montait le soleil, dans l'air limpide, une brise
soufflait par grandes haleines régulières, creusant les champs d'une
houle, qui partait de l'horizon, se prolongeait, allait mourir à l'autre
bout. »   ZOLA, **La terre**, III, I.

— En parlant de la fumée qui s'échappe. *Haleine d'une
machine à vapeur* (V. **Fumée**, cit. 8).

32 « (*La locomotive*) perdait sa vapeur, par les robinets arrachés, les
tuyaux crevés, en des souffles qui grondaient, pareils à des râles
furieux de géante. Une haleine blanche en sortait, inépuisable, roulant
d'épais tourbillons au ras du sol ; »   ZOLA, **Bête humaine**, X, p. 329.

33 « La fumée, c'est l'haleine bleue de la maison. »
                                    RENARD, **Journ.**, 20 août 1902.

— En parlant de quelque odeur qui se dégage. V. **Effluve,
émanation, odeur, parfum.** *Haleine des jardins* (Cf. Bouffée,
cit. 3).

34 « La misère des villes a partout la même haleine de fricot et de
latrines. »   MAURIAC, **La pharisienne**, XI.

35 « La soupe aux choux du concierge, l'haleine des lieux d'aisances... »
                    ROMAINS, **H. de b. vol.**, t. II, XI, p. 108.

36 « L'haleine des abattoirs reflue vers le cœur de la ville entr, mêlée obstinément à l'air, aux êtres, aux pensées, semble l'odeur naturelle et secrète du luxe américain. »   DUHAM., **Scènes vie fut.**, VIII.

DER. — Halener. — **Halenée.** *n. f.* (XIIe s.). Vx. Bouffée d'air expirée
par la bouche, *spécialt.* lorsqu'elle a une odeur caractéristique. *Halenée
d'alcool, d'ail...*
« Il soufflait à grandes hale(i)nées lentes. »
                                    GIONO, **Chant du monde**, II, VII.

HALENER (è devant syll. muette). *v. intr.* et *tr.* (XIVe s. ;
de *haleine*). Vx. V. *intr.* Exhaler son haleine. — V. *tr.*
Exhaler. Sentir l'haleine de quelqu'un. — *T. de Chasse.*
Prendre l'odeur de la bête, en parlant des chiens. V.
Éventer, flairer. *Par ext.* Sentir, humer (REM. On trouve
haleiner dans CHATEAUB. Cf. Effluve, cit. 1). *Fig.* V. **Deviner.**

★ **HALER.** *v. tr.* et *intr.* (XIIe s. ; empr. à l'anc. néerl.
halen). *T. de Marine.*

‖ 1° V. *tr.* Tirer sur... *Haler une manœuvre. Haler un
câble, un cordage à la main.* V. **Paumoyer.** Absolt. *Haler
bas*, faire descendre. V. **Affaler, peser** (sur).

— Tirer au moyen d'un cordage. *Haler une bouée à bord.
Haler un navire sur cale. Haler un canot à terre avec une
sabaye*. Renard* pour haler les bois dans les arsenaux.* —
Spécialt. Remorquer (un bateau) au moyen d'un cordage
tiré du rivage. V. **Halage*.** *Haleurs*, chevaux qui halent
une péniche* (Cf. Fouetter, cit. 8). *Bateau halé par un cabes-
tan* électrique.*

1 « Il était temps ; une minute de plus, l'homme, épuisé et désespéré,
se laissait tomber dans l'abîme ; le forçat l'avait amarré solidement
avec la corde à laquelle il tirait d'une main pendant qu'il travaillait de l'autre. Enfin on le vit remonter sur la vergue et y haler le
matelot : »   HUGO, **Misér.**, II, II, III.

2 « Une barque, qui revenait de placer ses filets au large, passa dans
ces parages. Les pêcheurs prirent Réginald pour un naufragé, et le halè-
rent. évanoui, dans leur embarcation. »
                                    LAUTRÉAMONT, **Chants de Maldoror**, V

|| **2°** *V. intr.* V. **Tirer.** *Haler sur une manœuvre, une bouline...*

— (*Mar.*). En parlant du vent. V. **Tourner** (vers). *Les vents halent le Nord.*

ANT. — Pousser. — DER. — Halage, haleur.

COMP. — Déhaler ; déhalage. — HOM. — Aller, allée.

★ **HÂLER.** *v. tr.* (XIIᵉ s., aussi *harler* et *haller ;* orig. incert., peut-être d'un lat. *assulare*, lat. class. *assare*, « rôtir », croisé avec le néerl. *hael*, « desséché »).

|| **1°** *Peu usit.* Dessécher (les végétaux), en parlant de l'air, du soleil. *Le vent a hâlé la campagne* (ACAD.).

|| **2°** Rendre (la peau, le teint...) plus ou moins brun ou rougeâtre, en parlant de l'air et du soleil. V. **Bronzer, brunir ; hâle.** *L'air marin hâle le teint. Visage hâlé par le soleil, la vie en plein air.* — Pronominalt. *Peau qui se hâle vite.*

|| HÂLÉ, ÉE. *p.p.* et *adj.* V. **Bruni, bronzé, cuivré, doré.** *Figure, mains hâlées* (Cf. Creuser, cit. 25). *Front hâlé* (Cf. Gercer, cit. 1). *La chaude couleur d'une peau hâlée.*

1 « ... elle avait la peau très brune, hâlée et dorée de soleil. »
ZOLA, La terre, I, I.

2 « Un bouton du corsage s'arracha. Buteau vit la chair blanche, sous la ligne hâlée du cou... »
ID., Ibid., III, VI.

ANT. — Blanchir ; blanc. — DER. — Haloir.

COMP. — Déhâler. *v. tr.* (1690). *Peu usit.* Ôter, faire disparaître le hâle.

HOM. — Haler*.

★ **HALETANT, ANTE.** *adj.* (1539 ; de *haleter*). Dont le rythme de la respiration est anormalement précipité. V. **Essoufflé, pantelant, pantois** (*vx*) ; **haleine** (hors-d'haleine). Cf. Abattre, cit. 19 ; entasser, cit. 1. *Il s'arrêta tout haletant d'avoir couru. Chien, cheval haletant* (Cf. Efflanqué, cit. 1). *Être haletant de fièvre, d'émotion, d'effroi...* (Cf. Frémir, cit. 12 ; haleine, cit. 17).

1 « A deux heures, précisément, un homme arrive, haletant, tout prêt de se trouver mal... Il a couru depuis Sèvres, où les troupes voulaient l'arrêter... »
MICHELET, Hist. Révol. fr., II, I.

2 « Madame Magloire était une petite vieille blanche, grasse, replète, affairée, toujours haletante, à cause de son activité d'abord, ensuite à cause d'un asthme. »
HUGO, Misér., I, I, I.

3 « ... je demeurai debout, haletant d'épouvante, tellement éperdu que je n'avais plus une pensée, prêt à tomber. »
MAUPASS., Lui ?

4 « Très pâle, vite essoufflée, souffrant d'une maladie de cœur, elle remuait peu... se réveillait la nuit et se redressait dans son lit, adossée à l'oreiller, haletante et livide. »
CHARDONNE, Dest. sentim., II, II.

— Par ext. *Poitrine haletante,* soulevée par une respiration précipitée. V. **Bondissant** (Cf. Étau, cit. 3). — En parlant de la respiration elle-même. V. **Précipité.** *Respiration courte et haletante.*

5 « ... ses mains s'avançaient dans la manche d'Emma, pour lui palper le bras. Elle sentait contre sa joue le souffle d'une respiration haletante. »
FLAUB., Mᵐᵉ Bovary, III, VII.

6 « Mᵐᵉ de Bonmont, les roses de sa chair avivées par la course, sa riche poitrine haletante sous le corsage clair... »
FRANCE, Anneau d'améthyste, III, Œuv., t. XII, p. 56.

7 « ... une femme... au souffle haletant entre les lèvres rouges... »
ROMAINS, H. de b. vol., t. II, X, p. 106.

— Par anal. :

8 « ... le mécanicien sifflait éperdument, à coups pressés, le sifflet haletant et lugubre de la détresse. »
ZOLA, Bête humaine, VII.

9 « ... la monotonie des journées, rompue quelquefois par les tocsins haletants qui se répandaient de village en village. »
MAURIAC, L'enfant chargé de chaînes, XXVIII.

— Par métaph. et fig. « *Tandis qu'à leurs œuvres perverses les hommes courent haletants* » (GAUTIER, Cf. Averse, cit. 2). V. **Ardent, avide, impatient.** *Être haletant d'impatience,* très impatient, excité par l'attente.

10 « Haletants vers le gain, les honneurs, la richesse ; »
A. CHÉN., Élég., XXX.

★ **HALÈTEMENT.** *n. m.* (XVIᵉ s. in HUGUET ; 1495 in WARTBURG ; rare jusqu'à la 2ᵉ moitié du XIXᵉ s. ; de *haleter*). Action de haleter* ; état de ce qui est haletant*. V. **Essoufflement, oppression.** *Halètement d'une personne, d'un animal qui a couru, fourni un gros effort. Halètement d'un cardiaque, d'un asthmatique...* (Cf. Accentuer, cit. 3). — REM. *Halètement* figure dans ACAD. 8ᵉ éd. (1935), mais non dans P. LAROUSSE (1873), ni dans HATZFELD. LITTRÉ (1866) l'enregistre avec un seul exemple : *le halètement des chiens.*

1 « Pyrame allait devant, avec un halètement dans son gosier de pauvre vieille bête asthmatique. »
P. BENOIT, Mˡˡᵉ de la Ferté, II, p. 89.

2 « Peu à peu le halètement diminua. Le vieil homme luttait contre son cœur. Son visage était blafard. Un peu de sang revint cependant aux pommettes. Lui, les yeux clos, la tête renversée sur le grand dossier du fauteuil, attendait le retour du calme. L'onde douloureuse passa et il retrouva une faible vie ; »
BOSCO, Rameau de la nuit, p. 263.

— Par ext. *Halètement de la poitrine,* mouvement précipité de la poitrine qui se soulève et s'abaisse.

3 « Anne voyait, sous le halètement de la poitrine, le drap qui s'élevait et descendait. »
P. BENOIT, Mˡˡᵉ de la Ferté, IV, p. 268.

— Par anal. Souffle précipité semblable au halètement d'une personne. *Halètement d'une locomotive.*

4 « ... la danse boiteuse des marteaux sur l'enclume, le halètement du soufflet poussif ; »
R. ROLLAND, Jean-Christophe, p. 835.

5 « ... les halètements de l'orage qui cherche à se répandre... »
DUHAM., Invent. de l'abîme, XII.

6 « Le halètement d'un train en partance rappelait une poitrine oppressée. »
MAURIAC, Génitrix, VII.

HOM. — Allaitement.

★ **HALETER** (è devant syll. muette, autrefois *tt*, encore dans LITTRÉ). *v. intr.* (XIIᵉ s. ; dér. anc. de *aile*, « battre des ailes » avec *h* onomat., selon DAUZAT ; fréquentatif d'un anc. fr. *haler*, du lat. *halare*, « souffler », selon WARTBURG). Respirer avec gêne à un rythme anormalement précipité. V. **Essouffler** (s'), **panteler, souffler ; haleine** (être hors d'haleine), **souffle** (être à bout de souffle). *Haleter après une course, un effort violent...* (Cf. Forger, cit. 1). *Chevaux, chiens qui halètent. Haleter de fatigue, de fièvre, de soif* (Cf. Eau, cit. 18), *d'émotion...* Par ext. *Poitrine qui halète.*

1 « ... sa poitrine, brisée par les sanglots, haletait dans l'ombre, sous la pression d'un regret immense... »
FLAUB., Mᵐᵉ Bovary, III, X.

2 « Dans le parc... les moutons, vautrés, respiraient d'une haleine courte et pénible ; tandis que les deux chiens, allongés en dehors, haletaient eux aussi, la langue pendante. »
ZOLA, La terre, IV, I.

3 « Il était déjà loin qu'on l'entendait encore souffler et haleter. »
DUHAM., Salavin, V, V.

4 « Je regarde avec une fureur concentrée le public du cirque : il halette de plaisir. »
ID., Les plaisirs et les jeux, II, III.
N. B. — DUHAMEL observe ici l'ancienne orthographe donnée par LITTRÉ.

5 « Il se laissa glisser jusqu'à l'herbe et il resta un bon moment à haleter comme un chien fatigué. »
GIONO, Jean le Bleu, VIII, p. 219.

— Par anal. Souffler à un rythme précipité, saccadé (Cf. Chant, cit. 2).

6 « ... une locomotive halète à coups espacés... »
ROMAINS, H. de b. vol., t. III, XII, p. 171.

— Fig. En parlant de ce qui est tenu en haleine (Cf. Femme, cit. 92). *Tout l'auditoire haletait* (ACAD.).

— *Vx.* ou *littér.* Aspirer* ardemment.

7 « ... il haletait après l'INCONNU, car il connaissait tout. »
BALZ., Melmoth réconcilié, Œuv., t. IX, p. 298.

HOM. — Formes du v. Allaiter.

★ **HALEUR, EUSE.** *n.* (1680 ; de *haler*). Personne qui fait métier de haler les bateaux le long des cours d'eau. *Haleurs attelés à une corde de péniche.*

1 « Comme je descendais des fleuves impassibles,
Je ne me sentis plus guidé par les haleurs : »
RIMBAUD, Poés., Le bateau ivre.

2 « Il avançait lourdement, traînant son idée fixe, pareil au haleur attelé à une péniche. »
MART. du G., Thib., t. IX, p. 136.

HALICORE. V. DUGON.

HALICTE. *n. m.* (XIXᵉ s.). Zool. Insecte hyménoptère (*Apidés*) qui fait son nid dans le sol.

HALIEUTIQUE. *adj.* (1732 TRÉV. ; empr. du gr. *halieutikos*). T. didact. Qui concerne la pêche. *Poème halieutique,* et *substant.* (*n. m.*). *Les halieutiques d'Oppien.* — N. f. *L'halieutique,* art de la pêche*.

HALIOTIDE. *n. f.* (*Haliotes* in BOISTE 1839 ; gr. *hals, halos,* « mer », et *ous, otos,* « oreille »). Zool. Genre de mollusques gastéropodes (*Prosobranches diotocardes*), scientifiquement nommé *haliotis* et vulgairement *ormeau, ormier,* « oreille de mer ». *L'haliotide, mollusque comestible à coquille aplatie et perforée en forme d'oreille.*

HALIPLE. *n. m.* (1839 BOISTE, gr. *hals, halos,* « mer », et *pleo,* « naviguer »). Zool. Insecte coléoptère carnivore (*Dysticidés*) qui vit dans les eaux douces ou saumâtres où il nage difficilement et dont il sort par les grandes chaleurs.

HALITUEUX, EUSE. *adj.* (XVIᵉ s. in PARÉ ; du lat. *halitus,* « vapeur »). T. de Méd. Se dit de la peau lorsqu'elle est chaude et moite de sueur. *Peau halitueuse.* V. **Moite.** — Par ext. *Chaleur halitueuse.*

★ **HALL** (ol'). *n. m.* (1672, en parlant de salles anglaises ; vulgarisé depuis la fin du XIXᵉ s. ; empr. de l'angl. *hall,* de même étym. que le fr. *halle**). Grande salle où l'on a d'abord accès, vestibule de grandes dimensions, dans les édifices publics ou les maisons particulières. V. **Entrée, salle*, vestibule.** *Hall carrelé, dallé ; hall de marbre. Escaliers, ascenseur, portes... qui donnent dans un hall. Hall d'hôtel* (Cf. Couloir, cit. 4 ; faire, cit. 172), *de mairie, de théâtre, de gare* (Cf. Bivouac, cit. 3). *Hall de la gare Saint-*

Lazare, dit salle des pas perdus (Cf. Émigrant, cit. 1). *Par anal. Hall de navire* (Cf. Épontille, cit.). *Hall de château, de villa...* V. **Antichambre.** *Invité qu'on accueille dans le hall* (Cf. Brouhaha, cit. 4). *Groom* (cit. 3), *huissier, domestique... qui prie un visiteur d'attendre dans le hall.*

1 « ... les voyageurs que les employés faisaient descendre sur le ballast, et chassaient à travers les rails vers le hall d'arrivée. »
  MART. du G., **Thib.**, t. VIII, p. 10.

2 « Ah ! c'est changé ici ! fit M. Pommerel en glissant un regard vers le domestique qui montait lentement sa valise par le grand escalier du hall, vaste salle au plafond surélevé d'un étage, où quatre pièces avaient fondu en une seule. »
  CHARDONNE, **Dest. sentim.**, p. 122.

3 « ... un grand hall large et bas, tout à fait mélancolique où se morfondent sous un lustre de cristal à pendeloques des plantes vertes et des voyageurs. »
  ARAGON, **Paysan de Paris**, p. 84.

— *Par anal.* Se dit de ce qui rappelle un hall, pour quelque raison (Cf. Échouer, cit. 3) et spécialt. *par dénigr.* d'une pièce d'habitation démesurément grande et peu accueillante. *Son salon est un vrai hall de gare.*

HALLALI. *interj.* et *n. m.* (1571 DAUZAT ; onomat.). *Vén.* Cri de chasse qui annonce que la bête poursuivie est aux abois.

1 « La balle gicla au travers des joncs tandis que la détonation roulait, étrangement loin, de cime en cime. Daguet, debout, cria une seule fois « hallali ! ». Sa voix parut comme dépouillée dans le reflux énorme du silence. Rien n'avait tressailli dans l'épaisseur de la jonchère. »
  GENEVOIX, **Forêt voisine**, XII

— *N. m.* Ce cri lui-même, ou la sonnerie de cor qui le remplace (Cf. Chasse, cit. 3). *Sonner l'hallali.* — *Fig. :*

2 « On entendait au loin les fanfares des troupes qui partaient pour la guerre sainte, ces étranges fanfares turques, unisson strident et sonore, timbre inconnu à nos cuivres d'Europe ; on eût dit le suprême hallali de l'islamisme et de l'Orient, le chant de mort de la grande race de Tchengiz. »
  LOTI, **Aziyadé**, V, IV.

— *Par ext.* Le dernier temps de la chasse, où la bête est mise à mort.

3 « On avait lancé un dix cors, un grand vieux cerf digne d'une Saint-Hubert, et l'on avait à l'hallali un daguet presque agonisant. »
  GENEVOIX, **La dernière harde**, II, I.

★ HALLE. *n. f.* (1235 ; francique *halla*. V. **Hall**). Vaste emplacement couvert où se tient un marché ; grand bâtiment public qui abrite un marché, un commerce* en gros de marchandises. V. **Marché ; hangar, magasin.** — REM. *Halle* au singulier est tombé en désuétude, sauf en parlant de bâtiments anciens ou dans certaines locutions (Cf. Confusion, cit. 1 MOL.). *Les marchands de ce bourg firent construire une halle au XVᵉ siècle. Halle en bois. Halle à marchandises d'une gare.* V. **Entrepôt.** *Halle aux cuirs, aux draps...* Spécialt. (en parlant du commerce de l'alimentation). *Halles aux blés.., aux vins. Halle au blé* (Cf. Casquette, cit. 1 HUGO), *au poisson.* Absolt. *Les dames*, les forts** (cit. 77 et *supra*) *de la Halle* (Cf. Les Halles).

1 « (M. de Nevers)... avare à l'excès, qui allait très souvent acheter lui-même à la Halle et ailleurs ce qu'il voulait manger... »
  ST-SIM., **Mém.**, II, XLVII.

2 « On confond quelquefois le mot de *halle* avec celui de *marché*... Il y a cependant quelque différence, le nom de *marché* appartenant à toute la place en général où se tient ces assemblées de vendeurs et d'acheteurs, et celui de *halle* ne signifiant que cette portion particulière de la place qui est couverte d'un appentis, et quelquefois enfermée de murs pour la sûreté des marchandises, et pour les garantir de la pluie. »
  ENCYCL. (1765), art. **Halle.**

— *Par ext.* Grand bâtiment sommaire ; grande salle ouverte à tous les vents. *Une grande halle mansardée* (Cf. Fermer, cit. 19).

3 « À gauche, les marquises des halles couvertes ouvraient leurs porches géants, aux vitrages enfumés, celle des grandes lignes, immense, où l'œil plongeait, et que les bâtiments de la poste et de la bouillotterie séparaient des autres, plus petites, celles d'Argenteuil, de Versailles et de la Ceinture ; »
  ZOLA, **La bête humaine**, I.

4 « À côté, le bétramidrasch, sorte de halle close servant tout à la fois de bibliothèque, de réfectoire et de dortoir aux pieuses multitudes. »
  J. et J. THARAUD, **L'ombre de la croix**, II.

— *Les halles*, emplacement, bâtiment où se tient le marché* central de denrées alimentaires d'une ville. *Les halles d'une petite ville, d'un port* (Cf. Bazar, cit. 1 ; exotique, cit. 1). Dr. *Établissement, propriété, ferme, police des halles, foires et marchés.* V. **Marché.** — Absolt. *Les halles centrales, les Halles :* celles de Paris. *S'approvisionner aux Halles. Le personnel des Halles.* V. **Marchand ; commissionnaire** (1°)**, facteur** (II)**, mandataire.** *Porteur des Halles.* V. **Fort** (cit. 77). *Le carreau* des Halles. *Manger la soupe à l'oignon aux Halles :* dans les restaurants du quartier des Halles.

5 « Le petit carreau des halles commençait à s'animer. Les charrettes des maraichers, des mareyeurs, des beurriers, des verduriers, se croisaient sans interruption. » NERVAL, **Les nuits d'octobre**, La halle.

6 « Les halles, c'est-à-dire un toit de tuiles supporté par une vingtaine de poteaux, occupent à elles seules la moitié environ de la grande place d'Yonville. » FLAUB., **Mᵐᵉ Bovary**, II, I.

7 « ... l'immense ville vide, où rien ne bat plus après les heures de bureau, sauf le lointain cœur des Halles ; »
  ARAGON, **Beaux quartiers**, II, I.

— *Les Halles*, pris pour symbole de populace. *Les femmes des halles.* V. **Harangère, poissarde** (Cf. Canaille, cit. 5). — *Le langage des halles :* la langue populaire, la langue verte*. *Expression des halles. Équivoques* (cit. 15) *ramassées dans la boue des halles.*

8 « Puissé-je ne me servir que de ceux (*des mots*) qui servent aux halles à Paris ? » MONTAIGNE, **Essais**, I, XXVI.

9 « De proverbes traînés dans les ruisseaux des Halles ? »
  MOL., **Fem. sav.**, II, 7.

DER. — ★ **Hallage.** *n. m.* (XIIIᵉ s.). Droit, redevance payée par les marchands pour vendre aux halles, au marché d'une commune (HOM. Halage). — Hallier 1.

HOM. — Hâle.

★ HALLEBARDE. *n. f.* (*Alabarde* en 1333 ; ital. *alabarda* ; moy. haut allem. *helmbarte*, littér. « hache (*barte*) à poignée (*helme, halm*) » BLOCH). Arme d'hast* à longue hampe, munie d'un fer tranchant et pointu et de deux fers latéraux ou ailes, l'une en forme de croissant, l'autre en pointe (V. **Guisarme, pertuisane, pique, vouge**). *La hallebarde fut une arme de fantassin du XIVᵉ au XVIIIᵉ siècle* (Cf. File, cit. 6). *Les suisses* d'église portent encore la hallebarde* (Cf. Bedeau, cit. 1). *Gardes* (cit. 4) *armés de hallebardes.*

1 « ... janissaires en armes qui frappent les dalles sonores du pommeau de leur hallebarde. » LOTI, **Jérusalem**, p. 75.

2 « ... le bruit solennel de la hallebarde du suisse qui la précédait dans la nef. » MAUROIS, **Terre promise**, p. 72.

— *Loc. fam. Il pleut* des hallebardes :* il pleut très fort, à verse. *Il va tomber des hallebardes.*

3 « .. puisse le Ciel en courroux ébouler sur ton chef des hallebardes au lieu de pluie ! » CYRANO DE BERGERAC, **Le pédant joué**, III, 1.

4 « ... *il lansquine* (en argot), il pleut, vieille figure frappante, qui porte en quelque sorte sa date avec elle, qui assimile les longues lignes obliques de la pluie aux piques épaisses et penchées des lansquenets, et qui fait tenir dans un seul mot la métonymie populaire : *il pleut des hallebardes.* » HUGO, **Misér.**, IV, VII, II.

— *Rimer comme hallebarde et miséricorde :* rimer très mal, par allus. à l'épitaphe d'un suisse, rédigée au XVIIIᵉ s. par un marchand à qui on avait assuré que l'identité des trois dernières lettres suffisait à faire la rime.

5 « Ci-gît mon ami Mardoche | Il porta trente ans la hallebarde
Qui fut suisse de Saint-Eustache | Dieu lui fasse miséricorde. »
  J.-B. BOMBEL, **Épitaphe** citée par P. LAROUSSE.

— DER. — ★ **Hallebardier.** *n. m.* (XVᵉ s.). Homme d'arme, fantassin portant la hallebarde. *Hallebardier suisse* (V. **Traban**). *Les hallebardiers étaient des fantassins d'élite, leur arme étant en principe réservée aux sergents, dans les compagnies de gens de pied.*

« Trente hallebardiers se détachèrent à pas lourds et cliquetants de l'ombre du corridor. »
  A. BERTRAND, **Gaspard de la nuit**, Fantaisies, IV

1. ★ HALLIER. *n. m.* (XIIIᵉ s. ; de *halle*). *Vx.* Gardien aux halles, marchand qui vend aux halles.

2. ★ HALLIER. *n. m.* (XVᵉ s. ; mot germ., de même rac. que *hasla*, « rameau ». Cf. allem. *Hasel*, « noisetier »). Groupe de buissons* serrés et touffus. *Halliers épais, impénétrables, déserts* (Cf. Épine, cit. 4). *Les halliers d'un taillis, d'un bois... Sanglier, bête fauve qui établit son gîte dans un hallier. Battre les halliers, à la chasse* (Cf. Équipage, cit. 14).

1 « Au plus fort du taillis un gros hallier était, »
  RONSARD, **Le bocage royal**, I, Songe.

2 « Je mis mon chien sur la trace ; mais il nous conduisit dans des halliers si épais et si épineux qu'un serpent n'y aurait pas pénétré ; »
  BRILLAT-SAVARIN, **Physiol. du goût**, VI, II, 38.

3 « On croit sentir, en lisant Eschyle, qu'il a hanté les grands halliers primitifs, houillères d'aujourd'hui... » HUGO, **Shakespeare**, I, IV, VII.

3. ★ HALLIER. *n. m.* V. ALLIER (*n. m.*).

HOM. — Allié, allier (*v.*), allier (*n. m.*).

HALLUCINATION (-*syon*). *n. f.* (1660 ; lat. *hallucinatio*). Perception, sensation éprouvée par un individu ou un groupe d'individus sans que les conditions objectives normales en soient réalisées. — REM. Selon les spécialistes, *hallucination* est pris dans une acception plus ou moins large, incluant ou non le rêve* (Cf. POROT, Man. de psychiatrie) et l'hallucination consciente (Hallucinose). Dans le langage courant, on confond l'*hallucination* et l'*illusion*, que les psychologues distinguent.

1 « S'il y a altération de ce que doit être normalement la sensation, nous dirons qu'il y a *hallucination* ; s'il y a seulement altération de ce que doit être normalement l'interprétation perceptive de la sensation, nous dirons qu'il y a *illusion*. »
  LALANDE, **Vocab. philos.**, Hallucination.

2 « (*Hallucination*)... « Perception sans objet » (BALL). Cette définition commode est cependant critiquable... Mieux vaudrait dire que l'on nomme hallucinatoire toute expérience psychologique interne qui amène un sujet à se comporter comme s'il éprouvait une sensation ou une perception alors que les conditions extérieures normales de cette sensation ou de cette perception ne se trouvent pas réalisées. »
  H. EY in Dʳ POROT, **Man. de Psychiatrie**, p. 183 (éd. P.U.F.).

— *Hallucinations élémentaires* (vagues, indifférenciées). *Hallucinations complexes, figurées. Hallucinations visuelles* (V. **Phantasme, vision**), *auditives* (V. **Voix** (entendre des voix), *olfactives, gustatives. Hallucination négative* (non perception d'un objet présent). *Hallucinations cénesthésiques, musculaires, psychomotrices. Hallucinations associées.* — *Hallucinations physiologiques* (visions du demi-sommeil : *hallucinations hypnagogiques, hypnopompiques ;* V. aussi **Cauchemar, rêve**) *Hallucination par atteintes des centres nerveux. Hallucinations du type onirique, causées par les toxiques* (cocaïne, haschisch, mescaline, opium...), *par l'épilepsie, certaines psychonévroses... Hallucinations des délires chroniques, des démences précoces, des états maniaques, des névroses...* (V. **Aliénation, délire, folie**). — *Hallucination collective.*

3 « Une nuance très importante distingue l'hallucination pure, telle que les médecins ont souvent occasion de l'étudier, de l'hallucination ou plutôt de la méprise des sens dans l'état mental occasionné par le haschisch. Dans le premier cas, l'hallucination est soudaine, parfaite et fatale ; de plus, elle ne trouve pas de prétexte ni d'excuse dans le monde des objets extérieurs. Le malade voit une forme, entend des sons où il n'y en a pas. Dans le second cas, l'hallucination est progressive, presque volontaire... Enfin elle a un prétexte. »
BAUDEL., **Parad. artif.**, Poème du haschisch, III.

4 « ... c'est une lecture des plus curieuses, illuminée par la fantasmagorie de l'opium et la peinture des hallucinations les plus brillantes, les plus bizarres et les plus terribles produites par ce séduisant poison... »
GAUTIER, **Portr. contemp.**, Baudelaire.

5 « Je ne lui ai pas enlevé un pan de son pourpoint, comme il l'a dit. Simple hallucination hypnagogique causée par la frayeur. »
LAUTRÉAMONT, **Chants de Maldoror**, VI, p. 240.

— *Par ext. :*

6 « ... la perception extérieure est une hallucination vraie. »
TAINE, **De l'intell.**, 2ᵉ part., t. I, I, 3.

7 « ... les perceptions sont des « hallucinations vraies », des états du sujet projetés hors de lui ; »
BERGSON, **Matière et mémoire**, p. 70.

— *Avoir une, des hallucinations. Etre le jouet, la proie, la victime d'une hallucination* (Cf. Exister, cit. 4 ; fléau, cit. 5). *Hallucination naissante* (Cf. Fiction, cit. 6), *qui éclipse la réalité* (Cf. Éclipse, cit. 7). *Par exagér.* V. **Berlue, éblouissement.** *J'ai cru le voir ici, je dois avoir des hallucinations. Les hallucinations d'un poète, d'un peintre.* V. **Vision.** *Les hallucinations de Brueghel* (Cf. Fantastique, cit. 4), *de Goya, de Blacke.*

8 « Les hallucinations dangereuses peuvent venir le jour ; mais, elles viennent surtout la nuit. Par conséquent, ne t'étonne pas des visions fantastiques que tes yeux semblent apercevoir. »
LAUTRÉAMONT, **Chants de Maldoror**, I, p. 44.

9 « Je m'habituai à l'hallucination simple : je voyais très franchement une mosquée à la place d'une usine... »
RIMBAUD, **Saison en enfer**, Délires II.

10 « ... je me demandai anxieusement si je n'avais pas été le jouet d'une hallucination,... Et j'allais croire à une vision, à une erreur de mes sens, quand je m'approchai de ma fenêtre. »
MAUPASS., **Clair de lune**, Apparition.

11 « En revanche, il éprouvait réellement et jusqu'à l'hallucination tous les sentiments qui avaient affecté Ashley Bell, dont le minutieux témoignage était noté de la main du poète dans ses cahiers. »
A. HERMANT, **Aube ardente**, IX.

DER. (du rad. de *Hallucination*). — **Hallucinatoire.** adj. (1873 in LITTRÉ, Suppl.). Relatif à l'hallucination (cit. 2). *Vision hallucinatoire* (Cf. Appréhension, cit. 6). — *Psychoses hallucinatoires aiguës* (*délires hallucinatoires*), *chroniques.* — **Hallucinose.** n. f. (1911). « Toute hallucination reconnue, au moment même où elle se produit, comme un phénomène anormal » (SUTTER in POROT). *Delire hallucinatoire.*

« Les types innombrables d'images surréalistes appelleraient une classification... Pour moi, la plus forte est celle qui présente le degré d'arbitraire le plus élevé... soit qu'elle soit d'ordre hallucinatoire... soit qu'elle implique la négation de quelque propriété physique... »
A. BRETON, **Manif. du surréalisme**, p. 60.

HALLUCINÉ, ÉE. adj. et n. (1611 ; du lat. *hallucinatus*). Qui a des hallucinations. *Aliéné, fou*, toxicomane halluciné. Par ext. Un air halluciné.* V. **Égaré ; bizarre.** — Substant. *Un halluciné, une hallucinée. Les visions, les phantasmes d'un halluciné.* V. **Visionnaire.** *Halluciné qui entend des voix. Extases* (cit. 4) *d'un halluciné mystique.*

1 « ... tout seul, il était poussé à des gestes de somnambule et d'halluciné, et que les physiologistes appellent des *mouvements symboliques*, gestes dont il n'avait pas l'absolue volonté. »
GONCOURT, **Zemganno**, XLII.

2 « ... il était dans un perpétuel rêve d'halluciné, où passaient la Bretagne et l'Islande. »
LOTI, **Pêcheur d'Islande**, III, I.

— *Fig. Les Campagnes hallucinées,* recueil de poèmes de Verhaeren (1893).

DER. — **Halluciner.** v. tr. (1862 HUGO ; Cf. Échafaud, cit. 6). *Peu usit.* Produire des hallucinations. Rendre halluciné. — **Hallucinant, ante.** adj. (1862, Journ. des GONCOURT in WARTBURG). Qui hallucine, provoque des hallucinations. *Pouvoir hallucinant. Par ext.* Qui a une grande puissance d'illusion, d'évocation... *Une ressemblance hallucinante. Portrait d'une vérité hallucinante.* V. **Extraordinaire** (Cf. aussi Développer, cit. 24). — REM. Cet adjectif, très répandu de nos jours, a été tardivement enregistré dans les dictionnaires (1948 in LAR. UNIV.).

1 « ... avec quelle hallucinante acuité, elle devait revoir, toute sa vie, ce front, cette mèche sombre, ce regard pénétrant... »
MART. du G., **Thib.**, t. VI, p. 233.

« ... la saisissante Emily (*Brontë*)... dans sa fixité de somnambule, qui explique peut-être tant de choses — et peut-être donne la seule clef de son livre hallucinant... (*les Hauts de Hurlevent*).
HENRIOT, **Portr. de femmes**, p. 416. 2

★ **HALO.** n. m. (1534 ; gr. *halôs*, « aire », lat. *halos*). Cercle lumineux, couronne* brillante qui se voit parfois autour d'un astre. *Le halo est produit par la réfraction de la lumière dans les prismes de glace que renferme l'atmosphère. Petit halo, halo intérieur, de 22° ; grand halo, halo extérieur, de 46°.* — *Par ext.* (sens qui ne figure pas dans LITTRÉ). *Auréole lumineuse diffuse autour d'une source lumineuse. Halo autour du soleil* (Cf. Émerger, cit. 3), *de la lune* (V. **Cerne**). *Halo des réverbères dans le brouillard* (Cf. Bruiner, cit.). *Halo d'une lampe* (Cf. Entrer, cit. 17). *Halo brillant, diffus, estompé, vaporeux... Des halos.*

« Énorme et toute rose en son halo lilas,
La lune qui se lève au-dessus d'une meule. »
SAMAIN, **Chariot d'or**, Les roses dans la coupe, Soir sur la plaine, p. 34. 1

« Au fond, à droite et à gauche, deux pâles lueurs de bougies, aux halos ronds comme de lointaines lunes rousses, permettent enfin de distinguer la forme humaine de ces masses dont la bouche émet soit de la buée, soit de la fumée épaisse. »
BARBUSSE, **Le feu**, XIV, t. I, p. 72. 2

« Une nuit de précoce automne, humide, enveloppait de brume la pleine lune. Un grand halo laiteux, environné d'un pâle arc-en-ciel, remplaçait l'astre, et s'éteignait par moments, étouffé sous des bouffées de nues courantes. »
COLETTE, **Fin de Chéri**, p. 142. 3

— Spécialt. *Photo.* Irradiation lumineuse autour de l'image photographique d'un point lumineux (Cf. *infra* Anti-halo, *comp.*).

— *Fig.* V. **Auréole** (cit. 10). *Un halo de gloire.*

« L'animalité générale, sous les cheveux blonds ou bruns, était dominée par cet on ne sait quoi qui est la phosphorescence de la femme même déchue, son halo. »
L. DAUDET, **La femme et l'amour**, I. 4

COMP. — **Anti-halo.** adj. (Néol.). *Photogr.* Qui supprime ou atténue l'effet de halo. *Plaque anti-halo.*

HOM. — *Allo !* et *Halot.*

HALO- Premier élément de mots savants, tiré du gr. *hals, halos*, « sel ». — **Halochimie.** n. f. (1866 LITTRÉ). Partie de la chimie* qui traite des sels*. — **Halogène.** adj. (1866 LITTRÉ ; V. **-Gène**). De la famille du chlore*. *Les corps halogènes.* V. **Brome, chlore, fluor, iode...** Substant. *Composé d'un halogène et d'un métal.* V. **Haloïde** (DER. — **Halogéné, ée.** adj. Qui contient un halogène. — **Halogénure.** n. m. Sel d'un halogène et d'un métal. V. **Haloïde.** *Les halogénures d'argent*bromure, fluorure...) *sont employés en photographie*). — **Halographie.** n. f. (1839 BOISTE ; V. **-Graphie**). Étude, description des sels. V. **Halochimie.** — **Haloïde.** adj. et n. m. (1866 LITTRÉ ; V. **-Ïde**). Composé d'un halogène et d'un métal. *Sels haloïdes.* V. **Halogénure.** *Un haloïde :* un corps haloïde. — **Halométrie.** n. f. (1866 LITTRÉ ; V. **-Métrie**). Détermination du titre des solutions salines du commerce. — **Halophile.** adj. (1866 LITTRÉ ; V. **-Phile**). *Bot.* Qui croît dans les terrains imprégnés de sel marin. *Plantes halophiles :* les halophytes. — ★ **Halotechnie.** n. f. (XVIIIᵉ s. ; V. **-Technie**). Partie de la chimie industrielle qui traite de la préparation des sels.

★ **HALOIR.** n. m. (1752 ; de *hâler*). Lieu où l'on sèche le chanvre. — Séchoir où sont déposés les fromages à pâte molle, après le salage et avant qu'on les fasse mûrir dans les caves.

★ **HALOT.** n. m. (1669 ; origine douteuse). Entrée du terrier d'un lapin de garenne.

★ **HALTE.** n. f. (XVIᵉ s. ; var. *alte*, orthogr. conservée jusqu'au XVIIIᵉ s. ; *halt* au XIIᵉ s. en anc. picard, « lieu où l'on séjourne » ; allem. *Halt*, « arrêt »).

|| 1° Arrêt*, temps d'arrêt consacré au repos, au cours d'une marche ou d'un voyage en général. V. **Station.** *Halte de chasseurs, de cavaliers, de troupes, de voyageurs... Halte auprès d'une fontaine, d'un puits, à la lisière d'un bois. Faire une longue, une courte halte. Faire halte* (Cf. Faisceau, cit. 5). V. **Escale** (en parlant d'un navire, d'un avion de ligne). *Par métaph. Halte dans une oasis* (Cf. Garde-à-vous, cit. 1).

« Nous fîmes le trajet en calèche sans autre accident qu'une halte à mi-chemin dans la maison de poste pour laisser souffler les chevaux. »
GAUTIER, **Voyage en Russie**, IV, p. 44. 1

« Après une halte d'une semaine dans l'île verte et mouillée de Ceylan, où le paquebot de France m'avait conduit, j'ai traversé la nuit dernière, sur un mauvais navire de la côte, ce golfe de Manaar... »
LOTI, **L'Inde (sans les Anglais)**, III, I. 2

— *Spécialt.* (infant.). *Halte horaire. Grande halte,* ou *grand-halte.*

« Les mouvements sont en principe coupés par des haltes. Les haltes à heure fixe sont de 10 minutes (50 minutes de marche). A proximité de l'ennemi les haltes de 10 minutes sont exécutées au moment et au point les plus favorables. Les arrêts dans les villages et localités importantes sont interdits.
Les grand-haltes sont d'une durée suffisante pour que la troupe puisse se reposer et s'alimenter. Elles sont mises à profit pour compléter les pleins d'essence, d'huile et d'eau des véhicules. »
MEMENTO de l'off. de rés. d'infant., Service en campagne, p. 61. 3

— *Par ext.* (sans idée de repos) *Faire halte,* s'arrêter (dans un mouvement quelconque). *Machine qui fait halte* (Cf. Frein, cit. 12).

4 « Au vacarme de verres secoués qu'il déchaînait, le passant fit une brusque halte. » COURTELINE, MM. ronds-de-cuir, V, III.

‖ 2° *Par ext.* Lieu où se fait la halte. V. **Escale, étape, gîte, relais.** *Arriver avant la nuit à la halte fixée. Une halte agréable et fraîche.*

5 « Je ne suis pas un extraordinaire marcheur... Dès que ma jambe s'alourdit, je regarde un peu plus vivement, devant moi, en quête d'une halte, d'une vraie halte, celle où, de haut en bas, se délasse le corps et où je puisse, moi manger, boire, soupirer d'aise et même dire : « Ma foi ! je coucherai là s'il le faut ». BOSCO, Rameau de la nuit, p. 7.

— *Spécialt.* (Ch. de fer). Point d'arrêt sur une ligne, où le train ne prend que les voyageurs, sans que soit prévu un temps d'arrêt déterminé. V. **Station.** *C'est une simple halte, il n'y a point de gare.*

‖ 3° *Fig.* Moment de pause*, interruption momentanée au cours d'une action ou d'une évolution. V. **Répit** (Cf. Compensation, cit. 6). *Une halte dans le cours fiévreux des événements. Il est temps de faire halte, l'évolution a été trop rapide. Faire halte pendant un long travail* (Cf. Débrider).

6 « Vers la fin de 90, il y eut un moment de halte apparente, peu ou point de mouvement. Rien qu'un grand nombre de voitures qui encombraient les barrières, les routes couvertes d'émigrés. En revanche, beaucoup d'étrangers venaient voir le grand spectacle, observer Paris. Halte inquiète, sans repos. » MICHELET, Hist. Révol. franç., IV, V.

7 « ... l'état auquel aspirait, après la secousse de 1830, cette partie de la nation qu'on nomme la bourgeoisie, ce n'était pas l'inertie... c'était la halte... La halte, c'est la réparation des forces ; c'est le repos armé et éveillé ; c'est le fait accompli qui pose les sentinelles et se tient sur ses gardes. La halte suppose le combat hier et le combat demain. C'est l'entre-deux de 1830 et de 1848. » HUGO, Misér., IV, I, II.

8 « Il y a des haltes, des repos, des reprises d'haleine dans la marche des peuples, comme il y a des hivers dans la marche des saisons. » ID., Shakespeare, III, II.

9 « Antoine voudrait de nouveau faire halte, réfléchir. Mais il ne reste plus que quatre pages, et son impatience l'emporte » MART. du G., Thib., t. IV, p. 33.

‖ 4° *Interj.* HALTE ! Commandement militaire par lequel on ordonne à une troupe de s'arrêter (ANT. **Marche** !). *Section, halte ! Compagnie, halte !* — *Par ext. Halte ! attendez-moi, pas si vite !*

— *Fig. Dire halte ! à la guerre. On ne peut dire halte ! au progrès. Elliptiqt. Halte à la révolution ! Halte aux factieux !*

— HALTE-LÀ ! Commandement d'une sentinelle, d'une patrouille enjoignant à un suspect de s'arrêter. V. **Qui vive ?**

— *Fig.* Se dit pour arrêter quelqu'un dans une voie, dans des propos qu'on désapprouve. *Halte-là ! en voilà assez !*

10 « — Qu'après avoir chez vous réparé sa misère,
Vous en veniez au point...?
→ (H)Alte-là, mon beau-frère :
Vous ne connaissez pas celui dont vous parlez. »
MOL., Tart., I, 5.

11 « Que vous n'aimiez pas mon oncle, c'est encore dans l'ordre. Mais que vous rendiez le bonhomme malheureux ?... Halte-là ! Quand on veut une succession, il faut la gagner. » BALZ., La rabouilleuse, Œuvr., t. III, p. 1058.

ANT. — Marche. Continuation, reprise.

DER. — ★ Halter. *v. intr.* (XVIIe s.). *Vx.* Faire halte.

« Nous allons au pas, puis tout à coup nous lançons nos chevaux à fond de train... Nous haltons aux fontaines ; nous couchons sous les arbres. » FLAUB., Corresp., 265, 20 août 1850, t. II, p. 232.

HALTÈRE. n. m. (1534 RAB., mais rare jusqu'au XIXe s. ; empr. au lat. *halteres,* gr. *haltères,* « balanciers pour le saut, la danse »). Instrument de gymnastique fait de deux boules ou disques de métal réunis par une tige qu'on saisit pour les manœuvrer. *Développer, exercer ses muscles à l'aide d'haltères. Faire des haltères* (Cf. Courbature, cit. 4 ; ferraille, cit. 2.).

1 « ... (il) ramassa sous une chaise un pesant haltère qui traînait... Debout devant la glace, les talons unis, le corps droit, il faisait décrire aux deux boules de fonte tous les mouvements ordonnés, au bout de son bras musculeux, dont il suivait d'un regard complaisant l'effort tranquille et puissant. » MAUPASS., Fort comme la mort, I, I.

2 « Aufrère venait de ramasser par terre un haltère de trente livres et le maniait avec une adresse distraite. » DUHAM., Salavin, V, I.

— REM. *Poids et haltères* (les haltères de compétition sont démontables, constituées d'une barre à laquelle on fixe des disques de poids variable). Sport consistant à soulever, en exécutant certains mouvements, les haltères les plus lourds possible. *Mouvements classiques des poids et haltères, exécutés d'une main ou des deux mains : arraché, développé, épaulé* et *jeté. Champion du monde des poids et haltères poids plume, poids lourds...*

— REM. Certains auteurs ont à tort fait *haltère* féminin.

3 « ... sa grande valise, ses petites haltères d'une livre et demie et ses trousses noires, ses gants de quatre onces... » COLETTE, Chéri, p. 41.

DER. — Haltérophile. *n. m.* (XXe s.). Athlète pratiquant le sport des poids et haltères. — Haltérophilie. *n. f.* (XXe s.). Sport des poids et haltères.

« (Il en) suivit une (jeune femme) qui s'arrêta à un tir forain... Il en suivit une autre qui s'arrêta devant un haltérophile. » MONTHERLANT, Les célibataires, VII.

★ **HAMAC** (*ha-mak*). n. m. (1690 FURET. ; var. *amacca, amache, hamacque* au XVIe s. ; empr. de l'esp. *hamaca,* du caraïbe *hamacu*). Rectangle de toile ou de filet suspendu horizontalement par ses deux extrémités, qu'on utilise comme lit* dans les régions tropicales. *Hamac suspendu entre deux arbres. Les Caraïbes utilisent le hamac pour se « garantir des animaux farouches et des insectes »* (FURET.). *Dormir, faire la sieste, se balancer dans un hamac. Par ext. Hamac de jardin. Petits hamacs où dorment les bébés en voyage.*

1 « C'est à faire (affaire) aux castors, dira l'Indien, de s'enfuir dans des tanières ; l'homme doit dormir à l'air dans un hamac suspendu à des arbres. » ROUSS., Lettre à M. Philopolis (in LITTRÉ).

2 « Les sauvages obligent leurs femmes à travailler continuellement ; ce sont elles qui cultivent la terre, qui font l'ouvrage pénible, tandis que le mari reste nonchalamment couché dans son hamac, dont il ne sort que pour aller à la chasse ou à la pêche... » BUFF., Hist. nat. de l'homme, De l'âge viril.

3 « Sara, belle d'indolence,
Se balance
Dans un hamac... » HUGO, Orient., XIX.

4 « Les rayons de la nuit argentent nos pensées,
Lorsque, dans un hamac mollement balancées,
Entrelaçant nos bras, nous chantons deux à deux. »
BANVILLE, Odes funamb., Opéra turc.

— *Spécialt.* (*Mar*). Forte pièce de toile servant au couchage des matelots, de certains passagers. V. **Branle** (Cf. Bâbord, cit. 3). *Crocs de suspension* (ou *araignées) des hamacs. Bastingages* où l'on serre les hamacs. Accrocher les hamacs au signal du branle-bas* (cit. 1).

5 « Elle se leva debout, l'embrassa, et s'étendit la première dans son hamac... elle se sentait bercée avec plaisir par le mouvement du navire... » VIGNY, Serv. et grand. milit., I, V.

6 « ... le corps avait été remonté de la chambre vers midi pour être jeté par-dessus bord, quand le second... ordonna aux hommes de le coudre dans son hamac et de lui octroyer la sépulture ordinaire des marins. » BAUDEL., Trad. E. POE, Avent. G. Pym, VII.

★ **HAMADA.** n. f. (NOUV. LAR. ILL. ; mot arabe). Plateau pierreux des déserts sahariens (par oppos. à *Erg**).

« ... les fragments grossiers, qui donnent aux plaines désertiques l'aspect uniforme d'étendues caillouteuses. Les *hamadas* sahariennes, qui sont le plus souvent des surfaces structurales, font l'impression de champs jonchés d'éclats de pierre anguleux ; » De MARTONNE, Géogr. phys., t. II, p. 947.

HAMADRYADE. n. f. (XVe s. ; empr. au lat. *hamadryas,* du gr. *hamadruas,* de *hama,* avec, et *drus,* arbre, chêne*, littéralt. « qui fait corps avec un arbre »). *Myth.* Nymphe* des bois identifiée à un arbre qu'elle était censée habiter, naissant et mourant avec lui. V. **Dryade.**

1 « Je suis Hamadryade en ces chênes enclose,
Je vis dessous l'écorce,... »
RONSARD, Sonnets divers, Audit seigneur Duc, entrant dans son bois.

2 « ... sous la rude écorce palpite, aux approches du dieu, le tendre sein de la jeune et belle hamadryade qui n'a rien à refuser au maître de la forêt, et pour lui dépouille son épaisse tunique ligneuse frangée de mousse d'or. ». GAUTIER, Portraits contemp., Denecourt.

3 « Nous répétons, depuis quelques jours, une nouvelle pantomime... Il y aura une forêt, une grotte, un vieux troglodyte, une jeune hamadryade, un faune dans la force de l'âge. » COLETTE, La vagabonde, p. 69.

HAMADRYAS. n. m. (1839 BOISTE ; BUFFON appelle encore *babouin à tête de chien* le *simia hamadryas,* de LINNÉ ; Cf. le précédent). Grand singe du genre cynocéphale*, remarquable par la disposition de sa crinière. *L'hamadryas, souvent représenté dans les hiéroglyphes, était le singe sacré de l'ancienne Égypte.*

« La cage des hamadryas, au Jardin d'Acclimatation, est un lieu plus sain, est un lieu plus fraternel... je dormirais avec plus d'abandon dans l'antre du fourmilier tamanoir que sous le toit de cette famille de braves gens. » MONTHERLANT, Les Olympiques, p. 38.

HAMAMELIS (-liss'). n. m. (1615 empr. au gr. *hamamêlis,* « sorte de néflier »). Plante dicotylédone, famille des *hamamélidées,* arbrisseau* dont la feuille ressemble à celle du noisetier et qui croît en Amérique du Nord (on l'appelle encore vulgairement *aune moucheté* ou *noisetier de sorcière*). *L'écorce et les feuilles de l'hamamélis sont employées en médecine pour leurs propriétés vaso-constrictives* (traitement des varices, hémorroïdes, hémorragies...).

DER. — Hamamélidées ou hamamélidacées. *n. f. pl.* (1872 P. LAR.). Famille de plantes phanérogames angiospermes, classe des dicotylédones dialypétales, ayant pour types principaux l'hamamélis et le liquidambar.

★ **HAMEAU.** n. m. (XIIIe s. ; de l'anc. fr. *ham,* encore attesté dans des noms de lieu, francique *haim.* Cf. all. *Heim,* angl. *home,* « domicile »). Agglomération de quelques maisons rurales situées à l'écart (cit. 9) d'un village*, et ne formant pas une commune. *Hameau bâti* (cit. 45 BOIL.) *sur le penchant d'une colline. Habitants, maisons d'un hameau* (Cf. Apparence, cit. 5 ; bougainvillée, cit. ; bourgade, cit. 2 ; étique, cit. 2 ; gabelle, cit. 3). — *Le Hameau de Trianon* (Cf. *infra*, cit. 4).

1 « Elle n'était jamais sortie de son hameau ; et sa première pensée de voyage fut de faire le tour du globe... »
DIDER., **Suppl. voyage de Bougainville,** II.

2 « Il avait rendu célèbre le hameau enfoncé dans un pli du vallon qui descendait vers la mer, pauvre hameau paysan composé de dix maisons normandes entourées de fossés et d'arbres. »
MAUPASS., **Toine,** I.

3 « Aucune expansion brusque de Paris ne pouvait plus les atteindre (*les villages*). Ils eurent le temps de grossir : les hameaux de devenir des bourgs, et les bourgs, de grandes villes. »
ROMAINS, **H. de b. vol.,** t. I, XVIII, p. 200.

4 « Sur le désir exprimé par la reine (*Marie-Antoinette*) d'avoir un hameau, avec laiterie et moulin, dans le goût de celui que Jean-François Leroy avait créé à Chantilly en 1774 pour le prince de Condé, Mique en donna les plans et l'édifia de 1782 à 1784. »
E. DACIER, **Le style Louis XVI,** p. 37 (éd. Larousse).

HAMEÇON. *n. m.* (XIIIᵉ s., *ameçon* ; de l'anc. fr. *ain, hain, haim*, du lat. *hamus*). *Pêche.* Petit engin de métal en forme de crochet, armé de pointes, qu'on adapte au bout d'une ligne et qu'on garnit d'un appât (cit. 1 et 2. Cf. Embecquer) pour prendre le poisson. *L'hameçon comprend la hampe et le crochet, la première munie d'une palette ou d'un œil, le second garni d'une ou deux pointes (barbes, barbillons). Hameçon simple, hameçon à double barbe... Hameçon à deux crochets, ou bricole. Hameçon à trois ou quatre crochets. Hameçon à crochet recourbé, dit à avantages. Monter un hameçon sur une cordée*, un crin, un fil de soie. Le poisson a pris, avalé* (cit. 7) *l'hameçon.* V. **Avaler** (Cf. Engamer). *Le poisson s'est pris, a pris, a mordu à l'hameçon. Retirer l'hameçon de la gorge d'un poisson.* V. **Dégorgeoir.** *Hameçon qui se prend dans les herbes, les branches* (Cf. Effarouchement, cit.).

1 « Sur la jetée de Dieppe, je vis un pêcheur de mouettes. Il laissait flotter sur l'eau verte une longue corde, avec un hameçon garni d'un appât. »
ALAIN, **Propos,** La jetée de Dieppe.

— *Fig.* V. **Appât, attrape, piège.** *Mordre à l'hameçon, gober* (cit. 4) *l'hameçon, se laisser prendre à un appât, à une proposition apparemment avantageuse qui cache quelque piège. Tendre l'hameçon à quelqu'un,* chercher à le séduire, à l'entraîner dans un piège. *L'hameçon de la grâce féminine* (Cf. Beauté, cit. 34).

2 « (*Le premier président*) espéra que les ducs ne se laisseraient pas prendre à un hameçon si grossier, et il ne s'y trompa pas. »
ST-SIM., **Mém.,** IV, XXXIV.

3 « ... vous ne voyez que l'appât, vous ne prenez point garde à l'hameçon ; vous ne regardez que le plaisir, et moi, j'envisage tous les désagréments qui le suivent. »
LESAGE, **Gil Blas,** II, VII.

4 « On ne prend leur faveur (*aux hommes*) qu'avec un certain hameçon. »
STENDHAL, **Souv. d'égotisme,** V.

5 « Vraiment le Diable lançait trop d'hameçons devant une âme qui lui appartenait peut-être avant sa naissance. »
MAUROIS, **Vie de Byron,** XX.

DER. — **Hameçonner.** *v. tr.* (XVᵉ s., *hameçonné*, « crochu, en forme d'hameçon »). || 1º (1611) Garnir d'hameçons. *Hameçonner une ligne.* || 2º (1617). Prendre à l'hameçon. — *Fig.* (1833 P. BOREL in MATORÉ). Attraper, allécher, séduire.

★ HAMELIA ou **★ HAMÉLIE.** *n. f.* (1839 BOISTE ; du nom de *Duhamel du Monceau*, savant fr. 1700-1782). *Bot.* Genre de rubiacées* à belles fleurs rouges tubuleuses, à baies globuleuses. *La hamélie à feuilles velues est vulgairement appelée mort-aux-rats* (les baies étant vénéneuses).

★ HAMMAM (*ham'-mam'*). *n. m.* (1878 in P. LAROUSSE, 1ᵉʳ Suppl. ; *hammamât* in P. LAROUSSE 1873, « établissement de bains chez les musulmans » ; mot arabo-turc, signif. « bain chaud »). Établissement de bains turcs (en Orient, ou, à la mode turque, dans les autres pays).

« Trois jours avant le mariage, le jour du dernier bain, on loue le hammam du quartier s'il n'y en a pas dans la maison, et la fiancée s'y rend, escortée par toute la troupe des jeunes filles de sa parenté. Elles se déshabillent ensemble. Et toute cette jeunesse nue serait, je l'imagine, un spectacle charmant, s'il n'y avait au milieu d'elles les horribles laveuses, ramollies par la buée, épouvantables à voir ! »
J. et J. THARAUD, **Fez...,** VIII, III.

★ HAMMERLESS (*-mèr-lèss*). *n. m.* (1890 P. LAR., mot anglais, de *hammer*, « marteau », et *less*, « sans »). Fusil* de chasse à percussion centrale, sans chiens apparents.

1. ★ HAMPE. *n. f.* (XVIᵉ s. AMYOT ; altér. de l'anc. fr. *hanste* ou *hante*, du lat. *hasta*, « lance, tige », altéré par un croisement avec le francique *hant*, « main ». V. **Ante** 2).

|| 1º Long manche de bois auquel est fixé le fer d'une arme d'hast*, une croix, un drapeau*... V. **Bâton, bois.** *Brayer* supportant la hampe d'un drapeau. Drapeau* (cit. 4) *qu'on arrache de sa hampe. Banderoles, étendards pendant le long des hampes* (Cf. Fraîchir, cit. 2). *Hampe portant un pavillon.* V. **Digon.** *Hampe d'une hallebarde, d'une pique, d'une pertuisane, d'une lance, d'un dard, d'un épieu... Donner un coup de hampe.* — Par anal. *Hampes soutenant un dais, une courtine...*

1 « ... d'énormes hampes dorées, surchargées de sculptures, soutiennent les courtines de velours relevées de câbles et de glands d'or, et supportent un gigantesque blason aux armes de Russie,... »
GAUTIER, **Voyage en Russie,** XII.

2 « ... des bannières qui se gonflaient ainsi que des voiles de navire et entraînaient les hommes cramponnés à leurs hampes. »
HUYSMANS, **La cathédrale,** p. 216.

3 « Tous les pavillons d'Europe flottaient dessus au bout de longues hampes, lui donnant un air de Babel en fête, et des sables miroitants l'entouraient comme une mer. »
LOTI, **Pêcheur d'Islande,** II, IX.

— Par ext. (*Techn.*). Long manche de certains instruments (écouvillon, refouloir, pinceau...). — Mar. *Hampe de torpille. Hampe de hune,* garde-fou.

|| 2º Par anal. (1771 TRÉV.). *Bot.* Axe, tige allongée terminée par une fleur unique ou un groupe de fleurs, et dépourvue de feuilles. *La hampe d'un roseau.*

4 « Rien que ces étranges palmiers à tige grisâtre... : droits et lisses comme des poteaux géants, enflés à la base et tout de suite amincis en fuseau, ils portent au bout de leur hampe démesurée un tout petit bouquet d'éventails rigides, trop haut dans le ciel de feu. »
LOTI, **L'Inde (sans les Anglais),** III, II.

5 « (*La rivière*) disparaissait, chuchotante, dans un fouillis de grands roseaux : il n'y avait plus d'elle que le frisson des hampes vertes, larges, aiguisées comme des glaives. » GENEVOIX, **Raboliot,** IV, I.

2. ★ HAMPE. *n. f.* (1270 ; altér. de *wampe*, empr. à l'anc. haut allem. *wampa*. Cf. allem. *Wampe, Wamme*, « fanon, peau du ventre »). *Vén.* Poitrine du cerf. — *Boucher.* Partie supérieure et latérale du ventre du bœuf, du côté de la cuisse. V. **Grasset, maniement.**

★ HAMSTER. *n. m.* (XVIIIᵉ s. BUFFON ; mot allem.). Petit mammifère rongeur, de la famille des *Muridés*, au pelage roux avec ventre blanc, ressemblant à la fois au rat et au cochon d'Inde particulièrement remarquable par ses abajoues qu'il remplit du grain pillé dans les champs. *Le hamster ou rat de blé, commun en Europe centrale et en Russie, creuse des terriers compliqués où il amasse des provisions considérables.*

« Le hamster est un rat des plus fameux et des plus nuisibles... le hamster ressemble plus au rat d'eau qu'à aucun autre animal ; il lui ressemble encore par la petitesse des yeux et la finesse du poil ; mais il n'a pas la queue longue comme le rat d'eau, il l'a au contraire très courte... »
BUFFON, **Hist. nat. anim.,** Le hamster.

★ HAN ! *interj.* (XVIᵉ s. ; onomat.). Onomatopée traduisant le cri sourd et profond d'un homme (bûcheron, scieur...) qui frappe ou pousse avec un violent effort, ou le soupir de quelqu'un qui est délivré de quelque poids, de quelque peine. — *Substant.* (n. m.). *Faire, pousser un han. Un han caverneux, guttural.*

1 « ... comme à un fendeur de bois fait grand soulagement celui qui à chacun (*chaque*) coup près de lui crie : Han ! à haute voix... »
RAB., **Quart Livre,** XX.

2 « Pasquier et Nicod le dérivent (*le subst. ahan*) de *han,* qui est le cri que font les charpentiers en fendant du bois. »
FURET., **Dict.,** art. Ahan.

3 « Les boucles contenues étaient d'une telle finesse qu'elles devaient avoir été prises pendant la première enfance des deux filles. Lorsque le médaillon toucha sa poitrine, le vieillard fit un *han* prolongé qui annonçait une satisfaction effrayante à voir. »
BALZ., **Père Goriot,** Œuvr., t. II, p. 1078.

★ HANAP (*ha-nap*). *n. m.* (XIIᵉ s. ; francique *hnap*, latinisé en *hanappus*. Cf. allem. *Napf*, « écuelle »). *Ancienint.* Grand vase* à boire en métal, monté sur un pied et muni d'un couvercle. V. **Calice, coupe, cratère...** *Hanaps d'argent ou d'or, richement ciselés. Hanap de vin* (Cf. Apprendre, cit. 59).

1 « J'aime mieux voir les Turcs en campagne
Que de voir nos vins de Champagne
Profanés par des Allemands :
Ces gens ont des hanaps trop grands ;
Notre nectar veut d'autres verres. »
LA FONT., **Pièces div.,** IV, À Mgr le duc de Vendôme, 1689.

2 « Les cris... assourdissaient ceux des assistants qui étaient venus chercher un canon de vin de Suresnes dans les hanaps d'étain de maître Raymond. » NERVAL, **Contes et facéties,** Le souper des pendus.

3 « L'enfant remplit un hanap et le présenta à sa maîtresse. Elle but à longs traits, puis le tendit à Tristan, qui le vida. »
J. BÉDIER, **Tristan et Yseut,** IV.

★ HANCHE. *n. f.* (XIIᵉ s. ; germ. *hanka*, restit. d'après le moyen néerl. *hanke*, « hanche » ; Cf. allem. *hinken*, « boiter »).

|| 1º *Anat.* Chacune des deux régions symétriques du corps formant saillie au-dessous des flancs, « depuis la crête iliaque jusqu'au grand trochanter, entre la fesse en arrière et le pli de l'aine en avant » (RICHER). « *La hanche ou ceinture pelvienne est constituée par un seul os que l'on désigne sous le nom d'os coxal* » (TESTUT). *Articulation de la hanche ou articulation coxo-fémorale.* V. **Bassin, cuisse ;** coxal (os), iliaque (os), ilio-fémoral (ligament) ; **fémur ; sciatique**

(échancrure). *Affections, malformation de la hanche.* V. **Boiter, coxalgie, luxation.** *Se démettre* (cit. 2), *se luxer la hanche. Écartement, largeur des hanches. Hanches étroites, larges, rondes* (Cf. Buste, cit. 2), *puissantes* (Cf. Charnel, cit. 7 : femme, cit. 16), *vigoureuses* (Cf. Dandiner, cit. 1), *épanouies* (Cf. Gabarit, cit. 2), *rebondies* (Cf. Graisse, cit. 7)... *Tour de hanches. Avoir de la hanche,* de fortes hanches. *N'avoir point de hanches, trop de hanches* (Cf. Bas 1, cit. 59). *Gamine* (cit. 9) *sans hanches. Jupe serrant les hanches* (Cf. Épandre, cit. 14) *Ligne, galbe, saillie, relief, ressaut des hanches* (Cf. Fuseler, cit.).

1 « ... entre ces grands roseaux verts et sonores comme ceux de l'Eurotas, on voit luire la hanche ronde et argentée de quelque naïade aux cheveux glauques. » GAUTIER, Mlle de Maupin, IX.

2 « Elle s'avance, balançant mollement son torse si mince sur ses hanches si larges. » BAUDEL., Spl. de Paris, XXV.

3 « Le relief de la hanche est accru par un pannicule adipeux qui, le plus souvent, se confond sur le pourtour avec celui des régions voisines... La plus grande largeur des hanches existe au niveau du grand trochanter qui déborde toujours en dehors la saillie de la crête iliaque. » RICHER, Nlle anat. art., La Femme, p. 214.

4 « L'articulation coxo-fémorale, encore appelée articulation de la hanche, réunit le membre inférieur proprement dit à la ceinture pelvienne, le fémur à l'os coxal. Elle constitue le type le plus parfait des énarthroses. » TESTUT, Anat., t. I, p. 677.

— *Mouvement des hanches. Femme qui balance* (cit. 5) *les hanches, qui se balance* (cit. 27) *sur ses hanches.* V. **Déhancher** (se). *Rouler les hanches. Tortillement de hanches.*

5 « Il semble que tout son corps soit démonté, et que les mouvements de ses hanches, de ses épaules et de sa tête n'aillent que par ressorts. » MOL., Crit. Éc. d. fem., 2.

6 « Rencontrez-vous une de ces jolies personnes qui vont trottant menu, les yeux baissés, coudes en arrière, et tortillant un peu des hanches... » BEAUMARCH., Mar. de Figaro, III, 5.

7 « Elle sourit et puis passa, s'éloignant comme elle était venue, lente, d'une allure balancée, où ses hanches se devinaient souples et libres sous son costume. » LOTI, Matelot, X.

8 « Elles marchent avec des roulements de hanches. » ROMAINS, H. de b. vol., t. V, VIII, p. 66.

— *Appuyer un objet sur sa hanche* (Cf. Gâchette, cit. 2). *Porter un paquet sur la hanche. Poser, mettre la main sur la hanche* V. **Côté.** *Mettre les poings sur les hanches* (Cf. Faire le pot à deux anses*). *La main, les mains, une main, le poing sur la hanche,* posture marquant souvent le défi, la provocation, l'effronterie (Cf. Brave, cit. 8 ; coulisse, cit. 2).

9 « ... ces personnages gaillards de Molière, ces Dorine et ces Marton qu'il aime à citer, et qui disent des vérités le poing sur la hanche. » STE-BEUVE, Caus. du lundi, 13 mai 1850, t. II, p. 107.

— *Par ext.* (en parlant des animaux). *T. de Manège* (XIVe s.). Région de l'arrière-train du cheval, comprise entre le rein et la croupe, en haut du flanc. *Mettre un cheval sur les hanches,* le dresser de façon qu'il se soutienne sur ses hanches en galopant. *Ce cheval va bien sur les hanches,* ayant été mis sur les hanches. *Cheval qui traîne les hanches,* qui galope mal, n'ayant pas été mis sur les hanches. *Hanches accidentées.* V. **Épointer.** *Mouvements de hanches d'un cheval* (Cf. Enfoncer, cit. 20).

10 « La hanche se trouve, de part et d'autre, à l'extrémité antérieure de la croupe. Bien sortie, elle doit faire légèrement saillie sur les régions avoisinantes, mais sans excès (chevaux maigres, dits cornus) ni insuffisamment (hanche effacée ou noyée). Cette position en saillie expose cette région aux chocs... Il peut alors en résulter... des fractures (hanche cassée, descendue, coulée, chevaux dits *éhanchés*). » R. AMIOT, Le cheval, p. 23 (éd. P.U.F.).

— En parlant d'un autre quadrupède.

11 « La biche à l'œil profond se dressa sur ses hanches. » HUGO, Lég. d. siècles, XXII, I.

— *Entom.* (1832). Chez les insectes, segment des pattes articulé au corselet.

|| 2° *Par anal.* (1678). *Mar.* Partie supérieure de la muraille* d'un navire qui avoisine le tableau*. *Canonner un vaisseau par la hanche. Le vent vient, est de la hanche,* d'une direction passant environ à 45 degrés de l'arrière du travers. — *Techn.* (1832). Chacun des deux montants principaux d'une chèvre*.

DER et COMP. — Déhancher. — Éhanché. p. p. adj. (XIVe s.). *Art vétér.* V. Déhanché (Cf. *supra,* cit. 9). Hancher.

HOM. — Anche.

★ **HANCHER.** *v. intr.* et *tr.* (1835 GAUTIER ; de *hanche*). — REM. *Hancher* apparaît tardivement dans les dictionnaires, à la fin du XIXe siècle. LITTRÉ l'accueille dans son Supplément (1877) sous la forme pronominale, aujourd'hui inusitée.

I. *V. intr.* Se tenir, se camper dans une posture qui fait saillir la hanche, du côté opposé à la jambe sur laquelle porte le corps.

1 « Rosalinde décroisa ses mains, appuya le bout de son doigt sur le dos d'un fauteuil et se tint immobile ; elle hanchait légèrement de manière à faire ressortir toute la richesse de la ligne ondoyante ; » GAUTIER, Mlle de Maupin, XVI.

2 « Les deux jars, en tête, s'arrêtèrent brusquement, hanchant sur une patte, leurs grands becs jaunes tournés l'un vers l'autre ; et les becs de chaque bande, tous à la fois, suivirent le bec de leur chef, tandis que les corps hanchaient du même côté. » ZOLA, La terre, III, VI.

II. *V. tr.* (*Bx-arts*). Représenter (un personnage, une statue) de manière à faire saillir une hanche.

3 « (*La sculpture monumentale*) bien avant les ivoiriers du XIVe siècle, avait hanché ses Vierges, celle de la porte Nord de Notre-Dame notamment, et cela pour cette raison décisive, qu'une mère ne peut regarder l'enfant qu'elle porte dans ses bras sans reculer le buste, sans cambrer la taille par conséquent. De là est né ce hanchement, dont le XIVe siècle fait un si singulier abus. » Raymond KOECHLIN (in A. MICHEL, Hist. de l'art, t. II, p. 474).

|| HANCHÉ, ÉE. p. p. et adj. *Attitude, posture, station hanchée. Statues hanchées.*

4 « Pline attribue à Polyclète l'introduction de la station hanchée dans la statuaire. C'est manifestement une erreur, puisque nous la retrouvons dans les œuvres des écoles primitives et jusque chez les Égyptiens. Il n'en est pas moins vrai que ce sont les Grecs qui ont donné à la station hanchée sa forme la plus souple et la plus parfaite et qu'ils l'ont répandue à profusion dans leurs ouvrages. » P. RICHER, Nlle anat. art., Attitudes et mouvem., p. 65.

5 « ... vers 1260-1270, les sculpteurs d'Amiens exécutaient à la porte du croisillon Sud, la belle « Vierge dorée » du trumeau, légèrement hanchée, la figure souriante dans la contemplation de son Fils qu'elle présente à l'adoration des fidèles d'un geste plein de grâce. » M. AUBERT, La sculpt. fr. au moyen âge, p. 255.

DER. — ★ Hanchement. n. m. (XIXe s.). Attitude hanchée (Cf. *supra,* Hancher, cit. 3).

★ **HAND-BALL** (*hénd-bôl*). *n. m.* (XXe s. ; mot angl. signif. « balle à la main », p. oppos. à *football*). Sport d'équipe analogue au football, mais qui se joue uniquement avec les mains.

★ **HANDICAP** (*-cap'*). *n. m.* (1827 BRYON, Manuel de l'amateur de courses, cit. in MATORÉ ; mot anglais — composé probable de *hand in cap*, « main dans le chapeau », d'abord, au XVIIe s., jeu de hasard, entraînant des paris — appliqué vers 1754 aux courses de chevaux).

|| 1° *Turf.* Course ouverte à des chevaux dont les chances de vaincre, naturellement inégales, sont, en principe, égalisées par l'obligation faite aux meilleurs de porter un poids plus grand (courses au galop) ou de parcourir une distance plus longue (courses au trot). *Courir, disputer, gagner un handicap. Cheval qui rend* deux kilos... trente mètres... à ses concurrents dans un handicap. Handicap ouvert aux chevaux de tout âge.* V. **Omnium.** *Un trois mille mètres handicap.*

— *Par anal.* Épreuve, compétition sportive où l'inégalité des chances des concurrents est compensée au départ par l'attribution de points, des avantages de temps, de distance... *Match de polo handicap.*

1 « ... en s'honorant dans le trois cents mètres handicap qui devait ouvrir les Jeux Funèbres. » MONTHERLANT, Les Olympiques, p. 81.

|| 2° *Par ext.* Désavantage de poids (V. **Surcharge**), de distance, de temps, de points, imposé à un concurrent pour que ses chances se trouvent diminuées et ramenées, en principe, à celles d'un ou plusieurs concurrents. *Avoir, supporter un handicap de trois livres, de vingt-cinq mètres... Avoir deux kilos, une seconde de handicap. Partir avec un handicap. Refaire, rattraper, combler son handicap.*

— *Fig.* (néol.). Désavantage, infériorité, gêne, qu'on doit supporter par rapport à des concurrents ou par rapport aux conditions normales d'action et d'existence. *Il a les mêmes titres, mais son âge est un sérieux handicap. Sa blessure lui inflige un handicap momentané.*

2 « Il (*Byron*) avait le goût des jeux et le désir d'y briller malgré son infériorité physique. En particulier, il aimait à nager et à plonger ; dans l'eau, son infirmité cessait d'être un handicap. » MAUROIS, Vie de Byron, I, V.

ANT. — Avance, avantage. — DER. — Handicaper.

★ **HANDICAPER.** *v. tr.* (1854 ; de *handicap*, d'après l'anglais *to handicap*). Imposer à (un cheval, un concurrent) un désavantage quelconque selon la formule du handicap. *Cheval équitablement, sévèrement handicapé.*

— *Fig.* (1889). Mettre (quelqu'un) en état d'infériorité. V. **Défavoriser, désavantager.** *Sa timidité le handicape sérieusement. Il est vraiment handicapé depuis son accident.*

1 « De la sixième au baccalauréat ses élèves auraient le temps, prétendait-elle, de rejoindre ceux du lycée... On partait plus tard, mais pour n'arriver pas moins tôt... Oui, mais moi qui prenais la course en écharpe, j'étais handicapé... je perdis tout espoir de rattraper jamais ceux qui déjà traduisaient Virgile. » GIDE, Si le grain..., I, IV.

2 « ... je suis sérieusement atteint, il ne faut pas se faire d'illusions... Bien entendu, je m'en tirerai. Mais ce sera long... Et je suis très probablement handicapé pour le reste du parcours ! » MART. du G., Thib., t. IX, p. 107.

ANT. — Avantager, douer, favoriser.

DER. — ★ Handicapeur. n. m. (1872 P. LAR.). Commissaire d'une société de courses chargé d'établir les handicaps.

★ **HANGAR.** *n. m.* (1337 en picard ; du francique *haimgard*, de *haim*, « petit village, hameau* », et *gard*, « enclos, jardin », selon WARTBURG, qui écarte le rapprochement avec le lat. médiév. *angarium*, « lieu où l'on ferre les chevaux » (BLOCH). — REM. Selon DAUZAT, le francique *hangart*, « construction... adossée à la maison », vient de la rac. *hangen*, « attacher, pendre »). Construction, généralement assez sommaire, formée d'une couverture soutenue par des supports et destinée à abriter du matériel (agricole, mécanique...) ou certaines marchandises... V. **Abri, bâtiment, entrepôt, remise.** *Les hangars d'une ferme*. Hangar à récoltes, à fourrage* (V. **Grange ; fenil, herbier...**). *Hangar servant de cellier*. Hangar à tabac* (V. **Séchoir**). *Hangars d'un port.* V. **Dock.** *Hangar à embarcation.* V. **Carbet.** *Hangar à locomotives.* V. **Rotonde.** — *Hangar couvert de tuiles, de tôle ondulée, de chaume* (Cf. Fauconnerie, cit.). *Hangar de bois, de briques, de béton ; hangar métallique. Hangar isolé. Hangar en appentis. Hangar ouvert, fermé* (avec murs). *Forge* (cit. 6) *installée sous un hangar.*

1   « L'aubergiste baissa tristement la tête, et emmena le cheval sous une espèce de hangar... »
      MÉRIMÉE, **Rom. et nouv.**, Chron. règne Charles IX, I.

2   « Nous fûmes donc, après les errements habituels, admis à notre cantonnement de nuit : un hangar soutenu par quatre madriers et ayant pour murs les quatre points cardinaux. »
      BARBUSSE, **Le feu**, XVI, t. II, p. 6.

3   « Dans le vaste hangar fermé, noir de charbon, et que de hautes fenêtres poussiéreuses éclairaient, parmi les autres machines au repos, celle de Jacques se trouvait déjà en tête d'une voie, destinée à partir la première. »   ZOLA, **Bête humaine**, V, p. 162.

— Spécialt. *Aviat.* Vaste construction close servant d'abri aux avions. *Hangars d'un camp d'aviation* (cit. 2), *d'un terrain d'atterrissage, d'un aéroport. Hangar à dirigeables.*

4   « Toulouse, Barcelone, Alicante ayant dépêché le courrier... rentraient les avions, fermaient les hangars. »   ST-EXUP., **Courrier Sud**, III, I.

★ HANNETON. *n. m.* (XIe s. ; dér. d'un francique *hano*, « coq ». Cf. plusieurs noms d'insectes provenant de cette racine dans les langues germ.). Insecte coléoptère (*Scarabéidés*) scientifiquement appelé *Melolontha. Le hanneton, insecte lourd, ordinairement roux, à antennes lamelleuses* (V. **Lamellicorne**). *Les larves de hannetons* (V. **Man, turc, ver** (blanc) *mettent trois ans à se développer en chrysalides, puis en insectes parfaits. Hanneton commun, hanneton du marronnier.* — Par ext. (en parlant d'insectes de la même famille). *Hanneton des jardins* (Phyllopertha), *de Saint-Jean* (Rhizotrogus), *des pins* (Polyphylla), *des roses* (V. **Cétoine** (dorée) ; *hanneton laineux* (Anoxia), *hanneton foulon.* — *Dégâts causés aux récoltes par les hannetons et leurs larves. Chasser, détruire les hannetons* (V. **Hannetonnage**). *Le vol lourd, le bourdonnement du hanneton* (Cf. Cerf-volant, cit. 1). *Enfant qui s'amuse avec un hanneton, en l'attachant avec un fil, etc.*

1   « Quand j'étais tout petit, et que je tourmentais des hannetons, il y avait chez ces pauvres insectes un mouvement qui me donnait presque la fièvre. C'est quand je les voyais faisant ces efforts réitérés pour prendre leur vol, sans néanmoins s'envoler, quoiqu'ils eussent réussi à soulever leurs ailes. »   BALZ., **Albert Savarus**, Œuvr., t. I, p. 811.

2   « ... des bandes innombrables de hannetons, s'élevant des champs et volant vers les jeunes verdures des bois, faisaient une rumeur lointaine et intense de vague qui s'enflait et s'apaisait tour à tour. »
      PERGAUD, **De Goupil à Margot**, La tragique aventure de Goupil, V.

— Fam. *Être étourdi* comme un hanneton*, par allus. au vol maladroit du hanneton, qui se cogne contre les obstacles. *Courir à l'étourdie* (cit. 11), *comme un hanneton* (Cf. aussi Entrer, cit. 8). — Absolt. *C'est un hanneton, un vrai hanneton :* un esprit léger et désordonné.

3   « Si Montreuil n'était point douze fois plus étourdi qu'un hanneton... »   SÉV., 37, 23 juin 1656.

4   « Son beau-fils était un petit hanneton, grand dissipateur qui jouait volontiers, qui perdait tant qu'on voulait, mais qui ne payait pas de même. »   HAMILTON, **Gram.**, IX.

— Pop. *Qui n'est pas piqué* (mangé) *des hannetons*, se dit d'une chose qui se manifeste dans toute son intensité, sans aucune atténuation.

5   « Il fait à Aix, l'hiver, un petit froid qui n'est pas piqué des hannetons. »   ARAGON, **Beaux quartiers**, II, X.

DER. — **★ Hannetonnage.** *n. m.* (1866 in LITTRÉ, Suppl.). Opération qui a pour but la destruction des hannetons. — **★ Hannetonner.** *v. intr.* (1767). *Peu usit.* Détruire les hannetons (en secouant les arbres).

★ HANSART. *n. m.* (XIIIe s. ; du germ. *hand seax*, « poignard, glaive à main »). *Dialect.* (Ouest). Couperet*, petite hache pour trancher, hacher la viande (V. **Boucher** 2, **boucherie**).

1. ★ HANSE. *n. f.* (1240 ; anc. haut all. *hansa*, « troupe »). *Hist.* Au moyen âge, Association* de marchands ayant le monopole du commerce par eau, dans une région. *Hanse germanique*, et absolt. *La Hanse :* association de villes commerçantes de la Baltique, du XIIIe au XVIe s. — *Par ext.* Nom donné à certaines corporations*, compagnies de marchands.

« Au-dessus des compagnies et des sociétés se formèrent parfois des confédérations qui portèrent le nom de Hanses. La plus connue de ce genre fut la célèbre ligue hanséatique, confédération à la fois commerciale et politique des villes de la Baltique qui se forme au XIIIe siècle et dont on sait les destinées brillantes. »
      LAVISSE et RAMBAUD, **Hist. génér.**, II, p. 508.

DER. — **★ Hanséatique.** *adj.* (allem. *Hanseatisch*). Relatif à la Hanse. *Ligue hanséatique.* Appartenant à la Hanse. *Cité, ville hanséatique.*

« Il est sept heures du matin, et nous voilà arrivés dans cette bonne ville hanséatique de Hambourg. »
      GAUTIER, **Voyage en Russie**, II, p. 12.

2. ★ HANSE. *n. f.* (altér. de *hanste.* V. **Hampe***). *Technol.* Tige de l'épingle.

★ HANTER. *v. tr.* (XIIe s. « habiter » du germ. *haimettan, hamettan* (DAUZAT) ou de l'anc. scand. *heimta* (BLOCH), du rad. *haim.* V. **Hameau**).

‖ 1° Fréquenter* (un lieu) d'une manière habituelle, familière. — REM. Le mot était considéré comme vieux ou vulgaire au XVIIe s. (Cf. BRUNOT, H.L.F., t. IV, p. 254). De nos jours, il n'est plus du langage courant. — *Hanter les palais* (Cf. Asseoir, cit. 16), *les églises* (cit. 14), *la taverne* (Cf. Enivrer, cit. 16), *les tripots, les mauvais lieux. Hanter les ventes publiques...* V. **Courir** (Cf. Bric-à-brac, cit.).

1   « ... car tous les environs
      Étaient hantés de brigands et larrons. »
      RONSARD, **Premier livre des poèmes**, Le satyre.

2   « Il y avait alors aux environs des barrières de Paris des espèces de champs pauvres... Jean Valjean les hantait avec prédilection. Cosette ne s'y ennuyait point. C'était la solitude pour lui, la liberté pour elle. »
      HUGO, **Misér.**, IV, III, VIII.

3   « (Il) visitait les navires, interrogeait les capitaines, fréquentait chez les armateurs, hantait les salles de spectacles... »
      DUHAM., **Invent. de l'abîme**, III.

— Spécialt. et *Vx.* Habiter*, vivre dans (un lieu). *Des combes hantées par les bêtes sauvages* (Cf. Graine, cit. 7).

4   « (Quatre animaux divers)
      Hantaient le tronc pourri d'un pin vieux et sauvage. »
      LA FONT., **Fabl.**, VIII, 22.

— Absolt. (Vx.). *Hanter en mauvais lieux* (LITTRÉ).

5   « ... pourquoi, surtout depuis un certain temps,
      Ne saurait-il souffrir qu'aucun hante céans ? »   MOL., **Tart.**, I, 1.

‖ 2° *Vieilli* (sauf dans la loc. prov. *infra*). En parlant des personnes. V. **Fréquenter, pratiquer.** *Femme qui hante les comédiens* (Cf. Gaupe, cit. 2).

6   « Hantez les boiteux, vous clocherez, hantez les chiens, vous aurez des puces. »   DU FAIL, **Contes d'Eutrapel**, XIX (in LITTRÉ).

7   « Lorsque je hante la noblesse, je fais paraître mon jugement, et cela est plus beau que de hanter votre bourgeoisie. »
      MOL., **Bourg. gent.**, III, 3.

— PROV. *Dis-moi qui tu hantes, je te dirai qui tu es :* on peut juger de quelqu'un d'après les gens qu'il fréquente.

‖ 3° *Spécialt.* (début XIXe s. ; empr. à l'angl. Cf. *infra*, HANTÉ). En parlant des esprits*, des fantômes*. *Revenant qui, dit-on, hante ce château en ruines.*

8   « Autrefois, à en croire les discours populaires, chaque isthme avait son démon qui le hantait, chaque anse sa fée qui l'habitait, chaque promontoire son saint qui le protégeait ; »
      HUGO, **Han d'Islande**, XVIII (1823), Œuvr., t. VI, p. 141.

9   « Au temps de Théodoric... Saint Césaire débarrassa une maison hantée par des lémures. »   HUYSMANS, **Là-bas**, p. 137.

— Fig. *Fantôme* (cit. 12) *qui hante la vie de quelqu'un.*

‖ 4° *Fig.* (XIXe s.). V. **Obséder, poursuivre ; hantise.** *Cette idée, ce souvenir le hantait. Les rêves, les obsessions qui hantent son sommeil.* V. **Habiter, peupler** (fig.). *Être hanté par le remords, par des souvenirs pénibles* (Cf. Estomac, cit. 17). *Nuits hantées de visions, d'hallucinations... Ennuis, soucis, désirs qui hantent la pensée, l'esprit de quelqu'un. Hanter l'imagination des hommes* (Cf. Forêt, cit. 4). — REM. Ce sens n'est indiqué ni par LITTRÉ, ni par HATZFELD, ni par ACAD. 8e édit. (1935).

10   « C'est à elle en partie que je dois de bien parler, s'il m'échappait un mot bas elle disait : « Ah ! Henry ! » Et sa figure exprimait un froid dédain dont le souvenir me *hantait* (me poursuivait longtemps). »
       STENDHAL, **Vie de H. Brulard**, XXIX.

11   « ... l'abominable tête du crocodile... me regardait partout... ; et je restais là, plein d'horreur et fasciné. Et ce hideux reptile hantait si souvent mon sommeil que, bien des fois, le même rêve a été interrompu de la même façon ; »
       BAUDEL., **Parad. artif.**, Le mangeur d'opium, IV.

12   « Il pleurait du matin au soir, l'âme déchirée d'une souffrance intolérable, hanté par le souvenir, par le sourire, par la voix, par tout le charme de la morte. »   MAUPASS., **Clair de lune**, Les bijoux.

13   « Toujours ce vain désir inassouvi me hante
       D'emporter avec moi tes yeux vivants d'amante, »
       SAMAIN, **Le chariot d'or**, Élégies, p. 73.

14   « Je ne goûte ici même plus la joie de la rendre heureuse ; c'est-à-dire que je n'ai plus cette illusion ; et la pensée de cette faillite hante mes nuits. »   GIDE, **Et nunc manet in te**, Journal intime, 26 janv. 1921.

15   « L'idée du suicide le hante. Il tourne à l'hypocondrie. Il est rongé d'insomnies. »   SUARÈS, **Trois hommes**, Dostoïevski, I.

16   « Les soucis financiers, qui devaient par la suite hanter toutes nos pensées, harcelaient déjà Justin. »   DUHAM., **Pasq.**, V, VII.

‖ HANTÉ, ÉE. p. p. et adj. (*Vieilli*). Fréquenté, visité.

17 « Je ne crois pas que sur la terre
Il soit un lieu d'arbres planté
Plus célèbre, plus visité,
Mieux fait, plus joli, mieux hanté,
...
Que l'ennuyeux parc de Versailles. »
MUSSET, Poés. nouv., Sur trois marches de marbre rose.

— *Spécialt.* (début XIX⁰ s. ; par imitation, selon LITTRÉ, de l'angl. *haunted*). Visité par des fantômes, des esprits. *Maison hantée. Château hanté.*

18 « Il est prouvé que les bêtes sentent le Diable..., à ce point que les rats et jusqu'aux punaises délogent précipitamment d'une maison hantée. » BLOY, La femme pauvre, I, XXVIII.

19 « Je sais ce qu'est en réalité un bourg hanté. Les batteries de cuisine qui résonnent la nuit dans les appartements dont on veut écarter le locataire, des apparitions dans les propriétés indivises pour dégoûter l'une des parties. » GIRAUDOUX, Intermezzo, I, 4.

ANT. — Fuir ; éloigner (s'). — DER. — Hantise.

★ **HANTISE.** *n. f.* (XIII⁰ s. ; de *hanter*).

‖ 1° *Vx.* Action de hanter, de fréquenter (une personne).

1 « Isabelle pourrait perdre dans ces hantises
Les semences d'honneur qu'avec nous elle a prises ; »
MOL., Éc. d. mar., I, 2.

‖ 2° *Fig.* (fin XIX⁰ s.). Caractère obsédant d'une idée, d'une pensée, d'un souvenir ; préoccupation constante, crainte, inquiétude, tourment, dont on ne parvient pas à se libérer. V. **Obsession ; idée** (fixe), **manie...** (Cf. Coexister, cit. ; esprit, cit. 82). *La hantise du péché mortel* (Cf. Communion, cit. 5), *du crime* (Cf. Couteau, cit. 15), *de la mort* (V. **Peur**). *Hantise qui poursuit, accompagne quelqu'un* (V. **Vision**). *Hantise sexuelle.*

2 « Chaque fois que mes hantises sensuelles fléchissent, mes obsessions religieuses se débilitent. » HUYSMANS, En route, p. 86.

3 « Il y a bien la hantise du concours, à la fin de la troisième année, qui ne me quitte jamais tout à fait ; qui tend peut-être même à s'aggraver,... » ROMAINS, H. de b. vol., t. IV, VII, p. 56.

HAPAX. *n. m.* (gr. *hapax legomenon*, « chose dite une seule fois »). *Linguist.* Mot, forme, emploi « dont on ne peut relever qu'un exemple » (MAROUZEAU). *Le mot* ptyx, *employé par Mallarmé dans un sonnet, est un hapax.*

HAPLO-. Préf. tiré du grec *haploos*, « simple », et qui entre dans la composition de mots savants. V. **Mono-.** — **Haploïde.** *adj.* (V. **-Oïde**). Se dit des gamètes dont le nombre de chromosomes est réduit de moitié (réduction chromosomique), *par oppos. à* Diploïde*. *Cellule haploïde.* Par ext. *Noyau, cellule ou stade haploïde.*

★ **HAPPER.** *v. tr. et intr.* (XII⁰ s. ; probablement issu d'une onomat. *happ-*, selon BLOCH).

‖ 1° *V. tr.* Saisir, attraper brusquement et avec violence. V. **Attraper, gripper, saisir.** *Happer quelqu'un au collet* (Cf. Fumée, cit. 9), *par la manche... Happer la main, le bras de quelqu'un* (Cf. Critique 2, cit. 38). *Être happé par une voiture, un train.* — REM. *Happer,* en parlant d'une personne que l'on saisit à l'improviste (*Les gendarmes l'ont happé.* ACAD.), n'est pas un « mot familier », comme l'écrit ACAD. 1935, mais il peut être employé plaisamment, à la manière de LA FONTAINE (Cf. Assommer, cit. 11).

1 « ... Avant seras happé
Et de par nous saisi, pri(n)s, attrapé » MAROT, Épîtres, XXI.

2 « Lentement il se rapprocha, ne quittant pas des yeux l'objet de sa convoitise ; puis, happant le morceau avec sa main, se recula vivement ; comme s'il eût craint que mon offre ne fût pas sincère... » BAUDEL., Spleen de Paris, XV.

3 « Ils allaient s'éloigner, lorsque Cadieux sortit du commissariat, sans chapeau et courant. Jacques le happa au passage. » MART. du G., Thib., t. VII, p. 201.

— *Spécialt.* Attraper, prendre brusquement dans la bouche*, la gueule*, le bec*, en parlant de certains animaux. *Chien, loup, lion qui happe un morceau de viande. Poisson, oiseau qui happe et gobe* un insecte. — En parlant d'un homme vorace (Cf. Goulu, cit. 1).

4 « À ces mots, le premier il (*le chien*) vous happe un morceau. » LA FONT., Fabl., VIII, 7.

5 « ... accrochez-y (*à votre ligne*) un ver ou un morceau de vieux fromage, carpes, barbillons, perches, anguilles, sauteront à trois pieds hors de l'eau pour le happer. — Les hommes ne sont pas aussi différents des poissons qu'on a l'air de le croire généralement. » GAUTIER, Mᶥᶦᵉ de Maupin, Préf., p. 18.

6 « ... tous les deux se mirent à déjeuner, guettés par les chiens qui vinrent s'asseoir devant eux, happant de temps à autre une croûte, si dure qu'elle craquait entre leurs mâchoires comme un os. » ZOLA, La terre, IV, I.

— *Par anal. Piège qui happe la patte d'un animal.* Cf. Étau, cit. 2. *Être happé dans une trappe, une porte à tambour...*

7 « ... (Cf. Gicler, cit. 7)... je fus happé dans le sens inverse en plein grand vestibule à l'intérieur. » CÉLINE, Voyage au bout de la nuit, p. 181.

‖ 2° *V. intr.* Adhérer* fortement. V. **Attacher** (s'). *L'argile sèche, la terre bolaire* (cit.) *happe à la langue.*

ANT. — Lâcher, laisser.

DER. et COMP. — ★ **Happe.** *n. f.* (XIII⁰ s.). Crampon* qui sert à lier deux pièces de bois, de charpente, deux pierres. Pince, tenaille de fondeur. Outil de luthier, pour tenir les pièces qu'il travaille. Demi-cercle de métal qui protège chaque extrémité d'un essieu (de charrette...). — ★ **Happement.** *n. m.* (1330 WARTBURG). *Peu usit.* Action de happer. Adhérence* (de l'argile, etc.) sur la langue. — ★ **Happelourde.** *n. f.* (1532 RAB., de *lourde*, « sotte ». Cf. Attrape-nigaud). *Vx.* Pierre fausse qui a l'apparence d'une pierre précieuse. *Fig.* Personne d'apparence brillante, mais dépourvue d'esprit.

« Tout est fin diamant aux mains d'un habile homme,
Tout devient happelourde entre les mains des sots ; »
LA FONT., Lett. div., A M. Girin.

★ **HAQUEBUTE** ou ★ **HACQUEBUTE.** *n. f.* (1473 ; d'orig. germ.). V. **Arquebuse.**

★ **HAQUENÉE.** *n. f.* (1367 ; empr. au moy. angl. *haquenei*, « tiré de *Hackney*, nom d'un village... dont les chevaux étaient renommés » (BLOCH). *Vx.* Cheval (cit. 3) ou jument de taille moyenne, d'allure douce, allant ordinairement l'amble. *Les dames montaient des haquenées.*

« Voici venir madame Marie-Anne ;
Elle descend l'escalier de la tour :
...
Une haquenée | Du noir palefroi.
Est seule amenée, | Mais son père monte
Tant elle a d'effroi | Le beau destrier ;
 | Ferme à l'étrier : »
VIGNY, Liv. mod., Madame de Soubise.

— *Fig. et vieilli.* En parlant d'une grande et forte femme (V. **Cheval** (de bataille), **jument**). *Une grande femme laide et dégingandée ou encore d'une femme de mauvaise vie.*

« Mademoiselle Goujet était une de ces filles dont le portrait est fait en deux mots qui permettent aux moins imaginatifs de se les représenter : elle appartenait au genre des grandes haquenées. Elle se savait laide, elle riait la première de sa laideur en montrant ses longues dents jaunes... » BALZ., Ténébr. aff., Œuvr., t. VII, p. 491.

« Elle était sur le retour et toute frémissante encore de ses débauches effrénées. Car il faut vous dire qu'elle avait été pendant vingt ans la meilleure haquenée de la province de Normandie. » FRANCE, Opinions J. Coignard, III, Œuvr., t. VIII, p. 355.

★ **HAQUET.** *n. m.* (XIV⁰ s. ; peut-être de l'anc. fr. *haquet*, « cheval », de même rac. que *haquenée*). Charrette* étroite et longue, sans ridelles. *Haquet muni d'un treuil, pour le transport des tonneaux.*

« Sept voitures marchaient à la file sur la route. Les six premières avaient une structure singulière. Elles ressemblaient à des haquets de tonneliers ; c'étaient des espèces de longues échelles posées sur deux roues et formant brancard à leur extrémité antérieure. Chaque haquet, disons mieux, chaque échelle était attelée de quatre chevaux bout à bout. » HUGO, Misér., IV, III, VIII.

« On voyait se ranger devant les portes des haquets chargés de barriques. » BARBUSSE, Le feu, V, t. I, p. 36.

★ **HARA-KIRI.** *n. m.* (1873 P. LAR. ; mot jap., « ouverture du ventre »). Mode de suicide particulièrement honorable, au Japon. *Les samouraïs condamnés à mort avaient le privilège du hara-kiri. Officier japonais qui fait hara-kiri pour venger son honneur, l'honneur national...* — Par ext. et plaisant. *Faire hara-kiri :* se suicider ou *fig.* se sacrifier (Cf. Demander, cit. 26).

« — Oui, — dit Hirata Takamori. — Je vais, Narimasa, me tuer tout à l'heure. Et je vous serai très obligé, à vous qui êtes d'une très noble famille de bons samouraïs, de bien vouloir m'assister dans mon harakiri. » FARRÈRE, La bataille, XXX.

★ **HARANGUE.** *n. f.* (*Arenge*, vers 1400 ; du lat. médiév. *harenga*, d'un francique *hari-hring*, « réunion de l'armée » (DAUZAT). Discours solennel prononcé devant une assemblée, un haut personnage. V. **Allocution, discours*** (cit. 10), **oraison** (*vx*). Cf. Écrivain, cit. 1. *Harangue véhémente, violente.* V. **Catilinaire, philippique.** *Courte harangue. Harangue pompeuse, solennelle, emphatique.* V. **Prosopopée.** *Faire, prononcer une harangue* (Cf. Blandice, cit. 4). *Harangue d'un député* (cit. 1), *d'un sénateur, d'un tribun romain.* — *La tribune* aux harangues d'Athènes s'élevait sur le Pnyx.

« ... présenter des harangues ou des disputes de rhétorique à une compagnie assemblée pour rire et faire bonne chère, ce serait un mélange de trop mauvais accord. » MONTAIGNE, Essais, t. I, XXVI.

« Les harangues sont une autre espèce de mensonge oratoire que les historiens se sont permis autrefois. On faisait dire à ses héros ce qu'ils auraient pu dire. » VOLT., Russie, Préf., VII.

« ... ce jour-là, il trouva d'instinct l'éloquence militaire dont il est le modèle ; il inventa la harangue à l'usage de la valeur française et faite pour l'électriser. Henri IV avait eu des traits d'esprit... mais, ici, il fallait une éloquence... à la mesure de ces armées sorties du peuple, la harangue brève, grave, familière, monumentale. Du premier jour, au nombre des moyens de grande guerre, Napoléon trouva celui-là. » STE-BEUVE, Caus. du lundi, 17 déc. 1849, t. I, p. 184.

« Il y a, dans nos races jacassières, des individus qui accepteraient avec moins de répugnance le supplice suprême, s'il leur était loisible de faire du haut de l'échafaud une copieuse harangue, sans craindre que les tambours de Santerre ne leur coupassent intempestivement la parole.
Je ne les plains pas, parce que je devine que leurs effusions oratoires leur procurent des voluptés égales à celles que d'autres tirent du silence et du recueillement ; mais je les méprise. » BAUDEL., Spleen de Paris, XXIII.

5 « Il est rare qu'ils (*les héros d'Homère*) en viennent aux coups sans, préalablement, s'être adressé de longues harangues qui sont parfois poétiques et toujours instructives. »
DUHAM., **Refuges de la lecture**, p. 30.

— *Par ext.* Discours pompeux et le plus souvent ennuyeux ; remontrance, réprimande interminable... (V. **Sermon**). Cf. Après, cit. 70. *Épargnez-nous vos harangues.*

6 « — (*Voici*)... de quoi te délier la langue.
→ Elle ira faire encor quelque sotte harangue ! »
MOL., **Dép. am.**, I, 4.

DER. — Haranguer.

★ **HARANGUER.** *v. tr.* (1512 : de *harangue*). Adresser une harangue* à. *Haranguer un roi, un empereur, une assemblée, des soldats, le peuple, la foule...* (Cf. Chef, cit. 10 ; français, cit. 1 ; grimper, cit. 21).

1 « (*M. de Beaufort*) sortit ; il harangua à sa manière la populace, et il l'apaisa pour un moment. »
RETZ, **Mém.**, II, p. 244.

2 « Il (*Mazarin*) exigea et il obtint que le parlement vint le haranguer par députés. C'était une chose sans exemple dans la monarchie ; »
VOLT., **Louis XIV**, VI.

3 « ... si jamais on vit un spectacle indécent, odieux, risible, c'est un corps de magistrats, le chef à la tête, en habit de cérémonie, prosternés devant un enfant au maillot, qu'ils haranguent en termes pompeux, et qui crie et bave pour toute réponse. »
ROUSS., **Émile**, II.

4 « Des hommes d'une éloquence frénétique haranguaient la foule au coin des rues ; »
FLAUB., **Éduc. sentim.**, III, I.

5 « ... cette place éminente par elle-même, où je ressens, avec la sensation de l'étrangeté d'y paraître, tout l'émoi et tout l'embarras d'avoir à vous haranguer. »
VALÉRY, **Variété V**, p. 41.

— *Absolt.* Prononcer des harangues et *par ext.* parler beaucoup et avec emphase.

6 « ... soit qu'il parle, qu'il harangue ou qu'il écrive, (*il*) veut citer... »
LA BRUY., XII, 64.

7 « ... la philosophie enseigne et ne harangue pas. »
P.-L. COURIER, **Œuvres**, p. 566.

8 « Qui croirait que cette cour insensée se rappelât, regrettât l'usage absurde de faire haranguer les Tiers à genoux ? On ne voulut pas l'en dispenser expressément, et l'on aima mieux décider que le président du Tiers ne ferait pas de harangue. »
MICHELET, **Hist. Révol. franç.**, I, II.

— *Fig.* Faire d'ennuyeux discours, de longues remontrances à. V. **Sermonner** (Cf. Fréquentation, cit. 7).

9 « Avant mon départ, j'allai embrasser mon père et ma mère, qui ne m'épargnèrent pas les remontrances. Ils m'exhortèrent à prier Dieu pour mon oncle, à vivre en honnête homme... et, sur toutes choses, à ne pas prendre le bien d'autrui. Après qu'ils m'eurent très longtemps harangué, ils me firent présent de leur bénédiction... »
LESAGE, **Gil Blas**, I, 1.

10 « ... le conducteur est assis sur le brancard, d'où il peut haranguer et bâtonner sa mule tout à son aise... »
GAUTIER, **Voyage en Espagne**, p. 50.

DER. — ★ Harangueur, euse. *n.* (1530). *Vieilli.* Celui, celle qui prononce des harangues. V. **Orateur**. En mauvaise part : *Mauvais, froid harangueur* (Cf. Amphigouri, cit. 2). — *Fig.* Celui, celle qui discourt interminablement, parle d'une façon solennelle et ennuyeuse.

« Des harangueurs du temps l'ennuyeuse éloquence. »
BOIL., **Sat.**, VIII.

★ **HARAS** (-*ra*). *n. m.* (*Haraz* au XIIe s. ; orig. incertaine. WARTBURG le rattache à l'anc. normand *hårr*, « qui a le poil gris », d'où dériverait aussi *haridelle*). Lieu, établissement destiné à la reproduction* de l'espèce chevaline, à l'amélioration des races de chevaux par la sélection* des étalons* (cit. 1 et 2). V. **Cheval**. *Haras privés, appartenant aux particuliers. Registre d'un haras de pursang.* V. **Stud-book**. *Haras nationaux, appartenant à l'État.* V. **Étalon** (dépôts d'étalons), **jumenterie**. *Administration des haras* (loi du 29 mars 1874). *La direction générale des haras au Ministère de l'Agriculture. Concours des haras. Étalons* privés approuvés ou autorisés par la commission des haras.*

1 « Les haras nationaux furent créés par Colbert en 1665... Il fit acheter des étalons par l'État et les mit en dépôt chez des particuliers qui les nourrissaient moyennant certaines détaxes d'impôts. En 1714 fut créé le haras du Pin en Normandie qui commença à fonctionner quatre ans plus tard. En 1751, naquit la Jumenterie de Pompadour en Corrèze... »
R. AMIOT, **Le cheval**, p. 101 (éd. P.U.F.).

2 « L'administration des Haras met à la disposition des éleveurs des étalons et des baudets dont l'effectif est fixé par une loi ; les étalons nationaux sont entretenus dans vingt-trois dépôts régionaux, et répartis pour la saison de monte dans sept cents stations de monte environ. »
DALLOZ, **Nouv. répert. prat.**, Haras, n° 2.

— *Par anal.* En parlant de l'espèce humaine.

3 « ... la loi (à *Sparte*) fixe l'âge des mariages et choisit le moment et les circonstances les plus favorables pour bien engendrer. Il y a chance pour que de tels parents aient des enfants beaux et forts ; c'est le système des haras, et on le suit jusqu'au bout puisqu'on rejette les produits mal venus. »
TAINE, **Philos. de l'art**, t. II, p. 188.

4 « ...Toute sélection implique la suppression des malvenus, et c'est à quoi notre chrétienne de société ne saurait se résoudre. Elle ne sait même pas prendre sur elle de châtrer les dégénérés ; ce sont les plus prolifiques. Ce qu'il faudrait, ce ne sont pas des hôpitaux, c'est des haras. »
GIDE, **Faux-Monnayeurs**, III, XI.

HOM. — Ara.

★ **HARASSE.** *n. f.* (XIIIe s. ; orig. obscure ; d'après DAUZAT peut-être var. de *charasse**). *Technol.* Emballage léger, caisse à claire-voie, pour le transport du verre, de la porcelaine.

★ **HARASSER.** *v. tr.* (1527 WARTBURG ; de l'anc. fr. *harer*, de *hare*, « cri pour exciter les chiens », *interj.* d'orig. francique, selon BLOCH). Accabler de fatigue. V. **Fatiguer** ; **briser, broyer** (de fatigue), **épuiser, éreinter, excéder, exténuer, vanner**. *Harasser un cheval.* V. **Estrapasser**. *Se harasser* (Cf. Aquilon, cit. 4). *Par ext. Ce long discours harassa l'auditoire* (ACAD.). — *Être harassé de fatigue* (Cf. Brûler, cit. 54), *de travail ; harassé de travailler, d'écrire* (Cf. Gémir, cit. 18).

‖ HARASSÉ, ÉE. *adj.* Épuisé de fatigue. *Être harassé, à bout de force*, sur les dents*...* V. **Fatigué** (cit. 20). *Se coucher* (cit. 18) *harassé* (Cf. aussi Déchevelé, cit.).

1 « Harassé, fatigué, je succombe au sommeil. » DELILLE, **Convers.**, 1.

2 « (*L'Empereur*) ne dissimula pas à ce maréchal qu'il arrivait à Smolensk avec une armée harassée et une cavalerie toute démontée. »
SÉGUR, **Hist. de Nap.**, X, 2 (in LITTRÉ).

3 « La marche était pénible, et ils furent bientôt si harassés qu'ils s'arrêtèrent en rencontrant enfin un endroit sec sous de grands chênes. »
SAND, **Mare au diable**, VII.

— *Par ext. Air harassé. Expression, mine harassée.*

4 « Mais je l'aperçois. Qu'il a l'air harassé ! »
REGNARD, **Joueur**, I, 4.

5 « ... aussitôt m'était apparu le plissement douloureux de son front, l'expression inquiète et parfois harassée de son regard. »
GIDE, **Si le grain...**, I, V.

ANT. — Délasser, réconforter, reposer*. Dispos, fort, frais...

DER. — ★ Harassement. *n. m.* (XVIe s.). *Peu usit.* Action de harasser ; état d'une personne harassée ; fatigue* extrême. — ★ Harassant, ante. *adj.* (1876 in LITTRÉ, Suppl.). Qui harasse, cause des fatigues nombreuses et extrêmes. V. **Fatigant** ; **éreintant, exténuant**. *Besogne, tâche harassante, travail harassant* (Cf. Amusement, cit. 12). *Journée, vie harassante* (Cf. Baume, cit. 11). — REM. Bien qu'il soit devenu courant vers la fin du XIXe siècle, *Harassant* ne figure pas dans ACAD. 8e éd. 1935.

1 « Il se taisait pendant des jours entiers, accomplissant sa tâche monotone et harassante avec une sorte de rage silencieuse. »
R. ROLLAND, **Jean-Christ.**, Le matin, I, p. 145.

2 « ... et après six de ces harassantes journées de douze heures, rentrant à la maison avec soixante francs,... »
ROMAINS, **H. de b. vol.**, t. V, XXVIII, p. 295.

★ **HARCELER** (*je harcèle* ; *nous harcelons*). *v. tr.* (XVe s. ; var. pop. de *herceler, herseler*, dér. de *herser**, au fig. « tourmenter »). Soumettre sans répit à de petites attaques réitérées, à de rapides assauts incessants. V. **Attaquer*, assaillir...** *Harceler l'ennemi par d'incessantes escarmouches. Leur armée était continuellement harcelée par les guérillas, par les franc-tireurs. — Harceler un cerf, un lièvre* (Cf. Levrauder*) *jusqu'à épuisement.* V. **Poursuivre**. *Le lion harcelé par une mouche* (Cf. Avorton, cit. 6). — *Taureaux qu'on harcèle avec des pointes.* V. **Aiguillonner, exciter** (cit. 17), **provoquer, tourmenter**.

1 « *Harceler*, écrit aussi d'abord *herseler*, c'est provoquer par de fréquentes attaques, en inquiétant sans cesse ; comme la *herse* par ses divers rangs de dents tourmente la terre sur laquelle on la passe et repasse. »
LAFAYE, **Dict. syn.**, Provoquer, harceler...

2 « La première journée fut rude, parce que, n'ayant ni cavalerie, ni frondeurs, ils furent extrêmement harcelés par un détachement qu'on avait envoyé contre eux. »
ROLLIN, **Hist. anc.**, Œuvr., t. IV, p. 190 (in POUGENS).

3 « (*L'albatros*) paraît même n'être que sur la défensive avec les mouettes, qui, toujours hargneuses et voraces, l'inquiètent et le harcèlent ; »
BUFF., **Hist. nat. ois.**, L'albatros.

4 « ... un âne trottait vivement, harcelé par un malotru armé d'un fouet. »
BAUDEL., **Spl. de Paris**, IV.

5 « La populace... nous harcelait avec ses lances, et nous accablait de ses volées de flèches. »
ID., **Trad. E. POE**, Hist. extr., Souv. de M. A. Bedloc.

— *Ses créanciers ne cessent de le harceler*.* V. **Presser, talonner** (Cf. Mettre l'épée dans les reins). *Il est très paresseux, il faut le harceler pour le faire agir* (ACAD.). V. **Secouer**. *Une foule de fâcheux, de solliciteurs, qui sont tout le temps à le harceler.* V. **Asticoter, importuner, tarabuster, tirailler** (Cf. Être après les chausses de quelqu'un). *Harceler quelqu'un de questions, de demandes, de réclamations continuelles. As-tu fini de me harceler ?* (V. **Agacer, empoisonner, fatiguer**). — *Fig. Être harcelé de soucis, de scrupules, de remords, de chagrins.* V. **Assaillir** (Cf. Conscience, cit. 17 ; éreinter, cit. 6 ; hanter, cit. 16). — REM. À propos de l'orthographe *Je harcèle*, LITTRÉ observe : « L'Académie écrit *je harcèle* avec cet accent grave ; et *je chancelle* en doublant l'*l* ; pourquoi cette anomalie entre deux verbes semblables ? » — Dans la 8e éd. (1935), l'ACAD. écrit *Je harcelle*, mais l'usage de ne pas doubler l'*l* l'emporte sur sa décision.

6 « Il est un peu extraordinaire qu'on ait harcelé, honni, levraudé un philosophe de nos jours très estimable, l'innocent, le bon Helvétius, pour avoir dit que si les hommes n'avaient pas des mains, ils n'auraient pu bâtir des maisons et travailler en tapisserie de haute lice. »
VOLT., **Dict. philos.**, Homme.

7   « Cette dette... fut la Nécessité au fouet armé de pointes, a la main pleine de clous de bronze qui le harcela nuit et jour, sans trêve ni pitié, lui faisant regarder comme un vol une heure de repos ou de distraction. »   GAUTIER, **Portr. contemp.**, Balzac, II.

8   « Sa bru la suivait pas à pas, de marche en marche, la harcelant de questions avec cet accent de rage obstinée dont elle 'n'avait pas conscience. »   MAURIAC, **Le sagouin**, I, p. 14.

|| SE HARCELER. v. pron. *Bandes armées qui se harcèlent sans répit* (Cf. Égratigner, cit. 2).

|| HARCELÉ, ÉE. *p. p. adj.*

9   « ... il ne faut point se hâter quand on veut bien faire ; l'imagination harcelée et gourmandée devient rétive ; »   VOLT., **Lettre à d'Argental**, 320, 18 nov. 1735.

ANT. — Apaiser, calmer. Laisser.

DER. — ★ Harcelant, ante. *adj.* (1875 LITTRÉ, Suppl.). Qui harcèle. *Bruit, son harcelant* (Cf. Annoncer, cit. 18). *Nuée, fourmilière de cireurs* (cit.) *harcelants comme des mouches. Occupations harcelantes* (Cf. Affairement, cit. 2). — ★ **Harcèlement**. *n. m.* (XVIᵉ s.). Action de harceler (en actes ou en paroles). *Guerre de harcèlement.* V. **Guérilla**. *Tir de harcèlement.* V. **Tir.**

1   « Tous les petits « harcèlements » dont notre enfance politique se fait encore une gloire. »   NECKER, **Pouv. exéc.**, 1792, t. VIII, p. 354 (in BRUNOT).

2   « Ces vieilles gens sont incorrigibles et harcelants. »   STE-BEUVE, in **Revue des Deux-Mondes**, 1ᵉʳ janv. 1875.

1. ★ HARDE. *n. f.* (XIIᵉ s., *herde* ; francique *herda*. Cf. all. *Herde*, troupeau). *Vén.* Troupe de bêtes sauvages vivant ensemble. *Harde de cerfs, de daims.* V. **Harpail.**

1   « En hiver, les biches, les hères, les daguets et les jeunes cerfs se rassemblent en hardes et forment des troupes d'autant plus nombreuses que la saison est plus rigoureuse. Au printemps ils se divisent... »   BUFF., **Hist. nat. anim.**, Le cerf.

2   « ... les bêtes, d'un moment à l'autre, s'attendaient à voir surgir les hommes... Toute la harde, étroitement serrée, frémissait en renâclant. Elle pivota brusquement sur elle-même : d'autres bêtes arrivaient au galop, biches et cerfs pêle-mêle, les yeux fous, se heurtant dans leur course et soufflant à pleins naseaux. Ils vinrent donner violemment dans la harde, l'enlevèrent dans un grouillant remous. »   GENEVOIX, **La dernière harde**, I, II.

2. ★ HARDE. *n. f.* (1391, « corde » ; forme fémin. de *hart*. V. **Hart**). *Vén.* Lien servant à attacher les chiens, par quatre ou par six. *Par ext.* Couples de chiens ainsi attachés. *Harde de chiens.*

DER. — ★ **Hardées**. *n. f. pl.* (XIIᵉ s. ; anc. pic. *hardée*, « botte liée par une corde » ; 1690 FURET., Vén.). *Vén.* Petites branches des taillis brisées par les cerfs quand ils vont viander. — ★ **Harder**. *v. tr.* (1561). *Vén.* Attacher (les chiens) à la harde, les accoupler. *Se harder,* en parlant des chiens, s'embarrasser dans la harde. *Techn.* V. **Hart** (dér.).

★ HARDES. *n. f. pl.* (1539 ; *fardes* en anc. fr., prononcé *hardes* en gascon ; arabe *fard*. V. **Farde, fardeau**).

¶ **1°** *Vx* ou *Dialect.* Ensemble des effets* personnels (vêtements, linge et même meubles voyageant avec les bagages. Cf. Ample, cit. 2 ; faquin, cit. 1 ; fripier, cit. 1).

1   « Ah ! dit la Bonnelle, voilà une mijaurée (*la comtesse de Choiseul*) qui a eu plus de cent mille écus de nos hardes. »   SÉV., 261, 1ᵉʳ avril 1672.

2   « Les troupes... qui, dans ce moment-là, portaient leurs tentes et leurs autres hardes sur leurs épaules... »   RAC., **Siège de Namur.**

3   « Il y a des mères, arrivées des villages, ayant mis leur beau costume breton des fêtes, la grande coiffe, et la robe de drap noir à broderies de soie ; la pluie les gâte pourtant, ces belles *hardes* qu'on ne renouvelle pas deux fois dans la vie ; »   LOTI, **Mon frère Yves**, IV.

— *Dr.* (la langue juridique ayant gardé le sens ancien). *Quelques hardes indispensables* (Cf. Envoyer, cit. 16).

4   « La femme qui renonce (*à la communauté*), perd toute espèce de droit sur les biens de la communauté, et même sur le mobilier qui y est entré de son chef. Elle retire seulement les linges et hardes à son usage. »   CODE CIV., Art. 1492 (Cf. *aussi* ID., art. 1566, et CODE COMM., art. 419).

|| **2°** *Péjor.* (Ce sens, qui n'est indiqué ni par LITTRÉ, ni par P. LAR., ni par HATZFELD, n'est reconnu par l'ACAD. qu'en 1935 ; il semble pourtant être consacré dès le XIXᵉ s.). Se dit aujourd'hui de vêtements extrêmement modestes, et même pauvres et usagés. V. **Nippes.** *Un paquet de hardes, de vieilles hardes.* V. **Vieillerie.** *Hardes accrochées à un épouvantail* (cit. 2). V. **Défroque.** *Ravauder ses hardes.*

5   « ... sur le lit du père, il vit l'habillement qu'il lui avait vu la veille posé en travers en façon de couvre-pied. D'autres hardes, placées de la même manière sur le lit du petit-fils, faisaient présumer que toute leur garde-robe était là... Enfin c'était la misère à son dernier période... »   BALZ., **L'Initié**, Œuvr., t. VII, p. 366.

6   « Le déménagement ne dérangea personne : deux paquets de hardes, que le vieux tint à porter lui-même, et dont il fit deux voyages. »   ZOLA, **La terre**, IV, II.

7   « Elle était vêtue de taffetas noir... mais il y avait dans l'étoffe autour de la taille quatre ou cinq vilaines reprises qui avouaient des temps difficiles... Le rose de la coiffeuse contrastait fortement avec ce qu'il y avait de pauvre et de triste dans ces hardes usées... »   GREEN, **Léviathan**, I, III.

8   « La maison qui vend *des vêtements* ne se confond pas avec celle qui étale *des nippes* ou *des hardes.* »   BRUNOT, **Pens. et lang.**, p. 581.

DER. — ★ **Hardé.** *p. p. adj.* (XVIᵉ s., *hardré*, la forme *hardres* existant alors concurremment avec *hardes*). Seulement dans l'expr. *Œuf hardé,* œuf pondu sans coquille et pourvu seulement d'une membrane (l'œuf paraissant enveloppé d'une fine étoffe). Cf. Coque, cit. 2.

★ HARDI, IE. *adj.* (vers 1100 ROL. ; *p. p.* de l'anc. fr. *hardir,* « rendre, devenir dur, hardi » ; francique *hardjan.* Cf. all. *hart,* dur, et *härten,* durcir). Qui manifeste, exprime un tempérament, un esprit prompt à oser sans se laisser intimider.

|| **1°** Au sens le plus général. V. **Audacieux, aventureux, brave, courageux, décidé, déterminé, énergique, entreprenant, intrépide, mâle, résolu** (Cf. Avoir du sang* dans les veines. *Soldats, cavaliers, guerriers hardis* (Cf. Abord, cit. 2 ; éclaireur, cit. 2, frapper, cit. 18). *Ce qui effraie les plus hardis* (Cf. Effarer, cit. 7 ; exécution, cit. 7). *Caractère hardi* (Cf. Emportement, cit. 8 ; gascon, cit. 2). *Hardi à l'excès.* V. **Présomptueux, risque-tout, téméraire.** *Un hardi réformateur. Philippe le Hardi,* surnom de Philippe III, fils de Saint Louis. *Hardi comme un lion. Animal hardi* (Cf. Besoin, cit. 10 ; faucon, cit. 3). — *Spécialt.* (Blas.) *Coq hardi,* figuré la patte levée et le bec ouvert. *Au Coq Hardi,* enseigne de nombreuses auberges.

1   « Un d'eux, le plus hardi, mais non pas le plus sage,... »   LA FONT., **Fables**, VI, 4.

2   « L'obscurité de la nuit semblait favorable à Charles ; il prend son parti sur le champ : il se jette dans le fossé, accompagné des plus hardis, et suivi en un instant de tout le reste ; »   VOLT., **Hist. de Charles XII**, VIII.

3   « Plusieurs étaient plus hardis ; ils parlaient haut, fort et ferme, remettaient le Roi à sa place. »   MICHELET, **Hist. Révol. franç.**, Introd., IIᵉ part., § VIII.

4   « Et comme elle n'était pas femme à reculer devant le diable, étant corporée comme un laboureur- et hardie comme un soldat, elle s'avança tout auprès de lui, décidée qu'elle était à lui ôter et tomber son chapeau pour voir si c'était un loup-garou ou un homme baptisé. »   SAND, **François le Champi**, XVII.

— *Être hardi à...* suivi de l'infinitif (Cf. Cabrer, cit. 15 ; épargner, cit. 32).

5   « Mais qu'un traître, qui n'est hardi qu'à m'offenser,... »   RAC., **Mithr.**, II, 4.

6   « ... celui-là (*Turenne*) d'un air plus froid sans jamais rien avoir de lent, plus hardi à faire qu'à dire... »   BOSS., **Orais. fun. Prince de Condé.**

— *Avoir la mine hardie. Contenance fière et hardie.* V. **Assuré, décidé.** *Regard hardi.*

7   « Chez d'autres, un menton comme le sien paraîtrait « volontaire ». Chez lui, ce n'est qu'une saillie maladroite... Son nez, dans un autre visage, serait hardi et sensuel. Dans le sien, il est indiscret. »   ROMAINS, **H. de b. vol.**, t. II, I, p. 5.

— *Action, entreprise hardie. Attaque, marche hardie. Un projet particulièrement hardi. Tenter, réussir un coup hardi. Spéculations hardies. Discours hardi. Faire une réponse hardie. S'adresser à quelqu'un d'une façon à la fois respectueuse et hardie* (Cf. Galanterie, cit. 15).

8   « Il eut sur-le-champ l'idée hardie de lui baiser la main. Bientôt il eut peur de son idée ; »   STENDHAL, **Le rouge et le noir**, I, VI.

— *Spécialt.* (en parlant de doctrines qu'il est dangereux de soutenir). *Mettre en avant les idées les plus hardies. Il est seul à avoir pris sur ce problème une position aussi hardie. Autorité qui fait saisir un livre hardi.*

9   « ... Collins, magistrat de Londres, auteur du livre *De la Liberté de penser,* et de plusieurs autres ouvrages aussi hardis que philosophiques. »   VOLT., **Étude de la philos. de Newton**, I, IV.

10   « Le jeune diacre... assura qu'il fréquentait beaucoup le Père, qu'il était au courant de son évolution et que son traité serait beaucoup plus hardi encore et n'aurait sans doute pas l'imprimatur. »   CAMUS, **La peste**, p. 249.

|| **2°** Dans un sens péjoratif. V. **Effronté, impudent, insolent.** *C'est être bien hardi que de répondre sur ce ton.* V. **Cavalier.** *« Qui te rend si hardi de troubler mon breuvage ? »* (cit. 1 LA FONT.). *Des gens aventuriers* (cit. 11) *et hardis. Un hardi coquin, un hardi menteur* (Cf. Être, cit. 32). *Hardi comme un page* (Cf. Faubourg, cit. 5). *Une commère hardie.*

11   « Et quoiqu'il eût reçu avec une extrême piété le viatique,... et que la *Gazette* même en eût informé tout le public, ils n'en furent pas moins hardis à publier qu'il était mort sans vouloir recevoir ses sacrements. »   RAC., **Port-Royal**, 1ʳᵉ part.

12   « Bahorel était un être de bonne humeur et de mauvaise compagnie brave, panier percé, prodigue et rencontrant la générosité, bavard et rencontrant l'éloquence, hardi et rencontrant l'effronterie ; »   HUGO, **Misér.**, III, IV, I.

— *Dévisager quelqu'un d'un air hardi. Se camper dans une attitude hardie. Un mensonge hardi. Rien n'est trop hardi pour ses calomniateurs* (cit. 1). *Tiroirs forcés* (cit. 1) *par des mains hardies.*

13   « Quoi ? le traître sur vous porte ses mains hardies ? »   RAC., **Esth.**, III, 6.

14   « ... si tu n'avais point le regard si hardi et si moqueur, on aimerait être bien vu de ces yeux-là. »   SAND, **Petite Fadette**, XIX.

— *Spécialt.* V. **Impudique, provocant.** *Femmes hardies*

dont le front (cit. 11) *ne rougit jamais. Une fille hardie. Grandes garces* (cit. 2) *aux œillades hardies. Manières hardies et impudiques. Décolleté hardi.*

15 « Les trois autres moins timides,... étaient décolletées tout net, ce qui, l'été... a beaucoup de grâce et d'agacerie ; mais à côté de ces ajustements hardis, le canezou de la blonde Fantine... semblait une trouvaille provocante de la décence. »   HUGO, *Misér.*, I, III, III.

— En parlant de propos, d'écrits quelque peu libres sans être vraiment inconvenants. V. **Audacieux, gaillard, leste, osé, risqué**. *Glisser des allusions, des sous-entendus hardis. Vous ne trouvez pas ce passage un peu hardi ?*

‖ 3º Dans un sens laudatif (spécialement dans le domaine de l'intelligence et de l'art). *Qui est audacieux avec bonheur.* V. **Original ; nouveau**. *Une expression hardie. Comparaisons, images, figures, métaphores hardies* (Cf. Fertile, cit. 7). *Style, plume, manière hardie. Pensée profonde et hardie* (Cf. Farce, cit. 3). *Imagination hardie.*

16 « Je n'ai pu entendre l'oraison funèbre de Monsieur de Meaux (*celle de la Princesse Palatine*)... elle a passé ici et à Paris pour l'une des plus belles qu'il ait faites et même que l'on puisse faire. Il y eut de très beaux traits, fort hardis, et le sublime y régna en bien des endroits ; »   LA BRUY., **Lettre à Condé**, 18 août 1685.

17 « ... et les écrivains de talent qui, venant après les écrivains de génie, renouvellent la langue par l'emploi nouveau et hardi qu'ils font des mots. Tel a voulu être Rivarol... je crois Chateaubriand un artiste de style bien autrement heureux, énergique et hardi, que Rivarol. »   CHÉNEDOLLÉ in STE-BEUVE, **Chateaub.**, II, p. 232.

18 « ... les conceptions de Turpin témoignaient d'un talent hardi et novateur ; »   ROMAINS. **H. de b. vol.**, t. V, XXVII, p. 282.

— Qui a quelque chose de franc et d'aisé dans son audace. *Peintre au pinceau hardi. Ciseau hardi* (Cf. Fouiller, cit. 8). *Une touche hardie. Le jeu brillant et hardi d'un virtuose. Arche, voûte hardie conçue par un architecte, un ingénieur. La flèche* (cit. 17) *hardie de cette église gothique* (cit. 9). *Monument d'une élégance hardie.*

19 « Au moyen du *dôme*, inconnu des anciens, la religion a fait un heureux mélange de ce que l'ordre gothique a de hardi, et de ce que les ordres grecs ont de simple et de gracieux. »   CHATEAUB., **Génie du christ.**, III, I, VI.

‖ 4º **Hardi** ! *loc. interj.* Expression servant à animer, à encourager et pousser en avant. *Hardi, les gars !* V. **Courage**.

20 « Là, hardi ! tâche à faire un effort généreux. »   MOL., **Sgan.**, 21.

21 « — Hardi ! encore des pavés ! encore des tonneaux !... une hottée de plâtras pour me boucher ce trou-là. C'est tout petit, votre barricade. Il faut que ça monte. »   HUGO, **Misér.**, IV, XII, IV.

ANT. **Capon, couard, lâche, peureux, pusillanime, timide. Embarrassé, modeste, réservé. Banal, plat, terne.**

DER. et COMP. — **Hardiesse. Hardiment. Enhardir.**

★ **HARDIESSE**. *n. f.* (XIIᵉ s. ; *de hardi*).

I. Qualité de celui qui est hardi, de ce qui est hardi.

‖ 1º Au sens le plus général. V. **Assurance, audace, bravoure, cœur, courage** (cit. 19), **énergie, fermeté, intrépidité** (Cf. aussi *pop.* Estomac). *Avoir, montrer de la hardiesse.* V. **Oser**. *Hardiesse du soldat. Hardiesse aveugle, folle.* V. **Imprudence, témérité**. *Se lancer avec hardiesse dans une entreprise. Hardiesse d'un écrivain qui combat les préjugés, qui brave l'opinion* (Cf. Audace, cit. 7 ; esprit, cit. 93). *Attaquer avec vigueur et hardiesse.* V. **Affronter**. *Hardiesse de l'explorateur s'aventurant* en pays inconnu.*

1 « La hardiesse... se représente, quand il est besoin, aussi magnifiquement en pourpoint qu'en armes, en un cabinet qu'en un camp, le bras pendant que le bras levé. »   MONTAIGNE, **Essais**, I, XXIV.

2 « Si d'Alexandre il a la hardiesse,... »   DU BELLAY, **Chanson**.

3 « Fortune aveugle suit aveugle hardiesse. »   LA FONT., **Fabl.**, X, 13.

4 « ... et la hardiesse française porte partout la terreur avec le nom de Louis. »   BOSS., **Orais. fun. Marie-Thérèse**.

5 « Parler imprudemment et parler hardiment, c'est presque toujours la même chose, mais on peut parler sans prudence et parler juste ; et il ne faut pas croire qu'un homme a l'esprit sans parce que la hardiesse de son caractère ou la vivacité de ses passions lui auront arraché, malgré lui-même, quelque vérité périlleuse. »   VAUVENARGUES, **Maximes**, 205.

6 « Il faut une grande hardiesse pour oser être soi : c'est surtout dans nos temps de décadence que cette qualité est rare. »   DELACROIX, **Journal**, 15 janv. 1860.

7 « La hardiesse dans le guet, c'est la bravoure des timides. »   HUGO, **L'homme qui rit**, II, IV, IV.

8 « ... sa hardiesse ressemblait à la présomption, à la témérité. »   DUHAM., **Pesée des âmes**, II.

— *Spécialt* (En amour). *Avoir de la hardiesse auprès des femmes. Devoir des conquêtes à sa hardiesse. Froideur* (cit. 11) *qui provoque à la hardiesse.*

9 « ... un peu de hardiesse réussit toujours aux amants : »   MOL., **Am. magn.**, I, 1.

10 « Cinq ou six ans qu'elle avait de plus que moi devaient, selon moi, mettre de son côté toute la hardiesse, et je me disais que, puisqu'elle ne faisait rien pour exciter la mienne, elle ne voulait pas que j'en eusse. »   ROUSS., **Confess.**, II.

11 « J'avais de la hardiesse, mais dans l'âme seulement, et non dans les manières. J'ai su plus tard que les femmes ne voulaient pas être mendiées ; »   BALZ., **Peau de chagrin, Œuvr.**, t. IX, p. 83.

12 « Elle se mit... à se promener très tard, dans le chemin de ronde, un bras d'homme autour de la taille. Toujours méchante, mais rieuse, et poussant à la hardiesse ceux qui se seraient contentés de l'aimer. »   COLETTE, **Maison de Claudine**, p. 112.

— (Avec *de* et l'infinitif). *Avoir la hardiesse d'entreprendre, de résister...* (Cf. Effaroucher, cit. 6). *Prendre la hardiesse de dire...* V. **Liberté**.

13 « Avec cette permission, Madame, je prendrai la hardiesse de me défendre. »   MOL., **Crit. Éc. d. fem.**, 6.

14 « C'est au théâtre anglais que je dois la hardiesse que j'ai eue de mettre sur la scène les noms de nos rois et des anciennes familles du royaume. »   VOLT., **Épitre dédic. à Falkener sur Zaïre**.

— Par ext. *Hardiesse dans le visage, l'expression...*

15 « ... son nez que la nature avait effilé en bec d'oiseau, un nez curieux, sans hardiesse, prompt à se baisser sous les coups... »   GREEN, **Léviathan**, I, X.

— *Hardiesse d'une entreprise, d'un projet, d'un plan de campagne, d'une manœuvre, d'un dessein...* (Cf. Amasser, cit. 9). *Réponse pleine de hardiesse. La hardiesse de sa thèse, de ses écrits a fait scandale.*

16 « Nous avons beaucoup insisté sur cette audace et cette témérité de Cyrano, d'abord parce que, depuis Horace et même à dater de bien plus haut, les poètes se sont fait une réputation de couardise on ne peut plus méritée ; car nous sommes bien aise d'en trouver un qui ait du courage et soit homme quoique poète ; ensuite, parce que cette audace et cette témérité n'abandonnaient pas Cyrano lorsqu'il quittait l'épée pour la plume ; le même caractère de hardiesse extravagante et spirituelle se retrouve dans tous ses ouvrages ; chaque phrase est un duel avec la raison ; »   GAUTIER, **Les grotesques**, Cyrano de Bergerac.

‖ 2º Dans un sens péjoratif. V. **Effronterie, impudence**. *Je suis indigné de la hardiesse avec laquelle il parle à son père* (ACAD.). *C'est une grande hardiesse de prétendre que...* (Cf. Antipape, cit.). *Il a la hardiesse de soutenir cela !* V. **Aplomb, culot, front, toupet**.

17 « N'ayez donc plus la hardiesse de dire que vos décisions sont conformes à l'Esprit et aux Canons de l'Église. »   PASC., **Prov.**, XIV.

18 « Tu as une belle jappe (*caquet*) et une fière hardiesse, lui dit-elle, et on dirait que ta grand-mère t'a fait une leçon pour essayer d'enjôler le monde ; »   SAND, **Petite Fadette**, XXI.

— *Spécialt*. V. **Inconvenance, indécence, licence**. *Être gêné par la hardiesse de certains gestes, de certains propos.*

19 « Demandez-leur (*aux confesseurs*) le nombre d'incestes (par exemple) enterrés dans les familles les plus fières et les plus élevées, et voyez si la littérature, qu'on accuse tant d'immorale hardiesse, a osé jamais les raconter, même pour en effrayer ! »   BARBEY d'AUREV., **Diaboliques**, Vengeance d'une femme, p. 368.

20 « Il a vu peu à peu les prostituées qu'il rencontrait devenir plus élégantes, d'une hardiesse plus voilée. »   ROMAINS, **H. de b. vol.**, t. IV, XV, p. 160.

‖ 3º Dans un sens laudatif (particulièrement dans les productions de l'esprit, de l'art). *Hardiesse du style, de l'expression, d'une image, de la composition.* V. **Originalité, nouveauté**. *Cela manque d'élévation, de hardiesse* (Cf. *supra*, cit. 6 DELACROIX). *Une grande hardiesse de pinceau, de crayon, une grande franchise* dans l'exécution.* V. **Vigueur**. *La hardiesse de certaines constructions, de l'architecture gothique. Pont, voûte dessinés avec beaucoup de hardiesse.*

21 « ... et Lebrun, qui n'a que de la hardiesse *combinée* et jamais de la hardiesse *inspirée* ; »   RIVAROL, **Rivaroliana**, III.

22 « Jamais quand il (*Bossuet*) écrit pour lui, et pour ses religieuses, il ne craint le réalisme ou la hardiesse de l'image, et c'est ce qui le fait poète. »   LANSON, **L'art de la prose**, p. 107.

II. Action, idée, parole, expression hardie. *Se permettre certaines hardiesses.* V. **Liberté, licence**. *L'Encyclopédie cache souvent des hardiesses dans des articles apparemment inoffensifs.* V. **Audace** (Cf. Grave, cit. 12). *Les heureuses hardiesses d'un poète. Les hardiesses de la langue de Saint-Simon. Les hardiesses d'un metteur en scène.* V. **Innovation**. *Artiste sincère qui ne veut renoncer à aucune hardiesse* (Cf. Érotisme, cit.). *Les hardiesses du regard* (Cf. Collant, cit.).

23 « ... quant aux poètes, sachons-leur gré des hardiesses, lorsqu'elles sont dictées par le goût et avouées par le bon sens. »   D'OLIVET, **Rem. sur Rac.**, 42 (in LITTRÉ).

24 « Placez un tombeau dans *Sémiramis*, osez faire paraître l'ombre de Ninus... mais ne répétez pas ces hardiesses ; qu'elles soient rares, qu'elles soient nécessaires... »   VOLT., **Des div. chang. arrivés à l'art trag.**

25 « Quelques petites hardiesses de M. Clair, à l'occasion d'un panégyrique de Saint Louis. »   ID., Titre d'un opuscule (**Œuvr.**, t. XLVI).

26 « C'est surtout dans les hardiesses intellectuelles qu'était pour elle maintenant l'énergie de l'action. »   JAURÈS, **Hist. soc. Révol. franç.**, t. V, p. 55.

27 « Le chef qui a bâti toute sa carrière sur l'idée de jeunesse perd lui-même la jeunesse. Longtemps, comme le vieux loup, il essaie de cacher sa disgrâce. Il se maintient en bonne forme physique ; il a des hardiesses et des outrances de jeune ; il affecte une violence à laquelle il ne croit plus guère. »   MAUROIS, **Art de vivre**, V, 2.

ANT. — **Couardise, crainte, lâcheté, pusillanimité, timidité. Décence, modestie, réserve, respect. Banalité, platitude.**

★ **HARDIMENT.** *adv.* (XIIᵉ s., *hardiement* ; de *hardi*). D'une manière hardie, avec hardiesse. *S'exposer* (cit. 25) *hardiment aux dangers.* V. '**Bravement, courageusement***, **intrépidement...** Cf. Avant (aller de l'). *Se défendre hardiment* (Cf. À, cit 11). *Porter hardiment le fer* (cit. 12) *dans la plaie. User hardiment d'une expression* (Cf. Frais, cit. 4). *Parler hardiment* (Cf. Et, cit. 22). V. **Carrément***. *Regarder hardiment.* V. **Face** (en). Cf. Avancer, cit. 45.

1 « ... je sentis une main qui prenait hardiment la mienne par-dessous la table. » BARBEY d'AUREV., **Diaboliques**, Le rideau cramoisi, p. 43.

2 « Pourquoi si craintive alors que, jeune fille, elle allait seule hardiment chez tout le monde ? » CHARDONNE, **Dest. sentim.**, II, II.

— *Dire, juger, prétendre... hardiment,* sans crainte de se tromper ou d'être démenti (Cf. Acte, cit. 2 ; bataille, cit. 6).

3 « Disons-le donc hardiment. Le temps en est venu... Il n'y a ni règles, ni modèles ; » HUGO, **Préf. de Cromwell.**

4 « Aujourd'hui que tant de choses alors secrètes sont en pleine lumière, nous pouvons prononcer hardiment que, sans la plus forte, la plus énergique action, la Révolution périssait. » MICHELET, **Hist. Révol. franç.**, IV, IV.

— *Péjor.* Avec une hardiesse qui tient soit de l'ignorance et de l'inconscience (Cf. Amour, cit. 12 ; connaître, cit. 17), soit de l'effronterie et du cynisme (Cf. Approprier, cit. 8 ; bâtir, cit. 29 ; famille, cit. 12). *S'engager bien hardiment* (Cf. À la légère, sans réfléchir). — *Mentir, nier hardiment.* V. **Effrontément, impudemment.** *Elle dévisage hardiment des inconnus.*

5 « ... l'on n'est point bien aise de voir, sur sa moustache, cajoler hardiment sa femme ou sa maîtresse. » MOL., **Sic.**, 13.

— *Laudat. C'est hardiment écrit. Taille fine qui s'élance* (cit. 10) *hardiment. Belles épaules hardiment développées* (Cf. Flexible, cit. 1).

ANT. — **Craintivement, timidement ; modestement.**

★ **HAREM** (-*rèm'*). *n. m.* (1663, *haram* ; seule forme encore notée in ENCYCL. et TRÉV. ; *harem*, 1835 ACAD. ; empr. de l'arabe *haram*, « ce qui est défendu, sacré », appliqué aux femmes qu'un homme étranger à la famille ne doit pas voir. — REM. Le mot a été longtemps confondu avec *sérail* ; MONTESQUIEU par exemple n'emploie que ce dernier mot).

‖ 1º Appartement des femmes, chez les peuples musulmans. V. **Gynécée.** *Le harem impérial, du palais du sultan* (Cf. Bisaïeul, cit.). *Jardins du harem* (Cf. Bleuir, cit. 1). *Femmes cloîtrées dans un harem. Eunuques* servant dans un harem.* — REM. LOTI emploie parfois la forme développée *haremlike* (Cf. Grillage, cit. 1).

1 « Les Circassiens sont pauvres, et leurs filles sont belles ; aussi ce sont elles dont ils font le plus de trafic. Ils fournissent de beautés les harems du grand-seigneur, du sophi de Perse... » VOLT., **Lettres philos.**, XI.

2 « ... au pays féerique où les blanches sultanes
Baignent leurs corps polis à l'ombre des platanes.
Et s'enivrent le cœur aux chansons du harem
Sous les rosiers de Perse et de Jérusalem,
Tandis qu'en souriant, les esclaves tartares
Arrachent des soupirs à l'âme des guitares. »
BANVILLE, **Odes funamb.**, Opéra turc.

3 « Chez nous, musulmans, vous savez combien, dans une même maison, hommes et femmes vivent séparés. Cela tend à disparaître... Mais ce n'est pas le cas dans les vieilles familles strictement pratiquantes comme les nôtres ; là, le *harem*, où nous devons nous tenir, et le *selamlike*, où résident les hommes nos maîtres, sont des demeures tout à fait distinctes. » LOTI, **Désenchantées**, XIX.

— *Par ext.* (En parlant d'appartements de femmes, chez d'autres peuples d'Orient).

4 « Les maîtres du Nil et de l'Euphrate comptent dans leurs harems des femmes par centaines : il (*Salomon*) en prend un millier. » DANIEL-ROPS, **Peuple de la Bible**, III, I.

‖ 2º *Par ext.* Ensemble des femmes qui habitent le harem. *Prince, seigneur disposant d'un nombreux harem. Harem qui s'enrichit d'une nouvelle épouse, de nouvelles servantes.* V. **Odalisque.**

5 « ... le *harem* de nos jours, c'est tout simplement la partie féminine d'une famille constituée comme chez nous, — et éduquée comme chez nous, sauf la claustration, sauf les voiles épais pour la rue, et l'impossibilité d'échanger une pensée avec un homme, s'il n'est le père, le mari, le frère, ou quelquefois, par tolérance, le cousin très proche avec qui l'on a joué étant enfant. » LOTI, **Désenchant.**, I, II.

— *Par ext.* et *fam.* Les nombreuses femmes que fréquente un homme aux multiples liaisons.

6 « ... je m'étais dit que je serais contente d'entrer dans votre harem : je me serais très bien entendue avec les autres épouses du mon sultan. Et j'ai vu que ce n'était pas du tout cela. Vous ne pouvez pas avoir de harem : vous êtes trop mortellement sérieux dans votre amour. » V. LARBAUD, **Barnabooth**, Journ., p. 167.

— Groupe de femmes vivant sous le même toit.

7 « ... une femme douée d'un esprit d'observation un peu terre à terre, mais pénétrant, et plus précieuse pour le penseur que tout un harem de femmes savantes. » J. PAYOT, **Éduc. de la volonté**, IV, I, 2.

★ **HARENG** (*ha-ran*). *n. m.* (XIIᵉ s. ; francique *haring* (Cf. allem. *Hering*), latinisé en *aringus* dès le IIIᵉ s.). Poisson de mer physostome, famille des *Clupéidés. Le*

hareng vit en bancs souvent immenses.* Plaisamm. *La* « *mare aux harengs* » : nom donné à l'Atlantique nord où le hareng commun est abondant. *Pêche au hareng.* V. **Buyse, harengaison, harenguier, harenguière, relouage, trinquart.** *Harengs frais. Conserve des harengs.* V. **Roussable.** *Hareng blanc,* sommairement salé. *Hareng au vin blanc.* V. **Rollmops.** *Hareng saur*, salé, séché et fumé. V. **Gendarme** (Cf. Assaisonnement, cit. 3). *Hareng pec,* fraîchement salé et pouvant se manger cru une fois dessalé. *Hareng guai*. Harengs en caque*, en boîte. Manger des harengs grillés, des filets de hareng.* — Bot. *Maladie des harengs,* carie attaquant certaines céréales qui prennent alors une odeur de marée.

1 « Amsterdam, aujourd'hui si fameuse, était alors (en 1570) peu de chose... Cette ville était alors occupée d'un commerce nouveau et bas en apparence, mais qui fut le fondement de sa grandeur. La pêche du hareng et l'art de le saler ne paraissent pas un objet bien important dans l'histoire du monde ; c'est cependant ce qui a fait d'un pays méprisé et stérile une puissance respectable. » VOLT., **Ess. sur les mœurs**, CLXIV.

2 « Deux femmes, la mère et la fille, celle-ci, Norine, rouleuse et célèbre, étalaient sur une table boiteuse de la morue, des harengs salés, des harengs saurs, un vidage de fonds de baril dont la saumure forte piquait à la gorge. » ZOLA, **La terre**, II, VI.

3 « ... il empoigna pour le remuer la salade de céleri, de hareng et de bœuf... Quel fumet ! s'écria Durtal en humant l'odeur incisive du hareng. Ce que ce parfum suggère !... Il me semble qu'il y a comme un halo de goudron et d'algues salées autour de ces ors fumés et de ces rouilles sèches. » HUYSMANS, **Là-bas**, XXII.

— Loc. fam. *Sec, maigre comme un hareng saur. Être serrés, encaqués* comme des harengs.* — Prov. *La caque* sent toujours le hareng.*

4 « ... Êtes-vous prête, ma fille ? dit Colleville en faisant irruption dans la salle à manger ; il est neuf heures, et ils sont serrés comme des harengs dans votre salon. » BALZ., **Petits bourgeois**, Œuvr., t. VII, p. 165.

5 « Quel qu'ait été l'homme qui est mort à Sainte-Hélène, j'ai travaillé dix ans dans son gouvernement... Je vous supplie... ne me plus l'oublier à l'avenir... — Je l'oubliais, s'écria-t-il, blême, les dents serrées... j'avais tort. — La caque sent toujours le hareng et quand on a servi des coquins... » FRANCE, **Crime Sylv. Bonnard**, Œuvr., t. II, p. 399.

DER. — ★ **Harengaison.** *n. f.* (XIVᵉ s.). Pêche au hareng ; temps où elle a lieu. — **Harengère.** — ★ **Harengerie.** *n. f.* (XIIIᵉ s.). Marché aux harengs. — ★ **Haranguet** ou **Haranguet.** *n. m.* (fin`XVIIIᵉ s.). Nom vulgaire de la melette ou du sprat. — ★ **Harenguier.** *n. m.* (XXᵉ s.) ou parfois ★ **Harengueux.** *n. m.* (1877 LITTRÉ, Suppl.). Bateau spécialisé pour la pêche du hareng avec des filets dérivants (On dit aussi *drifter*, pris à l'anglais). — ★ **Harenguière.** *n. f.* (1727, Ordonn. citée in ENCYCL.) ou ★ **Harengade.** *n. f.* (1558 WARTBURG, sorte de poisson ; 1834 sens actuel). Filet pour la pêche du hareng.

★ **HARENGÈRE.** *n. f.* (XIIIᵉ s. ; de *hareng*). Vendeuse au détail de harengs et autres poissons. *Les harengères des halles.*

1 « ... lui semble qu'il écoute
En plein marché six ordres harengères
Jeter le feu de leurs langues légères
Contre quelqu'un. » MAROT, **Épitres**, XXIII.

2 « Un homme parlait du respect que mérite le public. « Oui, dit M..., le respect qu'il obtient de la prudence. Tout le monde méprise les harengères ; cependant, qui oserait risquer de les offenser en traversant la halle ? » CHAMFORT, **Caract. et anecdotes**, Le public et les femmes de la halle.

— Femme grossière, criarde, mal embouchée.

3 « (*La duchesse de Piney*) était laide affreusement et de taille et de visage : c'était une grosse vilaine harengère dans son tonneau ; mais elle était fort riche... » ST-SIM., **Mém.**, I, VIII.

4 « ... la sienne, pie-grièche et harengère, ne montrait rien aux yeux des autres qui pût racheter sa mauvaise éducation. Il l'épousa toutefois. » ROUSS., **Confess.**, VII.

5 « ... sa femme se déchaînait partout contre moi, avec une aigreur qui m'affectait peu, sachant qu'elle était connue de tout le monde pour une harengère. » ID., **Ibid.**, X.

★ **HARET.** *adj. m.* (1690 FURET., art. *Chat* ; de l'anc. francique *hara*, « par ici », rad. d'où dérivent *haro*, l'anc. fr. *harer*, « crier hare, traquer ». V. **Harasser** ; *chat haret,* t. de Chasse signifiant donc proprement « chat traqué, effarouché »). *Chat haret.* Chat qui est retourné à l'état sauvage et vit de gibier. — Substant. *Un haret.*

« Tout à leur affaire, soufflant et faisant le gros dos, deux chats sauvages se regardaient. Le plus vieux avait une moitié fendue... Le jeune hésitait pour l'attaquer. Il était plus léger. Je vis que c'était un haret. La tête était beaucoup moins grosse que celle de l'autre ; la fourrure moins rude me fit penser au chat des Siméon qui les a quittés l'année dernière pour vivre dans les bois. » J. TAILLEMAGRE, La chatte sauvage, in « Le Monde », 2 juin 1956.

★ **HARFANG** (-*fan*). *n. m.* (1760, sous la forme suédoise *harfaong*, notée d'ailleurs par LINNÉ dans sa Faune ; *harfang*, 1770 BUFF. ; mot suédois). *Ornith.* Oiseau rapace nocturne des régions septentrionales, famille des *Strigidés,* scientifiquement appelé *nyctea. Le harfang, vulgairement appelé chouette blanche.*

« L'oiseau qui se trouve dans les terres septentrionales des deux continents, que nous appellerons *harfang,* du nom *harfaong* qu'il porte en Suède, et qui par sa grandeur est à l'égard des chouettes ce que le grand duc est à l'égard des hiboux, car ce harfang n'a point d'aigrettes sur la tête, et il est encore plus grand et plus gros que le grand duc. » BUFF., **Hist. nat. ois.**, Le harfang.

★ HARGNE. n. f. (XIIIᵉ s., au sens de « mauvaise humeur, querelle » ; encore très vivant au XVIᵉ s. ; orig. incert. ; peut-être dér., ainsi que l'anc. v. hargner, « quereller », d'un francique harmjan, supposé d'après l'anc. haut. allem. harmjan, « insulter, tourmenter »).

|| **1°** Vx. (XIIIᵉ-XVIᵉ s.). Querelle.

1 « ... de petites hargnes et querelles quotidianes (quotidiennes) et continuelles entre le mari et la femme... »
AMYOT, **Les préceptes de mariage**, 22 (in HUGUET).

|| **2°** De nos jours (début XXᵉ s.). Mauvaise humeur se traduisant par des propos acerbes, un comportement agressif, parfois même méchant ou haineux. V. **Colère***. Attaquer, répliquer avec hargne. Homme vieilli, aigri, exagérant (cit. 9) sa hargne. Une expression (cit. 38) de méchanceté amère, de hargne et de défi. Froideur où il y a plus de timidité que de hargne (Cf. Froid, cit. 18). Se libérer de sa hargne (Cf. Autel, cit. 20). La hargne d'un adversaire. Boxeurs qui se rendent les coups avec hargne.

— REM. Hargne, disparu depuis le XVIᵉ siècle (au point que ni LITTRÉ, ni P. LAROUSSE ne le mentionnent) a repris vie au XXᵉ siècle (GIDE, Journal, 1909. Cf. Enfoncer, cit. 46), sous l'influence de hargneux, mais dans un sens différent tardivement enregistré dans les dictionnaires (1946 QUILLET).

2 « De sorte que Rebendart me semblait prêcher la haine, la hargne et l'amertume au nom des trois seuls élèves que je n'avais point connus, au nom de Pergaud, qui aimait chez les bêtes jusqu'aux blaireaux et aux martres sanguicruelles, de Clermont, qui aimait jusqu'aux âmes intraitables et aux cœurs homicides, de Péguy, qui aimait tout, exactement tout ; » GIRAUDOUX, **Bella**, II.

3 « M. Élie, en effet, était mauvais, comme son père. Quand il voyait une affiche : « Vente par autorité de justice », cela lui faisait plaisir... Sa haine (à cet oisif !) pour les gens qui prenaient un congé... Il pinçait à la dérobée les enfants dans la cohue des grands magasins... Mais ce chevalier sans emploi n'usait du ton de dompteur que lorsqu'il pouvait le faire impunément... car sa hargne perpétuelle était combattue par la timidité, congénitale chez les Coëtquidan... »
MONTHERLANT, **Célibat.**, II.

4 « Tous ceux qui ont approché cette malheureuse Colet l'ont trouvée pareillement invivable, insupportable de violence, d'aigreur et de hargne. » HENRIOT, **Portr. de fem.**, p. 355.

— En parlant d'un animal. Chien qui aboie avec hargne.

5 « ... il éprouvait, contre tout ce que Rachel aimait et qui lui était si étranger, la hargne d'un animal domestique contre tout ce qui rôde et menace la sécurité du logis. » MART. du G., **Thib.**, t. III, p. 43.

DER. — **★ Hargnerie.** n. f. (ROUSSEAU vers 1770, « petites hargneries d'auteur »). Vx. Accès de hargne. querelle ou attaque hargneuse.
— **Hargneux.**

★ HARGNEUX, EUSE. adj. (XIVᵉ s. ; hergnos au XIIᵉ s., selon BLOCH ; de hargne. — REM. A la différence de hargne*, hargneux n'a subi aucune éclipse depuis le XIVᵉ s.).

|| **1°** Qui a de la hargne, qui est plein de hargne. V. **Acariâtre, colérique, désagréable, grincheux, hérissé, insociable, maussade, morose, querelleur, rageur...** Une femme hargneuse (Cf. Bréhaigne, cit.). V. **Harpie, mégère, teigne.** Un individu hargneux. V. **Cerbère, coucheur** (mauvais), **pète-sec, roquet.** Humeur, caractère hargneux. V. **Chagrin** 1, **mauvais, revêche.**

1 « Il était rechigné, hergneux (hargneux) et solitaire : »
RONSARD, **Hymnes**, II, L'hiver.

2 « Si votre esprit est si hargneux
Que le monde qui ne demeure
Qu'un moment avec vous, et ne revient qu'au soir,
Est déjà lassé de vous voir, » LA FONT., **Fabl.**, VII, 2.

3 « Qu'une femme hargneuse est un mauvais voisin ! »
CORN., **Gal. du Pal.**, IV, 12.

4 « Et le vilain être était sournoisement mauvais, hargneux, taquin, voleur de tout ce qui trainait... » GONCOURT, **Zemganno**, II.

5 « ... une petite veuve de trente-trois ans, rageuse, hargneuse, spirituelle, féroce pour peu qu'on l'attaquât, et excellant dans le bel art de vous brûler, comme d'un fer rouge, d'une malice appliquée au plus cuisant d'une plaie. » COURTELINE, **Boubouroche**, Nouvelle, I.

— (En parlant des animaux portés à mordre, à ruer). Chien (cit. 4) hargneux. V. **Méchant.** Prov. Chien* hargneux a toujours l'oreille déchirée (LA FONT. X, 8). Cheval hargneux (vieilli). V. **Ombrageux** (Cf. Harceler, cit. 3 BUFF.).

6 « ... un cheval naturellement hargneux, ombrageux, rétif, etc. produit des poulains qui ont le même naturel ; » BUFF., **Hist. nat. anim.**, Le cheval.

7 « Fi du chien bellâtre, de ce fat quadrupède, danois, King-Charles, carlin ou gredin... quelquefois hargneux et insolent comme un domestique ! » BAUDEL., **Spl. de Paris**, Les bons chiens.

— Fig. et Littér. (en parlant de choses). Les pointes hargneuses des branches (Cf. Justifier, cit. 2). Hargneuses giboulées (cit. 3).

8 « À Chartres, au sortir de cette petite place que balaye, par tous les temps, le vent hargneux des plaines... » HUYSMANS, **La Cathédrale**, I.

|| **2°** Par ext. Qui exprime ou dénote de la hargne. Mine hargneuse (Cf. Battant, cit. 3). Quelque chose de hargneux dans l'expression de la bouche (cit. 6). V. **Rechigné, revêche.** Ton hargneux.

9 « ... avec l'air hargneux d'une bête qu'on dérange à l'heure de sa pâtée. » MART. du G., **Thib.**, t. VI, p. 268.

— Aboiements hargneux (Cf. Aversion, cit. 9). Paroles, critiques hargneuses. V. **Acerbe.** Une sévérité hargneuse (Cf. Éplucher, cit. 7). Refus hargneux. V. **Rebuffade.**

10 « ... il grommelait en crachotant sur ses bottes, symptôme connu de hargneuse préoccupation que les camarades respectaient. »
BLOY, **Femme pauvre**, I, II.

11 « Charmant accueil. L'aîné avait le réveil hargneux. Ça se passerait sans doute avec un café. » ARAGON, **Beaux quartiers**, II, XXXII.

ANT. — Aimable, doux.

DER. — **★ Hargneusement.** adv. (Néol.). D'une façon hargneuse.

1 « Pour que les clauses de paix soient discutées, non plus hargneusement entre adversaires, mais sereinement au sein d'une Société universelle des Nations, qui arbitrerait de haut, qui répartirait les responsabilités, qui rendrait un verdict impartial. »
MART. du G., **Thib.**, t. IX, p. 167.

2 « ... jamais je n'ai entendu les perfidies et les méchancetés qu'on a si hargneusement attribuées, sinon au maître de maison lui-même, du moins à ses familiers, sûrs ainsi de le divertir, disait-on, et de soulager son orgueilleuse amertume. » LECOMTE, **Ma traversée**, p. 257.

1. ★ HARICOT. n. m. (Hericoq de mouton au XIVᵉ s. ; altér. probable de l'anc. franç. harigoter, « couper en morceaux », d'orig. obscure). Ragoût* de mouton (épaule, poitrine, collet, hauts de côtelettes) préparé avec du beurre, du lard, des oignons et accompagné de pommes de terre, navets... Haricot de mouton aux salsifis.

« Il faudra de ces choses dont on ne mange guère, et qui rassasient d'abord : quelque bon haricot bien gras... » MOL., **Av.**, III, 1.

DER. probable : **★ Haricoter.** v. intr. (XVIIIᵉ s. ; peut-être réfection de l'anc. v. harigoter). Tirer parti petitement d'un lopin de terre (vx) et par ext. Faire des affaires mesquines, spéculer sur de petites sommes.

« Ils allaient haricotant les restes du Grand-I-Vert, ceux des châteaux ; » BALZAC, **Les paysans**, Œuvr., t. VIII, p. 49.

2. ★ HARICOT. n. m. (Febves (fèves) de haricot en 1642 ; empr. d'après DAUZAT et WARTBURG, de l'aztèque ayacotl avec attract. du précédent). Bot. Plante dicotylédone (Légumineuses Papilionacées) appelée scientifiquement Phaseolus, herbacée, annuelle et qui comprend un grand nombre de variétés. Les haricots sont des herbes plus ou moins volubiles, à stipules persistantes, à feuilles trifoliées ou unifoliées, à fleurs groupées en grappes, et dont les fruits comestibles sont des gousses* (V. **Cosse**). Le haricot commun joue un grand rôle dans l'alimentation humaine. Haricots grimpants, à rames* ; haricots nains. Haricots mange-tout, à gousses comestibles (haricots jaunes, haricots beurre). Haricots à écosser, variété dont seules les graines se mangent (haricots noirs (V. **Dolic**), haricots rouges, riz, de Soissons...). Variété de haricots nains dont les graines se mangent avant leur maturité. V. **Flageolet.** Haricots d'Espagne, cultivés pour leurs fleurs. Haricots de Lima, de Java, dont les graines peuvent être toxiques. Planter, arroser, faire pousser des haricots (Cf. Abreuver, cit. 1). Pied de haricot.

— Spécialt. Des haricots : la partie comestible de cette plante, comprenant soit les gousses encore vertes (Haricots verts), soit les gousses contenant les graines mûres (Haricots mange-tout), soit les graines seules, imparfaitement mûres (Flageolets) ou mûres (Haricots blancs). Éplucher des haricots verts, — des haricots mange-tout. Écosser des haricots blancs. — REM. On emploie absolt. Haricots pour désigner les graines des espèces dites « à écosser » (Haricots noirs, rouges, riz, de Soissons...) qui se mangent fraîches (Haricots blancs nouveaux, haricots frais) ou sèches (Haricots secs). V. **Fayot**, pop.). Sacs de haricots. Haricots durs à cuire (cit. 7). Faire tremper des haricots avant de les faire cuire. Haricots charançonnés. — Au sing. Un haricot : une graine de haricot ou, plus rarement, une gousse (un haricot vert. Cf. Croquer, cit. 2).

1 « Et dire qu'il faut attendre encore deux mois pour que nous entendions : «Haricots verts et tendres, haricots, v'là l'haricot vert ». Comme c'est bien dit : Tendres haricots !... » PROUST, **Rech. t. p.**, t. XI, p. 158.

2 « Il entra bravement dans la fruiterie Le patron vidait dans un tiroir un sac de haricots blancs. » ROMAINS, **H. de b. vol.**, t. II, VII, p. 73.

— Cuis. Plat de haricots. Haricots verts à la crème, au jus, en salade. — Haricots blancs, et absolt. Haricots au lard, au jus, etc. Gigot, côtelette de mouton aux haricots. Ragoût languedocien aux haricots. V. **Cassoulet.**

3 « ... une bonne odeur se répandait, des haricots rouges et du veau aux oignons, que la petite cuisinait à s'en lécher les doigts. »
ZOLA, **La terre**, IV, III.

4 « ... une tranche de pain bis... exhaussée d'un doigt de haricots rouges froids, figés dans leur sauce au vin rouge ; » COLETTE, **Prisons et paradis**, Puériculture, p. 91.

— *Par anal. Table haricot*, table courbe et échancrée en forme de graine de haricot. On dit aussi *Table rognon* (réniforme). — *Fam.* Se dit de certains récipients utilisés en chirurgie, en raison de leur forme.

— *Fig.* et pop. *Des haricots !* (Vous n'aurez) rien du tout ! (Cf. *Des clous !*). — *C'est la fin des haricots :* la fin de tout. — *Courir, taper sur le haricot :* ennuyer, importuner. V. **Courir** (II, 8e).

COMP. — ★**Haricocèle.** *n. m.* (gr. *kêlê*, « tumeur »). Testicule* atrophié.

★ **HARIDELLE.** *n. f.* (XVIe s. ; orig. obsc., peut-être d'un rad. germ. *hârr*, identique à celui de *haras*). Mauvais cheval* maigre et efflanqué. V. **Rosse, rossinante.** Cf. Cheval de l'Apocalypse* (*fam.*). *Une vieille haridelle, une haridelle boiteuse* (Cf. Canasson, cit.). *Charrette traînée par des haridelles* (Cf. Contraster, cit. 2) ; *haridelle de fiacre* (Cf. Cavale, cit. 1).

1   « A peine le charretier, jurant et indigné, avait-il eu le temps de prononcer avec l'énergie convenable le mot sacramentel : *Mâtin !* appuyé d'un implacable coup de fouet, que la haridelle était tombée pour ne plus se relever. »   HUGO, Misér., I, III, VIII.

2   « ... (les) écuries dans lesquelles il aperçoive qu'on aperçoive, triste et osseuse, une haridelle toute semblable à celle de l'illustre hidalgo (*Don Quichotte*). »   DUHAM., Invent. de l'abîme, I.

— *Fig.* et *péjor.* Grande femme sèche et maigre.

★ **HARKA.** *n. f.* (mot arabe : « insurrection »). Dans l'Ouest du Maghreb, troupe d'insurgés rassemblés pour effectuer un coup de main.

« Le 17 août 1904, une harka de quatre mille guerriers avait assiégé notre poste de Taghit. »   MAUROIS, Lyautey, VI.

★ **HARLE.** *n. m.* (1555 ; mot dialect. (Nivernais), d'orig. obscure). Oiseau ansériforme ou lamellirostre (*Anatidés palmipèdes*), scientifiquement appelé *mergus*. *Harle huppé* ou *bec de scie. Harle bièvre, grand harle* ou *grand bec de scie. Harle couronné. Les harles sont d'excellents plongeurs ; ils nichent à terre et se nourrissent de poissons, crustacés, insectes...*

★ **HARMATTAN.** *n. m.* (mot d'Afrique noire). Vent très chaud et sec qui souffle de l'Est, en Afrique occidentale.

« Dans la région soudanaise, le vent sec (*harmattan*) fait fendre les troncs de certains arbres ; plusieurs espèces d'*acacia* exsudent alors de la gomme arabique ; d'autres perdent leurs feuilles. »   De MARTONNE, Géogr. phys., t. III, p. 1114.

HARMONICA. *n. m.* (1785 ; empr. de l'angl. *Harmonica*, tiré du fém. du lat. *harmonicus*, « harmonieux »). *Mus.*

‖ 1° *Vx.* Instrument de musique inventé en Allemagne et perfectionné par B. Franklin, consistant en récipients de verre de timbres différents que l'on faisait résonner par frottement. *Par ext.* Sorte de caisse contenant des lames de verre de longueurs différentes qu'un petit marteau faisait résonner. *Harmonica à clavier :* sorte de clavecin à lames de verre (1788).

1   « ... on n'entendait plus qu'une voix au fond des flots, comme ces sons de l'harmonica, produits de l'eau et du cristal, qui font mal. »   CHATEAUB., Vie de Rancé, III, p. 245.

— Par anal. *Harmonica thermique :* ensemble d'un corps chaud et d'un corps froid (métal, verre) qui, par suite de phénomènes très rapides de dilatation et de contraction, produisent un son. *Harmonica chimique*, où un tube de verre est mis en vibration par une flamme d'hydrogène.

‖ 2° (Fin XIXe s.). *Harmonica à bouche*, ou absolt. *Harmonica.* Instrument de musique composé de petits tuyaux à anche métallique juxtaposés. *Harmonica diatonique. Harmonica chromatique*, à poussoir. *Virtuose de l'harmonica* (Harmoniciste). — REM. En ce sens, le mot vient probablt. de l'allem. *Harmonika*, par lequel DAMIAN désignait l'accordéon dont il fut l'inventeur en 1829. Ce nom, qui d'ailleurs en Suisse, en Belgique, désigne encore l'accordéon, s'est étendu à l'actuel *harmonica*, qui est également un instrument à vent.

2   « Les enfants de l'école viennent avec fracas
Vêtus de hoquetons et jouant de l'harmonica »
                    APOLLINAIRE, Alcools, Les colchiques.

HARMONICORDE. *n. m.* (mot créé par DEBAIN (1809-1877) d'après *harmonium*, et *corde*). Nom donné à une sorte d'harmonium* à anches libres et à cordes métalliques.

HARMONIE. *n. f.* (XIIe s., d'abord en musique ; lat. *harmonia*, mot gr. signifiant au propre « assemblage »).

I. (XIIe s.). Sons* assemblés. V. **Musique.**

‖ 1° *Au sens large*, Combinaison, ensemble de sons perçus simultanément d'une manière agréable à l'oreille. *L'harmonie des voix humaines, des instruments...* V. **Chœur, concert.** *Belle, noble, sereine harmonie.* Par ext. *L'harmonie de la nature, de la forêt...* Absolt. V. **Musique.** *Les charmes, les douceurs de l'harmonie. La puissance, le pouvoir de l'harmonie sur les cœurs, les âmes* (Cf.

Exhilarant, cit. 1). *Natures rebelles à l'harmonie* (Cf. Grouper, cit. 4). *Apollon, dieu de l'harmonie. Mer, flot, torrent d'harmonie* (Cf. Gamme, cit. 2), *d'harmonies.*

1   « ... en un concert d'instruments, on n'oyt (*entend*) pas un luth, une épinette et la flûte, on oyt une harmonie en globe, l'assemblage et le fruit de tout cet amas. »   MONTAIGNE, Essais, III, VIII.

2   « ... des voix et des instruments... pour pacifier avec leur harmonie les troubles de l'esprit. »   MOL., Am. méd., III, 7.

3   « Les bruits ont éveillé les bruits, la forêt est tout harmonie ; est-ce les sons graves de l'orgue que j'entends ?... »   CHATEAUB., Amérique, Journ. sans date, Une heure du matin.

4   « Rarement l'art du compositeur avait déployé d'aussi grandes masses, fait mouvoir d'aussi puissants bataillons d'harmonies vocales et instrumentales et joint une science aussi recherchée, aussi profonde, une passion aussi ardente et aussi intense. »   GAUTIER, Souv. de théâtre..., Giselle ou les Wilis.

5   « Ces harmonies ineffables (*de la « Symphonie pastorale* ») peignaient, non point le monde tel qu'il était, mais bien tel qu'il aurait pu être, qu'il pourrait être, sans le mal et sans le péché. »   GIDE, Symph. pastor., p. 58.

— *Spécialt. L'harmonie des sphères* :* les sons harmonieux que les pythagoriciens croyaient produits par le mouvement des corps célestes. *L'harmonie des étoiles.* V. **Chœur** (*supra* cit. 9).

6   « Tu fais une si douce et plaisante harmonie,
Que nos luths ne sont rien, au prix des moindres sons
Qui résonnent là-haut de diverses façons. »
                    RONSARD, Prem. liv. des hymnes, Du ciel.

7   « L'harmonie est l'âme des cieux !...
L'antiquité l'a dit, et souvent son génie
Entendit dans la nuit leur lointaine harmonie. »
                    LAMART., Harmonies, IV, La voix humaine.

8   « — Quels sons doux et puissants, demande Eustathe à Pythagore, et quelles harmonies d'une étrange pureté il me semble d'entendre dans la substance de la nuit qui nous entoure ?... Quel est donc le mystérieux instrument de ces délices ?
— Le ciel même, lui répondit Pythagore. Tu perçois ce qui charme les dieux. Il n'y a point de silence dans l'univers. Un concert de voix éternelles est inséparable du mouvement des corps célestes. »   VALÉRY, Variété, p. 149.

— *Par métaph.* (Cf. Enchanter, cit. 9).

9   « L'amour est la plus mélodieuse des harmonies, et nous en avons le sentiment inné. La femme est un délicieux instrument de plaisir, mais il faut en connaître les frémissantes cordes,... »   BALZ., Physiol. du mariage, Œuvr., t. X, p. 644.

— *Par ext.* (sans idée d'agrément). *Sauvage, lugubre harmonie.*

10   « ... une foule de cris discordants, que l'espace transforme en une lugubre harmonie, comme celle de la marée qui monte ou d'une tempête qui s'éveille. »   BAUDEL., Spleen de Paris, XXII.

‖ 2° *Par ext.* Son, succession de sons agréables ; « la force et la beauté du son » (ROUSSEAU). *L'harmonie d'une harpe* (Cf. Effet, cit. 39), *d'une voix. Ce jeu* (d'orgue) *a une belle harmonie* (LITTRÉ). V. **Sonner** (bien) ; **sonorité.** *Douces, puissantes harmonies* (Cf. Gronder, cit. 10).

11   « ... des Hautbois,
Qui tour à tour dans l'air poussaient des harmonies
Dont on pouvait nommer les douceurs infinies. »
                    CORN., Ment., I, 5.

12   « ... l'harmonie la plus douce est le son de voix de celle que l'on aime. »   LA BRUY., III, 10.

13   « Ma voix avait une harmonie divine ; »   FÉN., Tél., II.

— *Table d'harmonie :* table sur laquelle sont tendues les cordes d'un instrument de musique. *Table d'harmonie d'un piano* (cadre), *d'un violon, d'une guitare, d'une cithare...* (Cf. Fond, cit. 36).

‖ 3° *Spécialt.* Ensemble des principes sur lesquels est basé en musique l'emploi des sons simultanés, la combinaison des parties* ou des voix* ; science, théorie des accords et des simultanéités (V. **Accord*, intervalle, mouvement, renversement ; cadence, chiffrage, modulation ; altération, retard ; pédale**). *Marche* d'harmonie.* V. **Progression.** *L'harmonie s'est dégagée peu à peu des ensembles sonores engendrés par le contrepoint*, la polyphonie... (Cf. Écriture verticale, *par oppos.* à l'écriture horizontale, du contrepoint). *Les règles, les lois de l'harmonie classique. Harmonie d'école. Étudier l'harmonie, le contrepoint...* V. **Musique.** *Exercices d'harmonie :* réalisation d'une basse* donnée ; harmonisation* d'un chant... (V. **Accompagnement**). *Traité, manuel d'harmonie. Traité de l'harmonie réduite à ses principes naturels*, ouvrage du compositeur J.-Ph. Rameau (1722).

14   « *Harmonie*, selon les modernes, est proprement l'effet de plusieurs tons entendus à la fois, quand il en résulte un tout agréable... Mais ce mot s'entend plus communément d'une succession régulière de plusieurs accords. »   ROUSS., in ENCYCL. (DIDER.), Harmonie.

15   « L'harmonie.. n'est qu'un accessoire éloigné dans la musique imitative ; il n'y a dans l'harmonie proprement dite aucun principe d'imitation. Elle assure, il est vrai, les intonations ; elle porte témoignage de leur justesse ; et, rendant les modulations plus sensibles, elle ajoute de l'énergie à l'expression, et la grâce au chant. »   ID., Julie, 1re part., Lettre XLVIII.

16   « L'Allemagne, terre de l'harmonie, a des symphonistes ; l'Italie, terre de la mélodie, a des chanteurs. »   HUGO, P.-S. de ma vie, Tas de pierres, III.

17 « ... l'harmonie de Debussy n'est pas, comme chez Wagner et dans toute l'école allemande, une harmonie d'enchaînement, étroitement soumise à la logique despotique du contrepoint : c'est... une harmonie avant tout harmonieuse, qui a son principe et sa fin en elle-même. »
R. ROLLAND, **Music. d'aujourd'hui**, Pelléas et Mélisande.

18 « Si, au piano, instrument de timbre homogène, on joue une suite d'accords... l'oreille perçoit plutôt, avec la ligne supérieure... les accords frappés... C'est ce qu'on appelle l'*audition verticale*. Elle se rapporte à l'*harmonie*, qui est l'étude des accords ou des simultanéités. »
Ch. KOECHLIN, in **ENCYCL. FR.**, XVI, 34*10.

— *Les harmonies :* les accords conformes aux règles de l'harmonie. *Harmonies consonantes* :* les accords de trois notes disposées de tierce en tierce (note fondamentale, tierce, quinte). *Harmonies dissonantes* :* les accords de quatre notes, ou plus, disposées de tierce en tierce (note fondamentale, tierce, quinte, septième, neuvième...). V. **Consonance, dissonance.** *Noter, chiffrer les harmonies d'une chanson, d'un accompagnement. Musicien de jazz qui improvise sur les harmonies d'un thème*.*

19 « ... cherchant sur leurs guitares accordées des accompagnements en parties et se reprenant chaque fois qu'un son n'est pas rigoureusement juste à leur oreille, sans s'embrouiller jamais dans ces harmonies dissonantes, étranges, toujours tristes. »
LOTI, Mme Chrysanth., XXXVII.

20 « Les plus extravagantes combinaisons d'harmonies, les duretés les plus implacables s'effacent et se fondent, grâce à la combinaison merveilleuse des timbres. »
R. ROLLAND, **Music. d'aujourd'hui**, Mus. fr. et mus. allem.

‖ 4° *L'harmonie d'un orchestre* :* les bois*, les cuivres* et la percussion, à l'exclusion des instruments à cordes. *Concert, musique d'harmonie.* Absolt. *Harmonie.* V. **Fanfare, orphéon, philharmonie.** — *Cor*, trompette* d'harmonie* (par oppos. à Cor de chasse, trompette de cavalerie).

‖ 5° *Gramm. et Littér.* Ensemble des caractères (combinaison de sons, accents, rythme...) qui rendent un discours agréable à l'oreille. V. **Arrangement** (cit. 6, 7), **combinaison** (des mots), **euphonie.** *Harmonie des mots, des paroles. Harmonie du style, du discours. Harmonie des périodes.* V. **Cadence, nombre, rondeur** (fig.), **rythme.** *Morceau dépourvu d'harmonie* (Cf. Élégance, cit. 10). *L'harmonie des vers, de la poésie ; l'harmonie oratoire... Des harmonies recherchées.* — *L'harmonie d'une langue* (Cf. Cadence, cit. 2).

21 « Avouons plutôt que, par le moyen de cette périphrase mélodieusement répandue dans le discours, d'une diction toute simple il a fait une espèce de concert et d'harmonie. »
BOIL., trad. **Traité du sublime**, de LONGIN, XXIV.

22 « J'ai connu plus d'un Anglais et plus d'un Allemand qui ne trouvaient d'harmonie que dans leurs langues. » VOLT., **Dict. philos.**, Langues.

23 « ... il suffit d'avoir un peu d'oreille pour éviter les dissonances, et de l'avoir exercée, perfectionnée par la lecture des poètes et des orateurs, pour que mécaniquement on soit porté à l'imitation de la cadence poétique et des tours oratoires. Or jamais l'imitation n'a rien créé : aussi cette harmonie des mots ne fait ni le fond, ni le ton du style, et se trouve souvent dans des écrits vides d'idées. »
BUFF., **Disc. récept. Acad. fr.** (Cf. Dissonance, cit. 2).

24 « Chateaubriand est le seul écrivain en prose qui donne la sensation du vers : d'autres ont eu un sentiment exquis de l'harmonie, mais c'est une harmonie poétique : lui seul a une harmonie oratoire. »
CHÉNEDOLLÉ, in STE-BEUVE, **Chateaub.**, t. II, p. 54.

25 « ... prose ou poésie, l'art d'écrire réside tout entier dans la convenance de l'idée et du sentiment au rythme et au nombre de la phrase, au son, à la couleur et à la saveur des mots, et ce sont ces rapports subtils, ces harmonies, que tout traducteur dissocie nécessairement et détruit, puisqu'il est l'esclave de la littéralité et qu'il peut bien rendre en son propre langage la pensée, mais non pas la musique de la pensée, non pas cette petite chose, le style. »
J. BÉDIER, **Chans. de Rol.**, Av.-prop., p. XV.

26 « ... *l'harmonie*, c'est-à-dire le *sens musical des mots et des phrases* et l'art de les combiner agréablement pour l'oreille. L'harmonie, pour les mots, consiste dans leur son propre. L'harmonie, pour les phrases, consiste dans leur cadence et leur équilibre. »
ALBALAT, **Art d'écrire**, VIIe leçon.

— *Spécialt. Harmonie imitative,* qui par la sonorité des mots employés, imite ou évoque le bruit que produit la chose signifiée.

27 « Le chant du rossignol surtout a paru admirablement traduit (*dans le Génie du christianisme*) : c'est proprement de la musique, c'est presque de l'harmonie imitative. » STE-BEUVE, **Chateaub.**, t. I, p. 248.

— L'expression poétique, au sens large (musique,...).

28 « Fille de la douleur, harmonie ! harmonie !
Langue que pour l'amour inventa le génie !
Qui nous vint d'Italie, et qui lui vint des cieux !
Douce langue du cœur, la seule où la pensée,
Cette vierge craintive et d'une ombre offensée,
Passe en gardant son voile, et sans craindre les yeux ! »
MUSS., **Prem. poés.**, Le saule, I.

— *Allus. litt. Les Harmonies poétiques et religieuses,* recueil de poèmes de Lamartine.

29 « Rien ne peut mieux expliquer (*que cette lettre à M. d'Esgrigny*) ce que c'est qu'une *harmonie* : la jeunesse qui s'éveille, l'amour qui rêve, l'œil qui contemple, l'âme qui s'élève, la prière qui invoque, le deuil qui pleure, le Dieu qui console, l'extase qui chante, la raison qui pense, la passion qui se brise, la tombe qui se ferme, tous les bruits de la vie dans un cœur sonore, ce sont ces harmonies... J'en ai écrit quelques-unes en vers, d'autres en prose ; des milliers d'autres n'ont jamais retenti que dans mon sein. »
LAMART., **Harmonies**, Prologue (Lettre à d'Esgrigny).

II. ‖ 1° Rapports, relations existant entre les diverses parties d'un tout et qui font que ces parties concourent à un même effet d'ensemble ; cet effet lui-même. V. **Unité.** *L'harmonie des parties d'un ensemble, des organes du corps.* V. **Ordre, organisation.** *L'harmonie du système solaire. Harmonie des projets, des vues, des sentiments, de plusieurs personnes.* V. **Communauté, communion, concordance, conformité.** *Complète harmonie de vues au sein d'un groupe.* V. **Homogénéité.** *Harmonie des caractères, des tempéraments* (Cf. Bien-être, cit. 1). V. **Correspondance** (cit. 2).

30 « ... il faut de l'harmonie dans les sentiments et de l'opposition dans les caractères, pour que l'amour naisse tout à la fois de la sympathie et de la diversité. »
STAËL, **Corinne**, XVI, I.

31 « D'un autre côté, tous les phénomènes d'un corps vivant sont dans une harmonie réciproque telle, qu'il paraît impossible de séparer une partie de l'organisme sans amener immédiatement un trouble dans tout l'ensemble. » Cl. BERNARD, **Introd. médec. expérim.**, II, I.

32 « Tout aboutit à l'harmonie. Plus sauvage et plus persistante avait été la discordance, plus large est l'épanouissement de l'accord. »
GIDE, **Journal**, Juin 1927.

33 « ... l'âme de l'homme imagine plus facilement et plus volontiers la beauté, l'aisance et l'harmonie que le désordre et le péché qui partout ternissent, avilissent, tachent et déchirent ce monde... »
ID., **Symph. pastor.**, 27 févr., p. 36.

— *Harmonie qui s'établit entre un artiste et ses contemporains.* V. **Accord, alliance** (cit. 10). *Harmonie entre les êtres et les conditions d'existence.* V. **Adaptation, ajustement** (Cf. Forme, cit. 9). *Harmonies cachées, dans la nature.* V. **Correspondance.** *Etre en harmonie avec...* V. **Convenir, correspondre** (Cf. Délabré, cit. 5 ; déniaiser, cit. 3 ; flou, cit. 2). *Ces deux choses sont en harmonie, en parfaite harmonie :* vont bien ensemble (V. **Rapport, ressemblance, similitude, unisson**). *Mettre en harmonie.* V. **Accorder, ajuster, assortir, concilier, harmoniser.**

34 « Les ruines ont... des harmonies particulières avec leurs déserts... »
CHATEAUB., **Génie du christ.**, III, V, IV.

35 « Sa douillette puce était en harmonie avec ce luxe, et il prisait dans une tabatière d'or enrichie de diamants !... »
BALZ., **L'Initié**, Œuvr., t. VII, p. 379.

36 « La jeune ingénue regardait avec une sorte d'intérêt attendri ce jardin en friche si bien en harmonie avec ce château en ruine. »
GAUTIER, **Cap. Fracasse**, II, t. I, p. 59.

37 « Ce qu'on appelle les conquêtes de Louis XIV partait d'un plan stratégique et de sécurité nationale. Elles étaient en harmonie avec le système de Vauban et pour ainsi dire dictées par lui. »
BAINVILLE, **Hist. de France**, XIII.

38 « Le monde moderne, qui a prodigieusement modifié une vie matérielle, n'a su se faire ni des lois, ni des mœurs, ni une politique, ni une économie, qui fussent en harmonie avec ces immenses changements, ses conquêtes de puissance et de précision. »
VALERY, **Variété IV**, p. 200.

39 « ... la science qui s'efforcerait de mettre en harmonie les constructions des hommes et le site... dans lequel ou devant lequel ces constructions vont s'élever. » DUHAM., **Turquie nouvelle**, V, p. 92.

— *Les harmonies de la nature*, œuvre de Bernardin de Saint-Pierre (1796), suite aux « Études de la nature », dans laquelle il veut prouver que tout dans la nature est accord et harmonie (V. **Finaliste ; finalisme**, cit.).

40 « ... par le spectacle des harmonies actuelles de la nature, je m'élève vers son auteur, et j'espère dans un autre monde de plus heureux destins. » BERNARD. de ST-P., **Paul et Virginie**, p. 95.

— *Les harmonies économiques*, ouvrage de Bastiat (1849). — *L'harmonie sociale :* l'époque de prospérité qui doit succéder à l'enfance de l'humanité, selon les Fouriéristes.

— Philos. *Harmonie préétablie :* doctrine de Leibniz suivant laquelle le développement parallèle des substances créées se conforme à une relation préétablie, sans qu'il y ait d'actions réciproques entre elles.

41 « L'âme suit ses propres lois et le corps aussi les siennes ; et ils se rencontrent en vertu de l'harmonie préétablie entre toutes les substances, puisqu'elles sont toutes les représentations d'un même univers... (Si Descartes n'avait pas cru que l'âme peut changer la direction des corps) il serait tombé dans mon système de l'harmonie préétablie. »
LEIBNIZ, **Monadologie**, §§ 79 et 80 (Texte français de l'auteur).

‖ 2° *Spécialt.* V. **Accord, concorde, entente** (cit. 6), **paix, union.** *L'harmonie qui règne dans une société, un État... Vertus qui font la douceur et l'harmonie de la société* (Cf. Civil, cit. 3). *L'harmonie de la famille* (Cf. Femme, cit. 116), *du ménage. Détruire, troubler, rétablir l'harmonie. Harmonie retrouvée.* V. **Conciliation, réconciliation.** *Vivre en harmonie, en parfaite harmonie.* V. **Amitié, entente, sympathie ; entendre** (s'). *Harmonie inaltérable* (Cf. Discord, cit.).

42 « Rois, chassez la calomnie.
Ses criminels attentats
Des plus paisibles États
Troublent l'heureuse harmonie. » RAC., **Esth.**, III, 3.

‖ 3° Ensemble des rapports entre les parties, les éléments d'un objet, d'une œuvre d'art, d'un spectacle, envisagés du point de vue esthétique. V. **Beauté ; économie** (des parties), **ensemble, équilibre, eurythmie...** *Art d'harmonie et de décoration* (Cf. Futuriste, cit.). *Harmonie d'une composition, d'un tableau...* (Cf. Exhumation, cit. ; franc, cit. 12 ; garder, cit. 62 ; glacis 2, cit. 1). *Harmonie des masses, des volumes, des proportions, dans un tableau, une sculpture...* V. **Balancement** (cit. 6), **pondération.** *Harmonie des couleurs** (cit. 2, 4). V. **Combinaison, consonance** (cit. 7). *Harmonie des objets d'une collection* (V. **Assortiment**). Par ext. *Harmonie des saveurs* (Cf. Gourmandise, cit. 7 ; gourmet, cit. 7). — *Harmonie d'un visage* (Cf. Equilibre, cit. 25), *d'un corps féminin.* V. **Beauté, élégance, grâce ; régularité, symétrie...** *Harmonie de l'allure, de la démarche, des mouvements* (Cf. Chevreuil, cit. 3). *Danse pleine d'harmonie et de grâce.*

43 « Il y avait dans cette harmonie parfaite un concert de couleurs auquel l'âme répondait par des idées voluptueuses, indécises, flottantes. »
BALZ., **Fille aux yeux d'or,** Œuvr., t. V, p. 303.

44 « Les couleurs sont la musique des yeux ; elles se combinent comme les notes... Certaines harmonies de couleurs produisent des sensations que la musique elle-même ne peut atteindre. »
DELACROIX, **Journal,** t. III, p. 391
(in R. HUYGHE, Dialogue avec le visible, p. 207).

45 « ... ce qui est séduisant chez elle (*Fanny Elssler*) c'est l'harmonie parfaite de sa tête et de son corps ; elle a les mains de ses bras, les pieds de ses jambes, des épaules qui sont bien les épaules de sa poitrine ; »
GAUTIER, **Souv. de théâtre...,** Mlles Elssler à l'Opéra.

46 « Et l'harmonie est trop exquise,
Qui gouverne tout son beau corps,
Pour que l'impuissante analyse
En note les nombreux accords. »
BAUDEL., **Fl. du mal,** Spl. et id., XLI.

47 « Il aimait un corps humain comme une harmonie matérielle, comme une belle architecture, plus le mouvement ; »
ID., **La Fanfarlo.**

48 « La femme... est surtout une harmonie générale, non seulement dans son allure et le mouvement de ses membres, mais aussi dans les mousselines. les gazes, les vastes et chatoyantes nuées d'étoffes dont elle s'enveloppe... dans le métal et le minéral qui serpentent autour de ses bras et de son cou... »
ID., **Curios. esth.,** X.

49 « Un couple qui danse révèle son degré d'entente. L'harmonie des gestes du comte et de la comtesse d'Orgel prouvait un accord que donne seul l'amour ou l'habitude. »
RADIGUET, **Bal du comte d'Orgel,** p. 44.

50 « Cette vallée était pourtant bien belle, quand elle était toute vêtue de feuilles ; les bois encadraient les champs ; c'était une harmonie merveilleuse pour l'œil. »
ALAIN, **Propos,** 27 avril 1908, Les bûcherons.

|| **4° Math.** Se dit d'une relation caractéristique entre plusieurs grandeurs. V. **Harmonique*** (2°). *Condition d'harmonie, relation d'harmonie. Rapport d'harmonie.*

ANT. — Cacophonie, charivari ; brouhaha. — Chaos, désaccord, désordre, discordance disparate, dureté, inharmonie, laideur ; antagonisme, incompatibilité, opposition. Antipathie, discorde, dissentiment, froissement, mésentente, mésintelligence...

DER. et COMP. — Harmonieux, harmoniser, harmoniste, harmonium. V. Harmonica, harmonique. — Enharmonie, inharmonique, philharmonie.

HARMONIEUX, EUSE. *adj.* (vers 1400 FROISSART ; de *harmonie*).

I. || **1°** Agréable à l'oreille (en parlant d'un son, d'une succession ou d'une combinaison de sons). V. **Mélodieux.** *Sons harmonieux* (Cf. Fond, cit. 4). *Voix harmonieuse.* V. **Doux, suave.** *Chant harmonieux* (Cf. Festin, cit. 2), *musique harmonieuse. Murmure harmonieux d'un ruisseau* (Cf. Éolien, cit. 2). *Chœur, concert harmonieux* (Cf. Cadencer, cit. 1).

1 « Unissez en votre musique
La flûte à la viole, et la lyre aux tambours ;
Que l'orgue à tant de sons mêle un son magnifique,
Prête un harmonieux secours. »
CORN., **Off. de la Vierge,** V, 16.

2 « Toi qui dis aux forêts : Répondez au zéphyre !
Aux ruisseaux : Murmurez d'harmonieux accords !
Aux torrents : Mugissez ! à la brise : Soupire !
À l'océan : Gémis en mourant sur tes bords ! »
LAMART., **Harmonies,** I, Invocation.

— *Spécialt.* en parlant des sons assemblés et organisés. V. **Musical.**

3 « L'harmonieux accord que notre main en tire (*de cette lyre*), »
LAMART., **Mort de Socrate.**

4 « Si la musique nous est si chère, c'est qu'elle est la parole la plus profonde de l'âme, le cri harmonieux de sa joie et de sa ferveur. »
R. ROLLAND, **Music. d'autref.,** Grétry, p. 262.

|| **2°** Qui produit des sons agréables. *L'âme* (cit. 83) *harmonieuse du violon. Instrument harmonieux. La trompette est plus harmonieuse que le cornet à pistons. Mains harmonieuses d'un pianiste* (Cf. Chanter, cit. 6). — *Flots harmonieux* (Cf. Cadence, cit. 6).

5 « La trompette marine est un instrument qui me plait, et qui est harmonieux. »
MOL., **Bourg. gent.,** II, 1.

|| **3°** Qui a de l'harmonie, en parlant du discours, du langage. *Discours harmonieux* (Cf. Facilité, cit. 18). — *Style, ton harmonieux* (Cf. Abondant, cit. 7 ; auteur, cit. 33). *Langue harmonieuse. Périodes harmonieuses.* V. **Cadencé, nombreux, rythmé...** *Mots harmonieux. Le style est un souffle harmonieux* (Cf. Écrire, cit. 52 J. RENARD). — Par ext. *Auteur harmonieux.*

6 « Sa langue passe pour la plus belle de la littérature scandinave... elle est aussi claire et aussi harmonieuse que le danois puisse l'être. »
SUARÈS, **Trois hommes,** Ibsen, I.

II. Qui a, qui produit de l'harmonie, par les relations qui existent entre ses éléments (en parlant d'un ensemble) ; Qui est en harmonie avec les autres éléments (en parlant d'un élément). V. **Harmonique.** *Ensemble* (cit. 1), *système harmonieux, unité harmonieuse ; former un tout harmonieux.* V. **Cohérent, équilibré, organisé** (Cf. Eclectisme, cit. 1 ; finalisme, cit.). *Parties harmonieuses d'un ensemble. Équilibre* (cit. 11) *harmonieux. Répartition, distribution harmonieuse* V. **Juste, proportionné** (Cf. Développement, cit. 4 ; fesse, cit. 2). *Connaissances harmonieuses. Développement harmonieux de l'esprit. Fusion harmonieuse de races* (Cf. Français, cit. 5).

« ... la France ne se réalise pleinement que dans l'harmonieux équilibre des éléments très divers qui la composent... »
GIDE, **Nouv. prétextes,** p. 71.   7

— *Esthét. Couleurs harmonieuses* (Cf. Gris, cit. 1). *Composition, décoration harmonieuse.* V. **Agréable, beau, esthétique.** *Réussite harmonieuse d'une architecture* (Cf. Eurythmie, cit. 1 ; façade, cit. 3). *Mouvement harmonieux d'une courbe, d'un paysage* (Cf. Coteau, cit. 1). *Les paysages harmonieux de Touraine, de Toscane... Corps, visage harmonieux. Formes harmonieuses. Allure, démarche harmonieuse.*

« Quand je te vois passer, ô ma chère indolente...
Suspendant ton allure harmonieuse et lente, »
BAUDEL., **Fl. du mal,** XCVIII.   8

« Son cher corps rare, harmonieux,
Suave,... »
VERLAINE, **Parallèlement,** Filles, I.   9

« Sous ce luxueux vêtement qui les couvre (*ces statues*), collé au nu, se révèle l'élégante silhouette féminine. Les épaules sont larges sans exagération et, sur certaines, les lignes du bassin dessinent leurs courbes harmonieuses avec les hanches ressorties et la rondeur des cuisses. »
P. RICHER, **L'art grec,** p. 256.   10

« ... rien de plus enfantin que son sourire, rien de plus harmonieux que son geste, de plus musical que sa voix. »
GIDE, **Symph. pastor.,** 10 mai, p. 128.   11

ANT. — Criard, désaccordé, désagréable, discordant, dissonant, dur, inharmonieux. Boiteux (*fig.*), désorganisé, disparate, disproportionné, heurté, incohérent...

DER. — Harmonieusement. *adv.* (1510). D'une manière harmonieuse. *Chanter, parler, jouer harmonieusement* (Cf. Corde, cit. 21). *Demander harmonieusement l'aumône* (cit. 15). — *Couleurs harmonieusement réparties. Ville harmonieusement étagée* (Cf. Baigner, cit. 17). *Destinée harmonieusement réglée d'avance* (cit. 20). *Univers harmonieusement ordonné* (Cf. Entrer, cit. 35).

« ... cette sauce est harmonieusement mêlée d'huile d'olive et de jaune d'œuf. »
DUHAM., **Salavin,** Deux hommes, III, XII.

HARMONIQUE. *adj.* (XIVe s. ; lat. *harmonicus,* du gr. *harmonikos.* V. **Harmonica**). Relatif à l'harmonie.

« *Harmonique,* usité principalement en musique, qualifie d'une manière abstraite, froide, sans degré ; il indique le genre de l'objet en marquant son rapport avec l'harmonie, mais sans aucun égard à l'effet agréable qui en résulte... *Harmonique...* est un mot du langage commun qui se rapporte toujours et surtout à l'effet produit... il est expressif. »
LAFAYE, **Dict. syn.,** Harmonique.   1

|| **1° Mus.** Se dit de certains sons, de certains rapports ou assemblages de sons caractéristiques, en harmonie (V. **Harmonie,** I, 3°). *Gamme*, échelle harmonique.* V. **Diatonique.** *Notes harmoniques. Marche* harmonique.*

« Quant au langage harmonique de Debussy, son originalité ne consiste pas... dans l'invention d'accords nouveaux, mais dans l'emploi nouveau qui en est fait. »
R. ROLLAND, **Music. d'aujourd'hui,** Pelléas et Mélisande.   2

— *Son harmonique* et Substant. *Harmonique. n. m.* ou *f.* Son musical simple dont la fréquence est un multiple entier de celle d'un son de référence (Son fondamental*). *Harmoniques du deuxième, troisième... rang ; deuxième, troisième... harmonique :* ceux dont la fréquence est double, triple... de celle du son fondamental. *Accord consonant*, formé de sons possédant des harmoniques communs. Le timbre* dépend des harmoniques émis en même temps que le son fondamental.*

« Le cor et tous les genres de trompette nous apprennent les intervalles justes ; car, en soufflant dans un tuyau, on ne produit que les sons harmoniques ;... »
ALAIN, **Propos,** 1913, L'esprit des cloches.   3

— *Fig.* V. **Résonance.**

« ... une émotion est dramatique, communicative, quand tous les harmoniques y sont donnés avec la note fondamentale. »
BERGSON, **Le rire,** p. 143.   4

« Je ne regrette pas ces moments, bien qu'ils aient été fugitifs ; leurs dernières harmoniques résonnent encore en moi et j'en perçois, si je tends bien l'oreille et fais taire les bruits du présent, le son pur et déjà mourant. »
MAUROIS, **Climats,** I, V.   5

« Il se plaira désormais, lui aussi... à faire ressortir, à la fin d'une description concrète d'un fait simple, des harmoniques abstraites et graves, et à évoquer au moment où, enfant, il se couche dans de grands draps blancs qui vous montent par-dessus la figure, l'église qui sonne par toute la ville les heures d'insomnie des mourants et des amoureux. »
ID., **À la rech. de Proust.,** IV, II.   6

|| **2°** Qui concourt à l'harmonie, ou dont toutes les parties sont en harmonie. V. **Harmonieux** (II). *Unité harmonique. Relation, dépendance harmonique. Valeur harmonique des parties, dans un ensemble.*

7 « ... cette relation harmonique qui doit exister entre un commandement légitime et une obéissance raisonnable, »
LA ROCHEF., Mém., 26.

8 « La fonction du poète est de rendre aux mots leur valeur harmonique et de recréer autour d'eux... en les surprenant en des positions inaccoutumées, l'air de mystère qui les entourait à leur naissance. »
MAUROIS, Étud. littér., P. Valéry, IV, 4.

— *Spécialt.* Géom. *Division harmonique*, formée par quatre points A, B, C et D, lorsqu'ils sont dans un rapport tel $\frac{CA}{CB} = -\frac{DA}{DB}$ (les points C et D étant *Conjugués harmoniques* par rapport à A et B et inversement). *Faisceau harmonique*, formé par les quatre droites joignant un point du plan à quatre points formant une division harmonique. — Arith. *Proportion harmonique*, existant entre trois nombres A, B, C tels que $\frac{A}{C} = \frac{A-B}{B-C}$. — Alg. *Série harmonique* : la série 1 + 1/2 + 1/3 + 1/4...

DER. — **Harmoniquement.** adv. (1579). *Mus.* Suivant les lois de l'harmonie, suivant les rapports harmoniques des sons. — *Math.* Conformément aux rapports harmoniques. *Droite divisée harmoniquement par quatre points.*

HARMONISER. v. tr. (XVe s. ; inusité aux XVIIe et XVIIIe s., repris au XIXe s. ; de *harmonie*).

|| 1° Mettre en harmonie*, en accord. V. **Accorder, arranger,...** *Harmoniser des couleurs. Harmoniser les parties d'une composition, les masses sonores d'un orchestre...* V. **Équilibrer.** *Harmoniser les intérêts de plusieurs personnes.* V. **Arranger, concilier, concorder** (faire). *Harmoniser l'action de divers services.* V. **Coordonner.** *Harmoniser une chose avec une autre.* V. **Allier.**

1 « Toute religion qui succède à une autre respecte longtemps certaines pratiques et formes de culte, qu'elle se borne à harmoniser avec ses propres dogmes. »
NERVAL, Filles du feu, Isis, IV.

|| 2° *Mus.* Combiner (une mélodie) avec d'autres parties* ou avec des suites d'accords, en vue de réaliser un ensemble harmonique. *Harmoniser un chant, une chanson* : composer un accompagnement. *Harmoniser un air pour chœur et orchestre.* V. **Arranger, orchestrer.** — *Cantique, chant populaire harmonisé par Bach... Air mal harmonisé.* — Absolt. *Savoir harmoniser* (Cf. Composer, cit. 8). — *Spécialt.* Régler le timbre des tuyaux d'orgue.

|| S'HARMONISER. v. pron. Se mettre, être en harmonie. V. **Accorder** (s'), **aller** (ensemble), **approprier** (s'), **concorder, consoner, correspondre.** *Couleurs qui s'harmonisent* (Cf. Grisaillé, cit. 4). *Ses sentiments s'harmonisent avec le paysage.*

2 « Sa joie de posséder une femme riche n'était gâtée par aucun contraste ; le sentiment s'harmonisait avec le milieu. »
FLAUB., Éduc. sentim., III, IV.

3 « Le détail vous saisit, il vous empoigne, il vous pince et, plus il vous occupe, moins vous saisissez bien l'ensemble ; puis, peu à peu, cela s'harmonise et se place de soi-même avec toutes les exigences de la perspective. »
ID., Corresp., 245, 15 janv. 1850, t. II. p. 148.

4 « Elle s'harmonisait d'une façon presque surnaturelle avec le paysage où nous nous trouvions, par le charme de jeunesse qui émanait d'elle. »
BOURGET, Le disciple, p. 228.

— REM. Le verbe *harmoniser* n'a été repris que postérieurement à la création d'*harmonier* (XVIIIe s.), que NECKER classe parmi les « nouveaux verbes complètement barbares » (Cf. BRUNOT, H.L.F., t. X, p. 44) et que BERNARDIN de SAINT-PIERRE, CHATEAUBRIAND et surtout BALZAC employèrent fréquemment. En 1839, BOISTE ne fait que signaler *harmoniser*, qu'il renvoie à *Harmonier*, mais en 1866, LITTRÉ note sous l'art. *Harmoniser* : « on dit aussi, bien que plus rarement aujourd'hui, *Harmonier* ». Ce dernier verbe est tout à fait tombé en désuétude.

ANT. — **Désaccorder. Détonner, dissoner.**

DER. — **Harmonisateur, trice.** n. (1866 LITTRÉ). *Mus.* Celui, celle qui harmonise* une mélodie, un air. — **Harmonisation.** n. f. (1873 P. LAR., *en linguist.*). Action d'harmoniser ; résultat de cette action. V. **Accompagnement, arrangement, orchestration.** *Travailler à l'harmonisation d'une chanson. Chant populaire français, harmonisation de Vincent d'Indy.*

HARMONISTE. n. m. (XVIIIe s. ; de *harmonie*). *Mus.* Musicien versé dans la science de l'harmonie. *Un bon, un mauvais harmoniste* (Cf. Fugue, cit. 1).

HARMONIUM (*nyom'*). n. m. (1840 ; mot créé d'après *harmonie* par DEBAIN, créateur de l'instrument). *Mus.* Instrument à clavier et à soufflerie, comme l'orgue*, mais qui est (comme l'accordéon*) muni d'anches libres au lieu de tuyaux (V. **Harmonicorde**). *On a d'abord appelé l'harmonium mélodium, orgue expressif... Pédales actionnant la soufflerie d'un harmonium. Harmonium à deux claviers. Registres, basses, dessus d'un harmonium. Jouer de l'harmonium à l'église, au temple...* (Cf. Caquetage, cit. 2 ; entretemps, cit. 2). *Accompagner une chorale à l'harmonium. Des harmoniums.*

1 « Jean de L. a toute sa vie dirigé la maîtrise de la paroisse, convaincu que sans lui l'église manquerait de tout son lustre et voilà que le clergé assourdi l'invite à fermer son harmonium et à disperser les chantres. »
JOUHANDEAU, Chaminadour, II, XIII.

2 « C'était à une répétition de chant de Noël qu'elle avait vu Jean pour la première fois. Elle était montée à la tribune du temple, où des jeunes filles entouraient le pasteur assis devant l'harmonium... Il tourna la tête vers Pauline, les mains sur le clavier ; »
CHARDONNE, Dest. sentim., p. 38.

★ **HARNACHEMENT.** n. m. (XVIe s. ; de *harnacher*). Action de harnacher. *Palefrenier habile au harnachement des chevaux.* — Ensemble des harnais, équipement des chevaux* et animaux de selle. V. **Harnais*.** *Harnachement de selle. Harnachement de trait, de bât, de dressage* (chevaux). *Le bourrelier fabrique des pièces de harnachement. Harnachement somptueux d'un cheval de cirque.*

« Les chevaux passaient du pas au trot, du trot au galop, les palefreniers les faisant caracoler, et faisant jouer les reflets luisants de leurs corps, les satinements de leurs croupes, les rubis et les émeraudes de leurs harnachements... »
GONCOURT, Zemganno, LIII.

— *Par ext.* Agric. (en parlant de tous les « animaux moteurs »). *Harnachement des bovidés.* V. **Harnais, joug.**

— *Par anal.* Habillement lourd et incommode. V. **Accoutrement.** *Le harnachement d'un fantassin.* V. **Attirail, équipement.** *Un harnachement complet d'alpiniste, d'excursionniste.*

★ **HARNACHER.** v. tr. (*Harneschier* vers 1200 ; de *herneis*, « harnais »). Mettre le harnais, les harnais à (un cheval, un animal de selle...). V. **Enharnacher.** *Harnacher les chevaux. Cheval richement harnaché, harnaché de cuir de Russie.*

1 « ... les chevaux étaient aussi bien pansés et harnachés, en rentrant à Chaumont, que si M. le Comte eût été prêt à partir pour la chasse. »
VIGNY, Cinq-Mars, VI.

2 « ... les mules harnachées bizarrement, couvertes de pompons, de grelots, de plumets et de fanfreluches de mille couleurs : »
GAUTIER, Souv. de théâtre..., Diable boiteux.

3 « ... deux grands chevaux noirs harnachés de cuir cramoisi et d'argent... »
V. LARBAUD, Barnabooth, Journ., p. 331.

— *Par anal.* Accoutrer* (quelqu'un) comme un harnais. *Touriste harnaché d'appareils photographiques... Être grotesquement harnaché.* V. **Ficelé.** *Se harnacher* : s'équiper, en parlant d'un soldat, d'un chasseur, d'un alpiniste,...

4 « ... les vierges harnachées dans des robes, sanglées dans des corsets... »
HUYSMANS, Là-bas, X.

5 « ... il est prêt à partir, tout harnaché de courroies, de musettes, sa cruche et son panier à la main... »
GIONO, Colline, p. 146.

DER. — **Harnachement.** n. m. — ★ **Harnacheur.** n. m. (1402). *Peu usit.* Artisan qui fait des harnais et travaille pour un sellier*. Palefrenier qui harnache les chevaux.

COMP. — **Déharnacher.** v. tr. Débarrasser du harnais, des harnais. — **Enharnacher.**

★ **HARNAIS** ou ★ **HARNOIS.** n. m. (*Herneis* aux XIe et XIIe s. ; de l'anc. scandin. *her-nest*, « provision d'armée »). — REM. Depuis le XVIIIe s., l'orthographe et la prononciation *Harnais* sont seules courantes. *Harnois* ne se dit et ne s'écrit plus que par souci d'archaïsme, en poésie et dans certaines expressions (*blanchi sous le harnois*).

|| 1° *Anciennt.* Armure, équipement complet d'un homme d'arme. V. **Armure** (Cf. Enclume, cit. 1). *Harnois blanc* : armure d'acier rigide par oppos. aux armures de mailles. *Harnois de guerre d'un cheval* (V. **Armure, barde** 2, **caparaçon, housse**). — REM. Au sens propre d'armure, *Harnois* vieillissait déjà au XVIIIe s. Cf. TRÉVOUX.

1 « Don Sanche lui suffit : c'est la première fois
Que ce jeune seigneur endosse le harnois. »
CORN., Cid, V, 3.

2 « Elle (*la ville de Narbonne*) a pour se défendre, outre ses Béarnais,
Vingt mille Turcs ayant chacun double harnais. »
HUGO, Lég. des siècles, X, Aymerillot.

— *Par ext.* L'habit (cit. 11) militaire. V. **Uniforme.**

— *Par anal.* V. **Accoutrement, habit, harnachement, vêtement.**

3 « Une femme frêle et délicate garde son dur et brillant harnais de fleurs et de diamants, de soie et d'acier, de neuf heures du soir à deux et souvent trois heures du matin. »
BALZ., Fausse maîtresse. Œuvr., t. II, p. 32.

4 « Il portait une redingote noire à revers de soie et tenait à la main un chapeau haut de forme. Sa prestance s'accommodait d'ailleurs assez bien de ce harnais officiel. »
MART. du G., Thib., t. III, p. 153.

— *Fig.* Le métier militaire et *par ext.* tout métier astreignant. *Endosser* (cit. 3) *le harnois, le harnais* : devenir militaire, entrer dans une profession (V. **Livrée**). — *Blanchis* (cit. 13) *sous le harnois, sous le harnais* : vieillis dans le métier (des armes, etc.). *Contracter* (cit. 6) *sous le harnois des habitudes de soudard.*

5 « Sire, ainsi ces cheveux blanchis sous le harnois,
Ce sang pour vous servir prodigué tant de fois, »
CORN., Cid, II, 8.

6 « ... celui-ci voit, il a vieilli sous le harnois en voyant, il est spectateur de profession ; »
LA BRUY., VII, 13.

7 « ... vous avez suivi votre penchant, ou vous avez pris goût à ce métier ; sans quoi vous ne seriez pas resté jusqu'à votre âge sous le pesant harnais de la discipline militaire ; »
BALZ., **Médecin de campagne**, Œuvr., t. VIII, p. 408.

— *Loc.* (vieilli). *Suer dans son harnais :* être trop vêtu, mal à l'aise. — *S'échauffer dans son harnois, dans son harnais :* s'énerver, s'exciter.

8 « Benoît monsieur, dit Panurge, vous (*vous*) échauffez en votre harnois. »
RAB., IV, VII.

9 « Mon fils s'est embarrassé là-dedans de période en période, et se chauffant lui-même dans son harnois contre ceux qui lui faisaient croire... »
SÉV., 905, 26 janv. 1683.

— REM. Certaines locutions figurées font aussi bien allusion au *Harnais militaire,* qu'au *Harnais d'une bête de trait. Reprendre le harnais après les vacances.*

10 « ... j'essayais de me dérober une fois de plus aux instances réitérées de mes confrères pour me faire reprendre le harnais de la présidence et m'efforçais de leur suggérer des choix, j'avais prononcé très favorablement le nom d'Édouard Estaunié, qui fut accueilli avec fraîcheur. »
LECOMTE, **Ma traversée**, p. 406.

‖ **2°** Équipement d'un cheval de selle, de trait, et *par ext.* de tout animal de travail. V. **Harnachement.** *Courroie*, sangles d'un harnais. Cheval de harnais :* de voiture. *Un harnais tout neuf. Pièces du harnais, de harnais.* V. **Attelle, avaloire, bât, bricole, bride, collier** (d'attelage*), **croupière, culière, dossière, frein, guide, joug, licol** ou **licou, martingale, montant** (de bride), **mors, muserolle, œillère, panurge, poitrail, reculement, rêne, sautoir, selle, sellette, sous-barbe, sous-gorge, sous-ventrière, surdos, surfaix, têtière, trait, trousse-queue...** Cf. *aussi* Chaînette, cocarde, coussinet... *Harnais de contention, de direction* (mors, bride...), *de portage* (selle, bât...), *de traction* (collier, bricole). *Harnais militaire d'attelage, harnais de bât d'un mulet.*

11 « Un âne accompagnait un cheval peu courtois,
Celui-ci ne portant que son simple harnois,
Et le pauvre baudet si chargé qu'il succombe. »
LA FONT., **Fabl.**, VI, 16.

12 « C'était le jour des courses... On avait fourbi la veille son harnais et les calèches, les berlines... défilaient sur la belle route de Charsat. »
JOUHANDEAU, **Chaminadour**, Contes brefs, Les courses.

— *Harnais d'un bœuf de trait,... d'un éléphant, d'un lama...*

— Pièce de harnachement. *Des harnais de cuir. Changer les harnais d'un cheval. Bourrelier*, sellier* qui fabrique, répare les harnais. Chevaux aux harnais dorés* (Cf. Galoper, cit. 2). *Harnais bien ajustés, trop serrés.* — REM. Dans le langage courant, on entend généralement par *harnais* les pièces souples, en cuir, etc. (guides, rênes...) à l'exclusion des pièces métalliques (mors...) ou rigides (collier, joug, selle...). *Ranger les harnais et les selles dans l'écurie.*

13 « Le désolé voyageur aperçoit des harnais blancs, usés, raccommodés, près de céder au premier effort des chevaux. »
BALZ., **Curé de village**, Œuvr., t. VIII, p. 604.

— *Harnais de voiture :* l'équipement de cuir ou de métal reliant l'animal de traction à une voiture.

14 « Le plancher de la sellerie luisait à l'œil comme le parquet d'un salon. Des harnais de voitures étaient dressés dans le milieu sur deux colonnes tournantes... »
FLAUB., **Mᵐᵉ Bovary**, I, VIII.

‖ **3°** *Fig.* Ensemble de pièces (lices ou lisses) d'un métier à tisser (on dit aussi *Harnat*). — *Harnais d'engrenage :* groupe d'engrenages commandant un arbre secondaire.

DER. — Harnacher.

★ **HARO.** *interj.* et *n. m.* (XIIᵉ s. ; *harou, hareu ;* probablt. onomat., comme *Hare.* V. **Harasser**). *Anc. dr.* Cri d'appel à l'aide, poussé par la victime d'un flagrant délit, et qui rendait obligatoire l'intervention des auditeurs et l'arrestation du coupable. *Spécialt. Clameur de haro, Haro :* formule juridique qui donnait à chacun « le droit de s'ériger en officier de justice, d'arrêter le coupable..., de contraindre les voisins à prêter main-forte » (GLASSON in GDE ENCYCL.). Cf. Arrestation, cit. 2.

1 « La clameur de haro,... donnait (*à la victime de violences*) le moyen d'arrêter par lui-même les entreprises injustes dirigées contre ses biens... en cas de simple trouble, une fois le haro lancé, l'auteur du trouble devait immédiatement s'arrêter ;... Toutefois, dès que le haro avait été clamé, le défendeur avait comme le demandeur le droit d'exiger qu'on allât tout de suite devant la justice ; »
E. GLASSON in Gde ENCYCL., Art. Haro.

— *Fig. Crier haro sur quelqu'un :* le dénoncer à l'indignation de tous, s'élever* violemment contre lui, le vouer* à la potence... « *On cria* (cit. 18) *haro sur le baudet* » (LA FONT.). *Fig. Crier haro sur quelque chose :* le condamner, le flétrir publiquement.

2 « Dans la plus grande fureur des décrets et de la persécution, les Genevois s'étaient particulièrement signalés en criant haro de toute leur force... »
ROUSS., **Confess.**, XII.

3 « ... il est bon de hausser la voix et de crier haro sur la bêtise contemporaine... »
BAUDEL., **Curios. esthét.**, Salon de 1859, I.

— *Le haro, un haro* (peu usit.) : cri public d'indignation. V. **Tollé.**

4 « Ces mots, à peine dits, causèrent un haro
Qui du prochain couvent ébranla le carreau. »
MUSS., **Prem. poés.**, Don Paëz, II.

★ **HAROUELLE.** *n. f.* (XVIIIᵉ s. ; altér. du flam. *haveroule.* V. **Haveneau**). Grosse ligne de pêche ; ligne tendue de lignes latérales. *Avançons* fixés sur une harouelle.*

HARPAGON. *n. m.* (nom commun au XIXᵉ s. ; du nom du personnage principal de l'*Avare* de Molière, admis ACAD. 1878). Homme d'une grande avarice. *Un vieil harpagon.*

★ **HARPAIL.** *n. m.* et ★ **HARPAILLE.** *n. f.* (XIVᵉ s. ; orig. obscure). *Vén.* Troupe de biches et de jeunes cerfs (V. **Harde**).

1. ★ **HARPE.** *n. f.* (XIIᵉ s. ; du germ. *harpa,* de même rac. que *harpon*, selon DAUZAT). *Mus.* Instrument à cordes pincées, formé d'un cadre (souvent triangulaire) et de cordes de longueur inégale (au XVIᵉ s., *harpe* désigne aussi des instruments voisins. V. **Luth, lyre...** Cf. HUGUET). *Harpe égyptienne, harpe galloise, irlandaise. Chanter en s'accompagnant de la harpe* (Cf. Aubade, cit. 1). *Poème chanté sur la harpe, au moyen âge* (Cf. Composition, cit. 6).

1 « Après lui, descendit le chevelu Orfée,
Qui tenait en ses mains une harpe étoffée
De deux coudes d'ivoire, ou par rang se tenaient
Les cordes qui d'en haut venaient
À bas l'une après l'autre en biais chevillées, »
RONSARD, **Prem. livre des hymnes**, Calays et Zethés.

2 « Depuis l'heure charmante
Où le servant d'amour
Sa harpe sous sa mante,
Venait pour une amante
Soupirer sous la tour. »
LAMART., **Harmonies**, La retraite.

— *La harpe de David.* — *Les harpes célestes* (Cf. Concert, cit. 15).

3 « Ainsi toutes les fois que l'esprit malin, *envoyé* du Seigneur, s'emparait de Saül, David prenait sa harpe, et en jouait ; et Saül en était soulagé,... car l'esprit malin se retirait de lui, *au son de la harpe de David.* »
BIBLE (SACY), **Rois**, I, XVI, 23.

4 « Telle est la majesté de tes concerts suprêmes,
Que tu sembles savoir comment les anges mêmes
Sur les harpes du ciel laissent errer leurs doigts ! »
HUGO, **Odes et ballades**, III, I, 6.

5 « Alors elle laissa retomber sa tête, croyant entendre dans les espaces le chant des harpes séraphiques... »
FLAUB., **Mᵐᵉ Bovary**, II, XIV.

— *Fig.* et *vieilli.* La poésie sacrée, par allus. à la harpe de David (V. **Psaume**). *Par ext.* La poésie. V. **Lyre** (*fig.*).

6 « Poésie, harpe intérieure,
Seule langue qui parle à Dieu ! »
LAMART., **Poés. div.**, Harpe des Cantiques
(Cf. *aussi* ID., Harmonies, Invocation).

— *De nos jours*, le plus grand des instruments à cordes pincées. *Harpe d'Érard*, à 47 cordes diatoniques (notes bémolisées) et 7 pédales servant à hausser chacune les notes de même nom d'un ou de deux demi-tons (notes naturelles ou diésées). *Harpe chromatique*, à 78 cordes. *Jouer de la harpe* (Cf. Entendre, cit. 41). *Joueur, joueuse de harpe.* V. **Harpiste** (Cf. *par métaph.* Chat, cit. 10). *Accords joués sur la harpe.* V. **Arpège, arpègement** (cit.). *Concerto pour harpe et orchestre. Sonate pour harpe, flûte et alto*, de Debussy. *Fermer une harpe dans son étui* (cit. 2). — *Par métaph.* (Cf. Averse, cit. 5). *Frémir* (cit. 9, 15) *comme une harpe, comme les cordes d'une harpe.*

7 « Corinne prit sa harpe, et, devant ce tableau, elle se mit à chanter les romances écossaises dont les simples notes semblent accompagner le bruit du vent qui gémit dans les vallées. »
STAËL, **Corinne**, VIII, IV.

8 « ... il a fait exprès, une année, le voyage de Lyon, pour passer une journée chez un grand « soyeux » et regarder les métiers, harpes aux mille cordes, inscrire, sur un fond de soleil et de lune, de nuit et de jour, un portrait de fleur... »
COLETTE, **Belles saisons**, p. 76.

9 « Avez-vous entendu la tristesse des harpes
Aux doigts musiciens qui caressent les eaux. »
ARAGON, **Les yeux d'Elsa**, L'escale.

— *Harpe éolienne* (cit. 1 et 2).

— *Par anal.* Mollusque gastéropode prosobranche, dont la coquille présente des côtes longitudinales parallèles au bord externe de l'ouverture, et que l'on a comparé aux cordes de la harpe.

DER. — Harper 1, harpiste.

2. ★ **HARPE.** *n. f.* (1485 ; de *harper* 2). *Vén.* Griffe* de chien. — *Technol.* Pièce de métal coudée reliant les poteaux des pans* de bois aux murs. V. **Harpon.** — Saillie des pierres d'attente devant servir au raccord d'une construction voisine. — *Dialect.* Nom donné à divers instruments en forme de croc*, de griffe (Houe fourchue,...).

DER. — ★ **Harpeau.** n. m. *Vx.* Grappin* d'abordage. — **Harpin.**

1. ★ **HARPER.** *v. intr.* (XIIᵉ s. ; de *harpe* 1). *Vx.* Jouer de la harpe.

DER. — ★ **Harpeur.** n. m. *Vx.* V. **Harpiste.**

2. ★ **HARPER.** *v. tr.* (XVIᵉ s. ; du germ. *harpan*, de même rac. que *harpe* 1, selon DAUZAT). *Vx.* Prendre, serrer fortement. V. **Agripper.** *Se harper, s'entre-harper.* V. **Empoigner** (s').

DER. — **Harpe 2, harpon.**

★ **HARPIE.** *n. f.* (*Arpe* au XIVᵉ s. ; empr. au lat. *harpya*, mot gr.).

‖ 1° *Mythol.* Monstre fabuleux, à tête de femme et à corps d'oiseau, à griffes acérées. « *Hésiode... représente (les Harpies) avec de belles chevelures et des ailes au dos. Plus tard, on en fit des monstres dégoûtants...* » (AUBERT, Dict. de Mythol.). *Les dieux, pour punir Phinée, l'aveuglèrent et le livrèrent aux Harpies qui lui volaient ses aliments ou les souillaient.* — *Bas-relief grec, représentant des harpies.*

1 « Mais, à tous ses repas, les Harpies cruelles,
    ... lui pillaient sa viande, et leur griffe arrachait
    Tout cela que Phinée à sa lèvre approchait, »
                RONSARD, **Prem. livre des hymnes,** Calays et Zethés.

— *Par métaph.* Personne avide*, rapace*, méchante.

2 « (*Villars avait*)... sous une magnificence de Gascon, une avarice extrême, une avidité de harpie, qui lui a valu des monts d'or pillés à la guerre... »   ST-SIM., **Mém.,** II, VII.

3 « ... ne le livrons pas à la discussion publique, cette harpie moderne qui n'est que le porte-voix de la calomnie, de l'envie... »
                BALZ., **Petits bourgeois,** Œuvr., t. VII, p. 156.

‖ 2° *Fig.* Femme méchante, acariâtre. V. **Démon, furie, mégère.** *Une vieille harpie. Une insupportable harpie.*

‖ 3° *Zool.* Oiseau rapace, famille des Aquilidés (V. **Aigle**), vivant en Amérique du Sud. *La harpie féroce est appelée scientifiquement* Thrasætus. — *Genre de Chauvessouris, voisines des Roussettes.*

★ **HARPIN.** *n. m.* (XVIIᵉ s. ; de *harpe* 2). *Technol.* Croc* utilisé par les bateliers.

★ **HARPISTE.** *n.* (1677 ; de *harpe* 1). Celui, celle qui joue de la harpe.

« ... la harpiste... dépassée de tous côtés par les rayons du quadrilatère d'or... semblait aller y chercher, çà et là, au point exigé, un son délicieux, de la même manière que, petite déesse allégorique, dressée devant le treillage d'or de la voûte céleste, elle y aurait cueilli, une à une, des étoiles. »   PROUST, **Rech. t. p.,** t. XII, p. 61.

★ **HARPON.** *n. m.* (XIIᵉ s. ; de *harper* 2).

‖ 1° Instrument en forme de flèche qui sert à prendre les gros poissons, les cétacés (baleines, etc.). V. **Dard, digon** (Cf. Engin, cit. 8). *Le harpon, fer tranchant triangulaire et barbelé (tête ou harpoise), monté sur une longue hampe plombée qui en assure la direction, est terminé par une ligne (harpoire) permettant de le tirer à soi ; une ou plusieurs lames d'acier maintenues par une bague s'ouvrent en travers dans le corps du poisson après la pénétration de l'arme. Pêche au harpon. Lancer le harpon à la main. Fusil à harpon pour la pêche sousmarine. Canon* lance-harpon des baleiniers* pour la capture des cétacés. Les harpons des baleiniers, dont le poids atteint 80 kg, sont munis à la tête d'une charge explosive qui, lors de la pénétration dans le corps du cétacé, provoque l'ouverture de quatre lames d'acier.*

« J'arrivais enfin à rattraper la baleine, je lançais vivement un harpon par l'avant, bien aiguisé et solide (après avoir bien fait amarrer et vérifier le câble), le harpon partait, entrait profondément dans la chair, faisant une blessure énorme. »
                MICHAUX, **La nuit remue,** p. 130.

‖ 2° *Anciennt.* Grappin* dont on se servait pour l'abordage des vaisseaux ennemis.

— *De nos jours.* Instrument des sapeurs-pompiers, double croc* fixé à l'extrémité d'un manche, dont on se sert comme d'un grappin. — *Constr.* Pièce de métal coudée pour relier deux pièces de maçonnerie, notamment pour relier aux murs les poteaux des pans de bois. V. **Crampon, harpe.**

DER. — **Harponner.**

★ **HARPONNER.** *v. tr.* (1614 ; de *harpon*). Atteindre, accrocher avec un harpon et *par ext.* avec tout instrument du même genre (digon, foëne, fourche... Cf. Engin, cit. 8). *Harponner une baleine, une truite...*

— *Par métaph.* :

« Ne plus la perdre... la tenir harponnée au bout de son regard ! »
                MART. du G., **Thib.,** t. VI, p. 147.

— *Fig.* et *fam.* (fin XIXᵉ s.). Arrêter, prendre, saisir brutalement. *Harponner un malfaiteur. Il s'est fait harponner en sortant de chez lui.* — *Se faire harponner par un importun.* V. **Grappin.**

DER. — ★ **Harponnage** (1769) ou ★ **Harponnement.** *n. m.* Action de harponner. — ★ **Harponneur.** *n. m.* (1671). Matelot qui lance le harpon.

« Pendant la journée deux hommes de l'équipage, — des harponneurs, — descendirent accompagnés du coq... »
                BAUDEL., Trad. E. POE, **Avent. G. Pym,** V.

★ **HART.** *n. f.* (XIIᵉ s. ; d'un francique *hard*, « filasse »).

‖ 1° Lien d'osier, de bois flexible... pour attacher les fagots, etc.

1 « Ils me hissèrent avec des harts par un sentier de loutres, et me transportèrent à leur village. »   CHATEAUB., M. O.-T., t. I, p. 304.

‖ 2° Par ext. (*Vx* ou *arch.*). Corde avec laquelle on pendait les condamnés. *La hart au col* (Cf. Guinder, cit. 1). *Sentir la hart* (Cf. Demeurant, cit. 2). — La pendaison elle-même.

2 « Ainsi, en 1465, ordre aux habitants, la nuit venue, d'illuminer de chandelles leurs croisées, et d'enfermer leurs chiens, sous peine de la hart ; »   HUGO, N.-D. de Paris, X, IV.

DER. — Cf. **Ardillon.**
HOM. — **Arrhes, art.**

★ **HASARD** (*hazar*). *n. m.* (*Hasart* au XIIᵉ s. ; empr. de l'arabe *az-zahr*, proprem. « le dé », par l'interm. de l'esp. *azar*).

‖ 1° *Vx.* Nom d'un jeu de dés en usage au moyen âge ; coup heureux à ce jeu (le six). — Par appos. *Jeu de hasard.*

— *Par anal.* (de nos jours). *Jeu de hasard,* se dit de tout jeu* où le calcul, l'habileté... n'ont aucune part (Cf. Existence, cit. 12). — REM. Aujourd'hui on ne fait plus référence dans cette expression au sens de « dés » mais au sens absolu et philosophique du mot *hasard* (jeu dont les coups dépendent du hasard. Cf. *infra,* 3°). *Le jeu de pile ou face est le plus simple des jeux de hasard. Principaux jeux de hasard :* dés, roulette, baccarat, loterie...

1 « On appelle jeux de *hasard,* ceux où le *hasard* seul décide, où la réflexion, le jugement, etc., ne servent de rien, comme le passe-dix. Ces sortes de jeux sont défendus par les Ordonnances. »
                TRÉVOUX, **Dict.,** Hasard.

2 « Qu'il s'agisse des dés, des cartes ou des dominos, les jeux de hasard les plus répandus, qui sont aussi les plus anciens, sont basés sur l'égalité de certaines probabilités. Les diverses faces d'un dé ont des probabilités égales d'apparaître lorsqu'on jette le dé sur une table horizontale ; les diverses cartes d'un jeu ont des chances égales d'être distribuées à chacun des joueurs lorsque le jeu a été bien battu... »
                E. BOREL, **Probab. et certit.,** p. 18 (éd. P.U.F.).

‖ 2° *Par ext.* a) *Vx* (emploi critiqué dès le XVIIIᵉ s. par VOLTAIRE qui admet seulement l'expression « mettre au hasard »). Risque, circonstance périlleuse. V. **Danger, risque.** *Des hasards de gain* (Cf. Démonstratif, cit. 2), *de perte* (Cf. Balancer, cit. 15). V. **Chance.** *Courir un hasard* (Cf. Enrôler, cit. 1). *S'exposer* (cit. 25) *au plus grand des hasards. Personne éprouvée* (cit. 33) *en divers hasards. Éviter* (cit. 15) *un hasard* (Cf. Expert, cit. 1 ; faux, cit. 29). *Mépriser les hasards* (Cf. Endurcir, cit. 2). *Être, mettre au hasard, en hasard... s'exposer, exposer* à un risque, un péril. V. **Hasarder.** — *De nos jours,* dans le même sens. *Les hasards de la guerre.* V. **Aléa, péril.**

3 « Mon honneur, qui m'est cher, y court trop de hasard. »
                MOL., **Éc. d. maris,** III, 2.

4 « ... aussi capable de ménager ses troupes que de les pousser dans les hasards... »   BOSS., **Orais. fun. Louis de Bourbon.**

5 « Cette ligue le mit (*Louis XI*) au hasard de perdre sa couronne et sa vie. »   VOLT., **Mœurs,** XCIV.

— *Par ext.* (de nos jours). *T. de Golf* (repris à l'angl. *hazard*). *Les hasards,* les obstacles naturels et variés du terrain de golf.

b) Cas, événement fortuit ; concours de circonstances inattendu et inexplicable. *Quel hasard !* V. **Coïncidence.** *C'est un vrai, un pur hasard* (Cf. Faufiler, cit. 4), rien n'était calculé, prémédité. *Ce n'est pas un hasard si... Un curieux hasard. Heureux hasard.* V. **Aubaine, chance, coup** (de chance), **fortune, veine.** *Profiter d'un hasard favorable.* V. **Occasion.** *Hasard malheureux.* V. **Accident, coup, déveine, malchance.** *Par un malheureux hasard* (Cf. Carabinier, cit. 2) *Les hasards de l'existence* (Cf. Flibustier, cit. 3), *d'une destinée* (Cf. Choix, cit. 7), *d'une vie agitée* (Cf. Croire, cit. 68), *d'une carrière exceptionnelle* (Cf. Caste, cit. 3). *L'histoire n'est pas le résultat de hasards obscurs* (Cf. Automatisme, cit. 9). *Hasard des circonstances* (Cf. Diplomate, cit. 1). *Les hasards de la conversation* (Cf. Anecdote, cit. 3). *Le hasard d'une bataille a ruiné un État* (Cf. Général, cit. 2). *Les hasards de la rime* (Cf. Exercer, cit. 42). *Coup de hasard,* événement fortuit. *Rencontre* de hasard.*

6 « ... ce qui est hasard à l'égard des hommes est dessein à l'égard de Dieu ; »   BOSS., **Polit.,** V, III, 1.

7 « ... soit hasard ou projet, c'est toujours une action honnête et louable... »   LACLOS, **Liais. dang.,** Lett. XXII.

8 « L'action, commencée deux heures plus tôt, eût été finie à quatre heures, et Blücher serait tombé sur la bataille gagnée par Napoléon. Tels sont ces immenses hasards, proportionnés à un infini qui nous échappe. »   HUGO, **Misér.,** II, I, XI.

9 « ... une combinaison malheureuse, un sot hasard, la négligence d'un employé de la poste m'exposent à recevoir un affront... »
                SAND, **Lettres à Musset,** p. 66.

10 « Quel heureux hasard vous amène ici ? phrase polie qui se dit à quelqu'un qui vient et qu'on ne s'attendait pas à voir. »
           LITTRÉ, **Dict.**, Hasard

11 « Étaient-ils donc moins surprenants les hasards obstinés qui, depuis sa naissance, avaient enchaîné Salavin à cette même masure, dans le refuge de cette même ruelle parisienne ? » DUHAM., Salavin, V, XIV.

12 « Il s'interrompit pour dire qu'il s'agissait là de vues très aventureuses, que les hasards de la discussion avaient fait naître, et que les événements pouvaient sans cesse modifier. »
           ROMAINS, **H. de b. vol.**, t. IV, p. 182.

— *Par ext.* (Vx). *Marchandise, objet de hasard,* d'occasion. V. **Occasion.**

‖ 3º Absolt. *(dans le langage courant).* Cause fictive de ce qui arrive sans raison apparente ou explicable, souvent personnifiée au même titre que le sort*, etc. *Le hasard décide* (cit. 18 et 21) *de tout. Tenter le hasard ; livrer quelque chose au hasard.* V. **Hasarder.** Loc. prov. *Le hasard fait bien les choses. Laisser faire le hasard* (Cf. Expérience, cit. 36). *Le hasard et la Providence* (Cf. Aplanir, cit. 6). *Le hasard est un grand railleur* (Cf. Destinée, cit. 11), *un grand entremetteur* (cit. 5). *Caprices* (cit. 13) *du hasard. Jeu de l'amour et du hasard,* comédie de Marivaux (1730). *Fait du hasard* (Cf. Assemblage, cit. 2). *Coup du hasard* (Cf. Arrangement, cit. 2). *C'est un pur effet du hasard. Ce n'est pas le hasard qui fait que...* (Cf. Français, cit. 5). *Le hasard préside au cercle des joueurs* (Cf. Aveugle, cit. 26). *Le hasard créateur de situations comiques, de mots expressifs* (cit. 3). *Le hasard me le fit découvrir, rencontrer* (Cf. Cacher, cit. 55 ; fréquemment, cit.). *Le hasard l'a fait choisir* (Cf. Armement, cit. 3 ; borner, cit. 24), *envoyer à tel endroit...* (Cf. Garnison, cit. 6). V. **Destin, fatalité, sort.** *Le hasard agit* (cit. 9) *en sa faveur. Devoir son bonheur au hasard* (Cf. Enorgueillir, cit. 5). *Hommes, animaux... que le hasard a rassemblés* (Cf. Absorber, cit. 9 ; assembler, cit. 18 ; boucanier, cit.). V. **Circonstance, conjoncture.** *Un étranger que le hasard avait jeté dans sa vie comme un accident** (cit. 10). *Vie dans laquelle le hasard n'a pas de place.* V. **Imprévu** (Cf. Engrener, cit. 2 ; freudien, cit.). *Ne rien laisser au hasard, tout organiser. Agir sur le hasard* (Cf. Déterminer, cit. 11). *Faire la part du hasard dans un projet, une prévision. Abandonner une décision au hasard* (Cf. La jouer à pile* ou face). — *Un coup de dés jamais n'abolira le hasard,* œuvre de Mallarmé. — Spécialt. *Dr.* V. **Fortuit** (cas fortuit). *Condition qui dépend du hasard.* V. **Casuel** (cit. 1).

13 « Ce sont coups du hasard, dont on n'est point garant. »
           MOL., **Éc. d. femmes,** I, 1.

14 « Quoique les hommes se flattent de leurs grandes actions, elles ne sont pas souvent les effets d'un grand dessein, mais des effets du hasard. » LA ROCHEF., **Maximes,** 57.

15 « Un homme sage n'abandonne pas une seule action au hasard, ou à l'emportement de l'humeur. » ST-ÉVREMOND in TRÉVOUX.

16 « ... où est là le mérite qui soit véritablement à vous ? Une belle figure, pur effet du hasard ; » LACLOS, **Liais. dang.,** Lett. LXXXI.

17 « Quelqu'un disait que la Providence était le nom de baptême du hasard : quelque dévot dira que le hasard est un sobriquet de la Providence. » CHAMFORT, **Maximes et pensées,** LXXIV.

18 « La prudence, la conduite, élèvent lentement quelques fortunes ; tous les jours le hasard en fait rapidement. »
           SENANCOUR, **Oberman,** XLVII.

19 « Il ne faut jamais dire le hasard, mon enfant, dites toujours la Providence. » STENDHAL, **Le rouge et le noir,** II, I.

20 « ... et l'on finit par admirer les caprices d'une divinité sur le compte de laquelle on met bien des choses, le HASARD. »
        BALZ., **Code gens honnêtes,** § 68 (Œuvr. div., t. I, p. 113).

21 « Il faut, dans la vie, faire la part du hasard. Le hasard, en définitive, c'est Dieu. » FRANCE, **Jardin d'Épicure,** p. 102.

22 « ... le hasard sait toujours trouver ceux qui savent s'en servir. »
      R. ROLLAND, **Jean-Christ.,** t. VII, p. 190 (éd. Ollendorf).

23 « Ce qui demeurait puissant, c'était l'instinct paysan de prévoyance, de défiance, l'horreur du risque, le souci de ne rien laisser au hasard. » MAURIAC, **Nœud de vipères,** XIV.

24 « Sa seule tâche, en vérité, était de donner des occasions à ce hasard qui, trop souvent ne se dérange que provoqué. »
           CAMUS, **La peste,** p. 306.

— *Philos.* Caractère de ce qui arrive en dehors de normes objectives ou subjectives, de ce qui est moralement non délibéré. *On a donné de nombreuses définitions du hasard* (Cf. cit. *infra*). *Lois du hasard.* V. **Probabilité** (calcul des probabilités). Cf. Coup, cit. 72. *Science du hasard* (Cf. Appeler, cit. 44).

25 « Ce que nous appelons *hasard* n'est et ne peut être que la cause ignorée d'un effet connu. » VOLT., **Dict. philos.,** Atomes.

26 « L'idée du concours de plusieurs séries de causes indépendantes pour la production d'un événement est ce qu'il y a de caractéristique et d'essentiel dans la notion du hasard... »
           COURNOT, **Essais,** t. II, p. 53.

27 « ... il faut faire dans l'histoire une large part à la force, au caprice, et même à ce qu'on peut appeler le hasard, c'est-à-dire ce qui n'a pas de cause morale proportionnée à l'effet. »
        RENAN, **Avenir de la science,** Œuvr., t. III, p. 746.

28 « Une énorme tuile, arrachée par le vent, tombe et assomme un passant. Nous disons que c'est un hasard. Le dirions-nous, si la tuile s'était simplement brisée sur le sol ? Peut-être, mais c'est que nous

penserions vaguement alors à un homme qui aurait pu se trouver là, ou parce que, pour une raison ou pour une autre, ce point spécial du trottoir nous intéressait particulièrement, de telle sorte que la tuile semble l'avoir *choisi* pour y tomber. Dans les deux cas, il n'y a de hasard que parce qu'un intérêt humain est en jeu et parce que les choses se sont passées comme si l'homme avait été pris en considération, soit en vue de lui rendre service, soit plutôt avec l'intention de lui nuire... Le hasard est donc le mécanisme se comportant comme s'il avait une intention. »
      BERGSON, **Deux sources morale et relig.,** p. 154.

29 « Tout le reste — tout ce que nous ne pouvons assigner ni à l'homme pensant ni à cette Puissance génératrice (la nature) — nous l'offrons au « hasard », — ce qui est une invention de mot incroyable. Il est commode de disposer d'un nom qui permette d'exprimer qu'une chose *remarquable* (par elle-même ou par ses effets immédiats) est amenée *tout comme une autre* qui ne l'est pas. Mais dire qu'une chose est *remarquable*, c'est introduire un *homme*, une personne qui y soit particulièrement sensible, et c'est elle qui fournit tout le remarquable de l'affaire. Que m'importe, si je n'ai point de billet de la loterie, que tel ou tel numéro sorte de l'urne ?... Il n'y a point de hasard pour moi dans le tirage... » VALÉRY, **Variété V,** p. 25.

30 « Qui analysera... en détail les mouvements de la main qui jette les dés ou bat les cartes ? La caractéristique des phénomènes que nous appelons fortuits ou dus au hasard, c'est de dépendre de causes trop complexes pour que nous puissions les connaître toutes et les étudier. »
          E. BOREL, **Le hasard,** p. 5.

‖ AU HASARD. *Loc. adv.* À l'aventure*, n'importe où (Cf. Abîme, cit. 34 ; forum, cit. 1). *Aller au hasard* (Cf. Éblouir, cit. 8 ; errer*, cit. 15). *Voguer au hasard* (Cf. Carène, cit.). *S'aventurer* (cit. 7) *fuir* (cit. 4) *au hasard. Promener ses regards au hasard* (Cf. Changeant, cit. 7). *Laisser flotter* (cit. 11 et 13) *sa pensée, sa rêverie au hasard. S'éparpiller au hasard* (Cf. Canaliser, cit. 2). *Coups tirés au hasard* (Cf. Fasciné, cit. 2). *Croître, germer* (cit. 2) *au hasard* (Cf. Fécond, cit. 9).

31 « Je ne me suivais dans cette étude d'autre plan que mon penchant. J'allais au hasard, où mes pas me portaient. »
          LAMART., **Graziella,** I, V.

32 « Les obus et les décorations tombent au hasard, sur le juste et l'injuste ; » MAUROIS, **Disc. Dr O'Grady,** XI.

33 « Pour rien au monde elle n'eût demandé qu'on lui indiquât un hôtel, elle préférait chercher au hasard... » GREEN, **A. Mesurat,** II, V.

— N'importe comment. *Cœur qui bat au hasard* (Cf. Colère, cit. 11)... *Sans réflexion, sans choix ni règle.* V. **Inconsidérément.** *Assertion* (cit. 6) *jetée un peu au hasard. Quelques mots placés comme au hasard* (Cf. Bouée, cit. 1). *Écrire* (cit. 53) *au hasard, selon son caprice. Parler, juger au hasard* (Cf. À tort et à travers ; avaler, cit. 16). *Principes, conseils donnés au hasard, sans examen* (cit. 4). V. **Aveuglément, aveuglette** (à l'aveuglette), **bonheur** (au petit bonheur). *Ce n'est point au hasard que...* (Cf. Filiation, cit. 3). *Vivre au hasard* (Cf. Égarement, cit. 3), *gâcher* (cit. 7) *sa vie au hasard.*

34 « Louis, le grand Louis, dont l'esprit souverain
  Ne dit rien au hasard et voit tout d'un œil sain. »
          MOL., **Val-de-Grâce,** 298.

35 « ... tu vis au hasard, pêle-mêle,
  Dans ce monde, arrivé sans savoir trop par où, »
          HUGO, **Années funestes,** XII.

36 « ... elle était devant la vie intellectuelle comme un enfant devant un piano dont il ne sait pas jouer, et qui s'émerveille lorsque, en frappant des touches, il réussit à frapper un accord. »
          V. LARBAUD, **Amants, heureux amants,** p. 25.

‖ AU HASARD DE... *loc. prép.* (Vx). Au risque de.

37 « ... je ne pus m'empêcher de lui dire tout ce que je pensais, au hasard de lui déplaire. » LESAGE, **Gil Blas,** II, VII.

— *De nos jours.* Selon les hasards de... *Au hasard des circonstances* (Cf. Contrordre, cit.), *des rencontres... Au hasard de l'improvisation.* — *Au hasard de la fourchette,* se disait de cuisines en plein vent où l'on piquait au fond d'une marmite avec une fourchette (Cf. Cantine, cit. 2) et *par ext. De nos jours,* au hasard de ce qu'il y a à manger (Cf. Cantine, cit. 2). *Sans façon, sans apprêt* (Cf. À la fortune* du pot).

38 « ... l'amour naissait... puis se traduisait en ivresses brutales ou en rêves naïvement purs au hasard des lieux où le vent le poussait... »
          LOTI, **Mon frère Yves,** I.

39 « ... je me suis trouvé à l'aise avec Gourmont, parlant selon mon idée, disant mes idées, au hasard de l'improvisation... »
      LÉAUTAUD, **Journ. litt.,** 26 août 1905, t. I, p. 189.

40 « Ensuite les attentats de crétins, de fous — et pas de fous guidés, utilisés, non, de fous solitaires, qui agissaient sous l'empire de lectures mal digérées ou d'exemples ; frappant au hasard de l'inspiration. »
       ROMAINS, **H. de b. vol.,** t. IV, X, p. 103.

‖ À TOUT HASARD. *loc. adv.* Vx. À tout événement, quoi qu'il puisse arriver (Cf. Malgré* tout). *À tout hasard, ton cœur me restera* (MILLEVOIX). — *De nos jours,* En prévision ou dans l'attente de toute espèce d'événements possibles. *Il fait assez beau, mais prenez votre parapluie à tout hasard* (au cas* où il pleuvrait). *Je lui posai la question à tout hasard, bien que certain de sa réponse. À tout hasard, elle essaya la clef* (Cf. Carillonner, cit. 2). *Il était venu là à tout hasard* (Cf. Fortune, cit. 16).

‖ PAR HASARD. *loc. adv.* V. **Accidentellement, fortuitement.**
— REM. Les puristes du XVIIe siècle, rappelle LITTRÉ, condamnaient cette locution, alors même qu'elle était em-

ployée par les meilleurs écrivains. *Événement qui se produit, arrive par hasard* (V. **Accidentel, aléatoire, contingent, fortuit, imprévu, occasionnel**). *Canon* (cit. 9) *qui dévie par hasard. Entrer* (cit. 10) *par hasard. S'échapper par grand hasard.* V. **Raccroc** (Cf. Gage, cit. 5). *Se trouver par hasard dans un endroit* (Cf. Baie, cit. 3). *Rencontrer par hasard* (Cf. Tomber* sur). *Par hasard il avait gardé l'adresse* (Cf. Par miracle*). *Les jours où par hasard...* V. **Exceptionnellement** (Cf. Attention, cit. 44). *Quand par hasard...* (Cf. Éveil, cit. 9 ; face, cit. 51). *Être fâcheux* (cit. 12) *par hasard et non par nature. Une fois par hasard* (Cf. Cœur, cit. 137). *Tout à fait par hasard, nous vînmes* à parler de...* — *Comme par hasard,* comme si c'était un hasard (Cf. Bénéficier, cit. 3). Ironiqt. *Comme par hasard il n'avait jamais de monnaie quand il fallait payer.* — *Si par hasard... au cas où.* V. **Éventuellement** (Cf. D'aventure*, des fois*, on ne sait* jamais...). *Si par hasard j'étais en retard... Si par hasard il n'avait pas les qualités requises* (Cf. Cadenas, cit. 3). *S'il faut* (cit. 26) *par hasard qu'un ami vous trahisse...*

41   « Le Roi arrive ce soir à Saint-Germain, et par hasard Mme de Montespan s'y trouve aussi le même jour ; »   SÉV., 556, 8 juill. 1676.

42   « Rien ne s'est fait par hasard, ni par la volonté d'un seul, ni par la fantaisie d'un autre. »   SUARÈS, **Trois hommes**, Ibsen, IV.

43   « Ni le rêve ni la rêverie ne sont nécessairement poétiques ; ils peuvent l'être : mais des figures formées *au hasard* ne sont que *par hasard* des figures harmoniques. »   VALÉRY, **Variété V**, p. 137.

44   « ... le rôle de l'esprit, comme celui du petit démon de Maxwell, consiste tout simplement à ouvrir ou à fermer la trappe devant les idées qui se présentent par hasard. »   ROMAINS, **H. de b. vol.**, t. IV, XXII, p. 247.

45   « Et l'appartement est rangé. Si par hasard « il » rentre avant elle, il ne pourra se plaindre d'aucun désordre. »   ID., **Ibid.**, t. I, VI, p. 63.

— Pour atténuer une question, en présentant l'hypothèse comme un hasard. *Auriez-vous par hasard l'intention de louer votre maison ? J'ai perdu ma clef ; vous ne l'auriez pas vue par hasard ?* — Ironiqt. *Est-ce que par hasard vous m'auriez oublié ?* (Cf. Ça, cit. 3). *T'imagines-tu par hasard que je vais tolérer cela ?*

ANT. — Déterminisme, finalité.

DER. — Hasarder, hasardeux.

★ **HASARDER.** *v. tr.* (1407 intr., « jouer au hasard », jeu de dés ; de *hasard*). — REM. Ce verbe tend de plus en plus à sortir de l'usage courant où il est remplacé par RISQUER. Cependant, en dehors d'emplois nettement vieux ou vieillis, il appartient toujours à la langue littéraire.

‖ **1°** a) Livrer (quelque chose) au hasard, aux aléas du hasard, du sort. V. **Aventurer, exposer, risquer**. *La prudence commande de ne rien hasarder, ou de hasarder le moins possible. Hasarder sa vie* (Cf. Fortune, cit. 9), *son honneur. Hasarder sa réputation :* risquer de la compromettre*. V. **Commettre**. *Hasarder de l'argent, hasarder sa fortune au jeu.* V. **Jouer.** — PROV. *Qui ne hasarde rien n'a rien. Il faut quelque hardiesse si l'on veut réussir* V. **Tenter.**

1   « Un homme ne fait rien d'illustre, qui devant (*avant*) trente ans met sa vie en danger, parce qu'il expose ce qu'il ne connaît pas ; mais lorsqu'il la hasarde depuis cet âge-là, je soutiens qu'il est enragé de la risquer, l'ayant connue. »   CYRANO DE BERGERAC, **Lett. satir.**, Contre un poltron.

2   « Mais l'incertitude de gagner est proportionnée à la certitude de ce qu'on hasarde... »   PASC., **Pensées**, III, 233 (Cf. Gagner, cit. 7).

3   « Ce soir, tu souperas comme un festinant chez Balthazar, et tu verras notre Paris, à nous, jouant au lansquenet, et hasardant cent mille francs d'un coup, sans sourciller. »   BALZ., **Comédiens sans le savoir**, Œuvr., t. VII, p. 54.

— Absolt. « *S'il y a de la hardiesse à* hasarder, *il y a plutôt de la témérité à* risquer » (LAFAYE). — Cf. *infra,* SE HASARDER

4   « Dans l'amour on n'ose hasarder parce que l'on craint de tout perdre ; il faut pourtant avancer, mais qui peut dire jusques où ? »   PASC., **Disc. pass. am.**, Œuvr., t. III, p. 139.

— *Vx.* Exposer (quelqu'un).

5   « ... voyez les périls où vous me hasardez. »   CORN., **Polyeucte**, I, 4.

b) *Vx.* Braver (un danger).

6   « À peine ils touchent le port
    Qu'ils vont hasarder encor
    Même vent, même naufrage. »   LA FONT., **Fabl.**, X, 14.

c) *Vieilli.* HASARDER DE, avec un infinitif. *Courir le risque de.* V. **Exposer** (s'exposer à), **risquer** (de). *Il vaut mieux hasarder de sauver un coupable que de condamner* (cit 3) *un innocent* (VOLT.). *On hasarde de tout perdre en voulant trop gagner* (cit. 14, LA FONT.).

7   « On avait compté, trop compté sur cette incapacité ; autrement jamais on n'eût hasardé de faire ce grand mouvement. »   MICHELET, **Hist. Révol. franç.**, I, I.

‖ **2°** Faire, entreprendre (quelque chose) en courant le risque d'échouer ou de déplaire. V. **Essayer, tenter.** *Hasarder une démarche* (cit. 8).

8   « Il est le seul des universitaires auprès de qui je me crois l'accès assez libre pour hasarder une recommandation. »   STE-BEUVE, **Corresp.**, 305, 11 août 1833, t. I, p. 377.

9   « Le Dr Élie Faure, son ami, qui, contre tout espoir, s'obstine et jusqu'aux derniers instants prodiguera ses soins, hasarde encore de temps à autre une piqûre de spartéine ou d'huile camphrée ; l'organisme ne réagit déjà plus. »   GIDE, **Nouv. prétextes**, p. 171.

— Mettre en avant, se risquer à exprimer (quelque chose dont on n'est pas bien sûr, qui risque de se révéler faux ou d'être mal accueilli, de déplaire, de produire quelque fâcheux effet...). V. **Avancer.** *Hasarder une remarque, une observation. Hasarder un mot* (Cf. Engager, cit. 7). *Hasarder timidement une opinion* (Cf. Blanchir, cit. 7), *une suggestion, un conseil...* V. **Émettre.** *Hasarder une boutade* (cit. 1), *une plaisanterie* (Cf. Dard, cit. 3), *un quolibet* (Cf. Garde, cit. 81). — Spécialt. *Hasarder une phrase, une façon de parler, une expression :* se servir d'une phrase, d'une façon de parler, d'une expression nouvelle ou dont l'usage n'est pas encore bien établi (ACAD. Cf. aussi Fixer, cit. 9 VOLT).

10   « ... ils sont *puristes,* et ne hasardent pas le moindre mot... »   LA BRUY., V, 15.

11   « ... les quelques remarques qu'il a craintivement hasardées m'ont paru des plus judicieuses... »   GIDE, **Faux-Monnayeurs**, III, XII.

12   « Je hasardai un conseil de transport immédiat dans un hôpital pour qu'on l'opère en vitesse. »   CÉLINE, **Voyage au bout de la nuit**, p. 238.

13   « Le partage du compte en banque s'annonçait fort simple et, jusqu'à la dernière minute, Daniel se garda, prudemment, de hasarder des chiffres. »   DUHAM., **Compagnons de l'Apocalypse**, XX, p. 223.

— *Fig. :*

14   « Le feu se reflétait dans la mare, et les grenouilles, commençant à s'y habituer, hasardaient quelques notes grêles et timides ; »   SAND, **Mare au diable**, X.

‖ SE HASARDER. *Vieilli.* S'exposer à un péril. *Se hasarder contre un adversaire* (cit. 1). *Ce général se hasarde trop* (ACAD.). — De nos jours, Aller, se risquer (en un lieu où il y a du danger). *Ne vous hasardez pas dans ce quartier après minuit ; il n'est pas prudent de s'y hasarder.* V. **Aventurer** (s').

15   « ... conservez-vous, si vous voulez que je vive... il me semble que dans la vue de me plaire vous ne vous hasarderez point. »   SÉV., 134, 12 fév. 1671.

16   « Pour ne pas l'exposer (*le fils d'Andromaque*), lui-même il se
    [hasarde. »   RAC., **Andr.**, IV, 1.

17   « ... le théâtre est devenu une école de prostitution, où l'on n'ose se hasarder qu'en tremblant avec une femme qu'on respecte. »   GAUTIER, **Mlle de Maupin**, Préf., p. 6.

— *Se hasarder de...* (vx). *Se risquer* à... *Se hasarder d'emprunter quelque chose* (Cf. Enlever, cit. 17 LA BRUY.).

18   « ... je me suis hasardé d'y ajouter l'épithète d'« héroïque » (*au titre de « comédie »* donné à « Don Sanche »), pour le distinguer d'avec les comédies ordinaires. »   CORN., **Disc. du poème dram.**

19   « ... lorsqu'il pensa le ressentiment de l'affaire amorti, il se hasarda d'adresser une requête à l'éminence... »   GAUTIER, **Les grotesques**, X.

— (De nos jours). SE HASARDER À, suivi de l'infinitif. Se décider, se résoudre (à faire quelque chose) en bravant quelque danger, en s'exposant à quelque risque. V. **Risquer** (se risquer à). *Ils se hasardèrent à sortir de leur refuge, à descendre dans la plaine* (Cf. Établir, cit. 26). *Il ne s'y hasarde pas. Se hasarder à demander quelque chose* (Cf. Fâcheux, cit. 5), *à présenter une requête... Il se hasarda à lui envoyer un baiser* (Cf. Gaiement, cit. 1). *Ne vous hasardez pas à retourner chez elle, ce serait jouer avec le feu*.*

20   « ... je me hasarde à vous prier de vouloir servir mon amour... »   MOL., **Méd. m. l.**, II, 5.

‖ HASARDÉ, ÉE. *p. p.* et *adj.* Exposé à un péril, risqué. *Entreprise hasardée.* V. **Dangereux, fou, hasardeux, imprudent, risqué.** — Dont l'issue est douteuse. *Démarche hasardée.* — Peu sûr, avancé à la légère. *Idée, hypothèse hasardée.* V. **Hardi, incertain, téméraire** (Cf. Énoncer, cit. 3).

21   « Cette idée sur la cause du mouvement d'impulsion des planètes paraîtra moins hasardée lorsqu'on rassemblera toutes les analogies qui y ont rapport... »   BUFF., **Hist. nat.**, Preuves, De la formation des planètes, I.

— *Vieilli. Mot hasardé, expression hasardée,* employé de façon anormale ou incorrecte (Cf. Bannir, cit. 21), et *aussi* Propos déplacé. V. **Grivois, leste, licencieux, osé.**

22   « ... il y a un mot (*dans votre ouvrage*) qui est hasardé... »   LA BRUY., I, 27.

23   « ... cette veuve avait la plaisanterie lourde et hasardée... »   SAND, **Mare au diable**, XII.

★ **HASARDEUX, EUSE.** *adj.* (1544 ; de *hasarder*).

‖ **1°** *Vx.* Qui s'expose, se hasarde volontiers, en parlant d'une personne. V. **Audacieux, aventureux, imprudent, téméraire.** *Joueur hasardeux* (Cf. Angoisse, cit. 10). *Ce pilote est trop hasardeux* (ACAD.). — Par ext. *Humeur hasardeuse* (Cf. Abuser, cit. 9).

1   « Mais encore serais-je un peu consolée si cela vous rendait moins hasardeuse à l'avenir... »   SÉV., 141, 3 mars 1671.

‖ **2°** Qui expose à des hasards, des périls ; qui comporte des risques. *Affaire, entreprise* (cit. 4) *hasardeuse.* V. **Aléatoire, aventuré, chanceux, dangereux, fou.** *Hasardeuse partie diplomatique* (Cf. Gré, cit. 15). *S'engager* (cit. 46) *dans des entreprises de plus en plus hasardeuses* (Cf. Sur un terrain glissant*). *Épreuve hasardeuse* (Cf. Flatter, cit. 32). *Leur sort est bien hasardeux* (Cf. Audacieux, cit. 1). *Aimer* (cit. 48) *la vie hasardeuse. Il serait bien hasardeux de prendre une telle décision.* V. **Risqué.** *Affirmation hasardeuse, qui risque fort d'être entachée d'erreur.* V. **Gratuit.**

2 « ... loin de le tirer de ce pas hasardeux,
Ma bonté ne ferait que nous perdre tous deux. »
CORN., Pol., V, 1.

3 « Napoléon, réduit à de si hasardeuses conjectures,... »
SÉGUR, Hist. de Napoléon, IX, 6.

4 « On sait la réponse qu'il fit un jour au chimiste Guyton de Morveau, qui voulait passer au creuset un corps, pour s'assurer d'un fait que Buffon déduisait de la théorie. « Le meilleur creuset, c'est l'esprit », lui répondit Buffon. Parole bien hasardeuse quand il s'agit en effet de prononcer sur les œuvres de la nature ! »
STE-BEUVE, Caus. du lundi, 21 juill. 1851, t. IV, p. 350.

5 « Ce chemin, allègre et hasardeux comme une passerelle sur un torrent... »
ROMAINS, H. de b. vol., t. III, I, p. 8.

ANT. — **Sûr.**

DER. — ★ **Hasardeusement.** *adv.* (XVIe s.). *Peu usit.* D'une manière hasardeuse.

★ **HASCHISCH** ou ★ **HASCHICH.** *n. m.* (*Aschy* en 1556 ; empr. à l'arabe *hâchich*, « herbe ». — REM. On écrit aussi, mais moins couramment, HACHICH, HACHISCH). Chanvre* indien dont on mâche ou fume les feuilles séchées. V. **Kif.** *Les Arabes préparent un extrait* (cit. 1) *gras du haschisch. Pipe du haschisch.*

1 « Nâman est mort, Nâman le fumeur de *haschisch*, celui dont je te disais.. avec la prévision de sa fin prochaine, qu'il brûlait sa vie dans le fourneau de sa pipe. »
FROMENTIN, Année dans le Sahel, p. 194.

2 « Le haschisch, ou chanvre indien, *cannabis indica*, est une plante de la famille des urticées, en tout semblable, sauf qu'elle n'atteint pas la même hauteur, au chanvre de nos climats. Il possède des propriétés enivrantes très extraordinaires... »
BAUDEL., Parad. artif., Poème du haschisch, II.

3 « ... assise sur mon divan, à fumer des cigarettes, ou du hachisch... »
LOTI, Aziyadé, III, XIV.

— *Par ext.* Drogue enivrante et narcotique préparée avec ce chanvre. *Prendre du haschisch* (Cf. Drôle, cit. 11). *Se livrer au haschisch* (Cf. Énergie, cit. 11). *Emploi* (cit. 4), *usage du haschisch* (Cf. Encourager, cit. 13). *Circonstances favorables à l'ivresse du haschisch* (Cf. Falloir, cit. 16). *Effets pernicieux du haschisch* (Cf. Fonctionner, cit. 14). *Voix gutturale* (cit. 1) *du mangeur de haschisch. Hallucinations* (cit. 3) *occasionnées par le haschisch. Le haschischisme, intoxication par le haschisch.* — Littér. *Du Vin et du Haschisch* (1851), essai de Baudelaire. *Le Poème du Haschisch* (1860), première partie des « *Paradis artificiels* » de Baudelaire.

4 « On a essayé de faire du haschisch avec du chanvre de France. Tous les essais, jusqu'à présent, ont été mauvais, et les enragés qui veulent à tout prix se procurer des jouissances féeriques, ont continué de se servir du haschisch qui avait traversé la Méditerranée, c'est-à-dire fait avec du chanvre indien ou égyptien. La composition du haschisch est faite d'une décoction de chanvre indien, de beurre et d'une petite quantité d'opium. »
BAUDEL., Du vin et du haschisch, IV.

5 « ... j'étais enfoncé bien avant sous les ondes insondables de cette mer d'anéantissement où tant de rêveurs orientaux ont laissé leur raison, déjà ébranlée par le hatschich (*sic*) et l'opium... »
GAUTIER, La mille et deuxième nuit.

6 « ... l'imagination d'un homme nerveux, enivré de haschisch, est poussée jusqu'à un degré prodigieux, aussi peu déterminable que la force extrême possible du vent dans un ouragan, et ses sens subtilisés à un point presque aussi difficile à définir. »
BAUDEL., Parad. artif., Poème du haschisch, IV.

7 « Il est vraiment superflu, après toutes ces considérations, d'insister sur le caractère immoral du haschisch. Que je le compare au suicide, à un suicide lent, à une arme toujours sanglante et toujours aiguisée, aucun esprit raisonnable n'y trouvera à redire. »
ID., Ibid., V.

8 « Ses grands yeux noirs avaient ce regard langoureux que donne le haschisch ; »
GIDE, Si le grain..., II, II.

DER. — ★ **Haschischin** ou ★ **Hachischin.** *n. m.* (XIIe s. ; mot arabe). Hist. V. **Assassin.** — (Vers 1850) Homme qui s'adonne au haschisch. *Le Club des Hachischins* (1851), nouvelle de Th. Gautier.

1 « ... le Vieux de la Montagne enfermait, après les avoir enivrés de haschisch (d'où, Haschischins ou Assassins), dans un jardin plein de délices, ceux de ses plus jeunes disciples à qui il voulait donner une idée du paradis... »
BAUDEL., Parad. artif., Poème du haschisch, II.

2 « ... les séances du Club des Haschischins, qui se tenaient dans cette somptueuse demeure de l'île Saint-Louis, ayant dû avoir lieu vers 1846. »
HENRIOT, Portr. de femmes, p. 384.

★ **HASE.** *n. f.* (1556 ; empr. à l'all. *Hase*, « lièvre »). T. de Chasse. Femelle du lièvre* ou du lapin* de garenne (Cf. Essai, cit. 3).

« Les hases avaient fait des troupes de petits levrauts. »
GIONO, Jean le Bleu, IX, p. 311.

HAST. *n. m.* (XVIe s.) ou ★ **HASTE.** *n. f.* (1704 ; du lat. *hasta*, « lance, hampe de lance »).

|| 1o *Anciennt.* Nom de la lance, de la pique, du javelot... *Hast*, Bois de lance. *Haste*, Bois de javelot représenté sur certaines monnaies.

|| 2o *Arme d'hast* se dit de toute arme dont le fer est monté sur une longue hampe (fût). *La lance, la pique, la hallebarde... sont des armes* d'hast.*

DER. — ★ **Hastaire.** *n. m.* (1549 ; lat. *hastarius*, de *hasta*). Soldat romain qui était armé de la lance ou du javelot. — ★ **Hasté, ée.** *adj.* (1789). *Bot.* Qui a la forme d'un fer de lance. *Feuilles hastées* (On dit aussi *Hastiforme*).

HOM. — Haste (broche).

1. ★ **HÂTE** ou ★ **HASTE.** *n. f.* (XIIe s. ; croisement entre le lat. *hasta*, « lance » (V. **Haste**) et le germ. *harsta*, « gril »). *Vx.* Broche à rôtir. *Par ext.* Viande rôtie (V. **Hâtereau**).

DER. — ★ **Hâtelet.** *n. m.* (XVIIIe s.). Petite broche que l'on ajuste à la grande, ou qui sert à rôtir de petites pièces. V. **Brochette.** — ★ **Hâtelle** ou ★ **Hâtelette.** *n. f.* (1611). Petit morceau de viande mince avec le hâtelet. — ★ **Hâtereau.** *n. m.* (XVIe s. RAB.). *Vx.* Tranche, boulette de foie de porc rôtie sur le gril. — ★ **Hâtier.** *n. m.* (XIIe s.). Grand chenet* de cuisine, muni de crochets sur lesquels on appuie les broches (SYN. et COMP. — **Contre-hâtier.** *n. m.* (XVIe s.). *Des contre-hâtiers*).

2. ★ **HÂTE.** *n. f.* (*Haste* au XIIe s. ; d'un francique *haifst*, « violence, vivacité »). Grande promptitude que l'on met à faire quelque chose de manière à en terminer au plus vite, à atteindre un but au plus tôt. V. **Activité, empressement, presse, promptitude, rapidité, vitesse.** *Mettre de la hâte, trop de hâte, peu de hâte à faire quelque chose ; montrer de la hâte* (Cf. Bousculer, cit. 4). *La hâte d'en avoir terminé avec une tâche fastidieuse.* V. **Impatience** (Cf. Furibond, cit. 4). *Hâte à aider quelqu'un, à rendre service.* V. **Diligence, empressement.** *Hâte des passants dans la rue.* V. **Agitation, presse.** *Hâte extrême, excessive, fébrile...* V. **Précipitation** (Cf. Augure, cit. 8 ; cul, cit. 25).

1 « ... cet empressement, cette hâte pour arriver là où personne ne vous attend, cette agitation dont la curiosité est la seule cause, vous inspirent peu d'estime pour vous-même... »
STAËL, Corinne, I, 2.

2 « ... elle mangeait la viande laissée près du soupirail, en ne trahissant sa hâte que par un mouvement avide du cou et le tremblement de son échine. »
COLETTE, Paix chez les bêtes, Prrou.

— *Avoir de la hâte, avoir hâte.* V. **Pressé** (être pressé). *Il avait hâte de sortir* (Cf. Gagner, cit. 69). *Avoir grande hâte, grand-hâte. N'avoir qu'une hâte.*

3 « ... il lui sembla qu'il serait d'autant moins ridicule qu'il aurait eu moins de hâte à courir à sa déconvenue. »
ROMAINS, H. de b. vol., t. II, X, p. 103.

4 « Tout ce que je faisais d'inutile en ce lieu m'est alors remonté à la gorge et je n'ai eu qu'une hâte, c'est qu'on en finisse et que je retrouve ma cellule avec le sommeil. »
CAMUS, L'étranger, II, IV.

— *Avec hâte. Sans hâte :* calmement, en prenant tout son temps (Cf. Bostonner, cit. ; dandiner, cit. 4 ; écouvillon, cit. 2 ; émonder, cit. 3).

5 « Il acheva de s'habiller sans hâte, resta un moment dans le jardin... et suivit la route avec nonchalance. »
CHARDONNE, Dest. sentim., p. 284.

— *Par ext.* en parlant des choses. V. **Vitesse.**

6 « Quelle que soit la course et la hâte du flot,
Le vent lointain finit toujours par le rejoindre ; »
HUGO, Lég. des siècles, XVII, L'aigle du casque.

|| EN HÂTE. *loc. adv.* Avec promptitude, rapidité. V. **Promptement, rapidement, vite ; dare-dare** (fam.). *Faire quelque chose en hâte* (Cf. Aborder, cit. 9). *On l'envoya en hâte* (Cf. Barrage, cit.). *Cheminer* (cit. 3), *marcher, passer en hâte.* V. **Courir** (en courant) Cf. Bourrelet, cit 1. — *En toute hâte* (Cf. Garrot, cit. 1). *Venez en toute hâte !* V. **Urgence** (d'). — *En grande hâte*, et (vx ou arch.), *En grand'hâte, en grand-hâte* (Cf. Exhaustif, cit. 2).

7 « ... aucun d'eux à vos yeux ne se montre
Qu'on ne vous voie, en hâte, aller à sa rencontre, »
MOL., Mis., II, 4.

8 « M. de Richelieu avait pris un lavement... il demanda ma garde-robe, et y monta en grande hâte ; »
ST-SIM., Mém., I, IX.

9 « ... elle allait ainsi chaque jour en grande hâte vers une maison... où un enfant se mourait... »
CHARDONNE, Dest. sentim., p. 420.

|| À LA HÂTE. *loc. adv.* Avec précipitation, au plus vite* (Cf. *fam.* À la six-quatre-deux, à la vapeur, à la va vite). *Faire un travail à la hâte, sans précaution.* V. **Bâclage ; bâcler, brocher** (Cf. Gagner, cit. 49). *Travail fait à la hâte.* V. **Hâtif.** *Gravir* (cit. 8) *quatre étages à la hâte* (Cf. Quatre à quatre). *Se coiffer, s'habiller à la hâte* (Cf. Cheveu, cit. 25 ; coiffeur, cit. 2). *Déjeuner, manger à la hâte.* V. **Pouce** (sur le). Cf. Flottille, cit. *Mots écrits à la hâte, griffonnés à la hâte* (Cf. Écriture, cit. 11).

10 « Une adresse à l'Assemblée se trouve au café de Foy ; tout le monde signe, jusqu'à trois mille personnes, à la hâte, la plupart sans lire. »
MICHELET, Hist. Révol. fr., I, V.

ANT. — **Atermoiement, calme, lenteur.**

DER. — **Hâter, hâtif, hâtiveau.**

★ **HÂTER.** *v. tr.* (*Haster* vers 1100 ; de *hâte*).

|| 1° Faire arriver plus tôt, plus vite. V. **Avancer, brusquer, précipiter, presser.** *Hâter un événement. Hâter son départ* (Cf. Exposer, cit. 23), *son retour. Hâter une entrevue, une démarche. Hâter le supplice d'un condamné* (Cf. Demander, cit. 29). *Afin de hâter cette minute, cet instant...* (Cf. Avis, cit. 14). *Fin impossible à retarder ni à hâter* (Cf. Enlisement, cit. 1). *Hâter la cuisson d'un plat, l'évaporation d'un liquide* (Cf. Abeille, cit. 5). *Hâter un événement agréable. Hâtez nos plaisirs* (Cf. Dépêcher, cit. 4). *Le surmenage a hâté sa fin, sa mort.*

1 « Allons, Madame, allons. Une raison secrète
  Me fait quitter ces lieux et hâter ma retraite. »
                 RAC., **Mithr.**, IV, 4.

2 « Un sergent de bataille allant en chaque endroit
  Faire avancer ses gens et hâter la victoire. »
                 LA FONT., **Fabl.**, VII, 9.

3 « Mon cœur, pressé d'un souvenir délicieux, hâte le moment du retour au château. »   LACLOS, **Liais. dang.**, Lett. XXIII.

4 « L'émotion précoce, qui hâte l'éveil de l'intelligence, l'infuse et l'aiguise pour des années. »   MONTHERLANT, **Relève du matin**, p. 24.

|| 2° Faire évoluer plus vite, rendre plus rapide. V. **Accélérer, activer, brusquer, précipiter.** *Hâter le cours* (cit. 8) *du temps, l'évolution d'un phénomène. Hâter le progrès de la civilisation. — Hâter le mouvement.* V. **Presser.** *Hâter le pas**. V. **Forcer, presser** (le pas). Cf. Ouvrir le compas ; et *aussi* Approche, cit. 5 ; calciner, cit. 2. *Hâter le galop* (Cf. Bride, cit. 14). Spécialt. *Le cerf hâte son erre :* il fuit grand-erre*.

5 « ... les fleuves mal sûrs dans leurs grottes profondes
  Hâtent vers l'Océan la fuite de leurs ondes. »
                 CORN., **Poés. div.**, 126.

6 « Elle eût compris qu'elle devait hâter le mouvement des réformes, écarter tous les obstacles, abréger ce mortel passage où la France restait entre l'ordre ancien et l'ordre nouveau. »
                 MICHELET, **Hist. Révol. fr.**, II, VI.

7 « ... ils hâtaient le pas pour ne pas brûler la plante épaisse de leurs pieds aux dalles chaudes comme le pavé d'une étuve. »
                 GAUTIER, **Roman de la momie**, I.

— *Hâter le développement, la maturation d'une plante. Hâter les productions d'un arbre* (cit. 24). — Par ext. *Hâter une plante ; hâter les fruits.* V. **Forcer.**

— Exécuter (un travail) vite. V. **Dépêcher.** *Hâter la besogne, le travail. Faites hâter le dîner* (ACAD.). *Hâter une affaire.* V. **Trousser.**

|| 3° *Vieilli.* Faire dépêcher (quelqu'un). *Hâtez un peu ces gens-là* (ACAD.). — *Hâter les âmes, les esprits vers la raison* (Cf. Attarder, cit. 10).

8 « Je te hâterai bien si je prends un bâton. »
                 SCARR., **Jodelet**, III, 3.

9 « Que l'on coure avertir et hâter la princesse ; »   RAC., **Théb.**, I, 1.

— Vx. *Hâter quelqu'un de* (suivi d'un infinitif). V. **Presser.** *Absolt.* (Cf. Aller, cit. 14 MOL.).

10 « Si elle donnait... les dix mille écus... elle le hâterait bien d'aller... »
                 SÉV., 432, 19 août 1675.

|| SE **HÂTER.** Aller vite, faire vite ; faire diligence*, ne pas perdre son temps. V. **Dépêcher** (se), **empresser, grouiller** (se), **patiner** (se). Cf. Flamber, cit 6. *Il se hâte et s'épuise* (cit. 25). *Il s'est trop hâté. Hâtez-vous. Se hâter vers la sortie.* V. **Courir, précipiter** (se). Cf. Fourmi, cit. 9. *Se hâter du travail au plaisir* (Cf. Foule, cit. 12). *Se hâter pour faire quelque chose* (Cf. Flanquer 2, cit. 9), *pour échapper à quelqu'un* (Cf. Flageoler, cit. 1). — *Navire qui se hâte* (Cf. Brûler, cit. 10).

11 « Jean Valjean le vit se hâter à travers le jardin, aussi vite que sa jambe torse le lui permettait... »   HUGO, **Misér.**, II, VIII, I.

12 « Asiles et relais de l'éternel dans un monde occupé moins de vivre que de se hâter vers la mort. »   DUHAM., **Scènes vie future**, XIV.

— *Loc. Se hâter lentement :* maxime grecque et latine (*festina lente :* hâte-toi lentement), reprise par de nombreux écrivains français : CYRANO DE BERGERAC, VOITURE, BOILEAU... Cf. LA FONT., parlant de la tortue : « *elle se hâte avec lenteur* » (Cf. Éverituer, cit. 6).

13 « Mais parmi tant d'écueils, hâtons-nous lentement. »
                 CYRANO DE BERGERAC, **Mort d'Agrippine**, I, 2.

14 « Faites tous comme moi, hâtez-vous lentement,
  Ne formez qu'un dessein, suivez-le constamment. »
                 VOITURE, **Étrenne de quatre animaux.**

15 « Hâtez-vous lentement, et sans perdre courage,
  Vingt fois sur le métier... » (Cf. Cesse, cit. 5).   BOIL., **Art poét.**, I.

16 « Hâte-toi lentement » (*devise*) qui avait été celle de la politique française sous tant de rois. »   MADELIN, **Talleyrand**, XL.

17 « ... il se fallait hâter, mais suivant la devise *Festina lente.* »
                 ID., **Hist. Cons. et Emp.**, Le Consulat.

— *Se hâter de*, suivi de l'infinitif (Cf. Avant, cit. 66 ; bourreau, cit. 5...). *Se hâter de sortir, de gagner un lieu* (Cf. Aurore, cit. 8 ; ermitage, cit. 2). *Se hâter de terminer un travail, une lecture* (Cf. Foule, cit. 17). *Hâtez-vous de vous enrichir pendant qu'il en est encore temps* (Cf. Branler, cit. 3). *Il ne se hâte pas trop de payer* (ACAD.).

---

18 « Elle se hâte trop, Burrhus, de triompher.
  J'embrasse mon rival, mais c'est pour l'étouffer. »
                 RAC., **Britann.**, IV, 3.

19 « L'homme a besoin d'aiguillons. Si sa vie n'était pas si courte, il ne se hâterait point tant de vivre. »
                 R. ROLLAND, **Compagnons de route**, p. 195.

20 « ... je tire de là qu'il ne faut point se hâter de juger les caractères, comme si l'on décrète que l'un est sot et l'autre paresseux pour toujours. »   ALAIN, **Propos**, 21 avril 1921, Père et fils.

21 « Car les militaires, voyant avec tristesse leur machine sur le point d'être démontée, se hâtaient de forger des rouages nouveaux. »
                 MAUROIS, **Disc. D**r **O'Grady**, XV.

— Fig. « *Hâtons-nous aujourd'hui de jouir de la vie* » (RAC. Cf. Demain, cit. 4). Absolt. « *Hâtons-nous ; le temps fuit* » (BOIL. cit. 17). « *Hâtez-vous ; car il* (le temps) *n'attend* (cit. 35) *personne* » (LA FONT.).

22 « Hâte-toi, mon ami : tu n'a pas tant à vivre. »
                 LA FONT., **Fabl.**, VIII, 27.

23 « Aimons donc, aimons donc ! de l'heure fugitive
  Hâtons-nous, jouissons ! »   LAMART., **Prem. médit.**, Le lac.

ANT. — **Ajourner, attendre, atermoyer, différer, ralentir, remettre, retarder, surseoir, tarder, temporiser. Arrêter.**

★ **HÂTEREAU,** ★ **HÂTIER.** V. ★ **HÂTE 1** (*Dér.*).

★ **HÂTIF, IVE.** *adj.* (*Hastif* vers 1100 ; de *hâte* 2).

|| 1° Qui se produit avant la date normale ou prévue ; dont l'évolution, la course est trop rapide*. *Développement hâtif ; croissance hâtive.* V. **Prématuré.** *Esprit hâtif.* V. **Précoce.**

1 « ... la puberté... est toujours plus hâtive chez les peuples instruits et policés... »   ROUSS., **Émile**, IV.

2 « ... ce vieillard abattu, mais non défiguré par une vieillesse hâtive ; »   FROMENTIN, **Été dans le Sahara**, p. 7.

|| 2° Qui se fait ou a été fait trop vite, avec une hâte excessive. *Travail hâtif.* V. **Bâclé.** *Œuvre hâtive et fiévreuse* (Cf. Économie, cit. 10). *Réponse hâtive* (ACAD.). *Écriture hâtive.* V. **Précipité.**

3 « L'action violente et hâtive est un alcool. L'intelligence qui y a goûté a bien de la peine ensuite à s'en déshabituer ; et sa croissance normale risque d'en rester forcée et faussée pour toujours. »
              R. ROLLAND, **Jean-Christ.**, t. X, p. 11 (éd. Ollendorff).

|| 3° (XXe s. ; *peu usit.*). Qui se hâte. « *Un grand oiseau hâtif* » (Cf. Battement, cit. 5 PROUST). « *Imbéciles hâtifs et prétentieux* » (Cf. Exister, cit. 6 MAUROIS). V. **Pressé.**

|| 4° *Spécialt.* Qui produit avant le temps. *Arbres hâtifs* (Boss. in LITTRÉ). *Variétés hâtives.* — Qui est produit, se développe, arrive à maturité plus tôt que les autres individus de l'espèce (en parlant d'un végétal). V. **Précoce, hâtiveau.** *Pois, choux hâtifs. Blé hâtif. Cerises, fraises, poires hâtives.*

4 « Ces fleurs simples, ce sont le barbeau des champs, et la hâtive pâquerette, la marguerite des prés. »
              SENANCOUR, **Oberman**, Lettre sans date.

ANT. — **Lent, retardataire, retardé, tardif.**

DER. — ★ **Hâtiveau.** *n. m.* (*Hastivel* au XIIIe s). Fruit ou légume hâtif, précoce (se dit surtout de « Certaines variétés de poires, de pommes et de pois » (ACAD.). — ★ **Hâtivement.** *adv.* (XIe s.). En hâte*. V. **Rapidement, vite** (Cf. Fosse, cit. 4). *Il finit hâtivement son travail. Hâtivement vêtu, lavé...* (Cf. Éloigner, cit. 12). *Il partit hâtivement. D'une manière hâtive. Il a l'art de faire venir des fleurs et des fruits plus hâtivement qu'aucun autre jardinier* (ACAD.). — ANT. Lentement, tardivement.

1 « Il avait aperçu Clanricard, l'avait salué hâtivement en portant la main à son béret. »   ROMAINS, **H. de b. vol.**, t. I, XVII, p. 183.

2 « En quelques minutes. elle parvint à l'église qu'elle regarda hâtivement... »   GREEN, **A. Mesurat**, II, V.

★ **HÂTURE.** *n. f.* (1761 ; de *hâte* 1). Technol. Pièce de fer, en forme d'équerre triangulaire, pour arrêter un pêne, un verrou.

★ **HAUBAN.** *n. m.* (XIIe s. *hobent* ; du scandin. *höfudbenda*, « lien du sommet » (du mât). Mar. Cordage servant à assujettir un mât par le travers ou par l'arrière. *Les haubans font partie des manœuvres* dormantes. Haubans et étais* soutiennent les mâts*. Haubans des mâts supérieurs.* V. **Galhauban.** *Plate-forme à laquelle sont fixés les haubans.* V. **Porte-hauban.** *Échelons de cordage tendus entre les haubans.* V. **Enfléchure** (cit.). *Haubans supplémentaires, « faux haubans ».* V. **Pataras.** *Les bastaques, haubans supplémentaires à itagues*. Chèvre* à haubans. Grands haubans :* haubans de grand mât ; *haubans de misaine, d'artimon... Matelots qui grimpent, s'élancent dans les haubans* (Cf. Abordage, cit. 2).

1 « Oh ! les autres, qui couraient dans les haubans, qui habitaient dans les hunes !... »   LOTI, **Pêcheur d'Islande**, III, II.

— *Par ext.* Cordage, câble métallique servant à maintenir, à consolider. *Poteau soutenu par des haubans. Haubans consolidant le tablier d'un pont.* Spécialt. (Aviat.). *Haubans renforçant l'empennage, les ailes des premiers avions* (notamment les biplans).

2 « Au début de l'aviation, la voilure se composait de deux ailes fixées au fuselage par des mâts... l'ensemble étant rendu indéformable par un haubanage en croix de Saint-André fait de câbles, cordes à piano ou haubans fuselés... » E. BLANC, L'aviation, p. 24.

DER. — ★ **Haubanage.** *n. m.* (fin XIXᵉ s.). Ensemble des haubans (d'un avion). — ★ **Haubaner.** *v. tr.* (1690 FURET.). Assujettir, consolider au moyen de haubans. *Haubaner un mât, une mâture.* Par ext. *Haubaner un pylône.*

COMP. — **Galhauban, porte-hauban.**

★ **HAUBERT** (hô-bèr). *n. m.* (*Hauberc* vers 1100 ; du francique *halsberg*, « ce qui protège le cou »). *Archéol.* Chemise de mailles à manches, à gorgerin et à coiffe, que portaient les hommes d'armes au moyen âge. V. **Broigne, cotte** (de mailles), **jaseran.** *Le haubert, harnois de mailles du chevalier, signe de noblesse.* V. **Adoubement.** *Fief de haubert. Haubert court des écuyers.* V. **Haubergeon** (dér.). *Revêtir un haubert* (Cf. Chevaucher, cit. 1).

1 « Il brise l'écu qu'il porte au cou, en disjoint les chanteaux, rompt la ventaille du haubert et atteint la poitrine, sous la gorge ; à pleine hampe il l'abat mort de sa selle. » BÉDIER, Chans. de Roland, C.

2 « Le matin, l'évêque de Bayeux, frère de Guillaume, célébra la messe et bénit les troupes, armé d'un haubert sous son rochet. » MICHELET, Hist. de France, IV, II.

3 « J'ai trop porté haubert, maillot, casque et salade ;
J'ai besoin de mon lit, car je suis fort malade. » HUGO, Lég. des siècles, X, Aymerillot.

DER. — ★ **Haubergeon.** *n. m.* (1170). Haubert court, sans manche ou sans coiffe, que portaient les écuyers, les archers... au moyen âge.

★ **HAUSSE.** *n. f.* (XIIIᵉ s. ; de *hausser**).

‖ **1°** *Technol.* Se dit de tout objet ou dispositif qui sert à hausser, à élever. *Mettre une hausse à des chaussures, aux pieds d'un meuble* (V. **Cale**). — *Typogr.* Feuille de papier que l'on colle sur le tympan ou le cylindre d'une presse, ou bien sous la forme* pour égaliser la pression. — *Mus. Hausse d'archet,* qui écarte les crins de la baguette. — *Hydr.* Planche mobile placée sur les vannes d'un barrage pour hausser le niveau des eaux. V. **Barrage** (mobile). — *Milit.* Système de visée, appareil articulé et gradué qui permet de régler le tir à grande distance des fusils et des canons, en inclinant plus ou moins la ligne de mire par rapport à l'axe du canon. V. **Pointage** (en hauteur). *L'œilleton de la hausse* (ou le cran de mire) *forme avec le guidon la ligne de mire idéale. Hausse continue à réglette, à cadran ; hausse discontinue à lamettes... Curseur* de hausse. Régler la hausse. Angle de hausse.* Par ext. *Augmenter, diminuer la hausse. Prenez la hausse de 2.000 mètres.*

1 « ... on écoute l'observateur d'artillerie crier des ordres que recueille et répète le téléphoniste enterré à côté : — Première pièce, même hausse. Deux dixièmes à gauche. Trois explosifs à une minute ! » BARBUSSE, Le feu, XIX, t. II, p. 18.

‖ **2°** Action de hausser, de s'élever. V. **Crescendo, élévation.** — *Hydr. Hausse des eaux.* V. **Crue.** — *Météor. Hausse de la température.* V. **Augmentation** (Cf. Front, cit. 36). *Le baromètre est en hausse,* la pression barométrique remonte.

— *Écon. polit.* Augmentation de prix*, de valeur. V. **Augmentation*, élévation...** *Hausse du prix du blé, de la viande,* ou ellipt. *Hausse du blé, de la viande... Les producteurs réclament la hausse des cours.* V. **Majoration, relèvement, valorisation.** *Hausse des denrées* (cit. 1). *Hausse illicite. Hausse générale des prix. Hausses et baisses imprévisibles, fréquentes.* V. **Fluctuation** (Cf. Appauvrir, cit. 1). *Hausse sensible de l'indice des prix.* V. **Bond.** *Hausse du coût de la vie.* V. **Renchérissement.** *Mouvement de hausse. Hausse de dix pour cent. Hausse automatique des salaires dans le système de l'échelle* (cit. 16) *mobile. Hausses et baisses alternatives des cours* (cit. 21), *des valeurs, du change* (cit. 2). *Jouer à la hausse :* spéculer* sur la hausse des marchandises, des valeurs (V. **Haussier,** dér. de *Hausser). Les actions de cette société sont en hausse.* Fig. et fam. *Ses actions sont en hausse :* ses affaires vont mieux, son crédit se relève.

2 « Les hausses et les baisses dont il (le commerce) est susceptible font voir l'état du négoce dans une nation aussi manifestement que les variations du baromètre montrent l'état de l'atmosphère. » TRÉVOUX, Dict., Hausse.

3 « Les paysans voudraient un système de la propriété inaliénable ; les ouvriers, un marché public des produits, et un salaire réglé sur les prix ; les bourgeois, un bénéfice secret et des moyens de jouer à la hausse et à la baisse. » ALAIN, Propos, 30 avril 1921, Métiers.

ANT. — **Avilissement, baisse, dépréciation, dépression, effondrement.**

★ **HAUSSE-COL.** *n. m.* (XVᵉ s. ; d'abord *houscot,* du moyen néerl. *halskote,* « vêtement de cou », altéré par attract. de *hausser,* et de *col*). *Milit.* Pièce d'acier ou de cuivre protégeant la base du cou et complétant l'armure jusqu'au XVIIIᵉ s. — (Au XIXᵉ s.) Croissant de cuivre ou d'acier que portaient jusqu'en 1881 les officiers d'infanterie en grande tenue. *Des hausse-cols.*

1 « (Louis XIV) installait lui-même ces colonels à la tête du régiment, en leur donnant de sa main un hausse-col doré avec une pique... » VOLT., Siècle de Louis XIV, XXIX.

2 « Quand je m'ennuyais par trop dans cette ville sans mouvement, sans intérêt et sans vie, je me mettais en grande tenue, ... toutes aiguillettes dehors, — et l'ennui fuyait devant mon hausse-col ! » BARBEY d'AUREV., Diaboliques, Rideau cramoisi, p. 31.

★ **HAUSSEMENT.** *n. m.* (XVᵉ s. ; de *hausser*).

— *Vx.* Action de hausser. V. **Hausse, élévation.** *Haussement de voix.* Fig. « *La banque était épuisée, ce haussement de la valeur numéraire des espèces acheva de la décrier* » (VOLT. Dict. philos., Banque).

— *De nos jours.* Spécialt. *Haussement d'épaules** (cit. 26), mouvement par lequel on élève les épaules sous l'influence de certains sentiments, *spécialt.* le dédain*. *Haussement d'épaules de résignation* (Cf. Gaspillage, cit. 3), *de lassitude* (Cf. Entre 2, cit. 12), *de mépris.*

HOM. — **Ossement.**

★ **HAUSSE-PIED.** *n. m.* (XIVᵉ s. ; de *hausser,* et de *pied*). Ce qui fait lever le pied.

‖ **1°** (*Vx*). Marchepied.

‖ **2°** *Vén.* Sorte de piège à loups.

★ **HAUSSER.** *v. tr.* et *intr.* (XIIᵉ s. *halcer ;* du lat. pop. *altiare,* dér. de *altus,* « haut »).

I. *V. tr.* Rendre plus haut. V. **Élever.**

‖ **1°** Donner de plus grandes dimensions dans le sens de la hauteur. *Hausser un mur de cinquante centimètres. Hausser une route.* V. **Remblayer.** *Hausser une maison de la hauteur d'un étage.* V. **Exhausser, surélever, surhausser.** *Hausser une fenêtre, une porte ;...*

1 « On mangea à deux tables dans le même lieu... La bonne chère est excessive ; on remporte les plats de rôti comme si on n'y avait pas touché ; mais pour les pyramides du fruit, il faut faire hausser les portes. » SÉV., 191, 5 août 1671.

‖ **2°** Par ext. Donner plus d'ampleur, d'intensité. *Hausser la voix* (Cf. au fig. Comédie, cit. 12 ; haro, cit. 3). *Hausser le ton dans une dispute, une réprimande.* V. **Élever, enfler** (la voix).

2 « Rühl et Davernhoult haussent le ton, et c'est l'amour-propre de la Nation qu'ils s'appliquent à aiguillonner. » JAURÈS, Hist. soc. Révol. fr., t. III, p. 126.

3 « Ce jour-là, il s'était permis de répliquer, et peut-être de hausser le ton. Berthe Sammécaud partit, là-dessus, dans une de ces colères, où l'éducation disparait soudain comme un maquillage dans la sueur. » ROMAINS, H. de b. vol., t. V, XX, p. 150.

— *Mus. Hausser le ton d'une mélodie, d'un cri* (Cf. Gazouillement, cit. 6), en augmenter la hauteur*. *Le dièse hausse d'un demi-ton la note qu'il affecte. — La voix de ce soprano se hausse jusqu'au ré 5.* V. **Monter.**

‖ **3°** Mettre à un niveau plus élevé. V. **Lever.** *Hausser un meuble en le plaçant sur des cales.* V. **Hausse.** *Hausser quelqu'un jusqu'à soi en le tirant.* V. **Hisser.** *Hausser d'un cran la tablette d'un chevalet de peintre. Manivelle pour hausser le plateau d'une table à la Tronchin, l'affût d'une mitrailleuse.* V. **Monter.** *Fantassin* (cit. 1) *qui hausse son sac d'un mouvement d'épaule.* V. **Remonter.** *Hausser la tête pour mieux voir, pour avoir l'air majestueux.* V. **Dresser, redresser ; porter** (haut). — *Hausser le dos* (vx), *les épaules** (cit. 23, 24, 25) *avec dédain, mépris, en signe d'indifférence...* (Cf. Armistice, cit. 2 ; furieux, cit. 13 ; garce, cit. 3 ; garer, cit. 5)... V. **Haussement.** — (Fam.). *Hausser les sourcils. Hausser le coude*,* pour boire (V. **Lever**). — Pronominalt. *Se hausser sur la pointe des pieds. Grimper sur les épaules de quelqu'un pour se hausser et mieux voir.* V. **Dresser** (se). — *Glace qui se hausse et s'abaisse à volonté* (Cf. Articuler, cit. 4).

4 « (Le maître à danser) Haussez la tête. Tournez la pointe du pied en dehors. La, la, la. Dressez votre corps. » MOL., Bourg. gent., II, 1.

5 « — Dans les marchés qui hausse le coude, fait hausser le prix, dit Corentin. » BALZ., Ténébreuse affaire, Œuvr., t. VII, p. 539.

6 « Thénardier reprit en haussant jusqu'à sa pomme d'Adam la loque qui lui servait de cravate, geste qui complète l'air capable d'un homme sérieux... » HUGO, Misér., V, III, VIII.

7 « Il haussa les épaules, moins par dédain que par lassitude. » J. LEMAÎTRE, Les rois, p. 173.

8 « Il marchait sans bruit, pieds nus sur les dalles. Il haussait sa bougie au-dessus de sa tête pour voir loin devant lui. » GIONO, Chant du monde, II, VI.

— *Hausser les impôts, les prix, les cours.* V. **Augmenter, majorer, relever** (Cf. Bestiaux, cit. 2).

‖ **4°** Fig. V. **Élever, exalter, guinder** (vx). Cf. Exaltation, cit. 1. *Hausser quelqu'un jusqu'à soi, par son amour, en l'éduquant. Hausser la situation de quelqu'un* (Cf. Étayer, cit. 10). *Bonté sublime qui hausse un homme au-dessus du vulgaire. Essayer vainement de hausser sa bassesse naturelle* (Cf. Bal, cit. 11). *Cela ne le hausse pas, cela le hausse beaucoup non estime* (cit. 14). *Hausser le niveau moyen de la masse* (Cf. Culturel, cit.), *la condition humaine* (Cf. Egaliser, cit. 4). — Pronominalt. *Se hausser jusqu'au sacrifice, jusqu'au sublime.* V. **Parvenir.** *Intelligence, cœur qui se hausse.* V. **Agrandir** (cit. 9).

9 « Quand la capacité de son esprit se hausse... »
MOL. (Cf. Capacité, cit. 6).

10 « J'ai vu celui par qui Dieu règle l'Univers,
Qui hausse l'humble au Ciel et dompte le pervers, »
LECONTE DE LISLE, Poèmes tragiques, Hiéronymus.

11 « Il (*Fénelon*) a voulu se hausser à la grande éloquence, et il a
déclamé. » LANSON, Art de la prose, p. 112.

12 « ... ces étrangers, haussés par le parlementarisme du plus profond
néant à la plus effrénée grandeur... » BARRÈS, Leurs figures, p. 74.

13 « Tout ce rêve le haussait dans une zone d'extase. »
COCTEAU, Enfants terribles, p. 23.

II. *V. intr.* V. **Augmenter, monter.** *La rivière a haussé de
deux mètres. Le baromètre hausse. La température a
haussé. — La rente, les prix ont haussé. Le prix du blé a
beaucoup haussé* (ACAD. qui ajoute « On dit plutôt aujour-
d'hui MONTER »). *Tout hausse* (Cf. Acheter, cit. 5).

14 « On se plaignait que tous les acheteurs allaient à eux, et qu'ils
faisaient hausser le prix du grain. » RAYNAL, Hist. philos., III, 1.

ANT. — **Abaisser, avilir, baisser, descendre.**

DER. — **Hausse, haussement.** — ★ **Haussier.** *n. m.* (1842). *T. de
Bourse. Qui joue à la hausse*, en bourse** (ANT. — **Baissier**).

COMP. — **Exhausser, rehausser, surhausser.**

★ **HAUSSIÈRE.** *n. f.* (1382 ; orig. obscure ; selon BLOCH,
d'un lat. pop. *helciaria*, dér. de *helcium*, « collier de halage »). *Mar.* Cordage composé de trois ou quatre torons,
qui « s'emploie spécialement pour le touage, l'évitage et
l'amarrage des navires » (ACAD.). On écrit parfois AUSSIÈRE.

★ **HAUT**, ★ **HAUTE** (*hô, hôt*). *adj., n. m. et adv.* (XIe s.
halt ; lat. *altus*, l'*h* du fr. étant dû à l'infl. de l'adj. german.
de même sens, francique *hoh.* Cf. allem. *hoch*, angl. *high*).

I. *Adj.* HAUT, au sens propre, définissant soit une dimension dans le sens vertical, soit une position sur la verticale.

A. (*Dimension*) ‖ 1° Qui est d'une certaine dimension dans
le sens vertical. *Mur haut de deux mètres. Maison haute de
deux étages* (Cf. Façade, cit. 5). *La maison sera plus haute
d'un étage.* V. **Exhausser, hausser, surélever, surhausser.**
Meule haute de huit mètres (Cf. Fort, cit. 49). *Un morceau
de papier plus large que haut* (Cf. Faux, cit. 57). *Un petit
homme haut de trois pieds et demi* (Cf. Épaule, cit. 3).
Soldat de six pieds. V. **Grand** (cit. 3). *Petit garçon pas
plus haut qu'une botte* (cit. 3), *haut comme trois pommes,
pas plus haut que cela... Plus haut de toute la tête.* V.
Dépasser, surpasser.

1 « ... les jambes du devant sont une fois plus hautes que celles de
derrière... » BUFF., Hist. nat. anim., La girafe.

2 « La figure sera haute de cent coudées,
Et d'un seul bloc... » HUGO, Lég. des siècles, XLIII, Le temple.

3 « Mon berceau s'adossait à la bibliothèque,
... J'étais haut comme un in-folio. »
BAUDEL., Pièc. div., La voix.

4 « ... la minuscule madame Touki-San ; haute comme une demi-
botte... » LOTI, Mme Chrysanth., XII.

5 « ... la vocation ecclésiastique qu'il avait proclamée très fort quand
il était haut comme trois pommes. » ARAGON, Beaux quartiers, I, XI.

‖ 2° Qui est, dans le sens vertical, d'une dimension considérable, par rapport aux êtres ou objets de même espèce.
V. **Élevé.** *De hautes montagnes* (Cf. Aigle, cit. 3 ; empana-
cher, cit. 4 ; fosse, cit. 8 ; gorge, cit. 33). *Haute cime. Haute
falaise* (cit. 1 et 2. Cf. *aussi* Blottir, cit. 6 ; bout, cit. 20).
Hauts rochers. Hauts arbres, hautes herbes (Cf. Atteindre,
cit. 21 ; briser, cit. 26). *Hautes fougères* (cit. 1). *Bois de
haute futaie** (cit. 1 et 2). *Haute tour, haute pyramide* (Cf.
Apparaître, cit. 6). *Maison haute* (Cf. Bocager, cit. 1), *haute
d'étage* (Cf. Entrecroisement, cit.). *De hautes pièces* (Cf.
Atténuer, cit. 10 ; enfilade, cit. 2), *hautes de plafond. Hauts
murs* (Cf. Gadoue, cit. 1). *Haute porte* (Cf. Cannelure,
cit. 2). *Hautes cheminées* (Cf. Face, cit. 25). *Hauts four-
neaux** (cit. 2 et 3). *Haute horloge* (Cf. Carillonner, cit. 1).
Hautes vagues, hautes cascades (cit. 4). *Vaisseaux de haut
bord* (cit. 1. Cf. *aussi* Arsenal, cit. 1). *Bâtiment haut, dont
le bord s'élève fort au-dessus de la ligne de flottaison.*

6 « Des arbres si hauts qu'on ne les saurait passer avec une flèche. »
RAC., Livres annotés.

7 « Le tonnerre, la trombe, où le typhon se dresse,
S'acharnent sur la fière et haute forteresse ; »
HUGO, Lég. des siècles, XV, Éviradnus, 3.

8 « Une haute barrière de vapeur grise et légère apparaissait constamment à l'horizon sud... » BAUDEL., Trad. E. POE, Avent. G. Pym, XXV.

9 « Une belle galère, ma foi, je l'avoue, haute de bords, bien ramée... »
CÉLINE, Voyage au bout de la nuit, p. 167.

10 « ... une assez belle chambre, avec un haut lit provincial... »
ROMAINS, H. de b. vol., t. V, XXIII, p. 202.

— *Homme de haute taille. Mince et de taille assez haute.*
V. **Élancé** (Cf. Elargissement, cit. 2). *Bœufs* (cit. 5) *de labour hauts de taille. Une haute bête* (Cf. Garrot, cit.).
Front haut (Cf. Brosse, cit. 2 ; citadelle, cit. 7). *Hautes
oreilles* (Cf. Épais, cit. 6). *Haute coiffure* (cit. 5 ; filer,

cit. 3 ; gaufrer, cit. 1). *Chapeau* (cit. 2) *haut de forme.* V.
Haut-de-forme. *Haut bonnet* (Cf. Grenadier, cit. 4). *Col haut
et large* (Cf. Fanon, cit. 3). *Haute guimpe* (cit. 3). *Talons
hauts* (Cf. Grosset, cit.).

11 « Beau... l'air d'une fille, perché sur de hauts talons pour surélever
sa petitesse ... » HENRIOT, Portr. de femmes, p. 100.

B. (*Position*) ‖ 1° Qui est mis ou porté au-dessus de la
position normale ou habituelle. V. **Dressé, levé.** *Aller,
marcher la tête haute* (Cf. Frêle, cit. 10). Fig. *Il peut aller
partout la tête haute, le front haut, sans craindre de reproches ni d'affronts. S'avancer le menton haut, les sourcils
hauts* (Cf. Caparaçonner, cit. 2). — *Marcher sur un adversaire l'épée* haute. Rester l'arme haute. Chevalier portant
la visière haute.* — Fig. *Tenir la bride** (cit. 2) *haute, la
dragée** (cit. 3) *haute.* Escr. *Garde* haute.* Blas. *Croix
haute, épée haute.* Tapiss. *Haute lice*.*

12 « Un seul d'entre eux formait des pas avec agilité, la tête haute,
le regard assuré, les bras étendus, le corps droit, le jarret ferme. »
VOLT., Zadig, XIV.

13 « Gil, ce grand chevalier nommé l'Homme qui passe,
Parvint, la lance haute et la visière basse, »
HUGO, Lég. des siècles, VI, L'hydre.

14 « Un homme qui tient haute une épée à deux mains. »
ID., Ibid., XVIII, Conf. du marquis Fabrice, 13.

— (Vieilli) *Haut à la main*, prompt à lever la main (pour
frapper, se faire obéir) ; d'où : hautain, arrogant. *La main
haute*, levée en un geste menaçant. *Tenir la main haute à
quelqu'un*, ne lui rien passer. *Tenir la main haute dans une
affaire*, « se rendre difficile sur les conditions » (LITTRÉ),
être exigeant. — (De nos jours) *Avoir la haute main dans
une affaire, un parti, un ouvrage...*, y avoir l'autorité, la
part prépondérante (Cf. Empreinte, cit. 12). *Il a la haute
main sur toute l'entreprise, sur toute l'équipe, il contrôle
tout.*

15 « La grammaire, qui sait régenter jusqu'aux rois,
Et les fait la main haute obéir à ses lois ? »
MOL., Fem. sav., II, 6.

— *Oiseaux de haut vol. Plongeons* de haut vol.* Fig.
Escroc de haut vol, de haute volée*. Prendre un vol* trop
haut.* Mar. *Pavillon* haut. Porter telle voile haute*, sans ris.

16 « ... un oiseau de haut vol peut parcourir chaque jour quatre ou
cinq fois plus de chemin que le quadrupède le plus agile. »
BUFF., Hist. nat. ois., Discours...

— *Hautes eaux*, par rapport à l'étiage (cit. 1). V. **Crue.**
Marée* haute. Haute mer*.

17 « Les eaux furent hautes sur la terre pendant cent cinquante jours. »
BIBLE (CRAMP.), Genèse, VII, 24.

18 « De ces conditions résulte (*pour les fleuves sibériens*) un régime
curieux... Les hautes eaux sont au printemps, les maigres, en automne. »
De MARTONNE, Nouv. géogr. phys., t. I, p. 479.

‖ 2° Qui se trouve situé au-dessus, par rapport aux
choses de même espèce, ou par rapport au reste de la
chose. *Une haute branche* (Cf. Guenon, cit. 2). *Un lieu
haut* (Cf. Appréhension, cit. 3). V. **Dominant.** Fig. *Les
hauts lieux* de la chrétienté. Haut plateau*. Les hautes
terres. Le plus haut étage d'une maison, le plus haut
degré** (V. **Supérieur**), *la plus haute marche d'un escalier* (V. **Dernier**). *La plus haute étagère* (cit. 2). *Le temps*,
les nuages sont hauts. Les hautes régions de l'air* (Cf.
Brise, cit. 1). *Hautes latitudes** (l'opinion ancienne faisant
le Nord plus haut que le Midi). *Le plus haut point,* le
plus haut période, au plus haut point**. V. **Culminant***
(Cf. *fig.* Ascendant, cit. 1 ; ascension, cit. 7 ; exaltation,
cit. 5). *Le haut bout** (cit. 1 et 2) *de la table* (réellement plus élevé que l'autre à l'origine). — Mar. *Les hautes
voiles*, les voiles supérieures.

19 « Car depuis que le temple de Salomon fut bâti, il n'était plus permis
de sacrifier ailleurs, et tous ces autres autels qu'on élevait à Dieu sur
des montagnes, appelés par cette raison dans l'Écriture les hauts
lieux, ne lui étaient point agréables. » RAC., Préf. d'Athalie.

20 « Quand on peut s'enfoncer entre deux pans de rocs,
Et, comme l'ours, l'isard et les puissants aurochs,
Entrer dans l'âpreté des hautes solitudes, »
HUGO, Lég. des siècles, XXI, Masferrer, 3.

— *Substant.* (Superlatif neutre). *Du plus haut de l'échelle
au plus bas* (Cf. Bourreau, cit. 4). *Au plus haut de sa
course* (cit. 18). *Astre au plus haut de sa course* (V.
Apogée, zénith). *Gloire* (cit. 49) *à Dieu au plus haut des
cieux.*

21 « Ils allaient au plus haut de la perfection. » CORN., Imit., I, 681.

— (Avec l'art. défini, désignant la partie supérieure par
rapport au reste). *La ville haute*, la partie haute de la
ville. *Le haut pays. Les hautes Pyrénées, les hautes
Alpes... La haute Savoie, la haute Égypte, la haute Allemagne. Le haut allemand**, dialecte de la haute Allemagne. *Le haut Rhin, la haute Loire, la haute Seine, le haut
Danube...* — REM. 1. Le mot *haut*, dans ces expressions
géographiques, désigne pratiquement les régions les plus
éloignées de la mer ou les plus proches de la source, par
oppos. à *bas*. — 2. Quand il s'agit d'appellations officielles de départements, provinces, circonscriptions, etc.,
on met un trait d'union entre l'adjectif *haut* et le nom,

ainsi qu'une majuscule à l'adjectif. *Hautes-Alpes, Haute-Saône, Haute-Volta, Haute-Égypte, Haute-Bavière,* etc.

22 « Angoulême est une vieille ville, bâtie au sommet d'une roche en pain de sucre qui domine les prairies où se roule la Charente... toutes les industries qui vivent par la route et par la rivière, se groupèrent au bas d'Angoulême pour éviter les difficultés que présentent ses abords... Le faubourg de l'Houmeau devint donc une ville industrieuse et riche, une seconde Angoulême que jalousa la ville haute où restèrent le Gouvernement, l'Évêché, la Justice, l'aristocratie. »
BALZ., **Illus. perd.**, Œuvr., t. IV, pp. 490-491.

23 « Il faut dire que la ville haute était pour lui une espèce de région de rêve. Autant il détestait la ville basse, le faubourg, avec l'usine, le relent de chocolat, les laideurs de la vie moderne et sordide, autant la haute partie de la ville avec ses maisons anciennes, dont beaucoup étaient abandonnées, les souvenirs des ducs de Provence, des passages royaux, les écussons aux portes, et ces délabrements où soudain filaient le vent et le soleil, autant tout cela l'enchantait,... »
ARAGON, **Beaux quartiers**, I, X.

‖ 3° (Dans l'ordre des temps, en remontant à l'origine, à la source). V. **Ancien, éloigné, reculé.** *La haute antiquité de l'argot* (cit. 5). *Coutume de la plus haute antiquité* (Cf. Aspersion, cit. 4). *Haute origine* (Cf. Échelle, cit. 15). *Le haut moyen* âge. *Le Haut Empire :* l'empire romain d'Auguste à Constantin.

‖ 4° (Sur l'échelle des degrés d'intensité). V. **Fort, grand, intense.** *Haute pression* du sang (Cf. Érection, cit. 3). *Haute tension*. *Haute fréquence*. *Haute température*. V. **Chaud.** *Mets de haut goût*. V. **Épicé, relevé** (Cf. Assaisonner, cit. 1 ; gibier, cit. 3). *Gaillardise* (cit. 2) *de haut goût*. *Anecdote de haute graisse* (Cf. Grivoiserie, cit. 1). *De haute lutte* (Cf. Aborder, cit. 12). *Le haut mal*. V. **Épilepsie.** *Arriver à son plus haut développement. Le plus haut éclat.* V. **Vif.** *Haut en couleur.* V. **Coloré.**

24 « Enfin, comme il repassait devant l'hôtel des Ambassadeurs, ses yeux inquiets rencontrèrent ceux d'une grosse femme, encore assez jeune, haute en couleur, à l'air heureux et gai. »
STENDHAL, **Le rouge et le noir**, I, XXIV.

25 « ... une civilisation arrivée à son plus haut développement, un art à son point culminant... »
GAUTIER, **Voyage en Espagne**, p. 240.

— *Spécial.* (Mus.) Sur l'échelle, le registre des sons. V. **Aigu, élevé.** *Ton haut, tonalités hautes. Ce morceau est trop haut pour ma voix. Voix qui reste harmonieuse dans les notes hautes.*

26 « ... on étouffe les basses notes au profit des notes élevées ; on aiguise les hautes, mais ce résultat ne s'obtient souvent qu'au détriment de la voix, qui se fatigue ou s'altère. »
GAUTIER, **Portr. contemp.**, Madame Sontag.

27 « Elle fredonna la mélodie d'une voix insaisissable, tremblante et haute, comme succédant à des pleurs. »   COLETTE, **La chatte**, p. 161.

— (Sur l'échelle des degrés de puissance de la voix). V. **Éclatant, fort, puissant, sonore, retentissant...** *À haute voix* (Cf. Agenouiller, cit. 5 ; attroupement, cit. 2 ; cadran, cit. 4 ; caisse, cit. 2 ; gémeller, cit. 1 ; girie, cit.). *La parole haute et magistrale* (Cf. Entendre, cit. 35). *S'écrier à haute voix* (Cf. Entrailles, cit. 5). *Lire* à voix haute. *Parler à haute et intelligible voix. Elle jetait une clameur si haute que...* (Cf. Accoucher, cit. 2). *Une plus haute clameur* (Cf. Frénésie, cit. 11). *Jeter, pousser les hauts cris* (cit. 15 et 16). — Vieilli. *Messe haute*, chantée (par oppos. à *messe basse*). V. **Messe** (grand-).

28 « Il ne nous parlait presque jamais à voix haute, à mots couverts seulement, on aurait dit qu'il ne vivait, qu'il ne pensait que pour conspirer, épier, trahir passionnément. »
CÉLINE, **Voyage au bout de la nuit**, p. 133.

— *Fig.* (Vieilli). *Prendre le haut ton*, *le prendre d'un ton* haut, *sur un ton* haut, *sur le haut ton*... V. **Arrogant, menaçant.** *Avoir la parole haute, être haut en parole,* parler avec fierté, hauteur. — (De nos jours) *Avoir le verbe* haut (Cf. Geste, cit. 12). *N'avoir jamais une parole plus haute que l'autre,* parler sur un ton uni qui marque l'égalité d'humeur ou le sang-froid. *Nous n'avons jamais eu ensemble une parole plus haute que l'autre, nous ne nous sommes jamais querellés.* V. **Entendre** (s').

29 « Vous le prenez là d'un ton un peu trop haut : »
MOL., **Étourdi**, I, 3.

30 « ... jamais nous n'avons eu une parole plus haute que l'autre au sujet de Mahomet et de Brama. »   VOLT., **Bababec et les fakirs.**

31 « Le jardinier, qui n'a peut-être jamais dit un mot plus haut que l'autre à sa femme, les entend échanger les injures ignobles. »
ROMAINS, **H. de b. vol.**, t. V, XX, p. 153.

‖ 5° (Dans l'ordre de la puissance, sur l'échelle sociale et politique). V. **Éminent, grand, important.** *Haut personnage* (Cf. Apprendre, cit. 2). *Hauts fonctionnaires* (cit. 6). *Le haut personnel administratif* (Cf. Arguer, cit. 2). *La haute administration. La haute magistrature, le haut clergé, la haute finance, la haute bourgeoisie... Hautes sphères*. *Les hautes classes de la société. La haute société,* et substant. (pop.) *la haute. En haut lieu*. — Par anal. *La haute pègre*.

32 « Eh bien, si nous ne soupons pas *dans la haute*, dit mon ami, — je ne sais trop où nous irions à cette heure-ci. Pour la Halle, il est trop tôt encore. »
NERVAL, **Nuits d'octobre**, V.

« Tout le haut clergé était là, les cardinaux en robes rouges, 33 l'avocat du diable en velours noir, les abbés de couvent avec leurs petites mitres, les marguilliers de Saint-Agrico... »
DAUDET, **Lettres de mon moulin**, Mule du Pape.

« Or, le luxe s'étale dans les hautes classes — si tant est qu'on 34 puisse appeler « haut » un monde moralement si bas. »
MADELIN, **Hist. Cons. et Emp.**, Ascension de Bonaparte, I.

— (Titre honorifique). *Haut et puissant seigneur, très haut et très puissant seigneur... Haute et puissante dame, très haute et très puissante dame... Très haut et très puissant prince, très haute et très puissante princesse.* — *Substant.* (en parlant de Dieu) *Le Très-Haut.* — (T. de Diplom.) *Les hautes puissances contractantes*.

« Haute et puissante dame Yolande Cudasne, 35
Comtesse de Pimbesche, Orbesche, et cætera, »
RAC., **Plaid.**, II, 4.

« C'est, Messieurs, ce que vous verrez dans la vie éternellement mé- 36 morable de très-haut et très-puissant prince Louis de Bourbon, Prince de Condé, Premier Prince du Sang. »
BOSS., **Orais. fun. prince de Condé.**

« Ou parles-tu du Dieu qu'il faudrait inventer,... 37
Dieu consenti par Locke et que Grimm refusa,
Très-Haut à qui d'Holbach a donné son visa, »
HUGO, **Dieu**, Les voix.

— *La Haute Assemblée* (Cf. Formule, cit. 12). *Chambre* haute. V. **Parlement.** *Le Haut Conseil* de l'Union Française. *Haute cour de justice,* ou absolt. *Haute Cour,* tribunal d'exception destiné à juger certains crimes ou délits politiques. *Loi du 27 octobre 1946 sur la constitution et le fonctionnement de la Haute Cour de justice.* — Ancienn. *Haute justice*, *exécuteur* de la haute justice, des hautes œuvres (Cf. Assassiner, cit. 14). V. **Bourreau.**

« La haute cour de justice se composait, aux termes de la Consti- 38 tution, de sept magistrats : un président, quatre juges et deux suppléants, choisis par la cour de cassation parmi ses propres membres et renouvelés tous les ans. »   HUGO, **Hist. d'un crime**, I, XI.

« Il (*le Président de la République, dans le cas de haute trahison*) 39 peut être mis en accusation par l'Assemblée nationale et renvoyé devant la Haute Cour de justice...
Les ministres peuvent être mis en accusation par l'Assemblée nationale (*pour les crimes et délits commis dans l'exercice de leurs fonctions*) et renvoyés devant la Haute Cour de justice. »
CONSTITUTION du 24 octobre 1946, Art. 42 et 57.

— *Haut rang* (Cf. Admettre, cit. 17 ; éterniser, cit. 4). V. **Suprême.** *Hautes charges, hautes dignités. Haute situation. Hautes positions* (Cf. Briser, cit. 11). *Hautes destinées* (Cf. Griser, cit. 6). *Haute naissance* (Cf. Arrogance, cit. 3). *Haut parage*. *Haut poste. Faire intervenir de hautes influences.* V. **Puissant.** *Hautes protections. Hautes relations. Haute responsabilité* (Cf. État-major, cit. 3). *La plus haute souveraineté* (Cf. Adoration, cit. 1). *Réunion placée sous la haute présidence de...*

« À des partis plus hauts ce beau fils doit prétendre ; » 40
CORN., **Cid**, I, 3.

« Il n'est pas toujours bon d'avoir un haut emploi. » 41
LA FONT., **Fabl.**, I, 4.

« ... un lord placé dans la plus haute situation, un sous-secré- 42 taire d'État : »   BAUDEL., **Parad. artif.**, Mangeur d'opium, I.

‖ 6° (Sur l'échelle des prix, des valeurs cotées). *Haut prix. À très haut prix*. V. **Coûteux.** *Hauts cours*. *Le change est haut. Les cafés, les cotons sont hauts, les cours en sont hauts.* — *Les fonds* sont hauts. — *Haute paie*. *Hautes salaires.*

« ... cet homme est sous le coup de cent mille francs de lettres de 43 change qui s'acquitteront, je l'espère, par le haut prix auquel monteront mes biens... »   BALZ., **Contr. de mar.**, Œuvr., t. III, p. 176.

« Il fallait une haute paye pour décider un maçon à disparaître 44 dans cette sape fétide ; »   HUGO, **Misér.**, V, II, VI.

— *Spécialt.* (T. de Jeu). *Hautes cartes,* celles qui ont le plus de valeur, l'emportent sur les autres. *L'as est la plus haute carte* au bridge.

C. *Fig.* ‖ 1° Qui occupe une position nettement au-dessus de la moyenne sur l'échelle des valeurs intellectuelles, esthétiques ou morales. V. **Supérieur.** *Haute intelligence* (Cf. Équilibre, cit. 13). *Haute capacité* (cit. 5). *Haut génie* (cit. 14). *Haute pensée* (Cf. Agoniser, cit. 1). *Avoir, donner une haute idée* de... (Cf. Éprendre, cit. 8). *La plus haute expression* (cit. 44) *de son génie. La haute comédie* (Cf. Caractère, cit. 67). *Le haut style,* le style élevé. « *La haute critique, qui a son point de départ dans l'enthousiasme* » (HUGO)

« ... l'autre excelle par un grand sens, par une vaste prévoyance, 45 et par une haute capacité, et par une longue expérience. »
LA BRUY., II, 31.

« Jacques sera comme vous un homme d'une haute instruction, 46 plein de vertueux savoir ; »
BALZ., **Lys dans la vallée**, Œuvr., t. VIII, p. 957.

« ... en somme, figure haute et originale... Louis-Philippe sera classé 47 parmi les hommes éminents de son siècle... »
HUGO, **Misér.**, IV, I, III.

« Dans l'ordre des hauts génies, Rabelais suit chronologiquement 48 Dante ; »   ID., **W. Shakespeare**, I, II, 12.

— (Avec l'idée d'une difficulté supérieure). *Hautes ma-*

thématiques. Haute philosophie. De hauts problèmes. Hautes spéculations. — Hautes classes d'un lycée (Cf. Abréger, cit. 4). *Le haut enseignement. École, institut des Hautes Études. Exercice de haute école** (Cf. Aviateur, cit.), *de haute voltige*.*

49 « Il sait... le secret des familles : il entre dans de plus hauts mystères : il vous dit pourquoi celui-ci est exilé... »   LA BRUY., II, 39.

50 « Rendez-vous attentifs : voici le nœud. La matière est haute ; et quelque ordre qu'on y apporte, elle échappe si on ne la suit :... »
                                         BOSS., 6ᵉ avertiss. aux protestants, I, I, III.

51 « ... de l'étude des mathématiques, et particulièrement de la très haute branche de cette science, qui... a été nommée l'analyse... »
                                         BAUD., Trad. E. POE, Hist. extraord., Double assassinat rue Morgue.

— (*Dans l'ordre moral*). V. **Beau, élevé, éthéré, noble, sublime.** *Hauts sentiments* (Cf. Appuyer, cit. 38). *Âme haute* (Cf. Autant, cit. 26). *Une haute figure. Homme d'un caractère* (cit. 55) *si haut que... Les plus hautes ardeurs* (Cf. Âme, cit. 38), *les plus hautes passions. Hauts faits** (cit. 7). *Haute action* (Cf. Attente, cit. 26). V. **Héroïque ; exploit.** *Haute entreprise. Les plus hautes vertus. De hauts devoirs* (Cf. Absent, cit. 7). *De hautes leçons.* V. **Édifiant.**

52 « Cette haute vertu qui règne dans votre âme. »
                                         CORN., Cid, II, 5.

53 « En présence des maux épouvantables qui nous frappent, il n'est pas nécessaire d'avoir le cœur bien haut pour se sentir pénétré de tristesse. »   BLOY, Choix de textes, p. 236 (éd. Cri de la France).

54 « ... le plus grand style en art est l'expression de la plus haute révolte. »   CAMUS, Homme révolté, p. 335.

— *Péjor.* (Vieilli). V. **Altier, hautain, orgueilleux, vaniteux.** *Cette fierté si haute* (Cf. Abaisser, cit. 5). *Prendre des airs trop hauts* (Cf. Accroire, cit. 5). V. **Fier, supérieur.**

55 « Vous avez l'humeur haute, et c'est cette humeur-là dont il serait à propos que monsieur s'alarmât pour vous. »
                                         MARIVAUX, Paysan parvenu, II.

56 « Elle sait ce que signifient trop souvent... ces bruyantes fiertés qui se fondent à la moindre avanie et tournent à la bassesse. Madame de Sénecé, que le cardinal avait jusque-là maltraitée et qui faisait la haute, est choisie par lui pour garder ses nièces lorsqu'elles arrivent d'Italie... »   STE-BEUVE, Caus. du lundi, 1ᵉʳ déc. 1851, t. V, p. 181.

‖ 2° (*Dans un sens très général*). *Très grand.* V. **Extrême.** — REM. L'emploi de *haut*, en ce sens, est extrêmement répandu à l'époque classique, et sans aucune acception de valeur, puisqu'on dit aussi bien *haute sottise* que *haute piété.* Il en est resté un certain nombre d'expressions consacrées. — *Tenir en haute estime* (cit. 19. Cf. aussi Austérité, cit. 7). *Haute bienveillance. En haute considération. Haute réputation. Communication* (cit. 5) *de la plus haute importance. Avoir une haute conception de son devoir. Une haute conscience de sa valeur* (Cf. Génie, cit. 44). *Une haute idée de soi-même.* V. **Exagéré.** *C'est de la haute fantaisie, une invention sans aucun fondement, absolument folle. Des prétentions du plus haut comique,* tout à fait ridicules. *Les plus hautes jouissances. De haute qualité. De haute valeur. Haute probabilité... Instrument de haute précision.*

57 « C'est où je mets aussi ma gloire la plus haute. »
                                         MOL., Tart., II, 1.

58 « Les rhétoriques, inquiètes des contagions et des pestes qui sont dans le génie, recommandent avec une haute raison... la tempérance, la modération, le « bon sens »... »   HUGO, W. Shakespeare, II, III, V.

— *Haute trahison*.* — REM. En dehors de cette expression, HAUT ne se dit plus guère en mauvaise part de ce qui est excessif en son genre, bien que l'ACAD., reproduisant le texte de sa première édition (1694) enregistre encore dans la huitième (1935) : *Haute insolence. Haute effronterie. Haute injustice. Il a fait une haute sottise.*

59 « Par lui j'ai jeté Rome en haute jalousie. »   CORN., Nicom., I, 5.

60 « (*Ce vers*) n'est pas français. On inspire de la jalousie, on la fait naître. La jalousie ne peut être haute ; elle est grande, violente, soupçonneuse, etc. »   VOLT., Comment. sur Corn., Nicom., I, 5.

II. *N. m.* ‖ **1°** Dimension dans le sens vertical, de la base au sommet. V. **Altitude, élévation, hauteur.** *La tour Eiffel a trois cents mètres de haut. Une tour de cent coudées de haut* (Cf. Arbalète, cit. 1). *Tableautin de vingt centimètres de haut sur quinze de large.*

61 « ... il s'appelait Micromégas, nom qui convient fort à tous les grands. Il avait huit lieues de haut... »   VOLT., Microm., I.

‖ **2°** Position déterminée sur la verticale. *Voler à cent mètres de haut. Parler du haut de la chaire, de la tribune* (Cf. Blêmir, cit. 2). « *Du haut de ces pyramides*...* ». *Tomber du haut du cinquième étage, du haut d'un balcon, d'une plate-forme. Tomber de son haut :* de toute sa hauteur.

62 « Si l'enfant tombe de son haut, il ne se cassera pas la jambe... Je ne sache pas qu'on ait jamais vu d'enfant en liberté se tuer, s'estropier... à moins qu'on ne l'ait indiscrètement exposé sur des lieux élevés... »   ROUSS., Émile, II.

— *Par hyperb. Il a failli tomber de son haut en apprenant cette nouvelle,* tant la nouvelle était étonnante, renversante*. *Fig. Tomber de son haut,* éprouver une

extrême surprise, être saisi d'étonnement. V. **Renverse** (tomber à la), **renversé** (être).

63 « C'est un méchant : il me tint l'autre fois
Propos d'amour, dont je fus si surprise,
Que je pensai tomber tout de mon haut ; »
                                         LA FONT., Contes, Le cocu battu et content.

64 « Et ce qui m'a vingt fois fait tomber de mon haut,
C'est de vous voir au ciel élever des sornettes
Que vous désavoueriez, si vous les aviez faites. »
                                         MOL., Fem. sav., IV, 2.

65 « Quand Respellière avait dit les exigences d'Angélique, elle était tombée de son haut. »   ARAGON, Beaux quartiers, I, XXIV.

— *Regarder quelqu'un du haut de sa grandeur*. Du haut de sa condescendance* (cit. 5). *Juger du haut de sa science.*

66 « Il se met au-dessus de tous les autres gens ;
Aux conversations même il trouve à reprendre :
Ce sont propos trop bas pour y daigner descendre ;
Et les deux bras croisés, du haut de son esprit
Il regarde en pitié tout ce que chacun dit. »
                                         MOL., Misanthr., II, 4.

67 « Cette école (*du juste milieu politique*), avec sa fausse profondeur, toute de surface, qui dissèque les effets sans remonter aux causes, gourmande, du haut d'une demi-science, les agitations de la place publique. »   HUGO, Misér., IV, X, I.

68 « Et tu le juges, ce pauvre monde pourri, du haut de quoi ? De ton honnêteté, sans doute ? »   COLETTE, Fin de Chéri, p. 67.

‖ **3°** Partie, région haute d'une chose. *Objets dessinés dans le haut d'un tableau. Toucher quelqu'un sur le haut de la poitrine* (Cf. Céder, cit. 24). *Le haut d'une robe.* V. **Corsage.** *Planter un clou au haut d'une paroi* (Cf. Corde, cit. 1). *La lumière éclairait seulement le haut du front* (Cf. Filtrer, cit. 2). *Frise* (cit. 1) *régnant au haut d'un mur. Toile gâtée* (cit. 4) *dans le haut. Déplacement vers le haut* (Cf. Froncement, cit. 2). *Étiquettes* (cit. 2) *portant la mention : haut et bas. Le haut de la ville.*

69 « Sans beaucoup de conviction elle fit le signe de la croix sur le haut de son corsage. »   GREEN, Léviathan, IX.

— *Mus. Le haut,* les notes hautes (Cf. Gong, cit. 1). — *Typogr. Haut de casse*.* — *Mar. Les hauts d'un navire,* la partie émergée, ou au moins celle qui est au-dessus du premier pont. « *En parlant de la mâture ou du gréement d'un voilier, les hauts* sont tout ce qui est au-dessus des chouquets et des bas-mâts » (GRUSS).

— *Spécialt.* a) La partie la plus haute, le point culminant. V. **Sommet*.** *Perché sur le haut d'un arbre* (cit. 8), *d'une branche. Croix plantée sur le haut d'un clocher. Girouette au haut d'une maison* (Cf. Femme, cit. 22). *Au haut d'une montagne, sur le haut de la montagne* (Cf. Arriver, cit. 10 ; ermite, cit. 1). *Nous étions au haut de la mosquée* (Cf. Appel, cit. 6). *Arriver* (cit. 6) *au haut d'une côte. Calvaire* (cit. 4) *pointant au haut d'une montée. Gagner le haut d'une éminence* (cit. 1). *Échelle* (cit. 7) *dont le haut touchait au ciel. — Fig. Atteindre le haut de l'échelle*. Tenir le haut du pavé** (Cf. Élégant, cit 9 ; femme, cit. 51). *Le haut du jour*.*

70 « Bientôt le haut du mont reparut sans Moïse. »
                                         VIGNY, Livre myst., Moïse.

71 « Au-dessus du repaire, au haut du mur de marbre,
Se tord et se hérisse une hydre de troncs d'arbre... »
                                         HUGO, Lég. des siècles, XXI, Masferrer, 4.

— *Rouler du haut d'un escalier, d'un perron* (Cf. Front, cit. 4). *Tomber du haut d'une maison, d'un clocher* (Cf. Briser, cit 25). *Sources se précipitant par cascades* (cit. 1) *du haut de la montagne. Évangile* (cit. 10) *dicté du haut d'une montagne solitaire. Du haut des cieux* (cit. 47), *des airs* (Cf. Furie, cit. 1). *Tirer, foudroyer* (cit. 3) *un lapin du haut d'un arbre.*

72 « Mais nous étions bien mal cachés
Toutes les cloches à la ronde
Nous ont vus du haut des clochers
Et le disent à tout le monde »
                                         APOLLINAIRE, Alcools, Les cloches.

73 « Du haut de la tour décharnée, une voix descendit alors qui n'était peut-être qu'un soupir du vent d'automne dans les pierres. »
                                         DUHAM., Compagnons de l'Apocalypse, XXI.

— *Du haut en bas,* de la partie la plus haute à la partie la plus basse. *Nettoyer, visiter une maison du haut en bas* (Cf De la cave au grenier*). V. **Partout.** *Du haut en bas de l'échelle* (Cf. fig. État, cit. 136). *Gangrener* (cit. 3) *du haut en bas.*

74 « Et je vous verrais nu du haut jusques en bas,
Que toute votre peau ne me tenterait pas. »   MOL., Tart., III, 2.

75 « ... il avait exigé, du haut en bas de sa maison, d'épais tapis. »
                                         COLETTE, Fin de Chéri, p. 19.

— *Fig. Regarder quelqu'un du haut en bas,* l'examiner avec dédain, avec mépris. V. **Toiser.** *Traiter quelqu'un du haut en bas,* avec mépris et arrogance. — REM. On dit plutôt de nos jours *Regarder, traiter quelqu'un de haut en bas* (Cf. infra, III, C, 1°).

76 « Cela s'appelle, en vérité, se moquer du monde. Mais s'il lui est permis, comme à tout homme persuadé, de traiter du haut en bas les incrédules, il n'est pas défendu aux incrédules de lui exposer modestement leurs doutes. »   VOLT., Colimaçons du R. P., IIIᵉ lettre.

— *Spécialt.* b) *Des hauts et des bas.* V. **Bas*** (*supra* cit. 50) ; **alternative, changement...**

77 « Il y aura des hauts et des bas, mais *les choses ne peuvent pas ne pas s'arranger.* »   MART. du G., **Thib.**, t. VII, p. 32.

78 « Moi, j'ai trente-six ans, j'ai pas toujours rigolé. Il y a eu des hauts et des bas. Mais j'ai vécu. »   SARTRE, **Le sursis**, p. 264.

‖ **4°** Terrain élevé. V. **Élévation, éminence, hauteur, montagne...** — *Vx* ou *Dialect.*

79 « Sur un haut, vers cet endroit,
Était leur infanterie ; »   MOL., **Amph.**, I, 1.

80 « Tenez, à parler franchement, j'aime mieux passer un an ou deux à vivre ainsi dans les hauts, sans rencontrer ni gouvernement, ni douanier, ni garde champêtre, ni procureur du roi, que de croupir cent ans dans votre marécage (*c'est un paysan qui parle*). »
     BALZ., **Médecin de campagne**, Œuvr., t. VIII, p. 428.

De nos jours, s'est conservé dans certaines appellations géographiques. *Les Hauts de Meuse, de Moselle.* Littér. *Les Hauts de Hurlevent* (Wuthering Heights), roman d'E. Brontë.

III. *Adverbialt.* A. *Adj. à valeur adverbiale* ‖ **1°** (Dans un commandement). En position haute. — Anciennt. *Haut le bras !* commandement d'artillerie. *Haut le bois !* commandement de lever les piques. *Haut la barre !* commandement adressé au timonier. — (De nos jours) *Haut les mains !* sommation faite à un adversaire de lever les mains ouvertes (pour l'empêcher d'user de ses armes). *Haut les cœurs !* exhortation au courage, à l'action (Cf. lat. *Sursum corda*).

81 « — ... Haut la barre ! — Haute est. répondaient les matelots. »   RAB., IV, XXII.

82 « Chevalier, haut la herse et bas le pont-levis !
Je veux entrer. Je veux passer... »   HUGO, **Lég. des siècles**, XIX, Welf..., 2.

83 « Haut les cœurs, donc, confiance, et aiguisons nos baïonnettes. »   Général HUMBERT, **Revue des Deux Mondes** (in DAMOURETTE et PICHON, t. II, p. 483).

84 « ... il entendit derrière lui : « Haut les mains ! » Katow, par la fenêtre ouverte sur la coursive, le tenait en joue. »
     MALRAUX, **Condit. hum.**, 21 mars 1927, 4 h. 1/2 matin.

‖ **2°** *Haut la main,* la main en position haute. *Mener un cheval, haut la main,* en tenant la bride haute (I, B, 1°). *Fig.* Avec autorité, en surmontant aisément tous les obstacles. *L'emporter, gagner, vaincre haut la main :* sans effort, largement.

85 « — Vous l'auriez guéri haut la main. — Sans doute, quand il y aurait eu complication de douze maladies. »   MOL., **Pourc.**, II, 1.

86 « Vous gagneriez votre procès haut la main : car Guignes-la-Putain se trouve située dans une coutume qui vous est tout à fait favorable... »
     VOLT., **Dial.**, II, Un plaideur et un avocat.

‖ **3°** *Haut le pied* (vx). En levant le pied (pour mieux courir, pour s'enfuir). « *Allez-vous-en, haut-le-pied* » (ACAD. 1694). « *Ce banqueroutier a fait haut le pied* » (LITTRÉ). — REM. En ce sens on dit aujourd'hui « lever le pied ».

87 « ... le cheval lui desserre
Un coup, et haut le pied (*c.-à-d. : il s'enfuit aussitôt*). »
     LA FONT., **Fabl.**, XII, 17.

88 « Il s'agit d'aller au pas accéléré si nous voulons être à table en même temps que les autres. Haut le pied ! Saute, marquis ! là donc ! bien. Vous franchissez les sillons comme un véritable cerf ! »   BALZ., **Adieu**, Œuvr., t. IX, p. 750.

— *Par ext.* (Vieilli). En parlant d'un cheval, Non monté, non chargé. *Cheval, mulet haut le pied,* bête de rechange qui suit sans être montée.

89 « Puis, dans un dernier flot de poussière, ce furent les haut-le-pied, les hommes et les chevaux de rechange... »   ZOLA, **La débâcle**, I, II.

— *Par anal.* (Ch. de fer). « *Train haut le pied,* train vide de voyageurs » (LITTRÉ). *Machine, locomotive haut le pied,* qui circule sans être attelée à un train.

B. *Adv.* ‖ **1°** En un endroit, un point haut sur la verticale. *Monter, voler, planer, sauter haut, plus haut, très haut...* (Cf. Bondir, cit. 4 ; cabriole, cit. 2 ; comprimer, cit. 10 ; fraîcheur, cit. 5). *Être haut perché. Être, demeurer, mettre, tenir, lever haut, plus haut, très haut...* (Cf. Blaireau, cit. 2 ; canal, cit. 12 ; épais, cit. 20 ; essor, cit. 1 ; filet, cit. 10 ; fléau, cit. 1). V. **Élever, hisser, jucher, monter...** *Pendu haut et court*. Jupe haut relevée. Cheval haut monté*. Bateau pouvant remonter plus haut* (vers la source). Cf. Envasement, cit.

90 « Madame à sa tour monte
Si haut qu'elle peut monter. »   **Chanson de Malbrough**, 4ᵉ couplet.

91 « Tous les yeux s'étaient levés vers le haut de l'église... sur le sommet de la galerie la plus élevée, plus haut que la rosace centrale, il y avait une grande flamme qui montait entre les deux clochers... »   HUGO, **N.-D. de Paris**, X, IV.

92 « Enfin, de son vil échafaud,
Le clown sauta si haut, si haut,
Qu'il creva le plafond de toiles »   BANVILLE, **Odes funamb.**, Saut du tremplin.

93 « Le soleil luisait haut dans le ciel calme et lisse, »   VERLAINE, **Romances sans paroles**, Beams.

94 « ... indifférente à tout ce qui fait le souci des passants, elle se troussait assez haut... »   SUARÈS, **Trois hommes**, Ibsen, VI.

95 « Il y a des femmes qui ont les seins haut placés et d'autres au contraire qui les ont situés assez bas... »   P. RICHER, **Nouv. anat. artist.**, p. 175.

— *Porter haut la tête* (Cf. Attitude, cit. 18). *Cheval qui porte haut,* qui va fièrement en tenant la tête haute. *Porter haut son cheval,* le faire marcher la tête haute.

96 « Les jeunes garçons qui commencent à monter à cheval, quand ils sentent leur cheval porter un peu plus haut, ne serrent pas seulement les genoux, ains (*mais*) se prennent à belles mains à la selle. »   Saint Fr. de SALES, **Amour de Dieu**, XI, 18 (in HUGUET).

97 « (*Les pingouins royaux*) marchent très droits, avec une allure pompeuse. Ils portent la tête très haut, avec leurs ailes pendantes, comme deux bras ; »   BAUDEL., **Trad. E. POE, Avent. G. Pym**, XIV.

— *Fig. Porter haut la tête,* être fier. — Vieilli. *Le porter haut,* en parlant de quelqu'un qui « fait l'homme de qualité, qui fait une grande dépense et au-dessus de sa condition » (TRÉVOUX) : d'où, Se montrer fier et hautain.

98 « Je vous trouve un esprit bien plein de vanité,
Si de cette créance il peut s'être flatté...
Détrompez-vous, de grâce, et portez-le moins haut : »   MOL., **Misanthr.**, V, 4.

99 « Ce seigneur avait une fierté convenable à un homme qui portait tant de noms. Il parlait aux hommes avec le dédain le plus noble, portant le nez si haut, élevant si impitoyablement la voix, prenant un ton si imposant, affectant une démarche si altière, que tous ceux qui le saluaient était tenté de le battre. »   VOLT., **Candide**, XIII.

‖ **2°** En un point reculé dans le temps. V. **Loin.** *Origine qui remonte haut.* V. **Ancien** (cit. 1). *Si haut qu'on remonte dans l'histoire. Remonter plus haut, reprendre les choses de plus haut :* dès l'origine des faits.

100 « Quelque haut qu'on puisse remonter pour rechercher dans les histoires les exemples des grandes mutations... »   BOSS., **Orais. fun. Henriette de France**.

101 « ... l'exposition historique de l'ordre dans lequel nos connaissances se sont succédé, ne sera pas moins avantageuse pour nous éclairer... Pour ne point remonter trop haut, fixons-nous à la renaissance des lettres. »   D'ALEMBERT, **Disc. prélimin. de l'Encycl.**, Œuvr., t. I, p. 55.

— *Plus haut,* précédemment (dans l'ordre de déroulement de la lecture d'un texte). V. **Ci-dessus, supra.** *Reportez-vous* (V., Cf.) *plus haut.* V. **Référence.**

102 « Comme on a pu le remarquer dans ce qui a été dit plus haut, le logis était distribué de telle sorte... »   HUGO, **Misér.**, I, II, V.

‖ **3°** (Intensité). À haute voix, d'une voix forte. V. **Fort.** *Parler tout haut et tout seul* (Cf. Exutoire, cit. 2). *Parlez plus haut, moins haut !* (Cf. Égosiller, cit. 1). *Se faire remarquer en parlant un peu trop haut* (Cf. Causer, cit. 2). *Lire, déclamer tout haut* (Cf. Entrecouper, cit. 2). *Crier très haut* (Cf. Étouffer, cit. 20). Ellipt. *Plus haut !* parlez plus haut. *Entre haut et bas,* d'une voix mesurée, entre la voix haute et la voix basse. — Par métaph. *La nature, les sens parlent plus haut que la raison* (Cf. Farouche, cit. 15).

103 « Vous me répondrez qu'il est un peu sourdaut,
Et que c'est déplaisir en amour (*de*) parler haut ; »   RONSARD, **Pièces retranchées**, Continuation des Amours.

104 « Il a déjà appris l'affaire, et elle lui tient si fort en tête, que tout seul il en parle haut. »   MOL., **Scap.**, I, 4.

105 « Si quelquefois il est lésé... il crie haut ; si c'est le contraire, il crie plus haut... »   LA BRUY., X, 12.

106 « — Monsieur, reprit Jean Valjean, je voudrais vous dire un mot en particulier. — Tout haut ! parle tout haut ! répondit Javert ; on me parle tout haut à moi ! Jean Valjean continua en baissant la voix : — C'est une prière que j'ai à vous faire... — Je te dis de parler tout haut. — Mais cela ne doit être entendu que de vous seul... »   HUGO, **Misér.**, I, VIII, IV.

— *Ellipt.* avec un verbe non déclaratif (sous-ent. *en parlant*). *Penser tout haut,* ne pas garder ses pensées pour soi, les exprimer sans crainte et sans réticence.

107 « Une société peu nombreuse, et qui s'aime,
Où vous pensez tout haut, où vous êtes vous-même... »   GRESSET, **Le méchant**, IV, 4.

108 « Ce que je te demande simplement, c'est de ne plus jamais te taire ! Pense avec moi tout haut. »   BOURGET, **Un divorce**, VII, p. 250.

— *Spécialt.* À haute voix et sans craindre de se faire entendre, sans ambages. V. **Franchement, hautement, nettement, ouvertement, publiquement...** *Je le dirai bien haut, s'il le faut.* V. **Clamer** (Cf. Face, cit. 65). *Annoncer bien haut* (Cf. Faire, cit. 66). *Exprimer tout haut ce que chacun murmure tout bas* (Cf. Général, cit. 14). *Parler haut et clair*, haut et net.*

109 « ... je vous dirai haut et net
Que je craindrai fort peu la honte. »   CORN., **Poés. div.**, 28.

110 « ... j'avouerai tout haut, d'une âme franche et nette, (*que...*). »   MOL., **Fem. sav.**, I, 2.

111 « C'étaient des choses dont on ne devait pas causer tout haut, personne n'avait besoin de savoir ce qu'ils pensaient là-dessus. »   ZOLA, **La terre**, I, V.

— À haute voix et de façon arrogante ou provocante. *Vous parlez bien haut, vous feriez mieux de le prendre sur un autre ton !*

112 « Si je parlais trop haut, je trouverais fort bon
Qu'avec quelques soufflets il (*mon mari*) rabaissât mon ton. »
MOL., **Fem. sav.**, V, 3

113 « Comment vous nommez-vous, monsieur, qui parlez si haut ? »
VOLT., **L'ingénu**, IX.

— Fig. *Le prendre haut, bien haut*, prendre un ton* bien haut, se montrer arrogant ou présomptueux (Cf. Céder, cit. 15 ; et *infra*, DE HAUT).

114 « Mais, mon petit Monsieur, prenez-le un peu moins haut. »
MOL., **Misanthr.**, I, 2.

— Vieilli. *C'est un homme à qui il ne faut pas dire plus haut que son nom*, « c'est un homme qui s'offense aisément » (LITTRÉ).

115 « ... il s'est laissé emmener au bagne tranquillement. A son retour, il est venu s'établir ici sous la protection de monsieur le curé ; personne ne lui dit plus haut que son nom, il va tous les dimanches et les jours de fêtes aux offices, à la messe. »
BALZ., **Curé de village**, Œuvr., t. VIII, p. 661.

— Vx. Avec bruit, de façon sonore. *Éternuer* (cit. 1) *fort haut*. De nos jours, encore dans l'expr. fig. *Faire sonner* bien haut.

116 « Il mange haut et avec grand bruit ; »   LA BRUY., XI, 120.

— Spécialt. Mus. *Monter haut* (dans le registre* des sons) : atteindre les notes élevées, aiguës. *Le soprano monte plus haut que le contralto. Attaquer un air un ton, un demi-ton trop haut.*

‖ **4°** A un haut degré de puissance, à un haut degré de l'échelle sociale. *Des personnes haut placées* (Cf. Echelle, cit. 13). *Ambitieux qui cherche à se hisser plus haut* (Cf. Épiscopat, cit. 2). *Prince qui a porté, élevé bien haut la grandeur* (cit. 11) *de son royaume. Ce n'est pas un parti pour lui, il prétend, il vise trop haut.* V. **Présomptueux.**

117 « Chacun tremble sous toi, chacun t'offre ses vœux,
Ta fortune est bien haut, tu peux ce que tu veux ; »
CORN., **Cinna**, V, 1.

118 « Dans quelques jours vous pouvez me faire trancher la tête ; tuez-moi, mais ne me calomniez pas : vous êtes placé trop haut pour descendre si bas. »
BALZ., **Ress. de Quinola**, IV, 2.

‖ **5°** A un haut degré sur l'échelle des prix et des valeurs cotées. *Monter haut, s'élever à un prix considérable. La dépense monte haut, plus haut que je ne pensais. Pousser très haut les enchères.*

119 « ... s'ils décidaient de pousser l'enchère beaucoup plus haut, il fallait leur faire mesurer le risque qu'ils lui demandaient, à lui Haverkamp, d'assumer à leur place. »
ROMAINS, **H. de b. vol.**, t. V, p. 76.

‖ **6°** Fig. A un haut degré sur l'échelle des valeurs intellectuelles, esthétiques, morales... *Jamais cet orateur ne s'est élevé aussi haut* (Cf. Froideur, cit. 2). *C'est une œuvre que je mets très haut. Admiration excessive* (cit. 4) *qui place un écrivain trop haut. En s'élançant trop haut on est sujet aux chutes* (cit. 13). *Estimer* (cit. 21) *très haut certaines qualités.*

120 « ... je n'ai jamais vu porter si haut l'élégance de l'ajustement. »
MOL., **Préc. rid.**, 9.

121 « Il fallait, s'il était possible, le placer si haut, ce drapeau, que la terre entière le vit, que sa flamme tricolore ralliât les nations. Reconnu comme le drapeau commun de l'humanité, il devenait invincible. »
MICHELET, **Hist. Révol. fr.**, II, IV.

122 « Ses lettres étaient de quelqu'un qui souffre, mais plaçant trop haut sa Marthe pour la croire capable de trahison. »
RADIGUET, **Diable au corps**, p. 67.

123 « (*Katherine Mansfield*) était si loin de notre monde, déjà si détachée, si pure et montée si haut qu'il ne peut s'agir que de vénération et de respect. »
HENRIOT, **Portr. de femmes**, p. 461.

C. Loc. adv. ‖ **1°** DE HAUT. D'un lieu, d'un point haut sur la verticale. *Voir, distinguer quelque chose de haut, de plus haut, de très haut...* (Cf. Fresque, cit. 6). *Tomber* de haut (Fig. V. **Décadence, désillusion**). — Fig. *Homme d'autant plus misérable qu'il est tombé de plus haut* (Cf. Argument, cit. 2 PASCAL). *Juger, arbitrer* (cit. 3) *de haut* (Cf. Engager, cit. 17). *Dominer de haut, de très haut* (Cf. au fig. Brio, cit. 4). *Voir les choses de haut, d'un peu haut, d'une vue générale et sereine.*

124 « Il avait donc échelonné sa brigade de telle façon que, vue de haut et de loin, vous eussiez dit le triangle romain de la bataille d'Ecnome... »
HUGO, **N.-D. de Paris**, X, IV.

125 « ... on ne voit que tours sacrées émergeant des palmes, tellement que, de si haut, l'on dirait la multiplication des terriers des taupes dans un champ d'herbages. »
LOTI, **L'Inde (sans les Anglais)**, IV, I.

126 « .. si haut que nous nous placions pour juger notre temps, l'historien futur le jugera de plus haut encore ; la montagne où nous pensons avoir fait notre nid d'aigle ne sera pour lui qu'une taupinière ; »
SARTRE, **Situations II**, p. 42.

— Le prendre* de haut, de très haut, parler avec arrogance (expression, qui n'est pas signalée par LITTRÉ, et qui est aujourd'hui plus vivante que les expressions de même sens *Le prendre haut, très haut*).

— De haut en bas, s'emploie dans les mêmes sens que *du haut en bas* mais ne peut être suivi d'un complément ; on ne dit pas *de haut en bas de la maison*, mais *du haut...* *Regard plongeant* de haut en bas. *Le fémur*

(cit.) *se dirige obliquement de haut en bas.* — *Examiner quelqu'un de haut en bas :* de la tête aux pieds complètement. — *Regarder, traiter quelqu'un de haut en bas :* avec dédain, arrogance (Cf. *supra*, II, 3°).

127 « ... une... de ces femmes qui... regardent un chacun de haut en bas. »
MOL., **Impr. de Versailles**, 1.

128 « (*Ces dragons de vertu... qui*)
Prennent droit de traiter les gens de haut en bas. »
ID., **Éc. d. femm.**, IV, 8.

‖ **2°** EN HAUT. Dans la région, la partie haute, la plus haute. *Aller, monter en haut* (Cf. Âme, cit. 3). *Il loge en haut et moi en bas. S'ouvrir en haut* (Cf. Cave, cit. 4). (Dans une description) *En haut, telle chose...* (Cf Bouquet, cit. 6 ; cape, cit. 7 ; coque, cit. 7). *Tapissé depuis* (cit. 24) *en haut jusqu'en bas. Gilet* (cit. 1) *boutonné jusqu'en haut. Tout en haut, au point le plus haut. Le livre est sur le rayon d'en haut* (Cf. Grandeur, cit. 15). — Spécialt. Dans le ciel. *Étoile* (cit. 12) *qui brille en haut.* — *Par en haut, par le haut. Prenez par en haut.*

129 « (*Il*) monte en haut, en une chambre où... »
RAC., **Rem. sur l'Odyssée**, Livre II.

130 « Un roi chantait en bas, un haut mourait un dieu. »
HUGO, **Lég. des siècles**, II, Booz endormi.

— Fig. Dans les régions supérieures (socialement, moralement...). *Épuration* (cit. 2) *qui frappe en haut.* « *Le peuple est en haut...* » (Cf. Foule, cit. 14 HUGO).

— En direction du haut. *Regarder en haut. Tirer, pousser en haut.* V. **Élever, enlever, lever.** *Mouvement de bas en haut.*

— EN-HAUT, ENHAUT. adv. (*Vx*). S'est employé pour HAUT. *Mettre des fleurs en enhaut, en en-haut* (Cf. MOL., Bourg. gent., II, 5).

‖ **3°** EN HAUT DE. loc. prépos. Dans la partie supérieure de... *Tout en haut de l'estrade* (Cf. Bloquer, cit. 3). *Fanal* (cit. 2) *en haut du mât. Dessin en haut de la page. Habiter en haut de la ville.*

131 « Le jardin de ma grand-mère, suspendu en haut d'un mur, dominait l'avenue Garibaldi. »
CHARDONNE, **Am. du proch.**, p. 95.

‖ **4°** D'EN HAUT. De la partie haute, de la région supérieure. *Les dents d'en haut* (Cf. Articuler, cit. 10 ; bout, cit. 5). *Pièce où la lumière vient d'en haut. On a d'en haut une vue admirable.*

132 « Il voyait d'en haut les truands, pleins de triomphe et de rage, montrer le poing à la ténébreuse façade ; »
HUGO, **N.-D. de Paris**, X, IV.

— Fig. Du ciel, de Dieu. *Grâce* (cit. 26), *disgrâce d'en haut* (Cf. Attirer, cit. 34). *Message, inspiration d'en haut. Âme éclairée d'en haut.* — D'une autorité supérieure. *Des instructions, des ordres qui viennent d'en haut. Le mauvais exemple vient d'en haut.*

133 « Mes prières n'ont pas le mérite qu'il faut
Pour avoir attiré cette grâce d'en haut ; »   MOL., **Tart.**, III, 3.

134 « Il a connu la sagesse que le monde ne connaît pas ; cette sagesse « qui vient d'en haut, qui descend du Père des lumières », et qui fait marcher les hommes dans les sentiers de la justice. »
BOSS., **Orais. fun.** Le Tellier.

135 « Ne valait-il pas mieux croire à un miracle de la Providence, à une inspiration d'en haut qui était venue à sa mère juste à ce moment, en récompense de la contrition véritable du pécheur ? »
ARAGON, **Beaux quartiers**, I, X.

‖ **5°** PAR HAUT (*Vx*). En haut. « *En haut, par haut*, façons de parler adverbiales, qui désignent un endroit plus élevé que celui où l'on est » (TRÉVOUX).

— Spécialt. *Aller* (cit. 15) *par haut, par haut et par bas.*

‖ **6°** LÀ-HAUT. V. **Là.**

ANT. — Bas. Petit. Baissé. Moderne, récent. Faible. Modeste. Mesquin. — Abîme, bas, base, culot, fond. — Bas. Près, récemment. Infra.

DER. — Hautain. Hautement. Hautesse. Hauteur. Hautin. Cf. Hausser, hauturier

COMP. — Contre*-haut (en). Haut-Commissaire*. Haut-commissariat*. Hautbois (à l'ordre alphabétique) et, ci-dessous, les substantifs :

★ **HAUT-DE-CHAUSSES** ou ★ **HAUT-DE-CHAUSSE**. n. m. (1546 RAB. ; Cf. *infra*, cit. 1, qui explique l'expression). Anciennt. Partie du vêtement masculin allant de la ceinture aux genoux. V. **Chausse(s), culotte,** grègue, rhingrave (Cf. Aiguillette, cit. 1 ; caleçon, cit. 1 ; derrière, cit. 10 ; estomac, cit. 12). *Connaître* (cit. 47) *un pourpoint d'avec un haut-de-chausse.*

1 « (*Panurge*) prit quatre aunes de bureau (*gros drap*) ; s'en accoutra comme d'une robe longue à simple couture ; désista (*renonça à*) porter le haut de ses chausses... — Mais (*dit Pantagruel*) ce n'est la guise (*le genre*) des amoureux, ainsi... laisser pendre sa chemise sur les genoux sans haut de chausses... »
RAB., III, VII.

2 « À voir sa ceinture de cuir noir, ses gros souliers, ses chausses drapées, son haut-de-chausses de tiretaine et son justaucorps de laine grise, il ressemblait au clerc du plus pauvre sergent de justice. »
BALZ., **Maître Cornélius**, Œuvr., t. IX, p. 916.

★ **HAUT-DE-FORME** (fin XIXᵉ s.) ou ★ **HAUTE-FORME** (1888 DAUDET). n. m. (Ellipse de *chapeau* (cit. 2) *haut de forme** (cit. 81), *chapeau à haute forme*. Chapeau d'homme, en soie, haut et cylindrique, à bords plus ou moins larges, qui se porte généralement avec la redingote ou l'habit*. *Porter un haut-de-forme. Se couvrir, être coiffé d'un haut-de-forme.* V. **Claque, gibus.** *Des hauts-de-forme.*

1 « ... coiffé d'un haute-forme à bords plats... »
LÉAUTAUD, **Théâtre** M. **Boissard**, XLIII.

2 « Le haut-de-forme en arrière, une grande mèche de cheveux couvrant son front, il (*Proust*) ressemblait, cérémonieux et désordonné, à un garçon d'honneur ivre. » COLETTE, **Belles saisons**, p. 173.

★ **HAUTE-CONTRE.** *n. f.* (XVIe s. ; Cf. Contralto). *Vieilli.* Voix masculine aiguë, plus étendue dans le haut que celle de ténor ; chanteur qui a cette voix. ANT. — Basse, basse-contre.

1 « Il vous faudra trois voix : un dessus, une haute-contre, et une basse... » MOL., **Bourg. gent.**, II, 1.

2 « Il existe encore des représentants d'une catégorie de ténors nommés *hautes-contre*, dont le registre atteint facilement des notes fort aiguës, grâce à une émission vocale faite d'un mélange de voix de poitrine et de tête combinées. » INITIAT. MUS., p. 134.

★ **HAUT-FOND.** *n. m.* (1732 TRÉVOUX). Sommet sous-marin recouvert d'une eau peu profonde et dangereux pour la navigation. *Des hauts-fonds* (Cf. Échouer, cit. 1). V. **Banc, bas-fond.** Par ext. *Haut-fond d'une rivière.*

1 « ... on voit qu'entre deux îles le courant suit la direction des côtes aussi bien qu'entre les bancs de sable, les écueils et les hauts-fonds. » BUFF., **Preuve théorie de la terre**, XIII

2 « Il n'y a aux environs de l'île ni hauts-fonds ni dangers d'aucune espèce ; les côtes sont singulièrement nettes et hardiment coupées, et les eaux sont profondes. » BAUD., Trad. E. POE, **Avent. G. Pym**, XV.

★ **HAUT-LE-CŒUR.** *n. m. invar.* (1857 BAUDEL. ; *cœur*, dans le sens qu'il a dans l'expr. *mal au cœur*). Soulèvement de l'estomac. V. **Nausée ; vomir.** *Avoir un haut-le-cœur.*

1 « Ce repas... consistait en entrailles palpitantes de quelque animal inconnu... il (*le chef sauvage*) commença, pour nous montrer l'exemple, à engloutir la séduisante nourriture yard par yard, si bien qu'à la fin il nous fut positivement impossible de supporter plus longuement un pareil spectacle et que nous laissâmes voir des haut-le-cœur et de telles rébellions stomachiques... » BAUDEL., Trad. E. POE, **Avent. G. Pym**, XIX.

2 « On lui avait trop remué le ventre, il en était malade. Un premier haut-le-cœur l'arrêta, tout chavirait. » ZOLA, **La terre**, IV, IV.

— *Par métaph.* et *fig.* V. **Dégoût, répulsion, révolte** (Cf. Fourberie, cit. 2).

3 « Boire perpétuellement son imposture est une nausée. La douceur que la ruse donne à la scélératesse répugne au scélérat, continuellement forcé d'avoir ce mélange dans la bouche, et il y a des instants de haut-le-cœur où l'hypocrite est sur le point de vomir sa pensée. » HUGO, **Travaill. de la mer**, II, VI, VI.

4 « ... la guerre civile ne m'a fait vraiment peur que le jour où je me suis aperçu que j'en respirais, presque à mon insu, sans haut-le-cœur, l'air fade et sanglant. » BERNANOS, **Grands cimet. sous la lune**, p. 138.

★ **HAUT-LE-CORPS.** *n. m. invar.* (1601). *T. de Manège* (à l'origine). Bond, saut brusque d'un cheval.

1 « Je voulus fouetter les chevaux ; mais elles craignaient pour moi les ruades et pour elles les haut-le-corps. J'eus recours à un autre expédient. » ROUSS., **Confess.**, IV.

— (En parlant de l'homme). Mouvement brusque qui soulève la partie supérieure du corps. V. **Soubresaut.**

2 « Elle était ridicule et faisait des haut-le-corps qui nous faisaient éclater de rire. » SÉV., 77 (in LITTRÉ).

— *Spécialt.* Mouvement brusque et involontaire marquant une vive surprise, l'indignation ou la révolte. V. **Frisson, sursaut, tressaillement.** *Avoir, faire un haut-le-corps.*

3 « La présidente fit un haut-le-corps si cruellement significatif que Fraisier fut forcé d'ouvrir et de fermer rapidement une parenthèse dans son discours. » BALZ., **Cousin Pons**, Œuvr., t. VI, p. 700.

4 « ... à s'entendre appeler par son prénom, il eut un haut-le-corps et répondit prudemment : « Qu'est-ce que c'est ? » DUHAM., **Salavin**, III, I.

★ **HAUT-PARLEUR.** *n. m.* (Néol., vers 1925). *Radio.* Appareil destiné à transformer en ondes sonores les courants électriques détectés et amplifiés par le récepteur*. V. **Amplificateur, pick-up.** *Haut-parleurs électromagnétique, électrodynamique, électrostatique* (Cf. Étudier, cit. 26).

1 « Dans les usines, on a installé des haut-parleurs partout. Ils ont mission de lutter contre l'isolement de l'ouvrier en face de la matière. » SARTRE, **Situations III**, p. 79.

2 « ... les énormes voix des haut-parleurs dans le crépuscule... » CAMUS, **La peste**, p. 264.

★ **HAUT-PENDU.** *n. m.* (1765 ENCYCL.). *Mar.* « Nuage noir très élevé laissant, en passant, tomber quelques gouttes de pluie » (GRUSS).

★ **HAUT-RELIEF.** *n. m.* (1669, « *en figures de haut relief* » in LA FONT., **Psyché**, II ; *ellipt.* sur le modèle de *bas-relief*, fin XIXe s. in NOUV. LAR. ILL.). Sculpture présentant un relief très saillant sans se détacher toutefois du fond dans toute son épaisseur (donc intermédiaire entre le bas-relief* et la ronde-bosse*). *Des hauts-reliefs.*

1 « Maintes sculptures, désignées improprement sous le nom de bas-reliefs, comme la *Marseillaise* de Rude, sont en réalité des hauts-reliefs. » RÉAU, **Dict. d'art...**, Haut-relief.

2 « ... même dans le haut-relief du *Couronnement*, à Paris, où les figures ne sont pas des statues de porche, les personnages se détachent sur leur fond abstrait, qui était déjà, comme sur le fond d'or des panneaux... » MALRAUX, **Voix du silence**, p. 260.

ANT. — **Bas-relief.**

★ **HAUTAIN, AINE.** *adj.* (XIIe s. ; de *haut*).

‖ 1o *Vx.* Qui s'élève haut.

« Ils (*les jeunes poulains*) semblent menacer les cieux
D'une tête hautaine, » RAC., **Poés. div.**, Ode VI. 1

— *Poét.* (par reprise du sens ancien). *Hunes hautaines* (Cf. Armada, cit. HUGO).

« Le mont porte en triomphe à son sommet hautain
L'épanouissement glorieux du matin, »
HUGO, **Lég. des siècles**, XII, Temple d'Éphèse. 2

— *Fig.* Élevé, noble (sans idée d'arrogance) Cf. Assortir, cit. 12.

« En cette hautaine entreprise,
Commune à tous les beaux esprits, »
MALHERBE, **Grandes odes**, XVI, A la reine... 3

‖ 2o (Dès le XVIIe s., où les dictionnaires n'indiquent plus que ce sens). Qui dans ses manières et son aspect marque une fierté dédaigneuse et arrogante. V. **Altier, arrogant** (cit. 2), **condescendant, dédaigneux, fier, haut** (vx), **orgueilleux.** Cf. *aussi* Haut (traiter de haut en bas, le prendre de haut...). *Homme hautain et distant. Chef hautain dont l'abord glace ses subordonnés.* V. **Glacial, glaçon.** *Autoritaire* (cit. 2), *froid* (cit. 18) *et hautain. Les dédains* (cit. 8) *de cette âme hautaine.*

« Ont-ils rendu l'esprit, ce n'est plus que poussière
Que cette majesté si pompeuse et si fière
Dont l'éclat orgueilleux étonne l'univers ;
Et dans ces grands tombeaux où leurs âmes hautaines
Font encore les vaines,
Ils sont mangés des vers. »
MALHERBE, **Vers spirituels**, Imit. du ps. 4

« La marquise de Parnes était plus qu'orgueilleuse, elle était hautaine. » MUSS., **Les deux maîtresses**, X. 5

« Parce que son infirmité lui inspirait la crainte d'être dédaigné, il se montrait hautain, batailleur, ombrageux. » MAUROIS, **Vie de Byron**, I, V. 6

— *Par ext. Humeur, manières hautaines. Air hautain.* V. **Cavalier, conquérant, grand** (grands airs), **impérieux.** *Prendre un ton hautain. Paroles hautaines* (Cf. Critique, cit. 39). *Dignité hautaine* (Cf. Cabrer, cit. 11).

« Je saurai bien rabattre une humeur si hautaine. » CORN., **Cid**, II, 6. 7

« L'âme haute est l'âme grande : la hautaine est superbe. On peut avoir le cœur haut avec beaucoup de modestie : on n'a point l'humeur hautaine sans un peu d'insolence ; l'insolent est à l'égard du hautain ce qu'est le hautain à l'impérieux. » VOLT., **Dict. philos.**, Hautain. 8

« ... quelques jugements pleins d'un hautain et savant mépris. » FAGUET, **Étud. litt.**, XVIIe s., La Rochef., II. 9

— (Dans un sens non péjoratif). V. **Fier** (II, 2o).

« Cette pudeur hautaine de l'émotion est quelque chose d'aussi rare dans le théâtre musical que l'est, en poésie, la tragédie de Racine... » R. ROLLAND, **Music. d'aujourd'hui**, Pelléas et Mélisande. 10

« L'horrible est de s'accrocher. Il restera le renoncement volontaire, la vie hautaine et pure. » MONTHERLANT, **Jeunes filles**, p. 66. 11

ANT. — **Affable, bonhomme, courtisan, humble, modeste, obséquieux, patelin, plat.**

DER. — ★ **Hautainement.** *adv.* (XVIe s.) *Peu usit.* D'une manière hautaine (Cf. Cause, cit. 58).

★ **HAUTBOIS.** *n. m.* (XVIe s. ; Cf. *infra*, cit. 1). *Mus.* Instrument de musique à vent. V. **Cor** (cit. 7). *Jouer du hautbois* (Cf. Chœur, cit. 8 ; crotale, cit. 1). *Languette, pavillon d'un hautbois. Le hautbois, symbole de la poésie pastorale* (Cf. Églogue, cit. 1). *Doux comme les hautbois* (Cf. Parfum, cit. BAUDEL.).

« Le hautbois, dont le nom veut dire « bois » (flûte) à son « haut », est un instrument à anche double. Il est en bois, ébène ou cèdre. Sa tessiture est de deux octaves et une quarte en partant de ce *si*. Le hautbois au son si caractéristique est pris par Boileau pour symbole de la poésie pastorale. Cet instrument rappelle, en effet, la musette, mais avec une finesse très particulière. Sa sonorité est simple, champêtre, naïve, ce qui ne l'empêche pas d'avoir quelque chose d'ému et de pénétrant. Malgré sa petite taille, le hautbois est d'une grande puissance : on le distingue au milieu de masses orchestrales considérables. » INITIAT. MUS., p. 162. 1

« Veux-tu, pour me sourire, un bel oiseau des bois
Qui chante avec un chant plus doux que le hautbois,
Plus éclatant que les cymbales ? » HUGO, **Orientales**, XVIII. 2

— *Par ext.* Joueur de hautbois. V. **Hautboïste** (*dér.*).

— *Par anal.* Jeu d'orgue faisant partie des jeux d'anches.

DER. — ★ **Hautboïste** (*hô-bo-ist'*). *n.* (1842 ; d'après l'allem. *Hoboist*, de *Hoboe*, adapt. du fr. *hautbois*). Musicien qui joue du hautbois. *Un bon, une bonne hautboïste.*

« ... la sensibilité d'une anche de hautbois est telle, que tous les hautboïstes soucieux de la pureté de leur timbre s'astreignent à confectionner eux-mêmes leurs anches. »
A. LAVIGNAC, **Éduc. music.**, p. 155.

★ **HAUTEMENT.** *adv.* (vers 1100 ROL. ; de *haut*).

‖ 1o *Vx.* À haute voix.

« Lisez, et hautement : je veux l'entendre aussi. » MOL., **D. Garc.**, II, 6. 1

— Tout haut et sans craindre de se faire entendre. V. **Franchement, nettement, ouvertement.** *Déclarer, professer,*

avouer *hautement* (Cf. Français, cit. 3). *Il l'accusa haute-*
ment (Cf. Excommunier, cit. 2). *Parler hautement* (Cf.
Gagner, cit. 24). *Renier hautement certains principes* (Cf.
Éloquemment, cit. 1).

2 « Et je remercierai qui me dit hautement
　　Qu'il ne m'est plus permis de vaincre impunément ! »
　　　　　　　　　　　　　　　　　　CORN., *Nicom.*, II, 3.

— *Par ext.* D'une manière hardie, résolue. *Attaquer*
(cit. 27) *hautement. Il le protège hautement* (ACAD.). *Il*
prend hautement les intérêts d'un tel (ACAD.).

3 « *(Vous)* qui si hautement osez nous défier ? »　　RAC., *Plaid.*, II, 6.

‖ **2°** À un haut degré, fortement, supérieurement. — *Vx*
(Avec un verbe).

4 « Ma main bientôt sur eux m'eût vengé hautement »
　　　　　　　　　　　　　　　　　　CORN., *Hor.*, III, 5.

5 « ... combien la science des armes l'emporte hautement sur toutes
les autres sciences inutiles... »　　　　MOL., *Bourg. gent.*, II, 2.

— *De nos jours* (devant un adjectif). *Mot hautement*
caractéristique (Cf. Espèce, cit. 11). *Hautement significatif.*
Hautement immoral.

6 « Chez l'être hautement civilisé, la volonté et l'intelligence sont une
seule et même fonction. Elles donnent à nos actes leur valeur morale. »
　　　　　　　　　　　　　CARREL, *L'homme, cet inconnu*, IV, III.

‖ **3°** *Vieilli.* Avec hauteur, fierté. V. **Fièrement.**

7 « L'homme, de sa nature, pense hautement et superbement de
lui-même... »　　　　　　　　　　　　LA BRUY., XI, 69.

ANT. — Timidement. Médiocrement, peu.

★ **HAUTESSE.** n. f. (XIIᵉ s. ; de *haut*). *Vx.* Titre honorifique donné autrefois à certains hauts personnages, et en
particulier au Sultan de Turquie. *Un firman de sa Hautesse.*

1 « Petits hommes... qui vous donnez sans pudeur de la *hautesse* et de
l'*éminence*, qui est tout ce que l'on pourrait accorder à ces montagnes... »　　　　　　　　　　　　LA BRUY., XII, 119.

2 « Et pour empêcher qu'il n'entre quelque pensée en contrebande
dans la sacrée ville impériale, commettons spécialement le premier
médecin de sa hautesse... lequel médecin, ayant déjà tué quatre personnes augustes de la famille ottomane... »
　　　　　　　　　　　VOLT., *Facéties*, Horrible dang. de lect.

HOM. — Hôtesse.

★ **HAUTEUR.** n. f. (XIIᵉ s. ; de *haut*).

I. ‖ **1°** Dimension* dans le sens vertical, de la base au
sommet. V. **Haut** (II, 1°). *Hauteur d'un mur, d'une tour,*
d'une balustrade (cit. 1), *d'un épaulement* (cit. 1), *d'un*
retranchement (Cf. Flanc, cit. 12)... *Augmenter la hauteur.*
V. **Élever, hausser.** *Diminuer la hauteur.* V. **Baisser.**
Building de plus de cent mètres de hauteur. Hauteur rela-
tive d'une montagne, calculée par rapport au sol où elle
s'élève (Cf. Erg, cit. 2). *Hauteur absolue d'une montagne,*
par rapport au niveau de la mer. V. **Altitude, hypsométrie.**
— *Diminuer la hauteur d'une jupe. Arbres d'une grande*
hauteur.

1 « ... mes bois... sont d'une hauteur et d'une beauté merveilleuses. »
　　　　　　　　　　　　　　　　　SÉV., 460, 20 oct. 1675.

2 « Les montagnes qui entourent tout mon royaume ont dix mille
pieds de hauteur, et sont droites comme des murailles... »
　　　　　　　　　　　　　　　　　VOLT., *Candide*, XVIII.

— *(Vieilli).* En parlant des êtres. V. **Taille.** *Hauteur de la*
taille. V. **Stature.** *Hauteur du corps humain* (Cf. Échalas,
cit. 3 ; face, cit. 10). *Se dresser de toute sa hauteur* (Cf. *par*
métaph. Abonder, cit. 2).

3 « Vous avez raison de préférer tant de bonnes qualités à la hauteur
de sa taille ; mais il n'est point petit... »　　SÉV., 1135, 9 févr. 1689.

4 « ... en prenant la taille des hommes d'environ cinq pieds, nous ne
faisons pas sur la terre une plus grande figure qu'en ferait sur une
boule de dix pieds de tour un animal qui aurait à peu près la six-cent
millième partie d'un pouce en hauteur. »　　VOLT., *Microm.*, II.

— *Absolt.* Dimension considérable, grande taille. *Les co-*
lonnes sont d'une grosseur et d'une hauteur qui rendent
l'édifice très majestueux (Cf. Architrave, cit. 2). *Hauteur*
de la tour de Babel (cit. 2). *Pont remarquable par la*
hauteur de ses arches (Cf. Beauté, cit. 16).

— *Spécialt.* (Vieilli). V. **Profondeur.** *« On jette la sonde*
...pour savoir la hauteur de l'eau, combien elle est profon-
de » (FURET.).

— *Géom.* L'une des trois dimensions de l'espace (cit. 9)
euclidien. *Spécialt.* Distance d'un certain point d'une figure
à une droite ou à un plan donné. *Hauteur d'un triangle,*
d'une pyramide..., longueur de la perpendiculaire abaissée du sommet sur la base. Cette perpendiculaire elle-
même. Les *trois hauteurs* d'un triangle passent par un
même point appelé orthocentre. *Hauteur d'un prisme, d'un*
cylindre..., distance entre les deux bases (cit. 5). *Hauteur*
d'un parallélogramme, d'un trapèze, d'un rectangle (Cf.
Graphique, cit. 5), distance de deux côtés parallèles... —
Phys. Hauteur du baromètre (cit. 2) ; *hauteur barométri-*
*que** (Cf. Bassesse, cit. 1).

5 « Supposons qu'il eût à démontrer que les parallélogrammes, qui ont
même base et même hauteur, sont égaux en surface... »
　　　　　　　　　　　　DIDER., **Lettre sur les aveugles.**

‖ **2°** Position déterminée sur la verticale. *Aigle volant*
à une grande hauteur (Cf. Égal, cit. 26 ; frégate, cit 5).
V. **Altitude.** *Atteindre une hauteur prodigieuse, inimagi-*
nable. Avion s'élevant à plusieurs milliers de mètres de
hauteur (Cf. Bourdonnement, cit. 3). *Hauteur vertigineuse.*
Monter à une certaine hauteur (Cf. Ascension, cit. 5 ; explosion, cit. 2). *Lever un poids à telle ou telle hauteur. À*
hauteur d'homme. Fenêtre à hauteur d'appui (cit. 7). *Lu-*
mières s'allumant à différentes hauteurs (Cf. Fuseau,
cit. 7). *Bondir* (cit. 7) *à des hauteurs insolites.* — (Sports).
*Saut** *en hauteur* (avec élan, sans élan).

6 « De tous les sommets, dont des calculs trigonométriques, ou les estimations du baromètre ont déterminé la hauteur... »
　　　　　　　　　　　　　　　　SENANCOUR, *Oberman*, V.

7 « Dans la croisée la plus rapprochée de la porte, se trouvait une
chaise de paille dont les pieds étaient montés sur des patins, afin
d'élever madame Grandet à une hauteur qui lui permit de voir les
passants. »　　　　　　BALZ., *Eugénie Grandet*, Œuvr., t. III, p. 493.

8 « ... et vous me tueriez si de cette hauteur
Vous me laissiez tomber un mot dur sur le cœur ! »
　　　　　　　　　　　　　　Ed. ROSTAND, *Cyrano*, III, 6.

— *Absolt. Prendre de la hauteur,* en parlant d'un avion,
d'un objet quelconque qui s'élève de plus en plus. *Perdre*
de la hauteur.

9 « Riiser-Larsen (*pilote d'Amundsen lors de son expédition au Pôle*
Nord) sort au moins, déjà en vitesse, d'une flaque d'eau, la redresse...
accélère les moteurs, l'arrache, l'enlève. Le N-25 vole. Il prend de la
hauteur, vire, monte encore... »　　　　E. PEISSON, **Pôles.**

— *Tomber d'une certaine hauteur. Tomber de sa*
hauteur, de son haut* (II, 2°).

10 « ... (*Elle*) tomba de sa hauteur sans connaissance, et sans avoir
eu la force de lui répondre un mot ; »
　　　　　　　　Mᵐᵉ d'AULNOY, **Deux contes de fées,** Le nain jaune.

11 « J'avais bien éprouvé des changements de fortune depuis que j'étais
au monde, mais je n'étais jamais tombé d'une pareille hauteur. »
　　　　　　　　　　　　CHATEAUB., *M. O.-T.,* t. V, p. 160.

— *Spécialt.* (Astron.). *Hauteur d'un astre,* élévation d'un
astre au-dessus de l'équateur céleste, calculée par la mesure de l'angle que fait sa direction avec le plan de l'horizon. *Hauteur positive, négative,* selon que l'astre est à
un point situé au-dessus ou au-dessous de l'horizon.
*Hauteur méridienne** *d'un astre. Prendre la hauteur du*
soleil (ou simplement) *prendre hauteur,* afin de faire le
point* en mer.

12 « Le ciel est clair à midi ; on a pris hauteur : on est à telle latitude. »
　　　　　　　　　　　　CHATEAUB., *M. O.-T.,* t. I, p. 258.

— À LA HAUTEUR DE. loc. prép. *Mettre, placer... une chose*
à la hauteur d'une autre. V. **Niveau.** *Il le hissa à la hauteur*
du parapet (Cf. Culotte, cit. 3). *L'espada* (cit.) *tient son*
épée horizontale, la pointe à la hauteur des cornes de
l'animal. Chemisette un peu bridée à la hauteur des seins
(Cf. Emmanchure, cit.). *De grosses fronces* (cit.), *dans le*
dos, à la hauteur des épaules.

— *Fig. Élever quelque chose à la hauteur d'une institu-*
tion, l'aventure la plus humble à la hauteur d'une tragé-
die... (Cf. Généralisation, cit. 1).

— *Être à la hauteur de...,* être au même niveau* (intellectuel, moral...) que..., être l'égal de, n'être pas inférieur à...
Peu d'esprits sont à la hauteur de ce grand génie (ACAD.),
sont à même de le comprendre, de l'apprécier. *Être, se*
montrer, à la hauteur de la situation, des circonstances,
avoir, montrer les qualités requises pour y faire face. *Il*
n'est pas à la hauteur de son emploi, de sa mission... et
absolt. (néol. fam.) *Il n'est pas à la hauteur :* il n'a pas
les capacités suffisantes. V. **Capable, compétent, digne.**

13 « Il avait apporté à l'organisation de l'entreprise une prévision
dans les détails et, à l'exécution, en face des obstacles de tout genre,
une fermeté et une ingéniosité qui, une fois de plus, le montraient
à la hauteur des tâches les plus difficiles... »
　　　　MADELIN, **Hist. Consul. et Emp.,** De Brumaire à Marengo, XVIII.

14 « A toutes les folies d'Édouard, Salavin opposait des sourires effa-
rouchés. Pourtant il ne laissa pas, jusqu'au soir, de se montrer à la
hauteur des événements, et quand, vers la minuit, il regagna la rue
du Pot-de-Fer, au bras de Marguerite, il se mit à chantonner un air
allègre auquel il n'avait recours que dans les grandes circonstances. »
　　　　　　　　　　　　　　　DUHAM., **Salavin,** III, XIV.

15 « Elle avait promis à Bernard d'être à la hauteur des circonstances. »
　　　　　　　　　　　MAURIAC, **Thérèse Desqueyroux,** XII.

16 « En France, quand il faut, on est toujours à la hauteur. »
　　　　　　　　　　　　MART. du G., **Thib.,** t. VIII, p. 66.

— En T. de Mar. *Être à la hauteur d'un cap, d'une île,*
d'un port..., se trouver à la même latitude*, sur le même
parallèle.

17 « Les vents d'ouest, entremêlés de calmes, retardèrent notre marche.
Le 4 mai nous n'étions qu'à la hauteur des Açores. »
　　　　　　　　　　　　CHATEAUB., *M. O.-T.,* t. I, p. 263.

— *Par ext.* Au niveau de, sur la même ligne que... V.
Côté (à côté de), **devant, face** (en face de)... *J'allais la dé-*
passer, quand, arrivé à sa hauteur, je reconnus son
visage.

18 « Il était à la hauteur d'une petite épicerie. « Il faut que j'y entre.
J'achèterai n'importe quoi... Une boite d'allumettes... »
　　　　　　　　　ROMAINS, **H. de b. vol.,** t. I, XII, p. 129.

19 « ... lorsqu'ils (*les gladiateurs*) arrivaient à la hauteur de la loge impériale, ils se tournaient vers le prince... »
CARCOPINO (Cf. Ave Cæsar, cit.).

|| **3°** Acoust. *Hauteur d'un son* : degré d'acuité ou de gravité. *Diapason* permettant de vérifier la hauteur d'une note.

20 « L'*intonation*, ou hauteur du son, dépend uniquement du nombre absolu de vibrations que fournit dans un temps donné le corps sonore mis en action. »
A. LAVIGNAC, **Éduc. music.**, p. 4.

|| **4°** Terrain, lieu élevé. V. **Butte, colline, côte, coteau, élévation, éminence, haut, mamelon, mont, montagne*, monticule, tertre...** *Les fonds et les hauteurs* (Cf. Atteindre, cit. 11 ; bas-fond, cit. 1). *Être situé sur une hauteur, sur des hauteurs* (Cf. Bouquet, cit. 6 ; entretenir, cit. 1 ; être, cit. 59 ; fortification, cit. 3). *Les hauteurs qui dominent* (cit. 21) *la ville. Gravir une hauteur. Notre armée enleva* (cit. 20) *ces hauteurs. L'air* (cit. 9) *pur des hauteurs.*

21 « J'approche d'une petite ville, et je suis déjà sur une hauteur d'où je la découvre. »
LA BRUY., V, 49.

22 « Esquisser ici l'aspect de Napoléon, à cheval, sa lunette à la main, sur la hauteur de Rossomme, à l'aube du 18 juin 1815, cela est presque de trop. »
HUGO, **Misér.**, II, I, IV.

23 « Et c'est tantôt dans les ravins où bruissent les torrents, tantôt sur les hauteurs d'où apparaissent de tous côtés les grandes cimes assombries. »
LOTI, **Ramuntcho**, I, VI.

— Région, partie haute. *Les hauteurs de l'air, du ciel, de l'azur* (Cf. Faucon, cit. 3 ; frissonner, cit. 15).

24 « Le ciel, le jour qui monte et qui s'épanouit,
La terre qui s'efface et l'ombre qui se dore,
Ces hauteurs, ces splendeurs, ces chevaux de l'aurore »
HUGO, **Lég. des siècles**, XXII, Le satyre, I.

— Par métaph. *Les hauteurs où Dieu, où la religion nous appelle* (Cf. Accoutumer, cit. 8 ; escalader, cit. 8).

II. Fig. || **1°** Caractère élevé (d'une personne, d'une chose d'ordre moral). V. **Élévation, grandeur, noblesse, sublimité, supériorité.**

— Vx. *Grande hauteur d'âme, de courage* (FURET.).

25 « Elle donnait non seulement avec joie, mais avec une hauteur d'âme qui marquait tout ensemble, et le mépris du don, et l'estime de la personne. »
BOSS., **Orais. fun. Henriette d'Angleterre.**

26 « La sainteté, la hauteur et l'humilité d'une âme chrétienne. »
PASC., **Pensées**, IV, 289.

— REM. *Hauteur* avait en ce sens au XVIIᵉ s. un emploi beaucoup plus étendu qu'aujourd'hui. Il se disait « de ce qui est grand, honorable, important, difficile, éclatant, etc. » (CAYROU). On ne le trouve plus guère de nos jours que dans quelques expressions figées ou métaphoriques. *Hauteur de vues*, *de conceptions. La hauteur de sa pensée* (Cf. Brièveté, cit. 5).

|| **2°** *Péjor.* Caractère, attitude de celui qui regarde les autres de haut, du haut de sa grandeur. V. **Arrogance, condescendance, dédain, fierté, morgue, orgueil** (Cf. Arroger, cit. 1 ; élévation, cit. 12). *Parler, répondre, répliquer avec hauteur* (Cf. Fouet, cit. 1). V. **Verbe** (verbe haut). *Une hauteur insupportable* (Cf. Fâcher, cit. 6). *Regard plein de hauteur.*

27 « Que de hauteur dans cette façon de saluer, dans ce regard ! quels gestes de reine ! »
STENDHAL, **Le rouge et le noir**, II, VIII.

28 « Son regard perdit cette expression de hauteur par laquelle les princes de la terre vous font mesurer la distance qui se trouve entre eux et vous. »
BALZ., **Lys dans la vallée**, Œuvr., t. VIII, p. 846.

29 « ... un procureur général ou un « doyen » conscients de leur haute charge cachent peut-être plus de simplicité réelle et, quand on les connaît davantage, plus de bonté, de simplicité vraie, de cordialité, dans leur hauteur traditionnelle que de plus modernes dans l'affectation de la camaraderie badine. » PROUST, **Rech. t. p.**, t. IX, p. 75.

— (Au plur.) *Vx.* Manières, paroles marquant de la hauteur.

30 « Et toutes les hauteurs de sa folle fierté » MOL., **Fem. sav.**, I, 3.

31 « On ne le vit jamais acheter par des bassesses, le droit de faire éprouver des hauteurs. »
CONDORCET, **Linné** (in LITTRÉ).

ANT. — Petitesse (et, *vx*, brièveté). Abîme, bas-fond, enfoncement. Bassesse, médiocrité. Affabilité, bonhomie, humilité, simplicité.

HOM. — Auteur.

★ **HAUTIN** (ou parfois ★ **HAUTAIN,** par confusion). *n. m.* (XVIᵉ s. ; de *haut*). Vitic. Vigne cultivée en hauteur, appuyée sur des arbres (cerisier, orme, érable...) ou de grands échalas. *La culture des hautins était fort répandue chez les Anciens. Vignes en hautins.*

« Aux environs de Belley, beaucoup de vignes sont plantées en hautains, à la manière italienne ; »
GAUTIER, **Souv. de théâtre...**, p. 6.

★ **HAUTURIER, IÈRE.** *adj.* (1671 ; empr. au prov. mod. *auturié*, de *auturo*, hauteur). Mar. De la haute mer. *Pilote hauturier*, qui sait se diriger hors de vue des côtes (par oppos. à *côtier*). *Navigation hauturière*, au large, au long cours (par oppos. à *cabotage*).

★ **HAVANAIS, AISE.** *adj.* (de *La Havane*, esp. *Habana*,

capitale de la République cubaine). De La Havane. — *Spécialt. n.* Petit chien à poils soyeux et longs, généralement blancs (Cf. Ceindre, cit. 1).

★ **HAVANE.** *n. m.* (1844 d'apr. MATORÉ ; de *La Havane*). Tabac de La Havane. *Spécialt.* Cigare réputé, fabriqué avec du tabac de La Havane. *Fumer un excellent havane* (Cf. Flocon, cit. 4).

« Bizarre déité, brune comme les nuits,
Au parfum mélangé de musc et de havane, »
BAUDEL., **Fl. du mal**, Sed non satiata.   1

« ... un de mes amis me donna une boite de havanes, qu'il me recommanda comme étant de la même qualité que ceux dont le défunt roi d'Angleterre ne pouvait se passer. »
APOLLINAIRE, **Hérésiarque...**, p. 221.   2

— *Adjectivt.* (invar.). De la couleur (marron clair) des havanes. *Reliure en maroquin havane.*

« Les couvertures de laine fine — rouges, vertes, havane ou blanches — ... »
BARBUSSE, **Le feu**, I, t. I, p. 5.   3

★ **HÂVE.** *adj.* (XIIᵉ s. ; d'un francique *haswi*, supposé d'après le moyen haut allem. *heswe*, « blème, desséché » et l'anc. angl. *hasva*). Amaigri et pâli par la faim, la fatigue, la souffrance.. V. **Décharné, émacié, maigre.** *Personne hâve à faire peur.* V. **Spectre.** *Gens hâves et déguenillés. Population hâve* (Cf. Écume, cit. 9 ; empester, cit. 5). — *Figure, visage hâve. Joues hâves. Teint hâve.* V. **Blafard, blême, livide.** — REM. Jusqu'au début du XVIIᵉ s. *hâve*, qualifiant les yeux, le regard, signifiait « terne, vitreux ».

« Sa bouche de long jeûne pâlissait affamée...
Son teint était plombé, ses yeux hâves et creux, »
RONSARD, **Sec. livre hymnes**, De Pollux et Castor.   1

« ... un jeune Égyptien...
Arrive accompagné d'une vieille fort hâve, » MOL., **Étourdi**, IV, 7.   2

« Il n'y a pas d'apparence non plus qu'un conseiller de la Tournelle regarde comme un de ses semblables un homme qu'on lui amène hâve, pâle, défait, les yeux mornes, la barbe longue et sale, couvert de la vermine dont il a été rongé dans un cachot. »
VOLT., **Dict. philos.**, Torture.   3

« Les visages hâves des malheureux qui languissent dans les infectes vapeurs des mines... »
ROUSS., **Rêveries**, VIIᵉ prom.   4

« Clarke l'avait trouvé hâve, maigre, la peau collant aux os, les yeux brillant d'une constante fièvre ; »
MADELIN, **Hist. Cons. et Emp.**, Ascension de Bonaparte, VIII.   5

ANT. — Frais, replet. — DER. — Havir.

★ **HAVENEAU** ou ★ **HAVENET.** *n. m.* (1713 ; scandin. *hâfr*, « engin de pêche », et germ. *net*, « filet »). Filet* utilisé sur les plages sablonneuses pour la pêche à la crevette et aux poissons plats.

« Il tend vers nous son haveneau débordant de nacres vivantes... Maggie vient à son tour, ravie d'elle-même : elle a pris sept crevettes et un enfant de sole... »
COLETTE, **Vrilles de la vigne**, p. 234.

★ **HAVER.** *v. tr.* (anc. fr. au sens de « creuser » ; sens techn. 1872 P. LAR. ; var. de *chaver, chever, caver*). Min. Entamer et abattre par l'opération du havage. *Mineur havant un lit de schiste* (Cf. Creuser, cit. 3).

DER. — ★ Havage. *n. m.* (1872). Mode de travail employé dans les roches stratifiées, et qui consiste à pratiquer de profondes entailles parallèles à la stratification, afin de faciliter l'abattage*. *Par ext.* L'entaille elle-même. *Achever le havage d'un bloc* (Cf. Éboulement, cit. 1). — ★ **Haveur.** *n. m.* (1872). Mineur pratiquant le havage (Cf. Charbon, cit. 2) — ★ **Haveuse.** *n. f.* (1890 P. LAR., 2ᵉ Suppl.). Machine destinée au havage.

« Il ne voulait pas lâcher son havage, il donnait de grands coups, qui le secouaient violemment entre les deux roches, ainsi qu'un puceron pris entre deux feuillets d'un livre, sous la menace d'un aplatissement complet. »
ZOLA, **Germinal**, I, p. 41.   1

« J'ai tout fait là-dedans, galibot d'abord, puis herscheur, quand j'ai eu la force de rouler, puis haveur pendant dix-huit ans. »
ID., **Ibid.**, I, p. 8.   2

★ **HAVIR.** *v. tr.* (XIIIᵉ s. ; de l'anc. forme *have*, de *hâve*). *Peu usit.* En parlant de la viande, dessécher et brûler en surface sans cuire en dedans. *Coup de feu qui risque de havir la viande.* — Intrans. ou pronominalt. *Viande qui havit, se havit à la flamme.*

|| HAVI, *p. p. subst. m.* Action produite par un four trop chaud qui havit (la viande, le pain).

★ **HAVRE.** *n. m.* (XIIᵉ s., *havene* ; empr. au moyen néerl. et moyen angl. *havene.* Cf. allem. *Hafen*). *Ancienn.* Port* de mer. *De nos jours* (spécialt.). Petit port naturel ou artificiel, bien abrité, généralement à l'embouchure d'un fleuve (Cf. Franger, cit. 7). *Havre de barre*, dont l'entrée est fermée par une barre. *Havre d'entrée, de toutes marées*, où les bâtiments peuvent entrer à marée haute ou basse. — *Le Havre-de-Grâce*, nom ancien du port du Havre (Cf. Bassin, cit. 7 ; clef, cit. 7).

« Tous nos havres en étaient comme assiégés (*de corsaires*). »
CORN., **Rodog.**, Épit.   1

« ... la mer, qu'on apercevait de la fenêtre et dont les flots montants, devenus plus verts à l'approche du soir, emplissaient démesurément ce petit havre, creusé par la nature, qu'on appelle le port de Carteret. »
BARBEY d'AUREV., **Vieille maitresse**, II, II.   2

— *Fig.* V. **Abri, golfe, port, refuge.** *Un havre pour l'esprit, pour la liberté.*

3 « Mais n'est-ce pas la loi des fortunes humaines,
Qu'elles n'ont point de havre à l'abri de tout vent ? »
MALHERBE, **Poés. div.,** Pour une mascarade.

4 « ... cette ville de V..., où il était venu chercher le havre de grâce de sa vie. »
BARBEY d'AUREV., **Diaboliques,** Bonheur dans le crime, p. 139.

5 « ... avant de parvenir enfin, dans les derniers temps, au havre d'un accord que nous avions presque cessé d'espérer. »
GIDE, Et nunc manet in te, p. 26.

★ **HAVRESAC.** *n. m.* (1672 MÉNAGE ; var. *habresac,* forme encore très vivante dans les patois ; empr. de l'allem. *Habersack,* propremt. « sac à avoine », introduit par les soldats lors de la guerre de Trente ans). *Milit.* (Anciennt.) Sac contenant l'équipement du fantassin et porté sur le dos à l'aide de bretelles (on dit aujourd'hui simplement *sac*).

1 « Je m'asseyais, avec mon fusil, au milieu des ruines ; je tirais de mon havresac le manuscrit de mon voyage en Amérique ;... je relisais et corrigeais une description de forêt, un passage d'*Atala*... Puis, je serrais mon trésor dont le poids, mêlé à celui de mes chemises, de ma capote, de mon bidon de fer-blanc, de ma bouteille clissée et de mon petit Homère, me faisait cracher le sang. »
CHATEAUB., **M. O.-T.,** t. II, pp. 40-41.

— Sac du même genre, que l'on porte sur le dos et où l'on met des outils, des provisions, etc.

2 « ... il rencontra par hasard... une jeune Bohémienne qui lui parut fort jolie. Elle était seule, à pied, et portait avec elle toute sa fortune dans une espèce de habre-sac (*sic*) qu'elle avait sur le dos. »
LESAGE, Gil Blas, X, X.

3 « (*Jean Valjean*) marcha à son alcôve, prit son havre-sac (*sic*), l'ouvrit, le fouilla, en tira quelque chose qu'il posa sur le lit, mit ses souliers dans une des poches, referma le tout, chargea le sac sur ses épaules. »
HUGO, Misér., I, II, X.

HAWAÏEN, ENNE (*va-i-in, èn'*). *adj.* (De *Hawaï,* nom polynésien de la plus grande des îles Sandwich). Des îles Hawaï. *Guitare* hawaïenne.*

« ... le jazz et la guitare hawaïenne ont conquis à l'exotisme une belle place dans l'univers sonore contemporain. »
R. DUMESNIL, La musiq. contemp. en France, I, p. 1.

He. Symbole chimique de l'hélium.

★ **HÉ !** *interj.* (onom. sous la forme É au XIᵉ s.). Interjection qui sert surtout à interpeller, à appeler, à attirer l'attention. *Hé ! vous, là-bas* (Cf. Campagnard, cit. 2). *Hé ! monsieur ! Hé ! faites attention !*

1 « Holà ! hé ! pas si vite ! il est bien pressé, celui-là ! »
COURTELINE, Train de 8 h 47, III, III.

— Se dit pour renforcer ce qui suit. V. **Eh !** (Cf. Avance, cit. 11 ; franc, cit. 2).

2 « — Tant pis. — Hé oui, tant pis, c'est là ce qui m'afflige. »
MOL., Étourdi, I, 2.

— *Hé ! Hé !* s'emploie familièrement ou plaisamment avec diverses nuances, selon le ton (approbation, appréciation, ironie, moquerie,...).

3 « Hé !... hé !.. peut-être... je ne dis pas. »
DAUDET (Cf. Évasif, cit. 3).

— *Hé bien !* (vx). V. **Eh !** (Cf. Âge, cit. 5 ; bien 1, cit. 125 ; frais, cit. 5).

COMP. — **Hélas ! Ohé !**

★ **HEAUME.** *n. m.* (*Helmus* au VIIIᵉ s. ; *helme* au XIIᵉ s. ; francique *helm,* « casque »). Grand casque (cit. 5) enveloppant toute la tête et le visage, que portaient les hommes d'armes du moyen âge. *Heaume de joute, pointu à l'avant. Ventail* d'un heaume. Le chevalier ne mettait son heaume qu'au moment du combat ; en dehors des batailles, un écuyer* (cit. 1) *en avait la charge.*

1 « La terre a vu jadis errer des paladins ;...
Ils passaient, effrayants, muets, masqués de fer...
Leurs cimiers se dressaient difformes sur leurs heaumes, »
HUGO, Lég. des siècles, XV, Chevaliers errants.

2 « Plein d'hommes portant heaume et cotte d'acier, lance,
Masse d'armes et glaive, engins de violence »
LECONTE DE LISLE, Poèmes barbares, Paraboles de Dom Guy, V.

— *Blas.* Casque (cit. 5) surmontant l'écu d'arme et servant à indiquer le rang, le degré de noblesse du possesseur (suivant l'orientation : *heaume taré de face, de profil...,* le nombre de barreaux du ventail, etc.). *Couronne* surmontant le heaume. Lambrequins descendant du heaume. Heaume de prince, de comte, de baron...*

DER. — ★ **Heaumerie.** *n. f.* Lieu où l'on fabriquait des heaumes. V. **Armurerie.** — ★ **Heaumier.** *n. m.* (XIIIᵉ s.) Fabricant de heaumes (*Les Regrets, la Ballade de la Belle Heaumière,* titre de deux poèmes de Fr. Villon ; le mot désignant ici la femme d'un heaumier).

HOM. — **Home, ohm.**

HEBDOMADAIRE. *adj.* (1596 ; du gr. *hebdomás,* « semaine »). Qui appartient à la semaine, ou se renouvelle chaque semaine. *Travail hebdomadaire. Quarante heures de travail hebdomadaire. Repos hebdomadaire du dimanche...* (Cf. Week-end). *Fermeture, relâche hebdomadaire. Notes hebdomadaires fournies par un établissement scolaire. Réunion hebdomadaire* (Cf. Fantaisie, cit. 38). *Chronique théâtrale hebdomadaire d'un journal. Revue, bulletin hebdomadaire.* Abusivt. *Journal* hebdomadaire.*

1 « Mais son tête-à-tête hebdomadaire avec Renée Bertin lui donnait l'apprentissage de l'indiscrétion. »
ROMAINS, H. de b. vol., t. III, X, p. 138.

— *Substant.* (1758). *Un hebdomadaire,* publication qui paraît régulièrement chaque semaine. *Écrire dans un hebdomadaire des feuilletons* (cit. 2) *de critique littéraire. Un hebdomadaire illustré, d'art. Hebdomadaire littéraire.*

2 « Je m'engageai, sous l'espoir d'un salaire,
À travailler à son hebdomadaire, »
VOLT., Pauvre diable.

DER. — Hebdomadairement. *adv.* (XVIIIᵉ s. in BRUNOT). Chaque semaine, une fois par semaine (Cf. Éreinter, cit. 3).

COMP. — **Bi-hebdomadaire** (SYN. Semi-hebdomadaire), **tri-hebdomadaire.**

HEBDOMADIER, ÈRE. *n.* (1511 ; du lat. ecclés. *hebdomadarius*). Religieux, religieuse qui exerce une certaine fonction dans une communauté pendant une semaine. (V. **Semainier**).

HÉBERGE. *n. f.* (XIᵉ s. ; du francique *haribergon,* « donner un gîte » (à l'armée). V. **Auberge**). *Vx.* Logement*, logis.

— *T. de Dr.* « Partie supérieure du bâtiment le moins élevé quand deux bâtiments sont contigus » (CAPITANT).

« ... tout mur servant de séparation entre bâtiments jusqu'à l'héberge... est présumé mitoyen... »
CODE CIV., Art. 653.

HÉBERGER. *v. tr.* et *intr.* (XIᵉ s. ; du francique *haribergon.* V. **Héberge**).

‖ 1º V. *tr.* Loger* chez soi. *Héberger des amis, des parents. Pouvez-vous nous héberger pour la nuit ?* V. **Abriter.** *Nous avons été hébergés pendant une semaine par des hôtes charmants.* V. **Recevoir.**

1 « Présentez-vous chez le docteur en habit de cavalier, avec un billet de logement ; il faudra bien qu'il vous héberge. »
BEAUMARCH., Barb. de Sév., I, 4.

2 « ... nous ne logeâmes pas chez les Charles Gide ? ou simplement parce qu'ils n'avaient pas la place de nous héberger ? »
GIDE, Si le grain..., I, IV.

— *Par ext.* Accueillir, recevoir sur son sol.

3 « La Provence a visité, a hébergé tous les peuples. »
MICHELET, Hist. de France (in Extr. hist., p. 88).

‖ 2º V. *intr.* (*Vieilli*). Être logé de façon temporaire. *Héberger dans un hôtel, une auberge* (Cf. Descendre, cit. 9).

DER. Hébergement. *n. m.* (XIIᵉ s. avec le sens de « logement » ; sens mod. XVIᵉ s.). Action de loger. V. **Logement.** *Pourvoir à l'hébergement d'une troupe, de pèlerins, de touristes... Centre d'hébergement pour réfugiés, émigrés.*

HÉBÉTER (se conj. comme *Compléter*). *v. tr.* (XIVᵉ s. ; du lat. *hebetare,* « émousser », de *hebes,* « émoussé »). Rendre obtus, émoussé ; enlever toute vivacité, toute subtilité à (l'esprit, l'intelligence). *L'alcool hébète le cerveau, l'esprit, la raison.* V. **Émousser** (cit. 3), **engourdir.** — *Par ext.* V. **Abêtir** (cit. 2), **abrutir.** *Les abus hébètent l'homme :* le rendent stupide*. *La douleur l'avait tout hébété.* V. **Abasourdir.**

1 « Ces exemples... ne sont pas étranges, si nous considérons... combien l'accoutumance hébète nos sens. »
MONTAIGNE, Essais, I, XXIII.

2 « C'était dans ma tête un flux et reflux d'incertitudes à hébéter le plus fort cerveau ; »
GAUTIER, Mˡˡᵉ de Maupin, XI.

3 « Le tabac, impôt mille fois plus immoral que le jeu, détruit le corps, attaque l'intelligence, il hébète une nation ; »
BALZ., La rabouilleuse, Œuvr., t. III, p. 902.

4 « Les contrariétés de cette existence ainsi tiraillée finirent par hébéter madame du Bousquier,... »
ID., Vieille fille, Œuvr., t. IV, p. 330.

‖ S'HÉBÉTER. Devenir hébété, se rendre hébété. *À vivre ainsi, il s'est hébété. Chercher à s'hébéter pour ne plus souffrir, pour oublier...*

5 « Que je hais ces sortes de vapeurs d'épuisement ! Qu'elles sont difficiles à guérir, quand le remède est de s'hébéter, de ne point penser, d'être dans l'inaction ! C'est un martyre pour une personne aussi vive et aussi active que vous... »
SÉV., 1168, 22 avril 1689.

‖ HÉBÉTÉ, ÉE. *p. p.* et *adj.* V. **Abêti, abruti, ahuri, bête, sidéré, stupide, troublé.** *Air, regard, yeux hébétés* (Cf. Blondasse, cit. : galbe, cit. 4). *Homme hébété. Hébété de joie, de douleur, de stupeur, de fatigue. Se réveiller, rester tout hébété* (Cf. Empêtrer, cit. 13 ; équilibre, cit. 17).

6 « Mais il est devenu comme un homme hébété,
Depuis que de Tartuffe on le voit entêté : »
MOL., Tart., I, 2

7 « ... son honnête homme de mari, lequel avait la tête faible et finit même par être tenu enfermé dans une chambre comme *hébété*. »
STE-BEUVE, **Caus. du lundi**, 9 juin 1851, t. IV, p. 218.

8 « ... je tombe sur mon divan et j'y reste hébété dans un marais intérieur d'ennui. » FLAUB., **Corresp.**, 318, 24 avril 1852, t. II, p. 394.

9 « Il souriait en fixant sa mère, sans s'occuper de Sammécaud. C'était un sourire non pas hébété, mais lent et profond. »
ROMAINS, **H. de b. vol.**, t. V, XXIII, p. 203.

ANT. — **Dégourdir, éveiller, réveiller.**

DER. — **Hébétant, ante.** adj. (1866 LITTRÉ). Qui hébète, rend obtus, stupide. V. **Abrutissant.** *Action hébétante des drogues. Existence hébétante.* — **Hébétement.** n. m. (1583). État d'une personne hébétée. V. **Abrutissement.** — REM. Ce mot, fréquent dans la langue littéraire du XIXe s., ne figure ni dans LITTRÉ, ni dans HATZFELD, ni dans ACAD. — **Hébétude.** n. f. (1535). Méd. État morbide marqué par un effondrement des facultés intellectuelles. *L'hébétude, premier degré de la stupeur*, *ne présente pas de symptômes délirants.* — Par ext. V. **Abrutissement, engourdissement, stupeur.** *Hébétude de l'ivresse, de la fièvre* (Cf. Frémir, cit. 11).

1 « Madeleine ne s'étonna plus de voir ce bel enfant si malpropre, si déguenillé et si abandonné à l'hébétement de son âge. »
SAND, **François le Champi**, I.

2 « Comme elle était triste, le dimanche, quand on sonnait les vêpres ! Elle écoutait, dans un hébétement attentif, tinter un à un les coups fêlés de la cloche. » FLAUB., **Mme Bovary**, I, IX.

3 « ... l'ignorance, changée en hébétement, était l'égale de l'intelligence changée en désespoir. Pas de choix possible entre ces hommes qui apparaissaient aux regards comme l'élite de la boue. »
HUGO, **Misér.**, IV, III, VIII.

4 « Souvent, il s'oubliait l'après-midi entière au bout d'une poutre, accroupi, à boire le soleil. Une hébétude l'immobilisait, les yeux ouverts. Des gens passaient qui ne le saluaient plus, car il devenait une chose. » ZOLA, **La terre**, V, II.

5 « Les grandes œuvres ne nous instruisent point tant, qu'elles ne nous plongent dans une sorte d'hébétude presque amoureuse. »
GIDE, **Journal**, 18 mai 1930.

6 « ... l'hébétude d'un assouvissement morne. » MAURIAC, **Le mal**, VI.

HÉBRAÏQUE (*é-bra-ik*). adj. (XIVe s. ; du lat. *hebraicus*, venant lui-même du gr. *hebraikos*). Qui appartient aux Hébreux*. *Alphabet, caractère* (cit. 4), *langue hébraïque* (Cf. Exégèse, cit. 1). *Poésie hébraïque. Ruine, pierre hébraïque* (Cf. Encastrer, cit. 3). — Qui concerne les Hébreux ou leur civilisation. *Revue des Études hébraïques ; chaire de philologie hébraïque.*

1 « Durant la captivité... les Juifs apprirent la langue chaldaïque assez approchante de la leur, et qui avait presque le même génie. Cette raison leur fit changer l'ancienne figure des lettres hébraïques, et ils écrivirent l'hébreu avec les lettres des Chaldéens plus usitées parmi eux, et plus aisées à former. » BOSS., **Disc. s. l'Hist. univ.**, I, VIII.

2 « Les livres qui doivent servir de texte à des leçons de langues hébraïque, chaldaïque et syriaque sont en grande partie des livres sacrés. » RENAN, **Quest. contemp.**, Œuvr., t. I, p. 147.

— *Fig.* Qui rappelle un caractère des Hébreux (V. **Juif**).

3 « ... un nez d'un moule hébraïque, très délicat, mais d'une ampleur de narines qui s'accorde rarement avec une pareille forme... »
BAUD., Trad. E. POE, **Nouv. hist. extraord.**, Chute maison Usher.

DER. — **Hébraïsme.** n. m. (XVIe s.). Façon de parler, expression propre à la langue hébraïque. *Texte grec émaillé d'hébraïsmes.* Tournure d'esprit hébraïque.

1 « (*Les Juifs d'Alexandrie*) se firent un grec mêlé d'hébraïsmes qu'on appelle le langage hellénistique : les Septante et tout le Nouveau Testament est écrit en ce langage. »
BOSS., **Disc. s. l'Hist. univ.**, I, VIII.

2 « Eschyle, admirablement grec, est pourtant autre chose que grec. Il a le démesuré oriental. Saumaise le déclare plein d'hébraïsmes et de syrianismes, *hebraismis et syrianismis.* »
HUGO, **W. Shakespeare**, I, IV, 7.

HÉBRAÏSER (*é-bra-i-zé*). v. intr. et tr. (1771 TRÉVOUX ; gr. *hebraizein*. V. **Hébreu**).

‖ 1° V. intr. Se servir de tournures propres à la langue hébraïque. Vivre selon les coutumes, les dogmes hébraïques. Étudier l'hébreu*, le parler.

« Kircher dit qu'on croirait que les Hébreux ont tout imité des Égyptiens, ou que les Égyptiens ont hébraïsé. »
VOLT., **Philos.**, III, Bible expl., Nombres (Notes).

‖ 2° V. tr. Rendre hébreu, marquer d'un caractère propre à la civilisation, aux mœurs hébraïques. *Émigrés juifs qui ont hébraïsé tout un quartier de la ville.*

DER. — **Hébraïsant, ante.** p. prés. et n. m. (XVIe s.). Celui qui s'adonne à l'étude de la langue hébraïque ou, plus spécialement, des textes sacrés hébreux. *Un congrès d'hébraïsants.*

« Par une petite pédanterie d'hébraïsant, j'appelai cette crise de mon existence *Nephtali* (mot qui signifie « lutte »)... »
RENAN, **Souv. d'enfance...**, V, IV.

HÉBREU. n. et adj. masc. (XIIe s. ; du lat. *hæbreus*, venu lui-même du gr. *hebraïos*).

I. N. m. ‖ 1° Nom primitif du peuple juif. V. **Juif*.** *Un Hébreu. L'exode des Hébreux en Égypte. Captivité des Hébreux à Babylone. La manne*, nourriture céleste des Hébreux dans le désert, selon la Bible*. La Bible, livre sacré des Hébreux.* V. **Massorah.** *Prêtres des Hébreux revêtus de l'éphod*. Religion des Hébreux.* V. **Judaïsme.**

« Le Messie est attendu par les Hébreux ; il vient, et il appelle les gentils, comme il avait été prédit. Le peuple qui le reconnaît comme venu, est incorporé au peuple qui l'attendait, sans qu'il y ait entre deux un seul moment d'interruption :... »
BOSS., **Disc. s. l'Hist. univ.**, II, XXX.

1

« Le Dieu qu'ont toujours servi les Hébreux et les chrétiens n'a rien de commun avec les divinités pleines d'imperfections, et même de vice, que le reste du monde adorait. » ID., **Ibid.**, II, I.

2

« Abraham est désigné par le mot « Hébreu » ce qui peut signifier aussi bien « fils de Héber », un descendant de Noé, ancêtre des Patriarches, que, plus généralement, « errant, nomade » l'équivalent de l'arabe qui a donné « bédouin ».
DANIEL-ROPS, **Peuple de la Bible**, I, II, p. 35.

3

‖ 2° La langue hébraïque*. *L'hébreu, langue sémitique. Livres écrits en hébreu* (Cf. Cantique, cit. 1 ; exégèse, cit. 1). *Les signes diacritiques* de l'hébreu écrit. L'hébreu rabbinique, langue liturgique. Apprendre* (cit. 3) *l'hébreu.*

« L'hébreu, concis, énergique, presque sans inflexion dans ses verbes, exprimant vingt nuances de la pensée par la seule apposition d'une lettre... » CHATEAUB., **Génie du christ.**, II, V, III.

4

« L'étude de l'hébreu n'était pas obligatoire au séminaire ; elle était même suivie par un très petit nombre d'élèves. »
RENAN, **Souv. d'enfance...**, V, III.

5

— *Fam. C'est de l'hébreu pour moi*, cela m'est inintelligible* (Cf. C'est du chinois*).

« C'est de l'hébreu pour moi, je n'y puis rien comprendre. »
MOL., **Étourdi**, III, 3.

6

« — Monsieur, répondit Canalis en souriant, je ne sais pas plus ce que vous voulez me dire, que si vous me parliez hébreu... »
BALZ., **Mod. Mignon**, Œuvr., t. I, p. 479.

7

II. Adj. m. (REM. Au *fém.*, on emploie Israélite, juive...). V. **Hébraïque.** *Un texte hébreu, un auteur hébreu* (Cf. Familier, cit. 5). *Vau, Yod..., lettres de l'alphabet hébreu. Le peuple hébreu.*

« ... saint Jérôme... composa sur l'original hébreu la version de la Bible que toute l'Église a reçue sous le nom de *Vulgate*... »
BOSS., **Disc. s. l'Hist. univ.**, I, XI.

8

DER. — Cf. Hébraïque, hébraïser*.

HÉCATOMBE. n. f. (vers 1500 ; du gr. *hekatombê*, « (sacrifice) de cent (*hekaton*) bœufs (*bous*) »).

‖ 1° *Antiq.* Sacrifice de cent bœufs, et *par ext.* d'un grand nombre d'animaux. V. **Immolation, sacrifice.** *Offrir une hécatombe pour l'expiation* (cit. 1) *d'une faute.*

« Et (*les Grecs*) se purifiaient tous, et ils jetaient leurs souillures dans la mer, et ils sacrifiaient à Apollon des hécatombes choisies de taureaux et de chèvres, le long du rivage de la mer inféconde. »
LECONTE DE LISLE, Trad. HOMÈRE, **L'Iliade**, p. 10.

1

— *Fig.* et *poét.* Sacrifice humain à une divinité ou à une chose divinisée.

« J'ai fait à ton amour, au péril de la tombe,
Des Héros de ma race un(e) funeste hécatombe ; »
CYRANO DE BERGERAC, **Mort d'Agrippine**, I, 4.

2

« (*La Nature parle*) :
On me dit une mère et je suis une tombe.
Mon hiver prend vos morts comme son hécatombe,
Mon printemps ne sent pas vos adorations. »
VIGNY, **Maison du berger**, III.

3

‖ 2° *Par anal.* (1667 CORN.). Massacre d'un grand nombre d'hommes. V. **Boucherie, carnage, massacre*, tuerie.** *Les hécatombes des batailles napoléoniennes. Les hécatombes et les destructions* de la guerre. — Se dit aussi des animaux. *Ce chasseur a fait une hécatombe de perdreaux le jour de l'ouverture.* — Fig. et plaisamm. *Quatre-vingts pour cent de recalés à cet examen, quelle hécatombe !*

« ... la santé de Pollion ? vous savez si je m'y intéresse. Il y a peu d'hommes comme lui. Je ferais une hécatombe de sots pour sauver un rhumatisme à un homme aimable. »
VOLT., **Lettre à Thiriot**, 402, 21 octobre 1736.

4

« ... ils firent voir l'horreur de la guerre, et appelèrent boucherie les hécatombes. » MUSS., **Confess. d'un enf. du siècle**, I, II.

5

« Mais Norma, l'implacable Norma, lui répond que, pour qu'elle soit satisfaite, il lui faut, non pas une seule victime, mais une hécatombe ; que les Romains seront massacrés par centaines... »
GAUTIER, **Souv. de théâtre...**, Norma.

6

« Le dernier acte (*du « Roi Lear* ») s'achève sur une morne hécatombe où bons et méchants sont confondus dans la mort. »
GIDE, **Journal 1942-1949**, 2 décembre 1946.

7

« L'époque et la région étaient encore frugales, infractions consenties aux grandes noces, aux baptêmes et aux repas de premières communions, aux hécatombes de petit gibier. »
COLETTE, **Belles saisons**, p. 247.

— REM. Chez les Grecs, le mot *hécatombe* s'écartait déjà de son sens étymologique, puisqu'on parlait d'hécatombe *de 12 bœufs* (Iliade, VI, 93, 115), *de 50 béliers* (XXIII, 146). Malgré l'opinion de quelques grammairiens, *Hécatombe* peut fort bien s'employer même « s'il n'y a eu qu'une trentaine de tués » (Cf. GEORGIN).

HECTIQUE. adj. (XVe s. ; du bas lat. *hecticus*, provenant lui-même du grec « *hektikos* », « habituel ». Cf. Étique). Méd. *Fièvre hectique* (ou Hectisie) : « état fébrile caractérisé par de grandes oscillations de température, de l'amaigrissement et de la cachexie à marche rapide, qui peut compliquer les maladies les plus diverses. On rattache aujourd'hui la fièvre *hectique* à la septicémie chronique » (GARNIER). *Chaleur hectique*, « sensation de chaleur sèche et brûlante, accompagnée de fièvre continue » (GARNIER). *Par ext.* Qui est le symptôme de l'hectisie.

« Cette délicate petite créature laissait voir dans le tremblement de ses doigts émaciés, dans le ton livide de ses lèvres et dans la légère tache hectique plaquée sur son teint d'ailleurs plombé, des symptômes évidents d'une phthisie (*sic*) effrénée. »
BAUDEL., Trad. E. POE, **Nouv. hist. extraord.**, Roi Peste.

DER. — (du lat. médic. *hectisis*) : **Hectisie.** *n. f.* (1743 TRÉV.). *Méd.* Fièvre hectique (SYN. peu usit. de *Étisie**).

HECTO. *n. m.* Abréviation d'hectogramme* (*peu usit.*). Abréviation usuelle d'hectolitre*. *Il a récolté cette année deux mille hectos de Pommard.*

HECT(O)-. Préfixe (du grec *hekaton*, « cent » qui entre dans la composition de nombreux noms savants de mesure, tels que : **Hectare.** *n. m.* (1793 ; V. **Are**). Mesure de superficie équivalant à cent ares, ou dix mille mètres carrés (100 × 100. Abrév. *ha*). *Acheter une ferme de cinquante hectares à cent mille francs l'hectare. Sol qui produit 15, 20... quintaux de blé à l'hectare* (Cf. Extensif, cit. ; faible, cit. 30 ; fermier, cit. 3 ; fertiliser, cit. 2). — **Hectogramme.** *n. m.* (1793). Poids de cent grammes* (Abrév. *hg*). — **Hectolitre.** *n. m.* (1793). Mesure contenant cent litres* (Abrév. *hl*). *Vigne qui donne, bon an mal an, cinq cents hectolitres de vin* (Par abrév. on dit aussi HECTO. *Camion-citerne de vingt-cinq hectos*). — **Hectomètre.** *n. m.* (1793). Longueur de cent mètres*. Abrév. *hm* (DÉR. : **Hectométrique.** *adj.* Qui sert à jalonner les hectomètres. *Bornes hectométriques le long des routes*). — **Hectopièze.** *n. f.* Mesure de pression valant cent pièzes (Abrév. *hpz*) V. **Bar.** On dit aussi : MÉGABARYE. — **Hectosthène.** *n. m.* Mesure de force valant cent sthènes* (Abrév. *hsn*). — **Hectowatt.** *n. m.* (début XXᵉ s.) Unité de puissance*, valant cent watts* (Abrév. *hW*). *On mesure la puissance des appareils électriques ménagers en hectowatts : ce fer à repasser a une puissance de six cents hectowatts.*

HÉDÉRACÉ, ÉE. *adj.* (1771 ; du lat. *hedera*, « lierre »). *Bot.* Qui ressemble ou se rapporte au lierre*. *La vigne vierge, plante hédéracée.*

HÉDOBIE. *n. f.* (1873 P. LAR.). Insecte coléoptère (*Ptinidés*) dont les larves vivent dans le bois mort.

HÉDONISME. *n. m.* (1877 in LITTRÉ, Suppl. ; du gr. *hêdonê*, « plaisir »). *Philos.* « Toute doctrine qui prend pour principe unique de la morale qu'il faut rechercher le plaisir et éviter la douleur en ne considérant, dans ces faits, que l'intensité de leur caractère affectif, et non les différences de qualité qui peuvent exister entre eux » (LALANDE). *Faire de l'hédonisme la règle de sa vie. L'épicurisme*, souvent confondu avec un hédonisme grossier.* V. **Eudémonisme.** — *Spécialt. Les philosophes de l'école de Cyrène, théoriciens de l'hédonisme intégral.*

« L'hédonisme a fait du plaisir l'objet à approuver comme bien... et, corrélativement, de la douleur le mal à condamner et par suite à écarter... »
R. LE SENNE, **Traité de morale**, pp. 375-376 (éd. P.U.F.).

— *Écon. polit.* « Conception de l'économie selon laquelle la raison et la fin de toute activité économique n'est au fond que la poursuite du maximum de satisfactions » (J. ROMEUF).

ANT. — Ascèse, ascétisme.

DER. — **Hédoniste.** *n.* (1884). Adepte de l'hédonisme. *Adjectivt.* Qui pratique ou prône l'hédonisme. *Philosophe hédoniste.* — Relatif à l'hédonisme. *Morale hédoniste* (On dit aussi HÉDONISTIQUE. *Principe hédonistique*).

« ... le sage hédoniste arrive à la maîtrise de soi comme le sage cynique, mais tandis que celui-ci y parvient par une indifférence radicale à l'attrait du plaisir... l'hédoniste y réussit par sa souplesse infinie à cueillir et goûter le plaisir quand il lui est donné. »
R. LE SENNE, **Traité de morale**, p. 382 (éd. P.U.F.).

HÉGÉLIANISME (*-ghé*). *n. m.* (milieu XIXᵉ s. ; du philosophe allemand HEGEL, 1770-1831). *Philos.* Doctrine de Hegel. *L'hégélianisme a exercé une action profonde sur la philosophie allemande. Victor Cousin a le premier répandu l'hégélianisme en France. L'hégélianisme, philosophie de l'histoire.*

HÉGÉLIEN, ENNE. *adj.* (milieu XIXᵉ s. ; de HEGEL). *Philos.* De Hegel. *La doctrine hégélienne. La philosophie hégélienne de l'histoire. La triade* hégélienne. L'école hégélienne.* — *Substant. Un hégélien*, partisan de Hegel, de sa doctrine.

« Dégagées de leur appareil systématique, les idées hégéliennes exercèrent une profonde influence... Peu de temps avant 1870... une souscription fut organisée par la « Société philosophique » de Berlin, fondée jadis par des hégéliens. »
Lucien HERR in GRANDE ENCYCL. (BERTHELOT), art. **Hegel**.

HÉGÉMONIE. *n. f.* (1845 ; du gr. *hêgemonia*, rad. *hêgemôn*, « chef »). *Ant.* grecque. Suprématie d'une cité, d'un peuple, dans les fédérations ou amphictyonies*. *Lutte de Sparte et d'Athènes pour l'hégémonie de la Grèce.* — *Par ext.* (dans les temps modernes). V. **Autorité; direction, pouvoir, prépondérance, suprématie.** *Soumettre des peuples à son hégémonie. L'hégémonie contestée du vieux monde* (Cf. Crise, cit. 12). *Conquérir l'hégémonie du monde.* V. **Domination, empire** (cit. 14). Cf. Éloquemment, cit. 1. *Guerre d'hégémonie.*

« Depuis la fin de l'Empire romain, ou, mieux, depuis la dislocation de l'Empire de Charlemagne, l'Europe occidentale nous apparaît divisée en nations, dont quelques-unes, à certaines époques, ont cherché à exercer une hégémonie sur les autres, sans jamais y réussir d'une manière durable. »   1
RENAN, **Qu'est-ce qu'une nation ?**, I, Œuvr., t. I, p. 888.

« Il était partisan d'un retour à l'hégémonie impériale romaine,   2
telle que cette hégémonie existait sous Constantin et sous Théodose. »
V. LARBAUD, **Fermina Marquez**, XIV.

« ... se contenter d'une caricature de Société des Nations, avouer   3
qu'on rêve de mettre l'Europe sous une hégémonie anglo-française, et cultiver à plaisir des germes de nouveaux conflits sanglants. »
MART. du G., **Thib.**, t. IX, p. 235.

HÉGIRE. *n. f.* (1556 ; de l'ar. *hedjra*, « fuite », par l'interm. prob. de l'esp. *hegira*). Ère (cit. 1) des Mahométans. V. **Ère** (1° et 2°). Cf. Époque, cit. 3. *L'hégire ou fuite de Mahomet, première date de la chronologie musulmane.*

« ... chassé de la Mekke, il (*Mahomet*) s'enfuit à Médine, et date   1
son ère de sa fuite (*l'hégire*). »   BALZ., **Gambara**, Œuvr., t. IX, p. 443.

« ... en Turquie, l'année 1322 de l'hégire. »   2
LOTI, **Désenchantées**, VII.

HEIDUQUE. *n. m.* (*Heidquque*, fin XVIᵉ s. ; empr. à l'all. *Heiduck*, du hongrois *hajduk*, « fantassin »). *Anciennt.* Fantassin* de la milice hongroise. *Par ext.* Domestique* habillé à la hongroise, le sabre au côté. *Grooms et heiduques accompagnant une voiture de maître.*

« Il faudrait risquer sa tête...
... Et tout braver pour me voir,
Le sabre nu de l'heiduque,
        Et l'eunuque
Aux dents blanches, au front noir ! »   HUGO, **Orientales**, XIX.

HEIMATLOS (*aï-mat'-loss*). *adj. inv.* (début XXᵉ s. ; empr. à l'all. *Heimatlos*, « sans patrie »). Se dit de celui, de celle qui, ayant perdu sa nationalité d'origine, n'a pas acquis de nationalité nouvelle. V. **Apatride, étranger, patrie** (sans patrie). — *Substant. Un, une, des heimatlos.*

★ **HEIN** (*hin*). *interj.* (XVIIIᵉ s. BEAUMARCH. ; var. *hen* (RAB.) ; *heim* (1691), encore retenue par LITTRÉ ; *ain* (1808) ; du lat. *hem*). Interjection familière d'interrogation.

‖ **1°** S'emploie seul soit pour inviter l'interlocuteur à répéter une chose qu'on a ou qu'on feint d'avoir mal entendue, soit pour l'interrompre avec impatience. V. **Comment.**

« — Ha ! Monsieur... — Hen ? ... »   MOL., **D. Juan**, I, 2.   1

« — Ma cousine... répondit Eugène. — Hein ? fit la vicomtesse en   2
lui jetant un regard dont l'impertinence glaça l'étudiant. »
BALZ., **Père Goriot**, Œuvr., t. II, p. 905.

— *Substant. :*

« L'esprit de cette femme est le triomphe d'un art tout plastique...   3
Elle... a mis l'épigramme de Voltaire dans un *hein !* dans un *ah !* dans un *et donc !* »
BALZ., **Autre étude de femme**, Œuvr., t. III, p. 230.

‖ **2°** Se joint à une interrogation pour la renforcer. *Hein ? que faire ? — Qu'en penses-tu, hein ?*

« Que diable vous voulait-il donc, ce chat-huant ? Hein, dites ! »   4
HUGO, **N.-D. de Paris**, VII, I.

‖ **3°** Se joint à une phrase (interrogative ou exclamative) pour marquer la surprise, l'étonnement. *Hein ? que me chantez-vous là ? Hein ? en voilà une histoire !*

— Pour demander une approbation, solliciter un consentement (Cf. N'est-ce pas ? Non ?). *Vous viendrez, hein ? Ça la fout* (cit. 6) *mal, hein ? Tu me crois gâteux* (cit. 4), *hein ?*

« Je suis vilaine, hein ? Vous m'en voulez ? Allons ! ne faites pas des   5
yeux tristes... »   COLETTE, **Paix chez les bêtes**, Poucette.

« En Amérique, je vais *faire de l'argent*. Avec le nom (*Silbermann*)   6
que je porte, j'y étais prédestiné, hein ?... »
LACRETELLE in MAUROIS, **Études littér.**, t. II, p. 226.

— Pour renforcer un ordre, une menace (Cf. Falot, cit. 4). — REM. En ce cas, la proposition est souvent elliptique du verbe. *Attention à vous, hein ? Et pas de rouspétance, hein ?*

« Fiche-moi la paix, hein ! »   DORGELÈS, **Croix de bois**, II.   7

— Pour exprimer une joie triomphante. *Hein ? qu'est-ce que je vous avais dit ? Ça te la coupe, hein ?*

« Faire un heureux, quelle jouissance ! et surtout un heureux qui   8
me fera rire !... Hein ! comme ce sera drôle ! »
BAUDEL., **Spleen de Paris**, XLVI.

« Hein ?... vous en restez assise ? »   9
COLETTE, **Paix chez les bêtes**, L'homme aux poissons.

HÉLAS ! (*é-lass*. — REM. L'anc. prononc. *é-la* donnée comme vieillie par HATZFELD à la fin du XIXᵉ s. est encore dans LITTRÉ « Quelques personnes, écrit-il, font entendre l's... ; cette prononciation n'est pas à recommander »). *interj.* (XIIᵉ s. ; de *hé !* et anc. fr. *las*, « malheureux »). Interjection de plainte, exprimant, à des degrés divers, la douleur, le regret... V. **Las !** *Hélas ! quel affreux malheur ! — Qu'allons-nous devenir ? Hélas ! — Va-t-il mieux ? Hélas ! non. J'ai vu mourir, hélas ! des centaines de blessés* (cit. 6). *Mais, hélas ! nos beaux jours ne reviennent jamais* (Cf. Âge, cit. 46). *Ce n'est, hélas ! que trop vrai* (Cf. Exploiteur, cit.).

1 « Quand reverrai-je, hélas ! de mon petit village
 Fumer la cheminée... » DU BELLAY, **Regrets**, XXXI.

2 « Hélas, fus-je jamais si cruel que vous l'êtes ? »
 RAC., **Androm.**, I, 4.

3 « Hélas ! quand reviendront de semblables moments ? »
 LA FONT., **Fabl.**, IX, 2.

4 « Hélas ! on voit que de tout temps
 Les petits ont pâti des sottises des grands. » ID., **Ibid.**, II, 4.

5 « Hélas ! que j'en ai vu mourir des jeunes filles ! »
 HUGO, **Orient.**, XXXIII, 1.

6 « Hélas ! les beaux jours sont finis ! »
 GAUTIER, **Émaux et camées**, Ce que disent les hirondelles.

7 « Veuve d'Hector, hélas ! et femme d'Hélénus ! »
 BAUDEL., **Tabl. paris.**, Le cygne, II.

8 « La chair est triste, hélas ! et j'ai lu tous les livres. »
 MALLARMÉ, **Poés.**, Brise marine.

9 « Hélas ! je sens d'avance la vanité de toute diversion. »
 COLETTE, **Vagabonde**, p. 15.

— *Par hyperb.* (surtout dans la langue précieuse du XVIIᵉ s.), pour marquer l'ennui, le dépit, l'affectation... (Cf. Accoucher, cit. 5).

10 « — Eh bien, Mesdames, que dites-vous de Paris ?
 — Hélas ! qu'en pourrions-nous dire ?... » MOL., **Préc. rid.**, 9.

11 « C'est une chose, hélas ! si plaisante et si douce ! »
 MOL., **Éc. des fem.**, II, 5.

— *Substant. Pousser un profond hélas !* (V. **Soupir**).

12 « — Hélas !
 — Eh bien, « hélas ! » Que veut dire ceci ?
 Voyez le bel hélas ! qu'elle nous donne ici !...
 Je vous ferai chanter hélas ! de belle sorte ! » MOL., **Sgan.**, 1.

HÉLÉPOLE. *n. f.* (1765 ENCYCL. ; du gr. *helepolis* (*mêkhanê*), « machine à prendre les villes », de *helein*, « prendre », et *polis*, « ville »). *Antiq.* Machine de guerre en forme de tour mobile dont les anciens se servaient aux sièges des villes, pour s'élever jusqu'à la hauteur des remparts.

« C'était la grande hélépole, entourée par une foule de soldats... Elle avait... huit roues cerclées de fer, et depuis le matin elle avançait ainsi, lentement, pareille à une montagne qui se fût élevée sur une autre. » FLAUB., **Salammbô**, XIII, p. 280.

★ **HÉLER** (*je hèle, nous hélons ; je hélerai ; je hélerais*). *v. tr.* (1527 ; empr. de l'angl. *to hail*). *Mar.* Appeler (une embarcation) à l'aide (ou non) d'un porte-voix. *Héler un bâtiment pour l'arraisonner.* Pronominalt. *Marins qui se hèlent d'un bord à un autre.* V. **Interpeller** (s').

1 « Et ils commencent à héler cette barque fuyante et sans fanal... Trop tard, les amis ! ricane Itchoua, en ramant à outrance. Hélez à votre aise, à présent, et que le diable vous réponde ! »
 LOTI, **Ramuntcho**, VIII.

— *Par anal.* Appeler en se servant des mains comme d'un porte-voix. *Par ext.* Appeler de loin (Cf. Glisser, cit. 45). *Héler un taxi* (Cf. Faire, cit. 180), *un porteur.*

2 « L'inconnu héla un fiacre qui se rendait à une place voisine, et y monta rapidement... » BALZ., **Maison du chat-qui-pelote**, Œuvr., t. I, p. 24.

3 « Les pierres grinçaient dans la boue, la diligence se balançait, et Hivert, de loin, hélait les carrioles sur la route... » FLAUB., **Mᵐᵉ Bovary**, III, V.

4 « ... il fermait sa porte, lorsqu'un paysan endimanché, qui passait en bas, sur la route, le héla. » ZOLA, **La terre**, III, III.

HOM. — Ailé.

HÉLIANTHE. *n. m.* (1615 ; empr. au lat. bot. *helianthus*. V. **Hélio-**). *Bot.* Plante dicotylédone (*Composées Radiées*) d'origine exotique, à grands capitules jaunes. *Hélianthe tubéreux.* V. **Topinambour.** *L'hélianthe annuel, fleur d'ornement.* V. **Soleil** (grand), **tournesol.**

« L'hélianthe tord sa tige pour suivre le soleil dont il est l'image... »
 COLETTE, **Belles saisons**, p. 21.

DER. — **Hélianthine.** *n. f.* (1890). Colorant azoïque qui tourne au jaune-orangé en milieu basique et au rouge en milieu acide (Cf. Méthylorange, orangé III). *Emploi de l'hélianthine comme réactif coloré.*

HÉLIANTHÈME. *n. m.* (1615 ; empr. au lat. bot. *helianthemum*. V. **Hélio-**). *Bot.* Plante dicotylédone (*Cistinées*) dont l'espèce la plus répandue, communément appelée *gerbe d'or* ou *herbe d'or*, porte des fleurs d'un beau jaune luisant, disposées en épi. *Hélianthème alyssoïde.* V. **Alysson** (faux).

HÉLIAQUE. *adj.* (1582 ; empr. au gr. *hêliakos*. V. **Hélio-**). *Astron. Lever, coucher héliaque d'un astre,* lever ou coucher d'un astre peu avant le lever ou peu après le coucher du soleil et qui, de ce fait, contrairement au lever ou coucher cosmique*, peut être observé.

HÉLIASTE. *n. m.* (1756 ; du gr. *hêliastês*). *Antiq.* Juge ou juré d'un tribunal athénien (cit. 2), l'*héliée*, dont les audiences commençaient au lever du soleil.

HÉLICE. *n. f.* (XVIᵉ s. ; empr. au lat. d'orig. gr. *helix*, « spirale »).

‖ 1° *Géom.* Courbe gauche* engendrée par enroulement, sur un cylindre droit de révolution, un cône ou une sphère, d'une droite oblique par rapport à l'axe de ce solide. Décrire, tracer une hélice. *Pas*, spires* d'une hélice* (Cf. Coquillage, cit. 5).

« Avec un tube fermé à l'un de ses bouts et supposé souple, je puis, non seulement reproduire assez bien l'essentiel de la forme d'un coquillage, mais encore en figurer quantité d'autres, dont les uns seraient inscrits dans un cône, comme celui-ci que j'examine ; tandis que les autres, obtenus en réduisant le *pas* de l'hélice conique, finiront par se lover et se disposer en ressort de montre. » VALÉRY, **Variété V**, p. 13.

« Le plus souvent d'ailleurs, une courbe gauche est... une hélice circulaire (un tire-bouchon est un morceau d'une telle courbe)... Outre l'hélice circulaire, les hélices les plus connues sont *l'hélice conique* (elle est tracée sur un cône de révolution, et sa projection sur un plan perpendiculaire à l'axe de ce cône est une spirale logarithmique) et *l'hélice sphérique* (elle est tracée sur une sphère et sa projection sur le plan diamétral de la sphère perpendiculaire à son axe est une épicycloïde). » J. TAILLÉ, **Courbes et surfaces**, pp. 112-113-119 (éd. P.U.F.).

‖ 2° *Par anal. (de forme).* V. **Hélicoïdal, -coïde.** — *Mécan.* V. **Vis.** — Technol. *Filet* en hélice d'une vis, d'une vrille...* — Archit. *Escalier en hélice.* V. **Colimaçon** (en), **spirale** (en), **vis** (à). Petite volute ornant le chapiteau de style corinthien (*peu usit.*). — Anat. V. **Hélix** (Cf. Anfractueux, cit.). — Zool. V. **Hélix.**

‖ 3° *Par anal. (de mouvement).* Appareil constitué de deux, trois... pales* (ou ailes) solidaires d'un arbre. — *Mar. et aviat.* Organe de propulsion ou de traction. *Hélice d'un navire qui broie* (cit. 2) *l'eau. Hélice d'une torpille marine. Hélice d'un hydroglisseur. Hélices d'un avion, en bois, en métal, à pas* variable, mues par un moteur à piston, un turbopropulseur. Aéronef à hélices horizontales.* V. **Autogyre** (cit.) ; **-gyre, hélicoptère.**

« On n'entend que le battement de l'hélice. La quille du navire glisse au milieu des eaux illuminées et silencieuses comme des étoffes molles et moirées d'argent où le sillage fait comme une déchirure d'or, sous le tremblement des reflets lunaires. »
 L. BERTRAND, **Le livre de la Méditerranée**, p. 330.

« Les roues puissantes écrasent les cales. Battue par le vent de l'hélice, l'herbe jusqu'à vingt mètres en arrière semble couler... L'avion, happé par l'hélice, fonce. » SAINT-EXUP., **Courrier Sud**, pp. 19-20.

— *Par ext. Ventilateurs à hélice* (Cf. Balancer, cit. 6).

« Dans le haut des murs ronronnaient des appareils qui renouvelaient l'air, et leurs hélices courbes brassaient l'air crémeux et surchauffé... » CAMUS, **La peste**, p. 226.

HÉLICICULTURE. V. **Hélix** (Comp.).

HÉLICOÏDE. *adj.* (1704 ; empr. au gr. *helikoeidês*). *Géom.* En forme d'hélice. *Parabole* hélicoïde* (et ellipt. *Une hélicoïde*), courbe engendrée par une parabole dont l'axe est enroulé autour d'un cercle. — *Substant. Un hélicoïde.* « Toute surface engendrée par le mouvement hélicoïdal* d'une droite autour d'un axe » (POIRÉ). *La surface d'une vis à filet* carré est un hélicoïde. Hélicoïde à génératrice courbe* (Cf. Vis* de saint Gilles).

« La chaire a pour dais un élégant clocher terminé en pointe comme une mitre ; l'intérieur de ce clocher se compose d'un noyau autour duquel tourne une voûte hélicoïde à filigranes de pierres. »
 CHATEAUB., **M. O.-T.**, t. VI, p. 20.

DER. — **Hélicoïdal, ale, aux.** *adj.* (1866). *Géom. et Anat.* En forme d'hélice. *Repli hélicoïdal de l'oreille.* V. **Hélix.** — *Mécan. Mouvement hélicoïdal,* mouvement d'un solide qui tourne autour d'un axe fixe en se déplaçant le long de cet axe, de telle sorte que ses différents points décrivent des hélices de même axe, de même pas, mais de rayons différents. *Engrenage* hélicoïdal.*

HÉLICON. *n. m.* (fin XIXᵉ s. LAROUSSE ; gr. *helix, helikos*, « spirale »). *Mus.* Instrument de cuivre, à vent et à pistons, que sa forme circulaire permet de porter autour du corps en le faisant reposer sur une épaule. V. **Saxhorn.** *Jouer de l'hélicon. Registre grave de l'hélicon.*

HÉLICOPTÈRE. *n. m.* (1875 in LITTRÉ, Suppl., « jouet d'enfant » ; formé du gr. *helix, helikos*, « spirale », et *pteron*, « aile »). *Aviat.* Type d'avion dont la sustentation et la propulsion sont assurées par de grandes hélices* horizontales placées au-dessus de l'appareil. V. **-Gyre** (autogyre, cit.). *Rotors*, voilure* tournante d'un hélicoptère. Hélicoptère à réaction*. Rôle de l'hélicoptère dans les opérations de sauvetage en mer ou en montagne.*

1 « Le rotor étant automatiquement entraîné quel que soit le régime de vol, l'hélicoptère peut donc effectuer des déplacements rigoureusement verticaux, horizontaux ou inclinés... La possibilité d'envol et d'atterrissage à la verticale rend les hélicoptères aptes à des missions entre villes ou bien entre villes et aéroports. »
P. LEFORT, **Le matériel volant**, pp. 103-105 (éd. P.U.F.).

2 « ... à moins que l'hélicoptère n'ait soudainement pris la place et joué le rôle du murmurant vélo-moteur et de toutes les autres mécaniques terrestres. »   DUHAM., **Archange de l'aventure**, I.

-HÉLIE. Suffixe tiré du gr. *hêlios*, « soleil », et qui entre dans la composition de quelques mots savants. V. **Aphélie, parhélie, périhélie.**

HÉLIO-. Premier élément de mots savants tirés du gr. *hêlios*, « soleil ». V. **Héliogravure, héliothérapie, héliotrope.** — **Héliocentrique.** *adj.* (1721 ; de *centre*). *Astron.* Qui est mesuré, considéré par rapport au centre du soleil (*par oppos.* à Géocentrique). *Coordonnées héliocentriques. Mouvement héliocentrique d'une planète*, mouvement de translation autour du soleil. *Théorie héliocentrique* (ou *héliocentrisme*) *de Copernic.* — **Héliochromie.** *n. f.* (1866 ; V. **-Chromie**). *Phys.* Reproduction des couleurs par la photographie. — **Héliographe.** *n. m.* (1877 ; V. **-Graphe**). ‖ 1° Appareil télégraphique optique utilisant les rayons du soleil. ‖ 2° V. **Héliostat.** — **Héliographie.** *n. f.* (1802 ; V. **-Graphie**). *Astron.* Description du soleil. — *Phot.* (1866). Procédé photographique de gravure. V. **Photogravure** (DER. **Héliographique.** *adj.* (1842). Relatif à l'héliographie. *Gravure héliographique.* — **Héliomarin, ine.** *adj.* (Néol. V. **Marin.** *Méd.* Qui utilise l'action simultanée des rayons solaires et de l'air marin. *Cure héliomarine. Établissement, sanatorium héliomarin.* — **Héliomètre.** *n. m.* (1747 ; V. **-Mètre**). *Astron.* Lunette servant à mesurer le diamètre apparent des corps célestes (soleil, lune, planètes). — **Hélioscope.** *n. m.* (1671 ; V. **-Scope**). *Astron.* Lunette à verre fumé ou coloré permettant d'observer le soleil sans danger pour la vue (DER. **Hélioscopie.** *n f.* (1866). *Astron.* Observation du soleil au moyen de l'hélioscope). — **Héliostat.** *n. m.* (1764 ; du gr. *statos*, « arrêté »). *Phys.* Instrument d'optique essentiellement formé d'un miroir plan mû par un mécanisme d'horlogerie qui assure, malgré le mouvement apparent du soleil, la projection en un point fixe des rayons solaires réfléchis. V. **Héliographe.** *Héliostat de Foucault, de Silbermann* (DER. **Héliostatique.** *adj.* (1866). Relatif à l'héliostat. *Appareil héliostatique*). — **Héliotypie.** *n. f.* (1890 P. LAROUSSE, 2e Suppl. ; V. **-Typie**). *Techn.* V. **Photocollographie, phototypie.**

HÉLIOGRAVURE et, *par abrév.* **HÉLIO.** *n. f.* (1873 in LITTRÉ, Suppl. V. **Hélio-**, et **Gravure**). *Techn.* Procédé de photogravure* en creux, se tirant comme la gravure en taille douce. *L'héliogravure utilise les clichés galvanoplastiques*. *Héliogravure rotative.* V. **Rotogravure.** — *Par ext.* Gravure exécutée selon ce procédé. *Livre orné d'héliogravures.*

« Il y a deux sortes d'héliogravures, qui n'ont guère de commun que le nom La première est une sorte d'aquateinte (*sic*) mécanique, photographique, tirée ensuite à la main comme la taille douce. Dans la seconde (la seule industrielle), l'original est photographié à travers une trame d'une finesse microscopique, et reporté sur un cylindre de cuivre enduit d'une couche de gélatine sensibilisée, laquelle, au développement, est incomplètement détruite (proportionnellement, en chaque point, à l'intensité lumineuse reçue)... Les noirs de l'héliogravure sont veloutés et un peu bouchés. Les plus fins dégradés peuvent être obtenus... »   ENCYCL. (De MONZIE), XVI, 16-28-15.

DER. — **Héliograveur.** *n. m.* (1906 LAROUSSE). Celui qui fait de l'héliogravure.

HÉLIOTHÉRAPIE. *n. f.* (1906 LAROUSSE ; V. **Hélio-**, et **-Thérapie**). *Méd.* Traitement de certaines maladies par la lumière et la chaleur solaire. *Séance d'héliothérapie.* V. **Bain** (de soleil). *Héliothérapie artificielle par lampes à arc.*

« ... une petite pièce bâtarde, couloir à murs de vitres que Patrick destinait à des séances d'héliothérapie. »   COLETTE, **La chatte**, p. 93.

HÉLIOTROPE. *n. m.* (*Éliotropie* en 1372 ; *empr.* au lat. d'orig. gr. *heliotropium* (de *trepein*, « tourner »), « qui se tourne vers le soleil ». V. **Hélio-**). *Bot.* Plante dicotylédone (*Borraginées*) annuelle ou vivace, à feuilles alternes et persistantes, dont de nombreuses espèces croissent dans les régions chaudes et tempérées du globe. *L'héliotrope d'Europe, à fleurs blanches, communément appelé tournesol*, herbe aux verrues, herbe de Saint-Fiacre. *L'héliotrope du Pérou, à petites fleurs bleues ou lilas, cultivé pour son parfum suave qui rappelle celui de la vanille.*

1 « Et comme les naturalistes remarquent que la fleur nommée héliotrope tourne sans cesse vers cet astre du jour... »
MOL., **Mal. imag.**, II, 5.

2 « Une odeur fine et suave d'héliotrope s'exhalait d'un petit carré de fèves en fleurs ; »   CHATEAUB., M. O.-T., t. I, p. 269.

3 « L'héliotrope mauve aux senteurs de vanille »
Ctesse de NOAILLES, **L'ombre des jours**, Attendrissement.

— *Minér.* Calcédoine* à fond verdâtre jaspé de veines rouges.

— *Phys.* (1842). Variété d'héliostat* renvoyant les rayons solaires à distance. *Héliotrope de Gauss.*

DER. — **Héliotropine.** *n. f.* (1906). *Chim.* Composé aromatique, à base d'essence de sassafras et d'un parfum analogue à celui de l'héliotrope. V. **Pipéronal.** *Emploi de l'héliotropine en parfumerie.* — **Héliotropisme.** *n. m.* (1828 ; V. **Tropisme**). « Propriété que possède le protoplasma d'être attiré ou repoussé par la lumière solaire (GARNIER). V. **Phototropisme.** *Héliotropisme positif, négatif. Bot.* V. **Actinotropisme.**

« Nous ne ferons que mentionner ici les tropismes qui affectent les végétaux : l'héliotropisme ou phototropisme en vertu duquel une plante pousse vers une source lumineuse ou la fuit... »
ARON et GRASSÉ, **Biol. anim.**, p. 466.

HÉLIUM. *n. m.* (1868 ; gr. *hêlios*, « soleil »). Corps simple gazeux (*He*) très léger (densité = 0,13), monoatomique et ininflammable, découvert dans la chromosphère solaire et très rare dans l'air. *On trouve l'hélium dans certaines eaux minérales, et surtout dans les gaz de pétrole du sous-sol américain. Hélium dégagé par les corps radioactifs. Ballon gonflé à l'hélium. Tube luminescent à l'hélium.*

HÉLIX (*-liks*). *n. m.* (1735 ; gr. *helix*, « spirale »). *Anat.* Repli semi-circulaire bordant le pavillon de l'oreille. — *Zool.* Nom scientifique de l'escargot*.

DER. — **Héliciculture.** *n. f.* (1930 LAROUSSE XXe s. ; V. **Culture**). Élevage des escargots. *L'héliciculture se pratique dans les escargotières*.*

HELLANODICE ou **HELLANODIQUE.** *n. m.* (1801 MERCIER ; *empr.* au gr. *hellanodikês*). *Antiq.* Juge aux jeux olympiques.

HELLÈNE. *n. m. et f.* (Fin XVIIe s. ; gr. *Hellênes*, nom que se donnaient les Grecs). De la Grèce ancienne (*Hellade*) ou moderne. V. **Grec.** *Les Hellènes.* Adjectivt. *Le peuple, l'armée hellène. Voilier hellène* (Cf. *Courir*, cit. 28).

1 « À part quelques Grecs sans caractère ralliés à leurs vainqueurs, jamais Hellène vraiment digne de ce nom n'a fait à la littérature latine l'honneur de s'en occuper. »
RENAN, **Grammairiens grecs**, Œuvr., t. II, p. 638.

2 « Mais où sont les hymnes des anciens Hellènes ? Ils avaient, comme les Italiens, des chants antiques, de vieux livres sacrés ; mais de tout cela il n'est rien parvenu jusqu'à nous. »
FUSTEL de COUL., **Cité antique**, Introd.

3 « ... des conditions comparables se sont trouvées ailleurs sans reproduire le miracle grec, et aucune explication matérielle ne nous dispense de mettre en cause... les merveilleuses aptitudes naturelles du peuple hellène. »   F. ROBERT, **La littér. grecque**, p. 8 (éd. P.U.F.).

DER. — **Helléniser.** — COMP. — **Philhellène.**

HELLÉNIQUE. *adj.* (1712 ; *empr.* au gr. *hellênikos*). Qui a rapport aux Hellènes, à la Grèce (antique ou moderne). V. **Grec.** *Confédération hellénique. Civilisation hellénique. Langue hellénique. Mot de racine hellénique* (Cf. *Étymologie*, cit. 8). — *Littér.* *Les Helléniques*, récit historique de Xénophon (IVe s. av. J.-C.).

1 « ... il ne faudrait pas conclure de là que Paul reçut une éducation hellénique très soignée... Il n'est pas croyable qu'un homme qui eût pris des leçons même élémentaires de grammaire et de rhétorique eût écrit cette langue bizarre, incorrecte, si peu hellénique par le tour, qui est celle des lettres de saint Paul. »
RENAN, **Les Apôtres**, X, Œuvr., t. IV, p. 572.

2 « Et lorsqu'on a cette vue d'ensemble sur le rôle d'Athènes dans le paganisme hellénique, quel aspect miraculeux prend ce paysage ! »
LACRETELLE, **Le demi-dieu**, IV.

COMP. — **Préhellénique.**

HELLÉNISER. *v. tr. et intr.* (1866 ; gr. *hellênizein*. V. **Hellène**).

I. *V. tr.* Donner un caractère grec. V. **Gréciser.** Pronominalt. *S'helléniser*, prendre un caractère grec.

1 « ... mais Sapho et les poètes de L'Anthologie sont des « coloniaux », des Orientaux hellénisés. »
Robert BRASILLACH, **Anthol. de la poés. gr.**, Introd., p. 12.

2 « ... Raphaël hellénise ou latinise tout naturellement la Bible... »
MALRAUX, **Voix du silence**, p. 87.

3 « Le christianisme a été obligé. pour s'étendre dans le monde méditerranéen, de s'helléniser et sa doctrine s'est du même coup assouplie. »
CAMUS, **L'homme révolté**, p. 235.

II. *V. intr.* (*Peu usit.*). Étudier la langue et la civilisation grecques. — Partager les opinions des Grecs.

DER. — **Hellénisant.** *n. m.* (fin XIXe s.). *Peu usit.* Juif païen qui avait adopté le culte des Grecs (Adjectivt. *Juif hellénisant*). — *Spécialt.* Celui (ou celle) qui s'occupe d'études grecques. V. **Helléniste.** — **Hellénisation.** *n. f.* (1876 in LITTRÉ, Suppl.). Action de marquer d'un caractère hellénique. *Hellénisation d'un peuple, d'un pays.*

1 « À la romanisation, la communauté résistait d'instinct, comme elle avait fait à l'hellénisation d'Épiphane. »
DANIEL-ROPS, **Peuple de la Bible**, IV, II, p. 343.

2 « Ces Grecs d'Asie Mineure conservent des relations avec l'Hellade, dont ils réclameront l'intervention lors de la menace de Cyrus... Cette hellénisation de la côte d'Asie Mineure se fait encore sentir à notre époque. »
Y. BÉQUIGNON, in **Hist. univ.** I, pp. 558-559 (Encycl. Pléiade).

HELLÉNISME. *n. m.* (1580 ; empr. au gr. *hellênismos*).

|| 1° *Linguist.* Construction ou emploi propre à la langue grecque. *Les hellénismes, idiotismes* du grec.* — *Par anal.* Construction grecque que l'on introduit dans une autre langue. *Latin mêlé d'hellénismes.*

1 « Rabelais a été à la fois l'initiateur de l'hellénisme en littérature et le plus heureux des novateurs... Un grand nombre d'hellénismes consignés par Rabelais ont fait fortune et sont restés dans la langue. »
L. SAINÉAN, **La langue de Rabelais,** t. II, pp. 49-50.

|| 2° *Hist.* Ensemble de la civilisation grecque. *Le siècle de Périclès marqua le triomphe de l'hellénisme. Hellénisme gréco-romain, byzantin...* — *Spécialt.* Civilisation d'inspiration grecque, qui s'est développée hors de Grèce. *Rôle de l'hellénisme en Orient dans la période hellénistique*.* — *Par ext.* Esprit grec ; philosophie grecque. *Influence de l'hellénisme sur les humanistes de la Renaissance.*

2 « ... l'émigration vers l'Asie Mineure aurait commencé dès avant l'invasion dorienne et elle se serait poursuivie plusieurs siècles après elle. Les cités qui furent alors fondées devinrent « des îlots d'hellénisme en terre barbare » (JARDÉ)... »
Y. BÉQUIGNON, in **Hist. univ.** I, p. 558 (Encycl. Pléiade).

3 « ... l'hellénisme s'adaptera, avec des succès plus ou moins durables, et la période hellénistique, désignation à laquelle ne s'attachera aucun préjugé défavorable, sera l'histoire de cette adaptation, de cette évolution nouvelle de l'hellénisme... L'hellénisme ne disparaît pas avec la conquête de la Grèce par Rome en 146, ni davantage vers l'an 231, lorsqu'Octave est vainqueur d'Antoine, mais, sous l'empereur Julien (355-363), il brille encore d'un vif éclat. »
ID., **Ibid.**, p. 727 (Encycl. Pléiade).

— *Spécialt. Hist. relig.* Religion répandue dans l'Empire romain, où dominait le paganisme d'origine grecque.

4 « Au IIe, au IIIe, au IVe siècle de notre ère, l'hellénisme se constituera en religion organisée, par une sorte de fusion entre la mythologie et la philosophie grecques, et, avec ses philosophes thaumaturges, ses anciens sages érigés en révélateurs, ses légendes de Pythagore et d'Apollonius, fera au christianisme une concurrence qui, pour être restée impuissante, n'en a pas moins été la plus dangereux obstacle que la religion de Jésus ait trouvée sur son chemin. »
RENAN, **Les Apôtres,** XVII, Œuvr., t. IV, p. 674.

COMP. — **Panhellénisme.**

HELLÉNISTE. *n. m.* (1651 ; empr. au gr. *hellênistês*).

|| 1° *Antiq.* (*Vieilli*). Juif converti au paganisme grec. V. **Hellénisant.** — Adjectivt. *Les Juifs hellénistes de Galilée.*

1 « ... son grec (*de saint Paul*) était celui des juifs hellénistes, un grec chargé d'hébraïsmes et de syriacismes... »
RENAN, **Les Apôtres,** X, Œuvr., t. IV, p. 572.

|| 2° *N.* Savant ou lettré qui s'occupe de philologie ou de littérature grecque. *Henri Estienne, P.-L. Courier, Victor Bérard, hellénistes distingués.*

2 « .. vous apprenez à vos lecteurs que je suis un *helléniste*, fort habile, dites-vous... Je ne suis point... *helléniste*, je ne me connais guère. Si j'entends bien ce mot, qui, je vous l'avoue, m'est nouveau, vous dites un *helléniste*, comme on dit un *dentiste*, un *droguiste*, un *ébéniste*, et, suivant cette analogie, un *helléniste* serait un homme qui étale du grec, qui en vit et qui en vend au public, aux libraires, au gouvernement. Il y a loin de là à ce que je fais. Vous n'ignorez pas, monsieur, que je m'occupe de ces études uniquement par goût... »
P.-L. COURIER, **Lettre à M. Renouard,** 20 sept. 1810.

3 « Il (*Racine*) allait (très peu de temps) recevoir aux Granges les leçons de M. Lancelot, l'helléniste ; »
MAURIAC, **Vie de Jean Racine,** I.

DER. — **Helléniştique.** *adj.* (1681 BOSSUET) || 1° *Relig. ant.* Qui a rapport aux hellénistes* (1°). || 2° *Antiq.* Qui a rapport à la décadence de la civilisation grecque. *Période, époque hellénistique* (Cf. Hellénisme, cit. 2 et *infra*, cit.), à partir du IIIe s. av. J.-C. — *Langage, grec hellénistique. Art, poésie hellénistique* (Cf. Alexandrin).

1 « Le reste des livres sacrés pourrait dans la suite avoir été mis en grec pour l'usage des Juifs répandus dans l'Égypte et dans la Grèce, où ils oublièrent non seulement leur ancienne langue qui était l'hébreu, mais encore le chaldéen que la captivité leur avait appris. Ils se firent un grec mêlé d'hébraïsmes qu'on appelle le langage hellénistique : les Septante et tout le Nouveau Testament sont écrits en ce langage. »
BOSS., **Disc. s. l'hist. univ.**, I, VIII.

2 « On n'en saurait disconvenir, l'époque hellénistique ne compte plus de génies (artistiques) ; mais le talent ne fait pas défaut ; les praticiens experts foisonnent et, à force de métier, ils attirent l'attention, parviennent même à des trouvailles. »
RÉAU, **Hist. univ. des arts,** I, p. 282.

3 « Ce n'est plus un empire au sens politique du terme, mais c'est l'empire d'une forme de civilisation, l'empire hellénistique. »
DANIEL-ROPS, **Peuple de la Bible,** IV, II.

4 « La civilisation de l'époque hellénistique ne s'oppose pas à celle des siècles précédents. Elle lui demeure fidèle, mais elle l'enrichit. d'éléments neufs et elle possède son originalité... la civilisation hellénistique se distingue par des traits d'apparence contradictoire : par son unité, par son infinie diversité et par son insatiable curiosité... Le goût du luxe s'est répandu au contact des civilisations orientales... »
Y. BÉQUIGNON, in **Hist. univ.** I, pp. 792 et 799 (Encyc. Pléiade).

HELMINTHE. *n. m.* (1817 ; gr. *helmins, -minthos*, « ver »). *Zool.* et *Méd.* Ver* parasite de l'homme et des animaux (se dit surtout des vers intestinaux). *On divise les helminthes en deux groupes.* V. **Némathelminthe, plathelminthe.**

« Serré, fourmillant comme un million d'helminthes,
Dans nos cerveaux ribote un peuple de Démons, »
BAUDEL., **Fl. du mal,** Au lecteur.

DER. et COMP. — (de *Helminthe* ou du gr. *Helmins*) : **Helminthiase.** *n. f.* (1839 BOISTE ; dér. du gr. *helminthian*, « avoir des vers »). Maladie causée par les helminthes. — **Helminthique.** *n.* et *adj.* (1771 TRÉVOUX). Médicament utilisé contre les helminthes. V. **Vermifuge.** — Adj. *Médicament helminthique* (on dit aussi ANTHELMINTHIQUE). — **Helminthologie.** *n. f.* (1839 BOISTE ; suff. -*Logie*). Étude des vers parasites. — **Némathelminthe, plathelminthe.**

HÉLOPS (-*lopss*). *n. m.* (1874 in LITTRÉ, Suppl. ; gr. *hêlos*, « clou », et rad. *op-* (V. **-Ope**), proprement. « qui a l'apparence d'un clou »). Insecte coléoptère (*Ténébrionidés*) qui vit dans le bois carié, sous les écorces, dans la mousse.

HELVELLE. *n. f.* (1839 ; lat. *helvella*, « petit chou »). Champignon ascomycète (*Discomycètes*) dont la tête est formée de lames minces et lisses. *Les helvelles sont comestibles.*

« (*Voici*) l'helvelle, dont le chapeau a l'air d'une mitre d'évêque... »
THEURIET, in **Revue des Deux-Mondes,** 1er oct. 1874.

HELVÉTIQUE. *adj.* (début XVIIIe s. ST-SIMON, Mém., t. V, XLIX ; de *Helvetia*, ancien nom latin de la Suisse). Relatif à la Suisse. V. **Suisse.** *La constitution, la confédération helvétique.*

DER. — (de *Helvetia*) : **Helvète.** *adj.* De l'Helvétie. Substant. *Les Helvètes*, nom latin du peuple habitant la Suisse. — **Helvétien.** *n.* (XVIIIe s.). *Vx.* Qui est de nationalité suisse. — **Helvétisme.** *n. m.* (XIXe s.). Locution, tournure propre aux habitants de la Suisse romande.

★ **HEM.** *interj.* (XVIe s. MAROT ; onomat. certainement antérieure). Interj. servant à appeler (V. **Hé ! holà !**), à interroger (V. **Hein**), à exprimer le doute, un scepticisme moqueur, certains sous-entendus. — Onomatopée imitant un raclement de gorge, un toussotement.

1 « — Hem ! c'est prendre bran pour farine.
— Que dites-vous ? — Rien, Catherine ;
Je toussais... » MAROT, **Colloques d'Érasme,** II.

2 « Cette Raymond est assurément, hem *! hem !* avec cette coiffe que vous connaissez... sa chambre et sa voix sont charmantes, hem *! hem !* il me semble que je vous entends. » SÉV., 595, 5 nov. 1676.

3 « On me parlait, je n'entendais pas. Hem ? quoi ? que voulez-vous ? Voilà tout ce qu'on pouvait tirer de moi. »
MARIVAUX, **Marianne,** VIe part.

HÉMA-, HÉMAT(O)-, HÉMO-. Préfixes, tirés du gr. *haima*, « sang », qui servent à former de nombreux composés savants (Biologie, médecine, chimie...). — REM. LITTRÉ note qu'on trouve parfois ces mots « écrits à tort dans les dictionnaires techniques par HAEM ; la diphtongue grecque *αι* (*ai*) se rend en français par *é* ». — V. le suff. **-Émie.**

HÉMAGOGUE. *adj.* et *n. m.* (1866 LITTRÉ ; gr. *haimagôgos* ; suff. -*Agogue*). Qui provoque l'écoulement du sang (menstruel, hémorroïdal...). V. **Emménagogue.**

HÉMAMIBE. *n. f.* (néol. ; de *amibe*). Protozoaire (*hæmamœba plasmodium*) parasite du sang (V. **Hématozoaire**), qui, transmis par l'anophèle, est la cause des affections paludéennes (V. **Paludisme**).

HÉMATÉMÈSE. *n. f.* (1839 BOISTE ; gr. *emesis*, « vomissement »). Vomissement de sang et *spécialt.* de sang épanché à l'intérieur de l'estomac (V. *aussi* **Hémoptysie**).

HÉMATEUX, EUSE. *adj.* (1866 LITTRÉ). Relatif au sang.

HÉMATIDROSE. *n. f.* (1866 LITTRÉ ; gr. *hidrôs*, « sueur »). Sueur de sang, « trouble de la sécrétion sudorale, caractérisée par la coloration rouge de la sueur ; cette teinte est due à la présence de la matière colorante du sang, sans les globules » (GARNIER).

HÉMATIE (*ti*). *n. f.* (XIXe s. LACHÂTRE, LITTRÉ). Globule* rouge du sang. *L'hématie adulte a la forme d'une lentille biconcave de 7 μ de diamètre ; elle est dépourvue de noyau. Hématie nucléée, hématie jeune. Hématie granuleuse, ponctuée. L'hématimètre, appareil destiné au dénombrement des hématies.*

HÉMATINE. *n. f.* (1823 CHEVREUL ; en parlant de l'*hématoxyline**). Pigment ferrugineux brun provenant de l'oxyhémoglobine. *On a donné le nom d'hémaphéine à une substance hypothétique provenant de l'hématine et qui causerait l'ictère hémaphéique. L'hématine, substance provenant de l'action de l'ammoniaque sur l'hématine. L'hématine privée d'oxygène devient l'hémochromogène. La formation d'hémine, chlorhydrate d'hématine, permet de déceler les traces de sang.*

HÉMATIQUE. *adj.* (1866 LITTRÉ ; gr. *haimatikos*). D'origine sanguine. *Crise hématique, kyste hématique.*

HÉMATITE. *n. f.* (*ematite* au XIIe s. ; lat. *hæmatites*, mot gr.). *Minéral.* Sesquioxyde naturel de fer, de couleur rougeâtre ou brune. *Hématite rouge.* V. **Ferret** (d'Espagne), **oligiste.** *Hématite brune.* V. **Limonite.** *Les hématites sont les minerais de fer les plus répandus.*

« ... (*des*) mines de fer cristallisées, auxquelles on a donné le nom d'hématites, parce qu'il s'en trouve souvent qui sont d'un rouge couleur de sang... Au reste, toutes les hématites ne sont pas rouges : il y en a de brunes et même de couleur plus foncée ; mais lorsqu'on les réduit en poudre, elles prennent toutes une couleur d'un rouge plus ou moins vif,... »   BUFF., Hist. nat. minér., Du fer.

HÉMATOBLASTE. *n. m.* (1877 HAYEM ; gr. *blastos*, « germe »). V. **Globulin** (*dér.* de Globule).

HÉMATOCÈLE. *n. f.* (1732 ; gr. *kelê*, « tumeur »). Tumeur sanguine (se dit surtout d'hématomes* des organes génitaux. *Hématocèle scrotale, vaginale...*).

HÉMATODE. *adj.* (XIXe s. LACHÂTRE, LITTRÉ ; gr. *haimatôdês*, de la nature du sang). Qui ressemble à du sang. Spécialt. *Carcinome hématode :* carcinome caractérisé par de nombreuses hémorragies. — *Substant. m.* Coléoptère rougeâtre vivant sur les cadavres.

HÉMATOGRAPHIE (1839 BOISTE) ou **HÉMATOLOGIE.** *n. f.* (1866 LITTRÉ ; suff. *-Graphie* et *-Logie*). Étude du sang.

HÉMATOME. *n. m.* (1866 LITTRÉ ; suff. *-Ome*). Épanchement sanguin enkysté. *Hématome anévrismal diffus*, formé par le sang épanché hors d'une artère. *Hématome dural*, siégeant dans l'épaisseur de la dure-mère ; *hématome extra-dural*, siégeant entre la dure-mère et les os du crâne.

HÉMATOPHOBIE. *n. f.* (XVIe s. ; suff. *-Phobie*). Peur morbide du sang. On dit aussi *Hémophobie*.

HÉMATOPOÏÈSE. *n. f.* (*Hématopoèse* en 1877 LITTRÉ, Suppl. ; gr. *haimatôpoïein*, de *poïein*, « faire »). Mode de formation des globules sanguins (DER. — **Hématopoïétique.** *adj.* *Organes hématopoïétiques*, où se forment les globules (moelle osseuse, etc.).

HÉMATOSE. *n. f.* (1690 FURET. ; gr. *haimatosis*). Oxydation du sang dans le poumon (transformation du sang veineux en sang artériel).

DER. — **Hématoser** (s'). *v. pron.* Subir l'hématose. *Sang hématosé*.

HÉMATOXYLINE. *n. f.* (1866 LITTRÉ ; gr. *xulon*, « bois »). *Chimie.* Matière colorante extraite du bois de campèche (par CHEVREUL) et appelée d'abord *Hématine* ($C_{16} H_{14} O_6$).

HÉMATOZOAIRE. *n. m.* (1866 LITTRÉ ; suff. *-Zoaire*). Parasite animal vivant dans le sang (V. **Bilharzie**). *Hématozoaire de Laveran*, parasite du paludisme. V. **Hémamibe.**

HÉMATURIE. *n. f.* (1771, in WARTBURG ; suff: *-Urie*). Présence de sang dans l'urine (pissement de sang). *Hématurie d'Égypte.* V. **Bilharziose.** *Hématurie due à la présence d'un calcul dans l'uretère.* V. **Colique** (néphrétique). *Hématurie enzootique des bovins.*

DER. — **Hématurique.** *adj.* Relatif à l'hématurie.

HÉMÉRALOPIE. *n. f.* (1756 ENCYCL. ; d'après le gr. *hêmera*, « jour », et *ops*, « œil »). *Pathol.* Diminution considérable de la vision* lorsque l'éclairage est faible. V. **Amblyopie** (crépusculaire), **cécité** (nocturne). On dit aussi *Hespéranopie*.

HÉMÉROCALLE. *n. f.* (vers 1600 ; lat. *hemerocalles*, du gr. *hêmerokalles*, propremt. « belle d'un jour »). *Bot.* Plante monocotylédone (*Liliacées*), herbacée, vivace, dont les fleurs très décoratives ne durent chacune qu'un seul jour. *Hémérocalle jaune*, ou *Lis* jaune. V. **Belle** (Belle-d'un-jour). *Hémérocalle fauve.*

HÉMI-. (gr. *hêmi*, « à moitié »). Préfixe signifiant « demi, à moitié », qui entre dans la composition de noms et d'adjectifs savants.

HÉMIANESTHÉSIE (é-mi-a-nes-té-zi). *n. f.* (XIXe s. ; comp. de *anesthésie*). *Méd.* Anesthésie* d'une moitié latérale du corps.

HÉMICYCLE. *n. m.* (1547 ; lat. *hemicyclium*, du gr. *hêmikuklion*. V. **Cycle**). Espace, construction qui a la forme d'un demi-cercle. V. **Demi-cercle** (Cf. Cirque, cit. 1). *Hémicycle d'un théâtre. Hémicycle d'une basilique*, l'abside*. *L'hémicycle de la Madeleine* (Cf. Fortune, cit. 24). *Spécialt.* Rangées de gradins semi-circulaires et concentriques, destinées à des auditeurs, des spectateurs, des membres d'une assemblée... *Hémicycle de l'Assemblée Nationale. Député qui descend* (cit. 4) *les gradins de l'hémicycle.*

« (*les députés*) font battre leurs pupitres ; ils se lèvent, tapagent... ils se pressent debout dans le bas de l'hémicycle... »
                    BARRÈS, Mes cahiers, t. V, p. 159.

HÉMICYLINDRIQUE. *adj.* (1866 ; comp. de *cylindrique*). Qui a la forme d'un demi-cylindre, d'une moitié de cylindre divisé selon un plan passant par l'axe. *Baguette, moulure hémicylindrique.*

HÉMIÉDRIE (é-mi-é-dri). *n. f.* (1866 in LITTRÉ ; comp. sav. du gr. *edra*, « face »). *Minéral.* Sorte de demi-symétrie particulière à certains cristaux qui ne présentent de modifications que sur la moitié des arêtes ou des angles semblables. *Hémiédrie des cristaux de quartz.*

DER. — **Hémièdre** (1856) ou **Hémiédrique** (1866). *adj.* Qui présente les caractères de l'hémiédrie. *Cristaux hémièdres* (Cf. Dévier, cit. 2 PASTEUR).

« Tous les paratartrates lui apparurent avec les faces et facettes commandées par la symétrie ; sauf deux, qui déposaient dans leurs eaux-mères des cristaux hémiédriques, manchots disait-on. Cette hémiédrie, là où il n'y avait pas de pouvoir rotatoire c'était une surprise... »   MONDOR, Pasteur, II.

HÉMINE. *n. f.* (1690 in FURET. ; gr. *hemina*, « moitié » (d'un setier). *Antiq.* Mesure de capacité valant un demi-setier ou 12 onces (0,271 lit.).

DER. — **Héminée.** *n. f.* (1866 LITTRÉ). Étendue de terre pour l'ensemencement de laquelle il fallait une hémine de grains.

HÉMIONE. *n. m.* (1845 ; lat. zool. *hemionus*, gr. *hêmionos*, « mulet », proprement. « demi-âne »). *Zool.* Mammifère ongulé (*equus hemionus*, *Équidés*) qui tient de l'âne* et du cheval. *L'hémione, qui vit en Asie occidentale, n'a pu être domestiqué.*

« Le long d'un grillage, on voyait l'ancêtre du cheval de fiacre, chargé de muscles et la tête basse, puis le zèbre trop paré, et l'indomptable âne rouge, que les savants appellent l'hémione. »
                    ALAIN, Propos, 25 avril 1909, Mouflons.

HÉMIOPIE. *n. f.* (1866 LITTRÉ ; comp. sav. du gr. *ops*, « vue »). *Opt.* État de la vue, dans lequel l'œil n'embrasse qu'une moitié du champ visuel normal, tantôt en haut ou en bas seulement (*hémiopie horizontale*), tantôt à droite ou à gauche seulement (*hémiopie verticale*). — REM. Selon GARNIER et DELAMARE, l'affaiblissement ou perte de la vue dans une moitié du champ visuel se dit *hémianopie* ou *hémianopsie*, tandis que l'*hémiopie* s'entend de la « conservation de la vision normale dans une seule moitié du champ visuel ».

HÉMIPLÉGIE. *n. f.* (1707 DAUZAT ; *hémiplexie* en 1573 ; comp. sav. du gr. *plessein*, « frapper »). *Méd.* Paralysie complète ou incomplète frappant une moitié latérale du corps. V. **Paralysie.** *L'hémiplégie est généralement provoquée par une lésion, une affection d'un centre nerveux* (encéphale, moelle épinière).

« ... surmené par les plus austères excès, il (*Pasteur*) fut victime le 19 octobre 1868, d'une apoplexie cérébrale... le corps avait été foudroyé et une hémiplégie gauche allait persister. Parfois, le malade disait de son bras paralysé : Il pèse comme du plomb. Si je pouvais le couper. »   MONDOR, Pasteur, V.

DER. — **Hémiplégique.** *adj.* (1866). Qui a rapport à l'hémiplégie. — Par ext. *Substant.* Personne atteinte d'hémiplégie. *Un hémiplégique.*

HÉMIPTÈRES. *n. m. pl.* (1775 ; comp. sav. du gr. *pteron*, « aile »). *Zool.* Ordre d'animaux arthropodes antennifères, de la classe des insectes* ptérygogènes, ainsi nommés à cause des demi-élytres de certaines espèces, et appelés parfois plus justement *Rhynchotes*, d'après la structure de l'appareil buccal (rostre*), constante chez toutes les espèces. *Les hémiptères ont une tête portant les yeux, les antennes, le rostre formé de quatre stylets pour piquer et sucer ; un thorax en trois segments portant chacun une paire de pattes, les deux derniers portant les ailes ; un abdomen à anneaux ; ils ont des métamorphoses incomplètes* (pas de nymphe immobile), *sont terrestres ou aquatiques, végétariens ou entomophages.* — *Classification des hémiptères ou rhynchotes :* HÉTÉROPTÈRES (Anthocoridés, Capsidés, Cimicidés, Gerridés ou Hydrométridés, Limnobatidés, Pentatomidés, Pyrrhocoridés, Réduviidés, Saldidés, Tingididés ; Corixidés, Népidés, Notonectidés, Pélogonidés). HOMOPTÈRES (Cicadidés, Cercopidés, Jassidés ou Tettigoniidés, Lédridés, Fulgoridés, Membracidés, Ulopidés ; Psyllidés). PHYTOPHTIRES (Aleurodes, Cochenilles, Pucerons). *Principaux hémiptères.* V. **Cigale, cochenille, gerris, kermès, lécanie, livie, naucore, pentatome, phylloxéra, pou, puceron, punaise, ranatre, réduve, tigre** (du poirier), **vélie, zicrone...** — N. m. et adj. *Un hémiptère. Insecte hémiptère.*

HÉMISPHÈRE. *n. m.* (*Emispere* au XIIIe s. ; lat. *hemispherium*, du gr. *hêmisphairion*. V. **Sphère**). Chacune des deux moitiés d'une sphère* limitée par un des plans passant par le centre. V. **Calotte** (sphérique). *Archit. Voûte en hémisphère.* V. **Coupole.**

« Ces nids sont des hémisphères creux, d'environ quatre pouces de diamètre. »   BUFF., Hist. nat. ois., t. V, p. 376 (in LITTRÉ).

— *Phys. Hémisphères de Magdebourg :* hémisphères creux dont Otto de Guerick, bourgmestre de Magdebourg, se servit en 1654 pour démontrer la pression atmosphérique.

— *Géogr.* Moitié quelconque du globe terrestre. *Hémisphère éclairé par le soleil* (Cf. Équinoxe, cit.). *Chaque méridien* divise le globe en deux hémisphères. *Notre hémisphère* (Cf. Bas, cit. 10).

2   « (La Nuit) Moi, dans cet hémisphère, avec ma suite obscure,
Je vais faire une station. »   MOL., **Amphitr.**, Prol.

3   « J'ai conquis avec vous ce sauvage hémisphère (l'Amérique) ;
VOLT., **Alzire**, I, 1.

— Spécialt. Chacune des deux moitiés du globe limitée
par l'équateur (cit. 1). Hémisphere nord ou boréal (Cf. Envahir, cit. 11 ; eurasiatique, cit.). Hémisphère sud ou austral.
Les deux hémisphères (Cf. Baigner, cit. 2). Renversement
des saisons d'un hémisphère à l'autre.

4   « En tranchant le globe par l'équateur et comparant les deux hémisphères, on voit que celui de nos continents contient à proportion
beaucoup plus de terre que l'autre... Il y avait donc moins d'éminences
et d'aspérités sur l'hémisphère austral que sur le boréal, dès le temps
même de la consolidation de la terre ; »
BUFF., **Hist. nat.**, Époques de la nature, II.

5   « On était en août, et c'était le froid de l'autre hémisphère qui
commençait. »   LOTI, **Mon frère Yves**, XIII.

— Fig. (par plaisant.).

6   « ... cette bonne dame qui est à sa gauche et qui étale bravement
deux hémisphères qui, s'ils étaient réunis, formeraient une mappemonde d'une grandeur naturelle... »   GAUTIER, **Mlle de Maupin**, II.

— Astron. Moitié de la sphère céleste. Hémisphères septentrional et méridional, limités par l'équateur céleste ;
oriental et occidental, limités par le méridien ; supérieur
et inférieur, limités par l'horizon.

— Anat. Hémisphères cérébraux, les deux moitiés latérales du cerveau qui ont chacune très grossièrement la forme
d'un hémisphère. V. **Cerveau***. Scissure entre les deux hémisphères, limitée par le corps calleux*. Les hémisphères
cérébraux, siège des fonctions intellectuelles.

7   « Si nous examinons un cerveau par sa convexité, un détail nous
frappe tout d'abord : c'est la présence, sur la ligne médiane, d'une
scissure profonde, divisant le bloc cérébral en deux moitiés latérales
et symétriques, que l'on désigne sous le nom d'hémisphères... Si nous
écartons l'un de l'autre les deux hémisphères pour juger de la profondeur de la scissure qui les sépare, nous constatons que cette scissure
descend, à sa partie antérieure et à sa partie postérieure, jusqu'à la
base du cerveau ; dans sa partie moyenne, au contraire, elle est limitée
par une lame horizontale de substance blanche qui va d'un hémisphère
à l'autre et qui porte le nom de corps calleux. »
TESTUT, **Trait. d'anat. hum.**, t. II, p. 901.

DER. — Hémisphérique. adj. (1551). Qui a la forme d'un hémisphère.
Calotte* hémisphérique. Voûte, vase, coupe... hémisphérique. — Hémi-
sphéroïde. adj. (1732). Dont la forme est proche de l'hémisphère. —
N. m. Un hémisphéroïde.

« ... un immense chapeau de castor gris américain, à bords superla-
tivement larges, à calotte hémisphérique, avec un ruban noir et une
boucle d'argent. »
BAUDEL., Trad. E. POE, **Hist. extraord.**, Avent. H. Pfaall.

HÉMISTICHE. n. m. (1548 ; lat. hemistichium, du gr.
hêmistikhion, rac. stikhos, « vers »). T. de Versif. (Dans la
poésie classique, jusqu'au XIXe s.). Moitié d'un vers et plus
spécialt. de l'alexandrin, marquée par un repos ou césure*.
Chaque hémistiche de l'alexandrin contient six syllabes.
Premier, second hémistiche (Cf. Acrostiche, cit. 1 ; cheville,
cit. 7). Par ext. Césure placée au milieu d'un vers. V.
Césure. Rime intérieure à l'hémistiche. — De nos jours.
Chacune des deux parties d'un vers, égales ou non, séparées par la césure. Par ext. Cette césure.

1   « Que toujours, dans vos vers le sens coupant les mots,
Suspende l'hémistiche, en marque le repos. »   BOIL., **Art poét.**, I.

2   « Hémistiche... : moitié de vers, demi-vers, repos au milieu du vers...
Ce repos à la moitié d'un vers n'est proprement le partage que des
vers alexandrins. La nécessité de couper toujours ces vers en deux
parties égales, et la nécessité non moins forte d'éviter la monotonie,
d'observer ce repos et de le cacher, sont des chaînes qui rendent l'art
d'autant plus précieux qu'il est plus difficile. »
VOLT., **Dict. philos.**, Hémistiche.

3   « M. Chênedollé a assurément beaucoup de talent, beaucoup d'esprit ;
il fait parfaitement les vers, il a une facture à lui ; mais il ne se
défie pas toujours assez de sa mémoire. Il emprunte des hémistiches,
et, soit dit en passant, il m'en a pris à moi, et plusieurs. »
FONTANES, in STE-BEUVE, Chateaub., t. II, p. 236.

4   « J'étais en train de retourner dans ma tête je ne sais quel lambeau
d'hémistiche, comme c'est mon habitude en voyage... »
GAUTIER, **Voyage en Espagne**, p. 39.

HÉMITROPIE. n. f. (1801 ; comp. sav. du gr. tropê,
« tour »). Minéral. Nom donné à certains groupements réguliers de cristaux de même forme et de même nature (V.
Macle) dans lesquels deux cristaux s'accolent suivant une
face commune après rotation de l'un d'eux (180° ou 60°)
autour d'un axe perpendiculaire ou parallèle à cette face.
Axe d'hémitropie. Hémitropie du gypse, de la pyrite...

DER. — Hémitrope. adj. (1801). Se dit des cristaux présentant les
caractères de l'hémitropie.

HÉMO-. V. supra, HÉMA-.

HÉMOCYANINE. n. f. (fin XIXe s. ; gr. cyanos, « bleu »).
Protéide cuprique que l'on extrait du sang des poulpes,
calmars, etc. L'hémocyanine, « pigment respiratoire qui

se rencontre dans le sang des Mollusques et des Arthropodes et qui joue chez eux le même rôle que l'hémoglobine
chez d'autres animaux » (POIRÉ).

HÉMOGLOBINE. n. f. (1873 in P. LAROUSSE ; du lat.
globus). Substance protéique, qui renferme du fer et donne
au sang sa couleur rouge. Cf. Anémie, cit.). L'hémoglobine,
pigment respiratoire des globules (cit. 4) rouges, est très
avide d'oxygène (V. **Oxyhémoglobine**) ; elle peut se dédoubler en un albuminoïde, la globuline*, et un pigment ferrugineux, l'hémochromogène (Hématine* privée d'oxygène).
Formation de l'hémoglobine (Cf. Foie, cit. 1).

COMP. — Hémoglobinurie. n. f. (1890 in P. LAROUSSE ; gr. ouron,
« urine »). Présence d'hémoglobine dans l'urine.

HÉMOLYSE. n. f. (1906 ; suff. -Lyse). Épanchement de
l'hémoglobine hors des globules rouges par suite de l'altération de leurs parois (Hémolyse chimique) ou de la distension du globule (Hémolyse osmotique).

DER. — Hémolysine. n. f. (1906). Nom donné aux substances qui
détruisent les globules rouges du sang. Champignon à hémolysine. —
Hémolytique. adj. Qui provoque ou accompagne l'hémolyse.

HÉMOPATHIE. n. f. (1873 P. LAROUSSE ; suff. -Pathie).
Nom générique des maladies du sang (V. **Anémie, leucémie**).

HÉMOPHILIE. n. f. (1866 LITTRÉ ; suff. -Philie). Disposition pathologique aux hémorragies*. Hémophilie familiale,
héréditaire. Hémophilie sporadique (DER. — **Hémophile**.
adj. (1873). Sujet atteint d'hémophilie. — **Hémophilique**. adj.
(XXe s.). Relatif à l'hémophilie. État hémophilique.

« L'hémophilie est caractérisée par un grand retard de la coagulation sanguine avec diminution de la coagulabilité, tous les autres
éléments physiques, chimiques et biologiques du sang, ainsi que l'endo-
thélium vasculaire, étant normaux. »
GARNIER et DELAMARE, **Dict. termes techn. méd.**, Hémophilie.

HÉMOPHOBIE. V. HÉMATOPHOBIE.

HÉMOPTYSIE. n. f. (1694 ; du lat. hæmoptysis, lui-même
empr. du gr. ptusis, « crachement »). Crachement de sang
provenant des voies respiratoires (par hémorragie de l'appareil respiratoire ou d'un organe voisin). L'hémoptysie est
généralement symptomatique de la tuberculose pulmonaire
ou d'une affection cardiaque (DER. **Hémoptysique**. adj.
(1743). Relatif à l'hémoptysie).

HÉMORRAGIE. n. f. (1549 ; lat. hæmorrhagia, mot grec).
— REM. L'orthographe Hémorrhagie, recommandée par
LITTRÉ et par les étymologistes, n'est pas en usage).

‖ 1° Effusion de sang hors d'un vaisseau sanguin. (V.
Écoulement, épanchement ; saignement). Hémorragie artérielle, veineuse, capillaire... Hémorragie traumatique. Hémorragie interne, sous-cutanée (V. **Ecchymose, hématome**).
Hémorragie cutanée (V. **Purpura**). Hémorragie cérébrale
(V. **Apoplexie** ; Cf. Coup de sang), nasale (V. **Épistaxis**).
Hémorragie stomacale (V. **Hématémèse**), intestinale (me-
læna ou méléna), urinaire (V. **Hématurie**), utérine (ménor-
ragie, métrorragie), ano-rectale (V. **Hémorroïde**). Hémorragie de l'appareil respiratoire (V. **Hémoptysie**). —
Prédisposition aux hémorragies. V. **Hémophilie**. Arrêt d'une
hémorragie par pose d'un garrot* (cit. 1), tamponnement*
(V. **Hémostasie**). L'ergotine*, remède contre les hémorragies. Le fibrinogène, agent coagulateur, arrête les hémorragies (Cf. Fibrine, cit.).

1   « Un saignement de nez, ou plutôt une espèce d'hémorragie. »
RAC., **Port-Royal**.

2   « Puis, comme l'hémorragie faisait une mare sur le pont du bateau,
un des matelots cria : « Il va se vider, faut nouer la veine. »
MAUPASS., **Contes de la bécasse**, En mer.

3   « D'assez faible santé depuis sa jeunesse, Augustine, atteinte d'hémophilie, n'a jamais voulu apprendre à coudre, parce qu'il lui suffisait
d'une piqûre pour faire une hémorragie. »
ARAGON, **Beaux quartiers**, I, IV.

‖ 2° Fig. Perte de vies humaines. Pays qui se remet
lentement de l'hémorragie causée par une guerre, une
révolution (Cf. Amputer, cit. 3 HUGO). — REM. L'emploi
figuré d'hémorragie s'étend de plus en plus, et parfois
abusivement, à la perte de toute espèce de richesse. L'hémorragie des capitaux.

DER. — Hémorragique. adj. (1845 WARTBURG). Relatif à l'hémorragie. Diathèses hémorragiques (Hémophilie, hémogénie...). Accidents
hémorragiques (Cf. Grossesse, cit. 4).

HÉMORROÏDE. n. f. (Emoroyde au XIIIe s. ; lat. he-
morrhois, -oidis, mot gr. du v. rhein, « couler ». — REM.
L'orth. hémorrhoïde n'est pas usitée). Tumeur variqueuse
qui se forme à l'anus et au rectum par la dilatation des
veines. V. **Varice**. — REM. Le mot ne s'emploie guère qu'au
pluriel. Hémorroïdes internes (au-dessus du sphincter
anal), externes ou procidentes (au-dessous). Hémorroïdes
sèches, fluentes. Plantes astringentes employées contre les
hémorroïdes (Consoude, hamamélis, scrofulaire).

1 « Vénus leur envoya (*aux Scythes*) des hémorrhoïdes (*sic*). »
BOIL., **Remarques sur Longin**, XXIV.

2 « Le cardinal de Richelieu n'était sanguinaire que parce qu'il avait des hémorrhoïdes (*sic*) internes qui occupaient son intestin rectum, et qui durcissaient ses matières. »
VOLT., **Dict. philos.**, Ventres paresseux.

DER. — **Hémorroïdaire.** *adj.* et *n.* (1866 LITTRÉ). Qui est affecté d'hémorroïdes. — **Hémorroïdal, ale, aux.** *adj.* (1559 ; Cf. HUGUET). Relatif aux hémorroïdes. *Flux hémorroïdal. Varices, tumeurs hémorroïdales. Sang hémorroïdal.* Par ext. (*Anat.*). Qui appartient à la région du rectum, de l'anus. *Artères hémorroïdales supérieures, moyennes, inférieures :* les artères du rectum. *Veines hémorroïdales. Plexus, nerf hémorroïdal.*

HÉMORROÏSSE. *n. f.* (fin XVIᵉ s. dans les trad. de l'Évangile ; lat. ecclés. *hœmorrhoissa*, mot gr., de *rhein*, « couler »). Femme affectée d'un flux de sang (ne se dit qu'en parlant de la femme guérie par le Christ. Cf. Évang. St MATTHIEU, IX, 18-22).

« Plusieurs s'approchèrent de Notre-Seigneur : les uns pour l'ouïr, comme Madeleine, les autres pour être guéris, comme l'hémorroïsse. »
Saint François de SALES, **Amour de Dieu**, VII, 3.

HÉMOSTASE ou **HÉMOSTASIE.** *n. f.* (1748 ; gr. *haimostasis*, de *stasis*, « arrêt »). Arrêt d'un écoulement sanguin, d'une hémorragie. *Hémostase spontanée, physiologique* (V. **Coagulation**). *Hémostase provoquée* (V. **Compression, forcipressure, garrot 2, ligature, tamponnement**).

DER. — (de *haimostasis*) : **Hémostatique.** *adj.* (1748 ; gr. *haimostatikos*). Propre à arrêter les écoulements sanguins. *Pinces hémostatiques,* munies de crans d'arrêt permettant de les maintenir fermées (V. **Forcipressure**). *Médicaments, remèdes hémostatiques,* coagulants ou vasoconstricteurs, et substant. *Les hémostatiques* (V. **Astrictif, astringent ; alun, amadou, antipyrine, ergotine, tanin,** etc.).

HENDÉCA- (*in-*). Mot grec signifiant *onze,* et entrant dans la composition de mots savants tels que : **Hendécagone.** *n. m.* (1652 ; V. **-Gone**). *Géom.* Polygone* qui a onze angles et onze côtés. Adjectivt. (rare) *Figure hendécagone* (DER. — **Hendécagonal, ale, aux.** *adj.* (1866). *Polygone hendécagonal. Prisme hendécagonal,* dont la base est un hendécagone. — **Hendécasyllabe.** *n. m.* (1549 ; gr. *sullabê,* « syllabe »). *Prosod.* Vers qui compte onze syllabes. *Un hendécasyllabe. Hendécasyllabes saphiques.* Adjectivt. *Vers hendécasyllabe.* (DER. — **Hendécasyllabique.** *adj.* (XVIIIᵉ s.). De onze syllabes.

1 « Adopte-moi aussi en la famille française ces coulants et mignards hendécasyllabes à l'exemple de Catulle... Ce que tu pourras faire, sinon en quantité, pour le moins en nombre de syllabes. »
DU BELLAY, **Défense et illustr. lang. fr.**, II, IV.

2 « Vous avez le savant, le pédant, le Sidias,... adressant des vers hendécasyllabiques à la manière de Catulle aux Gothons et aux Cathos de son cabaret. »
GAUTIER, **Les grotesques**, IX, p. 298.

HENDIADYS (*in-dia-diss*). *n. m.* (gr. *hen dia duoïn,* « une chose au moyen de deux mots »). Figure de rhétorique qui consiste à dissocier en ses deux éléments un terme, une expression unique. *Par ex. :* Remplacer un substantif accompagné d'un adjectif, etc. par deux substantifs reliés par *et* « ainsi quand Lamartine dit : un temple rempli *de voix et de prières,* pour : *de voix qui prient* » (MAROUZEAU). *L'hendiadys est fréquent en poésie latine.*

HENNÉ. *n. m.* (1553 ; empr. de l'arabe *hinna*). *Bot.* Plante dicotylédone (*Lythrariées*), scientifiquement appelée *lawsonia,* arbuste des régions tropicales, dont l'écorce et les feuilles séchées et pulvérisées fournissent une poudre colorante (cit.) jaune ou rouge. *Le henné est utilisé dans les pays musulmans pour la teinture des cheveux* (cit. 16), *des lèvres, des paupières, des doigts. Certains Orientaux se teignaient la barbe au henné. Musulmane, juive d'Afrique du Nord aux mains rouges de henné, aux ongles, aux orteils peints au henné. Emploi du henné en Occident en coiffure, en parfumerie. Utilisation industrielle du henné :* teinture du bois blanc, de la laine...

1 « Elle avait les yeux bordés d'antimoine, les mains enluminées de *henné,* les pieds aussi ; ses talons, rougis par la peinture, « ressemblaient à deux oranges ». FROMENTIN, **Année dans le Sahel**, p. 152.

2 « ... une jeune cousine de Hamdi, nommée Durdané, celle-ci jolie, d'une blancheur d'albâtre, avec des cheveux au henneh ardent... »
LOTI, **Désenchantées**, XIX. — N. B. L'orthographe *henneh* qui n'est plus en usage, était admise par LITTRÉ, à côté de *henné.*

HENNIN. *n. m.* (1428 ; étym. incert. ; WARTBURG suggère un rapprochement avec le néerl. *henninck,* « coq », la coiffure haute faisant penser à une crête de coq). Coiffure (cit. 5) féminine du moyen âge, en forme de bonnet conique, très haut et rigide. *Le hennin, d'origine flamande, fut introduit en France par Isabeau de Bavière. Hennin en croissant, à deux cornes.*

« Les cornes de son hennin frôlaient le linteau des portes ; »
FLAUB., **Trois contes**, Légende de St Julien l'Hosp., 1

HENNIR (*hé-nir* ; anciennt. *ha-nir* encore dans LITTRÉ). *v. intr.* (XIIᵉ s. ; du lat. *hinnire,* avec h aspiré d'origine expressive). *En parlant du cheval.* Pousser le cri particulier à son espèce. *Cheval qui hennit et s'ébroue* (cit. 1).

Jument qui hennit de désir, de frayeur, de fureur, d'impatience, de joie... Un cheval qui hennit après les juments, qui hennit après l'avoine (ACAD.).

1 « Celles mêmes (*les bêtes*) à qui la vieillesse refuse la force corporelle, frémissent encore, hannissent (*hennissent*) et tressaillent d'amour. » MONTAIGNE, **Essais**, III, III.

2 « Ils sont devenus comme des chevaux qui courent et qui hennissent après les cavales ; chacun d'eux a poursuivi avec une ardeur furieuse la femme de son prochain. » BIBLE (SACY), **Jérémie**, V, 8.

3 « Cependant le cheval noir ne cessait de piaffer et de s'agiter en hennissant ; » VIGNY, **Cinq-Mars**, I, t. I, p. 76.

4 « Des charretiers, les bras nus, retenaient par le licou des étalons cabrés, qui hennissaient à pleins naseaux du côté des juments. »
FLAUB., **Mᵐᵉ Bovary**, II, VIII.

— *Par anal.* (en parlant d'un bruit, d'une personne qui rit bruyamment.

5 « (*Quasimodo*) criait et grinçait des dents, ses cheveux roux se hérissaient, sa poitrine faisait le bruit d'un soufflet de forge, son œil jetait des flammes, la cloche monstrueuse hennissait toute haletante sous lui ; » HUGO, **N.-D. de Paris**, IV, III.

6 « Et soudain, des trompettes hennirent... »
HUYSMANS, **Là-bas**, XVII.

— *Fig :*

7 « Le baron de Nucingen, vous savez, ce vieux voleur patenté, hennit après une femme qu'il a vue au bois de Vincennes, et il faut la lui trouver, ou il meurt d'amour... »
BALZ., **Splend. et mis. des courtis.**, Œuvr., t. V, p. 762.

DER. — **Hennissement.** — ★ **Hennissant, ante.** *adj.* (1673 HATZFELD). Qui hennit. *Étalons hennissants.*

1 « Les chevaux hennissants, les crins effarés, les jambes raidies, s'avançaient dans la terreur de ce terrain mouvant, qu'ils sentaient fuir. »
ZOLA, **La débâcle**, I, V.

— *Fig. :*

2 « Jamais ce rut hennissant de cheval ne l'avait irritée à ce point. »
ZOLA, **La terre**, III, IV.

★ **HENNISSEMENT.** *n. m.* (vers 1220 ; de *hennir*). Cri spécifique du cheval (Cf. Étalon, cit. 1 ; fanfare, cit. 4 ; grognement, cit. 1).

1 « ... on peut distinguer... cinq sortes de hennissements différents, relatifs à différentes passions : le hennissement d'allégresse, dans lequel la voix se fait entendre assez longuement, monte et finit à des sons plus aigus... le hennissement du désir, soit d'amour soit d'attachement, dans lequel la voix se fait entendre longuement et finit par des sons plus graves ; le hennissement de la colère, pendant lequel le cheval rue et frappe dangereusement, est très court et aigu ; celui de la crainte, pendant lequel... la voix est grave, rauque, et semble sortir en entier des naseaux ;... celui de la douleur est moins un hennissement qu'un gémissement ou ronflement d'oppression qui se fait à voix grave, et suit les alternatives de la respiration. »
BUFF., **Hist. nat. anim.**, Le cheval.

2 « ... nos chevaux ont de temps en temps des frissons amoureux et poussent, vers une femelle invisible qui les enflamme, des hennissements aigus comme un éclat de trompette. »
FROMENTIN, **Été dans le Sahara**, p. 24.

— *Par anal.* (Cf. Conflit, cit. 2).

3 « De la rue Mouffetard arrivaient les hennissements d'un orgue mécanique. » DUHAM., **Salavin**, III, VIII.

— *Fig. :*

4 « Le règne du péché est renversé de fond en comble... cette impétuosité, ces emportements, ce hennissement des cœurs lascifs est supprimé ; » BOSS., **Serm. p. l. jour des morts**, I.

HENRY. *n. m.* (fin XIXᵉ s. ; du n. pr. du physicien HENRY). *Électr.* Unité de mesure du coefficient de self-induction*.

★ **HEP !** *interj.* (Néol.). Interjection servant à appeler.

1 « Hep !... arrêtez-vous, mes enfants ! »
COLETTE, **Vrilles de la vigne**, p. 243.

2 « Hep ! le mitrailleur, l'oxygène, ça va ? »
SAINT-EXUP., **Pilote de guerre**, V.

3 « Hep ! vous oubliez cela... » P. MORAND, **Europe galante**, p. 98.

HÉPAT(O)-. Élément, tiré du gr. *hêpar, hêpatos,* « foie », entrant dans la composition de mots savants tels que : **Hépatalgie.** *n. f.* (1839 ; V. **-Algie**). *Méd.* Douleur névralgique au niveau du foie. — **Hépatisation.** *n. f.* (1842). *Méd.* État pathologique d'un tissu organique qui prend la coloration et la densité du tissu hépatique. *Hépatisation du poumon au cours d'une pneumonie.* — **Hépatisme.** *n. m.* (1906). *Méd.* Ensemble des symptômes relevant des affections chroniques du foie (GARNIER). — **Hépatocèle.** *n. f.* (1839 ; V. **-Cèle**). *Méd.* Hernie du foie. — **Hépatologie.** *n. f.* (1839 ; V. **-Logie**). *Méd.* Étude du foie. — **Hépatique***. **Hépatite***.

HÉPATIQUE. *n.* et *adj.* (*Epatique* aux XIIIᵉ et XIVᵉ s. ; empr. au lat. *hepaticus,* du gr. *hêpatikos.* V. **Hépat(o)-**).

I. *Anat.* et *Méd.* Qui a rapport au foie. *Artère, canal* (cit. 12) *hépatique. Bile* hépatique (par oppos. à *bile vésiculaire*). *Fonctions hépatiques* (Cf. Explorer, cit. 9). *Colique hépatique. Taches* hépatiques (Cf. Couvrir, cit. 44). *Médication hépatique.*

1 « ... un julep hépatique, soporatif, et somnifère, composé pour faire dormir Monsieur... » MOL., **Mal. imag.**, I, 1.

2 « ... la sécrétion biliaire hépatique est continue, même en dehors des périodes de digestion... »
FABRE et ROUGIER, Physiol. médic., p. 922.

— *Par ext.* Qui souffre du foie, est prédisposé aux maladies de foie. *Tempérament hépatique.* Substant. *Un, une hépatique. Teint bilieux des hépatiques.*

3 « Je voisinais à table avec quatre agents des postes du Gabon, hépatiques, édentés. » CÉLINE, **Voyage au bout de la nuit**, p. 108.

II. *N. f.* (1611). *Bot.* ‖ **1°** Plante dicotylédone (*Renonculacées*) herbacée, indigène, vivace, dont une variété à feuilles trilobées, *l'hépatique commune* ou *des jardins*, appelée aussi *anémone hépatique* ou *herbe de la Trinité*, était employée comme remède dans les affections du foie.

‖ **2°** *N. f. pl.* Classe de plantes cryptogames cellulaires (*Muscinées*), à reproduction sexuée, intermédiaires entre les lichens et les mousses. *Les hépatiques croissent sur la terre humide, dans les lieux ombragés. Les marchantiées, hépatiques à amphigastre* et à thalle*. Principaux genres d'hépatiques.* V. **Marchantie, riccie...**

COMP. — **Sus-hépatique.**

1. HÉPATITE. *n. f.* (1550 ; empr. au lat. d'orig. gr. *hepatites.* V. **Hépat(o)-**). *Minér.* Pierre précieuse de la couleur du foie.

2. HÉPATITE. *n. f.* (1660 ; empr. au lat. médic. d'orig. gr. *hepatitis.* V. **Hépat(o)-**). *Méd.* Affection inflammatoire du foie. *Hépatite aiguë. Hépatite chronique.* V. **Cirrhose.** *Hépatite suppurée* ou *abcès du foie.*

« Son visage perdit ces ardents tons bruns qui annonçaient un commencement d'hépatite, la maladie des tempéraments vigoureux ou des personnes dont l'âme est souffrante, dont les affections sont contrariées. » BALZ., **Curé de village**, Œuvr., t. VIII, p. 575.

HEPT(A)-. Élément (tiré du gr. *hepta*, « sept ») entrant dans la composition de mots savants tels que : **Heptacorde.** *adj.* (*Eptacorde* au XVIe s. ; V. **Corde**). Qui a sept cordes. *Lyre heptacorde.* — Substant. *Un heptacorde,* lyre ou cithare à sept cordes. — *Par ext.* Gamme* de sept sons. *Heptacorde de la gamme diatonique.* — **Heptaèdre.** *n. m.* (1772 ; V. **-Èdre**). *Géom.* Solide à sept faces (DER. **Heptaédrique.** *adj.* (1866). Qui a rapport à l'heptaèdre). — **Heptagone.** *n. m.* (1542 ; V. **-Gone**). *Géom.* Polygone qui a sept angles et sept côtés. *Un heptagone régulier* (DER. **Heptagonal, ale, aux.** *adj.* (1633). Qui a sept angles et sept côtés. *Pyramide heptagonale,* dont la base est un heptagone). — **Heptagyne.** *adj.* (1866 ; V. **-Gyne**). *Bot.* Qui a sept styles ou pistils. — **Heptaméron.** *n. m.* V. **Conte.** — **Heptamètre.** *adj.* (1839 ; V. **-Mètre**). *Prosod.* Qui a sept pieds. *Vers heptamètre* et substant. *Un heptamètre.* — **Heptandrie.** *n. f.* (1765 ; V. **-Andrie**). *Bot.* Classe du système de Linné (abandonné de nos jours) comprenant les plantes à fleurs heptandres* (DER. **Heptandre.** *adj.* (1798). *Bot.* Qui a sept étamines). — **Heptasyllabe.** *adj.* De sept syllabes.

HÉRALDIQUE. *adj.* et *n. f.* (XVe s. ; dér. sav. du lat. médiév. *heraldicus,* de *heraldus,* trad. de *héraut**). Relatif au blason (V. **Blason***). *Science héraldique. Couleurs héraldiques. Pièce, meuble, figure, ornement héraldique.*

1 « ... la plaque de fer pour écussonnée de trois fleurs de lys héraldique ! » A. BERTRAND, **Gaspard de la nuit**, Nuit et ses prestiges, X.

2 « Les murs étaient tendus de tapisseries et décorés de nombreux trophées héraldiques... » BAUDEL., Trad. E. POE, **Nouv. hist. extraord.**, Portrait ovale.

3 « La guerre, qui détachait soudain du blason des grands empires les animaux héraldiques et les faisait pour moi lutter silencieusement à mort, la licorne avec l'ours, l'aigle à une tête avec son collègue à trois têtes !... » GIRAUDOUX, **Suzanne et le Pacifique**, VIII, p. 145.

— N. f. *L'héraldique,* connaissance des armoiries, art relatif aux armoiries (Cf. Blason, 2°). *Livre d'héraldique.* — Ensemble des emblèmes de blason.

DER. — **Héraldiste.** *n.* (XIXe s.). Personne qui est versée dans l'héraldique.

★ **HÉRAUT.** *n. m.* (*Hirauz* au XIIe s. ; d'un francique *hariwald,* propremt. « chef d'armée »). *Au moyen âge.* Officier de l'office d'armes, ou *héraut d'armes,* grade intermédiaire entre le « poursuivant d'armes » et le « roi d'armes ». *Les fonctions du héraut d'armes ou fonctions héraldiques étaient la transmission des messages* (déclarations de guerre, de paix, défis, sommations...), *les proclamations solennelles, l'ordonnance des cérémonies* (fêtes publiques, réunions, tournois...), *le recensement de la noblesse, la surveillance de l'usage des armoiries et la composition des nouveaux blasons* (Cf. Écu, cit 2). *Les hérauts d'armes n'eurent plus, de Louis XIII à la Révolution, que des fonctions d'huissier. Dalmatique* des hérauts.* V. **Tabard.**

1 « Louis XII envoya un héraut d'armes annoncer la guerre au doge. » VOLT., **Mœurs**, CXIII.

2 « ... hérauts d'armes et brandisseurs des insignes royaux au sacre de Bonaparte, ils rempliront les mêmes fonctions au sacre de Charles X ; » CHATEAUB., **M. O.-T.**, t. IV, p. 9.

— *Fig.* V. **Annonciateur, messager** (Cf. Avant-coureur, cit. 1 ; évangile, cit. 7).

3 « Un rossignol tomba dans ses mains (*du milan*), par malheur. Le héraut du printemps lui demande la vie : » LA FONT., **Fabl.**, IX, 18.

4 « Malheureux, j'ai servi de héraut à sa gloire. » RAC., **Esth.**, III, 1.

5 « Avouez... que cette brillante civilisation dont l'Amérique est, aujourd'hui, le protagoniste, le héraut, le prophète, semble nous conduire vers une de ces périodes qui figurent, dans l'histoire de l'esprit, comme de mornes lacunes... » DUHAM., **Scènes vie future**, IV.

DER. — Cf. Héraldique. — HOM. — **Héros.**

HERBACÉ, ÉE. *adj.* (1566 ; empr. du lat. *herbaceus.* V. **Herbe**). *Bot.* Qui a les caractères, l'apparence de l'herbe. *Filet herbacé* (Cf. Extension, cit. 3). — *Spécialt.* (par oppos. à ligneux*). *Tige herbacée :* tige molle et généralement verte, peu résistante. *Plantes herbacées,* plantes non ligneuses, annuelles ou vivaces, dont la partie aérienne meurt après la fructification. *L'œillet, l'ortie, le fraisier, le bananier, la carotte, le tabac, le trèfle, la villarsie... les graminées sont des plantes herbacées.*

HERBAGE. *n. m.* (XIIe s. ; de *herbe*).

‖ **1°** Toutes sortes d'herbes cueillies (vx). *Vivre d'herbages* (ACAD.). — Herbe des prés (Cf. Épaisseur, cit. 7).

‖ **2°** Prairie naturelle dont l'herbe, consommée sur place par le bétail, est suffisamment fertile pour l'engraisser (Cf. *infra,* cit. 2). V. **Prairie* ; embouche.** *Herbages plantés* (de graminées : pâturin, dactyle, fléole des prés, fétuque des prés, ray-grass, vulpin... ; de légumineuses : trèfle blanc, trèfle des prés... ; de plantes diverses : chardon, pissenlit, plantain...). *Herbages non plantés. Herbages de Normandie. Mettre des bœufs à l'engrais* dans un herbage.* V. **Herbager** (Cf. aussi Mettre au vert*).

1 « Les vaches, elles, n'étaient guère menées en pâture qu'après la moisson. Cette Beauce si sèche, dépourvue d'herbages naturels, donnait de bonne viande cependant ; » ZOLA, **La terre**, II, I.

2 « Les *herbages* et les *pâturages* comprennent les prairies naturelles qui ne sont pas fauchées et dont l'herbe est consommée sur place par le bétail ; on range dans la catégorie des *herbages* ces prairies qui, suffisamment fertiles, permettant l'engraissement du bétail qui les pâture ; on réserve à la catégorie des *pâturages* celles qui, plus pauvres, ne permettent pas l'engraissement du bétail. » STATIST. AGRIC. DE LA FRANCE, **Enquête de 1929**, Circulaire du 25 avril 1929.

DER. — **Herbager, ère.** *n.* (1732). Éleveur, personne qui s'occupe d'engraisser les bovins. — **Herbager.** *v. tr.* (1409 ; se conj. comme *changer*). Mettre à paître dans un herbage. *Herbager des bœufs* (DER. — **Herbagement.** *n. m.* (1877). Action d'herbager des bestiaux). — **Herbageux, euse.** *adj.* (XVIe s.). Peu usit. Couvert d'herbages. *Contrée herbageuse.*

HERBE. *n. f.* (*Erbe* au XIIe s. ; du lat. *herba*).

‖ **1°** *Bot.* Se dit des Plantes* phanérogames non ligneuses dont les parties aériennes meurent chaque année (V. **Herbacé**). *Les plantes phanérogames comprennent des arbres, des arbustes, des arbrisseaux, des sous-arbrisseaux* et des herbes. Herbes annuelles, bisannuelles... Herbes vivaces. Herbe cultivée, herbe sauvage, herbe des champs* (Cf. Fumer, cit. 1 ; fleurir, cit. 6 BOSSUET). *Herbes dures et épineuses des lieux arides* (Cf. Agreste, cit. 3). *Herbes aquatiques* (Cf. Engorger, cit. 2), *fluviatiles* (cit. 2). *Animaux qui vivent d'herbes, de végétaux.* V. **Herbivore** (Cf. Autruche, cit. 1). *Cultiver des herbes* (Cf. Germe, cit. 8). *Cueillir des herbes* (Cf. Cueillette, cit. 2), *en faire une collection.* V. **Herbier, herboriser.** *Herbe dont on fait une couronne* (cit. 2). *Herbes médicinales* (Cf. Botanique, cit. 3 ; brûler, cit. 21 ; entreprendre, cit. 17). *Herbes officinales, employées en pharmacie.* V. **Herboriste.** *Herbes vulnéraires*. Herbes aux vertus magiques ; herbes des fées* (Cf. Enchantement, cit. 3). *Sorcières qui font bouillir des herbes* (Cf. Arriver, cit. 15). — *Herbes potagères* (autrefois), *légume* vert ou salade*. Éplucher* (cit. 1) *des herbes. Salade d'herbes fades* (cit. 1). *Bouillon aux herbes,* bouillon de légumes. *Des œufs, des herbes et du fromage* (cit. 2). *Marché aux herbes.* V. **Herberie.** — *Herbes odorantes, aromatiques* (Cf. Âcre, cit. 3 ; flasque, cit.). *Gigot* (cit. 5) *parfumé aux herbes des collines.* Spécialt. *Fines herbes,* herbes aromatiques qui entrent dans l'assaisonnement* de certains mets. V. **Cerfeuil, civette, estragon, persil, pimprenelle...** *Farce* (cit. 1) *aux fines herbes. Omelette aux fines herbes.*

1 « Vous verrez une autre fois cet homme sordide acheter en plein marché des viandes cuites, toutes sortes d'herbes., » LA BRUY., **Caract. Théophr.**, De l'avarice.

2 « ... (*la sauce*) doit ses subtiles vertus à des herbes aromatiques dont Clémentine a le secret. » DUHAM., **Salavin**, III, XII.

3 « Toute leur médecine, aux herbes plus ou moins amères, manifeste un art méticuleux d'apaiser opportunément la fièvre, la soif, et les dangereuses impatiences de la guérison. » BOSCO, **Hyacinthe**, p. 163.

4 « ... une vieille femme qui allait vendre ses herbes au marché et qui avait entrée dans la villa peu après Désirée, pour proposer sa marchandise. » GREEN, **A. Mesurat**, I, XVI.

— *Par ext.* Nom vulgaire de nombreuses plantes herbacées ou non. *Herbe à l'ambassadeur, à Nicot, aux grands prieurs, à la reine* (Tabac). *Herbe d'amour* (Myosotis). *Herbe aux ânes* (Onagre ou Onagraire). *Herbe de Saint-*

Antoine (Épilobe). *Herbe bénie ou de Saint-Benoît* (Benoîte). *Herbe à la bière* (Houblon). *Herbe du bon Henri* (Chénopode). *Herbe aux boucs* (Chélidoine). *Herbe britannique* (Patience d'eau ou Rumex). *Herbe carrée* (Scrofulaire). *Herbe aux cents goûts* (Armoise vulgaire). *Herbe aux cerfs* (Peucédan). *Herbe au chantre* (Sisymbre et Vélar). *Herbe de Charlemagne* (Carline). *Herbe au charpentier* (Achillée). *Herbe aux chats* (Népète, Cataire, Valériane). *Herbe des chevaux, herbe aux poules, à la teigne* (Jusquiame). *Herbe aux chutes, au pêcheur* (Arnica). *Herbe à cinq côtes* (Plantain). *Herbe au citron* (Mélisse). *Herbe à cochon* (Renouée). *Herbe du cœur* (Menthe). *Herbe au coq* (Tanaisie). *Herbe aux corneilles* (Fragon). *Herbe à la coupure* (Sedum reprise, Orpin). *Herbe aux couronnes* (Romarin). *Herbe sans couture* (Ophioglosse). *Herbe aux cuillers* (Cochléaria). *Herbe au diable* (Datura). *Herbe aux dindons* (Fumeterre). *Herbe à dorer* (Cétérac). *Herbe dragonne* (Arum). *Herbe aux écrouelles* (Lampourde, Scrofulaire). *Herbe aux écus* (Lysimaque, Nummulaire, Thlaspi). *Herbe à empoisonner* (Belladone). *Herbe à l'esquinancie* (Aspérule, Géranium). *Herbe à éternuer* (Achillée ou Bouton d'argent). *Herbe aux femmes battues* (Tamier). *Herbe de Saint-Fiacre* (Héliotrope, Molène). *Herbe au fic* (Ficaire). *Herbe à foulon* (Saponaire). *Herbe aux gueux* (Clématite). *Herbe de Guinée* (Panic). *Herbe aux hémorroïdes* (Scrofulaire). *Herbe de Saint-Innocent* (Poivre d'eau, Renouée). *Herbe de Saint-Jacob* (Jacobée, Séneçon). *Herbe à jaunir* (Genêt, Réséda). *Herbe de Saint-Jean* (Armoise, Glécome ou Lierre terrestre, Millepertuis). *Herbe de Saint-Joseph* (Scabieuse). *Herbe des Juifs* (Solidage). *Herbe au lait* (Polygale). *Herbe à la laque* (Phytolaque). *Herbe de Madère, de Mogador* (Rocella). *Herbe à la magicienne* (Circée). *Herbe des magiciens* (Morelle noire). *Herbe à la manne* (Glycérie). *Herbe à tous les maux, herbe sacrée* (Verveine, Tabac). *Herbe marine* (Algue, Goémon). *Herbe à mille trous* (Millepertuis). *Herbe aux mites* (Tanaisie, Molène). *Herbe du mort* (Menthe à feuilles rondes). *Herbe Notre-Dame* (Pariétaire). *Herbe aux oies* (Potentille). *Herbe à la ouate* (Asclépiade). *Herbe des pampas* (Gynérium). *Herbe aux panaris* (Renouée). *Herbe à Paris* (Parisette). *Herbe au pauvre homme* (Gratiole). *Herbe aux perles* (Grémil). *Herbe aux poumons* (Pulmonaire). *Herbe aux poux* (Dauphinelle, Pédiculaire, Staphisaigre). *Herbe aux puces* (Plantain des sables). *Herbe à Robert* (Géranium). *Herbe aux sorciers* (Circée, Datura). *Herbe aux teigneux* (Bardane, Tussilage). *Herbe de Sainte-Thérèse* (Véronique). *Herbe de la Trinité* (Pensée sauvage). *Herbe du vent* (Anémone pulsatille). *Herbe aux verrues* (Chélidoine, Euphorbe, Héliotrope). *Herbe aux vers* (Absinthe, Tanaisie). *Herbe à la Vierge* (Narcisse)... — *Herbes de la Saint-Jean*, herbes que l'on cueillait le jour de la Saint-Jean, et auxquelles on attribuait des vertus magiques. — Fig. *Employer toutes les herbes de la Saint-Jean*, employer tous les moyens* pour réussir.

5   « Il lui a tout de même fallu un peu de séminaire, l'ordination, la tonsure, toutes les herbes de la Saint-Jean. »
ROMAINS, H. de b. vol., t. III, VII, p. 110.

|| 2° *Plus spécialt.* Plante herbacée, graminée qui pousse naturellement partout où les conditions lui sont favorables. V. **Graminée.** *Longues herbes* (Cf. Engraisser, cit. 5). *Hautes herbes des prés, des savanes... Herbes folles** (cit. 51). *Herbes couvertes de rosée* (Cf. Étincellement, cit. 2). *Herbes sèches* (Cf. Année, cit. 5 ; chemin, cit. 23 ; foin, cit. 3). *Couleur des feuillages et des herbes* (Cf. Cru, cit. 5). *Moulin abandonné, envahi* (cit. 7) *par les herbes. S'avancer dans les herbes* (Cf. Froncer, cit. 5), *au travers des herbes et des orties* (Cf. Forêt, cit. 3). *Faire courber* (cit. 2) *les herbes sous ses pas.*

6   « Le vent qui soufflait tirait horizontalement les herbes folles qui avaient poussé dans la paroi du mur... »
PROUST, Rech. t. p., t. I, p. 210.

7   « Ce qui est démoralisant, c'est la friche, ou l'envahissement d'un bon semis par les herbes. »
ROMAINS, H. de b. vol., t. IV, XIX, p. 210.

8   « La foule s'avança dans une petite allée entre les herbes hautes qui envahissaient les tombes, et s'arrêta auprès de la fosse ; »
CHARDONNE, Dest. sentim., p. 58.

9   « La caractéristique des associations herbeuses est la prédominance des espèces herbacées, en premier lieu des Graminées, auxquelles peuvent s'ajouter diverses espèces vivaces... Les pluies peuvent être faibles, mais assez fréquentes pour humecter la surface du sol, la température doit être favorable pendant toute cette période (*période de végétation*). Mais les herbes, étant ordinairement trophophiles, peuvent supporter pendant leur période de repos soit de grands froids, soit une sécheresse prolongée. »
De MARTONNE, Géogr. phys., t. III, p. 1203.

— *Mauvaise herbe.* Toute herbe qui n'est d'aucune utilité et nuit aux cultures qu'elle envahit (V. **Chiendent**). *Mauvaise herbe qui gêne les légumes* (Cf. Couper, cit. 2). *Enlever, arracher, extirper les mauvaises herbes.* V. **Désherber, sarcler.**

10   « Et en effet, sur la planète du petit prince, il y avait comme sur toutes les planètes, de bonnes herbes et de mauvaises herbes. Par conséquent de bonnes graines de bonnes herbes et de mauvaises graines de mauvaises herbes. »
SAINT-EXUP., Petit prince, V.

— Par métaph. ou fig. *Pousser comme une mauvaise herbe*, pousser rapidement, facilement. *Idée qui pousse comme une mauvaise herbe* (Cf. Crâne, cit. 5). — En parlant d'un jeune vaurien ou par plaisant. de n'importe quel enfant : *Mauvaise herbe croît toujours. Mauvaise herbe est précoce et croît avant* (cit. 4) *le temps.* V. **Graine** (mauvaise graine).

11   « L'enfant, à peine sevrée, avait poussé dru, en mauvaise herbe ; »
ZOLA, La terre, I, III.

|| 3° *Sing. collectif.* Végétation naturelle de plantes herbacées peu élevées où les graminées* dominent. V. **Gazon.** *De l'herbe. Touffe d'herbe* (Cf. Énergie, cit. 3), *brin** *d'herbe* (Cf. Apprivoiser, cit. 19 ; flottant, cit. 5). *Herbe rase, courte* (Cf. Épineux, cit. 1). *Herbe riche, grasse, drue, épaisse, fournie, haute, touffue... des terres fertiles et bien arrosées. Herbe maigre et rare des terres pauvres, des régions trop froides* (latitude, altitude), *ou trop sèches. Herbe verte* (V. **Verdure**), *herbe d'émeraude* (cit. 3), *herbe nouvelle* (Cf. Flanc, cit. 15), *menue* (V. **Herbette.** Cf. Gambader, cit. 1), *fine* (Cf. Arrosage, cit. 1), *tendre* (Cf. LA FONT. Faim, cit. 2), *fraîche* (Cf. Brebis, cit. 2 ; croupir, cit. 3), *fleurie. Herbe jaunie, roussie, sèche* (Cf. Flammèche, cit. 2), *brûlée par le soleil* (Cf. Fendre, cit. 11), *le feu* (Cf. Flamme, cit. 8). *Herbe givrée* (Cf. Clapoter, cit. 1), *mouillée* (Cf. Fondre, cit. 10). *Pluie qui foule* (cit. 3) *l'herbe. Herbe qui ploie, qui frissonne* (cit. 12) *dans le vent. Fraîcheur* (Cf. Âcre, cit. 2), *parfums, exhalaisons de l'herbe* (Cf. Bien-être, cit. 2). *Bruissement des insectes dans l'herbe* (Cf. Envol, cit. 1). *Fourmis, sauterelles* (Cf. Balle, cit. 9), *couleuvres* (cit. 3)... *qui vivent dans l'herbe. Lieux couverts d'herbe.* V. **Herbage, pâture, prairie, pré, savane.** *Endroit feutré* (cit. 3) *d'herbe. Herbe des champs, des prés...* (Cf. Chardon, cit. 1). *Pré plein d'herbe* (Cf. Âne, cit. 1). *Herbe des berges, des fossés* (Cf. Coucher, cit. 23), *des chemins peu fréquentés... Herbe qui croît dans les cimetières* (cit. 3), *qui envahit un jardin, les allées d'un parc abandonné, qui cache* (cit. 4), *enfoui. Temple enseveli* (cit. 10) *sous l'herbe. Brûler l'herbe sur pied.* V. **Brûlis ; écobuer.** *Garnir d'herbe.* V. **Enherber, engazonner.** *Herbe entretenue pour la décoration des jardins, des parcs...* V. **Gazon, pelouse.** — *Marcher, courir* (cit. 2) *dans l'herbe. Poulains qui gambadent* (cit. 3) *sur l'herbe. Avoir de l'herbe jusqu'au ventre* (Cf. Étoile, cit. 15). *S'asseoir* (cit. 22), *se reposer sur l'herbe* (Cf. Étendre, cit. 7 ; foule, cit. 1). *Se coucher dans l'herbe* (Cf. Foin, cit. 4), *dormir sur l'herbe* (Cf. Abandon, cit. 8). *Se rouler dans l'herbe* (Cf. Fenaison, cit.). *Cueillir des fleurs, ramasser des fruits dans l'herbe* (Cf. Gauler, cit.). *Déjeuner* sur l'herbe. Jeux sur l'herbe* (Golf, criquet, etc.). *Écraser, froisser* (cit. 7 et 8) *l'herbe sous ses pas* (Cf. Cahin-caha, cit. 3). *Herbe couchée, froissée* (cit. 9). *Bestiaux qui foulent l'herbe* (Cf. Flotter, cit. 11). *Traces de gibier sur l'herbe* (Cf. Barbare, cit. 21). — *L'herbe, nourriture de certains animaux. Fauves mangeurs d'herbe* (Cf. Gagnage, cit. 1). *Bêtes qui mangent, broutent** (cit. 1 et 2) *l'herbe.* V. **Paître.** *Faim* (cit. 3), *famine* (cit. 2) *qui oblige les hommes à manger de l'herbe. Couper, faucher** *l'herbe des prés.* V. **Fenaison.** *Herbe coupée, fauchée, herbe séchée.* V. **Foin* ; andain** (Cf. Faneur, cit.). *Odeur d'herbe fauchée* (Cf. Effluve, cit. 3). *Fourchée* (cit.), *botte, bottillon, meule* d'herbe. Herbe qui repousse après la fenaison.* V. **Regain.** *Faire* (cit. 26) *de l'herbe pour les lapins, en couper, en récolter. Apporter* (cit. 5) *de l'herbe aux bêtes.* V. **Fourrage.** *Litière d'herbe sèche, bouchon** *d'herbe...*

12   « Je ne vois rien que le Soleil qui poudroie, et l'herbe qui verdoie. »
PERRAULT, Barbe Bleue.

13   « C'est là qu'il y en avait, de l'herbe ! jusque par-dessus les cornes, mon cher !... Et quelle herbe ! savoureuse, fine, dentelée. faite de mille plantes... C'était bien autre chose que le gazon du clos. »
DAUDET, Lettres de mon moulin, Chèvre de M. Seguin.

14   « Rognes fauchait et fanait, dans les prés, autour d'elles. Avant le jour, Delhomme se trouvait là, car l'herbe, trempée de rosée, est tendre à couper, comme du pain mollet, tandis qu'elle durcit, à mesure que le soleil la chauffe ; et on l'entendait bien, résistante et sifflante à cette heure sous la faux. »
ZOLA, La terre, II, IV.

15   « ... d'un balancement de sa fourche, elle prenait l'herbe, la jetait dans le vent... Les brins volaient, une odeur s'en dégageait, pénétrante et forte, l'odeur des herbes coupées, des fleurs fanées. »
ID., Ibid., II, IV.

16   « Plus d'allées ; sur les pelouses débordées quelques vaches pâturaient librement l'herbe surabondante et folle... Nous parvînmes devant le perron du château. dont les premières marches étaient noyées dans l'herbe, celles d'en haut disjointes et brisées ; »
GIDE, Isabelle, pp. 9-10.

17   « ... l'herbe courte des fossés se creusait et se divisait, sous le vent, semblable à des cheveux où des mains invisibles auraient couru. »
GREEN, A. Mesurat, II, V.

— *Par comp. Cheveux* (cit. 13) *plantés comme de l'herbe.*

18   « Sur le crâne, de rares cheveux décolorés rappelaient l'herbe qui pousse sur les dunes. »
MART. du G., Thib., t. III, p. 184.

— LOC. DIV. *À chemin battu il ne croît point d'herbe*, il n'y a rien à gagner dans une affaire dont beaucoup de personnes s'occupent. — *Couper l'herbe sous les pieds de quelqu'un*, frustrer quelqu'un de quelque avantage en le devançant*, en le supplantant*.

19 « ... il n'a tenu qu'à elle... de couper l'herbe sous le pied de Mˡˡᵉ de La Valette... »   SÉV., 946, 27 déc. 1684.

|| **4°** *Par anal.* EN HERBE. Se dit des céréales qui, au début de leur croissance, sont vertes, courtes et molles comme de l'herbe. *Blés* (cit. 3) *en herbe* (Cf. Couvée, cit. 3). *L'avoine est encore en herbe.* — *Le blé en herbe*, roman de Colette.

— *Manger son blé en herbe :* propremt. le manger avant qu'il ne soit mûr (en gerbe) et en perdant la récolte. *Au fig.* Utiliser, dépenser un bien productif avant qu'il n'ait rapporté. V. **Dilapider.** *Comment Panurge... mangeait son blé en herbe* (RAB., Tiers Livre, II). *Amasser le froment* (cit. 1) *en gerbe au lieu de le manger en herbe.* — Dans le même sens : *Quand on broute* (cit. 3) *sa gloire en herbe de son vivant, on ne la récolte pas en épis après sa mort* (RENAN).

20 « ... en moins de quatorze jours il (*Panurge*) dilapida le revenu certain et incertain de sa châtellenie pour trois ans... abattant bois, brûlant les grosses souches pour la vente des cendres, prenant argent d'avance, achetant cher, vendant à bon marché, et mangeant son blé en herbe. »   RAB., III, II.

— En parlant d'enfants, de jeunes personnes qui ont des dispositions pour quelque chose, qui se destinent à quelque métier. *Pianiste, médecin en herbe.* V. **Apprenti, futur.** *Un gangster en herbe* (Cf. De la graine* de...).

21 « Montrer une horloge à un mécanicien en herbe, ce sera toujours lui révéler la mécanique en entier ; il développe aussitôt les germes qui dorment en lui. »   BALZ., Mod. Mignon, Œuvr., t. I, p. 592.

22 « L'héroïsme réunissait un monde mêlé sous une même palme. Bien des meurtriers en herbe y trouvaient l'occasion, l'excuse de leur vice et sa récompense, côte à côte avec les martyrs. »   COCTEAU, Thomas l'imposteur, p. 120.

— Par plaisant. *Cocu* en herbe.*

23 « Au sort d'être cocu son ascendant l'expose,
Et ne l'être qu'en herbe lui douce chose. »   MOL., Éc. d. maris, III, 9.

DER. — *Herbage*, herbier, herbu.* Cf. Herbeux, herbeiller*. — **Herbeiller.** *v. intr.* (1279). *T. de Vén.* Paître l'herbe, en parlant du sanglier. V. **Paître.** — **Herber.** *v. tr.* (XIIᵉ s., aux sens de « herbager » et de « aromatiser avec des herbes »). Exposer sur l'herbe (la toile qu'on veut blanchir). *Herber de la toile, des draps...* — **Herberie.** *n. f.* (XIIIᵉ s.). *Vx.* Marché aux herbes. *On vendait à l'herberie toutes sortes d'herbes potagères, aromatiques, médicinales... Le Dit de l'Herberie,* œuvre de Rutebeuf (XIIIᵉ s.). Lieu où l'on herbe la toile, le linge. — **Herbette.** *n. f.* (XIVᵉ s.). *Fam. et poét.* Herbe courte et fine, menue. *Berger étendu* (cit. 50) *sur l'herbette.*

COMP. — **Désherber ; herbicide, herbicole.**

HERBEUX, EUSE. *adj.* (1553 mais admis ACAD. 1762 seulement ; *herbous* XI-XIIIᵉ s. ; lat. *herbosum,* de *herba,* « herbe »). Où il pousse de l'herbe (V. **Herbu**). « *Il croît de l'herbe dans une clairière herbeuse ; et l'on en voit à foison dans un champ* herbu ». *Sentiers herbeux.*

1 « Au long de cette rive herbeuse. »   BELLEAU, Petites inventions, Le papillon.

2 « ... elle se mit à marcher sur le côté herbeux du chemin, en évitant les pierres. »   P.-J. TOULET, Jeune fille verte, V.

— Géogr. *Associations herbeuses des prairies*, des steppes* et des savanes*.*

3 « La caractéristique des associations herbeuses est la prédominance des espèces herbacées, en premier lieu des Graminées, auxquelles peuvent s'ajouter diverses espèces vivaces, des sous-arbrisseaux ou arbustes et même des arbres disséminés. »   De MARTONNE, Géogr. phys., t. III, p. 1203.

HERBICIDE. *adj.* (XXᵉ s. ; suff. -*Cide*). Qui détruit les mauvaises herbes. *Produit herbicide,* et substant. *Un herbicide très efficace.*

HERBICOLE. *adj.* (1828 ; suff. -*Cole**). *Zool.* Qui vit dans l'herbe. *Insecte herbicole.*

HERBIER. *n. m.* (XIIᵉ s. ; « terrain herbeux » ; de *herbe*).

|| **1°** *Vx.* Herboriste (Cf. Arboriser, cit.).

— Hangar* où l'on abrite provisoirement l'herbe coupée pour le fourrage.

|| **2°** Bot. (*Vx*). Traité de botanique.

— (1704). Collection de plantes, entières ou fragmentées, destinées à l'étude, et que l'on garde séchées et aplaties entre des feuillets auxquels elles sont généralement fixées. *Confectionner un herbier* (V. **Herboriser**). *Un bel herbier.*

1 « ... me voilà sérieusement occupé du sage projet d'apprendre par cœur tout le *Regnum vegetabile* de Murray, et de connaître toutes les plantes connues de la terre. Hors d'état de racheter des livres de botanique, je me suis mis à transcrire ceux qu'on m'a prêtés ; et résolu de refaire un herbier plus riche que le premier, en attendant que j'y mette toutes les plantes de la mer et des Alpes, et de tous les arbres des Indes, je commence toujours à bon compte par le mouron, le cerfeuil, la bourrache et le séneçon... »   ROUSS., Rêv., VIIᵉ prom.

2 « Je le trouve (*le prince Roland Bonaparte*) au milieu des immenses herbiers qui, contenant des échantillons de plantes les plus rares, occupaient tout un étage de la demeure monumentale de ce fervent botaniste, membre de l'Académie des Sciences à ce titre. »   LECOMTE, Ma traversée, p. 508.

— *Herbier artificiel* ou simplt. *Herbier.* Collection de planches illustrées représentant des plantes.

3 « ... nous eûmes des herbiers chinois, des géographies... chinoises... »   CHATEAUB., Génie du christ., IV, IV, I.

HERBIVORE. *adj.* (1748 ; comp. sav. de *herbe,* et -*vore**). Qui se nourrit d'herbes, de feuilles. *Animal herbivore* (Cf. Carnivore, cit.). Substant. *Un herbivore.* Zool. *Les herbivores,* ensemble de mammifères* qui se nourrissent d'herbes, de feuilles, qu'ils coupent grâce à leurs incisives en ciseaux, appelées pince* (V. **Ruminant**). Cf. Faune (cit. 5). *Le bœuf, le mouton, le rhinocéros... sont des herbivores.*

« De nombreux herbivores habitent les steppes et les hauts plateaux : des bovidés comme le chamois d'Europe, l'*oreotragus* d'Afrique,... le yak du Tibet,... de nombreuses chèvres,... des moutons... »   De MARTONNE, Géogr. phys., t. III, p. 1405.

HERBORISER. *v. intr.* (1611 ; *Arboriser** 1534 RAB. ; de *herboriste*). Recueillir des plantes là où elles poussent spontanément, soit pour les étudier, en faire un herbier*, soit pour utiliser leurs vertus médicinales. *Herboriser pour étudier la botanique*.* V. **Botaniser** (Cf. Épuiser, cit. 8). *Il est parti herboriser dans les prés.* — Trans. *Herboriser des plantes* (Cf. Envoi, cit. 1 ROUSSEAU).

1 « C'était, comme je crois l'avoir dit, un paysan de Moutru, qui, dans son enfance, herborisait dans le Jura, pour faire du thé de Suisse, et qu'elle avait pris à son service à cause de ses drogues, trouvant commode d'avoir un herboriste dans son laquais. »   ROUSS., Confess., V.

2 « Car elle s'occupait de botanique. Certains jours elle partait herboriser, portant en bandoulière sur ses robustes épaules une boîte verte qui lui donnait l'aspect bizarre d'une cantinière ; elle passait entre son herbier et sa « loupe montée » le temps que lui laissaient les soins domestiques... »   GIDE, Isabelle, VI.

|| **HERBORISÉ, ÉE.** *p. p.* et *adj.* Peu usit. V. **Arborisé.** *Agate herborisée.*

DER. — **Herboriseur.** *n. m.* (1636 WARTBURG). Celui qui herborise (Cf. Herborisateur). — **Herborisateur, trice.** *n.* (1845). Personne qui herborise. — **Herborisation.** *n. f.* (1720). Action d'herboriser. Excursion au cours de laquelle on herborise.

1 « ... je ne connais point d'étude au monde qui s'associe mieux avec mes goûts naturels que celle des plantes, et la vie que je mène depuis dix ans à la campagne n'est guère qu'une herborisation continuelle,... »   ROUSS., Confess., V.

2 « Rousseau n'a séjourné que peu de temps à Ermenonville. S'il y a accepté un asile, c'est que depuis longtemps, dans les promenades qu'il faisait en partant de l'*Ermitage* de Montmorency, il avait reconnu que cette contrée présentait un herborisateur des familles de plantes remarquables, dues à la variété des terrains. »   NERVAL, Filles du feu, Angélique, XI.

HERBORISTE. *n.* (1545 ; *arboliste* en 1499 ; *herboliste* en 1530 ; *arboriste* en 1572, par attract. de *arbre* ; « botaniste » jusqu'au XVIIIᵉ s. ; sens mod. 1690 ; dér. méridion. du lat. *herbula,* dim. de *herba*). Celui, celle qui vend des plantes médicinales et, accessoirement, de nos jours, des drogues simples (à l'exclusion des médicaments), des produits hygiéniques, de la parfumerie... *Métier, profession d'herboriste. Acheter de la menthe, de la camomille... chez un herboriste. Herboriste bandagiste. Pharmacien herboriste.*

« Elle a près d'elle une fiole d'un liquide incolore, et un petit pot de porcelaine, qui contient une crème ou peu jaunâtre ; le tout sans étiquette. Les deux produits viennent de chez une herboriste de la rue Dauphine qui prétend les confectionner elle-même d'après des recettes secrètes. »   ROMAINS, H. de b. vol., t. I, XI, p. 121.

DER. — **Herboristerie.** *n. f.* (1842). Commerce, boutique d'herboriste. *Tenir une herboristerie.* — **Herboriser.**

HERBU, UE. *adj.* (*Erbu* au XIIᵉ s. ; de *herbe*). Où l'herbe foisonne (V. **Herbeux**). *Prairie herbue. Terre grasse* (cit. 42) *et herbue.*

« ... les vallées herbues où dansent des paysannes à la haute coiffure... »   CHATEAUB., Natchez, I.

— Par ext. *N. f.* Terre légère et peu profonde qui ne peut servir qu'à faire des pâturages. — Terre prélevée des pâturages pour amender les vignes. — *Métall.* Fondant* argileux utilisé pour le traitement des minerais de fer dans les hauts fourneaux.

★ **HERCHER.** *v. intr.* (*Hiercher* en 1769 ; mot wallon, d'un bas lat. *hirpicare,* de *hirpex*. V. **Herse**). Pousser les wagons ou berlines chargés de minerai, au fond de la mine.

DER. — ★ **Herche.** *n. f.* (XIXᵉ s.). Berline* poussée à la main, au fond des mines. — ★ **Hercheur, euse.** *n.* (*Hiercheur* en 1769). Ouvrier*, ouvrière dont le métier est de hercher. V. **Mineur** (Cf. Galibot, cit.). — ★ **Herchage.** *n. m.* (*Hierchage* en 1769). Action de hercher. *Le herchage est un des procédés de roulage au fond, qui se fait également à l'aide de chevaux, de locomotives, etc.* — REM. On écrit aussi *Herschage, herscher, herscheur.*

« Dès qu'on a besoin de plusieurs herscheurs sur une même voie il faut renoncer à ce procédé (le *herschage*)... Mais dans le cas où le débit d'un seul ouvrier suffit à l'évacuation du minerai, alors cette ancienne manière de faire peut être conservée. »   M. CAZIN, Les mines, p. 101 (éd. P.U.F.).

HERCULE. *n. m.* (1668 LA FONT. ; nom d'un demi-dieu de la mythologie gréco-latine (lat. *Hercules,* du gr. *Hêraklês*) célèbre par ses travaux*, ses luttes contre les monstres, contre Antée (cit. 1), etc., symbole de la force physique). Homme d'une force physique exceptionnelle. V. **Fort***, robuste. *Cet athlète est un hercule, est bâti en hercule. Hercule précoce* (Cf. Bras, cit. 3). *Force, muscles, carrure, bras d'hercule* (Cf. Attaquer, cit. 26). *Les hercules peints par Rubens* (Cf. Assommeur, cit.). — REM. Certains écrivains maintiennent la majuscule à ce nom devenu nom commun.

1 « ... cet homme trapu, robuste, vivace, qui résumait en lui les vigueurs du sanglier et du taureau, moitié hercule, moitié satyre, fait pour dépasser cent ans... » GAUTIER, **Portr. contemp.**, Balzac, IV.

2 « À l'arrière, tandis qu'ils flânaient, apparut le capitaine, sorte de colosse à figure éteinte, d'hercule grisonnant, farouche et grave, avec des yeux désintéressés de tout, inexpressifs et sans vie. » LOTI, **Matelot**, VIII.

3 « C'était un homme d'assez haute taille bâti en Hercule,... » ARAGON, **Beaux quartiers**, II. XIV.

— Spécialt. *Hercule de foire, hercule forain*, acrobate qui fait des tours de force. V. **Bateleur, lutteur...** *Exhibition* (cit. 3) *d'un hercule forain* (Cf. Gras, cit. 34).

— *Par ext.* Homme capable d'exploits remarquables, en quelque ordre que ce soit.

4 « Notre intelligence est très bornée, ainsi que la force de notre corps. Il y a des hommes beaucoup plus robustes que les autres ; il y a aussi des Hercules en fait de pensées ; mais au fond cette supériorité est fort peu de chose. L'un soulèvera dix fois plus de matière que moi ; l'autre pourra faire de tête, et sans papier, une division de quinze chiffres... » VOLT., **Le philos. ignorant**, IX.

ANT. — Avorton.

DER. — (de même origine) : **Héraclides.** n. m. pl. (1756 ; du gr. *hèraklidês*). Descendants du demi-dieu Hercule. — **Herculéen, enne.** adj. (1520). Digne d'Hercule. *Être doué d'une force herculéenne* (Cf. Évader (s'), cit. 3). *Carrure herculéenne*. V. **Colossal** (cit.).

« Ici, un garçon bouvier, trapu et d'une force herculéenne, se détacha du groupe... » SAND, **Mare au diable**, Append., II.

HERCYNIEN, ENNE. adj. (XIXᵉ s. ; de *Hercynia silva*, nom latin de la Forêt-Noire). *Géol.* Se dit de Plissements géologiques du primaire (époque carbonifère) qui affectèrent la Cornouaille, la Bretagne, le Plateau central, les Vosges, les Ardennes, la Forêt-Noire, le Hartz, la Bohême et certaines régions de l'Afrique. *Plissements, soulèvements hercyniens. Chaîne hercynienne ou armoricaine-varisque.* Par ext. *Europe hercynienne.*

« ... on peut réunir sous le nom d'Europe hercynienne les régions qui ont été le théâtre de mouvements orogéniques au cours de l'époque Anthracolithique. La chaîne Armoricaine-Varisque n'en constitue qu'une partie, car on retrouve la trace de ces mêmes mouvements dans la chaîne des Alpes et dans les régions circumméditerranéennes. » HAUG, **Tr. de géol.**, t. II, p. 770.

★ **HERD-BOOK** (*hèrd-bouk'*). n. m. (1866 in LITTRÉ ; mot angl., propremt. « livre de troupeau »). *Zool.* Livre généalogique* des races bovines*. *Les herd-books sont tenus par des associations professionnelles.*

« C'est bien avant la découverte des lois de l'hérédité que les éleveurs ont senti le besoin d'inscrire sur les registres généalogiques, les reproducteurs qualifiés d'une race déterminée et d'en suivre la descendance. En 1791 le Stud-Book de la race chevaline anglaise de course fut créé. Coates en 1822 fonda le Herd-Book de la race bovine Durham. » L. GALLIEN, **Sélect. anim.**, p. 121 (éd. P.U.F.).

1. ★ **HÈRE.** n. m. (XVIᵉ s. ; *her* au XIVᵉ s. au sens de « maître » ; empr. selon DAUZAT à l'all. *Herr*, « seigneur » (par dérision) ou dér. selon WARTBURG de l'anc. francique *harja*, « haire », symbole de misère). Homme misérable*, sans considération. — Vx. *Cancres, hères et pauvres diables...* (Cf. Faim, cit. 10 LA FONT.). — *De nos jours*, employé seulement dans la locution *Pauvre hère. Un pauvre hère besogneux* (cit. 1). *Clientèle d'épaves* (cit. 8) *et de pauvres hères.*

1 « Neuf-Germain est un pauvre hère de poète, fort vieux... » TALLEMANT des RÉAUX in LA FONT., t. II, p. 1002 (éd. Pléiade).

2 « ... un curieux mélange de familiarité aristocratique telle qu'on la constate en Espagne dans les relations entre grands seigneurs et pauvres hères... » MAC ORLAN, **La Bandera**, V.

2. ★ **HÈRE.** n. m. (XVIIIᵉ s. BUFF. ; empr. au néerl. *hert*, « cerf »). *Vén.* Jeune cerf de plus de six mois qui n'est pas encore daguet. V. **Daguet** (cit. BUFF.). *Hères dont les bois poussent* (Cf. Dague*, cit. 4).

« Alors il n'était plus un faon, mais un hère déjà grand qui portait deux bosses sur le front et dont le poil, ayant effacé toutes ses taches, avait déjà la nuance ardente... » GENEVOIX, **La dernière harde**, II, II.

HOM. — (de 1 et 2). **Air, aire, ère, erre,** formes du v. **errer, haire, R.**

HÉRÉDITAIRE. adj. (XIVᵉ s. ; empr. du lat. *hereditarius*. V. **Hérédité**).

‖ 1° Relatif à l'hérédité (I, 2°). *Droit héréditaire*, droit de recueillir une succession. — Qui se transmet par droit de succession. *Biens héréditaires. Trésor héréditaire* (Cf. Gêne, cit. 9).

« Le droit héréditaire de l'enfant naturel dans la succession de ses père ou mère est fixé ainsi qu'il suit : Si le père ou la mère a laissé des descendants légitimes, ce droit est de la moitié de la portion héréditaire qu'il aurait eue s'il eût été légitime. » CODE CIV., Art. 758. [1]

— *Fig.* :

« .. la masse des mots et des formes provient du passé... Ce que chaque siècle produit en fait de néologisme est peu de chose à côté de ce trésor héréditaire. » LITTRÉ, **Dict.**, Préf. [2]

— *Monarchie, royauté héréditaire* (Cf. Dépôt, cit. 9). *D'élective* (cit. 2) *la couronne devint héréditaire. Aristocratie* (cit. 2) *héréditaire. Comtés héréditaires et comtés bénéficiaires* (cit. 2). *Charges, offices, titres héréditaires sous l'Ancien Régime.* — Qui a la qualité d'héritier. *Prince héréditaire* (V. **Successible**).

‖ 2° *Biol.* (1549 WARTBURG). Qui se transmet par voie de reproduction, des parents aux descendants. V. **Hérédité**. *Caractères héréditaires. Patrimoine héréditaire*, ensemble des caractères liés aux chromosomes maternels et paternels réunis dans l'œuf en un même noyau. V. **Génotype**. *Les vrais jumeaux ont même patrimoine héréditaire.* V. **Génétique** (adj.). *Aptitudes* (cit. 7), *instincts héréditaires.* V. **Atavique**. *Voix héréditaire* (Cf. Gras, cit. 33). *C'est héréditaire chez eux* (Cf. C'est de famille*). — *Maladie, tare héréditaire*, transmise par les chromosomes maternels et paternels. V. **Maladie**. — REM. On qualifie abusivement certaines maladies d'« héréditaires » lorsqu'il s'agit de contamination précoce (transmission d'une maladie au fœtus). V. **Congénital**. C'est dans ce sens que l'on dit *syphilis héréditaire.* V. **Hérédo ; hérédocontagion**.

« On sait comment Weismann (*biologiste allemand*) a été conduit, par son hypothèse de la continuité du plasma germinatif, à considérer les cellules germinales, — ovules et spermatozoïdes, — comme à peu près indépendants des cellules somatiques. Partant de là, on a prétendu et beaucoup prétendent encore que la transmission héréditaire d'un caractère acquis serait chose inconcevable. » BERGSON, **Évolution créatrice**, p. 79. [3]

« La science moderne de l'hérédité... a établi que les propriétés héréditaires sont transmises, du parent au descendant, par la distribution des chromosomes contenus dans le noyau des cellules. Or, ces chromosomes renferment, suivant leurs dimensions, les dizaines ou les centaines de particules, les *gènes* ou unités héréditaires. » É. GUYÉNOT, **Orig. des espèces**, p. 66 (éd. P.U.F.). [4]

« Cette cellule (*l'ovule fécondé*) est déjà le premier embryon d'un vivant autonome avec son patrimoine héréditaire bien à lui, tant et si bien que si l'on connaissait le spermatozoïde qui est venu et les chromosomes qui se sont rencontrés, on pourrait déjà prévoir le tempérament de cet enfant, la couleur future de ses cheveux et les maladies auxquelles il sera sujet. » J. CARLES, **La fécondation**, p. 79 (éd. P.U.F.). [5]

— *Par ext.* Hérité des parents, des ancêtres par l'habitude, la tradition... *Haine, aversion héréditaire* (V. **Traditionnel**).

« ...la bravoure n'y est pas (*dans la maison de Sotenville*) plus héréditaire aux mâles, que la chasteté aux femelles. » MOL., **G. Dand.**, I, 4. [6]

« ... c'était à proprement parler des souvenirs : il en est d'héréditaires ainsi que de personnels ; c'était des traditions... » A. HERMANT, **Aube ardente**, XIII. [7]

COMP. — **Héréditairement.** adv. (XIVᵉ s.). D'une façon héréditaire. *Posséder héréditairement un immeuble. Biol. Caractères qui se transmettent héréditairement. Tendance qui s'est héréditairement développée* (Cf. Essaimer, cit. 1). V. aussi **Génétiquement**.

« Nous savons que l'apathie intellectuelle, l'immoralité et la criminalité sont, en général, des caractères non transmissibles héréditairement. » CARREL, **L'homme, cet inconnu**, VIII, I.

HÉRÉDITÉ. n. f. (*Ereditet* en 1050, « héritage » ; empr. au lat. *hereditas*, de *heres*. V. **Héritier**).

I. *Dr.* ‖ 1° *Vx.* L'ensemble des biens qu'une personne laisse en mourant. V. **Héritage, patrimoine, succession.**

« La loi des Saxons veut que le père et la mère laissent leur hérédité à leur fils... » MONTESQ., **Espr. des lois**, XVIII, XXII. [1]

« La pension alimentaire de l'époux survivant est prélevée sur l'hérédité (*de l'époux prédécédé*). Elle est supportée par tous les héritiers... » CODE CIV., Art. 205 (Cf. Aliment, cit. 3). [2]

‖ 2° Qualité d'héritier* ; droit de recueillir une succession. *Accepter, refuser l'hérédité.* — *Pétition d'hérédité* : action intentée par l'héritier pour revendiquer la succession contre toute personne qui se prétend elle-même héritière. V. **Pétitoire** (action).

« ... l'article de cette ancienne loi qui ôte toute hérédité aux filles en terre salique... » VOLT., **Mœurs**, LXXV. [3]

‖ 3° *Caractère héréditaire** ; transmission par voie de succession*. *Hérédité de la couronne. Dérogation* (cit. 2) *aux lois d'hérédité. Hérédité et vénalité des offices sous l'Ancien Régime.*

« L'hérédité des fiefs et l'établissement général des arrière-fiefs éteignirent le gouvernement politique, et formèrent le gouvernement féodal. » MONTESQ., **Espr. des lois**, XXXI, XXXII. [4]

« L'hérédité de la couronne prévient les troubles, mais elle amène la servitude ; » ROUSS., **Considér. s. gouvern. de Pologne**, XIV. [5]

« L'hérédité enfante la légitimité, ou la permanence, ou la durée. » CHATEAUB., **M. O.-T.**, t. VI, p. 311. [6]

7 « Malgré l'admirable discours de monsieur Royer-Collard, l'hérédité de ·la pairie et ses majorats tombèrent sous les pasquinades d'un homme qui se vantait d'avoir adroitement disputé quelques têtes au bourreau, mais·qui tuait maladroitement de grandes institutions. »
BALZ., **Duchesse de Langeais**, Œuvr., t. V, p. 152.

II. *Biol.* (1842 MOZIN). Transmission* des caractères d'un être vivant à ses descendants. *Hérédité spécifique, raciale :* transmission rigoureuse des caractères spécifiques, raciaux, par laquelle deux individus (ou un individu hermaphrodite) d'une espèce, d'une race donnée ne peuvent engendrer que des individus de la même espèce, de la même race (V. **Espèce**). *Hérédité individuelle :* transmission de certains caractères individuels des parents à leurs descendants. *Science de l'hérédité.* V. **Génétique** (cit. 2). *Étude des lois de l'hérédité par l'hybridation*. *Lois de l'hérédité formulées par Mendel.* V. **Mendélisme** et *aussi* **Mutation.** *Théorie chromosomique de l'hérédité.* V. **Chromosome, gène.** *Hérédité et milieu.* V. **Génotype**, **phénotype.** *Théorie transformiste de Lamarck basée sur l'hérédité des caractères acquis. Loi de Weismann niant l'hérédité des caractères acquis.* V. **Germen** (cit. 2), **soma.** — Spécialt. *Hérédité humaine*, transmission de certains caractères individuels, physiques ou mentaux, des parents à leurs enfants. V. **Parenté, ressemblance.** *Part du père et de la mère dans l'hérédité.* V. **Fécondation, gamète, œuf.** *Hérédité maternelle, paternelle. Croisement* (cit. 5) *d'hérédités. Hérédité directe ou continue*, par laquelle un caractère dominant (gène* dominant) se manifeste à chaque génération. *Hérédité discontinue*, dite *ancestrale ou « en retour »*, par laquelle un caractère récessif (gène* récessif) apparaît à certaines générations*. V. **Atavisme** (cit. 3). *Hérédité des maladies, des « terrains* ».* V. **Maladie, tare** (héréditaire*). *Hérédité liée au sexe* (ex. : L'hémophilie transmise par les femmes exclusivement).

8 « Ma famille maternelle de Lannion, du côté de laquelle vient mon tempérament, a offert beaucoup de cas de longévité ; mais des troubles persistants me portent à croire que l'hérédité sera dérangée en ce qui me concerne. »
RENAN, **Souv. d'enfance...**, VI, V.

9 « A cet instant, il était irresponsable ; il cédait à des influences lointaines et mystérieuses qui lui venaient de son sang : il subissait la loi d'hérédité de toute une famille, de toute une race. »
LOTI, **Mon frère Yves**, LXXIX.

10 « ... certaines influences, comme celle de l'alcool, peuvent s'exercer à la fois sur l'être vivant et sur le plasma germinatif dont il est détenteur. En pareil cas, il y a hérédité d'une tare, et tout se passe *comme si* le soma du parent avait agi sur son germen... »
BERGSON, **Évolution créatrice**, p. 83.

11 « Il est toujours téméraire d'expliquer un caractère par l'hérédité. Tel trait d'un ancêtre reparait soudain à la quinzième génération. Tel homme de talent a des enfants médiocres. Tel ménage de notaire produit Voltaire. »
MAUROIS, **Lélia**, I, I.

12 « ... il s'en faut que l'hérédité soit seulement spécifique ou raciale ; elle est aussi *individuelle*, en ce sens qu'elle porte sur des caractères, sur des traits, propres à certains individus ; et cela non plus, il n'est pas besoin d'être biologiste pour le savoir. C'est même, en général, à cette sorte d'hérédité que pense le profane lorsqu'il parle d'hérédité humaine. Ressemblance des enfants avec les ascendants, soit avec la mère ou le père, soit avec les grands-parents, soit avec les collatéraux, etc. »
J. ROSTAND, **Héréd. humaine**, p. 8 (éd. P.U.F.).

13 « ... quand un individu est modifié par le milieu, son patrimoine héréditaire est-il, lui aussi, modifié, et dans le même sens ? C'est la grande question, si souvent débattue en biologie, de la transmissibilité des caractères acquis ou, plus brièvement, de *l'hérédité de l'acquis*... la biologie peut invoquer, contre la transmission des caractères acquis, une foule d'expériences qui, instituées en vue de mettre en évidence un tel mode d'hérédité, n'ont abouti qu'à des résultats *entièrement négatifs*. »
ID., *Ibid.*, pp. 109-111.

14 « ... l'indépendance du germen par rapport au soma n'est plus admissible aujourd'hui, aussi bien du point de vue embryologique que du point de vue physiologique. Le fait que des vers privés largement de tout leur germen arrivent à le reconstruire tout à fait normalement suffit à démontrer que Weismann s'est trompé. Dans ces conditions, on ne peut plus affirmer *a priori* que l'hérédité de l'acquis soit impossible... »
J. CARLES, **Le transformisme**, p. 72 (éd. P.U.F.).

— *Dans le langage courant.* L'ensemble des caractères, des dispositions, des aptitudes, etc. que l'on hérite de ses parents, de ses aïeux, le « patrimoine* héréditaire ». *Réserves obscures de l'hérédité* (Cf. Épargne, cit. 16). *Une lourde hérédité, une hérédité chargée*, un patrimoine héréditaire comportant des tares physiques ou mentales. *Glorieuse hérédité* (ACAD.). Cf. Bon sang* ne peut mentir.

15 « Aussi lourde que soit l'hérédité d'un enfant, aussi redoutables que soient les passions dont il apportait le germe en naissant... »
MAURIAC, **Éduc. des filles.**

16 « ... Enfin puisque vous avez examiné Philippe vous savez que c'était un malade ! — Pas tout à fait, dit le médecin en souriant. Du côté de son père, ajouta-t-il... » certainement une hérédité chargée. Du côté de son père, ajouta-t-il... »
SARTRE, **Le sursis**, p. 118.

— *Par ext.* Caractères qu'on retrouve à chaque génération dans certains milieux géographiques, sociaux... avec autant de constance que s'ils étaient héréditaires. V. **Héritage.** *Hérédité paysanne, provinciale, étrangère...*

17 « ... des hérédités religieuses, qui sommeillaient au tréfonds de lui-même, l'emplissent à présent d'une soumission et d'un respect inattendus ; »
LOTI, **Ramuntcho**, II, XIII.

18 « ... c'est très fort, cette hérédité paysanne et bourgeoise qui est celle de tant de familles françaises... »
MAUROIS, **Climats**, II, III.

HÉRÉDO-. Préf. du lat. *heres, heredis*, « héritier », signifiant « héréditaire* » (au sens précis ou abusif de ce mot) et entrant dans la composition de certains mots savants médicaux tels que : **Hérédocontagion**. *n. f.* (XXe s.). Contamination du fœtus par un bacille ou autre germe morbide maternel ou paternel. *La syphilis dite héréditaire est un phénomène d'hérédocontagion.* — **Hérédosyphilis** ou par abrév. **Hérédo.** *n. f.* (XXe s.). Syphilis* dite héréditaire (*par oppos.* à syphilis acquise), généralement transmise au fœtus par la mère lors de la gestation. — **Hérédosyphilitique** et par abrév. **Hérédo.** *adj.* et *n.* Qui est atteint d'hérédosyphilis. *Enfant hérédosyphilitique. Une hérédo, des hérédos.* — *L'Hérédo,* roman de L. Daudet (1916).

HÉRÉSIARQUE. *n. m.* (1524 ; lat. ecclés. *hæresiarches*, mot gr. V. **Hérésie**). *Relig.* Auteur d'une hérésie* ; chef d'une secte hérétique. *Arius, Manès, Montanus, Luther, hérésiarques célèbres. Les sectateurs, les disciples d'un hérésiarque. Excommunier un hérésiarque. L'Hérésiarque et Cie*, recueil de nouvelles de G. Apollinaire.

1 « Saint Grégoire de Nazianze ne nous représente pas les hérésiarques comme des hommes sans religion, mais comme des hommes qui prennent la religion de travers. »
BOSS., **Hist. des var...**, V, I.

2 « L'indifférence et l'orthodoxie se touchent. L'hérésiarque n'a donc rien à espérer de nos jours ni des orthodoxes sévères, qui l'anathématiseront, ni des libres penseurs, qui souriront à la tentative de réformer l'irréformable. »
RENAN, **Quest. contemp.**, Œuvr., t. I, p. 228.

ANT. — Orthodoxe.

HÉRÉSIE. *n. f.* (*Eresie* en 1118 ; lat. ecclés. *hæresis*, du gr. *hairesis*, « choix, opinion particulière »).

|| 1° *Relig.* Doctrine, opinion émise au sein de l'Église catholique et condamnée par elle comme corrompant les dogmes. V. **Hétérodoxie.** *« L'erreur ne fait pas hérésie, mais l'opiniâtreté dans l'erreur signalée »* (CAPITANT). *Hérésie formelle ou matérielle, intérieure ou extérieure, occulte ou publique. L'hérésie formelle, extérieure et publique est punie de l'excommunication majeure. Penseur, théologien, personne coupable* (cit. 4) *d'hérésie.* V. **Hérésiarque.** *Crime* (cit. 16) *d'hérésie. Tomber en hérésie.* (Cf. Fourvoyer, cit. 6). *Accuser quelqu'un d'hérésie* (Cf. Brûler, cit. 56 ; excommunier, cit. 2). *Les diverses hérésies* (Cf. Fouriériste, cit. 1). *L'hérésie des Adamiens* (V. **Adamisme**), *des Albigeois ou Cathares, des Ariens* (V. **Arianisme**), *des Bégards*, des Manichéens* (V. **Manichéisme**), *des Monothélites* (V. **Monothélisme.** Cf. Déférer, cit. 3), *des Montanistes* (V. **Montanisme**), *des Quiétistes* (V. **Quiétisme**), *des Sacramentaires*, des Sociniens* (V. **Socinianisme**), *de Tertullien* (V. **Tertullianisme**), *des Unitaires ou Unitariens, des Valentiniens, des Vaudois... Les hérésies de Luther, de Calvin* (V. **Calvinisme, luthéranisme, protestantisme**), *de Jansénius* (V. **Jansénisme**). *L'hérésie du fidéisme* (cit.). *Naissance d'une hérésie* (V. Consommation, cit. 1 ; épuration, cit. 1). *Histoire, historien, théoricien des hérésies* (*Hérésiographie, hérésiographe, hérésiologue...*). *Sa religion côtoie, frise l'hérésie* (Cf. Ferveur, cit. 21). *Introduire l'hérésie au sein de l'Église* (Cf. Fraude, cit. 9). *Enseigner, semer l'hérésie. Adhérer à une hérésie* (V. **Secte**). *Abjurer l'hérésie. Frapper d'anathème une hérésie. Hérésie qui entraîne une division du corps de l'Église.* V. **Schisme*; dissidence.** *En France, sous l'Ancien Régime, l'hérésie était réprimée par l'État comme une infraction aux lois du Royaume. L'Inquisition* poursuivait l'hérésie. Être suspect d'hérésie* (Cf. Sentir le fagot*, le roussi).

1 « Il y a... un grand nombre de vérités, et de foi et de morale, qui semblent répugnantes, et qui subsistent toutes dans un ordre admirable. La source de toutes les hérésies est l'exclusion de quelques-unes de ces vérités ; et la source de toutes les objections que nous font les hérétiques est l'ignorance de quelques-unes de nos vérités...
C'est pourquoi le plus court moyen pour empêcher les hérésies est d'instruire de toutes les vérités ; et le plus sûr moyen de les réfuter est de les déclarer toutes ; »
PASC., **Pens.**, XIV, 862.

2 « Ce n'a pas été seulement les ariens qui ont varié... toutes les hérésies dès l'origine du christianisme ont eu le même caractère ; et longtemps avant Arius, Tertullien avait déjà dit : « Les hérétiques varient dans leurs règles, c'est-à-dire, dans leurs confessions de foi... : l'hérésie retient toujours sa propre nature en ne cessant d'innover... tout change dans les hérésies ; et quand on les pénètre à fond, on les trouve dans leur suite différentes en beaucoup de points de ce qu'elles ont été dans leur naissance. »
BOSS., **Hist. des var...**, Préf., III.

3 « ... les hérésies n'ont jamais été que des opinions particulières, puisqu'elles ont commencé par cinq ou six hommes ; »
ID., **Avert. aux protest.**, I, XXXIII.

4 « On ne vit jamais d'hérésie chez les anciennes religions, parce qu'elles ne connurent que la morale et le culte. Dès que la métaphysique fut un peu liée au christianisme, on disputa, et de la dispute naquirent différents partis... »
VOLT., **Dict. philos.**, Hérésie, I.

5 « J'apprends qu'en Espagne on vient de brûler il y a six mois une malheureuse femme pour *hérésie de quiétisme*. »
D'ALEMB **Lettre au roi de Prusse**, 14 déc. 1781.

6 « ... lorsque Bossuet descendit dans la carrière, la victoire ne demeura pas longtemps indécise ; l'hydre de l'hérésie fut de nouveau terrassée. »
CHATEAUB., **Génie du christ.**, I, I, I.

7 « Le propre des hérésies, c'est de recéler, au point de départ, une vérité qui, ensuite, se dégrade ou s'égare. Le monde moderne, a dit quelque part Chesterton, est malade de vérités devenues folles. »
DANIEL-ROPS, Ce qui meurt..., p. 18.

— *Par ext.* Doctrine contraire à l'orthodoxie au sein d'une religion établie. *Les hérésies musulmanes.*

‖ **2°** *Par anal.* Idée, opinion, théorie, pratique qui heurte les opinions considérées comme justes et raisonnables, qui semble émaner d'une perversion du jugement ou du goût. *Hérésie scientifique, littéraire. Au regard de la doctrine libérale, marxiste... cette opinion est une véritable hérésie. C'est une hérésie technique* (Cf. Électrique, cit. 2).
— *Par plaisant. Servir du Bourgogne rouge avec le poisson ! Quelle hérésie !* V. **Sacrilège.**

8 « Mais il est une autre hérésie (*en poésie*)... une erreur qui a la vie plus dure, — je veux parler de l'hérésie de l'*enseignement*, laquelle comprend comme corollaires inévitables l'hérésie de la *passion*, de la *vérité* et la morale. Une foule de gens se figurent que le but de la poésie est un enseignement quelconque... »
BAUDEL., Notes nouv. sur POE (in E. POE, Œuvr. en prose, IV, p. 1071).

9 « Les Puritains préfèrent leurs opinions à leur pays, ce qui pour moi est l'hérésie très abominable. » MAUROIS, Disc. Dr O'Grady, XX.

10 « Il fallait donner beaucoup de gages et mener une vie exemplaire, au XIXᵉ siècle, pour se laver du péché d'écrire aux yeux des bourgeois : car la littérature est par essence hérétique. »
SARTRE, Situations II, p. 281.

ANT. — Conformisme, orthodoxie. Vérité.

DER. — (du gr. *hairesis*). V. **Hérésiarque, hérétique.**

HÉRÉTIQUE. *adj.* (XIVᵉ s. ; lat. ecclés. *hæreticus*, gr. *hairetikos*. V. **Hérésie**).

‖ **1°** Qui soutient une hérésie*. *Un prince, un prélat hérétique. Fondateur d'une secte hérétique.* V. **Hérésiarque.** *Penseur, philosophe hérétique, auteur hérétique.* « *On est aussi hérétique pour nier un seul point du dogme que pour nier le tout* » (Cf. Église, cit. 8 RENAN).

1 « Mais, pour être philosophes et tolérants, il ne s'ensuit pas que ses membres (*du clergé de Genève*) soient hérétiques. »
ROUSS., Lettre à d'Alembert.

— *Substant. Un, une hérétique. Les hérétiques sont les ennemis de l'Église* (Cf. Déchirer, cit. 23). *L'Église condamne, excommunie les hérétiques* (Cf. Contaminer, cit. 1 ; égarer, cit. 26 ; excommunication, cit. 3). *Hérétique qui a abandonné la foi catholique.* V. **Apostat, relaps, renégat.** *Hérétique qui se convertit, revient dans le sein de l'Église* (Cf. Brebis égarée). « *L'hérétique est nécessairement hétérodoxe*, mais *l'hétérodoxe n'est pas nécessairement hérétique* » (LITTRÉ). *Tous les schismatiques* ne sont pas des hérétiques. Hérétiques déclarés ; hérétiques cachés, non déclarés...* (Cf. Ambigu, cit. 3 ; erreur, cit 32 ; fortifier, cit. 5). *L'Inquisition condamnait les hérétiques au supplice du feu. Jeanne d'Arc, brûlée comme hérétique et relapse.*

2 « Comme les deux principaux intérêts de l'Église sont la conservation de la piété des fidèles et la conversion des hérétiques, nous sommes comblés de douleur de voir les factions qui se font aujourd'hui pour introduire les erreurs les plus capables de fermer pour jamais aux hérétiques l'entrée de notre communion et de corrompre mortellement ce qui nous reste de personnes pieuses et catholiques. »
PASC., Pens., XIV, 952.

3 « Le propre de l'hérétique, c'est-à-dire de celui qui a une opinion particulière, est de s'attacher à ses propres pensées ; »
BOSS., Hist. des var..., Préf., XXIX.

4 « Alfonse de Castro, livre II, *de la juste punition des hérétiques,* pense qu'il est assez indifférent de les faire périr par l'épée, ou par le feu, ou par quelque autre supplice ; mais Hostiensis, Godofredus, Covarruvias... soutiennent qu'il faut absolument les brûler. »
VOLT., Dict. philos., Inquisition, I.

5 « L'hérétique est celui qui, ayant été baptisé, connaît les dogmes de la foi, les altère ou les combat. »
FRANCE, Anneau d'améthyste, II, Œuvr., t. XII, p. 19.

— *Abusivt.* V. **Impie, incroyant, infidèle** (Cf. Enfer, cit. 6 MOL.).

‖ **2°** *Par ext.* Qui est entaché d'hérésie. V. **Hétérodoxe.** *Proposition, opinion hérétique* (Cf. Anathématiser, cit. 1). *Écrit apocryphe* et hérétique.

6 « Il faut commencer par là : sans cela on n'entend rien, et tout est hérétique ; » PASC., Pens., VIII, 567.

‖ **3°** Qui soutient une opinion, une doctrine contraire aux idées reçues (par un groupe). V. **Hérésie, 2°** ; **dissident.** Substant. *Un hérétique en littérature, en médecine.*

7 « Les ennemis (*du régime nazi*) sont hérétiques, ils doivent être convertis par la prédication ou propagande : exterminés par l'inquisition ou Gestapo. » CAMUS, Homme révolté, p. 228.

8 « Freud est (*pour les marxistes*) un penseur hérétique et «petit bourgeois » parce qu'il a mis au jour l'inconscient... » ID., Ibid., p. 233.

ANT. — Orthodoxe ; chrétien, croyant, fidèle. Conformiste.

DER. — (du lat. *hæreticus*) : Héréticité. *n. f.* (deuxième moitié du XVIIᵉ s. ; mot attribué à FÉNELON par RICHELET). Caractère hérétique. *L'héréticité d'une doctrine, d'une opinion, d'une proposition.*

★ **HÉRISSER.** *v. tr.* (*Hericier* au XIIᵉ s. ; lat. pop. *ericiare*, de *ericius* (V. **Hérisson**). L'*h* aspiré est d'origine expressive).

‖ **1°** Dresser* (ses poils, ses plumes) en parlant des animaux. *Le lion hérisse sa crinière* (cit. 1), *l'oiseau ses plumes, le porc-épic ses piquants.*

1 « J'ai donc vu ce sanglier, qui par nos gens chassé, Avait d'un air affreux tout son poil hérissé ; »
MOL., Princ. d'Él., I, 2.

2 « Comme un coursier indompté hérisse ses crins, frappe la terre du pied et se débat impétueusement à la seule approche du mors... »
ROUSS., De l'inég. parmi les hommes, II.

3 « ... des oiseaux se tenaient immobiles, hérissant leurs petites plumes au vent froid du matin. » FLAUB., Mᵐᵉ Bovary, I, II.

— *Par anal.* Présenter des pointes, des éléments aigus... *Monument qui hérisse son faîte* (Cf. Carquois, cit. 1). *Cactus qui hérisse ses épines.*

— *Par ext.* Faire dresser (les poils, les plumes). *La colère hérisse les poils des chats.* — En parlant de l'homme. *Le froid hérisse les poils* (V. **Horripiler**). Fig. *La peur, l'horreur hérissait les cheveux de sa tête.*

4 « Le sifflement des balles hérissait le poil sur sa peau. »
MAUPASS., Contes de la bécasse, Avent. de Walter Schnaffs.

5 « ... les cheveux hérissés D'épouvante, d'horreur et de colère ; »
LECONTE DE LISLE, Poèmes barbares, Le corbeau.

‖ **2°** *Par anal.* En parlant de choses pointues, saillantes, qui se dressent sur une surface, un objet. *Épingles qui hérissent une pelote. Pointes, écrous* (cit. 2) *qui hérissent une planche, une paroi... Morceaux de verre, tessons qui hérissent le sommet d'un mur.*

6 « Le chardon importun hérissa les guérets, » BOIL., Épitr., III.

7 « Des brins de chaume, des broussailles hérissent çà et là la couche neigeuse où sautillent des corbeaux qui virgulent de leur noirceur la blancheur du sol. »
GAUTIER, Feuilleton du « Moniteur universel », 25 mai 1868.

8 « ... je méprisais les petites filles et j'attendais avec impatience le moment (qui, hélas ! est venu) où une barbe piquante me hérisserait le menton. » FRANCE, Crime S. Bonnard, Œuvr., t. II, p. 285.

9 « ... une armée de pins gisaient à terre. Leurs racines géantes hérissaient la lande dans laquelle elles laissaient d'énormes trous. »
P. BENOIT, Mˡˡᵉ de la Ferté, I, p. 19.

— (Au part. passé). *Jambes hérissées de longs poils* (Cf. Éparvin, cit.). *Tête hérissée de cheveux blancs* (Cf. Flageller, cit. 1). — *Écailles hérissées de pointes* (Cf. Cactus, cit. 1). *Cuirasse hérissée de clous* (Cf. Cataphracte, cit.). *Épinoche hérissée de piquants* (Cf. Fretin, cit. 2). *Tour hérissée d'aiguilles* (cit. 17). *Crête hérissée de pieux barbelés* (cit. 1). *Enceinte* (cit. 2) *hérissée de tours, de créneaux* (Cf. Forteresse, cit. 1). *Arbres hérissés de lichen* (Cf. Anguleux, cit. 1). *Sentiers hérissés de buissons* (Cf. Ficher, cit. 5). *Parcours de steeple hérissé d'obstacles.*

10 « Un autel hérissé de dards, de javelots, » RAC., Iphig., III, 1.

11 « Une grosse tête hérissée de cheveux roux ; »
HUGO, N.-D. de Paris, I, V.

12 « ... la plaine était verte, hérissée de palmiers nains ; »
FROMENTIN, Été dans le Sahara, p. 257.

13 « ... sur une zone claire du couchant... se profile en vigueur la dentelure d'un vieux château demi-fantastique, hérissée de toits en éteignoir, d'aiguilles, de cheminées et de clochetons bulbeux... »
GAUTIER, Souv. de théâtre..., Dessins de V. Hugo.

‖ **3°** Garnir*, munir* de choses aiguës, pointues. *Hérisser de pieux un bastion* (LITTRÉ). V. **Entourer.** *On a hérissé ce mur de tessons de bouteilles, cette grille de pointes de fer* (V. **Hérisson**). *Hérisser de mitrailleuses une ligne de défense.* V. **Armer.**

14 « En Franche-Comté, plus on bâtit de murs, plus on hérisse sa propriété de pierres rangées les unes au-dessus des autres, plus on acquiert de droits au respect de ses voisins. »
STENDHAL, Le rouge et le noir, I, I.

— *Spécialt.* Construct. *Hérisser un mur.* V. **Hérissonner.**

‖ **4°** *Fig.* Garnir, remplir de choses rébarbatives, choquantes, désagréables, difficiles... *Question de concours hérissée de difficultés*. Dictée hérissée de pièges.* V. **Épineux.** *Hérisser sa prose d'adverbes, de mots savants et rébarbatifs, de barbarismes, de termes régionaux* (Cf. Glossaire, cit.), *de citations* (cit. 7)... V. **Embarrasser, surcharger, truffer.** *Hérisser sa conversation de pointes, de piques...* (Cf. Gaillard, cit. 11).

15 « La prose la reçut (*la pointe*) aussi bien que les vers ; L'avocat au palais en hérissa son style. »
BOIL., Art poét., II.

16 « Je dus, le cœur plein, soutenir une conversation hérissée de difficultés, où mes sincères réponses sur la politique alors suivie par le roi heurtèrent les idées du comte... »
BALZ., Lys dans la vallée, Œuvr., t. VIII, p. 917.

17 « Le français, au contraire, appuyé sur les consonnes sans en être hérissé, adouci par les voyelles sans en être affadi, est composé de telle sorte que toutes les langues humaines peuvent l'admettre. »
HUGO, P.-S. de ma vie, Tas de pierres, III.

18 « ... ces dissertations d'érudits, hérissées de passages chaldéens, syriaques, hébreux ou chinois... »
GAUTIER, Souv. de théâtre..., Hist. de la marine, I.

— *Par ext. Un pédant hérissé de grec, de latin...* (Cf. Barbe, cit. 22).

19 « Tout hérissé de grec, tout bouffi d'arrogance, » BOIL., Sat., IV.

20 « Son précepteur, qui était un homme hérissé de latin, citait des passages de Virgile et d'Horace. »
LESAGE, Bach. de Salam., 46 (in LITTRÉ).

|| **5°** Disposer défavorablement (quelqu'un) en lui inspirant de la colère, de l'irritation, de la défiance, de l'aversion... V. **Horripiler, indisposer, irriter*** (Cf. Mettre en boule*). *Cela me hérisse* (Cf. Flatter, cit. 41).

21 « Quelque méchanceté, dame ! il faut qu'on l'avoue,
Te hérisse à son tour — et certes je t'en loue, »
VERLAINE, Élégies, I.

|| **6°** V. intr. *Peu usit.* Devenir hérissé (Cf. *infra* SE HÉRISSER). « *Les cheveux lui hérissent de peur* » (ACAD.). *La peur fit hérisser ses poils, son épiderme* (cit. 2).

22 « Je sens venir l'hiver, de qui la froide haleine
D'une tremblante horreur fait hérisser ma peau. »
DU BELLAY, Regrets, IX.

|| SE HÉRISSER. *v. pron.* || **1°** Se dresser (en parlant des poils, des plumes...). *Crins* (cit. 1) *qui se hérissent. Ses cheveux se hérissaient* (Cf. Grincer, cit. 2). *Tous ses poils se hérissent d'effroi* (Cf. Abominable, cit. 1).

23 « Ses cheveux se hérissaient au seul nom de Port-Royal. »
RAC., Port-Royal.

— *Par ext.* Dresser son poil, ses plumes. *Ce coq est furieux, il se hérisse* (LITTRÉ). *Animal qui se hérisse de colère.*

24 « Dans le danger, le porc-épic se hérisse, le scarabée fait le mort... »
HUGO, Misér., V, IX, IV.

— *Fig.* Se mettre sur la défensive, manifester son opposition, sa colère*. V. **Fâcher** (se), **irriter** (s'). Cf. Se mettre en boule. *Se hérisser de pointes* (Cf. Armer, cit. 16). *À cette proposition, il se hérissa.* V. **Raidir** (se).

25 « ... Chamillart en parla (*du mariage de son fils*) à Mᵐᵉ de Maintenon, qui d'abord se hérissa, et qui en éloigna le Roi. »
ST-SIM., Mém., II, LVII.

26 « Ils sont si prodigieusement excessifs que je ne puis m'empêcher de me hérisser un peu et de réclamer en faveur de l'humanité, dont je ne suis cependant pas éperdument épris. »
GAUTIER, Souv. de théâtre..., Hist. de la marine, I.

27 « Lamartine se hérissait devant La Fontaine, découvrant dans ses *Fables* les plus pernicieux conseils. » GIDE, Attendu que..., I.

28 « Mais les vieux bourgeois de Paris se hérissaient devant cette invasion de mœurs espagnoles et italiennes. »
L. BERTRAND, Louis XIV, II, II.

|| **2°** *Par anal.* Se dresser, en parlant de choses aiguës, pointues. *Crêtes* (cit. 6), *pics qui se hérissent à l'horizon. Flèches, tours, clochers qui se hérissent* (Cf. Forêt, cit. 5).

29 « ... des chardons de six à sept pieds de haut se hérissaient sur les bords de la route comme des hallebardes de soldats invisibles. »
GAUTIER, Voyage en Espagne, p. 141.

30 « ... l'aloès et le cactus se hérissaient parmi les broussailles... »
NERVAL, Fragm. Bohème galante.

31 « Au sommet de la colline, à droite, au-dessus d'un fourmillement de pins, se hérissait un ensemble de murs blancs, vaguement oriental, faisant penser à une pièce de pâtisserie. »
JALOUX, Les visiteurs, I.

— *Se hérisser de...* être garni, muni, entouré de (pointes...). *Surface qui se hérisse de saillies, de pointes, de clous, d'aspérités...* (Cf. Coquille, cit. 4). *Champs qui se hérissent de plantes épineuses.*

32 « ... les baïonnettes, dont le premier rang se hérissait, faisaient, d'un coup de parade, sauter les sabres des assaillants... »
MADELIN, Hist. Cons. et Emp., Ascension de Bonaparte, XVI.

|| HÉRISSÉ, ÉE, *p. p. adj.* || **1°** V. **Ébouriffé, échevelé, hirsute, raide.** *Poils, cheveux hérissés. Plumes hérissées. Barbe, moustache hérissée* (Cf. Fâcher, cit. 13). *Chevelure hérissée, hérissée en brosse*.*

33 « (*Calchas*) L'œil farouche, l'air sombre, et le poil hérissé, »
RAC., Iphig., V, 6.

34 « De son visage... on n'apercevait que le haut des joues d'une pâleur ardente, deux pointes de moustaches hérissées et des yeux couleur de charbon en feu. » FROMENTIN, Une année dans le Sahel, p. 284.

|| **2°** *Cactus hérissé.* V. **Épineux.** Bot. *Tige hérissée.* V. **Hispide.** *Épi hérissé.* V. **Barbu.** — *Perche hérissée* (Cf. Avaler, cit. 7). — *Aspect hérissé d'un édifice, d'une barricade* (Cf. Efflorescent, cit. ; enchevêtrer, cit. 2). *Hérissé comme un porc-épic, comme un chardon*.*

35 « À partir de Carmona, les plantes grasses, les cactus et les aloès... reparurent plus hérissés et plus féroces que jamais. »
GAUTIER, Voyage en Espagne, p. 243.

— Substant. HÉRISSÉ. *n. m.* Nom donné à divers poissons. — HÉRISSÉE. *n. f.* Chenille de la noctuelle.

|| **3°** *Fig.* V. **Hargneux, rude.** *Homme, visage hérissé.* — *Amour-propre hérissé* (V. **Susceptible**).

36 « ... maintes fois il est rude, hérissé et presque sauvage... »
STE-BEUVE, Corresp., t. II, p. 144.

37 « ... il montre d'abord un visage hérissé et sévère, les yeux froids sous les lunettes d'or... » SUARÈS, Trois hommes, Ibsen, VII.

38 « Un amour-propre hérissé. Un rien le froissait et il avait peur d'être froissé, et surtout de le montrer ; car c'est une faiblesse et il faut se garder de donner prise à l'ennemi. »
R. ROLLAND, L'âme enchantée, p. 244.

— *Style hérissé.* V. **Déplaisant, raboteux, rude.**

39 « Vous savez avec quelle fureur on affecta de louer... l'*Électre* de Crébillon... ces vers durs et hérissés... »
VOLT., Lettre à La Harpe, 2478, 25 mai 1764.

ANT. — Aplatir, lisser. Dégarnir. Adoucir, calmer. Arrondi, lisse, plat. Aimable, avenant, doux ; facile.

DER. — ★ **Hérissement.** *n. m.* (XVᵉ s.). Le fait de se hérisser ou d'être hérissé (en parlant des poils, des plumes). *Hérissement en boule du porc-épic. Hérissement des poils d'un chien, d'un loup...* (Cf. Croc, cit. 3). Par anal. *Hérissement des épines, de plantes piquantes...* Fig. *Hérissement de colère, de rage...* (V. **Horripilation**).

1 « Mais chefs et collègues l'estimaient pour la ferme droiture de son caractère — que pourtant on traitait de hérissement — pour sa compétence et sa conscience. » LECOMTE, Ma traversée, p. 127.

2 « ... sa clarté froide (*du projecteur*) s'attachait au vapeur... elle... détaillait les brisures de son pont, en accusait le pillage. C'était vraiment un extraordinaire hérissement de débris, un abattis de fer jeté de l'avant à l'arrière, sous un réseau de ronces géantes. »
R. VERCEL, Remorques, IV, pp. 79-80.

★ **HÉRISSON.** *n. m.* (*Hériçun* au XIIᵉ s. ; du lat. vulg. *ericio, -onis,* dér. de *ericius, hericius*).

|| **1°** Petit mammifère de l'ordre des insectivores, au corps recouvert de piquants, lisses en temps normal, mais susceptible d'érection. *Le hérisson, animal carnassier, se nourrit d'insectes, de souris, d'escargots, de reptiles... ; à l'approche du danger il se roule en boule et hérisse ses piquants. Le hérisson, animal nocturne. Engourdissement* (cit. 2) *du hérisson pendant le jour. Le hérisson est comestible* (Cf. Garum, cit. 2).

1 « ... le renard sait beaucoup de choses, le hérisson n'en sait qu'une grande, disaient proverbialement les anciens. Il sait se défendre sans combattre, et blesser sans attaquer : n'ayant que peu de force et nulle agilité pour fuir, il a reçu de la nature une armure épineuse, avec la facilité de se resserrer en boule et de présenter de tous côtés des armes défensives... » BUFF., Hist. nat. anim., Le hérisson.

2 « Il y a des époques où tous les cent pas vous trouvez un hérisson mort. Ils traversent les routes la nuit, par dizaines, hérissons et hérissonnes qu'ils sont, et ils se font écraser... »
GIRAUDOUX, Électre, I, 3.

|| **2°** *Fig.* Personne d'un caractère, d'un abord difficile. *C'est un vrai hérisson : on ne peut l'approcher.* « *Un caractère qui n'est qu'un hérisson tout en pointes* » (HUGO). — Cf. Arrondir, cit. 2). — REM. « On dit : *Cette femme est un vrai hérisson* » (HANSE).

— *Adj. m. et f.* (Vx). *Hérisson, onne.* V. **Acariâtre, inabordable, revêche.**

3 « La madame Grognac a l'humeur hérissonne ; »
REGNARD, Le distr., I, 5.

|| **3°** *Zool.* Nom donné à divers animaux dont le corps est garni de piquants. *Hérisson de mer.* V. **Échinoderme, oursin ;** et *aussi* **Diodon, tétrodon.** — Bot. Champignon comestible qui pousse sur les arbres et dont la masse charnue est couverte d'aiguillons pendants. *Hydne* hérisson.

|| **4°** *Technol.* Appareil, instrument muni de pointes. — *Grappin* à quatre becs. — Assemblage de pointes de fer garnissant le sommet d'un mur, d'une grille, d'une clôture*, pour en empêcher l'escalade. — *Fortif.* Ancien engin formé d'une poutre hérissée de pointes de fer. *Hérisson roulant.* De nos jours, Élément mobile d'un réseau barbelé, formé d'un quadrilatère de fils de fer barbelés. — Tige garnie de chevilles où l'on place les bouteilles à égoutter. V. **Égouttoir, porte-bouteilles.** — Rouleau* garni de pointes pour écraser les mottes de terre (V. **Herse**). — Tige garnie de lames flexibles en métal, disposées en étoile, et servant à ramoner les cheminées.

— *Construct.* Disposition des briques, moellons dressés de chant sur la ligne supérieure d'un mur.

— Fig. *Milit.* Centre de résistance ; point fortifié d'un front discontinu. *Tactique des hérissons.*

DER. — ★ **Hérissonne.** *n. f.* Femelle du hérisson. — Plante appelée Genêt* à balai, scientifiquement *Erinacea. Hérissonne piquante.* — Chenille de certains papillons nocturnes. — ★ **Hérissonner.** *v. tr.* (XIIᵉ s.). *Construct.* Couvrir un mur d'une couche de mortier que l'on n'égalise pas et qui reste pleine d'aspérités, de saillies. On dit aussi *Hérisser.* — ★ **Hérissonné.** adj. *Blas.* Se dit des animaux représentés ramassés sur eux-mêmes et le poil hérissé. *Chat hérissonné.*

HÉRITAGE. *n. m.* (XIIᵉ s. ; de *hériter*).

|| **1°** Patrimoine laissé par une personne décédée et transmis par succession ; action d'hériter*. V. **Succession*** ; **bien** 2 (I, 2°), **hérédité, hoirie...** *Faire un héritage, un grand héritage :* le recueillir (Cf. Friche, cit. 7). *Attendre, espérer un héritage, avoir en espérance* (cit. 41) *un héritage.* V. **Espérance** (*supra* cit. 48). *Convoiter un héritage* (Cf. Création, cit 20). *Héritage provenant des ascendants* (Cf. Profectif), *des collatéraux... L'héritage de son père* (Cf. Avoir, cit. 3 ; bien, cit. 55). *Héritage de famille* (Cf. Composite, cit. 2). — *Laisser pour héritage, en héritage ; trans-*

mettre en héritage (V. **Léguer** ; **legs, testament**). *Héritage devant être transmis à quelqu'un.* V. **Substituer** ; **substitution.** *Droit à entrer en possession d'un héritage.* V. **Possession** (envoi en), **saisine.** *Droit de l'épouse sur l'héritage de son mari.* V. **Douaire.** Dr. féod. *Droit d'un seigneur à l'héritage d'un serf.* V. **Mortaille.** *Part, portion d'héritage* (Cf. Envier, cit. 5). *Partage* d'un héritage entre des cohéritiers. Distribution* des parts, des lots d'un héritage. Part d'héritage qui accroît* (II) à un héritier.* V. **Accroissement** (droit d'). *Priver (quelqu'un) d'un héritage.* V. **Déshériter, exhéréder.** *Capter* un héritage.* V. **Captateur, captation, dol.** *Accepter* (Cf. Condition, cit. 2), *refuser un héritage. Renoncer à un héritage* (V. **Renonciation**).

1 « ... l'héritage qui aurait pu vous faire vivre à votre aise vous vient ordinairement le jour de votre mort. »
　　　　　　　　　　　　GAUTIER, Mlle de Maupin, XII.

2 « ... on est souvent forcé de se résoudre à la donation... Je dois ajouter qu'elle offre une économie aux familles, car les droits d'héritage sont plus forts que ceux de la démission de biens... »
　　　　　　　　　　　　ZOLA, La terre, I, II.

3 « ... il avait exprimé, en cinq lignes, son refus catégorique et à peine motivé d'entrer en possession de sa part d'héritage... »
　　　　　　　　　　　　MART. du G., Thib., t. V, p. 163.

4 « Un vignoble entier lui était échu par héritage... »
　　　　　　　　　　　　CÉLINE, Voyage au bout de la nuit, p. 374.

— Ellipt. *L'héritage des enfants :* les biens qui leur sont destinés (Cf. Faiblesse, cit. 29).

— Par ext. *L'héritage d'un roi :* son trône, son royaume. *Princes qui se disputent* (cit. 16) *l'héritage du roi leur père.*

5 « Vous lui avez, dites-vous, rendu l'héritage de ses pères, comme si les hommes pouvaient être légués et possédés ainsi que des terres et des troupeaux. »
　　　　　　　　　　　　RAYNAL, Hist. philos., IV, 21.

‖ 2° *Spécialt. et vieilli.* Immeuble par nature faisant ou non l'objet d'une succession. V. **Domaine, propriété** (Cf. Ameublir, cit. 2 ; bail, cit. 2 ; ferme, cit. 1 ; cens, cit. 2). *Limites entre deux héritages* (Cf. Borne, cit. 2). *Héritage en friche* (Cf. Colon, cit. 2). *Vendre un héritage* (Cf. Garder, cit. 81). *Agrandir, accroître son héritage.*

6 « ... cette route est fleurie d'héritages entourés de haies et parsemée de maisonnettes à rosiers. »
　　　　　　　　　　　　BALZ., Les paysans, Œuvr., t. VIII, p. 42.

‖ 3° En T. d'Écrit. ou de Relig. *L'héritage du Seigneur :* la Terre sainte. — *L'héritage céleste :* le royaume des cieux. *Avoir pour héritage la vie éternelle* (Cf. Centuple, cit. 1).

7 « S'immoler pour son nom et pour son héritage (*de Dieu*),
D'un enfant d'Israël voilà le vrai partage : »　RAC., Esth., I, 3.

8 « Le Seigneur refuse sans doute à mes infidélités (*dit 'Saint Louis*) la consolation que j'avais tant souhaitée de délivrer son héritage... »
　　　　　　　　　　　　MASS., Panég. Saint Louis.

‖ 4° *Fig. ou par métaph.* Ce qui est transmis comme par succession. *Recevoir un nom glorieux, célèbre pour héritage* (Cf. Après, cit. 3). *Héritage de gloire, d'infamie. Avantage* (cit. 13) *transmis en héritage. Conserver une qualité, un caractère en héritage* (Cf. Biblique, cit. 2). *Ce trait de caractère est un héritage de famille* (Cf. Brouille, cit. 2). *Héritage de croyances, de coutumes, d'une civilisation* (cit. 15). *Héritage culturel. L'héritage du genre humain* (Cf. Accumuler, cit. 7 ; frontière, cit. 6). *L'héritage vital réside dans les chromosomes* (cit.). V. **Hérédité.**

9 « Car volontiers sottise est le propre héritage
De celui qui sans peine est riche dès jeune âge ; »
　　　　　　　　　　　　RONSARD, Sec. liv. des Hymnes, De l'or.

10 « Vous n'avez pas la vie ainsi qu'un héritage ; »
　　　　　　　　　　　　CORN., Polyeucte, IV, 3.

11 « Mourir digne de vous, voilà mon héritage. »　VOLT., Mérope, IV, 2.

12 « Il importe de sauver l'héritage spirituel, sans quoi la race sera privée de son génie. »　SAINT-EXUP., Pilote de guerre, XXIV.

HÉRITER. *v. intr. et tr.* (XIIe s. ; bas lat. *hereditare*, dér. de *heres.* V. **Hoir**).

I. *V. intr.* Devenir propriétaire, possesseur (de quelque chose), titulaire (d'un droit), par voie de succession*. *Hériter d'une grande fortune, d'un immeuble... Les biens dont il a hérité. La bibliothèque dont il a hérité.*

1 « ... quand on a hérité de *quarante mille doublons de huit...* »
　　　　　　　　　　　　BEAUMARCH., Mère coupable, II, 22.

2 « ... toute la fortune dont je viens d'hériter lui est destinée à ma part... »　　　ID., Ibid., IV, 6.

— Absolt. *Il vient d'hériter* (Cf. Empocher, cit. 3). *Depuis qu'il a hérité, il mène grand train. Hériter ab intestat*.*

3 « Théramène était riche et avait du mérite ; il a hérité, il est donc très riche et est d'un très grand mérite. Voilà toutes les femmes en campagne pour l'avoir pour galant, et toutes les filles pour *épouseur.* »
　　　　　　　　　　　　LA BRUY., VII, 14.

— *Par anal.* Recueillir la possession, l'usage, la jouissance (de quelque chose).

4 « Pendant deux jours, il s'occupa de son installation, car il héritait d'une table particulière et de casiers à lettres, dans la vaste pièce commune à toute la rédaction. »　MAUPASS., Bel-Ami, I, VI, p. 152.

— Fig. *La franc-maçonnerie* (cit. 3) *a hérité des rites et des symboles des anciens mystères*

---

5 « De votre injuste haine il n'a pas hérité ; »　RAC., Phèdre, V, 3.

6 « ... dix femmes dont il était le tyran héritent par sa mort de la liberté. »　　　　　　　LA BRUY., III, 45.

7 « Son fils, Ferdinand III, qui hérita de sa politique, et fit comme lui la guerre de son cabinet... »　VOLT., Louis XIV, II.

II. *V. tr.* Recevoir, recueillir (quelque chose) par héritage, par voie de succession. *Hériter une fortune ; une fortune de ses parents. Une maison qu'il a héritée de son père* (Cf. Famille. cit. 12 LA BRUY.). *Arbres, champs hérités de famille* (Cf. Emprunter, cit. 5). — *Hériter la couronne.*

8 « On ne peut contester la coutume passée en loi qui veut que les filles ne puissent hériter la couronne de France tant qu'il reste un mâle de sang royal. »　VOLT., Dict. philos., Loi salique.

9 « ... l'archevêque, qui vient d'hériter la très grosse fortune de Fernisoun... »　APOLLINAIRE, L'Hérésiarque..., p. 52.

10 « Le dénonciateur héritant les biens de sa victime. »
　　　　　　　HENRIOT, Les Fils de la Louve, p. 133 (in GREVISSE).

— *Absolt.* Recevoir un héritage (de quelqu'un). *Hériter de ses parents, de vieux collatéraux* (cit. 2). *Hériter d'un oncle d'Amérique. Hériter du côté maternel* (Cf. Éternel, cit. 39).

11 « ... procréez des enfants,
Qui puissent hériter de vous en droite ligne : »
　　　　　　　　　　　　REGNARD, Lég. univ., V, 8.

— *Fig.* V. **Recevoir, recueillir.** *Hériter la gloire de ses ancêtres, un grand nom. Hériter une tradition, une culture. Le métier qu'il avait hérité de générations de forgerons* (cit.). *C'est une maladie qu'il a héritée de sa mère* (ACAD.). Pronominalt. « *La culture ne s'hérite pas, elle se conquiert* » (cit. 8 MALRAUX).

12 « Vous avez hérité ce nom de vos aïeux ; »　CORN., Sert., III, 1.

13 « Et ces hautes vertus que de vous il hérite
Vous donnent votre part aux encens qu'il mérite. »
　　　　　　　　　　　　ID., Poés. div., 9.

14 « J'en dois compte (*de ce sang*) aux aïeux dont il est hérité, »
　　　　　　　　　　　　ID., Don Sanche, III, 4.

15 « Il est dit que Jaurès héritera tout ce que les guesdistes avaient de mauvais et qu'il n'héritera pas le peu qu'ils avaient de bon. »
　　　　　　　　　　　　PÉGUY, La République..., p. 61.

16 « Les indécis... écartelés entre les exigences de leur logique et certains besoins mystiques qu'ils ont hérités. »
　　　　　　　　　　　　MART. du G., Jean Barois, Rupture, IV.

‖ HÉRITÉ, ÉE. *p. p. adj.* Transmis par héritage. *Biens hérités, légués... Fig. Tradition, culture héritée. Qualités héritées* (Cf. le prov. Bon chien chasse* de race).

17 « L'histoire de l'art est celle des formes inventées contre les formes héritées. »　MALRAUX, Voix du silence, p. 357.

ANT. — Léguer, transmettre ; créer, inventer.

HÉRITIER, IÈRE. *n.* (XIIe s. ; lat. *hereditarius.* V. **Hériter** ; **hoir**).

‖ 1° *Au sens étroit* (Dr.) Parent* appelé par la loi à recueillir la succession* d'un défunt. V. **Hoir** (vx). *Les héritiers ou héritiers du sang se distinguent des successeurs* irréguliers et anomaux et des légataires*. Qualité d'héritier, titre d'héritier.* V. **Hérédité** (Cf. Enfant, cit. 23). *Héritiers légitimes et héritiers naturels. Les héritiers sont classés en ordres* (descendants, ascendants, collatéraux), *en lignes* (paternelle, maternelle), *en degrés*, par la loi. Légataire assimilé à un héritier par institution* d'héritier. Absence d'héritier.* V. **Déshérence.** *Héritier unique* (Cf. Embarrasser, cit. 10). — *Héritier présomptif*.* V. **Successible.** *Libéralité faite à un héritier présomptif.* V. **Avancement** (4°, avancement d'hoirie). *Exclure ses héritiers présomptifs de sa succession.* V. **Déshériter, exhérédation** (cit.). — *exhéréder. Héritier apparent,* « personne qui est en possession d'une hérédité et passe pour héritier aux yeux de tous » (CAPITANT). *Héritier apparent écarté par découverte ultérieure d'un testament. Héritier ab intestat*. Héritier testamentaire* (V. **Testament, testateur**). — *Héritier appelé à une succession. Héritier qui revendique une succession par la pétition d'hérédité. Transmission de la succession aux héritiers.* V. **Saisine.** *La transmission de la succession à l'héritier le plus proche s'effectue dès la mort du de cujus* (Cf. Le mort saisit le vif, son hoir le plus proche habile à lui succéder). *Héritiers nécessaires* (en droit romain) : ceux qui ne pouvaient renoncer à la succession. *Nul n'est héritier qui ne veut...* adage du droit français. *Droit d'option de l'héritier. Héritier pur et simple,* qui accepte la succession sans bénéfice d'inventaire, par oppos. à l'*héritier bénéficiaire* (V. **Bénéfice,** 2°). *Héritier qui renonce à la succession.* V. **Renonciation.** — *Droit pour chaque héritier de demander le partage*. Héritier recevant sa part d'un bien indivis vendu par licitation* (V. **Colicitant**). *Héritier alloti* de sa part* (Cf. Attribuer, cit. 1). *Héritier qui divertit* (cit. 4) *ou recèle des effets de la succession.* — *Protection des héritiers. Héritier réservataire.* V. **Réserve.** — *Les héritiers considérés par rapport au défunt, à leur auteur** (cit. 13). V. **Ayant-cause** (cit. 1 et 2). Cf. Authentique, cit. 3. *Il est l'héritier de tel banquier, c'est son héritier. Amasser, entasser* (cit. 5) *des biens, conserver son patrimoine pour ses* héritiers (Cf. Entamer, cit. 4 ; essentiel, cit. 5). — *Héritier avide* (cit. 10), *sans scrupules. Héritier prodigue qui dévore* (cit. 17), *dilapide son héritage.*

1 « ... on n'aurait plus désir
D'amasser tant de biens, pour les laisser en proie
D'un indigne héritier, qui sautera de joie
Gaillard après ta mort, qui de mille festins,
Masques, cartes et dés, musique et baladins,
En trois ou quatre mois rendra ta bourse vide. »
RONSARD, Sec. liv. des Hymnes, De l'or.

2 « Non, je ne comprends pas de plus charmant plaisir
Que de voir d'héritiers une troupe affligée,
Le maintien interdit, et la mine allongée,
Lire un long testament où, pâles, étonnés,
On leur laisse un bonsoir avec un pied de nez. »
REGNARD, Légat. univ., I, 4.

3 « Une héritière gênoise ! cette expression pourra faire sourire à Gênes où par suite de l'exhérédation des filles, une femme est rarement riche ; mais Onorina Pedrotti. l'unique enfant d'un banquier sans héritiers mâles, est une exception. » BALZ., Honorine, Œuvr., t. II, p. 250.

4 « ... les héritiers, qui se tenaient au bout de la rue entourés de curieux et absolument comme des corbeaux qui attendent qu'un cheval soit enterre pour venir gratter la terre et la fouiller de leurs pattes et du bec, accoururent avec la célérité de ces oiseaux de proie. » ID., Urs. Mirouët, Œuvr., t. III, p. 407.

5 « L'action représente une de ces terribles scènes de famille qui se passent au chevet des morts, — dans ce moment, si bien rendu jadis sur une scène des boulevards, — où l'héritier, quittant son masque de componction et de tristesse, se lève fièrement et dit aux gens de la maison : « Les clefs ? » NERVAL, Filles du feu, Angélique, II.

6 « La loi règle l'ordre de succéder entre les héritiers légitimes et les héritiers naturels. À leur défaut, les biens passent à l'époux survivant, et, s'il n'y en a pas, à l'État. » CODE CIV., Art. 723.

7 « Les successeurs appelés par la loi à recueillir l'hérédité sont divisés par elle en deux catégories, les *héritiers* et les *successeurs irréguliers* (art. 723). L'intérêt de cette distinction fondamentale, c'est que les premiers seuls sont investis de la *saisine*... 1º D'après le Code civil de 1804, la classe des héritiers comprenait seulement les *parents légitimes*... Depuis, la loi du 25 mars 1896 a fait des enfants naturels des héritiers, et désormais (art. 723 nouveau), la première classe comprend *les parents soit légitimes soit naturels.*
2º L'article 723 disait et dit encore que l'hérédité passe à l'époux survivant « *à défaut d'héritiers* ». Mais cette formule, exacte autrefois, a cessé de l'être... en vertu de la loi du 9 mars 1891, le conjoint survivant, successeur irrégulier, vient à la succession *en concours* avec les héritiers du sang. » COLIN et CAPITANT, Dr. civ., t. III, p. 400.

8 « Il y a, d'après l'article 731, trois ordres d'héritiers, celui des *enfants et descendants* du défunt, celui des *ascendants*, celui des *collatéraux* ; ces ordres sont appelés à la succession à défaut l'un de l'autre. » ID., Ibid., p. 403.

‖ 2º *Au sens large,* Celui, celle qui reçoit des biens en héritage. V. **Acquéreur** (à titre gratuit), **légataire, successeur...** *Il a déshérité son propre fils pour faire de cette personne son héritière. Époux héritier de son conjoint* (Cf. Apport, cit. 3).

9 « ... une femme qui pourrait bien souhaiter charitablement d'être mon héritière universelle. » MOL., Am. méd., I, 1.

10 « Sœur Pathou... gagne l'affection d'une vieille dame archimillionnaire qu'elle assiste. La vieille dame propose à sœur Pathou de déshériter son propre fils pour faire d'elle sa légataire universelle... Quand la vieille dame meurt, sœur Pathou lègue elle est héritière, mais malgré les ordres de ses supérieures elle refuse la succession. » JOUHANDEAU, Chaminadour, II, XIII.

— « Par rapport à la chose dont on hérite » (LITTRÉ). *L'héritier d'une grande fortune, d'une propriété... — Ce prince est l'héritier du royaume, de l'empire, du trône. Héritier présomptif* de la couronne.*

11 « ... j'apprends que mon oncle est mort, et que je suis héritier de tous ses biens. » MOL., Méd. m. l., III, 11.

12 « Héritier de mon nom, de mes places, de ma fortune... » BEAUMARCH., Mère coupable, I, 6.

13 « Dès lors, Henri de Bourbon qui, depuis longtemps, s'était échappé de Paris et qui était retourné au calvinisme, devenait, de toute certitude, l'héritier du trône. » BAINVILLE, Hist. de France, IX.

— *Fig.* V. **Continuateur, successeur.** *Les héritiers de son nom, de sa puissance, de son œuvre. Héritier de la gloire, des talents de ses ancêtres. — On dit de même : L'héritier spirituel d'un écrivain. Le dernier héritier d'un courant de pensée. Les héritiers d'une culture, d'une civilisation. Nos élégants* (cit. 8), *héritiers des petits-maîtres.*

14 « Ces deux rivaux d'Horace, héritiers de sa lyre, » LA FONT., Fabl., III, 1.

15 « ... mon père m'a fait lire un des plus profonds écrivains de nos contrées, un des héritiers de Bossuet, un de ces cruels politiques dont les pages engendrent la conviction. Pendant que tu lisais Corinne, je lisais Bonald... » BALZ., Mém. de deux jeunes mariées, Œuvr., t. I, p. 202.

16 « Il se trouvait être l'héritier d'un long effort monarchique, qui avait abouti à l'unification presque complète du pays, unification qui faisait sa force et que les étrangers admiraient et jalousaient plus encore que sa fertilité. » L. BERTRAND, Louis XIV, III, 1.

17 « De cette Révolution le souverain se déclare l'héritier, il l'incarne... » MADELIN, Hist. Cons. et Emp., Avènement de l'Empire, VIII.

18 « Depuis votre plus tendre enfance on vous instruisit comme moi ; on vous apprit à vénérer la Grèce, dont nous sommes les héritiers. » GIDE, Corydon, Quatrième dialogue, p. 157.

‖ 3º *Par ext.* V. **Enfant, fils, fille.** *Sa femme ne lui a point encore donné d'héritier* (ACAD.). *L'éducation de l'héritier* (Cf. Désobéir, cit. 6). *L'héritier de David* (Cf. Autel, cit. 5). *Ce roi n'a pas d'héritier mâle, il n'a pas laissé d'héritier* (Cf. Apanage, cit. 1).

19 « Mon père est sénateur ; je serai sénateur après lui : je suis son seul héritier mâle et le dernier de mon nom. » SARTRE, P... respectueuse, II, 5.

— *Héritière, riche héritière :* « *fille unique qui doit hériter d'une grande succession* » (LITTRÉ). Cf. Effleurer, cit. 10. *Chercher à épouser une héritière.*

20 « Mme de Richelieu... était franche héritière, c'est-à-dire riche, laide et maussade. » ST-SIM., Mém., IV, XVII.

21 « Mon père de son vivant ne m'aurait donné qu'une dot modérée ; je ne serais point une héritière célèbre. Ainsi, chère maman, dit Mina en rougissant beaucoup, je ne pourrais jamais, comme toutes les jeunes filles mes amies, me flatter d'inspirer un sentiment tendre... » STENDHAL, Rom. et nouv., Le rose et le vert, II.

22 « Il avait décidé qu'il ferait un jour un beau mariage, et dans sa tête il était arrêté qu'il épouserait une des héritières de la chocolaterie. » ARAGON, Beaux quartiers, I, VII.

ANT. — Auteur, de cujus, testateur.

COMP. — **Cohéritier, ière.** n. (XIVe s.) Celui, celle qui est appelé à une succession en concours avec d'autres héritiers.

HERMANDAD. n. f. (mot esp. « confrérie »). *Hist.* Fédération de villes espagnoles au moyen âge, dirigée contre les excès commis par la noblesse féodale, puis contre les brigands. *Soldats de la Sainte-Hermandad fondée en 1476.*

« Tel est ce souterrain, que les officiers de la Sainte-Hermandad viendraient cent fois dans cette forêt sans le découvrir. » LESAGE, Gil Blas, I, IV.

HERMAPHRODITE. n. m. (XIIIe s., *hermefrodis ;* empr. au lat. *hermaphroditus,* du nom grec d'un personnage mythol. androgyne*, fils d'*Hermès* (Mercure) et d'*Aphrodite* (Vénus).

I. N. m. ‖ 1º *Biol.* Être humain possédant quelques-uns des caractères apparents des deux sexes. V. **Androgyne.** *Hermaphrodites vrais ou bisexués* (ou digames), pourvus à la fois de glandes mâles et femelles. *Hermaphrodites ou pseudo-hermaphrodites masculins.* V. **Androgynoïde.** *Hermaphrodites ou pseudo-hermaphrodites féminins :* gynandroïdes.

1 « On demande si un animal, un homme par exemple, peut avoir à la fois des testicules et des ovaires... en un mot si la nature peut faire de véritables hermaphrodites, et si un hermaphrodite peut faire un enfant à une fille et être engrossé par un garçon. Je réponds, à mon ordinaire, que je n'en sais rien... » VOLT., Dict. philos., Testicules, II.

2 « ... le sexe d'un individu ne résulte pas seulement de la structure générale de ses glandes génitales mais, encore, de l'ensemble de ses caractères sexuels et surtout de son aptitude aux fonctions sexuelles.
En tenant compte de l'ensemble de ces facteurs anatomiques et physiologiques, en faisant, en expert, le bilan de chaque cas concret, on arrivera à établir la *dominante sexuelle* et à classer les sujets, tout au moins pour la commodité de la discrimination clinique, en *hermaphrodites masculins* et *hermaphrodites féminins.*
Il faut, en effet, en revenir à l'antique conception du digeste : le sexe d'un sujet est celui qui prévaut en lui. » A. et M. BINET, Régions génit. de la femme, p. 119.

— *Fig.* Ce qui présente une ambiguïté, prête à équivoque. *Ce mot est un hermaphrodite :* il a les deux genres* (cit. 21). *Le timbre de contralto* (cit. 1), « *hermaphrodite de la voix* » (GAUTIER).

‖ 2º Être légendaire auquel on supposait une forme humaine bisexuée. *Platon, dans le Banquet, suppose que les premiers hommes étaient des hermaphrodites.*

3 « Il n'y a presque pas de différence entre Pâris et Hélène. Aussi l'hermaphrodite est-il une des chimères les plus ardemment caressées de l'antiquité idolâtre. » GAUTIER, Mlle de Maupin, IX.

4 « Là, dans ce bosquet entouré de fleurs, dort l'hermaphrodite... Ses traits expriment l'énergie la plus virile, en même temps que la grâce d'une vierge céleste. Rien ne paraît naturel en lui, pas même les muscles de son corps, qui se fraient un passage à travers les contours harmonieux de formes féminines. » LAUTRÉAMONT, Chants de Maldoror, II, p. 70.

‖ 3º *Bx-arts.* Sujet doté de formes masculines et féminines combinées. *L'Hermaphrodite du Vatican, du musée d'Épinal... Hermaphrodite couché, debout.*

5 « ... le type de l'hermaphrodite se résume, en dehors de l'attitude qui peut varier, en deux conceptions morphologiques différentes. La première, la plus simpliste, consiste à doter un corps féminin aux formes bien développées des attributs mâles ; la seconde, d'un plus haut intérêt, est la fusion en une étonnante synthèse du type viril et du type féminin » RICHER, Nouv. anat. artist., Le nu dans l'art, p. 292.

II. *Adj.* ‖ 1º Qui est doté de caractères des deux sexes. *Adolescent hermaphrodite. Statue de dieu hermaphrodite.*

6 « La pieuse madame de Bourignon était sûre qu'Adam avait été hermaphrodite, comme les premiers hommes du divin Platon. » VOLT., Dict. philos., Adam, II.

‖ 2º *Bot.* Se dit de végétaux qui contiennent dans une même fleur* les organes mâles (étamines) et femelles (pistil). V. **Amphigames, bisexué.** *Plante hermaphrodite où le pistil arrive le premier à maturation.* V. **Protogyne.** —

Zool. Animal portant à la fois les gonades* mâle et femelle. *De nombreux invertébrés sont hermaphrodites : l'escargot, la sangsue, le ver de terre...*

7 « Chez les animaux supérieurs, les glandes génitales élaborant les gamètes, sont portées par deux êtres différents, le mâle et la femelle. Les sexes sont séparés. Ce cas n'est pas général. Il existe de nombreux animaux hermaphrodites, où les gonades mâles et femelles, se développent côte à côte, sur le même individu. Parfois... les deux glandes fonctionnent simultanément. Parfois, l'une des gonades arrive à maturité avant l'autre, et l'animal est d'abord mâle, puis femelle... »
L. GALLIEN, La sexualité, p. 7 (éd. P.U.F.).

8 « Beaucoup de plantes sont hermaphrodites et développent côte à côte dans la même fleur les organes mâles et les organes femelles ; quelques-unes... ajoutent à l'hermaphrodisme l'autogamie, c'est-à-dire le pouvoir de se féconder elles-mêmes. »
J. CARLES, La fécondation, p. 48 (éd. P.U.F.).

ANT. — Agame, asexué, unisexué ; femelle, mâle.

DER. — **Hermaphrodisme.** *n. m.* (XVᵉ s.). Réunion des deux sexes ou de caractères des deux sexes* chez le même individu. *Chez l'homme on appelle hermaphrodisme une « malformation des organes génitaux caractérisée par la présence... de quelques-uns des caractères apparents des deux sexes. C'est plutôt un pseudo-hermaphrodisme »* (GARNIER).

1 « ... avec la tête froide d'un homme et le cœur brûlant d'une femme, comme on a dit que J.-J. Rousseau écrivait. J'ai remarqué que cet ensemble, cet hermaphrodisme moral, est moins rare qu'on ne le croit. »
BEAUMARCH., **Mère coupable**, Un mot.

2 « Dans l'hermaphrodisme intégral, il y a cumul morphologique et physiologique complet des deux sexes. C'est ce que l'on observe dans certaines classes d'invertébrés... Chez les vertébrés, en général, et dans le genre humain, en particulier, rien de semblable. La fusion des sexes est toujours incomplète chez le même sujet. »
A. et M. BINET, **Régions génit. de la femme**, p. 114.

HERMÉNEUTIQUE. *adj.* (1777 ; du gr. *hermeneutikos*). Qui a pour objet l'interprétation des textes (philosophiques, religieux...). L'art, la science herméneutique. V. **Critique.**

— Substant. L'HERMÉNEUTIQUE. *n. f.* Interprétation des textes, et *spécialt.* des symboles. *Herméneutique sacrée :* l'interprétation de la Bible, l'explication des textes sacrés. *Herméneutique cabalistique.* V. **Cabale.**

HERMÈS (*mess'*). *n. m.* (1756 ENCYCL. ; lat. *hermes*, nom d'une divinité grecque correspondant à Mercure). *Sculpt.* Tête de Mercure supportée par une gaine*. *Statue de Mercure. Un hermès de marbre. Colonne surmontée d'un hermès.* V. **Hermétique** 2. — *Par ext.* Tête ou buste surmontant une gaine. *Buste en hermès*, dont les épaules, la poitrine, le sein sont coupés par des plans.

« ... des consoles jaunes étaient portées par des gaines d'hermès aux têtes de femme en métal doré. »
GONCOURT, **Madame Gervaisais**, III, p. 8.

1. HERMÉTIQUE. *adj.* (1610, Cf. cit. 1, *infra* ; dér. de *Hermès* (Trismégiste), le Toth des Égyptiens, qui passait pour le fondateur de l'alchimie).

‖ **1° Vx.** Relatif à l'alchimie. V. **Alchimique.** *Pierre, vase hermétique.* *Spécialt. Sceau hermétique, fermeture hermétique :* « la manière de boucher les vaisseaux (*récipients*) pour les opérations chimiques si exactement, que rien ne se puisse exhaler... ce qui ne peut se faire qu'en fondant à la lampe le bout du col du matras, et en le tortillant avec les pincettes propres à cela » (FURETIÈRE).

1 « Il lui donna un collier fait de quatre pierres hermétiques supportées de cristal. »
BÉROALDE de VERVILLE, **Voyage des princes fortunés**, p. 377 (1610).

2 « La chimie a été nommée art ou science hermétique... »
FOURCROY, Conn. chim., t. I, p. 3 (in LITTRÉ, art. Pyrotechnie).

— Relatif à la partie occulte de l'alchimie, au grand œuvre, aux doctrines d'Hermès Trismégiste. V. **Hermétisme.** *Philosophie, science hermétique. Philosophe hermétique. Livres, œuvres hermétiques. Le vieux langage hermétique.* (Cf. Exhumer, cit. 6).

3 « Il (*Proclus*) s'était rempli la tête de gymnosophisme, de notions hermétiques, homériques, orphéiques, pythagoriciennes, platoniques et aristotéliciennes. »
DIDER., Opin. des anc. phil., Éclectisme.

4 « ... je feuilletterai, aux blafardes lueurs de la lampe, les livres hermétiques de Raymond Lulle ! »
A. BERTRAND, **Gaspard de la nuit**, L'alchimiste.

5 « À cette époque, le centre hermétique était, en France, à Paris où les alchimistes se réunissaient sous les voûtes de Notre-Dame... »
HUYSMANS, **Là-bas**, VI.

6 « Elle (*la curiosité métaphysique*) se prolongera à la fois, semble-t-il, au cours du IIIᵉ siècle dans le recueil des *Écrits hermétiques*, rassemblant le savoir qu'on prête à un ancien sage d'Égypte, Hermès Trismégiste, et dans le vaste système de pensée de Plotin... »
P. GUILLON, in Hist. des Littér. I, p. 563 (Encycl. Pléiade).

— *Par ext.* V. **Ésotérique, occulte, secret.**

7 « La clef est un symbole en grande vénération chez les Arabes, à cause d'un verset du Coran qui commence par ces mots : *Il a ouvert.* et de plusieurs autres significations hermétiques ; »
GAUTIER, **Voyage en Espagne**, p. 164.

— Substant. (XVIIIᵉ s.). L'HERMÉTIQUE. *n. f.* : la philosophie, les doctrines ésotériques de l'alchimie.

« Mon jeune châtelain donne, en toute réalité, dans l'Hermétique, 8 la kabbale et les histoires du sabbat ! »
VILLIERS DE L'ISLE-ADAM, **Axel**, II, 5.

— *Un hermétique. n. m.* V. **Hermétiste.**

‖ **2°** *Par ext.* En parlant d'une fermeture aussi parfaite que le « sceau hermétique » des alchimistes. V. **Étanche.** *Fermeture hermétique d'un récipient, d'une bouteille.* Par *ext.* V. **Clos, fermé.** *Boîte, récipient hermétique.* Fig. *Fermeture hermétique des frontières, etc.* (Cf. Faillite, cit. 3).

« ... les banques centrales, dispensatrices des devises, tiennent 9 ainsi en main la clé d'une serrurerie financière grâce à laquelle la fermeture devient effectivement hermétique. »
SIEGFRIED, **Ame des peuples**, p. 21.

‖ **3°** *Fig.* (XIXᵉ s.). Impénétrable, difficile ou impossible à comprendre, à interpréter. V. **Obscur.** *Écrivain, poète hermétique. Certains sonnets de Mallarmé sont assez hermétiques.* V. **Ésotérique.** — *Visage hermétique*, sans expression. V. **Fermé, impénétrable.**

« ... il veut être hermétique ; il tient la clarté pour une faiblesse... 10 Cela dans le style écrit, car, dans la conversation, il est très simple. »
MAUROIS, **Terre promise**, XXX.

« ... visage strictement hermétique, osseux, comme taillé dans le 11 silex, où plus rien de sensible ne subsistait que la double meurtrissure des paupières... »
MAURIAC, **Désert de l'amour**, II.

« D'autres aussi se signalent par un style si personnel qu'il est à 12 peu près hermétique. »
M. AYMÉ, **Confort intellectuel**, VII.

ANT. — Clair, compréhensible, évident. Ouvert.

DER. — **Hermétique.** — **Herméticité.** *n. f.* (1866 LITTRÉ). Peu usit. Qualité de ce qui est fermé, clos d'une manière hermétique. V. **Étanchéité.** — **Hermétiquement.** *adv.* (1615). Par une fermeture hermétique. *Récipient fermé*, bouché*, scellé hermétiquement.* Par ext. *Porte, fenêtre hermétiquement fermée* (Cf. Appliquer, cit. 17). *Volets hermétiquement clos. Lieu, appartement, sérail hermétiquement clos* (Cf. Filtrer, cit. 11). Fig. *Secret hermétiquement couvé* (Cf. Conserver, cit. 12).

« ... jamais rien de si hermétiquement bouché (*que d'Aguesseau*) en 1 fait de finance... ni de si incapable d'y rien entendre. »
ST-SIM., Mém., V, XLV.

« Par précaution contre lui-même, pour être sûr, au moment où défi- 2 lerait le cortège, de ne pas chercher dans l'assistance certains visages connus, il avait laissé les volets hermétiquement clos. »
MART. du G., **Thib.**, t. IV, p. 275.

2. HERMÉTIQUE. *adj.* (1694 ; de *Hermès*). Archit. *Colonne hermétique :* colonne surmontée d'un hermès*, d'une tête d'homme, en manière de chapiteau.

HERMÉTISME. *n. m.* (fin XIXᵉ s. ; de *hermétique*).

‖ **1°** Ensemble des doctrines ésotériques des alchimistes (V. **Alchimie**) ; philosophie hermétique* (1°). V. **Astrologie, ésotérisme, magie, occultisme...**

« On appelle *hermétisme* ou *philosophie hermétique* un ensemble de 1 doctrines qui sont censées remonter aux livres égyptiens dits *Livres de Toth trois fois grand...* Ces doctrines sont exposées dans des textes grecs dont la date et l'origine sont incertaines ; elles ont été imprimées pour la première fois, en traduction latine, par MARSILE FICIN, sous le titre *Mercurii Trismegisti liber de potestate et sapientia Dei* (Trévise, 1471) et dans le texte grec par Ad. TURNÈBE (Paris, 1554). »
LALANDE, Vocab. de la philos., Hermétisme.

— *Par ext.* « Caractère secret, fermé, rigoureux et inflexible d'une doctrine » (ACAD.).

‖ **2°** *Fig.* Caractère de ce qui est impénétrable, incompréhensible, obscur. *L'hermétisme d'une certaine poésie moderne.*

« ... ne voit-on pas que l'hermétisme de la poésie contemporaine on 2 n'en fera pas bon marché par une simple sommation aux poètes d'avoir à se plus clairement expliquer... »
ARAGON, **Les yeux d'Elsa**, Appendice, I, p. 87.

« Malgré son souci de transcrire fidèlement la réalité, malgré ses 3 phrases rudement maçonnées, Proust acquit ainsi une réputation de préciosité, d'hermétisme, et passa pour une espèce de décadent. »
M. AYMÉ, **Confort intellectuel**, X.

DER. — **Hermétiste.** *n. m.* (fin XIXᵉ s.). Celui qui est versé dans l'hermétisme. — REM. Dans ce sens, on emploie parfois *Hermétique*, substant. : « *la plupart des hermétiques* » (HUYSMANS, Là-bas, p. 85).

« ... nous le voyons (*Gilles de Rais*) faire construire le fourneau des alchimistes... acheter des pélicans, des creusets et des cornues. Il établit des laboratoires... et il s'y enferme avec Antoine de Palerne, François Lombard, Jean Petit, orfèvre de Paris, qui s'emploient, jours et nuits, à la coction du grand œuvre. Rien ne réussit ; à bout d'expédients, ces hermétistes disparaissent... »
HUYSMANS, **Là-bas**, VI.

HERMINE. *n. f.* (XIIᵉ s. ; fém. de l'anc. adj. (h)*ermin*, du lat. *armenius*, dans *Armenius mus*, « rat d'Arménie »). Mammifère carnivore (*Mustélidés*), scientifiquement appelé *mustela erminea*, un peu plus grand que la belette* à laquelle il ressemble. V. **Martre** (blanche). *Le pelage de l'hermine, brun rouge en été, devient blanc l'hiver, sauf le bout de la queue qui reste noir.* V. **Roselet.**

« La belette à queue noire s'appelle hermine ou roselet : hermine 1 lorsqu'elle est blanche, roselet lorsqu'elle est rousse ou jaunâtre...
La peau de cet animal est précieuse ; tout le monde connait les fourrures d'hermine, elles sont bien plus belles et d'un blanc plus mat que celles du lapin blanc... Ces hermines sont très communes dans tout le Nord, surtout en Russie, en Norvège, en Laponie : elles y sont, comme ailleurs, rousses en été et blanches en hiver : »
BUFFON. Hist. nat. anim., L'hermine.

2 « L'hermine vierge de souillure,
Qui, pour abriter les frissons,
Ouate de sa blanche fourrure
Les épaules et les blasons ; »
GAUTIER, **Émaux et camées**, Symph. en blanc majeur.

— *La blancheur de l'hermine, symbole de la pureté*, de l'innocence**...

3 « Tout ce qu'il (*le poète*) peut trouver de qualités, il l'entasse sur la tête de son prince ou de sa princesse ; il les fait plus soucieux de leur pureté que la blanche hermine, qui aime mieux mourir que d'avoir une tache sur sa fourrure de neige. »
GAUTIER, **Voyage en Espagne**, p. 221.

— *Fig.* Personne innocente et pure.

4 « Hermine par sa propre volonté, la souillure morale ne lui semblait pas supportable. »
BALZ., **Splend. et mis. des courtis.**, Œuvr., t. V, p. 818.

— *Par ext.* Peau, fourrure (cit. 2) de l'hermine (Cf. Briller, cit. 8). *L'hermine était* « *très recherchée au moyen âge à cause de la blancheur neigeuse de son poil d'hiver, que l'on mouchetait ou* herminait *en la parsemant des pinceaux ou queues noires de ces animaux* » (RÉAU). *Manteau doublé d'hermine. Col d'hermine. Bande, chausse d'hermine fixée au costume d'apparat de certains magistrats et professeurs* (Cf. Examinateur, cit. 1). Absolt. *L'hermine des magistrats, des professeurs. Avoir l'hermine à l'épaule* (Cf. Écarlate, cit. 5 ; emmailloter, cit. 6).

5 « Un tas d'hommes vêtus d'hermine et de simarres, »
HUGO, **Lég. des siècles**, LIV, XI.

6 « Le magistrat l'avait reçu debout, dans sa robe, hermine à l'épaule et toque en tête. »
FLAUB., **Mᵐᵉ Bovary**, II, III.

7 « Riches, les vêtements des seigneurs et des dames,
Velours, panne, satin, soie, hermine et brocart,
Chantent l'ode du luxe en chatoyantes gammes. »
VERLAINE, **Poèmes saturniens**, Mort de Philippe II.

— *Blas.* Une des deux fourrures du blason (V. *aussi* **Vair**) figurée par un champ d'argent moucheté de petites croix de sable, à pied élargi et se terminant par trois pointes. V. **Contre-hermine** (*comp.*) Cf. *supra*, cit. 2 GAUTIER.

DER. — **Herminé, ée.** adj. (XIIᵉ s.). *Vx.* Fourré d'hermine. *Robe herminée. Blas.* Chargé de mouchetures d'hermine, en parlant d'une pièce de blason. « *Lion herminé* » (MAINTENON). *Croix herminée*, formée de quatre mouchetures d'hermine. — **Herminette** ou **Erminette.** n. f. (XVIᵉ s.). Hachette à tranchant recourbé (comme le museau de l'hermine). *Herminette de charpentier, de tonnelier, à un seul tranchant. Herminette à hache*, munie d'une seconde lame droite à l'opposé de la première.

COMP. — **Contre-hermine.** n. f. *Blas.* Fourrure constituée, à l'inverse de l'hermine, par un fond de sable semé de mouchetures d'argent. (DER. — **Contre-herminé.** adj. Chargé de contre-hermine).

HERMITAGE, HERMITE. Ancienne orthographe d'ERMI-TAGE* (Cf. Couvert, cit. 1 LA FONT. ; ermitage, cit. 2 ROUSSEAU) et d'ERMITE (Cf. LA FONT. Fabl., X, 5).

★ **HERNIE.** n. f. (1490 ; anc. fr. *hergne, hargne*, encore usités au XVIIᵉ s. ; empr. au lat. *hernia*). *Méd.* Tumeur molle formée par un organe totalement ou partiellement sorti par un orifice naturel ou accidentel de la cavité qui le contient à l'état normal. *Hernie du cerveau, du poumon. Hernie de la moelle épinière.* V. **Spina-bifida.** *Hernie du foie* (V. **Hépatocèle**), *de l'iris* (V. **Kératocèle**), *du rein* (V. **Néphrocèle**)... *Cf. aussi le suff. -Cèle.* — Spécialt. *Hernie abdominale*, et ellipt. *Une hernie.* V. **Descente, effort, éventration.** *Hernie simple, double. Brayer* pour pointe de hernie. Avoir, attraper, se donner une hernie. Réduire une hernie par taxis*. Variétés de hernies : hernie crurale, diaphragmatique, inguinale, ombilicale, périnéale... Hernie étranglée*, où le resserrement du col du sac herniaire entraîne la constriction de l'organe hernié* avec immobilisation des gaz et des matières fécales. *Débrider, opérer une hernie étranglée.*

« Des bandages herniaires pour toutes les variétés de hernies, simples ou doubles, avec leur tampon maintenu par une ceinture métallique qui fait ressort... »
ARAGON, **Paysan de Paris**, p. 122.

— *Art. vétér. Hernie inguinale du porcelet, hernie ombilicale du poulain...*

— *Par anal. Techn.* Excroissance formée par une chambre à air à travers une déchirure de l'enveloppe d'un pneumatique.

DER. — ★ **Herniaire.** n. f. (1611). *Bot.* Plante dicotylédone vivace (*Paronychiées*), scientifiquement appelée *herniaria*, et vulgairement *herniole, turquette, herbe au turc* ou *aux hernies*, employée jadis en cataplasme contre les hernies. — Adj. (1762 ACAD.). *Méd.* Qui a rapport aux hernies. *Sac, tumeur herniaire. Bandage herniaire.* V. **Brayer.** — ★ **Hernié, iée.** adj. (1842). *Méd.* Sorti par hernie. *Anse intestinale herniée, épiploon hernié.* — ★ **Hernieux, euse.** adj. (1549). *Méd.* Qui est atteint d'une hernie. — Substant. *Un hernieux* (MONT., III, 13).

HÉROÏCITÉ. V. HÉROÏQUE (*Dér.*).

HÉROÏ-COMIQUE. V. HÉROÏQUE (*Comp.*).

HÉROÏDE. n. f. (XVIᵉ s. ; empr. au lat. d'orig. gr. *herois, -idis*, « héroïne »). Épître* élégiaque composée sous le nom d'un héros, d'une héroïne, ou de quelque personnage cé-

lèbre. *L'héroïde, genre poétique désuet. Les Héroïdes,* d'Ovide.

« Mon petit La Harpe a fait une réponse à l'abbé de Rancé. Cet abbé de Rancé avait écrit ce qu'on appelle, je ne sais pourquoi, une héroïde à ses moines ; M. de La Harpe fait répondre un moine qui assurément vaut mieux que l'abbé. »
VOLT., **Lettre à Chabanon**, 3072, 16 mars 1767.

1. HÉROÏNE. n. f. (1540 ; empr. au lat. d'orig. gr. *heroine*).

‖ **1º** Femme d'un grand courage, qui fait preuve par sa conduite, en des circonstances exceptionnelles, d'une force d'âme au-dessus du commun. V. **Héros** (Cf. Encontre, cit. 1). *Une vaillante héroïne. Une héroïne légendaire* (Cf. Ballet, cit. 4). *Sainte Blandine, héroïne chrétienne, vierge et martyre. Jeanne d'Arc, héroïne nationale. Charlotte Corday, héroïne de la Révolution. Louise de Bettignies, héroïne française. Edith Cavell, héroïne anglaise de la Grande Guerre. Mourir en héroïne, comme une héroïne* (Cf. Carcasse, cit. 4).

1 « Élevé dans le sein d'une chaste héroïne,
Je n'ai point de son sang démenti l'origine. »
RAC., **Phèdre**, IV, 2.

2 « Elle (*Anne de Gonzague*) fut l'amie de Condé, l'une des héroïnes de la Fronde ; »
HENRIOT, **Portr. de femmes**, p. 90.

3 « La captivité de Jeanne d'Arc n'avait pas éteint l'ardeur combative née des épiques succès de l'héroïne. »
P. GAXOTTE, **Hist. des Français**, t. I, p. 409.

— (Au sens large) *Vieilli.* Femmes supérieures. — *Ironiqt. :*

4 « Héroïnes du temps, Mesdames les savantes,
Pousseuses de tendresse et de beaux sentiments, »
MOL., **Éc. d. fem.**, I, 3.

‖ **2º** Principal personnage* féminin d'une œuvre littéraire. *Madame Bovary, héroïne de Flaubert. Héroïne cornélienne, racinienne* (Cf. Corps, cit. 35). *La femme adultère* (cit. 1), *héroïne de nombreux romans. Héroïne de roman-feuilleton.*

5 « Notre héroïne, qui commençait à s'accoutumer aux aventures extraordinaires... »
LA FONT., **Psyché**, I.

6 « Ces héros et ces héroïnes que le véritable romancier met au monde et qu'il n'a pas copiés d'après des modèles rencontrés dans la vie sont des êtres que leur inventeur pourrait se flatter d'avoir tirés tout entiers du néant par sa puissance créatrice, s'il n'y avait, tout de même, autour de lui... des personnes qui croient se reconnaître dans ces êtres que le romancier se flattait d'avoir créés de toutes pièces. »
MAURIAC, **Le romancier et ses personnages**, p. 98.

— *Par ext.* Principal personnage féminin d'une aventure, d'un événement réel. *L'héroïne d'un fait divers.*

7 « Elle était devenue une héroïne de cour d'assises... »
L. BLOY, **La femme pauvre**, p. 192.

8 « Hélène de Racowitza... fut aussi l'héroïne sanglante d'un drame qui devait longtemps plonger dans le deuil le parti socialiste allemand, dont le chef se tua pour elle. »
HENRIOT, **Portr. de femmes**, p. 420.

2. HÉROÏNE. n. f. (1904 in LAR., art. Morphine ; du gr. *hèros*, par anal. entre la fougue du *héros* et l'exubérance provoquée par la drogue). *Chim.* Médicament et stupéfiant succédané de la morphine. *L'héroïne, éther diacétique de morphine, poudre blanche cristalline, très toxique, employée comme calmant* (surtout dans la crise d'asthme) *sous forme de chlorhydrate d'héroïne. Toxicomane qui use de l'héroïne* (Héroïnomane).

« ... les pilules d'héroïne avaient remplacé, en Extrême-Orient, les boulettes d'opium dans la pipe du fumeur pauvre. Par ailleurs, la poudre d'héroïne se prisait aisément... On assista dans le bassin méditerranéen, de 1935 à 1939, à une invasion systématique de l'héroïne... En Tunisie,... sur deux cents entrants à l'asile de la Manouba, il y eut cinquante-deux héroïnomanes. »
A. POROT, **Les toxicomanies**, pp. 45-46 (éd. P.U.F.).

DER. — **Héroïnomanie.** n. f. (1922). Habitude morbide de l'héroïne (DER. **Héroïnomane.** n. (*Néol.*). Personne atteinte du besoin morbide d'héroïne).

HÉROÏQUE. adj. (XIVᵉ s. ; empr. au lat. d'orig. gr. *heroicus*).

‖ **1º** Qui a rapport aux anciens héros*. *Âges, époques, siècles héroïques. Légendes héroïques.*

1 « Chez les Grecs, dans les temps héroïques, il s'établit une espèce de monarchie qui ne subsista pas. »
MONTESQ., **Espr. des lois**, XI, XI.

— *Par plaisant.* (fam.). *Remonter aux temps héroïques* (Cf. Remonter au déluge).

— *Par anal.* En parlant d'un temps où se sont déroulés des événements mémorables qui, avec l'éloignement, prennent un caractère de légende.

2 « Le piquant, en cette passionnelle année 1833, était sans doute d'avoir intimement mêlé aux choses de l'amour les pouvoirs déformants de la poésie, qui nous a valu ces mythes nouveaux, couples désormais légendaires :... Francz et Marie... il faut signaler... la curiosité que Marie (*d'Agoult*) et Franz (*Liszt*), au temps héroïque de leur liaison, avaient inspirée à Balzac... »
HENRIOT, **Portr. de femmes**, pp. 328-334.

3 « Depuis la réconciliation, ces deux vieillards, qui avaient passé leurs longues vies en de patients efforts pour se ruiner l'un l'autre, n'avaient pas de plaisir plus vif que de se réunir le soir chez leurs enfants et d'y parler des temps héroïques. »
MAUROIS, B. Quesnay, II.

— *Par ext.* Qui célèbre, conte les exploits des héros, des hommes illustres. *Poète héroïque.* V. **Barde.** *Poème, poésie héroïque.* V. **Épique** (cit. 2) ; **épopée.** — Littér. *Genre* héroïque, d'inspiration et de forme noble, élevée. (Substant. *L'héroïque*). *Comédie* héroïque, d'où *Personnages héroïques.* — Prosod. *Vers héroïque*, hexamètre des Grecs et des Latins ; alexandrin du français moderne. → Mus. *Symphonie héroïque* et ellipt. *L'Héroïque*, de Beethoven, composée à la gloire de Bonaparte.

4 « (*Homère et Virgile*) assez nous ont montré
Comment, et par quel art, et par quelle pratique,
Il fallait composer un ouvrage héroïque, »
RONSARD, Pièces posthumes, Préf. de la Franciade.

5 « ... quand je me suis résolu de repasser du héroïque au naïf, je n'ai osé descendre de si haut sans m'assurer d'un guide... »
CORN., Épît. du Ment.

6 « Les six jeunes gens... commencent avec Apollon une danse héroïque... »
MOL., Am. magn., VIᵉ interm.

7 « Mélicerte, comédie pastorale héroïque... »
ID., (Titre de 1682).

8 « Le musicien consciencieux doit se servir du vin de Champagne pour composer un opéra-comique. Il y trouvera la gaieté mousseuse et légère que réclame le genre... La musique héroïque ne peut pas se passer de vin de Bourgogne. Il a la fougue sérieuse et l'entraînement du patriotisme. »
BAUDEL., Du vin et du haschisch, I.

9 « Ce sont ces rôles que j'aurais aimé jouer, les rôles comiques, même un tantinet grotesques, si on veut, bien plutôt que les grands rôles romanesques, phraseurs, héroïques. »
LÉAUTAUD, Théâtre de M. Boissard, XXVIII.

‖ 2° Qui est caractéristique ou digne d'un héros ; qui dénote de l'héroïsme*. *Une âme héroïque* (Cf. Agonie, cit. 1 ; aspect, cit. 14 ; boire, cit. 29). *Courage héroïque. Attitude héroïque devant la souffrance.* V. **Stoïque.** *Rêve héroïque des conquistadores* (Cf. Gerfaut, cit. 2). *Sentiments héroïques* (Cf. École, cit. 21). *Vocation héroïque.*

— *Action héroïque* (Cf. Affadissant, cit. ; frémissement, cit. 10). *Combat, lutte, résistance héroïque. S'imposer un effort héroïque* (Cf. Ascèse, cit. 2). *Geste, manifestation héroïque* (Cf. Gratuité, cit. 4). *Mort, trépas, sacrifice héroïque* (Cf. Bras, cit. 37). *Atteindre des sommets* héroïques (Cf. Entente, cit. 6). *Tâche, travail héroïque* (Cf. Appropriation, cit. 4 ; gémir, cit. 18).

10 « Rampant au limon de la terre, je ne laisse pas de remarquer, jusque dans les nues, la hauteur inimitable d'aucunes âmes héroïques. »
MONTAIGNE, Essais, I, XXXVII.

11 « Une héroïque ardeur brillait sur son visage ; »
RAC., Théb., III, 1.

12 « ... le pauvre Pomenars fut taillé avant-hier avec un courage héroïque. »
SÉV., 771, 12 janv. 1680.

13 « Celui-là est bon qui fait du bien aux autres ; s'il souffre pour le bien qu'il fait, il est très bon... et s'il en meurt, sa vertu ne saurait aller plus loin : elle est héroïque, elle est parfaite. »
LA BRUY., II, 44.

14 « Souviens-toi... des transports qui nous élevaient au-dessus de nous-mêmes, au récit de ces vies héroïques qui rendent le vice inexcusable et font l'honneur de l'humanité. »
ROUSS., Nouv. Héloïse, IIᵉ part., Lett. XI.

15 « Oh ! si les hommes connaissaient la puissance de séduction qu'exercent sur nous les actions héroïques, ils seraient bien grands ; les plus lâches deviendraient des héros. »
BALZ., Mém. de deux jeunes mariées, Œuvr., t. I, p. 194.

16 « Pureté, douceur, bonté héroïque, que cette suprême beauté de l'âme se soit rencontrée dans une fille de France (*Jeanne d'Arc*), cela peut surprendre les étrangers qui n'aiment à juger notre nation que par la légèreté de ses mœurs. »
MICHELET, Hist. de France, X, IV.

17 « Est-ce qu'un acte héroïque ne dépasse pas toujours les bornes de la raison ? et cependant qui donc oserait dire que le héros n'est pas plus sage que ceux qui ne bougent pas parce qu'ils n'écoutent que leur raison ? »
MAETERLINCK, Sagesse et destinée, XXX.

18 « Et ici, dans le bureau du Commandant, la mort ne me paraît ni auguste, ni majestueuse, ni héroïque, ni déchirante. Elle n'est qu'un signe de désordre. »
SAINT-EXUP., Pilote de guerre, I.

19 « Elle (*Juliette Drouet*) ne pouvait plus du tout se nourrir. Chaque soir, Victor Hugo venait passer une heure près de son lit... Elle essayait de sourire. Jusqu'à la fin, elle conserva devant lui cette attitude héroïque. »
MAUROIS, Olympio, p. 555.

— *Par exagér. ou ironiqt.* Il a eu un geste héroïque : *il m'a donné mille francs !*

20 « L'offre que vous me faites de venir à Bourbon est tout à fait héroïque et obligeante ; mais il n'est pas nécessaire que vous veniez vous enterrer inutilement dans le plus vilain lieu du monde... »
BOIL., Lettre à Racine, XLVIII, 13 août 1687.

— *Par plaisant.* et *fam.* V. **Homérique.** *Aventure, équipée héroïque.*

— *Par ext. Souvenirs héroïques. Mots, formules* (cit. 18) *héroïques...*

21 « La France a des palais, des tombeaux, des portiques,
De vieux châteaux tout pleins de bannières antiques,
Héroïques joyaux conquis dans les dangers ; » HUGO, Odes, II, 8.

22 « Au drapeau, mes enfants, au drapeau !... » Aussitôt un officier s'élançait... et l'héroïque enseigne, redevenue vivante, planait encore au-dessus de la bataille... »
DAUDET, Contes du lundi, Le porte-drapeau, I.

— *Les jours héroïques de l'Affaire Dreyfus* (Cf. Bulletin, cit. 3). *Les temps héroïques des grandes révoltes* (Cf. Geste 2, cit. 3). *Les heures héroïques de la libération de Paris.*

23 « La France de 1848 avait fait une révolution pour l'amour de la Pologne opprimée et de l'Italie esclave. Ces âges héroïques sont révolus. »
BAINVILLE, La France, t. I, p. 2.

‖ 3° Qui fait preuve d'héroïsme*. V. **Brave, courageux.** *Femme héroïque* (Cf. Furieux, cit. 3). *Combattant, soldat héroïque. Les héroïques défenseurs de Verdun.*

24 « (*Elle*) N'aime rien que la chasse, et de toute la Grèce
Fait soupirer en vain l'héroïque jeunesse. »
MOL., Princ. d'Él., I, 1.

25 « ... la nation, pour la première fois, apparaît vraiment militaire, avec ou sans enthousiasme, également héroïque. »
MICHELET, Hist. Révol. fr., XIII, II.

26 « Les Prussiens, pleins d'admiration pour cette armée héroïque... »
ID., Ibid.

27 « Wellington, inquiet, mais impassible, était à cheval, et y demeura toute la journée dans la même attitude... Wellington fut la froidement héroïque. Les boulets pleuvaient. L'aide de camp Gordon venait de tomber à côté de lui... »
HUGO, Misér., II, I, VI.

28 « ... je veux dire qu'un tel héroïsme de sainteté ne se produit peut-être que dans un monde naturellement héroïque, dans le monde cornélien ; »
PÉGUY, Victor-Marie comte Hugo, p. 88.

— *Par exagér.* et *fam.* :

29 « Écoutez-moi, Max chéri... je partirai, seule, avec l'entrain d'un chien qu'on fouette... On s'écrira tous les jours... On sera héroïques, n'est-ce pas ? afin d'attendre la date, le beau 15 mai qui nous réunira ? »
COLETTE, La vagabonde, p. 173.

‖ 4° En parlant d'un médicament, d'un remède. V. **Énergique.** — Fig. *Prendre un parti, une résolution héroïque*, qui tranche un cas désespéré.

ANT. — Lâche.

DER. et COMP. — **Héroïcité.** n. f. (1716). *Peu usit.* Qualité de ce qui est héroïque. — **Héroï-comique.** adj. (1660 ; pour *héroïco-comique*, forme inusitée). *Littér.* Qui tient de l'héroïque* et du comique. *Genre, poésie, théâtre héroï-comique. Le Lutrin, poème héroï-comique. Aventure héroï-comique.* — **Héroïquement.** adv. (1552). D'une manière héroïque (Cf. Bravement, courageusement). *Se conduire héroïquement. Souffrir héroïquement.* V. **Stoïquement.** *Mourant qui sourit héroïquement* (Cf. Céleste, cit. 13). — REM. Aucune citation n'illustre, dans LITTRÉ, cet adverbe d'usage courant dès le XVIIᵉ s.

1 « ... il faudrait s'humilier... c'est en cela même qu'on serait véritablement, qu'on serait évangéliquement, qu'on serait héroïquement sévère ; »
BOURDAL., Serm. p. IIIᵉ dim. apr. Pentec., 1ʳᵉ part.

2 « ... M. Foucquet... qui a soutenu héroïquement sa disgrâce ; »
SÉV., 638, 18 août 1677.

3 « Ma Providence me sert admirablement dans ces occasions : elle a fait souffrir héroïquement à Mˡˡᵉ Le Camus la rupture de son mariage. »
ID., 1217, 21 sept. 1689.

4 « ... les difficultés de tout genre héroïquement surmontées... »
BALZ., Muse du départ., Œuvr., t. IV, p. 177.

5 « Dès le 26 avril, Custine, général de notre armée du Rhin, ne pouvant rien faire pour la place, l'autorisait à se rendre. Refusé héroïquement. »
MICHELET, Hist. Révol. fr., XIII, II.

6 « ... on choisit de simples bourgeois ou des gens du peuple, à qui l'on fait prendre des attitudes héroïques et un ton solennel : c'est le *poème héroï-comique*, représenté surtout par *Le Lutrin...* »
M. BRAUNSCHVIG, Notre littér. étudiée dans les textes, t. I, p. 497.

HÉROÏSME. n. m. (1658 ; de *héros*). Vertu supérieure, force d'âme peu commune qui fait les héros*. *L'héroïsme se manifeste par le don total de soi-même, par une fermeté exceptionnelle devant le danger, la douleur* (physique ou morale). *Héroïsme d'un martyr, d'un soldat...* V. **Bravoure** (cit. 3), **courage** (cit. 16). *Héroïsme obscur et quotidien d'un mineur, d'un chercheur...* V. **Dévouement, sacrifice.** *Choisir entre l'héroïsme et l'abjection, les deux extrêmes* (cit. 24) *de la condition humaine. Sentiment de l'honneur, de l'héroïsme* (Cf. Espagnolisme, cit. 1). *Déployer, montrer de l'héroïsme. Faire preuve d'un héroïsme sublime, surhumain... Pousser la vertu jusqu'à l'héroïsme. Effort d'héroïsme* (Cf. Fatiguer, cit. 26). *Actes d'héroïsme* (Cf. Gadoue, cit. 2). — *Action héroïque. Des siècles d'héroïsmes, de labeurs, de détresses* (Cf. Consacrer, cit 9). — *Par ext. Héroïsme d'un geste, d'une tâche, d'une vie...* V. **Grandeur.** — REM. *Héroïsme* se répand tardivement dans le courant du XVIIᵉ s. Il ne se trouve ni dans RICHELET (1680), ni dans FURETIÈRE (1690), mais l'ACAD. l'accueille en 1694. Bien que La Bruyère l'emploie, LITTRÉ donne Diderot comme premier exemple, et HATZFELD Montesquieu.

1 « ... ils (*les stoïques*) lui ont tracé (*à l'homme*) l'idée d'une perfection et d'un héroïsme dont il n'est point capable, et l'ont exhorté à l'impossible. »
LA BRUY., De l'homme, XI, 3.

2 « ... ce général, ayant aperçu le régiment de Diesbach et un autre, qui faisaient ferme contre une armée victorieuse, loua leur valeur, leur courage, leur fermeté, leur intrépidité, leur vaillance, leur patience, leur audace, leur animosité, leur bravoure, leur héroïsme, etc. Voyez, monsieur, que de termes pour un ! »
VOLT., Lettre à Déodati de Tovazzi, 1886, 24 janv. 1761.

3 « ... ce nombre prodigieux de guerriers auxquels il est indifférent de servir sous une puissance ou sous une autre, qui trafiquent de leur sang comme un ouvrier vend son travail et sa journée... Je demande en bonne foi si cette espèce d'héroïsme est comparable à celui de Caton, de Cassius, et de Brutus. »   VOLT., **Notes sur Olympie.**

4 « ... toutes les routes par lesquelles, durant mon apprentissage, je passai de la sublimité de l'héroïsme à la bassesse d'un vaurien. »
     ROUSS., **Confess.**, I.

5 « L'admiration qu'excite en nous la vertu, la grandeur d'âme, et tout ce qui porte l'empreinte de l'héroïsme... »
     MARMONTEL, **Poétique franç.**, XII.

6 « On voit encore aux Carmes les trois ou quatre greniers qu'y occupèrent les Girondins. Les murs sont couverts d'inscriptions... Toutes respirent le sentiment de l'héroïsme. »
     MICHELET, **Hist. Révol. fr.**, XIII, IX.

7 « ... il était incapable d'héroïsme, faible, banal, plus mou qu'une femme... »   FLAUB., **Mᵐᵉ Bovary**, III, VI.

8 « ... un de ces concerts, riches de cuivre,
Dont les soldats parfois inondent nos jardins,
Et qui, dans ces soirs d'or où l'on se sent revivre,
Versent quelque héroïsme au cœur des citadins. »
     BAUDEL., **Tabl. paris.**, Les petites vieilles, III.

9 « Elle entre à son tour elle-même dans cette voie d'un héroïsme tout de résignation et de patience. »
     STE-BEUVE, **Caus. du lundi**, 14 juillet 1851, t. IV, p. 342.

10 « Ces grandes barricades révolutionnaires étaient des rendez-vous d'héroïsmes. L'invraisemblable y était simple. Ces hommes ne s'étonnaient pas les uns les autres. »   HUGO, **Misér.**, V, I, IV.

11 « ... ces beaux exemples d'héroïsme qui volent de siècle en siècle sur les lèvres des hommes , »   FRANCE, **Petit Pierre**, XXIII.

12 « (Jacques Thibault) : La vie est l'unique bien. La sacrifier est fou. La sacrifier est un crime, le crime contre nature ! Tout acte d'héroïsme est absurde et criminel !... »   MART. du G., **Thib.**, t. VIII, p. 130.

13 « Il n'y a, à la vérité, aucune différence d'espèce entre l'héroïsme du soldat qui combat et celui de la mère de famille pauvre qui est fidèle à sa tâche et l'accomplit tout entière. Bien loin d'avoir sa place dans un walhalla où la commune humanité ne pénètre pas, l'héroïsme le plus naturel se manifeste, *hic et nunc*, à chaque jour, à chaque instant. Il n'y a aucun métier qui, à son heure, ne puisse exiger de l'homme ce qu'il faut nommer de l'héroïsme, si l'on consent à dépouiller ce terme de toute une imagerie romantique dont on le revêt trop souvent. On peut même dire que l'héroïsme est d'autant plus vrai qu'il est moins spectaculaire, parce que, dans le spectacle et dans le plaisir qu'en éprouve l'homme, se glissent fatalement des éléments impurs de vanité. Le souci d'une belle attitude peut pousser l'être au-dessus de soi, même s'il n'est qu'une canaille ; mais rien ne soutient l'héroïsme qui n'a pas de témoin. Rien hormis le regard de Dieu. »   DANIEL-ROPS, **Ce qui meurt...**, p. 174.

— Par plaisant. *Vivre toute une existence avec une femme pareille, c'est de l'héroïsme.* V. **Vertu.**

ANT. — Lâcheté.

★ **HÉRON.** n. m. (Hairon au XIIᵉ s. ; d'un francique *haigiro*, d'après l'anc. haut allem. *heigir*). *Zool.* Grand oiseau ciconiiforme (*Échassiers ardéidés*), scientifiquement appelé *ardea*, à long cou grêle en S au repos et pendant le vol, à bec très long, droit, conique, fendu jusqu'au-dessous de l'œil. *Le héron se nourrit surtout de poissons et de grenouilles ; il niche dans les roseaux des marais ou sur de grands arbres, au bord de l'eau* (V. **Héronnière**). *Plumes de héron. Masse de héron*, le bouquet des plumes de sa queue. *Cri aigre du héron. Vol du héron* (Cf. Glissade, cit. 3). *Chasser, voler* le héron avec un faucon héronnier*. *Principales espèces de hérons : héron cendré, héron pourpré*. *Héron bihoreau*, héron butor*... Héron crabier .* V. **Garde-bœuf.** *Coq* héron.* V. **Huppe.** *Hérons migrateurs, sédentaires.* — Allus. littér. *(Faire comme) le héron de la fable :* finir, comme le héron de LA FONTAINE, par se contenter de peu après avoir fait le difficile*.

1 « Le héron au long bec emmanché d'un long cou. »
     LA FONT., **Fabl.**, VII, 4.

2 « ... des hérons et des cigognes, une patte pliée sous le ventre, l'autre plongée à demi dans l'eau attendaient le passage de quelque poisson dans une immobilité si complète, qu'on les eût pris pour des oiseaux de bois fichés sur une baguette. »
     GAUTIER, **Voyage en Espagne**, p. 261.

3 « Animal vraiment aérien, pour porter ce corps si léger, le héron a assez, il a trop d'une patte ; il replie l'autre ; presque toujours sa silhouette boiteuse se dessine ainsi sur le ciel dans un bizarre hiéroglyphe. »
     MICHELET, **L'oiseau** (1856) in LAGARDE, MICHARD et FOURNIER.

DER. — ★ **Héronneau.** n. m. (1542 RAB.). Jeune héron. — ★ **Héronnier, ière.** adj. (XIVᵉ s.). *Fauconn.* Dressé pour la chasse du héron. *Faucon héronnier.* — Par ext. (Vx). Maigre, long et sec comme le héron. *Oiseau héronnier.* Fig. et fam. *Jambe héronnière.* Substant. (1304). *Une héronnière,* lieu où les hérons font leur nid. Endroit aménagé pour l'élevage des hérons.

★ **HÉROS.** n. m. (1370 ; empr. au lat. d'orig. gr. *heros*).

‖ 1° (*Mythol. antiq.*). V. **Demi-dieu*.** *Hercule, héros vainqueur d'Antée* (cit.). *Ajax, héros grec chanté par Sophocle. Léonidas, Lycurgue et beaucoup d'autres hommes illustres furent élevés après leur mort au rang de héros. Apothéose* des héros dans les champs Élysées. Héros éponyme* d'une cité. Les dieux et les héros dans l'art antique* (Cf. Attache, cit. 9).* — *Par anal.* Personnage légendaire auquel on prête un courage et des exploits remarquables

(Cf. Assemblage, cit. 9). *Les géants* (cit. 3) *héros bibliques. Siegfried, héros de la tradition germanique* (Cf. Aurochs, cit.). — Fig. *Une race de héros* (Cf. Entremise, cit. 5).

1 « ... cette ville (*Troie*),
Si superbe en remparts, en héros si fertile, »   RAC., **Androm.**, I, 2.

2 « Ce héros (*Achille*), si terrible au reste des humains, »
     ID., **Iphig.**, IV, 1.

3 « Quand tu me dépeignais ce héros intrépide (*Thésée*). »
     ID., **Phèdre**, I, 1.

4 « ... qu'on leur apprenne (*aux enfants*)... à chanter les louanges des héros qui ont été aimés des dieux, qui ont fait des actions généreuses pour leurs patries, et qui ont fait éclater leur courage dans les combats ; »   FÉN., **Télém.**, XI.

5 « Dans l'Élysée des anciens on ne trouve que des héros et des hommes qui avaient été heureux ou éclatants dans le monde ; »
     CHATEAUB., **Génie du christ.**, I, VI, VI.

6 « Le dieu de la tribu était ordinairement de même nature que celui de la phratrie ou celui de la famille. C'était un homme divinisé, un *héros*. De lui la tribu tirait son nom : aussi les Grecs l'appelaient-ils le *héros éponyme.* Il avait son jour de fête annuelle. »
     FUSTEL de COUL., **Cité antique**, III, I.

‖ 2° Celui qui se distingue par ses exploits (cit. 3) par un courage extraordinaire (particulièrement dans le domaine des armes). V. **Brave** et *aussi* **Héroïsme.** *Hector, héros de la guerre de Troie. Les héros fameux de l'Antiquité* (Cf. Fer, cit. 5 ; franciser, cit. 2). *David, héros de l'Ancien Testament* (Cf. Esquiver, cit. 2). *Mission civilisatrice des premiers héros* (Cf. Enthousiasme, cit. 13). *Chant de guerre à la louange des héros* (Cf. Bardit, cit.). *Combattants qui meurent, qui tombent en héros* (V. **Héroïquement.** Cf. Garder, cit. 18). *Héros de la Grande Armée, de la Marne, de la Résistance. Guynemer, Mermoz, héros de l'air* (V. **Aviateur**). *Compter* (cit. 19) *ses soldats pour des héros. Célébrer, chanter* (cit. 18) *un glorieux* (cit. 5) *héros. Avoir l'étoffe* (cit. 5), *le sang bouillant* (cit. 4) *d'un héros* (Cf. *aussi* Chevronné, cit. ; fier, cit. 21).

7 « Quand pour vous acquérir je gagnais des batailles,
Que mon bras de Milan foudroyait les murailles,
Que je semais partout la terreur et l'effroi,
J'étais un grand héros, j'étais un digne roi ; »
     CORN., **Perth.**, I, 4.

8 « ... Celui-ci, loin de tourner le dos,
Veut vendre au moins sa vie et mourir en héros. »
     LA FONT., **Fabl.**, X, 13.

9 « L'intrépidité est une force extraordinaire de l'âme, qui l'élève au-dessus des troubles, des désordres et des émotions que la vue des grands périls pourrait exciter en elle, et c'est par cette force que les héros se maintiennent en un état paisible, et conservent l'usage libre de leur raison dans les accidents les plus surprenants et les plus terribles. »   LA ROCHEF., **Maximes**, 217.

10 « Il semble que le héros est d'un seul métier, qui est celui de la guerre, et que le grand homme est de tous les métiers... Dans la guerre, la distinction entre le héros et le grand homme est délicate : toutes les vertus militaires font l'un et l'autre. Il semble néanmoins que le premier soit jeune, entreprenant, d'une haute valeur, ferme dans les périls, intrépide ; que l'autre excelle par un grand sens, par une vaste prévoyance, par une haute capacité, et par une longue expérience. Peut-être qu'ALEXANDRE n'était qu'un héros, et que CÉSAR était un grand homme. »   LA BRUY., II, 30-31.

11 « Ce n'est pas à porter la faim et la misère chez les étrangers qu'un héros attache la gloire, mais à les souffrir pour l'État ; ce n'est pas à donner la mort, mais à la braver. »
     VAUVEN., **Max. et réflex.**, 224.

12 « Un courage indompté, dans le cœur des mortels,
Fait les grands héros ou les grands criminels. »
     VOLT., **Rome sauvée**, V, 3.

13 « Divination merveilleuse du patriotisme ! Cet homme (*Carnot*) aima tant la Patrie, il eut au cœur un désir si violent de sauver la France, que, devant cette foule où les autres ne distinguaient rien, lui, par une seconde vue, il connut, sentit les héros ! Son premier regard lui donna Jourdan. Le second lui donna Hoche. Le troisième lui donna Bonaparte. »   MICHELET, **Hist. Révol. fr.**, XIII, II.

14 « Les héros ont leur accès de crainte, les poltrons des instants de bravoure, et les femmes vertueuses leurs instants de faiblesse. »
     STENDHAL, **Journal**, p. 16.

15 « ... où serait le mérite, si les héros n'avaient jamais peur... »
     DAUDET, **Tartarin de Tarascon**, III, V.

16 « ... l'ivresse de se battre, cette ivresse non raisonnée qui vient du sang vigoureux, celle qui donne aux simples le courage superbe, celle qui faisait les héros antiques. »   LOTI, **Pêch. d'Islande**, III, I.

17 « Oui, papa, nous voilà : vingt mille types qui voulaient être des héros et qui se sont rendus sans combattre en rase campagne. »
     SARTRE, **Mort dans l'âme**, p. 268.

— *Par appos. :*

18 « ... on eût pu reconnaître (*dans nos soldats*) non seulement le peuple héros, mais le peuple militaire. »
     MICHELET, **Hist. Révol. fr.**, XIII, VIII.

— *Ironiqt.* (Cf. Flatter, cit. 26 ; et *aussi* VOLT., Candide, II et III).

19 « Après ce rare exploit, je veux que l'on s'apprête
À me peindre en héros un laurier sur la tête, »
     MOL., **Étourdi**, II, 8.

20 « Tue Vandenesse, et ta femme tremble, et ta belle-mère tremble, et le public tremble, et tu te réhabilites, et tu publies ta passion insensée pour ta femme, et l'on te croit, et tu deviens un héros. »
     BALZ., **Contrat de mariage**, Œuvr. t. III, p. 204.

21 « Nous connaissons le vocabulaire. L'homme en temps de guerre s'appelle le héros. Il peut ne pas en être plus brave et fuir à toutes jambes. Mais c'est du moins un héros qui détale. »
GIRAUDOUX, Guerre de Troie, I, 6.

‖ 3° (*Par ext.*). Tout homme digne de l'estime publique, de la gloire par sa force de caractère (V. **Héroïsme**), son génie*, son dévouement total à une cause, une œuvre... V. **Géant** (*fig.*), **grand** (homme). *Une âme, une conduite de héros.* V. **Héroïque.** *Les héros et les hommes de génie* (Cf. Étincelle, cit. 11). *Les héros dans l'histoire* (Cf. Embellir, cit. 4). *Les peuples, « oubliant le tyran, s'éprirent du héros »* (Cf. Empereur, cit. 5). *Pierre le Grand* (cit. 63), *héros national russe. Se proposer un héros pour exemple* (cit. 18). *Se prendre pour un héros* (Cf. Génie, cit. 44).

22 « ... montrons dans un Prince admiré de tout l'univers... ce qui fait les héros, ce qui porte la gloire du monde jusqu'au comble : valeur, magnanimité, bonté naturelle, voilà pour le cœur ; vivacité, pénétration, grandeur et sublimité de génie, voilà pour l'esprit... »
BOSS., Orais. fun. Louis de Bourbon.

23 « Lorsque les grands hommes se laissent abattre par la longueur de leurs malheurs, ils font voir qu'ils ne les soutenaient que par la force de leur ambition, et non par celle de leur âme, et qu'à une grande vanité près, les héros sont faits comme les autres hommes. »
LA ROCHEF.; Maximes, 24.

24 « Il y a des héros en mal comme en bien. » ID., Ibid., 185.

25 « *Grand homme* est le genre, et *héros* l'espèce... *Héros* signifie une espèce de *grands hommes*, mais l'espèce la plus rare et la plus glorieuse. Les *héros* ne sont pas chose commune ; on les compte ; c'est une sorte de phénomène... Le terme de *héros* désignait d'abord un demi-dieu, et il lui reste encore quelque chose de cette première signification ; il fait toujours concevoir quelque chose de divin... En revanche, les *héros* n'étant qu'une espèce dans le genre des *grands hommes* ont par cela même un mérite exclusif et limité. Aussi, sous le rapport intellectuel et moral, et quant aux sentiments d'estime et d'affection qu'ils inspirent, sont-ils souvent inférieurs aux simples *grands hommes* ; d'autant plus que les *héros* doivent beaucoup au succès, et par conséquent au hasard, ainsi qu'au tempérament. »
LAFAYE, Dict. synon., Héros.

26 « La vie, le malheur, l'isolement, l'abandon, la pauvreté, sont les champs de bataille qui ont leurs héros ; héros obscurs, plus grands parfois que les héros illustres. » HUGO, Misér., III, V, I.

27 « Il y a encore des héros, pour qui la vie n'est vécue qu'en fonction d'une vérité qui la transcende, et dont le dévouement, par-delà la cause même qu'ils servent, atteste une valeur de portée universelle. »
DANIEL-ROPS, Ce qui meurt..., p. 24.

— *Héros de la foi* (Cf. Face, cit. 64), *de la science* (Cf. Avenue, cit. 9).

28 « ... ces héros du travail, dont l'obstination est sans limites. »
ALAIN, Propos, Métiers, 30 avril 1921.

— *Par ext.* Celui qui excelle en un domaine particulier. *Descartes, héros de l'intelligence humaine* (Cf. Dieu, cit. 26). *Les financiers* (cit. 7), *héros de la gourmandise.*

29 « Des pécheurs qu'on regarde comme des héros dans l'impiété. »
MASSILLON, Carême, in LITTRÉ.

— *Un héros de fidélité, de générosité...,* celui qui pousse ces vertus au plus haut degré (V. **Modèle**). — *Par anal. Un héros de fourberie, de vice.* — *Par plaisant.*

30 « J'ai chez moi un garçon qui, pour monter une rhingrave, est le plus grand génie du monde ; et un autre qui, pour assembler un pourpoint, est le héros de notre temps. » MOL., Bourg. gent., II, 5.

‖ 4° Personnage principal d'une œuvre littéraire, dramatique, cinématographique... (V. **Héroïne**). *Les héros d'Homère* (Cf. Apothéose, cit. 3 ; grandir, cit. 16). *Héros de Corneille* (Cf. Difficile, cit. 20), *de Quinault* (Cf. Autrement, cit. 16)... *Héros de tragédie* (Cf. Façon, cit. 1). *Le comédien et son héros* (Cf. Anéantir, cit. 14). *Héros de roman* (Cf. Fiction, cit. 7 ; foudre, cit. 14). *Le héros romantique* (Cf. Fatalité, cit. 8). *Fascination* (cit. 7) *exercée sur les foules par les héros de cinéma...*

31 « ... c'est lui qui est le héros de ma tragédie. » RAC., Baj., 2e préf.

32 « ... au lieu que d'Urfé, dans son *Astrée,* de bergers très frivoles avait fait des héros de roman considérables, ces auteurs, au contraire, des héros les plus considérables de l'histoire firent des bergers très frivoles... » BOIL., Disc. s. le dial. des héros de roman.

33 « Les héros de Corneille étalent des maximes fastueuses et parlent magnifiquement d'eux-mêmes ; » VAUVEN., Max. et réflex., 515.

34 « Les héros de romans naissent du mariage que le romancier contracte avec la réalité. »
MAURIAC, Le romancier et ses personnages, p. 96.

— *Fig. Un héros de roman.*

35 « Le comte de Guiche est à la cour, tout seul de son air et de sa manière, un héros de roman, qui ne ressemble point au reste des hommes... » SÉV., 209, 7 oct. 1671.

36 « ... que ce qu'on avait pris pour un vrai héros de roman n'est, au bout du compte, qu'un bourgeois prosaïque qui met des pantoufles et une robe de chambre ! » GAUTIER. Mlle de Maupin, X.

— *Par ext. Le héros d'une aventure :* celui à qui elle est arrivée, qui·en a été le principal acteur. *Le héros d'une folle équipée. Le triste héros de ce fait divers.*

37 « À propos de voleurs, plaçons ici une histoire dont nous avons bien failli être les héros. » GAUTIER. Voyage en Espagne, p. 96.

— *Le héros de la fête,* le personnage en l'honneur duquel elle se donne, ou encore celui qui s'y montre le plus brillant.

38 « ... et moi, jeune et jovial encore, je puis dire qu'à ces soupers j'étais le héros de la table. J'y avais la verve de la folie. »
MARMONTEL, Mém., III.

— *Fam. Le héros du jour,* celui qui accapare l'attention du moment, qui occupe le premier rang de l'actualité.

39 « ... l'on se demande comment le héros du jour (*le triomphateur romain*) y pouvait passer (*dans cette Voie sacrée*) sur un char attelé de quatre chevaux, et la foule s'y presser pour l'acclamer ! »
A. FRANÇOIS-PONCET, Réception de J. Carcopino à l'Acad. fr., 16 nov. 1956.

— *Fig. et fam. Être le héros de quelqu'un,* l'objet de sa très vive admiration. *J.-J. Rousseau, héros de Mme de La Tour* (Cf. Factice, cit. 7). *C'est son héros, il en est fou* (cit. 31).

40 « ... même si cela finissait par un combat où lui, Léniot, serait certainement vaincu, il garderait l'honneur très grand de s'être tout seul élevé contre le héros du collège... « et à propos d'une femme encore ». »
V. LARBAUD, Fermina Marquez, VIII.

— *Prov. Il n'y a point de héros pour son valet de chambre :* ceux qui vivent dans l'intimité des grands hommes ne peuvent les considérer comme des héros : ils en connaissent trop les faiblesses, les petitesses.

ANT. — Bravache (cit. 1), lâche. — HOM. — Héraut.

★ **HERPE.** *n. f.* (1671 ; selon DAUZAT, dér. probable de *harper* 2).

‖ 1° *Vén.* V. **Harpe** 2. *Chien de bonne herpe,* qui a de bonnes griffes.

‖ 2° *Anc. Dr. marit.* N. f. pl. *Herpes marines,* épaves* maritimes. — *Par ext.* Matières diverses (corail, ambre gris, etc.) que l'on trouve flottant en mer ou rejeté sur le rivage par les vagues.

‖ 3° *Mar.* (1765). Dans les anciens vaisseaux en bois, pièce de construction du garde-corps*, dont une extrémité soutient la partie supérieure de la guibre*. V. **Écharpe, lisse.**

HERPÈS (-pess). *n. m.* (XVe s. ; empr. au lat. d'orig. gr. *herpès,* « dartre »). *Méd.* Affection cutanée caractérisée par une éruption* de vésicules transparentes, du volume d'une tête d'épingle, groupées en nombre variable sur une tache congestive. *Herpès de la face. Herpès du pharynx.* V. **Herpétique** (angine). *Herpès génital récidivant. Herpès symptomatique de diverses infections. « L'herpès est provoqué par un ultra-virus »* (GARNIER).

DER. — Herpétique. adj. (1812). *Méd.* Qui a rapport à l'herpès. *Éruption herpétique. Angine herpétique. Virus herpétique.* — **Herpétisme.** n. m. (1853). *Méd.* Nom donné au XIXe s. à un état pathologique constitutionnel caractérisé par des troubles trophiques se traduisant par des affections cutanées. *La médecine moderne fait entrer les manifestations de l'herpétisme dans le cadre de la diathèse neuro-arthritique.*

HERPÉTOLOGIE. *n. f.* (1789 ; comp. sav. du gr. *herpeton,* « reptile ». V. suff. **-Logie**). *Zool.* Partie de l'histoire naturelle qui traite des reptiles. *Cours d'herpétologie.* — REM. La variante *erpétologie* est d'usage plus courant chez les naturalistes.

★ **HERSAGE.** V. ★ **HERSER** (Dér.).

★ **HERSCHER** (et Dér.). V. ★ **HERCHER** (et Dér.).

★ **HERSE.** *n. f.* (Herce au XIIe s. ; d'un lat. vulg. *herpex,* lat. class. *hirpex, -icis* ; l'h aspiré est d'origine expressive).

‖ 1° *Agric.* Instrument à dents de fer ou d'acier (autrefois de bois), fixées à un bâti en fonte ou en bois, rigide ou articulé, qu'un attelage ou un tracteur traîne ou roule sur une terre labourée pour briser les mottes, pour enfouir les semences (Cf. Germe, cit. 2), etc. *Herse triangulaire à dents fixes. Herse articulée dite herse en zigzag. Herse traînante. Herse roulante, dite herse norvégienne,* dont les dents sont fixées à des cylindres rotatifs. V. **Écroûteuse, émotteuse, hérisson.** *La herse, le brise-mottes*, machines aratoires à travail superficiel. Passer la herse sur un champ.* V. **Herser.**

1 « Le froment répandu, l'homme attelle la herse,
Le sillon raboteux la cahote et la berce :
En groupe sur ce char les enfants réunis
Effacent sous leur poids les sillons aplanis. »
LAMART., Jocelyn, Les laboureurs, 16 mai 1801.

2 « Seul, en avant, il marchait, l'air grandi ; et, derrière, pour enfouir le grain, une herse roulait lentement, attelée de deux chevaux, qu'un charretier poussait à longs coups de fouet réguliers, claquant au-dessus de leurs oreilles. » ZOLA, La terre, I, I.

‖ 2° *Par anal. Fortif.* Grille* armée par le bas de fortes pointes de fer ou de bois et qui, suspendue par une chaîne à l'entrée d'un château fort, d'une forteresse (cit. 1) pouvait être, à volonté, abaissée pour en défendre l'accès. V. **Orgue, sarrasine.** *Abattre, relever la herse* (Cf. Haut, cit. 82).

3 « On vivait en paix depuis si longtemps que la herse ne s'abaissait plus ; »
FLAUB., Trois contes, Lég. St Julien l'Hosp., I.

‖ 3° *Par ext. Archit.* Épure* d'un comble* tracée sur le sol. — *Charpent. Herses de la croupe*,* pièces de bois qui se croisent dans la charpente d'un pavillon carré. —

Technol. Cadre en bois sur lequel le mégissier tend les peaux mouillées pour les faire sécher. — Ensemble des pointes des échalas d'un treillage. V. **Peigne.** — *Liturg.* Grand chandelier d'église, le plus souvent triangulaire en forme d'if, hérissé de pointes sur lesquelles on pique les cierges (Cf. Abside, cit. 2). — *Théât.* Appareil d'éclairage dissimulé dans les cintres des scènes de théâtre. *Herse électrique* (Cf. Éclairer, cit. 22). — *Spécialt.* Mar. V. **Erse.** — *Météo.* Instrument pour mesurer la vitesse des nuages. *Herse néphoscopique.*

DER. — **Herser*.** — HOM. — **Erse** 1 et 2.

★ **HERSER.** *v. tr.* (XIIᵉ s. ; de *herse* ; var. dial. *harser*, *hercher.* V. **Harceler, hercher**). Soumettre à l'action de la herse. *Herser une terre, un guéret.* V. **Ameublir, émotter, labourer.** *Des champs* (cit 2) *hersés.*

« En mars, il hersa ses blés, en avril, ses avoines, multipliant les soins, se donnant tout entier. »   ZOLA, **La terre,** III, I.

— *Spécialt.* Blas. *Château hersé,* représenté avec une herse à sa porte.

DER. — ★ **Hersage.** *n. m.* (XIVᵉ s. ; var. dial. *herchage**). *Agric.* Façon* que l'on donne à la terre avec la herse. — ★ **Herseur.** *n. m.* (XIIᵉ s. ; var. dial. *hercheux*). Celui qui herse. — Adjectivt. *Rouleau* herseur.* — *Fig.* Zool. *Araignée herseuse,* qui a l'extrémité des pattes hérissée d'une sorte de brosse.

1   « ... les enfants font mine de labourer à plusieurs façons, faisant imitation en petit de ce qu'ils voient faire aux laboureurs, semeurs, herseurs... et s'apprennent ainsi les uns aux autres, dans une heure de temps, toutes les façons, cultures et récoltes que reçoit et donne la terre dans le cours de l'année. »   SAND, **Petite Fadette,** VII.

2   « Le hersage a pour effets principaux : — d'ameublir superficiellement le sol ; — de le nettoyer en ramenant les mauvaises herbes à la surface ; — de le niveler (en abattant les crêtes des sillons) ; — d'enfouir les semences et les engrais. »
                    T. BALLU, **Le machinisme agricole,** p. 50 (éd. P.U.F.).

HERTZ. *n. m.* (1930 ; du nom du physicien allemand HERTZ). *Électr.* Unité de fréquence égale à un cycle* par seconde (Abrév. *Hz*).

DER. — (du même radical) : **Hertzien, enne.** *adj.* (fin XIXᵉ s.). *Électr.* Qui a rapport aux ondes électromagnétiques. *Ondes hertziennes employées en T.S.F.* « La découverte des ondes hertziennes a fourni une remarquable solution au problème de la transmission lointaine des signaux » (FAIVRE et DUPAIGRE). *Signaux hertziens. Câble hertzien,* dispositif radio-électrique remplaçant une section de câbles dans une ligne téléphonique reliée au réseau général.

« Au delà de l'infrarouge, des radiations calorifiques, s'étend la région des oscillations hertziennes, ultra-courtes, courtes, moyennes et longues, domaine du radar, de la télévision et de la radio-diffusion.
Or, en ces dernières années, la détection inattendue de rayonnements stellaires hertziens a conduit à doter l'astronomie de moyens d'exploration tout nouveaux et d'une fécondité extraordinaire. La *radio-astronomie* est née... »
                    Fernand LOT, in **Le Figaro littér.,** 20 oct. 1956.

HÉSITANT, ANTE. *adj.* (1765 ENCYCL. *Les Hésitans,* part. prés. employé substant. (*Hist. relig.*), « ceux qui ne savaient pas s'ils recevraient ou rejetteraient le concile de Chalcédoine » ; *adj.* 1829 BOISTE ; de *hésiter**). Qui hésite.

— REM. L'adjectif *hésitant* ne figure pas dans ACAD. 8ᵉ éd. (1935). On le trouve dans LITTRÉ sans exemple littéraire. Cependant, il était déjà répandu au XIXᵉ s. (Cf. *infra,* cit. 5 HUGO).

— Qui a de la peine à se déterminer. *Caractère hésitant, personne hésitante.* V. **Incertain, indécis, irrésolu.** *Demeurer hésitant.* V. **Perplexe ; balance** (en). *Être tout hésitant.* V. **Désorienté** (Cf. Ne savoir sur quel pied danser). — Substant. *Un hésitant.*

1   « Une minute hésitant, dérouté d'envisager d'une soirée tout entière perdue, il tira de son gousset sa montre et constata qu'il était moins de neuf heures. »   COURTELINE, **Boubouroche,** Nouvelle, p. 29.

2   « Je n'ai pas grande confiance dans la fidélité électorale de Respellière, c'est ça, c'est ce que ça me montre et ce que je le décider pour demain. »   ARAGON, **Beaux quartiers,** I, XXIII.

3   « Il resta près d'elle six mois, hésitant, tenant son mariage secret. »
                    HENRIOT, **Portr. de femmes,** p. 250.

— Par métaph. *Fortifier* (cit. 11) *une confiance hésitante.*

4   « L'art, hésitant et déconcerté, poursuit une doctrine et des règles qui semblent fuir devant ses recherches. »   MONDOR, **Pasteur,** VI.

— *Par anal.* V. **Flottant, fluctuant.** *Opinion hésitante* (Cf. Flotter, cit. 19). *Entre les deux camps la victoire demeura longtemps hésitante.* V. **Douteux, suspendu.**

5   « Tout le monde connait la première phase de cette bataille ; début trouble, incertain, hésitant, menaçant pour les deux armées... »
                    HUGO, **Misér.,** II, I, V.

6   « ... Mais ces mots que j'expire à genoux
    Ne sont pourtant qu'une âme hésitante entre nous, »
                    VALÉRY, **Poés.,** Charmes, Fragm. du Narcisse, I.

— *Par ext.* Qui exprime ou trahit l'hésitation ; qui manque d'assurance, de fermeté. *Voix hésitante. Regard hésitant* (Cf. Décocher, cit. 5). *Geste* (cit. 16) *hésitant. Démarche hésitante, pas hésitants d'un vieillard.* V. **Chancelant.**

« Quelle distance entre ces harangues audacieusement improvisées   7
et mon hésitante récitation d'un texte pourtant appris par cœur, devant l'auditoire restreint de l'Assemblée Générale de la Société des Gens de Lettres, le jour où, presque malgré moi, on me fit poser ma candidature à son Comité directeur ! »
                    LECOMTE, **Ma traversée,** p. 323.

« Des mots hésitants me vinrent aux lèvres... Par où commencer ?   8
Qu'aurait-elle compris ? Le silence est une facilité à laquelle je succombe toujours. »   MAURIAC, **Nœud de vipères,** IV.

« Elle... sortit enfin avec une démarche hésitante, qui ne s'adaptait plus aux choses environnantes. »   9
                    CHARDONNE, **Dest. sentim.,** p. 116.

— *Par métaph.* (Cf. Archipel, cit. 1 HUGO). — *Fig. Musique hésitante* (Cf. Fandango, cit. 2).

« En dépit d'un verbe encore hésitant, ces vers écrits avant Ronsard   10
gardent à nos yeux une fraicheur délicieusement spontanée... »
                    HENRIOT, **Portr. de femmes,** p. 27.

ANT. — **Assuré, certain, décidé, dogmatique, entreprenant, ferme, résolu.**

HÉSITATION (*-ta-sion*). *n. f.* (vers 1220 BLOCH ; empr. au lat. *hæsitatio*). Action d'hésiter*. V. **Balancement, doute, embarras, flottement, incertitude, indécision.** *Être pris d'une soudaine hésitation devant un obstacle, une difficulté. Hésitation entre deux partis. Hésitation à conclure une affaire.* V. **Barguignage.** *N'avoir plus aucune hésitation à entreprendre quelque chose* (Cf. Effort, cit. 25). *Donner des signes d'hésitation. Hésitation apparente* (cit. 8), *feinte. Hésitation prudente. Il a fini par se décider, par accepter après bien des hésitations.* V. **Atermoiement, façon, tergiversation.** *Il a trouvé sa voie au terme de longues, de multiples hésitations.* V. **Errement, tâtonnement.** *Lever les dernières hésitations de quelqu'un.* V. **Résistance, réticence, scrupule.** *Aller au fait franchement, sans hésitation. Faire son devoir bravement, obéir sans hésitation.*

« Au milieu de ce marivaudage sentimental, la confiance était venue   1
et avait en effet uni les mains des deux personnages ; si bien qu'après quelques hésitations et quelques pruderies qui semblèrent de bon augure à Samuel, madame de Cosmelly à son tour lui fit ses confidences... »   BAUDEL., **La Fanfarlo.**

« Il y eut dans l'Assemblée, qui commençait à se réunir, hésitation,   2
fluctuation. Personne n'avait de parti pris, d'idée arrêtée. Ce mouvement populaire avait pris tout le monde à l'improviste. Les esprits les plus pénétrants n'y avaient rien vu d'avance. Mirabeau n'avait rien prévu, ni Sieyès. »   MICHELET, **Hist. Révol. fr.,** II, IX.

« ... en face de Dumouriez, tout décision et action, il (*Brunswick*)   3
était, lui, tout hésitation et regrets. »
                    JAURÈS, **Hist. soc. Révol. fr.,** t. IV, p. 360.

« Il avait tué en professionnel, sans haine et sans hésitation... »   4
                    MAC ORLAN, **La Bandera,** III.

« Nous tenons que ses continuelles hésitations, ses balancements   5
et ses retours constituent la meilleure preuve de cette sincérité qu'on a tendance à lui contester en lui prêtant des vues constamment intéressées. »   BILLY, **Sainte-Beuve,** 28, p. 201.

— *Par ext.* Arrêt dans l'action ; attitude qui trahit de l'indécision, de l'embarras. *Une courte hésitation suspendit ses pas. Il eut une minute d'hésitation, puis se remit en route. Le chien marque une hésitation, puis court à son maître. Se conduire dans l'obscurité sans la moindre hésitation. Marcher sans hésitation, d'un pas assuré.*

« ... il y a de ces hésitations étranges au bord de cet abime, le   6
bonheur. »   HUGO, **Travaill. de la mer,** III, III, II.

« Un intervalle, témoignant d'un autre temps d'arrêt : l'hésitation   7
suprême sans doute, et puis l'accomplissement de l'acte irrévocable. »
                    LOTI, **Désenchantées,** LVI.

« Chacun hésite avant de s'engloutir dans la mince ténèbre souter-   8
raine. C'est la somme de ces hésitations et de ces lenteurs qui se répercute dans les tronçons d'arrière de la colonne, en flottements, en engorgements avec parfois des freinages brusques. »
                    BARBUSSE, **Le feu,** XXIII, t. II, p. 54.

— *Spécial. Parler, répondre avec hésitation* (ACAD.). *Élève qui récite sa leçon sans hésitation.*

« ... frappé de l'hésitation que sa fille avait marquée avant de   9
prononcer le mot de *mère.* »
                    BALZ., **La femme de trente ans,** Œuvr., t. II, p. 828.

« L'enfant s'agenouilla sur la jupe de la jeune fille, joignit ses   10
petites mains et se mit à réciter sa prière, d'abord avec attention et ferveur, car il savait très bien le commencement ; puis avec plus de lenteur et d'hésitation. »   SAND, **Mare au diable,** IX.

« Il la pressa de questions. Enfin, à travers bien des hésitations,   11
des à-peu-près, des retouches, il finit par comprendre qu'elle n'osait pas dire... »   MART. du G., **Thib.,** t. VI, p. 223.

« Ce dernier parla d'un ton plus doux et plus réfléchi que la   12
première fois et, à plusieurs reprises, les assistants remarquèrent une certaine hésitation dans son débit. »   CAMUS, **La peste,** p. 242.

ANT. — **Assurance, décision, détermination, résolution.**

COMP. — **Valse*-hésitation.**

HÉSITER. *v. intr.* (1410 ; empr. au lat. *hæsitare*).

‖ 1° Être dans un état d'incertitude, d'irrésolution qui suspend l'action, la détermination. V. **Balancer** (cit. 14), **consulter** (*vx*), **douter** (*vx*), **flotter** (se). *Cf. Être incertain, en balance, en suspens ; se tâter le pouls* (*fam.*).

— Absolt. *Se décider* (cit. 34) *après avoir longtemps hésité.* V. **Délibérer.** *Médecin qui hésite quelques jours avant* *de se prononcer.* V. **Tâtonner**. *N'hésitez plus ; le temps presse.* V. **Atermoyer** (cit. 1 et 2), **attendre, reculer, tergiverser** (Cf. *Le vin est tiré il faut le boire* ; le sort* en est jeté*). *Il n'y a pas à hésiter.* V. **Tortiller** *(fam.). Il n'hésita pas une seconde* (Cf. *Ne faire ni une ni deux*). Vous me faites hésiter.* V. **Ébranler.** — *Acheter sans hésiter.* V. **Barguigner, délibérer, marchander.** *Parieur qui gage* (cit. 2) *sans hésiter. Jeter les millions sans hésiter* (Cf. Compter, cit. 26). *Prendre une décision sans hésiter* (Cf. Équité, cit. 9). — REM. On trouve encore chez CORNEILLE (Cf. *infra*, cit. 1) *hésiter* employé avec l'*h* aspiré du XVIᵉ s.

1 « Il y faut promptitude, esprit, mémoire, soins,
Ne hésiter jamais, et rougir encor moins. »
CORN., Le Menteur, III, 4.

2 « Elle flotte, elle hésite ; en un mot, elle est femme. »
RAC., Athal., III, 3.

3 « Mon époux, inflexible en sa fidélité,
N'a vu que son devoir, et n'a point hésité : »
VOLT., Orph. de Chine, III, 3.

4 « Non, celui-là seul est libre qui, ayant *pour jamais* opté, c'est-à-dire ne pouvant plus faillir, n'est plus contraint d'hésiter. »
VILLIERS DE L'ISLE-ADAM, Axel, III, 1.

5 « Ce n'est point que Chardonne, ainsi que trop souvent j'ai pu faire, ni que, par besoin d'équité, il s'attarde à peser le pour et le contre ; non, ce n'est point un perplexe... »
GIDE, Attendu que..., p. 15.

— HÉSITER SUR... *Hésiter sur la route à suivre, le parti à prendre, l'orthographe d'un mot... Il hésite sur ce qu'il devra faire.* V. **Demander** (se).

6 « Monsieur, la plupart des gens, sur cette question n'hésitent pas beaucoup. On tranche le mot aisément. Ce nom ne fait aucun scrupule à prendre... »
MOL., Bourg. gent., III, 12.

7 « ... vous ne sauriez croire à quel point j'ai été affligé que vous ayez pu hésiter sur mes sentiments pour vous... »
VOLT., Lettre à Voisenon, 4134, 10 oct. 1774.

8 « Quand Georges Duroy se retrouva dans la rue, il hésita sur ce qu'il ferait. »
MAUPASS., Bel-Ami, I, III.

9 « C'est sur la nature et la surprenante vertu du rouge que l'œil hésitait tout d'abord. Ce n'était pas le carmin et non certes le vermillon. »
DUHAM., Pasq., X, I.

— HÉSITER ENTRE... V. **Balancer, flotter, osciller.** *Hésiter entre deux idées* (Cf. Esthétique, cit. 4), *entre divers projets. Hésiter entre le genre* (cit. 26) *féminin et le genre masculin. Hésiter entre un taxi et un fiacre* (cit.).

10 « Placés à l'y du carrefour, nous hésitions entre les deux routes. »
GAUTIER, Bien public, 10 mars 1872 (in LITTRÉ).

11 « Madame Barnery songeait à une épingle de cravate et elle hésitait entre plusieurs modèles. »
CHARDONNE, Destin. sentim., p. 88.

— Par métaph. *Heures de l'aube et du crépuscule où tout hésite entre le jour et la nuit.*

12 « L'amour qui prépare ma couronne, hésite lui-même entre le myrte et le laurier... »
LACLOS, Liais. dang., Lett. IV.

13 « ... sans parler de l'air doctoral,... et du maintien qui hésite entre le professeur de théologie et le médecin. »
SUARÈS, Trois hommes, Ibsen, III.

— HÉSITER à... suivi d'un infinitif. V. (*vx*) **Feindre** (à). *Hésiter à prendre parti. Hésiter à identifier quelqu'un* (Cf. Germanique, cit. 4), *à pousser plus loin une analogie* (cit. 10). *Ne pas hésiter à se prononcer en faveur d'une mesure* (Cf. Établir, cit. 22). *Hésiter à aborder un grand personnage, à engager* (cit. 18) *une bataille.* V. **Craindre** (de). *Hésiter à regarder l'inconnu en face* (Cf. Cher, cit. 18). *Écrivain qui n'hésite jamais à dire la vérité* (Cf. Artifice, cit. 11). — *J'hésite à vous déranger.* V. **Scrupule** (avoir). *Hésiter à bouleverser* (cit. 4) *l'univers, à mettre le feu à la terre* (Cf. Explosible, cit.). *Il n'avait pas hésité à tout faire pour conquérir la faveur* (cit. 3) *du nouveau maître. Hésiter à formuler une critique* (Cf. Fondation, cit. 5). *Saint qui n'hésite pas à fouler* (cit. 10) *aux pieds ses affections.* — Par métaph. *Il y a des mots que la plume hésite à tracer* (Cf. Fortune, cit. 40).

14 « Sans doute qu'étant chrétien, comme vous prétendez l'être, vous n'hésiterez pas à reconnaître qu'il n'est rien de plus important pour vous... que tout ce que je viens de vous marquer... »
BOURDAL., Pensées, De la prière, Prière mentale...

15 « Enfin, mon avis... est que... vous n'hésitiez pas à rompre le mariage que vous aviez arrêté. »
LACLOS, Liais. dang., Lett. CLXXII.

16 « ... il n'hésita pas à favoriser son évasion... » ROUSS., Émile, IV.

17 « ... on peut hésiter vingt ans à faire un pas, mais non reculer quand on l'a fait. »
MUSS., Confess. d'un enf. du siècle, II, I.

18 « Il secoua la tête, hésitant, non à lâcher un mensonge, mais une insolence ou une vilenie. »
HUYSMANS, Là-bas, XV.

19 « ... je ne sais plus quel orateur très connu a parlé de l'Empereur avec une liberté inouïe, dont on hésiterait à user ici envers le Président de la République ; »
ROMAINS, H. de b. vol., t. IV, IX, p. 89.

— *Vx.* HÉSITER DE... suivi d'un infinitif (Cf. Attrait, cit. 5 ROUSS.). — REM. Cette tournure archaïque, qui ne figure plus dans ACAD. (8ᵉ éd.), était encore admise par LITTRÉ.

20 « Ils n'hésitent pas de critiquer des choses qui sont parfaites ; »
LA BRUY., XI, 145.

21 « Bien loin que l'infidélité soit un crime, c'est que je soutiens qu'il ne faut pas un moment hésiter d'en faire une, quand on est tentée, à moins que de vouloir tromper les gens, ce qu'il faut éviter, à quelque prix que ce soit. »
MARIVAUX, Heureux stratagème, I, 4.

— *Littér.* HÉSITER SI... suivi de l'indicatif ou du conditionnel. V. **Demander** (se), **douter** (Cf. Grand-mère, cit. 2 PROUST). *Il hésite encore s'il doit accepter. Il hésita quelque temps s'il partirait.*

‖ 2° *Par ext.* Marquer de l'indécision (par un temps d'arrêt, un mouvement de recul,...). *Cheval qui hésite devant l'obstacle.* V. **Broncher.** *Personne pusillanime, timide qui hésite sur des riens.* V. **Chipoter.** *Essaim* (cit. 2) *qui hésite au sortir du rucher. Danseuse qui hésite pudiquement sous les regards des hommes* (Cf. Feinte, cit. 4). *Elle hésite comme si elle ne retrouvait plus son chemin* (Cf. Extirper, cit. 5). *Elle hésita, l'air gêné, puis se décida à parler* (Cf. Ennuyeux, cit. 2). *Mémoire, pas qui hésite.* V. **Chanceler, vaciller.**

22 « La nuée un moment hésita dans l'espace. »
HUGO, Orientales, I, 3.

23 « Les doigts hésitaient au-dessus des touches, puis se décidaient brusquement. »
ROMAINS, Lucienne, p. 57.

24 « Il s'assied. On lui présente une coupe de champagne au whisky. Il hésite ; puis sourit tristement, hausse les épaules et accepte. »
ID., H. de b. vol., t. IV, XXII, p. 245.

25 « ... elle n'avançait plus du tout ma famille, elle hésitait devant une ruelle comme une escadrille de pêche par mauvais vent. »
CÉLINE, Voyage au bout de la nuit, p. 289.

26 « Elle essuya longuement ses souliers sur le paillasson boueux, hésita, puis ouvrit la porte. » CHARDONNE, Destin. sentim., p. 204.

27 « J'ai eu alors envie de fumer. Mais j'ai hésité parce que je ne savais pas si je pouvais le faire devant maman. J'ai réfléchi, cela n'avait aucune importance. J'ai offert une cigarette au concierge et nous avons fumé. »
CAMUS, L'étranger, I, p. 17.

— *Par métaph.* (Cf. Contact, cit. 7). *Parole qui semble hésiter sur les lèvres* (Cf. Dédaigneux, cit. 4).

28 « La caresse et le meurtre hésitent leurs mains, »
VALÉRY, Poésies, Charmes, Fragm. du Narcisse, p. 145.

— *Spécialt. Hésiter en parlant,* par timidité, défaut de mémoire ou d'élocution. V. **Balbutier, bégayer, chercher** (ses mots). *Élève qui hésite fréquemment en récitant sa leçon.* V. **Ânonner.** *Hésiter dans ses réponses.*

29 « Dans nos études, je lui soufflais la leçon quand il hésitait ; »
ROUSS., Confess., I.

ANT. — Agir, choisir, décider (se).

DER. — Hésitant.

HESPÉRIDES. n. f. plur. V. JARDIN (des).

HÉTAÏRE (é-ta-ïre). n. f. (*Hétaire* en 1799 ; empr. au gr. *hetaira.* La variante *hétère,* encore seule admise par LITTRÉ, n'est plus en usage). *Ant. grecque.* Courtisane* d'un rang social un peu relevé, surtout à Athènes et à Corinthe. *Aspasie, hétaïre amie de Périclès.*

1 « ... Plangon, nous avons oublié de le dire, n'était ni une noble et chaste matrone, ni une jeune vierge dansant la bibase aux fêtes de Diane, mais tout simplement une esclave affranchie exerçant le métier d'hétaïre. » GAUTIER, La chaîne d'or (in Fortunio..., p. 254).

2 « Voici les beaux palais où sont les hétaïres,
Sveltes lys de Corinthe ou roses de Milet,
Qui, dans des bains de marbre, au chant divin des lyres,
Lavent leurs corps sans tache avec un flot de lait. »
BANVILLE, Odes funamb., Ville enchantée, p. 27.

— *Par ext.* V. **Prostituée.** Cf. Écharper, cit. 2.
DER. — Hétaïrisme. n. m. (*Hétairisme* en 1874). Mœurs, condition des hétaïres.

HÉTAIRIE ou **HÉTÉRIE.** n. f. (1839 ; empr. au gr. *hetaireia,* « association d'amis »). *Antiq. gr.* Association, plus ou moins secrète, à caractère généralement politique. *De nos jours,* Société politique ou littéraire de la Grèce moderne. *Rôle prépondérant des hétairies dans la conquête de l'indépendance hellénique.*

HÉTÉR(O)-. Premier élément, tiré du gr. *hetéros,* « l'autre », de nombreux mots savants tels que : **Hétérocarpe.** adj. (1866 V. suff. **-Carpe**). *Bot.* Qui porte plusieurs espèces de fruits. — **Hétérocère.** n. m. (1839 ; gr. *keras,* « antenne »). Insecte coléoptère clavicorne* aquatique. LES HÉTÉROCÈRES. n. m. pl. Sous-ordre d'insectes lépidoptères comprenant des papillons aux antennes variées, filiformes ou pectinées, mais non renflées à leur extrémité. — **Hétérocerque.** adj. (1866 ; gr. *kerkos,* « queue »). Qui a deux lobes inégaux, en parlant de la nageoire caudale de certains poissons. *Par ext. Poisson hétérocerque* (Squale, esturgeon). — **Hétérodyne.** n. f. (vers 1925 ; gr. *dunamis,* « force »). *T.S.F.* Générateur d'ondes entretenues qui joue le rôle d'amplificateur des ondes captées par le poste récepteur. *Une hétérodyne à cristal, à haute, à basse fréquence.* — Adjectivt. *Générateur hétérodyne.* — **Hétérogamie.** n. f. (1866 LITTRÉ ; V. suff. **-Gamie**). *Biol.* Conjugaison* de deux éléments sexuels différents. *La fécondation de l'ovule par le spermatozoïde, type de l'hété-*

rogamie. (ANT. **Isogamie**). — **Hétéromère.** *adj.* (1839 ; gr. *meros*, « partie »). *Bot.* Se dit d'une fleur dont le nombre de pièces florales varie d'un verticille* à l'autre. — *Zool.* Se dit des insectes coléoptères dont les tarses* sont, suivant les paires de pattes, composés d'un nombre différents d'articles. LES HÉTÉROMÈRES. *n. m. pl.* Groupe de coléoptères comprenant ceux qui possèdent cinq articles aux deux premières paires de tarses et quatre seulement aux tarses postérieurs. — **Hétéromorphe.** *adj.* (1866 ; V. suff. **-Morphe**). *Vx.* V. **Diversiforme, polymorphe** (Cf. aussi Dimorphe). *Hist. nat.* Qui présente des formes très différentes (en parlant d'individus de la même espèce). — *Zool. Femelles hétéromorphes.* — *Bot. Organes hétéromorphes.* — Chim. *Substances hétéromorphes.* — **Hétéromorphisme.** *n. m.* (1866). *Vx.* V. **Polymorphisme.** *Hétéromorphisme sexuel* (Cf. Dimorphisme). — **Hétéromyaires.** *n. m. pl.* (1924 POIRÉ ; gr. *mûs*, « muscle »). *Zool.* Ordre de mollusques lamellibranches*, dont les deux muscles adducteurs de la coquille sont inégalement développés. — **Hétéroplastie.** *n. f.* (1878 ; V. suff.-**Plastie**). *Chirurg.* Transplantation sur un sujet de parties de la peau prélevées sur un autre sujet. V. **Greffe** (DER. **Hétéroplastique.** *adj.* (1878). Qui a rapport à l'hétéroplastie. *Greffe* (cit. 6) *hétéroplastique.*) — **Hétéropodes.** *n. m. pl.* (1873 ; V. suff. **-Pode**). *Zool.* Sous-ordre de mollusques gastéropodes* prosobranches carnassiers, au corps transparent, dont le pied est transformé en une large nageoire verticale. *Les hétéropodes vivent dans les mers chaudes.* — **Hétéroptère.** *adj.* et *n.* (1839 ; V. suff. **-Ptère**). *Zool.* Qui a les ailes supérieures à demi coriaces, en parlant d'un hémiptère. LES HÉTÉROPTÈRES. *n. m. pl.* Sous-ordre d'hémiptères*, dont les ailes antérieures (hémiélytres ou hémélytres) sont cornées à la base et membraneuses à leur extrémité. *Les punaises* des bois, des lits, les punaises d'eau, principales variétés d'hétéroptères.* — **Hétérosciens.** *n. m. pl.* (1584 ; gr. *skia*, « ombre »). *Géogr.* V. **Antisciens.** — **Hétérotriches.** *n. m. pl.* (1890 ; gr. *thrix*, « cheveu, poil »). Ordre de protozoaires ciliés (V. **Infusoires**), dont la bouche, entourée de cils longs et rigides, est placée au fond d'un péristome*. *Le stentor, variété d'hétérotriche.* — V. *aussi* **Hétéroclite, hétérodoxe, hétérodoxie, hétérogène, hétérogénéité, hétéronomie.**

ANT. — **Homo- ; auto-, iso-.**

HÉTÉROCLITE. *adj.* (XVᵉ s. ; empr. au lat. grammat. d'orig. gr. *heteroclitus.* V. **Hétér(o)-**). *T. didact.* Qui s'écarte des règles. *Gramm. Mot hétéroclite* « dont la déclinaison, la conjugaison ou le régime ne suivent pas les règles de la grammaire ordinaire » (FURETIÈRE). V. **Irrégulier.** — *Bx-arts* et *Littér.* Se dit d'une œuvre faite de parties appartenant à des styles ou à des genres différents. *Pièce de théâtre, roman hétéroclite ; édifice hétéroclite.* V. **Composite, disparate.**

1 « ... les mots sont accouplés d'une manière si hétéroclite que l'on ne sait plus si c'est du haut allemand ou du théotisque ! »
   GAUTIER, **Les grotesques,** Chapelain.

— *Par ext.* V. **Bigarré, divers, mélangé, varié.** *Population hétéroclite. Peintures hétéroclites* (Cf. Barbouilleur, cit. 5).

2 « ... toute cette population, musulmane, juive, chrétienne, bariolée de tant de peaux différentes et de costumes hétéroclites, qui peuple l'ancienne capitale de Haroun-Al-Raschid. »
   GOBINEAU, **Les Pléiades,** I, III.

— *Fig.* (début XVIIᵉ s.). V. **Bizarre, singulier.** *Personnage hétéroclite. Façons hétéroclites.* — REM. De nos jours, ce mot s'emploie surtout à propos des choses. *Accoutrement hétéroclite.*

3 « Entre nous, le comte d'Olivarès a l'esprit un peu fantasque et singulier ; c'est un seigneur plein de caprices : quelquefois, comme dans cette occasion, il agit d'une manière qui révolte ; et lui seul a la clef de ses actions hétéroclites. » LESAGE, **Gil Blas,** XI, III.

4 « ... j'ai du goût pour sa personne hétéroclite (*Montlosier*)... j'aime... ce libéral expliquant la Charte à travers une fenêtre gothique, ce seigneur pâtre quasi marié à sa vachère, semant lui-même son orge parmi la neige, dans son petit champ de cailloux... »
   CHATEAUB., **M. O.-T.,** t. II, p. 112.

5 « Il était vêtu d'un étrange complet colonial en toile kaki, aussi décoloré que ses cheveux ; et bien qu'on eût l'habitude, au *Croissant,* des tenues hétéroclites, il ne passait pas inaperçu. »
   MART. du G., **Thib.,** t. VI, p. 244.

ANT. — **Homogène.**

HÉTÉRODOXE. *adj.* (1667 ; empr. au gr. ecclés. *heterodoxos*). *Relig.* Qui s'écarte de la doctrine reçue. *Théologiens hétérodoxes. Opinion hétérodoxe.* V. **Hérétique.** — Substant. *Un hétérodoxe* (Cf. Gloire, cit. 51).

« Rejeter de son sein les éléments hétérodoxes, voici qui n'appartient qu'à l'Église ; car il ne peut y avoir hétérodoxie s'il n'y a pas orthodoxie. » GIDE, **Nouv. prétextes,** p. 119.

— *Par ext.* (fin XIXᵉ s.). *Esprit hétérodoxe. Savant aux idées hétérodoxes.* V. **Dissident, indépendant, non-conformiste.**

ANT. — **Conformiste, orthodoxe.**

HÉTÉRODOXIE. *n. f.* (1690 ; empr. au gr. ecclés. *heterodoxia.* V. **Hétér(o)-**). Doctrine hétérodoxe. *Les luttes de Bossuet contre l'hétérodoxie.* — Caractère de ce qui est hétérodoxe. *Théologien persécuté pour l'hétérodoxie de ses ouvrages.*

« Certes, ma philosophie du *fieri* était l'hétérodoxie même ; mais je ne tirais pas les conséquences. » RENAN, **Souv. d'enfance...,** IV, II.

ANT. — **Orthodoxie.**

HÉTÉROGÈNE. *adj.* (1616 ; *hétérogénée* au XVIᵉ s. ; empr. au lat. scolastique d'orig. gr. *heterogeneus*). Qui est de nature différente*. *Éléments hétérogènes d'un corps.* — Par métaph. Cf. Cohésion, cit. 2.

1 « L'erreur de Descartes a été de croire à la réalité de ces abstractions et de regarder le physique et le moral comme hétérogènes. Ce dualisme a pesé lourdement sur toute l'histoire de la connaissance de l'homme. » CARREL, **L'homme, cet inconnu,** IV, I.

— *Par ext.* Qui est composé d'éléments de nature différente, dissemblables*. *Corps hétérogène. Roche hétérogène. Organisme hétérogène* (Cf. Cellule, cit. 7). — Arithm. *Nombre hétérogène,* composé d'entiers et de fractions. — Gramm. *Substantif hétérogène,* dont le genre varie avec le nombre. *Amour, délice, orgue, substantifs hétérogènes.*

— *Fig.* (XIXᵉ s.). V. **Bigarré, composite, disparate, dissemblable, divers, hétéroclite.** *Nation hétérogène* (Cf. Agglomération, cit.). *Blocs hétérogènes d'une population* (Cf. Assimilation, cit.).

2 « Il est clair qu'un peuple essentiellement hétérogène et qui vit de l'unité de ses différences internes, ne pourrait, sans s'altérer profondément, adopter le mode d'existence uniforme et entièrement discipliné qui convient aux nations dont le rendement industriel et la satisfaction standardisée sont des conditions ou des idéaux conformes à leur nature. » VALÉRY, **Regards s. le monde actuel,** p. 134.

3 « Curieux livre, où tout est excellent mais hétérogène, au point qu'il semble la carte d'échantillons de tout ce où peut exceller Stevenson. »
   GIDE, **Journal,** 17 nov. 1913.

4 « Mais les Ibères ne sont pas seuls en Méditerranée, car des infiltrations, des invasions répétées y ont introduit des éléments hétérogènes. » SIEGFRIED, **Âme des peuples,** II, I

5 « Sa personnalité, de même, était composée d'éléments hétérogènes, opposés et également impérieux... » MART. du G., **Thib.,** t. IX, p. 193.

ANT. — **Homogène ; analogue.**

HÉTÉROGÉNÉITÉ. *n. f.* (1641 ; empr. au lat. scolast. d'orig. gr. *heterogeneitas.* V. **Hétér(o)-**). Caractère de ce qui est hétérogène* (au propre et au fig.) V. **Disparité, dissemblance, diversité.** *Hétérogénéité des États fédératifs* (Cf. Fédération, cit. 1).

1 « ... nous savons que toute analyse expérimentale de l'électricité a donné, pour résultat final, le principe, réel ou apparent, de l'*hétérogénéité.* » BAUDEL., Traduct. E. POE, **Eureka,** V.

2 « Pour les anatomistes et les chirurgiens, notre hétérogénéité organique est indiscutable. Il semble, cependant, qu'elle soit plus apparente que réelle » CARREL, **L'homme, cet inconnu,** III, XII.

ANT. — **Homogénéité ; analogie.**

HÉTÉROGÉNIE. *n. f.* (1866. V. suff. **-Génie**). V. **Génération** (cit. 6 et *supra*).

HÉTÉRONOMIE. *n. f.* (1866 ; gr. *nomos*, « loi »). État de la volonté qui puise hors d'elle-même, dans les impulsions ou dans les règles sociales, le principe de son action. *L'hétéronomie de la volonté, obstacle, selon Kant, à l'action morale authentique.*

ANT. — **Autonomie.**

DER. — **Hétéronome.** adj. *Acte hétéronome.*

HETMAN (*hèt-man*) ou **ATAMAN.** *n. m.* (*Edman* en 1765 BRUNOT ; 1769 *hetman* in VOLT., Hist. Russie, I, I ; mot slave). Chef élu des clans cosaques (populations guerrières de l'Ukraine, des bords du Don), à l'époque de leur indépendance.

« Eh bien ! ce condamné qui hurle et qui se traîne,
Ce cadavre vivant, les tribus de l'Ukraine
  Le feront prince un jour...
Un jour, des vieux hetmans il ceindra la pelisse, »
   HUGO, **Orientales,** XXXIV, 1.

★ **HÊTRE.** *n. m.* (*Hestrum* en 1210, dans un texte lat. ; francique *haistr,* a éliminé l'anc. fr. *fou.* V. **Fayard, fou** 2). Plante dicotylédone (*Cupulifères*), scientifiquement appelée *fagus* ; arbre* (cit. 21) forestier de grande taille, à tronc droit, cylindrique, à écorce lisse de couleur cendrée, à feuilles ovales, à fleurs monoïques, à fruits (V. **Faine**) enchâssés dans une cupule (V. **Induvie**) à quatre lobes hérissés d'épines molles. *Noms régionaux du hêtre.* V. **Fayard, fou** 2, **fouteau.** *Grand hêtre* (Cf. Fraîcheur, cit. 5 ; géant, cit. 15). *Écorce* (cit. 3), *branches, feuilles d'un hêtre* (Cf. Bras, cit. 45 ; bruisser, cit. 4 ; cueillir, cit. 4). *Bois, forêt* (cit.), *couvert* (cit. 5) *de hêtres.* V. **Hêtraie** (dér.). « *Le hêtre est surtout un arbre de futaie, mais il est aussi exploité en taillis* » (OMNIUM AGRIC.). — *Utilisation du bois* de hêtre en boissellerie, carrosserie, charronnerie... Le bois de hêtre, excellent combustible. Meuble de cuisine en hêtre, sabots en hêtre. On extrait du tanin* de l'écorce de hêtre. Goudron de hêtre.* V. **Créosote.**

1 « Revenant le long des haies à peine tracées, la pluie m'a surpris ; je me suis réfugié sous un hêtre : ses dernières feuilles tombaient comme mes années ; sa cime se dépouillait comme ma tête ; »
CHATEAUB., M. O.-T., t. II, p. 295.

2 « Les hêtres, à l'écorce blanche et lisse, entremêlaient leurs couronnes ; » FLAUB., Éduc. sentim., III, I.

DER. — ★ Hêtraie. n. f. (XIXᵉ s.). Lieu planté de hêtres.

« Je songe à la hêtraie de Cuverville, aux grands souffles d'automne emportant les feuilles roussies ; »
GIDE, Journal 1942-1949, Septembre 1942.

★ HEU ! interj. (XVᵉ s. Pathelin ; onomat.). Interjection qui, de nos jours, généralement redoublée, marque l'embarras, le doute, quelque réticence... Il ne va pas mieux ? — Heu ! Heu !... Élève entremêlant de heu ! heu ! une récitation mal apprise.

1 « — Ton nom est...? — Sosie. — Heu ? comment ? »
MOL., Amph., I, 2.

2 « Au prône, sans monter en chaire, assis sur une chaise, au milieu du chœur, il ânonna, se perdit, renonça à se retrouver : l'éloquence était son côté faible, les mots ne venaient pas, il poussait des heu ! heu ! sans jamais pouvoir finir ses phrases ; » ZOLA, La terre, I, IV.

HEUR. n. m. (XIIᵉ s. eür et aür ; lat. vulg. agurium, du lat. class. augurium, « présage » ; démodé dès le XVIIᵉ s.). Vx. Bonne fortune. V. Bonheur, chance (Cf. Aide, cit. 9).

1 « Puisse le juste ciel, content de ma ruine,
Combler d'heur et de jours Polyeucte et Pauline ! »
CORN., Pol., II, 2.

2 « Heur se plaçait où bonheur ne saurait entrer ; il a fait heureux, qui est si français, et il a cessé de l'être... » LA BRUY., XIV, 73.

— De nos jours. S'est conservé dans l'expression Avoir l'heur de plaire (Cf. Freluquet, cit. 2), ainsi que dans le proverbe : Il n'y a qu'heur et malheur dans ce monde, c'est-à-dire tout est question de chance.

3 « Mais au moins dites-moi, Madame, par quel sort
Votre Clitandre a l'heur de vous plaire si fort ? »
MOL., Misanthr., II, 1.

4 « — Tout est heur et malheur, dit Bordin en regardant ses clients. Acquittés ce soir, vous pouvez être condamnés demain. »
BALZ., Ténébr. affaire, Œuvr., t. VII, p. 609.

5 « Vous aviez de l'esprit, marquis. Flux et reflux,
Heur, malheur, vous avaient laissé l'âme assez nette ; »
HUGO, Contempl., V, Écrit en 1846, 1.

ANT. — Malheur. — DER. et COMP. — Heureux. Bonheur, malheur. — HOM. — Heure.

HEURE. n. f. (XIIᵉ s. ore, puis eure ; h du lat. hora, rétabli très tôt dans l'écriture).

|| 1° Espace de temps égal à la vingt-quatrième partie du jour (pratiquement, aujourd'hui, du jour* solaire moyen). La division du jour en vingt-quatre heures remonte à la plus haute antiquité. Heures du jour, heures de la nuit. Répartition des heures, en Grèce et à Rome, en 12 heures de jour et 12 heures de nuit qui n'étaient d'égale durée qu'aux équinoxes (heures équinoxiales de Galien). Égalité des heures partout reconnue à l'époque actuelle. Heure sidérale*, heure solaire* vraie, heure solaire* moyenne. L'heure est subdivisée en 60 minutes. Demi*-heure, quart* d'heure.

1 « Le chronomètre le plus parfait, c'est le ciel lui-même. Il suffit, en effet, lorsqu'on sait exactement la latitude d'un observatoire, d'y mesurer à chaque instant la distance au zénith d'un astre quelconque, dont la déclinaison... est actuellement bien connue, pour en conclure l'angle horaire correspondant et, par une suite immédiate, le temps écoulé... Ce procédé... sert, dans nos observatoires, à régler la marche des horloges en la confrontant avec celle de la sphère céleste. On peut même se borner... à modifier le mouvement du chronomètre jusqu'à ce qu'il marque vingt-quatre heures sidérales entre les deux passages consécutifs d'une même étoile à une lunette fixée... »
A. COMTE, Philos. posit., I, p. 222.

— Pendant, durant une heure, deux heures, plusieurs heures... (Cf. Accabler, cit. 22 ; accouder, cit. 1 ; arrêter, cit. 36 ; baiser, n., cit. 27). Une heure, des heures..., pendant une heure, pendant des heures (Cf. Betterave, cit. 1 ; entrée, cit. 2 ; filature, cit. 2 ; flanc, cit. 1 ; frais, cit. 32). Deux heures de temps (Cf. Amuser, cit. 2 ; an, cit. 3), d'horloge (Cf. Daigner, cit. 9). Avoir une heure de temps* à perdre. N'avoir pas une heure à soi (V. Occupé, pressé). Trois heures de suite (Cf. Application, cit. 10), d'affilée (cit.). Pendant des heures entières (Cf. Forme, cit. 30). Prendre, louer une chambre pour quelques heures. Plusieurs heures par jour, par semaine... (Cf. Asseoir, cit. 38 ; femme, cit. 121 ; géhenne, cit. 5). Passer, consacrer une heure, des heures à... (Cf. Brosser, cit. 1 ; enrager, cit. 6 ; fréquenter, cit. 2). En une, en quelques heures (Cf. Banque, cit. 4 ; forger, cit. 7 ; gagner, cit. 62). Deux heures avant, après, plus tôt, plus tard... (Cf. Astrakan, cit. 1 ; attaquer, cit. 3 ; auparavant, cit. 6 ; came, cit. ; flamboiement, cit. 3). Depuis tant d'heures (Cf. Armoire, cit. 7 ; général, n., cit. 21). Avancer, retarder son départ d'une heure. Revenez dans une heure. Délai de vingt-quatre, quarante-huit heures... — Liturg. Prière des quarante* heures (Cf. Exaucer, cit. 7).

2 « Une heure après la mort, notre âme évanouie
Sera ce qu'elle était une heure avant la vie. »
CYRANO DE BERGERAC, Mort d'Agrippine, V, 6.

3 « Bon ! Cela fait toujours passer une heure ou deux. »
RAC., Plaid., III, 4.

4 « Au bout de vingt-quatre heures ils revirent le jour ; »
VOLT., Candide, XVII.

5 « Réponds ; un siècle est comme une heure
Devant mon regard éternel. » HUGO, Odes, I, X.

6 « ... mon régime essentiel c'était en somme les légumes secs. Ils mettent longtemps à cuire. Je passais à surveiller leur ébullition des heures dans la cuisine... » CÉLINE, Voyage au bout de la nuit, p. 242.

7 « J'ai trouvé beau qu'il (Giacometti) mise un jour, à propos de statues qu'il venait de détruire : « J'en étais content, mais elles n'était faites que pour durer quelques heures. » Quelques heures : comme une aube, comme une tristesse, comme une éphémère. »
SARTRE, Situations III, p. 295.

— Heure de..., heure consacrée à..., passée dans..., occupée par... Une heure, des heures de repos, de sommeil, de lecture, de solitude, de liberté, de loisir (Cf. Écrasant, cit. 4 ; étude, cit. 5). Deux heures de marche, de route, de chemin de fer... (Cf. Frein, cit. 14). Ellipt. Être à une heure de telle ville. V. Distance. Une heure de pluie, de soleil... (Cf. Feutrer, cit. 4). Heures de classe, d'audience, de bureau... (Cf. Fonctionnaire, cit. 4). Il doit tant d'heures de travail. Ellipt. Journée de huit heures, semaine de quarante heures.

8 « ... ce ne fut qu'après avoir bien concerté mon plan, que je pus trouver deux heures de repos. » LACLOS, Liais. dang., Lett. LXIII.

9 « J'envie quelquefois votre sort : vous êtes maître de vos heures de loisir et de travail ; vous disposez de votre temps comme il vous plaît. » FONTANES, Lettre à Chênedollé, in STE-BEUVE, Chateaub., t. II, p. 221.

10 « Une heure de liberté totale. L'heure autour de laquelle la journée tourne, comme une roue aux lenteurs exaspérantes. L'heure où l'on est enfin soi-même, sous le regard complice et stimulant d'un être qui vous aime... » DUHAM., Salavin, III, X.

11 « Il y a en effet quelque chose de calme, et de rassurant dans les premières heures d'obscurité... » GREEN, A. Mesurat, I, IV.

12 « Après une heure d'incendie, il ne restait presque rien de mon édicule. » CÉLINE, Voyage au bout de la nuit, p. 163.

13 « Il voudrait surtout faire comprendre à ce peuple ouvrier, venu pour acclamer son tribun, que ce qui importe, pour l'instant, ce n'est pas d'obtenir des augmentations de salaires, des réductions d'heures de travail. » ROMAINS, H. de b. vol., t. IV, XXIII, p. 255.

14 « ... c'est lui (le syndicalisme) qui, en un siècle, a prodigieusement amélioré la condition ouvrière depuis la journée de seize heures jusqu'à la semaine de quarante heures. »
CAMUS, L'homme révolté, p. 367.

— Plusieurs fois (cit. 8) par heure. Vingt fois l'heure (Cf. Fin, adj., cit. 14). Faire (cit. 110) tant de nœuds, de kilomètres à l'heure, aller à une vitesse qui, constamment soutenue, ferait parcourir tant de kilomètres en une heure. Atteindre le cent (kilomètres) à l'heure (Cf. Côte, cit. 10). Rouler à quarante à l'heure. Coureur qui fait vingt kilomètres dans l'heure. Battre le record de l'heure, le record de la distance parcourue en une heure (par un cycliste, un coureur). Cf. aussi Kilomètre*-heure. — Prendre, louer une voiture à l'heure, payable selon le nombre d'heures qu'on l'emploie et non selon le kilométrage. Ouvrier qui est payé, qui travaille, qui est à l'heure, dont la paye est calculée d'après le nombre d'heures de travail fourni (par oppos. à à la tâche*, aux pièces*). Il gagne trois cents francs l'heure. Gagner tant par heure. Pop. Il touche deux cents francs de l'heure, par heure. Pop. et par plais. S'embêter à cent sous de l'heure, au plus haut point.

15 « Tout en songeant, il fouettait le cheval, lequel trottait de ce bon trot réglé et sûr qui fait deux lieues et demie à l'heure. »
HUGO, Misér., I, VII, V.

16 « ... Marius aperçut un cabriolet de régie qui passait à vide sur le boulevard... Marius fit signe au cocher d'arrêter, et lui cria : — À l'heure !... — Payez d'avance, dit le cocher. »
ID., Ibid., III, VIII, X, « Tarif des cabriolets de régie : deux francs l'heure. »

17 « Ils allèrent donc aux Noctambules, où ils s'empoisonnèrent à cent sous de l'heure. » ARAGON, Beaux quartiers, II, III.

— Une bonne, une grande heure : une heure entière ou même un peu plus (Cf. Fluctuation, cit. 3). Trois bons (cit. 28) quarts d'heure. S'enfermer (cit. 17) de longues heures. Une petite heure, un peu moins d'une heure. Des heures qui paraissent longues, courtes, selon les sentiments, les occupations de la personne pendant ce temps (Cf. Abréger, cit. 8 ; allonger, cit. 19 ; désœuvrement, cit. 2 ; écourter, cit. 1). Trois mortelles* heures (Cf. Arme, cit. 2). Compter* les heures. — Par exagér. Voilà une heure qu'on t'attend, dépêche-toi un peu ! V. Longtemps.

18 « Les heures passent vite quand nous sommes ensemble ; j'ai tant de choses à vous dire, et vous m'écoutez si bien ! »
FLAUB., Corresp., 55, 22 janv. 1842.

19 « Que lentement passent les heures
Comme passe un enterrement
Tu pleureras l'heure où tu pleures
Qui passera trop vivement
Comme passent toutes les heures »
APOLLINAIRE, Alcools, A la Santé, V.

— *Poét.* Symbole du temps. *Les heures passent vite. L'heure s'enfuit* (Cf. Flétrir, cit. 21). *Effilochage* (cit.) *des heures. Le cours* (cit. 14) *rapide des heures. Au fil* (cit. 33) *des heures. Passage, fuite* (cit. 9 et 10) *des heures. Heures qui usent, qui rongent* (Cf. Flambeau, cit. 2). *L'heure fugitive* (Cf. Aimer, cit. 34, 35 ; couler, cit. 18).

20 « Les minutes s'écoulaient lentement, mais les heures passaient vite. »
          MAC ORLAN, **La Bandera**, XVII.

‖ **2°** Point précis du jour, pratiquement déterminé par référence à une horloge*, et chiffré de 0 à 23 sur la base des 24 divisions du jour. *Le train de 20 h 50, de 0 h 45 ; magasin ouvert de 8 h à 12 h et de 14 h à 18 h.* — REM. La langue courante emploie « minuit » au lieu de *0 heure*, et « midi » au lieu de *12 heures ;* d'autre part, la numérotation reprenant de 1 à 11 pour les heures qui suivent midi, les heures 1 à 11 de la première moitié du jour sont précisées en ajoutant « du matin », tandis que les heures 1 à 11 de la seconde moitié sont précisées en ajoutant « de l'après-midi » (V. *aussi* **Relevée**) ou « du soir ». Ex. : *15 heures* se dit couramment *3 heures de l'après-midi,* et *19 heures* se dit *7 heures du soir.* »

— *Détermination de l'heure* (sidérale ou moyenne). V. **Sciographie.** *Bureau International de l'Heure* (B.I.H.). *Heure locale,* différente d'un méridien à l'autre : *Heure française, allemande... Heure uniforme à l'intérieur de chacun des 24 fuseaux* horaires. Heure légale,* en France celle du méridien de Greenwich avancée d'une heure (l'heure dite d'été, primitivement en vigueur dans la seule période d'avril à septembre, ayant été étendue à l'année entière). *Avancer, retarder l'heure.*

21 « ... dans toute une partie du ciel — du ciel ignorant de l'heure d'été et de l'heure d'hiver, et qui ne daignait pas savoir que 8 h 1/2 était devenu 9 h 1/2 — dans toute une partie du ciel bleuâtre il continuait à faire un peu jour. »
      PROUST, **Temps retrouvé**, III, p. 762 (éd. Pléiade).

22 « — Il n'y a plus d'heure française, eh ! fada. De Marseille à Strasbourg les Fritz ont imposé la leur. — Peut se faire, dit le sergent, paisible et têtu. Mais celui qui me fera changer *mon* heure il est pas encore né. »
      SARTRE, **Mort dans l'âme**, p. 257.

— *Spécialt.* Procéd. *Heure légale :* « heure fixée par la loi, avant ou après laquelle il est interdit de faire certains actes » (CAPITANT).

23 « Aucune signification ni exécution ne pourra être faite, depuis le 1er octobre jusqu'au 31 mars, avant six heures du matin et après six heures du soir ; »
      CODE PROC. CIV., **Art. 1037.**

— *Quelle heure est-il ? Savez-vous l'heure ? Il m'a demandé l'heure* (Cf. Fredonner, cit. 4). *Pouvez-vous me dire l'heure qu'il est ?* Fam. *Je ne vous demande pas l'heure qu'il est !* je ne vous ai pas adressé la parole, mêlez-vous de ce qui vous regarde (Cf. Estimer, cit. 3), *l'heure juste. Perdre le sentiment de l'heure, oublier l'heure* (Cf. Extraordinaire, cit. 13). *Que faites-vous dehors à cette heure-ci ? À quelle heure ?* (Cf. Boîte, cit. 11). *À la même heure* (Cf. Cadenas, cit. 2). *À n'importe quelle heure. À l'heure même,* au moment même où... (Concomitance). *A heures fixes, à des heures réglées* (Cf. Fièvre, cit. 2 ; élévation, cit. 6). *Absorber* (cit. 1) *un verre toutes les heures, tous les quarts d'heure. Faire attention à l'heure. Se tromper d'heure. Mettre sa montre à l'heure,* en régler les aiguilles de façon qu'elles indiquent l'heure exacte.

24 « Ma forme de vie est pareille en maladie comme en santé : même lit, mêmes heures, mêmes viandes me servent, et même breuvage. »
      MONTAIGNE, **Essais**, III, XIII.

25 « Tout mouvement projeté à Nantes était à l'heure même connu, prévenu, de l'autre côté de la Loire. »
      MICHELET, **Hist. Révol. fr.**, XVI, I.

26 « Elle avait trop longtemps vécu selon les exigences d'un rigoureux emploi de la journée pour ne pas être elle-même quelque peu atteinte de la manie des heures fixes, et ce dérangement apporté aux allées et venues de son père lui semblait étrange. »
      GREEN, **A. Mesurat**, I, XIII.

— *À cinq heures juste*, battant** (ou battantes), *sonnant*, tapant*.* — REM. Dans ces locutions, « tantôt la forme en -ant s'accorde... tantôt — et c'est, semble-t-il, l'usage le plus suivi... la forme en -ant est laissée invariable » (GREVISSE qui cite, dans le premier cas MAUPASSANT, FRANCE, LOTI, les GONCOURT, COLETTE... et dans le second, FLAUBERT, STENDHAL, BARRÈS, MARTIN DU GARD, etc.).

— *À, jusqu'à, avant, depuis, après... une heure, trois heures...* (Cf. Allure, cit. 1 ; après-midi, cit. 4 ; assoupir, cit. 1 ; black-out, cit. ; garnison, cit. 3 ; etc.). *Vers sept heures* (Cf. Attention, cit. 19 ; attroupement, cit. 14 ; bouder, cit. 3). *Il est plus de huit heures, huit heures passées* (Cf. Fin, n., cit. 6). — Dans la langue des techniciens (usage qui tend de plus en plus à se vulgariser). *Deux heures quinze, quatorze heures quarante-cinq, dix-neuf heures cinquante* (Cf. Flottille, cit. ; attaque, cit. 17). *Chercher midi* à quatorze heures.* — (Les minutes 15, 30 et 45 étant remplacées, dans la langue courante, par des expressions formées avec *quart** et *demie**). *Six heures un quart, et quart, et demie, trois quarts.* — (Les minutes de la première demi-heure s'ajoutant, dans la langue courante, à l'heure passée mais se déduisant, pour la seconde demi-heure, de l'heure

à venir). *Deux heures dix, trois heures vingt-cinq, six heures moins vingt, six heures moins un quart, moins le quart* (Cf. Fermer, cit. 27 ; ficher, cit. 12 ; filer, cit. 28). — (Le mot *heure* étant sous-entendu, quand il n'est pas suivi d'indication de minutes). *De deux à trois, de cinq à sept...*

27 « C'est à l'aventure quelque sens particulier qui découvre aux coqs l'heure du matin et de minuit, et les émeut à chanter ; »
      MONTAIGNE, **Essais**, II, XII.

28 « Il n'est pas encore cinq heures ; je ne dois aller retrouver Maman qu'à sept : voilà bien du temps, si j'avais quelque chose à te dire ! »
      LACLOS, **Liais. dang.**, Lett. I.

29 « N'oubliez pas d'être à ma porte à quatre heures et demie du matin très précises... »
      HUGO, **Misér.**, I, VII, II.

30 « Je me promène seul le soir de 5 à 9 (*heures*) »
      APOLLINAIRE, **Calligrammes**, À Nîmes.

31 « — Quelle heure est-il ?
  — Il est déjà quatre heures un quart, dit Bloyé.
  Philippe secoua sa femme et lui cria :
  — Berthe, réveille-toi... Il est quatre heures passé... »
      P. NIZAN, **Cheval de Troie**, I.

— *Heure indiquée par l'horloge, la montre...* (Cf. Cause, cit. 5 ; évider, cit. 1). *Voir, regarder, lire l'heure. Enfant qui ne sait pas encore lire l'heure. Cadran où sont portées les heures et les minutes* (Cf. Email, cit. 3), *marquant la demie de dix heures, c'est-à-dire dix heures et demie* (Cf. Gare, cit. 3), *qui dit l'heure* (Cf. Funeste, cit. 20). *L'horloge sonne, carillonne* (cit. 1) *l'heure, les heures, la demie et les quarts. Trois heures ont sonné* (Cf. Abandonner, cit. 20). *Sur le coup* de dix heures, de midi. Prendre l'heure, régler sa montre sur l'heure indiquée par une horloge.* Mar. *Heure de bord,* celle qu'indique la montre d'habitacle*.

32 « On portait des montres jadis, parce qu'il n'y avait pas d'horloges. Aujourd'hui, vous n'iriez pas écrire votre nom chez un suisse de bonne maison sans voir l'heure. Toutes les églises, les administrations, les ministères, voire les boutiques, ont des pendules. Nous marchons sur des méridiens, sur des canons de midi. On ne fait pas une enjambée sans se trouver face à face avec un cadran : aussi une montre est-elle du vieux style. »
      BALZ., **Code des gens honnêtes**, I, I (Œuvr. div., t. I, p. 73).

33 « Le carillon. c'est l'heure inattendue et folle,
  Que l'œil croit voir, vêtue en danseuse espagnole. »
      HUGO, **Rayons et ombres**, Écrit sur la vitre..., XVIII.

34 « ... c'était chez Françoise un de ces défauts particuliers, permanents, inguérissables, que nous appelons des manies, de ne pouvoir jamais regarder ni dire l'heure exactement... Quand Françoise, ayant ainsi regardé sa montre, s'il était deux heures disait : il est une heure, ou il est trois heures, je n'ai jamais pu comprendre si le phénomène qui avait lieu alors avait pour siège la vue de Françoise, ou sa pensée, ou son langage... »
      PROUST, **La prisonnière**, t. III, p. 156 (éd. Pléiade).

35 « Il faut aussi que la demie de sept heures ait sonné au clocher bulbeux... »
      COLETTE, **Naissance du jour**, p. 196.

36 « L'heure qui sonnait tira Mme Londe de sa contemplation. Elle se redressa et attendit pour se lever que les sept coups eussent retenti dans le silence de la petite pièce. »
      GREEN, **Léviathan**, I, III.

— (Avec un adj. ordinal, par emprunt au latin : *Vers la sixième heure du jour,* c'est-à-dire vers midi). *Les ouvriers de la onzième* heure.*

— *Heure convenue, fixée, prescrite, déterminée...* (Cf. Avancer, cit. 16). *Énoncer, choisir une heure* (Cf. Acte, cit. 12 ; aujourd'hui, cit. 2). Vieilli. *Prendre heure,* convenir d'une heure (Cf. Femme, cit. 19). *À l'heure dite* (Cf. Attente, cit. 20). *À l'heure précise, exacte.* V. **Militaire.** *L'heure d'un rendez-vous* (Cf. Étendre, cit. 38), *d'une cérémonie, d'une attaque, de la relève, du couvre-feu, d'un match...,* l'heure fixée pour le commencement des opérations. *Voici l'heure où je dois me rendre chez lui. Heure de départ, heure d'arrivée d'un train.* — Absolt. *L'heure,* l'heure fixée, prévue. *Commencer avant l'heure. Arriver après l'heure. Être en avance* (cit. 16) *sur l'heure. Arriver, être à l'heure. Employé qui est toujours à l'heure.* V. **Exact, ponctuel.** *N'avoir pas d'heure,* négliger d'observer un horaire régulier. *Oublier, laisser passer l'heure.* — Fam. *Avant l'heure, c'est* (ce n'est) *pas l'heure, après l'heure c'est* (ce n'est) *plus l'heure.*

37 « ... la vieille, craignant de laisser passer l'heure,
  Courait comme un lutin par toute sa demeure. »
      LA FONT., **Fabl.**, V, 6.

38 « Nous ne rentrâmes enfin qu'à l'heure convenue. »
      LACLOS, **Liais. dang.**, Lett. LIV.

39 « Tout un grand mois s'écoula, pendant lequel Marius alla tous les jours au Luxembourg. L'heure venue, rien ne pouvait le retenir. — Il est de service, disait Courfeyrac. »
      HUGO, **Misér.**, III, VI, III.

40 « Sept heures du matin : l'heure des visites officielles et des réceptions princières. »
      LOTI, **L'Inde (sans les Anglais)**, II, IV.

— *Spécialt.* (Liturg. rom.). *Heures canoniales,* celles où l'on récite les diverses parties du bréviaire et *par ext.* ces parties elles-mêmes. *Grandes heures.* V. **Laudes, matines, vêpres.** *Petites heures.* V. **Complies, none, prime, sexte, tierce.** *Livres d'Heures,* ou ellipt. *Heures,* recueil de dévotion renfermant les prières de l'office divin. *Anciens livres d'Heures, manuscrits puis imprimés* (Cf. Frontispice, cit. 3). *Heures à la mode de...* (telle ou telle ville ; en lat.

Horæ in modum...). *Les Très Riches Heures du duc de Berry*, célèbre livre d'Heures du XVᵉ siècle, admirablement enluminé et miniaturé.

41 « Mon père, quoiqu'il eût la tête des meilleures,
Ne m'a jamais rien fait apprendre que mes heures,
Qui, depuis cinquante ans dites journellement
Ne sont encor pour moi que du haut allemand. »
MOL., **Dép. amoureux**, II, 6.

42 « Bref, elle avait conservé les mœurs et à peu près le costume de son temps, ne se souciant que médiocrement du nôtre, lisant ses heures plutôt que les journaux, laissant le monde aller son train, et ne pensant qu'à mourir en paix. » MUSS., **Nouvelles**, Margot, I.

43 « ... la première feuille de parchemin de ce gothique livre d'Heures, à fermoir d'émail... » VILLIERS DE L'ISLE-ADAM, **Axel**, I, 3.

44 « Tous les détails qu'il avait autrefois connus des séculaires liturgies se pressèrent : les Invitatoires des Matines... des carillons chantant les heures canoniales, les primes et les tierces, les sextes et les nones... » HUYSMANS, **Là-bas**, III.

‖ 3º Moment de la journée, plus ou moins long, ou plus ou moins exactement déterminé dans le temps, selon son emploi ou l'aspect sous lequel il est considéré. *Vous pouvez me téléphoner aux heures des repas, aux heures de bureau. Heures libres. Arriver chez quelqu'un à l'heure du thé* (Cf. Chrysanthème, cit. ; écouteur, cit. 2), *du goûter, de l'apéritif... Heures d'affluence, de pointe**. *Heures creuses** (cit. 11). *L'heure de l'affût* (cit. 1 et 2), *de l'aube* (cit. 10). *L'heure la plus chaude, les heures brûlantes...* (Cf. Épanouir, cit. 19). *Une heure triste, lugubre* (Cf. Épouvante, cit. 6), *douce* (Cf. Gaver, cit. 4), *exquise* (Cf. Déchirant, cit. 4)... *Varier selon les jours et les heures* (Cf. Frivole, cit. 6). *À l'heure accoutumée* (cit. 3). *Une heure indue**. *Une heure matinale. Aux petites heures du jour.* V. **Aube**. *À une heure avancée**. V. **Tard.**

45 « Que viens-tu faire en cette maison, à des heures indues ? »
BEAUMARCH., **Barb. de Sév.**, IV, 8.

46 « C'était l'heure indécise et exquise qui ne dit ni oui ni non. Il y avait déjà assez de nuit pour qu'on pût s'y perdre à quelque distance, et encore assez de jour pour qu'on pût s'y reconnaître de près. » HUGO, **Misér.**, V, III, IX.

47 « L'heure était en effet si belle, la nuit si tranquille, un si calmant éclat descendait des étoiles, il y avait tant de bien-être à se sentir vivre et penser dans un tel accord de sensations et de rêves... »
FROMENTIN, **Été dans le Sahara**, p. 179.

48 « L'heure du thé fumant et des livres fermés ; »
VERLAINE, **La bonne chanson**, XIV.

49 « J'ai beaucoup d'heures libres ici et je ne sais trop que faire... »
BOURGET, **Le disciple**, p. 213.

50 « Les tramways étaient toujours pleins aux heures de pointe, vides et sales dans la journée. » CAMUS, **La peste**, p. 76.

51 « Cette heure du soir, qui pour les croyants est celle de l'examen de conscience, cette heure est dure pour le prisonnier ou l'exilé qui n'ont à examiner que du vide. » ID., **Ibid.**, p. 201.

— *Heure matinale. Déjà levé, à une heure si matinale ? À la première heure*, de très bon matin, le plus tôt possible. *Je compte vous voir demain à la première heure.* Fig. *Les combattants de la première heure*, ceux du début, les premiers à avoir combattu (Cf. Exterminateur, cit.). — *Nouvelles de la dernière heure, de dernière heure*, celles qui parviennent à un journal dans les ultimes moments précédant la mise sous presse. *Dernière heure*, rubrique réservée dans la presse à ces dernières nouvelles. Fig. *Les combattants, les résistants de la dernière heure.*

52 « La nouvelle n'a malheureusement pas été reçue par nous, à l'heure où nous mettons sous presse, que Leurs Excellences aient pu se mettre d'accord sur une formule pouvant servir de base à un instrument diplomatique. »
Dernière heure : « On a appris avec satisfaction dans les cercles bien informés, qu'une légère détente semble s'être produite dans les rapports franco-prussiens. On attacherait une importance toute particulière au fait que M. de Norpois aurait rencontré « unter den Linden » le ministre d'Angleterre... »
PROUST, **La fugitive**, t. III, p. 638 (éd. Pléiade).

— *L'heure où..., ces heures où...* (Cf. Accouplement, cit. 3 ; apaisement, cit. 5 ; azurer, cit. 2 ; bruit, cit. 12 ; engourdir, cit. 13 ; facteur, cit. 10 ; flairer, cit. 2).

53 « C'était l'heure tranquille où les lions vont boire. »
HUGO, **Lég. des siècles**, II, Booz endormi.

54 « Et en descendant pour rejoindre ma mère qui m'attendait, à cette heure où à Combray il faisait si bon goûter le soleil tout proche dans l'obscurité conservée par les volets clos... »
PROUST, **La fugitive**, t. III, p. 645 (éd. Pléiade).

— *L'heure de...* (suivi d'un infinitif), le moment où il est nécessaire, convenable, prescrit, habituel de... *Il est largement l'heure de se mettre à table. C'est l'heure d'aller se coucher. Est-ce l'heure de...?* (On dit aussi : *est-ce une heure pour...?*).

55 « Est-il l'heure de revenir chez soi quand le jour est près de paraître ? » MOL., **G. Dand.**, III, 6.

— (*Avec un possessif*). Moment habituel ou agréable à quelqu'un de faire telle ou telle chose. *Ce doit être lui qui arrive, c'est son heure. Il a ses heures, vous ne pourrez pas l'en faire changer* (Cf. Fréquentation, cit. 10). *Il ne fait rien qu'à ses heures. Il est poète à ses heures*, quand ça lui chante*, selon sa fantaisie.

56 « Il vivait de régime, et mangeait à ses heures. »
LA FONT., **Fabl.**, VII, 4.

57 « ... ma paresse était moins celle d'un fainéant que celle d'un homme indépendant, qui n'aime à travailler qu'à son heure. »
ROUSS., **Confess.**, IX.

— *C'est la bonne heure pour...*, le moment convenable, favorable pour... *C'est la bonne heure pour aller le voir, pour se promener... C'est la meilleure heure pour travailler. C'est une bien mauvaise heure pour le voir, il est très occupé.*

— À LA BONNE HEURE. *loc. adv.* Au bon moment, à propos. *Par ext.* (marquant l'approbation). C'est très bien, c'est parfait ; j'y consens, soit. *J'ai pu me libérer un moment. — À la bonne heure, nous allons pouvoir causer.*

58 « Si tu avais senti quelque inclination pour elle, à la bonne heure : je te l'aurais fait épouser, au lieu de moi ; » MOL., **Avare**, IV, 3.

59 « Ici les objections se raniment. Le phénicien, à merveille ! le levantin, à la bonne heure ! même le patois, passe ! ce sont des langues qui ont appartenu à des nations ou à des provinces ; mais l'argot ! »
HUGO, **Misér.**, IV, VII, I.

— (Avec une nuance d'ironie dans l'approbation ou la satisfaction). *Eh bien ! à la bonne heure, voilà un joli coco ! Tu ne veux rien faire ? à la bonne heure, tu réussiras !* (Cf. À ton aise*).

60 « — Je ne dormirai point. — Hé bien, à la bonne heure ! »
RAC., **Plaid.**, I, 4.

— *Vx.* Promptement, de bonne heure.

61 « ... Vous ne vous pressez pas assez de partir... Voilà votre petit frère qui arrive. Le cardinal de Retz me fait dire qu'il est arrivé. Arrivez donc tous à la bonne heure. »
SÉV., 377, 2 févr. 1674. — REM. *À la bonne heure* signifie bien ici « promptement » et non « heureusement, avec un bon succès », comme l'interprète LITTRÉ.

‖ 4º Moment de la vie d'un individu ou d'une société. V. **Époque, instant, temps*** (Cf. Défendre, cit. 18). *Les heures d'autrefois. Qui n'a connu de ces heures où...* (Cf. Accablant, cit. 5). *Connaître dans sa vie des heures agréables, tranquilles, aimables* (cit. 11), *heureuses* (Cf. Brio, cit. 2), *propices* (Cf. Délice, cit. 9), *délicieuses* (Cf. Appeler, cit. 21), *d'ivresse* (Cf. Cadran, cit. 3), *claires* (cit. 18) *ou sombres, amoureuses* (Cf. Couler, cit. 11), *exaltantes, exubérantes* (Cf. Existence, cit. 20), *misérables* (Cf. Défiler 2, cit. 6)... *Les « Heures claires »*, recueil de poèmes de Verhaeren. *Aux heures de détresse, de bonheur, d'épanchement* (cit. 8). *Aux heures où l'on a besoin de tendresse. À certaines heures* (Cf. Acceptation, cit. 4). *L'heure du danger* (Cf. Appartenir, cit. 36). *Jusqu'à l'heure de ma mort. Heure décisive* (cit. 4), *des paroles décisives* (Cf. Fiançailles, cit. 3)... *Dès l'heure de sa naissance* (Cf. Bœuf, cit. 1). « *De l'heure qu'elle aima* (cit. 35), *l'univers fut amour* ». — *Avoir son heure de gloire, de célébrité* (Cf. Génération, cit. 6), *de grandeur* (Cf. Calculateur, cit. 4). *Un ami de toutes les heures* : un ami fidèle.

62 « Il vous reste à vous votre jeunesse, un long avenir... À moi, (*Chateaubriand*) il me reste des heures flétries et ridées, un passé au lieu d'un avenir, et la solitude qui se forme autour d'une existence qui finit... » CHATEAUB. in HENRIOT, **Portr. de femmes**, p. 288.

63 « Par instants, après certaines lectures, alors que le dégoût de la vie ambiante s'accentuait, il enviait des heures lénitives au fond d'un cloître... » HUYSMANS, **Là-bas**, I.

64 « Véronique, irréparablement enlaidie, deviendrait cette amie très douce, cette compagne bienfaisante des heures de lassitude intellectuelle et de tristesse... » BLOY, **Le désespéré**, p. 132.

65 « Attendons l'heure du sacrifice en travaillant à autre chose. Elle finit toujours par sonner ; mais ne perdons pas notre temps à la chercher sans cesse au cadran de la vie. »
MAETERLINCK, **Sagesse et destinée**, LXV.

66 « Certaines heures semblent impossibles à vivre. Il faudrait pouvoir les sauter, les omettre et rejoindre la vie un peu plus loin. »
GREEN, **A. Mesurat**, III, VIII.

— *Heure suprême, dernière*, les derniers instants d'une vie (Cf. Approcher, cit. 44). *Les défaillances* (cit. 3) *de la dernière heure.* Ellipt. *Son heure est venue, a sonné*, il va bientôt mourir.

67 « Peu de gens meurent résolus que ce soit leur heure dernière, et n'est endroit où la piperie de l'espérance nous amuse plus. »
MONTAIGNE, **Essais**, II, XIII.

68 « ... un philosophe vous dira en vain que vous devez être rassasiés d'années et de jours... La dernière heure n'en sera pas moins insupportable, et l'habitude de vivre ne fera qu'en accroître le désir... »
BOSSUET, **Orais. fun. Le Tellier.**

69 « Peut-être nous touchons à notre heure dernière. »
RAC., **Athal.**, V, 1.

70 « Certes, le duc Magnus est fort comme un vieux chêne,
Mais sa barbe est très blanche, il a quatre-vingts ans
Et songe quelquefois que son heure est prochaine. »
LECONTE DE LISLE, **Poèmes tragiques**, Le lévrier de Magnus, I.

— Absolt. *Mourir avant l'heure* : prématurément, plus tôt qu'on pouvait normalement s'y attendre. — (Avec un adjectif possessif ou un compl. d'appartenance). Moment, époque de la vie où s'offre une chance favorable à la réussite de quelque chose, au succès de quelqu'un, au bonheur de son existence,... *Il sait qu'il aura son heure,* *que son heure viendra...* V. **Tour.** *Attendre son heure* (Cf. Épuiser, cit. 28). *Il a eu son heure, il n'a pas su en profiter. Son heure est passée. L'heure d'un homme d'État. L'heure du berger** (cit. 11 et 12).

71 « N'existons-nous donc plus ? Avons-nous eu notre heure ?
Rien ne la rendra-t-il à nos cris superflus ? »
HUGO, **Rayons et ombres,** Tristesse d'Olympio.

72 « Elle venait de comprendre qu'il fallait laisser les hommes se débrouiller entre eux, qu'elle avait sa part, qu'elle aurait son heure, qu'il suffisait d'attendre. » DUHAM., **Salavin,** III, XV.

— *Heures difficiles, critiques* (cit. 3) *dans l'histoire d'un peuple, d'un siècle, d'un régime... École, salon, parti, mode... qui a eu son heure de gloire* (Cf. Cancan, cit.). *Doctrines qui, à leur heure, semblaient bien établies, à l'époque où elles se manifestaient. En attendant l'heure d'arbitrer* (cit. 4).

73 « L'heure viendra que l'obélisque du désert retrouvera, sur la place des meurtres, le silence et la solitude de Luxor. »
CHATEAUB., **M. O.-T.,** t. VI, p. 312. — N. B. De nos jours, on dirait plutôt *L'heure viendra où...*

74 « Cette crise pathétique de l'histoire contemporaine que la mémoire des Parisiens appelle *l'époque des émeutes,* est à coup sûr une heure caractéristique parmi les heures orageuses de ce siècle. »
HUGO, **Misér.,** IV, X, II.

75 « Le plus grand siècle peut avoir son heure immonde ; »
ID., **L'année terrible,** Février, V.

76 « Mais il vient toujours une heure dans l'histoire où celui qui ose dire que deux et deux font quatre est puni de mort. »
CAMUS, **La peste,** p. 149.

— *L'heure présente. À l'heure où nous sommes. L'heure actuelle* (Cf. Américanisme, cit. ; cap, cit. 4). Absolt. *L'heure, l'heure actuelle. L'heure est grave.* V. **Circonstance** (Cf. Cache-cache, cit.). *Difficultés, problèmes de l'heure. Le maître de l'heure.*

77 « Le passé, il est vrai, est très fort à l'heure où nous sommes. »
HUGO, **Misér.,** IV, VII, IV.

78 « On ne pourrait à l'heure actuelle... supprimer la taxe sur le chiffre d'affaires sans creuser dans notre budget un trou que rien ne saurait combler. » BAINVILLE, **Fortune de la France,** p. 295.

— *Absolt.* Moment favorable, propice.

79 « Lorsque l'heure lui sembla venue, la Restauration,... se croyant forte et se croyant profonde, prit brusquement son parti et risqua son coup. » HUGO, **Misér.,** IV, I, I.

— *Néol. L'heure H :* l'heure prévue pour l'attaque, et *fig.* l'heure de la décision.

‖ 5° HEURE, dans certaines loc. adv. de temps. — N. B. On trouvera groupées ici, pour la commodité, les loc. adv. les plus usuelles, où le mot *heure* est pris dans telle ou telle des acceptions étudiées ci-dessus.

— À CETTE HEURE. Maintenant, présentement (qu'il s'agisse d'un moment de la journée ou du temps en général). *À cette heure, il faut en finir* (Cf. Fixer, cit. 19). *Vous pouvez à cette heure espérer...* (Cf. Gent 2, cit. 2). V. **Aujourd'hui.** *Jusqu'à cette heure,* jusqu'à maintenant (Cf. Chaîne, cit. 20).

80 « Je comprends cela à cette heure. » MOL., **Bourg. gent.,** I, 2.

81 « ... n'ayant point à cette heure de passion... plus violente que celle de vous contenter. » LA BRUY., **Lettres,** VII, À Condé.

82 « En tous temps, il y a eu des crimes ; mais ils n'étaient point commis de sang-froid, comme ils le sont de nos jours... À cette heure ils ne révoltent plus... »
CHATEAUB., **M. O.-T.,** 4e partie, XII, 5 (éd. Levaill., IV, p. 584).

83 « N'allez-vous pas effrayer tout le voisinage et amener la police, à c't'heure ! » BALZ., **Le père Goriot,** Œuvr., t. II, p. 931.

84 « Il est notoire, par exemple, qu'à cette heure, la Tamise empoisonne Londres. » HUGO, **Misér.,** V, II, I.

85 « — À cette heure, dit ensuite Soulas ragaillardi, si vous étiez gentils, vous me donneriez un coup de main pour avancer le parc. »
ZOLA, **La terre,** IV, I.

— *À cette heure où... :* maintenant que. — Vx. *À cette heure que...* (Cf. Altesse, cit. 1).

— À L'HEURE QU'IL EST. En ce moment de la journée (Cf. Embarrassant, cit. ; frais 1, cit. 5) ; à l'époque actuelle. V. **Aujourd'hui ; actuellement.**

86 « Napoléon a bâti... quatre mille huit cent quatre mètres ; Louis XVIII, cinq mille sept cent neuf ;... le régime actuel, soixante-dix mille cinq cents ; en tout, à l'heure qu'il est... soixante lieues d'égouts ; » HUGO, **Misér.,** V, II, VI.

— À TOUTE HEURE. À tout moment de la journée, sans interruption. V. **Constamment, continuellement.** *Pharmacie, brasserie ouverte à toute heure.* (N. B. On renforce ou on précise souvent l'expression en disant *À toute heure du jour, de la nuit, du jour et de la nuit.* Cf. Entretenir, cit. 5). — À n'importe quel moment (Cf. Fouiller, cit. 24). — À chaque occasion (Cf. Cagotisme, cit.).

87 « Dieu veut-il qu'à toute heure on prie, on le contemple ? »
RAC., **Athal.,** II, 7.

88 « On pouvait appeler M. Myriel à toute heure au chevet des malades et des mourants. » HUGO, **Misér.,** I, I, IV.

— POUR L'HEURE. Pour le moment, dans les circonstances actuelles. *Je suis pour l'heure dans l'impossibilité de...*

89 « Peut-être à mon retour je saurai te guérir ;
Je ne puis mieux pour l'heure : adieu. »
CORNEILLE, **Suite du Ment.,** II, 6.

— SUR L'HEURE. Aussitôt*, à l'instant même. V. **Champ** (sur-le-champ), **immédiatement, incontinent.** *Accorder, fournir... sur l'heure* (Cf. Anacoluthe, cit. ; ange, cit. 5 ; éprouver, cit. 12).

90 « Il soit dit que sur l'heure il se transportera
Au logis de la dame ;... » RAC., **Plaid.,** II, 4.

— TOUT À L'HEURE. a) *Vx.* (Marquant un futur immédiat). Tout de suite, sur-le-champ.

91 « Hors d'ici tout à l'heure, et qu'on ne réplique pas... sors vite, que je ne t'assomme » MOL., **Avare,** I, 3.

b) *De nos jours* (Marquant un futur proche). Dans un moment, après un bref laps de temps. *Ne vous inquiétez pas, il va rentrer tout à l'heure. Nous verrons cela tout à l'heure.*

92 « Nous en parlerons tout à l'heure ; mais nous devons auparavant terminer... » MICHELET, **Hist. Révol. fr.,** XVIII, II.

93 « Monsieur le maire, il est tout à l'heure cinq heures du matin. »
HUGO, **Misér.,** I, VII, IV.

— (Marquant un passé tout proche). Il y a un moment, il y a très peu de temps. *Je l'ai vu tout à l'heure, il ne peut être bien loin. Tout à l'heure encore...* (Cf. À, cit. 18). *Tout à l'heure irrité, maintenant calmé...* (Cf. Apaiser, cit. 21 ; ardent, cit. 39 ; balayer, cit. 5...). *La pluie, l'alerte, la conversation... de tout à l'heure* (Cf. Brûlure, cit. 3).

94 « C'est un logis garni que j'ai pris tout à l'heure. »
MOL., **Étourdi,** V, 4.

95 « ... L'enfant que j'avais tout à l'heure,
Quoi donc ! je ne l'ai plus ! » HUGO, **Contempl.,** IV, À Villequier.

— D'HEURE EN HEURE. Toutes les heures. *Vous prendrez d'heure en heure une cuillerée de cette potion* (ACAD.). — N. B. On dit aussi en ce sens *heure par heure* (Cf. Apologétique, cit. 3).

96 « Pendant plusieurs jours, mes amis restèrent dans la crainte de me voir enlever par la police ; ils se présentaient chez moi d'heure en heure, et toujours en frémissant quand ils abordaient la loge du portier. »
CHATEAUB., **M. O.-T.,** 2e part., IV, 1 (éd. Levaillant, II, p. 134).

97 « Personne ne sortait par ce temps de grande chaleur, et c'était à peine si d'heure en heure quelqu'un passait, poursuivant l'ombre avare au ras des murs. » GREEN, A. **Mesurat,** I, I.

— (Marquant une progression ascendante ou descendante). D'une heure à l'autre, à mesure que l'heure, le temps passe. *Souvenirs s'effaçant d'heure en heure* (Cf. Banalité, cit. 3). *Ciel d'heure en heure plus sombre, plus rose* (Cf. Diaprer, cit. 5). *La situation s'aggrave d'heure en heure. Résistance d'heure en heure moins forte. Augmenter, diminuer d'heure en heure.* — Dans le même sens, HEURE PAR HEURE (Cf. Gagner, cit. 64).

98 « Ce que vous y avez vu d'aimable, d'admirable et de charmant a toujours augmenté d'heure en heure, et on découvre tous les jours en elle de nouveaux trésors de beauté, de générosité et d'esprit. »
VOITURE, **Lettres,** 67 (in LITTRÉ).

99 « La pluie continue. Le vent, qui n'a fait que s'accroître d'heure en heure en se fixant à son point d'hiver, commence à labourer profondément les eaux de la baie. »
FROMENTIN, **Année dans le Sahel,** p. 104.

— D'UNE HEURE À L'AUTRE. En l'espace d'une heure, d'un moment à l'autre. *La situation peut se modifier d'une heure à l'autre. Il change d'avis d'une heure à l'autre.*

— DE BONNE HEURE. À une heure matinale, ou à un moment de la journée nettement en avance sur l'heure fixée ou habituelle. V. **Tôt.** *Se lever de bonne heure pour prendre le train du matin. Se mettre au travail de très bonne heure. Le soleil se lève l'été de meilleure heure que l'hiver.* — *Se sentant fatigué, il alla se coucher de bonne heure* (Cf. Froid, cit. 21). *Je vous attends à goûter, mais venez de bonne heure, que nous ayons le temps de bavarder tranquillement. Invité qui se trouve gêné en constatant qu'il est arrivé de trop bonne heure.*

100 « Matinale comme toutes les filles de province, elle se leva de bonne heure... » BALZ., **Eug. Grandet,** Œuvr., t. III, p. 525.

101 « — Ta maîtresse peut-elle se lever de bonne heure ? demanda-t-il à la négresse. — À l'heure où se lève le soleil. »
MUSS., **Nouv.,** Le fils du Titien, IV.

102 « — Voilà un cheval bien fatigué. La pauvre bête, en effet, n'allait plus qu'au pas. — Est-ce que vous allez à Arras ? ajouta le cantonnier. — Oui. — Si vous allez de ce train, vous n'y arriverez pas de bonne heure. » HUGO, **Misér.,** I, VII, V.

— Avant l'époque habituelle, normale... *Inculquer de bonne heure certains principes à un enfant* (Cf. Air, cit. 27 ; corriger, cit. 15 ; compatissant, cit. 2). *Cette année les cerises ont été mûres de bonne heure* (V. **Précocement**). *Les arts ont fleuri de bonne heure en Italie* (ACAD.). *Enfant qui devient observateur de trop bonne heure* (Cf. Exercer, cit. 13). *On l'a émancipé de trop bonne heure* (V. **Prématurément**).

103 « ... il (*les*) conjurait... de l'avertir de bonne heure, quand ils verraient sa mémoire vaciller ou son jugement s'affaiblir... »
BOSS., Orais. fun. Le Tellier.

104 « ... les familles mariaient de fort bonne heure leurs enfants afin de les soustraire aux envahissements de la conscription. »
BALZ., Vieille fille, Œuvr., t. IV, p. 252.

DER. — Cf. Lurette (heurette), et (du lat. *hora*) horaire, horloge, horoscope.

HOM. — Heur.

COMP. — Ampère-heure, kilomètre*-heure, kilowatt-heure. — **Désheurer.** *v. tr.* (XVIIᵉ s. RETZ). *Vieilli.* Déranger (quelqu'un) de ses heures réglées, troubler le rythme de ses occupations. *En grommelant d'être désheurés et dérangés* (cit. 14) *de leurs habitudes.* — Pronominalt. *Se désheurer*, être dérangé dans ses habitudes. — Par ext. *Horloge désheurée*, déréglée, qui ne marque ou ne sonne plus correctement les heures. *Train désheuré*, qui n'arrive pas à l'heure.

« ... j'ai observé qu'à Paris, dans les émotions populaires, les plus échauffés ne veulent pas ce qu'ils appellent se désheurer. »
RETZ., Mém., II, p. 93 (éd. Pléiade).

HEUREUSEMENT. *adv.* (XVIᵉ s. ; de *heureux*).

‖ **1°** *Vieilli.* Dans l'état de bonheur. *Il est nécessaire d'aimer pour vivre heureusement* (Cf. Agréable, cit. 15). V. **Heureux** (vivre heureux).

‖ **2°** D'une manière heureuse, avantageuse ou favorable ; avec succès. V. **Avantageusement, bien*, favorablement.** *Terminer heureusement une affaire. Tout lui réussissait* (au sens ancien de *tourner*) *heureusement* (Cf. Avec, cit. 14). *Culture qui réagit heureusement sur les autres récoltes* (Cf. Betterave, cit. 2).

1 « ... ainsi finit heureusement la bataille la plus hasardeuse et la plus disputée qui fût jamais. » **BOSS., Orais. fun. Prince de Condé.**

— *Heureusement doué, heureusement né*, qui a de bonnes dispositions naturelles, des dons heureux. *La nature l'a heureusement partagé.*

2 « La Catalogne est un des pays les plus fertiles de la terre, et des plus heureusement situés. » **VOLT., Siècle de Louis XIV, XXIII.**

‖ **3°** D'une manière esthétiquement heureuse, réussie, originale, habile. *Cela est heureusement exprimé.* V. **Bonheur** (avec bonheur). *Location très heureusement traduite* (Cf. Flexibilité, cit. 3). *Expression heureusement trouvée. Mots qui riment, couleurs qui contrastent heureusement. Œuvre heureusement conçue, composée...*

3 « Il était difficile d'accoupler plus heureusement la peinture à la ronde bosse, le travail du pinceau à celui du ciseau. »
GAUTIER, Voyage en Russie, XV, p. 238.

‖ **4°** Par une heureuse chance, par bonheur. V. **Dieu** (Dieu merci, grâce à Dieu), **ciel** (grâce au). En ce sens, *Heureusement*, détaché par la ponctuation ou par l'élocution, se met généralement en tête de la proposition. *Heureusement, il est..., il faisait...* (Cf. Approximation, cit. 3 ; fantaisie, cit. 7 et 29 ; garder, cit. 57). *Il ne sait heureusement pas...* (Cf. Formuler, cit. 1 ; fulminate, cit.). *Danger heureusement peu grave* (Cf. Foyer, cit. 6). *Il a enfin compris, heureusement.*

4 « On a voulu priver le public de ce Dictionnaire utile (*l'Encyclopédie*), heureusement on n'y a pas réussi. »
VOLT., Dict. philos., Heureux.

5 « Les bonnes fondent sur moi ; je leur échappe ; je cours me barricader dans la cave de la maison : l'armée femelle me pourchasse. Mon père et ma mère étaient heureusement sortis. »
CHATEAUB., M. O.-T., 1ʳᵉ part., I, 8 (éd. Levaillant, t. I, p. 52).

6 « *Il a vécu heureusement*, signifie simplement que sa vie s'est passée sans infortune. *Heureusement il a vécu !* exprime la joie que cause la prolongation d'une vie pour laquelle on craignait. »
BRUNOT, Pens. et lang., p. 513.

— Ellipt. *Heureusement pour moi, pour lui :* c'est heureux pour moi, pour lui. *Heureusement que..., il est heureux que... Heureusement qu'il n'a rien vu* (ACAD.). *Heureusement que j'y ai pensé !* (Cf. Bise, cit. 5).

7 « Heureusement que je ne m'en soucie guère, et que sa trahison ne me fait plus rien du tout. » **BEAUMARCH., Mar. Fig., V, 8.**

ANT. — **Malheureusement ; malencontreusement.**

HEUREUX, EUSE. *adj.* (1213 ; de *heur*). Qui a ou marque du bonheur*.

I. (V. **Bonheur,** 1°). ‖ **1°** Qui bénéficie d'une chance favorable, que le sort favorise, que la nature a bien partagé. V. **Chanceux, favorisé, fortuné*** (cit. 2). *Être heureux au jeu*, en affaires...* (Cf. Angoisse, cit. 10). *Moins heureux, plus heureux*, qui a moins, qui a plus de chance (Cf. Carrière, cit. 23 ; cavale, cit. 1 ; galerie, cit. 4). *Il est heureux en tout, tout lui réussit.* V. **Veinard.** *Il fut assez heureux pour rétablir une situation bien compromise. Vous êtes un heureux mortel. Une heureuse mère* (Cf. Atome, cit. 1). *L'heureux Monsieur Un tel* (Cf. Déshériter, cit. 3). *Un heureux coquin* (Cf. Filer, cit. 11). *Être si peu heureux que sage*, réussir par la chance plus que par la prudence et le calcul. — PROV. (Vieilli). *Être plus heureux qu'un honnête homme :* bénéficier de cette chance qui semble refusée aux honnêtes gens (Cf. Il n'y a de chance que pour la canaille, la crapule).

« ... les hommes, quelque beau visage que fortune leur fasse, ne se peuvent appeler heureux, jusques à ce qu'on leur ait vu passer le dernier jour de leur vie, pour (*en raison de*) l'incertitude et variété des choses humaines, qui d'un bien léger mouvement se changent d'un état en (*un*) autre, tout divers. » **MONTAIGNE, Essais, I, XIX.** 1

« Que vous êtes heureuse, et qu'un peu de soupirs
Fait un aisé remède à tous vos déplaisirs ! » **CORN., Pol., II, 2.** 2

« Je... je le priai de me dire s'ils ne condamneraient donc pas au moins cette autre opinion... Mais je ne fus pas plus heureux en cette seconde question. » **PASC., Provinc., Lett. I.** 3

« Le premier qui fut roi fut un soldat heureux ; » **VOLT., Mérope, I, 3.** 4

« Quand on dit un heureux scélérat, on n'entend par ce mot que ses succès. » **ID., Dict. philos., Heureux.** 5

« Général heureux et qui méritait son bonheur, Maurice de Saxe devint vite maréchal de France. » **MAUROIS, Lélia, I, I.** 6

— *Être heureux, bien heureux de...* (suivi de l'infinitif), avoir de la chance, beaucoup de chance de... (Cf. Fructifier, cit. 5). *Il est fort heureux d'en être quitte à si bon marché* (ACAD.). *Vous êtes trop heureux de..., vous avez vraiment une chance extraordinaire, trop de chance de...* (Cf. Baiser, v., cit. 13). — *Heureux que...* (suivi du subjonctif) : *Nous sommes heureux qu'il n'en ait rien su* (ACAD.) : c'est une chance pour nous qu'il n'en ait rien su (Cf. en un autre sens, *infra*, II, 1°).

« Hippolyte est heureux qu'aux dépens de vos jours
Vous-même en expirant appuyez ses discours. »
RAC., Phèdre, III, 3. — N. B. *Heureux* n'a pas ici le sens de « satisfait » que lui donne LITTRÉ, mais celui de « fortuné, favorisé par la chance ». 7

— *S'estimer** (cit. 25) *heureux de* (avec l'infinitif) ou *S'estimer* (cit. 26) *heureux que* (avec le subjonctif) : estimer qu'on a bien de la chance de..., que... (et, par conséquent, se tenir pour satisfait, sans rien demander de plus, sans demander son reste). *Estimez-vous heureux de vous en tirer à si bon compte* (cit. 10. — Cf. aussi Alourdir, cit. 6).

— Ellipt. (S'estimer) *Trop heureux de... Il a liquidé l'affaire, trop heureux de n'avoir pas tout perdu. Elle nous dédaigne, alors qu'elle était autrefois trop heureuse d'être reçue chez nous* (Cf. Glorieux, cit. 15). *À sa place, je serais trop heureux de...* (Cf. Bienfait, cit. 7). *Je serai trop heureuse d'accourir* (cit. 8).

« ... cinq mille hommes d'infanterie... qui furent trop heureux de se rendre à discrétion. » **RAC., Camp. de Louis XIV.** 8

— (S'estimer) *Heureux si...* (Cf. Ardeur, cit. 7 ; attendrir, cit. 4 ; grand, cit. 45). — REM. Cette tournure elliptique est vieillie ou littéraire. Elle reste bien vivante dans les expressions *Bien heureux, Trop heureux si...* (Cf. Faveur, cit. 19).

« Heureux si je pouvais, dans l'ardeur qui me presse,
Au lieu d'Astyanax lui ravir ma princesse ! » **RAC., Androm., I, 1.** 9

‖ **2°** En parlant de l'aspect, du cours favorable des choses, des événements. V. **Avantageux, bon, favorable.** *Heureux hasard, heureuse fortune* (cit. 14). *Un coup heureux. Chance, occasion heureuse.* V. **Beau.** *Accidents* (cit. 7 et 9), *aventure, succès* (Cf. Allégresse, cit. 3), *événements* (cit. 9) *heureux. Heureux succès** (au sens ancien), *heureuse fin* (cit. 19), *heureuse issue...* (Cf. Art, cit. 33). *Une heureuse rencontre. Heureux résultats* (Cf. Annonciateur, cit. 5).

« Ah ! quel heureux sort en ce lieu vous amène ? »
MOL., Misanthr., III, 4. 10

« Un destin plus heureux vous conduit en Épire. »
RAC., Androm., I, 1. 11

« ... les dénoûments (*dans les comédies de Molière*) sont aussi heureux que les dénoûments des contes de fées. et tout le monde, jusqu'au mari, est on ne peut plus satisfait. »
GAUTIER, Mˡˡᵉ de Maupin, Préf., p. 13. 12

— Que le succès accompagne, couronne. *Choix, conseil heureux. Nos recherches n'ont pas été heureuses* (Cf. Botanique, cit. 1). *Expédition particulièrement heureuse* (Cf. Flibustier, cit. 1). — *Avoir la main heureuse*, se dit d'un joueur qui gagne souvent. *Par ext.* Réussir ordinairement dans les choses qu'on entreprend, dans les choix ou les résolutions auxquelles on se détermine. — *Une heureuse influence. Heureux changement.*

« Quand elle a dévoré Chénier, la Bête révolutionnaire a eu, si l'on peut dire, la main, la patte, la gueule heureuse. En le supprimant, elle a fait disparaître le seul des êtres, alors en vie, qui aurait pu efficacement s'opposer... (*aux principes révolutionnaires*). »
MAURRAS, A. Chénier (in Tableau de la Littér. fr., Gallimard). 13

— Qui est signe ou promesse de succès. *Heureux présage. D'heureux augure** (cit. 8). *Sous d'heureux auspices** (cit. 3 et 4). *Être né sous une heureuse étoile*.* V. **Bon.**

« Il semble que nos actions aient des étoiles heureuses ou malheureuses, à qui elles doivent une grande partie de la louange et du blâme qu'on leur donne. » **LA ROCHEF., Réfl..., 58.** 14

— Impersonnlt. *C'est heureux pour vous*, c'est une chance pour vous, c'est quelque chose qui vient à point. *Il est heureux que vous ayez été prévenu à temps.* — Ironiqt. En manière d'approbation (cit. 4). *Enfin vous en convenez, c'est heureux, c'est bien heureux. C'est heureux, car...* (Cf.

Exterminer, cit. 9). Ellipt. *Encore heureux qu'on ne lui ait pas volé son passeport !*

— *Spécialt.* Qui tourne bien ou du moins n'a pas de suites fâcheuses en dépit des dangers ou des risques que la chose comportait. *Heureux passage d'une rivière sous le feu de l'ennemi. Un heureux accouchement. À peine quelques contusions, on peut dire que c'est une chute heureuse ! Heureuse faute !* (Felix culpa !), mot fameux de saint Augustin montrant que le péché originel avait valu à l'homme le bénéfice de la Rédemption (Se dit souvent des fautes ou des erreurs dont il sort quelque bien).

‖ 3º Qui marque quelque don, quelque disposition favorable de la nature ; et, par suite, qui est remarquable et rare en son genre. V. **Bon***. *Heureux caractère*, porté à l'optimisme. *Heureuse nature, heureux naturel* (Cf. Altérer, cit. 2). *Un heureux génie.* V. **Doué** (bien). *Il a la mémoire heureuse. Dons heureux* (Cf. Astreinte, cit.). *Heureuse constitution. Physionomie heureuse.* V. **Solaire** (vx).

15 « Comme... son heureuse fécondité redoublait tous les jours les sacrés liens de leur amour mutuel... »
BOSS., **Orais. fun. Reine d'Anglet.**

16 « Mais pourrait-on le craindre d'un enfant simple et timide ; d'un enfant né de vous, et dont l'éducation modeste et pure n'a pu que fortifier l'heureux naturel ? » LACLOS, **Liais. dang.**, Lett. CIV.

17 « Le garde général attirait tout d'abord l'attention par une figure heureuse, d'un ovale parfait, fine de contours, que le nez partageait également, perfection qui manque à la plupart des figures françaises. »
BALZ., **Les paysans**, Œuvr., t. VIII, p. 85.

18 « Doué d'une heureuse mémoire qui me permet d'oublier instantanément n'importe quelle lecture. » J. RENARD, **Journal**, 23 janv. 1909.

19 « ... Marceline demeurait à Paris ou à Lyon avec sa nichée, à moins qu'elle ne passât aussi de théâtre en théâtre, y faisant applaudir une voix ravissante et d'heureux dons de comédienne... »
HENRIOT, **Portr. de femmes**, p. 317.

— *Situation exceptionnellement heureuse d'une ville, d'un port. Heureuse proportion entre l'étendue des plaines et celle des montagnes* (Cf. Côte, cit. 12). *Un heureux climat.*

20 « La Nouvelle-Hollande est une terre peut-être plus étendue que toute notre Europe, et située sous un ciel encore plus heureux. »
BUFF., **Suppl. à l'Hist. nat.** (in LITTRÉ).

21 « ... au bas du rocher s'étale une vallée verte, pleine de lignes heureuses, d'horizons fuyants. » BALZ., **Pierrette**, Œuvr., t. III, p. 668.

‖ 4º (*Dans un sens esthétique*). Dont l'originalité, la justesse, l'habileté... ont quelque chose d'inspiré qui semble dû à la chance. V. **Juste, original, réussi, trouvé** (bien). *Expression, repartie, formule heureuse* (Cf. Adopter, cit. 5 ; atmosphère, cit. 10). *Heureuse manière de dire* (Cf. Familier, cit. 16). *Un heureux choix de mots. Heureuse audace de style.* V. **Brillant.** *Trouvaille, inspiration particulièrement heureuse. Heureuse alliance de mots. Heureux anachronisme* (cit. 2). *Il y a dans ces œuvres un naturel heureux qui paraît facile* (cit. 12). *Mots, vers, rythmes, tours heureux* (Cf. Ailleurs, cit. 6). *Heureux accord, heureux équilibre.* V. **Harmonieux.**

22 « Ah ! que ce *quoi qu'on die* est d'un goût admirable ! C'est, à mon sentiment, un endroit impayable...
— Je suis de votre avis, *quoi qu'on die* est heureux. »
MOL., **Fem. sav.**, III, 2.

23 « Ah ! disait-il (*Molière*), pourquoi ai-je été forcé d'écrire quelquefois pour le peuple ? Que n'ai-je toujours été le maître de mon temps ! j'aurais trouvé des dénouements plus heureux. »
VOLT., **Temple du goût.**

24 « ... c'est là ma prédilection secrète, mon courant caché ; et quand toutes mes digressions dans les bouquins me fournissent jour à un sonnet neuf, à un mot à bien encadrer, à un trait heureux dont j'accompagne un sentiment intime, je m'estime assez payé de ma peine ; » STE-BEUVE, **Corresp.**, 488, 23 sept. 1835, t. I, p. 539.

II. (V. **Bonheur,** 2º). ‖ 1º Qui jouit du bonheur (cit. 13). *Tous les hommes veulent être heureux* (Cf. Accablant, cit. 4 ; appréhender, cit. 8 ; assurer, cit. 68 et 90 ; attente, cit. 10 ; croire, cit. 49 ; délibération, cit. 6 ; éperdu, cit. 6 ; exception, cit. 2). *Ce qu'on fait, ce qu'il faut pour être heureux, pour vivre heureux* (Cf. Apostasier, cit. 2 ; athlète, cit. 1 ; avoir, cit. 27 ; bernique, cit. ; bien, n., cit. 45 ; bienveillant, cit. 5 ; cacher, cit. 54 FLORIAN ; désirer, cit. 3 ; difficile, cit. 6 ; embarrasser, cit. 15 ; estime, cit. 12 ; exemption, cit. 5 ; faire, cit. 271 ; gain, cit. 3 ; gravir, cit. 10). *Il a tout pour être heureux* (Cf. Gâter, cit. 17). *Se croire, se sentir heureux. Épouse heureuse et comblée. Couple, amants* (cit. 10) *heureux* (Cf. Automne, cit. 14 ; beau, cit. 114 ; cadre, cit. 5 ; fruit, cit. 31). *Heureux en ménage* (Cf. Complaisance, cit. 9). *Être heureux avec une femme* (Cf. Amazone, cit. 4 ; bercer, cit. 10). *Êtres, choses qui nous rendent heureux* (Cf. Existence, cit. 27 ; frivolité, cit. 7 ; gloire, cit. 11). *L'art de rendre les peuples heureux* (Cf. Élucubration, cit. 2). V. **Florissant.** *Parfaitement heureux, heureux comme un roi.* V. **Ange** (être aux anges), **béat, ciel** (être au quatrième ciel), **coq** (en pâte), **lait** (boire du), **poisson** (dans l'eau).

25 « J'ai vu en mon temps cent artisans, cent laboureurs, plus sages et plus heureux que des recteurs de l'Université... »
MONTAIGNE, **Essais**, II. XII.

26 « Et je vais être enfin, par votre seul arrêt, Heureux, si vous voulez, malheureux, s'il vous plaît. »
MOL., **Tart.**, III, 3.

27 « On n'est jamais si heureux ni si malheureux qu'on s'imagine. »
LA ROCHEF., **Max.**, 49.

28 « On n'est jamais si malheureux qu'on croit, ni si heureux qu'on avait espéré. » ID., **Max. suppr.**, 572.

29 « Comme la plus heureuse personne du monde est celle à qui peu de chose suffit, les grands et les ambitieux sont en ce point les plus misérables, puisqu'il leur faut l'assemblage d'une infinité de biens pour les rendre heureux. » ID., **Max.**, 522.

30 « Ni l'or ni la grandeur ne nous rendent heureux »
LA FONT., **Philémon et Baucis** (Cf. Divinité, cit. 6).

31 « Il est heureux comme un roi dans sa solitude... »
RAC., **Lettres**, 183, 24 juill. 1698.

32 « Il y a une espèce de honte d'être heureux à la vue de certaines misères. » LA BRUY., XI, 82.

33 « Il faut rire avant que d'être heureux, de peur de mourir sans avoir ri. » ID., IV, 63.

34 « Vivons tant que nous pourrons, et comme nous pourrons. Nous ne serons jamais aussi heureux que les sots, mais tâchons de l'être à notre manière... »
VOLT., **Lettre à Mᵐᵉ du Deffand**, 1213, 2 juill. 1754.

35 « Il faut être heureux, cher Émile : c'est la fin de tout être sensible ; c'est le premier désir que nous imprima la nature, et le seul qui ne nous quitte jamais. » ROUSS., **Émile**, V.

36 « Mais s'il y a un état où l'âme trouve une assiette assez solide pour s'y reposer tout entière et rassembler là tout son être... tant que cet état dure, celui qui s'y trouve peut s'appeler heureux, non d'un bonheur imparfait, pauvre et relatif, tel que celui qu'on trouve dans les plaisirs de la vie, mais d'un bonheur suffisant, parfait et plein, qui ne laisse dans l'âme aucun vide qu'elle sente le besoin de remplir. »
ID., **Rêveries**, Vᵉ prom.

37 « En toute espèce de biens, posséder est peu de chose ; c'est jouir qui rend heureux... » BEAUMARCH., **Barb. de Sév.**, IV, 1.

38 « Des fleurs, de la lumière, des parfums, une peau soyeuse et douce qui touche la vôtre, une harmonie voilée et qui vient on ne sait d'où, on est parfaitement heureux avec cela ; il n'y a pas moyen d'être heureux différemment. » GAUTIER, **Mˡˡᵉ de Maupin**, IV.

39 « Il est sept heures, dit Philippe, la reine de votre cœur sera vers onze heures et demie ici... ne serez-vous pas heureux comme un pape ? »
BALZ., **La rabouilleuse**, Œuvr., t. III, p. 1073.

40 « Être bête, égoïste, et avoir une bonne santé, voilà les trois conditions voulues pour être heureux ; mais si la première nous manque, tout est perdu. » FLAUB., **Corresp.**, 113, 6 août 1846, t. I, p. 215.

41 « Ceux-là seuls ont vécu heureux qui ont su ménager parfois dans leur existence si chère l'inappréciable pureté de quelques jouissances imprévues. » P. LOUYS, **Aphrodite**, III, II.

42 « La vie intérieure n'est faite que d'un certain bonheur de l'âme, et l'âme n'est heureuse que lorsqu'elle peut aimer en elle quelque chose de pur. » MAETERLINCK, **Sagesse et destinée**, XXXVI.

43 « Le but, c'est d'être heureux. On n'y arrive que lentement. Il y faut une application quotidienne. Quand on l'est, il reste beaucoup à faire : à consoler les autres. » J. RENARD, **Journal**, 9 oct. 1897.

44 « On devrait bien enseigner aux enfants l'art d'être heureux. Non pas l'art d'être heureux quand le malheur vous tombe sur la tête ; je laisse cela aux Stoïciens ; mais l'art d'être heureux quand les circonstances sont passables et que toute l'amertume de la vie se réduit à de petits ennuis et de petits malaises. »
ALAIN, **Propos**, 8 sept. 1910, L'art d'être heureux.

— *Exclamativt.* (le verbe *être* étant sous-entendu). V. **Bienheureux.** *Heureux le peuple...* (Cf. Abondance, cit. 1), *l'homme, le mortel* (Cf. Coin, cit. 18 ; fruit, cit. 2). *Heureux les enfants des champs* (Cf. O fortunatos nimium...). *Heureux les pauvres* en esprit... Heureux celui, ceux qui...* (Cf. Affliger, cit. 12 ; apprentissage, cit. 13 ; éblouir, cit. 23 ; faim, cit. 14). *Heureux qui...* (Cf. Âge, cit. 2 DU BELLAY ; amusement, cit. 3). *Heureux, trois fois heureux celui qui...* (Cf. Garder, cit. 89).

45 « ... Heureux qui vit chez soi, De régler ses désirs faisant tout son emploi. »
LA FONT., **Fabl.**, VII, 12.

46 « Heureux qui satisfait de son humble fortune, Libre du joug superbe où je suis attaché, Vit dans l'état obscur où les Dieux l'ont caché ! »
RAC., **Iphig**, I, 1.

47 « Heureux ceux qui sont morts pour la terre charnelle, Mais pourvu que ce fût dans une juste guerre. »
PÉGUY, **Ève**, p. 800 (éd. Pléiade).

— *Heureux de...* V. **Aise, content, satisfait ; réjouir** (se). *Je suis très heureux de votre beau succès. Heureux et fier* de ses lauriers.* — (Avec l'infinitif). *Tout heureux et tout aise* (cit. 25) *de... — Il était tout heureux de la revoir* (Cf. aussi Agréger, cit. 2 ; aperçu, cit. 3 ; carrière, cit. 13 et 18 ; enfant, cit. 27 ; examiner, cit. 15...). Par exagér. *Très heureux d'avoir fait votre connaissance.* V. **Charmé, enchanté, ravi.** — *Heureux que...* (avec le subjonctif). *Je suis heureux qu'il aille mieux* (Cf. Caprice, cit. 7 ; exprimer, cit. 43).

— *Substant.* (Au plur., parfois au sing. avec l'article indéf.). *Les misérables et les heureux* (Cf. Foi, cit. 34). *Les heureux de ce monde, du siècle*, de la terre*, ceux qui sont abondamment pourvus de biens. V. **Riche.** *Les heureux du jour*, les hommes en faveur, en place. *Faire un heureux, des heureux*, faire le bonheur de quelqu'un, de quelques personnes. *Par ext.* Procurer à quelqu'un un avantage, lui faire plaisir. *Il a fait des heureux parmi les enfants en distribuant ses derniers bonbons.*

48 « ... voyez un heureux, contemplez-le dans le jour même où il a été nommé à un nouveau poste... voyez quelle sérénité cet accomplissement de ses désirs répand dans son cœur et sur son visage... comme ensuite sa joie lui échappe et ne peut plus se dissimuler... »
LA BRUY., VIII, 50.

49 « Il n'y aurait pas beaucoup d'heureux s'il appartenait à autrui de décider de nos occupations et de nos plaisirs. »
VAUVENARGUES, Réflex. et max., 119.

50 « Assez de malheureux ici-bas vous implorent :
Coulez, coulez pour eux ;
Prenez avec leurs jours les soins qui les dévorent ;
Oubliez les heureux. » LAMART., Prem. médit., Le lac.

51 « Pitié pour les malheureux, mais indulgence pour les heureux. »
HUGO, Misér., V, IX, I (Titre).

|| 2° *Par ext.* Qui exprime le bonheur. *Un air, un visage heureux.* V. **Radieux, triomphant.** *Partout régnait une heureuse animation.*

— Marqué par le bonheur ; où règne le bonheur. *État heureux, situation, condition heureuse* (Cf. Falloir, cit. 3). V. **Prospère.** *Vie heureuse* (Cf. Ambition, cit. 6 ; calme, *n.*, cit. 13 ; eurythmie, cit. 2). *L'heureux âge de l'enfance* (Cf. Anecdote, cit. 2). V. **Beau.** *Une heureuse vieillesse. Époque heureuse.* V. **Âge** (d'or, doré). *Temps, moments heureux* (Cf. Anatomiser, cit. 3 ; appuyer, cit. 7 ; changer, cit. 49 ; être, cit. 17 ; familier, cit. 1). *Bonne et heureuse année ! Couler des jours heureux* (Cf. Campagne, cit. 13). V. **Filé** (d'or et de soie), **serein.** *Ce mariage n'a pas été heureux* (Cf. Exceptionnel, cit. 7). *Tranquillité* (Cf. Apporter, cit. 40), *équilibre* (Cf. Bramer, cit. 2), *calme* (cit. 9) *heureux.* V. **Tranquille.** *Chair* (cit. 57) *heureuse et lasse. Émotions heureuses* (Cf. Étendre, cit. 23). *Souvenirs heureux* (Cf. Emporter, cit. 4). *Faire une heureuse fin,* une bonne fin*.

52 « Marot, voici, si tu le veux savoir,
Qui fait à l'homme heureuse vie avoir :
Successions, non biens acquis à peine,
Feu en tout temps, maison plaisante et saine.
Jamais procès, les membres bien dispos,
Et au dedans un esprit à repos ; » MAROT, Épigrammes, CCXVII.

53 « Dante, pourquoi dis-tu qu'il n'est pire misère
Qu'un souvenir heureux dans les jours de douleur ?...
Un souvenir heureux est peut-être sur terre
Plus vrai que le bonheur. » MUSS., Poés. nouv., Souvenir.

54 « L'amour heureux n'a pas d'histoire, et Marie d'Agoult connut quelque temps le bonheur dans la solitude du « poème à deux » qu'elle avait choisie... » HENRIOT, Portr. de femmes, p. 331.

— *Trouver dans la nature un heureux paradis* (Cf. Avril, cit. 4). *Campagne, champs* (cit. 1) *heureux et paisibles.* Poét. *Rivières heureuses* (Cf. Cours, cit. 2). *Heureux asile.*

55 « Souvent, tu t'en souviens, dans cet heureux séjour
Où naquit d'un regard notre immortel amour, »
LAMART., Prem. médit., L'immortalité.

ANT. — Malheureux*. Infortuné, malchanceux. Affligeant, amer, déplorable, désolant, douloureux, ennuyeux, fâcheux, fatal, funeste. Dommage. Fâché, dépité, mécontent, triste.

DER. — Heureusement. — REM. Le dérivé **heureuseté,** encore dans LITTRÉ (« État, qualité de ce qui est heureux ») est inusité.

COMP. — Bienheureux, malheureux.

HEURISTIQUE (ou **EURISTIQUE**). *adj.* et *n. f.* (1866 LITTRÉ ; forgé d'après le gr. *heuriskein,* trouver).

|| 1° *Adj.* Qui sert à la découverte. *Hypothèse heuristique,* « dont on ne cherche pas à savoir si elle est vraie ou fausse, mais qu'on adopte seulement à titre provisoire, comme idée directrice dans la recherche des faits » (LALANDE). — Pédag. *Méthode heuristique,* consistant à faire découvrir à l'élève ce qu'on veut lui enseigner.

|| 2° *N. f.* Partie de la science qui a pour objet la découverte des faits. *Spécialt.* (en histoire*). Art de rechercher et de découvrir les documents.

« La première étape de la méthode historique est la recherche des documents, ou *heuristique.* »
A. LALANDE, Lect. s. philos. des sciences, p. 239.

★ HEURT (*heur*). *n. m.* (XIIe s. ; de *heurter*).

|| 1° Action de heurter* ; résultat de cette action. V. **Coup*** ; **choc*.** *Heurt qui se produit, qui survient* (Cf. Agréable, cit. 10). *Bouclier fracassé* (cit. 2) *par le heurt d'une pierre. Éviter* (cit. 42) *le heurt. Prendre des précautions pour déplacer sans heurt un objet fragile* (Cf. Basculer, cit. 3). V. **A-coup, cahot, saccade.** *Heurt de deux, de plusieurs voitures.* V. **Carambolage.**

1 « ... une suite de coups profonds, qui semblaient les heurts d'un bélier de muraille... » LOTI, Ramuntcho, II, XII.

2 « C'étaient des voix d'hommes et de femmes, des rires mourants, l'ébrouement d'une bête, le heurt d'un outil ; »
ZOLA, La terre, II, IV.

3 « ... le silence glacial n'est rompu que de loin en loin, par le pas d'une dévote attardée ou le heurt d'un lourd vantail qui se referme. »
L. BERTRAND, Le livre de la Méditerranée, p. 29.

— *Par métaph. :*

4 « Le heurt que le *Génie du christianisme* donna aux esprits, fit sortir le dix-huitième siècle de l'ornière, et le jeta pour jamais hors de sa voie... »
CHATEAUB., M. O.-T., 2e part. I, 12 (éd. Levaill., t. II, p. 46).

— *Par ext.* (Rare) Marque laissée par le coup. *Ce cheval a un heurt à un pied de devant* (ACAD.).

|| 2° *Fig.* (*Dans un sens moral*). Opposition* brutale, choc* résultant d'un désaccord, d'une dispute. V. **Antagonisme, conflit, friction, froissement.** *Union, coopération précaire qui ne va pas sans heurts. Heurts incessants entre deux âmes passionnées. Se garder de toutes les occasions de heurt.* — REM. Ce sens, qui ne figure pas dans LITTRÉ, est également absent de la plupart des dictionnaires courants.

5 « Depuis cette brouille, une rupture était imminente entre l'abbé Godard et Rognes, le moindre heurt allait amener la catastrophe. »
ZOLA, La terre, III, VI.

— (*Dans un sens esthétique*). V. **Contraste.** *Heurts violents des tons d'un tableau* (Cf. Éteindre, cit. 28). *Heurts savants de couleurs* (Cf. Colorer, cit. 10). — *Heurt de deux voyelles.* V. **Heurtement.** *Heurt déplaisant de sonorités.* Cf. Dissonance.

|| 3° *Technol.* (D'un emploi ancien de *heurt* au sens d'*éminence, d'élévation de terrain qui fait obstacle*). Point le plus élevé (d'une rue, d'un pont, d'une conduite d'eau...) d'où partent les deux pentes en sens contraire.

ANT. — Conciliation. Harmonie.

★ HEURTER. *v. tr.* et *intr.* (XIIe s., *hurter* ; probablt. d'un francique *hurt,* supposé d'après l'anc. scand. *hrûtr,* « bélier », le v. signifiant alors « frapper à la façon d'un bélier »).

I. *V. tr.* || 1° Toucher* plus ou moins rudement, en entrant brusquement en contact avec... (généralement de façon accidentelle). V. **Choquer, cogner, emboutir, percuter, tamponner, télescoper...** *Heurter et culbuter quelqu'un, quelque chose en courant* (Cf. Fuir, cit. 2). *Heurter du coude.* V. **Coudoyer.** *Heurté et bousculé* (cit. 2) *par la foule. Bourdon* (cit. 1) *qui heurte quelqu'un au visage. Heurter un meuble* (Cf. Coussin, cit. 3). *Pied qui heurte quelque chose de dur* (Cf. Effort, cit. 4). *Recul d'une arme dont la crosse heurte la mâchoire* (Cf. Épauler, cit. 1). V. **Froisser.** *L'épée de son adversaire heurte la sienne* (Cf. Étincelle, cit. 2). *La proue heurte la proue* (Cf. Abordage, cit. 2). *Bête en cage heurtant ses barreaux* (Cf. Furieux, cit. 3). *Casser* en heurtant. Bélier heurtant de la tête son adversaire.* V. **Cosser.**

1 « L'un me heurte d'un ais dont je suis tout froissé ;
Je vois d'un autre coup mon chapeau renversé. » BOIL., Sat., VI.

2 « Marie heurta tout à coup une pierre et fit un faux pas. »
BALZ., Les Chouans, Œuvr., t. VII, p. 863.

3 « Le pré commençait à se remplir, et les ménagères vous heurtaient avec leurs grands parapluies, leurs paniers et leurs bambins. »
FLAUB., Mme Bovary, II, 8, p. 91.

4 « Il allait et venait dans sa cage de fer,
Heurtant les deux cloisons avec sa tête rude. »
LECONTE DE LISLE, Poèmes barbares, Mort d'un lion.

5 « On entendait... ma plume, par intervalles, heurter du bec le fond de l'encrier. » DUHAM., Salavin, I, XIX.

6 « ... le flot qui heurtait ce bec de granit rampait sournoisement le long de ses flancs lisses... » MART. du G., Thib., t. I, p. 102.

— Faire entrer en contact. *Heurter son front, sa tête... contre, à...* (Cf. Creux, cit. 3).

7 « ... en se dressant vite, dans son réveil subit, il heurta contre les poutres son front large. » LOTI, Pêch. d'Islande, III, VIII.

8 « Le spectacle de cet effroi mit Guéret hors de lui. Il la gifla d'abord, et, lâchant son poignet, il lui prit la tête dans les mains et la heurta plusieurs fois sur le sol. » GREEN, Léviathan, I, XII.

— *Par anal.* En parlant d'une rencontre de sons désagréable à l'oreille. *Voyelle heurtant une autre voyelle.* V. **Hiatus.**

9 « Prendre garde qu'un *qui* ne heurte une diphtongue... »
RÉGNIER, Sat., IX, À Nicolas Rapin.

10 « Gardez qu'une voyelle à courir trop hâtée
Ne soit d'une voyelle en son chemin heurtée. » BOIL., Art poét., I.

|| 2° *Fig.* Venir contrecarrer (quelqu'un), aller à l'encontre* de (sentiments, intérêts,...), d'une façon choquante, rude ou maladroite qui provoque ou durcit la résistance. V. **Blesser, choquer, contrarier, froisser, offenser, scandaliser, vexer.** *Vous allez le heurter, il faut le prendre autrement. On ne peut agir ainsi sans heurter beaucoup de gens* (ACAD.). *Heurter de front** (cit. 37 et 38) *quelqu'un, ses sentiments, ses idées...* (Cf. Biais, cit. 11). V. **Affronter, attaquer, combattre.** *Propos qui nous surprennent et nous heurtent* (Cf. Empyrée, cit. 5). *L'inégalité sociale heurtait les esprits* (Cf. Égalité, cit. 8). *Heurter les intérêts, l'amour-propre, les préjugés, l'opinion, le patriotisme...* (Cf. Civil, cit. 12). V. **Atteindre*.** *C'est heurter le sens commun, la raison, les faits* (Cf. Éthique, cit. 3). V. **Offusquer.**

11 « ... il n'y a rien qui choque plus notre raison que de dire que le péché du premier homme ait rendu coupables ceux qui, étant si éloignés de cette source, semblent incapables d'y participer... Certainement rien ne nous heurte plus rudement que cette doctrine ; et cependant... »   PASC., Pens., VII, 434.

12 « Cette grande roideur des vertus des vieux âges
Heurte trop notre siècle et les communs usages ; »
     MOL., Misanthr., I, 1.

13 « Je prévois qu'on me pardonnera difficilement le parti que j'ai osé prendre. Heurtant de front tout ce qui fait aujourd'hui l'admiration des hommes, je ne puis m'attendre qu'à un blâme universel ; »   ROUSS., Disc. s. sciences et arts, Préf.

14 « Quand on veut vivre dans un pays, il n'en faut point heurter les préjugés. »   BEAUMARCH., Mère coupable, I, 5.

15 « Lorsque le pouvoir suit l'opinion, il est fort ; lorsqu'il la heurte, il tombe. »   VIGNY, Journal d'un poète, p. 38.

16 « Ce n'est pas le sens commun, c'est la vérité qu'il importe de ne pas heurter. »   GIDE, Corydon, I, I.

17 « Dès 1695, Louis XIV avait créé la capitation qui frappait tous les Français sauf le Roi et les tout petits contribuables, mais qui rencontra une vaste opposition, tant elle heurtait les habitudes et les intérêts. »   BAINVILLE, Hist. de France, XIII.

18 « Certains jours le sans-gêne de Balzan l'agaçait, heurtait son sens des hiérarchies légitimes. » ROMAINS, H. de b. vol., t. V, XXV, p. 242.

— Absolt. *C'est ce qui heurte le plus* (Cf. Causer, cit. 10 ; détonner, cit. 2).

19 « Que vos tableaux, en restant francs, perdent un peu de ce qui heurte. »   STE-BEUVE, Corresp., t. I, p. 262.

II. *V. intr.* Entrer brusquement, plus ou moins rudement en contact avec... V. **Achopper, buter, chopper** (cit. 2), **cogner, donner, porter, taper...** *Heurter contre un caillou, une marche... Voiture qui heurte contre le trottoir. Heurter du front, de la tête contre...* (Cf. Chacun, cit. 3). V. **Coup***. *Le navire a heurté contre un écueil.* V. **Échouer**.

20 « ... il sera une pierre d'achoppement, à laquelle plusieurs heurteront... »   PASC., Pens., XII, 751.

21 « Les Allemands enfin, dans leur dernière expédition d'Italie, vinrent plus d'une fois heurter lourdement contre nos Français de Naples. »   MICHELET, Hist. de France, IV, II.

22 « Et tout aussitôt la petite Fadette, qui s'apprêtait gaiement à passer l'eau sans montrer crainte ni étonnement du feu follet, heurta contre Landry, qui était assis par terre dans la brune... »   SAND, Petite Fadette, XII.

— *Spécialt.* (Avec intention). V. **Frapper.** *Heurter à la porte, à la vitre... Il n'osait pas heurter* (Cf. Époumoner, cit. 1). *Heurter fort, doucement...* (Cf. Gratter, cit. 17). Fig. *Heurter à toutes les portes*.

23 « Octobre, le courrier de l'hiver, heurte à la porte de nos demeures. »   A. BERTRAND, Gaspard de la nuit, Octobre.

— *Fig. Volontés qui heurtent les unes contre les autres* (Cf. Assortir, cit. 2).

‖ SE HEURTER ‖ **1°** (Réfl.). Cf. *supra,* HEURTER, II. *Se heurter à un obstacle* (Cf. Banc, cit. 8 ; barreau, cit. 4 ; chauve-souris, cit. 2 ; croiser, cit. 4 ; frelon, cit. 4), *contre un obstacle* (Cf. Eau, cit. 3). *Vagues se heurtant contre les rochers.* V. **Briser** (se).

24 « Les ondes de cette foule, sans cesse grossies, se heurtaient aux angles des maisons qui s'avançaient çà et là, comme autant de promontoires, dans le bassin irrégulier de la place. »   HUGO, N.-D. de Paris, I, I.

25 « Et tandis qu'aux portes de fer
Se heurte la jeune espérance, »
     TOULET, Contrerimes, Chansons, VIII.

26 « J'avais, pour la première fois, le sentiment de me heurter à quelque chose de résistant, d'invincible, une muraille contre laquelle un enfant se briserait en vain les ongles, les dents et la tête. »   DUHAM., Pasq., II, XVIII.

— *Fig.* Rencontrer quelque obstacle d'ordre humain, moral qui freine ou arrête l'action, le développement... *Ses idées se heurtèrent à une forte opposition* (Cf. Fluor, cit. 2), *à une résistance. Se heurter à une consigne* (Cf. Flèche, cit. 7), *à un refus* (Cf. Boniment, cit. 2), *à un silence...*

27 « Conduit à la conquérir (*la Flandre*) par le développement de la guerre avec les Anglais, il (*Philippe le Bel*) se heurte à la résistance des Flamands. »   BAINVILLE, Hist. de France, V.

28 « Au conseil d'État même, ordinairement d'accord avec le Consul, le projet se heurte à l'opposition inquiète des anciens révolutionnaires. »   MADELIN, Hist. Cons. et Emp., Le Consulat, IX.

29 « Cette logique se heurta, chez Salavin, à un mutisme opiniâtre qui était son système de défense favori et qui désespérait Édouard. »   DUHAM., Salavin, III, XVIII.

30 « ... il objectait qu'une action militaire autrichienne se heurterait au veto du Kaiser. »   MART. du G., Thib., t. VII, p. 41.

31 « Caliste est l'honneur et la vertu même : quand elle aimera, elle se heurtera durement aux lois du *cant*, et le père du jeune homme s'opposera formellement au mariage envisagé. »   HENRIOT, Portr. de femmes, p. 223.

‖ **2°** (Récipr.). *Passants pressés qui se heurtent. Navires, meubles ballottés qui se heurtent* (Cf. Amarrer, cit. 3 ; caisse, cit. 1). V. **Entrechoquer** (s'). *Fig.* Se contrarier, entrer en conflit. V. **Accrocher** (s'), **affronter** (s'). *Avec des*

caractères si différents, ils ne peuvent que se heurter. — Faire un violent contraste. *Ces couleurs, ces tons se heurtent.*

32 « Eugène est pour Chrysante dans les mêmes dispositions : ils ne courent pas risque de se heurter. »   LA BRUY., VI, 54.

33 « On ne se rencontre qu'en se heurtant et chacun, portant dans ses mains ses entrailles déchirées, accuse l'autre qui ramasse les siennes. »   FLAUB., Corresp., 291, fin oct. 1851, t. II, p. 325.

‖ HEURTÉ, ÉE. p. p. adj. *Bx-arts.* Qui manque de fondu, qui est fait de contrastes trop appuyés et de saillies d'une vigueur parfois excessive, *Tons, contours heurtés. Touche, manière heurtée. Littér. Style heurté.* V. **Abrupt, rocailleux, rude...** *Par anal. Voix heurtée* (Cf. Brusque, cit. 3). V. **Saccadé.** *Exécution heurtée d'une œuvre musicale.*

34 « Sa touche est lourde, sa manière est pénible et heurtée. »   DIDER., Salon de 1767.

35 « Une vapeur particulière répandue dans les lointains arrondit les objets et dissimule ce qu'ils pourraient avoir de dur ou de heurté dans leurs formes. »   CHATEAUB., Lettre à M. de Fontanes s. la campagne romaine.

36 « (*Saint-Simon*) est le premier des écrivains français qui écrive avec ses nerfs. De là ce discours heurté, fougueux, ces contrastes, ces disparates, ces brusqueries, ces audaces et ces négligences incroyables... »   FAGUET, Étud. littér., XVII⁰ s., Saint-Simon, IV.

37 « Il nous faut une lumière plus douce, et des ombres moins heurtées. Quand un carré de ciel bleu lavé de pluie se montre entre les nuages, c'est alors que les chênes, les hêtres, les ormeaux, les marronniers, les acacias étalent devant nos yeux les nuances innombrables du vert, plus pur et plus riche que les couleurs vierges sur la palette. »   ALAIN, Propos, 3 juin 1909, J'aime la pluie.

ANT. — Éviter. Charmer, complaire. Franchir, surmonter. Fondu, lié. Harmonieux.

DER. — Heurt. — ★ **Heurtement.** n. m. (XIII⁰ s.). Vx. Action de heurter, de se heurter. V. Heurt. Spécialt. V. Hiatus. — Heurtoir.

COMP. — Aheurter. — Entre-heurter (s'). v. pron. (XII⁰ s.). Se heurter mutuellement.

★ **HEURTOIR.** n. m. (1302 ; de *heurter*). Marteau* adapté à la porte d'entrée d'une maison, dont on se sert pour frapper (en le faisant retomber sur le *contre-heurtoir*). V. **Anneau, boucle... ; marmot.** *Heurtoir à la porte d'un hôtel ancien.*

1 « ... le heurtoir grotesque qui ornait la porte de l'atelier... »   BALZ., Chef-d'œuvre inconnu, Œuvr., t. IX, p. 389.

2 « Il saisit le heurtoir de fer et il sonna un bon coup solide à plein poing. »   GIONO, Chant du monde, I, IX.

— *Techn.* Se dit de diverses pièces de métal, de bois..., disposées de façon à arrêter un objet mobile venant heurter contre ces obstacles artificiels. V. **Amortisseur, butoir, culbuteur...**

★ **HEUSE** ou ★ **HEUSSE.** n. f. (XII⁰ s., *huese* ; var. *heusse* au XIV⁰ s. ; en anc. fr. « botte », d'où « jambe, cheville » ; du francique *hosa*, « botte ». V. **Houseau**). *Mar.* Piston* d'une pompe dont le corps est en bois.

HÉVÉA. n. m. (*Hhévé* en 1751 ; *hévé* en 1769 ; *hévée* en 1808, et encore dans LITTRÉ ; mot quichua (Pérou) latinisé en *hevea*). Plante dicotylédone (*Euphorbiacées*) ; arbre de grande taille originaire de la Guyane. *L'hévéa contient le latex*, d'où l'on extrait le caoutchouc* ou gomme* élastique. L'hévéa a été acclimaté en Asie (Malaisie, Insulinde) et en Afrique. Culture (cit. 8), plantations d'hévéa.*

HEX(A)-. Premier élément de mots scientifiques, tiré du gr. *heks*, « six », tels que *Hexapétale, hexasépale, héxastyle* (six colonnes), *hexasyllabe,* etc.

HEXACORALLIAIRES. n. m. pl. (début XX⁰ s. ; V. **Coralliaires**). Sous-classe de Cœlentérés (*Coralliaires**) ; polypes de grande taille aux cloisons disposées en hexagone, au corps cylindrique porté sur une base discoïde. *Les hexacoralliaires (ou Zoanthaires) se divisent en Actiniaires et Madréporaires.* V. **Actiniaires, madrépore.**

HEXACORDE. n. m. (1690 FURETIÈRE). Système musical fondé sur une gamme de six sons.

HEXAÈDRE. adj. (1701 ; suff. *-Èdre*). *Géom.* Qui a six faces planes. *Prisme, solide hexaèdre.* Susbtant. Polyèdre* à six faces. *Le cube*, hexaèdre régulier* (DER. **Hexaédrique.** adj. (XIX⁰ s.). Relatif à l'hexaèdre, à sa forme. *Solide hexaédrique*).

HEXAGONE. adj. (1450 d'apr. BLOCH ; lat. *hexagonus*, mot gr. ; suff. *-Gone*). Vieilli. Qui a six angles, six côtés. *Plan, figure hexagone.* V. **Hexagonal.** (De nos jours). Substant. Polygone* à six côtés. *Hexagone régulier.* Spécialt. *Fortif.* Ouvrage composé de six bastions.

« Les ruches des abeilles étaient aussi bien mesurées il y a mille ans qu'aujourd'hui, et chacune (*des abeilles*) forme cet hexagone aussi exactement la première fois que la dernière. »   PASC., Fragm. Préf. Traité du vide.

DER. — Hexagonal, ale, aux. adj. (1633). Qui a six angles et six côtés. *Figure hexagonale. Plan hexagonal d'un édifice.* — Se dit de certaines figures dont la base est un hexagone. *Pyramide hexagonale.* *Prisme hexagonal. Système hexagonal* (en cristallographie) : système de cristaux dont la forme fondamentale est un prisme droit à base hexagonale.

HEXAGYNE. *adj.* (1798 ; lat. *hexagynus ;* suff. *-Gyne*). *Bot.* Qui a six pistils.

HEXAMÈTRE. *adj.* et *n. m.* (1488 d'apr. WARTBURG ; lat. *hexametrus,* gr. *hexametros.* Cf. *-Mètre*). *Versif.* Qui a six pieds. *Vers hexamètre.* Substant. *Un hexamètre* (Cf. Composition, cit. 4 ; cracher, cit. 9). *Hexamètre grec* (et parfois latin) *dont le cinquième pied est un spondée.* V. **Spondaïque.** *L'Iliade, l'Énéide sont en hexamètres. Distique composé d'un hexamètre et d'un pentamètre.* — Abusivt. V. **Alexandrin** (Cf. VOLT. cité par LITTRÉ).

1 « L'hexamètre, pourvu qu'en rompant la césure,
Il montre la pensée et garde la mesure,
Vole et marche ; il se tord, il rampe, il est debout.
Le vers coupé contient tous les tons, il dit tout. »
HUGO, **Toute la lyre,** IV, 14.

2 « Il (*Byron*) était capable d'écrire d'un seul coup trente ou quarante hexamètres latins. » MAUROIS, **Vie de Byron,** V.

HEXAPODE. *adj.* (1866 LITTRÉ ; suff. *-Pode*). Qui a six pattes. *Animal hexapode.* Substant. LES HEXAPODES. *n. m. pl.* V. **Insecte***.

Hg. Symbole chimique du *Mercure** (lat. *Hydrargyrum*).

★ **HI !** *interj.* (onomat.). Mimologisme qui, répété, figure le rire et, parfois, les pleurs.
« De grâce, Monsieur, je vous prie de me laisser rire. Hi, hi, hi. »
MOL., **Bourg. gent.,** III, 2.

HIATUS (*-tuss'*). *n. m.* (1521 ; empr. au lat. *hiatus,* « ouverture », de *hiare,* « béer »).

‖ 1º *Gramm.* et *Prosod.* Rencontre de deux voyelles, de deux éléments vocaliques, soit à l'intérieur d'un mot (aérer, géant...) soit entre deux mots énoncés sans pause (il a été). *Éviter un hiatus par une contraction, une élision**, *une épenthèse, une liaison**... *Un hiatus choquant, désagréable à l'oreille* (V. **Cacophonie, heurtement**). *L'interdiction de certains hiatus dans la poésie classique française* (Cf. Heurter, cit. 10 BOIL.).

1 « (Malherbe) *interdit l'hiatus.* Ronsard, frappé de certaines rencontres de voyelles qui rendaient les vers « merveilleusement rudes », n'admettait plus le contact de deux voyelles appartenant à des mots différents qu'après un monosyllabe ou à la pause... Malherbe proscrivit absolument tous les hiatus. La définition de l'hiatus, telle qu'a la compris la versification classique, est *artificielle* : l'hiatus est la *rencontre de deux voyelles* appartenant à *deux mots différents,* dont le premier n'est pas terminé pour un *e* muet. »
BRUNOT et BRUNEAU, **Gramm. hist.,** § 1075.

2 « Les *hiatus* sont sans doute un défaut en général ; mais, 1º. il y a des *hiatus* à chaque moment au milieu des mots, et ces *hiatus* ne choquent point ; croit-on qu'*ilia,* intestins, soit plus choquant qu'*il y a* dans notre langue ? 2º. Ne devrait-on pas dire que c'est une puérilité..., que de soin minutieux d'éviter les *hiatus* dans la prose... 3º. Notre poésie même me paraît ridicule sur ce point ; on rejette, *j'ai vu mon père immolé à mes yeux,* et on admet, *j'ai vu ma mère immolée à mes yeux,* quoique l'*hiatus* du second vers soit beaucoup plus ridicule. »
D'ALEMBERT, **Lettre à Volt.,** 11 mars 1770.

3 « ... d'Alembert juge que le fait de bannir l'hiatus de la prose risque d'en compromettre la simplicité et la naïveté. Si nous pourchassons pointilleusement les hiatus bénins qui coupent à peine le débit et sont propres à l'aérer, — je choisis ce mot à dessein pour son clair hiatus intérieur — d'Alembert a raison, et le purisme nuit au naturel. »
DUHAM., **Disc. aux nuages,** p. 41.

‖ 2º *Par anal.* et *vieilli.* Solution de continuité entre deux choses, dans une chose. V. **Interruption ; espace.**

4 « ... deux ou trois boutons du justaucorps, défaits pour faciliter la respiration, permettaient d'entrevoir, par l'hiatus d'une chemise de fine toile de Hollande, un losange de chair potelée et rebondie d'une admirable blancheur... » GAUTIER, M*lle* de Maupin, VI.

5 « Dans un de ces paquets, on apercevait par un hiatus l'uniforme de garde national de Jean Valjean. » HUGO, **Misér.,** IV, XV, I.

— Spécialt. *Anat.* Orifice* anatomique. V. **Fente, interstice...** *Hiatus du pharynx, hiatus sacré* (sacro-coccygien).

— *Fig.* (En parlant de choses abstraites). V. **Interruption, lacune.**

6 « Le dimanche n'est pas un jour normal, physiologique, c'est un hiatus, une solution de continuité dans la trame des jours vivants. »
DUHAM., **Pasq.,** II, X.

7 « ... entre ces invasions (*doriennes*) et l'organisation nouvelle révélée par le VIIIᵉ siècle (*avant J.-C.*), subsiste un hiatus, irritant certes et que certains historiens et archéologues se sont acharnés à combler et même à nier. »
Y. BÉQUIGNON in **Hist. univ.** I, p. 555 (Encycl. Pléiade).

ANT. — Liaison ; continuité.

HIBERNAL, ALE, AUX. *adj.* (1567 ; rare jusqu'au XIXᵉ s. ; lat. *hibernalis*). Relatif à l'hibernation*, à l'engourdissement d'hiver. *Sommeil hibernal.*

« Pendant le sommeil hibernal, le cœur de la marmotte ne bat plus que 3 ou 4 fois par minute... » POIRÉ, **Dict. Sciences.** Hibernation.

HIBERNER. *v. intr.* (1829 FLOURENS ; lat. *hibernare*). Passer l'hiver* dans un état d'engourdissement, en parlant de certains animaux. *La marmotte, le loir... hibernent.*

DER. — **Hibernant, ante.** *adj.* (1829 d'après BLOCH). Qui hiberne. *Animaux hibernants :* chiroptères (chauves-souris), marmotte, loir, lérot, hamster, hérisson. Substant. *Faux hibernants :* animaux qui s'assoupissent moins profondément que les vrais hibernants et dont la température s'abaisse moins (*Ex. :* le castor, l'ours). — **Hibernation.** *n. f.* (1829 FLOURENS). Ensemble des « modifications de toute nature que subissent les animaux sous l'action du froid hivernal » (POIRÉ). *Spécialt.* État d'engourdissement où tombent certains mammifères, pendant l'hiver, et qui est caractérisé « par un ralentissement de l'activité vitale... et par une interruption de la régulation thermique » (Cf. Sommeil hiémal*). — *Hibernation artificielle* ou *provoquée.*

1 « On nomme *hibernation,* en histoire naturelle, cet état d'engourdissement ou de léthargie dans lequel quelques mammifères de nos climats, comme les marmottes, par exemple, passent presque tout le temps que dure la saison froide. On en a fait le verbe *hiberner,* c'est-à-dire être dans cet état d'engourdissement. »
FLOURENS, **Expér. effets froid sur animaux,** Mém. Acad. Sciences du 15 juin 1829.

2 « ... le chien stabilisé et réfrigéré ou, comme on dit maintenant « hiberné », résiste au choc hémorragique... alors que le chien non hiberné meurt en trois heures sans réanimation possible.
Chez l'homme l'hibernation provoquée a déjà été appliquée dans une soixantaine de cas. »
A. LEMAIRE, **L'hibernation provoquée,** in « Le Monde », 29 nov. 1951.

HIBISCUS (*-kuss'*). *n. m.* (XIXᵉ s. LEGOARANT ; mot lat. empr. du gr. *hibiskos*). *Bot.* Nom latin de la ketmie*, plante utilisée comme ornementale ou comme textile. *Fleur d'hibiscus. Des hibiscus.*

« ... des hibiscus, sur les profondeurs vertes, étalaient de fabuleuses fleurs rayonnantes, pareilles aux fleurs des mauves champêtres mais plus grandes que des tournesols. »
GENEVOIX, **Forêt voisine,** Pins.

★ **HIBOU.** *n. m.* (Xᵉ s. selon DAUZAT, var. *huiboust* au XVIᵉ s. ; probablt. onomat.). Oiseau rapace nocturne (*Strigidés*) scientifiquement appelé *asio* ou *otus* et communément moyen duc*. — REM. Dans le langage courant, on appelle parfois *hibou* tout « oiseau de proie nocturne » (LITTRÉ) ; mais ce nom est généralement réservé aux Strigidés portant des aigrettes (V. **Bubo, duc**) à l'exclusion de la chouette* (cit. 1). *Le hibou se nourrit de petits rongeurs, de batraciens ; il niche dans les creux d'arbres. Cri du hibou.* V. **Huer ; ululement ; ululer.** *Le hibou a un cercle de plumes autour de chaque œil, et des houppes de plumes érectiles sur les côtés de la tête. Hibou vulgaire, commun. Hibou brachyote, hibou des marais.* — *L'aigle et le hibou,* fable de La Fontaine (V, 18). *Le hibou, la chouette, oiseaux de Minerve, personnifient parfois la sagesse* (Cf. *infra,* cit. 2 BAUDEL. et 8 CHAMFORT).

1 « On abattit un pin pour son antiquité,
Vieux palais d'un hibou, triste et sombre retraite
De l'oiseau qu'Atropos prend pour son interprète. »
LA FONT., **Fabl.,** XI, 9.

2 « Sous les ifs noirs qui les abritent,
Les hiboux se tiennent rangés,
Ainsi que des dieux étrangers,
Dardant leur œil rouge. Ils méditent. »
BAUDEL., **Fl. du mal,** Les hiboux.

3 « ... un vieux hibou sinistre, à tête de penseur, qui habite le moulin depuis plus de vingt ans. » DAUD., **Lettres de mon moulin,** Installation.

4 « Le vent gémit à travers les feuilles ses notes langoureuses, et le hibou chante sa grave complainte, qui fait dresser les cheveux à ceux qui l'entendent. » LAUTRÉAMONT, **Chants de Maldoror,** I, p. 21.

5 « Le hibou se nourrit principalement de petits mammifères nuisibles : mulots, musaraignes, campagnols,... On doit donc protéger son existence, et la présence si fréquente de hiboux cloués, les ailes étendues, à la porte des granges, n'est pour le propriétaire qu'un brevet d'ignorance ou de cruauté. » POIRÉ, **Dict. Sciences,** Hibou.

— *Avoir des yeux de hibou :* de gros yeux ronds. *Être triste, morose comme un vieux hibou. Vivre seul comme un hibou. Fam. Une retraite de hiboux, un nid de hiboux :* une vieille maison, un vieux château abandonné, inhabité.

6 « ... la mère Chasle avait de gros yeux fixes, comme un hibou ; »
MART. du G., **Thib.,** t. II, p. 141.

— *Fig.* Homme triste et solitaire*. *Un vieux hibou misanthrope, taciturne**. *Il fait le hibou :* il reste à l'écart de toute société.

7 « Je suis hibou, je l'avoue, mais je ne laisse pas de m'égayer quelquefois dans mon trou ; »
VOLT., **Lettr. à d'Argental,** 3319, 22 avril 1768.

8 « On disait de J.-J. Rousseau : *C'est un hibou.* « Oui, dit quelqu'un, mais c'est celui de Minerve » et, quand je sors du *Devin du village,* j'ajouterais : déniché par les Grâces »
CHAMFORT, **Caract. et anecd.,** Hibou de Minerve.

★ **HIC.** *n. m.* (1690 ; mot lat. signifiant « ici », dans la loc. *hic est quæstio :* c'est là la question). *Fam.* Point difficile, essentiel, d'une chose, d'une affaire. V. **Nœud ; crucial** (point crucial). Cf. *la loc. lat.* « Tu autem ». *Voilà le hic ; c'est là le hic.*

1 « Ils ont connu mon innocence, ils m'ont remis en liberté : oui, mais, répliqua-t-il, vous ont-ils restitué vos effets ? C'est là le hic. »
LESAGE, **Est. Gonz.,** 44 (in LITTRÉ).

2   « Elle (*Catherine*) est allée à Paris. Et qu'y fait-elle ?
     Voilà le *hic.* »   BALZ., **Curé de village,** Œuvr., t. VIII, p. 666.

|| HIC ET NUNC (*hik ett' nunk*). loc. adv. (mots lat. signifiant « ici et maintenant »). Sur-le-champ, sans délai. *Il
faut vous y résoudre hic et nunc.*

3   « Ces conditions me semblent à peu près justes, dit Birotteau.
     — Puis, dit Molineux, vous me compterez sept cent cinquante francs,
     hic et nunc, imputables sur les six derniers mois de la jouissance, le
     bail en portera quittance. »
                             BALZ., **César Birotteau,** Œuvr., t. V, p. 397.

|| HIC JACET... Mots latins signifiant « ci-gît » (V. **Gésir**),
formule qui se place en tête d'une épitaphe.

— *Hic jacet lepus :* c'est là que gît le lièvre*.

HICKORY. *n. m.* (1866 LITTRÉ ; angl. *hickory* (XVIIᵉ s.),
abrév. de *pohickery,* mot indigène de Virginie). Plante
dicotylédone (*Juglandiés*) scientifiquement appelée *Carya ;*
arbre de grande taille voisin du noyer (On l'appelle parfois
Noyer blanc d'Amérique). *Bois de hickory. Skis en hickory.*

HIDALGO. *n. m.* (XVIᵉ s., var. *indalgo ;* mot esp.,
contract. de *hijo de algo,* « fils de quelque chose », francisé
en *hidalgue* au XVIIIᵉ s.). Noble espagnol, de descendance
chrétienne, sans mélange de sang. *La fierté, l'orgueil des
hidalgos.*

     « ... il était intraitable comme un hidalgo sur le point d'honneur,
     et il eût bravé mille morts plutôt que de souffrir qu'on manquât de
     respect à sa maîtresse ; »   GAUTIER, **Cap. Fracasse,** X, t. II, p. 10.

★ **HIDEUR.** *n. f.* (*Hisdeur* au XIIᵉ s. ; de l'anc. fr. *hisde,*
« horreur, peur »). Qualité, état de ce qui est hideux ;
laideur* extrême. *La hideur d'un spectacle, d'un tableau,
d'un logis misérable. La hideur d'un visage* (Cf. Camard,
cit. 3 GAUTIER). Fig. *Hideur morale. Hideur d'une action,
d'un crime.* — REM. L'ACAD. (8ᵉ éd. 1935) a consacré le retour
en usage de ce mot donné comme *vieilli* par HATZFELD (fin
XIXᵉ s.) et d'« ancien mot fort nécessaire » par LITTRÉ (1866).

1   « ... cette hideur effroyable avec laquelle la nature l'a fait naître
     (*le lion*) dans les déserts. »   MALHERBE, **Ép. de Sénèq.,** XLI, 2.

2   « Chaque jour, malgré la hideur du pays, je m'imposais d'énormes
     promenades. Suis-je injuste en disant : hideur ? Peut-être ; mais j'avais
     pris la Suisse en horreur ; »   GIDE, **Si le grain...,** II, II.

3   « Elle ne se rendait pas compte de la hideur des meubles, et de
     tout ce qui faisait, banal, souffrir son visiteur dans ce décor sans
     goût... »   ARAGON, **Beaux quartiers,** II, IV.

ANT. — Beauté*.

★ **HIDEUX, EUSE.** *adj.* (*Hisdos* au XIIᵉ s. ; de l'anc. fr.
hisde). D'une laideur repoussante, horrible. V. **Laid*** ;
affreux, atroce, horrible, ignoble, ord (*vx*), **repoussant.**
Corps, visage hideux ; monstre, nain hideux... (V. **Difforme**). Cf. Aspect, cit. 2 ; court, cit. 5 ; croup, cit. 1 ; électricité, cit. 1 ; entaille, cit. 3 ; flamboiement, cit. 2 ; génie,
cit. 6. *Des hommes hideux sortant de bouges infects*
(LITTRÉ). *Spectre hideux.* Cf. Chair, cit. 7. *Geste hideux* (Cf.
Agonisant, cit. 2). *Strabisme hideux* (Cf. Glousser, cit. 1).
Bourrelet (cit. 2) *hideux autour de la tête. Objet hideux ;
arme hideuse* (Cf. Casse-tête, cit.). *Spectacle hideux. Chose
hideuse à voir* (Cf. Concupiscence, cit. 4 ; enlaidir, cit. 5).
La colère, la méchanceté le rendent hideux. Par métaph.
La tête hideuse du despotisme (cit. 4).

1   « ... ôtez-moi cet objet ;
     Qu'il est hideux ! que sa rencontre
     Me cause d'horreur et d'effroi ! »   LA FONT., **Fabl.,** I, 15.

2   « Sous les pieds des chevaux cette reine foulée...
     ... Et de son corps hideux les membres déchirés ; »
                                          RAC., **Athal.,** I, 1.

3   « On s'en sert (*de la media-luna, sorte de serpe*) pour couper les
     jarrets de l'animal, que l'on achève alors sans aucun danger. Rien
     n'est plus ignoble et plus hideux : dès que le péril est passé, le dégoût
     arrive ; ce n'est plus un combat, c'est une boucherie. »
                               GAUTIER, **Voyage en Espagne,** p. 272.

4   « Dors-tu content, Voltaire, et ton hideux sourire
     Voltige-t-il encore sur tes os décharnés ? »
                                     MUSS., **Poés. nouv.,** Rolla, IV.

5   « ... leurs traits inspiraient tant de répugnance, que je ne doutai
     pas un seul instant que je n'eusse devant les yeux les deux spécimens
     les plus hideux de la race humaine. »
                        LAUTRÉAMONT, **Chants de Maldoror,** IV, p. 158.

6   « C'était un visage complètement inconnu, dur, hideux, empreint
     d'une haine si poignante qu'Édouard eut peur. »
                                     DUHAM., **Salavin,** III, XXVI.

— (Dans le domaine moral). V. **Ignoble, répugnant.** *La
« hideuse banqueroute »* (cit. 4 MIRABEAU). *Hideuse supercherie* (Cf. Enrôlement, cit. 1). *Hideux spectacle* (Cf. Escamotage, cit. 2). *Misères hideuses* (Cf. Grouillant, cit. 1).
*Vices hideux. Certaines qualités, certaines vertus peuvent
devenir hideuses* (Cf. Grand, cit. 70).

7   « ... ce magistrat de hideuse mémoire, »   BOIL., **Sat.,** X.

8   « Choulette y voulait exprimer la misère humaine, non point simple
     et touchante, telle que l'avaient pu sentir les hommes d'autrefois...
     mais hideuse et fardée. »   FRANCE, **Lys rouge,** VII.

9   « L'égoïsme familial... à peine un peu moins hideux que l'égoïsme
     individuel. »   GIDE, **Faux-Monnayeurs,** I, XII.

« Moi, je voulais faire de la chimie. Je n'ai aucune aptitude pour 10
ce hideux métier de rond-de-cuir. »   DUHAM., **Salavin,** I, II.

ANT. — Beau*.

DER. — ★ *Hideusement. adv.* (*Hisdosement* au XIIᵉ s.). D'une manière hideuse. *Hideusement habillé, fagoté* (cit. 4). *Hideusement laid,
défiguré. Visage qui grimace hideusement.*

« Sa conscience jouit de se voir hideusement nue et de prendre librement un bain ignoble dans le mal. »
                                HUGO, **Travaill. de la mer,** VI, VI.

HIDRO-. Préf. tiré du gr. *hidrôs,* « sueur » et qui entre
dans la composition de quelques mots de physiologie, de
médecine : **Hidrorrhée.** *n. f.* Sueurs* abondantes. — **Hidrotique.** *adj.* V. **Sudorifique.**

HOM. — Hydro-.

★ **HIE.** *n. f.* (1220 d'apr. BLOCH ; du moyen néerl. *heie.*
V. **Hier** 2. *Technol.* Instrument, formé d'une lourde masse
et d'un manche, servant à enfoncer les pavés (V. **Dame,
demoiselle**), les pilotis (V. **Mouton, sonnette**). *Enfoncer des
pavés, des pieux... avec la hie* (V. **Hier** 2).

DER. — Hier 2. — HOM. — I ; hi !

HIÈBLE (ou **YÈBLE**). *n. f.* (XIIᵉ s. ; lat. *ebulum ;* « l'h a
été rajouté au moyen âge pour qu'on ne lise pas *jèble* »
(BLOCH). *Bot.* Variété de sureau à tige herbacée, scientifiquement appelée *Sambucus ebulus* et communément petit
sureau. *Les baies de l'hièble fournissent une teinture violette et sont utilisées en médecine.*

HIÉMAL, ALE, AUX. *adj.* (*Hyemal* vers 1500 ; lat. *hiemalis,* de *hiems,* « hiver »). *T. Didact.* De l'hiver. *Sommeil
hiémal de certains animaux.* V. **Hibernal.** *Plantes hiémales :* qui croissent en hiver.

« ... au contraire de ce que l'on croit, la vie hiémale   1
des abeilles est alentie mais non pas arrêtée. »
                          MAETERLINCK, **Vie des abeilles,** VI, III.

— REM. *Hiémal* est surtout usité dans le langage scientifique (*Bot.* et *Zool.*). On le rencontre pourtant employé
pour *Hivernal** à propos de la végétation, de la nature...

« Le parc nous semblait fort beau dans son austérité hiémale. » 2
                                   DUHAM., **Pasq.,** V, XI.

DER. — Hiémation. *n. f.* (1866 LITTRÉ). Action de passer l'hiver.
Spécialt. Propriété qu'ont certaines plantes* de croître en hiver.

1. HIER (*i-yèr,* vieilli et en poésie ; *yèr*). *adv.* (*Ier, er* au
XIIᵉ s. ; lat. *heri*).

|| **1º** Le jour qui précède immédiatement celui où l'on
est. *Hier matin ; hier au matin* (peu usit.). *Je l'ai rencontré hier soir, hier au soir* (ACAD., Soir). Cf. *aussi* Exaspérer, cit. 13. *Il disait hier, il nous assurait hier encore...*
(Cf. Abuser, cit. 3 ; bâtir, cit. 54). « *Aujourd'hui* plus
qu'hier... », *aujourd'hui, c'est Y...* (Cf. Fièvre, cit. 10). *Il
est à peine arrivé depuis hier, d'hier au soir* (Cf. Appétit,
cit. 18). *Sa colère, sa peur d'hier. Le jour, la journée d'hier.
La matinée d'hier. Le jour qui a précédé hier.* V. **Avant-hier.**

« ... le jour d'hier meurt en celui de jourd'hui, et le jourd'hui   1
mourra en celui de demain ; et (*il*) n'y a rien qui demeure ni qui
soit toujours un. »   MONTAIGNE, **Essais,** II, XII.

« Toute la journée d'hier a été également orageuse, et partagée entre 2
des accès de transports effrayants, et des moments d'un abattement
léthargique. Je n'ai quitté le chevet de son lit qu'à neuf heures du
soir, et je vais y retourner ce matin pour toute la journée. »
                            LACLOS, **Liais. dang.,** Lettre CXLVII.

« Selon l'histoire des langues, hier paraît du soir, et demain se   3
dit comme matin. Cela étonne dès qu'on y pense ; mais on le comprend
bien vite. Ce n'est pas au milieu de la journée qu'on pense au temps ;
on est tout à l'action ; on dévore le temps sans compter. C'est le matin
et le soir que l'on pense au temps. Le soir, on considère les sillons
achevés ; et le matin, on imagine les sillons à faire. Le repos et la
fatigue s'accordent bien avec ces pensées-là. Le soir, on constate ;
le matin, on invente. C'est pourquoi les images du soir sont liées à
l'idée du passé, et les images du matin à l'idée de l'avenir. »
                          ALAIN, **Propos,** 6 octobre 1909, Les marmottes.

— *Substant.* (N. m.). *Vous aviez hier tout entier, tout
hier pour vous décider. Hier s'est bien passé.*

« *Aujourd'hui,* pensait-on, est un mauvais garçon ; et un garçon   4
mal élevé. Et puis on ne sait pas bien qui il est. Il nous ferait des
ennuis. Attendons seulement un jour. Dès demain il sera hier. Et
nous le retrouverons dans le compartiment des hiers à la Bibliothèque
Nationale. »   PÉGUY, **Note conjointe...,** p. 269.

|| **2º** Dans un passé récent*, d'une date récente (Cf. Il
y a peu*, peu de temps*). *Sa fortune, son mariage ne
datent que d'hier. Ce qui était bon, valable hier est caduc*
(cit. 4) *aujourd'hui* (Cf. Accepter, cit. 7). *Une mode, un ridicule qui ne date pas d'hier* (Cf. Esthétisme, cit. 1). — *Je
m'en souviens comme si c'était hier, il me semble que
c'était hier,* se dit d'une chose ancienne dont on se
souvient parfaitement ; comme si elle était récente.

« Il semble que nous soyons sortis avant-hier du chaos, et hier de   5
la barbarie. »   VOLT., **Princ. de Babyl.,** XI.

« Le monde est vieux, mais l'histoire est d'hier. »   6
                              ID., **Pyrrhon. hist.**

7 « Moi, cœur éteint, dont l'âme, hélas ! s'est retirée,
Du spectacle d'hier affiche déchirée, » HUGO, Ruy Blas, I, 3.

8 « ... il y a douze ou quinze ans de cela, mais je m'en souviens mieux que d'hier. » DAUD., Tartarin de Tarascon, I, I.

— Loc. fam. *Il n'est pas né d'hier* : il a de l'expérience (V. **Experimenté**). — REM. La forme positive : « *Il est né d'hier, il est fait d'hier* » (LITTRÉ) s'emploie beaucoup plus rarement, en parlant d'une personne naïve, inexpérimentée* (Cf. Expérience, cit. 32).

9 « ... tous ces discours me persuadent peu ; je ne suis pas né d'hier, moi, et j'ai mes souvenirs. » P.-L. COURIER, Lettres, V.

— *Substant.* Le passé récent (Cf. Demain, cit. 16). « *Hier n'existait pas pour elle...* » (Cf. Aujourd'hui, cit. 27 HUGO).

ANT. — Aujourd'hui ; demain. — COMP. — Avant-hier.

2. ★ **HIER** (*hi-é*). *v. tr.* (XIIIᵉ s.). V. **Hie**. *Peu usit.* Enfoncer avec la hie. *Hier des pavés.* — *Intrans.* Produire le bruit appelé *hiement**.

DER. — ★ **Hiement.** *n. m.* (1549). *Peu usit.* Action de hier. Bruit produit par un assemblage de pièces de bois (machine, charpente...) soumis à une force, à un ébranlement.

★ **HIÉRARCHIE.** *n. f.* (*Ierarchie* au XIVᵉ s. ; lat. ecclés. *hierarchia*, mot gr. de *hieros*, « sacré », et *arkhia*, « commandement »).

|| 1° *T. de Relig.* Ordre et subordination des différents chœurs des anges. V. **Ange** (2°). *La hiérarchie céleste, la hiérarchie des anges. Les trois hiérarchies d'anges* (V. **Ordre**).

1 « ... les anges, que Dieu a divisés en leurs ordres et hiérarchies... » BOSS., 1ᵉʳ serm. prem. dim. Car., Sur les démons, 1ᵉʳ point.

2 « ... la sainte subordination des puissances ecclésiastiques, image des célestes hiérarchies... » ID., Orais. fun. Le Tellier.

— *Par ext.* Ordre et subordination des divers degrés de l'état ecclésiastique. *Hiérarchies de l'Église catholique : hiérarchie d'ordre* (Evêques, prêtres, ministres : diacres, etc.) ; *hiérarchie de juridiction* (Pape, évêques, curés...). *Hiérarchie du sous-diaconat* (clercs inférieurs) ; *des évêques. Absolt. Membre de la hiérarchie* (ecclésiastique) Cf. Casuiste, cit. 1.

3 « Elle (*la mère Angélique*) avait toujours eu au fond de son cœur un fort grand amour pour la hiérarchie ecclésiastique... » RAC., Port-Royal, 1ᵉ partie.

4 « Ainsi (*par les lois de l'Assemblée constituante, en 1790-91*) la hiérarchie catholique est brisée, le supérieur ecclésiastique a la main forcée... du curé à l'évêque, la subordination cesse, comme elle a cessé de l'évêque au pape... » TAINE, Orig. France contemp., III, t. I, p. 280.

|| 2° *Par ext.* Organisation sociale dans laquelle les personnes sont réparties en séries, de telle façon que chaque personne « soit supérieure à la précédente par l'étendue de son pouvoir ou par l'élévation de son rang social » (LALANDE). V. **Ordre, subordination.** *Les degrés*, les échelons de la hiérarchie. Rang dans une hiérarchie. Être au sommet* de la hiérarchie* (V. **Autorité ; chef ; commandement ; commander...**). *Être supérieur*, inférieur, subordonné à quelqu'un dans une hiérarchie* (Cf. Venir avant, après...). *Du haut en bas de la hiérarchie* (V. **Échelle**). *Passer par tous les degrés d'une hiérarchie* (V. **Filière**). *La hiérarchie sociale. La hiérarchie administrative, politique... La hiérarchie d'un parti, d'une société secrète* (Cf. Concile, cit. 2 ; franc-maçonnerie, cit. 2). *Eléments supérieurs d'une hiérarchie* (V. **Élite, notabilité**). — *Le respect de la hiérarchie. Hiérarchie établie, stable. Révolution qui bouleverse la hiérarchie sociale.*

5 « ... j'oserai le dire, la « hiérarchie » politique établie par l'Assemblée Nationale... je ne sers ici de ce mot de « hiérarchie », quoique d'après son étymologie il soit uniquement applicable à l'ordre sacré, mais je me soumets à l'extension que l'usage vient de lui donner. » NECKER, Admin. financ., VI, p. 221 (1791), in BRUNOT, H.L.F., t. VI, p. 446.

6 « Ne pas voir le Receveur-Général et agréer un simple Directeur des Contributions, ce renversement de la hiérarchie parut inconcevable aux autorités dédaignées. » BALZ., Illusions perdues, Œuvr., t. IV, p. 503.

7 « La hiérarchie, c'est-à-dire la subordination des fonctionnaires les uns aux autres. » FUSTEL de COUL., Leçons impér. s. orig. civil. franç., p. 131.

8 « Ma grand-mère... gardait un vif sentiment des hiérarchies. » GIDE, Si le grain..., I, I.

9 « À cette heure où toutes les valeurs humaines semblent remises en question, est-il possible d'imaginer un monde sans hiérarchie ? Est-il possible d'imaginer une société qui ne comporterait pas une échelle formée d'un certain nombre de degrés, à chaque degré se trouvant attachés des devoirs et des droits, peut-être même des privilèges ? » DUHAM., Manuel du protestataire, II, p. 55.

10 « La civilisation de notre XVIIᵉ siècle avait imposé sa forme à l'Europe parce qu'elle apportait une des hiérarchies les plus puissantes que le monde ait connues, ordonnait en architecture la confusion exaltée de la Renaissance ; mais cet ordre convergeait vers Dieu. » MALRAUX, Voix du silence, p. 479.

— *Spécialt. La hiérarchie militaire* (V. **Grade**. Cf. Ex æquo, cit. STE-BEUVE). *« Les membres de la hiérarchie*

---

militaire, à quelque degré qu'ils soient placés, doivent traiter leurs subordonnés avec bonté... et leur témoigner tous les égards dus à des compagnons d'arme » (Règlement prov. de manœuvre de l'infant., p. 42). *Passer par tous les degrés de la hiérarchie.* V. **Hiérarchique** (voie).

|| 3° *Fig.* (XVIIIᵉ s.). Organisation d'un ensemble en une série où chaque terme est supérieur au terme suivant, pour un caractère de nature normative. V. **Classement, classification** (cit. 4), **ordre, subordination.** *Hiérarchie des valeurs, des devoirs, des droits. Hiérarchie morale, intellectuelle. Tenir son rang dans une hiérarchie* (Cf. Éclabousser, cit. 3). *Hiérarchie des classes sociales, des métiers...* (Cf. Armature, cit. 2 ; fileur, cit. 2 et aussi Aristocratie, cit. 9). *Hiérarchie artistique* (Cf. Edifice, cit. 4). *Hiérarchie des sciences* (Cf. Généralité, cit. 2). *Hiérarchie des formes de l'énergie. Régler, organiser selon une hiérarchie.* V. **Hiérarchiser.**

11 « Les styles sont classés dans notre langue, comme les sujets dans notre monarchie. Deux expressions qui conviennent à la même chose ne conviennent pas au même ordre de choses ; et c'est à travers cette hiérarchie des styles que le bon goût sait marcher. » RIVAROL, Universal. de la langue franç., p. 33.

12 « Certes je ne veux pas me traîner de degrés en degrés ; prendre place dans la société ; avoir des supérieurs, avoués pour tels, afin d'avoir des inférieurs à mépriser. Rien n'est burlesque comme cette hiérarchie des mépris qui descend selon des proportions très exactement nuancées, et embrasse tout l'état... » SENANCOUR, Oberman, XLIII.

13 « ... les sentiments ont leur hiérarchie secrète. » BARBEY d'AUREV., Diaboliques, Dessous de cartes..., p. 251.

14 « Elle n'était qu'une prostituée, et encore de la prostitution la plus basse, car il y a une hiérarchie jusque dans l'infamie... » ID., Ibid., Vengeance d'une femme, p. 391.

15 « Seul, parmi les êtres vivants, l'homme a le sentiment des hiérarchies morales : il connaît le bien et le mal ; il sait qu'il existe des intérêts supérieurs auxquels son intérêt personnel doit céder le pas, des réalités supérieures auxquelles il peut participer et que, de cette participation, procède sa vraie grandeur. » DANIEL-ROPS, Ce qui meurt..., V, p. 165.

ANT. — Anarchie, désordre. Égalité.

DER. — Hiérarchiser.

★ **HIÉRARCHIQUE.** *adj.* (*Ierarcicque* au XIVᵉ s. ; lat. ecclés. *hierarchicus*. V. **Hiérarchie**). Relatif à la hiérarchie, qui appartient à une hiérarchie. *Ordre, organisation hiérarchique. Degré hiérarchique* (Cf. Archevêque, cit. 1). *Supériorité hiérarchique. Adressez-vous à vos supérieurs hiérarchiques. Dans l'armée, les ordres ou instructions venant d'une autorité supérieure, ainsi que les demandes qui lui sont adressées, doivent suivre la voie hiérarchique.* — *Prime* hiérarchique.*

1 « En bons fonctionnaires, ils avaient tendance à n'admettre la supériorité du talent que quand elle se conciliait avec la supériorité hiérarchique. » R. ROLLAND, Jean-Christ., Dans la maison, II, p. 995

2 « ... l'expression militaire de « supérieur hiérarchique » est, comme beaucoup d'autres locutions employées dans la même société, empreinte d'une modestie qui ne va pas sans ironie et donc sans mélancolie. » DUHAM., Pesée des âmes, VIII, p. 188.

3 « Il demanda à parler au colonel, par la voie hiérarchique, comme on le lui fit savoir. » MAC ORLAN, La Bandera, V.

ANT. — Anarchique, égalitaire.

DER. — ★ **Hiérarchiquement.** *adv.* (1690 FURETIÈRE). D'une manière hiérarchique ; par une hiérarchie ou conformément à elle. *Société organisée hiérarchiquement.*

★ **HIÉRARCHISER.** *v. tr.* (1866 LITTRÉ). Organiser, régler* selon une hiérarchie, d'après un ordre hiérarchique. V. **Ordonner.** *Hiérarchiser une société, une assemblée. Groupes sociaux fortement hiérarchisés. Au moyen âge, les États* (cit. 92) *étaient hiérarchisés.* — *Indemnité hiérarchisée,* variable selon les degrés de la hiérarchie.

« Je trouvai dans sa réserve un sentiment plus grand, je ne dirai pas d'égalité, car je n'eût pas été concevable pour lui, au moins de la considération qu'on peut accorder à un inférieur, comme il arrive dans tous les milieux fortement hiérarchisés, au Palais par exemple, dans une Faculté... ou un Procureur général... » PROUST (Cf. pour la suite Hauteur, cit. 29).

— *Par ext.* Classer* selon un ordre hiérarchique. *Groupes hiérarchisés* (Cf. Espèce, cit. 30).

ANT. — Désorganiser, égaliser.

DER. — ★ **Hiérarchisation.** *n. f.* (1866 LITTRÉ). Action de hiérarchiser : organisation selon une hiérarchie.

HIÉRATIQUE. *adj.* (1566 ; lat. *hieraticus*, gr. *hieratikos*, de *hieros*, « sacré »).

|| 1° *T. didact.* Qui concerne les choses sacrées et *spécialt.* le formalisme religieux, la liturgie*. *Institution hiératique. Célébration hiératique d'une fête* (cit. 2) *religieuse. Gestes hiératiques d'un prêtre célébrant un sacrifice.*

1 « À Sparte, le vol était pratiqué et honoré : c'était une institution hiératique, un complément indispensable à l'éducation de tout Lacédémonien sérieux. » VILLIERS DE L'ISLE-ADAM, Contes cruels, p. 9.

— Spécialt. *Écriture hiératique* : écriture cursive ancienne des Égyptiens, *par oppos. à* l'écriture démotique* d'une part, *et à* l'écriture hiéroglyphique* primitive de l'autre. *Caractères de l'écriture hiératique.* V. **Hiérogramme** (préf. *Hiéro-*).

2 « C'est à cette époque (*moyen empire* ; 2000 av. J.-C.) qu'apparaissent pour nous les manuscrits en nombre... : l'écriture en est dite, d'après le grec. hiératique, c'est-à-dire ecclésiastique, quoiqu'elle ait surtout servi à des usages profanes. C'est une manière cursive de dessiner les hiéroglyphes... »
MEILLET et COHEN, Les langues du monde, p. 153.

— Bx-arts. Se dit de tout art, de tout style imposé ou réglé par une tradition sacrée. *L'art égyptien, l'art byzantin sont essentiellement hiératiques.* — Par ext. *L'aspect* (cit. 19) *hiératique d'un temple égyptien. Un Christ, un Saint hiératique, figé dans une attitude hiératique. Le caractère hiératique des icônes.* V. **Sacré.**

3 « (*L'art byzantin*)... est un art hiératique, sacerdotal, immuable ; rien ou presque rien n'y est abandonné à la fantaisie ou à l'invention de l'artiste Les formules en sont précises comme des dogmes. »
GAUTIER, Voyage en Russie, XIX.

‖ 2° Par ext. (sans qu'il soit question de formalisme religieux). Qui semble réglé, imposé par un rite, un cérémonial, une tradition. V. **Solennel.** *Figure, personnage, visage hiératique.* V. **Immobile* ; figé...** *Attitudes, gestes hiératiques.* — REM. Ce sens qui se trouve déjà dans FLAUBERT (1862) n'est signalé ni par LITTRÉ, ni par ACAD. 8e éd.

4 « Les gestes étaient solennels et presque hiératiques. L'héroïne, drapée de son peignoir comme d'un péplum grec, le bras levé, la tête baissée, jouait l'Antigone toujours... »
R. ROLLAND, Jean-Christ., Foire sur la place, I, p. 710.

ANT. — Laïque, profane. Individuel, libre ; baroque. Mobile, vivant.

DER. — **Hiératiquement.** *adv.* (1855). D'une manière hiératique. — **Hiératisme.** *n. m.* (1877 LITTRÉ, Suppl.). Caractère, aspect hiératique. *L'hiératisme de la liturgie, des institutions. Hiératisme des icônes byzantines. L'hiératisme d'un visage, d'une attitude.*

1 « L'art des Égyptiens, dont le caractère, hiératiquement invariable, est partout facile à reconnaître. »,
De VOGÜÉ, Souv. excurs. Phénicie (1855) in LITTRÉ, Suppl.

2 « ... il n'y a pas lieu d'attribuer seulement à des traditions techniques, l'hiératisme des figures chrétiennes. »
MALRAUX, Voix du silence, p. 197.

HIÉRO-. Premier élément de mots savants, tiré du gr. *hieros*, « sacré ». — **Hiérodule.** *n. m.* (*Hiérodoule*, 1862 FLAUB. ; gr. *doulos*, « esclave »). Dans l'antiq. grecque, Esclave attaché au service d'un temple. — **Hiérogrammate** ou **Hiérogrammatiste.** *n. m.* (*Hiérogrammatée* in ENCYCL. 1765 ; de la rac. de *graphein*, « écrire »). Dans l'antiq. égyptienne, Scribe au service d'un temple ; prêtre qui interprétait les textes sacrés. — **Hiérogrammatique.** *adj.* (1839 BOISTE). V. **Hiératique** (écriture). — **Hiérogramme.** *n. m.* (1839 BOISTE). Caractère de l'écriture hiératique*. — V. *aussi* **Hiéroglyphe, hiéronymite ; hiérophante.**

« En Égypte, le dieu à tête d'épervier était le dieu qui possédait la science des hiéroglyphes ; autrefois, dans ce pays, les Hiérogrammates avalaient le cœur et le sang de cet oiseau, pour se préparer aux rites magiques ; »
HUYSMANS, Là-bas, XX.

HIÉROGLYPHE. *n. m.* (XVIe s. AMYOT ; de *hiéroglyphique*). Caractère, signe des plus anciennes écritures égyptiennes (Cf. Graphie, cit. 2). *Les hiéroglyphes peuvent avoir une valeur figurative* (le signe « lion » représentant le lion, etc.), *idéographique* (le signe « homme dansant » représentant la joie, etc.) *ou phonétique : chaque hiéroglyphe représentant deux ou trois consonnes servant à noter des mots ou parties de mots homophones de l'idéogramme* (les voyelles n'étant pas notées). — REM. On réserve parfois le nom d'hiéroglyphes aux signes figuratifs et idéographiques. — *Monument, obélisque couvert d'hiéroglyphes. Hiéroglyphes déformés de l'écriture cursive, hiératique.* V. **Hiérogramme** (préf. *hiéro-*). *« Les hiéroglyphes usuels sont au nombre de 600 environ »* (MEILLET et COHEN). *Champollion déchiffra* (cit. 2) *les hiéroglyphes de la pierre de Rosette.*

1 « Plusieurs anciens et presque tous les modernes ont cru que les prêtres d'Égypte inventèrent les hiéroglyphes, afin de cacher au peuple les profonds secrets de leur science... au contraire c'est la pure nécessité qui leur a donné naissance pour l'utilité publique ; »
ENCYCL. (DIDER.), 1765, Hiéroglyphe.

2 « Les caractères qui, dès l'origine, composèrent le système entier de l'écriture sacrée, furent des imitations plus ou moins exactes d'objets existants dans la nature ; ces caractères, consistant en images de choses réelles, reproduites dans leur ensemble ou dans quelques-unes de leurs parties, reçurent des anciens auteurs le nom de γράμματα ἱερά (*grammata hiera*), caractères sacrés, et plus particulièrement, celui de γράμματα ἱερογλυφικα (*grammata hieroglyphica*), caractères sacrés sculptés ; de là est dérivé le nom d'hiéroglyphes ou de caractères hiéroglyphiques qu'on leur a conservé jusqu'à notre temps. »
CHAMPOLLION, Gramm. égypt., p. 1 (in LITTRÉ).

— Se dit des signes de l'écriture utilisée en Asie Mineure, en Syrie du Nord, du XIVe s. au VIIIe s. av. J.-C., appelés abusivement *Hiéroglyphes hittites.*

3 « On ne sait pas encore comment se dénommait la langue des inscriptions hiéroglyphiques qu'on appelle provisoirement « hittite hiérogly-

phique »... Les textes... sont écrits en un système particulier d'hiéroglyphes à valeur mi-idéographique, mi-phonétique, que l'on commence, après beaucoup d'efforts, à interpréter de manière vraisemblable. »
MEILLET et COHEN, Les langues du monde, p. 18.

— Fig. Signe, caractère difficile ou impossible à comprendre. *Ce message est formé d'hiéroglyphes indéchiffrables. Les hiéroglyphes de son écriture* (V. **Illisible, incompréhensible**).

4 « ... cette... lettre en a un (*défaut*) que j'ai eu bien de la peine à corriger ; c'est une écriture difficile à déchiffrer... ce n'est plus de l'écriture... ce sont des hiéroglyphes... »
Ch. de SÉVIGNÉ in SÉV., 1184, 12 juin 1689.

5 « ... deux grosses liasses de feuillets azurés, hiéroglyphes plutôt que manuscrits, criblés de mots abrégés, de repères en forme d'étoiles, de croix, de petits serpenteaux signalisateurs comme au long des routes. »
COLETTE, Étoile Vesper, p. 187.

— Spécialt. Idéogramme, signe, emblème interprétable (Cf. Écriture, cit. 2). *Hiéroglyphes de la féodalité* (Cf. Blason, cit. 3 HUGO).

6 « ... la précaution qu'on avait prise de me faire des marques distinctives témoignerait assez combien j'étais un fils précieux : et cet hiéroglyphe à mon bras... »
BEAUMARCH., Mar. de Fig., III, 16.

HIÉROGLYPHIQUE. *adj.* (1529 ; lat. *hieroglyphicus*, mot gr. de *gluphein*, « graver »). Se dit de l'écriture formée de signes idéographiques et phonétiques (V. **Hiéroglyphe**) ; des signes qui la composent. *L'écriture alphabétique* (cit. 2) *évinça l'écriture hiéroglyphique. Caractère, signe hiéroglyphique.* — *Textes hiéroglyphiques égyptiens* (Cf. Copte, cit. 1). *Hittite hiéroglyphique :* nom donné à une langue antique d'Asie Mineure. V. **Hiéroglyphe** (cit. 3).

1 « A la vérité, les figures grotesques que les trous, les pièces, les taches et les filets y composent bizarrement, ont beaucoup de rapport avec les figures hyéroglyphiques (*sic*) des Égyptiens. »
CYRANO DE BERGERAC, Pédant joué, III, 2.

— Fig. Obscur, incompréhensible (en parlant d'une écriture, d'un signe, d'un symbole). Cf. Écriture, cit. 10.

2 « À M.M.M.M. Madame... Ces quatre lettres hiéroglyphiques vous embarrasseront aussi bien que les autres... »
CORN., Andromède, Dédicace.

3 « ... sa *belle écriture* devait déjà s'être altérée dans les brouillons chiffonnés, raturés, surchargés, presque hiéroglyphiques de l'écrivain luttant avec l'idée et ne se souciant plus de la beauté du caractère. »
GAUTIER, Portr. contemp., Balzac, II.

ANT. — Clair.

HIÉRONYMITE. *n. m.* (du gr. *hieronymos*, « Jérôme », mot à mot « saint nom »). Religieux d'un des ordres fondés en Espagne et en Italie, aux XIVe et XVe siècles et qui prirent saint Jérôme pour patron. *Les hiéronymites s'appelaient aussi Ermites de saint Jérôme.*

« Charles s'embarque aussitôt pour l'Espagne, et va se retirer dans l'Estramadure, au monastère de Saint-Just, de l'ordre des Hiéronymites. »
VOLT., Annales Empire, Charles-Quint (1556).

HIÉROPHANTE. *n. m.* (1535 ; lat. *hierophantes*, mot gr., de *phainein*, « révéler »). *Antiq. gr.* Prêtre qui présidait aux mystères d'Éleusis, instruisait les initiés. — *À Rome,* Grand pontife.

1 « Je demande ce qu'étaient ces hiérophantes, ces francs-maçons sacrés qui célébraient leurs mystères antiques de Samothrace... »
VOLT., Dict. philos., Samothrace.

— Fig. V. **Prêtre, pontife.**

2 « De l'hiérophante au druide,
Une sorte de Dieu fluide
Coule aux veines du genre humain. »
HUGO, Contempl., VI, Les mages, VI.

3 « ... puis c'est toute l'histoire primitive, acceptée jusque-là avec une grossière littéralité, qui trouve d'ingénieux interprètes, hiérophantes rationalistes qui lèvent le voile du vieux mystère. »
RENAN, Avenir de la science, Œuvr., t. III, p. 764.

★ **HIGHLANDER** (*haï-lan'-deur*). *n. m.* (1708 ; mot angl.). Habitant ou natif des Highlands (« Hautes Terres »), région montagneuse de l'Écosse.

— Spécialt. Soldat écossais des Highlands et, *par ext.* Régiment de l'armée britannique, dont l'uniforme rappelle le costume traditionnel des montagnards écossais qui le composent. *Cornemuse*, kilt*... des highlanders.*

« Le carré extrême de droite, le plus exposé de tous... était formé du 75e régiment de highlanders. Le joueur de cornemuse au centre, pendant qu'on s'exterminait autour de lui, baissant dans une inattention profonde son œil mélancolique plein du reflet des forêts et des lacs, assis sur un tambour, son pibrock sous le bras, jouait les airs de la montagne. Ces Écossais mouraient en pensant au Ben Lothian, comme les Grecs en se souvenant d'Argos. »
HUGO, Misér., II, I, X.

★ **HIGH LIFE** (*haï-laïf'*). *n. m.* (1825 ; mots angl. signifiant « haute vie »). S'est dit au XIXe s. pour Haute société, grand monde (Cf. Gentry).

1 « Ce fameux abbé de Percy, Normand comme elle, l'avant-dernier descendant mâle des Percy en France, dont la laideur et l'esprit furent si célèbres à Londres dans le *high-life* pendant l'émigration... »
BARBEY D'AUREV., Vieille maîtresse, II, t. I, p. 39.

2   « ... l'élite de ceux qu'on appelait autrefois les *gens du monde* et que, depuis que le « monde » s'est élargi, on nomme, dit Jay, la *société*, en attendant que se répande une désignation que Jouy emploie déjà en 1825, celle de *high life*. »
G. MATORÉ, **Vocab. et soc. sous Louis-Philippe**, p. 53.

★ **HI-HAN.** (1873). Onomatopée imitant le braiement de l'âne.

HILARANT, ANTE. *adj.* (1805 *chim.* ; empr. au lat. *hilarans*, de *hilarare*, « rendre gai ». V. **Exhilarant**). Qui excite à la gaieté. V. **Amusant, comique.** *Histoire hilarante*. — *Spécialt*. Chim. *Gaz hilarant*, ancien nom vulgaire du protoxyde d'azote qui produit une sorte d'exaltation.

ANT. — **Triste ; attristant.**

HILARE. *adj.* (1519 ; *hilaire* au XIII⁰ s. ; du lat. *hilaris*, gr. *hilaros*. — REM. Disparu au XVI⁰ s., *Hilare* renaît au XIX⁰, mais reste absent des dictionnaires jusqu'à la fin du siècle dernier. Admis ACAD. 1935. On trouve les formes *Hilarieux* dans TRÉVOUX 1771 et *Hilareux* dans CHATEAUB.). Qui est dans un état d'euphorie, de contentement béat, de douce gaieté. V. **Gai.** *Clown hilare*. Par ext. *Face, visage hilare*. V. **Réjoui.**

1   « En face de lui s'étalait, florissante et hilare, la famille du pharmacien, que tout au monde contribuait à satisfaire. »
FLAUB., **Mᵐᵉ Bovary**, III, XI.

2   « Sous un pampre un vieux faune hilare
Murmurait tout bas : Casse-cou ! »
HUGO, **Chans. des rues et des bois**, IV, Choses écrites à Créteil.

3   « Non loin de deux silvains hilares, »
VERLAINE, **Fêtes galantes**, Les indolents.

4   « ... un visage hilare de folle. »   MAC ORLAN, **La Bandera**, VIII.

ANT. — **Chagrin, maussade.**

HILARITÉ. *n. f.* (*Ilarité* au XIII⁰ s. ; empr. au lat. *hilaritas*).

|| 1⁰ *Vieilli*. Joie douce et calme ; contentement béat.

1   « ... contentez-vous de lui souhaiter, du fond du cœur, prospérité, hilarité, succès en tout, et jamais de gravelle. »
VOLT., **Lettre à Mᵐᵉ de Choiseul**, 3485, 20 mai 1769.

2   « ... il a suffi de le prononcer (*le mot « gastronomie »*) pour porter sur toutes les physionomies le sourire de l'hilarité. »
BRILLAT-SAVARIN, **Physiol. du goût**, XXVII, 136.

|| 2⁰ Brusque accès de gaieté* ; explosion de rires (Cf. Fou* rire). *Plaisanterie qui déchaîne, excite, provoque, déclenche l'hilarité générale* (V. **Exhilarant, hilarant**). *Mouvement d'hilarité*.

3   « Ce toast excita l'hilarité générale, et Colleville, déjà gai, cria : — Gredin ! tu m'as volé ma phrase ! »
BALZ., **Petits bourgeois**, Œuvr., t. VII, p. 157.

4   « ... une certaine hilarité saugrenue et irrésistible s'empare de vous... Cette gaieté vous est insupportable à vous-même ; mais il est inutile de regimber. »   BAUDEL., **Du vin et du haschisch**, IV.

5   « D'un bout à l'autre des gradins, du haut en bas de la salle, on se tordait ; chaque élève riait comme il n'est pas souvent donné de rire en classe ; on ne se moquait même plus ; l'hilarité était irrésistible au point que M. Nadaud lui-même y cédait ; du moins souriait-il, et les rires alors, s'autorisant de ce sourire, ne se retinrent plus. »
GIDE, **Si le grain...**, I, IV.

ANT. — **Affliction, chagrin, tristesse.**

★ **HILE.** *n. m.* (1600 ; empr. au lat. *hilum*, « point noir au haut de la fève »). *Bot.* Cicatrice laissée sur le tégument* d'une graine par la rupture du funicule*. *Hile de la fève, de la vesce*.

— Par anal. *Anat*. Point d'insertion, généralement déprimé, des vaisseaux et des conduits excréteurs sur un organe. *Le hile du foie*, *ou sillon transverse, large et profond. Hile du rein. Hile d'un ganglion**.

HOM. — **île.**

HILOIRE. *n. f.* (1690 ; empr. à l'esp. *esloria*). *Mar*. Fort bordage* longitudinal destiné à accroître la résistance d'un pont de navire.

HIMATION (*-ti-onn*). *n. m.* (1876 in LITTRÉ, Suppl. ; mot gr.). *Antiq. gr*. Sorte de manteau sans manches.

« ... l'himation ionien... complète la parure de fête. C'est un carré d'étoffe dont l'un des bords, serré en forme de bourrelet, passe sous le bras gauche, traversant obliquement la poitrine. Ce vêtement s'ajuste sur l'épaule droite au moyen d'agrafes ; les bouts du manteau remontent en une masse épaisse, creusée de plis verticaux, serrés et réguliers, inégaux en longueur et dessinant ainsi à leur extrémité une ligne sinueuse qui monte, descend, remonte encore pour suivre le bord de l'étoffe repliée sur elle-même par un savant tuyautage. »
COLLIGNON, **La sculpture grecque**, I, p. 146 (in RICHER, **Art grec**, p. 68).

HINDI (*hinn'-di*). *n. m.* (XIX⁰ s.). L'une des principales langues de l'Inde. *L'hindi est une langue indo-aryenne. La langue nationale de l'Union indienne est l'hindi en écriture nagari.*

« L'hindi, au sens le plus large, est la raison sociale d'une multitude de dialectes ruraux se succédant sur plus de 1.000 kilomètres, de Simla

---

à la Mahâdani, et présentant, à côté des caractéristiques communes, des différences notables. »
P. MEILE, **Langues de l'Inde** (Cent-cinquant. de l'École des langues orientales), p. 121.

HINDOU, OUE. *adj. et n.* (première moitié du XIX⁰ s. ; de *Inde*. V. **Indou**). De l'Inde et relatif à la civilisation brahmanique (V. **Indien**).

I. Adj. *Castes** (cit. 3) *de la société hindoue*. *Prince hindou*. V. **Maharajah, rajah**. *Princesse hindoue*. V. **Rani**. *Soldat hindou*. V. **Cipaye**. *Coolie** hindou. *Paria** hindou. *Religions hindoues*. V. **Bouddhisme, brahmanisme, hindouisme, jaïnisme.** *Ascète hindou*. V. **Gymnosophiste, yogi.** *Langue hindoue*. V. **Hindi, hindoustani.** — *Les poèmes hindous*, de Leconte de Lisle.

1   « ... les vestiges cyclopéens, les pyramides d'Égypte, les gigantesques pagodes hindoues... »   HUGO, **N.-D. de Paris**, p. 143.

2   « Prêchant la non-violence au nom de traditions hindoues millénaires, il (*Gandhi*) apparut comme le symbole de la douceur hindoue devant ce qu'on appelait la barbarie occidentale »
P. MEILE, **Hist. de l'Inde**, p. 112 (éd. P.U.F.).

II. N. *Un Hindou. Une Hindoue.*

— *Spécialt*. Adepte de l'hindouisme* (V. **Hindouiste**).

3   « ... la loi de Manou interdit aux Hindous orthodoxes de passer les mers, sous peine de dures expiations. »
P. MEILE, **Hist. de l'Inde**, p. 93 (éd. P.U.F.).

DER. — *Hindouisme*. *n. m.* (1876 in LITTRÉ, Suppl.). Religion de la grande majorité des Hindous. *L'hindouisme*, ou *brahmanisme** sectaire. — *Hindouiste*. *adj.* (1948). Qui a rapport à l'hindouisme. *Mythes, rites hindouistes*. — *Substant*. Adepte de l'hindouisme. V. **Hindou.**

1   « En face du Bouddhisme, l'Hindouisme a créé deux grandes religions : celle de *Vichnou* et celle de *Çiva*. »
RÉAU, **Hist. univers. de l'art**, t. II, p. 110.

2   « Le bouddhisme et le jaïnisme ne sont pas autre chose, à l'origine, que des sectes réformatrices à l'intérieur de la communauté hindoue naissante. »   Louis RENOU, **L'hindouisme**, p. 32 (éd. P.U.F.).

HINDOUSTANI. *n. m.* (1877 LITTRÉ, Suppl. ; de *Hindoustan*, partie principale de la péninsule hindoue). Langue de l'Inde. V. **Hindi.**

« ... un dialecte assez obscur, des abords du Himâlaya, connu en Europe depuis le XVIII⁰ siècle sous le nom d'« hindoustani ». Ce dialecte a deux aspects, l'un islamisé, c'est-à-dire où, la grammaire restant de type indien, le vocabulaire, du moins dans les noms, est en grosse majorité arabe et persan... »
L. RENOU, **Les littératures de l'Inde**, p. 87 (éd. P.U.F.).

HINTERLAND (*in -ter'-land'*). *n. m.* (fin XIX⁰ s.). Mot allemand (formé de *hinter*, derrière, et *Land*, pays) signifiant « Arrière-pays ».

HIPP(O)-. Élément (tiré du gr. *hippos*, « cheval ») qui entre dans la composition de nombreux mots savants tels que : **Hippanthrope.** *n. m.* (1862 HUGO ; gr. *anthrôpos*, « homme »). *Poét*. V. **Hippocentaure** (Cf. Épopée, cit. 3). — **Hipparchie.** *n. f.* (1873 in P. LAROUSSE ; suff. -*Archie*). *Antiq*. || 1⁰ Division de cavalerie grecque, comprenant environ 500 hommes. *Chef d'une hipparchie*. V. **Hipparque.** — || 2⁰ Grade d'hipparque*. *Accéder à l'hipparchie*. — **Hipparque.** *n. m.* (1771 TRÉVOUX ; suff. -*Arque*). *Antiq. gr*. Général commandant une hipparchie*. — **Hippiatre.** *n. m.* (1772 ; suff. -*Iatre*). *Vieilli*. Vétérinaire spécialiste des maladies du cheval. — **Hippiatrie.** *n. f.* (1534 RAB. ; suff. -*Iatrie*). Médecine des chevaux (DER. **Hippiatrique.** *n. f.* (1750). Thérapeutique du cheval. *Traité d'hippiatrique*. Adjectivt. *Science hippiatrique*. — **Hippocastanacées.** *n. f. pl.* (ou *Hippocastanées* en 1866 ; gr. *kastana*, « châtaigne »). Famille de plantes phanérogames angiospermes (*Dicotylédones, dialypétales*), dont le type principal est le marronnier d'Inde. — **Hippocentaure.** *n. m.* (XVI⁰ s. ; de *centaure*). *Poét*. V. **Centaure.** — **Hippolithe.** *n. m.* (1752 ; suff. -*Lithe*). *Hist. nat*. Pierre jaune qui se trouve parfois dans la vésicule biliaire, les intestins ou la vessie du cheval. — **Hippologie.** *n. f.* (1866 ; suff. -*Logie*). Science du cheval (DER. **Hippologique.** *adj.* (1866). Qui a rapport à l'hippologie). — **Hippomobile.** *adj.* (1930 LAROUSSE ; suff. -*Mobile*). Mû par un ou plusieurs chevaux. *Véhicule hippomobile*. — Par ext. *Traction hippomobile*. — **Hippophage.** *adj. et n.* (1839 ; suff. -*Phage*). Qui mange de la viande de cheval. — **Hippophagie.** *n. f.* (1866 ; suff. -*Phagie*). Usage alimentaire de la viande de cheval (DER. **Hippophagique.** *adj.* (1866). *Boucherie** hippophagique. V. **Chevalin.** — **Hippotechnie.** *n. f.* (Fin XIX⁰ s. ; suff. -*Technie*). Science de l'élevage et du dressage des chevaux. — **Hippurique.** *adj.* (1866 ; gr. *ouron*, « urine »). *Chim. Acide hippurique*, abondant dans l'urine des herbivores, surtout des ruminants. — **Hippurite.** *n. m.* (1771 ; gr. *hippouris*, à queue de cheval). *Paléont*. Mollusque lamellibranche, fossile dans le crétacé* méditerranéen. — V. aussi **Hipparion, hippique, hippisme, hippocampe, hippodrome, hippogriffe, hippophaé, hippopotame.**

1   « Vous voyez ici les romans, dont les auteurs sont des espèces de poètes qui outrent également le langage de l'esprit et celui du cœur ; qui passent leur vie à chercher la nature et la manquent toujours, et qui font des héros qui y sont aussi étrangers que les dragons ailés et les hippocentaures. »   MONTESQ., **Lettres persanes**, CXXXVII.

2 « Vous êtes bien sévère, m'a dit quelqu'un, si à vos yeux *hippomobile* est ridicule, puisqu'il est devenu indispensable. Ridicule, oui, au comble. Indispensable, pas du tout. On n'a qu'à distinguer, fût-ce dans les arrêtés de police, les autos des voitures *attelées.* »
A. THÉRIVE, **Querelles de langage,** t. I, p. 47.

HIPPARION. *n. m.* (1873 in LITTRÉ, Suppl. ; empr. au gr. *hipparion,* « petit cheval ». Cf. Hipp(o)-). *Paléont.* Mammifère périssodactyle (*Équidés*), fossile dans le tertiaire (V. **Cheval**).

HIPPIQUE. *adj.* (1842 ; empr. au gr. *hippikos.* Cf. Hipp(o)-). Qui a rapport au cheval. *Concours* hippique. Sport hippique.* V. **Hippisme ; hippodrome.** — *Chronique hippique.*

« Bien différente de celle des courses est l'organisation des concours hippiques où les chevaux montés exécutent sur des obstacles sévères et rapprochés parsement une piste réduite, des parcours où se présente un seul cheval à la fois. Le classement est obtenu par la somme des fautes commises... »
R. AMIOT, **Le cheval,** p. 81 (éd. P.U.F.).

DER. — **Hippisme.** *n. m.* (1907 LAR. MENSUEL). Sport hippique ; ensemble des exercices équestres. V. **Course*, équitation...**

HIPPOCAMPE. *n. m.* (1566 ; empr. au lat. d'orig. gr. *hippocampus.* Cf. Hipp(o)-). *Mythol.* Animal monstrueux, moitié cheval, moitié poisson (V. **Cheval**). *L'hippocampe, cheval marin à queue de dauphin. L'hippocampe, motif ornemental en honneur sous le Directoire.* — *Zool.* Poisson (*Téléostéens, lophobranches*), qui porte la tête inclinée et rabattue contre la gorge, comme le cheval dont il rappelle ainsi le profil, d'où son nom vulgaire de « cheval marin ». *Les hippocampes, qui habitent les mers chaudes et tempérées où ils se nourrissent de crustacés enroulent leur queue préhensile autour des algues et se tiennent le plus souvent en position verticale.*

« Planche folle, escorté des hippocampes noirs, »
RIMBAUD, **Bateau ivre.**

HIPPOCRATIQUE. *adj.* (1765 ; de HIPPOCRATE, médecin célèbre de l'Antiquité). *Méd.* Qui a rapport à Hippocrate, à sa doctrine (*Hippocratisme,* 1765). *La méthode hippocratique, fondée sur l'observation clinique.*

HIPPODROME. *n. m.* (1534 ; *ypodrome* en 1190 ; empr. au lat. d'orig. gr. *hippodromus.* Cf. Hipp(o)- et *suff.* -Drome). *Antiq.* Cirque* de forme oblongue aménagé pour les courses de chevaux et de chars. *Hippodrome d'Olympie, de Byzance.*

1 « ... en l'hippodrome (qui était le lieu où l'on pourmenoit (*promenait*) et voultigeoit (*voltigeait*) les chevaux)... » RAB., I, XIV.

2 « En Grèce, à Rome, à Byzance, les luttes de l'hippodrome passionnaient les foules. » R. AMIOT, **Le cheval,** p. 75 (éd. P.U.F.).

— *Spécialt.* (De nos jours). Terrain de sport hippique ; champ de courses. *Hippodrome d'Auteuil, de Longchamp... Banquettes* irlandaises, brooks* d'un hippodrome. Tribunes d'un hippodrome.*

3 « Ce dimanche-là... on courait le Grand Prix de Paris au bois de Boulogne... Vers onze heures, au moment où les voitures arrivaient à l'hippodrome de Longchamp, un vent du sud avait balayé les nuages... Et, dans les coups de soleil... tout flambait brusquement, la pelouse..., la piste encore vide, avec la guérite du juge, le poteau d'arrivée, les mâts des tableaux indicateurs, puis en face, au milieu de l'enceinte du pesage, les cinq tribunes symétriques, étageant leurs galeries de briques et de charpentes. » ZOLA, **Nana,** XI.

4 « Plus de trois cents hippodromes sont aménagés dans toute la France. Les deux plus connus sont au bois de Boulogne : Longchamp pour le plat, le plus bel hippodrome de France (66 hectares) et Auteuil pour les obstacles. Autour de Paris, Chantilly, Saint-Cloud, Le Tremblay, Maisons-Laffitte, etc., pour le galop et Vincennes pour le trot offrent au sport hippique des cadres réputés. »
R. AMIOT, **Le cheval,** p. 76 (éd. P.U.F.).

HIPPOGRIFFE. *n. m.* (1560 ; empr. à l'ital. *ippogrifo ;* gr. *hippos* (Cf. Hipp(o)-), et ital. *grifo,* « griffon »). Animal fabuleux, monstre ailé, moitié cheval, moitié griffon. V. **Griffon.** *L'hippogriffe du « Roland furieux » de L'Arioste.*

1 « L'Hippogriffe n'a rien qui me choque l'esprit,
Non plus que la Lance enchantée, »
LA FONT., **Contes,** Coupe enchantée.

2 « Le vaisseau seul est un spectacle : sensible au plus léger mouvement du gouvernail, hippogryphe (*sic*) ou coursier ailé, il obéit à la main du pilote, comme un cheval à la main du cavalier. »
CHATEAUB., **M. O.-T.,** t. I, p. 259.

3 « — Va, va, va !... galope sur l'hippogriffe du divin Ariosto ; cours après tes brillantes chimères... »
BALZ., **Massimilla Doni,** Œuvr., t. IX, p. 385.

HIPPOPHAÉ. *n. m.* (1771 ; empr. au gr. *hippophaes*). *Bot.* Nom scientifique de l'argousier*.

HIPPOPOTAME. *n. m.* (*Ypopotame* au XIIIᵉ s. ; empr. au lat. d'orig. gr. *hippopotamus,* propremt. « cheval de fleuve »). *Zool.* Gros mammifère ongulé* (*Artiodactyles, Hippopotamidés*) non ruminant, au corps massif couvert d'une peau glabre très épaisse, brunâtre ou bleuâtre, et porté par des membres trapus à quatre doigts. *L'hippopotame, quadrupède amphibie, habite les fleuves et les*

lacs de l'Afrique équatoriale et tropicale. *Hippopotame qui sort son mufle de l'eau* (Cf. Étang, cit. 5). *On chasse l'hippopotame pour l'ivoire de ses dents* (V. **Osanore**), *et pour sa peau* (Cf. Cataphracte, cit.). *Lanière en cuir d'hippopotame* (Cf. Cingler, cit. 2). — *Les hippopotamidés,* famille de mammifères ongulés non ruminants comprenant l'*hippopotame* et le *chæropsis* dit *hippopotame nain. Fig.* et *fam.* En parlant d'une personne. V. **Énorme.**

1 « Là, des monstres de toute forme
Rampent, — le basilic rêvant,
L'hippopotame au ventre énorme, » HUGO, **Orientales,** XXVII.

2 « L'hippopotame souffle aux berges du Nil blanc
Et vautre, dans les joncs rigides qu'il écrase,
Son ventre rose et gras tout cuirassé de vase. »
LECONTE DE LISLE, **Poèmes barbares,** L'oasis.

HIRCIN, INE. *adj.* (1611 ; empr. au lat. *hircinus,* « de bouc »). Qui a rapport au bouc, qui vient du bouc. *Puanteur hircine.*

HIRONDEAU. *n. m.* (1660 ; anc. fr. *arondeau, arondel,* dimin. de *aronde**). *Ornith.* Petit de l'hirondelle.

« ... leurs petits (*des hirondelles de rivage*) prennent beaucoup de graisse, et une graisse fine, comparable à celle des ortolans... aussi fait-on une grande consommation des hirondeaux de rivage en certains pays, par exemple à Valence en Espagne... »
BUFF., **Hist. nat. ois.,** Hirondelle de rivage.

HIRONDELLE. *n. f.* (*Hyrondelle* en 1546 ; anc. fr. *aronde*, arondelle*,* encore chez MONTAIGNE, RONSARD ; refait d'apr. le lat. class. *hirundo*). *Ornith.* Oiseau migrateur passeriforme (*Passereaux Hirundinidés*), à queue fourchue, aux ailes fines et très longues (Cf. Efflanqué, cit. 1). *Hirondelle de cheminée, de fenêtre,* dont le nid est fait de terre gâchée (Cf. Avant-toit, cit. 1). *Hirondelle de rivage.* V. **Mottereau.** *Les lointains voyages* (Cf. Apprendre, cit. 2), *le vol rapide, le sifflement acéré* (cit. 3) *des hirondelles. L'hirondelle, messagère du printemps. Au départ des hirondelles* (Cf. Etat, cit. 54). *Les hirondelles vivent en colonies* (Cf. Conciliabule, cit. 2 ; emplir, cit. 14 ; escadrille, cit. 2). *L'hirondelle se nourrit d'insectes happés au vol. Fiente* (cit. 1) *d'hirondelle. Hirondelle qui se pose au sol* (Cf. Frémissant, cit. 3), *rase le sol avant l'orage* (Cf. Calomnie, cit. 5 ; furtif, cit. 8). *Cri* (cit. 28), *chant des hirondelles.* V. **Gazouiller** (cit. 1). Cf. Babillard, cit. 1 ; cœur, cit. 61 ; et *aussi* Trisser. — *Le guêpier* (cit. 1), *le martinet,* oiseaux proches de l'*hirondelle par leurs mœurs, leur vol. Hirondelle à queue carrée,* ancien nom de l'engoulevent (cit.). *Les hirundinidés,* famille de passereaux renfermant les différentes variétés d'hirondelles.

1 « L'hirondelle ajouta : ... vous n'êtes pas en état
... De passer comme nous les déserts et les ondes,
Ni d'aller chercher d'autres mondes. » LA FONT., **Fabl.,** I, 8.

2 « ... les hirondelles qui rasent la terre annoncent la pluie ; »
VOLT., **Dict. philos.,** Augure.

3 « À Bischofsheim, où j'ai dîné, une jolie curieuse s'est présentée à mon grand couvert : une hirondelle, vraie Procné, à la poitrine rougeâtre, s'est venue percher à ma fenêtre ouverte, sur la barre de fer qui soutenait l'enseigne du *Soleil d'Or* ; puis elle a ramagé le plus doucement du monde... » CHATEAUB., **M. O.-T.,** t. VI, p. 127.

4 « Les nids d'hirondelles, dont on voyait sortir les petites têtes noires et briller les yeux inquiets, étaient suspendus aux solives couvertes d'écorce qui formaient le toit. »
LAMART., **Graziella,** I, XIV.

5 « Je partirai, je ne sais où, mais vers le sud, dès la première hirondelle... » STE-BEUVE, in BILLY, **Sainte-Beuve,** p. 305.

6 « Un peuple d'hirondelles sans cesse tournoyait autour de la maison ; leurs nids d'argile s'abritaient sous le rebord des toits, dans l'embrasure des fenêtres, d'où l'on pouvait surveiller les couvées. »
GIDE, **Si le grain...,** I, III.

— *Par anal. Hirondelle des marais.* V. **Glaréole.** *Hirondelles de mer,* oiseaux palmipèdes de la famille des mouettes*. V. **Goélette, sterne*.** *Nid d'hirondelle,* nid de la salangane*, qui constitue un mets très apprécié en Extrême-Orient. *Potage aux nids d'hirondelles.*

7 « Les hirondelles de mer fouettaient l'écume de leurs ailes blanches, seul oiseau qui ait son élément dans la tempête et qui crie de joie pendant les naufrages... » LAMART., **Graziella,** I, XXIII.

— *Ichtyol.* V. **Exocet.**

— *Par ext.* Petit bateau à vapeur très rapide naviguant sur les rivières. — *Technol. À queue d'hirondelle.* V. **Aronde.**

— *Arg.* Agent cycliste.

— PROV. *Une hirondelle ne fait pas le printemps :* un fait isolé, un seul exemple n'autorise pas de conclusion générale.

HIRSUTE. *adj.* (1802 ; empr. au lat. *hirsutus*). *Hist. nat.* (Peu usit.). Garni de longs poils très fournis. — *Par anal.* (fin XIXᵉ s.). V. **Ébouriffé, échevelé.** *Tête hirsute. Gamin hirsute. Barbe, tignasse hirsute.* V. **Hérissé, inculte, touffu.** *Brigands* (cit. 2) *aux cheveux* (cit. 14) *hirsutes.*

« ... sa laideur et sa saleté, ses cheveux hirsutes mais pommadés... »
HENRIOT, **Romantiques,** p. 285.

— *Fig.* V. **Bourru, grossier, sauvage.** *Manières hirsutes.*

HIRUDI(NI)-. Élément, tiré du lat. *hirudo, hirudinis*, « sangsue », et qui entre dans la composition de mots savants tels que : **Hirudinées.** *n. f. pl.* (1866). *Zool.* Classe d'annélides* discophores comprenant les sangsues*. — **Hirudiniculteur.** *n. m.* (1866). Éleveur de sangsues.

° **HISPAN(O)-.** Premier élément de mots savants, tiré du lat. *hispanus*, « espagnol », tels que : **Hispanique.** *adj.* (1849-50 CHATEAUB., Mém. O.-T.). Qui a trait à l'Espagne, aux Espagnols. *Péninsule hispanique.* V. **Ibérique.** *Institut d'études hispaniques.* — **Hispanisant, ante.** (1930) ou **Hispaniste** (1930). *n.* Linguiste spécialisé dans l'étude de la langue, de la civilisation espagnoles. — **Hispanisme.** *n. m.* (1771). Construction ou emploi propre à la langue espagnole. V. **Espagnolisme.** — **Hispano-américain, aine.** *adj.* (vers 1870). Qui a rapport à l'Amérique espagnole ou à l'Amérique et à l'Espagne. *Idiomes hispano-américains. Guerre hispano-américaine* (1898) entre les États-Unis et l'Espagne. — *Substant. Les Hispano-Américains,* de l'Amérique centrale ou méridionale. — **Hispano-arabe,** ou **Hispano-moresque.** *adj.* (XXᵉ s.). *Art hispano-moresque,* art musulman. Qui appartient à l'époque où les califes de Cordoue réunirent sous leur domination le Maroc et l'Espagne. *Apogée de la civilisation hispano-moresque aux Xᵉ-XIIᵉ siècles.* Spécialt. *Céramique hispano-moresque,* fabriquée en Espagne musulmane du XIIIᵉ au XVᵉ s. *Le lustre mordoré des faïences hispano-moresques* (Cf. *aussi* Hispano-marocain, Hispano-mexicain, etc.).

1   « À l'autre bout des Pyrénées, la Marche hispanique se détachait aussi de l'empire franc. »
LAVISSE et RAMBAUD, **Histoire générale,** t. II, XII, p. 663.

2   « ... des statues, hispano-mexicaines, baroques et sauvages ; »
MALRAUX, **L'espoir,** II, I, VII.

HISPIDE. *adj.* (XIVᵉ s. ; empr. au lat. *hispidus*). *Bot.* Hérissé de poils rudes et épais. *Tige hispide.*

★ **HISSER.** *v. tr.* (*Inse !* impératif, en 1552 ; *ysser* en 1573 ; allem. *hissen*).

|| 1° *Mar.* Elever*, faire monter au moyen d'une drisse*. *Hisser les embarcations*. Hisser un mât.* V. **Guinder.** *Frégate* (cit. 2) *qui hisse ses voiles. Hisser les couleurs.* V. **Envoyer.** *Hisser un pavillon.* V. **Arborer** (Cf. Emblème, cit. 2 ; embosser, cit.). *Élinguer* un baril pour le hisser. Voile hissée à bloc*.* V. **Étarquer.**

1   « ... nous hissâmes le foc et la grande voile... »
BAUDEL., Trad. E. POE, **Avent. G. Pym,** I.

— *Par anal. :*

2   « ... le premier, le seul ordre qu'il devait donner encore... allait être de hisser le drapeau blanc sur la citadelle, afin de demander un armistice. »
ZOLA, **La débâcle,** VI, t. II, p. 7.

— Par ext. *Hisser un fardeau au moyen d'une grue, d'une poulie.* V. **Guinder.**

3   « ... mais quel jour le poids d'une pierre de taille lentement hissée dans l'air par les travailleurs revenus fera-t-il grincer sa poulie rouillée depuis des siècles ? »
GAUTIER, **Voyage en Espagne,** p. 254.

|| 2° (*Plus généralt.*). Tirer en haut* et avec effort. V. **Elever.** *Hisser un homme à la hauteur d'un parapet* (Cf. Culotte, cit. 3). *Hisser un blessé* (Cf. Hart, cit. 1).

4   « Le fermier fut hissé par le facteur et par le messager au cri de : — Haoup ! là ! ahé ! hisse !... poussé par Georges. »
BALZ., **Un début dans la vie,** Œuvr., t. I, p. 637.

5   « Puis, au commandement d'Antoine, ils reprirent les quatre coins du drap, hissèrent péniblement le malade hors de la baignoire et le déposèrent tout dégouttant sur le matelas. »
MART. du G., **Thib.,** t. IV, p. 165.

— Fig. *Hisser sur le pavois*.*

6   « Chaque jour, elle me semblait moins jolie. Seul le désir qu'elle excitait chez les autres, quand, l'apprenant, je recommençais à souffrir et voulais la leur disputer, la hissait à mes yeux sur un haut pavois. »
PROUST, **Rech. t. p.,** t. XI, p. 33.

— HISSE ! OH ! HISSE ! (*interj.* tirée de l'impér. du verbe). Interjection qui accompagne un effort collectif pour tirer un cordage, soulever un fardeau... (Cf. *supra,* cit. 4).

7   « Ils empoignèrent le câble, et comme le bateau se couchait sur bâbord, le second se laissa glisser le long de la coque... — Hisse ! Quand ils l'élevèrent, il donna un grand coup de reins... vingt bras se tendirent pour l'aider à franchir la lisse. »
R. VERCEL, **Remorques,** V, p. 113.

|| SE HISSER. *v. pron.* S'élever* avec effort. V. **Grimper, monter.** *Se hisser sur un mur avec agilité* (cit. 2). *Matelot qui se hisse sur le plat-bord à la force des poignets* (Cf. Crocher, cit.). *Se hisser sur la pointe des pieds.* V. **Hausser** (se).

8   « Là il creusa un nouveau trou et planta une nouvelle cheville. Alors il se hissa lui-même, de manière à poser ses pieds dans le trou qu'il venait de creuser, empoignant avec ses mains la cheville dans le trou au-dessus. »   BAUDEL., Trad. E. POE, **Avent. G. Pym,** XXIV.

9   « Les mains encombrées de sa montre, de son altimètre, de son porte-carte, les doigts gourds sous les gants épais, il (*le pilote*) se hisse lourd et maladroit jusqu'au poste de pilotage. »
SAINT-EXUP., **Courrier Sud,** II.

10   « ... il allait une fois de plus perdre l'équilibre, lorsqu'il saisit une touffe d'herbe, parvint à se retenir, donna un dernier coup de reins, et se hissa sur la plate-forme. »   MART. du G., **Thib.,** t. IX, p. 86.

11   « Voulez-vous cette rose ? » Carlotta l'avait cueillie en se hissant sur la pointe des pieds à ce rosier grimpant qui enserrait un charme à la peau de lézard vert. »   ARAGON, **Beaux quartiers,** III, VII.

— *Fig.* V. **Élever** (s'), **hausser** (se). *Se hisser au plus haut degré d'une carrière* (Cf. Épiscopat, cit. 2). *Se hisser à la force du poignet*.*

12   « Parce que je me suis moi-même, dans ma vie individuelle, dégagé de l'ombre et tout doucement hissé vers des régions plus claires, je regarde avec passion, avec sollicitude, avec angoisse parfois, ce cheminement opiniâtre et toujours recommencé vers une existence moins douloureuse, mieux ordonnée, mieux éclairée, plus équitable. »
DUHAM., **Temps de la rech.,** II.

ANT. — Amener, baisser (les couleurs) ; descendre ; abattre, précipiter, renverser.

HISTAMINE. V HIST(O)-.

HISTER (*-ter*). *n. m.* (1839 ; orig. inconnue). *Entom.* Insecte coléoptère (*Histéridés*) au corps plat et large, d'un noir luisant. V. **Escarbot.** *L'hister, type principal des Histéridés, famille de coléoptères qui vivent sur les matières en décomposition* (bouses, cadavres, fumiers) *dont ils se nourrissent.*

HIST(O)-. Premier élément de mots savants, tiré du gr. *histos*, « tissu », tels que : **Histamine.** *n. f.* (Néol. V. **Amine**). Substance active, existant dans les divers tissus animaux. *L'histamine, puissant excitant de la fibre musculaire lisse. Rôle de l'histamine dans les manifestations anaphylactiques** (DER. **Histaminique.** *adj.* (Néol.). Qui a rapport à l'histamine. *Choc histaminique.* — COMP. **Anti-histaminique** ou **Antihistaminique.** *adj.* (Néol.). Qui combat les effets de l'histamine. *Médicament antihistaminique.* — Substant. *Les antihistaminiques de synthèse*). — **Histochimie.** *n. f.* (1866 ; de *chimie*). Etude des réactions chimiques des tissus organiques. V. **Microchimie.** — **Histogénèse.** *n. f.* (1890 ; suff. *-Génèse*). *Physiol.* Phénomène caractérisé par la production de tissus nouveaux. *L'histogénèse, qui a lieu à la fin de la métamorphose des insectes* (ANT. **Histolyse**). — *Méd.* Branche de l'embryologie qui étudie le développement des tissus. Etude de la formation des tissus morbides. — **Histogénie.** *n. f.* (1866 ; suff. *-Génie*). Production des tissus organiques. V. **Histogénèse** (DER. **Histogène.** *adj.* (1873). Qui donne naissance aux tissus vivants. *Feuillets* histogènes de l'embryon*). — **Histologie.** *n. f.* (1842. V. **-Logie**). Partie de l'anatomie qui traite des tissus* organiques. V. **Anatomie, biologie, botanique, cytologie.** *L'acide osmique utilisé en histologie pour rendre les tissus plus visibles au microscope* (DER. **Histologique.** *adj.* (1873). Qui a rapport à l'histologie. *Coupe, préparation, examen histologique. Modifications histologiques des tissus cancéreux*). — **Histolyse.** *n. f.* (1890, suff. *-Lyse*). Destruction de tissus qui se produit normalement chez un animal vivant. *L'histolyse, qui a lieu au début de la métamorphose chez les insectes* (ANT. **Histogénèse**).

1   « Le fragment expectoré l'autre matin a été identifié histologiquement. Pas une fausse membrane : une moule de muqueuse. »
MART. du G., **Thib.,** t. IX, p. 245.

2   « On désigne sous le nom de *Tissus* des ensembles de cellules qui ont même morphologie et qui sont vouées au même rôle... Leur étude est l'objet de l'*Histologie...* »
R KEHL, **Les glandes endocrines,** p. 5 (éd. P.U.F.).

3   « Ce sont choses bien connues aujourd'hui que les manifestations cliniques, biologiques, histologiques de la maladie cancéreuse... »
ID., **Ibid.,** p. 29.

4   « La pharmacologie moderne s'est enrichie, ces dernières années, de médicaments nouveaux, produits chimiques de synthèse, qui s'opposent, partiellement au moins, aux manifestations anaphylactiques, car ils possèdent une action antihistaminique. »
FABRE et ROUGIER, **Physiol. médic.,** Le milieu intérieur, p. 57.

HISTOIRE. *n. f.* (*Estoire* au XIIᵉ s. ; lat. *historia*, mot gr., « recherche, connaissance, récit »).

I. || 1° Connaissance ou relation des événements*, des faits* relatifs à l'évolution de l'humanité, d'un groupe social, d'une activité humaine, etc., et qui sont dignes ou jugés dignes de mémoire ; les événements, les faits ainsi relatés. — *Histoire générale, universelle ; histoire de l'humanité* (Cf. Carte, cit. 13). *Discours sur l'histoire universelle,* de Bossuet (1681). *Histoire de la société* (Cf. Entrecroiser, cit. 4), *d'une société, d'un peuple* (Cf. Empreindre, cit. 6). *Histoire des Sociétés antiques* (Cf. Époque, cit. 7). *Histoire de la Grèce, des Grecs* (Cf. Exemple, cit. 33), *des Romains* (Cf. Grandeur, cit. 6). *Histoire d'un continent ; de l'Asie, de l'Europe* (Cf. Centre, cit. 16 ; envisager, cit. 9). *Histoire d'un pays, d'un État, d'une nation. Histoire de France* (Cf. Consulat, cit. 2 ; érudition, cit. 4), *de Chine* (Cf. Ere, cit. 4). *Histoire de France,* de Michelet (1833-1867), de Lavisse (1903-1922), de Bainville (1924)... *Histoire de la nation française,* de Hanotaux (1926-1929). *Histoire d'une région, d'une ville.*

1   « Il a fallu avant toutes choses vous faire lire dans l'Écriture l'histoire du peuple de Dieu, qui fait le fondement de la religion.

On ne vous a pas laissé ignorer l'histoire grecque ni la romaine ; et ce qui vous était plus important, on vous a montré avec soin l'histoire de ce grand royaume, que vous êtes obligé de rendre heureux. » BOSS., Hist. univ., Avant-propos.

2 « Tous les peuples ont écrit leur histoire dès qu'ils ont pu écrire. »
VOLT., Dict. philos., Histoire, V.

3 « Animés par la curiosité et par l'amour-propre, et cherchant par une avidité naturelle à embrasser à la fois le passé, le présent et l'avenir, nous désirons en même temps de vivre avec ceux qui nous suivront, et d'avoir vécu avec ceux qui nous ont précédés. De là l'origine et l'étude de l'histoire, qui nous unissant aux siècles passés par le spectacle de leurs vices et de leurs vertus, de leurs connaissances et de leurs erreurs, transmet les nôtres aux siècles futurs. »
D'ALEMBERT, Disc. prélim., Œuvr., 1821, t. I, p. 36.

— *Histoire d'une période*, d'une époque*... Histoire qui s'étend* (cit. 39) *sur une période de..., sur deux cents ans, sur plusieurs siècles. Histoire de France, de 1789 à 1870. Histoire du moyen âge, de l'Ancien Régime, de l'Empire* (Cf. Critique, cit. 3). *Histoire de la Révolution française,* de Thiers (1823-1827), de Michelet (1847-1853)... *Divisions traditionnelles de l'histoire en Histoire ancienne* (cit. 5), *Histoire du moyen âge* (395 à 1453), *Histoire des temps modernes* (1453-1789), *Histoire contemporaine.*

— *Histoire d'un problème politique, d'une question internationale. Histoire des relations franco-allemandes, anglorusses... Histoire de la question d'Orient* (Cf. Croisade, cit. 1). — *Histoire d'un régime politique, social. Histoire de l'esclavage, de la féodalité. Histoire d'une monarchie, d'une dynastie. — Histoire d'un souverain, d'un roi* (Cf. Authentique, cit. 12), *d'un grand homme, d'un héros...* V. **Biographie, vie** (Cf. Grand, cit. 63). *Histoire d'un règne. Histoire de Saint Louis,* de Joinville (début XIVe s.). *Histoire de Charles XII,* de Voltaire (1731). — *Histoire d'un parti. Histoire des Girondins,* de Lamartine (1847).

— *Histoire intérieure, interne. Histoire extérieure, diplomatique. Histoire politique, sociale, économique. Histoire socialiste,* publiée sous la direction de Jaurès. *Histoire religieuse, ecclésiastique* (Cf. Cas, cit. 13). *Histoire militaire, de l'armée. Histoire de l'aviation* (cit. 3), *de la marine* (Cf. Grelot, cit. 4). *Histoire du droit, de la littérature, de la philosophie, de la science, d'une science... Histoire de l'art, de la peinture, de l'architecture...* (Cf. Aqueduc, cit. 2 ; effacer, cit. 16). *Histoire du théâtre, du cinéma, de la musique. Histoire des mœurs, des coutumes. Histoire d'une religion, du christianisme...* (Cf. Embrasser, cit. 25 ; gnostique, cit.). *Histoire de la langue, d'une langue* (Cf. Archaïsme, cit. ; français, cit. 13 ; genre, cit. 27). *Histoire de la langue française,* de F. Brunot. — *Par ext. Histoire d'un mot* (Cf. Bastringue, cit. 1 ; gnôle, cit. 2).

4 « ... en un mot, c'est encore plus d'un grand siècle que d'un grand roi que j'écris l'histoire (*il s'agit du « Siècle de Louis XIV »*). »
VOLT., Lettre à Milord Harvey, 652, 1740.

5 « La véritable histoire est celle des mœurs, des lois, des arts, et des progrès de l'esprit humain. »
ID., Lettre au baron de Tott, 3101, 23 avr. 1767.

6 « En lisant les sèches et rebutantes nomenclatures de faits appelés *histoires,* qui ne s'est aperçu que les écrivains ont oublié, dans tous les temps, en Égypte, en Perse, en Grèce, à Rome, de nous donner l'histoire des mœurs. »
BALZ., Œuvr., t. I, Avant-propos, p. 5.

7 « Il y a entre les façons infinies d'écrire l'histoire, deux divisions principales qui tiennent à la nature des sources auxquelles on puise. Il y a une sorte d'histoire qui se fonde sur les pièces mêmes et les instruments d'État, les papiers diplomatiques, les correspondances des ambassadeurs, les rapports militaires, les documents originaux de toute espèce. Nous avons un récent et un excellent exemple de cette méthode de composition historique dans l'ouvrage de M. Thiers, qui se pourrait proprement intituler : *Histoire administrative et militaire du Consulat et de l'Empire.* Et puis, il y a une histoire d'une tout autre physionomie, l'histoire *morale* contemporaine écrite par des acteurs et des témoins... »
STE-BEUVE, Réflex. sur les lettres, p. 70 (éd. Plon, 1941).

8 « L'histoire politique n'est pas l'histoire des partis, de même que l'histoire de l'esprit humain n'est pas l'histoire des coteries littéraires. Au-dessus des partis, il y a ces grands mouvements dont l'histoire de tous les temps est remplie, mais qui, depuis soixante-dix ans, ont pris un nouvelle forme particulière, le nom et la forme de révolutions. C'est là l'objet qui doit, dans l'histoire contemporaine, fixer l'attention du philosophe et de l'observateur. »
RENAN, Quest. contemp., Œuvr., t. I, p. 33.

— *Spécialt. Histoire sacrée, histoire sainte,* par oppos. à *l'histoire profane* (Cf. À, cit. 18 ; époque, cit. 3). *L'Histoire Sainte, contée dans la Bible*. Histoire évangélique.* V. **Évangile** (cit. 5).

9 « Ce n'est donc pas seulement une solide tradition, enracinée au cœur de notre culture occidentale et chrétienne, c'est aussi la considération la plus objective de ces faits qui nous justifie quand, pour résumer toute cette longue suite d'événements significatifs, nous lui donnons pour titre ces deux mots : histoire sainte. »
DANIEL-ROPS, Peuple de la Bible, IV, III.

— *Histoire vraie, véritable, authentique* (cit. 10), par oppos. à *Histoire fabuleuse* (cit. 5), *mythique, légendaire...* V. **Légende, mythologie.** *Histoire des dieux et des héros.* — *Histoire anecdotique* (cit.). Cf. Anecdote, cit. 1. *La petite histoire :* les anecdotes, les petits événements qui se rattachent à une période historique... — *L'histoire officielle* (V. **Annales, fastes**).

« Vous ne me paraissez pas fort en Histoire. Il y a deux Histoires : 10 l'Histoire officielle, menteuse qu'on enseigne, l'Histoire *ad usum delphini ;* puis l'Histoire secrète, où sont les véritables causes des événements, une histoire honteuse. »
BALZ., Illusions perdues, Œuvr., t. IV, p. 1020.

— *Par ext.* (En parlant de l'étude scientifique d'une évolution, ou de cette évolution elle-même). *Histoire du globe* (cit. 9). *Histoire géologique* (Cf. Cycle, cit. 4).

« Après avoir considéré l'homme intérieur, et avoir démontré la 11 spiritualité de son âme, nous pouvons maintenant examiner l'homme extérieur et faire l'histoire de son corps ; nous en avons recherché l'origine dans les chapitres précédents, nous avons expliqué sa formation et son développement, nous avons amené l'homme jusqu'au moment de sa naissance ; reprenons-le où nous l'avons laissé, parcourons les différents âges de sa vie, et conduisons-le à cet instant où il doit se séparer de son corps... »
BUFF., Hist. nat. homme, De la nature de l'homme.

« Le vieux Castel... estimait qu'en fait, on ne pouvait rien prévoir, 12 l'histoire des épidémies comportant des rebondissements imprévus. »
CAMUS, La peste, p. 256.

|| **2° Absolt.** Ensemble des connaissances relatives à l'évolution de l'humanité ; Science et méthode permettant d'acquérir et de transmettre ces connaissances, et *par ext.* l'évolution* humaine considérée comme objet d'étude. — *L'histoire, connaissance du passé*. Clio, muse de l'histoire. Événements de l'histoire situés dans le temps.* V. **Date ; chronologie** (cit. 2 et 3), **synchronisme.** *Événements, faits étudiés, considérés par l'histoire.* (V. **Historique ; historicité**). — *Les sources de l'histoire, les éléments qui permettent de faire, d'écrire l'histoire.* V. **Annales** (cit. 3), **archives, chronique, commentaire, fastes** (cit. 2), **mémoires, souvenirs... ; document, heuristique.** *Sciences annexes de l'histoire.* V. **Archéologie, chronologie, diplomatique, épigraphie, généalogie, paléographie.** *Histoire et anthropologie, ethnographie* (cit. 2), *géographie** (cit. 1). — *Conceptions successives de l'histoire :* conception utilitaire des peuples antiques, conception littéraire, conception scientifique, moderne. *L'histoire, science conjecturale* (cit. 2). *Conception religieuse, chrétienne, providentielle de l'histoire* (Cf. Gagner, cit. 29). *Conception matérialiste, marxiste, de l'histoire. Doctrines*, théories en histoire. Philosophie de l'histoire. Idées neuves en histoire* (Cf. Ambiant, cit. 2). *Problèmes d'histoire* (Cf. Désigner, cit. 9). *Réflexions sur l'histoire,* de d'Alembert. — *Allus. littér.* « *Voilà comme on écrit* (cit. 31) *l'histoire* » (VOLT.).

« L'histoire sert aux Rois, aux Sénats, et à ceux 13
Qui veulent par la guerre avoir le nom de Preux ;
Et, bref, toujours l'histoire est propre à tous usages :
C'est le témoin du temps, la mémoire des âges,... »
RONSARD, Second livre des Poèmes, Excellence de l'esprit.

« Hérodote, qu'on nomme le père de l'histoire, raconte parfaite- 14 ment ; il a même de la grâce par la variété des matières ; mais son ouvrage est plutôt un recueil de relations de divers pays, qu'une histoire qui ait de l'unité avec un véritable ordre. »
FÉN., Lettre à l'Acad., VIII.

« ... l'histoire est d'un genre entièrement différent de toutes les 15 autres connaissances. Bien que tous les événements généraux et particuliers qui la composent soient cause l'un de l'autre, et que tout y soit lié ensemble par un enchaînement si singulier que la rupture d'un chaînon ferait manquer, ou, pour le moins, changer l'événement qui le suit, il est pourtant vrai qu'à la différence des arts, surtout des sciences, où un degré, une découverte, conduit à un autre certain, à l'exclusion de tout autre, nul événement général ou particulier historique n'annonce nécessairement ce qu'il causera... d'où résulte la nécessité d'un maître... qui conduise de fait en fait par un récit lié dont la lecture apprenne ce qui sans elle serait toujours nécessairement et absolument ignoré.
C'est ce récit qui s'appelle l'histoire, et l'histoire comprend tous les événements qui se sont passés dans tous les siècles et dans tous les lieux. »
ST-SIM., Mém., Avant-propos.

« ... ma méthode... et la condition nouvelle imposée à l'histoire : 16 non plus de raconter seulement ou juger, mais d'*évoquer, refaire, ressusciter* les âges. » MICHELET, Hist. de France, Préf. 1869, p. XI.

« ... ce que l'on a appelé la *philosophie de l'histoire...* ce que nous 17 aimerions mieux appeler l'*étiologie historique,* en entendant par là l'analyse et la discussion des causes ou des enchaînements de causes qui ont concouru à amener les événements dont l'histoire nous offre le tableau... » COURNOT, Considér. s. la marche des idées, I, I.

« ... l'Histoire est la science des choses qui ne se répètent pas. » 18
VALÉRY, Variété IV, p. 139.

« L'histoire, ayant pour matière *la quantité des événements ou des* 19 *états qui dans le passé ont pu tomber sous le sens de quelque témoin,* la sélection, la classification, l'expression des faits qui nous sont conservés ne nous sont pas imposées par la nature des choses : »
ID., Regards sur le monde actuel, p. 14.

« L'histoire, plus encombrée de détails qu'aucune autre connaissance, 20 a le choix entre deux solutions : être complète et inconnaissable ou être connaissable et incomplète. »
LANGLOIS et SEIGNOBOS, in LALANDE, Lect. philos. sciences, p. 250.

« ... l'histoire est toujours une science conjecturale, même si 21 s'applique à des événements tout proches de nous ; »
DANIEL-ROPS, Peuple de la Bible, I, III.

« ... toute histoire est choix. Elle l'est, du fait même du hasard qui 22 a détruit ici, et là sauvegardé les vestiges du passé. Elle l'est du fait de l'homme. que dès que les documents abondent, il abrège, simplifie, met l'accent sur ceci, passe l'éponge sur cela. »
L. FEBVRE, Combats pour l'histoire, p. 7.

— Cf. *aussi* Abréger, cit. 3 BAINVILLE ; après, cit. 67 CHATEAUB. ; assignable, cit. 2 STE-BEUVE ; associer, cit. 28 VALÉRY ; avenir, cit. 17 VALÉRY ; biographie, cit. 2 VALÉRY ;

bloc, cit. 9 TAINE ; conseiller, cit. 3 BOSSUET ; dépositaire, cit. 6 ROLLIN ; document, cit. 3 PAULHAN ; embellir, cit. 4 LA BRUY. ; emparer, cit. 14 HUGO ; empreinte, cit. 2 HUGO ; endroit, cit. 23 CHATEAUB. ; entrer, cit. 50 TAINE ; éternel, cit. 19 HUGO ; fait, cit. 29 VALÉRY ; gnose, cit. 2 RENAN.

— *Description, tableau d'histoire* (Cf. Fidélité, cit. 11). *Texte d'histoire* (Cf. Encadrer, cit. 6). *Ouvrages, livres d'histoire* (Cf. Autoriser, cit. 22). *Auteur** (cit. 23) *de livres d'histoire* (V. **Historien**). — *L'histoire, objet d'étude, d'enseignement. Étudier, apprendre* (cit. 3) *l'histoire. Professeur d'histoire* (Cf. Entériner, cit. 3). *Licence, agrégation, doctorat d'histoire. Classe d'histoire. Enseignement de l'histoire et de la géographie.*

23 « Par une erreur encore plus ridicule, on leur fait étudier l'histoire : on s'imagine que l'histoire est à leur portée, parce qu'elle n'est qu'un recueil de faits. » ROUSS., Émile, II.

— *Les enseignements, les leçons de l'histoire. L'histoire nous apprend* (cit. 42), *nous montre, nous fournit l'exemple de...* (Cf. Filer, cit. 11 ; florissant, cit. 2). *Tirer ses exemples* (cit. 34) *de l'histoire, les puiser dans l'histoire* (Cf. Égoïsme, cit. 1).

24 « L'histoire est le produit le plus dangereux que la chimie de l'intellect ait élaboré. Ses propriétés sont bien connues. Il fait rêver, il enivre les peuples, leur engendre de faux souvenirs, exagère leurs réflexes, entretient leurs vieilles plaies, les tourmente dans leur repos, les conduit au délire des grandeurs ou à celui de la persécution, et rend les nations amères, superbes, insupportables et vaines. L'Histoire justifie ce que l'on veut. Elle n'enseigne rigoureusement rien, car elle contient tout, et donne des exemples de tout. » VALÉRY, Regards sur le monde actuel, De l'Histoire, p. 43.

— *Utiliser, asservir* (cit. 24) *l'histoire à des fins de propagande. Mettre l'histoire au service d'une politique, d'intérêts...*

25 « L'humanité n'a certes pas attendu l'âge présent pour voir l'histoire se mettre au service de l'esprit de parti ou de la passion nationale... » BENDA, Trahison des clercs, p. 150.

— *Par ext.* La mémoire des hommes, le jugement de la postérité*. *Célèbre* (cit. 4) *dans l'histoire* (Cf. Célébrité, cit. 2). *L'histoire enregistre* (cit. 3 et 4) *certains événements. Laisser son nom dans l'histoire* (Cf. Éclat, cit. 39). *Entrer* (cit. 31) *dans l'histoire. Vivre dans l'histoire* (Cf. Éterniser, cit. 14). *Mot, acte... consacré par l'histoire* (Cf. Fronde, cit. 2). *Sa gloire, son mérite devant l'histoire...* (Cf. Emparer (s'), cit. 3). *Le témoignage, le jugement de l'histoire* (Cf. Confirmer, cit. 10). *Le tribunal de l'histoire. L'histoire jugera, dira s'il a eu raison d'agir ainsi.*

26 « L'histoire n'est pas plus reconnaissante que les hommes. » CHATEAUB., Vie de Rancé, III, p. 158.

— *Spécialt.* La vérité historique (Cf. Admettre, cit. 12). *Récit conforme à l'histoire* (Cf. Avancer, cit. 7). *Mélanger l'histoire et la fiction. L'histoire et la fable* (cit. 6 et 8).

27 « L'histoire est le récit des faits donnés pour vrais, au contraire de la fable... » VOLT., Dict. philos., Histoire, I.

28 « L'histoire est un roman qui a été ; le roman est de l'histoire qui aurait pu être. » GONCOURT, Journal, p. 305.

29 « Le tableau de la cour d'Angleterre, avec les passe-temps de la reine... ce n'est pas une invention d'Hamilton. C'est de l'histoire. » DUHAM., Refuges de la lecture, IV, p. 159.

|| 3° *Par ext.* La suite des événements historiques (V. **Passé**). *Au cours de l'histoire, dans l'histoire* (Cf. Agraire, cit. ; audace, cit. 1). *Le cours, la marche de l'histoire ; le déroulement de l'histoire* (Cf. Automatisme, cit. 9). *Les grandes époques de l'histoire* (Cf. Enthousiasme, cit. 2). *Le point culminant* (cit. 5) *de l'histoire. Un tournant de l'histoire. Les grands hommes qui influent sur le cours de l'histoire, qui font l'histoire. L'histoire est un éternel recommencement* (Cf. Contestable, cit. 2). *« L'histoire ne se répète jamais ». C'est une loi de l'histoire* (Cf. Excès, cit. 11). *Le sens de l'histoire. La roue de l'histoire. L'accélération de l'histoire.*

30 « Presque toute l'histoire n'est qu'une suite d'horreurs. » CHAMFORT, Max. et pens., Sur la politique, VI (Cf. aussi Avis, cit. 19 COURIER).

31 « Nous savons que le plus intime de nos gestes contribue à faire l'histoire... que nous appartenons à une époque qui aura plus tard un nom et une figure et dont les grands traits, les dates principales, la signification profonde, se dégageront aisément : nous vivons dans l'histoire comme les poissons dans l'eau, nous avons une conscience aiguë de notre responsabilité historique. » SARTRE, Situations II, pp. 40-41.

— *Spécial.* Ensemble des facteurs historiques (*par oppos. à* Nature, Géographie). *L'unité de ce pays a été déterminée par l'histoire* (Cf. Canadien, cit.).

— La période connue des documents, *par oppos. aux* périodes antérieures de l'évolution humaine (V. **Préhistoire, protohistoire**).

32 « Les limites entre la préhistoire et l'histoire sont théoriquement fixées par l'apparition de l'écriture. Les temps immédiatement antérieurs à l'apparition des textes et vaguement éclairés par ceux-ci constituent la protohistoire... » A. LEROI-GOURHAN, in Hist. univ. I, p. 3 (Encycl. Pléiade).

|| 4° Récit, écrit, livre d'histoire. *L'histoire de Thucydide* (Cf. Copier, cit. 1), *de Photius* (Cf. Épitomé, cit.).

Les histoires anciennes (Cf. Convenir, cit. 26 ; expérience, cit. 1). *Les histoires grecques* (Cf. Foi, cit. 12). *Acheter, lire une histoire.*

33 « Ces gens lisent toutes les histoires et ignorent l'histoire ; ils parcourent tous les livres et ne profitent d'aucun ; » LA BRUY., XIII, 2.

— *Plur.* (vieilli). *Histoires d'Hérodote, de Tacite, de Polybe...*

|| 5° L'Histoire, considérée comme un genre littéraire (V. **Genre, littérature**). *L'histoire est l'un des plus importants parmi les genres en prose. Histoire et tragédie* (Cf. Exposition, cit. 10).

34 « L'histoire et la poésie lyrique, voilà les deux lacunes apparentes de notre littérature classique. En trois siècles... le genre historique est représenté par le *Discours sur l'Histoire universelle* de Bossuet, qui est une œuvre de théologie, par l'*Histoire des Variations*, du même, qui est une œuvre de controverse, par l'*Esprit des Lois*, de Montesquieu, qui est un essai de philosophie politique et juridique : restent l'*Essai sur les mœurs* et le *Siècle de Louis XIV* de Voltaire, qui sont vraiment de l'histoire... » LANSON, Hist. de la littér. franç., p. 1013.

— (*Peinture*). En parlant de la représentation de scènes célèbres, tirées de l'Histoire, de la Fable... *Van Loo, H. Vernet, peintres d'histoire et de batailles. Peinture, tableau d'histoire* (Cf. Genre, cit. 18).

35 « Notre méthode de discours consistera simplement à diviser notre travail en tableaux d'histoire et portraits — tableaux de genre et paysages... » BAUDEL., Curios. esthét., Salon de 1845, I.

II. *Vx.* et *Didact.* La partie des connaissances humaines reposant sur l'observation et la description des faits, et dont l'acquisition met en jeu la mémoire, *par oppos. à la* Philosophie, *à la* Science (objets de raison), *à la* Poésie, *aux* Beaux-arts (objets d'imagination). *Histoire et théorie de la terre*, de Buffon. *Histoire d'un animal, d'une plante...* V. **Description, étude** (Cf. Fourmilière, cit. BUFFON).

36 « Le point commun entre la doctrine de Cournot et la tradition qui va d'Aristote aux Encyclopédistes me paraît être l'opposition... de l'*histoire* et de la *théorie*, la première ayant pour objet les données de fait, qu'on recueille simplement et qui sont objet de mémoire... L'importance de cette opposition... se fait surtout sentir quand on oppose ce sens du mot *histoire* au sens moderne, qui non seulement n'exclut pas de l'histoire les opérations synthétiques et les constructions générales, mais qui les considère même comme une partie essentielle de la *science* historique. » A LALANDE, Vocab. de la Philos., Histoire.

— *Spécialt. Histoire naturelle :* étude, description des corps observables dans l'univers, et *spécialt.* sur le globe terrestre. V. **Botanique, géologie, minéralogie, zoologie...** (Cf. Entomologie, cit. ; fixité, cit. 6). *L'histoire naturelle*, de Pline. *Histoire naturelle générale et particulière. Histoire générale de l'homme*, de Buffon. *Histoire naturelle des animaux sans vertèbres*, de Lamarck. *Professeur d'histoire naturelle* (Cf. Expression, cit. 43). *Cabinet* d'histoire naturelle. *Ouvrage d'histoire naturelle où l'on décrit les espèces.* V. **Species.** — REM. Dans cette acception, on dit plutôt de nos jours *Sciences naturelles* (V. **Science**).

37 L'histoire naturelle, prise dans toute son étendue, est une histoire immense : elle embrasse tous les objets que nous présente l'univers. Cette multitude prodigieuse de quadrupèdes, d'oiseaux, de poissons, d'insectes, de plantes, de minéraux, etc., offre à la curiosité de l'esprit humain un vaste spectacle... Une seule partie de l'histoire naturelle, comme l'histoire des insectes, ou l'histoire des plantes, suffit pour occuper plusieurs hommes ; » BUFFON, Hist. nat., Premier disc.

III. || 1° Récit d'actions, d'événements réels ou imaginaires auxquels sont mêlés des personnages quelconques. V. **Anecdote, épisode, récit, relation.** *Dire* (cit. 65), *conter* (cit. 7), *narrer, raconter une histoire, des histoires, l'histoire de...* (Cf. Aborder, cit. 6 ; attacher, cit. 38 ; attentif, cit. 3 ; bistro, cit. 3 ; chatterie, cit. 1 ; fade, cit. 14 ; fictif, cit. 2 ; fidélité, cit. 10 ; fuseau, cit. 1). *Arranger* (cit. 11), *ajuster* (cit. 6), *controuver* (cit.) *une histoire. Une histoire où rien n'est inventé* (Cf. Fuir, cit. 32). *Histoire vraie, véridique, attestée* (Cf. Certificat, cit. 6). *Histoire merveilleuse, légendaire, fabuleuse* (cit. 6). V. **Conte, légende.** *Début, suite d'une histoire* (Cf. Anticiper, cit. 6). *L'intrigue*, le sujet*, le gros, les épisodes* (cit. 5) *d'une histoire. Écouter, entendre une histoire. Aimer les histoires* (Cf. Asile, cit. 26), *les belles histoires. Croire* (cit. 7) *une histoire* (Cf. Assurer, cit. 21). *La morale* de cette histoire... Longue histoire. Petite, courte histoire.* V. **Historiette.** *Histoire lugubre, tragique, ténébreuse* (Cf. Couleur, cit. 28 ; flot, cit. 7). *Horrible histoire. Histoire qui émeut, bouleverse* (cit. 8). *Histoire comique, cocasse.* (Cf. Couleur, cit. 28 ; flot, cit. 7). *Histoire pour rire. Bonne histoire* (Cf. Une bien bonne*). *Histoires corsées, grivoises, de corps de garde*, de carabin ; histoires de fou* ; histoires marseillaises** (Cf. Galéjade), *de commis-voyageur. Histoires de chasse, de pêche*, pleines de vantardises. *Recueils d'histoires.*

38 « ... ils suppriment quelques noms pour déguiser l'histoire qu'ils racontent... » LA BRUY., V, 8.

39 « ... mon oncle, à son tour, racontait la bataille de Fontenoy, où il s'était trouvé, et couronnait ses vanteries par des histoires un peu franches qui faisaient pâmer de rire les honnêtes demoiselles. » CHATEAUB., M. O.-T., t. I, p. 39.

40 « Qu'il est doux, qu'il est doux d'écouter des histoires, Des histoires du temps passé, » VIGNY, Liv. mod., La neige, I

41 « Il adorait les contes, les petits contes polissons, et aussi les histoires vraies arrivées dans son entourage. »
MAUPASS., **Contes de la bécasse,** La bécasse.

— *Histoires ou contes du temps passé,* de Perrault. *Histoire du chevalier Des Grieux et de Manon Lescaut,* roman de l'abbé Prévost. *Histoires extraordinaires,* de Poe (trad. Baudelaire). *Une histoire sans nom,* roman de Barbey d'Aurevilly (1882). *Histoire comique,* roman d'A. France (1903). *Histoires comme ça,* de R. Kipling (1902). Allus. litt. *Mais ceci est une autre histoire,* phrase popularisée par Kipling, qui termine ainsi plusieurs nouvelles de son recueil « *Simples contes de la montagne* ».

42 « Nous rassemblons sous le titre : *Histoires extraordinaires,* divers contes choisis dans l'œuvre générale de Poe. »
BAUDEL., **E. Poe, sa vie et ses œuvres,** IV (1856).

— *L'histoire d'un homme.* V. **Biographie, vie.** *Raconter, conter, écrire sa propre histoire.* V. **Autobiographie, mémoires, souvenirs** (Cf. Épargner, cit. 33 ; être, cit. 44). *Faire, écrire l'histoire de quelqu'un* (Cf. Épreuve, cit. 29). *Histoire d'une vie* (Cf. Échec, cit. 12 ; frange, cit. 7). *Les pages les plus sombres de son histoire* (Cf. Arriver, cit. 42). — Loc. *Ce n'est pas le plus beau de son histoire :* ce n'est pas ce qu'il y a de plus honorable. *Je sais bien son histoire :* je connais bien sa vie. *C'est mon histoire que vous me contez là :* il m'en est arrivé tout autant.

43 « Il lira seulement l'histoire de ma vie. »
CORN., **Cid,** I, 3 (V. Exemple, cit. 2).

44 « Au lieu de l'histoire d'une belle vie, nous sommes réduits à faire l'histoire d'une admirable, mais triste mort. »
BOSS., **Orais. fun. Duch. d'Orléans.**

— *Spécialt.* En parlant d'histoires inventées, invraisemblables ou destinées à tromper, à mystifier. V. **Conte, fable, mensonge.** *Inventer, forger une histoire* (Cf. Fourbi, cit. 4) *pour s'excuser, se faire valoir... Son histoire s'effondre* (cit. 9). *Histoires de brigands. Histoires à dormir debout. Histoire de loup-garou* (Cf. Frocard, cit.). Absolt. *Ce sont des histoires ; il n'y a pas un mot de vrai dans tout cela.* V. **Blague, frime.** *Ne viens pas nous raconter des histoires.* V. **Baliverne, chanson.**

45 « (*Tout ce beau mystère*)
N'est qu'un pur stratagème, un trait facétieux,
Une histoire à plaire, un conte... » MOL., **Étourdi,** III, 2.

46 « ... je repris haleine une minute dans l'escalier, juste le temps d'inventer une histoire pour expliquer mon retard. »
DAUD., **Petit Chose,** I, III.

47 « ... dès qu'il avait bu, il en contait des contes bleus, des histoires de brigands, de l'autre monde ou à dormir debout ! »
APOLLINAIRE, **Hérésiarque...,** p. 127.

48 « Vous êtes trop au courant de ce qui s'est passé pour que j'essaie de vous raconter des histoires. »
MAURIAC, **La Pharisienne,** XIV

‖ **2º** *Par ext.* Chaîne, enchaînement, suite, succession d'événements. V. **Affaire, aventure.** *Il vous raconte toutes ses histoires :* tout ce qui lui arrive. *J'ai failli être le héros* (cit. 37) *de cette histoire. Il faut oublier cette histoire, passer l'éponge* (cit. 8) *sur toute cette histoire. C'est une tout autre histoire que je-vous raconterai plus tard. Le bon** (*infra* cit. 33), *le meilleur, le plus beau de l'histoire :* le plus extraordinaire, le plus piquant... — *Une brève histoire d'amour* (Cf. Banalité, cit. 5). *C'est une histoire de cœur, une histoire de fesse... :* une histoire où le sentiment, où le désir intervient,.. explique tout.

— *Allus. littér.* « *L'amour* (cit. 14) *n'est que le roman du cœur, c'est le plaisir qui en est l'histoire* », qui en constitue la réalité.

— Suite d'événements méritant d'être relatés. *Vie sans histoire ; match, course sans histoire,* sans événements saillants. Loc. prov. *Les peuples heureux n'ont pas d'histoire :* il ne leur arrive rien d'extraordinaire, les événements dont leur vie est faite sont trop simples pour être relatés. *Le bonheur n'a pas d'histoire* (Cf. *aussi* Boue, cit. 8).

— *Histoire compliquée. Il m'est arrivé une drôle d'histoire. Se fourrer dans une drôle d'histoire, dans une sale histoire :* dans une affaire pleine de fâcheuses, de dangereuses conséquences. *Qu'est-ce que c'est que cette histoire de voiture dont tu me parlais ce matin ?*

49 « ... les affaires avaient l'air de marcher... Mais sûrement qu'il a été trop bête, on ne se fourre pas dans des histoires pareilles ! »
ZOLA, **La débâcle,** II, VII.

50 « — Oui ! Qu'est-ce que c'est donc au juste que cette histoire du chèque. Les journaux donnent là-dessus des tartines. »
DUHAM., **Salavin,** V, XVIII.

51 « Pas de grands scandales. De vilaines petites histoires, Des emmerdements mesquins. »
ROMAINS, **H. de b. vol.,** t. III, XVII, p. 231.

— *C'est l'histoire de tous les mauvais conducteurs :* c'est ce qui leur arrive immanquablement. *C'est toujours la même histoire :* les mêmes choses se reproduisent, les mêmes ennuis se répètent. *Voilà encore une nouvelle histoire :* quelque chose qui va entraîner de nouveaux ennuis, de nouvelles complications.

52 « Ah, ah ! voici une nouvelle histoire. Qu'est-ce que c'est donc, mon mari, que cet équipage-là ? »
MOL., **Bourg. gent.,** III, 3.

53 « — Non, trop tard !... Je vous le disais bien, je ne voulais pas venir. C'est toujours la même histoire, ils m'appellent quand ils sont morts. »
ZOLA, **La terre,** II, II.

— *C'est une histoire, toute une histoire :* c'est très compliqué*, ou bien C'est très long* à raconter. *Quelle histoire !* V. **Complication.** *Quand il part en voyage, c'est toute une histoire.* V. **Événement.**

— FAIRE DES HISTOIRES. *Ne faites pas tant d'histoires.* V. **Embarras.** *Allons, pas d'histoires !* V. **Affectation, détour, difficulté, façon(s), manière(s).** *Que d'histoires pour si peu de chose.* V. **Comédie.** — *Tu vas t'attirer une histoire, des histoires.* V. **Ennui.** *Je ne veux pas d'histoires. C'est une femme à histoires.*

54 « — Tu as tout à craindre, c'est le type de femme à histoires. »
GIRAUDOUX, **Électre,** I, 2.

55 « Villefranche.. était de ces villes où les passions mûrissent avec lenteur, où les policiers disent : le coin est tranquille, où le préfet n'a pas d'histoires avec la place Beauvau. »
P. NIZAN, **Cheval de Troie,** p. 105.

56 « — Oh ! pas d'histoire, affirma-t-il. L'affaire est entendue. »
CARCO, **Jésus-la-Caille,** III, 5.

57 « Ah ! quand un être n'a que ces désirs-là, donnons-lui donc sans faire d'histoires le rien qui le contente. »
MONTHERLANT, **Les olympiques,** p. 91.

— *Fam.* En parlant d'une chose, d'un objet quelconque. *Qu'est-ce que c'est que cette histoire-là ?* V. **Affaire, machin, truc.**

— *Ça c'est une autre histoire :* une autre question qui ne doit pas être mêlée à celle dont on parle. V. **Différent.**

— *Loc. fam.* HISTOIRE DE... suivi de l'infinitif marque le but, l'intention (on emploie aussi Façon*, question* de...). V. **Pour** (Cf. Fendre, cit. 3 ; frime, cit. 1). *Histoire de rire* (Cf. Gausse, cit. 2 BALZAC). — REM. Ce tour est signalé comme populaire par LITTRÉ, dans son Suppl., sans exemple littéraire.

58 « ... j'ai attendu le père Goriot pour voir : histoire de rire. »
BALZ., **Père Goriot, Œuvr.,** t. II, p. 880.

59 « ... ils avaient invité Fanny à dîner chez eux... histoire de la distraire un peu de ses vilaines idées. »
DAUD., **Sapho,** XIII.

60 « La langue très familière se sert assez souvent, pour exprimer la finalité, de la locution *histoire de* (+ infinitif)... Plus populaire encore est le tour *question de,* qui est le même sens... il est vain de rechercher ce qui est omis ici devant les mots *histoire* ou *question.* Ces constructions s'expliquent par le besoin de « condensation » et d'économie... »
G. et R. LE BIDOIS, **Syntaxe franç. mod.,** t. II, p. 741.

ANT. — Fable, mensonge, mythe (I).

DER. et COMP. — du lat. *historia.* V. **Historial, historicité, historien, historier, historiette, historiographe, historique.**

HISTOLOGIE. V. HIST(O)- (*Préf.*).

HISTORIAL, ALE, AUX. adj. (1291 ; lat. *historialis*). *Vx.* V. **Historique.**

HISTORIEN, ENNE. *n.* (XIVᵉ s. ; de *histoire,* d'après le lat. *historia*). Auteur d'ouvrages d'histoire, de travaux historiques. V. **Annaliste, chroniqueur, chronologiste, mémorialiste ; auteur, écrivain.** *Historien et historiographe** (cit. VOLT.). *Premiers historiens grecs de l'antiquité.* V. **Logographe.** *Le rôle, la tâche de l'historien...* (Cf. Abjection, cit. 1 ; abréger, cit. 3). *L'exégète* (cit. 1) *et l'historien. Le point de vue, les thèses d'un historien* (Cf. Conception, cit. 4). *Jugement de l'historien sur un fait* (Cf. Arbitrairement, cit. 2 ; fait, cit. 26). *Bon historien, historien admirable* (Cf. Crier, cit. 22 ; flatter, cit. 45 FÉN.). *Historien impartial. Historien sévère* (Cf. Goût, cit. 48). *Mots, actes, événements que rapporte l'historien* (Cf. Authentique, cit. 13). — *Historien de la religion, de la langue... Le grammairien est devenu historien* (Cf. Grammaire, cit. 9). *Historien d'un pays, d'une époque. Les historiens de la Révolution* (Cf. Accorder, cit. 26). *L'historien d'un personnage.* V. **Biographe** (Cf. Appendre, cit. 2). *Historien contemporain* (cit. 1 ; Cf. *aussi* Création, cit. 2).

1 « J'aime les Historiens ou fort simples ou excellents. Les simples, qui n'ont point de quoi y mêler quelque chose du leur... nous laissent le jugement entier pour la connaissance de la vérité... Les bien excellents ont la suffisance (*capacité*) de choisir ce qui est digne d'être su. »
MONTAIGNE, **Essais,** II, X.

2 « On exige des historiens modernes plus de détails, des faits plus constatés, des dates plus précises, des autorités, plus d'attention aux usages, aux lois, aux mœurs, au commerce, à la finance, à l'agriculture, à la population... »
VOLT., **Dict. philos.,** Histoire, IV.

3 « Où est-il l'historien qui saura mêler la beauté et la pureté de la forme, propres en tout genre aux Anciens, avec la profondeur des recherches imposée aux Modernes, et doit-on l'espérer désormais ? »
STE-BEUVE, **Réflex. s. l. lettres,** p. 83.

4 « L'application qu'il met à juger les faits contemporains avec recul, en historien, me plaît. »
MART. du G., **Thib.,** t. IX, p. 167.

— *L'historien et le romancier :*

5 « L'historien et le romancier font entre eux un échange de vérités, de fictions et de couleurs, l'un pour vivifier ce qui n'est plus, l'autre pour faire croire ce qui n'est pas. »
RIVAROL, **Littérature,** Le génie et le talent.

6 « Les historiens sont des raconteurs du passé, les romanciers des raconteurs du présent. »   GONCOURT, Journal, II.

7 « J'ai dit et répété que je ne croyais pas aux romans historiques : Le romancier est l'historien du présent. L'historien est le romancier du passé. »   DUHAM., Refuges de la lecture, VI, p. 194.

— *Fig.* et *Vieilli.* Celui qui raconte, rapporte un événement, une suite d'événements. V. **Narrateur.**

8 « Sans tous ces ornements le vers tombe en langueur.
... Le poète n'est plus qu'un orateur timide,
Qu'un froid historien d'une fable insipide. »   BOIL., Art poét., III.

— Etudiant en histoire, dans certaines grandes écoles (Normale Supérieure, etc.), dans les facultés...

— REM. La forme fém. *Historienne* n'est pas signalée par ACAD. 8ᵉ éd., tandis que LITTRÉ la mentionne au sens fig. « *La raison est historienne ; et les passions sont actrices* » (RIVAROL). Cf. *aussi* Érudit, cit. 1 HUGO.

9 « Je suis historienne ; et une historienne, aussi bien qu'un historien, ne doit pas prendre de parti. »
                     M.-J. L'HÉRITIER, 1664-1734 (in TRÉVOUX).

HISTORIER. *v. tr.* (XIVᵉ s. « raconter » ; sens mod. au XVᵉ s. ; lat. *historiare*).

|| 1° *Vx.* Raconter en détail.

|| 2° *Par ext.* Décorer de scènes à personnages et *spécialt.* de scènes tirées de l'Écriture sainte, de la vie des saints (scènes appelées au moyen âge « histoires »). *Historier un chapiteau.* — Enjoliver d'ornements (avec ou sans personnages). *Historier un lambris trop nu* (LITTRÉ). V. **Orner.**

|| HISTORIÉ, ÉE. *p. p. adj.* Orné de scènes à personnages. *Tapisserie historiée. Chapiteau historié de style roman. Monument historié.* V. **Figuré.** *Vignette historiée. Par ext.* Orné, enjolivé. *Croix historiée* (Cf. Araignée, cit. 9). *Dais* (cit. 2) *historié d'armoiries. Lettres historiées.*

1 « ... de piliers historiés d'hiéroglyphes... »
                     GAUTIER, Roman de la momie, Prol., p. 17.

2 « ... une très belle chambre, tendue d'un papier historié sur lequel une chasse au sanglier était indéfiniment répétée. »
                     FRANCE, Le chat maigre, VIII, Œuvr., t. II, p. 211.

3 « Ils sont surmontés de frises historiées, décorés de scolopendres et de poissons... »   CLAUDEL, Connaiss. de l'Est, Jardins.

ANT. — Nu. Géométrique, végétal (décor).

HISTORIETTE. *n. f.* (1651 d'apr. WARTBURG ; du type lat. *historia*). Récit d'une petite aventure, d'événements de peu d'importance. V. **Anecdote, conte, nouvelle.** *Une petite, une jolie historiette. Historiette amusante, comique, plaisante. Conteur d'historiettes. Rimer, mettre en vers une historiette* (Cf. Exercice, cit. 15). *Les Historiettes,* recueil d'anecdotes de Tallemant des Réaux (1657).

1 « ... il discourt des mœurs de cette cour... il récite des historiettes qui y sont arrivées ; il les trouve plaisantes, et il en rit le premier jusqu'à éclater. »   LA BRUY., V, 9.

2 « ... il semble bien... que la reine Marguerite ne contait pas pour le plaisir de rapporter des historiettes scandaleuses, comiques ou tragiques, mais pour instituer à leur occasion un débat plus haut... »
                     HENRIOT, Portr. de femmes, p. 33.

HISTORIOGRAPHE. *n. m.* (1213 ; lat. *historiographus*, mot gr. ; suff. -*Graphe*). Auteur, écrivain chargé officiellement d'écrire l'histoire de son temps. V. **Historien.** *La charge officielle d'historiographe créée sous Charles IX. Pellisson, Racine, Boileau, historiographes de Louis XIV. Historiographe du roi, historiographe de France.*

1 « On appelle communément en France historiographe l'homme de lettres pensionné, et, comme on disait autrefois, appointé pour écrire l'histoire...
Il est bien difficile que l'historiographe d'un prince ne soit pas un menteur ; celui d'une république flatte moins, mais il ne dit pas toutes les vérités...
Peut-être qu'le propre d'un historiographe est de rassembler les matériaux et on est historien quand on les met en œuvre. Le premier peut tout amasser, le second choisir et arranger. L'historiographe tient plus de l'annaliste simple... »   VOLT., Dict. philos., Historiographe.

2 « ... cette fidélité honorable (*envers Fouquet*) finit par toucher Louis XIV, à qui l'on doit savoir gré d'avoir accordé sa faveur à cet honnête homme et de lui en avoir fait son historiographe. C'est même Pellisson qui reçut la délicate mission d'écrire, sous la dictée du roi et sur ses notes, les *Mémoires de Louis XIV...* »
                     HENRIOT, Portr. de femmes, p. 39.

DER. — Historiographie. *n. f.* (1550 d'apr. WARTBURG). L'art, le travail de l'historiographe. *S'adonner à l'historiographie. L'historiographie byzantine. L'historiographie du règne de Louis XIV.* — Historiographique. *adj.* (XIXᵉ s.). Qui concerne l'historiographie.

« Voyez ce qui est arrivé à Duclos après son *Histoire de Louis XI.* S'il est mon successeur en historiographerie (*sic*) comme on le dit, je lui conseille de n'écrire que quand il fera, comme moi, un petit voyage hors de France. »
                     VOLT., Lettre à Mᵐᵉ Denis, 989, 28 oct. 1750.

HISTORIQUE. *adj.* (XVᵉ s. ; *historicus*, mot gr. V. **Histoire**).

|| 1° Qui a rapport à l'histoire, à l'étude ou aux perspectives de l'histoire. *Ouvrage, narration, recueil, tableau historique. Ordre historique. Exposé historique d'une question. Circonstances historiques* (Cf. Étymologie, cit. 2). *Fatalité,*

nécessité historique (Cf. Croisade, cit. 1). *Études historiques ; enseignement historique* (Cf. Auteur, cit. 22). *Style historique,* propre aux historiens (Cf. Correctement, cit. 2). *Critique historique* (Cf. Exégète, cit. 1). *Faits, documents, matériaux historiques. Vérité historique. Science historique* (Cf. Éthologie, cit.). *Méthode historique. Tendances historiques de l'esprit moderne* (Cf. Exemple, cit. 36). *Grammaire* (cit. 7), *dictionnaire* (cit. 8) *historique.*

1 « Cette vérité historique, tant implorée, à laquelle chacun s'empresse d'en appeler, n'est trop souvent qu'un mot : elle est impossible au moment même des événements, dans la chaleur des passions croisées ; et si, plus tard, on demeure d'accord, c'est que les intéressés, les contradicteurs ne sont plus. Mais qu'est alors cette vérité historique, la plupart du temps ? Une fable convenue... »
                     NAPOLÉON, Mém. Ste-Hélène, 20 nov. 1816, t. VII, p. 310.

2 « Une œuvre n'a de valeur que dans son encadrement, et l'encadrement de toute œuvre, c'est son époque... L'admiration absolue est toujours superficielle : nul plus que moi n'admire les *Pensées* de Pascal, les *Sermons* de Bossuet ; mais je les admire comme œuvres du XVIIᵉ siècle. Si ces œuvres paraissaient de nos jours, elles mériteraient à peine d'être remarquées. La vraie admiration est historique... La littérature du XVIIᵉ siècle est admirable sans doute, mais à condition qu'on la reporte à son milieu au XVIIᵉ siècle. Il n'y a que des pédants de collège qui puissent y voir le type éternel de la beauté. »
                     RENAN, Av. de la science, X, Œuvr., t. III, p. 882.

3 « ... un dictionnaire historique est le flambeau de l'usage, et ne passe par l'érudition que pour arriver au service de la langue. »
                     LITTRÉ, Dict., Préf. p. V.

4 « Un fait historique ne peut recevoir cette qualification que s'il a exercé quelque influence, il n'entre dans l'histoire que lorsqu'il est connu et dans la mesure où il est connu... »
                     H. LÉVY-BRUHL, Revue de synthèse, 1934.

5 « La critique historique est une méthode scientifique destinée à distinguer le vrai du faux en histoire. Or l'histoire ne se fait que sur la base des témoignages. Distinguer le vrai du faux en histoire se ramènera donc à deux opérations fondamentales : contrôler d'abord les témoignages, ensuite comprendre ces témoignages. »
                     L. E. HALKIN, Cahiers des Annales, n° 6, p. 16.

— *Matérialisme* historique.*

. || 2° *Par oppos.* à « Légendaire, fabuleux, imaginaire ». V. **Réel, vrai.** *Temps historiques. Le fait est historique. Aspect historique et légendaire du genre* (cit. 4) *humain. Personnage historique.*

6 « Il n'y a point, à proprement parler, de personnages historiques en poésie ; seulement, quand le poète veut représenter le monde qu'il a conçu, il fait à certains individus qu'il rencontre dans l'histoire, l'honneur de leur emprunter leurs noms pour les appliquer aux êtres de sa création. »   GIDE, Nouveaux prétextes, p. 17.

— *Spécialt. Roman historique ; pièce, comédie historique :* œuvres dont l'intrigue, le sujet sont empruntés partiellement à l'histoire (Cf. VIGNY, Cinq-Mars, Préf.). — *Bx-arts.* En parlant de peinture. *Tableau historique, peint dans le genre* (cit. 16) *historique.*

7 «.Walter Scott est mort ; Dieu lui fasse grâce, mais il a introduit dans le monde et mis à la mode le plus détestable genre de composition qu'il soit possible d'inventer ; le nom seul a quelque chose de difforme et de monstrueux qui fait voir de quel accouplement antipathique il est né ; le roman historique, c'est-à-dire la vérité fausse ou le mensonge vrai. »   GAUTIER, Souv. de théâtre..., p. 31.

|| 3° Qui est ou mérite d'être conservé par l'histoire. *Nom historique ; famille historique.* V. **Célèbre, connu.** *C'est un événement historique* (Cf. Fonction, cit. 4). *Mot, parole historique.* V. **Mémorable.** *Journée historique, décision historique.*

8 « ... l'une de ces maisons historiques dont les noms seront toujours en dépit même des lois, intimement liés à la gloire de la France... »
                     BALZ., La femme de trente ans, Œuvr., t. II, p. 754.

9 « Chacun de ses pas, désormais est marqué par une parole, par un de ces mots historiques qu'on retient parce qu'il est éclairé de gloire. »
                     STE-BEUVE, Causeries du lundi, 17 déc. 1849, t. I, p. 184.

10 « On dit, en ce sens, *une journée historique, un mot historique.* Mais cette notion de l'histoire est abandonnée. Tout incident passé fait partie de·l'histoire, aussi bien le costume porté par un paysan du XVIIIᵉ siècle que la prise de la Bastille. »
                     SEIGNOBOS, La méthode hist. appl. aux sciences soc., p. 3 (in LALANDE).

— *Monument historique :* monument présentant un intérêt historique et artistique et qui est comme tel, protégé par l'État (Cf. Monument classé). *Inspection des monuments historiques.* — *Demeure, château historique :* authentique (Cf. Faire, cit. 171).

|| 4° *N. m.* (ST-SIMON in LITTRÉ). Exposé chronologique des faits. Exposé, narration, récit. *Faire l'historique d'une question, d'une affaire :* en exposer le développement depuis l'origine. *L'historique des événements. Voici l'historique de cet étrange procès* (ACAD.). *Historique d'un mot :* collection d'exemples classés chronologiquement (V. **Dictionnaire,** cit. 7).

11 « Je donne le nom d'*historique* à une collection de phrases appartenant à l'ancienne langue. »   LITTRÉ, Dict., Préf., p. XX.

ANT. — Fabuleux, faux, imaginaire, légendaire, mythique ; insignifiant.

COMP. — Préhistorique.

DER. — Historicité. *n. f.* (1872 in LITTRÉ, Suppl.). Caractère de ce qui est historique. *Offrir toutes les garanties désirables d'historicité.* V. **Authenticité.** — Historiquement. *adv.* (XVIIᵉ s.). D'une manière historique. *Historiquement parlant. Événement historiquement exact* (Cf. Authenticité cit. 8). *Étudier historiquement un problème* (Cf. Francique, cit. 2). *Fait historiquement explicable* (Cf. Frontière, cit. 3). *Théorie qui s'exprime* (cit. 48) *historiquement dans...*

« ... en admettant que le mariage des prêtres eût été toléré dans la primitive Église, ce qui ne peut se soutenir ni historiquement ni canoniquement... » CHATEAUB., **Génie du christ.**, I, I, 8.

HISTRION (*is-tri-yon*). *n. m.* (1544 ; empr. au lat. *histrio*, « acteur bouffon »). *Antiq.* Acteur jouant des farces grossières. · V. **Bouffon***, **pantomime.**

1 « Quand on voyait cet insensé (*l'empereur Commode*) combattre dans le cirque et se comporter en histrion de bas étage : « Ce n'est pas un prince, disait-on, c'est un gladiateur. » RENAN. **Mél. d'hist. et de voyages**, Œuvr., t. II, p. 457.

2 « Pour un Romain de vieille roche, l'histrion fut toujours un amuseur de second ordre, un méprisable saltimbanque. » MIOMANDRE, **Danse**, p. 15.

— *Par ext.* V. **Baladin, bateleur, jongleur.**

— *De nos jours*, en mauvaise part, Se dit pour comédien*. V. **Cabotin.**

3 « ... saint Thomas, qui n'avait jamais vu de bonne comédie, et qui ne connaissait que de malheureux histrions... » VOLT., **Dict. philos.**, Police des spectacles.

4 « C'était un histrion aux gestes pathétiques et au verbe sonore, qui « joue » la grandeur sans être vraiment grand. » LICHTENBERGER, **Wagner**, p. 230.

— *Par métaph. :*

5 « Éphémère histrion qui sait son rôle à peine,
Chaque homme, ivre d'audace ou palpitant d'effroi,
Sous le sayon du pâtre ou la robe du roi,
Vient passer à son tour son heure sur la scène. » HUGO, **Odes**, IV, 14.

6 « Toutes les passions s'éloignent avec l'âge,
L'une emportant son masque et l'autre son couteau,
Comme un essaim chantant d'histrions en voyage
Dont le groupe décroît derrière le coteau. » ID., **Rayons et ombres**, Tristesse d'Olympio.

HITLÉRIEN, ENNE. *adj.* (vers 1925 ; de *Hitler, n. pr.*). Qui a rapport à Hitler. *Parti hitlérien.* V. **National-socialiste, Nazi.** *Jeunesses hitlériennes* (Cf. Chemises* brunes). *La croix gammée, emblème hitlérien.* V. **Svastika.** *Religion* (Cf. Exprimer, cit. 48) *hitlérienne. Racisme hitlérien. Cruautés hitlériennes* (Cf. Camp, cit. 3). — *Substant.* Adepte d'Hitler.

1 « ... auprès des Hitlériens et des communistes, triomphateurs de la journée (*des élections allemandes*), les autres partis paraissent modérés... » BAINVILLE, 16 sept. 1930 in **L'Allemagne**, t. II, p. 162.

2 « ... l'apparence systématique et scientifique du mouvement hitlérien couvre en vérité une poussée irrationnelle qui ne peut être que celle du désespoir et de l'orgueil. » CAMUS, **Homme révolté**, p. 230.

— **DER.** — (du même rad.) : **Hitlérisme.** *n. m.* Doctrine de Hitler.

HITTITE. *adj.* Relatif aux Hittites, peuple de l'antiquité. *L'Empire hittite d'Asie-Mineure* (vers 2000 à 1400 av. J.-C.). *Les hiéroglyphes hittites* (Cf. Graphie, cit. 2).

HIVER (*i-vèr*). *n. m.* (*Iver* au XIe s. ; du bas lat. *hibernum*, « hiver », lat. class. *hibernum tempus*, « temps hivernal », même rac. que *hiems*, « hiver ». V. **Hiémal**). La plus froide des quatre saisons de l'année, qui succède à l'automne. *Hiver astronomique, hiver boréal*, qui commence au solstice* de décembre (22 déc.) et se termine à l'équinoxe* de mars (20 au 21 mars) dans l'hémisphère nord (*L'hiver austral*, commence au solstice de juin et se termine à l'équinoxe de septembre). *Hiver météorologique*, dans les zones tempérées, la plus froide des saisons dont la durée est variable. V. **Saison.** — REM. Dans le langage courant, ces deux sens sont employés, le premier comme mesure précise d'une saison (*Demain nous serons en hiver*), le second qualifiant la période froide de l'année, généralement les mois de décembre, janvier et février (cit. 2) dans l'hémisphère nord (*L'hiver commença tard cette année-là*). — *L'hiver, saison du froid*, des *frimas, mauvaise saison* (Cf. Froidure). *Mois d'hiver. Être en hiver* (Cf. Asseoir, cit 40) *grelotter*, cit. 2 et 4). *C'est l'hiver, voici l'hiver* (Cf. Conciliabule, cit. 2). *Premier frisson de l'hiver. S'acheminer vers l'hiver* (Cf. Besogneusement, cit. 2). *Aspect de la nature qui annonce l'hiver* (Cf. Équanimité, cit. 4). *Aquilon* qui ramène l'hiver* (Cf. Fier, cit. 6). *Hiver qui succède brusquement à l'été* (cit. 2). *Hiver précoce, tardif. Début, seuil de l'hiver* (Cf. Enfermer, cit. 21 ; faner, cit. 16). *Hiver court. Longs hivers des régions continentales. Hiver qui dure des mois* (Cf. Étaler, cit. 36) ; *sept mois d'hiver* (Cf. Fournir, cit. 2) ; *persistance de l'hiver* (Cf. Fournaise, cit. 3). *Le fort* (cit. 72), *le cœur* (cit. 24) *de l'hiver* (Cf. Ambrer, cit. 2 ; feutrer, cit. 4). *Hiver qui s'en va* (Cf. Bois, cit. 24), *fait place au printemps.* — *Hiver sec et froid, hiver rigoureux, rude* (Cf. Année, cit. 6) ; *âpre, dur, terrible, cruel* (Cf. Avalanche, cit. 2 ; floraison, cit. 2 ; glace, cit. 7). *Grand hiver* (Cf. Fendre, cit. 2). *Rigueur des hivers* (Cf. Attiédir, cit. 1 ; hérisser, cit. 22). *Hiver neigeux, pluvieux, humide* (Cf. Germer, cit. 13), *malsain. Hiver doux, tiède, clément.* Dans ce sens, *Il n'y a pas d'hiver cette*

année : la température n'a jamais été rigoureuse. — *Jour d'hiver blafard* (cit. 5). *Beaux jours d'hiver* (Cf. Air, cit. 7). *Frais matin d'hiver* (Cf. Faire, cit. 208). *Longues soirées d'hiver* (Cf. Abréger, cit. 8 ; évoquer, cit. 9). *Gel* (cit. 4), *givre* (cit. 1), *neiges, boues de l'hiver* (Cf. Épuisant, cit. ; fermer, cit. 4). *Vent, âpre bise* (cit. 7) *d'hiver. L'hiver effeuille, dénude les arbres* (cit. 32). Cf. Arracher, cit. 8. *L'hiver blanchit* (cit. 6) *les monts, les branches* (Cf. Enfariner, cit. 2), *gèle* (cit. 5) *les plantes, grossit les ruisseaux* (Cf. Encaisser, cit. 5 ; envaser, cit.). *Sommeil de la nature, des animaux pendant l'hiver.* V. **Hibernation ; hibernant** (Cf. Abeille, cit. 4 ; arranger, cit. 19). *Plantes d'hiver, qui poussent, produisent en hiver.* V. **Brumal, hiémal.** *Blé d'hiver. Fruits d'hiver. Rose* d'hiver. Jardin* d'hiver.* — *Se vêtir chaudement l'hiver* (Cf. Flanelle, cit. 1). *Pièces inhabitables l'hiver* (Cf. Geler, cit. 20). *Être tête nue été comme hiver. Pardessus d'hiver* (Cf. Goder, cit.). *Provisions d'hiver* (Cf. Figue, cit. 1). *Feux* (cit. 12) *d'hiver. Passer l'hiver à Nice* (Cf. Hivernant ; station* hivernale). *Quartiers* d'hiver. Sports* d'hiver*, qui se pratiquent sur la neige.

1 « ... l'Hiver est une mort de six mois répandue sur tout un côté de cette boule, que nous ne saurions éviter ; c'est une courte vieillesse des choses animées. » CYRANO DE BERGERAC, **Lett. div.**, Contre l'hiver.

2 « Que j'aime le premier frisson d'hiver ! le chaume,
Sous le pied du chasseur, refusant de ployer ! » MUSS., **Prem. poésies**, Sonnet.

3 « Le commencement de l'hiver avait été doux, il n'avait encore ni gelé ni neigé. » HUGO, **Misér.**, II, III, I.

4 « C'était l'hiver, il pleuvait des semaines entières, il neigeait ; puis un dégel subit emportait la neige et la ville apparaissait de plus en plus noire après ce rapide éblouissement qui l'avait couverte un moment des fantaisies de cette âpre saison. » FROMENTIN, **Dominique**, IV.

5 « ... l'hiver n'a pas plus de fin que le printemps n'a de commencement... la terre ne connaît ni mort ni repos. Il n'est que le citadin pour qui l'hiver interpose, entre octobre et mars, une saison massive taillée dans un bloc de mois défeuillés, gris, mouillés, çà et là blancs de neige mince et trouée, signalés par l'avènement de l'huître, des concerts, des marrons et des skis. » COLETTE, **Belles saisons**, p. 8.

6 « La *zone tempérée* est celle pour laquelle ont été créées les divisions de l'année en saisons exprimant le régime thermique. Il n'y a pas d'hiver dans la zone subtropicale, il y en a un dans la zone tempérée, où huit mois au moins ont une moyenne inférieure à 20°... il faudrait encore distinguer les climats océaniques et continentaux. Les premiers sont caractérisés par une lente montée de la température et une descente aussi lente. Le printemps et l'automne s'étendent sur au moins six mois dans les climats océaniques. L'été et l'hiver semblent se partager l'année dans les climats continentaux. » De MARTONNE, **Traité de géogr. phys.**, I, p. 142.

7 « Mon métier m'obligeait d'errer sur toute la terre. Hélas je me trouvais toujours d'octobre à mars dans l'hémisphère nord, d'avril à septembre dans l'hémisphère sud, si bien qu'il n'y avait dans ma vie que des hivers. » E. IONESCO, **Victimes du devoir**, Théâtre I, p. 197.

— *Par ext.* Température froide.

8 « Des neiges qui ne se fondent jamais font un hiver perpétuel sur le sommet des montagnes ; » FÉN., **Télém.**, II.

— *Poétiqt.* Année* qui apporte la vieillesse, la tristesse...

9 « Cinquante hivers ont passé sur sa tête » BÉRANGER, **Bonsoir.**

— *Fig. Hiver de la vie, des ans...* V. **Vieillesse.** *Ne remettez pas à l'automne, l'hiver vient aussitôt* (Cf. Attendre, cit. 35). — *Littér.* « *L'Hiver* », recueil de poèmes de vieillesse de d'Aubigné.

10 « On ne voit point tomber ni tes lys, ni tes roses,
Et l'hiver de ta vie est ton second printemps. » MAYNARD, **Odes**, A une belle vieille.

11 « — Ninon, Ninon, que fais-tu de la vie ?
L'heure s'enfuit, le jour succède au jour.
Rose ce soir, demain flétrie.
Comment vis-tu, toi qui n'as pas d'amour ?...
Aujourd'hui le printemps, Ninon, demain l'hiver. » MUSS., **À quoi rêvent les jeunes filles**, I, 1.

ANT. — Été.

DER. — Hiverner (V. Hiberner ; hivernal ; hiémal).

HIVERNAGE. *n. m.* (XIIe s. ; de *hiverner*).

|| 1° *Mar.* Temps de la mauvaise saison, que les navires passent en relâche dans un abri. *Par ext.* Port* où les navires relâchent.

|| 2° *Géogr.* Saison des pluies, dans les régions tropicales.

|| 3° *Agric.* et *Élev.* Labour qui précède l'hiver. — Séjour des bestiaux à l'étable pendant l'hiver. V. **Stabulation.** — Fourrage* de graminées et de légumineuses semées ensemble au printemps ou en automne, destiné à la consommation d'hiver. *Hivernage de seigle et de vesce.*

|| 4° (XIXe s.). Maintien des végétaux, des œufs de ver à soie à une température assez basse pour retarder leur développement.

HIVERNAL, ALE, AUX. *adj.* (XIIe s. ; repris au bas lat. *hibernalis*, d'après *hiver*). Propre à l'hiver, de l'hiver. V. **Hibernal, hiémal.** *Froid* (cit. 1) *hivernal, brume hivernale* (Cf. Étain, cit. 4). *Un ciel hivernal* (Cf. Coupole, cit. 2). *Repos hivernal de la nature.* — *Station* hivernale.

« Les étoiles, en ces nuits claires, avaient cet éclat hivernal presque violent ; » ALAIN, **Propos**, 9 oct. 1921, Divination.

ANT. — Estival.

HIVERNER. v. intr. et tr. (XIIe s. ; de *hiver*).

‖ **1°** V. intr. Passer l'hiver à l'abri, en parlant des navires, des troupes (Cf. Prendre ses quartiers* d'hiver).

1 « ... comme le port n'était pas propre pour hiverner, la plupart furent d'avis de se remettre en mer... » BIBLE (SACY), **Actes des apôtres**, XXVII, 12.

2 « Rien ne distingue le fleuve de la terre ferme, si ce n'est çà et là, le long des quais, pareils à des murs, quelques bateaux qui hivernent surpris par les froids. » GAUTIER, **Voyage en Russie**, VIII, p. 114.

— En parlant des animaux, *Troupeaux qui hivernent dans la plaine.*

— Passer l'hiver (en un endroit), en parlant des personnes. *Hiverner à Cannes.*

‖ **2°** V. tr. *Hiverner une terre*, labourer* cette terre avant l'hiver. — *Hiverner les bestiaux*, les mettre à l'étable pendant l'hiver. V. **Hivernage.**

3 « ... une petite maison de paysan, à la manière du pays, contenant sous un même toit plusieurs chambres, la cuisine, la grange et l'étable : tout cela suffisant seulement pour un petit ménage, et pour *hiverner* deux vaches. » SENANCOUR, **Oberman**, LXXVI.

ANT. — Estiver.

DER. — Hivernage. — Hivernant, ante. n. (XIXe s. au sens d'« hibernant » ; XXe s. au sens actuel). Celui, celle qui séjourne dans une station hivernale. *Les hivernants ont été nombreux cette année sur la Côte d'Azur* (ANT. Estivant).

HI, Hm. Abréviations de *Hectolitre**, *Hectomètre**.

★ **HO !** interj. Onomat. servant ‖ **1°** A appeler. V. **Eh, hé.** *Ho ! vous, là-bas ! Ho ! ça !* (vx).

1 « Allons, ho ! Messieurs, debout, debout, vite, c'est trop dormir. » MOL., **Princ. d'Él.**, 1er interm., 2.

2 « Ho !... prenez vos fusils ; vous allez accompagner mon frère. » MÉRIMÉE, **Colomba**, XVI.

‖ **2°** A exprimer l'étonnement, l'indignation... V. **Oh !** *Ho ! quel coup !* (ACAD.). *Ho ! Ho !* — REM. *Ho !* est peu usité de nos jours ; on lui préfère *Oh !*

3 « Ho ! ho ! qui des deux croire ? » MOL., **Étourdi**, I, 4.

COMP. — Holà.

HOM. — Au, eau, haut, ô, oh !

★ **HOAZIN.** n. m. (fin XVIIIe s. in BUFFON ; d'un mot indigène onomatopéique). Genre d'oiseaux gallinacés, scientifiquement nommé *Opisthocome*, qui vit en Amérique centrale.

« ... l'hoazin n'est pas tout à fait aussi gros qu'une poule d'Inde ; il a le bec courbé, la poitrine d'un blanc jaunâtre, les ailes et la queue marquées de taches ou raies blanches... Il se trouve dans les contrées les plus chaudes du Mexique... » BUFF., **Hist. nat. ois.**, L'hoazin. — REM. Selon Cuvier, « le nom d'hoazin a été appliqué sans preuve à cet oiseau par Buffon ».

★ **HOBEREAU.** n. m. (XVe s. ; dér. de l'anc. fr. *hobel*, *hobé*, *hobier*, peut-être de *hobeler*, *hober*, « harceler l'ennemi, piller », francique *hobben*, « se démener »).

‖ **1°** Zool. Oiseau rapace diurne, accipitriforme (*Falconidés*) de petite taille, parfois nommé *émouchet** à gorge blanche, *tiercelet** bleu, qui se nourrit de petits oiseaux et de gros insectes, ce qui l'oblige à voler très bas (V. **Faucon**). *Les hobereaux chassent surtout les alouettes ; ils sont peu estimés en fauconnerie.*

1 « Le hobereau est bien plus petit que le faucon, et en diffère aussi par les habitudes naturelles : le faucon est plus fier, plus vif et plus courageux ; il attaque des oiseaux beaucoup plus gros que lui. Le hobereau est plus lâche de son naturel, car, à moins qu'il ne soit dressé, il ne prend que les alouettes et les cailles... le hobereau se porte sur le poing, découvert et sans chaperon, comme l'émerillon, l'épervier et l'autour ; et l'on en faisait autrefois un grand usage pour la chasse des perdrix et des cailles. » BUFF., **Hist. nat. ois.**, Le hobereau.

‖ **2°** (1579). Fig. et par dénigr. Gentilhomme* campagnard de petite noblesse, qui vit sur ses terres. *Un pauvre hobereau de province. Hobereau recherché par les bourgeois* (Cf. Frais, cit. 6).

2 « Dans quelques-unes de nos provinces on donne le nom de *hobereau* aux petits seigneurs qui tyrannisent leurs paysans, et plus particulièrement au gentilhomme à lièvre, qui va chasser chez ses voisins sans en être prié, et qui chasse moins pour le plaisir que pour le profit. » BUFF., **Hist. nat. ois.**, Le hobereau.

3 « Le voyageur qui eût aperçu de loin le castel dessinant ses faîtages pointus sur le ciel, au-dessus des genêts et des bruyères, l'eût jugé une demeure convenable pour un hobereau de province ; » GAUTIER, **Capit. Fracasse**, I.

4 « ... le plus haut bourgeois de Cologne, ou le plus riche industriel de la Ruhr, se sent humble dans son cœur devant un misérable petit hobereau de Poméranie. » ROMAINS, **H. de b. vol.**, t. IV, IX, p. 95.

5 « ... le hobereau, qui noyait sous l'alcool, au fond d'un manoir crasseux près de Morlaix, l'angoisse de reconnaître peu à peu qu'on devient un pauvre. » MONTHERLANT, **Olympiques**, p. 90.

★ **HOC.** n. m. (1642 ; mot lat. signifiant « cela »). Ancien jeu de cartes, dans lequel certaines cartes privilégiées, dites *hoc*, assuraient la levée. Fig. et Vx. En parlant de ce qui est assuré à quelqu'un.

« Mon congé cent fois me fût-il hoc,
La poule ne doit pas chanter devant le coq. »
MOL., **Fem. sav.**, V, 3.

HOM. — Oc.

★ **HOCA.** n. m. (1680 ; de *oca*, « oie », « jeu de l'oie », *h* initial par attract. de *hoc*). Ancien jeu de hasard rappelant le loto, en faveur aux XVIIe et XVIIIe siècles.

★ **HOCCO** (hoko). n. m. (1745 BARRÈRE ; mot indigène de la Guyane). Zool. Oiseau galliforme (*Gallinacés*, *Pénélopidés*) scientifiquement nommé *Crax*, et vulgairement *Coq* indien, *Coq d'Amérique*, qui tient du faisan et du pigeon. *Le hocco, arboricole et frugivore, habite les régions équatoriales de l'Amérique ; il s'apprivoise aisément et offre la curieuse particularité d'être ventriloque ; sa chair est comestible.*

« ... le hocco a la tête grosse, le cou renfoncé, l'un et l'autre garnis de plumes, sur le bec un tubercule rond, dur et presque osseux, et sur le sommet de la tête une huppe mobile qui paraît propre à cet oiseau, qu'il baisse et redresse à son gré ; » BUFF., **Hist. nat. ois.**, Les Hoccos, I.

★ **HOCHE.** n. f. (*Osche* au XIIe s. ; *h* d'après *hocher*, « secouer », orig. inconnue). Anciennt. Entaille, que l'on faisait sur une taille* pour tenir le compte du pain, du vin donnés à crédit. V. **Coche, encoche, entaille.** *Faire une hoche.* — Brèche* sur une lame. *Ce couteau a des hoches* (LITTRÉ).

DER. — ★ Hocher. v. tr. (XIIe s.). Marquer d'une hoche. V. **Cocher, entailler.**

★ **HOCHER.** v. tr. (*Hocier* au XIIe s. ; probablt. d'un francique *hottisôn*. Cf. all. mod. *hotzen*, « secouer »). Secouer*, remuer* (dans des emplois très limités). — Vx. ou dialect. *Hocher un arbre fruitier* et par ext. *Hocher des fruits*, les faire tomber en secouant l'arbre. — *Hocher la tête*, la secouer (de haut en bas, ou de droite à gauche). V. **Branler.** *Hocher la tête en signe de dénégation, de mépris. Dire non, refuser en hochant la tête. Il hoche la tête, c'est là tout l'effet de mes réprimandes. Hocher la tête d'un air de doute, d'encouragement, de regret, de résignation navrée* (Cf. Fourrer, cit. 5, et aussi Fourragère, cit. 3)... — REM. Pour LITTRÉ, *Hocher la tête* c'est « la secouer en signe de désapprobation ». Pour ACAD. c'est « marquer, en levant subitement la tête en haut, qu'on désapprouve quelque chose ou qu'on ne s'en soucie guère ». Beaucoup d'exemples littéraires contredisent ces définitions.

1 « (Ils)... me font la moue, et puis haut et puis bas Hochent la tête. » MAROT, **Psaumes de David**, XXII.

2 « Puis il hocha silencieusement la tête de droite à gauche comme s'il se refusait quelque chose... » HUGO, **Misér.**, V, VIII, IV.

3 « Quelques regrettants du temps passé, hochant la tête, disent : de mon temps, il n'en était pas ainsi. » CHAMPFLEURY, in « Le Figaro » du 15 févr. 1866, cité par LITTRÉ, art. Regretteur.

4 « ... Gabrielle, point convaincue, persistant à hocher la tête d'un air d'incrédulité... » COURTELINE, **MM. ronds-de-cuir**, IV, II.

5 « A la fin, celui-ci hochait la tête avec approbation. » MAUROIS, **Roses de septembre**, II, 1, p. 84.

HOM. — Hocher (dér. de *hoche*).

COMP. — ★ Hochepot. n. m. (*Ouchepot*, 1264). Cuis. Sorte de ragoût* fait de bœuf, de volaille cuits sans eau avec des navets et des marrons. *Des hochepots.* — ★Hoche-queue ou ★ Hochequeue. n. m. (1549 ; parfois altéré en *Hausse-queue*). Un des noms vulgaires de la bergeronnette, ainsi nommée parce que cet oiseau remue la queue en sautillant. V. **Bergeronnette, branle-queue, lavandière.** *Des hochequeues.*

DER. — Hochet. — ★ Hochement (hoch'man). n. m. (1552). Action de hocher (la tête) ; mouvement qui en résulte (Cf. Air, cit. 9). *Hochement de tête imperceptible, minuscule* (Cf. Compte, cit. 31). *Hochements approbatifs* (cit. 2), *désapprobatifs* (cit. 2). *Des hochements de tête qui expriment le doute, le mépris* (Cf. Froissement, cit. 1).

1 « ... voulant des hommes discrets, elle (la science) permet aux ignorants de ne rien dire, de se retrancher dans des hochements de tête mystérieux ; » BALZ., **Illus. perdues**, Œuvr., t. IV, p. 501.

2 « ... en même temps, elle émettait, scandés de hochements de tête pensifs, des réflexions... » COURTELINE, **Boubouroche**, Nouv., V.

3 « ... un de ces hochements de tête qui n'ont pas confiance... » ID., **MM. ronds-de-cuir**, III, II.

★ **HOCHET.** n. m. (1331 ; de *hocher*). Jouet des enfants en bas âge, en matière dure, généralement formé d'un manche et d'une ou plusieurs boules creuses contenant des grains qui font du bruit quand on le secoue. *Hochet en ivoire, en celluloïd. Agiter un hochet pour amuser un bébé. Enfant qui mord son hochet pour se faire les dents.*

1 « ... je n'ai point pris la fantaisie des grand'mères, qui passent par-dessus leurs enfants pour jouer du hochet avec ces petites personnes ; » SÉV., **789**, 13 mars 1680.

2 « (L'enfant) fait pour une poupée, pour un hochet, ce que l'âge mûr fait pour un titre ou un sceptre. » HELVÉTIUS, **De l'homme**, V.

3 « Une fille ; elle avait cinq ans ; elle marchait
Au hasard, elle était dans l'âge du hochet, »
HUGO, Lég. des siècles, LVII, Quest. soc.

— Par comp. ou métaph. *La malice, hochet de l'esprit*
(Cf. Goût, cit. 32).

4 « ... la vie, sans les maux qui la rendent grave, est un hochet
d'enfant. » CHATEAUB., M. O.-T., t. II, p. 87.

5 « Tu jouais avec le bonheur comme un enfant avec un hochet... »
MUSS., Confess. d'un enfant du siècle, V, VI.

— *Fig.* Chose futile qui contente, console l'esprit, qui
flatte les passions (V. **Consolation, illusion**). *Les hochets
de la vanité. Le hochet de la vieillesse* (Cf. Barbe 1, cit. 23).

6 « Imaginer que l'on pourra être à côté de Pythagore, de Plutarque,
ou d'Ossian dans le cabinet d'un L*** futur, c'est une illusion
qui a de la grandeur, c'est un des plus nobles hochets de l'homme. »
SENANCOUR, Oberman, LXXVIII.

7 « ... l'homme qui touche à son adolescence
Brise les vains hochets de sa crédule enfance. »
LAMART., Harold, I.

★ **HOCKEY** (*ho-ké*). *n. m.* (1889 ; mot angl. empr. d'un
anc. fr. *hocquet*, « bâton »). *Sports.* Jeu d'équipe*, dont les
règles rappellent celles du football et qui consiste à faire
passer une balle de cuir entre deux poteaux (*buts*), au
moyen d'une crosse* (*stick*), aplatie dans sa partie courbe.
Les onze joueurs et le capitaine d'une équipe de hockey.
Match de hockey sur gazon.* — *Hockey sur glace, où la
balle est remplacée par un palet (puck), que se disputent
deux équipes de six joueurs chacune chaussés de patins
à glace.*

HOM. — Hoquet.

HODIE MIHI, CRAS TIBI. Locution latine signifiant « Aujourd'hui à moi, demain à toi ».

HODOMÈTRE. *n. m.* V. ODOMÈTRE.

HOIR. *n. m.* (XIIe s. ; var. *heir* ; du lat. *heres*). *Vx.* (ou
archaïque). Héritier.

1 « Le mort saisit le vif, son hoir le plus proche habile à lui succéder. »
LOISEL, Inst. Cout., no 317 (V. **Héritier**).

2 « ... Montaigne eut six filles ; mais tout porte à croire qu'il espérait
un hoir mâle... » DUHAM., Plaisirs et jeux, VII, II.

COMP. — Déshérence.

DER. — Hoirie. *n. f.* (1318). Vx. *Dr.* Héritage. — REM. Ce mot
s'emploie encore dans l'expression *avance* (cit. 24) ou *avancement*
d'hoirie.

1 « Une... somme... comptée... en avancement d'hoirie... »
LA BRUY., VI, 27.

2 « ... les avancements d'hoirie ne sont en réalité que des remises
anticipées des parts que les donataires successibles doivent un jour
recueillir dans la succession ; » DALLOZ, Nouv. code civil, II, Art. 922 B, V, 85.

★ **HOLÀ !** *interj.* (XVe s. ; de *ho !*, et *là*).

|| 1o Sert à appeler : *Holà ! Monsieur !* (Cf. Après, cit. 31).
Holà ! quelqu'un ? Holà ho ! À moi ! V. **Hé ! Hem !**

1 « Holà ! quelqu'un n'a-t-il point vu mon maître ? »
RAC., Plaideurs, II, 7.

2 « — Holà ! Holà ! Au secours, monsieur le curé ! »
R. ROLLAND, Colas Breugnon, III.

|| 2o Sert à modérer, à arrêter. *Holà ! pas si vite* (Cf. Ca-
dence, cit. 3). *Holà ! Suffit !* (Cf. Assez, tout beau, doucement, tout doux !).

3 « Holà, holà ! tout doucement. Comme diantre vous allez vite ! »
MOL., Scap., II, 8.

4 « Après l'Agésilas, | Mais, après l'Attila,
Hélas ! | Holà ! BOIL., Épigr., VII.

— *Substant.* :

5 « Un clerc, pour quinze sous, sans craindre le holà,
Peut aller au parterre attaquer Attila ; » BOIL., Sat., IX.

— Fig. *Mettre le holà :* faire cesser une querelle, une
bataille.

6 « ... s'il s'élevait des disputes, Cadenet mettait le holà en
disant... » BALZ., Petits bourgeois, Œuvr., t. VII, p. 170.

— *Mettre le holà à...,* mettre fin, bon ordre à...

7 « ... ce père précédé de flambeaux, et venant mettre le holà aux
fredaines un peu trop fortes de son fils ? »
GAUTIER, Capit. Fracasse, XVII, t. II, p. 242.

★ **HOLDING** (*-dingh*). *n. m.* (XXe s. ; mot angl., abrév. de
holding company). *Écon. polit.* Se dit d'« Entreprises qui,
n'ayant dans leur actif que des actions d'autres sociétés,
ou ayant la plus grande partie de leur actif composée
d'actions d'autres sociétés, accomplissent les opérations
financières intéressant les sociétés contrôlées et en même
temps dirigent ou contrôlent leur activité industrielle et
commerciale » (F. PERROUX, Cours d'Écon. pol., III, p. 510).

★ **HOLD-UP** (*hold' -eup*). *n. m.* (Néol. ; express. amér. de
to hold up (*one's hands*), « tenir (les mains) en l'air »).
Américanisme. Attaque à main armée dans un lieu public,
pour effectuer un cambriolage. *Hold-up d'une banque, d'un
fourgon postal.*

★ **HÔLER.** *v. intr.* (*Hoiler* au XIIIe s. ; onomat.). Crier, en
parlant de la hulotte et autres chats-huants.

★ **HOLLANDAIS, AISE.** *adj. et n.* (XVIe s. ; *de Hollande*
(german. *Holland*), et suff. *-ais*). De Hollande, des Pays-Bas.

|| 1o *Adj.* V. **Néerlandais.** *Le peuple hollandais. Ancien-
nes colonies hollandaises d'Indonésie. Le stathouder,
ancien gouverneur hollandais. Noble hollandais.* V.
Jonkheer. — *Propreté des intérieurs hollandais* (Cf.
Éblouir, cit. 6). *Canaux* (V. **Watergang**), *polders* hollan-
dais. Champ de tulipes hollandais. Le frison, *dialecte
hollandais.* — *Les grands libraires hollandais des XVIIe
et XVIIIe siècles. Les grands peintres de l'École hollandaise.*

« La peinture hollandaise... ne fut et ne pouvait être que le portrait
de la Hollande, son image extérieure, fidèle, exacte, complète, ressemblante, sans nul embellissement. Le portrait des hommes et des lieux,
des mœurs bourgeoises, des places, des rues, des campagnes, de la
mer et du ciel, tel devait être, réduit à ses éléments primitifs, le
programme suivi par l'école hollandaise, et tel il fut depuis le premier
jour jusqu'à son déclin. »
FROMENTIN, Maîtres d'autrefois, p. 135 (Cf. aussi Concave, cit.).

— *Vache hollandaise* (ou *frisonne*) et substant. *Hollandaise.* Vache laitière à pelage pie noir.

— *Cuis. Sauce hollandaise.*

|| 2o *N. Les Hollandais. Une Hollandaise.* — *Le hollan-
dais,* la langue parlée en Hollande. *Le hollandais, idiome
germanique.* V. **Néerlandais.**

★ **HOLLANDE.** *n.* (*Holande* en 1598 ; nom propre).

|| 1o *N. f.* Toile de lin très fine, fabriquée en Hollande.
— Porcelaine de Hollande. — Variété de pomme de terre.

|| 2o *N. m.* Fromage* sphérique, à croûte rouge, à pâte
affinée et dure. — Papier de luxe vergé*. *Exemplaire de
luxe tiré sur hollande.*

« Il me dit cela avec emphase et secret comme un collectionneur
averti peut informer un bibliophile de ses amis qu'il a trouvé une
édition originale de Chénier sur hollande et dans une reliure de
l'époque. » M. SACHS, Chronique joyeuse..., p. 180.

HOLO-. Élément de mots savants tiré du gr. *holos*, « entier ». **Holographe.** *adj.* V. **Olographe.** — **Holomètre.** *n. m.*
(1690; suff. *-Mètre*). *Astron.* Instrument servant à mesurer la
hauteur angulaire d'un point au-dessus de l'horizon. —
Holophrastique. *adj.* (1866; gr. *phrasis*, « phrase »). *Gramm.
Langue holophrastique,* où une phrase entière s'exprime
par un seul mot. *Langue holophrastique des Peaux-Rouges.*
— **Holothurie.** *n. f.* (1572; gr. *holothourion*). *Zool.* Animal
métazoaire* marin (*Échinodermes* Holothurides*), muni de
ventouses sur la face ventrale et de papilles rétractiles sur
la face dorsale. *Holothurie tubuleuse rampante. Holothurie en forme d'U, de bouteille renflée. L'holothurie des
mers de Chine, comestible apprécié des Chinois* (DER. **Holothurides.** *n. m. pl.* (1866). Classe d'échinodermes* pourvus
seulement de dépôts calcaires microscopiques et non de
plaques étendues). — **Holotriches.** *n. m. pl.* (1890; gr. *thrix,
« cheveu »). *Zool.* Ordre de protozoaires ciliés. (V. **Infusoires**), dont les cils vibratiles forment un revêtement
continu sur tout le corps.

HOLOCAUSTE. *n. m.* (XIIe s. ; empr. au lat. ecclés. d'orig.
gr. *holocaustum*, « brûlé tout entier »).

|| 1o Chez les Juifs, sacrifice religieux où la victime était
entièrement consumée par le feu. V. **Sacrifice*.** *Offrir un
bélier* (cit. 1) *en holocauste. Victime propitiatoire brûlée*
en holocauste. L'autel (cit. 1 et 10) *des holocaustes.* — REM.
Au XVIIe siècle, *holocauste* était indifféremment féminin
ou masculin.

1 « Si l'offrande de bêtes à quatre pieds est un holocauste de brebis
ou de chèvres, celui qui l'offre choisira un mâle sans tache ; et il
l'immolera devant le Seigneur... et le prêtre brûlera sur l'autel toutes
ces choses offertes, pour être au Seigneur un holocauste et *un sacrifice*
de très agréable odeur. » BIBLE (SACY), Lévitique, I, 10-11-13.

— *Par anal.* Tout sacrifice sanglant, de caractère religieux. V. **Immolation.** *L'holocauste du Christ sur la croix.*

2 « Est-ce qu'en holocauste aujourd'hui présenté,
Je dois, comme autrefois la fille de Jephté,
Du Seigneur par ma mort apaiser la colère ? »
RAC., Athalie, IV, I.

3 « Ces abominables holocaustes s'établirent dans presque toute la
terre. Pausanias prétend que Lycaon immola le premier des victimes
humaines en Grèce. » VOLT., Mœurs, Introd., Des victimes humaines.

4 « ... qu'ils fassent l'holocauste en adjurant les dieux... »
V. BÉRARD, L'Odyssée, p. 176.

— *Fig.* Sacrifice* total, à caractère religieux ou non (Cf.
Expiatoire, cit. 5). *S'offrir en holocauste à Dieu, à la patrie,
à une cause...* V. **Immoler** (s'). *Faire l'holocauste de son
cœur, de ses désirs, de ses goûts...*

5 « Notre sacrifice n'est point un simple sacrifice ; mais c'est un holocauste où toute la victime doit être consommée »
BOURDAL., Pensées, Sacrifice religieux.

6 « Comprends-tu maintenant qu'il ne faut pas offrir
L'holocauste sacré de tes premières roses
Aux souffles violents qui pourraient les flétrir ? »
BAUDEL., Les épaves, Femmes damnées.

‖ 2° Par ext. La victime immolée. V. **Hostie.**

7 « L'angoisse d'être au monde autant que l'épouvante
De la mort, voue au feu stupide de l'Enfer
L'holocauste fumant sur son autel de fer ! »
LECONTE DE LISLE, Poèmes tragiques, Siècles maudits.

— Par métaph. :

8 « Que celui qui veut venir après moi, se renonce soi-même ». Ah !
que ces paroles sont dures, je l'avoue, et qu'elles sont difficiles à
embrasser !... Mais il faut que le sacrifice soit entier ; il faut que
l'holocauste soit parfait, qu'il soit jeté au feu, entièrement brûlé,
détruit et consumé, pour être agréable à Dieu. »
BOSS., Serm., Conférence aux Ursulines de Meaux.

— Fig. :

9 « Ô femme ! si tu viens en oblation, volontaire holocauste, pour
l'amour de Dieu, tu deviendras ton amour même réalisé, quand tu
entreras dans ton éternité. » VILLIERS DE L'ISLE-ADAM, Axel, I, 6.

HOLOGRAPHE, HOLOMÈTRE, HOLOPHRASTIQUE, HO-LOTHURIDES, HOLOTHURIE, HOLOTRICHES. V. HOLO-.

★ **HOM !** interj. (XVII⁰ s. ; onomat. ; var. hem ! hon !
hum !). Vx. V. **Hum !**

1 « Hom, hom, vous êtes un méchant diable, Monsieur Lysidas : vous
ne dites pas ce que vous pensez. » MOL., Crit. Éc. d. fem., 6.

2 « Hom ! le pauvre homme ! il me fait grand'pitié. »
VOLT., La prude, I, 5.

★ **HOMARD.** n. m. (1547 ; houmar en 1532 ; de l'anc. nordique humarr ; allem. Hummer). Zool. Grand crustacé*
marin malacostracé de l'ordre des décapodes macroures,
aux pattes antérieures armées d'énormes pinces*. Le
homard, très voisin de l'écrevisse, s'en distingue surtout
par sa taille beaucoup plus grande. Homard commun
d'Europe. Homard d'Amérique. Homard de Norvège. V.
Langoustine. Le homard habite l'hiver les profondeurs
marines et, au printemps, se rapproche des côtes ; il se
nourrit de débris animaux ou végétaux, de poissons morts...
Carapace brun bleuâtre du homard vivant. Antenne*,
patte* de homard. Pêcher le homard avec des casiers*
(cit. 2), des caudrettes*, au chalutier (cit.). Pêcheries
de homards sur les côtes de Terre-Neuve. Parc à homards.
V. **Homarderie.** Vivier à homards. V. **Homardier.** Le
homard, mets très recherché. Conserves de homard. Boîte
de homard.

1 « Un grand homard de bronze, acheté sur le port,
Parmi la victuaille au hasard entassée,
Agite, agonisant, une antenne cassée. »
SAMAIN, Chariot d'or, Roses dans la coupe, La cuisine, p. 40.

2 « Les homards, eux, se réfugient de temps à autre dans un trou du
rocher et font cuirasse neuve. Sans doute est-ce d'une métamorphose,
ou d'une mue, que j'aurais besoin. »
MAUROIS, Roses de septembre, I, XIII.

— Cuis. Beurre*, bisque*, salade de homard. Homard à
l'américaine, à la bordelaise, homard Thermidor.

3 « ... Mitsou, vous ne voudriez pas manger du homard ?... Homard
à l'indienne ? — Oh ! oui. Avec de la mayonnaise et toutes les pattes.
— Le homard à l'indienne ne comporte pas de mayonnaise. Le riz
s'accompagne de safran et de cary. » COLETTE, Mitsou, VI.

4 « Nous pourrions déjeuner ensemble et je vous ferai faire un
homard au chambertin comme je crois qu'on n'en peut pas manger de
meilleur. » M. SACHS, Chronique joyeuse..., p. 51.

— Loc. fam. Rouge comme un homard, très rouge, comme
l'est un homard après la cuisson.

DER. — ★ **Homarderie.** n. f. (1906). Parc où l'on élève les homards.
Homarderies de Concarneau. — ★ **Homardier.** n. m. (fin XIX⁰ s.).
Barque bretonne pourvue d'un vivier pour le transport des crustacés.

HOMBRE. n. m. (1657 ; empr. à l'esp. hombre, « homme »,
propremt. « celui qui mène la partie »). Ancien jeu de
cartes d'origine espagnole. V. **Ombre.** Le jeu de l'hombre,
très en faveur en France au XVII⁰ siècle. Les as* au jeu
de l'hombre. V. **Baste, ponte, spadille.** Cartes maîtresses à
l'hombre. V. **Matador.**

1 « Que dirai-je encore de l'esprit du jeu ? Pourrait-on me le définir ?
Ne faut-il prévoyance, ni finesse, ni habileté pour jouer l'hombre
ou les échecs ? » LA BRUY., XII, 56.

2 « ... on jouera quelques reprises d'hombre et de lansquenet... »
DANCOURT, Bourgeoises à la mode, IV, 6.

★ **HOME.** n. m. (1854 SAND ; mot angl. signifiant
« maison »). Le domicile*, le logis considéré sous son aspect
intime et familial. V. **Chez*-soi.** L'intimité du home. Décorer son home.

1 « ... ils m'ont légué cette secrète sauvagerie qui m'a rendu toujours
le monde insupportable et qui m'a rendu home nécessaire. »
SAND, Hist. de ma vie, II⁰ part., IX, Lett. XI.

2 « ... l'essentiel pour eux (les Américains), c'est d'emporter leur
« home » avec eux. Ce home, c'est l'ensemble des objets, meubles,
photos, souvenirs, qui leur appartiennent, qui leur renvoient leur
image et qui constituent le paysage intérieur et vivant de leur logement. Ce sont leurs pénates. Ils les traînent partout, comme Énée. »
SARTRE, Situations III, p. 96.

HOMÉLIE. n. f. (Omélie au XII⁰ s. ; empr. au lat. ecclés.
d'orig. gr. homilia, « réunion », d'où « entretien familier »).
Discours simple et de ton familier, prononcé du haut de
la chaire, sur des matières de religion, particulièrement
sur l'Évangile. V. **Instruction, prêche, prône.** Les Homélies
de saint Jean Chrysostome sur saint Matthieu. Homélies
dominicales d'un curé de campagne.

1 « Le temps des homélies n'est plus ; les Basiles, les Chrysostomes
ne le ramèneraient pas ; on passerait en d'autres diocèses pour être
hors de la portée de leur voix et de leurs familières instructions.
Le commun des hommes aime les phrases et les périodes... »
LA BRUY., XV, 5.

2 « Tel fait des sermons qui sont beaux, qui ne saurait faire un catéchisme solide, encore moins une homélie. »
FÉN., Dial. s. l'éloquence, III⁰ dial.

3 « Tous les jours, il se mit directement en rapport avec la totalité
de ses élèves par un entretien intime, souvent comparable, pour l'abandon et le naturel, aux homélies de Jean Chrysostome dans la Palœa
d'Antioche. » RENAN, Souvenirs d'enfance..., III, III.

— Allus. littér. Les homélies de l'archevêque de Grenade (LESAGE, Gil Blas, VII, 3 et 4). Cf. Avertissement,
cit. 5 ; auditoire, cit. 4.

4 « Apprenez que je n'ai jamais composé de meilleure homélie que celle
qui a le malheur de n'avoir pas votre approbation. »
LESAGE, Gil Blas, VII, IV.

— Fig. Longue et ennuyeuse leçon de morale. Ces homélies m'assomment. V. **Discours, remontrance, réprimande,
sermon.**

5 « ... mes tyrans me parlaient toujours avec les douces paroles de la
plus tendre sollicitude, et leur plus ferme alliée était la religion.
J'avais à subir des homélies continuelles sur l'amour paternel et les
devoirs des enfants. » STENDHAL, Vie de H. Brulard, 9.

HOMÉO-. Élément de mots savants (tiré du gr. homoios,
« semblable ». V. Homo-) tels que : **Homéopathe***, **Homéopathie***. — **Homéoptote.** n. m. (1866 ; gr. ptôtos, « qui tombe »).
Rhétor. V. **Homéotéleute.** — **Homéotéleute.** n. f. (Homoïoté-
leute en 1839 ; gr. teleutê, « fin »). Rhétor. Figure* de rhétorique, consistant en un « retour de finales... semblables...
à la fin de mots ou de membres assez proches les uns des
autres pour que la répétition soit sensible à l'oreille »
(MAROUZEAU).

ANT. — Allo-, hétéro-.

HOMÉOPATHIE. n. f. (1800 ; var. homœopathie ; gr. pathos,
« maladie ». V. **Homéo-**). Méd. Méthode thérapeutique qui
consiste à soigner les malades au moyen de remèdes (à
doses infinitésimales) capables de produire sur l'homme
sain des symptômes semblables à ceux de la maladie
à combattre. Hahnemann, médecin allemand, fondateur
de l'homéopathie. Le principe fondamental de l'homéopathie repose sur la loi de similitude (similia similibus
curuntur). Emploi des dilutions* en homéopathie.

« — Si l'homéopathie arrive à Paris, elle est sauvée, disait dernière-
ment Hahnemann. » BALZ., Urs. Mirouët, Œuvr., t. III, p. 316.

ANT. — Allopathie.

DER. — **Homéopathe** ou **Homœopathe.** n. m. (1827). Méd. Partisan du
système de l'homéopathie. Consulter un homéopathe. — Adjectivt.
Médecin homéopathe (ANT. Allopathe). — **Homéopathique** ou **Homœopathique.** adj. (1827). Qui a rapport à l'homéopathie. Pharmacie, remède
homéopathique. Dose* homéopathique, infinitésimale. Cure homéopathique. (ANT. Allopathique). — Fig. :

« ... mais comme ils (ces tons) sont excessivement pâlis et pris
à une dose homœopathique, l'effet en est plutôt surprenant que douloureux... » BAUDEL., Curios. esthét., Salon de 1846, p. IX.

HOMÉRIDE. n. m. (1866 in LITTRÉ ; de Homère). Rapsode
qui chantait les poèmes d'Homère. — Aède* imitateur
d'Homère.

HOMÉRIQUE. adj. (1546 RAB. ; de Homère). Qui appartient, qui a rapport à Homère. L'Iliade et l'Odyssée, poèmes
homériques. Les héros homériques (Cf. Grandir, cit. 16). —
Par ext. Époque, civilisation homérique.

1 « ... tous les représentants anciens de la force, géants homériques
ou bibliques... » BAUDEL., L'art romantique, XXII, I, 3.

2 « L'humanité homérique, cette humanité dont nous sommes séparés,
dans le temps, par une trentaine de siècles, est-elle si différente
de nous...? » DUHAM., Refuges de la lecture, I, p. 27.

— Par ext. Qui est digne d'Homère, de sa manière. Style
homérique. Personnage homérique (Cf. Ganache, cit. 4).
Lutte homérique (Cf. Apache, cit.).

3 « Pour étudier le procédé de Chateaubriand à sa source, il faut
surtout lire les Natchez ; c'est là qu'on saisit à la fois dans toute sa
fécondité et dans tout son abus le retour à la comparaison homérique...
Jamais, pour parler le langage de l'atelier, le chic homérique n'a été
poussé plus loin. » STE-BEUVE, Chateaub., t. I, p. 173.

4 « ... la première des qualités homériques, qui est « de ne voir dans
un sujet que les grands traits ». » HENRIOT, Romantiques, p. 381.

— Fam. V. **Épique, héroïque.** Une équipée homérique.
— Fig. (1836 BALZAC) Rire homérique, fou rire bruyant,
pareil à celui qu'Homère prête aux dieux de l'Olympe, à la
vue du boiteux Vulcain leur servant d'échanson (Iliade, I).

5 « — Ah ! ah ! ah ! dit des Lupeaulx en interrompant le chef de bureau par un rire homérique ; mais c'est là le pain quotidien de tout homme remarquable dans le beau pays de France... »
BALZ., Les employés, Œuvr., t. VI, p. 1057.

6 « Ce fut donc au milieu d'un éclat de rire immense, homérique, olympien, que la course commença ; »
GAUTIER, Voyage en Espagne, p. 210.

DER. — **Homérisme.** *n. m.* (fin XIXᵉ s.). Caractère des poèmes homériques.

★ **HOMESPUN** (*hôm'-speun'*). *n. m.* (1922 ; mot angl. signifiant « filé à la maison »). Tissu écossais* primitivement fabriqué à domicile par des artisans. — *Par ext.* Vêtement fait de ce tissu.

★ **HOMESTEAD** (*hôm'-stèd*). *n. m.* (1873 ; mot angl. signifiant « domicile, domaine familial »). Nom anglais de l'institution du bien de famille insaisissable (Loi du 12 juillet 1909 modifiée par la loi du 7 juillet 1948).

« Il faut... rendre inaliénable ou tout au moins insaisissable, sinon toute terre, du moins celle nécessaire à l'existence et au maintien de la famille. C'est ce qu'on appelle le *homestead*, du nom que porte cette institution aux États-Unis où elle a été établie dès 1839 (dans le Texas), mais qui tend aujourd'hui à s'acclimater dans divers pays. En France, après une quinzaine d'années d'hésitations et plusieurs projets de loi, finalement la loi du 12 juillet 1909 est venue consacrer le *homestead*, ou, pour parler français, le bien de famille. »
Ch. GIDE, **Écon. polit.**, II, 257-258.

1. HOMICIDE. *n. et adj.* (XIIᵉ s. ; empr. au lat. *homicida*. Cf. *suff.* -Cide).

I. *N.* Celui, celle qui tue un être humain. V. **Assassin, criminel, meurtrier.** *Condamner, juger un homicide, une homicide. Malheur à l'homicide !* (Cf. Arrêter, cit. 52). — REM. De nos jours, *homicide* ne s'emploie plus que dans le style soutenu.

1 « Des enfants de son fils détestable homicide, » RAC., **Athalie**, I, 1.

2 « Pleure, Jérusalem, pleure, cité perfide,
Des prophètes divins malheureuse homicide. » ID., **Ibid.**, III, 7.

3 « ... de tout temps, il a été écrit : *Homicide point ne seras, de fait ni de consentement.* »
BALZ., **Souv. d'un paria**, I (Œuvr. div., t. I, p. 219).

— *Par métaph.* (Cf. Déicide, cit. 2).

— *Vx. Homicide de soi-même,* celui, celle qui se suicide. *Au fig.* Celui, celle qui ruine sa santé.

4 « Quand par dépit de vivre au mortel monde
Fut homicide et bourreau de soi-même, » MAROT, **Traductions**, II.

— *Fig.* Celui, celle qui cause la perte (morale) de quelqu'un.

5 « ... malheur à celui qui cause le scandale. Pourquoi ? parce qu'il est homicide devant Dieu de toutes les âmes qu'il scandalise... »
BOURDAL., Serm., Sur le scandale, 1ʳᵉ part.

II. *Adj.* (XIVᵉ s.). *Vx* ou *poét.* Qui a commis ou va commettre un meurtre.

6 « Sur le point d'attaquer une reine homicide, » RAC., **Athalie**, I, 2.

— *Par anal.* Qui cause la mort d'une ou de nombreuses personnes. V. **Meurtrier.**

7 « ... cette guerre homicide, » VOLT., **Orphelin de Chine**, I, 1.

— *Par ext.* Qui sert à tuer quelqu'un. *Un homicide acier* (cit. 2).

8 « Les glaives meurtriers, les lances homicides. »
RAC., **Athalie**, III, 8.

9 « Celui qui portera la main sur un de ses semblables, en lui faisant au sein une blessure mortelle, avec le fer homicide, qu'il n'espère point les effets de ma miséricorde, et qu'il redoute les balances de la justice. » LAUTRÉAMONT, **Chants de Maldoror**, III, p. 146.

— *Fig. Des yeux homicides* (Cf. Entre-tuer, cit. 2).

10 « Rois, prenez soin de l'absent
Contre sa langue (*de la calomnie*) homicide. »
RAC., **Esther**, III, 3.

11 « Le besoin du sang le tourmente ;
Et sa voix homicide à la hache fumante
Désigne les têtes du jour. » HUGO, **Odes et ballades**, I, III, 2.

2. HOMICIDE. *n. m.* (*Omecide* au XIIᵉ s. ; empr. au lat. *homicidium*). Action de tuer un être humain. *Commettre un homicide involontaire, par imprudence... Être accusé d'homicide volontaire.* V. **Assassinat, crime, meurtre.** *Se rendre coupable d'homicide sur la personne de... Homicide d'un nouveau-né.* V. **Infanticide** (Cf. Avortement, cit. 3). *Punir l'homicide* (Cf. Attentat, cit. 1). *Expier* (cit. 2) *l'homicide.*

1 « ... quiconque tue se rend coupable d'homicide. »
Saint AUGUSTIN, trad. et cité par PASC., Prov., XIV.

2 « Et pour concevoir plus d'horreur de l'homicide, souvenez-vous que le premier crime des hommes corrompus a été un homicide en la personne du premier juste ; que leur plus grand crime a été un homicide en la personne du chef de tous les justes ; et que l'homicide est le seul crime qui détruit tout ensemble l'État, l'Église, la Nature et la Piété. » ID., **Ibid.**

3 « Quiconque, par maladresse, imprudence, inattention, négligence ou inobservation des règlements, aura commis involontairement un homi-

cide, ou en aura été involontairement la cause, sera puni d'un emprisonnement de trois mois à deux ans, et d'une amende de 12.000 francs à 360.000 francs. »
CODE PÉNAL, Art. 319.

4 « Il n'y a ni crime ni délit, lorsque l'homicide, les blessures et les coups étaient ordonnés par la loi et commandés par l'autorité légitime. — Il n'y a ni crime ni délit, lorsque l'homicide, les blessures et les coups étaient commandés par la nécessité actuelle de la légitime défense de soi-même ou d'autrui. » ID., Art. 327-328.

— *Fig. Homicide spirituel* (Cf. Empoisonneur, cit. 2).

HOMILÉTIQUE. *n. f.* (1765 ENCYCL. ; empr. au gr. *homilêtikê* (s.-ent. *technê*), « art de converser »). Partie de la rhétorique qui traite de la prédication évangélique et de l'éloquence de la chaire en général. *Traité d'homilétique.*

HOMINEM (**AD**). V. **ARGUMENT.**

HOMMAGE. *n. m.* (XIIᵉ s. ; dér. anc. de *homme*).

‖ **1º** *Féod.* Acte par lequel le vassal se déclarait l'homme* de son seigneur, en lui promettant une fidélité et un dévouement absolu. *La cérémonie symbolique de l'hommage était suivie de l'aveu** (cit. 1). *Jurer foi et hommage.* V. **Foi** (*infra* cit. 5 ; et Cf. Féal, cit. 2). *Rendre foi et hommage. Fief* tenu à charge de foi et hommage. Recevoir foi et hommage* (Cf. Fief, cit. 1). *Amortir, remettre l'hommage :* dégager le vassal de ses engagements. — *Hommage lige*, hommage simple,* dit *plain* ou *plan.*

1 « On attendait... Monsieur de Lorraine, pour rendre au Roi son hommage lige du duché de Bar... » ST-SIM., **Mém.**, I, XLVII.

2 « ... ces hommes qui prêtaient *foi* et *hommage* à leur *Dieu,* leur *dame* et leur *roi.* » CHATEAUB., **Génie du christ.**, I, II, II.

3 « le vassal se lie au seigneur par un acte solennel, car on ne naît pas vassal, on le devient, et il faut le devenir pour pouvoir jouir du fief. C'est pourquoi la cérémonie qui crée le vasselage s'est conservée à travers les siècles : elle servait à constater le droit du seigneur... Le futur vassal se présente devant le futur seigneur, nu-tête et sans armes. Il s'agenouille devant lui, met ses mains dans les mains du seigneur et déclare qu'il devient *son homme.* Le seigneur lui donne un baiser sur la bouche et le relève. Telle est la cérémonie de *l'hommage.* Elle est accompagnée d'un serment : le vassal jure, la main sur les reliques ou sur l'Évangile, de rester *fidèle* au seigneur, c'est-à-dire de remplir les devoirs de vassal. C'est la *foi* ou *féauté.* L'hommage et la foi sont deux actes distincts : l'un est un engagement, l'autre un serment ; mais, comme il n'y a pas d'hommage sans foi, on a fini par les confondre. »
LAVISSE et RAMBAUD, **Hist. génér.**, Le régime féodal, t. II, pp. 37-38.

4 « On en vint, au XIIᵉ siècle, à distinguer *l'hommage lige,* qui obligeait le vassal à servir sans limite, de *l'hommage plain,* que le vassal prêtait debout et armé, et qui ne l'engageait qu'à un service limité. »
ID., **Ibid.**, p. 48.

5 « L'hommage est toujours dû en principe au fief dominant, qui est souvent en ruine au XVIᵉ siècle, et, au XVIIᵉ siècle, il est de mauvais ton, Mᵐᵉ de Sévigné l'atteste, d'exiger de son vassal l'hommage personnel et les formalités humiliantes et devenues ridicules qui l'accompagnent. »
OLIVIER-MARTIN, **Hist. du Dr. fr.**, éd. Dalloz, nº 1069.

— *Fig. Rendre hommage d'une chose à quelqu'un :* en faire gloire pour reconnaissance à celui de qui on la tient. *Offrir à Dieu l'hommage de la création* (cit. 7).

6 « Il vient en apporter la nouvelle (*de ce grand succès*) en ces lieux,
Et par un sacrifice en rendre hommage aux dieux. »
CORN., **Pol.**, I, 4.

— *Rendre hommage à la vérité :* la reconnaître en la proclamant hautement.

‖ **2º** *Par anal.* Acte de courtoisie* par lequel un homme témoigne à une femme qu'il est prêt à se faire son chevalier* servant, à lui donner des preuves de dévouement, de zèle ; de galanterie. *Femme très courtisée qui reçoit plus d'un hommage* (Cf. Galanterie, cit. 11).

7 « Je crains d'être fâcheux par l'ardeur qui m'engage
À vous rendre aujourd'hui, Madame, mon hommage, »
MOL., **Fem. sav.**, III, 3.

8 « Hé bien ! rappelez-vous le temps où vous me rendîtes vos premiers soins : jamais hommage ne m'a flatta autant ; je vous désirais avant de vous avoir vu. » LACLOS, **Liais. dang.**, Lett. LXXXI.

9 « Je me suis dit : « Mais il m'aime... il m'aime ! » J'avais peur de m'en assurer, cependant. Votre réserve était si charmante, que j'en jouissais comme d'un hommage involontaire et continu. »
FLAUB., **Éduc. sentim.**, III, VI.

10 « Le poète (*troubadour*) a gagné sa *dame* par la beauté de son hommage musical. Il lui jure à genoux une éternelle fidélité, comme on fait à un suzerain. »
D. de ROUGEMONT, **L'amour et l'Occident**, p. 70.

11 « ... ce gros homme sait rendre hommage à une femme, sait prendre à l'égard d'une femme une attitude qu'elle, Germaine, juge conforme à la fonction masculine. »
ROMAINS, **H. de b. vol.**, t. IV, XII, p. 129.

— *Au plur.* (le plus souvent). V. **Adoration** (cit. 6), **flatterie, soin** (Cf. Embûche, cit. 2 ; fadeur, cit. 6). *Des hommages assidus* (cit. 8). *Femme flattée* (cit. 19) *de recevoir des hommages, avide d'hommages* (Cf. Encensement, cit.). *Conquérir une femme à force d'hommages* (Cf. Arme, cit. 34).

12 « ... comme la beauté est le partage de notre sexe, vous ne sauriez ne nous point aimer, sans nous dérober les hommages qui nous sont dus, et commettre une offense dont nous devons toutes nous ressentir. »
MOL., **Princ. d'Élide**, III, 4.

13 « ... je conserve des yeux pour voir le mérite de toutes, et rends à chacune les hommages et les tributs où la nature nous oblige. »
ID., *Don Juan*, I, 2.

14 « J'ai connu, depuis trois ans, pas mal d'hommages, si j'ose dire, mais qui n'avaient rien de respectueux. Et mon vieux bourgeoisisme, qui veille, s'épanouit en secret, comme s'ils ne demandaient pas, ces hommages-ci, — tout masqués de respect qu'ils veulent être, — la même chose, toujours la même chose... »
COLETTE, *La vagabonde*, p. 61.

15 « C'étaient des hommes de ce genre qui lui faisaient des compliments sur son visage, sur sa taille. Parbleu ! Un laideron aussi complaisant qu'elle eût recueilli les mêmes hommages. »
GREEN, *Léviathan*, I, IX.

16 « Et les bonnes façons de ce galant homme, droit et adroit... devaient agréer à la princesse entre tant d'hommages, parfois plus désinvoltes et plus débraillés que les siens. »
HENRIOT, *Portr. de femmes*, p. 395.

— *Spécialt.* Dans un sens libre :

17 « Après le souper, tour à tour enfant et raisonnable, folâtre et sensible, quelquefois même libertine, je me plaisais à le considérer comme un Sultan au milieu de son sérail, dont j'étais tour à tour les favorites différentes. En effet, ses hommages réitérés, quoique toujours reçus par la même femme, le furent toujours par une maîtresse nouvelle. »
LACLOS, *Liais. dang.*, Lett. X.

— Dans le sens très affaibli d'une simple formule de politesse. V. **Civilité, compliment, devoir, respect.** *Adresser, présenter ses hommages. Daignez agréer, Madame, mes très respectueux hommages. Je dépose* mes hommages à vos pieds.*

18 « J'offre mes vieux hommages à Madame Lacroix... »
STE-BEUVE, *Corresp.*, 1274, 9 déc. 1841, t. IV, p. 183.

19 « ... se découvrire pour présenter ses hommages à la duchesse, avec une si ample révolution du chapeau haut de forme dans sa main gantée de blanc... qu'on s'étonnait que ce ne fût pas un feutre à plume de l'Ancien Régime... »
PROUST, *Rech. t. p.*, t. IX, p. 155.

‖ 3° Marque de vénération, de soumission respectueuse. V. **Culte** (cit. 9). *Rendre hommage à Dieu* (V. **Adorer**), *à sa grandeur* (Cf. Frère, cit. 20), *aux faux dieux* (Cf. Fornication, cit. 3). *En signe d'hommage* (Cf. Ave, Cæsar..., cit.). *Les hommages rendus à une reine* (Cf. Autant, cit. 38), *à un seigneur* (V. **Baisemain**).

20 « Reconnaissons, amis, la céleste puissance :
Allons lui rendre hommage... »
CORN., *Héraclius*, V, 7.

21 « Il verra le sénat m'apporter ses hommages. »
RAC., *Bér.*, I, 5.

22 « Aux feux inanimés dont se parent les cieux
Il rend de profanes hommages. »
ID., *Esther*, II, 8.

23 « L'hommage particulier que je mets à ses pieds (*de Sa Majesté*) pour les hautes bontés dont elle m'honore. »
BUFF., *Hist. nat. min.*, t. VI (in LITTRÉ).

24 « Chaque heure a son tribut, son encens, son hommage,
Qu'elle apporte en mourant aux pieds de Jéhovah. »
LAMART., *Harmonies*, II, XVII.

25 « Ne vous dois-je point hommage ? n'êtes-vous pas le maître céans, ne relevant que de Dieu seul, comme le Roi de France lui-même et l'Empereur Charlemagne ? »
CLAUDEL, *Annonce faite à Marie*, II, 2.

— *Par ext.* Témoignage de respect, d'admiration, de piété, de reconnaissance... V. **Tribut.** *Rendre hommage à quelqu'un.* V. **Honorer** (Cf. Applaudissement, cit. 8). *Rendre hommage au mérite, au talent, à la vertu.* V. **Saluer.** *En hommage aux héros disparus. Cérémonie à l'hommage de... La foule rendit un suprême et émouvant hommage à la dépouille mortelle du grand homme.* V. **Devoir.** *Un hommage chaleureux, éclatant* (Cf. Étriqué, cit. 9), *sincère, spontané, vibrant. Un piètre, triste hommage* (Cf. Flatter, cit. 49). → *Entourer quelqu'un d'hommages flatteurs, obséquieux...* (Cf. Fondre, cit. 23). *Fuir, mépriser, repousser les hommages.*

26 « ... l'hypocrisie est une bonne chose : c'est comme on dit, un hommage que le vice rend à la vertu. »
VOLT., *Polit. et législ.*, t. II, XVI.

27 « J'ai mieux aimé vous donner quelque légère idée du génie de Pétrarque... que de vous répéter ce que tant d'autres ont dit de l'honneur qu'on lui offrit à Paris, de ceux qu'il reçut à Rome, de ce triomphe au Capitole en 1341 ; célèbre hommage que l'étonnement de son siècle payait à son génie alors unique. »
ID., *Essai sur les mœurs*, LXXXII.

28 « ... le silence des vivants est un hommage pour les morts ; ils durent, et nous passons. »
Mᵐᵉ de STAËL, *Corinne*, II, III.

29 « Une inscription, en cette langue millénaire que les étrangers ne réussissent jamais à bien entendre, indique que c'est là un hommage du pays basque au dernier de ses bardes. »
LOTI, *Fig. et choses...*, À Loyola, I.

— *Spécialt.* Dans la langue courtoise et précieuse du XVIIᵉ s. *Rendre hommage aux agréments* (cit. 5), *aux appas* (cit. 17), *aux attraits* (cit. 18) *d'une femme*, les célébrer hautement.

30 « Et, si je rends hommage aux brillants de leurs yeux.
De leur esprit aussi j'honore les lumières. »
MOL., *Fem. sav.*, III, 2.

‖ 4° *Don* respectueux, offrande* (Cf. Étrenne, cit. 2). *Auteur qui fait* (l')*hommage de son livre à quelqu'un, qui le lui dédie*, lui en offre un exemplaire* (généralement dédicacé). *Hommage de l'éditeur. Offrir une œuvre en hommage à...* V. **Dédicacer, dédier.** *Il me fit l'hommage d'une visite.*

Daignez agréer ceci comme un hommage de ma reconnaissance (ACAD.). V. **Expression, témoignage.**

31 « Que ce serait pour vous un hommage trop bas
Que le rebut d'un cœur qui ne vous valait pas ; »
MOL. ; *Misanthr.*, V, 3.

32 « ... j'allai, sans façon, offrir l'hommage de mon respect au roi abdicataire de Sardaigne. » CHATEAUB., *M. O.-T.*, t. II, p. 252.

33 « ... faites-en hommage (*de ces petites choses*) aux enfants inconnus et pauvres que vous rencontrerez. »
BAUDEL., *Spleen de Paris*, Joujou du pauvre.

— *Spécialt.* (Poét.). *Les hommages d'un cœur* (cit. 5), ce par quoi il s'exprime, s'offre.

34 « Oui, si parmi les cœurs soumis à votre empire,
Vos yeux ont discerné les hommages du mien, » VOLT., *Zaïre*, I, 2.

ANT. — **Raillerie** (Cf. Assombrir, cit. 8).

DER. — **Hommagé, ée.** adj. (XVᵉ s.). *Féod.* Tenu en hommage. *Fief hommagé, terre hommagée.* — **Hommager, ère.** adj. (XVIᵉ s.). *Féod.* Qui devait l'hommage. *Serf hommager.* Substant. *Un hommager.*

HOMMASSE. adj. f. (XIVᵉ s. ; de *homme*, II). *Péjor.* Qui ressemble à un homme par les formes grossières, les manières brutales, en parlant d'une femme. V. **Masculin.** *Les sportives sont souvent un peu hommasses. Par ext. Traits, silhouette, manières hommasses.*

1 « Cette madame Thénardier était une femme rousse, charnue, anguleuse ; le type femme-à-soldat dans toute sa disgrâce. Et, chose bizarre, avec un air penché qu'elle devait à des lectures romanesques. C'était une minaudière hommasse. » HUGO, *Misér.*, I, IV, I.

2 « Car il cachait à tous un goût pervers pour sa caissière-comptable, une brune douce, un peu duvetée et hommasse, le cheveu tiré, une médaille au col, qui avouait avec un sourire : « Moi, je tuerais pour un sou. Je suis comme ça. » COLETTE, *Fin de Chéri*, p. 35.

HOMME (*om'* ; *onm'* au XVIᵉ s. et encore au XVIIᵉ). n. m. (*Omne* au Xᵉ s. ; du lat. *hominem*, accus. de *homo*. V. **On**).

I. Être humain ; espèce humaine. V. **Être, humain, -anthrope, anthropo-.** *L'homme, les hommes.* V. **Humanité ; gens.** *Un homme.* V. **Individu, personne.** — REM. En ce sens, HOMME désigne l'humain mâle (Cf. latin *vir*, et *infra*, II) ou femelle (V. **Femme**), il peut ne s'appliquer qu'à des hommes au sens II, mais jamais à des femmes exclusivement. *Un homme* (individualisé) s'entend généralement au masculin (Cf. *infra*, II) et si l'on veut désigner un individu sans détermination de sexe, on emploie de préférence *être humain* ou *personne*.

1 « Un homme ne commence jamais par se poser comme un individu d'un certain sexe : qu'il soit homme, cela va de soi... Le rapport des deux sexes n'est pas celui de deux électricités, de deux pôles : l'homme représente à la fois le positif et le neutre au point qu'on dit en français « les hommes » pour désigner les êtres humains, le singulier du mot « vir » s'étant assimilé au sens général du mot « homo »... de même que pour les Anciens il y avait une verticale absolue par rapport à laquelle se définissait l'oblique, il y a le type humain absolu qui est le type masculin. »
S. de BEAUVOIR, *Deuxième sexe*, I, p. 14.

— *L'homme corps et esprit, dualité de l'homme* (Cf. lat. *Homo duplex*).

2 « Il n'y a rien qui soit entièrement en notre pouvoir que nos pensées ; au moins en prenant le mot de pensée comme je fais, pour toutes les opérations de l'âme. Et il n'y a rien que les choses qui sont comprises sous ce mot, qu'on attribue proprement à l'homme en langue de philosophie : car pour les fonctions qui appartiennent au corps seul, on dit qu'elles se font dans l'homme et non par l'homme. »
DESCARTES, *Lettre à Reneri*, Avril 1638.

3 « L'antithèse de la matière et de l'esprit n'est que l'opposition de deux ordres de techniques. L'erreur de Descartes a été de croire à la réalité de ces abstractions et de regarder le physique et le moral comme hétérogènes. Ce dualisme a pesé lourdement sur toute l'histoire de la connaissance de l'homme. Il a créé le faux problème des relations de l'âme et du corps. » CARREL, *L'homme, cet inconnu*, p. 137.

‖ 1° *Biol.* Mammifère primate*, famille des Hominiens* (*Hominidés*), seul représentant de son espèce (*Homo sapiens*). *L'homme est un animal* très proche des grands singes.* V. **Anthropoïde** (singes anthropoïdes). *Cet animal* (cit. 2) *qu'on appelle homme. On dit proverbialement* « *L'homme descend* (cit. 33) *du singe* ». *Principaux caractères spéciaux à l'homme : station verticale* (Cf. Appui, cit. 3), *différenciation fonctionnelle des mains et des pieds* (Cf. Bimane ; bipède, cit. 1), *bras plus courts que les jambes, menton proéminent, masse plus importante du cerveau, langage articulé, intelligence développée, en particulier faculté d'abstraction et de généralisation* (Cf. Généraliser, cit. 3), *perfectibilité* (Cf. Caractère, cit. 13 ; expérience, cit. 33). — *L'homme et l'évolution*. Les fossiles* ont permis l'étude des formes intermédiaires disparues entre le singe et l'homme actuel, dit Homo sapiens* (Australopithèque, pithécanthrope, sinanthrope, Homo Neanderthalensis ou Homme de Neanderthal...). *Origine de l'homme ; apparition de l'homme sur la terre au début du Quaternaire. Homme préhistorique. Homme des cavernes...* (Cf. Paléontologie* humaine). *Vx. Homme des bois.* V. **Orang-outan.**

4 « Nous avons dit que la nature marche toujours et agit en tout par degrés imperceptibles et par nuances ; cette vérité qui d'ailleurs ne souffre aucune exception, se dément ici tout à fait ; il y a une dis-

tance infinie entre les facultés de l'homme et celles du plus parfait animal, preuve évidente que l'homme est d'une différente nature, que seul il fait une classe à part, de laquelle il faut descendre en parcourant un espace infini avant que d'arriver à celle des animaux, car si l'homme était de l'ordre des animaux, il y aurait dans la nature un certain nombre d'êtres moins parfaits que l'homme et plus parfaits que l'animal, par lesquels on descendrait insensiblement et par nuances de l'homme au singe ; mais cela n'est pas, on passe tout d'un coup de l'être pensant à l'être matériel... »
BUFF., **Hist. nat. de l'homme,** De la nat. de l'homme.

5 « ... pour le biologiste, l'homme est un animal, un animal comme les autres. » Jean ROSTAND, **L'homme,** I.

6 « Nous connaissons, d'une part, des Hommes fossiles nettement inférieurs à l'homme d'aujourd'hui ; d'autre part, des êtres fossiles nettement supérieurs aux singes actuels, et que nous hésitons, du moins pour quelques-uns, à classer parmi les Hominidés ou parmi les animaux... Le Plésianthrope, le Paranthrope, le Sinanthrope, le Pithécanthrope, les Hommes de Piltdown, de Heidelberg et de Néanderthal : c'est là en tout cas, une suite de formes préhumaines et humaines qui, si elles étaient parvenues jusqu'à nos jours, combleraient la lacune entre la bête et nous. » ID., **Ibid.,** VIII.

7 « Loin de constituer dans la Nature une incompréhensible exception, l'Homme se rattache décidément, par une longue série d'ancêtres, au tronc commun d'où sont successivement issus les différents groupes d'animaux qui l'accompagnent sur le globe. Cette notion, admise aujourd'hui par la grande majorité des biologistes, ne s'est point imposée sans luttes : le problème des origines de l'Homme est de ceux qui ont soulevé des tempêtes à cause des controverses métaphysiques et extra-scientifiques auxquelles il a donné lieu. Et aujourd'hui même, malgré l'évidence de faits tels que ceux révélés par la découverte des Pithécanthropidés et des Australopithécidés qui réalisent d'une façon pour ainsi dire idéale ces chaînons intermédiaires réclamés par les adversaires de la descendance... beaucoup d'esprits excellents répugnent encore, plus ou moins ouvertement, à l'idée de notre parenté animale. »
C. ARAMBOURG, **Genèse de l'humanité,** p. 7 (éd. P.U.F.).

8 « En 1950 enfin, l'Église a précisé sa position. Elle proclame que les catholiques ont la plus entière liberté d'être transformistes... Un seul point touche le dogme catholique, l'apparition de l'homme. Si l'« hypothèse » qui explique l'origine de son corps par l'évolution peut être admise, il ne saurait en être de même pour son âme qui suppose une intervention spéciale de Dieu. De plus, pour cette même origine, l'encyclique écarte l'hypothèse du polygénisme qui ferait apparaître l'humanité sur plusieurs points du globe à la fois ; »
J. CARLES, **Le transformisme,** p. 24 (éd. P.U.F.).

9 « La découverte de tels vestiges revêt pour nous une importance extrême puisqu'elle signe en quelque sorte l'acte de naissance de l'homme actuel ; aussi peut-on dire que mille fois déjà on a signalé notre présence dans le Quaternaire moyen ou ancien et même dans le Tertiaire plus ou moins éloigné... Aucune de ces découvertes, si lourdes de signification philosophique, n'a résisté jusqu'à présent à l'examen scientifique et, récemment encore, l'homme de Piltdown, qui servait de pivot depuis de longues années aux théories sur l'apparition des formes actuelles, a été écarté. »
LEROI-GOURHAN, in **Hist. univ. I,** p. 27 (Encycl. Pléiade).

— *L'homme à la pointe de l'évolution. Avenir de l'homme en tant qu'espèce.*

10 « ... en un seul point (*de la vie*) l'obstacle a été forcé, l'impulsion a passé librement. C'est cette liberté qu'enregistre la forme humaine. Partout ailleurs que chez l'homme, la conscience s'est vu acculer à une impasse : avec l'homme seul elle a poursuivi son chemin. L'homme continue donc indéfiniment le mouvement vital, quoiqu'il n'entraîne pas avec lui tout ce que la vie portait en elle... L'ensemble du monde organisé devient comme l'humus sur lequel devait pousser ou l'homme lui-même ou un être qui, moralement, lui ressemblât. »
BERGSON, **Évol. créatrice,** pp. 266-267.

11 « Ce n'est plus la biologie et ses lois, qui dirigent le monde, mais l'Homme et ses fantaisies... L'apparition de l'intelligence a tout bouleversé : la vie s'est donné un maître qui prétend se servir d'elle et non plus la servir, et c'est pourquoi nous pouvons croire que l'homme ne sera pas dépassé par l'évolution... Une autre évolution s'est amorcée, et sa marche est rapide car ici tout acquis s'hérite et n'a pas besoin de l'effet du temps pour s'inscrire dans le futur : tout se passe hors de l'organisme et la biologie n'est plus en cause, car le facteur du progrès est l'éducation. »
J. CARLES, **Le transformisme,** pp. 117-118 (éd. P.U.F.).

— Spécialt. *L'homme caractérisé par son aptitude à l'invention et à l'utilisation des outils* (Homo faber), *à la pensée* (Homo sapiens), *à la parole* (Homo loquax).

12 « ... il est de l'essence de l'homme de créer matériellement et moralement, de fabriquer des choses et de se fabriquer lui-même. *Homo faber,* telle est la définition que nous proposons. *L'Homo sapiens,* né de la réflexion de *l'Homo faber* sur sa fabrication, nous paraît tout aussi digne d'estime tant qu'il résoud par la pure intelligence les problèmes qui ne dépendent que d'elle : ... Le seul qui nous soit antipathique est l'*Homo loquax,* dont la pensée, quand il pense, n'est qu'une réflexion sur sa parole. »
BERGSON, **La pensée et le mouvant,** pp. 91-92.

|| **2°** (Physique, corps de l'homme). V. **Corps** (humain). *Étude des proportions chez l'homme.* V. **Anthropométrie.** *Représentation de l'homme dans l'art* (V. **Portrait, statue** et Cf. Gothique, cit. 14), *interdite par certaines religions* (Islam, judaïsme...).

13 « En vérité, je crois que l'homme, et par l'homme j'entends aussi la femme, est le plus vilain animal qui soit sur la terre. Ce quadrupède qui marche sur ses pieds de derrière me paraît singulièrement présomptueux de se donner de son plein droit le premier rang dans la création. Un lion, un tigre, sont plus beaux que les hommes, et dans leur espèce beaucoup d'individus atteignent à toute la beauté qui lui est propre. Cela est extrêmement rare chez l'homme. — Que d'avortons pour un Antinoüs ! que de Got(h)ons pour une Philis. »
GAUTIER, **Mlle de Maupin,** II, p. 71.

« Pour la statuaire antique, la partie mobile du visage : les yeux et la bouche, compte peu ; mais la statuaire chrétienne s'attachera passionnément à elle. Lorsque, dans un musée, nous arrivons aux salles gothiques, il nous semble rencontrer les premiers hommes vrais. » 14
MALRAUX, **Voix du silence,** p. 219.

— *Étude de l'homme, du corps humain dans sa constitution et son fonctionnement.* V. **Anatomie, biologie, physiologie.** *Fonctions* de nutrition*, de relation*, de reproduction* chez l'homme. Sens* de l'homme* (Cf. Autant, cit. 43). *Sexe* de l'homme.* V. **Femme, homme** (II) ; **androgyne, hermaphrodite.** *Vie* de l'homme.* V. **Naissance, enfance, adolescence, maturité, vieillesse, mort.** *La durée moyenne de la vie de l'homme augmente progressivement. Vivre trois âges* (cit. 4) *d'homme. Les excès abrègent* (cit. 6) *les jours de l'homme. Santé* de l'homme.* V. **Chirurgie, médecine*, pathologie.**

« ... la longévité diminue, bien que la durée moyenne de la vie soit plus grande... Avant de rendre plus longue la vie des hommes, il faut trouver le moyen de conserver jusqu'à la fin leurs activités organiques et mentales. » CARREL, **L'homme, cet inconnu,** V. 15

— *Types d'hommes classés d'après leurs caractères physiques héréditaires.* V. **Race* ; anthropologie** (cit. 2), **ethnologie.** *Diversité d'aspect des hommes en tant qu'individus.*

« Parmi les hommes que nous connaissons, ou par nous-mêmes, ou par les historiens, ou par les voyageurs, les uns sont noirs, les autres blancs, les autres rouges ; les uns portent de longs cheveux, les autres n'ont que de la laine frisée ; les uns sont presque tout velus, les autres n'ont pas même de barbe. Il y a eu, et il y a peut-être encore, des nations d'hommes d'une taille gigantesque ; et, laissant à part la fable des Pygmées, qui peut bien n'être qu'une exagération, on sait que les Lapons, et surtout les Groenlandais, sont fort au-dessous de la taille moyenne de l'homme. » 16
ROUSS., **De l'inégalité parmi les hommes,** Notes.

« L'Homme est extrêmement divers. Nul n'ignore qu'il existe des races humaines, fort dissemblables, et que, même à l'intérieur de la race la plus pure, les individus présentent des différences manifestes. » 17
Jean ROSTAND, **L'homme,** I.

|| **3°** Philos. *L'homme, être* pensant* (Cf. Assurer, cit. 43 ; grandeur, cit. 20). *L'homme se distingue de la bête* (cit. 1 à 4) *par la raison.* — *Nature*, essence de l'homme* (Cf. Essentialisme, cit.). *Conceptions matérialistes, spiritualistes de l'homme.* V. **Âme, esprit.** « *L'homme-machine* », œuvre de La Mettrie. *L'homme est un animal* (cit. 8) *raisonnable,* « *une intelligence servie par des organes* » (DE BONALD), *un être* (cit. 13) *moral, un animal éducable* (Cf. Franchement, cit. 3), *un animal* (cit. 6) *sociable, un être social* (Cf. Autonome, cit. 3). *L'homme est borné par sa nature même* (Cf. Borne, cit. 9 ; cesser, cit. 12). *L'homme n'est pas un pur esprit. L'homme n'est pas encore accompli* (Cf. Dépasser, cit. 20).

« Mais qu'est-ce qu'un homme ? Dirai-je que c'est un animal raisonnable ? Non certes : car il me faudrait (par) après rechercher ce que c'est qu'animal et ce que c'est que raisonnable, et ainsi d'une seule question je tomberais insensiblement en une infinité d'autres plus difficiles... » DESCARTES, **Médit.,** II. 18

« ... qu'est-ce donc que l'homme ? est-ce un prodige ? est-ce un composé monstrueux de choses incompatibles ? ou bien est-ce une énigme inexplicable ? » BOSS., **Sermon p. profess. Mme de La Vallière.** 19

« L'homme n'est pas une intelligence servie par des organes, mais plutôt une intelligence empêchée souvent par l'organisation... Les organes servent les passions et l'imagination ; ils asservissent l'intelligence et la raison toutes les fois qu'ils ne sont pas soumis à la volonté. » MAINE de BIRAN, **Œuvres,** t. XII, p. 222. 20

« L'homme sans aucun appui et sans aucun secours est condamné chaque instant à inventer l'homme. Ponge a dit dans un très bel article « L'homme est l'avenir de l'homme ». 21
SARTRE, **L'existentialisme est un humanisme,** p. 38.

|| **4°** *Psychologie de l'homme. Vie active, affective, intellectuelle de l'homme* (*Homme intérieur, homme moral*). *Instincts de l'homme* (*Homme charnel*). *Volonté de l'homme. Mémoire de l'homme.* Loc. *De mémoire* d'homme.* — *L'homme est mortel et aspire à l'immortalité*. L'homme poursuit la vérité absolue* (cit. 17 ; Cf. Dieu, cit. 30) *et ne peut avoir de certitude* (Cf. Acquérir, cit. 19 ; Dieu, cit. 3). *L'homme veut être heureux* (Cf. Bonheur, cit. 13), *est né pour le bonheur* (cit. 31) ; *le bonheur* (cit. 12) *n'est pas fait pour l'homme. L'homme, destiné à souffrir.* « *L'homme est un apprenti* (cit. 9), *la douleur est son maître* » (MUSSET). *L'homme a des besoins moraux, esthétiques, religieux...* (*infra,* 6°). *Qualités et défauts des hommes. Instabilité, contradictions de l'homme* (Cf. Accord, cit. 15 ; attacher, cit. 60). *Ingratitude des hommes* (Cf. Flétrissure, cit.). *Orgueil de l'homme* (Cf. Hautement, cit. 7). *Corruption de l'homme* (Cf. *infra,* 6° ; et *aussi* Béatitude, cit. 1 ; excellence, cit. 2). *Méchanceté, malice des hommes* (Cf. Authentique, cit. 6). *L'homme considéré comme naturellement bon* (Cf. Barbarie, cit. 15 ; déviation, cit. 3) *ou naturellement méchant* (*infra,* 7°, cit.). *L'homme est un méchant animal* (cit. 4), *un sot animal* (cit. 5). *L'homme n'est ni ange* (cit. 14) *ni bête* (PASCAL). *L'homme n'est d'abord rien, il est ce qu'il se fait* (Cf. Essence, cit. 8). *L'homme, responsable de ce qu'il est* (Cf. Existentialisme, cit. 2).

« Certes, c'est un sujet merveilleusement vain, divers et ondoyant, que l'homme. » MONTAIGNE, **Essais,** I, I. 22

« De tous les animaux l'homme a le plus de pente 23
A se porter dedans l'excès. » LA FONT., **Fabl.,** IX, 11.

24 « Il n'y a rien que les hommes aiment mieux à conserver et qu'ils
ménagent moins, que leur propre vie. »
LA BRUY., Caract., De l'Homme, 34.

25 « Ne nous emportons point contre les hommes en voyant leur dureté,
leur ingratitude, leur injustice, leur fierté, l'amour d'eux-mêmes,
et l'oubli des autres : ils sont ainsi faits, c'est leur nature, c'est
ne pouvoir supporter que la pierre tombe ou que le feu s'élève. »
ID., Ibid., 1.

26 « L'homme est très fort quand il se contente d'être ce qu'il est :
il est très faible quand il veut s'élever au-dessus de l'humanité. »
ROUSS., Émile, II.

27 « Les hommes sont méchants, une triste et continuelle expérience
dispense de la preuve ; cependant l'homme est naturellement bon...
Qu'est-ce donc qui peut l'avoir dépravé à ce point, sinon les changements survenus dans sa constitution, les progrès qu'il a faits et les
connaissances qu'il a acquises ? »
ID., Disc. inégal. parmi les hommes, Notes.

28 « Hélas, ai-je pensé, malgré ce grand nom d'Hommes,
Que j'ai honte de nous, débiles que nous sommes ! »
VIGNY, Poèm. philos., La mort du loup, III.

29 « L'homme fait des progrès en tous sens : il commande à la matière,
c'est incontestable, mais il n'apprend pas à se commander lui-même. »
DELACROIX, Écrits, Journal, p. 74.

30 « Beaucoup de choses sont admirables, mais rien n'est plus admirable que l'homme. »
GIDE, Œdipe, I, p. 63.

31 « Ce que je vois d'abord dans l'homme, c'est son malheur. Le
malheur de l'homme est la merveille de l'univers. »
BERNANOS, Grands cimetières sous la lune, p. 280.

32 « ... l'Homme, il faut le reconnaître, possède un fond d'instincts
mauvais, haineux, avides, agressifs, ce qui ne doit pas nous étonner
outre mesure puisque les Singes, auxquels devaient ressembler
nos aïeux, ne sont pas précisément des bêtes altruistes. »
Jean ROSTAND, L'homme, X.

— Absolt. L'homme considéré dans ses qualités. Être digne
du nom d'homme (Cf. Bataille, cit. 17). Criminel indigne
du nom d'homme (Cf. Altérer, cit. 18). Pour former un
homme, il faut être homme soi-même (Cf. Entreprendre,
cit. 8). Les œuvres d'art, dont la connaissance fait de nous
des hommes (Cf. Aborder, cit. 12).

33 « Je veux que l'on soit homme, et qu'en toute rencontre
Le fond de notre cœur dans nos discours se montre. »
MOL., Misanthr., I, 1.

34 « Si tu peux rencontrer Triomphe après Défaite
Et recevoir ces deux menteurs d'un même front,....
Tu seras un homme, mon fils. »
MAUROIS, Trad. de KIPLING, in Silences col. Bramble, XIV.

35 « ... on n'est pas un homme tant qu'on n'a pas trouvé quelque chose
pour quoi on accepterait de mourir. »
SARTRE, Âge de raison, p. 129.

— L'homme considéré dans ses faiblesses. Ce n'est qu'un
homme. J'ai le cœur aussi bon (cit. 36) mais enfin je suis
homme. Pour être dévot je n'en suis pas moins homme
(Cf. Appât, cit. 15).

36 « ... c'est à tort que sages on nous nomme ;
... dans tous les cœurs il est toujours de l'homme. »
MOL., Misanthr., V, 4.

— (L'homme moral individuel). Différence, ressemblance
entre les hommes. La vertu fait la différence entre les
hommes (Cf. Aïeul, cit. 4). S'il y a quelque chose de plus
abject (cit. 3) que l'homme c'est beaucoup d'hommes. Le
commun des hommes (Cf. Apercevoir, cit. 15). Distinguer
quelqu'un du reste des hommes (Cf. Arcane, cit. 4). Les
derniers des hommes (Cf. Canaille, cit. 6). Le plus malheureux des hommes (Cf. Ange, cit. 19 ; bambin, cit. 2).

37 « Plutarque trouve en quelque lieu qu'il ne trouve point si grande
distance de bête à bête, comme il trouve d'homme à homme... j'en-
chérirais volontiers sur Plutarque ; et dirais qu'il y a plus de
distance de tel à tel homme qu'il n'y a de tel homme à telle bête... »
MONTAIGNE, Essais, I, XLII.

38 « À mesure qu'on a plus d'esprit, on trouve qu'il y a plus d'hommes
originaux : les gens du commun ne trouvent pas de différence entre
les hommes. »
PASCAL, Pensées, I, 7.

39 « L'Homme se distingue des hommes. On ne dit rien d'essentiel sur
la cathédrale, si l'on ne parle que des pierres. On ne dit rien
d'essentiel sur l'Homme, si l'on cherche à le définir par des qualités
d'homme. »
ST-EXUP., Pilote de guerre, XXVII.

40 « L'homme est plus intéressant que les hommes ; ... Chacun est
plus précieux que tous. »
GIDE, Journal, Littér. et morale.

— (Connaissance, appréciation de l'homme du point de
vue intellectuel, moral. V. Psychologie*). L'homme se
connaît* en s'observant soi-même (V. Introspection) et en
observant les autres (Cf. Agir, cit. 5 ; approfondir, cit. 7
et 13 ; attendre, cit. 79 ; étude, cit. 28 ; fait, cit. 26 ; général,
cit. 24). Avoir l'expérience (cit. 13) des hommes. Juger des
hommes (Cf. Approfondir, cit. 8). Peindre les hommes
(Cf. Assujettir, cit. 12 ; éternel, cit. 19 ; étudier, cit. 16).
Moraliste* qui étudie les hommes (Cf. Approfondir, cit. 11).
Croire aux hommes, avoir foi (cit. 21) en l'homme. Aimer
les hommes. V. Philanthropie (Cf. Estimer, cit. 5). Haïr
les hommes. V. Misanthropie (Cf. Général, cit. 17).

41 « ... j'ai cru trouver au moins bien des compagnons en l'étude de
l'homme, et que c'est la vraie étude qui lui est propre. J'ai été
trompé ; il y en a encore moins qui l'étudient que la géométrie. Ce
n'est que manque de savoir étudier cela qu'on cherche le reste ; »
PASC., Pensées, II, 144.

42 « On ne peut corriger les hommes qu'en les faisant voir tels qu'ils
sont. »
BEAUMARCH., Mar. Fig., Préf.

43 « Homme, nul n'a sondé le fond de tes abîmes. »
BAUDEL., Fl. du mal, L'homme et la mer.

44 « L'homme est un tout indivisible d'une extrême complexité. Il est
impossible d'avoir de lui une conception simple. Il n'existe pas de méthode capable de le saisir à la fois dans son ensemble, ses parties
et ses relations avec le monde extérieur. Son étude doit être abordée
par des techniques variées. Elle utilise plusieurs sciences distinctes. »
CARREL, L'homme, cet inconnu, p. 2.

45 « Je nourris... une confiance pleine, une foi vivace et sans défaillance, dans les infinies ressources de l'homme, parce que je sais
que certaines richesses sont en lui, alors même qu'il les ignore et
cherche à les déprécier. »
DANIEL-ROPS, Monde sans âme, VIII.

46 « La littérature française s'est proposé de peindre en pied, inlassablement, l'homme ; je dis bien l'homme individuel et l'homme
social, l'homme intérieur et l'homme extérieur, l'homme visible et
l'homme invisible, l'homme subjectif et l'homme objectif. »
DUHAM., Défense des lettres, IV, I.

47 « Nous sommes mal renseignés sur les hommes, parce que nos relations courantes sont trop superficielles. On ne voit que des vices,
des travers et des vertus... Hors de l'amitié, de l'amour et de quelques
liens du sang, je ne veux pas savoir ce qu'on pense des hommes.
Si on ne peut les aimer, qu'on ne m'en parle pas. »
CHARDONNE, Amour du prochain, pp. 22-24.

48 « ... on ne peut admettre qu'un homme puisse porter un jugement
sur l'homme... l'existentialiste ne prendra jamais l'homme comme fin,
car il est toujours à faire. »
SARTRE, L'existentialisme est un humanisme, p. 91.

|| 5° (Place, action de l'homme physique et moral dans
l'univers). L'homme et la réalité du monde extérieur. Le
monde existe (cit. 5) en dehors de l'homme. L'homme se
prend volontiers pour le centre (cit. 22) de l'univers. V.
Anthropocentrisme. Petitesse, fragilité relatives de l'homme
(Cf. Atome, cit. 11 et 14 ; ciron, cit. 1 ; hauteur, cit. 4).
L'homme et les deux infinis* de Pascal. Domination de
l'homme sur la nature (Cf. Assujettir, cit. 28 ; captation,
cit. 1). Théorie qui prend l'homme pour fin. V. Humanisme.
Mettre à la portée de l'homme. V. Humaniser. — Liberté*
de l'homme (Cf. Hasard, cit. 6 et 28). L'homme et la nécessité ; l'homme et le destin, la fatalité (cit. 6) ; l'homme
et Dieu, et la Providence (infra, 6°).

49 « La plus calamiteuse et frêle de toutes les créatures, c'est l'homme,
et quant et quant (à la fois) la plus orgueilleuse. »
MONTAIGNE, Essais, II, XII.

50 « Considérons donc pour cette heure l'homme seul, sans secours
étranger, armé seulement de ses armes... Est-il possible de rien
imaginer (de) si ridicule que cette misérable et chétive créature, qui
n'est pas seulement maîtresse de soi, exposée aux offenses de toutes
choses, se dit maîtresse et emperière (impératrice) de l'univers, duquel
il n'est pas en sa puissance de connaître la moindre partie, tant s'en
faut de la commander ? »
ID., Ibid.

51 « Car, enfin, qu'est-ce que l'homme dans la nature ? Un néant à
l'égard de l'infini, un tout à l'égard du néant, un milieu entre rien
et tout. Infiniment éloigné de comprendre les extrêmes, la fin des
choses et leurs principes sont pour lui invinciblement cachés dans
un secret impénétrable, également incapable de voir le néant d'où
il est tiré, et l'infini où il est englouti. »
PASC., Pensées, II, 72.

52 « L'homme n'est qu'un roseau, le plus faible de la nature ; mais
c'est un roseau pensant. Il ne faut pas que l'univers entier s'arme
pour l'écraser : une vapeur, une goutte d'eau, suffit pour le tuer.
Mais, quand l'univers l'écraserait, l'homme serait encore plus noble
que ce qui le tue, parce qu'il sait qu'il meurt, et l'avantage que
l'univers a sur lui ; l'univers n'en sait rien. »
ID., Ibid., VI, 347.

53 « Il est donc vrai que l'homme est le roi de la terre qu'il habite ;
car non seulement il dompte tous les animaux, non seulement il dispose des éléments par son industrie, mais lui seul sur la terre en sait
disposer, et il s'approprie encore, par la contemplation, les astres
mêmes dont il ne peut approcher. »
ROUSS., Émile, IV.

54 « L'homme est le vainqueur des chimères, la nouveauté de demain,
la régularité dont gémit le chaos, le sujet de la conciliation. Il juge
de toutes choses. Il n'est pas imbécile. Il n'est pas ver de terre. C'est
le dépositaire du vrai, l'amas de certitude, la gloire, non le rebut de
l'univers. S'il s'abaisse, je le vante. S'il se vante, je le vante davantage. »
LAUTRÉAMONT, Chants de Maldoror, Poésies, p. 288.

55 « On ne se lasse pas de répéter que l'homme est bien peu de chose
sur la terre, et la terre dans l'univers. Pourtant, même par son corps,
l'homme est loin de n'occuper que la place minime qu'on lui octroie
d'ordinaire, et dont se contentait Pascal lui-même quand il réduisait
le « roseau pensant » à n'être, matériellement, qu'un roseau. Car si
notre corps est la matière à laquelle notre conscience s'applique, il
est coextensif à notre conscience, il comprend tout ce que nous perce-
vons, il va jusqu'aux étoiles. »
BERGSON, Deux sources morale et relig., p. 274.

56 « L'Homme mesure des choses ; »
VALÉRY, Regards sur le monde actuel, p. 316.

57 « L'homme exploite, défriche, ensemence, construit, déboise, fouille
le sol, perce des monts, discipline les eaux, importe des espèces. »
ID., Ibid., p. 117.

|| 6° (L'homme et la religion*). Homme de toutes les
religions. Les dieux et les hommes. V. Mortel. Évolution de
la notion de Dieu dans l'esprit de l'homme. Dieu considéré
comme créant l'homme, comme conçu par l'homme. « Dieu
sans l'homme n'est pas plus que l'homme sans Dieu »
(cit. 10, HEGEL). « Les dieux (cit. 18) passent comme les
hommes ». — Allus. littér. Jupiter créa les hommes dans
un accès (cit. 11) de misanthropie (HUGO).

58 « (Bonstetten) m'a cependant exprimé une idée assez piquante sur l'origine des idées religieuses. L'homme actif rencontre au dehors des résistances et se fait des dieux ; l'homme contemplatif éprouve au dedans un besoin vague et se fait un Dieu. »
B. CONSTANT, **Journ. int.**, 10 juill. 1804, p. 192.

59 « On a souvent attribué les premières conceptions religieuses à un sentiment de faiblesse et de dépendance, de crainte et d'angoisse qui aurait saisi l'homme quand il entra en rapports avec le monde... les premières religions ont une tout autre origine... »
DURKHEIM, **Formes élément. de la vie relig.**, p. 320.

60 « Longtemps, l'homme a été distrait de la vie par des esprits malins, le culte des morts et des divinités, le souci de sa tombe et de sa survie. Puis il s'est mis à travailler, découvrant dans sa tâche l'équivalent des réconforts célestes... »
CHARDONNE, **Amour du proch.**, p. 157.

61 « Sa tâche (de Bruno Bauer) sera de montrer que la distinction entre l'humain et le divin est illusoire, qu'elle n'est pas autre chose que la distinction entre l'essence de l'humanité, c'est-à-dire la nature humaine, et l'individu. « Le mystère de Dieu n'est que le mystère de l'amour de l'homme pour lui-même ». »
CAMUS, **L'homme révolté**, p. 183.

— (Dans le dogme chrétien). *L'homme créature de Dieu.* V. **Créature.** *Dieu créa* (cit. 1) *l'homme à son image. Innocence* première de l'homme. Péché* de l'homme. L'Éternel se repentit d'avoir fait l'homme sur la terre* (Cf. Affliger, cit. 11). *L'homme déchu* (cit. 6 et 7). *Grandeur* et faiblesse* (cit. 15) *de l'homme* (Cf. Avantageux, cit. 2). *Grandeur et bassesse* (cit. 2 et 16), *misère de l'homme* (Cf. Etat, cit. 82). *Le Christ a racheté les hommes.* V. **Rédemption** (Cf. Balancer, cit. 23 ; endurcissement, cit. 3). *Régénération* des hommes par le baptême*. Fins de l'homme* (Cf. Blesser, cit. 14). *L'homme est fait pour Dieu* (cit. 4). *Vie éternelle de l'homme après sa mort. Jugement* dernier. L'homme et la Providence divine, la grâce...* « *L'homme s'agite* (cit. 17) *mais Dieu le mène* ». — PROV. *L'homme propose, Dieu dispose.*

62 « Puis Dieu dit : « Faisons l'homme à notre image, selon notre ressemblance, et qu'il domine sur les poissons de la mer, sur les oiseaux du ciel, sur les animaux domestiques et sur les reptiles qui rampent sur la terre. » BIBLE (CRAMP.), **Genèse**, I, 26.

63 « Car l'homme propose et Dieu dispose, et la voie de l'homme n'est pas dans le pouvoir de l'homme. »
L'Imit. de Jésus-Christ, I, chap. XIX, 2 (in GUERLAC).

64 « Crains Dieu et garde ses commandements, car c'est là tout l'homme. » BOSS., **Orais. fun. duch. d'Orl.**

65 « ... il est une conviction dans l'homme, celle de sa chute, de son péché, d'où vient partout l'idée des sacrifices et du rachat. »
BALZ., **Curé de village**, Œuvr., t. VIII, p. 652.

66 « Le christianisme, qui ne considère l'homme actuel qu'à titre de créature déchue, ne craint pas d'insister sur les vices de la nature, à qui il veut faire sentir le besoin d'un remède et d'une restauration surnaturelle. »
STE-BEUVE, **Causeries du lundi**, 18 nov. 1850, t. III, p. 128.

67 « Or, ce n'était plus l'Homme en sa gloire première,
Tel qu'Iavèh le fit pour la félicité,
Calme et puissant, vêtu d'une mâle beauté,
Chair neuve où l'âme vierge éclatait en lumière
Devant la vision de l'immortalité. »
LECONTE DE LISLE, **Poèmes barbares**, La fin de l'homme.

68 « Ma poésie ne consistera qu'à attaquer, par tous les moyens, l'homme, cette bête fauve, et le Créateur, qui n'aurait pas dû engendrer une pareille vermine. »
LAUTRÉAMONT, **Chants de Maldoror**, II, p. 63.

69 « Durant des siècles ma civilisation a contemplé Dieu à travers les hommes. L'homme était créé à l'image de Dieu. On respectait Dieu en l'homme. Les hommes étaient frères en Dieu. Ce reflet de Dieu conférait une dignité inaliénable à chaque homme. »
SAINT-EXUP., **Pilote de guerre**, XXVI.

— En T. de Religion. *Homme de péché* (V. **Pécheur**). *Le vieil homme,* l'homme *qui a des habitudes de péché. Dépouiller* (cit. 17) *le vieil homme. Paix* sur la terre aux hommes de bonne volonté** (Cf. Gloire, cit. 49). — REM. Certaines bibles donnent de ce verset une traduction différente : *Gloire à Dieu dans les lieux très hauts, Et paix sur la terre parmi les hommes qu'il agrée* (SEGOND).

70 « ... notre vieil homme a été crucifié avec lui, afin que le corps du péché soit détruit, et que désormais nous ne soyons plus asservis au péché. » BIBLE (SACY), **Épître St Paul aux Romains**, VI, 6.

71 « Mais égoïste, avide de soins et de dépendance, je voulais que l'univers entier s'occupât de moi... et, à l'âge de cinq ans, je n'avais pas encore dépouillé le vieil homme. » FRANCE, **Petit Pierre**, XIX.

— Spécialt. *Dieu parmi les hommes.* V. **Christ.** *Le Christ s'est fait* (cit. 235) *homme.* V. **Incarnation.** *Le Fils de Dieu fait homme, le Fils* (cit. 12) *de l'homme, l'Homme-Dieu : le Christ. Le Christ, vrai Dieu* (cit. 38) *et vrai homme. L'homme de douleur, le Christ de la Passion** (Cf. Faire, cit. 234).

|| 7° *L'homme et la société.* V. **Humanité, société, sociologie.** *Les hommes vivent en société* (Cf. Ethnographie. cit. 2 et 3). *Société des hommes* (Cf. Bon, cit. 85). *Instinct social de l'homme. La société à l'origine de l'histoire de l'homme.* — (Au XVIIIe s.) « *L'homme sauvage* (Cf. Etat. cit. 99), *l'homme de la nature* » (ROUSSEAU, Cf. Gâter, cit. 31), opposé à « *l'homme social*. » — « *Ni à l'état sauvage, ni à l'état civilisé, l'homme ne vit normalement à l'état isolé* » (GIDDINGS).

72 « L'on demande pourquoi tous les hommes ensemble ne composent pas comme une seule nation, et n'ont point voulu parler une même langue, vivre sous les mêmes lois, convenir entre eux des mêmes usages et d'un même culte ; et moi, pensant à la contrariété des esprits, des goûts et des sentiments, je suis étonné de voir jusques à sept ou huit personnes se rassembler sous un même toit, dans une même enceinte, et composer une seule famille. »
LA BRUY., **Caract.**, De l'homme, 16.

73 « Les hommes ne sont point faits pour être entassés en fourmilières, mais épars sur la terre qu'ils doivent cultiver... L'homme est de tous les animaux celui qui peut le moins vivre en troupeaux. »
ROUSS., **Émile**, I.

74 « Tous les hommes qu'on a découverts dans les pays les plus incultes et les plus affreux vivent en société... Quelques mauvais plaisants ont abusé de leur esprit jusqu'au point de hasarder le paradoxe étonnant que l'homme est originairement fait pour vivre seul comme un loup-cervier, et que c'est la société qui a dépravé la nature... Chaque animal a son instinct ; et l'instinct de l'homme, fortifié par la raison, le porte à la société comme au manger et au boire. »
VOLT., **Dict. philos.**, Homme.

— *Rapports des hommes entre eux. L'homme et son prochain*, son semblable*.* V. **Autrui** (Cf. Assujettir, cit. 27, aumône, cit. 10). — *Fraternité* (cit. 3, 4 et 5) *des hommes ; rivalité, hostilité des hommes* (Cf. Haïr, cit. 41 et 43). *L'homme est un loup pour l'homme* (Homo homini lupus, PLAUTE). — PROV. *Nul ne peut se vanter de se passer des hommes* (SULLY PRUDHOMME). *Opinion, jugement, justice des hommes* (Cf. Attendre, cit. 80 ; briser, cit. 16). *Jurer* devant Dieu et devant les hommes* (Cf. Accusé, cit. 2). — *L'homme et sa condition sociale.* V. **Classe.** *Exploitation* (cit. 9 et 10) *de l'homme par l'homme.* « *L'homme est né libre et partout il est dans les fers* », ROUSSEAU. Cf. *aussi* Esclave, cit. 2). *Discours sur l'inégalité parmi les hommes,* de Rousseau. *Déclaration des droits de l'homme et du citoyen* (Cf. Abus, cit. 3 ; force, cit. 48). *Droits naturels et imprescriptibles de l'homme* (Cf. Association, cit. 8). *L'homme protégé, brimé par la société.* « *L'homme révolté* », œuvre de A. Camus. *L'homme et l'État*.*

75 « Les hommes naissent inégaux. Le grand bienfait de la société est de diminuer cette inégalité autant qu'il est possible... »
JOUBERT, **Pensées**, XIV, XXXVIII.

76 « Nulle aumône n'apaisera la colère des hommes qui n'auront pas pu être des hommes, parce que la société ne l'aura pas voulu. »
DANIEL-ROPS, **Ce qui meurt...**, p. 139.

— Humain, personne humaine (*par oppos. à la fonction, au rang*). *Les prêtres, les rois sont des hommes* (Cf. Autre, cit. 2). *Sous l'artiste on veut atteindre l'homme* (Cf. Gratter, cit. 15). « *On s'attendait à voir un auteur* (cit. 30), *et on trouve un homme* ».

77 « ... ils (les rois) sont, comme nous sommes,
Véritablement hommes
Et meurent comme nous. » MALHERBE, **Paraphr. du Ps. CXLV.**

78 « La femme tient grande place dans l'histoire de ces rois. Par ce côté, ils sont hommes ; la nature est forte chez eux ; c'est presque l'unique intérêt pour lequel ils se mettent quelquefois mal avec l'Église. » MICHELET, **Hist. de France**, IV, V.

79 « Ce ne sont pas des soldats : ce sont des hommes. Ils attendent le signal de la mort le meurtre ; mais on voit, en contemplant leurs figures entre les rayons verticaux des baïonnettes, que ce sont simplement des hommes. » BARBUSSE, **Le feu**, XX, t. II, p. 27.

— (Influence, action de la société et de la civilisation sur l'homme). *La société a dépravé, a amélioré l'homme. Évolution de l'homme dans la société.* V. **Histoire.** *L'homme civilisé. L'homme du moyen âge, de la Révolution... Les hommes de la génération de...* (Cf. Apporter, cit. 33). — *L'homme et le progrès*. L'homme futur* (Cf. Fusion, cit. 9). *L'homme et la technique, la machine. L'homme dans la vie économique* (Cf. Homo œconomicus).

80 « ... le sauvage vit en lui-même ; l'homme sociable, toujours hors de lui, ne sait que vivre dans l'opinion des autres, et c'est pour ainsi dire de leur seul jugement qu'il tire le sentiment de sa propre existence... Il me suffit d'avoir prouvé que ce n'est point là l'état originel de l'homme, et que c'est le seul esprit de la société et l'inégalité qu'elle engendre qui changent et altèrent ainsi toutes nos inclinations naturelles. »
ROUSS., **De l'inégal. parmi les hommes**, II.

81 « ... les hommes dans cet état (de nature), n'ayant entre eux aucune sorte de relation morale ni de devoirs connus, ne pouvaient être ni bons ni méchants, et n'avaient ni vices ni vertus... »
ID., **Ibid.**, I.

82 « Loin que le besoin de la société ait dégradé l'homme, c'est l'éloignement de la société qui le dégrade. Quiconque vivrait absolument seul, perdrait bientôt la faculté de penser et de s'exprimer. »
VOLT., **Dict. philos.**, Homme.

83 « L'homme n'est ni bon ni méchant, il naît avec des instincts et des aptitudes ; la Société, loin de le dépraver, comme l'a prétendu Rousseau, le perfectionne, le rend meilleur ; mais l'intérêt développe aussi ses penchants mauvais. »
BALZ., **Avant-propos**, Œuvr., t. I, p. 8.

84 « L'homme ne devient pas seulement, au cours de sa vie, le débiteur de ses contemporains ; dès le jour même de sa naissance, il est un obligé. L'homme naît débiteur de l'association humaine... en naissant, il commence à jouir d'un capital immense qu'épargné d'autres générations antérieures. Auguste Comte a depuis longtemps mis ce fait en pleine lumière : « Nous naissons chargés d'obligations de toute sorte envers la société ». Ce que Renan dit des hommes de génie : « Chacun d'eux est un capital accumulé de plusieurs générations », est vrai non pas seulement des hommes de génie, mais

de tous les hommes. La valeur de l'homme se mesure à sa puissance d'action sur les choses ; à cet égard, le plus modeste travailleur de notre temps l'emporte sur le sauvage de l'âge de pierre... »
Léon BOURGEOIS, **Solidarité**, p. 116.

85 « Si... l'homme conçoit des idéaux, si même il ne peut se passer d'en concevoir et de s'y attacher, c'est qu'il est un être social. C'est la société qui le pousse ou l'oblige à se hausser ainsi au-dessus de lui-même et c'est elle aussi qui lui en fournit les moyens. »
DURKHEIM, **Jugements de val. et jug. de réalité.**

86 « L'homme étant essentiellement un être social, ses fonctions de relation, physiologiques et surtout psychologiques, ne peuvent se concevoir que sociologiquement. La plupart de ses croyances, et la manière même dont elles se forment et s'imposent à lui sont inexplicables si on le considère individuellement ; même en ce qu'elles ont de plus personnel, elles sont les actes d'un être qui agit dans un milieu. »
E. GOBLOT, **Traité de logique**, p. 35.

87 « L'homme est constitué par la société et impossible même à imaginer hors du milieu qui lui a donné son âme, mais il est aussi un individu, qu'on ne saurait entièrement expliquer par des influences sociales. »
CHARDONNE, **Amour du proch.**, p. 16.

88 « La société moderne ignore l'individu... et nous traite comme des abstractions. C'est la confusion des concepts d'individu et d'être humain qui l'a conduite à une de ses erreurs les plus graves, à la standardisation des hommes. »
CARREL, **L'homme, cet inconnu**, X.

89 « À mesure qu'on proclamait la déification de l'homme, on le réduisait à n'être qu'une abstraction... il est apparu que c'était, suivant les cas, le citoyen abstrait des droits, ou l'*homo œconomicus* des libéraux ou des marxistes, le producteur du système tayloriste ou le soldat inconnu, parfaite image des guerres anonymes. »
DANIEL-ROPS, **Ce qui meurt...**, p. 25.

|| 8° *Géogr. humaine. Répartition des hommes sur la terre.* V. **Démographie, habitant*, peuplement, population.** *Le nombre des hommes augmente à la surface de la terre. Densité des hommes sur la terre. Hommes sédentaires, nomades.* V. **Habitat** (cit. 4). *Mouvement d'hommes.* V. **Migration.** *Géographie politique* des hommes.* V. **État, pays ; nationalité.**

90 « ... il n'y a point d'hommes dans le monde. J'ai vu dans ma vie des Français, des Italiens, des Russes ; je sais même grâce à Montesquieu, qu'on peut être Persan ; mais quant à l'homme je déclare ne l'avoir jamais rencontré de ma vie, s'il existe c'est bien à mon insu. »
J. de MAISTRE, **Considérations sur la France**, VI, p. 88.

91 « ... l'esprit débarrassé de tout ce que nous savons des hommes, tentons de voir et de noter les faits essentiels de la géographie humaine avec les mêmes yeux et du même regard qui nous permettent de découvrir et de démêler les traits morphologiques, topographiques, hydrographiques de la surface terrestre... qu'apercevons-nous ?... En premier lieu, les hommes eux-mêmes, revêtement mobile de la surface et revêtement d'une densité très inégale sur les différents points du globe... La *toundra* sibérienne, les *hamadas* sahariennes ou la forêt amazonienne sont et restent presque vides d'hommes, tandis que les hommes s'accumulent dans les deltas boueux et humides de l'Extrême-Orient asiatique ou dans tels et tels districts de l'Europe occidentale ou centrale. »
BRUNHES, **Géogr. hum.**, I, pp. 61-62.

II. *Être humain mâle.* V. **Garçon** (cit. 11), **mâle, masculin ;** rac. gr. **Andro-**, et rac. lat. **Vir-.** — REM. *Homme* s'entend le plus souvent avec le sens d'*homme adulte* à l'exclusion de celui d'« *mâle* » et ne garde son sens général que dans la langue scientifique (biologie, démographie...). — *Un homme.* V. **Gars, quidam, type** (fam.). Cf. *arg.* Gonze, mec, pante. *Le premier homme selon l'Écriture.* V. **Adam** (cit. 1). *Êtres mythiques mi-hommes mi-bêtes.* V. **Centaure, égypan, faune, sagittaire, satyre.**

|| 1° *Biol.* Mâle* de l'espèce humaine. *Caractères biologiques, physiologiques, sexuels de l'homme.* V. **Génital, sexe** (Cf. Femme, cit. 10 à 16). *La barbe*, apanage de l'homme. Voix* d'homme. Femme bâtie comme un homme.* V. **Hommasse** (Cf. Graisse, cit. 5).

— *Aspect physique, esthétique de l'homme. Vêtements, habits* (cit. 1) *d'homme.* Par ext. *Femme qui s'habille en homme.*

92 « Le corps d'un homme bien fait doit être carré, les muscles doivent être durement exprimés, le contour des membres fortement dessiné, les traits du visage bien marqués. Dans la femme tout est plus arrondi, les formes sont plus adoucies, les traits plus fins ; l'homme a la force et la majesté, les grâces et la beauté sont l'apanage de l'autre sexe. »
BUFF., **Hist. nat. homme**, De l'âge viril, t. II, p. 48.

93 « Tant que je ne les avais vus que de loin et à travers mon désir, les hommes m'avaient paru beaux, et l'optique m'avait fait illusion. — Maintenant je les trouve du dernier effroyable, et je ne comprends pas comment une femme peut admettre cela dans son lit. »
GAUTIER, **Mlle de Maupin**, XV.

94 « Le seul défaut qu'il ait, c'est d'être trop beau et d'avoir des traits trop délicats pour un homme. »
ID., **Ibid.**, V.

95 « Quant à l'esthétique mâle, n'en parlons pas !... Homme, va te cacher ! »
L. DAUDET, **La femme et l'amour**, p. 281.

— *Absolt.* Homme physiquement adulte. *À quinze ans il était déjà un homme. Il se fait, il devient homme.*

96 « Je l'ai vu devenir homme pendant qu'il me regardait, et la barbe lui pousser autour de sa bonne figure... »
CLAUDEL, **Annonce faite à Marie**, I, 1.

— *Spécialt. Homme blanc, homme de couleur. Homme grand*,... petit*, gros*, maigre*,... fort*, faible*... Homme bien bâti, taillé en athlète, en hercule*. Homme carré d'épaules* (Cf. Gorille, cit.). *Bel homme.* V. **Beau*** (cit. 14) ;

Adonis, Apollon... Cf. *aussi* Filet, cit. 14 ; fou, cit. 32. *Homme laid*. Homme chauve*, poilu, barbu, moustachu, rasé. Homme élégant*. Homme d'aspect mâle, de manières viriles ; homme efféminé.*

97 « Quel homme est-ce ? — C'est un beau, gros, court, jeune vieillard, gris pommelé... »
BEAUMARCH., **Barb. de Sév.**, I, 4.

|| 2° *Psychologie de l'homme. L'homme est-il plus intelligent que la femme ?* (cit. 53). *L'homme est actif* (Cf. Action, cit. 10), *créateur, constructeur, doué de l'esprit de synthèse* (Cf. Glaneur, cit. 4), *apte aux études scientifiques* (Cf. Femme, cit. 54). *L'homme moins émotif* (Cf. Émotivité, cit. 1) *que la femme. — Courage, bravoure des hommes. L'homme violent, agressif, combatif...* « *L'homme jouit du bonheur qu'il ressent et la femme* (cit. 66) *de celui qu'elle procure* » (LACLOS). *L'homme a besoin d'amour* (Cf. Abreuver, cit. 6). « *Les hommes commencent par l'amour et finissent par l'ambition* » (cit. 5 LA BRUY.). *L'homme fumeur* (Cf. Fumoir, cit. 1), *buveur, joueur...*

98 « ... je fis en sorte que la conversation tournât sur les femmes. Cela ne fut pas difficile ; car, c'est, après la théologie et l'esthétique, la chose dont les hommes parlent le plus volontiers quand ils sont ivres. »
GAUTIER, **Mlle de Maupin**, X.

99 « ... ce n'est qu'un homme, capable de feindre une émotion sans doute, mais non de la dissimuler... »
COLETTE, **La vagabonde**, p. 135.

100 « ... il faut à l'homme beaucoup d'intelligence pour ne pas, avec d'égales qualités morales, rester sensiblement au-dessous de la femme. »
GIDE, **Si le grain...**, I, IV.

101 « ... les poupées et les soldats de plomb n'auraient-ils pas presque autant de responsabilité que les hormones dans la différenciation psychique de l'homme et de la femme ? »
Jean ROSTAND (Cf. Femme, cit. 54).

102 « L'homme et la femme sont identiques, mais longtemps encore des écrivains les décriront comme essentiellement différents. Les simplifications artificielles, les faux contrastes, les erreurs, le passé imaginaire, ont beaucoup enrichi la littérature. »
CHARDONNE, **Amour du proch.**, p. 48.

— *Absolt.* Homme moralement adulte. *Il anticipe* (cit. 8) *sur son âge et s'improvise un homme à seize ans à peine. Ne pleure pas ! Sois un homme !* V. **Adulte.**

103 « Chez nous, dans les grands jours, les enfants sont des hommes. »
HUGO, **Années funestes**, XVI.

104 « À leur tête marchait une femme... avec des gosses... deux dans les jupes, cinq et trois ans, des hommes qui ne pleuraient pas... »
ARAGON, **Beaux quartiers**, I, XXVI.

105 « — Je ne suis plus un enfant, vous savez ! — Non, c'est vrai que tu es un homme ; on a l'âge de sa souffrance. »
MAURIAC, **Pharis.**, IX.

— *Absolt.* L'homme considéré comme possédant les qualités de courage, de hardiesse (cit. 16), de droiture... propres à son sexe. *Ose le répéter, si tu es un homme !* (Cf. Dur, cit. 31). *Ce n'est pas un homme, c'est une femmelette ! Parole* d'homme. Femme qui se comporte en homme, qui montre un caractère d'homme.* V. **Viril** (Cf. Eunuque, cit. 5).

106 « ... c'est la comparaison avec Mme de Staël qui cause tout cela. Le contraste entre son impétuosité, son égoïsme, sa constante occupation d'elle-même, et la douceur, le calme, l'humble et modeste manière d'être de Charlotte, me rend celle-ci mille fois plus chère ; je suis las de l'*homme-femme*, dont la main de fer m'enchaîne depuis dix ans, quand j'ai une femme qui m'enivre et m'enchante. »
B. CONSTANT, **Journ. int.**, Mai 1807.

107 « — ... nous allons sortir... J'ai quelques explications à te demander... — Tu peux parler ici... — Non, si tu es un homme, tu sortiras seul avec moi... »
MAC ORLAN, **La Bandera**, XVI.

— *Spécialt.* V. **Caractère.** *Homme brave, courageux, énergique, ferme.. Homme faible, couard*, lâche, mou, veule... Homme serviable, brave homme* (Cf. Chic* type). *Le meilleur homme du monde. Saint* homme. Un diable d'homme* (Cf. Argument, cit. 15). *Un méchant* homme. Homme sans aveu, sans scrupules, malhonnête. Homme intéressé, avare, rusé, hypocrite. Homme infatué* (V. **Narcisse**), *frivole. Homme fruste, sale, grossier*. Homme distingué, délicat.* V. **Gentleman.** *Homme galant* (cit. 2) *et galant* homme. Homme niais, sot* ; intelligent, supérieur. Savant* homme. Honnête* homme. Homme illustre*. Grand* homme.* « *Aux grands hommes la Patrie reconnaissante* », *inscription au fronton* (cit. 3) *du Panthéon. — Homme solitaire, vivant en ermite...* — N. B. Pour les termes qualifiant un homme d'après tel ou tel trait de son caractère, se reporter à l'épithète.

108 « Un homme volage est un *papillon* ; étourdi, une *girouette* ; ... simple d'esprit, un *niais* (faucon au nid), un *béjaune*, un *serin*, une *moule*, une *huître* ; ignorant, un *âne* ; vaniteux, un *paon* ; prodigue, un *panier percé*... »
BRUNOT, **Pensée et langue**, p. 78.

109 « C'est un homme... qui... ha !.. un homme... un homme enfin... »
MOL., **Tart.**, I, 5.

— PROV *Un homme averti* en vaut deux.*

|| HOMME DE... (N. B. Se reporter aussi au second terme). *Homme d'action* (cit. 4 ; Cf. aussi Actif, cit. 2 ; caractériser, cit. 5 ; courtisan, cit. 5 ; entier, cit. 17 ; enviable, cit. 1 ; gifle, cit. 3). *Homme de bien* (2, cit. 74 ; Cf. aussi Ériger, cit. 10 ; évanouir, cit. 2 ; fripon, cit. 2). *Homme de mérite* (Cf. Assi-

dûment, cit. 1 et 4 ; caressant, cit. 11). *Homme de scrupule et de devoir* (Cf. Frasque, cit. 4). *Homme de cœur* (Cf. Empoisonner, cit. 23). *Homme d'honneur* (Cf. Attaquer, cit. 30 ; autoriser, cit. 11 ; en, cit. 28 ; endroit, cit. 2). *Homme de parole. Homme de confiance* (Cf. Familiarité, cit. 1). *Homme de rien, de peu* (V. **Croquant**). *Homme de peu de foi* (cit. 37). *Homme de sac et de corde* (cit. 9). *Homme de Dieu**. V. **Dévot, pieux.** *Homme de génie** (cit. 39, 40 et 45). *Homme de talent. Homme de caractère* (cit. 58). *Homme d'esprit* (Cf. Absolu, cit. 5 ; approuver, cit. 22 ; gouverne, cit. 1). *Homme de goût** (cit. 20 ; Cf. *aussi* Gourmet, cit. 5). — Littér. *Les Hommes de bonne volonté,* œuvre de Jules Romains.

|| ÊTRE UN HOMME à..., ÊTRE HOMME à..., être capable* de... (Cf. Gober, cit. 3).

110 « Puisque je passe encor pour homme à vous séduire,
Venez dans la prison où je vais vous conduire ; »
CORN., *Héraclius,* IV, 5.

111 « C'est un homme à jamais ne me le pardonner. »
MOL., *Misanthr.,* II, 2.

112 « Mais on voyait qu'il était homme à soutenir son dire. »
STENDHAL, *Le rouge et le noir,* II, VIII.

|| HOMME, précédé d'un possessif. L'homme dont il est question, auquel on a affaire. *Voilà mon* homme (Cf. Assassiner, cit. 3).

113 « De cette façon donc, un homme, sans avoir du cœur, est sûr de tuer son homme, et de n'être point tué. »
MOL., **Bourg. gent.,** II, 2.

— L'homme qui convient, dont on a besoin. *Le parti a trouvé son homme.* — Spécialt. Homme qui fait ce qu'on réclame de lui. *Je suis votre homme, vous pouvez compter sur moi.*

114 « ... rendez-lui service, soyez son homme, accueillez une plainte en faux qu'il va vous déposer contre le jeune d'Esgrignon... »
BALZ., **Cabinet des Antiques,** Œuvr., t. IV, p. 439.

— L'homme qui ne cède pas, qui tient tête. V. **Maître** (trouver son maître).

115 « Chevalier... tu as trouvé ton homme, ma foi ! »
MOL., **Crit. Éc. d. fem.,** 6.

|| D'HOMME à HOMME : directement, en toute franchise et sans intermédiaire.

116 « Je vous parle d'homme à homme, comme le premier venu arrêterait un passant pour l'avertir d'un danger grave... »
P. LOUŸS, *Le femme et le pantin,* III, p. 57.

117 « Il vous suffit que l'affaire s'arrange à votre convenance, correctement, moi de même. Entre nous deux, d'homme à homme, ça me va, j'ai jamais refusé le défi de personne. » BERNANOS, M. Ouine, p. 129.

— VOICI L'HOMME (ECCE* HOMO), parole de Pilate livrant Jésus.

118 « Jésus sortit donc, portant la couronne d'épines et le manteau de pourpre. Et Pilate leur dit : Voici l'homme. »
BIBLE (SEGOND), **Évang. saint Jean,** XIX, 5.

|| 3° *L'homme et la vie sexuelle. Homme vierge.* V. **Puceau.** *Homme dépouillé de sa virilité.* V. **Eunuque** (cit. 3). *Homme impuissant** (Cf. Goujat, cit. 7). *Homme viril**, de tempérament amoureux**, ardent**, chaud**. V. **Coq, gaillard, mâle** (Cf. Froid, cit. 12). *Homme continent et chaste* (Cf. Ardent, cit. 21). *Inversion sexuelle chez l'homme.* V. **Homosexualité.**

— *Absolt.* Homme sexuellement mâle**. «*Les eunuques* (cit. 2) *ne sont pas des, hommes* ». *Une femme regarde toujours un homme comme un homme* (Cf. Amitié, cit. 12).

119 « ... même dans cette amitié pure dont parle La Bruyère, n'oubliez pas qu'une femme regarde toujours un homme comme un homme... avoir connaissance de la contrariété des sexes, c'est nécessairement en être troublé. » L. BLUM, *Du mariage,* p. 106.

— *L'homme, la femme et l'amour. Homme qui fait des avances* (cit. 25) *à une femme, qui courtise** une femme.* V. **Amoureux**, chevalier** (servant), **galant**, prétendant, soupirant.** *Homme qui escorte une femme.* V. **Cavalier, sigisbée** (Cf. Auréole, cit. 9). *Commerce de galanterie** d'un homme avec une femme* (Cf. Amant, cit. 16). *Homme qui convoite, désire, guigne* (cit. 2) *une femme. Désir d'homme* (Cf. Femme, cit. 79 ; attention, cit. 28 ; bijou, cit. 9). *Homme entreprenant* (cit. 4). *Homme qui séduit, prend, possède une femme.* V. **Amant.** *L'homme prend, la femme se donne* (cit. 76). *Homme à femmes, à bonnes fortunes.* V. **Don Juan, lovelace, séducteur** (Cf. *fam.* Coq de village, coqueluche des femmes, et *arg.* Tombeur). *Homme volage, infidèle* (V. **Papillon**), *qui trompe une femme* (Cf. Attachement, cit. 11). *Homme débauché*. *Homme asservi à une femme* (cit. 116). *Homme qui fréquente les prostituées. Homme jaloux. Homme trompé, cocu. La femme perd ou régénère l'homme* (Cf. Autel, cit. 16 ; baptême, cit. 15). *Amitié* (cit. 13 et 14) *entre homme et femme. L'homme inspiré par la femme* (cit. 80). — *Homme célibataire.* V. **Garçon,** et Cf. *infra,* JEUNE HOMME (6°). *Homme qui vit avec une concubine.* V. **Ami.** Cf. *infra,* HOMME (spécialt. absolt.) *Union libre de l'homme et de la femme* (Cf. Affranchir, cit. 4). *Homme entretenu par une femme.* V. **Gigolo.** *Homme qui vit des femmes.* V. **Entremetteur, proxénète, souteneur.** *L'homme et le mariage**.* V. **Époux, mari.** *Homme qui épouse* (cit. 5)

une femme, prend femme. Homme marié. L'homme s'attachera (cit. 54) *à sa femme et ils deviendront une seule chair* (BIBLE). *Homme qui engendre, procrée, a des enfants* (Cf. Enfanter, cit. 1). *L'homme chef de famille**. L'homme dans la famille, l'homme et la parenté**. Homme veuf, divorcé.*

« ... À un certain âge les femmes ne sont plus faites pour la société. 120 Il leur reste le rôle d'amie, mais d'amie dans la retraite, recevant des confidences et donnant des conseils à l'homme dont elles sont le deuxième ou le troisième intérêt dans la vie. »
B. CONSTANT, **Journ. int.,** 9 févr. 1804.

« Chez le coquet chevalier, tout révélait les mœurs de l'homme à 121 femmes (*ladies' man*) ; » BALZ., **Vieille fille,** Œuvr., t. IV, p. 211.

« Je vois tant d'hommes, ignobles sous tous les rapports, avoir de 122 belles femmes dont ils sont à peine dignes d'être les laquais, que la rougeur m'en monte au front pour elles — et pour moi —. Cela me fait prendre une pitoyable opinion des femmes de les voir s'enticher de tels goujats... » GAUTIER, Mlle de Maupin, I, p. 59.

« Le désir de l'homme est brutal et sommaire. Celui de la femme 123 rusé et lent, comme venant de plus loin. »
L. DAUDET, *La femme et l'amour,* p. 280.

« Que redoute-t-on quand un homme fixe sa vie avant d'avoir 124 « jeté sa gourme » et « mené la vie de garçon » ? ... On craint que la solidité du mariage ne résiste pas au déchaînement subit de l'instinct viril. Juste crainte, mais qui n'est pas moins fondée... pour la femme que pour l'homme. » L. BLUM, *Du mariage,* p. 26.

« Une minute d'inattention... et la voilà rejetée hors de l'abri si 125 sûr, si doux, dans la foule horrible des hommes. Les hommes !... Elle n'en redoute aucun en particulier, mais l'idée de leur nombre, de leur puissance, de leur grossière complicité l'épouvante. Gros visages, regards cyniques et ce qu'elle hait par-dessus tout... le sourire blême et sournois du désir... » BERNANOS, M. Ouine, p. 115.

« ... l'humeur sensuelle de l'homme est une saison brève, dont le 126 retour incertain n'est jamais un recommencement. »
COLETTE, *La chatte,* p. 136.

« ... en matière sexuelle le vrai plaisir et le vrai besoin sont pour 127 les hommes ; le rôle de la femme étant surtout fait de complaisance. »
ROMAINS, *H. de b. vol.,* t. V, XXVI, p. 267.

« Et quel fat ! Il croit que toutes les femmes veulent se jeter à son 128 cou. Voilà bien les hommes. On leur parle amitié : ils comprennent sexe. Ensuite, ils nous reprochent de ne penser qu'à ça. »
MONTHERLANT, *Jeunes filles,* p. 114.

« Michèle est une fille qui aime l'homme. Voilà ce qu'il y a. » 129
MAURIAC, **Pharis.,** IX.

« Ce n'est pas seulement un plaisir subjectif et éphémère que l'homme 130 cherche dans l'acte sexuel. Il veut conquérir, prendre, posséder ; avoir une femme, c'est la faire sienne comme il fait sienne la terre qu'il travaille ; il laboure, il plante, il sème : ces images sont vieilles comme l'écriture. »
S. de BEAUVOIR, **Deuxième sexe,** I, p. 249.

— Spécialt. *Absolt.* (pop.) V. **Amant** (Cf. *aussi* Jules, régulier, type), **mari.** *Mon homme. Une brave femme et son homme* (Cf. Grouiller,. cit. 3).

« Il avait deux femmes, à chaque bout de la ligne, sa femme 131 à Paris pour les nuits qu'il y couchait, et une autre au Havre pour les heures d'attente qu'il y passait, entre deux trains... Victoire (*sa femme légitime*)... veillait sur son linge, car il lui aurait été très sensible que l'autre l'accusât de ne pas tenir leur homme proprement. »
ZOLA, **Bête humaine,** III, p. 80.

« ... elle n'avait pas trouvé dans le mariage les joies violentes 132 qu'elle s'y était promises. La politique et l'ambition lui avaient arraché son homme de fort bonne heure. »
ARAGON, **Beaux quartiers,** I, VIII.

« La Marie vit son homme... elle comprit qu'il avait bu et qu'il 133 allait cogner. » SARTRE, **Le sursis,** p. 125.

« Voilà, mon homme ». Elle se leva pour aller au-devant de son ami 134 qui entrait dans le restaurant. » MAC ORLAN, **La Bandera,** III.

|| 4° *L'homme dans la société.* V. **Monsieur ; camarade, citoyen...** Anciennt. *Homme de qualité, de condition.* V. **Gentilhomme, grand, noble.** *Homme de cour* (Cf. Faveur, cit. 5 ; gymnastique, cit. 6). — *Homme du monde* (Cf. Alliance, cit. 13 ; entrer, cit. 32). *Homme du peuple* (Cf. Assurer, cit. 23 ; bout, cit. 45 ; enivrer, cit. 17 ; frelater, cit. 3). *Homme du commun. Faire l'homme d'importance. L'homme de la rue* (angl. The man in the street), *celui qu'on peut rencontrer dans la rue, l'homme moyen, quelconque* (Cf. Boursicoter, cit. 2 ; espèce, cit. 19 ; extrapolation, cit.). *Homme du milieu**. Homme public**. L'homme du jour**. Homme riche**, homme pauvr*.** « L'homme aux quarante écus », conte de Voltaire. L'homme,* appellation très familière, à l'adresse d'un homme du peuple (*vx*).

« Holà, ho, l'homme ! » MOL., **Don Juan,** III, 1. 135

« Entre le *Monsieur* et l'*Homme,* il y a des degrés : L'homme mal 136 vêtu, l'homme à demi vêtu ; en chemise, en haillons ; en costume de bain. » VALÉRY, **Suite,** p. 56.

— *L'homme et sa fonction, son métier... Écoles, métiers réservés aux hommes. Homme d'État** (Cf. Canaille, cit. 11 ; charge, cit. 24 ; efforcer, cit. 6 ; égérie, cit. 2 ; empressement, cit. 11). *Homme politique. Les hommes au pouvoir* (Cf. Accointance, cit. 2). *Homme de robe.* V. **Magistrat** (Cf. Anoblir, cit. 1 ; capitan, cit.). *Homme de loi, de chicane.* V. **Avocat, avoué, huissier, juriste, légiste, officier** (ministériel). Cf. Envers (cit. 12). *Homme d'affaires* (cit. 61). V. **Agent, chargé** (d'affaires), **financier, intendant...** (Cf. Absent, cit. 7 ; assez, cit. 47 ; endiablé, cit. 4 ; fleur, cit. 15). *Homme de finance* (cit. 4). *Homme d'église.* V. **Ecclésiasti-**

que*. *Homme d'épée* (Cf. Esprit, cit. 98 ; furieux, cit. 7). *Homme de cheval* (vx). V. **Cavalier**. *Homme de guerre* (V. **Guerrier, militaire**. Cf. Commerce, cit. 17 ; engager, cit. 17). *Homme de troupe*. V. **Soldat***. *Homme d'armes* (vx). *Homme de la terre*. V. **Agriculteur, paysan***. *Homme de mer*. V. **Marin, matelot**. *Homme de bord, d'équipage* (Cf. Albatros, cit. 1 ; galion, cit. 2). *Homme de poste, homme de quart, homme de barre* (Cf. Gâter, cit. 6), *homme de vigie*. *Homme de lettres*. V. **Écrivain*** (Cf. Alliance, cit. 13 ; bon, cit. 27 ; clarté, cit. 13 ; cotisation, cit.). *Homme de plume*. *Homme de théâtre*. *Homme de science*. V. **Savant**. *Homme de cabinet* (vx), *d'étude*. *Homme de l'art*, du métier*. *Homme de métier*. V. **Artisan**. *Homme d'équipe* (Cf. Fréter, cit. 4). *Homme de peine*. V. **Domestique, manœuvre** (Cf. Assistant, cit. 5). *Homme à toute main*. *Homme de garde** (Cf. Bord, cit. 5 ; gros, cit. 12). *Homme de paille*. V. **Prête-nom** (Cf. Consort, cit.). *Homme à gages*. *Homme de main...* NOTA. On se reportera au second terme de ces expressions.

|| 5° *Place, rôle de l'homme dans l'humanité*. V. **Sexe** (fort), et *supra*, I (cit. 1). *Domination de l'homme sur la femme*. *Asservissement de la femme* (cit. 87 et 116) *par l'homme*. *Rivalité, égalité de l'homme et de la femme* (cit. 85 et 86). V. **Féminisme** (cit.).

137 « Ce n'est point à la femme à prescrire, et je sommes (*suis*) Pour céder le dessus en toute chose aux hommes. »
                 MOL., **Fem. sav.**, V, 3.

138 « Les hommes sont cause que les femmes ne s'aiment point. »
                 LA BRUY., **Caract.**, Des femmes, 55.

139 « ... à quelque cause que les hommes puissent devoir cette ignorance des femmes, ils sont heureux que les femmes, qui les dominent d'ailleurs par tant d'endroits, aient sur eux cet avantage de moins. »
                 ID., **Ibid.**, 49.

140 « Les femmes ne sont pas, à beaucoup près, aussi fortes que les hommes, et le plus grand usage ou le plus grand abus que l'homme ait fait de sa force, c'est d'avoir asservi et traité souvent d'une manière tyrannique cette moitié du genre humain... chez les peuples policés, les hommes, comme les plus forts, ont dicté des lois, où les femmes sont toujours plus lésées, à proportion de la grossièreté des mœurs... »
                 BUFF., **Hist. nat. de l'homme**, Âge viril.

141 « La femme est faite pour un homme, l'homme est fait pour la vie et notamment pour toutes les femmes. »
                 MONTHERLANT, **Jeunes filles**, p. 173.

142 « La femelle est plus que le mâle en proie à l'espèce ; l'humanité a toujours cherché à s'évader de sa destinée spécifique ; par l'invention de l'outil, l'entretien de la vie est devenu pour l'homme activité et projet, tandis que dans la maternité, la femme demeurait rivée à son corps, comme l'animal. C'est parce que l'humanité... préfère à la vie des raisons de vivre, qu'en face de la femme, l'homme s'est posé comme le maître. »   S. de BEAUVOIR, **Deuxième sexe**, I, p. 113.

143 « Économiquement, hommes et femmes constituent presque deux castes ; toutes choses égales, les premiers ont des situations plus avantageuses, des salaires plus élevés, plus de chances de réussite que leurs concurrentes de fraîche date ; ils occupent dans l'industrie, la politique, etc., un beaucoup plus grand nombre de places et ce sont eux qui détiennent les postes les plus importants. Outre les pouvoirs concrets qu'ils possèdent, ils sont revêtus d'un prestige dont toute l'éducation de l'enfant maintient la tradition : le présent enveloppe le passé, et dans le passé toute l'histoire a été faite par les mâles. »
                 ID., **Ibid.**, I, p. 21.

|| 6° *Âges* de l'homme. *Homme dans l'enfance*. V. **Enfant, garçon** (Cf. fam. *Petit* homme). *Homme pubère*. V. **Adolescent** (Cf. *infra*, JEUNE HOMME). *Homme fait* (Cf. Assemblage, cit. 15 ; aussi, cit. 60 ; faire, cit. 265 et 266), *homme mûr* (Cf. Circonspect, cit. 4 ; composer, cit. 4). *Homme encore jeune*. *Homme dans la force de l'âge* (cit. 6). *Homme d'un certain âge*. *Homme âgé*. *Vieil homme* (Cf. Gangué, cit.). V. **Vieillard***, **vieux***. — *Homme en âge de se marier, en âge* (cit. 61) *de combattre*.

144 « Il le trouva beau, noble, distingué, grandi, homme fait... »
                 HUGO, **Misér.**, IV, VIII, VII.

145 « L'essence même du mariage tel qu'il est institué dans nos mœurs est d'unir une fille vierge à un homme déjà fait... »
                 L. BLUM, **Du mariage**, p. 87.

146 « Les hommes mûrs et les jeunes gens sont forts, parce qu'ils sont égoïstes et ne croient pas l'être. Ils mettent leur amour de soi-même jusque dans la foi, les idées et le sacrifice. »
                 SUARÈS, **Trois hommes**, Ibsen, VI.

147 « À force de ramper le long des meubles... le petit homme s'est mis à marcher ; »   DUHAM., **Plaisirs et jeux**, III, I.

— *Absolt*. *Homme adulte par oppos. à enfant, adolescent*. *Parvenir à l'âge d'homme* (Cf. Astrologue, cit. 3). *Quand tu seras un homme*. *Se faire homme*.

148 « Enfant, homme, vieil (*vieux*), j'ai toujours cru et jugé de même. »
                 MONTAIGNE, **Essais**, I, XXVI.

149 « Mes premiers vers sont d'un enfant, Les seconds d'un adolescent, Les derniers à peine d'un homme. »
                 MUSS., **Prem. poésies**, Au lecteur.

150 « Le goût que les femmes ressentiront... pour l'ignorance des garçons, les hommes ne sont pas sans l'éprouver pour l'innocence des filles. »
                 L. BLUM, **Du mariage**, p. 97.

151 « ... l'âge où l'adolescent se fait homme, c'est celui des ambitions qui se fixent, des perspectives qui se dessinent. On y sent le plus vivement ce qui doit devenir la qualité maîtresse qu'on pourra manifester et que l'on devra développer, utiliser le plus possible. »
                 VALÉRY, **Variété V**, p. 222.

|| JEUNE HOMME. *Homme jeune*. a) *Un jeune homme et sa femme* (vx). Cf. Cahoter, cit. 2 VOLT. — *Un vieillard n'a plus des jambes de jeune homme* (Cf. Cachet, cit. 7). *Des jeunes hommes* (Cf. Ascension, cit. 10 ; bordée, cit. 5). « *Le vieillard et les trois jeunes hommes* », fable de La Fontaine (XI, 8). « *Suzanne et les jeunes hommes* », roman de Duhamel.

« On me dit fort que tous les jeunes hommes sont des trompeurs... » 152
                 MOL., **Éc. d. fem.**, III, 4.

« Contre elle (*la jeunesse*), les malheurs, les soucis, le contact qu'ils 153 mènent pour vivre protègent les ouvriers de vingt ans, qui « ont déjà des maîtresses ou des femmes, des enfants, un métier... une vie enfin », qui deviennent, au sortir de l'adolescence, de jeunes hommes, sans être jamais des « jeunes gens ».   SARTRE, **Situations I**, p. 27.

b) *Spécialt*. Garçon pubère, homme jeune célibataire. V. **Adolescent, garçon, gars ; damoiseau, éphèbe, freluquet, jouvenceau** (Cf. Âge, cit. 6 ; ardent, cit. 19 ; arrangement, cit. 14). — REM. En ce sens, *jeune homme* correspond à *jeune fille** et a pour pluriel courant *jeunes gens*, qui s'emploie également pour un groupe de personnes jeunes, garçons et filles. V. **Gens***. — *Un jeune homme de vingt ans*. *Un tout jeune homme*, qui sort à peine de l'enfance. *Un grand jeune homme*. *Timidité, gaucherie de jeune homme*. *Jeune homme naïf*. V. **Béjaune, coquebin**. *Jeune homme galant*. V. **Dameret, mirliflore**. *Jeune homme fortuné* (Cf. fam. Fils à papa). *Camaraderie, flirt entre jeune homme et jeune fille*. *Jeune homme sursitaire qui fait son service militaire avec des jeunes gens plus jeunes que lui*. — REM. *Jeune homme* est considéré tantôt comme un nom accompagné d'une épithète (*un tout jeune homme*), tantôt et le plus souvent comme un véritable nom composé (*un grand jeune homme*).

« À tout âge, les choses inconnues causent des terreurs involon- 154 taires. ... le jeune homme est comme le soldat qui marche contre des canons et recule devant des fantômes. Il hésite entre les maximes du monde ; il ne sait ni donner ni accepter, ni se défendre ni attaquer, il aime les femmes et les respecte comme s'il en avait peur ; ses qualités le desservent, il est tout générosité, tout pudeur, et pur des calculs intéressés de l'avarice ; s'il ment, c'est pour son plaisir et non pour sa fortune ; au milieu de voies douteuses, sa conscience, avec laquelle il n'a pas encore transigé, lui indique le bon chemin, et il tarde à le suivre. »   BALZ., **Médecin de campagne**, Œuvr., t. VIII, p. 477.

« Le jeune homme est souvent sot et timide. » 155
         ROMAINS, **H. de b. vol.**, t. V, XXIII, p. 198.

« ... ce garçon, il faut comprendre qu'il est désormais un homme. 156 La voix est grave et mâle ; mais, à tout instant, elle a des inflexions naïves et presque puériles... Matin et soir, quand Antoinette Baudoin embrasse Hubert. au vol, car le jeune homme, à peine saisi, déjà rêve et s'échappe, la mère dit en souriant : « Vraiment, tu commences à piquer ! »   DUHAM., **Pasq.**, Suzanne et les jeunes hommes, XIV.

« ... la première maîtresse d'un jeune homme, signifie d'ordinaire un 157 abaissement de l'intelligence et du caractère, quand ce n'est pas de la santé. Un garçon, pour sa promotion à l'homme, n'aurait pourtant que la maîtresse, s'il n'y avait pas le sport... »
         MONTHERLANT, **Olympiques**, Préf.

« ... cet âge où, encore pensionné et nourri par ses parents, le jeune 158 homme, inutile et sans responsabilité, gaspille l'argent de sa famille, juge son père et assiste à l'effondrement de l'univers sérieux qui protégeait son enfance. »   SARTRE, **Situations II**, p. 186.

— Pop. V. **Fils**. *Votre jeune homme*.

— *Jeune homme* s'emploie familièrement et plaisamment pour nommer, appeler un enfant, un adolescent trop jeune pour qu'on lui dise « Monsieur ». V. **Petit**. *Que veut ce jeune homme ? Eh, jeune homme, vous pourriez dire merci !*

— *Suivez-moi-jeune-homme*. n. m. V. **Suivre**.

|| 7° Individu considéré comme dépendant d'un autre, sous son autorité. — *Féod*. V. **Vassal** (Cf. Homme lige). *Serment qui lie l'homme au seigneur*. V. **Hommage**.

« C'est ainsi que, dans les Niebelungen, Siegfried devient vassal 159 du roi Gunther en combattant pour lui. Dans les idées du moyen âge Harold s'était donc fait l'*homme* de Guillaume. »
         MICHELET, **Hist. de France**, IV, II.

« Je suis ton homme lige et, toujours, n'importe où, 160 Je te suivrai, mon maître, et j'aimerai ta chaîne, Et je la porterai. »
         HUGO, **Lég. des siècles**, XVIII, Les conseillers.

« ... un personnage qu'il (*le vassal*) appelait aussi son maître et 161 son seigneur et dont il se disait l'homme. »
         FUSTEL de COUL., **Hist. des instit. polit.**, p. 590.

— Exécutant, militaire ou civil, dans une hiérarchie ou équipe. *Trente mille hommes en bataille* (cit. 19) *rangée*. V. **Soldat**. *Le caporal et ses hommes* (Cf. Guitoune, cit. 2). *Entraîner, lancer ses hommes à l'attaque* (Cf. Faire, cit. 136 ; général, cit. 19). *Équipage de six hommes, dans un avion*. *L'expédition a perdu deux de ses hommes*. *Entrepreneur, contremaître, chef de chantier... et ses hommes*. V. **Ouvrier** (Cf. Grève, cit. 10).

« (*Me*) Fournir en un moment d'hommes et d'attirail. » 162
         MOL., **Étourdi**, III, 5.

« À l'avant, les hommes du *Primauguet* boivent et chantent avec les 163 baleiniers. »   LOTI, **Mon frère Yves**, LXXXVII.

« Gillieth déploya ses hommes en tirailleurs à dix pas. » 164
         MAC ORLAN, **La Bandera**, XI.

165 « J'ai tutoyé pendant la guerre, presque tous les blessés qu'il m'a été donné d'assister, quand ces blessés étaient ceux qu'en style militaire on appelle simplement « des hommes ».
DUHAM., **Récits des temps de guerre,** V, Mémorial de Cauchois.

|| COMME UN SEUL HOMME, avec un ensemble parfait. *Agir comme un seul homme* (Cf. Armée, cit. 2).

ANT. — Femme.

COMP. — **Bonhomme, gentilhomme, prudhomme, surhomme.** — Cf. *aussi* les composés du gr. *andros* et *anthropos,* homme, ainsi que du lat. *homo, hominis.* — **Homme-orchestre.** *n. m.* (XXᵉ s.). Musicien* qui joue simultanément de plusieurs instruments, en manière d'attraction. *Des hommes-orchestres.* — **Homme-sandwich.** *n. m.* (XXᵉ s.). Homme qui promène dans les rues deux affiches publicitaires, l'une sur la poitrine, l'autre dans le dos. *Des hommes-sandwiches.*

DER. — **Hommage, hommasse.** — **Hominiens.** *n. m. pl.* (XXᵉ s.). Zool. Famille de primates* dont l'homme est le type, et qui comprend toutes les formes fossiles intermédiaires des Anthropoïdes à l'homme actuel. Au ˙sing. *Un hominien.* — **Hominidés.** *n. m. pl.* (XIXᵉ s.). Zool. Genre d'hominiens, dit aussi genre *Homo,* comprenant l'espèce *Homo sapiens* à laquelle appartient l'homme actuel. Au sing. *Un hominidé.* — REM. On emploie parfois ce mot et le précédent l'un pour l'autre.

« Les différences entre l'Homme et les grands Singes sont certainement assez importantes pour justifier la création, au profit de l'Homme, d'une famille particulière, celle des *Hominidés,* qui ne comprend actuellement qu'un seul genre, le sien ; une seule espèce, la sienne. » Jean ROSTAND, **L'homme,** I.

HOMO-, HOMŒO-. Premier élément de mots savants, tiré du gr. *homos,* « semblable ». V. *aussi* la forme **Homéo-.** — **Homocentre.** *n. m.* (1839 BOISTE ; V. **Centre**). Centre commun de plusieurs cercles* (concentriques). — **Homocentrique.** *adj.* (1690 FURET. ; l'adverbe *homocentricalement* est dans RAB., III, 22 ; lat. scient. *homocentricus,* du gr.). V. **Concentrique.** Spécialt. *Faisceau homocentrique,* dont tous les rayons passent par un même point. — **Homocerque.** *adj.* (1866 LITTRÉ ; gr. *kerkos,* « queue »). Qui a les deux lobes égaux, en parlant de la nageoire caudale des poissons. Par ext. *Les carpes sont homocerques.* — **Homœo-.** V. **Homéo-.** — **Homogène** (et dér.). Cf. *infra.* — **Homogramme** (1765 ENCYCL.) ou **Homographe.** *adj.* et *n. m.* (XIXᵉ s. ; suff. *-gramme, -graphe*). Se dit des mots qui ont même orthographe. *Mots homographes* à même prononciation (V. **Homonyme**), à prononciation différente (*Ex. :* Nous portions, les portions). Substant. *Des homographes.* — **Homographie.** *n. f.* (1837 CHASLES ; suff. *-graphie*). Géom. Mode de transformation bi-univoque ponctuelle des figures. *La théorie de l'homographie, due à Chasles, a reçu ses principales applications dans les théories des coniques et des quadriques* (DER. **Homographique.** *adj.* Relatif à l'homographie. *Figures homographiques.* — *Fonction homographique du type*

$$y = \frac{ax + b}{a'x + b'}).$$

— **Homologue ; Homonyme** (et *dér.*). Cf. *infra.* — **Homopétale.** *adj.* (1866 LITTRÉ ; suff. *-pétale*). Bot. Dont les pétales se ressemblent. *Fleur homopétale.* — **Homophone.** *adj.* (1839 BOISTE ; gr. *homophônos*). Qui a le même son. *Signes homophones :* signes différents employés pour noter le même son (*Ex. :* F et Ph, en français). *Syllabes homophones* (*Ex. :* Au, eau, o). *Mots homophones.* V. **Homonyme.** — **Homophonie.** *n. f.* (1752 ; gr. *homophonia*). Mus. Musique de l'antiquité qui s'exécutait à l'unisson* (ANT. **Polyphonie***). Linguist. Identité des sons représentés par les signes différents. — **Homoplastique.** *adj.* (fin XIXᵉ s. ; suff. *-plastique*). V. **Greffe** (cit. 6). — **Homoptère.** *n. m.* (1866 LITTRÉ ; suff. *-ptère*). Insecte à quatre ailes de même structure. LES HOMOPTÈRES. *n. m. pl.* Sous-ordre d'insectes hémiptères* dont les ailes antérieures sont cornées et opaques. *Les cigales, les pucerons, variétés d'homoptères.* — **Homosexuel** (Cf. *infra*). — **Homothétie** (*té-ti* selon CHASLES, plus souvent *-té-si*). *n. f.* (vers 1850 ; *thesis,* « position »). Géom. Transformation géométrique qui, étant donné un point fixe O (*centre, pôle d'homothétie*) et un nombre K (*rapport d'homothétie*), fait correspondre à tout point M de l'espace un point M' tel que : OM' = KOM. — *L'homothétie est un cas de similitude*. *Points qui se correspondent dans une homothétie.* V. **Homologue** (DER. **Homothétique.** *adj.* (fin XIXᵉ s.). Qui se correspond par homothétie. *Points, figures homothétiques*). — **Homozygote.** *adj.* (Néol. ; de *zygos,* « paire »). Génét. Se dit de l'individu porteur du même gène* sur les deux chromosomes d'une même paire (par oppos. à *Hétérozygote*).

ANT. — Hétéro-.

HOMOGÈNE. *adj.* (1551 in HUGUET ; *homogénée* en 1503 ; lat. *homogeneus,* gr. *homogenês,* rac. *genos,* « genre »).

|| 1° (En parlant d'un tout, d'un ensemble). Dont les éléments constitutifs, les parties, sont de même* nature. *Mélange, ensemble, tout homogène. Corps, masse, substance, pâte, liquide homogène. Les pierres plus homogènes se patinent plus régulièrement. Rendre homogène.* V. **Homogénéiser.** — *Caractère, structure homogène.* V. **Homogénéité.** *La composition, la constitution plus ou moins homogène d'un mélange.* — Par ext. *Son homogène* (Cf. Ébranler, cit. 28). *Voix homogène,* dont les passages* entre deux registres «sont rendus acoustiquement inapparents » par la technique vocale (ENCYCL. DE MONZIE).

« Imaginons que la terre soit un sphéroïde homogène renflé à son équateur ; on peut alors la considérer comme étant formée d'une sphère... et d'un ménisque qui recouvre cette sphère. »
LAPLACE, **Expos.,** IV, 14 (in LITTRÉ, Ménisque). [1]

« (*Le biologiste*) Nageotte... avait bien observé, au cours du développement de l'embryon de lapin, que la cornée de l'œil se présente d'abord comme une substance homogène qui durant les trois premiers jours ne contient pas de cellules... »
G. CANGUILHEM, **La connaissance de la vie,** p. 93. [2]

— *Fig.* V. **Cohérent, régulier, uni, uniforme...** *Langue homogène* (Cf. Gallo-roman, cit. 2). *Groupe, réunion homogène* (Cf. Composite, cit. 1 ; et *aussi* Amalgamer, cit. 4). — *Livre, œuvre homogène :* qui a une grande unité. *Formation, équipe, ministère homogène.*

« Cette Assemblée (*législative*) est homogène. Les hommes qui la composent sont à peu près de même origine, de même formation aussi. Ils ont en philosophie, en politique, les idées que les écrivains du dix-huitième siècle ont répandues. »
BAINVILLE, **Hist. de France,** XVI, p. 347. [3]

« La nation est un organisme homogène et viable. »
MAUROIS, **Disc. Dr O'Grady,** XV. [4]

« L'action de la critique, s'exerçant aussi bien dans la philosophie que dans l'histoire, a rompu l'équilibre intérieur ˌde l'être. Tout a contribué à le déchirer ; les données les plus sûres se sont effondrées ; il a renoncé à se croire homogène ; dans l'ordre de la connaissance comme dans celui de la morale, il se sent fragmenté. »
DANIEL-ROPS, **Le monde sans âme,** VII, p. 212. [5]

— *Spécialt.* Géom. *Espace homogène,* « caractérisé par la possibilité d'y déplacer une figure sans déformation » (LALANDE). V. **Espace** (cit. 5, 6 et 8). — Math. *Fonction homogène, polynôme homogène,* « dont les divers termes sont du même degré* par rapport à l'ensemble des variables » (UVAROV et CHAPMAN, Dict. des Sc.). — *Log.* Se dit d'une expression, d'une formule ne comprenant que des éléments appartenant à un même système logique.

« Une expression verbale doit être *homogène...* une *définition,* en particulier, ne doit jamais omettre les termes nécessaires pour que le *définissant* soit du même ordre que le *défini.* (Par ex. : « Le scepticisme est *la doctrine* selon laquelle il est impossible d'atteindre la vérité » et non : « ... *l'impossibilité* d'atteindre la vérité »). »
LALANDE, **Vocab. philos.,** Homogénéité. [6]

|| 2° (En parlant des parties qui composent un tout, un ensemble). Qui est de même nature. V. **Même, semblable.** *Les parties homogènes, les éléments homogènes d'une substance chimiquement pure. L'eau était regardée autrefois comme composée de parties homogènes* (ACAD.).

« ... pour qu'il se forme des cristallisations par l'attraction mutuelle des parties homogènes et similaires. »
BUFF., **Min.,** t. V, p. 96 (in LITTRÉ). [7]

— *Fig. :*

« Fouché avait senti l'incompatibilité de son existence ministérielle avec le jeu de la monarchie représentative : comme il ne pouvait s'amalgamer avec les éléments d'un gouvernement légal, il essaya de rendre les éléments politiques homogènes à sa propre nature. »
CHATEAUB., **M. O.-T.,** t. IV, p. 42. [8]

ANT. — Hétérogène* ; bigarré, composite, disparate, divers.

DER. — **Homogénéiser** (1866 LITTRÉ) ou **Homogénéifier** (1906 LAROUSSE). *v. tr.* Rendre homogène. *Homogénéiser une substance. Lait homogénéisé;* dont les globules ont été fragmentés et mélangés. — **Homogénéisation.** *n. f* (Néol. ; du précéd.). Action de rendre homogène. Spécialt. *Homogénéisation du lait* par passage sous pression dans une série de trous très fins.

HOMOGÉNÉITÉ. *n. f.* (1503 ; lat. *homogeneitas.* V. **Homogène**). Caractère de ce qui est homogène. « *L'homogénéité des éléments de la matière* » (LAPLACE). *Homogénéité d'une substance.* Fig. V. **Cohérence, cohésion.** *Homogénéité d'une race, d'une réunion d'hommes. Donner à des éléments disparates une homogénéité superficielle* (Cf. Autant, cit. 52). V. **Harmonie, régularité, unité.** — Math. *Degré, conditions d'homogénéité.*

« Cette émigration étrangère, qui coule sans cesse dans leur population de toutes les parties de l'Europe, ne détruira-t-elle pas à la longue l'homogénéité de leur race ? »
CHATEAUB., **Amér. conclus. États-Unis** (in LITTRÉ). [1]

« De là venait cette grande supériorité de l'Ordre, cette harmonie dans les desseins, cette unité, cet ensemble dans l'exécution. Ce grand corps n'avait qu'une âme, qu'une voix. »
BALZ., **Hist. des jésuites** (Œuvr. div., t. I, p. 35). [2]

« ... les passions politiques présentent aujourd'hui un degré d'universalité, de cohérence, d'homogénéité, de précision, de continuité, inconnu jusqu'à ce jour ; » BENDA, **Trahison des clercs,** I, p. 117. [3]

ANT. — Hétérogénéité. Disparité, diversité.

HOMO HOMINI LUPUS. Loc. lat. (PLAUTE, *Asinaria,* II, 4, 88) signifiant « L'homme est un loup pour l'homme » et reprise par HOBBES dans son « *Léviathan* ».

HOMOLOGUE. *adj.* (1585 ; gr. *homologos,* de *logos,* « discours »).

|| 1° Se dit des éléments qui se correspondent à l'intérieur d'ensembles différents mais liés par une relation.

— Spécialt. Géom. Se dit des points, droites,... qui se correspondent dans deux figures semblables*, homographiques ou homothétiques*. *Côtés homologues de deux triangles semblables.* — Cristall. Se dit des éléments de même nature des cristaux de même forme. *Les faces, les arêtes homologues de deux cristaux.* — *Anat.* Se dit des parties du corps qui se correspondent d'une espèce à une autre (*Membres antérieurs des mammifères, ailes des oiseaux*), d'un sexe à l'autre (Cf. *Clitoris*, cit.), d'une partie du corps à une autre (*Genou et coude*). Substant. *Le genou* (cit. 1) *et son homologue le coude.*

— *Par ext.* Équivalent. *Le grade de chef d'escadron est homologue de celui de chef de bataillon.* — Substant. *L'ouvrier américain a un revenu plus élevé que son homologue français.*

‖ **2º** *Chim.* Se dit d'une série de composés chimiques dont chaque terme diffère du précédent par un même groupe d'atomes constant et défini (*spécialt.* le groupe $C H_2$) ; les termes de cette série. *La série des paraffines est homologue. Le méthane* ($C H_4$), *l'éthane* ($C_2 H_6$) *sont homologues* ; et, Substant. *sont des homologues.*

DER. — **Homologie.** *n. f.* (1866 LITTRÉ). *T. de Sc.* État d'éléments homologues. *La théorie de l'homologie est due à Poncelet.* — **Homologique.** *adj.* (1866 LITTRÉ). Relatif à l'homologie. *Caractère homologique de deux lignes, de deux organes...*

HOMOLOGUER. *v. tr.* (1461 selon BLOCH ; lat. scolast. *homologare*, d'orig. gr. Cf. le gr. *homologein*, « être d'accord, reconnaître »). *Dr.* Approuver* (un acte) par une mesure lui donnant force exécutoire. V. **Autoriser, confirmer, entériner, ratifier, sanctionner, valider.** *Le tribunal homologue les délibérations du conseil de famille d'un mineur, d'un interdit. Homologuer un partage de succession, un concordat.* — *L'autorité administrative doit homologuer certains actes. Tarif homologué.*

1 « L'acte d'adoption doit être homologué par le tribunal civil du domicile de l'adoptant. » CODE CIV., Art. 362.

2 « Je viens vous apprendre que le testament est tout à fait en règle, et sera certainement homologué par le tribunal qui vous enverra en possession... » BALZ., Cousin Pons, Œuvr., t. VI, p. 784.

— *Sports.* Reconnaître, enregistrer* officiellement après vérification (une performance, un record). *Record homologué.*

3 « Au club tous les officiels sont en déplacement. Alors j'ai pensé à vous. Il faut que dès demain, si possible, vous veniez me chronométrer... Elle m'avait convaincu. Sans doute son désir était-il peu fondé, puisque, si elle battait ce record, sa performance, accomplie sans témoins officiels, ne serait pas homologuée. » MONTHERLANT, Olympiques, p. 91.

DER. — **Homologatif, ive.** *adj.* (1839 BOISTE). Qui produit l'homologation. *Arrêt, jugement homologatif.* — **Homologation.** *n. f.* (XVIᵉ s.). Action d'homologuer ; « approbation* emportant force exécutoire » (CAPITANT). *Homologation administrative, judiciaire.* V. **Autorisation** (d'exécution), **entérinement, ratification, validation.** *Homologation d'un partage de succession. Homologation d'un tarif.* *Fig.* V. **Confirmation, validation.** *Sports. Homologation d'une performance* (ANT. *Annulation*).

« L'homologation du concordat le rendra obligatoire pour tous les créanciers portés ou non portés au bilan, vérifiés ou non vérifiés... » CODE DE COMM., Art. 516.

HOMONYME. *adj.* (1534 ; lat. *homonymus*, mot gr. de *onoma*, « nom »).

‖ **1º** *Gramm.* Se dit des mots de prononciation identique (V. **Homophone**) et de sens différents. *Noms, adjectifs homonymes* (*Ex. :* Ceint, sain, saint, sein, seing). *Forme verbale homonyme d'un substantif* (*Ex. :* je cours, une cour). *Mots homonymes et homographes** (*Ex. :* Canon 1 et canon 2). — REM. On considère parfois les différents aspects sémantiques d'un même mot, comme des homonymes, lorsque l'origine commune n'est plus sentie (*Ex. :* Éclat, I et II) ; génie, I, II et III ; grève, 1º et 2º). — Substant. « *Père* » a pour homonyme « *pair* », « *paire* »... *Dictionnaire, recueil d'homonymes. Jeux de mots utilisant les homonymes.* V. **Calembour, équivoque.** « *Conjecture* » et « *Conjoncture* » *sont presque des homonymes.* V. **Paronyme.**

« L'on s'amuse parfois aujourd'hui à énumérer les homonymes du français : *saint, sain, ceint, seing, sein.* Qu'en subsiste-t-il dans le langage courant ? *Seing* ne se rencontre plus que dans des expressions figées et techniques... Le participe *ceint* a complètement disparu de la langue commune ; *Sain* lui-même n'est-il pas restreint dans son emploi ?... Puisque le mot *Santé* est d'un usage constant, c'est l'homonymie avec *saint* qui a limité l'emploi de l'adjectif *sain.* » BRUNOT et BRUNEAU, Préc. gramm. hist., § 345.

‖ **2º** *Susbtant.* Se dit des personnes, des villes, etc. qui portent le même nom. *Confondre quelqu'un avec un de ses homonymes. Troyes et son homonyme légendaire Troie. Paris a de nombreux homonymes en Amérique.*

DER. — (du lat. *homonymia*, mot. gr.) : **Homonymie.** *n. f.* (1534 RAB.). ‖ 1º *Vx.* Jeu de mots fondé sur la ressemblance des sons. V. **Amphibologie, calembour, équivoque** (Cf. RAB., Garg., IX). ‖ 2º Caractère de ce qui est homonyme. *Homonymie de plusieurs mots. L'homonymie, par les confusions qu'elle peut entraîner, est une des causes de la mort des mots* (Cf. BRUNOT et BRUNEAU, Précis gramm. histor., §§ 343-346). *Homonymie de deux personnes.*

« Il y a deux Marguerite de Valois, toutes deux reines de Navarre : la première, sœur de François 1ᵉʳ, est l'auteur des Contes ; l'autre fut la femme d'Henri IV. C'est généralement celle-ci qu'on connaît le mieux... L'homonymie... continue à nuire à la précédente, qui fut l'une de nos premières femmes de lettres. » HENRIOT, Portr. de femmes, p. 28.

HOMOSEXUEL, ELLE. *n.* (1906 LAROUSSE) ; lat. *sexus*, « sexe »). Celui, celle qui éprouve une appétence sexuelle plus ou moins exclusive pour les individus de son propre sexe (V. **Inverti**). *Un homosexuel* (V. **Pédéraste, sodomite** (Cf. « *Sodome et Gomorrhe* », roman de Proust), **uraniste**), *une homosexuelle* (V. **Lesbienne, tribade...** et *aussi* **Femme** (*infra* cit. 82).

1 « Chaque âge, chaque classe ont comme cela leur façon particulière de désigner une même chose ou d'attribuer par des mots différents un même qualificatif : le collégien dit un pédé, quand le médecin dit un homosexuel, la femme : un anormal, le journaliste : un inverti, l'homme fort : une sale tante, le barman montmartrois : une folle, etc. » M. SACHS, Alias, p. 38.

— *Adj.* Relatif à l'homosexualité, aux homosexuels. *Tendances homosexuelles.*

2 « Sans doute s'abusait-elle encore moins sur son cas que le psychiatre qui eût parlé bien hâtivement de vocation homosexuelle. » ROMAINS, H. de b. vol., t. III, VIII, p. 128.

ANT. — **Hétérosexuel.**

DER. — **Homosexualité.** *n. f.* (début XXᵉ s. ; du précéd.). Tendance, conduite des homosexuels. V. **Inversion.** *Homosexualité masculine* (V. **Uranisme ; pédérastie, sodomie**), *féminine* (V. **Saphisme, tribadisme**).

« ... l'homosexualité, tout comme l'hétérosexualité, comporte tous les degrés, toutes les nuances : du platonisme à la salacité, de l'abnégation au sadisme, de la santé joyeuse à la morosité, de la simple expansion à tous les raffinements du vice. L'inversion n'en est qu'une annexe. De plus tous les intermédiaires existent entre l'exclusive homosexualité et l'hétérosexualité exclusive. » GIDE, Corydon, Prem. dial., III.

HOMUNCULE (ACAD.) ou **HOMONCULE** (*o-mon*). *n. m.* (1611, « recueil de révélations » in WARTBURG ; lat. *homunculus*, dimin. de *homo*, « homme »).

‖ **1º** (Souvent sous la forme lat. *homunculus*, depuis le XIXᵉ s.). Petit être vivant à forme humaine, que les alchimistes prétendaient fabriquer (Cf. la scène célèbre du *Second Faust* de Gœthe, où le Dr Wagner fabrique un *Homunculus*. — REM. Dans sa traduction de *Faust*, NERVAL écrit *Homonculus*).

1 « Comme Maître Wagner (*personnage de « Faust »*), j'ai un homunculus dans un flacon de verre. » GAUTIER, Les Jeunes-France, 340.

2 « ... nous... regardions Redon comme un maître, une sorte de thaumaturge habile à faire surgir, sur la toile ou sur le papier, un tas d'organismes incomplets... d'homuncules comme on les verrait à travers la vitre d'un aquarium... » GIDE, Attendu que..., p. 130.

‖ **2º** *Biol.* (Anciennt.). Petit être préformé que les biologistes croyaient voir soit dans l'ovule, soit dans le spermatozoïde de l'homme. V. **Préformation.**

3 « Par ce système (*dans lequel l'enfant est préformé dans le spermatozoïde*)... c'est le premier homme qui... contenait... toute sa postérité : les germes préexistants... sont de petits animaux, de petits homoncules organisés et actuellement vivants... et qui deviennent des animaux parfaits et des hommes par un simple développement... » BUFF., Hist. des anim., V.

‖ **3º** *Fam.* et *vieilli.* Petit homme. V. **Avorton.**

4 « Ce singe eût-il été encore plus ressemblant à l'homme, les anciens auraient eu raison de ne le regarder que comme un homoncule, un nain manqué, un pygmée... » BUFF., Hist. nat. anim., Nomenclature des singes.

5 « ... les nouveaux systèmes d'éducation ne sauraient aboutir qu'au dressage de hideux homuncules... » BERNANOS, Grands cimet. sous la lune, III, I.

★ **HON !** *interj.* (XVIᵉ s. ; onomat.). *Vx.* Interjection exprimant le mécontentement, la colère ; ou encore la surprise, l'admiration.

1 « Hon ! que cela sent bon ! » MOL., Sgan., 6.

2 « Hon, hon, vous êtes un méchant diable... » ID., Crit. Éc. d. fem., 6.

HONCHETS. V. JONCHETS.

★ **HONGRE.** *adj.* (XVᵉ s. ; ellipse. de (*cheval*) *hongre*, « hongrois », l'usage de châtrer les chevaux étant venu de Hongrie). Châtré*, en parlant du cheval* (par oppos. à *entier*, 2º, à *étalon*, cit. 1). *L'emploi des chevaux hongres pour les travaux de grosse traction est plus économique. Poulain hongre.* Substant. *Un attelage de hongres.* — *Par anal.* « *Chameau hongre* » (BUFFON).

1 « Les chevaux hongres et les juments hennissent moins fréquemment que les chevaux entiers, ils ont aussi la voix moins pleine et moins grave... on a remarqué que les hongres dorment plus souvent et plus longtemps que les chevaux entiers. » BUFF., Hist. nat. anim., Le cheval.

2 « ... il importe, lorsqu'on achète un cheval, de bien s'assurer qu'il possède ses deux testicules apparents ; ou, s'il est hongre (cheval castré), s'il a bien ses deux cicatrices de castration. » R. AMIOT, Le cheval, p. 28 (éd. P.U.F.).

— *Par ext.* Homme châtré. V. **Castrat, eunuque.**

3 « ... le Chang-ti se plaît beaucoup à entendre les voix claires de ces cinquante hongres. » VOLT., Dial., XV, 5.

ANT. — **Entier, étalon.**

DER. — ★ **Hongrer.** *v. tr.* (XVIᵉ s. in HUGUET). Rendre (un cheval) hongre. V. **Castrer*, châtrer*** (**DER.** ★ **Hongreur.** *n. m.* (fin XIXᵉ s.). Celui qui hongre, castre les chevaux.»

« ... dans certaines provinces on hongre les chevaux dès l'âge d'un an... ; mais l'usage le plus général et le mieux fondé est de ne les hongrer qu'à deux et même trois ans, parce qu'en les hongrant tard ils conservent un peu plus des qualités attachées au sexe masculin. » BUFF., Hist. nat. anim., Le cheval.

★ **HONGROIS, OISE.** *adj.* (*Hongre, ongre* jusqu'au XVIᵉ s. ; du hongrois *ogur*, par le lat. d'Allemagne *Ungarus*). De Hongrie. *Peuple hongrois.* V. **Magyar ; bohémien.** *Anciens dignitaires, anciens grands hongrois.* V. **Magnat, palatin.** *Soldats hongrois d'autrefois.* V. **Heiduque, pandour.** *La hongreline, justaucorps d'origine hongroise, portée en France au XVIIᵉ siècle. Cuir traité à la manière hongroise.* V. **Hongroierie, hongroyer.** *Blouses, broderies hongroises. Cheval hongrois. La Puszta, plaine hongroise. Le tokay, célèbre vin hongrois. Cuisine hongroise. Plat hongrois* (V. **Goulasch**). *Folklore hongrois ; musique hongroise* (V. **Tzigane**). *Danses hongroises* (czardas, polka*...). *Danses hongroises* de Brahms. *Rapsodies hongroises* de Liszt. *La marche hongroise* (ou marche de Rakoczy) *harmonisée par Berlioz et introduite dans la* « *Damnation de Faust* ».

— Substant. *Un Hongrois, une Hongroise.*

— N. m. *Le hongrois.* La plus importante des langues finno-ougriennes (V. **Ouralien**), formée de dialectes « très homogènes » (MEILLET) et qui s'écrit en caractères latins. *Mots français empruntés au hongrois :* Heiduque, hussard, pandour, sabre, shako, soutache... (la plupart par l'intermédiaire de l'allemand).

★ **HONGROYER.** *v. tr.* (XVIIIᵉ s. ; pour *hongrier,* de *Hongrie*). Apprêter, préparer (le cuir) à la manière des cuirs dits « de Hongrie » employés en bourrellerie. *Les cuirs hongroyés sont tannés à l'alun et au sel et mis en suif.*

DER. — ★ **Hongroierie.** *n. f.* (1790). Industrie, commerce des cuirs hongroyés. — ★ **Hongroyage.** *n. m.* (fin XIXᵉ s.). Préparation du cuir hongroyé. — ★ **Hongroyeur.** *n. m.* (XVIIIᵉ s.). Artisan, ouvrier qui prépare les cuirs de Hongrie, qui hongroie le cuir.

★ **HONGUETTE.** *n. f.* V. OGNETTE.

HONNÊTE. *adj.* (XIIᵉ s. ; lat. *honestus,* « honoré, honorable »).

I. Qui se conforme aux lois de la probité, du devoir, de la vertu.

‖ **1º** (En parlant des personnes). V. **Brave, digne, droit, franc, intègre, irréprochable, loyal, moral, probe, scrupuleux, vertueux...** *C'est un honnête homme, un très honnête homme, un parfait honnête homme* (Cf. Désintéresser, cit. 1). *Vivre en honnête homme. Les honnêtes gens et la canaille* (cit. 1, 3, 5, 12), *les fripons* (Cf. Compte, cit. 12), *les filous* (cit. 3), *les fripouilles* (cit. 2), *les gredins* (cit. 3)... *Honnêtes gens accablés par la calomnie* (cit. 5). *Attirer l'estime* (cit. 2) *des honnêtes gens. Un homme honnête, foncièrement honnête* (Cf. Apparition, cit. 12 ; grave, cit. 6) ; *des gens honnêtes* (Cf. Fossoyeur, cit. 4). *Famille honnête, honnête famille, qui n'a compté que d'honnêtes gens, à laquelle on ne peut rien reprocher. Domestique honnête* (Cf. Bon, cit. 50 ; gens, cit. 34). *Commerçant honnête. Dépositaire honnête.* V. **Fidèle.** *Il est pauvre mais honnête. Ministre intègre et honnête.* V. **Incorruptible, net** (avoir les mains nettes). *Citoyen honnête qui n'en fraude* (cit. 5) *pas moins la douane ou le fisc... Préférer un roturier honnête à un prince peu scrupuleux* (Cf. Crocheteur, cit.).

1 « Ils ont amassé du bien à leurs enfants, qu'ils payent maintenant peut-être bien cher dans l'autre monde, et l'on ne devient guère si riches à être honnêtes gens. » MOL., Bourg. gent., III, 12.

2 « ... Néron était déjà vicieux..., et... Narcisse l'entretenait dans ses mauvaises inclinations. J'ai choisi Burrhus pour opposer un honnête homme à cette peste de cour ; » RAC., Britann., 2ᵉ Préf.

3 « Quoi ! vous prétendez que celui qui fera le mieux un entrechat sera le financier le plus intègre et le plus habile ! Je ne vous réponds pas qu'il sera le plus habile, repartit Zadig ; mais je vous assure que ce sera indubitablement le plus honnête homme. » VOLT., Zadig, XIV.

4 « ... je vois une infinité d'honnêtes gens qui ne sont pas heureux et une infinité de gens qui sont heureux sans être honnêtes. » DIDER., Neveu de Rameau, Œuvr., p. 455.

5 « La lecture de la *Nouvelle-Héloïse* et les scrupules de Saint-Preux me formèrent profondément honnête homme ; je pouvais encore, après cette lecture faite avec larmes et dans des transports d'amour pour la vertu, faire des coquineries, mais je me serais senti coquin. » STENDHAL, Vie de Henry Brulard, 20.

6 « — Oui, monsieur Eugène, dit Christophe, c'était un brave et honnête homme, qui n'a jamais dit une parole plus haut que l'autre, qui ne nuisait à personne et n'a jamais fait de mal. » BALZ., Le père Goriot, Œuvr., t. II, p. 1084.

7 « Est-ce qu'il n'avait pas un autre but qui était grand, qui était le vrai ? Sauver, non sa personne, mais son âme. Redevenir honnête et bon. Être un juste ! Est-ce que ce n'était pas là surtout, là uniquement, ce qu'il avait toujours voulu, ce que l'évêque lui avait ordonné ? » HUGO, Misér., I, VII, III.

« S'il n'y avait pas une autre vie, Dieu ne serait pas un honnête 8 homme. » ID., P.-S. de ma vie, De la vie et de la mort.

« Qui n'a point la maladie du scrupule ne doit même pas songer à 9 être honnête. » J. RENARD, Journal, 15 mars 1910.

« Je suis honnête homme, n'ayant jamais assassiné, jamais volé, ni 10 violé que dans mon imagination. Je ne serais pas honnête homme sans ces crimes. » VALÉRY, Suite, p. 64.

— *Spécialt.* (En parlant des femmes). Irréprochable dans sa conduite, de mœurs pures. V. **Chaste, pudique, pur, sage, vertueux.** *Une honnête femme, une femme honnête* (Cf. Atteinte, cit. 3 ; dégoûter, cit. 2 ; escapade, cit. 5 ; galant, cit. 5 ; gouaper, cit. 2 ; grâce, cit. 83). *Les honnêtes femmes, les femmes honnêtes* (Cf. Asservir, cit. 16 ; fille, cit. 38). *Une honnête fille. Les honnêtes filles* (Cf. Courtisane, cit. 2). *Une honnête bourgeoise mariée* (Cf. Carrière, cit. 14). *Vertu* d'une honnête femme. Epouse honnête.* V. **Fidèle.**

« Moi, je ne sais pas ce que vous y avez trouvé (*dans la comédie*) 11 qui blesse la pudeur. — Hélas ! tout ; et je mets en fait qu'une honnête femme ne la saurait voir sans confusion, tant j'y ai découvert d'ordures et de saletés. » MOL., Crit. Éc. des fem., 3.

« Une honnête femme est un trésor caché ; celui qui l'a trouvé fait 12 fort bien de ne s'en pas vanter. » LA ROCHEF., Maximes, 552.

« Il y a peu d'honnêtes femmes qui ne soient lasses de leur métier. » 13 ID., Ibid., 367.

« La principale difficulté, avec les femmes honnêtes, n'est pas de 14 les séduire, c'est de les amener dans des endroits clos. Leur vertu est faite des portes entrouvertes. » GIRAUDOUX, Amphitryon 38, I, 1.

‖ **2º** (En parlant des choses). V. **Beau, bon, louable, moral.** *Une vie, une conduite honnête* (Cf. Apprendre, cit. 55 ; asphyxie, cit. 3). *Liaison honnête* (Cf. Cercle, cit. 10). *Sentiments honnêtes* (Cf. Contrefaire, cit. 5 ; fort, cit. 51). *Âme, nature, cœur honnête* (Cf. Envie, cit. 9 ; germe, cit. 15). *But, motif, fin honnête* (Cf. Épargne, cit. 3). V. **Avouable.** *Moyen honnête* (Cf. Fortune, cit. 44), *peu honnête.* V. **Catholique, chrétien.** *Amour, amitié, tendresse honnête* (Cf. Garde, cit. 27). V. **Bien** (en tout bien tout honneur). *Ne tenir que des propos honnêtes. Plaisirs, distractions honnêtes* (Cf. Avec, cit. 7). *Avoir des vues honnêtes sur une jeune fille.* — *Spécialt.* Où n'entre aucune fraude, aucune falsification. *Tous ses vins, tous ses produits sont honnêtes. Travail honnête.* V. **Consciencieux, correct.**

« Artistes, si vous êtes jaloux de la durée de vos ouvrages, je vous 15 conseille de vous en tenir aux sujets honnêtes. Tout ce qui prêche aux hommes la dépravation est fait pour être détruit... » DIDER., Salon de 1767, Le coucher de la mariée.

« Accoutumée à n'inspirer que des sentiments honnêtes, à n'entendre 16 que des discours que je puis écouter sans rougir... » LACLOS, Liais. dang., Lett. XXVI.

« Deux siècles de commerce honnête, de bonnes mœurs, de mariages 17 avantageux, ont produit ces êtres fixés, ignorants, de belle prestance, tout à fait conscients de leur supériorité. » CHARDONNE, Amour du prochain, p. 180.

— *Les choses honnêtes* (Cf. Aller, cit. 28). *Chercher ce qui est honnête plutôt que ce qui est agréable* (cit. 9). *Cela n'est ni beau* (cit. 58) *ni honnête. Il serait plus honnête de...* (Cf. Beau, cit. 90). *Il y aurait là quelque cynisme, mais au moins serait-ce honnête.* — Substant. *L'honnête,* ce qui est honnête. « *De l'utile et de l'honnête* », titre d'un chapitre des *Essais* de Montaigne (III, 1).

« ... ce qu'il fait, est-ce la chose la plus noble et la plus honnête 18 que l'on puisse faire ? » LA BRUY., III, 33.

II. Qui se conforme aux bienséances ou à certaines normes raisonnables.

‖ **1º** (En parlant des personnes). Vx. *Honnête homme* (déjà dans MONTAIGNE, et au XVIIᵉ s. notion essentielle de la morale mondaine). Homme du monde, agréable et distingué par les manières comme par l'esprit. V. **Accompli, distingué, galant** (cit. 2) ; **compagnie** (de bonne), **falloir** (comme il faut), **ton** (de bon). *Caractère, mœurs de l'honnête homme* (Cf. Amoureux, cit. 5 ; attachement, cit. 3 ; extrême, cit. 22). *Très honnête homme, le plus honnête homme du monde* (Cf. Gauche, cit. 8). *Les honnêtes gens* (Cf. Entreprise, cit. 2 ; familiarité, cit. 2 ; fournée, cit. 6 ; lecture, cit. DESCARTES).

« ... l'honnête homme ou le galant homme ; deux expressions qui ne 19 sont point synonymes : *galant homme* a quelque chose de plus aimable, *honnête homme* quelque chose de plus solide, mais qui expriment l'une et l'autre l'idéal du chevalier de Méré... L'honnête homme est à sa place partout ; il s'acquitte de tout avec une supériorité qui n'a rien de technique et de contraint, qui est toujours naturelle et aisée ; rien en lui ne sent le métier : métier et honnêteté sont choses incompatibles et contradictoires ; il ne faut pas même « affecter d'être honnête homme : car ce serait en faire une espèce de métier ». BRUNSCHVICG, Notice in Pens. et opusc. de PASCAL (éd. Hachette, p. 116).

« Les hommes de la société et familiarité desquels je suis en quête, 20 sont ceux qu'on appelle honnêtes et habiles hommes ; l'image de ceux-ci me dégoûte des autres. » MONTAIGNE, Essais, III, III.

« Mais il faut à Paris bien d'autres qualités : 21
On ne s'éblouit point de ces fausses clartés,
Et tant d'honnêtes gens, que l'on y voit ensemble,
Font qu'on est mal reçu si l'on ne leur ressemble. » CORN., Menteur, I, 1

22 « ... Paris est le grand bureau des merveilles, le centre du bon goût, du bel esprit et de la galanterie. — Pour moi, je tiens que hors de Paris, il n'y a point de salut pour les honnêtes gens. »
MOL., *Préc. rid.*, 9.

23 « Il faut qu'on n'en puisse (*dire*), ni : il est mathématicien, ni prédicateur, ni éloquent, mais il est honnête homme ; cette qualité universelle me plaît seule. »
PASC., *Pensées*, I, 35.

24 « Une belle femme qui a les qualités d'un honnête homme, est ce qu'il y a au monde d'un commerce plus délicieux... »
LA BRUY., III, 13.

25 « J'aime le luxe, et même la mollesse,
Tous les plaisirs, les arts de toute espèce,
La propreté, le goût, les ornements :
Tout honnête homme a de tels sentiments. » VOLT., *Le mondain.*

26 « Ces « honnêtes gens », comme les appelait Molière, à égale distance d'une cour un peu trop figée et d'un parterre un peu trop libre, étaient précisément ce que Molière regardait comme *son public* ; et c'est à ce public qu'il s'adressait. La cour de Louis XIV représentait le formalisme ; le parterre représentait le naturalisme ; eux représentaient *le bon goût.* » GIDE, *Nouveaux prétextes*, p. 31.

‖ **2°** *Vieilli.* Qui fait preuve de politesse, de savoir-vivre ; qui marque de la politesse. V. **Civil, poli***. *Il est honnête avec tout le monde* (LITTRÉ). *Honnête, affable et débonnaire* (Cf. Gagner, cit. 30). *Vous êtes bien honnête, vous êtes trop honnête,* formule par laquelle on témoigne qu'on est sensible aux politesses de quelqu'un (Se dit souvent ironiquement. Cf. cit. *infra*). *Un air, des manières honnêtes,* comme il faut. *Accueil honnête.*

27 « ... il n'est guère honnête à un amant de venir le dernier au rendez-vous. »
MOL., *Escarb.*, I, 1.

28 « — Moi, payer ? En soufflets. — Vous êtes trop honnête. »
RAC., *Plaid.*, II, 4.

29 « Ces deux personnes-ci, plus honnêtes que toi,
Devraient t'apprendre à vivre, ou du moins à te taire. »
LA FONT., *Fabl.*, VIII, 12.

— *Spécialt.* Qui s'entoure de formes polies de manière à être acceptable ou plausible. *Un refus honnête. Excuse honnête. Sous un honnête prétexte.* V. **Spécieux.**

30 « Un doux nenni avec un doux sourire,
Est tant honnête, il le vous faut apprendre : »
MAROT, *Épigrammes*, LXVIII.

‖ **3°** Conforme aux indications de la nature, du bon sens, de l'usage. V. **Bienséant, convenable, décent, naturel, normal, raisonnable.** *Il n'est pas honnête de se louer soi-même* (ACAD.). *Cela n'est pas honnête à une personne de votre caractère, de votre profession, de votre âge* (ACAD.). *Parti honnête auquel s'arrête* (cit. 66) *un sage. Faire une honnête retraite** (Cf. Archange, cit. 1).

31 « Il n'est pas bien honnête, et pour beaucoup de causes
Qu'une femme étudie et sache tant de choses. »
MOL., *Fem. sav.*, II, 7.

— *Spécialt.* Convenable, vu la situation ; approprié. *Don, présent honnête. Honnête récompense à qui rapportera l'objet perdu. Offrir un dédommagement honnête. Prix honnête.* V. **Juste.** *Habit, équipage* (cit. 7) *honnête.*

32 « ... j'ai cinq frères qui sont bien aises quand ils vont au bal d'avoir des habits honnêtes ; »
RAC., *Rem. sur l'Odyss.*, VI.

‖ **4°** *Par ext.* Qui ne s'écarte pas de la moyenne et peut être considéré comme satisfaisant. V. **Convenable, honorable, moyen, passable, satisfaisant, suffisant.** *Grosseur, longueur, largeur... honnête. Honnête corpulence* (cit. 1). *Une honnête moyenne. Obtenir des résultats honnêtes, plus qu'honnêtes. Nous avons fait un repas honnête, sans plus.* V. **Acceptable, correct.** « *Le régal fut fort honnête* » (Cf. Festin, cit. 1). *Ce vin est, ma foi, très honnête* (Cf. Se laisser boire, buvable). *C'est un vêtement qui est encore très honnête.* V. **Décent, mettable.** *Un honnête talent d'amateur. Il n'est pas riche, mais il jouit d'une honnête aisance. Cet héritage lui assure une fortune honnête. L'affaire n'est pas excellente, mais elle doit laisser un bénéfice honnête.* — (Vieilli). *Naissance, condition honnête,* ni relevée ni basse, médiocre.

33 « (Et sans cela nos gains seraient assez honnêtes), »
LA FONT., *Fabl.*, VIII, 2.

34 « Il n'y a guère qu'une naissance honnête, ou qu'une bonne éducation, qui rendent les hommes capables de secret. » LA BRUY., V, 79.

35 « Au lieu d'offrir les vieilleries merveilleuses, trop spéciales, comme dit Berthomé, vous vendez en bouteille des eaux-de-vie de quinze ans, naturelles, passables, saines, en somme honnêtes, mais moins chères... »
CHARDONNE, *Destin. sentim.*, p. 139.

ANT. — **Malhonnête*. Coquin, crapule, fourbe, fripon ; déloyal, fallacieux, frauduleux ; déshonnête, dépravé, immoral, impudique, vicieux ; grivois, inconvenant, indécent, malsonnant. Brutal, discourtois, grossier, impoli, incivil ; malséant, mauvais. Extraordinaire, supérieur.**

DER. et COMP. — **Honnêtement. Honnêteté. Déshonnête. Malhonnête.**

HONNÊTEMENT. *adv.* (XIIe s. ; de *honnête*). D'une manière honnête.

‖ **1°** Selon le devoir, la vertu, la probité. V. **Bien.** *Vivre, se conduire honnêtement. Gérer honnêtement une affaire. Il m'a honnêtement mis en garde.* V. **Loyalement.** *Traiter honnêtement un adversaire vaincu. Avouer honnêtement ses torts.* — *Ellipt.* Franchement. *Honnêtement, n'étiez-vous pas au courant ?*

1 « ... elle ne tirait donc de sa journée de travail que peu de chose ; mais enfin cela suffisait, le problème était résolu ; elle gagnait sa vie. Quand Fantine vit qu'elle vivait, elle eut un moment de joie. Vivre honnêtement de son travail, quelle grâce du ciel ! »
HUGO, *Misér.*, I, V, 7-8.

2 « ... il faut vivre honnêtement la vie de tous les jours ; elle est grise et tissée de fils communs. » PÉGUY, *La République...*, p. 149.

‖ **2°** Selon les bienséances. — *Vieilli.* Poliment, civilement. *Recevoir, accueillir* (cit. 1) *quelqu'un fort honnêtement. Il lui a parlé le plus honnêtement du monde* (ACAD.). — *Vieilli.* Convenablement, décemment. *Être honnêtement vêtu, logé.*

3 « Il m'écoute ; et dans tout, il en use, ma foi !
Le plus honnêtement du monde avec(que) moi. »
MOL., *Misanthr.*, I, 2.

4 « ... il s'est trouvé des hommes qui refusaient plus honnêtement que d'autres ne savaient donner ; » LA BRUY., VIII, 45.

— *Vx.* En honnête homme (V. **Honnête**, II, 1°).

5 « ... c'est (*La Fontaine*) un homme unique dans les excellents morceaux où il nous a laissés : ils sont en grand nombre ; ils sont dans la bouche de tous ceux qui ont été élevés honnêtement ; »
VOLT., *Dict. philos.*, Fable.

‖ **3°** Selon des normes raisonnables ou moyennes. V. **Moyennement, passablement, suffisamment.** *Son travail est honnêtement payé* (Cf. Crever, cit. 25). *Il en a honnêtement mangé* (ACAD.). *Il a honnêtement de quoi vivre* (Cf. Aisance, cit. 8). *Il s'en tire très honnêtement, il n'y a rien à dire. La pièce a honnêtement réussi :* assez bien.

6 « On a rejoué Zaïre, il y avait honnêtement du monde. »
VOLT., *Lett. en vers et en prose*, 22.

ANT. — **Malhonnêtement.**

HONNÊTETÉ. *n. f.* (XVe s. ; remplaçant l'anc. fr. *honesté,* empr. au lat. *honestas ; de honnête*). Qualité de celui qui est honnête ou de ce qui est honnête*.

‖ **1°** V. **Honnête,** I ; **dignité, droiture, intégrité, loyauté, moralité, probité...** *Un homme d'une parfaite honnêteté. Il est l'honnêteté même. On a mis en doute son honnêteté. L'honnêteté de sa conduite, de ses intentions. Un fonds d'honnêteté* (Cf. Duplicité, cit. 4). *Honnêteté en affaires.* V. **Correction.** *Reconnaître à sa clarté* (cit. 16) *l'honnêteté d'un esprit. Honnêteté absolue, insoupçonnable, scrupuleuse.* V. **Conscience, délicatesse.** *Ayez l'honnêteté de le reconnaître.* V. **Foi** (bonne).

1 « Le dernier et le plus grand défaut des hommes d'État de la Restauration fut leur honnêteté dans une lutte où leurs adversaires employaient toutes les ressources de la friponnerie politique, le mensonge et les calomnies, en déchaînant contre eux, par les moyens les plus subversifs, les masses inintelligentes, habiles seulement à comprendre le désordre. » BALZ., *Les employés*, Œuvr. t. VI, p. 980.

2 « Sa suprême angoisse, c'était la disparition de la certitude. Il se sentait déraciné. Le code n'était plus qu'un tronçon dans sa main. Il avait affaire à des scrupules d'une espèce inconnue... Rester dans l'ancienne honnêteté, cela ne suffisait plus... Il apercevait dans les ténèbres l'effrayant lever d'un soleil moral inconnu ; »
HUGO, *Misér.*, V, IV.

3 « La liberté qu'il me laissa était absolue. Comme il voyait l'honnêteté de ma nature, la pureté de mes mœurs et la droiture de mon esprit, l'idée ne lui vint pas un instant que des doutes s'élèveraient pour moi sur des matières où lui-même n'en avait aucun. »
RENAN, *Souvenirs d'enfance...*, IV, II.

4 « Sainte-Beuve a bien des défauts, en tant qu'homme, mais l'honnêteté du penseur et du critique est inattaquable et reste admirable. »
HENRIOT, *Romantiques*, p. 227.

5 « ... il ne s'agit pas d'héroïsme dans tout cela. Il s'agit d'honnêteté. C'est une idée qui peut faire rire, mais la seule façon de lutter contre la peste, c'est l'honnêteté. — Qu'est-ce que l'honnêteté, dit Rambert, d'un air soudain sérieux. — Je ne sais pas ce qu'elle est en général. Mais dans mon cas, je sais qu'elle consiste à faire mon métier. » CAMUS, *La peste*, p. 180.

— *Spécialt.* (En parlant des femmes). V. **Chasteté, pureté, sagesse, vertu...** *Honnêteté d'une femme, des femmes* (Cf. Amour, cit. 2 ; carmélite, cit. 1 ; forligner, cit. 1). *Honnêteté d'une épouse.* V. **Fidélité.**

6 « L'honnêteté d'une femme n'est pas dans les grimaces. »
MOL., *Crit. Éc. d. fem.*, 3.

7 « On peut dire de toutes nos vertus ce qu'un poète italien a dit de l'honnêteté des femmes, que ce n'est souvent autre chose qu'un art de paraître honnête. » LA ROCHEF., *Maxim.*, 605.

8 « ... (*L'Ingénu*) s'était élancé vers le lit. Mademoiselle de Saint-Yves, se réveillant en sursaut, s'était écriée : Quoi ! c'est vous ! ah ! c'est vous ! arrêtez-vous, que faites-vous ? Il avait répondu : Je vous épouse ; et en effet il l'épousait, si elle ne s'était pas débattue avec toute l'honnêteté d'une personne qui a de l'éducation. »
VOLT., *L'Ingénu*, VI.

— *Absolt.* V. **Décence, modestie, morale, pudeur.** *Paroles contraires à l'honnêteté. Cela blesse, choque l'honnêteté. Braver* (Cf. Guenon, cit. 2), *respecter l'honnêteté.*

9 « Ma fille est d'une race trop pleine de vertu, pour se porter jamais à faire aucune chose dont l'honnêteté soit blessée ; »
MOL., *G. Dand.*, I, 4.

10 « Le latin, dans les mots, brave l'honnêteté :
Mais le lecteur français veut être respecté ; »
BOIL., *Art poét.*, II.

11 « L'amour est privé de son plus grand charme quand l'honnêteté l'abandonne ; pour en sentir tout le prix, il faut que le cœur s'y complaise, et qu'il nous élève en élevant l'objet aimé. »
ROUSS., **Julie**, 1ʳᵉ part., Lettre XXIV.

12 « ... les principes inaltérables de pudeur, d'honnêteté et de modestie ; »
LACLOS, **Liais. dang.**, Lett. CIV.

‖ **2°** (V. **Honnête**, II). — *Vx.* Qualité de « l'honnête homme ». *Discours de la vraie honnêteté, œuvre du chevalier de Méré.*

13 « Si quelqu'un me demandait en quoi consiste l'honnêteté, je dirais que ce n'est autre chose que d'exceller en tout ce qui regarde les agréments et les bienséances de la vie. »
MÉRÉ, cit. in PASCAL (Pet. éd. Brunschvicg, p. 116).

— *Vieilli.* Civilité, politesse où entre de l'affabilité, de l'obligeance. *Honnêteté dans les propos d'un garçon bien éduqué* (cit. 7). *L'honnêteté de son procédé.* V. **Bienveillance**. *Il n'a pas eu l'honnêteté de l'aller voir* (ACAD.). V. **Bienséance, délicatesse.**

14 « ... le bien que vous dites de cette pièce n'est que par honnêteté... »
MOL., **Crit. Éc. d. fem.**, 6.

15 « J'ai écrit à M. l'abbé Boileau pour le prier d'y prêcher (*à cette cérémonie*), et il a eu l'honnêteté de vouloir bien partir exprès de Versailles en poste pour me donner cette satisfaction. » RAC., **Lettres.**

16 « L'honnêteté... et la politesse des personnes avancées en âge... »
LA BRUY., XII, 83.

17 « Tu m'as dit à peu près ce que tout le monde me reproche, et tu me l'as dit avec beaucoup d'honnêteté et de ménagement, ce que les autres ne font point ; »
SAND, **Petite Fadette**, XVIII.

— *Par ext.* (Vx). Témoignage (acte ou parole) de politesse et d'obligeance. V. **Amitié, politesse, procédé** (bon). *Il lui a fait mille honnêtetés, toutes les honnêtetés imaginables* (ACAD.), *toutes les honnêtetés du monde* (Cf. Envelopper, cit. 13). *Spécialt.* Petit présent fait par reconnaissance ou complaisance. *Cela méritait bien une honnêteté* (LITTRÉ).

18 « Je suis très obligé au P. Bouhours de toutes les honnêtetés qu'il vous a prié de me faire de sa part. » RAC., **Lettres.**

19 « ... Ajax et Hector... aussitôt après leur combat... se comblent d'honnêtetés et se font des présents. » BOIL., **Lettre à Ch. Perrault.**

20 « Il me laissa souper au bout de la table, loin du feu, sans me faire la moindre honnêteté. » ROUSS., **Confess.**, IX.

21 « — Tu t'es laissée embrasser, Marie ? dit Germain, tout tremblant de colère. — J'ai cru que c'était une honnêteté, une coutume de l'endroit aux arrivées, comme, chez vous, la grand-mère embrasse les jeunes filles qui entrent à son service... » SAND, **Mare au diable**, XV.

ANT. — **Malhonnêteté*.** Improbité, immoralité ; dépravation, impudicité, impureté, immodestie, indécence. Grossièreté, incivilité ; impolitesse.

HONNEUR. n. m. (Xᵉ s., *honor, onor ; honur,* 1100 ROL. ; fém. jusqu'au XIVᵉ s. ; lat. *honor* ou *honos,* accus. *honorem*).

I. Dignité morale. V. **Dignité** (II, 2°).

‖ **1°** Bien moral dont on jouit dans la mesure où on a le sentiment de mériter de la considération et de garder le droit à sa propre estime. V. **Dignité, fierté ; estime, respect** (de soi-même). *Attaquer, blesser, déchirer, ruiner... l'honneur de quelqu'un. Commettre, compromettre* (cit. 5), *vendre son honneur. Porter atteinte à l'honneur de quelqu'un par diffamation* (cit. 3). *Engager* (cit. 6) *son honneur. Soutenir l'honneur de sa naissance* (Cf. Cœur, cit. 106). *Défendre, venger son honneur* (Cf. Faire, cit. 56). *Perdre, garder* (cit. 45), *conserver* (Cf. Exprès, cit. 2) *son honneur. « Tout est perdu, fors* l'honneur ». L'honneur est sauf. Sauver l'honneur. Spécialt.* (en parlant d'une rencontre sportive qui a tourné au désavantage d'un joueur, d'une équipe). *Battus, nous avons du moins sauvé l'honneur en marquant un but. — Mon honneur est en jeu. Il y va de l'honneur* (Cf. Bien 1, cit. 79). *C'est une tache à son honneur* (V. **Entacher**). *Cette action l'a perdu* d'honneur. Aimer l'argent* (cit. 19) *plus que l'honneur. Votre honneur m'est cher* (Cf. Brocard, cit. 3).

1 « Viens me venger. — De quoi ? — D'un affront si cruel,
Qu'à l'honneur de tous deux il porte un coup mortel :... »
CORN., **Cid**, I, 5.

2 « Et l'on peut me réduire à vivre sans bonheur. »
Mais non pas me résoudre à vivre sans honneur. »
ID., **Ibid.**, II, 1.

3 « Car qui ne mourrait pour conserver son honneur, celui-là serait infâme. »
PASC., **Pens.**, II, 147.

4 « La plupart des hommes s'exposent assez dans la guerre pour sauver leur honneur ; mais peu se veulent exposer toujours autant qu'il est nécessaire pour faire réussir le dessein pour lequel ils s'exposent. »
LA ROCHEF., **Max.**, 219.

5 « (Le lièvre) Croit qu'il y va de son honneur
De partir tard... »
LA FONT., **Fabl.**, VI, 10.

6 « Je distingue dans ce qu'on appelle honneur celui qui se tire de l'opinion publique, et celui qui dérive de l'estime de soi-même. »
ROUSS., **Julie**, 1ʳᵉ part., Lettre XXIV.

7 « ... c'est un homme si scrupuleux et si délicat sur l'honneur, qu'il exagère quelquefois, et se fait des fantômes où les autres ne voient rien. »
BEAUMARCH., **Mère coupable**, III, 1.

8 « Pour ne parler que de morale, on sent combien ce mot, l'honneur, renferme d'idées complexes et métaphysiques. Notre siècle en a senti les inconvénients ; et, pour ramener tout au simple, pour prévenir tout abus des mots, il a établi que l'honneur restait dans son intégrité à tout homme qui n'avait point été repris de justice. »
CHAMFORT, **Max. et pens.**, Philos. et morale, XLII.

9 « Bien que supplément obligé aux lois qui ne connaissent pas des offenses faites à l'honneur, le duel est affreux, surtout lorsqu'il détruit une vie pleine d'espérances... » CHATEAUB., **M. O.-T.**, t. VI, p. 280.

10 « Je perds tout sauf l'honneur ainsi qu'à Marignan.
J'ai perdu mes amours. Où sont-elles allées ? »
APOLLINAIRE, **Ombre de mon amour**, XXIII.

11 « Pour de l'argent, il a vendu son honneur et son ami. Pour de l'argent, il vendrait son âme... » MADELIN, **Talleyrand**, II.

12 « La vie vaut-elle plus que l'honneur ? L'honneur plus que la vie ? Qui ne s'est pas posé une fois la question ne sait pas ce qu'est l'honneur, ni la vie. » BERNANOS, **Scandale de la vérité**, p. 9.

— *Piquer d'honneur quelqu'un :* lui persuader que son honneur est engagé (à faire ou ne pas faire telle chose). *Se piquer d'honneur,* croire qu'il y va de son honneur en telle ou telle occasion, et, par suite, y apporter tous les soins, toute l'habileté, toute l'énergie, etc. dont on est capable. V. **Zèle**. *Son premier travail ne m'avait pas satisfait, mais cette fois il s'est piqué d'honneur : c'est parfait. Se piquer d'honneur, d'un faux honneur de...,* avec l'infinitif (Cf. Ensevelir, cit. 23). — *Point* d'honneur,* la chose essentielle quant à l'honneur, ce qu'on regarde comme intéressant au premier chef l'honneur. « *Origine du point d'honneur* » (MONTESQ., Esprit des Lois, XXVIII, 20, Cf. tout le chap.). *Être délicat, intraitable sur le point d'honneur* (Cf. Hidalgo, cit. 4). *Contestation sur le point d'honneur. Autrefois les maréchaux de France étaient juges du point d'honneur* (ACAD.). *Un singulier, un faux point d'honneur* (Cf. Déchoir, cit. 2 ; gloriole, cit. 1). *Prendre tout au point d'honneur,* faire preuve d'une susceptibilité excessive quant au point d'honneur. *Se faire un point d'honneur de quelque chose :* le tenir pour une chose qui intéresse essentiellement l'honneur, et, par ext. *Se piquer d'honneur* (de le faire ou ne pas le faire). *Mettre un point d'honneur, son point d'honneur à..., se faire un point d'honneur de... Mettre son honneur à frauder* (cit. 3) *ses créanciers.*

13 « ... vous êtes homme qui savez les maximes du point d'honneur, et je vous demande raison de l'affront qui m'a été fait. »
MOL., **G. Dand.**, I, 6.

14 « Je conçois bien qu'un scélérat, associé à d'autres scélérats, cèle d'abord ses complices ; les brigands s'en font un point d'honneur ; car il y a de ce qu'on appelle honneur jusque dans le crime. »
VOLT., **Henr.**, Dissert. sur la mort de Henri IV.

15 « Frédéric, par point d'honneur, crut devoir les fréquenter plus que jamais. »
FLAUB., **Éduc. sentim.**, II. III.

— *Affaire* d'honneur :* affaire où l'honneur est engagé (V. **Duel**). *Réparation* d'honneur. Dette** (cit. 8) *d'honneur. Engagement d'honneur* (Cf. Fiançailles, cit. 2). V. **Promesse, serment.** *Parole* d'honneur. Exclamativt.* (Ellipt.). *Parole d'honneur ! Ma parole d'honneur !* (Cf. Autant, cit. 34). *Assurer, jurer sur l'honneur, sur son honneur* (Cf. Coupable, cit. 3 ; devant, cit. 6 ; godiveau, cit.). *Je l'atteste sur l'honneur, je vous en réponds sur mon honneur.* Ellipt. *Sur l'honneur, d'honneur* (vx), *en honneur* (vx) *je le jure sur l'honneur.*

16 « Pesez ce que vaut, parmi nous, cette expression populaire, universelle, décisive et simple cependant — Donner sa parole d'honneur. »
VIGNY, **Serv. et grand. milit.**, Conclusion.

— *Spécial. L'honneur d'une femme,* honneur lié au caractère irréprochable de ses mœurs ou de sa situation. — *Rendre l'honneur à une femme* (vieilli), l'épouser après l'avoir eue pour maîtresse (LITTRÉ). *Ravir l'honneur à une femme,* la violer (ACAD.). *Prudes défendant sauvagement leur honneur* (Cf. Armer, cit. 22). *Honneur qui a besoin* (cit. 63) *d'être jalousement gardé. Commettre* (cit. 11) *l'honneur de sa dame. L'honneur dans le mariage* (Cf. Conformité, cit. 1 ; émousser, cit. 2). — *En tout bien** (cit. 75 à 78) *tout honneur.*

17 « Nous avons intérêt que l'hymen prétendu
Répare sur-le-champ l'honneur qu'elle a perdu ; »
MOL., **Éc. d. maris**, III. 5.

18 « ... j'ai l'honneur en recommandation, et j'aimerais mieux me voir morte, que de me voir déshonorée. » ID., **Don Juan**, II. 2.

19 « Enfin sa compagne sortit de l'arrière-cabinet, tout éperdue, sans pouvoir parler, réfléchissant profondément sur le caractère des grands et des demi-grands, qui sacrifient si légèrement la liberté des hommes et l'honneur des femmes. » VOLT., **L'ingénu**, XV.

20 « ... je parle comme une femme outragée dans son honneur, c'est-à-dire dans ce qu'elle a de plus précieux. »
STENDHAL, **Le rouge et le noir**, I. XXI.

— *L'honneur d'un homme,* considéré comme attaché (cit. 43) à celui de sa femme (Cf. Eunuque, cit. 2 ; fat, cit. 2).

21 « Il prend, pour mon honneur, un intérêt extrême : »
MOL., **Tart.**, I, 5

— *Spécialt.* En parlant d'une collectivité, d'un corps, d'une profession. *Compromettre, sauver... l'honneur de la famille, du nom, du régiment, de la corporation...*

L'honneur national, professionnel, sacerdotal (Cf. Coupable, cit. 3), *militaire...* — Par ext. *Son honneur de soldat, de médecin, de savant,* celui qu'il chérit et défend en tant que soldat... (et qui peut coexister avec l'honneur personnel, parfois même s'y opposer).

22 « On peut voir... quel haut sentiment elle avait de l'honneur militaire, et à quel point elle épousa cette religion de loyauté, de dévouement et de sacrifice... »
STE-BEUVE, **Caus. du lundi,** 9 juin 1851, t. IV, p. 220.

23 « Ce que nous défendons, ce n'est pas seulement* notre honneur. Ce n'est pas seulement l'honneur de tout notre peuple, dans le présent, c'est l'honneur historique de notre peuple, tout l'honneur historique de toute notre race, l'honneur de nos aïeux, l'honneur de nos enfants... Une seule tache entache toute une famille. Elle entache aussi tout un peuple. Un seul point marque l'honneur de toute une famille. Un seul point marque aussi l'honneur de tout un peuple. Un peuple ne peut pas rester sur une injure, subie, exercée, sur un crime, aussi solennellement, aussi définitivement endossé. L'honneur d'un peuple est d'un seul tenant. »
PÉGUY, **La République...,** p. 256.

24 « Pour intéresser un Français à un match de boxe, il faut lui dire que son honneur national y est engagé ; pour intéresser un Anglais à une guerre, rien de tel que de lui suggérer qu'elle ressemble à un match de boxe. »
MAUROIS, **Silences du col. Bramble,** I.

‖ 2° L'HONNEUR, principe de morale, source de devoirs. *Les grandes notions, les concepts,* (ou ironiqt.) *les grands mots d'Honneur, Patrie, Droit, Civilisation...* (Cf. Alouette, cit. 5 ; dada, cit. 4 ; employer, cit. 14 ; évangile, cit. 8 ; fripon, cit. 2 ; gros, cit. 19). *L'honneur considéré comme un sentiment, une foi* (Cf. Armée, cit. 10), *un devoir** (Cf. Amour, cit. 8), *une maladie...* (Cf. Argent, cit. 29) ; *comme ayant sa source dans l'amour-propre* (Cf. Amour, cit. 50), *dans des préjugés de caste* (cit. 1). *Honneur chevaleresque* (cit. 1 ; Cf. aussi Féal, cit. 1). *Règles* (Cf. Bienséance, cit. 10), *prescriptions, lois, code, morale* (Cf. Gagner, cit. 10) *de l'honneur. Ce que prescrit, ce qu'ordonne l'honneur* (Cf. Capitulation, cit. 2 ; extrémité, cit. 11). *L'honneur veut, exige que... Ne consulter que l'honneur, n'écouter que la voix de l'honneur. Avoir le sentiment de l'honneur. Allez où l'honneur vous appelle, vous convie...* (Cf. Aller, cit. 36). *Ne songer qu'à l'honneur* (Cf. Espagnolisme, cit. ; filet, cit. 10). *Manquer à l'honneur. Se sacrifier à l'honneur* (Cf. Émigration, cit. 3). « *L'honneur, âme des martyrs* » (Cf. Entourer, cit. 7).

25 « Lors l'Honneur qui volait dessus les camps armés,
Les rendait vivement aux armes animés,
De sorte que chacun avait grande envie
De la mort, que sauver honteusement sa vie,
Et plutôt désirait à la guerre mourir,
Que vivre en sa maison sans louange acquérir. »
RONSARD, **Le bocage royal,** II, Discours.

26 « Honneur impitoyable à mes plus chers désirs,
Que tu vas me coûter de pleurs et de soupirs ! »
CORN., **Cid,** II, 3.

27 « ... une de ces... affaires qui réduisent les gentilshommes à se sacrifier... à la sévérité de leur honneur... être asservi par les lois de l'honneur au dérèglement de la conduite d'autrui... »
MOL., **Don Juan,** III, 3.

28 « ... on ne voit pas qu'où l'honneur les conduit
Les vrais braves soient ceux qui font beaucoup de bruit, »
ID., **Tart.,** I, 5.

29 « L'honneur parle, il suffit : ce sont là nos oracles. »
RAC., **Iphig.,** I, 2.

30 « ... une distinction que vous me fîtes autrefois, dans une occasion importante, entre l'honneur réel et l'honneur apparent ?... Qu'y a-t-il de commun entre la gloire d'égorger un homme et le témoignage d'une âme droite ? et quelle prise peut avoir la vaine opinion d'autrui sur l'honneur véritable dont toutes les racines sont au fond du cœur ? »
ROUSS., **Julie,** I, 1re part., Lettre LVII.

31 « Jamais il (le comte Maxime de Trailles) n'avait manqué à l'honneur, il payait scrupuleusement ses dettes de jeu. »
BALZ., **Député d'Arcis,** Œuvr., t. VII, p. 726.

32 « L'Honneur, c'est la conscience, mais la conscience exaltée. — C'est le respect de soi-même et de la beauté de sa vie porté jusqu'à la plus pure élévation et jusqu'à la passion la plus ardente. »
VIGNY, **Serv. et grand. milit.,** Conclusion.

33 « L'honneur, c'est la poésie du devoir. »
ID., **Journal d'un poète,** p. 96.

34 « On a ici le sentiment de l'honneur, de la vertu, du patriotisme dans toute sa pureté et son ingénuité, le sentiment moral, exquis, antique, plus antique que celui d'Eudore, malgré le costume romain de ce dernier. »
STE-BEUVE, **Chateaubriand,** t. I, p. 114.

35 « ... Combeferre se bornait à répondre avec un grave sourire : — Il y a des gens qui observent les règles de l'honneur comme on observe les étoiles, de très loin. »
HUGO, **Misér.,** V, I, XXI.

36 « Je t'ai élevée, je t'ai consacré ma vie, je t'ai appris le bien, je suis restée ici seule, malade, malheureuse, pour qu'il y ait auprès de toi un exemple de l'honneur. Voilà ma récompense ! Tu veux me quitter, toi aussi... »
CHARDONNE, **Dest. sentim.,** p. 474.

37 « Le Monde a besoin d'honneur. C'est d'honneur que manque le Monde. Le Monde a tout ce qu'il lui faut, et il ne jouit de rien parce qu'il manque d'honneur. Le Monde a perdu l'estime de soi. Or, aucun homme sensé n'aura jamais l'idée saugrenue d'apprendre les lois de l'honneur chez Nicolas Machiavel ou Lénine. Il me paraîtrait aussi bête d'aller les demander aux Casuistes... L'honneur est un absolu. Qu'a-t-il de commun avec les docteurs du Relatif ? »
BERNANOS, **Grands cimetières sous la lune,** p. 98.

38 « ... la fleur merveilleuse dont la semence semble avoir été jetée par les Anges, ce génie de l'honneur que notre race a tellement surnatu-

ralisé qu'elle a failli en faire un moment comme une quatrième vertu théologale... »
ID., **Ibid.,** p. 359.

39 « L'honneur était dans l'obéissance qui se confondait parfois avec le crime. La loi militaire punit de mort la désobéissance et son honneur est servitude. »
CAMUS, **L'homme révolté,** p. 228.

— Spécialt. (MONTESQUIEU, Esprit des lois, III). *L'honneur, principe* de la monarchie. *L'honneur, objet des lois de l'éducation* (cit. 4) *dans les monarchies.*

40 « Dans les États monarchiques et modérés, la puissance est bornée par ce qui en est le ressort, je veux dire l'honneur, qui règne, comme un monarque, sur le prince et sur le peuple. »
MONTESQ., **Espr. des lois,** III, X.

41 « ... Saint-Simon est une belle pièce justificative pour la maxime de Montesquieu, l'honneur, base des monarchies... »
STENDHAL, **Vie de Henry Brulard,** 20.

— *Homme d'honneur,* animé par le sentiment de l'honneur, et, *par ext.* Homme de probité, de vertu (Cf. Attaquer, cit. 30 ; écarter, cit. 30). *Action indigne d'un homme d'honneur* (Cf. Autoriser, cit. 11). *C'est un homme plein d'honneur* (ACAD.). *Des gens* (cit. 8) *d'honneur. Bandit d'honneur,* nom donné par plaisant. à certains bandits corses. *Il n'a ni cœur ni honneur* (ACAD.). *Des hommes sans honneur* (Cf. Agioteur, cit. 3 ; canaille, cit. 1 ; généreux, cit. 2).

42 « Ne le recevez point en meurtrier d'un frère,
Mais en homme d'honneur qui fait ce qu'il doit faire, »
CORN., **Hor.,** II, 4.

43 « Il faut rompre la paille : une paille rompue
Rend, entre gens d'honneur, une affaire conclue. »
MOL., **Dép. am.,** IV, 4.

— (Par manière de serment). *Foi d'homme d'honneur, parole d'homme d'honneur, je le ferai comme je le dis !* Ellipt. :

44 « D'homme d'honneur, il (cela) est ainsi que je le dis. »
MOL., **Dép. am.,** III, 8.

— (En parlant d'une femme). V. **Honnêteté*, pudeur.** *Faire faux bond* (cit. 10), *forfaire* (cit. 1) *à l'honneur. Honneur qui s'alarme, se gendarme* (cit. 1). *Vouloir, exiger* (cit. 4) *d'une femme ce que l'honneur ne permet pas. Femme d'honneur* (Cf. Assaut, cit. 5). *Instinct de l'honneur qui empêche une femme de faillir* (cit. 16). *Femme sans honneur opposée à la femme vertueuse* (Cf. Carie, cit. 1). « *L'honneur est comme une île escarpée et sans bords* » (Cf. Dehors, cit. 2 BOIL.).

45 « Honneur, cruel tyran des belles passions,
Qui traverse l'espoir de nos affections,
De combien de malheurs la terre est féconde
Depuis que ton erreur empoisonne le monde ! »
RACAN, **Bergeries,** I, 3.

46 « Puisque l'honneur du sexe, en tout temps rigoureux,
Oppose un fort obstacle à de pareils aveux, »
MOL., **D. Garc.,** III, 1.

47 « ... votre fille ne vit pas comme il faut qu'une femme vive, et... elle fait des choses qui sont contre l'honneur... »
ID., **G. Dand.,** I, 4.

48 « ... la lutte d'une femme « tout à fait du monde » contre les images trop puissantes de l'honneur et de la vertu. »
ROMAINS, **H. de b. vol.,** t. IV, XII, p. 138.

II. Considération plus ou moins glorieuse, marques de distinction que les hommes accordent au mérite reconnu.

‖ 1° Considération (cit. 6) qui s'attache au mérite, à la vertu, aux talents. V. **Estime, gloire, illustration, réputation.** *Acquérir de l'honneur* (Cf. Arme, cit. 17 ; brigue, cit. 3 ; caution, cit. 2). *Vous y aurez de l'honneur* (ACAD.). *Il s'en est tiré avec honneur, il en est sorti à son honneur,* en acquérant de l'honneur, avec succès ou, du moins, sans perdre la face (Cf. Expédient, cit. 2). *C'est tout à son honneur. Il faut dire, à l'honneur de ce brave, qu'il en est à son dixième sauvetage.* V. **Éloge** (Cf. aussi Accord, cit. 4). *Tout l'honneur lui en revient* (V. **Mérite.** Cf. Généralat, cit.). *Il en a eu tout l'honneur. L'honneur d'achever cette belle entreprise lui était réservé.* « *L'honneur de l'avoir entrepris* » (Cf. Agréer, cit. 2 LA FONT.). *Il n'y a ni honneur ni profit à cela. Travailler pour l'honneur,* de façon désintéressée. *Athlète amateur qui peine, qui lutte pour l'honneur. Honneur au courage malheureux !* rendons hommage à...

49 « Et ne suivait, comme il disait, la guerre,
Comme beaucoup, pour du bien y acquerre (acquérir)
Mais pour l'honneur, qui est le seul loyer
Du cœur qui veut aux vertus s'employer. »
RONSARD, **Épitaphe de feu M. d'Annebault.**

50 « Trop peu d'honneur pour moi suivrait cette victoire : »
CORN., **Cid,** II, 2.

51 « Ensemble nous cherchons l'honneur d'un beau trépas. »
ID., **Cinna,** V, 2.

52 « Pendant que la paresse et la timidité nous retiennent dans notre devoir, notre vertu en a souvent tout l'honneur. »
LA ROCHEF., **Max.,** 169.

53 « Votre fils s'était acquis bien de l'honneur dans cette campagne. »
SÉV., 496 (in LITTRÉ).

54 « ... eh bien ! je m'en suis tiré avec honneur, comme je fais toujours. Quand M. le comte reçut son boulet dans le bas-ventre, je ramenai moi seul ses chevaux, ses mulets, sa tente et tout son équipage, sans qu'il manquât un mouchoir, monsieur ; » VIGNY, **Cinq-Mars,** VI, t. I, p. 189.

55 « ... les Laplace, les Lagrange, les Monge, les Chaptal, les Berthollet... devinrent les plus obséquieux serviteurs de Napoléon. Il faut le dire à l'honneur des lettres : la littérature nouvelle fut libre, la science servile ; »   CHATEAUB., M. O.-T., t. II, p. 208.

— EN HONNEUR (en parlant de choses). Qui est entouré de considération, qui est l'objet d'une sorte de culte. V. **Apprécié, estimé.** *Les lettres furent en honneur sous son règne. La poésie a toujours été en grand honneur auprès du peuple arabe. La taille fine reste en honneur* (Cf. Catalogue, cit.). V. **Mode** (à la), **vogue** (en). *Mettre en honneur :* faire qu'une chose soit en honneur. « *L'Émile* de Rousseau mit en honneur l'allaitement maternel.

56 « Remettant en honneur les dons naturels et les affections primitives, et leur laissant leur libre jeu, il s'oppose à l'excès de raisonnement et d'analyse qui voudrait tout réduire à un amour de soi égoïste et cupide. »   STE-BEUVE, Caus. du lundi, 18 nov. 1850, t. III, p. 130.

— *Être l'honneur de...,* une source d'honneur pour... V. **Fierté, ornement.** *Femme éminente qui est l'honneur de son sexe. Ce jeune avocat sans cause devait devenir plus tard l'honneur du barreau. Cette contradiction* (cit. 11) *est l'honneur de l'espèce humaine. C'est son honneur immortel d'avoir dit un jour...* (Cf. Emporter, cit. 9).

57 « Tout ainsi que la vigne est l'honneur d'un ormeau,
Et l'honneur de la vigne est le raisin nouveau,
Et l'honneur des troupeaux est le bouc qui les mène,
Et comme les épis sont l'honneur de la plaine,
Et comme les fruits mûrs sont l'honneur des vergers,
Ainsi ce Henriot fut l'honneur des bergers. »
                                        RONSARD, Églogues, I.

58 « Ah ! tu seras un jour l'honneur de ta famille : »
                                        RAC., Plaid., II, 3.

59 « ... une femme n'est pas un instrument de plaisir, mais l'honneur et la vertu de la maison. »
                                        BALZ., Contrat de mariage, Œuvr., t. III, p. 178.

60 « ... une salle d'armes célèbre à la ronde, qui était la distinction, l'ornement et l'honneur de la ville... »
                            BARBEY d'AUREV., Diaboliques, Le bonheur dans le crime, p. 152.

61 « Vous serez l'honneur de ma vieillesse, admirable élève, la gloire de mes cheveux blancs. »   PÉGUY, La République..., p. 35.

62 « Le rôle suprême de la divinité et des philosophes helléniques, était, non pas d'avoir créé l'univers, mais d'y avoir introduit de l'ordre, c'est-à-dire de l'intelligibilité. »
                                        BENDA, Trahison des clercs, p. 18.

— D'HONNEUR (dans certaines expressions). Qui procure de l'honneur, où l'on acquiert de l'honneur. *Le théâtre me parut un champ d'honneur* (Cf. Essayer, cit. 5). *Mourir au champ* d'honneur,* sur le champ de bataille. V. **Front, guerre.** — Fam. *Baroud d'honneur,* combat livré sans espoir d'en retirer rien d'autre que de l'honneur.

‖ 2° Traitement spécial destiné à honorer quelqu'un, à lui marquer de la considération, à lui rendre l'hommage qui lui est dû... ; privilège qui distingue du commun. *Il faut rendre honneur à qui il appartient, à qui il est dû* (ACAD.). *Honneur rendu aux dieux* (Cf. Adultère, cit. 4). V. **Culte, vénération.** *L'enfant* (cit. 22) *doit honneur et respect à ses parents. L'épitaphe* (cit. 1), *dernier honneur dû au défunt. Recevoir un honneur* (Cf. Apprêter, cit. 4 ; ériger, cit. 4). *Je n'ai pas mérité cet excès* (cit. 4) *d'honneur. Exigeant* (cit. 3) *pour l'honneur qui m'était dû. À vous l'honneur !* à vous de commencer (dans un jeu, une rencontre sportive). — PROV. *À tout seigneur tout honneur,* il faut rendre honneur à chacun selon sa qualité ou son mérite ; à chacun selon son rang*.

63 « Que ma bouche et mon cœur, et tout ce que je suis,
Rendent honneur au Dieu qui m'a donné la vie. »
                                        RAC., Esther, II, 8.

64 « ... jamais un si digne maître n'avait expliqué par de si doctes leçons les *Commentaires* de César. Les capitaines des siècles futurs lui rendront un honneur semblable. »
                                        BOSS., Orais. fun. Prince de Condé.

65 « En rendant l'honneur et le tribut aux puissances établies de Dieu. »
                                        MASSILLON, Carême, Aumône (in LITTRÉ).

66 « ... un jour comme il (*Virgile*) vint paraître au théâtre après qu'on y eut récité quelques-uns de ses vers, tout le peuple se leva avec des acclamations, honneur qu'on ne rendait alors qu'à l'empereur. »
                                        VOLT., Essai sur la poés. ép., III.

— *Faire un grand honneur à quelqu'un. Veuillez m'accorder cet honneur. C'est un honneur pour moi, croyez bien que je l'apprécie. Je suis flatté d'un tel honneur.* Ironiqt. *Vous me faites là un grand, un bel honneur,* bien *de l'honneur,* vous me traitez, vous me jugez d'une façon bien désobligeante. *C'est beaucoup d'honneur, c'est trop d'honneur que vous me faites !* — Ironiqt. (mais dans un autre sens) *C'est trop d'honneur que vous lui faites,* il ne mérite pas que vous le traitiez, que vous le jugiez d'une façon si favorable, si obligeante (Cf. Enchérir, cit. 2). *Ne vous occupez pas de ses critiques, c'est lui faire trop d'honneur !*

67 « Le grand dieu Jupiter nous fait beaucoup d'honneur,
Et sa bonté... »   MOL., Amph., III, 10.

68 « ... vous leur fîtes, Seigneur,
En les croquant beaucoup d'honneur ; »   LA FONT., Fabl., VII, 1.

69 « De la manière dont ces peuples étaient faits, c'était leur faire trop d'honneur que de les fourber avec quelque précaution. »
                                        FONTENELLE, Hist. des oracles, I, 15.

70 « ... dîner tous les jours avec madame la marquise est-ce un de mes devoirs, ou est-ce une bonté que l'on a pour moi ? — C'est un honneur insigne ! reprit l'abbé, scandalisé. Jamais M. N..., l'académicien, qui, depuis quinze ans, fait une cour assidue, n'a pu l'obtenir pour son neveu... »   STENDHAL, Le rouge et le noir, II, IV.

71 « Vous aviez la bonté de vous occuper de moi ; mais c'est un honneur qui se paye ordinairement par un peu de médisance. »
                                        BALZ., Vautrin, Œuvr., t. II, p. 10.

— EN L'HONNEUR DE (quelqu'un) : en vue de lui rendre honneur, afin de l'honorer. V. **Hommage** (en). *Fêtes, manifestations, applaudissements* (cit. 3), *acclamations... en l'honneur d'un prince, d'un grand homme... En l'honneur de Dieu* (Cf. Brûler, cit. 1 ; célébrer, cit. 3 ; enfoncer, cit. 5). *En son, en votre... honneur* (Cf. Entonner, cit. 5 ; flagorner, cit. 3). V. **Intention, louange** (à la). *Hymne, couplet en l'honneur de la vertu, d'une doctrine...* (Cf. Exercice, cit. 15). *Vx.* (Dans le même sens) *À l'honneur de...*

72 « ... vous voulez bien que cette petite ingratitude soit mise dans le livre que nous avions envie de composer à l'honneur de cette vertu. »
                                        SÉV., 362, 24 déc. 1673.

73 « On voyait aussi des pères insensés se jeter au milieu des flammes en l'honneur de leur idole. »   DIDER., Op. des anc. philos., Juifs.

74 « Le président de Brosses envoie à son ami l'abbé Courtois une liste des cardinaux du conclave avec un mot sur chacun d'eux en son honneur... »   CHATEAUB., M. O.-T., t. III, p. 499.

75 « C'est en l'honneur de cette bluette que vous avez préparé votre couplet de la belle saison ? »   COLETTE, Naissance du jour, p. 171.

— *En l'honneur de* (quelque événement) : en vue de fêter..., de célébrer... *Je lui ai fait un cadeau en l'honneur de son anniversaire. Cloches qui sonnent en l'honneur d'un mariage.*

76 « C'était la botte de mai, que les clercs de la basoche avaient déposée le matin à la porte d'un président au parlement, en l'honneur de la solennité du jour. »   HUGO, N.-D. de Paris, II, 1.

— *Par ext* (Pop.) *En l'honneur de..., à cause de... C'est en l'honneur de cette fille qu'on ne te voit plus ? En quel honneur ?* pourquoi ? (ou, avec une intention malicieuse) à cause de qui ? pour qui ? *En quel honneur cette nouvelle toilette ?*

77 « ... voici que passent les pompiers trompetteurs et tous les gens de notre maison se précipitent à la cave en l'honneur de je ne sais quel zeppelin. »   CÉLINE, Voyage au bout de la nuit, p. 79.

— TENIR À HONNEUR. Considérer comme un honneur. *Je tiens à honneur de lui être présenté. Dans le même sens, Se faire un honneur de... Je me ferai un honneur et un plaisir d'intervenir en votre nom. Se faire un honneur d'être constant* (Cf. Constance, cit. 5).

78 « (*Je*) tiens son alliance à singulier honneur. »
                                        MOL., Fem. sav., II, 4.

79 « ... le sénat se faisait un honneur de défendre les dieux... »
                                        BOSS., Hist. univ., III, 1.

80 « En Laponie, le père de famille tient à honneur que sa fille soit l'objet de toutes les gracieusetés dont peut disposer le voyageur admis en son foyer »
            VILLIERS DE L'ISLE-ADAM, Contes cruels, Les demoiselles de Bienfilâtre, p. 10.

— *Sauf votre honneur :* sauf le respect que je vous dois.
— *Votre Honneur,* transcription française d'un titre usité (au vocatif), en Angleterre et dans l'ancienne Russie, pour marquer son respect à certains hauts personnages.

— L'HONNEUR DE... (avec l'infinitif) : l'honneur qui consiste à... *Le roi lui fit l'honneur de le recevoir.* V. **Faveur, grâce** (Cf. Bas, cit. 10). *Il m'a fait l'honneur de me choisir pour son témoin, pour son avocat* (cit. 14). — Dans un sens affaibli, comme formule de politesse. *Pouvez-vous me faire l'honneur de venir me voir, d'assister à la cérémonie ?...* — (Par un redoublement ironique de politesse) *C'est comme j'ai l'honneur de vous le dire. Me ferez-vous l'honneur de ne pas me contredire ! Faites-moi l'honneur de vous mettre au garde-à-vous quand je vous parle !*

81 « Des écrivains me firent l'honneur d'imiter *Atala* et *René,* de même que la chaire emprunta mes récits des Missions et des bienfaits du Christianisme. »   CHATEAUB., M. O.-T., t. II, p. 203.

82 « Monsieur le comte Sixte du Châtelet et la comtesse du Châtelet prient Monsieur Lucien Chardon de leur faire l'honneur de dîner avec eux le quinze septembre prochain. »
                                        BALZ., Illusions perdues, Œuvr., t. IV, p. 976.

— *Les Grands avaient l'honneur de vivre à la cour.* V. **Prérogative, privilège.** *Il a l'honneur de siéger dans cette illustre assemblée. De quel maître j'aurais l'honneur de porter le bât* (Cf. Âne, cit 2). *L'honneur dangereux de...* (Cf. Approcher, cit. 10). *Briguer l'honneur de...* (Cf. Avilir, cit. 1). *Ne vouloir que l'honneur de...* (Cf. Attacher, cit. 2). *Se proposer l'honneur de...* (Cf. Emploi, cit. 11). *Mériter l'honneur de...*

83 « Le reste ne vaut pas l'honneur d'être nommé : »
                                        CORN., Cinna, V, 1.

84 « On demandait à une duchesse de Rohan à quelle époque elle comptait accoucher : « Je me flatte, dit-elle, d'avoir cet honneur dans deux mois ». L'honneur était d'accoucher d'un Rohan. »
                            CHAMFORT, Caract. et anecd., L'honneur d'un Rohan.

85 « Je suis allé à l'Académie tibérine, dont j'ai l'honneur d'être membre... »   CHATEAUB., M. O.-T., t. V, p. 65.

— Ironiqt. *Je n'ai pas l'honneur d'être le fils de l'illustre maire...* (Cf. Entendre, cit. 31). *Ce monsieur n'a pas l'honneur d'être dans votre estime* (cit. 5).

86 « ... il me disait : « Vous êtes du même avis que Taine ». Je n'avais pas l'honneur de connaître M. Taine, ajouta M. de Charlus (avec cette irritante habitude du « monsieur » inutile qu'ont les gens du monde, comme s'ils croyaient, en taxant de monsieur un grand écrivain, lui décerner un honneur, peut-être garder les distances)... »
PROUST, Sodome et Gomorrhe, t. II, p. 1052 (éd. Pléiade).

— (Dans un sens affaibli, comme formule de politesse, dans le style épistolaire). *J'ai l'honneur de vous demander sa main* (Cf. Épouser, cit. 4). *J'ai l'honneur de vous faire savoir que... J'ai l'honneur de vous saluer,* « la plus sèche des formules de civilité au bas d'une lettre » (LITTRÉ). Ellipt. *À qui ai-je l'honneur...?* (de parler). *Monsieur, j'ai bien l'honneur...* (de vous saluer).

87 « Monsieur le grand Référendaire,
J'ai l'honneur de vous envoyer copie des deux lettres que j'ai adressées...
J'ai l'honneur d'être avec une haute... (considération) etc. »
CHATEAUB., M. O.-T., t. III, p. 668.

— D'HONNEUR, joint à certains substantifs, marque que la personne ou la chose est destinée à rendre ou conférer un honneur. *Garde** (cit. 21) *d'honneur* (Cf. Étamine, cit. 1). *Garçon*, demoiselle* d'honneur. Fille*, dame* d'honneur de la Cour* (Cf. Abeille, cit. 5 ; grappin, cit. 4). *Cour*, escalier*, étage* d'honneur d'un château, d'un bâtiment public...* (Cf. Fuir, cit. 22). *Place** d'honneur* (Cf. Cerner, cit. 1). *Épée* d'honneur. Vin* d'honneur. Prix*, tableau* d'honneur. Médaille*, croix*, diplôme* d'honneur* (Cf. Gloire, cit. 28). *Légion* d'honneur. Titre* d'honneur.* V. **Honorifique** (Cf. Appui, cit. 27 ; envier, cit. 12). — *Président, membre d'honneur.* V. **Honoris causa ; honoraire.**

88 « Ce palais était un vrai logis seigneurial. Tout y avait grand air, les appartements de l'évêque, les salons, les chambres, la cour d'honneur, fort large, avec promenoirs à arcades, selon l'ancienne mode florentine, les jardins plantés de magnifiques arbres. » HUGO, Misér., I, I, II.

89 « De sa main tendue, il désignait une coupe en argent, protégée contre les mouches par une mousseline, le prix d'honneur remporté dans un comice agricole. » ZOLA, La terre, II, V.

‖ FAIRE HONNEUR à... Valoir de l'honneur, de la considération publique à... — *Enfant qui réussit brillamment et fait honneur à ses parents. Je veux que tu me fasses honneur, mets ton plus beau costume* (Cf. Friser, cit. 4). *Élève qui fait honneur à son maître* (Cf. Essor, cit. 5). *Empêtré* (cit. 8) *d'une femme qui lui faisait peu d'honneur. Grand savant faisant honneur à son pays* (Cf. Allouer, cit.). *Un de ces hommes qui font honneur à leur profession. Vous faites autant d'honneur aux belles-lettres...* (Cf. Calomniateur, cit. 6). — *Promptitude de jugement qui fait honneur à la jeunesse* (Cf. Desservir, cit. 5). *Cette entreprise vous fera beaucoup d'honneur* (Cf. Entrepreneur, cit. 2). *Ce sont des sentiments, des scrupules qui vous font honneur. La mine de vos pensionnaires vous fait honneur. Audacieux tracé de route qui fait honneur à l'ingénieur* (Cf. Gorge, cit. 30).

90 « Rasius et Baldus font honneur à la France, » MOL., Fem. sav., IV, 3.

91 « Nous vîmes une fort jolie fille qui ferait de l'honneur à Versailles ; » SÉV., 1201, 30 juill. 1689.

92 « ... deux belles livrées qui font honneur à une maison. » ROMAINS, H. de b. vol., t. III, XII, p. 166.

— Par ext. *Faire honneur à quelque chose,* en y restant fidèle, en s'en montrant digne. *Faire honneur à sa naissance, à son éducation. Il a donné une nouvelle preuve de son mérite et fait honneur à son passé. Faire honneur à ses engagements, à ses obligations,* les tenir, les remplir. *Faire honneur à sa signature, à une lettre de change,...* respecter l'engagement souscrit, payer ce qu'on doit. — *Voilà qui fait honneur à vos soins, à l'hygiène des locaux* (Cf. Crottin, cit. 2).

93 « À ce sujet, Véronique parut se souvenir du nom de Montégnac, et pria son mari de faire honneur à cet engagement en acquérant cette terre pour elle. » BALZ., Curé de village, Œuvr., t. VIII, p. 638.

94 « Grâce aux cinquante-sept francs de la voyageuse, Thénardier avait pu éviter un protêt et faire honneur à sa signature. » HUGO, Misér., I, IV, III.

— *Se faire honneur de...* Considérer qu'on retire beaucoup d'honneur de..., se tenir honoré de... — (Avec un compl. de personne. Rare) *Il se fait honneur de son fils* (ACAD.). — (Avec un compl. de chose) *Se faire honneur de l'amitié d'un grand homme. Singularités* (Cf. Approfondissement, cit. 2), *scrupules* (Cf. Arme, cit. 34) *dont on se fait honneur. Cynique qui se fait honneur d'avouer ses vices. Il se fait honneur d'être allié de telle maison* (ACAD.). — *Péjor.* (En s'en vantant) *Se faire honneur de sa richesse, de son luxe.* V. **Targuer** (se).

95 « Vertueux sans vouloir se faire honneur de sa vertu. » FLÉCH., Lam. (in LITTRÉ).

96 « Loin de m'excuser de la guerre d'Espagne, je m'en fais honneur, vous le savez et je le répète. » CHATEAUB., M. O.-T., 3e part., 2e ép., V, 6 (éd. Levaill., III, p. 187).

— (L'honneur qu'on retire étant immérité, acquis par fraude) *Se faire honneur, se donner l'honneur de quelque chose,* se l'attribuer en en revendiquant la gloire. V. **Parer** (se). *Se faire honneur de la découverte d'un autre.* — REM. On dit, dans le même sens, *Faire honneur à quelqu'un de quelque chose. On lui fait honneur d'un sentiment qu'il ne connut jamais* (ACAD.).

97 « Ils ne doutèrent pas que je ne me fusse fait honneur du travail d'autrui. » ROUSS., Confess., V.

— Par ext. (La chose dont il est question semblant être traitée d'une manière flatteuse). Fam. *Faire honneur à un repas, à un plat,* en manger largement et avec entrain. *Je suis contente que vous fassiez honneur à ma cuisine.*

98 « Et sur l'ordre de l'évêque, on apporta des biscuits et du vin de Malaga, auxquels Julien fit honneur, et encore plus l'abbé de Frilair, qui savait que son évêque aimait à voir manger gaiement et de bon appétit. » STENDHAL, Le rouge et le noir, I, XXIX.

99 « Il y avait bien une trentaine de plats à table, pour quatre personnes que nous étions. Afin de faire honneur à tant d'honneurs, j'ai mangé de telle sorte que si je n'ai pas eu d'indigestion le soir, c'est que j'ai un rude estomac. » FLAUB., Corresp., 268, 6 oct. 1850, t. II, p. 246.

— Mar. *Faire honneur à un banc, à une roche,* « en passer près, mais sans les toucher et, pour ainsi dire, en se tenant à une distance respectueuse » (LITTRÉ). — REM. GRUSS ne signale que l'expression *Ranger un navire ou une terre à l'honneur,* « passer avec un navire très près d'un autre navire ou d'une terre sans les toucher ».

‖ (Au plur.) HONNEURS. *On lui a fait des honneurs extraordinaires* (ACAD.). V. **Autel** (dresser, élever des autels). *Rendre à quelqu'un les honneurs qu'il mérite* (Cf. Éloge, cit. 1 ; garantie, cit. 3). *Il a été reçu avec tous les honneurs dus à son rang* (Cf. Caïd, cit. 5). *Recevoir certains honneurs* (Cf. Gourmet, cit. 5). *On rendait à Auguste les honneurs divins* (Cf. Autel, cit. 11). V. **Apothéose.** *Général romain auquel on décernait les honneurs du triomphe.*

100 « ... dans Rome enfin, ce même art a reçu aussi des honneurs extraordinaires... » MOL., Tart., Préf.

101 « ... il rendait au roi d'Angleterre et au duc d'York, maintenant un roi si fameux, malheureux alors, tous les honneurs qui lui étaient dus ; » BOSS., Orais. fun. Prince de Condé.

102 « Les ambassadeurs qu'on laisse trop longtemps à la même cour prennent les mœurs du pays où ils résident : charmés de vivre au milieu des honneurs,... ils craignent de laisser passer dans leurs dépêches une vérité qui pourrait amener un changement dans leur position. » CHATEAUB., M. O.-T., 3e part., 2e ép., XII, 1 (éd. Levaill., t. III, p. 641).

— Spécialt. *Honneurs militaires,* tels que saluts, salves d'artillerie, sonneries, etc., rendus à des souverains, des généraux, ou aux drapeaux, pavillons, etc. *Rendre les honneurs au chef de l'État. Obtenir les honneurs de la guerre,* bénéficier dans une capitulation de conditions stipulant que la garnison qui se rend se retirera libre de la place, avec armes et bagages. Fig. *Sortir d'un procès, d'une discussion... avec les honneurs de la guerre,* en sortir dans des conditions flatteuses, avec des satisfactions d'amour-propre, sans rien perdre de sa dignité (Cf. Battre, cit. 46).

103 « ... les mêmes corrects soldats à turban rouge, qui rendent les honneurs, qui présentent les armes... » LOTI, L'Inde (sans les Anglais), III, VII.

104 « Quand il entendit les légionnaires s'aligner dans la cour, pour rendre les honneurs, sa pensée s'affola. » MAC ORLAN, La Bandera, XV.

— *Honneurs funèbres, suprêmes,* ceux qui sont rendus lors des funérailles (Cf. Après, cit. 17). *Honneurs de la sépulture, du cercueil, du bûcher* (cit. 1)... *Rendre des honneurs solennels aux restes, à la dépouille de...*

105 « Jetez les yeux de toutes parts : voilà tout ce qu'a pu faire la magnificence et la piété pour honorer un héros ; des titres, des inscriptions... des figures qui semblent pleurer autour d'un tombeau, et des fragiles images d'une douleur que le temps emporte avec tout le reste ; des colonnes qui semblent vouloir porter jusqu'au ciel le magnifique témoignage de notre néant : et rien enfin ne manque dans tous ces honneurs, que celui à qui on les rend. » BOSS., Orais. fun. Prince de Condé.

106 « Son époux en cherchait le corps
Pour lui rendre, en cette aventure,
Les honneurs de la sépulture. » LA FONT., Fabl., III, 16.

107 « Chez les anciens, le cadavre du pauvre ou de l'esclave était abandonné presque sans honneurs ; parmi nous, le ministre des autels est obligé de veiller au cercueil du villageois comme au catafalque du monarque. » CHATEAUB., Génie du christ., IV, I, XII.

108 « Dom Augustin, le prieur défunt, aura, en habit de cordelier, les honneurs de la chapelle ardente... » A. BERTRAND, Gaspard de la nuit, Un rêve.

109 « ... on a travesti la cathédrale en domino noir, et on a planté sur ses deux respectables tours deux espèces d'étendards noirs supportés par des bâtons. Voilà le goût des hommes et ce qu'on appelle rendre les honneurs aux grands. » FLAUB., Corresp., 64, 1er août 1842, t. I, p. 113.

— Anciennt. *Avoir les honneurs du Louvre,* certains privilèges comme d'entrer à cheval ou en carrosse dans la cour du Louvre.

— (Vén.). *Faire les honneurs du pied*, à la chasse (cit. 3) : offrir le pied de la bête à la personne qu'on veut honorer.

— *Admettre aux honneurs de la séance*, inviter à la séance quelqu'un qui ne fait pas partie de l'assemblée. *Peintre désirant obtenir les honneurs de la cimaise* (cit.). *Avoir les honneurs de la première page*, être cité, mentionné à la première page d'un journal. *Jouir des honneurs du fauteuil* (cit. 6) *dans une Académie*.

— *Faire (à quelqu'un) les honneurs d'une maison, du logis*, recevoir des hôtes avec une politesse marquée et avec le souci de leur être agréable, en les introduisant et les guidant soi-même. V. **Accueillir** (Cf. Assemblée, cit. 1 ; entracte, cit. 1). *Faire les honneurs de la table*, présider au repas en hôte attentif.

110 « ... je vais faire pour vous, mon père, les honneurs de votre logis, et conduire Madame dans le jardin, où je ferai porter la collation. »
MOL., Avare, III, 9.

111 « Parmi ceux qui lui faisaient les honneurs de la ville, il y avait un petit abbé périgourdin, l'un de ces gens empressés, toujours alertes, toujours serviables, effrontés, caressants, accommodants, qui guettent les étrangers à leur passage, leur content l'histoire scandaleuse de la ville, et leur offrent des plaisirs à tout prix. Celui-ci mena d'abord Candide et Martin à la comédie. » VOLT., Candide, XXII.

112 « S'il est un rôle noble et bien digne d'envie
Un agréable emploi dans le cours de la vie,
C'est celui d'un mortel qui fait en sa maison
Les honneurs de la table en digne Amphitryon. »
BERCHOUX, Gastronomie, chant III.

— *Fig.* (métaphore d'origine précieuse). Vx. *Faire les honneurs de quelqu'un, de quelque chose*, les présenter, les montrer en se mettant en frais.

113 « Faisons bien les honneurs au moins de notre esprit. »
MOL., Fem. sav., III, 3.

— *Absolt.* Tout ce qui, en fait de titres, dignités, charges, privilèges, décorations, etc., confère éclat ou distinction dans la société. V. **Grandeur** (Cf. Bénéfice, cit. 8 ; éminent, cit. 4 ; fortune, cit. 6 ; grand, cit. 46). *Rechercher, briguer les honneurs, aspirer aux honneurs, être avide d'honneurs...* V. **Ambition** (cit. 1 et 8. Cf. *aussi* Âprement, cit. 5 ; convoitise, cit. 3). *Soif d'honneurs. Conférer, dispenser les honneurs* (Cf. Envie, cit. 23 ; faire, cit. 19). *Être dépouillé de ses honneurs* (Cf. Grandesse, cit. 2). *Être élevé aux honneurs, parvenir au comble, au sommet des honneurs, aux plus grands honneurs. Être chargé, comblé d'honneurs* (Cf. Accabler, cit. 23). *Route qui mène aux honneurs* (Cf. Battre, cit. 90 ; consentir, cit. 5). *Ne pas confondre l'honneur et les honneurs* (Cf. Échanger, cit. 4 ; foisonner, cit. 2). « *Les honneurs déshonorent* » (cit. 5, FLAUBERT). *Vanité des honneurs* (Cf. Appareil, cit. 6).

114 « Honteux attachements de la chair et du monde
Que ne me quittez-vous quand je vous ai quittés ?
Allez, honneurs, plaisirs, qui me livrez la guerre : »
CORN., Pol., IV, 2.

115 « Lorsqu'on se voit tout d'un coup élevé aux places les plus importantes, et que je ne sais quoi nous dit dans le cœur qu'on mérite d'autant plus de si grands honneurs, qu'ils sont venus à nous comme d'eux-mêmes... » BOSS., Orais. fun. Le Tellier.

116 « L'ambition n'était cependant pas de notre âge, et l'avide curée qui se faisait alors des positions et des honneurs nous éloignait des sphères d'activité possibles. » NERVAL, Filles du feu, Sylvie, I.

117 « Il dédaigne les honneurs, refuse les croix, et réussit à rendre cette modestie plus décorative que toutes les décorations. »
MAUROIS, Terre promise, XXXI.

118 « Ceux qui refusent les honneurs sont encore plus orgueilleux, plus enragés de distinction. Ils réclament l'honneur de mépriser les honneurs. » DUHAM., Pasq., VI, IX.

— *Spécialt.* (Par un retour au sens latin, Cf. *Cursus honorum*, « carrière des honneurs » c.-à-d. hiérarchie des magistratures et fonctions publiques). *Honneurs militaires et civils* (Cf. Aristocratique, cit. 1). *Les premiers honneurs militaires* (Cf. Capitaine, cit. 2). *Charges* (cit. 17) *et honneurs ecclésiastiques. Les chrétiens furent exclus* (cit. 5) *des honneurs par l'empereur Julien.*

119 « ... on y élevait aux honneurs et aux dignités des gens de basse naissance... » MONTESQ., Espr. des lois, XXX, XXV.

120 « Pour n'avoir plus les honneurs gothiques et ridicules des fiefs, devenus un non-sens, ils n'étaient pas descendus. Presque partout, avec une déférence aveugle, on leur avait donné les vrais honneurs du citoyen, dont la plupart n'étaient guère dignes, les premières places des municipalités, les grades de la garde nationale. »
MICHELET, Hist. Révol. franç., IV, I.

— Pièces et insignes honorifiques, essentiels à la célébration de grandes cérémonies.

121 « Quatre maréchaux portent les *honneurs* : Sérurier, l'anneau ; Moncey, la corbeille qui recevra le manteau ; Murat, le coussin d'or où repose la couronne ; Lefebvre, le sceptre... »
MADELIN, Hist. Cons. et Emp., Avènement de l'Empire, XV.

— *Aux Cartes.* Les figures* ou, plus généralement, les cartes les plus hautes à certains jeux (notamment au bridge). *Avoir tous les honneurs à trèfle, en main. Marquer cent d'honneurs. Jouer honneur sur honneur*, couvrir l'honneur jeté par l'adversaire en jouant un honneur supérieur. *Points d'honneurs*, comptés par addition des points attribués conventionnellement à chaque honneur.

ANT. — Avilissement, déshonneur, discrédit, flétrissure, honte, infamie, opprobre ; improbité, malhonnêteté. Humiliation, vexation.

DER. — (Par l'interm. des dér. lat. de *honor*) : Honorable, honoraire, honorer, honorifique.

COMP. — Déshonneur.

★ **HONNIR.** *v. tr.* (XIIᵉ s. ; francique *haunjan* (Cf. allem. *höhnen*). V. **Honte**). *Vieilli* ou *Littér.* Dénoncer, vouer à la détestation et au mépris publics de façon à couvrir de honte*. V. **Blâmer*, conspuer, mépriser*, vilipender, vomir, vouer** (à l'aversion, à l'opprobre, aux gémonies...). *Les révolutionnaires avaient honni, vitupéré, anathématisé* (cit. 2) *les émigrés. Milieu aigri* (cit. 17) *où le gouvernement était honni. Il est honni partout, par tout le monde.* V. **Odieux** (Cf. Harceler, cit. 6). *Honni et cloué* (cit. 6) *au pilori, honni et excommunié* (cit. 5). *Être honni par un adversaire dont on* (cit. 15) *l'intérêt.*

« Les académiciens qui s'attendaient à être sifflés, honnis, bafoués,   1
n'osaient se montrer. » DIDER., Salon de 1767 (in POUGENS).

« Je suis quelquefois honni dans ma patrie ; les étrangers me   2
consolent. » VOLT., Lett. à d'Argental, 3904, 8 juill. 1772.

« Vous honnissez de pauvres créatures qui se vendent pour quelques   3
écus à un homme qui passe... » BALZ., La femme de trente ans, Œuvr., t. II, p. 752.

« — Vous allez aller comme vous êtes à l'enterrement de monsieur ?   4
C'est une monstruosité de vous faire honnir par tout le quartier !... »
ID., Cousin Pons, Œuvr., t. VI, p. 769.

« ... à mesure que sa gloire monte *(de Ste-Beuve)* et que son œuvre   5
prend plus de place... un plus grand nombre d'exégètes, de critiques et de biographes se sont, ces dernières années, emparés de lui pour l'expliquer et le tirer à eux, décrier ses mœurs son caractère, honnir l'homme, ou même lui dénier toute qualité de juge littéraire. »
HENRIOT, Romantiques, p. 212.

— *Honni soit celui qui...* (Cf. Carence, cit. 1). *Honni soit qui mal y pense !* honte à celui qui y voit du mal. — REM. Cette formule, qui a d'abord été la devise de l'Ordre de la Jarretière* en Angleterre, s'emploie couramment, et surtout avec ironie et malice, pour blâmer ceux qui pourraient voir quelque mauvaise intention, quelque allusion scabreuse, dans les actes ou les propos les plus honnêtes.

« Il ne prit ni cocher, ni groom, ni gouvernante,   6
Mais (honni soit qui mal y pense !) une servante. »
MUSS., Prem. poésies, Mardoche, X.

— (Avec un compl. de chose).

« Nous entendons honnir, parfois, globalement toute une époque... »   7
GIDE, Attendu que..., I.

— *Absolt.* :

« — Attention ! vous commencez vous-même à honnir, à proscrire. »   8
GIDE, Attendu que..., II.

— *Vx.* V. **Déshonorer.**

« Quoi ! ne tient-il qu'à honnir des familles ?   9
Pour vos ébats nous nourrirons nos filles ! »
LA FONT., Contes, Le berceau.

ANT. — Louer ; encenser... Honorer.

HONORABLE. *adj.* (XIᵉ s. ; lat. *honorabilis*).

‖ 1° (*En parlant des personnes*). Qui mérite d'être honoré, estimé. V. **Digne, estimable, respectable.** *Une famille honorable, des plus honorables* (Cf. Étranger, cit. 42). *Né de parents honorables. C'est un homme parfaitement honorable, plein d'honnêteté, de probité. Un honorable commerçant.*

« ... ce n'est pas grand-chose que d'être honoré, puisque cela ne   1
signifie pas qu'on soit honorable. » MARIVAUX, Double inconst., I, 10.

« Reste monsieur le maire, reste honorable et honoré, enrichis la   2
ville, nourris des indigents, élève des orphelins, vis heureux et admiré... » HUGO, Misér., I, VII, III.

— *Vx.* V. **Noble.** — REM. Se dit encore dans l'expression plaisante *l'honorable compagnie.*

« Je donne le bon vêpres à toute l'honorable compagnie... »   3
MOL., Escarb., 6.

— Spécialt. *Honorable homme, honorable bourgeois*, qualité que se donnaient autrefois de petites gens qui n'avaient pas d'autre titre, notamment dans les actes d'état civil.

« *(Ma bonté)* Qui de ce vil état de pauvre villageoise   4
Vous fait monter au rang d'honorable bourgeoise »
MOL., Éc. d. fem., III, 2.

« Veut-on... qu'il fasse de son père un *Noble homme*, et peut-être   5
un *Honorable homme*, lui qui est *Messire* ? » LA BRUY., VI, 21.

— (XIXᵉ s., d'apr. l'angl. *honourable*, terme de politesse dans le langage parlementaire). En parlant d'un député, d'un parlementaire. *Mon honorable collègue. L'honorable Monsieur Un Tel. L'honorable préopinant* (ACAD.). *L'honorable orateur qui m'a précédé à cette tribune. Je répondrai à mon honorable contradicteur...* — Par ext. Se dit pour nommer quelqu'un avec déférence.

« En 1792, M. Burke se sépara de M. Fox. Il s'agissait de la Révo-   6
lution française que M. Burke attaquait et que M. Fox défendait... Toute la Chambre fut émue,... quand M. Burke termina sa réplique par ces paroles : « Le très honorable gentleman, dans le discours qu'il a fait, m'a traité à chaque phrase avec une dureté peu commune ; » CHATEAUB., M. O.-T., t. II, p. 159.

7 « Messieurs les jurés... Vous connaissez tous, au moins de réputation, l'honorable M. Madeleine, maire de Montreuil-sur-Mer. »
HUGO, Misér., I, VII, XI.

|| 2° (En parlant des choses). Qui honore, qui attire la considération, le respect, ou sauvegarde l'honneur, la dignité. V. **Beau**. Grande et honorable alliance (cit. 7). Poste, profession, emploi, rang, titre, condition... honorable (Cf. Comédien, cit. 1). Capituler (cit. 5) à des conditions honorables. Action, occupation honorable (Cf. Esprit, cit. 49). Sentiments honorables (Cf. Cacher, cit. 41 ; flétrir, cit. 11). V. **Bon**. Vie grave (cit. 11), noble et honorable. V. **Digne**. Gagne-pain (cit. 2), manière honorable de se procurer de l'argent (Cf. Furtivement, cit. 1). Fin, vieillesse honorable (Cf. Couronner, cit. 12). On lui donna la place la plus honorable (ACAD.). Classement, rang très honorable. Mention* honorable, très honorable. Spécialt. Amende* (cit. 5, 6 et 7) honorable (ainsi appelée à l'origine parce qu'elle était une réparation d'honneur, par oppos. à l'amende profitable, qui était réparation des dommages).

8 « Je suis de cet avis, que la plus honorable vacation (occupation) est de servir au public et être utile à beaucoup. »
MONTAIGNE, Essais, III.

9 « La vertu plus honorable que les dignités et les triomphes. »
RAC., Liv. annotés, Plutarque, Vie de Tibérius...

10 « ... le XVIIIe siècle a prouvé que l'on peut allier les plus laides doctrines avec la conduite la plus pure et le caractère le plus honorable. »
RENAN, Avenir de la science, V, Œuvr., t. III, p. 808.

11 « ... il y a manque de convenance mutuelle entre le mariage, qui est un état honorable, et la jouissance de la chair, qui est péché. »
ROMAINS, H. de b. vol., t. V, XXVI, p. 268.

12 « — Je regrette cette décision. Tu compromets ta carrière par un scrupule honorable, mais déplacé. »
CHARDONNE, Destin. sentim., p. 146.

13 « Je m'appelle Méjan de Mégremut. C'est là un nom assez honorable pour qu'il garantisse à lui seul ma bonne foi. »
BOSCO, Jardin d'Hyacinthe, p. 9.

14 « S'il avait accepté l'offre qui lui était faite, ce fut pour des raisons honorables et, si l'on peut dire, par fidélité à un idéal. »
CAMUS, La peste, p. 57.

— C'est plus honorable, moins honorable (Cf. Arquebuser, cit.). Je n'estime pas, j'estime (cit. 8) peu honorable de...

15 « Il m'est sans doute très honorable de me voir à la tête de cette célèbre Compagnie,... »
RAC., Disc. Acad., Réception de l'abbé Colbert.

— Spécialt. (Blas). Pièces* honorables de l'écu (cit. 2).

|| 3° Par ext. (Sens affaibli). V. **Convenable, honnête*, moyen*, suffisant***. Avoir une fortune honorable. Elle a eu, malgré les embarras de sa famille, une dot honorable. Obtenir des résultats non pas brillants, mais honorables. Dissertation à peine honorable. V. **Acceptable**.

16 « ... la taxe proposée par Caillaux pouvait sembler le résultat plus qu'honorable d'une campagne menée avec énergie. »
ROMAINS, H. de b. vol., t. IV, XI, p. 119.

ANT. — Déshonoré, infâme ; aveu (sans) ; avilissant, déshonorant, honteux, infamant.

DER. — Honorabilité. n. f. (XIVe s. mais rare jusqu'au XIXe s. ; honorableté en anc. fr. d'après le lat. honorabilitas). Qualité d'une personne honorable. Un homme d'une parfaite honorabilité. Son honorabilité n'est pas en cause. V. **Honneur, respectabilité**. — **Honorablement**. adv. (XIIe s.). D'une manière honorable, avec honneur. Se conduire, vivre, agir honorablement. V. **Bien**. Gagner honorablement sa vie (Cf. Air, cit. 3). Parler honorablement de quelqu'un (ACAD.). V. **Avantageusement**. Honorablement connu dans le quartier. Il a été reçu fort honorablement. V. **Dignement**. — D'une manière suffisante, convenable. S'acquitter honorablement de ses fonctions. Avoir de quoi vivre honorablement.

1 « ... il m'a traité plus honorablement : »
MOL., Fem. sav., III, 3.

2 « ... il vient d'entrer dans l'Université, ce qui le met à même de gagner honorablement sa vie. »
DAUD., Petit Chose, I, IV.

1. HONORAIRE. adj. (1496 ; lat. jurid. honorarius, « qui est à titre honorifique », en lat. class. « honorable »).

|| 1° S'applique aux personnes qui, ayant cessé d'exercer une fonction, en gardent le titre et les prérogatives honorifiques. V. **Émérite** (vx). Conseiller, inspecteur honoraire. Recteur, professeur honoraire. Le titre d'honoraire est généralement conféré aux retraités par le Ministre.

— Par plaisant. :

« Et toi, Crispin, travailles-tu toujours ? — Non, je suis, comme toi, un fripon honoraire. »
LESAGE, Crispin rival..., II.

|| 2° Se dit d'une personne qui, sans exercer la fonction, en a le titre honorifique. Président, membre honoraire d'une société. V. **Honneur** (d'). Chanoine* honoraire. — Présidence honoraire.

ANT. — Onéraire.

DER. — Honorariat. n. m. (1842, sur le modèle de notariat). Qualité, dignité* de celui qui conserve le titre après avoir cessé d'exercer la fonction. Conférer, obtenir l'honorariat. Officier de réserve rayé des cadres mais bénéficiant de l'honorariat de son grade. — Spécialt. Titre accordé à certains fonctionnaires méritants lors de leur admission à la retraite.

2. HONORAIRE. n. m. (1597, vx) et **HONORAIRES**. n. m. pl. (1747 VOLT., lat. jurid. honorarium, neutre substantivé de l'adj. honorarius. V. **Honoraire** 1). Rétribution* accordée en échange de leurs services aux personnes exerçant une profession libérale. V. **Appointement*, émolument***. Les honoraires d'un médecin, d'un avocat, d'un avoué, d'un notaire (V. **Vacation**), d'un expert, d'un auteur (s'il s'agit d'un travail ne comportant pas de droits d'auteur*), d'un curé... Partage d'honoraires. V. **Dichotomie**.

1 « Pour honorer une profession au-dessus des arts mécaniques, on donne à un homme de cette profession un honoraire, au lieu de salaire et de gages qui offenseraient son amour-propre. »
VOLT., Dict. philos., Honneur.

2 « Le grand desterham de Babylone envoya ici... un petit satrape pour me faire étrangler... je lui demandai ce que pouvait lui valoir la commission de m'étrangler. Il me répondit que ses honoraires pouvaient aller à trois cents pièces d'or. »
ID., Zadig, XVI (1747).

3 « L'honoraire est ce que le client doit, en sus des frais, à son avoué pour la conduite plus ou moins habile de son affaire. Le Fisc est pour moitié dans les frais, tandis que les honoraires sont tout entiers pour l'avoué »
BALZ., Illusions perdues, Œuvr., t. IV, p. 914.

4 « ... vous m'obligeriez beaucoup en me comptant mes honoraires. »
ID., César Birotteau, Œuvr., t. V, p. 465.

5 « ... il demandait au médecin des nouvelles de ses malades, et celui-ci le consultait sur la probabilité des honoraires. »
FLAUB., Mme Bovary, II, IV.

6 « ... les avoués, pour corser leurs notes d'honoraires, ajoutent aux dossiers de leurs clients des conclusions sur papier timbré qui sont taxées fort cher. »
DUHAM., Salavin, I, XVIII.

7 « Je suis donc d'avis... d'imputer sur nos dépenses annuelles des honoraires fixes... »
ROMAINS, H. de b. vol., t. V, XXII, p. 189.

HONORER. v. tr. (Xe s. ; lat. honorare).

|| 1° Procurer de l'honneur à..., mettre en honneur. V. **Honneur**, II. — (Avec un sujet de personne). Grand homme qui honore son pays, son siècle. Femme qui honore son sexe. Honorer son état (cit. 78), sa profession. — (Avec un sujet de chose). Cette conduite vous honore. Ce sont des sentiments, des scrupules qui l'honorent. Votre générosité vous honore (Cf. Cause, cit. 55). Un monument qui honore la France (Cf. Encyclopédie, cit. 3).

1 « ... aux temps les plus féconds en Phrynés, en Laïs,
Plus d'une Pénélope honora son pays ; »
BOIL., Sat., X.

2 « Presque tous les ouvrages qui honorèrent ce siècle (de Louis XIV) étaient dans un genre inconnu à l'antiquité. »
VOLT., Siècle de Louis XIV, XXXII.

3 « Cette franchise vous honore et prouve que vous êtes une femme pratique. »
MAUPASS., Bel-Ami, I, V, p. 102.

4 « L'abondance, quand elle vient tard dans la vie d'un homme, reste un peu clandestine. Elle réjouit, mais n'honore pas. »
COLETTE, Étoile Vesper, p. 68.

5 « (Pasteur parlant de son père)... il savait bien que c'est l'homme qui honore sa position, et non la position qui honore l'homme... »
MONDOR, Pasteur, IV

|| 2° Rendre honneur à..., traiter avec beaucoup de respect et d'égards. Honorer Dieu, la divinité, les saints... V. **Adorer** (cit. 2), **célébrer ; culte** (Cf. Flagellation, cit.). Honorer son père et sa mère (Cf. Commandement, cit. 7). Honorer un héros (Cf. Anaphore, cit.), les gens de bien (Cf. Captieux, cit. 2). Honorer les rois, les grands (Cf. Avantage, cit. 3 ; brocatelle, cit. ; emprunter, cit. 24). Honorer à l'égal d'un dieu. V. **Déifier**. On honore souvent d'habiles fripons (Cf. Délit, cit. 5). Honorer en quelqu'un une collectivité, une nation. C'est trop honorer ces gens-là que de faire attention (cit. 15) à leurs procédés.

6 « ... parce que ce peuple m'honore des lèvres, mais que son cœur est bien loin de moi... »
PASC., Pens., XI, 713.

7 « M. Newton était honoré de son vivant, et l'a été après sa mort comme il devait l'être »
VOLT., Lett. philos., XXIII.

8 « On eût voulu, dans la personne de cet homme vénérable, honorer tant de générations héroïques indignement méconnues, rabaissées pendant leur vie... »
MICHELET, Hist. Révol. franç., III, VI.

9 « De tout temps et dans toutes les sociétés, l'homme a voulu honorer ses dieux par des fêtes : »
FUSTEL de COUL., Cité antique, p. 183.

10 « Avaler toutes ces grossièretés en public avec un habit vert sur le dos, une épée au côté et un tricorne à la main, cela s'appelle être honoré. »
FLAUB., Corresp., 323, 30 mai 1852, t. II, p. 425.

— Honorer la mémoire* de quelqu'un (Cf. Côté, cit. 41 ; gentilité, cit. 1). Honorer en quelqu'un l'autorité du roi (Cf. Carton, cit. 1). Honorer le tombeau, les restes, la dépouille de quelqu'un (Cf. Cérémonie, cit. 2 ; cyclopéen, cit. 1). Célébrer et honorer les vertus d'un illustre défunt (Cf. Funérailles, cit. 2). V. **Célébrer*, encenser, glorifier, saluer**.

11 « ... je vous invite ce soir à mes noces. — Je n'y manquerai pas, et je veux y aller en masque, afin de les mieux honorer. »
MOL., Mar. forcé, 1.

12 « ... quelques-uns ont prétendu qu'ils (les Anglais) avaient affecté d'honorer à ce point la mémoire de cette actrice, afin de nous faire sentir davantage la barbare et lâche injustice qu'ils nous reprochent d'avoir jeté à la voirie le corps de mademoiselle Lecouvreur. »
VOLT., Lett. philos., XXIII.

13 « ... on voulait honorer cette vie pure dans une carrière facile aux entraînements, cette vertu modeste devant laquelle se taisait la médisance, cet amour de l'art et du travail, qui ne demandait de séductions qu'à la danse seule ; »
GAUTIER, **Portr. contemp.**, Emma Livry.

14 « Ces attentions s'adressaient au mari de Nathalie, au maître de la maison, dont on honorait la présence... »
CHARDONNE, **Destin. sentim.**, p. 162.

— *Allus. littér.* (Cf. Allitération).

15 « Non, il n'est rien que sa vertu (*celle de Nanine*) n'honore. »
VOLT., **Nanine**, III, 8.

— (Dans le langage de la politesse). *C'est m'honorer beaucoup de vouloir que...* (Cf. Entrevue, cit. 1), *c'est me faire beaucoup d'honneur. Merci, je suis très honoré.* V. **Flatté.**

16 « — Monsieur Jourdain... dit qu'il est ravi de vous voir chez lui.
— Il m'honore beaucoup. » MOL., **Bourg. gent.**, III, 16.

— (Avec un complément précisant l'honneur que l'on accorde, distinction, grâce, faveur,...). V. **Gratifier.** « *Triomphes dont les anciens honoraient les conquérants* » (Cf. Ascension, cit. 2). *Vous honorez du titre de sage un homme qui le mérite bien peu* (ACAD.). *Il veut bien m'honorer de sa confiance, de son amitié, de sa protection, de son attention...* (Cf. Frayer, cit. 14). *Elle n'a pas daigné l'honorer du moindre regard, d'un mot de réponse. Des choses qu'on ne doit pas honorer du nom d'art* (cit. 57). — (Dans le langage de la politesse). *La lettre dont Votre Majesté m'honore* (Cf. Esprit, cit. 65).

17 « ... ayant été honoré de l'honneur de sa confidence ; »
SCARRON, **Roman comique**, I, XVI.

18 « ... une tragédie qui a été honorée de tant de larmes... »
RAC., **Bérén.**, Préf.

19 « Honore d'un regard ton épouse fidèle... »
VOLT., **Tancr.**, V, 6.

20 « Moi, j'honore du nom de vertu l'habitude de faire des actions pénibles et utiles aux autres. » STENDHAL, **De l'amour**, LVII.

21 « Vous m'avez toujours honoré de tant de bontés, vous m'avez habitué à apprécier si haut votre amitié et votre estime, que la moindre idée de démériter dans votre esprit m'effraie et me fait peine... »
STE-BEUVE, **Corresp.**, 23, 7 février 1825, t. I, p. 62.

22 « Honoré de la confiance de mon client, je suis chargé par lui de dresser le catalogue et de diriger la vente, qui aura lieu le 24 décembre prochain. » FRANCE, **Crime S. Bonnard**, Œuvr., t. II, p. 328.

— (L'honneur qu'on accorde étant sujet du verbe). *Applaudissement* (cit. 10) *qui nous honore. Votre confiance m'honore.*

|| 3° *Par ext.* Tenir en haute estime. V. **Estimer***, **respecter***, révérer. *Admirer et honorer les grands caractères* (cit. 62). *Estimation* (cit. 5) *trompeuse qui nous fait honorer des talents pernicieux. Famille estimée et honorée* (Cf. Alliance, cit. 3). *Honorer les professions les plus modestes* (Cf. Exercer, cit. 36). *J'honore son mérite et sa vertu* (ACAD.).

23 « Avec tout l'univers j'honorais vos vertus ; » RAC., **Bérén.**, I, 4.

24 « Elle a le noble orgueil du mérite qui se sent, qui s'estime et qui veut être honoré comme il s'honore. » ROUSS., **Émile**, V.

25 « ... l'illustre profession de savetier, que j'honore à l'égal de la profession de monarque constitutionnel... »
GAUTIER, **Mlle de Maupin**, Préf., p. 27.

— (Formule de politesse, particulièrement dans une lettre). *Croyez que personne ne vous honore plus que moi* (ACAD.).

26 « Dites à Madame de Ventadour combien je l'honore. »
Mme de MAINTENON, Lett. à Mme de St-Géran, 27 août 1704
(in LITTRÉ).

|| 4° *Spécialt.* (T. de Comm.). Acquitter, payer afin de faire honneur à un engagement. *Honorer une lettre de change. Honorer un ticket de ravitaillement, un bonmatière...* : livrer la marchandise à laquelle ils donnent droit. — *Par ext. Honorer sa signature.*

27 « Que les particuliers continuent éternellement d'honorer leurs signatures lorsque les maîtres du monde renient la leur, il faut l'immense frivolité des bien-pensants pour le croire. »
BERNANOS, **Grands cimetières sous la lune**, p. 329.

— Payer (un médecin, un avocat...), lui régler ses honoraires*.

28 « La médecine, c'est ingrat. Quand on se fait honorer par les riches, on a l'air d'un larbin, par les pauvres on a tout du voleur. »
CÉLINE, **Voyage au bout de la nuit**, p. 241.

|| S'HONORER. *Réfl.* S'attirer de l'honneur, de la considération. *Il s'est honoré par cette action.*

29 « ... le nom de Vauvenargues a grandi peu à peu, sa noble et aimable figure s'est de mieux en mieux dessinée aux yeux de la postérité. Les esprits les plus distingués et les plus divers se sont honorés en s'occupant de lui. »
STE-BEUVE, **Causeries du lundi**, 18 nov. 1850, t. III, p. 123.

— S'honorer de... Tirer honneur, orgueil, fierté de. V. **Enorgueillir** (s'), **gloire** (se faire gloire). *S'honorer du titre de citoyen* (cit. 4). *Je m'honore de son estime. Je m'honore d'être son ami, d'être sous ses ordres.*

30 « ... s'honorer d'un regard
Que vous aurez sur eux fait tomber au hasard ; »
RAC., **Britann.**, II, 2.

31 « Et cette mère, qui s'honorait de se dire la serve de ma Seigneurie... »
V. LARBAUD, **Barnabooth**, Journ., p. 188.

— (*Péjor.*). Tirer vanité de... *S'honorer de ses titres, de ses richesses...*

32 « Hélas ! qu'est devenu ce temps, cet heureux temps,
Où les rois s'honoraient du nom de fainéants. » BOIL., **Lutrin**, II.

— *Récipr. Quoique rivaux, ils se sont toujours honorés, ils se sont toujours estimés.*

|| HONORÉ, ÉE. *p. p. adj.* (T. de Polit.). *Mon honoré confrère, mon cher et honoré Maître.* V. **Estimé.** — (Avec ellipse du mot *lettre*). *J'ai reçu votre honorée du 10 courant.*

ANT. — **Abaisser, avilir, blasphémer, déshonorer, diffamer, flétrir, honnir, mépriser, rabaisser.**

HONORIFIQUE. *adj.* (1488 ; lat. *honorificus*). Qui confère des honneurs (sans avantages matériels). *Titres, distinctions, privilèges honorifiques, purement honorifiques. Plaques, insignes honorifiques* (Cf. Crachat, cit. 3 ; étole, cit. 1). — *Ancienn.* (Féod.). *Droits honorifiques,* ensemble de droits à certains honneurs et distinctions, réservés aux seigneurs.

« Ces hommes qui mettaient tant de temps, tant de pesanteur à discuter la Déclaration des droits,... dès qu'on fit appel à leur désintéressement, répondirent sans hésitation ; ils mirent l'argent sous les pieds, les droits honorifiques qu'ils aimaient plus que l'argent... »
MICHELET, **Hist. Rév. franç.**, II, IV.

— *Néol.* (Formé sur le modèle des express. jurid. *à titre onéreux, gratuit*...). *À titre honorifique,* sans autre droit, sans autre qualité qu'un titre purement honorifique. *Président à titre honorifique.* V. **Honneur** (d'), **honoraire.**

DER. — **Honorifiquement.** *adv.* (XVe s.). Peu usit. D'une manière honorifique.

HONORIS CAUSA. Locution latine signifiant « pour l'honneur ». S'emploie pour qualifier des titres ou des grades conférés à d'éminentes personnalités que l'on veut ainsi honorer, bien qu'elles ne remplissent pas les conditions normalement exigées. *Homme d'État nommé docteur honoris causa de l'Université de Paris.*

★ **HONTE.** *n. f.* (vers 1100 ; francique *haunipa, haunita,* même racine que *honnir*).

|| 1° Déshonneur humiliant. V. **Abaissement** (cit. 5), **abjection, bassesse, dégradation, déshonneur, flétrissure, humiliation, ignominie, indignité, opprobre, turpitude.** *Couvrir quelqu'un de honte publiquement.* V. **Bafouer, dégrader, honnir.** *Jeter, semer la honte et l'opprobre* (Cf. Calomniateur, cit. 6). *Cette action le couvre de honte* (Cr. Gratuitement, cit. 6). *Infliger, encourir, essuyer, recevoir la honte d'un affront*, *d'une avanie, d'un démenti, d'une insulte...* (V. **Flétrissure**). *Action qui porte honte* (V. **Dégradant, honteux***, humiliant, infamant*). *Étaler sa honte* (Cf. Accouplement, cit. 2). *Avouer, pleurer sa honte. Cacher, enfermer* (cit. 8), *ensevelir* (cit. 16) *sa honte. Effacer* (cit. 6) *sa honte. S'éviter* (cit. 45) *une honte, la honte d'un affront.* — *La honte d'un crime, qui s'attache à un crime* (Cf. Affreux, cit. 2). *La honte du scandale*. La honte d'une situation infamante, de l'esclavage...* (Cf. Attacher, cit. 8). *Une honte, des hontes sans nom* (Cf. Épreuve, cit. 29). *Jours de misère et de honte* (Cf. Arriver, cit. 42).

1 « Viens mon fils, viens mon sang, viens réparer ma honte ; »
CORN., **Cid**, I, 5 (Cf. Honneur, cit. 1).

2 « Le crime fait la honte et non pas l'échafaud. »
Th. CORNEILLE, **Le comte d'Essex**, IV, 3 (Cf. Crime, cit. 15, VOLT.).

3 « Suivons la nature, qui a donné aux hommes la honte comme leur fléau ; et que la plus grande partie de la peine soit l'infamie de la souffrir.
Que, s'il se trouve des pays où la honte ne soit pas une suite du supplice, cela vient de la tyrannie, qui a infligé les mêmes peines aux scélérats et aux gens de bien... » MONTESQ., **Espr. des lois**, VI, 12.

4 « — Un éclat !... non... mais le divorce — Moi, publier ma honte ! Quelques lâches l'ont fait ! c'est le dernier degré de l'avilissement du siècle. Que l'opprobre soit le partage de qui donne un pareil scandale... » BEAUMARCH., **La mère coupable**, III, 9, p. 468.

5 « Songe que c'est avec ignominie qu'il te chassera de sa maison ; tout Verrières, tout Besançon parleront de ce scandale. On te donnera tous les torts ; jamais tu ne te relèveras de cette honte... »
STENDHAL, **Le rouge et le noir**, I, XIX.

6 « ... Je n'ai pas voulu survivre à la honte d'une faillite. »
BALZ., **Eugénie Grandet**, Œuvr., t. III, p. 516.

7 « ... et ce sera le frisson de l'histoire
De voir à tant de honte aboutir tant de gloire ! »
HUGO, **L'année terrible**, Janvier 1871, XIII.

8 « ... un larcin véniel... attire sur son auteur immanquablement l'opprobre formel... le déshonneur automatique et la honte inexpiable... »
CÉLINE, **Voyage au bout de la nuit**, p. 66.

— *Par ext.* V. **Affront, humiliation.** *Essuyer une honte, des hontes* (vieilli). *Faire cent hontes, mille hontes à quelqu'un* (VX).

9 « ... il me ferait cent hontes, cent opprobres devant tout le monde. »
MOL., **Méd. vol.**, 15.

10 « La plus brillante fortune ne mérite point ni le tourment que je me donne... ni les humiliations, ni les hontes que j'essuie ; »
LA BRUY., VIII, 66.

— *Il y a de la honte à...*, c'est une chose honteuse, vile.

11   « ... il y aurait de la honte à m'abandonner ; » FÉN., **Télém.**, XII.

— *À la honte de quelqu'un :* en lui infligeant, en lui faisant souffrir un déshonneur. *À sa honte* (Cf. Courir, cit. 39 ; farce, cit. 1). Fig. *À la honte de l'humanité, de la raison...* (Cf. Esclavage, cit. 3). — On dit de même *Être la honte, faire la honte de...* « *De tels hommes sont la honte de l'humanité* » (ACAD.). *Sa mauvaise conduite a fait la honte de sa famille.*

12   « Divorces et séparations si ordinaires aujourd'hui dans le monde, et que nous pouvons regarder comme la honte de notre siècle... » BOURDAL., **Dominic.**, 2e dim. apr. l'Épiphanie, I.

13   « ... enfin il (*Galilée*) fut condamné, à la honte de la raison ; » VOLT., **Singul. nat.**, XXVI.

— *C'est une honte ! Quelle honte !* c'est une chose honteuse*, qui soulève l'indignation. V. **Scandale.** — Par exagér. ou plaisant. *On n'est pas enjôleur* (cit. 4) *à ce point ; c'est une honte :* cela n'est pas permis, cela n'est pas admissible.

14   « Une femme qu'on a reçue ici par charité, venir étaler ses velours et ses diamants dans une voiture armoriée ! N'est-ce pas une honte ? » FRANCE, **Crime de S. Bonnard**, Œuvr., t. II, p. 335.

— *Honte à celui, à ceux qui... :* que le déshonneur, l'opprobre soit sur lui, sur eux. Fig. *Honte à la méchanceté, à la guerre...*

15   « Honte à qui peut chanter pendant que Rome brûle, » LAMART., **Recueill. poét.**, À Némésis.

16   « Honte à toi qui la première
     M'a appris la trahison, » MUSS., **Poés. nouv.**, Nuit d'oct.

17   « ... Honte au mensonge et silence à la haine
     Qui bave sur l'honneur de mes quatre-vingts ans ! » LECONTE DE LISLE, **Poèmes tragiques**, L'apothéose de Mouça-al-Kébyr.

‖ **2°** Sentiment pénible de son infériorité, de sa bassesse, de son indignité devant sa propre conscience, ou de son humiliation devant autrui, de son abaissement dans l'opinion des autres (sentiment du déshonneur*). V. **Confusion, dégoût** (de soi), **humiliation ;** et *aussi* **Regret, remords, repentir.**

18   « ... il arrive que l'on ait honte simplement par crainte de l'opinion défavorable d'autrui — c'est l'aspect « vain » de la honte ; la honte véritable comporte la révélation sincère de notre bassesse ou de notre incapacité ; elle est l'expérience douloureuse de notre indignité. » J. MAISONNEUVE, **Les sentiments**, p. 72 (éd. P.U.F.).

— *Avoir honte* (Cf. Action, cit. 16) ; *avoir, éprouver de la honte de quelque chose* (Cf. Conte, cit. 1). *Il devrait avoir honte* (Cf. Il n'y a pas de quoi se vanter*). *N'as-tu pas honte de faire, d'avoir fait* (telle chose) ? Cf. Amasser, cit. 2 ; conséquent, cit. 1 ; envi (à l'), cit. 6. *J'en ai honte pour lui. Prendre honte de soi* (Cf. Désavouer, cit. 9). — *Baisser les yeux, le front, sous l'effet de la honte.* V. **Baisser, courber** (le front, la tête, les yeux), **cacher** (se), **voiler** (se voiler la face) (Cf. Chemin, cit. 9. *Rougir* de honte ; être rouge, cramoisi de honte (V. **Érubescence ;** Cf. Chacun, cit. 1 ; confusion, cit. 9 ; front, cit. 17). *Le feu* (cit. 68), *le rouge de la honte* (V. Ensorceler, cit. 8). *Pleurer de honte. Le trouble*, les souffrances, les douleurs de la honte* (Cf. Aigu, cit. 11). Par exagér. *Mourir* de dépit* (cit. 1) *et de honte. De honte, il souhaitait être à cent pieds* sous terre.*

19   « Je me ressouvins du peu d'esprit que j'avais témoigné devant la mère et la fille, et toutes les fois que cela me venait dans l'esprit, la honte me mettait le visage tout en feu. » SCARRON, **Rom. com.**, p. 68.

20   « La honte, compagne de la conscience du mal, était venue avec les années ; elle avait accru ma timidité naturelle au point de la rendre invincible ; » ROUSS., **Confess.**, III.

21   « Quand vous aurez lu les lettres qui y sont, vous aurez, malgré votre infamie, honte de les avoir lues ; mais avez-vous encore honte de quelque chose ? demanda-t-il après une pause. » BALZ., **Ténébreuse affaire**, Œuvr., t. VII, p. 526.

22   « Elle ne s'arrêta pas un moment à l'idée de revoir Darcy. Cela lui paraissait impossible ; elle serait morte de honte en l'apercevant. » MÉRIMÉE, **Double méprise**, XIV.

23   « Les prostituées... ont perdu la superbe et dépouillé l'orgueil... elles possèdent l'humilité... Elles sont comme nous des coupables, mais la honte coule sur leur crime comme un baume... » FRANCE, **Lys rouge**, XVII.

24   « ... il me laissait agir à ma guise. Puis, il en avait honte. Il menaçait, plus furieux contre lui que contre moi. Ensuite, la honte de s'être mis en colère le poussait à lâcher les brides. » RADIGUET, **Diable au corps**, p. 160.

25   « Toute sa volonté se tendait en un seul effort : ne se souvenir de rien ! La honte l'oppressait, empêchait les larmes de monter jusqu'aux yeux. Elle était dominée par un sentiment nouveau : la peur. — La peur d'elle-même. » MART. du G., **Thib.**, t. II, p. 271.

— *Ne pas craindre* (cit. 7) *la honte ; être inaccessible, insensible à la honte* (V. **Éhonté**). *Avoir perdu toute honte.* — Loc. *Avoir toute honte bue.* V. **Boire** (cit. 35).

26   « On dit proverbialement, qu'un homme a toute honte bue,... en parlant d'un scélérat,... de celui qui ne se soucie pas des affronts, des mépris. » FURET., **Dict.**, Honte.

27   « En l'an trentième de mon âge
     Que toutes mes hontes j'eus bues, » VILLON, **Testament**, I.

« Les Ribalier et les Cogé devraient mourir de honte, s'ils n'avaient 28 pas toute honte bue. » VOLT., **Lett.** à Damilaville, 3189, 28 sept. 1767.

« ... il s'était aperçu que, pour convertir l'amour en instrument 29 de fortune, il fallait avoir bu toute honte... » BALZ., **Père Goriot**, Œuvr., t. II, p. 976.

‖ FAIRE HONTE *à quelqu'un :* être pour lui un sujet de honte. *La conduite de ce garçon fait honte à son père. Tu me fais honte.*

« Ah ! mon père, ce que vous dites là est du dernier bourgeois. Cela 30 me fait honte de vous ouïr parler de la sorte... » MOL., **Préc. rid.**, 4.

« Ah ! Seigneur, songez-vous que toute autre alliance 31
     Fera honte aux Césars, auteurs de ma naissance ? » RAC., **Britann.**, II, 3.

— Faire à quelqu'un des remontrances, des reproches destinés à lui inspirer de la honte, de la confusion. *Faites-lui honte, il le mérite bien. Faites-lui honte de sa paresse* (ACAD.).

« Et je consens encor que tu me fasses honte 32
     Des faiblesses d'un cœur qui souffre qu'on le dompte. » MOL., **Princ. d'Élide**, I, 1.

« Je lui dis qu'il me fait mal au cœur aussi, je lui fais honte ; 33
je lui dis que ce n'est point là la vie d'un honnête homme... » SÉV., 159, 22 avril 1671.

« Un des membres perdit la tête, au point de sauter, pour se sauver, 34
dans la tribune des femmes. Madame Roland y eut honte, qui lui en fit honte, et l'obligea d'en sortir, comme il y était venu. » MICHELET, **Hist. Révol. franç.**, V, IX.

— Inspirer de la honte à quelqu'un en lui donnant conscience de son infériorité, de son indignité, en l'invitant à une comparaison qui n'est pas à son avantage. *Cet écolier fait honte à tous les autres par son application* (ACAD.). V. **Humilier.**

« Je vous gêne. Je vous fais honte. Je suis restée ici, fidèle, irré- 35
prochable, j'ai gardé le foyer. » CHARDONNE, **Dest. sentim.**, p. 474.

— *Poét.* V. **Éclipser.**

« À quelles roses ne fait honte 36
     De son teint la vive fraîcheur » MALHERBE, V, 18 (in LITTRÉ).

« La belle enfin découvre un pied dont la blancheur 37
     Aurait fait honte à Galatée, » LA FONT., **Contes**, Le fleuve Scamandre.

‖ *Courte honte.* V. **Échec, insuccès.** *Il en sera pour sa courte honte. S'en revenir, s'en retourner avec sa courte honte.* — REM. LITTRÉ cite à l'art. *Court* une phrase de PASQUIER : « ... je n'oserais dire avec notre courte honte ; car elle n'a été que trop grande,... » d'après laquelle *Courte honte* signifierait : « honte de petite dimension, sans gravité, confusion ».

« ... la coterie holbachique, qui prédisait hautement que je ne 38
supporterais pas trois mois de solitude, et qu'on me verrait dans peu revenir, avec ma courte honte, vivre comme eux à Paris. » ROUSS., **Confess.**, IX.

‖ *Fausse honte, mauvaise honte :* honte éprouvée, par un scrupule excessif ou par timidité, à propos de quelque chose qui n'est pas blâmable. V. **Réserve, respect** (humain), **retenue.**

« ... si tu as besoin de ma bourse, viens hardiment à moi : qu'une 39
mauvaise honte ne te prive point d'un secours infaillible, et ne me ravisse point le plaisir de t'obliger. » LESAGE, **Gil Blas**, XII, VII.

« De tous les obstacles qui nuisent à l'amour, l'un des plus grands 40
est sans contredit ce qu'on appelle la fausse honte, qui en est bien une très véritable. Croisilles n'avait pas ce triste défaut que donnent l'orgueil et la timidité ; » MUSS., **Nouvelles**, Croisilles, IV.

« ... gens distingués, sympathiques, vivant renfermés chez eux, 41
surtout par fausse honte de leur situation gênée. » R. ROLLAND, **Jean-Christ.**, Dans la maison, I, p. 964.

« Mais nous ne savons plus nous assouvir ; quelque fausse honte nous 42
retient toujours. » ROMAINS, **Lucienne**, p. 173.

‖ **3°** *Dans un sens affaibli* (sans idée défavorable d'indignité, ou de déshonneur). Sentiment de gêne éprouvé par scrupule de conscience, timidité, modestie, humilité, crainte du ridicule, etc. *Jouir sans honte de sa tranquillité* (Cf. Allégement, cit. 3). *Étaler son luxe sans honte.* V. **Pudeur, scrupule, vergogne.** *Avoir honte de parler* (Cf. Attention, cit. 10), *d'avancer* (cit. 8) *certains arguments, de se trouver dans une certaine compagnie* (Cf. Dégoûter, cit. 3). *La honte qui l'empêche d'être naturel.* V. **Contrainte** (cit. 6), **embarras, gêne, réserve, respect, retenue, timidité** (Cf. Cynique, cit. 4 ; effaroucher, cit. 3 et 5). *Pleurer sans honte. La honte le retient* (Cf. Église, cit. 15).

« La même honte qui me retint m'a souvent empêché de faire 43
de bonnes actions, qui m'auraient comblé de joie, et dont je ne me suis abstenu qu'en déplorant mon imbécillité. » ROUSS., **Rêver.**, IXe prom.

« ... le vague sentiment de honte que l'on a en présence de gens 44
humiliés au delà de ce qu'ils méritent. » GREEN, **A. Mesurat**, I, X.

— *Spécialt.* Gêne, retenue qu'inspire une « honte honnête ». V. **Pudeur*** (Cf. Aiguillette, cit. 3 ; auréole, cit. 8). *Honte virginale* (MONTAIGNE, II, 15). — *Avoir honte de sa nudité, de son corps* (Cf. Fixer, cit. 14).

« La bru de Pythagoras disait que la femme qui se couche avec un 45
homme doit avec la cotte laisser aussi la honte, et la reprendre avec le cotillon. » MONTAIGNE, **Essais**, I, XXI.

46 « Ils étaient nus tous deux, l'homme et sa femme, sans en avoir honte. » BIBLE (CRAMP.), Genèse, II, 25.

47 « ... ce n'est que samedi qu'on est venu tourner autour de moi, et me balbutier quelques mots ; encore prononcés si bas et tellement étouffés par la honte, qu'il était impossible d'en entendre le sens. Mais la rougeur qu'ils causèrent m'en fit deviner le sens. » LACLOS, Liais. dang., Lett. CX.

48 « En un instant, Salavin fut complètement nu et vit emporter ses vêtements. La nuit était chaude, il se mit pourtant à grelotter de honte. » DUHAM., Salavin, V, XVII.

ANT. — Gloire, honneur. Audace, effronterie, impudeur, indécence.

★ **HONTEUX, EUSE.** adj. (*Hontos* au XIIe s. ; de *honte*).

|| 1° Qui cause de la honte, du déshonneur ; qui suscite un sentiment de honte. V. **Honte** (1°) ; **avilissant, dégradant, déshonorant, ignominieux, scandaleux**. *Acte honteux, action honteuse.* V. **Abject, bas** (cit. 31), **dégoûtant, ignoble, immoral, infâme, méprisable, vil.** *Honteuse pensée.* V. **Inavouable.** *Il n'y a rien de plus honteux. C'est honteux* (Cf. C'est une honte*). *Il est, il serait, il eût été honteux que...* (avec le subjonctif). Cf. Académie, cit. 2 ; blanc-bec, cit. 1 ; escroc, cit. 2. *Il est honteux de se défier* (cit. 1) *de ses amis. Ce qui est honteux, c'est de changer* (cit. 44) *d'opinion par intérêt. Caractère* (cit. 8) *honteux d'une chose, d'un acte... Chose ridicule et honteuse* (Cf. Coûter, cit. 24 ; femme, cit. 116). — *Fuite, reculade honteuse.* V. **Lâche*** (Cf. Affront, cit. 11). *Attitude, conduite honteuse. Vice honteux. Honteuses débauches. Amour honteux* (Cf. Courtisane, cit. 2). *Honteuse alliance* (Cf. Coït, cit.). *Honteuses brigues* (cit. 1). *Carrière* (cit. 14), *situation vie honteuse. Honteux esclavage* (cit. 10). Cf. Finir, cit. 7. *Honteuse dissipation d'un patrimoine* (Cf. Amasser, cit. 2). « *Honteux attachements* (cit. 1) *de la chair et du monde...* » (CORN.). *La joie honteuse d'humilier autrui* (Cf. Aumône, cit. 14). — *Calomnie* (cit. 6), *médisance honteuse :* qui déshonore celui qui la fait. — Par ext. *Accusation, calomnie honteuse :* qui déshonore celui qui en est l'objet. V. **Déshonorant.** *Se défendre contre une prévention honteuse* (Cf. Animation, cit. 4). *Honteux supplice.* V. **Infamant.**

1 « J'ai cru honteux d'aimer quand on n'est plus aimable : » CORN., Sertor., IV, 2.

2 « Le seul mépris d'un choix si bas et si honteux » MOL., Sgan., 10.

3 « ... elle disait qu'il était honteux de faire de sa fille une servante, lorsqu'elle n'avait qu'à choisir parmi les plus beaux garçons du pays pour devenir une riche fermière. » MUSS., Nouv., Margot, II.

4 « Je l'ai gardée dans le fond intime de moi, dans ce fond où l'on cache les secrets pénibles, les secrets honteux, toutes les inavouables faiblesses que nous avons dans notre existence. » MAUPASS., Clair de lune, Apparition.

5 « ... je vois déjà s'éveiller un goût honteux pour l'indécence, la bêtise et la pire vulgarité. » GIDE, Si le grain..., I, II.

6 « ... elle (*la vérité*) n'est pas seulement triste mais encore ridicule, honteuse, au point que la pudeur nous détourne de l'exprimer. » MAURIAC, La pharisienne, X.

— Vieilli. *Être honteux à...* « *Toute excuse* (cit. 18) *est honteuse aux esprits généreux* » (CORN.). — En parlant des personnes (*Vx*). Qui mérite l'ignominie.

7 « De nos honteux soldats les phalanges errantes À genoux ont jeté leurs armes impuissantes. » VOLT., Orphel. de Chine, I, 3.

— Spécialt. — *Les parties honteuses :* les organes génitaux*, sexuels*. V. **Sexe.** *Maladie honteuse.* V. **Vénérien.** — Anat. Se dit de nerfs, d'artères des régions génitales. *Nerf honteux, artère honteuse.*

|| 2° Qui éprouve un sentiment de honte. V. **Honte** (2°) ; **confus*, consterné** (cit. 4). *Être honteux, tout honteux, un peu honteux* (Cf. Enfant, cit. 14 ; étudier, cit. 18 ; fatras, cit. 2 ; faux, cit. 43). *Devenir honteux* (Cf. Franc, cit. 9). *N'êtes-vous pas honteux de faire ce métier infâme ?* (Cf. Aumône, cit. 7). *Être honteux de soi-même* (Cf. Bourreler, cit. 3), *de son ignorance* (Cf. Béant, cit. 15). *Honteux des bêtises qu'il disait* (Cf. Épaisseur, cit. 2). *Honteux de faire, d'avoir fait quelque chose* (Cf. Faible, cit. 4). *Honteux d'avoir été joué* (Cf. Déjouer, cit. 4), *d'avoir été ridicule.* V. **Déconfit, penaud, quinaud.**

8 « Honteux d'avoir poussé tant de vœux superflus, » RAC., Andromaque, I, 1.

9 « S'étant, dis-je, sauvé sans queue et tout honteux, » LA FONT., Fabl., V, 5.

10 « Il n'y a guère de gens qui ne soient honteux de s'être aimés, quand ils ne s'aiment plus. » LA ROCHEF., Max., 71.

11 « ... je ne sais comment faire pour lui parler ; et quand j'en trouverais l'occasion, je serais si honteuse, que je ne saurais peut-être que lui dire. » LACLOS, Liais. dang., Lett. LXXV.

12 « Cet instrument (*le parapluie*) me rend honteux et ridicule. » DUHAM., Salavin, III, VII.

— Allus. littér. « *Le corbeau** (cit. 1) *honteux et confus...* » (LA FONT.). — « *Honteux comme un renard qu'une poule aurait pris* » (LA FONT. ; Cf. Bas, cit. 63).

13 « Au point du jour, il (*Javert*) laissa deux hommes intelligents en observation, et il regagna la préfecture de police, honteux comme un mouchard qu'un voleur aurait pris. » HUGO, Misér., II, V, X.

|| 3° Qui éprouve facilement un sentiment de honte et *par ext.* de gêne, de timidité. V. **Craintif, embarrassé, timide.** (Cf. Éloignement, cit. 11 ; gêne, cit. 10 ROUSS.). — *Substant.* (rare). *Les honteux.*

14 « Il faut que les jeunes gens qui entrent dans le monde soient honteux ou étourdis : un air capable et composé se tourne d'ordinaire en impertinence : » LA ROCHEF., Max., 495.

15 « ... un peu de hardiesse réussit toujours aux amants ; il n'y a en amour que les honteux qui perdent... » MOL., Amants magnif., I, 1.

— Par ext. *Un air honteux.*

16 « ... si vous aviez la bonté d'aller vous-même lui parler pour moi, vous me feriez grand plaisir, ajoutai-je d'un air niais et honteux. » MARIVAUX, Pays. parv., IVe part.

— Spécialt. V. **Caché.** *Les pauvres honteux :* ceux qui cachent leur pauvreté et n'osent faire appel à la charité. — Par ext. *Un idéaliste, un communiste honteux :* qui se cache de l'être, n'affiche pas ses convictions. *Les gourmands honteux* (Cf. Fanfaron, cit. 7).

17 « Les pauvres étrangers, les pauvres souffreteuses, Qui n'osent mendier, tant elles sont honteuses. » RONSARD, Second livre des Hymnes, De l'or.

18 « On donne toujours trop aux mendiants, répondit-elle, ce sont des fainéants, mais il y a les pauvres honteux, eux-là sont à plaindre. Il y en a partout ; ils se cachent. Et ils souffrent plutôt que de demander. » FRANCE, Vie en fleur, I.

— Par ext. *Pauvreté, misère honteuse* (Cf. Garni, cit. 2).

19 « Et de même que l'inversion, dans sa jeunesse, prend deux formes, l'une militante et l'autre honteuse... » MAUROIS, A la rech. de Proust, VII, V.

— Loc. fam. *Le morceau honteux :* Le dernier morceau qui reste dans le plat et que personne n'ose prendre.

ANT. — Fier, glorieux. Audacieux, effronté, éhonté, impertinent, impudent. Avoué, étalé, franc...

DER. — ★ **Honteusement.** adv. (XIIe s.). D'une manière honteuse, avec honte, ignominie. *Il a été renvoyé, exclu, banni honteusement* (Cf. Car, cit. 8). *Honteusement coupable* (cit. 4). *Égoïsme qui se manifeste honteusement* (Cf. Gourmandise, cit. 5). *Fuir honteusement. On l'a honteusement mal traité, honteusement traité.* — *Honteusement payé, rémunéré.* V. **Ridiculement** (*fam.*).

1 « ... le vicomte de Turenne... l'obligea (*l'électeur de Brandebourg*) à demander honteusement la paix, que l'année suivante il rompit plus honteusement encore. » RAC., Camp. de Louis XIV.

2 « Il gagnait sa vie, en donnant des répétitions, en écrivant des livres d'art, honteusement payés suivant l'habitude... » R. ROLLAND, Jean-Christ., Dans la maison, I, p. 942.

★ **HOP !** interj. (onomat. 1828 d'apr. DAUZAT). Interjection servant à stimuler, à faire sauter. *Allez, hop ! Hop là* (var. *houp*). — Pour exprimer un geste, une action brusque... :

« En deux temps les laissés-pour-compte s'équipent, ferment le compteur à gaz. empochent la clef de l'appartement et hop !... Il y a le train, le car, l'auto, la moto, le vélo et le tandem ; » COLETTE, Belles saisons, p. 10.

HÔPITAL. n. m. (*Hospital* au XIIe s. ; *hospitalis* (*domus*), « maison où l'on reçoit des hôtes ». V. **Hôtel**).

|| 1° Ancienn. Établissement charitable, hospitalier, où l'on recevait les gens sans ressources, pour les entretenir, les soigner... V. **Asile, hospice ; dispensaire, refuge... ;** et aussi **Crèche, maternité.** « *L'hôpital général est celui où l'on reçoit tous les mendiants* » (FURET.). *Hôpital des fous* (cit. 2 PASC.). V. **Asile, maison.** *Hôpital des orphelins* (V. **Orphelinat**), *des pèlerins. Hôpital* (ou *hospice*) *des Quinze-Vingts*, fondé par Saint Louis pour les aveugles. « *Mettre une fille de mauvaise vie à l'hôpital*, la mettre dans une maison de correction » (LITTRÉ).

1 « Eh oui ! reprit-il, il y a deux mois qu'elle (*Manon*) apprend la sagesse à l'Hôpital général, et je souhaite qu'elle en ait tiré autant de profit que vous à Saint-Lazare. » Abbé PRÉVOST, Manon Lescaut, 1re part., p. 89.

2 « Le vocabulaire de l'Ancien Régime était moins précis (que *le vocabulaire actuel*). Les définitions mêmes qui furent alors données sont défectueuses et peu claires. Ainsi Guyot regarda l'hôpital comme « une maison fondée et destinée pour recevoir les pauvres, les y loger, les nourrir, les traiter par charité »... L'Encyclopédie Méthodique tâche d'être plus précise. Elle établit cette distinction entre : — l'hospice, « lieu où l'on donne l'hospitalité »... — l'hôpital, « lieu où l'on a soin des malades d'un certain genre, d'un certain lieu... » ; — l'Hôtel-Dieu, où sont admis « tous les malades indistinctement... ». Mais la distinction... était plus théorique que réelle. » C. BLOCH, Assist. et État en France veille Révol., p. 58 (in BRUNOT, H.L.F., VI, 188).

3 « L'Hôpital général, ainsi nommé parce que la maladie, la vieillesse et la misère s'y donnaient rendez-vous, était un bâtiment énorme... Devant la porte allaient un petit auvent, où se réunissaient, quand il faisait beau, les convalescents et les bien-portants. L'hospice, en effet, ne contenait pas seulement des malades, il comprenait aussi des pauvres remis à la charité publique et même des pensionnaires, qui, pour un capital insignifiant, y vivaient chétivement, mais sans souci. » RENAN, Souv. d'enf..., I, II.

— *L'hôpital, symbole de la misère, de la pauvreté.* V. **Asile, hospice.** *Prendre le chemin de l'hôpital :* se ruiner par de folles dépenses. *Sa dissipation, son incurie finira par le conduire à l'hôpital. Mourir à l'hôpital :* dans la misère (Cf. Économie, cit. 24). « *Il sera dans peu réduit à* *l'hôpital* » (ACAD.). — REM. Les emplois métaphoriques d'*Hôpital* au sens ancien d'*Asile*, d'*hospice*, ne peuvent être considérés comme des « fautes », comme le voudraient certains puristes (Cf. DURRIEU, *Parlons correct.*), mais comme des archaïsmes risquant de prêter à confusion avec le sens étroit et actuel d'*Hôpital*.

|| 2° Établissement public, payant ou gratuit (pour les indigents), qui reçoit ou traite pendant un temps limité les malades, les blessés et les femmes en couches. V. **Médecine***, **sanitaire** (établissement). Cf. *arg. Hosteau, hosto.* — *Le dispensaire**, *à la différence de l'hôpital, n'abrite pas les malades. L'asile* (cit. 32) *et l'hospice** *diffèrent de l'hôpital par leur objet mais sont régis par la même législation. Loi du 21 déc. 1941, modifiée et complétée en 1943, sur le régime des hospices et hôpitaux* (administrés par l'*Assistance** publique). *Création, suppression d'un hôpital par décret en Conseil d'État.* — *Personnel administratif : directeur, économe... d'un hôpital. Personnel médical d'un hôpital : médecins, chirurgiens, spécialistes, assistants, anesthésistes, internes, externes* (V. **Internat ; externat**). *Médecin, chirurgien des hôpitaux. D* X..., *ex-interne des hôpitaux de Paris. Il est externe dans un hôpital* (Cf. *Fille*, cit. 40). *Personnel secondaire : infirmiers, infirmières, aides, manipulateurs... d'un hôpital. Faire son service, se faire remplacer à l'hôpital* (Cf. *Coûter*, cit. 19 ; *exhaustif*, cit. 2 ; *explication*, cit. 4). *Enseignement clinique de la médecine, donné dans les hôpitaux.* — *Bâtiments d'un hôpital. Hôpital en surface, constitué par des pavillons** ; *hôpital en hauteur. Corps d'hôpital* (Cf. *Coron*, cit.). *L'économat**, *la direction de l'hôpital. Les salles d'un hôpital* (salle de consultation, d'opération, salles des malades, salles de garde, pharmacie...). *Services d'un hôpital* (médecine générale, vénérologie, phtisiologie..., maladies contagieuses, gynécologie, radiologie, laboratoire...). *Lit d'hôpital* (Cf. *Fusiller*, cit. 1 ; *grabat*, cit. 2). *Un hôpital de mille lits.* — *Être à l'hôpital, être soigné** *à l'hôpital* (Cf. *Fait*, cit. 3 ; *foyer*, cit. 11). *Crever* (cit. 24), *mourir dans un hôpital. Envoyer, admettre un malade dans un hôpital.* V. **Hospitaliser ; hospitalisation.** — *Hôpital général, où l'on soigne plusieurs sortes d'affections. Les hôpitaux Cochin, Laënnec, Bichat, St-Louis, sont des hôpitaux généraux. Hôpital spécial. Hôpital d'enfants. L'hôpital des Enfants-Malades, à Paris.* — *Hôpital improvisé en temps de guerre, d'épidémie* (Cf. *Endroit*, cit. 6). *Hôpital servant de lazaret**, *de léproserie, de maladrerie...*

4 « Entre l'hôpital, la clinique et l'hospice, l'asile, il y a une grande différence ; dans les premiers, sont soignées les maladies aiguës, les seconds reçoivent les individus atteints de maladie chronique, les vieillards. Dans les premiers, les soins, toutes les interventions, opérations... doivent être aussi rapides que possible ; »
A. PERRET, in ENCYCL. (De MONZIE), 16·68·8.

5 « Las du triste hôpital, et de l'encens fétide
Qui monte en la blancheur banale des rideaux
Vers le grand crucifix ennuyé du mur vide,
Le moribond sournois y redresse un vieux dos, »
MALLARMÉ, **Poés.**, Les fenêtres.

6 « ... il avait déjà la charge de la clinique municipale qu'on appelait pompeusement l'Hôpital. Ce n'étaient pas tant les trente lits, souvent vides, mais il y avait la consultation. »
ARAGON, **Beaux quartiers**, I, VIII.

7 « ... toujours fourré chez ses malades, tantôt à l'hospice de ceci, tantôt à la clinique de cela... Trois fois par semaine il va à l'hôpital de Dreux où il donne des consultations gratuites. »
GREEN, A. **Mesurat**, III, IV.

8 « ... les familles devaient... consentir à l'isolement de leurs malades dans les salles spéciales de l'hôpital. »
CAMUS, **La peste**, p. 66 (Cf. *Équiper*, cit. 7).

— *Hôpital militaire*, destiné au traitement des militaires, malades ou blessés et qui sont en activité de service. *L'hôpital du Val-de-Grâce. Soldat des formations* (cit. 2) *sanitaires employé dans les hôpitaux. Hôpital militaire complémentaire, hôpital auxiliaire de la Croix-Rouge, hôpital d'évacuation, en temps de guerre. Hôpital militaire ambulant* (V. **Ambulance**), *sédentaire. Évacuer* (cit. 7) *un malade, un blessé à l'hôpital.* — *Hôpital mixte :* hôpital civil recevant aussi des militaires.

9 « Carré n'a vu le feu qu'une fois, et, tout de suite, il a reçu un coup de fusil... il avait une bonne provision de courage, et c'est entre les murs d'un hôpital qu'il lui faut la gaspiller... C'est bien heureux que Carré ait gardé tant de courage pour l'hôpital, car il en a grand besoin. Les opérations successives, les pansements, tout cela tarit les sources les plus généreuses. »
DUHAM., **Récits des temps de guerre**, I, Hist. de Carré et Lerondeau.

— *Navire, bateau-hôpital :* aménagé en hôpital. *Par ext.* V. **Infirmerie.** *L'hôpital du bord.*

— Par ext. *Hôpital privé.* V. **Clinique, maison** (de repos).

— REM. Certains établissements médicaux publics considérés comme des hôpitaux et répondant à la définition de ce mot ne sont pas désignés officiellement par ce nom (*Ex.:* Maison, clinique d'accouchement (V. **Maternité**) ; clinique chirurgicale). Par contre, on donne le nom d'*Hôpital* à certains établissements spécialisés abritant les malades pendant un temps indéterminé et communément désignés par un autre terme (Ex. : *Hôpital maritime de Berck.* V. **Sanatorium.** *Hôpitaux psychiatriques** (V. **Asile**).

— Fig. *C'est un hôpital*, se dit d'une maison, d'un lieu où se trouvent de nombreux malades.

10 « Smolensk n'était plus qu'un vaste hôpital, et le grand gémissement qui en sortait l'emporta sur le cri de gloire qui venait de s'élever des champs de Valoutina. »
SÉGUR, **Hist. de Napoléon**, VI, 8.

— Loc. fam. *L'hôpital n'est pas fait pour les chiens**.

HOPLITE. *n. m.* (XVIIIe s. ; lat. *hoplites*, mot gr., de *hoplon*, « arme »). *Antiq. gr.*- Fantassin pesamment armé.

« Dans toutes les cités, les plus riches formèrent la cavalerie, la classe aisée composa le corps des hoplites ou des légionnaires. »
FUSTEL de COUL., **Cité ant.**, p. 382.

DER. — (du gr. *hoplon*) : **Hoplomachie.** *n. f.* (1839 BOISTE ; suff. -Machie). *Antiq. rom.* Combat de gladiateurs (cit. 2) armés. *Les hoplomaques, combattants des hoplomachies.*

★ **HOQUET.** *n. m.* (1314 selon DAUZAT au sens de « choc, secousse » ; formation onomat.).

|| 1° *Vx.* Choc, heurt (Cf. *Clopin-clopant*, cit. 1 LA FONT.). *À hoquets :* par à-coups. — *Fig.* Empêchement, difficulté soudaine.

1 « (Monsieur de Metz)... se disposa à se faire recevoir au Parlement. Il y trouva un hoquet auquel il n'avait pas lieu de s'attendre... »
ST-SIM., **Mém.**, III, XXX.

|| 2° *Mus. anc.* Alternance de deux voix se répondant, dans la polyphonie médiévale.

|| 3° (De nos jours). *Physiol.* Contraction spasmodique du diaphragme produisant un appel d'air assez fort pour faire vibrer les cordes vocales ; *Bruit rauque qui en résulte. Le hoquet, comme le sanglot**, *consiste en une contraction du diaphragme. Le hoquet est accompagné d'une secousse spasmodique du thorax et de l'abdomen. Hoquets déterminés par un état de réplétion de l'estomac ; hoquets d'origine nerveuse. Avoir, faire, émettre un hoquet. Les hoquets d'un ivrogne* (Cf. *Balbutiement*, cit. 3). *Être secoué par un hoquet* (Cf. *Ébranler*, cit. 4).

2 « (Il) fait entendre de sales hoquets... »
LA BRUY., **Caract. Théophr.**, De l'impudent...

3 « (Ces galants) À qui beaucoup de vin fait sortir la tendresse,
Qui vont en cet état aux pieds de leur maîtresse
Exhaler les transports de leurs brûlants désirs,
Et pousser des hoquets en guise de soupirs »
REGNARD, **Démocrite**, IV, 7.

4 « ... le repas fini, on se rince la bouche, on se lave les mains, on s'asperge la barbe d'eau de fleur d'oranger, on promène sous ses vêtements la fumée du brûle-parfum, et l'on émet... ces hoquets incongrus, qui sont, dans tout l'Orient, la politesse de l'estomac et le remerciement des convives. »
J. et J. THARAUD, **Fez**, V.

— *Par ext.* Bruit qui accompagne une respiration brutalement contrariée ; *sanglot spasmodique. Hoquets d'une personne qui suffoque. Hoquet d'émotion. Être secoué de hoquets* (Cf. *Épaule*, cit. 9).

5 « La pauvre créature, au plaisir essoufflée,
A de rauques hoquets la poitrine gonflée,
Et je devine, au bruit de son souffle brutal,
Qu'elle a souvent mordu le pain de l'hôpital. »
BAUDEL., **Prem. poèmes**, XXIV.

6 « (Le boxeur) laissa échapper le hoquet de suffocation qui indique que le coup a touché juste, et tomba sur les genoux. »
L. HÉMON, **Battling Malone**, V.

7 « Tout à coup, le silence fut rompu par une sorte de hoquet atroce... C'était Mme de Villerupt qui venait d'éclater en sanglots. Elle s'était contenue trop longtemps. » P. BENOIT, **Mlle de la Ferté**, p. 297.

8 « Les mots sifflaient dans sa bouche, et à la fin de chaque phrase, elle avait comme un hoquet, un hoquet de dégoût, de fatigue, je ne sais. » BERNANOS, **Journ. d'un curé de campagne**, p. 152.

— Spécialt. *Le hoquet de la mort ; le dernier hoquet :* qui accompagne parfois le râle des mourants (Cf. *Agonie*, cit. 9).

9 « Un vague moribond tardif
Crachant sa douleur et sa haine
Dans un hoquet définitif ; »
VERLAINE, **Jadis et naguère**, Les loups.

10 « Souvent les pauvres mourants, avant de rendre leur dernier cri, leur dernier hoquet d'agonie, sont restés des jours et des nuits trempés, salis, couverts d'une couche boueuse de sueur froide et de sel, d'un enduit de mort. » LOTI, **Mon frère Yves**, XXVII.

— *Par ext.* État caractérisé par des hoquets répétés, chroniques. *Avoir le hoquet.*

— *Par anal.* Bruit semblable à un hoquet (Cf. *Cours*, cit. 2).

DER. — ★ **Hoqueter.** *v. intr.* (XIIe s. au sens de secouer ; le sens actuel est ancien (Cf. GODEFROY, HUGUET) mais peu usité aux XVIIe et XVIIIe siècles (Cf. TRÉVOUX). *Avoir un hoquet, le hoquet. Hoqueter bruyamment. Par ext.* Sangloter spasmodiquement.

1 « Monsieur Ulysse à ce banquet   De hoqueter dans une fête,
Prit un très important hoquet,   Il but à la santé du dieu,
Et comme il est fort malhonnête   Fit un hoc. et puis dit adieu. »
MARIVAUX, **Iliade travestie**, Chant I.

2 « ... Adrienne fondit si bruyamment en larmes que M. Thibault, troublé, faillit lui-même éclater en sanglots. Il hoqueta, mais se ressaisit ; » MART. du G., **Thib.**, t. III, p. 265.

3 « Il... s'habilla dans la pénombre, presque à tâtons, en hoquetant de malaise... » DUHAM., **Salavin**, VI, XV.

★ **HOQUETON.** *n. m.* (*Auqueton* au XIIᵉ s., « cape de coton » ; de l'arabe *al-qoton*, « le coton » ; *hocqueton* au XIIIᵉ s. d'apr. *heuque, huque*, sorte de cape). Veste de grosse toile que les hommes d'armes portaient sous le haubert. — Casaque brodée que portaient les archers du grand prévôt, du chancelier... *Par ext.* Archer revêtu de cette casaque.

« Le chancelier Séguier se transportait déjà au parlement, suivi d'un lieutenant et de plusieurs hoquetons... » VOLT., **Louis XIV,** IV.

— Casaque de paysan. *Hoqueton de berger* (cit. 4 ; Cf. aussi Empêcher, cit. 30).

HORAIRE. *adj.* et *n.* (1532 RAB., comme adj. ; lat. *horarius*, de *hora*, « heure »).

I. *Adj.* Relatif aux heures*, aux temps, aux angles mesurés en heures. *Lignes horaires d'un cadran solaire :* les lignes qui marquent les heures. — Astron. *Cercles horaires :* grands cercles de la sphère céleste, passant par les pôles et par un astre. *Angle horaire d'un astre,* formé par le méridien de l'observateur et le cercle horaire de l'astre. *Plan horaire :* plan d'un cercle horaire. *Coordonnées horaires :* système de coordonnées sphériques comprenant l'angle horaire et la déclinaison (ou la distance polaire) d'un astre. *Mouvement horaire :* déplacement apparent (d'un astre) sur la sphère céleste. — Géogr. *Fuseau** (cit. 5) *horaire.*

— Qui a lieu toutes les heures. *Halte horaire. Signaux horaires.* — Qui correspond à une durée d'une heure. *Vitesse horaire :* distance parcourue en une heure. *Moyenne horaire. Débit horaire. Salaire* horaire. Rendement, productivité horaire.*

II. *N. m.* (1868 in LITTRÉ, Suppl.). Règlement des heures de départ, de passage, d'arrivée des services de transport réguliers. *Horaire de chemins de fer, de bateaux, d'avions. Quel est l'horaire de ce train ? Ce train, cet autocar est en retard, en avance sur l'horaire, sur son horaire.* — Tableau, livret,... indiquant un horaire. *Consulter l'horaire.* V. **Indicateur.**

« Sept heures cinquante, murmura Meynestrel, en consultant l'horaire des chemins de fer affiché sur le mur du vestibule. » MART. du G., **Thib.,** t. VII, p. 73.

— *Horaire d'une journée de travail, de classe. Afficher l'horaire à l'entrée de la classe.* Cf. Emploi* du temps, programme. — *Par ext. Avoir un horaire chargé. Mon horaire ne me laisse pas une minute de libre. Les exigences, les contraintes de l'horaire. Absence d'horaire* (Cf. Entrelacs, cit. 4).

★ **HORDE.** *n. f.* (1559 dans un récit de voyage ; péjor. au XVIIIᵉ s. ; tartare *orda, horda.* Cf. turc *ordou,* « camp ». V. **Ourdou**).

‖ **1°** Tribu errante, nomade (chez les peuples de l'Asie centrale). *Horde mongole, tartare. La grande horde, la horde d'or :* la tribu la plus importante, chez les Mongols. *Luttes, guerres entre les hordes* (Cf. Autre, cit. 115).

1 « La nature a donné à ces peuples (*les Tartares*), comme aux Arabes Bédouins, un goût pour la liberté et pour la vie errante... Chaque horde ou tribu avait son chef, et plusieurs chefs se réunissaient sous un kan. » VOLT., **Mœurs,** LX.

— Troupe errante d'hommes ; peuplade de nomades. *Une horde de Bédouins.* — *Par ext.* V. **Clan** (2°), **tribu.**

2 « ... l'allégresse de froisser l'herbe blanche de gelée, d'affronter le soleil, de muser sur une longue route, appartient aux hordes migratrices, au clan qui reprend force et joie à disperser les cendres tièdes de son feu d'hier. » COLETTE, **Belles saisons,** p. 13.

3 « Le jugement du groupe... est sans cesse présent dans la conscience de chacun de ses membres. Cet instinct de la horde peut être plus fort que l'instinct de conservation lui-même... car l'homme isolé considère que cette situation anormale ne saurait durer et se prépare à affronter, au temps du retour, le jugement de la horde. » MAUROIS, **Études litt.,** Bergson, IV.

‖ **2°** *Fig.* et *péjor.* Troupe ou groupe d'hommes indisciplinés qui se livrent à des désordres. *Une horde de brigands. Une horde d'escrocs* (cit. 2), *d'usuriers. Une horde sanguinaire. Horde de soldats en déroute* (cit. 6).

4 « Cette horde d'excitateurs révolutionnaires, dont il lui avait semblé, hier soir, entendre déjà les vociférations d'émeute. » MART. du G., **Thib.,** t. V, p. 272.

HORDÉ-. Élément de mot qui entre dans la composition de mots scientifiques, tirés du lat. *Hordeum,* « orge », tels que : **Hordéacé, ée.** *adj.* (XIXᵉ s. in LACHÂTRE). Qui ressemble à un grain d'orge ; relatif à l'orge. — **Hordéine.** *n. f.* (1839 BOISTE). Alcaloïde extrait de l'orge. *Sulfate d'hordéine, employé en thérapeutique.*

★ **HORION.** *n. m.* (XIIIᵉ s. ; origine obsc.). Coup* violent. *Donner des horions à quelqu'un. Échanger des horions, force horions. Attraper, recevoir des horions. Fuir pour éviter les horions.*

1 « Je me fâchai, je voulus me battre ; c'était ce que les petits coquins demandaient. Je battis, je fus battu. Mon pauvre cousin me soutenait de son mieux ; mais il était faible, d'un coup de poing on le renversait. Alors je devenais furieux. Cependant, quoique j'attrapasse force horions, ce n'était pas à moi qu'on en voulait... » ROUSS., **Confess.,** I.

2 « ... l'ardeur au combat de deux hommes aux fortes charpentes qui voient rouge et échangent de sauvages horions... » L. HÉMON, **Battling Malone,** II.

HORIZON. *n. m.* (*Orizonte* au XIIIᵉ s. ; *orizon* au XIVᵉ s. ; lat. *horizon,* mot gr., du v. *horizein,* « borner »).

‖ **1°** Limite circulaire de la vue, pour un observateur qui en est le centre. *La terre* (ou *la mer*) *semble rejoindre le ciel à l'horizon. L'horizon s'éloigne, recule, fuit lorsqu'on veut s'en approcher* (Cf. Avancer, cit. 29 ; contrarier, cit. 6). *Prendre l'horizon pour les bornes* (cit. 5) *du monde. Plaine, steppe qui s'étend jusqu'à l'horizon* (Cf. À perte de vue ; et aussi Cribler, cit. 9). *Le soleil descend sur l'horizon* (Cf. Couchant, cit. 2). *Disque du soleil tangent à l'horizon* (Cf. Coucher, cit. 2). *Le soleil disparaît au-dessous de l'horizon. Nuages, vapeurs au ras, au-dessous de l'horizon* (Cf. Aurore, cit. 15 ; écheveau, cit. 2).

1 « Il en est de certaines idées comme de l'horizon qui existe bien certainement, puisqu'on le voit en face de soi de quelque côté que l'on se tourne, mais qui fuit obstinément devant vous et qui, soit que vous alliez au pas, soit que vous couriez au galop, se tient toujours à la même distance ; car il ne peut se manifester qu'avec une condition d'éloignement déterminée ; il se détruit à mesure que l'on avance, pour se former plus loin avec son azur fuyard et insaisissable, et c'est en vain qu'on essaie de l'arrêter par le bord de son manteau flottant. » GAUTIER, Mˡˡᵉ **de Maupin,** XV.

2 « ... la recherche du bonheur dans la satisfaction du désir moral était quelque chose d'aussi naïf que l'entreprise d'atteindre l'horizon en marchant devant soi. » PROUST, **Rech. t. p.,** t. XIII, p. 45.

— *La ligne de l'horizon, la ligne d'horizon :* la ligne qui semble séparer le ciel de la terre (ou de la mer), à l'horizon (Cf. Feu, cit. 35 ; fuyant, cit. 9).

3 « ... vers Chartres, au nord, la ligne plate de l'horizon gardait sa netteté de trait d'encre coupant un lavis, entre l'uniformité terreuse du vaste ciel et le déroulement sans bornes de la Beauce. » ZOLA, **La terre,** I, I.

4 « Ils restèrent ainsi, confondus, comme le ciel et la mer certains jours où la ligne d'horizon n'est plus visible, dans une grande splendeur unie et étale. » MONTHERLANT, **Pitié pour les femmes,** p. 102.

— Dessin. *Déterminer la ligne d'horizon avant de construire un dessin* (V. **Dessin, perspective**). *Placer l'horizon trop haut, trop bas. Point de fuite situé sur l'horizon. L'horizon d'un tableau, d'un paysage...*

— Spécialt. Astron. Grand cercle théorique divisant la sphère céleste en deux parties égales, l'une visible, l'autre invisible. *Horizon astronomique, rationnel ou géocentrique,* intersection de la sphère céleste et d'un plan perpendiculaire à la verticale* d'un lieu et passant par le centre de la terre. *Horizon mathématique, théorique,* déterminé par un plan tangent en un point à la surface de la sphère terrestre. — *Horizon apparent, visuel, sensible,* déterminé par les rayons visuels de l'observateur tangents à la surface de la terre. *L'horizon visuel, qui limite une certaine étendue de la surface terrestre, est la base d'un cône dont le sommet est l'œil de l'observateur, il est situé au-dessous de l'horizon mathématique (dépression de l'horizon). La distance de l'horizon visuel (rayon de visibilité*) varie suivant l'altitude de l'observateur (3 km 5 à 1 m ; près de 113 km à 1000 m).* — *Sur l'horizon :* dans la partie visible du ciel. *Il n'y a avoir une éclipse sur notre horizon* (ACAD.). *Hauteur d'un astre sur l'horizon. Mouvement ascendant*, déclinant* d'un astre sur l'horizon* (V. **Ascendance, déclin**). *Astre qui passe au point le plus élevé par rapport à l'horizon.* V. **Culminer.** *Le zénith* et le nadir* sont symétriques et opposés par rapport au plan de l'horizon. Points de l'horizon où le soleil se lève, se couche.* V. **Orient ; occident.** *Arc de l'horizon compris entre l'orient et le point où se lève un astre.* V. **Ortive** (amplitude ortive).

— Mar. *Horizon artificiel,* surface rigoureusement plane et horizontale (miroir, surface de mercure) remplaçant l'horizon visuel pour les observations astronomiques (au sextant*, par ex.). — Aviat. *Horizon gyroscopique* (cit. 1), gyroscope à axe vertical portant un système optique dont l'axe reste horizontal.

‖ **2°** Les parties de la surface terrestre et du ciel voisines de l'horizon visuel, de la ligne d'horizon. *Couleur de l'horizon* (Cf. Adopter, cit. 7). *L'horizon blêmit* (cit. 4) *à l'aube. Horizon embrumé* (cit. 5), *fumeux* (cit. 3), *pâli* (Cf. Encens, cit. 7). *Horizons vaporeux* (cit. 18). *Le ciel clair de l'horizon* (Cf. Champ, cit. 2). *L'aurore* (cit. 6) *dore l'horizon. Lueur qui frange* (cit. 4) *l'horizon.* Poét. *Soleil penchant, mourant à l'horizon ;* soleil couchant (Cf. Cribler, cit. 7 ; enflammer, cit. 14 ; fumer, cit. 8).

5 « ... là, viennent se peindre sur la même toile les sites et les cieux les plus divers avec leur soleil brûlant ou leur horizon brumeux. » CHATEAUB., **M. O.-T.,** t. VI, p. 136.

6 « La vue n'est bornée que par les riches coteaux du Cher, horizon bleuâtre, chargé de parcs et de châteaux. » BALZ., **La grenadière,** Œuvr., t. II, p. 186.

7 « L'horizon semble un rêve éblouissant où nage
L'écaille de la mer, la plume du nuage,
Car l'océan est hydre et le nuage oiseau. » HUGO, **Contempl.,** VI, Éclaircie.

8 « ... l'horizon calme, avec ses bois, ses maisons, ses coteaux, pareil à tous les horizons de la terre. » MONTHERLANT, Le songe, I, III.

— *Teinte bleuâtre de l'horizon.* Par appos. *Bleu horizon,* couleur des uniformes français pendant et après la guerre de 1914-1918 (Cf. Barrer, cit. 6).

— *Voir, apercevoir à l'horizon.* V. **Loin, lointain** (Cf. Flamboyer, cit. 1). *Interroger, scruter l'horizon* (Cf. Attachement, cit. 20). *Se détacher sur l'horizon* (Cf. Campanile, cit. 1 ; étinceler, cit. 1). *Bateau qui disparaît à l'horizon* (Cf. Amoindrir, cit. 5). *Voiles à l'horizon* (Cf. Balancer, cit. 25 ; épanouir, cit. 4 ; goéland, cit. 2). *Ce n'était plus qu'un point noir à l'horizon.* — *Arc* (cit. 10) *de l'horizon. L'horizon du Nord, du Midi. D'un horizon à l'autre, d'un point de l'horizon au point opposé. Les quatre coins* (cit. 22), *les quatre points de l'horizon, les points cardinaux. De tous les points de l'horizon* (Cf. Balayer, cit. 3 ; enfler, cit. 2). *Du fond, du bout de l'horizon* (Cf. Furie, cit. 14).

9 « Pour te contempler, il faut que la vue tourne son télescope, par un mouvement continu, vers les quatre points de l'horizon... » LAUTRÉAMONT, Chants de Maldoror, I, p. 27.

10 « De gros nuages couraient d'un horizon à l'autre... » CAMUS, La peste, p. 255.

‖ 3° Espace visible au niveau de l'horizon. V. **Distance, étendue.** « *Plus on s'élève, plus l'horizon s'agrandit* » (LITTRÉ). *Un large horizon. Chaîne* (cit. 26) *de montagnes qui borne, limite, ferme l'horizon. Horizon borné* (cit. 20), *limité, sans grandeur. Grands horizons* (Cf. Étendue, cit. 10). *Pays plat, pays de steppes, aux horizons immenses, illimités.* — *De ce lieu, de cette montagne, on embrasse un immense horizon.* V. **Paysage, vue.** *Échappée* sur l'horizon.*

11 « Fabrice courut aux fenêtres ; la vue qu'on avait de ces fenêtres grillées était sublime : un seul coin de l'horizon était caché, vers le nord-ouest, par le toit en galerie du joli palais du gouverneur... » STENDHAL, Chartreuse de Parme, XVIII.

12 « Je manquais d'air, et j'étouffais dans ma chambre étroite, sans horizon, sans gaieté, la vue barrée par cette haute barrière de murailles grises où couraient des fumées... » FROMENTIN, Dominique, IV.

13 « ... des percées avaient été faites au milieu des arbres de telle façon que d'ici on embrassait tel horizon, de là tel autre. Il y avait à chacun de ces points de vue un banc ; ». PROUST, Rech. t. p., X, p. 173.

14 « Elle (*la chambre*) était au second, mansardée, mais vaste, fraîche, et tapissée d'un papier à fleurs ; l'horizon y était borné, mais par les cimes de deux marronniers dont le feuillage plumeux était une caresse pour le regard. » MART. du G., Thib., t. II, p. 189.

— Par métaph. *Voir toujours le même horizon, ne jamais changer d'horizon* (Cf. Échapper, cit. 4). *L'horizon borné du citadin, de l'employé* (cit. 3)... *Érudit* (cit. 8) *n'ayant pour tout horizon que celui de sa bibliothèque.* — *Fig.* Ce qui borne, limite (Cf. Âme, cit. 24 LAMART.). *Horizon qui cerne* (cit. 1) *toute vie.*

‖ 4° *Fig.* Domaine qui s'ouvre à la pensée, à l'activité... de quelqu'un. V. **Champ** (d'action), **perspective.** *Son esprit embrasse* (cit. 20) *de vastes horizons. Ce livre m'a découvert, révélé, dévoilé des horizons insoupçonnés. Ouvrir des horizons nouveaux, illimités. Élargir** (cit. 3) *son horizon, l'horizon des foules. Le « vaste horizon humanitaire »* (Cf. Borner, cit. 19 CHATEAUB.). *Siècle sans horizon* (Cf. Aveugler, cit. 15). Absolt. et poét. *Des chercheurs d'horizons* (Cf. Gagneur, cit. 3).

15 « Mais ton esprit plus vaste étend son horizon,
Et, du monde embrassant la scène,
Le flambeau de l'étude éclaire ta raison. » LAMART., Prem. médit., La retraite.

16 « ... des événements ignorés, des bonheurs entrevus, des joies inexplorées, tout un horizon de vie qu'il n'avait jamais soupçonné et qui s'ouvrait brusquement devant lui en face de cet horizon de campagne illimitée. » MAUPASS., M. Parent, II.

17 « Toutes ces observations faisaient honneur à leur sagacité orthodoxe ; mais il en résultait pour leurs élèves un horizon singulièrement fermé. » RENAN, Souv. d'enfance..., III, I.

18 « ... les curieuses phrases que ses yeux ont dévorées, et qui ouvrent à son esprit le champ illimité des horizons incertains et nouveaux. » LAUTRÉAMONT, Chants de Maldoror, VI, p. 241.

19 « L'amour qui change l'horizon de la femme à tous les niveaux et dans tous les milieux, au moment où elle l'éprouve, et ensuite par le souvenir. » L. DAUDET, La femme et l'amour, I, p. 21.

20 « ... chercher, au delà du modeste horizon familier, des perspectives plus poignantes. » ROMAINS, H. de b. vol., t. V, XXVI, p. 268.

21 « Les horizons s'ouvraient et se fermaient, les nuées accouraient, régnaient, s'évanouissaient. » DUHAM., Biogr. de mes fant., VII.

— REM. Certains puristes (A. HERMANT, le P. DEHARVENG) ont condamné l'expression *Ouvrir des horizons,* parce que le sens étymologique de *horizon* est « ce qui borne ». Mais on peut fort bien dire « ouvrir une barrière, un enclos », et l'Académie a confirmé l'usage : *Cette découverte ouvre de nouveaux horizons à l'esprit humain* (ACAD. 8e éd.).

— *L'horizon politique, économique.* Les perspectives politiques, économiques. *L'horizon international s'éclaircit, s'assombrit...* V. **Avenir.**

22 « ... à partir de onze heures, de fâcheux présages assombrissent de nouveau l'horizon. Le bruit se répandit d'abord que, si l'Allemagne avait accepté le projet de Sir Edward Grey, elle l'avait fait en termes fort réticents... » MART. du G., Thib., t. VI, p. 104.

— *Faire un tour d'horizon.* V. **Tour.**

DER. — Horizontal. — Horizonner. *v. tr.* (XIXe s.). Peu usit. Borner par un horizon, une ligne d'horizon.

« ... au milieu d'une immense plaine qu'horizonnait un fond de petites collines pressées et bleues comme des vagues... » DAUD., Contes du lundi, Le Caravansérail.

HORIZONTAL, ALE, AUX. adj. (1545 *orizontal* ; de *horizon*). Qui est parallèle à l'horizon astronomique, théorique, c'est-à-dire perpendiculaire à la direction de la pesanteur en un lieu (V. **Vertical**). *Plan horizontal ; ligne, droite horizontale. Lignes horizontales d'un édifice* (cit. 2 ; Cf. aussi Gable, cit.). *Rendre horizontale une surface plane.* V. **Niveler.** *Mesure de l'inclinaison d'un plan par rapport à un plan horizontal grâce au clinomètre*. Tenir une épée, une lance... horizontale* (Cf. Espada, cit.2 GAUTIER). *Un vent violent faisait tomber la pluie presque horizontale* (Cf. Cingler, cit. 4). *Flamme horizontale d'un chalumeau, d'une lampe à souder* (Cf. Cul, cit. 18). *Lumière horizontale du soleil levant, couchant* (Cf. Briller, cit. 6 ; étaler, cit. 35 HUGO). — *Stratifications, couches horizontales, en géologie. Écriture horizontale,* se traçant de droite à gauche ou de gauche à droite.

1 « Le Danube, supposé horizontal à son embouchure, comme le sont presque tous les grands fleuves, du moins sensiblement. » FONTENELLE, Guglielmini.

2 « Les bancs de pierres calcaires sont ordinairement horizontaux ou légèrement inclinés ; et, de toutes les substances calcaires, la craie est celle dont les bancs conservent le plus exactement la position horizontale. » BUFF., Addit. à la théorie de la terre, Sur la haut. des montagnes, V.

3 « La pesanteur est perpendiculaire à la surface des eaux stagnantes et par conséquent horizontales. » LAPLACE, Exp., III, 4.

4 « ... des collines horizontales qu'on dirait aplaties avec la main... » FROMENTIN, Été dans le Sahara, p. 39.

— *S'étendre dans une position horizontale.* Fam. *Prendre la position horizontale,* se coucher, s'allonger.

— *Par ext.* Qui se rapporte à la direction horizontale. *Projection horizontale,* sur un plan horizontal. *Composante horizontale du champ magnétique terrestre, intensité horizontale* (valeur de la projection horizontale du vecteur représentant le champ magnétique).

‖ HORIZONTALE. *n. f.* Position horizontale. *À l'horizontale. Droite horizontale. Les horizontales d'un plan,* intersections de ce plan par des plans horizontaux.

5 « Il lui sembla que son compagnon faisait le geste de se découvrir, portant la main à sa tête, et ramenant son bras à l'horizontale. » CAMUS, La peste, p. 117.

— *Spécialt.* (1883). Vieilli. *Une horizontale,* une prostituée.

6 « ... ces dames demeuraient persuadées que toutes les filles de la capitale passaient leur existence dans les rapides... Les échos de *Gil Blas,* d'ailleurs, au dire de M. de Bridoie, signalaient la présence à Vichy, au Mont-Dore et à La Bourboule, de toutes les horizontales connues et inconnues. Pour y être, elles avaient dû y venir en wagon... C'était donc un va-et-vient continu d'impures sur cette maudite ligne. » MAUPASS., En wagon (1886), in M. Parent, p. 234.

ANT. — Vertical.

DER. — Horizontalement. *adv.* (1596 selon DAUZAT). Dans une direction, une position horizontale. *Plumes éployées horizontalement* (Cf. Croupion, cit. 2). *Vent qui couche* (cit. 5) *la pluie presque horizontalement.* — Horizontalité. *n. f.* (XVIIIe s.). Caractère de ce qui est horizontal. *Vérifier l'horizontalité d'une surface à l'aide du fil à plomb et de l'équerre, du niveau*...* Prépondérance des lignes horizontales (en architecture, décoration).

1 « ... (*il*) se mit à suivre horizontalement le flanc du mont, en s'accrochant aux pierres, aux branches, aux plantes même, avec une adresse de chat sauvage... » VIGNY, Cinq-Mars, XXII.

2 « Il (*le peintre Dauzats*) savait sa ligne, et au besoin il eût bâti les édifices qu'il dessinait... Il exprimait avec sa puissante horizontalité le lourd temple égyptien... » GAUTIER, Portr. contemp., Dauzats.

HORLOGE. n. f. (*Oriloge* au XIIe s., var. *reloge, orloge...* ; lat. *horologium,* gr. *hôrologion,* « qui dit l'heure »).

‖ 1° *Vieilli.* Tout appareil destiné à indiquer l'heure, à marquer les heures. *Horloge solaire.* V. **Cadran** (solaire), **gnomon.** *Horloge à sable.* V. **Sablier.** *Horloge à eau.* V. **Clepsydre** (cit.). — *Par ext. Horloge botanique, horloge de Flore,* plantes rangées par ordre et dont l'ouverture, la fermeture... indiquent approximativement l'heure (Cf. Belle-de-nuit, cit.).

1 « ... on ne tarda pas à les compliquer (*les clepsydres*) ; un flotteur actionnant des rouages fit mouvoir une aiguille devant un cadran gradué... Les clepsydres ainsi perfectionnées devaient d'ailleurs être assez délicates, puisque, lorsque en 490 le roi Théodoric fit cadeau d'une horloge à Gondebault, roi des Burgondes, il lui envoya en même temps « des personnes qui la sçavaient gouverner ». J. GRANIER, Mesure du temps, p. 15 (éd. P.U.F.).

‖ 2° Machine d'une grande dimension, souvent munie d'une sonnerie et destinée à indiquer l'heure*, notamment dans les lieux publics. *Parties d'une horloge.* V. **Mouvement ; aiguille, cadran ; caisse, coffre, gaine...** *Mécanisme,* *mouvement d'une horloge :* moteur (V. **Poids, ressort, tambour**), mouvement, rouage ; régulateur* (V. **Balancier** (cit.), **compensateur, échappement, pendule**). *Horloge à cadran évidé* (cit. 1). — *Horloge à ressort. Horloge à poids, à grand balancier. Grande horloge rustique, formant meuble. Petite horloge murale.* V. **Carillon, coucou.** *Horloge publique. Horloge de gare. L'horloge de l'église* (Cf. Blutoir, cit.). *L'horloge d'un clocher, d'un campanile, d'un beffroi. La tour de l'horloge. Horloge monumentale à personnages, à jaquemart*. L'horloge de la cathédrale de Strasbourg, de la cathédrale de Beauvais... Horloge de précision ; horloge de compensation*. Horloge électrique,* dont le balancier est mû par l'électricité. *Horloges électriques commandées à distance par une horloge de distribution* (« *horloge mère* »). *Horloge pneumatique,* fonctionnant à l'air comprimé. — *Le tic-tac, le bruit d'une horloge* (Cf. Canon, cit. 5). *Sonnerie*, carillon* d'une horloge. Horloge qui sonne, carillonne* (cit.) *l'heure. Horloge qui sonne les douze coups* de midi. Marteau d'horloge* (Cf. Couper, cit. 23). — *Fonctionnement, marche d'une horloge. Vieille horloge qui fonctionne* (cit. 5) *mal. Dérégler* (cit. 1) *une horloge. Horloge qui avance, retarde. Mettre une horloge à l'heure. Monter, remonter une horloge à l'aide d'une clé qui agit sur les ressorts, sur les poids. Démonter une horloge pour la réparer* (V. **Horloger**).

2 « L'horloge du palais vint à frapper onze heures ; »
RÉGNIER, Sat., VIII.

3 « Les anciens ne possédaient pas, il est vrai, la commodité de l'horloge sonnante ni même de l'horloge muette ; mais ils suppléaient, autant qu'ils le pouvaient, à nos machines d'acier et de cuivre par des machines vivantes, par des esclaves chargés de crier l'heure d'après la clepsydre et le cadran solaire ; »
NERVAL, Filles du feu, Isis, I.

4 « Toutes les demi-heures, ou tous les quarts d'heure, les horloges sonnaient chacune avec un timbre distinct ; pas une ne ressemblait à la sonnerie rustique de Villeneuve, si reconnaissable à sa voix rouillée. »
FROMENTIN, Dominique, IV.

5 « Nous nous tûmes, visitâmes l'église puis allâmes entendre tinter l'heure à l'horloge de l'Hôtel de Ville. La Mort, tirant la corde, sonnait en hochant la tête. D'autres statuettes remuaient, tandis que le coq battait des ailes et que, devant une fenêtre ouverte, les Douze Apôtres passaient en jetant un coup d'œil impassible sur la 'rue. »
APOLLINAIRE, L'Hérésiarque..., p. 18.

6 « ... à gauche la maie de merisier, qu'une horloge dans sa gaine, au cadran fleuri d'enluminures, séparait du bureau à ferrures. »
GENEVOIX, Raboliot, I, III.

— Par ext. *L'horloge parlante :* procédé de diffusion de l'heure par T.S.F.

7 « Tout le monde a déjà entendu l'horloge parlante : chaque 10 secondes, elle annonce l'heure qu'il va être... puis, exactement à l'heure annoncée, elle émet un top musical. »
J. GRANIER, Mesure du temps, p. 80 (éd. P.U.F.).

— *L'horloge, symbole du temps. L'horloge,* poème de Baudelaire (Spleen et idéal, 85). Cf. Effrayant, cit. 2.
— Fig. *Une régularité, une précision, une ponctualité, une exactitude d'horloge. Il est réglé comme une horloge,* se dit d'une personne aux habitudes très régulières. — *Une heure d'horloge,* une heure entière, mesurée sur une horloge (Cf. Une grande heure).

8 « Rasé, lesté de sa tasse de café dès huit heures du matin, il (*Rabourdin*) sortait avec une exactitude d'horloge. »
BALZ., Les employés, Œuvr., t. VI, p. 865.

9 « ... il réglait et calculait les mouvements de ce cœur comme ceux d'une horloge, et aurait pu dire avec exactitude par quelles sensations il avait passé. »
VIGNY, Cinq-Mars, X.

10 « Dirai-je quelques mots de... sa ponctualité d'horloge dans l'accomplissement de tous ses devoirs ? » BAUDEL., Art romant., Gautier, VI.

11 « ... parmi ce petit monde d'employés, soumis à une existence d'horloge par l'uniforme retour des heures réglementaires, la vie s'était remise à couler, monotone. »
ZOLA, Bête humaine, VI.

— *L'horloge, modèle du mécanisme parfait.* — Allus. philos. et littér. *Les animaux, aux mouvements réglés comme ceux d'une horloge, selon Descartes, Malebranche.* V. **Machine, mécanisme.** — *L'univers comparé à une horloge,* dont le fonctionnement parfait prouverait l'existence d'un créateur (Cf. Cause, cit. 5 ; exister, cit. 1 VOLTAIRE).

12 « Je sais bien que les bêtes font beaucoup de choses mieux que nous, mais je ne m'en étonne pas ; car cela même sert à prouver qu'elles agissent naturellement et par ressorts, ainsi qu'une horloge, laquelle montre bien mieux l'heure qu'il est, que notre jugement ne nous l'enseigne. Et sans doute que, lorsque les hirondelles viennent au printemps, elles agissent en cela comme les horloges. »
DESCARTES, Lettre au marquis de Newcastle, 23 nov. 1646.

13 « Nous avons beaucoup perdu depuis Voltaire qui, tenant le monde pour une horloge, admettait au moins l'existence de l'horloger. Une horloge de ce genre, nous n'en savons pas encore construire : à peine sommes-nous capables de graisser quelques petits rouages. Déjà nous voulons tenir l'horloger pour superflu. »
DANIEL-ROPS, Monde sans âme, VI, p. 185.

DER. — **Horloger, horlogerie.**

HORLOGER, ÈRE. *n.* (Orloger au XIVe s. ; var. *horlogier* encore au XVIIe s. ; de *horloge*). Celui, celle qui fabrique, répare, vend des objets d'horlogerie (Horloges, montres, pendules...). Cf. Artifice, cit. 3 ; artisan, cit. 10. *Profession, métier d'horloger. Horloger bijoutier. Ouvriers horlogers :*

ébaucheur (qui effectue le dégrossissage), acheveur, etc. *Outils, instruments de l'horloger :* alésoir, archelet, bigorne, brunissoir, échoppe, filière, foret, pincettes, poinçon, pointeau, revenoir... Lime ronde d'horloger. V. **Fraise.** *Établi, tour d'horloger. Horloger qui démonte, nettoie, répare une pendule* (Cf. Démonter, cit. 10).

1 « Depuis quand cette montre ? et qui vous l'a donnée ?
— Acaste, mon cousin, me la vient d'envoyer,
Dit-elle, et veut ici la faire nettoyer,
N'ayant point d'horlogiers au lieu de sa demeure : »
CORN., Ment., II, 5.

2 « Je suis né à Genève en 1712, d'Isaac Rousseau, citoyen, et de Suzanne Bernard, citoyenne... (*mon père*) n'avait pour subsister que son métier d'horloger, dans lequel il était à la vérité fort habile. »
ROUSS., Confess., I.

3 « ... il parle de son métier. Il est horloger. Jean lui tend sa montre. Daubigny tire difficilement un lorgnon... et ouvre le boîtier. »
CHARDONNE, Dest. sentim., p. 350.

4 « Destiné par son père à l'état d'horloger, Pierre-Augustin (*Beaumarchais*) en apprit le rudiment à l'école de campagne d'Alfort... Il travailla, devint fort habile, et inventa... un système d'échappement qui permettait de faire des montres minuscules et très plates, qu'on pouvait insérer dans une bague... La marquise de Pompadour commande à Pierre-Augustin une montre de bague... on charge Beaumarchais de construire une pendulette pour Madame Victoire ; on le nomme « horloger du roi ». M. RAT, Introd. au théâtre de Beaumarch., pp. II-III.

— *Fig.* En parlant de Dieu, créateur de l'univers. V. **Horloge** (Cf. Exister, cit. 1 VOLT.).

— *Adjectivt.* (1874 in LITTRÉ, Suppl.). Relatif à l'horlogerie. *L'industrie horlogère.*

HORLOGERIE. *n. f.* (1660 OUDIN ; de *horloger*).

‖ 1° Fabrication, industrie et commerce des instruments destinés à la mesure du temps. *Théorie, art de l'horlogerie. Atelier, fabrique d'horlogerie. École d'horlogerie. Grosse horlogerie ; horlogerie de précision. L'invar, le palladium, métaux utilisés en horlogerie. Opérations d'horlogerie :* dégrossissage, montage, achevage, finissage... Cf. aussi Éclaircissage, polissage (des verres).

1 « L'art de l'horlogerie était faible (*sous Louis XIII*), et consistait à mettre une corde à la fusée d'une montre : on n'avait point encore appliqué le pendule aux horloges. » VOLT., Mœurs, CLXXVI.

‖ 2° (XVIIIe s.). Les ouvrages d'horlogerie (chronomètres, horloges*, pendules, montres*). *Pièces d'horlogerie.* V. **Aiguille, ancre, arbre, axe, balancier, barillet, boitier, cadran, cheville, cliquet, doigt, échappement, fourchette, fusée, goupille, marteau** (de sonnerie), **pendule** (*n. m.*), **pignon, platine, poids, remontoir, ressort, rochet, roue** (de temps, des minutes, d'échappement ; roue de compte, d'étouteau d'une sonnerie...), **sonnerie, spiral, tambour, tympan, verre, volant** (de sonnerie)...

2 « Dispersez dans un vaste territoire tous les arts qui concourent à la fabrication de l'horlogerie, et vous perdez Genève avec tous les métiers qui la font vivre. »
RAYNAL, Hist. philos., XIX, 8 (in LITTRÉ).

‖ 3° (1803, au sens d'« atelier d'horlogerie »). Magasin d'horloger. *Ouvrir une horlogerie. Vendeur dans une horlogerie.*

HORMIN ou **ORMIN.** *n. m.* (XVIe s. O. de SERRES ; lat. *horminum*). Plante dicotylédone (Labiées), herbacée, vivace, qui croît dans les montagnes (On l'appelle aussi *Horminelle,* n. f.).

★ **HORMIS.** *prép.* (XIIIe s. ; de *hors,* et *mis,* « étant mis hors »). *Vieilli* ou *Littér.* V. **Excepté, fors** (*vx*), **hors, sauf.** *Aucun, nul, personne..., hormis tel ou tel* (Cf. Bohémien, cit. 2 ; futile, cit. 4 ; gouverner, cit. 13). *Hormis les cas de force majeure* (Cf. Censé, cit. 3). *Tout..., hormis ceci* (Cf. Baisser, cit. 27 ; excuser, cit. 28). *Rien n'existait pour elle, hormis...* (Cf. Extérieur, cit. 1).

1 « Hormis toi, tout chez toi rencontre un doux accueil : »
BOIL., Sat., X.

2 « Bêtes mieux pourvues de tout que l'homme, hormis de la raison. »
RAC., Livr. ann., Plutarque, De fortuna.

3 « ... on a de tout avec de l'argent, hormis des mœurs et des citoyens. »
ROUSS., Disc. sur les sciences, IIe part.

4 « Rien ne m'agréait dans la vie positive, hormis peut-être le ministère des affaires étrangères. » CHATEAUB., M. O.-T., t. IV, p. 258.

5 « ... une maîtresse idolâtrée aux yeux de qui les miennes ne sont rien, hormis un seul ; » BALZ., Le message, Œuvr., t. II, p. 177.

— (*Suivi d'un infinitif*) :

6 « En cette extrémité que prétendez-vous faire ?
Tout, hormis l'irriter ; tout, hormis lui déplaire : »
CORN., Andromède, V, 1.

‖ HORMIS QUE... *Loc. conj.* (peu usit.). Si ce n'est que... V. **Excepté** (que), **sauf** (que).

7 « ... il ressemblait à M. de Beaufort, hormis qu'il parlait mieux français. » SÉV., 163, 1er mai 1671.

ANT. — **Compris** (y compris), **inclus.**

HORMONE. *n. f.* (mot créé en 1905 par l'anglais STARLING ; dér. sav. du gr. *hormân,* « exciter » ; le mot *hormonique* est signalé par DAUZAT chez LÉMERY (1738) : « *pilules hormoniques* ». *Biol.* Substance chimique spécifique, élaborée par un groupe de cellules ou un organe « et qui, par la voie humorale, exerce une action spécifique sur un autre tissu ou un autre organe » (FABRE et ROUGIER). *Les hormones sont généralement sécrétées par des organes de structure glandulaire* (V. **Glande ; endocrine**, cit. 1) *et transportées par le sang* (dans les organismes possédant une circulation sanguine). *Hormones hypophysaires :* intermédine, ocytocine, et surtout Hormones sécrétées par le lobe antérieur de l'hypophyse : hormones somatotrope, cétogène, diabétogène, stimulines (Hormones thyréotrope, pancréatotrope, etc., et gonadostimulines ; Cf. *infra*). *Hormones thyroïdiennes* (Thyroxine) *et parathyroïdiennes* (parathormone). *Hormones des glandes surrénales :* médullo-surrénales (V. **Adrénaline**) ; cortico-surrénales (Corticostérone, cortine, cortisone). *Hormones pancréatiques* (V. **Insuline**). *La sécrétine, hormone découverte dans la muqueuse duodénale. Hormones sexuelles, génitales* (Cf. Femme, cit. 12) : a) *Hormones mâles,* élaborées par le testicule (Androstérone, testostérone) ; b) *Hormones femelles,* élaborées par l'ovaire (Folliculine* ou Œstrone, œstrine ; Œstriol ou Hydrate de folliculine ; œstradiol ; progestérone ou lutéine) ; c) *Hormones gonadotropes** (cit.), sécrétées par le lobe antérieur de l'hypophyse (Gonadostimulines et Prolans A et B ; ocytocine ; prolactine, galactine). — *Nature chimique des hormones : hormones protidiques, lipidiques* (V. **Lipide, protide**). — *Rôle des hormones dans l'organisme : influence des hormones sur la croissance* (Hormone de croissance), *sur les métamorphoses des batraciens, des insectes... ; sur le métabolisme** (Hormones métaboliques) ; *sur les caractères sexuels et les fonctions de la reproduction* (Hormones de la gestation* (cit. 3) : folliculine, progestérone, prolans* ; *hormones de la parturition :* ocytocine ; *hormones de la lactation :* prolactine...), *sur le fonctionnement du système nerveux ; sur le comportement* (instincts et psychisme). — *Troubles dus aux excès ou insuffisances d'hormones :* maladies thyroïdiennes (Goitre, myxœdème, maladie de Basedow), parathyroïdiennes ; diabète pancréatique, troubles sexuels (Cachexie, infantilisme, nanisme, acromégalie, gigantisme). — *Traitement par les hormones :* hormonothérapie, opothérapie.

1 « ... les caractères sexuels secondaires, ceux-ci étant déterminés par l'action de substances chimiques, ou *hormones,* qu'élabore la glande génitale, est qui, passant dans le milieu humoral, influencent l'organisme tout entier. »
J. ROSTAND, L'homme, VI, p. 92.

2 « ... les hormones peuvent avoir des constitutions et des propriétés chimiques extrêmement variées... nous ignorons encore quelle est la nature exacte... de l'action qu'elles exercent dans l'intimité même des cellules. Il est probable que lorsque ces actions seront mieux connues, certaines hormones se rangeront dans des groupes biochimiques existant déjà par ailleurs... Le nom d'hormone est souvent une étiquette provisoire, dont on abuse peut-être un peu trop aujourd'hui. »
P. REY, Les hormones, p. 14 (éd. P.U.F.).

DER. — **Hormonal, ale, aux.** *adj.* (néol.). Relatif à une hormone, aux hormones. *Spécificité hormonale. Différenciation hormonale des sexes* (Cf. Femme, cit. 12). *Corrélations, régulations hormonales. Échanges hormonaux. Traitement hormonal.* (V. **Opothérapie**).

« Les spécialistes nous parlent des hormones, de ce qu'ils appellent la vie hormonale, de l'action profonde et modificatrice des glandes dites endocrines. »
DUHAM., Cri des profondeurs, III.

★ **HORNBLENDE** (-*blinde,* ou -*blande*). *n. f.* (1842 MOZIN ; de l'allem. *Horn,* « corne », et *blenden,* « briller »). Silicate de fer, de chaux et de magnésie, appartenant au groupe des amphiboles*. *La hornblende se présente en cristaux verts ou brun foncé ; la hornblende basaltique* (basaltine) *en cristaux noirs. La hornblende fait partie des « éléments noirs » ou ferro-magnésiens* (par oppos. *aux* Feldspaths*, « éléments blancs »). *Les gneiss*, les micaschistes renferment de la hornblende.*

« Il nous renseigna... sur la blende et la horn-blende ; sur le mica-schiste et le poudingue ; »
BAUDEL., Trad. E. POE, Nouv. hist. extraord., Lionnerie.

HORO-. Élément de mots savants, tiré du gr. *hôra,* « heure ». V. **Horoscope**, et les mots suivants : **Horodateur.** *n. m.* (Néol.). Appareil servant à imprimer la date et l'heure. — **Horographie.** *n. f.* (1644 ; suff. -*Graphie*). Art de tracer les cadrans solaires. V. **Gnomonique.** *L'horographe* (n. m.), personne qui pratique l'art de l'horographie (DER. **Horographique.** *adj.*). — **Horokilométrique.** *adj.* (Néol.). Relatif à une vitesse exprimée en kilomètres-heure. *Compteur horokilométrique.*

HOROSCOPE. *n. m.* (*Oroscope* au XIVᵉ s. ; lat. *horoscopus,* gr. *hôroskopos,* « qui considère (*skopein*) l'heure (de la naissance) »).

|| **1°** Étude que les astrologues font de la destinée d'un individu en se fondant sur les influences astrales qui s'exercent sur lui depuis l'heure de sa naissance, observation* faite de l'état du ciel, des aspects (cit. 31 et 33) des astres à ce moment. V. **Astrologie* ; ascendant ; carte** (du ciel), **nativité** (thème de nativité). *Faire, dresser l'horoscope d'un enfant. Etablir le thème généthliaque** (cit.) *et édifier un horoscope. Tirer l'horoscope de quelqu'un. Diseurs, faiseurs, tireurs d'horoscopes* (Cf. Charlatan, cit. 1 ;

crédule, cit. 2). *Lire, consulter son horoscope* (Cf. Euréka, cit.). *Prédictions, présages d'un horoscope. Bon, mauvais horoscope.*

1 « ... et ceux qui ont dressé son horoscope ont prédit qu'il serait un jour grand Seigneur à Rome... »
CYRANO DE BERGERAC, Lett. satir., À M. Le Coq (Œuvr. div., p. 131).

2 « L'on souffre dans la république les chiromanciens et les devins, ceux qui font l'horoscope et qui tirent la figure... »
LA BRUY., XIV, 69.

3 « On ne peut trop répéter qu'Albert-le-Grand et le cardinal d'Ailli ont fait tous deux l'horoscope de Jésus-Christ. Ils ont lu évidemment dans les astres combien de diables il chasserait du corps des possédés, et par quel genre de mort il devait finir ; mais malheureusement ces deux savants astrologues n'ont rien dit qu'après coup. »
VOLT., Dict. philos., Astronomie.

|| **2° Par ext.** Prédiction de l'avenir par un procédé quelconque. V. **Magie**, et le suff. **-Mancie.**

4 « ... ma cousine, en train de se faire dire son horoscope par quelque esclave habile à lire dans le marc de café. »
LOTI, Désenchant., XIX.

5 « ... elle lui saisit le poignet et lui posa la main, retournée, sur la nappe. Il crut qu'elle voulait lire son horoscope : — « Non », fit-il, en cherchant à se dégager. (Rien ne l'agaçait autant que les prophéties...). »
MART. du G., Thib., t. VI, p. 26.

HORRESCO REFERENS. *Loc. lat.* signifiant : « Je frémis d'horreur en le racontant » (VIRGILE, Enéide, II, vers 204) et qui s'emploie parfois, par plaisant., avant d'énoncer une chose qui risque de choquer les idées reçues.

HORREUR. *n. f.* (XIIᵉ s. ; empr. au lat. *horror*). N. B. L'usage abusif et hyperbolique du mot *horreur* dans toutes ses acceptions, a été répandu du XVIIᵉ s. au début du XIXᵉ s., particulièrement dans la langue du théâtre.

1 « *Le carnage et l'horreur,* termes vagues et usés qu'il faut éviter. Aujourd'hui tous nos mauvais versificateurs emploient le carnage et l'horreur à la fin d'un vers... pour rimer. »
VOLT., Rem. sur Sertorius, V, 6.

2 « Depuis mon retour à Paris, en 1801... j'avais été choquée du ton de la conversation ; rien n'y était naturel, et l'exagération était mise à la mode les expressions les plus outrées. On éprouvait l'*horreur* ou l'*enthousiasme* pour les choses les plus futiles et les plus simples... »
Mᵐᵉ de GENLIS, Mém., XXXVII (in BRUNOT, H.L.F., t. X, p. 756).

I. Sens subjectif. || **1° Vx.** (Sens du lat. *horror*). Hérissement*, frémissement qui fait dresser les cheveux et donne la chair* de poule. V. **Horripilation** (Cf. Hérisser, cit. 22).

|| **2°** Impression causée par la vue ou la pensée d'une chose affreuse, et qui se traduit par un frémissement, un frisson, un mouvement de recul,... V. **Effroi** (cit. 4), **épouvante** (cit. 4), **peur, répulsion.** *Horreur qui fait dresser les cheveux* (cit. 30) *sur la tête et glace le sang dans les veines. Cheveux hérissés* (cit. 5) *d'horreur. Pupilles dilatées* (cit. 7) *par l'horreur. Horreur qui saisit quelqu'un à la vue d'un spectacle affreux ou répugnant.* V. **Saisissement.** *Rester immobile, plein d'horreur, fasciné devant un hideux reptile* (Cf. Hanter, cit. 11). *Frémir* (cit. 13) *d'horreur* (Cf. Aspect, cit. 6). *Etre béant* (Cf. Grand, cit. 29), *frappé* (cit. 29), *muet, pâle d'horreur. Cri d'horreur* (Cf. Frisson, cit. 12). *Avec horreur* (Cf. Entrailles, cit. 2), *une secrète horreur* (Cf. Désert, cit. 11). *Sans horreur* (Cf. Enfer, cit. 10).

3 « Vous eussiez vu leurs yeux s'enflammer de fureur,
Et dans un même instant, par un effet contraire,
Leur front pâlir d'horreur et rougir de colère. »
CORN., Cinna, I, 3.

4 « J'entends même les cris des barbares soldats,
Et d'horreur j'en frissonne. »
RAC., Athalie, IV, 6.

5 « Ceux qui vantent encore 1793 et qui en admirent les crimes ne comprendront-ils jamais combien l'horreur dont on est saisi pour ces crimes est un obstacle à l'établissement de la liberté ? »
CHATEAUB., M. O.-T., t. IV, p. 135.

6 « Il tomba sur le dos, les bras en croix. Un hurlement d'horreur s'éleva de la foule. »
FLAUB., Éduc. sentim., III, V.

7 « Et elle se faisait caressante, l'attirant, levant ses lèvres pour qu'il les baisât. Mais, tombé près d'elle, il la repoussa, dans un mouvement d'horreur. »
ZOLA, La bête humaine, I.

— **FAIRE HORREUR (À)...** V. **Répugner ; dégoûter, écœurer...** *La viande saignante lui fait horreur. Ton geste me fait horreur* (Cf. Désavouer, cit. 7). *Action, chose, idée, personne qui fait horreur* (V. **Horrible***).

8 « ... car la vue même des drogues faisait horreur à mon père. »
MONTAIGNE, Essais, II, XXXVII.

9 « ... il (*Saint-Aubin mort*) n'était point du tout changé, il ne me fit nulle horreur,... »
SÉV., 1090, 19 nov. 1688.

10 « ... votre conduite avec nous fait horreur ou pitié. »
BEAUMARCH., Mar. Fig., Préface.

11 « Tout ce qui est bas et plat dans le genre bourgeois me rappelle Grenoble, tout ce qui me rappelle Gr(enoble) me fait horreur, non, *horreur* est trop noble, *mal au cœur.* »
STENDHAL, Vie de H. Brulard, 9.

12 « ... je distinguais les œufs gluants de grenouilles qui me faisaient horreur : *horreur* est le mot propre, je frissonne en y pensant. »
ID., Ibid., 12.

13 « Ah ! pour nous, malheureuses vieilles femelles, l'âge est passé de plaire, même aux innocents ; et nous faisons horreur aux petits enfants que nous voulons aimer ! » BAUDEL., Spleen de Paris, II.

14 « Dans les yeux de l'enfant elle avait lu la vérité que son miroir ne savait plus lui dire : elle faisait horreur ; elle demandait à une petite fille de l'embrasser et cette petite fille devenait pâle et reculait devant elle. » GREEN, Léviathan, II, VII.

— *Donner de l'horreur* (Cf. Guerre, cit. 3). *Crime, meurtre qui inspire de l'horreur* (Cf. Culpabilité, cit 3 ; forteresse, cit. 2). *Produire, causer une horreur profonde* (Cf. Émouvoir, cit. 14 ; hideux, cit. 1). *Cette vue la remplissait d'horreur. Objet d'horreur* (Cf. Blême, cit. 1).

15 « Malgré la juste horreur que son crime me donne, » RAC., Androm., IV, 3.

16 « Quelle horreur jetez-vous dans mon cœur étonné ! » VOLT., Mariamne, I, 4.

17 « Un acteur prête d'autant plus de force à un personnage tragique qu'il se garde de l'exagérer. S'il est mesuré, l'horreur qu'il suscite sera démesurée. » CAMUS, Mythe de Sisyphe, p. 177.

— *Spécialt.* (à l'exclusion de toute idée de dégoût). Sentiment de crainte, mêlée d'admiration, de respect... devant la grandeur de Dieu, les mystères de la nature ou de la religion, l'inconnu ou le sublime. *Horreur sacrée. Frémir d'une sainte horreur* (Cf. Enthousiasme, cit. 5).

18 « Le ciel brille d'éclairs, s'entrouvre, et parmi leur
Jette une sainte horreur qui nous rassure tous. » RAC., Iphig., V, 6.

|| **3°** *Par ext. L'horreur de (quelque chose) :* l'horreur qu'une chose inspire. V. **Abomination, aversion, dégoût, détestation, exécration, haine** (cit. 34), **répugnance.** *Inspirer au peuple l'horreur du crime* (Cf. Effigie, cit. 6). *Faire horreur à quelqu'un de quelque chose* (Cf. Existence, cit. 16). *L'horreur de l'anormal* (cit. 2), *du banal* (cit. 4), *du vague* (Cf. Contenu, cit.), *de la brusquerie* (Cf. Arrondir, cit. 5), *de la promiscuité* (Cf. Authentique, cit. 18). *L'horreur d'agir* (Cf. Cérébral, cit. 2). *L'horreur du risque* (Cf. Hasard, cit. 23). *L'horreur de l'homme pour la réalité* (Cf. Échappatoire, cit. 4). — *Méd. L'horreur de l'eau, de la lumière...* V. **Hydrophobie, photophobie,** et suff. **-Phobie.**

19 « La secrète horreur, l'horreur occidentale du reptile ressuscite en moi, si je me penche longtemps sur elles (*les couleuvres*)... » COLETTE, Paix chez les bêtes, p. 161.

20 « Et l'instinct de conservation, l'horreur du risque, l'emportent sur l'amour. » MAUROIS, Ét. littér., Mauriac, II.

— *Avoir, concevoir de l'horreur pour... Avoir (l')horreur de...* V. **Abhorrer, abominer, détester, exécrer, haïr.** *Les hommes ont l'horreur de la guerre* (cit. 7). *Avoir horreur du péché* (Cf. Chair, cit. 63). *J'ai horreur de ce temps* (Cf. Bruine, cit.). *Elle a horreur de ce prénom.* V. **Déplaire** (cit. 5). *Avoir horreur des principes* (Cf. Éclairer, cit. 28), *des servitudes* (Cf. Élévation, cit. 6)... *Il a horreur des chipotages* (cit.), *de la pose* (Cf. Faire, cit. 79). *Mon estomac a horreur du graillon* (cit. 3). — *Avoir horreur de se lever tôt, de changer ses habitudes. Spécialt.* (Phys. anc.). *La nature a horreur du vide*.

21 « J'ai une horreur trop invincible pour ces sortes d'abaissements ; » MOL., Princ. d'Élide, II, 1.

22 « ... l'homme a horreur de la solitude. Et de toutes les solitudes, la solitude morale est celle qui l'épouvante le plus. » BALZ., Illusions perdues, Œuvr., t. IV, p. 1032.

23 « Il avait horreur de la vie. Il ne sortait de chez lui qu'à l'heure où la vie cessait, et rentrait quand le petit jour attirait vers la ville les pêcheurs et les maraîchers. » LOUYS, Aphrodite, I, III.

24 « Elle eut horreur de cette malade qui n'avait rien de mieux à faire que d'épier les autres ; et elle eut horreur d'elle-même, de cette passion qui la dévorait et qu'elle cachait comme une maladie. » GREEN, A. Mesurat, I, VIII.

25 « ... (*le chien Macaire*) avait horreur d'être promené au bout d'une laisse par un domestique. » ROMAINS, H. de b. vol., t. IV, VIII, p. 84.

— *Avoir (quelqu'un ou quelque chose) en horreur* (Cf. Écraser, cit. 10). *Prendre* (qqn. ou qq. ch.) *en horreur.* V. **Haine** (Cf. Crime, cit. 4 ; hideur, cit. 2. Cf. *aussi* Prendre en grippe*).

26 « ... ils ont en horreur les lumières ; » BAUDEL., Amœnitates Belgicæ, VI.

27 « ... ta marquise est une femme à la mode, et j'ai précisément ces sortes de femmes en horreur. » BALZ., L'interdiction, Œuvr., t. III, p. 14.

— (*Vieilli*). *Être en horreur (à)...* V. **Odieux** (Cf. Agréer, cit. 7). *Les pensées mauvaises sont en horreur à Dieu* (Cf. Bienveillant, cit. 1).

28 « David m'est en horreur ;... » RAC., Athalie, II, 7.

29 « ... ces lépreux qui, renoncés de leurs proches, languissaient aux carrefours des cités, en horreur à tous les hommes. » CHATEAUB., Génie du christ., IV, VI, II.

— (*Vx*). *Être l'horreur de quelqu'un :* un objet d'horreur (Cf. *fam* La bête noire). *Ellipt. L'horreur de toute la terre* (Cf. Front, cit. 23).

30 « ... une si grande déférence pour des gens qui devraient être l'horreur de tout le monde... » MOL., Tart., IIe plac.

II. *Sens objectif* || **1°** Caractère de ce qui inspire ou

peut inspirer de l'effroi, de la répulsion... (V. **Effroyable, horrible***...). *L'horreur d'une prison, d'un cachot, d'un égout* (cit. 2). *L'horreur d'un accident* (cit. 12). *C'est la misère dans toute son horreur. L'horreur d'un supplice.* V. **Cruauté.** *Vision d'horreur. L'horreur de la guerre* (cit. 41), *des ténèbres* (Cf. Épouvante, cit. 6). *L'horreur dans l'art* (Cf. Expressionnisme, cit.). *Degrés, nuances de l'horreur* (Cf. Échelonner, cit. 2). *Atteindre les sommets de l'horreur. — Horreur dantesque* (cit.). *La détresse dans toute son horreur.*

31 « L'hiver est ici (*aux Rochers*) dans toute son horreur : je suis dans les jardins, ou au coin de mon feu. » SÉV., 221, 22 nov. 1671.

32 « ... toute l'horreur d'un combat ténébreux : » RAC., Mithr., II, 3.

33 « C'était pendant l'horreur d'une profonde nuit. » ID., Ath., II, 5.

34 « J'ai peur du sommeil comme on a peur d'un grand trou,
Tout plein de vague horreur,... » BAUD., Nouv. fl. du mal, VIII.

35 « Elle murmura : *C'était pendant l'horreur d'une profonde nuit.* Jamais elle n'avait réfléchi au sens de ces mots et, maintenant que sa mémoire les lui restituait après des années d'oubli, ils lui semblaient empreints d'une beauté forte et terrible, et elle eut peur. Il y a en effet quelque chose de calme, et de rassurant dans les premières heures d'obscurité, mais à mesure que la nuit avance et que tous les bruits de la terre se taisent, l'ombre et le silence prennent vite un caractère différent. Une espèce d'immobilité surnaturelle pèse sur tout et il n'est pas de mot plus éloquent que celui d'*horreur* pour décrire les moments qui précèdent la venue de l'aube. » GREEN, A. Mesurat, I, IV.

— *Par exagér. et vieilli.* Aspect terrifiant, sinistre.

36 « ... nos montagnes sont charmantes dans leur excès d'horreur ; je souhaite tous les jours un peintre pour bien représenter l'étendue de toutes ces épouvantables beautés... » SÉV., 1403, 3 févr. 1695.

— *Spécialt.* Caractère de ce qui inspire un sentiment de crainte religieuse (Cf. *supra,* I, 2°, *spécialt.*). *La forêt* (cit. 4) *et son horreur sacrée, sa religieuse horreur* (Cf. Gothique, cit. 8).

— *Fig. L'horreur de ses remords* (Cf. Fureur, cit. 26). V. **Cruauté.** *Pour comble d'horreur.*

37 « Le voilà donc connu ce secret plein d'horreur ! » VOLT., Zaïre, IV, 5.

38 « ... il n'y a que le délire de la passion qui puisse me voiler l'horreur de ma situation présente... » ROUSS., Julie, 1re part., Lett. XXXV.

39 « L'horreur de la loi fait la majesté du juge. » HUGO, L'homme qui rit, II, IV, VIII.

— (Au sens moral d'une action). V. **Abjection, atrocité, infamie, noirceur.** *L'horreur d'un crime... L'horreur de sa conduite dépasse l'imagination.*

40 « ... je lui ai fait voir (*à Monsieur de Marseille*) l'horreur de son procédé pour moi... » SÉV., 313, 1673.

41 « Pour diminuer l'horreur de l'athéisme on charge trop l'idolâtrie. » MONTESQ., Espr. des lois, XXIV, II.

|| **2°** *Par ext.* La chose même qui inspire ou devrait inspirer un sentiment d'horreur. V. **Crime, monstruosité.** *Ce qu'il a fait est une horreur* (ACAD.). *Quelle horreur d'avoir emprisonné* (cit. 1) *cet homme !*

42 « La lettre de M. de Grignan m'a fait frémir, moi, ma chère enfant, qui ne puis pas souffrir la vue ni l'imagination d'un précipice ; quelle horreur de passer par-dessus, et d'être toujours à deux doigts de la mort affreuse ! » SÉV., 1147, 9 mars 1689.

43 « Quelle horreur qu'un jugement secret, une condamnation sans motifs ! » VOLT., Lettre à d'Argental, 2149, 5 juill. 1762.

44 « Il se trame ici quelque horreur. » BEAUMARCH., Mère coupable, I, 2.

— *Fam.* (généralement par exagér.). Ce qui est repoussant par sa laideur, sa saleté, ... ou, simplement très désagréable, très gênant. *Jolie, elle ? Une horreur !* V. **Laid.** *Mais c'est une véritable horreur, ce tableau ! Une horreur de vieux matou pelé. Quelle horreur que ces gosses braillards !* — *Par plaisant. Petite horreur !*

45 « Couvant des yeux l'enfant que Dieu fait rayonner,
Cherchant le plus doux nom qu'elle puisse donner
À sa joie, à son ange en fleur, à sa chimère :
— Te voilà réveillée, horreur ! lui dit sa mère. » HUGO, Art d'être grand-père, II.

46 « Je suis abominablement gêné. Pas un livre, pas un cabaret à portée de moi, pas un incident dans la rue. Quelle horreur que cette campagne française. » RIMBAUD, Corresp., À E. Delahaye, XXI, 1873.

— *Fam.* Exclamation marquant le dégoût, la répulsion... *Fi* l'horreur ! Quelle horreur !* et absolt. *Horreur !* (Cf. Femme, cit. 97).

47 « Et il ébaucha un geste qui scandalisa toutes ces dames. Fi ! l'horreur ! » ZOLA, Page d'amour, I, II.

48 « La vieille Lili vient de s'abattre de tout son poids sur le cadet Ceste, qui a dix-sept ans et des sentiments pieux... — La vieille Lili ! quelle horreur !... j'ai mal au cœur ! » COLETTE, Chéri, p. 61.

|| **3°** *Au plur.* Aspects horribles* d'une chose. *Être en proie aux horreurs de la misère* (ACAD.). *Les horreurs de la mort, de l'enfer.* V. **Affres** (cit. 1). *Les horreurs de la guerre.* V. **Atrocité** (Cf. Élévation, cit. 5). « *Les horreurs de la guerre* », suite célèbre de gravures de Goya.

49 « Moi, nourri dans la guerre aux horreurs du carnage, » RAC., Ath., II, 5.

— *Absolt.* (généralement en parlant de choses concrètes). Objets horribles*.

50 « ... la chiourme, le carcan, la veste rouge, la chaîne au pied,... le cachot, le lit de camp, toutes ces horreurs connues ! »
HUGO, **Misér.**, I, VII, III.

51 « ... il y a longtemps que nos codes militaires, avec leur appareil de mort, ne se devraient plus voir que dans les musées des horreurs, près des clefs de la Bastille et des tenailles de l'Inquisition. »
FRANCE, **Manneq. d'osier**, Œuvr., t. XI, p. 364.

— Sentiments criminels, actes infâmes, cruels, sanglants. V. **Atrocité.** *Commettre des horreurs. La vie de ce tyran n'est qu'un tissu d'horreurs* (ACAD.). *Spectacles d'horreurs et de crimes* (Cf. Bilieux, cit. 2 ; courber, cit. 31). « *Toutes les horreurs dont une âme est capable* » (cit. 2). *Horreurs dont les hommes se sont rendus coupables dans la dernière guerre* (Cf. Excitation, cit. 11).

52 « Tu vas ouïr le comble des horreurs. »
RAC., **Phèdre**, I, 3.

53 « Je ne puis vous dire tout ce que j'ai vu, car j'ai vu des crimes contre lesquels la justice est impuissante. Enfin, toutes les horreurs que les romanciers croient inventer sont toujours au-dessous de la vérité. »
BALZ., **Colonel Chabert**, Œuvr., t. II, p. 1147.

54 « ... les horreurs de 93 étaient stigmatisées en termes brûlants... »
ZOLA, **La terre**, I, V.

|| 4° *Spécialt. Au plur.* Imputations outrageantes sur le compte de quelqu'un. *Débiter des horreurs sur quelqu'un. Faire croire des horreurs* (Cf. Calomnie, cit. 5).

55 « Vous n'imaginez pas quel tissu d'horreurs l'infernale mégère lui a écrit sur mon compte. »
LACLOS, **Liais. danger.**, Lett. XLIV.

56 « Ils racontaient sur mon compte des horreurs à n'en plus finir et des mensonges à s'en faire sauter l'imagination. »
CÉLINE, **Voyage au bout de la nuit**, p. 304.

— *Propos obscènes.* V. **Grossièreté, obscénité.** *Dire, chanter, écrire des horreurs.*

ANT. — Admiration, amour ; beauté, charme. Besoin (de quelque chose).

DER et COMP. — (Cf. Horrible, horrifier, horrifique, horripiler. Abhorrer).

HORRIBLE (*or-ribl'*). *adj.* (XIIe s. ; empr. au lat. *horribilis*).

|| 1° Qui fait horreur*, remplit d'horreur ou de dégoût. V. **Abominable, affreux** (cit. 1), **atroce, effrayant, effroyable, épouvantable** (cit. 1), **hideux.** *Blessure* (cit. 8) *horrible. Horrible mélange d'os et de chair* (cit. 5) *meurtris* (RAC.). Cf. *aussi Carnage,* cit. 3. *Puanteur horrible. Des cris si horribles que tout le monde en tremblait* (Cf. Formidable, cit. 3). *Râle horrible à entendre. Monstre horrible à voir* (Cf. Hammam, cit.). *Horrible maigreur. L'horrible tourment de la faim* (cit. 3). *Épidémie* (cit. 6), *flèvre* (cit. 1), *maladie horrible* (Cf. Croup, cit. 1 ; épilepsie, cit. 2). *Une mort horrible* (Cf. Fiévreux, cit. 1). *Horrible supplice. Horrible vision. Une peur horrible l'obsède, l'accable* (cit. 16). *La guerre* (cit. 3) *est une chose si horrible que...* — *Conduite, crime horrible.* V. **Dégoûtant, exécrable, infâme, monstrueux, révoltant.** *Des préjugés horribles* (Cf. Guerre, cit. 36). *C'est une chose horrible de...* (Cf. Ecouler, cit. 7). *Ce qui lui sembla horrible, ce fut...* (Cf. Entrailles, cit. 7). *Il est horrible de...*

1 « N'est-ce pas une chose horrible, une chose qui crie vengeance au ciel...? »
MOL., **Mar. forcé**, 4.

2 « Pour l'horrible combat, ma sœur, l'ordre est donné. »
RAC., **Ath.**, V, 1.

3 « La journée de la Saint-Barthélemy fut ce qu'il y a jamais eu de plus horrible. »
VOLT., **Hist. parlem. de Paris**, XXVIII.

4 « Pour moi, je ne connais maintenant rien de plus horrible qu'une pensée de vieillard sur un front d'enfant ; »
BALZ., **Femme de trente ans**, Œuvr., t. II, p. 777.

5 « — Et pourtant vous serez semblable à cette ordure,
A cette horrible infection,
Étoile de mes yeux, soleil de ma nature,
Vous, mon ange et ma passion ! »
BAUDEL., **Fl. du mal**, Une charogne.

6 « ... je sens mes jambes qui tremblent encore de l'horrible vision que je viens d'avoir... »
DAUD., **Petit Chose**, Le rêve.

7 « L'horrible silence qui y régnait me glaçait le cœur. »
FRANCE, **Petit Pierre**, IX.

8 « Brûlé par la poudre du crâne aux talons, couvert d'innombrables plaies, l'œil droit tuméfié, énorme, le malheureux Soubrat, monstrueux, de misère et même de laideur, faisait bien penser au cyclope horrible, informe, immense et aveugle dont parle le poète. »
DUHAM., **Récits temps de guerre**, III, XXXVII.

— *Spécialt.* Qui inspire une horreur* sacrée.

9 « Éclairée par les lueurs douces du couchant, elle resplendissait d'une horrible beauté. »
BALZ., **Curé de village**, Œuvr., t. VIII, p. 746.

— *Substant.* (Cf. Artistement, cit. 3 ; grotesque, cit. 13).

10 « ... la soif de l'inconnu, et le goût de l'horrible. »
BAUDEL., **Essais, notes et fragm.**, Max. s. l'amour.

|| 2° *Par exagér.* V. **Détestable, exécrable, laid*, mauvais.** *Un temps horrible* (Cf. Un temps de chien*). *On nous servit une horrible tambouille. Cocher qui conduit un horrible canasson* (cit.). *Quelques feuilles* (cit. 9) *d'un horrible papier à lettres. Vous avez une écriture horrible. Elle était coiffée d'un horrible petit chapeau.*

« Quel solécisme horrible ! »
MOL., **Fem. sav.**, II, 6. 11

« ... j'ai écrit dans les interlignes de si horribles galimatias et des 12 coq-à-l'âne si ridicules, que cela ne ressemble plus à un ouvrage. »
VOLT., **Lettre au roi de Prusse**, 8, 20 juill. 1740.

|| 3° Qui passe les bornes ordinaires. V. **Excessif, extrême, terrible.** *Chaleur horrible. Horrible mal de tête.* V. **Intolérable.** *Il règne là-bas une horrible confusion* (Cf. Captif, cit. 2). *Horrible chaos. Faire une horrible dépense* (ACAD.). V. **Extraordinaire.** — REM. Cet emploi hyperbolique s'est restreint depuis le XVIIe s. ; on ne dit plus une « *horrible grandeur* » (VAUGELAS).

« ... elle (*la longueur de nos réponses*) fait bien comprendre l'horri- 13 ble distance qu'il y a entre nous... »
SÉV., 484, 29 déc. 1675.

« ... les horribles dépenses qu'il fallait faire. » 14
RAC., **Notes hist.**, II.

« ... une soif horrible le fait geindre. » 15
DORGELÈS, **Croix de bois**, XII.

ANT. — Beau, charmant, merveilleux ; léger.

DER. — **Horriblement.** *adv.* (XIIe s.). D'une manière horrible. *Un nain horriblement contrefait. Une fille horriblement fausse* (cit. 26). *Il s'est horriblement conduit envers moi* (ACAD.). — *Par exagér.* V. **Extrêmement.** *Le temps fut horriblement mauvais. Souffrir horriblement* (Cf. Froid, cit. 5). *Cette idée l'attriste* (cit. 8) *horriblement. Vous êtes horriblement mal coiffée. Cela est horriblement cher.*

« Sans un tel contrepoids, cette élévation le rendrait horriblement 1 vain, ou cet abaissement le rendrait terriblement abject. »
PASC., **Pens.**, VII, 537.

« ... j'eus le désagrément... de voir horriblement mutiler mon 2 ouvrage... »
ROUSS., **Confess.**, X.

« Mathilde... dansa jusqu'au jour, et enfin se retira horriblement 3 fatiguée. »
STENDHAL, **Le rouge et le noir**, II, IX.

« Germain se sentit horriblement jaloux. » 4
SAND, **Mare au diable**, X.

« ... ses mains s'avançaient dans la manche d'Emma, pour lui palper 5 le bras. Elle sentait contre sa joue le souffle d'une respiration haletante. Cet homme la gênait horriblement. » FLAUB., **Mme Bovary**, III, VII.

« La jeune femme devint horriblement pâle. Elle resta comme 6 clouée au sol. Elle se raidissait, les yeux agrandis. »
ZOLA, **Th. Raquin**, XI.

HORRIFIER. *v. tr.* (XIXe s. SAND ; lat. *horrificare*). Remplir, frapper d'horreur*. — REM. Ce verbe, qui ne figure ni dans LITTRÉ, ni dans ACAD. 8e éd., s'emploie surtout par hyperbole et au participe passé. — *Elle se récria, horrifiée.* V. **Scandaliser.**

« Le capucin était tellement horrifié de ces menaces qu'il était 1 comme pétrifié sur sa chaise. »
SAND in DURRIEU, **Parlons correct.**, p. 208.

« Il y a un détail terrible, donné par madame du Hausset, un peu 2 horrifiée, sur le chocolat triplement vanillé et les épices dont la favorite chargeait son régime... »
HENRIOT, **Portr. de femmes**, p. 172.

DER. — **Horrifiant, ante.** *adj* (1909 LAR. MENS.). V. **Épouvantable.** *Tableau horrifiant.*

« Il est probable que des excès de ce genre (*luxurieux*) se produisaient aussi chez les Cathares, et plus encore chez leurs disciples, les troubadours. Des accusations horrifiantes figurent à cet égard dans les registres de l'Inquisition. »
D. de ROUGEMONT, **L'amour et l'Occident**, p. 97.

HORRIFIQUE. *adj.* (1500 ; lat. *horrificus*). *Vieilli.* Qui cause ou est de nature à causer l'horreur* (*peu usit.* ou *par plaisant.*). — Littér. *La vie très horrifique du grand Gargantua, père de Pantagruel*, de Rabelais.

« Pour moi, je suis maintenant perdu dans la politique (théorique) et je commence la seconde moitié de mon horrifique bouquin. »
FLAUB., **Corresp.**, 1742, 24 juill. 1878, t. VIII, p. 129.

HORRIPILATION. *n. f.* (XIVe s. ; empr. au lat. *horripilatio*). *Méd.* « Nom donné à l'érection des poils (chair de poule) que l'on observe dans le frisson » (GARNIER). V. **Chair** (de poule), **hérissement.** *Le froid provoque l'horripilation. Horripilation causée par l'effroi, la répulsion...* — *Par ext. et fam.* (XIXe s.). Etat d'agacement, d'exaspération extrême. — REM. Ce sens ne figure ni dans LITTRÉ ni dans ACAD. 8e éd.

« Si toutes ces considérations étaient levées, je passerais sur la première de toutes, qui est une répugnance, une horripilation extrême à me laisser juger par M. Lévy. »
FLAUB., **Corresp.**, 719, juin 1862, t. V, p. 21.

HORRIPILER. *v. tr.* (1843 GAUTIER ; au p. prés. *horripilant* ; empr. au lat. *horripilare*, « avoir le poil hérissé »). Causer l'horripilation*. — *Fam.* V. **Agacer, exaspérer, impatienter ; contre-poil** (prendre à), **hors** (mettre hors de soi). *Sa lenteur m'horripile. Je suis horripilé par cette manie* (Cf. Elision, cit.).

« Joseph a commencé de m'agacer, de m'horripiler même, enfin 1 de me faire amèrement regretter de l'avoir suivi dans cette expédition commémorative. »
DUHAM., **Pasq.**, X, VI.

« Je vous disais : sa bonne conscience m'enrage. Le mot n'est pas 2 exact. Ce qui m'horripile est plutôt son idée des liens indestructibles du mariage... »
CHARDONNE, **Dest. sentim.**, p. 166.

DER. — **Horripilant, ante.** *adj.* (1843). V. **Agaçant.**

1 « Vous n'imaginez pas combien cette grande bringue est mollasse, docteur ! Pour moi qui ai toujours eu du vif-argent dans les veines, c'est horripilant ! »   MART. du G., Thib., t. III, p. 150.

2 « Elle s'est mise à sourire, horripilante au possible, comme si elle m'avait trouvé ridicule et bien négligeable... »   CÉLINE, Voyage au bout de la nuit, p. 423.

★ HORS (hor). adv. et prép. (XIᵉ s. ; var. phonét. de fors* ; de dehors).

1 « Defors et fors ont... cédé au XVIIᵉ s., soit comme adverbes, soit comme prépositions à hors... »   BRUNOT, Pens. et lang., p. 426.

I. Adv. de lieu (Vx). V. Dehors. Cf. Céans, cit. 1 ; délivrance, cit. 8.

2 « Je hais plus que la mort un jeune casanier,
Qui ne sort jamais hors, sinon aux jours de fête, »
   DU BELLAY, Regrets, XXIX.

II. Prép. À l'extérieur* de, au delà de... ‖ 1° HORS construit directement avec son régime.

A. (Au sens d'extériorité). Habiter hors barrière, hors la ville. J'ai été me promener hors les murs (ACAD., Mur). Églises de Saint-Paul, de Saint-André hors-les-murs, à Rome. Les fonds ont été remis hors la vue du notaire.

3 « Nulle des sœurs ne fut faisait long séjour
Hors le logis,... »   LA FONT., Contes, Mazet de Lamporechio.

4 « On goûtait dans un cabaret hors la ville. »   ROUSS., Confess., VI.

5 « ... la langue tirée hors la bouche... »
   FRANCE, Livre de mon ami, II, V.

6 « Hors l'Église, un peuple sera toujours un peuple de bâtards, un peuple d'enfants trouvés. »
   BERNANOS, Journal d'un curé de campagne, pp. 28-29.

— REM. Hors (au sens propre) employé sans de, est un archaïsme que l'ACAD. 4ᵉ éd. (1762) n'admettait déjà plus que « dans certaines façons de parler du style familier ». Très rare de nos jours, bien que grammaticalement correct, ce tour subsiste surtout dans quelques expressions figées (Cf. infra, et Comp.).

7 « De longues discussions ont eu lieu sur la façon de construire hors avec ou sans de : hors la ville ou hors de la ville ? Ce dernier tour a prévalu au sens propre, à la fin du XVIIᵉ s. »
   BRUNOT, Pens. et langue, p. 426.

— Par anal. Fonctionnaire, officier hors cadre(s)*. Ingénieur hors classe*. Préfet hors classe. Restaurant, hôtel hors catégorie : de classe exceptionnelle. Sujet hors concours* et substant. V. Hors-concours (Comp.). Modèle hors série*. Fig. Destin hors série. Exemplaires hors commerce. Illustration hors texte et substant. V. Hors-texte (Comp.). — Milit. Compagnie, section hors rang formée de soldats qui ne sont pas normalement appelés à combattre et occupent les emplois d'infirmiers, téléphonistes... En T. de Sports. Joueur hors jeu (football, rugby, etc.) : qui se met « hors du jeu », contrevient aux règles du jeu par sa position au delà de la ligne permise. V. Hors-jeu (Comp.). — En T. de Mégiss. Hors l'eau, se dit des peaux quand elles ont perdu leur humidité. — En T. de Manège. Cheval hors la main, qui n'obéit pas à la bride. — Fig. Être hors jeu (ou hors de jeu) : être, se tenir à l'écart (d'une affaire). — Employé, talent hors ligne*, hors pair* ou plus couramment hors de pair). V. Exceptionnel, supérieur (Cf. Gymnasiarque, cit.). — Mettre (quelqu'un) hors la loi* : décréter qu'il ne bénéficiera plus de la protection des lois et sera passible d'exécution sans jugement. Par ext. Être, se mettre hors la loi : en marge de la société, des disciplines, des règles... (V. Hors-la-loi. Comp.).

8 « Un conventionnel lui faisait un peu l'effet d'être hors la loi, même hors la loi de charité. »   HUGO, Misér., I, I, X.

9 « Cela le relevait à ses propres yeux, d'avoir pris ce parti, cela le grandissait de se sentir hors la loi... »
   LOTI, Mon frère Yves, LXXX.

10 « Il se révélait, à 26 ans, par le coup d'œil, un observateur hors pair. »   MONDOR, Pasteur, II.

11 « Mais je suis hors jeu ; ils font le bilan sans s'occuper de moi... »
   SARTRE, Huis clos, 5.

B. Fig. (Au sens restrictif) : À l'exclusion de... V. Dehors (en dehors de), excepté, fors (vx), hormis, sauf. — REM. Cet emploi de hors, presque exclusivement littéraire, comporte, de nos jours, une nuance d'archaïsme.

— HORS devant un nom (précédé ou non d'un adjectif). Cf. Appartenir, cit. 5 ; arrêter, cit. 35 ; asseoir, cit. 14 ; certitude, cit. 5 ; ennuyeux, cit. 9.

12 « ... hors les fils d'Horace il n'est point de Romains. »   CORN., Horace, II, 1.

13 « ... hors Marianne, je lui laisse la liberté de choisir celle qu'il voudra. »   MOL., Avare, IV, 4.

14 « ... il faut toujours songer à être intéressant plutôt qu'exact : car le spectateur pardonne tout, hors la langueur ; »   VOLT., Lett. sur Œdipe, V.

15 « Ces mariages... qu'on appelle de convenance et où tout se convient en effet, hors les goûts et les caractères... »
   LACLOS, Liais. dang., Lett. XCVIII.

16 « Hors la Méduse de Géricault et le Déluge du Poussin, je ne connais point de tableau qui produise une impression pareille... »
   MUSS., Bx-arts, Salon 1836, III.

17 « ... il m'est facile de passer un an et plus sans prendre aucune nourriture, hors un certain élixir dont la composition n'est connue que des philosophes. »
   FRANCE, Rôtiss. reine Pédauque, t. VIII, p. 40.

18 « Mais, hors les moments d'aveuglement signalés, on ne peut lui refuser la justesse et la profondeur du coup d'œil. »
   HENRIOT, Romantiques, p. 269.

— HORS devant un pronom. Hors nous et nos amis (cit. 28. Cf. aussi Côté, cit. 47 ; guider, cit. 13).

19 « Ce Lévrier, ces trois Spectres, ces yeux ardents,
Hors toi, nul ne les voit,... »
   LECONTE DE LISLE, Poèmes tragiques, Lévrier de Magnus, III.

20 « Je mettais, disait-on, assez bien l'orthographe pour mon âge, hors ce qui concernait les participes. »   FRANCE, Petit Pierre, XXIX.

— HORS devant un adj. numéral. Ils y sont tous allés, hors deux ou trois (ACAD.).

21 « Il en est de même d'un corps dont on presse toutes les parties, hors une seulement ; »   PASC., Équil. des liq., VI.

— Vx. HORS devant une autre préposition (Cf. Commander, cit. 3). — REM. Au XVIIIᵉ s., « hors peut, suivant Girard, « régir » dix-neuf autres prépositions... » (BRUNOT, H.L.F., VI, 2, p. 1525).

‖ 2° HORS DE. loc. prép.

A. Au sens local d'extériorité, d'exclusion. V. Dehors (en dehors de). Hors de la maison (Cf. Ajuster, cit. 9 ; efforcer (s'), cit. 9). Hors de Paris (Cf. Honnête, cit. 22). Mourir hors de France (Cf. Assister, cit. 16). Être banni, exilé hors de son pays (Cf. Ban, cit. 3 ; bannissement, cit. 2). La faim chasse le loup hors du bois (cit. 20). Il courut hors de la ville (Cf. Élan, cit. 3). Un jardin hors de la ville. V. Extra-muros. Il s'élança (cit. 5) hors de sa chambre. L'épée (cit. 9) jaillit hors du fourreau. Le poignard luit hors de l'étui (cit. 3). Poisson qui saute hors de l'eau (Cf. Happer, cit. 5). Plante qui se fane (cit. 14), animal qui souffre hors de son élément (cit. 17). S'ennuyer hors de chez soi. — REM. Au XVIIᵉ s., hors de pouvait être suivi des prépositions auprès (Mˡˡᵉ de SCUDÉRY), avec (MALHERBE), dessus (Mᵐᵉ de SÉVIGNÉ). De nos jours, hors de n'est plus suivi que de la préposition chez. Enfant qui s'enfuit hors de chez ses parents.

22 « (Elle) allait puiser de l'eau à une fontaine hors de la ville. »
   RAC., Rem. sur l'Odyssée.

23 « ... on ordonnait, sous peine de la vie, à tous les citoyens de sortir en armes hors de leurs maisons... »
   VOLT., Siècle de Louis XV, XXI.

24 « Nous fûmes conduits ainsi hors du centre de la ville moderne... »
   CHATEAUB., Itinér..., 1ʳᵉ part., p. 184.

25 « ... une atmosphère hors de laquelle elle ne pouvait plus vivre, non plus que les poissons hors de l'eau. »
   GAUTIER, Grotesques, III, p. 82.

26 « C'était la première fois, depuis dimanche, que Jenny mettait le pied hors de la clinique... »   MART. du G., Thib., t. VI, p. 77.

27 « Mais Rieux trouva son malade à demi versé hors du lit... »
   CAMUS, La peste, p. 31.

— Ellipt. Hors d'ici ! Hors de là ! interjections exprimant l'ordre de sortir.

28 « Hors d'ici tout à l'heure, et qu'on ne réplique pas. »
   MOL., Avare, I, 3.

29 « Hors de là, canaille ! laissez passer la justice du duc... »
   MUSS., Lorenzaccio, III, 3.

— Par exagér. Les yeux hors de la tête. V. Exorbité (Cf. Colonne, cit. 12).

— Par anal. « Hors de l'Église, pas de salut » (Cf. Gargouille, cit. 2). Pratiquer l'ascétisme (cit. 2) hors du monde. V. Écart (à l'), loin. — Hors d'atteinte* (cit. 1 à 5. Cf. Asile, cit. 19). V. Abri (à l'), inaccessible. Hors de vue*. Hors de portée* de la voix. Objet placé hors de notre portée (Cf. Atteindre, cit. 43 et fig. Goûter, cit. 5). — Par métaph. Épisode (cit. 1) hors du sujet. V. Côté (à côté de). Nous cherchons notre bonheur hors de nous-mêmes (Cf. Bizarrerie, cit. 2). Âmes, événements hors de l'ordre commun (Cf. Excessif, cit. 5 ; fortune, cit. 31). Être hors de sa sphère*. Expériences (cit. 16) faites avant nous et hors de nous (V. Sans). Hors de la présence de quelqu'un. — Jurispr. Mettre hors de cause*. — Par ext. Cela est hors de cause*.

30 « ... quand un homme était cité en jugement, et qu'il ne se présentait point... il était appelé devant le roi ; et, s'il persistait dans sa contumace, il était mis hors de la protection du roi... »
   MONTESQ., Espr. des lois, XXXI, VIII.

31 « J'ai voulu trop en mettre, n'omettre aucun détail, parler de mille choses hors du sujet. »
   LÉAUTAUD, Journ. littér., 1ᵉʳ oct. 1906, t. I, p. 303.

32 « — Je ne parle pas pour moi, bien entendu. Croyez même que je me place tout à fait hors de la question. »   DUHAM., Salavin, V, XIV.

B. Au sens temporel d'exclusion, d'extériorité. Nous voilà hors de l'hiver (ACAD.). — Fig. Hors du temps (Cf. Blessure, cit. 3 ; équipage, cit. 4). Hors de saison*. V.

Contretemps (à). Cf. Cadavéreux (cit.). *Discours, propos, railleries hors de saison* (Cf. Assez, cit. 51). *Hors d'âge**.

C. Au sens fig. d'exclusion (sans rapport au lieu ni au temps). *Hors d'affaire** (cit. 45). *Hors de danger** (Cf. Asile, cit. 19). V. **Sauf, sauvé.** *Hors d'état** (cit. 35) *d'agir* (cit. 9), *de nuire, d'écrire...* V. **Incapable, incapacité** (dans l'). Cf. Conversation, cit. 13. *Navire hors d'état de naviguer* (Cf. Fret, cit. 2). *Être mis hors de combat** (Cf. Chandelle, cit. 4). *Hors d'haleine** (cit. 12, 13. Cf. Empaler, cit. 2). *Hors de service*, hors d'usage** (Cf. Entassement, cit. 2 ; chandelle, cit. 5). *Hors de mode* (Cf. Antique, cit. 6). *Hors de mesure*, de proportion** (Cf. Étale, cit. 3). *Hors de comparaison*. Hors de pair*,* sans rival. *Hors de place*, de propos** (Cf. Bigarrer, cit. 4 ; ébouriffant, cit.). *Hors de prix*.* V. **Cher, inabordable.** *Il est hors de doute* que...* (Cf. Café, cit. 3). *Hors de là,* sorti de là, à part cela (Cf. Génie, cit. 30). *Hors de soi.* V. **Colère** (en), **furieux.** *Vous la mettez hors d'elle, hors de ses gonds** (cit. 4 et 5). V. **Horripiler.** *Hors de soi** peut signifier aussi « en proie à l'agitation, à l'égarement (V. **Fou**), ou à l'extase* ». *Être hors de sens*, de son bon sens* (Cf. Convulsif, cit. 1).

33 « ... prendre garde que le deuil de ma perte ne pousse ce bon homme et cette bonne femme hors des gonds de la raison. »
MONTAIGNE, **Essais,** I, Append., Montaigne et La Boétie, B, I.

34 « Car enfin, hors de là, que peut-il m'imputer ? »
CORN., **Nicomède,** IV, 2.

35 « Que dis-je ? En ce moment mon cœur, hors de lui-même, S'oublie et se souvient seulement qu'il vous aime. »
RAC., **Bérén.,** IV, 5.

36 « ... Je ne puis avoir aucun repos que M. de Grignan soit hors de cette ridicule affaire. »
SÉV., **350,** 24 nov. 1673.

37 « ... l'enfant s'écrie et tressaillit d'aise. Aux battements de mains, aux acclamations de l'assemblée la tête lui tourne, il est hors de lui. »
ROUSS., **Émile,** III.

38 « Fabrice était tellement hors de lui d'enthousiasme et de bonheur, qu'il avait renoué la conversation. »
STENDHAL, **Chartr. de Parme,** III.

— HORS DE, suivi d'un verbe à l'infinitif (*vx*). V. **Hormis, moins** (à moins de). *Hors de le battre, il ne pouvait le traiter plus mal* (ACAD.).

39 « ... hors de se trouver au Conseil, il n'avait aucune fonction... »
ST-SIM., **Mém.,** I, XXX.

|| 3° *Vx.* HORS QUE, *loc. conj.,* avec l'indicatif ou le conditionnel (V. **Excepté, hormis, sauf, sinon** (que), ou avec le subjonctif. V. **Moins** (à moins que).

40 « Hors qu'un commandement exprès du Roi me vienne De trouver bons les vers dont on se met en peine, »
MOL., **Misanthr.,** II, 6.

41 « Hors que de mon château démoli pierre à pierre On ne fasse ma tombe, on n'aura rien. »
HUGO, **Hernani,** III, 6.

42 « ... ignorant tout du monde, hors que s'y brassaient d'obscures affaires... »
A. de CHATEAUBRIANT, **M. des Lourdines,** IV, 73.

ANT. — Dans, dedans, en ; compris (y).

HOM. — Or (conj.), or (substant.).

COMP. — Hormis ; hors-d'œuvre. — ★ **Hors-bord.** *n. m. invar.* (vers 1930 ; angl. *out board,* « à l'extérieur de la coque, du bord »). Petit canot* automobile, très léger et rapide, dont le moteur, généralement amovible, est placé en dehors de la coque. *Courses de hors-bord.* — ★ **Hors-concours.** *n. m. invar.* (XXᵉ s. ; V. Concours). Celui qui ne peut participer à un concours*, parce qu'il a déjà été lauréat ou qu'il est membre du jury. *Les hors-concours qui exposent au Salon.* — *Par ext.* Celui qui ne peut concourir à cause de la supériorité écrasante sur ses concurrents. — *Adjectivt.* ou *adverbialt.* (avec ou sans trait d'union. *Être (mis) hors(-)concours.* — ★ **Hors-jeu.** *n. m.* (Néol.). *Sport.* Faute du joueur hors* jeu. *L'arbitre siffle un hors-jeu. Coup franc qui sanctionne le hors-jeu.* — ★ **Hors-la-loi.** *n. m. invar.* (V. Loi). Individu qui est mis ou se met hors* la loi (Cf. Outlaw). *Par ext.* Celui qui s'affranchit des lois, se soustrait à leur application, vit en marge de la société... (Cf. Génial, cit. 3). — ★ **Hors-ligne.** *n. m. invar.* (1869 LITTRÉ, Suppl.). Portion de terrain restée en dehors de la ligne tracée pour la construction d'une voie publique. — ★ **Hors-texte.** *n. m. invar.* (V. **Texte**). Gravure tirée à part, intercalée ensuite dans un livre, et non comprise dans la pagination.

« Comme il les aimait, tous ces hommes qui avaient fait à l'idéal révolutionnaire le don total d'eux-mêmes, et dont il connaissait en détail les existences combatives et traquées !... et, pendant un instant, cette réunion de hors-la-loi, venus des quatre coins de l'Europe, ne fut plus à ses yeux qu'une image de cette humanité malmenée, qui avait pris conscience de son asservissement et, s'insurgeant enfin, rassemblait toutes ses énergies pour rebâtir un monde. »
MART. du G., **Thib.,** t. V, p. 85.

★ **HORS-D'ŒUVRE.** *n. m. invar.* (1596 ; de *hors,* et *œuvre*).

|| 1° *Archit.* Pièce en saillie détachée du corps d'un bâtiment, et qui ne se rattache pas à l'ordonnance générale de la construction. — *Par anal. Littér.* et *Bx-arts.* Morceau accessoire ou superflu qu'on pourrait retrancher sans nuire à l'ensemble. — *Adjectivt* ou *Adverbialt.* V. **Œuvre.**

1 « Ceci, monsieur Crevel, est encore un hors-d'œuvre, et nous éloigne du sujet. »
BALZ., **Cousine Bette,** Œuvr., t. VI, p. 140.

2 « Je veux bien qu'on soit exact en fait de couleur locale, et même je le désire ; mais il faut qu'alors le narrateur... soit exact d'un air naturel, sans paraître y viser et sans se piquer de trop faire attention à des hors-d'œuvre ; il faut qu'il nous donne ces détails accessoires comme involontairement... »
STE-BEUVE, **Chateaubriand,** t. I, p. 184.

« Ces bâtiments (*du château de Fontainebleau*) comportaient... autour
3
de la cour une sorte de colonnade continue en hors-d'œuvre et un portique à double étage en avant du grand escalier, véritable placage comme Jean Bullant en disposera plus tard en Écouen. »
P. VITRY, in A. MICHEL, **Hist. de l'Art,** t. IV, p. 524.

|| 2° *Cuis.* (XVIIᵉ s.). Se dit des petits plats que l'on sert au début du repas, après le potage et avant les entrées* (ainsi appelés, d'après LITTRÉ, « parce que, originairement, ils ne faisaient pas partie de l'ordre régulier dans lequel les plats principaux étaient rangés »). *Il n'oublie pas les hors-d'œuvre* (Cf. Assiette, cit. 19). *Hors-d'œuvre froids* (crevettes, crudités, coquillages, radis...), *chauds* (coquilles*, croustades, escargots...). *Le caviar*, hors-d'œuvre de choix. Prendre un hors-d'œuvre, deux hors-d'œuvre. Disposer les hors-d'œuvre sur les raviers. Les zakouski, hors-d'œuvre russes.* — *Les radis, le beurre, les anchois se servent en hors-d'œuvre* (ACAD.).

« Il résulte de l'examen des cartes de divers restaurateurs de pre-
4
mière classe... que le consommateur qui vient s'asseoir dans le salon a sous la main, comme éléments de son dîner, au moins 12 potages, 24 hors-d'œuvre, 15 ou 20 entrées de bœuf... »
BRILLAT-SAVARIN, **Physiol. du goût,** XXVIII, 145.

« ... des anchois, du fromage, des olives, des tranches de saucisson,
5
du bœuf fumé de Hambourg et autres hors-d'œuvre qu'on mange avec des petits pains pour s'ouvrir l'appétit. »
GAUTIER, **Voyage en Russie,** X.

« Les Russes mangent presque exclusivement des hors-d'œuvre : des
6
concombres salés, des champignons secs, des œufs de poisson. »
DUHAM., **Salavin,** III, XVII.

ANT. — Dessert.

★ **HORSE-GUARD** (*hors'ghard*). *n. m.* (1876 ; mot angl.). Soldat de l'armée britannique, appartenant au régiment des gardes à cheval.

★ **HORSE-POWER** (*hors'-pa-oueur*). *n. m.* (1906 ; mot angl. signifiant « cheval-puissance »). *Mécan.* Unité de puissance adoptée en Angleterre et équivalant à 75,9 kilogrammètres par seconde (Cf. Cheval*-vapeur). — *Par abrév. :* HP.

★ **HORSE-POX** (*hors'-poks*). *n. m.* (1873 ; angl. *horse,* « cheval », et *pox,* « variole »). Vaccine* du cheval.

HORTENSIA. *n. m.* (mot du lat. des botanistes, créé à la fin du XVIIIᵉ s. du prénom Hortense). *Bot.* Plante dicotylédone (*Saxifragées*), scientifiquement appelée *hydrangea* (V. **Hydrangelle**) ; arbrisseau cultivé pour ses grosses inflorescences en corymbes arrondis. *L'hortensia originaire d'Extrême-Orient, nommé aussi « rosier du Japon ». Hortensias roses, lilas, blancs.*

« Toujours sous le palmier du tombeau de Virgile Le pâle hortensia s'unit au laurier vert. »
NERVAL, **Autres chimères,** À J. Colonna.

HORTICOLE. *adj.* (1826 ; dér. sav. du lat. *hortus,* sur le modèle d'*agricole*). Relatif à la culture des jardins* (V. **Horticulture**). *Établissement horticole. Produits horticoles. Exposition horticole.*

HORTICULTURE. *n. f.* (1826 ; comp. sav. du lat. *hortus,* « jardin », et *cultura,* « culture », d'après *Agriculture*). Culture des jardins. V. **Agriculture, arboriculture, arbre* ; botanique** (appliquée), **floriculture ; maraicher, potager** (culture maraîchère...). *L'horticulture s'applique à des espaces relativement petits et fournit des rendements élevés. Pratiquer l'horticulture.* V. **Arboriser** (vx) ; **jardiner ; cultiver.** *Horticulture forcée :* en serres, etc. (V. **Primeur**). *École nationale d'horticulture.*

— TERMES D'HORTICULTURE. V. **Ados, bâche** (2°), **billon** (2°), **couche, hortillonnage, pépinière, planche, plate-bande, semis, serre**... ; **arrosage, arroser, baguer, biner, bouturage, bouture, butter** (1°), **chausser** (5°), **cultiver, décaisser, éclaircir, empoter, encaisser, enchausser, forçage** (2°), **forcer, fumer** 2, **greffe, greffer, ligature, marcotte, pailler, paillis, palisser, plant, praliner, repiquer, sarcler, semer, semis...** ; **arrosoir, bêche, binette, binot, charrue** (à main), **râteau, sécateur...** ; **bruyère** (terre de), **engrais, fumier...** et *aussi* **Agricole*** (instruments, opérations agricoles).

« Le bonhomme (*M. Blondet*) aimait passionnément l'horticulture, il était en correspondance avec les plus célèbres amateurs, il avait l'ambition de créer de nouvelles espèces ; il s'intéressait aux découvertes de la botanique, il vivait enfin dans le monde des fleurs. »
BALZ., **Cabinet des Antiques,** Œuvr., t. IV, p. 432.

DER. — Horticulteur. *n. m.* (1826 ; d'apr. *agriculteur*). Celui qui pratique l'horticulture. V. **Cultivateur, jardinier, maraicher.** *Spécialt.* Celui qui cultive des plantes d'ornements (arbres, fleurs). V. **Arboriculteur, fleuriste** (jardinier fleuriste), **rosiériste.**

« Il avait..., en horticulteur plein de diligence, pratiqué, d'un sécateur tremblant, quelques émondages respectueux. »
BLOY, **Le désespéré,** p. 45.

HORTILLONNAGE. *n. m.* (1870 in LITTRÉ, Suppl., mot picard ; de *hortillon,* « jardinier », dér. de *ortillier,* « cultiver », d'un dimin. du lat. *hortus,* « jardin »). *Agric.* En Picardie, marais* utilisé pour la culture des légumes, mode de culture qui y est pratiqué. *Les hortillonnages sont divisés par des canaux.*

« Les tourbières assainies des environs d'Amiens sont converties en hortillonnages, et elles produisent annuellement de beaux et nombreux légumes. »
HEUZÉ, **La France agric.** (in LITTRÉ, Suppl.).

HOSANNA (o-zan'-na). *n. m.* (*Osanne* 1276 ; du lat. ecclés. *hosanna* venu, par le grec, de l'hébreu *hôschî a-nâ*, « sauve(-nous) de grâce »).

|| **1°** *Liturg.* Acclamation religieuse utilisée dans les cérémonies, les processions, certaines prières juives. — Hymne catholique, chantée le jour des Rameaux. Expression employée dans le Sanctus*.

1 « Les mots *sauvez-moi* de la Vulgate correspondent à l'hébreu *Hoshianna* (d'où le grec *Hosanna*) qui signifle : sauvez donc, rachetez, aidez donc. C'est du moins le sens primitif de cette expression étrangère, qui, dans la langue liturgique, est devenue un cri de joie, une interjection de triomphe et de jubilation : « Salut, bénédiction, gloire, louange à Lui. »   R. LESAGE, *Dict. liturg. rom.*, Sanctus.

|| **2°** *Par anal.* Chant, cri de triomphe, de joie, de glorification. V. **Hymne.**

2 « Quelque chose de grand s'épandra dans les cieux !
Ce sera l'hosanna de toute créature ! »
        HUGO, *Chants crép.*, XXXII, III.

DER. — **Hosannière.** *adj. fém.* Se dit d'une croix votive ornée de l'inscription « Hosanna ». *Croix hosannière.*

HOSPICE. *n. m.* (XIIIᵉ s. au sens d'« hospitalité » ; sens mod. au XVIIIᵉ s. Cf. Hôpital, cit. 2).

|| **1°** *Vx.* Lieu où l'on donne, où l'on reçoit l'hospitalité*. V. **Asile, refuge.**

|| **2°** *Spécialt.* Maison où des Religieux donnent l'hospitalité aux pèlerins*, aux voyageurs (V. **Hospitalier,** 1). *L'hospice du Grand Saint-Bernard.* — REM. Le sens voisin de « petit couvent que des religieux bâtissent en une ville pour y recevoir les étrangers du même ordre » est le seul signalé par FURETIÈRE en 1690.

|| **3°** (Sens moderne). Etablissement public ou privé destiné à recevoir et à entretenir des orphelins, des enfants abandonnés, des vieillards, des infirmes, des malades incurables. V. **Asile** (cit. 32). *Régime administratif des hospices et hôpitaux.* V. **Assistance** (publique), **hôpital***. *Hospice des incurables, des enfants trouvés. Les tours* des hospices d'enfants trouvés ont été supprimés en 1860. Hospice d'aliénés* (vx). V. **Asile, hôpital** (psychiatrique). — Spécialt. *Hospice de vieillards, d'invalides. Finir à l'hospice, dans un hospice* : dans la misère. V. **Hôpital** (1°). Cf. Crasseux, cit. 2.

1 « J'ai donc par mon testament donné ma maison pour fonder un hospice où les malheureux vieillards sans asile, et qui seront moins fiers que ne l'est Moreau, puissent passer leurs vieux jours. »
        BALZ., *Médecin de campagne, Œuvr.*, t. VIII, p. 395.

2 « ... une large casquette lui tombait sur les yeux et contribuait à lui donner l'air d'un vieil invalide qui a obtenu de l'hospice sa permission de faire sa promenade en ville... »
        GREEN, *Léviathan*, I, XIII.

— REM. LITTRÉ (1866) soutient que cette acception d'*Hospice* dont il ne donne aucun exemple littéraire, est du « langage administratif ». Pour lui, la distinction entre *Hospice* et *Hôpital* « est purement administrative ». Pourtant, le sens moderne d'« hospice » se trouve dans RAYNAL (Hist. philos., XII, 11) dès 1770, chez ÉTIENNE en 1810 (Cf. Bureau, cit. 5), BALZAC en 1839 (Cf. Dénuer, cit. 6), SAND en 1848 (Cf. Bravement, cit. 1), etc.

HOSPITALIER, IÈRE. *adj.* (XIIᵉ s. au sens I ; du lat. médiév. *hospitalarius* ; le sens II s'est développé d'après *hospitalité*).

I. || **1°** *Ancienn.* Qui recueille, abrite, nourrit les voyageurs, les indigents... (en parlant des religieux et religieuses de certains ordres). *Religieux, frères hospitaliers.* Substant. *Les hospitaliers*, membres de certains ordres charitables ou militaires. *Hospitaliers de Saint-Jean de Jérusalem ; hospitaliers de la Trinité et des Captifs.* — Spécialt. *Sœurs hospitalières* : les filles de la Charité et, *en général,* les religieuses des ordres charitables. Substant. *Elle s'est faite hospitalière* (ACAD.).

— N. m. (*Vx*). Celui qui s'occupe d'un hôpital, donne des soins aux malades... (Cf. Exercice, cit. 16 LA FONT.).

|| **2°** Relatif aux hôpitaux*, aux hospices*. *Etablissements, services hospitaliers. Soins hospitaliers.*

1 « ... je ne trouvai qu'un seul endroit définitivement désirable : l'Hôpital. Je me promenais autour de ces pavillons hospitaliers et prometteurs, dolents, retirés, épargnés, et je ne les quittais qu'avec regret, eux et leur emprise d'antiseptique. »
        CÉLINE, *Voyage au bout de la nuit*, p. 133.

II. (1488). Qui pratique volontiers l'hospitalité*. V. **Accueillant.** *Il est très hospitalier : sa maison est ouverte à tous.* V. **Charitable.** *La Légende de saint Julien l'Hospitalier* (un des « Trois contes » de Flaubert). *Peuple hospitalier ; peuplade, tribu hospitalière.* — *Par ext.* Qui annonce l'hospitalité. *Air hospitalier. Manières hospitalières.*

2 « ... rien ne rend plus hospitalier que de n'avoir pas souvent besoin de l'être : c'est l'affluence des hôtes qui détruit l'hospitalité. »
        ROUSS., *Émile*, V.

3 « — Soyez hospitalier, même à votre ennemi. »
        HUGO, *Lég. des siècles*, XVII, L'aigle du casque.

— Où l'hospitalité est pratiquée. *Asile* hospitalier. Demeure, maison, retraite hospitalière. Table hospitalière. — Pays hospitalier ; ville hospitalière.*

4 « Ils virent à l'écart une étroite cabane,
Demeure hospitalière, humble et chaste maison. »
        LA FONT., *Philémon et Baucis.*

5 « En quittant l'hospitalier territoire de Weimar, je vais rentrer dans un monde où je ne rencontrerai plus cette bienveillance dont j'ai contracté l'habitude. »   B. CONSTANT, *Journal*, 18 mars 1804.

— Fig. *Un cœur hospitalier.* — Par plaisant. *Avoir la cuisse* hospitalière.*

6 « Il... devait avoir plusieurs successeurs dans le cœur hospitalier de la princesse... »   HENRIOT, *Portr. de femmes*, p. 424.

— Poét. *Dieux hospitaliers* : les dieux de l'hospitalité.

7 « Ô dieux hospitaliers, que vois-je ici paraître ?
Dit l'animal chassé du paternel logis. » LA FONT., *Fabl.*, VII, 16.

ANT. — Hostile. Inhospitalier.

DER. — **Hospitalièrement.** *adv.* (XVIᵉ s.). D'une manière hospitalière, accueillante.

HOSPITALISER. *v. tr.* (XVIIIᵉ s. in GOHIN. Cf. BRUNOT, H.L.F., t. VI, p. 188 ; dér. sav. du lat. *hospitalis*). Faire entrer, admettre (quelqu'un) dans un établissement hospitalier (asile, hospice, etc.) et *spécialt.* dans un hôpital. *Hospitaliser un vieillard indigent, un infirme... dans un hospice. Hospitaliser un malade, un blessé, les victimes d'un accident. Malades hospitalisés*, et substant. *Les hospitalisés.*

« Ils (*ces voyageurs*) ne sont pas tous blessés, mais nous hospitalisons tous ceux qu'on a pu rassembler, même si, par chance, ils sont sains et saufs... » DUHAM., *Récits temps de guerre*, III, XLIII.

DER. — **Hospitalisation.** *n. f.* (1866 in LITTRÉ). Action d'hospitaliser ; admission dans un établissement hospitalier.

HOSPITALITÉ. *n. f.* (XIIᵉ s. ; lat. *hospitalitas*).

|| **1°** *Vx.* Charité* qui consiste à recueillir, à loger et nourrir gratuitement les indigents, les voyageurs dans un établissement prévu à cet effet (V. **Hôpital,** 1° ; **hospice,** 2° ; **hospitalier,** I). « *Les hôpitaux et maladreries où l'hospitalité n'était point gardée* » (FURETIÈRE, 1690). — *Spécialt.* Obligation où étaient certaines abbayes de recevoir les voyageurs. *Il y avait hospitalité par telle abbaye* (ACAD.).

|| **2°** *Antiq.* Droit réciproque de trouver logement et protection les uns chez les autres. *L'hospitalité, institution de l'antiquité grecque et latine. Hospitalité entre les personnes, les familles, les villes. Droit d'hospitalité entre deux villes. Violer l'hospitalité, les droits, les lois de l'hospitalité.* « *Pâris viola l'hospitalité en ravissant Hélène, la femme de son hôte* » (FURETIÈRE).

1 « ... les anciens croyaient que toute nourriture préparée sur un autel et partagée entre plusieurs personnes établissait entre elles un lien indissoluble et une union sainte... (*en note*). Cette même opinion est le principe de l'hospitalité antique. Il n'est pas de notre sujet de décrire cette curieuse institution. Disons seulement que la religion y eut une grande part. L'homme qui avait réussi à atteindre le foyer ne pouvait plus être regardé comme un étranger... Celui qui avait partagé le repas sacré était pour toujours en communauté religieuse avec son hôte ; »   FUSTEL de COUL., *Cité antique*, III, 1.

|| **3°** Libéralité qu'on exerce en recevant quelqu'un sous son toit*, en le logeant gratuitement (V. **Hôte**). *Exercer, pratiquer l'hospitalité, l'hospitalité envers quelqu'un* (Cf. Commande, cit. 5). *Donner, offrir l'hospitalité à quelqu'un.* V. **Abriter, accueillir, héberger, loger, recevoir, traiter** (Cf. Partager le pain et le sel). *Demander, accepter, recevoir l'hospitalité* (V. **Abri, asile, logement, refuge...**). *Abuser de l'hospitalité de quelqu'un. Maison où l'on pratique une large, une généreuse hospitalité* (Cf. La Maison du Bon Dieu). *Hospitalité affable, amicale, cordiale* (Cf. Cordialité, cit. 3). *L'hospitalité traditionnelle des musulmans. Pays, terre de l'hospitalité* (Cf. Ensanglanter, cit. 5).

2 « (*Une magnificence*) que ce patriarche (*Abraham*) faisait paraître principalement en exerçant l'hospitalité envers tout le monde. »
        BOSS., *Hist. univ.*, I, 3.

3 « Les femmes nous servirent un repas. L'hospitalité est la dernière vertu restée aux sauvages au milieu de la civilisation européenne ; on sait quelle était autrefois cette hospitalité ; le foyer avait la puissance de l'autel.
Lorsqu'une tribu était chassée de ses bois, ou lorsqu'un homme venait demander l'hospitalité, l'étranger commençait ce qu'on appelait la danse du suppliant ; l'enfant touchait le seuil de la porte et disait : « Voici l'étranger ! » Et le chef répondait : « Enfant, introduis l'homme dans la hutte. » L'étranger, entrant sous la protection de l'enfant, s'allait asseoir sur la cendre du foyer. »
        CHATEAUB., *M. O.-T.*, t. I, p. 296.

4 « La célèbre bibliothèque d'Alexandrie n'était ouverte qu'aux savants ou aux poètes connus par des ouvrages d'un mérite quelconque. Mais aussi l'hospitalité y était complète, et ceux qui venaient y consulter les auteurs étaient logés et nourris gratuitement pendant tout le temps qu'il leur plaisait d'y séjourner. »
        NERVAL, *Filles du feu*, Angélique, I.

— *Par ext.* Action de recevoir chez soi, d'accueillir avec bonne grâce. V. **Réception.** *Je vous remercie de l'hospitalité que vous m'avez donnée, de l'hospitalité que j'ai reçue chez vous* (ACAD.). V. **Accueil.**

5 « Vous êtes bien bon de m'offrir dans votre Bretagne une hospitalité qu'il me serait si doux d'accepter. »
STE-BEUVE, Corresp., 329, 16 nov. 1833, t. I, p. 397.

HOSPODAR. n. m. (1690 FURET. ; mot slave signifiant « maître, seigneur »). Ancien titre des princes vassaux du sultan de Turquie. L'hospodar de Valachie (LITTRÉ).

HOST. n. m. Féod. V. OST.

HOSTAU, HOSTEAU, OSTEAU. n. m. (de la forme prov. oustau, du bas lat. hospitale). Arg. V. Hôpital.

HOSTELLERIE. V. HÔTELLERIE.

HOSTIE. n. f. (XIVᵉ s. au sens I ; lat. hostia).

I. Vx. Victime offerte en sacrifice aux dieux, à Dieu (V. **Holocauste, immolation, sacrifice, victime**). Immoler des hosties à Dieu. Hostie vivante.

1 « Il mettra la main sur la tête de l'hostie, et elle sera reçue de Dieu, et lui servira d'expiation ; »
BIBLE (SACY), Lévitique, I, 4. — REM. Les traductions plus récentes portent Holocauste au lieu d'Hostie.

2 « Que les temples des idoles seraient abattus, et que parmi toutes les nations et en tous les lieux du monde, lui serait offerte une hostie pure, non pas des animaux. »
PASC., Pens., XI, 730.

— Fig. et Vx. En parlant d'une personne qui se consacre à Dieu (Emploi courant chez les prédicateurs du XVIIᵉ siècle. Cf. BOSSUET, FLÉCHIER, BOURDALOUE, MASSILLON, in LITTRÉ).

3 « Si votre corps est une hostie, consacrez à Dieu une hostie vivante ; »
BOSS., Orais. fun. du R.P. Bourgoing, II.

— T. de Liturg., en parlant de Jésus-Christ. « O salutaris hostia » : « Hostie du salut » signifie victime de la rédemption. P. CORNEILLE traduit : « Ô salutaire Hostie, adorable Victime » (R. LESAGE, Dict. liturg. rom.) Cf. infra, II.

— Poét. et Vx. V. **Victime.**

4 « Le funeste succès de leurs armes impies
De tous les combattants a-t-il fait des hosties, »
CORN., Hor., III, 2. — REM. VOLTAIRE, commentant ce passage, remarque qu'hostie ne se dit plus et le regrette (Cf. VOLT., Comment. sur Corn.).

5 « Ce mot n'était pas fort bien compris de tout le monde, même au dix-septième siècle, s'il faut en croire l'anecdote... de ces spectateurs qui... se levèrent en tumulte au passage de la scène IV du IVᵉ acte (de la « Mort d'Agrippine », de Cyrano) :
Frappons ! Voilà l'hostie, et l'occasion presse,
et s'écrièrent: Oh ! le méchant, il veut tuer Notre-Seigneur ! »
Ch. MARTY-LAVEAUX, Lexiq. de la lang. de P. Corneille, t. I, p. 486.

II. Liturg. L'Espèce eucharistique du pain, consistant de nos jours en une petite rondelle de pain de froment, généralement azyme (dans les Églises latine, arménienne, maronite). V. **Eucharistie ; communion.** Dans les premiers siècles, l'hostie était assez grande « pour qu'on pût la partager pour la communion des fidèles » (LESAGE). De nos jours les hosties sont très minces, petites et distribuées une à une aux communiants ; seule l'hostie du célébrant est de grande dimension. Consécration* de l'hostie. Hostie consacrée*. La sainte hostie. Vase sacré servant à recevoir l'hostie, à contenir des hosties. V. **Ciboire** (cit.), **patène.** Élévation* de l'hostie. Exposition de l'hostie. V. **Ostensoir** (Cf. Arche, cit. 7 ; dais, cit. 5). — Déposer l'hostie sur la langue d'un communiant. Accepter (cit. 13), recevoir l'hostie. — Dogme de la présence réelle du Christ dans l'hostie. V. **Transsubstantiation.** Profanation* de l'hostie.

6 « ... on consacrait beaucoup d'hosties à cause de la prodigieuse multitude des communiants... »
BOSS., Trad. défend. s. matière communion, II, XI.

7 « On dit que vous avez communié avec lui... en rompant tous une hostie. »
FÉN., Dial. Henri III (in LITTRÉ).

— Par ext. Pain d'autel préparé pour être consacré au cours de la messe* (Cf. Pain à chanter). Les hosties sont généralement fabriquées par des religieuses. Découpage des hosties. Fer à hostie, formé de deux plaques métalliques ornées de symboles et de caractères en creux. Linge sur lequel on dépose les hosties avant la consécration. V. **Corporal.**

HOSTILE. adj. (XVᵉ s. ; lat. hostilis, de hostis, « étranger », et, au fig., « ennemi »). — REM. Ce mot manque dans FURET. et dans les quatre premières éditions de l'ACAD. Donné comme vieux par TRÉVOUX (1771), il reprend vie à la fin du XVIIIᵉ s. et l'ACAD. l'admet en 1798).

‖ 1° Qui est ennemi, se conduit en ennemi. Pays, puissance hostile (Cf. Frontière, cit. 4). Groupes hostiles qui font la guerre* (cit. 1). V. **Adverse, ennemi.** Voyageur égaré parmi des peuplades hostiles. Foule (cit. 8) hostile et menaçante. — Fig. Nature hostile et cruelle (Cf. Cruauté, cit. 13). V. **Contraire, ingrat.** — Forces (cit. 72) hostiles. V. **Néfaste.**

1 « Le premier couple humain y vit en paix au milieu des espèces que le péché et la mort, sa conséquence, doivent plus tard rendre hostiles. »
GAUTIER, Voyage en Russie, XV.

2 « ... nous fendions avec lenteur une foule hostile... »
MAUROIS, Climats, II, VIII.

— Absolt. En parlant des choses qui s'opposent, se contrarient par nature. Caractères, naturels hostiles. V. **Antagonique, opposé** (Cf. Fraterniser, cit. 6).

3 « Les cahiers de ces deux ordres (le clergé et la noblesse) étaient opposés, hostiles. La Révolution, qui devait les rapprocher, les avait brouillés encore. »
MICHELET, Hist. Révol. franç., III, VII.

‖ Hostile à... V. **Défavorable ; contraire, opposé** (à). Il est hostile à ce projet, à cette opinion, à ce candidat ; il lui est hostile. V. **Contre** (il est contre). Peuples hostiles à certaines lois (Cf. Conservateur, cit. 1). Hostile à un pays. V. suff. **-Phobe.** Talleyrand était hostile à la guerre de propagande (Cf. Expansionnisme, cit.). Hostile à l'art religieux, aux tableaux pieux (Cf. Fermer, cit. 39). — Le sort, la fortune lui est hostile. — Par ext. Élection, vote hostile à un régime (Cf. Ajourner, cit. 1), à un gouvernement. — REM. La forme Hostile pour..., employée par Mᵐᵉ de SÉVIGNÉ (« ... je ne sais où vous avez pris qu'il ait été hostile pour vous ». Lett. 12 juin 1675) est archaïque.

4 « ... clos ton manteau royal, Saül ! tout alentour t'assiège ! Bouche tes oreilles à sa voix ! Tout ce qui vient à moi m'est hostile ! Fermez-vous, portes de mes yeux ! Tout ce qui m'est délicieux m'est hostile. »
GIDE, Saül, III. 8.

5 « ... ne me jugez surtout pas hostile par principe à... »
MAURIAC, La Pharisienne. II.

‖ 2° Qui est d'un ennemi*, annonce, caractérise un ennemi. Action, entreprise hostile. Procédés, intentions hostiles. Accueil hostile. V. **Froid, glacé.** Silence (Cf. Agitation. cit. 15), attitude hostile. Regard hostile. V. **Inamical.** Propos hostiles. V. **Malveillant.** Jugement hostile. Article, critique hostile et injuste.

6 « Le régisseur se banda contre l'injustice de la foule ; il se roidit et prit une attitude hostile. »
BALZ., Ténébreuse affaire, Œuvr., t. VII, p. 453.

7 « La vieille, à son tour, baisa sa belle-fille avec une réserve hostile. Non, ce n'était point la bru des rêves... »
MAUPASS., Bel-Ami, IIᵉ part., I, p. 254.

8 « Jerphanion chercha une réponse, n'en trouva pas d'assez dure. serra un peu les mâchoires, et se contenta de promener sur le crâne et la face de Sidre un regard parfaitement hostile. »
ROMAINS, H. de b. vol., t. III, II, p. 27.

9 « Ils lui marquèrent donc cette déférence hostile que l'ambition déçue réserve au triomphe d'autrui. »
DUHAM., Salavin, III. XXIX.

— Fig. Ambiance (cit. 1), milieu hostile. Manifestations hostiles de la nature.

10 « ... il y avait dans la nature quelque chose d'hostile... »
Mᵐᵉ de STAËL, Corinne, XIV. I.

11 « ... quand la bourrasque se déchaîne sur la vaste plaine, fait craquer le vieux toit, et menace de submerger la sainte ville de Bels. quand au dehors tout est hostile et glacé, quand on ne voit à travers les petits carreaux gelés que qu'un noir corbeau qui vole... »
J. et J. THARAUD, L'ombre de la croix. X.

ANT. — Affectueux, amical, bienveillant, complice, cordial, enclin (à), favorable.

DER. — Hostilement. adv. (XVᵉ s.). D'une manière hostile, en ennemi.

« Ils (les Français en Russie) trouvaient... tous les villages habités, et n'y étaient pas reçus trop hostilement. »
SÉGUR, Hist. de Napoléon, VII, 1.

HOSTILITÉ. n. f. (1353 selon BLOCH ; lat. hostilitas. V. Hostile).

‖ 1° Vx. Acte d'un ennemi en guerre*. Cette ville est neutre, et n'a fait aucune hostilité à l'un ni à l'autre parti (FURETIÈRE). Commettre... des hostilités (ACAD. 1935).

1 « La Russie possédait quelques forts vers le fleuve d'Amour, à trois cents lieues de la grande muraille. Il y eut beaucoup d'hostilités entre les Chinois et les Russes au sujet de ces forts... »
VOLT., Russie, I. VII.

— Acte d'hostilité, acte hostile, acte de guerre. — Spécialt., au plur. LES HOSTILITÉS, l'ensemble des actions, des opérations de guerre. V. **Guerre, lutte** (armée). Commencer, engager les hostilités. Cessation des hostilités. Arrêter, suspendre les hostilités. V. **Armistice.** Interruption des hostilités. V. **Trêve.** Pendant la durée des hostilités. V. **Conflit.**

2 « La paix de 1748 suspendit un moment ces malheurs ; ... dès l'année 1755 recommencèrent les hostilités ; elles s'ouvrirent par le tremblement de terre de Lisbonne, où périt le petit-fils de Racine. »
CHATEAUB., M. O.-T., t. IV, p. 577 (éd. Levaillant).

3 « Pour l'instant, les hostilités sont heureusement suspendues. Les peuples européens vainqueurs se partagent la dépouille ottomane. »
ARAGON, Beaux quartiers, III, III.

‖ 2° Par ext. Disposition hostile, inamicale. V. **Haine, malveillance.** Hostilité d'un pays envers un autre, contre un autre. Hostilité permanente, sourde, déclarée entre deux États, deux personnes. V. **Inimitié.** Un fond (cit. 43) d'hostilité. Regarder quelqu'un avec hostilité, colère... (Cf. Regarder de travers). Hostilité féroce, cruelle... (V. **Cruauté**). Hostilité marquée. V. **Antipathie.** S'attirer l'hostilité de quelqu'un. V. **Défaveur, ressentiment.**

4 « ... cette maussaderie toujours retrouvée à la même place et qui semblait une hostilité. »
BARBEY d'AUREV., Diaboliques, Le plus bel amour. V.

5 « ... cette désunion lente, grandie invinciblement entre elle et sa cadette, cette hostilité aggravée par les petites blessures de chaque jour, un sourd ferment de jalousie et de haine couvant depuis qu'un homme était là... »   ZOLA, La terre, III, VI.

— V. **Opposition**. *Hostilité à une idée, à un projet. Avoir de l'hostilité pour quelque chose.* V. **Contre** (être contre).

6 « ... il ne nourrit contre la guerre aucune hostilité de principe ? »
ROMAINS, H. de b. vol., t. IV, XVI, p. 183.

7 « (Il) était redevenu intraitable et d'autant plus que les Filhot affectaient eux aussi une vive hostilité à ce projet. »
MAURIAC, Fin de la nuit, II, p. 36.

ANT. — **Affection, amitié, appui, bienveillance, complicité, cordialité, fraternité, protection.**

★ **HOT.** V. JAZZ.

HÔTE, ESSE. *n.* (*Oste, hoste* au XIIe s. ; fém. *hostesse* au XIIIe s. ; du lat. *hospitem*, accus. de *hospes*. V. **Otage**).

I. Celui, celle qui donne l'hospitalité*, qui reçoit (quelqu'un). V. **Amphitryon, maitre** (de maison). *Hôte généreux, attentionné. Notre hôte ; nos hôtes* (Cf. Épanchement, cit. 6). *Fausser* (cit. 3) *politesse à ses hôtes. Hôtesse charmante, avenante, cordiale...* (Cf. Énormité, cit. 4). *Il prend chez son hôte bien des libertés* (Cf. Boire, cit. 2). *Remercier ses hôtes. La cigogne, hôtesse du renard, dans la fable de La Fontaine* (Cf. Cuire, cit. 15).

1 « Chez les de Champcenais, s'achevait un dîner brillamment servi. Les invités eussent été bien embarrassés de dire ce qu'il y manquait... Pourtant aucun d'entre eux ne s'en irait, ce soir, avec le sentiment d'avoir été comblé... Au vrai, tous les invités de ce soir-là... se sentaient jaloux de leurs hôtes... »
ROMAINS, H. de b. vol., t. III, XIII, pp. 174-176.

— *Fig. et poét.* (Vx). *Beau corps, hôte d'une belle âme* (cit. 22). — *Spécialt.* En parlant du sujet* qui reçoit une greffe (cit. 2), etc.

— *Spécialt.* et *vieilli.* V. **Aubergiste, cabaretier, hôtelier, restaurateur** (Cf. Abreuver, cit. 2 ; écot, cit. ; énoncer, cit. 9). *L'hôtesse d'une auberge* (cit. 1). Cf. Écarter, cit. 7.

2 « ... **Belle hôtesse et qui rit vaut autant que bon vin en une hôtellerie.** »
ROTROU, Deux Puc., II, 1 (in BRUNOT, Pens. et lang., p. 140).

3 « (Watteville) s'arrête pour dîner à un méchant cabaret seul dans la campagne... met pied à terre, demande ce qu'il y a au logis. L'hôte lui répond : « Un gigot et un chapon. »   ST-SIM., Mém., II, I.

4 « ... je retournai loger à mon ancien hôtel Saint-Quentin... Nous avions une nouvelle hôtesse qui était d'Orléans. Elle prit pour travailler en linge une fille de son pays... qui mangeait avec nous ainsi que l'hôtesse. »
ROUSS., Confess., VII (Cf. aussi Avancer, cit. 23 ; balai, cit. 7).

5 « Nous nous étions attablés à boire du cidre dans une auberge sur la place de l'Église, et, là encore, nous interrogions l'hôtesse, qui était une très vieille femme. »   LOTI, Mon frère Yves, X.

— *Loc. Table d'hôte,* table où plusieurs personnes réunies mangent à prix fixe, dans une auberge, une hôtellerie, une pension de famille et certains restaurants. *Manger à table d'hôte* (ACAD.). Cf. Garçon, cit. 25.

6 « ... les quelque onze ou douze personnes qui étaient entrées se mettaient à table. Toutes,... étaient des habitués du restaurant,... Deux garçons en tablier blanc circulaient autour de la table d'hôte et servaient la soupe... À mi-voix elle (la patronne) compta les clients : dix à la table d'hôte et un tout seul, à la petite table... depuis que la table d'hôte était au complet, il disparaissait, dans son coin. »
GREEN, Léviathan, I, III.

— *Vx.* Celui, celle qui loge quelqu'un moyennant un loyer. V. **Logeur, propriétaire.** — REM. On emploie encore *Hôtesse* dans ce sens.

7 « le Père dut laisser l'appartement où son ordre l'avait placé, pour venir loger chez une vieille personne... Pendant le déménagement, le Père avait senti croître sa fatigue et son angoisse. Et c'est ainsi qu'il perdit l'estime de sa logeuse... Et, tous les soirs avant de regagner sa chambre .. il devait contempler le dos de son hôtesse... »
CAMUS, La peste, p. 250.

— *Spécialt. Hôtesse de l'air* et absolt. *Hôtesse :* jeune femme, jeune fille chargée de veiller au confort, à la sécurité des passagers, de s'occuper des enfants voyageant seuls, etc. dans les appareils de certaines compagnies de transport aérien. *L'hôtesse et le steward* font partie de l'équipage. *Uniforme d'hôtesse de l'air.*

II. ‖ 1° Celui, celle qui reçoit l'hospitalité. — REM. Dans ce sens le fém. HÔTESSE est vieilli. On n'écrirait plus, comme le fait CORNEILLE : « *L'honneur de recevoir une si grande hôtesse* » (Médée, IV, 5). « *Quand il s'agit d'une femme qu'on reçoit, on dit une hôte* » (GREVISSE, Bon usage, § 244, 2°, REM. 2). — *Recevoir, loger, nourrir, régaler, traiter un hôte, ses hôtes.* V. **Invité.** *Réserver à ses hôtes un accueil amical, chaleureux. Recevoir un hôte* (Cf. Faire les honneurs de la maison). *Entrez, vous êtes notre hôte, vous êtes ici chez vous... Hôte de passage, passager. Hôte de marque. De nombreux hôtes* (Cf. Affluence, cit. 2). *Hôtes réunis chez quelqu'un.* V. **Commensal, convive** (Cf. Circonstance, cit. 13). *Renvoyer, retenir un hôte* (Cf. Échapper, cit. 2). *L'ambassadeur d'Angleterre a été l'hôte du président du Conseil. En Grèce, le proxène* recevait les *hôtes publics. Par ext. Les membres de la délégation ont été les hôtes de la municipalité, de la ville. Ces réfugiés*

politiques sont les hôtes de la France. Durant ses vacances, l'ancien Premier ministre britannique sera l'hôte de notre pays.

8 « — Pour boire à Jupiter qui nous daigne envoyer
L'étranger, devenu l'hôte de mon foyer. »
CHÉNIER, Bucoliques, Le mendiant.

9 « ... ne faut-il pas déployer pour son hôte et pour son ami toutes les chatteries, toutes les câlineries de la vie ? »
BALZ., Médecin de campagne, Œuvr., t. VIII, p. 374.

10 « Un empressement affectueux et ce mélange de boissons, plus que britannique, lui firent sentir avec délicatesse qu'il était, pour ce dernier soir, non plus un membre, mais l'hôte du mess. »
MAUROIS, Disc. Dr O'Grady, XVII.

— *Hôte payant,* qui prend pension chez quelqu'un, moyennant redevance.

11 « Je dois donc me résoudre, modula Mrs Pigott, à prendre des hôtes payants. Je vous demanderai trente et un shillings par semaine et mes filles vous apprendront l'anglais. »
MAUROIS, Disc. Dr O'Grady, III.

— *Spécialt.* En parlant des clients d'une auberge, d'un hôtel. *Les hôtes d'un aubergiste* (Cf. Éventer, cit. 2).

12 « C'est un hôtel très vieux ; on dirait un ancien manoir... Le patron, M. Bonnabel, n'est pas là aujourd'hui... D'ordinaire, il va et vient d'un pas majestueux, prêt à converser avec ses hôtes et à vanter... la nourriture... le climat... »
CHARDONNE, Destin. sentim., pp. 211-212.

— *Par ext. Les hôtes successifs d'une chambre d'hôtel, d'un appartement meublé.* V. **Habitant, locataire, occupant.**

13 « L'âme n'est pas logée dans un corps comme l'hôte transitoire d'une chambre anonyme : elle est l'âme d'un corps. »
DANIEL-ROPS, Ce qui meurt..., IV, p. 130.

— *Par anal.* V. **Visiteur.** *Les rats sont des hôtes fort incommodes* (ACAD.). *Fig. Avoir pour hôtes les soucis, les alarmes* (cit. 7 LA FONT.).

‖ 2° *Fig. et poét.* En parlant de ce qui vit dans un lieu. V. **Habitant.** *Les hôtes de l'air :* les oiseaux. *Les hôtes des bois* (cit. 16). Cf. *aussi* Bruit, cit. 1 LA FONT. ; fauvette, cit. BUFFON.

14 « Remplissons de nouveaux hôtes
Les cantons de l'univers. »   LA FONT., Fabl., VIII, 20.

15 « Chaque saison nous ramenait ses hôtes, et chacun d'eux choisissait aussitôt ses logements, les oiseaux de printemps dans les arbres à fleurs, ceux d'automne un peu plus haut, ceux d'hiver dans les broussailles, les buissons persistants et les lauriers. »   FROMENTIN, Dominique, III.

— *L'âme, considérée comme l'hôte du corps.* — REM. L'emploi du fém. HÔTESSE (Cf. suff. -Et, -ette, cit. RONS.), dans ce sens comme au sens propre, est archaïque (Cf. DURKHEIM qui écrit : « *l'âme* (cit. 43) *est un hôte de passage* »).

HÔTEL. *n. m.* (*Ostel* au XIe s. au sens de « demeure, logis » ; bas lat. *hospitale,* « chambre pour les hôtes ». V. **Hôpital**).

‖ 1° *Vx.* Logis, maison, et *par ext.* Résidence, séjour. *Gouverner un hôtel* (Cf. Économie, cit. 1).

— *Spécialt.* V. **Hôtel-Dieu** (Comp.).

‖ 2° Maison meublée où on loge et où l'on trouve toutes les commodités du service (à la différence du meublé*). V. **Auberge, hôtellerie** (Cf. Habitation, cit. 4). — REM. Ce sens « semble s'être formé dans les riches villes du Nord (déjà au XIIIe s.), il ne devient général que vers la fin du XVe s. » (BLOCH) ; au XVIIIe s. il évince progressivement *Auberge* (Cf. BRUNOT, H.L.F., t. VI, p. 359). — *L'hôtel se caractérise par le fait que l'exploitant loue, au jour et même au mois, des chambres... Il est donc théoriquement distinct du restaurant... et du café..., mais, dans la pratique, la distinction est moins nette... L'hôtel se distingue de la maison louée à des particuliers par le caractère moins prolongé de l'occupation des lieux loués* » (Nouv. répert. Dalloz ; « Hôtelier-Logeur »). *Catégories, classes d'hôtel. Confort* (cit. 1) *d'un hôtel. Hôtel de première classe ; hôtel luxueux ; grand hôtel international.* V. **Palace.** *Hôtel de tourisme. Hôtels saisonniers d'une ville d'eau, d'une plage, d'une station de sports d'hiver* (Cf. Établissement, cit. 8 ; exploitation, cit. 11). *Petit hôtel bon marché, très simple* (Cf. Bordure, cit. 3). *Hôtel borgne, mal famé, sordide... Échouer dans un hôtel malpropre. Hôtel cosmopolite.* V. **Caravansérail** (fig.) *Hôtel clandestin.* V. **Maison** (de passe). — *Hôtel avec, sans restaurant. Hôtel-restaurant. Café-hôtel* (V. **Cabaret, estaminet**). *Hôtel où l'on prend pension.* V. **Pension.** — *Noms d'hôtels : Grand Hôtel, Hôtel Moderne, Hôtel de la Gare, de la Poste... En 1690,* Furetière cite les *Hôtels d'Anjou, du Pérou, de Provence... Hôtel du Nord,* roman d'E. Dabit. — *Le hall*, la réception*, les salons, la salle à manger d'un hôtel. Garage, remises d'un hôtel* (Cf. Garer, cit. 4). *Les chambres d'un hôtel ; hôtel de cent chambres. Chambre d'hôtel* (Cf. Border, cit. 4 ; étudiant, cit. 6 ; frelaté, cit. 6). — *Propriétaire, gérant, directeur d'hôtel* (V. **Hôtelier**, et pop. **Taulier**). *Personnel d'un hôtel.* V. **Domestique, service ; chasseur, concierge, femme** (de chambre), **garçon, groom** (cit. 3), **portier, réceptionnaire, valet, veilleur** (de nuit). *Chef, cuisiniers d'un hôtel.*

Garçon* *d'hôtel* (Cf. Balle, cit. 12) ; *portier d'hôtel* (Cf. Galon, cit. 1). — *Clients, habitués* (cit. 15), *pensionnaires d'un hôtel. La clientèle* (cit. 1) *des grands hôtels. Aller, descendre, coucher, vivre à l'hôtel* (Cf. Camp, cit. 8). *Retenir, louer, prendre une chambre, un appartement à l'hôtel. Hôtel complet. Prendre ses repas à son hôtel. Payer la note* en quittant l'hôtel. Publicité pour un hôtel* (Cf. Flèche, cit. 15). *Guide* (cit. 9) *des hôtels. Racoler des voyageurs pour un hôtel* (V. **Pister ; pisteur**). — REM. L'acception moderne d'*Hôtel*, seulement signalée par LITTRÉ (qui n'en donne aucun exemple littéraire), est datée du XIXᵉ s. par DAUZAT. En fait, elle était déjà courante au XVIIᵉ s.

1   « On sait bien mieux vivre à Paris, dans ces hôtels dont la mémoire doit être si chère. Cet hôtel de Mouhy, Madame, cet hôtel de Lyon, cet hôtel de Hollande ! les agréables demeures que voilà ! »
          MOL., *Escarb.*, 2.

2   « Il y a des appartements magnifiquement garnis pour les grands seigneurs à l'Hôtel de la reine Marguerite, rue de Seine, et à l'Hôtel de Bouillon, rue des Théatins... (*et*) plusieurs autres hôtels meublés... par exemple l'Hôtel de Hollande et le grand Hôtel de Luyne,... »
      Livre... contenant les adresses de la ville de Paris pour l'année... 1692 ; Article : *Hôtels garnis et tables d'auberge*, in MOL., *Escarb.*, t. VIII, p. 571, Note 3.

3   « Il vint... un vieillard qui me dit : Que souhaitez-vous, seigneur ! tous vos gens sont sortis de ma maison avant le jour. Comment, de votre maison ?... est-ce que je ne suis pas ici chez don Raphaël ? Je ne sais ce que c'est que ce cavalier, me répondit-il, vous êtes dans un hôtel garni, et j'en suis l'hôte. Hier au soir... la dame qui a soupé avec vous vint ici, arrêta cet appartement pour un grand seigneur, disait-elle... Elle m'a même payé d'avance. »
          LESAGE, *Gil Blas*, I, XVI.

4   « ... j'allai loger à l'hôtel Saint-Quentin, rue des Cordiers... vilaine rue, vilain hôtel, vilaine chambre, mais où cependant avaient logé des hommes de mérite, tels que Gresset, Bordes, les abbés de Mably, de Condillac... »
          ROUSS., *Confess.*, VII.

5   « ... une de ces ignobles chambres qui sont la honte de Paris, où, malgré tant de prétentions à l'élégance, il n'existe pas encore un seul hôtel où tout voyageur riche puisse retrouver son chez soi. »
          BALZ., *Illus. perdues*, Œuvr., t. IV, p. 595.

6   « La gêne domestique l'obligea à tenir quelque hôtel ou table d'hôte, circonstance qui fut tant reprochée depuis à Rivarol... »
          STE-BEUVE, *Caus. du lundi*, 27 oct. 1851, t. V, p. 63.

7   « Je m'étonnais qu'il y eût des gens assez différents de moi pour que... le lieu de supplice qu'est une demeure nouvelle pût paraître à certains « un séjour de délices » comme disait le prospectus de l'hôtel... Il est vrai qu'il invoquait, pour la faire venir (*la clientèle*) au Grand Hôtel de Balbec, non seulement « la chère exquise » et le « coup d'œil féerique des jardins du Casino » mais encore les *arrêts de Sa Majesté la Mode*... »
          PROUST, *Rech. t. p.*, t. IV, p. 81.

8   « ... la population, d'ordinaire banalement riche et cosmopolite, de ces sortes d'hôtels de grand luxe... »
          ID., *Ibid.*, p. 94.

9   « Les pauvres locataires des hôtels meublés n'ont pas de chez soi. »
          Ch.-L. PHILIPPE, *Bubu*, I, p. 21.

10   « — ... Mais quelle est donc cette maison ?... — Oh ! C'est un hôtel ? Vous n'allez pas me mener à l'hôtel ? — Pas un hôtel, ma chérie. Une maison de famille, tout à fait discrète et convenable... »
          ROMAINS, *H. de b. vol.*, t. III, XX, p. 277.

11   « Elle jeta un coup d'œil sur la façade où des lettres d'une grandeur indécente proclamaient le nom de l'hôtel,... »
          GREEN, A. *Mesurat*, II, V (Cf. Fragilité, cit. 1).

‖ 3° (Début XVᵉ s., sens issu « de l'expression jurid. *juger en l'ostel le roi*, à la résidence (momentanée) du roi » (BLOCH). *Demeure** citadine d'un grand seigneur (*anciennt.*) ou d'un riche particulier. V. **Château, palais**. *L'hôtel d'un prince, d'un grand seigneur. Hôtel appartenant à une famille, à un particulier* (Cf. Archétype, cit. 4 ; habitation, cit. 8). *Hôtel de Lauzun, de Luynes ; hôtel Crillon. Vieil hôtel du XVIIᵉ s. Quartier d'hôtels anciens. Les grands hôtels du faubourg Saint-Germain* (Cf. Emménager, cit. 1). *Hôtel classé monument historique. Hôtel princier* (Cf. Auréole, cit. 12), *magnifique* (Cf. Billet, cit. 5). *Hôtels faisant partie d'un palais* (Cf. Galerie, cit. 2). *Les appartements, les salons d'un hôtel* (Cf. Feston, cit. 3). *Se faire bâtir, construire un hôtel* (Cf. Bâtiment, cit. 6). — REM. En ce sens, on dit souvent « *Hôtel particulier* » pour éviter la confusion avec le sens précédent. *Il possède un hôtel particulier à Paris, à Lyon... Louer, acheter un hôtel particulier* (V. **Immeuble**).

12   « Madame de Sommervieux ne connaissait pas encore les antiques et somptueux hôtels du faubourg Saint-Germain. Quand elle parcourut ces vestibules majestueux, ces escaliers grandioses, ces salons immenses ornés de fleurs malgré les rigueurs de l'hiver, et décorés avec ce goût particulier aux femmes qui sont nées dans l'opulence ou avec les habitudes distinguées de l'aristocratie, Augustine eut un serrement de cœur... »
          BALZ., *La maison du chat-qui-pelote*, Œuvr., t. I, p. 62.

13   « ... Neuilly, plein d'hôtels particuliers, et dont la nostalgique chevelure d'avenues vient trainer jusqu'aux quais retrouvés de la Seine, et aux confins de la métallurgie de Levallois-Perret. »
          ARAGON, *Beaux quartiers*, II, I.

— Hist. littér. *Théâtre de l'Hôtel de Bourgogne*, élevé sur l'emplacement de l'hôtel des Ducs de Bourgogne à Paris, et célèbre au XVIIᵉ siècle. *On joua à l'Hôtel de Bourgogne la plupart des pièces de Corneille et de Racine. La troupe de l'Hôtel de Bourgogne compta des acteurs célèbres tels que Floridor, La Champmeslé...*

14   « Il y avait depuis quelque temps des comédiens établis à l'Hôtel de Bourgogne. Ces comédiens assistèrent au début de la nouvelle troupe. Molière, après la représentation de *Nicomède*, s'avança sur le bord du théâtre, et prit la liberté de faire au roi un discours par lequel il remerciait Sa Majesté de son indulgence, et louait adroitement les comédiens de l'Hôtel de Bourgogne, dont il devait craindre la jalousie : il finit en demandant la permission de donner une pièce d'un acte qu'il avait jouée en province. La mode de représenter ces petites farces après de grandes pièces était perdue à l'Hôtel de Bourgogne. Le roi agréa l'offre de Molière ; »
          VOLT., *Mélang. littér.*, Vie de Molière.

— Loc. *Maître d'hôtel* : celui qui dirige le service de table, chez un riche particulier (V. **Majordome**), ou dans un restaurant... *Le maître d'hôtel et l'intendant* (Cf. Bout., cit. 16).

15   « Grandchamp... semblait ne s'occuper que des apprêts du dîner ; il remplissait les devoirs importants de maître-d'hôtel, et jetait le regard le plus sévère sur les domestiques, pour voir s'ils étaient tous à leur poste, se plaçant lui-même derrière la chaise du fils ainé de la maison, lorsque tous les habitants du château entrèrent... »
          VIGNY, *Cinq-Mars*, I, t. I, p. 39. — REM. L'orthographe *Maître-d'hôtel* n'est plus en usage.

16   « Ce petit groupe de l'hôtel de Balbec regardait d'un air méfiant chaque nouveau venu, et... tous interrogeaient sur son compte leur ami le maître d'hôtel. Car c'était le même... qui revenait tous les ans faire la saison et leur gardait leurs tables ; »
          PROUST, *Rech. t. p.*, t. IV, p. 95.

— *Spécialt.* (Vx). *L'hôtel du roi*, et absolt. *L'hôtel.* V. **Palais**. *Grand prévôt, maître des requêtes de l'hôtel.*

— *Par ext.* Grand *édifice** destiné à un établissement public. *Hôtel des monnaies, de la Monnaie*. Hôtel des postes. Hôtel des ventes* (Cf. Salle des ventes). *Hôtel des Invalides* (V. **Hospice**). — Spécialt. *Hôtel de ville* : édifice où siège l'autorité municipale. V. **Mairie** (Cf. Fonctionnaire, cit. 4). *L'hôtel de ville de Lyon, de Compiègne. L'Hôtel de Ville de Paris, siège du conseil municipal et de la préfecture de la Seine.* — REM. *Hôtel de ville* s'écrit sans trait d'union à la différence d'*Hôtel-Dieu*.

17   « — La mairie est par ici, sans doute ? — L'hôtel de ville ?... Qu'est-ce que vous allez faire à l'hôtel de ville à minuit moins le quart ? Tous les bureaux sont fermés... Il n'était pas loin de minuit quand ils lurent sous le pan d'une maison : « Place de l'Hôtel-de-Ville ».
          ROMAINS, *Les copains*, IV.

DER. — **Hôtelier, hôtellerie**.

COMP. — **Hôtel-Dieu.** *n. m.* (XIIIᵉ s., « maison de Dieu »). Se dit de l'*hôpital** principal de certaines villes. *L'Hôtel-Dieu de Beaune.* V. **Hospice**. *Des hôtels-Dieu.* Absolt. *L'Hôtel-Dieu* : celui de Paris.

1   « Vous avez dans Paris un Hôtel-Dieu où règne une contagion éternelle, où les malades, entassés les uns sur les autres, se donnent réciproquement la peste et la mort. »
          VOLT., *Lett. à Paulet*, 3320, 22 avr. 1768.

2   « Nous allons recevoir des blessés civils... Quand l'Hôtel-Dieu sera comble, nous serons bien forcés de trouver quelque bâtisse où loger tous ces malheureux. »
          DUHAM., *Récits temps de guerre*, III, II.

HÔTELIER, ÈRE. *n. et adj.* (XIIᵉ s. comme substant. ; de *hôtel*).

I. *N.* Celui, celle qui tient un hôtel, une hôtellerie, une auberge... V. **Aubergiste, hôte, logeur** (*arg.* Taulier). *L'hôtelier est tenu d'inscrire sur un registre les noms, qualités,... de ses clients* (CODE PÉN., Art. 475, 2°) ; *il est responsable (sauf cas de force majeure) de tous les effets apportés par un voyageur* (CODE CIV., Art. 1952-1954) ; *il est privilégié sur ces effets, pour les fournitures faites par lui* (CODE CIV., Art. 2102, 5°). *La profession d'hôtelier.* V. **Hôtellerie** (2°).

1   « As-tu beaucoup de monde dans ton auberge ? dit Vallombreuse... » Bilot allait répondre, mais le jeune duc prévint la phrase de l'hôtelier et continua... »
          GAUTIER, *Cap. Frac.*, VIII, t. I, p. 272.

2   « Si intimidants que fussent toujours pour moi les repas, dans ce vaste restaurant... du Grand-Hôtel, ils le devenaient davantage encore quand arrivait... le propriétaire (ou directeur général...) non seulement de ce palace mais de sept ou huit autres... cet homme... était connu... à Londres aussi bien qu'à Monte-Carlo, pour un des premiers hôteliers de l'Europe. »
          PROUST, *Rech. t. p.*, t. IV, p. 113.

— *N. m.* (*Vx*). Religieux chargé de recevoir les hôtes, les voyageurs, dans certaines abbayes. (Adjectiv.). *Le père hôtelier*.

3   « Nous recevrons très volontiers, pour huit jours, à notre hôtellerie, le retraitant que vous voulez bien nous recommander... Dans l'espoir, monsieur l'abbé, que nous aurons également bientôt le plaisir de vous revoir dans notre solitude, je vous prie d'agréer, F.-M. ÉTIENNE, hôtelier. »
          HUYSMANS, *En route*, p. 162.

4   « Nota : ... 7° Le père hôtelier est seul chargé de pourvoir aux besoins de MM. les hôtes ; »
          ID., *Ibid.*, p. 195.

II. *Adj.* (au sens d'« hospitalier » en anc. fr. ; sens mod. début XXᵉ s. « loi du 8 août 1913 sur le warrant hôtelier »). Relatif aux hôtels, à l'hôtellerie (II). *Industrie hôtelière. Publicité hôtelière. Crédit hôtelier. École hôtelière, formant ses élèves aux diverses professions de l'hôtellerie. Enseignement hôtelier. Syndicats hôteliers.*

HÔTELLERIE. *n. f.* (XIIᵉ s. au sens I, 1° ; de *hôtel*).

I. Maison où les voyageurs peuvent être logés et nourris, moyennant rétribution. V. **Auberge** (cit. 5), **hôtel**. — REM. Du XVIIᵉ au XIXᵉ s., l'hôtellerie se distingue de l'hôtel par son caractère modeste, rustique (*Hôtel* se disant « des célèbres hôtelleries et auberges » FURETIÈRE 1690) ; et par le fait qu'on y loge moins longtemps (« l'une est un pied-à-terre, l'autre un séjour habituel » LAFAYE). — *Descendre, se loger dans une hôtellerie* (Cf. Gravelle, cit. 2). *Hameau sans une hôtellerie* (Cf. Consteller, cit. 3). *Cuisine* (cit. 1) *d'hôtellerie. Écuries des anciennes hôtelleries* (Cf. On loge* à pied et à cheval). *Hôtellerie destinée au logement des domestiques, des visiteurs, près d'un château.* V. **Tournebride.**

1 « La Rancune entra dans l'hôtellerie, un peu plus que demi-ivre. La servante de la Rappinière, qui le conduisait, dit à l'hôtesse qu'on lui dressât un lit. »   SCARRON, **Rom. comique,** VI.

2 « Tout cela mangeant et buvant, sans visible souci de quoi que ce soit. Enfin, la tablée vulgaire de n'importe quelle hôtellerie provinciale. »
                              BLOY, **La femme pauvre,** I, XIV.

— *Par ext.* Bâtiment d'une abbaye destiné à recevoir les hôtes (Cf. Hôtelier, cit. 3).

— *De nos jours.* Hôtel ou restaurant d'apparence rustique mais confortable ou même luxueux, généralement situé à la campagne. — REM. En ce sens et par souci d'archaïsme l'établissement se désigne parfois sous le nom d'*Hostellerie* (l's se prononce). Cf. Gastronomique, cit. 3.

3 « Des papillons de nuit voletaient autour des lampions... L'orchestre s'était tu. Dans l'« hostellerie », la plupart des fenêtres s'étaient éteintes. »   MART. du G., **Thib.,** t. VI, p. 26.

4 « ... tout baignera dans une nuit offensée de lueurs ; — hostelleries, faux mas, dancings, bars champêtres, enseignes américaines pour snobisme français, Searwood-Lodge, Hollywood-Beach, sèment la lumière en ballons, en tubes blafards... »   COLETTE, **Prisons et paradis,** p. 57.

II. Métier, profession d'hôtelier ; industrie hôtelière. *École d'hôtellerie. Travailler dans l'hôtellerie. L'hôtellerie française, suisse, italienne. Crise de l'hôtellerie.*

★ **HOTTE.** n. f. (*Hote* au XIIIᵉ s. ; francique *hotta*).

‖ 1° Sorte de grand panier* ou de cuve*, qu'on porte sur le dos au moyen de bretelles (ou brassières*). *Hotte en osier, en bois... Porter du pain, du linge dans une hotte. Transporter au moyen de hottes.* V. **Hotter, hotteur.** *Hotte de chiffonnier*. Le fléau* du vitrier se porte comme une hotte.* — *Spécialt.* Agric. *Hotte de vendangeur,* pour le transport des raisins du lieu de cueillette aux bennes* (cit.). V. **Bouille** 2.

1 « Il y a partout une chaumière auprès d'un palais... un chiffonnier qui porte sa hotte auprès d'un roi qui perd son trône... »
                              CHATEAUB., **M. O.-T.,** t. IV, p. 1.

‖ 2° Construction en forme de hotte renversée, se raccordant à un tuyau de cheminée, à un conduit d'aération... *Hotte de brique, de tôle. Hotte de pierre d'une cheminée gothique. Hotte d'une cheminée de cuisine, de forge. Hotte de laboratoire.*

2 « ... ce parfum... m'évoque la vision d'une cheminée à hotte dans laquelle des sarments de genévrier pétillent... »
                              HUYSMANS, **Là-bas,** XXII.

DER. — ★ **Hottée.** n. f. (XVIᵉ s.). Capacité d'une hotte ; contenu d'une hotte pleine. — ★ **Hotter.** v. tr. (XVᵉ s.). Transporter dans une hotte. *Hotter des raisins* (DER. ★ **Hottage.** n. m. Transport au moyen d'une hotte). — ★ **Hottereau** ou ★ **Hotteret.** n. m. (1359) Petite hotte. — ★ **Hotteur, euse.** n. (XIVᵉ s.). Celui, celle qui porte la hotte.

« Vigneau emprunta du bois pour chauffer son four, il alla sans doute chercher ses matériaux la nuit par hottées et les manipula pendant le jour ; »
                              BALZ., **Médecin de campagne,** Œuvr., t. VIII, p. 404.

★ **HOTTENTOT, OTE.** adj. (mot hollandais signifiant « bégayeur »). Relatif à une population de pasteurs nomades de l'Afrique du Sud-Ouest (et parfois appliqué abusiv. aux Bochimans, leurs voisins). *Population hottentote. Dialectes hottentots.* — *Spécialt. Vénus hottentote :* type de femme bochimane fortement stéatopyge*. — *Substant. Le hottentot,* ensemble des dialectes parlés par les Hottentots, appartenant aux langues *khoïn* ou khoïnides.

★ **HOU !** interj. (XIVᵉ s. ; onomat.). *Vén.* Cri pour exciter les chiens : *Hou ! hou !* — Interjection pour railler, faire peur ou honte. *Hou ! la vilaine ! Hou ! hou ! gare au loup !* — Cri de réprobation, d'hostilité contre quelqu'un (V. **Huer**). *Hou ! hou ! à la porte* (Cf. Conspuez !).

« ... La Fontaine gronde : « Cet âge est sans pitié ». Il a des mots terribles, le poète. Je ne lui reproche pas son « petit peuple ». Voilà qui reste aimable. Adoptons « petit peuple ». Mais « maudite engeance ». Hou ! Quelle colère ! » DUHAM., **Plaisirs et jeux,** III, VI.

— *Hou ! hou !* interjection redoublée servant à appeler (Var. de *Ho !*).

★ **HOUACHE,** ★ **HOUAICHE** ou **OUAICHE.** n. f. (1678 ; adapt. de l'angl. *wake,* « sillage »). *Mar.* Sillage d'un navire en marche. — « Bout de ligne, fixé entre la ligne de loch proprement dite et le bateau de loch* » (GRUSS).

★ **HOUARI.** n. f. (1788 ; adapt. de l'angl. *wherry*). *Mar.* Embarcation des mers du Nord. — *Voile à houari,* voile triangulaire à vergues légères. *Baleinière gréée en houari.*

★ **HOUBLON.** n. m. (*Oubelon* en 1413 ; du néerl. *hoppe,* avec sonorisation de la consonne finale et influence de

l'anc. fr. *homlon ;* lat. médiév. *humlone,* d'un anc. francique *humilo*). *Bot.* Plante dicotylédone grimpante (*Urticacées, cannabinées*) herbacée, vivace, à tige dure, anguleuse, volubile, à fleurs dioïques. *Les fleurs femelles du houblon forment des cônes ovoïdes écailleux* (V. **Strobile**), *couverts d'une résine poussiéreuse, jaune, odorante, à saveur amère* (V. **Lupulin**). *On cultive le houblon dans les contrées septentrionales et on emploie ses cônes pour aromatiser la bière*. Perches à houblon. Chaudière à houblon. Le houblon dit du Japon, variété ornementale* (Cf. Enguirlander, cit. 1). *Tonnelle de houblon* (Cf. Guinguette, cit. 1).

« ... quand il faisait beau, nous allions derrière la maison prendre le café dans un cabinet frais et touffu, que j'avais garni de houblon, et qui nous faisait grand plaisir durant la chaleur ; »
                              ROUSS., **Confess.,** VI.

DER. — **Houblonner.** — ★ **Houblonnier.** n. m. (1873). Celui qui cultive le houblon. — *Adjectivt.* (1877). Qui produit du houblon. *Pays houblonnier. Région houblonnière.* — ★ **Houblonnière.** n. f. (1535). Champ de houblon. *Houblonnière d'Alsace, de Belgique.*

« Le colonel Bramble, le major Parker et l'interprète Aurelle s'en allèrent à pied vers leur cantonnement parmi les houblonnières et les champs de betteraves. »   MAUROIS, **Silences col. Bramble,** I.

★ **HOUBLONNER.** v. tr. (1694 ; de *houblon*). Mettre du houblon dans (une boisson). *Houblonner la bière. Le stout*, bière fortement houblonnée. Le lambic*, bière faiblement houblonnée.*

DER. — ★ **Houblonnage.** n. m. (1874). Action de houblonner ; troisième opération dans la fabrication de la bière*. *Chaudière de houblonnage.*

★ **HOUDAN.** n. f. V. **POULE.**

★ **HOUE.** n. f. (XIIᵉ s. ; d'un francique *hauwa*). *Agric.* Sorte de pioche à lame assez large dont on se sert pour les binages. *Houe à main.* V. **Agricole** (outillage) ; **bêche, bêchoir, fossoir, hoyau, marre.** *Biner*, sarcler* à la houe.* — *Par ext. Houe à cheval* (cit. 2), sorte de charrue légère, à un ou plusieurs petits socs triangulaires. V. **Bineuse.**

« ... il (*Gudin*) aperçut une femme d'une trentaine d'années, occupée à labourer la terre à la houe, et qui, toute courbée, travaillait avec courage,... »   BALZ., **Les Chouans,** Œuvr., t. VII, p. 1020.

HOM. — **Hou, houx, ou, où.**

DER. — ★ **Houer.** v. tr. (XIIᵉ s.). Labourer avec la houe (DER. ★ **Houement.** n. m. (1538). Labour à la houe.

« Son hôte la menait tantôt fendre du bois,
Tantôt fouir, houer... »   LA FONT., **Fabl.,** III. 8.

★ **HOUILLE** (*hou-ye*). n. f. (1611 COTGRAVE, *oille de charbon,* en 1502 ; du wallon *hoye ; hulhes,* mot liégeois, signalé en 1278). Combustible minéral de formation sédimentaire (densité moyenne 1,3), généralement noir, à facettes plus ou moins brillantes, et renfermant 75 à 93 % de carbone pur. *La houille, charbon naturel fossile,* autrefois nommé « charbon de terre, charbon de pierre » *par oppos.* au « charbon de bois ». V. **Charbon*.** — REM. *Houille* s'emploie surtout en langage scientifique ; dans le langage courant, on lui préfère « charbon » employé absolument, la houille étant le meilleur des charbons naturels qu'on utilise de préférence à tout autre. *La houille provient de végétaux* (Cf. Calamite, cordaïte, fougère, prêle, sigillaire) *qui se sont décomposés* (Houillification des végétaux). *Composition de la houille :* matière combustible : carbone, hydrogène, oxygène, azote, soufre (pyrites, sulfates) ; silicates à bases multiples, alumine, oxyde de fer, chaux ; eau. *Variétés de houilles classées d'après leur teneur en matières volatiles : houilles grasses* (plus de 25 %). V. **Maréchale** ; *houilles 3/4 grasses* (19 à 25 %), *demi-grasses* (15 à 18 %), *maigres* (12 à 14 %) *et anthraciteuses* (4 à 11 %). V. **Anthracite.** *Gisement de houille* (Cf. Bassin houiller*). *Filon, veine de houille* (V. **Airure, sillage**). *Extraction de la houille.* V. **Houillère, mine, mineur.** *Corons* d'une mine de houille. Haveur qui attaque la houille avec son pic* (Cf. Charbon, cit. 2). *Gaz inflammable dans les mines de houille.* V. **Grisou** (cit. 1), **méthane.** *Épierrage, criblage, triage, lavage de la houille. Aspect des morceaux de houille après l'extraction, dans le commerce.* V. **Fin** (*fines de houille*), **gaillette, gailletin, poussier** (aggloméré, boulet, briquette), **tête-de-moineau, tout-venant.** — *Utilisation de la houille. Emploi de la houille comme combustible* (énergie calorifique de « houille noire ») Cf. Foyer, cit. 6. *Résidus de la combustion de la houille.* V. **Escarbille, mâchefer, scorie, senisse.** *Produits de la distillation de la houille.* V. **Coke, goudron, gaz** (d'éclairage). *Gaz de houille, gazéification* de la houille dans la mine ; *goudron** (cit. 4) *de houille.* V. **Coaltar.** *La distillation du goudron de houille donne de nombreux sous-produits* (Cf. Extraire, cit. 11 ; goudron, cit. 4). *Hydrogénation de la houille.* V. **Essence** (synthétique).

1 « Ces fameux amas de charbons de terre ou de houille, ressource de l'âge présent et reste des premières richesses végétales qui aient orné la face du globe... »   CUVIER, **Discours s. révol.,** 293 (in LITTRÉ).

2 « Et, au milieu du silence lourd, de l'écrasement des couches profondes, on aurait pu, l'oreille collée à la roche, entendre le branle de ces insectes humains en marche, depuis le vol du câble qui montait et descendait la cage d'extraction, jusqu'à la morsure des outils entamant la houille, au fond des chantiers d'abattage. »
                              ZOLA, **Germinal,** I, III.

3 « La transformation des végétaux en houille est certainement due à des actions comparables à celles qui donnent naissance à la tourbe, aux lignites, aux bogheads, etc. Elle est le résultat d'une macération dans l'eau et ce phénomène semble dû à des actions microbiennes... Les nombreux ferments apportés par les végétaux prolifèrent... Ensuite, le milieu devenant anaérobie, ils dédoublent les hydrates de carbone en gaz (CO_2 et CH_4) et en hydrocarbures liquides ou solides qui forment le combustible fossile. » E. HAUG, Traité de géol., t. I, pp. 135-136.

4 « Pour en séparer et en extraire les gaz, les goudrons et le coke qui la composent, la houille est soumise en vase clos (four ou cornue), pour éviter la combustion, à l'action de la chaleur pendant un certain temps (de quatre à vingt-quatre heures). C'est ce qu'on appelle *carbonisation*, *cokéfaction* ou *distillation*... Avant d'être enfournée, la houille est concassée si elle n'est pas déjà en poussier (dit « fines de houille ») ou en petits morceaux. » Jean BECK, Le goudron de houille, pp. 9-10 (éd. P.U.F.).

— Par anal. d'utilisation. *Houille blanche :* énergie* hydraulique fournie par les chutes d'eau en montagne. V. **Barrage***, **lac** (artificiel), **réservoir, turbine ; hydro-électrique** (installation, usine hydro-électrique). — *Houille verte :* énergie hydraulique fournie par le courant des fleuves, des rivières. V. **Moulin** (à eau). — *Houille bleue :* énergie hydraulique fournie par les vagues et les marées (Cf. Usine marémotrice).

5 « ... l'eau, obéissant à la pesanteur et dévalant de la montagne vers la mer, est une force et peut devenir une source d'énergie. Cette force, employée selon des techniques aussi variées qu'ingénieuses, a depuis des siècles actionné roues de moulins, roues d'irrigation, scies verticales, etc. Puis, l'heure est venue de l'accroissement et du perfectionnement quasi indéfini des modes d'utilisation de la « houille blanche », et de la « houille verte », voire de la « houille bleue ». « Cette eau si rebelle, dit Gabriel Hanotaux, pourquoi ne pas la bâillonner dès sa naissance ? » Et durant ces quarante dernières années, par le développement des usines hydro-électriques et le transport de la force, une grande révolution industrielle... s'est déjà manifestée, qui rend à des pays privés de houille comme la Suisse une puissance économique et un rang qu'il eût été impossible d'imaginer et de prévoir. » BRUNHES, Géogr. hum., t. I, p. 76.

DER. — ★ **Houiller, ère.** adj. (1793). Qui renferme des couches de houille. *Terrain, bassin houiller.* — Relatif à la houille. *Richesse houillère. Industries houillères.* Géol. *Période houillère*, période de l'ère primaire, dite période anthracolithique, pendant laquelle s'est formée la houille. V. **Carbonifère***. — ★ **Houillère.** n. f. (XVIe s.). Mine de houille. *Les houillères du Nord de la France. Exploitation d'une houillère.* V. **Charbonnage.** — ★ **Houilleur.** n. m. (XIVe s. FROISSART, in WARTBURG). Ouvrier qui travaille aux mines de houille. — ★ **Houilleux, euse.** adj. (1835 ACAD.). Qui contient de la houille. *Roche houilleuse.*

★ **HOUKA.** n. m. (1812 JOUY, in MATORÉ ; empr. à l'hindi *hukka*, d'orig. arabe). Pipe* orientale. V. **Narguilé.**

1 « Sur ses genoux était le bec d'ambre d'un magnifique houka de l'Inde... » BALZ., Peau de chagrin, Œuvr., t. IX, p. 170.

2 « Le houka, comme le narguilé, est un appareil très élégant... C'est un réservoir ventru comme un pot du Japon, lequel supporte une espèce de godet en terre cuite où se brûle le tabac, le patchouli, les substances dont vous aspirez la fumée... La fumée passe par de longs tuyaux en cuir de plusieurs aunes, garnis de soie, de fil d'argent, et dont le bec plonge dans le vase au-dessus de l'eau parfumée qu'il contient. En passant par cette eau, la fumée... s'y rafraichit, s'y parfume... et vous arrive au palais, pure et parfumée. » ID., Traité des excitants modernes, VI (Œuvr. div., t. III, pp. 189-190).

★ **HOULE.** n. f. (1552 RAB. ; du german. *hol* (allem. *hohl*), « creux », probablt. à cause du creux des vagues. Cf. allem. *hohle See*, « houle, grosse mer », propremt. « mer creuse »).

‖ 1o Mouvement ondulatoire qui agite la mer sans faire déferler les vagues (Cf. Fuyant, cit. 3). *Forte, grosse houle* (Cf. Fatiguer, cit. 16 ; est, cit. 1 CHATEAUB.). *Houle d'ouragan. Le balancement de la houle* (Cf. Électricité, cit. 2). *Canot* (cit. 2) *soulevé par la houle. Navire balancé par la houle.* V. **Roulis.**

1 « Les formes élancées des navires, au gréement compliqué, auxquels la houle imprime des oscillations harmonieuses,... » BAUDEL., Spleen de Paris, XLI.

2 « La houle s'amusait obstinément à balancer le *Cyclone* et l'embarcation dans des montées et des descentes opposées : on les eût dit aux deux bouts d'une bascule. » R. VERCEL, Remorques, V, p. 111.

— Par ext. (*Au plur.*). Grosses vagues d'une mer agitée. *Le frisson* (cit. 31) *des houles. Navire ballotté par les houles.* V. **Tangage.**

3 « Quelquefois le soleil se couchait que nous étions encore assis sur la côte élevée, occupés à regarder mourir à nos pieds les longues houles qui venaient d'Amérique. » FROMENTIN, Dominique, XI.

— Par anal. *La houle d'un champ de blé sous la brise* (Cf. Haleine, cit. 31). *Des houles de feuillages* (Cf. Bois, cit. 11 LECONTE DE LISLE). — REM. Ce sens qui apparaît au XIXe s. ne figure pas dans ACAD. 8e éd.

4 « De son cabinet, il contemplait... l'énorme houle des verdures forestières. » L. BERTRAND, Louis XIV, III, II.

5 « La houle des pins entourait la métairie abandonnée d'une lamentation infinie. » MAURIAC, Fin de la nuit, XI, p. 227.

— Par métaph. et fig. (Cf. Foule, cit. 10.) *Une houle humaine* (Cf. Battre, cit. 41). *La houle des passions.* — REM. Ce sens qui apparaît au XIXe s. ne figure pas dans ACAD. 8e éd.

« Un grand esprit en marche a ses rumeurs, ses houles ; 6
Ses chocs, et fait frémir profondément les foules, » HUGO, Lég. des siècles, XXXVIII, Les esprits.

« De grands élans le parcouraient en profondeur, dont il épiait 7 curieusement l'éveil, suivait la houle puissante et secrète. Cette houle, quelquefois, débordait tout son corps ; il la sentait sortir de lui, avec un tressaillement qui lui glaçait la peau. » GENEVOIX, Raboliot, IV. I.

‖ 2o Se dit de ce qui rappelle, par son aspect, la surface d'une mer houleuse. *La houle d'une chevelure. La houle des montagnes à l'horizon.*

« Ô toison, moutonnant jusque sur l'encolure !... 8
... Fortes tresses, soyez la houle qui m'enlève ! » BAUDEL., Fl. du mal, Spleen et id., La chevelure (Cf. Ébène, cit. 3).

« La mode voulait les cheveux très ondulés, formant au-dessus de la 9 tête une houle volumineuse, qui allait s'appuyer sur un chignon lui-même épais et remontant » ROMAINS, H. de b. vol., t. III, X, p. 135.

DER. — ★ **Houler.** v. intr. (1880). *Peu usit.* S'agiter, onduler fortement. — ★ **Houleux, euse.** adj. (1716). Agité par la houle. *Mer* houleuse (Cf. Glauque, cit. 2). — *Fig.* V. **Agité, troublé.** *Assemblée, salle houleuse* (Cf. Effervescence, cit. 6). *Séance houleuse.* V. **Mouvementé, orageux** (ANT. Calme, paisible).

« Le vent courait sans obstacle sur leur contrée plate et sur leur 1 océan houleux... » TAINE, Philos. de l'art, t. I, p. 257.

« La petite salle était houleuse. Les journaux du soir, les nouvel- 2 les apportées par les rédacteurs de l'*Humanité*, éveillaient les commentaires contradictoires et passionnés. » MART. du G., Thib., t. VI, p. 103.

« ... une espèce d'onde me parcourut les reins, et le ventre, faisant 3 houler ma chair au passage, comme une gorge de pigeon que traverse un roucoulement... » ROMAINS, Dieu des corps, VII.

★ **HOULETTE.** n. f. (1278 ; de l'anc. fr. *houler*, « jeter, lancer », d'un francique *hollen*).

‖ 1o Bâton (cit. 3) de berger, muni à son extrémité d'une plaque de fer en forme de gouttière servant à jeter des mottes de terre ou des pierres aux moutons qui s'écartent du troupeau (Cf. Flageolet, cit. 1). *La houlette, emblème* (cit. 1) *des bergers. Houlette enrubannée des bergers de pastorale.* — *Fig.* et *poét.* Le métier de berger. *Porter, prendre, quitter la houlette.*

« Ce berger et ce roi sont sous même planète ; 1
L'un d'eux porte le sceptre, et l'autre la houlette : » LA FONT., Fabl., VIII, 16.

« Un petit berger Watteau, azur et argent comme un clair de lune, 2 choquait sa houlette contre le thyrse d'une Bacchante... » FLAUB., Éduc. sentim., II, I.

— Par métaph. V. **Bâton**, 2o. *La houlette de l'évêque :* sa crosse*. *Sous la houlette de...*, sous la conduite de...

« Troupeau chéri que le ciel a confié à mes soins, c'est peut-être la 3 dernière fois que votre pasteur vous rassemble sous sa houlette ! » CHATEAUB., Martyrs, XIV.

‖ 2o Par anal. *Techn.* Outil de jardinier en forme de petite houlette pour lever de terre les oignons de fleurs. V. **Bêche.** — Cuiller de glacier pour préparer les sorbets. — *Zool.* V. **Pédum.**

★ **HOULQUE**, ou ★ **HOUQUE.** n. f. (1789 ; empr. au lat. d'orig. gr. *holcus*, « orge sauvage »). *Bot.* Plante monocotylédone (*Graminées*), herbacée, vivace, à tige souterraine, à feuilles velues, qui pousse en grosses touffes. *La houlque laineuse, excellent fourrage.*

★ **HOUP !** interj. (onomat.). V. **Hop !**

« Allons, houp ! débarrassez le plancher ! » ZOLA, Assommoir, I, p. 203.

HOM. — Houppe.

★ **HOUPPE.** n. f. (XIVe s. ; d'un anc. francique *huppo*, « touffe »).

‖ 1o Assemblage de brins de fil, de laine, de soie... formant un bouquet*, une touffe*..., et servant généralement d'ornement. V. **Floche, houppette, pompon.** *Houppe d'un gland*.* V. **Freluche.** *Capuchon à grosses houppes de fil d'or* (Cf. Flamand, cit.). — Blas. *Houppes de soie qui ornent les chapeaux des dignitaires ecclésiastiques.* — Spécialt. *Houppe à poudrer.* V. **Houppette.**

« ... le pied lui glissa et comme, en ces occasions, on tâche à se 1 retenir à ce qu'on trouve, il se prit aux houppes des cordons qui tenaient le miroir attaché ; » FURET., Roman bourgeois, I, p. 53.

« La mule est enjolivée d'autant de plumets, de pompons, de 2 houppes, de franges et de grelots qu'il est possible d'en accrocher aux harnais d'un quadrupède quelconque. » GAUTIER, Voyage en Espagne, p. 50.

« Il défendit la cocarde blanche, et condamna les signataires de la 3 déclaration de Nîmes. Ceux-ci en furent quittes pour substituer à leur cocarde la houppe rouge des anciens ligueurs. » MICHELET, Hist. Révol. franç., III, IX.

« Je suis rouge ?... je n'aurais pas dû parler si longtemps, c'est 4 vrai... Tire un peu la persienne, et puis écoute, Minet-Chéri, prête-moi ta houppe à poudre... » COLETTE, Maison de Claudine, p. 163.

‖ 2o (*Par anal. de forme*). Se dit de différentes choses dont l'aspect ressemble à celui d'une houppe. *Houppe de cheveux.* V. **Toupet.** *Riquet à la houppe*, conte de Perrault. — *Houppe* (de plumes) *du cacatoès*, du goura*...* V. **Aigret-**

te, huppe. — *Houppe* (de poils) *sur une partie du corps d'un animal, aux extrémités d'une graine.* — *La houppe d'un arbre :* sa cime. *Fleurs en houppes* (Cf. Fleurir, cit. 3). — *Anat.* Papilles nerveuses terminant certains nerfs.

5 « J'oubliais de dire qu'il vint au monde avec une petite houppe de cheveux sur la tête, ce qui fit qu'on le nomma Riquet à la houppe... »
PERRAULT, **Contes,** Riquet à la houppe.

6 « ... dans les pays froids, les houppes nerveuses sont moins épanouies : elles s'enfoncent dans leurs gaines, où elles sont à couvert de l'action des objets extérieurs. Les sensations sont donc moins vives. »
MONTESQ., **Espr. des lois,** XIV, 2.

7 « Cet arbre (*l'arbousier*) aimé du soleil projette au-dessus du mur ses branches revêtues de houppes parfumées. »
NERVAL, **Voyage en Orient,** Vers l'Orient, VI.

8 « Sur les sureaux fuse, à chaque aisselle de branche, une houppe neuve de verdure tendre. » COLETTE, **Maison de Claudine,** p. 184.

9 « ... le premier lapin. Il apparaissait à quelques mètres, assis de flanc, immobile comme une motte. La clarté crue pâlissait son pelage, la houppe de sa queue était plus blanche que neige. »
GENEVOIX, **Raboliot,** III, VI.

HOM. — **Houp !**

DER. — ★ **Houpper.** *v. tr.* (XVIe s. MAROT, au p.p. *houppé* ; 1680, *houpper*). Disposer en houppes, garnir de houppes. *Houpper de la laine,* la peigner. — ★ **Houppette.** *n. f.* (1399). Petite houppe (Cf. Chasuble, cit.) *Houppette à poudre de riz. Houppette de cheveux* (Cf. Fantaisie, cit. 37). — *Anat.* V. **Houppe** (Cf. Goût, cit. 2). — ★ **Houppier.** *n. m.* (1343). *Eaux et for.* Sommet d'un arbre ébranché, et, *par ext.* Cet arbre lui-même. — (1377). Fabricant de houppes.

« Elles faisaient le geste de secouer la houppette avant de se poudrer. » GIONO, **Jean le Bleu,** VIII, p. 241.

★ **HOUPPELANDE** (*houp'-land'*). *n. f.* (*Hoppelande* en 1281 ; d'apr. WARTBURG, d'un anc. angl. *hop,* « vêtement »). Long vêtement de dessus, très ample et ouvert par devant, souvent ouaté et fourré, à col plat, à larges manches flottantes très évasées. V. **Douillette, pelisse, robe** (de chambre). *La houppelande, mise à la mode au XVe s., se caractérisait alors par sa coupe en dalmatique, fendue latéralement depuis les hanches jusqu'en bas ; sa forme a beaucoup varié ensuite selon les époques.*

1 « Le cocher à grosse houppelande bleue brodée de rouge vint déplier le marchepied » BALZ., **Le père Goriot,** Œuvr., t. II, p. 900.

2 « ... l'aspect de la houppelande (on nommait ainsi une redingote ornée d'un seul collet en façon de manteau à la Crispin) acheva de me convaincre que mon ami était tombé dans le malheur. »
ID., **Madame de La Chanterie,** Œuvr., t. VII, p. 275.

3 « Il était vêtu d'une houppelande noire usagée, qui lui descendait jusqu'à mi-jambes... » MONTHERLANT, **Les célibataires,** I.

★ **HOURA.** V. HOURRA.

★ **HOURAILLER.** *v. intr.* (1690 FURETIÈRE ; du rad. de *houret*). *Vén.* Chasser avec des hourets*.

DER. — ★ **Houraillis.** *n. m.* (1690 FURETIÈRE). Meute de hourets.

★ **HOURD.** *n. m.* (XIIIe s., « palissade » ; francique *hurd*). *Anciennt.* Palissade. Estrade pour les spectateurs d'un tournoi ; scène de théâtre en charpente (au moyen âge). *Fortif.* Charpente* en encorbellement au sommet d'une tour, d'une muraille. V. **Château** (fort).

« (*Dans le château fort*) Pour atteindre le pied de la muraille et surplomber directement l'adversaire, on aménage des *hourds,* échafaudages en saillie. Le hourd était en bois. Plus tard, on établit une galerie sur des corbeaux en pierre : des ouvertures, les *mâchicoulis,* permettaient le jet vertical des projectiles. »
LAVEDAN, **L'arch. franç.,** p. 145 (LAROUSSE).

DER. — (du même rad.) : ★ **Hourder.** *v. tr.* (XIIe s.). || 1° Garnir de hourds*. *Chemin de ronde hourdé.* || 2° Maçonner* grossièrement, avec des plâtras... *Hourder une cloison.* — ★ **Hourdage.** *n. m.* (XVe s. ; du précéd.). Action de hourder. *Par ext.* Maçonnage* grossier (d'une cloison...). — ★ **Hourdis.** Couche de plâtre étendue sur un lattis* pour former l'aire d'un plancher*. — ★ **Hourdis.** *n. m.* (*Hordeïs* au XIIe s. ; de *hourder*). V. **Hourdage.** *Spécialt.* Maçonnerie légère qui garnit un colombage*, une armature en pans de bois.

« Cette carcasse ou armature (*de bois*) une fois construite, tous les vides sont remplis d'une maçonnerie légère appelée *hourdis.* Le hourdis se compose de brique, de torchis ou de blocage enduit ou non de plâtre : » C. ENLART, **Manuel d'archéol. franç.,** t. I, p. 48.

★ **HOURET.** *n. m.* (1661 MOL. ; orig. obsc.). *Vx.* Mauvais chien* courant (V. **Hourailler**). *Meute de hourets.* V. **Houraillis.**

« De ces gens qui, suivis de dix hourets galeux,
Disent « ma meute, » et font les chasseurs merveilleux ! »
MOL., **Fâch.,** II, 6.

★ **HOURI.** *n. f.* (1654 ; mot persan empr. de l'arabe *hour,* proprem. « qui a le blanc et le noir des yeux très tranchés » (BLOCH). Nom des beautés célestes que le Coran promet au musulman fidèle dans le paradis d'Allah (Cf. Enchanteur, cit. 5).

1 « ... ils (*les Turcs*) se voient dans le neuvième ciel entre les bras de leurs houris... » VOLT., **Princ. de Babyl.,** III.

2 « Une blanche houri qui, par ses longues tresses,
Jetait aux quatre vents tous les parfums d'Ophir, »
BANVILLE, **Odes funamb.,** Opéra turc.

— *Par ext.* Femme très attrayante. *Une croupe* (cit. 7) *de houri.*

« Je me vis entouré d'un sérail de houris, de mes anciennes connaissances pour qui le goût le plus vif ne m'était pas un sentiment nouveau. » ROUSS., **Confess.,** IX. 3

★ **HOURQUE.** *n. f.* (*Hulke* au XIVe s. ; moy. néerl. *hulke* ; *hourque* par croisement avec *hoeker,* nom d'un type de navire). *Mar.* Bâtiment de transport à varangues plates et à flancs renflés, en usage en Hollande. *Les hourques sont très lentes. Par ext.* Navire mauvais marcheur.

« Ô les détroits de Malaisie... où naviguaient les vieilles hourques hollandaises, grosses et dures comme une noix vernie ! »
CLAUDEL, **Cinq grandes odes,** V, p. 155.

★ **HOURRA.** *n. m.* (*Huzza* au XVIIIe s. ; *hourra, hurra* vers 1830 ; empr. à l'angl. *hussa, huzza* (XVIe s.), var. *hurrah* (XVIIe s.) ; *houra, hourra,* au sens 2°, répandu après 1812 ; empr. au russe).

|| 1° Cri d'acclamation poussé par les marins. *L'amiral fut salué d'un triple hourra.*

« Un hourra d'acclamations joyeuses retentit sur le tillac et monta vers le ciel... » BALZ., **La femme de trente ans,** Œuvr., t. II, p. 820. 1

« ... un bateau en amont de la Tamise m'aperçut sur la rive ; les rameurs avisant un Français poussèrent des houzzas »
CHATEAUB., **M. O.-T.,** t. I, p. 521 (éd. Levaillant. — REM. On trouve aussi l'orthographe *Huzza,* t. I, pp. 248, 359,...). 2

— Cri d'enthousiasme, d'acclamation. *Les hourras et les bravos de la foule.*

« ... le taureau se précipita dans l'arène au milieu d'un hourra immense. » GAUTIER, **Voyage en Espagne,** p. 55. 3

« Des bordées de gros rires succédaient à la danse, puis des hourras et des applaudissements retentirent frénétiquement. »
CARCO, **Belles manières,** III, 11. 4

— Interj. *Hourra ! Hip, hip, hip ; hourra !*

|| 2° *Vx.* (souvent sous la forme *Houra*). Cri de guerre des cosaques.

« ... on prit d'abord ces clameurs pour des acclamations, et ces hourras pour des cris de vive l'empereur ; c'était Platof et six mille cosaques... » SÉGUR, **Hist. de Napoléon,** IX, 3 (in LITTRÉ). 5

★ **HOURVARI.** *n. m.* (XVIe s. ; croisement entre *houre,* « cri pour exciter les chiens » et *charivari*).

|| 1° *Vén.* Cri des chasseurs, sonnerie de trompe pour ramener des chiens tombés en défaut. — Ruse d'une bête traquée qui revient à son point de départ pour mettre les chiens en défaut.

« ... le limier a coupé la voie, l'a retrouvée en deux pirouettes rapides, affairées : un hourvari ; ce n'est que le premier... (*le cerf*) a longé la lisière jusqu'à la joncheraie d'en haut ; mais, au lieu de la traverser, il est rentré dans le taillis... »
GENEVOIX, **Dern. harde,** III, V. 1

— *Fig.* et *Vx.* Contretemps, désagrément imprévu.

« ... on fut bien aise de le visiter (*Versailles*) avant que la cour y vienne. Ce sera dans peu de jours, pourvu qu'il n'y ait point de hourvaris. » SÉV., 557, 10 juill. 1676. 2

|| 2° *Fig.* Grand tumulte*. *Un hourvari de cris, de clameurs, de hurlements.*

« Par moments il s'élevait un hourvari de clameurs. La grosse voix du canon couvrait tout. C'était épouvantable. »
HUGO, **Quatre-vingt-treize,** III, II, III. 3

— V. **Agitation, tourbillon.**

« ... dans le hourvari d'un déplacement, je ne sais où appuyer ma main, ni presque où poser ma tête. »
MIRABEAU, **Lett. à Chamfort,** 23 juin 1784. 4

« ... les canonniers coupèrent les traits des attelages et s'enfuirent, vite comme le vent. Ce fut un hourvari, une tourbillon, une mêlée, un éclair... » GOBINEAU, **Nouvelles asiatiques,** p. 199. 5

« C'est un hourvari de lumière, une émeute, une mêlée. Le triomphe de la discordance et du désordre. » DUHAM., **Scènes vie future,** X. 6

ANT. — **Calme, silence.**

★ **HOUSARD.** V. HUSSARD.

★ **HOUSCHE.** *n. f.* V. OUCHE.

★ **HOUSEAU.** *n. m.* (XIIe s. ; de l'anc. fr. *huese,* « botte », du francique *hosa.* V. **Heuse**). Sorte de jambière*, de haute guêtre* simulant la botte, mais sans pied. *Houseaux lacés, boutonnés. Houseaux de toile, de cuir pour la chasse.*

« ... le fermier... petit, rouge, obèse, portant une veste grise et des houseaux armés d'éperons. »
FLAUB., **Trois contes,** Un cœur simple, II. 1

« ... les houseaux de cuir jadis noirs, presque roux maintenant entre les éclaboussures de boue sèche ; » GENEVOIX, **Raboliot,** I, 1. 2

— *Fig.* et *Vx. Laisser ses houseaux :* mourir (LA FONT., Fabl., XII, 23).

★ **HOUSPILLER.** *v. tr.* (XVe s. ; *houssepignier* au XIIIe s., de *pigner, peigner,* au fig. « battre », et *housse,* « manteau » (DAUZAT), ou de *houx* (Cf. Houssine) selon BLOCH).

|| 1° *Peu usit.* Brutaliser (quelqu'un) en le secouant, en le tiraillant. V. **Battre, maltraiter, sabouler, tourmenter.**

« On ne pouvait entrer aux spectacles sans être bourré par ses soldats (*du roi de Prusse*)... Demandai à Darget comme il fut un jour repoussé et houspillé : il avait beau crier, je suis secrétaire ; on le bourrait toujours. » VOLT., **Lett. à d'Argental,** 1512, 3 déc. 1757. 1

2 « Tout à l'heure Bill White (*le boxeur*) semblait un taureau maladroit qu'on houspille ; maintenant il ne ressemblait plus qu'à une bête d'abattoir, en partie estropiée, qui attend le dernier coup. »
L. HÉMON, **Battling Malone**, II, p. 27.

— *Fig.* (Vieilli). V. **Malmener, tourmenter.**

3 « Un malheur continuel (*au jeu*) pique et offense ; on est honteux d'être houspillé par la fortune ;... »   SÉV., 255, 9 mars 1672.

4 « Il ne faut pas s'étonner, monsieur, qu'un pauvre homme houspillé par quatre-vingt-deux ans, par quatre-vingt-deux maladies, et par autant d'affaires désagréables, ait tant tardé à lui répondre. »
VOLT., **Lett. à Villevieille**, 4369, 10 nov. 1776.

‖ **2°** Attaquer, maltraiter (quelqu'un) en paroles ; harceler* de reproches, de critiques... V. **Critiquer, quereller.** *Il s'est fait houspiller durement.* V. **Réprimander.** « *Ils sont continuellement à se houspiller dans leurs écrits* » (ACAD.).

5 « ... je n'avais fait cette pièce que pour mon petit théâtre et pour mes chers Genevois, qui y sont un peu houspillés. »
VOLT., **Lett. à Florian**, 3062, 4 mars 1767.

★ **HOUSSAIE.** *n. f.* (XIIᵉ s. ; de *houx*). Lieu planté de houx*, de buissons de houx (on dit aussi *Houssière*).

★ **HOUSSARD.** V. **HUSSARD.**

★ **HOUSSE.** *n. f.* (*Houce* au XIIᵉ s. ; peut-être d'un francique *hulftia*, « couverture »).

‖ **1°** Sorte de couverture attachée à la selle et qui couvre la croupe du cheval. *Housse faisant partie du harnois* de guerre. Au moyen âge, les housses couvraient tout le corps du cheval* (*Housses de pied, housses traînantes*). V. **Caparaçon.** *Housse de drap, de velours. Housse brodée, somptueuse.*

1 « ... le cheval blanc avec sa housse de velours pourpre ayant aux coins des N couronnés et des aigles... »   HUGO, **Misér.**, II, I, IV.

‖ **2°** Enveloppe souple recouvrant et protégeant certains objets (meubles, vêtements, etc.) dont elle épouse la forme. V. **Enveloppe, gaine** (cit. 3). *Housse de protection que l'on met sur les meubles* (Cf. Ensevelir, cit. 13). *Mettre un fauteuil, un canapé, un lit, un piano sous une housse. Housse de coutil, de cretonne. — Housse à vêtement. Housse en papier, en toile, en matière plastique... Automobile, motocyclette recouverte d'une housse.* — *Mar.* V. **Étui.** — *Expédier un objet dans une housse* (V. **Emballage**).

2 « Le « salon de compagnie » dort derrière les persiennes fermées et sous des housses éternelles. »   MAURIAC, **La province**, p. 29.

3 « Le silence des bureaux lui plut... Les machines à écrire dormaient sous les housses. Sur les dossiers en ordre les grandes armoires étaient fermées. »   SAINT-EXUP., **Vol de nuit**, VIII.

4 « Les housses donnaient aux meubles un caractère d'objets morts, séparés de la vie par une protection plus lugubre que la poussière, par une sorte de linceul terne dont les longs plis tombaient comme ils l'eussent fait autour de monstres engourdis. »
JALOUX, **Les visiteurs**, XXVI.

— *Housses recouvrant et protégeant les sièges et certaines parties intérieures d'une automobile. Housses en simili-cuir. Faire mettre des housses à sa voiture.*

DER. — ★ **Housser.** *v. tr.* (XIIIᵉ s.). Couvrir d'une housse*. *Housser des meubles. Fauteuil houssé. Blas. Cheval houssé d'argent* (HOM. **Housser.** V. **Houx**).

« ... il s'affala sur le bout de la chaise longue, houssée de toile blanche, qui était devant lui. »   MART. du G., **Thib.**, t. VII, p. 264.

★ **HOUSSER,** ★ **HOUSSINE,** ★ **HOUSSOIR.** V. **Houx** (*Dér.*).

★ **HOUX** (*hou*). *n. m.* (*Hos, hous* au XIIᵉ s. ; du francique *hulis*). Plante dicotylédone (*Ilicacées*, ilicinées, aquifoliacées*) scientifiquement appelée *Ilex ;* arbre ou arbuste à feuilles aiguës, coriaces, luisantes et persistantes ; à fleurs isolées ou en grappes ; à fruits sphériques d'un rouge vif (*drupes*). *Piquants d'une feuille de houx ; feuille de houx luisante, vernie* (Cf. Fors, cit. 2). *Feuille vergetée de jaune du houx panaché. Branches, bouquets de houx décorant une table* (aux fêtes du Nouvel An, etc.). *Buisson, bosquet* (cit. 2) *de houx. Lieu planté de houx ; où pousse le houx* (Cf. Garrigue, cit. 2). — *L'ilicine, principe amer extrait des feuilles de houx. Feuilles de houx en décoction, utilisées comme sudorifique*. Bois de houx. Tige de houx, baguette de houx* (V. **Houssine,** *infra*, dér.). *Balai de houx* (V. **Houssoir,** *infra,* dér.). *L'écorce de houx fournit la glu*.* — *Variétés de houx. Houx commun, houx maté* (V. **Maté**) *; houx des Apalaches* (V. **Apalachine**). *Petit houx, houx-frelon* (V. **Fragon**).

« Noël approchait... on offrait du houx, des touffes de gui sur de longues gaules. »   CHARDONNE, **Destin. sentim.**, p. 184.

HOM. — Hou ! houe, ou, où...

DER. et **COMP.** — (Cf. Houspiller). Houssaie*. — ★ **Housser.** *v. tr.* (XIIIᵉ s.). Épousseter, nettoyer avec un houssoir. *Housser des meubles, une tapisserie.* — ★ **Houssine.** *n. f.* (XVᵉ s.). Baguette de houx et *par ext.* Toute baguette flexible. *Battre un tapis avec une houssine. Donner des coups de houssine à un cheval, pour le faire aller. Se servir d'une houssine comme d'un bâton* (cit. 8). — **DER.** ★ **Houssiner.** *v. tr.* (1611). Battre, frapper avec une houssine. *Houssiner un tapis).* — ★ **Houssoir.** *n. m.* (XVᵉ s.). Balai de houx, et *par ext.* de branchages, de crin, de plumes (V. **Plumeau**).

---

1 « ... elle sauta sur la selle avec sa prestesse ordinaire, et donna un coup de houssine à son cheval qui partit comme un trait. »
GAUTIER, Mˡˡᵉ de Maupin, VII.

2 « Cette chambre n'était pas de celles que harcèlent le houssoir, la tête-de-loup et le balai. »   HUGO, **Misér.**, V, VIII, I.

★ **HOYAU** (*oi-yo*). *n. m.* (*Hoyel* au XIVᵉ s. ; de *houe*). *Agric.* Petite houe* à lame courbe taillée en biseau. *Défoncer la terre avec un hoyau* (Cf. Fellah, cit.). *Planter, arracher des pommes de terre avec le hoyau.*

1 « ... le rustique... a toujours un héritage sûr à laisser à ses enfants, qui est son hoyau ; »   MONTESQ., **Lett. pers.**, CXXIII.

2 « J'aurais dû plutôt être frappé de l'indépendance et de la virilité de cette terre où les femmes maniaient le hoyau, tandis que les hommes maniaient le mousquet. »   CHATEAUB., M. O.-T., t. II, p. 169.

HP. Abrév. de *Horse-power* (Cheval* vapeur). V. **CV.**

★ **HUARD.** *n. m.* (XIVᵉ s. ; de *huer**, à cause du cri de cet oiseau. *Zool.* Un des noms donnés au *Pygargue.* V. **Aigle** (de mer), **orfraie, pygargue.**

★ **HUBLOT.** *n. m.* (1798 ; *huvelot* en 1382, altéré en *hulot*, 1694 ; dér. de l'anc. franç. *huve,* « bonnet, couvercle... », d'orig. francique). *Mar.* Fenêtre généralement ronde munie d'un verre épais pour donner du jour aux emménagements intérieurs du navire tout en assurant leur étanchéité. *Dormant, porte-verre métallique, verre lenticulaire d'un hublot. Hublot fixe,* où le verre est encastré dans le dormant (verre mort). *Hublot mobile ou pivotant,* s'ouvrant de l'intérieur, grâce à un porte-verre mobile autour d'un axe. *Tape amovible, tape à charnières d'un hublot,* disque ou couvercle métallique protégeant le verre. *Les hublots d'une cabine. Rangées de hublots d'un transatlantique. Cabines ventilées par hublots et bouches* (V. **Ventouse**) *d'aération.*
— **REM.** Jusqu'à la seconde moitié du XIXᵉ s., HULOT, puis HUBLOT (mentionné par LITTRÉ comme un « synonyme de hulot ») désignaient les sabords*, la jaumière*, et d'une manière générale, toutes les ouvertures percées dans la muraille du navire.

1 « ... le grand Tartarin couché dans son tiroir de commode sous le jour blafard et triste qui tombait des hublots, parmi... l'écœurante odeur du paquebot ; »   DAUD., **Tartarin de Tarascon**, II, 1.

2 « Une nuit, je m'arrêtai devant une cabine de pont, éclairée, dont le hublot n'était pas fermé. »   P. MORAND, **Europe galante**, p. 79.

3 « Je me tenais devant de grands hublots. Ils étaient cerclés de cuivre. Vraisemblablement ils donnaient sur un salon ou un fumoir... »
BOSCO, **Rameau de la nuit**, p. 58.

— *Par ext.* Fenêtre circulaire, dans un avion de commerce.

4 « Ils regardaient tour à tour par l'œil du hublot ; l'avion en possède une ceinture, rangés à la manière des sabords. »
A. ARNOUX, **Royaume des ombres**, V, p. 172.

★ **HUCHE.** *n. f.* (XIIᵉ s., var. *huge ;* du lat. médiév. *hutica* attesté d'apr BLOCH dès avant 800 et probablement d'orig. german.). Grand coffre* de bois rectangulaire à couvercle plat (à la différence du Bahut*). *La huche « tenait lieu, au moyen âge, à la fois d'armoire, de table, de siège, de malle »* (RÉAU). *Huche à vêtements, à provisions... Huche sculptée.*
— *Huche à pétrir* (V. **Maie, pétrin**) *; huche où le boulanger mettait la farine* (V. **Farinière**), *la braise étouffée* (V. **Braisier**).

— *Spécialt. Huche au pain, à pain* : huche où l'on garde le pain, à la campagne.

1 « Denise était appuyée contre la huche au pain. regardant le notaire qui se servait de ce meuble comme d'une table à écrire... »
BALZ., **Curé de village**, Œuvr., t. VIII, p. 618.

2 « Comme la servante, une grosse fille laide, avait cuit le matin, une bonne odeur de pain chaud montait de la huche, laissée ouverte. »
ZOLA, **La terre**, II, I.

— *Technol. Huche d'un moulin :* coffre où tombe la farine.
— Réservoir à poisson, formé d'une caisse percée de trous, que l'on immerge.

DER. — ★ **Huchier.** *n. m.* (XIIIᵉ s.). Fabricant de huches.

★ **HUCHER.** *v. tr.* (XIIᵉ s. ; orig. obsc.). *Vx.* ou *Vén.* Appeler* en criant, en sifflant.

DER. — ★ **Huchet.** *n. m.* (XIVᵉ s.). *Vx.* Petit cor* de chasse. V. **Cornet.** *Blas. Porter d'or à trois huchets de gueules* (ACAD.).

« ... un porteur de huchet qui mal à propos sonne. »
MOL., **Fâch.**, II, 6.

★ **HUE.** *interj.* (1680 ; onomat.). Mot dont on se sert pour faire avancer un cheval, pour le faire tourner à droite (on emploie aussi HUHAU ; Cf. Claquement, cit. 1). *Charretier, cocher, voiturier, qui crie Hue ! à son cheval* (Cf. Fouailler, cit. 3). *Hue cocotte ! Allez, hue !* — Loc. prov. *À hue et à dia.* V. **Dia** (Cf. Franchir, cit. 10).

★ **HUÉE.** *n. f.* (XIIᵉ s. ; de *huer*).

‖ **1°** *Vén.* Cri des chasseurs pour faire lever, pour rabattre le loup, pour indiquer que le sanglier est pris, etc.

‖ **2°** *Fig.* Cri* de dérision, de réprobation poussé par une assemblée, une réunion de personnes. — **REM.** Depuis le XVIIIᵉ s., *Huée* s'emploie presque exclusivement au pluriel.

On n'écrirait plus : *faire « une grande huée »* (SCARRON) ; *« il se fit une telle huée »* (LA FONT., Fabl., V, 5) ; *« une huée de polissons »* (VOLT., Lettr., 23 sept. 1750) — *Être accueilli par des huées ; s'enfuir sous les huées. Orateur interrompu par des sifflets* et des huées. Voix couverte par des huées* (Cf. Bredouillement, cit.). *Au milieu des rires et des huées.* V. **Bruit, charivari** (cit. 2). Cf. Grimper, cit. 21. *Un concert de huées.* V. **Tollé.**

1 « D'un vil amas de peuple attirer les huées. »
BOIL., Art poét., III.

2 « ... je me promenais tranquillement dans le pays avec mon cafetan et mon bonnet fourré, entouré des huées de la canaille et quelquefois de ses cailloux. » ROUSS., Confess., XII.

3 « Les habits modernes étaient en fort petit nombre, et ceux qui les portaient étaient accueillis avec des rires, des huées et des sifflets ; » GAUTIER, Voyage en Espagne, p. 207.

ANT. — Acclamation, applaudissement, bravo, hourra, ovation, vivat.

★ **HUER.** v. tr. (XIIᵉ s. ; formation onomat. Cf. Hue).

‖ 1º Poursuivre (le loup, etc.) avec des huées.

‖ 2º *Fig.* Pousser des cris de dérision, des cris hostiles contre (quelqu'un). V. **Huée** (2º), **conspuer, siffler.** *L'assemblée le hua. Il s'est fait huer* (Cf. Grâce, cit 41). *Huer un orateur, un acteur, un auteur. Huer quelqu'un pour manifester sa désapprobation, son mépris, sa colère, sa haine...* (V. **Désapprouver**). — *Par ext. Huer une pièce, un spectacle.*

1 « Figurez-vous que *Zaïre* fut huée dès le second acte, que *Sémiramis* tomba tout net, qu'*Oreste* fut à peu près sifflé... » VOLT., Lett. à Chabanon, 2992, 22 déc. 1766.

2 « Comme il rejoignait à deux son carrosse, il est hué, menacé ; on lui jette de la boue, puis des pierres. » TAINE, Orig. France contemp., III, t. I, p. 29.

‖ 3º *Intrans.* Pousser son cri, en parlant de la chouette, du hibou (V. **Chat-huant, huette**). Cf. Hôler.

ANT. — Acclamer, applaudir, ovationner.

COMP. — Forhuer.

DER. — ★ **Huant.** *n. m.* V. **Chat-huant.** — ★ **Huette.** *n. f.* (1555). V. Hulotte ; **huard, huée.**

★ **HUGUENOT, OTE.** *n.* (1550 ; *eidgnot* en 1520 ; altér. de *Eidgenossen*, « confédérés » (employé en parlant de l'alliance de Genève, Fribourg et Berne contre le duc de Savoie) d'apr. *Hugues* (Besançon), nom d'un chef genevois ; appliqué aux Réformés à partir de 1532). *Péjor.* Surnom donné aux protestants* calvinistes, en France, par les catholiques, du XVIᵉ au XVIIIᵉ s. *Par ext.* V. **Protestant.** *Les papistes et les huguenots* (Cf. Éterniser, cit. 9). — Adjectiv. *Parti huguenot, faction huguenote. Croix huguenote* (Cf. Cou, cit. 9).

1 « Ôtons ces mots diaboliques, noms de partis, factions et séditions, luthériens, huguenots, papistes... »
M. de L'HOSPITAL, Harangue, 13 déc. 1560 (in GUERLAC).

2 « Que si les termes de papiste et de huguenot se lisent en quelque lieu, ce sera en faisant parler quelque partisan passionné et non du style de l'auteur. » D'AUBIGNÉ, Hist., I, 49.

3 « Il y avait depuis longtemps deux partis dans la ville (*de Genève*), celui des protestants et celui des Romains : les protestants s'appelaient *egnots*, du mot *eidgnossen, alliés* par serment. Les egnots, qui triomphèrent, attirèrent à eux une partie de la faction opposée, et chassèrent le reste : de là vint que les réformés de France eurent le nom d'*egnots* ou d'*huguenôts* ; » VOLT., Essai s. mœurs, CXXXIII.

4 « Ces huguenots, vois-tu, sont une vraie république dans l'État : si une fois ils avaient la majorité en France, la monarchie serait perdue ; ils établiraient quelque gouvernement populaire qui pourrait être durable. » VIGNY, Cinq-Mars, VII, t. I, p. 232.

5 « Dans la fréquentation de ses cousines huguenotes, son esprit s'était émancipé, et elle avait été par moments jusqu'à balancer en idée les deux communions romaine et calviniste. »
STE-BEUVE, Port-Royal, t. I, p. 50.

— *Marmite huguenote* et absolt. *Huguenote. n. f.* Marmite de terre sans pieds ou à pieds très bas ; petit fourneau surmonté de cette marmite. — *Œufs à la huguenote :* cuits dans du jus de mouton.

6 « Une vieille femme tranquille, qui tricotait toujours, faisait, sans bouger de sa chaise, notre festin dans une huguenote. Je n'avais pas perdu l'habitude du repas du rat des champs. »
CHATEAUB., M. O.-T., t. IV, p. 215.

★ **HUHAU.** V. HUE.

HUI. *adv.* (Xᵉ s. ; lat. *hodie*). *Vx.* V. **Aujourd'hui** (I, 1º). *Dès hui.* — Loc. *Ce jour d'hui.*

« Ce n'est pas d'hui que ce proverbe court ;
  On ne l'a fait de mon temps ni du vôtre :...
  ... Promettre est un, et tenir est un autre. »
LA FONT., Ballades, A Mʳ...

HUILE. *n. f.* (*Oile*, 1120, var. *olie ; uile* en 1250, puis *huile* pour éviter la lecture *vile* ; empr. au lat. *oleum*).

‖ 1º Substance grasse*, onctueuse et inflammable, liquide à la température ordinaire et insoluble dans l'eau, d'origine végétale, animale ou minérale. V. **Graisse** (cit. 19). *Huile d'olive, de ricin... Huile de baleine...* (Cf. Article, cit. 17). *Huile de goudron* (cit. 4).

1 « L'expérience a appris qu'on ne doit se servir d'huile d'olive que pour les opérations qui peuvent s'achever en peu de temps ou qui n'exigent pas une grande chaleur, parce que l'ébullition prolongée y développe un goût empyreumatique et désagréable. »
BRILLAT-SAVARIN, Physiol. du goût, Méditation, VII, 48 (Cf. Empyreumatique, cit.).

2 « ... je prônerai l'excellence de quelque vieux plat provençal, les vertus de l'ail, la transcendance de l'huile d'olive... »
COLETTE, Prisons et paradis, p. 51.

3 « Il alla même jusqu'à chiper à sa mère de l'huile de ricin et à en boire à la dérobade pour se punir. » ARAGON, Beaux quartiers, I, X.

— Chim. *Huiles grasses* (végétales, animales), corps gras* saponifiables*, à base d'oléine* (V. *préf.* **Olé(o)-**). — *Huiles végétales alimentaires* (V. **Arachide, coco, coprah, navette, noix, œillette, olive, sésame, soja...**), *industrielle* (V. **Cameline, colza, coton, lin, madi, palme...**), *médicinales* (V. **Amande** (amère, douce), **cade, croton, ricin...**). *Palmier à huile.* V. **Éléis.** *Graines, pulpes... dont on tire de l'huile.* V. **Oléagineux ; émulsif.** *Défruiter de l'huile d'olive. Extraction des huiles par pression et épuisement, par dissolvant* (V. **Huilerie ; tourteau**). *Moulin** (V. **Oliverie**), *pressoir à huile.* — *Huiles animales industrielles* (V. **Baleine, phoque** (Cf. Graisser, cit. 4), **pied** (de bœuf, de mouton), **poisson...**), *médicinales* (Cf. Aiguillat et foie* de morue...). — *Utilisation des huiles grasses dans les industries de conserves alimentaires* (sardines, thon à l'huile) *et de saponification, la préparation des matières plastiques, des peintures et des vernis** (huiles siccatives), *le travail du cuir, en pharmacie* (V. **Cérat, embrocation, émulsion, friction...**), *parfumerie* (V. **Brillantine, cold-cream, cosmétique, musc, rosat...**).

4 « Les huiles végétales sont extraites : 1º De la chair ou pulpe de certains fruits, ceux-ci sont toujours des fruits à noyaux ou drupes telle la drupe de l'olivier ou olive et celle du palmier à huile ; 2º Des graines d'un grand nombre de végétaux supérieurs. Les fruits à huile sont rares ; l'olive est restée pendant une longue suite de siècles à peu près le seul fruit de ce genre... la famille des Palmiers compte un assez grand nombre d'espèces... Une seule d'entre elles, le palmier à huile ou palmier Éléide est exploitée par l'homme pour produire une huile de pulpe. » E. ANDRÉ, Les corps gras, p. 42 (éd. P.U.F.).

5 « Il n'existe pas de procédés généraux pour extraire les huiles animales, car on ne les tire pas toutes des mêmes organes. »
POIRÉ, Dict. des sciences, Huile.

— *Huiles minérales :* hydrocarbures* liquides ; *huiles lourdes,* hydrocarbures distillant à haute température. *Huile de schiste ; huile sulfureuse* (V. **Ichtyol**). *Huile minérale brute* (ou huile de naphte*). V. **Pétrole.** *Huiles de goudron*, de pétrole*,* obtenues par distillation des goudrons de bois (V. **Créosote**) ou de houille (*huiles légères* (V. **Benzène.** Cf. Extraire, cit. 11), *phénoliques*, anthracéniques*), du pétrole et de ses dérivés (V. **Fuel-oil, gas-oil, mazout**). *Huile lampante*. Huiles de graissage* (cit. 4) *à indices de viscosité variable* (épaisses, fluides, extra-fluides). *Huiles de vidange*. Huile de paraffine*, de vaseline*. Huile détonante.* V. **Nitroglycérine.** — *Emploi des huiles minérales pour l'éclairage, le chauffage industriel et domestique, comme combustibles dans les moteurs à explosion ou à combustion interne* (moteur Diesel à *huile lourde*), *comme lubrifiants** (V. **Graissage ; cambouis**), *et comme insecticides.*

6 « L'huile anthracénique a été, durant les hostilités, à la base de l'industrie des *lubrifiants de remplacement.* Maintenant que les produits pétroliers sont largement utilisés, la fabrication des huiles de graissage, depuis les huiles de houille, peu abondantes et plus chères, n'offre plus d'autre intérêt que d'économiser des devises. »
J. BECK, Le goudron de houille, p. 51 (éd. P.U.F.).

‖ 2º Par ext. *Pharm.* et *parfum.* Produit obtenu par macération ou décoction de substances végétales ou animales dans de l'huile fine. *Huile de camomille*, de jusquiame ; huile camphrée** (Cf. Hasarder, cit. 9), *goménolée*, phosphorée*. — Huile de roses* ; huiles aromatiques* (Cf. Étoile, cit. 30). *Athlètes antiques oints* d'huiles parfumées* (Cf. Badigeonner, cit. 2). — *Huile à brunir la peau* (Cf. Huiler, cit. 3).

7 « ... j'ai découvert une essence pour faire pousser les cheveux, une *Huile Comagène !* Livingston m'a posé là-bas une presse hydraulique pour fabriquer mon huile avec des noisettes qui, sous cette forte pression, rendront aussitôt toute leur huile... Voilà trois mois que le succès de l'*Huile de Macassar* m'empêche de dormir. »
BALZ., C. Birotteau, Œuvr., t. V, p. 333.

— *Huiles essentielles*, volatiles.* V. **Essence** (II, 2º), **oléolat.** *Huile d'aspic* (cit. 6), *de bouleau* (V. **Dioggot**), *de cajeput, de cardamone, de citron* (cit. 1), *d'eucalyptus* (V. **Eucalyptol**), *de fleurs d'oranger* (V. **Néroli**), *de rose...*

8 « L'huile essentielle du jus d'oignon s'oppose complètement à la formation de la levure de bière : elle paraît nuire également aux infusions. » PASTEUR, in MONDOR, Pasteur, IV.

‖ 3º *Absolt.* (dans le langage courant). *Bouteille, jarre, tonneau d'huile. Bidon à huile.* V. **Estagnon.** *Burette* à huile. Tache d'huile. Lampe* (V. **Quinquet**), *veilleuse à huile* (Cf. Fil, cit. 27). *Lampe qui s'éteint* (cit. 35) *faute d'huile* (Cf. aussi Grippe, cit. 7). *Huile qui se fige* (Cf. Geler, cit. 7). *Congélation de l'huile. Huile bouillante* (Cf. Forteresse, cit. 1). *Grésillement* (cit. 1) *de l'huile. Bistouris* (cit. 1) *graissés à l'huile. Faire le plein d'huile* (Cf. Halte, cit. 3). *Rôle de l'huile dans les machines* (Cf. Articulation, cit. 3).

9   « Vous savez bien, Monsieur, qu'un des devants de mon pourpoint est couvert d'une grande tache de l'huile de la lampe. »
MOL., Av., III, 1.

10   « ... je me dépouillai de mes habits : on fit couler des flots d'huile douce et luisante sur tous les membres de mon corps ; et je me mêlai parmi les combattants. »
FÉN., Télém., V.

11   « On lui versa du plomb fondu avec de la poix-résine et de l'huile bouillante sur toutes ses plaies. Ces supplices réitérés lui arrachaient les plus affreux hurlements. »
VOLT., Hist. parlement de Paris, LXVII.

12   « Je consommais plus d'huile que de pain : la lumière qui m'éclairait pendant ces nuits obstinées me coûtait plus cher que ma nourriture. »
BALZ., Messe de l'athée, Œuvr., t. II, p. 1158.

13   « Ils faisaient aussi des guérisons, soit par l'imposition des mains, soit par l'onction de l'huile, l'un des procédés fondamentaux de la médecine orientale. »
RENAN, Vie de Jésus, XVIII, Œuvr., t. IV, p. 269.

14   « Il en était venu à proposer aux pétroliers la combinaison suivante : ils fabriqueraient pour lui une huile, non pas vraiment spéciale, mais d'une viscosité un peu autre que celle de l'huile courante ; ils la logeraient dans des bidons de forme particulière.. »
ROMAINS, H. de b. vol., XVI, t. I, p. 167.

— Spécialt. *Art culin.* Huile comestible. *Huile de table, huile à friture*. De l'excellente huile* (Cf. Beurre, cit. 2). *Huile vierge,* obtenue après premier pressurage des olives. *Huile fruitée*, surfine. Huile rance*. — Cuisine à l'huile. Assaisonner* une salade avec de l'huile et du vinaigre. Pommes à l'huile. Manger des artichauts à l'huile. Sauces froides à l'huile.* V. **Mayonnaise, rémoulade...** *Olives confites* dans l'huile.*

15   « Ils nous rapportaient toujours, pour le repas de midi, quelques crabes ou quelques anguilles de mer... La mère les faisait frire dans l'huile des oliviers. »
LAMART., Confidences, VIII, I.

16   « Ensuite viennent les poulets à l'huile, car le beurre est une chose inconnue en Espagne... »
GAUTIER, Voyage en Espagne, p. 12.

17   « Il fait observer que son estomac ne digère pas l'ail et que son médecin lui interdit la cuisine à l'huile. »
COLETTE, Prisons et paradis, p. 51.

— *Peint.* Mélange d'huile (de lin, d'œillette) et d'une matière colorante. *Peindre à l'huile. Étude* (cit. 46), *portrait à l'huile. La peinture à l'huile* (Cf. Azur, cit. 1 ; gouache, cit. 1), *et par abrév. L'huile. L'huile a détrôné la détrempe* (cit.) *dès le XVe s. — Une huile,* tableau peint à l'huile (*par oppos.* à « une aquarelle*, une gouache »). *Embu* qui dépare une huile.*

18   « Le mat de la détrempe ou de la fresque ne peut montrer que les colorations. L'huile sait reproduire toutes les combinaisons par lesquelles la lumière jouant sur les volumes permet de discerner ce qui les constitue. En empâtement, l'huile imite les matières opaques et réfléchissantes ; elle est assez grasse pour se prêter aux caprices du pinceau et devenir à souhait rugueuse ou lisse, calme ou agitée. En glacis, elle se laisse pénétrer à des profondeurs variables et traduit les matières translucides où le rayon, au lieu de rebondir, s'infiltre et se réfracte. Ainsi toute la gamme qui peut s'offrir à l'œil devient susceptible d'être rendue. La totalité de la perception optique se rend sans conditions. »
R. HUYGHE, Dialogue avec le visible, pp. 139-140.

— *Enduit* à l'huile* (huile de lin et céruse*). *Vernis à l'huile* (huile de lin et résine).

— *Mar. Filer de l'huile.* V. **Filage.**

— *Liturg. Huile sainte, huile d'onction*,* utilisée pour sacrer les rois dans les religions juive et chrétienne.

19   « Samuel prit donc la corne pleine d'huile *qu'il avait apportée,* et le sacra (*David*) au milieu de ses frères. »
BIBLE (SACY), Les rois, I, XVI, 13.·

20   « ... Joas vient d'être couronné.
Le grand prêtre a sur lui répandu l'huile sainte. »
RAC., Ath., V, 1.

21   « Charles VII fut oint par l'archevêque de l'huile de la Sainte-Ampoule qu'on apporta de Saint-Rémy. »
MICHELET, Hist. de France, X, III.

— *Liturg. romaine.* V. **Chrême, extrême-onction** (cit. 2. Cf. Convoiter, cit. 3). *Les saintes huiles* (Cf. Dais, cit. 5).

22   « Elle demande d'elle-même les sacrements de l'Église... la sainte Onction des mourants avec un pieux empressement... on lui voit paisiblement présenter son corps à cette huile sacrée ; »
BOSS., Orais. fun. Henriette d'Anglet.

‖ **4o** *Fig.* (Par allus. à la fluidité, à l'onctuosité de l'huile). *Doux comme de l'huile* (Cf. Absinthe, cit. 1). *Couler comme de l'huile.*

23   « ... on voyait la foule couler comme une huile et s'arrêter soudain, contenue par d'invisibles parois. C'est ainsi que s'aligna la compagnie. »
DUHAM., Récits temps de guerre, V, La Belle-Étoile.

— *Mer d'huile,* très calme, sans vagues (comme une nappe d'huile).

24   « Un jour, nous partîmes de la Margellina par une mer d'huile, que ne ridait aucun souffle... »
LAMART., Graziella, I, Épisode, VII.

— *Tache d'huile,* ce qui se propage, gagne du terrain de manière insensible mais continue. *Politique de la tache d'huile. Faire tache d'huile. Idée qui fait tache d'huile* (Cf. Faire boule* de neige).

25   « Je flétris tout ce que je touche ; ainsi que la tache d'huile, la flétrissure s'étend, et elle gagne de proche en proche et de génération en génération ? »
BALZ., Souv. d'un paria, I (Œuvr. div., t. I, p. 220).

26   « Partant de ces centres il rayonne de tribu en tribu, fait la politique de la tache d'huile, gagne de proche en proche et après de longs efforts réduit la dissidence à n'être plus qu'une frange mince. »
MAUROIS, Art de vivre, III, 1.

— *Il n'y a plus d'huile dans la lampe* (fam.), se dit d'une personne qui s'éteint (cit. 44) de vieillesse, d'épuisement. *La dernière goutte d'huile,* le dernier souffle de vie.

27   « Ses médecins disent... que... elle (*Mme de La Fayette*) pourrait être du nombre de ceux qui traînent leur misérable vie jusqu'à la dernière goutte d'huile. »
SÉV., 623, 9 juill. 1677.

— *Littér. Ouvrage qui sent l'huile :* qui porte la marque de longs et laborieux efforts (par allus. aux nombreuses veilles qu'il semble avoir coûté à son auteur).

28   « Nous disons d'aucuns ouvrages qu'ils puent l'huile et la lampe, pour certaine âpreté et rudesse que le travail imprime en ceux où il a grande part. »
MONTAIGNE, Essais, I, X.

29   « Quand un ouvrage sent la lime, c'est qu'il n'est pas assez poli ; s'il sent l'huile, c'est qu'on a trop peu veillé. »
JOUBERT, Pensées, XXIII, XLIX.

— *Mettre de l'huile dans les rouages.* V. **Huiler** (les rouages). — *Mettre, verser de l'huile sur les plaies de quelqu'un,* l'apaiser* (Cf. Verser un baume* sur une blessure).

30   « ... (Journal « Le Censeur ») c'est par des insinuations perfides qu'il (*Chateaubriand*) invite à la concorde : il dit qu'il faut verser de l'huile sur les plaies, pendant que sa main y répand des poisons. »
STE-BEUVE, Chateaubriand, t. II, p. 336.

— *Jeter de l'huile, une goutte* (cit. 11) *d'huile sur le feu.* V. **Attiser, envenimer, exciter ; dispute** (inciter à, pousser à...).

31   « Vos paroles sont tranchantes, et mettent de l'huile dans le feu. »
SÉV., 345, 13 nov. 1673.

32   « Le goût que Lucile m'avait inspiré pour la poésie fut de l'huile jetée sur le feu. Mes sentiments prirent un nouveau degré de force ; »
CHATEAUB., M. O.-T., t. I, p. 123.

33   « Mais ces difficultés, loin d'abattre mon désir, furent comme de l'huile sur le feu. »
BAUDEL., Trad. E. POE, Avent. G. Pym, II.

— *Fam. Huile de bras, de coude*, de poignet.* V. **Force** (I, 1o). *Terrassier qui n'épargne pas l'huile de bras* (Cf. En mettre*). — *Huile de cotret*.*

34   « Dites-donc, madame Coupeau ! cria Virginie qui suivait le travail de la laveuse, vous laissez de la crasse, là-bas, dans ce coin. Frottez-moi donc un peu mieux ça ! — Gervaise obéit. — Plus on met de l'huile de coude, plus ça reluit, dit sentencieusement Lantier,... »
ZOLA, L'Assommoir, II, t. I, p. 186.

— *Pop.* (fin XIXe s.). *Être, donner, nager dans les huiles,* être en relation avec des personnages influents. *Les huiles,* personnages importants, autorités*. V. **Légume.** — Au sing. *Une huile.* — *Spécialt. Milit. Les huiles,* les officiers supérieurs.

35   « ... ne restez pas ici Vous comptez pour zéro à l'hôpital. Tout le monde, dans les huiles, est contre vous. »
MONTHERLANT, Les célibataires, II.

36   « Le père est un grand manitou dans les chemins de fer... C'est une huile.. »
CÉLINE, Voyage au bout de la nuit, p. 102.

37   « Hier, « inspection » de la clinique par une « Commission ». Toutes les *huiles* de la région. »
MART. du G., Thib., t. IX, p. 182.

DER. — (Cf. *préf.* Olé(o)-). **Huiler*, huileux*.** — **Huilerie.** *n. f.* (1547). *Anciennt.* Moulin à huile. — *De nos jours.* Usine où l'on fabrique les huiles (Cf. Avoir, cit. 3). *Les huileries de Marseille.* — Commerce des huiles. *S'enrichir dans l'huilerie.* — Industrie agricole de la fabrication des huiles végétales. *Les différentes opérations d'huilerie* (broyage, concassage, pressurage, hydrogénation...). — **Huilier.** *n. m.* (1260). Fabricant, marchand d'huile. — (1693) Ustensile de table contenant deux burettes* pour l'huile et le vinaigre. — **Huilier, ière.** *adj.* (1935 ACAD.). Qui a rapport à la fabrication des huiles. *Industrie huilière.*

« ... elle l'aida complaisamment à déballer et ranger les louches, les cuillers à ragoût, les couverts, les huiliers, les saucières, plusieurs plats, des déjeuners en vermeil... »
BALZ., Père Goriot, Œuvr., t. II, p. 861.

HUILER. *v. tr. et intr.* (1488, *s'huyler,* « se frotter d'huile » ; 1546, *huiler,* « assaisonner avec de l'huile » ; *de huile*).

I. *V. tr.* ‖ **1o** *Frotter*,* oindre avec de l'huile. V. **Graisser, lubrifier.** *Huiler une serrure, les gonds* (cit. 3), *des pièces d'horlogerie. Huiler les rouages d'une machine pour faciliter le glissement*, éviter le grippage*. S'huiler la peau à l'huile d'amandes douces. Cuir huilé, papier huilé,* enduit* d'une huile qui l'imperméabilise. *Étoffe, soie huilée.* — Pronominalt. *S'huiler avant un bain de soleil.*

1   « ... il nous restera quelques précautions à prendre contre le bruit de la porte et de la serrure... Vous trouverez, sous la même armoire où j'avais mis votre papier, de l'huile et une plume. Vous allez quelquefois chez vous à des heures où vous y êtes seule : il faut en profiter pour huiler la serrure et les gonds. »
LACLOS, Liais. danger., Lett. LXXXIV.

2   « Les portes d'acajou massif tournent sans bruit,
Leurs serrures étant, comme leurs gonds, huilées. »
VERLAINE, Poèmes saturn., Mort de Philippe II.

3   « ... les journaux qui... renient cyniquement ce qu'en juillet ils prônèrent. Où elle lisait en juin : « Huilez-vous, Mesdames ! Hors de l'huile point de salut ! », la petite dame sans nez vit que l'usage de l'huile a néfastement obstrué ses pores, tous les pores de toute sa peau. »
COLETTE, Belles saisons, p. 37.

4 « ... deux cents ans auparavant, pendant les grandes pestes du Midi, les médecins revêtaient des étoffes huilées pour leur propre préservation. » CAMUS, La peste, p. 255.

— *Par métaph.* :

5 « ... des cloches d'un airain gras, comme huilé, qui absorbait, sans les réfracter, les rayons du jour. » HUYSMANS, Là-bas, III.

6 « Jaurès répond à Clemenceau. Il s'essuie le front dès le début. Son lorgnon glisse sur son front huilé par la sueur. » BARRÈS, Cahiers, 19 juin 1906, t. V, p. 34.

— Fig. *Huiler les rouages* (Cf. Adoucir*, arrondir* les angles).

7 « Dans son esprit timoré, il craignait qu'il n'emportât de toutes ces discussions un souvenir un peu aigre. Il tint à huiler les rouages. » P. BENOIT, Mlle de la Ferté, IIIe part., p. 184.

‖ **2°** Assaisonner avec de l'huile. *Salade trop huilée.*

II. V. intr. (1771). Agric. *Plante qui huile*, plante malade (de la maladie dite *huilure*), qui suinte un liquide gras.

ANT. — Sécher ; sec.

DER. — Huilage. n. m. (1838). Action de tremper dans un bain d'huile. *L'huilage des limes, du coton...* — (1845) Action d'enduire, de frotter d'huile. *L'huilage des machines* (V. Graissage).

HUILEUX, EUSE. adj. (1474 ; de *huile*). Qui est de la nature de l'huile ; qui en contient. *Liquide huileux. Substance huileuse. Médicament injecté en solution huileuse.*

1 « Le pain de pur froment, les olives huileuses. » CHÉNIER, Bucoliques, L'aveugle.

— *Par anal.* Qui évoque l'huile par son aspect ou sa consistance. V. **Onctueux, visqueux.** *Sirop huileux. Mer huileuse* (Cf. Bitume, cit. 1). — *Spécialt.* Cuis. *Sauce huileuse*, sauce mal liée, devenue grasse sur le feu.

2 « Cette respiration calme de la mer faisait naître et disparaître des reflets huileux à la surface des eaux. » CAMUS, La peste, p. 277.

— *Par ext.* Qui est ou semble frotté, imbibé d'huile. V. **Graisseux, gras.** *Cheveux huileux. Peau huileuse.*

3 « Le premier président, qui était veuf, n'avait que deux filles. Elles étaient riches, et... l'une était noire, huileuse et laide à effrayer... » ST-SIM., Mém., IV, XXXIX.

4 « Un singulier personnage, mon voisin de gauche : huileux, râpé, luisant, avec un grand front chauve et une longue barbe où couraient toujours quelques fils de vermicelle. » DAUD., Petit Chose, II, VIII.

HUIS (ui). n. m. (XIIe s. ; bas lat. *ustium*, du lat. class. *ostium*, « porte » ; *h* pour éviter la lecture *vis*). Vx. (déjà au XVIIe s. ; de nos jours arch. ou littér. sauf dans l'expression *huis clos*). Porte* d'une maison. *Ouvrir, fermer l'huis. Gratter* (cit. 18) *à l'huis de quelqu'un.* — Blas. *Bris d'huis :* pièce de fer soutenant une porte sur son pivot.

1 « On frappe à l'huis. Le logis aux verrous
Était fermé ; la femme à la fenêtre
Court en disant : Celui-là frappe en maître !
Serait-ce point par malheur mon époux ? » LA FONT., Contes, Les Rémois.

2 « Il ouvrit brusquement l'huis garni de ferrures, et surprit le comte de Saint-Vallier aux écoutes. » BALZ., Maître Cornélius, Œuvr., t. IX, p. 940.

3 « (Le vent) pour qui nul huis n'est clos... » COLETTE, Naissance du jour, p. 26

— *À huis clos.* Toutes portes fermées. — *Par ext.* V. **Secrètement** (Cf. Bouc, cit. 3).

4 « — Sortez, canaille, je vous chasse ! dit le général en lui donnant des coups de cravache que le régisseur a toujours niés, les ayant reçus à huis clos. » BALZ., Les paysans, Œuvr., t. VIII, p. 100.

5 « Les étudiants et les soldats huguenots, pour qui la journée n'est pas finie, passent tout simplement du dehors dans l'intérieur des cabarets, afin d'y continuer à huis clos leurs libations et leurs jeux. » GAUTIER, Souv. de théâtre..., p. 82.

— *Spécialt. Dr.* Sans que le public soit admis. *Juger, délibérer à huis clos. Audience à huis clos.*

6 « ... chacun n'a-t-il sa manie ? — Et celle de monsieur est de ne plaider qu'à huis clos. » BEAUMARCH., Mère coupable, IV, 2.

7 « Les plaidoiries seront publiques, excepté dans le cas où la loi ordonne qu'elles seront secrètes. Pourra cependant le tribunal ordonner qu'elles se feront à huis clos, si la discussion publique devait entraîner du scandale ou des inconvénients graves ; » CODE PROCÉD. CIV., Art. 87.

— *Substant.* (*h* aspiré). Dr. *Le huis-clos* (ANT. V. **Publicité**). *Demander, obtenir le huis-clos.*

8 « Les demandes reconventionnelles en divorce peuvent être introduites par un simple acte de conclusions. Les tribunaux peuvent ordonner le huis-clos. » CODE CIV., Art. 239.

DER. — Huisserie. n. f. (XIIe s.). Porte (*vx*). Boiserie d'une porte, chambranle et battant, parfois l'un ou l'autre. *Poteau d'huisserie.* — *Par ext.* Se dit aussi en parlant des fenêtres.

« Depuis un moment, le jour d'une croisée de l'autre salle qui éclairait le dessous de l'huisserie lui avait permis de voir l'ombre des pieds d'un curieux projetée dans sa chambre. » BALZ., Maître Cornélius, Œuvr., t. IX, p. 940.

HUISSIER (ui-syé). n. m. (*Uissier* au XIIe s. ; de *huis*).
I. ‖ **1°** Sens général (*vx*). Gardien d'une porte, d'une entrée. V. **Portier.** — REM. On a dit *huissière* au fém. dans ce sens. — Fig. ·

« Deux portes sont au cœur ; chacune a sa valvule.
Le sang, source de vie, est par l'une introduit ;
L'autre huissière permet qu'il sorte... » LA FONT., Quinquina, I.

« Le Hadjeb de l'Empire, huissier du seuil auguste,
Qui tient le sceau, l'épée et le sceptre,... » LECONTE DE LISLE, Poèm. trag., Apothéose de Mouça-al-Kébyr.

‖ **2°** *Spécialt.* Officier dont la principale charge était d'ouvrir et de fermer une porte. *Huissier de la chambre du roi.* — Celui qui a pour métier d'accueillir, d'annoncer et d'introduire les visiteurs chez un haut fonctionnaire, un ministre... V. **Gardien, introducteur.** *Huissier en uniforme* (Cf. Cagibi, cit. 1). *Chaîne d'huissier. Table, bureau d'huissier. Donner son nom, le motif de sa visite à l'huissier. L'huissier le fit attendre dans l'antichambre* (cit. 4), *ouvrit la porte* (Cf. Cannelure, cit. 2).

3 « ... il avait été convenu que le docteur viendrait régulièrement au ministère... Plusieurs personnes attendaient audience dans le salon et dans le petit salon voisin. Mais l'huissier connaissait le docteur, et il l'introduisit par une porte de service. » MART. du G., Thib., t. VII, p. 87.

II. ‖ **1°** Celui qui est préposé au service de certains corps, de certaines assemblées... *Les huissiers du Palais-Bourbon. Huissiers d'un institut, d'une faculté.* V. **Appariteur.** *Un chaouch* faisant fonction d'huissier.

4 « Un huissier du Parlement les attend (*les pairs*) au débouché de la séance, et, se bornant à la main, marche devant eux, et leur fait faire place jusque par delà la grand salle... Les présidents trouvent deux huissiers au sortir du parquet, qui marchent devant eux et leur font faire place jusque près de la Sainte-Chapelle, frappant de leurs baguettes, en traversant la grand salle, sur les boutiques. » ST-SIM., Mém., IV, XXXI.

5 « La beauté des grandes séances (*de la chambre des députés*) est accessible à tout le monde.
L'huissier passe dans les couloirs : « En séance, Messieurs, en séance ». Qu'y a-t-il donc ? M. Deschanel vient de monter à la tribune. » BARRÈS, Cahiers, 21 juin 1906, t. V, p. 39.

‖ **2°** *Dr.* (XVIe s.). Officier ministériel chargé de signifier les actes de procédure et de mettre à exécution les décisions de justice et les actes authentiques ayant force exécutoire (ainsi nommé à cause des fonctions de l'huissier audiencier. Cf. *infra*). *De nos jours, les huissiers sont nommés par le président du Conseil des ministres sur la proposition du ministre de la Justice et la présentation d'un titulaire ; ils ne peuvent instrumenter* (V. **Immatricule**) *que dans leur arrondissement* (V. **Basoche, chicane**). *Étude de Maître Un Tel, huissier. Clerc* d'huissier. *Acte d'huissier.* V. **Assignation, commandement, constat, exploit** (cit. 8), *protêt, procès-verbal, saisie, signification, sommation* (Cf. aussi Authentique, cit. 4 ; copie, cit. 4 ; exproprier, cit. 3). *Citation signifiée par huissier, par ministère d'huissier* (Cf. Commettre, cit. 8). — Ancien. *Huissier à verge* : sergent royal au Châtelet (Cf. Attirer, cit. 9). *Huissier à la chaîne.*

6 « ... M. de Bouillon étant allé à Évreux, son fils y envoya lui signifier un exploit par un huissier à la chaîne, qui sont ceux qui peuvent exploiter indifféremment partout et que chacun qui veut emploie quand on veut faire une signification délicate et forte, parce que ceux-là sont toujours fort respectés et instrumentent avec une grosse chaîne d'or au col, d'où pend une médaille du Roi ; ils sont en même temps huissiers du Conseil, et y servent avec cette chaîne. » ST-SIM., Mém., I, XXXVIII.

7 « Toutes citations, notifications et significations requises pour l'instruction des procès, ainsi que tous actes et exploits nécessaires pour l'exécution des ordonnances de justice, jugements et arrêts, seront faits concurremment par les huissiers audienciers et les huissiers ordinaires, chacun dans l'étendue du ressort du tribunal civil de première instance de sa résidence, sauf les restrictions portées par les articles suivants. » DÉCRET du 14 juin 1813, Art. 24.

8 « Mais le lendemain, à midi, elle reçut un protêt ; et la vue du papier timbré, où s'étalait à plusieurs reprises et en gros caractères « Maître Hareng, huissier à Buchy », l'effraya si fort, qu'elle courut en toute hâte chez le marchand d'étoffes. » FLAUB., Mme Bovary, III, VI.

9 « — Après tout, ne payez pas, je m'en fiche, moi ! Je vous enverrai l'huissier. » ZOLA, La terre, IV, III.

— *Spécial. Huissier audiencier :* « huissier qui introduit le tribunal dans la salle d'audience, fait l'appel des causes et assure la police de l'audience » (CAPITANT).

★ **HUIT** (huit'). adj. et n. (*Uit* au XIIe s., *h* pour éviter la prononc. *vit ;* du lat. *octo*).

I. Adjectif numéral cardinal invariable (*hui* devant consonne). Sept plus un. V. rac. lat. **Octo.** *Huit enfants. Huit kilomètres. Journal qui paraît sur huit pages. Journée* de huit heures. *Huit dizaines.* V. **Quatre-vingts, octante** (Cf. vx. Huitante). *Strophe de huit vers.* V. **Huitain** (Cf. Envoi, cit. 2). *Intervalle de huit notes.* V. **Octave.** *Figure à huit côtés, huit angles.* V. **Octaèdre, octogone.** — *Huit jours. Dans huit jours, d'aujourd'hui* (cit. 13) *en huit,* au huitième jour en comptant aujourd'hui, le même jour de la semaine suivante. V. **Huitaine.** *Ce mardi 4, il lui donne rendez-vous pour jeudi en huit (Jeudi 13). Tous les huit jours.* V. **Hebdomadaire.** *Par ext.* Semaine, bien qu'elle n'ait que sept jours. V. **Semaine** (Cf. Arrêt, cit. 7 ; arrêter, cit. 57 ; beau, cit. 32 ; foncier, cit. 1). *Voilà des provisions pour huit jours. Carte de chemin de fer qui n'est valable que huit jours. Donner ses huit jours à un domestique :* le renvoyer et lui payer une semaine de travail de dédommagement.

1 « — Je venais, dit Lucien, vous prier de la part de Coralie. À souper d'aujourd'hui en huit, dit Lucien en continuant. »
BALZ., Illus. perdues, Œuvr., t. IV, p. 757.

2 « — Mademoiselle, faites votre malle, et partez tout de suite. Je vous payerai vos huit jours. »
ZOLA, La terre, II, VII.

— *Par ext.* Adjectif numéral ordinal invariable. V. **Huitième**. *Se lever à huit heures. Le huit mai, et ellipt. Le huit du mois. Tome huit. Henri huit (VIII). Huit ou neuvième.*

II. N. m. inv. *(huit'* même devant une consonne). *Le nombre huit. Cinq* et trois font huit. Dix-huit, Vingt-huit (h muet dans ces nombres).* — *Spécialt.* Carte à jouer marquée de huit points. *Le huit de pique. Les quatre huit.*

— Chiffre qui représente ce nombre. *Huit romain (VIII), arabe (8). Par ext.* Forme du huit arabe. *Les infinis* sont notés par un huit couché* (∞). *Avancer en cercles, en ellipses (cit. 5), en huit. Roue de bicyclette en huit après un accident. Ivrogne qui zigzague et fait des huit.*

3 « Un vieux Belge, débraillé, coiffé d'un képi, faisait, avec un arrosoir, des huit sur le dallage poussiéreux. »
MART. du G., Thib., Été 1914, ch. XXVII (éd. Pléiade).

4 « Un vieux poêle de fonte refroidissait depuis des mois, au milieu des décalques en huit de vieux arrosages. » CAMUS, La peste, p. 128.

HOM. — Huis.

DER. — Huitain, huitaine, huitième. — *Cf. aussi* les dér. du lat. *octo* (préf. *Oct(o)-*).

COMP. — Dix-huit. Six-huit, trois-huit (mus.). — ★ **Huit-reflets.** *n. m. inv.* (XXᵉ s.). Chapeau* de soie haut de forme très brillant, sur le fond duquel on peut distinguer huit reflets (Cf. Garder, cit. 36).

« Aussitôt qu'il entendit dire que Ribot se présentait à la présidence de la République, monsieur Poincaré se rendit avec son huit-reflets chez Ribot pour un échange de vues. Ils les échangèrent, leurs vues, et puis monsieur Ribot, à son tour, se saisit de son chapeau-claque et se rendit chez Poincaré pour un échange de vues. »
ARAGON, Beaux quartiers, II, VII.

★ **HUITAIN.** *n. m.* (XVᵉ s. au sens de « huitième » ; de *huit*). T. de Versif. Petit poème de huit vers. — *Strophe de huit vers.*

« En ce moment même, des refrains de ballades et des commencements de huitains me remontent en foule à la mémoire. »
LEMAÎTRE, Impress. de théâtre, Villon, 3ᵉ série, p. 19.

★ **HUITAINE.** *n. f.* (XVᵉ s. ; de *huit*). Ensemble de huit* choses, d'environ huit choses de même sorte (V. **Octave**). *Une huitaine de jours. Absolt. Une huitaine,* huit jours et par ext. une semaine. *Il part dans une huitaine.* Dr. *La cause a été remise à huitaine. Jugement à huitaine.*

« .. l'âge, le malheur, la misère, rien ne trouva grâce devant eux : ils ordonnèrent aux Jésuites de quitter le royaume *sous huitaine,...* »
BALZ., Hist. des jésuites (Œuvr. div., t. I, p. 40).

★ **HUITIÈME.** *adj.* et *n. m.* (*Uitisme* au XIIIᵉ s. ; de *huit*).

I. Qui succède au septième. || 1° Adj. numéral ordinal. *La huitième page, le huitième chapitre. Psaume huitième* (Cf. Approprier, cit. 1). *La huitième merveille du monde :* se dit d'une chose merveilleuse qui paraît pouvoir s'ajouter aux sept merveilles* traditionnelles.

1 « Le roi n'avait eu de son premier mariage qu'une fille, qui passait pour la huitième merveille du monde ; »
Mᵐᵉ d'AULNOY, Deux contes de fées, L'oiseau bleu.

2 « ... n'en soyez point la dupe (*de ces gens*), et ne vous croyez point sur leur parole la huitième merveille du monde. »
LESAGE, Gil Blas, I, II.

|| 2° N. m. et f. *Arriver le huitième dans une compétition.* — *Élève de la classe de huitième. Absolt. Entrer en huitième.*

II. Se dit d'une fraction d'un tout divisé également en huit.

|| 1° Adj. *La huitième partie de leur poids* (Cf. Frayer, cit. 11).

|| 2° N. m. *Le huitième d'une surface. Trois huitièmes.* Sport. *Huitième de finale*.*

COMP. — ★ **Huitièmement.** *adv.* (1552). En huitième lieu.

HUÎTRE. *n. f.* (1538 ; *Uistre, oistre* au XIIIᵉ s. ; *h* pour éviter la lecture *vitre* ; lat. *ostrea,* du gr. *ostreon*). Zool. Mollusque lamellibranche anisomyaire (*Ostracés*) scientifiquement appelé *ostrea,* à coquille feuilletée aux valves inégales (V. **Écaille**), qui vit immobile, fixé au rocher. *L'huître est un coquillage*, un fruit de mer. Huître qui s'ouvre, bâille (cit. 5). Huître laiteuse, pleine d'œufs. Jeunes huîtres.* V. **Naissain**. *Huître perlière*.* V. **Méléagrine, pintadine ; nacre, perle**. *Huîtres comestibles pêchées* (huîtres de drague) *ou élevées* (huîtres d'élevage). V. **Ostréiculteur, ostréiculture**. *Huîtres communes, huîtres pied de cheval, huîtres portugaises** (ou *Gryphées*), *huîtres américaines... Banc* d'huîtres en mer. Huîtres de pleine mer. Huîtres de Cancale. Petites huîtres de la Manche.* V. **Perlot**. *Élevage des huîtres dans des parcs* (V. **Acul, clayère, parc ; amareilleur**) *pour protéger leur croissance et les faire verdir* (V. **Claire**). *Huîtres de claires, et absolt. des Fines de claires, des claires. Désignation des huîtres d'après leur lieu d'élevage : Huîtres d'Arcachon, d'Ostende ; huîtres de Bélon, de Marennes et absolt. Des Bélons, des*

Marennes. Transport des huîtres en bourriches, en cloyères*. Les huîtres se vendent à la douzaine. Ouvrir des huîtres. V. **Écaillage** (Cf. Gruger, cit. 1), **écailler** (Cf. Écaille, dér.). *Couteau, fourchette à huîtres. Manger, gober des huîtres* (Cf. Faiseur, cit. 9). *Dégustation d'huîtres. Plateau d'huîtres, d'oursins, de palourdes, de praires... Huîtres consommées crues, au poivre* (V. **Mignonnette**), *au citron, à la vinaigrette et aux échalotes* (cit.). *Potage aux huîtres. Huîtres consommées cuites, grillées (cit. 2).* — *« L'huître et les plaideurs »,* fable de La Fontaine (Cf. Écaille, cit. 11).

1 « Les huîtres d'Ostende furent apportées, mignonnes et grasses, semblables à de petites oreilles enfermées en des coquilles, et fondant entre le palais et la langue ainsi que des bonbons salés. »
MAUPASS., Bel-Ami, I, V, p. 99.

2 « D'un tas d'huîtres vidé d'un panier couvert d'algues
Monte l'odeur du large et la fraîcheur des vagues. »
SAMAIN, Chariot d'or, Roses dans la coupe, La cuisine, p. 39.

3 « ... elle posa sur la table une bouteille de vin blanc et des assiettes garnies d'huîtres rondes et luisantes. — C'est le vin des vignes qui pousse à l'abri des dunes, dit René. Il est âpre, mais convient aux huîtres, comme une goutte de citron. Les huîtres sont meilleures encore à l'aube... Ah ! la première huître !... Il respira voluptueusement, la mâchoire serrée : — N'est-ce pas ? quelle fraîcheur !... ce fruit salé... »
CHARDONNE, Destin. sentim., p. 381.

4 « Les huîtres naissent de la mer. Elles demeurent quelques années dans les parcs sur le rivage, puis elles font un séjour dans les claires où elles prennent leur teinte verte et je crois plus de saveur. Elles doivent ces vertus au mélange de l'eau de mer et de l'eau douce qui suinte des marais, et aussi à une algue inconnue. C'est une culture très simple, mystérieuse, et qui n'a pas changé depuis l'antiquité. »
ID., Ibid., p. 378.

— Fig. (fam.). Personne stupide.

5 « Un homme... simple d'esprit (*est un*) niais... un béjaune, un serin, une moule, une huître ; » BRUNOT, Pens. et lang., p. 78.

DER. — Huîtrier. *n. m.* (1718). Qui élève, vend des huîtres. *Les huîtriers de Marennes.* — REM. On dit plutôt de nos jours : *ostréiculteur*.* — (1770) Zool. Oiseau charadriiforme (*Échassiers charadriidés*) scientifiquement nommé *hœmatopus* et vulgairement *bécasse* ou *pie de mer,* qui est très friand d'huîtres. — **Huîtrière**. *n. f.* (1546). Banc d'huîtres. Établissement où se fait l'élevage des huîtres. — **Huîtrier, ière.** *adj.* (XIXᵉ s.). Relatif aux huîtres, à leur élevage. *Industrie huîtrière.*

1 « On a aussi donné à cet huîtrier ou mangeur d'huîtres le nom de pie de mer, non seulement à cause de son plumage noir et blanc, mais encore parce qu'il fait, comme la pie, un bruit ou cri continuel, surtout lorsqu'il est en troupe ; ce cri aigre et court est répété sans cesse en repos et en volant. » BUFF., Hist. nat. ois., L'huîtrier.

2 « ... depuis quelque temps, des Anglais ont imaginé de créer, dans de vieux bateaux, des *huîtrières mobiles,* qu'ils appellent des parcs flottants...
Sur quoi les *huîtriers* belges ont offert de prouver au ministère que l'huître conservée dans des bateaux était malsaine, maigre et pouvait même causer des empoisonnements. » NERVAL, Notes de voyage, III.

★ **HULAN.** V. UHLAN.

★ **HULOT.** V. HUBLOT.

★ **HULOTTE.** *n. f.* (1530 ; dér. de l'anc. fr. *huler,* « hurler », du lat. *ululare*). Zool. Oiseau rapace nocturne (*Strigidés* ou *Bubonidés*), très commun, scientifiquement appelé *Strix* (V. **Effraie**), de la taille d'un corbeau, qui se nourrit principalement d'insectes et de petits rongeurs. V. **Chat-huant, chouette** (Cf. Chevêche, cit.). *Cri de la hulotte.* V. **Hôler**.

« La hulotte,... est la plus grande de toutes les chouettes ;... c'est son cri *hoû oû oû oû ou ou ou,* qui ressemble assez au hurlement du loup, qui lui a fait donner par les Latins le nom d'*ulula,* qui vient d'*ululare,* hurler ou crier comme le loup,... »
BUFF., Hist. nat. ois., La hulotte.

★ **HULULER** ou **ULULER** (ACAD.). *v. intr.* (1808 NODIER ; lat. *ululare*). Crier, en parlant des oiseaux de nuit.

DER. — ★ **Hululement.** *n. m.* Cri des oiseaux de nuit. On écrit aussi *Ululement.*

« Dans nos landes, une noce de métayers en route pour l'église, s'annonce bien avant d'arriver au bourg par une mélopée sauvage, une sorte de hululement qui jaillit du plus noir des époques oubliées. »
MAURIAC, La province, p. 27.

★ **HUM !** (*heum'*). *interj.* (XVIIIᵉ s., aussi *hem, hom*). Interjection qui exprime généralement le doute, la réticence... *Hum ! Cela cache quelque chose ! Hum ! Nous verrons, nous verrons.* — *Faire « hum ! »* pour *s'affermir* (cit. 1) *la voix.* Substant. *Un « hum ! »* dubitatif.

1 « ... trois « hum ! » sonores tombèrent dans le silence, tels, derrière le rideau baissé, les trois coups de l'avertisseur donnant le signal de la farce. » COURTELINE, MM. ronds-de-cuir, V, II.

2 « Barbentane rajustait sa cravate papillon : « ... Hum ! qu'est-ce que je te disais ? ah ! oui... » ARAGON, Beaux quartiers, II, VII.

HUMAIN, AINE. *adj.* et *n. m.* (XIIᵉ s. ; empr. au lat. *humanus,* de *homo,* « homme »).

I. *Adj.* || 1° De l'homme, propre à l'homme. V. **Homme** (I). *Nature* humaine* (Cf. Absurde, cit. 4 ; essence, cit. 8 ; gouffre, cit. 12). *Vie humaine* (Cf. Aguerrir, cit. 2 ; assimilation, cit. 2 ; biologie, cit. ; guerre, cit. 1). *Corps** (cit. 15), *organisme humain* (Cf. Âme, cit 25 ; anthropologie, cit. 2 ; assemblage, cit. 17 ; balancement, cit. 6 ; gros, cit. 1 ;

harmonie, cit. 47). *Chair humaine. Aspect peu humain d'un cadavre* (cit. 4). *Forme, face, figure humaine. N'avoir plus figure* humaine. Difformités humaines* (Cf. Barboter, cit. 1). *Sang humain* (Cf. Bataille, cit. 6 ; guerre, cit. 36). *Chaleur humaine. Voix humaine* (Cf. Aubade, cit. 1 et, *par métaph.* Bramer, cit. 1). *Regard*, cri* humain. Les forces humaines. Au-dessus des forces humaines, plus qu'humain.* V. **Surhumain.** *Âme* humaine* (Cf. Abri, cit. 3). *Esprit** (cit. 42, 43, 46, 47 et 95) *humain. Cœur* humain* (Cf. Aspirer, cit. 4 ; financier, cit. 2 ; goûter, cit. 5). *Grandeur et misère humaine* (Cf. Affliction, cit. 5 ; cadavé-rique, cit. 1). *Faiblesse humaine. L'énigme humaine. Conscience, raison, sagesse humaine* (Cf. Abêtir, cit. 2). *Bêtise humaine* (Cf. Absurdité, cit. 3). *Passions humaines* (Cf. Agacer, cit. 6 ; assigner, cit. 5). *Souffrance humaine* (Cf. Attendrissement, cit. 6). *Valeur humaine* (Cf. Assigner, cit. 13). *Dignité* humaine, de la personne humaine. Le moi* humain* (Cf. Amour-propre, cit. 2). *Personne* humaine* (Cf. Gouvernement, cit. 15). *Respect* humain. Choses, œuvres humaines* (Cf. Ariane, cit. ; enjoué, cit. 3). *Destinée*, condition* humaine. Point de vue humain* (Cf. Anachronique, cit.). *Mesure, échelle* humaine* (Cf. Écrasant, cit. 3). *Relations humaines* (Cf. Frontière, cit. 3 ; grandeur, cit. 30). *Conventions, institutions humaines. Fraternité* (cit. 5) *humaine.* — *Spécialt. par oppos. à « divin* ». Moyens, voies humaines. Justice divine et justice humaine* (Cf. Attribut, cit. 5 ; contrition, cit. 2).

1 « ... chaque homme porte la forme entière de l'humaine condition. »
MONTAIGNE, **Essais**, III, II.

2 « Ces malheureux, qui, à force de misère, n'ont presque plus figure humaine, cette déplorable armée de fantômes ou de squelettes qui font peur plus que pitié, Loustalot trouve un cœur pour eux, des paroles touchantes et d'une compassion douloureuse. »
MICHELET, **Hist. Révol. franç.**, II, VII.

3 « Les uns ont à peine face humaine, les autres sont doués de toutes les finesses de la race. » CHARDONNE, **Amour du proch.**, VII, p. 171.

4 « Rieux n'avait plus devant lui qu'un masque désormais inerte où le sourire avait disparu. Cette forme humaine qui lui avait été si proche... brûlée par un mal surhumain... » CAMUS, **La peste**, p. 311.

— Qui a les caractères de l'homme, qui est homme. *Frères* (cit. 17) *humains* (VILLON). *Créature humaine* (Cf. Épancher, cit. 1 ; grâce, cit. 35). *Animal* (cit. 10) *humain.* Péjor. *Bête humaine* (Cf. Fumet, cit. 6). « *La bête humaine* », roman d'E. Zola. *Être* humain* (Cf. Âge, cit. 17 ; causer, cit. 6 ; comptable, cit. 3). *Être humain mâle* (V. **Homme**), *femelle* (cit. 7). V. **Femme** (cit. 9). *Les êtres humains* (Cf. Bigarrer, cit. 5 ; frisson, cit. 34). *Deux êtres humains l'un près de l'autre...* (Cf. Amarrer, cit. 3). Fig. *L'immense être humain appelé France* (PROUST ; Cf. Affronter, cit. 7).

— REM. 1. L'expression *être humain*, de nos jours très courante, ne figure dans aucun dictionnaire ancien ou moderne. LITTRÉ qui n'en parle ni à *être* ni à *humain* l'emploie cependant pour définir le genre humain : « l'ensemble des êtres humains ».

2. *Homme**, au sens I, est souvent remplacé par *être humain* dont l'emploi supprime toute confusion avec *Homme* au sens II (mâle). V. **Individu.**

5 « ... par les quais coulait un fleuve d'êtres humains se dirigeant vers le Nil. » GAUTIER, **Rom. de la momie** (1858). Cf. Barioler, cit.

6 « ... depuis qu'il le possédait, la pensée du meurtre ne l'avait plus troublé. Était-ce donc que la possession physique contentait ce besoin de mort ? Posséder, tuer, cela s'équivalait-il, dans le fond sombre de la bête humaine ? » ZOLA, **Bête humaine**, VI, p. 197.

7 « ... maintenant qu'un être humain se tenait devant elle et la regardait, elle se sentait reprise par son orgueil, par son dédain du monde... » GREEN, **Léviathan**, II, XII.

8 « Un être humain, comme n'importe quel animal ou végétal, reçoit de ses parents un certain héritage substantiel, un certain patrimoine héréditaire. » ROSTAND, **L'homme**, III.

— Formé, composé d'hommes. *Espèce* humaine* (Cf. Béat, cit. 6 ; caractère, cit. 13 ; grégaire, cit. 3). *Les différentes races humaines* (Cf. Abrégé, cit. 3 ; homme, cit. 17). *Le genre humain, l'humanité.* V. **Genre** (cit. 2 à 5). — Péjor. *Troupeau, bétail* (cit. 3 et 4), *gibier humain. La masse humaine.* — *Sociétés humaines* (Cf. Abuser, cit. 15 ; extérioriser, cit. 7). *Groupes*, groupements humains.* V. **Ethnique** (Cf. Ethnologie, cit. ; géographie, cit. 5).

9 « Il s'avisa un beau jour de printemps de s'aller promener, marchant tout droit devant lui, croyant que c'était un privilège de l'espèce humaine, comme de l'espèce animale, de se servir de ses jambes à son plaisir. » VOLT., **Candide**, II.

10 « Les renseignements que fournissent les ethnographes sur la forme primitive de la société humaine sont terriblement contradictoires. »
S. de BEAUVOIR, **Deuxième sexe**, I, p. 107.

— Relatif à l'homme. *Expérience* (cit. 8) *humaine. Les sciences humaines. Anatomie, physiologie humaine. Géographie* (cit. 2 et 4) *humaine* (Cf. Homme, cit. 91). « *La Comédie* humaine* », de H. de Balzac.

‖ **2°** Qui est compréhensif et compatissant. V. **Bienfaisant, bienveillant, bon*, charitable, clément, compatissant, doux, généreux, pitoyable, secourable, sensible.** *Un vainqueur, un juge, un jury humain. Prince humain et débonnaire* (Cf. Attitude, cit. 4 ; gagner, cit. 30). *Dieu humain et charitable* (Cf. Cristalliser, cit. 11). *N'être pas*

humain, être inaccessible à la pitié... — Spécialt. (*vx*). En parlant d'une femme (*par oppos. à* « prude, cruelle, inhumaine... »). V. **Accessible.**

11 « — Rends-la pour moi plus humaine.
— Dompte pour moi ses mépris. » MOL., **Gr. div. royal.**

12 « Le seigneur Harpagon est de tous les humains l'humain le moins humain... » ID., **Av.**, II, 4.

13 « Qui sait combien d'enfants périssent victimes de l'extravagante sagesse d'un père ou d'un maître ?... Hommes, soyez humains, c'est votre premier devoir ; » ROUSS., **Émile**, II.

14 « On ne peut être juste si on n'est humain. »
VAUVENARGUES, **Réflex. et max.**, 28.

15 « ... Danton, quoiqu'il fût humain, n'était point sentimental. »
JAURÈS, **Hist. soc. Révol. franç.**, t. VII, p. 144.

16 « ... il était sincèrement « humain » : (sa principale qualité) ; il sympathisait avec tout ce qui était homme. »
R. ROLLAND, **Jean-Christ.**, La foire sur la place, II, p. 755.

— En parlant des choses. *Sentiments humains.* V. **Humanitaire.** *Souffle généreux et humain* (Cf. Coopération, cit. 3). *N'avoir rien d'humain* (Cf. Altérer, cit. 18 ; armure, cit. 3). *Est-il plus humain d'agir ainsi ?* (Cf. Guerre, cit. 8). *Religion éclairée et humaine* (Cf. Étroit, cit. 14).

17 « ... leur dévotion est humaine, est traitable ; »
MOL., **Tart.**, I, 5.

‖ **3°** (*Fin du XIXe s.*). En parlant d'une personne en qui se réalise pleinement la nature humaine, avec ses qualités et ses défauts, mais dans ce qu'elle a d'essentiel et d'universel (*par oppos. à* « artificiel, inhumain, surhumain »). *Hamlet est humain parce qu'il est complexe* (cit. 4).

18 « Je tiens de ma patrie un cœur qui la déborde,
Et plus je suis Français, plus je me sens humain. »
SULLY PRUDHOMME, **Vaines tendresses**, IX, La France.

19 « Ce que je pense de Napoléon, puisque vous voulez bien le savoir, c'est que, fait pour la gloire, il s'y montre dans la simplicité brillante d'un héros d'épopée. Un héros doit être humain. Napoléon fut humain... Il était violent et léger ; et par là profondément humain. Je veux dire semblable à tout le monde. » FRANCE, **Lys rouge**, III.

20 « De quelque nationalité que vous soyez, le caractère, les façons de tous ces personnages de Molière vous sont accessibles. Ils sont bien devant vous, entiers, vrais, vivants, dans leurs traits essentiels, le misanthrope, l'avare, le tartuffe. C'est qu'ils sont humains, et qu'être humain cela ne consiste pas seulement à être Espagnol, ou Anglais, ou Français, ou Russe, mais à être ce que nous sommes tous pour une part égale et fondamentale, en dépit des nationalités, à savoir : un homme. » LÉAUTAUD, **Théâtre de M. Boissard**, XXXIV.

21 « Au fond, ces exceptionnels romantiques avaient le cœur fait comme tout le monde. Ils ne voulaient le droit à l'amour et la liberté que pour eux. Après tout, Liszt était très humain. »
HENRIOT, **Portr. de femmes**, p. 334.

— En parlant des choses. *C'est humain, c'est une réaction bien humaine...* — Littér. « *Humain, trop humain* », ouvrage de Nietzsche.

22 « ... ce vieillard immobile vivait, en réalité, d'une vie plus profonde, plus humaine et plus générale que l'amant qui étrangle sa maîtresse, le capitaine qui remporte une victoire ou l'époux qui venge son honneur ». MAETERLINCK, **Trésor des humbles**, IX.

‖ **II.** *N. m.* ‖ **1°** Ce qui est humain ; l'homme et ce qui appartient à l'homme. *L'humain et le divin. Rapports de dimensions entre la nature et l'humain* (Cf. Écrasant, cit. 3). *Réduire le monde à l'humain* (Cf. Comprendre, cit. 35). *Philosophie, religion qui a, qui perd le sens de l'humain.*

23 « Sans doute vos chrétiens, qu'on persécute en vain,
Ont quelque chose en eux qui surpasse l'humain : »
CORN., **Pol.**, V, 6.

24 « D'un génie, à vrai dire, au-dessus de l'humain : »
MOL., **Éc. d. fem.**, III, 4.

25 « Sous l'influence des mêmes idées, la Littérature s'orientait de plus en plus vers l'humain et le vrai sans négliger la grave poésie qui s'en dégage. » LECOMTE, **Ma traversée**, p. 70.

26 « ... ranimer le culte de l'humain sous le mode universel... »
BENDA, **Trahison des clercs**, p. 238.

‖ **2°** (Dans le style élevé). Être humain. V. **Homme** (I). *Les humains* (Cf. An, cit. 10 ; attacher, cit. 19 ; avatar, cit. 3 ; exposer, cit. 25 ; farouche, cit. 13 ; friand, cit. 4). *L'ensemble des humains.* V. **Humanité.** *Chaque humain* (Cf. Culpabilité, cit. 1). *Les dieux et les humains* (Cf. Être, cit. 71). *L'esprit des humains* (Cf. Approfondir, cit. 10). *Vivre séparé des humains* (Cf. Attendre, cit. 68), *fuir l'approche* (cit. 9) *des humains.* V. **Gens.**

27 « Puisque entre humains ainsi vous vivez en vrais loups, »
MOL., **Misanthr.**, V, 1.

28 « Si les dieux se mettent à engager avec les humains des conversations et des disputes individuelles, les beaux jours sont finis. »
GIRAUDOUX, **Amphitryon 38**, III, 4.

29 « Devenir immortel, c'est trahir, pour un humain. »
ID., **Ibid.**, II, 2.

ANT. — Céleste, divin. Barbare, brutal, brute, cruel, dur, impitoyable, méchant.

DER. — Humainement, humaniser. Cf. Humanité.

COMP. — Inhumain, surhumain.

HUMAINEMENT. *adv.* (XIIe s. ; de *humain*). D'une manière humaine.

‖ **1°** En homme, pour l'homme, du point de vue de

l'homme. *Il a fait tout ce qui était humainement possible pour l'aider, pour le sauver. N'admettre* (cit. 11) *que ce qui est humainement vérifiable.*

1 « Elle... qui de ses hautes pensées et de ses importantes occupations descend si humainement dans le plaisir de nos spectacles... »
MOL., **Épît. à la Reine mère.**

2 « ... l'enfer, tel qu'il est humainement concevable. »
MAC ORLAN, **Quai des brumes, VIII.**

— Spécialt. *Humainement parlant,* d'un point de vue humain.

3 « ... Pour parler plus humainement (car ce langage sent un peu trop le poète). »
RAC., **Lettres.**

|| 2° Avec humanité*, bonté, générosité. V. **Charitablement.** *Traiter humainement un inférieur, un ennemi, un coupable...* (Cf. Damner, cit. 14).

4 « ... Brutus Hugo fait très humainement cette affreuse guerre de Vendée... et il se sait justement gré, dans ses *Mémoires,* d'avoir soustrait à la fureur républicaine vingt-quatre jeunes filles royalistes tombées aux mains de son parti. » HENRIOT, **Romantiques,** p. 26.

ANT. — Cruellement, durement, inhumainement, méchamment.

HUMANISER. *v. tr.* (1559 ; de *humain,* d'apr. le lat. *humanus*).

|| 1° Mettre à la portée de l'homme. *Humaniser une doctrine, une philosophie.* Pronominalt. *Art, religion qui s'humanise.*

1 « Ne paraissez point si savant, de grâce. Humanisez votre discours, et parlez pour être entendu. » MOL., **Crit. Éc. d. fem.,** 6.

2 « Le hardi jeune homme simplifiait, expliquait, popularisait, humanisait. À peine laissait-il quelque chose d'obscur et de divin dans les plus formidables mystères. » MICHELET, **Hist. de France,** IV, IV.

3 « ... un exemple célèbre, que j'humanise un peu pour votre usage... »
BENDA, **Lettres à Mélisande,** p. 64.

|| 2° Donner la nature humaine. Pronominalt. *Dieu qui s'humanise,* qui se fait homme.

4 « Et vous n'ignorez pas que ce vieux maître des dieux
Aime à s'humaniser pour des beautés mortelles. »
MOL., **Amphitr., Prol.**

5 « ... je crus dans ce pain que notre foi consomme
Humaniser le Christ et diviniser l'homme. »
LAMART., **Jocelyn,** V.

|| 3° Rendre plus humain (V. **Humain,** 2°), plus sociable, plus civilisé. V. **Adoucir, apprivoiser, civiliser.** *Le commerce des Européens humanisa ces peuples sauvages* (ACAD.). Pronominalt. *Personne qui s'humanise,* devient plus sociable, plus traitable, plus favorable.

6 « — Ô cœur barbare et tyrannique !
Souffre qu'au moins je sois ton ombre.
— Point du tout.
— Que d'un peu de pitié ton âme s'humanise ; »
MOL., **Amphitr.,** III, 6.

7 « ... un ou deux Anglais pensants qui sont ici, et qui, dit-on, s'humanisent jusqu'à parler. »
VOLT., **Lett. à Thiriot,** 293, 15 mai 1735.

8 « ... ils ravagèrent les provinces entre la mer Noire et l'Adriatique ; mais dans ces courses même ils s'humanisèrent encore, et par les jouissances du luxe et par leur mélange avec les familles des vaincus. » MICHELET, **Hist. de France,** II, I.

9 « Le pays bientôt semble s'humaniser ; c'est-à-dire que les plis du terrain sont moins vastes et les terres plus cultivées. »
GIDE, **Journal,** 1914, Marche turque, De Koniah à Ouchak.

10 « — Attention..., reprit Antoine Codifier la guerre, vouloir la limiter, l'organiser (*l'humaniser,* comme on dit !), décréter : « Ceci est barbare ! Ceci est immoral ! » — ça implique qu'il y a une autre manière de faire la guerre... Une manière parfaitement civilisée... Une manière parfaitement humaine... » MART. du G., **Thib.,** t. IX, p. 90.

ANT. — Diviniser. Bestialiser.

DER. — Humanisation. *n. f.* (XVIe s.). Action d'humaniser ; résultat de cette action.

HUMANISME (nism'). *n. m.* (vers 1850, in PROUDHON ; dér. de *humaniste,* d'après l'all. *Humanismus*).

|| 1° Hist. littér. « Mouvement d'esprit représenté par les « humanistes » de la Renaissance, et caractérisé par un effort pour relever la dignité de l'esprit humain et le mettre en valeur, en renouant, par-dessus le moyen âge et la scolastique, la culture moderne à la culture antique » (LALANDE). *Humanisme italien, français...*

1 « Marguerite (*de Navarre*) elle-même unit la poésie, le mysticisme, l'humanisme, le zèle de la morale ; on sent dans cette période comme un effort pour réaliser l'idéal italien de l'homme complet, dont le libre développement physique et moral ne souffre point de restriction et de limites. » LANSON, **Hist. littér. franç.,** p. 226.

2 « L'humanisme oppose donc au formalisme grandissant de la scolastique une culture plus vivante, un ensemble d'études plus humaines, « humaniores disciplinæ ». Par lui se répand le meilleur de la sagesse antique. Fort de la philosophie païenne, il aide à secouer le joug de la théologie et révèle le monde des idées pures ; à l'esprit de soumission il substitue l'esprit d'examen, le goût de la recherche critique. De là un vaste effort de rénovation spirituelle et esthétique. »
JASINSKI, **Hist. littér. franç.,** t. I, p. 115.

|| 2° Philos. Toute théorie ou doctrine qui prend pour fin la personne humaine et son épanouissement. *Plus spécialt.* Doctrine qui s'attache à « la mise en valeur de l'homme »

par les seules forces humaines. *Humanisme d'un écrivain* (Cf. Eudémonisme, cit.). *Humanisme, humanitarisme*, et cosmopolitisme* (cit.).

— REM. *Humanisme* et *humanitisme* ont été employés dès 1765 (BRUNOT, Hist. de la lang. franç., t. VI, p. 119) au sens d'« estime et amour général de l'humanité » ; *humanisme* seul a survécu mais reste rare jusqu'au milieu du XIXe s. in PROUDHON (1873 in P. LAR., absent chez HATZFELD). ACAD. 8e éd. (1935) ne mentionne pas l'emploi du terme en philosophie.

3 « Ma conviction intime est que la religion de l'avenir sera le pur *humanisme,* c'est-à-dire le culte de tout ce qui est de l'homme, la vie entière sanctifiée et élevée à une valeur morale. *Soigner sa belle humanité* sera alors la Loi et les Prophètes, et cela sans aucune forme particulière, sans aucune limite qui rappelle la secte et la confraternité exclusive... La science large et libre, sans autre chaîne que celle de la raison, sans symbole clos, sans temples, sans prêtres, vivant bien à son aise dans ce qu'on appelle le monde profane, voilà la forme des croyances que nos seules destinées entraîneront l'humanité. »
RENAN, **Avenir de la science,** Œuvr., t. III, pp. 809 et 811.

4 « L'humanisme moderne est une doctrine qui, appuyée solidement sur le réel, ou ce qu'elle croit tel, entend élucider les problèmes que la conscience se pose, et les élucider seule, en dehors de toute intervention religieuse ; elle veut utiliser à de telles fins les découvertes scientifiques, et, en somme, expliquer l'homme par l'homme seul. »
DANIEL-ROPS, **Le monde sans âme.** V, p. 144.

5 « Par humanisme on peut entendre une théorie qui prend l'homme comme fin et comme valeur supérieure. »
SARTRE, **L'existentialisme est un humanisme,** p. 90.

6 « En prenant le mot humanisme dans son sens le plus étroit, comme signifiant le culte des lettres antiques restituées par les érudits de la Renaissance, on a dit des Essais qu'ils étaient le couronnement de l'humanisme français : on peut dire aussi justement qu'ils en sont le point de départ, si, donnant au mot son sens le plus large, on entend par humanisme la philosophie morale qui se fonde sur la connaissance de l'homme et cherche à le rendre pleinement humain. »
BRUNOLD et JACOB, **De Montaigne à L. de Broglie,** p. 4.

— (*En un sens plus restreint*). Formation de l'esprit humain par la culture* littéraire ou scientifique (Cf. Humanités).

7 « Une culture générale vraiment digne de ce nom devra donc toujours comporter, en dehors de l'acquisition des connaissances scientifiques, une réflexion approfondie sur la complexité de la personne humaine et sur les divers aspects qu'elle présente, une initiation aussi à l'art de sentir et de vouloir. C'est là l'essence de l'humanisme et la signification même de ce mot. Un humanisme moderne, même s'il doit devenir tout à fait indépendant de la culture gréco-latine, devra conserver ce caractère et pour cette raison il devra toujours réserver une place importante aux études littéraires. »
L. de BROGLIE, **La culture scientifique,** in Nouv. perspect. en **microphysique,** p. 249.

HUMANISTE. *n. m.* et *adj.* (1539 ; d'après *humanité*).

I. *N. m.* || 1° Lettré qui a une connaissance approfondie des langues et littératures grecques, latines. V. **Humanité(s).** Cf. Aiguiser, cit. 14. *Un bon, un savant humaniste* (LITTRÉ).

1 « L'adversaire de Julien était un académicien des Inscriptions, qui, par hasard, savait le latin ; il trouva en Julien un très bon humaniste, n'eut plus la crainte de le faire rougir, et chercha réellement à l'embarrasser. » STENDHAL, **Le rouge et le noir,** II, II.

— Spécialt. Nom donné aux lettrés de la Renaissance qui se consacrèrent à l'étude des écrivains antiques et en firent connaître les œuvres et les idées. *Lefèvre d'Étaples, Guillaume Budé, Robert Estienne, grands humanistes français.*

2 « Il (*le terme d'humanisme*) a désigné tout d'abord, dans l'esprit de ceux qui l'ont inventé, une attitude intellectuelle qui, historiquement, s'était manifestée au temps de la Renaissance... Il s'agissait, au début, d'une discipline de l'intelligence plutôt que d'une conception philosophique. Le mot se rattachait étroitement à un autre, voisin par l'étymologie : les humanités... L'humaniste était, dans cette vue, l'homme qui a cultivé son esprit, qui a extrait de certaines disciplines (en particulier de celles qu'enseigne l'étude des langues anciennes) des principes de pensée. » DANIEL-ROPS, **Ce qui meurt...,** II, pp. 49-50.

|| 2° (XXe s.). Partisan de l'humanisme* philosophique (au sens large ou au sens restreint). *Le chrétien* (cit. 11) *et l'humaniste.*

3 « ... je vois réapparaître, pendant qu'il parle, tous les humanistes que j'ai connus... l'humaniste qui aime les hommes tels qu'ils sont, celui qui les aime tels qu'ils devraient être, celui qui veut les sauver avec leur agrément et celui qui les sauvera malgré eux, celui qui veut créer des mythes nouveaux et celui qui se contente des anciens, celui qui aime dans l'homme sa mort, celui qui aime dans l'homme sa vie... » SARTRE, **La nausée,** p. 149.

II. *Adj.* (XIXe s. in RENAN, absent chez HATZFELD et ACAD., 8e éd.).

|| 1° Relatif à l'humanisme, aux humanistes de la Renaissance, aux humanités. *Mouvement, doctrine humaniste. Études humanistes.* V. **Humanité(s).**

4 « Sans doute la simple culture patriotique et vraie est supérieure à cette culture artificielle des derniers temps de l'Empire, et si quelque chose pouvait inspirer des craintes pour l'avenir de la civilisation moderne, ce serait de voir combien l'éducation prétendue humaniste qu'on donne à notre jeunesse ressemble à celle de cette triste époque. » RENAN, **Avenir de la science,** Œuvr., t III, p. 785.

5 « Je ne comprenais pas comment je ne pouvais pas comprendre les raisons secrètes des études humanistes et j'ai vu, par la suite, un grand nombre de gens tirer profit de telles études sans jamais s'interroger sur les raisons de ce profit. » DUHAM., **Invent. de l'abime,** XI.

6 « Le mouvement humaniste se précise à Paris dès le dernier tiers du XVᵉ siècle. Puis les guerres d'Italie (à partir de 1494) révèlent les splendeurs d'une éclatante civilisation. »
JASINSKI, **Hist. littér. franç.**, t. I, p. 119.

‖ **2º** Relatif, conforme à l'humanisme* philosophique. *Conception humaniste. Philosophies humanistes.*

7 « Plus on étudie cette période (*le moyen âge*), plus on se rend compte de la richesse *humaniste* qu'elle contient ; »
DANIEL-ROPS, **Ce qui meurt...**, II, p. 52.

8 « Nous dépassons l'étroitesse nationaliste ou ethnique, pour nous élever à une notion, proprement *humaniste*, de l'homme, et c'est par là que notre capacité de rayonnement, notre faculté de libérer les esprits, d'ouvrir les fenêtres apparaissent vraiment incomparables. »
SIEGFRIED, **L'âme des peuples**, p. 54.

— *En parlant d'une personne.* Qui se réclame de l'humanisme au sens large ; qui prend l'homme pour fin.

9 « Si les marxistes peuvent se prétendre humanistes, les différentes religions, les chrétiens, les hindous et beaucoup d'autres, se prétendent aussi et avant tout humanistes, et l'existentialiste à son tour, et, d'une manière générale, toutes les philosophies. Actuellement, beaucoup de courants politiques se réclament également d'un humanisme. »
P. NAVILLE, in SARTRE, **L'existentialisme est un humanisme**, p. 118.

HUMANITAIRE. *adj.* (1833 selon DAUZAT ; de *humanité*). Qui vise au bien de l'humanité (4º). *Philosophie, système humanitaire* (Cf. Fouriériste, cit. CHATEAUB.). *Organisation philanthropique* et humanitaire* (Cf. Franc-Maçonnerie, cit. 3). *Sentiments humanitaires.* V. **Bon, humain***. — *Philosophe sensible et humanitaire* (Cf. Affranchissement, cit. 3). — *Substant.* (vieilli). V. **Humanitariste.**

1 « ... l'art humanitaire, l'art social... D'abord, pour ce qui est du mot *humanitaire*, je le révère, et quand je l'entends, je ne manque jamais de tirer mon chapeau ; puissent les dieux me le faire comprendre ! »
MUSS., **Lettres de Dupuis et Cotonet**, 1ʳᵉ lettre, 18 sept. 1836, Œuvr. en prose (éd. Pléiade, p. 841).

2 « *Humanitaire*, en style de préface, veut dire : homme croyant à la perfectibilité du genre humain, et travaillant de son mieux, pour sa quote-part, au perfectionnement dudit genre humain ». Amen. ... les dictionnaires n'en parlent point, il est vrai, pas même Boiste qui fut un habile homme, indulgent au néologisme... »
ID., **Ibid.**, 2ᵉ lettre, 25 nov. 1836.

3 « Ruminant de Fourier le rêve humanitaire, »
ID., **Poés. nouv.**, Dupont et Durand.

4 « ... votre génération à congrès de la paix et à pantalonnades philosophiques et humanitaires... »
BARBEY d'AUREV., **Diaboliques**, Rideau cramoisi, p. 34.

5 « ... (*ils*) semblaient hors d'eux, le premier avec son 89, sa devise humanitaire de liberté, égalité, fraternité, le second avec son organisation sociale, autoritaire et scientifique. »
ZOLA, **La terre**, V, IV.

6 « ... il faut une part de alisme à toute morale : la vertu toute pure est meurtrière ; et... une part de morale à tout réalisme : le cynisme est meurtrier. C'est pourquoi le verbiage humanitaire n'est pas plus fondé que la provocation cynique. »
CAMUS, **Homme révolté**, p. 366.

DER. — **Humanitarisme.** *n. m.* (1837 BALZ.). Se dit, en mauvaise part, des conceptions humanitaires jugées utopiques ou dangereuses. — **Humanitariste.** *adj.* et *n.* (1837). Péjor. *Utopies humanitaristes. Un humanitariste bêlant.*

1 « Son cœur s'enflait de ce stupide amour collectif qu'il faut nommer l'humanitarisme, fils aîné de défunte Philanthropie, et qui est à la divine Charité catholique ce que le Système est à l'Art, le Raisonnement substitué à l'Œuvre. »
BALZ., **Les employés**, Œuvr., t. VI., p. 952.

2 « Cette forme sentimentale de l'humanitarisme et l'oubli qu'on fait de sa forme conceptuelle expliquent l'impopularité de cette doctrine près de tant d'âmes élégantes, celles-ci trouvant dans l'arsenal de l'idéologie politique deux clichés qui leur répugnent également : la « scie patriotique » et l' « embrassade universelle ». »
BENDA, **Trahison des clercs**, p. 158.

HUMANITÉ. *n. f.* (XIIᵉ s. ; empr. du lat. *humanitas*, comme terme religieux).

‖ **1º** Caractère de ce qui est humain, nature humaine (employé surtout dans la langue philosophique ou théologique). *Humanité et animalité* (cit. 3) *de l'homme. Humanité et divinité de Jésus-Christ* (Cf. Aussi, cit. 22 ; glorieux, cit. 19). Aspect humain, apparence humaine. *Toute humanité s'était effacée de cette bouche exsangue* (cit. 4).

1 « Donc(ques), si de parler le pouvoir m'ôt été,
Pour moi, j'aime autant perdre aussi l'humanité,
Et changer mon essence en celle d'une bête. »
MOL., **Dép. am.**, II, 6.

2 « ... son Humanité glorieuse (*de Jésus*) réside dans les Tabernacles de l'Église, sous les espèces du Pain qui le couvre visiblement ;... sachant que nous sommes grossiers, il nous conduit ainsi à l'adoration de sa Divinité présente en tous lieux par celle de son Humanité présente en un lieu particulier,... »
ST-CYRAN, in PASC., **Prov., Lett.** XVI.

3 « ... cette humanité qui est commune à tous les hommes sous l'inégalité de leurs rangs et de leurs états. »
BENDA, **Trahison des clercs**, p. 169.

4 « ... il peut arriver à n'importe lequel d'entre nous, fût-il d'ailleurs prince ou évêque, de se trouver brusquement face à face avec la Sainte Humanité du Christ, car le Christ n'est pas au-dessus de nos misérables querelles — à l'exemple du Dieu géomètre ou physicien — il est dedans, il s'est revêtu de nos misères, nous ne sommes pas sûrs de le reconnaître du premier coup. »
BERNANOS, **Grands cimet. sous la lune**, p. 216.

‖ **2º** Sentiment de bienveillance envers son prochain, compassion pour les malheurs d'autrui. V. **Bienveillance, bonté, charité, compassion, pitié, sensibilité** (Cf. Amour, cit. 50 ; femme, cit. 115 ; grandeur, cit. 22). *Sentiment d'humanité* (Cf. Effacer, cit. 11), *mouvement, geste d'humanité* (Cf. Générosité, cit. 6). *Homme plein d'humanité, qui comprend ses semblables, fait le bien...* (Cf. Philanthrope). *Siècle sans humanité* (Cf. Fer, cit. 8). *Traiter un coupable, un prisonnier... avec humanité.* V. **Clémence** (cit. 4), **douceur, indulgence ; humainement.**

5 « Un loup rempli d'humanité
(S'il en est de tels dans le monde) »
LA FONT., **Fabl.**, X, 5.

6 « Hommes, soyez humains, c'est votre premier devoir... Quelle sagesse y a-t-il pour vous hors de l'humanité ? »
ROUSS., **Émile**, II.

7 « Mais il y avait, chez cet homme (*Bonaparte*), qui passait pour dur, une profonde humanité qui, chez lui, tempérait cette aspiration à l'autorité et qui, en particulier, le portait à se préoccuper beaucoup des « droits » des enfants, particulièrement des mineurs. »
MADELIN, **Hist. Cons. et Emp.**, Le Consulat, XII, p. 193.

‖ **3º** *Néol.* Caractère d'une personne en qui se réalise pleinement la nature humaine. V. **Humain** (3º). *La riche humanité qui se révèle chez un homme, une femme ; qui caractérise un héros de roman.*

8 « Ce n'est pas l'intensité du sentiment qui est favorable à l'individu, mais l'amour, le lien du couple, parce qu'il met face à face deux êtres vite dénudés, et suscite des exigences utiles, des tourments indispensables, une source vive d'humanité. Celui... qui est approuvé au dehors, vient échouer devant une femme ; elle réclame un être réel. Alors l'homme s'aperçoit... »
CHARDONNE, **Amour du proch.**, II, p. 28.

‖ **4º** (1485, mais *peu usit.* avant le XVIIᵉ s.). Le genre humain, les hommes en général. V. **Homme, humain.** *L'humanité et l'individu* (Cf. Bienveillant, cit. 3). *L'humanité entière* (Cf. Absolu, cit. 16). *Épreuves* (cit. 23 et 29), *souffrances de l'humanité. L'humanité souffrante* (Cf. Gueux, cit. 2). *Pour l'amour* (cit. 4) *de l'humanité. Se dévouer au service de l'humanité* (Cf. Anachorète, cit. 2). *Bienfaiteur de l'humanité. Le savoir, patrimoine de l'humanité* (Cf. Flambeau, cit. 13). *Défendre la cause* (cit. 58) *de l'humanité. Traiter l'humanité comme une fin* (cit. 34). *Culte* (cit. 14) *de l'humanité.* — *Débuts de l'humanité* (Cf. Art, cit. 2). *Passé* (Cf. Affranchir, cit. 18), *histoire de l'humanité.* V. **Civilisation** (Cf. Culture, cit. 19). *L'humanité, constante* (cit. 5) *dans sa nature, ne changeant guère* (Cf. Fripon, cit. 6). *Évolution* (cit. 13) *de l'humanité. Lois de l'humanité* (Cf. Flexueux, cit.). *Perfectionnement, progrès de l'humanité* (Cf. Fataliste, cit. 2). *L'humanité s'est émancipée* (cit. 8 RENAN). *Civiliser l'humanité* (Cf. Exploiteur, cit.). *Les Grecs initiateurs de l'humanité* (Cf. Génie, cit. 14). *Une humanité évoluée* (cit. 5), *supérieure, meilleure. L'humanité et la société** (Cf. Édicter, cit. 1). *Gouverner* (cit. 32) *l'humanité. L'esclavage* (cit. 3), *honte de l'humanité.*

9 « ... un Prince (*Condé*) qui a honoré la Maison de France, tout le nom français, son siècle et pour ainsi dire l'humanité entière... »
BOSS., **Orais. fun. Louis de Bourbon.**

10 « ... pour qui sait lire dans l'histoire, se développe cette admirable loi logique qui présente l'humanité tout entière, s'animant comme un seul être, raisonnant comme un seul esprit, et procédant comme un seul bras, à l'accomplissement de ses actes. »
BALZ., **Le feuilleton**, XIX (Œuvr. div., t. I, p. 394).

11 « Il faut être optimiste pour l'individu comme pour l'humanité, malgré la perpétuelle opposition des faits isolés. »
RENAN, **Souv. d'enfance...**, Appendice.

12 « L'humanité homérique, cette humanité dont nous sommes séparés, dans le temps, par une trentaine de siècles, est-elle si différente de nous qu'il nous soit difficile, aujourd'hui, de retrouver dans ces peintures quelque chose de consubstantiel et même de fraternel ? »
DUHAM., **Refuges de la lecture**, I.

13 « ... l'humanité a fait ses plus grands changements sans être sûre d'avance qu'elle en tirerait plus de justice et surtout plus de bonheur ; »
ROMAINS, **H. de b. vol.**, XXIV, t. V, p. 235.

‖ **5º** *Spécialt. n. f. pl.* (Début du XVIᵉ s., *studia humanitatis* du lat. class. *humanitas*, au sens de « culture »). Étude de la langue et de la littérature grecques et latines. *Faire ses humanités. Les chefs-d'œuvre gréco-latins, fleur des humanités scolaires* (Cf. Classique, cit. 5). — V. *aussi* **Humaniste** (Cf. Culture, cit. 14).

14 « Quand j'eus fini mes humanités, mon père me laissa sous la tutelle de monsieur Lepitre : je devais apprendre les mathématiques transcendantes, faire une première année de Droit et commencer de hautes études. »
BALZ., **Lys dans la vallée**, Œuvr., t. VIII, p. 779.

15 « Huet, enfant, et déjà poète latin, avait terminé à treize ans le cours de ses humanités ; »
STE-BEUVE, **Caus. du lundi**, 3 juin 1850, t. II, p. 169.

16 « Faut-il rappeler que les « humanités », telles que les ont instituées les Jésuites au XVIIᵉ s., les *studia humanitatis*, sont *les études de ce qu'il y a de plus essentiellement humain...* »
BENDA, **Trahison des clercs**, p. 158, *Note.*

— Langue et littérature grecques et latines. V. **Lettre** (lettres humaines). *L'étude des humanités gréco-latines* (Cf. Éducateur, cit. 2).

17 « Ils (*les médecins*) savent la plupart de fort belles humanités, savent parler en beau latin, savent nommer en grec toutes les maladies... »
MOL., **Mal. imag.** III, 3.

18 « ... l'étude des lettres antiques, des humanités, lesquelles comme leur nom le dit, enseignent essentiellement... le culte de l'humain sous le mode universel. »
BENDA, **Trahison des clercs**, p. 238.

ANT. — Barbarie, bestialité, brutalité, cruauté, dureté, méchanceté.

DER. — Humanisme, humaniste, humanitaire.

COMP. — Inhumanité.

HUMBLE. adj. (*Humele* vers 1100 ; empr. au lat. *humilis*, propremt. « bas, près de la terre » (V. **Humus**).

I. En parlant des personnes.

‖ **1°** Qui s'abaisse* volontairement, par humilité*. V. **Effacé, modeste** (Cf. Généreux, cit. 5).

1 « Cette épithète... s'applique à celui qui a un sentiment modéré de soi-même, sans orgueil et plein de déférence et de soumission pour ses supérieurs. La comparaison que nous faisons du peu de bonnes qualités que nous avons, avec le grand nombre de défauts qui les étouffent nous rend humbles à nos propres yeux. La connaissance et l'aveu de la supériorité que les autres ont sur nous, nous rend humbles devant eux. »   TRÉVOUX, art. **Humble.**

— *Une personne humble* (Cf. Cabinet, cit. 4). *Être doux et humble de cœur, d'esprit.* — *Spécialt.* Qui pratique l'humilité* chrétienne (Cf. Approcher, cit. 37 ; bon-chrétien, cit.). *Être humble devant Dieu.* — *Substant.* (le plus souvent au plur.). *Les humbles.* V. **Simple** (Cf. Glorifier, cit. 10 ; hausser, cit. 10).

2 « Le Seigneur est près de ceux dont le cœur est affligé, et il sauvera les humbles d'esprit. »   BIBLE (SACY), **Psaumes de David,** XXXIII, 18.

3 « Dieu a aboli la mémoire des superbes, et il a établi celle des humbles de cœur. »   ID., **Ecclésiastique,** X, 21.

4 « ... il (*Jésus-Christ*) a été humble, patient, saint, saint, saint à Dieu, terrible aux démons, sans aucun péché. »   PASC., **Pens.,** XII, 793.

5 « Achab était roi et un roi très absolu. Il ne voulait être contredit de personne... Cependant, dès qu'il a écouté la voix de sa conscience, qui lui reproche la violence de son procédé contre un de ses sujets, le voilà triste, abattu, confus, couché par terre, sans lever les yeux ni regarder le ciel. Jamais il ne parut plus humble, ni plus petit devant Dieu. »   BOURDAL., Dominic., 9e dim. apr. Pentec.

6 « Cette humble Princesse se sentait dans son état naturel quand elle était comme pécheresse aux pieds d'un prêtre, y attendant la miséricorde et la sentence de Jésus-Christ. »   BOSS., Orais. fun. Marie-Th. d'Autriche.

7 « Un sage Religieux, qu'il appelle exprès, règle les affaires de sa conscience : il obéit, humble chrétien, à sa décision ; »   ID., Orais. fun. Louis de Bourbon.

8 « Il renverse l'audacieux
Il prend l'humble sous sa défense. »   RAC., **Esther,** I, 5.

9 « Le premier pas pour sortir de notre misère est de la connaître. Soyons humbles pour être sages ; voyons notre faiblesse, et nous serons forts. »   ROUSS., **Julie,** VIe part., Lett. VI.

10 « Il serait mieux d'être plus humble, plus prosterné, plus chrétien. Malheureusement je suis sujet à faillir ; je n'ai point la perfection évangélique : si un homme me donnait un soufflet, je ne tendrais pas l'autre joue. »   CHATEAUB., **M. O.-T.,** t. IV, p. 261.

11 « Humble, et du saint des saints respectant les mystères,
J'héritai l'innocence et le Dieu de mes pères ;
En inclinant mon front, j'élève à lui mes bras ; »   LAMART., **Prem. médit.,** Philosophie.

12 « ... et cette dénomination revient sans cesse, *le petit Gueneau* ; non qu'il fût petit de taille, mais il était humble, modeste, contenu, se retirant, s'effaçant volontiers et ne craignant point de se faire petit. »   STE-BEUVE, Chateaubriand, t. II, p. 264.

— *Par ext.* Qui donne à autrui les témoignages d'une très grande déférence, d'un grand empressement à lui être agréable. V. **Soumis.** *On est humble devant ceux qu'on aime* (Cf. Fierté, cit. 5).

13 « Une amante moins belle aime mieux, et du moins,
Humble et timide, à plaire elle est pleine de soins ; »   CHÉNIER, **Élégies,** XXI.

14 « ...avec cet air de supériorité masculine qui n'abandonne point nos humbles adorateurs... »   ROUSS., **Julie,** 1re part., Lett., XLVI.

15 « Tu seras humble, entends-tu, et soumise à son désir... »   FLAUB., **Salamm.,** X.

— *Spécialt.* et *vieilli* (formule de politesse). *J'ai l'honneur d'être, Monsieur, votre très humble serviteur** (Cf. Considération, cit. 11).

16 « ... je serai toute ma vie la plus reconnaissante comme la plus ancienne de vos très humbles servantes. »   SÉV., 37, 23 juin 1656.

17 « Je suis très humble serviteur de Son Altesse Turque. »   MOL., **Bourg. gent.,** IV, 4.

— *Péjor.* V. **Plat, servile, souple.** *Des gratte-papier* (cit. 7) *humbles et intrigants. Se faire humble devant les riches, les puissants.* V. **Aplatir** (s'), **humilier** (s'), **ramper** (Cf. Faire des courbettes*, courber l'échine*, avoir les reins souples*).

‖ **2°** *Par ext.* Qui est d'une condition sociale inférieure. V. **Obscur, pauvre, simple.** *Une humble bergère* (cit. 5). *Un humble valet de chambre* (Cf. État, cit 89). — *Substant.* (souvent au plur.). *Les humbles.* V. **Petit** (les petits, les petites gens) Cf. Classe, cit. 4 ; comprendre, cit. 41 ; cynique, cit. 6.

18 « Dieu a renversé les trônes des princes superbes, et il y a fait asseoir en leur place ceux qui étaient humbles. »   BIBLE (SACY), **Ecclésiastique,** X, 17.

19 « Et le Salut ayant béni l'humble troupeau
Des fidèles, on rejoint meilleurs le hameau. »   VERLAINE, Liturgies intimes, XIX.

20 « Dans un village, parmi les plus humbles habitants, on voit les coteries, les fiertés, les préjugés des gens du monde. »   CHARDONNE, Amour du proch., VII, p. 167.

II. En parlant des choses.

‖ **1°** Qui marque de l'humilité*, de la déférence. *D'humbles et ferventes* (cit.) *supplications. Aveu, confession* humble. Air, contenance, manières, ton humble.* V. **Embarrassé, timide** (Cf. Aise, cit. 6). *Implorer* d'une voix humble.* V. **Humblement.** *Une humble douceur* (Cf. Armer, cit. 16). *Une humble bonne grâce* (Cf. Hacher, cit. 15). « *La foi* (cit. 36 HUGO), *sœur de l'humble espérance* ».

21 « Par de profonds respects, par d'humbles sacrifices ; »   CORN., Sertorius, II, 4.

22 « Qui d'une sainte vie embrasse l'innocence
Ne doit point tant prôner son nom et sa naissance.
Et l'humble procédé de la dévotion
Souffre mal les éclats de cette ambition. »   MOL., Tart., II, 2.

23 « Ainsi parle un esprit languissant de mollesse,
Qui, sous l'humble dehors d'un respect affecté,
Cache le noir venin de sa malignité. »   BOIL., Sat., IX.

24 « Un auteur à genoux, dans une humble préface,
Au lecteur qu'il ennuie a beau demander grâce ; »   ID., Ibid.

25 « Il est velouté comme nous,
Marqueté, longue queue, une humble contenance ;
Un modeste regard... »   LA FONT., Fabl., VI, 5.

26 « ... jamais pécheur ne demanda un pardon plus humble, ni ne s'en crut plus indigne. »   BOSS., Orais. fun. Le Tellier.

27 « ... l'humble regard de ce tendre épagneul
Qui conduisait l'aveugle et meurt sur son cercueil !!! »   LAMART., Jocelyn, IXe ép., 12 oct. 1800.

28 « ... s'ils se faisaient une idée plus humble et plus vraie de la nature humaine, ils seraient plus doux à autrui et plus doux à eux-mêmes. »   FRANCE, Opinions J. Coignard, Œuvr., t. VIII, p. 319.

29 « Son regard n'avait plus sa dureté de tout à l'heure ; quelque chose de presque implorant s'y glissait à présent, un air plus humble, comme si elle suppliait qu'on lui répondît, qu'on lui dit toute la vérité. »   GREEN, A. Mesurat, III, I.

— *Spécialt.* (formule de politesse). *Nous vous assurons* (cit. 40) *de nos très humbles services.*

30 « Je rends mille humbles grâces à V. A. S. de toutes ses bontés... »   BOSS., Lettre à Condé, CXXXVII, 24 sept. 1686.

31 « L'Académie Française... me charge, sire, de mettre à vos pieds sa très humble reconnaissance et son profond respect. »   D'ALEMBERT, Lettre au roi de Prusse, 12 août 1770.

— (Par modestie réelle ou affectée). *À mon humble avis...*

‖ **2°** *Par anal.* et *poétiq.* Qui est sans éclat, sans prétention. V. **Modeste.** *D'humbles vertus* (ACAD.). *Un humble présent* (Cf. Cœur, cit. 74). *L'humble marguerite* (Cf. Épanouir, cit. 2). *Une humble demeure.* V. **Pauvre.** *L'humble chaume, l'humble toit.* — Qui a peu d'élévation, de valeur. V. **Médiocre.** *L'humble esprit des hommes* (Cf. Approfondir, cit. 10). — Qui a peu d'importance. V. **Simple.** *Une humble aventure* (Cf. Généralisation, cit. 1).

32 « Ils virent à l'écart une étroite cabane,
Demeure hospitalière, humble et chaste maison. »   LA FONT., Philém. et Baucis.

33 « On n'a point élevé de marbres sur leurs humbles tertres, ni gravé d'inscriptions à leurs vertus ; »   BERNARD. de ST-P., Paul et Virginie, p. 149.

34 « Ne connaissant personne, inconnu, seul, tranquille,
Ma voix humble à l'écart essayait des concerts ; »   CHÉNIER, Élégies, XVII.

35 « Pourquoi suis-je au Capitole ? pourquoi mon humble front va-t-il recevoir la couronne que Pétrarque a portée... »   Mme de STAËL, Corinne, II, III.

36 « Et l'humble giroflée, aux lambris suspendue,
Attachant ses pieds d'or dans la pierre fendue, »   LAMART., Nouv. médit., La liberté.

37 « Notre vie est semblable au fleuve de cristal
Qui sort, humble et sans nom, de son rocher natal ; »   ID., Harmon., II, XXIII.

38 « C'était une humble église au cintre surbaissé, »   HUGO, Chants du crépusc., XXXIII.

39 « La servante au grand cœur dont vous étiez jalouse,
Et qui dort son sommeil sous une humble pelouse,
Nous devrions pourtant lui porter quelques fleurs. »   BAUDEL., Tabl. paris., C.

40 « Il faut que tout homme trouve pour lui-même une possibilité particulière de vie supérieure dans l'humble et inévitable réalité quotidienne. »   MAETERLINCK, Trésor des humbles, XII.

41 « Debout derrière cet humble catafalque un nain à lunettes et à cheveux blancs, se tenait, les bras croisés,... »   MART. du G., Thib., t. VIII, p. 212.

‖ **3°** *Par ext.* Dont la médiocrité est caractéristique d'une condition sociale inférieure. V. **Obscur.** *L'humble labeur de gâcheur* (cit. 1) *de plâtre. Humble existence de paysan* (Cf. Gîter, cit. 4). *Être satisfait de son humble fortune* (Cf. Heureux, cit. 46). « *La vie humble, aux travaux ennuyeux et faciles* » (cit. 3 VERLAINE). *Végéter dans d'humbles fonctions.*

42   « Des affronts attachés à mon humble fortune
C'est le seul dont je garde une idée importune. »
VOLT., Orphel. de Chine, II, 6.

ANT. — **Agressif, ambitieux, arrogant** (cit. 3), **audacieux, dédaigneux, doctoral, dominateur, éclatant, éhonté, fier*, glorieux** (cit. 11), **hautain, orgueilleux, superbe, vaniteux.**

DER. — (Cf. Humiliation, humilier, humilité). — **Humblement.** *adv.* (*Humelement* au XIIᵉ s.). Avec humilité* ; d'une manière humble*. V. **Modestement.** *Remercier Dieu humblement* (Cf. Faire, cit. 135). *S'offrir humblement au châtiment* (Cf. Haire, cit. 2). *Endurer* (cit. 8) *humblement la souffrance. Parler humblement de soi* (Cf. Feinte, cit. 7), *de sa laideur* (Cf. Émotionner, cit. 2). *Aborder quelqu'un humblement* (Cf. Compliment, cit. 1). — *Spécialt. et vieilli* (formule de politesse). *Je vous baise* (cit. 12) *très humblement les mains.* — *Fig.* et poét. *Vie qui s'écoule humblement.* Cf. Entêter, cit. 8 (ANT. **Hautainement**).

1   « Très humblement requerrant votre grâce
De pardonner à ma trop grande audace »
MAROT, Ép., XIII, Au Roy, pour le délivrer de prison.

2   « Alors le noble altier, pressé de l'indigence,
Humblement du faquin rechercha l'alliance ; »   BOIL., Sat., V.

3   « Je me confie pour MADAME en cette miséricorde, qu'elle a si sincèrement et si humblement réclamée. »
BOSS., Orais. fun. Henriette d'Anglet.

4   « ... le célèbre comte de Boulainvilliers, et un Italien... me prédirent l'un et l'autre que je mourrais infailliblement à l'âge de trente-deux ans. J'ai eu la malice de les tromper déjà de près de trente années, de quoi je leur demande humblement pardon. »
VOLT., Dict. philos., Astrologie.

5   « ... je quitte les régions éthérées de ma prétendue force, je me fais humblement petite, je me courbe à la manière des pauvres femelles de toutes les espèces... »
BALZ., Séraphita, Œuvr., t. X, p. 479.

6   « Gardez un silence religieux, que rien n'interrompe ; croisez humblement vos mains sur la poitrine, et dirigez vos paupières sur le bas. »
LAUTRÉAMONT, Chants de Maldoror, II, p. 78.

HUMECTER. *v. tr.* (1503 ; lat. *humectare*, même sens). Rendre humide, mouiller* légèrement (V. **Imbiber, imprégner**). *Humecter du linge en l'arrosant*, en le trempant* dans un liquide. Humecter une plaie.* V. **Bassiner.** *Larmes qui humectent l'œil, les paupières* (Cf. Externe, cit. 1). *Humecter de larmes...* (V. **Abreuver,** *fig.* ; Cf. Feuillet, cit. 2). *Humecter ses lèvres. Rosée, pluie fine qui humecte l'herbe. — Herbe humectée de rosée* (Cf. Foudre, cit. 10). *Parquet, sol humecté par l'arrosoir* (Cf. Employé, cit. 3). *Murs humectés de vapeurs* (V. **Imprégné ;** Cf. Capiteux, cit. 1).

1   « ... la rosée humectait l'herbe flétrie ; »   ROUSS., Confess., IV.

2   « Genestas serra vivement les deux mains de Benassis dans les siennes, sans pouvoir réprimer quelques larmes qui humectèrent ses yeux et roulèrent sur ses joues tannées. »
BALZ., Médecin de campagne, Œuvr., t. VIII, p. 516.

3   « Elle humecta ses lèvres sèches, puis reprit sa place auprès de lui... »   CHARDONNE, Dest. sentim., III, I.

4   « Elle voyait distinctement les fines gouttelettes de sueur qui humectaient les tempes... »   MART. du G., Thib., t. VI, p. 80.

— *S'humecter les lèvres.* Par ext. (pop.). *S'humecter le gosier.* V. **Boire.**

5   « Cerbelot tourne les feuillets de mon livre en s'humectant le pouce et l'index à coups de langue. »   DUHAM., Salavin, Journal, 10 mai.

‖ **S'HUMECTER.** *v. pron.* Devenir humide, se mouiller. *J'ai vu ses yeux s'humecter* (Cf. Envenimer, cit. 8).

ANT. — Essorer, essuyer, sécher...

DER. — **Humectant, ante.** *adj.* (XVIᵉ s.). Qui humecte. *Spécialt.* Méd. (*vx*). Qui rafraîchit, qui humecte les organes. *Tisane humectante.* Substant. *Les humectants.* — **Humectation.** *n. f.* (XIVᵉ s.). Action d'humecter ; son résultat.

★ **HUMER.** *v. tr.* (XIᵉ s. selon BLOCH ; peut-être onomat.).

‖ **1°** *Peu usit.* Avaler (un liquide) en l'aspirant*. V. **Absorber, avaler.** *Humer un œuf, un bouillon, du vin... Humer à longs traits.* V. **Boire.**

1   « Je humais à peine quelques gouttes d'eau et de citron, et, quand le mauvais temps nous força de relâcher à Guernesey, on crut que j'allais expirer ; »   CHATEAUB., M. O.-T., t. II, p. 67.

2   « Je fume un cigare à Tarascon en humant un café. »
APOLLINAIRE, Ombre de mon amour, X.

— *Par métaph.* (Cf. Gourde, cit. 3.)

3   « Superbe, elle humait voluptueusement
Le vin de son triomphe,... »   BAUDEL., Les épaves, III.

— *Par anal. Humer l'air*, le vent...* V. **Aspirer** (Cf. Epanouir, cit. 10 ; grille, cit. 14). *Humer avec délices l'air frais du matin.* V. **Respirer.** *Humer le brouillard, l'embrun* (cit.), *une gorgée* (cit. 5) *d'air.*

4   « Je ne manquais point à mon lever, lorsqu'il faisait beau, de courir sur la terrasse humer l'air salubre et frais du matin, et planer des yeux sur l'horizon de ce beau lac, dont les rives et les montagnes qui le bordent enchantaient ma vue. »   ROUSS., Confess., XII.

5   « Elle se penchait des deux mains par le vasistas, en humant la brise ; »   FLAUB., Mᵐᵉ Bovary, III, V.

‖ **2°** Aspirer par le nez (pour sentir*). *Humer une odeur, un parfum* (Cf. Embaumer, cit. 6 ; flotter, cit. 5 ; gourmandise, cit. 8 ; hareng, cit. 3). *Humer les effluves* (cit. 4), *le fumet* (cit. 2). — *Humer un plat.* V. **Flairer.**

6   « Il ouvrait les narines pour mieux humer le parfum s'exhalant de sa personne. »   FLAUB., Salammbô, 11, p. 221.

7   « Et il humait dans son souvenir, en ouvrant les narines, le pétillement à odeur de roses d'un vieux champagne de mil huit cent quatre-vingt-neuf que Léa gardait pour lui seul... »
COLETTE, Chéri, p. 109.

8   « Lorsqu'il (*le chien*) apercevait un tas de crottin au milieu de la chaussée, il devait se défendre contre l'envie d'aller le humer de tout près. »   ROMAINS, H. de b. vol., t. IV, VIII, p. 80.

— *Spécialt. Humer une prise de tabac.*

9   « ... mon bon maître, levant le nez pour humer une prise de tabac... »   FRANCE, Rôtiss. reine Pédauque, Œuvr., t. VIII, p. 146.

— *Fig.* V. **Respirer.** *Humer l'encens de la gloire.*

10   « Il est difficile, pour un auteur à qui l'on cite quelques vers de ses poésies et quelques lignes de sa prose, si loin du boulevard des Italiens, de ne pas se rengorger un peu en humant cet encens, le plus délicat de tous aux narines d'un écrivain. »
GAUTIER, Voyage en Russie, XIX, p. 320.

DER. — ★ **Humage.** *n. m.* (1530). Action de humer. — *Spécialt.* Introduction de gaz et de vapeurs dans les voies respiratoires. *Salle de humage d'un établissement thermal.* V. **Inhalation.**

HUMÉRUS (*-russ'*). *n. m.* (XVIᵉ s. ; empr. au lat. *humerus,* « épaule »). *Anat.* Os long constituant le squelette du bras (de l'épaule* au coude*). *Le corps de l'humérus a trois faces et trois bords. Extrémité supérieure* (articulée avec l'omoplate), *extrémité inférieure* (articulée avec le radius et le cubitus ; V. **Coude,** cit. 1) *de l'humérus. Saillies de l'extrémité supérieure* (V. **Trochin, trochiter**), *inférieure* (V. **Condyle, épicondyle, épitrochlée, trochlée**) *de l'humérus. Col de l'humérus,* partie de l'humérus entre le corps et l'extrémité supérieure. *Tête de l'humérus,* surface articulaire arrondie (à l'extrémité supérieure de l'humérus). *Coulisse*, gouttière* de l'humérus.*

DER. — **Huméral, ale, aux.** *adj.* (XVIᵉ s. ; lat. *humeralis* du précéd.). Relatif à l'humérus. *Les extrémités, les saillies humérales. Qui est situé dans la région de l'humérus. Artère humérale. Muscles, ligaments huméraux.* — **Huméro-.** Préfixe tiré du lat. *humerus* et servant à former des adjectifs, en anatomie : *Huméro-cubital, huméro-métacarpien...*

HUMEUR. *n. f.* (XIIᵉ s. ; empr. lat. *humor,* « liquide », sens lat. jusqu'au XVIᵉ s. ; V. **Humide**).

I. *Vieilli.* Substance liquide élaborée par un corps organisé, et *spécialt.* (Ancienne Méd.) Liquide organique du corps humain. *Principales humeurs.* V. **Atrabile, bile, chassie, chyle, chyle, flegme** (1°), **glaire** (2°), **ichor, larme, lymphe, mélancolie** (*vx*), **morve, mucosité, pituite, pus, roupie, salive, sang, sanie, sueur, synovie...** *Humeur albuginée, blanchâtre... Humeurs séreuses* (V. **Sérosité**), *subtiles* (V. **Vapeurs**). *Humeur sèche, séchée* (V. **Croûte**). *Humeur atrabilaire* (cit. 2), *humeur noire* (V. **Atrabile**). *Les quatre humeurs, les humeurs cardinales, fondamentales, de l'ancienne médecine* (bile, atrabile, flegme et sang). — *Circulation des humeurs. Écoulement, épanchement, excrétion, extravasation, flux, fluxion d'humeurs. Humeurs affluentes* (Cf. Entre, cit. 26). — *Spécialt.* (Vx). *Les humeurs, considérées comme viciées et tenues pour causes de maladies. Humeurs âcres, aigries* (cit. 1), *corrompues* (cit. 24), *mordicantes, peccantes* (Cf. Entre, cit. 26). *Evacuer* (cit. 1) *les mauvaises humeurs. Médicaments pour dépurer, éliminer les mauvaises humeurs, les humeurs malignes* (V. **Dépuratif, émonctoire**). — *Humeurs froides.* V. **Écrouelles, scrofule.**

1   « Les humeurs du corps ont un cours ordinaire et réglé, qui meut et qui tourne imperceptiblement notre volonté ; elles roulent ensemble, et exercent successivement un empire secret en nous, de sorte qu'elles ont une part considérable à toutes nos actions, sans que nous le puissions connaître. »   LA ROCHEF., Maxim., 297.

2   « Il lui fallait son chocolat tous les matins, des égards à n'en plus finir. Elle se plaignait sans cesse de ses nerfs, de sa poitrine, de ses humeurs. »   FLAUB., Mᵐᵉ Bovary, I, I.

— *Spécialt.* (de nos jours). *Humeur aqueuse* (cit. 1), *humeur vitrée de l'œil** (Cf. Chambre, cit. 15 ; cristallin, cit. 4).

II. *Fig.* ‖ **1°** Ensemble des dispositions, des tendances dominantes qui forment le tempérament, le caractère et que l'on attribuait, autrefois, à la composition, au rapport des humeurs du corps (Cf. Charrier, cit. 4 ALAIN). V. **Caractère** (cit. 51), **complexion, disposition, naturel, tempérament** (Cf. Action, cit. 14 ; face, cit. 38). « *La fortune et l'humeur gouvernent* (cit. 20 LA ROCHEF.) *le monde* ». *S'enquêter* (cit. 2 MARIVAUX) *de l'humeur de quelqu'un. Compatibilité, conformité d'humeur. Contrariété, incompatibilité d'humeur.*

3   « (*Deux amis*) Qu'un doux rapport d'humeurs sut joindre dès l'enfance ; »   MOL., Psyché, I, 3.

4   « Nous agissons par humeur et non par raison ; c'est pourquoi l'ambition ni l'avarice ne se changent pas pour avoir ce qu'elles demandent, parce que l'humeur demeure toujours. »
BOSS., Pens. détach., 30 (in LITTRÉ).

5   « Il y a plus de défauts dans l'humeur que dans l'esprit. »
LA ROCHEF., Maxim., 290.

6   « C'est le même moraliste, contemporain de Cromwell, qui a dit cet autre mot si vrai et qu'oublient trop les historiens systématiques : « La fortune et l'humeur gouvernent le monde ». Entendez par *humeur* le tempérament et le caractère des hommes, l'entêtement des princes, la complaisance et la présomption des ministres, l'irritation et le dépit des chefs de parti, la disposition turbulente des populations, et dites, vous qui avez passé par les affaires, et qui ne parlez plus sur le devant de la scène, si ce n'est pas là en très grande partie la vérité. »   STE-BEUVE, Caus. du lundi, 4 févr. 1850, t. I, p. 325.

7   « Ce qui m'a profondément .. navré,... c'est que j'y ai vu plus que
    jamais l'incompatibilité native de nos humeurs. »
                            FLAUB., Corresp., 189, 20 mars 1847, t. II, p. 12.

8   « Le pessimisme est d'humeur ; l'optimisme est de volonté. »
                            ALAIN, Propos sur le bonheur, p. 272.

— *Humeur acariâtre, acerbe, acrimonieuse* (V. **Acrimonie**),
aigre, aigre-douce, aigrelette (V. **Aigreur**), *atrabilaire,
bilieuse, bourrue, caustique* (cit. 2 ; V. **Causticité**), *colère*
(cit. 20), *contentieuse* (vx), *contrariante* (Cf. Bizarrerie,
cit. 1), *criarde, difficile* (Cf. Désaccord, cit. 3), *insupportable, tatillonne... Humeur batailleuse* (cit. 1), *brouillonne,
brusque* (V. **Brusquerie**), *querelleuse, violente... Humeur
chagrine, inquiète* (Cf. Fantasque, cit. 3), *maussade, mélancolique, quinteuse, rechignée, rétive, revêche, sauvage,
solitaire, sombre, taciturne, triste...* (V. **Chagrin, maussaderie, mélancolie, misanthropie, sauvagerie, tristesse...**).
Humeur altière, haute (cit. 55 ; *vx*), *hautaine* (cit. 7 et 8).
Humeur bizarre, étrange (Cf. Esclave, cit. 18), *extrême*
(cit. 8). *Humeur vagabonde* (Cf. Caprice, cit. 11). *Humeur
ardente, prompte, vive...* V. **Ardeur** (Cf. Fréquentation,
cit. 5). *Humeur bavarde, enjouée, folâtre, gaie, joviale,
piquante.* V. **Gaieté, jovialité** (Cf. Éplucher, cit. 7 ; forme,
cit. 60). *Humeur accommodante, bénigne* (cit. 4), *calme,
commode, conciliante, débonnaire* (cit. 3), *douce, égale*
(cit. 33), *endurante, souffrante* (vx), *facile* (Cf. Caprice,
cit. 5 ; engageant, cit. 2 ; explosion, cit. 1). *Humeur accorte,
agréable* (cit. 13), *amène.* V. **Accortise** (*vx*), **aménité**.
L'humeur protectrice des femmes (Cf. Apanage, cit. 8). —
Égalité, facilité d'humeur. V. **Composition** (bonne). *Gaieté
d'humeur* (V. **Alacrité**). *Garder la même humeur : constance
d'humeur* (Cf. Changer, cit. 63)

9   « Toutes trois de contraire humeur :
      Une buveuse, une coquette,
    La troisième avare parfaite. »   LA FONT., Fabl., II, 20.

10 « Les tempéraments ne sont pas les mêmes, et rien n'est plus
    différent que les humeurs. Il y a des humeurs douces et paisibles, et
    il y en a de violentes et d'impétueuses ; »
                            BOURDAL., Exhort., Instr. s. la paix avec le prochain, § 2, I.

11 « Dire d'un homme colère, inégal, querelleux, chagrin, pointilleux,
    capricieux : « c'est son humeur, » n'est pas l'excuser, comme on
    le croit, mais avouer sans y penser que de si grands défauts sont
    irrémédiables. »   LA BRUY., XI, 9 (Cf. Chose, cit. 1).

12 « Enjouée jadis, expansive et toute aimante, elle était, en vieillis-
    sant, devenue (à la façon du vin éventé qui se tourne en vinaigre)
    d'humeur difficile, piaillarde, nerveuse »   FLAUB., Mᵐᵉ Bovary, I, I.

13 « La tristesse de mon humeur habituelle s'accrut jusqu'à la haine
    de toutes choses et de toute humanité ; »
                            BAUDEL., Trad. E. POE, Nouv. hist. extraord., Le chat noir.

— *Caractère changeant, mobile, inconstant de l'humeur.
L'agitation* (cit. 10), *le caprice* (cit. 12), *la mobilité de notre
humeur. L'humeur change, se transforme avec l'âge...*
(Cf. Éternel, cit. 30). — *Effervescences* (cit. 2) *d'humeur*
(vx) ; *inégalités d'humeur. Saute* d'humeur.

14 « Par la diversité de son humeur, tour à tour mystique ou joyeuse,
    babillarde, taciturne, emportée, nonchalante, elle allait rappeler en
    lui mille désirs, évoquant des instincts ou des réminiscences. »
                            FLAUB., Mᵐᵉ Bovary, III, 5.

15 « Certes, il y a de bons et de mauvais moments, mais notre humeur
    change plus souvent que notre fortune »   J. RENARD, Journal, 30 janv. 1905.

16 « En réalité, les motifs qu'on a d'être heureux ou malheureux sont
    sans poids ; tout dépend de notre corps et de ses fonctions, et l'orga-
    nisme le plus robuste passe chaque jour de la tension à la dépression,
    de la dépression à la tension, et bien des fois, selon les repas, les
    marches, les efforts d'attention, la lecture et le temps qu'il fait ;
    votre humeur monte et descend là-dessus, comme le bateau sur les
    vagues. »   ALAIN, Propos, 1908, Neurasthénie.

17 « Du reste, il avait des sautes d'humeur. Un jour où l'épicier s'était
    montré moins aimable, il était revenu chez lui dans un état de fureur...
    démesurée :... »   CAMUS, La peste, p. 68.

‖ 2º L'HUMEUR, considérée dans ce qu'elle a de spontané,
d'irréfléchi... et opposée à la raison, à la volonté... V. **Caprice, fantaisie, impulsion**. *Agir par humeur et non par
raison, par volonté. Se livrer à son humeur* (Cf. Force,
cit. 13). *S'abandonner, résister à son humeur* (Cf. Austérité,
cit. 15). *Contraindre* (cit. 3), *gouverner* (cit. 47) *son humeur.*

18 « Il ne vous eût pas été permis de vivre d'humeur, de tempérament,
    et de ne prendre que ce qui vous plaît pour la règle de ce que vous
    devez faire. »   MASS., Profess. relig., Serm., 3.

19 « Je ne comprends pas comment un mari qui s'abandonne à son
    humeur et à sa complexion, qui ne cache aucun de ses défauts, et se
    montre au contraire par ses mauvais endroits, qui est avare, qui est
    trop négligé dans son ajustement, (cit. 4)... »   LA BRUY., III, 74.

20 « ... les meilleurs conseils... (*sont*) rejetés d'abord par présomption
    et par humeur, et suivis seulement par nécessité ou par réflexion. »
                            ID., XII, 76.

21 « ... une femme... esclave de son humeur. »   ID., III, 36.

22 « On ne pouvait prendre un plus mauvais prétexte : mais nulle femme
    n'a mieux que la Vicomtesse, ce talent commun à toutes, de mettre
    l'humeur à la place de la raison, et de n'être jamais si difficile à
    apaiser que quand elle a tort. »   LACLOS, Liais. dang., LXXI.

— Vx. *Un homme d'humeur :* « un homme capricieux,
inégal » (LITTRÉ). *C'est un homme qui n'a point d'humeur,
qui est sans humeur* (ACAD.).

— *Spécialt.* (Vx). *Écrire par humeur,* « par inspiration
originale », de verve.

« ... un auteur né copiste .. doit... éviter... de vouloir imiter ceux   23
qui écrivent par humeur, que le cœur fait parler,... »
                            LA BRUY., I, 64.

— Par ext. *Une humeur :* caprice, fantaisie, impulsion
brusque et irraisonnée. *De brusques humeurs. Des humeurs
imprévisibles.*

« Car aussi ce sont ici mes humeurs et opinions ; je les donne pour   24
ce qui est en ma créance, non pour ce qui est à croire. »
                            MONTAIGNE, Essais, I, XXVI.

« À la cour, à la ville, mêmes passions... ; partout des humeurs,   25
des colères, des partialités,... »   LA BRUY., IX, 53.

« D'une sincérité exacte, pénétrante, et de caractère changeant,   26
il inquiétait comme certaines humeurs. De brusques humeurs sur-
prenaient. »   MAUROIS, Vie de Byron, I, VII, p. 42.

‖ 3º Disposition particulière, momentanée, dans laquelle
on se trouve et qui ne constitue pas un trait de caractère.
V. **Disposition, état** (d'esprit, d'âme). *L'humeur du moment,
de l'instant ; notre humeur présente* (Cf. Correspondre,
cit. 6). *Selon, suivant son humeur... Être dans une humeur...*
(*vieilli*. Cf. Avis, cit. 12 MOL.), *d'une humeur...* (Cf. infra,
4º et 5º, BONNE, MAUVAISE HUMEUR).

« Vous êtes aujourd'hui dans une humeur désobligeante ; »   27
                            MOL., Sicil., 6.

« Si vous êtes encore de l'humeur dont vous étiez... »   28
                            SÉV., 27 (in LITTRÉ).

« Tu peux donc, suivant ton humeur, comprendre, ne pas compren-   29
dre ; trouver beau, trouver ridicule, à ton gré ? »
                            VALÉRY, Eupalinos, L'âme et la danse, p. 157.

— HUMEUR DE... (*vieilli*). Disposition, tendance à...
L'humeur l'a pris de... V. **Envie**.

« Et (*je*) trouverai pour vous quelques autres vengeances,   30
Quand l'humeur me prendra de punir tant d'offenses. »
                            CORN., Attila, V, 3.

— EN HUMEUR DE... V. **Disposé** (à). *Nous ne sommes pas
en humeur de vous écouter. En humeur de parler, de raconter des histoires.* V. **Veine, verve**. « *Êtes-vous en humeur
d'aller vous promener, de travailler...?* » (ACAD.).

« J'étais sur le théâtre, en humeur d'écouter. »   MOL., Fâch., I, 1.   31

« On n'est pas en humeur de se promener. »   32
                            SÉV., 185 (in LITTRÉ).

« Devant une telle âme, nous ne nous sentons en humeur que de   33
respect. La conscience du juste doit être crue sur parole. »
                            HUGO, Misér., I, I, XIII.

« ... la jeune fille... avait toutes les qualités pour mettre les hommes   34
en humeur de confidences. »   GREEN, Léviathan, I, VIII.

— Spécialt. et Vx. *En humeur de bien faire, en bonne
humeur :* en bonne disposition intellectuelle, en verve* (en
parlant d'un écrivain, d'un artiste).

« Pour marquer l'heureuse disposition d'esprit de ceux qui tra-   35
vaillent de génie et d'imagination, on dit qu'ils sont en bonne humeur
de travailler, en humeur de bien faire, en bonne humeur... »
                            TRÉVOUX, Dict. (1771), Humeur.

— D'HUMEUR à... V. **Disposé, enclin** (à). *Être, se sentir
d'humeur à faire quelque chose* (Cf. Avoir le cœur* à...).
*Il n'est pas d'humeur à rire, à plaisanter, à écouter un
fâcheux* (cit. 12 LEMAÎTRE). — REM. Dans la langue classique, *Être d'humeur à* s'employait plutôt en parlant d'une
Disposition habituelle, d'un trait de caractère (Cf. *supra*,
1º) et *Être en humeur de...* en parlant d'une Disposition
accidentelle, passagère. Cette distinction, faite par
BOUHOURS (Cf. BRUNOT, H.L.F., t. IV, p. 532) et qui se trouve
encore chez LITTRÉ et dans ACAD. 8ᵉ éd., ne correspond plus
à l'usage actuel. *Lui, si jovial d'ordinaire, n'était pas, ce
matin, d'humeur à plaisanter.*

« Comme (*la favorite*) avait peu de tempérament, elle n'était pas   36
toujours disposée à recevoir les caresses du sultan, ni le sultan toujours
d'humeur à lui en proposer. »   DIDER., Bij. indiscr., III.

‖ 4º BONNE HUMEUR, BELLE HUMEUR. Disposition à la gaieté,
à l'optimisme, à l'alacrité..., qui se manifeste dans l'air, le
ton, les manières. V. **Enjouement** (cit. 9), **entrain, gaieté**
(Cf. Correctif, cit. 2 ; généreux, cit. 16). *La bonne grâce*
(cit. 95) *et la bonne humeur. Une bonne humeur factice*
(cit. 8), *forcée, moqueuse, narquoise* (Cf. Entendre, cit. 85 ;
fantaisie, cit. 36). *Caractère enjoué* (cit. 3), *plein de bonne
humeur. Un garçon* (cit. 12), *une personne de bonne humeur*
(Cf. Fier, cit. 13). *Un fond de bon sens et de bonne humeur*
(Cf. Ardent, cit. 24). *Il les émoustillait* (cit. 3) *par sa bonne
humeur.* — *Réunion, endroit où règne la bonne humeur*
(Cf. Foudre, cit. 5). *Ouvrage, récit plein de bonne humeur*
(Cf. Farcir, cit. 5).

« ... sa bonne humeur qui montrait à tout propos de belles dents   37
blanches et retentissait en éclats sonores,... »
                            GAUTIER, Portr. contemp., p. 204.

« Si j'avais, par aventure, à écrire un traité de morale, je mettrais   38
la bonne humeur au premier rang des devoirs. »
                            ALAIN, Propos, 1909, Bonne humeur.

« ... il avait le visage tranquille et volontaire de ceux qui ne per-   39
mettent pas à la vie de les troubler et qui tiennent à leur bonne
humeur comme un avare à son trésor. »   GREEN, A. Mesurat, I, II.

— *Être de bonne humeur, en bonne humeur.* V. **Content,
luné** (bien luné) ; **joyeux, réjoui** (Cf. Badiner, cit. 10 ; gêné,
cit. 3). *Se mettre en bonne humeur* (Cf. Fanfaron, cit. 5).

Revenir en bonne humeur, reprendre, retrouver sa bonne humeur. V. **Calmer** (se), **défâcher** (se). *Il n'est pas de très bonne humeur.* — (Dans le même sens) *Être d'excellente, de joyeuse, de charmante humeur.*

40 « Son ton léger, son chapeau de travers, son air d'enfant prodigue en joyeuse humeur, vous eussent fait revenir en mémoire quelque « talon rouge » du temps passé. »
MUSS., Nouvelles, Les deux maîtresses, I.

— *Belle humeur* (Cf. Gai, cit. 5 ; glace, cit. 8). *Il a perdu sa belle humeur. Être de belle humeur, en belle humeur. Être dans sa belle humeur, dans ses belles humeurs* (vx). — *Parler, écrire avec la plus libre belle humeur* (Cf. Agile, cit. 7).

41 « Je ne suis pas en belle humeur : les affaires de Flandres prennent un mauvais tour. »
Mᵐᵉ de MAINTENON, Lett. au duc de Noailles, 15 août 1711.

42 « ... il avait toujours remarqué que cette belle humeur est incompatible avec la cruauté. »
VOLT., L'Ingénu, XIX.

43 « Jamais fâché, toujours en belle humeur... »
BEAUMARCH., Mar. de Figaro, I, 4.

‖ 5° MAUVAISE HUMEUR. Disposition à la tristesse, à l'irritation, à la colère* (Cf. Attention, cit. 29 ; chagrin, cit. 17 ; couvrir, cit. 27). *Avoir l'air de mauvaise humeur.* V. **Mécontent***. *Manifester de la mauvaise humeur* (V. **Bisque** 1, **bisquer** ; **bouder, bouderie** (se), **fâcher, pester** ; **rage, rager, râler, rogne** (fam.)... (Cf. Faire la mine*, la tête, la gueule* (pop.), avoir son bonnet de travers). *Il est de mauvaise humeur aujourd'hui, il a dû se lever du pied gauche. C'est de la mauvaise humeur pour huit jours* (Cf. Foncier, cit. 1). *Mettre quelqu'un en mauvaise humeur* (Cf. Compagnie, cit. 8). *Être de très, de fort* (cit. 63) *mauvaise humeur.* V. **Cran** (à), **crin** (comme un crin). *Accès, mouvement de mauvaise humeur* (Cf. Bêtise, cit. 14). *Sa mauvaise humeur s'apaisa, tomba* (Cf. Gouaillerie, cit. 2). — (Dans le même sens) *Méchante humeur ; humeur massacrante, exécrable* (cit. 9), *épouvantable. Humeur de chien, de dogue...*

44 « ... j'étais de méchante humeur de votre fortune qui n'est pas heureuse. »
SÉV., 1035, 2 sept. 1687.

45 « Chateaubriand, dans ses relations avec Béranger, avec Carrel, était charmant : c'étaient des adversaires. Chateaubriand ressemblait à ces maris qui gardent toute leur mauvaise humeur pour la maison, pour leur femme. Sa femme, c'était le parti royaliste. »
STE-BEUVE, Chateaubriand, t. II, p. 318.

46 « ... il était d'une humeur massacrante,... »
BARBEY d'AUREV., Diaboliques, À un dîner d'athées, p. 354.

47 « Mais elle était née de mauvaise humeur et elle avait continué à être mécontente de tout. Fâchée contre le monde entier, elle en voulait principalement à son mari. »
MAUPASS., Toine, p. 12.

48 « Les amours, ça ne devait pas marcher sur des roulettes. D'où cette humeur de dogue. »
ARAGON, Beaux quartiers, II, XXXII.

49 « Fréquemment éclatent des scènes dues à la seule mauvaise humeur, qui devient chronique. »
CAMUS, La peste, p. 136.

— HUMEUR NOIRE. Mélancolie profonde ; tristesse, abattement. V. **Cafard** (fam.). Cf. Chagrin, cit. 16 ; contradiction, cit. 2.

50 « Mes jours de jalousie et mes nuits d'humeur noire : »
VERLAINE, Livre posthume, Fragments, I.

‖ 6° *Absolt.* Mauvaise humeur. V. **Colère, irritation** (Cf. Employer, cit. 8 ; galant, cit. 5 ; gronder, cit. 20). *Cela me donne de l'humeur. Avoir, garder de l'humeur contre quelqu'un.* V. **Rancune.** *Concevoir, prendre de l'humeur.* V. **Froisser.** *Accès, mouvement, trait d'humeur.* V. **Bourrasque, boutoir** (coup de), **quinte** (Cf. Excuser, cit. 24).

51 « L'humeur est de tous les poisons le plus amer ;... »
VOLT., Lett. à d'Argens, 1100, 1752.

52 « En lui (M. de Marigny) l'humeur gâtait tout, et cette humeur était quelquefois hérissée de rudesse et de brusquerie. »
MARMONTEL, Mém., V.

53 « Notre Salomon a de l'humeur et je le crois mécontent ou malade. »
D'ALEMB., Lett. à Volt., 27 déc. 1777.

54 « La jolie Prude arriva seulement au moment du dîner, et annonça une forte migraine ; prétexte dont elle voulut couvrir un des plus violents accès d'humeur que femme puisse avoir. »
LACLOS, Liais. dang., XL.

55 « Des foules d'adversaires m'attaquèrent sans m'entendre, avec une étourderie qui me donna de l'humeur, et avec un orgueil qui m'en inspira peut-être. »
ROUSS., Lett. à Mgr de Beaumont.

56 « On rit peu de la gaieté d'autrui, quand on a de l'humeur pour son propre compte. »
BEAUMARCH., Barb. de Sév., Lett. sur la critique.

57 « Pendant deux mois, il parla avec humeur de la hardiesse qu'on avait eue de faire, sans le consulter, une réparation aussi importante, mais Madame de Rênal l'avait exécutée à ses frais, ce qui le consolait un peu. »
STENDHAL, Le rouge et le noir, VIII.

58 « Il était sévère, calme, réservé, bien qu'à ses moments d'humeur il traitât son meilleur ami ou même sa femme de « sale denrée ». »
DUHAM., Salavin, Deux hommes, p. 210.

‖ 7° *Vx.* Disposition à la plaisanterie, à la facétie, à l'ironie. V. **Humour ; fantaisie.**

59 « Cet homme a de l'humeur. — C'est un vieux domestique,
Qui, comme vous voyez, n'est pas mélancolique... »
CORN., Suite du Ment., III, 1.

« Ils (*les Anglais*) ont un terme pour signifier cette plaisanterie, 60 ce vrai comique, cette gaieté, cette urbanité, ces saillies qui échappent à un homme sans qu'il s'en doute ; et ils rendent cette idée par le mot humeur, *humour*... ; et ils croient qu'ils ont seuls cette humeur... Cependant c'est un ancien mot de notre langue, employé en ce sens dans plusieurs comédies de Corneille. »
VOLT., Mél. littér., Lettre à d'Olivet, 20 août 1761.

« La gaieté, chez M. de Chateaubriand, n'a rien de naturel et de 61 doux ; c'est une sorte d'humeur ou de fantaisie qui se joue sur un fond triste. »
STE-BEUVE, Causer. du lundi, 18 mars 1850.

DER. — Cf. Humoral, humour.

HUMIDE. adj. (XIVᵉ s. ; lat. *humidus*).

‖ 1° *Poét.* et *Vx.* Qui est, en tout ou en partie, de la nature de l'eau. V. **Aqueux, fluide, liquide** (Cf. Basalte, cit. ; cataplasme, cit. 1). *L'humide élément :* l'eau. *L'humide empire :* la mer, l'océan.

« Cependant sur le dos de la plaine liquide 1
S'élève à gros bouillons une montagne humide ; »
RAC., Phèdre, V, 6.

— *Substant.* Un des quatre principes actifs d'Aristote. *L'humide et le sec.* — Anc. méd. *L'humide radical :* le fluide unique que l'on supposait être le principe de la vie.

« L'humide radical dans mon cœur se dissipe, 2
Mon esprit s'en altère, et mon corps s'en constipe. »
SCARRON, Don Japhet, I, 4.

‖ 2° Chargé, imprégné de substance aqueuse et *par ext.* de liquide, de vapeur. — REM. Dans le langage courant, *Humide* dit moins que *Mouillé*, trempé*.* — *Rendre humide.* V. **Humecter, humidifier.** *Murs humides qui suintent.* V. **Suintant.** *Les flancs humides d'un rocher* (Cf. Capillaire, cit. 3). *Cavité* (cit. 1), *cave, souterrain humide. Herbe, mousse humide* (Cf. Couvrir, cit. 18). *Fleur humide de rosée* (Cf. Fondant, cit. 2 ; grenu, cit. 2). *Sol, terre humide de pluie* (V. **Détrempé**). *Pavé humide et gras.* — *Linges, draps humides. Essorer, faire sécher du linge encore humide. Nettoyer avec un chiffon, une serpillière, une éponge humide. Pâte humide* (Cf. Cylindre, cit. 1). *Pain humide et mou* (Cf. Exécrable, cit. 7). — *Chevelure humide* (Cf. Briller, cit. 6). *Lèvres humides* (Cf. Goulot, cit. 1). *Front humide de sueur*. Mains humides.* V. **Moite.**

« Les pièces pyrotechniques envoyées à l'adresse du sieur Tuvache 3
avaient, par excès de précaution, été enfermées dans ce cave ; aussi la poudre humide ne s'enflammait guère et le morceau principal, qui devait figurer un dragon se mordant la queue, rata complètement... »
FLAUB., Mᵐᵉ Bovary, II, 8.

« Puis il passa dans sa chambre à coucher, rafraîchit avec une 4
éponge humide le marbre de la commode.... »
HUYSMANS, Là-bas, p. 151.

— Loc. *La paille humide des cachots* (cit. 4).

« Je danse sur la paille humide des cachots. » 5
VERLAINE, Invectives, XXXVI.

— *Pièce, chambre humide et malsaine* (Cf. Germer, cit. 3). *Pièce froide* (cit. 4) *et humide. Le remugle d'une pièce humide et longtemps fermée.* — *Air humide* (Cf. Épais, cit. 12). *Atmosphère humide et brumeuse*. Fraîcheur humide de l'aube, du crépuscule...* (Cf. Courir, cit. 30 ; gouttelette, cit. 1). *Nuit humide, ténèbres humides* (Cf. Gras, cit. 27 ; halo, cit. 3). *Humides senteurs* (Cf. Bien-être, cit. 2). *Vent froid et humide* (Cf. Enfiler, cit. 5). *Temps humide. Climat humide et mou*. Chaleur humide. Saison humide. Il fait très humide.* — *Pays humide :* où le climat est humide (Cf. Erg, cit. 2 ; glissement, cit. 6). *Lieu bas et humide* (V. **Crapaudière, marécage, mouillère...**). *Plantes uligineuses, croissant dans les lieux humides.*

« Le presbytère de Saint-Symphorien est froid, humide et la paroisse 6
n'est pas assez riche pour le réparer. Le pauvre vieillard va donc se trouver enterré dans un véritable sépulcre. »
BALZ., Curé de Tours, Œuvr., t. III, p. 844.

« Nous passâmes cette première soirée chez nous, assis au coin du 7
feu comme en hiver, car la chambre était humide et la brume du jardin nous pénétrait jusqu'à la moelle des os. »
DAUD., Petit Chose, XIV, p. 364.

« La forêt, presque dépouillée, était humide comme une salle de 8
bains. »
MAUPASS., Clair de lune, Une veuve, p. 145.

« La chaleur humide de ce printemps faisait souhaiter les ardeurs 9
de l'été. »
CAMUS, La peste, p. 43.

— *Substant. :*

« Les murs du pavillon se gardaient encore bien secs autrefois quand 10
l'air tournait encore tout autour, mais à présent que les hautes maisons de rapport le cernaient, tout suintait l'humide chez eux, même les rideaux qui se tachaient en moisi. »
CÉLINE, Voyage au bout de la nuit, p. 230.

— *Yeux* humides de larmes, de pleurs...* (V. **Embrumé, embué**). *Regards humides.* V. **Mouillé** (Cf. Élégie, cit. 2).

« ... de quel front j'ose aborder son père,... 11
L'œil humide de pleurs, par l'ingrat rebutés, »
RAC., Phèdre, III, 3.

« ... les yeux, tapis sous les sourcils, brillaient comme s'ils eussent 12
été phosphorescents : très noirs, presque sans blanc, toujours humides et d'une mobilité surprenante,... »
MART. du G., Thib., t. V, p. 55 (éd. La Gerbe).

ANT. — Sec. Aride.

DER. — **Humidifier**. v. tr. (1649 SCARRON. Rendre humide. V. **Humecter, mouiller** (ANT. Sécher ; dessécher. — DER. **Humidification**. n. f. (1875). Action d'humidifier). — **Humidifuge**. adj. (1829 ; suff. -Fuge). Qui absorbe, neutralise l'humidité. Le mâchefer est humidifuge.

« Chez les rotifères, la dessiccation arrête complètement la nutrition. Et cependant, si au bout de plusieurs semaines de vie latente on humidifie ces petits animaux, ils ressuscitent, et le rythme de leurs échanges chimiques redevient normal. » CARREL, L'homme, cet inconnu, p. 95.

HUMIDITÉ. n. f. (XIVᵉ s. ; lat. humiditas). Caractère de ce qui est humide*, chargé d'eau, de liquide, de vapeur ; l'eau, la vapeur que contient un corps, un lieu... Les plantes ont besoin d'humidité. Humidité d'un sol. Taux d'humidité du sol. Humidité d'une maison, d'une pièce. Traces, taches d'humidité. V. **Mouillure**. Humidité pénétrante, malsaine (Cf. Alcool, cit. 1). L'humidité filtrait à travers les pierres (Cf. Détacher, cit. 14). Murailles, parois qui rendent leur humidité. V. **Ressuer, suer, suinter**. Métal rouillé, rongé par l'humidité (V. **Oxydation**. Cf. Guimbarde, cit. 2). Bois qui se gondole*, poutres qui se pourrissent à l'humidité (Cf. Fil, cit. 28). Corps dissous par l'humidité. V. **Déliquescence** (en), **déliquescent**. Vêtements, objets moisis par l'humidité. Ôter l'humidité, les taches d'humidité. V. **Essuyer, nettoyer...** Cave sentant le moisi et l'humidité (Cf. Guitoune, cit. 1). Grâce à ces fondations de béton, il n'y aura pas d'humidité (V. Fonder, cit. 1). Assainir en supprimant l'humidité. Qui préserve de l'humidité. V. **Hydrofuge**. — Humidité de l'air, du climat (cit. 1), de l'atmosphère (V. **Brouillard, brouillasse, bruine, brume, serein...**; moiteur). Mesure de l'humidité atmosphérique (V. **Hygromètre, hygrométrie**. Cf. Évaporation, cit. 2). Humidité absolue : nombre de grammes de vapeur d'eau par mètre cube d'air. Humidité relative : proportion entre la quantité de vapeur d'eau effectivement contenue dans l'air et la capacité d'absorption de l'air à une température donnée. Humidité relative de 100 %. V. **Saturation**. Lutter contre l'humidité, le froid... (Cf. Aménagement, cit. 2). Bruits amortis (cit. 10) par l'humidité. Nuages porteurs d'humidité (Cf. Ballonné, cit. 1). Humidité chaude (V. **Lourdeur**. Cf. Équatorial, cit.), glacée (Cf. Germe, cit. 13).

1 « Qu'il fait ici d'humidité !
Foin ! votre habit sera gâté ;
Il est beau, ce serait dommage :

Souffrez, sans tarder davantage,
Que j'aille quérir un tapis. »
LA FONT., Contes, Nicaise.

2 « Dans la lumière diminuée, dans l'humidité pénétrante qu'on sentait descendre comme un manteau glacé sur les épaules, c'était sinistre de s'enfoncer, à une tombée de nuit, dans ces régions incertaines... » LOTI, Matelot, XLIX, p. 188.

3 « Les articulations s'étirent avec des crissements de bois qui joue et de vieux gonds : L'humidité rouille les hommes comme les fusils, plus lentement mais plus à fond. » BARBUSSE, Le feu, t. I, XII, p. 12.

4 « ... les murs de la maison, pourtant fraîchement crépis et retapissés, mais où la terrible humidité mettait déjà partout ses hideuses lézardes, ses traînées salpêtrées et verdâtres ; » P. BENOIT, Mˡˡᵉ de la Ferté, I, p. 67.

ANT. — Sécheresse. Aridité.

HUMILIANT, ANTE. adj. (Humeliant au XIIᵉ s. « humble » ; de humilier*). Qui cause ou est de nature à causer de l'humiliation*. V. **Abaissant, avilissant, dégradant, mortifiant**. Emploi, joug humiliant. Démarche humiliante. Brimade (cit. 1) humiliante. Aveu humiliant (Cf. Égarement, cit. 3). Le succès des sots est humiliant pour qui a échoué (cit. 6). Il est humiliant de se laisser surprendre par les événements (cit. 14). L'évolution du monde a quelque chose d'humiliant pour l'Européen (cit. 3). Essuyer un échec humiliant. V. **Écrasant**.

1 « ... si cette douceur... vous met désormais à couvert des justes chagrins que vous aviez, et des peines humiliantes d'avoir toujours à demander,... » SÉV., 1337, 27 oct. 1691.

2 « Les bienfaits des hommes sont accompagnés d'une maladresse si humiliante pour les personnes qui les reçoivent ! » MARIVAUX, Vie de Marianne, 1ʳᵉ p., p. 22.

3 « Il (Lothaire) imagina de le dégrader (Louis le Débonnaire) en lui imposant une pénitence publique et si humiliante, qu'il ne s'en pût jamais relever. Les évêques de Lothaire présentèrent au prisonnier une liste de crimes dont il devait s'avouer coupable. » MICHELET, Hist. de France, II, III.

4 « ... il n'y a rien d'humiliant, — pourvu que ce soit honnête, — à gagner sa vie en travaillant. » R. ROLLAND, Jean-Christ., VI, p. 112 (éd. Ollendorf).

5 « ... c'est très pénible lorsqu'il faut revenir sur ces jugements téméraires, très humiliant. » V. LARBAUD, Barnabooth, III, Journal, p. 239.

6 « ... la douleur la plus humiliante : celle qu'on se méprise d'éprouver. » MALRAUX, Condition humaine, I, 21 mars 1927, 1 h. du matin.

7 « L'esclave, à l'instant où il rejette l'ordre humiliant de son supérieur, rejette en même temps l'état d'esclave lui-même. » CAMUS, L'homme révolté, p. 27.

8 « À quarante ans. Rousseau (J.-J.) était déjà presque un vieillard, en tout cas un malade, astreint à des soins humiliants. » HENRIOT, Portr. de femmes, p. 186.

ANT. — Exaltant, flatteur, glorieux.

HUMILIATION. n. f. (XIVᵉ s. ; empr. au lat. humiliatio). ‖ 1º Action d'humilier* ou de s'humilier. V. **Abaissement** (cit. 6), **aplatissement** (fam.), **avilissement, dégradation, diminution, honte** (1º), **mortification**. Travailler à l'humiliation d'un rival. Tyran qui exige l'humiliation d'un peuple, d'un pays. Humiliation volontaire (Cf. Exorciser, cit. 5). — Spécialt. Les humiliations de la vie religieuse (Cf. Austérité, cit. 16). Pratiques d'humiliation. — État de celui qui est humilié. C'est le comble de l'humiliation (ACAD.). Les affres et l'amertume de l'humiliation (Cf. Adoucir, cit. 4). L'épreuve de l'humiliation (Cf. Éprouver, cit. 9). L'humiliation des mauvaises gens (Cf. Haïssable, cit. 2), des réprouvés. Vivre dans l'humiliation. Descendre au dernier degré de l'humiliation.

1 « ... s'offrir par les humiliations aux inspirations, qui seules peuvent faire le vrai et salutaire effet : » PASC., Pensées, IV, 245.

2 « ... qui serait si superbe, qui voyant l'apôtre saint Paul ainsi vivement attaqué, ne confesserait pas devant Dieu dans l'humiliation de son âme que vraiment notre maladie est extrême, et que les plaies de notre nature sont bien profondes ? » BOSS., 1ᵉʳ sermon Pentec., 1ᵉʳ point.

3 « ... il (ce discours) est imprimé et à la honte du siècle, comme pour l'humiliation des bons auteurs, réimprimé. » LA BRUY., XV, 23.

4 « Ô ciel ! un barbare m'a outragée jusque dans la manière de me punir ! il m'a infligé... ce châtiment qui met dans l'humiliation extrême ; » MONTESQ., Lett. pers., CLVII.

5 « ... j'apprends, pour comble de malheur et d'humiliation, que le procureur du roi, auquel il s'est adressé, est mon ennemi déclaré, et cherche partout de quoi me perdre. » VOLT., Lettre à d'Argental, 573, 12 févr. 1739.

6 « Le ris malin... est autre chose ; c'est la joie de l'humiliation d'autrui :... » ID., Dict. philos., Rire.

7 « Dix-huit ans, il y exécutera son dessein sombre : l'humiliation et l'anéantissement de ceux dont il a été, dans son enfance, la victime. » HENRIOT, Portr. de femmes, p. 418.

— Sentiment de celui qui est humilié. V. **Confusion, honte** (2º). Humiliation qui suit une faute (Cf. Atténuer, cit. 8). Orgueil qui grandit (cit. 7) dans l'humiliation. Avoir, éprouver l'humiliation de... (Cf. Embrasement, cit. 6). Il conçut une vive humiliation de cet échec. Rougir d'humiliation. Elle en fut quitte pour l'humiliation. V. **Court** (courte honte).

8 « ... elle y eût lu (dans ce regard) comme un espoir vague de la plus atroce vengeance. Ce sont sans doute de tels moments d'humiliation qui ont fait les Robespierre. » STENDHAL, Le rouge et le noir, IX, p. 56.

9 « Nos morts du XIIᵉ siècle n'auraient pas vu sans humiliation, que dis-je, sans horreur, leurs successeurs du XIVᵉ siècle,... » MICHELET, Extraits historiques, p. 117.

10 « L'homme que l'humilité inclinait, au contraire, l'humiliation le fait se regimber. L'humilité ouvre les portes du paradis ; l'humiliation, celles de l'enfer. » GIDE, Dostoïevsky, II, p. 106.

11 « ... si l'humilité est un renoncement à l'orgueil, l'humiliation au contraire amène un renforcement de l'orgueil. » ID., Ibid., II, p. 108.

12 « Plutôt que de survivre à l'humiliation atroce d'un refus, elle se serait tiré un coup de revolver dans la cervelle ; » GREEN, Léviathan, p. 235.

13 « ... un genre d'humiliation dont il est admis que les hommes ont le privilège : l'humiliation de l'impuissance sexuelle. » ROMAINS, H. de b. vol., V, I, p. 8.

14 « L'humiliation, sentiment luciférien, naît d'une comparaison avec l'extérieur, c'est l'individu toisant la société et rejetant sur elle sa bassesse... les libertins Rousseau, Voltaire, Beaumarchais, en sont obsédés : aveux humiliants, refus humiliants, reproches humiliants, ces mots se retrouvent à chaque instant sous leur plume. Le complexe d'infériorité est l'originalité du XVIIIᵉ siècle et le vice suprême du jacobinisme. » Paul MORAND, in Tableau de la Litt. française (Beaumarchais).

‖ 2º Ce qui humilie*, blesse l'amour-propre. V. **Affront***, **avanie** (cit. 5), **blessure, camouflet, dégoût, gifle, honte** (1º, par ext.), **mortification, vexation**. Essuyer (cit. 13), recevoir, subir une cuisante, cruelle humiliation (Cf. Exagérer, cit. 3). Il endura l'humiliation jusqu'au bout (Cf. Boire* un affront, le calice jusqu'à la lie, la honte). Dévorer son humiliation (Cf. Fureur, cit. 33). Infliger une humiliation à quelqu'un. Accabler quelqu'un d'humiliations. Être cuirassé (cit. 4) contre les humiliations.

15 « ... après de si étranges humiliations, elle fut encore contrainte de paraître au monde, et d'étaler pour ainsi dire à la France même et au Louvre, où elle était née avec tant de gloire, toute l'étendue de sa misère. » BOSS., Orais. fun. Henriette de France.

16 « Apprendre à vivre chez vous en étranger est une humiliation que je n'ai pas méritée. » ROUSS., Julie, VI, Lettre VII.

17 « ... l'énorme besoin de vengeance qu'excitaient chez lui le sentiment de sa supériorité et la vue de ses humiliations. » RENAN, Vie de Jésus, IV, Œuvr., t. IV, p. 117.

18 « Debout dans sa chaire, pâle de rage, le pauvre On écoutait toutes ces injures, dévorait toutes ces humiliations et se gardait bien de répondre. » DAUD., Petit Chose, IX.

19 « ... depuis sa bastonnade, son embastillement, sa fuite à Londres, jusqu'aux insolences du roi de Prusse, la vie de Voltaire est une suite de triomphes et d'humiliations. » SARTRE, Situations II, p. 147.

ANT. — Exaltation, flatterie, gloire, glorification.

HUMILIER. v. tr. (XIIᵉ s. ; empr. au lat. humiliare).

‖ 1º Vieilli. Abaisser, incliner avec respect, avec soumission. V. **Prosterner**. — Pronominalt. et fig. V. **Incliner** (s'), **soumettre** (se)

1 « Quand tu verras tous ses vassaux
S'humilier sous sa couronne. »
RONSARD, **Les mascarades,** Prophétie de la seconde sereine
(*sirène*).

2 « Tu le vois tous les jours, devant toi prosterné,
Humilier ce front de splendeur couronné,
Et confondant l'orgueil par d'augustes exemples,
Baiser avec respect le pavé de tes temples. »
RAC., **Esth.,** Prologue.

3 « On ne peut que s'humilier devant la profondeur de vos vues, si on
en juge par le succès de vos demarches. »
LACLOS, **Liais. dang.,** LXVI.

‖ **2°** Rendre humble*, remplir d'humilité*. *Dieu humilie
les superbes* (ACAD.). V. **Abaisser, rabaisser.**

4 « Humiliez votre cœur, et attendez avec patience ;... »
BIBLE (SACY), **Ecclésiastique,** II, 2.

5 « ... humiliez votre âme devant les anciens, et baissez la tête devant
les grands. » ID., **Ibid.,** IV, 7.

6 « Cette impuissance ne doit donc servir qu'à humilier la raison,
qui voudrait juger de tout,... » PASC., **Pens.,** IV, 282.

7 « Sévérité d'autant plus chrétienne et par conséquent d'autant plus
agréable à Dieu qu'elle humilie plus l'homme, et qu'elle rabaisse plus
les enflures de son orgueil ;... »
BOURDAL., **Dominic.,** II, 3e dim. après Pentecôte, I.

— *Pronominalt.* Devenir, se faire humble (Cf. Apaisement, cit. 7). *Il est dur à l'orgueilleux de s'humilier.*

8 « Plus vous êtes grand, plus vous vous humilierez en toutes choses,
et vous trouverez grâce devant Dieu ; »
BIBLE (SACY), **Ecclésiastique,** III, 20.

9 « Quiconque donc s'humiliera comme cet enfant, celui-là sera le
plus grand dans le royaume des cieux. »
ID., **Évang.** St Matthieu, XVIII, 4.

10 « Humiliez-vous, raison impuissante ; taisez-vous, nature imbécile : »
PASC., **Pens.,** VII, 434.

11 « A la faveur de cette nouvelle lumière, je découvre ce que dit
le Prophète : « Vraiment vous êtes un Dieu caché, un Dieu sauveur, »
un Dieu qui s'est humilié, un Dieu qui s'est épuisé lui-même dans ses
abaissements, un Dieu abaissé dans un profond néant. »
BOSS., **Serm.,** Entretien pour fête Visitation.

12 « Ignores-tu qu'il est des tentations déshonorantes qui n'approchèrent
jamais d'une âme honnête, qu'il est même honteux de les vaincre,
et que se précautionner contre elles est moins s'humilier que s'avilir ? »
ROUSS., **Julie,** IV, Lettre XIII.

13 « L'homme est tellement machine, que le vin donne quelquefois cette
imagination que l'ivresse anéantit ; il y a là de quoi s'humilier, mais
de quoi admirer. » VOLT., **Dict. philos.,** Imagination.

14 « Barrès dit de la jeunesse que c'est le temps où nous avons le goût
d'admirer, de nous humilier. » MAURIAC, **Le jeune homme,** p. 43.

— *S'humilier de* (quelque chose).

15 « ... tu veux t'humilier de tes fautes passées sous prétexte d'en
prévenir de nouvelles,... » ROUSS., **Julie,** IV, Lettre XIII.

— *Spécialt.* En T. de Dévotion. *S'humilier devant Dieu,
sous la loi divine.* V. **Anéantir** (s'), **prosterner** (se).

16 « Il entre une autre fois dans un lieu saint, perce la foule, choisit
un endroit pour se recueillir et où tout le monde voit qu'il
s'humilie :... » LA BRUY., XIII, 24.

17 « Aux pieds de l'Éternel je viens m'humilier. » RAC., **Esth.,** I, 1.

‖ **3°** Abaisser (cit. 17), rabaisser d'une manière outrageante ou avilissante. V. **Dégrader, écraser, mortifier, rabaisser, rabattre ; courber** (sous sa loi, sa volonté) ; **crête**
(rabattre la). *La joie honteuse d'humilier son semblable*
(Cf. Aumône, cit. 14). *Travail qui humilie.* V. **Humiliant**
(Cf. Bagnard, cit.). *Humilier l'audace, la fierté de quelqu'un.*
V. **Mater, souffleter.** *Despote qui humilie ses sujets.* V.
Accabler, opprimer. *Humilier son intelligence.* V. **Avilir,
ravaler.**

18 « Ainsi Nabuchodonosor avait abusé de sa puissance et s'était élevé
contre Dieu ; Dieu l'humilie, le réduit à la condition des bêtes, l'oblige
de manger de l'herbe qui croît dans la campagne :... »
BOURDAL., **Pensées,** I, De l'humilité..., Caract. de l'humil.

19 « ... il me mit quelques louis d'or dans la main. Je les refusai
d'abord,... mais,... il me força de les prendre. Je les pris donc avec
honte, car cela m'humiliait ;... »
MARIVAUX, **Vie de Marianne,** I, pp. 27-28.

20 « L'impétueuse Électre a mérité l'outrage
Dont j'humilie enfin cet orgueilleux courage. »
VOLT., **Oreste,** I, 5.

21 « ... le plaisir secret de mortifier, d'abaisser ces petites gens qui,
aux élections, avaient fait les rois, de les rappeler à leurs basses origines... La faiblesse se jouait au dangereux amusement d'humilier une
dernière fois les forts. » MICHELET, **Hist. Révol. franç.,** I, II.

22 « (Le rire) a pour fonction d'intimider en humiliant. Il n'y réussirait
pas si la nature n'avait laissé à cet effet dans les meilleurs d'entre les
hommes, un petit fonds de méchanceté, ou tout au moins de malice. »
BERGSON, **Le rire,** p. 201.

23 « Votre rêve le plus ardent est d'humilier l'homme qui vous a
offensé. » PROUST, **Rech. t. p.,** III, p. 54.

— *Pronominalt.* (Cf. Aumône, cit. 14). *S'humilier servilement, s'humilier devant la richesse, devant les puissants.*
V. **Front** (courber le), **genou** (fléchir, plier, ployer le
genou), **pied** (baiser les pieds de...). Cf. aussi *fam.* Se
mettre à plat ventre ; *pop.* Lécher les bottes...

24 « Vous voulez que le roi s'abaisse et s'humilie ? »
RAC., **Mithrid.,** III, 1.

25 « ... ces malheurs auxquels sont condamnés les natures supérieures
avant d'être reconnues, contraintes de s'humilier sous les médiocrités
dont le patronage leur est nécessaire :... »
CHATEAUB., **M. O.-T.,** t. III, p. 85.

26 « Pour Laurence, s'humilier devant cet homme, objet de sa haine
et de son mépris, emportait la mort de tous ses sentiments généreux. »
BALZ., **Ténébreuse affaire, Œuvr.,** t. VII, p. 621.

27 « Il serait plutôt mort de faim et de colère chez les Buteau, que de
retourner s'humilier chez les Delhomme. » ZOLA, **La terre,** IV, 2.

— Couvrir de confusion, de honte (Cf. Être, cit. 92). V.
Confondre, offenser, vexer ; honte (faire honte à). *Humilier publiquement un menteur. Le souvenir de ses erreurs
l'humilie encore. Vos railleries l'ont humilié.*

28 « Rien ne devrait plus humilier les hommes qui ont mérité de grandes
louanges, que le soin qu'ils prennent encore de se faire valoir par de
petites choses. » LA ROCHEF., **Réflex...,** 272.

29 « ... je ne tourne point sans répugnance les yeux sur le passé ; il
m'humilie jusqu'au découragement et je suis trop sensible à la honte
pour en supporter l'idée sans retomber dans une sorte de désespoir. »
ROUSS., **Julie,** IV, Lettre XIII.

30 « Enfin je crois que, si elle s'en va en se déchirant le cœur, c'est
par l'espérance qu'elle a de revenir digne de lui dans l'esprit de tout
le monde, et de pouvoir être sa femme, sans désoler et sans humilier
sa famille. » SAND, **Petite Fadette,** XXIX, p. 199.

31 « Pascal accroît son ennemi, pour l'accabler. Il attend d'avoir si mal
aux dents qu'il trouve la cycloïde ; et, du reste, il en propose le problème à toute l'Europe, dans le dessein qu'on ne peut nier, d'humilier
tout le monde. » SUARÈS, **Trois hommes,** I, Pascal, III, p. 56.

‖ HUMILIÉ, ÉE. *p. p.* et *adj.* ‖ **1°** V. **Humble.** *L'homme
superbe sera abaissé, l'homme humilié sera élevé* (Cf. Avènement, cit. 1).

‖ **2°** Qui a subi une humiliation*, une mortification.
*Peuple vaincu et humilié. Homme humilié dans sa dignité.
Susceptibilité, vanité humiliée. Il est cruellement humilié
de son échec. Se sentir humilié autant qu'indigné de...*
Cf. Graveleux, cit. 3. — *Il s'en retourna, fort humilié
d'avoir été dupé.* V. **Confus, honteux, penaud ; bas** (l'oreille, la tête basse). — Par ext. *Il courbait* (cit. 10) *sa tête
humiliée. Contenance humiliée* (Cf. Bas, cit. 11).

32 « Ô Ciel ! puis-je plus bas me voir humilié ? »
MOL., **Amphitr.,** III, 5.

33 « Que j'aime à voir cette superbe raison humiliée et suppliante ! »
PASC., **Pens.,** VI, 388.

34 « Avec plaisir sans doute il verrait à ses pieds
Des sénateurs tremblants les fronts humiliés : »
VOLT., **Brutus,** II, 2.

35 « Un homme est humilié de la longueur du siège ; elle fait au
contraire la gloire d'une femme. » STENDHAL, **De l'amour,** VIII.

36 « Il y a des lieux dans le monde où je suis comme humilié d'avoir
promené des chagrins si ordinaires et versé des larmes si peu viriles. »
FROMENTIN, **Dominique,** XIII.

37 « Tout l'humiliait : il était humilié si on ne lui parlait pas, humilié
si on lui parlait, humilié si on lui donnait des bonbons, comme à un
enfant, humilié surtout si le grand-duc avec un sans-façon princier,
le renvoyait en lui mettant une pièce d'or dans la main. »
R. ROLLAND, **Jean-Christ., Le matin,** I, p. 115.

38 « Nous voici vaincus et captifs, humiliés dans notre légitime orgueil
national, souffrants dans notre corps, sans nouvelles des êtres qui
nous sont chers. » SARTRE, **Mort dans l'âme,** p. 237.

— Substant. *Revanche des humiliés.*

39 « L'histoire... gardera... ses sévérités inexorables pour ceux qui n'ont
pu leur pardonner (à ces hommes) d'avoir fait à la grande humiliée de
1870 l'aumône d'un peu de gloire. »
WALDECK-ROUSSEAU, **Plaidoirie pour l'ing. Eiffel** (in GUERLAC).

40 « Le Père disait au même instant que la vertu d'acceptation totale
dont il parlait ne pouvait être comprise au sens restreint qu'on lui
donnait d'ordinaire, qu'il ne s'agissait pas de la banale résignation,
ni même de la difficile humilité. Il s'agissait d'humiliation, mais d'une
humiliation où l'humilié était consentant. » CAMUS, **La peste,** p. 245.

ANT. — Élever, enorgueillir, exalter (cit. 6), glorifier (cit. 1), relever.

HUMILITÉ. *n. f.* (*Humilitiet* au Xe s. ; empr. au lat.
humilitas, « peu d'élévation, bassesse »).

‖ **1°** Sentiment* de sa propre faiblesse, de sa propre insuffisance qui pousse l'homme à s'abaisser volontairement en
réprimant en lui tout mouvement d'orgueil. V. **Modestie.**
*Grande, profonde, sincère humilité. Humilité vertueuse des
hommes généreux* (cit. 5 DESCARTES). *L'humilité des forts*
(Cf. Circonvenir, cit. 3). *Souffrir les mépris, les affronts
avec humilité* (ACAD.). *La fausse humilité* (Cf. Arracher,
cit. 18), *artifice* (cit. 6) *de l'orgueil. L'humilité et l'orgueil
peuvent coexister chez le même individu* (Cf. Cynisme,
cit. 4). *Humilité et humiliation** (cit. 11 et 12). *Accès
d'humilité* (Cf. Grand, cit. 78). *Manifestations d'humilité.
S'agenouiller, courber le dos, fléchir le genou, se prosterner
en signe d'humilité et de soumission. Air, attitude, ton
d'humilité.* V. **Componction.** *Ses fautes le remplissent d'humilité.* V. **Honte.**

1 « Toujours l'humilité gagne le cœur de tous ;
Au contraire l'orgueil attise le courroux. »
RONSARD, **Bocage royal,** 1re part.

2 « Pour la bassesse ou humilité vicieuse, elle consiste principalement en ce qu'on se sent faible ou peu résolu, et que, comme si on n'avait pas l'usage entier de son libre arbitre, on ne se peut empêcher de faire des choses dont on sait qu'on se repentira (par) après ; puis aussi en ce qu'on croit ne pouvoir subsister par soi-même, ni se passer de plusieurs choses dont l'acquisition dépend d'autrui. Ainsi elle est directement opposée à la générosité ; »
DESCARTES, Les passions de l'âme, Art. 159 (Cf. Artifice, cit. 6).

3 « ... et bien qu'il (l'orgueil) se transforme en mille manières, il n'est jamais mieux déguisé et plus capable de tromper que lorsqu'il se cache sous la figure de l'humilité. »   LA ROCHEF., Max., 254.

4 « Il se connaît lui-même, et cette connaissance qu'il a de lui-même est le fondement de son humilité. Il sait de quelle manière il s'est comporté pendant de longues années ;... il le sait, et c'est ce qui lui fait sentir toute son indignité. Or ce sentiment de son indignité, c'est en même temps ce qui le porte à se ravaler autant qu'il peut et à se mettre au plus bas rang. »
BOURDAL., Pensées, I, De l'humilité..., Caract. de l'humil.

5 « ... l'humilité est la modestie de l'âme. C'est le contre-poison de l'orgueil. L'humilité ne pouvait pas empêcher Rameau de croire qu'il savait plus de musique que ceux auxquels il l'enseignait ; mais elle pouvait l'engager à convenir qu'il n'était pas supérieur à Lulli dans le récitatif. »   VOLT., Dict. philos., Humilité.

6 « Je comprends le sens de l'humilité. Elle n'est pas dénigrement de soi. Elle est le principe même de l'action. Si, dans l'intention de m'absoudre, j'excuse mes malheurs par la fatalité, je me soumets à la fatalité. Si je les excuse par la trahison, je me soumets à la trahison. Mais si je prends la faute en charge, je revendique mon pouvoir d'homme. Je puis agir sur ce dont je suis. Je suis part constituante de la communauté des hommes. »
ST-EXUP., Pilote de guerre, XXV, p. 213.

7 « L'humilité a sa source dans la conscience d'une indignité, parfois aussi dans la conscience éblouie d'une sainteté. »
COLETTE, Belles saisons, Disc. de réception, p. 212.

8 « L'humilité est un abaissement intérieur, un consentement de pieuse reconnaissance envers l'ordre du monde, inégal en apparence, une position morale où la dignité vraie de l'homme n'est jamais en jeu. »
Paul MORAND, in Tableau de la Littér. franç. (Beaumarchais).

— Spécialt. L'humilité évangélique, vertu chrétienne (Cf. Autel, cit. 18 ; courbatu, cit. 3). Pratiquer l'humilité. V. **Pénitence** (Cf. Abaissement, cit. 7). Donner des marques d'une humilité édifiante. Confesser ses péchés avec humilité. V. **Humblement**. Bigote (cit. 2) qui cache son orgueil sous de l'humilité. L'améthyste (cit. 1), la chalcédoine, gemmes (cit. 1) qui symbolisent l'humilité. L'âne, image de l'humilité dans l'iconographie chrétienne médiévale.

9 « En sorte que vous ne fassiez rien par un esprit de contention ou de vaine gloire, mais que chacun, par humilité, croie les autres au-dessus de soi ; »   BIBLE (SACY), Épître aux Philippiens, II, 3.

10 « Comme il a eu l'humilité, il a eu toutes les autres vertus dont elle est le fondement... pratiquez l'humilité comme lui, aimez l'obscurité comme il l'a aimée »   BOSS., Orais. fun. Nicolas Cornet.

11 « L'humilité est la véritable preuve des vertus chrétiennes ; sans elle nous conservons tous nos défauts, et ils sont seulement couverts par l'orgueil, qui les cache aux autres, et souvent à nous-mêmes. »
LA ROCHEF., Max., 358.

12 « La vraie religion enseigne nos devoirs, nos impuissances : orgueil et concupiscence ; et les remèdes : humilité, mortification. »
PASC., Pens., VII, 493.

13 « ... saint Chrysostome ne craint point de dire, que l'état même du péché avec l'humilité, vaut mieux que l'état de justice avec l'orgueil ; parce que l'orgueil détruit dans peu toute la piété du juste, au lieu que l'humilité efface le péché et sanctifie le pécheur par une parfaite conversion. »
BOURDAL., Pensées, I, De l'humilité..., Caract. de l'humil.

14 « ... un sentiment intérieur qui avilit l'homme à ses propres yeux, et qui est une vertu surnaturelle qu'on appelle humilité. »
LA BRUY., XI, 69.

15 « ... la véritable humilité du chrétien, c'est de trouver toujours sa tâche au-dessus de ses forces, bien loin d'avoir l'orgueil de la doubler. »
ROUSS., Julie, VI, Lettre VI.

16 « L'humilité est aussi convenable à l'homme devant Dieu que la modestie à l'enfant devant les hommes. »   JOUBERT, Pensées, I, 98.

17 « Et devant Dieu, caché dans sa fatalité,
Notre seule science est notre humilité ! »
LAMART., Jocelyn, Sixième époque.

18 « ... leur humilité (de ces saints) tient plus de la faiblesse que celle de Pascal qu'il tire de sa force. »
SUARÈS, Trois hommes, I, Pascal, III, p. 53.

|| **2°** Par anal. Grande déférence. V. **Soumission**. Disciple qui témoigne envers son maître d'une humilité exemplaire. S'effacer*, s'incliner* devant quelqu'un par humilité. Esprit d'humilité. Acte, geste d'humilité. — Par ext. L'humilité de son maintien, de sa requête... V. **Timidité**.

19 « Le premier devoir des petits est l'humilité devant les grands. »
FRANCE, Les dieux ont soif, VII.

20 « Il lui semblait quelquefois qu'il eût préféré l'acrimonie d'une femme jalouse à l'éternelle douceur de Marie, et il détestait l'humilité avec laquelle il acceptait qu'il la rudoyât, ses manières obéissantes, sa bonté, jusqu'à sa bonté qu'il voyait, croyait-il, dans tous ses gestes. »
GREEN, Léviathan, IV, p. 35.

— Fam. En toute humilité : le plus humblement possible. Je crains de ne pouvoir vous satisfaire, je vous l'avoue en toute humilité.

21 « ... et ma joie est extrême
De pouvoir saluer en toute humilité
Un homme dont le nom est partout si vanté... »
MOL., Étourdi, I, 4.

---

22 « ... voici le nouveau thème que Raton pourrait essayer, et que Bertrand lui propose en toute humilité. »
D'ALEMB., Corresp., Lettre à Voltaire, 9 févr. 1773.

— Péjor. V. **Bassesse** (2°), **obséquiosité, servilité**. Une dégradante, lâche, vile humilité. Courtisans qui font assaut d'humilité (Cf. aussi Se faire humble*).

23 « Je vis des colporteurs juifs avec des yeux de faucons étincelants dans des physionomies dont le reste n'était qu'abjecte humilité ; »
BAUDEL., Trad. E. POE, Nouv. hist. extraord., L'homme des foules.

24 « ... elle, attentive à me plaire, empressée jusqu'à l'humilité,... »
MAURIAC, La Pharisienne, XIV, p. 225.

— Au plur. (vieilli). S'abaisser à des humilités. V. **Platitude** (Cf. Se traîner* aux pieds de quelqu'un).

25 « Non, ne descendez point dans ces humilités,
Et laissez-nous juger ce que vous méritez. »   MOL., Mélicerte, I, 5.

|| **3°** Par ext. État d'infériorité de la nature humaine (V. **Bassesse**, 1°) ou d'une condition sociale (V. **Obscurité**). Connaître l'humilité de sa condition (Cf. Gentilhomme, cit. 2). — Caractère humble*, obscur d'une chose. L'humilité d'un emploi, d'une tâche...

ANT. — Agressivité, amour-propre ; ambition, approbativité, arrogance, forfanterie, gloriole, hauteur, morgue, orgueil, superbe, vanité.

HUMINE, HUMIQUE. V. HUMUS (dér.).

HUMORAL, ALE, AUX. adj. (1490 ; lat. médiév. humoralis, de humor. V. **Humeur**). Relatif aux humeurs* du corps. Maladies humorales. Trouble humoral (Cf. Fièvre, cit. 5). — Théorie humorale. V. **Humorisme, humoriste** (I).

HUMORISTE. n. et adj. (XVIᵉ s. ; de l'ital. umorista, du lat. sav. humorista (VAN HELMONT), « médecin partisan de l'humorisme » ; repris à l'angl. au XVIIIᵉ s. (sens II).

I. N. Vx. Personne d'humeur maussade, fâcheuse (V. **Mélancolique**). Adjectivt. Il est un peu humoriste.

1 « Que si l'humoriste répond qu'un bienfaiteur fait cent ingrats, on répliquera justement qu'il n'y a peut-être pas d'ingrat qui n'ait été plusieurs fois bienfaiteur : »   BEAUMARCH., Mar. de Fig., Préf.

2 « Le philosophe Saint-Lambert, naturellement sévère et même un peu humoriste. »   LA HARPE, Corresp. (in LITTRÉ.)

II. Adj. Qui a de l'humour* ; qui s'exprime avec humour. Écrivain humoriste. Substant. (1842). Un humoriste. Swift, Lewis Carroll, Alphonse Allais, Alfred Jarry,... célèbres humoristes. — Salon des humoristes. V. **Caricaturiste**.

3 « La France n'a jamais manqué d'écrivains humoristes, mais ils y sont moins appréciés que partout ailleurs... On a beaucoup parlé des hardiesses de Pétrus Borel... et des divagations de Lassailly ; elles sont toutes dépassées par M. Xavier Forneret. »
Ch. MONSELET, in Le Figaro, cité par BRETON, Anthol. humour noir, p. 101.

4 « ... l'humour est tout entier dans la vie, on n'a point la peine de l'y mettre ; pour le découvrir, il suffit de voir, d'ouvrir les yeux au bon moment, et c'est là la vertu essentielle de l'humoriste. »
HENRIOT, Maîtres d'hier et contemp., A. France, V.

DER. — (du même rad.) : **Humorisme.** n. m. Ancienne doctrine médicale « dans laquelle on rapporte les troubles morbides aux altérations des humeurs* » (GARNIER). Galien, Avicenne, Averrhoès furent des partisans de l'humorisme.

HUMORISTIQUE. adj. (1801 ; angl. humoristic). Relatif à l'humour* ; qui s'exprime avec humour ; empreint d'humour (V. **Amusant, comique**...). La veine humoristique. Écrivain, conteur humoristique. Récit, dessin humoristique.

« ... l'auteur d'une nouvelle a à sa disposition une multitude de tons,... le ton raisonneur, le sarcastique, l'humoristique,... qui sont comme des dissonances, comme la fêlure de l'idée de beauté pure. »
BAUDEL., Notes sur E. Poe, III (in POE, Œuvr., p. 1069).

HUMOUR. n. m. (1725 ; angl. humour, lui-même empr. au franç. humeur. V. **Humeur**, II, 7°). Forme d'esprit qui consiste à présenter ou à déformer la réalité de manière à en dégager les aspects plaisants et insolites. V. **Esprit** (supra cit. 143). L'humour et l'ironie* (Cf. infra, cit. 8). Les définitions modernes de l'humour en font une notion très proche du « comique absolu » dont parle Baudelaire (Curios. esth., Rire, VI). L'humour, qualité traditionnelle de l'esprit britannique (Cf. Entrain, cit. 4 HUGO). Humour belge (V. **Zwanze**). Humour froid, flegmatique, pince-sans-rire. Humour fantastique, débridé (V. **Fantaisie**). L'humour de Lewis Carroll. Humour tendre, aimable, plaisant (V. **Gaieté, plaisanterie**). L'humour de Dickens, de Mark Twain. Humour sarcastique, cinglant... (V. **Raillerie, sarcasme, satire**). Humour anticonformiste, révolté, destructeur ; humour noir. L'humour de Swift, de Lautréamont..., de Goya. — Avoir de l'humour, le sens de l'humour : être capable de s'exprimer avec humour, de comprendre l'humour (Cf. Fin, cit. 14). Manquer d'humour. Parler, agir avec humour. Un humour imperturbable. Une pointe d'humour.

1 « Les Anglais ont pris leur humour, qui signifie chez eux plaisanterie naturelle, de notre mot humeur employé en ce sens dans les premières comédies de Corneille,... »   VOLT., Dict. philos., Langues.

2 « ... de petites notations féroces, de petites assimilations sans pitié des laideurs et des infirmités de la vie, grossies, outrées par l'humour de terribles caricaturistes,... »   GONCOURT, Zemganno, XXXV, p. 161.

3   « Tantôt... on décrira minutieusement et méticuleusement ce qui est, en affectant de croire que c'est bien là ce que les choses devraient être : ainsi procède souvent l'humour. »   BERGSON, Le rire, p. 129.

4   « Le mot humour est intraduisible. S'il ne l'était pas, les Français ne l'emploieraient pas Mais ils l'emploient précisément à cause de l'indéterminé qu'ils y mettent... »   VALÉRY, in Revue Aventure, nov. 1921.

5   « L'humour n'est pas du tout le sens du ridicule : il va bien au delà. L'humour est un style, une langue, un vocabulaire, et léger de l'objet par l'esprit. Rien n'est plus désintéressé que le véritable humour. L'humour ne va pas sans une libre critique de soi-même. »   SUARÈS, Valeurs, Forme, VII, p. 269.

6   « Pas d'ironie ! Elle vous dessèche et dessèche la victime : l'humour est bien différent : c'est une étincelle qui voile les émotions, répond sans répondre, ne blesse pas et amuse. »   Max JACOB, Conseils à un jeune poète, p. 81.

7   « L'humour se distingue du comique véritable, qui vise d'abord à provoquer le rire, qui comporte un style, une langue, un vocabulaire, et qui voisine difficilement avec le dramatique. L'humour se distingue de la simple gaité qui est une disposition plus ou moins fugitive de l'âme et qui n'a pas de force détectrice en psychologie. L'humour consiste dans certaines variations de l'éclairage qui permettent de découvrir l'objet sous tous ses aspects, certains de ces aspects pouvant se trouver contradictoires et, par ce fait même, révélateurs. Il y a, dans l'humour véritable, une pudeur, une réserve, une contention que n'observe pas le franc comique... Le comique est résolu dès l'abord à rire. L'humour ne rit pas toujours et, quand il le fait, c'est qu'il n'y peut manquer. »   DUHAM., Défense des lettres, IIIe part., p. 263.

8   « ... l'humour se pourrait définir : une gaité gratuite, n'engageant rien, mise là pour le seul plaisir de la plaisanterie. Alors que l'ironie... comporte un jugement et fait toujours une victime. »   HENRIOT, Maîtres d'hier et contemp., A. France, V.

9   « ... conserver en toute circonstance un sens de l'humour qui sache se moquer de soi-même, apercevoir la puérilité de la plupart des dissentiments et ne pas attacher une importance tragique à ces collections de griefs qui remplissent les vitrines de toute vie conjugale. »   MAUROIS, Art de vivre, II, L'art d'aimer, p. 80.

10   « M. Léon Pierre-Quint... dans son ouvrage Le Comte de Lautréamont et Dieu, présente l'humour comme une manière d'affirmer... une révolte supérieure de l'esprit. »   BRETON, Anthol. de l'humour noir, Préf., p. 11.

11   « L'humour (dit Freud) a non seulement quelque chose de libérateur, analogue en cela à l'esprit et au comique, mais encore quelque chose de sublime et d'élevé... Le sublime tient... à l'invulnérabilité du moi... on sait qu'au terme de l'analyse qu'il a fait porter sur l'humour, il déclare voir en celui-ci un mode de pensée tendant à l'épargne de la dépense nécessitée par la douleur. »   ID., Ibid., Préf., p. 14.

ANT. — Sérieux.

HUMUS (muss'). n. m. (1765 ENCYCL. ; lat. humus, « sol »). « Terre formée par la décomposition des végétaux ; c'est la terre brune ou noirâtre qui est à la surface de la terre » (DIDEROT, in Encycl.). V. **Sol, terre** (végétale), **terreau.** Épais humus, humus forestier (Cf. Forêt, cit. 3 ; gratter, cit. 8). Couche d'humus. Terre riche en humus. Terres humifères, trop riches en humus et peu fertiles.

1   « Là commence l'humus de l'Ukrayne (sic), une terre noire et grasse d'une profondeur de cinquante pieds, et souvent plus, qu'on ne fume jamais, et où l'on sème toujours du blé. »   BALZ., Lettre sur Kiew (Œuvr. div., t. III, p. 681).

2   « Une proportion de cinq à six centièmes d'humus dans le sol constitue un élément très important de fertilité. Quand elle n'existe pas, il importe d'y suppléer par l'apport d'engrais organiques : fumier ou engrais verts. Quand, au contraire, une terre contient trop d'humus, elle est peu fertile ou même infertile. Telles sont celles qui en renferment plus du quart de leur poids. »   POIRÉ, Dict. sciences, Humus.

DER. — Humine. n. f. (XIXe s.). Partie non acide de l'humus. — Humique. adj. (XIXe s.). Relatif à l'humus. Produits, matières humiques. Spécialt. Acide humique.

★ **HUNE.** n. f. (XIIe s. ; anc. scand. hûm).

‖ 1° Mar. Plate-forme arrondie à l'avant, et qui repose sur les élongis* et les barres transversales d'un bas-mât (Cf. Armada, cit.). La hune sert à maintenir l'écartement des haubans (Haubans de hune) ; à déposer le matériel de service de la mâture ; à servir de lieu de repos aux hommes chargés des manœuvres hautes... V. **Gabier.** Cf. Hauban, cit. 1). Mât de hune : les mâts qui surmontent les bas-mâts. Voile d'un mât de hune (V. **Hunier**). Vergue de hune. Hune de misaine, d'artimon... (V. **Fougue** 2). Grande hune : celle du grand mât (Cf. Fanal, cit. 1). Demi-hune en forme de hotte (V. **Gabie**, vx). Arc-boutant de hune. Rambarde, garde-fou d'une hune. Hune primitive, formée d'un tonneau fixé au mât. Hune métallique de tir, sur les navires de guerre du XIXe siècle. Hune de vigie* sur un voilier. — Hune de télépointage : tourelle de direction de tir. Hune télescopique d'un sous-marin en surface.

« Yves habitait là-haut, dans sa hune. C'est moi qui montais de temps en temps lui faire visite,... J'aimais assez ce domaine d'Yves, où l'on était éventé par un air encore plus pur. Dans cette hune, il avait ses petites affaires !... »   LOTI, Mon frère Yves, p. 49.

‖ 2° Par ext. (Technol.). Poutre terminée par deux tourillons et qui supporte une cloche.

DER. — ★ Hunier. n. m. (1615). Voile du mât de hune, voile carrée située au-dessus des basses voiles. Grand hunier (du grand mât). Cf. Gabier, cit. 1. Petit hunier (du mât de misaine). Le hunier d'artimon s'appelle perroquet* de fougue. Amener, carguer, serrer les huniers (Cf. Cape, cit. 6). Huniers doubles ; huniers pleins (d'une seule pièce). Huniers à rouleau des goélettes d'Islande.

★ **HUNTER** ('heun-teur' ; 'heun-tèr'). n. m. (1873 P. LAROUSSE ; mot angl., de to hunt, « chasser »). Cheval de chasse, exercé à franchir les obstacles.

★ **HUPPE.** n. f. (XIIe s. ; lat. upupa, onomat. ; parfois altéré en dupe. V. **Dupe**).

‖ 1° Zool. Oiseau coraciiforme (Passereaux Upupidés) percheur syndactyle, portant une huppe érectile de plumes rousses tachées de noir, à l'extrémité. La huppe est insectivore ; elle vit dans les lieux boisés. Cri de la huppe. V. **Pupuler.** On appelle communément la huppe coq* des champs, coq héron...

1   « On a dit... que la huppe enduisait scn nid des matières les plus infectes... (Cf. Fiente, cit. 2)... ; mais le fait n'est pas... vrai... ; d'un autre côté il est très vrai qu'un nid de huppe est très sale et très infect... ; c'est de là, sans doute, qu'est venu le proverbe : sale comme une huppe ; mais ce proverbe induirait en erreur si l'on voulait en conclure que la huppe ait le goût ou l'habitude de la malpropreté ; »   BUFF., Hist. nat. ois., La huppe.

‖ 2° Par ext. (XVIe s. ; V. **Houppe**). Touffe de plumes que certains oiseaux (dont la huppe) ont sur la tête. V. **Crête** (2°). Alouette à huppe (V. **Cochevis**).

2   « Bien que ta tête,... soit sans huppe et sans cimier, tu n'es certes pas un poltron, lugubre et ancien corbeau,... »   BAUDEL., Trad. E. POE, Hist. grotesq. et sér., Genèse d'un poème.

— Par anal. Cheveux dressés en huppe.

3   « ... une chevelure drue, bouclée et rebelle, hérissée en huppe au sommet de la tête ; »   GAUTIER, Cap. Fracasse, IV.

— Fig. et fam. :

4   « — Ce restaurant est fréquenté par les gens les plus huppés. — Toutes ces huppes, répondit M. Bergeret, peut-être pas du plus haut prix. »   FRANCE, M. Bergeret à Paris, p. 123.

DER. — ★ Huppé, ée. adj. (XVe s.). ‖ 1° Qui porte une huppe. Oiseaux huppés. Alouette huppée. Grèbe (cit. 4), martin-pêcheur huppé (Cf. Goutte, cit. 45). Poule huppée (Cf. Coquin, cit. 9). ‖ 2° Fig. et fam. De haut rang : haut placé, et spécialt. riche*. — REM. Dans la langue classique, Huppé ne s'employait qu'au comparatif et au superlatif relatif : les plus huppés ; il est des plus huppés (Cf. Garçon, cit. 8 MUSSET). On employait aussi Haut huppé. De nos jours on dit absolument : des gens, des bourgeois huppés ; quelqu'un de huppé.

1   « ... d'un prince ou d'un héros Des plus huppés et des plus hauts. »   LA FONT., Fabl., XII, 12.

2   « Pourquoi, si sensible à la modeste générosité de ce libraire, le suis-je si peu aux bruyants empressements de tant de gens haut huppés, qui remplissent pompeusement l'univers du bien qu'ils disent m'avoir voulu faire, et dont je n'ai jamais rien senti ? »   ROUSS., Confess., XI.

3   « Bonnes gens tout court !... c'est quelqu'un de huppé. »   BALZ., Paméla Giraud, III, 3.

4   « ... il était un des gentilshommes riches du sud-ouest, et en mesure de choisir pour sa fille un mari dans ce qu'il y avait de plus huppé. »   ROMAINS, H. de b. vol., III, XI, p. 144.

★ **HURE.** n. f. (XIIe s. ; « tête hérissée » ; orig. inconnue).

‖ 1° Se dit de la tête du sanglier, du cochon, et par ext. de certaines bêtes fauves (loup, ours, lion...). Sanglier pendu la hure en bas (V. **Groin**, cit. 2). La terrible hure du lion (Cf. Épouvanter, cit. 2).

1   « ... leur engeance (des lions) Valait la nôtre en ce temps-là, Ayant courage, intelligence, Et belle hure outre cela ? »   LA FONT., Fabl., IV, 1.

2   « Le sanglier a les défenses plus grandes, le boutoir plus fort et la hure plus longue que le cochon domestique ; »   BUFF., Hist. nat. anim., Le cochon.

— Tête coupée de sanglier, etc., et par ext. de certains poissons à tête allongée (saumon, brochet, esturgeon...). Hures de sangliers décorant un pavillon de chasse. Servir une hure d'esturgeon. — Blas. Tête de sanglier (ou de dauphin). Hure de sable défendue (défenses), allumée (yeux) de gueules.

3   « Anaxandrides... déclare que Nérée seul a pu le premier imaginer de manger la hure de cet excellent poisson (le glaucus) ; »   CHATEAUB., Itinéraire..., I, p. 173.

4   « ... il y avait,... pour le premier service : une hure d'esturgeon mouillée de champagne,... »   FLAUB., Éduc. sentim., II, IV.

— Par ext. Charcut. Préparation faite avec des morceaux de hure (de porc, de sanglier). Galantine de hure.

— Par anal. Tête dont les traits grossiers, l'apparence hérissée, hirsute font penser à la hure d'un animal (V. **Mufle**). « On ne connaît pas la toute-puissance de ma laideur. Quand je secoue ma terrible hure, il n'y a personne qui osât m'interrompre » (phrase attribuée à MIRABEAU).

‖ 2° Bot. Hure crépitante. V. **Sablier** (scientif. Hura ; vulg. Arbre du diable).

DER. — Huron. — COMP. — Ahurir.

★ **HURLEMENT.** n. m. (Uslement au XIIe s. ; de usler. V. **Hurler**).

‖ 1° Cri aigu et prolongé que poussent parfois le loup, le chien, l'ours... V. **Cri** (cit. 11 et 27). Des hurlements plaintifs. Les hurlements d'un loup affamé, d'un chien blessé. Un long hurlement.

1 « ... le chien flaire mes vêtements et s'éloigne la queue basse, en poussant vers le ciel ces hurlements prolongés que l'habitant des campagnes regarde comme un présage sinistre. »
BALZ., Souv. d'un paria, I (Œuvr. div., t. I, p. 220).

2 « Les hurlements intermittents de quelque loup lointain, accompagnaient l'obscurité de notre marche incertaine, à travers la campagne. »
LAUTRÉAMONT, Chants de Maldoror, V.

|| 2° *Par anal.* V. **Clameur, gueulement** (pop.). *Hurlements de rage, de colère,... de frayeur, de terreur* (Cf. Gosier, cit. 6). *Hurlements de douleur, de souffrance* (V. **Plainte**). *Hurlements inhumains, horribles* (Cf. Étouffer, cit. 22). *Les hurlements d'une bacchante* (cit. 1). *Hurlements effrayants, terribles.* V. **Vocifération.** *Concert de hurlements.*

3 « Jérusalem pleura de se voir profanée ;
Des enfants de Lévi la troupe consternée
En poussa vers le ciel des hurlements affreux. »
RAC., Athal., III, 3.

4 « Alors ce sont des cris, des hurlements, des vociférations, des trépignements, des explosions de bravos dont on ne peut se faire une idée ; »
GAUTIER, Voyage en Espagne, p. 211.

5 « Le Dabiou fourre ses doigts dans l'orifice de la prise de courant. Hurlement. C'est une aventure désagréable. »
DUHAM., Plaisirs et jeux, III, VIII.

6 « ... Mathieu s'était souvent agité dans les draps, les oreilles percées par les hurlements du dernier-né. »
SARTRE, Le sursis, p. 267.

— Fig. *Les hurlements du vent, de la tempête.*

7 « La mer, fumante encor, reprit son hurlement
Monotone, le long des rochers et des sables ; »
LECONTE de LISLE, Poèmes barbares, Massacre de Mona.

★ **HURLER.** *v. intr.* (XVᵉ s. ; *usler* au XIIᵉ s. ; lat. *ululare*).

|| **1°** Pousser des cris aigus et prolongés, en parlant du chien, du loup... V. **Aboyer** (Cf. Chien, cit. 9 ; foyer, cit. 1). *Loup, chien qui hurle à la lune. Chien blessé qui se sauve en hurlant* (Cf. Griffon, cit. 3). *Hurler à la mort.*

1 « Les maigres chiens, vaguant par la nuit en tourmente,
Qui flairent tous les seuils de la cité dormante
Et hurlent, comme ils font à la piste des morts. »
LECONTE de LISLE, Poèmes barbares, Les deux glaives.

2 « Les chiens hurlent à la lune d'une façon lamentable,... »
LOTI, Aziyadé, Eyoub à deux, XXVI.

3 « Pyrame (*le chien*) hurle à plat ventre, le nez bas, par peur des coups, et on dirait que, rageur, la gueule heurtant le paillasson, il casse sa voix en éclats. »
J. RENARD, Poil de Carotte, p. 8.

— Fig. *Hurler avec les loups* : faire comme ceux avec qui l'on se trouve; se conformer à leurs opinions, à leurs attitudes. « *On apprend à hurler, dit l'autre* (cit. 74), *avec les loups* » (RAC.).

4 « On dit qu'avec les loups, Bourdin, il faut hurler,
Et se former aux mœurs des hommes que l'on hante ; »
RONSARD, Pièces retranchées, A Monsieur Bourdin.

5 « Comme on apprend à hurler avec les loups, malgré la terrible vie que ces bandits menaient, je ne laissai pas de m'accoutumer à vivre avec eux. »
LESAGE, Guzm. d'Alf., IV, 9.

6 « On sentait qu'il encourageait notre amour, en tant que divertissement, mais qu'il hurlerait avec les loups le jour d'un scandale. »
RADIGUET, Diable au corps, p. 152.

7 « Je n'ai aucunement l'idolâtrie du succès. Au contraire. Hurler avec les loups ? Voler au secours de la victoire ? Rien qui me ressemble moins. J'aurais plutôt l'esprit de contradiction. Je descends d'ancêtres non conformistes. »
ROMAINS, H. de b. vol., t. III, p. 24.

|| 2° *Par anal.* Pousser des cris prolongés et violents, sous l'effet de la douleur, de la colère... V. **Crier*.** *Hurler de rage, de colère. Hurler de douleur, de peur, de terreur, d'effroi* (Cf. Ensanglanté, cit. 2 ; épouvante, cit. 5). *Enfant qui hurle* (Cf. Gifle, cit. 2). — *Voix qui hurle* (Cf. Essaim, cit. 7).

8 « Parfois, l'aiguillon des désirs charnels les déchirait (*les ascètes*) si cruellement qu'ils en hurlaient de douleur et que leurs lamentations répondaient sous le ciel plein d'étoiles, aux miaulements des hyènes affamées. »
FRANCE, Thaïs, Le lotus.

9 « Elle hurla comme une bête qui ne peut rien faire d'autre pour exprimer sa douleur. »
ARAGON, Beaux quartiers, p. 240.

10 « On a d'abord entendu une voix aiguë de femme... Quelques bruits sourds et la femme a hurlé, mais de si terrible façon qu'immédiatement le palier s'est empli de monde. »
CAMUS, L'étranger, p. 56.

— *Par exagér.* (sous l'effet d'une espèce d'agacement, d'indignation). *C'est d'une laideur à hurler ! Quelle horreur, cette musique : c'est à hurler !*

|| 3° *Par ext.* Parler, crier, chanter de toutes ses forces. V. **Crier** (cit. 7) ; **beugler, brailler, gueuler** (pop.), **vociférer.** *Hurler et gesticuler* (cit. 2). *Guide* (cit. 3) *qui hurle dans un porte-voix. Il ne peut pas parler sans hurler. Hurler comme un sourd. Foule qui hurle* (Cf. Coudoyer, cit. 5).

11 « Ce fiacre, devenu démesuré par son chargement, a un air de conquête... On y vocifère, on y vocalise, on y hurle, on y éclate, on s'y tord de bonheur ;... »
HUGO, Misér., V, VI, I.

|| 4° *Fig.* Produire un son, un bruit semblable à un hurlement. *Machines, freins* (cit. 12) *qui hurlent. Sirène qui hurle. Le vent hurle dans la cheminée. L'ouragan, la tempête hurle.*

12 « ... l'eau s'engage
Et déferle en hurlant le long du bastingage, »
HUGO, Lég. des siècles, LVIII, Vingtième siècle, I.

13 « Dehors le vent hurle sans trêve, »
VERLAINE, Parallèlement, Mains.

14 « Novembre hurle, ainsi qu'un loup. »
VERHAEREN, Campagnes hallucinées, Les plaines, p. 19.

15 « ... voici Tchataldja où, l'hiver dernier, la mort hurlait, furieuse, dans le vent glacé et les rafales de neige. »
LOTI, Supr. visions d'Orient, p. 193.

16 « Bientôt une agitation inaccoutumée emplit tout le bateau. La sirène se met à hurler longuement, avec insistance, comme pour appeler à l'aide ou signaler un danger invisible. »
L. BERTRAND, Livre de la Méditerranée, p. 168.

|| 5° *Spécialt.* Fig. *Hurler de se trouver ensemble* (Cf. Accoupler, cit. 3 ; façon, cit. 33), et absolt. *Hurler* : produire un effet violemment discordant, en parlant de deux ou plusieurs choses incompatibles. V. **Jurer ; discordant, disparate.** *Couleurs qui hurlent.*

|| 6° *Transit.* Exprimer par des hurlements. V. **Crier** (II). *Hurler sa douleur, sa colère.*

17 « ... un petit monde de souffrants qui hurlaient leur douleur (ZOLA, Dr Pascal, 123). »
BRUNOT, Pens. et lang., p. 312.

— Dire, prononcer avec emportement, fureur,... en criant très fort. V. **Clamer ; beugler** (cit. 4). *Hurler des injures* (V. **Injurier**), *des menaces...* (Cf. au *fig.* Aquilon, cit. 8). *Forain qui hurle son boniment. Cocher qui hurle : « Hue ! »* (Cf. Fouailler, cit. 3). *Acteur qui hurle son rôle. Hurler une chanson, un refrain* (Cf. Frigo, cit. 1). *Hurler un mot, une phrase. Il lui hurla qu'il ne voulait plus le voir chez lui.*

18 « Mᵐᵉ de Roquelaure,... dès la porte se met à hurler les reproches les plus amers. »
ST-SIM., Mém., II, LXII.

19 « Il le hurla, ce « jamais », les doigts allongés dans le vide, avec l'ample geste tragique d'un conspirateur d'opéra qui jure la mort du tyran. »
COURTELINE, MM. ronds-de-cuir, III, III.

20 « Les tramways suivants ont ramené les joueurs que j'ai reconnus à leurs petites valises. Ils hurlaient et chantaient à pleins poumons que leur club ne périrait pas. »
CAMUS, L'étranger, II, p. 37.

— **DER.** — ★**Hurlant, ante.** *adj.* (XVIᵉ s.). || 1° Qui hurle. *Chiens, loups hurlants. Bêtes hurlantes.* V. **Crier** (cit. 4). *Meute hurlante* (Cf. au *fig.* Églogue, cit. 3). *Monstres hurlants* (Cf. Grognant, cit. 1). — *Voix hurlante* (Cf. Grondant, cit. 1). En parlant des personnes, *Actrice, chanteuse hurlante.* — *Par anal. Sirène hurlante. Tempête hurlante.* || 2° Qui produit un effet violent, comparé à celui d'un hurlement sur l'ouïe. *Couleurs hurlantes.*

1 « La neige, la bise, le brouillard, les ouragans hurlants,
Font une sombre fête à tes fiers cheveux blancs ; »
HUGO, Lég. des siècles, XIX, Welf, castellan d'Osbor, II.

2 « ... quelques charmants paysages d'eau, de pacages et de rochers : ils sont défigurés par de hurlants panneaux-réclame. »
DUHAM., Scènes vie future, VII, p. 115.

★ **HURLEUR, EUSE.** *n.* (XVIIIᵉ s. ; de *hurler*). Celui, celle qui hurle, pousse des hurlements. V. **Braillard** (*fam.*). *Un hurleur perpétuel. Une troupe de hurleurs.* — *Les Hurleurs,* poème de Leconte de Lisle.

1 « ... tandis que deux ou trois cents hurleurs, à qui des nouveaux venus se joignaient sans cesse, répétaient devant la grille, sur l'air des lampions : Rends l'argent, Rends l'argent,... »
P.-J. TOULET, La jeune fille verte, V, L'émeute.

2 « Pauvre Isa qui avait passé tant de nuits au chevet de cette petite hurleuse, qui l'avait prise dans sa chambre parce que ses parents voulaient dormir et qu'aucune nurse ne la supportait plus... »
MAURIAC, Nœud de vipères, II, XII.

— *Technol.* Appareil de signalisation électrique muni d'un puissant haut-parleur.

— *Spécialt. Zool. Hurleur,* et adjectivt. *Singe hurleur.* V. **Alouate.**

3 « Ces animaux (*l'ouarine et l'alouate*)... ont dans la gorge une espèce de tambour osseux dans la concavité duquel le son de leur voix grossit, se multiplie et forme des hurlements par écho ; aussi a-t-on distingué ces sapajous de tous les autres par le nom de *hurleurs.* »
BUFF., Hist. nat. anim., Singes nouv. continent, L'ouarine.

— Adj. *Animaux, chiens hurleurs* (Cf. Débusquer, cit. 2). *Derviche* hurleur.* — *Enfants hurleurs.* V. **Bruyant*.**

ANT. — **Calme, silencieux.**

HURLUBERLU. *n. m.* (1562 RAB. ; orig. obscure ; selon WARTBURG de *hurelu*, « ébouriffé », et *berlu*, « qui a la berlue »). Personne extravagante, qui parle et agit d'une manière bizarre, brusque, inconsidérée. V. **Écervelé, étourdi** (Cf. *pop.* Loufoque, maboul, toqué). *Des hurluberlus pleins d'entrain* (cit. 2) ; *de joyeux hurluberlus. C'est un hurluberlu et un fantaisiste* (cit. 1). *Il agit comme un hurluberlu, en hurluberlu* (Cf. Échauder, cit. 3). — Adjectivt. *Il est un peu hurluberlu.*

1 « — Eh ! bien, votre voisin est un hurluberlu... — Mais qu'a-t-il ? demanda la comtesse. — Il a trop étudié, répondit la Gobain ; il est devenu sauvage. Enfin, il a des raisons pour ne plus aimer les femmes... — Eh ! bien, reprit Honorine, les fous m'effraient moins que les gens sages... »
BALZ., Honorine, Œuvr., t. II, p. 283.

2 « Edmond écrivit... que cet hurluberlu d'Armand se conduisait d'une façon bizarre,... »
ARAGON, Beaux quartiers, XXXVII, p. 381.

— **REM.** On emploie parfois *Hurluberlu* en parlant d'une femme.

3 « Mademoiselle, grand hurluberlu... écrivit à Rancé et lui demanda quelques religieux. »   CHATEAUB., **Vie de Rancé**, III, p. 153.

ANT. — Sage, sérieux.

★ **HURON, ONNE.** *n.* (1360 « qui a la tête hérissée » ; de *hure*).

|| 1º *Vieilli.* Personne grossière. V. **Grossier, malotru.**

|| 2º (XVIIᵉ s.). Membre d'une peuplade d'Amérique du Nord (Canada), de la famille des Algonquins. — *Le huron :* la langue des Hurons. Adjectivt. *La langue huronne* (langue de la famille de l'iroquois). — Allus. littér. *Le Huron* (ou l'Ingénu), héros du conte de Voltaire qui porte ce nom.

1 « Il était nu-tête et nu-jambes, les pieds chaussés de petites sandales, tout orné de longs cheveux en tresses,... Monsieur le curé... prit la liberté de lui demander de quel pays il était. Je suis Huron, lui répondit le jeune homme. »   VOLT., **L'Ingénu**, I.

2 « L'abbé de Saint-Yves... lui demanda laquelle des trois langues lui plaisait davantage, la hurone (*sic*), l'anglaise, ou la française. La hurone, sans contredit, répondit l'Ingénu. »   ID., **Ibid.**

DER. — ★ **Huronien, ienne.** *adj.* (XIXᵉ s.). *Géogr.* Nom donné à un plissement anté-cambrien.

★ **HURRAH.** V. HOURRA.

★ **HURRICANE** (*eurrikéne*). *n. m.* (mot angl.). Cyclone (cit. 1), en Amérique centrale.

★ **HURTEBILLER.** *v. tr.* (XIIIᵉ s. ; de *hurter*, « heurter », et *biller*, de « bille »). Accoupler* (une brebis) avec un bélier.

★ **HUSSARD.** *n. m.* (1676 ; *Husare* en 1630, var. *housard*, *houssard ;* all. *Husar* du hongrois *huszar*). Cavalier de l'armée hongroise. — *Par ext.* Soldat de la cavalerie* légère, dans diverses armées. *Hussards noirs, hussards de la mort allemands. Il y eut des hussards dans l'armée française dès le XVIIIᵉ siècle. — Hussards envoyés en éclaireurs. Charge de hussards* (Cf. Entrailles, cit. 1). *Régiments de hussards.* Ellipt. *Le quatrième hussards.* — REM. On dit aussi *housard* (*infra*, cit. 3 HUGO).

1 « M. de Savoie emmena toute sa cour, ses équipages, et ses trois mille chevaux et n'y en laissa (à *Turin*) que cinq cents et vingt hussards. »   ST-SIM., **Mém.**, II, XXXIX.

2 « Peut-être mon 27ᵉ de lanciers chargera-t-il un jour ces beaux *hussards de la mort*, dont Napoléon dit du bien dans le bulletin d'Iéna !... »   STENDHAL, **Lucien Leuwen**, I, II.

3 « Mon père, ce héros au sourire si doux,
Suivi d'un seul housard qu'il aimait entre tous »
    HUGO, **Lég. des siècles**, XLIX, Temps présent, Après la bataille.

4 « ... le hussard chargeant au galop ? »
    ROMAINS, **H. de b. vol.**, III, XV, p. 201.

— *Bleu hussard,* bleu noir.

|| À LA HUSSARDE, à la manière des hussards. *Pantalon* à la hussarde,* ample aux cuisses et étroit aux chevilles. — *Danse à la hussarde,* et ellipt. *hussarde,* sorte de danse hongroise. — *Fig.* Brutalement, sans retenue ni délicatesse. *Faire l'amour à la hussarde* (ACAD.). V. **Cavalièrement.**

★ **HUSSITE.** *n. m.* (XVᵉ s. ; de *Huss*, n. propre). *Hist. relig.* Nom donné aux chrétiens de Bohême partisans de Jean Huss, réformateur brûlé comme hérétique (XVᵉ s.). *Les calixtins, les utraquistes et les taborites, sectes de hussites. Le hussitisme, doctrine des hussites.*

« Leur doctrine consistait d'abord en quatre articles. Le premier concernait la coupe (*la communion sous les deux espèces*) ; les trois autres regardaient la correction des péchés publics et particuliers, qu'ils portaient à certains excès ; la libre prédication de la parole de Dieu, qu'ils ne voulaient pas qu'on pût défendre à personne ; et les biens d'Église... Mais une partie des hussites, qui ne voulut pas se contenter de ces articles, commença sous le nom des *taborites*, ces sanglantes guerres dont nous venons de parler ; et les calixtins, l'autre partie des hussites qui avaient accepté l'accord, ne s'y tint pas,... »   BOSS., **Hist. des var.**, Liv. XI, CLXIX.

★ **HUTIN.** *adj. m.* (*Hustin* au XIIᵉ s. comme subst., « querelle, bruit » ; adj. au XIVᵉ s. ; scand. *hus-ting*). Vieux mot signifiant « querelleur, tapageur », qui subsiste dans *Louis le Hutin,* surnom de Louis X, roi de France.

DER. — ★ **Hutinet.** *n. m.* (1583). Petit maillet de tonnelier.

★ **HUTTE.** *n. f.* (1358 ; du francique *hutta,* selon WARTBURG). Abri rudimentaire, fait principalement de bois, de terre, de paille... V. **Ajoupa, baraque, buron, cabane, cagna, cahute, gourbi** (cit. 1), **iourte, loge, paillote, wigwam ; habitation*.** *Hutte de chaume. Les Gaulois habitaient des huttes. Huttes de populations primitives.* — *Hutte de chasseur,* hutte portative où le chasseur se dissimule.

1 « ... on trouva quelques sortes de haches de pierres dures et tranchantes qui servirent à couper du bois, creuser la terre, et faire des huttes de branchages qu'on s'avisa ensuite d'enduire d'argile et de boue. »   ROUSS., **De l'inégalité parmi les hommes.**

2 « Il est bon nombre de faits dont la dépendance vis-à-vis du cadre géographique est saisissante : les huttes de neige ou *iglous* des Esqui-

maux américains,... les huttes rondes couvertes de chaumes de Harrar au pied du massif abyssin... »
    J. BRUNHES, **Géogr. hum.**, I, III, pp. 101-102.

3 « Une hutte d'osier et de roseaux m'apparut sur des pilotis au milieu d'une grande étendue liquide. »   BOSCO, **Hyacinthe**, p. 74.

HOM. — Ut.

HW. Symbole de *Hectowatt** (hW).

HYACINTHE (*ya-ssint'*). *n. f.* (XIIIᵉ s., forme sav. de *jacinthe ;* empr. au lat. *hyacinthus,* gr. *huakinthos*).

|| 1º *Bot.* Ancien nom de la jacinthe*.

1 « La terre se couvre de marguerites, de pensées, de jonquilles, de narcisses, d'hyacinthes... »   CHATEAUB., **M. O.-T.**, t. II, p. 62.

|| 2º *Minéral.* Pierre précieuse, variété de zircon jaune rougeâtre. V. **Zircon.**

2 « Le jaspe guérit les maladies de langueur ; l'hyacinthe chasse l'insomnie... »   HUYSMANS, **Là-bas**, XXI, p. 293.

3 « ... l'*Hyacinthe* est rousse. (*Elle*)... se trouve dans les placers indo-chinois et fournit quand on la chauffe une-exquise coloration azurée,... »
    A. METTA, **Pierres précieuses**, p. 85 (éd. P.U.F.).

— *Par ext.* Etoffe de cette couleur (Littéraire). *Une robe d'hyacinthe soufrée* (Cf. Étinceler, cit. 12). — *Fig.* (Cf. Endormir, cit. 21).

4 « De l'hyacinthe, de la pourpre, de l'écarlate teinte deux fois,... »
    BIBLE (SACY), **Exode**, XXV, 4.

5 « Anges revêtus d'or, de pourpre et d'hyacinthe... »
    BAUDEL., **Poèmes divers**, I, Œuvr., p. 256.

6 « Enfin, il se trouve au bas d'une salle terminée au fond par des rideaux d'hyacinthe. »   FLAUB., **Tentation saint Antoine**, II, p. 27.

HYADES (*yad'*). *n. f. pl.* (XVIIᵉ s. ; gr. *uades,* de *uein,* « pleuvoir »).

|| 1º *Mythol.* Nymphes, filles d'Atlas, qui pleurèrent leur frère Hyas et furent changées en astres par Jupiter.

|| 2º *Astron.* Nom des sept étoiles qui forment le front de la constellation du Taureau*. *Les Anciens croyaient que le lever et le coucher des Hyades étaient accompagnés de pluie.*

HYALIN, INE (*ya-lin*). *adj.* (*Ialin* au XVᵉ s. ; bas lat. *hyalinus,* gr. *hualinos,* de *hualos,* « verre »). *Minéral.* Qui a la transparence du verre. *Quartz* hyalin,* ou cristal* de roche.

ANT. — Opaque.

HYALO-, HYAL-. Rac. du gr. *hualos,* « verre », qui entre dans la composition de quelques mots savants, tels que : **Hyalite.** *n. f.* (XIXᵉ s.). *Minéral.* Variété transparente d'opale. — **Hyalographe.** *n. m.* (1839). Instrument formé d'un carreau de vitre servant à dessiner selon la perspective. — **Hyaloïde.** *adj.* (1690). *Anat.* Qui ressemble à du verre. *Membrane hyaloïde :* fine membrane transparente qui entoure le corps vitré de l'œil.

HYBRIDATION. *n. f.* (1842 ; de *hybride*). *Biol.* Croisement fécond entre sujets différant au moins par la variété. *Pratiquement, les hybridations entre variétés, espèces différentes, sont courantes, celles entre genres différents extrêmement rares.* V. **Espèce, variété ; hybridisme.** — REM. En zootechnie, on réserve spécialement ce mot pour les croisements entre espèces. V. **Croisement** (cit. 4), et aussi **Métissage.** *Produit de l'hybridation.* V. **Hybride*, métis.** *Hybridation naturelle des plantes, grâce au transport du pollen de variétés voisines par le vent, les insectes... Hybridation du maïs par semis de deux variétés alternées en rangées. Hybridation artificielle par castration de la fleur et apport de pollen étranger. Hybridation des animaux par accouplement ou par insémination artificielle. L'hybridation, champ d'expérience pour la génétique** (V. **Hérédité**).

1 « On associe dans l'œuf fécondé deux constitutions différentes, introduisant ainsi une perturbation dans la continuité du patrimoine héréditaire des génotypes en cause ; cette perturbation permet de démontrer le mécanisme de l'analyse de ce patrimoine. L'hybridation est donc la clé de voûte de l'analyse de ce patrimoine. »
    L. GALLIEN, **Sélect. anim.**, II, pp. 26-27 (éd. P.U.F.).

2 « Une légende, très répandue dans les milieux populaires, explique l'origine des monstres par des hybridations fantastiques qu'attestent des récits dont la précision augmente dans la mesure même où ils s'éloignent de leur source. Les gamètes humains ne s'intéressent pas plus aux gamètes d'autres espèces qu'à des grains de poussière... Et ceci est vrai, non seulement des animaux domestiques, mais aussi du singe, quoi que puissent en dire les journaux du soir... »
    J. CARLES, **La fécondation**, V, p. 103 (éd. P.U.F.).

— *Fig. Hybridation de caractères qui donnent à l'art* (cit. 2) *un aspect magique.*

3 « Car il est à considérer que nos plus grands artistes sont le plus souvent des produits d'hybridations et le résultat de déracinements, de transplantations veux-je dire. »   GIDE, **Nouv. prétextes**, p. 70.

HYBRIDE. *adj. et n. m.* (*Hibride* en 1596, « qui provient de deux espèces différentes » ; lat. *ibrida,* « de sang mêlé », altéré en *hybrida,* par rapprochement avec le gr. *ubris,* « excès »).

|| **1°** *Biol.* Se dit d'un individu provenant du croisement de variétés, d'espèces différentes. V. **Hybridation, hybridité.** *Plantes, animaux hybrides.* Substant. *Un hybride. Hybrides plus vigoureux que leurs parents* (V. **Bâtard**). *Les hybrides de variétés sont féconds* (V. **Métis**), *et les hybrides d'espèces, généralement inféconds (leur stérilité n'étant pas de règle absolue).* — REM. En zootechnie, on réserve le nom d'hybrides aux hybrides d'espèce (ex. : *Le mulet, hybride de l'âne et de la jument*). *Générations d'hybrides, qui redonnent des individus semblables aux parents hybridés* (Lois de Mendel). V. **Atavisme** (cit. 4).

1   « Il lui donna soudain une plante hybride que ses yeux d'aigle lui avaient fait apercevoir parmi les silènes acaulis et les saxifrages,... »
BALZ., **Séraphita, Œuvr.,** t. X, p. 468.

2   « Naudin a hybridé des espèces nombreuses... et variées..., cherchant surtout à obtenir ainsi des formes spécifiques nouvelles et stables, ce à quoi il n'a pas réussi. Il a constaté, de façon générale, une uniformité des hybrides de première génération (F₁) et, aux générations suivantes (F₂, F₃, F₄..), un polymorphisme plus ou moins étendu, avec de nombreux cas de retour aux parents... »
M. CAULLERY, **Génétique et hérédité,** pp. 30-31 (éd. P.U.F.).

3   « Chez les végétaux, nous trouvons parmi les hybrides d'espèces un certain nombre de plantes déséquilibrées et qui n'arrivent pas à produire de graines. Ce déficit est grave pour les plantes annuelles qui se reproduisent par graines ; il l'est déjà beaucoup moins pour les vivaces et ne compte plus pour celles qui se reproduisent par bouture ou par greffe : ainsi multiplie-t-on les oranges sans pépins, les pommes de terre, les rosiers, les azalées. »
J. CARLES, **La fécondation,** V, p. 99 (éd. P.U.F.).

|| **2°** *Gramm.* (1647). *Mots hybrides,* mots formés d'éléments empruntés à deux langues différentes. *Bicyclette, hypertension, monocle... mots hybrides, tirés du grec et du latin.*

4   « Ce sont des noms hybrides, mi-grecs, mi-latins,... »
FRANCE, **Crime S. Bonnard,** II, VI.

|| **3°** *Fig.* (1831 HUGO ; 1847 in GAUTIER ; absent chez LITTRÉ, HATZFELD et ACAD. 8ᵉ éd.). Composé de deux éléments de nature différente anormalement réunis ; qui participe de deux ou plusieurs ensembles, genres, styles... *Les faunes, les sirènes, les chimères, créatures hybrides* (Cf. Gargouille, cit. 2). *Œuvre hybride. Solution hybride.*

5   « ... le vieux génie gothique,... pénètre encore quelque temps de ses derniers rayons tout cet entassement hybride d'arcades latines et de colonnades corinthiennes. »   HUGO, **N.-D. de Paris,** V, 2.

6   « Il apportait l'exactitude du naturaliste dans les folies de la caricature..., malgré tout le soin et toute la précision de Granville (*illustrateur du XIXᵉ s.*), l'homme et l'animal se confondent dans une création hybride dont il est difficile de démêler les types,... »
GAUTIER, **Portr. contemp.,** Granville, 24 mars 1847.

7   « Ce sont des sauvages qui font de l'esprit, des brutes extrêmement subtiles, comme on en a vu beaucoup dans cet hybride XVIᵉ siècle, où les hommes, sanguins, robustes et pleins d'appétits, étaient tout ivres du renouveau des sciences et des arts, tout fumeux de la doctrine récemment acquise, mais où sans cesse la brutalité foncière reparaissait sous la culture trop neuve. »
LEMAÎTRE, **Impress. de théâtre,** III, Shakespeare, p. 54.

8   « Ce n'est pas bien écrire que de laisser sa prose se vermouler d'alexandrins. Voici qui crée une langue hybride et de séduction ambiguë. »   GIDE, **Journal** (1925), Feuillets, p. 806.

— Substant. « *L'homme d'affaires, hybride du danseur et du calculateur* » (cit. 2 VALÉRY).

ANT. — Pur.

DER. — **Hybridation.** — **Hybrider.** *v. tr.* (1874). *Biol.* Pratiquer l'hybridation. V. **Croiser** (Cf. Hybride, cit. 2). *Hybrider l'âne et la jument. Plantes hybridées.* Pronominalt. *Plante qui s'hybride,* fécondée naturellement par un pollen d'une autre espèce ou variété. — **Hybridisme.** *n. m.* (1866 comme syn. d'*hybridité*). *Biol.* Hybridation entre variétés très voisines. — **Hybridité.** *n. f.* (1839). Caractère d'hybride*. *Biol. Hybridité du mulet.* Gramm. *Hybridité de certains mots savants.* Pathol. Double nature de certaines lésions. *Hybridité cancéro-syphilitique d'une tumeur.*

« (Mendel)... chercha des pois qui différaient entre eux par un seul caractère héréditaire... Une telle expérience n'est-elle pas une hybridation, puisque les deux parents sont différents ? Ce mot n'a pourtant pas ici son sens ordinaire... ordinairement les parents ne sont jamais si semblables,... On emploie ici le mot d'hybridisme, monohybridisme, dihybridisme ou polyhybridisme suivant que la différence porte sur un ou plusieurs caractères. »
J. CARLES, **La fécondation,** V, pp. 90-91 (éd. P.U.F.).

HYDARTHROSE. *n. f.* (1866 ; comp. sav. du gr. *hudôr,* « eau », et *arthron,* « articulation »). *Pathol.* Épanchement d'un liquide séreux dans une cavité articulaire (V. **Hydropisie**). *L'hydarthrose s'observe surtout au genou*. V. **Synovie** (épanchement de synovie).

« Ce qu'on appelle hydarthrose, vulgairement épanchement de synovie, n'est que l'exagération de cette sécrétion, à la suite d'une chute sur le genou par exemple. »
P. VALLERY-RADOT, **Notre corps,** III, p. 25.

HYDATIDE. *n. f.* (1680 ; gr. *hudatis, -idos,* de *hudôr,* « eau »). *Pathol.* Forme larvaire du ténia échinocoque, qui consiste en petites vésicules remplies de liquide incolore.

DER. — **Hydatique.** *adj.* (1866). *Pathol.* Relatif aux hydatides. *Kyste* hydatique,* formé d'une hydatide, qui se localise surtout dans le foie, chez l'homme. *Frémissement* hydatique (ou signe de Récamier).

HYDATISME. *n. m.* (1752 ; gr. *hudatismos,* de *hudôr,* « eau ».) *Pathol.* Bruit produit par la fluctuation d'un liquide dans une cavité (Cf. Hydropisie).

HYDNE. *n. m.* (1839 BOISTE ; gr. *hudnon,* « tubercule, truffe »). *Bot.* Genre de champignons basidiomycètes (*Hydnées*), charnu ou coriace, avec ou sans pied, aux nombreuses variétés dont quelques-unes sont comestibles (Cf. Champignon, cit. 1). *Les hydnes poussent à terre ou sur les arbres. Hydne bosselé,* dit « barbe de vache » ou « pied de mouton ».

DER. — **Hydnées.** *n. f. pl.* (XIXᵉ s.). Famille de champignons basidiomycètes hyménomycètes, dont le type principal est l'hydne.

HYDR-. Racine tirée du gr. *hudôr,* « eau », qui entre dans la composition de nombreux mots savants, comme premier élément sous la forme HYDR-, HYDRO- (Cf. *infra*), ou comme élément terminal sous la forme -HYDRE (*anhydre*). Cf. aussi les emprunts du grec *Clepsydre, hydarthrose,* etc. — REM. En chimie, HYDR- correspond le plus souvent à « Hydrogène » et non à « eau ». V. suff. **-Hydrie, -hydrique.**

HYDRACIDE. *n. m.* (1856 ; de *acide**). *Chim.* Acide* résultant de la combinaison de l'hydrogène* avec les métalloïdes* ou avec un métalloïde et un métal. *La terminaison -hydrique sert à désigner les hydracides. Les acides se divisent en hydracides et oxacides. Principaux hydracides :* acides chlorhydrique, bromhydrique, iodhydrique, cyanhydrique (ou prussique), sulfhydrique, tellurhydrique, phosphydrique (V. **Phosphine**)...

HYDRAGOGUE. *adj. et n. m.* (XVIᵉ s. ; gr. *hudragôgos,* qui amène l'eau). *Méd.* Se dit de tout agent capable de provoquer une évacuation de liquide. Substant. *Un hydragogue. Les sudorifiques, les diurétiques, les purgatifs sont des hydragogues* (V. **Drastique**).

HYDRAIRES. *n. f. pl.* (1877 ; suff. -Aire). *Zool.* Sous-classe de cœlentérés (*Hydroméduses*) qui vivent isolés ou en colonies gazonnantes, arborescentes, comprenant les polypes seuls ou des polypes et des méduses (V. **Hydre**).

HYDRANGELLE ou **HYDRANGEA** (*jéa*). *n. f.* (1777 ENCYCL. ; gr. *aggos,* « coupe »). *Bot.* Nom scientifique de l'hortensia*.

HYDRARGYRE. *n. m.* (XVIᵉ s. ; gr. *hudrarguros,* de *arguros,* « argent »). *Chim.* Ancien nom du mercure* (d'où son symbole *Hg*).

DER. — **Hydrargyrie** ou **hydrargyrose.** *n. f.* (1866). *Pathol.* Éruption due à des préparations mercurielles. — **Hydrargyrique.** *adj.* (1856). V. **Mercuriel.** — **Hydrargyrisme.** *n. m.* (1856). *Pathol.* Intoxication par les préparations mercurielles.

HYDRASTINE. *n. f.* (fin XIXᵉ s. ; suff. -Ine). Alcaloïde (C₂₁ H₂₁ NO₄) extrait du rhizome d'une renonculacée, l'*hydrastis canadensis,* avec la berbérine et la canadine. *L'hydrastine utilisée comme antihémorragique et comme purgatif.*

HYDRATE. *n. m.* (1802 ; suff. -Ate). *Chim.* || **1°** Ancien nom des hydroxydes*.

|| **2°** Composé contenant de l'eau* combinée. *Hydrate de chlore, de chlorate. Les sels* contenant de l'eau de cristallisation sont des hydrates.*

« Les chimistes ont été longtemps à concevoir que l'eau peut agir d'une manière chimique. Cette combinaison si éminemment neutre semblait inoffensive Proust a pensé que cette neutralité devait faire présumer, pour l'eau, l'existence de certaines affections chimiques indépendantes de sa composition. C'est ce qui a conduit ce chimiste à créer l'étude des *hydrates,* envisagés comme une sorte de sels nouveaux où l'eau joue, à l'égard des alcalis, le rôle d'acide hydrique. »
A. COMTE, **Philos. posit.,** II, p. 123.

|| **3°** *Hydrate de carbone,* composé organique constitué uniquement de carbone, d'hydrogène et d'oxygène. V. **Glucide**. *Les sucres*, les amidons*, la cellulose* sont des hydrates de carbone.* Spécialt. *Les hydrates de carbone ou « aliments hydrocarbonés » sont nécessaires à la nutrition* (féculents, sucre...). Cf. Chyle (cit. 2).

COMP. — Monohydrate.

DER. — **Hydrater.** *v. tr.* (1856). Combiner avec de l'eau (Cf. Extraction, cit. 3). Pronominalt. *S'hydrater :* passer à l'état d'hydrate. — *Le gypse*, sulfate de calcium hydraté. Le chrysocolle*, silicate de cuivre hydraté* (ANT. **Déshydrater** ; anhydre). — **Hydratable.** *adj.* (1856). Susceptible d'être hydraté. — **Hydratation.** *n. f.* (1856). *Chim.* Transformation (d'un corps) en hydrate. *L'hydratation de la chaux vive donne de la chaux éteinte.* *Méd.* Introduction d'eau dans l'organisme (ANT. **Dessiccation** ; déshydratation).

HYDRAULIQUE. *adj. et n. f.* (XVᵉ s. ; lat. *hydraulicus,* gr. *hudraulikos,* de *aulos,* « flûte, tuyau », se disait d'un orgue mû par l'eau).

|| **1°** *Adj.* Mû par l'eau ; qui utilise l'énergie statique ou dynamique de l'eau. V. **Eau***. *Tourniquet* hydraulique. Roue hydraulique.* V. **Aube, tympan** ; **moulin** (à eau). *Moteur, turbine* hydraulique.* V. **Hydromoteur.** *Usine hydraulique. Presse* hydraulique. Cisaille hydraulique. Freins* hydrauliques. Ascenseur, funiculaire* (cit. 1) *hydraulique.* — Par ext. *Énergie hydraulique :* énergie fournie par les chutes d'eau, les courants, les marées. V. **Houille*** (blanche, verte, bleue). *L'énergie hydraulique est transformée en énergie électrique dans les usines hydro-électriques.* V. **Barrage, turbine.**

— Relatif à la circulation, la distribution de l'eau. *Architecture, travaux hydrauliques en bois, en acier, en béton* (Cf. Aune, cit. 3). *Ouvrage, installation hydraulique.* V. **Adducteur, aqueduc, bassin, canal, canalisation, château** (d'eau), **colonne, déchargeoir, déversoir, digue***, **écluse***, **épi, levée, réservoir, risberme, siphon, tuyau, vanne...** *Appareils, machines hydrauliques.* V. **Ajutage, bélier, éjecteur, pompe, vis** (d'Archimède) ; **moulinet.** *Chapelet hydraulique.* V. **Chapelet, noria.**

— Qui durcit sous l'eau. *Chaux*, ciment*, mortier* hydraulique* (Cf. Galerie, cit. 14).

1 « On n'entendait plus le grincement des roues hydrauliques qui apportaient l'eau au dernier étage des palais ;... »
FLAUB., **Salammbô**, III, p. 47.

|| 2° *N. f.* (1690). Science qui traite des lois du mouvement des liquides et de leurs applications. Branche de la technique qui comporte essentiellement les applications pratiques de l'hydrodynamique (Cf. Hydrodynamique*, hydrostatique*). V. **Adduction, distribution... hydro-électrique.** *Hydraulique agricole.*

2 « Je ne crois pas qu'un ingénieur sorti de l'École puisse jamais bâtir un de ces miracles d'architecture que savait élever Léonard de Vinci, à la fois mécanicien, architecte, peintre, un des inventeurs de l'hydraulique, un infatigable constructeur de canaux. »
BALZ., **Curé de village**, Œuvr., t. VIII, p. 696.

DER. — **Hydraulicien.** *n. m.* (1803). Ingénieur qui s'occupe d'hydraulique.

HYDRAVION. *n. m.* (XXe s. ; de *avion*). Avion* spécialement construit pour décoller sur l'eau et y amerrir* (Cf. Fanal, cit. 4). *Hydravions à flotteurs. Hydravions à coque.*

« Il regarda... la côte espagnole qui fuyait, le rocher d'Algésiras, le bateau-transport d'hydravions qui lâchait, un à un ses appareils, comme s'il eût donné la liberté à des colombes. »
MAC ORLAN, **La Bandera**, IV, p. 44.

HYDRAZINE. *n. f.* (1890 ; de *azote*, suff. *-Ine*). *Chim.* Composé organique basique, gaz formé uniquement d'hydrogène et d'azote (H_2N-NH_2). *L'hydrazine s'obtient en oxydant l'ammoniac par l'hypochlorite de sodium. Utilisation de l'hydrazine comme combustible dans les fusées V2.*

HYDRE. *n. f.* (*Idre* au XIIIe s. ; rare jusqu'au XVIIe s. ; lat. *hydra*, gr. *hudra*, « serpent d'eau », de *hudôr* ; du genre masc. chez DESPORTES, LA FONTAINE, et même parfois chez V. HUGO).

|| 1° *Mythol.* Animal fabuleux. *Hydre de Lerne*, serpent à sept têtes, auquel il en renaissait plusieurs dès qu'on lui en avait coupé une (V. **Dragon**, cit. 1). *Hercule parvint à trancher d'un seul coup les sept têtes de l'hydre de Lerne.*

1 « ... il (*Hercule*) n'est pas homme à craindre les abois d'un chien qui veille à la porte de ma prison : c'est un monstre qui n'a que trois têtes, et l'hydre qu'il sut dompter en avait sept, dont chacune renaissait en sept autres. »
CYRANO DE BERGERAC, **Œuvr. div.**, Lettres, Thésée à Hercule.

2 « Et l'hydre, déroulant ses torsions farouches
Et se dressant, parla par une de ses bouches, »
HUGO, **Lég. des siècles**, VI, Après les dieux, les rois, II, L'hydre.

3 « Jadis les premières races humaines voyaient avec terreur passer devant leurs yeux l'hydre qui soufflait sur les eaux, le dragon qui vomissait du feu, le griffon qui était le monstre de l'air... »
ID., **Misér.**, V, I, V.

— *Fig.* En parlant de ce qui rappelle une hydre par la forme (Cf. Géant, cit. 15). *Une hydre de troncs d'arbres* (Cf. Haut, cit. 71). — En parlant de ce qui se développe ou se renouvelle* en dépit des efforts qu'on fait pour s'en débarrasser. *L'incendie, hydre immense* (Cf. Aile, cit. 14). *L'hydre de l'anarchie.*

4 « Rome a pour ma ruine une hydre trop fertile :
Une tête coupée en fait renaître mille, » CORN., **Cinna**, IV, 2.

5 « ... l'hydre de la chicane... dévore une nation. »
ROUSS., **Gouvernement de Pologne**, X.

6 « J'ai fait un jacobin du pronom personnel,
Du participe, esclave à la tête blanchie,
Une hyène, et du verbe une hydre d'anarchie. »
HUGO, **Contemplations**, I, VII, Réponse à un acte d'accusation.

7 « ... les absurdes feuilles de « déclarations » qu'exige l'hydre fiscale. »
DUHAM., **Manuel du protestataire**, III, p. 91.

|| 2° *Zool.* Ancien nom du serpent* d'eau douce. — *De nos jours*, Animal cœlentéré de la classe des hydroméduses (*Hydraires*), polype de petite taille portant une couronne de tentacules filiformes autour de la bouche, qui vit en eau douce et se reproduit par bourgeonnement. *Hydre verte, hydre grise, hydre brune. Les hydres, animaux carnassiers ; si on les coupe, chaque tronçon donne rapidement un nouvel individu.*

HYDRÉMIE ou **HYDROHÉMIE.** *n. f.* (XIXe s. LACHÂTRE ; suff. *-Émie*). *Méd.* Quantité d'eau contenue dans le sang. Spécialt. *Pathol.* (au sens d'hyperhydrémie). Excès d'eau, prédominance du plasma dans le sang.

-HYDRIE, -HYDRIQUE. Suffixes servant à désigner les hydracides (V. **Hydracide**), leur présence dans l'organisme (ex. : *hypochlorhydrie, hyperchlorhydrie*). — **Hydrique.** *adj.* (1840 COMTE ; Cf. Hydrate, cit.). Méd. *Diète* hydrique*, diète dans laquelle l'eau seule est permise.

HYDROBIOLOGIE. *n. f.* (XXe s. ; de *biologie*). *Biol.* Étude des méthodes capables d'augmenter le rendement en poisson dans les lacs, les étangs, les rivières...

HYDROCARBONATE. *n. m.* (XIXe s. LACHÂTRE ; de *carbonate*). *Chim.* Carbonate hydraté. *Le vert-de-gris, hydrocarbonate de cuivre.*

HYDROCARBONÉ, ÉE. *adj.* (XIXe s.). *Chim.* Composé d'hydrogène, d'oxygène et de carbone. *Aliments hydrocarbonés.* V. **Hydrate** (de carbone)

HYDROCARBURE. *n. m.* (1839 ; de *carbure*). *Chim.* Composé contenant seulement du carbone et de l'hydrogène. V. **Carbure*** (d'hydrogène). *On classe les hydrocarbures en hydrocarbures acétyléniques* (C (*n*) H (2 *n* - 2). V. **Acétylène** ; *éthyléniques* (C (*n*) H (2 *n*). V. **Éthylène** ; *cycliques.* V. **Benzène** ; *saturés ou forméniques* (C (*n*) H (2 *n* + 2). V. **Paraffine ; butane, éthane, méthane, octane, propane...** ; *terpènes.* V. **Terpène.** *Les huiles* minérales* (V. **Pétrole**), *l'essence, sont des hydrocarbures.* V. **Carburant** (Cf. Éruption, cit. 1).

HYDROCÈLE. *n. f.* (XVIe s. ; gr. *hudrokêlê* ; Cf. suff. *-Cèle*). *Pathol.* Tumeur du scrotum*, de la tunique* vaginale ou du cordon* spermatique. *L'hydrocèle est un épanchement séreux.* V. **Hydropisie.**

HYDROCÉPHALE. *adj.* (1798 WARTBURG ; XVIe s. *n. f.* au sens d'« hydrocéphalie » ; gr. *hudrokephalon*, de *kephalê*, « tête »). Qui est atteint d'hydrocéphalie (cette affection se traduisant parfois par une augmentation du volume du crâne). *Enfant hydrocéphale.*

« ... il est puni dans ses enfants, qui sont horribles, rachitiques, hydrocéphales. » BALZ., **Urs. Mirouët**, Œuvr., t. III, p. 479. 1

— Substant. Personne hydrocéphale. *Un hydrocéphale.*

« Au physique, Isidore était un homme âgé de trente-sept ans, grand et gros, qui transpirait facilement, et dont la tête ressemblait à celle d'un hydrocéphale. » BALZ, **Les employés**, Œuvr., t. VI, p. 905. 2

« Un autre poison, que je n'ai pas besoin de nommer, corrode encore la race. On lui doit, ainsi qu'à l'alcool, ces enfants que vous voyez là : ce nabot, ce scrofuleux, ce cagneux, ce bec-de-lièvre et cet hydrocéphale. » MAETERLINCK, **Vie des abeilles**, XI, p. 247. 3

DER. — **Hydrocéphalie.** *n. f.* (1839). *Pathol.* Hydropisie* de la tête (on dit aussi *Hydrencéphalie*). *L'hydrocéphalie, souvent congénitale, consiste en un épanchement de liquide séreux dans la cavité des ventricules cérébraux, ou entre les méninges, provoquant parfois une augmentation du volume du crâne.*

HYDROCHARIS (*-kariss*). *n. f.* (1839 ; gr. *hudrokharis*, propremt. « qui aime l'eau »). *Bot.* Plante monocotylédone (*Hydrocharidées*) aquatique, d'eau douce, appelée aussi « morrène » ou « mors de grenouille », à feuilles flottantes, à fleurs blanches tripétales qui rentrent dans l'eau à la tombée de la nuit.

DER. — **Hydrocharidées** (ou **Hydrocharidacées**). *n. f. pl.* (1866). *Bot.* Famille de plantes phanérogames angiospermes (*Monocotylédones*), herbacées, aquatiques, les unes d'eau douce, les autres marines. *Genres principaux d'hydrocharidées :* élodée, halophile hydrocharis ou morrène, stratiote, thalassie, vallisnérie. — Au sing. *Une hydrocharidée.*

HYDROCORALLIAIRES. *n. m. pl.* (XXe s. ; de *coralliaire*). *Zool.* Ordre de cœlentérés hydrozoaires comprenant le millepore. Au sing. *Un hydrocoralliaire.*

HYDROCOTYLE. *n. f.* (1694 ; gr. *kotulê*, « écuelle »). *Bot.* Plante dicotylédone vivace (*Ombellifères*), appelée « Cotyliole » ou « écuelle d'eau » à cause de la forme de ses feuilles, et qui croît dans les lieux humides.

HYDRODYNAMIQUE. *n. f.* (1738 comme *adj.* ; de *dynamique*). *Phys.* Partie de la mécanique qui étudie la circulation, l'énergie, la pression des fluides (Cf. Hydrostatique). *Application des lois de l'hydrodynamique.* V. **Hydraulique.** — *Adjectivt.* Relatif à l'hydrodynamique. *Spécialt.* Qui offre le minimum de résistance à l'avancement sur l'eau, dans l'eau. *Formes hydrodynamiques.*

« L'hydrodynamique n'est donc qu'à sa naissance, même relativement aux liquides, et à plus forte raison aux gaz. »
A. COMTE, **Philos. posit.**, I, p. 203.

HYDRO-ÉLECTRIQUE. *adj.* (XIXe s. in LACHÂTRE ; de *électrique*). Relatif à la production d'électricité par l'énergie hydraulique*. V. **Eau, houille** (blanche), **hydraulique.** *Installation, usine hydro-électrique. Énergie hydro-électrique*, énergie électrique qui provient de la transformation de l'énergie hydraulique.

HYDROFUGE. *adj.* (début XIXe s. ; suff. *-Fuge*). Qui préserve de l'eau, de l'humidité. *Mastic, vernis hydrofuge. Tissu hydrofuge* (Cf. Imperméable).

DER. — **Hydrofuger.** *v. tr.* (XXe s.). Rendre hydrofuge ; enduire d'une matière hydrofuge.

HYDROGÈNE. *n. m.* (1787 ; suff. *-Gène* ; propremt. « qui produit de l'eau »). *Chim.* Corps simple, métalloïde (symbole H ; masse atomique 1,008 ; numéro atomique 1), gaz incolore, inodore, sans saveur, le plus léger que l'on connaisse (1 litre = 0,089 g). *L'hydrogène existe à l'état naturel comme constituant de l'eau* dans les composés organiques* et les êtres vivants, dans un grand nombre de substances inorganiques... ; l'air en contient des traces. Préparation de l'hydrogène à partir de l'eau, des hydrocarbures... L'hydrogène est diatomique* (hydrogène moléculaire H_2 ; hydrogène atomique H) ; *il forme avec l'air un mélange détonant ; sa combustion se fait avec grand dégagement de chaleur.* V. **Oxhydrique** (chalumeau). *Combinaison de l'hydrogène avec un autre corps* (V. **Hydrure***), *avec les métalloïdes* (V. **Hydracide***), *avec l'oxygène :* synthèse de l'eau (V. **Eau**), réduction des oxydes* (Cf. Réducteur) ; *avec l'azote* (V. **Ammoniac, hydrazine**) ; *avec le carbone**. V. **Carbure** (d'hydrogène), **hydrocarbure***. *Hydrogène phosphoré* ou acide phosphorique*. V. **Phosphine.** *Hydrogène sulfuré* ou acide sulfhydrique*. *Hydrogène bicarboné.* V. **Éthylène** (cit.). — *Isotopes de l'hydrogène ; hydrogène lourd.* V. **Deutérium, tritium.** — *Utilisation de l'hydrogène pour le gonflement des dirigeables, des ballons-sondes... ; pour la fabrication du gaz ammoniac synthétique, de l'essence synthétique* (V. **Hydrogénation**). *Bombe à hydrogène* dite « *bombe H* », bombe atomique qui utilise le tritium dans la synthèse partielle de l'hélium.

DER. — **Hydrogéner.** *v. tr.* (*Hydrogéné* 1802). Combiner avec l'hydrogène. *Substance hydrogénée*, qui contient de l'hydrogène. — **Hydrogénation.** *n. f.* (XIXe s. in LACHÂTRE). Action d'hydrogéner ; résultat de cette action. *Hydrogénation de la houille*, qui permet la fabrication de l'essence synthétique. — **Hydrogénite.** *n. f.* (XXe s.). Mélange de ferrosilicium et de soude caustique qui dégage de l'hydrogène sous l'influence de la chaleur. — V. *aussi* comp. de **Hydr-.**

HYDROGLISSEUR. *n. m.* (XXe s. ; de *glisseur*). Bateau glisseur à fond plat, mû par une hélice aérienne (On dit aussi *Hydroplane*).

HYDROGRAPHIE. *n. f.* (1551 ; suff. *-Graphie*). *Géogr.* Partie de la géographie physique qui traite des océans* (V. **Océanographie**), des mers, des lacs et des cours d'eau. V. **Eau*** ; **bassin, étang, fleuve, lac, ligne** (de partage), **marais, mer, nappe, océan, relief** (sous-marin), **rivière, source...** (Cf. Géodynamique, cit.). — *Mar.* « Topographie* maritime qui a pour objet de lever le plan du fond des mers et des fleuves, et de déterminer les diverses profondeurs de l'eau, la force des courants et des marées, dans le but d'établir les cartes marines » (GRUSS). *Cours* (cit. 24), *professeur d'hydrographie.* — *Par ext.* Ensemble des cours d'eau et des lacs d'une région. *Étudier, décrire l'hydrographie de la France, du Massif central...*

DER. — **Hydrographe.** *n. m.* (1548). Celui qui s'occupe d'hydrographie. Spécialt. *Mar.* Par appos., *Ingénieur-hydrographe.* — **Hydrographique.** *adj.* (1551). Relatif à l'hydrographie. *Carte hydrographique de l'Europe, de la Méditerranée.* — Mar. *Service hydrographique*, administration formée d'officiers de marine et d'ingénieurs-hydrographes.

HYDROÏDES. *n. m. pl.* Vx. *Syn.* de HYDRAIRES.

HYDROLAT. *n. m.* (XIXᵉ s. in LACHÂTRE ; d'un anc. mot *hydrol* fait d'après *alcool* ; suff. *-At*). *Pharm.* et *Parfum.* Eau chargée, par distillation, de principes végétaux volatils. *Hydrolat de roses, de fleurs d'oranger.* V. **Eau.**

DER. — **Hydrolé.** n. m. *Méd.* Médicament dont le véhicule est un Hydrolat. *On range les potions, collyres, tisanes... parmi les hydrolés.*

HYDROLITHE. *n. f.* (XIXᵉ s. in LACHÂTRE ; suff. *-Lithe*). *Chim.* Hydrure de calcium, de symbole Ca H₂ dont la décomposition par l'eau donne de l'hydrogène.

HYDROLOGIE. *n. f.* (1661 WARTBURG ; suff. *-Logie*). Étude des eaux, de leur composition, de leurs propriétés (V. **Hydrométrie**). *Spécialt.* Étude des eaux naturelles ou non, du point de vue de leurs propriétés thérapeutiques. V. **Eau** (minérale), **hydrothérapie.**

« On ne peut manquer en particulier d'être frappé par la présence, à l'état de traces très sensibles, de substances que la première analyse avait laissées de côté, et qui sont, il est vrai, peu fréquentes en hydrologie,... » ROMAINS, H. de b. vol., V, XXII, p. 176.

DER. — **Hydrologique.** *adj.* (XIXᵉ s. in LACHÂTRE). Relatif à l'hydrologie. — **Hydrologue.** *n. m.* (1839). Celui qui s'occupe d'hydrologie (On dit aussi *hydrologiste*).

HYDROLYSE. *n. f.* (fin XIXᵉ s. ; suff. *-Lyse*). *Chim.* Décomposition chimique d'un corps sous l'action de l'eau, dont il fixe les éléments en se dédoublant. *L'hydrolyse d'un ester donne un alcool et un acide.*

HYDROMÉCANIQUE. *adj.* (XIXᵉ s. ; de *mécanique*). *Peu usit.* Mû par l'eau. V. **Hydraulique.**

HYDROMÉDUSES. *n. f. pl.* (1890 ; de *méduse*). *Zool.* Classe de cœlentérés se présentant sous forme de polype ou de méduse, et comprenant les hydraires, les trachylines et les siphonophores.

HYDROMEL. *n. m.* (*Ydromelle* au XVᵉ s. ; lat. *hydromeli*, du gr. *meli*, « miel »). Boisson faite d'eau et de miel*, qui se boit fraîche ou fermentée (*hydromel vineux*). *Hydromel des Anciens, des Scandinaves...*

« Vois ! nous chantons, puisant l'oubli des jours mauvais
Dans les flots enivrants de l'hydromel épais. »
LECONTE DE LISLE, Poèmes barbares, Le Runoïa, p. 86.

HYDROMÈTRE. *n. m.* (1751 ; suff. *-Mètre*). *Phys.* Instrument qui sert à mesurer la densité, la pesanteur, la pression des liquides et plus *spécialt.* de l'eau.

DER. — **Hydrométrie.** *n. f.* (1740). *Phys.* Science qui étudie les propriétés physiques des liquides et *spécialt.* de l'eau. — **Hydrométrique.** *adj.* (1771). Relatif à *l'hydrométrie.*

HYDROMINÉRAL, ALE, AUX. *adj.* (1866 ; de *minéral*). Relatif aux eaux minérales. *Établissement* (cit. 8) *hydrominéral.* V. **Thermal** (Cf. Cri, cit. 17 ; engouffrer, cit. 2 ; équipe, cit. 1).

HYDROMOTEUR. *n. m.* (1890 ; de *moteur*). Moteur hydraulique*. *Les roues de moulins, les turbines... sont des hydromoteurs.*

HYDROPATHE. *adj.* et *n.* (1843 ; suff. *-Pathe*). Qui prétend guérir uniquement par l'eau. *Médecin hydropathe.*

HYDROPHILE. *adj.* (1829 ; suff. *-Phile* ; propremt. « qui aime l'eau »). Qui absorbe l'eau. *Coton, gaze, ouate hydrophile,* préparé spécialement pour absorber les liquides et servant en chirurgie, pour l'hygiène courante... *Le coton hydrophile a remplacé la charpie*.* — Par plaisant. *Chaussures hydrophiles* (Cf. Chaussures, cit. 7 DUHAMEL).

« ... (*Il*) tira d'un stérilisateur deux masques de gaze hydrophile, en tendit un à Rambert et l'invita à s'en couvrir. »
CAMUS, La peste, p. 226.

— N. m. *Zool.* Insecte coléoptère (*Hydrophilidés*) noir verdâtre, brillant, de grande taille, qui vit dans les eaux stagnantes.

DER. — **Hydrophilidés.** *n. m. pl.* (fin XIXᵉ s.). *Zool.* Famille d'insectes coléoptères vivant pour la plupart dans l'eau, dont les types principaux sont l'hélophore, l'hydrophile et l'ochtébie. Au sing. *Un hydrophilidé.*

HYDROPHOBE. *adj.* (1640 ; lat. *hydrophobus*, du gr. ; suff. *-Phobe*). Qui a une peur morbide de l'eau. — *Par ext.* Qui est atteint de la rage* (l'hydrophobie en étant un symptôme).

DER. — **Hydrophobie.** *n. f.* (1314 ; lat. *hydrophobia*, du gr.). *Méd.* Peur morbide de l'eau. — *Par ext.* V. **Rage.**

HYDROPIQUE. *adj.* (XIIᵉ s. ; lat. *hydropicus*, gr. *hudrôpikos*). *Méd.* Qui est atteint d'hydropisie. — *Fig.* (Cf. Bedon, cit.).

1 « Vous vous livrez à la débauche des femmes, vous serez hydropiques ; » DIDER., Neveu de Rameau, Œuvr., p. 475.

— Substant. *Un, une hydropique.*

2 « On l'a vu (*Pierre le Grand*), dans un besoin, faire la ponction à un hydropique ; » VOLT., Hist. de Charles XII, 1.

3 « Celui-là fait plus pour un hydropique, qui le guérit de la soif, que celui qui lui donne un tonneau de vin. Appliquez cela aux richesses » CHAMFORT, Maxim. et pens., Sur la noblesse, L.

HYDROPISIE. *n. f.* (XIIᵉ s. ; lat. *hydropisis*, gr. *hudrops*). *Pathol.* Épanchement de sérosité dans une cavité naturelle du corps ou entre les éléments du tissu conjonctif (Cf. *dialect.* Gonfle, dér. de Gonfler). *Hydropisie générale. Hydropisie particulière.* V. **Anasarque, ascite, hydarthrose, hydrocèle, hydrocéphalie, hydrothorax, leucophlegmasie, œdème** (Cf. Bon, cit. 30 ; gonfle, cit.). *Diagnostic de l'hydropisie* (V. **Hydatisme**). *L'hydropisie, maladie circulatoire. Corps déformé, visage bouffi par l'hydropisie. Traitement de l'hydropisie par les diurétiques, les purgatifs, les ponctions...*

1 « (*Et je veux... que vous tombiez*)... de la dysenterie dans l'hydropisie,... et de l'hydropisie dans la privation de la vie,... »
MOL., Mal. imag., III, 6.

2 « ... la mère, plus petite, semblait être restée grasse, le ventre gros d'un commencement d'hydropisie.... » ZOLA, La terre, I. 2

HYDROPLANE. *n. m.* (XXᵉ s. ; suff. *-Plane*). V. **Hydroglisseur.**

HYDROPNEUMATIQUE. *adj.* (1835 ; de *pneumatique*). *Mécan.* Qui fonctionne à l'aide de l'eau et d'un gaz comprimé. *Freins hydropneumatiques des canons.*

HYDROQUINONE. *n. f.* (1866 ; de *quinone*). *Chim.* Diphénol qu'on obtient en réduisant la quinone par le gaz sulfureux. *Utilisation de l'hydroquinone comme révélateur photographique.*

HYDROSCOPE. *n. m.* (1776 au sens mod. ; suff. *-Scope*). *Peu usit.* Personne qui possède l'art de découvrir les sources. V. **Radiesthésiste, sourcier.**

DER. — **Hydroscopie.** *n. f.* (1732). Art de découvrir les sources.

HYDROSILICATE. *n. m.* (XIXᵉ s. in LACHÂTRE ; de *silicate*). *Chim.* Silicate hydraté.

HYDROSILICEUX, EUSE. *adj.* (XIXᵉ s. in LACHÂTRE ; de *siliceux*). *Minéral.* Qui contient de l'eau et de la silice*.

HYDROSPHÈRE. *n. f.* (fin XIXᵉ s. ; de *sphère*). *Géogr.* Nom donné à l'ensemble de l'élément liquide de la terre. *L'atmosphère*, l'hydrosphère et la lithosphère*. Étude de l'hydrosphère.* V. **Hydrographie** (Cf. Géodynamique, cit.).

HYDROSTATIQUE. *n. f.* et *adj.* (1691 ; de *statique*). *Phys.* Partie de la mécanique qui étudie l'équilibre et la pression des liquides (Cf. Hydrodynamique). — *Par ext. Adjectivt.* Relatif à l'hydrostatique. *Balance* hydrostatique,* fondée sur le principe d'Archimède. *Lampe hydrostatique,* lampe à huile dans laquelle le combustible est amené à la mèche par la pression d'une colonne d'eau.

« Madame de La Chanterie avait près d'elle une vieille table à pieds de biche, sur laquelle étaient ses pelotons de laine dans un panier d'osier. Une lampe hydrostatique éclairait cette scène. »
BALZ., Madame de La Chanterie, Œuvr., t. VII, p. 245.

HYDROSULFUREUX. *adj. m.* (fin XIXᵉ s. ; de *sulfureux*). *Chim.* *Acide hydrosulfureux,* acide de symbole S₂ O₄ H₂.

HYDROSULFURIQUE. V. SULFHYDRIQUE.

HYDROTHÉRAPIE. *n. f.* (1845 ; suff. *-Thérapie*). *Méd.* Emploi thérapeutique de l'eau* sous toutes ses formes, à des températures variables, et de toutes les manières (V. **Ablution, affusion, bain, douche*, enveloppement, inhalation, injection, pulvérisation ; hydrologie**). *Hydrothérapie pratiquée dans les établissements thermaux*.* — Dans un sens plus restreint, Traitement par usage externe de l'eau. *Appareils d'hydrothérapie.* V. **Baignoire, douche, palette...**

« ... à Paris, il avait dû suivre des traitements d'hydrothérapie, pour des tremblements des doigts, pour des douleurs affreuses, des névralgies qui lui coupaient en deux la jambe... »
HUYSMANS, À rebours, VII, p. 113.

DER. — **Hydrothérapique.** *adj.* (1873 P. LAROUSSE). *Méd.* Relatif à l'hydrothérapie. *Traitement hydrothérapique.*

HYDROTHERMAL. *adj.* (fin XIXᵉ s.). Qui se rapporte aux eaux thermales. *Cure hydrothermale.* Qui résulte de l'action des eaux thermales. *Gîte métallifère hydrothermal. Roche formée par voie hydrothermale* (Cf. Granit, cit. 4).

HYDROTHORAX (*-raks'*). *n. m.* (1839 ; de *thorax*). *Pathol.* Hydropisie de la plèvre. *L'hydrothorax, épanchement séreux de la cavité pleurale, s'accompagne généralement d'autres hydropisies.*

HYDROTIMÈTRE. *n. m.* (XIXᵉ s. LACHÂTRE ; du gr. *hudrotês,* « qualité d'un liquide », et suff. *-Mètre*). Burette graduée servant en hydrotimétrie.

DER. — **Hydrotimétrie.** *n. f.* (XIXᵉ s. LACHÂTRE). Détermination de la dureté* d'une eau.

HYDROXYDE. *n. m.* (XIXᵉ s. LACHÂTRE ; de *oxyde*). *Chim.* Composé dérivé de l'eau (H₂ O) par le remplacement d'un des atomes d'hydrogène* de la molécule par un ion positif. *La dénomination d'hydroxyde remplace aujourd'hui celle d'hydrate*. La potasse* (KOH), la soude (NaOH), sont des hydroxydes* (V. **Base**).

HYDROXYLAMINE. *n. f.* (fin XIXᵉ s. ; de *hydroxyle*, « ion OH chargé négativement », et suff. *-Amine*). *Chim.* Base dérivée de l'ammoniaque (NH₂-OH). — On dit aussi *Oxyammoniaque.*

HYDRURE. *n. m.* (1806 ; suff. *-Ure*). *Chim. Au sens large,* Tout composé que forme l'hydrogène avec un corps simple ou composé. *L'ammoniac, les hydrocarbures sont des hydrures. Hydrure métalloïdique, métallique.* — *Au sens étroit,* Composé binaire d'un métal avec l'hydrogène. *Hydrure de sodium, de calcium.*

HYÉMAL, ALE, AUX. *adj.* V. **Hiémal.**

« La lumière manque à cette latitude, et avec la lumière la vie ; tout est éteint, hyémal, blêmissant ; l'hiver semble charger l'été de lui garder le givre jusqu'à son prochain retour. »
CHATEAUB., M. O.-T., t. VI, p. 44.

HYÈNE. *n. f.* (XIIᵉ s. ; empr. au lat. d'orig. gr. *hyæna*). *Zool.* Mammifère carnassier digitigrade* (*Hyénidés*) d'Afrique et d'Asie. *L'hyène a la taille d'un grand loup, de longues oreilles, un pelage grossier gris ou fauve sale, mêlé de brun, avec une crinière fournie et rude sur le cou ; ses pattes postérieures plus courtes que les antérieures lui font l'échine en toit et la croupe plus basse que le garrot* (Cf. Boiteux, cit. 5). *L'hyène se nourrit de charogne et de cadavres qu'elle déterre la nuit. Odeur infecte de l'hyène. L'hyène gronde* (Cf. Chacal, cit.), *hurle, ricane... Hyène rayée, tachetée. Les hyénidés, famille de mammifères carnivores comprenant l'hyène, le protèle*...*

1 « Lousteau reprit la lecture... « Alors il lui échappa un sourd rugissement d'hyène... » — Hé ! bien, nous croyions avoir récemment inventé
les cris de hyène ? dit Lousteau, la littérature de l'Empire les connaissait déjà,... » BALZ., **Muse du départ.**, Œuvr., t. IV, p. 128.

2 « Ils portaient... des chaussures en peau d'hyène. »
FLAUB., **Salammbô**, VI, p. 96.

3 « Mais elle continua de rire comme une hyène. »
BARBEY d'AUREV., **Les diaboliques**, À un dîner d'athées, p. 357.

4 « Puis d'autres cris s'éveillent, des glapissements grêles ; ce sont les
chacals qui arrivent ; et parfois on n'entend plus qu'une voix plus forte
et singulière, celle de l'hyène, qui imite le chien pour l'attirer et le
dévorer. ». MAUPASS., **Au soleil**, p. 40.

— *L'hyène*, symbole de la laideur et de la cruauté sournoise (Cf. Effluve, cit. 1).

5 « Non, notre âme n'est pas tout à coup une hyène. »
HUGO, **L'année terrible**, XVI, Juin 1871

— *Fig.*. Femme (ou plus rarement homme), d'un naturel
féroce et vil.

HYGIÈNE. n. f. (*Hygiaine* en 1550 ; empr. au gr. *hugiei-
non*, « santé »).

‖ **1°** Partie de la médecine qui traite des mesures propres
à conserver et à améliorer la santé. — *Par ext.* Ensemble
des principes et des pratiques relatifs à cette fin. *L'hygiène tend à prévenir les maladies, alors que la thérapeutique les soigne. Les découvertes de Pasteur relatives à
l'antisepsie* (cit.) *et à l'asepsie ont transformé l'hygiène
en une science véritable* (Cf. Général 1, cit. 22). *L'oubli
des règles les plus élémentaires de l'hygiène favorise la
propagation des épidémies* (Cf. Abrutissement, cit. 3). *Pratiques, prescriptions d'hygiène. Articles, instruments, soins
d'hygiène. Leçon, manuel, traité d'hygiène.*

1 « La seule partie utile de la médecine est l'hygiène ; encore l'hygiène
est-elle moins une science qu'une vertu. » ROUSS., **Émile**, I, p. 31.

2 « ... il faut posséder à fond tous les principes d'hygiène, pour diriger, critiquer la construction des bâtiments, le régime des animaux,
l'alimentation des domestiques ! » FLAUB., **Mme Bovary**, I, VIII, p. 89.

3 « Quoique l'hygiène moderne ait beaucoup allongé la durée moyenne
de la vie, elle est loin d'avoir supprimé les maladies. Elle s'est conten-
tée de changer leur nature. »
CARREL, **L'homme, cet inconnu**, III, XV, p. 135.

4 « Louis Pasteur n'a créé ni médecin, ni chirurgien, mais nul n'a fait
pour la médecine, la chirurgie et pour l'hygiène des foules ou des
troupeaux, autant que lui. » MONDOR, **Pasteur**, I, p. 13.

5 « C'est ainsi que les hommes en vinrent à négliger de plus en plus
souvent les règles d'hygiène qu'ils avaient codifiées, à oublier quelques-
unes des nombreuses désinfections qu'ils devaient pratiquer sur eux-
mêmes,... » CAMUS, **La peste**, IV, p. 212.

— *L'hygiène dans ses applications. Avoir grand souci de
l'hygiène. Personne qui néglige l'hygiène. Hygiène individuelle, privée. Hygiène corporelle.* V. **Propreté, soin.**
*Hygiène du cuir chevelu, de la peau... Hygiène générale,
locale. Hygiène génitale, intime. Hygiène sexuelle. Hygiène
mentale. Hygiène alimentaire* (V. **Diététique ; régime**), *vesti-
mentaire. Application du froid* (cit. 12) *électrique à l'hygiène domestique. L'hygiène de l'habitat* (aération, exposition,...). — (Dans le langage courant) *Avoir beaucoup, peu
d'hygiène* (Cf. Corset, cit.). *Manquer d'hygiène. Hygiène
défectueuse, rigoureuse. Faire sa gymnastique quotidienne
par hygiène, par souci d'hygiène. L'hygiène d'une maison.*
V. **Propreté, salubrité,...**

6 « Il n'avait que le souffle et il atteignit la vieillesse par des prodiges de soin et de sobre hygiène. »
RENAN, **Souv. d'enfance...**, IV, II.

7 « Chaque dimanche, l'abbé Godard faisait donc à pied les trois
kilomètres qui séparaient Bazoches-le-Doyen de Rognes Gros et court,
la nuque rouge, le cou si enflé que la tête s'en trouvait rejetée en
arrière, il se forçait à cet exercice, par hygiène. » ZOLA, **La terre**, I, 4.

8 « On ne saurait trop insister sur l'hygiène sévère à la fois préventive et curative qui s'impose à la puberté. »
BINET, **Vie sexuelle de la femme**, p. 76.

— *Hygiène publique*, ensemble des moyens mis en œuvre
par les pouvoirs publics pour la sauvegarde et l'amélioration de la santé à l'intérieur d'un pays. *La législation
et l'organisation de l'hygiène publique* (V. **Salubrité**, *santé*)
relèvent en France du ministère de la Santé publique (Ordonnance du 19 oct. 1945). *Dispensaire* d'hygiène préventive. Hygiène rurale, urbaine, scolaire. Mesures, opérations
d'hygiène collective.* V. **Assainissement** (cit. 1), **désinfection,
prophylaxie...**

‖ **2°** *Par métaph. :*

9 « ... l'opium n'est pas encore devenu pour lui une hygiène quotidienne. » BAUDEL., **Parad. artif.**, Un mangeur d'opium, IV.

— *Fig. :*

10 « ... le spectacle, le voisinage, la fréquentation d'un homme actif,
alerte, d'humeur vive, un peu chaude, vous donne du cœur et de l'esprit
au travail. Il y a certainement une hygiène de société comme il y a
une hygiène de lecture, — ces livres qu'il faut bien se garder de
lire, si admirables qu'ils soient ou qu'on dise qu'ils soient. »
LÉAUTAUD, **Journal littéraire**, 4 janv. 1904, p. 99.

DER. — Hygiénique. — Hygiéniste. n. (1830 BALZ.). Savant, médecin
spécialiste des questions d'hygiène. *Suivre les conseils des hygiénistes*
(Cf. Esclave, cit. 8).

« En effet, son prêtre catholique voit bien le mal, et cherche même
à le réparer ; mais jamais il ne pense à le prévenir. jamais il n'a
l'idée de remonter un peu plus haut pour en trouver la cause et tâcher
de la détruire ; en un mot il fait ce que les médecins appellent à la mé-
cine du symptôme ; et ce n'est pas ce qu'il faut aujourd'hui à la
société : pour la guérir il faut des hygiénistes. »
BALZ., **Le feuilleton**, XLIX (Œuvr. div., t. I, p. 444). 1

« Pourquoi les hygiénistes se comportent-ils comme si l'homme était 2
un être exposé seulement aux maladies infectieuses, tandis qu'il est
menacé de façon aussi dangereuse par les maladies nerveuses et
mentales, et par la faiblesse de l'esprit ? »
CARREL, **L'homme, cet inconnu**, I, V, pp. 29-30.

HYGIÉNIQUE. adj. (1803 ; de *hygiène*). Qui a rapport à
l'hygiène. *Papier*, seau*, serviette* hygiénique.* — Qui est
conforme à l'hygiène, favorable à la santé. *Promenade
hygiénique* (ACAD.). *Boisson, friction* (cit. 1) *hygiénique.
Vie sédentaire, peu hygiénique.* V. **Sain.**

1 « Nous avons, sous le rapport médical... peu de graves choses, rien de
spécial à citer, si ce n'est beaucoup d'humeurs froides, et qui tiennent
sans doute aux déplorables conditions hygiéniques de nos logements
de paysans. » FLAUB., **Mme Bovary**, II, II.

2 « ... Nous avons pris notre récréation hygiénique, la chienne et moi,
au Bois, entre onze heures et midi. » COLETTE, **La vagabonde**, p. 38.

3 « La plus parfaite des eaux minérales ». Et dans l'autre coin : « La
plus hygiénique ». ROMAINS, **H. de b. vol.**, t. V, X, p. 81.

ANT. et **COMP.** — **Antihygiénique.** adj. (1866). Contraire à l'hygiène.
DER. — **Hygiéniquement.** adv. (1842). D'une manière hygiénique.
Vivre hygiéniquement.

« ... nous menons, comme à plaisir, beaucoup par le fait d'un esprit
de routine qui nous est si particulier, la vie la plus anormale, la plus
parfaitement antihygiénique qui soit. »
Dr P. VACHET, **Connaiss. de la vie sexuelle**, II, p. 34.

HYGRO-. Élément, tiré du gr. *hugros*, « humide », qui
entre dans la composition de mots savants tels que : **Hygro-
baroscope.** n. m. (1839 ; de *baroscope*). Cf. Aréomètre. —
Hygroma. n. m. (vers 1850). *Méd.* Inflammation des bourses
séreuses*. *Hygroma du genou, du coude.* — **Hygromètre***.
— **Hygroscope.** n. m. (1690 ; suff. *-Scope*). *Phys.* Hygromètre* d'absorption indiquant approximativement le degré
d'humidité de l'air, sans toutefois donner la mesure de
l'état hygrométrique. *Les hygroscopes reposent tous sur la
propriété qu'ont certaines substances, dites hygroscopi-
ques, d'absorber l'humidité atmosphérique et de changer
d'aspect ou de longueur par suite de cette absorption.
Hygroscope à boyau, à corne. Hygroscope à couleurs variables* (DER. **Hygroscopie.** n. f. (1839). V. **Hygrométrie.**
Hygroscopique. adj. (1839). Qui a rapport à l'hygroscope ou
à l'hygroscopie. *Le chlorure de cobalt, substance hygroscopique*).

HYGROMÈTRE. n. m. (1666 ; V. **Hygro-**, et suff. **-Mètre**).
Phys. Instrument de précision servant à mesurer le degré
d'humidité de l'air. V. **Hygrométrique**. *Hygromètre chimique. Hygromètre à double thermomètre.* V. **Psychromètre.**
Hygromètre à condensation, à absorption (V. **Hygroscope**),
*à cheveu, à corne. Utilisation des hygromètres en mé-
téorologie.*

DER. — **Hygrométrie.** n. f. (1783, SAUSSURE, « Essais sur l'hygrométrie »). Partie de la physique qui a pour objet de déterminer le
degré d'humidité de l'atmosphère. V. **Hygroscopie, psychrométrie.**
L'hygroscope, instrument d'hygrométrie. — **Hygrométrique.** adj. (1783).
Qui a rapport à l'hygrométrie. *État hygrométrique de l'air* ; « rapport
entre le poids de vapeur d'eau contenue dans un certain volume d'air
et le poids de vapeur que contiendrait ce même volume s'il était saturé
à la même température » (POIRÉ). V. **Humidité** (relative). — Spécialt.
Corps, substances hygrométriques, particulièrement sensibles aux variations de l'état hygrométrique de l'air (DER. **Hygrométricité.** n. f. (1866).
Qualité de ce qui est hygrométrique. *Hygrométricité du chlorure de
cobalt*. — État hygrométrique d'un corps).

HYL(E)-, HYL(O)-. Élément tiré du gr. *hulê*, « bois ;
matière », et entrant dans la composition de mots savants
tel que : **Hylésine.** n. m. (1866 ; gr. *sinein*, « endommager »). *Entom.* Insecte coléoptère (*Scotylidés**) de petite
taille, cylindrique, brun ou roux, parasite du frêne, de
l'olivier... — **Hylobe** ou **Hylobie.** n. m. (1872 ; gr. *bios*,
« vie »). *Entom.* Insecte coléoptère (*Curculionidés**), dit
charançon* du pin, qui dévaste les souches des conifères. —
Hylotome. n. m. (1839 ; gr. *hulotomos*, de *tomê*, « section »).
Entom. Insecte hyménoptère dont les larves, semblables à
des chenilles, dévorent les feuilles des églantiers et des
rosiers. — **Hylozoïsme.** n. m. (1765 ENCYCL. ; gr. *hulê*, au sens
de « matière » et *zôê*, « vie »). Doctrine philosophique d'après
laquelle la matière elle-même ou l'univers dans son ensemble sont doués de vie. *L'hylozoïsme de Thalès, des
Stoïciens.*

« (*Selon Thalès*) la substance des choses est l'eau ou, d'une façon
plus générale, l'élément humide. Mais cet élément n'est pas purement
matériel, il a une âme... Il n'est pas non plus proprement spirituel, car
cette âme est comme une puissance vague d'attraction et de mouvement, analogue à l'aimant. La conception de Thalès est donc un
hylozoïsme assez confus. »
JANET et SÉAILLES, **Hist. de la philos.**, p. 714.

1. HYMEN (-*mèn'*) ou **HYMÉNÉE.** n. m. (*Hyménée* en
1550 ; gr. *humenaios* ; *Hymen*, 1609 in WARTBURG, nom d'un
dieu grec). *Dans la poésie classique*, Mariage, union conju-

gale. *Hymen qui s'apprête, auquel on s'apprête* (cit. 7 et 14), *que l'on célèbre...* (Cf. Conquérant, cit. 4). *Projet d'un hymen* (Cf. Avancer, cit. 69). *Un parfait hymen* (Cf. Conjoint, cit.). *Fatal, funeste hyménée* (Cf. Avant, cit. 28 ; célébrer, cit. 1). *L'hymen et l'amour* (Cf. Couronner, cit. 11 ; épouser, cit. 8 ; état, cit. 127). *Les plaisirs, les joies, les douceurs de l'hymen* (Cf. Assaisonner, cit. 8). « *L'hymen a ses alarmes* » (cit. 8). *La loi de l'hymen* (Cf. Assembler, cit. 33). *Les liens, les nœuds de l'hymen, de l'hyménée* (Cf. Asservir, cit. 23 ; attacher, cit. 7 ; de, cit. 7 ; enchaîner, cit. 3). *Flambeau* (cit. 6 et 7) *de l'hymen, de l'hyménée* (Cf. Étinceler, cit. 2). *Les fruits* (cit. 28) *de l'hymen :* les enfants. — *Le dieu d'hymen, le dieu d'hyménée.*

1 « Cet hymen m'est fatal, je le crains... » CORN., Cid, I, 2.

2 « J'ai vu beaucoup d'hymens, aucuns d'eux ne me tentent ; » LA FONT., Fabl., VII, 2.

3 « Ainsi que ses chagrins, l'hymen a ses plaisirs. » BOIL., Sat., X.

4 « Hélas ! chez ton amant tu n'es point ramenée, Tu n'as point revêtu ta robe d'hyménée, » CHÉNIER, Bucoliques, XXI, I.

— *Fig.* V. **Alliance, mariage, union.**

5 « (*En 1815, Bonaparte*)... se voit forcé d'annuler le divorce prononcé sous l'Empire entre le despotisme et la démagogie, et de favoriser leur nouvelle alliance : de cet hymen doit naître, au Champ de mai, une liberté, le bonnet rouge et le turban sur la tête, le sabre du mameluck à la ceinture et la hache révolutionnaire à la main... » CHATEAUB., M. O.-T., t. IV, p. 3.

— Chant de mariage.

6 « Mais le chanvreur... aime à faire rire, il est moqueur et sentimental au besoin, quand il faut chanter l'hyménée ; » SAND, Mare au diable, Append., I.

ANT. — Divorce, séparation ; désunion.

2. **HYMEN** (-*mèn'*). *n. m.* (XVIᵉ s. ; bas lat. *hymen*, mot gr., « membrane »). Membrane de forme variable qui obstrue partiellement l'orifice vaginal, chez la vierge* (V. **Pucelage, virginité**). *Débris de l'hymen après défloration :* débris hyménaux ; caroncules* myrtiformes. *Examen médico-légal de l'hymen, dans les diagnostics de la défloration et du viol. Interventions chirurgicales pratiquées sur l'hymen :* hyménotomie (incision) et dilatation de l'hymen ; hyménoraphie (reconstitution chirurgicale de l'hymen).

« Chez la vierge, l'orifice vaginal est, en partie, occlus par l'hymen. Cette barrière, qui doit être forcée lors du premier rapport sexuel, avait déjà attiré la curiosité des Anciens. Le mot υ μ η ν (*humen*), membrane, est un terme grec. » A. BINET, Rég. génit. de la femme, V, p. 77.

DER. — **Hyménal, hyménéal, ale, aux.** *adj.* (XIXᵉ s.). Relatif à la membrane hymen.

HYMÉN(O)-. Premier élément de mots savants, tiré du gr. *humên*, « membrane », tels que : **Hymenæa** ou **Hyménée.** *n. f.* (XIXᵉ s.). *Bot.* Plante dicotylédone (*Légumineuses papilionacées*) exotique, utilisée pour son bois (V. **Courbaril**) et sa résine (V. **Copal**). — **Hyménium** (*'ome*). *n. m.* (XIXᵉ s. ; var. *Hyménion*, gr. *humenion*, « petite membrane »). *Bot.* Chez certains champignons* (V. **Ascomycètes, basidiomycètes**), Assise de cellules reproductrices (V. **Asque, baside**), productrices de spores (Ascospores*, basidiospores) et de cellules stériles (V. **Paraphyse**). *L'hyménophore, organe qui porte l'hyménium.* — **Hyménomycètes.** *n. m. pl.* (XIXᵉ s. ; gr. *mukês*, « champignon »). *Bot.* Groupe de champignons basidiomycètes chez lesquels l'hyménium tapisse l'extérieur de l'appareil sporifère (V. **Champignon**). *La plupart des grandes espèces* (oronge, bollet, girolle, agaric...) *sont des hyménomycètes.* — **Hyménoptère.** *adj.* (XVIIIᵉ s. ENCYCL. ; gr. *pteron*, « aile »). *Zool.* Ordre d'animaux arthropodes antennifères de la classe des insectes* (*Ptérygogènes*) caractérisés par quatre ailes membraneuses transparentes. *Les hyménoptères ont la tête reliée au thorax* (corselet) *par un cou mince ; leur thorax est formé de trois segments, leur abdomen de huit ou neuf anneaux terminés par une tarière* ou un aiguillon* (V. **Aculé, térébrant**) *; leurs métamorphoses sont complètes ; ils sont végétariens, omnivores ou entomophages ; ils sont sociaux* (V. **Essaim, ruche**) *ou solitaires.* — Classification des HYMÉNOPTÈRES : 1) *Symphytes :* Céphidés ; siricidés (V. **Sirex**) ; tenthrédinidés (V. **Hylotome, tenthrède**). 2) *Apocrites :* Apiaires ou Apidés (V. **Abeille*, bourdon, haliote...**) ; aphidiidés (V. **Aphidius**) ; chalcididés ; chrysidés* ; cleptidés ; cynipidés (V. **Cynips**) ; euménidés (V. **Zéthus**) ; évaniidés ; formicidés (V. **Fourmi***) ; ichneumonidés (V. **Ichneumon, ophion, pimple, trogue...**) ; mutillidés ; pompylidés ; scoliidés ; sphégidés (V. **Ammophile, crabro, sphex**) ; tiphiidés ; vespidés (V. **Guêpe**). — *Insecte hyménoptère.* — Substant. *Un hyménoptère.*

« On sait que les diverses espèces d'Hyménoptères paralyseurs déposent leurs œufs dans des Araignées, des Scarabées, des Chenilles qui continueront à vivre immobiles pendant un certain nombre de jours, et qui serviront ainsi de nourriture fraîche aux larves... » BERGSON, Évol. créatr., p. 173.

HYMNE. *n. m.* et *f.* (*Ymne* au XIIᵉ s. ; lat. *hymnus*, du gr. *humnos*).

‖ 1º *N. m.* Chant, poème à la gloire des dieux, des héros... *Hymnes babyloniens, égyptiens ; hymnes védiques. Hymnes grecs : hymne en l'honneur d'Apollon* (V. **Péan**), *de Zeus. Hymnes orphiques. Hymnes homériques,* attribués à Homère (*Hymne à Apollon, à Déméter, à Hermès*). *Hymnes de Callimaque, de Proclos.*

1 « Les Hynnes (*hymnes*) sont des Grecs invention première. Callimaque beaucoup leur donna de lumière, De splendeur, d'ornement. » RONSARD, Pièces posthumes, Les hymnes.

2 « À la vue d'un petit temple..., le pilote sonna de la trompette, et à ce signal l'équipage entonna l'hymne à la déesse protectrice de l'Attique : « Écoute-nous, aimable Minerve !... » BAUDEL., Jeune enchanteur (trad.), Œuvr., Append., p. 1310.

‖ 2º *N. m.* et *f.* (dans la tradition chrétienne). Chant à la louange de Dieu. V. **Cantique, psaume ; antienne, chœur** (3º), **choral, prose, séquence...** — REM. Dans la langue liturgique catholique, *Hymne* est généralement employé au féminin. — *Hymnes de saint Ambroise, de Fortunat, d'Hilaire de Poitiers. Hymnes de Jean Damascène. Les grands compositeurs d'hymnes* (Hymnographes). *Chanter une hymne. Le « Dies irae », hymne désespérée...* (Cf. Désolation, cit. 7 HUYSMANS). *Hymne grandiose* (Cf. Geyser, cit. 2). *Hymne de matines, de laudes, de complies ; hymnes des petites heures. Hymnes historiques,* ayant pour objet les « circonstances historiques du mystère célébré » (LESAGE). *Doxologie* d'une hymne. L'« hymne angélique »* (V. **Gloria**) ; *l'« hymne triomphale, séraphique »* (V. **Sanctus ; hosanna**)...

3 « C'est donc avec raison que nos chœurs aujourd'hui Font résonner un hymne et des vœux à sa gloire. » CORN., Hymn., 14.

4 « Et Pâques enfin, aux hymnes matinales et joyeuses,... » A BERTRAND, Gaspard de la nuit, Silves, III.

5 « Toutes les hymnes de cet admirable office... » MAURIAC, Le Jeudi-Saint, p. 136 (in GREVISSE).

— *Hymnes protestants. Les hymnes sacrés de Luther.* V. **Choral.**

‖ 3º *Par ext.* (N. m.). Chant*, poème lyrique exprimant la joie, l'enthousiasme*, célébrant une personne, une chose... V. **Hosanna** (2º) *Hymne à la nature, à l'amour, à l'homme... L'hymne que chantent, gazouillent les oiseaux* (Cf. Frais, cit. 37). *Hymne de joie, de reconnaissance.* — *Entonner* (cit. 5) *un hymne en son propre honneur.* — *Fig. L'hymne de la couleur* (cit. 4 BAUDEL.). V. **Concert, harmonie, symphonie** (fig.). *La nature, hymne au Créateur.*

6 « Que parlez-vous de lettres, de style épistolaire ? En écrivant à ce qu'on aime, il est bien question de cela ! ce ne sont plus des lettres que l'on écrit, ce sont des hymnes. » ROUSS., Julie, Entretien sur les romans...

7 « Dans l'hymne de la nature, | Forme à son heure, en mesure, Seigneur, chaque créature | Un son du concert divin ; » LAMART., Harm. poét. et relig., I, 3.

8 « Tous deux s'étaient promenés en se redisant au matin un hymne d'amour comme en chantaient les oiseaux nichés dans les arbres. » BALZ., Massimilla Doni, Œuvr., t. IX, p. 317.

9 « Tout va bien. Salavin entonne, dans le secret de son âme, un hymne de gratitude et de triomphe. » DUHAM., Salavin, Deux hommes, IX, p. 249.

— *Spécialt.* Chant solennel en l'honneur de la patrie, de ses défenseurs. *L'hymne national français* (La Marseillaise), *anglais* (God save the King), etc. *Hymne révolutionnaire* (Cf. Drolatique, cit. 3). *Hymnes alliés.*

10 « L'orchestre joua les hymnes alliés bout à bout. Ils prenaient feu l'un à l'autre. » COCTEAU, Thomas l'imposteur, p. 137.

— *Littér. Les deux livres d'hymnes,* de Ronsard (Cf. supra, cit. 1). *Hymnes à la nuit, hymnes sacrés,* de Novalis. — *Mus. L'hymne à la joie,* de Schiller, terminant la IXᵉ symphonie de Beethoven.

DER. — **Hymnaire.** *n. m.* (1721 TRÉVOUX ; *hymnier* au XIIᵉ s.). Recueil d'hymnes liturgiques.

HYOÏDE. *adj.* (XVIᵉ s. ; gr. *huoeidês* (*ostoûn*), « (os) en forme d'v »). *Anat.* Se dit d'un os impair, médian, symétrique, situé à la partie antérieure du cou, « au-dessous de la langue*, dont il constitue pour ainsi dire le squelette » (TESTUT). Substant. *L'hyoïde. Corps* (partie centrale), *grandes cornes* (cornes thyroïdiennes), *petites cornes* (cornes styloïdiennes) *de l'hyoïde.*

DER. — **Hyoïdien, ienne.** *adj.* (début XIXᵉ s.). Relatif à l'os hyoïde. *Appareil hyoïdien :* double chaîne d'osselets reliant l'hyoïde à la base du crâne (*chaîne hyoïdienne*). — **Hyo-.** Premier élément d'adjectifs, en anatomie (*Hyoglosse, hyopharyngien* (XVIIIᵉ s.), *hyothyroïdien...*).

HYOSCYAMINE. *n. f.* (XIXᵉ s. ; empr. lat. *hyoscyamus.* V. **Jusquiame**). Alcaloïde* de formule $C_{17}H_{23}NO_3$, isomère de l'atropine* et que l'on extrait des semences de jusquiame, de la belladone. *L'hyoscine, hyoscyamine amorphe.*

HYPALLAGE. *n. f.* (XVIᵉ s. ; lat. *hypallage,* mot gr. propremt. « échange, interversion »). *T. de Rhétor.* Figure* de style qui consiste à attribuer à certains mots d'une phrase ce qui convient à d'autres mots (de la même phrase) « sans qu'il soit possible de se méprendre au sens » (LITTRÉ). V. **Métonymie.** *Ex. : Rendre quelqu'un à la vie,* pour *Rendre* la vie à quelqu'un ; *Avoir des souliers dans ses pieds*, pour *Avoir ses pieds dans des souliers*, etc. — REM. Ce mot est du fém. dans tous les dictionnaires (LITTRÉ, ACAD.,...) sauf dans LAROUSSE. On le trouve au masc. chez GAUTIER.

« À force d'entendre répondre : — rue Notre-Dame-de-Lorette — à la question : — où demeurez-vous, où allons-nous ? — si naturelle à la fin d'un bal public,... l'idée est sans doute venue à quelque grand philosophe, sans prétention, de transporter, par un hypallage hardi le nom du quartier à la personne, et le mot Lorette a été trouvé. »
GAUTIER, Souv. de théâtre..., Gavarni, p. 188.

— REM. GEORGIN donne comme exemples d'hypallages vicieuses des locutions telles que : *blessés crâniens, aliéné mental, prix alimentaires, médaillé militaire*, etc. (Pour un meill. franç., p. 213).

HYPER-. Préfixe tiré du gr. *huper*, « au-dessus, au delà », qui entre dans la composition de nombreux mots scientifiques (en physiologie, psychologie, médecine, etc.), pour exprimer en général l'exagération*, l'excès*, le plus haut degré... (V. **Super-, sur-, ultra-**). — REM. Il est impossible d'énumérer les nombreux composés formés de ce préfixe très vivant. Outre les plus importants, traités ci-après, on peut signaler : — **Hyperacusie** ou **Hyperacousie**. *n. f.* (XIXᵉ s., LITTRÉ ; gr. *akousis*, « ouïe »). Exaltation de la sensibilité auditive. — **Hyperalgésie** ou **Hyperalgie**. *n. f.* (*Néol.* ; Cf. -Algie). Sensibilité exagérée à la douleur (ANT. **Analgésie**). — **Hyperbate*, hyberbole*, hyperbolique*, hyperborée***. — **Hyperchlorhydrie**. *n. f.* (fin XIXᵉ s. ; V. **Chlore**). Excès d'acide chlorhydrique dans le suc* gastrique, se manifestant par des aigreurs*, des douleurs d'estomac, des éructations acides... *Dyspepsie* acide produite par l'hyperchlorhydrie*. — REM. On dit aussi en ce sens *Hyperacidité* (V. **Estomac, sécrétion** (stomacale). — **Hyperchromie**. *n. f.* (XXᵉ s. ; Cf. -Chromie). Exagération de la pigmentation de la peau (ANT. **Albinisme**). — **Hypercorrect**. *adj.* (*Néol.* ; de *correct*). *Linguist.* « Se dit d'une forme reconstruite avec la préoccupation de substituer à un état qu'on suppose altéré un état supposé correct » (MAROUZEAU). — REM. Ce procédé s'appelle *Hypercorrection*. — **Hypercritique*, hyperdulie***. — **Hyperémie** ou **hyperhémie**. *n. f.* (XIXᵉ s. ; V. **-Émie**). Congestion* locale généralement provoquée par un moyen physique ou chimique, par une ligature... (ANT. **Anémie**. — DER. **Hyperémier** ou **Hyperhémier**. *v. tr.* (XIXᵉ s.). Produire l'hyperémie. *Organe hyperémié*. V. **Congestionner**). — **Hyperémotivité**. *n. f.* (*Néol.*). Exagération de l'émotivité* ; « susceptibilité pathologique aux émotions » (PIÉRON). — **Hyperespace**. *n. m.* (fin XIXᵉ s.). *Géom.* Espace* de plus de trois dimensions. — **Hyperesthésie***. — **Hyperfocal, ale, aux**. *adj.* (fin XIXᵉ s. ; de *focal*). *Photogr.* Se dit de la plus petite distance à laquelle un appareil photographique, mis au point sur l'infini, donne l'image nette d'un objet. — **Hypergenèse**. *n. f.* (XIXᵉ s. ; de *genèse*). Multiplication exagérée, anormale, des éléments cellulaires. — **Hyperglycémie**. *n. f.* (fin XIXᵉ s. ; Cf. Gluco-). Excès de sucre* dans le sang. V. **Diabète**. — **Hyperménorrhée**. *n. f.* (XXᵉ s. ; Cf. Ménorrhée). Excès de l'écoulement menstruel (ANT. **Aménorrhée**). — **Hypermètre**. *adj.* (XVIᵉ s., DE LA TAILLE in HUGUET ; de *mètre*). *Prosod. gr.* et *lat.* « Vers dont la syllabe finale est en dehors de la mesure du vers, par élision sur l'initiale du vers suivant, etc. (MAROUZEAU). — **Hypermétropie***. — **Hypermnésie**. *n. f.* (fin XIXᵉ s. ; Cf. -Mnésie). Exaltation pathologique de la mémoire* (ANT. **Amnésie**). — **Hypernerveux, euse**. *adj.* (*Néol.* ; de *nerveux*). D'une nervosité excessive, pathologique. Substant. *Un hypernerveux*. — **Hyperoodon***. — **Hyperplasie**. *n. f.* (*Néol.* ; Cf. -Plaste, -plastie). « Formation d'un tissu pathologique aux dépens d'un autre » (GARNIER). — **Hypersécrétion**. *n. f.* (1873 P. LAROUSSE ; de *sécrétion*). Sécrétion excessive d'un organe glandulaire. *Inflammation des muqueuses causant une hypersécrétion* (V. **Catarrhe**, *vx*). *Hypersécrétion de sébum*. V. **Séborrhée**. — **Hypersensible***. — **Hypersthénie**. *n. f.* (XIXᵉ s., LITTRÉ. Cf. -Sthénie). *Pathol.* Fonctionnement exagéré de certains tissus ou organes, ou exaltation de certaines fonctions psychiques (ANT. **Asthénie**). — **Hypertension***. — **Hyperthermie**. *n. f.* (fin XIXᵉ s. ; Cf. -Thermie). V. **Fièvre*** (cit. 5). — **Hypertonie**. *n. f.* (XIXᵉ s. ; Cf. -Tone, -tonique). Excès de tension osmotique d'un liquide ; excès de tension musculaire (ANT. **Atonie**). — **Hypertrophie***. — REM. Outre les mots d'usage scientifique, des composés de *hyper* sont forgés et utilisés par les écrivains.

1 « ... une méchanceté hyperdiabolique... pénétra chaque fibre de mon être. »
BAUDEL., Trad. E. POE, Nouv. hist. extraord., Chat noir.
— REM. Ce mot se trouve aussi chez GAUTIER (Nouv., 28).

2 « Ceci est le comble du sublime. Mais dans l'ivresse il y a de l'hyper-sublime, comme vous allez voir. »
ID., Du vin et du haschisch, II.

3 « Tous les degrés entre... l'hypo et l'hyper, entre n'importe quel sentiment et son contraire, comme, en physiologie, entre le trop et le pas-assez. »
GIDE, Journ., févr. 1932.

ANT. — Hypo-, infra-, sous-...

HYPERBATE. *n. f.* (XVIᵉ s. ; lat. *hyperbaton*, mot gr.). *T. de Rhétor.* Figure* de grammaire qui consiste à intervertir l'ordre naturel des mots (V. **Inversion ; anastrophe**) ou, « dans un sens plus correct » (MAROUZEAU), à disjoindre

deux termes habituellement réunis. — LITTRÉ cite comme exemple d'*hyperbate* ces deux vers de Racine :

« Que malgré la pitié dont je me sens saisir,
Dans le sang d'un enfant je me baigne à loisir ? »
RAC., Androm., I, 2.

HYPERBOLE. *n. f.* (XIIIᵉ s. ; rare jusqu'au XVIIᵉ s. ; lat. *hyperbole*, mot gr., de *huper*, et *ballein*, « jeter, lancer »).

I. *T. de Rhétor.* Figure* de style qui consiste à mettre en relief une idée « au moyen d'une expression qui la dépasse » (MAROUZEAU). *Parler simplement, sans hyperbole*. V. **Emphase** (cit. 2), **exagération, excès, grandiloquence...** *L'hyperbole est un peu forte* (ACAD.). *Employer l'hyperbole pour forcer l'attention* (cit. 34). *Hyperboles ronflantes, ridicules. Hyperboles expressives, ironiques...* (Cf. Charmer, cit. 9). *Manier la métaphore et l'hyperbole*.

1 « L'hyperbole exprime au delà de la vérité pour ramener l'esprit à la mieux connaître. »
LA BRUY., I, 55.

2 « L'hyperbole. Plusieurs estiment, non sans raison, que... nous avons perdu le sens de la mesure... On dit à propos du moindre événement que *les conséquences en seront immenses*, qu'*il a une portée incalculable*. On vend dans mon quartier du macaroni *extra sublime*... Le moindre député à *des projets gigantesques. On éprouve une joie infinie* à revoir ses amis, etc. Notre littérature, nos journaux surtout ont poussé les mots à l'extrême. La « litote » n'est plus connue de personne, nous sommes sous le règne de l'« hyperbole ». Tout y contribue, la réclame commerciale d'abord, mais aussi les surenchères de la politique et de la presse. »
BRUNOT, Pens. et lang., p. 694.

3 « ... l'hyperbole orientale... magnifie les êtres et les choses à la façon des mirages du désert. »
DANIEL-ROPS, Peuple de la Bible, III, I, p. 167.

II. *Géom.* Courbe géométrique formée par les points d'un plan dont les distances à deux points fixes de ce plan (V. **Foyer**) ont une différence constante. *L'hyperbole peut être considérée comme la section* d'un cône de révolution par un plan coupant les deux nappes* (les deux parties séparées par le sommet). V. **Conique**. *L'hyperbole comprend deux branches symétriques par rapport au centre. Axes de symétrie, asymptotes** (cit. 3, *fig.*), *directrices* d'une hyperbole. Hyperbole équilatère, dont les deux asymptotes sont perpendiculaires*.

ANT. — Litote ; affaiblissement, mesure...

DER. — Hyperboliser. *v. intr.* (XVIᵉ s.). Peu usit. Employer souvent l'hyperbole, le style hyperbolique. — Hyperbolisme. *n. m.* (1829). Peu usit. Emploi excessif de l'hyperbole. — Hyperboloïde. *adj.* (XVIIIᵉ s.). Géom. Qui ressemble à une hyperbole, qui se rapproche de l'hyperbole. Substant. masc. Surface engendrée par une hyperbole. *Hyperboloïde de révolution*, engendré par la révolution d'une hyperbole autour d'un de ses axes. *Hyperboloïde à une*, à deux nappes (DER. **Hyperboloïdal**. *adj.* (XVIIIᵉ s.). Qui a la forme d'un hyperboloïde. *Surface hyperboloïdale*).

HYPERBOLIQUE. *adj.* (1546 RAB. ; lat. *hyperbolicus*, mot gr. V. **Hyperbole**).

I. *T. de Rhétor.* Caractérisé par l'hyperbole (I). *Discours, langue, langage, style hyperbolique*. V. **Emphatique, grandiloquent**. *Éloge, flatterie hyperbolique*. V. **Exagéré, excessif** (Cf. Éclabousser, cit. 5).

1 « Sérieusement quand ils se seraient défiés tous trois à qui me louerait davantage, ils n'auraient pas employé d'expressions plus hyperboliques. Ma modestie ne fut point à l'épreuve de tant d'éloges. »
LESAGE, Gil Blas, VII, 7.

2 « Un grand danger résultait pour l'avenir de cette morale exaltée, exprimée dans un langage hyperbolique et d'une effrayante énergie. »
RENAN, Vie de Jésus, XIX, Œuvr., t. IV, p. 281.

3 « ... une partie des journaux parlant de Patrice avec une aigreur polie, l'autre le célébrant en termes hyperboliques. »
DUHAM., Voyage P. Périot, III, p. 52.

— Par ext. *Un auteur hyperbolique*.

4 « ... le père Pierre de Saint-Louis est hyperbolique, enflé jusqu'à l'hydropisie, excessif, touffu et plantureux ; chez lui les métaphores poussent en tous sens leurs branchages noueux. »
GAUTIER, Les grotesques, IV.

— Par anal. V. **Énorme, excessif...** Par plaisant. *Un chapeau hyperbolique* (Cf. Épithète, cit. 2 GAUTIER).

5 « On dit que Moscou renferme plus de trois cents églises et couvents ; nous ne savons si ce chiffre est exact ou purement hyperbolique, mais il paraît très vraisemblable quand on regarde la cité du haut du Kremlin. »
GAUTIER, Voyage en Russie, XVII, p. 272.

— Philos. *Doute* hyperbolique de Descartes* (V. **Méthodique**).

II. *Géom.* Relatif à l'hyperbole (II). *Figure hyperbolique. Fonctions hyperboliques : cosinus, sinus, tangente hyperboliques*. — Qui a la forme de l'hyperbole. *Courbe hyperbolique. Miroir, verre hyperbolique*.

ANT. — (I) Mesuré, simple.

DER. — Hyperboliquement. *adv.* (XVIᵉ s.). Rhétor. D'une manière hyperbolique. *S'exprimer, parler hyperboliquement*.

HYPERBORÉE. *adj.* (1372 ; lat. *hyperboreus*, mot gr., de *boreas*, « vent du Nord »). Peu usit. Situé à l'extrême nord ; de l'extrême nord. V. **Septentrional**. *Un soir d'été hyperborée* (Cf. Crépuscule, cit. 2 LOTI).

DER. — **Hyperboréen, enne.** *adj.* (XVIIIe s., DIDER.). Hyperborée. *Régions hyperboréennes* (V. **Arctique**). *Peuplades hyperboréennes.*

« Quel chien d'hiver ! J'ai vu la Seine à Rouen complètement prise ; c'est la troisième fois seulement que, dans ma longue carrière, je jouis de ce spectacle hyperboréen. »
FLAUB., **Corresp.**, 5e série, Lettre à Jules Duplan, p. 354.

HYPERCRITIQUE. *n.* (1638 MÉNAGE ; de *hyper*, et *critique*). Critique rigoureux, outré, qui ne pardonne rien. V. **Censeur.**

« La lettre que vous m'avez fait l'honneur de m'écrire, monsieur, doit vous valoir le nom d'hypercritique, qu'on donnait à Scaliger. Vous me paraissez bien redoutable ; »
VOLT., **Mérope**, Rép. de Volt. à M. de La Lindelle.

— *N. f.* Critique minutieuse ; exercice systématique du doute. *Les thèses excessives de l'hypercritique dans la question homérique, shakespearienne.*

— *Adj.* « *Journal hypercritique* » (C. DESMOULINS, 1789 ; in BRUNOT, H.L.F., t. IX, p. 807.

HYPERDULIE. *n. f.* (XVIe s. ; lat. ecclés. *hyperdulia*. V. **Dulie**). *Liturg. cathol.* Culte rendu à la Vierge Marie, supérieur au culte de dulie*, rendu aux saints.

HYPERESTHÉSIE. *n. f.* (1839 BOISTE ; de *hyper*, et gr. *aisthêsis*, « sensibilité »). *Méd.* Sensibilité exagérée, pathologique. *Hyperesthésie de la vue, de l'ouïe, du toucher...* — Fig. *Hyperesthésie affective, morale...*

1 « Elle avait une hyperesthésie morale : tout la faisait souffrir : sa conscience était à nu. » ROLLAND, Jean-Christ., Les amies, p. 1114.

2 « Hier soir, injection intra-trachéale d'huile goménolée. Mais l'infiltration et l'hyperesthésie laryngée ont rendu la manœuvre difficile. »
MART. du G., Thib., t. IX, VIII, p. 263.

ANT. — Anesthésie, insensibilité.

HYPERMÉTROPIE. *n. f.* (1873 LAROUSSE, de *hyper*, et gr. *metron*, « mesure », et *ôps*, « œil »). État de l'œil dans lequel les rayons parallèles vont converger au delà de la rétine (par oppos. à Myopie*). V. **Amétropie.** *Corriger l'hypermétropie par l'utilisation de lentilles convergentes.*

DER. — (des mêmes radicaux) : **Hypermétrope.** *adj.* et *n.* (1873 LAROUSSE). Atteint d'hypermétropie. *Œil hypermétrope.* Substant. *Un hypermétrope* (V. **Presbyte**).

HYPEROODON. *n. m.* (gr. *huperoos*, « au-dessus de la bouche », « du palais », et *odous, odontos*, « dent »). *Zool.* Mammifère cétacé (*Odontocètes*), caractérisé par un front proéminent, et l'existence d'une seule dent conique de chaque côté de la mâchoire. *L'hyperoodon peut atteindre huit ou neuf mètres de long.*

HYPERSENSIBLE. *adj.* (XXe s. ; de *hyper*, et *sensible*). D'une sensibilité extrême, exagérée. *Un enfant hypersensible.*

« ... les justes chagrins de l'homme (*Sainte-Beuve*) laid et hypersensible,... »
HENRIOT, Romantiques, p. 255.

ANT. — Froid, insensible.

DER. — **Hypersensibilité.** *n. f.* (XXe s.). Sensibilité exagérée.

HYPERTENSION. *n. f.* (1906 LAROUSSE ; de *hyper*, et *tension*). *Méd.* Tension supérieure à la normale ; augmentation de la tension. *Hypertension vasculaire, artérielle. Hypertension intra-crânienne du liquide céphalo-rachidien dans la méningite.*

« Dans les embolies cérébrales minimes, par exemple, vous savez comme moi que c'est par l'hypertension et la tachycardie que le cœur lutte victorieusement contre l'obstruction des alvéoles pulmonaires. »
MART. du G., Thib., t. IX, VIII, p. 114.

ANT. — Hypotension.

DER. — (du même radical) : **Hypertendu, ue.** *adj.* (Néol.). *Méd.* Qui souffre d'hypertension. — **Hypertensif, ive.** adj. (Néol.). Qui relève, qui augmente la tension vasculaire. *Maladie hypertensive* (Hypertension essentielle). *Médicament hypertensif et substant. Un hypertensif.*

HYPERTROPHIE. *n. f.* (XIXe s. LACHÂTRE ; de *hyper*, du gr. *trophê*, « nutrition », et suff. *-ie*). *Méd.* « Augmentation de la nutrition d'un organe » (GARNIER). *Par ext.* Augmentation de volume d'un organe avec ou sans altération anatomique. *Hypertrophie du cœur, du foie, des ganglions* (cit. 2) *lymphatiques...* (V. **Gonflement**). *Hypertrophie de la face et des extrémités.* V. **Acromégalie.**

— *Fig.* Développement* excessif, anormal. V. **Exagération, excès.** *Hypertrophie d'un sentiment* (Cf. Éclatement, cit. 2). *Hypertrophie du moi. Hypertrophie de l'expression* (V. **Hyperbole**).

« Si l'on examine l'âme moderne, on y rencontre des altérations, des disparates, des maladies, et, pour ainsi dire, des hypertrophies de sentiment et de facultés dont son art est la contre-épreuve. »
TAINE, Philos. de l'art, t. II, p. 157.

ANT. — Atrophie.

DER. — **Hypertrophier.** *v. tr.* (XIXe s.). *Peu usit.* Produire l'hypertrophie. Pronominalt. *Se développer* exagérément, anormalement. *Malade dont le cœur s'est hypertrophié.* Fig. *Homme dont une fonction s'est hypertrophiée* (Cf. Génie, cit. 45). *Ville, État qui s'hypertrophie*

(ANT. **Atrophier**). — **Hypertrophié, ée.** *adj.* Atteint d'hypertrophie. V. **Enflé, énorme, gros...** *Cœur, organe hypertrophié.* Fig. *Sentiments hypertrophiés.* — **Hypertrophique.** *adj.* (XIXe s.). Relatif à l'hypertrophie ; caractérisé par l'hypertrophie.

1 « Il est né dans cette ville. De jour en jour, il l'a vue s'hypertrophier, délirer, devenir folle. » DUHAM., Scènes vie fut., VII, p. 108.

2 « Il nous faut donc nous intégrer dans l'armature d'un État hypertrophié, à la fois trop puissant à l'égard des hommes et trop faible par rapport aux immenses problèmes qu'il aurait à résoudre. »
SIEGFRIED, L'âme des peuples, II, p. 22.

3 « ... l'évolution qui part du même membre, pour arriver à la main de l'Homme, à l'aile de la Chauve-Souris, au pied du Cheval n'utilise pas tous les éléments donnés au départ : un tel s'hypertrophie tandis que tel autre régresse. »
J. CARLES, Le transformisme, p. 30 (éd. P.U.F.).

HYPÈTHRE. *adj.* (1694 ; gr. *hupaïthros*, mot à mot « sous le ciel »). *Archéol.* À ciel ouvert, sans toit. *Temple hypèthre.*

HYPHE. *n. m.* (gr. *huphos*, « tissu »). Filament dépourvu de chlorophylle formant le corps des champignons et lichens.

DER. — (de *huphos*) : **Hypholome.** *n. m.* (du gr. *lôma*, « frange »). Champignon basidiomycète hyménomycète* (*Agaricinées*) possédant une membrane réunissant le haut du pied au bord supérieur du chapeau. *Hypholome en touffes ou fasciculé, champignon vénéneux.*

HYPNE. *n. f.* (1771 TRÉVOUX ; gr. *hupnon*, « mousse qui pousse sur les arbres »). *Bot.* Plante cryptogame muscinée (*Bryacées*) ; mousse très commune, qui croît sur la terre, les troncs d'arbre... *L'hypne, ou mousse des jardiniers, sert à l'emballage des objets fragiles et à la garniture des jardinières d'appartements.*

HYPN(O)-. Élément tiré du gr. *hupnos*, « sommeil », et entrant dans la composition de mots savants tels que : **Hypnose***, **hypnotique***, **hypnotiser***, **hypnotisme***, **hypnotiseur***. — **Hypnagogique.** *adj.* (1861 ; suff. *-Agogie*). Qui précède ou suit immédiatement le sommeil. *État, hallucination* (cit. 5) *hypnagogique.*

1 « Souvent cette vision (la vision poétique) se fait lentement, pièce à pièce, comme les diverses parties d'un décor que l'on pose ; mais souvent aussi elle est subite, fugace comme les hallucinations hypnagogiques. » FLAUB., Correspond., 5e série, Lettre à Taine, p. 350.

2 « Hypnagogiques (états)... États psychiques intermédiaires entre ceux de la veille et ceux du sommeil (ceux du réveil sont quelquefois appelés états hypnopompiques). »
CUVILLIER, Nouv. vocab. philos., Hypnagogiques (états).

HYPNOSE. *n. f.* (1873). Sommeil incomplet, provoqué par des manœuvres de suggestion, des actions physiques ou mécaniques. V. **Hypnotisme, magnétisme, suggestion.** — *États d'hypnose.* V. **Catalepsie, léthargie, somnambulisme.** *Être, tomber en état d'hypnose, dans l'hypnose.* V. **Transe** (en). *Hypnose provoquée par des agents chimiques.* V. **Narcose.**

1 « ... l'hypnose, la possession de l'âme d'un être par un autre qui le voue au crime ! » HUYSMANS, Là-bas, XV, p. 206.

2 « Sauf dans des cas tout particuliers, à la suite de suggestions spéciales, on ne trouve pas pendant l'hypnose la réduction des fonctions qui caractérise le sommeil : la respiration reste celle de la veille et ne baisse pas dans ces proportions énormes qui caractérisent le sommeil. Mais surtout l'activité mentale reste susceptible de tension élevée : dans la plupart des cas le sujet reste capable de se mouvoir et d'agir spontanément, en tous les cas il comprend la parole et il parle. »
P. JANET, Les médications psychologiques, t. I, IV, p. 266.

3 « Le bar était à peu près vide. Machinalement, comme en hypnose, elle se dirigea vers Fontranges, s'assit près de lui, et tout recommença. » GIRAUDOUX, Bella, p. 233.

4 « L'état d'hypnose existe chez certains animaux (poule). Chez l'homme, les procédés par lesquels il peut être provoqué sont : la prise du regard, la fixation d'un point brillant, la compression des globes oculaires associés à des mouvements respiratoires lents et profonds... Au cours de l'état d'hypnose, le sujet manifeste à l'égard de son hypnotiseur une très grande docilité, répond à ses questions et peut libérer son subconscient ; il reçoit également toutes ses suggestions avec une certaine facilité, accomplit des actes au commandement, peut recevoir des ordres à retardement qui seront exécutés après son réveil... Mentionnons aussi les cas d'hypnose collective provoquée dans certaines sectes religieuses... par des pratiques rituelles : psalmodies, balancements et flexions rythmées du tronc, fumées d'aromates, musique monotone, etc. » Dr POROT, Manuel de psychiatrie, Hypnose.

— *Par anal.* (dans le langage courant). État d'engourdissement ou d'abolition de la volonté, qui rappelle l'hypnose. Cf. Enchantement, ensorcellement, envoûtement ; charme (être sous le).

5 « Il n'est pas toujours facile (pour un poète) de produire l'hypnose, mais il est très facile de procurer le sommeil. »
CLAUDEL, Posit. et proposit., p. 17.

6 « À peine eut-elle prononcé ces mots qu'elle parut sortir de son hypnose, sa figure s'anima, ses yeux perdirent quelque chose de leur limpidité, mais elle ne recula pas d'un pouce. »
BOSCO, Le sanglier, VI, p. 190.

HYPNOTIQUE. *adj.* (1549 ; empr. au lat. d'orig. gr. *hypnoticus*. V. **Hypno-**).

‖ 1° *Méd.* (peu usit.). Qui provoque le sommeil. V. **Narcotique, somnifère, soporifique ; calmant.** *Médicament hypnotique* (Cf. Excitant, cit. 9). — Substant. *Un hypnotique.*

‖ 2° (1860). Qui a rapport à l'hypnose, à l'hypnotisme.

Etat, sommeil hypnotique. — Qui provoque l'hypnose. *Pratiques hypnotiques. Suggestion hypnotique.* — Qui est accessible à l'état d'hypnose. *Sujet hypnotique.* — Substant. *Un hypnotique.*

1 « ... la suggestibilité est fort variable dans l'état hypnotique... les caractères psychologiques de l'état hypnotique sont exactement les mêmes que ceux des somnambulismes qu'on observe spontanément au cours de l'hystérie... »
P. JANET, **Les médications psychol.**, t. I, IV, pp. 261 et 275.

2 « ... la suggestion presque hypnotique d'un beau livre qui, comme toutes les suggestions, a des effets très courts. »
PROUST, **Rech. t. p.**, XIII, II, p. 176.

3 « À la suite de certaines manœuvres psychologiques... un engourdissement apparaît avec suspension des fonctions psycho-motrices. C'est la catalepsie hypnotique. »
Dr H. BARUK, **Psychoses et névroses**, p. 58 (éd. P.U.F.).

4 « ... telle est donc aussi en définitive la cause première qui explique la suggestibilité hypnotique : état de fatigue ou de faiblesse comme celui que créent la plupart des maladies débilitantes... la *multiplication des consciences* qui caractérise si curieusement les *états seconds* des hypnotiques n'est qu'une sorte de corollaire de cette pulvérisation de l'esprit dans les idées fixes qui annonce la démence. »
M. PRADINES, **Traité de psychol. générale**, t. I, I, p. 21.

DER. — **Hypnotiser. — Hypnotisme.** *n. m.* (1845 ; par l'intermédiaire de l'angl. *hypnotism*, 1841). Ensemble des phénomènes qui constituent le sommeil artificiel provoqué. V. **Somnambulisme** (magnétique, provoqué). *État, phénomènes d'hypnotisme.* — *Par ext.* Ensemble des procédés physiques ou psychiques mis en œuvre pour déclencher les phénomènes d'hypnose*. V. **Fascination, magnétisme.** *Séance d'hypnotisme.* — Science qui traite des phénomènes hypnotiques. *Richet, Charcot, Bernheim, Janet, théoriciens de l'hypnotisme. Babinski, Dupré, détracteurs de l'hypnotisme* (ANT. **Veille**).

1 « ... le magicien se sert d'une voyante, d'une femme qui s'appelle, dans ce monde-là, « un esprit volant » ; c'est une somnambule qui, mise en état d'hypnotisme, peut se rendre en esprit où l'on veut qu'elle aille. »
HUYSMANS, **Là-bas**, XIV, p. 202.

2 « L'hypnotisme qui est sorti graduellement de l'ancien magnétisme animal n'est pas autre chose que la production artificielle du somnambulisme.· Il peut se définir une transformation momentanée de l'état mental d'un individu, déterminé artificiellement par un autre homme et suffisante pour amener des dissociations de la mémoire personnelle. »
P. JANET, **Les médications psychol.**, t. I, IV, pp. 270-271.

3 « Au point de vue médico-légal, l'hypnotisme a soulevé des problèmes délicats ; on a pu penser que l'on pouvait suggérer à un sujet endormi des actes délictueux ou criminels qu'il accomplirait ultérieurement. En fait, disait ROGUES DE FURSAC, il est remarquable que, depuis beaucoup plus d'un siècle qu'on se préoccupe des méfaits de l'hypnotisme au point de vue social, il n'existe pas dans la littérature un seul cas probant de crime commis sous l'influence de l'hypnotisme. »
Dr POROT, **Manuel de psychiatrie**, Hypnotisme.

HYPNOTISER. *v. tr.* (1860 ; de *hypnotique*). Endormir artificiellement par les procédés de l'hypnotisme. V. **Fasciner, magnétiser.**

1 « Je suis convaincu que même en employant les procédés les plus doux, nous déterminons toujours une violente émotion dès que nous cherchons à hypnotiser une personne et il ne serait pas bon de chercher à diminuer trop cette émotion car nous perdrions en même temps une grande partie de notre influence. »
P. JANET, **Les médications psychol.**, t. I, IV, p. 280.

2 « Il me regarde comme s'il voulait m'hypnotiser... »
DUHAM., **Scènes vie fut.**, XIII, p. 200.

3 « (Il était)... comme relié à elle, même absent, par un fil secret,... par une télépathie mystérieuse, comme si elle l'eût galvanisé, hypnotisé à distance, à chaque seconde et comme s'il eût été exposé, privé tout d'un coup de cette aide incessante, à tomber en catalepsie. »
JOUHANDEAU, **Tite-le-Long**, III, p. 37.

4 « ... un visage inerte au regard fixe et comme hypnotisé. »
CHARDONNE, **Dest. sentim.**, III, p. 471.

— *Par anal.* et *fig.* V. **Éblouir, fasciner, obnubiler.** *Les penseurs du XIXe siècle ont été hypnotisés par le Cogito* (cit.) *cartésien.*

5 « Vous savez que la musique m'hypnotise, elle boit mes pensées. »
MAUPASS., **Fort comme la mort**, p. 261.

6 « Les Allemands sont hypnotisés par le péril russe. »
MART. du G., **Thib.**, t. VI, VII, p. 47.

— Pronominalt. et fig. *S'hypnotiser sur une chose :* être comme fasciné par elle, au point que l'attention accaparée ne peut se porter ailleurs (Cf. Disperser, cit. 10).

DER. — **Hypnotiseur.** *n. m.* (1860 d'apr. WARTBURG). Celui qui hypnotise. V. **Magnétiseur.** Par appos. *Guérisseur hypnotiseur.*

« On constate parfois entre un sujet hypnotisé et l'hypnotiseur un lien invisible qui les met en rapport l'un avec l'autre. Ce lien paraît être une émanation du sujet. Quand l'hypnotiseur est ainsi en rapport avec l'hypnotisé, il peut lui suggérer, à distance, certains actes à accomplir. »
CARREL, **L'homme, cet inconnu**, VII, p. 315.

HYP(O)-. Préfixe tiré du gr. *hupo*, « au-dessous, en deçà », qui entre dans la composition de nombreux mots scientifiques pour exprimer la diminution, l'insuffisance, la situation inférieure (au propre et au figuré). — REM. En chimie, l'idée d'insuffisance, de petite quantité, que marque *Hypo*-ne, s'applique pas à la racine du mot, mais à l'Oxygène qui se trouve dans le corps. *Ex. :* un acide *hypochloreux*, un *hypochlorite* ne contient pas moins de *Chlore*, mais moins d'*Oxygène* qu'un acide *Chloreux, chlorique*, qu'un *chlorate*, etc. — **Hypoazoteux.** *adj. m.* (XIXe s.). Se dit d'un acide N₂ O₃ H₂ (V. **Azote, azoteux**), dont le sel est l'*hypoazotite*. — **Hypocarpogé, ée.** *adj.* (XIXe s. LITTRÉ ; gr. *karpos*,

« fruit », et *gê*, « terre »). *Bot.* Dont les fruits mûrissent sous la terre. *L'arachide, plante hypocarpogée.* — **Hypocauste*. — Hypocentre.** *n. m.* (Néol. ; de *centre*). Foyer réel d'un séisme, situé dans les profondeurs de la terre (*par oppos.* au foyer apparent. V. **Épicentre**). — **Hypochloreux.** *adj. m.* (XIXe s. LACHÂTRE. V. **Chloreux**). *Chim.* Se dit d'un acide (Cl OH) et d'un anhydride (Cl₂ O) du chlore*. — **Hypochlorhydrie.** *n. f.* (fin XIXe s.). *Méd.* Diminution de la quantité d'acide chlorhydrique dans la sécrétion* stomacale. V. **Chlore ; suc** (gastrique) ; **estomac** (ANT. **Hyperchlorhydrie**). — **Hypochlorique.** *adj.* (XIXe s.). *Chim. Acide hypochlorique.* Ancien nom du peroxyde de chlore*. — **Hypochlorite.** *n. m.* (XIXe s. LACHÂTRE ; V. **Chlore**). *Chim.* Sel de l'acide hypochloreux. *Hypochlorites de sodium, de potassium* (eau de Javel), *de calcium*, employés comme désinfectants. — **Hypocondre*, hypocondrie* ; hypocondriaque*.** — (REM. Ces trois mots sont parfois orthographiés avec *ch*). — **Hypocoristique.** *adj.* (XIXe s. ; empr. au gr. *hupokoristikos*, même sens). *Linguist.* Qui exprime une intention affectueuse, caressante (ex. : *fifille* pour « fille »). *Diminutif*, redoublement hypocoristique. Usage, valeur hypocoristique d'un mot.* Substant. *Un hypocoristique.* — **Hypocrisie*, hypocrite*.** — **Hypoderme.** *n. m.* (XIXe s. Cf. -Derme). ‖ 1° *Bot.* Tissu qui existe au-dessous de l'épiderme, dans certaines tiges ou feuilles. ‖ 2° *Zool.* Genre d'insectes diptères* (*Œstridés*) dont les larves vivent sous la peau des ruminants. *Hypoderme du bœuf, du chevreuil, du cerf... L'hypodermose, affection causée aux animaux par les larves d'hypodermes.* — **Hypodermique.** *adj.* (1873 P. LAROUSSE). Qui concerne le tissu sous-cutané. *Méthode hypodermique*, par injection de médicament liquide sous la peau. *Piqûre, injection hypodermique.* V. **Sous-cutané** (Cf. Cacodylate, cit.). Par ext. *Seringue hypodermique*, servant à faire les piqûres hypodermiques. — **Hypoesthésie.** *n. f.* (fin XIXe s. ; gr. *aisthêsis*. Cf. Esthésio-). Diminution de la sensibilité : anesthésie* partielle (ANT. **Hyperesthésie**). — **Hypogastre*, hypogée*, hypoglosse*.** — **Hypogyne.** *adj.* (1801 ; gr. *gunê*, « femelle »). *Bot.* Qui est inséré sous l'ovaire d'une plante (pistil). *Corolle hypogyne, verticilles hypogynes.* — **Hyponomeute.** *n. m.* (1878 P. LAROUSSE ; gr. *huponomeutês*, « mineur », de *huponomos*, propremt. « qui creuse en dessous »). Insecte lépidoptère (*Tinéidés*) qui pond ses œufs sur les branches des arbres fruitiers et dont les chenilles (*chenilles fileuses*) causent de grands dégâts à ces arbres (V. **Teigne**). *Hyponomeute du pommier, du poirier.* (On écrit parfois *Yponomeute*). — **Hypophosphoreux, euse.** *adj.* (XIXe s. ; V. **Phosphore**). *Chim.* Se dit de l'acide le moins oxygéné du phosphore* POH₂ (OH). *Les hypophosphites, sels de l'acide hypophosphoreux*, employés en médecine comme toniques*. — **Hypophosphorique.** *adj.* (XIXe s. ; V. **Phosphore**). *Chim.* Se dit d'un des oxacides du phosphore (PO) (OH)₄. *Les hypophosphates, sels de l'acide hypophosphorique.* — **Hypophyse*.** — **Hyposcénium** (*niom*). *n. m.* (*Hyposcénion* au XVIIIe s. TRÉVOUX ; gr. *skênê*, « scène »). *Archéol.* Le dessous de la scène d'un théâtre antique. *Spécialt.* Mur soutenant la scène (proscenium) ; partie de l'orchestre* située devant ce mur. — **Hypostase*, hypostyle*.** — **Hyposulfite.** *n. m.* (XIXe s. in LACHÂTRE). Sel de l'acide hyposulfureux. *L'hyposulfite de sodium* (Na₂ S₂ O₃, 5H₂ O) *ou thiosulfate de sodium*, utilisé en photographie, pour fixer l'image (V. **Fixatif**, dér. de Fixer). — **Hyposulfureux, euse.** *adj.* (XIXe s. in LACHÂTRE). Se dit d'un acide instable S₂ O₄ H₂. — **Hypoténuse*.** — **Hypotension.** *n. f.* (1906). *Méd.* Diminution de la tension* (sanguine). *Hypotension artérielle permanente* (ANT. **Congestion, hypertension**). — **Hypothénar.** *n. m.* (XVIe s. ; gr. *thenar*, « paume »). Éminence, saillie que forment les muscles moteurs du petit doigt sur la paume de la main. — **Hypothèque*. — Hypothermie.** *n. f.* (1906 ; Cf. -Thermie). Abaissement de la température du corps au-dessous de la normale (ANT. **Fièvre, hyperthermie**). — **Hypothèse*. — Hypotonie.** *n. f.* (1906 ; Cf. -Tonie). ‖ 1° *Physiol.* Diminution de l'excitabilité nerveuse, de la tonicité musculaire (V. **Atonie**). ‖ 2° Syn. d'*Hypotension*. ‖ 3° *Phys.* État d'un liquide, d'une solution dont la tension osmotique est inférieure à celle d'un liquide de référence (DER. **Hypotonique.** *adj.* (1906). *Méd.* De concentration moléculaire inférieure à celle du sang. *Solution hypotonique. Injection, instillation de sérum hypotonique*). — **Hypotrophie.** *n. f.* (XIXe s. in LACHÂTRE ; gr. *trophê*, « nourriture »). Défaut de nutrition d'un organe. V. **Atrophie** (ANT. **Hypertrophie**). — **Hypotypose*.**

HYPOCAUSTE. *n. m.* (1547 WARTBURG ; gr. *hupokauston*, de *kaiein*, « brûler »). *Archéol.* Fourneau souterrain pour chauffer les bains, les chambres (dans les thermes*, etc.).

« ... la précision complexe du système de fours,... d'hypocaustes (complétés ou non par les tubulures montant à l'intérieur des murs évidés dont elles remplissaient les parois), qui transportait, répartissait, dosait la chaleur dans les salles... (*des thermes romains*). »
CARCOPINO, **Vie quotid. à Rome**, p. 296.

1. HYPOCONDRE. *n. m.* (XIVe s. ; empr. au plur. neutre lat. *hypochondria*, du gr. *khondros*, « cartilage des côtes ». Cf. Hypo-). *Anat.* Chacune des parties latérales de la région supérieure de l'abdomen, à droite et à gauche de l'épigastre*. *Hypocondre droit, gauche. Les hypocondres abritent divers organes.*

« ... cette maladie, procédante du vice des hypocondres : »
MOL., **Pourc.**, I, VIII.

2. HYPOCONDRE. adj. (1609 ; de *hypocondriaque*). *Peu usit.* Atteint d'hypocondrie*. V. **Hypocondriaque.** Substant. *Un, une hypocondre.*

1 « Vallette nous parlait aussi du caractère de Barrès. C'est un hypocondre, qui a de grands moments d'abattement, des moments où il lui faut absolument quelqu'un qui le remonte, en l'assurant de sa valeur, de son talent, en lui assurant qu'il réussira. »
LÉAUTAUD, **Journ. littér.**, 29 janv. 1906, I, p. 259.

— *Par ext.* (vx). Déraisonnable, fou.

2 « Est-ce... par un goût hypocondre, que cette femme aime un valet ? »
LA BRUY., III, 32.

ANT. — Gai.

HYPOCONDRIAQUE. adj. (XVIᵉ s. ; empr. au gr. *hupokhondriakos*).

‖ 1° *Méd. ancienne.* Qui a rapport aux hypocondres. V. **Atrabilaire** (cit. 3). *Maladie hypocondriaque.* V. **Hypocondrie.**

1 « ... cette sorte de folie que nous nommons fort bien mélancolie hypocondriaque, espèce de folie très fâcheuse,... laquelle procède du vice de quelque partie du bas-ventre et de la région inférieure,... »
MOL., **Pourc.**, I, VIII.

‖ 2° *Méd.* (XVIᵉ s.). Qui a rapport à l'hypocondrie*. *Idées hypocondriaques* (Cf. Idées noires). — Qui est atteint d'hypocondrie. *Sujet hypocondriaque.* V. **Hypocondre.** — Substant. *Un, une hypocondriaque.*

2 « ... cette aventure effroyable l'a guérie pendant deux ans d'un état de dépression hypocondriaque extrêmement grave avec troubles circulatoires des plus étranges qui durait depuis des années. »
P. JANET, **Médications psychol.**, t. III, p. 170.

— *Par anal.* D'humeur triste et capricieuse. V. **Acariâtre, bilieux, chagrin, morose.**

3 « Le génie Cucufa est un vieil hypocondriaque, qui craignant que les embarras du monde et le commerce des autres génies ne fissent obstacle à son salut, s'est réfugié dans le vide, pour... s'ennuyer, enrager et crever de faim. »
DIDER., **Bij. indiscr.**, IV.

ANT. — Gai.

DER. — Hypocondre 2. — **Hypocondrie.** n. f. (1781 D'ALEMBERT ; une première fois en 1490). *Méd.* Névrose* caractérisée par un état d'anxiété habituelle et excessive du sujet à propos de sa santé. V. **Atrabile, bile** (noire), **mélancolie, neurasthénie ; vapeurs** (vx). *Les anciens attribuaient l'hypocondrie à un trouble des organes situés dans les hypocondres. Humeur morose et bizarre du malade atteint d'hypocondrie.* V. **Hypocondriaque.** *Tourner à l'hypocondrie* (Cf. Hanter, cit. 15).

1 « Les excellentes leçons que Votre Majesté veut bien me donner sur l'*hypocondrie* ou *hypocondrerie*, plus élégamment appelée *vapeurs*, me font craindre, pour l'honneur de ma raison, que Votre Majesté ne me croie attaqué de cette maladie ; »
D'ALEMB., **Lettre au roi de Prusse**, 29 juin 1781.

2 « Ce fut l'objet d'une querelle commencée doucement, mais qui s'envenima par degrés, et où l'hypocondrie du comte, apaisée depuis quelques jours, demanda ses arrérages à la pauvre Henriette. »
BALZ., **Lys dans la vallée**, Œuvr., t. VIII, p. 872.

3 « Ta grand-mère passe maintenant d'assez bonnes nuits ; en somme, elle va mieux... Mais elle s'ennuie ! elle s'ennuie ! elle s'ennuie !... elle a grand besoin de distraction pour ne pas tomber dans l'hypocondrie. »
FLAUB., **Corresp.**, 5ᵉ série, Lettre à sa nièce Caroline, p. 177.

4 « Il se rattachait au type du Méridional maigre, dont la mine n'est pas toujours brillante, et qui, fort sensible à la douleur, ferait volontiers de l'hypocondrie, mais finalement, d'inquiétude en inquiétude, atteint un âge avancé. » ROMAINS, **H. de b. vol.**, III, VIII, p. 125.

— *Par anal.* Humeur mélancolique (V. **Chagrin, ennui, spleen**) ou acariâtre.

HYPOCRAS (-*krass'*). n. m. (*Ypocras* au XVᵉ s. ; du nom d'*Hippocrate* auquel on attribuait l'invention de ce breuvage ; altération sous l'influence de *hypo*-). Vin sucré où l'on a fait infuser de la cannelle, du girofle, etc. *L'hypocras, boisson tonique très estimée au moyen âge* (Cf. Expédier, cit. 4).

« ... des vins secs ou tannés et cuits, des capiteux hypocras, chargés de cannelle, d'amandes et de musc,... »
HUYSMANS, **Là-bas**, VIII, p. 117.

HYPOCRISIE. n. f. (*Ypocrisie* au XIIᵉ s. ; empr. au lat. d'orig. gr. *hypocrisia*, propremt. « jeu de l'acteur »).

‖ 1° Vice qui consiste à déguiser son véritable caractère, à feindre des opinions, des sentiments, et, *particulièrt.*, des vertus qu'on n'a pas. V. **Affectation, déloyauté, dissimulation, duplicité, fausseté, fourberie, fraude, patelinage.** *Le caméléon, emblème de l'hypocrisie. Le masque de l'hypocrisie* (Cf. Arborer, cit. 8 ; cœur, cit. 84). *Hypocrisie des âmes basses* (cit. 38). *Être malfaisant qui abrite sa malignité*, son venin* sous le couvert de l'hypocrisie. L'hypocrisie se rencontre même chez les plus vertueux* (Cf. Fier, v., cit. 4). *Inventions qui encouragent l'hypocrisie* (Cf. Glacer, cit. 17). *Âme pure et naïve sans aucune hypocrisie* (Cf. Égarer, cit. 9). *Convaincre quelqu'un d'hypocrisie. Démasquer* l'hypocrisie ; lever le voile de l'hypocrisie.* V. **Imposture.** *Reproche* (Cf. Autoriser, cit. 9), *soupçon d'hy-*

pocrisie (Cf. Emporter, cit. 44). *Courtisans qui font assaut d'hypocrisie* (V. **Adulation, flatterie**). *Circonvenir quelqu'un en usant d'hypocrisie* (Cf. Faire patte* de velours). — *Hypocrisie de langage, de mœurs, de moralité* (Cf. Cant, cit.). *Hypocrisie cauteleuse* (cit. 3), *doucereuse, jésuite* (Cf. Espagnolisme, cit.), *sournoise. Férocité de l'hypocrisie bourgeoise* (Cf. Envi (à l'), cit. 4). *Hypocrisie puritaine de l'époque victorienne* (Cf. Glacial, cit. 5). *Les formes de l'hypocrisie sociale* (Cf. Fraternité, cit. 8).

1 « Ce n'est plus rien que fard, qu'hypocrisie,
Que brigandage et rien qu'apostasie,
Qu'erreur, que fraude, en ce temps obscurci ; »
RONSARD, **Pièces posthumes**, Caprice.

2 « L'hypocrisie est un hommage que le vice rend à la vertu. »
LA ROCHEF., **Max.**, 218.

3 « Le voile de la modestie couvre le mérite, et le masque de l'hypocrisie cache la malignité. »
LA BRUY., XII, 27.

4 « Fleury la reçut (*la barrette*) avec la même simplicité apparente qu'il avait reçu la place de premier ministre, et qu'il dirigea toutes les actions de sa vie, sans jamais laisser entrevoir sur son visage ni les sourcils de la fierté ni les grimaces de l'hypocrisie. »
VOLT., **Siècle de Louis XV**, III.

5 « Aussi... la femme comme il faut vit-elle entre l'hypocrisie anglaise et la gracieuse franchise du dix-huitième siècle : »
BALZ., **Autre étude de femme**, Œuvr., t. III, p. 233.

6 « Les mœurs sont l'hypocrisie des nations ; l'hypocrisie est plus ou moins perfectionnée. » ID., **Physiol. du mariage**, Œuvr., t. X, p. 630.

7 « Le manteau d'hypocrisie catholique dont ils furent forcés de recouvrir leur sensualité si naturellement païenne, servit aux fins de l'art... »
GIDE, **Nouv. prétextes**, p. 37.

8 « En Allemagne, nous avons l'hypocrisie de parler toujours d'idéalisme, en poursuivant toujours notre intérêt ; et nous nous persuadons que nous sommes idéalistes, en ne pensant qu'à notre égoisme. »
R. ROLLAND, **Jean-Christ.**, La foire sur la place, I, p. 719.

9 « L'hypocrisie est une nécessité des époques où il faut de la simplicité dans les apparences, où la complexité humaine n'est pas admise, où la jalousie du pouvoir ou la stupidité de l'opinion impose un modèle aux personnes. Le modèle est promptement pris pour masque. »
VALÉRY, **Variété II**, p. 69.

— *Spécialt. Hypocrisie du faux dévot.* V. **Bigoterie, bigotisme, dévotion** (cit. 3 et 5), **papelardise, pharisaïsme, tartuferie.** *Faire la distinction* (cit. 1) *entre l'hypocrisie et la dévotion.* — *L'Hypocrisie* (1767), satire de Voltaire.

10 « ... l'hypocrisie est un vice à la mode, et tous les vices à la mode passent pour vertus. Le personnage d'homme de bien est le meilleur de tous les personnages qu'on puisse jouer aujourd'hui, et la profession d'hypocrite a de merveilleux avantages... Tous les autres vices des hommes sont exposés à la censure... mais l'hypocrisie est un vice privilégié, qui, de sa main, ferme la bouche à tout le monde... Combien crois-tu que j'en connaisse qui, par ce stratagème, ont rhabillé adroitement les désordres de leur jeunesse, qui se sont fait un bouclier du manteau de la religion, et, sous cet habit respecté, ont la permission d'être les plus méchants hommes du monde ? »
MOL., **D. Juan**, V, II.

11 « Quant au reste, je parle de l'hypocrisie, ne pensez pas que je la borne à cette espèce particulière qui consiste dans l'abus de la piété, et qui fait les faux dévots. Je la prends dans un sens plus étendu, et... peut-être malgré vous-mêmes serez-vous obligé de convenir que c'est un vice qui ne vous est que trop commun ;... »
BOURDAL., **Sermon 2ᵉ Avent**, Sur jugement dernier, II (Cf. Hypocrite, cit. 3).

12 « L'hypocrisie des Pharisiens, qui en priant tournaient la tête pour voir si on les regardait, qui faisaient leurs aumônes avec fracas, et mettaient sur leurs habits des signes qui les faisaient reconnaître pour personnes pieuses, toutes ces simagrées de la fausse dévotion le révoltaient. » RENAN, **Vie de Jésus**, Œuvr., t. IV, p. 139.

— *Par ext.* Caractère de ce qui est hypocrite*. *Hypocrisie d'un argument, d'un procédé...* V. **Jésuitisme.** *Voilà qui est d'une hypocrisie insupportable* (Cf. Fonction, cit. 6). *L'hypocrisie de son regard, de sa voix...*

13 « ... un siècle où l'hypocrisie de la décence est poussée presque aussi loin que le relâchement des mœurs. »
BEAUMARCH., **Barb. de Sév.**, Lettre... s. la critique.

14 « ... on lui sait gré d'avoir noté d'un trait spirituel qu'il y a des chefs-d'œuvre ennuyeux que les gens se croient obligés d'admirer de confiance : ce qu'il appelle « l'hypocrisie du goût ». »
HENRIOT, **Romantiques**, p. 436.

‖ 2° Acte, manifestation hypocrite. V. **Comédie, feinte, fraude, grimace, jonglerie, mascarade, mensonge, pantalonnade, simagrée, tromperie.** *Commettre une hypocrisie. Ne vous laissez pas prendre à ces hypocrisies. Tout cela est pure hypocrisie. Quelle hypocrisie ! Trêve d'hypocrisie !*

15 « Tout son fait, croyez-moi, n'est rien qu'hypocrisie. »
MOL., **Tart.**, I, 1.

16 « ... les déguisements et les artifices, pour ne pas dire les hypocrisies de l'amour-propre,... »
BOURDAL., **Sermon 1ᵉʳ Avent**, Sur jugement dernier, II.

17 « Mais si tout cela n'est qu'hypocrisie, si je dois voir en vous un serpent que j'aurai réchauffé dans mon sein, vous seriez une infâme, une horrible créature ! » BALZ., **Pierrette**, Œuvr., t. III, p. 730.

ANT. — Franchise, loyauté, sincérité.

HYPOCRITE. n. et adj. (*Ipocrite* au XIIᵉ s. ; empr. au lat. d'orig. gr. *hypocrita*, propremt. « acteur »).

I. *N.* Personne qui a de l'hypocrisie*, fait preuve d'hypocrisie. V. **Comédien, fourbe, grimacier, imposteur, jésuite, jeton** (faux), **judas, patte-pelu** (vx), **sournois** (Cf. Fanfaron, cit. 7).

1 « Ce mot se dit généralement de tout homme qui cache ce qu'il est, pour paraitre ce qu'il n'est pas, qui se montre avec un caractère qui n'est pas le sien... La vie des *hypocrites* est une comédie perpétuelle ; ils sont presque toujours sur le théâtre et ne quittent guère le masque. »
TRÉVOUX, **Dict.**, Hypocrite.

— *Ruses et astuces* (cit. 2) *d'un hypocrite adroit, habile* (Cf. Enfieller, cit. 2). *Les multiples déguisements de l'hypocrite* (V. **Caméléon**). *Un fieffé hypocrite.* V. **Escobar**. *Cromwell, hypocrite raffiné* (Cf. Entreprendre, cit. 3). *Faire l'hypocrite.* V. **Bonhomme, saint** (petit). *Hypocrite qui cache* (cit. 6), *farde* son jeu. Agir en hypocrite* (Cf. Sans avoir l'air d'y toucher*). *Traiter quelqu'un d'hypocrite* (Cf. Condamner, cit. 13).

2 « ... il n'eût pu la cacher (*sa joie*), quand même il eût été le plus grand hypocrite du monde. » SCARRON, **Roman comique**, IX, p. 40.

3 « ... car j'appelle hypocrite quiconque, sous de spécieuses apparences, a le secret de cacher les désordres d'une vie criminelle. Or, en ce sens, on ne peut douter que l'hypocrisie ne soit répandue dans toutes les conditions, et que, parmi les mondains, il ne se trouve encore bien plus d'imposteurs et d'hypocrites que parmi ceux que nous nommons dévots... l'espérance de l'hypocrite était qu'on ne le connaîtrait jamais à fond, et qu'éternellement le monde serait la dupe de sa damnable politique ; et son désespoir... sera de ne pouvoir se déguiser, de n'avoir plus de ténèbres où se cacher, de voir malgré lui le voile de son hypocrisie levé, ses artifices découverts,... »
BOURDAL., **Sermon 2e Avent**, Sur jugement dernier, II (Cf. Hypocrisie, cit. 11).

4 « Un hypocrite est un patient dans la double acception du mot ; il calcule un triomphe et endure un supplice. »
HUGO, **Travaill. de la mer**, I, VI, VI.

5 « De même que l'on doit porter le costume de tout le monde, chacun a ses gants d'hypocrite vis-à-vis de tous les autres, et jusque dans son lit. »
SUARÈS, **Trois hommes**, Ibsen, III.

— *Un hypocrite de* (quelque chose qu'il affecte).

6 « Je suis... le contraire d'une hypocrite d'amitié :... »
SÉV., 1115, 1688.

7 « L'homme que le feu du canon prussien ne fait pas sourciller ne peut point être un hypocrite de bravoure ;... »
STENDHAL, **Lucien Leuwen**, VIII, p. 817.

— *Spécialt.* Faux dévot*. V. **Béat, bigot** (cit. 6), **cafard, cagot, papelard, pharisien, tartufe**. *Distinguer le véritable hypocrite du vrai dévot* (cit. 5. Cf. aussi Couleur, cit. 24). *Les aumônes* (cit. 2) *et les prières des hypocrites* (Cf. Barboter, cit. 7). *Hypocrites et libertins à la cour* (cit. 13). *Tartuffe, comédie de Molière contre* (cit. 18) *les hypocrites et leurs grimaces* (Cf. Effaroucher, cit. 6).

8 « ... lorsque vous priez, ne soyez pas comme les hypocrites, qui aiment à prier debout dans les synagogues et au coin des rues, afin d'être vus des hommes. »
BIBLE (CRAMP.), **Évang. St Matthieu**, VI, 5.

9 « ... si je faisais une comédie qui décrivît les hypocrites, et mit en vue comme il faut toutes les grimaces étudiées de ces gens de bien à outrance, toutes les friponneries couvertes de ces faux-monnayeurs en dévotion, qui veulent attraper les hommes avec un zèle contrefait et une charité sophistique. »
MOL., **Tart.**, 1er placet au roi.

10 « Ah ! Chrétiens, que d'hypocrites à qui Dieu tout à coup lèvera le masque ! Que de vertus chimériques et plâtrées, dont nous recevrons plus de confusion que de nos vices mêmes reconnus de bonne foi et confessés ! » BOURDAL., **Sermon 1er Avent**, Sur jugement dernier, II.

11 « Quand je lis le *Tartuffe*, je me dis : Sois hypocrite si tu veux, mais ne parle pas comme l'hypocrite. »
DIDER., **Neveu de Rameau** (Œuvr., p. 467).

12 « Votre Majesté n'a pas d'idée du déchainement général des hypocrites et des fanatiques contre la malheureuse philosophie... Toute la basse littérature est à leurs ordres, et crie sans cesse, *religion*, dans les brochures, dans les dictionnaires, dans les sermons. »
D'ALEMB., **Lettre au roi de Prusse**, 11 mai 1773.

13 « Avez-vous donc pu croire, hypocrites surpris, Qu'on se moque du maitre, et qu'avec lui l'on triche, »
BAUDEL., **Les épaves**, XVIII.

14 « ... le mot de Tartufe deviendra un nom commun et signifiera en effet un hypocrite, un imposteur. »
DUHAM., **Refuges de la lecture**, VIII, p. 255.

II. *Adj.* En parlant de personnes. V. **Artificieux, cauteleux, déloyal, dissimulé, double, faux** (cit. 27), **félon, menteur, sournois** (Cf. Ennemi, cit. 4 ; exalter, cit. 25 ; frère, cit. 19). *Ame, caractère, homme hypocrite.* V. **Face** (à double). *Courtisan hypocrite.* V. **Flatteur**. *Être, se faire hypocrite auprès de quelqu'un* (Cf. Tout sucre*, tout miel).

15 « Malheur à vous, scribes et Pharisiens hypocrites ; parce que vous ressemblez à des tombeaux blanchis, qui au dehors paraissent beaux, mais au dedans sont remplis d'ossements de morts et de toute immondice. » BIBLE (CRAMP.), **Évang. St Matth.**, XXIII, 27.

16 « Faire poser le masque à cette âme hypocrite, »
MOL., **Tart.**, IV, 4.

17 « ... on ne peut être hypocrite que par une expresse perfidie et une malice déterminée. »
BOSS., **6e Avertiss. aux protest.**, III, LXXVI.

18 « Du rigorisme embouche la trompette ; Sois hypocrite, et ta fortune est faite. »
VOLT., **Satires**, Le pauvre diable.

19 « Lettré, lâche, hypocrite et charlatan ;... poli, complimenteur, adroit, fourbe et fripon ; qui met tous les devoirs en étiquettes, toute la morale en simagrées, et ne connait d'autre humanité que les saluations et les révérences. » ROUSS., **Julie**, IV, Lettre III.

20 « Je n'écris que pour cent lecteurs, et de ces êtres malheureux, aimables, charmants, point hypocrites, point « moraux », auxquels je voudrais plaire » STENDHAL, **De l'amour**, p. IX.

21 « Là est la différence qui se trouve entre les mœurs du grand monde et les mœurs du peuple : l'un est franc, l'autre est hypocrite ; à l'un le couteau, à l'autre le venin du langage ou des idées ; »
BALZ., **Contrat de mariage**, Œuvr., t. III, p. 160.

22 « Je trouvai la force d'être hypocrite avec toupet. Je fis : « Tiens ! Je croyais que vous sortiez tous les soirs à quatre heures ? »
ROMAINS, **H. de b. vol.**, t. III, p. 267.

— *En parlant de choses.* Qui est empreint d'hypocrisie ; dénote de l'hypocrisie. *Air, maintien, sourire, ton hypocrite.* V. **Affecté, mielleux, patelin**. *Minois hypocrite d'un chat* (cit. 2). *Assez de manières, de mines hypocrites.* V. **Cabotinage, momerie, simagrée, singerie**. *Attitude hypocrite du fourbe* (Cf. Componction, cit. 1). *Larmes hypocrites.* V. **Crocodile** (de). *Gentillesse hypocrite.* V. **Félin**. *Bienséance hypocrite.* V. **Cant**. *Menées hypocrites.* V. **Jésuitique, sourd, tortueux**. *Louanges, promesses hypocrites.* V. **Fallacieux**. *Camaraderie* (cit. 5) *hypocrite et méfiante. Les dehors hypocrites de la vie familiale* (Cf. Changer, cit. 74).

23 « Fausse beauté qui tant me coûte cher, Rude en effet, hypocrite douceur,... »
VILLON, **Le testament**, Ballade à s'amie.

24 « Souvent un visage moqueur N'a que le beau semblant d'une mine hypocrite. »
CORN., **Mélite**, III, 2.

25 « De ces femmes pourtant l'hypocrite noirceur Au moins pour un mari garde quelque douceur. » BOIL., **Sat.**, X.

26 « ... tout son extérieur contraint, gêné, affecté ; l'odeur hypocrite, le maintien faux et cynique, des révérences lentes et profondes ; allant toujours rasant les murailles, avec un air toujours respectueux... et des propos toujours composés,... » ST-SIM., **Mém.**, II, XLVII.

27 « C'est trahir à la fois, sous un masque hypocrite, Et le Dieu qu'on préfère, et le Dieu que l'on quitte : »
VOLT., **Alzire**, V, 5.

28 « ... la *modestie* est quelquefois *hypocrite*, et la *simplicité* ne l'est jamais. » D'ALEMB., **Dial. entre Descartes et Christine**.

29 « Je viens de trouver un moyen simple de mettre ces fripons au pied du mur ; je répondrai à leur doctrine sublime, à leurs appels hypocrites à la conscience par ce mot bien humble : que me donnerez-vous ? »
STENDHAL, **Lucien Leuwen**, VIII.

ANT. — Cordial, franc, loyal, sincère.

DER. — **Hypocritement**. *adv.* (1584). D'une manière hypocrite ; avec hypocrisie. V. **Déloyalement**. *Répondre hypocritement. Singer hypocritement la pudeur* (**ANT.** Bonnement, cordialement, droitement, franchement).

« — C'est toujours quand les femmes ont quelque pensée importante qu'elles disent hypocritement : je n'ai rien... »
BALZ., **Les paysans**, Œuvr., t. VIII, X, p. 157.

HYPOGASTRE. *n. m.* (1536 WARTBURG ; gr. *hupogastrion*. Cf. -Gastre). *Anat.* Région médiane inférieure de l'abdomen, située entre les fosses iliaques. V. **Bas-ventre**. *L'épigastre* est situé au-dessus de l'hypogastre.*

DER. — **Hypogastrique**. *adj.* (XVIe s.). *Anat.* Relatif à l'hypogastre. *Région hypogastrique. Douleurs hypogastriques. Ceinture hypogastrique.*

1. HYPOGÉE. *n. m.* (1552 ; lat. *hypogeum*, gr. *hupogeion*, de *gê*, « terre »). *Archéol.* Construction souterraine (V. **Crypte**) et *spécialt.* sépulture souterraine, voûte funéraire (V. **Caveau, tombeau**). *Hypogées égyptiens décorés de fresques. Chambres sépulcrales d'un hypogée. Hypogée creusé dans le sol, recouvert d'un tumulus, ménagé sous une construction. Les hypogées d'une nécropole.*

1 « Écoutez ! la nymphe Égérie chante au bord de sa fontaine ; le rossignol se fait entendre dans la vigne de l'hypogée des Scipions ; »
CHATEAUB., **M. O.-T.**, VI, V, p. 117.

2 « Dans de vastes souterrains, creusés sous les hypogées et sous les pyramides, ils avaient accumulé des trésors des races passées et certains talismans qui les protégeaient contre la colère des dieux. »
NERVAL, **Aurélia**, VIII.

3 « Ainsi le grain de blé, retrouvé dans un hypogée, germe, dit-on, après trois mille ans d'un sec sommeil. » VALÉRY, **Analecta**, LX.

— *Par métaph.* et *fig.* V. **Cave, souterrain**.

4 « J'avais vécu jusque-là dans un hypogée, éclairé de lampes fumeuses ; maintenant, le soleil et la lumière allaient m'être montrés. »
RENAN, **Souv. d'enfance...**, p. 124.

5 « Et dans ce jour d'août 1915 le plus chaud de l'année Bien abrité dans l'hypogée que j'ai creusé moi-même C'est à toi que je songe Italie mère de mes pensées »
APOLLINAIRE, **Calligrammes**, p. 149.

2. HYPOGÉ, ÉE. *adj.* (XIXe s. LITTRÉ ; Cf. le précédent). *Bot.* Qui se développe sous la terre. *Cotylédons hypogés* (**ANT.** **Épigé***).

HYPOGLOSSE. *adj.* (1752 : gr. *hupoglossios*, de *glossa*, « langue »). *Anat.* Qui est sous la langue*. — *Spécialt. Nerf grand hypoglosse* : nerf crânien qui « se distribue... aux muscles de la langue et à un certain nombre de muscles sus ou sous-hyoïdiens » (TESTUT, **Anat.**, t. III, p. 187). Substant. *Le grand hypoglosse.*

DER. — **Hypoglossite**. *n. f.* (XIXe s.). Inflammation de la partie inférieure de la langue.

HYPOPHYSE. *n. f.* (XIXe s. au sens mod. : gr. *phusis*, « production »). *Anat.* Organe glandulaire (*glande endocrine*) ellipsoïde, situé à la base du crâne (selle turcique) et rattaché au cerveau par la tige pituitaire. *Lobes antérieur, intermédiaire, inférieur de l'hypophyse. L'hypophyse, « glande pituitaire » de l'ancienne médecine, est considérée aujourd'hui comme le « cerveau endorcinien ». Sécrétions de l'hypophyse.* V. **Hormone*** (hypophysaire). Cf. Gonade, cit.

« L'hypophyse, par ses stimulines, règle le concert endocrinien ; elle est le cerveau « végétatif »,... « Là, écrivait Harvey CUSHING, dans cette petite zone médiane et archaïque de la base du cerveau que pourrait cacher l'ongle du pouce, se dissimule le ressort essentiel de la vie instinctive et affective, que l'Homme s'est efforcé de recouvrir d'un manteau, d'une écorce... d'inhibitions ». Des réflexes hypophyso-sexuels peuvent avoir des origines : cutanée, olfactive, auditive, optique, psychique. »   R. KEHL, **Les glandes endocrines**, p. 14 (éd. P.U.F.).

DER. — **Hypophysaire.** *adj.* (XXᵉ s.). Relatif à l'hypophyse. *Fonctions, sécrétions, hormones hypophysaires. Troubles, syndromes hypophysaires :* acromégalie, gigantisme, etc. *Cachexie hypophysaire.*

HYPOSPADE. *n. m.* (XIXᵉ s. LITTRÉ ; gr. *hupospadias*, de *span*, « déchirer »). Sujet affecté d'*hypospadias*, « malformation congénitale de l'urètre de l'homme, caractérisé par la division... de sa paroi inférieure, avec un orifice anormal situé à une distance variable de l'extrémité du gland » (GARNIER).

« Amaury est le jeune romantique, sinon laid, du moins qui s'est cru laid et peut-être n'a cessé de se croire laid, et dont, pour comble de disgrâce, une anomalie physique accroît la timidité et aggrave les refoulements, mot que l'on s'étonne que Sainte-Beuve n'ait pas employé. Comme Jean-Jacques Rousseau, il était hypospade. »   BILLY, **Sainte-Beuve**, p. 197.

HYPOSTASE. *n. f.* (XIVᵉ s. au sens I ; lat. *hypostasis*, d'orig. gr. Cf. -Stase).

I. (XIVᵉ s.). *Méd.* Dépôt d'un liquide organique (urines,...). — *Spécialt.* « Accumulation de sang dans les parties déclives du poumon » (GARNIER).

II. (1541 CALVIN). *Théol.* et *Philos.* Substance* et *spécialt.* (dans le dogme chrétien) Chacune des trois personnes de la Trinité*, en tant que substantiellement distincte des deux autres. *Il y a en Dieu trois hypostases.*

1   « On ne saurait méconnaître dans ces affirmations de Jésus le germe de la doctrine qui devait plus tard faire de lui une hypostase divine, en l'identifiant avec le Verbe, ou « Dieu second », ou fils aîné de Dieu, ou *Ange métatrône*, que la théologie juive créait d'un autre côté. »   RENAN, **Vie de Jésus**, XV, Œuvr., IV, p. 238.

— *Fig. :*

2   « Jour après jour, j'ai compris qu'il adorait en Cécile une hypostase parfaite de son être enchaîné, de son être à lui,... Il disait, avec une ferveur colorée d'extravagance : « C'est elle qui a mes mains... Alors il faut qu'elle obéisse ! »   DUHAM., **Pasq.**, III, VIII.

— *Spécialt.* « Entité fictive, abstraction faussement considérée comme une réalité » (LALANDE). V. **Hypostasier.**

III. *T. de Linguist.* Substitution d'une catégorie grammaticale à une autre (adjectif employé en fonction de substantif, etc.).

DER. — **Hypostasier.** *v. tr.* (XXᵉ s.). Ériger à l'état de substance, à l'état d'entité — **Hypostatique.** *adj.* (XVᵉ s. au sens théol.). Relatif à l'hypostase. || 1° *Méd.* Spécialt. *Congestion hypostatique.* || 2° *Théol.* Relatif à la personne divine, aux formes substantielles. *Union hypostatique des personnes divine et humaine en Jésus-Christ.* (DER. **Hypostatiquement.** *adv.* (XVᵉ s.). D'une manière hypostatique).

1   « ... le Verbe divin est homme par ce genre d'union que les théologiens appellent *personnelle* ou *hypostatique.* »   BOSS., **Hist. des var.**, II, 3.

2   « Il n'y en a aucune (*âme*)... qui n'eût été au même état de perfection où est celle de Jésus-Christ si elle avait été unie hypostatiquement au Verbe dans l'instant de sa création. »   FÉN., **Œuvr.**, t. III, p 8 (in LITTRÉ).

3   « ... la tentation devait être grande, pour le philosophe, d'hypostasier cette espérance ou plutôt cet élan de la nouvelle science, et de convertir une règle générale de méthode en loi fondamentale des choses... on supposait la physique achevée et embrassant la totalité du monde sensible. »   BERGSON, **Évol. créat.**, p. 347.

HYPOSTYLE. *adj.* (1839 ; gr. *hupostulos*, de *stulos*, « colonne ». Cf. -Style). *Archéol.* Dont le plafond est soutenu par des colonnes*. *Salle, portique, temple hypostyle.*

« L'oëris... la conduisit, à travers l'allée de colonnes et la salle hypostyle, dans la seconde cour, où s'élève le sanctuaire... »   GAUTIER, **Roman de la momie**, p. 164.

HYPOTÉNUSE. *n. f.* (1520 ; lat. *hypotenusa*, gr. *hupoteinousa*, propremt. « se tendant sous (les angles) », en parlant du côté). *Géom.* Dans un triangle rectangle, le côté opposé à l'angle droit. *L'hypoténuse est le plus grand côté. Le carré de l'hypoténuse est égal à la somme des carrés des deux autres côtés* (théorème de Pythagore).

« Pythagore immola cent bœufs pour avoir découvert la propriété du carré de l'hypoténuse. »   DIDER., **Opin. des anc. philos.**, Égyptiens.

HYPOTHÉCABLE. V. **Hypothéquer** (*dér.*).

HYPOTHÉCAIRE. *adj.* (XIVᵉ s. ; bas lat. *hypothecarius*. V. **Hypothèque**). *Dr.* Relatif à l'hypothèque. *Les matières réelles et hypothécaires* (Cf. Garant, cit. 12). *Garantie hypothécaire. Obligation, charge hypothécaire. Créance hypo-*thécaire, *garantie par une hypothèque. Créancier hypothécaire* (ANT. **Chirographaire***). *Action hypothécaire,* par laquelle le créancier hypothécaire non payé à l'échéance procède à la saisie de l'immeuble (Cf. CODE CIV., Art. 2217 ; CODE PROC. CIV., Art. 673). *Inscription, transcription hypothécaire. Banque, caisse hypothécaire :* qui prête aux propriétaires moyennant hypothèque sur leurs immeubles. *Prêts hypothécaires.*

« Les assignats furent d'abord des obligations hypothécaires garanties par les biens nationaux et qui représentaient une avance sur le produit des ventes. »   BAINVILLE, **Hist. de France**, p. 337.

DER. — **Hypothécairement.** *adv.* (1414 WARTBURG). Par hypothèque. *Garantir hypothécairement une créance. Être obligé hypothécairement.* « *Les héritiers sont- tenus des faits et obligations du défunt, personnellement chacun pour sa part, et hypothécairement pour le tout* » (LOYSEL).

HYPOTHÈQUE. *n. f.* (XIVᵉ s. ; lat. *hypotheca*, gr. *hupothêkê*, mot à mot « ce qu'on met en dessous », d'où « gage »). *Dr.* Droit* réel accessoire (conférant droit de préférence* et droit de suite*) accordé à un créancier sur un bien (en principe immeuble), sans que le propriétaire du bien grevé en soit dépossédé. V. **Gage** (2°), **garantie** (1°), **privilège ; charge, servitude.** *L'hypothèque, accessoire de la créance* (Cf. Cession, cit. 2). *L'hypothèque est un droit indivisible.* — *Les trois sortes d'hypothèques :* 1) *Hypothèque légale,* accordée par la loi aux personnes dont les biens sont administrés par un tuteur (mineurs ; interdits) ; aux femmes mariées (*hypothèque générale,* accompagnant toutes les créances de la femme et grevant tous les immeubles du mari) ; et enfin à l'État, aux départements, aux communes, aux établissements publics (sur les immeubles de leurs receveurs et administrateurs comptables). *Subrogation* de l'hypothèque de la femme au profit d'un créancier du mari ;* 2) *Hypothèque judiciaire,* résultant des jugements de reconnaissance et de vérification d'écriture, ou des jugements de condamnation (CODE CIV., Art. 2133) ; 3) *Hypothèque conventionnelle* (Cf. *infra,* et aussi CODE CIV., Art. 2124-2133). — *Biens susceptibles d'hypothèque :* « les biens immeubles* qui sont dans le commerce..., l'usufruit des mêmes biens » (CODE CIV., Art. 2118). *L'emphytéose* confère au preneur un droit réel susceptible d'hypothèque. Parmi les meubles, seuls les navires et aéronefs sont susceptibles d'hypothèque* (Cf. la règle : *Meubles n'ont pas de suite pour hypothèque*). *Hypothèque maritime, fluviale, aérienne* (Lois de 1874, 1885, 1917, 1924). *Le régime du warrant* est comparable à celui de l'hypothèque.* — *Emprunter sur hypothèque. Constituer une hypothèque sur un immeuble ; consentir* une hypothèque ; grever* un immeuble d'une hypothèque, affecter* un immeuble à une hypothèque.* V. **Hypothéquer.** *Le constituant d'une hypothèque doit être propriétaire de l'immeuble, et être capable d'aliéner. Contrat de constitution d'hypothèque, par acte notarié. Hypothèque au porteur* (de la grosse), *à ordre* (transfert de la créance par simple endossement). *Tiers détenteur* (cit. 2) *d'un immeuble grevé d'une hypothèque.* — *Effets de l'hypothèque :* droit de préférence* du créancier hypothécaire sur les autres créanciers (l'inscription déterminant le rang de l'hypothèque) ; droit de suite* (COD. CIV., art. 2166). *Être premier en hypothèque. — Déclaration d'hypothèque. Inscription*, transcription* ; conservation des hypothèques* (V. **Conservateur,** 1°). *Bordereau* d'inscription des privilèges et hypothèques.* — *Extinction des hypothèques,* par voie accessoire (extinction de la créance), par voie principale (V. **Prescription, purge*, renonciation...**). *Mainlevée* d'une hypothèque. Dégager des terres, des immeubles de toute hypothèque.*

1   « L'hypothèque est un droit réel sur les immeubles affectés à l'acquittement d'une obligation. Elle est, de sa nature, indivisible, et les suit (*les immeubles*) dans quelques mains qu'ils passent.
L'hypothèque légale est celle qui résulte de la loi. L'hypothèque judiciaire est celle qui résulte des jugements ou actes judiciaires. L'hypothèque conventionnelle est celle qui dépend des conventions, et de la forme extérieure des actes et des contrats. »   CODE CIVIL, **Art. 2114 et 2117.**

2   « Quand le notaire avait à Grassou mille écus, il les plaçait par première hypothèque, avec subrogation dans les droits de la femme, si l'emprunteur était marié, ou subrogation dans les droits du vendeur, si l'emprunteur avait un prix à payer. »   BALZ., **Pierre Grassou**, Œuvr., t. VI, p. 123.

3   « Son hôtel, son seul bien visible, était grevé d'une somme d'hypothèques qui en dépassait la valeur »   ID., **Les Marana**, Œuvr., t. IX, p. 839.

4   « La maison de Dieppe se trouva vermoulue d'hypothèques jusque dans ses pilotis ; »   FLAUB., **Mᵐᵉ Bovary**, I, 2, p. 17.

5   « ... la propriété de votre mère est grevée d'hypothèques... Ne serait-il pas souhaitable que la somme obtenue par la vente de la villa Thibault serve à vous libérer définitivement de ces hypothèques ? »   MART. du G., **Thib.**, t. IX, XV, p. 150.

— *Fig.* V. **Gage.** *Prendre une hypothèque sur l'avenir.*

6   « Qui n'eût donné à Reb Eljé une hypothèque sur sa destinée ? Quelle avance, quel prêt plus sûr, quel placement plus avantageux ? »   J. et J. THARAUD, **L'ombre de la croix**, p. 269.

— *Par ext.* (dans le langage politique). En parlant d'un obstacle*, d'une difficulté qui entrave ou empêche l'accomplissement de quelque chose. *Hypothèque qui pèse sur les relations entre deux pays. L'hypothèque est enfin levée.*

DER. — **Hypothéquer.** Cf. *aussi* Hypothécaire.

HYPOTHÉQUER. *v. tr.* (1369 ; de *hypothèque*).

|| **1°** *Dr.* Affecter à une hypothèque* ; grever d'une hypothèque. *Hypothéquer un immeuble, tous ses immeubles, ses terres* (Cf. Emprunter, cit. 5). Absolt. *La femme mariée ne peut hypothéquer sans le concours* (cit. 10) *de son mari.*

1 « ... la mère du jeune comte avait, au moment de l'insurrection, hypothéqué ses biens d'une somme immense prêtée par deux maisons juives et placées dans les fonds français. »
BALZ., *La fausse maîtresse*, Œuvr., t. II, p. 15.

2 « On croyait savoir qu'il avait emprunté, ce jour-là, en hypothéquant sa dernière pièce de terre. Il riait tout seul, des pièces de cent sous tintaient dans ses grandes poches. » ZOLA, *La terre*, II, VI.

3 « ... il la suppliait de contracter pour lui un nouvel emprunt sur la villa de Maisons, dont elle était seule propriétaire. — (et que déjà, pour lui, elle avait dû partiellement hypothéquer). »
MART. du G., *Thib.*, t. V, XX, p. 260.

— *Par ext.* Entamer (ses réserves). *États qui hypothèquent leurs fonds.* V. **Dépenser** (Cf. Extraordinaire, cit. 5).

— *Fig.* V. **Engager, lier.** *Hypothéquer l'avenir. Hypothéquer les chances qu'on a.*

4 « La triste nécessité qui m'a toujours tenu le pied sur la gorge, m'a forcé de vendre mes *Mémoires*. Personne ne peut savoir ce que j'ai souffert d'avoir été obligé d'hypothéquer ma tombe... Ah ! si, avant de quitter la terre, j'avais pu trouver quelqu'un d'assez riche, d'assez confiant pour racheter les actions de la *Société*, et n'étant pas, comme cette Société, dans la nécessité de mettre l'ouvrage sous presse sitôt que tintera mon glas ! »
CHATEAUB., *M. O.-T.*, Avant-propos, 14 avril 1846.

|| **2°** *Dr.* Garantir* par une hypothèque. *Hypothéquer une créance.*

|| HYPOTHÉQUÉ, ÉE. *p. p. adj.* Grevé d'une hypothèque, d'hypothèques. Cf. Amélioration, cit. 6 ; député, cit. 2. *Acheter, vendre un immeuble hypothéqué. Biens, terrains hypothéqués.* — *Fig. et fam.* Mal en point, malade, dans l'embarras. *Il est bien hypothéqué* (ACAD.).

DER. — **Hypothécable.** *adj.* (fin XVIIᵉ s.). Qui peut être hypothéqué. *Bien, immeuble hypothécable.*

HYPOTHÈSE. *n. f.* (XVIᵉ s. ; lat. *hypothesis*, mot grec ; de *thésis*. V. **Thèse**).

I. *En T. de Sciences.* || **1°** *Math.* Proposition admise comme donnée* d'un problème, ou pour la démonstration* d'un théorème (V. **Axiome, condition, définition, prémisse, postulat**). *Le segment A B étant par hypothèse égal à B C... Hypothèse conventionnelle.* V. **Convention.**

1 « Il (*Lobatchevsky*) suppose au début que : *l'on peut par un point mener plusieurs parallèles à une droite donnée* ; Et il conserve d'ailleurs tous les autres axiomes d'Euclide. De ces hypothèses, il déduit une suite de théorèmes entre lesquels il est impossible de relever aucune contradiction et il construit une géométrie dont l'impeccable logique ne le cède en rien à celle de la géométrie euclidienne. » H. POINCARÉ, *Science et hypothèse*, III.

|| **2°** Proposition relative à l'explication de phénomènes naturels, admise provisoirement avant d'être soumise au contrôle de l'expérience. V. **Conjecture ; a priori** (cit. 3, « idée a priori »). *Rôle de l'hypothèse dans les sciences expérimentales, en physique, en astronomie* (cit. 2)..., *dans les sciences jeunes, commençantes* (Cf. Balbutier, cit. 10). « *L'hypothèse est essentiellement une méthode, c'est-à-dire un principe d'action* » (BOISSE in LALANDE). *Hypothèse heuristique*, *directrice ; hypothèse de travail. Facteurs externes* (observations, expériences « pour voir »), *internes* (divination*, intuition* ; réflexion ; induction, déduction) *qui sont à l'origine des hypothèses. Hypothèse géniale, lumineuse. Échafauder* (cit. 2) *des hypothèses sans base expérimentale. Les hypothèses qu'une observation suggère à un savant* (Cf. Graine, cit. 14). *L'hypothèse doit avoir un point d'appui dans la réalité observée, ne pas être contradictoire, être vérifiable expérimentalement. L'hypothèse, une fois vérifiée, prend valeur de loi* scientifique. — *Hypothèse nouvelle, révolutionnaire. Hypothèse encore vague* (Cf. Électron, cit. 1). *Hypothèse sur l'origine du granit* (cit. 4). *Hypothèse de la continuité du plasma* (Cf. Germinal, cit. 1). — *Grandes hypothèses scientifiques, ou hypothèses générales, sur l'électromagnétique, la nature de la lumière, l'univers en expansion. Hypothèses de Newton ; hypothèse cosmologique de Laplace* (REM. En ce sens, on dit plutôt *théorie*. V. aussi **Système**). — *La science et l'hypothèse*, ouvrage de H. Poincaré.

2 « ... une *hypothèse* étant une fois posée, on fait souvent des expériences pour s'assurer si elle est bonne. Si on trouve que ces expériences la confirment, et que non seulement elle rende raison du phénomène, mais encore que toutes les conséquences qu'on en tire s'accordent avec les observations, la probabilité croît à un tel point, que nous ne pouvons lui refuser notre assentiment, et qu'elle équivaut à une démonstration. » ENCYCL. (DIDER.), Hypothèse.

3 « Une idée anticipée ou une hypothèse est... le point de départ nécessaire de tout raisonnement expérimental. Sans cela on ne saurait faire aucune investigation ni s'instruire ; on ne pourrait qu'entasser des observations stériles. — L'hypothèse expérimentale,... doit toujours être fondée sur une observation antérieure. Une autre condition essentielle de l'hypothèse, c'est qu'elle soit aussi logique que possible et qu'elle soit vérifiable expérimentalement. » Cl. BERNARD, Méd. expérim., I, II, pp. 70-71.

4 « Nous verrons... qu'il y a plusieurs sortes d'hypothèses, que les unes sont vérifiables et qu'une fois confirmées par l'expérience, elles deviennent des vérités fécondes ; que les autres, sans pouvoir nous induire en erreur, peuvent nous être utiles en fixant notre pensée, que d'autres enfin ne sont des hypothèses qu'en apparence et se réduisent à des définitions ou à des conventions déguisées. »
H. POINCARÉ., *Science et hypothèse*, Introd.

5 « Il y a longtemps que personne ne songe plus à devancer l'expérience, ou à construire le monde de toutes pièces sur quelques hypothèses hâtives. De toutes ces constructions où l'on se complaisait encore naïvement il y a un siècle, il ne reste plus aujourd'hui que des ruines. » ID., *Valeur de la Science*, p. 140.

— REM. Jusqu'à la fin du XVIIIᵉ siècle, ce mot a désigné toute proposition reçue pour en déduire d'autres, sans souci de sa vérité ou de sa fausseté. V. **Principe.**

6 « ... je désire que ce que j'écrirai soit seulement pris pour une hypothèse, laquelle soit peut-être fort éloignée de la vérité ; mais encore que cela fût, je croirais avoir beaucoup fait si toutes les choses qui en sont déduites sont entièrement conformes aux expériences. »
DESCARTES, **Principes**, III, 44.

II. *Dans le langage courant.* Conjecture* concernant l'explication ou la possibilité* d'un événement. V. **Supposition ; éventualité.** *Émettre, énoncer* (cit. 3), *faire des hypothèses. Suggérer une hypothèse. Examiner une hypothèse. Hypothèse vraisemblable, raisonnable, judicieuse...* (Cf. Âme, cit. 32). *Hypothèse absurde, fantaisiste* (cit. 5), *fragile* (cit. 12), *gratuite*, *hasardée, improbable, invraisemblable...* (Cf. Apôtre, cit. ; émission, cit. 5) *qui ne mérite pas examen. Hypothèse angoissante* (cit.), *rassurante. Ces accusations, ces charges* (cit. 26) *ne reposent que sur des hypothèses.* V. **Présomption.** *En être réduit aux hypothèses.* V. **Conjecturer** (cit. 3). *C'est une simple, une pure hypothèse* (Cf. Commodité, cit. 3). *Le champ* *des hypothèses. Hypothèse émise par association* *d'idées, par induction, analogie*...* — *Il est jeune et, par hypothèse, inexpérimenté* (V. **Censé, présumé, supposé...**). *Dans, selon cette hypothèse. Dans l'hypothèse où...*

7 « Malgré les sondages de la police, l'Instruction s'était arrêtée sur le seuil de l'hypothèse sans oser pénétrer le mystère.... »
BALZ., *Curé de village*, Œuvr., t. VIII, p. 585.

8 « Dans cette hypothèse, plus ingénieuse à mon avis que fondée en vérité. » MÉRIMÉE, *Hist. du règne de Pierre le Grand*, p. 295.

9 « Et puis, peu importe qu'un client, médiocre par hypothèse, vous escroque une commission. »
ROMAINS, *H. de b. vol.*, t. IV, IV, p. 29.

10 « Il répondit qu'assurément, pour la clarté de l'exposé, on pouvait envisager certaines hypothèses. Mais faire une hypothèse n'était pas faire une prévision. » ID., *Ibid.*, t. IV, XVI, p. 181.

11 « ... à ce tribunal, l'Autriche serait infailliblement condamnée par trois voix contre une ?... C'est l'hypothèse la moins désobligeante... et la plus plausible. » MART. du G., **Thib.**, t. VI, XLI, p. 211.

— *Gramm. Proposition exprimant une hypothèse.* V. **Hypothétique.** *Diverses expressions de l'hypothèse dans le langage.*

12 « ... tout fait peut devenir donnée d'hypothèse. Il suffit qu'on se place au cas de sa réalisation éventuelle. Le cas le plus commun est dans l'existence d'un être, d'une chose, d'un fait, qui, en se produisant, entraînerait la conséquence énoncée : **S'il avait fait un pas,** *il était perdu* ;... Mais il y a bien d'autres données. Prenons par exemple une circonstance de temps : **Deux jours plus tôt**, *l'opération l'eût sauvée...* Voici un cas pris à la manière : **De cette façon**, on n'aurait rien à supposer... (MAUPASS., Bel-Ami, 361)... Ailleurs la donnée est dans la quantité, le degré d'une qualité : **Moins âgée**, *elle aurait... plus de résistance* ;... Ailleurs, on suppose une substitution de la personne sujet : **Moi, à ta place**, *je lèverais le masque* (FLAUB. Corresp., 2ᵉ série, 207) ;... Tous les autres éléments de pensée... peuvent, à l'occasion, devenir données d'hypothèse. »
BRUNOT, **Pens. et langue**, XXV, 2, p. 872.

ANT. — Conclusion ; certitude, évidence...

HYPOTHÉTIQUE. *adj.* (1290 ; lat. *hypotheticus*, gr. *hupothêtikos*, de *thésis*. V. **Thèse**).

|| **1°** *Log.* (par oppos. à *Catégorique*). *Proposition hypothétique* « où l'assertion est subordonnée à une condition » (CUVILLIER). *Ex. : Si deux droites sont parallèles, elles sont équidistantes. Syllogisme hypothétique,* dont l'une des prémisses* au moins est une proposition* hypothétique (On dit aussi *Conditionnel*). — Philos. *Impératif* hypothétique,* dans la morale de Kant.

|| **2°** Qui est de la nature de l'hypothèse, n'existe qu'à l'état d'hypothèse. *Jugement hypothétique.* V. **Conjectural.** *Cas, événement, fait hypothétique.* V. **Imaginé, présumé, supposé.**

« ... ainsi, guidé par une idée hypothétique qui devait se révéler fausse, l'habile physicien (*Becquerel*) se mit à rechercher une hypothétique émission de rayons X par des sels d'uranium... il eut bientôt la joie de constater que le phénomène attendu existait réellement... »
L. de BROGLIE, H. Becquerel (Bulletin de l'Assoc. des Anc. él. de Polytechnique, janv. 1948).

— *Par ext.* Qui n'est pas certain. V. **Douteux, incertain, problématique.** *Le résultat hypothétique de cette entreprise. Bénéfices hypothétiques. Compter sur un héritage hypothétique. — Passants, visiteurs hypothétiques* (Cf. Engouffrer, cit. 7). *Attendre des clients hypothétiques.*

|| **3°** *Gramm.* Relatif à l'hypothèse, à la supposition ; qui exprime l'hypothèse. *Proposition hypothétique*, et substant. *Une hypothétique.* V. **Conditionnel.** *Subjonctif hypothéti-*

que. *Ligatures hypothétiques* : les conjonctions Si, Quand, etc. (Cf. BRUNOT, Pens. et lang., XXV, 4).

ANT. — **Certain, effectif, évident, indubitable, sûr.**

DER. — **Hypothétiquement.** *adv.* (XVIᵉ s.). D'une manière hypothétique.

HYPOTYPOSE. *n. f.* (XVIᵉ s. ; lat. *hypotyposis*, mot gr., mot à mot « ce qui frappe (*tuptein*) en dessous ». V. **Type**). *Rhétor.* Description* animée et frappante.

HYPSO-. Premier élément de mots savants, tiré du gr. *hupsos*, « hauteur »* : **Hypsomètre.** *n. m.* (XIXᵉ s. LACHÂTRE ; suff. *-Mètre*). *Phys.* Instrument qui indique l'altitude d'un lieu d'après la température à laquelle l'eau y entre en ébullition. — **Hypsométrie.** *n. f.* (1839 ; suff. *-Métrie*). *Phys.* Détermination de l'altitude d'un lieu. *L'hypsométrie utilise le baromètre, l'hypsomètre, les calculs trigonométriques... Par ext.* Relief. — **Hypsométrique.** *adj.* (1839 ; suff. *-Métrique*). Relatif à l'hypsométrie. *Carte, courbe hypsométrique.*

HYSOPE. *n. f.* (1120 ; lat. *hysopum, hyssopum*, gr. *hussôpos* d'un mot sémit. Cf. l'hébreu *Ezôb*). *Bot.* Plante dicotylédone (*Labiées*) scientifiquement appelée *hyssopus*, arbrisseau vivace à feuilles persistantes, à fleurs bleues, indigène dans les régions méditerranéennes. *L'hysope, plante aromatique et mellifère, à des propriétés stimulantes, pectorales et stomachiques. L'hysope, fréquemment citée dans la Bible* (Cf. Éponge, cit. 1). *Anachorètes qui se nourrissent de pain et d'hysope* (Cf. Abstinence, cit.). — *Spécialt. L'hysope considérée dans la Bible comme une plante insignifiante, en ce sens opposée au cèdre.* Fig. *Depuis le cèdre jusqu'à l'hysope :* du plus grand au plus petit.

1 « Il (*Salomon*) traita aussi de tous les arbres, depuis le cèdre qui est sur le Liban jusqu'à l'hysope qui sort de la muraille ; »
BIBLE (SACY), **Rois**, III, IV, 33.

2 « ... les comédiens et les auteurs, depuis le cèdre jusqu'à l'hysope, sont diablement animés contre lui. » MOL., **Impr. de Versailles**, V.

3 « *Christine* a réussi, après un bon nombre de coupures ; il y a du talent aux deux derniers actes ; mais c'est du second ordre, et autant au-dessous d'*Hernani* que l'hysope est au-dessous du cèdre, — quoique avec assez de prétention de l'égaler. »
STE-BEUVE, **Corresp.**, 11 avril 1830, t. I, p. 186.

4 « Moi qui ne suis qu'un brin d'hysope dans la main
Du Seigneur tout-puissant qui m'octroya la grâce, »
VERLAINE, **Liturgies intimes**, I.

HYSTER-. Rac. du gr. *hustera*, « utérus »* (V. rac. **Métr-, métro-**) qui entre dans la composition de quelques mots savants tels que : **Hystéralgie.** *n. f.* (XIXᵉ s.). Douleur de l'utérus. — **Hystérectomie.** *n. f.* (1890 P. LAROUSSE). Ablation de l'utérus. — **Hystérite.** *n. f.* (1810 ; peu usit.). Inflammation de l'utérus. V. **Métrite**. — **Hystérocèle.** *n. f.* (1752). Hernie de l'utérus. — **Hystéromètre.** *n. m.* (XIXᵉ s.). Instrument qui permet de sonder l'utérus. — **Hystérotomie.** *n. f.* (1721). Incision pratiquée sur l'utérus, par voie vaginale ou abdominale (V. **Césarienne**) lors des accouchements difficiles. — V. *aussi* les dér. du gr. **Hystérie, hystérique.**

HYSTÉRÈSE ou **HYSTÉRÉSIS.** *n. f.* (1890 ; comp. sav. du gr. *husterein*, « être en retard »). *Phys.* Retard de l'effet sur la cause dans le comportement des corps soumis à une action élastique ou magnétique croissante, puis décroissante. *L'aimantation rémanente ou retard d'aimantation, manifestation hystérèse.*

HYSTÉRIE. *n. f.* (1731 ; tiré d'*hystérique*). *Pathol.* « Disposition mentale particulière, tantôt constitutionnelle et permanente, tantôt accidentelle et passagère qui porte certains sujets à réaliser des apparences d'infirmités physiques, de maladies somatiques où d'états psychopathiques » (POROT). *Aura** qui précède l'attaque d'hystérie. Phénomène d'extase* dans l'hystérie. Spasmes de l'hystérie* (Cf. Érotomane, cit.). *L'hystérie considérée dans l'antiquité comme une fureur érotique propre aux femmes, puis au moyen âge comme une possession démoniaque, au XIXᵉ s. comme une maladie organique* (lésions, stigmates) *ou inconsciemment simulée* (V. **Pithiatisme**), *de nos jours*

comme une névrose* *dont les manifestations n'ont aucun support organique réel.* — *Phénomènes d'hystérie collective.*

1 « L'hystérie ! Pourquoi ce mystère physiologique ne ferait-il pas le fond et le tuf d'une œuvre littéraire, ce mystère que l'Académie de médecine n'a pas encore résolu, et qui, s'exprimant dans les femmes par la sensation d'une boule ascendante et asphyxiante (je ne parle que du symptôme principal), se traduit chez les hommes nerveux par toutes les impuissances et aussi par l'aptitude à tous les excès. »
BAUDEL., **Art romant.**, Mᵐᵉ Bovary. XVII. V.

2 « Ils (*les matérialistes*) ont retrouvé dans... l'histoire même des miraculés de Saint-Médard, les symptômes de la grande hystérie, ses contractures généralisées, ses résolutions musculaires, ses léthargies, enfin jusqu'au fameux arc de cercle... ; ils mettent tout sur le compte de la grande hystérie et ils ne savent même pas ce qu'est cet affreux mal et quelles en sont les causes ! Oui, sans doute, Charcot détermine très bien les phases de l'accès, note les attitudes illogiques et passionnelles, les mouvements cloniques (*sic*) ; il découvre les zones hystérogènes, peut, en maniant adroitement les ovaires, enrayer ou accélérer les crises... mais quant à les guérir c'est autre chose ! Tout échoue sur cette maladie inexplicable... car il y a de l'âme là-dedans, de l'âme en conflit avec le corps, de l'âme renversée dans de la folie de nerfs ! »
HUYSMANS, **Là-bas**, IX, pp. 146 à 148.

— *Par exagér. C'est de l'hystérie :* de la folie, de la rage...

DER. — **Hystériforme.** *adj.* (1878). *Pathol.* Dont les manifestations rappellent l'hystérie. *Troubles hystériformes.* — **Hystérisme** ou **Hystéricisme.** *n. m.* (1772). *Pathol.* État hystérique ; hystérie chronique à symptômes peu accentués. — **Hystéro-épilepsie.** *n. f.* (1866). *Pathol.* Grande hystérie à crises épileptiformes. — **Hystérogène.** *adj.* (1877). *Vieilli.* V. **Spasmogène**. *Zones hystérogènes* (Cf. Hystérie, cit. 2).

HYSTÉRIQUE. *adj. et n.* (1568 ; lat. *hystericus*, gr. *husterikos*, de *hustera*, « utérus », l'attitude des malades étant autrefois considérée comme un accès d'érotisme morbide spécifiquement féminin).

|| 1º Qui est atteint d'hystérie* (S'est dit à l'origine uniquement des femmes). *Une femme, un homme hystérique.* — *Par ext.* Qui a le comportement d'une personne hystérique. *Elle est un peu hystérique dans ses démonstrations de joie.*

1 « (*Lecteur*)... Jette ce livre saturnien
Orgiaque et mélancolique...
Jette ! tu n'y comprendrais rien,
Ou tu me croirais hystérique »
BAUDEL., **Nouv. Fl. du mal**, I, Épigraphe...

— *Substant.* Personne atteinte d'hystérie. *Un, une hystérique. Le nombre des hystériques a beaucoup diminué. Extases* (cit. 3) *des hystériques.*

2 « Babinski... considéra que tous ces symptômes si extraordinaires décrits chez les hystériques n'étaient que le produit de la suggestion ; on pouvait à volonté les faire apparaître par suggestion et les faire disparaître par contre-suggestion, par persuasion... Mais par contrecoup, le domaine de l'hystérie fut en quelque sorte vidé de son contenu :... Les divers symptômes curables par persuasion (d'où le nom de pithiatisme créé par Babinski) furent considérés comme artificiels, comme une sorte de demi-simulation, ou, comme on disait, de « simulation inconsciente ». Hystérique devint alors synonyme de comédien, de menteur, de mythomane (Dupré), d'exploiteur. »
H. BARUK, **Psychoses et névroses**, p. 19 (éd. P.U.F.).

|| 2º Qui a rapport à l'hystérie. *Accidents, manifestations hystériques. Anesthésie hystérique.*

3 « Chez la femme, des conflits affectifs refoulés sont à l'origine de beaucoup de névroses, dont la névrose d'expression hystérique est une forme fréquente. L'accident hystérique apparaît alors comme un phénomène de dérivation et de conversion. »
Dr POROT, **Manuel de psychiatrie**, Hystérie.

— *Par ext.* Qui rappelle l'hystérie, qui semble digne d'une personne hystérique. *Gesticulations, rires hystériques. Une voix hystérique* (Cf. Enroué, cit. 1).

4 « Elle fut insolente, ironique, riant du rire hystérique de la haine dans son paroxysme le plus aigu,... »
BARBEY d'AUREV., **Diaboliques**, À un dîner d'athées, p. 357.

DER. — **Hystérie*.**

HYSTÉROLOGIE. *n. f.* (1866 ; lat. *hysterologia*, mot gr. de *husteros*, « postérieur », suff. *-Logie*). *Réth.* Figure qui consiste à renverser l'ordre chronologique ou logique de deux expressions. Ex. : *Laissez-nous mourir et nous précipiter au milieu des ennemis* (VIRGILE, Énéide II, 353). On dit aussi *Hystéron-protéron.*

I

I. *n. m.*

‖ **1°** Neuvième lettre et troisième voyelle de l'alphabet. *I majuscule ; i minuscule* (toujours surmonté d'un point*). *Un ï tréma* ; *un î circonflexe. I bref ; i long, en latin.*

— REM. 1. En phonétique, on distingue le I voyelle (dans *P*ile, b*i*ble...) et le I consonne (ou demi-voyelle), noté *y* ou *j* et appelé *yod* (Ex. : dans P*i*ed, h*i*érarchie).

2. Le son *i* est aussi noté *y* (Ancienn. I grec. V. **Y**).

3. I est nasalisé dans les groupes IN (à la fin des mots ; devant consonne) et IM (dans *imb, imp,*...). *Ex. :* Br*in*, f*in*, pr*in*temps, *im*prudent, *im*bécile... ; il ne l'est pas lorsque N ou M sont suivis d'une voyelle, d'un h muet (*Ex. :* In*i*mitable, *in*humain), dans IMM (*Ex. :* I*mm*oral. *Par except.* I*mm*angeable, prononcé in-mangeable) et dans certains mots étrangers (*Ex. :* G*in*, prononcé dj*inn*').

4. Les groupes AI (A*i*mer), AÎ (il conn*aî*t), EI (be*i*gnet) servent à noter le son E. Le groupe OI est prononcé *wa :* *oua* (b*oi*s). — Le tréma sert à redonner sa pleine valeur vocalique au I dans AÏ (la*ï*que), OÏ (égo*ï*ste), OUÏ (ou*ï*r), UÏ (exigu*ï*té).

5. Groupe IL, ILL. Cf. L.

6. *Hist.* Le signe I a longtemps servi à noter le son J, appelé I consonne. *Dans les anciens dictionnaires, les mots commençant par I et par J sont mêlés et traités sous la même lettre* (I).

1 « Le grammairien Meigret, en 1542, proposa d'allonger l'*i* pour distinguer le *j* de l'*i* (on écrivait alors *iurer, jurer ; desia, déjà*). »
BRUNOT et BRUNEAU, **Gramm. hist.**, p. 28.

— Par métaph. « *Un point rose qu'on met sur l'I du verbe aimer* » (Cf. Baiser, cit. 24 ROSTAND).

2 « C'était dans la nuit brune,
Sur le clocher jauni,
La Lune,
Comme un point sur un *i*. »
MUSS., **Prem. poés.**; Ballade à la Lune.

— Loc. fig. *Mettre les points sur les i :* s'expliquer* nettement, clairement, de façon qu'il n'y ait pas de doute, d'équivoque possible. *Il comprend tout à demi-mot : inutile de lui mettre les points sur les i.*

3 « Vous n'avez aucune idée de la façon dont ma femme traite les affaires. Elle a horreur de mettre les points sur les I. Et pourtant, elle est très franche. » ROMAINS, **Lucienne**, p. 188.

— *Droit* (1, cit. 4) *comme un I :* très droit.

4 « Droite comme un *i* et ne perdant pas un pouce de sa taille, elle avait l'importance et l'allure d'une grande Dame. »
JOUHANDEAU, **Tite-le-Long**, 14, p. 113.

‖ **2°** *Dans les chiffres romains,* I signifie 1 (placé après un autre chiffre, il s'y ajoute ; placé avant, on l'en retranche). *Ex. :* VI (6) ; IV (4). — *Chim.* Abrév. de Iode*.

IAMBE. *n. m.* (1545 ; *iambus* en 1532 RAB. ; lat. *iambus*, gr. *iambos*). — REM. Tous les dictionnaires écrivent *ïambe* (ainsi que ses dérivés et composés) avec un tréma ; cet usage, suivi par la plupart des écrivains jusqu'à nos jours, tend à être abandonné par les spécialistes (Cf. A. WALTZ, in Gde Encycl. ; MAROUZEAU, Vocab. ; P. GUILLON, in Encycl. de la Pléiade). LITTRÉ notait déjà que « ce tréma est tout à fait inutile ».

‖ **1°** *Prosod. anc.* Pied* de deux syllabes, la première brève, la seconde longue. *Vers composé d'iambes.* V. **iambique; choliambe, mimiambe, scazon.** *Pied de quatre syllabes, formé d'un trochée et d'un iambe.* V. **Choriambe.**

— *Par ext.* Vers grec ou latin de six pieds, dont les deuxième, quatrième et sixième pieds étaient des iambes (à l'origine). *Les iambes étaient des vers satiriques ou tragiques.* Adj. et vx. *Vers iambes.* V. **iambique.**

1 « ... dans mon front évoque,
Mètre de clous armé, l'ïambe d'Archiloque !
L'ïambe est de saison, l'ïambe et sa fureur,
Pour peindre dignement ces spectacles d'horreur
Et les sombres détails de ce cloaque immense. »
BANVILLE, **Odes funamb.**, p. 88.

— Poème formé d'iambes. *Les iambes d'Archiloque de Paros.*

2 « ... on retrouverait à travers les fragments d'Archiloque et de Saphô... deux aspects... de la lyrique monodique... et dans les iambes de l'un et les chansons de l'autre, deux aspects de l'inspiration de l'Ionie et de l'Éolide. »
P. GUILLON, in **Hist. des littér.** I, p. 378 (Encycl. Pléiade).

‖ **2°** *Littér. mod.* Pièce de vers satiriques. *Les iambes d'André Chénier, d'Auguste Barbier.*

3 « L'auteur a compris sous la dénomination générale d'iambes toute satire d'un sentiment amer et d'un mouvement lyrique ; cependant ce titre n'appartient réellement qu'aux vers satiriques composés à l'instar de ceux d'André Chénier ; le mètre employé par ce grand poète n'est pas précisément l'ïambe des anciens, mais quelque chose qui en rappelle l'allure franche et rapide : c'est le vers de douze syllabes, suivi d'un vers de huit, avec croisement de rimes ; cette combinaison n'était pas inconnue à la poésie française, l'élégie s'en était souvent servie, mais en forme de stances ; c'est ainsi que Gilbert a exhalé ses dernières plaintes. » BARBIER, **Iambes** (in LITTRÉ).

4 « Après la révolution de 1830, Eugène Delacroix fit la *Liberté guidant le peuple sur les barricades,* comme une réplique de l'iambe célèbre d'Auguste Barbier. »
GAUTIER, **Portr. contemp.**, Eug. Delacroix, p. 321.

5 « *La Curée* a été un pur accident dans la vie d'Auguste Barbier ; il n'a fait, dans cette pièce... qu'imiter et transporter de 93 à 1830 l'ïambe d'André Chénier, avec ses crudités, avec ses ardeurs,... »
STE-BEUVE, **Caus. du lundi**, Notes et pensées, XIII, t. XI, p. 447.

DER. — (du lat. *iambus*) : **Iambique.** *adj.* (1466 ; lat. *iambicus*, gr. *iambikos*). Composé d'iambes. *Vers iambique. Trimètre* iambique.* Substant. *Un iambique.*

COMP. — Cf. Choliambe, choriambe, mimiambe.

IATR(O)-; -IATRE, -IATRIE. Préfixe et suffixes tirés du gr. *iatros*, « médecin », qui entrent dans la composition de mots scientifiques, tels que : **iatromécanisme.** *n. m.* (1878 P. LAROUSSE ; de *mécanisme*). Doctrine médicale qui ramène les phénomènes vitaux (et la thérapeutique) à des actions mécaniques (*par oppos.* à « Iatrochimie »). — V. aussi **Archiatre ; hippiatre, hippiatrie, pédiatre, pédiatrie, psychiatre, psychiatrie.**

IBÈRE, IBÉRIQUE. *adj.* (*Ibérique*, in ENCYCL. 1767 ; *Ibère* (substant.), en 1771 TRÉVOUX ; de *Ibérie*). Relatif à l'Ibérie (ancien nom de la péninsule hispanique), et au peuple originaire du Caucase ou d'Afrique septentrionale, qui, après s'être répandu en Europe à l'époque proto-historique, habitait le Sud de la Gaule et le Nord de l'Espagne vers le Vᵉ siècle avant J.-C. (Cf. Autochtone, cit. 2). *Race, langue ibère* (ou ibérique). Substant. *Les Ibères.* — *Civilisation ibérique. Inscriptions ibériques.*

« Est-il possible de nommer les porteurs de la culture mégalithique en Europe occidentale ? On peut avancer, sous toutes réserves, le nom des Ibères, « le dernier qui nous reste pour l'attacher à cette civilisation surtout côtière de l'Europe occidentale, dont les monuments mégalithiques sont les plus illustres témoins » (Henri Hubert). Le nom d'Ibères, au sens le plus étroit, est appliqué aux habitants de l'Almérie, à partir du Vᵉ siècle (*avant J.-C.*)... Mais des noms ibériques ont été relevés fort loin de là et les Ibères, loin de rester cantonnés dans la péninsule qui porte leur nom, ont occupé, d'après le témoignage des auteurs anciens, les Iles Britanniques, une partie de la Gaule, la Corse, la Sardaigne, la presque totalité de l'Italie et la Sicile... Quant à la souche à laquelle rattacher les Ibères, caucasiques... ou chamitiques, apparentés... aux Berbères actuels, le problème est ardemment discuté,... »
J. NAUDOU, in **Hist. univ.** I, p. 81 (Encycl. Pléiade).

— *Par ext.* IBÉRIQUE. Relatif à l'Espagne et au Portugal. *Péninsule ibérique.* V. **Hispanique.** *Art, civilisation ibérique.* Substant. *Un Ibérique.* V. **Espagnol, portugais** (On disait aussi *Ibérien, ienne*).

IBÉRIDE. *n. f.* (1789 ; *iberis* en 1615 ; lat. *iberis, -idis*, du gr. *ibêris*, « cresson »). *Bot.* Plante dicotylédone (*Crucifères*), scientifiquement appelée *iberis*, annuelle, bisannuelle ou vivace et que l'on cultive pour ses fleurs. *L'ibéride diffère très peu du thlaspi*;* on l'appelle vulgairement* Téraspic.

IBIDEM (-*dèm*'). *adv.* (1808 ; adv. lat. « ici même »). Au même endroit, dans le même ouvrage, dans le même passage (d'un ouvrage cité). Abrév. : *Ibid., ib. Remplacer par Idem* et Ibidem le nom d'un auteur et le titre d'un ouvrage déjà cités.

IBIS (-*biss*). *n. m.* (1537 ; mot lat. tiré du gr.). Oiseau ciconiiforme (*Échassiers* *Ibididés*) des régions chaudes d'Afrique et d'Amérique, caractérisé par son bec long, mince et arqué (V. **Longirostre**). *Ibis sacré, au plumage blanchâtre, habitant le Soudan, la haute Égypte...* (Cf. Fond, cit. 40). *L'ibis était un des oiseaux sacrés de l'ancienne Égypte. Dieu égyptien à tête d'ibis* (ibiocéphale). *Ibis rose* (Cf. Gypaète, cit. 1). *Ibis rouge d'Amérique centrale.* — *Par ext.* Héron crabier.

1 « *Des essaims de petits serpents venimeux,* nous disent les premiers historiens... *eussent causé la ruine de l'Égypte, si les ibis ne fussent venus à leur rencontre pour les combattre et les détruire.* N'y a-t-il pas toute apparence que ce service... fut le fondement de la superstition qui supposa dans ces oiseaux tutélaires quelque chose de divin ?
... Hérodote avait très bien caractérisé l'ibis, en disant qu'il a le *bec fort arqué et la jambe haute comme la grue* ; il en distingue deux espèces :... »
                        BUFF., Hist. nat. ois., L'ibis.

2 « ... Rymphius n'était pas beau :... son crâne, entièrement dénudé,... surplombait un nez d'une prodigieuse longueur,... configuration qui, jointe aux disques bleuâtres formés par les lunettes à la place des yeux, lui donnait une vague apparence d'ibis, encore augmentée par l'enfoncement des épaules : aspect tout à fait convenable... et presque providentiel pour un déchiffreur d'inscriptions... hiéroglyphiques. On eût dit un dieu ibiocéphale, comme on en voit sur les fresques funèbres,... »
                   GAUTIER, Roman de la momie, Prol., p. 10.

3 « Au loin passaient des hérons gris ou des ibis d'Égypte, le bec allongé, les pieds tendus, le corps aminci comme des javelots. »
                  FROMENTIN, Année dans le Sahel, p. 251.

DER. — **Ibididés.** *n. m. pl.* (XIXᵉ s.). Famille d'Échassiers ciconiiformes comprenant l'Ibis, la Spatule*, etc.

-IBLE. Suffixe tiré du lat. *-ibilis,* qui exprime la possibilité d'être, et qui sert à former des adjectifs (*Comestible, éligible,* etc.) sur le modèle des emprunts tels que *corruptible, susceptible...*

« Pour les adjectifs, le sens passif se rencontre dans ceux qu'on forme à l'aide de... *ible...* (*Ex. :*) *Un emprunt* **inconvertible,** *une contribution* **exigible,** *des exigences* **irréductibles,** *une armée* **invincible ;** *une étoile à peine* **visible.** »
                  BRUNOT, Pens. et langue, p. 364.

DER. — **-Ibilité,** suff. de substantifs. — **-Ibiliser,** suff. de verbes.

IBN. Mot arabe signifiant *fils* et qui entre dans certains noms propres. V. **Ben** 2 (plur. *beni*).

ICAQUE. *n. f.* (1555 ; esp. *icaco,* mot de la langue des Caraïbes). Fruit de l'icaquier, appelé aussi *Prune de coton, de coco.* — Icaquier. *Prune d'icaque.*

DER. — **Icaquier.** *n. m.* (1839 BOISTE). Plante dicotylédone (*Rosacées*), scientifiquement appelée *Chrysobalanus icaco,* et dont les fruits globuleux et sucrés sont comestibles. *L'icaquier, arbrisseau d'Amérique tropicale.*

ICARIEN, IENNE. *adj.* (1839 BOISTE ; de *Icare*). Relatif à Icare ou à sa légende ; relatif à l'Icarie (île de la mer Égée). *Mer icarienne.* — *Jeux icariens :* exercices de voltige acrobatique.

ICEBERG (*iss-bèrgh'*). *n. m.* (1857 ; angl. *iceberg,* du norvégien *ijsberg,* « montagne (*berg*) de glace »). Masse de glace flottante, détachée de la banquise* ou d'un glacier* polaire. *Iceberg tabulaire de l'Antarctique.* — REM. Les géologues écrivent parfois *ice-berg.*

« On sait que la partie d'un ice-berg qui émerge de l'eau n'atteint qu'environ 1/8 de la hauteur totale. Comme il en existe qui s'élèvent à 70 m au-dessus du niveau de la mer, leur hauteur totale est de 500 à 600 m,... Les ice-bergs provenant de glaciers encaissés débouchant dans les fjords affectent des formes déchiquetées souvent très bizarres. Par contre, ceux qui se détachent de l'immense calotte glaciaire du continent antarctique sont régulièrement prismatique et la partie qui émerge présente un aspect tabulaire. »
                  HAUG, Traité de géol., t. I, p. 450.

ICE-FIELD (*aïss-fîld'*). *n. m.* (1922 ; de l'angl. *ice,* et *field,* « champ », d'apr. le norv. *icefjeld*). Vaste champ de glace dans les régions polaires. *Les géographes distinguent les icefields et les iceström, langues de glace descendant le long des vallées.*

« ... l'étrave (*d'un brise-glace*) épaisse et coupante comme un coin d'acier, une étrave faite pour labourer les icefields... »
                  R. VERCEL, Remorques, II, p. 27.

ICELUI, ICELLE (plur. **ICEUX, ICELLES**). *pron. et adj. démonstr.* (XIᵉ s. V. **Celui**). *Vx.* Celui-ci, celle-ci (Ne s'emploie plus qu'en style de procédure et par archaïsme plaisant). *La maison et les prés attenant à icelle* (ACAD.). « *Pourra... le mari, du consentement de sa femme, et après avoir pris l'avis des quatre plus proches parents d'icelle...* » (CODE CIV., Art. 2144). *Le...* « *propriétaire des objets saisis, ou de partie d'iceux...* » (CODE PROCÉD. CIV., Art. 608. Cf. aussi Copie, cit. 4).

« (*Je vais*) Exposer, à vos yeux, l'idée universelle
De ma cause, et des faits, renfermés, en icelle. »
                  RAC., Plaid., III, 3.

ICHNEUMON (*ik-*). *n. m.* (1547 au sens I ; 1562 au sens II ; mot. lat. empr. au gr. *ikhneumôn,* propremt. « qui suit la piste »). *Zool.*

I. Nom antique de la mangouste*. *Les Égyptiens révéraient l'ichneumon, parce qu'il détruit les œufs des reptiles.*

II. Insecte hyménoptère (*Ichneumonidés*) dont la larve est parasite des lépidoptères. *Les ichneumons sont des térébrants, ou porte-tarières.*

DER. — **Ichneumonidés.** *n. m. pl.* (1829). Famille d'insectes hyménoptères* apocrites, dont les larves sont parasites de divers insectes. *Il existe près de 5000 espèces d'ichneumonidés* (V. **Ichneumon, ophion, pimple, trogue**).

ICHNOGRAPHIE (*ik-*). *n. f.* (1547 ; lat. *ichnographia,* mot gr., de *ikhnos,* « trace ». Cf. -Graphie). *Archit.* Projection horizontale ; plan horizontal et géométral (d'un édifice). V. **Plan.** *On oppose l'ichnographie à l'orthographie*, à la stéréographie.*

DER. — **Ichnographique.** *adj.* (1771 TRÉVOUX). Relatif à l'ichnographie. *Plan ichnographique.* V. **Horizontal.**

ICHOR (*ik-*). *n. m.* (XVIᵉ s. ; gr. *ikhôr,* propremt. « sang des dieux »). *Méd.* Pus* sanguinolent. V. **Sanie.** *Ichor coulant d'un ulcère.*

DER. — **Ichoreux, euse.** *adj.* (XVIᵉ s.). De la nature de l'ichor. *Liquide, écoulement, pus ichoreux.*

ICHTHY(O)-, ICHTY(O)- (*ik*). Premier élément de mots savants, tiré du gr. *ikhthus,* « poisson ». — REM. Depuis 1878, l'ACAD. écrit *ichtyo-* et non plus *ichthyo-* comme elle le faisait encore dans l'édition précédente (1835). — **Ichtyocolle.** *n. f.* (1776 ; de *colle*). Colle de poisson, gélatine fabriquée avec la vessie natatoire de certains poissons, et *spécialt.* de l'esturgeon. — **Ichtyoïde.** *adj.* (XIXᵉ s. LITTRÉ). Qui ressemble à un poisson. *Animal ichtyoïde.* V. **Pisciforme.** — **Ichtyol.** *n. m.* (1890 P. LAROUSSE, 2ᵉ suppl.). Huile sulfureuse d'apparence goudronneuse, extraite de roches bitumineuses enfermant de nombreux poissons fossiles. *L'ichtyol est employé en solution, en pommade, contre les maladies de peau, en pansements contre la métrite.* — **Ichtyolithe.** *n. m.* (1762 ; suff. *-Lithe*). Poisson fossile ; empreinte de poisson. — **Ichtyologie.** *n. f.* (1649 d'apr. WARTB. ; suff. *-Logie*). Partie de la zoologie* qui traite des poissons (DER. **Ichtyologique.** *adj.* (1770). Relatif à l'étude des poissons. — **Ichtyologiste.** *n. m.* (1765 WARTB.). Celui qui est versé dans l'ichtyologie). — **Ichtyophage.** *adj. et n.* (*Ycciophage* au XIVᵉ s. ; 1552 ; suff. *-Phage*). Qui se nourrit (principalement ou exclusivement) de poisson. *Peuplade de pêcheurs ichtyophages.* V. **Piscivore.** Substant. *Des ichtyophages* (DER. **Ichtyophagie.** *n. f.* (XVIᵉ s.). Habitude de se nourrir principalement ou exclusivement de poisson). — **Ichtyornis** (*niss*). *n. m.* (1890 P. LAROUSSE ; gr. *ornis,* « oiseau »). Oiseau fossile du crétacé, à bec muni de dents coniques. — **Ichtyosaure.** *n. m.* (1824 ; suff. *-Saure*). Grand reptile fossile, de l'époque secondaire (lias, jurassique, crétacé). *Les ichtyosaures, selon* CUVIER, *ont « le museau d'un Dauphin, les dents d'un Crocodile, la tête et le sternum d'un Lézard, les nageoires d'une Baleine et les vertèbres d'un Poisson ». Les espèces d'ichtyosaures se distinguent surtout par l'allongement du museau et par la taille* (DER. **Ichtyosauriens.** *n. m. pl.* (XIXᵉ s. in LITTRÉ). Ordre de reptiles fossiles du secondaire, dont l'ichtyosaure est le type. *Tous les ichtyosauriens étaient des animaux marins*). — **Ichtyose.** *n. f.* (1818 ; lat. médic. *ichtyosus*). Maladie congénitale de la peau, caractérisée par la sécheresse des téguments, la formation d'écailles, souvent imbriquées, et une desquamation continuelle. *Ichtyose localisée, généralisée. Ichtyose nacrée, noire, cornée...* — **Ichthys** (*ik-tiss*). *n. m.* (1765 ENCYCL.). Transcription du monogramme grec figurant le Christ, composé des initiales des mots *Iêsous Christos, Theou Uios, Sôtêr* (Jésus-Christ, Fils de Dieu, Sauveur) et formant le mot grec *Ikhthus,* « poisson ».

1 « Il condamna... à l'amande (*sic*) un avocat qui, en plaidant devant lui contre des Chartreux, pour faire le beau parleur, les avait appelés ichtyophages (voulant dire qu'ils ne mangeaient que du poisson),... »
                  FURET., Rom. bourg., II, p. 180.

2 « D'où il suit que l'icht(h)yophagie en diète échauffante : ce qui pourrait légitimer certaines louanges données jadis à quelques ordres religieux, dont le régime était directement contraire à celui de leurs vœux déjà réputé le plus fragile. »
              BRILLAT-SAVARIN, Physiol. du goût, t. I, p. 91.

ICI. *adv.* (XIᵉ s. ; lat. vulg. *ecce hic,* forme renforcée de *hic,* « ici ». V. **Ci**).

‖ **1°** Dans ce lieu, dans cet endroit (en parlant du lieu où se trouve celui qui parle) ; *par oppos.* à *là*, là-bas. V. **Çà** (1°), **céans, ci** 1 (vx). *Je suis ici, dans ma chambre ; il est ici, avec moi. Monsieur X..., ici présent*. Allons dans mon cabinet* (cit. 7) *de travail, nous serons mieux qu'ici. Venez, entrez ici. Que d'aucun* (cit. 41) *n'entre ici.* Allus. littér. *Vous qui entrez ici.* (Cf. Espérance, cit. 17). « *Nous sommes ici par la volonté du peuple...* » (Cf. Arracher, cit. 40). — *Je vous rencontre ici à propos. Je reviendrai ici demain. On est bien ici. On s'ennuie, ici. Arrêtons-nous ici ; c'est ici. Ici, c'est la frontière.* (Sur une inscription) *Ici repose, ici gît. Ici. Ci.* — (En parlant d'une maison) *Il habite ici. Chez lui et ici* (Cf. Fou, cit. 23). *Dehors* (cit. 4) *et ici. Vous êtes ici chez vous. Tout le monde ici...* (Cf. Gens, cit. 15). *On entre ici comme dans un moulin. Vous toucherez le même salaire qu'ici* (Cf. Assurer, cit. 14). *Je suis resté ici...* (Cf. Honneur, cit. 36 ; honte, cit. 35). *On l'a reçu ici par charité* (Cf. Honte, cit. 14). — (En parlant d'une ville, d'un pays). *Ici et ailleurs* (Cf. Exil, cit. 10). *Mon arrivée* (cit. 2) *ici ; notre retour ici* (Cf. Cellule, cit. 4). *Mon séjour ici, la vie que je mène ici* (Cf. Farniente, cit. 1 ;

fatigant, cit. 5). *À l'étranger et ici ; en Europe et ici...* (Cf. Asservir, cit. 17). *Ici, le fleuve* (cit. 8) *n'est encore qu'un ruisseau. Il fait plus frais ici qu'à Paris. Il y a ici des gens...* (Cf. Calomnie, cit. 5).

1 « Ô dieux hospitaliers, que vois-je ici paraître ? »
LA FONT., **Fabl.**, VII, 16.

2 « Vous savez quel sujet conduit ici leurs pas ; »   RAC., **Iphig.**, II, 7.

3 « Non, je ne veux pas être récompensé de ma sagesse ici par des faveurs là-bas. »   BALZ., **Lys dans la vallée**, Œuvr., t. VIII, p. 842.

4 « Ici, tu t'asseyais c'était ta place »
ARAGON, **Les yeux d'Elsa**, Le cantique d'Elsa, V, p. 73.

— À cet endroit (en parlant d'un endroit précis que l'on désigne). *Il y a une faute d'orthographe, une tache ici. Veuillez signer ici. Où souffrez-vous ? Ici...* (Cf. Gratter, cit. 11). — Ellipt. *Ici !* : Viens, venez ici ! (s'emploie surtout pour appeler un chien). — *Ici, Untel...,* s'emploie au téléphone, en radio pour indiquer l'identité de celui qui appelle. *Ici Paris, Radiodiffusion et Télévision Française...*

5 « Ici, Valère. Nous t'avons élu pour nous dire qui a raison de ma fille ou de moi. »   MOL., **Av.**, I, 5.

6 « — Allo Madrid ? Ici Oviedo. Aranda vient de se soulever. On se bat... Manuel appelait... Allo Mayorga ? Ici Madrid. — Qui ? — Conseil ouvrier... »   MALRAUX, **L'espoir**, I, I, 1, 1.

— *D'ici* : de ce lieu (Cf. Flanquer 2, cit. 2 ; horizon, cit. 13). *Sortez d'ici ! Hors d'ici !* — *Près d'ici* (Cf. Apparaître, cit. 1). — *D'ici* : de ce pays. *Vous n'êtes pas d'ici ? Les gens* (cit. 19), *les enfants d'ici* (Cf. Grandement, cit. 2).

7 « — Vous n'êtes pas d'ici, que je crois ? — Non, je n'y suis venu que pour voir la fête de demain. »   MOL., **G. Dand.**, I, 2.

— *D'ici là* : d'ici à cet endroit-là (Cf. Foi, cit. 28). *D'ici là, il y a bien dix kilomètres.* — Loc. *Je vois* cela d'ici. *Tu vois ça d'ici.*

8 « Déjà il devait « lécher une casserole » sous le regard attendri de l'Autrichienne. Je le vois d'ici... »   MAURIAC, **Le sagouin**, p. 3.

— *Par ici* : par cet endroit, dans cette direction (Cf. Hôtel, cit. 17). *Il a passé par ici... Par ici la sortie.* Ellipt. *Par ici !* — Dans les environs, dans ce pays. *Ils sont arriérés, par ici* (Cf. Bloc, cit. 3).

9 « Est-ce par ici ? »   MOL., **G. Dand.**, III, 1.

— *C'est ici que...* — Vx. *C'est ici où...*

10 « C'est ici où les bohémiennes poussent leurs agréments. »
SÉV., 539, 20 mai 1676.

— *Vx.* ICI, joint à un substantif que l'on désigne par un pronom démonstratif. V. **Ci.** — REM. Au XVIIᵉ s., selon VAUGELAS (Rem. lang. fr., 1647) cet usage se maintenait surtout dans le langage parlé.

11 « ... sa charité n'est point perdue, même en ce monde ici. »
SÉV., 1284, juin 1690.

— *Vx.* ou *Dialect.* ICI joint à un adverbe de lieu. « *Ici dedans* » (MOL., Préc., 7). *Ici bas* (vx) : ici, en bas. « *Ici autour* » (MOL., Don Juan, III, 2).

12 « Allons vite, ici-bas. »   MOL., **G. Dand.**, III, 4.

‖ ICI-BAS. *loc. adv.* Dans ce bas* monde ; sur la terre (par oppos. à *Là-haut*, désignant le Paradis, l'Au-delà...). « *Ce que l'homme ici-bas appelle le génie* (cit. 30) ». *Les choses* (cit. 13) *d'ici-bas.*

13 « Ici-bas, tous les lilas meurent,
Tous les chants des oiseaux sont courts :
Je rêve aux étés qui demeurent
Toujours... »   SULLY PRUDHOMME, **Stances et poèmes**, Ici-bas.

14 « Tout n'est ici-bas que symbole et que songe. »
RENAN, **Souv. d'enfance...**, II, I.

— *Substant.* (par oppos. à l'*Au-delà*).

15 « Mais, hélas ! Ici-bas est maître : sa hantise
Vient m'écœurer parfois jusqu'en cet abri sûr, »
MALLARMÉ, **Du Parnasse contemporain**, Les fenêtres, p. 33.

— REM. *Ici et Là* :

16 « Ici est le lieu même où est la personne qui parle ; là est un lieu différent. Ici marque un endroit déterminé ; là est plus vague : Venez ici, allez là. L'un est plus près, l'autre plus éloigné. »
LITTRÉ, **Dict.**, Ici.

17 « Deux adverbes surtout sont en usage : *ici, là,* qui s'opposent l'un à l'autre : *Fort à propos, messieurs, vous vous trouvez ici* (MOL., Mis., 1671)... Fig. : *Il faut montrer ici ton zèle et ta prudence* (RAC., Iph., 126).

...Ici et là ont fini par n'être pas très distincts. On dit : Nous ne sommes pas là pour enfiler des perles. Le sens est « ici ».
BRUNOT, **Pens. et langue**, p. 423.

‖ 2º Ici, employé avec *Là*, et désignant deux lieux que l'on oppose (sans idée de présence ou d'éloignement). *Ici, une forêt ; là, des champs. Ici et là, des nappes de brume* (cit. 2). V. **Çà** (et là), **delà** (deçà, delà).

— *Fig.* (pour désigner des circonstances, des actions successives et opposées). *Ici il pardonne, là il punit* (LITTRÉ). *Le hasard qui a détruit ici ; et là sauvegardé les vestiges du passé* (Cf. Histoire, cit. 22).

‖ 3º A l'endroit où l'on se trouve, que l'on désigne dans un discours, un écrit... *Ce que j'ai voulu faire ici* (dans ce livre). *Il faut le répéter ici* (Cf. Anticipation, cit.). *Arrêtons*

(cit. 51), *terminons ici... J'aborderai ici, je considérerai ici...* (Cf. Aspect, cit. 26). *Évitez ici la grandiloquence* (cit. 1). *Je me sers ici de ce mot...* (Cf. Hiérarchie, cit. 5). *Plaçons ici une histoire* (Cf. Héros, cit. 37). *Ce n'est pas ici le lieu de montrer comment...* (Cf. Bonté, cit. 4). *Ce serait ici le cas* (cit. 9) *de...*

18 « C'est ce qu'ici l'on a voulu faire, et ce prologue est un essai de louanges de ce grand prince (le Roi). »   MOL., **Mal. imag.**, Prol.

19 « Je serais bien aise de poursuivre et de faire voir ici toute la chaîne des autres vérités... »   DESC., **Disc. de la méth.**, V.

20 « ... le récit que je rapporte ici mot pour mot ; »
FRANCE, **Petit Pierre**, XIX, p. 127.

— *Par ext.* Dans ce domaine, dans cette matière.. (Cf. Habitude, cit. 48 ; homme, cit. 11).

21 « Un second groupe d'éléments dans l'œuvre littéraire, ce sont les situations et les événements... En cela, l'art est encore supérieur à la nature,... Il reste un dernier élément, le style... Ici encore l'art est supérieur à la nature ;... »
TAINE, **Philos. de l'art**, t. II, pp. 319 à 322.

‖ 4º *Adv. de temps.* En ce moment* ; en ce temps même. V. **Maintenant.** *Jusqu'ici* : jusqu'à présent, jusqu'à aujourd'hui (Cf. Appréciable, cit. ; frein, cit. 4 ; fréquenter, cit. 19).

22 « Il l'aime. Mais enfin cette veuve inhumaine
N'a payé jusqu'ici son amour que de haine ; »
RAC., **Androm.**, I, 1.

— REM. De nos jours, ICI, *adv. de temps*, ne s'emploie plus guère que dans *Jusqu'ici* et les expressions où il est combiné avec *de*. Il n'en était pas de même au XVIIᵉ s. et notamment chez MOLIÈRE, où l'on rencontre fréquemment *ici* au sens de « maintenant, à cet instant » (Cf. Amphit., II, 1, vers 703 ; Tart., III, 7, vers 1159 ; Dom Garcie, V, 6, vers 1876, etc.) Cf. *aussi* Herculéen, cit. SAND)

23 « Dom Juan n'a plus qu'un moment à pouvoir profiter de la miséricorde du Ciel ; et s'il ne se repent ici, sa perte est résolue. »
MOL., **D. Juan**, V, 5.

— « Combiné avec *de...,* ici marque le point de départ dans le temps, le point d'aboutissement étant énoncé par une date, une subordonnée temporelle ou un adverbe » (G. et R. LE BIDOIS). « *Dans un moment d'ici* » (MOL., D. Garcie, IV, 2). *D'ici à demain, d'ici demain. D'ici à trois jours.* V. **Dans** (Cf. Aboucher, cit. 2). *D'ici à ce qu'il vienne...* — REM. Malgré l'opinion de certains puristes (Cf. Durrieu, Parl. correct., p. 209), l'emploi de *à* est facultatif. — *D'ici là* (Cf. Confirmer, cit. 10 ; grabuge, cit.). *D'ici peu* : dans peu de temps.

24 « On conçoit que dans pareilles phrases (où ici marque le point de départ dans le temps), le point d'aboutissement ou d'achèvement dans la durée puisse se faire précéder de *à,* qui marque essentiellement le terme d'un mouvement... : « Vous pouvez avoir le contrat de vente signé *d'ici à huit jours* ». STENDH., Chartr. de Parme, VII, 124 ;... Bien qu'elle soit parfaitement logique, cette construction ne s'emploie guère, surtout devant *là* et *peu* ; on évite instinctivement de dire « *d'ici à là* », et Flaubert, qui avait d'abord écrit : « Le parti conservateur, *d'ici à peu*, prendrait sa revanche » (*Éduc. sentim.*, 431) a corrigé, dans son édition définitive, en : *d'ici peu.* »
G. et R. LE BIDOIS, **Synt. du fr. mod.**, t. II, p. 626, § 1732.

25 « Il faudrait que d'ici à Pâques Mˡˡᵉ de Méri demandât une chambre à l'abbé d'Effiat. »   SÉV., 467, 13 nov. 1675.

26 « Mais d'ici à quinze jours, dois-je aller demeurer dans une autre maison ? »   SAND, **Elle et lui**, p. 145.

27 « ... Si vous renoncez à votre incognito, je puis vous assurer que, d'ici quelques minutes, je vous aurai convaincue de vous attendre... »
GIRAUDOUX, **Amphitryon 38**, II, 3.

28 « On parle du treize. D'ici le treize, tout a le temps de sauter. »
ROMAINS, **H. de b. vol.**, t. I, XIV, p. 154.

29 « D'ici à ce que ton neveu ait l'âge de Péclet, la condition des travailleurs peut s'être améliorée. »   ID., **Ibid.**, XXIV, p. 281.

ANT. — Ailleurs ; là.

COMP. — Cf. Voici.

ICOGLAN. *n. m.* (XVIIIᵉ s. ; *ichoglan* en 1674 ; empr. au turc *itch-oghlân*, propremt. « page (*oghlân*) de l'intérieur (*itch*) »). *Vx.* Officier du palais du sultan, dans l'empire ottoman.

ICÔNE. *n. f.* (1859 GAUTIER, Voy. en Russie (en feuilletons) ; empr. au russe *ikona*, du gr. byzantin *eikona* (prononcé *ikona*). Bx-arts. Dans l'Église d'Orient, « peinture religieuse exécutée sur un panneau de bois, par opposition à la fresque » (RÉAU). *Icônes byzantines, russes. L'art des icônes a eu son apogée en Russie aux XIVᵉ et XVᵉ siècles* (Écoles de Novgorod, de Moscou). *Icônes exposées dans une église orthodoxe* (V. **Iconostase**).

1 « Ce groupe... offre une particularité remarquable : les personnages en ronde bosse, à l'exception des têtes et des mains peintes sur une découpe d'argent ou d'autre métal taillée d'après le contour. Cette composition de l'icone byzantin (*sic*) avec la sculpture produit un effet d'une puissance extraordinaire,... »
GAUTIER, **Voyage en Russie**, XV, p. 226.

2 « La technique des icones,... n'a guère varié depuis les origines. La première opération consiste à enduire une planchette... d'une préparation blanche... qui se compose de poudre fine de plâtre ou

d'albâtre délayée dans de la colle. Sur ce fond..., le peintre trace sa composition... après quoi il colorie ce dessin à la détrempe... L'icone une fois peinte est enduite d'un vernis à base d'huile... »
RÉAU, Dict. d'art, Icone.

— REM. L'ACAD. écrit *Icône* avec un accent circonflexe. Mais la plupart des auteurs ne la suivent pas (Cf. *supra*, et *aussi* LARBAUD, Barnabooth, p. 332).

ICON(O)-. Premier élément de mots savants tiré du gr. *eikôn*, « image ». — **Iconique.** *adj.* (1542 in HUGUET ; gr. *eikonikos*). *Antiq.* Se disait d'une statue de grandeur naturelle, érigée en l'honneur d'un vainqueur de jeux. — **Iconoclaste*.** — **Iconogène.** *n. m.* (fin XIXe s. ; Cf. -Gène). Sel (de sodium généralement) employé comme révélateur* photographique. — **Iconographie*, iconolâtre*, iconologie*.** — **Iconophile.** *adj.* et *n.* (XIXe s. LITTRÉ). *Vx.* Amateur d'estampes. — **Iconoscope.** *n. m.* (Néol. ; 1877 LITTRÉ, Suppl. dans un autre sens). *En Télévision*, Dispositif qui analyse l'image et la transforme en courant électrique d'intensité variable, afin de pouvoir la transmettre. — **Iconostase*.**

ICONOCLASTE. *n. m.* (1586 in HUGUET ; gr. *eikonoklastês*, de *klaein*, « briser »).

‖ 1° *Hist.* Partisan des empereurs byzantins qui, aux VIIIe et IXe siècles, s'opposèrent à l'adoration et au culte des images saintes. *Léon III l'Isaurien, Clément V, Léon l'Arménien, Michel le Bègue, Théophile, chefs des iconoclastes* (On a dit aussi *iconomaque*). — Adjectivt. *Les conciles iconoclastes de 730, 753, 815* (Constantinople). *Les empereurs iconoclastes de Byzance.* — Par ext. *La querelle, la lutte iconoclaste.*

1 « ... le mouvement iconoclaste apparaît..., d'abord, comme une réaction contre l'adoration et le culte des images saintes ; puis contre certaines pratiques jugées superstitieuses... enfin, parfois, contre le culte même de la Vierge et des saints,... »
P. LEMERLE, Hist. de Byzance, p. 79 (éd. P.U.F.).

‖ 2° *Par ext.* Celui qui condamne, proscrit ou détruit les images saintes, la représentation des personnes divines, des saints... Adjectivt. *Fureur iconoclaste.*

2 « Son cœur de Latin était soulevé de dégoût par leur intolérance (*des Juifs*), leur rage iconoclaste,... »
FLAUB., Trois contes, Hérodias, p. 236.

3 « En 1566, des bandes d'iconoclastes avaient dévasté les cathédrales d'Anvers, de Gand, de Tournay, et brisé partout, dans les églises et les abbayes, les images et les ornements qu'ils croyaient idolâtriques. »
TAINE, Philos. de l'art, t. II, III, p. 41.

‖ 3° *Fig.* et *péjor.* V. **Vandale.**

4 « Comme toute religion neuve, le camping a ses excès, son offensant fanatisme, ses iconoclastes pilleurs de bois vert, de fruits et de légumes. »
COLETTE, Belles saisons, p. 10.

ANT. — **Iconolâtre.**

DER. — **Iconoclasme.** *n. m.* (1890) ou **Iconoclasie.** *n. f.* (XIXe s.) ou **Iconoclastie.** *n. f.* (1877 LITTRÉ, Suppl.). Doctrine, mouvement religieux et politique des iconoclastes, à Byzance. *L'iconoclasme se traduisit par une lutte des empereurs contre le pouvoir des moines et contre l'indépendance de l'Église face à l'État.*

ICONOGRAPHIE. *n. f.* (1701 ; comp. sav. du gr. *eikôn.* Cf. le suff. *-Graphie*). Etude des diverses représentations figurées d'un sujet (individu, époque, thème...). *Iconographie d'un personnage célèbre, de François 1er, de Louis XIV. Iconographie d'une époque, d'un événement historique, de la Révolution française... Iconographie religieuse : égyptienne, bouddhique, chrétienne... :* étude des thèmes, symboles, dogmes, personnages propres à chaque religion, tels qu'ils sont représentés dans l'art. *Iconographie du Christ, de la Vierge, de saint Jean-Baptiste, de saint Sébastien. Iconographie de l'Ancien, du Nouveau Testament.*

1 « ... maître Denys d'Agrapha énonce ainsi le but de son livre. « Cet art de la peinture,... j'ai voulu le propager... J'ai indiqué aussi toute la suite de l'Ancien et du Nouveau Testament, la manière de représenter les faits naturels et les miracles de la Bible, et en même temps les paraboles du Seigneur, les légendes,... le nom et le caractère du visage des apôtres et des principaux saints ;... »
Ce manuscrit, véritable manuel d'iconographie chrétienne et de technique picturale,... » GAUTIER, Voyage en Russie, XIX, p. 306.

2 « L'iconographie est une branche essentielle de l'histoire de l'art, mais ne se confond pas avec elle. Elle étudie, en effet, les sujets représentés dans les œuvres d'art, leurs sources, leur signification historique ou symbolique. Il reste ensuite à compléter cette analyse iconographique par une analyse stylistique... L'iconographie ne peut faire complètement abstraction de la forme, sous peine de se dessécher... »
L. RÉAU, Dict. d'art, Iconographie.

— Ensemble de ces représentations. *Iconographie abondante et variée d'un saint, d'un thème allégorique.* — Recueil de ces représentations. *L'Iconographie ancienne de Visconti,* « recueil des portraits authentiques des empereurs, rois et hommes illustres de l'antiquité ».

3 « Je suis convaincu que l'iconographie du moyen âge lui doit autant (*à l'église de St-Denis*) que l'architecture, la sculpture et la peinture sur verre. L'abbé Suger fut, dans le domaine du symbolisme, un créateur ; il proposa aux artistes des types nouveaux,... Plusieurs chapitres de l'iconographie du XIIIe siècle se sont élaborés à Saint-Denis. » É. MÂLE, L'art relig., Du XIIe au XVIIIe s., p. 18.

DER. — **Iconographe.** *n. m.* (1812). Spécialiste de l'iconographie. — **Iconographique.** *adj.* (1762). Relatif à l'iconographie. *Ouvrages, études iconographiques. Connaissances iconographiques. Documents iconographiques.*

« L'abbé Grozier possédait un livre chinois, ouvrage à la fois iconographique et technologique,... »
BALZ., Illus. perdues, Œuvr., t. IV, p. 560.

« ... mes études iconographiques m'ont habitué de longue date à reconnaître la pureté d'un type et le caractère d'une physionomie. »
FRANCE, Crime S. Bonnard, II, p. 355.

ICONOLÂTRE. *n.* (1701 ; du gr. ecclés. *eikonolatrês.* (Cf. *suff.* -Lâtre). Celui, celle qui rend un culte à des images (nom donné aux catholiques par les iconoclastes).

DER. — **Iconolâtrie.** *n. f.* (XIXe s. LITTRÉ). Culte*, adoration* des images.

ICONOLOGIE. *n. f.* (1690 FURET. ; comp. sav. du gr. *eikôn*, et de *logos.* Cf. -Logie). Art de représenter des figures allégoriques avec leurs attributs distinctifs ; Connaissance des attributs permettant de reconnaître l'allégorie représentée. *L'iconologie « a été très en faveur aux XVIIe et XVIIIe s. »* (RÉAU). *Almanach iconologique, ou Iconologie par figures, ou Traité complet de la science des allégories,* de Gravelot et Cochin (1781).

ICONOSTASE. *n. f.* (1859 GAUTIER, Voy. en Russie ; du gr. *eikôn*, et *stasis*, « action de poser »). Dans les églises orthodoxes, Sorte de cloison décorée d'images (V. **Icône**), qui sépare la nef du sanctuaire où le prêtre officie.

« L'iconostase, haute muraille de vermeil à cinq étages de figures..., éblouit l'œil par sa fabuleuse magnificence. À travers les découpures de l'orfèvrerie, les mères de Dieu, les saints et les saintes passent leurs têtes brunes et leurs mains aux tons de bistre... Quel beau motif de décoration que ces iconostases, voile d'or et de pierreries tendu entre la foi des fidèles et les mystères du Saint-Sacrifice ! »
GAUTIER, Voyage en Russie, 17, p. 276.

ICOSAÈDRE. *n. m.* (1551 ; *icocedron* en 1542 ; lat. *icosahedrum*, mot gr. tiré de *eikosi*, « vingt », et *edra*, « face »). Polyèdre limité par vingt faces. *Icosaèdre régulier*, dont les faces sont des triangles équilatéraux égaux entre eux.

DER. — (du gr. *eikosi*) : **Icos(i)-.** Premier élément de mots savants tels que *Icosandre* (qui a vingt étamines), *icosigone* (qui a vingt angles)...

ICTÈRE. *n. m.* (1578 ; lat. *icterus*, du gr. *ikteros*, « jaunisse »). *Méd.* Symptôme caractérisé par une coloration jaune de la peau et des muqueuses, et qui révèle la présence de pigments biliaires dans les tissus. V. **Cholémie, jaunisse ; bile, foie.** *Ictère vrai* (ou *biliphéique*) « dû au passage dans le sang des pigments normaux de la bile » (GARNIER). *Ictère catarrhal*, que l'on croyait dû à une inflammation catarrhale. *Ictère hémaphéique* (V. **Hématine**) attribué aujourd'hui à la présence de pigments biliaires modifiés ou très peu nombreux dans le sang. *Ictère hémolytique*, dû à la destruction des globules rouges. *Ictère bénin. Ictère grave, malin,* accompagné de phénomènes nerveux, d'hémorragies et correspondant à une infection, une intoxication, une maladie, une tumeur du foie*. — Par ext. *Ictère infectieux*, se dit d'« affections caractérisées principalement de l'ictère et des symptômes généraux » (GARNIER). — REM. Sauf dans cette dernière expression, *Ictère* ne désigne pas une affection, une maladie, mais un Symptôme. Cependant dans l'usage courant *Ictère*, comme *Jaunisse*, désignent fréquemment la maladie dont ils sont le symptôme.

« ... madame Cibot usa d'artifices pour introduire le *médecin du quartier* auprès de Schmucke. Ce médecin craignit un *ictère* et il laissa madame Cibot foudroyée par ce mot savant dont l'explication est *jaunisse ! »* BALZ., Cousin Pons, Œuvr., t. VI, p. 585.

DER. — (du même rad.) : **Ictérique.** *adj.* (1660 ; *ithérique* au XIIIe s. ; lat. *ictericus*, gr. *ikterikos*). Relatif à l'ictère. *Symptômes ictériques. Teinte ictérique.* — Substant. Malade présentant un ictère. — **Ictéro-.** Premier élément de mots savants relatifs à l'ictère.

ICTUS (*-tuss'*). *n. m.* (XIXe s. ; *icte*, « coup » en 1546 RAB. ; lat. *ictus*).

‖ 1° (1867 LITTRÉ). Coup frappé sur un accent fort, en marquant la mesure. *Par ext.* Temps fort marqué sur une syllabe. *Mus.* Note très accentuée au premier ou au dernier temps fort d'un rythme.

‖ 2° (1878 P. LAROUSSE). *Pathol.* Manifestation morbide violente et soudaine. *Ictus apoplectique,* ou absolt. *Ictus.* V. **Attaque.** Psychol. *Ictus émotif,* « brusque obscurcissement de la conscience sous l'influence d'une émotion violente » (P. SIVADON in PIÉRON, Vocab. psychol.).

-ICULE, -CULE. Suffixe du lat. *culus*, figurant dans des mots hérités du latin comme *pédicule, pédoncule, ventricule...*, et qui sert à former quelques diminutifs savants (*animalcule, principicule...*).

ID. *Abrév.* V. **IDEM.**

IDE. *n. m.* (1839 BOISTE). Poisson physostome (*Cyprinidés**) au corps fusiforme pouvant atteindre 40 cm, à livrée pourpre. *L'ide, poisson d'ornement.*

-IDE. Suffixe tiré du gr. *eidos*, « forme » (V. **Idée**) et qui entre dans la composition de nombreux adjectifs désignant des formes* (sous la forme *-oïde* :* sphéroïde, etc.). — REM

En *Médecine*, le suff. *-Ide* désigne généralement les manifestations cutanées d'une maladie... (*arthritide, syphilide...*) ; en *Chimie*, il désigne certains groupements d'homologues (*glucides, lipides...*).

1. IDÉAL, ALE. *adj.* (1578 DESPORTES, auquel MALHERBE, dans son Commentaire, reproche ce « mot d'école » ; bas lat. *idealis*). — REM. « L'adjectif fait *idéaux* au pluriel », note LITTRÉ dans son *Dictionnaire*, mais il est moins affirmatif dans son *Supplément* : « On peut penser qu'il est préférable de dire, comme M. Taine, *idéaux* au plur. de l'adj. ». L'ACADÉMIE ne paraît soulever la question que pour le pluriel du substantif. En fait, comme pour beaucoup d'adjectifs en *al*, le masculin pluriel est peu usité, les écrivains évitant de l'employer.

‖ **1°** Qui est conçu et représenté dans l'esprit sans être ou pouvoir être perçu par les sens. V. **Idéel, théorique.** *Abstractions n'ayant qu'une existence idéale. Notions idéales. Un être, un monde idéal.* V. **Imaginaire*** (Cf. Bouc, cit. 3).

1   « L'impossibilité d'atteindre aux êtres réels me jeta dans le pays des chimères, et ne voyant rien d'existant qui fût digne de mon délire, je me nourris dans un monde idéal que mon imagination créatrice eut bientôt peuplé d'êtres selon mon cœur. » ROUSS., Confess., IX.

2   « Au reste, le domaine de la poésie est illimité. Sous le monde réel, il existe un monde idéal, qui se montre resplendissant à l'œil de ceux que des méditations graves ont accoutumés à voir dans les choses plus que les choses. » HUGO, Odes et ballades, Préf. de 1822.

3   « La géométrie ne s'occupe pas de solides naturels ; elle a pour objets certains solides idéaux, absolument invariables, et qui n'en sont qu'une image simplifiée et bien lointaine. » H. POINCARÉ, Science et hypoth., IV.

4   « ... à l'attente de l'être idéal que nous aimons, chaque rendez-vous nous apporte, en réponse, une personne de chair qui tient déjà si peu de notre rêve. » PROUST, Rech. t. p., XIII, p. 49.

‖ **2°** Qui atteint toute la perfection ou réunit toutes les perfections que nous pouvons concevoir ou souhaiter. V. **Accompli, merveilleux, parfait*, surnaturel.** *Beauté, formes idéales* (Cf. Apparence, cit. 4 ; éthéré, cit. 3 ; divination, cit. 4). *« Chair de la femme, argile* (cit. 6 HUGO) *idéale... ». L'amour dans sa plénitude idéale* (Cf. Bercement, cit. 2). *Perfection idéale.* V. **Absolu.** *Rêver de retraites idéales* (Cf. Asile, cit. 23). *Une machine idéale, qui fonctionnerait sans frottement* (LALANDE). — *Fam.* V. **Parfait, rêvé.** *C'est un mari idéal. Ils forment un couple idéal. Un séjour de vacances absolument idéal. Un ciel d'une pureté idéale. C'est la solution idéale.* — (Dans le lang. publicit.) *Produit idéal.*

5   « Et ce bien idéal que toute âme désire,
Et qui n'a pas de nom au terrestre séjour ! »
LAMART., Prem. médit., L'isolement.

6   « Quel être idéal que cet Albert, sombre, souffrant, éloquent, travailleur, comparé par mademoiselle de Watteville à ce gros comte joufflu, crevant de santé, diseur de fleurettes,... » BALZ., Albert Savarus, Œuvr., t. I, p. 768.

7   « Elle était sentimentale : elle voyait dans Edmond et Carlotta le couple idéal, l'amour heureux. » ARAGON, Beaux quartiers, p. 448.

— *Spécialt. Le beau idéal,* la beauté parfaite dans l'art, telle qu'on ne peut la concevoir et l'imaginer (*par oppos. aux beautés naturelles*). *Fins idéales de l'art* (cit. 2).

8   « Toujours *cachant* et *choisissant, retranchant* ou *ajoutant,* ils se trouvèrent peu à peu dans des formes qui n'étaient plus naturelles, mais qui étaient plus parfaites que la nature : les artistes appelèrent ces formes *le beau idéal.* On peut donc définir *le beau idéal* l'art *de choisir et de cacher.* Cette définition s'applique également au beau idéal *moral* et au beau idéal *physique.* Celui-ci se forme en cachant avec adresse la partie infirme des objets ; l'autre, en dérobant à la vue certains côtés faibles de l'âme... » CHATEAUB., Génie du christ., II, 2, 11.

9   « ... une de celles qui rêvent le beau idéal et veulent que tout soit complet,... » BALZ., Curé de village, Œuvr., t. VIII, p. 593.

— *Un amour idéal,* tout platonique*.

ANT. — Matériel, réel ; imparfait, prosaïque, relatif, terrestre...

DER. — Idéalisme, idéaliste, idéaliser, idéalité. — Idéalement. *adv.* (XIXᵉ s.). D'une manière idéale (Au sens 1°. Cf. GAUTIER. — Plus souvent, au sens 2°. *Elle est idéalement belle.*)

1   « Il (*Balzac*) ne les copiait pas (*les personnages de la « Comédie humaine »*), il les vivait idéalement, revêtait leurs habits, contractait leurs habitudes, s'entourait de leur milieu.... » GAUTIER, Portr. contemp., Balzac, p. 63.

2   « Imaginez, au milieu des horreurs du siècle, un lieu privilégié, une sorte de retraite angélique paisible silencieuse et fermée... » FROMENTIN, Maitres d'autrefois, Belgique, p. 342.

2. IDÉAL. *n. m.* (1765 DIDER. ; du précédent). — REM. Entre les deux pluriels du masculin *idéals* et *idéaux*, tous deux admis par l'ACADÉMIE, « l'usage n'a pas prononcé », comme le note justement GREVISSE et comme le confirment les exemples donnés par GREVISSE (§ 278, rem. 4).

‖ **1°** *Vx (Esthét.)* Conception que l'artiste a dans l'esprit, idée de l'œuvre à réaliser (*par oppos. au Faire,* VII, 2°). V. **Sujet** (Bx-arts).

1   « Le sujet de ce tableau (*L'enfant gâté, de Greuze*) n'est pas clair. L'idéal n'en est pas assez caractéristique : c'est, ou l'enfant, ou le chien gâté. » DIDER., Salon de 1765.

« Scène froide et mauvaise, où la misère de l'idéal n'est point rache- 2 tée par le faire. » ID., Salon de 1767.

‖ **2°** Ce qu'on se représente ou se propose comme type parfait ou modèle absolu dans l'ordre pratique, esthétique ou intellectuel. *Un idéal de beauté* (Cf. Canon, cit. 3). *L'idéal du calme* (cit. 15). *L'idéal moral* (Cf. Beau, cit. 101). *Idéal politique, démocratique* (Cf. Aile, cit. 20), *internationaliste* (Cf. Adhérer, cit. 3), *bourgeois* (Cf. Ascension, cit. 9), *libertaire* (Cf. Communisme, cit. 2), *socialiste* (Cf. Egalisation, cit.), *pacifiste* (Cf. Grandeur, cit. 29)... — *Concevoir des idéaux* (Cf. Homme, cit. 85). *Avoir un idéal* (Cf. Coopératif, cit. 1 ; gueuleton, cit. 2). *Chercher à réaliser son idéal, un idéal* (Cf. Affamé, cit. 12 ; forger, cit. 11). *Idéal irréalisable.* V. **Utopie.** *Atteindre* (cit. 35 et 36) *l'idéal que l'on poursuit* — *L'idéal du poète, du critique* (Cf. Coïncider, cit. 2), *de certains philosophes, de M. Prudhomme* (Cf. Feu, cit. 21). — *Cette femme est son idéal.* V. **Genre, type** (fam.). — *Idéaux conformes à la nature d'une nation* (Cf. Hétérogène, cit. 2).

« Il règne ici (*dans une scène d'« Alzire », de Voltaire*) un *idéal* de 3 *vérité* au-dessus de tout *idéal* poétique. Quand nous disons un *idéal de vérité,* ce n'est point une exagération ; on sait que ces vers :
        Des dieux que nous servons connais la différence, etc.
sont les paroles mêmes de François de Guise. »
CHATEAUB., Génie du christ., II, 2, 7.

« Toi, femme que j'aimerai, viens, que je ferme sur toi mes bras 4 ouverts depuis si longtemps... Si tu viens trop tard, ô mon idéal ! je n'aurai plus la force de t'aimer... »
GAUTIER, Mᵐᵉ de Maupin, II, p. 74.

« ... le dessin du grand dessinateur doit résumer l'idéal et le 5 modèle... Je n'affirme pas qu'il y ait autant d'idéals primitifs que d'individus, car un moule donne plusieurs épreuves ; mais il y a dans l'âme du peintre autant d'idéals que d'individus, parce qu'un portrait est un modèle compliqué d'un artiste. Ainsi l'idéal n'est pas cette chose vague, ce rêve ennuyeux et impalpable qui nage au plafond des académies ; un idéal, c'est l'individu redressé par l'individu, reconstruit et rendu par le pinceau ou le ciseau à l'éclatante vérité de son harmonie native. »
BAUDEL., Curios. esthét., III, Salon de 1846, VII.

« (*L'abbé de Retz*)... caressait l'idéal du conspirateur et du séditieux 6 grandiose... » STE-BEUVE, Causer. du lundi, 20 oct. 1851, t. V, p. 42.

« ... quoique les mariages d'inclination et les bonheurs qu'ils donnent 7 soient une partie de l'idéal de toutes les mères de famille,... » BARBEY d'AUREV., Diaboliques, Bonheur dans le crime, p. 135.

« Mais il n'y a pas d'idéal dont le charme n'ait son péril, et pourtant 8 on ne saurait priver la vie d'idéal sans la condamner à la platitude et au morne désespoir. » J. BÉDIER, Tristan et Iseut, Préface, p. X.

« ... on demande à ceux qui gouvernent les hommes autre chose 9 et mieux encore que l'intelligence : la sensibilité qui les rend humains et la conscience d'un grand idéal qui les fait supérieurs. » MADELIN, Talleyrand, p. 449.

« Par-dessus les frontières, les mains de tous les travailleurs se 10 tendaient vers le même idéal fraternel. » MART. du G., Thib., t. VII, p. 65.

— *Par ext.* (En parlant d'un individu qui est le modèle du genre). *Cet homme est l'idéal du fonctionnaire* (ACAD.), *le fonctionnaire idéal, exemplaire*. Cette femme est un idéal de vertu.* V. **Modèle, parangon.**

‖ **3°** *Absolt.* Ensemble de valeurs esthétiques, morales ou intellectuelles, *par opposition aux* intérêts de la vie matérielle. *Avoir toujours le même amour, le même goût pour l'idéal* (Cf. Abandonner, cit. 22). *Aspirations éthérées et élancements vers l'idéal* (Cf. Effusion, cit. 7). *Invoquer l'idéal* (Cf. Frange, cit. 4). *Tendre vers l'idéal* (Cf. Alourdir, cit. 4). *L'idéal, aimant* (cit. 1) *de la conscience. Envolée vers l'idéal. Le genre* (cit. 4) *humain s'élevant des ténèbres à l'idéal. Sage abandonnant les intérêts matériels pour jouir de l'idéal* (Cf. Abandonner, cit. 1). V. **Bien 2, II.**

« A l'idéal ouvre ton âme ;   11
Mets dans ton cœur beaucoup de ciel,
Aime une nue, aime une femme,
Mais aime ! — C'est l'essentiel ! »
GAUTIER, Émaux et camées, La nue.

« L'absolu doit être pratique. Il faut que l'idéal soit respirable, 12 potable et mangeable à l'esprit humain. » HUGO, Misér., II, VII, VI.

« Ils voyageaient sans pain, sans bâton et sans urnes,   13
Mordant au citron d'or de l'idéal amer. »
MALLARMÉ, Prem. poèm., Le guignon.

« Les bourgeois ne m'ont su aucun gré de mes concessions ; ils ont 14 vu plus clair que moi en moi-même ; ils ont bien senti que j'étais un faible conservateur, et qu'avec la meilleure foi du monde, je les aurais trahis vingt fois, par faiblesse pour mon ancienne maîtresse, l'idéal. » RENAN, Souv. d'enfance..., II, VII.

« M. Gaston Devore a appelé sa pièce l'*Envolée*... Vous sentez tout 15 ce qu'il contient (*ce mot*), tout ce qu'il veut dire ? C'est un désir vers l'idéal. » LÉAUTAUD, Théâtre de M. Boissard, XLIV, p. 245.

« Dans la vie sociale, c'est encore l'*idéal* qui rassemble les âmes 16 autour d'un but commun ; hors de là, il n'y a qu'utilité, et l'utilité, loin de concentrer et d'unir, sépare et disperse. » LIARD, Science posit. et métaph., p. 484 (in LALANDE).

‖ **4°** *Absolt.* Ce qui, dans quelque ordre que ce soit, donnerait une parfaite satisfaction aux aspirations du cœur ou de l'esprit (*par oppos.* à la décevante réalité). *Contraste entre l'idéal et la triste réalité* (Cf. Folie, cit. 18). *Rêveurs candides* (cit. 2), *coureurs d'idéal. Croire atteindre l'idéal en étreignant* (cit. 6) *le réel.*

17 « ... empêchez-la de cultiver dans son cœur la mystérieuse fleur de l'Idéal, cette perfection céleste à laquelle j'ai cru, cette fleur enchantée, aux couleurs ardentes, et dont les parfums inspirent le dégoût des réalités. » BALZ., **Honorine**, Œuvr., t. II, p. 315.

18 « Quand on parle de l'idéal, c'est avec son cœur ; on pense alors au beau rêve vague par lequel s'exprime le sentiment intime ; » TAINE, **Philos. de l'art**, t. II, p. 223.

19 « — Vous pensez alors, comme Hegel, que Dieu n'est pas, mais qu'il sera ? — Pas précisément. L'idéal existe ; il est éternel ; mais il n'est pas encore matériellement réalisé ; il le sera un jour. » RENAN, **Dial. philos.**, II, Œuvr., t. I, p. 597.

20 « ... cet idéal que l'homme ne se lasse pas de faire planer au-dessus du réel, et dont les aspects multiples et opposés ne sont que des manifestations diverses de son aspiration obstinée vers le bonheur. » J. BÉDIER, **Tristan et Iseut**, Préface, p. IX.

— *L'idéal, c'est de..., ce qui peut pleinement satisfaire, c'est de...*

21 « L'idéal pour Javert, ce n'était pas d'être humain, d'être grand, d'être sublime ; c'était d'être irréprochable. » HUGO, **Misér.**, V, IV.

22 « Aimer et être aimé, voilà l'idéal. » COCTEAU, **Le grand écart**, p. 34.

— *Fam. L'idéal, ce serait de... que..., ce qu'il y aurait de mieux**, *de plus souhaitable, ce serait... (Cf. Le rêve, ce serait que...). Ce n'est pas l'idéal, évidemment, mais...*

23 « L'idéal, je crois, ce serait que nous puissions envisager avec vous quelque autre opération immobilière absolument distincte, qui ne touche en rien aux biens du clergé ; » ROMAINS, **H. de b. vol.**, t. V, VI, p. 56.

ANT. — **Réalité, réel** (le) ; **positif** (le).

IDÉALISER. *v. tr.* (1794 ; de *idéal*). Revêtir d'un caractère idéal. V. **Embellir, ennoblir, flatter, magnifier.** *Peintre qui idéalise son modèle... Idéaliser en stylisant**. *Les écrivains irréguliers du XVIIe siècle ont été idéalisés et parés d'une auréole romantique* (Cf. Grotesque, cit. 12). *Légitimer et idéaliser certains vices* (Cf. Cultiver, cit. 14).

1 « ... ce n'est pas ainsi que je peux entrer tout à fait dans la nature, même en l'idéalisant. » SAND, **François le Champi**, Avant-propos, p. 17.

2 « Beaucoup de personnes me trouveront sans doute bien indulgent. « Vous innocentez l'ivrognerie, vous idéalisez la crapule. » BAUDEL., **Du vin et du haschisch**, II.

3 « L'absence l'avait idéalisé dans son souvenir ; il revenait avec une sorte d'auréole, et elle se livrait ingénument au bonheur de le voir. » FLAUB., **Éduc. sentim.**, II, V, p. 282.

4 « Lamartine a beaucoup varié ses explications à l'égard de la petite coralleuse napolitaine (*Graziella*), qu'il a idéalisée en son délicieux roman. » HENRIOT, **Romantiques**, p. 103.

5 « L'homme se monte le coup. Il idéalise la femme. Mais elle, ne la lui rend pas. Elle apporte aux choses de l'amour un sens forcené du réalisme. On ne la trompe pas avec des mots. » ARAGON, **Beaux quartiers**, II, XXXIII.

6 « De David, la Bible nous donne trois figures... dans les *Chroniques*, idéalisé à tel point que ses crimes sont passés sous silence, statue plus qu'homme vivant. » DANIEL-ROPS, **Peuple de la Bible**, III, I, p. 198.

7 « En donnant aux personnages de l'Évangile les traits de ses compagnons, il pensait les faire apparaître avec plus de vérité qu'en les idéalisant. » MALRAUX, **Voix du silence**, p. 374.

|| S'IDÉALISER. Se représenter sous un aspect idéal. *Napoléon a composé* (cit. 14) *son personnage et s'est idéalisé dans ses entretiens de Sainte-Hélène. Lamartine s'est idéalisé dans les Méditations* (Cf. Généraliser, cit. 6). — Passif. *Visage qui se fond* (cit. 34) *et s'idéalise.*

8 « Quand elle représente la dryade, elle s'idéalise, se détache, s'enlève, se fait plus transparente et plus légère encore,... » GAUTIER, **Voyage en Russie**, XX, p. 339.

9 « ... ils avaient menti, menti comme toujours, ils s'étaient menti à eux-mêmes ; ils avaient voulu s'idéaliser... Idéaliser ! c'est-à-dire : avoir peur de regarder la vie en face, être incapable de voir les choses comme elles sont. » ROLLAND, **Jean-Christ.**, La révolte, I, p. 395.

ANT. — **Concrétiser. Rabaisser** ; **caricaturer, enlaidir.**

DER. — **Idéalisateur, trice.** *adj.* (1845 BESCHER.). Qui idéalise. *Vertu idéalisatrice de l'absence, de l'éloignement.* Substant. *Un idéalisateur du passé.* — **Idéalisation.** *n. f.* (1831). Action d'idéaliser : résultat de cette action. V. **Embellissement, stylisation.** *Idéalisation de certains faits ou personnages historiques dans l'épopée.*

1 « Ce travail quotidien d'idéalisation la lui montrait à peu près telle qu'il l'aurait rêvée. » MAUPASS., **Notre cœur**, p. 62.

2 « L'idéalisation devient alors (*pour Delacroix*) ce sourd travail par lequel ce que nous recevons du monde extérieur, avec l'illusion de l'objectivité, se trouve pénétré de notre propre sensibilité, dominé par elle, grâce à la mémoire, et surtout à l'imagination. » R. HUYGHE, **Dialogue avec le visible**, p. 266.

IDÉALISME. *n. m.* (1749 DIDEROT ; Cf. Idéaliste, cit. 1 ; de *idéal*).

|| 1º *Philos.* (sens général). Nom générique des divers systèmes philosophiques qui, sur le plan de l'existence ou de la connaissance, ramènent l'être à la pensée, et les choses à l'esprit. — REM. « Cette indétermination qui laisse en suspens la question de savoir si l'on parle de l'esprit *individuel*, ou de l'esprit *collectif*, ou de l'esprit *en général*, se rencontre dans la plupart des définitions de l'idéalisme...

Il semblerait donc qu'il y ait lieu de faire le moindre usage possible d'un terme dont le sens est aussi indéterminé » (LALANDE).

1 « (*Des vues nouvelles*) concernent l'appréhension de la matière par l'esprit et devraient mettre fin à l'antique conflit du réalisme et de l'idéalisme en déplaçant la ligne de démarcation entre le sujet et l'objet, entre l'esprit et la matière. » BERGSON, **La pensée et le mouvant**, Introd., IIe part.

2 « ... nous savons par quelle pente inéluctable l'idéalisme théorique, en niant le réel, aboutit à une négation du spirituel. » DANIEL-ROPS, **Ce qui meurt...**, p. 124.

— *Spécial. Idéalisme platonicien.* V. **Idée.** *Idéalisme spiritualiste** (de Leibniz), *immatérialiste** (de Berkeley), *transcendantal** (de Kant), *subjectif** (de Fichte), *objectif** (de Schelling), *absolu* ou *dialectique* (de Hegel)...

3 « ... pour le philosophe l'idéalisme est une philosophie de l'idée, tandis que dans la langue commune ce terme évoque plutôt une philosophie de l'idéal. » R. BLANCHE, **Les attitudes idéalistes**, IV, p. 101.

|| 2º (2e moitié du XIXe s. ; absent in LITTRÉ. Cf. Idéalité, Rem.). *En morale, et dans le lang. courant.* Attitude d'esprit ou forme de caractère qui pousse à faire une large place à l'idéal (sens 3e) en accordant foi à la puissance de l'idée et du sentiment pour améliorer la nature et les sociétés humaines. *Des caractères, des âmes d'un idéalisme absolu* (cit. 3). *Le parfait idéalisme de Jésus* (Cf. Anarchiste, cit. 1). *Voir dans les Croisades* (cit. 1) *un magnifique mouvement d'idéalisme. Idéalisme d'un peuple, d'une race* (Cf. Erroné, cit. 2). *Idéalisme et cynisme* (cit. 4) *coexistant dans un individu. Idéalisme déçu* (Cf. Autel, cit. 17).

4 « ... des biens non moins précieux ; l'idéalisme et l'intransigeance de la jeunesse,... » ROMAINS, **H. de b. vol.**, t. V, XXIII, p. 227.

— *Péjor.* (En tant que se nourrissant d'illusions, de chimères). *Idéalisme couard* (cit. 3) *qui se détourne du spectacle du mal. Se réfugier dans l'idéalisme.*

5 « ... chaque peuple a son mensonge, qu'il nomme son idéalisme ; tout être l'y respire, de sa naissance à sa mort : c'est devenu pour lui une condition de vie ;... » R. ROLLAND, **Jean-Christ.**, La révolte, I, p. 386.

6 « Ces considérations vous paraîtront inspirées. je le crains, par un idéalisme insensé. Tant pis pour vous. » BERNANOS, **Gds cimet. sous la lune**, p. 111.

7 « Il n'est ni pessimiste par rancune ou par mélancolie ; ni optimiste par niais idéalisme. » HENRIOT, **Romantiques**, p. 334.

|| 3º *Esthét.* (Par oppos. au *réalisme*). Conception qui donne pour fin à l'art non l'imitation fidèle de la réalité, mais la représentation d'une nature idéale plus satisfaisante pour l'esprit ou pour le cœur. *L'idéalisme de certains symbolistes.*

8 « Il aimait un corps humain comme une harmonie matérielle, comme une belle architecture, plus le mouvement ; et ce matérialisme absolu n'était pas loin de l'idéalisme le plus pur. » BAUDEL., **La Fanfarlo**, p. 393.

ANT. — **Réalisme. Matérialisme. Naturalisme. Cynisme.**

IDÉALISTE. *adj. et n.* (fin XVIIe s. LEIBNIZ in LALANDE ; de *idéal*). Propre à l'idéalisme, attaché à l'idéalisme*. — *Philosophie, théories idéalistes. Philosophe idéaliste.* Substant. *Les idéalistes.*

1 « On appelle *idéalistes* ces philosophes qui, n'ayant conscience que de leur existence et des sensations qui se succèdent au dedans d'eux-mêmes, n'admettent pas autre chose :... (*Ce système*) exposé avec autant de franchise que de clarté dans trois dialogues du docteur Berkeley,... il faudrait inviter l'auteur de l'*Essai* sur nos connaissances (*Condillac*) à examiner cet ouvrage ;... L'idéalisme mérite bien de lui être dénoncé ; » DIDER., **Lettre sur les aveugles**, Œuvr., p. 866.

2 « Ces difficultés tiennent, pour la plus grande part, à la conception tantôt réaliste, tantôt idéaliste, qu'on se fait de la matière. » BERGSON, **Mat. et mémoire**, Avant-propos 7e éd., p. 1.

— (Cf. Idéalisme, 2º). *Aspirations idéalistes* (Cf. Griserie, cit. 10). *Avoir des vues idéalistes, une vue trop idéaliste du problème.* Substant. *Il n'a pas le sens pratique, c'est un idéaliste* (ACAD.). *Un idéaliste impénitent, incorrigible.*

3 « C'est un idéaliste qui a une foi sans bornes dans le pouvoir souverain de l'esprit et de l'art libérateur. » R. ROLLAND, **Musiciens d'aujourd'hui**, p. 139.

— (Cf. Idéalisme, 3º). *Courant, tendances idéalistes en littérature, dans l'art.*

ANT. — **Réaliste. Charnel, pratique.**

IDÉALITÉ. *n. f.* (1770 WARTBURG ; de *idéal*). Caractère de ce qui est idéal*. — (Au sens philos., c'est-à-dire de ce qui est *idéel*) *L'idéalité du temps et de l'espace. Paralogisme** *de l'idéalité* (KANT).

1 « ... (*Les*) discussions sur la réalité ou l'idéalité du monde extérieur. » BERGSON, **Mat. et mém.**, p. 11.

— (Au sens large). *Art qui dépouille* (cit. 16) *toute idéalité. Le sens de l'idéalité, sens esthétique* (cit. 10) *par excellence.*

2 « Les anges qui tiennent l'orgue sur lequel la sainte en extase laisse errer ses doigts, ne sont que jolis ; ils n'ont pas cette idéalité séraphique des figures de Fiesole, du Pérugin et de Gian-Bellini. » GAUTIER, **Portr. contemp.**, Paul Delaroche, p. 300.

— *Par ext.* Être, objet idéal.

3 « ... au lieu de poursuivre des fantômes, je me colletterais avec des réalités ; je ne demanderais aux femmes que ce qu'elles peuvent donner : — du plaisir, — et je ne chercherais pas à embrasser je ne sais quelle fantastique idéalité parée de nuageuses perfections. »
GAUTIER, Mlle de Maupin, II, p. 96.

— REM. LITTRÉ signale un autre sens d'*idéalité* qui a entièrement disparu : « Disposition de l'esprit à donner aux choses un caractère idéal ». Cette « disposition » n'est autre que l'*idéalisme* au sens 2°, précisément absent chez LITTRÉ, tout comme le sens parallèle du mot *idéaliste*.

ANT. — **Réalité.**

IDÉE. *n. f.* (XIIIᵉ s., J. de MEUNG, Roman de la Rose ; lat. philos. *idea*, mot gr., signifiant proprement « forme visible, aspect », d'où « forme distinctive, espèce », et enfin, chez PLATON et ARISTOTE, « idée » ; rad. *idein*, « voir »).

I. (*Sens originel en français*). Selon Platon, Essence* éternelle et purement intelligible des choses sensibles. V. **Archétype** (cit. 6). — REM. Dans cette acception particulière, le mot s'écrit avec une majuscule. *La doctrine platonicienne des Idées exposée dans le mythe de la caverne* (Cf. PLATON, République, Livre VII).

1 « Là, ô mon âme, au plus haut ciel guidée,
   Tu y pourras reconnaître l'Idée
   De la beauté, qu'en ce monde j'adore. »   DU BELLAY, L'olive, 113.

2 « ... Platon admettant la réalité des Idées comme principes exemplaires et originels des choses, au moins de ce qu'elles comportent d'intelligible, est dit idéaliste... »
LE SENNE, Introd. à la philos., p. 86.

— *Spécialt.* (Philos. de Kant). *Les idées de la raison : le moi ou l'âme, le monde, Dieu :* concepts nécessaires de la raison, dont les objets ne sont pas accessibles à nos sens.

II. (*À partir du XVIIᵉ siècle*). Représentation intellectuelle*, *par oppos. aux* phénomènes d'affectivité (émotions, sentiments...) ou d'activité (mouvements, actes volontaires...). V. **Conscience.** — REM. Le mot, dans la langue philosophique, reçoit tantôt une acception très stricte (Cf. *infra*, 1°) tantôt une acception plus large qui est d'ailleurs celle que l'usage courant a consacrée, et qui se retrouve dans la suite de l'article.

3 « Entre mes pensées, quelques-unes sont comme les images des choses, et c'est à celles-là seules que convient proprement le nom d'*idées*, comme lorsque je me représente un homme, ou une chimère, ou le ciel, ou un ange, ou Dieu même. D'autres, outre cela, ont quelques autres formes ; comme lorsque je veux, que je crains, que j'affirme ou que je nie... »   DESCARTES, Médit. métaphys., III.

‖ **1° Psychol. et Log.** (*Sens strict*). Représentation abstraite et générale d'un être, d'une manière d'être, ou d'un rapport, qui est formée par l'entendement. — REM. Dans ce cas, les philosophes emploient, de préférence, l'expression *idée générale* ou le mot *concept**, la première ayant surtout un usage psychologique, le second un usage logique. V. *aussi* **Notion.** *Idées scientifiques de nombre, d'étendue, de force... formées par l'abstraction* (cit. 1), *la généralisation*. *Idée plus ou moins abstraite* (cit. 2). *Généraliser* (cit. 3) *des idées. Signe, symbole d'une idée. Mot qui désigne, éveille, donne, implique... telle ou telle idée* (Cf. Abandonner, cit. 6 ; adulation, cit. 1 ; apprêter, cit. 1 ; aspect, cit. 10...). *Forme, locution, tour syntaxique exprimant, traduisant une idée de...* (Cf. Antérieur, cit. 5 ; antériorité, cit. ...). — *Compréhension* (cit. 6) *et extension* (cit. 13) *d'une idée, de l'idée générale* (Cf. Genre, cit. 6). *Problème de la nature, de la génération, de l'origine des idées ; des rapports de l'idée générale et de l'image. Idées à priori. Idées innées**.

4 « Qu'est-ce qu'une idée ? C'est une image qui se peint dans mon cerveau. Toutes vos pensées sont donc des images ? Assurément : car les idées les plus abstraites ne sont que les suites de tous les objets que j'ai aperçus... je n'ai des idées que parce que j'ai des images dans la tête. »   VOLT., Dict. philos., Idée.

5 « Avant l'âge de raison, l'enfant ne reçoit pas des idées, mais des images ; et il y a cette différence entre les unes et les autres, que les images ne sont que des peintures absolues des objets sensibles, et que les idées sont des notions des objets, déterminées par des rapports. »   ROUSS., Émile, II, p. 103.

6 « ... les idées générales ne peuvent s'introduire dans l'esprit qu'à l'aide des mots, et l'entendement ne les saisit que par des propositions. »   ID., De l'inégalité parmi les hommes.

7 « Toute idée, simple ou complexe, se traduit par des sons, des groupes de sons, et des bruits, qui forment des mots, signes des idées : *encrier, vivre, demain...* »   BRUNOT, Pens. et langue, p. 3.

— *L'idée de mérite* (Cf. Achoppement, cit. 2), *du devoir* (Cf. Adventice, cit.), *de justice, de loi* (Cf. Concept, cit. 2), *d'ordre* (Cf. Éclair, cit. 18)... ; *d'âme* (cit. 42), *de création* (cit. 4)... ; *de quantité* (Cf. Environ, cit. 6), *du mouvement* (Cf. Grammaire, cit. 7), *de genre* (Cf. Généralité, cit. 1)...

8 « En analysant du hasard, proche parente de l'idée de désordre, on y trouverait les mêmes éléments. »
BERGSON, Évolution créatrice, p. 234.

9 « Nous rappellerons à ce professeur de philosophie le mot de Spinoza : « Le cercle est une chose, l'idée du cercle est une autre chose, qui n'a pas de centre ni de périphérie ». BENDA, Trahison des clercs, p. 39.

« Le nombre n'a dans la nature sensible ni modèle, ni image. L'idée 10 de nombre est rationnelle. »
Henri DELACROIX, Les grandes formes de la vie mentale, XII.

‖ **2°** (*Au sens large*). Toute représentation élaborée par la pensée (qu'il existe ou non un objet qui lui corresponde). — REM. En ce sens, les philosophes eux-mêmes ne font pas toujours la distinction entre *idée* et *image* (Cf. *supra*, cit. 3 DESCARTES, et l'expression *association* (cit. 16) *des idées*).

« J'ai souvent remarqué en beaucoup d'exemples qu'il y avait une 11 grande différence entre l'objet et son idée ; comme par exemple je trouve en moi deux idées du soleil toutes diverses ; l'une tire son origine des sens,... par laquelle il me paraît extrêmement petit ; l'autre est prise des raisons de l'astronomie... Certes les deux idées que je conçois du soleil ne peuvent pas être toutes deux semblables au même soleil... »
DESCARTES, Médit. métaphys., III.

— *Problème de l'expression** (cit. 19) *des idées par le langage. Exprimer* (cit. 8 et 25) *des idées. Expression imagée d'une idée dans la littérature, les arts...* (V. **Allégorie, emblème, symbole...**). *L'idée et le mot, la phrase, le style*, la forme** (Cf. Agréer, cit. 14 ; enveloppe, cit. 12 ; forme, cit. 52). « *Nous avons plus d'idées que de mots* » (DIDEROT).

« L'esprit ne peut se passer d'idées, et les idées ne peuvent se passer 12 de talent ; c'est lui qui leur donne l'éclat et la vie : or les idées ne demandent qu'à être bien exprimées, et, s'il est permis de le dire, elles mendient l'expression. »   RIVAROL, Littérature, p. 106.

« ... Et je dis : Pas de mot où l'idée au vol pur 13
   Ne puisse se poser, toute humide d'azur ! »
HUGO, Contempl., I, VII.

« *Écrire* était déjà pour moi une opération toute distincte de l'expres- 14 sion instantanée de quelque « idée » par le langage immédiatement excité. Les idées ne coûtent rien, pas plus que les faits et les sensations. Celles qui paraissent les plus précieuses, les images, les analogies, les motifs et rythmes qui naissent de nous sont des accidents plus ou moins fréquents dans notre existence inventive. »
VALÉRY, Variété V, p. 86.

« Tout ça fait un parfait avocat ; — ce qu'il est resté d'ailleurs ; 15 plus habile à manier les mots que les idées. »
MART. du G., Thib., t. V, p. 188.

« Même dans la science des physiciens, il y a une sombre et inquié- 16 tante poésie. Pour s'exprimer, cette poésie a besoin, comme l'autre, de métaphores, d'illuminations, d'éclairs, de vocables frappants qui sont, eux aussi, créateurs. Les idées créent les mots et les mots créent les idées. »   DUHAM., Voyage de P. Périot, p. 278.

A. (*Relativt. à la qualité, au degré d'intensité, d'ampleur*). *Idée claire* (cit. 13), *distincte, nette, précise, complexe, simple, juste, exacte* (cit. 15), *vraie... Idées fausses* (cit. 4), *obscures, confuses, vagues, puériles. Se faire une idée exagérée* (Cf. Avancement, cit. 44) *de quelque chose. L'idée qu'il se fait* (cit. 273) *de la destinée humaine. Donner une haute idée* (Cf. Éprendre, cit. 8), *avoir une grande idée de...* (Cf. Estime, cit. 6). *Avoir une haute idée de soi* (V. **Fat**).

« Vous croyez que je vous trompe, et que je vous dis ce qui n'est 17 pas ! vous avez là une jolie idée de moi ! »
LACLOS, Liais. dang., XCIV.

« Le grand-maître de la garde-robe a la plus haute idée de lui- 18 même : maladie française. »   CHATEAUB., M. O.-T., t. VI, p. 78.

« Mais pour moi, c'est un événement étrange que de me trouver 19 assez brusquement en présence du devoir ambigu de me faire une idée, assez nette pour être expliquée, assez vague pour n'être point toute fausse, d'un personnage transfiguré par la renommée, et comme absorbé dans sa gloire. »   VALÉRY, Variété IV, p. 97.

« On ne peut mettre en doute que dans notre pays, qui est non seule- 20 ment celui de Descartes, mais aussi celui des moralistes, chacun ne considère comme l'idéal suprême de l'existence... de réduire toutes ses opinions à des idées claires et distinctes... »
L. LAVELLE, in L. LE SENNE, Introduct. à la philos., Avant-propos.

« À vrai dire, M. Delobelle n'était pas très ferré en ces matières, 21 et il se faisait sur les attributions des syndicats des idées très superficielles. »   ARAGON, Beaux quartiers, I, VII.

« ... vous auriez à apprendre sur lui, sur son caractère, que sais-je, 22 sur sa vie... bien des choses dont vous n'avez peut-être qu'une vague idée... » il répéta : « oui, qu'une vague idée ».
ROMAINS, Femme singulière, 3, p. 30.

« Je ne suis jamais parvenu à m'en former une idée bien claire. » 23
ID., Ibid., 4, p. 39.

— *Absolt.* Vue élémentaire, approximative, sommaire. *Vous aurez une idée de sa mauvaise foi, quand vous saurez que...* V. **Aperçu.** *Pour vous en donner une idée, je vous dirai seulement que...* V. **Échantillon, exemple.** *Donner une idée du paradis* (Cf. Haschischin, cit. 1). — (Dans les express. négatives) *Vous ne sauriez vous faire une idée de ce que j'ai souffert* (ACAD.). *On ne saurait avoir, donner une idée, l'idée de...* (Cf. Extravagance, cit. 4). *N'avoir aucune idée de...* (Cf. Ameuter, cit. 6). *Elle n'a pas seulement l'idée de la pudeur* (Cf. Cabotinage, cit. 1). — *N'avoir pas la moindre idée de...* être tout à fait ignorant en la matière.

« ... le cardinal de Retz, qui commence ses Mémoires par donner 24 une idée des personnages qu'il va faire paraître sur la scène... »
VOLT., Observ. sur Mém. duc de Noailles.

« ... ajoutez à ces peines mortelles mon inquiétude sur les vôtres, 25 et vous aurez une idée de ma situation. » LACLOS, Liais. dang., LXXX.

« La coupe de sa figure, la régularité de ses traits donnaient une 26 idée, faible à la vérité, de la beauté dont elle avait dû être orgueilleuse ; »   BALZ., Femme de trente ans, Œuvr., t. II, p. 838.

27 « Regardez tout ce que vous avez appris depuis deux semaines, et dont vous n'aviez pas la moindre idée. »
ROMAINS, Femme singulière, 13, p. 109.

— (Vieilli). *Avoir peu d'idées d'une chose*, n'être guère capable d'y songer, de se la représenter, de la comprendre. Dans le même sens, *Ne pas se faire d'idée de...* Fam. *On n'a pas d'idée de cela*, « se dit de ce qui paraît extraordinaire, excessif, offensant, etc. » (LITTRÉ). — (De nos jours) *Je n'ai pas bien idée de...* je me représente mal, je suis mal informé de... *On n'a pas idée de cela*, on ne peut même pas se représenter une chose pareille (tant c'est extraordinaire, extravagant. V. **Inimaginable ; inconcevable.** Ellipt. *A-t-on idée de se mettre dans des états pareils !*

28 « Aussi a-t-on idée ! disait Madame Magloire toute seule en allant et venant, recevoir un homme comme cela ! et le loger à côté de soi ! et quel bonheur encore qu'il n'ait fait que voler ! »
HUGO, Misér., I, II, XII.

— *J'ai idée que...*, il me semble que, j'ai l'impression (ou le pressentiment) que... V. **Imaginer, penser** (Cf. Brillant, cit. 17).

29 « ... J'ai idée qu'en cachant cette histoire je n'aurais fait que reculer pour mieux sauter. »
COLETTE, La chatte, p. 199.

B. (Relativt. à la couleur affective de l'idée). *Avoir des idées gaies. Mes idées étaient paisibles et douces* (Cf. Empyrée, cit. 3). *Idées désagréables, tristes. Se faire des idées noires* (Cf. Fixe, cit. 6).

30 « Elle le savait, elle se le répétait, sans parvenir à détacher cette idée terrible du fond confus de ses pensées. »
MART. du G., Thib., t. V, p. 264.

31 « Je mettais en toute hâte un peu d'ordre entre une foule d'idées qui ne me semblaient pour la plupart, ni claires, ni consolantes. »
DUHAM., Pasq., II, XII.

C. (Relativt. aux rapports de l'idée avec d'autres, à sa place dans la vie de l'esprit). *Association* (cit. 15 à 21) *d'idées, des idées. Liaison, enchaînement, ordre... dans les idées* (Cf. Ailleurs, cit. 9 ; habitude, cit. 41). *Suivre, perdre le fil* de ses idées. *La suite*, la cohérence, la combinaison, la coordination des idées. *Idées sans suite. Chaos d'idées. Idées qui s'ordonnent, s'arrangent* (cit. 18), *s'assemblent, se décomposent, s'embrouillent* (cit. 5), *s'entre-heurtent* (Cf. Fièvre, cit. 13), *s'entrechoquent. Brouiller les idées. Chasser une idée de son esprit. Le cours* (cit. 15), *la marche* (Cf. Folie, cit. 3) *des idées. Incapable de réunir deux idées* (Cf. Esquinter, cit.). *Idées analogues* (cit. 4), *contiguës, voisines... Idées différentes, incohérentes. Sauter d'une idée à l'autre. Idées qui s'animent* (cit. 32), *s'avivent* (cit. 7 et 14)... — *Dynamisme des idées ; les idées et l'action. Idées-forces*, terme inventé par le philosophe FOUILLÉE pour exprimer que « tout état mental enveloppe à la fois un *discernement* (germe de l'idée) et une *préférence* (germe de l'action) ».

32 « Enfin les idées, ces créations du cerveau dont la naissance est d'une fantaisie si entière, et qui vous étonnent souvent par le « on ne sait comment » de leur venue, les idées d'ordinaire si peu simultanées et si peu parallèles dans les ménages de cœur entre homme et femme, les idées naissaient communes aux deux frères, qui, bien souvent, après un silence, se tournaient l'un vers l'autre pour se dire la même chose, sans qu'ils trouvassent aucune explication au hasard singulier de la rencontre dans deux bouches de deux phrases qui n'en faisaient qu'une. »
GONCOURT, Zemganno, XLVII.

33 « Ce grand esprit (*Voltaire*), c'est un chaos d'idées claires. »
FAGUET, Études littér., XVIIIᵉ s., Voltaire.

34 « Il avait baissé les paupières ; mais la même idée stagnait dans son cerveau somnolent. »
MART. du G., Thib., t. III, p. 71.

35 « ... elle ferma les yeux, prise d'un dégoût subit et tenta de rassembler ses idées. »
GREEN, A. Mesurat, I, V.

— *Idée fixe* (Cf. Aboutir, cit. 4 ; entretenir, cit. 17 ; haleur, cit. 2). V. **Dada*, favori, hantise, manie*, marotte.** *Spécialt.* (Psychopathol.). Idée dominante dont l'esprit est obsédé. V. **Monomanie, obsession** (Cf. Fixe, cit. 9). — *L'idée fixe*, œuvre de P. Valéry.

36 « Luttant, voulant s'arracher de cette hantise, il perdait à chaque seconde un peu de sa volonté, comme submergé par l'idée fixe, à ce bord extrême où, vaincu, on cède aux poussées de l'instinct. »
ZOLA, Bête humaine, VIII.

37 « Le classer (*Gilles de Rais*) dans la série des monomanes, rien de plus juste, car il l'était, si par le mot de monomane l'on désigne tout homme que domine une idée fixe. »
HUYSMANS, Là-bas, VIII.

38 « L'idée fixe. Un mur, contre lequel je me jette ; je me relève, je me précipite, je me heurte encore, et je retombe, pour recommencer. »
MART. du G., Thib., t. IX, p. 164.

D. (Relativt. à l'objet de l'idée). *Avions* (cit. 6) *évoquant des idées de bombardement. Désordre éveillant l'idée d'un cambriolage* (cit.). *Idée de la femme vêtue, de la femme nue* (Cf. Corset, cit.).

39 « Adieu, Madame ; jamais ce mot ne m'a tant coûté à écrire que dans ce moment où il me ramène à l'idée de notre séparation. »
LACLOS, Liais. dang., XLII.

40 « Ceux qui ont vécu pendant la guerre de 1870, par exemple, disent que l'idée de la guerre avait fini par leur sembler naturelle, non parce qu'ils ne pensaient pas assez à la guerre mais parce qu'ils y pensaient toujours. »
PROUST, Rech. t. p., t. XIII, p. 146.

— *L'idée de...* (suivi de l'infinitif). V. **Pensée, perspective.** *L'idée de déchoir* (cit. 5), *de se retrouver dans une chambre vide* (Cf. Attrister, cit. 8)... *L'idée seule de...* (Cf.

Envier, cit. 5). — *L'idée que...* le fait de se représenter que... (en parlant d'une chose passée, présente, ou future). Cf. Arbitre, cit. 15 ; et *aussi* Atavisme, cit. 2 ; croix, cit. 18 ; écouler, cit. 14. *L'idée ne vient à personne que...* (Cf. Football, cit. 1 ; grave, cit. 26).

41 « L'idée de me revoir commençait à prendre consistance dans son esprit et la rendait plus calme. »
LOTI, Aziyadé, p. 192.

— *A l'idée de..., à la seule idée de...*, en pensant à..., rien que de penser à... (Cf. Envers, cit. 2). — Avec l'infinitif (Cf. Fatal, cit. 8 ; go (tour de), cit. 1). — *A l'idée, à la seule idée que...* (Cf. Assaisonner, cit. 12 ; cabrer, cit. 11).

42 « Il souffrait surtout à l'idée qu'elle pût se méprendre sur ses sentiments, et supposer que la gêne dans laquelle il se trouvait fût une des raisons de son retour au foyer. »
MART. du G., Thib., t. III, p. 50.

‖ 3° Conception purement imaginaire*, fausse ou irréalisable. V. **Chimère, fantaisie, rêve, rêverie, vision.** — Vieilli. *Il se repaît d'idées* (LITTRÉ). *Il nous a entretenus de ses idées* (ACAD.). — REM. On préciserait aujourd'hui en disant, par exemple, *idées creuses*. — (De nos jours) *Se faire des idées*, s'imaginer des choses qui n'ont en général aucun rapport avec le réel ou le possible. *Quelle idée ! En voilà une idée !* — Spécialt. *Cela pourrait lui donner des idées* : exciter son imagination, éveiller des idées inconvenantes, sensuelles...

43 « Mon Dieu ! mon frère, ce sont de pures idées, dont nous aimons à nous repaître ; et, de tout temps, il s'est glissé parmi les hommes de belles imaginations, que nous venons à croire, parce qu'elles nous flattent et qu'il serait à souhaiter qu'elles fussent véritables. »
MOL., Mal. imag., III, 3.

44 « Ce n'est pas drôle d'attendre quand on se fait des idées. »
SARTRE, Morts sans sépulture, I, 1.

— Pure construction de l'esprit, dépourvue de fondement réel. V. **Invention,** et *aussi* **Mythe.**

45 « Comme il (*le sujet*) ne m'a fourni aucune femme, j'ai été obligé de recourir à l'invention pour en introduire deux,... L'une a vécu de ce temps là ;... L'autre femme est une pure idée de mon esprit,... »
CORN., Sertorius, Au lecteur.

46 « La mort, le chômage, la répression d'une grève, la misère et la faim ne sont pas des idées. Ce sont des réalités de tous les jours qui sont vécues dans l'horreur. »
SARTRE, Situations III, p. 210.

— Être qui semble dépourvu des attributs de l'existence, de toute réalité. V. **Apparence, fantôme, ombre.** Par plaisant. *Des idées de chevaux* (Cf. Exténuer, cit. 1 MOL.).

47 « Lélia n'est pas un être complet, dit Syténio. Qu'est-ce donc que Lélia ? Une ombre, un rêve, une idée tout au plus. Allez, là où il n'y a pas d'amour, il n'y a pas de femme. »
SAND, in MAUROIS, Lélia, III, 5, p. 165.

— *En idée*, en imagination (par oppos. à *en réalité, en fait*). *Tout cela n'était vrai qu'en idée* (Cf. Fictif, cit. 2 RENAN). *Mariage dont on se berce en idée* (Cf. Froideur, cit. 4 STE-BEUVE).

— *Fam.* (La chose étant en si petite quantité qu'elle semble à peine réelle) *Une idée de...*, un tout petit peu de. V. **Soupçon.**

48 « J'avais au menton une idée de barbe follette ; »
DUHAM., Biogr. de mes fantômes, V, p. 90.

‖ 4° Vue, plus ou moins originale, que l'intelligence élabore dans le domaine de la connaissance, de l'action ou de la création artistique. V. **Dessein, projet, plan.** *Il me vient une idée. Avoir, se mettre, se coller, se fourrer une idée dans la tête. Une idée qui lui trottait dans la cervelle* (fam.). — *Renoncer, se cramponner à une idée. Se faire* (cit. 242) *à une idée. Changer d'idée, en changer comme de chemise. Suivre son idée. Revenir, s'attacher* (cit. 84) *à sa première idée. C'est lui qui a lancé cette idée* (Cf. Gouvernement, cit. 8). *C'est une bonne, une heureuse, une lumineuse, une excellente, une riche idée. Une idée de génie* (cit. 41). *C'est une mine d'or que cette idée* (Cf. Exploiter, cit. 4). *Laissez-moi faire, j'ai une idée, j'ai mon idée. Il a une idée de derrière la tête*, qu'il ne dévoile pas, mais qui détermine son action. *Idée essentielle, générale, principale, d'un ouvrage, d'un chapitre. Idée première, directrice, de l'œuvre à réaliser.* V. **Inspiration.** *Idée mère*. *Prendre l'idée d'un roman dans une vieille chronique.* V. **Donnée, fond, source, sujet.** *L'embryon* (cit. 5) *de l'idée est de vous.* (Cf. Froid, cit. 24). *Jeter une idée sur le papier.* V. **Ébauche, esquisse.** — Spécialt. *Idée directrice guidant la recherche du savant.* V. **Hypothèse** (Cf. Expérience, cit. 43). — Mus. *Idée musicale.* V. **Thème.** — *Avoir l'idée de...* (avec l'infinitif), concevoir le projet ou imaginer* de... V. **Intention** (Cf. Cabale, cit. 6 ; chanter, cit. 21 ; construire, cit. 3 ; faire, cit. 127). *La fichue* (cit. 16) *idée que j'ai eue de... La bonne idée de...*

49 « J'eus l'heureuse et simple idée de tenter de voir à travers la serrure, et je vis en effet cette femme adorable à genoux, baignée de larmes, et priant avec ferveur. »
LACLOS, Liais. dang., XXIII.

50 « Un sot disait au milieu d'une conversation : « Il me vient une idée ». Un plaisant dit : « J'en suis bien surpris ». »
CHAMFORT, Caract. et anecd., Idée d'un sot.

51 « L'idée première de *La Comédie humaine* fut d'abord chez moi comme un rêve, comme un de ces projets impossibles que l'on caresse et qu'on laisse s'envoler ;... Cette idée vint d'une comparaison entre l'Humanité et l'Animalité. »
BALZ., Œuvres, t. I, Avant-propos, p. 3.

52 « ... il vécut paisible,... n'ayant plus que deux pensées : cacher son nom, et sanctifier sa vie ;... Jamais les deux idées qui gouvernaient le malheureux homme... n'avaient engagé une lutte si sérieuse. »
HUGO, Misér., I, VII, III.

— *Au plur.* (en insistant sur le caractère d'originalité). *Pensées neuves, fortes, heureuses. Écrivain, artiste qui a des idées. Ouvrage plein d'idées. Idées qui abondent* (Cf. Effervescence, cit. 5), *qui viennent en foule* (cit. 22), *au bout de la plume. Écrits vides d'idées* (Cf. Harmonie, cit. 23). *Disette* (cit. 3), *pauvreté d'idées* (Cf. Bigoterie, cit.). *Esprit dépourvu d'idées.* V. **Borné.** *Les idées manquent* (Cf. Creuser, cit. 23), *ne viennent pas* (Cf. Écrire, cit. 7). « *Ce décor, le livret de cet opéra est plein d'idées.* V. **Trouvaille.**

53 « Horrible sensation ! avoir l'esprit fourmillant d'idées, et ne plus pouvoir franchir le pont qui sépare les campagnes imaginaires de la rêverie des moissons positives de l'action ! »
BAUDEL., Parad. artif., Mangeur d'opium, IV.

‖ 5° Façon particulière de se représenter le réel, de voir les choses, d'envisager ou de résoudre les problèmes. *J'ai mon idée sur la question.* V. **Opinion.** *Cette idée ancrée* (cit. 4) *en moi, que... Cette idée de Pascal, que...* (Cf. Atome, cit. 17). *Une idée raisonnable, sensée, bizarre, biscornue, neuve, originale, préconçue, toute faite* (Cf. Extérieur, cit. 7 ; Faire, cit. 270). *Idée reçue*, communément reçue.* V. **Préjugé, prénotion.** *C'est l'idée d'un fanatique* (Cf. Existence, cit. 16). *Juger, agir à son idée,* selon sa manière de voir, sans s'occuper des opinions d'autrui.

54 « Il en juge arbitrairement, selon son goût et son caprice, à son idée, en artiste enfin !... »
FRANCE, Crime S. Bonnard, II, VI.

55 « ... ni sa voix ni son regard ne répondaient à l'idée que Mathilde Cazalis se faisait d'un austère théoricien socialiste des pays du Nord. »
ROMAINS, H. de b. vol., t. IV, IX, p. 87.

— (*Au plur.*). Ensemble des opinions d'un individu ou d'un groupe social en quelque domaine que ce soit. *Aller jusqu'au bout* (cit. 39) *de ses idées. Constance dans les idées. Communauté* (cit. 1), *communion* (cit. 3) *d'idées. Antagonisme, choc, contraste d'idées. Approuver* (cit. 15) *les idées de quelqu'un. Partager les idées du public* (Cf. Créateur, cit. 6). *Entrer* (cit. 53) *dans les idées de quelqu'un. Avoir les mêmes idées sur toutes choses* (Cf. Exclure, cit. 7). *Chacun a ses idées* (Cf. Grouper, cit. 6). *Emprunter à quelqu'un ses idées. Cela n'est pas dans mes idées. Défendre, propager, communiquer ses idées.* V. **Apostolat.**

56 « Les idées des hommes sont comme les cartes et autres jeux. Des idées que j'ai vu autrefois regarder comme dangereuses et trop hardies sont maintenant devenues communes et presque triviales, et ont descendu jusqu'à des hommes peu dignes d'elles. Quelques-unes de celles à qui nous donnons le nom d'audacieuses seront vues comme faibles et communes par nos descendants. »
CHAMFORT, Maxim. et pens., XLIII.

57 « Les idées qu'elle a sur la générosité et le sacrifice ont plus de prix chez elle que chez d'autres, parce qu'elles lui sont venues toutes seules, et que personne ne s'est inquiété de les lui donner. »
LOTI, Aziyadé, III, XXII, p. 101.

58 « Quand un Français a des idées, il veut les imposer aux autres. Quand il n'en a pas, il le veut tout de même. Et quand il voit qu'il ne le peut, il se désintéresse d'agir. »
R. ROLLAND, Jean-Christ., Dans la maison, I, p. 980.

59 « Un raisonnement n'a jamais convaincu personne. Mais croire qu'un raisonnement de père puisse changer les idées d'un fils est le comble de la folie raisonnante. »
MAUROIS, Ariel, p. 29.

— *Idées d'un écrivain, d'un philosophe...* V. **Doctrine, idéologie, philosophie, système, théorie, vue.** *Idées politiques, morales, religieuses, littéraires, esthétiques...* V. **Croyance, opinion** (Cf. Ambiant, cit. 2 ; englober, cit. 2 ; essai, cit. 22). *Idées nouvelles en politique, en art...* (Cf. Filtrer, cit. 9). *Idées avancées*, exaltées* (cit. 27). *Idées qui courent les rues, qui traînent partout, rebattues...* V. **Commun** (lieu), **vieillerie.** *Avoir des idées étroites*, larges** (surtout dans le domaine moral et religieux). *Large d'idées* (Cf. Grave, cit. 12).

60 « Nos idées morales ne sont pas le produit de la réflexion, mais la suite de l'usage. »
FRANCE, Manneq. d'osier, XVII. Œuvr., t. XI, p. 431.

61 « Ce sont les vues du sociologue et du moraliste qu'il (*Balzac*) a définies dans son *Avant-propos,* où, ayant dit le plan général de son œuvre, il expose en outre ses idées de philosophe et de politique. »
HENRIOT, Romantiques, p. 328.

— Absolt. *Les idées.* Spéculations* touchant aux plus hauts problèmes, considérées comme le symbole du génie humain. *Idées qui sont dans l'air** (cit. 27), *courant d'idées. L'histoire, l'évolution, le progrès des idées. Le jeu des idées* (V. **Cérébral, intellectuel**). *Production, publication, circulation d'idées* (Cf. Concentration, cit. 2). « *On ne tire pas des coups* (cit. 26) *de fusil aux idées* » (RIVAROL). *Croire aux idées* (Cf. Foi, cit. 21). *Croire que les idées mènent le monde.* V. **Idéologue.** — *Littérature* d'idées.*

62 « Ils confondent les *passions* et les *idées :* les premières sont les mêmes dans tous les siècles, les secondes changent avec la succession des âges. »
CHATEAUB., M. O.-T., t. VI, p. 88.

63 « Le vrai Dieu, le Dieu fort est le Dieu des idées ! »
VIGNY, Destinées, Bouteille à la mer.

64 « C'est énoncer une vérité désormais banale que de dire que ce sont les idées qui mènent le monde. »
RENAN, Avenir de la science. Œuvr., t. III, p. 746.

« Les idées ont une violence qui laisse loin derrière l'effet de la dynamite. » 65
SUARÈS, Trois hommes, Ibsen, IV, p. 123.

III. (Au sing. seulement) *Par ext.*

‖ 1° L'esprit qui élabore les idées. *J'ai dans l'idée qu'il ne viendra pas. Il s'est mis dans l'idée de..., que... Mets-toi bien dans l'idée que... Personne ne m'ôtera de l'idée que...* (Cf. Galerie, cit. 10). *Il me revient à l'idée, en idée que...* V. **Songer.** *C'est une chose qui ne vient même pas à l'idée.*

« Dans les monarchies et les États despotiques, personne n'aspire à l'égalité ; cela ne vient même pas dans l'idée... » 66
MONTESQ., Espr. des lois, V, 4.

‖ 2° La fonction d'élaboration des idées ; la pensée. — REM. LITTRÉ appuie cet « emploi néologique » de deux citations de Hugo, qui semble bien en effet l'avoir, sinon inventé, du moins vulgarisé en son temps ; mais cet emploi paraît aujourd'hui peu naturel. *Les penseurs sont les serviteurs de l'idée* (LITTRÉ).

« Le mystère, en Grèce, en Chaldée, 67
Penseurs, grave à vos fronts l'idée...
Oh ! tous à la fois, aigles, âmes,
Esprits, oiseaux, essors, raisons,...
De la montagne et de l'idée,
Envolez-vous ! envolez-vous ! »
HUGO, Contempl., VI, XXIII.

« Le génie, comme un fort cheval, traîne à son cul l'humanité sur 68 les routes de l'idée. »
FLAUB., Corresp., 368, 27-28 fév. 1853.

DER. — V. (interm. gr. ou lat.) **Idéal.** — **Idéat.** *n. m.* (lat. scolast. *ideatum*). Peu usit. (SPINOZA). Objet auquel correspond une idée. — **Idéation.** *n. f.* (1873 P. LAROUSSE). Formation et enchaînement des idées (conçues comme une sorte de fonction naturelle de l'esprit). — **Idéel, elle.** *adj.* (Néol. « proposé pour désigner sans équivoque », dit LALANDE, le sens 1° de l'adj. *idéal*) V. **Idéal** (1, 1°). — **Idéologie* ; idéogramme* ; idéographie*.**

IDEM (*idèm'*). *adv.* (1539 ; mot lat. signifiant « la même chose »). Le même (être, objet). — REM. S'emploie généralement (et surtout sous la forme abrégée *id.*) pour éviter la répétition d'un nom dans une énumération, une liste. *Table en sapin, 10 francs ; idem en chêne, 25 francs* (LITTRÉ). *Un lit en acajou, une armoire idem* (HATZFELD). — *Spécialt.* Dans une suite de citations, s'emploie pour ne pas répéter le nom de l'auteur qu'on vient de citer (Cf. Femme, cit. 23, 24, 25). — *Fam.* De même, pareillement. *Le père est idiot, les fils idem.*

« — Voici la lettre. Tu sais ce que tu as à faire. Un fiacre est en bas. Pars tout de suite, et reviens idem. »
HUGO, Misér., III, VIII, XX.

IDENTIFICATION. *n. f.* (1610 ; de *identificare.* V. **Identifier**). Action d'identifier* ; résultat de cette action. — (Sens 1) *Identification de Dieu et de l'univers dans la doctrine panthéiste. Identification, par Halley, de la comète de 1759 avec celle de 1607 décrite par Kepler.* — (Sens 2) *Identification de vestiges de l'antiquité.* — *Identification d'un criminel, d'un cadavre...*

« J'ai donc changé plusieurs noms propres. D'autres fois, au moyen 1 d'interversions légères de temps et de lieu, j'ai dépisté toutes les identifications qu'on pourrait être tenté d'établir. »
RENAN, Souv. d'enfance..., Préface, p. X.

« ... (*Les*) divers modes de la déduction mathématique ou logique... 2 se ramènent tous au fond, comme Leibniz l'avait bien aperçu, à des substitutions d'équivalents, c'est-à-dire à des identifications... »
J. LAPORTE, L'idée de nécessité, p. 137.

— Action de s'identifier. *Étonnante identification d'un grand acteur avec son personnage.* — Spécialt. (*Psychol.*) « Processus psychologique par lequel un individu A transporte sur un autre B, d'une manière continue, et plus ou moins durable, les sentiments qu'on éprouve ordinairement pour soi, au point de confondre ce qui arrive à B avec ce qui lui arrive à lui-même et même quelquefois de réagir conformément à cette confusion » (LALANDE). V. **Projection, transfert.**

« La psychanalyse est familière avec ces processus d'identification 3 dont la pensée artistique offre de nombreux exemples : le malade, qui, pour s'évader, a besoin de la clé de l'asile, arrive à croire qu'il est lui-même cette clé. »
SARTRE, Situations II, p. 169.

IDENTIFIER. *v. tr.* (1610 ; lat. scolast. *identificare,* rac. lat. *idem,* « le même »).

‖ 1° Considérer comme identique* (1°), comme assimilable à autre chose (identité* qualitative). V. **Assimiler, confondre.** *Identifier le parfait avec l'absolu* (ACAD.). *Panthéistes identifiant Dieu et le monde. Identifier la lumière et l'onde électromagnétique.* — *Contemplateur* (cit. ROUSS.) *qui se sent identifié avec le système des choses.*

« Sacré par la Révolution, identifié avec elle, avec nous par consé- 1 quent, nous ne pouvons dégrader cet homme (*Mirabeau*) sans nous dégrader nous-mêmes, sans décourager la France. »
MICHELET, Hist. Révol. franç., IV, X.

« Car lorsque les êtres qui, par leur méchanceté, leur nullité, étaient 2 arrivés malgré nous à détruire nos illusions,... nous les enlève de nouveau, nous les identifie, pour les besoins de notre analyse de nous-même, à des êtres qui nous auraient aimé,... »
PROUST, Rech. t. p., t. XV, p. 55.

« Bien des croyants ont une fâcheuse tendance à identifier leur 3 tranquillité personnelle, leur amour de l'ordre établi, et leur désir d'être sauvés ; »
DANIEL-ROPS, Monde sans âme, VI, p. 180.

|| **2°** Reconnaître*, à certains signes, à certains traits non équivoques, comme ne faisant qu'un avec tel être, tel objet connu (identité* numérique et personnelle). *Identifier un passant avec un ancien camarade de collège. Statue antique qu'on réussit à identifier avec telle statue décrite par un historien ancien. Peut-on identifier Alésia à Alise-Sainte-Reine ?*

4 « Dans la musique entendue chez Madame Verdurin,... des phrases, distinctes la première fois, mais que je n'avais pas alors reconnues là, je les identifiais maintenant avec des phrases des autres œuvres, comme cette phrase de la Variation religieuse pour orgue... »
PROUST, **Temps retrouvé,** III, p. 374 (éd. Pléiade).

— *Ellipt.* (Le second terme étant sous-entendu). *Je me disais bien que je connaissais cette femme, mais je n'arrivais pas à l'identifier.* V. **Reconnaître.** *Archéologue qui réussit à identifier un temple en ruines.*

5 « En effet, « reconnaître » quelqu'un, et plus encore, après n'avoir pas pu le reconnaître, l'identifier, c'est penser sous une seule dénomination deux choses contradictoires, c'est admettre que ce qui était ici l'être qu'on se rappelle n'est plus, et que ce qui y est, c'est un être qu'on ne connaissait pas ; c'est avoir à penser un mystère presque aussi troublant que celui de la mort... »
PROUST, **Temps retrouvé,** III, p. 939 (éd. Pléiade).

— (Le moyen qui permet d'identifier devenant le sujet du verbe).

6 « ... Comme un spirite essayant en vain d'obtenir une apparition une réponse qui l'identifie... »
PROUST, **Temps retrouvé,** III, p. 943 (éd. Pléiade).

— *Spécialt.* (Identité* judiciaire). Reconnaître du point de vue de l'état civil... *Identifier un voleur, un déserteur... L'anthropométrie permet d'identifier avec certitude les criminels* (LAROUSSE). Par ext. *Identifier un cadavre, un squelette de femme... Identifier une mèche de cheveux, des empreintes digitales.* — REM. Cette acception, inconnue de LITTRÉ, de P. LAROUSSE et d'HATZFELD, est apparue vers la fin du XIXᵉ s.

7 « Eh bien ! depuis l'autre jour, demanda l'une, n'avez-vous pas fait quelques perquisitions pour nous « identifier » ? »
LOTI, **Désenchant.,** p. 96.

8 « Ainsi, cette femme assassinée près du canal Saint-Martin, on allait sûrement l'identifier, et de là aux assassins, il n'y avait qu'un pas. »
ARAGON, **Beaux quartiers,** III, II.

|| **3°** *Par ext.* (et par abus, selon ACAD.) Reconnaître comme appartenant à une certaine espèce ou classe d'individus. V. **Déterminer.** *Enfant qui considère un objet sans pouvoir l'identifier* (par ex. : comme étant une clef, une pièce mécanique, etc.). *Identifier des plantes, des échantillons de pierres... Ce fragment a été identifié histologiquement* (cit.). *Accent qu'on ne parvient pas à identifier* (comme étant d'un homme de telle province, de tel pays...). — REM. Ce sens ne figure pas non plus dans les dictionnaires du XIXᵉ s.

9 « ... un grand gaillard d'une carrure et d'un aspect si germaniques, que même ceux qui n'avaient sur l'Allemagne que les idées les plus vagues n'hésitèrent pas à l'identifier. »
ROMAINS, **H. de b. vol.,** t. IV, IX, p. 87.

10 « Encore une fois le bruit lugubre d'une sirène lointaine domina tous les autres bruits si faibles que Gilieth ne pouvait les identifier. »
MAC ORLAN, **La Bandera,** p. 11.

|| **4°** *Peu usit.* Rendre identique. — REM. LALANDE remarque avec raison que le verbe *identifier* « ne présente que très rarement cette acception » ; c'est pourtant la seule définition qu'en donne LITTRÉ en dehors du sens pronominal. Dans l'exemple fourni par LITTRÉ (*Identifier les noms anciens des localités gauloises avec leurs noms modernes*), identifier n'a certainement pas le sens de « rendre identique ». Ce sens apparaît au contraire dans la citation suivante de Baudelaire (V. **Confondre**).

11 « ... c'était peut-être cette absence de branche collatérale et la transmission constante de père en fils du patrimoine et du nom qui avaient à la longue si bien identifié les deux, que le nom primitif du domaine s'était fondu dans la bizarre et équivoque appellation de *Maison Usher,...* »
BAUDEL., Trad. E. POE, **Hist. extraord.,** Chute Maison Usher.

|| **S'IDENTIFIER.** Se faire ou devenir identique, se confondre, en pensée ou en fait. *La législation avait fini par s'identifier avec les mœurs* (ACAD.). *Loi de la gravitation* (cit.) *d'après laquelle la pesanteur s'identifie avec la force qui s'exerce entre les astres. Auteur, acteur qui s'identifie avec son personnage.*

12 « Je dispose en maître de la nature entière ; mon cœur, errant d'objet en objet, s'unit, s'identifie à ceux qui le flattent, s'entoure d'images charmantes, s'enivre de sentiments délicieux. »
ROUSS., **Confess.,** I, IV.

13 « Quand on commence à s'identifier avec la nature ou avec l'histoire, on en est arraché tout à coup de façon à vous faire saigner les entrailles. »
FLAUB., **Corresp.,** 92, fin avril 1845.

14 « ... on sait que le lecteur commence sa lecture en s'identifiant au héros du roman. »
SARTRE, **Situations I,** p. 133.

ANT. — Différencier, discerner, distinguer.

DER. — **Identifiable.** adj. (1905). Qui peut être identifié. *Corps mutilé difficilement identifiable.* — **Identification.**

IDENTIQUE. adj. (1610 ; lat. scolast. *identicus,* rac. lat. class. *idem,* « le même »).

« On pourrait, ce me semble, définir directement l'identité : est 1 identique ce qui, paraissant plusieurs ou apparaissant sous plusieurs aspects, est en réalité et dans son fond, un » (J. Lachelier). — N'y aurait-il pas à cette définition une double difficulté logique ? La copule *est,* d'une part, suppose elle-même la notion d'identité ; et le mot *un,* d'autre part, paraît n'être dans ce cas qu'un synonyme du terme à définir. »
LALANDE, **Vocab. philos.,** Identique.

|| **1°** Se dit d'objets ou d'êtres parfaitement semblables, tout en restant distincts (*idem, nec unum*). — REM. Cette acception, aujourd'hui la plus courante, représente une sorte de superlatif de *semblable* ou de *pareil.* V. **Analogue, égal, équivalent, même, pareil, semblable.** *Il n'y a pas dans le monde, disait Leibniz, deux objets ou deux êtres rigoureusement identiques. Les électrons* (cit. 1) *sont tous identiques* (Cf. Fluide, cit. 13). *Espace* (cit. 8) *homogène en ce que tous ses points sont identiques entre eux. Figures géométriques identiques. L'homme* (cit. 102) *et la femme sont identiques. Ramener les sentiments à des formules* (cit. 9) *identiques. Aboutir à des conclusions* (cit. 7) *identiques. Choses pratiquement identiques* (quant aux usages qu'on en peut faire). *Exemplaires d'un livre pratiquement identiques.* — *Identique à... Objet... identique à un autre* (Cf. Athée, cit. 10 ; chébec, cit. ; forçat, cit. 5 ; futur, cit. 13 ; greffe, cit. 2). V. **Analogue, conforme.** — REM. LITTRÉ admettait encore la construction *Identique avec...,* aujourd'hui inusitée.

« ... les cloches maintenant sont créées à la grosse ; elles ont des 2 voix sans âme personnelle, des sons identiques ;... »
HUYSMANS, **Là-bas,** IX.

« Les « deux gouttes d'eau » de la locution populaire ne sont identi- 3 ques que si on ne leur demande pas autre chose que d'être des gouttes d'eau. Tous les objets de notre expérience sont dans le même cas, parfois identiques pour une expérience rapide et superficielle, c'est-à-dire identiques en apparence..., mais seulement semblables si on les considère plus attentivement. »
EGGER in LALANDE, **Vocab. philos.,** Identité.

— *Ellipt.* (désignant un seul objet, l'autre ou les autres étant sous-entendus). *Cas* (cit. 14) *exceptionnel sans précédent identique. Instant ancien rappelé à la mémoire par un instant identique* (Cf. Fond, cit. 28). *Au couvent la cellule est identique pour tous :* toutes les cellules sont identiques (Cf. Égal, cit. 18). *Un plaisir toujours identique* (Cf. Abstraire, cit. 2).

|| **2°** Se dit de ce qui est unique, quoique perçu, conçu ou nommé de manières différentes, ou représenté par des individus différents (*unum, nec idem*). V. **Un** (tout un ; ne faire qu'un avec). *Le lac Léman est identique au lac de Genève. L'ethnie* (cit.) *est caractérisée notamment par une langue identique.* V. **Commun.** *Graphie identique servant à noter certains sons empruntés au grec* (Cf. H, cit. 6). *Leur date de naissance est identique.* — *Mathém.* (Identique à... se représentant par le signe ≡) *Le lieu géométrique des points équidistants d'un point et d'une droite ≡ la section conique parallèle à une génératrice* (LALANDE).

« Pour transférer un nom (d'un animal à un autre), il faut au moins 4 que le genre soit le même ; et, pour l'appliquer juste, il faut encore que l'espèce soit identique. »
BUFF., **Quadrup.,** VII, 17 (in LITTRÉ, Transférer).

|| **3°** (*Dans le temps*). Se dit d'un individu « identique à lui-même », c'est-à-dire qui reste le même individu à différents moments de son existence en dépit des changements survenus entre-temps (*unum et idem*). *Notre moi reste-t-il identique à travers les changements physiques et psychologiques ?*

« Sans doute, nous avons beau changer de milieu, de genre de vie, 5 notre mémoire, en retenant le fil de notre personnalité identique, attachée à lui, aux époques successives, le souvenir des sociétés où nous avons vécu... »
PROUST, **Temps retrouvé,** III, p. 964 (éd. Pléiade).

|| **4°** *Spécialt.* (Log.). *Proposition identique,* ou ellipt. *Une identique,* « celle dont le sujet et le prédicat représentent un même être ou un même concept, soit par le même terme, soit par des termes synonymes » (LALANDE). V. **Tautologie.**

ANT. — Autre, contradictoire, contraire, différent, dissemblable, distinct, divers, opposé.

DER. — V. Identifier, identité. — **Identiquement.** adv. (1574). D'une manière identique. *Les deux accidents se sont produits identiquement* (ANT. **Différemment**).

« Les conditions de la propriété artistique ne sont pas identiquement les mêmes que les conditions de la propriété littéraire. »
LAMART., **Rapport sur la propr. littér.** (in LITTRÉ, Propriété).

IDENTITÉ. n. f. (XIVᵉ s. ; bas lat. *identitas,* rac. lat. *idem,* « le même »). Caractère de ce qui est identique*.

|| **1°** (Cf. Identique, 1°). Caractère de deux objets de pensée identiques (*Identité qualitative* ou *spécifique,* dans le langage des philosophes). V. **Similitude.** *Identité parfaite entre deux choses. Identité d'une chose avec une autre. Identité de deux pièces neuves de même valeur. Ils furent frappés de l'identité de leurs vues sur la question.* V. **Accord, coïncidence.** — *Identité d'esprit, de goûts entre deux êtres.* V. **Communauté.** — Philos. *Identité des indiscernables*.*

« ... que son sourire ressemblât au sourire de sa mère, je pouvais 1 l'admettre ; mais cette ressemblance était une *identité* qui me donnait le frisson ;... »
BAUDEL., Trad. E. POE, **Hist. extraord.,** Morella.

2 « L'homme, en vertu de la raison dont il est doué, a la faculté de sentir sa dignité dans la personne de son semblable comme dans sa propre personne, et d'affirmer, sous ce rapport, son identité avec lui. » THAMIN et LAPIE, Lectures morales, p. 416.

3 « Les profondes identités d'esprit, les ressemblances fraternelles de pensées devinées chez elle... » BOURGET, Un divorce, p. 95.

4 « ... un être qui n'apparaissait que quand, par une de ces identités entre le présent et le passé, il pouvait se trouver dans le seul milieu où il pût vivre, jouir de l'essence des choses, c'est-à-dire en dehors du temps. » PROUST, Temps retrouvé, III, p. 871 (éd. Pléiade).

5 « L'un dit une chose, l'autre allait justement dire la même chose et répète cette même chose. Il semble qu'il était impossible de parler autrement. On est strictement jumeaux. Se distinguer, on n'y songe plus. Identité ! Identité ! » MICHAUX, La nuit remue, p. 73.

|| 2º (Cf. Identique, 2º. *Identité numérique*, dans la terminologie philosophique). V. **Consubstantialité, unité.** *Identité de l'étoile du berger, de l'étoile du soir et de l'étoile du matin* (c'est-à-dire Vénus). *Identité ou fusion* (cit. 9) *des arts.* Gramm. *Relation, rapport d'identité.*

6 « Il a fallu sans doute une longue suite d'observations pour reconnaître l'identité de deux astres que l'on voyait le matin et le soir s'éloigner et se rapprocher alternativement. » LAPLACE, Exp., I, 5 (in LITTRÉ).

7 « Une détermination parfaite est celle qu'on obtient par le rapport d'identité ; si je dis, *vous avez la même robe que vous aviez dimanche*, cette robe est strictement déterminée ; — *j'ai déjà trouvé la* **même opinion** *chez Rousseau.* » BRUNOT, Pens. et langue, p. 159.

8 « Sans doute certaines femmes étaient encore très reconnaissables... Mais pour d'autres, chez des hommes aussi, la transformation était si complète, l'identité si impossible à établir — par exemple entre un noir viveur qu'on se rappelait et le vieux moine qu'on avait sous les yeux — que plus même qu'à l'art de l'acteur, c'était à celui de certains prodigieux mimes, dont Fregoli reste le type, que faisaient penser ces fabuleuses transformations. » PROUST, Temps retrouvé, III, p. 946 (éd. Pléiade).

|| 3º (Cf. Identique, 3º. *Identité personnelle*, dans la terminologie philosophique). Caractère de ce qui demeure identique à soi-même. *Problème psychologique de l'identité du moi**. *Le sentiment de l'identité* (Cf. Existence, cit. 17). *Au cœur de son identité* (Cf. Centre, cit. 15). — *Par ext.* V. **Permanence.** *Identité des choses* (Cf. Confronter, cit. 3).

9 « (*Locke*) est le premier qui ait fait voir ce que c'est que l'identité, et ce que c'est que d'être la même personne, le même *soi ;* » VOLT., Poème sur la loi naturelle, Note 16.

10 « Vieil océan, tu es le symbole de l'identité : toujours égal à toi-même. Tu ne varies pas d'une manière essentielle,... » LAUTRÉAMONT, Chants de Maldoror, I, p. 26.

11 « Si la substance du moi était multiple, l'unité du moi ne serait qu'une apparence... Chacun de nous sait bien qu'il demeure le même à chacun des instants qui composent son existence, et c'est là ce qu'on appelle identité. » Paul JANET, Traité de philos., 5e éd., nᵒˢ 674, 675.

12 « La mémoire de l'être le plus successif établit chez lui une sorte d'identité et fait qu'il ne voudrait pas manquer à des promesses qu'il se rappelle... » PROUST, Temps retrouvé, III, p. 692 (éd. Pléiade).

— Spécialt. (*identité juridique*). Dr. Le fait pour une personne d'être tel individu et de pouvoir être légalement reconnu pour tel sans nulle confusion grâce aux éléments (état civil, signalement) qui l'individualisent ; ces éléments eux-mêmes. *Établir, constater, vérifier l'identité de quelqu'un. Preuve de l'identité d'un condamné* (Cf. Bannir, cit. 35). *Justifier de son identité. Pièce d'identité, pièce** officielle (passeport, permis de conduire, etc.) prouvant l'identité d'une personne. *Carte d'identité*, pièce officielle portant le signalement, l'état civil, la photo, les empreintes... délivrée généralement par les commissariats de police. *Papiers d'identité, toutes pièces de ce genre.* V. **État** (*supra* cit. 69). *Photo d'identité* (Cf. Examiner, cit. 10). *Plaque d'identité* : plaque métallique portant le nom, le numéro matricule, le lieu de recrutement d'un militaire. Se dit aussi de la plaque gravée portant le nom et l'adresse du propriétaire d'un véhicule. *Identité judiciaire*, service de la police judiciaire chargé spécialement de la recherche et de l'établissement de l'identité des malfaiteurs. *Interrogatoire** *d'identité.* V. **Anthropométrie, anthropométrique** ; **médecine** (légale). *Signes permettant d'établir l'identité d'un individu ayant participé à des actes délictueux ou criminels* (marques, empreintes, taches, vestiges matériels, etc.).

13 « Qui était cet homme ? Une enquête avait eu lieu, les témoins venaient d'être entendus, ils avaient été unanimes,... L'accusation disait : — Nous ne tenons pas seulement un voleur de fruits, un maraudeur ; nous tenons là, dans notre main,... un malfaiteur appelé Jean Valjean que la justice recherche depuis longtemps, et qui, il y a huit ans, en sortant du bagne de Toulon, a commis un vol de grand chemin à main armée..., crime prévu par l'article 383 du code pénal, pour lequel nous nous réservons de le poursuivre ultérieurement, quand l'identité sera judiciairement acquise.

... l'accusé paraissait surtout étonné... Cependant il y allait pour lui de l'avenir le plus menaçant,... Une éventualité laissait même entrevoir, outre le bagne, la peine de mort possible, si l'identité était reconnue .. » HUGO, Misér., I, VII, IX.

14 « ... toute une volumineuse description de l'endroit de la voie ferrée où la victime gisait, de la position du corps, du costume, des objets trouvés dans les poches, ayant permis d'établir l'identité ; » ZOLA, Bête humaine, p. 108.

15 « J'attendis trois jours avant de me rendre à la poste restante, pour être sûr de trouver une lettre. Il y en avait déjà quatre. Je ne pus les prendre : il me manquait un des papiers d'identité nécessaires. » RADIGUET, Diable au corps, p. 94.

« La « Carte d'identité de Français » est valable pendant dix ans à 16 dater du jour de sa délivrance
Un arrêté du ministre (*de l'Intérieur*)... fixera la date à compter de laquelle la production de cette carte sera obligatoire. » LOI du 27 octobre 1940, Art. 2 (Loi du 28 mars 1942).

|| 4º *Log.* « Relation, au sens logique, qu'ont entre eux deux termes identiques ; formule énonçant cette relation » (LALANDE). *Principe d'identité*, énoncé généralement sous la forme : « Ce qui est, est ; ce qui n'est pas, n'est pas » (en notations : *a = a*). V. **Axiome** (cit. 2), **contradiction.**

17 « ... le sens du *principe d'identité* n'est pas toujours entendu de la même manière. Il peut signifier : 1º que les concepts logiques doivent être déterminés, c'est-à-dire fixes ;... 2º que le vrai et le faux sont intemporels, non variables... 3º enfin E. MEYERSON et à sa suite quelques auteurs contemporains entendent par là l'assertion que ce qui existe véritablement demeure sans changement. » LALANDE, Vocab. philos., Identité.

18 « ... le principe d'identité est la *loi de la pensée cohérente.* Aussi est-ce à juste titre qu'on l'appelle souvent : *principe de l'accord de la pensée avec elle-même.* » J. LAPORTE, L'idée de nécessité, p. 137.

— *Math.* (Alg.). Égalité* qui demeure vraie quelles que soient les valeurs attribuées aux termes qui la constituent (Ex. : $(a + b)^2 = a^2 + b^2 + 2ab$). N. B Ne pas confondre avec *équation**. V. *aussi* **Équivalence.** *Identités remarquables.*

ANT. — Altérité ; contradiction, contraste, différence, dissemblance, distinction...

IDÉOGRAMME. n. m. (1866 LITTRÉ ; comp. sav. du gr. *idea*, « idée », et *gramma*, « caractère d'écriture »). Signe représentatif d'une idée, pouvant « avoir une valeur d'image et figurer un objet, ou une valeur phonétique et représenter le mot qui désigne l'objet » (MAROUZEAU). *Les idéogrammes, « éléments des écritures idéographiques ».*

1 « Les idéogrammes représentent des choses concrètes (soleil, montagne, eau), des actions (manger, aller, combattre) ou des abstractions (le Sud, la vieillesse),... sont restés la base du système (*hiéroglyphique égyptien*). » Ch. HIGOUNET, L'écriture, p. 27 (éd. P.U.F.).

— *Fig.* :

2 « Les hommes, pour lesquels je ressens toujours une bien pressante curiosité, m'apparaissent ici comme de purs idéogrammes, comme les signes d'une civilisation abstraite, algébrique et pourtant déjà fabuleuse. » DUHAM., Scènes vie future, IV, p. 67.

IDÉOGRAPHIE. n. f. (1866 LITTRÉ ; comp. sav. du gr. *idea*, « idée », et suff. *-Graphie*). Système d'écriture, représentation idéographique*.

1 « ... comme si le fin de l'art d'écrire était ce retour à l'image pure, qui ne serait qu'une régression à l'idéographie primitive, laquelle consistait à représenter une idée par des signes qui en figuraient l'objet ! » HENRIOT, Romantiques, p. 469.

2 « La phrase chinoise n'est qu'une juxtaposition de mots dont la fonction grammaticale est déterminée par la place qu'ils occupent. L'évolution vers le syllabisme a été impossible puisque les mots ne peuvent pas être décomposés. L'idéographie a, par conséquent, suffi pour tout écrire. » Ch. HIGOUNET, L'écriture, p. 33 (éd. P.U.F.).

DER. — Idéographique. adj. (1839 BOISTE). Se dit d'une écriture* (cit. 3), d'un système de signes, qui traduit directement les idées par des signes (dits idéogrammes*) susceptibles de suggérer les objets. V. Hiéroglyphique, pictographique. *Les écritures chinoise, égyptienne, cunéiforme* sont, dans une diverse mesure, des écritures idéographiques* (ANT. Phonétique).

IDÉOLOGIE. n. f. (1796 ; gr. *idea*, « idée », et suff. *-Logie*).

|| 1º *Hist. Philos.* Mot créé par D. de TRACY pour désigner la « science qui a pour objet l'étude des idées (au sens général de faits de conscience), de leurs caractères, de leur rapport avec les signes qui les représentent, et surtout de leur origine » (LALANDE). *Projet d'Éléments d'idéologie*, œuvre de D de Tracy (1801). *Enthousiasme du jeune Stendhal pour l'idéologie* (Cf. Idéologue, cit. 2). — *Par ext.* Le mouvement intellectuel dû aux promoteurs de cette science.

1 « ... les lumières de deux sciences, non seulement différentes, mais opposées, et que l'on s'obstine trop à confondre, savoir : l'ancienne métaphysique théologique ou la métaphysique proprement dite, et la moderne métaphysique philosophique ou l'idéologie. » D. de TRACY, Mém., 2ᵉ classe de l'Instit. (1796).

2 « Où découvrira-t-elle (*l'Église*) la vérité ? Sera-ce dans Locke placé si haut par Condillac ? dans Leibniz, qui trouvait Locke si faible en *idéologie*, ou dans Kant, qui a, de nos jours, attaqué et Locke et Condillac ? » CHATEAUB., Génie du christ., III, II, 2.

|| 2º *Péjor.* (Acception qui apparaît dès l'origine chez les adversaires de cette science et de ce mouvement, par ex. : chez Napoléon) Analyses, développements, discussions portant sur des idées creuses, sur des abstractions sans aucun rapport avec les faits et la réalité positive ; philosophie vague et nébuleuse, souvent inspirée d'un idéalisme naïf (Cf. Avenir, cit. 19 ; humanitarisme, cit. 2).

3 « (*Fontanes*) détestait les journaux, la philosophaillerie, l'idéologie, et il communiqua cette haine à Bonaparte, quand il s'approcha du maître de l'Europe. » CHATEAUB., M. O.-T., II, VIII, p. 122.

4 « C'était ce dernier qui avait créé le mot d'« Idéologie », — titre d'un de ses ouvrages — dont Bonaparte devait s'emparer pour accabler ses adversaires. » MADELIN, Hist. Cons. et Emp., Le Consulat, p. 126.

5 « Il est vrai qu'ils savent parer leurs désirs d'une idéologie assez belle et qui fait illusion, mais il est facile au spécialiste de reconnaître l'instinct sous la pensée. » MAUROIS, Disc. Dr O'Grady, p. 154.

6 « Les mots d'idéologue et d'idéologie ont pris, de nos jours, un sens nettement péjoratif et le public les oppose avec mépris à d'autres mots tels que réaliste et réalisme. » DUHAM., Défense des lettres, III, p. 252.

‖ 3° (Sens qui semble apparaître vers la fin du XIXe s. par suite de la diffusion de la philosophie marxiste). *Dans la terminologie marxiste*, Ensemble des idées, des croyances et des doctrines propres à une époque, à une société, ou à une classe (*par oppos.* aux faits économiques *et à* l'infrastructure*, seule déterminante).

7 « Une idéologie nouvelle, génératrice, à son tour, de pensée et d'action, dont l'humanité se nourrira, s'enivrera, un certain temps... jusqu'à ce que tout change, encore une fois. » MART. du G., Thib., t. IX, XIII, p. 125.

8 « Si l'humanité n'est plus à l'âge théologique, elle est sûrement encore à l'âge métaphysique : les guerres modernes sont moins des guerres d'intérêt que d'idéologies. » SIEGFRIED, La Fontaine..., p. 36.

9 « ... il y a, au-dessus d'elle (*la petite bourgeoisie hongroise*), un groupe social qui possède le confort et le pouvoir bourgeois..., c'est la bureaucratie socialiste : puissance et richesse lui viennent de son adhésion à une pratique et une idéologie qui répugnent encore aux petits-bourgeois. » SARTRE, Le fantôme de Staline, in Temps modernes, janv. 1957.

— *Par ext.* Système d'idées, philosophie du monde et de la vie. *Les hommes dont les idéologies sont irréductibles* (Cf. Français, cit. 5). *Idéologie pacifiste.*

10 « De tous les romanciers qui ont fait agir des personnages lucides et prémédités, Laclos est celui qui place le plus haut l'idée qu'il se fait de l'intelligence. Idée telle qu'elle le mènera à cette création sans précédent : *faire agir des personnages de fiction en fonction de ce qu'ils pensent.* La marquise et Valmont sont les deux premiers dont les actes soient déterminés par une idéologie. » MALRAUX, Choderlos de Laclos, in Tabl. littér. franç., p. 421.

11 « La révolution du XXe siècle, au contraire, prétend s'appuyer sur l'économie, mais elle est d'abord une politique et une idéologie. » CAMUS, L'homme révolté, p. 368.

DER. — **Idéologique.** adj. (1801 TRACY). Relatif à l'idéologie (dans tous les sens du mot). *L'école idéologique. Vues idéologiques.* — (Sociol.) *Explication idéologique,* explication par l'idéologie, celle qui s'appuie sur des idées et non sur les faits matériels. — *Actes dictés par des motifs d'ordre idéologique. Convictions tout idéologiques* (Cf. Ardeur, cit. 26). — **Idéologue.**

« Avec l'âge, son fonds germain (*de Madame d'Agoult*) reparaissait, idéologique et sentimental — pour recevoir, en 1870, le rude contrecoup du réel sur l'imaginaire. » HENRIOT, Romantiques, p. 443.

IDÉOLOGUE. n. m. (1802 CHATEAUB. ; *idéologiste*, chez D. de TRACY ; de *idéologie*).

‖ **1°** *Hist. Philos.* Adepte de l'idéologie. *Les idéologues ont constitué un groupe philosophique et politique dont les principaux représentants furent D. de Tracy, Cabanis, Volney, Garat et Daunou.*

1 « Nos derniers *idéologues* sont tombés dans une grande erreur, en séparant l'histoire de l'esprit humain de l'histoire des choses divines, en soutenant que la dernière ne mène à rien de positif, et qu'il n'y a que la première qui soit d'un usage immédiat. Où donc est la nécessité de connaître les opérations de la pensée de l'homme, si ce n'est pour les rapporter à Dieu ? » CHATEAUB., Génie du christ., III, II, III.

2 « Le jeune Beyle est convaincu que la méthode des idéologues permet de comprendre comment se forment, évoluent et disparaissent les idées et les sentiments qui existent, à un moment donné, dans un esprit humain. Mais il est convaincu aussi qu'une application judicieuse de cette méthode lui permettra de faire naître une idée ou un sentiment chez autrui...
... il y a donc pour Stendhal deux applications majeures de l'idéologie, l'une littéraire, l'autre pratique. » BARDÈCHE, Stendhal romancier, pp. 17-18.

‖ **2°** *Péjor.* Doctrinaire imbu d'idéologie, dépourvu de tout réalisme (Cf. Croire, cit. 71 : jugement de Napoléon sur Sieyès). V. **Assembleur** (de nuées), **métaphysicien, rêveur, songe-creux...** *Des rêveries d'idéologue. Idéologue aux vues chimériques* (Cf. Idéologie, cit. 6).

3 « ... les choses humaines ne commencèrent à mieux aller que quand les idéologues cessèrent de s'en occuper. » RENAN, Souv. d'enfance..., II, VII.

4 « Ce qui n'empêche pas ces idéologues au sourire féroce et aux yeux candides, de répéter, parait-il, à toute occasion, qu'ils viennent de se battre pour la Justice et pour le Droit. » MART. du G., Thib., t. IX, p. 200.

‖ **3°** Homme qui croit à la puissance des idées, qui professe avec foi une idéologie. *Idéologues s'efforçant d'intervenir dans le cours des choses, de l'histoire.*

5 « ... elle montrait cette témérité des idéologues qui laisseront périr le monde plutôt que de renoncer à un seul iota de leur programme. » DUHAM., Plaisirs et jeux, VII, 3, p. 121.

6 « Dans la mesure où, pour lui (*Hegel*), ce qui est réel est rationnel, il justifie toutes les entreprises de l'idéologue sur le réel. » CAMUS, L'homme révolté, p. 170.

ANT. — **Réaliste.**

IDES (id'). n. f. pl. (XIIe s. ; lat. *idus*). Dans le calendrier des anciens Romains, Division du mois qui tombait le 15 en mars, mai, juillet, octobre et le 13 dans les autres mois. *Les calendes*, les ides et les nones*. Jules César fut assassiné aux ides de mars.*

« (*Veuillez*)... dater par les mots d'ides et de calendes. » MOL., Fem. sav., V, 3.

IDIE (1873 P. LAROUSSE) ou **IDIA**. n. f. *Zool.* Insecte diptère (*Brachycères, Muscidés*), petite mouche noire, verte, bronzée ou jaune des régions chaudes et tempérées.

IDIO-. Préfixe du gr. *idios*, « propre, spécial » qui entre dans la composition de quelques mots savants (Cf. *Idiopathie, idiosyncrasie*).

IDIOME. n. m. (1544 ; *idiomat* en 1527 ; lat. *idioma*, mot gr., proprem. « particularité propre à une langue, idiotisme* », s'est conservé jusqu'au XVIIe s.). *Linguist.* Ensemble des moyens d'expression d'une communauté correspondant à un mode de pensée spécifique (grammaire). V. **Langue** (Cf. Copte, cit. 1 ; former, cit. 41 ; grammaire, cit. 6 et 9). *L'idiome français* (Cf. Fixer, cit. 16). *Idiomes germaniques.*

1 « Les mots sont les signes des idées, et naissent avec elles, de manière qu'une nation formée et distinguée par son idiome ne saurait faire l'acquisition d'une nouvelle idée, sans faire en même temps celle d'un mot nouveau qui la représente :... » ENCYCL. (DIDER.), Langue.

2 « La langue du musicien a sur celle du poète l'avantage qu'une langue universelle n'a sur une langue particulier. » CHAMFORT, Maxim. et pens., Sur l'art dramatique, XXX.

3 « Nul, dans une littérature vivante, n'est juge compétent que des ouvrages écrits dans sa propre langue. En vain vous croyez posséder à fond un idiome étranger, le lait de la nourrice vous manque, ainsi que les premières paroles qu'elle vous apprit à son sein et dans vos langes ; certains accents ne sont que de la patrie. » CHATEAUB., M. O.-T., t. II, p. 143.

4 « Le grand caractère commun des sujets parlant un même idiome, c'est qu'ils portent tous en eux, d'une façon surtout inconsciente d'ailleurs, un même système de notions d'après lesquelles s'ordonnent toutes les pensées qu'ils viennent à formuler en langage. » DAMOURETTE et PICHON, Essai de gramm. lang. fr., t. I, p. 13.

5 « Il faut donc, pour qu'un esprit saisisse réellement tout le contenu sémantique d'un discours qu'il ait, dès l'infantile époque de sa formation, été modelé selon le système taxiématique (*grammatical*) de l'idiome dans lequel la pensée de son interlocuteur s'exprime. Telle est la véritable raison de ce fait bien connu (Cf. le proverbe italien *Traduttore, traditore*) qu'il est absolument impossible de jamais comprendre parfaitement un idiome autre que le sien propre. Tel est aussi le secret de la valeur éducative des langues étrangères... » ID., Ibid., t. I, p. 14.

— *Par ext.* Langue* dans son sens le plus général ; parler propre à une région (V. **Dialecte, patois**), un groupe... *Idiome normand* (Cf. Fruste, cit. 3), *anglo-normand* (Cf. Français, cit. 14). *Idiome révolutionnaire* (Cf. Fanatisme, cit. 8).

6 « La littérature qui exprime l'ère nouvelle n'a régné que quarante ou cinquante ans après le temps dont elle était l'idiome. » CHATEAUB., M. O.-T., t. II, p. 207.

7 « Aujourd'hui la résistance expire, la Bretagne devient peu à peu toute France. Le vieil idiome, miné par l'infiltration continuelle de la langue française, recule peu à peu. » MICHELET, Hist. de France, III, Tableau de la France, p. 97.

— *Fig.* Langage.

8 « ... dites que les poiriers rompent de fruit cette année... c'est pour lui un idiome inconnu : il s'attache aux seuls pruniers. » LA BRUY., XIII, 2.

DER. — **Idiomatique.** adj. (XVIe s. au sens de « particulier » ; 1845 en gramm.). Propre à un idiome. *Expression idiomatique.* V. **Idiotisme.**

IDIOPATHIE. n. f. (1660 ; grec *idiopatheia*, de *idios*, « propre », et *pathos*, « maladie »). *Méd.* Maladie qui existe par elle-même, n'est pas le symptôme d'une autre.

DER. — **Idiopathique.** adj. (1669). Se dit d'une affection constituant une idiopathie. *Maladie, anémie idiopathique.* V. **Essentiel** (ANT. **Symptomatique**).

IDIOSYNCRASIE. n. f. (1765 ; gr. *idiosugkrasia*, « tempérament particulier », de *idios*, « propre », et *sugkrasis*, « mélange »). *Méd.* Disposition particulière qui fait que chaque individu réagit d'une façon personnelle à l'action des agents extérieurs. *Idiosyncrasie d'un malade exagérément sensible à tel médicament, manifestant de l'intolérance à certains aliments... L'idiosyncrasie est « souvent une modalité de* l'anaphylaxie » (GARNIER).

1 « En effet, le médecin n'est pas le médecin des êtres vivants en général, pas même le médecin du genre humain, mais bien le médecin de l'*individu* humain, et de plus le médecin d'un individu dans des conditions morbides qui lui sont spéciales et qui constituent ce qu'on a appelé son idiosyncrasie. » Cl. BERNARD, Introd. à méd. expérim., p. 139.

— *Par ext.* Tempérament* personnel, ensemble des réactions propres à chaque individu.

2 « ... il (*Henry Monnier*) ne représente pas une action dramatique, mais des idiosyncrasies particulières, des types dont elle était spéciales,... » GAUTIER, Portr. contemp., Henry Monnier, p. 34.

3 « Tel est le mode par lequel l'esprit de la vie rudimentaire communique avec le monde extérieur, et ce monde extérieur est, dans la vie rudimentaire, limité par l'idiosyncrasie des organes... » BAUDEL., Trad. E. POE, Hist. extraord., Révélation magnétique.

DER. — **Idiosyncrasique.** adj. (1839). Relatif à l'idiosyncrasie. *Sensibilité idiosyncrasique à un médicament.* — *Par ext.* Propre au tempérament de quelqu'un.

« ... son aversion des prêtres était idiosyncrasique. Il n'avait pas besoin, pour les haïr d'en être haï. »
HUGO, **Travaill. de la mer**, III, XII.

IDIOT, OTE. *adj. et n.* (*Idiote* en 1180 au sens d'« ignorant » ; encore au XVIIe s. ; lat. *idiotes*, « sot », gr. *idiôtês*, propremt. « particulier », *par ext.* « étranger à un métier, ignorant »).

I. *Adj.* || **1°** Qui manque d'intelligence, de bon sens, de finesse. V. **Bête*, sot, stupide** (Cf. Âne, cit. 9). *Ce garçon est idiot. Une élève complètement idiote. Il est bien trop idiot pour profiter de l'occasion. Les gens sont idiots de faire courir ce bruit.* V. **Fou.**

1   « ... ordonnant quels soins on emploierait
        Pour la rendre idiote autant qu'il se pourrait. »
                                    MOL., **Éc. d. fem.**, I, 1.

2   « ... ces journaux que je suis idiot de relire, »
                                    RIMBAUD, **Illuminations**, V.

— *Par ext.* (XVIIIe s.). *Un air idiot. Rire idiot. Une question, une réflexion idiote. Roman, film · complètement idiot.* V. **Inepte.** *Faire un travail idiot.* Impers. *C'est idiot de s'arrêter si près du but. Il serait idiot de refuser. C'est trop idiot !* — *Spécialt. Histoires idiotes,* histoires* de fou, sans queue ni tête, qui amusent par leur côté absurde.

3   « ... parmi les chrétiens, il y a eu plus de cent mille victimes de cette jurisprudence idiote et barbare (*les procès de sorcellerie*). »
                                    VOLT., **Polit. et législ.**, Avis au public, Ex. de fanatisme.

4   « ... bien qu'ici je doive confesser mon faible pour les films français complètement idiots. »   A. BRETON, **Nadja**, p. 43.

5   « Je ne devrais pas m'exciter ainsi... C'est idiot de céder à son tempérament. »   CÉLINE, **Voyage au bout de la nuit**, p. 121.

|| **2°** *Méd.* Atteint d'idiotie. *Avoir un enfant idiot.*

II. *Substant.* || **1°** Personne dénuée d'intelligence, de bon sens, de finesse, par nature ou accidentellement. *Un idiot* (Cf. Examinateur, cit. 2), *une idiote* (Cf. Buter, cit. 7). V. **Crétin, imbécile,** et *fam.* **Abruti, andouille, ballot** (arg.), **cruche, manche.** *Vous êtes une idiote, il fallait réfléchir avant de vous engager. Me prenez-vous pour un idiot ? Ah l'idiot ! Quel idiot !* (Cf. Épithète, cit. 9). — Terme d'injure. *Espèce* (cit. 14) *d'idiot ! Bande d'idiots, vous avez fait du beau travail !* — *Faire l'idiot,* faire quelque bêtise, quelque folie. *Il a fait l'idiot en ne se présentant pas à son examen.* Dans un autre sens, Simuler la bêtise, la naïveté, l'ignorance. *Il fait l'idiot quand on l'interroge et nous ne pouvons rien en tirer.*

6   « On veut à la ville que bien des idiots et des idiotes aient de l'esprit ; »   LA BRUY., III, 57.

7   « ... en fait de maîtresse il était mal tombé,
        Ayant pour tout potage une belle idiote, »
                                    MUSSET, **Prem. poés.**, Suzon.

8   « — Mon petit, c'est idiot, déclara-t-il à Fauchery, d'un air tranquille. — Comment ! idiot ! s'écria l'auteur devenu très pâle. Idiot vous-même, mon cher ! Du coup, Bordenave commença à se fâcher. Il répéta le mot idiot, chercha quelque chose de plus fort, trouva imbécile et crétin. »   ZOLA, **Nana**, IX.

9   « — Là, là... disait-elle. En voilà un idiot. On lui annonce qu'il n'ira plus en classe et il pleure. »   COCTEAU, **Enf. terribles**, p. 50.

10   « Je trouve simplement navrant, sous le prétexte que mon fils a effectivement fait l'idiot, d'être privé du plaisir de faire la connaissance d'une jeune fille qui est encore ravissante, malgré son cœur brisé. »   ANOUILH, **Ornifle**, III, p. 174.

|| **2°** *Méd.* Personne atteinte d'idiotie*. *Un idiot congénital* (Cf. Absorption, cit. 3 ; gâteux, cit. 1). *Les idiots, les imbéciles et les débiles.* V. **Dégénéré** (cit. 12).

11   « Il y a quelques jours, j'ai rencontré trois pauvres idiotes qui m'ont demandé l'aumône. Elles étaient affreuses, dégoûtantes de laideur et de crétinisme, elles ne pouvaient pas parler ; à peine si elles marchaient. »   FLAUB., **Corresp.**, 96, 26 mai 1845.

12   « Avec la meilleure volonté du monde, il ne pouvait pas considérer ce garçon comme normal. Il ne pouvait pas non plus voir en lui un idiot, ni même un simple arriéré. »
                                    ROMAINS, **H. de b. vol.**, t. V, XXIII, p. 206.

— *Abusivt.* Personne qui sans être atteinte d'idiotie au sens médical, semble d'un niveau intellectuel anormalement bas. V. **Arriéré, innocent, simple.** *L'idiot du village, en butte aux moqueries, aux méchancetés des enfants.* — « *L'Idiot* », roman de Dostoïewsky (Cf. Briser, cit. 2).

DER. — Idiotie, idiotisme. — Idiotement. *adv.* (fin XIXe s.). D'une façon idiote (*peu usit.*).

IDIOTIE (*i-dyo-si*). *n. f.* (1838 ; de *idiot ;* créé pour remplacer *idiotisme* 2, même sens, homonyme de *idiotisme* 1).

|| **1°** *Méd.* Insuffisance mentale congénitale ou acquise, la plus grave des arriérations mentales après la débilité* et l'imbécillité*. V. **Crétinisme, idiot.** *Idiotie mongolienne* (mongolisme), *variété d'idiotie congénitale.*

1   « L'*idiotie* coïncide presque toujours avec un arrêt du développement de l'encéphale qui peut se produire soit dans la vie intra-utérine, soit après la naissance, et avoir pour cause l'hérédité ou une maladie quelconque. »
                                    GARNIER et DELAMARE, **Dict. des termes techn. de méd.**, Idiotie.

|| **2°** Manque d'intelligence, de bon sens. V. **Stupidité.** *Idiotie d'une personne, d'un public.*

« ... ces gens-là trouvent des rires qui mériteraient des gifles immédiates, des réflexions qui sont une quintessence d'idiotie. »   2
                                    LOTI, **Figures et choses...**, p. 111.

|| **3°** Action, parole qui traduit un manque d'intelligence, de bon sens. V. **Bêtise, crétinerie, sottise** (Cf. *fam.* Foutaise ; *pop.* Connerie). *Faire une idiotie. Quelle idiotie ! Ne dites pas d'idioties ! Ce journal est rempli d'idioties.* V. **Ineptie.** *Vous croyez à ces idioties ? — Par ext.* et *fam. Œuvre stupide. Ne lisez pas cette idiotie. Quelle idiotie que ce film !*

ANT. — Intelligence.

1. IDIOTISME. *n. m.* (XVIe s. ; lat. *idiotismus*, du gr. *idiôtismos*, « langage particulier ». Cf. Idiome). *Linguist.* Forme ou locution propre à une langue, impossible à traduire littéralement dans une autre. *Idiotisme français* (V. **Gallicisme***, cit.), *anglais* (V. **Anglicisme**), *allemand* (V. **Germanisme**), *grec* (V. **Hellénisme**), *latin* (V. **Latinisme**)... — *Par ext.* Locution, tournure propre à quelqu'un.

« Mais, monsieur le philosophe, il y a une conscience générale,   1
comme il y a une grammaire générale, et puis des exceptions dans chaque langue, que vous appelez je crois, vous autres savants, des... aidez-moi donc... des... — Idiotismes. »
                                    DIDER., **Neveu de Rameau**, p. 449.

« Son langage devait surprendre d'autant plus qu'il parlait plus   2
rarement. Il disait : *Cet homme n'est pas de mon ciel*, là où les autres disaient : *Nous ne mangerons pas un minot de sel ensemble.* Chaque homme de talent a ses idiotismes particuliers. »
                                    BALZ., **L. Lambert**, Œuvr., t. X, p. 440.

2. IDIOTISME. *n. m.* (1611, « absence de culture » ; dér. d'*idiot*). *Vx.* Synonyme d'*idiotie**, au sens de « stupidité » (Cf. Equilibre, cit. 14), encore usité au sens médical.

« Puisque *idiot* signifiait autrefois *solitaire*, le vieillard avoue qu'il   1
est un grand idiot ; et, comme les organes de l'âme s'affaiblissent avec ceux du corps, il avoue encore qu'il est idiot dans le sens qu'on attache aujourd'hui à ce terme. Il pense que l'idiotisme est l'état d'un idiot, comme le pédantisme est l'état d'un pédant ; »
                                    VOLT., **Lett.**, 4016, 28 juin 1773.

« Enfin l'absence de tout mouvement dans le corps, de toute chaleur   2
dans le regard, s'accordait avec une certaine expression de démence, triste, avec les dégradants symptômes par lesquels se caractérise l'idiotisme. »   BALZ., **Colonel Chabert**, Œuvr., t. II, p. 1096.

IDOINE. *adj.* (XIIIe s. ; lat. *idoneus*, « propre à »). *Vx* ou *Dr.* Propre à quelque chose. V. **Approprié, convenable.** *Prêtres aptes* et idoines à posséder des bénéfices* (cit. 10). *Idoine à un emploi.* V. **Capable.** — *De nos jours* (par plaisant.) *Voilà l'homme idoine :* celui qui convient parfaitement en l'occurrence (Cf. Ad hoc).

DER. — Idonéité. *n. f.* (1866). Convenance ; capacité (*vx*).

IDOLÂTRE. *adj. et n.* (XIIIe s., pour *idolatre ;* lat. ecclés. *idololatres*, du gr. *eidôlolatrês*, *eidôlon*, « image », et *latreuein*, servir, adorer. Cf. suff. -*Lâtre*).

|| **1°** Qui rend un culte divin aux idoles*. V. **Ethnique.** *Populations idolâtres de l'antiquité* (Cf. Épreuve, cit. 9 ; hermaphrodite, cit. 3). *Auteur idolâtre et païen* (Cf. Approuver, cit. 19). *Mieux vaut être athée* (cit. 5) *qu'idolâtre.* — *Par ext.* « *Offrir à Baal un encens idolâtre* » (RAC., Iphig., I, 2).

« Ne devenez point idolâtres, comme quelques-uns... »   1
                                    BIBLE (SEGOND), 1re épître aux Corinth., 10, 7.

« ... les Romains et les Grecs se mettaient à genoux devant des   2
statues, leur donnaient des couronnes, de l'encens, des fleurs, les promenaient en triomphe dans les places publiques. Les catholiques ont sanctifié ces coutumes, et ne se disent point idolâtres. »
                                    VOLT., **Dict. philos.**, Idolâtre.

« ... les images des dieux n'étaient point des dieux. Jupiter, et non   3
pas son image, lançait le tonnerre ;... Les Grecs et les Romains étaient des gentils, des polythéistes, et n'étaient point des idolâtres. »
                                    ID., **Ibid.**

— *Substant. Un, une idolâtre.* V. **Gentil, païen.** *Les idolâtres et les infidèles* (Cf. Etat, cit. 57). *Abraham environné* (cit. 3) *d'idolâtres.*

« ... ni les impudiques ni les idolâtres... ni les ravisseurs n'hériteront le royaume de Dieu. »   4
                                    BIBLE (SEGOND), 1re épit. aux Corinth., 6, 9.

« Sur l'idolâtre impur, mille fois combattu,   5
Tu nous as déchaînés, ivres de ta vertu,
Glorieux fils d'Amer, ô Souffle du Prophète ! »
LECONTE DE LISLE, **Poèm. trag.**, Le suaire de Mohammed-ben-Amer...

|| **2°** Qui voue une sorte de culte, d'adoration (à quelqu'un, à quelque chose). *Être idolâtre d'une maîtresse, de sa beauté...* V. **Fou.** *L'amour-propre* (cit. 1) *rend les hommes idolâtres d'eux-mêmes. Avare* (cit. 16) *idolâtre de son argent.* — *Par ext. Culte* (cit. 9) *idolâtre d'un grand homme.*

« ... le baron d'Arques les reçut en père idolâtre de ses enfants. »   6
                                    SCARRON, **Roman comique**, I, XV.

« ... aux nouveautés, dont je suis idolâtre »   7
                                    MOL., **Misanthr.**, III, 1.

« ... Marcas portait la France dans son cœur ; il était idolâtre de   8
sa patrie ; il n'y avait pas une seule de ses pensées qui ne fût pour le pays. »   BALZ., **Z. Marcas**, Œuvr., t. VII, p. 756.

9 « Nous avons tous, presque tous, autrefois professé pour Béranger plus que de l'admiration, c'était un culte ; ce culte, il nous le rendait en quelque sorte, puisque lui-même il était idolâtre de l'opinion et de la popularité. »
STE-BEUVE, Causer. du lundi, 15 juill. 1850, t. II, p. 286.

DER. — Idolâtrer, idolâtrie.

IDOLÂTRER. *v. intr.* et *tr.* (XIVe s. ; d'*idolâtre*).

‖ 1° *V. intr.* Adorer les idoles (*peu usit.*).

‖ 2° *V. tr.* (fin XVIe s.). Aimer* avec passion (quelqu'un ou quelque chose) en lui rendant une sorte de culte. V. **Adorer.** *Idolâtrer ses enfants. Garçon idolâtré par sa mère. Une maîtresse idolâtrée* (Cf. Hormis, cit. 5). *Elle l'idolâtre à l'égal d'un dieu.* V. **Diviniser.** *Idolâtrer l'argent.* V. **Déifier.** Pronominalt. *Amants qui s'idolâtrent* (Cf. Bêtement, cit. 2).

1 « J'aime, que dis-je aimer ? j'idolâtre Junie. »   RAC., Brit., II, 2.

2 « Idolâtré par sa tante, idolâtré par son père, ce jeune héritier était, dans toute l'acception du mot, un enfant gâté... »
BALZ., Cabinet des Antiques, Œuvr., t. IV, p. 353.

3 « Il y a des pères qui n'aiment pas leurs enfants ; il n'existe point d'aïeul qui n'adore son petit-fils. Au fond, nous l'avons dit, M. Gillenormand idolâtrait Marius. Il l'idolâtrait à sa façon, avec accompagnement de bourrades et même de gifles ; mais, cet enfant disparu, il se sentit un vide noir dans le cœur ; »   HUGO, Misér., III, V, III.

ANT. — Détester, mépriser.

IDOLÂTRIE. *n. f.* (*Ydolatrie*, au XIIe s., pour « idololatrie » ; lat. ecclés. *idololatria*, du gr. *eidôlolatreia*. V. **Idolâtre**, et suff. **-Lâtrie**).

‖ 1° Culte rendu à l'image d'un dieu comme si elle était le dieu en personne. V. **Animisme, fétichisme, totémisme, xylolâtrie.** *Les Juifs accusaient les gentils d'idolâtrie* (Cf. aussi Paganisme, polythéisme). *Salomon tomba dans l'idolâtrie* (Cf. Baisser, cit. 26). *Idolâtrie et fétiches* (Cf. Bouture, cit.). *Idolâtrie des anciens Égyptiens* (Cf. Entraîner, cit. 12).

1 « (*Il est prédit*)... Qu'alors l'idolâtrie serait renversée ; que ce Messie abattrait toutes les idoles, et ferait entrer les hommes dans le culte du vrai Dieu. »   PASCAL, Pensées, XI, 730.

‖ 2° *Fig.* (XVIIe s.). Amour passionné, admiration outrée. V. **Adoration*, culte, passion.** *Aimer quelqu'un jusqu'à l'idolâtrie. Idolâtrie du peuple pour les grands* (Cf. Entêtement, cit. 1). *Louis XIV, Napoléon 1er furent l'objet de l'idolâtrie des foules.*

2 « Il (*Arnauld d'Andilly*) me dit... que j'étais une jolie païenne ; que je faisais de vous une idole dans mon cœur ; que cette sorte d'idolâtrie était aussi dangereuse qu'une autre,... »
SÉV., 162, 29 avril 1671.

3 « (*Un homme*)... qui vous chérissait avec idolâtrie, »
MOL., Misanthr., V, 4.

4 « Antoine, qui l'aima jusqu'à l'idolâtrie, »   RAC., Bérén., II, 2.

5 « ... en 1814, devant ces maréchaux trahissant, devant ce sénat passant d'une fange à l'autre, insultant après avoir divinisé, devant cette idolâtrie lâchant pied et crachant sur l'idole,... »
HUGO, Misér., I, I, XI.

6 « ... dans ce culte du regret pour nos morts, nous vouons une idolâtrie à ce qu'ils ont aimé. »   PROUST, Rech. t. p., t. IX, p. 218.

7 « Je n'allais certes pas expliquer à ce camarade à quel degré d'idolâtrie de ma femme j'étais arrivé. »   ROMAINS, Dieu des corps, p. 187.

ANT. — Haine.

DER. — Idolâtrique. adj. (1560). Relatif à l'idolâtrie. *Culte idolâtrique.* V. **Idolâtre.** *Aspect idolâtrique de l'art* (cit. 2) *primitif.* — Fig. *Attachement idolâtrique du peuple pour ses rois* (Cf. Garder, cit. 48).

« Je faisais des orgies de souvenirs ; je me délectais dans sa pureté, dans sa sagesse,... dans son amour passionné, idolâtrique. »
BAUDEL., Trad. E. POE, Hist. extraord., Ligeia, p. 263.

IDOLE. *n. f.* (XIIIe s. ; *Ydele* au XIe s. ; lat. ecclés. *idolum*, du gr. *eidôlon*, « image » ; parfois au masc. au XVIIe s. à cause de l'étymologie).

‖ 1° Image* représentant une divinité (figure, statue) et qu'on adore comme si elle était la divinité elle-même. V. **Dieu, fétiche.** *Idole en bois, en pierre, en or... Idole à forme humaine, animale... Adoration, culte des idoles dans les temples*. Offrandes faites aux idoles. Promener des idoles. Idoles des polythéistes*. L'idole de Jupiter* (Cf. Caractère, cit. 23), *d'Astarté* (Cf. Brûler, cit. 7). *Idole étrangère rapportée par les soldats vainqueurs* (Cf. Béton, cit.). *Le judaïsme, le christianisme luttèrent contre le culte des idoles* (Cf. Avoir, cit. 74). *Le veau* d'or, idole des Juifs* (BIBLE, Exode XXXII). *Jésus vient détruire les idoles* (Cf. Église, cit. 3 ; hostie, cit. 2). *Les images de l'Église catholique ne sont pas des idoles* (Cf. infra, cit. 5).

1 « Ils n'ont point d'intelligence, ceux qui portent leur idole de bois, Et qui invoquent un dieu incapable de sauver. »
BIBLE (SEGOND), Ésaïe, 45, 20.

2 « Cet ami l'ayant résolu à se faire chrétien, il déchira ces édits qu'on publiait, arracha les idoles des mains de ceux qui les portaient sur les autels pour les adorer, les brisa contre terre,... »
CORN., Exam. de Polyeucte.

3 « Ami, peux-tu penser que d'un zèle frivole
Je me laisse aveugler pour une vaine idole,
Pour un fragile bois, que malgré mon secours
Les vers sur son autel consument tous les jours ? »
RAC., Athal., III, 3.

4 « Une idole chinoise, quoiqu'elle soit un objet de vénération, ne diffère guère d'un poussah ou d'un magot de cheminée. »
BAUDEL., Curios. esthét., De l'ess. du rire..., p. 719.

5 « Les VIIe et VIIIe s. virent le développement d'une tendance, au sein de l'Église d'Orient, visant à proscrire l'usage des images (Cf. Iconoclaste). Le second Concile de Nicée (787) jugea nécessaire de faire une distinction entre *latria*, adoration, et *dulia*, honneur ou respect, cette dernière forme de culte devant être seule offerte aux images ; cette catholiques ont conservé cette attitude jusqu'à nos jours : un décret du Concile de Trente affirme que les images ne sont pas adorées comme des idoles par les catholiques (« comme si la Divinité résidait en elles, ou comme si nous leur demandions une faveur, ou y mettions notre confiance, à la manière des païens avec leurs idoles »). »
S. HUTIN, Trad. ROYSTON PIKE, Dict. des Religions, Image.

— *Femme qui a l'impassibilité, la cruauté* (cit. 7) *des idoles.*

6 « À tort ou à raison, je lui prêtais des indifférences et des impassibilités d'idole ; »   FROMENTIN, Dominique, VII.

— *Par métaph. Il ne faut pas toucher aux idoles, la dorure en reste aux mains* (FLAUBERT. Cf. Dénigrement, cit. 2).

— *Vx.* Image, ombre, fantôme.

7 « N'étant pas corps, mais une vaine idole,
Qu'on veut serrer et prendre bien souvent,
Mais en lieu d'elle on ne prend que du vent. »
RONSARD, Épitaphes, Dialogue de Beaumont...

— *Fig.* et *Vx.* En parlant d'une personne dénuée d'esprit, de sensibilité. V. **Statue.**

8 « Angélique n'a point de charmes
Pour me défendre de vos coups ;
Ce n'est qu'une idole mouvante ;
Ses yeux sont sans vigueur, sa bouche sans appas :... »
CORN., Place royale, II, 2.

‖ 2° *Fig.* (XVIIe s.). Personne ou chose qui est l'objet d'un amour passionné, d'une sorte d'adoration, de dévotion, de culte. V. **Déité.** *Faire* (cit. 149) *de quelqu'un son idole. L'aimée*, l'idole de son cœur* (Cf. Avilir, cit. 8 ; façonner, cit. 17). *La passion voit son objet parfait et en fait son idole* (Cf. Enthousiasme, cit. 17). *Écrivain, peintre à la mode, qui est l'idole du jour. Dictateur qui est l'idole de son peuple. Âmes vaines qui sont les idoles du monde* (Cf. Ennemi, cit. 12). *Exempt* (cit. 9) *de tout fanatisme, il n'a point d'idole.*

9 « Quelle créature fut jamais plus propre à être l'idole du monde ? Mais ces idoles que le monde adore, à combien de tentations délicates ne sont-elles pas exposées ? »   BOSS., Orais. fun. duch. d'Orléans.

10 « Il était l'idole d'une mère pauvre qui l'avait élevé au prix des plus dures privations. »   BALZ., La bourse, Œuvr., t. I, p. 331.

11 « Ah ! Laurette, ah ! Laurette, idole de ma vie, »
MUSS., Prem. poés., À Laure.

12 « Marat commençait à être une idole pour le peuple, un fétiche. »
MICHELET, Hist. Révol. franç., IV, VI.

13 « Ils (*les Français*) n'aiment point la liberté ; l'égalité seule est leur idole. »   CHATEAUB., M. O.-T., t. IV, p. 62.

14 « La femme est bien dans son droit, et même elle accomplit une espèce de devoir en s'appliquant à paraître magique et surnaturelle ; il faut qu'elle étonne, qu'elle charme ; idole, elle doit se dorer pour être adorée. »   BAUDEL., Curios. esthét., XVI, XI.

15 « Où le caractère n'est pas grand, il n'y a pas de grand homme, il n'y a même pas de grand artiste, ni de grand homme d'action ; il n'y a que des idoles creuses pour la vile multitude. »
R. ROLLAND, Vie de Beethoven, p. VII.

IDYLLE. *n. f.* (*Idilie* en 1555 ; ital. *idillio*, repris au lat. *idyllium*, gr. *eidullion*, « petit poème lyrique » ; parfois au masc. au XVIIe s.). Petit poème ou petite pièce, à sujet pastoral et généralement amoureux. V. **Églogue, pastorale** (Cf. Épigramme, cit. 2 ; gothique, cit. 1). *Les idylles de Théocrite, d'André Chénier, de Gessner. Le groupe des idylles,* poèmes de la « Légende des siècles », de Hugo.

1 « Telle qu'une bergère, au plus beau jour de fête,
De superbes rubis ne charge point sa tête,
Et, sans mêler à l'or l'éclat des diamants,
Cueille en un champ voisin ses plus beaux ornements :
Telle, aimable en son air, mais humble dans son style,
Doit éclater sans pompe une élégante idylle. »
BOIL., Art poét., II.

— *Par ext.* Titre donné à certaines peintures, pièces musicales, etc., inspirées du même sujet. « *Idylle* » de Bouguereau, « *Idylle* » de Chabrier.

— *Par métaph. L'idylle rue Plumet et l'épopée rue Saint-Denis,* titre de la quatrième partie des « Misérables », de Hugo (1862).

— *Fig.* (XIXe s.). Petite aventure amoureuse naïve et tendre, généralement chaste. V. **Amourette.** *Une idylle s'ébauche entre ces enfants. Une tendre idylle.* — REM. Ce sens, illustré dans P. LAROUSSE (1873) d'une citation de Saint-Marc Girardin, ne figure pas dans LITTRÉ.

2 « Ils furent de merveilleux amis et des amants très platoniques. Cette idylle dura quarante ans,... »
HENRIOT, Portr. de femmes, p. 39.

ANT. — Drame

DER. — **Idyllique.** *adj.* (1845). Relatif à l'idylle. *Par ext.* Qui rappelle l'idylle par le décor champêtre, l'amour tendre et partagé... *Paysage idyllique. Scène, tableau idyllique.*

1 « En moins de vingt-cinq années, les Badeuil économisèrent trois cent mille francs , et ils songèrent alors à contenter le rêve de leur vie, une vieillesse idyllique en pleine nature, avec des arbres, des fleurs, des oiseaux. »   ZOLA, La terre, I, III.

2 « Entre ses enfants, sa maison, le mari aimé et respecté, elle goûte un bonheur à peu près sans mélange. Ce tableau idyllique mérite d'être étudié de plus près... qu'arriverait-il si Pierre cessait d'aimer Natacha ? »   S. de BEAUVOIR, Deuxième sexe, t. II, p. 271.

-IE. Suff., du lat. *ia*, qui se joint à des noms et des adjectifs pour former des noms désignant la qualité comme *courtoisie, idiotie, jalousie...*, le lieu de profession comme *mairie, mercerie, boucherie, boulangerie.* Le suffixe double -ERIE (*-er + -ie*) s'emploie comme suffixe simple dans *gendarmerie, fourberie...* (Cf. pop. *Mairerie*) avec les mêmes sens.

-IÈME. Suff., du lat. *-imus, esimus,* servant à former les nombres ordinaux, sauf « *premier* ». *Dès le moyen âge, on a refait les nombres ordinaux* second, tiers, quart, quint, sixte, etc... *sur le nombre cardinal avec le suffixe ième :* deuxième, troisième, quatrième, cinquième, sixième, etc.

-IEN, IENNE. Suff., du lat. *-anus,* par l'intermédiaire de mots contenant un *yod* (i, y consonne), comme « moyen, doyen, ancien ». Le suffixe -ien, -ienne se joint à des noms pour former des adjectifs ou des noms désignant la profession, l'école, la nationalité... comme *politicien, mécanicien, voltairien, hitlérien, autrichien, vosgien, parisien...*

-IER, IÈRE. Suff., du lat. *-arius, -arium, -aria,* se joignant à des noms pour former des noms de métier comme *barbier, cordonnier, épicier, banquier, magasinier, chaisière...,* des noms d'arbres fruitiers comme *prunier, cerisier...,* des noms exprimant un contenant tels *cendrier, encrier, cafetière, bonbonnière, tabatière, glacière...,* des adjectifs comme *printanier, hospitalier, buissonnière, grossier, coutumier.* — REM. Le suffixe -IER s'est réduit en -ER après *g* et *ch* (*mensongier* (VX), *mensonger*).

« ... un suffixe peut exprimer diverses idées fort différentes : *ier* est dans ce cas : un *chapelier* fait des chapeaux, mais un *voiturier* conduit les voitures, un *cuirassier* porte une cuirasse, un *geôlier* tient en geôle les *prisonniers* qui sont dans la prison, comme les pigeons et les colombes dans le *colombier.* »   BRUNOT, Pens. et lang., p. 66, note.

-IF, IVE. Suff., du lat. *-ivus,* qu'on joint à des adjectifs, des verbes, des noms pour former des adjectifs comme : *pensif, suggestif, tardif, productif...* On se sert de la même façon du suffixe -ATIF, -ATIVE (lat. *-ativus*) pour composer des adjectifs : *alternatif, préservatif, quantitatif...*

IF. *n. m.* (XIᵉ s. ; du gaulois *ivos*).

|| 1° *Bot.* Plante phanérogame gymnosperme (*Conifères — Taxinées*), scientifiquement appelée *taxus,* arbre* décoratif, à fruits rouges. *Ifs dans un jardin à la française, d'un cimetière... Ifs taillés en boules, en cônes, en pyramides... Le bois de l'if, très dur, est employé en ébénisterie.*

1 « Quelques hauts sapins plantés derrière la maison... et quelques ifs, taillés pour en décorer les angles,... »   BALZ., Les Chouans, Œuvr , t. VII, p. 886.

2 « Les petits ifs du cimetière,
    Frémissent au vent hiémal, »
                            VERLAINE, Poèmes saturniens, Sub urbe.

3 « Les parterres et le parc (*de Versailles*) sont encore un salon en plein air ; la nature n'y a plus rien de naturel ;... Ces charmilles droites sont des murailles et des tentures. Ces ifs tondus figurent des vases et des lyres. »   TAINE, Orig. France contemp., II, t. I, p. 139.

|| 2° *Par anal.* « Triangle en charpente légère monté sur un pied et rappelant la forme d'un if taillé sur lequel on dispose des lampions pour les illuminations ou des cierges dans les églises » (RÉAU).

IGLOO (*-glou*) ou **IGLOU.** *n. m.* (XXᵉ s. ; mot esquimau). Hutte (cit. 3) d'Esquimau, construite avec de la neige gelée ou des blocs de glace.

« Certaines demeures réunissent trois iglous autour d'une rotonde centrale. Chaque iglou a 3 m 75 de diamètre et abrite deux familles. Deux lampes à huile de phoque de près d'un mètre de longueur les éclairent... »   Gontran de PONCINS, Kabloona.

IGNAME (*i-nyam'*). *n. f.* (1515 ; empr. à l'anc. esp. *iñame,* d'orig. afric.). *Bot.* Plante tropicale monocotylédone (*Dioscorées*), vivace et grimpante, à gros tubercules farineux que les indigènes consomment rôtis ou cuits à l'eau. *Igname de Chine. L'arrow-root de la Guyane, fécule extraite de l'iyname.*

IGNARE (*i-nyar'*). *adj.* (XIVᵉ s. ; lat. *ignarus*). Qui n'a reçu aucune instruction. V. **Ignorant, illettré, inculte.** *Garçon ignare, dont l'intelligence reste en friche*.* — *Substant.* Un, une ignare. — *Péjor.* D'une ignorance crasse. *Des chefs ignares* (Cf. Amputer, cit. 1). *Il est complètement ignare en musique* (Cf. Il n'entend rien à la musique). — *Vx. Ignare de...* (Cf. Bannissable, cit.).

« Vous allez voir un peu l'esprit de cette classe dans Taboureau, homme simple en apparence, ignare même, mais certainement profond dès qu'il s'agit de ses intérêts. »
                            BALZ., Médecin de campagne, Œuvr., t. VIII, p. 369.

« Je regrette souvent d'être tellement ignare dans ce domaine... »
                            SARTRE, L'âge de raison, p. 154.

ANT. — Érudit, instruit, lettré, savant.

IGNATIE (*i-nya-sie*). *n. f.* (1867 ; de *févier de Saint-Ignace,* nom vulg. de la plante). *Bot.* Plante dicotylédone (*Loganiacées, strychnées*), arbrisseau ou grande liane de Cochinchine et des Philippines, dont les fruits ovoïdes, assez gros, renferment, dans leur pulpe, des graines brunâtres vénéneuses, de la taille d'un gland, dites *fèves de Saint-Ignace* et contenant les mêmes alcaloïdes que la noix vomique. *L'ignatie ou vomiquier amer.*

IGNÉ, ÉE (*igh-né*). *adj.* (Ignée, masc. et fém. au XVᵉ s. ; 1596, *igné,* masc. ; lat. *igneus*). Qui est de feu, qui a les caractères du feu. V. **Ardent, ignescent, incandescent.** *Matière, substance ignée.*

1 « L'air même brûlait, et des bouffées de vent semblaient charrier des molécules ignées. »   GAUTIER, Voyage en Espagne, p. 231.

— *Fig.* (Dans le style recherché).

2 « ... pour en refléter éternellement les teintes érubescentes, pour en rapporter, contractées à jamais, l'éclat igné et le goût brûlant ! »
                            BARBEY d'AUREV., Vieille maitresse, II, XVII.

— *Spécialt.* (1835). *Géol.* Produit par l'action du feu. *Couches de formation ignée. Hypothèse de l'origine ignée du granit* (cit. 4). *Roches ignées* (Cf. Croûte, cit. 7).

3 « Dans certains cas extrêmes, les températures (*des géosynclinaux*) étaient peut-être assez élevées pour amener à l'état de fusion ignée les silicates les plus difficilement fusibles. »
                            HAUG, Traité de géol., t. I, p. 181.

IGN(I)- (*ighn*). Élément tiré du lat. *ignis,* « feu », et entrant dans la composition de mots savants tels que : **Ignescent, ente.** *adj.* (1798 ; lat. *ignescere*). Qui prend feu (*Peu usit.*). V. **Enflammé.** — **Ignicole.** *adj.* et n. (1732 ; suff. *-Cole*). Adorateur du feu. *Peuplades ignicoles. Rites des ignicoles.* — **Ignifère.** *adj.* (1817 ; suff. *-Fère*). Qui transmet le feu. — **Ignifugation.** *n. f.* (1906) ou **Ignifugeage.** *n. m.* (1906 ; de *ignifuger*). Action d'ignifuger ; résultat de cette action. *Ignifugation obligatoire des boiseries, décors, fauteuils de théâtre.* — **Ignifuge.** *adj.* (fin XIXᵉ s. ; suff. *-Fuge*). Qui rend ininflammable les objets naturellement combustibles. *Matière ignifuge. Les silicones, produits ignifuges.* — Substant. *Le phosphate d'ammoniaque en dissolution est un ignifuge efficace.* (DER. **Ignifuger.** *v. tr.* (fin XIXᵉ s.). Rendre ininflammable ; imprégner de substances ignifuges. *Salle de spectacles ignifugée*). — **Ignipuncture.** *n. f.* (1873 ; Cf. -Puncture). *Méd.* Méthode de cautérisation par une aiguille* longue et fine rougie à blanc. — **Ignition.** *n. f.* (XVIᵉ s.). *Phys.* État d'un corps en combustion*. V. **Feu.** *L'oxygène ranime une allumette ne présentant plus qu'un point en ignition.* V. **Enflammé, ignescent.** — État d'un métal ou d'un autre corps porté au rouge sans se fondre. — **Ignivome.** *adj.* (XVIᵉ s. ; lat. *vomere,* « vomir »). *Peu usit.* Qui vomit du feu. *Cratère, volcan ignivome.* — **Ignivore.** *adj.* (1812 ; Cf. -Vore). Qui avale ou feint d'avaler des matières enflammées. *Fakir ignivore.*

IGNOBLE (*i-nyobl'*). *adj.* (XIVᵉ s. ; lat. *ignobilis,* « roturier, non noble », sens conservé en fr. jusqu'au XVIIᵉ s. ; 1694, *fig.* « grossier, sans distinction ». Cf. *infra,* cit. MARIVAUX ; 1718, sens moderne). Qui est vil, sans la moindre noblesse. V. **Abject, bas, infâme.** *Un ignoble individu. Une vieille guenipe ignoble* (Cf. Guenon, cit. 6). *Gangster* (cit. 2) *ignoble. Des hommes* (cit. 122) *ignobles sous tous les rapports. Calomnies d'une presse ignoble* (Cf. Exagérer, cit. 4). *L'humanité serait trop ignoble sans la douleur qui la purifie* (Cf. Exhausser, cit. 3). — *Par anal.* Qui repousse la bassesse. *Conduite ignoble qui n'inspire que du dégoût.* V. **Dégoûtant, déshonorant, odieux.** *La goinfrerie a quelque chose d'ignoble et de repoussant* (Cf. Gourmand, cit. 4). *Procédé, ruse ignoble* (Cf. Étrenne, cit. 4). *Abolir* (cit. 3) *l'ignoble pratique de la peine de mort. L'ignoble abrutissement* (cit. 3) *des peuplades sauvages. D'ignobles injures.* V. **Ordurier** (Cf. Haut, cit. 31).

1 « ... le terme de *mon père* est trop ignoble, trop grossier ;... au lieu de dire rustiquement *mon père,* comme le menu peuple, on dit *monsieur ;* cela a plus de dignité. »   MARIVAUX, Paysan parv., I, p. 5.

2 « Un aboyeur des théâtres, Hébert, a l'heureuse idée de réunir dans un journal tout ce qu'il y a de bassesses, de mots ignobles, de jurons, dans tous les autres journaux. »
                            MICHELET, Hist. Révol. franç., IV, VIII.

3 « M. Grosgeorge lui offrait le spectacle d'une des formes de la gourmandise humaine qu'elle jugeait la plus ignoble. »
                            GREEN, Léviathan, II, V.

4 « Et ces affaires louches, ces causes iniques, ces intérêts ignobles, dont je deviendrai le défenseur et le mandataire. Bien la peine d'avoir fait le paladin pour arriver à ça. »
                            ROMAINS, H. de b. vol., t. II, XV, p. 184.

5 « Si l'homme veut se faire Dieu, il s'arroge le droit de vie ou de mort sur les autres. Fabricant de cadavres et de sous-hommes, il est sous-homme lui-même et non pas Dieu, mais serviteur ignoble de la mort. »
                            CAMUS, L'homme révolté, p. 302

— *Par ext.* D'une laideur affreuse ou d'une saleté repoussante. V. **Dégoûtant, effrayant, hideux** (cit. 3), **immonde, laid, répugnant.** *Spectacle ignoble.* V. **Vomir** (à faire). *Blouse ignoble de taches* (Cf. Gris, cit. 18). *Taudis ignoble.* V. **Infect.** — *Par exagér.* Laid, déplaisant. *Une architecture ignoble* (Cf. Calotte, cit. 4 ; écraser, cit. 16). *Un ignoble accent faubourien* (cit. 2). *Un ignoble châle de laine noire* (Cf. Épingler, cit. 1). *Une ignoble chambre d'hôtel* (cit. 5).

6 « ... sa figure ignoble était devenue hideuse par l'effet de la terreur. »
STENDHAL, **Le rouge et le noir,** III.

7 « ... tout ce qui est utile est laid ; car c'est l'expression de quelque besoin ; et ceux de l'homme sont ignobles et dégoûtants, comme sa pauvre et infirme nature. »
GAUTIER, **Préf.** Mlle **de Maupin,** pp. 31-32 (éd. crit. MATORÉ). — Cf. Beau, cit. 5.

— *Substant. Le goût morbide de l'ignoble.*

— *Spécialt.* Fauconn. *Oiseaux ignobles,* employés en fauconnerie* de haut vol.

ANT. — **Beau, distingué, éminent, noble, relevé, remarquable.**

DER. — Ignoblement. *adv.* (*Ignobilement* en 1576). *Peu usit.* D'une manière ignoble. *Il s'est conduit ignoblement dans cette affaire* (ACAD.).

IGNOMINIE (*-nyo-*). *n. f.* (1460 ; lat. *ignominia*). Déshonneur extrême, causé par un outrage public, une peine, une action infamante. V. **Abjection, déshonneur, honte** (cit. 5), **infamie, opprobre** (Cf. Assiéger, cit. 11). *Tomber, verser dans l'ignominie* (Cf. Eglise, cit. 9). *Se couvrir d'ignominie. S'exposer à l'ignominie. Traîner quelqu'un dans l'ignominie.* V. **Fange.** *Châtiment qui imprime une grande ignominie sur le coupable* (Cf. Effigie, cit. 6). V. **Flétrissure.** *Etre traité avec ignominie.* V. **Ignominieusement.** *L'ignominie du forçat.* V. **Dégradation.** — *Par anal.* Caractère de ce qui est ignominieux*. *Ignominie d'une condamnation, d'un crime... L'ignominie d'une telle conduite...* V. **Bassesse, turpitude.** *Croupir dans l'ignominie d'un cachot.* — *Par métaph. L'ignominie des âmes privées de la grâce* (Cf. Apologie, cit. 4).

1 « Mais, quant à la couardise, il est certain que la plus commune façon est de la châtier par honte et ignominie. »
MONTAIGNE, **Essais,** I, XVI.

2 « ... J'en veux à genoux souffrir l'ignominie,
Comme une honte due aux crimes de ma vie. »
MOL., **Tart.,** III, 6.

3 « Qu'est-ce donc ici qui l'humilie, et de quoi a-t-il (*Jésus*) plus de honte ? est-ce d'avoir à subir un châtiment qui ne convient qu'aux esclaves ? En consentant à prendre la forme d'un esclave, il a consenti à en porter toute l'ignominie. »
BOURDAL., **Exhort. s. flagell. de J.-C.,** I.

4 « N'espérez pas pouvoir être heureux si j'étais déshonorée, ni pouvoir, d'un œil satisfait, contempler mon ignominie et mes larmes. »
ROUSS., **Julie,** I, Lettre XI.

5 « Ne te suffit-il pas de m'avoir tourmentée, dégradée, avilie ?... dans ce séjour de ténèbres où l'ignominie m'a forcée de m'ensevelir, les peines sont-elles sans relâche, l'espérance est-elle méconnue ? »
LACLOS, **Liais. dang.,** CLXI.

6 « ... il y aura quelqu'un qui aura ta casaque rouge, qui portera ton nom dans l'ignominie et qui traînera ta chaine au bagne ! »
HUGO, **Misér.,** I, VII, III.

— *Par ext.* Ce qui cause l'ignominie. *Etre en butte aux ignominies* (V. **Affront.** Cf. Cabale, cit. 3). *Les ignominies que la guerre* (cit. 35) *procure à l'humanité* (V. **Honte**). *On m'a chassé comme un chien, quelle ignominie !*

7 « Un homme tel que moi voit sa gloire ternie,
Quand il tombe en péril de quelque ignominie ; »
CORN., **Hor.,** V, 2.

8 « Seule dans son palais la modeste Junie
Regarde leurs honneurs comme une ignominie. »
RAC., **Britann.,** II, 2.

9 « Il vit tranquillement dans les ignominies,
Simple jésuite et triple gueux. »
HUGO, **Châtiments,** IV, VII.

— Action ignominieuse*. V. **Turpitude.** *Tolérer les ignominies de quelqu'un* (Cf. Félonie, cit.). *Commettre une ignominie. S'abaisser aux pires ignominies.*

ANT. — **Gloire, grandeur, honneur, noblesse.**

IGNOMINIEUX, EUSE (*-nyo-*). *adj.* (XIVe s. ; lat. *ignominiosus*). Qui apporte, cause de l'ignominie. V. **Abject, honteux.** *Supplice ignominieux* (ACAD.). *Condamnation ignominieuse.* V. **Flétrissant.** *Conduite ignominieuse.* V. **Infâme, méprisable.**

1 « ... pour rendre sa défaite plus ignominieuse,... »
MOL., **Impr. de Versailles,** 5.

2 « ... la passion de Jésus-Christ, quelque douloureuse et ignominieuse qu'elle nous paraisse,... »
BOURDAL., 1er **Sermon s. la Passion de J.-C.,** II.

3 « On jugera si, à moins d'être le dernier des infâmes, j'ai pu tenir des arrangements qu'on a toujours pris soin de me rendre ignominieux, en m'ôtant avec soin toute autre ressource, pour me forcer de consentir à mon déshonneur. »
ROUSS., **Confess.,** XII.

4 « ... s'apprêter à subir le pire et le plus ignominieux des destins. »
CÉLINE, **Voyage au bout de la nuit,** p. 86.

ANT. — **Glorieux.**

DER. — Ignominieusement. *adv.* (1400). D'une manière ignominieuse ; avec ignominie. V. **Honteusement.** *Mourir ignominieusement.* (Cf. Arbre, cit. 50). *Il a été châtié ignominieusement* (ANT. **Glorieusement**).

« ... faut-il voir massacrer mon Père devant moi ou mourir ignominieusement par les mains de la Justice... »
CYRANO de BERGERAC, **Le pédant joué,** IV, 3.

IGNORANCE (*-nyo-*). *n. f.* (1120, au sens relig. de « faute commise par manque de connaissance, par négligence » ; XIIIe s., sens mod. ; lat. *ignorantia*).

|| 1° Etat de celui qui ignore* ; le fait de ne pas connaître quelque chose, faute de clairvoyance, d'étude, d'expérience ou d'information. *Tenir quelqu'un dans l'ignorance de ce qu'on fait. L'ignorance où j'étais de cet accident. Votre coupable, impardonnable ignorance du devoir. Notre ignorance de l'histoire* (Cf. Calomnier, cit. 5). *Crasse* (cit. 3) *ignorance de la géographie. L'ignorance des vérités chrétiennes* (Cf. Hérésie, cit. 1). *Les hommes vivent dans l'absolue* (cit. 11) *ignorance de ce qu'ils sont* (Cf. Eclaircissement, cit. 1). *« L'homme sans Dieu* (cit. 3) *est dans l'ignorance de tout »* (PASC.). *Il était alors dans une complète ignorance de l'amour* (Cf. Coquetterie, cit. 7). *Femme* (cit. 17) *amoureuse, qui est encore dans l'ignorance de son amour.* V. **Inconscience.** *S'aventurer par ignorance du danger.* V. **Méconnaissance** (Cf. Endormir, cit. 16). *Commettre une bévue*, une gaffe par ignorance des règles du savoir-vivre.*

1 « Nous sommes... dans une grande ignorance de toutes les affaires publiques,... »
SÉV., **1283,** 25 juin 1690.

2 « C'est cette ignorance de la nature de l'homme qui jette tant d'incertitude et d'obscurité sur la véritable définition du droit naturel ; »
ROUSS., **De l'inég. parmi les hommes,** Préface.

3 « ... je vais accuser plus que jamais mon ignorance de l'allemand qui ne m'a jamais permis que de l'épeler à peine. »
STE-BEUVE, **Corresp.,** 1331, 17 avril 1842.

4 « ... une demoiselle qui avait reçu tant d'instruction ! une pureté si absolue, élevée dans l'ignorance de tout ! »
ZOLA, **La terre,** V, V.

5 « L'ignorance des dangers (*chez les jeunes gens*) fait leur force. »
GIDE, **Faux-Monnayeurs,** III, XII.

— *Vx. Etre dans l'ignorance si...,* suivi de l'indicatif (Cf. Enfer, cit. 7).

— *Par ext.* Défaut de connaissances ou de pratique dans un domaine déterminé. V. **Impéritie, incapacité, incompétence, insuffisance.** *Ignorance en mathématiques, en musique... Faire preuve d'une ignorance flagrante, inqualifiable en matière de... Reconnaissez votre ignorance sur ce chapitre.*

6 « L'ignorance où il était sur la plupart des choses de la vie lui donnait cette naïveté, qui est un agrément quand elle n'est pas un ridicule,... »
D'ALEMBERT, **Éloge de J. Terrasson, Œuvr.,** t. III, p. 373.

7 « Je me suis un peu mêlé du passé, mais j'avoue en général ma profonde ignorance sur l'avenir. »
VOLT., **Lettre à Courtivron,** 1296, 22 juill. 1755.

— *Absolt.* (l'objet ignoré étant sous-entendu ou indéterminé). Absence de connaissance.

8 « L'ignorance consiste proprement dans la privation de l'idée d'une chose, ou de ce qui sert à former un jugement sur cette chose. Il y en a qui la définissent privation ou négation de science ; mais comme le terme de science, dans son sens précis et philosophique, emporte une connaissance certaine et démontrée, ce serait donner une définition incomplète de l'ignorance, que la restreindre au défaut des connaissances certaines. On n'ignore point une infinité de choses qu'on ne saurait démontrer. »
ENCYCL. (DIDER.), **Ignorance.**

— *Nous vivons en aveugles dans une entière ignorance* (Cf. Bon, cit. 2). *Les ténèbres de l'ignorance* (Cf. Erreur, cit. 14). *Vous n'en jugez ainsi que par ignorance* (Cf. Contingent, cit. 2). *Pécher* par ignorance. Écrivez-nous : ne nous laissez pas dans l'ignorance. Aborder quelqu'un en feignant l'ignorance* (Cf. Comme si de rien n'était). *Agir en tenant quelqu'un dans l'ignorance.* V. **Insu** (à l'insu de...). *Avouer* (cit. 28), *confesser, manifester une ignorance. Etre honteux de son ignorance* (Cf. Béer, cit. 15). *Ignorance bien excusable. Ignorance aveugle, partielle, totale, volontaire. Ignorance de l'apprenti, du novice.* V. **Inexpérience** (Cf. N'avoir encore rien vu* ; *pop.* C'est jeune et ça ne sait* pas). *Affecter l'ignorance.*

9 « Oh ! que c'est un doux et mol chevet, et sain, que l'ignorance et l'incuriosité, à reposer une tête bien faite ! »
MONTAIGNE, **Essais,** III, 13.

10 « Je lui demandai s'il ne savait rien , je le tournai... pour lui faire honte de son ignorance, qui si souvent l'avait jeté dans les panneaux et des périls... Quand je l'eus bien promené sur son ignorance, je lui appris ce que je venais de savoir. Mon homme fut interdit... »
ST-SIM., **Mém.,** III, V.

11 « (*L'homme*) est sujet à l'ignorance et à l'erreur, comme toutes les intelligences finies ; les faibles connaissances qu'il a, il les perd encore. »
MONTESQ., **Espr. des lois,** I, I, p. 3.

12 « Qui es-tu ? d'où viens-tu ? que fais-tu ? que deviendras-tu ? C'est une question qu'on doit faire à tous les êtres de l'univers, mais à laquelle nul ne répond... Ces êtres insensibles et muets,... me laissent à mon ignorance et à mes vaines conjectures. »
VOLT., **Le philos. ignorant,** I.

13 « ... souviens-toi sans cesse que l'ignorance n'a jamais fait de mal, que l'erreur seule est funeste, et qu'on ne s'égare point par ce qu'on ne sait pas, mais par ce qu'on croit savoir. »
ROUSS., **Émile,** III.

14 « L'ignorance et l'incuriosité sont deux oreillers fort doux, mais pour les trouver tels, il faut avoir la tête aussi bien faite que Montaigne. » DIDER., **Pens. philos.**, XXVII (in GUERLAC).

15 « Nous ne pouvons savoir ! — Nous sommes accablés
D'un manteau d'ignorance et d'étroites chimères ! »
RIMBAUD, **Poésies**, V.

— Spécialt. *Ignorance candide, état d'ignorance de l'enfant.* V. **Ingénuité, innocence.** *Ignorance du jeune homme* (cit. 150), *ignorance amoureuse, sexuelle.* V. **Inexpérience.**

16 « ... cette honnête et pudique ignorance. » MOL., **Éc. d. fem.**, I, 3.

17 « ... le mariage m'avait laissée dans l'ignorance qui donne à l'âme des jeunes filles la beauté des anges. »
BALZ., **Lys dans la vallée**, Œuvr., t. VIII, p. 1018.

18 « (*Mérimée*) comme son ami Stendhal en semblable occasion, fit un complet fiasco. A sa grande surprise, il trouva une femme prude, qui manqua d'adresse secourable ; tant par ignorance que par fierté. » MAUROIS, **Lélia**, III.

‖ 2° Manque d'instruction*, de savoir* ; absence (plus ou moins complète) de connaissances intellectuelles, de culture générale (Cf. Défaut, cit. 3 VAUVEN.). *Les oreilles d'âne*, emblème de l'ignorance. L'ignorance, nuit* de l'esprit. L'aveuglement de l'ignorance (Cf. Bévue, cit. 2). Nos aïeux* (cit. 6) vivaient dans l'ignorance. Ignorance grossière (V. **Barbarie**, et Cf. Barbare, cit. 10), profonde, totale des premiers âges de l'humanité (Cf. Expérience, cit. 33 ; habitant, cit. 8). L'ignorance du peuple (Cf. Écrivain, cit. 4 ; glissement, cit. 8), du clergé (Cf. Enlever, cit. 14). Fakirs (cit. 2) qui vivent de l'ignorance et de la crédulité des masses. V. **Naïveté**. L'ignorance accroît la corruption (cit. 6) des mœurs. Le mal vient de l'ignorance (Cf. Dégât, cit. 3). Les escarpes (2, cit.), produits de l'ignorance et de la misère. L'ignorance qui dégrade un peuple. V. **Ilotisme** (Cf. Ébranler, cit. 9 ; exterminer, cit. 5). L'ignorance qui fait les grands sots (Cf. Croire, cit. 29). Empiriques (cit. 3) qui se font gloire de leur ignorance. Œuvres médiocres qui témoignent de l'ignorance de leurs auteurs. Épaisse croûte* (cit. 10) d'ignorance (Cf. Épaisseur, cit. 2). Être d'une ignorance extrême (Cf. Corbillon, cit. 2). Croupir* (cit. 1), s'encroûter, s'enfoncer (cit. 27) dans l'ignorance. Tirer quelqu'un de son ignorance. V. **Décrasser, décrotter**. Montrer à quelqu'un son ignorance. V. **Béjaune** (vx). — Ignorance crasse* (cit. 2). V. **Ânerie, bêtise, idiotisme** (vx). Ignorance poussée jusqu'à l'abêtement (cit. 3).

19 « ... je me trouvais embarrassé de tant de doutes et d'erreurs qu'il me semblait n'avoir fait autre profit, en tâchant de m'instruire, sinon que j'avais découvert de plus en plus mon ignorance. » DESCARTES, **Discours de la méthode**, I.

20 « ... les grandes âmes, qui, ayant parcouru tout ce que les hommes peuvent savoir, trouvent qu'ils ne savent rien et se rencontrent en cette même ignorance d'où ils étaient partis ; mais c'est une ignorance savante qui se connaît. » PASC., **Pens.**, V, 327.

21 « Il fait profession de chérir l'ignorance
Et de haïr surtout l'esprit et la science. »
MOL., **Fem. sav.**, IV, 3.

22 « L'ignorance vaut mieux qu'un savoir affecté. » BOIL., **Épit.**, IX.

23 « Comme l'ignorance est un état paisible et qui ne coûte aucune peine, l'on s'y range en foule, et elle forme à la cour et à la ville un nombreux parti, qui l'emporte sur celui des savants. » LA BRUY., XII, 18.

24 « Il ne manquait pas d'esprit, mais il était d'une ignorance crasse ; à peine savait-il lire et écrire. » LESAGE, **Gil Blas**, XII, 5.

25 « Ainsi, le premier pas que j'ai fait pour sortir de mon ignorance a franchi les bornes de tous les siècles. Mais quand j'ai voulu marcher dans cette carrière infinie ouverte devant moi, je n'ai pu ni trouver un seul sentier, ni découvrir pleinement un seul objet ; et du saut que j'ai fait pour contempler l'éternité, je suis retombé dans l'abîme de mon ignorance. » VOLT., **Dict. philos.**, Ignorance.

26 « Conservons un peu d'ignorance, pour conserver un peu de modestie et de déférence à autrui : sans ignorance point d'amabilité. Quelque ignorance doit entrer nécessairement dans le système d'une excellente éducation. » JOUBERT, **Pensées**, XIX, XX.

27 « ... l'ignorance, cette couche obscure où l'humanité a dormi pesamment son premier âge » ZOLA, **Docteur Pascal**, I, p. 37.

28 « Sur son visage affleura soudain le masque du grand homme, que le savoir sépare de l'ignorance des simples. » MART. du G., **Thib.**, t. V, p. 171.

29 « Loin d'entraîner aussitôt l'assentiment et le progrès, il a dû combattre de près l'ignorance et la routine. L'incurie regimbait avec ses affronts habituels. » MONDOR, **Pasteur**, Avant-propos, p. 9.

‖ 3° *Au plur.* (le plus souvent). Manifestations, preuves d'ignorance (dans un domaine particulier ou en général). *Ignorances puériles, virginales.* V. **Ingénuité, naïveté**. *Montrer de graves ignorances en... V.* **Lacune**. *Ses ignorances font de lui un objet de risée.* V. **Sottise**.

30 « ... je crois que vous avez imprimé des sottises énormes. Je pourrais transcrire ici un gros volume de vos ignorances, et plusieurs de celles de vos confrères. » VOLT., **Dict. philos.**, Ignorance.

31 « ... (les) célestes ignorances d'un jeune cœur qui s'éveille à l'amour. » GAUTIER, **M**ᶫᶫᵉ **de Maupin**, V.

ANT. — **Connaissance, culture, érudition, expérience, instruction, savoir, science.**

IGNORANT, ANTE (-nyo-). adj. (1253 ; lat. *ignorans*).

‖ 1° Qui n'a pas la connaissance d'une chose ; qui n'est pas au courant, pas informé de... (Cf. Effigie, cit. 2). *Être ignorant des événements contemporains* (Cf. Curieux, cit. 2), *ignorant de l'heure* (cit. 21). *Un homme ignorant des usages.* V. **Balourd**. *Il est complètement ignorant de ce qui se passe* (Cf. Ne savoir rien* de rien ; avoir la tête dans un sac*). *Comment pouvez-vous être ignorant de cette nouvelle sensationnelle ?* (Cf. D'où sortez*-vous ? D'où venez*-vous ?). *Elle tient à rester totalement ignorante de ces machinations.* V. **Étranger** (à). *Absolt.* Qui est dans l'ignorance*. L'homme, être ignorant et borné (Cf. Conscience, cit. 14). — Par ext. Prendre un air ignorant. — PROV. J'en suis aussi ignorant que l'enfant qui vient de naître, j'ignore tout de l'affaire en question.

1 « Mais, sans cesse ignorants de nos propres besoins,
Nous demandons au ciel ce qu'il nous faut le moins. »
BOIL., **Épit.**, V.

2 « Longtemps, elle piétina, ignorante de l'heure et du chemin. » ZOLA, **L'Assommoir**, t. II, XII, p. 239.

3 « ... la jeune fille exaltée, ignorante de l'abîme sans fin que peut devenir un cœur d'homme,... » HENRIOT, **Portr. de femmes**, p. 287.

— *Par ext.* Qui manque de connaissances ou de pratique dans un certain domaine. *Ignorant en histoire, en médecine... Il est très ignorant là-dessus.* — *Absolt. Jeune homme ignorant, qui se laisse entortiller* (cit. 1) *par une femme.* V. **Inexpérimenté, ingénu, novice ; béjaune**. *Spécialt.* (dans l'exercice d'une fonction, d'une profession). V. **Incapable, incompétent, inhabile**. *Juge, magistrat ignorant* (Cf. Corruptible, cit. ; fomenter, cit. 3). *Musiciens ignorants qui estropient* (cit. 7) *un morceau.*

4 « D'un magistrat ignorant
C'est la robe qu'on salue. » LA FONT., **Fabl.**, V, 14.

5 « Oui, j'ai dit dans mes vers qu'un célèbre assassin,
Laissant de Galien la science infertile,
D'ignorant médecin devint maçon habile : » BOIL., **Épigr.**, IX.

6 « Et certes, rien pour l'ordinaire de plus ignorant en matière de religion, que ce qu'on appelle les libertins du siècle. » BOURDAL., **Sermon 1ᵉʳ Avent**, S. jugem. dernier, I.

— Substant. *Quel ignorant, ce médecin !* V. **Croûte**. *Vous parlez en ignorant. Les estampes* (cit. 3) *de Rembrandt sont goûtées même des ignorants.* V. **Profane**. *Faire l'ignorant*, feindre de ne pas savoir de quoi il retourne.

7 « En cadence, violons, en cadence. Oh ! quels ignorants ! Il n'y a pas moyen de danser avec eux. Le diable vous emporte ! ne sauriez-vous jouer en mesure ?... » MOL., **Préc. ridic.**, XII.

8 « Il (*saint Paul*) ira, cet ignorant dans l'art de bien dire, avec cette locution rude, avec cette phrase qui sent l'étranger, il ira en cette Grèce polie, la mère des philosophes et des orateurs :... » BOSS., **Panégyr. de St Paul**.

9 « L'archevêque fit l'ignorant, le piteux, le désespéré d'avoir déplu au Roi pour une bagatelle qu'il avait crue innocente,... » ST-SIM., **Mém.**, II, XXIX.

10 « J'avouerai mon incompétence à l'égard des travaux scientifiques de la marquise du Châtelet, fondements de l'impressionnante gloire dont elle jouit encore chez les ignorants. » HENRIOT, **Portr. de femmes**, p. 179.

‖ 2° Qui manque d'instruction, de savoir. V. **Illettré, inculte** (Cf. Ami, cit. 5 ; barbarie, cit. 4 ; endormir, cit. 5 ; frotter, cit. 22 ; générateur, cit. 3). *Un homme* (cit. 108) *ignorant et grossier* (V. **Barbare**), *ignorant et stupide.* V. **Aliboron, âne** (cit. 9), **baudet, bête, bourrique, ganache, sot, welche**. *Les Frères ignorants.* V. **Ignorantin**. *Être ignorant à vingt-trois carats* (cit. 2, vx), *comme une carpe, une cruche.* V. **Ignare, ignorantissime**. *La masse populaire ignorante* (Cf. Élite, cit. 2). *Classe sociale ignorante* (Cf. Faillite, cit. 6). *Une cervelle ignorante* (Cf. Esculape, cit.). — *Par méton. Les siècles ignorants* (Cf. Gothique, cit. 4).

11 « ... un sot savant est sot plus qu'un sot ignorant. » MOL., **Fem. sav.**, IV, III.

12 « Il faut être ignorant comme un maître d'école
Pour se flatter de dire une seule parole
Que personne ici-bas n'ait pu dire avant vous. » MUSS., **Prem. poés.**, Namouna, II, IX.

13 « Bien qu'elle fût ignorante comme une carpe, elle s'amusait à opposer la culture française à la culture allemande,... » R. ROLLAND, **Jean-Christ.**, La révolte, p. 526.

— Substant. *Quel ignorant !* V. **Âne** (bâté). *Ignorant ! Espèce d'ignorant !* (Cf. Gravité, cit. 33). *Vous êtes de grands* (cit. 33), *de fieffés, de francs ignorants. L'ignorant ne s'enquiert* (cit. 3) *de rien. Les fautes de langage des ignorants* (Cf. Entériner, cit. 2). *Dégrossir* un ignorant.*

14 « ... ayant appris comme chose très assurée que le chemin (du ciel) n'en est pas moins ouvert aux plus ignorants qu'aux plus doctes, et que les vérités révélées qui y conduisent sont au-dessus de notre intelligence,... » DESCARTES, **Disc. de la méthode**, I.

15 « Mais j'aimerais mieux être au rang des ignorants,
Que de me voir savant comme certaines gens. » MOL., **Fem. sav.**, IV, 3.

16 « Taisez-vous, ignorante... » ID., **Mal. imag.**, I, 2.

17 « Nous étions de grands ignorants et de misérables barbares, quand ces Arabes se décrassaient. Nous nous sommes formés bien tard en tout genre, mais nous avons regagné le temps perdu. » VOLT., **Lettre à M. Paulet**, 3320, 22 avril 1768.

18 « ... on en distinguera mieux un ignorant d'un homme instruit... » BEAUMARCH., **Mère coupable**, I, 12.

19 « C'était, nous l'avons dit, un ignorant ; mais ce n'était pas un imbécile. »
HUGO, **Misér.**, I, II, VII.

ANT. — Averti, clerc, complice, connaisseur, cultivé, désabusé, docte, éclairé, entendu, érudit, expérimenté, fort, instruit, lettré, savant.

DER. — Ignorantin. adj. m. (1752). Frères* ignorantins (ou ignorants), et substant. Les ignorantins, nom qu'avaient pris, par humilité les religieux de l'ordre de Saint-Jean-de-Dieu, voués alors au soin des malades indigents. — Par ext. et par dénigr. Frères de la doctrine* chrétienne. Un ignorantin. — **Ignorantisme.** n. m. (1829). Doctrine de ceux qui repoussent l'instruction comme nuisible (peu us.). V. **Obscurantisme. — Ignorantissime.** adj. (1593 ; superl. imité de l'ital. ignorantissimo). Fam. Très ignorant.

1 « Oui, je te soutiendrai par vives raisons que tu es un ignorant, ignorantissime,... »
MOL., **Mariage forcé**, IV.

2 « Il établissait des comparaisons entre les écoles primaires et les frères ignorantins, au détriment de ces derniers,... »
FLAUB., **Mᵐᵉ Bovary**, III, XI.

IGNORER. v. tr. (1330 ; lat. ignorare).

I. (Avec un substantif ou un pronom pour régime). Ne pas connaître (cit. 8), ne pas savoir. V. **Ignorance** (être dans l'), **ignorant** (être). Elle n'ignore rien de ces accusations (cit. 9). Ignorer les prophéties (Cf. Arriver, cit. 49), les événements (Cf. Atteindre, cit. 9). Ignorer les rudiments de la médecine (Cf. Corps, cit. 16), les langues étrangères (Cf. Enrichir, cit. 5), l'histoire (cit. 1 et 33). Nul n'est censé (cit. 3) ignorer la loi. Ignorer les idées neuves (Cf. Ambiant, cit. 2). Le désir d'apprendre (cit. 7) ce que les autres ignorent. J'ignore tout de cette affaire (Cf. Ne pas connaître, ne pas savoir le premier mot de...). Ignorer le comment et le pourquoi. Feindre d'ignorer ce qu'on sait (Cf. Entendre, cit. 17). Je veux bien, une fois encore, ignorer vos sottises (Cf. Fermer les yeux* sur). Ignorer l'issue d'une entreprise (cit. 10). J'ai des enfants, vous ne l'ignorez pas (Cf. Gêner, cit. 24). — Pronominalt. (à sens passif). Ce trafic ne pourra pas s'ignorer bien longtemps. — Homme qui ignore son mérite. V. **Méconnaître** (Cf. Enfler, cit. 13). L'homme (cit. 45) ignore ses propres richesses. Candeur (cit. 5) d'une enfant qui ignore sa beauté. — Pronominalt. (à sens réfléchi). S'ignorer soi-même, ne pas connaître sa nature, ses possibilités... La grâce (cit. 68) qui s'ignore, qui n'a pas conscience de son charme. Sentiment qui s'ignore soi-même (Cf. aussi Aimer, cit. 58 ; auteur, cit. 7 ; avalanche, cit. 7 ; blasphémer, cit. 7 ; croissance, cit. 1 ; écriture, cit. 18 ; esseulé, cit. 2).

1 « Dans l'amitié comme dans l'amour, on est souvent plus heureux par les choses qu'on ignore que par celles que l'on sait. »
LA ROCHEF., **Max.**, 441.

2 « J'ignore le destin d'une tête si chère ;
J'ignore jusqu'aux lieux qui le peuvent cacher. »
RAC., **Phèd.**, I, 1.

3 « Mais souvent un esprit qui se flatte et qui s'aime
Méconnaît son génie, et s'ignore soi-même : »
BOILEAU, **Art poét.**, I.

4 « Il ne faut pas juger d'un homme par ce qu'il ignore, mais par ce qu'il sait. »
VAUVEN., **Réflex. et max.**, 615.

5 « J'ai ignoré absolument pendant le quart de ma vie les raisons de tout ce que j'ai vu, entendu et senti, et n'ai été qu'un perroquet sifflé par d'autres perroquets. »
VOLT., **Dict. philos.**, Ignorance.

6 « Si nous savions ignorer la vérité, nous ne serions jamais les dupes du mensonge. »
ROUSS., **Émile**, I.

7 « Sommes-nous des soldats qui tuent et se font tuer pour des intérêts qu'ils ignorent ? »
BEAUMARCH., **Mar. Figaro**, V, 12.

8 « La plus belle fille ne donne que ce qu'elle a, et l'ami le plus dévoué se tait sur ce qu'il ignore. »
MUSS., **Carmosine**, III, 3.

9 « J'ignore tout de toi ! Qu'es-tu donc devenue ? »
APOLLINAIRE, **Ombre de mon amour**, XXII.

10 « Il y a ce que l'on sait et il y a ce que l'on ignore. Entre deux, ce que l'on suppose. »
GIDE, **Journal**, Novembre 1924.

11 « Combien on s'ignore, on le mesure en se relisant. »
VALÉRY, **Rhumbs**, p. 159.

12 « Les gens bien portants sont des malades qui s'ignorent. »
ROMAINS, **Knock**, I, 1.

13 « ... vous êtes tous envoyés à la mort par le jeu d'alliances secrètes, anciennes, arbitraires, dont vous ignoriez la teneur, et que jamais aucun de vous n'aurait contresignées !... »
MART. du G., **Thib.**, t. VIII, p. 107.

14 « Tout homme est un criminel qui s'ignore. »
CAMUS, **L'homme révolté**, p. 299.

— (En parlant de personnes). Vieilli. Ne pas connaître. Chercher à se faire ignorer (Cf. Farder 1, cit. 7), à ne pas être reconnu. — Par ext. Ignorer quelqu'un, le traiter comme si sa personne, son existence, ses sentiments ne méritaient aucune considération. La société moderne ignore l'individu (Cf. Homme, cit. 88). Auteur qu'on a longtemps ignoré. V. **Méconnaître.** Pronominalt. (réfléchi et réciproque). S'ignorer mutuellement (Cf. Escorter, cit. 9). — Faire semblant de ne pas connaître. Quand je le croise dans la rue, il m'ignore. Depuis cette dispute, nous pouvons nous rencontrer, nous nous ignorons tout simplement.

15 « ... je ne prétends plus ignorer ni souffrir
Le ministre insolent. »
RAC., **Brit.**, II, 1.

16 « ... je l'ignore profondément et me garderai bien de lui donner signe de vie. »
STE-BEUVE, **Corresp.**, 300. 13 juill. 1833, t. I, p. 370.

— Par ext. Ne pas avoir l'expérience de, n'avoir pas éprouvé... Ignorer les malheurs (Cf. Accabler, cit. 13). Ignorer le cœur humain, les hommes. Ignorer la sensation de l'attente (cit. 2), les puissances de l'amour-propre (Cf. Enivrer, cit. 12).

17 « J'ignore jusques à présent l'usage des lunettes,... »
MONTAIGNE, **Essais**, III, XIII.

18 « Mais, hélas ! de l'amour ignorons-nous l'empire ? »
RAC., **Bajazet**, III, 7.

19 « Ceux qui n'ont jamais souffert ne savent rien ; ils ne connaissent ni les biens ni les maux ; ils ignorent les hommes ; ils s'ignorent eux-mêmes. »
FÉN., **Télém.**, XII.

20 « ... elle (la Vierge Marie) ignore les saintes colères du Seigneur : elle est toute bonté, toute compassion, toute indulgence. »
CHATEAUB., **Génie du christ.**, I, I, V.

21 « ... sa simplicité ignorait les complications de la vie contemporaine ; »
LOTI, **Matelot**, XXVIII.

22 « ... (Les optimistes) ignorent les délices tremblantes de la possession très précaire, qui la font goûter cent fois dans le cœur et dans la pensée comme par le fait de la chair même. »
SUARÈS, **Trois hommes**, II, Ibsen, IX.

— Absolt. (Cf. Goûter 1, cit. 14).

23 « ... nous sentons une image de la vérité, et ne possédons que le mensonge ; incapables d'ignorer absolument et de savoir certainement, tant il est manifeste que nous avons été dans un degré de perfection dont nous sommes malheureusement déchus ! »
PASC., **Pens.**, VII, 434.

24 « Votre crime est d'être homme et de vouloir connaître :
Ignorer et servir, c'est la loi de notre être. »
LAMART., **Prem. médit.**, L'homme.

25 « Le savant sait qu'il ignore. »
HUGO, **P.-S. de ma vie**, Tas de pierres, II.

— Intrans. (vieilli). Ne pas ignorer de quelque chose. — REM. Cette construction, qui figure encore dans LITTRÉ et ACAD. 7ᵉ éd. (1878), est déjà signalée comme vieillie par HATZFELD ; elle ne subsiste plus de nos jours que dans le style juridique, recherché ou plaisant, sous la forme affirmative ou négative de l'archaïsme : En ignorer. Afin que nul n'en ignore...

26 « La musique m'embête. La peinture, j'en ignore,... »
J. RENARD, **Journal**, 21 févr. 1890.

27 « Va ! Préviens qui tu veux. Je voudrais que nul n'en ignore. »
GIDE, **Œdipe**, III.

28 « — Pourquoi me dis-tu tout cela ? fit enfin Patrice Périot dans un souffle. — Pour que tu n'en ignores. »
DUHAM., **Voyage P. Périot**, XIII.

II. (Avec une proposition pour régime). A. IGNORER, suivi d'une proposition infinitive (peu usit.). Il ignorait (ou, vx : Il ignorait de) vous avoir fait tant de peine. Il n'ignore pas être haï (ou, vx : d'être haï).

B. IGNORER, suivi d'une proposition interrogative indirecte (Cf. Astre, cit. 19 ; épidémie, cit. 1). Il ignore qui je suis (Cf. Enchaîner, cit. 4). J'ignore comment il est venu, où et quand il repartira. J'ignore comment il a pu s'y prendre. V. **Demander** (se). On ignore encore quelle est la nature de leur action sur les cellules (Cf. Hormone, cit. 2). Ignorer ce qu'on va affronter (Cf. Alarmant, cit. 3). — IGNORER SI, suivi de l'indicatif ou du conditionnel (Cf. Étincelant, cit. 10). Il ignore si vous avez reçu sa lettre. J'ignorais si vous viendriez.

29 « Mais Rome ignore encor comme on perd des batailles. »
CORN., **Hor.**, I, 1.

30 « ... il (Le Tellier) persiste dans sa paisible retraite,... encore qu'il n'ignorât pas ce qu'on machinait contre lui durant son absence ... »
BOSS., **Orais. fun. Le Tellier.**

31 « Il s'aperçut bien, à la surprise qu'on... fit paraître en le revoyant, que l'on n'ignorait pas pourquoi il s'était éclipsé ; »
LESAGE, **Diable boiteux**, XX.

32 « J'ignore comment j'ai été formé, et comment je suis né. »
VOLT., **Dict. philos.**, Ignorance.

33 « ... j'ignore s'ils (ces reproches et ces larmes) étaient vrais ou feints :... »
LACLOS, **Liais. dang.**, XCVI.

34 « Ignorant d'où je viens, incertain où je vais,... »
LAMART., **Prem. médit.**, L'homme.

35 « Lorsque tout me ravit, j'ignore
Si quelque chose me séduit. »
BAUDEL., **Fl. du mal**, Spleen et idéal, XLI.

36 « Je ne peux pas vous faire ce certificat parce qu'en fait, j'ignore si vous avez ou non cette maladie... »
CAMUS, **La peste**, p. 101.

C. IGNORER QUE, suivi d'une complétive à l'indicatif ou au subjonctif. — REM. « Selon LITTRÉ, ignorer que amènerait l'indicatif, s'il est employé négativement : « je n'ignore pas qu'il a voulu me nuire » ; mais le subjonctif si le tour est affirmatif : « Il ignorait qu'on fît des informations contre lui ». Cependant, même si la phrase est affirmative, l'indicatif est possible dans la subordonnée : « Il ignorait que vous étiez là » ; cet indicatif met dans tout son jour la réalité de la présence » (G. et R. LE BIDOIS, Syntaxe fr. mod., II, III, p. 346). Vous n'ignorez pas que je suis helléniste (cit. 2) par goût. Ignorez-vous que Dieu fixât (cit. 1) le soleil au milieu du ciel pour Josué ? Ils ignorent que ce sont de fausses étoiles (cit. 27).

37 « Mais vous n'ignorez pas que dans les affaires importantes, on ne reçoit de preuves que par écrit. »   LACLOS, **Liais. danger.**, XX.

38 « Jusqu'à l'instant du bal, le comte ignorera que vous soyez au château. »   BEAUMARCH., **Mar. Figaro**, II, 5.

39 « ... elle ignorera que pour elle, à cause d'elle, j'ai usé ma vie et tout sacrifié... »   FROMENTIN, **Dominique**, IX.

40 « Il n'ignorait pas non plus qu'elle pouvait être brusque et inégale comme une rivière de montagne. »   COLETTE, **La chatte**, p. 6.

41 « ... on est confondu de les voir ignorer que le moraliste est par essence un utopiste et que le propre de l'action morale est précisément de créer son objet en l'affirmant. »   BENDA, **Trahis. des clercs**, p. 194.

42 « Certes, il n'ignorait pas que dans les affaires de contre-espionnage la police collabore avec les militaires ; »   ROMAINS, **H. de b. vol.**, t. IV, XIX, p. 206.

|| IGNORÉ, ÉE. *p. p.* et *adj.* V. **Inconnu**. *Plaisir ignoré* (Cf. Abhorrer, cit. 1). *Un nom longtemps ignoré* (Cf. Enfant, cit. 28). *Des cieux ignorés* (Cf. Caravelle, cit.). *Faits, événements ignorés* (Cf. Faux 1, cit. 9 ; horizon, cit. 16). *Sans l'histoire* (cit. 15) *le passé resterait ignoré. Les causes de la fièvre* (cit. 2) *étaient jadis ignorées. Ces problèmes sont complètement ignorés chez nous*. V. **Étranger**. — *Vivre ignoré*. V. **Obscur**. *Rôle ingrat et ignoré*. V. **Effacé**. *Visiteur de marque qui souhaite que son séjour reste ignoré* (V. **Incognito**).

43 « (*Octavie*) Inutile à la cour, en était ignorée. »   RAC., **Brit.**, III. 4.

44 « Cette ardeur, jusqu'ici de vos yeux ignorée, »   MOL., **Fem. sav.**, V. 1.

45 « ... il n'y a rien de pire pour sa fortune que d'être entièrement ignoré. »   LA BRUY., XV. 16.

46 « On surprend un regard, une larme qui coule ; Le reste un mystère ignoré de la foule, Comme celui des flots, de la nuit et des bois ! »   MUSS., **Poés. nouv.**, Lucie.

47 « ... sans le malheur d'Abailard, Héloïse eût été ignorée ; elle fût restée obscure et dans l'ombre »   MICHELET, **Hist. de France**, IV, IV.

48 « ... le silence répandu sur les grands espaces est plutôt une sorte de transparence aérienne, qui rend les perceptions plus claires, nous ouvre le monde ignoré des infiniment petits bruits, et nous révèle une étendue d'inexprimables jouissances. »   FROMENTIN, **Été dans le Sahara**, p. 70.

49 « ... Sigeau en avait fait sa maîtresse. Situation ignorée d'abord par Mme Sigeau, puis tolérée avec résignation. »   ROMAINS, **H. de b. vol.**, t. III, XXIII, p. 308.

50 « ... un amour déguisé, peut-être ignoré d'elle-même,... »   HENRIOT, **Portr. de femmes**, p. 339.

ANT. — **Apprendre** (cit. 6, 54. 56), **compatir, connaître, considérer, distinguer, entendre 2, entrevoir, pratiquer, savoir** ; **courant** (être au), **informé** (être) ; **célèbre, fameux**.

IGUANE (*i-goua-ne*). *n. m.* (*Iuana* en 1533 ; *iguanné* en 1579 ; esp. *iguano*, mot de la langue des Caraïbes). Reptile saurien* (*Crassilingue*) semblable au basilic*, ayant l'aspect d'un lézard de grande taille (jusqu'à 2 mètres), de couleur vive. *Les iguanes ont généralement une crête, parfois munie de piquants, et un fanon sous la gorge ; ils vivent en Amérique tropicale, sont arboricoles, se nourrissent de bourgeons, de feuilles, de fruits et aussi d'insectes. La chair et les œufs d'iguane sont comestibles*. — *Abusivt.* On appelle parfois *Iguane* le Varan* d'Afrique.

DER. — **Iguanidés** (*-goua-*). *n. m. pl.* (XIXe s., in P. LAROUSSE). Famille de reptiles sauriens crassilingues dont le type est l'iguane commun. V. *aussi* **Amblyrhynque**. — **Iguanodon** (*-goua-*). *n. m.* (XIXe s., in P. LAROUSSE ; gr. *odous*, « dent »). Reptile dinosaurien fossile, qui vivait à l'époque crétacée. *Les iguanodons pouvaient atteindre 10 m ; leurs dents rappelaient celles des iguanes actuels.*

IGUE. *n. f.* (mot du Quercy (*igo*), peut-être de *eiga*, « arroser » ; 1906 in NOUV. LAROUSSE, 1er Suppl.). *Dialect.* V. **Aven** (cit. HAUG).

I. H. S. Abrév. du lat. *Iesus, hominum salvator*, « Jésus, Sauveur des Hommes », parfois écrit J. H. S.

IL, ILS. *pron. pers. masc.* (842, *Serm. de Strasb.* ; lat. *ille*, « celui-là », devenu *illi* sous l'infl. de *qui* ; le plur. a pris un *s* analogique au XIVe s.): — REM. *Il*, devant une consonne, devait toujours se prononcer *i* au XVIIe s. (Cf. CHIFFLET, cité par LITTRÉ) : *il dit* = *i dit* ; *ils ont* = *i-z-ont*, la prononciation du *l* était considérée comme pédante et provinciale (Cf. HINDRET, in BRUNOT). De nos jours, au contraire, la prononciation du *l* de *il* devant une consonne appartient au langage soigné ou à la lecture (Cf. DAMOURETTE et PICHON, § 2335 ; NYROP, Man. phon. franç. parlé, p. 35 ; MARTINON, Comm. on pron. le franç., p. 259). Dans les interrogations, l'usage normal fait sonner le *l* (*où va-t-il* ?), ce qui n'était pas encore le cas du temps de LITTRÉ : (*Quelle heure est-i ? quel temps fait-i ?*).

I. || 1° Pronom personnel masculin, représentant un nom masculin de personne ou de chose qui vient d'être exprimé, ou qui va suivre. — À la différence de ELLE*, IL (ILS) ne peut être que sujet. Pour les autres fonctions (attribut, complément, apposition). V. **Lui*** ; **eux***, **leur***.

« En un mot, l'homme connaît qu'il est misérable : il est donc misérable, puisqu'il l'est ; mais il est bien grand, puisqu'il le connaît. »   PASC., **Pens.**, VI, 416.   1

« Il est si beau, l'enfant, avec son doux sourire »   HUGO (Cf. Enfant, cit. 4).   2

« Ils ne sont pas morts, ces obscurs enfants du hameau ; »   RENAN, **Avenir de la Science**, XII, Œuvr., t. III, p. 904.   3

« Ils s'en revenaient joyeusement, les contrebandiers, leur entreprise terminée. »   LOTI, **Ramuntcho**, I, II.   4

— REM. 1. *Emploi pléonastique de* IL (*ils*). La langue classique employait souvent *il* pléonastiquement. « *Quiconque ne résiste pas à ses volontés, il est injuste au prochain* » (Boss.) ; « *Un noble, s'il vit chez lui dans sa province, il vit libre, mais sans appui* » (LA BRUY.). Cette construction se rencontre encore si le nom et le verbe sont assez éloignés ou s'il convient d'insister fortement sur le nom sujet. — La langue populaire a tendance à ajouter le pronom *il* même quand le nom sujet est tout proche du verbe : *Le patron, il va en faire une tête !*

« Il faut que le bœuf, il devienne comme une éponge,... ... les soufflés ils avaient bien de la crème »   PROUST, **Rech. t. p.**, t. III, p. 73.   5

2. *Place de* IL. a) Le pronom *il* ne peut se séparer du verbe auquel il sert de sujet qu'en phrase négative (*il ne viendra pas*), avec un pronom complément (*il vous parle, il vous en a*), et les adverbes *en* et *y* (*il y est, il en vient*).

b) Dans certains tours interrogatifs, et dans toutes les phrases qui admettent l'inversion* du sujet, *il* (*ils*) se place immédiatement après le verbe. *D'où viennent-ils ? À peine était-il parti qu'il revint sur ses pas. Si grand soit-il. Dût-il en mourir. Peut-être le croit-il vraiment.*

— N. B. Si la troisième personne du verbe se termine par une voyelle, on ajoute un « t », dit euphonique : *Ira-t-il ? A-t-il fini ? Puisse-t-il ne pas s'en repentir ! De quoi demain sera-t-il fait ? Voilà-t-il pas ?* Cette combinaison *t-il* souvent prononcée *ti* dans le langue populaire, en est venue à former une particule interrogative qui s'emploie même avec un autre sujet que *il* : *on y va-ti ? J'y va-ti, j'y va-ti-pas ?*

c) *Il* (*ils*), peut s'employer comme substantif et être disjoint du verbe (pour préciser la personne ; etc.) « *Il vous a parlé ? — Qui, il ? »*.

« Et il était bien étonné d'apprendre qu'il ou elle avait jugé à propos d'écrire tout spécialement au présentateur... et qu'il ou elle espérait bien vous revoir. »   PROUST, **Rech. t. p.** (Guermantes), II, p. 124.   6

« — Il n'est plus bien loin, n'est-ce pas, Électre ? — Oui. Elle n'est plus bien loin. — Je dis Il. Je parle du jour. »   GIRAUDOUX, **Électre**, II, 1.   7

« — Il travaille au bout du grand pré, avec son fils Claude. « Il », c'était le beau-frère, le mâle survivant. »   ROMAINS, **H. de b. vol.**, t. XXI, XI, p. 203.   8

3. *Omission de* IL. Jusqu'au XVIIe siècle, le pronom *il* (*ils*) pouvait s'omettre, en particulier après *et* et *tant*. — Dans la langue d'aujourd'hui, cette omission est régulière dans les citations à l'ordre du jour et les motifs de punition, où le nom de l'intéressé est généralement placé en tête et détaché du contexte : « *Médecin de bataillon..., n'a pas cessé de donner des soins aux blessés. S'est imposé par son dévouement et son patriotisme à l'admiration de tous...* » (J. O. 5-6 oct. 1953).

4. *Non-répétition de* IL *en phrases juxtaposées ou coordonnées*. Quand deux ou plusieurs verbes ont le même sujet de la troisième personne, on ne répète généralement pas le pronom si les verbes sont coordonnés ou s'ils expriment des actions successives, surtout s'ils ont au même temps : *Il ferma la fenêtre et alluma le feu. Ils descendirent, prirent un taxi et arrivèrent bientôt chez l'avocat*. On répète généralement le pronom sujet si les verbes sont assez éloignés l'un de l'autre, ou s'ils sont à des temps différents, ou si l'un est positif et l'autre négatif. *Il allait sortir, mais il changea d'idée.*

« ... il classait des articles, décachetait des lettres, alignait des comptes ; au bruit du marteau dans le magasin. sortait pour surveiller les emballages, puis reprenait sa besogne : et, tout en faisant courir sa plume de fer sur le papier, il ripostait aux plaisanteries. »   FLAUB., **Éduc. sentim.**, I, IV.   9

« ... les spectateurs n'auraient pu dire s'il souffrait, dormait, nageait, était en train de pondre ou respirait seulement. »   PROUST, **Rech. t. p.**, t. VI, p. 51.   10

« Il ne dit pas un mot ; il regarde. »   DUHAM., **Vie des martyrs**, p. 53.   11

5. ILS peut représenter plusieurs noms de personnes ou d'objets masculins, ou un masculin et un féminin.

« Il en est de notre esprit comme de notre chair : ce qu'ils sentent de plus important, ils l'enveloppent de mystère, ils se le cachent à eux-mêmes. »   VALÉRY, **Variété**, Au sujet d'Adonis, p. 68.   12

« — Et votre bon papa et votre bonne maman ? — Ils sont morts. »   MAETERLINCK, **L'oiseau bleu**, I, 1.   13

6. Le savoir-vivre recommande de ne pas employer IL (ou Elle*) en parlant d'une personne présente (ou pour un enfant, en parlant de son père...).

|| 2° *Fig.* IL, représentant la personne à qui l'on parle (pour exprimer la tendresse, la moquerie...). V. **On**.

14 « — Vous voilà, mon beau chéri. Comme il est en retard ! Déjà en retard. Entrez vite. » ROMAINS, H. de b. vol., t. II, X, p. 103.

— ILS, désignant un nombre indéterminé de personnes qu'on préfère ne pas mentionner plus nettement, ou qu'il est inutile de nommer parce qu'elles sont connues de l'interlocuteur... « Dans la bouche du peuple, *ils* représente tour à tour le gouvernement, les députés, les riches, bref, tous ceux qu'on tient pour responsables des malheurs du temps... » (G. et R. LE BIDOIS, Synt. du franç. mod., I, p. 182).

15 « Vous ne changerez pas ses idées (*celles du monde*). Conformez-vous-y donc. — Ils auront tout renversé, tout gâté, subordonné la nature à leurs misérables conventions, et j'y souscrirais. » DIDER., Père de fam., II, 6.

16 « La Science !... Elle est jolie, leur science !... Quand ils auront tout démoli, ils seront bien avancés ! » ZOLA, Docteur Pascal, p. 18.

17 « Il se disait vaguement : « Ils ont peur ». « Ils auront peur ». Qui, ils ? Tout le monde : les ennemis, les faibles, ceux qu'il faut écraser... Qui, ils ? Clanricard, lui-même ; ses ancêtres, ses descendants, à travers les siècles. » ROMAINS, H. de b. vol., t. I, XVI, p. 172.

18 « On disait « Ils l'ont arrêté », et ce « Ils » semblable à celui dont usent parfois les fous pour nommer leurs persécuteurs fictifs, désignait à peine des hommes : plutôt une sorte de poix vivante et impalpable qui noircissait tout, jusqu'à la lumière. La nuit, on *les* entendait. » SARTRE, Situations III, p. 22.

19 « Le pronom ILS a été aussi très anciennement pris dans un sens indéterminé : ... **Ils ont laissé** *par escrit de l'orateur Curio que...* (MONT. III, 9, note 4)... Il faut remarquer toutefois que souvent l'idée des personnes représentées par le pronom *ils* n'est pas complètement indéterminée : *Mais Pied d'Alouette parla et dit :* — **Ils m'ont pris mon couteau.** — *Qui cela ? Le chemineau, levant le bras, tourna la main du côté de la ville et ne fit point d'autre réponse. Cependant il suivait le cours de sa lente pensée, car un peu de temps après, il dit :* **Ils ne me l'ont pas rendu** (A. FRANCE, Mannequin, 65) ;... » BRUNOT, Pens. et lang., p. 275.

II. Pron. pers. neutre, 3ᵉ pers. (lat. *illud*, « cela », *el*, *al*, *ol* en anc. franç.).

|| **1°** IL, sert à introduire les verbes impersonnels, et tous verbes employés impersonnellement. — REM. Pour les grammairiens classiques, *Il* est alors « sujet apparent », « pseudo-sujet » (BRUNEAU), ce qui suit le verbe (la « séquence ») étant le sujet logique ou « sujet réel ». Ce point de vue est contesté par LE BIDOIS.

20 « Si le sujet, c'est comme l'a dit Vaugelas... « ce qui donne la loi au verbe », nul doute qu'en ce genre de phrases le nominal personnel *il* ne soit véritablement le sujet. Et nous n'en exceptons pas même les tours du type « *il est* des circonstances, *il y a* des occasions ». M. Brunot est d'avis que, dans la phrase « *il y a un Dieu* », *il* n'est pas le sujet, que là « ce mot ne joue aucun rôle véritable » (*Pensée*, p. 13). Ce n'est pas notre opinion. *Il*, en cette phrase, joue un rôle véritable, et des plus utiles : c'est le sujet nécessaire, et, croyons-nous, incontestable, du groupe verbal qui suit. » G. et R. LE BIDOIS, Synt. franç. mod., t. I, § 320, p. 178.

— *Emplois de* IL. Le pronom neutre *il* sert à introduire des verbes de toute sorte.

A. Verbes impersonnels énonçant des phénomènes naturels, c'est-à-dire qui n'ont pas proprement d'agent. *Il a neigé toute la nuit. Il ventait. Il tonne. Il fait froid* (V. **Faire**, V, 1°). « *Il pleut, il pleut bergère...* ». « *Il pleure dans mon cœur* (cit. 40) *comme il pleut sur la ville* » (VERLAINE).

B. Verbes énonçant l'existence, la nécessité, l'opportunité. *Il faut...* (V. **Falloir**, III et IV), *il convient* (cit. 22, 23, 24), *il sied*, *il importe*... *Il est...* (V. **Être**, I, 2°). — *Il était une fois. Il y a...* V. **Avoir**, 7°. — *Il y va de...* V. **Aller** (IV, 5°). *Il ne manquerait plus que...*

C. Verbes d'état (*être, paraître, devenir, sembler*, etc.) construits avec un adjectif et suivis d'un infinitif ou d'une proposition conjonctive. *Il est bon* (cit. 103, 104, 105) *de... Il est beau, il est vrai, il est probable que... Il semble naturel que vous acceptiez... Il fait bon* (cit. 121, 122) *se promener...* (V. **Faire**, V, 2°).

21 « Je conviens qu'il est bon, je conviens qu'il est juste Que mon cœur ait saigné, puisque Dieu l'a voulu ! » HUGO, Contempl., IV, XV.

22 « Il paraît que vous avez été étonnant d'esprit. » AUGIER, Effrontés, IV, 9.

— Cf. *aussi* Il est temps*, il est l'heure*, il est question*, il n'est bruit* (cit. 36) que... etc.

D. Verbes intransitifs, suivis d'un nom, pronom (ou d'une préposition). *Il est venu deux personnes pour vous voir. Il arrive tous les jours des touristes. Il ne tient qu'à vous de... Il me déplaît* que...

23 « Il vint à Genève un charlatan italien... » ROUSS., Confess., I.

24 « S'il en demeure dix, je serai le dixième ; Et s'il n'en reste qu'un, je serai celui-là ! » HUGO, Châtim., VII, XVI.

25 « Nous savons qu'il naît sans cesse et qu'il meurt des astres. » FRANCE, Jardin d'Épic., p. 55.

26 « ... il est venu alors la nuit, la vieille nuit qu'ils connaissent, celle qu'ils aiment,... » GIONO, Regain, p. 199.

27 « Alors voilà qu'il arrive des balles,... » DUHAM., Récits temps de guerre, I, p. 120.

E. Verbes pronominaux impersonnels. *Il s'agit de s'entendre* (V. **Agir**, cit. 35, 36 et 37). *Il se peut* qu'elle n'ait pas compris. Il se fait tard* (V. **Faire**, VII, 2°). *Il s'en faut.* V. **Falloir**, I, 2°.

28 « Il ne se parlait parmi eux que des faux Christs. » BOSS., Hist. univ., p. 348 (in BRUNOT).

29 « Il se fit un bruit de pas sur le trottoir. » FLAUB., Mᵐᵉ Bovary, II, XI.

30 « Se peut-il imaginer rien de plus morne que Port-Vendres ? » GIDE, Journal, 19 août 1930.

31 « Nous sommes entrés dans la grande quinzaine des prix littéraires. Au 18 décembre, il s'en sera donné six... » A. BILLY, in Le Figaro, 30 nov. 1948.

F. Des impersonnels passifs. *Il ne sera pas dit que je vous ai abandonné.*

32 « Je donnai à dîner, il y a deux jours,... et il fut très affectueusement et très solennellement bu à votre santé. » BOIL., Lett. à Brossette, 27 sept. 1703.

33 « Et comme il avait été dit, il fut fait baron de Fierdrap. » BARBEY d'AUREV., Chevalier des Touches, VII, p. 185.

34 « Il fut donné notamment, le quatre août, une très belle réunion dans la vieille halle aux grains... Il était venu là deux mille personnes, à l'estimation des républicains, et six mille au compte des dracophiles. » FRANCE, Île des pingouins, p. 214.

35 « On ne prend que les orphelins, lui fut-il répondu. » DUHAM., Plaisirs et jeux, p. 201.

— (Avec des intransitifs) *Il sera satisfait à votre demande* (tournure fréquente dans la langue administrative et juridique).

26 « Hors de cas, il sera procédé de suite à la lecture de l'arrêt de l'envoi à la cour d'assises... » CODE D'INSTR. CRIM., Art. 470.

37 « Jusqu'à la réunion de l'Assemblée de l'Union française,... il sera sursis à l'application des articles 71 et 72 de la présente Constitution. » CONSTITUTION du 27 oct. 1946, Art. 104.

|| **2°** IL, employé avec une valeur démonstrative, concurremment avec *Ce* (V. **Ce**, 8°), *cela, ça* (Cf. le tour pop. *Ça pleut*, pour *il pleut*). La langue littéraire emploie encore à peu près indifféremment *il* ou *ce* dans certains tours (*c'est vrai, il est vrai ; c'est possible, il est possible ; il me semble, ce me semble*, etc.). On comparera de même : *Il est honteux de mentir ainsi* et *Mentir ainsi, c'est honteux ; il en est ainsi, c'est ainsi...* D'une façon générale, on pourrait dire que *ce* est plus affectif, plus insistant, *il* plus abstrait, plus objectif. — REM. Dans l'ancienne langue, l'emploi de *il*, en valeur de démonstratif était beaucoup plus fréquent qu'aujourd'hui. Jusqu'au XVIIᵉ s., *il* pouvait renvoyer à un pronom neutre (*ce qui, ce que*), à un indéfini (*tout, rien*) : Cet archaïsme est encore fréquent dans la langue littéraire.

38 « Je sens qu'il m'ennuie de ne vous plus avoir. » SÉV., 136, 18 févr. 1671.

39 « On doit louer ce qu'ils disent autant qu'il mérite d'être loué. » LA ROCHEF., Réflex. div., V, De la conversation.

40 « Un dernier point détruit tout comme si jamais il n'avait été. » BOSS., Serm. sur la mort.

41 « Ce qu'ils prisaient le plus, peut-être nous échappe-t-il. » VALÉRY, Variété, Au sujet d'Adonis, p. 89.

42 « Mais il me vexait que, dans une lettre de rupture, Marthe ne me parlât pas de suicide. » RADIGUET, Diable au corps, p. 177.

43 « *Ce* et *Il* ont été longtemps en concurrence devant les impersonnels. Aujourd'hui encore on peut dire : *ce me semble* et : *il me semble*. Mais jamais on n'emploie *ce* quand il y a un objet qui vient après *sembler* : *il me semble que vous vous trompez*. » BRUNOT, Pens. et lang., p. 286.

|| **3°** *Omission de* IL. En ancien français et jusqu'au XVIIᵉ s., *il*, neutre, était souvent omis : « *De tous côtés lui vient des donneurs de recettes* » (LA FONT., Fabl., VIII, 3). Cet usage s'est perpétué, en français moderne, dans de nombreuses locutions figées : *tant y a* (V. **Avoir**, cit. 91), *m'est avis** (cit. 18 à 21), *pas* (*point*) *n'est besoin, peu me chaut* (V. **Chaloir**, cit. 1, 2, 3), *advienne* que pourra, comme si de rien n'était (V. **Être**, III), *n'empêche** (cit. 26, 27 et *supra*), *peu importe*, *n'importe, mieux vaut* (V. **Valoir**), *peu* (*tant*) *s'en faut* (V. **Falloir**, 2°), *si bon vous semble* (V. **Bon**, cit. 115 à 117), *à Dieu ne plaise**, *ne vous déplaise**, *reste** que, *d'où vient que ?*, *à quoi sert* (*rien ne sert de*) V. **Servir**. — La langue populaire supprime souvent *il* devant l'impersonnel *il faut* : *Faut pas s'en faire ; faut réfléchir avant de parler* (V. **Falloir**, IV).

DER. et **COMP.** — V. Elle, le, oui.

HOM. — Hile, île, îles.

IL-. Préfixe de négation. V. IN-.

1. -IL. Suffixe tiré du lat. *-ile* et indiquant le dépôt, l'abri (pour des animaux) : *Fenil, fournil, chenil...*

2. -IL. Suffixe tiré du lat. *-iculus* (V. **-icule**) et servant à former quelques diminutifs : *Outil, coutil, grésil...*

ILANG-ILANG (*-lan*). n. m. (1890 P. LAROUSSE, 2ᵉ Suppl. ; mot indigène). Nom vulg. d'une plante des Moluques dont la fleur est employée en parfumerie (on écrit aussi *Ylang-ylang*).

-ILE. Suffixe tiré du lat. *-ilis* et qui se rencontre dans des mots empr. du lat. (*édile, fissile*) ou formés par dériv. sav. (*projectile, rétractile*).

ÎLE. n. f. (*Isle* au XIIᵉ s. ; du lat. *insula*, lat. vulg. *isula*).

|| **1°** *Géogr.* Etendue de terre ferme émergée d'une manière durable dans les eaux d'un océan, d'une mer, d'un lac ou d'un cours d'eau. *Grande île* (REM. On réserve, généralement, le nom d'*île* aux territoires subissant l'influence du climat maritime sur toute leur étendue. *L'Australie n'est pas une île, mais un continent*). *Petite île.* V. **Îlot** (*îlet, vx*) ; **banc, bas-fond, écueil** (cit. 1 et 3), **haut-fond** (cit. 1 et 2), **récif, rocher**... *Île élevée, montagneuse, rocheuse..., île plate. Île côtière* (Cf. Bordée, cit. 2) ; *île en haute mer. Île lacustre, îles d'une lagune* (Cf. Canal, cit. 3). *Groupe d'îles.* V. **Archipel.** *Île rattachée à la terre par un cordon littoral* (V. **Presqu'île**), *par le gel* (Cf. Gelée, cit. 3). — *Origine des îles : îles formées par l'effondrement des régions voisines* (Ex. : Grande-Bretagne), *par les montagnes de régions affaissées* (Ex. : Îles de la mer Égée), *par les restes d'un ancien littoral détruit par l'érosion* (Ex. : Îles de Bretagne), *par des éruptions volcaniques, des colonies coralliaires formées sur des hauts-fonds...* (V. **Atoll**). *Île peuplée, habitée. Les habitants de l'île.* V. **Insulaire.** *Île déserte* (Cf. Effroi, cit. 1). *Explorer* (cit. 2) *une île. Être exilé, abandonné sur une île, dans une île. Expédition de flibustiers* (cit. 1) *dans une île.* — *Les îles des épices :* les Moluques ; *les îles du Vent, Sous-le-Vent :* les petites Antilles ; *l'île de Pâques... L'île de France* (l'île Maurice). *Les îles Fortunées* (les Canaries). *L'île de Beauté* (la Corse). *Les îles Féroé* (Cf. Goéland, cit. 1) ; *l'île de Ceylan* (Cf. Halte, cit. 2)... *Les îles Britanniques* (Grande-Bretagne et Irlande). *L'Islande, l'Indonésie, la Nouvelle-Zélande, le Japon, pays formés d'une ou plusieurs îles...*

1 « De toutes les habitations où j'ai demeuré..., aucune ne m'a rendu si véritablement heureux... que l'île de Saint-Pierre, au milieu du lac de Bienne. Cette petite île..., est bien peu connue.... Cependant elle est très agréable, et singulièrement située pour le bonheur d'un homme qui aime à se circonscrire ; »
ROUSS., Rêveries, Vᵉ prom.

2 « Un jour, j'étais monté au sommet de l'Etna, volcan qui brûle au milieu d'une île Je vis le soleil se lever dans l'immensité de l'horizon au-dessous de moi, la Sicile resserrée comme un point à mes pieds, et la mer déroulée au loin dans les espaces. »
CHATEAUB., René, p. 184.

3 « L'île d'Ischia, qui sépare le golfe de Gaëte du golfe de Naples, et qu'un étroit canal sépare elle-même de l'île de Procida, n'est qu'une seule montagne à pic... Ses flancs abrupts,... sont revêtus du haut en bas de châtaigniers d'un vert sombre. Ses plateaux les plus rapprochés de la mer... portent des chaumières,, des villas rustiques et des villages.... Chacun de ces villages a sa *marine.* On appelle ainsi le petit port où flottent les barques des pêcheurs de l'île... »
LAMART., Graziella, Épisode, V.

4 « Seules les petites îles isolées méritent une mention spéciale dans l'étude des formes littorales. Les grandes îles sont en réalité des continents réduits ;... Les petites îles voisines du continent ne sont que des détails de la topographie littorale.... fragment de flèche barrant une lagune,.... drumlin ou butte morainique... îlot rocheux détaché d'une pointe... »
De MARTONNE, Géogr. phys., t. II, p. 1032.

— *Îles des fleuves et rivières.* V. **Atterrissement** (cit. 1 et 2), **javeau...** (Cf. Canal, cit. 10 ; dérouler, cit. 9 ; froncer, cit. 7 ; halage, cit. 2). *L'île de la Cité, berceau de Paris ; l'île Saint-Louis* (Cf. Écaillé, cit. 2 ; haschischin, cit. 2). *Îles flottantes, dérivantes.* — *Par anal. :*

5 « ... on voit sur les deux courants latéraux remonter, le long des rivages, des îles flottantes de pistias et de nénuphars,... »
CHATEAUB., Atala, Prologue.

6 « Paris est né, comme on sait, dans cette vieille île de la Cité qui a la forme d'un berceau. La grève de cette île fut sa première enceinte, la Seine son premier fossé. Paris demeura plusieurs siècles à l'état d'île, avec deux ponts, l'un au nord, l'autre au midi... Puis... trop à l'étroit dans son île, et ne pouvant plus s'y retourner, Paris passa l'eau... »
HUGO, N.-D. de Paris, I, III, II.

— *Par anal. L'Île-de-France,* nom donné à la province qui forma le premier centre politique de la France et qui s'étend entre la Seine, l'Oise, la Marne et les affluents de ces deux dernières.

— Allus. litt. *Monsieur de l'Isle* (Cf. Fossé, cit. 1).

— *L'île au trésor,* roman de Stevenson. *L'île des Pingouins,* roman d'A. France. *Les Îles d'Or,* recueil de poèmes de Mistral. — *L'île de Cythère.*

7 « Quelle est cette île triste et noire ? — C'est Cythère, Nous dit-on, un pays fameux dans les chansons, »
BAUDEL., Fl. du mal, Fleurs du mal, CXVI.

— *Par anal.* (cuis.). *Île flottante :* entremets formé de blancs d'œufs battus flottant sur de la crème.

|| **2°** Absolt. *Les Îles :* les Antilles. *Il est allé chercher fortune aux Îles* (LITTRÉ). — REM. Cet emploi est archaïque, sauf dans les expressions : *Oiseau des îles, bois des îles* (Cf. Cuivre, cit. 6).

8 « Il (*Bonaparte*) a... fréquenté ce groupe si nombreux des Créoles venus « des îles » et dans lequel il a pris femme ; »
MADELIN, Hist. Cons. et Emp., Le Consulat, XVII.

|| **3°** *Fig. Les oasis, îles du désert.* — Vx. *Île de maisons.* V. **Îlot.**

DER. — **Îlet.** n. m., **ilette.** n. f. (XIIᵉ s.). Vx. Très petite île. V. **Îlot.** — **Îlien, ilienne.** adj. (1839 BOISTE). Qui habite certaines îles du littoral breton. Substant. *Un ilien.* — **Îlot.**

COMP. — **Presqu'île.** — HOM. — Hile, il, iles.

ILÉON. n. m. (*Yléon* au XIVᵉ s. ; *iléon* ou *ileum* au XVIᵉ s. ; lat. médiév. *ileum*, du gr. *eilein*, « enrouler ». V. **Iléus**). Troisième segment de l'intestin* grêle (ou deuxième segment du *jéjuno-iléon*, considéré comme deuxième segment de l'intestin grêle), situé entre le *jéjunum** et le *gros intestin** (valvule iléo-cæcale).

COMP. — **Iléo-** Préfixe tiré de *iléon* et servant à former des mots en médecine, en anatomie, tel que : **Iléo-cæcal, ale.** adj. (1866 LITTRÉ). Relatif à l'iléon et au cæcum. *Valvule iléo-cæcale.*

ILES (*il'*). n. m. pl. (XIIIᵉ s. ; lat. *ilia*, « flancs, entrailles »). Anat. (*peu usit.*). Parties latérales et inférieures du bas-ventre. V. **Ilion, flanc, hanche.**

DER. — V. **Iliaque.** — HOM. — Hile, il, ile...

ILÉUS (*uss'*). n. m. (*Yleos* au XIVᵉ s. ; repris en 1798 ; gr. *ileos, eileos,* de *eilein,* « tordre »). Obstruction, occlusion* intestinale. *Iléus biliaire* (dû à un calcul biliaire), *dynamique* (provoqué par un spasme), *paralytique* (arrêt du péristaltisme). *Iléus mécanique, par strangulation* (étranglement ; colique* de miserere ; invagination* intestinale. V. **Volvulus**), *par obturation* (corps étranger, rétrécissement, compression).

DER. — **Iliaque.** adj. (XIIIᵉ s.). Vx. *Passion iliaque :* iléus.

ILIAQUE. adj. (XVIᵉ s. ; lat. *iliacus,* de *ilia.* V. **Iles**). Anat. Relatif aux iles*, aux flancs* ; voisin de l'ilion*. *Os iliaque* (ou *coxal**) *formé de trois parties soudées* (V. **Hanche, ilion, ischion, pubis**) *et présentant sur sa face externe :* la cavité cotyloïde*, *la fosse iliaque externe* (insertion des muscles fessiers), *le trou ischio-pubien ; sur sa face interne :* la fosse iliaque interne (insertion du *muscle iliaque*), *la tubérosité iliaque,... ; sur ses bords :* l'épine du pubis, *les épines iliaques,* l'échancrure et l'épine sciatique*, *la crête iliaque,* la facette et l'arcade pubienne*... — *Artères iliaques :* branches terminales latérales de l'aorte : *artère iliaque primitive, interne, externe.* — Substant. *La fémorale continue l'iliaque externe.* — *Veine iliaque.* — *L'S iliaque du côlon* (Cf. Cæcum, cit.).

COMP. — **Vertébro-iliaque.**

ILICACÉES ou **ILICINÉES.** n. f. pl. (fin XIXᵉ s. ; dér. sav. du lat. *ilex, ilicis,* « houx »). Famille de plantes phanérogames angiospermes (*dicotylédones dialypétales*) comprenant des arbres et arbrisseaux à feuilles persistantes. V. **Houx.** On dit aussi *Aquifoliacées.* — Au sing. *Une ilicinée.*

ÎLIEN. V. **Île** (*dér.*).

ILION ou **ILIUM** (*-ome*). n. m. (XVIᵉ s. ; lat. *ilium,* sing. peu usit., de *ilia* (V. **Iles**), pris pour un mot grec). Anat. Segment supérieur de l'os de la hanche (V. **Iliaque**).

COMP. — **Ilio-** Préfixe tiré de *ilion,* et servant à former des adj. en anat. — **Ilio-fémoral, ale.** adj. (1866 LITTRÉ). Ligament *ilio-fémoral,* inséré sous l'épine iliaque antéro-inférieure et sur la ligne oblique du fémur (Cf. aussi les ligament *ilio-articulaires, ilio-lombaire, ilio-transversaires,...*

ILLABOURABLE, ILLACÉRABLE. V. **LABOURABLE...,** et la négation **IL-** (V. **In-**).

ILLÉGAL, ALE, AUX. adj. (XIVᵉ s. ; lat. médiév. *illegalis.* V. **Légal**). Qui n'est pas légal* ; qui est contraire à la loi* (V. **Illicite, irrégulier ; défendu, interdit, prohibé**). *Ce contrat est illégal* (V. **Annulable, attaquable**). *Actes, procédés illégaux ; mesures illégales d'un despote, d'un dictateur.* V. **Arbitraire, usurpatoire.** *Exercice illégal d'une profession...* (Cf. Médecin, courtier marron*). *Port illégal de décorations. Détention, révocation illégale.*

« La tutelle ou la surveillance que les Guise imposaient à la royauté et que Catherine subissait impatiemment, contre lesquelles Charles IX et Henri III se défendront plus tard, étaient fort illégales. Toutefois, sans cette dictature, la France eût couru de bien plus grands périls. »
BAINVILLE, Hist. de France, p. 161.

ANT. — **Légal**.

DER. — **Illégalement.** adv. (1789). D'une manière illégale, contraire à la loi. *Agir, procéder illégalement.* V. **Irrégulièrement** (ANT. Légalement). — **Illégalité.** n. f. (XIVᵉ s.). Caractère de ce qui est illégal (ANT. Légalité). *Illégalité d'un acte, d'une convention, d'une mesure administrative...* V. **Irrégularité.** *Illégalité d'un gouvernement, d'un pouvoir de fait*...* — Par ext. *Acte illégal. Illégalités dans l'exercice du pouvoir.* V. **Abus, arbitraire, excès, iniquité, injustice, passe-droit.**

« ... l'illégalité punissable avec laquelle un procureur,... soi-disant avocat,... a osé se porter pour juge en une affaire criminelle,... »
VOLT., Lett. à d'Argental, 4194, 16 avril 1775.

ILLÉGITIME. adj. (XIVᵉ s. ; empr. au lat. jurid. *illegitimus.* V. **Légitime**).

|| **1°** (XIVᵉ s.). *Dr. Né hors du mariage. Enfant*, fils, fille illégitime.* V. **Adultérin, naturel ; bâtard** (Cf. Fruit, cit. 28 RAC.). — Par ext. *Amours illégitimes ; passion, union illégitime.* V. **Adultérin, coupable, illicite, incestueux.**

1 « Elle est engagée par sa destinée, et par la colère des dieux, dans une passion illégitime,... »
RAC., Phèd., Préf.

2 « Louis XI, étant dauphin, avait épousé la fille d'un duc de Savoie malgré le roi son père, et avait fui du royaume avec elle, sans que jamais Charles VII entreprit de traiter cette union d'illégitime. »
VOLT., Hist. parl. de Paris, LI.

‖ 2° (1549). Qui n'est pas conforme au bon droit, à la loi, à la règle morale. *Acte illégitime.* V. **Illégal, irrégulier** (Cf. Conflit, cit. 4). *Prétention, requête, demande illégitime.* V. **Déraisonnable, injuste.**

3 « ... les Dieux trouveront sa peine illégitime,
Puisqu'elle confondra l'innocence et le crime. »
CORN., Pol., V, 3.

— *Par ext.* Qui n'est pas justifié, qui n'est pas fondé. *Conclusion illégitime. Colère, exaspération* (cit. 3) *illégitime.*

4 « Il est complice de tout ce qu'il voit, des superstitions, des frayeurs illégitimes,... »
CAMUS, La peste, p. 215.

ANT. — Légitime, légitimé, reconnu (enfant). Fondé, raisonnable, régulier...

DER. — Illégitimement. adv. (XVᵉ s.). D'une manière illégitime ; sans fondement. V. **Indûment.** *Acquérir illégitimement.* V. **Usurper** (ANT. Légitimement). — **Illégitimité.** n. f. (1752). Caractère de ce qui est illégitime. *Illégitimité d'un enfant, de sa naissance. Illégitimité d'une requête, d'une conclusion... Par ext. Acte illégitime* (ANT. Légitimité).

1 « ... (une faction qui)... arrachera sa couronne de lis, et, prenant le bonnet rouge pour diadème, offrira cette pourpre à l'illégitimité. »
CHATEAUB., Monarch. selon la Charte, II, 45.

2 « Il suffit de tenir bon dans la vie, pour que les illégitimités deviennent des légitimités. »
ID., M. O.-T., t. II, p. 221.

ILLETTRÉ, ÉE. *adj.* (1560 mais peu usit. jusqu'au XVIIIᵉ s. ; Cf. TRÉVOUX, « ce mot n'est pas encore bien accrédité ; lat. *illitteratus.* Qui n'est pas lettré, « qui n'a aucune connaissance des Belles-Lettres » (TRÉVOUX). V. **Ignorant.** *Un homme illettré, qui n'a pas fait d'études*. Moine illettré.* V. **Frater** (vx). — Substant. *Les illettrés.*

1 « Les gens illettrés haïssent moins violemment, mais les lettrés savent mieux aimer,... »
BERNARD. DE ST-P., Harm., 7, De l'amitié.

2 « La musique, pas plus qu'aucune des expressions de la pensée, ne veut des illettrés. »
R. ROLLAND, Music. d'aujourd'hui, p. 263.

3 « ... on me compare à des faiseurs, à des illettrés, à des pasticheurs, à des gens qui ne savent pas regarder un tableau, qui n'en ont jamais vu un seul ! »
V. LARBAUD, Barnabooth, Journal, p. 345.

— Qui ne sait ni lire* ni écrire*. V. **Analphabète.** *Un paysan illettré, à demi illettré. Il est complètement illettré.* Substant. *Un illettré, une illettrée.*

4 « La fillette veut savoir si le jeune homme qui l'a courtisée au bal, l'aime d'un amour sincère, et comme elle est, en sa qualité de grisette, parfaitement illettrée, elle se fait lire par le prétendu nécromancien le billet qu'elle tient de Cléofas lui-même. »
GAUTIER, Souv. de théâtre..., p. 135.

5 « Avec cela presque illettré ; il lisait péniblement, et n'apprit à écrire que vers la fin de l'année quatorze. »
ALAIN, Propos, 1921, Le canonnier sans peur.

6 « Bien qu'il ne soit pas illettré, son orthographe est aussi capricieuse que son langage,... »
DUHAM., Salavin, IV, Journal, p. 25.

ANT. — Lettré* : érudit, savant.

ILLIBÉRAL, ALE, AUX. *adj.* (XIVᵉ s. ; empr. au lat. *illiberalis.* V. **Libéral**). *Peu usit.* Qui n'est pas libéral* ; opposé au libéralisme.

« Rien n'avait plus contribué à accélérer leur ruine que leur opinion illibérale sur les droits des hommes de couleurs. Les Lameth avaient dès habitations aux colonies, des esclaves. »
MICHELET, Hist. Révol. franç., IV, XI.

ILLICITE. *adj.* (1364 ; empr. au lat. *illicitus*). Qui n'est pas licite*, qui est défendu par la morale ou par la loi. V. **Défendu, interdit, prohibé.** *Amour, commerce, plaisir illicite.* V. **Adultère, clandestin, coupable, illégitime,...** — *Dr. Fait illicite.* V. **Délit.** *Moyens illicites. Activité illicite d'un contrebandier* (Cf. Gitan, cit. 1), *d'un médecin* `marron`*... V. **Illégal.** *Vente illicite de photos, de revues, de drogues. Grève* (cit. 17) *illicite. Grâces, concessions illicites.* V. **Subreptice.** *Cause* (cit. 43) *illicite d'un contrat. Gains, profits*, trafics illicites. Spéculation illicite* (hausse ou baisse artificielle des prix). *Concurrence* illicite.*

1 « ... une violente tentation à la fraude, au mensonge et aux gains illicites ;... »
LA BRUY., VI, 61.

2 « ... les surveillances avaient redoublé cette année, autour de toutes les femmes en général, — et peut-être en particulier autour de celle-là, que l'on soupçonnait... d'allées et venues illicites. »
LOTI, Désenchant., p. 208.

ANT. — Licite.

COMP. — Illicitement. adv. (1491). D'une manière illicite. *Opération faite illicitement.*

ILLICO. *adv.* (*Ilico* au XIVᵉ s. ; mot lat. de *in loco*, « en cet endroit », « sur-le-champ », fréquemment utilisé par les juristes de l'Ancien Régime). *Fam.* Sur-le-champ. V. **Aussitôt, immédiatement, promptement, suite** (tout de suite).

« ... il lui ferait le plaisir de ne plus s'occuper de ces niaiseries, de se mettre illico à son piano, et de jouer des exercices pendant quatre heures. »
R. ROLLAND, Jean-Christ., L'aube, p. 86.

ILLIMITÉ, ÉE. *adj.* (1611 ; empr. au bas lat. *illimitatus*). Qui n'a pas de bornes, de limites ou Dont on ne distingue pas les limites. *Espace illimité.* V. **Grand, infini.** *Étendue* (cit. 10) *illimitée des savanes. Horizon* (cit. 16) *illimité. Champ illimité des horizons* (cit. 5) *de la poésie est illimité. Pouvoirs, moyens d'action illimités* (Cf. Absolutisme, cit. 1). *Autorité illimitée.* V. **Discrétionnaire.** *Ses ressources sont illimitées.* V. **Immense, incalculable, incommensurable.** *Les convoitises illimitées de l'homme moderne* (Cf. Fiévreux, cit. 2). V. **Démesuré, effréné.** — *Géom. Espace illimité, mais fini des géométries non euclidiennes, de la physique relativiste.* — REM. Il convient de distinguer *illimité* et *infini.* Une circonférence, un espace sphérique sont *illimités* (on n'en rencontre pas les limites*), mais non *infinis.*

1 « ... le domaine de la poésie est illimité. Sous le monde réel, il existe un monde idéal, qui se montre resplendissant à l'œil de ceux que des méditations graves ont accoutumés à voir dans les choses plus que les choses. »
HUGO, Odes et ballades, Préf. 1822.

2 « L'esprit admet l'idée d'un espace illimité à cause de l'impossibilité plus grande de concevoir celle d'un espace limité. »
BAUDEL., Trad. E. POE, Eureka, III.

3 « ... ils étaient bien d'avis que l'aviation avait un avenir illimité, et que son progrès serait foudroyant. »
ROMAINS, H. de b. vol., t. I, I, p. 29.

4 « Il a eu ces jours-ci de grandes douleurs dans la tête ; des élancements dans tout le corps... D'ailleurs ces élancements se font encore moins redouter par la souffrance précise qu'ils donnent que par la détresse illimitée dont ils sont l'origine, l'affreux signal. »
ID., Ibid., IV, XXII, p. 245.

5 « L'univers de la vie intime est illimité. Nous ignorons où le cœur nous mène et la portée d'une émotion. »
CHARDONNE, Amour du proch., p. 31.

— Qui n'est pas limité, dont la grandeur, la longueur... n'est pas fixée. V. **Indéfini, indéterminé.** *Le nombre des candidats pouvant être reçus à un examen est illimité, alors qu'il est préalablement fixé pour un concours. Être en congé illimité. Pour une durée illimitée.*

— Substant. m. *L'illimité, l'infini*. L'illimité des distances* (Cf. Étouffer, cit. 49).

6 « L'opium agrandit ce qui n'a pas de bornes,
Allonge l'illimité,
Approfondit le temps, creuse la volupté, »
BAUDEL., Fl. du mal, XLIX, p. 83.

7 « L'illimité... savez-vous que c'est précisément le drame de Gœthe ? son drame constant et secret : la lutte contre l'illimité vers quoi son génie trop vaste et trop universel l'entraîne,... »
GIDE, Attendu que..., p. 99.

ANT. — Borné, fini, limité, mesuré ; déterminé.

DER. — Illimitable. adj. (1829). *Peu usit.* Qui ne peut être limité ; auquel on ne peut assigner de limites.

ILLISIBLE. *adj.* (1686 ; de *il-* (V. **In-**), et *lisible**). Qu'on ne peut lire, qui est très difficile à lire. V. **Indéchiffrable.** *Manuscrit, écrit illisible* (V. **Grimoire, hiéroglyphe**). *Gribouillage* (cit. 2) *illisible. Médecin qui griffonne* (cit. 3) *une ordonnance illisible. Avoir une écriture illisible* (Cf. Écrire comme un chat*, faire des pattes de mouche*...). *Signature* illisible. Signé : illisible* (dans la copie d'un acte). *Écriteau* (cit. 2) *devenu illisible avec le temps.*

1 « ... une main y a écrit au crayon ces quatre vers qui sont devenus peu à peu illisibles sous la pluie et la poussière,... »
HUGO, Misér., V, IX, VI.

2 « ILLISIBLE. Une ordonnance de médecin doit l'être ; toute signature, id. »
FLAUB., Dict. des idées reçues.

3 « Il avait une calligraphie à lui, une bâtarde fantaisiste, pétaradante d'enjolivements et d'arabesques, à la fois superbe et illisible. »
COURTELINE, MM. ronds-de-cuir, IIᵉ tabl., I.

— *Fig.* Dont la lecture est insupportable. *Compilation illisible. Roman illisible.*

4 « Chacun sait qu'il y a, de nos jours, deux littératures : la mauvaise, qui se lit proprement illisible (on la lit beaucoup). Et la bonne, qui ne se lit pas. »
PAULHAN, Fleurs de Tarbes, p. 18.

ANT. — Lisible.

DER. — Illisibilité. n. f. (1873). Caractère de ce qui est matériellement illisible. *Illisibilité d'une signature* (ANT. Lisibilité). — Illisiblement. adv. (1842). D'une manière illisible. *Écrire illisiblement* (ANT. Lisiblement).

ILLOGIQUE. *adj.* (Début XIXᵉ s. ; de *il-* (V. **In-**), et *logique**). Qui n'est pas logique. *Raisonnement illogique.* V. **Absurde, faux.** *Plan, classification illogique. Il est illogique de dire « à bicyclette »* (cit. 1) *alors qu'on dit « en voiture ».* V. **Anomalie.** *Conduite illogique.* V. **Incohérent.** *Par ext.* En parlant d'une personne, *Il est illogique dans son argumentation.*

1 « Le protestantisme n'est, en religion, qu'une hérésie illogique... »
CHATEAUB., M. O.-T., t. III, p. 51 (éd. Levaillant).

2 « Pour protester contre le mal et la mort, il (*Karamazov*) choisit donc, délibérément, de dire que la vertu n'existe pas plus que l'immortalité et de laisser tuer son père. Il accepte sciemment son dilemme ; être vertueux et illogique, ou logique et criminel. »
CAMUS, Homme révolté, p. 80.

ANT. — Logique ; cohérent.

DER. — Illogiquement. *adv.* (1845). *Peu usit.* D'une manière illogique. (**ANT. Logiquement**). — **Illogisme.** *n. m.* (1873). Caractère de ce qui est illogique, manque de logique. *Illogisme d'un raisonnement, d'un classement... L'illogisme d'une conduite* (ACAD.). — *Par ext.* Chose illogique. *Une argumentation pleine d'illogismes* (**ANT. Logique,** *subst.*).

1 « L'amoureuse, en elle, par un illogisme trop légitime, avait secrètement attendu et désiré cette périlleuse présence que les portions raisonnables de son être redoutaient... »
BOURGET, **Un divorce,** p. 170.

2 « L'illogisme irrite. Trop de logique ennuie. »
GIDE, **Journal,** p. 840.

ILLUMINATION. *n. f.* (XIVe s. ; lat. *illuminatio*).

I. ‖ 1° *Théol.* Lumière extraordinaire que Dieu répand parfois dans l'âme d'un homme. *Par illumination du Saint-Esprit* (ACAD.). *Illumination divine. Illumination de la foi* (Cf. Farce, cit. 8).

1 « Cette illumination que Dieu ne leur refuse point et qu'il leur accorde par bonté... » NICOLE, **Essais** (in LITTRÉ).

2 « Alors, par une soudaine illumination, elle se sentit si éclairée et tellement transportée de joie... »
BOSS., **Orais. fun.** Anne de Gonzague.

‖ 2° Inspiration subite, lumière soudaine qui se fait dans l'esprit. V. **Découverte ; idée, trait** (de génie) ; **inspiration.** *Illuminations du chercheur* (Cf. Griser, cit. 10), *du poète...*

3 « L'un (*Turenne*) paraît agir par des réflexions profondes, et l'autre (*Condé*) par de soudaines illuminations. »
BOSS., **Orais. fun.** Louis de Bourbon.

4 « Je connais plusieurs autres exemples de ces illuminations de l'esprit, succédant à de longues luttes intérieures, à des tourments analogues aux douleurs de l'enfantement. Tout à coup la vérité de quelqu'un se fait et brille en lui. La comparaison lumineuse s'impose, car rien ne donne une image plus juste de ce phénomène intime que l'intervention de la lumière dans un milieu obscur où l'on ne pouvait se mouvoir qu'à tâtons. Avec la lumière apparaît la marche en ligne droite et la relation immédiate des coordinations de la marche avec le désir et le but. Le mouvement devient une fonction de son objet. Dans les cas dont je parlais, comme dans celui de Descartes, c'est toute une vie qui s'éclaire, dont tous les actes seront désormais ordonnés à l'œuvre qui sera leur but. La ligne droite est jalonnée. Une intelligence a découvert ou a projeté ce pour quoi elle était faite : elle a formé, une fois pour toutes, le modèle de tout son exercice futur. » VALÉRY, **Variété V,** p. 217.

5 « Une illumination soudaine semble parfois faire bifurquer une destinée. Mais l'illumination n'est que la vision soudaine, par l'Esprit, d'une route lentement préparée. »
ST-EXUP., **Pilote de guerre,** p. 67.

6 « Il faut avoir vécu dans les laboratoires pour comprendre qu'une découverte suppose une illumination, d'abord, puis l'ordonnance la plus sévère. » DUHAM., **Manuel du protest.,** p. 136.

II. *Au sens propre* (XVIe s.). Action d'éclairer, de baigner de lumière ; résultat de cette action. V. **Éclairement ; éclairage.** *Illumination de la terre par le soleil* (Vx). *Illumination de Paris sous Louis XIV* (Cf. Fanal, cit. 7). *Illumination d'un monument, d'un château historique avec des projecteurs. L'illumination de Notre-Dame de Paris. Illumination à giorno**.

7 « ... des centaines de lustres descendaient du plafond en constellations ignées au milieu d'une brume phosphorescente. Et toutes ces clartés, croissant leurs rayons, formaient la plus éblouissante illumination *a giorno* qui ait jamais fait tournoyer un soleil au-dessus d'une fête. » GAUTIER, **Voyage en Russie,** p. 140.

8 « Cependant la lune se levait à l'Est... La pointe des grands hêtres, la première, s'illumina ; il passa un soupçon de brise dans leurs feuilles délicates ; la clarté gagna d'autres branches et enveloppa d'autres frondaisons. De l'Est glissait en nappes bleuâtres et lentes l'onde magnétique de l'aube lunaire. Par ma fenêtre je voyais l'illumination progressive des feuillages, et de l'ombre sortir des ombres inconnues, à l'apparition de cette clarté. »
BOSCO, **Rameau de la nuit,** p. 138.

— *Spécialt.* Action d'illuminer occasionnellement par de nombreuses lumières décoratives ; résultat de cette action. *Faire des illuminations un jour de fête* (cit. 12). *Illuminations prévues pour le 14 Juillet. Illuminations aux lampions, au gaz, à l'électricité* (ACAD.). — Ensemble de ces lumières. V. **Lumière** (Cf. If, lampion, lanterne, girandole, fontaine lumineuse,...). *Les illuminations d'une place, d'une rue... On apercevait les illuminations de la fête dans le lointain.*

9 « On fit des illuminations à toutes les fenêtres,... »
VOLT., **Charles XII,** 7 (in LITTRÉ).

10 « L'illumination, cachée sous les feuillages, ne donnait que la faible lumière d'un beau clair de lune,... »
Mme de GENLIS, Mlle **de La Fayette,** p. 283 (in LITTRÉ).

11 « ... la veille du quatorze juillet, elle est venue me chercher... et nous sommes parties ; sans manger, pour avoir plus le temps de voir les bals, les illuminations, les retraites aux flambeaux. »
ROMAINS, **H. de b. vol.,** t. IV, XXI, p. 225.

— *Spécialt.* (sens ancien repris à l'angl. Cf. VERLAINE, Lettre à Sivry, 27 oct. 1878 : « *Les Illuminécheunes* »). *Les Illuminations,* recueil de poèmes en vers et en prose d'A. Rimbaud. « *Illuminations* veut dire *Enluminures* (*Painted plates*). Rien d'autre » (ETIEMBLE et Y. GAUCLÈRE).

12 « Le mot *Illuminations* est anglais et veut dire gravures coloriées — *coloured plates* : c'est même le sous-titre que M. Rimbaud avait donné à son manuscrit. »
VERLAINE, **Préface** à l'édition orig. des **Illuminations.**

ANT. — Obscurcissement.

ILLUMINER. *v. tr.* (XIIe s., au sens de « rendre la vue (à un aveugle) » ; aussi « enluminer » au XVIe s. ; lat. *illuminare*).

‖ 1° *En T. de Religion,* Éclairer de la lumière de la vérité (Cf. *infra,* ILLUMINÉ, ÉE).

1 « Ce n'est pas tout, Seigneur : une céleste flamme
D'un rayon prophétique illumine mon âme. »
CORN., **Cinna,** V, 3.

2 « Et priez que toujours le Ciel vous illumine. »
MOL., **Tart.,** III, 2.

‖ 2° (XIVe s.). Éclairer d'une vive lumière. *Soleil couchant qui illumine les flots* (Cf. Figement, cit.). *Éclair qui illumine le ciel* (V. **Enflammer,** *fig.*), *la campagne* (Cf. Foudre, cit. 5). *Averse illuminée de soleil* (Cf. Briller, cit. 6). *Flammes d'une torche, d'un foyer qui illuminent une salle* (Cf. Agonisant, cit. 1 ; flamboyant, cit. 4). *Des lustres de cristal illuminaient le salon. Fusée* (cit. 5) *lâchée par un aviateur pour illuminer le terrain. Armure illuminée de reflets* (Cf. Fourbir, cit. 1). — Pronominalt. *Ville qui s'illumine à la tombée de la nuit.*

3 « Mais quel nouveau soleil illumine les airs ? »
ROTROU, **Hercule mourant,** V, 3.

4 « ... les carreaux illuminés par les rayons d'agonie du soir brûlaient d'une lueur intense ; »
VILLIERS DE L'ISLE-ADAM, **Contes cruels,** L'Intersigne, p. 203.

5 « Certain matin, nous quittâmes enfin ce sale canot sauvage pour entrer dans la forêt par un sentier caché qui s'insinuait dans la pénombre verte et moite, illuminé seulement de place en place par un rais de soleil plongeant du plus haut de cette infinie cathédrale de feuilles. »
CÉLINE, **Voyage au bout de la nuit,** p. 151.

6 « De son lit..., il regardait par les fenêtres carrées et basses les étoiles poindre dans le ciel et Limoges s'illuminer. »
CHARDONNE, **Destin. sentim.,** p. 503.

— *Spécialt.* Orner de lumières (un monument, une rue, une place...) à l'occasion d'une fête, d'un spectacle... V. **Illumination.** Absolt. *On pavoisait le jour et on illuminait la nuit.*

7 « Il (*le cardinal Alberoni*) fut le seul des ministres étrangers qui illumina sa maison pour la prise de Cagliari. »
ST-SIM., **Mém.,** t. V, XLII.

‖ 3° *Par ext.* Mettre une lumière, un reflet, un éclat lumineux. *Flamme de colère qui illumine les yeux, le regard.* V. **Allumer, embraser.** — Fig. *Des yeux, un sourire qui illuminent un visage* (Cf. Brouiller, cit. 30). *Visage illuminé de joie. Sa beauté illumine tout.* V. **Ensoleiller.**

8 « ... ses yeux illuminés d'un reste de fièvre,... »
NERVAL, **Aurélia,** II, I.

9 « Un ineffable éclair de joie illuminait sa face sanglante. »
HUGO, **Quatre-vingt-treize,** III, II, IV.

10 « ... cette divine créature que je voyais resplendir à son bras et dont la présence illuminait le vieux salon fané,... »
FRANCE, **Crime S. Bonnard,** Œuvr., t. II, IV, p. 391.

11 « ... elle s'approcha de nous avec ce sourire qui semblait l'illuminer tout entière,... » MAURIAC, **La pharisienne,** p. 97.

— *Pronominalt.* Devenir brillant, lumineux, radieux. *Prunelles qui s'illuminent d'un flamboiement* (cit. 2). V. **Briller.** *Ses yeux s'illuminèrent de joie* (Cf. Animer, cit. 41). *Son visage s'illumine à l'annonce de cette nouvelle.*

12 « Mais je fus bien surpris de voir s'illuminer le visage de mon jeune juge... » ST-EXUP., **Petit prince,** p. 14.

‖ 4° *Par métaph.* et *fig.* V. **Éclairer, embellir.**

13 « L'éclat de telles actions semble illuminer un discours ; »
BOSS., **Orais. fun.** P. Bourgoing.

14 « Le soleil de Louis XIV illuminera le règne de Louis XV. »
BAINVILLE, **Hist. de France,** XIII, p. 221.

15 « Le monde nous est-il perceptible quand aucun amour ne l'illumine plus à nos yeux ? » JALOUX, **Dernier jour création,** XIII, p. 182.

16 « C'est l'idéal révolutionnaire qui a soudain élargi, illuminé mon horizon, donné une raison de vivre à cet être réfractaire et inutile que j'étais, depuis mon enfance... » MART. du G., **Thib.,** t. VI, p. 225.

‖ ILLUMINÉ, ÉE. *p. p. adj.* Éclairé d'une vive lumière, de nombreuses lumières. *Eaux illuminées, moirées d'argent* (Cf. Hélice, cit. 3). *Salle illuminée d'un restaurant* (Cf. Amaigrissement, cit.). *Palais illuminé* (Cf. Fond, cit. 19). *Paquebot tout illuminé.*

17 « ... elle se rappela, brillant à travers les arbres des deux jardins contigus, une fenêtre illuminée qu'elle avait aperçue de son lit, quand par hasard elle s'était éveillée pendant la nuit : »
BALZ., **A. Savarus,** Œuvr., t. I, p. 769.

18 « La façade illuminée de l'établissement jetait une grande lueur... »
MAUPASS., **Bel-Ami,** p. 18.

19 « ... le teint de sa figure était si doré et si rose qu'elle avait l'air d'être vue à travers un vitrail illuminé. »
PROUST, **Rech. t. p.,** t. IV, p. 72.

— *Spécialt.* Orné d'illuminations. *Ville illuminée à l'occasion du 14 Juillet.*

20 « Cependant Toulon accueillait l'escadre Russe ; le port était pavoisé et le soir une étrange liesse emplissait la ville illuminée... »
GIDE, **Si le grain...,** p. 290.

21 « Au loin, un noir rougeoiement indiquait l'emplacement des boulevards et des places illuminées... Du port obscur montèrent les premières fusées des réjouissances officielles. » CAMUS, **La peste,** p. 331.

— *Fig.* (1653). Dont l'esprit reçoit une vision. *Être comme illuminé* (Cf. Garde 1, cit. 42).

— *Spécialt.* Substant. *Un illuminé, une illuminée.* Personne qui a des visions, en matière de religion. V. **Inspiré, mystique, visionnaire.** *Un illuminé qui se dit prophète. Les rose-croix, secte d'illuminés.* V. **Illuminisme.** — *Par ext. et péjor.* « Esprit sans critique, qui suit aveuglément ses inspirations ou qui prend ce qu'il imagine pour des intuitions révélatrices » (LALANDE). *C'est un illuminé. Les illuminés qui voulaient l'armistice* (cit. 2).

22 « Il y a trois classes d'illuminés : les illuminés mystiques, les illuminés visionnaires, et les illuminés politiques... Les illuminés visionnaires, à la tête desquels on doit placer le Suédois Swedenborg, croient que par la puissance de la volonté, ils peuvent faire apparaître des morts et opérer des miracles. »
Mᵐᵉ de STAËL, De l'Allemagne, IV, VIII.

23 « ... la révolution a eu de tout temps ses *mystiques,* ainsi que la monarchie. La race des *illuminés* n'est pas éteinte. Toutefois, le sol de France lui a toujours été moins favorable que celui de l'Allemagne. »
NERVAL, Illuminés et illuminisme, Œuvr., t. II, p. 1220.

24 « Quelques années avant la Révolution, le château d'Ermenonville était le rendez-vous des Illuminés qui préparaient silencieusement l'avenir. Dans les *soupers* célèbres d'Ermenonville, on a vu successivement, le comte de Saint-Germain, Mesmer et Cagliostro, développant, dans des causeries inspirées, des idées et des paradoxes dont l'école dite de Genève hérita plus tard. »
ID., Filles du feu, Angélique, p. 245.

25 « Le visage tourmenté, ravagé, les yeux ardents et fixes semblaient, par instants, d'un illuminé. »
MAUROIS, Olympio, VIII, II, p. 401.

26 « ... en réaction contre l'esprit scientifique se propagent des crédulités singulières, et comme le vertige de l'irrationnel. Ce « siècle des lumières » est aussi celui des illuminés. Il a des rêveurs, ses égarés, ses charlatans. La secte proprement dite des Illuminés se fonde seulement en 1776 en Allemagne, à l'instigation d'Adam Weisshaupt. Mais les frères de la Rose-Croix, nombreux en Allemagne dès le début du XVIIᵉ siècle, forment au milieu du XVIIIᵉ un groupe agissant de francs-maçons tournés vers le mysticisme, et qui se croit en communication avec les esprits. Le Suédois SWEDENBORG (1688-1772),... a des révélations, converse avec les anges, les morts, les démons. »
JASINSKI, Hist. littér. franç., t. II, p. 124.

ANT. — Obscurcir ; assombrir. Sombre ; aveuglé.

DER. — Illuminisme. — Illuminable. adj. (1866). *Théol.* Qui peut recevoir les illuminations de Dieu. *L'âme est illuminable* (LITTRÉ). — Illuminant, ante. adj. (XVIᵉ s.). Qui illumine (vx). *Corps illuminant et corps illuminé.* De nos jours (*Néol.*). Qui éclaire l'esprit. *Des révélations illuminantes* (DUHAMEL, Pesée des âmes, p. 273). — Illuminateur. n. m. (XVᵉ s. ; lat. *illuminator*). Celui qui illumine (vx). *Céleste illuminateur* (le soleil. Cf. BOSS., Serm. sur la concupis.) ; (1803) Celui qui est chargé de faire les illuminations. — Illuminatif, ive. adj. (XVᵉ s.). *Théol.* Qui illumine (de la lumière céleste). *La vie illuminative* (Cf. Ascèse, cit. 3).

ILLUMINISME. n. m. (1819 ; d'*illuminé*). Doctrine de ceux qui croient à l'illumination intérieure ; opinions chimériques des illuminés. V. **Illuminé ; superstition.** *L'illuminisme de Swedenborg.* — *Pathol.* « Excitation cérébrale accompagnée d'hallucinations qui font croire à des révélations » (GARNIER).

1 « ... je ne puis entendre de sang-froid, dans le monde, des étourdis de l'un et l'autre sexe crier à l'*illuminisme,* au moindre mot qui passe leur intelligence,... »
J. de MAISTRE, Soirées de St-Pétersb., XIᵉ Entretien.

2 « Madame de Croislin s'est fait un illuminisme à sa guise. Crédule et incrédule, le manque de foi la portait à se moquer des croyances dont la superstition lui faisait peur. »
CHATEAUB., M. O.-T., t. II, p. 339.

ILLUSION. n. f. (XIIᵉ s. ; lat. *illusio,* de *ludere,* « jouer »).

I. ‖ 1° Erreur de perception causée par une fausse apparence (V. **Aberration, erreur** (1° et 2°), **leurre...**). *Les illusions des sens* (Cf. Aspect, cit. 33). *Être le jouet d'illusions* (Cf. Erreur, cit. 38). *Avoir un instant l'illusion de... Une illusion de chaleur, de fraîcheur...* (Cf. Bruissement, cit. 3). — *Faire illusion, produire, causer une illusion. Donner l'illusion de la vie* (Cf. Agencement, cit. 4). *Donner l'illusion de quelque chose par une habile simulation, par l'imitation...*

1 « ... ses yeux (*d'un pendu*), tout grands ouverts avec une fixité effrayante, me causèrent d'abord l'illusion de la vie. »
BAUDEL., Spleen de Paris, XXX.

2 « ... les marionnettes de Pothin devaient être sculptées, machinées, peintes et vêtues de manière à produire une illusion complète ; »
GAUTIER, Souv. de théâtre..., p. 220.

3 « ... sachant imiter jusqu'à l'illusion le chant de tous les oiseaux,... »
BÉDIER, Tristan et Iseut, Préface, p. VII.

4 « ... des illusions, forgées pour nous de toutes pièces, se défendent plus longtemps de l'invraisemblance que les illusions des sens, où le monde extérieur a sa part,... »
PAULHAN, Entretien sur faits divers, p. 114.

— *Peinture, décor qui donne l'illusion du relief, de la réalité...* (V. **Trompe-l'œil**). *L'art moderne est indifférent à l'illusion, méprise l'illusion* (Cf. Esquisse, cit. 2). — *L'illusion théâtrale, scénique,* par laquelle « nous attribuons à une certaine réalité à ce que nous savons n'être pas vrai » (LITTRÉ). *La vraisemblance crée l'illusion du vrai.*

5 « L'orateur conduit la persuasion ; l'*illusion* marche à côté du poète. L'orateur et le poète sont deux grands magiciens, qui sont quelquefois les premières dupes de leurs prestiges. Je dirai au poète dramatique :

voulez-vous me faire *illusion,* que votre sujet soit simple, et que vos incidents ne soient point trop éloignés du cours naturel des choses ; »
ENCYCL. (DIDER.), Illusion.

6 « On se rappelle cette admirable décoration du *Juif-Errant,*... Quel style, quelle noblesse, quelle poésie et quelle illusion ! »
GAUTIER, Portr. contemp., p. 343.

‖ 2° *Spécialt. Psychol.* Interprétation erronée des données sensorielles, sans altération de celles-ci (à la différence de l'*hallucination**). *L'illusion résulte des caractères primitifs et universels de la perception*, ce qui la distingue de l'erreur de perception proprement dite. Illusion qui fait paraître brisée une droite interrompue par des bandes parallèles. Illusion stroboscopique. Illusions visuelles, tactiles..., de la cénesthésie. Illusions propres à certains états : illusion des amputés* (sensation localisée dans le membre perdu) ; *illusions pathologiques de la vue, dans les intoxications...*

— *Illusions d'optique,* provenant des lois de l'optique (réfraction : illusion du bâton brisé, etc.). V. **Vision***, *Illusions optico-géométriques.* — *Fig. Illusions d'optique,* se dit d'une erreur de point de vue (Cf. Grand, cit. 23).

7 « Il y a des illusions du toucher. L'une des plus connues est l'expérience d'Aristote : en croisant le médius et l'index et en plaçant entre les extrémités de ces deux doigts une petite boule, on croit toucher deux objets. »
A. BURLOUD, Psychologie, XII, p. 206.

‖ 3° Apparence* dépourvue de réalité (Cf. Écoulement, cit. 5 PASC.). *Cette oasis que vous croyez voir n'est qu'une illusion.* V. **Mirage.** *Illusion trompeuse, fallacieuse. Ce n'est pas une illusion, c'est une vérité* (Cf. Barbe, cit. 5). — *Les illusions du sommeil.* V. **Rêve*, songe...**

8 « Je n'étais pas sûr que ce ne fût une illusion, une fantasmagorie, un rêve, et que je n'eusse pu cela quelque part, ou même que ce ne fût une histoire composée par moi, comme je m'en suis fait bien souvent. Je craignais d'être la dupe de ma crédulité et le jouet de quelque mystification ; »
GAUTIER, Mˡˡᵉ de Maupin, III, p. 109.

— *Spécialt. Illusions créées, suscitées par artifice, magie, sortilège.* V. **Charme, enchantement, fantasmagorie, prestige...** — *L'Illusion comique,* comédie de Corneille.

9 « ALCANDRE (*magicien*) : Je vais de ses amours
Et de tous ses hasards vous faire le discours.
Toutefois, si votre âme était assez hardie,
Sous une illusion vous pourriez voir sa vie,
Et tous ses accidents devant vous exprimés
Par des spectres pareils à des corps animés : »
CORN., Illus., I, 2.

— *Illusions produites par des tours d'adresse, des trucages...* V. **Illusionnisme, prestidigitation.** *Théâtre d'illusion ; palais de l'Illusion.*

II. ‖ 1° Opinion fausse, croyance erronée que forme l'esprit et qui l'abuse par son caractère séduisant. V. **Amusement** (*vieilli*), **chimère, duperie, fantôme** (*fig.*), **hochet, leurre, rêve, rêverie, songe, utopie.** *Vaines, trompeuses illusions. Agréables, douces, flatteuses illusions. Illusions apaisantes, consolantes. Des illusions généreuses, nobles, respectables, sublimes* (Cf. Courage, cit. 16 ; erreur, cit. 5 ; fourberie, cit. 4). *Patriotiques illusions* (Cf. Animer, cit. 26). *La sincérité, la naïveté de ses illusions* (Cf. Aléatoire, cit. 1). *Les illusions de l'artiste, de l'écrivain* (Cf. Dada, cit. 3). *Narcisse meurt de l'illusion qui l'avait charmé* (Cf. Amoureux, cit. 13). — *Ils croyaient s'aimer, mais l'illusion dura peu* (Cf. Épris, cit. 17). *L'illusion d'une fraternité humaine* (Cf. Coudoiement, cit. 2). « *L'illusion des amitiés de la terre* » (Cf. Amusement, cit. 6 BOSSUET). *Dangereuses, coûteuses, funestes illusions.*

10 « Flatteuse illusion, erreur douce et grossière,...
Que tu sais peu durer, et tôt t'évanouir ! » CORN., Hor., III, 1.

11 « Je serai bien aise qu'il (*mon fils*) vienne ici pour voir un peu par lui-même que c'est que l'illusion de croire avoir du bien, quand on n'a que des terres. »
SÉV., 454, 9 oct. 1675.

12 « Il savait combien les illusions sont trompeuses, et il préférait ses illusions à la réalité. »
MUSS., Les caprices de Marianne, II, 6.

13 « Grimm est un homme judicieux, droit, sûr, ferme, formé de bonne heure au monde, estimant peu les hommes en général, les jugeant, n'ayant rien de fausses vues et des illusions philanthropiques du temps. »
STE-BEUVE, Causer. du lundi, 10 juin 1850, t. II, p. 204.

14 « Les illusions... sont aussi innombrables, peut-être, que les rapports des hommes entre eux, ou des hommes avec les choses. Et quand l'illusion disparaît, c'est-à-dire quand nous voyons l'être ou le fait tel qu'il existe en dehors de nous, nous éprouvons un bizarre sentiment, compliqué moitié de regret pour le fantôme disparu, moitié de surprise agréable devant la nouveauté, devant le fait réel. »
BAUDEL., Spleen de Paris, XXX.

15 « Nous sommes les jouets éternels d'illusions stupides et charmantes toujours renouvelées. »
MAUPASS., Sœurs Rondoli, Suicides, p. 261.

16 « Cette illusion, lorsqu'elle entraînera tout le reste, c'est elle qui fera d'une utopie la réalité. »
GIDE, Pages de journal (1929-32), p. 172.

17 « ... cet orgueil, ils le tiraient de l'illusion de leur puissance. »
ST-EXUP., Terre des hommes, p. 101.

18 « Ne nous étonnons pas que les illusions de l'esprit soient plus difficiles à réduire que d'autres : elles ne sont même pas aperçues. »
PAULHAN, Entretien sur faits divers, III, p. 110.

19 « Se marier... Voilà qui répondait tout à fait au désir de Byron lui-même. Il croyait au mariage. C'était sa dernière illusion. »
MAUROIS, Vie de Byron, II, XVI.

— *Les illusions de la jeunesse* (Cf. Assagir, cit. 2 ; feu, cit. 30). *Les illusions de l'amour.*

20 « Mme de Tourvel m'a rendu les charmantes illusions de la jeunesse. Auprès d'elle, je n'ai pas besoin de jouir pour être heureux. »
LACLOS, Liais. dang., VI.

— *Avoir des illusions. S'aveugler, s'éblouir* (cit. 18) *d'une illusion ; se complaire* (cit. 7) *dans une illusion. Caresser*, goûter* (cit. 7) *une illusion. Vivre enveloppé* (cit. 16) *d'un voile d'illusions.* — *Donner l'illusion de...* (Cf. Enfiévrer, cit. 4). *Flatter* (cit. 28), *nourrir l'illusion* (Cf. Empire, cit. 7). *Entretenir* (cit. 11) *quelqu'un dans une illusion. Bercer quelqu'un d'illusions* (V. **Endormeur ; endormir**).

21 « Quelque neuf que je fusse en 1821 (j'avais toujours vécu dans les illusions de l'enthousiasme et des passions)... »
STENDHAL, Souv. d'égotisme, p. 46.

22 « L'âme a des illusions comme l'oiseau a des ailes ; c'est ce qui la soutient. »
HUGO, P.-S. de ma vie, Tas de pierres, VI.

23 « ... mais l'univers ne connaît pas le découragement ; il recommencera sans fin l'œuvre avortée ; chaque échec le laisse jeune, alerte, plein d'illusions. »
RENAN, Souv. d'enfance..., Préface, p. 19.

— *Les illusions fuient, s'envolent, se dissipent* (cit. 22 ; Cf. aussi Automne, cit. 12). *Détruire, dissiper* les illusions de quelqu'un.* V. **Dégriser, désenivrer.** *Dépouiller quelqu'un de ses illusions* (Cf. Demander, cit. 31). *Dire adieu* (cit. 12) *à ses illusions, perdre ses illusions au sujet de quelqu'un* (Cf. Élémentaire, cit. 2). *Ses illusions sont tombées, se sont écroulées, effondrées. Cela ne lui laisse aucune illusion ; il n'a plus d'illusions.* V. **Blasé, désillusionné** (Cf. Émigration, cit. 3). *Regarder la vie en face, sans illusions* (Cf. Evoluer, cit. 4). — *Les Illusions perdues,* roman de Balzac.

24 « On ne peut y vivre (*dans le monde*) qu'avec des illusions ; et, dès qu'on a un peu vécu, toutes les illusions s'envolent. »
VOLT., Corresp., Lett. à Mme du Deffand, 2 juill. 1754.

25 « Les illusions tombent l'une après l'autre, comme les écorces d'un fruit, et le fruit, c'est l'expérience. »
NERVAL, Filles du feu, Sylvie, XIV.

26 « ... quelle abondance d'illusions ! Il n'en restait plus maintenant ! »
FLAUB., Mme Bovary, II, X.

27 « ... il était conscient de ce qu'il y a de stérile dans une vie sans illusions. »
CAMUS, La peste, p. 318.

— *Se faire des illusions.* V. **Idée, imagination ; abuser** (s'), **aveugler** (s'), **flatter** (se), **illusionner** (s'), **leurrer** (se) ; **idée** (se faire des idées). *Vous vous imaginez qu'il va tenir ses promesses ; vous vous faites des illusions ! Ne pas se faire d'illusions :* voir les choses en face (Cf. Handicaper, cit. 2). — *Se faire des illusions sur soi-même.*

28 « (*Gluck*)... ne jouait pas l'idéaliste. Il ne se faisait d'illusion ni sur les hommes ni sur les choses. »
R. ROLLAND, Musiciens d'autrefois, p. 227.

‖ **2°** *Absolt.* L'ILLUSION, considérée comme une entité. *La puissance, le pouvoir de l'illusion. Les mirages de l'illusion* (Cf. Attrayant, cit. 4). *L'homme a besoin de l'illusion ; se nourrit, vit de l'illusion.*

29 « L'illusion féconde habite dans mon sein.
D'une prison sur moi les murs pèsent en vain,
J'ai les ailes de l'espérance. »
CHÉNIER, Odes, II, XIV, La jeune captive.

30 « Sans l'illusion, où irions-nous ? Elle donne la puissance de manger la *vache enragée* des Arts, de dévorer les commencements de toute science en nous donnant la croyance. L'illusion est une foi démesurée ! »
BALZ., Les employés, Œuvr., t. VI, p. 912.

31 « À cette heure, l'illusion règne despotiquement : peut-être va-t-elle lever-t-elle avec la nuit ! l'illusion n'est-elle pas pour la pensée une espèce de nuit que nous meublons de songes ? L'illusion déploie alors ses ailes, elle emporte l'âme dans le monde des fantaisies, monde fertile en voluptueux caprices et où l'artiste oublie le monde positif, la veille et le lendemain, l'avenir, tout jusqu'à ses misères, les bonnes comme les mauvaises. »
ID., La bourse, Œuvr., t. I, p. 328.

32 « ... l'illusion est le pain du songe ; »
HUGO, Homme qui rit, II, II, VII.

33 « ... le désir embellit les objets sur lesquels il pose ses ailes de feu,... sa satisfaction, décevante le plus souvent, est la ruine de l'illusion, seul vrai bien des hommes ; elle tue le désir, qui fait seul le charme de la vie. »
FRANCE, Vie en fleur, XXI, p. 241.

34 « La forme que revêt l'illusion importe peu. Mais il faut l'illusion, il faut cette ivresse légère et permanente qui rend possible une vie même empoisonnée par tous les périls et toutes les erreurs. »
DUHAM., Récits temps de guerre, IV, XLII, p. 155.

— *L'illusion, effet des passions*.* V. **Aveuglement** (cit. 11). Cf. Égarer, cit. 7.

35 « L'amour n'est qu'illusion ; il se fait, pour ainsi dire, un autre univers ; il s'entoure d'objets qui ne sont point, ou auxquels lui seul a donné l'être, et comme il rend tous ces sentiments en images, son langage est toujours figuré. »
ROUSS., Julie, Entretien sur les romans, p. XI.

36 « ... ôter l'illusion à l'amour, c'est lui ôter l'aliment. »
HUGO, Homme qui rit, II, II, VII.

— *Le monde, la vie n'est qu'illusion.* V. **Irréel, rêve, songe...** *La gloire n'est qu'illusion. Illusion que tout cela.* V. **Fumée** (*fig.*), **vanité...**

37 « J'ai deviné que les êtres n'étaient que des images changeantes dans l'universelle illusion, et j'ai été dès lors enclin à la tristesse, à la douceur et à la pitié. »
FRANCE, Livre de mon ami, II, X.

‖ FAIRE ILLUSION : duper, tromper*, en donnant de la réalité une apparence flatteuse, avantageuse. V. **Flatter** (Cf. Avoué, cit. 2 ; homme, cit. 93). *Il cherche à faire illusion.* V. **Imposer** (en) ; **bluff.** *Ce livre peut faire illusion à première lecture, mais il n'a pas grande valeur. Se faire illusion à soi-même.* V. **Abuser** (s'), **illusionner** (s'). Cf. Génie, cit. 32.

38 « ... rien ne sert de rêver, si ce n'est à se faire illusion à soi-même. »
BERTHELOT, in RENAN, Dial. et fragm. philos., Œuvr., t. I, p. 658.

ANT. — Certitude, réalité, réel, vérité. Clairvoyance, déception, désillusion (cit.), lucidité.

DER. et COMP. — Illusionner. Désillusion.

ILLUSIONNER. *v. tr.* (1801 ; de *illusion*). Séduire ou tromper (quelqu'un) par l'effet d'une illusion. *Décor, trucage qui illusionne le spectateur. Chercher à illusionner quelqu'un.* V. **Éblouir, épater** (*fam.*). Cf. *fam.* En mettre, en foutre plein la vue. *Ne vous laissez pas illusionner par ses déclarations.*

1 « Puisque nous sommes seuls, nous n'avons pas besoin d'avoir de l'esprit ; cela est bon devant les bourgeois qu'on veut illusionner. »
GAUTIER, Les Jeunes-France (in MATORÉ).

2 « La première condition d'un roman est d'intéresser. Or, pour cela, il faut illusionner le lecteur à tel point qu'il puisse croire que ce qu'on lui raconte est réellement arrivé. »
BALZ., Le feuilleton, XLVIII (Œuvr. div., t. I, p. 441).

3 « L'intérêt qu'il portait à cette enfant ne l'avait-il pas illusionné sur son talent de chanteuse ? »
DAUD., Numa Roumestan, p. 165.

‖ S'ILLUSIONNER. *v. pron.* (1834 ; seul emploi signalé par ACAD.). Se faire une illusion, des illusions. V. **Abuser** (s'), **bercer** (se), **endormir** (s'), **flatter** (se), **leurrer** (se), **tromper** (se). Cf. Se monter le bourrichon*. *S'illusionner sur ses chances de succès.*

4 « L'opération de cet hiver, l'ablation du rein droit, n'a servi qu'à une chose : à ce qu'on ne puisse plus s'illusionner sur la nature de la tumeur. »
MART. du G., Thib., t. III, p. 168.

5 « Ou je m'illusionne beaucoup, ou c'est un filon de premier ordre. »
ROMAINS, H. de b. vol., t. II, VI, p. 70.

‖ ILLUSIONNÉ, ÉE. *p. p. adj.*

6 « On ne lit jamais un livre. On se lit à travers les livres, soit pour se découvrir, soit pour se contrôler. Et les plus objectifs sont les plus illusionnés. »
R. ROLLAND, Le voyage intérieur, p. 43.

ANT. — Désabuser.

DER. — Illusionnisme. *n. m.* (fin XIXe s.). Art de créer l'illusion par des tours* de prestidigitation, des artifices, des trucages... — Illusionniste. *n.* (XIXe s.). Personne qui crée l'illusion par des tours d'adresse, des artifices divers. V. **Escamoteur, prestidigitateur.** *Matériel d'illusionniste ; tours d'un illusionniste.* — *Fig.* En parlant d'une personne qui illusionne les autres ou soi-même (Cf. Escompter, cit. 8).

« — ... Qui es-tu ? — Je suis illusionniste, Excellence. — Où est ton matériel ? — Je suis illusionniste sans matériel. — ... on ne fait point surgir,... Vénus toute nue, sans matériel ! *Vénus toute nue surgit...*
(LE CHAMBELLAN, *éberlué*) Je me suis toujours demandé quelles sont ces femmes que vous faites ainsi paraître, vous autres magiciens... Des commères ? — Ou Vénus elle-même. Cela dépend de la qualité de l'illusionniste... je peux... faire se trouver face à face un homme et une femme qui, depuis trois mois, s'évitent. — Ici même ? — À l'instant même... — Tu te fais des illusions. Il est vrai que c'est ton métier... »
GIRAUDOUX, Ondine, II, 1.

ILLUSOIRE. *adj.* (XIVe s. d'apr. DAUZAT ; lat. *illusorius,* de *illusio*). V. **Illusion**).

‖ **1°** Qui est propre à engendrer l'illusion, à abuser les sens, la raison.

1 « Ce n'est que parce qu'une foule d'expériences a démenti les prédictions que les hommes se sont aperçus que l'art (*de l'astrologie*) est illusoire. »
VOLT., Dict. philos., Astrologie.

2 « Le sens de la vue est le moins juste et le plus illusoire. »
BUFF. (in LITTRÉ).

‖ **2°** Qui peut faire illusion, mais ne repose sur rien de réel, de sérieux, d'utile. V. **Chimérique, faux, trompeur, vain.** *Richesse, utilité apparente* (cit. 7) *et illusoire* (Cf. Épuiser, cit. 4). *Espérance illusoire :* qui ne peut se réaliser. *Il est illusoire d'espérer...* (Cf. Force, cit. 46).

3 « Je regardais Sénac (*c'est Laurent Pasquier qui parle*) et j'étais étreint par le sentiment de l'irréductible et de l'irrachetable. Non, non, le sacrifice du Christ est illusoire puisqu'il est admis, dès le début de l'aventure, que les anges des ténèbres ne peuvent pas être sauvés. »
DUHAM., Pasq., t. VI, X, p. 370.

ANT. — Certain, effectif, réel, sûr, vrai.

DER. — Illusoirement. *adv.* (XVIe s.). D'une manière illusoire. V. **Apparemment, fallacieusement.** *Des écrivains illusoirement célèbres* (Cf. Artifice, cit. 11).

ILLUSTRATEUR. *n. m.* (XIIIe s. au sens I ; lat. *illustrator*). V. **Illustrer**).

I. *Vx.* Celui qui donne du lustre, de l'éclat.

II. (1845 GAUTIER). Artiste spécialisé dans l'illustration*. V. **Dessinateur, graveur, peintre.**

« Ce travail où le crayon repasse sur le trait de la plume demande un talent tout particulier. Il faut que l'artiste comprenne le poète,... Il ne s'agit pas... de copier le travail comme on le voit,... Ceci est l'affaire du peintre. L'illustrateur, qu'on nous permette ce néologisme, qui n'en est presque plus un, ne doit voir qu'avec les yeux d'un autre ;... Comme le journaliste, l'illustrateur doit être toujours prêt sur tout ;... »
GAUTIER, Portr. contemp., p. 227.

ILLUSTRATION. *n. f.* (*Illustracion* au XIIIe s. « apparition » ; lat. *illustratio*, de *lustrare*, « éclairer »).

‖ 1° (XVe s.). *Vieilli.* Action d'illustrer, de rendre illustre ; état de ce qui est illustre. V. **Célébrité, éclat, gloire, honneur...** (Cf. Amoindrissement, cit. 1). *Les victoires qui contribuèrent à l'illustration du règne de Louis XIV, à l'illustration du nom français* (ACAD.). — *Spécialt.* et *vx.* Marque d'honneur qui illustre une famille, une personne... *C'est une famille noble et ancienne, mais sans illustration* (ACAD.).

1   « (*Mme Geoffrin*) Née d'un père et d'un aïeul illustre pour avoir fait du bien, la plus belle des illustrations,... »
     VOLT., **Lett. à É. de Beaumont**, 20 mars 1767.

2   « Faites une brillante fortune, soyez un des hommes remarquables de votre pays, je le veux. L'illustration est un pont-volant qui peut servir à franchir un abime. Soyez ambitieux, il le faut. »
     BALZ., **A. Savarus**, Œuvr., t. I, p. 788.

3   « La célébrité la plus complète ne vous assouvit point et l'on meurt presque toujours dans l'incertitude de son propre nom, à moins d'être un sot. Donc l'illustration ne vous classe pas plus à vos yeux que l'obscurité. »   FLAUB., **Corresp.**, 327, 26 juin 1852.

— *Allus. littér.* La *Deffence** (défense*) *et illustration de la langue française*, de J. Du Bellay (V. **Enrichissement**).

— *Par ext.* Personnage illustre, célèbre. V. **Célébrité, gloire, sommité.** « *Les illustrations de l'époque* » (LITTRÉ, qui donne cette acception comme néologique).

4   « À un concert donné par la comtesse vers la fin de l'hiver, apparut chez elle une des illustrations contemporaines de la littérature et de la politique, Raoul Nathan,... »
     BALZ., **Une fille d'Ève**, Œuvr., t. II, p. 86.

5   « ... elle vivait, du reste, dans la fréquentation assidue de toutes les illustrations contemporaines qui s'y trouvaient,... »
     GAUTIER, **Portr. contemp.**, p. 453.

‖ 2° (XVIIe s.). *Théol.* « Espèce de lumière que Dieu répand dans l'esprit » (LITTRÉ). « *Les illustrations de l'entendement* » (BOSS.). « *Ce n'est pas que Dieu ne nous prévienne... par des illustrations* » (FÉN.).

‖ 3° (1611). Action d'éclairer, d'illustrer par des explications*, des commentaires, etc.

6   « J'ajouterai, pour l'illustration de ce passage, une petite exhortation aux philosophes... »   VOLT., **Dict. philos.**, Enfer.

— REM. *Illustration* ne se dit plus au sens de « note ». *Cette nouvelle édition de Tite-Live est enrichie des illustrations de tel savant* (LITTRÉ). Mais il s'emploie toujours au sens d'« action d'éclairer par des exemples ». *Illustration des divers sens d'un mot à l'aide d'exemples littéraires bien choisis.* — *Par ext. Cette œuvre est l'illustration et le couronnement* (cit. 8) *d'une philosophie.*

‖ 4° (1829). Image, figure composée pour être intercalée dans le texte d'un ouvrage imprimé afin de l'illustrer* ; image, reproduction illustrant un texte. V. **Dessin*, gravure*, photographie...** — REM. Au sens étroit, *Illustration* ne désigne que les figures incluses dans le texte et s'oppose à Estampe*, hors-texte*. — *Auteur d'illustrations.* V. **Illustrateur.** *Ouvrage, livre, journal, revue comprenant des illustrations.* V. **Illustré.** *Texte et illustrations de X... Illustrations en couleur.* — (Sing. collectif) *Abondante, remarquable illustration.*

7.   « ... il y avait renoncé (*à la peinture*) pour se livrer à la caricature, aux vignettes, aux dessins de livres, connus, vingt ans plus tard, sous le nom d'*illustrations.* »   BALZ., **Les employés**, Œuvr., t. VI, p. 940.

8   « M. Thackeray, qui, ... est très curieux des choses d'art, et qui dessine lui-même les illustrations de ses romans,... »
     BAUDEL., **Curios. esth.**, XVI, III, Œuvr., p. 877.

— *Par ext. Les illustrations d'un manuscrit médiéval.* V. **Enluminure, miniature.**

— *L'illustration :* le genre artistique, l'ensemble des techniques mises en œuvre pour illustrer les textes. *Les métiers du livre et de l'illustration. Il a abandonné la peinture pour la décoration et l'illustration. Illustration de livres d'enfants, de livres de luxe.*

9   « Tony Johannot est sans contredit le roi de l'illustration. Il y a quelques années, un roman, un poème ne pouvait paraître sans une vignette sur bois signée de lui..., toute la poésie et toute la littérature ancienne et moderne lui ont passé par les mains... Ses dessins figurent dans ces volumes admirables, et nul ne les y trouve déplacés... »
     GAUTIER, **Portr. contemp.**, p. 229.

10   « L'illustration du livre de luxe, après avoir redonné un prestige considérable à la gravure sur bois,... a recommencé d'utiliser les divers procédés de la gravure sur cuivre,... La lithographie vint à son tour,... La perfection sans cesse accrue des procédés mécaniques de reproduction donne désormais un champ à peu près illimité à l'illustration,... »
     R. COGNIAT, in ENCYCL. FRANÇ., XVII, 17*14-4.

ILLUSTRE. *adj.* (XVe s. ; lat. *illustris*, de *lustrare*, « éclairer »).

‖ 1° (*En parlant des personnes*). Dont le renom* est éclatant du fait d'un mérite ou de qualités extraordinaires. V. **Célèbre, fameux, grand ; glorieux...** *Les hommes illustres* (Cf. Affubler, cit. 4 ; associer, cit. 7 ; glorification, cit. 1). *Statues d'hommes illustres* (Cf. Forum, cit. 2). *Vies des hommes illustres*, de Plutarque. *Héros* (cit. 26), *prince, roi*

illustre... *Guerrier illustre* (Cf. Estime, cit. 9). *Don Quichotte, l'illustre hidalgo* (Cf. Haridelle, cit. 2). *Praticien ; écrivain, philosophe illustre* (Cf. Encyclopédiste, cit. 4 ; gain, cit. 5 ; ganacherie, cit.). *L'illustre Racine* (Cf. Facile, cit. 12). *Illustre vaincu, illustre captif* (Cf. Assurer, cit. 17). *Mort illustre* (Cf. Funèbre, cit. 8). — *Ironiqt. Un illustre filou* (Cf. Filer, cit. 11). *Personnage illustre dans son genre* (cit. 35). — (*Par plaisant.*) *Illustre inconnu.*

1   « Puisqu'il faut que je meure illustre ou criminel,
    Couvert ou de louange, ou d'opprobre éternel, »
     CORN., **Héraclius**, IV, 3.

2   « Pendant que ce grand Roi la rendait la plus illustre de toutes les reines, vous la faisiez, Monseigneur, la plus illustre de toutes les mères. »   BOSS., **Orais. fun. Marie-Thérèse d'Autriche.**

3   « Rancé eut le bonheur de rencontrer aux études un de ces hommes auprès desquels il suffit de s'asseoir, pour devenir illustre, Bossuet. »
     CHATEAUB., **Vie de Rancé**, I, p. 9.

4   « ... je rentrerai dans ma tanière où je crèverai obscur ou illustre, manuscrit ou imprimé. »   FLAUB., **Corresp.**, 307, 1er févr. 1852.

— *L'illustre Gaudissart*, roman de Balzac.

5   « Il se nommait Gaudissart, et sa renommée, son crédit, les éloges dont il était accablé, lui avaient valu le surnom d'illustre. »
     BALZ., **L'illustre Gaudissart**, Œuvr., t. IV, p. 14.

— *Substant.* et *vieilli. Un illustre* (Cf. Fortune, cit. 26). « *C'est* (au milieu du XVIIe s.) *le moment de la vogue des* « *illustres* », *successeurs éphémères des précieux...* » (BRUNOT, H.L.F., t. IV, p. 452). *La salle des Illustres, du Capitole de Toulouse* (salle où se trouvent les statues des célébrités toulousaines).

6   « Madame, voilà un illustre ;... c'est le héros de notre siècle pour les exploits dont il s'agit... »   MOL., **Pourc.**, I, 2.

— *Hist.* Titre de haut fonctionnaire, dans les derniers temps de l'empire romain.

— *Par ext. Illustre assemblée* (Cf. Balbutier, cit. 1 ; funérailles, cit. 2). — *Allus. littér. L'Illustre Théâtre*, troupe que fonda Molière et où il débuta comme acteur. *L'illustre compagnie :* l'Académie française.

‖ 2° (*En parlant des choses*) *Nom illustre* (Cf. Appliquer, cit. 13 ; fleuron, cit. 3 ; habiller, cit. 19). *Famille* (cit. 9), *maison illustre* (Cf. Fleur, cit. 24). *D'illustre origine, d'illustre lignée, d'illustre naissance.* V. **Noble.** *Il est né d'un sang illustre* (ACAD.). *Objets d'illustre provenance* (Cf. Généalogie, cit. 4). — *Actions, exploits illustres.* V. **Éclatant.** *Ne faire rien d'illustre* (Cf. Hasarder, cit. 1). *Réputation illustre.* V. **Brillant ; renommée.**

7   « ... tout ce qu'ils ont fait d'illustre ne vous donne aucun avantage ; »   MOL., **D. Juan**, IV, 4.

8   « J'ai fait illustre un nom qu'on m'a transmis sans gloire. »
     VIGNY, **Destinées**, L'esprit pur.

9   « Elle aurait voulu que ce nom de Bovary qui était le sien, fût illustre, le voir étalé chez les libraires, répété dans les journaux, connu dans toute la France. Mais Charles n'avait point d'ambition ! »
     FLAUB., **Mme Bovary**, I, IX.

10   « Comme les noms illustres s'inscrivent au coin des rues et nous enseignent où nous sommes, ils s'inscrivent aussi aux carrefours et aux points multiples de notre mémoire intellectuelle. »
     VALÉRY, **Variété IV**, p. 13.

— REM. Au XVIIe s., *Illustre* s'employait au sens de « bien en vue, manifeste, éclatant » (CAYROU), aussi bien en mauvaise qu'en bonne part. *Illustres malheurs* (LA FONT., Fabl., X, 9). *Illustres cruautés* (MOL., Psyché, 282). — En parlant de choses, d'événements célèbres : *illustres batailles* (RAC., Poés., 76), *chansons illustres* (RAC., Rem. s. Pind.), *illustre colère* (Alex. 73), *illustre vertu* (Théb. 665), etc.

ANT. — Bas, vil ; obscur.

DER. — Illustrissime. — Cf. Illustration, illustrer.

ILLUSTRER. *v. tr.* (1350 « éclairer » ; sens mod. au XVIe s. ; lat. *illustrare*, de *lustrare*).

‖ 1° Rendre illustre, célèbre. V. **Rehausser** (l'éclat). *Les hauts faits, les exploits qui ont illustré ce prince, qui ont illustré son règne. Illustrer son nom, sa famille, son pays.* V. **Honneur** (faire). *Illustrer sa mémoire* (Cf. Besoin, cit. 59). *Livre qui illustre son auteur* (Cf. Fouiller, cit. 14). — *Pronominalt. S'illustrer par de grandes actions. S'illustrer dans le métier des armes...* V. **Distinguer** (se). Cf. Cueillir des lauriers.

1   « Rocroi... c'en serait assez pour illustrer une autre vie que celle du prince de Condé ; »   BOSS., **Orais. fun. Louis de Bourbon.**

2   « Deux fois déjà, sous Henri IV et sous Louis XIV, les habitants de Rethel s'étaient illustrés par des défenses héroïques. »
     MAUPASS., **Toine**, p. 121.

3   « ... dans l'âge le plus tendre, je nourrissais le désir de m'illustrer sans retard et de durer dans la mémoire des hommes. »
     FRANCE, **Livre de mon ami**, II, I.

— *Par ext. Littér. Illustrer la langue, son œuvre d'expressions nouvelles...* V. **Enrichir, orner ; illustration.**

4   « Tu enrichiras ton poème par variétés prises de la nature... Tu dois... illustrer ton œuvre de paroles recherchées et choisies et d'arguments renforcés, tantôt par fables, tantôt par vieilles histoires... »
     RONSARD, **Œuvres en prose**, Œuvr., t. II, p. 1020.

‖ **2°** Rendre plus clair. V. **Éclaircir, éclairer, expliquer.** *Illustrer de notes, de gloses* (cit. 3), *de commentaires un texte difficile.*

5 « Il est vrai que M. von der Hardt donne ces pièces sur les meilleurs manuscrits, et les illustre de notes,... »
BAYLE, **Lett. à M*****, 2 mai 1697.

— *Par ext.* Mettre en lumière, rendre saisissant par un exemple démonstratif. *La défaite d'Annibal illustre la faute commise après Cannes* (ACAD.). — *Illustrer la définition d'un mot, l'évolution des sens par des citations, des remarques d'usage. Illustrer d'exemples, de citations. Illustrer une maxime morale en la vivant, en l'appliquant. Illustrer une idée, une proposition par des figures* (cit. 26), *des métaphores.*

6 « Je pourrais illustrer cette doctrine d'un grand nombre d'exemples admirables. » FRANCE, **Rôtiss. reine Pédauque,** XV, t. VIII, p. 127.

‖ **3°** Orner de figures, d'images un ouvrage imprimé ou manuscrit (de façon à en rendre le texte plus clair, plus évocateur, plus agréable à lire). V. **Illustration.** *Dessinateur, graveur dont le métier est d'illustrer des livres.* V. **Illustrateur.** *Illustrer des livres de luxe, des livres d'enfants.*

7 « ... l'usage s'est conservé d'illustrer (c'est le mot dont on se sert) les livres précieux et de traduire une page par un dessin. »
GAUTIER, **Portr. contemp.,** p. 227.

‖ ILLUSTRÉ, ÉE. *p. p. adj.* Orné d'illustrations. *Édition illustrée, publication illustrée avec goût* (Cf. Copieux, cit. 5). *Journal illustré* (Cf. Accompagnement, cit. 4).

8 « Madame Cardot avait désiré voir les gravures de Gil Blas, un de ces livres *illustrés* que la librairie française entreprenait alors, et Lousteau la veille en avait remis les premières livraisons à madame Cardot. » BALZ., **Muse du département,** Œuvr., t. IV, p. 160.

→ *Substant.* Un *illustré :* périodique qui se compose pour l'essentiel d'images, de photographies, accompagnées de légendes, de textes courts.

9 « Sur la petite table du kiosque il y a les journaux du soir pliés et empilés. Mais tout autour, les illustrés pendent à des ficelles... »
ROMAINS, **H. de b. vol.,** t. IV, XV, p. 153.

— (En librairie) Livre illustré. *Illustrés romantiques.*

ILLUSTRISSIME. *adj.* (1481 WARTBURG ; de *illustre,* d'après l'ital. *illustrissimo*). Très illustre*. — REM. Ne s'emploie que comme titre donné à certains dignitaires ecclésiastiques, ou par ironie. *Illustrissime seigneur. Mon illustrissime collègue.*

ILLUTER. *v. tr.* (XIXe s. LACHÂTRE ; comp. du lat. *in*, « dans », et *lutum*, « boue »). *Méd.* Baigner* dans une boue* médicinale ; enduire* de boue. *Illuter un membre malade, un malade.*

COMP. — (des mêmes éléments lat.) : **Illutation.** *n. f.* (1765 ENCYCL.). Bain* de boue ; traitement par la boue médicinale.

ILLYRIEN, IENNE. *adj.* (de *Illyrie*). De l'Illyrie. — *Substant.* Un *Illyrien. L'illyrien, le groupe illyrien :* groupe de langues anciennes du Nord-Ouest des Balkans.

ÎLOT. *n. m.* (1529 ; de *île*).

‖ **1°** Très petite île. V. **Île*** (Cf. Broder, cit. 5 ; eldorado, cit. 2). *Îlot dans un lac, un étang* (cit. 4), *une rivière* (Cf. Atterrissement, cit. 1). *Îlot inhabité* (Cf. Fleur, cit. 37).

1 « Le grand Meschascébé, fier de ses joncs sacrés,
Charrie augustement ses îlots mordorés, »
VERLAINE, **Poèmes sat.,** Nocturne parisien.

— *Par métaph.* Se dit d'objets, de petits espaces isolés dans un ensemble d'une autre nature (souvent comparé à la mer, à l'océan). Cf. Bambou, cit. 1 ; battre, cit. 41 ; fresque, cit. 6. *Des îlots de verdure. — Des îlots de mémoire.*

2 « Des villages faisaient des îlots de pierre, un clocher au loin émergeait d'un pli de terrain, sans qu'on vît l'église, dans les molles ondulations de cette terre du blé. » ZOLA, **La terre,** I, I.

3 « Le boulevard est sombre du côté du ciel, lumineux par places du côté du sol. Seulement par places. Le passant navigue d'îlots de clarté en îlots de clarté. » ROMAINS, **H. de b. vol.,** t. IV, XV, p. 155.

4 « ... puis, comme une mer verte, la plaine sans vagues de Lombardie où de belles villas baignées dans l'air vaporeux... » MAUROIS, **Ariel...,** VIII, p. 231.

— *Fig.* Un *îlot de dilettantes, de gens cultivés* (Cf. Dépasser, cit. 5). *Des îlots d'hellénisme* (cit. 2) *en terre barbare.*

‖ **2°** Petit groupe de maisons, isolé des autres constructions par des rues, des espaces non bâtis. V. **Île** (vx). *Démolir un îlot insalubre. Chef d'îlot,* responsable de la défense passive d'un groupe d'immeubles.

5 « Les îlots de maisons et de palais se détachent par tranches ombrées ou lumineuses. » GAUTIER, **Mlle de Maupin,** p. 20.

6 « ... le long des rues larges et aérées, leurs hangars alternaient avec des îlots de vieilles maisons, des jardins mutilés et des terrains à lotir. » MART. du G., **Thib.,** t. V, III, p. 27.

ILOTE. *n.* (1568 ; lat. *ilota,* gr. *heilôs, -ôtos*).

‖ **1°** *Antiq. gr.* Habitant de Laconie réduit en esclavage par les Spartiates, envahisseurs doriens (on écrit aussi HILOTE). *Les ilotes, les hilotes étaient astreints à cultiver les champs de leurs maîtres, à leur verser des prestations, à les suivre à la guerre comme serviteurs... Une ilote. Les révoltes des ilotes.*

1 « L'abus extrême de l'esclavage est lorsqu'il est, en même temps, personnel et réel. Telle était la servitude des ilotes chez les Lacédémoniens ; ils étaient soumis à tous les travaux hors de la maison, et à toutes sortes d'insultes dans la maison : cette ilotie est contre la nature des choses. » MONTESQ., **Espr. des lois,** XV, 10.

2 « ... Sparte était forcée d'armer... même ses hilotes ; elle savait bien... qu'il lui faudrait, au retour de l'armée, ou subir la loi de ses hilotes, ou... les faire massacrer sans bruit. »
FUSTEL de COUL., **Cité ant.,** p. 386.

— *Les Spartiates enivraient leurs ilotes pour inciter leurs enfants à la sobriété.* — *Fig. L'ilote ivre.*

3 « Il est permis de soûler les ilotes pour guérir de l'ivrognerie les gentilshommes. » BAUDEL., **Art roman.,** XXIII.

4 « ... il joue pour moi le rôle de l'ilote, ivre du vin dont j'aurais tendance à me soûler. » GIDE, **Attendu que...,** p. 19.

‖ **2°** *Fig.* et *péjor.* Personne réduite au dernier degré de la misère, de l'abjection*, de l'ignorance*. *De pauvres, de misérables ilotes.*

5 « Insensiblement, Céleste prit une attitude passive et fut ce que Brigitte la voulait, une ilote. » BALZ., **Petits bourgeois,** Œuvr., t. VII, p. 85.

6 « Je suis un ilote. Qui me donnera la liberté ? Qui me sauvera de la déchéance ? Qui pourra me rendre la grâce perdue ? »
DUHAM., **Salavin,** I, XXI.

DER. — **Ilotie.** *n. f.* (XVIIIe s.). Syn. d'*Ilotisme* (Cf. *supra,* cit. MONTESQ.). — **Ilotisme.** *n. m.* (1823). Condition d'ilote, à Sparte. — État d'abjection, de misère, d'ignorance auquel sont réduits les éléments opprimés d'une société, etc.

1 « Tout en remarquant l'ilotisme auquel est condamnée la jeunesse, nous étions étonnés de la brutale indifférence du pouvoir pour tout ce qui tient à l'intelligence, à la pensée, à la poésie. »
BALZ., **Z. Marcas,** Œuvr., t. VII, p. 739.

2 « C'est sans doute un lamentable spectacle que celui des souffrances physiques du pauvre. J'avoue pourtant qu'elles me touchent infiniment moins que de voir l'immense majorité de l'humanité condamnée à l'ilotisme intellectuel, de voir des hommes semblables à moi, ayant peut-être des facultés intellectuelles et morales supérieures aux miennes, réduits à l'abrutissement, infortunés traversant la vie, naissant, vivant et mourant sans avoir un seul instant levé les yeux du servile instrument qui leur donne du pain, sans avoir un seul moment respiré Dieu. » RENAN, **Avenir de la Science,** Œuvr., t. III, XVII, p. 987.

IMAGE. *n. f.* (*Imagene* vers 1050 ; lat. *imago*).

‖ **1°** Reproduction inversée qu'une surface polie donne d'un objet qui s'y réfléchit. V **Reflet** (Cf. Étage, cit. 10). *Cristal qui reflète une image* (Cf. Baiser, cit. 16). *Renvoyer une image* (Cf. Home, cit. 2). *Image dans une glace* (cit. 19, 24, 27), *dans une eau calme. Narcisse amoureux* (cit. 13) *de son image. Image claire, nette, trouble.*

1 « Se mire-t-on près un rivage,
Ce n'est pas soi qu'on voit, on ne voit qu'une image »
LA FONT., **Fabl.,** VIII, 13.

2 « Ce chien, voyant sa proie en l'eau représentée,
La quitta pour l'image, et pensa se noyer. » ID., **Ibid.,** VI, 17.

3 « Les étoiles étincelaient au ciel, et se réfléchissaient au sein de la mer, qui répétait leurs images tremblantes. »
BERNARD. DE ST-P., **Paul et Virginie,** p. 78.

4 « Est-ce un vain rêve » ma propre image
Que j'aperçois dans ce miroir ? »
MUSS., **Poés. nouv.,** Nuit de décembre.

5 « Il se tenait devant un miroir long, appliqué au mur entre les deux fenêtres, et contemplait son image de très beau et très jeune homme, ni grand, ni petit, le cheveu bleuté comme un plumage de merle. »
COLETTE, **Chéri,** p. 6.

6 « En ne se penchant pas trop, en se tenant presque droit, il réussissait à se voir ; l'eau n'était pas claire, mais la lune en faisait un miroir ; peu à peu les rides qui jouaient à sa surface s'atténuaient et l'image qu'il discernait devenait de plus en plus nette. »
GREEN, **Léviathan,** I, XIII.

— *Opt.* « Ensemble des points (réels ou virtuels) où vont converger, après passage dans un système optique, les rayons lumineux issus des divers points d'un corps donné, choisi comme objet » (DICT. des SCIENCES, d'après E.B. UVAROV et D.R. CHAPMAN). *Projection d'images réelles et renversées sur l'écran d'une chambre* noire. Calquer une image à la chambre* claire. Image virtuelle,* vue en des points d'où les rayons lumineux semblent venir vers l'observateur. *Image au miroir,* telle qu'elle est vue dans un miroir plan. *Image déformée* (V. **Anamorphose**). *Image de réfraction, image illusoire.* V. **Mirage.** *Images vues derrière un corps transparent.* V. **Ombre** (ombres chinoises). *Images changeantes d'un kaléidoscope*.* — *Photogr.* V. **Cliché, épreuve.** *Image brouillée, nette. Image radiologique, radioscopique.* — *Cinéma. Images d'un film.* V. **Photogramme.** *Enregistrement des images sur la pellicule. Transmission à distance des images.* V. **Télévision.** — *Anat.* et *physiol. Image rétinienne** (V. **Œil, vision, vue**). — *Par ext. Phys.* Phénomène où l'on observe une correspondance analogique entre les points de deux ensembles physiques. *Image électrique... Image du sol, d'un avion... sur un écran de radar.*

7   « Mais aussi si l'on rectifie
    L'image de l'objet sur son éloignement,
    Sur le milieu qui l'environne,
    Sur l'organe et sur l'instrument,
    Les sens ne tromperont personne. »   LA FONT., **Fabl.**, VII, 18.

8   « Un trait de lumière qui passe à travers un prisme, se rompt et se divise de façon qu'il produit une image colorée, composée d'un nombre infini de couleurs ;... »   BUFF., **Introd. hist. min.**, 7ᵉ mémoire.

9   « C'est un des problèmes les plus difficiles de l'optique que de déterminer le lieu apparent de l'image d'un objet que l'on voit dans un miroir ou à travers un verre... »   DIDER., **Encycl.**, Image.

10   « ... il faudrait... songer au parti *véridique* que tire le kinétoscope, ou le cinéma, de la durée illusoire sur la rétine d'une image visuelle. »   PAULHAN, **Fleurs de Tarbes**, p. 139.

11   « On peut voir, sur son écran (*du radar*), à leur place relative, les objets environnants, et même une « image radio-électrique » du sol... comme sur une carte, un peu bizarre et grossière,... »   P. DAVID, **Le radar**, p. 115 (éd. P.U.F.).

12   « Nous voyons les objets dans leur position normale, bien que l'appareil optique de l'œil donne sur la rétine une image renversée... »   FABRE et ROUGIER, **Physiol. médicale**, Mécanisme de la vision, p. 436.

13   « Une définition primaire du cinéma pourrait être la suivante : « L'art des images en mouvement ». L'image de cinéma est en effet par essence une réalité en mouvement... toute image extraite d'un film est, à des degrés divers, un non-sens, car elle n'est qu'un fragment statique et inerte d'une continuité en acte qui ne revêt toute sa signification que dans un déroulement temporel... »   M. MARTIN, **Le langage cinématographique**, I, p. 12

‖ **2°** Représentation* d'un objet par les arts graphiques ou plastiques (V. **Chromo, dessin, effigie, figure, peinture, portrait, sculpture**), les procédés d'enregistrement photographique (V. **Daguerréotype, instantané, photographie**). *Image dessinée, gravée, moulée... Image fidèle, ressemblante... Image approximative, floue, grossière... Image grotesque.* V. **Caricature.** *Images funéraires. Médaille frappée à l'image, à l'effigie d'un souverain* (Cf. Denier, cit. 1). *Envoûter* (cit. 1 et 2) *à l'aide d'images de cire. Science, description des images.* V. **Iconographie.** *Personnage popularisé par l'image* (Cf. Barbeau, cit.). *Chérir, contempler l'image d'une personne aimée* (Cf. Frapper, cit. 18). *C'est la dernière image qu'on a prise de lui.* V. **Photo** (Cf. Emplir, cit. 9). *Chasseur* d'images. — Antiq. rom. Droit d'images,* privilège accordé aux nobles d'exposer dans leur atrium (V. images* (généralement des bustes en cire peinte) de leurs ancêtres ayant exercé des magistratures curules.

14   « Vous avez vu cent fois nos soldats en courroux
    Porter en murmurant leurs aigles devant vous,
    Honteux de rabaisser par cet indigne usage
    Les héros dont encore elles portent l'image. »   RAC., **Britann.**, IV, 2.

15   « Je vous jure que je suis aussi laid que mon portrait ; croyez-moi. Le peintre n'est pas bon, je l'avoue ; mais il n'est pas flatteur... Qu'importe, après tout, que l'image d'un pauvre diable qui sera bientôt poussière, soit ressemblante ou non ? »   VOLT., **Lett. à d'Argental**, 1555, 16 juin 1758.

— Par métaph. *Graver* (cit. 11 et 13) *une image dans le cœur, le souvenir.* — Loc. fam. (vieilli). *Une belle image,* se dit d'une femme au visage froid, inexpressif, par allus. à l'immobilité, à l'impassibilité de l'image (Cf. Attendrir, cit. 12).

— *Spécialt.* (dans les religions). *Les images des dieux.* V. **Idole, simulacre** (Cf. Enthousiasme, cit. 9). *Les images du Christ, des saints... Les images des madones.* V. **Icône** (Cf. Fanal, cit. 8). *Images décorant les iconostases*. Images allégoriques.* V. **Iconologie.** — *Absolt.* (au plur.). *Culte des images.* V. **Iconolâtrie, idolâtrie.** *Briseur d'images.* V. **Iconoclaste.** Hist. relig. *Querelle des images. Décrets des empereurs romains contre les images* (Cf. Exécuter, cit. 13).

16   « ... la belle pensée de faire punir un Turc, parce qu'il n'a pas salué l'image de la Vierge ! »   SÉV., 649, 13 sept. 1677.

17   « Comme il est aveuglé du culte de ses dieux !...
    Tout son palais est plein de leurs images. »   RAC., **Esther**, II, 8.

18   « Il (*Léon Isaurien*) entreprit de renverser comme les idoles les images de Jésus-Christ et de ses saints... on lui vit d'abord briser une image de Jésus-Christ, qui était posée sur la grande porte de l'église de Constantinople. Ce fut par là que commencèrent les violences des iconoclastes, c'est-à-dire des brise-images. »   BOSS., **Disc. hist. univ.**, I, XI.

19   « ... jamais aucun gouvernement n'ordonna qu'on adorât une image, comme le dieu suprême de la nature. Les anciens Chaldéens, les anciens Arabes, les anciens Perses, n'eurent longtemps ni images ni temples... Ils révéraient ce qu'ils voyaient : mais certainement révérer le soleil et les astres, ce n'est pas adorer une figure taillée par un ouvrier... »   VOLT., **Essai s. les mœurs**, De l'idolâtrie.

— *Particult.* Petite estampe*, reproduisant des sujets religieux ou profanes. *Images pieuses, saintes. Image portebonheur* (V. **Talisman**). *Image de première communion. Bible* (cit. 8) *en images. Album, livre d'images. Images qui illustrent* un texte. V. **Gravure, illustration.** *Images en noir, en couleurs. Images d'Épinal. Collection, commerce d'images.* V. **Imagerie.** *Marchand d'images.* V. **Imagier.** *Accrocher des images au mur.* V. **Gravure** (cit. 5). *Image de chevet*. Enfant qui s'amuse à colorier, décalquer* (V. **Décalcomanie**), *découper, regarder* (Cf. Grand, cit. 19) *des images. Récompenser un enfant par une image.* — Loc. fam. *Un enfant sage comme une image,* calme, posé (par allus. à l'immobilité des personnages figurant sur les images). —

Cela fait image d'Épinal, se dit d'un tableau aux tons criards, qui hurlent (par allus. au bariolage des *images d'Épinal*).

20   « ... une étroite bibliothèque pendue au mur ; puis, des images du haut en bas, des bonshommes découpés, des gravures coloriées fixées à l'aide de quatre clous, des portraits de toutes sortes de personnages, détachés des journaux illustrés. Madame Goujet disait, avec un sourire, que son fils était un grand enfant ; le soir, la lecture le fatiguait ; alors, il s'amusait à regarder ses images. »   ZOLA, **L'Assommoir**, I, p. 134.

21   « ... vers la droite, c'est bien encore l'antique Jérusalem, comme sur les images des naïfs missels. »   LOTI, **Jérusalem**, p. 59.

22   « Quand j'avais été docile, Mademoiselle de Goecklin me faisait cadeau d'une image... (*je*) la collais dans un album, à côté d'autres images que les grands magasins donnaient aux enfants de leur clientèle,... »   GIDE, **Si le grain...**, p. 20.

— *Par ext.* V. **Description, tableau.** *Écrivain qui présente l'image de la condition humaine* (Cf. Engager, cit. 48). *Les hommes ne goûtent plus l'image de la félicité* (Cf. Corruption, cit. 8). *Orateur qui doit retracer l'image des malheurs de son pays* (Cf. Empreindre, cit. 4). *Image complète, exacte, précise* (Cf. Empreindre, cit. 4). *Image impartiale, objective, pittoresque.*

23   « Chez vous le mariage est fâcheux et pénible,
    Et vos discours en font une image terrible ; »   MOL., **Éc. d. fem.**, V, 4.

24   « Puisqu'il m'a été donné de tracer de Jésus une image qui a obtenu quelque attention... »   RENAN, **Vie de Jésus**, Avertissement.

25   « Son ébauche de procès-verbal offrait donc de la séance une image assez infidèle. »   ROMAINS, **H. de b. vol.**, t. IV, XIX, p. 203.

26   « Jean est persuadé que je ne lui rends pas sa tendresse ; il croit que je le juge d'après l'image que son oncle me retrace de lui ; »   MAURIAC, **La pharisienne**, III.

‖ **3°** *Fig.* Se dit de l'aspect* particulier sous lequel une chose apparaît. V. **Apparence, face, figure, manifestation, visage.** *Dans cette bataille, une nouvelle image de la guerre lui apparaît* (Cf. Artillerie, cit. 3). *Il ne connaissait pas cette image du Paris nocturne.* — En parlant de choses abstraites :

27   « Comme les proportions sont mieux gardées dans les états médiocres, parce qu'ils sont aussi éloignés des grandes prospérités que des grandes infortunes,... c'est là qu'on trouve souvent quelque image du bonheur. »   RIVAROL, **Fragm. et pens. philos.**, Du bonheur.

‖ **4°** (*Fig.*). Ce qui est la reproduction exacte ou la représentation analogique d'un être, d'une chose.

— V. **Portrait, reflet, réplique.** *Cet enfant est l'image de son père* (ACAD.). Cf. Fruit, cit. 32. — *La peinture hollandaise* (cit.), *image fidèle, complète de la Hollande. Image approchante* (cit. 9), *frappante, parfaite, véridique.* — *À l'image de... Être fait à l'image de...* V. **Modèle** (sur le). Cf. Fumer, cit. 9. *Dieu créa l'homme* (cit. 62 et 69) *à son image.* V. **Ressemblance.** *Régler sa conduite à l'image de quelqu'un.* V. **Exemple ; imiter.**

28   « ... de cela seul que Dieu m'a créé, il est fort croyable qu'il m'a en quelque façon produit à son image et semblance,... »   DESCARTES, **Médit.**, III.

29   « Sans la science, la vie est presque une image de la mort. »   MOL., **Bourg. gent.**, II, 4.

30   « Ce fils victorieux que vous favorisez,
    Cette vivante image en qui vous vous plaisez,
    Cet ennemi de Rome, et cet autre vous-même, »   RAC., **Mithr.**, III, 5.

31   « Si Dieu nous a faits à son image, nous le lui avons bien rendu. »   VOLT., **Le sottisier**, XXXII.

32   « Il serait d'ailleurs faux de prétendre que ce sont (*nos personnages*) des créatures à notre image,... »   MAURIAC, **Le romancier et ses personnages**, p. 130.

— Ce qui offre une représentation d'un être, d'une chose, sans en reproduire exactement l'aspect. *La figure* (cit. 14) *image du corps tout entier. L'hélianthe* (cit.), *image du soleil. L'atome* (cit. 17) *image diminuée de l'infiniment grand.* V. **Analogue.**

33   « Ô douce métamorphose ! Ce temple délicat, nul ne le sait, est l'image mathématique d'une fille de Corinthe, que j'ai heureusement aimée. »   VALÉRY, **Eupalinos**, p. 54.

— Ce qui apparaît comme la manifestation* sensible de l'invisible ou de l'abstrait. V. **Expression** (cit. 47). *Le Christ, image vivante de Dieu.* V. **Incarnation** (Cf. Engendrer I, cit. 3). *Une image du génie français* (Cf. Grisaille, cit. 4). V. **Représentation.** *Offrir l'image de la candeur* (Cf. Fausseté, cit. 7), *de la gaieté* (Cf. Folâtre, cit. 1), *du désespoir. Paysage d'automne qui offre l'image de la solitude* (Cf. Défeuiller, cit. 1).

34   « Partout du désespoir je rencontre l'image,
    Je ne vois que des pleurs... »   RAC., **Bérén.**, V, 7.

35   « — Hélas ! sur son visage
    J'entrevois de la mort la douloureuse image : »   VOLT., **Mérope**, III, 4.

36   « Mais, dans sa source vive, le romantisme défie d'abord la loi morale et divine. Voilà pourquoi son image la plus originale n'est pas, d'abord, le révolutionnaire mais, logiquement, le dandy. »   CAMUS, **L'homme révolté**, p. 71.

— Ce qui évoque ou figure une réalité de nature différente, en raison d'un rapport de similitude, d'analogie.

V. **Figurer ; emblème, figure, symbole.** *Le déluge, image du baptême* (cit. 1). *Les danses des corybantes* (cit.), *image de la guerre* (Cf. *aussi* Echec, cit. 13). *Le berger* (cit. 14) *et son troupeau, image du roi et de ses sujets* (Cf. *aussi* Gaster, cit.). *La fuite* (cit. 9) *de l'eau, image du temps qui s'écoule. La fumée, image de la vie qui s'éteint* (cit. 66). *Ces fleurs fanées* (cit. 17) *sont l'image de sa destinée. Image allégorique, symbolique* (Cf. Défaitisme, cit.). *Image concrète illustrant une idée abstraite.*

37 « Qu'on s'imagine un nombre d'hommes dans les chaînes, et tous condamnés à la mort, dont les uns étant chaque jour égorgés à la vue des autres, ceux qui restent voient leur propre condition dans celle de leurs semblables, et, se regardant les uns et les autres avec douleur et sans espérance, attendent à leur tour. C'est l'image de la condition des hommes. » **PASC., Pens., III, 199.**

38 « Ce chien est à moi, disaient ces pauvres enfants ; c'est là ma place au soleil. — Voilà le commencement et l'image de l'usurpation de toute la terre. » **ID., Ibid., V, 295.**

39 « Les roues, les ressorts, les mouvements sont cachés ; rien ne paraît d'une montre que son aiguille, qui insensiblement s'avance et achève son tour : image du courtisan, d'autant plus parfaite qu'après avoir fait assez de chemin, il revient souvent au même point d'où il est parti. » **LA BRUY., VIII, 65.**

40 « Elle voit paraître ce que Jésus-Christ n'a pas dédaigné de nous donner comme l'image de sa tendresse, une poule devenue mère, empressée autour des petits qu'elle conduisait. » **BOSS., Orais. fun. Anne de Gonzague.**

41 « La république des moutons est l'image fidèle de l'âge d'or. » **VOLT., Dict. philos., Lois.**

|| 5° Spécialt. *Littér.* V. **Allégorie, comparaison** (cit. 12), **figure, métaphore.** *Image banale, usée.* V. **Cliché** (Cf. Aurore, cit. 20). *Images de style* (Cf. Coloris, cit. 5 ; essentiellement, cit.). *Images bibliques, évangéliques.* V. **Parabole** (Cf. Axiome, cit. 5). *Écrivain qui s'exprime* (cit. 24) *par des images. Expression qui fait* (cit. 117) *image.* Cf. Imagé. *Forger* (cit. 5) *une image. Hardiesse* (cit. 22), *justesse, profusion* (Cf. Enfiévrer, cit. 5), *puissance des images* (Cf. Excrément, cit. 6). *Images descriptives. Images colorées, fortes, frappantes* (Cf. Exagération, cit. 1), *savoureuses, grandiloquentes* (cit. 1), *forcées* (Cf. *aussi* Accent, cit. 5 ; agneau, cit. 3 ; chandelle, cit. 5 ; emprunter, cit. 16 ; flux, cit. 9 ; fortune, cit. 36 ; français, cit. 5 ; homme, cit. 130). *Théorie surréaliste de l'image.*

42 « Ces « images », que d'autres appellent « peintures » ou « fictions », sont aussi d'un grand artifice pour donner du poids, de la magnificence et de la force au discours. Ce mot d'« image » se prend en général pour toute pensée propre à produire une expression, et qui fait une peinture à l'esprit de quelque manière que ce soit ; mais il se prend encore, dans un sens plus particulier et plus resserré, pour ces discours que l'on fait « lorsque, par un enthousiasme et un mouvement extraordinaire de l'âme, il semble que nous voyons les choses dont nous parlons, et quand nous les mettons devant les yeux de ceux qui écoutent ». **BOIL., Traité du sublime, XIII.**

43 « Il faut toujours se souvenir que les modifications de l'âme ne peuvent s'exprimer que par des images physiques : on dit *la fermeté de l'âme, de l'esprit ;* » **VOLT., Dict. philos., Fermeté.**

44 « On peut concevoir et s'expliquer par les images, mais non pas juger et conclure. » **JOUBERT, Pens., XXII, CXI.**

45 « ... elle abondait en plaisants dictons, en sages proverbes, en images populaires et rustiques » **FRANCE, Petit Pierre, XXIV.**

46 « L'image est une création pure de l'esprit. Elle ne peut naître d'une comparaison mais du rapprochement de deux réalités plus ou moins éloignées. Plus les rapports des deux réalités rapprochées seront lointains et justes, plus l'image sera forte — plus elle aura de puissance émotive et de réalité poétique... » **P. REVERDY, Nord-Sud, mars 1918 (in BRETON, Manif. du surréal.).**

47 « Il en va des images surréalistes comme de ces images de l'opium que l'homme n'évoque plus, mais qui « s'offrent à lui, spontanément... » Si l'on s'en tient... à la définition de Reverdy, il ne semble pas possible de rapprocher volontairement ce qu'il appelle « deux réalités distantes »... Il est faux, selon moi, de prétendre que « l'esprit a saisi les rapports » des deux réalités en présence... C'est du rapprochement en quelque sorte fortuit des deux termes qu'a jailli une lumière particulière, *lumière de l'image,* à laquelle nous nous montrons infiniment sensibles. La valeur de l'image dépend de la beauté de l'étincelle obtenue ; elle est, par conséquent, fonction de la différence de potentiel entre les deux conducteurs. Lorsque cette différence existe à peine comme dans la comparaison (*en note :* Cf. l'image chez Jules Renard), l'étincelle ne se produit pas. » **BRETON, Manif. du surréalisme, p. 58.**

48 « L'image, c'est l'évocation d'un spectacle de la nature ou d'une vérité de l'homme, dans la peinture d'une situation. C'est, en somme, le rattachement de l'émotion que l'artiste veut faire naître d'un certain concours de choses, nouveau pour le lecteur, à des émotions généralement éprouvées par l'homme. Véritable induction de l'art. Appel au général pour faire ressentir le particulier, au connu pour que surgisse dans l'attrait de la chose découverte cette relation nouvelle entre les choses qu'est une création de l'esprit,... » **Bernard GRASSET, in GEORGIN, La prose d'aujourd'hui, p. 253.**

|| 6° Toute représentation* mentale d'origine sensible. — REM. Jusqu'au milieu du XVIIIe s. on a utilisé indistinctement les mots *idée* et *image.* Depuis cette époque, le mot *image* s'oppose d'une part au *concept* ou à l'*idée* abstraite (V. **Idée,** cit. 5), d'autre part à la *réalité* ou aux *choses* qui existent indépendamment de l'esprit qui les pense (Cf. *infra,* cit. 50 BERGSON).

49 « ... l'esprit agissant est un polypier d'images mutuellement dépendantes,... » **TAINE, De l'intell., t. I, p. 124.**

« Me voici donc en présence d'images, au sens le plus vague où l'on puisse prendre ce mot, images perçues quand j'ouvre mes sens, inaperçues quand je les ferme. » **BERGSON, Matière et mémoire, p. 11.** 50

— Particult. A. (*Psychol.*). Reproduction mentale d'une perception ou impression* antérieure, en l'absence de l'objet qui lui avait donné naissance. *Image visuelle, auditive, tactile... L'image, en général moins vive, moins nette, plus faible* (cit. 29), *plus changeante... que la perception. Avoir une image dans l'esprit. Chasser une image de son esprit. Localisation des images dans le cerveau* (Cf. Entendement, cit. 4). *Lois de l'association* (cit. 16) *des images. — Image d'un être, d'un objet, d'un lieu.* — Spécialt. *Image rémanente*. Rémanence* des images visuelles. — Image éidétique,* caractérisée, dans des cas souvent pathologiques, par son extrême netteté, et sa persistance presque obsédante. — REM. En ce premier sens, le mot *image* s'est d'abord appliqué exclusivement aux images de la vue (« *Le sens de la vue fournit seul des images* ». VOLT., Dict. philos., Imagination). Son usage ne s'est étendu aux autres impressions sensorielles qu'à la fin du XIXe s., non sans rencontrer une forte résistance.

« Je vois des images, je me souviens des effets sur mon cœur, mais pour les causes et la physionomie néant. » **STENDHAL, Vie de H. Brulard, 17.** 51

« C'est hier que j'ai eu ce spectacle, et aujourd'hui, à mesure que j'écris, je le revois faiblement, mais je le revois ;... C'est une demi-résurrection de mon expérience ; on pourra employer divers termes pour l'exprimer, dire qu'elle est un arrière goût, un écho, un simulacre, un fantôme, une *image* de la sensation primitive ;... 52
Les sensations de l'ouïe, du goût, de l'odorat, du toucher, et, en général, toutes les sensations,... ont aussi leurs images. » **TAINE, De l'intell., t. I, pp. 78 et 84.**

— *Problèmes psychologiques des rapports entre l'image et le concept, de la pensée sans images. Peut-on penser sans images ?*

« ... prenant à la lettre cette expression de *pensée sans images,* qui ne peut signifier honnêtement,... qu'une pensée *non faite d'images,* on a voulu que la pensée vraie ne fût *même pas accompagnée d'images,* ce qui conduirait à chercher une pensée incapable même de s'exercer. » **PRADINES, Traité de psychol. génér., III, p. 162.** 53

B. (*Sens élargi, ordinaire en littérature*). — Vision* intérieure (plus ou moins exacte) d'un être ou d'une chose. *Se faire une image de...* (V. **Imaginer,** et *aussi* **Idée**). *Les images, peintures absolues des objets sensibles* (Cf. Idée, cit. 4). *L'image d'un être aimé, une chère image. — Garder gravées dans la mémoire les images du passé. Conserver l'image d'un être* (Cf. Correspondre, cit. 3 ; empreindre, cit. 9). V. **Souvenir.** *Images isolées de notre enfance* (Cf. Cadre, cit. 9). *Évoquer* (cit. 18) *une image. Image qui s'efface, s'estompe. Image obsédante d'un être, d'un événement.*

« Et pourquoi vous en faire une image si noire ? » **RAC., Baj., II, 3.** 54

« L'image de l'amour éteint effraye plus un cœur tendre que celle d'un amour malheureux, et le dégoût de ce qu'on possède est un état cent fois pire que le regret de ce qu'on a perdu. » **ROUSS., Julie, 3e partie, Lettre VII.** 55

« Toute la soirée ton image m'a poursuivi comme une hallucination. » **FLAUB., Corresp., 324, 9 juin 1852.** 56

« Dans sa mémoire à lui seul, mais rien que là, persistait encore la jeune image, et, quand il serait mort, aucun reflet ne resterait nulle part de ce que fut sa beauté, aucune trace au monde de ce que fut son âme anxieuse et candide. » **LOTI, Désenchant., II, V.** 57

« Au grand jour de la mémoire habituelle, les images du passé pâlissent peu à peu, s'effacent, il ne reste plus rien d'elles, nous ne les retrouverons plus. » **PROUST, Rech. t. p., t. IV, p. 55.** 58

« Pourquoi certaines images demeurent-elles pour nous aussi nettes qu'au moment de la vision, alors que d'autres, en apparence plus importantes, s'estompent puis s'effacent si vite ? » **MAUROIS, Climats, I, II.** 59

« Que de fois, tandis qu'elle rêvait en regardant les tilleuls dorés de Nohant, l'image de ce beau visage était venue danser au bout de la plume de George et l'avait empêchée d'écrire, rare et redoutable signe. » **ID., Lélia, VI, p. 295.** 60

C. *Les images* considérées comme des représentations sensibles indépendantes de la réalité, et parfois s'y opposant. *Ces images sont de purs produits de l'imagination*, de la fantaisie, de la rêverie. Images qui accompagnent une lecture. — Images érotiques, fantastiques, incohérentes du rêve*, du délire.* V. **Onirique** (état), **vision** (Cf. *aussi* Hallucination). *Images trompeuses.* V. **Illusion** (Cf. Cher, cit. 18). *Image effrayante.* V. **Spectre.** *Image d'un être, embellie par la passion. Se forger une image fantaisiste du réel. Brillantes images qui entourent* (cit. 6) *la réalité de l'amour. Substituer aux êtres l'image qu'on se fait* (cit. 249) *d'eux. Être abusé* (cit. 13) *par de vaines images.*

« On aime bien plus l'image qu'on se fait que l'objet auquel on l'applique. Si l'on voyait ce qu'on aime exactement tel qu'il est, il n'y aurait plus d'amour sur la terre. » **ROUSS., Émile, IV.** 61

« À la parole de Philoxène, les images les plus singulières défilaient devant les yeux et faisaient vivre avec sa pensée, sa forme et sa couleur, l'auteur qu'il interprétait. » **GAUTIER, Portr. contemp., p. 157.** 62

« ... les noms présentent des personnes — et des villes qu'ils nous habituent à croire individuelles, uniques comme des personnes — une image confuse qui tire d'eux, de leur sonorité éclatante ou sombre, la 63 couleur dont elle est peinte uniformément... quand je pensais à Florence c'était comme à une ville miraculeusement embaumée et semblable à une corolle, parce qu'elle s'appelait la cité des lys et sa cathédrale, Sainte-Marie-des-Fleurs... Ces images étaient fausses pour une autre raison encore ; c'est qu'elles étaient forcément très simplifiées... Peut-être même la simplification de ces images fut-elle une des causes de l'empire qu'elles prirent sur moi. »

PROUST, **Rech. t. p.**, t. II, pp. 229-231.

COMP. — Image-orthicon. V. **Télévision**.

DER. — **Imager.** *v. tr.* (XIIIᵉ s., « représenter par l'image » ; 1795, au p. p., sens mod.). *Stylist.* Orner d'images, de métaphores. *Imager son style* (LITTRÉ). *Langage, style imagé.* V. **Coloré, chatoyant, figuré**. *La prose imagée de Chateaubriand.* — **Imagerie.** *n. f.* (XIIIᵉ s.). Fabrication, commerce des images. — *Par ext.* Ensemble d'images provenant de la même origine. *Imagerie d'Épinal.* — (Au propre et au fig., avec souvent une légère nuance péjor.) Ensemble d'images de même inspiration (Cf. Clinquant). *Imagerie naïve, pieuse, populaire. Imagerie romantique* (Cf. Héroïsme, cit. 13), *sentimentale.* — **Imagier** *(jié)*, **ière.** *n.* (*Ymagier* en 1260 ; var. vieil. *Imager, ère*). Sculpteur, peintre du moyen âge. *Les chefs-d'œuvre des imagiers.* — Celui, celle qui fait, enlumine ou vend des images. *Le métier d'imagier.* — Adjectivt. *Artiste imagier.* — (1889) Qui a rapport aux images. *Industrie imagière.*

1   « ... ces précieux manuscrits à miniatures où s'épuisait la patience des imagiers,... »   GAUTIER, **Portr. contemp.**, p. 287.

2   « ... toute l'horreur qu'imprimaient dans mon esprit ces rêves d'imagerie orientale et de tortures mythologiques. »
BAUDEL., **Parad. artif.**, Mangeur d'opium, IV.

3   « ... l'Art de Rodin continuait les belles traditions de l'art séculaire français et, par-delà Carpeaux, Barye, Rude, Clodion, Houdon, qui furent les vrais maîtres de Rodin, rejoignait Michel-Ange, les maîtres imagiers de nos cathédrales et la parfaite sculpture grecque. »
LECOMTE, **Ma traversée**, p. 215.

4   « Les créations de l'imagerie ne sont pas plus accidentelles que celles des maîtres ; et leurs créateurs connaissent leur public. C'est l'art des pauvres, quand il existe un art des riches. »
MALRAUX, **Voix du silence**, p. 499.

5   « ... ce conteur (*Th. Gautier*) est un imagier, doublé d'un ouvrier d'art littéraire de première force. »   HENRIOT, **Romantiques**, p. 202.

IMAGINABLE. *adj.* (1377 WARTBURG ; lat. *imaginabilis*). Que l'on peut imaginer*, concevoir*. V. **Concevable**. *Enfler nos conceptions au delà des espaces imaginables* (Cf. Atome, cit. 1). *Tous les timbres de voix imaginables* (Cf. Aigu, cit. 4). *Toutes les couleurs possibles* et *imaginables. Endurer* (cit. 6) *toutes les souffrances, tous les coups* (cit. 43) *imaginables. Être traité avec toute la modération imaginable* (Cf. Faussaire, cit. 1). *Pratiques actuelles qui n'étaient pas imaginables autrefois* (Cf. Appartement, cit. 6). *Vous ne sauriez croire comme il est avare, ce n'est pas imaginable.*

1   « ... je vous avoue que j'en ai toutes les joies imaginables. »
MOL., **Impr. de Versailles**, 5.

2   « ... la société humaine,... porte nécessairement les hommes... à se rendre mutuellement des services apparents, et à se faire en effet tous les maux imaginables. »
ROUSS., **De l'inégalité parmi les hommes**, Note (i).

ANT. et **COMP.** — Inconcevable, inimaginable.

IMAGINAIRE. *adj.* (XIVᵉ s. ; lat. *imaginarius*).

‖ **1º** Qui n'existe que dans l'imagination (2º), qui est sans réalité. V. **Illusoire, irréel ; fictif**. *Objet imaginaire* (Cf. Embellir, cit. 5). *Palais imaginaire d'un rêve* (Cf. Eldorado, cit. 1). *Frapper une balle imaginaire* (Cf. Éphèbe, cit. 4), *fouetter* (cit. 2) *un coursier imaginaire*, faire mine de frapper une balle, de fouetter un coursier... *Musée* imaginaire. *Animaux imaginaires.* V. **Fabuleux** (cit. 2), **fantastique**. *Être, personne imaginaire.* V. **Inventé, légendaire, mythique** (Cf. *aussi* Bouc, cit. 3). *Personnage imaginaire et personnage réel* (Cf. Appropriation, cit. 1 ; arrière-pensée, cit. 1). *Romancier qui utilise des éléments réels pour créer un personnage imaginaire* (Cf. Fondre, cit. 7). *Vivre dans un monde imaginaire. Ennemis imaginaires* (Cf. Foncer, cit. 2). *Danger* (cit. 8). *Ses craintes, ses soucis sont imaginaires, sans fondement.* V. **Absurde**. *Fautes imaginaires* (Cf. Grand, cit. 76). *Chercher dans la lecture des assouvissements* (cit. 1) *imaginaires. Raisonner sur des faits imaginaires.* V. **Faux** (Cf. Parler en l'air*). *Système, solution imaginaire.* V. **Chimérique, utopique**. *Pouvoir, crédit imaginaire* (Cf. Escroquer, cit. 4). *Raisons imaginaires.* V. **Feint**.

1   « Il faut,... travailler tout le jour et se fatiguer, pour des biens reconnus pour imaginaires, et quand le sommeil nous a délassés des fatigues de notre raison, il faut incontinent se lever en sursaut pour aller courir après les fumées et essuyer les impressions de cette maîtresse du monde (*l'imagination*). »   PASC., **Pens.**, II, 82.

2   « ... on était loin de concevoir à quel point je puis m'enflammer pour des êtres imaginaires. »   ROUSS., **Confess.**, XI.

3   « On place son rêve si loin, tellement loin, tellement hors des possibilités de la vie, qu'on ne pourrait rien trouver dans la réalité qui le satisfasse ; alors, on se fabrique, de toutes pièces, un objet imaginaire ! »   MART. du G., **Jean Barois**, p. 117.

4   « La vie des créatures imaginaires dépasse bien souvent, en intensité morale, celle des êtres de chair et de sang. »
DUHAM., **Défense des lettres**, p. 232.

5   « (*Grâce aux reproductions*)... nous disposons de plus d'œuvres significatives pour suppléer aux défaillances de notre mémoire, que n'en pourrait contenir le plus grand musée. Car un musée imaginaire s'est ouvert, qui va pousser à l'extrême l'incomplète confrontation imposée par les vrais musées :... »   MALRAUX, **Voix du silence**, p. 14.

— *Spécialt.* Vx. *Espaces imaginaires.* V. **Espace**.

— Math. *Nombre* imaginaire (XVIIᵉ s., DESCARTES). *Au sens général.* Nombre de la forme $a + bi$, a et b étant des nombres réels, l'unité imaginaire i étant telle que $i^2 = -1$ ($i = \sqrt{-1}$). V. **Complexe** (*Syn.*). — *Au sens restreint. Nombre imaginaire pur*, nombre de la forme bi, cas particulier des nombres complexes où a est nul (partie réelle).

6   « Application de l'opération de l'extraction de la racine carrée aux nombres négatifs (cette généralisation étant imposée entre autres par la solution des équations du deuxième degré), la notion du nombre imaginaire $\sqrt{-1}$ fournit le modèle d'une « expérience mentale » qui n'aurait point d'objet, puisqu'il n'existe pas de carré négatif... »
J. PIAGET, **Introd. à l'épistémologie génétique**, p. 120.

‖ **2º** Qui n'est tel que dans sa propre imagination. *Malade* imaginaire.

7   « ... cette gaîté de visage leur donne souvent l'avantage dans l'opinion des écoutants, tant les sages imaginaires ont de faveur auprès des juges de même nature. »   PASC., **Pens.**, II, 82.

8   « ... l'inventeur imaginaire, l'homme qui se figurait avoir fait, sur l'évier de sa cuisine, une des grandes découvertes de la science... »
DUHAM., **Salavin**, V, IV, p. 185.

‖ **3º** *Substant. m.* (Cf. Casier, cit. 1 HUGO). Produit, domaine de l'imagination (2º). *Le réel et l'imaginaire. Les inventions de l'imaginaire* (Cf. Fantastique, cit. 2).

9   « Il est aussi quantité de gens qui sont plus sensibles à l'imaginaire qu'au réel, et qui compatissent plus volontiers aux souffrances d'un héros de roman, si tant est qu'elles soient bien peintes, qu'à celles qui sont à leurs côtés et que, en vérité, ils ne savent pas voir. »
GIDE, **Ainsi soit-il**, p. 180.

10   « Le vocable fondamental qui correspond à l'imagination, ce n'est pas *image*, c'est *imaginaire*. La valeur d'une image se mesure à l'étendue de son auréole *imaginaire*. Grâce à l'*imaginaire*, l'imagination est essentiellement *ouverte, évasive*. Elle est dans le psychisme humain l'expérience même de l'*ouverture*, l'expérience même de la *nouveauté*. »
G. BACHELARD, **L'air et les songes**, p. 7.

ANT. — Effectif, exact, historique, réel, véritable, vrai.

IMAGINATIF, IVE. *adj.* (XIVᵉ s. ; lat. *imaginativus*). Qui a l'imagination fertile, qui imagine aisément. *Esprit imaginatif. Personne émotive et imaginative. Les moins imaginatifs pourront se représenter cela* (Cf. Haquenée, cit. 2).

1   « ... j'éprouve, en le lisant, un sentiment qui, dans une nature plus imaginative que la mienne, mériterait le nom de rêverie. »
FRANCE, **Crime S. Bonnard**, I, Œuvr., t. II, p. 269.

2   « Nous devenons imaginatifs sur le tard, en même temps qu'optimistes, pour déformer en les dépeignant ces violents chagrins, ces mélancolies... »   COLETTE, **Belles saisons**, p. 46.

— *Substant. m.* et *f.* Personne imaginative. V. **Rêveur**. *Un grand imaginatif.*

3   « Les grands imaginatifs connaissent ce prodigieux travail de l'esprit qui va chercher jusqu'au fond de leur jeunesse des visages depuis longtemps disparus ou détruits,... »   MAURIAC, **Souffr. et bonh. du chrét.**, p. 91.

4   « On y voit (*dans les lettres de Balzac à Mᵐᵉ Hanska*) un de ces amours d'imaginatif se nourrir lui-même hors de la présence de l'être chéri et désiré, plus beau peut-être d'être aimé en rêve... »
HENRIOT, **Portr. de femmes**, p. 346.

— *Substant. f.* (Vx). *L'imaginative.* Faculté, puissance d'imaginer. V. **Imagination**.

5   « — ... quand je veux, j'ai l'imaginative
Aussi bonne en effet que personne qui vive ; »
MOL., **Étourdi**, II, 11.

6   « — Mais pourquoi parlez-vous de façon peu hâtive ?
Auriez-vous donc la goutte à l'imaginative ? »
ROSTAND, **Cyr. de Bergerac**, III, 6.

IMAGINATION. *n. f.* (XIIᵉ s. ; lat. *imaginatio*).

I. *Psychol.* ‖ **1º** Sens large. Faculté que possède l'esprit de se représenter des images (V. **Image**, 5º ; **imaginer**, 1º) ; connaissance, expérience sensible. *Notre imagination ni nos sens ne nous assurent de rien* (Cf. Entendement, cit. 2). *Le domaine des idées et celui de l'imagination* (Cf. Concevoir, cit. 9). *C'est par l'imagination que les mots deviennent pour nous des choses* (Cf. Abstrait, cit. 5). *La guerre n'était plus une abstraction* (cit. 9), *elle s'imposait à son imagination dans sa réalité sanglante. Le style figuré* (cit. 15) *ébranle l'imagination et se grave dans la mémoire. Avoir l'imagination frappée par une lecture* (Cf. Autosuggestion, cit.). *Distinction entre imagination passive ou reproductrice et imagination active ou créatrice* (XVIIIᵉ s.). — REM. En ce sens large qui domine jusqu'au début du XVIIIᵉ s., le mot *imagination* désigne à la fois l'impression actuelle que les objets provoquent dans l'esprit et celle que l'esprit conserve (Cf. *infra*, cit. 1 BOSSUET). — La distinction entre *imagination passive* et *imagination active* n'est pas toujours nette dans l'usage littéraire (Cf. *par ex.* Grandir, cit. 3, et *infra*, cit. 8 STENDHAL), mais elle a été reprise par les psychologues modernes (Cf. *infra*, cit. 4 GUILLAUME).

1   « ... l'imagination est affectée de l'objet, soit qu'il soit ou qu'il ne soit pas présent, et même quand il a cessé d'être absolument, pourvu qu'une fois il ait été bien senti. »   BOSS., **Conn. de Dieu...**, I. V.

2   « ... si les médecins avaient le vrai art de guérir, ils n'auraient que faire de bonnets carrés... Mais n'ayant que des sciences imaginaires, il faut qu'ils prennent ces vains instruments qui frappent l'imagination à laquelle ils ont affaire ; et par là, en effet, ils s'attirent le respect. »   PASC., **Pens.**, II, 82.

« IMAGINATION : C'est le pouvoir que chaque être sensible sent en soi de se représenter dans son cerveau les choses sensibles... Il y a deux sortes d'imagination : l'une qui consiste à retenir une simple impression des objets ; l'autre qui arrange ces images reçues, et les combine en mille manières. La première a été appelée *imagination passive* ; la seconde, *active*. » VOLT., **Dict. philos.**, Imagination, I.

« Nous avons étudié jusqu'ici un aspect de ce développement, celui qui mène de la reconnaissance des objets à l'évocation de souvenirs et qu'on peut appeler, avec les réserves nécessaires, imagination *reproductrice*. Mais l'imagination a encore d'autres fonctions : elle est constructive ou *créatrice* d'objets nouveaux. » P. GUILLAUME, **Manuel de psychol.**, XIII, 110.

— Spécialt. *Littér.* et *Bx-arts*. Art d'utiliser les images (2° et 4°) pour exprimer sa pensée.

« C'est surtout dans la poésie que cette imagination de détail et d'expression doit régner. Elle est ailleurs agréable mais là elle est nécessaire. Presque tout est image dans Homère, dans Virgile, dans Horace, sans même qu'on s'en aperçoive. La tragédie demande moins d'images, moins d'expressions pittoresques, de grandes métaphores, d'allégories, que le poème épique ou l'ode : mais la plupart de ces beautés, bien ménagées, font dans la tragédie un effet admirable. » VOLT., **Dict. philos.**, Imagination, I.

« J'appelle imagination le don de concevoir les choses d'une manière figurée et de rendre ses pensées par des images. Ainsi l'imagination parle toujours à nos sens : elle est l'inventrice des arts et l'ornement de l'esprit. » VAUVEN., **De l'esprit humain**, II.

« Notre grand modèle, la nature, est-elle donc sans images, le printemps sans fleurs, et les fleurs et les fruits sans couleurs ? Aristote a rendu à l'imagination un témoignage éclatant, d'autant plus désintéressé qu'il en était lui-même dénué, et que Platon, son rival, en était richement pourvu. Les belles images ne blessent que l'envie. » RIVAROL, **Littérature**, Fragm. et pens. littér., Notes.

‖ **2°** Faculté d'évoquer les images des objets qu'on a déjà perçus (imagination reproductrice). V. **Fantaisie** (cit. 3), **mémoire**. *Revoir quelqu'un par l'imagination. Se transporter en imagination dans une maison où l'on a vécu. Souvenirs qui s'éveillent* (cit. 27) *dans l'imagination. Vision qui reste dans l'imagination* (Cf. Bleu, cit. 14 ; étude, cit. 13). *Imagination dont les impressions ne s'effacent* (cit. 21) *pas.*

« S'il est si difficile d'oublier une femme auprès de laquelle on a trouvé le bonheur, c'est qu'il est certains moments que l'imagination ne peut se lasser de représenter et d'embellir. » STENDHAL, **De l'amour**, XXXIX bis.

« Les bords de la Brenta trompèrent mon attente ; ils étaient demeurés plus riants dans mon imagination : les digues élevées le long du canal enterrent trop les marais. » CHATEAUB., **M. O.-T.**, t. VI, p. 162.

‖ **3°** Faculté de former des images d'objets qu'on n'a pas perçus ou de faire des combinaisons nouvelles d'images (imagination créatrice). V. **Imaginaire**. *Avoir recours à l'imagination pour se représenter un objet qu'on vous décrit, une époque à laquelle on n'a pas vécu, un voyage que l'on va faire... Voir quelqu'un dans son imagination. Imagination du lecteur* (Cf. Crédit, cit. 4). *L'imagination déforme, colore* (cit. 12) *la réalité et y supplée*. V. **Fantaisie, invention**. *Laisser vaguer son imagination. Imagination qui brode* (cit. 9) *sur des faits historiques. Imagination qui forge des êtres, des figures* (Cf. Création, cit. 11 ; fantaisie, cit. 2). *L'imagination embellit tout* (Cf. Égarer, cit. 7), *pare ce qu'on désire* (Cf. Espérance, cit. 5). — *L'amour et l'imagination* (Cf. Ardent, cit. 35 ; broder, cit. 4). *Passions, désirs* (cit. 15) *excités, irrités par l'imagination. Jalousie avivée* (cit. 10) *par l'imagination. L'imagination évite l'ennui* (Cf. Désœuvrement, cit. 1). V. **Évasion** (cit. 6), **rêverie**. *Son imagination lui fait prévoir de funestes conséquences* (Cf. Avenir, cit. 22 ; effaroucher, cit. 8). *Imagination et raison* (Cf. Devant, cit. 25) ; *imagination et expérience* (Cf. Éprouver, cit. 2). *Les inventions*, *les fictions*, *les fantômes* de *l'imagination* (Cf. Arracher, cit. 47 ; épuiser, cit. 27). *N'exister que dans l'imagination* (Cf. Forme 1). V. **Esprit, pensée**. *Être un fruit* (cit. 42) *de l'imagination. Ceci dépasse* (cit. 14) *toute imagination. Caprices, écarts de l'imagination* (Cf. Arabesque, dévergondage). *Délices* (cit. 10), *enchantements* (cit. 8) *de l'imagination. Imagination qui travaille* (Cf. Guerre, cit. 35), *ne chôme* (cit. 4) *pas, qui s'exalte* (cit. 23), *s'échauffe* (Cf. Délire, cit. 5), *s'enflamme* (cit. 18), *galope* (cit. 5), *construit des châteaux en Espagne. Imagination fertile* ; *fertilité* (cit. 4) *d'imagination. Imagination trop vive, vagabonde* (Cf. Errer, cit. 21), *divagatrice, débordante, débridée, déréglée, détraquée, sans frein* (Cf. Essor, cit. 11), *exaltée, passionnée* (Cf. Exagérer, cit. 16), *délirante. Imagination ardente* (Cf. Brasier), *volcanique. Imagination romanesque de Madame Bovary. Gouverner son imagination* (Cf. Anticiper, cit. 4). *Agir sur l'imagination des foules. Se laisser emporter par son imagination. S'abandonner à son imagination.* — Absolt. *Avoir de l'imagination* : *avoir l'imagination fertile*. V. **Imaginatif**. *Être dénué d'imagination. Manquer totalement d'imagination. Courageux par manque d'imagination* (Cf. Affronter, cit. 3 ; échapper, cit. 26).

10 « *Imagination*. — C'est cette partie décevante dans l'homme, cette maîtresse d'erreur et de fausseté, et d'autant plus fourbe qu'elle ne l'est pas toujours : car elle serait règle infaillible de vérité, si elle l'était infaillible du mensonge. Mais, étant le plus souvent fausse, elle ne donne aucune marque de sa qualité, marquant du même caractère le vrai et le faux. » PASC., **Pens.**, II, 82.

« Le plus grand philosophe du monde, sur une planche plus large qu'il ne faut, s'il y a au-dessous un précipice, quoique sa raison le convainque de sa sûreté, son imagination prévaudra. Plusieurs n'en sauraient soutenir la pensée sans pâlir et suer. » ID., **Ibid.** 11

« L'imagination est la folle du logis. » MALEBRANCHE, **De la rech. de la vérité**, II, De l'imagination. 12

« ... j'avais une intempérance d'imagination, si l'on peut parler ainsi, qui ne mettait point de bornes à ma fortune. Tant de bien peu à peu m'assoupit, et je m'endormis en bâtissant des châteaux en Espagne. » LESAGE, **Gil Blas**, VII, 10 13

« C'est l'imagination qui étend pour nous la mesure des possibles, soit en bien, soit en mal, et, par conséquent, excite et nourrit les désirs par l'espoir de les satisfaire. » ROUSS., **Émile**, II. 14

« ... quand une fois l'imagination est en train, malheur à l'esprit qu'elle gouverne. » MARIVAUX, **Vie de Marianne**, I. 15

« En vérité, quand la tête se monte, l'imagination la mieux réglée devient folle comme un rêve ! » BEAUMARCH., **Mar. de Figaro**, III, IV. 16

« L'imagination d'une jeune fille n'étant glacée par aucune expérience désagréable, et le feu de la première jeunesse se trouvant dans toute sa force, il est possible qu'à propos d'un homme quelconque, elle se crée une image ravissante... Plus tard, détrompée de cet amant et de tous les hommes, l'expérience de la triste réalité a diminué chez elle le pouvoir de la cristallisation, la méfiance a coupé les ailes à l'imagination. » STENDHAL, **De l'amour**, VIII. 17

« La dimension d'un palais ou d'une chambre ne fait pas l'homme plus ou moins libre. Le corps se remue où il peut ; l'imagination ouvre parfois des ailes grandes comme le ciel dans un cachot grand comme la main. » MUSS., **Fantasio**, II, 5. 18

« Pour se représenter une situation inconnue l'imagination emprunte des éléments connus et à cause de cela ne se la représente pas ; » PROUST, **Rech. t. p.**, t. XIII, p. 14. 19

« ... on prend la première venue, la plus proche... On se garde bien de chercher quel est son véritable caractère ! Non... On l'enferme comme une idole dans le cercle clos de son imagination, on la pare de toutes les qualités que l'on souhaite à l'Élue, — et puis on s'agenouille devant, avec un bandeau sur les yeux... » MART. du G., **Jean Barois**, IV, p. 117. 20

« Par l'imagination, nous abandonnons le cours ordinaire des choses. Percevoir et imaginer sont aussi antithétiques que présence et absence. Imaginer c'est s'absenter, c'est s'élancer vers une vie nouvelle. » G. BACHELARD, **L'air et les songes**, p. 10. 21

— Pathol. *Formes morbides de l'imagination* (fabulation, rêverie morbide, onirisme, mythomanie). *Délires d'imagination.*

— *Par ext.* Faculté de créer en combinant des idées*. *L'imagination, élaboration* (cit. 5) *spontanée. Imagination qui cherche à expliquer quelque chose, qui échafaude des idées... Les trouvailles* de *l'imagination. Avec un peu d'imagination, il aurait pu se tirer d'affaire.* V. **Intelligence**. *Deviner par imagination* (Cf. Analyser, cit. 1 ; graver, cit. 14). *Imagination de l'individu inventif*, *ingénieux* (Cf. Asthénique, cit.). V. **Invention**. *Imagination du mathématicien, du financier... Imagination des malfaiteurs, des détectives...*

« L'imagination active est celle qui joint la réflexion, la combinaison à la mémoire... elle semble créer quand elle ne fait qu'arranger ; car il n'est pas donné à l'homme de se faire des idées ; il ne peut que les modifier. » VOLT., **Dict. philos.**, Imagination. 22

« Que dit-on d'un diplomate sans imagination ? Qu'il peut très bien connaître l'histoire des traités et des alliances dans le passé, mais qu'il ne devinera pas les traités et les alliances contenus dans l'avenir. D'un savant sans imagination ? Qu'il a appris tout ce qui, ayant été enseigné, pouvait être appris, mais qu'il ne trouvera pas les lois non encore devinées. L'imagination est la reine du vrai, et le *possible* est une des provinces du vrai. Elle est positivement apparentée avec l'infini. » BAUDEL., **Curios. esth.**, Salon 1859, III. 23

— Spécialt. *Littér.* et *Bx-arts*. V. **Création**, et *aussi* **Improvisation, inspiration**. *Imagination poétique* (Cf. Arlequin, cit. 5 ; gaz, cit. 2). *Imagination du romancier*. V. **Fabulation** (cit.), **fiction**. *Imagination abondante* (cit. 3) *de Gœthe* ; *exubérante* (cit. 4) *de Rabelais ; forcenée de Flaubert* (Cf. Cristalliser, cit. 1). *Imagination brillante, pleine de verve, de chaleur, de feu. Force de l'imagination. Peindre d'imagination.* V. **Chic** (de chic). *Roman d'imagination* (Cf. Genre, cit. 15). — *Imagination musicale de Beethoven* (Cf. Fugue, cit. 2). *Imagination de Delacroix* (Cf. Élire, cit. 10 ; escalader, cit. 8 ; faculté, cit. 6).

« Celui qui a de l'imagination sans érudition a des ailes et n'a pas de pieds. » JOUBERT, **Pens.**, IV, XXXIX. 24

« Imagination. Elle est la première qualité de l'artiste. » DELACROIX, **Écrits**, II, p. 37. 25

« ... des projets, des compositions qui témoignent d'une imagination variée et féconde, sachant mêler le sérieux du style à la grâce ornementale. » GAUTIER, **Souv. de théâtre...**, p. 288. 26

« ... *tout dépend de l'imagination*. La sensibilité elle-même, au point de vue littéraire, n'est que l'art de se rendre ému par l'imagination. » ALBALAT, **Art. d'écrire**, IX, p. 166. 27

II. Ce que quelqu'un imagine (V. **Idée, pensée**) et, spécialt. Chose imaginaire*, fantaisiste, extravagante... *Des imaginations sombres ou riantes* (Cf. Bourse, cit. 7). *Être maîtresse de ses craintes et de ses imaginations* (Cf. Brouiller, cit. 8). *Discerner ce qui est vérité d'avec* (cit. 93) *ce qui est imagination romanesque. Souvent échaudé* (cit. 2) *par le fait de ses imaginations.* V. **Illusion**. *Folles imaginations. Songe-creux qui se repaît de ses imaginations.* V. **Chimère, rêve, songe...** (Cf. Viande* creuse). *Défi-*

gurer, enjoliver par des imaginations. Imaginations gro-tesques (cit. 5). V. **Divagation, extravagance, puérilité.** *Imaginations des commentateurs de textes* (Cf. Gloser, cit. 3). *C'est une pure imagination !* V. **Absurdité, conte, fable, fantaisie, folie, invention, mensonge...**

28 « — C'est peu d'aller au ciel, je veux vous y conduire.
— Imaginations ! — Célestes vérités ! »   CORN., Pol., IV, 3.

29 « Je ne sais point sur quoi cette imagination leur est venue ; mais quand j'ai vu qu'à toute force ils voulaient que je fusse médecin,... »
MOL., Méd. m. l., III, 1.

30 « ... ces imaginations fantastiques (*des contes de fées*), dépourvues d'ordre et de bon sens, ne peuvent être estimées ; on les lit par fai-blesse, et on les condamne par raison. »
VOLT., Dict. philos., Imagination.

31 « Cette imagination d'une terre étroite et plate a longtemps prévalu parmi les chrétiens. »   ID., Philos. de Newton, III, IX.

32 « Je n'ai pas pris la peine de réfléchir un moment, les folles imagi-nations de l'amour absorbaient tout mon temps. »
STENDHAL, Le rouge et le noir, p. 156.

33 « Le grand autel de la chapelle du duc d'Abrantès est une des plus singulières imaginations que l'on puisse voir : il représente l'arbre généalogique de Jésus-Christ. »   GAUTIER, Voyage en Espagne, p. 29.

34 « Marié » ? dis-je en sursautant... C'est absurde. C'est tout à fait le genre d'imaginations naturalistes que tu me reprochais autrefois. Tu sais : quand je t'imaginais veuve et mère de deux garçons. Et toutes ces histoires que je te racontais sur ce que nous deviendrons. »
SARTRE, Nausée, pp. 177-178.

ANT. — **Raison. Réalité, vérité.**

IMAGINER. *v. tr.* (1290 ; lat. *imaginari*).

‖ 1° Se représenter* (quelque chose) dans l'esprit. V. **Ima-ge** (5°) ; **imagination.** *Imaginez un pays inconnu, battu par des vents arides* (cit. 2)... V. **Figurer** (se). *Imaginez ces genêts* (cit. 2) *en fleur, leur couleur, leur parfum... Miche-let excelle à décrire ce qu'il imagine* (Cf. Ensemble, cit. 14). V. **Évoquer.** *Imaginer un être* (Cf. Enter, cit. 6), *une per-sonne* (Cf. Enchanteur, cit. 5). *Imaginer en songe.* V. **Rêver.** *J'imagine très bien la scène.* V. **Voir.** *On l'imagine bien ainsi* (Cf. Grâce, cit. 87). *Les choses sont rarement telles qu'on les avait imaginées. Un homme qu'on n'imagine pas abattu, ni même découragé. Imaginer la vie qu'on pourrait avoir* (Cf. Analogue, cit. 6). *Grandeur impossible à imaginer* (Cf. Corps, cit. 15). *Vous n'imaginez pas comme, ce* (cit. 26) *que c'est douloureux. Vous ne pouvez l'imaginer. Au delà de ce qu'on peut imaginer.*

1 « ... imaginer n'est rien autre chose que contempler la figure ou l'image d'une chose corporelle... »   DESCARTES, Médit., II.

2 « Ce matin j'ai vu l'Alhambra... j'ai beaucoup de plaisir à voir les choses que j'avais imaginées. »   VOITURE, Lettres, 38 (in LITTRÉ).

3 « ... si vous proposez à cent personnes également ignorantes d'ima-giner telle machine nouvelle, il y en aura quatre-vingt-dix-neuf qui n'imagineront rien malgré leurs efforts. Si le centième imagine quelque chose, n'est-il pas évident que c'est un don particulier qu'il a reçu ? »   VOLT., Dict. philos., Imagination.

4 « Mes sens émus depuis longtemps me demandaient une jouissance dont je ne savais pas même imaginer l'objet. J'étais aussi loin du véri-table que si je n'avais point eu de sexe. »   ROUSS., Confess., I, p. 56.

5 « L'amour d'un homme qui aime bien *jouit* ou *frémit* de tout ce qu'il s'imagine, et il n'y a rien dans la nature qui ne lui parle de ce qu'il aime. »   STENDHAL, De l'amour, XXXIX bis.

6 « Elle se demandait s'il n'y aurait pas eu moyen, par d'autres combi-naisons du hasard, de rencontrer un autre homme ; et elle cherchait à imaginer quels eussent été ces événements non survenus, cette vie différente, ce mari qu'elle ne connaissait pas... Il aurait pu être beau, spirituel, distingué, attirant... »   FLAUB., Mᵐᵉ Bovary, I, VII.

7 « Nous entrâmes. Imaginez une grande salle éclairée par trois fenê-tres aux vitres troubles et larmoyantes. »   DUHAM., Salavin, I, XIII.

8 « ... j'imagine si bien la scène : elle m'a hanté tout l'après-midi. »
SARTRE, Âge de raison, p. 163.

9 « — Vous me décrirez votre maison, votre chambre. Je voudrais pouvoir vous imaginer là-bas. »   ID., Ibid., p. 267.

— V. **Concevoir, envisager, figurer** (se). *L'homme* (cit. 87) *impossible à imaginer hors de la société. Incapable d'imagi-ner d'autre vie que la leur* (Cf. Finir, cit. 21). *Imaginer une société sans hiérarchie* (cit. 9). *Impossibilité d'imaginer une grande civilisation sans une grande* (cit. 71) *littéra-ture. Jamais nos pères n'eussent imaginé de pareilles horreurs* (Cf. Excitation, cit. 11). *Une puissance qu'il eût été impossible d'imaginer et de prévoir** (Cf. Houille, cit. 5). *Imaginer un dieu, un abri* (cit. 3) *divin. Ne pouvoir ima-giner un dieu vindicatif et courroucé* (cit. 2). *Sa paresse dépasse tout ce qu'on peut imaginer, tout ce qu'il est possi-ble d'imaginer.* V. **Inimaginable.** *Ce qu'on peut imaginer de plus grossier et de plus fourbe* (Cf. Factum, cit. 6). *Est-il possible d'imaginer rien de si ridicule que...* (Cf. Homme, cit. 50). *Contrairement à ce que j'avais imaginé...* V. **Croire, penser.** *Vous ne pouvez imaginer à quel point j'y suis attaché.* V. **Comprendre, savoir.** *On imagine aisément son dépit. Vous n'imaginez pas ce qu'on a écrit sur mon compte* (Cf. Horreur, cit. 55). *Imaginez combien je fus surpris.* V. **Juger.** *Vous imaginez aisément ce que j'ai pu répondre.* V. **Deviner.** *Qu'allez-vous imaginer là !* V. **Chercher, pêcher** (Cf. Où avez-vous été chercher, pêcher cela ?).

10 « J'imagine fort bien la nécessité de vos dépenses... »
SÉV., 810, 18 mai 1680.

11 « S'il n'est pas de conseil qui ne tourne au lieu commun, ni d'élé-gance au cliché, l'on n'imagine guère ce qui resterait à dire aux maîtres de style. »   PAULHAN, Fleurs de Tarbes, p. 41.

12 « Tu n'imagines pas ce que ce lyrique, tout enclin à la nonchalance, déploie d'ingéniosité, de ténacité, pour faire vivre son recueil. »
ROMAINS, H. de b. vol., t. IV, XXII, p. 241.

13 « ... mais, plein de lui, comme tout être jeune et fort, il n'imagi-nait pas de jouissance plus authentique que de s'analyser ainsi devant ces yeux attentifs ; »   MART. du G., Thib., t. II, p. 262.

14 « ... que vous ayez pensé à moi comme... comme époux, n'est-ce pas ? c'est vraiment ce que l'on pouvait imaginer de plus déraisonnable. »
GREEN, A. Mesurat, p. 256.

— IMAGINER QUE... *Imaginons que la terre soit un sphéroïde homogène* (cit. 1). V. **Supposer.** *Imaginer que l'âme* (cit. 5) *des bêtes est semblable à la nôtre.* V. **Croire.** *Elle avait ima-giné que son frère serait heureux avec elle* (Cf. Fraternel, cit. 2). *J'avais imaginé qu'il finirait par céder.* V. **Conjec-turer, penser.** *Ne lui laissez pas imaginer que vous préten-diez avoir aucune autorité sur lui* (Cf. Fort, cit. 34). *Nous n'imaginions pas que nous puissions être séparés* (Cf. Attachement, cit. 17). *Imaginez qu'on vous surprenne...* V. **Admettre.** *J'imagine que vous avez su quoi répondre.* — *Fam.* (par inversion) *Vous n'allez tout de même pas accep-ter, j'imagine ! Il est venu en voiture, j'imagine !*

15 « S'il avait quelque chose de vrai dans toutes ces ribauderies, il serait plus simple d'imaginer que le déchiffreur a voulu s'amuser et amuser ses maîtres. »   CHATEAUB., Vie de Rancé, III, p. 227.

16 « Imaginez par exemple que cesse demain tout contrôle... »
BERNANOS, Gr. cimet. sous la lune, p. 64.

17 « ... Gauguin... est resté un rond-de-cuir jusqu'à quarante ans... — Eh bien ! j'imagine qu'il ne doit pas y avoir beaucoup de ronds-de-cuir de son espèce. »   SARTRE, Âge de raison, VI, p. 83.

18 « — ... Qu'est-ce qui me prouve qu'elle ne va pas rejoindre Boris ? — Et puis après ? dit Mathieu. Elle est libre, j'imagine. »
ID., Ibid., XVIII, p. 299.

— IMAGINER DE..., suivi de l'infinitif (*vx*).

19 « Que Mᵐᵉ de Seignelai est à plaindre, et qu'elle a perdu de choses à quoi elle s'était attachée, et dont elle n'avait pas imaginé d'être jamais séparée ! »   Mᵐᵉ de GRIGNAN, in SÉV., 1312, 17 déc. 1690.

‖ 2° V. **Inventer*.** *Curion imagina l'amphitheatrum* (cit. 1) *romain. Imaginer un outil, une méthode de travail, un sys-tème, une théorie...* V. **Construire, créer*, trouver.** *Imaginer un expédient* (cit. 10). V. **Combiner, former** (cit. 13). *Journalistes qui imaginent une histoire* (Cf. Apache, cit.). *Toutes les cruautés* (cit. 14) *qu'il pourra imaginer. On n'a jamais imaginé d'autres moyens pour conduire* (cit. 15), *élever les enfants. Ils n'imaginèrent rien de mieux que de...* (Cf. Échanger, cit. 1). *Moyens d'évasion imaginés par des captifs.*

20 « Si l'épidémie ne s'arrêtait pas d'elle-même, elle ne serait pas vaincue par les mesures que l'administration avait imaginées. »
CAMUS, La peste, p. 74.

— Littér. et Bx-arts. *Imaginer une pièce, un roman. Il a imaginé pour son roman des personnages exceptionnels. Absolt. Artiste qui imagine trop vite* (Cf. Caduc, cit. 5).

21 « La ressource de ceux qui n'imaginent pas est de conter. »
VAUVEN., Max. et réflex., 116.

— IMAGINER DE... *Avoir, concevoir l'idée* de... V. **Aviser** (s'). *Pour réussir, j'ai imaginé de m'y prendre de telle manière* (ACAD.). *Imaginer de filtrer* (cit. 1) *l'eau. Les Anglais ont imaginé de créer des huîtrières* (cit. 2) *mobiles. Il imagina de créer un cours d'escrime* (cit. 4). *Il imagina d'aller goûter* (cit. 2) *avec elle.* V. **Venir** (à l'esprit).

‖ S'IMAGINER. *v. pr.* ‖ 1° V. **Représenter** (se). — *Au sens réfléchi. Se représenter soi-même en esprit.* V. **Voir** (se). *Elle s'imaginait à quarante ans, avec deux ou trois enfants. Il s'était imaginé rentrant à la tête d'une flotte* (1, cit. 2) *de guerre.*

— *Au sens passif. Se concevoir*. Cela s'imagine aisément.*

— *Au sens pronominal pur. Se représenter, concevoir* (quelque chose ou quelqu'un). V. **Figurer** (se). *Imaginez-vous une salle tapissée d'armes...* (Cf. Carabine, cit.). *Qu'on s'imagine les apôtres* (cit. 2) *après la mort de Jésus ;... des hommes dans les chaînes* (Cf. Image, cit. 37). *Je me l'imaginais différemment* (Cf. Je m'en faisais une tout autre idée*). *Tu peux t'imaginer comme on était à l'aise* (Cf. Boston, cit.). — *S'imaginer que...* (Cf. Autrement, cit. 3). *On s'imaginait facilement que c'était le matin* (Cf. Étale, cit. 4). *Imaginez-vous que les X... sont impliqués dans cette affaire.*

22 « ... je m'imaginais dans la divinité Beaucoup moins d'injustice, et bien plus de bonté. »
CORN., Hor., III, 5.

23 « Quel est-il cet amant ? Qui dois-je soupçonner ? — Avez-vous tant de peine à vous l'imaginer ? »   RAC., Mithr., II, 6.

24 « Il restait... des heures à écouter la chanson et à s'imaginer... cette Marguerite de Provence... qui se consumait d'amour pour un poète qu'elle n'avait jamais vu,... »   ARAGON, Beaux quartiers, I, X.

‖ 2° V. **Croire** (Cf. Se mettre en tête, être persuadé, convaincu... *Tout ce qu'on s'imagine* (Cf. Chagrin, cit. 6). Absolt. *On n'est jamais si heureux* (cit. 27) *ni si malheu-reux qu'on s'imagine. — S'imaginer que... Ils s'imaginent* *que la religion consiste simplement en ceci* (Cf. Déisme, cit.). *S'imaginer qu'on vous adore* (cit. 5). *Il s'imagine que le hasard agira* (cit. 9) *pour lui. Je m'imaginais que toutes les femmes galantes étaient effrontées* (cit. 3). *Vous imaginez-vous qu'il soit affamé* (cit. 9) *de femmes ? Elle s'imagine qu'il viendra.* V. **Attendre** (s'attendre à). *Si tu t'imagines que je vais céder, tu te fais des illusions !*

25 « ... certains esprits, qui s'imaginent qu'ils savent en un jour tout ce qu'un autre a pensé en vingt années,... »
DESCARTES, **Disc. de la méthode**, VI.

26 « ... ils s'imaginent qu'ils sont supérieurs à nous, parce qu'ils sont les maîtres ; ils ne savent pas et ne sauront jamais apprécier cette vérité que l'esprit est bien au-dessus de la matière. »
GOBINEAU, **Nouv. asiat.**, p. 208.

27 « Avec la superstition des âmes que la solitude a rendues farouches, elle s'imaginait confusément que tous les actes de sa vie étaient prescrits d'avance par une volonté inconnue... »
GREEN, **A. Mesurat**, p. 170.

— S'IMAGINER, suivi d'un infinitif. *L'homme éprouve* (cit. 24) *ce qu'il s'imagine éprouver. On ne souffre point tant que l'on ne s'imagine souffrir* (Cf. Exagérer, cit. 13). *Je m'imaginais avoir créé* (cit. 19) *ma destinée. Elle s'est imaginé être promptement veuve* (Cf. Grièvement, cit.). *S'imaginer avoir surpris un secret* (Cf. Aggraver, cit. 5).

— S'imaginer de... (Vx). *Ne t'imagine point de contraindre une sœur* (Cf. Gausseur, cit. 1 CORN.).

‖ IMAGINÉ, ÉE. *p. p.* et *adj.* Inventé. *Histoire imaginée de toutes pièces.* V. **Fabriquer, forger.** *Événement imaginé.* V. **Imaginaire.** *Cas imaginé.* V. **Hypothétique.**

28 « ... de peur que... ils (*mes portraits*)... ne parussent feints ou imaginés. »
LA BRUY., **Disc. Acad.**, Préface.

29 « ... dans cette passion terrible, *toujours une chose imaginée est une chose existante.* »
STENDHAL, **De l'amour**, XXXIV.

30 « ... les aspects de chair féminine, qu'il voit réellement dans le lit, se complètent de formes devinées, imaginées,... »
ROMAINS, **H. de b. vol.**, t. V, VIII, p. 67.

DER. — Cf. Imaginable, imaginaire, imaginatif, imagination. — **Imaginant, ante.** *adj.* (XIVᵉ s.) *Vieilli.* Qui imagine (en parlant des facultés). *Faculté, fonction imaginante.* V. **Imagination.**

« Qui dispense la réputation ? Qui donne le respect et la vénération aux personnes, aux ouvrages, aux lois, aux grands, sinon cette faculté imaginante ? »
PASC., **Pens.**, II, 82.

IMAGO. *n. f.* (fin XIXᵉ s. ; mot lat., « image »).

‖ 1° *Biol.* Forme adulte, définitive de l'insecte sexué à métamorphoses complètes ou incomplètes. *Imago du hanneton, de la sauterelle...*

‖ 2° *T. de Psychanalyse.* Image parentale désexualisée ; idéal affectif et représentation que l'enfant se fait de ses parents. *Imago paternelle, maternelle.*

IMAN (-*man*) ou **IMAM** (-*mam'*). *n. m.* (1559 ; du mot arabo-turc *imam*). Dans l'Islam, titre donné au successeur de Mahomet et à ceux d'Ali, chez les chiites. — Chef de l'une des quatre grandes écoles de jurisprudence sunnite. — Fonctionnaire employé dans une mosquée comme chef de prière. *L'iman (ou imam) n'est pas un prêtre, mais un fonctionnaire laïc. Pendant les prières l'imam s'installe dans le mihrab.* — *Fig.* (au XVIIIᵉ s.) Prêtre.

« ... les imans et les muphtis de toutes les sectes me paraissent plus faits qu'on ne croit pour s'entendre ; leur but commun est de subjuguer, par la superstition, la pauvre espèce humaine ; »
D'ALEMB., **Lett. au roi de Prusse**, 14 juin 1771.

DER. — **Imamat** (1867 LITTRÉ) ou **Imanat** (1878 P. LAROUSSE). *n. m.* Dignité, titre, charge d'imam.

IMBATTABLE. *adj.* (1922 LAR. UNIV. ; de *battable*). Qui ne peut être battu, vaincu. *Un champion, un coureur, un cheval de course imbattable* (V. **Invincible**). *Il est imbattable aux échecs, à la belote.* V. **Fort.** — *Fig. Il est imbattable en matière de méchanceté, de platitude* (Cf. Il n'a pas son rival*). — *Par ext. Record imbattable.* — (Dans la langue commerciale) *Prix imbattables.*

1 « Quand je connus Mˡˡᵉ de Plémeur, elle était la gloire de son club : championne du « trois cents mètres », et imbattable alors en France sur ce parcours. »
MONTHERLANT, **Olympiques**, p. 89.

2 « — Jamais la collection n'a été plus jolie, madame ; nous avons des tissus imbattables ! »
COLETTE, **Belles saisons**, p. 103.

IMBÉCILE. *adj.* et *n.* (XIVᵉ s. « faible » ; lat. *imbecillus*).

I. *Adj.* ‖ 1° *Vx.* Faible, débile. *Le sexe imbécile ; le sexe faible, les femmes.* « *Les enfants au-dessous de sept ans... sont dans un âge imbécile* » (FURET. 1690). *L'homme, imbécile ver de terre* (PASCAL ; Cf. Chaos, cit. 4).

1 « ... on a vu la vieillesse la plus décrépite et l'enfance la plus imbécile,... y courir (*à la mort*) comme à l'honneur du triomphe. »
BOSS., 1ᵉʳ **Serm. Exalt. de la croix**, 1

— Qui manque de force intellectuelle, morale.

2 « Leur esprit est méchant, et leur âme fragile ;
Il n'est rien de plus faible et de plus imbécile, »
MOL., **Éc. des fem.**, V. 4

— *Imbécile à..., pour...* V. **Incapable** (de) ; **impuissant** (à)

3 « Voilà une partie des causes qui rendent l'homme si imbécile à connaître la nature. »
PASC (in LITTRÉ).

« ... ce défaut, qui rend un homme imbécile pour le gouvernement. »
FÉN., **Télém.**, XVII.   4

‖ 2° *Méd.* Qui est atteint d'imbécillité*. *Un enfant imbécile.* V. **Arriéré** (et aussi *infra*, II, 1°). — *Par ext.* Dont l'intelligence est anormalement peu développée (Cf. Enfance, cit. 11 RAC.).

« Le fils... était imbécile ; ils le firent interdire juridiquement et enfermer à Paris, à Saint-Lazare ;... La fille n'avait guère le sens commun, mais n'était pas imbécile. »   ST-SIM., **Mém.**, I, VIII.   5

« Le cerveau peut tomber en paralysie et l'individu vivre encore. Un homme reste imbécile et vit ;... »   ROUSS., **Contr. soc.**, III, XI.   6

‖ 3° (Depuis la fin du XVIIᵉ s.). Qui est dépourvu d'intelligence, qui parle, agit sottement. V. **Abêti, bête*** (II, 2°), **idiot, sot...** *Il faut être imbécile pour ne pas comprendre cela.* V. **Bouché.** *Il est devenu imbécile.* V. **Ramolli.** *Des fêtards* (cit.), *des noceurs imbéciles. Il est tout à fait imbécile* (Cf. Échapper, cit. 24). — *Un peuple imbécile.*

« C'était sans doute l'intérêt de Rome que les peuples fussent imbéciles ;... »   VOLT., **Essai s. l. mœurs**, XCIV.   7

« Elle parlait vite et galement et, en donnant une petite tape sur la joue de Pierrette, elle nous laissa là tous les deux tout interdits et tout imbéciles, ne sachant que dire ; »
VIGNY, **Serv. et grand. milit.**, II, VII.   8

— *Par ext. Air imbécile.* V. **Idiot.** *Remarque imbécile. Mener une vie imbécile* (Cf. Affolement, cit. 1). *Agitation* (cit. 4) *imbécile. Une imbécile tyrannie* (Cf. Famine, cit. 2).

« Sa raison, trop supérieure à l'imbécile joug qu'on lui voulait imposer, le secoua bientôt avec mépris ; »
ROUSS., **Julie**, 5ᵉ part., Lettre V.   9

« ... bientôt, sans plus d'application, par désœuvrement, imbécile besoin de détruire, je commençai de tailler au hasard. »
GIDE, **Isabelle**, p. 86.   10

« Elle, si délicate, se croit tenue de me poser des questions balourdes, imbéciles, comme en poserait une bonne prise en faute. »
CÉLINE, **Voyage au bout de la nuit**, p. 75.   11

II. *N. m.* et *f.* ‖ 1° *Méd.* Arriéré dont l'âge mental est intermédiaire entre celui de l'idiot (2 ans) et celui du simple débile (7 ans). V. **Débilité, idiotie ; arriéré** (I, 3°), **dégénéré** (cit. 12), **faible** (d'esprit). « *À côté... (de l') imbécile docile et malléable... existent... l'imbécile impulsif sujet à des colères, à des rages... l'imbécile négativiste qui... se défend chaque fois qu'on veut s'occuper de lui, l'imbécile pervers érotique ou incendiaire* » (POROT).

« Qu'un philosophe ait un écu à partager avec le plus imbécile de   12
ces malheureux en qui la raison humaine est si horriblement obscurcie, il est sûr que, s'il y a un sou à gagner, l'imbécile l'emportera sur le philosophe. »   VOLT., **Pot pourri** (in LITTRÉ).

‖ 2° *Par exagér.* Personne sans intelligence. V. **Abruti, âne, bête*, crétin*** (cit. 3 et 4), **idiot*, niais, sot*, stupide** (Cf. *fam.* ou *pop.* Andouille, ballot, buse, cornichon, couenne (cit. 3 et 4), croûte, enflé, fourneau, ganache, gourde, manche, melon, moule, noix, pochetée, poire, saucisse, tourte ; con, conard, corniaud, couillon, cul, duconneau, duchnock, fleur de nave, panouille,...). *Un imbécile, une imbécile...* (Cf. Acheter, cit. 5 ; buter, cit. 7 ; croupir, cit. 7). *Un ignorant* (cit. 19), *mais pas un imbécile. C'est un imbécile, le dernier, le roi des imbéciles* (Cf. Conversation, cit. 8 ; enfantement, cit. 4 ; éreintement, cit. 1). *Grand, fameux, franc imbécile* (Cf. Guenipe, cit.). *Vieil imbécile. Imbécile prétentieux* (Cf. Exister, cit. 6). *Imbécile heureux, satisfait. Passer pour un imbécile* (Cf. Exciter, cit. 34). *Conduite* (cit. 17) *d'imbécile. Tu n'es qu'un imbécile, un propre à rien.* V. **Incapable** (Cf. Foutre 1, cit. 3). *Tête d'imbécile. Il me prend pour un imbécile !* — (Terme d'injure, plus ou moins vidé de son sens) *Espèce* (cit. 19) *d'imbécile ! Tas, bande d'imbéciles, de crétins, de salauds !*

« Quel magnifique imbécile ! Jamais la fleur de la bêtise humaine   13
ne s'est plus candidement épanouie. »
GAUTIER, **Portr. contemp.**, p. 36.

« ... le propre de l'imbécile est de croire qu'il ne l'est pas ! »   14
HUYSMANS, **La cathédrale**, X, p. 221.

ANT. — Fort. Capable. Intelligent*, spirituel.

DER. — **Imbécilement.** *adv.* (1542 « faiblement » ; sens mod. fin XVIIᵉ s.). D'une manière imbécile*.

« ... des esprits faibles et féroces, imbécilement persuadés que Dieu leur ordonnait le meurtre. »   VOLT., **Essai s. l. mœurs**, CLXIV.

IMBÉCILLITÉ. *n. f.* (XIVᵉ s. ; lat. *imbecillitas*, de *imbecillus*. V. **Imbécile**).

‖ 1° *Vx.* V. **Débilité, faiblesse.** « *L'imbécillité de l'âge et du sexe attire la compassion des plus fiers* (féroces) *tyrans* » (FURET. 1690). — **REM.** Ce sens était encore vivant au XVIIIᵉ s. (Cf. BRUNOT, H.L.F., t. VI, p. 1352, qui cite DIDER., MARMONT., ROUSS.).

« Notre imbécillité, maîtresse de nos sens,   1
Conserve en tous les cœurs un tel penchant aux vices,
Que l'homme tout entier dès ses jeunes ans
Glisse et court aisément vers leurs molles délices. »
CORN., **Imit.**, IV, 481.

« Il n'est pas exagéré de dire que l'imbécillité de la nature humaine   2
amuse Montaigne ; Pascal en souffre. Montaigne trouve l'homme petit ; Pascal trouve l'homme petit et misérable. »
FAGUET, **Étud. litt.**, XVIIᵉ s., p. 194.

|| **2°** *Méd.* Deuxième degré de la dégénérescence* mentale, entre l'idiotie* et la simple débilité* mentale. V. **Faiblesse** (d'esprit) ; **crétinisme**. *Imbécillité mongolienne* (mongolisme). *Interdiction légale du majeur en état d'imbécillité ou de démence* (cit. 1).

|| **3°** Grave manque d'intelligence ; état de l'imbécile (II, 2°). V. **Abrutissement, bêtise, idiotie, incapacité, niaiserie, sottise.** *Vieillard tombé dans l'imbécillité.* V. **Gâtisme, ramollissement.** *Imbécillité croupissante* (cit. 7), *complète... Déplorer sa propre imbécillité* (Cf. Honte, cit. 43). *Avoir l'imbécillité de... — L'imbécillité qui présida à ces actions* (Cf. Aveuglement, cit. 13).

3 « Mon imbécillité fut telle, que je ne doutais pas qu'elle ne fût enchantée de mon procédé. Elle ne me fit pas là-dessus les grands compliments que j'en attendais,... » ROUSS., Confess., X.

4 « Vous êtes une petite singesse, rien de plus... Sachez que vous êtes enfoncée en pleine grimace, en plein ridicule, et en pleine imbécillité. » MONTHERLANT, Maître de Santiago, II, 2.

|| **4°** *Par ext.* (1756 VOLT.). Acte ou parole d'imbécile ; idée imbécile. V. **Ânerie, bêtise, faute** (II, 3°), **idiotie, niaiserie, sottise** (Cf. *vulg.* Connerie, couillonnade). *Faire, dire des imbécillités. Quelle imbécillité ! Ils sont prêts pour toutes les imbécillités* (Cf. Fureur, cit. 36).

ANT. — Intelligence.

IMBERBE. adj. (vers 1500 ; lat. *imberbis*, de *barba*. V. **Barbe**). Qui est sans barbe. *Jeune homme imberbe :* qui n'a pas encore de barbe. *Menton imberbe.* V. **Glabre.** — REM. À la différence de *Glabre*, *Imberbe* indique l'absence naturelle des poils de barbe. *Un menton rasé est glabre mais non imberbe.*

1 « Les Américains,... n'ont ni barbe au menton ni aucun poil sur le corps, excepté les sourcils et les cheveux... J'avais cru longtemps que les Esquimaux étaient exceptés de la loi générale du Nouveau-Monde ; mais on m'assure qu'ils sont imberbes comme les autres. » VOLT., Dict. philos., Barbe.

2 « (Dans ce poème, « Typhon », de Scarron)... Vénus... fait l'œil à quelque jeune dieu encore imberbe qu'elle veut déniaiser. » GAUTIER, Grotesques, p. 359.

— *Par ext.* Ichtyol. *Poisson imberbe*, sans barbillons.

— *Fig.* Très jeune, sans expérience, comme un jeune homme qui n'a pas encore de barbe. V. **Blanc-bec.** *Ces critiques imberbes veulent tout régenter* (ACAD.).

ANT. — Barbu.

IMBIBER. v. tr. (*S'imbiber* en 1503 ; tr. au cours du XVIe s. (BLOCH) ; lat. *imbibere*). Pénétrer d'eau, d'un liquide. V. **Emboire, imprégner, mouiller, tremper.** *Imbiber la terre en l'arrosant*. Imbiber une compresse* (cit. 1), *un linge..., une éponge. Imbiber légèrement* (V. **Humecter**), *complètement* (V. **Détremper**). *Imbiber une étoffe de vapeur.* V. **Bruir.**

1 « ... le marchand Coursom a trouvé moyen de me faire tenir du papier..., de l'encre. Mes larmes imbibent tout, ma main tremble,... » VOLT., Lettres d'Amabed, 1re lett. d'Adaté.

— (En parlant des liquides). V. **Mouiller, pénétrer.** *L'eau, la pluie ont imbibé la terre. Roches imbibées d'eau* (Cf. Gel, cit. 5). *Terre imbibée de sang* (Cf. au *fig.* Autel, cit. 19). *Éponge* (cit. 6) *imbibée. Tampon imbibé.*

2 « Je retirai mes chaussures imbibées d'eau. » DUHAM., Salavin, I, XI.

— *Fig.* Imprégner, pénétrer.

3 « ... tes habits mouillés transpirent les odieuses rigueurs de la vie nécessiteuse et de l'hiver, tu reviens tout imbibé de stoïcisme, de misère et d'orgueil : » FROMENTIN, Dominique, XIV.

4 « Et lentement m'imbibait un ennui douloureux, lourd de larmes. » GIDE, Isabelle, p. 85.

|| **S'IMBIBER.** v. pron. (XVIe s.). Absorber* un liquide. *Terre qui s'imbibe d'eau de pluie, d'infiltration...* V. **Abreuver** (s'). *Éponge* (cit. 4) *qui s'imbibe. Les corps poreux* s'imbibent par capillarité* (cit.). *Matière qui s'imbibe facilement.* V. **Spongieux.**

5 « ... ces tuiles, rongées de lichens, semblaient s'être imbibées d'eau comme du feutre. » MART. du G., Thib., t. IV, VII, p. 63.

— *Par ext. S'imbiber de vin, d'alcool... :* en boire* à l'excès (sans donner à l'organisme le temps d'éliminer ce qu'on absorbe). *Alcoolique imbibé de vin...* V. **Aviné.**

6 « — Le docteur Johnson a raison, m'a dit le colonel : quiconque veut être un héros doit s'imbiber de brandy. » MAUROIS, Silences col. Bramble, p. 148.

— *Fig. :*

7 « (Un fils) qu'... elle avait laissé s'imbiber de tout ce que les préjugés de l'orgueil et de la vanité ont de plus sot et de plus méprisable ; » MARIVAUX, Vie de Marianne, XI.

8 « Alors le visage de Lucienne, tourné vers le mien, s'imbibait peu à peu d'un sourire. Puis elle souriait franchement. » ROMAINS, Dieu des corps, p. 194.

ANT. — Assécher, dessécher, essuyer, sécher.

DER. — Imbibition (*syon*). n. f. (1350). Action d'imbiber, de s'imbiber. V. **Imprégnation.** Géol. *Imbibition des roches par l'eau ; eau d'imbibition* (Cf. Gel, cit. 5). — *Imbibition par capillarité.* — Fig. *Imbibition par l'amertume, la tristesse, l'ennui* (Cf. Gratuité, cit. 3). — (ANT. Dessiccation).

« Il ne faut pas l'embellir (la femme) d'ornements surajoutés ; mais, par une douce imbibition, faire que peu à peu du dedans fleurisse une beauté nouvelle. » MICHELET, La femme, p. 123.

IMBOIRE. v. tr. (1507 ; var. d'*emboire* ; p. p. *Imbu*). Technol. Syn. d'*Emboire*.* Fig. Imbiber. V. **Imbu.**

« ... un solitaire qui, vivant peu avec les hommes, a moins d'occasions de s'imboire de leurs préjugés, et plus de temps pour réfléchir sur ce qui le frappe quand il commerce avec eux. » ROUSS., Émile, II.

IMBRIQUÉ, ÉE. adj. (1575 ; lat. *imbricatus*, de *imbrex*, « tuile »). Se dit des choses qui se recouvrent partiellement, à la manière des tuiles d'un toit. *Tuiles, ardoises, plaques de ciment, de métal... imbriquées.* — Zool. *Écailles, plumes imbriquées. Les feuilles d'artichauts sont imbriquées* (ACAD.). — *Par ext.* Formé d'éléments imbriqués. *Carapace imbriquée. Le caret, tortue imbriquée. Armure imbriquée. « Les clochers des églises romanes du Poitou et de la Saintonge sont souvent imbriqués »* (RÉAU).

1 « ... les unes (des coupoles) sont martelées à facettes,... d'autres enfin imbriquées d'écailles, losangées, gaufrées en gâteau d'abeille,... » GAUTIER, Voyage en Russie, XVI, p. 259.

2 « Il avait ce jour-là un maillot qui était comme imbriqué de petites écailles d'ablette, et sur lequel chaque remuement d'un muscle faisait courir du vif-argent dans des lueurs nacrées ; » GONCOURT, Zemganno, LXVI.

DER. — Imbrication, n. f. (1839 BOISTE). Disposition des choses imbriquées. *Imbrication des tuiles d'un toit, des plaques d'acier d'une armure, des écailles d'une carapace...* — *Archit.* Ensemble de lamelles de pierre, de bois..., taillées en chevauchement. Fig. *L'imbrication des chapitres d'un récit...* — Imbriquer. v. tr. (1891 WARTBURG). Disposer (des choses) de façon à les faire se chevaucher. — Pronominalt. *Tuiles qui s'imbriquent parfaitement.* V. **Ajuster** (s'), **emboîter** (s').

« ... l'imbrication contingente et indissoluble de mes souvenirs. » PROUST, Rech. t. p., t. XIII, p. 171.

IMBROGLIO (*in-bro-lio* d'après ACAD., mais plus couramment *in-bro-gli-o*). n. m. (fin XVIIe s. BOSS. ; mot ital., de *imbrogliare*, « embrouiller »). Embrouillement* ; Situation confuse, embrouillée. V. **Complication, confusion*, désordre, enchevêtrement, mélange.** *Un imbroglio inextricable, compliqué. Démêler un imbroglio. Quel imbroglio !* (Cf. *pop.* Pastis).

1 « Jeter d'un balcon d'or une échelle de soie,
Suivre l'imbroglio de ces amours mignons,
Poussés en une nuit comme des champignons ; » MUSS., Prem. poés., Don Paez, I.

2 « Comment y voir clair dans cet imbroglio infernal ? » MART. du G., Thib., t. VII, LVI, p. 95.

— *Spécialt.* Pièce de théâtre, dont l'intrigue est fort compliquée, emmêlée, obscure (Cf. Facétie, cit. 2). *Les imbroglios de Beaumarchais.*

3 « Première représentation de l'Alcade dans l'embarras, imbroglio en trois actes. » BALZ., Illus. perd., Œuvr., t. IV, p. 729.

4 « C'étaient des inventions burlesques, des canevas sans queue ni tête, d'amusants imbroglios entremêlés de soufflets retentissants et de coups de pied au derrière qui ont le privilège de faire rire le monde depuis qu'il existe,... » GONCOURT, Zemganno, V.

IMBU, UE. adj. (1460 ; sens fig. au XVIe s. ; réfection d'*embu* (V. **Emboire**), d'après le lat. *imbutus*, de *imbuere*, « imbiber »). V. **Imboire.** Qui est imprégné, pénétré de (sentiments, idées...). V. **Plein, rempli** (de). *Imbu de bons, de faux principes, de préjugés. Imbu, dès l'enfance, de cette haine...* (Cf. Sucer avec le lait). *Imbu de l'esprit* (cit. 183) *de clan. Imbu d'une théorie, d'une doctrine politique...* (Cf. Fédération, cit. 1).

1 « ... les individus y étaient tous instruits, disciplinés par le sentiment religieux, imbus du même système, sachant bien ce qu'ils voulaient et où ils allaient. » BALZ., Médecin de campagne, Œuvr., t. VIII, p. 439.

2 « Un ennemi, un envieux, un Genevois imbu de tous les préjugés anglais,... » MICHELET, Hist. Révol. franç., I, V.

3 « A cette date,... Saint-Just était encore imbu des doctrines philanthropiques du XVIIIe siècle en matière pénale :... » STE-BEUVE, Causer. du lundi, 26 janv. 1852, t. V, p. 342.

— *Être imbu de soi-même, de sa supériorité :* être pénétré de son importance, se croire supérieur aux autres. V. **Infatué.**

IMBUVABLE. adj. (XVIe s. O. de SERRES ; de *im-*. V. **In-** et buvable). Qui n'est pas buvable. *Ce vin, cet alcool, cette eau est imbuvable.* V. **Mauvais.**

— *Fig.* et *fam.* V. **Insipide, insupportable.** *Spectacle imbuvable. Cet homme-là est imbuvable, je ne veux plus le voir.*

IMIDE. n. f. (1873 P. LAROUSSE). *Chim.* Composé dérivant d'un biacide par la substitution du radical NH à deux oxhydriles 2(OH). *Ex. :* À l'acide carbonique $CO_3 H_2$ ou $CO\ 2(OH)$ correspond la carbimide $CONH$.

IMITABLE. adj. (XVIe s. ; lat. *imitabilis*). Qui peut être imité. *Un style aisément imitable. Son accent est difficilement imitable.* V. **Inimitable.**

IMITATEUR, TRICE. n. (XIVe s. ; lat. *imitator*). Celui, celle qui imite.

‖ 1º Celui, celle qui imite (les gestes, les actes, le comportement d'autrui). *Habile, plaisant imitateur.* V. **Mime.** *Imitateur professionnel,* qui se produit sur scène dans des imitations d'acteurs et de personnages célèbres. — *Ils furent les disciples et les imitateurs de ce grand homme. Ce n'est qu'un pâle imitateur, bon seulement à contrefaire, à singer son modèle.* V. **Singe.** *Des imitateurs qui le suivent en vrais moutons**. *Fraude d'un imitateur.* V. **Contrefacteur.** — *Une entreprise* (cit. 7) *dont l'exécution n'aura point d'imitateur.*

1 « Des plus fameux héros fameux imitateur, »
ROTROU, St-Genest, V, 6.

— (En parlant des choses) :

2 « La ville, l'imitatrice éternelle de la cour, en copia le faste. »
MASS., Orais. fun. Louis le Grand.

— Adjectivt. *Esprit imitateur* (Cf. Émulation, cit. 2). *La foule imitatrice, le peuple imitateur* (Cf. Attendre, cit. 72). V. **Moutonnier.** *Les nations inventrices et les nations imitatrices* (Cf. Exactitude, cit. 10). *Le singe est imitateur.* — *Les « trois arts imitateurs de la nature »* (DIDER.). V. **Imitation,** 3º.

3 « Enfin. — contrairement à l'opinion courante, et comme l'avaient déjà signalé divers observateurs — l'enfant humain est beaucoup plus imitateur que l'enfant singe, d'où, en partie, sa grande perfectibilité et son aptitude à la parole. » J. ROSTAND, L'homme, p. 26.

‖ 2º Spécialt. (*Bx-arts et Littér.*). Celui, celle qui imite (les œuvres d'autrui). Cf. Frelon, cit. 6. *Les créateurs, les novateurs et les imitateurs* (Cf. Expression, cit. 10). *Les imitateurs de Virgile* (Cf. Bétail, cit. 2), *de Malherbe* (Cf. Finement, cit. 1). *Imitateurs sans talent et sans scrupule.* V. **Copiste, plagiaire.** *Avoir d'innombrables imitateurs.* V. **École** (faire école). *L'auteur* (cit. 17) *et son imitateur.*

4 « Nous insistons longtemps sur tous ces côtés humains et ordinaires du talent d'Hoffmann, parce qu'il a malheureusement fait école, et que des imitateurs sans esprit, des imitateurs enfin, ont cru qu'il suffisait d'entasser absurdités sur absurdités et d'écrire au hasard les rêves d'une imagination surexcitée, pour être un conteur fantastique et original ; » GAUTIER, Souv. de théâtre..., p. 48.

5 « On peut dire de Rubens, de Raphaël, qu'ils ont beaucoup imité, et l'on ne peut sans injure les qualifier d'*imitateurs.* On dira plus justement qu'ils ont eu beaucoup d'imitateurs,... occupés à calquer leur style dans de médiocres ouvrages... » DELACROIX, Journal, 1ᵉʳ mars 1859.

6 « ... le peintre moderne se dit : « Qu'est-ce que l'imagination ? Un danger et une fatigue... » Il peint, il peint... jusqu'à ce qu'il ressemble enfin à l'artiste à la mode,... L'imitateur de l'imitateur trouve ses imitateurs, et chacun poursuit ainsi son rêve de grandeur... » BAUDEL., Curios. esthét., Salon de 1859.

7 « ... (*la culture*) impliquait une continuité, et par conséquent des disciples, des imitateurs, des suiveurs qui fissent la chaîne, en un mot : une tradition. » GIDE, Attendu que..., p. 64.

ANT. — **Créateur, inventeur, novateur ; exemple, modèle, original...**

IMITATIF, IVE. adj. (1466 ; lat. *imitativus*). Qui imite les sons de la nature. *Musique, harmonie** (cit. 15 et 27) *imitative. Mots imitatifs.* V. **Onomatopée.**

1 « *Tohu-bohu...* est un de ces mots imitatifs qu'on trouve dans toutes les langues, comme... tintamarre, trictrac, tonnerre... » VOLT., Dict. philos., Genèse.

2 « Ils croiront qu'il s'agit d'harmonie imitative, de timbres et de sonnailles dans les mots, d'allitérations et d'autres fadaises ; » SUARÈS, Trois hommes, Dostoïevski, p. 223.

IMITATION. n. f. (*Imitacion* au XIIIᵉ s. ; lat. *imitatio*).

‖ 1º Action de reproduire volontairement ou de chercher à reproduire (une apparence, un geste, un acte... d'autrui) ; résultat de cette action. V. **Imiter***. *Imitation des attitudes, des gestes, de l'accent de quelqu'un. Imitation fidèle, habile, réussie. Imitation outrée, comique...* V. **Caricature, charge** (II, 6º), **parodie, singerie.** *Imitation par le geste.* V. **Mimique, mimologie.** — *Imitation du jeu d'un acteur, des particularités physiques de quelqu'un.* Absolt. *Il excelle dans l'imitation. Il a le don d'imitation.* V. **Imitateur.** — *Imitation visant à tromper, à donner le change.* V. **Affectation** (II), **simulacre, simulation...**

1 « L'imitation est toujours malheureuse, et tout ce qui est contrefait déplaît, avec les mêmes choses qui charment lorsqu'elles sont naturelles. » LA ROCHEF., Maximes supprimées, 618.

2 « Octave, qui possède un petit talent d'imitation, faisait revivre à nos yeux, à nos oreilles, une foule de personnages falots, déformés par vingt ans de récits. » DUHAM., Salavin, I, VI.

— Par ext. et absolt. *Faire des imitations.* V. **Imitateur.**

3 « Pour prendre comme exemple l'exercice qu'on appelle,... « faire des imitations » (ce qui se disait chez les Guermantes « faire des charges »), Mᵐᵉ de Guermantes avait beau le réussir à ravir, les Courvoisier étaient aussi incapables de s'en rendre compte que s'ils eussent été une bande de lapins,... parce qu'ils n'avaient jamais su remarquer le défaut ou l'accent que la duchesse cherchait à contrefaire. » PROUST, Rech. t. p., t. VIII, p. 99.

— Spécialt. (*Psychol. et Sociol.*). Reproduction volontaire ou involontaire, consciente ou inconsciente, de gestes, d'actes... *Esprit, faculté, instinct d'imitation.* V. **Contagion** (mentale), **mimétisme.** Cf. Férocité, cit. 1. *L'imitation automatique chez les animaux, les enfants... Rôle de l'imitation dans la société, les manifestations collectives...* (Cf. Confor-

misme, grégarisme, moutonnerie..., coutume, mode, mœurs...). *Les lois de l'imitation,* ouvrage de Tarde. *Rôle de l'imitation en pédagogie* (V. **Exemple**). *Contagion de maladies nerveuses par imitation...* — *Imitation volontaire. Agir, penser par imitation.*

4 « L'imitation est de tous les résultats de la machine animale le plus admirable, c'en est le mobile le plus délicat et le plus étendu, c'est ce qui copie de plus près la pensée ;...
Cependant les singes sont tout au plus des gens à talents que nous prenons pour des gens d'esprit : quoiqu'ils aient l'art de nous imiter, ils n'en sont pas moins de la nature des bêtes, qui toutes ont plus ou moins le talent de l'imitation. A la vérité, dans presque tous les animaux, ce talent est borné à l'espèce même, et ne s'étend point au delà de l'imitation de leurs semblables,... » BUFF., Hist. nat. anim., Disc. s. nat. anim.

5 « L'homme est imitateur, l'animal même l'est ; le goût de l'imitation est de la nature bien ordonnée ; mais il dégénère en vice dans la société. » ROUSS., Émile, II.

6 « ... (l') unanimité de cœur et d'esprit est bien le caractère des sociétés achevées... D'ailleurs, la conformité de desseins et de croyances dont il s'agit, cette similitude mentale que se trouvent revêtir à la fois des dizaines et des centaines de millions d'hommes, elle n'est pas née *ex abrupto ;* comment s'est-elle produite ? Peu à peu, de proche en proche, par voie d'imitation. C'est donc là toujours qu'il faut en venir. » G. TARDE, Lois de l'imitation, p. 67.

7 « Il y a imitation quand un acte a pour antécédent immédiat la représentation d'un acte semblable antérieurement accompli par autrui,... » DURKHEIM, Le suicide, p. 115 (in BURLOUD, Psychol., L'imitation).

8 « ... l'instinct d'imitation et l'absence de courage gouvernent les sociétés comme les foules. Et tout le monde rit de quelqu'un dont on voit se moquer, quitte à le vénérer dix ans plus tard dans un cercle où il est admiré. » PROUST, Rech. t. p., t. X, p. 92.

9 « Si l'on fait abstraction de certains instincts spéciaux (instinct de suivre, instinct d'imitation vocale chez les oiseaux chanteurs) on ne trouve pas, même chez les animaux supérieurs, de tendance générale à l'imitation (même chez les singes, en dépit de l'expression populaire : singer). C'est essentiellement une conduite *humaine.* Chez l'enfant, un grand nombre de modèles d'action exercent une séduction particulière ; mais un apprentissage lui est nécessaire pour arriver à *copier des actes nouveaux.* » P. GUILLAUME, Manuel de psychol., IV, p. 59.

‖ 2º Le fait de prendre quelqu'un pour modèle* (dans l'ordre intellectuel, moral, social). *Imitation d'un maître, d'un chef d'école par ses disciples. L'imitation des ancêtres. La mode est à l'imitation des Américains, des Anglais...* (V. **Anglomanie...**).

— Spécialt. *L'Imitation de Jésus-Christ,* et absolt. *L'Imitation,* célèbre ouvrage de piété attribué le plus souvent à Thomas a Kempis (XVᵉ s.) et qui a été adapté en vers par Corneille, traduit (en prose) par Lamennais...

‖ 3º (*Bx-arts*). Reproduction des aspects sensibles de la nature par l'art* (cit. 76 et 77). *L'imitation dans les arts plastiques* (Cf. Grandeur, cit. 35). *Expression* (cit. 26) *et imitation dans l'art.* — *Arts d'imitation* (vieilli) : le dessin, la peinture, la sculpture ; la poésie. *Dessin** *d'imitation. La comédie, le comique, imitation exagérée.* V. **Charge** (Cf. Caractériser, cit. 4 ; grotesque, cit. 15). *Le théâtre, imitation des sentiments d'un peuple* (Cf. École, cit. 21).

10 « Les hommes, dans leurs travaux, ne font rien de beau que par imitation. Tous les vrais modèles du goût sont dans la nature. Plus nous nous éloignons du maître, plus nos tableaux sont défigurés. » ROUSS., Émile, IV.

11 « *Imitation.* On donne particulièrement le nom d'arts d'imitation à la peinture et à la sculpture ; les autres arts, comme la musique, la poésie, n'imitent pas la nature directement, quoique leur but soit de frapper l'imagination... » DELACROIX, Journal, 25 janv. 1857.

12 « Nous avons cru d'abord que son but (*de l'art*) est d'imiter l'apparence sensible. Puis, séparant l'imitation matérielle de l'imitation intelligente, nous avons trouvé que, ce qu'il veut reproduire dans l'apparence sensible, ce sont les *rapports des parties.* » TAINE, Philos. de l'art, I, I, V.

— Par ext. Œuvre imitée de la nature.

13 « ... je veux qu'il (*Émile*) n'ait d'autre maître que la nature, ni d'autre modèle que les objets. Je veux qu'il ait sous les yeux l'original même et non pas le papier qui le représente, qu'il crayonne une maison sur une maison, un arbre sur un arbre, un homme sur un homme, afin qu'il s'accoutume à bien observer les corps et leurs apparences, et non pas à prendre des imitations fausses et conventionnelles pour de véritables imitations. » ROUSS., Émile, II.

‖ 4º Action de prendre l'œuvre d'un autre pour modèle, de s'en inspirer plus ou moins étroitement. *L'imitation des grandes œuvres du passé. L'imitation des grands maîtres, des anciens* (cit. 15). Cf. Fanatisme, cit. 9. — *Imitation plaisante du style, de la manière** *d'un auteur.* V. **Pastiche.** *Imitation d'un thème, d'une idée.* V. **Emprunt.** *Imitation des tours oratoires...* (Cf. Harmonie, cit. 23). — Absolt. *L'imitation et l'invention. L'imitation est une assimilation* (cit. 5), *une imprégnation* (Cf. Assimiler, cit. 6). *Banalité* (cit. 8) *de forme acquise par imitation.* Péjor. *Imitation plate, servile...*

14 « Se compose (*se mette*) donc celui qui voudra enrichir sa langue à l'imitation des meilleurs auteurs grecs et latins... Tout ainsi que ce fut le plus louable aux anciens de bien inventer, aussi est-ce le plus utile de bien copier, même (*surtout*) à ceux dont la langue n'est encore bien copieuse et riche. Mais entende celui qui voudra imiter, que ce n'est chose facile que de bien suivre les vertus d'un bon auteur, et quasi comme se transformer en lui... » DU BELLAY, Deff. et illustr..., I, VIII.

15 « Mon imitation n'est point un esclavage :
Je ne prends que l'idée, et les tours, et les lois,
Que nos maîtres suivaient eux-mêmes autrefois. »
LA FONT., Pièces div., IV, L'Académie, À Mgr l'évêque de Soissons.

16 « Raphaël, le plus grand des peintres, a été le plus appliqué à imiter : imitation de son maître,... imitation de l'antique et des maîtres qui l'avaient précédé,... — et enfin de ses contemporains tels que l'Allemand Albert Dürer, le Titien, Michel-Ange, etc. »
DELACROIX, Journal, 1ᵉʳ mars 1859.

17 « L'imitation consiste à transporter et à exploiter dans son propre style les images, les idées ou les expressions d'un autre style. »
ALBALAT, Formation du style, II, p. 28.

18 « Les conditions matérielles (*d'une culture originale*) étant rassemblées, à quel genre d'exercice convient-il de se livrer ? Je réponds sans une ombre d'incertitude : à l'imitation. Je dis bien à l'imitation des grands esprits et des chefs-d'œuvre éprouvés. L'imitation est jusqu'à nouvel ordre la seule école de l'originalité. »
DUHAM., Défense des lettres, p. 210.

— *Péjor.* Œuvre sans originalité imitée d'un modèle. — *Une imitation étroite, servile, plate.* V. **Calque, contre-épreuve** (*fig.*), **copie** (3°), **décalcage, démarcage, plagiat, reproduction.** *Imitation frauduleuse, inavouée, portant atteinte aux droits de l'auteur*.* V. **Contrefaçon, faux.** — *Ce personnage n'est qu'une pâle imitation de Don Quichotte, de Hamlet.* »

19 « Les deux peintres virent dans ces toiles une servile imitation des paysages hollandais, des intérieurs de Metzu, et dans la quatrième une copie de la *Leçon d'anatomie* de Rembrandt. »
BALZ., Pierre Grassou, Œuvr., t. VI, p. 120.

— *Cet ouvrage est une imitation de l'anglais, de l'allemand* (LITTRÉ), est l'imitation d'un ouvrage anglais, allemand (V. **Adaptation**). — REM. On dit plutôt de nos jours « Imité de l'anglais, de l'allemand... »

‖ 5° Reproduction artificielle d'un objet, d'une matière... ; l'objet imité d'un autre. V. **Copie, reproduction.** *On croirait que ces fleurs sont naturelles, tant l'imitation en est parfaite* (ACAD.). *Imitation du marbre, de la pierre, par le staff. L'original et ses imitations. Imitation frauduleuse.* V. **Contrefaçon, contrefaction** (*dér.* de contrefaire), **faux.** — *Fabriquer des imitations de meubles anciens. Par appos.* (dans le lang. comm.) *Une reliure imitation cuir* (V. **Fantaisie**).

— EN IMITATION : en matière imitée. *Bijoux* en imitation.* V. **Simili, toc** (*péjor.*)... *Peigne en imitation d'écaille* (Cf. Envie, cit. 27). — *Style imité. Tapis en imitation de Perse.*

20 « Au bout de ce salon se trouvait un magnifique cabinet meublé de tables et d'armoires en imitation de Boule. »
BALZ., Cousine Bette, Œuvr., t. VI, p. 235.

21 « ... le geste qu'il a eu de ramener sur le cou de la femme une cravate en imitation de renard, dont un bout pendait sur l'épaule. »
ROMAINS, H. de b. vol., t. III, VI, p. 100.

‖ 6° (En parlant de choses abstraites). V. **Image, reflet.** *Le succès, imitation frelatée* (cit. 5) *de la gloire.*

‖ 7° *Mus.* Répétition par une partie d'un motif, d'un thème musical énoncé par une autre partie. *Imitation régulière, canonique, contrainte,* où le motif reparaît strictement identique. *Imitation libre, irrégulière,* où le motif musical est reproduit sous une forme altérée (par transposition, harmonisation, variation rythmique...). *Imitation par mouvement semblable, contraire, rétrograde* (en écrevisse). *Formes musicales procédant par imitations.* V. **Canon, fugue*.**

22 « L'*imitation* proprement dite consiste dans le fait musical d'une partie quelconque reproduisant plus ou moins fidèlement le dessin mélodique qu'une autre partie a énoncé précédemment. Quand cette reproduction est absolument exacte,... l'imitation est dite *régulière*... Il n'est pas difficile de combiner ainsi des imitations à trois ou quatre parties. »
LAVIGNAC, La musique et les musiciens, pp. 290-292.

— *Rhétor.* Figure de construction qui consiste à altérer l'ordre normal des mots par imitation d'une phrase voisine (V. **Attraction**).

‖ 8° À L'IMITATION DE... *loc. prép.* V. **Façon** (à la façon, en façon de...), **modèle** (sur le). Cf. Aveugle, cit. 2 ; gazette, cit. 2. *Faire quelque chose à l'imitation d'une autre. Dessin à l'imitation d'un antique* (cit. 10). *Épître* (cit. 3) *à l'imitation de l'élégie :* imitant* une élégie. — *Agir à l'imitation de quelqu'un.* V. **Exemple** (à l'), **instar** (à l') ; **manière** (à la manière de). Cf. Cercle, cit. 5 ; étendre, cit. 14.

23 « Peut-être, à l'imitation du divin, mon amour pour ma cousine s'accommodait-il par trop facilement de l'absence. »
GIDE, Si le grain..., I, VIII, p. 215.

ANT. — Création, originalité. Authenticité. Original.

IMITER. *v. tr.* (XIVᵉ s. ; lat. *imitari*).

‖ 1° Faire ou s'efforcer de faire la même* chose que (quelqu'un), chercher à reproduire (les attitudes, les gestes d'une personne, d'un animal, des voix, des sons, des bruits...). V. **Contrefaire, copier** (cit. 8), **mimer, répéter, reproduire, simuler.** *Imiter maladroitement, grossièrement quelqu'un.* V. **Singer.** *Adroit à imiter ses camarades* (Cf. Farce, II, cit. 9). *Élèves qui imitent leurs professeurs dans une revue de fin d'année.* V. **Caricaturer, charger, parodier.** *Imiter un animal ; imiter le chien, le cheval...* V. **Faire**

(III, 4°), **mimer.** *Imiter les grands séducteurs, les hommes d'affaires.* V. **Jouer.** — *Le singe* imite l'homme.* — *Imiter les gestes* (cit. 1), *les manières, les attitudes, les façons de parler, le ton de voix, l'accent... de quelqu'un* (Cf. Arrêter, cit. 58 ; culte, cit. 4 ; dénaiser, cit. 2). *Imiter le bruit des castagnettes* (cit. 2) *avec ses doigts. Imiter le cri d'un animal, le son d'un instrument, les bruits...* V. **Bruiter** (Cf. Conviction, cit. 6). *Le perroquet* imite la voix humaine* (Cf. Gazouiller, cit. 4). *Imiter le silence de quelqu'un. Enfant qui imite, cherche à imiter tout ce qu'il voit faire. Imiter le comportement des Anglais, des Américains* (Cf. S'angliciser, s'américaniser, etc. et le suff. -*Manie :* anglomanie...).

« ... tantôt s'égosillant et contrefaisant le fausset, il déchirait le haut des airs, imitant de la démarche, du maintien, du geste, les différents personnages chantants ; successivement furieux, radouci, impérieux, ricaneur. Ici c'est une jeune fille qui pleure, et il en rend toute la minauderie ; là il est prêtre, il est roi, il est tyran, il menace, il commande, il s'emporte, il est esclave, il obéit. Il s'apaise, il se désole, il se plaint, il rit ;... »
DIDER., Neveu de Rameau, Œuvr., p. 484. [1]

« Il imitait, soit volontairement, ou à son insu, les gestes, le ton, l'humeur de son camarade et, avec une servilité naïve, jusqu'à sa façon de s'habiller. Il avait même usurpé quelque chose de cette beauté physique et de cette force qui sont les splendides prérogatives de la race anglaise :... »
A. HERMANT, Aube ardente, X, p. 142. [2]

« Je veux dire qu'on ne peut imiter les gestes que ce qu'ils ont de mécaniquement uniforme et, par là même, d'étranger à notre personnalité vivante. »
BERGSON, Le rire, p. 25 (Cf. Automatisme, cit. 2). [3]

« Afin de distraire l'assemblée, Fernando Lucas mima... une chasse au lapin. Tout d'abord, il fut le chasseur qui sort de son domicile. Il siffla ses chiens, leur marcha sur la patte et imita parfaitement les cris aigus des braques douillets. Puis, en se pinçant le nez entre deux doigts, il imita la trompe de chasse. Cette fanfare terminée, il simula la marche du chasseur... »
MAC ORLAN, La Bandera, IV. [4]

— *Spécialt. Psychol. L'enfant imite ce qu'il voit, ce qu'il entend.* V. **Imitation.** *Absolt.* « *Imiter c'est comprendre* » (RABAUD). *Les hommes en société imitent et se laissent entraîner comme les moutons* de Panurge.* — *Pronominalt. S'imiter les uns les autres.*

« Une fois engagés dans la vie sociale, nous imitons autrui à chaque instant, à moins que nous n'innovions, ce qui est rare... Encore nos innovations restent-elles étrangères à la vie sociale tant qu'elles ne sont pas imitées. »
G. TARDE, Les lois sociales, p. 15. [5]

« Un sociologue (*Tarde*) a pu définir une société humaine : un ensemble d'individus qui s'imitent les uns les autres. »
P. GUILLAUME, Manuel de psychol., IV, p. 60. [6]

— Faire comme* (quelqu'un), sans intention de reproduire exactement ses gestes. *Il leva son verre, il but et tout le monde l'imita* (Cf. Cruche, cit. 1). *Il quitta aussitôt la séance et ses compagnons l'imitèrent.* V. **Suivre.**

‖ 2° Prendre pour modèle*, pour exemple* (cit. 13). V. **Aller** (sur les brisées*, les erres*, les traces*), **marcher** (sur les pas*, sur la piste...), **suivre** (l'exemple, la trace*). *Imiter un maître, un chef... Imiter quelqu'un dans tout ce qu'il fait, en tout.* V. **Conformer** (se) ; **image** (se former à l'image). — *Imiter Jésus* (Cf. L'Imitation de Jésus-Christ). — *Imiter la conduite, les vertus de quelqu'un.* V. **Adopter.** *Il imite toutes ses attitudes, ses prises de positions.* V. **Écho** (se faire l'écho). *Imiter les goûts de quelqu'un.* V. **Former** (se former sur quelqu'un).

« Imitez vos aïeux, afin que la noblesse
Vous anime le cœur de pareille prouesse. »
RONSARD, Disc. mis. de ce temps, Remontr. peuple de France. [7]

« Les vrais amis n'imitent que les vertus dans leurs amis. Les flatteurs imitent les vices. »
RAC., Liv. ann., Plutarque. [8]

« ... je veux imiter mon père, et tous ceux de ma race, qui ne se sont jamais voulu marier... »
MOL., Mar. forcé, VIII. [9]

« Nous imitons les bonnes actions par émulation, et les mauvaises par la malignité de notre nature, que la honte retenait prisonnière, et que l'exemple met en liberté. »
LA ROCHEF., Max., 230 (Cf. Exemple, cit. 7). [10]

« Imitez sa justice ainsi que sa vaillance »
VOLT., Mérope, I, 3. [11]

— IMITER DE (quelqu'un). *Peuple qui a beaucoup imité, tout imité d'un autre.* V. **Emprunter** (Cf. Hébraïser, cit. VOLT.).

— Pronominalt. *Qualité, coutume qui peut s'imiter, être imitée.* V. **Transmettre** (se).

« La raison et la vérité se transmettent, l'industrie peut s'imiter mais le génie ne s'imite point. »
MARMONTEL, Œuvr., t. V, p. 220 (in LITTRÉ). [12]

‖ 3° *Bx-arts.* Reproduire, par les moyens de l'art, l'aspect sensible de la réalité, d'un être ou d'un objet pris pour modèle. *Le peintre, le sculpteur réaliste, le poète descriptif imitent les couleurs, les formes de la nature.* V. **Imitation** (3°). *Sculpteur qui imite une forme naturelle* (Cf. Corinthien, cit. 1). *Imiter l'apparence des objets* (Cf. Enluminer, cit. 1), *les figures des corps* (Cf. Grandeur, cit. 35). — *Musique imitant le bruit du tonnerre, d'une source...* V. **Imitatif** (harmonie*).

« Il n'est point de serpent ni de monstre odieux
Qui, par l'art imité, ne puisse plaire aux yeux : »
BOIL., Art poét., III. [13]

« (À la fin de sa vie, Corneille) se copiait lui-même et s'exagérait lui-même : la science, le calcul et la routine remplaçaient pour lui la contemplation directe et personnelle des grandes émotions... [14]

Ce n'est pas seulement l'histoire de tel ou tel grand homme qui nous prouve la nécessité d'imiter le modèle vivant et de demeurer les yeux fixés sur la nature ; c'est encore l'histoire de chaque grande école. »   TAINE, **Philos. de l'art,** t. I, p. 18.

— Par ext. *Imiter la nature* (Cf. Art, cit. 76 ; gâter, cit. 11).

15   « Imiter Shakespeare, ou plutôt la nature. »
       STENDHAL, **Journal,** p. 37.

— *Absolt.* :

16   « *Modèle.* Asservissement au modèle dans David. Je lui oppose Géricault, qui imite également, mais plus librement, et met plus d'intérêt. »
       DELACROIX, **Journal,** 25 janv. 1857.

‖ 4° Prendre pour modèle (l'œuvre, le style, la manière d'un autre). Cf. Faussaire, cit. 5. *Imiter le plan général d'un ouvrage.* V. **Emprunter, inspirer** (s'). *Imiter Atala* (Cf. Honneur, cit. 81). Péjor. *Imiter platement, servilement, sans goût, un original.* V. **Copier, plagier** (Cf. Copiste, cit. 3). — *Imiter un maître, un novateur, un chef d'école* (cit. 28). *Admirer* (cit. 5) *un maître sans l'imiter. Être imité par de nombreux disciples. Imiter l'art populaire, folklorique* (cit. 1). — Absolt. *Ceux qui ne font qu'imiter.* V. **Imitateur.**

17   « Celui qui imite toujours ne mérite assurément pas d'être imité. »
VOLT., **Utile examen des 3 dern. épîtres du sieur** (J.-B.) **Rousseau.**

18   « ... ces grands hommes... ont dû, pour former leur talent ou pour le tenir en haleine, imiter leurs devanciers et les imiter presque sans cesse, volontairement ou à leur insu. Raphaël, le plus grand des peintres, a été le plus appliqué à imiter :... Rubens a imité sans cesse,... »
       DELACROIX, **Journal,** 1er mars 1859 (Cf Création, cit. 12).

19   « On a dit l'an passé que j'imitais Byron :
Vous qui me connaissez, vous savez bien que non.
Je hais comme la mort l'état de plagiaire ;
Mon verre n'est pas grand, mais je bois dans mon verre. »
MUSS., **Prem. poés.,** La coupe et les lèvres, Dédicace à M. Alfred T***.

20   « C'est imiter quelqu'un que de planter des choux. »
       ID., **Ibid.,** Namouna, II, 9 (Cf. Ignorant, cit. 12).

21   « Car j'imite. Plusieurs personnes s'en sont scandalisées. La prétention de ne pas imiter ne va pas sans tartuferie, et camoufle mal le mauvais ouvrier. Tout le monde imite. Tout le monde ne le dit pas. »
ARAGON, **Les yeux d'Elsa,** Préface, p. XIII.

— *Imiter plaisamment le style d'un auteur.* V. **Pasticher** (Cf. À la manière* de...).

‖ 5° S'efforcer de reproduire (une chose, l'apparence d'une chose), dans l'intention de faire passer la reproduction pour authentique. V. **Contrefaire.** *Contrefacteur qui imite et falsifie les billets de la Banque de France. Faussaire* (cit. 3) *qui imite une écriture, une signature. Imiter un acte, un document* (Cf. Authenticité, cit. 1). — *Imiter le style, l'orthographe de quelqu'un dans une lettre anonyme.*

22   « ... je l'ai décidée à en écrire une autre (*lettre*) sous ma dictée : où, en imitant du mieux que j'ai pu son petit radotage, j'ai tâché de nourrir l'amour du jeune homme,... »   LACLOS, **Liais. dang.,** CXV.

23   « ... trois lignes et une signature, qu'il est facile d'imiter. »
       ROMAINS, **H. de b. vol.,** t. II, VIII, p. 88.

‖ 6° (En parlant des choses). Produire le même effet, la même impression que... V. **Ressembler** (à). *Forme nerveuse imitant l'épilepsie* (cit. 3). *Objet qui imite la laque* (Cf. Étrenne, cit. 2). *Fond d'or imitant la mosaïque* (Cf. Fur, cit. 5). *Géranium* (cit. 2) *imitant la rose. L'huile* (cit. 18), *en peinture, peut imiter les matières opaques.* — *Automate, figurine* (cit. 2) *imitant la nature. Automatisme qui imite la vie* (Cf. Automatiquement, cit.).

24   « Le bonheur est un mensonge dont la recherche cause toutes les calamités de la vie. Mais il y a des paix sereines qui l'imitent et qui sont supérieures peut-être. »   FLAUB., **Corresp.,** 206, oct. 1847.

‖ 7° Mus. *L'antécédent* (cit. 4) *du canon* est imité par les conséquents.* V. **Imitation** (7°).

‖ IMITÉ, ÉE. p. p. adj. *Sujet, style, thème imité.* V. **Emprunté.** *Signature, écriture imitée.* V. **Faux.** *Marbre imité.* V. **Factice.** — *Tableau imité de Raphaël. Roman imité de l'anglais* (V. **Adapté**).

25   « ... le langage imité des livres est bien froid pour quiconque est passionné lui-même :... »   ROUSS., **Julie,** 1re partie, Lettre XII.

ANT. — **Créer, innover, inventer** ; **authentique, original, véritable, vrai.**

IMMACULÉ, ÉE (im'-ma-). adj. (XIVe s. ; lat. *immaculatus*). Théol. Qui est sans tache de péché. *Jésus-Christ, l'agneau* immaculé. La Vierge immaculée. Dogme de l'Immaculée Conception*.

1   « Marie immaculée, amour essentiel. »   VERLAINE, **Sagesse,** II, II.

— *Par anal.* Qui est exempt de toute souillure morale (Cf. Angélique 1, cit. 1). *Innocence immaculée de la première enfance.* V. **Blanc, pur.** — Substant. (Cf. Épreuve, cit. 19).

2   « Mon âme immaculée au sortir du tombeau ! »
LECONTE DE LISLE, **Poèmes tragiques,** Romance de Doña Blanca.

— *Par ext.* (En parlant de choses). Sans une tache. V. **Net, propre.** *Blancheur immaculée.* — *D'une blancheur parfaite. Linge immaculé. Neige immaculée.* — *Ciel d'une limpidité immaculée,* sans un nuage.

3   « D'autres (*singes*) sont en bronze, vert et noir, une houppe immaculée sous la gorge. »   COLETTE, **Prisons et paradis,** Singes.

ANT. — **Maculé, souillé, taché.**

IMMANENT, ENTE. adj. (1370 WARTBURG ; du lat. scolast. *immanens,* de *immanere,* « résider dans »). Philos. (Vx). *Action, cause immanente,* qui réside dans le sujet agissant. *Pour Spinoza, Dieu est la cause immanente de toutes choses, et non la cause transitive*.* — *De nos jours.* Se dit de ce qui est contenu dans la nature d'un être. *Le panthéisme stoïcien se représente Dieu comme immanent au monde, ne faisant qu'un avec lui.* L'Encyclique *Pascendi* condamne l'opinion selon laquelle *Dieu serait immanent à l'homme.*

1   « Singulier « nominalisme » que celui (*de Berkeley*) qui aboutit à ériger bon nombre d'idées générales en essences éternelles, immanentes à l'intelligence divine ! »   BERGSON, **La pensée et le mouvant,** p. 126.

— *Par ext. L'insatisfaction immanente à la condition humaine.* V. **Inhérent.** *Évidence* (cit. 6) *immanente des lois de la nature.* — *Justice immanente,* dont le principe est contenu dans les choses elles-mêmes, qui se dégage du cours naturel des événements.

2   « La révolution est une forme de phénomène immanent qui nous presse de toutes parts et que nous appelons la Nécessité. »
       HUGO, **Quatre-vingt-treize,** II, III, I, XI.

3   « ... c'est pour que nous puissions compter sur l'avenir et savoir s'il y a dans les choses ici-bas une justice immanente qui vient à son jour et à son heure. »
       GAMBETTA, **Disc. aux fêtes de Cherbourg,** août 1880.

4   « Le temps est venu de retirer notre adhésion à l'injustice immanente de la nature. Il y va de la dignité humaine. »
       DUHAM., **Récits temps de guerre,** IV, XLIII.

ANT. — **Transitif** ; **transcendant.**

DER. — **Immanence.** n. f (1859). Philos. Caractère de ce qui est immanent*. *Immanence de Dieu à l'univers, dans le panthéisme. Immanence des mathématiques dans le réel.* — Spécialt. *Principe d'immanence,* admis par certains penseurs modernistes*, qui affirme l'impossibilité pour la pensée de sortir de soi, d'atteindre une autre réalité qu'elle-même. *Doctrine de l'immanence* (ANT. Transcendance). — **Immanentisme.** n. m. Doctrine qui affirme l'immanence de Dieu ou d'un absolu quelconque à la nature en général (*immanentisme de Spinoza*), ou à l'homme en particulier : *Immanentisme des philosophes modernistes* (ANT. Transcendantalisme).

1   « Cette suffisance de l'esprit humain, cette croyance qu'il trouve en lui-même la force et le principe de son invention, c'est ce qu'on peut appeler la doctrine de l'immanence. »
       L. BRÉHIER, **Thèmes actuels de la philos.,** VIII, p. 53.

2   « ... cette situation (*la conciliation superficielle entre la science et la foi*) n'est plus possible dès que l'immanentisme prétend tenir toute la place et résoudre par lui-même le problème religieux. »
       ID., **Ibid.,** p. 54.

3   « Jean-Paul pimente ses discours d'un grain de modernisme, s'exalte sur l'immanence et la révélation intérieure. »
       MAURIAC, **L'enfant chargé de chaînes,** p. 19.

IMMANGEABLE (in ou im'-man-jabl'). adj. (1600 ; de im- (V. **In-**) et *mangeable*). Qui n'est pas bon à manger. *Une ratatouille immangeable.* V. **Mauvais.**

« ... la pauvre Antoinette n'était pas une fameuse cuisinière ! Après qu'elle s'était donné beaucoup de peine, elle avait la mortification de lui entendre déclarer que sa cuisine était immangeable. »
       R. ROLLAND, **Jean-Christ.,** p. 874.

ANT. — **Comestible, mangeable.**

IMMANQUABLE (in ou im'-man-kabl'). adj. (1662 ; de im- (V. **In-**) et *manquer*). Qui ne peut manquer d'arriver. V. **Fatal, inéluctable, inévitable, nécessaire, obligé.** *Conséquence immanquable. Triomphe immanquable.* — Qui ne peut manquer d'atteindre son but. *Moyen immanquable.* V. **Infaillible, sûr.**

1   « Il ne faut pas penser à gouverner un homme tout d'un coup,... il secouerait le joug par honte ou par caprice : il faut tenter auprès de lui les petites choses, et de là le progrès jusqu'aux plus grandes est immanquable. »   LA BRUY., IV, 71.

2   « ... ce scandale est le principe général, mais immanquable, de tous les désordres particuliers de la voie du chrétien : »
BOURDAL., **Serm.,** S. le scandale de la Croix...

DER. — **Immanquablement.** adv. (1675 BOUHOURS). V. **Assurément, infailliblement, sûrement** ; **faute** (sans) ; **sûr** (à coup sûr). *Cela arrivera* (cit. 58) *immanquablement. Faute qui attire immanquablement la honte* (cit. 8) *sur le coupable. Il est immanquablement le dernier de sa classe.* V. **Invariablement.**

1   « ... ils allaient se trouver acculés au bord de la mer, et toutes ces forces réunies les écraseraient. Voilà ce qui arriverait immanquablement. »   FLAUB., **Salammbô,** XII, p. 242.

2   « Et Louise, maladroite, — d'autant plus maladroite qu'elle savait qu'elle l'était et faisait immanquablement ce qu'il ne fallait pas faire... »   R. ROLLAND, **Jean-Christ.,** t. IV, p. 300 (éd. Ollendorf).

IMMARCESCIBLE (im'-mar-). adj (1482 ; lat. *immarcescibilis*). Qui ne peut se flétrir (au propre et au fig.). *Gloire immarcescible.* — REM. L'ACAD. a abandonné dès 1878 (7e éd.) l'orthographe « immarscessible » que l'on rencontre encore chez quelques écrivains contemporains.

« ... le génie, c'est la jeunesse plus forte que le temps, la jeunesse immarcescible. »   MAURIAC, **Le jeune homme,** p. 15.

ANT. — **Marcescible. Effaçable, périssable.**

IMMARIABLE (*in-ma-*). adj. (XVIe s. ; rare jusqu'en 1794). V. **In-**, et **mariable**.

« T'épouser ? t'épouser, toi ! mais tu es folle, mais tu ne t'es pas regardée dans une glace, mais tu es immariable, laide, idiote !... »
COCTEAU, **Les enfants terribles**, p. 142.

IMMATÉRIALISER (*im'-*). v. tr. (1839 BOISTE ; de im- (V. **In-**) et *matérialiser*). *Peu usit.* Rendre ou supposer immatériel*. *Immatérialiser les forces de la nature* (LITTRÉ). — Pronominalt. *S'immatérialiser.* Devenir immatériel.

IMMATÉRIALISME (*im'-*). n. m. (1765 ENCYCL. ; de im- (V. **In-**) et *matérialisme*). *Philos.* Doctrine métaphysique qui nie l'existence de la matière, « ce qu'on nomme ordinairement matière n'ayant d'autre existence que d'être perçue, et cette perception ayant pour cause directe la volonté de Dieu » (LALANDE). *L'immatérialisme de Berkeley* (Cf. *infra*, cit.). V. **Idéalisme**.

« Il faut donc conclure qu'il n'y a pas de matière: c'est l'*immatérialisme*... Qu'est-ce qu'un objet sinon la somme des qualités sensibles que nous en avons, sa couleur, la résistance qu'il nous oppose, sa grandeur, et le reste ? De toutes il nous faut reconnaître qu'elles sont inconcevables en dehors d'un esprit qui soit affecté par elles ; c'est donc le tout de l'objet qui est dans l'esprit Il n'y a par conséquent pas de substance matérielle. » (R. LE SENNE, **Introduct. à la philos.**, II, p. 62.

DER. — **Immatérialiste**. n. m. (début XVIIIe s.). Partisan de l'immatérialisme. — Adjectivt. *Système immatérialiste.*

IMMATÉRIEL, ELLE (*im'-ma-*). adj. (XIVe s. ; lat. *immaterialis*). *Philos.* Qui n'est pas formé de matière*, n'a pas de consistance matérielle*. V. **Incorporel, spirituel.** *L'âme* (cit. 14) *immatérielle. Esprit* immatériel.* V. **Pur.** *Les anges, êtres immatériels. Des vérités immatérielles et éternelles* (cit. 10).

1 « ... pour bien concevoir les choses immatérielles ou métaphysiques, il faut éloigner son esprit des sens,... »
DESCARTES, **Rép. aux 2es object.**, p. 175.

2 « Qu'est-ce qui sent du plaisir en nous ? est-ce la main ? est-ce le bras ? est-ce la chair ? est-ce le sang ? on verra qu'il faut que ce soit quelque chose d'immatériel. » PASC., **Pens.**, VI, 339 bis.

3 « Qu'il y ait des substances immatérielles et intelligentes, c'est de quoi je ne doute pas :... » VOLT., **Micromégas**, VII.

4 « Je ne sais quoi d'immatériel, d'harmonieux, de radieux, qu'il faut bien nommer âme, et qu'importe le mot ? »
GIDE, **Et nunc manet in te**, p. 64.

— *Par ext.* Qui est étranger à la matière, ne concerne pas la chair, les sens. *Plaisir immatériel.* — Qui ne semble pas de nature matérielle. *Elle semble immatérielle à force de grâce et de légèreté.* V. **Aérien*, ailé, léger.**

5 « Elle appartenait à cette chaste école de Taglioni, qui fait de la danse un art presque immatériel à force de grâce pudique, de réserve décente et de virginale diaphanéité. »
GAUTIER, **Portr. contemp.**, p. 429.

6 « Dans ta première épître tu prétends ne connaître les Viennoises que de vue, ce qui est bien immatériel, tu dois maintenant être passé à d'autres exercices : »
ID., **Lettre à G. de Nerval**, janv. 1840 (in NERVAL, **Œuvr.**, p. 796).

7 « Ses yeux. qui sont les yeux d'un ange,
Savent pourtant, sans y penser,
Éveiller le désir étrange
D'un immatériel baiser. »
VERLAINE, **Bonne chanson**, II.

8 « Brague s'étire devant une glace, devenu, vous son masque blanc, dans sa flottante souquenille de Pierrot, d'une minceur immatérielle... »
COLETTE, **La vagabonde**, p. 49.

ANT. — **Charnel, consistant, matériel.**

DER. — **Immatérialité**. n. f. (1660 PASCAL). Qualité, état de ce qui est immatériel. *L'immatérialité de l'âme.* Cf. Grâce, cit. 70 (ANT. Matérialité). — **Immatériellement**. adv. (1587 in HUGUET). D'une manière immatérielle (*peu usit.*). ANT. Matériellement.

1 « Si l'âme est immatérielle, elle peut survivre au corps ; et si elle lui survit, la Providence est justifiée. Quand je n'aurais d'autre preuve de l'immatérialité de l'âme que le triomphe du méchant et l'oppression du juste en ce monde, cela seul m'empêcherait d'en douter. »
ROUSS., **Émile**, IV.

2 « ... cette immatérialité séraphique de Fra Beato Angelico ; »
GAUTIER, **Portr. contemp.**, p. 323.

IMMATRICULER (*im'-ma*). v. tr. (1498 ; lat. médiév. *immatriculare*). Inscrire* sur un registre public dit *matricule*. Immatriculer un soldat. Étudiant qui se fait immatriculer à la Faculté de Droit. Huissier immatriculé. Voiture immatriculée dans le département de la Seine. Camion immatriculé 2567 AE 75.*

ANT. — **Biffer, radier, rayer.**

DER. — **Immatriculation**. n. f. (1676). « Action d'inscrire le nom et le numéro d'une personne, d'un animal, ou d'une chose mobilière ou immobilière sur un registre, en vue d'identifier la personne, l'animal ou la chose pour des fins diverses » (CAPITANT, Voc. jurid.) ; résultat de cette action. V. **Inscription.** *Immatriculation d'un prisonnier, d'un navire... Numéro, plaque d'immatriculation d'une automobile* (V. **Minéralogique**). *Carte d'immatriculation à la Sécurité Sociale...* — **Immatricule**. n. f. (1690 FURETIÈRE). *Dr.* Numéro d'ordre d'un huissier sur la liste d'inscription de ceux qui ont le droit d'instrumenter près d'un tribunal.

IMMATURITÉ (*im'-ma-*). n. f. (XVIe s.). Défaut de maturité* (au propre et au fig.).

« La Révolution du 24 février ayant éclaté quelques mois après, je sentis dès le premier jour toute son importance, mais aussi son *immaturité...* » STE-BEUVE, **Chateaubriand**, t. I, p. 1.

IMMÉDIAT, ATE (*im'-mé-*). adj. (1382 ; lat. *immediatus*).

I. Qui opère, se produit ou est atteint sans intermédiaire*.

|| **1o** *Philos. Cause immédiate.* V. **Direct** (Cf. Atavisme, cit. 3). *Effet* (cit. 4) *immédiat* (Cf. Hasard, cit. 2). *Conséquence, suite immédiate d'un raisonnement* (Cf. Heure, cit. 1). *Déduction, inférence immédiate :* raisonnement dans lequel, d'une seule prémisse, on tire une conclusion (*par oppos.* à « syllogisme », « sorite ») — *Sentiment immédiat ; évidence, intuition immédiate,* qui ne semblent résulter d'aucune élaboration, d'aucune réflexion. *Données immédiates de l'expérience,* simples et primitives, ayant valeur de témoignage irrécusable. — *Essai sur les données immédiates de la conscience,* ouvrage de Bergson (1888). — REM. Le mot *immédiat* prend tantôt le sens de : « qui est donné à la conscience sans intermédiaire », tantôt celui de : « qui représente le réel sous son aspect authentique ». Le glissement de l'un à l'autre est souvent imperceptible (Cf. *infra*, cit. 2 BERGSON).

1 « Prophétiser, c'est parler de Dieu, non par preuves du dehors, mais par sentiment intérieur *et immédiat.* » PASC., **Pens.**, XI, 732.

2 « Si le temps, tel que la conscience immédiate l'aperçoit, était comme l'espace un milieu homogène, la science aurait prise sur lui comme sur l'espace. » BERGSON, **Essai s. données immédiates...**, Conclusion.

3 « Une inférence est immédiate quand une proposition se déduit d'une seule autre proposition sans avoir recours à une troisième (V. *Opposition* et *Conversion*) : le syllogisme, au contraire, est une inférence médiate. » GOBLOT, **Vocab. philos.**, Immédiat.

|| **2o** *Spécialt. Chim. Principe immédiat :* corps qui peut être extrait d'une substance par simple procédé mécanique, sans intervention chimique (Cf. Asclépiade, cit. ; cuvage, cit.). *Analyse immédiate,* série d'opérations par lesquelles sont isolés les *principes immédiats* des mélanges.

II. *Par anal.* (Dans le langage courant). Qui précède ou suit sans intermédiaire. dans l'espace ou le temps. *Successeur immédiat. Ses aïeux immédiats* (Cf. Croquant, cit. 3). *Au voisinage immédiat de...* (Cf. Fécondation, cit. 3). — *Par ext.* Qui suit sans délai ; qui est du moment présent, a lieu tout de suite. *Intérêt immédiat.* V. **Présent** (Cf. Abstention, cit. 2). *Danger immédiat* (Cf. Flancher, cit. 2). V. **Imminent.** *Rappel immédiat de réservistes* (Cf. Engager, cit. 38). *Éventualité d'une guerre immédiate.* V. **Prochain** (Cf. Axiome, cit. 6). *Crise, mort immédiate.* V. **Subit.** *Évacuation* (cit. 4) *immédiate des contagieux.* V. **Prompt.** *Conseiller le transport immédiat d'un malade à l'hôpital* (Cf. Hasarder, cit. 12). *Injure qui appelle* (cit. 31) *la réplique immédiate.* V. **Instantané.** — Substant. *L'immédiat. Pensez d'abord à l'immédiat. Rien ne presse, du moins dans l'immédiat, pour le moment.*

4 « ... c'est pourquoi, ne considérant que la volupté immédiate, il a, sans s'inquiéter de violer les lois de sa constitution, cherché dans la science physique, dans la pharmaceutique... les moyens... « d'emporter le paradis d'un seul coup » BAUDEL., **Parad. artific.**, Poème du haschisch, I.

5 « Les clientes furent l'objet de l'empressement immédiat du personnel entier. » CÉLINE, **Voyage au bout de la nuit**, p. 347.

6 « ... il est du caractère anglais de ne pas voir très au delà de l'intérêt de l'heure et du résultat immédiat ; »
MADELIN, **Hist. Cons. et Emp.**, Ascens. de Bonaparte, XXII, p. 313.

7 « ... un jugement qui, dans la suite des jours, devait servir de fondement à ma confiance dans l'immédiat, à mon espérance pour l'avenir. » DUHAM., **Pesée des âmes**, VII, p. 151.

ANT. — **Indirect, médiat ; distant, éloigné.**

DER. — **Immédiateté**. n. f. (1721). Qualité de ce qui est immédiat. — (1829. Philos.) *L'immédiateté d'une conséquence.* — **Immédiatement**. adv. (1503). D'une manière immédiate. — (Philos.) *Substance qui émane immédiatement de Dieu.* V. **Directement** (Cf. Éon, cit.). — (Sens temporel courant) *Précéder* (Cf. Apparition, cit. 5), *suivre immédiatement* (Cf. Autodafé, cit. 1). *L'exécution* (cit. 14) *du poème suivit immédiatement sa conception. Les temps immédiatement antérieurs à l'écriture* (Cf. Histoire, cit. 32). — *Par ext.* V. **Abord** (dès l'), **aussitôt, champ** (sur-le-champ), **délai** (sans), **heure** (sur l'), **incontinent, instantanément, suite** (tout de). IMMÉDIATEMENT, adverbe de temps marquant le futur (cit. 16) proche. *Il avait immédiatement aperçu quel parti on pouvait tirer de l'affaire* (Cf. Force, cit. 32). *L'odeur de la viande attire immédiatement les rapaces* (Cf. Bigot, cit. 5). *Prononcer immédiatement la mise en liberté d'un prévenu* (Cf. Habeas corpus, cit. 2). *Il a filé immédiatement.* V. **Illico, séance** (tenante). *Sortez immédiatement ! Il est entré immédiatement dans le vif du sujet* (Cf. Tout de go). *Faire une imprudence et tomber immédiatement malade après.* V. **Consécutivement** (ANT. Indirectement, médiatement, tardivement).

1 « Par le nom de *pensée,* je comprends tout ce qui est tellement en nous que nous l'apercevons immédiatement par nous-mêmes et en avons une connaissance intérieure :... » DESCARTES, **Réponses aux 2es objections**, p. 193.

2 « ... ayez soin... de marcher immédiatement sur mes pas, afin qu'on voie bien que vous êtes à moi. » MOL., **Bourg. gent.**, III, 1.

3 « ... l'abbaye de Port-Royal,... avait longtemps dépendu immédiatement de lui... » RAC., **Port-Royal**, 1re partie.

4 « ... ils (*les peuples d'Afrique*) ont eu abondance des métaux précieux qu'ils tiennent immédiatement des mains de la nature. »
MONTESQ., **Espr. des lois**, XXI, II.

5 « ... qui veut être heureux et développer son génie, doit, avant tout, bien choisir l'atmosphère dont il s'entoure immédiatement. »
Mᵐᵉ de STAËL, **Corinne**, XIV, I.

6 « ... cette fatigue est grande; mais elle ne se manifeste pas immédiatement,... »
BAUDEL., **Parad. artif.**, Poème du haschisch, III.

IMMÉMORABLE (im'-mé-). adj. (XVIᵉ s. ; V. **In-** et **mémorable**). *Peu usit.* Dont on ne peut se rappeler ou Qui ne mérite pas d'être rappelé à la mémoire. — REM. À côté d'*immémorable*, on trouve *immémoré* (« dont on n'a pas conservé la mémoire ») dans Chateaubriand.

1 « J'assistai au baptême de cet enfant, qui ne devait voir son père et sa mère qu'à l'âge où la vie n'a point de souvenir et apparaît de loin comme un songe immémorable. » CHATEAUB., **M. O.-T.**, t. II, p. 25.

2 « Je jette un regard attendri sur ces livres qui renferment mes heures immémorées ;... » ID., **Ibid.**, t. II, p. 163 (Manuscrit de 1847).

IMMÉMORIAL, ALE, AUX (im'-mé-). adj. (Attesté en 1549, mais probablt. antér. ; lat. médiév. *immemorialis*). Qui remonte à une époque si ancienne qu'elle est sortie de la mémoire*. *Usage immémorial* (Cf. Eunuque, cit. 3). *Fête* (cit. 6) *célébrée de temps immémorial.* V. **Antiquité, éternité** (de toute). — REM. On emploie quelquefois, dans le même sens, *immémorable*.

1 « Les pyramides construites d'équerre, et correspondant juste aux quatre points cardinaux, font voir assez que la géométrie était connue en Égypte de temps immémorial. » VOLT., **Dict. philos.**, Antiquité.

2 « Mes années à Crivitz, qui, sitôt rentré en France, furent comme rejetées hors de ma vie en des temps immémoriaux, ont réintégré ici mon existence et me paraissent toutes proches. »
CHARDONNE, **Éva**, p. 183.

DER. — **Immémorialement**. adv. (1539). Depuis un temps immémorial. *Coutume immémorialement consacrée.*

IMMENSE (im'-mans). adj. (1360 ; lat. *immensus*). Qui n'a ni bornes ni mesure. V. **Illimité, infini ; fin** (sans). *L'immense avenir* (cit. 27) *des peuples.* — Spécialt. *Dieu est immense* (ACAD.).

1 « ... sachant déjà que ma nature est extrêmement faible et limitée, et que celle de Dieu au contraire est immense, incompréhensible et infinie,... » DESCARTES, **Méditations**, IV.

2 « La nature n'est point une chose, car cette chose serait tout ; la nature n'est point un être, car cet être serait Dieu ; mais on peut la considérer comme une puissance vive, immense, qui embrasse tout, qui anime tout,... » BUFFON, **Hist. nat. anim.**, Vue de la nature, I.

3 « L'âme, l'âme aux yeux noirs, touche aux ténèbres mêmes,
Elle se fait immense et ne rencontre rien... »
VALÉRY, **Poésies**, Charmes, III.

— *Par exagér.* Dont l'étendue*, les dimensions sont considérables*. V. **Ample, grand, vaste**. *La mer immense* (Cf. Aire, cit. 4 ; cercle, cit. 3 ; engloutir, cit. 7). *Ciel immense* (Cf. Alentour, cit. 2 ; cadran, cit. 3 ; gris, cit. 21). *Espace* (cit. 19) *immense* (Cf. Arsenal, cit. 1). *Immense panorama vu d'avion* (Cf. Fresque, cit. 6). *Plaine immense* (Cf. Colline, cit. 2 ; horizonner, cit.). *D'immenses amas de sel gemme* (cit. 2). *Esplanade* (cit. 4) *immense. Les voûtes immenses du pont du Gard* (Cf. Étage, cit. 7). *Cathédrale* (cit. 2) *immense. Une immense cité* (cit. 5). *Les halles* (cit. 3) *immenses d'une gare. Salons immenses d'un hôtel* (cit. 12). — *Une glace* (cit. 24) *immense. Abîme immense* (Cf. Cœur, cit. 72).

4 « J'ai même remarqué qu'ils (*les enfants*) mettent l'infini moins au delà qu'en deçà des dimensions qui leur sont connues. Ils estimeront un espace immense bien plus par leurs pieds que par leurs yeux ; il ne s'étendra pas pour eux plus loin qu'ils ne pourront voir, mais plus loin qu'ils ne pourront aller. » ROUSS., **Émile**, IV.

5 « Lorsque les glaces sur lesquelles les manchots sont gîtés viennent à flotter, ils voyagent avec elles et sont transportés à d'immenses distances de toute terre. »
BUFFON, **Hist. nat. ois.**, Pingouins et manchots...

6 « Cette salle, qui malheureusement n'existe plus, était immense ; elle pouvait contenir, outre les douze cents députés, quatre milliers d'auditeurs. » MICHELET, **Hist. Révol. franç.**, I, II.

7 « L'ample monde, au delà de l'immense horizon, »
VALÉRY, **Poésies**, Vers anciens, César.

— *Par ext.* Qui est très considérable en son genre, par la taille, la force, l'importance, la quantité... V. **Colossal, démesuré, énorme, géant, gigantesque, gros**. *Un immense poisson. Un immense chapeau. Un frêne* (cit.) *immense. Un immense gaillard. Foule* (cit. 2) *immense. Immense majorité. D'immenses troupeaux humains* (Cf. Guerre, cit. 39). *Une immense troupe de poissons* (Cf. Banc, cit. 9). — *Clameur, cri immense.* V. **Effrayant** (Cf. Effarer, cit. 9 ; faiblir, cit. 4). *Les flamboiements* (cit. 3) *d'un immense incendie. — Immenses ressources d'un pays. Des gains immenses. Une immense fortune* (cit. 45). *Changements immenses. Un immense succès. Un immense effort. Une force immense. Immense instruction. Œuvre immense. Rôle immense de l'éducateur* (cit. 1). — *Exercer une immense influence.* V. **Profond**. *Une immense bonté. Espérance* (cit. 9), *foi* (cit. 21) *immense. Jouissance immense. Lassitude, regret immense. Un immense besoin d'aimer* (cit. 12). — Substant. *L'immense chez Hugo* (Cf. Excessif, cit. 12 ; génie, cit. 28).

8 « Le Roi fait des libéralités immenses ;... » SÉV., 771, 12 janv. 1680.

9 « Le maréchal de Villeroy faisait remarquer au Roi cette multitude prodigieuse, et sentencieusement lui disait : « Voyez, mon maître, voyez tout ce peuple, cette affluence, ce nombre de peuple immense, tout cela est à vous, vous en êtes le maître ; » ST-SIM., **Mém.**, V, XXXVII.

10 « ... les conciles étaient composés de prélats de tous les pays, et partant, ils avaient l'immense avantage d'être comme étrangers aux peuples pour lesquels ils faisaient des lois. »
CHATEAUB., **Génie du christ.**, IV, VI, X.

11 « Une immense bonté tombait du firmament ; »
HUGO, **Lég. des siècles**, Booz endormi.

12 « Il faut que le cœur le plus triste cède
À l'immense joie éparse dans l'air. »
VERLAINE, **Bonne chanson**, XXI.

ANT. — **Exigu, infime, microscopique, minime, minuscule, petit.**

DER. — **Immensément.** adv. (XVIIIᵉ s. ST-SIMON). D'une manière immense*. V. **Énormément, extrêmement**. *Un homme immensément riche. Être immensément supérieur à quelqu'un.* V. Beaucoup (vx). Cf. Grand, cit. 55.

« On ne finirait point sur les défauts monstrueux d'un palais si immense et si immensément cher,... » ST-SIM., **Mém.**, IV, LIV.

IMMENSITÉ (im'-man-). n. f. (1372 ; lat. *immensitas*). État, caractère de ce qui est immense* ; grandeur sans bornes ni mesure. *L'immensité de Dieu* (Cf. Atome, cit. 10 ; extase, cit. 1). *Immensité de la nature, de l'univers.* V. **Amplitude** (cit. 1). Cf. *aussi* Contemplateur, cit. ; enceinte 1, cit. 5. *L'immensité du chaos originel.*

1 « Ô la courageuse faculté, que l'espérance qui, en un sujet mortel, et en un moment, va usurpant l'infinité, l'immensité, l'éternité ; »
MONTAIGNE, **Essais**, I, XLVI.

2 « ... abîmé dans l'infinie immensité des espaces que j'ignore et qui m'ignorent,... » PASC., **Pens.**, III, 205.

3 « L'étendue créée est à l'immensité divine ce que le temps est à l'éternité. »
MALEBRANCHE, **Entret.**, VIII, 4 (in CUVILLIER, Vocab. philos., Immensité).

4 « ... je m'anéantis... devant la Providence divine, sachant qu'on n'apporte devant Dieu que trois choses qui ne peuvent entrer dans son immensité, notre néant, nos fautes et notre repentir. »
VOLT., **Lett. à l'évêque d'Annecy**, 3321, 29 avril 1768.

5 « L'homme n'a pas besoin de voyager pour s'agrandir ; il porte avec lui l'immensité. Tel accent échappé de votre sein ne se mesure pas et trouve un écho dans des milliers d'âmes : qui n'a point en soi cette mélodie, la demandera en vain à l'univers. »
CHATEAUB., **M. O.-T.**, t. VI, p. 323.

— *Par exagér.* Étendue* trop vaste pour être facilement mesurée. *Explorateurs* (cit. 1) *qui parcourent l'immensité du Sahara. L'immensité de la mer* (Cf. Fuyant, cit. 2).

6 « Grand délice que celui de noyer son regard dans l'immensité du ciel et de la mer ! » BAUDEL., **Spleen de Paris**, III.

7 « Il était arrivé en haut de la côte, il restait immobile, à regarder l'immensité plate et grise de la Beauce,... » ZOLA, **La terre**, IV, 4.

— *Absolt.* V. **Espace**. *Dieu anime l'immensité* (Cf. Créateur, cit. 2). — Toute étendue illimitée ou qui paraît telle (ciel, mer, nature...). V. **Abîme, infini**. *Étoiles* (cit. 3) *qui scintillent dans l'immensité. Se fondre, se perdre dans l'immensité* (Cf. Enivrer, cit. 28 ; guère, cit. 14).

8 « Et moi, pour te louer, Dieu des soleils, qui suis-je ?
Atome dans l'immensité
Minute dans l'éternité, » LAMART., **Harmonies**, I, II.

9 « Toute l'immensité n'avait pas une ride ;
Le ciel réverbérait autour d'eux leur beauté ; »
HUGO, **Lég. des siècles**, XXII, Le satyre, I.

— Fig. *L'immensité de ses richesses, de sa fortune* (ACAD.). *Il y a une immensité de gens qui pensent comme vous* (peu usit.). V. **Infinité, multitude, quantité**. — *Immensité des sentiments, des désirs de l'homme.*

10 « Vous me priez de vous écrire doublement de grandes lettres ;... je suis quelquefois épouvantée de leur immensité. »
SÉV., 237, 13 janv. 1672.

11 « ... je me considère, avec une sorte de frémissement, jeté, perdu dans ce vaste univers, et comme noyé dans l'immensité des êtres, sans rien savoir de ce qu'ils sont, ni entre eux, ni par rapport à moi. »
ROUSS., **Émile**, IV.

12 « ... il y a dans le sentiment maternel je ne sais quelle immensité qui permet de ne rien enlever aux autres affections,... »
BALZ., **Mém. de deux j. mariées**, Œuvr., t. I, p. 297.

13 « Ce qui donne au romancier le sentiment de l'échec, c'est l'immensité de sa prétention. »
MAURIAC, **Le romancier et ses personnages**, p. 125.

ANT. — **Exiguïté, petitesse.**

IMMENSURABLE (im'-man-). adj. (*Immansurable* en 1467, « immense » ; lat. *immensurabilis*, de *mensurare*. V. **Mesurer**). Impossible à mesurer, à évaluer, et spécialt. Trop grand pour être mesuré. V. **Immense ; incommensurable**. Substant. *L'immensurable :* l'infini. — REM. On dit aussi *immesurable*.

1 « On ne connaît point la hauteur d'une étoile ; elle est, si j'ose ainsi parler, *immensurable*. » LA BRUY., XVI, 43.

2 « ... l'œil se détournait, déçu, de ce ciel qui avait perdu l'illimité de ses profondeurs, l'immensurable de ses étendues... »
HUYSMANS, **La Cathédrale**, I.

ANT. — **Mesurable, petit.**

IMMERGER (im'-mer-). *v. tr.* (1501 ; peu usité jusqu'au XVIIIᵉ s. ; lat. *immergere*). Plonger dans un liquide. V. **Baigner, plonger.** *Action d'immerger.* V. **Immersion.** *Immerger une pierre dans l'eau. Immerger le corps d'un matelot mort en mer. Immerger un animal pour le noyer*.* — Par ext. *Les cellules sont immergées dans un milieu nutritif* (Cf. Encombrer, cit. 9).

‖ S'IMMERGER. *v. pron. Sous-marin qui s'immerge.* V. **Plonger.** *Navire qui s'immerge après avoir heurté un récif.* V. **Couler.** — *Fig.* :

« ... ils plongeaient dans la foule sombre des crépuscules ou des nuits, épaule contre épaule. S'immergeant dans une masse blanche et noire... et accompagnant le troupeau humain... »
CAMUS, La peste, p. 215.

‖ IMMERGÉ, ÉE. *p. p. adj.* Plongé*, noyé dans un liquide, dans la mer... *Tuyau, câble immergé.* V. **Sous-marin.** *Caillou immergé dans un ruisseau* (Cf. Cours, cit. 2). *Parties immergées d'un navire :* la carène*, la quille... — Bot. *Plantes immergées ;* qui croissent sous l'eau. — Géogr. *Terres immergées, récifs immergés. Rocher immergé à marée haute. Terres immergées pendant une crue.* V. **Inonder.** — Par anal. (Astron.). *Planète immergée :* plongée dans l'ombre d'un astre.

ANT. — Émerger, flotter, remonter. Surface (faire surface, en parlant d'un sous-marin). Émergé, flottant.

DER. — *Immergent, ente. adj.* (1873 P. LAROUSSE). Opt. Qui pénètre dans un milieu, en parlant d'un rayon lumineux (ANT. **Émergent**). — V. *aussi* **Immersif** (dér. d'*Immersion*).

IMMÉRITÉ, ÉE (im'-mé-). *adj.* (XVᵉ s. ; V. **In-** et **mérité**). Qui n'est pas mérité*. V. **Injuste.** *Reproches, malheurs immérités.* Qui ne doit rien au mérite*. *Triomphes, honneurs immérités.*

IMMERSION (im'-mer-). *n. f.* (1372 ; lat. *immersio*). Action d'immerger*, de plonger* dans un liquide (V. **Bain, enfoncement, plongeon**). *Immersion d'un câble. Immersion de blocs de béton. Immersion d'un cadavre en pleine mer.* — *Immersion des aliments dans l'huile bouillante* (Cf. Friture, cit. 1). *Immersion de l'or dans l'acide azotique :* calcination immersive*. — *Baptême* (cit. 4, 8 et 9) *par immersion, sans immersion.* V. **Ablution, baptême** (Cf. Baptiste, cit. ; baptistère, cit.).

1 « Présumant qu'un bain d'eau de mer pourrait avoir un heureux effet, je m'avisai de lui attacher un bout de corde autour du corps, et puis, le conduisant au capot d'échelle... je l'y poussai et l'en retirai immédiatement... Cette idée d'immersion soudaine m'avait été suggérée par quelque vieille lecture médicale sur les heureux effets de l'affusion et de la douche dans les cas où le malade souffre du *delirium tremens.* »
BAUDEL., Trad. E. POE, Avent. G. Pym, XI.

2 « À l'eau, maintenant !... L'eau du Sausseron est trop froide, le courant trop fort, les cailloux piquants... Gérard, accroché aux herbes, se refuse à toute immersion. » DUHAM., Plaisirs et jeux, II, VIII.

— État de ce qui est immergé. *Immersion des terres pendant une inondation*. Des digues qui protègent les terres contre l'immersion* (LITTRÉ).

3 « ... dans les efforts d'une personne qui n'a pas la pratique de la natation, les bras se jettent invariablement en l'air... le résultat est l'immersion de la bouche et des narines, et, par suite des efforts pour respirer sous l'eau, l'introduction de l'eau dans les poumons. »
BAUDEL., Trad. E. POE, Hist. grotesq. et sér., Mystère M. Roget.

— Spécialt. Opt. *Objectif à immersion :* objectif de microscope immergé dans un liquide à fort indice de réfraction. — Fig. *Point d'immersion :* point où un rayon lumineux pénètre dans un milieu réfringent. — Astron. Entrée d'une planète dans l'ombre d'un astre (V. **Éclipse**).

— Par métaph. et fig. V. **Enfoncement, plongeon.**

4 « Il me plongeait dans les livres, me les faisait lire et relire, me faisait traduire, analyser, copier, et ne me lâchait en plein air que lorsqu'il me voyait trop étourdi par cette immersion violente dans une mer de mots. » FROMENTIN, Dominique, III.

5 « ... l'immersion sans fond de la rêverie. »
HUGO, Travaill. de la mer, I, IV, VII.

ANT. — Émersion.

DER. — (du lat. *immersus*) : **Immersif.** *adj.* (1690 FURET.). Fait par immersion. *Calcination immersive de l'or,* plongé dans l'acide azotique. *Débouillissage immersif.*

IMMESURABLE. V. IMMENSURABLE.

IMMETTABLE (in- ou im-). *adj.* (fin XIXᵉ s. selon BLOCH ; V. **In-** et **Mettre**). Qu'on ne peut ou n'ose mettre, en parlant d'un vêtement trop usé, ou ridicule... *Des souliers percés absolument immettables. Un chapeau grotesque et immettable.*

« ... un petit galurin... qui... était devenu immettable. Il est de fait qu'il se faisait un peu remarquer, et moi dessous ; qu'il était un peu ridicule. » GIDE, Ainsi soit-il, p. 90 (Cf. Galurin, cit.).

IMMEUBLE (im'-). *adj. et n.* (1275 ; lat *immobilis*. V. **Immobile**).

‖ 1º Dr. Qui ne peut être déplacé (ou qui est réputé tel par la loi), en parlant de biens. V. **Bien 2** (I, 2º), **bien-**

fonds, fonds (I, 1º), **propriété ; droit** 3 (III, 2º, A). *Biens immeubles par nature :* le sol et ce qui lui est incorporé, bâtiments (cit. 8), etc. *Biens immeubles par destination :* biens mobiliers attachés par le propriétaire à un immeuble par nature (biens mobiliers attachés au fond à perpétuelle demeure : Cf. CODE CIV., art. 525 ; affectés à l'exploitation* (cit. 1) d'un immeuble par nature : animaux de culture, ustensiles, semences... Cf. CODE CIV., art. 524). — *Accessoires de biens, droits réputés immeubles.* V. **Immobilier** (Cf. Expropriation, cit. 1). *Les actions de la Banque de France peuvent devenir immeubles par déclaration du propriétaire* (Cf. *infra*, Immeubles fictifs). *Biens meubles déclarés immeubles* (V. **Immobilisation**).

1 « Les biens sont immeubles, ou par leur nature, ou par leur destination, ou par l'objet auquel ils s'appliquent.
Les récoltes pendantes par les racines, et les fruits des arbres non encore recueillis, sont... immeubles. Dès que les grains sont coupés et les fruits détachés,... ils sont meubles. » CODE CIV., Art. 517 et 520.

2 « Sont immeubles, par l'objet auquel ils s'appliquent : L'usufruit des choses immobilières ; Les servitudes ou services fonciers ; Les actions qui tendent à revendiquer un immeuble. » ID., Art. 526.

3 « ... au nom de Séchard, Petit-Claud prétendit que les presses étant scellées devenaient d'autant plus immeubles par destination que, depuis le règne de Louis XIV, la maison servait à une imprimerie. »
BALZ., Illus. perd., Œuvr., t. IV, p. 937.

— Substant. *Un immeuble :* un bien immeuble. *Acquérir, acheter ; affermer, louer ; céder, vendre un immeuble, des immeubles. Location, valeur locative, bail* (cit. 6) *d'un immeuble. Fortune*, patrimoine* composé de meubles et d'immeubles. Vente d'immeubles appartenant à des mineurs, des interdits* (Cf. Avis, cit. 24). *Immeubles dans la communauté*.* V. **Acquêt** (cit. 1), **conquêt** (cit.). Cf. Ameublir, cit. 1 ; ameublissement, cit. ; échoir, cit. 3. *Nantissement d'un immeuble.* V. **Antichrèse** (cit. 2). *Accessoires d'un immeuble.* V. **Circonstance, dépendance.** *Droit réel dont est grevé un immeuble* (V. **Hypothèque**) ; *charge établie sur un immeuble* (V. **Servitude**). *Immeuble en usufruit*.* — Par ext. *Droit portant sur un immeuble. Immeubles par l'objet auquel ils s'appliquent* (CODE CIV., art. 526). *Immeubles fictifs,* par déclaration du propriétaire (*Ex. :* actions de la Banque de France).

4 « Les immeubles, même ceux possédés par des étrangers, sont régis par la loi française. » CODE CIV., Art. 3.

— REM. L'emploi courant du mot *immeuble* (Cf. *infra,* 2º) fait préférer l'adjectif au substantif, du moins quand il s'agit de biens très différents d'une construction ou d'une terre. Le *Code civil* écrit (art. 524) que « *sont immeubles par destination... les pigeons des colombiers ; les lapins des garennes ;... les pailles et engrais* », mais on pourrait difficilement écrire que « *ces biens sont des immeubles* ».

‖ 2º Dans le langage courant. Se dit d'une maison et spécialt. des grands bâtiments urbains à plusieurs étages. V. **Maison ; bâtiment, building, construction, édifice, habitation ; gratte-ciel.** (Cf. Habitat, cit. 5). *Il possède une maison de campagne et plusieurs immeubles à Paris.* V. **Propriétaire.** *Acheter, vendre, louer un immeuble* (Cf. Entrepreneur, cit. 6). *Immeuble de cinq, dix étages. Immeuble à usage locatif, immeuble de rapport*. Habiter une chambre, un appartement dans un immeuble. Grand, vaste immeuble* (Cf. Bruit, cit. 17). *Cet immeuble est un hôtel, une banque, un garage* (cit. 4). *Construction d'un immeuble. Gérant, syndic d'immeubles.* — REM. Ce sens, daté de 1867 par WARTBURG, ne figure pas encore dans LITTRÉ.

5 « Chaque famille bien posée à Plassans a sa maison, les immeubles s'y vendant à très bas prix. » ZOLA, La fortune des Rougon, p. 82.

6 « ... il s'opère continuellement des changements sur place : on achète un immeuble pour le démolir et bâtir un immeuble plus grand sur le même terrain ; au bout de cinq ans, on revend ce dernier à un entrepreneur qui le jette bas pour en construire un troisième. »
SARTRE, Situations III, p. 98.

ANT. — Meuble.

IMMIGRATION (im'-mi-gra-sion). *n. f.* (1768 ; dér. sav. de *immigrare*. V. **Immigrer**). Entrée dans un pays d'éléments démographiques non autochtones qui viennent s'y établir, généralement pour y trouver un emploi... (V. **Migration, population**). *Émigration* et immigration, deux aspects d'un même phénomène. Immigration permanente* (V. **Immigrant**) *et immigration temporaire* (« travailleurs étrangers »). *Courant** (cit. 11), *mouvement d'immigration. Terres, pays d'immigration. Immigration de races étrangères, d'éléments étrangers* (V. Fixité, cit. 1). *Immigration exotique* (cit. 6). *Colonie*, territoire peuplé par l'immigration d'éléments métropolitains.* V. **Peuplement** (colonie de). *Excédent d'immigration. Immigration brute :* nombre total des immigrants dans un pays donné. *Immigration nette :* nombre obtenu après déduction de celui des émigrants. — *Lois sur l'immigration, restreignant et contrôlant l'immigration par sélection individuelle, contingentement* (système du quota), etc. *Office national d'immigration* (ORDONN. 2 nov. 1945) « chargé du recrutement pour la France et de l'introduction en France des immigrants étrangers ».

1 « Sans doute il y avait eu constamment par le Rhin une immigration des peuples germaniques. Ils passaient en grand nombre pour trouver fortune dans la riche contrée de l'Ouest. Ces recrues fortifiaient et renouvelaient sans cesse les armées des Francs. »
MICHELET, **Hist. de France**, II, II.

2 « Pendant la plus grande partie du XIXe siècle le principe de la « libre immigration » avait prédominé aux États-Unis. C'est seulement à partir de 1882 qu'une sélection individuelle avait été instituée ; la loi de 1907... fermait... la porte aux indésirables... Tout en maintenant... la sélection individuelle, la nouvelle législation introduit la doctrine... de l'origine ethnique. La loi de 1917... détermine une certaine section de la surface terrestre, d'où l'immigration est purement et simplement interdite :... le but non dissimulé est d'exclure les races jaune et brune, considérées comme inassimilables. Dans les lois de 1921 et 1924, cette préoccupation de défense... on l'étend... partiellement à l'Europe. »
SIEGFRIED, **Les États-Unis d'aujourd'hui**, I, VIII.

— Par ext. « *L'immigration provinciale à Paris* » (Cf. HUBER, Popul. de la France, p. 208).

ANT. — **Départ, émigration, exode...**

IMMIGRER (*im'-mi-*). *v. intr.* (*Immigré* en 1769 ; *immigrer* en 1838, d'apr. WARTBURG ; lat. *immigrare*). *Peu usit.* Entrer dans un pays étranger pour s'y établir. *Ce sont les descendants de Français qui avaient immigré en Amérique au siècle dernier.*

|| IMMIGRÉ, ÉE. adj. *La population immigrée.* Substant. *Un immigré.* V. **Immigrant.** *Des immigrés récents, de fraîche date. Les immigrés sont comptés parmi les habitants du pays.*

« Le premier immigré demeure, sa vie durant, un homme de son pays d'origine : sans doute peut-il... s'habiller comme un Américain et tenter de vivre comme un Américain, mais on voit bien vite qu'il n'en est pas un... »
SIEGFRIED, **L'âme des peuples**, p. 167.

ANT. — **Émigrer. Autochtone.**

DER. — **Immigration.** — **Immigrant, ante.** *p. prés. adj.* (1787). *Peu usit.* Qui immigre. *La population immigrante.* — Substant. Personne qui immigre dans un pays ou qui y a immigré récemment. *Les immigrants qui peuplèrent l'Australie, les États-Unis* (Cf. Angliciser, cit.). *L'assimilation* (cit. 10) *des immigrants* (Cf. Assimiler, cit. 10). *Les immigrants* (V. **Étranger**) *et les autochtones. Immigrants assimilés, définitivement installés dans un pays.* V. **Habitant, immigré** (ANT. Autochtone. **Émigrant**).

1 « Le vent vivant des peuples, soufflant du Nord et de l'Est... a porté vers l'Ouest... des éléments ethniques très divers,... Ces arrivants se sont établis, juxtaposés ou superposés aux groupes déjà installés... Les immigrants ne vinrent pas seulement du Nord et de l'Est ; le Sud-Est et le Sud fournirent leurs contingents. Quelques Grecs par les rivages du Midi ; des effectifs romains, assez faibles, sans doute, mais renouvelés pendant des siècles ; plus tard, des essaims de Maures et de Sarrasins. Grecs ou Phéniciens, Latins et Sarrasins par le Sud, comme les Northmans par les côtes de la Manche et de l'Atlantique, ont pénétré dans le territoire par quantités assez peu considérables. »
VALÉRY, **Regards sur le monde actuel**, Images de la France.

2 « L'analyse des statistiques de l'état civil a permis de préciser les conditions de l'accroissement naturel de la population... Mais la population d'un pays varie également par l'apport des immigrants venus de l'étranger... »
HUBER, BUNLE et BOVERAT, **Population de la France**, p. 197.

IMMINENCE (*im'-mi-*). *n. f.* (1787 NECKER ; bas lat. *imminentia.* V. **Imminent**). Caractère de ce qui est imminent. V. **Approche, proximité.** *Imminence d'un danger*, d'un péril*...* (Cf. Grandeur, cit. 4). *Devant l'imminence de cette menace, il est urgent* de...* — *Imminence d'une arrivée, d'un départ, d'une décision.*

1 « À peine eus-je articulé ces mots que je devinai l'imminence de la grande crise. Je n'avais plus à revenir sur mes pas. La guerre était déclarée. »
DUHAM., **Salavin**, III, p. 57.

2 « La malade allait fort mal et le médecin ne cachait pas l'imminence d'une issue fatale. »
ARNOUX, **Royaume des ombres**, V, p. 145.

IMMINENT, ENTE (*im'-mi-*). *adj.* (XIVe s. ; lat. *imminens,* de *imminere,* « menacer »). Qui va se produire dans un avenir* très proche, dans très peu de temps, « en parlant d'un événement, surtout malheureux » (ACAD.). V. **Instant, prochain, proche ; près.** *Danger*, péril* imminent...* V. **Menaçant.** *Sans danger imminent.* V. **Immédiat** (Cf. Endormir, cit. 37). *Malade menacé d'une attaque, d'une crise imminente* (Cf. Flamber, cit. 11). *Moment où une crise devient imminente.* V. **Critique.** *Rupture, brouille ; attaque, guerre ; arrestation imminente* (Cf. Enquête, cit. 5 ; heurt, cit. 5 ; garde 2, cit. 13). *Sa ruine est probable*, mais pas imminente.*
— REM. Dans l'usage courant, l'idée d'un événement menaçant ne s'attache plus, nécessairement, à l'adjectif *imminent,* en dépit de l'étymologie. — *L'instant imminent de son arrivée* (Cf. Contretemps, cit. 3). *L'imminent achèvement de son ouvrage* (Cf. Escompter, cit. 8).

1 « ... c'était le danger de sombrer que je considérais... comme le plus imminent. »
BAUDEL., Trad. E. POE, Avent. G. Pym, IX.

2 « Marius avait trop peu vécu encore pour savoir que rien n'est plus imminent que l'impossible, et que ce qu'il faut toujours prévoir, c'est l'imprévu. »
HUGO, **Misér.**, IV, XIV, V.

3 « ... l'affaire est dans le sac... ce sera pour le 14 Juillet... Ou pour le 1er janvier. Pour cette année enfin ;... ou l'autre. C'est imminent, en tout cas. »
COURTELINE, **MM. ronds-de-cuir**, 2e Tabl., III, p. 87.

ANT. — **Éloigné, lointain...**

IMMISCER (*im'-mi-ssé.* — Le c prend une cédille devant a et o) *v tr.* et *pron.* (1482 ; lat. *immiscere*).

I. *V. tr.* (*Peu usit.*). Mêler (quelqu'un) à une affaire. *Pourquoi l'avez-vous immiscé dans cette affaire ?* (P. LAROUSSE). V. **Entrer*** (faire entrer), **introduire.**

II. *V. pron.* S'IMMISCER. S'ingérer, s'introduire mal à propos ou indûment (dans une affaire...). V. **Fourrer** (se), **ingérer** (s'), **intervenir, mêler** (se), **participer...** *S'immiscer dans les affaires* (cit. 22) *de quelqu'un, dans le privé, la vie privée de quelqu'un.* V. **Indiscret, indiscrétion** (Cf. Défensive, cit. 5). *Pays qui s'immisce dans les affaires intérieures d'un autre État* (V. **Immixtion**).

1 « Leurs usurpations administratives, la surveillance des subsistances, dans laquelle ils s'immisçaient, leur fournissait mille occasions de faire planer sur le pouvoir une accusation terrible. »
MICHELET, **Hist. Révol. franç.**, III, III.

2 « Son fort, pourtant, sa véritable spécialité, c'était de s'immiscer sournoisement dans les choses qui ne le regardaient pas :... »
COURTELINE, **MM. ronds-de-cuir**, 1er Tabl., III, p. 45.

— *Spécialt.* Dr. *S'immiscer dans une succession*.*

|| IMMISCÉ, ÉE. *p. p. adj.*

3 « ... plus on percera les origines de l'esprit humain, plus on trouvera des merveilles, merveilles d'autant plus admirables qu'il n'est pas besoin pour les produire d'un Dieu-machine toujours immiscé dans la marche des choses,... »
RENAN, **Avenir de la Science**, Œuvr., t. III, XIV, p. 937.

IMMIXTION (*im'-miks-tyon,* ou *-syon,* d'après FOUCHÉ). *n. f.* (XVIe s. ; rare jusqu'au XVIIIe s. ; bas lat. *immixtio*). Action d'immiscer*, de s'immiscer. V. **Ingérence, intervention.** *Immixtion dans les affaires, dans la vie privée de quelqu'un. Immixtion dans les affaires intérieures d'un pays.*

« À l'exemple du Cardinal, il fut constamment en garde contre les entreprises des dévôts, il défendit énergiquement l'état laïque contre les suggestions des immixtions ultramontaines. »
L. BERTRAND, **Louis XIV**, II, II.

IMMOBILE (*im'-mo-*). *adj.* (XIIIe s. ; *immoble* au XIIe s. ; lat. *immobilis*).

|| 1º Qui ne se meut pas. V. **Fixe.** — A. (En parlant des êtres vivants ou de parties de leur corps). *Rester, demeurer, se tenir immobile* (Cf. Acuité, cit. 1 ; armoirie, cit. 2 ; cylindre, cit. 2 ; hancher, cit. 1). V. **Planté** (comme une borne, un terme, un piquet) ; **pied** (ne remuer ni pied ni patte, de pied ferme) ; **semelle** (ne pas bouger d'une) ; **place** (sur), **repos** (en). *Ne bougez pas, restez parfaitement immobile. Immobile comme un cadavre, une souche. Immobile comme une statue.* V. **Hiératique** (fig.). *Immobile sous l'effet du froid.* V. **Engourdi** (Cf. Amortir, cit. 1 ; frissonner, cit. 1). *Corps immobile dans le sommeil, la paralysie, l'extase* (cit. 1), *la mort.* V. **Gisant, inanimé, inerte** (Cf. Frapper, cit. 24). *Animal en danger qui se tient immobile.* V. **Mort** (faire le). *En apparence immobile* (Cf. Blinder, cit. 2 ; bostonner, cit. ; fourmillement, cit. 1). *Enfant sans énergie, toujours immobile.* V. **Inactif.** *Il reste chez lui, immobile durant des jours.* V. **Sédentaire.** *Immobile et impotent. Troupe immobile.* V. **Pas** (marquer le pas), **piétiner,** **l'extase** (cit. 22 ; fumer 1, cit. 27). V. **Pierre** (de). *Regard immobile.* V. **Atone.**
— (Philos.) *Dieu, le moteur* immobile* (Aristote).

1 « L'insolent devant moi ne se courba jamais...
Lorsque d'un seul regard les Persans touchés
N'osent lever leurs fronts à la terre attachés,
Lui, fièrement assis, et la tête immobile,... »
RAC., **Esther**, II, 1.

2 « Ils avaient jeté les yeux sur le Cardinal qui demeurait immobile comme une statue équestre,... »
VIGNY, **Cinq-Mars**, X.

3 « Tous les paysans avaient écouté, le visage immobile, sans qu'un pli indiquât leur pensée secrète. »
ZOLA, **La terre**, IV, V.

4 « Elle baissa le visage sur cette main qui tenait la sienne. Et elle y appuya sa bouche, ne la bougea plus, lèvres immobiles, lèvres immobiles, ne baisant pas. »
MONTHERLANT, **Le songe**, I, VIII.

5 « Marie-Louise demeurait presque parfaitement immobile, sa poitrine était à peine émue par sa respiration, ses paupières battaient à de très longs intervalles malgré le grand ciel blanc, et ses yeux de pierre bougeaient faiblement,... »
P. NIZAN, **Cheval de Troie**, p. 31.

— *Spécialt.* Sous l'effet de quelque émotion violente, qui saisit (étonnement, peur, admiration). V. **Cloué, figé, médusé, paralysé, pétrifié, sidéré.** (Cf. Battre, cit. 60). *Immobile et frappé* (cit. 37) *de stupeur.* V. **Stupéfait, stupéfié, stupide.** *Interdit, immobile, muet... Il restait immobile, n'osant faire un mouvement, remuer le petit doigt.*

6 « Je demeure immobile, et mon âme abattue
Cède au coup qui me tue. »
CORN., **Cid**, I, 6.

7 « Je restais immobile et stupide, sans pouvoir agir ni penser. »
ROUSS., **Confess.**, IX.

8 « Il n'a pas la force de crier ; la terreur le cloue immobile, les yeux, la bouche ouverte, soufflant du fond de la gorge. »
R. ROLLAND, **Jean-Christ.**, L'aube, p. 4.

B. (En parlant des choses). Que rien ne meut, n'agite. *Brouillard, air immobile* (Cf. Brancher, cit. 1 ; chaleur, cit. 3). *Mer, lac, onde immobile* (Cf. Cascade, cit. 4 ; embarcation, cit. 2 ; étoile, cit. 10 ; fatiguer, cit. 6). *L'eau immobile d'une mare.* V. **Croupi, croupissant, dormant, stagnant.** *Branches qui pendent immobiles* (Cf. Gris, cit. 8). *Aérostat maintenu immobile* (Cf. Fanfreluche, cit.). V. **Assujettir,**

caler. *Véhicule immobile.* V. **Arrêt** (à l'), **panne** (en). — Qui paraît ne pas se mouvoir. *Glacier* (cit. 4) *qui coule immobile.*

9 « ... une atmosphère tellement immobile que le mouvement de la marche n'y produisait pas le plus petit souffle d'air. »
                 FROMENTIN, **Été dans le Sahara**, p. 41.

10 « ... ce rideau, d'une forte étoffe de soie croisée, que j'avais ôté de sa patère et qui tombait devant la fenêtre, perpendiculaire et immobile. »
            BARBEY d'AUREV., **Diaboliques**, Rideau cramoisi, p. 60.

11 « Tes yeux sont comme des lys d'eau bleus sans tiges, immobiles sur des étangs. »
                       P. LOUŸS, **Aphrodite**, p. 23.

12 « Des voiles blanches comme des papillons seraient posées sur l'eau immobile, sans plus vouloir bouger, comme pâmées de chaleur. »
            PROUST, **Plaisirs et jours**, p. 237.

13 « En plein midi, l'été, quand les champs, les jardins, les bois, sont immobiles de chaleur ; et que rien n'est en vie, rien que la source dans les herbes, avec sa voix cachée ; ou bien cet oiseau, le martin-pêcheur, qui ressemble à un bijou bleu, lancé sur la rivière, — alors, il y a tant de choses qu'on devine autour de soi. »
                TOULET, **La jeune fille verte**, p. 136.

— *Spécialt.* Qui, par nature, ne se meut pas ; non mobile. *Articulations* (cit. 2) *immobiles. Cellules immobiles* (Cf. Femme, cit. 10). *Eau de la mer Morte immobile et chargée d'asphalte* (cit. 1). *Objets éternellement immobiles* (Cf. Catacombe, cit. 1). *Statues de dieux immobiles* (Cf. Entablement, cit. 2). *On croyait la terre immobile* (Cf. Émersion, cit.).

C. Par méton. *Attente immobile* (Cf. Assouplir, cit. 7). *Raideur immobile* (Cf. Fixe, cit. 5). *Immobile contraction au coin de la bouche* (Cf. Garder, cit. 54).

14 « Comment aurait-elle pu connaître le bonheur par cette immobile contemplation ? »
                 MAUROIS, **Climats**, p. 130.

|| 2° *Fig.* Fixé une fois pour toutes, définitivement figé. V. **Invariable.** *Dogmes considérés comme immobiles* (Cf. Évolution, cit. 11). *L'immobile éternité* (cit. 4).

15 « Il y a peu de relation de nos actions, qui sont en perpétuelle mutation, avec les lois fixes et immobiles. »
               MONTAIGNE, **Essais**, III, XIII.

16 « Mais j'ai si peur de tout fausser en « exprimant ». Vous ne trouvez pas que les mots déforment tout ? Ils sont tellement plus immobiles et plus solides que les sentiments... »
            MAUROIS, **Cercle de famille**, p. 253.

17 « L'esprit critique s'attaque à ce qui est réalisé, à ce qui est immobile, par conséquent, à ce qui est mort,... »
            JALOUX, **Dernier jour création**, p. 198.

— V. **Ferme, impassible, inébranlable.** — (*Vx*). *Immobile à...* V. **Insensible.**

18 « Immobile à leurs coups, en lui-même il rappelle
     Ce qu'eut de beau sa vie, et ce qu'on dira d'elle ; »
                 CORN., **Pomp.**, II, 2.

19 « Je demeure immobile à tant de nouveautés. »
                  MOL., **Étourdi**, V, 9.

20 « Quelques carrés de la garde, immobiles dans le ruissellement de la déroute comme des rochers dans de l'eau qui coule, tinrent jusqu'à la nuit. La nuit venant, la mort aussi, ils attendirent cette ombre double, et, inébranlables, s'en laissèrent envelopper. »
            HUGO, **Misér.**, II, I, XIV.

|| 3° Substant. *L'immobile*, ce qui est immobile.

21 « ... il n'y a que l'immobile qui soit immuable, la nature est éternelle ; mais nous autres nous sommes d'hier. »
            VOLT., **Singularités de la nature**, XVIII.

22 « L'immobile c'est l'inexorable. »
            HUGO, **L'homme qui rit**, I, II, XVII.

ANT. — Mobile*. Actif, ambulant, branlant, ébranlé, flottant, fluctuant, grouillant, mouvant (V. *aussi* Bouger).

DER. — Immobiliser. Immobilisme. Immobilité. Cf. Immeuble, immobilier (V. Mobile*).

IMMOBILIER, IÈRE (*im'-mo-*). adj. (1673 ; *immobiliaire* au XVᵉ s. ; *in* privatif, et *mobilier**). *Dr.* Qui est immeuble, composé d'immeubles, ou considéré comme immeuble. *Propriété, nantissement d'une chose immobilière* (Cf. Accession, cit. 3 ; antichrèse, cit. 1). *Biens immobiliers* (Cf. Bilan, cit. 2 ; expropriation, cit. 1). *Fonds, effets immobiliers. Succession, fortune immobilière.*

— *Par ext.* Qui concerne, qui a pour objet un immeuble, des immeubles. *Vente, saisie immobilière* (Cf. Commandement, cit. 5 ; enchère, cit. 2 ; étude, cit. 52 ; exécution, cit. 16). *Action immobilière* (Cf. Assistance, cit. 4). *Transmission des droits immobiliers* (Cf. Enregistrement, cit. 1). *Sociétés de crédit immobilier* (Cf. Habitabilité, cit. 3). *Entreprise, société immobilière s'occupant de la construction, de la vente, de l'achat d'immeubles. Opérations immobilières. Rubrique immobilière dans un journal.*

« La faute essentielle des administrateurs... est de ne pas avoir prévu la crise immobilière qui a entraîné la chute de la valeur des immeubles. »
            BAINVILLE, **Fortune de la France**, p. 108.

ANT. — Mobilier.

IMMOBILISER (*im-mo-*). v. tr. (1773 in WARTBURG ; form. sav. d'apr. le lat *immobilis*, « immobile » ou « immeuble ». V. **Mobile, mobilier**).

|| 1° *Dr.* (Seul sens signalé par LITTRÉ). Convertir fictivement en immeuble* par le procédé de l'immobilisation*. *Immobiliser des rentes sur l'État.*

|| 2° Rendre immobile, maintenir dans l'immobilité ou l'inactivité. V. **Arrêter, fixer.** *Immobiliser une pièce de bois, de métal.* V. **Assujettir, assurer, attacher, bloquer, clouer, coincer, river, visser...** *Immobiliser un corps en mouvement, qui se balance. Immobiliser un navire en l'amarrant. Immobiliser un véhicule, un convoi. Voiture immobilisée par un accident mécanique. Épidémie, pénurie de vivres, immobilisant une armée. Voyageurs immobilisés dans une gare par une grève des transports.* V. **Retenir.** *La maladie l'avait immobilisé pendant plusieurs jours.* V. **Tenir** (au lit). — REM. Ce sens, développé vers le milieu du XIXᵉ s., ne figure pas dans LITTRÉ, mais P. LAROUSSE le mentionne avec un exemple de Fr. PILLON : *L'hiver glace et immobilise tout ce qu'il touche.*

« ... j'étais étendu moi-même dans un fauteuil, immobilisé par la goutte,... »
            MAUPASS., **Contes de la bécasse**, La folle, p. 44.   1

« ... une machine, la Lison, qui le jeudi et le samedi, faisait le service de l'express de six heures trente, avait eu sa bielle cassée, juste comme le train entrait en gare ; et la réparation devait immobiliser là-bas, pendant deux jours, le mécanicien Jacques Lantier... et son chauffeur Pecqueux... »
            ZOLA, **Bête humaine**, p. 33.   2

« ... une quinte de toux l'immobilisa, plié en deux, les mains sur le dossier de son fauteuil. »
            MART. du G., **Thib.**, t. VIII, p. 204.   3

— (Sous l'effet d'une émotion). V. **Clouer, figer, paralyser, pétrifier...** *La terreur l'immobilisait à cette place d'où il aurait voulu fuir.* — « *Une hébétude* (cit. 4) *l'immobilisait, les yeux ouverts* » (ZOLA).

« Cette récurrence perpétuelle l'hypnotisait, l'immobilisait, la faisait paraître stupide quelquefois,... »
            BLOY, **La femme pauvre**, p. 40 (Cf. Atténuer, cit. 8).   4

« Le présent, c'était l'anxiété qui l'immobilisait sur le pavé de la vieille rue. »
            BOURGET, **Un divorce**, p. 3.   5

— *Spécialt.* (*Méd.*). Rendre immobile (le corps, un membre) au moyen de bandages, d'appareils spéciaux, etc. *Immobiliser un membre fracturé.*

« Qu'est-ce qui pourrait me donner un tuyau sur le diagnostic des fractures du pied ? Ce charretier m'a l'air de n'avoir pas été immobilisé comme il faut par le type de garde, hier soir. »
            ARAGON, **Beaux quartiers**, II, XXVII.   6

— *Par anal. Législation tyrannique qui immobilise le commerce.* V. **Paralyser** (Cf. Famine, cit. 2). *Spécialt.* (Fin.). *Immobiliser des capitaux*, les rendre indisponibles par le placement qu'on en fait. V. **Geler** (cit. 23).

— *Fig.* Rendre stationnaire, priver de possibilités de progrès. V. **Cristalliser, enchaîner, figer, fixer, freiner, scléroser...** *Tyrannie d'une école, d'une doctrine, qui risque d'immobiliser l'art, la pensée...*

« L'ancienneté a l'inconvénient d'immobiliser le travail et la pensée. »
            PROUDHON, in LAROUSSE XIXᵉ s.   7

« Oui, cette façon d'immobiliser l'histoire, tout le passé et tout l'avenir, autour de deux idées abstraites, l'individu et l'État, répugne profondément à nos conceptions essentielles de la société changeante et de l'univers mouvant. »
            JAURÈS, **Hist. social. Révol. franç.**, t. II, p. 80.   8

|| S'IMMOBILISER. Devenir, se tenir immobile (Cf. Aplomb, cit. 12). *Soldat qui s'immobilise dans un garde-à-vous irréprochable.* — S'arrêter (Cf. Étage, cit. 9). *Les voyageurs se demandaient pourquoi le train s'était immobilisé en pleine campagne.*

« Pendant que la procession s'immobilise longuement à un angle du temple, où l'avenue tourne et où il s'agit de faire tourner le char,... »
            LOTI, **L'Inde (sans les Anglais)**, p. 177.   9

— *Par métaph.* :

« ... il lui semblait que son amour, qui, depuis deux heures bientôt, s'était immobilisé à l'Église comme les pierres, allait maintenant s'évaporer telle qu'une fumée,... »
            FLAUB., **Mᵐᵉ Bovary**, III, I.   10

« Ces paroles me donnaient bien le sentiment de cette stagnation du passé qui dans certains lieux, par une sorte de pesanteur spécifique, s'immobilise indéfiniment, si bien qu'on peut le retrouver tel quel. »
            PROUST, **Rech. t. p.**, t. XV, p. 150.   11

ANT. — Mobiliser. Acheminer, actionner, agiter, balancer, bercer, mouvoir, pousser. Débloquer, libérer. Bondir, bouger, remuer.

DER. — Immobilisation. *n. f.* (1823). || 1° *Dr.* Attribution à un bien meuble de certains caractères juridiques des immeubles. *Immobilisation d'actions de la Banque de France.* || 2° Action de rendre immobile ; résultat de cette action. *Immobilisation d'un objet par des moyens mécaniques. L'immobilisation des blindés ennemis lui assura la victoire.* — (Méd.). *Immobilisation du corps, d'un membre blessé*, permettant notamment la réduction des luxations et des fractures, la cicatrisation des plaies...* — (Fin.). *Immobilisation des capitaux.* — (Comm.). *Immobilisation d'une entreprise* : éléments d'actif qui servent de façon permanente à l'exploitation.

IMMOBILISME (*im'-mo-*). *n. m.* (1830 in WARTBURG ; de *immobile*). Disposition à se satisfaire de l'état présent des choses, à conserver plus qu'à innover, à refuser le mouvement ou le progrès. *Immobilisme artistique, politique. L'opposition se plaint de l'immobilisme gouvernemental.* V. **Stagnation.**

« On les a travesties (*les trois vertus théologales*) pour les plier aux convenances du chaos social, on a transformé... L'ESPÉRANCE en *immobilisme* et *fatalisme*... Au lieu d'une espérance judicieuse, allant du connu à l'inconnu..., nous n'avons qu'une espérance faussée, fataliste, résignée à croupir dans l'immobilisme, dans l'océan de misères, d'injustices... »
FOURIER, *La fausse industrie*, p. 512.

DER. — **Immobiliste**. *adj. et n.* (1836). Marqué d'immobilisme ; partisan de l'immobilisme.

IMMOBILITÉ (*im'-mo-*). *n. f.* (1314 ; de *immobile*). État de ce qui est immobile. *Immobilité complète, totale, absolue... Garder quelque temps une immobilité profonde* (Cf. Attrait, cit. 12). *Immobilité frémissante d'un animal, d'une danseuse* (Cf. Caresse, cit. 12 ; frémissement, cit. 7). *Immobilité qui s'établit dans une foule* (Cf. Effervescence, cit. 6). *Immobilité dans les états de catalepsie, d'extase, de stupeur... Immobilité de la mort. Blessé, impotent, malade, cloué au lit, condamné à l'immobilité, à l'immobilité forcée* (cit. 33). V. **Inactivité, inertie, repos**. *Bras ankylosé par l'immobilité* (Cf. Fourmillant, cit. 4). V. **Ankylose, paralysie**. *Immobilité des traits, du visage.* V. **Fixité, impassibilité**. *Hérons* (cit. 2) *qui attendent le poisson dans une immobilité complète.* — *Spécialt.* (Vétérin.). Maladie du cheval, caractérisée par une sorte d'assoupissement permanent.

1 « ... ce qu'il lisait devait rabattre de son triomphe, car son visage peu à peu se glaçait, reprenait sa morne immobilité. »
ZOLA, *La bête humaine*, p. 132.

2 « Durant le repas, il gardait sa place aux pieds du maître, dans le silence et l'immobilité. »
FRANCE, M. Bergeret à Paris, I, Œuvr., t. XII, p. 281.

3 « Je fus tout au contraire frappé de l'immobilité qui succéda à la détonation. La foule, durant un intervalle de quatre minutes peut-être, resta comme figée de stupeur. »
GIDE, *Journal*, mai 1905, p. 163.

4 « La maladie que j'ai me condamne à l'immobilité absolue au lit. »
MICHAUX, *La nuit remue*, p. 134.

— *Immobilité de l'air, de l'eau, de la nature...* (Cf. Argent, cit. 3 ; évanouir, cit. 28 ; fixité, cit. 2).

5 « Immobilité, sommeil profond de la nature : le chant du coq monte tout droit. »
J. RENARD, *Journal*, 13 févr. 1905.

6 « On eût dit que les trois chaises autour de la table, la desserte, le plancher, tout était plongé dans un indescriptible sommeil, tant l'immobilité de la nuit était profonde. » GREEN, *Léviathan*, p. 96.

— *Fig.* État de ce qui ne change pas. *Uniformité et immobilité d'une situation, de certaines fonctions* (cit. 3).

7 « La force ne se révèle point par un déplacement perpétuel, par des métamorphoses indéfinies, mais bien par une majestueuse immobilité. »
HUGO, *Littér. et philos. mêlées*, p. 62.

8 « ... c'est l'éternelle immobilité de la vie divine ; au ciel, tout est accompli, le temps ne s'écoule plus. »
TAINE, *Philos. de l'art*, t. II, p. 20.

— *Spécialt.* V. **Immobilisme, piétinement**.

9 « L'immobilité politique est impossible ; force est d'avancer avec l'intelligence humaine. » CHATEAUB., *M. O.-T.*, t. I, p. 310.

ANT. — Action, agitation, course, déplacement, ébranlement, fluctuation, mobilité, mouvement ; devenir, évolution, progrès.

IMMODÉRATION (*im-mo-*). *n. f.* (XVIe s. ; lat. *immoderatio*). *Peu usit.* Manque de modération, de mesure. V. **Excès*** ; **démesure**. *Il faut se garder de l'immodération, même dans le bien* (ACAD.). *Donner de scandaleux exemples d'immodération. Immodération dans l'usage de certains biens, dans les désirs, les plaisirs.* V. **Intempérance**.

1 « Aristote lui donne (*à la gloire*) le premier rang entre les biens externes : Évite comme deux extrêmes vicieux l'immodération et à la rechercher et à la fuir. » MONTAIGNE, *Essais*, II, XVI.

2 « L'immodération... est une ardeur inaltérable et sans délicatesse, qui mène quelquefois à de grands vices. »
VAUVEN., *De l'esprit humain*, XLV.

3 « L'immodération lui a toujours paru la plus grande des fautes politiques,... »
MADELIN, *Hist. Cons. et Emp.*, Vers l'empire d'Occident, III.

ANT. — Modération. Continence, tempérance.

IMMODÉRÉ, ÉE (*im'-mo-*). *adj.* (XIVe s. ; lat. *immoderatus*). Qui marque de l'immodération ; qui dépasse la mesure, la normale. V. **Abusif, démesuré, excessif, outré**. *Dépenses immodérées. Ingestion immodérée d'alcool. Faire un usage immodéré de... Étude immodérée* (Cf. Gauchir, cit. 5). *Exaspération* (cit. 3) *immodérée. Voluptés immodérées* (Cf. Fortifiant, cit. 1). *Désirs immodérés* (Cf. Cupidité, cit. 1 ; étourdissement, cit. 8). V. **Déréglé, effréné**. *Envie, passion, goût, appétit, zèle... immodérés.*

1 « ... un ris (*rire*) immodéré... » LA BRUY., I, 50.

2 « Le goût immodéré de la forme pousse à des désordres monstrueux et inconnus. » BAUDEL., *Art romantique*, XI.

3 « ... les explosions d'une joie immodérée couvraient par intervalles le cri des poulets égorgés qui se débattaient sous le couteau des servantes. » FROMENTIN, *Année dans le Sahel*, p. 273.

4 « Il la regardait sans cesse, et je sentais frémir en lui un désir immodéré de cette femme. » MAUPASS., *Sœurs Rondoli*, p. 188.

5 « ... les troubles dont il s'agissait étaient de nature goutteuse. Il en faisait remonter l'origine à un usage immodéré de l'alcool et du gibier.... » P. BENOIT, *Mlle de la Ferté*, p. 12.

— (*En parlant d'un homme*). Qui manque de modération.

6 « ... les gens immodérés changent tous les jours d'affections, de goûts, de sentiments et n'ont pour toute constance que l'habitude du changement ; mais l'homme réglé revient toujours à ses anciennes pratiques, et ne perd pas même dans sa vieillesse le goût des plaisirs qu'il aimait enfant. » ROUSS., *Émile*, V.

ANT. — **Modéré**.

DER. — **Immodérément**. *adv.* (XIIIe s.). D'une manière immodérée, avec excès. V. **Démesurément, excessivement, mesure** (sans), **modération** (sans) *Boire immodérément* (ANT. **Modérément**).

« Pour noyer les sinistres pressentiments qui le tourmentaient, il se remit à table, et but immodérément, ainsi que ses compagnons. »
BALZ., *Muse du département*, Œuvr., t. IV, p. 112.

IMMODESTE (*im'-mo-*). *adj.* (1543 ; lat. *immodestus*). Qui manque à la modestie, c'est-à-dire à la pudeur. *Fille immodeste.* V. **Impudique, indécent**. *Tenue, posture, attitudes, regards... immodestes.* V. **Inconvenant** (Cf. Agitation, cit. 2 ; capitan, cit.). *Propos immodestes.* V. **Grivois, licencieux**. — REM. Cet adjectif n'est plus guère usité que dans la langue de l'Église et dans les ouvrages pieux.

ANT. — **Bienséant, décent, modeste, pudique**.

DER. — **Immodestement**. *adv.* (1549). D'une manière immodeste. — **Immodestie**. *n. f.* (1564). Manque de pudeur. V. **Impudicité**. *Immodestie dans la manière de s'habiller, de se tenir.* — Acte ou propos contraire à la pudeur (*vx*). V. **Indécence** (ANT. **Bienséance, chasteté, décence, honnêteté, modestie, pudeur**).

« ... vous ne me persuaderez point de souffrir les immodesties de cette pièce,... » MOL., *Crit. Éc. d. fem.*, VI.

IMMOLATION (*im'-mo-*). *n. f.* (XIIIe s. ; lat. *immolatio*).

|| 1° Action d'immoler ; résultat de cette action. V. **Sacrifice**. *Immolation des victimes.* V. **Hécatombe, holocauste, hostie**. *Immolation et effusion* (cit. 3) *du corps et du sang du Christ.*

1 « ... l'immolation des bêtes et des victimes,... »
RAC., *Append. aux Trad.*, Des Esséniens, p. 554.

— *Par ext.* V. **Massacre, mort** (mise à).

2 « Telle qu'elle est, victime de la plus odieuse et de la plus brutale des immolations, exemple de la plus épouvantable des vicissitudes, elle n'a point besoin que le culte des vieilles races subsiste pour soulever un sentiment de sympathie et de pitié délicate chez tous ceux qui liront le récit de ses brillantes années et de ses dernières tortures. »
STE-BEUVE, *Causer. du lundi*, 14 juill. 1851, t. IV, p. 345.

|| 2° Action de s'immoler, sacrifice de soi-même. *L'immolation de Jésus. L'immolation des abeilles aux dieux de la race* (Cf. Essaimage, cit.). — *Fig. Femme qui pressent que le bonheur viendra justifier son immolation* (Cf. Cri, cit. 23).

3 « Le mariage,... est la plus sotte des immolations sociales ; nos enfants seuls en profitent... »
BALZ., *Contrat de mariage*, Œuvr., t. III, p. 86.

4 « ... la plupart des vivants n'attend rien de l'homme supérieur, qu'une immolation ou des services. » SUARÈS, *Trois hommes*, Ibsen, p. 88.

IMMOLER (*im'-mo-*). *v. tr.* (XIVe s. ; lat. *immolare*). *Littér.* (Dans toutes ses acceptions).

|| 1° Tuer en sacrifice à la divinité. V. **Sacrifier ; sacrifice** (offrir en). *Immoler une victime sur l'autel.* V. **Égorger** (Cf. aussi Assemblée, cit. 8 ; assumer, cit. 1 ; holocauste, cit. 1 et 3). *La terre, immense autel* (cit. 19) *où tout ce qui vit doit être immolé. Agamemnon laissant immoler sa fille* (Cf. Approuver, cit. 10 ; bûcher, cit. 2). *Victimes humaines immolées à Dieu dans un autodafé* (cit. 1). *Immoler aux mânes de quelqu'un* (Cf. Auguste, cit. 5).

1 « Jamais Iphigénie, en Aulide immolée,
N'a coûté tant de pleurs à la Grèce assemblée, »
BOILEAU, *Épître*, VII.

2 « Si l'on t'immole un bœuf, j'en goûte devant toi. »
LA FONT., *Fabl.*, IV, 3.

3 « Il n'y a guère de peuples dont la religion n'ait été inhumaine et sanglante ; vous savez que les Gaulois, les Carthaginois, les Syriens, les anciens Grecs, immolèrent des hommes. »
VOLT., *Essai sur les mœurs*, CXLVII.

— *Spécialt.* (*Théol.*). En parlant du sacrifice de Jésus, renouvelé dans le saint sacrifice de la messe. *Le fils de Dieu immolé pour le salut des hommes.*

4 « ... cette hostie divine qui devait être immolée pour eux et pour nous. » BOURDAL., *Serm.*, Sur le sacrif. de la messe.

|| 2° *Par ext.* Faire périr. V. **Exterminer, massacrer, mort** (mettre à), **tuer*** (Cf. Différer, cit. 2). *Immoler les innocents et les coupables* (Cf. Extermination, cit. 2).

5 « ... on disait, on tâchait de croire que Robespierre allait inaugurer une politique nouvelle, qu'il n'avait conduit les *indulgents* que pour reprendre leurs idées... N'était-ce pas assez de sang ?... »
MICHELET, *Hist. Révol. franç.*, XVIII, II.

— IMMOLER (une personne) *à quelqu'un*, la faire périr pour le satisfaire, pour servir ses intérêts. *Immoler quelqu'un à la patrie, à l'État* (Cf. Anaphore, cit.).

6 « Vos ennemis par moi vont vous être immolés, »
RAC., *Andr.*, IV, 3.

— IMMOLER... à (quelque chose). Faire périr... pour satisfaire à (tel sentiment), parvenir à (telle fin). *Conquérant immolant des milliers d'hommes à sa féroce ambition, à son triomphe. Ils l'ont immolé à leur haine, à leur colère, à leur ressentiment...*

7 « Vengez-la (*cette mort*) par une autre, et le sang par le sang.
Immolez, non à moi, mais à votre couronne,
Mais à votre grandeur, mais à votre personne ;
Immolez, dis-je, Sire, au bien de tout l'État
Tout ce (*celui quel qu'il soit*) qu'enorgueillit un si haut attentat. »
                    CORN., Cid, II, 8.

8 « Elle allait immoler Joad à son courroux. »   RAC., Athal., III, 3.

9 « ... la mort de Virginie, immolée par son père à la pudeur et à la liberté,... »   MONTESQ., Espr. des lois, XI, XV.

|| 3° *Fig.* V. **Sacrifier** (à quelque intérêt, à quelque passion, ...). *Immoler des rivaux à sa haine, à son ambition. Immoler ses meilleurs amis aux caprices d'une femme.*

10 « Vous laisserez sans honte immoler votre fille
Aux folles visions qui tiennent la famille,... ? »
                    MOL., Fem. sav., II, 9.

11 « La princesse Bénédicte,... fut la première immolée à ces intérêts de famille. »   BOSS., Orais. fun. Anne de Gonzague.

12 « À ces martyrs de l'intelligence, impitoyablement immolés sur la terre, les adversités sont comptées en accroissement de gloire. »
            CHATEAUB., M. O.-T., t. VI, p. 208.

13 « Dans l'ennui des grandes assemblées, il y a toujours quelqu'un (souvent ce n'est pas le moins raisonnable) que l'on immole ainsi à l'amusement de tous. »   MICHELET, Hist. Révol. franç., IV, V.

— (*Avec un complément de chose*). Abandonner dans un esprit de sacrifice ou d'obéissance. V. **Offrir, renoncer** (à). *Immoler sa fortune, ses intérêts, son ambition...* V. **Fouler** (aux pieds). *Il a tout immolé à sa maîtresse, à sa patrie. Immoler son amour au devoir.*

14 « ... mais c'est à ses beautés
Que je viens immoler toutes mes volontés. »   CORN., Pol., II, 1.

15 « ... la longanimité qu'il avait déployée depuis le jour où sa foi ardente lui avait fait tout immoler sur les autels de la mère patrie. »
            COURTELINE, MM. ronds-de-cuir, p. 222.

|| **S'IMMOLER.** Faire le sacrifice de sa vie (en se donnant la mort ou en l'acceptant). *Aux Thermopyles, les Spartiates se sont immolés pour la patrie. Enfant d'Israël qui s'immole pour Dieu* (Cf. Héritage, cit. 7). — (Spécialt.) *Jésus s'est immolé pour le salut des hommes.*

16 « La mort seule aujourd'hui peut conserver ma gloire :...
Permettez, ô grand roi, que de ce bras vainqueur
Je m'immole à ma gloire, et non pas à ma sœur. »
                    CORN., Horace, V, 2.

— Faire le sacrifice de ses intérêts. *Sa carrière s'annonçait brillante, il s'est immolé par fidélité à ses principes. S'immoler à sa conscience, à son devoir.*

17 « Ils (*les grands*) veulent que pour eux tout soit, dans la nature, Obligé de s'immoler. »   MOL., Amphitr., I, 1.

18 « Ce prêtre, qui depuis quarante années s'immolait chaque jour au service de Dieu et des hommes dans ces montagnes, ne te rappelle-t-il pas ces holocaustes d'Israël, fumant perpétuellement sur les hauts lieux, devant le Seigneur ? »   CHATEAUB., Atala, p. 127.

19 « Et, chose étrange ! dans cette ardeur généreuse à me pousser dehors, les hommes qui me signifiaient leur volonté n'étaient ni mes amis, ni les copartageants de mes opinions politiques. Je devais m'immoler sur-le-champ au libéralisme, à la Doctrine qui m'avait continuellement attaqué... »   ID., M. O.-T., t. III, p. 564 (éd. Levaillant).

20 « Monter, c'est s'immoler. Toute est sévère.
L'Olympe lentement se transforme en calvaire ;
Partout le martyre est écrit ; »   HUGO, Contempl., VI, XVII.

21 « De là ces parti pris sublimes, celui des saints ou de Tolstoï, qui fait la bonne bête. Quelque forts qu'ils soient, ils s'immolent ; ils veulent croire en Dieu ou à ce monde, à tout prix. Et comme la volonté d'une parfaite croyance est déjà la moitié d'une foi, bientôt ils s'y immolent. »   SUARÈS, Trois hommes, Pascal, p. 27.

DER. — **Immolateur.** *n. m.* (1534). Celui qui immole. V. **Sacrificateur.**

IMMONDE (im'-mond'). adj. XIIIᵉ s. ; lat. *immundus*, de *mundus*, « propre ». (Cf. Émonder).

|| 1° D'une saleté ou d'une hideur qui soulève le dégoût ou l'horreur. V. **Dégoûtant***, **sale***. *Cloaque* (cit. 3) *immonde. Bouge, taudis immonde* (Cf. Galetas, cit. 3). *Plaie immonde* (Cf. Gangrène, cit. 1). *Mets, débris immondes* (Cf. Beau, cit. 24). *Monstre immonde.*

1 « On visitait ces tours sinistres, ces cachots noirs, profonds, fétides, où le prisonnier, au niveau des égouts, vivait assiégé, menacé des crapauds, des rats, de toutes les bêtes immondes. »
            MICHELET, Hist. Révol. franç., II, III.

2 « ... ils effraient le mauvais riche, comme, au temps de la *danse macabre*, on lui montrait sa fosse béante et la mort prête à l'enlacer dans ses bras immondes. »   SAND, Mare au diable, p. 12.

3 « À Azar-Kapou, je dus le suivre dans d'immondes ruelles de truands, boueuses, noires, sinistres,... »   LOTI, Aziyadé, III, LVII.

|| 2° Impur* selon la loi religieuse. *Animaux immondes* (par *ex.* : le porc, selon la loi de Moïse, de Mahomet).

4 « ... il faut remarquer que selon la loi toutes les femmes accouchées étaient réputées immondes :... »
            BOSS., 3ᵉ Serm. pour fête Purification.

— Qui a un caractère d'impureté morale. *L'esprit immonde*, le démon. *Le péché immonde :* le péché de la chair.

Substant. « *Les immondes, les fornicateurs* » (MASSILLON). *La nature immonde, mauvaise en l'homme*, par oppos. à la *spiritualité*, à la *bonté* (Cf. Ailé, cit. 3 et alourdir, cit. 4 HUGO).

5 « ... le condamné avait une femme en qui Dieu avait mis la beauté et la prudence. Un vieux richard promit de donner une livre d'or et même plus à la dame, à condition qu'il commettrait avec elle le péché immonde. La dame ne crut point faire mal en sauvant son mari. »
            VOLT., L'Ingénu, XVI.

6 « La journée et le soir du lendemain redoublèrent mes angoisses ; de mortels ennuis m'obsédèrent, les ténébreux désirs, les pensées immondes naissaient pour moi de toutes parts dans ces sites austères où je m'étais promis pureté d'âme et constance. »
            STE-BEUVE, Volupté, p. 54.

7 « ... leur sagesse est humiliée devant ils ne savent quoi d'immonde, qui ricane et se moque d'eux. »
            MAURIAC, Souffr. et bonh. du chrétien, Préface, p. 15.

|| 3° D'une extrême immoralité ou d'une bassesse qui révolte la conscience. *C'est un être immonde !* V. **Dégoûtant***, **ignoble***. *Vice immonde* (Cf. Ennui, cit. 27). « *Le noir océan de l'immonde cité* » (BAUDEL.). *Commerce immonde, honteux* (Cf. Drôle, cit. 5). *Propos, rumeurs, refrains immondes* (Cf. Catholicisme, cit. 2 ; gaillardise, cit. 2). V. **Obscène**. *Les gestes les plus immondes* (Cf. Fille, cit. 37).

8 « Et, alors, il s'acharna sur la scène, il voulut la connaître jusqu'au bout, il descendit aux mots crus, aux interrogations immondes. »
            ZOLA, Bête humaine, p. 24.

ANT. — **Propre, pur.**

IMMONDICE (im'-). n. f. (XIIIᵉ s. au sing. ; lat. *immunditia, immunditiæ*. V. **Immonde**).

|| 1° (*Au sing.*). Chose immonde* (au sens 1°) Vx (Cf. LA FONT., Contes, On ne s'avise jamais de tout).

1 « Son corps gît délaissé sur un grabat, d'où le juge est obligé de le faire enlever, non comme le corps d'un homme, mais comme une immondice dangereuse aux vivants. »
            CHATEAUB., Génie du christ., I, V, VII.

— Au sing. collectif, dans le sens du pluriel.

2 « ... l'étouffement lent par l'immondice, une boîte de pierre où l'asphyxie ouvre sa griffe dans la fange et vous prend à la gorge ; la fétidité mêlée au râle ;... »   HUGO, Misér., V, III, V.

— Caractère de ce qui est immonde. — (Au sens 2°) Vx. *Immondice légale :* impureté résultant, selon la loi des Juifs, du contact de quelque chose d'immonde.

3 « (*La sainte Vierge qui*) obéit comme les autres à la loi de la purification, et offre avec tant de simplicité le sacrifice pour le péché, c'est-à-dire pour les immondices légales qu'elle n'avait nullement contractées ; »   BOSS., 3ᵉ Serm. pour fête Purification, I.

|| 2° (*Au plur.*) « Déchets de la vie humaine et animale, résidus du commerce et de l'industrie » (POIRÉ). V. **Balayure, boue, excrément, fange, gadoue, ordure** (Cf. Engrais, cit. 3). *Immondices déposées dans les rues et enlevées par les boueurs. Cloaque, égouts, recevant les immondices. Enlèvement des immondices conformément aux règlements d'hygiène publique.* V. **Voirie**. *Tombereau chargé d'immondices.*

4 « Les rues de Paris, étroites, mal pavées et couvertes d'immondices dégoûtantes... »   VOLT., Siècle de Louis XIV, II.

5 « Une chienne y vagabondait, flairant et retournant les menus tas d'immondices. »   DUHAM., Salavin, VI, IV.

— Par métaph. (Cf. Bibliothèque, cit. 4). — Fig. :

6 « ... les immondices des peuples entrent dans l'âme des saints pour s'y perdre comme dans un puits. »   FRANCE, Thaïs, p. 242.

IMMORAL, ALE (im'-mo-). adj. (1770 RAYNAL ; *in* privatif, et *moral**) Qui viole les principes de la morale. *Homme, être immoral, foncièrement immoral, sans foi ni loi* (Cf. Courtisane, cit. 3). V. **Corrompu, cynique, débauché, dépravé, impur, vicieux. Rendre immoral.** V. **Démoraliser.** Substant. *L'immoral et l'amoral* (cit. 2). *Les immoraux*, nom donné par les partisans de Robespierre aux dantonistes.

1 « Le soir du 21, aux Jacobins, il (*Robespierre*) assura froidement : « ... qu'il n'y avait plus de fanatisme que celui des hommes immoraux, *soudoyés par l'étranger* pour donner à notre Révolution le vernis de l'immoralité ».   MICHELET, Hist. Révol. franç., XIV, IV.

— Contraire à la morale, aux bonnes mœurs. *Existence* (cit. 26), *conduite immorale.* V. **Déréglé, honteux.** *Actions, choses immorales* (Cf. Approuver, cit. 14). V. **Malhonnête, malpropre.** *Le caractère immoral du haschisch* (cit. 7). *Opinions, conceptions, doctrines immorales* (Cf. Conduire, cit. 28). *Écrits, ouvrages immoraux* (Cf. Hardiesse, cit. 19). V. **Licencieux, malsain, obscène.** *C'est immoral, profondément immoral* (Cf. Humaniser, cit. 10).

2 « Dans le système de la révolution française, ce qui est immoral est impolitique, ce qui est corrupteur est contre-révolutionnaire. La faiblesse, les vices, les préjugés sont le chemin de la royauté. »
            ROBESPIERRE, Discours du 7 févr. 1794.

3 « Beaucoup de bons esprits blâment la démission de biens, qu'ils regardent comme immorale, car ils l'accusent de détruire les liens de famille... »   ZOLA, La terre, I, II.

4   « Il s'agissait, en 1834, de distinguer les ouvrages sciemment immoraux, dont l'obscénité était la raison d'être, de ceux où, pour des raisons de sujet, quelques scènes pouvaient sembler osées, certains détails scabreux, mais qui restaient des œuvres d'art. »
MATORÉ, in GAUTIER, Préface Mᴵˡᵉ de Maupin, Introd., p. XXVII.

ANT. — Honnête, moral, vertueux.

DER. — Immoralement. adv. (XIXᵉ s.). D'une manière immorale. — Immoralisme, immoralité.

IMMORALISME (im'-). n. m. (fin XIXᵉ s. ; de immoral). Doctrine qui propose des règles d'action toutes différentes, voire inverses de celles admises par la morale courante. L'immoralisme de Nietzsche. — Par ext. Tendance à mettre en doute les valeurs morales et à les contredire systématiquement ; mépris pour la morale établie.

1   « ... il ne pouvait souffrir sa manie de raisonner, son analyse perpétuelle, je ne sais quel immoralisme intellectuel, surprenant chez un homme aussi épris qu'Olivier de la pureté morale, et qui avait sa source dans la largeur de son intelligence ; »
R. ROLLAND, Jean-Christ., Dans la maison, II, p. 1008.

2   « Ces savants semblent oublier que la valeur morale de la science n'est pas dans ses résultats, lesquels peuvent faire le jeu du pire immoralisme, mais dans sa méthode, précisément parce qu'elle enseigne l'exercice de la raison au mépris de tout intérêt pratique. »
BENDA, Trahison des clercs, p. 90.

DER. — Immoraliste. adj. (fin XIXᵉ s. ; une première fois en 1874, in BARBEY d'AUREV., par plaisant. Cf. infra, cit. 1). Caractérisé par l'immoralisme. Thèses immoralistes. — Substant. Partisan, dans son idéologie ou dans sa vie, de l'immoralisme. L'immoraliste, roman d'André Gide (1902).

1   « Le vieux médecin, le vieux (sic) observateur, le vieux moraliste... ou immoraliste — (reprit-il, voyant mon sourire), — est déconcerté par le spectacle auquel il assiste depuis tant d'années,... »
BARBEY d'AUREV., Les diaboliques, Bonheur dans le crime, p. 196.

2   « J'ai voulu lire L'immoraliste avidement, comme on regarde un paysage de haut... Ton héros n'a qu'un défaut qui me le rend antipathique, c'est l'absence complète d'immoralité. Il a la recherche sans jamais la trouver. Il commet des actions qui n'aboutissent pas. Il poignarderait comme un somnambule qui ne se souviendrait pas. »
Fr. JAMMES, Lettre à A. Gide, juin 1902 (Corresp., nᵒ 162).

IMMORALITÉ (im'-mo-). n. f. (1781 ; de immoral). Caractère de celui ou de ce qui est immoral. V. **Corruption, cynisme, débauche, dépravation, dévergondage, dissolution, licence, lubricité, obscénité, vice...** Immoralité d'un homme (Cf. Fange, cit. 8), d'un peuple (Cf. Frivolité, cit. 4), d'une société (Cf. Blesser, cit. 15). Être accusé, suspect d'immoralité (Cf. Culpabilité, cit. 3). Affectation d'immoralité. V. **Cynisme** (cit. 3). Morale et immoralité (Cf. Conformité, cit. 6). V. **Amoralité.**

1   « Si l'on était vertueux, où placeriez-vous vos articles sur l'immoralité du siècle ? Vous voyez bien que le vice est bon à quelque chose. »
GAUTIER, Mᴵˡᵉ de Maupin, Préface, p. 4.

2   « La femme Sand est le Prudhomme de l'immoralité.
Elle a toujours été moraliste.
Seulement elle faisait autrefois de la contre-morale. »
BAUDEL., Journaux intimes, Mon cœur mis à nu, XXVI.

3   « L'immoralité, c'est la révolte contre un état de choses dont on fait la duperie. »
RENAN, Dialog. philos., Certitudes, Œuvr., t. I, p. 575.

— Immoralité d'une conduite, d'un acte... Immoralité d'une doctrine, d'un ouvrage, d'un tableau... Rousseau a dénoncé l'immoralité du théâtre de Molière. Immoralité d'une politique, de certaines conventions (Cf. Immoral, cit. 1 ; fraude, cit. 2).

4   « Est-ce mon page, enfin, qui vous scandalise ? et l'immoralité qu'on reproche au fond de l'ouvrage serait-elle dans l'accessoire ? »
BEAUMARCH., Mar. Figaro, Préface, p. 161.

5   « ... nous voulions simplement démontrer aux pieux feuilletonistes qu'effarouchent les ouvrages nouveaux et romantiques, que les classiques anciens, dont ils recommandent chaque jour la lecture et l'imitation, les surpassent de beaucoup en gaillardise et en immoralité. »
GAUTIER, Préface Mᴵˡᵉ de Maupin, p. 14 (éd. critique MATORÉ).

6   « Le reproche d'immoralité, qui n'a jamais failli à l'écrivain courageux, est d'ailleurs le dernier qu'il reste à faire quand on n'a plus rien à dire à un poète. »
BALZ., Œuvres, t. I, Avant-propos, p. 10.

7   « Ce m'est une douleur de contredire M. Larroumet ; mais cette immoralité est-elle bien une des nouveautés du « Mariage de Figaro » ? Vous trouverez dans maintes comédies de l'ancien répertoire, des ramas de coquins beaucoup plus accomplis, ce me semble. »
LEMAÎTRE, Impress. de théâtre, 3ᵉ série, Beaumarchais, p. 130.

8   « Ce n'était pas leur immoralité (de ces œuvres) qui le choquait. Moralité, immoralité, amoralité, — ces mots ne veulent rien dire. Christophe ne s'était jamais fait de théories morales ; il aimait dans le passé de très grands poètes et de très grands musiciens, qui n'étaient pas de petits saints... »
R. ROLLAND, Jean-Christ., La foire sur la place, I, p. 718.

— (Vieilli) Action, parole immorale. Sa conduite n'est qu'une suite d'immoralités (LITTRÉ).

ANT. — Moralité. Honnêteté, morale, pureté, vertu.

IMMORTALISER (im'-). v. tr. (1544 ; de immortel). Rendre immortel* (dans la mémoire des hommes). Hauts faits, chefs-d'œuvre qui immortalisent un homme, son nom, sa mémoire. V. **Conserver, éterniser, perpétuer.** Qualités suffisantes pour immortaliser un ouvrage (Cf. Ex ungue

leonem). Les poètes ont immortalisé les héros, les grands hommes. — (Pronominalt.) S'immortaliser par des actions mémorables, par ses œuvres.

1   « Si bien que le siècle à venir
Ne connaîtra que Marguerite
Immortalisant ton mérite
Par un éternel souvenir. »
RONSARD, Odes, V, III.

2   « Mourir pour son pays n'est pas un triste sort ;
C'est s'immortaliser par une belle mort. »
CORN., Cid, IV, 5.

3   « Les provinces conquises, les batailles gagnées... voilà ce que publient les titres et les inscriptions, et à quoi le monde consacre des éloges et des monuments publics, pour en immortaliser la mémoire,... »
MASSILLON, Petit carême, Gloire (in LITTRÉ).

4   « ... Alonzo conçut le dessein d'immortaliser ses ennemis en s'immortalisant lui-même. Il fut en même temps le conquérant et le poète :... »
VOLT., Essai sur la poés. épique, VIII.

5   « Bien des questions, sur lesquelles on ne peut insister, lui doivent (à Pasteur) leurs solutions et chacune de celles-ci suffirait à immortaliser un auteur :... »
MONDOR, Pasteur, VII, p. 124.

— Vx (et rare). Rendre immortel (en préservant de la mort).

6   « ... la panacée,... la transfusion du sang et les autres moyens qui ont été proposés pour rajeunir ou immortaliser le corps, sont au moins aussi chimériques que la fontaine de Jouvence est fabuleuse. »
BUFFON, Hist. nat. de l'homme, De la vieillesse et de la mort.

DER. — Immortalisation. n. f. (XVIᵉ s.). Action d'immortaliser ; résultat de cette action.

IMMORTALITÉ (im'-). n. f. (XIIᵉ s. ; lat. immortalitas).

‖ 1° Qualité, état de celui ou de ce qui est immortel* (1°). Immortalité des dieux de l'Olympe. Héros mythologique auquel les dieux ont conféré l'immortalité. V. **Apothéose, auguste** (cit. 1). Immortalité des bienheureux. Le phénix*, symbole d'immortalité. — Spécialt. Immortalité de l'âme (cit. 29). V. **Immortel.** Doctrine, dogme de l'immortalité de l'âme. Absolt. Croyance à l'immortalité. V. **Futur** (vie) ; **survivance** (de l'âme). L'Immortalité, poème de Lamartine (Méditations).

1   « Ce qui est très singulier, c'est que dans les lois du peuple de Dieu il n'est pas dit un mot de la spiritualité et de l'immortalité de l'âme,... il est indubitable que Moïse en aucun endroit ne propose aux Juifs des récompenses et des peines dans une autre vie, qu'il ne leur parle jamais de l'immortalité de leurs âmes, qu'il ne leur fait point espérer le ciel, qu'il ne les menace point des enfers ; tout est temporel. »
VOLT., Dict. philos., Âme, XI.

2   « Notre immortalité nous est révélée d'une révélation innée et infuse dans notre esprit. »
JOUBERT, Pens., I, XVII.

3   « Témoin de ta puissance et sûr de ta bonté,
J'attends le jour sans fin de l'immortalité.
La mort m'entoure en vain de ses voiles funèbres.
Ma raison voit le jour à travers ses ténèbres ; »
LAMART., Prem. médit., XIX.

4   « Ce n'est point par le sentiment de son néant que l'homme a élevé un tel sépulcre (les Pyramides), c'est par l'instinct de son immortalité : ce sépulcre n'est point la borne qui annonce la fin d'une carrière d'un jour, c'est la borne qui marque l'entrée d'une vie sans terme ;... »
CHATEAUB., Itinéraire..., VIᵉ part.

5   « La liberté de l'âme implique son immortalité. »
HUGO, P.-S. de ma vie, p. 57.

6   « Il (Hugo) croyait à l'immortalité des âmes, à leurs migrations successives, à une échelle continue allant de la chose inanimée à Dieu, de la matière à l'idéal. Pourquoi ne pas admettre que flottaient dans l'espace des êtres dématérialisés, cherchant à s'exprimer ?... »
MAUROIS, Olympio, VIII, III.

7   « Maigre immortalité noire et dorée,
Consolatrice affreusement laurée,
Qui de la mort fais un sein maternel,
Le beau mensonge et la pieuse ruse ! »
VALÉRY, Poésies, Charmes, Cimet. marin.

— Par ext. Durée, survivance dont on ne voit pas le terme. V. **Continuité, pérennité.** La nature a assuré l'immortalité à l'espèce (cit. 31).

8   « L'homme qui haïssait la mort et le dieu de la mort, qui désespérait de la survivance personnelle, a voulu se délivrer dans l'immortalité de l'espèce. »
CAMUS, L'homme révolté, p. 303.

‖ 2° Qualité de ce qui survit sans fin dans la mémoire des hommes. Aspirer, aller à l'immortalité (Cf. Flatter, cit. 50). Entrer dans l'immortalité (Cf. Génie, cit. 43). V. **Temple** (de mémoire). Être voué, consacré (cit. 11) à l'immortalité. Mérites éclatants qui donnent, confèrent l'immortalité aux héros, aux génies. Vers marqués au coin (cit. 2) de l'immortalité. Écrivain qui travaille pour l'immortalité. V. **Éternité, postérité.**

9   « Que le naturel n'est suffisant à celui qui en poésie veut faire œuvre digne de l'immortalité. »
DU BELLAY, Deff. et illustr..., Chap. III (titre).

10   « ... cette immortalité que donne un beau trépas, »
CORN., Pol., II, 2.

11   « Trois mille ans ont passé sur la cendre d'Homère,
Et depuis trois mille ans Homère respecté
Est jeune encor de gloire et d'immortalité. »
M.-J. CHÉNIER, Épître à Voltaire.

12   « ... il (Saint-Simon) avait un tour à lui ; il écrivait à la diable pour l'immortalité. »
CHATEAUB., Vie de Rancé, III, p. 156.

13   « C'est le style qui fait la durée de l'ouvrage et l'immortalité du poète. »
HUGO, Littér. et philos. mêlées, p. 11.

14   « Si j'avais pu, je serais allé conquérir l'immortalité sur les champs de bataille... »   FRANCE, **Livre de mon ami**, Livre de Pierre, II, I.

15   « ... ce n'est que la sagesse des Nations qu'il (*La Fontaine*) nous transmet, mais dans une forme qui lui a valu l'immortalité. »   SIEGFRIED, **La Fontaine...**, p. 62.

ANT. — Mortalité.

IMMORTEL, ELLE (*im-*). *adj.* (XIIIᵉ s. ; lat. *immortalis*).

|| **1º** Qui n'est pas sujet à la mort. *Dieu, les anges, les démons sont conçus comme immortels. L'Olympe était le séjour des dieux immortels. Vénus, l'immortelle déesse* (Cf. Fou, cit. 12). *Les hommes semblent parfois se croire immortels* (Cf. Aujourd'hui, cit. 38). — Substant. *Un immortel, une immortelle, un dieu, une déesse. Les immortels* (Cf. Apologue, cit. 3 ; autel, cit. 11) *se nourrissaient d'ambroisie**.

1   « ... votre bouche était belle,
     Votre front et vos mains dignes d'une Immortelle, »
                              RONSARD, **Pièces retranchées**, Sonnet.

2   « Nous craignons toutes choses comme mortels, et nous désirons toutes choses comme si nous étions immortels. »
                              LA ROCHEF., **Maxim. posth.**, 511.

3   « Veuillent les Immortels, conducteurs de ma langue,... »
                              LA FONT., **Fabl.**, XI, 7.

4   « Si nous étions immortels, nous serions des êtres très misérables. Il est dur de mourir, sans doute ; mais il est doux d'espérer qu'on ne vivra pas toujours et qu'une meilleure vie finira les peines de celle-ci. »   ROUSS., **Émile**, II.

— *Âme* (cit. 31) *immortelle* (Cf. Agenouiller, cit. 2 ; délivrer, cit. 13 ; guérir, cit. 28). *Vie immortelle.* V. **Éternel, futur**. Substant. *L'immortel et le corruptible, le spirituel et le charnel* (cit. 3).

5   « ... il importe à toute la vie de savoir si l'âme est mortelle ou immortelle. »   PASC., **Pens.**, III, 218.

6   « ... un être souverainement parfait,... dont notre âme est... une portion, comme esprit et comme immortelle ? »   LA BRUY., XVI, 1.

7   « Je voudrais bien que l'âme du méchant fût bon et infortuné lui survécût pour un bonheur immortel. Mais si l'idée de cette félicité céleste a quelque chose de céleste elle-même, cela ne prouve point qu'elle ne soit pas un rêve. »   SENANCOUR, **Oberman**, XLIV.

8   « La foi mène à la vie immortelle. Mais la foi suppose l'acceptation du mystère et du mal, la résignation à l'injustice. Celui que la souffrance empêche d'accéder à la foi ne recevra donc pas la vie immortelle. Dans ces conditions, même si la vie immortelle existait, Ivan (*Karamazov*) la refuserait. »   CAMUS, **L'homme révolté**, p. 77.

— Par méton. *Paix immortelle de l'âme* (Cf. Attester, cit. 4). *Immortelle beauté se substituant à la beauté mortelle* (Cf. Changer, cit. 2). *Immortelle et céleste voix* (Cf. Conscience, cit. 14). *L'immortelle égide* (cit. 1). *L'immortelle espérance* (cit. 26).

9   « Une immortelle main de sa perte est chargée.
     Neptune me la doit,... »   RAC., **Phèdre**, IV, 4.

10 « La plus magnifique, la plus triomphante, la plus glorieuse de nos œuvres éphémères n'est jamais que l'indigne contrefaçon, que le rayonnement éteint de la moindre de ses œuvres immortelles (*de Dieu*). »
                              A. BERTRAND, **Gaspard de la nuit**, p. 46.

11 « Toute idée est, par elle-même, douée d'une vie immortelle, comme une personne. Toute forme créée, même par l'homme, est immortelle. »
                              BAUDEL., **Journaux intimes**, Mon cœur mis à nu, LXXX.

|| **2º** *Par hyperb.* Qu'on suppose ne devoir jamais finir, que rien ne pourra détruire ou entamer. V. **Éternel, impérissable**. (Cf. Braver le temps). *Un monument immortel.* V. **Durable**. *Créer* (cit. 5) *des choses immortelles. Amitié, nœuds immortels* (Cf. Engager, cit. 14). *Un amour immortel...* (Cf. Fidèle, cit. 16 ; heureux, cit. 55).

12 « Ma haine va mourir, que j'ai crue immortelle ;
     Elle est morte, et ce cœur devient sujet fidèle ; »
                              CORN., **Cinna**, V, 3.

13 « Mon cœur vous consacrait une flamme immortelle ; »
                              MOL., **Fem. sav.**, I, 2.

14 « L'un par l'autre entraînés, nous courons à l'autel
     Nous jurer, malgré nous, un amour immortel. »
                              RAC., **Androm.**, IV, 5.

— *Par plaisant. :*

15 « J'ai dit à M. de Pompone que vous étiez jalouse de l'immortelle vie de Monsieur d'Angers (*il avait alors plus de 92 ans*) : »
                              SÉV., 1153, 21 mars 1689.

16 « ... j'osai, dans un accès de familiarité qui ne parut pas lui déplaire, m'écrier, en m'emparant d'une coupe pleine jusqu'au bord : « À votre immortelle santé, vieux Bouc ! »   BAUDEL., **Spleen de Paris**, XXIX.

— Substant. *Les Immortels*, nom orgueilleusement donné à un corps d'élite des anciens Perses.

17 « Mais la garde, jamais mêlée à la cohue....
     Marchait seule. Et d'abord venaient les Immortels,
     Semblables aux lions secouant leurs crinières ; »
                              HUGO, **Lég. des siècles**, VI, I, Les Trois Cents, III.

|| **3º** Qui survit et doit survivre éternellement dans la mémoire des hommes. V. **Célèbre, glorieux...** *L'immortel auteur de Don Quichotte... Byron, le barde* (1, cit. 2) *immortel. Tartuffe, l'immortelle création de Molière. Ouvrage, poèmes, chants* (cit. 12) *immortels... Actions, exploits immortels* (Cf. Gloire, cit. 37). *C'est une page, une réponse immortelle* (Cf. Célèbre, cit. 7 ; empreinte, cit. 12). *Un nom, une gloire,*

un honneur... immortels. D'immortelle mémoire*. « *Les immortels principes* » *de 89.*

18 « Tu jouis, mon Ronsard, même durant ta vie,
     De l'immortel honneur que tu as mérité : »
                              DU BELLAY, **Regrets**, XX.

19 « ... on trouve chez le même libraire l'impertinente déclamation (*du Père Le Brun*) contre nos spectacles, à côté des ouvrages immortels de Corneille, de Racine, de Molière.... »   VOLT., **Lett. philos.**, XXIII.

20 « — Monsieur, d'après les immortels principes de 89, tous les hommes sont égaux en droits ; donc je possède le droit de me mirer ; avec plaisir ou déplaisir, cela ne regarde que ma conscience. »
                              BAUDEL., **Spleen de Paris**, XL.

— *Substant.* V. **Académicien**. « Se dit, comme nom masculin, des Quarante membres de l'Académie française, en raison de l'inscription : *À l'immortalité*, que porte le sceau donné à l'Académie par son fondateur, le cardinal de Richelieu » (ACAD.). *Les immortels en séance* (Cf. Fluxion, cit. 4). *L'Immortel, roman d'A. Daudet* (1888).

ANT. — Mortel, périssable.

DER. — Immortaliser (V. **Immortalité**). — Immortelle. — Immortellement. *adv.* (XVᵉ s.). *Peu usit.* D'une manière immortelle. V. **Éternellement**.

« Est-ce bien toi (*Dante*), grande âme immortellement triste,... ? »
                              MUSSET, **Poés. nouv.**, Souvenir.

IMMORTELLE (*im-*). *n. f.* (1665 in WARTBURG ; de *immortel*). Nom vulgaire donné aux plantes composées* dont l'involucre, aux bractées colorées et scarieuses, ne change pas avec le temps quand la fleur se dessèche. V. **Xéranthème** (Cf. Aromate, cit. 5). *L'immortelle jaune est souvent employée à la confection des couronnes funéraires. Immortelle blanche ou de Virginie. Immortelle des neiges, des Alpes.* V. **Edelweiss**.

1   « On lui a mis sa robe de noce, avec des bouquets de roses, d'immortelles et de violettes. »
                              FLAUB., **Corresp.**, 105, 23 (ou 24) mars 1846.

2   « ... une demi-douzaine de voyageurs harassés, dont le marchand de couronnes mortuaires, retour du chef-lieu pour ses commandes d'immortelles. »   ARAGON, **Beaux quartiers**, I, I.

IMMOTIVÉ, ÉE (*im-*). *adj.* (1877 LITTRÉ, Suppl. ; V. **In-** et **Motivé**). Qui n'a pas de motif. V. **Gratuit** (*supra* cit. 6), **gratuitement** (cit. 7).

IMMUABLE (*im-*). *adj.* (XIVᵉ s. ; de *in-*, et *muable* (vx), d'apr. le lat. *immutabilis*). Qui reste identique à soi-même ; qui ne peut éprouver aucun changement (V. **Immutabilité**). *Les idées platoniciennes sont éternelles* et immuables. Dans les religions monothéistes, Dieu* est éternel et immuable* (Cf. Gouffre, cit. 10). *Croire en une vérité absolue** (cit. 15) *et immuable* (Cf. Grand, cit. 60). *Les règles du beau* (cit. 99), *de la morale, les lois de la science... considérées comme immuables* (Cf. Echelle, cit. 14 ; éternel, cit. 9 ; géométrie, cit. 1). *Les lois* immuables de la nature. — La succession immuable du jour et de la nuit* (Cf. Écouler, cit. 7).

1   « Ce sont, pour vrai, choses déterminées
     Par l'immuable arrêt des destinées. »   MAROT, **Opuscules**, V.

2   « Adorez l'Être éternel, mon digne et sage ami ; d'un souffle vous détruirez ces fantômes de raison qui n'ont qu'une vaine apparence, et fuient comme une ombre devant l'immuable vérité. Rien n'existe que par celui qui est :... »   ROUSS., **Julie**, IIIᵉ part., Lettre XVIII.

3   « Si tout languit et meurt, renaît et recommence
     Toi seul es immuable et toi seul immortel ! »
                              LECONTE DE LISLE, **Poèmes barbares**, Les deux glaives, II.

— Qui ne change guère ; qui continue*, dure longtemps. V. **Arrêté** (*p. p.*), **constant, continu, fixe, inaltérable, invariable** (Cf. Changeable, cit.). *Ardeur, passion immuable.* V. **Durable** (Cf. Attacher, cit. 13). *Pensée, idée immuable* (Cf. Garer, cit. 7). *Volonté immuable.* V. **Ferme** 1. *Bonheur, félicité immuable* (Cf. Altérer, cit. 4). *Un art hiératique* (cit. 3) *et immuable. — Un sourire, un visage immuable.* V. **Figé, stéréotypé.** — *Les mots ne sont immuables ni dans leur forme... ni dans leur emploi* (cit. 6).

4   « Qu'il vive cependant, et jouisse du jour
     Que lui conserve encor mon immuable amour. »
                              CORN., **Médée**, II, 1.

5   « Ces images sont identiquement pareilles à celles qu'ont révérées les ancêtres. Immuables comme le dogme, elles se sont perpétuées de siècle en siècle ; l'art n'a pas eu de prise sur elles, et les corriger, malgré leur barbarie et leur naïveté, lui eût paru un sacrilège. »
                              GAUTIER, **Voyage en Russie**, XIII, p. 160.

6   « Aucune des formes sociales que l'homme imagine et établit n'est immuable. »   FUSTEL de COUL., **Cité antique**, p. 282.

7   « Rien de plus immuable que la nullité, qui n'a jamais vécu de la vie de l'intelligence, qui n'a jamais vu qu'une face des choses. »   RENAN, **Avenir de la Science**, Œuvr., t. III, p. 777.

— *(En parlant des personnes).* Qui reste le même*, sans changement. *Immuable dans ses convictions.* V. **Constant, ferme**.

8   « ... les révoltes de l'Angleterre et celles de l'Espagne et du Portugal faisaient admirer d'autant plus le calme dont jouissait la France ; Strafford et Olivarès, renversés ou ébranlés, grandissaient l'immuable Richelieu. »   VIGNY, **Cinq-Mars**, XIV.

9   « ... immuable dans le refus, même quand il se dérobe, il refuse à jamais le consentement. »   SUARÈS, **Trois hommes**, Ibsen, p. 107.

10 « ... un seul être qui me semble incapable de changement. C'est ma mère. Immuable dans l'âme, car pour ce qui est du corps, elle vieillit beaucoup en ce moment. » DUHAM., Pasq., t. VIII, IV, p. 323.

ANT. — Altérable, changeant, convertible, divers, mouvant...

DER. — **Immuablement.** *adv.* (1556). D'une manière immuable. V. Constamment, invariablement (Cf. Casuiste, cit. 1). *Un ciel immuablement bleu* (Cf. Envergure, cit. 2). — **Immuabilité.** *n. f.* (*Immuableté* au XVI° s. RONS.). Caractère de ce qui est immuable. V. **Immutabilité.**

1 « L'insensibilité de la mer, l'immuabilité du spectacle me révoltent... Ah ! faut-il... fuir éternellement le beau ? » BAUDEL., Spleen de Paris, III.

2 « Impossible d'exprimer le jour que produit par le ciel immuablement gris,... et la neige éternelle du sol. » RIMBAUD, Illuminations, XIX.

IMMUNISER. *v. tr.* (fin XIX° s. NOUV. LAR. ILL. ; dér. sav. du lat. *immunis*, « exempt »). Rendre réfractaire aux agents pathogènes, à une maladie infectieuse (V. **Immunité,** II). *Immuniser par le vaccin, par une injection de sérum* (V. **Vacciner**). *Accoutumer* l'organisme à un produit toxique pour l'immuniser* (V. **Mithridatiser**).

— *Fig.* V. **Protéger.**

1 « Une douce habitude l'immunisait contre de telles réceptions. Elles ne l'impressionnaient plus... » COCTEAU, Les enfants terribles, p. 61.

2 « Les hommes n'ont pas de subtilité ; leur condition servile les blinde et les immunise. » ARNOUX, Royaume des ombres, II, p. 60.

|| **IMMUNISÉ, ÉE.** *p. p. adj. Organisme immunisé contre une maladie. Utiliser le sérum d'un animal immunisé* (Cf. Antitoxique, cit.). — *Fig. Personne n'est immunisé contre certaines tentations.* V. **Abri** (à l'abri de), **blindé** (*fam.*), **exempt.**

3 « Un biologiste dirait : de tels hommes ne sont pas immunisés, ils sont vulnérables. » DUHAM., Pasq., t. IV, II, p. 265.

ANT. — Contaminer. Vulnérable.

DER. — **Immunisant, ante.** *adj.* (1922 LAR. UNIV.). Qui immunise. *Remède, sérum immunisant.* — **Immunisation.** *n. f.* (1906 NOUV. LAR. ILL.). Acte par lequel on confère l'immunité* (V. **Antisepsie**). *Immunisation active* (V. **Vaccination**), *passive* (inoculation*, injection de sérum*). *L'immunisation et l'anaphylaxie* sont deux cas opposés d'allergie*.*

IMMUNITÉ. *n. f.* (1276 ; lat. *immunitas*, « exemption de charge (*munus*) »).

I. Exemption de charge, prérogative accordée par la loi à une catégorie de personnes. V. **Dispense, exemption, franchise, liberté, privilège.** *Immunité de charges, d'impôts*...* Spécialt. Hist. du Dr. *Immunité de la noblesse, de la magistrature,* consistant en exemptions de certaines charges publiques. *Immunités accordées à l'Église : immunité personnelle* (honneur dû aux clercs, préséance sur les laïcs, exemptions de corvée, de service militaire...), *immunité de juridiction* (privilège de clergie*), *immunité des abbayes* (autonomie de certains monastères). *Congrégation de l'immunité,* jugeant des cas relatifs aux immunités ecclésiastiques.

1 « ... franchises, immunités, exemptions, privilèges, que manque-t-il à ceux qui ont un titre ? » LA BRUY., XIV, 13.

2 « Pertinax avait assuré la propriété et l'immunité des impôts pour dix ans à ceux qui occuperaient les terres désertes en Italie,... » MICHELET, Hist. de France, I, III.

— *Spécialt.* (À l'époque franque) *L'immunité est une des institutions qui annoncent la féodalité* (V. **Féodal**). *Charte, diplôme d'immunité :* conférant l'immunité à un propriétaire.

3 « L'immunité est un privilège accordé par le roi à un grand propriétaire ou à un établissement ecclésiastique et qui consiste à interdire ses domaines à l'action des agents royaux. » OLIVIER-MARTIN, Hist. du dr., § 175 (éd. Dalloz).

— *Dr. mod.* Exemption des règles générales en matière juridictionnelle, fiscale... *Immunité accordée aux parents, aux époux, exemptés des peines du vol.*

— *Spécialt.* Dr. constit. *Immunité parlementaire,* accordée au parlementaire pour sauvegarder « l'indépendance d'exercice (de son) mandat » (PRÉLOT), et lui assurant une protection contre les actions judiciaires exercées contre lui. V. **Inviolabilité, irresponsabilité.** *Les immunités sont valables pendant la durée du mandat, en matière criminelle et correctionnelle, et sauf flagrant délit ; elles peuvent être levées par la Chambre dont l'accusé fait partie* (Levée d'immunité).

— *Dr. intern. publ. Immunité de juridiction,* en vertu de laquelle les États ne peuvent être soumis contre leur volonté à la juridiction d'un État tiers. *La règle de l'immunité absolue souffre des exceptions* (actes de gestion, matières commerciales...). — *Immunité diplomatique :* ensemble des privilèges résultant de l'exterritorialité* et qui soustraient les diplomates étrangers, leurs familles, le personnel officiel des ambassades, aux juridictions du pays où ils résident.

II. (1866 LITTRÉ). *Biol.* Propriété que possède un organisme d'être réfractaire à certains agents pathogènes. *Immunité naturelle, congénitale. Immunité acquise* (V. **Immunisation**), *soit spontanée* (à la suite d'une maladie infectieuse),

soit provoquée (V. **Vaccination**). *Substances qui confèrent l'immunité* (V. **Anticorps, antigène, sérum, vaccin ; immuniser**). *L'immunité provoquée peut être active ou passive. Immunité aux substances toxiques acquise par ingestion progressive.* V. **Accoutumance, mithridatisme.**

4 « C'est vers la recherche des facteurs de l'immunité naturelle que les sciences médicales devraient, dès aujourd'hui, s'orienter. » CARREL, L'homme, cet inconnu, p. 248.

5 « La pénétration dans notre corps d'un germe infectieux, même très virulent, ne détermine pas toujours une maladie. On dit alors que l'organisme est immunisé. Le cas de l'homme auquel on peut transmettre la peste bovine, celui de la poule réfractaire au charbon, comme le chien l'est à la syphilis, nous offrent plusieurs exemples d'immunité dite naturelle, c'est-à-dire d'organismes qui se trouvent spontanément à l'abri d'une infection déterminée, grâce à une active phagocytose. » P. VALLERY-RADOT, Notre corps, p. 59.

— *Par ext.* Ce qui préserve d'un mal. V. **Abri** (*fig.*), **préservation, protection.**

6 « Les journaux... avaient rapporté que deux cents ans auparavant, pendant les grandes pestes du Midi, les médecins revêtaient des étoffes huilées, pour leur propre préservation. Les magasins en avaient profité pour écouler un stock de vêtements démodés grâce auxquels chacun espérait une immunité. » CAMUS, La peste, p. 255.

ANT. — Anaphylaxie (cit. 2), intolérance.

IMMUTABILITÉ. *n. f.* (XIV° s. ; lat. *immutabilitas.* V. **Immuable**). Caractère, état de ce qui est immuable*. V. **Immuabilité.** *L'immutabilité des idées platoniciennes, de Dieu, de la règle morale, des éléments* (Cf. Atome, cit. 7)... — V. **Constance, fixité.** *L'immutabilité d'un sentiment, d'une idée.*

1 « Comme tout change d'un moment à l'autre,... ce que l'on mande aujourd'hui n'est plus vrai demain ; c'est un pays (*la cour*) bien opposé à l'immutabilité. » SÉV., 317 (in LITTRÉ).

2 « ... l'immutabilité n'appartient point aux hommes. » VOLT., Hist. parlement de Paris, Avant-propos.

3 « À quoi tenait le mystère de sa puissance (*de Robespierre*) ? À l'opinion qu'il avait su imprimer à tous de sa probité incorruptible et de son immutabilité. Tous les autres personnages de la Révolution furent naïvement mobiles, au gré des événements. Lui seul... manœuvra de manière à soutenir le renom de cette immutabilité. » MICHELET, Hist. Révol. franç., XV, III.

— *Spécialt.* Dr. *Immutabilité des conventions matrimoniales,* en vertu de laquelle ces conventions ne peuvent recevoir aucun changement après la célébration du mariage (CODE CIV., Art. 1395).

ANT. — Adaptation, changement, mutabilité, variabilité.

IMPACT (in-pakt'). *n. m.* (1839 BOISTE ; empr. au lat. *impactus,* p. p. de *impingere,* « heurter »). *Balist.* Collision, heurt. *Point d'impact :* endroit où le projectile vient frapper, et *par ext.* Trace qu'il laisse. *Relever les points d'impact du tir d'une batterie.*

« Admettant alors un coup anormal sur cent, on conclut que les points d'impact se répartissent autour du point central, symétriquement par rapport à ce point,... » A. DELACHET, La balistique, p. 116 (éd. P.U.F.).

IMPAIR, AIRE. *adj.* et *n. m.* (1521 ; *impar* en 1484 ; empr. au lat. *impar,* refait en *impair,* d'apr. *pair*).

|| 1° *Arith.* Qui n'est pas pair, qui ne peut être divisé par deux en donnant des nombres entiers. *Un, trois, cinq, sept... quarante-neuf... sont des nombres impairs. Tout nombre est pair ou impair. Côté des numéros impairs* (dans une rue). *Par ext.* Qui porte un numéro impair. *Jours impairs,* se disait autrefois du premier, du troisième et du cinquième jour de la semaine (lundi, mercredi, vendredi). *De nos jours.* Jour du mois qui porte un numéro impair. *Le 17 avril est un jour impair. Stationnement interdit les jours impairs. Rythmes impairs en musique. Vers impairs en poésie. Les vers de sept, de neuf syllabes sont impairs.*

— Substant. *L'impair,* ce qui est impair.

1 « De la musique avant toute chose,
Et pour cela préfère l'Impair
Plus vague et plus soluble dans l'air,
Sans rien en lui qui pèse ou qui pose. »
VERLAINE, Jadis et naguère, Art poét.

— En T. de Jeu. *Numéros impairs de la roulette* et d'autres jeux. Substant. Jouer les impairs. Impair et manque.* — *Spécialt. Jouer à pair ou impair,* à deviner si les objets cachés dans la main du partenaire sont en nombre pair ou impair.

2 « J'ai connu un enfant de huit ans, dont l'infaillibilité au jeu de pair ou impair faisait l'admiration universelle. Ce jeu est simple, on y joue avec des billes. L'un des joueurs tient dans sa main un certain nombre de ses billes, et demande à l'autre : « Pair ou non ? » Si celui-ci devine juste, il gagne une bille ; s'il se trompe, il en perd une. » BAUDEL., Trad. E. POE, Hist. extraor., La lettre volée.

— *Substant.* Dans le jeu de pair et impair, *Faire un double impair,* prendre deux fois de suite l'impair (par erreur, imprudence...). *Par métaph.* (VX).

3 « Il est inexact... que la préfecture de Seine-et-Oise soit décidément donnée à M. de K... (du parti républicain), qui serait remplacé à Marseille par M. V... (du même parti) ; ce serait là un double impair... » La Patrie, 25 avril 1872 (in LITTRÉ, Suppl.).

— *Fig.* et *fam.* (fin XIX° s.). « Maladresse* choquante ou préjudiciable » (ACAD.). V. **Gaffe***. *Faire, commettre un impair.*

4   « En lui demandant s'il n'avait pas fini de faire l'âne pour avoir du son, tout fut dit : il ne douta plus qu'il eût commis un impair, et il se fit petit, le pauvre, mais petit !... »
      COURTELINE, **Boubouroche**, p. 55.

5   « Le plus souvent sa précaution aboutissait à quelque impair énorme, dont il restait penaud... » GIDE, **Si le grain...**, I, X.

‖ 2° Qui est unique, qui n'a pas de double. Bot. *Foliole impaire*, foliole unique et terminale, dans une feuille composée. — *Anat.* (vx). *Organe impair*, qui n'a pas son symétrique (cœur, foie, etc.).

ANT. — Pair. — DER. — V. **Imparité**.

IMPALPABLE. adj. (vers 1440, bas lat. *impalpabilis*). Qu'on ne peut palper, sentir au toucher ; sans consistance. « *Les substances spirituelles sont impalpables* » (FURET., Dict.). *Déités impalpables* (Cf. Fée, cit. 3). V. **Immatériel, insaisissable**. *Flots impalpables de la lumière* (Cf. Baigner, cit. 4).

1   « Quel dommage, en effet, que les femmes de Raphaël, de Corrège et de Titien ne soient que des ombres impalpables ! Et pourquoi leurs modèles n'ont-ils pas reçu comme leurs peintures le privilège de l'immortalité ? » GAUTIER, **La toison d'or**, II (in Fortunio...).

2   « ... l'impalpable péril des routes aériennes semées de surprises... » SAINT-EXUP., **Vol de nuit**, Préface.

— *Spécialt.* Se dit d'un corps trop ténu pour être palpé, ou dont les éléments séparés sont si petits que le toucher ne peut les percevoir. V. **Délié, fin, ténu**. *Germe impalpable. Poussière impalpable au fond* (cit. 5) *d'un gouffre. L'impalpable poussière des ailes du papillon* (Cf. Femme, cit. 56). *Sable, limon impalpable* (Cf. Feuilleté, cit. 5).

3   « ... rien ne périt, tout change ; les germes impalpables des animaux et des végétaux subsistent, se développent et perpétuent les espèces. » VOLT., **Jenni**, XI.

4   « L'immobile soleil emplit l'espace mort,
Et fait se dilater, telle qu'une buée,
L'impalpable poussière où l'horizon s'endort. »
      LECONTE DE LISLE, **Poèmes tragiques**, Le lévrier de Magnus, II.

— *Substant. m.* (XIXᵉ s.). *L'impalpable.*

5   « On lève au ciel les yeux et l'on voit l'ombre horrible.
On est dans l'impalpable, on est dans l'invisible ; »
      HUGO, **Lég. des siècles**, La vision de Dante, IV.

6   « ... par la fenêtre ouverte... je contemplais les mouvantes architectures que Dieu fait avec les vapeurs, les merveilleuses constructions de l'impalpable. » BAUDEL., **Spleen de Paris**, XLIV.

ANT. — Palpable, préhensible, saisissable.

DER. — Impalpabilité. n. f. (1803). Qualité de ce qui est impalpable. V. **Inconsistance, ténuité**.

IMPALUDISME. n. m. (1873 in LITTRÉ). V. **PALUDISME**.

DER. — (du lat. *palus, paludis*, marais) : **Impaludation.** n. f. (1873 P. LAROUSSE). « Envahissement d'un sujet par l'hématozoaire du paludisme » (GARNIER). Inoculation thérapeutique du paludisme*. — **Impaludé, ée.** adj. (XXᵉ s.). Atteint de paludisme. *Sujet impaludé.*

IMPANATION. n. f. (XVIᵉ s. ; lat. ecclés. *impanatio*, de *panis*, « pain »). *Théol. chrét.* Coexistence du pain et du corps de Jésus-Christ dans l'Eucharistie*. *L'impanation, doctrine luthérienne.*

IMPARDONNABLE. adj. (XIVᵉ s. ; de *pardonnable*). Qui ne mérite pas de pardon ou *par ext.* d'excuse. V. **Inexcusable**. *Crime, outrage impardonnable. Faute impardonnable.* V. **Irrémissible**. *Oubli, négligence impardonnable. Erreurs* (cit. 36) *impardonnables.* — *Impers. Il serait impardonnable de laisser passer cette occasion. Vous êtes sans excuse et impardonnable* (Cf. Ébranler, cit. 21).

1   « Quoi ? Vous ne trouvez pas ce crime impardonnable ? »
      MOL., **Fem. sav.**, II, 6.

2   « ... elle avait dû... colporter mille choses qu'elle avait eu l'impardonnable naïveté de lui confier. » GREEN, **A. Mesurat**, p. 168.

3   « C'est précisément parce que le cinéma a l'avenir devant lui qu'on serait impardonnable de s'en désintéresser... »
      DUHAM., **Manuel du protest.**, p. 142.

ANT. — Excusable, pardonnable.

IMPARFAIT, AITE. adj. et n. m. (1372 ; de *parfait*).

I. *Adj.* Qui n'est pas parfait. ‖ 1° Qui n'est pas achevé, pas complet. V. **Ébauché, inachevé, incomplet**. *Certaines choses gagnent à demeurer imparfaites* (Cf. Achevé, cit. 2). *Avorton* (cit. 1) *aveugle et imparfait. Guérison imparfaite. Science encore imparfaite* (Cf. Géométrie, cit. 2). *Il a de cette langue une connaissance très imparfaite.* V. **Insuffisant ; lacune** (plein de lacunes). — *Spécialt.* Bot. *Fleur imparfaite*, à laquelle il manque quelque partie essentielle à la fructification. — *Mus.* (vx). *Accord imparfait*, qui porte une dissonance* ou une sixte. — *Par ext.* Gramm. *Prétérit, passé imparfait* (vx), qui exprime une action inachevée. *Subjonctif imparfait*, ou imparfait du subjonctif (Cf. *infra*, II).

1   « ... il (*ce miroir*) convient à votre chambre, qui est encore bien imparfaite. » SÉV., 964, 13 juin 1685.

2   « Quelle morale puis-je inférer de ce fait ?
Sans cela toute fable est un œuvre imparfait. »
      LA FONT., **Fabl.**, XII, 2.

3   « Toutes les joies de nos sens ont été imparfaites comme des mensonges. » GIDE, **Nourrit. terrestres**, p. 116.

4   « Victor Hugo ne laissait jamais derrière lui la moindre rédaction imparfaite, et le manuscrit atteste par ses repentirs et ses variantes... que le poète avait revisé tout ce début avec le plus grand soin. »
      HENRIOT, **Romantiques**, p. 56.

‖ 2° Qui manque de fini. V. **Grossier*, imprécis**. *Dessin, crayon* (cit. 4) *imparfait. Travail d'une exécution imparfaite. La plus imparfaite des imitations* (Cf. Architecture, cit. 8). *Ne donner qu'une idée imparfaite de quelque chose.* V. **Approximatif, rudimentaire, vague**.

— Dont un ou plusieurs éléments ne sont pas ce qu'ils devraient être, présentent des défauts*, des imperfections*. V. **Défectueux, inégal, manqué*, mauvais, médiocre**. *Solution imparfaite. Son plan est bien imparfait.* V. **Boiteux**. *Œuvre imparfaite.* V. **Attaquable, critiquable, discutable**. *Ce premier essai est encore bien imparfait.* — *Œuvre imparfaite de Dieu* (Cf. Face, cit. 12). *Ce monde si imparfait et qui pourrait être si beau* (Cf. Carence, cit. 1).

‖ 3° Qui, par essence, ne saurait être parfait. *Dieu est parfait, l'homme est imparfait* (Cf. Christianisme, cit. 7 ; créer, cit. 3). V. **Fautif** (vx). *Créature imparfaite* (Cf. Faire, cit. 149). *Être imparfait* (Cf. Égout, cit. 5). *Vérité imparfaite de la science, et vérité absolue* (cit. 15) *de la religion. Toute philosophie est imparfaite* (Cf. Cadre, cit. 6). *Nos connaissances* (cit. 14) *sont superficielles et imparfaites.*

5   « ... tout exemple cloche, et la relation qui se tire de l'expérience est toujours défaillante et imparfaite. » MONTAIGNE, **Essais**, III, XIII.

II. *N. m.* (1606). *Gramm.* « Système de formes temporelles dont la fonction essentielle dans les langues indo-européennes était d'énoncer une action en voie d'accomplissement dans le passé et conçue comme non achevée... » (MAROUZEAU). V. **Temps, verbe**.

‖ 1° IMPARFAIT DE L'INDICATIF. En français, *l'imparfait et le passé simple* (ou *défini*, ou *prétérit*) *sont les temps simples du passé.* « *Je mangeais* », « *il pleuvait* » *sont des imparfaits. L'imparfait de l'indicatif est « le plus expressif, le plus affectif des temps du passé* » (A. DAUZAT). *L'imparfait marque essentiellement la durée, la continuité dans le passé : Elle était malade ; il neigeait* (V. **Parfait**). *Il a aussi d'autres fonctions : imparfait de simultanéité* (Il lisait pendant que je dormais) ; — *d'habitude* (« Que faisiez-vous au temps chaud ? — Je dansais. — Vous dansiez ? ») ; — *de répétition* (Chaque matin, il prenait le train) ; — *d'explication* (Elle entendit un bruit : c'était la voiture) ; — *de cause* (Il faisait froid, elle ferma les fenêtres) ; — *de description* (Il était temps nuptiale, auguste et solennelle). — *Emplois figurés : imparfait du style indirect libre* (« Le marchand s'écria qu'elle avait tort ; ils se connaissaient ; est-ce qu'il doutait d'elle ? » FLAUB.) ; — *imparfait d'atténuation,* (« qui semble retenir la demande en même temps qu'on la présente » (BRUNOT) : « Écoute, je voulais te demander si tu sors ce soir ») ; — *imparfait hypocoristique* (Oh ! il avait bien des misères, le petit ange !) ; — *imparfait énonçant une action inachevée ou non commencée* (Il était temps, je partais ! = j'allais* partir). — *Imparfait employé pour le conditionnel passé, en corrélation avec une hypothétique amenée par* si (ou après *sans*) : (« Si tu n'étais pas venue me surprendre, je repartais sans t'avoir vue » (GIDE) ; « Sans toi, je tombais »). — *Après* SI, *en phrase indépendante* (exclamative), *l'imparfait marque le souhait, le regret* (Si jeunesse savait ! si vieillesse pouvait !), *une interrogation détournée ou atténuée* (Si on y allait ? : « Si monsieur voulait descendre ? Mademoiselle pleure » FLAUB.).

— *En subordonnée : après si, en relation avec un conditionnel* dans la principale, l'imparfait énonce un fait présent ou futur :* « Si je la haïssais, je ne la fuirais pas » (RAC.). *S'il venait demain, je le recevrais.* V. **Si**.

6   « L'imparfait vous fait voir successivement les divers moments de l'action qui, pareille à un panorama vivant, se déroule devant vos yeux, c'est le présent dans le passé. »
      C.-M. ROBERT, **Gramm. franç.** (1909), p. 330.

7   « Le passé simple ou composé semble nous faire regarder les choses d'autrefois au moment actuel. L'imparfait nous les fait voir en nous reportant à leur époque. » BRUNOT, **Pens. et lang.**, p. 776.

8   « Tandis que le passé indéfini associe au présent une chose passée, la considère comme un fait de mémoire, une réalité du souvenir..., l'imparfait joue un rôle plus objectif. Bien qu'il s'appuie aussi sur la mémoire, il objective les notions qu'elle contient, et les associe au temps... Si je dis : Hier, mon oncle était malade, j'associe oncle et malade au temps, dans la mesure où le terme hier le permet. Je m'exprime non dans mon passé subjectif, mais dans le passé social, universel. »
      J.-M. BUFFIN, **Rem. sur les moyens d'express. de la durée et du temps en français**, pp. 37-38 (1925).

9   « J'avoue que certain emploi de l'imparfait de l'indicatif — de ce temps cruel qui nous présente la vie comme quelque chose d'éphémère à la fois et de passif, qui, au moment même où il retrace nos actions, les frappe d'illusion, les anéantit dans le passé sans nous laisser, comme le parfait, la consolation de l'activité — est resté pour moi une source inépuisable de mystérieuses tristesses. »
      PROUST, **Mélanges**, Journées de lecture, Note.

10 « L'imparfait énonce une action (ou un état) qui se situe dans le passé ; mais il l'énonce d'une façon spéciale, et qui le différencie profondément de tous les autres passés. Il offre en effet cette particularité remarquable d'énoncer toujours l'action (ou l'état) sous l'aspect de continuité...

Si une action est présentée comme continue, c'est qu'on la considère comme n'ayant pas pris fin (au moment du passé auquel elle se rapporte). De là, ce caractère d'*inachevé* qui consomme l'essence de cette forme verbale. Il a vivement frappé l'esprit des grammairiens ; aussi lui ont-ils donné le nom d'*imperfectum*, impárfait. »
G. et R. LE BIDOIS, Syntaxe du fr. mod., t. I, pp. 427-428.

‖ 2° IMPARFAIT DU SUBJONCTIF. L'un des quatre temps du mode subjonctif*. *Dans la phrase : « Je craignais qu'il ne fût trop tard »*, *fût est à l'imparfait du subjonctif.*

a) — *En proposition subordonnée, après une principale au passé, l'imparfait du subjonctif exprime un fait présent ou futur par rapport au fait énoncé dans la principale :* Elle voulait (voulut, a voulu, avait voulu, eût voulu) que sa fille fît un beau mariage. « Il était généreux quoiqu'il fût économe » (HUGO). — REM. *Après un verbe principal au conditionnel présent, l'imparfait du subjonctif tend de plus en plus à céder la place au présent du subjonctif.* — *En valeur de conditionnel, marquant l'éventualité :* « On craint que la guerre, si elle éclatait, n'entraînât des maux incalculables » (LITTRÉ) ; « En est-il un seul parmi vous qui consentît ? » (ACAD.).

b) — *En phrase juxtaposée à une principale, l'imparfait du subjonctif de certains verbes (avoir, être, devoir, etc.) marque l'opposition ou la concession :* « J'accepte l'âpre exil, n'eût-il ni fin ni terme » (HUGO) ; « Je préfère vous laisser voir l'envers du décor, cela dût-il nuire à votre émotion » (GIDE). Cf. les locutions figées *Fût-ce, ne fût-ce que.* V. **Ce, être** (cit. 79). → REM. *Dans ces tours, le sujet et le verbe sont toujours intervertis* (Cf. Plût aux dieux que...!).

11 « Les grammairiens accepteront malaisément *il faudrait que nous parlions ;* leur goût est de dire *il faudrait que nous parlassions.* Cette forme, pour régulière, devient inusitée et n'est plus, en presque tous les cas, qu'une affirmation de pédantisme. On ne peut le nier : l'imparfait du subjonctif est en train de mourir. »
R. de GOURMONT (in NYROP, Gramm. hist. langue franç., VI, p. 338).

12 « L'emploi de l'imparfait du subjonctif n'est pas seulement une affaire de syntaxe, mais aussi une affaire de tact. »
NYROP, Gramm. hist. langue franç., VI, p. 342.

13 « ... j'estime qu'il est absurde d'employer systématiquement l'imparfait,... après n'importe quel premier verbe au passé ; que l'oreille et la raison sont ici seuls juges ; qu'il est bon de dire : Je voudrais qu'il devienne un honnête homme — et non : qu'il *devînt* (un honnête homme)...

Une mère dira : « Je souhaitais qu'il fasse ses devoirs avant d'aller se promener », exprimant un souhait encore réalisable — et « qu'il fît ses devoirs avant d'être allé se promener » ; mais dans ce cas mieux vaut dire : « J'avais souhaité qu'il fît ses devoirs avant de... »
GIDE, Journal (1927), pp. 855-856.

14 « L'imparfait du subjonctif n'est plus employé dans la langue parlée. Mais, dans la langue écrite soignée, il s'impose encore, non seulement pour les livres, mais pour les journaux. Comme le passé simple, il n'a plus qu'une existence « littéraire ». Mais il ne faudrait pas en conclure que sa disparition y est prochaine... Les formes de l'imparfait du subjonctif sont précieuses pour l'écrivain... »
BRUNOT et BRUNEAU, Précis gramm. histor. langue franç., p. 386.

15 « L'imparfait du subjonctif est en danger. Heureusement il tient encore. Nombre de gens l'honorent sans affectation comme sans ridicule. »
DUHAM., Disc. aux nuages, p. 44.

ANT. — **Parfait. Achevé** (cit. 2), **complet, fini, formé, précis ; excellent ; absolu, accompli, idéal.**

DER. — **Imparfaitement.** *adv.* (1372). D'une manière imparfaite. V. **Grossièrement, incomplètement, insuffisamment, mal.** *Il n'est guéri qu'imparfaitement* (ACAD.). V. **Demi** (à). *Connaître imparfaitement un pays* (Cf. Façade, cit. 8). *Génie imparfaitement compris de la foule.* Cf. Fatalement, cit. (ANT. **Bien, entièrement, fond** (à), **parfaitement**).

IMPARI-. Élément du lat. *impar, imparis,* qui signifie « impair » et qui entre dans la composition de quelques mots savants tels que : **Imparidigité.** *adj. m.* (XXᵉ s. ; lat. *digitus*, « doigt »). Zool. *Mammifère imparidigité,* dont les doigts sont en nombre impair (le cheval, *par ex.*). V. **Périssodactyle.** — **Imparipenné, ée.** *adj.* (1838 ; de *penné*). Bot. Se dit des feuilles pennées terminées par une foliole impaire*. — **Imparisyllabe** ou **imparisyllabique.** *adj.* (1784, 1823 ; de *syllabe, syllabique*). *Gramm. grecque et lat.* Qui a une ou deux syllabes de plus aux cas obliques qu'au nominatif (*soror, sororis*). Substant. *Un imparisyllabique* (Cf. Parisyllabique).

IMPARITÉ. *n. f.* (XIIIᵉ s. « inégalité » ; 1837, sens actuel ; empr. au lat. *imparitas*). Caractère de ce qui est impair. V. **Impair** (ANT. **Parité**).

IMPARTAGEABLE. *adj.* (XVIᵉ s. ; de *partageable*). Qui ne peut être partagé (ANT. **Partageable**).

IMPARTIAL, ALE, AUX (*in-par-syal*). *adj.* (1576 WARTBURG ; de *partial*). Qui n'est pas partial*, qui est sans parti* pris. V. **Juste, neutre.** *On ne fut pas assez impartial* (Cf. Balance, cit. 24). *Se montrer impartial dans l'arbitrage d'une querelle.* V. **Égal** (*vx*). Cf. Tenir la balance* égale entre deux personnes. *Juge impartial.* V. **Équitable, impassible, intègre.** *Critique impartial. S'efforcer d'être impartial pour juger avec équité* (cit. 11). *Esprits impartiaux* (Cf. Attaquer, cit. 35). *Personne éclectique* (cit. 2) *et impartiale.*

« Également impartial, quand je loue et que je me dédis d'un éloge, quand je blâme et que je me départs de ma critique. » 1
DIDER., Salon de 1767 (in LITTRÉ, Dédire).

« La postérité n'est impartiale que si elle est indifférente. » 2
FRANCE, Anneau d'améth., p. 125.

« ... l'abbé Langlois, biographe impartial et qui n'écrit pas avec une 3
plume d'hagiographe, loin de là, remarque qu'aucun texte n'apporte la preuve que cet ordre ait été donné,... »
HENRIOT, Portr. de fem., p. 118.

— *Verdict impartial* (Cf. Arbitrer, cit. 3), *justice impartiale* (Cf. Enrichir, cit. 14 ROUSS.). *Une critique très impartiale.* V. **Objectif.** *Laissez-moi vous donner un avis impartial.* V. **Désintéressé.**

« L'intérêt des faibles, c'est la justice ; c'est pour eux que des lois 4
humaines et impartiales sont une sauvegarde nécessaire. »
ROBESPIERRE in JAURÈS, Hist. social. Révol. franç., t. III, p. 399.

« Il (*cet écrivain*) a abandonné le rêve impossible de faire une pein- 5
ture impartiale de la Société et de la condition humaine. L'homme est l'être vis-à-vis de qui aucun être ne peut garder l'impartialité, même Dieu. »
SARTRE, Situations II, p. 73.

ANT. — **Injuste, partial. Chauvin. fanatique.**

DER. — **Impartialité.** — **Impartialement.** *adv.* (1743). D'une manière impartiale, sans parti pris. *Il nous a rapporté les faits très impartialement.* V. **Objectivement.** *Juger impartialement.* V. **Équitablement.** *Un compliment* (cit. 3) *n'est pas un jugement qu'on porte impartialement* (ANT. **Partialement**).

« L'auteur croit la juger impartialement (*la religion catholique*), et 1
il la juge en protestant ; »
BALZ., Le feuilleton, XIX (Œuvr. div., t. I, p. 396).

« Il n'est que de lire le beau et triste livre de François Porché, qui 2
a très impartialement fait le départ entre le prodigieux chanteur et l'épouvantable anormal (*Verlaine*). »
HENRIOT, Portr. de fem., p. 430.

IMPARTIALITÉ. *n. f.* (1576 ; de *impartial*). Qualité d'une personne impartiale. V. **Droiture, équité.** *Impartialité du juge, de l'historien, du critique... Critiquer avec impartialité.* V. **Justice, objectivité.** *Sortir de son impartialité* (Cf. Échauffer, cit. 11).

« Meyerbeer, grâce à sa position d'israélite, put conserver son impar- 1
tialité entre les deux partis, et faire chanter également bien les partisans du Pape et ceux de Luther. »
GAUTIER, Souv. de théâtre..., p. 72.

« On ne réclame pas d'un génie impartial l'impartialité critique. » 2
R. ROLLAND, Vie de Tolstoï, p. 122.

— *Par ext. Impartialité d'un jugement, d'un arbitrage, d'une exégèse...*

« Et si peut-être mes conclusions étaient acquises d'avance, les 3
réflexions qui m'y amenaient gardaient un air d'impartialité. »
ROMAINS, Dieu des corps, p. 161.

ANT. — **Partialité, parti** (pris); **fanatisme.**

IMPARTIR (se conjugue comme *Finir*). *v. tr.* (1374 « donner en partage » ; T. de Dr. 1800 BOISTE ; bas lat. *impartiri*, proprt. « donner une part »). Dr. V. **Accorder***, **attribuer***. *Impartir un délai à quelqu'un. Dans les délais impartis par la loi. Le gouvernement ne pourra résoudre le problème dans les délais que l'Assemblée lui a impartis.* — REM. *Ce verbe n'est guère usité qu'au présent de l'indicatif et de l'infinitif, ou au participe passé.*

« Tout arrêt, jugement ou ordonnance commettant un expert en matière criminelle ou correctionnelle lui impartit un délai pour remplir sa mission... »
DÉCRET du 8 août 1935, Art 1ᵉʳ.

— (*Dans le langage courant*). Donner en partage. V. **Départir, donner.** *Nous devons nous contenter des dons que la nature nous a impartis* (ACAD.).

ANT. — **Refuser.**

IMPASSE. *n. f.* (1761, mot créé par VOLTAIRE ; de *in-* (V. In-), et *passer*). Petite rue qui n'a point d'issue. V. **Accul** (*vx*), **cul-de-sac.** *Habiter une impasse, au fond d'une impasse* (Cf. Écaillé, cit. 1). *S'engager dans une impasse* (Cf. Groupe, cit. 6). *Impasse calme et tranquille, impasse obscure, déserte, mal famée* (cit.).

« On trouve le mot de cul partout et très mal à propos ; une rue 1
sans issue ne ressemble en rien à un cul-de-sac ; un honnête homme aurait pu appeler ces sortes de rues des impasses... »
VOLT., Dict. philos., Langues.

« Derrière, vous verrez s'ouvrir une impasse un peu obscure, bordée 2
de maisons grillées, avec des balcons fermés qui débordent ; »
LOTI, Désenchant., I, XII.

— *Fig.* (1845). Situation sans issue favorable. V. **Danger, difficulté** (Cf. Glissade, cit. 6 ; homme, cit. 10). *Être dans une impasse, acculé à une impasse. Il faut sortir de cette impasse.*

« (*Cette pensée*)... me conduisit à une autre qui me parut le salut 3
même dans l'impasse où je me tordais ! »
BARBEY d'AUREV., Les diaboliques, Rideau cramoisi, p. 78.

« Le roi, pour avoir penché du côté de Coligny, était dans une 4
impasse. »
BAINVILLE, Hist. de France, p. 168.

— *T. de jeu.* (Au bridge, à la belote...). *Faire, tenter une impasse :* jouer la carte inférieure d'une fourchette* lorsqu'on suppose que l'adversaire qui a joué en premier lieu détient la carte intermédiaire (on tente ainsi de faire une levée avec une carte qui, normalement, devrait être perdue). *Faire l'impasse au roi*, lorsqu'on a en mains l'as et la dame. *Impasse qui échoue*, lorsque la carte intermédiaire se trouvait en réalité aux mains du second adversaire, qui fait alors la levée.

IMPASSIBILITÉ. *n. f.* (XIII⁰ s. ; bas lat. *impassibilitas*).

|| 1⁰ *Théol.* Caractère d'un être qui n'est pas susceptible de souffrance. *Impassibilité des corps glorieux*.

|| 2⁰ *Par ext.* (sens mod.). Qualité de celui qui ne donne aucun signe d'émotion, de trouble. V. **Calme, fermeté, flegme, froideur, imperturbabilité, indifférence** (Cf. Idole, cit. 6), **insensibilité, sang-froid, stoïcisme.** *Impassibilité des stoïciens, des sages.* V. **Apathie** (1⁰), **ataraxie.** — *Impassibilité d'un homme d'État, d'un diplomate, d'un chef militaire... ; impassibilité de Napoléon* (Cf. Froidement, cit. 4 CHATEAUB.). *Accusé qui écoute le verdict avec une grande impassibilité. Sans se départir* (cit. 11) *de son impassibilité. Martyr qui garde son impassibilité jusqu'à la mort.* Par ext. *Impassibilité du visage.* V. **Immobilité.** — REM. WARTBURG a relevé le sens moderne d'*impassibilité* dans Mozin (1812). LITTRÉ n'en donne aucun exemple littéraire.

1 « ... sa figure possédait déjà l'éclat immobile du fer-blanc, l'une des qualités indispensables aux diplomates et qui leur permet de cacher leurs émotions, de déguiser leurs sentiments, si toutefois cette impassibilité n'annonce pas en eux l'absence de toute émotion et la mort des sentiments. » BALZ., **La paix du ménage**, Œuvr., t. I, p. 1000.

2 « ... à certaines natures d'écoliers, les châtiments inspirent une sorte de rébellion stoïque, et ils opposent aux professeurs exaspérés la même impassibilité dédaigneuse que les guerriers sauvages captifs aux ennemis qui les torturent. » GAUTIER, **Portr. contemp.**, p. 52.

3 « ... des visages d'une impassibilité monacale... » TAINE, **Philos. de l'art**, t. II, p. 303.

4 « ... il n'était pas un homme d'une rudesse naturelle. C'est surtout à l'impassibilité qu'il s'efforçait, et même dans son service d'hôpital, quand il débitait quelques-uns de ces calembours... il le faisait toujours sans qu'un muscle bougeât dans sa figure... » PROUST, **Rech. t. p.**, t. III, p. 11.

5 « ... ce regard indéfinissable dont l'impassibilité me glaçait. » BERNANOS, **Journal d'un curé de campagne**, p. 203.

ANT. — Agitation, anxiété, attendrissement, emportement, énervement, excitation, fièvre, impatience, trouble.

IMPASSIBLE. *adj.* (XIII⁰ s. ; bas lat. *impassibilis*).

|| 1⁰ *Vx.* Qui n'est pas susceptible de souffrance. *Les corps glorieux sont impassibles* (ANT. **Passible**). — REM. C'est en ce sens que Voltaire emploie le mot dans l'exemple ci-dessous, faussement rapporté par LITTRÉ au sens moderne.

1 « L'homme né pour mourir ne pouvait pas plus être soustrait aux douleurs qu'à la mort. Pour qu'une substance organisée et douée de sentiment n'éprouvât jamais de douleur, il faudrait que toutes les lois de la nature changeassent... L'homme impassible est donc aussi contradictoire que l'homme immortel. » VOLT., **Dict. philos.**, Bien.

|| 2⁰ (Fin XVIII⁰ s.). Qui n'éprouve ou ne trahit aucune émotion, aucun sentiment, aucun trouble. V. **Calme, dur, ferme, flegmatique, froid, imperturbable, indifférent, inébranlable ; impassibilité** (Cf. Apaiser, cit. 29 ; effaroucher, cit. 5). *Soldat, infanterie impassible* (Cf. Froid 1, cit. 14). *Juge impassible.* V. **Impartial.** *Examinateur* (cit. 1) *impassible qui intimide le candidat. Être impassible devant le danger.* V. **Impavide.** *Inquiet, mais impassible* (Cf. Héroïque, cit. 27). *Le sage est impassible devant la mort ; elle ne le surprend* * *pas.* V. **Stoïque.** *Rester impassible à l'annonce d'une bonne nouvelle.* — Par ext. *Visage impassible.* V. **Fermé, immobile, impénétrable** (Cf. Emmêler, cit. 1 ; exprimer, cit. 15). *Coup d'œil impassible* (Cf. Horloge, cit. 5). *Un air impassible.* V. **Apathique, insensible.**

2 « Le sang pétille dans mes vieilles veines, en vous parlant de lui (*Letourneur, traducteur de Shakespeare*). S'il ne vous a pas mis en colère. ie vous tiens pour un homme impassible. » VOLT., **Lett. à d'Argental**, 4343, 19 juill. 1776.

3 « ... son front resta blanc et impassible comme celui d'une statue de marbre :... » BALZ., **Séraphita**, Œuvr., t. X, p. 467.

4 « ... on ne pouvait la remarquer que pour l'air qu'elle avait et qui était singulier dans une jeune fille aussi jeune qu'elle, car c'était une espèce d'air impassible, très difficile à caractériser... cet air... qui la séparait, non pas seulement de ses parents, mais de tous les autres, dont elle semblait n'avoir ni les passions ni les sentiments, vous clouait... de surprise, sur place... L'*Infante à l'épagneul*, de Velasquez, pourrait, si vous la connaissez, vous donner une idée de cet air-là, qui n'était ni fier, ni méprisant, non ! mais tout simplement impassible. » BARBEY D'AUREV., **Les diaboliques**, Rideau cramoisi, p. 40.

5 « Encore qu'il parût complètement impassible et détendu, Aufrère, comme un homme livré aux rêveries, tenait sa main gauche devant sa bouche ; et Salavin vit avec étonnement qu'il se mordait la peau des doigts tout autour des ongles. » DUHAM., **Salavin**, V, XIV.

— (En parlant de choses, auxquelles on prête une personnalité humaine) Indifférent, insensible. *La nature impassible* (Cf. Acteur, cit. 6 VIGNY). *Des fleuves impassibles...* (Cf. Haleur, cit. 1 RIMBAUD).

6 « Quoi donc ! c'est vainement qu'ici nous nous aimâmes ! Rien ne nous restera de ces coteaux fleuris

Où nous fondions notre être en y mêlant nos flammes ! L'impassible nature a déjà tout repris. » HUGO, **Rayons et ombres**, Tristesse d'Olympio.

ANT. — Agité, colère, emporté, ému, énervé, éperdu, exalté, excité, fiévreux, fougueux, impatient, impressionnable, troublé.

DER. — **Impassiblement.** *adv.* (1551 ; XIX⁰ s. au sens mod.). Avec impassibilité. *Il reçut impassiblement la nouvelle.*

IMPASTATION. *n. f.* (1690 ; comp. sav. du lat. *pasta*, « pâte »). *Maçonn.* Composition faite de substances broyées et mises en pâte. *Le stuc et divers enduits sont des impastations.* — *Pharm.* Mise en pâte pharmaceutique d'une ou plusieurs substances.

IMPATIEMMENT. V. IMPATIENT (*Dér.*).

IMPATIENCE (*in-pa-sians'*). *n. f.* (XII⁰ s. ; lat. *impatientia*).

|| 1⁰ Manque de patience* ; incapacité habituelle de se contenir, de patienter*. *L'impatience de la jeunesse. L'impatience, agitation qui gâte* (cit. 19) *tout. L'impatience, trait de caractère qui se manifeste à la moindre contradiction* (cit. 5). V. **Irascibilité, irritabilité.** *Impatience brouillonne.* V. **Précipitation** (Cf. Embroussailler, cit. 1). *Impatience ardente* (cit. 24), *nerveuse, passionnée.*

1 « Il faut être patient pour devenir maître de soi et des autres hommes ; l'impatience, qui paraît une force et une vigueur de l'âme, n'est qu'une faiblesse et une impuissance de souffrir la peine. Celui qui ne sait pas attendre et souffrir est comme celui qui ne sait pas se taire sur un secret ; l'un et l'autre manquent de fermeté pour se retenir,... » FÉN., **Télém.**, XVIII (Cf. Impatient, cit. 2).

|| 2⁰ *Spécialt.* Manque de patience* pour supporter quelque chose ou quelqu'un. V. **Agacement** (cit. 3), **colère, énervement, exaspération, irritation** (Cf. Acculer, cit. 4). *Avoir, faire un mouvement d'impatience* (Cf. Froisser, cit. 17). *Répondre avec impatience.* V. **Impatiemment** (Cf. État, cit. 85). *Donner des marques, des signes d'impatience. Être bouillant, bouillir d'impatience* (Cf. Le sang* bout ; cela fait bouillir). *Être au comble de l'impatience.* V. **Tenir** (ne plus y). *Apaiser* (cit. 1), *calmer l'impatience de quelqu'un. Contenir, maîtriser, réprimer son impatience* (Cf. Ronger son frein*).

2 « Ce qui nous fait souffrir avec tant d'impatience la douleur,... » MONTAIGNE, **Essais**, I, XIV.

3 « Comme un taureau... supporte avec impatience la piqûre du taon, sous les ardeurs du midi ;... » CHATEAUB., **Martyrs**, t. I, p. 239.

4 « Il lui demanda pardon de sa mauvaise humeur, la supplia d'oublier cette scène fâcheuse, et s'accusa d'un de ces accès d'impatience dont il est impossible de dire la raison. » MUSS., **Nouvelles**, Les deux maîtresses, IX.

5 « Jenny n'aimait pas que l'on s'imposât ; elle eut un sentiment d'impatience à ne pouvoir se défaire de son compagnon au moment qu'elle le souhaitait. » MART. du G., **Thib.**, t. II, p. 214.

— Manque de patience* pour attendre quelque chose ou quelqu'un. V. **Avidité, désir, fièvre, inquiétude** (Cf. Fondre, cit. 15). *Attendre* (cit. 1 et 39) *avec impatience* (V. **Impatiemment.** Cf. Hérisser, cit. 8), *avec une grande, une vive impatience* (Cf. Empressement, cit. 4), *avec une impatience fébrile, grandissante* (cit. 1). *L'impatience dans l'attente* (cit. 20). *Cœur qui bat* (cit. 64) *d'impatience. Tremblement d'impatience. Être dévoré* (cit. 35), *haletant, pris d'impatience* (Cf. Bivouac, cit. 8). *L'impatience le ronge** (Cf. Il se ronge les sangs*). *Piétiner, piaffer, trépigner d'impatience* (Cf. Ne pas tenir en place*). *Griller* d'impatience* (Cf. Être sur de la braise*, des charbons* ardents, des épines*). *Mortelle impatience. Vous me faites mourir d'impatience.* V. **Supplice, torture** (mettre au, à la). *Languir, sécher d'impatience.* V. **Ennui** (Cf. Le temps lui dure* ; il compte* les heures, les jours). *Je suis dans l'impatience, j'éprouve une profonde impatience de vous voir.* V. **Tarder** (il me tarde de...). — V. **Empressement, hâte.** *Brûler* d'impatience de faire quelque chose* (Cf. Essayer, cit. 15). *L'impatience d'habiter une nouvelle maison, de terminer une lecture* (Cf. Ermitage, cit. 2 ; halte, cit. 9). — Par ext. *L'impatience du désir.*

6 « Mais, quand on attend quelqu'un avec impatience, les plus sages sont assez sots pour regarder souvent du côté qu'il doit venir,... » SCARRON, **Rom. com.**, II, VI.

7 « ... dans l'impatience de me voir à son aise, elle tira sa montre à plusieurs reprises, et dit l'heure qu'il était, pour conseiller honnêtement la retraite à nos convives. » MARIVAUX, **Paysan parvenu**, IV, p. 211.

8 « ... si j'avais eu autant d'impatience qu'ils (*mes amis*) en avaient eux-mêmes de me voir à l'académie, j'aurais été bien malheureux. » MARMONTEL, **Mém.**, VII.

9 « Mon impatience se changea tout à coup en timidité ; je m'habillai lentement ; je ne me sentais plus pressé d'arriver :... » B. CONSTANT, **Adolphe**, p. 21.

10 « Il fallait encore attendre deux jours. Jamais jours ne me semblèrent plus longs, et je relus plus de dix fois, pour tromper mon impatience, l'affiche apposée au coin des principales rues ;... » GAUTIER, **Voyage en Espagne**, p. 49.

11 « ... une telle envie de s'approcher d'elle et de lui parler, que jusqu'à la fin de la messe, le cœur lui en sauta d'impatience. » SAND, **Petite Fadette**, XXII.

12 « ... cet héritage autour duquel ils séchaient d'impatience, suaient d'angoisse. » MAURIAC, Nœud de vipères, XII.

‖ 3° Par ext. (le plus souvent au plur.). Manifestation, mouvement d'impatience (Cf. Attendre, cit. 114).

13 « Je ne dirai pas que des impatiences de finir ne me prissent en certains moments de lassitude physique ou mentale. » LITTRÉ, Comment j'ai fait mon dictionnaire, p. 28.

— *Spécialt.* et *fam.* Irritation nerveuse dans un membre, un muscle, au niveau de la peau... *Avoir des impatiences dans les jambes.*

ANT. — Calme, endurance, impassibilité, patience.

IMPATIENS (*-syins*) ou **IMPATIENTE** (*-syant'*). n. f. (1795 ; lat. *impatiens*). Bot. V. **Balsamine.**

IMPATIENT, ENTE (*-syan, -syant'*). adj. (1190 ; lat. *impatiens*).

‖ 1° Qui manque de patience ; qui est incapable de se contenir, de patienter* (Cf. Élancer, cit. 3). *Un homme jeune et impatient.* V. **Ardent** (cit. 40), **bouillant, nerveux, vif.** *Être d'un naturel impatient. Avoir l'humeur impatiente.* V. **Brusque.** — Substant. *Les impatients sont difficiles à vivre.*

1 « Et ne craignez-vous point l'impatient Achille ? » RAC., Iphig., I, 1.

2 « ... l'homme impatient est entraîné par ses désirs indomptés et farouches dans un abîme de malheurs. Plus sa puissance est grande, plus son impatience lui est funeste : il n'attend rien, il ne se donne le temps de rien mesurer ; il force toutes choses pour se contenter ;... il brise les portes, plutôt que d'attendre qu'on les lui ouvre ;... » FÉN., Télém., XVIII (Cf. Impatience, cit. 1).

‖ 2° *Spécialt.* Qui supporte ou souffre avec impatience*. *Malade impatient* (Cf. Exercice, cit. 16).

3 « ... je succombai au désir d'aller consoler l'impatient prisonnier. » LACLOS, Liais. dang., LXXXV.

— IMPATIENT DE..., suivi d'un substantif : qui ne peut supporter telle ou telle chose. *Caractère fier* (cit. 17), *impatient du joug, de la servitude* (Cf. Asservir, cit. 21).

4 « ... Pierre, impatient de toute contradiction. » MÉRIMÉE, Hist. règne de Pierre le Grand, p. 123.

— Qui attend, désire avec impatience* (Cf. Avance, cit. 17). *Être follement impatient.* V. **Haletant** (d'impatience). *Ne soyez pas si impatient ! Il était extrêmement impatient dans l'attente de votre réponse.* V. **Gril** (être sur le). — Substant. *Pour ne pas décourager les impatients.*

5 « Quel que soit le transport d'une âme impatiente, Ma parole m'engage à rester en attente, » MOL., Étourdi, V, 4.

6 « — Parce que vous êtes un impatient, parce que vous exigez de la science des résultats immédiats, complets,... » ZOLA, La terre, IV, V.

7 « ... les difficultés sont les mêmes ; insurmontables pour l'impatient, nulles pour qui a patience et n'en considère qu'une à la fois. » ALAIN, Propos, 28 avril 1921, Épreuves pour le caractère.

8 « Il se promenait au beau milieu de la chaussée et puis de long en large parmi les trajectoires aussi simplement que s'il avait attendu un ami sur le quai de la gare, un peu impatient seulement. » CÉLINE, Voyage au bout de la nuit, p. 18.

— *Impatient de...,* suivi d'un substantif.

9 « Il y aurait quelque curiosité à mourir,... l'homme cependant impatient de la nouveauté, n'est point curieux sur ce seul article : » LA BRUY., XVI, 32.

— IMPATIENT DE... suivi d'un infinitif. V. **Avide, désireux, empressé, inquiet.** *Il est impatient d'agir, de partir, de vous revoir.* V. **Hâte** (avoir).

10 « Ni son oncle ni sa tante, bien qu'ils fussent impatients de se débarrasser d'elle, ne l'avaient poussée à cette folie ;... » MAURIAC, Le sagouin, I.

‖ 3° Par ext. *Attente* (cit. 25) *impatiente. Désir impatient* (Cf. Enfant, cit. 42). *Geste impatient.*

11 « Transportés à la fois de douleur et de rage, Nos bras impatients ont puni son forfait, » RAC., Bajazet, V, 11.

12 « D'impatientes mains avaient saisi les poignets de Thérèse, l'obligeaient à découvrir son visage. » MAURIAC, Fin de la nuit, II, p. 43.

ANT. — Calme, endurant, impassible, patient.

DER. — Impatienter*. — Impatiemment (*-sya-man*). adv. (XIVe s.). Avec impatience*. *Souffrir, supporter impatiemment la critique* (Cf. Condamnation, cit. 5). *Attendre impatiemment* (Cf. Flatteur, cit. 12).

« ... qu'impatiemment il veut (*un amant*) ce qu'il désire ! » MOL., Fem. sav., II, 1.

IMPATIENTER (*-syan-*). v. tr. (1584, *s'impatienter* ; 1671, forme active). Rendre impatient, faire perdre patience. V. **Agacer, contrarier, crisper, énerver, ennuyer, exaspérer, horripiler, irriter.** *Femme tracassière qui impatiente tout le monde* (Cf. Fléau, cit. 9). *Impatienter son auditoire* (cit. 5). V. **Lasser.** *Épisodes* (cit. 3) *d'un roman qui impatientent le lecteur* (cit. 2). *Cheval rétif qu'impatiente le caveçon* (cit. 2). *Vous m'impatientez avec vos raisonnements.* V. **Échauffer** (les oreilles, la tête). *Impatientée de* (ou *par*) *tant d'insolence, elle le gifla. Impatienté, il envoya* (cit. 24) *tout au diable. Ses lenteurs m'impatientent au plus haut point.* V. **Damner** (faire damner), **fou** (faire devenir, rendre) ; **mourir** (faire). — *Longue attente qui impatiente le désir.* V. **Fouetter.**

« — Oh ! vous m'impatientez avec vos terreurs. Eh ! que diantre ! un peu de confiance ; vous réussirez, vous dis-je. » MARIVAUX, Fausses confidences, I, 2.

« Hier, à trois heures du soir,... impatienté de n'avoir pas de nouvelles, je me suis présenté chez la belle délaissée ; » LACLOS, Liais. dang., CXLIV.

« — Est-ce que je ne t'ai jamais vue ? dit Landry impatienté ; est-ce que je ne te vois pas, à présent ? » SAND, Petite Fadette, XX.

« Ce qui l'impatientait, c'était d'être là, prisonnière, et comme au secret. » FRANCE, Lys rouge, XXXIII.

« Quand on préfère les preuves aux explications, la casuistique des discoureurs impatiente vite. » MONDOR, Pasteur, IV, p. 64.

‖ S'IMPATIENTER. Perdre patience*, manifester de l'impatience (Cf. Foudre 1, cit. 4). *Méfiez-vous : il commence à s'impatienter* (Cf. La moutarde* lui monte au nez). *S'impatienter contre le mauvais temps* (Cf. Éviter, cit. 27), *pour des riens* (Cf. Étale, cit. 3). *S'impatienter des moindres contrariétés* (Cf. Expiation, cit. 10). *Il s'impatiente de vous voir gaspiller votre temps. Enfant gâté qui s'impatiente et trépigne*. *Ne vous impatientez pas trop en m'attendant.*

« Ne vous impatientez pas, mademoiselle. M. de... est enfermé avec quelqu'un, et on viendra vous chercher dès qu'il sera libre. » MARIVAUX, Vie de Marianne, 6e part.

« Tu t'impatientes de savoir à quoi j'en veux venir. » ROUSS., Julie, II, Lettre V.

« ... mes amis qui croyaient les honneurs littéraires usurpés par tous ceux qui les obtenaient avant moi, s'impatientaient de voir dans une seule année quatre nouveaux académiciens me passer sur le corps,... » MARMONTEL, Mém., VII.

« Je lis les *Mémoires d'Outre-Tombe*, et je m'impatiente de tant de grandes poses et de draperies. » SAND, in SAINTE-BEUVE, Chateaubriand, t. II, p. 356.

« Depuis un instant, M. Charles s'impatientait, désolé de voir les alouettes noircir, tandis que la bonne, lasse de battre l'omelette, attendait, les bras ballants. » ZOLA, La terre, I, III.

« ... les « vains ornements » de son front ne se détachent pas sans peine et Phèdre s'impatiente contre « tous ces nœuds » qui les retiennent. » GIDE, Attendu que..., p. 188.

ANT. — Adoucir. Amuser. Patienter.

DER. — Impatientant, ante (*-syan-tan, -tant'*) adj. (1704 ; de *impatienter*). Qui impatiente*. *Des politesses impatientantes* (Cf. Confondre, cit. 14).

« Je n'ai jamais vu regards plus impatientants que ces longs regards tranquilles qui tombaient sur vous comme une sur chose. » BARBEY d'AUREV., Les diaboliques, Rideau cramoisi, p. 41.

IMPATRONISER. v. tr. (XVIe s. au sens de « rendre maître » ; comp. du lat. *patronus*, « patron » ; ital. *impatronare*). *Peu usit.* Introduire, établir en maître. — *Fig.* Faire adopter, imposer avec autorité. *Impatroniser une mode.*

« ... la liaison très intime de madame de Watteville avec l'archevêque avait impatronisé chez elle les trois ou quatre abbés remarquables et spirituels de l'archevêché,... » BALZ., Albert Savarus, Œuvr., t. I, p. 753.

‖ S'IMPATRONISER. S'établir comme chez soi.

« Certes c'est une chose aussi qui scandalise, De voir qu'un inconnu céans s'impatronise, » MOL., Tart., I, 1.

« Insensiblement Pauline s'impatronisa chez moi, voulut me servir et sa mère ne s'y opposa point. » BALZ., La peau de chagrin, Œuvr., t. IX, p. 94.

« Elle prétend s'impatroniser dans cette riche maison, avoir la clef de tous les secrets, et en tirer double parti au besoin. » STE-BEUVE, Causer. du lundi, 10 juin 1850, t. II, p. 195.

DER. — Impatronisation. n. f. (1611). Action d'impatroniser ou de s'impatroniser.

IMPAVIDE. adj. (1801 ; lat. *impavidus*, même sens). Qui n'éprouve ou ne trahit aucune peur. V. **Impassible, inébranlable, intrépide.** — REM. Ce mot qui figure dans MERCIER (1801) n'est entré dans les dictionnaires qu'à la fin du XIXe s. (NOUV. LAROUSSE). Il est peu usité de nos jours et « plutôt recherché ou ironique » comme le note justement BÉNAC (Dict. Syn.).

IMPAYABLE. adj. (1376 ; rare jusqu'au XVIIe s. ; comp. de im- (V. **In-**), et payer).

‖ 1° Vx. Qu'on ne saurait payer trop cher, qui est d'une valeur inestimable. *Un service impayable* (ACAD.). — Par ext. et fig. Admirable (Cf. Heureux, cit. 22 MOL.).

‖ 2° Fam. (1738 PIRON). D'une bizarrerie extraordinaire, incroyable ou très comique*. *Aventure impayable.* — Par ext. *Il est impayable !*

« Ce qu'il y avait d'impayable était que j'étais moi-même excessivement ému... J'étais au supplice : j'avais déjà quitté mes propos de Céladon, dont je sentais tout le ridicule en si beau chemin. » ROUSS., Confess., VI.

« — Monsieur ! Monsieur ! appelle Clémence. Venez voir Rroû (*le chat*), il est impayable. » GENEVOIX, Rroû, VI.

IMPAYÉ, ÉE. adj. (1838 ; de im- (V. **In-**), et payé). Qui n'a pas été payé. *Billet, effet impayé. Montant des dettes impayées.* V. **Arriéré.** — *Les impayés. — Les effets, billets, valeurs,... impayés.*

« ... dès qu'un effet transmis de la place de Paris à la place d'Angoulême est impayé, les banquiers se doivent à eux-mêmes de s'adresser ce que la loi nomme un *Compte de Retour.* » BALZ., Illus. perdues, Œuvr., t. IV, p. 918.

ANT. — Payé.

IMPECCABLE. *adj.* (XVe s. ; lat. ecclés. *impeccabilis*). *Théol.* Incapable de pécher.

1 « ... le bon peuple, qui ne voit ni les derniers moments du défunt, ni l'installation du successeur, croit toujours que son grand lama est immortel, infaillible, et impeccable. » VOLT., **Lettres chinoises...,** XI.

— *Par anal.* Incapable de faillir, de commettre une erreur. V. **Infaillible, parfait.** « *Ces femmes impeccables au-dessus de toute faiblesse...* » (Cf. Espérance, cit. 16 CHAMFORT). *Poète impeccable* (Cf. Ès, cit. 2). *Un dialecticien* (cit. 2) *merveilleux, impeccable logicien.*

2 « Je trouve leur intention fort bonne de vouloir qu'on ne mette sur la scène que des hommes impeccables. » RAC., **Andr.,** 1re préf.

3 « ... la femme de César ne doit pas être soupçonnée, et je devais rester aux yeux de tous l'impeccable duchesse d'Arcos de Sierra Leone. » BARBEY d'AUREV., **Les diaboliques,** Vengeance d'une femme, p. 412.

4 « ... il (*Th. Gautier*) a joué de tous les genres, toujours avec un brio magistral, une perfection accomplie... versificateur étourdissant,... maitre impeccable de la forme,... » HENRIOT, **Romantiques,** p. 199.

— *Par ext.* (1907). Sans défaut. *Formes impeccables.* V. **Pur.** *Impeccable pureté de lignes des femmes* (cit. 94) *nordiques. Linge d'une blancheur impeccable. J'ai vu son travail : c'est impeccable !* V. **Irréprochable.** — REM. Malgré les puristes, l'ACAD. (8e éd. 1935) a admis cette extension de sens : « Qui est absolument régulier, correct. *Sa conduite fut impeccable. Tenue impeccable. Toilette impeccable.* » René GEORGIN qui en donne de nombreux exemples (La Prose d'aujourd., p. 20) constate qu'il s'agit là d'un « élargissement de sens comme il y en a eu pour beaucoup de nos mots » (Pour un meilleur français, p. 61), mais note qu'en parlant de choses, *impeccable* peut être remplacé par *irréprochable.*

5 « Les revers des manches, les gants sont impeccables. » ROMAINS, **H. de b. vol.,** t. III, XII, p. 167.

6 « ... l'ordonnance bondissait à trois pas derrière lui et se tenait pétrifié dans un impeccable garde-à-vous. » CARCO, **Belles manières,** I, I.

7 « ... je ne suis pas très sûr que la documentation des deux frères (*les Goncourt*) soit absolument impeccable,... » HENRIOT, **Portr. de femmes,** p. 170.

ANT. — **Défectueux, incorrect, négligé.**

DER. — **Impeccabilité.** *n. f.* (1578). État de celui qui est impeccable.

IMPÉCUNIEUX, EUSE. *adj.* (XVIIe s. ; de *im-* (V. **In-**), et lat. *pecunia,* « argent »). *Peu usit.* Qui manque d'argent*. V. **Besogneux, dépourvu, pauvre.**

ANT. — **Riche.**

DER. — **Impécuniosité.** *n. f.* (XVIIe s.). Manque d'argent. V. **Pauvreté.**

1 « Scarron, bien qu'il se prétendit logé à l'*hôtel de l'impécuniosité,* habitait réellement une assez jolie maison ; » GAUTIER, **Les Grotesques,** X, p. 379.

2 « Nous étions tous remarquablement dépourvus, sinon de ressources, du moins de réserves et c'est ce que, dans le style du temps, nous appelions « notre impécuniosité ». DUHAM., **Temps de la rech.,** p. 33.

IMPÉDANCE. *n. f.* (XXe s. ; lat. *impedire,* « empêcher »). *Électr.* Grandeur qui joue, en courant alternatif, un rôle analogue à celui de la résistance en courant continu. *Impédance d'un circuit.*

IMPEDIMENTA (*-min-*). *n. m. pl.* (1877 ; mot lat.). *Milit.* Se dit des véhicules, des bagages encombrants, qui embarrassent la marche d'une armée. — *Par ext.* Ce qui entrave le déplacement, le mouvement, l'activité. — REM. La forme *impédiments,* notée par LITTRÉ dans son Supplément, est inusitée.

1 « Fantassin léger, sans impedimenta, on poursuivra plus aisément l'adversaire. » MONTHERLANT, **Lépreuses,** II, XXII.

2 « Deux impedimenta gênent la petite dame : son faux mari, ses bébés. » ROMAINS, **Une femme singulière,** XXIII.

IMPÉNÉTRABLE. *adj.* (1390 ; lat. *impenetrabilis*).

‖ 1º Où l'on ne peut pénétrer ; qui ne peut être traversé. V. **Inaccessible.** *Clôture impénétrable* (Cf. Grille, cit. 2). *Brume* (cit. 3), *fourré* (cit. 41), *hallier* impénétrable. V. **Dense.** *Substance impénétrable à la chaleur* (V. **Adiabatique**), *à l'eau* (V. **Imperméable**). *Blindé impénétrable aux balles.* — Spécialt. *Phys.* (V. **Impénétrabilité**).

1 « ... un mur... impénétrable à un corps solide... » MONTAIGNE, **Essais,** II, XII.

2 « ... lorsqu'ils (*les ours*) ne peuvent trouver une grotte pour se giter, ils cassent et ramassent du bois pour se faire une loge qu'ils recouvrent d'herbes et de feuilles, au point de la rendre impénétrable à l'eau. » BUFF., **Hist. nat. anim.,** L'ours.

3 « Les vaisseaux anglais,... ne devaient pas résister au choc de ces citadelles mouvantes, dont quelques-unes avaient leurs œuvres vives de trois pieds d'épaisseur, impénétrables au canon. » VOLT., **Essai sur les mœurs,** CLXVI.

4 « Je rencontrais de temps en temps des touffes obscures, impénétrables aux rayons du soleil, comme dans la plus épaisse forêt ; » ROUSS., **Julie,** IV, Lettre XI.

5 « Ces murs, impénétrables comme la tombe, ne peuvent laisser filtrer l'air des vivants à travers leurs épaisses parois. » GAUTIER, **Voyage en Espagne,** p. 92.

6 « Ceux-ci se mettent en marche, et, comme ils devaient le prévoir, sont arrêtés par les masses impénétrables du peuple, par des femmes assises, couchées devant les portes sacrées. » MICHELET, **Hist. Révol. franç.,** III, X.

— *Par métaph. Âme impénétrable à la grâce.*

7 « ... je te permets, en cas d'alarme, de te mettre à couvert sous le bouclier impénétrable de mon terrible nom. » CYRANO DE BERGERAC, **Le pédant joué,** V, 9.

8 « ... Est-il dessous les cieux Un cœur impénétrable au pouvoir de vos yeux ? » CORN., **Pulch.,** III, 2.

9 « L'huile coulant sur le marbre offre l'image d'un caractère impénétrable aux douceurs de la persuasion. » JOUBERT, **Pensées,** VIII, LVII.

10 « ... sûr de mon jugement, je ferme les yeux et, dans mon esprit bien étanche, impénétrable, incorruptible, j'instruis paisiblement le procès. » DUHAM., **Scènes vie future,** III.

— *Fig. et vieilli.* Inaccessible à des sentiments tendres. V. **Insensible.**

11 « Mais n'es-tu point surpris de cette dureté ? Vois-tu, comme le sien, des cœurs impénétrables, Ou des impiétés à ce point exécrables ? » CORN., **Pol.,** V, 4.

‖ 2º *Fig.* (XVIIe s.). Qu'il est difficile ou impossible de connaître, d'expliquer ou d'interpréter. V. **Caché, incompréhensible, inexplicable, inscrutable, insondable, mystérieux, obscur, profond, secret, ténébreux.** *Les desseins* (cit. 9) *impénétrables de la Providence. Intentions, voies impénétrables. Essence* (cit. 3) *impénétrable des êtres. Énigme, mystère impénétrable.* V. **Abîme** (cit. 25). Cf. *aussi* Avenir, cit. 2. *Langage, poème impénétrable.* V. **Abstrus, hermétique.**

12 « Ô profondeur des trésors de la sagesse et de la science de Dieu ! Que ses jugements sont impénétrables, et ses voies incompréhensibles ! » BIBLE (SACY), **Épît. aux Romains,** XI, 33.

13 « Infiniment éloigné de comprendre les extrêmes, la fin des choses et leurs principes sont pour lui invinciblement cachés dans un secret impénétrable, également incapable de voir le néant d'où il est tiré, et l'infini où il est englouti. » PASC., **Pens.,** II, 72.

14 « ..., en proie à l'une de ces fatales méditations de jeune fille, souvent impénétrables à l'observation d'un père ou même à la sagacité des mères : » BALZ., **La femme de trente ans,** Œuvr., t. II, p. 791.

15 « (*Pasteur :*) Je suis de mon mieux ces études de fermentation, qui ont un grand intérêt pour leur liaison avec l'impénétrable mystère de la vie et de la mort... » PASTEUR, in MONDOR, **Pasteur,** IV, p. 60.

16 « J'ai compris, dès cette première rencontre, que le mystère de sa pensée intime demeurerait pour moi aussi impénétrable que le grand temple. Entre nous, il y a la différence essentielle des races, des hérédités, des religions. » LOTI, **L'Inde (sans les Anglais),** IV, p. 72.

17 « Et, quand bien même Ses raisons seraient impénétrables à nos facultés imparfaites, nous devrions nous incliner et vouloir avec Lui cette souffrance que nous ne comprenons pas, mais qu'Il a voulue. » MART. du G., **Jean Barois,** Le goût de vivre, IV.

‖ 3º Qui ne laisse rien deviner de lui-même. *Personnage impénétrable.* V. **Énigmatique ; sphinx** (Cf. Face, cit. 16). — Par ext. *Réserve impénétrable* (Cf. Commandement, cit. 3). *Air impénétrable* (Cf. Angle, cit. 5). *Visage impénétrable.* V. **Hermétique, impassible.**

18 « Lui seul... savait dire et taire ce qu'il fallait. Seul il savait épancher et retenir son discours : impénétrable, il pénétrait tout ; et pendant qu'il tirait le secret des cœurs, il ne disait, maitre de lui-même, que ce qu'il voulait. » BOSS., **Orais. fun.** Le Tellier.

19 « ... il y a des hommes qui sont impénétrables dans leurs projets, dans leurs pensées ; leurs actions, les événements seuls les révèlent ou les expliquent ; ceux-là sont des hommes forts... » BALZ., **Paméla Giraud,** V, 4.

20 « Quelle étrange enfant c'était alors : brune, menue, nerveuse, avec son air impénétrable de jeune sphinx,... » FROMENTIN, **Dominique,** VII.

21 « J'ai en moi la puissante dissimulation de ma race qui est italienne,... Je fus absolument impénétrable. Grâce à cette dissimulation, qui boucha tous les jours de mon être par lesquels mon secret aurait pu filtrer, je préparai ma fuite... » BARBEY d'AUREV., **Les Diaboliques,** Vengeance d'une femme, p. 412.

22 « ... et je pensais que rien ne rend plus impénétrable un visage que le masque de la bonté. » GIDE, **Isabelle,** II, p. 41.

23 « (*le regard*)... aisément empreint d'amabilité volontaire, mais aussi intraduisible, aussi impénétrable que le regard des oiseaux. » COLETTE, **Belles saisons,** Mes cahiers, p. 181.

ANT. — **Accessible, pénétrable.**

DER. — **Impénétrabilité.** *n. f.* (1670 PASCAL). *Phys.* Propriété en vertu de laquelle deux corps ne peuvent occuper en même temps le même lieu dans l'espace. *Impénétrabilité de la matière.* — *Par ext.* État de ce qui est impénétrable, au propre et au fig. *Impénétrabilité d'un maquis, d'une intrigue. L'impénétrabilité des secrets de la Providence.* V. **Profondeur.** *L'impénétrabilité de cet homme secret, impassible* (ANT. *Pénétrabilité*).

1 « L'impénétrabilité est une propriété des corps. » PASC., **Pens.,** VII, 512.

2 « Mutation sans terme, action sans but, impénétrabilité universelle : voilà ce qui nous est connu de ce monde où nous régnons. » SENANCOUR, **Oberman,** LXXV.

3 « On érige parfois l'impénétrabilité en propriété fondamentale des corps, connue de la même manière et admise au même titre que la pesanteur ou la résistance par exemple... Or, si l'impénétrabilité était réellement une qualité de la matière, connue par les sens, on ne voit pas pourquoi nous éprouverions plus de difficulté à concevoir deux corps se fondant l'un dans l'autre qu'une surface sans résistance ou un fluide impondérable. »
BERGSON, **Essai s. les données imméd. de la conscience**, II.

4 « Trois caractéristiques marquent le pays russe : son immensité, son uniformité, son absence de défenses naturelles contre les invasions, et cependant, en même temps, son impénétrabilité. »
SIEGFRIED, **L'âme des peuples**, VI, I, p. 138.

IMPÉNITENCE. n. f. (1488 ; lat. ecclés. *impænitentia*). *Théol.* État du pécheur impénitent* ; endurcissement* dans le péché, persistance dans l'erreur* (V. **Errement**). *Mourir dans l'impénitence finale*, sans confession ni repentir de ses fautes. — *Littér. Sermon sur l'impénitence finale*, de Bossuet.

1 « Dieu punit les pécheurs... de peur qu'ils ne se délectent dans le péché et que devenus incorrigibles, ils ne meurent dans l'impénitence ;... »
BOSS., **Pens. chrét. et morales**, IX.

2 « Un véritable chagrin pour elle était de savoir à son mari des opinions peu chrétiennes, elle pleurait quelquefois en pensant que si son époux venait à périr, il mourrait dans l'impénitence finale, sans que jamais elle pût espérer de l'arracher aux flammes éternelles de l'enfer. »
BALZ., **Une double famille**, Œuvr., t. I, p. 973.

ANT. — **Contrition, pénitence, repentir.**

IMPÉNITENT, ENTE. adj. (1570 ; lat. ecclés. *impænitens*). *Théol.* Qui ne se repent pas de ses péchés ; qui vit dans l'impénitence*. *Pécheur impénitent.* V. **Enduci.** *Mourir impénitent.* — Substant. *Un impénitent.* — Par ext. *Attitude, mort impénitente.* V. **Impie.**

1 « Et comme un contrit sans sacrement est plus disposé à l'absolution qu'un impénitent avec le sacrement, ainsi les filles de Loth, par exemple, qui n'avaient le désir des enfants étaient plus pures sans mariage que les mariés sans désir d'enfants. »
PASC., **Pens.**, XIV, 923.

2 « ... il n'y a rien sur la terre qui doive nous donner plus d'horreur que des hommes frappés de la main de Dieu et impénitents tout ensemble... puisqu'ils portent déjà sur eux le caractère essentiel de la damnation. »
BOSS., **2ᵉ Serm. dim. des Ram.**, S. nécessité des souffrances, III.

3 « Torquemada croit que le supplice a une efficacité propre, qu'il sauve la victime, même impénitente, et que « le bûcher éteint l'enfer. »
LEMAÎTRE, **Impressions de théâtre**, 3ᵉ série, t. 152.

— *Fam.* Qui ne renonce pas à une habitude. V. **Incorrigible, invétéré.** *Buveur, chasseur impénitent.*

4 « Voilà, cher Docteur Brooke, une de ces supputations illusoires dont je laisse le privilège à ces rêveurs impénitents que l'on nomme les hommes d'affaires. »
DUHAM., **Scènes vie future**, X, p. 163.

ANT. — **Contrit, pénitent, repenti.**

IMPENSABLE. adj. (1877 LITTRÉ ; de *im-* (V. **In-**), et *penser*). Qui ne peut être conçu ou saisi par la pensée. V. **Inconcevable.** — *Par exagér.* et *fam.* V. **Incroyable, inimaginable, invraisemblable.**

— REM. Quelques grammairiens condamnent *impensable* alors qu'ils admettent *inconcevable*, parce que les deux verbes *penser* et *concevoir* n'ont pas, à leur avis, la même construction. « On conçoit une chose, écrit René GEORGIN, on pense à une chose, ce qui ne veut pas dire qu'on se la représente » (Pour un meilleur français, p. 285). En fait, *penser* s'emploie bien transitivement au sens de *concevoir*, d'*imaginer* et c'est précisément en ce sens que LITTRÉ l'entend quand il définit *Impensable* « Qui ne peut être pensé » (Addition au Suppl.). Un passage de Paul JANET appuie la définition de LITTRÉ : « (Ces mots) qui, imposent à la raison de penser des pensées impensables... »

1 « ... après deux siècles et bientôt deux siècles et demi on a fini par s'apercevoir que les lois de l'attraction et de la gravitation universelle étaient généralement applicables et parfaitement calculables mais que l'hypothèse même de l'attraction à distance et de la gravitation à distance était parfaitement impensable, c'est-à-dire enfin que Newton est métaphysiquement impensable. »
PÉGUY, **Note conjointe**, Sur Bergson, p. 29.

2 « C'était du moins ce que Paule croyait avoir compris. Mais tout cela appartenait pour elle à un monde absurde, « impensable ». »
MAURIAC, **Le sagouin**, p. 30.

3 « Qu'un garçon de mon âge et de ma formation ait pu rester dupe d'une imposture pareille, c'est impensable, c'est impensable. »
ROMAINS, **Une femme singulière**, p. 62.

IMPENSE. n. f. (XVᵉ s. ; lat. *impensa*, « dépense »). *Dr.* (Au plur.). Dépenses* faites par un possesseur pour la conservation, l'amélioration* ou l'embellissement d'un immeuble dont il a la jouissance. *Impenses nécessaires, utiles, voluptuaires*.

« On distingue les *impenses nécessaires*, les *impenses utiles* et les *impenses voluptuaires*. Les premières sont celles qui ont été nécessitées par la conservation de l'immeuble. Elles doivent être restituées intégralement au possesseur, même de mauvaise foi, et sans qu'il y ait lieu de rechercher s'il en subsiste encore quelque profit. Le propriétaire eût été forcé de les faire. — Les impenses utiles sont celles dont on aurait pu se dispenser, mais qui ont en fait augmenté la valeur de l'immeuble. La restitution en est due même au possesseur de mauvaise foi, jusqu'à concurrence de la plus-value existante au

moment de la restitution. — Enfin les impenses voluptuaires, faites pour satisfaire les goûts personnels du possesseur sans aucun profit pour l'immeuble, ne nécessitent aucune restitution. »
PLANIOL, **Droit civil**, t. I, nº 2457.

IMPÉRATIF, IVE. adj. et n. m. (1220 subtant. grammat. ; lat. *imperativus*, de *imperare*, « commander »).

I. N. m. ‖ 1º *Gramm.* Mode* qui exprime le commandement (« Gardes, obéissez sans tarder davantage » RAC.), la défense (« Mais après le combat, ne pensez plus au mort » CORN.), la prière (Donnez-nous aujourd'hui notre pain quotidien), l'exhortation (« Sois sage, ô ma douleur... » BAUDEL.), le conseil (« Étudiez la cour et connaissez la ville » BOIL.), le souhait (« Toi, sois bénie à jamais... » HUGO)... *Conjuguer un verbe à l'impératif. Les trois personnes de l'impératif* (Sors, sortons, sortez). *Temps de l'impératif : impératif présent* (« Travaillez, prenez de la peine » LA FONT.) ; *impératif composé*, improprement appelé *impératif passé* (« Soyez parti demain » HUGO). *Impératif futur* (en lat.).

1 « Ce qui caractérise l'impératif, c'est d'unir à l'idée de l'action l'idée de la volonté de celui qui parle... (cette volonté), c'est le ton de la voix, c'est l'aspect de la physionomie, c'est l'attitude du corps qui sont chargés de l'exprimer. » BRÉAL, **Essai de sémantique**, p. 261.

2 « Cette forme verbale, exprimant par manière d'ordre ou de conseil quelque chose qui, au moment de la parole, est encore à réaliser, a donc, malgré son apparence de présent, regard sur l'avenir. Par là, c'est l'équivalent d'un futur. Aussi bien le futur et l'impératif se prennent-ils souvent l'un pour l'autre (Tu ne *tueras* point = ne *tue* point)... (De même) l'impératif où entre l'un des auxiliaires *être, avoir*, correspond au futur antérieur de l'indicatif ; comme ce temps, il situe l'accompli dans le plan de l'avenir : « *Ayez fini* avant midi ; *soyez rentré*, quand nous arriverons ». G. et R. LE BIDOIS, **Syntaxe du franç. mod.**, t. I, pp. 463-464.

3 « L'impératif ne possède donc, à proprement parler, qu'une seconde personne (singulier ou pluriel)... En français, nous avons créé une première personne du pluriel (qui a une valeur d'exhortation : c'est un ordre qu'on se donne à soi-même), et développé une troisième personne (singulier et pluriel) qui emprunte les formes du subjonctif... » BRUNOT et BRUNEAU, **Précis gramm. hist. lang. franç.**, p. 369.

‖ 2º *Philos.* (1801). « Proposition ayant la forme d'un commandement (en particulier d'un commandement que l'esprit se donne à lui-même) » LALANDE. *Impératif catégorique*, *hypothétique* (Cf. *infra*, cit. 5 LE SENNE). *Impératif catégorique fondamental de la morale de Kant* ou *impératif kantien* : « Agis toujours d'après une maxime telle que tu puisses vouloir en même temps qu'elle devienne une loi universelle ».

4 « Est-il étonnant alors que, dans le court moment qui sépare l'obligation purement vécue de l'obligation pleinement représentée et justifiée par toute sorte de raisons, l'obligation prenne en effet la forme de l'impératif catégorique : « il faut parce qu'il faut ? ». BERGSON, **Deux sources morale et religion**, p. 20.

5 « Il apparaît tout de suite que ces impératifs (*de l'action*) sont de deux sortes : 1º Les uns sont faciles à comprendre : ce sont les impératifs hypothétiques qui commandent sous condition, ne font que prescrire des moyens pour une fin... « Qui veut la fin veut les moyens »... 2º Il suffit en opposition avec ces impératifs hypothétiques de reconnaître ce qui leur manque à tous pour savoir ce qui appartient par essence à l'impératif moral. On l'exprime en l'appelant *catégorique*, ce qui veut dire inconditionné... tel qu'on ne doit pas se refuser à y obéir. » LE SENNE, **Traité de morale**, I, VII.

— *Par anal.* Toute prescription d'ordre moral. *Impératif moral* (Cf. Analyser, cit. 2 ; grisâtre, cit. 2).

6 « Je n'admettais plus que morales particulières et présentant parfois des impératifs opposés. » GIDE, **Si le grain...**, I, X, p. 274.

— *Par ext. Les impératifs de la mode. Se soumettre aux impératifs de l'heure.*

7 « *Laissons à la femme son mystère* ». De quelque façon que je tourne cet impératif inénarrable, je n'arrive pas à lui faire signifier autre chose que : « Cachons aux trois quarts la femme si nous voulons qu'elle paraisse belle. Pour l'amour du sexe, laissez ces enveloppes en place et ne regardez pas de près. » MONTHERLANT, **Olympiques**, p. 92.

II. *Adj.* (1486). Qui exprime ou impose un ordre, en parlant de choses. *Consigne* (cit. 3) *impérative*. — *Dr. Disposition, loi impérative* (par oppos. à *facultative*). Cf. Fraude, cit. 2. — *Polit.* (1789). *Mandat* impératif.* — Philos. *Caractère impératif du devoir dans la morale de Kant* (Cf. *supra*, I, 2º). — Gramm. *Mode impératif. Proposition impérative, à valeur impérative. Forme impérative.*

— Qui est empreint d'autorité, qui a le caractère du commandement. V. **Autoritaire, impérieux.** *Air impératif. Parler d'un ton impératif.* V. **Bref.** — REM. Certains auteurs (Cf. *infra*, cit. 9 LOTI) étendent abusivement aux personnes l'emploi de *impératif*, réservé aux choses, aux manifestations de l'autorité. *Un chef* impérieux *commande d'une voix* impérative.

8 « L'éléphant... distingue le ton impératif, celui de la colère ou de la satisfaction,... » BUFF., **Hist. nat. anim.**, L'éléphant.

9 « — Allez-vous-en ! — continua l'homme toujours sombre, impératif comme pour une manœuvre à bord ;... » LOTI, **Matelot**, XXXVI.

10 « Il voudrait être le chef qui dicte des plans, rature et redresse les projets, indique au crayon bleu des tracés impératifs ; » ROMAINS, **H. de b. vol.**, t. V, XVIII, p. 137.

11 « ... une voix de crécelle que M. l'Archiprêtre fait taire d'un geste impératif : » JOUHANDEAU, **Chaminadour**, II, XIII, p. 218.

— *Par ext.* Qui s'impose, qui a le caractère de la nécessité. V. **Impérieux, pressant**. *Besoins impératifs*.

12 « ... ce climat méditerranéen facile, qui ne rend pas impératives les préoccupations de la vie pratique. » SIEGFRIED, **L'âme des peuples**, p. 197.

ANT. — **Docile, humble, modeste, soumis, timide.**

DER. — **Impérativement.** *adv.* (1584). D'une manière impérative. *Commander impérativement. Il lui montra impérativement la porte.*

IMPÉRATRICE. *n. f.* (1482 ; lat. *imperatrix*). Épouse d'un empereur*. *Elever une femme au rang d'impératrice* (Cf. Associer, cit. 4). *Marie-Louise, impératrice des Français. L'impératrice Eugénie.*

1 « Peut-être avant la nuit l'heureuse Bérénice
Change le nom de reine au nom d'impératrice. »
RAC., **Bérén.**, I, 3.

2 « Elle (*Joséphine*) était vraiment née Impératrice — belle, pleine de doigté, tantôt aimable et tantôt majestueuse, avec un à-propos charmant, et cette mémoire des noms et des visages si précieuse aux souverains : elle était aimée. Napoléon en tirait un grand orgueil. » MADELIN, **Hist. Cons. et Emp.**, Avènement de l'empire, XIV.

— Souveraine d'un empire. *Catherine II, impératrice de Russie* (Cf. Gêner, cit. 35). *La reine Victoria, impératrice des Indes.*

3 « Je connais trois têtes couronnées du nord qui feraient honneur à notre académie, l'impératrice de Russie, le roi de Pologne et le roi de Prusse. » VOLT., **Lettre à Marmontel**, 2988, 20 déc. 1766.

— Fig. et iron. *Prendre des airs d'impératrice. Un profil d'impératrice.*

4 « Nelly devint comme une impératrice de la rue. Elle en connaissait les arcanes les plus secrets... » MAC ORLAN, **Quai des brumes**, XI.

IMPERCEPTIBLE. *adj.* (1377 ; lat. médiév. *imperceptibilis*). Qu'il est impossible de percevoir* par les seuls organes des sens. *Microbe imperceptible à l'œil nu.* V. **Invisible.** *Un point presque imperceptible. Le monde imperceptible des infiniment petits. Son imperceptible.* V. **Inaudible ; infra-son, ultra-son.** *Goût, odeur imperceptible.* — *Par métaph.* (Cf. Fil, cit. 17).

1 « ... une vapeur pestilente se coule au milieu des airs, et imperceptible à nos sens insinue son venin dans nos cœurs ;... » BOSS., 1er **Sermon** 1er dim. de carême, Sur les démons, II.

2 « ... le pouls était imperceptible, la respiration douce, à peine sensible... » BAUDEL., Trad. E. POE, **Hist. extraord.**, Vérité sur cas M. Valdemar.

3 « Lorsque le jour parut, des terres basses et plates, lignes presque imperceptibles entre le ciel et l'eau, qu'on pouvait prendre à l'œil nu pour le brouillard du matin... » GAUTIER, **Voyage en Russie**, V, p. 61.

4 « ... on distinguait tout au fond, dans cette épaisse obscurité, une multitude de fils métalliques, fins comme des aiguilles et presque imperceptibles,... » HUGO, **Misér.**, IV, XIV, I.

5 « Elle ne sourcilla pas. Un petit tremblement, presque imperceptible, avait seulement passé dans les mains qui tenaient le plateau. » BARBEY d'AUREV., **Les diaboliques**, Bonheur dans le crime, p. 158.

6 « L'homme, se retournant à moitié, regarda Quinette, et, d'un mouvement d'épaule presque imperceptible, lui fit signe qu'il n'avait qu'à le suivre. » ROMAINS, **H. de b. vol.**, t. I, XIX, p. 216.

— *Fig.* Qu'il est impossible ou très difficile d'apercevoir*, d'apprécier par l'esprit ; qui échappe à l'attention (Cf. Atome, cit. 9). *Degrés, gradations, nuances imperceptibles.* V. **Insensible** (Cf. Espèce, cit. 26 ; homme, cit. 4). *S'attacher* (cit. 48) *par d'imperceptibles liens. Ironie imperceptible* (Cf. Attique, cit. 8). *Fuite imperceptible du temps* (Cf. Grignoter, cit. 4).

7 « ... pour voir... ce point imperceptible au commun des hommes. » PASC., **Provinc.**, III.

8 « Cette ironie n'était pas si imperceptible qu'il le croyait ; elle était très marquée et constituait un travers qui barrait bien de bonnes qualités, et qui brisait même le talent. » STE-BEUVE, **Caus. du lundi**, 2 janv. 1854, t. IX, p. 306.

9 « Vous savez apprécier un tel cognac et démêler ses nuances parce que vous avez un goût très cultivé... c'est par ses qualités très fines, imperceptibles au profane, que cette liqueur dépasse la matière. » CHARDONNE, **Dest. sentim.**, p. 429.

— *Par ext.* Qui est à peine perceptible*. V. **Petit** (Cf. Etoile, cit. 3 ; frais 1, cit. 36). *Escarbille* (cit.), *grains de sable imperceptibles.* V. **Microscopique.** *Caresse* (cit. 13), *mouvement* (Cf. Caricaturiste, cit. 1), *salut, sourire imperceptible.* V. **Léger** (Cf. *aussi* Fêlure, cit. 5). — Qui est de peu d'intensité ou de peu d'importance. *Une imperceptible émotion* (Cf. Effleurement, cit. 1). *Exhaler* (cit. 24) *un imperceptible soupir.* V. **Faible.** *D'imperceptibles nuances de langage* (Cf. Apercevoir, cit. 16). *Changements imperceptibles.*

10 « ... tout est à jour dans la nature, et il n'y a grain de sable si imperceptible qui n'ait plus de cinq cents pores. » VOLT., **Les oreilles de Chesterfield**, VII.

11 « ... elle se rehaussa, et s'inclina pour répondre au salut du jeune homme, mais d'une manière imperceptible et presque sans se lever de son siège où son corps resta plongé. » BALZ., **La femme abandonnée**, Œuvr., t. II, p. 218.

12 « Elle tâchait de ressaisir les plus imperceptibles détails de cette journée disparue. » FLAUB., Mme **Bovary**, III, II.

13 « ... une imperceptible modification du cerveau fait un fou, un imbécile ou un homme de génie ; » TAINE, **Philos. de l'art**, t. II, p. 269.

14 « Thérèse la suivait des yeux et déjà, à d'imperceptibles signes, découvrait que c'était une ennemie qui était entrée dans sa chambre : une ennemie mortelle. » MAURIAC, **Fin de la nuit**, XII, p. 233.

ANT. — **Apercevable, perceptible ; considérable, important.**

DER. — **Imperceptibilité.** *n. f.* (1836). Caractère de ce qui est imperceptible (au propre et au fig.). — **Imperceptiblement.** *adv.* (1374). D'une manière imperceptible. *Murmurer imperceptiblement* (Cf. Bachique, cit. 2). *Changer* (cit. 59) *imperceptiblement.* V. **Peu** (à peu). Cf. Accroissement, cit. 7. *Le fléau de la balance s'inclina imperceptiblement.* V. **Peine** (à). — ANT. **Vue** (à vue d'œil) ; **brusquement ; fortement.**

1 « ... la vue d'un objet agréable répandant imperceptiblement en nous la flamme d'une émotion fiévreuse. » MONTAIGNE, **Essais**, I, XXI.

2 « ... courtes (*semaines*), si je pense à la rapide imperceptibilité des heures qui les remplissaient ! » LAMART., **Raphaël**, XXVII.

IMPERDABLE. *adj.* (1721 ; V. **In-**, et **Perdre**). Qui ne peut être perdu. *Cause, procès imperdable* (Cf. Bien-disant, cit.). *Partie, bataille imperdable :* gagnée d'avance.

IMPERFECTIBLE. *adj.* (1823 WARTBURG. V. **In-**, et **Perfectible**). Qui ne peut se perfectionner ; qui n'est pas perfectible*.

DER. — **Imperfectibilité.** *n. f.* (1823). Caractère de ce qui est imperfectible.

IMPERFECTIF, IVE. *adj.* (Néol. ; de *in-*, et *perfectif*). *Linguist.* Qui exprime une action envisagée « dans son cours, sans considération de son début ni de son terme » (MAROUZEAU). *Aspect, verbe imperfectif,* exprimant la durée (par oppos. à *Perfectif*). Substant. *Un imperfectif.*

« ... le russe s'est saisi d'une catégorie verbale de l'indo-européen pour la développer à l'extrême : l'aspect. Renonçant à préciser le moment de la durée où cette action est considérée, il tient à faire connaître si cette action elle-même est affectée ou non d'une durée, si c'est une action-point ou une action-ligne, étant entendu qu'achèvement ou apparition subite, ou unicité de cette action équivalent à l'absence de durée, et que tendance ou effort, habitude ou répétition signifient durée. Il a donc ordonné son système verbal de telle sorte que chaque action est exprimée par une paire de verbes : l'un *perfectif* exprimant l'aspect-point, l'autre *imperfectif* exprimant l'aspect-ligne. Tout verbe russe appartient à l'un de ces deux aspects. » P. PASCAL, **Cent-cinquantenaire de l'Ec. des lang. orient.**, p. 219.

IMPERFECTION. *n. f.* (XIIe s. ; bas lat. *imperfectio*). État de ce qui est imparfait.

‖ 1° État de ce qui est inachevé*, incomplet* (V. **Imparfait,** 1°). *L'état d'imperfection dans lequel cet ouvrage est resté* (ACAD.).

‖ 2° État de ce qui est imparfait, par essence ou par accident. V. **Imparfait** (2° et 3°); **défectuosité, grossièreté, médiocrité.** *L'imperfection d'une exécution, d'un travail, d'une solution. L'imperfection du monde. Imperfection de l'homme* (Cf. Avancement, cit. 1).

1 « ... espérant tout du temps et de l'imperfection des hommes, qui finissent toujours, même les scélérats, à plus forte raison les honnêtes gens, par oublier quelque précaution. » BALZ., **Les Marana**, Œuvr., t. IX, p. 799.

‖ 3° Ce qui rend (quelqu'un ou quelque chose) imparfait. V. **Défaut***, **faute, mal, tare, vice** (Cf. Hébreu, cit. 2). *Imperfections physiques, morales.* V. **Infirmité.** *Les imperfections d'une machine, d'un moteur.* V. **Malfaçon.** *Corriger une imperfection. Grave imperfection.*

2 « ... quand j'imagine l'homme tout nu... ses tares, sa subjection naturelle et ses imperfections, je trouve que nous avons eu plus de raison que nul autre animal de nous couvrir. » MONTAIGNE, **Essais**, II, XII.

3 « (les) préceptes Stoïques, qui nous ordonnent bien de corriger les imperfections et vices que nous reconnaissons en nous,... » ID., **Ibid.**, III, II.

4 « Il semble que la nature, qui a si sagement disposé les organes de notre corps pour nous rendre heureux, nous ait aussi donné l'orgueil pour nous épargner la douleur de connaître nos imperfections. » LA ROCHEF., **Réflex. morales**, 36.

5 « Quand une machine avait des tiroirs comme les siens, d'un réglage parfait, coupant à miracle la vapeur, on pouvait lui tolérer toutes les imperfections, comme qui dirait à une ménagère quinteuse, ayant pour elle la conduite et l'économie. » ZOLA, **La bête humaine**, p. 209.

ANT. — **Achèvement, perfection. Qualité, vertu.**

IMPERFORATION. *n. f.* (1611 ; V. **In-**, et **Perforation**). *Anat.* Occlusion* complète et congénitale d'un canal, d'un orifice naturel. *Imperforation de l'œsophage, de l'hymen.*

ANT. — **Ouverture, perforation.**

DER. — (de *Perforer*) : **Imperforé, ée.** *adj.* (1748). Qui présente une occlusion anormale. *Anus imperforé* (ANT. **Ouvert, percé, perforé**).

IMPÉRIAL, ALE, AUX. *adj.* (XIIe s. ; bas lat. *imperialis*, de *imperium*. V. **Empire**).

I. Qui appartient à un empereur*, à son autorité, à ses États. V. **Empire** (2°). *La personne, la majesté, la dignité impériale. Sa Majesté*, son Altesse Impériale. Famille impériale* (Cf. Frondeur, cit. 4). Bustes* (cit. 7) impériaux et consulaires romains. Gladiateurs* (cit. 2) devant la loge impériale. Harem impérial turc (Cf. Bisaïeul, cit.). — Autorité impériale, pouvoir impérial (Cf. Attentat, cit. 9 ; autonome, cit. 1). L'hégémonie* (cit. 2) impériale romaine. Régime impérial (Cf. Caractère, cit. 16). Partisan d'un régime impérial. V. **Impérialiste** (1°). La jurisprudence impériale (Cf. Femme, cit. 86). Troupes impériales. La garde* (cit. 73 et 74) impériale de Napoléon Ier (Cf. Guêtre, cit. 1 ; grognard, cit. 3). — Ornements impériaux. Aigle* impériale (Cf. Force, cit. 76). Manteau, sceptre, trône impérial. Couronne impériale (Blas.) : sorte de mitre abaissée surmontée du globe et de la croix. — Spécialt. Numism. Médaille impériale, et Substant. Une impériale :* médaille, monnaie frappée sous l'empire romain.*

1 « Un certain respect pour les ornements impériaux fit que l'on jeta d'abord les yeux sur ceux qui osèrent s'en revêtir (*dans l'empire d'Orient*). »
MONTESQ., **Grand. et décad. des Romains**, XXI.

2 « ... le 13 floréal,... le Tribunat votait le vœu suivant : « 1° *Que Napoléon Bonaparte... fût nommé Empereur...* ; 2° *Que le titre d'Empereur et le pouvoir impérial fussent héréditaires dans sa famille...* »
MADELIN, **Hist. Cons. et Emp.**, Avènement de l'Empire, VIII.

— *Spécialt*. Relatif à l'Empire germanique. *Les villes impériales* (Cf. Aliéner, cit. 6). *Diètes impériales. Les troupes impériales, les soldats impériaux*, et Substant. *Les Impériaux :* les troupes de l'Empereur d'Allemagne, ainsi appelées du la fin du XVe s. à 1806 (V. **Kaiserlick**).

3 « ... la chancellerie impériale traite les rois de Majestés dans le protocole de l'Empire. »
VOLT., **Suppl. au Siècle de Louis XIV**, 1re part.

— *Fig. Bot. Couronne impériale*. V. **Fritillaire**.

— Spécialt. (1817). *Barbe* à l'impériale*, et Substant. fém. *Impériale :* « petite touffe de poils qu'on laisse pousser sous la lèvre inférieure » (LITTRÉ). Coupe de barbe comprenant cette touffe de poils. *La mode de l'impériale fut répandue par Napoléon III.* V. **Barbiche** (Cf.).

4 « Sa figure pleine de vie, de jeunesse, et déjà fort expressive, était encore animée par de petites moustaches relevées en pointe et noires comme le jais, par une impériale bien fournie, par des favoris soigneusement peignés et par une forêt de cheveux noirs assez en désordre. »
BALZ., **La maison du chat-qui-pelote**, Œuvr., t. I, p. 64.

II. *Fig.* Supérieur*, par sa qualité, sa position. *Papyrus impérial, japon* impérial... — Eau impériale* (vx) : cordial fait d'eau-de-vie distillée sur des plantes, des épices. — *Pierre impériale* (vx) : opiat* pour les dents. — *Serge impériale*, et substant. *Impériale :* serge de laine fine. — *Prune impériale*, et substant. *Impériale :* grosse prune violette et allongée. — T. de Jeu. *Série impériale :* as, roi, dame, valet de même couleur. Substant. *L'impériale :* cette série ; jeu de cartes « tenant du piquet et du triomphe » (LITTRÉ).

‖ IMPÉRIALE. *n. f. Vx.* Dais en forme de couronne impériale qui surmonte le ciel d'un lit à colonnes. — (1526, repris fin XVIIIe s.) Dessus d'une voiture pouvant recevoir des voyageurs ; galerie couverte ou non, sur certains véhicules publics. *Impériale d'un carrosse*, d'une diligence* (cit. 1 et 7), d'un omnibus. Tramway, wagon, autobus anglais à impériale. Impériale garnie de banquettes. Les voyageurs de l'impériale*, roman d'Aragon.

5 « L'état de ma bourse m'obligeait à voyager sur l'impériale de la diligence. Les Anglais, vous le savez, regardent les places situées dans cette partie aérienne de la voiture comme les meilleures. »
BALZ., **Le message**, Œuvr., t. II, p. 170.

DER. — **Impérialement**. *adv.* (XIIIe s.). D'une manière impériale, en empereur. — **Impérialiste**.

IMPÉRIALISME. *n. m.* (1880, de l'angl. *imperialism* ; auparavant (1836) « doctrine, opinion des partisans du régime impérial ». V. **Impérialiste**, 1°). Politique d'un État visant à « réduire d'autres États sous sa dépendance politique ou économique » (CAPITANT). V. **Colonialisme** (*péjor*.), **domination***, **expansion**, **expansionnisme** ; **empire** (colonial). *Impérialisme britannique, américain, russe. Formes politiques* (V. **Colonisation**), *formes économiques de l'impérialisme*. — *Spécialt*. (dans la terminologie marxiste) « Stade du capitalisme au cours duquel le capital financier a pris la suprématie sur toutes les autres formes .du capital » (ROMEUF, Dict. des Sc. écon.).

1 « L'Europe commençait à ne plus savoir s'entendre à l'amiable en ce qui regardait la conquête et l'exploitation paternaliste du monde. Le mot d'impérialisme se prononçait beaucoup. Et comme la notion qu'il implique est à la fois dynamique et agressive, la politique européenne, dans son expansion planétaire, après avoir été un gentleman's agreement entre concurrents qui tâchaient de rester courtois, tendait à devenir un conflit d'impérialismes. »
ROMAINS, **H. de b. vol.**, t. XXVII, p. 258.

2 « ... Il allait ainsi fournir, non seulement à la Grande-Bretagne, mais à ses anciens alliés, un instant pacifiés, les prétextes qu'on cherchait peut-être, de Londres à Pétersbourg, pour crier de nouveau à l'hégémonisme et, comme nous dirions aujourd'hui, à l'impérialisme ».
MADELIN, **Hist. Cons. et Emp.**, Le Consulat, XVIII.

3 « Sous la pression,... des impérialismes adverses naît,... avec Lénine, l'impérialisme de la justice. Mais l'impérialisme, même de la justice, n'a d'autre fin que la défaite, ou l'empire du monde. »
CAMUS, **L'homme révolté**, p. 287.

IMPÉRIALISTE. *n. m.* (1525 ; de *impérial*).

‖ 1° *Vieilli*. Partisan d'un empereur, du régime politique impérial (surtout en parlant des partisans de l'empereur d'Allemagne (XVIe, XVIIe s.), puis de ceux de Napoléon 1er (1823). *Adjectivt. Parti impérialiste.*

‖ 2° (1893 ; repris à l'angl. *imperialist*). Partisan de l'impérialisme* politique ou économique. — *Adjectivt*. Relatif à l'impérialisme. *Visées impérialistes d'un État sur une partie du monde*.

IMPÉRIEUX, EUSE. *adj.* (1420 ; lat. *imperiosus*, de *imperium*. V. **Empire**).

‖ 1° Qui commande d'une façon absolue*, n'admettant ni résistance ni réplique. V. **Autoritaire, dictatorial, tyrannique.** *Chef, maître impérieux. Enfant impérieux* (Cf. Choquant, cit. 3 ; criard, cit. 1). — *Spécialt*. Qui commande avec hauteur. V. **Altier, dédaigneux, hautain** (cit. 8). *Un homme impérieux, plein de morgue, d'orgueil*...*

1 « L'homme *impérieux* tient plus aux apparences (que l'homme « absolu »), a le goût de la domination, prétend qu'on lui cède, qu'on plie devant lui : on dit... un homme altier et *impérieux* (BOSS., VOLT., ROLL., COND.), hautain et *impérieux* (ROLL.), une femme *impérieuse* et vaine (MARM.)... (*Impérieux*)... dénote de l'orgueil, de la fierté, quelque chose... qui est plus pressant et choque davantage ;... »
LAFAYE, **Dict. syn.**, p. 681.

2 « Qui sous la loi du riche impérieux,
Ne souffre point que le peuple gémisse, »
RAC., **Esth.**, III, 3.

3 « Dans l'éducation façonnière des riches on ne manque jamais de les rendre (*les enfants*) poliment impérieux, en leur prescrivant les termes dont ils doivent se servir pour que personne n'ose leur résister ; »
ROUSS., **Émile**, II.

4 « — Monsieur de Gondi, vous savez ce qui vient de se passer ; le Roi a dit tout haut : — Que notre impérieux Cardinal ne veuille ou non, la veuve de Henri-le-Grand ne sera pas plus longtemps exilée. *Impérieux*, monsieur l'abbé, sentez-vous cela ? Le Roi n'avait encore rien dit d'aussi fort contre lui. *Impérieux !* c'est une disgrâce complète.
Vraiment, personne n'osera plus parler ; il va quitter la cour aujourd'hui certainement. »
VIGNY, **Cinq-Mars**, I, VIII.

— *Par ext. Caractère*, esprit impérieux ; humeur impérieuse. — Allure, mine impérieuse ; air, ton impérieux.* V. **Cassant, impératif, tranchant.** *Le ton impérieux d'un maître.* V. **Magistral.** *Voix impérieuse.*

5 « Son caractère est impérieux ; elle n'aime véritablement que ceux qu'elle gouverne,... »
Mme de GENLIS, **Mlle de La Fayette**, p. 143 (in LITTRÉ).

6 « Judith avait l'esprit impérieux. Elle était habituée à pétrir à sa guise les pensées assez molles des jeunes gens qu'elle connaissait. »
R. ROLLAND, **Jean-Christ.**, La révolte, I, p. 427.

— *Commandement*, ordre impérieux. Lettre impérieuse, billet impérieux* (Cf. Gorgée, cit. 6).

7 « Le mari voulut alors s'arrêter dans une auberge, la faire soigner, mais la femme s'y opposa avec un non impérieux de la tête,... »
GONCOURT, **Zemganno**, XIV.

‖ 2° Qui force à céder ; auquel on ne peut résister. V. **Irrésistible, pressant, tyrannique.** *Nécessité*, obligation* impérieuse. Céder à un besoin*, à un désir* (cit. 9) impérieux. Circonstances* impérieuses. Fatalité (cit. 12), loi impérieuse* (Cf. Attacher, cit. 20). Les exigences impérieuses de la forme* (cit. 74). Charme impérieux*. V. **Dominateur.**

8 « Ce qu'il y a de plus beau, de plus noble et de plus impérieux dans la raison, est manié par le premier (*Corneille*). »
LA BRUY., I, 54.

9 « Je ne vous reproche rien ; je sens trop par moi-même combien il est difficile de résister à un sentiment impérieux. »
LACLOS, **Liais. dang.**, XC.

10 « Mais la réalité présente parlait plus haut que les rêves du passé ; elle s'imposait, impérieuse. »
R. ROLLAND, **Vie de Tolstoï**, p. 34.

ANT. — Hésitant, humble, obéissant, soumis. Facultatif.

DER. — **Impérieusement**. *adv.* (1512). D'une manière impérieuse. *Commander* (cit. 3), ordonner impérieusement, avec hauteur*. Absolument, tyranniquement. Les règles, les lois qui dirigent impérieusement...*

1 « Ne t'abandonne au plaisir que quand la nature viendra te le demander impérieusement, mais ne le cherche pas comme un remède à l'ennui et au chagrin. »
SAND, **Lettres à Musset**, 29 avril 1834.

2 « Je veux dire les mots d'un langage et certaines règles qui président impérieusement à l'ordonnance de ces mots. »
DUHAM., **Disc. aux nuages**, p. 9.

IMPÉRISSABLE. *adj.* (1528 ; de *in-*, et *périssable*). Qui ne peut périr (V. **Éternel, immortel, perpétuel**), et *par ext*. Qui continue, dure très longtemps (V. **Durable**). *Valeur, loi impérissable. Écrit* (cit. 9), inscription, monument impérissable. Laisser un souvenir impérissable. Gloire, renommée impérissable. Amour, sentiment impérissable.*

1 « Ô toi (*la poésie*) des vrais penseurs impérissable amour ! »
VIGNY, **Poèmes philos.**, La maison du berger, II.

2 « C'est là que je suis venu au monde et que j'ai passé les premières, les seules bonnes années de ma vie. Aussi ma mémoire reconnaissante a-t-elle gardé du jardin, de la fabrique et des platanes un impérissable souvenir... »
DAUD., **Petit Chose**, I, I.

3 « Tout ce qui nous semble impérissable tend à la destruction ; »
PROUST, **Rech. t. p.**, t. XIII, p. 307.

4 « ... la liberté, seule valeur impérissable de l'histoire. »
CAMUS. **L'homme révolté.** p. 359.

ANT. — **Fragile, périssable.**

IMPÉRITIE (*-ri-si*). *n. f.* (XIVe s. ; lat. *imperitia*, de *peritus*, « expérimenté »). Manque d'aptitude, d'habileté, notamment dans l'exercice de sa profession. V. **Ignorance, inaptitude, incapacité, inhabileté.** *L'impéritie d'un médecin, d'un général, d'un fonctionnaire. L'impéritie des gouvernants. Dangereuse, criminelle impéritie.*

1 « Tel accident vient de l'impéritie ou inadvertance du chirurgien,... »
PARÉ, VIII, 23 (in LITTRÉ).

2 « Cet art (*la médecine*), qui dans tous les temps a respecté la vie des hommes, est présentement en proie à la témérité, à la présomption et à l'*impéritie* ; »
LESAGE, **Gil Blas.**, X, I.

ANT. — **Adresse, aptitude, capacité, habileté, savoir, science.**

IMPERMÉABLE. *adj.* (1542 RAB. ; « qu'on ne peut pénétrer, traverser ». GOHIN note que le mot n'a reparu qu'au XVIIIe s. chez BUFFON. Cf. BRUNOT, H.L.F., t. VI, p. 254 ; lat. *impermeabilis*).

‖ 1o Qui ne se laisse pas traverser par un liquide et *spécialt.* par l'eau. *Imperméable à l'eau, à la pluie* (Cf. Contenir, cit. 2). *Joint imperméable.* V. **Étanche.** — Spécialt. *Terrains imperméables,* arrêtant les eaux de pluies et les retenant ou les forçant à s'écouler (V. **Écoulement,** cit. 1 ; **ruissellement**). *Couche, sous-sol imperméable* (Cf. Cavité, cit. 1). *Les terrains contenant de l'argile* (cit. 2) *sont imperméables.* — (En parlant de tissus, de vêtements, etc.) *Cuir, drap, toile imperméable. Le linoleum, la toile cirée sont imperméables. Tissu, étoffe imperméable. Bâche, sac, toile de tente, housse imperméable. Chaussures imperméables.* — Spécialt. *Apprêté* de manière à ne pouvoir être traversé par l'eau.* V. **Imperméabilisé** (*dér.*). *Manteau, veste, vêtement imperméable.*

1 « ... j'avais préparé un sac de caoutchouc très flexible, très solide, absolument imperméable. »
BAUDEL., **Trad. E. POE, Hist. extraord.,** Aventure... Hans Pfaall.

‖ *Substant.* N. m. (1874 MALLARMÉ). Vêtement, manteau de pluie en tissu imperméabilisé. V. **Caoutchouc, ciré, gabardine** (Cf. *aussi* Macfarlane, pèlerine, trench-coat, waterproof). *Imperméable en toile huilée, en popeline de coton... Revêtir, mettre un imperméable.* — Fam. et par abrév. *Un imper. Mets ton imper, il va pleuvoir !*

2 « Départ ! l'auto ronronne,... Du fond d'un imperméable verdâtre, de dessous une paire de lunettes bombées, la voix de Marthe vitupère le zèle maladroit des domestiques,... »
COLETTE, **Vrilles de la vigne,** p. 229.

3 « Il avait plu toute la journée, j'étais vêtu comme tant d'autres. Un chapeau de feutre, un imperméable, c'est presque un uniforme. »
M. AYMÉ, **La tête des autres,** I, VIII.

‖ 2o *Fig.* (fin XIXe s.). Qui ne se laisse pas atteindre, émouvoir ; qui est absolument étranger* à (quelque chose). *Imperméable aux sentiments d'autrui* (Cf. Buter, cit. 6), *à la vie extérieure* (cit. 4), *aux émotions esthétiques, à l'art...* (V. **Inaccessible, insensible**).

4 « Qui sait même si nous ne devenons pas, à partir d'un certain âge, imperméables à la joie fraîche et neuve,... »
BERGSON, **Le rire,** p. 52.

5 « Mme de Séryeuse continuait ses reproches. La révélation de son bonheur rendait François imperméable. Les paroles de sa mère glissaient sur lui sans l'atteindre, sans même qu'il les entendît. »
RADIGUET, **Bal du comte d'Orgel,** p. 175.

ANT. — **Perméable*. Sensible.**

DER. — **Imperméabiliser.** *v. tr.* (1858). Rendre imperméable (une substance : tissu, papier) au moyen de matières hydrofuges. *On imperméabilise les toiles et papiers de protection, d'emballage, certains tissus d'habillement.* — **Imperméabilisé, ée.** *p. p. adj.* Apprêté spécialement pour être imperméable à l'eau. *Tissu imperméabilisé pour la confection des vêtements de pluie.* V. **Imperméable.** *Toile, serge imperméabilisée.* — **Imperméabilisation.** *n. f.* (1866). Opération par laquelle on rend imperméable un tissu, un papier. *Imperméabilisation par enduit :* de caoutchouc (caoutchoutage), de liège pulvérisé, de certains hydrocarbures solides (paraffine...), de produits à base d'huile (toiles cirées), ou de goudron (toiles et papiers goudronnés). *L'imperméabilisation par enduit se fait sur des tissus lisses, à trame et chaîne serrées. Imperméabilisation par imprégnation :* d'acétate d'alumine, de sulfate de cuivre, d'oxyde de cuivre ammoniacal (solution cupro-ammoniacale*). *Imperméabilisation électrolytique.* — **Imperméabilité.** *n. f.* (1779). Caractère de ce qui est imperméable. *Imperméabilité d'un sol, d'un sous-sol. Imperméabilité d'un tissu, d'un vêtement.* — Fig. V. **Incompréhension,** insensibilité...

« Ah ! vous voulez savoir pourquoi je vous hais aujourd'hui. Il vous sera sans doute moins facile de le comprendre qu'à moi de vous l'expliquer ; car vous êtes, je crois, le plus bel exemple d'imperméabilité féminine qui se puisse rencontrer. »
BAUDEL., **Spleen de Paris, XXVI.**

IMPERMUTABLE. *adj.* (*Impermuable* au XIVe s. ; *impermutable* en 1842 ; lat. *impermutabilis*). V. **In-,** et **Permutable.**

IMPERSÉVÉRANCE. *n. f.* (XIXe s.). V **In-,** et **Persévérance.**

IMPERSONNALITÉ. *n. f.* (1765 ENCYCL., art. *Impersonnel*, en Gramm. ; de *impersonnel*).

‖ 1o *Gramm.* Caractère de ce qui exprime une action impersonnelle. *Impersonnalité d'un verbe, d'une tournure, d'une phrase...*

‖ 2o (XIXe s. Cf. cit. *infra*). Caractère de ce qui n'est pas personnel (V. **Impersonnel,** 2o). *L'impersonnalité de la loi, de la science.* V. **Objectivité.** *Affecter une impersonnalité complète.* — *La théorie de l'impersonnalité dans la poésie parnassienne.*

1 « Un poète contemporain a caractérisé ce sentiment de la personnalité de l'art et de l'impersonnalité de la science par ces mots : l'art, c'est *moi* ; la science, c'est *nous.* »
Cl. BERNARD, **Introd. à méd. expérim.,** p. 82.

2 « Sa vertu doit être une froide et haute impersonnalité, qui fasse de lui, non un homme, mais un instrument des dieux. »
FUSTEL de COUL., **Cité antique,** p. 164.

3 « ... il avait aussi, à son insu, l'étrange curiosité de l'artiste, cette impersonnalité passionnée, que porte en lui tout être doué vraiment du pouvoir créateur. Il avait beau aimer, souffrir, se donner tout entier à ses passions : il les voyait. Elles étaient en lui, mais elles n'étaient pas lui. »
R. ROLLAND, **Jean-Christ.,** L'adolescent, p. 366.

ANT. — **Personnalité. Originalité.**

IMPERSONNEL, ELLE. *adj.* (*Impersonal* au XIIe s., T. de Gramm. ; lat. *impersonalis*).

‖ 1o *Gramm.* Qui exprime une action sans sujet réel (d'après les grammairiens classiques) ou dont le sujet est vague et ne peut être déterminé. *Verbes impersonnels,* exprimant une telle action, et ne s'employant qu'à la troisième personne du singulier et à l'infinitif (on les appelle parfois *Unipersonnels**). *Verbes impersonnels proprement dits, essentiellement impersonnels* (Falloir ; neiger, pleuvoir, tonner, etc.). *Substant. Un impersonnel. La conjugaison défective* des impersonnels.* — *Verbes accidentellement impersonnels :* formes, tournures, constructions impersonnelles de verbes personnels (*Ex.* : *Peu importe, n'importe, mieux vaut, reste, suffit...* ; *v. intr.* : *il souffle un vent...* ; *v. pass.* : *il est venu quelqu'un* ; *v. pron.* : *il se trouve...*). « *Il a été trouvé une montre* » *est un passif impersonnel. L'ancienne langue admettait l'emploi impersonnel de nombreux verbes* (Cf. Ennuyer, cit. 3 ; fâcher, etc.).

1 « Il existe,... une façon spéciale de concevoir l'action ou l'état, où la pensée part de l'idée de l'acte, non du sujet qui le fait. On a plusieurs fois parlé de verbes « *unipersonnels* » : *il neige,* ou bien « *impersonnels* » qu'il faut dire. Ils n'ont point de personnes, pas même une. Ces verbes étaient très nombreux en a. f. (*ancien français*). Quelques-uns ont disparu tout à fait : *... D'autres sont archaïques : il appert,... il me souvient, il me fâche,...* Mais il en reste qui sont en pleine vie : *il faut, il advient.* Les phénomènes de la nature sont exprimés pour la plupart sous cette forme : *il pleut, il neige...* Elle sert aussi à l'expression de toutes sortes d'idées abstraites : *il convient, il est, il y a,...* »
BRUNOT, **Pens. et lang.,** p. 283.

— REM. 1. *Les verbes impersonnels expriment les phénomènes naturels* (*il pleut*), *certaines idées abstraites* (nécessité, évidence : *il faut...*), *des actions présentées d'une manière impersonnelle* (*il me souvient*)... *La forme impersonnelle est aussi un procédé de style destiné à mettre en valeur l'action, le verbe, en diminuant ou en supprimant l'importance du sujet.*

2. *La plupart des impersonnels peuvent s'employer figurément avec un sujet personnel,* se mettre au pluriel, se conjuguer à l'impératif, au participe présent (Cf. Pleuvoir, neiger, tonner...).

3. *Sujet* des verbes impersonnels.* V. **Il*** (II) ; et *aussi* **Ça** (cit. 4), **ce, cela.**

‖ *Modes impersonnels :* les formes nominales du verbe (part. prés. et passé, gérondif ; infinitif).

‖ 2o (1833 MICHELET). Qui ne constitue pas une personne. *Le Dieu des panthéistes, de Spinoza, est impersonnel.*

2 « La personnalité est faible en lui (*le roi de France*) ; c'est moins un homme qu'une idée ; être impersonnel, il vit dans l'universalité, dans le peuple, dans l'Église, fille du peuple : c'est un personnage profondément *catholique,* dans le sens étymologique du mot. »
MICHELET, **Hist. de France,** IV, V.

— Qui n'appartient pas à une personne ; qui ne s'adresse pas à une personne en particulier. *Composition impersonnelle, où l'auteur disparaît* (Cf. Évangile, cit. 5). *Exécution* (cit. 3) *uniforme d'actes impersonnels.* — *Règle générale et impersonnelle. La loi* est impersonnelle. Avis impersonnel.*

3 « Nous ne saisissons de nos sentiments que leur aspect impersonnel, celui que le langage a pu noter une fois pour toutes parce qu'il est à peu près le même, dans les mêmes conditions, pour tous les hommes. »
BERGSON, **Le rire,** p. 118.

— *Spécialt.* Philos. *Raison impersonnelle :* la raison d'un homme, considérée comme le reflet de la Raison universelle à laquelle il participe. *De la raison impersonnelle,* œuvre de F. Bouillier (1844).

‖ 3o *Par ext.* « Indépendant de toutes particularités individuelles » (LALANDE). *Jugement impersonnel ; opinion impersonnelle.* V. **Objectif.** *Style impersonnel et froid. Écriture impersonnelle.* V. **Banal** (Cf. Fixer, cit. 3).

4 « Sa politesse était... froide, impersonnelle. C'était une conséquence de ces bonnes manières qu'on doit avoir avec tous, non pour eux, mais pour soi. »
BARBEY d'AUREV., **Les diaboliques,** Dessous de cartes, p. 242.

5 « La conversation était restée jusque-là courtoise et impersonnelle. Ils avaient mis une animation complaisante à parler de choses dont ils savaient bien l'un et l'autre qu'elles n'étaient pas l'objet de leur rencontre. »
ROMAINS, **H. de b. vol.,** t. II, XX, p. 214.

ANT. — Personnel. Original.

DER. — **Impersonnalité. — Impersonnellement.** adv. (XVe s.). D'une manière impersonnelle. Gramm. *Employer impersonnellement un verbe personnel.*

IMPERTINENCE. n. f. (XVe s. ; de *impertinent*).

‖ 1º *Vx.* Caractère de ce qui n'est pas pertinent*, de ce qui est déplacé, contraire à la raison, au bon sens... Absurdité, extravagance, stupidité (d'une action, d'un discours). *Par ext.* Action, discours qui dénote de l'ignorance, de l'étourderie ou de la sottise.

1 « ... il y a... deux choses dans les erreurs (*touchant la religion*) : l'impiété qui les rend horribles, et l'impertinence qui les rend ridicules. »
PASC., **Provinc.,** XI.

2 « On a bien vu dans la suite l'impertinence de ces calomnies. »
RAC., **Port-Royal.**

3 « ... faut-il que le rang,...
De cent sots tous les jours nous oblige à souffrir,
Et nous fasse abaisser jusques aux complaisances
D'applaudir bien souvent à leurs impertinences ? »
MOL., **Fâch.,** I, 3.

4 « Je suis une sotte ; j'ai offensé la géographie : vous ne passez point par Moulins, la Loire n'y va point. Je vous demande excuse de mon impertinence ; mais venez m'en gronder et vous moquer de moi. »
SÉV., **591,** 23 oct. 1676.

‖ 2º Attitude, manière d'une personne « assez osée, assez impudente pour se permettre telle chose » (LAFAYE). V. **Arrogance, audace, effronterie, impolitesse, inconvenance, incorrection, insolence, irrévérence, outrecuidance.** *Sa désinvolture* frise l'impertinence. Une impertinence inadmissible, insupportable de la part d'un inférieur. L'impertinence d'un enfant vis-à-vis de ses parents. Impertinence de blanc-bec* (cit. 1). *Caustique* (cit. 3), *ironique, moqueur jusqu'à l'impertinence. Se conduire avec impertinence et grossièreté* (cit. 9). — *L'impertinence du ton, du regard... L'impertinence d'une réponse, d'un jugement.*

5 « L'*impertinence*, effet d'une sotte confiance, peut n'être pas volontaire ; l'*insolence*, provocation injurieuse, est toujours faite à dessein. »
LAFAYE, **Dict. syn.,** p. 682.

6 « — Mais... — Apprenez qu'un *mais* est une offense.
Il vous sied bien d'avoir l'impertinence
De refuser un mari de ma main ! »
VOLT., **Nanine,** I, 5.

7 « ... certaines phrases dont l'impertinence ne l'avait pas tout d'abord surpris, le froissaient maintenant. » HUYSMANS, **Là-bas,** XI.

8 « ... un ton qui visait à l'impertinence, mais qui n'était que désobligeant et incongru. » MART. du G., **Thib.,** t. II, p. 203.

— *Par ext.* Parole, action impertinente. V. **Écart** (de langage) ; **moquerie, offense.** *Est-ce une gageure* (cit. 5) *ou une impertinence ?*

9 « ... une mijaurée, chez laquelle elle n'avait jamais été invitée, et qui, deux fois, lui fit l'impertinence de ne pas venir à ses concerts. »
BALZ., **Petits bourgeois,** Œuvr., t. VII, p. 91.

10 « ... le jeune de Mussy... était en tout pour la tradition, pour le maintien de l'adoration ou de l'admiration et du respect. Il y avait alors des révoltés en littérature,... qui se permettaient sur Boileau, Racine... des impertinences à peu près aussi fortes que celles qu'on a pu ouïr depuis. Un jour qu'il avait entendu de tels blasphèmes contre Racine... » STE-BEUVE, **Chateaubriand,** t. II, p. 263.

ANT. — Pertinence. Convenance, exactitude, justesse. Bienséance, correction, courtoisie, politesse. Égard.

IMPERTINENT, ENTE. adj. (XIVe s. ; bas lat. *impertinens,* « qui ne convient pas »).

‖ 1º *Vx.* Qui n'est pas pertinent*, ne convient pas à l'objet dont il s'agit ; qui est contre la raison, le bon sens, **le sens commun.** *Il n'y a rien de si impertinent, de si inepte, de si ridicule qu'on ne fasse admettre par la flatterie* (Cf. Assaisonner, cit. 6 ; car, cit. 2 ; conclusion, cit. 5 ; franc-parler, cit. 1).

1 « ... c'était un fou tout plein d'esprit : façon de parler à mon avis impertinente, et pourtant en usage,... » LA BRUY., **Lettres,** XVIII.

2 « *Qu'il mourût* serait détestable dans *Zaïre* ; et *Zaïre, vous pleurez,* serait impertinent dans *Horace.* »
VOLT., **Lett. à Formont,** 166, 15 déc. 1732.

3 « ... les questions d'authenticité et d'intégrité, impertinentes quand il s'agit des littératures primitives, ont (*ici*) leur pleine signification. »
RENAN, **Avenir de la Science,** XV, Œuvr., t. III, p. 940.

‖ 2º *Vx.* Qui agit ou parle mal à propos, inconsidérément, à tort et à travers, sottement.

4 « Ô fils impertinent, as-tu envie de me ruiner ? » MOL., **Av.,** III, 9.

5 « J'entendrai prononcer aux mortels prévenus :
« Elle est plus belle que Vénus ! »
— ... c'est le style des hommes :
Ils sont impertinents dans leurs comparaisons. »
ID., **Psyché,** Prologue.

— Substant. « *Un bon* (cit. 57) *nigaud, un bon imperti-*

nent » (MOL.). *Un impertinent qui se mêle de ce qui ne le regarde pas* (Cf. Battre, cit. 2). « *Vous êtes un impertinent..., un homme ignare* » (Cf. Bannissable, cit. MOL.).

6 « De l'impertinent ou du diseur de rien. »
LA BRUY., **Caract. Théophraste,** 3e sous-titre.

‖ 3º (1633). *Vieilli.* Qui joint la vanité et l'effronterie à la sottise. V. **Arrogant, outrecuidant ; faquin, fat** (2º). « *Je vous trouve... bien impertinents de parler devant moi avec cette arrogance* » (cit. 2 MOL.). *Femme impertinente.* V. **Pimbêche.**

7 « *Impertinent* :... qui agit (*ou parle*) contre la raison et contre les bienséances,... L'usage a joint à cette idée principale une idée accessoire qui rend ce caractère plus odieux. L'homme *impertinent* est celui qui affiche sans pudeur une vanité dédaigneuse, qui rebute et qui offense... il confond l'air libre avec une familiarité excessive... (*il a*) une hardiesse insolente qui le rend ridicule. »
TRÉVOUX, **Dict.,** Impertinent (1771).

8 « L'impertinent est un fat outré. Le fat lasse, ennuie, dégoûte, rebute ; l'impertinent rebute, aigrit, irrite, offense : il commence où l'autre finit. » LA BRUY., XII, 46.

9 « Le sot est embarrassé de sa personne ; le fat a l'air libre et assuré ; l'impertinent passe à l'effronterie :... » ID., XII, 53.

‖ 4º (1670 MOL.). Qui montre de l'irrévérence, une familiarité déplacée, choquante. V. **Audacieux, cavalier, désinvolte, effronté, impudent, inconvenant, incorrect, insolent, irrespectueux, irrévérencieux.** *Un enfant mal élevé et impertinent. Un moqueur*, un plaisantin impertinent.* V. **Plaisant** (mauvais plaisant). *Domestique, employé impertinent.* — Substant. *C'est une impertinente. Petit impertinent !*

10 « C'est une friponne, une impertinente, une effrontée, que je mettrai dans un couvent avant qu'il soit deux jours. »
MOL., **Mal. im.,** II, 9.

— *Par ext. Air, rire impertinent. Manières impertinentes. Regard impertinent.* V. **Effronté** (Cf. Euphorie, cit. 5). *Plaisanteries impertinentes.* V. **Blessant.**

11 « Son nez, qui décrit un quart de cercle, est pincé des narines et plein de finesse, mais impertinent. »
BALZ., **Béatrix,** Œuvr., t. II, p. 396.

ANT. — Adéquat, convenable, pertinent. Judicieux, raisonnable, sensé... Sage ; réfléchi. Honteux, humble. Bienséant, civil, correct, poli, respectueux. Obséquieux.

DER. — **Impertinemment.** adv. (XIVe s.). D'une manière impertinente. *Vx.* Mal à propos, d'une manière sotte, extravagante. *De nos jours.* Avec impertinence, effronterie.

1 « Je ne m'arrête pas ici le lieux où vous me faites parler impertinemment, parce qu'il me suffit d'avoir une fois averti le lecteur que vous ne gardez pas toute la fidélité qui est due au rapport des paroles d'autrui. » DESCARTES, **Rép. aux 5es objections,** VII.

2 « — Vous donnez sottement vos qualités aux autres.
— Fort impertinemment vous me jetez les vôtres. »
MOL., **Fem. sav.,** III, 3.

3 « (*il*)... lorgna fort impertinemment madame des Grassins,... »
BALZ., **Eugénie Grandet,** Œuvr., t. II, p. 508.

4 « ... son nez un peu gros, impertinemment retroussé,... »
R. ROLLAND, **Jean-Christ.,** L'adolescent, III, p. 319.

IMPERTURBABLE. adj. (1406 ; lat. *imperturbabilis,* de *perturbare,* troubler). Qui ne peut troubler, ébranler, émouvoir. *Il est imperturbable dans les résolutions qu'il a prises, dans les desseins qu'il a formés* (ACAD.). V. **Inébranlable* ; constant.** *Rester imperturbable.* V. **Apathique** (1º), **calme, ferme, flegmatique, froid 1, impassible, placide.**

1 « ... Arthur resta froid et imperturbable, en gentleman qui a pris la gravité pour base de son caractère. »
BALZ., **La femme de trente ans,** Œuvr., t. II, p. 716.

2 « Et la Grande, muette, imperturbable, restait là, comme si sa présence eût suffi à la politesse qu'on devait au curé. »
ZOLA, **La terre,** III, VI.

— *Calme, froideur, sang-froid*, sérieux imperturbable. Confiance*, résolution, fermeté imperturbable. Sourire, gaieté imperturbable. Aplomb imperturbable. Elle a en elle je ne sais quoi d'imperturbable et de glacial* (cit. 3). V. **Indifférent, insensible.**

3 « ... il me prit tout à coup un tel ennui de son imperturbable froideur... » Mme de STAËL, **Corinne,** XIV, 3.

4 « L'imperturbable sourire que la jeune femme fit contracter à son visage en regardant Granville, paraissait être chez elle une formule jésuitique de bonheur par laquelle elle croyait satisfaire à toutes les exigences du mariage ; »
BALZ., **Une double famille,** Œuvr., t. I, p. 973.

5 « Par cet imperturbable sérieux dont il vernit sa pensée sceptique, on voit bien qu'il se propose d'augmenter son autorité... »
BARRÈS, **Leurs figures,** p. 238.

— *Une mémoire imperturbable* (ACAD.).

6 « Cet art (*du comédien*) demande tous tous de la nature, une grande intelligence, un travail assidu, une mémoire imperturbable,... »
VOLT., **Siècle de Louis XIV,** Écrivains, Baron.

— *Fig. Le cycle* (cit. 2) *imperturbable de l'année. La science imperturbable.*

7 « La haute placidité de la science n'est possible qu'à la condition de l'impartiale critique, qui, sans aucun égard pour les croyances d'une portion de l'humanité, manie avec l'inflexibilité du géomètre, sans colère comme sans pitié, son imperturbable instrument. »
RENAN, **Avenir de la Science,** XV, Œuvr., t. III, p. 947.

8 « Ainsi constants, imperturbables, recommencent en juillet les pai- sibles miracles d'un jardin de Provence, et la tutélaire amitié des fleurs. » COLETTE, Belles saisons, p. 19.

ANT. — Ébranlable, excitable. Changeant, ému ; troublé.

DER. — Imperturbabilité. n. f. (1697). Caractère de celui, de ce qui est imperturbable. V. Apathie, 1° (cit. 1 BOSS.), ataraxie, calme, fer- meté, flegme, froideur, impassibilité... — Imperturbablement. adv. (1548). D'une manière imperturbable.

1 « Ne se point émouvoir et savoir attendre ont donc été les deux pivots de sa conduite (de Louis XV), il a conservé cette imperturbabilité jusque dans l'affreuse maladie qui l'a enlevé à la France,... » VOLT., Éloge fun. Louis XV.

2 « Cette imperturbabilité, tout admirable qu'elle est, ne suffit pourtant pas à un chef, dont le but doit être moins de montrer du courage que d'en inspirer. » P.-L. COURIER, Corresp., Œuvr., p. 724 (éd. Pléiade).

3 « Quand vous êtes à table, un domestique en habit noir, cravaté et ganté de blanc, irréprochable dans sa tenue comme un diplomate anglais, se tient derrière vous d'un air imperturbablement sérieux, prêt à contenter vos moindres désirs. » GAUTIER, Voyage en Russie, X, p. 136.

4 « M. Couve était orthodoxe jusque dans le ton de sa voix, égale et forte comme son âme ; et rien ne rebutait plus ma frémissante inquiétude que son imperturbabilité. » GIDE, Si le grain..., I, VIII.

IMPÉTIGO. n. m. (1660 ; impetige en 1562 ; lat. médic. im- petigo, de impetere, « attaquer »). Méd. Maladie de la peau caractérisée par la formation de vésico-pustules dont l'humeur se durcit en croûtes jaunâtres. L'impétigo, affec- tion cutanée microbienne (Streptocoque, staphylocoque) auto-inoculable. Impétigo larvé des enfants. V. **Gourme.** Impétigo granulé. V. **Teigne** (granulée). Impétigo figuré, disséminé, érysipélateux... Impétigo herpétiforme.

DER. — Impétigineux, euse. adj. (XIXe s. ; lat. impetiginosus). Atteint d'impétigo. Enfant impétigineux. Qui a les caractères de l'impé- tigo. Eczéma impétigineux.

IMPÉTRANT, ANTE. n. (1347 ; substant. part. d'impé- trer). Dr. Celui, celle qui impètre, obtient quelque chose. V. **Bénéficiaire.** Spécialt. Celui, celle qui a obtenu un diplô- me. Signature de l'impétrant.

« Le duché de Chaulnes n'était que pour l'impétrant et les mâles issus de lui. » ST-SIM., Mém., III, LI.

— REM. C'est un abus d'employer impétrant au sens de « candidat », de « postulant ».

IMPÉTRER (se conjugue comme Exécrer). v. tr. (1268 ; lat. impetrare, « obtenir »). Peu usit. Obtenir (quelque chose) de l'autorité compétente, à la suite d'une requête. Impétrer un bénéfice (ecclésiastique), un titre, une grâce...

1 « ... afin qu'en tout cas, s'il vient quelque chapelle, il la puisse impétrer ;... » RAC., Lett., 32, 6 juin 1662.

2 « C'est ainsi que nous fûmes appelés il y a deux ans environ, quand sœur Marie de l'Espérance impétra une prorogation de sa retraite, qui doit être renouvelée bientôt, je crois. » P.-J. TOULET, La jeune fille verte, VII, p. 247.

DER. — Impétrant. — Impétrable. adj. (1406). Dr. Qu'on peut impé- trer. Bénéfice impétrable. — Impétration. n. f. (1345). Dr. Action d'impétrer, d'obtenir quelque chose. V. Obtention. Impétration d'un bénéfice, d'un titre...

IMPÉTUEUX, EUSE. adj. (XIIIe s. ; empr. au bas lat. impetuosus, de impetus, « élan, attaque »).

|| 1° Dont l'impulsion est violente et rapide. Vent impé- tueux. V. **Déchaîné, fort** (Cf. Agiter, cit. 1 ; enveloper, cit. 24). Souffle impétueux (Cf. Force, cit. 65). Torrent impétueux. Cours (cit. 4) impétueux d'un fleuve. V. **Torren- tueux** (Cf. Bourbeux, cit. 1). Aigle impétueux. V. **Prompt** (Cf. Aspect, cit. 16). Coursiers impétueux et bondissants d'Amphitrite (cit.). Attaque, charge impétueuse ; assaut impétueux. V. **Furieux.** Mouvement, rythme impétueux. V. **Endiablé.** Course impétueuse. V. **Randon** (vx), **rush.**

1 « Leur fougue impétueuse (des chevaux) enfin se ralentit : » RAC., Phèd., V, 6.

2 « Le vent impétueux qui soufflait dans ses voiles... » CHÉNIER, Bucoliques, XXI, Jeune Tarentine.

— Par métaph. L'impétueux bouillon (cit. 5) d'un courroux féminin (CORN.). Sa volonté si impétueuse à sauter les obstacles (Cf. Carrière, cit. 15). La marche impétueuse des passions (Cf. Éloquence, cit. 7). Élan impétueux vers la gloire (Cf. Frémissement, cit. 16). Les impétueux assauts du génie (Cf. Exténuer, cit. 5).

|| 2° En parlant des personnes. Qui a de la rapidité et de la violence dans son comportement (physique ou moral). V **Ardent*** (cit. 20), **fougueux, pétulant, vif, violent.** L'impé- tueux Ajax. Soldats impétueux (Cf. Furie, cit. 12 ; gaillard, cit. 8). Il a quelque chose de brusque* (cit. 2) et d'impé- tueux (V. **Emporté).** Orateur puissant, impétueux (Cf. Élo- quence, cit. 9). — Par ext. Caractère impétueux (Cf. Folâ- trer, cit. 4). Tempérament impétueux. V. **Bouillant ; feu** (de) ; **volcanique** (Cf. Caractère, cit. 51). Sensibilité ardente (cit. 24) et impétueuse. Un impétueux génie (Cf. Gâter, cit. 29), un génie impétueux et facile (Cf. Familiarité, cit. 16). Mouvement, sentiment impétueux (Cf. Fagot, cit. 4).

V. **Véhément.** Désirs impétueux. V. **Effréné.** Impatients* désirs, enfants (cit. 42) impétueux de mon ressentiment (CORN.). — Style impétueux.

3 « Au récit imprévu de l'horrible insolence, Le prélat hors du lit, impétueux, s'élance. » BOIL., Lutrin, V.

4 « C'est donc une chose incontestable que l'amour même, ainsi que toutes les autres passions, n'a acquis que dans la société cette ardeur impétueuse qui le rend si souvent funeste aux hommes ; » ROUSS., De l'inégalité parmi les hommes, I.

5 « Impétueux dans ses souhaits et néanmoins patient ; brave dans les batailles, lâche devant l'au-delà, il fut despotique et violent,... » HUYSMANS, Là-bas, XVI.

6 « ... toutes deux,... aimantes, impétueuses, véhémentes et maladroites en face d'un amant... » HENRIOT, Portr. de fem., p. 236.

ANT. — Calme, mou, nonchalant.

DER. — Impétuosité. — Impétueusement. adv. (XIIIe s.). D'une ma- nière impétueuse, avec impétuosité. Ce fleuve coule impétueusement (ACAD.). Cheval qui se débat impétueusement (Cf. Hérisser, cit. 2). Se jeter impétueusement entre deux personnes (Cf. Châtier, cit. 3). Arriver impétueusement, comme un ouragan*. Sortir impétueusement. V. Jaillir, saillir.

« Le vin fumeux de la santé et de la joie coule impétueusement dans leurs corps trop nourris. » TAINE, Philos. de l'art, t. II, p. 308.

IMPÉTUOSITÉ. n. f. (XIIIe s. ; bas lat. impetuositas). Caractère de ce qui est impétueux. L'impétuosité des flots, du vent, de la tempête. Impétuosité du Rhône (Cf. Fleuve, cit. 6). Impétuosité d'un assaut*, d'un élan*.

— En parlant des personnes. V. **Ardeur, fougue, vivacité** (Cf. Grippe, cit. 2). L'impétuosité d'Ajax. V. **Fureur** (cit. 20). Impétuosité des soldats français. V. **Furie.** Se jeter* en avant, s'élancer* avec impétuosité. V. **Déferler, ruer** (se). Cf. Prendre le mors* aux dents. Énergie qui prend la forme de l'impétuosité, de la rébellion (Cf. Force, cit. 25). Impé- tuosité qu'on ne peut contenir, maîtriser. V. **Emportement, précipitation.** Impétuosité de la jeunesse. Impétuosité conquérante de Voltaire (Cf. Cassant, cit. 3). — Par ext. L'impétuosité de sa nature (Cf. Homme, cit. 106). Impétuosi- té d'un tempérament, d'une passion, d'un désir. V. **Violence.** Réprimer l'impétuosité d'un premier mouvement. Impé- tuosité de l'indignation (Cf. Astuce, cit. 2), de la colère...

1 « Il n'est rien qui puisse arrêter l'impétuosité de mes désirs :... » MOL., D. Juan, I, 2.

2 « Les Français fondent sur les ennemis avec leur impétuosité ordinaire. » RAC., Camp. de Louis XIV.

3 « J'ai des passions très ardentes, et tandis qu'elles m'agitent, rien n'égale mon impétuosité : je ne connais plus ni ménagement, ni respect, ni crainte, ni bienséance ; je suis cynique, effronté, violent, intrépide ; il n'y a ni honte qui m'arrête, ni danger qui m'effraie ; hors le seul objet qui m'occupe, l'univers n'est plus rien pour moi. » ROUSS., Confess., I.

4 « Cette violence, cette impétuosité des désirs, il ne nous semble point tant qu'elle soit en nous, mais plutôt en l'objet même de nos désirs et qu'elle en constitue l'attrait. » GIDE, Journal, 8 déc. 1929.

5 « Le ton des lettres qu'elle écrira plus tard à Benjamin révèle sa nature ardente, qui correspond si pleinement à l'impétuosité d'Ellénore, et fait en même temps comprendre qu'elle ait été assez portée aux coups de tête. » HENRIOT, Portr. de fem., p. 231.

ANT. — Calme, mollesse, nonchalance.

IMPIE (in-pî). adj. (XVe s. ; empr. au lat. impius, de pius, « pieux »). Qui n'a pas de religion ; qui offense la religion. V. **Impénitent, irréligieux.** L'impie Aman (Cf. Apprêter, cit. 5). Légions impies (Cf. Assoupir, cit. 18). — Par ext. (Littér.). La tête impie des ennemis (cit. 11) de Dieu. Armes impies (Cf. Hostie, cit. 4). — REM. Le mot Impie emporte généralement une idée de condamnation de la part du croyant contre celui qui ne partage pas sa croyance ou lui paraît insulter sa foi.

1 « La seule religion chrétienne... crie aux plus impies qu'ils sont capa- bles de la grâce de leur Rédempteur. » PASC., Pens., VII, 435.

2 « Rions, chantons, dit cette troupe impie ;
De fleurs en fleurs, de plaisirs en plaisirs,
Promenons nos désirs.
Sur l'avenir insensé qui se fie.
De nos ans passagers le nombre est incertain.
Hâtons-nous... » RAC., Athal., II, 9 (Cf. Demain, cit. 4).

— Qui marque le mépris de la religion, ou des croyances qu'elle enseigne. Action impie. V. **Impiété, sacrilège, scan- dale.** Règne impie (Cf. Après, cit. 6). Une pompe obscène et impie (Cf. Cynisme, cit. 1). Dire des paroles, des mots impies. V. **Blasphème ; blasphémer ; blasphématoire** (cit. 2). Anathématiser (cit. 1) une opinion impie. Livre impie (Cf. Avidement, cit. 4). Œuvres impies de Voltaire (Cf. Corrosif, cit. 3).

3 « ... et le Tartuffe... offense la piété... Toutes les syllabes en sont impies ;... » MOL., Tartuffe, Préface.

4 « Non, je ne demande pas le martyre. Je crois qu'un tel vœu serait impie, même au regard de la stricte religion. On ne postule pas ces choses-là. » DUHAM., Salavin, IV, Journal, 27 janvier.

— Par ext. Qui offense ce que tout le monde respecte. Ruse impie (Cf. Cabrer, cit. 2). Acquiescement impie (Cf. Carence, cit. 1).

5 « ... Pourquoi ta bouche impie
A-t-elle, en l'accusant, osé noircir sa vie ? » RAC., Phèdre, IV, 6.

6 « Tu viens d'incendier la Bibliothèque ?...
Ce que ta rage impie et folle ose brûler
C'est ton bien, ton trésor, ta dot, ton héritage ! »
HUGO, L'année terrible, Juin (1871), VIII.

— *Substant.* Qui insulte à la religion, aux choses sacrées.
Un, une impie. V. **Apostat, athée** (cit. 7), **blasphémateur,
incrédule, incroyant, infidèle, irréligieux, libertin** (*vx*),
mécréant, païen, profanateur, renégat, sacrilège (Cf. Ennemi des autels*). *Un impie déclaré* (Cf. Attaque, cit. 4).
Les Impies qui vivent dans l'indifférence de la religion
(Cf. Ennemi, cit. 10). *Dieu ne veut point la mort de l'impie*
(Cf. Convertir, cit. 1). *Le juste et l'impie* (Cf. Anéantissement, cit. 1). *Un impie digne d'un supplice exemplaire*
(cit. 4). *Peines éternelles préparées aux impies* (Cf. Gouffre,
cit 1). — *Par ext.* V. **Hérétique.**

7 « ... le Ciel punit tôt ou tard les impies,... »   MOL., D. Juan, I, 2

8 « Les impies, qui font profession de suivre la raison, doivent être
étrangement forts en raison. »   PASC., Pens., III, 226.

9 « J'étais plein de religion et je raisonnais en *impie* ; mon cœur
aimait Dieu, et mon esprit le méconnaissait ;... »
CHATEAUB., René, p. 195.

10 « Par ses crimes prospère
L'impie heureux insulte au fidèle souffrant ; »
HUGO, Odes et ballades, I, II, III.

11 « ... c'étaient des impies, — des impies de haute graisse et de crête
écarlate, de mortels ennemis du prêtre, dans lequel ils voyaient tout
l'Église, des athées, — absolus et furieux, — comme on l'était à cette
époque ;... »
BARBEY d'AUREV., Les diaboliques, À un dîner d'athées, p. 301.

12 « Je suis incroyant, je ne serai jamais un impie. »
GIDE, Journal, 6 nov. 1927.

ANT. — **Croyant, dévot, fidèle, pieux.**

IMPIÉTÉ. *n. f.* (XIIe s. ; empr. au lat. *impietas*).

‖ 1° Caractère de celui qui est impie* ; mépris pour les
choses de la religion. *Impiété de Don Juan* (Cf. Gage,
cit. 19). *L'impiété d'un peuple barbare* (Cf. Brutalité, cit. 8).
Philosophie qui soutient l'impiété (Cf. Emploi, cit. 2). *Il y
a quelque impiété à...* (Cf. Absolu, cit. 15). — *Par ext.
Impiété d'une opinion, d'un ouvrage...*

1 « Dieu fera une Église pure au dedans, qui confonde par sa sainteté
intérieure et toute spirituelle l'impiété intérieure des sages superbes et
des pharisiens :... »   PASC., Pens., XIV, 905.

2 « Deux choses arrêtaient la littérature à la date du XVIIIe siècle :
l'impiété qu'elle tenait de Voltaire et de la Révolution, le despotisme
dont la frappait Bonaparte. »   CHATEAUB., M. O.-T., t. II, p. 207.

— *Par ext.* (vieilli). Mépris de ce que tout le monde
respecte. *L'impiété d'un enfant ingrat.*

3 « Et quelle impiété de haïr un époux
Pour avoir bien servi les siens, l'État et vous ! »   CORN., Hor., V, 3

‖ 2° Parole, action impie. V. **Hérésie, sacrilège.** *Commettre, dire des impiétés. Le doute n'est pas une impiété.* V.
Blasphème (cit. 2).

4 « Et c'est aux plus saints lieux que leurs mains sacrilèges
Font plus d'impiétés. »   MALHERBE, Grandes odes, XXIX.

5 « ... tandis que nous chantions vêpres ensemble dans ma chambre,
vous avez jeté votre livre dans le feu avec colère, ce qui était une
impiété ; »   VIGNY, Cinq-Mars, XIX.

ANT. — **Dévotion, piété.**

IMPITOYABLE. *adj.* (XVe s. ; de *pitoyable*). Qui est sans
pitié*. V. **Cruel, dur, féroce, implacable, inexorable, inflexible, inhumain** (Cf. Sans merci*, sans entrailles*). *Ennemi,
bourreau, homme impitoyable. Aussi barbare époux qu'impitoyable père* (Cf. Arracher, cit. 25). *L'impitoyable Pluton*
(Cf. Aborder, cit. 5). *La vieillesse est impitoyable* (Cf.
Flatter, cit. 48). *Être impitoyable à quelqu'un* (vx), *pour
quelqu'un. Par ext. Cœur impitoyable* (Cf. De fer, de
granit*, de pierre,...). V. **Endurci.** *Haine impitoyable.* V.
Implacable. *Visage impitoyable de la justice* (Cf. Facile,
cit. 28). *Loi impitoyable* (Cf. D'airain*). *Impitoyable tyrannie. Destin, sort impitoyable.*

1 « Ce cœur impitoyable à ma perte s'obstine, »   CORN., Hor., II, 5.

2 « Le ciel s'est donc lassé de m'être impitoyable ! »
ID., Sertor., V, 3.

3 « Impitoyable Dieu, toi seul as tout conduit. »   RAC., Athal., V, 6.

4 « Ce maître syrien est-il impitoyable ? Est-ce une tigresse dont il
a sucé les mamelles dans son enfance ? »   FÉN., Télém., IV.

5 « Et comme la peur est cruelle, on fut impitoyable pour Jacques
Roux. »   MICHELET, Hist. Révol. franç., XV, IV.

6 « ... je savais bien maintenant que le monde est l'organisation continuelle d'une impitoyable justice. »
JALOUX, Fumées dans la campagne, XIX.

— *Par anal. La nature est impitoyable.* V. **Insensible** (Cf.
Abomination, cit. 4). *Ciel de feu, ciel impitoyable.* V. **Accablant** (Cf. Fourbi, cit. 1).

— *Par ext.* Qui observe, juge sans indulgence, ne fait
grâce de rien. *Critique, censeur impitoyable.* V. **Sévère.**
*Chamfort, observateur impitoyable des travers de ses
contemporains* (Cf. Fonds, cit. 16). *Il est impitoyable pour
ce genre de faiblesse, sur cette question...* V. **Intraitable.**

Par hyperb. Un impitoyable bavard ; un bavard intarissable. — *Par ext. Un œil, un regard impitoyable* (Cf. Critique, cit. 16). *Ironie corrosive* (cit. 5) *et impitoyable. Une
argumentation* (cit. 1) *impitoyable. L'impitoyable besoin
d'analyser* (cit. 2), *de critiquer* (cit. 2). *Impitoyable dictature de
l'opinion* (Cf. Elasticité, cit. 7).

7 « ... le public est impitoyable sur la réputation. »
SÉV., 642, 25 août 1677.

8 « ... il était devenu un de ces impitoyables observateurs qui ne
peuvent pas ne point être des misanthropes. »
BARBEY d'AUREV., Les diaboliques, Bonheur dans le crime, p. 127.

9 « ... voilà une église impitoyable qui ne connaît que des fidèles
soumis ou des hérétiques :... »   SUARÈS, Trois hommes, Ibsen, III.

ANT. — **Attendri, bon, charitable, clément, doux. Bienveillant,
compréhensif, indulgent.**

DER. — **Impitoyablement.** *adv.* (1658). D'une manière impitoyable.
*Traiter quelqu'un impitoyablement. Œuvre impitoyablement critiquée
dans la presse* (Cf. Corruption, cit. 9 ; création, cit. 8 ; haut, cit. 99).

IMPLACABLE. *adj.* (1455 ; lat. *implacabilis*, « qui ne peut
être apaisé »).

‖ 1° Dont on ne peut apaiser la fureur, le ressentiment,
la violence... V. **Cruel, dur, impitoyable, inapaisable,
inexorable, inflexible** (Cf. Hécatombe, cit. 6). *L'implacable
Athalie* (Cf. Animer, cit. 9). *D'implacables ennemis* (Cf.
Équité, cit. 9). V. **Acharné.** *Il fut implacable contre ses
adversaires* (ACAD.). *Être implacable pour quelqu'un, à
l'égard de quelqu'un* (Cf. Déduire, cit. 1). *Cette querelle les
a rendus implacables l'un pour l'autre* (Cf. Bagatelle,
cit. 2). — *Haine* (cit. 13 et 15) *implacable.* V. **Endurci** (Cf.
Allumer, cit. 5 ; fermenter, cit. 4 ; garde, cit. 37).

1 « L'implacable est *inflexible*, parce qu'il est en proie à une passion
qui ne peut être apaisée (*placare*, apaiser)... L'implacable est emporté
et dominé par une passion, la colère, la haine, la vengeance, la
jalousie, la fureur, la rage. Vous chercheriez vainement à le faire
revenir ; vous n'obtiendrez ni paix, ni trêve... »
LAFAYE, Dict. syn., Inflexible...

2 « Maintenant chassée, poursuivie par ses ennemis implacables... »
BOSS., Orais. fun. reine d'Anglet.

3 « Un courroux implacable, un orgueil endurci ; »
CORN., Sertor., IV, 2.

4 « Implacable Vénus, suis-je assez confondue ? »   RAC., Phèdre, III, 2.

5 « Les sentences que nous venons de rapporter montrent l'implacable
cruauté du despote à venger son autorité méconnue... »
MÉRIMÉE, Hist. règne Pierre le Grand, p. 226.

6 « ... Je sais quelle est sa violence :
Il est fier, implacable, aigri par son malheur ;
Digne du sang d'Atrée, il en a la fureur. »   VOLT., Oreste, I, 5.

‖ 2° *Par ext.* Sans pitié, sans humanité, sans indulgence.
V. **Impitoyable, insensible, rigoureux, sévère, terrible.** —
Une implacable répression. Un implacable coup de fouet
(Cf. Haridelle, cit. 1 HUGO). — REM. L'accent est mis ici non
plus sur l'idée de passion inapaisable, mais sur celle de
froide rigueur, de dureté réfléchie ou de cruelle indifférence.

7 « L'amitié pardonne l'erreur, le mouvement irréfléchi de la passion ;
elle doit être implacable pour le parti pris de trafiquer de son âme,
de son esprit et de sa pensée. »
BALZ., Illusions perdues, Œuvr., t. IV, p. 664.

8 « ... Ah ! Déesse ! ayez pitié de ma tristesse et de mon délire ! »
Mais l'implacable Vénus regarde au loin je ne sais quoi avec ses
yeux de marbre. »   BAUDEL., Spleen de Paris, VII.

9 « Ce portrait est tracé de main de maître, et La Rochefoucauld, cet
implacable analyste de l'égoïsme humain, n'a pas un scalpel plus
tranchant et plus aigu. »   GAUTIER, Souvenirs de théâtre..., p. 38.

10 « L'état habituel d'Athènes, c'était la terreur. Jamais les mœurs
politiques ne furent plus implacables, jamais la sécurité des personnes
ne fut moindre. »   RENAN, Questions contemp., Œuvr., t. I, p. 210.

11 « ... ce jugement si implacable, si irrévocable, que sont disposés à
porter ceux qui ne connaissent rien de la vie. »
GIDE, Si le grain..., I, V, p. 151.

— À quoi l'on ne peut se soustraire ; que rien ne peut
arrêter ou modifier. V. **Fatal, inéluctable, infaillible, irrésistible.** *L'implacable supplice de l'enlisement* (cit. 1). Par ext.
Sans rémission. *Les forces implacables du destin* (Cf. Fatalisme, cit. 3). *Mal implacable. Implacable exactitude.* V.
Rigoureux (Cf. Consistance, cit. 3). *Logique implacable. Un
matérialisme implacable et glaçant* (cit. 3).

12 « La vertu absolue est impossible, la république du pardon amène
par une logique implacable la république des guillotines. »
CAMUS, L'homme révolté, p. 157.

— *Spécialt.* Inhumain, cruel, en parlant des aspects de
la nature. *Un soleil implacable* (Cf. Effriter, cit. 4
GAUTIER).

13 « Il semble que, par cette profusion de verdure, l'œil cherche à
se consoler de l'implacable blancheur de l'hiver :... »
GAUTIER, Voyage en Russie, X, p. 129.

14 « ... le ciel bleu de la France n'est point implacable ni sublime
comme le regard d'un dieu. »   SUARÈS, Trois hommes, Pascal, p. 14.

15 « Cet été implacable ! le délire de cet été, la férocité des cigales... »
MAURIAC, Nœud de vipères, IX, p. 112.

ANT. — **Clément, doux ; compréhensif, indulgent.**

DER. — **Implacabilité.** *n. f.* (1743). Peu usit. Caractère de ce qui est implacable. — **Implacablement.** *adv.* (1658). D'une manière implacable. *Combats implacablement acharnés* (Cf. Arène, cit. 11). — *Physionomie implacablement douce et sereine* (Cf. Blasement, cit.).

1 « Ni l'Italie du XVIe s., ni la Corse de tous les âges, ces pays renommés pour l'implacabilité de leurs ressentiments,... »
BARBEY d'AUREV., **Les diaboliques,** Vengeance d'une femme.

2 « Pas un nuage, pas un souffle, rien qui plisse
Ou ride cet azur implacablement lisse
Où le silence bout dans l'immobilité. »
VERLAINE, **Jadis et naguère,** Allégorie.

3 « Aux États-Unis, la science des marchés est strictement machiavélique dans son inspiration et ses méthodes, dès l'instant qu'elle analyse implacablement les conditions du recrutement d'une clientèle :... »
SIEGFRIED, **La Fontaine...,** p. 19.

IMPLANTER. *v. tr.* (1541 ; empr. à l'ital. *impiantare,* du bas lat. *implantare*). Planter (une chose dans une autre). V. **Fixer, insérer.** — *Fig. Implanter un usage dans un milieu.* V. **Introduire.** *Implanter une idée dans le cerveau de quelqu'un.* V. **Ancrer, enraciner.** *Il est difficile de déraciner un préjugé aussi solidement implanté.*

1 « ... son caractère le plus frappant (*du paille-en-queue*) est un double long brin qui ne paraît que comme une paille implantée à sa queue,... »
BUFF., **Hist. nat. ois.,** Le paille-en-queue.

2 « Pour implanter un gouvernement au cœur d'une nation, il faut savoir y rattacher des *intérêts* et non des *hommes.* »
BALZ., **Les employés,** Œuvr., t. VI, p. 874.

3 « ... la Révolution continue, elle est implantée dans la loi, elle est écrite sur le sol, elle est toujours dans les esprits ; elle est d'autant plus formidable qu'elle paraît vaincue à la plupart de ces conseillers du trône qui ne lui voient ni soldats ni trésors. »
ID., **Mém. deux j. mariées,** Œuvr., t. I, p. 173.

4 « Il avait fallu, par de patientes manœuvres, implanter vingt idées nouvelles dans le cerveau rétif de sa tante. »
MART. du G., **Thib.,** t. III, p. 172.

|| **S'IMPLANTER.** *v. pron.* Se fixer*, être fixé `à..., dans...` *L'appendice s'implante dans le cæcum* (cit. 1). *L'œuf s'implante alors dans la trompe* (Cf. Grossesse, cit. 4). *Famille qui s'est implantée sur une terre* (Cf. Approprier, cit. 6). V. **Établir** (s'). *Fam. S'implanter chez quelqu'un :* y prendre racine*, ne plus s'en aller. *Régime, usage qui n'a pu s'implanter dans un pays.* V. **Prendre.** *Habitudes implantées en nous depuis des siècles* (Cf. Faisceau, cit. 12). V. **Enraciner** (s').

5 « ... ce n'est pas seulement sous la forme impériale, mais catholique romaine, que l'esprit de la latinité s'est implanté dans le fonds de barbarie initiale du continent :... »
SIEGFRIED, **L'âme des peuples,** II, IV.

6 « ... une idée blessante s'implanta : Noémie n'avait jamais été aussi malade qu'on le lui avait fait croire, et ils ne l'avaient fait venir que pour cet argent ! »
MART. du G., **Thib.,** t. II, p. 229.

ANT. — Arracher, déraciner.

DER. — **Implantation.** *n. f.* (1541). Action d'implanter, de s'implanter. *Implantation d'une race d'immigrants. L'implantation des Arabes en Espagne.* — *Technol.* Opération qui consiste à tracer sur le terrain l'emplacement des murs d'une construction. — *Méd.* Introduction sous la peau (de glandes, d'hormones...).

IMPLEXE. *adj.* (1660 ; empr. au lat. *implexus,* « entremêlé »). *Littér.* Dont l'intrigue est compliquée (Cf. Embarrasser, cit. 23). — (De nos jours). *Philos.* Qui ne peut se réduire à un schème, en parlant d'un concept. « *Outil* » *est un concept implexe.*

IMPLICATION. *n. f.* (XVe s., « fait d'être embrouillé » ; lat. *implicatio*).

|| **1°** (1611). *Dr.* Action d'impliquer (quelqu'un) dans une affaire criminelle ; résultat de cette action. *Implication de X... dans l'affaire Y...* V. **Accusation.**

|| **2°** *Log. Vx* (1718). V. **Contradiction.**

— (*De nos jours*) « Relation logique consistant en ce qu'une chose en implique* une autre » (LALANDE). V. **Impliquer.**

« On dit qu'une idée en implique une autre si la première ne peut être pensée sans la seconde : « La relation implique le nombre ; le nombre implique l'espace. » L'implication, en ce sens, est très souvent réciproque : « Grand implique petit ; identique implique différent ; père implique enfant, etc. »
LALANDE, **Vocab. philos.,** Impliquer.

IMPLICITE. *adj.* (XIVe s. ; lat. *implicitus,* propremt. « enveloppé », d'où « sous-entendu »). Qui est virtuellement contenu dans une proposition, un fait, sans être formellement exprimé, et peut en être tiré par voie de conséquence, par déduction, induction... *Clause, condition implicite. Réponse implicite* (Cf. Faux, cit. 31). — *Log. Compréhension implicite :* ensemble de la définition et des caractères qui se déduisent de cette définition.

— *Volonté implicite :* volonté non formulée mais que la conduite de la personne permet de supposer. V. **Tacite.** — *T. de Relig. Foi implicite,* foi, confiance absolue que l'on accorde à un dogme sans chercher à le comprendre.

1 « Après plusieurs mois d'application de tous les instants, Julien avait encore l'air de *penser.* Sa façon de remuer les yeux et de porter la bouche n'annonçait pas la foi implicite et prête à tout croire... »
STENDHAL, **Le rouge et le noir,** XXVI.

2 « Les études théologiques de ces hommes distingués avaient été très faibles. Leur foi était vive et sincère ; mais c'était une foi implicite, ne s'occupant guère des dogmes qu'il faut croire »
RENAN, **Souvenirs d'enfance...,** III, II.

ANT. — **Distinct, explicite, exprès, formel, manifeste.**

COMP. — **Implicitement.** *adv.* (1541). D'une manière implicite. *Condition implicitement contenue dans un texte. Sujet implicitement contenu dans un déterminatif* (Cf. Gérondif, cit. 2). *Cela fut implicitement convenu entre nous* (ACAD.). Cf. aussi *Fait, cit. 22.* V. **Tacitement** (ANT. **Explicitement**).

« ... (l'homme) fait... intervenir implicitement un jugement de valeur, et si peu gratuit, qu'il le maintient au milieu des périls. »
CAMUS, **L'homme révolté,** p. 26.

IMPLIQUER. *v. tr.* (XIVe s. ; aussi « enchevêtrer*, compliquer », jusqu'au XVIIe s. (Cf. Éloigner, cit. 26) ; empr. au lat. *implicare,* « plier dans, envelopper ». Cf. Employer).

|| **1°** Engager (quelqu'un) dans une affaire fâcheuse ; mettre en cause dans une accusation*. V. **Compromettre, engager, mêler.** *Impliquer une personne dans une affaire.* V. **Implication.** *Être impliqué dans un procès* (Cf. Commettre, cit. 18 ; galvaniser, cit. 2). *Administrateurs impliqués dans une faillite* (Cf. Gestion, cit. 5).

1 « Il n'y a guère eu... de procès criminels de sorciers, sans qu'on y ait impliqué quelque Juif. » VOLT., **Essai s. l. mœurs,** De la magie.

2 « — Nous apprenons que ce garçon venait d'être impliqué dans un procès pour complot contre la sûreté de l'État ! »
DUHAM., **Salavin,** VI, XX.

|| **2°** Comporter de façon implicite, entraîner comme conséquence (du point de vue logique ou dans l'ordre des faits). V. **Comporter, comprendre, contenir, renfermer, supposer*.** *Toute sélection implique la suppression des malvenus* (Cf. Haras, cit. 4 GIDE). *L'expérience implique une certaine somme de bévues* (cit. 4). *La subtilité que l'analyse implique* (Cf. Corriger, cit. 13). *Cette méthode implique une confiance fondamentale* (cit. 2) en *soi-même.* V. **Nécessiter.** *La propriété implique le droit d'user, de jouir et de disposer d'une chose* (Cf. Esclave, cit. 5). *L'association* (cit. 12) *implique un rapport de droit entre tous les associés. Devoir qui implique un droit.* V. **Emporter.** *Les risques qu'implique une exploitation* (cit. 4). V. **Entraîner.** *La guerre politique implique la guerre des cultures* (cit. 19). V. **Inclure.** — *La considération n'implique pas le mérite* (ACAD.). *Mot, notion, expression qui implique l'idée, l'action de...* (Cf. Ascendant, cit. 3 ; attribuer, cit. 18 ; expédier, cit. 14 ; génie, cit. 32). *Idée impliquée dans un mot* (Cf. État, cit. 1).

3 « La lutte et la révolte impliquent toujours une certaine quantité d'espérance, tandis que le spectacle est muet. »
BAUDEL., **Parad. artif.,** Mangeur d'opium, VI.

4 « Il imaginait trop bien ce qu'un tel « sauvetage » impliquerait pour lui de charges nouvelles, accaparantes. »
MART. du G., **Thib.,** t. VI, p. 17.

— *Impliquer contradiction,* et absolt. (Vx). *Impliquer :* être contradictoire.

5 « C'est un spectacle d'incidents divers qui n'impliquent point contradiction,... » DIDER., **Salon de 1767.**

6 « Que peut requérir la demanderesse ? mariage à défaut de payement ; les deux ensemble impliqueraient. »
BEAUMARCH., **Mar. de Figaro,** III, 15.

|| **IMPLIQUER QUE...** Supposer (par conséquence logique) que... *La déclaration que vous avez faite implique nécessairement que vous connaissiez cette personne* (ACAD.). V. **Découler, résulter** (il résulte de votre déclaration que...). *Parole qui semble impliquer que...* (Cf. Enregistreur, cit.). *Dire qu'un moyen de guerre est immoral, cela implique qu'il peut y avoir une manière morale de faire la guerre* (Cf. Humaniser, cit. 10). V. **Signifier, vouloir** (vouloir dire). *Cela implique, selon vous, que...* (Cf. Écrivain, cit. 12).

7 « ... le directeur d'une revue,... à chaque objection répondait : « — C'est ici le parti des honnêtes gens », ce qui implique que tous les autres journaux sont rédigés par des coquins ; »
BAUDEL., **Spleen de Paris,** X.

ANT. — **Exclure.**

IMPLORER. *v. tr.* (1426 ; empr. au lat. *implorare,* de *plorare,* « pleurer »).

|| **1°** Supplier d'une manière humble et touchante. V. **Adjurer, conjurer, prier, supplier.** *Implorer quelqu'un* (Cf. Appeler quelqu'un à l'aide. *Réclamer la grâce* de quelqu'un. Se jeter, tomber aux pieds* de quelqu'un. Embrasser* les genoux de quelqu'un, tendre les bras* vers lui...). *Implorer un maître, un magistrat* (Cf. Ameuter, cit. 3). *Implorer Dieu, les dieux, le ciel* (Cf. Entendre, cit. 71 ; geignard, cit. 1).

1 « J'ose vous implorer, et pour ma propre vie,
Et pour les tristes jours d'un peuple infortuné. »
RAC., **Esth.,** III, 4.

|| **2°** Demander (une aide, une faveur) avec instance. V. **Réclamer, solliciter.** *Implorer quelque chose de quelqu'un* (Cf. Équipée, cit. 2). *Implorer l'appui* (cit. 28), *le secours d'autrui* (Cf. Enfant, cit. 3), *l'assistance* (cit. 10) *de quelqu'un.* V. **Déprécation, obsécration.** *Nous venons implorer votre aide* (Cf. Adresser, cit. 4). *Implorer l'aide*

(cit. 3), *la bénédiction* (cit. 3) *d'un dieu, la miséricorde de Dieu* (Cf. **Délivrer**, cit. 5). *Ils implorèrent la pitié, la merci de leurs vainqueurs. Implorer la clémence* (cit. 2), *l'indulgence* (Cf. **Fuir**, cit. 3). *N'implorez de l'opinion ni charité ni indulgence* (Cf. **Élasticité**, cit. 7).

2 « Au moins, par vos bontés, qu'à vos genoux j'implore,
Sauvez-moi du tourment d'être à ce que j'abhorre, »
MOL., **Tart.**, IV, 3.

3 « ... ces empereurs qui venaient à genoux implorer le pardon d'un pontife ;... »
CHATEAUB., **M. O.-T.**, t. V, p. 96.

4 « J'implorai d'elle un rendez-vous,
Le soir, sur une route obscure. »
BAUDEL., **Fl. du mal**, Le vin, CVI.

ANT. — **Repousser**.

DER. — **Implorable**. *adj.* (1557, « qui implore »). *Peu usit.* Qu'on peut implorer. — **Implorateur, trice.** *n.* (XVᵉ s.). *Peu usit.* Personne qui implore. — **Implorant, ante.** *adj.* (XVIIIᵉ s.). Qui implore. *Voix implorante.* V. **Suppliant**. *Regards, gestes implorants* (Cf. **Humble**, cit. 29). — **Imploration.** *n. f.* (1317). Action d'implorer (*peu usit.*). V. **Prière, supplication**.

1 « Avec quel accent d'imploration, ces foules en marche chantaient
« Sauvez Rome et la France au nom du Sacré-Cœur ! »
LECOMTE, **Ma traversée**, p. 21.

2 « ... elle entendait leurs voix geignardes, furieuses, implorantes. »
GREEN, **Léviathan**, VIII.

IMPLOYABLE. *adj.* (XVIᵉ s. ; de *im-* (V. **In-**), et *ployable**). Qu'on ne peut ployer, fléchir. — *Fig.* (vx).

« ... une âme forte et imployable, ayant en affection et en honneur une vigueur mâle et obstinée. »
MONTAIGNE, **Essais**, I, 1.

IMPLUVIUM (*in-, om'*). *n. m.* (1854 NERVAL ; mot lat.). *Antiq. rom.* Bassin creusé au milieu de l'atrium* des maisons romaines pour recueillir les eaux de pluie.

« Une petite villa dans le goût de Pompéï avec un impluvium et une cella, quelque chose comme la maison du poète tragique. »
NERVAL, **Promenades et souvenirs**, I.

IMPOLI, IE. *adj.* (1551 ; de *im-* (V. **In-**), et *poli**). *Vx.* Qui n'est pas civilisé, qui est fruste*, grossier (3°). V. **Rude**.

1 « ... cette tourbe rustique d'hommes impolis,... »
MONTAIGNE, **Essais**, III, XII.

— *Par anal.* (XVIIᵉ - XVIIIᵉ s.). Qui manque volontairement ou non à la politesse*. V. **Discourtois, grossier** (4°), **incivil, inconvenant, incorrect, malhonnête, poli** (mal), **gêne** (sans). *Enfant impoli qui tient tête à ses parents.* V. **Impertinent, insolent, irrespectueux, irrévérencieux.** *Garçon impoli qui n'a que de gros mots à la bouche* (Cf. **Mal embouché***). *Homme impoli qui bouscule une femme* (V. **Goujat**). *Être impoli envers quelqu'un.* V. **Manquer** (à). *Ne l'invitez pas, il est trop impoli.* V. **Désagréable**. — Substant. *Quel impoli ! Vous êtes un impoli.* V. **Malappris** (Cf. **Mal élevé***).

2 « Comme il était révérencieux, et comme, un moment après, il était violent, emporté, bourru, impoli ! »
DIDER., **Lett. à Mˡˡᵉ Voland**, 25 nov. 1760.

— *Par ext. Langage impoli. Manières impolies* (V. **Impolitesse**). *C'est très impoli à vous de ne pas lui répondre. Il est impoli d'arriver en retard à un rendez-vous.*

3 « ... je me suis toujours révolté contre cette coutume impolie qu'ont prise plusieurs jeunes gens d'appeler par leur simple nom des auteurs illustres qui méritent des égards. »
VOLT., **Mélang. littér.**, Aux auteurs du nouvelliste du Parnasse.

ANT. — **Affable, civil, courtois, élevé** (bien), **galant, honnête** (vieilli), **obséquieux, poli, respectueux, révérencieux**.

DER. — **Impoliment**. *adv.* (1761 ROUSS.). D'une manière impolie ; avec impolitesse. *Répondre impoliment.*

4 « Faut-il quitter impoliment sans lui rien dire ? faut-il lui déclarer le sujet de ma retraite ? »
ROUSS., **Julie**, 1ʳᵉ part., Lettre 1.

IMPOLITESSE. *n. f.* (1646 ; de *im-* (V. **In-**), et *politesse**).

‖ 1° Manque de politesse* ; faute volontaire ou involontaire contre les règles du savoir-vivre*. V. **Grossièreté** (cit. 6), **incivilité, inconvenance, incorrection, malhonnêteté, sans-gêne.** *Franchise* (cit. 8) *qui frise l'impolitesse. Savoir prendre congé sans impolitesse. Rabrouer, traiter quelqu'un avec impolitesse.* V. **Brutalité** (Cf. **Citadelle**, cit. 2). *Il est d'une impolitesse choquante envers les femmes.* V. **Goujaterie**. *Gamin mal élevé qui répond avec impolitesse.* V. **Impertinence, insolence, irrévérence.** — *Par ext.* Caractère de ce qui est impoli. *L'impolitesse d'un procédé, d'une réponse... Je n'ai pu souffrir l'impolitesse de son attitude.*

« Marcher sur le pied de quelqu'un est violence si on le fait volontairement ; si c'est involontairement, c'est impolitesse. »
ALAIN, **Propos**, Savoir-vivre.

‖ 2° *Par ext.* Acte, manifestation d'impolitesse. *Commettre une impolitesse légère, grave, impardonnable... Il ne sait dire que des impolitesses. J'en ai assez de ses impolitesses.*

ANT. — **Civilité, correction, éducation, égard, galanterie, honnêteté** (vieilli), **politesse, savoir-vivre**.

IMPOLITIQUE. *adj.* (1738 ; de *im-* (V. **In-**), et *politique**). *Rare.* Qui est contraire à la bonne politique ; qui manque d'habileté, d'opportunité. « *Ce qui est immoral* (cit. 2) *est impolitique* » (ROBESPIERRE).

« Je suis bon Français (*dit le duc de Vicence*) ; je l'ai prouvé : je le prouverai encore, en répétant que cette guerre est impolitique, dangereuse, qu'elle perdra l'armée, la France et l'empereur. »
CHATEAUB., **M. O.-T.**, t. III, p. 198.

IMPONDÉRABLE. *adj.* (1829 ; de *im-* (V. **In-**), et *pondérable**). *Phys.* Qui ne peut être pesé, qui ne produit aucun effet notable sur la balance la plus sensible. *Particules impondérables. Phys. anc. Fluides* (cit. 9) *impondérables* (chaleur, électricité, lumière...). Cf. **Impénétrabilité**, cit. 3 BERGSON. — *Par exagér.* V. **Impalpable, léger, subtil**.

1 « Les lois de votre Statique sont souffletées par mille accidents de la physique, car un fluide renverse les plus pesantes montagnes, et vous prouve ainsi que les substances les plus lourdes peuvent être soulevées par des substances impondérables. »
BALZ., **Séraphîta**, Œuvr., t. X, p. 551.

2 « Sous la dénomination générale d'impondérables, on peut grouper un ensemble de substances qui possèdent la remarquable propriété d'intervenir de façon active dans la digestion, la nutrition et la croissance,... tout en n'agissant qu'à doses infinitésimales. (*En note :* Si nous employons ce terme (*impondérables*), incorrect à propos de substances que l'on peut aujourd'hui peser et doser, du moins en partie, c'est pour mieux faire ressortir leur volume infinitésimal, relativement à leur extraordinaire activité). »
P. VALLERY-RADOT, **Notre corps**, VIII, p. 98.

— *Fig.* Dont l'action, quoique déterminante, ne peut être exactement appréciée ni prévue. *Facteurs* impondérables* (Cf. **Emporter**, cit. 34) et substant. *Les impondérables.* « *Les impondérables de la politique* » (BISMARCK). *Le poids des impondérables* (ACAD.).

3 « Nulle part, l'impondérable n'est si puissant que dans nos élections. »
VALÉRY, **Regards s. le monde actuel**, p. 293.

ANT. — **Pesant, pondérable ; lourd**.

DER. — **Impondérabilité**. *n. f.* (1867 LITTRÉ). *Phys.* Caractère de ce qui est impondérable.

IMPOPULAIRE. *adj.* (1789 ; de *im-* (V. **In-**), et *populaire**). Qui déplaît au peuple, lui inspire de la défiance (Cf. **Ébahir**, cit. 2). *Despote, ministre impopulaire.* — *Par anal.* Qui est mal vu* (dans tel milieu). *Sa vanité l'a rendu impopulaire parmi ses confrères.*

1 « Ce que j'aime de lui, c'est que s'il devient ministre un jour, il mettra sa gloire à être impopulaire. Je ne connais pas d'être qui jette le gant à l'Opinion mieux que lui. »
BARBEY d'AUREV., **Vieille maîtresse**, II, XVIII, p. 365.

2 « Talleyrand disait un jour à Lamartine : « Mirabeau était un grand homme, mais il lui manquait le courage d'être impopulaire. Sous ce rapport, voyez, je suis plus homme que lui : je livre mon nom à toutes les interprétations et à tous les outrages de la foule. On me croit immoral et machiavélique, je ne suis qu'impassible et dédaigneux. »
SAINT-AULAIRE, **Talleyrand**, p. 386.

3 « Rien n'était donc plus facile que de rendre impopulaire aux habitants de Ribamourt un homme qu'ils n'avaient jamais aimé. »
P.-J. TOULET, **La jeune fille verte**, V, p. 175.

— *Par ext.* En parlant de choses. *Gouvernement impopulaire* (Cf. **Autant**, cit. 21). *Décret, loi impopulaire. Guerre impopulaire. Attitude impopulaire.*

ANT. — **Populaire**.

IMPOPULARITÉ. *n. f.* (1789 ; de *im-* (V. **In-**), et *popularité**). Manque de popularité* ; caractère de ce qui est impopulaire. *L'impopularité du Directoire* (Cf. **Discrédit**, cit. 1). — *L'impopularité d'une doctrine* (Cf. **Humanitarisme**, cit. 2).

1 « ... je ne voudrais pas affirmer toutefois que l'eau-forte soit destinée prochainement à une totale popularité. Pensons-y : un peu d'impopularité, c'est consécration. »
BAUDEL., **Curiosités esthétiques**, XIII.

2 « L'antipathie des esprits superficiels une marque sûre pour discerner les sages, les âmes fières croient voir dans l'impopularité une contre-épreuve de leur valeur morale. »
RENAN, **Questions contemp.**, Œuvr., t. I, p. 56.

3 « ... sans doute redoutait-il l'impopularité de cette guerre. »
ARAGON, **Beaux quartiers**, II, XX.

ANT. — **Gloire, popularité, vogue**.

IMPORTABLE. *adj.* V. **IMPORTER 1** (*Dér.*).

IMPORTANCE. *n. f.* (XIVᵉ s. ; ital. *importanza*, selon WARTBURG ; lat. *importare*).

‖ 1° Caractère de ce qui est important*. V. **Intérêt**, **valeur**. *Importance intrinsèque d'un fait* (Cf. **Accident**, cit. 4). *Calculer* (cit. 5)*, mesurer l'importance d'un événement.* V. **Étendue, gravité, portée** (Cf. **Gouvernement**, cit. 29). *Événements d'importance inégale* (Cf. **Catégorie**, cit. 5). *On peut juger de l'importance de cette cérémonie par...* (Cf. **Exorbitant**, cit. 3). *Importance d'un argument.* V. **Poids** (Cf. **Histoire**, cit. 36). *N'oubliez pas de faire ressortir, de souligner l'importance d'un tel geste.* V. **Valoir** (faire). *Importance de la mémoire.* V. **Rôle** (Cf. **Bref**, cit. 9). — *Spécialt.* Valeur numérique, quantitative. *Ville de moyenne importance. Importance variable des groupes* (cit. 9) *sociaux. Être renseigné sur l'importance des effectifs ennemis.* V. **Force** (II, 1°). — *Affaire de grande importance.* V. **Considérable, important.** *Événement* (cit. 16) *de petite importance. Communication* (cit. 5) *de la plus haute importance. Un projet d'une telle impor-*

tance. V. **Grandeur** (Cf. Balance, cit. 14). — *Offrir, présenter de l'importance. Etre de peu d'importance* (Cf. Autorité, cit. 1), *d'une importance capitale** (Cf. Bulbe, cit. 2 ; épargne, cit. 8). *Avoir de l'importance* (Cf. Épreuve, cit. 6 ; gêner, cit. 14). *Je ne pensais pas que cela pouvait avoir une telle importance* (Cf. Grondement, cit. 5). *N'avoir pas d'importance* (Cf. Faire, cit. 65), *aucune importance* (Cf. Exégèse, cit. 2). *Il est de toute première importance que...* V. **Chef** (il importe* au premier chef). — *Fam. Cela n'a aucune importance* (Cf. Hésiter, cit. 27), *c'est sans importance.* V. **Rien** (cela ne fait rien). *Pas d'importance ! Cela n'a pas grande importance, c'est peu de chose* (Cf. Cela ne tire* pas à conséquence). — *Commerce qui prend de l'importance* (Cf. Essor, extension). — *Apprécier, grossir, s'exagérer, nier l'importance de quelque chose.*

1 « La grandeur d'un telle offense n'est pas dans l'importance des choses que l'on fait ; elle est à transgresser les ordres qu'on nous donne ; »
    MOL., *Sic.,* XV.

2 « Les Fourbins ont une affaire de bien plus grande importance que celle-là, qui est celle du Petit Janson, qui a tué en duel le neveu de M. de la Feuillade,... »
    SÉV., 482, 25 déc. 1675.

3 « ... comme j'ai des choses à dire qui sont de la dernière importance pour la mémoire du défunt, je serais bien aise de ne les révéler qu'à sa discrète veuve. »
    LESAGE, **Diable boiteux,** IV.

4 « Ces questions de langage me paraissent de haute importance. »
    GIDE, **Attendu que...,** p. 46.

5 « Par le nombre et l'importance des ouvrages, la langue française est la première des langues dites romanes. »
    DUHAM., **Refuges de la lecture,** V.

— Importance que l'on attribue à une chose. *Accorder* (cit. 21), *attacher* (cit. 36 à 38) *de l'importance, une importance primordiale à...* V. **Compte** (tenir compte de) ; **tenir** (à). Cf. Dernier, cit. 3 ; famille, cit. 29. *N'attacher aucune importance à...* Cf. N'avoir garde (cit. 60) *de... Il fait grand bruit* de sa conquête : c'est lui donner trop d'importance.* V. **Prix.** *Importance donnée à l'étude* (cit. 29) *des mots* (Cf. Faire une large place* à...).

6 « ... (les) querelles du jansénisme, auxquelles on attachait encore, il y a trente ans, quelque espèce d'importance. »
    D'ALEMB., **Éloge de Saint-Aulaire,** Notes, Œuvr., t. III, p. 308.

7 « Elle ne pouvait concevoir qu'on donnât tant d'importance à ce qui n'en avait point pour elle. »
    ROUSS., **Confess.,** V.

8 « Ce n'est rien, un méchant propos, rien de plus. Il n'y a aucune importance à attacher à tout cela. »
    MUSS., **Lorenzaccio,** II, 1.

9 « Une chose ne vaut que par l'importance qu'on lui donne. »
    GIDE, **Journal,** 15 mai 1892.

10 « L'Église, toujours si sage et si humaine, attache plus d'importance aux œuvres qu'à la foi. »
    MAUROIS, **Disc. Dr O'Grady,** XXI.

‖ **2°** Autorité que confèrent un rang social élevé, des talents notoires, de graves responsabilités, etc. V. **Crédit, influence, prestige.** *Cette place lui donne beaucoup d'importance* (ACAD.). *Longtemps le roi n'eut guère* (cit. 9) *plus d'importance qu'un duc ordinaire. Accorder, donner à quelqu'un une importance qu'il n'a pas, qu'il ne mérite pas* (Cf. Faire grand cas* de). *En agissant ainsi il veut se donner de l'importance.* — *Vx. Un médecin d'importance, de classe** (Cf. Cure, cit. 3). *Faire l'homme d'importance* (Cf. À, cit. 2 ; croire, cit. 72). V. **Important** (faire l'). Cf. *aussi* Crâner. *Etre gonflé, pénétré* de son importance. Prendre, se donner des airs d'importance.*

11 « C'est une personne d'importance plus que vous ne pensez, ... il a été reçu... comme un seigneur d'importance. »
    MOL., **Bourg. gent.,** III, 3 ; et IV, 3.

12 « De quelle importance, de quel éclat, de quelle réputation au dedans et au dehors d'être le maître du prince de Condé ? »
    BOSS., **Orais. fun. Le Tellier.**

13 « ... je suis devenu brusquement un grand avocat d'assises, comme disent les journaux. Plus j'étais enclin à croire à mon importance, plus tu me donnais le sentiment de mon néant... »
    MAURIAC, **Nœud de vipères,** I, I.

— (En parlant de choses). *Genre* (cit. 18) *artistique qui a perdu de son importance.* V. **Force** (II, 3°).

— Par ext. *Péjor. Orgueil de celui qui veut paraître plus qu'il n'est.* V. **Arrogance, suffisance, vanité.** *Il a un ton d'importance qui m'exaspère.*

14 « Plusieurs bons bourgeois, plusieurs grosses têtes, qui se croient de bonnes têtes, vous disent avec un air d'importance que les livres ne sont bons à rien. »
    VOLT., **L'homme aux quarante écus,** X.

15 « ... j'ai entrevu de petits finauds de ministres de divers petits États, tout scandalisés du bon marché que je fais de mon ambassade : leur importance boutonnée, gourmée, silencieuse, marche les jambes serrées et à pas étroits : elle a l'air prête à crever de secrets, qu'elle ignore. »
    CHATEAUBRIAND, **M. O.-T.,** t. V, p. 19.

‖ D'IMPORTANCE. *loc. adv.* Beaucoup, fortement, très fort (Cf. Dauber, cit. 3). *Battre, frotter, rosser d'importance* (Cf. Bâton, cit. 1 ; bois, cit. 26). — REM. Cette locution ne s'emploie plus de nos jours qu'à propos de châtiments, de réprimandes.

16 « Un ordre du chef de l'exploitation l'appelait à Paris, on venait de le sermonner d'importance. Heureux encore de n'y avoir pas laissé sa place. »
    ZOLA, **La bête humaine,** I.

— *Adjectivt.* V. **Conséquence** (de) ; **important.** *Affaire, pération d'importance* (Cf. Bien 1, cit. 62 ; épointer, cit.).

L'erreur est d'importance. V. **Dimension, taille.** *Voilà qui est d'importance* (Cf. Pop. Ce n'est pas de la petite bière*). — REM. Cette locution, très fréquente au XVIIe s. n'est plus employée de nos jours avec un adverbe de quantité (assez, trop) ni avec une négation (« C'est un intérêt qui n'est pas d'importance » MOL.).

17 « C'est une nouvelle que l'on saura dans quatre jours ; elle est d'importance, et sera d'un grand poids pour le côté qu'elle sera. »
    SÉV., 368, 8 janv. 1674.

18 « La révélation est d'importance... »
    HENRIOT, **Portr. de fem.,** p. 229.

ANT. — Futilité, insignifiance, médiocrité.

IMPORTANT, ANTE. *adj.* (1476 ; ital. *importante,* du lat. *importans*).

I. Qui importe* ; qui est de conséquence*, de sérieux intérêt. V. **Considérable, grand.**

‖ **1°** (*Dans l'ordre qualitatif*). *Occupations importantes* (Cf. Attacher, cit. 103 ; humainement, cit. 1). *D'importantes vérités* (Cf. Éminent, cit. 1 ; enveloppe, cit. 11). *Question importante* (Cf. Faire, cit. 33). *Objet important* (Cf. Fer, cit. 9 ; hareng, cit. 1). *Assumer, jouer un rôle important* (Cf. Certainement, cit. 2). *Devoirs importants.* V. **Grave, sérieux.** *Exercer* (cit. 37) *une charge importante.* V. **Haut** (Cf. Décent, cit. 1). *Une matière aussi* (cit. 32) *importante* (Cf. Glisser, cit. 32). *Question extrêmement importante pour la vie de la nation.* V. **Capital, essentiel, vital.** *Affaire importante* (Cf. Entretenir, cit. 29). *Ne riez pas, c'est assez important pour qu'on en parle.* V. **Valoir** (la peine que...). *Ce n'est qu'une bagatelle* (cit. 13) : *vous en faites une affaire bien importante !* V. **État** (affaire d'). *Secret important, un point important.* V. **Crucial.** *Facteur* (cit. 3) *important.* V. **Poids** (de). *Progrès important.* V. **Appréciable, sensible.** *Il m'a rendu des services très importants.* V. **Insigne.** *Date importante, événement* (Cf. Fable, cit. 2) *important.* V. **Mémorable.** *Les circonstances les moins importantes en apparence* (Cf. Décider, cit. 3). *Rien d'important à signaler.* V. **Intéressant, notable** (Cf. Ascendant, cit. 1). *Fouilles* (cit. 1) *qui amènent d'importantes découvertes.*

— (*Au superlatif relatif*). V. **Principal** (Cf. Contredire, cit. 5). *Ce sont les hommes* (cit. 143) *qui détiennent les postes les plus importants, les postes clés. La partie la plus importante de l'éducation* (Cf. Gymnase, cit. 2). V. **Essentiel, fondamental, majeur.** *Le point le plus important d'un débat.* V. **Vif** (le vif du débat). *Examen* (cit. 3) *des questions les plus importantes. Le fait le plus important de l'histoire naturelle.* V. **Dominant ; pierre** (angulaire, fondamentale). Cf. Fixité, cit. 6. *L'acte le plus important du gouvernement en cette matière.* V. **Décisif.** *C'est le chapitre le plus important de l'ouvrage.* V. **Substantiel.** *La pièce la plus importante d'une exposition,* la pièce maîtresse (Cf. Beau, cit. 119).

1 « Il est possible qu'à ceux qui emploient bien le temps, la science et l'expérience croissent avec la vie ; mais la vivacité, la promptitude, la fermeté, et autres parties bien plus nôtres, plus importantes et essentielles, se fan(iss)ent et s'alanguissent. »
    MONTAIGNE, **Essais,** I, LVII.

2 « ... il n'est jamais permis aux particuliers de demander la mort de personne ;... la vie des hommes est trop importante, on y agit avec plus de respect :... »
    PASC., **Provinc.,** XIV.

3 « De soins plus importants je l'ai crue agitée, »
    RAC., **Andromaque,** I, 2.

4 « ... la mort, qui est la plus importante action de notre vie,... »
    SÉV., 1008, 15 janv. 1687.

5 « ... notre habitude de traiter sérieusement les choses les plus futiles, et de tourner les plus importantes en plaisanterie ;... »
    D'ALEMB., **Éloge de Montesquieu,** Œuvr., t. III, p. 442.

6 « J'ai entre les mains des papiers importants qui la concernent, qui ne peuvent être confiés à personne, et que je ne dois ni ne veux remettre qu'entre ses mains. »
    LACLOS, **Liais. dang.,** Lettre CXX.

7 « ... dans certains milieux, on ne dit plus d'un roman ou d'un poème qu'il est beau ou plaisant ou émouvant. On prend une voix riche et soucieuse pour conseiller : « Lisez-le : c'est très *important* ». Important, comme un discours de Poincaré..., comme l'interview d'un leader travailliste. Imaginez Mᵐᵉ de Sévigné écrivant à sa fille : « J'ai vu *Esther* : c'est très important. » Les littérateurs vont-ils devenir des importants ? »
    SARTRE, **Situations II,** p. 35.

— IMPORTANT À (et l'infin.), POUR (quelque chose ou quelqu'un). V. **Utile.** *C'est important à savoir. Rien n'est plus important pour vous* (Cf. Hésiter, cit. 14). V. **Nécessaire.** — *Vx. Important à quelqu'un :* qui le concerne. *On vous a montré ce qui vous était important* (Cf. Histoire, cit. 1).

8 « Je voudrais qu'un homme judicieux nous donnât un traité de l'art d'observer les enfants. Cet art serait très important à connaître : les pères et les maîtres n'en ont pas encore les éléments. »
    ROUSS., **Émile,** III.

— *Cela seul est important* (Cf. Etre 1, cit. 51). V. **Compter, importer** 2. *Le présent seul est important* (Cf. Encombrer, cit. 6).

— *Impers. Il est important de,* suivi de l'infinitif. *Il est important que,* suivi du subjonctif. *Il est important d'agir vite, que nous agissions vite.*

9 « ... je me mêle de lui apprendre les manèges des conversations ordinaires, qu'il est important de savoir :... »
   SÉV., 1102, 10 déc. 1688.

10 « Il est important que l'on confronte tous les témoins... »
   VOLT. (Cf. Confrontation, cit. 1).

— *Substant.* Ce qui importe. *L'important est de,* suivi d'un infinitif. *L'important est que,* suivi d'un subjonctif. V. **Tout** (le tout). *L'important est de savoir vivre avec ses maux* (Cf. Guérir, cit. 33). *L'important est qu'il vienne vite.* — *Parer au plus important.* V. **Pressé, urgent.** *Le plus important est fait* (Cf. Voilà un grand point* de gagné, une bonne chose de faite).

11 « L'important n'est pas de savoir ce qui est vrai ou ce qui est faux,... »
   JALOUX, Les visiteurs, VIII.

 ‖ 2° (Dans l'ordre quantitatif). V. **Fort, grand, gros.** *Un nombre important de milliards* (Cf. Evaluer, comp., cit.). *Héritage important, somme importante.* V. **Beau** (7°), **élevé.** *Importante majorité. Importante proportion. Les stocks importants constitués par un grossiste* (cit.). *La section la plus importante du monde anglo-saxon* (Cf. Garant, cit. 7). *Retard important du courrier* (cit. 5. Cf. Beaucoup* de retard). *Il joue pour une part importante dans ce résultat.* V. **Beaucoup** (pour).

12 « Il en vint à exhaler toute son amertume contre le testament de son beau-père. Comprenait-on cela ? des legs si nombreux, si importants, qu'ils atteignaient presque la moitié de la fortune,... »
   ZOLA, La bête humaine, p. 110.

— REM. Souvent *Important* est utilisé en un sens à la fois qualitatif et quantitatif. *Savant qui fournit une importante contribution aux recherches linguistiques. L'humanisme* (cit. 7) *réserve une place importante aux études littéraires. Exploration* (cit. 2) *qui donne .d'importants résultats.* — *Produit qui tient une importante place dans l'industrie alimentaire* (Cf. Fécule, cit. 2), *auquel on assure un débouché important* (Cf. Fonte, cit. 3). V. **Large.**

13 « ... ce livre a fait partie du choix des douze meilleurs romans élus pour une nouvelle collection qui s'annonce assez importante. »
   GIDE, Ainsi soit-il, p. 17.

 II. (*En parlant de personnes*). Qui a de l'importance* par sa position, sa situation. V. **Considérable, influent.** *D'importants personnages.* V. **Grand** (cit. 46), **haut ; notable ; potentat** (Cf. De gros bonnets*, et *aussi* Associer, cit. 8 ; gredin, cit. 1). *Un important commanditaire.* V. **Gros** (Cf. Fonds, cit. 4). *C'est un monsieur tout ce qu'il y a de plus important* (Cf. *pop.* Ce n'est pas de la petite bière*). *Devenir important.* V. **Quelqu'un.** *Se prendre pour quelqu'un d'important.* V. **Chose** (se croire quelque). Cf. Gober (se).

14 « Comme si d'occuper ou plus ou moins de place
  Nous rendait, disait-il, plus ou moins importants. »
   LA FONT., Fabl., VIII, 15.

15 « Cette Mme Tambonneau était riche, bien logée et meublée, et avait trouvé le moyen de voir chez elle la meilleure et la plus importante compagnie de la cour et de la ville sans donner à jouer ni à manger. »
   ST-SIM., Mém., I, XXVII.

— *Péjor.* En parlant des airs*, des manières* de celui qui croit ou veut faire croire à son importance*. V. **Arrogant** (cit. 7 LA BRUY.), **infatué, vain.** *Prendre, se donner des airs importants.* V. **Affecté, avantageux, glorieux, gourmé.** — *Faire* l'important.* V. **Affecter** (de grands airs), **pontifier, rengorger** (se), **trôner ; monsieur** (faire le), **volume** (faire du).

16 « Puis il passa vivement, d'un air important et pressé, comme s'il allait rédiger aussitôt une dépêche de la plus extrême gravité. »
   MAUPASS., Bel-Ami, p. 69.

ANT. — **Accessoire, anodin, bas, dérisoire, frivole** (cit. 5), **futile, insignifiant, léger, malgre, ordinaire, vain. Bagatelle, bêtise, broutille, détail, vétille.**

IMPORTATEUR, TRICE. *n. et adj.* V. IMPORTER 1 (*Dér.*).

IMPORTATION. *n. f.* (1734 in BRUNOT ; angl. *importation*).

— *Comm.* Action d'importer, de faire entrer dans un pays des marchandises, des produits, etc., provenant d'autres pays. *Augmentation, diminution des importations en provenance de l'étranger, des territoires d'Outre-mer. Balance* des importations et des exportations* (cit. 5). V. **Commerce*** (extérieur). *Réduction des achats à l'étranger par le contingentement*, la limitation* des importations. Prohibition* d'importations. Importation en franchise. Importation soumise aux droits de douane** (cit. 1). *Importation en contrebande, sans déclaration. Importation de marchandises prohibées. Licence* d'importation. Importation de devises* (Cf. Banquier, cit. 3). *Importation de produits alimentaires, manufacturés... Articles d'importation. Avantages de l'importation* (Cf. Importateur, cit.). *Pays tributaire des importations.*

1 « En période d'équipement et de construction d'une économie, les considérations de besoins l'emportent sur celles de disponibilités. L'acte essentiel pour la réalisation du plan est l'importation. Il s'agit d'assurer à l'économie nationale les matières premières et les produits de consommation essentiels qui lui manquent,... »
   P. GEORGE, Les grands marchés du monde, pp. 51-52 (éd. P.U.F.).

— *Spécialt.* Action d'introduire une race animale, une espèce végétale dans un pays pour l'y acclimater. *La chèvre angora, d'importation assez récente en France. L'importation de la pomme de terre en Europe.*

— *Par anal.* Transport d'une maladie contagieuse d'un pays dans un autre. *L'importation du choléra en Europe* (LITTRÉ). *L'importation de la myxomatose en France.* — *Par ext.* Ce qui est importé. *Une importation d'origine étrangère. Importations de luxe. Coût des importations.* — *Par métaph.* :

2 « Les églises gothiques dans le Midi ne sont que des importations très mal assorties avec les êtres qui les peuplent et avec le ciel d'un bleu véhément qui les gâte. »
   HUYSMANS, La Cathédrale, III.

— *Fig.* V. **Apport, introduction.** *L'importation de modes, de thérapeutiques étrangères. Danse de fraîche importation* (Cf. Cake-walk, cit.).

3 « Il me paraît qu'on maltraite un peu en France les pensées et les bourses. On craint l'exportation du blé et l'importation des idées. »
   VOLT., Lettre à Chabanon, 3689, 28 sept. 1770.

ANT. — **Exportation.**

1. IMPORTER. *v. tr.* (1396, en Normandie ; 1669 COLBERT ; angl. « *to import* »). *Comm.* Introduire* dans un pays des productions d'autres pays (Cf. Fréter, cit. 1 ; importateur, cit.). *La France importe du café, du coton, de la houille, des machines... qu'elle achète à l'étranger et dans les territoires d'Outre-mer. Produits importés assujettis aux droits* de douane.* — *Absolt. Importer en contrebande.* — *Pronominalt.* (à sens réfléchi). *Les bois de Norvège s'importent en France.*

1 « Il va de soi que le commerçant qui importe des marchandises devra ajouter à la valeur d'origine de cette marchandise le montant des droits payés à la douane... si la majoration de prix ne portait que sur les marchandises importées, ce ne serait que peu de chose, mais cette même majoration se répercute nécessairement sur toutes les marchandises similaires produites dans le pays parce que naturellement leurs producteurs ne veulent pas les vendre à un prix inférieur à celui des marchandises importées. »
   Ch. GIDE, Cours d'écon. polit., II, pp. 37-38.

— *Par anal. Importer un brevet de fabrication. Le crosne, légume importé du Japon.* — *Fig.* (Cf. Chantage, cit. 1 ; dépister, cit. 1). *L'anglo-normand, idiome importé en Angleterre par Guillaume le Conquérant* (Cf. Français, cit. 14). *La habanera, danse importée de La Havane.*

2 « ... les deux mots importés par madame de Staël (*classique et romantique*)... »
   HUGO, Odes et ballades, Préf. de 1824.

3 « Elle fut accusée... de vouloir importer sur le théâtre des habitudes d'outre-Rhin et d'outre-Pyrénées, des castagnettes, des éperons, des talons de bottes,... »
   BAUDEL., La Fanfarlo.

ANT. — **Exporter.** — COMP. — **Réimporter.**

DER. — **Importable.** *adj.* (1802). Qu'il est permis ou possible d'importer (*peu usit.*). *Denrée, produit importable* (ANT. **Exportable ;** prohibé). — **Importateur, trice.** *n. et adj.* (1770 ; *importeur* en 1764). *Comm.* Celui, celle qui fait le commerce* d'importation. *Importateur de fruits et légumes. Importateur de produits exotiques...* Adjectivt. *Firme importatrice. Pays importateur,* qui importe. V. **Client** (ANT. **Exportateur ; vendeur**).

« ... (*des richesses*) que le pays importateur pourrait produire s'il le fallait, mais qu'il ne pourrait produire qu'avec plus de peine et plus de frais que le pays d'origine, parce que celui-ci se trouve dans des conditions de supériorité naturelle ou acquise... En ce cas, l'avantage de l'importation consiste dans l'*économie de travail* réalisée par le pays importateur et se mesure par la différence entre le prix à payer pour la marchandise importée et le prix auquel elle reviendrait s'il fallait la produire sur place. »
   Ch. GIDE, Cours d'écon. polit., II, p. 22.

2. IMPORTER. *v. intr.* (1536 RAB. au sens moderne ; empr., selon WARTBURG, à l'ital. *importare,* du lat. *importare,* « porter dans », et, *par ext.* « causer, entraîner »). — REM. *Importer* ne s'emploie qu'à l'infinitif, au participe présent et aux troisièmes personnes.

 ‖ 1° (*En parlant de choses*). Avoir de l'importance*, présenter de l'intérêt pour quelqu'un ou (*vieilli* ou *littér.*) pour quelque chose. V. **Intéresser.** *Cette affaire* (cit. 7) *t'importe. Une chose qui nous importe si fort* (Cf. Ame, cit. 29). *Le passé m'importe moins que le futur* (cit. 2). *Cela ne nous importait guère* (Cf. Hâle, cit. 4).

1 « Allez : cet ordre importe au salut de l'Empire. »
   RAC., Britann., II, 1.

2 « ... la nature se moque des individus. Pourvu que la grande machine de l'univers aille son train, les cirons qui l'habitent ne lui importent guère. »
   VOLT., Lettre à Mme du Deffand, 3278, 8 févr. 1768.

3 « Nymphes ! si vous m'aimez, il faut toujours dormir !...
  Votre sommeil importe à mon enchantement... »
   VALÉRY, Poés., Charmes, Fragm. du Narcisse, I, pp. 135-136.

— *Absolt.* V. **Compter ; important** (être). *La seule chose qui importe* (Cf. Affranchissement, cit. 2). *Ce qui importe avant tout* (Cf. Borne, cit. 16). *Cela importe peu* (Cf. Cohérence, cit. 3).

4 « La pureté du dessin, la force ou la finesse du modelé, l'harmonie de la couleur, l'imitation de la nature, idéalisée par le style, importent autrement que la curiosité ou le choix du fait. »
   GAUTIER, Portr. contemp., p. 295.

5 « Qu'est-ce qui importe en ce monde, sinon de faire naître le bonheur sur un beau visage ? »
   MAUROIS, Bernard Quesnay, XXXI.

— Impersonnel. *Il importe de,* suivi d'un infinitif. *Il importe de ne pas heurter* (cit. 16) *la vérité. Les femmes* (cit. 7) *dont il lui importait d'être aimé.* — *Il importe que...,* suivi d'un subjonctif (Cf. Fonder, cit. 26). *Il importait qu'il vînt seul.*

6   « Il m'importe qu'on soit une fois éclairci à fond de vos déportements. »   MOL., G. Dand., III, 6.

7   « Tout cela nous est inutile à savoir pour en sortir ; et tout ce qu'il nous importe de connaître est que nous sommes misérables, corrompus, séparés de Dieu, mais rachetés par Jésus-Christ ;... »
                                    PASC., Pens., VIII, 560.

8   « Il n'importe pas que le czar se soit enivré,... il importe de connaître un pays qui a vaincu les Suédois et les Turcs,... »
                                    VOLT., Lettre à d'Argental, 1493, 19 août 1757.

9   « ... elle (*la maladie*) risque de tuer la moitié de la ville avant deux mois. Par conséquent, il importe peu que vous l'appeliez peste ou fièvre de croissance. Il importe seulement que vous l'empêchiez de tuer la moitié de la ville. »   CAMUS, La peste, p. 62.

— *Il importe...,* suivi d'une interrogative indirecte. *Il m'importe assez peu par qui je suis gouverné* (cit. 31 RENAN). — REM. En ce cas, la construction avec le subjonctif est vieillie. On ne dirait plus comme MONTESQUIEU (Rom., XI) : « À un homme qui n'a rien, il importe assez peu, à certains égards, en quel gouvernement il vive. »

|| 2° IMPORTER, employé dans des locutions interrogatives ou négatives (de valeur ou de forme) qui marquent toute l'indifférence à l'égard d'une chose, le peu de cas qu'on en fait.

— QU'IMPORTE ? *loc. interrog.* QU'IMPORTE ! *loc. exclam.* PEU IMPORTE. loc. affirm. de forme (mais où l'adv. *peu** prend un sens négatif). *Qu'importe l'avenir ?* (Cf. Assouvir, cit. 10). *Qu'importe la gloire ?* (Cf. Embaumer, cit. 1, et aussi À quoi bon ?). « *Qu'importe le flacon* (cit. 6), *pourvu qu'on ait l'ivresse* » (MUSS.). *Que lui importent ces querelles ?* (Cf. Éterniser, cit. 9). *Peu m'importe son avis.* V. Chaloir (peu me chaut). *Peu m'importent les classes sociales* (Cf. Bourgeois, cit. 12 GIDE). — REM. *Qu'importe* et *peu importe* peuvent rester invariables, même devant un sujet pluriel.

10   « Qu'importe sa pitié, sa joie, et sa vengeance ? »
                                    VOLT., Mérope, IV, 1.

11   « Vous n'êtes pas à lui, mais à moi. Que m'importe
        Tous vos autres serments ! »   HUGO, Hernani, V, 6.

12   « Que m'importe le jour ? Que m'importe le monde ?
        Je dirai qu'ils sont beaux quand tes yeux l'auront dit. »
                                    VIGNY, Poèm. philos., La maison du berger, I.

13   « ... mais qu'importent toutes les choses qu'on possède, si l'on n'a pas la seule qu'on souhaite ? » GAUTIER, Roman de la momie, p. 60.

14   « ... que m'importe un bonheur édifié sur l'ignorance ? »
                                    GIDE, Nouvelles nourritures, I, IV.

15   « ... et d'ailleurs qu'importaient les paroles ? Il jouissait de cette présence harmonieuse ;... »   MAUROIS, Chateaubriand, X, III.

16   « Peu importe les noms. Il ne s'agit pas du tout de noms, ni de personnes. »   VERCORS, Le sable du temps, I, L'art et l'imposture.

— Avec une complétive introduite par *que* au subjonctif (Cf. Après, cit. 85 ; hasard, cit. 29). « *Qu'importe que ce soit un sabre... qui vous gouverne !* (cit. 30 GAUTIER). *Que ce soit lui ou vous, peu m'importe* (Cf. Ça m'est égal). — Avec une interrogative indirecte à l'indicatif, au conditionnel, ou (*vx*) au subjonctif. *Peu importe où nous irons. Qu'importe ce qui m'arrive !* (Cf. Exiler, cit. 4). *Peu lui importait si elle vous verrait ou non. Que m'importe combien vous gagnez !*

17   « Et que m'importe donc, dit l'âne, à qui je sois ?...
        — Notre ennemi, c'est notre maître : » LA FONT., Fabl., VI, 8.

18   « ... peu m'importe qu'elles (*les femmes*) me haïssent, si je les force à m'estimer. »   ROUSS., Émile, V.

19   « Que m'importe après tout que depuis six années
        Ce roi fût retranché des têtes couronnées, »
                                    HUGO, Voix intérieures, II, III.

— Absolt. *La foule* (cit. 15) *raille le penseur. Qu'importe !* V. Faire (qu'est-ce que cela peut faire ?). *D'ailleurs, peu importe* (Cf. Détenir, cit. 4).

20   « ... vous ne courez donc pas
        Où vous voulez ? — Pas toujours ; mais qu'importe ? »
                                    LA FONT., Fabl., I, 5.

21   « Je jouai et je perdis à peu près tout ce que je possédais, en quelques heures... Mais que m'importait ! »
                                    BARBEY d'AUREV., Une vieille maîtresse, I, VII.

— IL N'IMPORTE (Cf. Aussi, cit. 54 ; cavalier, cit. 10), et *ellipt.* N'IMPORTE (Cf. Falloir, cit. 23 ; gouverneur, cit. 5). *Quand voulez-vous partir ? N'importe, j'ai tout mon temps. Lequel préfères-tu ? Oh ! n'importe* (Cf. Cela m'est égal, peu importe).

22   « Tourmentés, déchirés, assassinés, n'importe. »
                                    CORN., Pol., III, 3.

23   « Mais il n'importe, il faut suivre ma destinée : »
                                    MOL., Misanthr., IV, 3.

24   « Soit qu'ainsi l'ordonnât mon amour ou mon père,
        N'importe :... »   RAC., Andr., IV, 3.

25   « Des conciliateurs se sont présentés avec de sages paroles entre les deux fronts d'attaque. Ils seront peut-être les premiers immolés, mais n'importe ! »   HUGO, Odes et ballades, Préf. de 1824.

— (*Il*) N'importe exprimant l'opposition (Cf. Malgré cela, n'empêche que). *Ce film est un peu long ; n'importe, il m'a bien plu.*

26   « ... ma fille ne comprend pas qu'ayant de la santé, vous n'ayez point eu la pensée de nous venir voir,... J'ai beau lui représenter que nous n'en sommes pas là,... il n'importe, elle veut que je hasarde de vous en faire la proposition. »   SÉV., 1421, 29 juin 1695.

— N'IMPORTE QUI, QUOI. V. Qui*, quoi* (que ce soit) ; N'IMPORTE LEQUEL, LAQUELLE, *loc. pron. indéf.* ; N'IMPORTE QUEL, QUELLE..., *loc. adj. indéf.* ; N'IMPORTE COMMENT (cit. 16), N'IMPORTE OÙ, N'IMPORTE QUAND, *loc. adv. indéf.*

27   « *N'importe,* ancien verbe, est devenu une formule qui s'ajoute à *quel,* suivi d'un nom, ou bien à *qui, quoi,* nominaux, pour les indéterminer. On se rappelle la fameuse formule donnée à une certaine politique française : *Mettre* n'importe qui n'importe où, *pour* n'importe quoi. »   BRUNOT, Pens. et lang., p. 140.

— *Les sentiments qu'aurait n'importe qui* (Cf. Convenir, cit. 7). *Ce n'est pas n'importe qui, ce n'est pas le premier venu** (Cf. C'est quelqu'un*). *Acheter n'importe quoi* (Cf. Épicerie, cit. 2). *N'importe quoi de lourd* (Cf. Goudronner, cit. 3). *N'importe lequel d'entre nous* (Cf. Humanité, cit. 4). *N'importe quel genre* (Cf. Essai, cit. 18). *N'importe quelle autre femme* (Cf. Cramponner, cit. 2). *Je te suivrai n'importe où* (Cf. Homme, cit. 160). *Avion qui atterrit n'importe où* (Cf. Fusée, cit. 5). *N'importe où l'on regarde.* V. Partout (Cf. Grisaille, cit. 6). — REM. *N'importe,* suivi d'un interrogatif au pluriel, reste invariable. « *Quelles fleurs dois-je lui offrir ? N'importe lesquelles.* »

28   « Enfin, mon âme fait explosion, et sagement elle me crie : « N'importe où ! pourvu que ce soit hors de ce monde. »
                                    BAUDEL., Spleen de Paris, XLVIII.

29   « De tous les mouvements désordonnés qu'elle soulevait en moi, le plus fougueux, le plus irrésistible était de répondre, n'importe comment, à cet air de défi qui respirait en toute sa personne... »
                                    BARBEY d'AUREV., Une vieille maîtresse, I, VII.

30   « Autant celui-là, du moment qu'elle n'en aimait pas d'autre et qu'elle en prenait un, n'importe lequel, pour qu'il la défendît et pour que Buteau enrageât. Elle aussi aurait un homme à elle. »
                                    ZOLA, La terre, IV, VI.

31   « Il voudrait trouver des accents capables de convaincre, d'émouvoir,... n'importe quel homme, même un ennemi de son idéal, qui serait égaré dans ce meeting. »
                                    ROMAINS, H. de b. vol., t. IV, XXIII, p. 255.

32   « — C'est dur, hein, de se sentir n'importe qui ?
        — On s'y fait, dit Odette. »   SARTRE, Le sursis, p. 26.

— Avec une préposition placée devant la locution. *Gagner* (cit. 46) *à n'importe quel prix ; sortir à n'importe quelle heure* (Cf. Galant, cit. 18). *Il y a de braves gens sous n'importe quels costumes* (Cf. Étage, cit. 17). — REM. On rencontre encore la tournure vieillie avec préposition intercalée entre *importer* et le pronom, adjectif ou adverbe régime. *Foncer* (cit. 2 TAINE) *n'importe sur qui, sur quoi. Nuire n'importe à qui* (Cf. Haine, cit. 33 HUGO).

33   « Un jour, dit un auteur, n'importe en quel chapitre, »
                                    BOIL., Épit., II.

34   « ... ils causaient de n'importe quoi, de choses qu'ils savaient parfaitement, de personnes qui ne les intéressaient pas, de mille niaiseries. »
                                    FLAUB., Éduc. sentim., III.

35   « Chacune des deux sœurs jurait qu'elle rachèterait la maison n'importe à quel prix, quitte à y laisser sa dernière chemise. »
                                    ZOLA, La terre, IV, VI.

36   « Dans la lueur des réverbères, il voit deux messieurs en chapeau haut de forme, décorés, encadrant un monsieur barbu qui fume une cigarette et qui n'a pas l'air d'un importe qui. »
                                    ROMAINS, Les copains, p. 163.

ANT. — Indifférent (être).

IMPORTUN, UNE (in-por-tun, -tun'). adj. (1327 ; lat. *importunus,* « inabordable », d'où au *fig.* « incommode, désagréable »). Qui déplaît, ennuie, gêne par une présence ou une conduite hors de propos*. V. Indiscret* ; bassinant (*pop.*), collant (*fam.*), embêtant (*fam.*), ennuyeux*, envahissant, fatigant, gluant (*fig.*), insupportable, tannant (*pop.*). *Se rendre importun en cherchant à s'imposer dans une maison. Assiduités d'un importun. Il craint de vous être importun* (ACAD.). V. Importuner. *Se sentir importun.* V. Trop (de). *Gêner,* cit. 10. *Ces gens importuns qui se mêlent de tout.* V. Ardélion ; empressé (cit. 1) ; mouche (du coche) ; officieux (faire l'). *Être harcelé par des quémandeurs importuns. Débarrassez-moi de ce personnage importun.* V. Embarrassant, encombrant. — Substant. V. Fâcheux (cit. 13), gêneur, indiscret, intrus (Cf. *fam.*, pop. ou *arg.* Canule, casse-pieds, cauchemar, colique, crampon, emmerdeur, fléau, glu, lavement, raseur, rasoir, seringue). *Dieu nous garde des importuns* (Cf. Bas, cit. 9). *Éviter* (cit. 11) *un importun. Un importun dont la visite ennuie* (cit. 12).

1   « Un fâcheux et vous c'est tout un :
        Vous êtes le plus importun
        Que jamais je vis. »   MAROT, Opuscules, II, Œuvr., t. I, p. 27.

2   « ... j'aime mieux être importun et indiscret que flatteur et dissimulé. »   MONTAIGNE, Essais, II, XVII.

3   « Prétendez-vous longtemps me cacher l'Empereur ? »
        Ne le verrai-je plus qu'à titre d'importune ? » RAC., Britann., I, 2.

4 « Un importun est celui qui choisit le moment que son ami est accablé de ses propres affaires, pour lui parler des siennes. »
LA BRUY., Caract. de Théophraste, Du contretemps.

5 « Au reste, on ne nous laissait guère(s) le soin d'éviter l'ennui par nous-mêmes ; et les importuns nous en donnaient trop par leur influence, pour nous en laisser quand nous restions seuls. »
ROUSS., Confess., V.

6 « Elle feignit un mal de tête, et l'on sait qu'un mal de tête pour une jolie femme est une manière civile de congédier les importuns. »
MARMONTEL, Contes moraux, L'heureux divorce, p. 181.

7 « ... il (Élie) avait en effet ce regard tendre et mouillé des chiens qui se savent importuns... »
MAURIAC, L'enfant chargé de chaînes, p. 103.

— Vx. *Importun à soi-même*, qui est pour soi-même une cause d'embarras, de peine.

8 « Captive, toujours triste, importune à moi-même, »
RAC., Androm., I, 4.

— *Par anal.* Qui poursuit, tracasse d'une manière continue, répétée. *Bétail assailli par les taons importuns.* — *Fig.* (Cf. Fleur, cit. 2). *Être obsédé d'un souci importun.* V. **Accablant, obsédant.** — Qui est incommode par sa continuité, sa fréquence ou son excès. V. **Agaçant, excédant.** *Affluence* (cit. 1), *attente* (cit. 3) *importune. Une pluie importune* (ACAD.). *Babil* (cit. 1), *caquet importun.* V. **Étourdissant, tuant.** *Plaintes importunes.* V. **Jérémiade.**

9 « Par des vœux importuns nous fatiguons les dieux, »
LA FONT., Fabl., VIII, 5.

10 « Non, quoi que vous disiez, mon âme inquiétée
De soupçons importuns n'est pas moins agitée. »
VOLT., Œdipe, IV, 1.

11 « Les premières notes effleurèrent, comme des mouches importunes, le sommeil de la bête endormie. »
COLETTE, Hist. pour Bel-Gazou, p. 49.

— *Par ext.* (En parlant de choses). V. **Désagréable, gênant, incommode, inopportun, intempestif** (Cf. Éteindre, cit. 20). *Présence, visite importune. Manifestation importune d'empressement* (cit. 7). *Une joie presque importune* (Cf. Furtif, cit. 12). *Attitude importune au plus haut point.* V. **Intolérable.** *Circonstance importune. Tenir des propos importuns* (V. **Lantiponner**). *Épargnez* (cit. 10) *-lui des détails importuns.*

12 « Je ne veux point, Monsieur, d'une flamme importune
Troubler aucunement votre bonne fortune. »
MOL., Misanthr., V, 2.

13 « Ses amis lui déplaisaient, leur société lui était importune,... »
MARMONTEL, Contes moraux, L'heureux divorce, p. 165.

14 « ... je m'amusais à deviner les contours et les formes à travers un vêtement léger, mais toujours importun. »
LACLOS, Liais. dang., Lettre LXXVI.

15 « Toute curiosité dont il peut être l'objet lui est importune. »
FROMENTIN, Été dans le Sahara, p. 12.

16 « Nulle présence importune ne pouvait interrompre l'entretien de leurs cœurs amoureux ; la contrainte ne faisait que le rendre plus intense et plus doux. »
R. ROLLAND, Jean-Christ., Le matin, III, p. 203.

ANT. — Discret ; opportun ; utile. Agréable.

DER. — Importuner. — Importunément. adv. (XVe s.). D'une manière importune (peu usit.). *Il revient importunément à la charge* (ACAD.). *Vous arrivez bien importunément.*

IMPORTUNER. v. tr. (1508 ; de *importun*). Ennuyer, fatiguer par ses assiduités ; gêner par une présence ou un comportement hors de propos. V. **Agacer, assiéger, assommer, embarrasser, ennuyer**, **excéder** (cit. 14), **fatiguer, gêner** (cit. 20), **persécuter, tracasser** (Cf. Ennuyer*, pour les équivalents *fam.* ou *pop.*). *Il est toujours à m'importuner.* V. **Après** (être après quelqu'un). Cf. Être accroché*, pendu aux basques* ; être toujours sur le dos*, les talons* de quelqu'un. *Ne m'importune pas davantage.* V. **Colère** (allumer, exciter la). *Être importuné par ses créanciers.* V. **Harceler, poursuivre, talonner.** *Ce terrible bavard est venu m'importuner juste au moment où j'allais sortir* (Cf. Tomber sur les bras, *arg.* le poil ; tenir la jambe*). *Je ne veux pas vous importuner plus longtemps.* V. **Déranger** (Cf. Prendre le temps* de quelqu'un). *Importuner quelqu'un de ses réclamations, de ses récriminations, de ses criailleries...* V. **Aboyer, assaillir, assourdir, obséder,** (fam.) **tarabuster** (Cf. Cœur, cit. 71 ; Ne donner ni paix* ni trêve).

1 « Si tu m'importunes davantage de tes sottes moralités,... »
MOL., D. Juan, IV, 1.

2 « De ma présence encore j'importune vos yeux. »
RAC., Bérén., III, 3.

3 « Ne m'importune plus de tes raisons forcées.
Je vois combien tes vœux sont loin de mes pensées. »
ID., Bajazet, II, 1.

4 « (Cette race) Qui m'importune et me lasse. »
LA FONT., Fabl., VIII, 20.

5 « ... on ne le voit guère dans les temples importuner les dieux, et leur faire des vœux ou des sacrifices ; »
LA BRUY., Caract. Théophraste, De la brutalité.

6 « Je vous prie de me laisser en repos, et de ne m'importuner plus de vos querelles. »
MONTESQ., Lett. pers., XI.

7 « Je fais scrupule de l'importuner trop souvent par mes lettres... »
D'ALEMB., Lett. au roi de Prusse, 18 déc. 1769.

8 « ... je m'éloignerai des sacrifices et des danses, afin de ne point importuner de ma tristesse ceux qui peuvent avoir du plaisir. »
SENANCOUR, Oberman, XXXII.

9 « — Je voudrais, dit-il en pénétrant dans l'atelier, je voudrais être sûr, monsieur Aufrère, que je ne vous importune pas. »
DUHAM., Salavin, V, I.

10 « Tu ne me verras pas. Je ne t'importunerai pas. Je vivrai dans ton ombre. Je t'entourerai d'une protection dont tu n'auras même pas conscience. »
MAURIAC, Génitrix, X.

— *Par ext.* (En parlant de choses). V. **Incommoder, indisposer** (Cf. Anéantir, cit. 4). *Être importuné par le bruit, la fumée* (Cf. Figurer, cit. 13). *Jeune fille importunée par un projet de mariage* (Cf. Feindre, cit. 15). *Choses dont l'aspect* (cit. 3), *la vue importune.* V. **Déplaire.** *Il est si affligé que tout l'importune.* V. **Peser** (Cf. Arc, cit. 2).

11 « ... quitte un entretien dont le cours m'importune. »
RAC., Bérén., I, 3.

12 « ... les continuelles petites sœurs dont je suis importunée,... »
SÉV., 531, 4 mai 1676.

13 « ... il y avait quatre ans que Rancé n'existait plus. Bossuet se plaignait d'être importuné de sa mémoire ; »
CHATEAUB., Vie de Rancé, III, p. 160.

ANT. — Amuser, divertir ; repos (laisser en).

IMPORTUNITÉ. n. f. (1190 ; lat. *importunitas*, « difficulté d'accès » (d'un lieu), d'où au *fig.* « caractère désagréable, rigueur », sens développé en français à la fin du XIVe s.).

‖ 1° *Vieilli.* Action d'importuner. *Spécialt.* Sollicitation pressante, prière instante (V. **Instance**). *Extorquer* (cit. 2) *un consentement à force d'importunités.*

1 « Et je sais que d'un prompt trépas
Cette importunité bien souvent est punie. »
LA FONT., Fabl., IV, 3.

2 « ... ce que le cœur donne vaut mieux que ce qu'arrache l'importunité. »
ROUSS., Julie, 1re part., Lettre XIII.

3 « Accordez avec plaisir, ne refusez qu'avec répugnance ; mais que tous vos refus soient irrévocables ; qu'aucune importunité ne vous ébranle ; que le *non* prononcé soit un mur d'airain, contre lequel l'enfant n'aura pas épuisé cinq ou six fois ses forces, qu'il ne tentera plus de le renverser. »
ID., Émile, II.

4 « Lorsque les sénateurs se furent retirés, la signora Dorothée, malgré les prières et les importunités de son filleul, ne voulut jamais s'expliquer davantage. »
MUSS., Nouvelles, Le fils du Titien, III.

‖ 2° Caractère de ce qui est *importun**. *L'importunité d'une démarche, d'une requête.* — *Par ext.* Chose désagréable, ennui. V. **Incommodité, inconvénient.**

5 « Que d'importunités ! — Quoi donc ? Qui vous arrête...? »
RAC., Britann., II, 2.

6 « Mademoiselle de Launay avait d'ailleurs d'excellents meubles dans la sienne (*sa geôle*), où son ami Valincour les lui avait fait mettre, afin qu'elle supportât plus confortablement les importunités de sa prison. »
HENRIOT, Portr. de femmes, p. 135.

ANT. — Discrétion ; commodité ; amusement.

IMPOSABLE. adj. (1454 ; de *imposer*). Qui peut être imposé, assujetti à l'impôt. *Liste des personnes imposables.* V. **Contribuable, redevable.** — *Revenus imposables. Matière imposable :* l'assiette* de l'impôt.

1 « La matière imposable serait accrue... »
MONTESQUIOU, Rapport 27 août 1790 (in LITTRÉ, Matière).

2 « ... en Angleterre pendant la guerre... les revenus distribués ont augmenté considérablement, au point que presque tous les Anglais sont devenus imposables,... »
M. DUVERGER, Fin. publ., p. 65 (éd. P.U.F.).

3 « Fiscs, qui détruisez aveuglément la matière imposable, rappelez-vous ce catoblépas auquel vous ressemblez tant ! »
SIEGFRIED, La Fontaine..., p. 161.

IMPOSANT, ANTE. adj. (1715 LESAGE. Cf. *infra*, cit. 3 ; adj. partic. de *imposer*).

‖ 1° Qui impose*, qui inspire le respect*, une admiration* respectueuse. V. **Majestueux.** *Un monsieur, un vieillard imposant* (Cf. Effet, cit. 19). *Magistrat imposant.* V. **Solennel** (Cf. Frondeur, cit. 10). *Femme belle** *et imposante. Personnage imposant.* V. **Auguste.**

1 « ... lorsqu'une actrice imposante fait valoir le rôle de Médée, cette pièce (« *Médée*, de Longepierre) a quelque éclat aux représentations,... »
VOLT., Comment. s. Corneille, Rem. s. Médée, Préface.

2 « Ah ! Suzon, qu'elle est noble et belle ! mais qu'elle est imposante ! »
BEAUMARCH., Mar. Figaro, I, 7.

— *Air, aspect** (cit. 14) *imposant.* V. **Grave, noble***. *Sa beauté a quelque chose de noble et d'imposant* (Cf. Expirer, cit. 6). *Ton imposant* (Cf. Haut, cit. 99). V. **Magistral.** *Une façon* (cit. 16) *d'être imposante, digne et altière. Port imposant ; démarche, taille imposante.*

3 « Il (*ce docteur*) s'était mis en réputation dans le public par un verbiage spécieux, soutenu d'un air imposant,... »
LESAGE, Gil Blas, II, III.

4 « Sa manière extraordinaire elle-même, paraissait bien celle d'un prophète de l'Orient : mais peut-être elle n'était pas aussi grande, aussi auguste, aussi imposante qu'il l'eût fallu pour un législateur conquérant, un envoyé du ciel destiné à convaincre par l'étonnement, à soumettre, à triompher, à régner. »
SENANCOUR, Oberman, XXXIV.

5 « La maréchale était une femme d'une taille imposante,... »
VIGNY, Cinq-Mars, I.

6 « Ce costume d'apparat, qui jure d'ordinaire avec une beauté plastique, donnait à miss Bell un air imposant, un port royal. »
A. HERMANT, **L'aube ardente**, VI.

— REM. De nos jours, *Imposant* s'applique souvent, et parfois d'une manière plaisante ou ironique, à des personnes qui « en imposent » par leur taille élevée, leur corpulence (V. **Grand, gros**). *Une imposante douairière*.

|| 2° *En parlant de choses*, Dont la grandeur frappe l'imagination. *Appareil* (cit. 7), *faste*, spectacle imposant*. *Manifestation, scène imposante*. V. **Grandiose, pompeux, solennel, superbe**. *Un site imposant. Édifice dont l'architecture est imposante* (ACAD.). V. **Monumental**. *Monument* imposant*.

7 « La religion s'y montrait au peuple (*en Italie*) sous un appareil imposant, nécessaire aux imaginations sensibles. »
VOLT., **Essai s. l. mœurs**, CLXXXIII.

8 « Cette campagne était silencieuse, ces sites imposants et solennels. »
LOTI, **Aziyadé**, IV, XXXI.

|| 3° Qui impressionne par l'importance, la quantité, la dimension. V. **Considérable, formidable**. *Des forces militaires imposantes. Un imposant service d'ordre. Une somme imposante*.

9 « ... Thuillier fut proclamé membre du Conseil général du département de la Seine, à la plus imposante majorité, car il ne s'en fallut que de soixante voix qu'il eût l'unanimité. »
BALZ., **Petits bourgeois**, Œuvr., t. VII, p. 184.

— Grand, important. *D'imposantes coques* (cit. 6) *de cheveux. Un imposant paquetage. Un imposant in-folio*.

10 « ... les seize volontaires territoriaux... se distinguaient... par le fini de l'astiquage, par l'imposant édifice du sac et l'attitude résolue. »
CHARDONNE, **Destin. sentim.**, p. 343.

ANT. — Comique, insignifiant, ridicule. Petit.

IMPOSER. v. tr. (XIIe s. ; de *in*, « sur », et *poser*, sur le modèle du lat. *imponere*).

I. || 1° Poser, mettre (sur). Liturg. *Imposer les mains*, pour bénir, conférer certains sacrements (V. **Imposition**). — Par ext. *Guérisseur, hypnotiseur qui impose les mains*. — *Imposer les cendres*, lors de la cérémonie de la distribution des cendres. « *L'officiant impose... les cendres au prêtre qui les lui a imposées, à ses Ministres... et aux fidèles* » (R. LESAGE).

1 « ... après lui avoir imposé les mains sur la tête, il lui déclara ce que le Seigneur avait commandé. » BIBLE (SACY), **Nombres**, XXVII, 23.

2 « Après avoir imposé ses mains au-dessus du front de Wilfrid... »
BALZ., **Séraphita**, Œuvr., t. X, p. 482.

— Technol. (Imprim.). *Imposer une feuille* : grouper les pages* de composition et les serrer dans le châssis de façon à obtenir, après pliage de la feuille imprimée, un cahier présentant des marges correctes et une pagination suivie (V. **Forme**).

|| 2° *Par anal*. (Vx). *Imposer un nom à une chose, à une idée...* (Cf. Géomètre, cit. 3) : la désigner par un nom spécial.

3 « ... dans toutes les sciences on a eu la petite vanité d'imposer des noms fastueux aux choses les plus communes »
VOLT., **Des singularités de la nature**, VII.

II. || 1° Prescrire à quelqu'un une action pénible, difficile, désagréable... V. **Commander, demander** (impérativement), **exiger, prescrire**. *Imposer à* (quelqu'un). V. **Astreindre, contraindre, enjoindre, forcer, obliger**. *Imposer un travail, une tâche* (Cf. Griserie, cit. 6). *La charge, le fardeau, le travail qui lui est imposé*. V. **Incomber**. *Imposer un châtiment, une peine, une punition*. V. **Infliger ; condamner** (à). Cf. Expiatoire, cit. 2. *Imposer* (le) *silence* à quelqu'un :* le faire taire* (Cf. Avocat, cit. 5 ; étaler, cit. 41 ; face, cit. 7). — Fig. *Imposer silence à ses passions, à ses scrupules. Imposer le secret*. V. **Enjoindre**. — *Imposer une loi, sa loi*. V. **Dicter, donner, faire**. *Imposer son autorité* à quelqu'un*. V. **Soumettre** (à). *Imposer sa volonté, sa domination, son caprice* (cit. 8 et 10). *Savoir imposer le respect de ses arrêts, de ses décisions* (Cf. Arbitre, cit. 9). *Imposer un joug, des chaînes* (Cf. Faveur, cit. 19). *Imposer à des vaincus des conditions* sévères, draconiennes*. V. **Fixer**. *Imposer à tous les citoyens l'obligation*, la nécessité de...* (Cf. Exposition, cit. 14). *Imposer des règles, un régime**.

4 « Puisque Sertorius m'impose ce devoir. » CORN., **Sertor.**, II, 5.

5 « Quelque(s) dures que soient, Madame, les conditions que vous m'imposez, je ne refuse pas de les remplir. »
LACLOS, **Liais. dang.**, Lett. XLII.

6 « En vous soumettant à des privations légères, que je ne vous impose point, mais que je vous demande... » ID., **Ibid.**, XC.

7 « Surtout, sa grande idée (*de Charlemagne*) était d'en finir avec la Germanie, de dompter et de civiliser ces barbares, de leur imposer la paix romaine. » BAINV., **Hist. de France**, III.

8 « ... aussi le général entendait-il imposer, plus que faire agréer, les conditions qu'il avait signées. »
MADELIN, **Hist. Cons. et Emp.**, Ascension de Bonaparte, IX.

9 « ... les hommes supportent mal les restrictions qui leur sont imposées par le tyran national ou par la domination étrangère... »
DUHAM., **Scènes vie fut.**, IV.

— (Avec un nom de chose pour sujet). *Devoir*, obligations qu'impose la conscience* (Cf. Engagement, cit. 2), *la foi* (Cf. Fréquentation, cit. 7). V. **Impératif**. *Sentiments que l'éducation impose à l'enfant* (Cf. Chercher, cit. 42). *Procédés imposés par la loi* (Cf. Enchère, cit. 2). *Mesures que la nécessité avait imposées* (Cf. Généraliser, cit. 1). *La civilisation du XVIIIe siècle avait imposé sa forme à l'Europe* (Cf. Hiérarchie, cit. 10).

10 « Le fort fait ses événements, le faible subit ceux que la destinée lui impose. » VIGNY, **Journ. d'un poète**, p. 25.

11 « En fait de souvenirs nationaux, les deuils valent mieux que les triomphes, car ils imposent des devoirs, ils commandent l'effort en commun. » RENAN, **Disc. et conför.**, Qu'est-ce qu'une nation ?, Œuvr., t. I, p. 904.

12 « La liberté a les limites que lui impose la justice. »
RENARD, **Journ.**, 9 août 1905.

13 « Les hommes... ont besoin d'un mode de vie qui impose à chacun un effort constant, une discipline physiologique et morale, et des privations. » CARREL, **L'homme, cet inconnu**, III, XIV.

— Spécialt. *Imposer le respect*. V. **Inspirer** (Cf. *infra*, III, 3°).

14 « ... ce magistrat, dont la vieillesse vénérable impose le respect à tout un peuple... » PASC., **Pens.**, II, 82.

— Faire accepter, admettre (quelque chose) par une sorte de pression, de contrainte morale. *Imposer aux autres son opinion, son point de vue, ses façons de voir* (Cf. Catéchiser, cit. 1). *Imposer au public ses théories* (Cf. Faire, cit. 267). *Imposer son nom par la réclame* (Cf. Concurrent, cit. 6). — *Imposer une idée à son propre esprit*.

15 « La science lui impose la foi dans l'unité de la raison. »
R. ROLLAND, **Au-dessus de la mêlée**, p. 1.

16 « Le premier homme qui a su imposer à l'esprit d'un adolescent le respect d'une force morale plus haute conserve sur lui une autorité que l'orgueil même ne détruit pas. » MAUROIS, **Vie de Byron**, I, VIII.

— S'IMPOSER *quelque chose* (à soi-même) : s'en faire une loi*, une obligation*. *S'imposer l'obligation* de... S'imposer une contrainte, une discipline* (cit. 8), *une loi* (Cf. Dérober, cit. 26 ; éviter, cit. 49). *S'imposer un effort de volonté* (Cf. Ascèse, cit. 2), *un sacrifice... S'imposer un exercice, une promenade, un exil* (cit. 1). *S'imposer de faire quelque chose, en surmontant ses répugnances* (Cf. Se faire violence). *S'imposer une attitude, un comportement...* (Cf. Candeur, cit. 7).

17 « ... quiconque s'impose un devoir que la nature ne lui a point imposé, doit s'assurer auparavant des moyens de le remplir ; autrement il se rend comptable même de ce qu'il n'aura pu faire. »
ROUSS., **Émile**, I.

18 « Quand tu t'imposes le silence, tu trouves des pensées ; quand tu te fais une loi de parler, tu ne trouves rien à dire. »
STENDHAL, **Journ.**, p. 303.

19 « Ce garçon (*Lousteau*), habitué à ne rien dissimuler, s'imposait au logis un sourire semblable à celui du débiteur devant son créancier. Cette obligation lui devenait de jour en jour plus pénible. »
BALZ., **Muse du département**, Œuvr., t. IV, p. 187.

20 « ... elle s'était imposé, pour qu'au moins il réussît, des privations constantes et extrêmes. » LOTI, **Matelot**, III.

21 « Une méthode, c'est là ce que je ne puis parvenir à m'imposer... »
GIDE, **Journ.**, 3 mai 1906.

22 « La première règle que les maîtres doivent s'imposer, s'ils veulent imposer les autres aux enfants, c'est de respecter le langage réel, la vérité du langage. » BRUNOT, **Pens. et lang.**, p. 10.

23 « ... l'aptitude que possède l'être humain de s'imposer à lui-même une règle de conduite... crée en lui le sentiment d'une obligation, d'un devoir. » CARREL, **L'homme, cet inconnu**, IV, III.

— (En parlant des choses auxquelles on ne peut se dérober, que l'on est forcé de reconnaître, d'accepter, d'admettre ou de subir). *Choix, solution, nécessité qui s'impose* (Cf. Café, cit. 5 ; fédérer, cit.). *Le recours à l'analyse* (cit. 6) *s'impose. Les croyances qui s'imposent à l'homme* (cit. 86). *Ces déductions* (cit. 5) *s'imposèrent à son esprit. Notion qui ne s'est pas imposée sans lutte* (Cf. Homme, cit. 7). *Maximes d'équité* (cit. 19) *qui s'imposent au législateur lui-même. Technique qui s'impose à une époque donnée* (Cf. Gouvernail, cit. 3). *Cette tournure s'est imposée dès le moyen âge* (Cf. Gérondif, cit. 3). — *Passé, image qui s'impose au souvenir, à la mémoire* (Cf. Film, cit. 2). *S'imposer à l'imagination* (Cf. Abstraction, cit. 9). *Scène qui s'impose à l'œil, à l'esprit* (Cf. Assiette, cit. 10). *Œuvre qui s'impose à tous. Les estampes* (cit. 3) *de Rembrandt s'imposent même aux ignorants*. — Absolt. *La vérité s'impose par l'évidence*. V. **Triompher**. *Le génie s'impose, n'est pas contesté* (cit. 7).

24 « Mais la réalité présente parlait plus haut que les rêves du passé ; elle s'imposait, impérieuse. » R. ROLLAND, **Vie de Tolstoï**, p. 34.

25 « Mme de Fontanin faisait de vains efforts pour se ressaisir, et ne parvenait pas à accepter le spectacle qui s'imposait à sa vue. »
MART. du G., **Thib.**, t. II, p. 237.

|| 2° Faire accepter (quelqu'un) par force, autorité, prestige, etc. *Imposer quelqu'un pour chef, pour maître*. V. **Impatroniser** (Cf. Efflanquer, cit. 2). *Maître imposé par la force* (Cf. Exécrer, cit. 5). — Par ext. *Imposer sa présence* (Cf. *infra*, S'IMPOSER).

26 « Elle l'imposerait dans un petit rôle, pour commencer... »
ARAGON, **Beaux quartiers**, I, XIV.

— S'IMPOSER : se faire admettre, reconnaître... *S'imposer comme chef. S'imposer comme épouse* (Cf. Ascendant, cit. 9). *Il s'imposa pour remplir cet emploi. Dans cette circonstance, c'est lui qui s'impose* (Cf. Comparse, cit. 1). — Absolt. *S'imposer par le talent, la compétence...* (Cf. Gagner, cit. 41). — Péjor. *S'imposer d'une façon indiscrète. Il n'aime pas les gens qui s'imposent* (Cf. Défaire, cit. 17).

27 « Barère d'ailleurs persuadait d'autant mieux qu'il ne paraissait pas vouloir s'imposer. » JAURÈS, **Hist. social. Révol. fr.,** t. VI, p. 330.

28 « C'est alors que Bennigsen se décida à agir pour s'imposer par un éclatant succès. »
MADELIN, **Hist. Cons. et Emp.,** Vers l'Emp. d'Occident, XX.

29 « Qu'isolé dans les premières semaines, l'homme se soit, par un mélange de dignité et d'habileté, de fermeté et de tact, *imposé* aux puissances, puis *insinué* entre elles pour briser leur union contre la France, c'est là évidemment une de ces belles *parties de jeu* qui ravissent les connaisseurs. »
ID., **Talleyrand,** XXX.

‖ 3° Faire payer autoritairement. V. **Charger, frapper, grever.** *Imposer une charge, un tribut, une taxe, une contribution, des droits**... (V. **Imposition, impôt**). *Indemnités imposées au vaincu* (Cf. Boucher, cit. 3). *Gabelle* (cit. 1) *imposée sur...*

— Par ext. *Imposer quelqu'un :* l'assujettir à l'impôt, déterminer le montant de son imposition (Cf. Forfait, cit.). *Ceux que l'on impose.* V. **Contribuable, imposable** (Cf. infra, IMPOSÉ, p. p.). *Imposer exagérément, excessivement.* V. **Surcharger, surimposer.**

— *Imposer une marchandise :* percevoir sur elle des taxes, des droits. V. **Taxer.**

30 « ... le roi avait le cens et la taille, l'évêque avait la dîme, le seigneur imposait tout, battait monnaie avec tout. Plus rien n'appartenait au paysan, ni la terre, ni l'eau, ni le feu, ni même l'air qu'il respirait. » ZOLA, **La terre,** I, V.

III. ‖ 1° *Vx.* Mettre sur le compte de, attribuer faussement à quelqu'un. V. **Imputer.**

31 « ... l'on a voulu très méchamment m'imposer une extravagance, pour me tourner en ridicule... » Ch. de SÉV. (in SÉV., 1478, 31 août 1697).

— *Absolt. :*

32 « Il n'est ni calomniateur ni faussaire, et vous ne vous plaignez point qu'il lui impose (*à l'auteur qu'il cite*). » PASC., **Provinc.,** XI.

‖ 2° *Vx.* Mettre dans l'esprit, faire croire (une chose fausse). — *Intrans.* En faire accroire (à quelqu'un). V. **Abuser, tromper.** *Celui qui impose.* V. **Imposteur.** *Apparence* (cit. 10) *qui impose au vulgaire.* V. **Illusion** (faire illusion). *Imposer aux yeux* (Cf. Farder, cit. 7 LA BRUY.).

33 « ... pour puissant et rusé qu'il soit, il ne me pourra jamais rien imposer. » DESCARTES, **Médit.,** I, XI.

34 « Le fourbe qui longtemps a pu vous imposer » MOL., **Tart.,** V, 6.

35 « L'on ne cherche jamais d'imposer qu'à défaut de preuves. Ne t'en laisse pas accroire. Ne te laisse pas imposer. »
GIDE, **Nouv. nourrit.,** IV.

— Dans le même sens, EN IMPOSER est vieilli.

36 « Qu'elle ne pense pas que, par de vaines plaintes,
Des soupirs affectés, et quelques larmes feintes,
Aux yeux d'un conquérant on puisse en imposer : »
VOLT., **Orphel. de Chine,** III, 1.

37 « Le discours affectueux de Néron n'en imposa point à Sénèque. »
DIDER., **Essai s. règnes Claude et Néron,** I, 90.

‖ 3° Faire une forte impression, commander le respect, l'admiration, inspirer une sorte de soumission craintive... (V. **Imposant**). *Son allure, sa prestance, son ton impose à tous. Il leur impose par ses façons* (cit. 45) *de grand seigneur. Il leur impose par la fierté de son regard, par son aspect majestueux* (ACAD.). V. **Impressionner, subjuguer.** — Absolt. *Esprit éblouissant* (cit. 5) *qui impose.*

38 « De bien des gens il n'y a que le nom qui vale (*vaille*) quelque chose. Quand vous les voyez de fort près, c'est moins que rien ; de loin ils imposent. » LA BRUY., II, 2.

39 « Le monde est rempli de ces hommes qui imposent aux autres, par leur réputation ou leur fortune ;... » VAUVEN., **Réflex. et max.,** DXX.

40 « ... il imposait tellement à cette jeune et touchante créature, qu'en sa présence, ou en tête-à-tête, elle tremblait. »
BALZ., **La maison du chat-qui-pelote,** Œuvr., t. I, p. 55.

41 « Froides, sérieuses et soignées dans leur mise, respectables aux étrangers et à leurs familles, elles (*ces femmes*) vivent au milieu des soldats et leur imposent. » MICHELET, **Hist. de France,** III.

42 « — Si je vous entends bien, Protos a eu sur vous de l'influence. — Peut-être. Il m'imposait. » GIDE, **Caves du Vatican,** II, VI.

— *De nos jours,* EN IMPOSER s'emploie plus couramment au sens qui précède. *La multitude à qui un cordon* (cit. 6 D'ALEMB.) *en impose plus qu'un bon ouvrage. Force de caractère* (cit. 56) *qui en impose* (ROUSS.). *Son apparence, son extérieur* (cit. 13) *en impose* (ROUSS.). *S'en laisser imposer. L'éloquence en impose* (GILBERT). — REM. « Des grammairiens, constatait LITTRÉ, ont essayé de distinguer *imposer* et *en imposer.* Mais l'usage des auteurs et aussi l'usage du public ne permettent aucune distinction. » Malgré l'opinion de l'ACAD. (8e éd.) pour qui *En imposer* « signifie plus exactement Tromper, abuser, surprendre, en faire accroire », cette tournure tend, au contraire, de plus en

plus à remplacer *Imposer* au sens de « faire impression, inspirer le respect ».

43 « Ils n'auraient point cédé aux évêques ; mais le cardinal légat leur en imposait. » VOLT., **Hist. parl. de Paris,** XXXVII.

44 « Il est sûr que de hautes montagnes, que d'antiques forêts, que des ruines immenses en imposent. » DIDER., **Essai s. la peint.,** III.

45 « L'ascendant de son génie (*de Buffon*) lui soumit tous les esprits,... son nom seul en imposait aux factieux de la littérature. »
P.-L. COURIER, **Lett.,** II, 310 (in LITTRÉ).

46 « Il vous regardait si fixement, de ses gros yeux, qu'on baissait la tête tout de suite. J'ai vu des gens se troubler, ne pas pouvoir lui adresser un mot, tellement il leur en imposait, avec son grand renom de sévérité et de sagesse... » ZOLA, **La bête humaine,** I, p. 15.

47 « Un grand nom en impose à tout le monde. Mais il agit singulièrement sur celui qui le porte, et qui s'en trouve gêné pour être *quelqu'un,* enhardi pour être *quelque chose.* » VALÉRY, **Rhumbs,** p. 104.

48 « Elle aimait les œuvres de Brahms, et elle le soupçonnait en secret d'être un artiste de second ordre ; mais sa gloire lui en imposait ;... »
R. ROLLAND, **Jean-Christ.,** La révolte, p. 430.

49 « ... l'espèce de gravité qui régnait ici finissait par en imposer. »
ROMAINS, **H. de b. vol.,** t. IV, XXII, p. 240.

‖ IMPOSÉ, ÉE. *p. p. adj.* Spécialt. V. **Obligatoire.** *Prix** *imposé :* qui doit être observé strictement, sans réduction ni majoration.

50 « L'été, ce qui marchait bien, c'était les chapeaux de pêche, en paille non bordée : ça ne rapportait guère, bien qu'il n'y eût pas de prix imposé. » ARAGON, **Beaux quartiers,** I, II.

— Soumis à l'impôt. *Les artisans, les commerçants imposés.* Substant. *Les imposés.* V. **Assujetti, contribuable.** — *Marchandises imposées.*

51 « Un règlement spécial, donné après convocation, appelait comme électeurs primaires, non pas tous les imposés, mais ceux-là seulement qui payaient six livres d'impôt. » MICHELET, **Hist. Révol. franç.,** I, I.

DER. — **Imposable, imposant.** — **Imposeur.** *n. m.* (XVIe s. ; 1802 au sens mod.). *Imprim.* Ouvrier typographe qui impose la feuille. — V. aussi **Imposition, imposteur, impôt.**

COMP. — **Réimposer, surimposer.**

ANT. — **Affranchir, dégrever, dispenser, épargner.**

IMPOSITION. *n. f.* (1317 ; empr. au lat. *impositio*). Action d'imposer.

I. (*Sens propre*). ‖ 1° Action de poser sur... (ne se dit guère que des mains). *L'imposition des mains « se rencontre dans presque toutes les religions »* (R. LESAGE). *Imposition des deux mains, de la main droite. Guérison par l'imposition des mains* (Cf. Huile, cit. 13). *Liturg. cathol. L'imposition des mains dans certains sacrements.* V. **Baptême** (cit. 3), **confirmation...** (Cf. Évêque, cit. 5). — *Imposition des cendres** (V. **Imposer**).

1 « Le véritable médecin sait que la médecine, même la plus sévèrement scientifique, doit, pour être efficace, conserver quelque chose des vieilles magies humaines et que l'imposition des mains peut compléter utilement l'action d'une piqûre hypodermique. »
DUHAM., **Invent. de l'abîme,** p. 106.

‖ 2° Technol. *Imprim.* Opération par laquelle on impose* une feuille d'imprimerie. *Ouvrier qui fait l'imposition.* V. **Imposeur** (Cf. Imposer, dér.).

‖ 3° *Par anal.* (vieilli). *Imposition d'un nom, d'une dénomination.*

2 « On ne reconnaît en géométrie que les seules définitions que les logiciens appellent définitions de nom, c'est-à-dire, que les seules impositions de nom aux choses qu'on a clairement désignées en termes parfaitement connus. » PASC., **Espr. géom.,** I.

II. (*Fig.*). ‖ 1° *Vx.* Action d'imposer, d'infliger. *Imposition d'une pénitence.* — *Imposition d'un secret.* V. **Injonction.**

‖ 2° Action d'imposer une charge financière, des droits, un tribut*... *Spécialt.* « Procédé technique d'assiette et de liquidation *d'un impôt* » (CAPITANT). V. **Imposer** (II, 3°). *Les conditions de l'imposition* (Cf. Contribuable, cit.). *Imposition bien proportionnée* (Cf. Fraude, cit. 6). — *Quotité d'imposition dans les régimes censitaires* (V. **Cens**). *Taux** *d'imposition.*

— *Par ext.* (vieilli dans la langue technique). V. **Impôt*** ; **charge, contribution, droit, taxe...** *Payer les impositions. Le recouvrement des impositions* (Cf. Financier, cit. 1). *Imposition foncière, personnelle.*

3 « Les impositions sur le peuple ont été excessives... pendant ces deux races. » RAC., **Notes hist.**

4 « Sévèrement, Carnot dira plus tard : « Toutes les agitations du peuple, quelles qu'en soient les causes apparentes ou immédiates, n'ont jamais au fond qu'un seul but, celui de se délivrer du fardeau des impositions. » BAINVILLE, **Hist. de France,** p. 323.

ANT. — **Indemnité.** — COMP. — **Réimposition.**

IMPOSSIBILITÉ. *n. f.* (XIVe s. ; de *impossible*).

‖ 1° Caractère de ce qui est impossible ; défaut de possibilité. *Impossibilité d'une réussite, d'une solution, d'une action... Impossibilité évidente, manifeste* (Cf. Faillite, cit. 1). *Je ne vois nulle impossibilité dans ce projet...* (Cf. Existence, cit. 3). *Il n'y a aucune impossibilité à cela.* — *Impossibilité de faire quelque chose* (Cf. Aboulie, cit. ; apparent, cit. 4 ; bonde, cit. 1 ; grief 1, cit. 2 ; harem, cit. 5 ; homogène, cit. 6). *Impossibilité de connaître* (cit. 6), *de douter d'une proposition évidente* (cit. 4). *Impossibilité de forfaire* (cit. 2) *à une vocation.*

1 « Une respectueuse excuse fondée sur l'impossibilité de la chose.... »
MOL., **Impr. de Versailles,** I.

2 « L'homme est ainsi bâti : quand un sujet l'enflamme
L'impossibilité disparait à son âme. » LA FONT., **Fabl.,** VIII, 25.

3 « ... il confessait l'impossibilité presque absolue de dénicher un véritable moine qui ne fût ni un trappiste ni un chartreux. »
BLOY, **Le désespéré,** p. 85.

4 « Le mot d'impossibilité revient souvent sous sa plume (*de Georges Bataille*) : ce n'est pas par hasard. Il appartient sans aucune doute à cette famille d'esprits qui sont par-dessus tout sensibles au charme acide et épuisant des tentatives impossibles. »
SARTRE, **Situations** I, p. 186.

— *Dans l'impossibilité.* V. **Impuissance, incapacité.** *Être, se trouver, sembler dans l'impossibilité de...* (Cf. Assistance, cit. 12 ; épave, cit. 1 ; gorge, cit. 20). *Être dans l'impossibilité matérielle* (selon l'ordre naturel des choses), *morale* (étant donné le caractère ou les principes que l'on a) *de faire telle chose* (Cf. Hors d'état* de...). *Mettre dans l'impossibilité de...* (Cf. Engagement, cit. 1). *L'impossibilité où l'on est, où l'on se trouve* (Cf. Acquitter, cit. 10 ; existence, cit. 1).

5 « ... l'impossibilité où ils nous ont mis de nous fier à leurs serments. »
FÉN., **Télém.,** IX.

6 « ... dans l'impossibilité de remédier au mal, contentons-nous de nous en garantir. » LACLOS, **Liais. dang.,** IX.

7 « Vous ne pensez pas... qu'un homme, du fait qu'il est riche, soit dans l'impossibilité pour ainsi dire congénitale de souhaiter sincèrement le triomphe du socialisme ? »
ROMAINS, **H. de b. vol.,** t. III, XXII, p. 290.

‖ **2°** *Par ext.* Chose impossible. *C'est pour lui une impossibilité. Se heurter à des impossibilités. Les impossibilités de l'amour* (STENDHAL). Cf. Fiasco, impuissance. — *Par ext.* V. **Empêchement.** *Son ardeur lui fit surmonter toutes les impossibilités* (ACAD.).

8 « Faire de la peine à quelqu'un a toujours été pour moi une impossibilité. » RENAN, **Souvenirs d'enfance...,** II, VI.

9 « Les impossibilités étaient entassées comme à plaisir entre cette jeune femme et moi ; » LOTI, **Aziyadé,** I, VI.

ANT. — Crédibilité, facilité, licence, possibilité*, pouvoir, puissance.

IMPOSSIBLE. *adj. et n. m.* (1227 d'apr. WARTBURG ; empr. au lat. *impossibilis*). Qui ne peut être*, exister ; qui n'est pas possible.

I. *Adj.* ‖ **1°** Qui ne peut se produire, être atteint ou réalisé. *Événement impossible. La guerre lui paraît impossible* (Cf. Crier, cit. 18). *La vérité historique* (cit. 1) *est impossible. Lieu d'accès impossible.* V. **Inabordable, inaccessible.** *Solution, résultat impossible. Projet d'exécution, de réalisation impossible.* V. **Irréalisable.** *Conditions* (cit. 31) *impossibles dans un contrat. Hypothèse, croyance, supposition, espoir impossible.* V. **Absurde, chimérique, insensé, utopique, vain** (Cf. C'est un défi* à la raison, au bon sens...). *Cela est impossible, c'est impossible* (Cf. Frein, cit. 6). *Rendre impossible, devenir impossible* (Cf. Arbitraire, cit. 11 ; culture, cit. 18 ; exterminer, cit. 6). *Presque impossible* (Cf. Fragilité, cit. 3). *Difficile, pénible ou même impossible* (Cf. Croisement, cit. 1 ; étonnamment, cit.). *Une autre solution n'est pas impossible* (Cf. Couler, cit. 30). *Ce n'est pas impossible, mais c'est improbable*.* *Minute où rien n'est impossible, ne paraît impossible* (Cf. Exaltant, cit. 3). — Qui ne peut avoir de résultat, de solution. *Problème impossible.* V. **Insoluble** (Cf. La quadrature du cercle). *Recherche impossible* (Cf. Chercher la pierre philosophale, une épingle dans une meule de foin,...). *Il s'est attelé à une tâche impossible.* V. **Infaisable, irréalisable** (Cf. Vouloir sécher la mer avec une éponge, etc.). — *Philos. Absolument, logiquement impossible.* V. **Contradictoire, impensable, inconcevable.** *Physiquement impossible ; moralement impossible.*

1 « Tout ce qui n'est pas aisé, ils (*les lâches conseillers*) le nomment impossible. » Guez de BALZ., **De la cour,** 5ᵉ disc.

2 « Une hardiesse sage et réglée... qui entreprend les choses difficiles et ne tente pas les impossibles. » FLÉCH., **Orais. fun. Turenne.**

3 « ... c'est souvent pour nous excuser à nous-mêmes que nous nous imaginons que les choses sont impossibles. »
LA ROCHEF., **Réflex. morales,** 30.

4 « Il y a peu de choses impossibles d'elles-mêmes, et l'application pour les faire réussir nous manque plus que les moyens. »
ID., **Ibid.,** 243.

5 « Du coup, je me persuadai qu'il est bien des choses qui ne paraissent impossibles que tant qu'on ne les a pas tentées. »
GIDE, **Si le grain...,** I, III, p. 93.

6 « ... elle croyait impossible, ou déraisonnable, de contrarier la volonté des siens. » ROMAINS, **H. de b. vol.,** III, XXIII, p. 307.

7 « Le héros byronien, incapable d'amour, ou capable seulement d'un amour impossible, souffre de spleen. » CAMUS, **L'homme révolté,** p. 70.

— *Chose impossible à quelqu'un, pour quelqu'un... Ce qui est impossible à l'un est aisé pour l'autre.*

8 « ... si vous aviez de la foi... rien ne vous serait impossible. »
BIBLE (SACY), **Év. St Matth.,** XVII, 19 (Cf. Foi, cit. 28)

9 « À qui sait bien aimer, il n'est rien d'impossible. »
CORN., **Médée,** V, 7.

10 « Ce qui est impossible à ma nature si faible, si bornée..., est-il impossible dans d'autres globes, dans d'autres espèces d'êtres ? »
VOLT., **Philos. ignorant,** XII.

— *Impossible à...,* suivi de l'infinitif. *Impossible à admettre* (V. **Inadmissible**), *à excuser* (V. **Inexcusable**), *à croire* (V. **Incroyable**), etc. (Cf. Les adj. formés du préf. *In-* (ou *Im-, Ir-*) et d'un adj. exprimant la possibilité (suff. -*Able,* -*Ible,* -*Uble*). *Impossible à conserver* (Cf. Agir, cit. 38), *à imaginer* (Cf. Corps, cit. 15 ; homme, cit. 87), *à penser* (V. **Impensable**), *à confondre* (Cf. Finalité, cit. 1). *Impossible à guérir* (cit. 20). *Heures* (cit. 66) *impossibles à vivre. Innocence impossible à prouver* (Cf. Apparaître, cit. 18) ; *conditions impossibles à remplir* (Cf. Fixité, cit. 1). *Impossible à concilier.* V. **Incompatible, inconciliable.** — REM. *Impossible à se procurer,* tournure condamnée par la plupart des grammairiens, manque d'élégance, mais ne présente rien d'illogique (V. **Facile,** REM. 1, *infra* cit. 21).

— *Il est impossible de...,* suivi de l'infinitif (Cf. Confusion, cit. 2 ; ensevelir, cit. 11 ; foi, cit. 27 ; grand, cit. 71 ; homogène, cit. 6). *Il m'est impossible, il lui est impossible de...* (Cf. Étroit, cit. 16 ; familiarité, cit. 5 ; feinte, cit. 3 ; frapper, cit. 34). *Il paraît, il lui paraît, il lui apparaît, il lui semble impossible de...* (Cf. Acte, cit. 4 ; espèce, cit. 20 ; grand-mère, cit. 1 ; harmonie, cit. 31).

— Ellipt. *Impossible de le dire, de le savoir* (Cf. Air 2, cit. 25 ; amorcer, cit. 4 ; attention, cit. 36 ; avalanche, cit. 6 ; garde 1, cit. 88). — Absolt. *Impossible !* Cela ne se peut (Cf. *pop.* C'est midi* ; il n'y a pas mèche*).

11 « Et ces raisons, me les direz-vous ? reprit Oswald. — Impossible ! s'écria Corinne, impossible ! » Mᵐᵉ de STAËL, **Corinne,** VI, IV.

12 « ... malgré mon respect pour l'opinion des gens du monde, il m'est impossible, sur ce point, d'être de leur avis. »
RENAN, **Essais de morale...,** Œuvr., t. II, p. 116.

— *Il est, il semble impossible que...,* suivi du subjonctif (Cf. Absolument, cit. 3 ; âme, cit. 20 ; arrérage, cit. 1 ; bouc, cit. 1 ; esprit, cit. 125 ; excuse, cit. 8 ; exiger, cit. 22). *Il n'est pas impossible que...* (Cf. Devoir, cit. 39). *Il semble impossible que...* (Cf. Élasticité, cit. 1 ; fantaisie, cit. 20). *Il n'est pas impossible que...* (Cf. Devoir, cit. 39). *Il n'y a rien d'impossible à ce qu'il réussisse* (HANSE).

13 « ... des particuliers avaient des richesses immenses, et... il est impossible que les richesses ne donnent du pouvoir,... »
MONTESQ., **Grand. et décad. d. Romains,** VIII.

— Allus. hist. *Si c'est possible, c'est fait ; si c'est impossible, cela se fera :* mot de Calonne à Marie-Antoinette. — *Impossible n'est pas français,* phrase attribuée à Napoléon. *À cœur vaillant rien d'impossible,* devise de Jacques Cœur.

14 « Un chef russe n'admet pas le mot impossible ; tout ce qu'il commande, on doit le tenter. » MÉRIMÉE, **Règne de Pierre le Grand,** p. 79.

15 « Croyait-il vraiment que la fameuse descente possible avant que le continent eût passé aux gestes décisifs ? On sait qu'il avait rayé le mot *impossible* de son dictionnaire. »
MADELIN, **Hist. Cons. et Emp.,** Avènement de l'empire, p. 243.

16 « On lui a prêté le mot : « Impossible n'est pas un mot français ». Ce qui est sûr, c'est qu'il ne s'est jamais opposé à lui-même le mot « impossible ». « L'impossible, dira-t-il à Molé, est un mot dont la signification reste toute relative... C'est le fantôme des humbles et le refuge des poltrons. *Dans la bouche du pouvoir, ce mot, croyez-moi, n'est qu'une déclaration d'impuissance !* »
ID., **Ibid.,** De Brumaire à Marengo, p. 78.

‖ **2°** *Par exagér.* Très difficile*, très pénible (à faire, à imaginer, à supporter...). *Il m'est impossible, absolument impossible de venir, de vous recevoir. C'est un travail, un problème impossible, qu'on lui a donné à faire.* — (Dans le style fam.) *Il nous rend la vie, l'existence impossible :* très désagréable. *Il nous a mis dans une situation impossible, inextricable.*

— REM. *Impossible* est parfois employé au comparatif et au superlatif, malgré sa signification absolue. Selon HANSE, le sens *2°* (« très difficile ») suffit à justifier ces emplois. « *Rien n'est plus impossible que cela* » (PASC.). « *Il n'y a rien de plus impossible* » ; « *Il m'est impossible, très impossible de...* » (SÉV.). « *Cela est plus impossible que vous ne l'imaginez* » (D'ALEMB.). « *Un attendrissement* (cit. 5)... *impossible à motiver, plus impossible encore à contenir* » (FROMENTIN).

‖ **3°** (*Sens absent des dict.*). Qui semble ne pas pouvoir exister ; fantastique, irréel. *Chapiteau orné de feuillages, d'animaux, de monstres impossibles. Les Mondes impossibles,* ouvrage d'André Maurois.

17 « Sur des fonds noirs encadrés d'or, brillent les oiseaux multicolores, les feuillages verts impossibles, les fantastiques dessins des Chinois. »
BALZ., **Modeste Mignon,** Œuvr., t. I, p. 365 (Cf. *aussi* Enroulement, cit. 2 BLOY).

18 « ... et Charles lui semblait aussi détaché de sa vie, aussi absent pour toujours, aussi impossible et anéanti, que s'il allait mourir et qu'il eût agonisé sous ses yeux. » FLAUB., **Mᵐᵉ Bovary,** II, 11.

‖ **4°** *Fam.* Absurde, bizarre, extravagant, inimaginable, invraisemblable, ridicule. *Des goûts impossibles. Il lui* *arrive toujours des aventures impossibles. Se mettre dans des états impossibles. Faire des scènes impossibles.*

19 « Quand passe cette pièce anglaise, chez Pitoëff ? Cette pièce, voyons, qui a un titre impossible ? »   COLETTE, **Belles saisons**, p. 41.

|| **5°** (*En parlant des personnes*). Qui ne peut être employé dans telle ou telle position. — REM. LITTRÉ, qui signale ce sens, ne le donne que comme terme de politique. *Candidat impossible.*

20 « L'ambition vulgaire, qui préfère à la gloire solide les honneurs officiels, et qui fait consentir celui qui en est possédé à ne pas vivre pour ne pas se rendre *impossible*, ainsi que l'on dit aujourd'hui, n'entra jamais dans son cœur (*il s'agit de Lamennais*). »
RENAN, **Essais de morale**, Œuvr., t. II, p. 129.

21 « Des partis s'étaient présentés,... mais ces hommes... fils de notaires ou de commerçants, avaient paru impossibles et leurs demandes étrangères comme des demandes de fous. » GREEN, A. **Mesurat**, p. 22.

— V. **Insupportable, invivable**. *Il est devenu impossible. Ces enfants sont impossibles.*

22 « ... profondément artiste du sport, inégale, fantasque, prompte au découragement comme à la griserie, et si excentrique de manières qu'on n'eût été sa valeur, on l'eût écartée du club comme « impossible ».
MONTHERLANT, **Olympiques**, p. 89.

II. **N. m.** (XVIᵉ s. WARTBURG). || **1°** Ce qui n'est pas possible. *Alléguer* (cit. 5), *croire l'impossible* (Cf. Agir, cit. 9). *Espérer* (cit. 3), *vouloir, tenter l'impossible* (Cf. Extravaguer, cit. 2). « *Utopistes, amis de l'impossible* » (Cf. Absolu, cit. 9 RENAN). *La frontière* (cit. 8) *du possible et de l'impossible. L'impossible et l'imprévu* (Cf. Imminent, cit. 2). *Demander, promettre l'impossible* (Cf. Demander, promettre la lune*).

23 « ... elle enchérit en leur faveur au-dessus des forces de la Nature, elle fait pour eux l'impossible... »
CYRANO DE BERGERAC, **Lettres diverses**, La fontaine d'Arcueil.

24 « L'impossible qui, par manière de parler, a deux degrés de néant, puisque ni il n'est ni il ne peut être... »
BOSS., **États d'orais.**, IX, 2 (in LITTRÉ).

25 « Dieu vous ordonne-t-il de tenter l'impossible ? » RAC., **Athal.**, V, 2.

26 « Le beau feu dont pour vous ce cœur est embrasé Trouvera tout possible, et l'impossible aisé. »
ROTROU, **Venceslas**, V, 2.

27 « ... vous leur demandez l'impossible,... » LA BRUY., V, 8.

28 « L'impossible est une frontière toujours reculante. »
HUGO, **Travaill. de la mer**, Appendice, p. 191 (éd. Ollendorf).

29 « ... (*une jeune fille*) en cherchant l'impossible, passe bien souvent à côté du bonheur. » MUSS., **Carmosine**, III, 8.

|| **2°** *Par exagér. Nous tenterons, nous ferons l'impossible :* tout le possible.

30 « Si vous m'aimez, ma fille, et si vous croyez vos amis, vous ferez l'impossible pour venir cet hiver :... » SÉV., **350**, 24 nov. 1673.

— *Prov. À l'impossible nul n'est tenu*.

|| PAR IMPOSSIBLE. *loc. adv.* En supposant que se réalise une chose que l'on tient pour impossible. *Si, par impossible, cette affaire réussissait, vous en auriez tout le mérite* (ACAD.).

ANT. — **Aisé, exécutable, facile, faisable** (cit. 2), **possible, réalisable. Acceptable, convenable, supportable, tolérable.**

DER. — **Impossibilité.**

IMPOSTE. **N. f.** (1545 ; empr. à l'ital. *imposta*, propremt. « placée sur », du v. *imporre*, du lat. *imponere*. V. **Imposer**). *Technol.*

|| **1°** *Archit.* Tablette saillante posée sur le pied-droit* d'une porte, sur un pilier de nef (au-dessous du sommier de l'arc). *Moulure d'une imposte. Les impostes d'une arcade*, d'un arc*, d'un cintre*... Imposte de pierre.*

1 « ... une grande porte de pierre cintrée, avec imposte rectiligne, dans le grave style de Louis XIV,... » HUGO, **Misér.**, II, I, I.

|| **2°** *T. de Menuis.* Partie supérieure, dormante ou mobile, d'une baie de porte ou de fenêtre. *Imposte pivotante, tournante, fixe. Imposte en bois, vitrée, grillagée...* — *Spécialt.* Partie vitrée dormante d'une porte pleine, d'une cloison.

2 « ... une porte vermoulue ayant une imposte à claire-voie. »
BALZ., **Médecin de campagne**, Œuvr., t. VIII, p. 324.

IMPOSTEUR. **N. m.** (1534 ; *emposteur* en 1532 ; lat. *impostor*, de *imponere*, au sens de « tromper ». V. **Imposer**, III, 3°). Celui qui cherche à tromper, à imposer* pour son profit.

|| **1°** Celui qui abuse de la confiance, de la crédulité d'autrui par des discours mensongers, des promesses fallacieuses..., dans le dessein d'en tirer profit. V. **Charlatan, menteur**. *Démasquer* (cit. 1) *un imposteur. Les mensonges* d'un imposteur.* V. **Imposture**. — REM. Ce mot n'a pas de féminin. *Cette femme est un imposteur* (GREVISSE).

1 « Vous me traitez d'imposteur ! et pourquoi ? Dans votre manière de penser, j'erre ; mais où est mon imposture ? Raisonner et se tromper, est-ce en imposer ? Un sophiste même qui trompe sans se tromper n'est pas un imposteur encore,... Un imposteur veut être cru sur sa parole, il veut lui-même faire autorité. Un imposteur est un fourbe qui veut en imposer aux autres pour son profit... Les imposteurs sont, selon Ulpien, ceux qui font des prestiges, des imprécations, des exorcismes : or, assurément, je n'ai jamais rien fait de tout cela. »
ROUSS., **Lettr. à Mgr de Beaumont.**

— *Fig:*

« Je voudrais qu'on pût dire du talent qu'il est un *enchanteur* 2 toujours, et jamais un *imposteur*. »
STE-BEUVE, **Chateaubriand**, t. I, p. 168.

— *Spécialt.* (Vx). « Celui qui charge quelqu'un d'imputations odieuses, mais mensongères » (LITTRÉ). V. **Calomniateur.**

« Un roi sage, ennemi du langage menteur, 3
Écarte d'un regard le perfide imposteur. » RAC., **Esth.**, III, 3.

|| **2°** Celui qui cherche à en imposer par de fausses apparences, des dehors de vertu,... *Imposteur qui veut se faire passer pour un dévot, pour un homme de bien...* V. **Faux** (faux dévot), **hypocrite*** (cit. 14), **tartufe**. — *Littér. Le Tartuffe ou l'Imposteur*, comédie de Molière (Cf. Consacrer, cit. 10).

« On me reproche d'avoir mis des termes de piété dans la bouche 4 de mon Imposteur. » MOL., **Tart.**, Préface.

— Celui qui usurpe le nom, la qualité d'un autre. *Imposteur, faux prophète* (V. **Antéchrist**). *Imposteur qui prend un nom illustre* (Cf. Habiller, cit. 19), *s'empare du pouvoir.* V. **Usurpateur.**

« Ciel ! me faut-il ainsi renoncer à moi-même, 5
Et par un imposteur me voir voler mon nom ? »
MOL., **Amphitr.**, I, 2.

« Un imposteur qui prit le nom de Zoroastre déjà révéré dans la 6 Perse,... » DIDER., **Opin. des anc. philos.** (Perses).

— *Fig.*

« ... prenez garde,... à la malice du temps ; voyez comme ce subtil 7 imposteur tâche de sauver... les apparences, comme il affecte toujours l'imitation de l'éternité. »
BOSS., 4ᵉ **Serm.** p. 1ᵉʳ dim. de Carême, Sur la Pénit., III.

ANT. — **Droit, franc, loyal. Honnête, sincère, vrai.**

IMPOSTURE. *n. f.* (1549 ; *emposture* au XIIᵉ s. ; bas lat. *impostura*, de *imponere*). Action d'en imposer, de tromper.

« L'imposture est le masque de la vérité ; la fausseté, une imposture 1 naturelle ; la dissimulation, une imposture réfléchie : la fourberie, une imposture qui veut nuire ; la duplicité, une imposture à deux fins. »
VAUVEN., **De l'esprit hum.**, XLV.

|| **1°** (Par des discours mensongers, de fausses apparences). V. **Fausseté, mensonge, tromperie**. « *Mentir pour son avantage à soi-même est imposture* » (ROUSS. Cf. Calomnie, cit. 2 ; imposteur, cit. 1). *Religion fondée sur l'imposture* (Cf. Convention, cit. 6 ; fonder, cit. 12). *Recourir à l'imposture* (Cf. Fonder, cit. 23). *Mépriser le mensonge et l'imposture* (Cf. Haine, cit. 34). — *Cette déclaration est une grossière imposture. Cette religion est une imposture* (Cf. Comédie, cit. 10).

« ... l'erreur est toujours imposture quand on donne ce qui n'est pas 2 pour la règle de ce qu'on doit faire ou croire. »
ROUSS., **Rêveries**, IVᵉ prom.

« Ô triste humanité, je fuis dans la nature ! 3
Et, pendant que je dis : — Tout est leurre, imposture,
Mensonge, iniquité, mal de splendeur vêtu !... »
HUGO, **Contempl.**, V, XI.

|| **2°** *Spécialt. et vx.* (Par des imputations mensongères). V. **Calomnie**. *Avancer* (cit. 4) *des impostures* (PASC.).

« Vous les verrez bientôt, féconds en impostures, 4
Amasser contre vous des volumes d'injures, » BOIL., **Sat.**, XI.

|| **3°** (En se faisant passer pour ce que l'on n'est pas). V. **Hypocrisie** (Cf. Affecter II, cit. 13 ; haut-le-cœur, cit. 3). *Dévoiler* (cit. 2) *les impostures des faux dévots.* — *L'imposture d'un faux prophète, d'un escroc.*

« Ce nom (*de gentilhomme*) ne fait aucun scrupule à prendre, et 5 l'usage aujourd'hui semble en autoriser le vol. Pour moi,... je trouve que toute imposture est indigne d'un honnête homme, et qu'il y a de la lâcheté à déguiser ce que le Ciel nous a fait naître,... »
MOL., **Bourg. gent.**, III, 12 (Cf. Dérober, cit. 27).

« ... pour certaines âmes, il y a le bonheur de l'imposture. Il y a 6 une effroyable, mais enivrante félicité dans l'idée qu'on ment et qu'on trompe ; dans la pensée qu'on *se sait seul* soi-même, et qu'on joue à la Société une comédie dont elle est la dupe, et dont on se rembourse les frais de mise en scène par toutes les voluptés du mépris... Les natures *au cœur sur la main* ne se font pas l'idée des puissances solitaires de l'hypocrisie, de ceux qui vivent et peuvent respirer, la tête lacée dans un masque. »
BARBEY d'AUREV., **Les diaboliques**, Le dessous de cartes, p. 246.

|| **4°** *Fig.* Fausse apparence. V. **Illusion**. — REM. Dans cette acception, *Imposture* ne s'emploie plus que péjorativement. On n'écrirait plus : « *Le souvenir confus d'une douce imposture* » (LA FONT., Adonis), ni même « *Il est difficile de se défendre de l'imposture des sens* » (ACAD. 1934).

« Dans votre éternel silence, ô tombeaux, si vous êtes des tombeaux, 7 n'entend-on qu'un seul rire moqueur et éternel ? Ce rire est-il le Dieu, la seule réalité dérisoire, qui survivra à l'imposture de cet univers ? »
CHATEAUB., **M. O.-T.**, t. III, p. 332.

ANT. — **Droiture, franchise. Honnêteté, sincérité, vérité...**

IMPÔT. *n. m.* (1399 *impost* ; du lat. *impositum*, p. p. de *imponere*, sur le modèle de *dépôt* (DAUZAT). V. **Imposer**).

|| **1°** Prélèvement* (pécuniaire, de nos jours) que l'État opère sur les ressources des particuliers afin de subvenir aux charges publiques ; ensemble de ces prélèvements.

Noms donnés aux impôts, en France. V. **Charge** (II, 2º), **contribution*** ; droit 3 (I, 4º), **imposition, patente, taxe, tribut,**... Anciens impôts. V. **Aide** (III, 2º), **capitation, dime** (2º), **droit** (droits féodaux), **gabelle** (2º), **redevance, taille**... L'impôt est le plus important des prélèvements publics. V. **Finance** (finances publiques) ; **douane, emprunt** (cit. 7). Relatif à l'impôt. V. **Fiscal, fiscalité.** Administration chargée des impôts. V. **Contribution, fisc, régie** (financière). — Territorialité* de l'impôt. Répartition de l'impôt entre les communes (Cf. Arrondissement, cit. 5). Périodicité, annualité de l'impôt. V. **Budget.** — Productivité, rendement de l'impôt. V. **Produit, recette, rentrée, revenu.** Plus-value* des impôts. Justice de l'impôt. Egalité devant l'impôt. Théorie de l'impôt, œuvre de Proud'hon (1868).

1 « L'impôt est un prélèvement d'argent fait sur les choses ou sur les personnes sous des déguisements plus ou moins spécieux ; ces déguisements, bons quand il fallait extorquer l'argent, ne sont-ils pas ridicules dans une époque où la classe sur laquelle pèsent les impôts sait pourquoi l'État les prend et par quel mécanisme il les lui rend. En effet, le budget n'est pas un coffre-fort, mais un arrosoir ; plus il puise et répand d'eau, plus un pays prospère. »
BALZ., Les employés, Œuvr., t. VI, p. 880.

2 « L'impôt ne détruit... jamais la richesse nationale : il en modifie seulement la répartition et l'emploi. »
M. DUVERGER, Fin. publ., p. 44 (éd. P.U.F.).

3 « ... la boutade traditionnelle « les impôts productifs ne sont pas justes ; les impôts justes ne sont pas productifs » n'est pas dépourvue de vérité. »
ID., Ibid., p. 48.

4 « La conception romaine de l'impôt considéré comme un devoir, a fini par s'imposer en France après la période féodale de contributions volontaires (aides) soit aux seigneurs soit au roi. Le partage entre la préoccupation de justice et le souci de productivité a fait varier à partir du XIXᵉ et du début du XXᵉ siècle, la place respective de l'impôt personnel et de l'impôt réel, des contributions sur la fortune et le revenu, d'une part, sur les transactions et la consommation, d'autre part. Mais à partir de 1920, surtout, l'impôt, considéré par les classiques comme un instrument purement financier appelé à fournir des ressources au budget, présente... un nouvel aspect. Politique, il est mis au service soit des changements de structure économique ou sociale, soit de la direction de la production, de la circulation ou de la répartition. »
H. LAUFENBURGER, Hist. de l'impôt, p. 7 (éd. P.U.F.).

— Créer, voter un impôt, un nouvel impôt (Cf. Antisocial, cit. ; assentiment, cit. 2 ; garantie, cit. 8). — Base de l'impôt. V. **Assiette** (II, 3º). Le cadastre* sert à établir l'assiette de l'impôt foncier. Déclaration* d'impôts. — Fixation, liquidation* de l'impôt. Taux, tarif de l'impôt. Surtaxes ajoutées au principal* de l'impôt. V. **Additionnel** (centime, décime* additionnel). — Répartition des impôts, de l'impôt. **Coéquation, contingent** (2º), **péréquation, répartement ; capitation.** Être sujet, assujetti à l'impôt, redevable de l'impôt. V. **Contribuable** (cit.), **imposable, redevable.** Faire sa déclaration* d'impôts. Remplir sa feuille d'impôts. Montant de l'impôt pour chaque contribuable. V. **Cote, cotisation, quote-part ; avertissement.** — Levée, perception, recouvrement de l'impôt (Cf. Convocation, cit. 1). Lever, percevoir, recouvrer les impôts (V. **Collecteur, percepteur, receveur**). Anciennt. Recouvrement des impôts par fermage. V. **Ferme** (I, 2º), **fermier** (1º), **publicain, traitant**... Perception illégale d'impôts. V. **Maltôte** (vx). — Contentieux des impôts. Contrôle, vérification de la répartition de l'impôt. V. **Contrôleur, inspecteur**...

5 « ... la façon de lever les impôts est cent fois plus onéreuse que le tribut même. »
VOLT., Lett. à Bastide, 1604, décembre 1758.

6 « Rabourdin imposait la consommation par le mode des contributions directes, en supprimant tout l'attirail des contributions indirectes. La recette de l'impôt se résolvait par un rôle unique composé de divers articles... Diminuer la lourdeur de l'impôt n'est pas en matière de finance diminuer l'impôt, c'est le mieux répartir ; l'alléger, c'est augmenter la masse des transactions en leur laissant plus de jeu ; l'individu paye moins et l'État reçoit davantage. »
BALZ., Les employés, Œuvr., t. VI, p. 879.

— Augmenter, hausser les impôts. Augmentation d'impôts, de l'impôt. V. **Regrèvement ; surimposer, surimposition** (Cf. Bestiaux, cit. 2 ; fournir, cit. 2) l'impôt. Aggraver (cit. 2) l'impôt. Multiplier les impôts (Cf. Argent, cit. 57). Lourds impôts. Excès d'impôts. Impôts abusifs, excessifs, exorbitants, vexatoires. V. **Exaction** (Cf. Croix, cit. 2 ; extorsion, cit. 1). Impôts qui accablent, écrasent, surchargent le contribuable ; être écrasé d'impôts. V. **Pressurer, tondre** (le contribuable). Cf. Épuisement, cit. 5. Frapper* une marchandise d'un impôt. — Alléger, diminuer, réduire les impôts. V. **Dégrèvement** (cit.), **dégrever.** Détaxe d'impôts (Cf. Haras, cit. 1). Affranchir, exonérer (cit. 2), décharger d'impôts ; exemption d'impôts. V. **Exonération** (cit. 2), **immunité ; affidavit.**

7 « Plus un pays est riche, plus les impôts y sont lourds. »
VOLT., Dict. philos., Impôt.

— Supporter un impôt ; payer l'impôt (Cf. Esquiver, cit. 9). Paiement de l'impôt (Cf. Convenir, cit. 23 ; fonction, cit. 7). Satisfaire aux obligations de l'impôt (Cf. État, cit. 118). Refuser l'impôt. Fraude (cit. 7) à l'impôt.

— Par ext. (au plur.). Les impôts de quelqu'un, que paie quelqu'un. Les impôts que paie le propriétaire d'un domaine (Cf. Entretien, cit. 2). Il n'a pas encore payé ses impôts. Il paie, il ne paie pas d'impôts.

8 « ... tu paies des impôts, mais tu sais ce qu'on fait de ton argent. Tous les ans le percepteur t'envoie une lettre : Monsieur, vous avez payé tant, eh ! bien, ça représente tant de médicaments pour les malades ou tant de mètres carrés d'autostrade. »
SARTRE, Mort dans l'âme, p. 275.

— Diverses sortes d'impôts. Impôt en nature (V. **Corvée, dime, prestation...**), en argent. — Impôt national, départemental, communal. — Impôt global (impôt général sur le revenu : aujourd'hui « surtaxe progressive ») ; impôt cédulaire (atteignant une catégorie de revenus : aujourd'hui « taxes proportionnelles ». V. **Cédule,** 2º). — Impôt de quotité, établi par application d'un taux à la matière imposable. Impôt de répartition, perçu par division du contingent. Impôt forfaitaire.

9 « L'impôt de répartition est celui dont le législateur fixe ne varietur le produit total à recouvrer qu'on appelle le contingent sans établir le tarif... L'impôt de quotité est celui dont la loi de finance fixe le tarif, sans déterminer autrement le produit total. »
ALLIX, in ROMEUF, Dict. Sciences écon.

— Nature de l'impôt : impôts personnels (dont l'assiette et la liquidation dépendent de la situation personnelle du contribuable) ; impôts réels (où seule la matière imposable détermine assiette et liquidation).

10 « Tous les impôts sont personnels parce qu'ils sont toujours destinés à grever un contribuable, c'est-à-dire une personne. En un autre sens, tous les impôts sont réels car ils ne frappent pas une personne pour le fait de son existence, mais pour les revenus dont elle jouit, les biens qu'elle possède... »
ALLIX, Science des finances, p. 527.

— Impôts directs, assis sur la matière imposable et perçus par rôles*. Administration des impôts directs : Contributions directes (appelées « Droits* réunis » sous l'Empire). — Impôts indirects, perçus à l'occasion d'un événement concernant la matière imposable (production, circulation, consommation) et par application d'un tarif. Les impôts sur les actes civils, judiciaires (V. **Timbre**), sur les boissons, les spectacles, les transports... sont des impôts indirects. Impôt de circulation, de consommation (V. **Accise**). Circulation des marchandises soumises à l'impôt indirect. V. **Acquit-à-caution, congé** (5º).

11 « ... l'impôt direct consiste à prélever au profit du fisc une fraction de ce revenu à intervalles réguliers, la plupart du temps annuellement. Dans l'impôt indirect, au contraire, on frappe le revenu à l'occasion des divers emplois qu'en fait le contribuable : lorsqu'il achète un objet ou un service,... il y a dans la somme qu'il débourse... une part qui est versée au fisc à titre d'impôt. »
M. DUVERGER, Fin. publ., p. 42 (éd. P.U.F.).

— Impôt sur le revenu* (global ou cédulaire ; direct ou indirect). Principaux impôts sur le revenu : impôt sur les bénéfices, sur le chiffre d'affaires, sur les traitements et salaires (Cf. Fisc, cit. 3). Impôt anglais sur le revenu. V. **Income-tax.** Impôt foncier*, impôt sur les revenus de la propriété immobilière. Impôts indiciaires* sur le revenu (Cf. Frais 2, cit. 15). Impôt des portes et fenêtres, aujourd'hui supprimé. — Impôt sur le capital.

12 « Sous Louis XV, Mᵐᵉ du Deffand dira : « On taxe tout, hormis l'air que nous respirons », ce qui viendra d'ailleurs sous la Révolution, avec l'impôt des portes et fenêtres. » BAINVILLE, Hist. de France, p. 281.

13 « Ne parlait-on pas déjà de l'impôt sur le revenu ? Et comment allait-on l'établir cet impôt ? En mépris du secret de la vie privée des gens ! On allait entrer chez chacun, inventorier ce qu'il avait dans ses tiroirs, à sa banque ! » ARAGON, Beaux quartiers, I, VII.

14 « ... pour qu'il y ait véritablement impôt sur le capital, il faut non seulement que la somme à verser au fisc par le contribuable soit calculée d'après le capital, mais encore que son montant soit tel qu'il faille amputer le capital lui-même pour l'atteindre. »
M. DUVERGER, Fin. pub., p. 43 (éd. P.U.F.).

— Impôt proportionnel (à taux constant), dégressif* (cit.), progressif (à taux croissant). Impôt progressif sur le revenu. Progressivité globale, par tranches, d'un impôt. Impôt discriminatoire.

15 « La progressivité de l'impôt est... une des conséquences directes de sa personnalisation. A l'ancien impôt proportionnel, dont le taux restait invariable..., on a substitué un système dans lequel le taux augmente en même temps qu'augmente la quantité de matière imposable détenue par les contribuables... On estime en effet que les titulaires de petits revenus affectent aux dépenses de première nécessité une proportion de leurs ressources plus grande que celle dépensée pour le même objet par les titulaires de gros revenus... »
M. DUVERGER, Fin. publ., p. 47 (éd. P.U.F.).

— Impôts perçus par l'administration de l'enregistrement* (cit. 1) : droits de succession*, de mutation*, de timbre*.

‖ 2º Par anal. Obligation imposée. V. **Contribution, tribut.**

16 « Chaque année, la France faisait présent à cet homme (Napoléon) de trois cent mille jeunes gens ; c'était l'impôt payé à César,... »
MUSS., Confess. d'un enf. du siècle, I, II.

— Spécialt. L'impôt du sang : l'obligation du service militaire.

17 « Et c'était pis pour le recrutement des armées, pour cet impôt du sang, qui, longtemps, ne frappa que les petits des campagnes : ils fuyaient dans les bois, on les ramenait enchaînés, à coups de crosse, on les enrôlait comme on les aurait conduits au bagne. »
ZOLA, La terre, I, II.

18 « Nous sommes, dit-il, résolument contre tout ce qui peut mener à la guerre, contre l'aggravation de ce qu'on appelle d'une façon sinistre l'impôt du sang. » ARAGON, Beaux quartiers, I, XIX.

IMPOTENT, ENTE. *adj.* (1308 ; lat. *impotens*, « impuissant »). Qui, par un vice de nature ou par accident, ne peut se mouvoir ; ou ne se meut qu'avec une extrême difficulté. V. **Estropié, infirme, invalide, paralytique, perclus.** *Impotent par maladie, par accident... Vieillard faible* et impotent* (Cf. Foudroyer, cit. 16). « *Qu'on me rende impotent, cul-de-jatte, goutteux, manchot...* » (Cf. Cul, cit. 14 LA FONT.). *La goutte, les rhumatismes l'ont rendu impotent.* V. **Podagre.** — Substant. *Un impotent, une impotente. Impotent condamné à l'immobilité.*

1 « ... je travaillerai jusqu'à ce que je devienne tout à fait aveugle et impotent, deux bénéfices dont je pourrai bientôt être pourvu. »
     VOLT., **Lett. à d'Argental**, 2300, 23 mai 1763.

2 « ... un vieillard impotent, incapable de quitter sa voiture, la priait de descendre pour un instant. »
     BALZ., **Cousine Bette**, Œuvr., t. VI, p. 432.

3 « Ce roi impotent (*Louis XVIII*) avait le goût du grand galop ne pouvant marcher, il voulait courir ; »
     HUGO, **Misér.**, II, III, VI.

4 « ... elle se plaignait doucement de sa santé, de ses mains et de ses pieds gonflés, de ses jambes qui s'ankylosaient : elle exagérait son mal, elle se disait une vieille impotente, qui n'est plus bonne à rien. »
     R. ROLLAND, **Jean-Christ.**, La révolte, III, p. 600.

5 « ... même si réduite, pour le vieillard immobile et impotent, la vie restait entière dans les moindres choses :... A l'heure du déjeuner, on transportait le fauteuil dans la... salle à manger,... »
     CHARDONNE, **Destin. sentim.**, p. 136.

— Par ext. *Jambe impotente, membre impotent.* — REM. *Impotent* peut se dire des membres supérieurs. *Bras impotent. Il est impotent d'un bras* (ACAD.).

6 « Il ordonna que celui qui aurait été mutilé et rendu impotent de quelque membre à la guerre, fût nourri tout le temps de sa vie aux dépens de la chose publique. »
     AMYOT, Sol. 65 (in LITTRÉ).

ANT. — **Ingambe, valide...**

DER. — (du lat. *impotentia*) : **Impotence.** *n. f.* (XIIIe s.) État de celui qui est impotent. *Impotence d'un vieillard.* — (Méd.) *Impotence fonctionnelle*, impossibilité ou difficulté de se servir d'un membre paralysé, fracturé...

« On a sonné. Je n'en suis pas à une telle impotence que je ne puisse, repoussant le maniable établi planté à califourchon sur mon divan, aller ouvrir. »   COLETTE, **Étoile Vesper**, p. 73.

IMPRATICABLE. *adj.* (XVIe s. ; comp. de *praticable*).

‖ 1° Qu'on ne peut mettre en pratique, à exécution. V. **Difficile, impossible, inapplicable, inexécutable, irréalisable.** *Projet, entreprise, méthode, moyen impraticable. Ce que vous me proposez est tout à fait impraticable* (ACAD.).

1 « ... les autres devoirs, qu'on ne prescrit aux enfants qu'en les leur rendant non seulement haïssables, mais impraticables. »
     ROUSS., **Émile**, II.

2 « ... des vues superficielles, des projets utiles, mais impraticables,... »
     ID., **Confess.**, IX.

3 « ... le signe le plus assuré de médiocrité que puisse donner un homme, c'est de trouver à chaque projet qu'on propose des objections qui le rendent impraticable. »
     STENDHAL, **Journal**, p. 26.

‖ 2° Où l'on ne peut passer, où l'on passe très difficilement. *Rue, chemin, piste impraticable pour les voitures* (Cf. Établir, cit. 2). *Col impraticable en hiver. Ce quartier est impraticable les jours d'affluence. Ville impraticable aux voitures* (Cf. Circuler, cit. 4). — REM. *Impraticable* ne se dit plus des lieux inhabitables, des saisons pénibles. « ... *un hiver est impraticable à Grignan, et très ruineux à Aix.* » (SÉV., 783, 21-2-1680). « *La fumée rend cette chambre impraticable* » (LITTRÉ). V. **Invivable** (*néol.*).

4 « ... à chaque printemps les eaux de pluie sillonnaient la promenade, y creusaient des ravins et la rendaient impraticable. »
     STENDHAL, **Le rouge et le noir**, I, II.

‖ 3° Fig. (vx). En parlant des personnes « très difficiles à vivre » ou de leur caractère peu sociable. V. **Infréquentable, insociable, insupportable.**

5 « La princesse Mathilde se rabattit... sur le richissime Anatole Demidoff, dont il lui fallut rapidement se séparer, vu le caractère impraticable de ce Russe. »
     HENRIOT, **Portr. de fem.**, p. 393.

ANT. — **Possible, praticable.**

DER. — **Impraticabilité.** *n. f.* (fin XVIIIe s. MIRABEAU). Caractère de ce qui est impraticable.

IMPRÉCATION. *n. f.* (XIVe s. ; empr. au lat. *imprecatio*, de *precare*, « prier »). Souhait de malheur contre quelqu'un. V. **Anathème, exécration, malédiction.** *Faire des imprécations, prononcer, proférer mille imprécations.* (Cf. Femelle, cit. 9). « *Que le diable l'emporte !* », « *Malheur à toi !* », *imprécations familières. L'air retentit de leurs imprécations* (Cf. Forclore, cit. 1). *Imprécations sacrilèges.* V. **Blasphème, jurement.**

1 « C'était une espèce d'imprécation parmi les Hébreux, de souhaiter à un homme que le sang d'un autre homme retombât sur lui. »
     BOURDAL., **Exhort. s. le jug. du peuple contre J.-C.**, II.

2 « ... les imprécations et les exécrations prononcées par les prêtres et par tous les autres ministres de la religion contre Alcibiade, et même contre ceux qui proposeraient de le rappeler, »
     ROLLIN, **Hist. anc.**, t. IV, p. 17 (in LITTRÉ).

3 « Le désespoir, les cris, les éternels reproches,
Les imprécations d'une mère en fureur. »
     VOLT., **Orphel. de Chine**, II, 2.

4 « Tandis qu'il parlait, une sombre colère couvait dans le cœur du moine ; elle éclata en imprécations. »   FRANCE, **Thaïs**, p. 202.

— Spécialt. Littér. *Imprécations d'Agrippine* (Cf. Employer, cit. 5), *dans Racine ; de Camille, dans Corneille* (V. **Anaphore**, cit.).

5 « Ces imprécations de Camille ont toujours été un beau morceau de déclamation et ont fait valoir toutes les actrices qui ont joué ce rôle. »
     VOLT., **Théâtre choisi de Corneille**, p. 335.

6 « Ce que certains jugent, dans la tragédie classique, comme le comble de l'artifice : les « fureurs », les « imprécations », voilà qui, dans Racine, paraît le plus humain ; »
     MAURIAC, **Vie de Racine**, p. 110.

ANT. — **Bénédiction.**

DER. — **Imprécateur, trice.** *n.* (1866). Personne qui profère des imprécations (*peu usit.*). — **Imprécatoire.** *adj.* (fin XVIe s.). Qui a rapport à l'imprécation. *Formules imprécatoires* (Cf. Bouc, cit. 2 ; exclamation, cit. 2).

« La colère dégrade la femme, même si elle s'appelle Camille ou Hermione, et le mode imprécatoire ne lui va pas. »
     L. DAUDET, **La femme et l'amour**, p. 103.

IMPRÉCIS, ISE. *adj.* (fin XIXe s. ; de *précis*). Qui n'est pas précis* ; qui manque de netteté. *Couleur, forme imprécise. Contours imprécis.* V. **Indistinct** (Cf. Espace, cit. 21). *Ombre imprécise qui flotte* (cit. 3). *Rêve, souvenir imprécis* (Cf. Fasciste, cit. 4). V. **Flou, incertain, indéfini, indécis.** *Lutter contre des peurs imprécises* (Cf. Esprit, cit. 82). *La description de ces lieux, de ces faits... demeure très imprécise. N'obtenir que des renseignements imprécis. Instrument grossier qui ne fournit que des mesures imprécises.* V. **Imparfait, vague.** *Se faire une idée imprécise.* V. **Confus, grossier.** *Termes imprécis.* V. **Approximatif.** *Discours imprécis* (Cf. Épancher, cit. 1). — *Date, heure imprécise.* V. **Indéterminé.** — REM. Cet adjectif, tardivement apparu dans les dictionnaires (Suppl. Nouv. LAROUSSE, 1906), figure dans ACAD. 8e éd. (1935). *Imprécisé* que l'on trouve dans le Suppl. de LITTRÉ n'a eu qu'une vie éphémère.

1 « Une succession de pâleurs imprécises, imprécisées et apâlies de plus en plus, marquait des portes ouvertes sur le vide des bureaux où traînait un restant de lumière. »
     COURTELINE, **MM. ronds-de-cuir**, IIIe tabl., II.

2 « Les yeux, de nuance imprécise et d'une mobilité inconcevable,... »
     BLOY, **La femme pauvre**, p. 247.

3 « ... c'est beau dans sa rigueur comme une démonstration d'algèbre. Rien de vague ; rien d'imprécis ; tout mot porte, et un seul suffit... »
     HENRIOT, **Romantiques**, p. 476.

— Substant. *L'imprécis.* V. **Flou** (cit. 6).

4 « Elle fait de l'infini avec l'imprécis et l'inachevé. »
     GIDE, **Faux-Monnayeurs**, III, II, p. 303.

5 « ... l'imprécis grandiose des horizons urbains. »
     V. LARBAUD, **Barnabooth**, Poésies, Matin de novembre...

ANT. — **Déterminé, net, précis.**

IMPRÉCISION. *n. f.* (1860 in LITTRÉ, Suppl. ; de *précision*). Caractère de ce qui est imprécis ; manque de précision. V. **Flou, vague.** *Imprécision d'une forme, d'un dessin... Imprécision d'un rêve, d'un souvenir* (Cf. Effacement, cit. 2). *Imprécision de la pensée, du vocabulaire, d'un texte, d'un récit. Ne rien laisser dans l'imprécision.*

1 « ... les musiciens, demeurent plongés dans l'imprécision de l'ombre. »
     LOTI, **L'Inde (sans les Anglais)**, III, V.

2 « ... il suffit d'une très faible imprécision, inévitable par nature, dans la connaissance de ce coin d'Univers, pour entraîner une ignorance de plus en plus complète quand on s'en éloigne de plus en plus. »
     J. PERRIN, **Espace et temps** (in DAVAL et GUILLEMAIN, Philos. des Sciences, p. 229).

ANT. — **Détermination, exactitude, netteté, précision.**

IMPRÉGNATION. *n. f.* (1390 ; nom formé d'après le lat. *imprægnare*, de *prægnans*, « enceinte »).

‖ 1° Biol. Action de féconder, de rendre prégnant ; résultat de cette action (*vx*). V. **Fécondation.**

1 « ... lorsqu'on les laisse joindre (*l'âne et l'ânesse*) dans d'autres temps, et surtout en hiver, il est rare que l'imprégnation suive l'accouplement,... »
     BUFF., **Hist. nat. anim.**, De la dégénération des anim.

— De nos jours. « Influence qui serait exercée par une première fécondation sur les produits des fécondations ultérieures dérivant d'autres géniteurs » (GARNIER).

2 « A l'hérédité de l'acquis se rattache la prétendue hérédité d'imprégnation, ou *télégonie*... On a soutenu parfois qu'une femme... ayant eu un enfant avec un nègre pourrait ensuite, avec un blanc, produire des enfants à caractères négroïdes. Il n'y a là qu'un préjugé de pure fantaisie entretenu par beaucoup d'éleveurs, qui croient obstinément à l'hérédité d'imprégnation chez les animaux domestiques. La biologie, en fait de paternité, ne connaît que la paternité directe. »
     J. ROSTAND, **Héréd. hum.**, p. 114 (éd. P.U.F.).

‖ 2° (1690). Pénétration d'une substance dans une autre (vx). *Imprégnation des sels dans l'eau* (FURETIÈRE). — De nos jours. Pénétration d'un fluide dans un corps quelconque. V. **Imbibition.** *Imprégnation des bois* : infiltration de certains produits liquides destinés à les colorer, les rendre imperméables, imputrescibles...

3 « Les odeurs du pavot et de l'encens s'exhalaient de ces meubles, de ces tapis, de ces tentures favorables à l'imprégnation des vapeurs aromatiques... »   BOSCO, **Rameau de la nuit**, p. 104.

— *Fig.* V. **Assimilation** (Cf. Ambiance, cit. 2 ; assimiler, cit. 6).

4 « La culture et l'imprégnation sont évidemment deux choses différentes ; mais la culture agonise et le temps de l'imprégnation est venu. »   DUHAM,. **Manuel du protest.**, p. 159.

IMPRÉGNER (se conjugue comme *Exécrer*). *v. tr.* (*Empreignier* en 1125, « rendre enceinte » ; du bas lat. *imprægnare*, rac. *prægnans*, « enceinte »).

I. *Vx.* Rendre fécond, prégnant. V. **Féconder ; imprégnation.**

II. (1620 ; par confusion avec *empreindre**, dont beaucoup de formes étaient communes avec celles d'*imprégner*). Pénétrer (un corps) dans toutes ses parties, en parlant d'une matière quelconque. *Imprégner une liqueur de sels* (ACAD.). — S'emploie plutôt, de nos jours, en parlant d'un fluide. V. **Humecter, imbiber, tremper.** *Imprégner un tissu d'eau, de teinture... Teinture dont on imprègne les cuirs* (Cf. Cirage, cit.). *Tampon imprégné d'alcool ; mouchoir imprégné de parfum.*

1 « ... on obtient (*la soude*)... par la combustion et l'incinération des plantes qui croissent près de la mer, et qui, par conséquent, sont imprégnées de sel marin ; »   BUFF., **Hist. nat. minér.**, Alcalis et leurs combinaisons.

2 « Tout était imprégné d'eau ; tout était ruisselant de sel et de saumure. »   LOTI, **Pêcheur d'Islande**, III, X.

3 « ... des cigarettes dont l'encens imprégnait ses vêtements, ses papiers et toutes choses autour de lui. »   DUHAM., **Temps de la rech.**, p. 182.

— Par anal. *Être imprégné d'une odeur* (Cf. Odeur attachée* à...). *Imprégner de lumière.* V. **Baigner** (Cf. Fondant, cit. 2).

4 « Et des esclaves nus, tout imprégnés d'odeurs, »   BAUDEL., **Fl. du mal**, Spleen et idéal, XII.

5 « La tombée du soir imprégnait le parc de fraîcheur, faisait frissonner les arbres et s'exhaler de la terre des vapeurs imperceptibles qui jetaient sur l'horizon un léger voile transparent. »   MAUPASS., **Fort comme la mort**, II, II.

6 « Le parfum de la résine brûlée imprégnait ce jour torride et le soleil comme sali. »   MAURIAC, **Thérèse Desqueyroux**, VIII.

— Fig. *Chant imprégné de tristesse.* V. **Plein** (Cf. aussi Entremêler, cit. 9).

7 « Une allégresse infinie égayait la terre et le ciel. Tout respirait la joie et l'amour partagé ; l'atmosphère était imprégnée de jeunesse et de bonheur. »   GAUTIER, **Fortunio**, XV.

8 « Je m'exprime ici sans ironie, mon petit Louis, et vous avoue que je goûte peu celle dont est imprégnée votre lettre. »   MAURIAC, **La pharisienne**, XIV.

— En parlant des influences qui exercent une action insensible mais profonde sur quelqu'un. *Animés* (cit. 42) *par le vin, imprégnés de cette chaude atmosphère...* V. **Envahir, pénétrer.** *Imprégner quelqu'un d'une idée, d'une conviction...* V. **Inculquer.** *Être imprégné de préjugés.* V. **Imbu.** *Imprégner quelqu'un de son esprit.* V. **Animer, déteindre** (sur), **imprimer, marquer.** *Cette femme le hante, il en est comme imprégné* (Cf. Fada, cit. 1).

9 « ... pour avoir le temps aussi de le sonder (*le Dauphin*) partout, et de l'imprégner doucement et solidement de mes sentiments et de mes vues... »   ST-SIM., **Mém.**, III, LVII.

10 « Mes premières années ont été trop imprégnées des idées issues de la Révolution, mon éducation a été trop libre, ma vie trop indépendante, pour que j'accepte facilement un joug qui sur bien des points offenserait encore ma raison. »   NERVAL, **Aurélia**, IV.

11 « ... je me sens aujourd'hui un peu plus imprégné que jamais de cette vague tristesse que distille la vie. »   FRANCE, **Crime S. Bonnard**, I, Œuvr., t. II, p. 284.

12 « Dans ses moments bien lucides, son désespoir de plus en plus gagnait en profondeur, l'imprégnait plus mortellement jusqu'aux moelles ; »   LOTI, **Matelot**, LIII.

13 « L'homme qui, sans désir précis, sans besoin, sans programme surtout, ouvre chaque jour, pendant quelques heures, le robinet de musique et de mots, se trouvera finalement imprégné. »   DUHAM., **Manuel du protest.**, p. 159.

‖ **S'IMPRÉGNER.** *v. pron.* S'imbiber. V. **Absorber, boire, prendre** (l'eau). *Bois qui s'imprègne d'eau. Par anal. Aliments qui se sont imprégnés d'une mauvaise odeur.*

— Fig. *S'imprégner d'une idée, d'un sentiment... S'imprégner de connaissances.* V. **Assimiler ; apprendre** (Cf. Faire entrer).

14 « ... nous le trouvâmes à Londres vivant de la vie anglaise pour bien s'imprégner du sentiment shakespearien et en mieux comprendre le sens intime. »   GAUTIER, **Portr. contemp.**, p. 155.

15 « ... il s'était imprégné d'elle comme une éponge se gonfle d'eau ; »   MAUPASS., **Fort comme la mort**, I, I.

16 « Nous n'allons pas au collège pour nous instruire, mais pour nous imprégner des préjugés de notre classe sans lesquels nous serions dangereux et malheureux. »   MAUROIS, **Silences col. Bramble**, p. 14.

DER. — **Imprégnable.** *adj.* (1803). Qui peut être imprégné (*peu usit.*).

IMPRENABLE. *adj.* (XIVᵉ s. ; de *prenable*). Qui ne peut être pris. En T. de Stratégie. *Château, citadelle, forteresse, fortification... imprenable. Ville, place de guerre réputée imprenable.* V. **Inexpugnable.**

« Cette forteresse (*la citadelle de Besançon*) imprenable fut prise... »   RAC., **Camp. de Louis XIV.**   1

« La Bastille, pour être une vieille forteresse, n'en était pas moins imprenable, à moins d'y mettre plusieurs jours, et beaucoup d'artillerie. »   MICHELET, **Hist. Révol. franç.**, I, VII.   2

— *Par métaph.* ou *Fig.* Qu'on ne peut conquérir, séduire.

« ... une de ces vertus fortifiées qui ne pardonnent pas... elle avait été jolie, mais imprenable,... »   BLOY, **La femme pauvre**, I, XVII.   3

— *Néol. Vue** *imprenable :* vue qu'on a d'un lieu d'habitation et qui ne peut être masquée par de nouvelles constructions.

IMPRÉPARATION. *n. f.* (1877 in LITTRÉ, Suppl. ; de *préparation*). Manque de préparation*. *Dangers de l'impréparation militaire.*

IMPRESARIO (*in-pré-za-rio* ou *in-pré-sa-rio* plus fréquent de nos jours). *n. m.* (1824 STENDHAL ; mot ital., de *impresa*, « entreprise »).

‖ **1°** *Anciennt.* Directeur d'une entreprise théâtrale. *Des impresarios* (on écrit parfois *Impresarii* à l'italienne).

« Parmi les directeurs de ce théâtre, se trouvait alors un riche et fastueux officier-général amoureux d'une actrice, et qui s'était fait impresario pour elle. »   BALZ., **La rabouilleuse**, Œuvr., t. III, p. 892.   1

‖ **2°** *Aujourd.* Celui qui s'occupe de l'organisation matérielle d'un spectacle, d'un concert..., de la vie professionnelle d'un artiste (contrats, représentations, récitals...), moyennant un pourcentage sur les bénéfices. *Impresario d'un pianiste, d'un acteur de cinéma... Le métier d'impresario.*

« À la première pause de l'orchestre, il alla trouver l'impresario qui s'était chargé de l'organisation matérielle du concert, et qui avec Sylvain assistait à la répétition. »   R. ROLLAND, **Jean-Christ.**, La foire sur la place, II, p. 777.   2

IMPRESCRIPTIBLE. *adj.* (1576 ; de *prescriptible*). *Dr.* Qui n'est pas susceptible de prescription*. *Biens inaliénables et imprescriptibles. Droits naturels et imprescriptibles de l'homme* (Cf. Association, cit. 8 ; droit 3, cit. 7 ; entreprendre, cit. 24). *Par anal. Lois imprescriptibles de la nature. Avantage imprescriptible.*

« Les immeubles dotaux non déclarés aliénables par le contrat de mariage, sont imprescriptibles pendant le mariage, à moins que la prescription n'ait commencé auparavant.
Ils deviennent néanmoins prescriptibles après la séparation de biens,... »   CODE CIV., **Art. 1561.**   1

« Quand une femme a inspiré une passion à un homme, elle lui est toujours sacrée, elle est, à ses yeux, revêtue d'un privilège imprescriptible. Chez l'homme, la reconnaissance pour les plaisirs passés est éternelle. »   BALZ., **Honorine**, Œuvr., t. II, p. 291.   2

« ... nos deux nations ne se font pas la même idée de la liberté... Pour nous (*Anglais*) les « droits imprescriptibles de l'homme » sont le droit à l'humour, le droit aux sports et le droit d'ainesse. »   MAUROIS, **Silences col. Bramble**, p. 22.   3

ANT. — **Prescriptible.**

DER. — **Imprescriptibilité.** *n. f.* (1765). *Dr.* Caractère de ce qui est imprescriptible. *Imprescriptibilité d'un droit.*

IMPRESSE. *adj. fém.* (1674 ; empr. au lat. *impressa*, propremt. « imprimée »). *Philos.* (Vx). *Idée impresse*, imprimée en nous par la sensation.

IMPRESSION. *n. f.* (1259 ; empr. au lat. *impressio*, « action de presser ; empreinte »).

I. ‖ **1°** *Vx.* Action de presser, d'appuyer sur. V. **Poussée, pression.** *Liqueurs qui font impression par leur poids* (Cf. Équilibre, cit. 1, PASC.).

— *Par ext.* Action d'un corps sur un autre (vx). V. **Action, effet, influence.** *Impression des éléments humides sur le basalte* (cit.). *Pierre qui fond à l'impression de l'air* (Cf. Bâtir, cit. 7).

« ... ces parties organiques, toujours actives, ont fait de fortes impressions sur la matière brute et passive, elles en ont travaillé toutes les surfaces et quelquefois pénétré l'épaisseur ;... »   BUFF., **Hist. nat. minér.**, Figuration des minéraux.   1

‖ **2°** Action de laisser une marque, en parlant d'une chose qui appuie sur une autre ; résultat de cette action. V. **Empreinte, marque, trace.** *Impression des doigts, d'un cachet sur la cire. Impression des pas sur le sable, la neige. Par anal. Impression des affections de l'âme sur le visage* (Cf. Habituel, cit. 3).

« On voit dans les ardoises... des impressions de poissons et de plantes. »   BUFF., **Hist. nat.**, Époques de la nature.   2

« Répandrait-il à minuit, après que tout le monde serait couché, une légère couche de son devant la porte de la chambre de Julien : le lendemain matin, au jour, il verrait l'impression des pas. »   STENDHAL, **Le rouge et le noir**, XXI.   3

— *Par ext.* (vx). *Impressions laissées par le chevreuil* (cit. 2) : les traces* odorantes.

— *Technol.* Procédé de reproduction par pression d'une surface sur une autre qui en garde l'empreinte*. *Par ext.* Action d'imprimer* à la surface d'objets divers des caractères d'écriture ou des dessins, par des procédés variés ; résultat de cette action. V. **Décalque, gravure, imprimerie,** reproduction. *Impression à la main, impression mécanique.* — *Impression des étoffes par réserve* (V. **Mordant**), *par application* (V. **Cliché, rouleau**). *Des impressions sur étoffe. Impression sur chaîne,* impression de la chaîne seule avant le tissage. — *Impression des papiers peints. Impression sur céramique...* — *Impression des billets de banque* (Cf. Gonflement, cit. 4). — *Spécialt.* Imprim. *Caractère** (cit. 6) *pour l'impression. Impression d'un manuscrit* (Cf. Décri, cit. ; écueil, cit. 5 ; faveur, cit. 26). *Éditeur qui se charge de l'impression d'un ouvrage. Livre à l'impression.* V. **Presse** (sous presse). *Surveiller l'impression d'un livre. Frais de papier et d'impression* (Cf. Éditeur, cit. 3). *Fautes* (cit. 28) *dans l'impression d'un livre, fautes d'impression.* V. **Errata** (cit.), **faute*** (Cf. Édition, cit. 3).

4   « Si pourtant il fait imprimer un petit ouvrage, il y fait, pendant l'impression, de continuels changements :... »   VAUVEN., **Caractères**, 7.

5   « En lisant et relisant son article, il en sentait mieux la portée et l'étendue. L'impression est aux manuscrits ce que le théâtre est aux femmes, elle met en lumière les beautés et les défauts ; elle tue aussi bien qu'elle fait vivre ; une faute saute alors aux yeux aussi vivement que les belles pensées. »   BALZ., **Illus. perd.**, Œuvr., t. IV, p. 785.

6   « ... il mit en train lui-même une forme que Kolb dut tirer avec Marion, tandis que lui-même tira l'autre avec Cérizet, en surveillant les impressions en encres de diverses couleurs. Chaque couleur exige une impression séparée. Quatre encres différentes veulent donc quatre coups de presse. »   ID., **Ibid.**, p. 898.

— *Spécialt.* (vieilli). V. **Édition.**

7   « (*Camille doit*)... recevoir le coup derrière le théâtre, comme je le marque dans cette impression. »   CORN., **Examen d'Horace.**

8   « ... les cinq chapitres... qui manquaient aux anciennes impressions. »   LA BRUY., **Disc. sur Théophraste.**

— *T. de Peinture* (1636). Sorte d'enduit, « première couche de peinture à l'huile qu'on étend sur du bois ou sur une toile » (RÉAU). *Impressions à l'huile* (Cf. Colle, cit.).

— *T. de Photogr.* Image photographique.

9   « Si l'on dispose derrière l'écran un film ayant la forme d'un hémisphère, on pourra enregistrer par une impression photographique la localisation du corpuscule en un point P de cet hémisphère. »   L. de BROGLIE, **Nouv. perspect. en microphysique,** Physique quantique.

II. *Fig.* ‖ 1° Action qu'exerce sur quelqu'un un objet, un sentiment. V. **Action, influence** (Cf. Fatal, cit. 1). *Être ému par l'impression d'un objet* (Cf. Excitatif, cit.). *Recevoir des impressions* (Cf. Amortir, cit. 6). *Être sensible aux impressions.* V. **Impressionnable, influençable, irritable, receptif, sensible ; réceptivité*, sensibilité*.** *Esprit ouvert à toutes les impressions* (Cf. Éclectique, cit. 2). — *Les impressions de l'amour, de la jalousie...* (vx). V. **Entraînement, impulsion.**

10   « Suivre l'impression d'un premier mouvement, »   CORN., **Héraclius, V.** 2.

11   « La jalousie a des impressions
     Dont bien souvent la force nous entraîne ; »   MOL., **Amphitr.**, II, 6.

12   « ... les impressions de la coutume, de l'éducation, des mœurs des pays,... entraînent la plus grande partie des hommes... »   PASC., **Pens.**, VII, 434.

13   « Ainsi que moi, ma tendre amie, tu éprouvais, sans le connaître, ce charme impérieux qui livrait nos âmes aux douces impressions de la tendresse ;... »   LACLOS, **Liais. dang.**, CXLVIII.

‖ 2° Résultat de cette action. — a) *Empreinte,* marque spirituelle, morale. V. **Empreinte, marque, teinture, trace.** Cf. *Imprégner* (vx). *Impressions laissées dans le cœur de quelqu'un* (Cf. Foudroiement, cit.).

14   « Le monde se renouvelle, et la terre sort encore une fois du sein des eaux : mais dans ce renouvellement, il demeure une impression éternelle de la vengeance divine. »   BOSS., **Hist. univ.**, II, 1.

15   « ... il est des impressions éternelles que le temps ni les soins n'effacent point. La blessure guérit, mais la marque reste : et cette marque est un sceau respecté qui préserve le cœur d'une autre atteinte. »   ROUSS., **Julie**, 6ᵉ part., Lettre VII.

b) *Effet* qu'une cause quelconque produit dans l'esprit, le cœur de quelqu'un. V. **Effet*.** *Faire une vive impression sur quelqu'un.* V. **Émouvoir*, frapper, piquer, toucher.** *Causer une impression soudaine.* V. **Étonnement, saisissement.** *Ce récit lui a fait beaucoup d'impression, une forte impression.* V. **Émotion*.** *impression, retourner, tourner* (le sang), **troubler.** « *Et la chair* (cit. 51) *sur vos sens fait grande impression* » (MOL.). *Elle produit sur lui une étrange impression* (Cf. Flatter, cit. 15). V. **Fascination.** *Air d'autorité fait pour produire une vive impression* (Cf. Gentleman, cit.). *Vos menaces ne lui font aucune impression* (Cf. Ni chaud ni froid). *Spectacle éblouissant, qui fait une grande impression* (Cf. Parler aux yeux). *Impression produite par un tableau* (Cf. Hors, cit. 16).

16   « ... peut-on craindre que des choses si généralement détestées fassent quelque impression dans les esprits...? »   MOL., **Tart.**, Préface.

17   « ... des paroles extrêmement molles et efféminées, capables de faire des impressions dangereuses... »   RAC., **Esth.**, Préface.

18   « ... ce discours ne lui fit alors qu'une légère impression. »   SÉV., **126**, 31 déc. 1670.

19   « Ce sentiment continu tient à l'impression vive et profonde que vos chagrins vous ont laissée ; »   D'ALEMB., **Portr. de Mˡˡᵉ de Lespinasse.**

20   « Une des plus vives jouissances que les arts puissent donner : elle m'a épuisé et je la décrirai d'autant moins bien qu'elle m'a fait plus d'impression, pour parler à la Jean-Jacques,... »   STENDHAL, **Journal**, p. 131.

21   « L'impression fut forte sur elle (*la reine Marie-Antoinette*), elle pensa s'évanouir, on la soutint ; mais elle se remit bien vite, relevant sa tête hautaine, belle encore. »   MICHELET, **Hist. Révol. franç.**, I, II.

22   « Je suis loin d'avoir dit tout ce que j'aurais à dire sur les Mémoires de M. de Chateaubriand. Leur succès s'est fort ranimé depuis les derniers mois, ou du moins l'impression qu'ils ont causée, de quelque nature qu'elle soit, a été vive. »   STE-BEUVE, **Causer. du lundi**, 27 mai 1850, Chateaubriand, Œuvr., t. II, p. 143.

— *Absolt. Faire impression.* V. **Effet** (faire de l'effet). *Susciter un vif intérêt, attirer vivement l'attention. Son entrée fit impression* (Cf. Faire sensation*). *Chaque fois qu'il prend la parole, il fait impression* (ACAD.).

— Forme de connaissance élémentaire, immédiate et vague que l'on a d'un être, d'un objet, d'un événement ; état de conscience plus affectif qu'intellectuel (*par oppos. à la* connaissance réfléchie). V. **Sentiment, sensation.** *Éprouver, ressentir, avoir une impression. Procurer une impression agréable* (V. **Caresser, chatouiller, flatter...**), *peu agréable, désagréable* (V. **Irriter.** Cf. Flétrir 1, cit. 12), *pénible, douloureuse* (Cf. Castel, cit.), *poignante... Impression apaisante, délicieuse, exquise, enivrante, divine* (Cf. Exulter, cit. 1). *Impression fugace* (cit. 5), *vague, indéfinissable, indescriptible ; ineffaçable, profonde, durable. Ressentir une impression de chaleur, de sécurité, de chez-soi, de bien-être* (cit. 3)... *Impression de crainte, de chagrin, d'horreur, de terreur...* (Cf. Consumer, cit. 14). *Ce spectacle lui a laissé une impression de tristesse. Sollicitude qui cause une impression de douceur* (Cf. Baigner, cit. 8). *Récit qui fait une impression de joie* (Cf. Avidité, cit. 5). *Impression d'étrangeté* (cit. 5). *Impression de beauté* (Cf. Analogie, cit. 11), *de progrès* (Cf. Amélioration, cit. 2). *Impression, opinion qu'on a d'une chose, d'une personne.* V. **Appréciation, opinion.** *Première impression, impression générale, d'ensemble...* (Cf. Frapper, cit. 42 ; gâter, cit. 21). *Faire, donner bonne, mauvaise impression. Quelle est votre impression ? Quelle impression vous fait-il ?* (Cf. Qu'en pensez*-vous ? Que vous en semble ? Comment l'avez-vous trouvé ?). *Entretien qui fortifie* (cit. 13) *l'impression qu'on avait de quelqu'un. Impressions et réalité* (Cf. Amoindrir, cit. 4). *Se fier à ses impressions, leur accorder* (cit. 21) *de l'importance. — Approfondissement* (cit. 7) *d'une impression ; évocation* (cit. 8) *d'impressions anciennes. La tête bourrée* (cit. 5) *d'impressions et de souvenirs*. Noter, fixer, exprimer* (cit. 30) *ses impressions. Faire part de ses impressions. Échanger ses impressions avec quelqu'un* (Cf. Deçà, cit. 3). V. **Pensée.** *Ils échangeaient leurs impressions* (Cf. Boutade, cit. 2). *Parfaite communion* (cit. 3) *d'idées et d'impressions. Raconter ses impressions d'enfance* (Cf. Fredaine, cit. 3). *Impressions de voyage. Impressions de lecture* (Cf. Entrecouper, cit. 2). « *Impressions de théâtre* », chronique théâtrale de Jules Lemaître.

23   « Ma première impression, à son aspect, ne fut ni la surprise, ni l'étonnement, ni la tristesse, ni l'intérêt, ni la pitié, mais une curiosité qui tenait de tous ces sentiments. »   BALZ., **Z. Marcas**, Œuvr., t. VII, p. 741.

24   « Alors il ne comprenait pas, ayant l'habitude, comme les simples et les enfants, de subir ses impressions sans en démêler le sens. »   LOTI, **Mon frère Yves**, III.

25   « Plus les impressions nouvelles seront nombreuses ou fortes et plus vite les impressions anciennes vieilliront. »   V. LARBAUD, **Amants, heureux amants...**, III, VII.

26   « Son réveil avait été brusque. Sa tête, immédiatement disponible. Nulle souffrance errante dans le corps. L'impression d'une circulation aisée, et d'un très léger spasme viscéral,... »   ROMAINS, **H. de b. vol.**, t. IV, XX, p. 215.

27   « Resté seul avec Mᵐᵉ de Fontanin, Antoine retrouva des impressions qu'il avait éprouvées jadis : dépaysement, curiosité, attirance. »   MART. du G., **Thib.**, t. I, p. 150.

28   « ... (*Ils*) ne pensaient qu'à échanger leurs impressions, à manger, à se coucher, à dormir. »   MAUROIS, **Bernard Quesnay**, XIV.

29   « (*Ces choses dont nous parle l'écrivain*) se défont doucement sous sa vue, gerbes dénouées de sensations exquises. C'est l'époque des impressions : impressions d'Italie, d'Espagne, d'Orient. »   SARTRE, **Situations II**, p. 263.

30   « À la voir ainsi, les cheveux enveloppés d'un torchon,... on l'eût prise d'abord pour une servante, mais elle avait un regard dominateur qui corrigeait tout de suite cette impression. »   GREEN, **A. Mesurat**, I, 1.

— *Abusivt.* (Dans la langue courante). *Impression qui se dégage d'une chose, d'une personne :* celle qu'on éprouve en sa présence.

31   « ... de tout cela se dégageait une impression austère et auguste,... »   HUGO, **Misér.**, I, VII, IX.

32   « Jean leva les yeux pour la regarder : une impression de repos moral, de sécurité, et aussi de séduction se dégageait de ses gestes :... »   CHARDONNE, **Destin. sentim.**, p. 245.

‖ DONNER UNE IMPRESSION, L'IMPRESSION...

— (Vieilli). Communiquer, transmettre (à quelqu'un) telle ou telle façon de juger une personne ou une chose. *Prendre, recevoir l'impression qu'on vous donne* (vx). Cf. Facile (cit. 23). « *On a voulu me donner de mauvaises impressions de vous. Je ne prends pas si facilement ces impressions-là* » (ACAD., 8e éd.).

33   « Les maudites femmes s'étaient proposé de tenter toutes sortes de moyens pour engager leur sœur à se perdre, soit en lui donnant de mauvaises impressions de son mari, soit... » LA FONT., **Psyché**, I.

34   « ... si M. le chevalier de Grignan voulait me dire ce qu'il en pense (*de Revel*), je suis encore toute prête à prendre l'impression qu'il voudra me donner. » SÉV., 1209, 24 août 1689.

35   « Permettez-moi de vous le dire, je retrouve ici la trace des impressions défavorables qu'on vous a données sur moi. » LACLOS, **Liais. dang.**, Lett. XCI.

— *De nos jours.* Donner la sensation, le sentiment, l'illusion (de quelque chose dont on suggère l'image, dont on éveille l'idée). *Écrivain qui donne l'impression vraie du temps par l'évocation* (cit. 11) *des souvenirs. Poète lyrique qui donne une impression de grandeur* (cit. 32). *Rabelais donne l'impression des ensembles par l'entassement des détails* (Cf. Calculer, cit. 8). — Faire l'effet de... (V. **Paraître, sembler**). *Personne qui donne l'impression d'être paralysée* (Cf. Ataxique, cit. 1). *Quand on est jeune, le temps donne l'impression d'être sans limites* (Cf. Grandir, cit. 2). *Les esquisses* (cit. 2) *ne nous donnent pas l'impression de représentations inachevées* (Cf. *aussi* Élément, cit. 13).

36   « Sans se presser, selon son habitude,... Gilieth s'efforçait toujours de donner une impression de calme et de puissance, il vint au-devant du clairon... » MAC ORLAN, **La Bandera**, VI.

37   « Des jets d'eau, des grottes en rocaille... achevaient de donner l'impression d'une grande richesse au service de grandes prétentions. » GREEN, **Léviathan**, I, I.

‖ AVOIR L'IMPRESSION DE... suivi de l'infinitif (XXe s.). Avoir la sensation, le sentiment, l'illusion de (quelque chose). Cf. Acharner, cit. 8 ; cafouiller, cit. ; cyclopéen, cit. 2 ; flamber, cit. 5 ; force, cit. 55. *Avoir l'impression de glisser, de tomber, de s'envoler... Avoir l'impression d'être sourd, aveugle... Elle avait l'impression d'atteindre au sublime* (Cf. Crabe, cit. 2). V. **Croire, imaginer** (s').

38   « Mais elle a l'impression de pâlir, et qu'une affreuse idée monte le long d'elle et la dévore. » ROMAINS, **H. de b. vol.**, t. IV, XVII, p. 189.

39   « Que lui voulaient ces gens autour de lui...? Il eut l'impression d'être l'inculpé dans un tribunal, dénoncé au juge par une foule de témoins. » GREEN, **Léviathan**, I, III.

40   « Les régimes avaient beau changer, les mœurs demeuraient pareilles, l'esprit suivait sa même pente : et le personnel de ce temps avait l'illusion charmante de durer, mais non point la triste impression de vieillir. » HENRIOT, **Portr. de fem.**, p. 307.

— (Suivi d'un nom ou d'un pronom). *Avoir l'impression de la réalité à la lecture d'un roman. Avoir l'impression du « déjà vu ». L'Asiatique a l'impression d'impudeur devant notre art* (Cf. Gothique, cit. 14). *Croyez-vous que cette parole ait blessé ? J'en ai l'impression.*

41   « Louys dit qu'en lisant ces lignes, il eut l'impression d'une dissonance... » HENRIOT, **Portr. de fem.**, p. 256.

— AVOIR L'IMPRESSION QUE... (Cf. Enseigner, cit. 3 ; expédier, cit. 9 ; formuler, cit. 9 ; grâce, cit. 21). *Avoir l'impression qu'on va s'évanouir. Il a l'impression que ses efforts sont vains. J'ai l'impression qu'elle se moque de vous* (Cf. Il me semble* que... ; elle a l'air* de...). *J'ai bien l'impression que c'est un pur hasard* (Cf. Faufiler, cit. 4). *Je n'ai pas l'impression qu'il ait compris.*

42   « La vue de son sang l'avait mise hors d'elle-même et elle eut l'impression que sa raison s'en allait. » GREEN, **A. Mesurat**, I, VII.

43   « On avait seulement l'impression que la maladie s'était épuisée elle-même ou peut-être qu'elle se retirait après avoir atteint tous ses objectifs. » CAMUS, **La peste**, p. 291.

44   « — Cela ne t'intéresse pas ce que je raconte ? — Si. — J'avais l'impression que tu n'écoutais pas. » CHARDONNE, **Destin. sentim.**, p. 275.

— REM. Les expressions « *avoir l'impression de..., que...* » ne figurent ni dans ACAD., 8e éd., ni dans les dictionnaires courants.

III. *Psychol.* « Ensemble des états physiologiques qui provoquent dans la conscience l'apparition d'une sensation » (LALANDE). *Impressions rétiniennes, auditives* (cit. 1)... *transmises au cerveau par des nerfs spécifiques* (Cf. Excitabilité, cit. 3). *Les impressions dont les organes des sens sont le siège ne franchissent* (cit. 12) *pas toutes le seuil de la conscience.* V. **Perception, sensation**, et *aussi* **Image.**

45   « ... si la sensation n'est pas toujours accordée à l'excitant physique, elle dépend étroitement en revanche de l'impression nerveuse à laquelle elle succède. » BURLOUD, **Psychologie**, XI, p. 180.

46   « ... la perception est beaucoup plus qu'une *impression des organes des sens* : elle est la *représentation*, le moyen de cette *impression*, d'un objet externe en un lieu de l'espace. » PRADINES, **Traité de psychol. génér.**, I, p. 400.

47   « Cet excitant (*le son*) produit dans l'organe sensoriel, ici l'organe de l'ouïe, un ensemble de phénomènes, d'ordre *physiologique*... nous désignerons tout cet ensemble par le terme d'**impression**. Un organe

sensoriel est essentiellement constitué par des *terminaisons nerveuses sensitives*... qui reçoivent l'*impression* proprement dite faite par l'excitant. Cette impression est *conduite* au cerveau par le nerf sensitif. C'est ainsi que les impressions auditives se projettent dans la région temporale ; les impressions visuelles dans la région occipitale... » CUVILLIER, **Précis de philos.**, t. I, Psychol., IV, pp. 99-100.

— REM. 1. Le terme *impression* désigne parfois l'action d'un agent extérieur quelconque qui atteint un organe sensoriel ou un tissu vivant, et y provoque une modification. Cet emploi a vieilli (Cf. Ensuite, cit. 3 BOSSUET), ou littéraire (Cf. Endurcir, cit. 10 ROUSS. et excitabilité, cit. 1 MAUPASS.). Selon LALANDE, le terme *d'excitation* convient mieux ici (V. **Excitation,** 3o). — 2. Même chez des psychologues et philosophes modernes on rencontre des acceptions du mot proches du sens II, 2o, b). Mais cet emploi est plus littéraire que technique.

48   « Quand je me promène pour la première fois, par exemple, dans une ville où je séjournerai, les choses qui m'entourent produisent en même temps sur moi une impression qui est destinée à durer, et une impression qui se modifiera sans cesse. » BERGSON, **Essai s. donn. imméd. de la conscience**, p. 98.

DER. — Impressionner* ; impressionnisme, impressionniste.

COMP. — Réimpression, surimpression.

IMPRESSIONNABLE. adj. (1780 ; de *impressionner*).

‖ 1o Qui est susceptible de recevoir de vives impressions. V. **Sensible*.** — REM. *Impressionnable* ne se dit plus des personnes, des natures excessivement sensibles* aux influences purement organiques (Cf. *infra*, cit. 1). V. **Douillet, sensitif.**

1   « Mais il se pourrait que les abricots eussent occasionné la syncope ! Il y a des natures si impressionnables à l'encontre de certaines odeurs ! (*C'est M. Homais qui parle*). » FLAUB., **Mme Bovary**, II, XIII.

2   « Christophe regardait, avec une curiosité affectueuse, cette figure impressionnable, qui rosissait et pâlissait, d'un instant à l'autre. Les sentiments y passaient comme des nuages sur l'eau. » R. ROLLAND, **Jean-Christ.**, Dans la maison, I, p. 930.

— Qui est facilement impressionné. V. **Émotif.** *Enfant nerveux et impressionnable. Esprit, nature impressionnable.*

3   « Ayant tué volontairement en lui (*Mallarmé*) la spontanéité de l'être impressionnable, les dons de l'artiste remplacèrent peu à peu en lui les dons du poète ; » GOURMONT, **Livre des masques**, p. 59.

4   « Être seule, au milieu de ce paysage blafard, dans une maison mal fermée, seule avec une femme qui délirait et une paysanne endormie, Mlle de la Ferté, si peu impressionnable pourtant, frissonna. » P. BENOIT, **Mlle de la Ferté**, p. 202.

‖ 2o (1874). *Photogr.* V. **Sensible.** *Papier, plaque impressionnable.*

ANT. — Calme, impassible, indifférent, insensible.

DER. — Impressionnabilité. n. f. (1845). Caractère de celui, de ce qui est impressionnable. *Impressionnabilité d'une personne.* V. **Émotivité.** — *Impressionnabilité d'une plaque photographique.* V. **Sensibilité.**

« Mais je me persuadai vite, pour ma quiétude, que je divaguais, que je cédais à une impressionnabilité maladive, à un surmenage de la sensibilité... » A. ARNOUX, **Royaume des ombres**, V, p. 158.

IMPRESSIONNER. v. tr. (1741 ; d'*impression*).

‖ 1o Affecter (quelqu'un) d'une vive impression. V. **Affecter, ébranler, émouvoir, étonner, frapper, toucher.** *Il a été impressionné par cette mort* (HATZFELD), *par cette tragique nouvelle.* V. **Bouleverser.** *Vivement impressionné par un tel spectacle* (LITTRÉ). *Ce discours m'a vivement impressionné* (P. LAROUSSE). V. **Effet ; impression** (causer, faire, produire une vive). *Cette visite me laisse une mauvaise impression ; ces gens m'ont désagréablement impressionné. Il imagine qu'elle sera favorablement impressionnée à l'aspect de son habit* (cit. 11 BALZAC). *Ne te laisse pas impressionner ni séduire.* V. **Influencer** (Cf. Enregistrer, cit. 4 ; garde, cit. 34). *Son air de gravité* (cit. 7) *impressionne tout le monde.* V. **Imposer** (à), **intimider.** *Impressionner la galerie* (cit. 11). *Vos menaces ne m'impressionnent pas.* V. **Troubler.** — Absolt. *Spectacle qui impressionne : fait impression, une grande impression* (Cf. Godiveau, cit.).

1   « Terme nouveau... dont se servent fréquemment les petits maîtres en disant que telle ou telle femme les a impressionnés. » CARACCIOLI (**Dict. crit. de 1768**) in BRUNOT, **Hist. lang. fr.**, t. VI, p. 1062, Note 4.

2   « ... un homme positif, une de ces têtes de fer que la réalité seule impressionne... » · DAUD., **Petit Chose**, II, XV.

3   « Je crains tout de même que cela l'impressionne trop, dit-elle à mon père. » RADIGUET, **Diable au corps**, p. 21.

4   « Une douce habitude l'immunisait contre de telles réceptions. Elles ne l'impressionnaient plus et même il en savourait la caresse. » COCTEAU, **Les enfants terribles**, p. 61.

‖ 2o *Physiol.* (Mme de STAËL in BOISTE). Affecter (un organe) de manière à produire une sensation. V. **Agir** (sur). *Cellules auditives* (cit. 1) *impressionnées par les vibrations sonores.*

5   « ... enfin, considéré dans sa cause matérielle, le goût est la propriété qu'a un corps d'impressionner l'organe et de faire naître la sensation (*gustative*). » BRILLAT-SAVARIN. **Physiol. du goût.** (1825), t. I, p. 49.

‖ 3° Photogr. *Impressionner une plaque, une pellicule photographique :* y laisser une image.

6   « Sous l'influence de la chaleur (dans l'héliochromie), on voit les couleurs prendre généralement plus d'intensité, surtout si la lumière a impressionné toute l'épaisseur de la couche de chlorure d'argent,... »
NIEPCE DE ST-VICTOR (1805-1870), cité par LITTRÉ.

— REM. On a soutenu à tort que *Impressionner* « appartient depuis sa création (vers le milieu du dernier siècle) au langage des photographes » (A. THÉRIVE, Quer. de lang., I, p. 130). En fait, il se rencontre, dès le XVIIIe s. dans GAUDET (Bibliothèque, 61, 1re éd. 1741) au sens 1° : « *Elle* (Cidalise) *impressionne tous les cœurs* » et dans CARACCIOLI (*supra*, cit. 1). En 1839, le *Dictionnaire* de BOISTE ne le signale encore qu'au sens de « Faire impression sur ; émouvoir ». Les physiologistes du XIXe s. l'ont employé avant les photographes. LITTRÉ remarque avec raison qu'il est régulièrement fait comme *affectionner* et l'ACAD. le définit au figuré « Causer des impressions, émouvoir ». Il est difficile de proscrire un mot « au nom de la clarté et du bon usage » quand il n'a cessé d'être employé par de grands écrivains de BALZAC jusqu'à nos jours.

DER. — **Impressionnable*.** — **Impressionnant, ante.** *adj.* (XVIIIe s. RESTIF). Qui impressionne. V. **Émouvant, étonnant*, frappant** (Cf. Européen, cit. 3). *Site, spectacle impressionnant.* V. **Grandiose.** *La guerre* (cit. 15) *est redoutable et impressionnante.* V. **Effrayant.** *Discours impressionnant.* V. **Brillant, éloquent.** *Monument impressionnant.* V. **Imposant.** *Il a une fortune impressionnante. Un nombre impressionnant de...* — REM. Quelques puristes condamnent *impressionnant* de même qu'*impressionner* (Cf. REM. *supra*). LITTRÉ a accueilli cet adjectif dans son Supplément et l'ACAD. dans sa 8e éd. (1935).

1   « ... un total impressionnant de plusieurs millions. »
HENRIOT, **Portr. de fem.**, p. 353.

2   « ... ils me donnaient des raisons souvent impressionnantes, pour me faire avaler ce que je n'arrivais pas à déglutir. »
CAMUS, **La peste**, p. 272.

3   « ... Un monument *impressionnant* ? non, il est imposant. Ma démonstration *impressionnante* ? j'espère qu'elle est troublante ou convaincante... » A. THÉRIVE, **Querelles de langage**, t. I, p. 131.

IMPRESSIONNISME. *n. m.* (1876 in LITTRÉ, Suppl. ; de *impressionniste*).

‖ 1° *Bx-arts.* Terme qui désigne les œuvres des peintres impressionnistes*, le courant artistique qu'ils représentent (Cf. Batailler, cit. 2). *L'impressionnisme, annoncé par les œuvres de certains peintres dès 1860.* — *Par ext.* Façon de peindre, manière* qui caractérise ou rappelle les peintres impressionnistes.

1   « En réalité l'Impressionnisme est multiple : le terme si critiqué est surtout mauvais parce qu'on l'emploie tantôt dans un sens large, tantôt dans un sens étroit. Il y a l'Impressionnisme de Manet qui peint clair. Il y a celui de Manet encore et de Degas qui spécule sur l'emploi d'une nouvelle perspective. Il y a celui de Pissarro et de Renoir qui se fondent sur le plein air et l'emploi des tons purs. Il y a enfin celui de Monet qui unit une conception lyrique de la vision avec une analyse quasi scientifique des sensations colorées et qui substitue au dessin classique la notation des ombres et des reflets.
Toutes ces tendances ont un caractère commun : elles se fondent sur une tentative pour substituer aux conventions de l'école l'analyse des données pures des sens. Et c'est par là qu'elles méritent finalement toutes, en commun, le nom d'Impressionnisme. »
P. FRANCASTEL, **Nouveau dessin, nouvelle peinture**, III, pp. 58-59.

‖ 2° *Littér.* Style, manière d'écrivains qui se proposent de rendre par le langage les impressions fugitives, les nuances les plus délicates du sentiment sans recourir à l'analyse intellectuelle. *L'impressionnisme des Goncourt.*

2   « ... Giraudoux, épanouissant une incomparable maturité, laisse tressaillir toutes les inquiétudes contemporaines à travers l'impressionnisme subtil de ses romans... »
R. JASINSKI, **Hist. littér. franç.**, t. II, p. 746.

COMP. — **Néo-impressionnisme.** *n. m.* (1886, mot créé par le critique Arsène ALEXANDRE). Mouvement et doctrine fondés par le peintre SEURAT (DER. **Néo-impressionniste.** *n. et adj.* (1886). *Seurat et Signac, principaux peintres néo-impressionnistes. La doctrine néo-impressionniste.* — REM. On a dit également *divisionnistes* et aussi, mais à tort, *pointillistes,* et *pointillisme*).

« Le but de la technique des néo-impressionnistes est d'obtenir... un maximum de couleur et de lumière... Les néo-impressionnistes n'usent que de couleurs pures se rapprochant... des couleurs du prisme... De ces couleurs pures, ils respecteront toujours la pureté... ils les juxtaposeront en touches nettes et de petites dimensions... »
P. SIGNAC, **De Delacroix au néo-impressionnisme**, pp. 9-13-15.

IMPRESSIONNISTE. *n.* (mot créé par le critique L. LEROY dans un article du *Charivari* du 25 avril 1874, *L'exposition des impressionnistes.* Forgé par dérision d'après le titre d'un tableau de Monet, *Impression, soleil-levant,* il perdit bientôt sa valeur péjorative). *Bx-arts.* Se dit des peintres qui, à la fin du XIXe s., s'efforcèrent d'exprimer dans leurs œuvres les impressions* que les objets et la lumière suscitent dans la conscience. — *Adj.* Qui se rapporte ou appartient à l'impressionnisme*. *Un peintre impressionniste.* — *Les théories impressionnistes. L'école impressionniste.*

1   « Indifférents à la philosophie comme à la poésie, les impressionnistes ne veulent que peindre ce qu'ils voient et comme ils le voient, peindre sans arrière-pensée, « peindre comme l'oiseau chante », et tendre à l'impersonnalité.

... persuadés que les choses sont un devenir, non une essence, les impressionnistes en montrent les natures successives et peignent des séries où le même motif réapparaît à des saisons, des jours, des moments différents. »
B. DORIVAL, **La peinture française**, XI, pp. 188-189.

— *Littér.* Ecrivain qui se rattache à l'impressionnisme. — Adjectivt. *Les Goncourt, France, Loti, écrivains impressionnistes.*

2   « MM. de Goncourt... ont créé vraiment le style *impressionniste :* un style très artistique, qui sacrifie la grammaire à l'impression, qui, par la suppression de tous les mots incolores, inexpressifs,... ne laisse subsister, juxtaposés, dans une sorte de *pointillé,* que les termes producteurs de sensations. » LANSON, **Hist. littér. franç.**, p. 1082.

DER. — Impressionnisme.

IMPRÉVISIBLE. *adj.* (1840, LANDAIS ; de *in-,* et *prévisible*). Qui ne peut être prévu. *Événements imprévisibles.* V. **Déroutant, inattendu.** *Les hausses et les baisses imprévisibles d'une marchandise* (Cf. Étirer, cit. 2). Substant. *Attendre l'imprévisible.* — REM. *Imprévisible* (admis ACAD. 1935), non plus que *prévisible.* ne figure dans LITTRÉ qui, en revanche, donne *Imprévoyable* aujourd'hui disparu.

« J'ai remarqué que tout ce qui arrive d'important à n'importe qui était imprévu et imprévisible. Lorsqu'on s'est guéri de la curiosité, il reste sans doute à se guérir aussi de la prudence. »
ALAIN, **Propos**, Prédictions, 14 avril 1908.

DER. — **Imprévisibilité.** *n. f.* (1908 LAROUSSE MENS.). Caractère de ce qui est imprévisible.

IMPRÉVISION. *n. f.* (1867 LITTRÉ ; de *in-,* et *prévision*). Défaut de prévision. Dr. *Théorie de l'imprévision,* en vertu de laquelle la révision ou la résiliation des contrats de longue durée doit être admise lorsque des perturbations imprévisibles ont modifié la valeur des prestations promises. *Les contrats conclus avant le 2 septembre 1939 sont résiliables pour cause d'imprévision* (Loi du 22 avril 1949).

IMPRÉVOYANCE. *n. f.* (1611 ; de *in-,* et *prévoyance*). Défaut de prévoyance. V. **Étourderie, insouciance, irréflexion.** *Prodigue, dépensier qui vit dans l'imprévoyance* (Cf. Au jour* le jour). *Imprévoyance dangereuse, criminelle. Être d'une grande imprévoyance.*

1   « Si Valentin eût été plus sage, il aurait fait comme les autres, et serait parti de son côté ; mais les plaisirs avaient été chers, et sa bourse vide le retenait à Paris. Regrettant son imprévoyance, aussi triste qu'on peut l'être à vingt-cinq ans, il songeait à passer l'été,... »
MUSS., **Nouvelles**, Les deux maîtresses, II.

2   « Qu'importait, à une nation distraite de ses défauts et de ses revers par son inconstance, l'avertissement d'un homme de génie ! Trop de mauvais journaux avaient à nourrir de balivernes... un public que les catastrophes ne guérissent jamais de son imprévoyance. »
MONDOR, **Pasteur**, V, p. 86.

ANT. — Circonspection, prévoyance, prudence.

IMPRÉVOYANT, ANTE. *adj.* (1784 ; de *in-,* et *prévoyant*). Qui manque de prévoyance. V. **Étourdi, insouciant, irréfléchi, léger.** *Un jeune homme imprévoyant.* Substant. *Un imprévoyant qui ne voit pas plus loin que le bout* de son nez. Le prévoyant et l'imprévoyant* (Cf. Démonter, cit. 11).

1   « Le plus libéral, le plus imprévoyant des hommes avait, pour ses véritables amis, le défaut de ne jamais vouloir écouter leurs avis sur l'article de sa dépense. » MARMONTEL, **Mém.**, IX.

2   « On peut dire que toute la société est en guerre contre lui (*l'homme supérieur*)... Sa politesse, on l'appelle froideur ;... son économie, avarice. Mais si... le malheureux se montre imprévoyant, bien loin de le plaindre, la société dira : « C'est bien fait ; sa pénurie est la punition de sa prodigalité. » BAUDEL., **Curios. esthét.**, XV, VIII.

3   « L'imprévoyant, dit Valéry, est moins accablé et démonté par l'événement catastrophique, que le prévoyant. »
GIDE, **Journal**, 16 juin 1932.

ANT. — Avisé, circonspect, prévoyant, prudent.

IMPRÉVU, UE. *adj.* (1544 ; de *in-,* et *prévu*). Qui n'a pas été prévu ; qui arrive lorsqu'on ne s'y attend pas. V. **Fortuit, inattendu, inopiné...** *Cas* imprévu* (V. **Hasard**). *Survenir* d'une manière imprévue* (V. **Survenant**). *Événement rapide et imprévu.* V. **Brusque** (cit. 5), **soudain, subit...** (Cf. Barrer, cit. 1 ; imprévisible, cit.). *Contretemps** (cit. 3), *coup, dérangement* (cit. 4), *ennui, malheur imprévu.* V. **Accidentel ; accroc, tuile** (Cf. Anéantir, cit. 2). *Ce qui frappe de façon imprévue.* V. **Foudre** (coup de foudre). *Le malheur est toujours imprévu* (Cf. Exaltant, cit. 4). *Bonheur, plaisir imprévu.* V. **Inespéré.** *Affaire, histoire imprévue* (Cf. Engager, cit. 16). *Circonstances, péripéties... imprévues* (Cf. Génie, cit. 4 ; histoire, cit. 12). *Obstacle, piège imprévu* (Cf. Aveugle, cit. 15 ; génie, cit. 47). *C'est un cas imprévu, la loi est muette sur ce point.* V. **Silence** (de la loi). — *Dépenses* (cit. 5) *imprévues.* V. **Extraordinaire.** — *Sensations fortes et imprévues ; jouissances imprévues* (Cf. Effet, cit. 33 ; heureux, cit. 41). *Idées imprévues, avis imprévu.* V. **Déconcertant** (Cf. Convenir, cit. 28 ; entendre, cit. 19). *J'ai découvert en lui un être imprévu que je ne connaissais pas.*

1   « Percé jusques au fond du cœur
D'une atteinte imprévue aussi bien que mortelle, »
CORN., **Cid.**, I, 6.

2 « ... le moindre accident produit une grande révolution, souvent aussi imprévue de ceux qui la font que de ceux qui la souffrent. »
MONTESQ., Lett. pers., LXXXI.

3 « Les rues de Venise sont un labyrinthe si compliqué, elles se croisent de tant de façons, par des caprices si variés et si imprévus, que Pippo, après avoir laissé échapper la jeune fille, ne put parvenir à la rejoindre. »
MUSS., Nouvelles, Le fils du Titien, II.

4 « ... le garder (cet argent) pour un cas imprévu, pour un de ces accidents arrivant si souvent dans leur profession. »
GONCOURT, Zemganno, XXIX.

5 « ... voyez pourtant, major, comme vous êtes des êtres imprévus. Vous méprisez les forts en thème et vous citez Hérodote. »
MAUROIS, Silences col. Bramble, I.

— Substant. L'imprévu : ce qui est imprévu. L'imprévu et le hasard*, l'arbitraire (cit. 10 TAINE), l'exceptionnel (cit. 9), l'inconnu, la nouveauté (Cf. Agir, cit. 9 MICHELET ; exigeant, cit. 1). Assommé (cit. 19 HUGO) par l'imprévu. Gaieté pleine d'imprévu (Cf. Brio, cit. 1 STENDHAL). L'attrait, la saveur de l'imprévu (Cf. Course, cit. 10). Aimer l'imprévu, un peu d'imprévu dans la vie. Manque d'imprévu (Cf. Engrener, cit. 2 GAUTIER). Pays d'où l'imprévu est exclu (cit. 12 BAUDEL.). Amour sans imprévu (Cf. Goût, cit. 40 STENDHAL). Un imprévu total, limité... (Cf. Gros, cit. 33). Ce qu'il faut toujours prévoir, c'est l'imprévu (Cf. Imminent, cit. 2 HUGO). En cas d'imprévu, écrivez-moi. — REM. L'emploi d'imprévu comme substantif n'est pas signalé par LITTRÉ, malgré sa fréquence au XIXe siècle.

6 « Elle était si fort habituée à se jouer de tout, à marcher au hasard ! Elle aimait tant l'imprévu et les orages de la vie ! »
BALZ., Les Chouans, Œuvr., t. VII, p. 884.

7 « ... l'imprévu la charmait, mais la gênait un peu : elle était méthodique... »
R. ROLLAND, L'âme enchantée, p. 65.

8 « Il a, pendant bien des années, rêvé de la science, de la science libératrice, d'une profession miraculeuse, faite d'imprévu, de nouveauté, d'incessantes découvertes, d'inventions, de coups de vent, de belles bourrasques,... »
DUHAM., Pasq., t. III, XII.

IMPRIMATUR. n. m. (XIXe s. in P. LAROUSSE ; mot lat. signifiant « qu'il soit imprimé », de imprimere). Autorisation d'imprimer (accordée par l'autorité ecclésiastique ou par l'Université à un ouvrage soumis à son approbation). L'imprimatur d'un catéchisme, d'un missel, d'un ouvrage approuvé* par l'évêque. Demander, obtenir, donner l'imprimatur (Cf. Hardi, cit. 10). Nihil obstat, formule qui figure dans l'imprimatur ecclésiastique. Imprimatur refusé par la censure*. — Cette thèse a obtenu l'imprimatur (ACAD.).

IMPRIMER. v. tr. (1302 ; emprimer en 1270 ; lat. imprimere. V. Empreindre).

I. ‖ **1°** (XIVe s.). Vx ou arch. Faire pénétrer profondément (dans le cœur, l'esprit de quelqu'un...) en laissant une marque, une empreinte durable... V. Communiquer*, imprégner (de), insuffler ; impression (II). Imprimer la crainte, l'effroi, la haine... V. Inspirer (Cf. Atroce, cit. 1 ; belle-mère, cit. 2 ; but, cit. 16). Imprimer des goûts, un désir... (Cf. Extirper, cit. 3 ; heureux, cit. 35). Imprimer une idée, des principes. V. Donner, inculquer (Cf. Flèche, cit. 11). — Imprimer une chose dans l'esprit, dans l'âme de quelqu'un (Cf. Égyptien, cit. 1 ; habitude, cit. 5). — Idées, pensées imprimées dans l'esprit. Souvenirs imprimés dans la mémoire. V. Fixer, graver.

1 « Une lionne vient, monstre imprimant la crainte ; »
LA FONT., Filles de Minée.

2 « Sachez donc que vos vœux sont trahis
Par l'amour qu'une esclave imprime à votre sein. »
MOL., Étourdi, I, 7.

3 « Il y aura toujours la raison et la vertu imprimées par la nature dans les cœurs des hommes. »
FÉN., Dial. des morts anc., 32 (in LITTRÉ).

4 « Cet art mensonger (la médecine), plus fait pour les maux de l'esprit que pour ceux du corps, n'est pas plus utile aux uns qu'aux autres : il nous guérit moins de nos maladies qu'il ne nous en imprime l'effroi ; il recule moins la mort qu'il ne la fait sentir d'avance ; il use la vie, au lieu de la prolonger ; »
ROUSS., Émile, I.

5 « Cette maxime fortement imprimée au fond de mon cœur, et mise en pratique quoiqu'un peu tard, dans toute ma conduite,... »
ID., Confess., II.

6 « Pour obtenir la tranquillité dans l'Ouest, déjà plein de réfractaires, il parut nécessaire à Napoléon d'imprimer une profonde terreur. »
BALZ., Madame de La Chanterie, Œuvr., t. VII, p. 327.

7 « Voilà mes souvenirs du 24 février 1848, tels qu'ils sont imprimés dans mes faibles esprits, et tels que ma mère les a maintes fois rafraîchis. »
FRANCE, Petit Pierre, XI.

— Idée, pensée qui s'imprime dans l'esprit. V. Graver (se). — S'imprimer une idée dans l'esprit.

8 « L'on ne peut guère charger l'enfance de la connaissance de trop de langues... Un si grand fonds ne se peut bien faire que lorsque tout s'imprime dans l'âme naturellement et profondément. »
LA BRUY., XIV, 71.

— Par ext. (Vx). Avec un complément de personne. Imprimer quelqu'un de quelque chose. V. Animer, imprégner, pénétrer. Être imprimé d'une chose. V. Marqué.

9 « Quelle facilité est la nôtre pour perdre tout d'un coup le sentiment et la mémoire des choses dont nous nous sommes vus le plus fortement imprimés ! »
LA BRUY., Disc. Acad.

‖ **2°** Donner, imposer une certaine marque, un certain caractère. V. Communiquer, donner (Cf. Huile, cit. 28). Air de majesté que le temps a imprimé à sa personne (Cf. Glacial, cit. 2). L'inertie qu'une pensée imprime à l'attitude (cit. 12).

10 « La tyrannie imprime un caractère de bassesse à toutes sortes de productions. »
DIDER., Essai s. règnes Claude et Néron, I, 10.

11 « Les sentiments du jeune abbé, loin d'animer sa figure, y imprimèrent un air sévère ; »
BALZ., Le curé de village, Œuvr., t. VIII, p. 621.

12 « Une rivière, faite à coups de ruisseaux, traverse le parc dans sa partie basse par un mouvement serpentin, et y imprime une tranquillité fraîche, un air de solitude qui rappelle... les Chartreuses,... »
ID., Les paysans, Œuvr., t. VIII, p. 19.

‖ **3°** Communiquer, transmettre (un mouvement). Imprimer un mouvement, une impulsion, des oscillations (Cf. Houle, cit. 1 BAUDEL.), des saccades (Cf. Bouche, cit. 7 COCTEAU), des secousses (Cf. Grincer, cit. 8 SAND). Imprimer une vitesse, une énergie... (Cf. Cyclotron, cit. ; étoile, cit. 17). — Fig. Direction* à imprimer à des recherches (Cf. Expérience, cit. 43 Cl. BERNARD).

13 « C'est Dieu qui imprime à la matière son mouvement... »
MALEBRANCHE, Rech., I, I, 2.

14 « La gravitation qui imprime le mouvement à tous les corps vers le centre,... »
VOLT., Doutes sur mesure des forces motrices, II, 10°.

15 « Une forte puissance imprime à la mer un mouvement périodique et réglé. »
BUFF., Théor. de la terre, 2e disc.

16 « La pierre... après une longue désuétude, était comme ankylosée dans sa charnière. Impossible, désormais, de lui imprimer un mouvement. »
HUGO, Quatre-vingt-treize, III, IV, XII.

17 « L'homme continue toujours le mouvement que lui imprime d'abord la nature ; »
TAINE, Philos. de l'art, II, p. 120.

— REM. LITTRÉ, dans une longue remarque, condamne cet emploi comme n'appartenant pas « à un style correct et exact » et contenant « une métaphore fautive et incohérente ». « Imprimer — écrit-il — c'est d'abord et proprement, presser sur, puis faire une empreinte, une impression... ; or, rien de cela ne s'applique au mouvement ». Cette argumentation, appuyée sur « les dictionnaires latins », ne correspond en rien à l'évolution du mot en français. L'historique même de LITTRÉ montre qu'Imprimer a d'abord voulu dire « transmettre, communiquer (un sentiment) » (1356, BERSUIRE), tandis que son sens matériel n'apparaît qu'à la fin du XVe s. (Cf. WARTBURG). D'autre part, on ne peut proscrire cet emploi comme illogique et incohérent sans condamner l'exemple suivant de BOILEAU, donné comme correct par LITTRÉ (6°).

18 « ... le son des flûtes émeut l'âme de ceux qui l'écoutent, et les remplit de fureur, comme s'ils étaient hors d'eux-mêmes ;... leur imprimant dans l'oreille le mouvement de sa cadence, qui les contraint de la suivre, et d'y conformer en quelque sorte le mouvement de leurs corps... »
BOIL., Traité du sublime, XXXII.

19 « Imprimer se dit aussi des... qualités que les corps se communiquent. Un fût gâté imprime sa mauvaise qualité au vin qu'on y met. En Physique imprimer et communiquer du mouvement sont termes synonymes. Movere, motum imprimere. »
TRÉVOUX, Imprimer.

II. ‖ **1°** (1487 in WARTBURG). Faire, laisser (une marque, une empreinte*, une trace) par pression. Dents qui impriment leur marque. Pied qui imprime sa forme* (cit. 5) sur le sable, sur la neige... Imprimer ses doigts, la marque de ses doigts sur une substance molle. Imprimer en pressant*, en appuyant... — Pas imprimés dans la boue, le sable...

20 « ... à peine il imprimait la trace de ses pas dans le sable... »
FÉN., Télém., XV.

21 « Des vieillards aux fronts blancs massacrés sur leurs portes
Imprimaient à leurs seuils leurs doigts ensanglantés. »
HUGO, Légende des siècles, LIV, VII.

22 « C'est un crime que d'effacer les empreintes successives imprimées dans la pierre par la main et l'âme de nos aïeux. Les pierres neuves taillées dans un vieux style sont de faux témoins. »
FRANCE, Le lys rouge, V.

— Par métaph. V. Marquer. Les rides de l'étude imprime au front (cit. 16). Imprimer une marque ignominieuse, imprimer l'ignominie sur... V. Stigmatiser (Cf. Effigie, cit. 6 ; farine, cit. 6). Imprimer un affront (cit. 11 et 12) au front, sur le front (vx).

23 « Aurait-il imprimé sur le front des étoiles
Ce que la nuit des temps enferme dans ses voiles ? »
LA FONT., Fabl., II, 13.

‖ **2°** Spécialt. Reproduire* (une figure, une image...) par l'application et la pression d'une surface sur une autre. Imprimer une lettre sur le tronc d'un arbre à abattre, sur le front d'un criminel (Cf. Accusateur, cit. 2). Imprimer la marque d'un cachet*, d'un sceau* sur de la cire (V. Timbre). Imprimer un visa à l'aide d'une griffe (cit. 13). V. Apposer. Imprimer un dessin en le décalquant*. Imprimer à l'aide d'une presse* (V. Impression, I, 2°). Imprimer un motif en relief, en creux. V. Estamper. Imprimer des ornements sur une étoffe, un cuir. V. Gaufrer. — Imprimer à l'aide d'une planche encrée, une image, une estampe, une lithographie (V. Lithographier) ; imprimer en taille douce, en taille de bois... (V. Imprimerie). Imprimer des dessins, des fleurs sur un tissu, une étoffe. V. Appliquer.

— *Imprimer une couleur.* V. **Teindre.** *La fumée imprime une teinte fuligineuse* (cit. 1) *sur...* — *Spécialt.* T. de Peint. *Imprimer le bois, la toile d'une première couche.*

— *Par ext. Imprimer une étoffe, un tissu.*

24 « Ils font venir du Bengale des toiles blanches qu'ils teignent ou impriment ; »   RAYNAL, **Hist. philos.**, III, 24.

‖ **3°** Reproduire (les caractères d'une écriture, des signes graphiques...) par la technique de l'imprimerie* (Cf. Faute, cit. 30). *Imprimer des lettres*, des chiffres, une phrase, un texte, un ouvrage. Le numéroteur*, instrument servant à imprimer les numéros à la main. Imprimer un manuscrit* (Cf. Compte, cit. 22). — *Livre imprimé en tels caractères...* (cit. 5). V. **Composer.** *Edition* (cit. 4) *imprimée à Paris, à Francfort...*

25 « ... je priai maître Sébastien Gryphius, excellent homme en l'art de l'imprimerie, d'y vouloir mettre la main, ce qu'il a fait, et... vous (l') a imprimé bien correct et sur la copie de l'auteur,... »   MAROT, **Traductions**, X, Marot aux lecteurs.

26 « Il fallait imprimer sans faute ni retard les décrets républicains... Monsieur le comte de Maucombe endossa donc l'humble veste d'un prote de province : il composa, lut et corrigea lui-même les décrets... »   BALZ., **Illus. perd.**, Œuvr., t. IV, p. 465.

27 « Le grand poème, le grand édifice, la grande œuvre de l'humanité ne se bâtira plus, elle s'imprimera. »   HUGO, **N.-D. de Paris**, I, V, II.

— *Faire imprimer une comédie, un essai, des remarques...* (Cf. Célèbre, cit. 7 ; examen, cit. 1 ; faiblesse, cit. 21).

28 « J'en retiens un exemplaire au moins, si vous le faites imprimer. »   MOL., **Préc. rid.**, IX.

29 « ... on fera imprimer vos ouvrages entiers et en français, et on en fera tout le monde juge. »   PASC., **Pens.**, XIV, 921.

— *Par ext.* Faire paraître. V. **Éditer.** *Éditeur* (cit. 2 et 3) *qui imprime un essai* (cit. 19), *un roman,* etc. *Imprimer un livre à mille exemplaires.* V. **Tirer.** *Imprimer un livre à ses frais* (Cf. Cénacle, cit. 1). *Pouvoir tout imprimer librement* (Cf. Censeur, cit. 5). *Imprimer une gazette* (cit. 2). *Journaux imprimés clandestinement* (cit. 1). *Mémoires frauduleux* (cit. 1) *imprimés sous le nom de...*

30 « ... ce sera... une *rouerie* de plus à mettre dans vos Mémoires : oui, dans vos Mémoires, car je veux qu'ils soient imprimés un jour, et je me charge de les écrire. »   LACLOS, **Liais. dang.**, II.

31 « ... Balzac, polygraphe par nécessité autant que par excès de verve, a imprimé sans retenue tout ce qui lui passait par la tête ou fusait de son encrier au seul contact de sa plume. »   HENRIOT, **Romantiques**, p. 319.

— *Absolt.* Faire imprimer, faire paraître ses œuvres (Cf. Aveu, cit. 3). *Imprimer librement* (Cf. Abus, cit. 3). *Il écrit, mais n'a pas encore imprimé.* V. **Publier.** *Imprimer sans arrêt* (Cf. Faire gémir* la presse).

32 « ... n'imprimez plus : le public vous demande quartier. »   LA BRUY., VIII, 61.

— *Par ext. Imprimer un auteur, un écrivain. Personne ne veut l'imprimer. Se faire imprimer. Être imprimé tout vif* (Cf. Esprit, cit. 121 BEAUMARCH. ; gredin, cit. 1 MOL.).

33 « C'est une chose étrange qu'on imprime les gens malgré eux. »   MOL., **Préc. rid.**, Préface.

34 « Et qui diantre vous pousse à vous faire imprimer ? »   ID., **Misanthr.**, I, 2.

35 « Quant à écrire ? je parierais bien que je ne me ferai jamais imprimer ni représenter. »   FLAUB., **Corresp.**, 28, 24 févr. 1839.

— *Pronominalt.* (sens passif). *Cela se dit mais ne s'imprime pas.*

‖ IMPRIMÉ, ÉE. p. p. adj. *Lithographie, gravure, image imprimée. Étoffe, indienne, mousseline imprimée. Tissu imprimé* et Substant. *Un imprimé à fleurs, à pois...* — *Livre, ouvrage, exemplaire imprimé (par oppos. à Manuscrit...)* Cf. Auteur, cit. 37 ; ceci, cit. 2 ; fragment, cit. 4 ; grimoire, cit. 1. *Ouvrage imprimé sur vélin. Feuille, page imprimée. Mémoire imprimé* (Cf. Factum, cit. 2). *Les sottises imprimées* (Cf. Gêner, cit. 14). *La chose imprimée :* les livres (Cf. Érudit, cit. 8). *Papiers imprimés* (Cf. *infra,* Un imprimé). *En-tête* imprimé d'un papier. Formule imprimée pour la déclaration des revenus.*

— *Substant. Un imprimé,* se dit de toute impression ou reproduction sur papier ou sur une matière assimilable au papier. *Le département des imprimés à la Bibliothèque Nationale. Dépôt** (cit. 3) *légal des imprimés. L'administration des Postes considère comme imprimés les « livres brochés ou reliés, prospectus, catalogues, avis divers, circulaires..., prix courants, cartes de visite, gravures, photographies, dessins, morceaux de musique, imprimés en relief à l'usage des aveugles,... épreuves d'imprimerie*, plans, cartes géographiques... journaux et écrits périodiques »* (Cf. RÉPERT. DALLOZ, t. III, p. 460). *Les imprimés bénéficient d'un tarif réduit* (dans les limites de dimension des lettres). *La boîte des imprimés. Recevoir des imprimés dans son courrier* (cit. 8). V. **Brochure, catalogue, faire-part, journal...** — *Spécialt.* Feuille, formule imprimée. *Remplissez lisiblement les imprimés.*

36 « ... je copiai de ce manuscrit ce qui manquait dans les imprimés. »   P.-L. COURIER, **Lett. à M. Renouard, libraire.**

— *L'imprimé :* les caractères imprimés. *Il ne sait lire que l'imprimé.*

37 « — Voyons, dit Fouan, qui est-ce qui va nous dire ça, pour finir la veillée ?... Caporal, vous devez très bien lire l'imprimé, vous. »   ZOLA, **La terre**, I, V.

— Le livre, la chose imprimée.

38 « Pas une de nos émotions n'est franche. Joies, douleurs, amours, vengeances, nos sanglots, nos rires, les passions, les crimes ; tout est copié, tout !... Combien j'en sais dont tel passage lu un matin a dominé, défait ou refait, perdu ou sauvé l'existence !... Tyrannie comique de l'*imprimé !...* Joignez à cette autorité de l'imprimé, l'intérêt du roman. »   J. VALLÈS, **Les réfractaires,** Chronique : les victimes du Livre (1865).

ANT — Inédit, manuscrit. Blanc (tissu, papier...).

DER. — Imprimable. adj. (1583). Qui peut être imprimé. *Sa prose n'est pas imprimable.* — **Imprimerie, imprimeur.** — V. **Imprimatur.**

COMP. — **Réimprimer.**

IMPRIMERIE. n. f. (XVe s. ; de *imprimer*).

‖ **1°** Art d'imprimer* (des livres,...) ; ensemble des techniques permettant la reproduction d'un texte par impression* d'un assemblage de caractères mobiles. *L'imprimerie succéda au XVe siècle à l'impression par planches gravées* (V. **Tabellaire, xylographie**). *L'imprimerie, moyen de diffusion de la pensée* (Cf. Artillerie, cit. 8 ; édifice, cit. 10 ; gravure, cit. 3). *Techniques utilisées en imprimerie : imprimerie typographique* (V. **Typographie**), *lithographique* (V. **Lithographie, offset, phototypie...**) ; *imprimerie en taille-douce*.* — *L'imprimerie et les arts du livre*.* V. **Édition, librairie, presse...**

1 « L'imprimerie fut inventée par eux (*les Chinois*) dans le même temps. On sait que cette imprimerie est une gravure sur des planches de bois, telle que Gut(t)enberg la pratiqua le premier à Mayence, au quinzième siècle. »   VOLT., **Essai s. l. mœurs**, 1.

2 « L'invention de l'imprimerie est le plus grand événement de l'histoire... C'est le mode d'expression de l'humanité qui se renouvela totalement, c'est la pensée humaine qui dépouille une forme et qui en revêt une autre,... Sous la forme imprimerie, la pensée est plus impérissable que jamais ;... Et quand on observe que ce mode d'expression est non seulement le plus conservateur, mais encore le plus simple, le plus commode,... s'étonner que l'intelligence humaine ait quitté l'architecture pour l'imprimerie ? »   HUGO, **N.-D. de Paris**, I, V, II.

3 « L'imprimerie est apparue, le livre a commencé de voyager parmi les peuples, et notre humanité, presque tout de suite, a changé de visage, de démarche, de propos et de pouvoirs. »   DUHAM., **Défense des lettres**, Préface.

— *Caractères d'imprimerie.* V. **Cadrat, cadratin, caractère*** (I, *supra,* cit. 5), **espace, filet** (filet droit, tremblé...), **fonte** (3°), **garniture, interligne, lettre, lettrine, ligne, marge, mobile** (n. m.), **signe** (typographique), **cul-de-lampe, vignette,** etc. *Formes, dimensions des caractères d'imprimerie.* V. **Type** (antique, égyptienne, elzévir, gothique, italique, normande, romain,...), **point** (canon, cicero*, diamant, gaillarde (II, 2°), mignonne, nonpareille, parangon, perle, texte...), **œil** (gros œil, petit œil). *Empreinte d'un caractère d'imprimerie noirci à la fumée.* V. **Fumé.** — *Opérations d'imprimerie :* fonte des caractères (*à la main.* V. **Biveau, fonderie...** ; *à la machine.* V. **Monotype, linotype ; frappe...**) ; composition des caractères (V. **Composer, composition** ; **apprêter, approche, assembler ; blanc, blanchir ; créner, débloquer, éclaircir, espacement, justification, justifier, marger, taquer ; bardeau, casse 3, casseau, cassetin, cassette, compositeur, galée, lignomètre, taquoir, taquon, typomètre...**), confection et correction des épreuves (V. **Épreuve, morasse, placard, tierce...** ; **coquille** III, **correction, deleatur...**), mise en page* (des textes, titres, notes, folios, clichés, marges, etc. V. **Habillage ; réclame, signature...**), imposition* (V. **Imposer, réimposer...** ; **châssis, forme, marbre, ramette...** ; **format.** Cf. Imposer en in-huit, en in-douze), clichage (V. **Cliché, 1° ; clicher ; empreinte, flan, stéréotype**), approvisionnement en papier (V. **Passe**), préparation du papier (V. **Trempage**), encrage de la composition ou de l'empreinte (V. **Encrage, encrer**), impression et tirage (V. **Tirage, tirer ; presse*** (frisquette, tympan ; encrier, platine, pointure, rouleau, train) ; **blanc** (machine en blanc), **minerve, retiration** (presse à retiration), **rotative**). — *Défauts de tirage en imprimerie.* V. **Bavoché, bavure, foulage, gris** (page grise), **larron, mâchurer, maculage, maculer, moine, surimpression...**). — *Pliage et assemblage des feuilles d'imprimerie.* V. **Assemblage, brochure, cahier, carton, collationner, encartage, encarter, encartonner, feuille, feuillet, livraison, onglet, page, pliage, pliure**), rognage (V. **Massicot**). — *Travaux d'imprimerie.* V. **Labeur, ville** (ouvrages de ville). Cf. Assujettir, cit. 10. *Métiers d'imprimerie.* V. **Assembleur, clicheur, compositeur, conducteur, correcteur** (cit. 3), **imposeur, justificateur, linotypiste, metteur** (en page), **prote, typographe...** *Matières premières utilisées en imprimerie.* V. **Encre, papier*.**

4 « Sous le titre : « Analyse », qui est en grosses lettres d'imprimerie bien noires et arrondies, un paquet de lignes manuscrites... »   ROMAINS, **H. de b. vol.**, V, XIII. p. 95.

‖ **2°** Etablissement, lieu où on imprime (des livres, des journaux...). Cf. Embarras 1, cit. 10 ; espérer, cit. 21. *Grande imprimerie, imprimerie moderne. Le matériel, le personnel d'une imprimerie. Envoyer un manuscrit, des épreuves à l'imprimerie. Registres* de l'imprimerie* (V. **Grébiche**).

— *Imprimerie nationale*, affectée à l'impression des actes officiels, d'ouvrages publiés par l'État... — *Par ext.* Matériel servant à l'impression. *Imprimerie portative.*

5 « L'imprimerie,.. s'était établie dans cette maison vers la fin du règne de Louis XIV. Aussi depuis longtemps les lieux avaient-ils été disposés pour l'exploitation de cette industrie. Le rez-de-chaussée formait une immense pièce éclairée sur la rue par un vieux vitrage,... »
BALZ., **Illus. perd.**, Œuvr., t. IV, p. 469.

6 « *La Sanction* s'imprimait... au premier étage des *Imprimeries associées*,... Gureau,... longeait l'allée centrale entre les machines... L'odeur d'imprimerie — cette odeur de papier moite, d'encre, d'huile chauffée, de métal mou — ... l'inquiétait. Les bruits : ronronnements, roulements, cliquetis, achevaient de le mettre mal à l'aise :... »
ROMAINS, **H. de b. vol.**, t. V, XXV, p. 241.

IMPRIMEUR. *n. m.* (1441 ; de *imprimer*).

‖ 1° Propriétaire, directeur d'une imprimerie. *Imprimeur-libraire, imprimeur-éditeur. Envoyer un manuscrit, des épreuves à l'imprimeur. Maître imprimeur.* Gutenberg, Laurent Coster, les Alde, les Estienne, Plantin, les Elzévir, célèbres imprimeurs (XV*e* et XVI*e* siècles). *L'imprimeur d'un journal* (Cf. Courtier, cit. 3).

1 « Mon imprimeur crie à tue-tête
Que sa machine est toujours prête,
Et que la mienne n'en peut mais. » MUSS., **Prem. poés.**, À Julie.

2 « J'avais peur d'arriver trop tard, et pestais contre Dumoulin, l'imprimeur, à qui j'avais envoyé le « bon à tirer » depuis longtemps et qui ne me livrait point le volume. »
GIDE, **Si le grain...**, I, IX, p. 248.

— *Imprimeur en taille douce, imprimeur lithographe, imprimeur sur étoffes...*

‖ 2° Ouvrier qui travaille à la presse (on réserve ce nom à l'ouvrier qui imprime à la presse à bras, et celui de *Conducteur** à l'ouvrier chargé d'une machine moderne).

— *Par ext.* Ouvrier travaillant dans une imprimerie (V. **Typographe...** ; *imprimerie**).

IMPROBABLE. *adj.* (XV*e* s. au sens de « réprouvable, que l'on doit réprouver » ; de *in-*, et *probable*). Qui n'est pas probable* ; qui a peu de chances de se produire. V. **Douteux.** *Éventualité, hypothèse improbable* (Cf. Emission, cit. 5). *L'événement, le cas, la chance la plus improbable* (Cf. Épi, cit. 4). *Il est improbable, bien improbable que...* (Cf. Former, cit. 29). *C'est plus qu'improbable, c'est impossible**. — REM. *Improbable* était défini par FURETIÈRE (1690) « Qui ne peut être prouvé, qui n'est pas vraisemblable. Il y a bien des vérités qui sont *improbables*, qui sont au-dessus de la raison ». TRÉVOUX (1771) conteste ce sens et donne la définition suivante : « Qui n'a point de probabilité... Il ne se dit point de ce qui ne peut pas être prouvé. » — *Improbable* s'est longtemps dit pour « invraisemblable », mot qui n'apparaît que vers la fin du XVIII*e* s. (1775 BEAUMARCHAIS). Les deux mots peuvent être parfois opposés. Ce qui est *improbable* n'est pas toujours *invraisemblable*. *Il n'est pas invraisemblable que je gagne à la loterie, mais c'est très improbable.*

1 « Les choses prodigieuses et improbables doivent être quelquefois rapportées, mais comme des preuves de la crédulité humaine :... »
VOLT., **Dict. philos.**, Histoire, I.

2 « Je ne vois d'autre réponse à cet argument que de bâtir un roman à la façon de Calprenède, et de supposer un tas d'aventures improbables,... » ID., **Lett. à Chauvelin**, 2096, 26 févr. 1762.

3 « L'hypothèse de la simulation me devenait d'autant plus nécessaire qu'elle était plus improbable et gagnait en force ce qu'elle perdait en vraisemblance. » PROUST, **Rech. t. p.**, t. XIII, p. 26.

4 « À partir du point où l'on quitte l'assurance, puis la probabilité, l'on en vient à douter, à considérer la chose énoncée comme *improbable* ou *invraisemblable*. Une foule d'expressions correspondent à cet état de la pensée ; ce sont d'abord des phrases impersonnelles où entrent les divers adjectifs : *il est douteux, peu probable... qu'il fasse beau.* »
BRUNOT, **Pens. et lang.**, p. 536.

5 « — ... D'ailleurs, pourquoi parler de moi, chétif, qui ne verrai pas la révolution ? — Et pourquoi donc ? dit Salavin. Est-ce parce que vous la jugez improbable ? » DUHAM., **Salavin**, V, XIII.

6 « Il n'est... pas *impossible*, au sens absolu du terme, mais seulement hautement improbable que l'eau mise sur le feu se gèle, de même que la reconstitution de la Bibliothèque nationale par une armée de singes dactylographes ne peut pas être déclarée impossible, mais seulement hautement improbable... il est probable et non certain, que ces « miracles » ne se produiront pas. » É. BOREL, **Le hasard**, X, 118.

DER. — Improbabilité. *n. f.* (1610). Caractère de ce qui est improbable. *L'improbabilité d'une hypothèse. Événement improbable. Tout ce calcul se fonde sur des improbabilités* (ACAD.). ANT. **Crédibilité, évidence, probabilité.**

IMPROBATEUR, TRICE. *n.* (XVII*e* s. ; lat. *improbator*). Celui, celle qui improuve, désapprouve.

1 « Ne croyez pas que je sois de ces improbateurs,... »
Guez de BALZ., **Lett. inédites**, 88 (in HATZFELD).

— *Adjectivt.* (XVIII*e* s.). V. **Désapprobateur, réprobateur.** *Regard, silence sévère et improbateur* (on emploie aussi *Improbatif, ive : Signe improbatif*).

2 « Le maire avait un air improbateur et sévère, et son commis regardait les deux époux avec une curiosité ma!veillante. »
BALZ., **La vendetta**, Œuvr., t. I, p. 911.

ANT. — **Apologétique, approbateur, approbatif.**

IMPROBATION. *n. f.* (1450 ; empr. au lat. *improbatio*). Action d'improuver. V. **Désapprobation, réprobation ; animadversion, blâme, censure, critique.** *Cris d'improbation* V. **Huée.** *Manifester son improbation par des exclamations* (Cf. À bas !), *des sifflets**.

1 « Quoiqu'il soit pénétré de son mérite, la plus légère improbation l'aigrit. » VAUVEN., **L'important** (in LITTRÉ).

2 « Toutes les dames parurent se consulter en se jetant le même coup d'œil ; et alors, le silence le plus profond ayant tout à coup régné dans le salon, leur attitude fut prise comme un indice d'improbation. »
BALZ., **La femme abandonnée**, Œuvr., t. II, p. 212.

ANT. — **Approbation** (cit. 11) : **apologie.**

IMPROBE. *adj.* (1796 ; une première fois au XV*e* s. ; lat. *improbus*. V. **Probe**). *Peu usit.* Qui manque de probité. V. **Malhonnête.**

« ... il passait aussi pour profondément rusé, sans être improbe. »
BALZ., **Ursule Mirouët**, Œuvr., t. III, p. 292.

DER. — (du lat. *improbitas*) : **Improbité.** *n. f.* (XIV*e* s.) ; rare avant la fin du XVIII*e* s.). Manque de probité. V. **Canaillerie, gredinerie, malhonnêteté** (Cf. Escroc, cit 3 HUGO). *Improbité de Talleyrand.* Cf. Fange, cit. 8 (ANT. **Droiture, honnêteté, honneur, probité**).

« Il flétrit l'improbité... des employés amateurs... »
COURTELINE (Cf. Déconsidération, cit. 2).

IMPRODUCTIF, IVE. *adj.* (1790 ; de *in-*, et *productif*). Qui ne produit, ne rapporte rien. *Terre improductive.* V. **Aride, stérile.** *Force improductive* (Cf. Contradiction, cit. 6). *Travail improductif, lecture improductive* (Cf. Fastidieux, cit. 3). *Laisser improductif un capital, des richesses...* (Cf. Laisser chômer*, croupir, dormir ; laisser en friche*).

« ... quinze mille francs remis à titre d'indemnité de ses recherches,... quand même la découverte serait improductive ; »
BALZ., **Illus. perd.**, Œuvr., t. IV, p. 1035.

ANT. — **Fécond, fertile, fructueux, productif.**

DER. — **Improductivité.** *n. f.* (XIX*e* s. PROUDHON). Caractère de ce qui est improductif (ANT. **Fertilité, productivité**).

IMPROMPTU (*in-pron-ptu*). *n. m., adj. et adv.* (1653 SCARRON ; de la loc. adv. lat. *in promptu*, « en évidence, sous la main »).

I. *N. m.* ‖ 1° *Littér.* Petite pièce composée sur-le-champ*, et, en principe, sans préparation. *L'Impromptu de Versailles,* comédie de Molière (1663). *L'Amour Médecin,* de Molière, *est un « petit impromptu »* (Cf. Commander, cit. 14). *L'Impromptu de Paris,* pièce de Giraudoux (1937).

1 « Je fais des impromptus, rondeaux et bouts rimés,
Bref, je suis bel esprit, et des plus renommés, »
SCARRON, **Don Japhet**, I, 5 (1653).

2 « ... il faut que je vous die (*dise*) un impromptu que je fis hier chez une duchesse de mes amies que je fus visiter ; car je suis diablement fort sur les impromptus. — L'impromptu est justement la pierre de touche de l'esprit. — Écoutez donc... *Oh, oh ! je n'y prenais pas garde :*... » MOL., **Préc. rid.**, IX (Cf. Garde, cit. 35).

3 « Au reste, j'ai supputé, vous aurez achevé dans cinquante ans de traduire le Pétrarque, à un sonnet par mois ; cet ouvrage est digne de vous ; ce ne sera pas un impromptu. » SÉV., 200, 6 sept. 1671.

4 « ... il demandait hardiment la permission de se promener pendant dix minutes pour faire un impromptu, quelque quatrain plat comme un soufflet, et où la rime remplaçait l'idée. »
BALZ., **Illus. perd.**, Œuvr., t. IV, p. 500.

— *Ironiqt.* « *Impromptu à loisir* » (MOL., Préc. rid., XII) : pièce composée à loisir et donnée pour un impromptu.

5 « ... je mettais le matin sur mon agenda des bons mots que je donnais l'après-dînée pour des impromptu(s). » LESAGE, **Gil Blas**, V. 1.

‖ 2° *Par ext.* Tout ce qui est fait ou dit sans préparation. *Il ne nous attendait pas, le dîner qu'il nous donna était un impromptu* (ACAD.).

6 « Madame, le mariage en impromptu étonne l'innocence, mais ne l'afflige pas. » MARIVAUX, **L'épreuve**, XIV.

‖ 3° *Mus.* « Petite pièce instrumentale... dont la structure... emprunte le plus souvent le schéma A B A » (A. HODEIR). *L'impromptu hongrois*, de Schubert. *La plupart des impromptus sont composés pour le piano.*

7 « Malgré son nom, l'*impromptu* est rarement composé à l'improviste. Il est aussi travaillé et préparé qu'un autre morceau, mais sa forme brillante est libre. Célèbres sont ceux de Schubert... et de Chopin... Ceux de Fauré sont élégants, ceux de Poulenc savoureux. »
A. CŒUROY, **La musique et ses formes**, III, p. 116.

II. *Adj.* V. **Improvisé.** *Pièce impromptue, vers impromptus. Concert, bal impromptu. Dîner impromptu,* sans apprêt (Cf. Colon 1, cit. 6).

8 « C'est proprement ici un petit opéra impromptu,... »
MOL., **Mal. im.**, II. 5.

III. *Adv.* À l'improviste, sans préparation (Cf. Au pied levé*, sur-le-champ*). *Parler, répondre impromptu.*

9 « ... et parler impromptu sans avoir une seule minute pour me préparer,... » ROUSS., **Confess.**, IV.

10 « ... au lieu de répondre en suivant le texte latin, j'essaierai de le traduire impromptu. » STENDHAL, **Le rouge et le noir**, XXII.

IMPRONONÇABLE. *adj.* (XVI*e* s. ; de *in-*, et *prononcer*). Impossible à prononcer. *Groupe de consonnes, mot imprononçable.*

IMPROPRE. *adj.* (1372 ; lat. grammat. *improprius*). *En parlant du langage,* Qui ne convient pas, n'exprime pas exactement l'idée. *Mot, terme, expression impropre* (Cf. Bannir, cit. 21 ; biscuit, cit. 2 ; cru 2, cit. 8 ; gothique, cit. 10). V. **Incorrect, vicieux.** *Usage impropre et abusif** (cit. 1) *de certains mots.* V. **Impropriété** (cit.). — Gramm. *Dérivation* impropre.*

1 « En vain vous me frappez d'un son mélodieux,
Si le terme est impropre, ou le tour vicieux ; »
BOIL., **Art poét.,** I.

2 « On... trouva (*dans le style de Houtteville*) plusieurs expressions impropres ou recherchées ;... » D'ALEMBERT, **Éloge de Houtteville.**

3 « Le titre donné par M. Coulmann à ses Mémoires est donc assez impropre,... Je ne l'aurais pas remarqué si cette incertitude dans l'expression ne se rattachait à beaucoup d'autres incertitudes et indécisions de l'honorable auteur-amateur... »
STE-BEUVE, **Nouveaux lundis,** t. IX, 28 nov. 1864.

— *Par ext.* Qui n'est pas propre* à... V. **Inapte.** *Jeune homme impropre au service militaire* (V. **Réformé**). *Être impropre à une besogne* (cit. 7), *à faire quelque chose.* V. **Incapable** (de). — Qui ne convient pas, ne se prête* pas à (en parlant de choses). *Eau impropre à la cuisson des légumes.*

4 « ... son frère fut réformé comme impropre au service militaire, à cause d'une prétendue maladie dans les muscles du bras droit ; »
BALZ., **Les paysans, Œuvr.,** t. VIII, p. 169.

5 « Le poumon gauche était depuis dix-huit mois dans un état semi-osseux ou cartilagineux, et conséquemment tout à fait impropre à toute fonction vitale. »
BAUDEL., Trad. E. POE, **Hist. extraord.,** Vérité sur cas M. Valdemar.

6 « ... j'étais sédentaire, impropre par ma faiblesse musculaire à tous les exercices du corps. » RENAN, **Souv. d'enfance...,** III, I.

7 « Un mariage même fut un moment sérieusement envisagé, et ceci semblerait démontrer que Juliette n'était pas si sûre d'être impropre à cet état. » HENRIOT, **Portr. de femmes,** p. 274.

ANT. — **Apte, convenable, propre.**

DER. — **Improprement.** *adv.* (1366). D'une manière impropre. *Appeler, désigner improprement une chose.* Cf. Argot, cit. 5 ; graphique, cit. 5 ; haut-relief, cit. 1 (ANT. **Proprement**).

« Avec les radicaux-socialistes improprement classés comme socialistes, on ne courait pas un grand danger :... »
PÉGUY, **La République...,** p. 26.

IMPROPRIÉTÉ. *n. f.* (1488 ; lat. grammat. *improprietas*). *Linguist.* Caractère de ce qui est impropre. V. **Incorrection.** *Impropriété du langage, du style. Terme d'une impropriété choquante* (Cf. Bienfait, cit. 1). *Impropriété d'un mot bas* (cit. 41). — *Par ext.* Emploi impropre d'un mot. *Une impropriété de langage* (Cf. Gaucherie, cit. 5). *De grossières impropriétés.* V. **Barbarisme.**

1 « La nouveauté,... l'impropriété des termes dont ils se servent,... »
LA BRUY., V, 6.

2 « On est toujours étonné de cette foule d'impropriétés, de cet amas de phrases louches, irrégulières, incohérentes, obscures, et de mots qui ne sont point faits pour se trouver ensemble ; ... »
VOLT., **Comment. sur Corneille,** Remarques sur Pertharite, I, 1.

3 « Jules Romains n'a pas dénoncé moins nettement le danger des impropriétés : *À coup sûr l'impropriété est le vice capital du style... prenez... une page de quelque prosateur célèbre encore vivant, d'un de ces romanciers chargés d'honneurs, dont les critiques vantent volontiers « le style incomparable »... cinq mots sur dix sont impropres. Si vous lisez vite, ça ne se voit pas trop, et il arrive même que cette suite d'impropriétés fasse aux yeux un papillotage assez agréable. Ce n'est pas sans raison que les bibliothèques des chemins de fer sont vouées à ces auteurs. L'impropriété générale est le signe d'une maladie constitutionnelle de l'esprit.* (L'Humanité, décembre 1920). »
R. GEORGIN, **La prose d'aujourd'hui,** Les impropriétés, p. 23.

ANT. — **Convenance, propriété.**

IMPROUVABLE. *adj.* (1554, HUGUET). V. **In-,** et **prouvable*.**

IMPROUVER. *v. tr.* (1370 ; lat. *improbare*). *Vx.* V. **Blâmer, condamner, critiquer, désapprouver** (cit. 4). *Notre facilité* (cit. 7) *à improuver autrui.*

1 « ... on aurait eu peur de paraître improuver mes persécuteurs en ne les imitant pas. » ROUSS., **Confess.,** XII.

2 « Pour éviter de l'approuver ou de l'improuver par mon regard,... »
BALZ., **Lys dans la vallée, Œuvr.,** t. VIII, p. 816.

ANT. — **Approuver.** — DER. — **Improbateur, improbation.**

IMPROVISATION (*sion*). *n. f.* (1807 Mme de STAËL, Corinne, III, 3 ; de *improviser**). Action, art d'improviser*. *Être doué pour l'improvisation. Talent d'improvisation* (Cf. Griot 2, cit.). *Parler au hasard* (cit. 39) *de l'improvisation.* V. **Imagination.** *L'élan, le feu, l'ivresse de l'improvisation* (Cf. Électriser, cit. 4). *Brillante improvisation* (Cf. Évocation, cit. 7). — *Par ext.* Ce qui est improvisé (discours*, vers...). *Se lancer dans une improvisation éloquente, maladroite.*

1 « Enhardi bientôt, il s'est mis à parler sur de simples notes, et, si je ne me trompe, aujourd'hui il combine ensemble ces diverses manières, en y ajoutant ce que la pure improvisation ne manque jamais de lui fournir. »
STE-BEUVE, **Causer. du lundi,** 5 nov. 1849, t. I, p. 90.

2 « Il (*Rivarol*) y primait (*dans les salons*) par son talent naturel d'improvisation, dont tous ceux qui l'ont entendu n'ont parlé qu'avec admiration et comme éblouissement. C'était un virtuose de la parole. »
ID., **Ibid.,** 27 oct. 1851, t. V, p. 67.

3 « Une lettre, si nette, si sèche soit-elle, garde son origine, qui est celle de l'aveu, de l'improvisation, de la confidence, c'est-à-dire du lyrisme ou du poème. » GIRAUDOUX, **Littérature,** p. 78.

4 « ... ces cours, qui étaient de longues improvisations lyriques, pleines de vues hardies, de digressions, de brusques confidences, de mots crus,... » MART. du G., **Thib.,** t. IV, p. 93.

5 « Je me défie des improvisations : on ne dit jamais exactement ce que l'on veut. » DUHAM., **Voyage Patrice Périot,** I, p. 30.

6 « C'est dans l'improvisation que vous laissez aller votre cœur à sa guise. » ID., **Ibid.,** II, p. 36.

— *Spécialt.* Mus. :

7 « Il (*Rubinstein*) jouait les yeux clos, et comme ignorant du public. Il ne semblait point tant présenter un morceau que le chercher, le découvrir. ou le composer à mesure, et non point dans une improvisation. mais dans une ardente vision intérieure,... »
GIDE, **Si le grain...,** VI, p. 168.

8 « ... maintenant elle tient l'orgue de la chapelle chaque dimanche et prélude au chant des cantiques par de courtes improvisations. »
GIDE, **Symphonie pastorale,** p. 130.

9 « L'improvisation, c'est de la composition instantanée et qui ne laisse de traces que dans le souvenir... Mais, dans l'improvisation plus encore peut-être que dans la composition écrite, se fait sentir l'importance d'un plan logique servant de guide à l'inspiration, la maintenant dans les limites du bon sens musical et l'empêchant de s'égarer dans les voies issues de la divagation. »
A. LAVIGNAC, **Musique et musiciens,** IV, p. 330.

IMPROVISER. *v. tr.* (1642 ; ital. *improvvisare,* du lat. *improvisus,* « imprévu »). Composer sur-le-champ et sans préparation. *Improviser un discours* (Cf. Habitude, cit. 28), *une harangue* (Cf. Hésitant, cit. 7), *un madrigal* (Cf. Flatteur, cit. 12). *Les acteurs de la* commedia dell'arte *improvisaient leur texte* (Cf. Gag, cit.). *Court poème improvisé.* V. **Impromptu.** *Pianiste qui improvise de brillantes fioritures* (cit. 3). — *Absolt. Orateur qui improvise avec brio.* V. **Abondance** (parler d'). *Improviser à l'orgue...* V. **Préluder.** — *Fig.* Trouver* à la dernière minute. V. **Inventer.** *Improviser une excuse.*

1 « Eh ! quoi, improviser, c'est-à-dire ébaucher et finir dans le même temps, contenter l'imagination et la réflexion du même jet, de la même haleine, sans hésitation ni faiblesse, ce serait, pour un mortel, parler la langue des dieux comme sa langue de tous les jours ! »
DELACROIX, **Écrits,** 1er juill. 1862.

2 « ... l'un des deux jouait une de ses compositions, et l'autre improvisait à côté de lui une variation, un accompagnement, un dessous. »
BAUDEL., **Du vin et du haschisch,** p. 410.

3 « Il nous fit la galanterie d'improviser une composition sur un sujet tiré du *Roi Candaule,*... »
GAUTIER, **Voyage en Russie,** XIV, p. 174.

4 « Sur le clavier, ses petites mains nerveuses, rapides, d'ailleurs merveilleusement exercées et assouplies, se mirent à improviser d'abord de vagues choses extravagantes, sans queue ni tête,... »
LOTI, **Désenchant.,** I, III.

5 « Il l'avait improvisé (*le discours*) rapidement, comme il improvisait, en marchant dans la cour des récréations, ses meilleures compositions françaises : il les portait « dans sa tête » pendant plusieurs jours,... »
V. LARBAUD, **Fermina Marquez,** XVII.

— *Par ext.* Organiser sur-le-champ, à la hâte. *Improviser un pique-nique. Sauterie improvisée. Moyens improvisés.* V. **Fortune** (de). *Service d'ordre improvisé* (Cf. Attroupement, cit. 7). *Improviser un gouvernement.* — *Spécialt.* Pourvoir inopinément quelqu'un d'une fonction, d'une mission à laquelle il n'est pas préparé. *On l'improvisa maître d'hôtel pour la circonstance.*

6 « ... c'était si charmant, cette dînette improvisée, au fond de cette chambre où ils étaient seuls, bien mieux qu'au restaurant. »
ZOLA, **La bête humaine,** I, p. 9.

7 « D'abord, j'estime qu'on n'improvise pas une pareille affaire. Il faut de la réflexion, de l'étude. » ROMAINS, **Les copains,** p. 37.

8 « Cependant, tout croulait autour de Napoléon. Avec ses soldats improvisés, presque des enfants, les derniers que la France avait pu lui fournir, il tenta encore d'arrêter l'ennemi... »
BAINVILLE, **Hist. de France,** p. 427.

9 « Les réformes improvisées par une révolution et mal adaptées au milieu, échouent bientôt. » CHARDONNE, **Amour du prochain,** p. 110.

10 « Pour toutes ces opérations, il fallait du personnel et l'on était toujours à la veille d'en manquer. Beaucoup de ces infirmiers et de ces fossoyeurs d'abord officiels, puis improvisés, moururent de la peste. »
CAMUS, **La peste,** p. 194.

‖ S'IMPROVISER (sens passif). *Des assemblées s'improvisent* (Cf. Fermentation, cit. 3). *Une organisation pareille ne s'improvise pas* (Cf. Équipement, cit. 5). — (Sens réfléchi). *Adolescent qui s'improvise un homme* (Cf. Anticiper, cit. 8).

11 « ... une marine, instrument de précision, ne s'improvise pas, la nôtre était ruinée par l'anarchie, et, comme disait Villaret-Joyeuse, « le patriotisme ne suffit pas à diriger les vaisseaux. »
BAINVILLE, **Hist. de France,** p. 369.

ANT. — **Méditer, préparer.**

DER. — **Improvisation.** — **Improvisateur, trice.** *n.* (1787 ; *improvisteur* en 1765). Celui, celle qui improvise. *Un talent d'improvisateur.* — *Adjectivt.* (peu usit.). *Musicien improvisateur.*

1 « ... Rivarol, le grand improvisateur, le *dieu de la conversation* à cette fin d'un siècle où la conversation était le suprême plaisir et la suprême gloire. On n'avait qu'à le toucher sur un point, qu'à lui donner la note, et le merveilleux clavier répondait à l'instant par toute une sonate. » STE-BEUVE, **Chateaubriand...,** t. II, p. 137.

2 « Les révolutions sont de magnifiques improvisatrices. Un peu échevelées quelquefois. »
HUGO, **Littér. et philos.** mêlées, Journal..., septembre 1830.

3 « Un improvisateur sait se faire une arme d'une interruption qui a voulu le blesser. »
BARTHOU, **Danton**, p. 226.

4 « ... je n'ai jamais écrit que lorsque « cela me prend ». Si j'ai eu un talent, c'est celui d'improvisateur. »
LÉAUTAUD, **Propos d'un jour**, p. 114.

5 « Ceux donc qui se figurent que l'improvisateur s'abandonne sans contrôle aux hasards de l'inspiration, qu'il se lance à corps perdu dans l'inconnu, ont de son art la plus fausse notion qu'on s'en puisse faire ; la plus mesquine aussi ; le grand improvisateur est au contraire un musicien pondéré, sage, équilibré par excellence ; c'est la condition même de son existence. »
A. LAVIGNAC, **Musique et musiciens**, IV, p. 332.

IMPROVISTE (A L'). *loc. adv.* (1528 d'apr. WARTBURG ; ital. *improvvisto*, « imprévu »). D'une manière imprévue, inattendue, au moment où on s'y attend le moins. V. **Inopinément**, **subitement**. *Arriver* (cit. 19) *à l'improviste* (V. **Survenir**). Cf. Étranglement, cit. 3 ; *et aussi* Comme une bombe*). *Attaquer à l'improviste*. V. **Surprise** (par). *Prendre quelqu'un à l'improviste*. V. **Court** (de), **débotté** (au), **dépourvu** (au) ; **surprendre** (Cf. Hésitation, cit. 2). *Partir à l'improviste*, sur-le-champ (Cf. *pop.* Débouler). *Rencontrer quelqu'un à l'improviste*, par hasard (Cf. Évocation, cit. 8). *Faire un discours à l'improviste*. V. **Improviser** (Cf. Impolitesse, cit.). *Nous y avons déjeuné à l'improviste, sans apprêt, à la bonne franquette* (Cf. À la fortune* du pot).

1 « Me venir faire, à l'improviste, un affront comme celui-là ! »
MOL., **Scap.**, II, 4.

2 « Des agents de police, pénétrant à l'improviste à cinq heures du matin chez un nommé Pardon... le trouvaient debout près de son lit, tenant à la main des cartouches qu'il était en train de faire. »
HUGO, **Misér.**, IV, I, V.

3 « ... le service est trop compliqué pour être exécuté à l'improviste par le premier venu. »
TAINE, **Philos. de l'art**, t. II, p. 141.

4 « Je suis bien aise qu'il (*Lembach*) soit parti à l'improviste et sans pouvoir me dire adieu. »
A. HERMANT, **L'aube ardente**, XIV.

5 « Elle l'aime », pensa Daniel ; et cette conclusion le prit tellement à l'improviste qu'il demeura muet, frappé de stupeur. »
MART. du G., **Thib.**, t. II, p. 272.

IMPRUDENCE. *n. f.* (1370 ; rare jusqu'au XVIe s. ; lat. *imprudentia*). Manque de prudence*. V. **Irréflexion**, **légèreté** (Cf. Agitation, cit. 18 ; armistice, cit. 1 ; balayer, cit. 16 ; fréter, cit. 3).. *Contraste de réserve et d'imprudence* (Cf. Art, cit. 36). *Son imprudence l'expose à bien des dangers*. V. **Hardiesse**, **témérité**. *Quelle imprudence de se lancer tête baissée dans une telle aventure ! Être d'une grande, d'une extrême imprudence*. — Spécialt. *Dr*. Manque de prévoyance ou de précaution qui engage la responsabilité civile ou même, dans certains cas, la responsabilité pénale de celui qui a commis une faute involontaire. V. **Faute** (Cf. Fait, fait, cit. 10). *Délits d'imprudence. Blessures, homicide* (2, cit. 3), *incendie par imprudence*. — Caractère de ce qui est imprudent*. *L'imprudence d'une équipée* (cit. 4).

1 « Imprudence, babil, et sotte vanité,
Et vaine curiosité,
Ont ensemble étroit parentage : »
LA FONT., **Fabl.**, X, 2.

2 « ... ils avaient fait parade, dans plusieurs maisons, du premier volume de l'*Émile* que j'avais eu l'imprudence de leur prêter. »
ROUSS., **Confess.**, XI.

3 « Après avoir réfléchi quelques secondes, il ramassa un caillou et le lança contre le volet ; l'imprudence de ce geste lui apparut dès qu'il l'eut accompli. »
GREEN, **Léviathan**, XI, p. 101.

— *Par ext.* Action imprudente*. V. **Étourderie**, **maladresse**. *Commettre une imprudence* (Cf. Faire un pas de clerc* ; donner la brebis à garder au loup, des verges pour se faire fouetter ; enfermer le loup dans la bergerie). *Excès de zèle qui conduit à une dangereuse, fâcheuse, regrettable imprudence. Les imprudences qu'emporte* (cit. 43) *la précipitation dans le travail. Imprudence qui vous serait fatale* (cit. 12). *Ne faites pas d'imprudences*.

4 « (*Il*)... admira la petite Fadette pour avoir si bien su se défendre de toute faiblesse et de toute imprudence, depuis le temps qu'elle aimait Landry et qu'elle en était aimée. »
SAND, **Petite Fadette**, XXX, p. 200.

5 « ... il se laissa donc aller une ou deux fois, devant des personnes de son entourage, à des imprudences de paroles qui furent immédiatement saisies, interprétées, commentées, comprises,... »
GOBINEAU, **Pléiades**, III, VII, p. 277.

ANT. — Circonspection, prudence, réserve, sérieux.

IMPRUDENT, ENTE. *adj.* (XIVe s. ; lat. *imprudens*). Qui manque de prudence*. V. **Audacieux**, **aventureux**, **écervelé**, **étourdi**, **inconsidéré**, **malavisé**, **téméraire** (Cf. Expédition, cit. 15). *Des chefs imprudents* (Cf. Accident, cit. 11). *Automobiliste imprudent. Vous êtes bien imprudent, je vous trouve très imprudent de faire cela* (Cf. Conviction, cit. 1). — Substant. V. *fam.* **Casse-cou**, **risque-tout** (Cf. Accident, cit. 7). *Un incorrigible imprudent*. — Par ext. *Zèle imprudent*. V. **Dangereux** (Cf. Aucun, cit. 42). *Projet imprudent*. V. **Hasardé**, **hasardeux**, **osé**. *Il est imprudent de confier à cet homme une telle responsabilité* (Cf. État-major, cit. 3). *C'est très imprudent ce que vous faites là*.

---

1 « ... Ragotin... se trouva sur le col du cheval et s'y froissa le nez, le cheval ayant levé la tête pour une furieuse saccade que l'imprudent lui donna,... »
SCARRON, **Roman comique**, I, XIX.

2 « J'écoute trop peut-être une imprudente audace ; »
RAC., **Bajazet**, II, 5.

3 « Alors je compris, mais trop tard, ce que l'ardeur d'une jeunesse imprudente m'avait empêché de considérer attentivement. »
FÉN., **Télém.**, I.

4 « Combien de talents enfouis et d'inclinations forcées par l'imprudente contrainte des pères ! »
ROUSS., **De l'inég. parmi les hommes**, 1re part., Note i.

5 « Plus calme et moins amoureux, il trouva qu'il était imprudent d'aller voir madame de Rênal dans sa chambre. »
STENDHAL, **Le rouge et le noir**, I, XVII.

6 « L'amour de la vérité n'est pas le besoin de certitude, et il est bien imprudent de confondre l'un avec l'autre. »
GIDE, **Pages de journal**, 1929-32, p. 5.

ANT. — Avisé, circonspect (cit. 1), prudent.

DER. — **Imprudemment** (*-da-man*), *adv.* (1508). D'une manière imprudente. *Parler imprudemment* (Cf. Hardiesse, cit. 5). *Le conflit qu'il a imprudemment déclenché. Suivre imprudemment quelqu'un*. V. **Aveuglément**.

IMPUBÈRE. *n.* (XIVe s. ; rare jusqu'au XVIIe s. ; lat. *impubes, impuberis*. V. **Pubère**). Celui, celle qui n'a pas encore atteint l'âge ou l'état de puberté*, et *spécialt.* (en T. de Dr.), l'âge requis par la loi pour le mariage (V. **Nubilité**). *Nullité de mariage contracté par les impubères. Les impubères de moins de seize ans ne peuvent aucunement tester*. V. **Mineur**. — Adjectivt. (Cf. Battre, cit. 4). *Fille, garçon impubère. Gracilité* (cit. 2) *d'un corps impubère*.

ANT. — Pubère ; nubile.

IMPUBERTÉ. *n. f.* (1867 LITTRÉ ; de *im-* (V. **In-**), et *puberté*). État d'impubère. *L'impuberté légale de l'homme cesse à dix-huit ans révolus, celle de la femme à quinze ans révolus* (ANT. **Puberté ; nubilité**).

IMPUBLIABLE. *adj.* (XVIe s.). V. **In-**, et **publiable***.

« ... ses vers étaient effroyablement mauvais ; à mon avis très net : impubliables. »
GIDE, **Ainsi soit-il**, p. 31.

IMPUDENCE. *n. f.* (1511 ; lat. *impudentia*). Effronterie* audacieuse ou cynique qui choque, indigne, révolte. V. **Audace**, **cynisme**, **effronterie**, **impudeur** (Cf. Entrant, cit. 2). *Une impudence de fat, de gandin* (cit. 2). *Il a l'impudence de soutenir une chose qu'il sait être fausse* (ACAD.). « On n'a jamais débité des mensonges avec une impudence aussi effrontée » (VOLT. in LAFAYE). *Il a eu l'impudence de se présenter chez vous ?* V. **Aplomb**, **cœur**, **front**, **hardiesse**, **insolence** (Cf. *aussi* Convenir, cit. 20). — *Caractère de ce qui est impudent*. L'impudence de ses mensonges...* — Par ext. Action, parole impudente. Ces impudences grossières me révoltent*.

1 « — LE COMTE. Ton impudence,
Téméraire vieillard, aura sa récompense.
(*Il lui donne un soufflet*). »
CORN., **Cid**, I, 3.

2 « — Qui te donne, dis-moi, cette témérité
De prendre le nom de Sosie ?
— Moi, je ne le prends point, je l'ai toujours porté.
— Ô le mensonge horrible ! et l'impudence extrême !
Tu m'oses soutenir que Sosie est ton nom ? »
MOL., **Amphitr.**, I, 2.

3 « Ah ! que ton impudence excite mon courroux ! »
RAC., **Phèd.**, IV, 2.

4 « ... (*Elle*) osa lui nier le fait dont il était témoin : « Quoi, lui dit-il, vous poussez à ce point l'impudence... »
HELVÉTIUS, **De l'esprit**, I.

5 « Laurent, avec une audace et une impudence parfaites, glissa sa main le long des jupes de la jeune femme et lui prit les doigts. »
ZOLA, **Thérèse Raquin**, XII.

6 « ... avec toute leur impudence, les amateurs de scandale finiront bel et bien... en posture de calomniateurs. »
BARRÈS, **Leurs figures**, p. 41.

ANT. — Discrétion, modestie, pudeur, réserve, retenue.

IMPUDENT, ENTE. *adj.* (1520 ; lat. *impudens*). Qui montre de l'impudence*. V. **Audacieux**, **cynique**, **effronté**, **éhonté**, **hardi**, **impertinent**, **insolent**. *Un impudent flatteur*. V. **Assuré** (Cf. Adulateur, cit. 1). *Société corrompue* (cit. 28) *et impudente*. — Substant. *Vous n'êtes qu'une impudente*. — Par ext. *Propos impudents*. V. **Puant**. *Vanité impudente* (Cf. Caquet, cit. 5). *D'impudentes calomnies*.

1 « Oui, vous êtes un sot et un impudent, de vouloir disputer contre un docteur... »
MOL., **Mar. forcé**, IV.

2 « Allez, fripier d'écrits, impudent plagiaire. »
ID., **Fem. sav.**, III, 3.

3 « D'où lui vient, cher ami, cette impudente audace ? »
RAC., **Esth.**, II, 1.

4 « De l'impudent ou de celui qui ne rougit de rien. »
LA BRUY., **Caract. Théophraste**, Titre.

5 « ... une autre gouvernante qui ne valait pas mieux... avec de l'esprit, de l'audace, une effronterie sans pareille, des propos de garnison... C'était une commère au-dessus des scandales,... Cette dangereuse et impudente créature était fille de Besmaus, gouverneur de la Bastille,... »
ST-SIM., **Mém.**, II, XXIII.

6 « Quand les premières fureurs furent passées, et que la Convention eut légué la France au Directoire, c'est alors qu'on vit, ce me semble, tout ce qu'il (y) a de plus impudent dans le vice. »
STE-BEUVE, **Corresp.**, 12, 11 sept. 1823.

ANT. — **Discret, honteux, modeste, réservé.**

DER. — **Impudemment** (-da-man). adv. (Fin XVe s.). D'une manière impudente ; avec impudence (Cf. Arrogance, cit. 2 ; art, cit. 57). *Mentir, nier impudemment. Prendre impudemment un ton de maitre* (Cf. Choquant, cit. 3).

« De quel front cependant faut-il que je confesse
Que ton effronterie a surpris ma vieillesse,
Qu'un homme de mon âge a cru légèrement
Ce qu'un homme du tien débite impudemment ? »
CORN., **Menteur**, V, 3.

IMPUDEUR. n. f. (1789 ; de im- (V. **In-**), et *pudeur*). Manque de pudeur*, de réserve*, de discrétion. *Discours pleins d'impudeur. Franchise, sincérité poussée jusqu'à l'impudeur. Impudeur naturelle au lyrisme romantique* (Cf. Généraliser, cit. 6). — Spécialt. V. **Immodestie, impudicité.** *Il y a de l'impudeur dans son geste, dans son attitude* (ACAD.). *Impudeur d'un nu* (Cf. Gothique, cit. 6).

1 « Pour atténuer l'impudeur de la mode, Marie couvrit d'une gaze ses blanches épaules que la tunique laissait à nu beaucoup trop bas. »
BALZ., **Les Chouans**, Œuvr., t. VII, p. 983.

2 « Elle s'étalait, elle s'offrait avec une impudeur souveraine. »
ZOLA, **Thérèse Raquin**, VII.

3 « Tant d'impudeur, cette facilité à se livrer, que cela me changeait de la discrétion provinciale, du silence que, chez nous, chacun garde sur sa vie intérieure ! » MAURIAC, **Thérèse Desqueyroux**, p. 116.

— *Par ext.* V. **Cynisme, impudence, indécence** (Cf. Frère, cit. 4 BEAUMARCH.). « *Gorgés de biens, ils ont l'impudeur de demander encore* » (ACAD.).

4 « Lorsque la question de la succession s'est posée avec celle du Consulat à vie, ils ont (*les frères de Napoléon*), avec une incroyable impudeur, laissé apercevoir leurs âpres ambitions, leurs prétentions à profiter de sa grandeur, puis, un jour, de sa mort. »
MADELIN, **Hist. Cons. et Emp.**, Avènement de l'Empire, V.

ANT. — **Bienséance, décence, pudeur, réserve, retenue. Chasteté, confusion, honte.**

IMPUDICITÉ. n. f. (XIVe s. ; de *impudique*). Vice contraire à la pudicité*. V. **Dévergondage, impudeur, impureté, lasciveté, lubricité, luxure.** *L'impudicité de Messaline. Dans la fureur de son impudicité elle ne songe même pas à se cacher* (Cf. Accouplement, cit. 2). *L'impudicité et la fornication* (cit. 1), *œuvres de la chair.* — *Caractère de ce qui est impudique.* V. **Immodestie, indécence, obscénité.** *Geste plein d'impudicité* (Cf. Attirer, cit. 29). *L'impudicité de sa conduite. L'impudicité des mœurs.* V. **Débauche, licence.** — *Par ext.* Acte ou parole impudique. *Les impudicités des Bacchantes.*

1 « Croira-t-on, sur votre parole, que ceux qui sont plongés... dans l'impudicité... aient véritablement le désir d'embrasser la chasteté...? »
PASC., **Provinc.**, IV.

2 « ... après avoir éteint les flambeaux, ils commettaient les plus énormes impudicités. » VOLT., **Dict. philos.**, Zèle.

3 « ... l'homme moral parmi nous est bien supérieur à l'homme moral des anciens... l'impudicité ne marche pas le front levé chez les chrétiens ;... » CHATEAUB., **Génie du christ.**, III, III, II.

ANT. — **Chasteté, honnêteté, pudicité, pureté.**

IMPUDIQUE. adj. (1380 ; lat. *impudicus*). Qui outrage la pudeur en étalant l'immoralité de ses mœurs, de sa conduite. V. **Dévergondé, dissolu, effronté, éhonté, immodeste, immoral, impur.** *Messaline, femme impudique.* — Substant. V. **Débauché.** — *Par ext.* Qui blesse la pudeur. *Gestes, manières impudiques.* V. **Hardi, indécent, obscène.** *Contes, propos impudiques.* V. **Licencieux, sale.**

1 « Et prenant toutes deux leur passion pour guide,
L'une fut impudique, et l'autre est parricide. »
CORN., **Cinna**, V, 2.

2 « ... en contentant nos impudiques désirs... »
BOSS., **Orais. fun.** Marie-Thérèse d'Autriche.

3 « Voudriez-vous que je montrasse mes formes comme ces femmes effrontées qui se décollètent de manière à laisser plonger des regards impudiques sur leurs épaules nues,... » BALZ., **Une double famille**, Œuvr., t. I, p. 970.

4 « On eût dit un portrait de la débauche antique
Un de ces soirs fameux chers au peuple romain,
Où des temples secrets la Vénus impudique
Sortait échevelée, une torche à la main. »
MUSS., **Poés. nouv.**, Lettre à Lamartine.

ANT. — **Chaste, honnête, pudique.**

DER. — **Impudiquement.** adv. (1488). D'une manière impudique (Cf. Éclater, cit. 13). *Femme impudiquement dévêtue.*

IMPUISSANCE. n. f. (1361 ; de im- (V. **In-**), et *puissance*). Manque de puissance*, de moyens suffisants pour faire quelque chose. *L'impuissance humaine.* V. **Faiblesse, misère** (Cf. Appui, cit. 10 ; chose, cit. 20 ; être 2, cit. 16). *Le sentiment de son impuissance* (Cf. Epaule, cit. 22), *d'une impuissance totale* (Cf. Exiger, cit. 18) *l'écrasait* (cit. 9) (Cf. Fil, cit. 39). *Impuissance de la volonté.* V. **Aboulie** (Cf. Bonté, cit. 2). *Frapper d'impuissance.* V. **Paralyser.** *Être réduit à l'impuissance.* V. **Lier** (avoir les mains liées, pieds

et poings liés). *Être captif, prisonnier de son impuissance. Avouer, reconnaître son impuissance.* — *Impuissance à...,* suivi d'un infinitif (Cf. Amer, cit. 11 ; cécité, cit. 1 ; équivoque, cit. 9). *Impuissance à sauver quelqu'un* (Cf. Capitulation, cit. 3). *Impuissance à exprimer quelque chose* (Cf. Débattre, cit. 10), *à résoudre les difficultés* (Cf. Dénouer, cit. 11). — *Dans l'impuissance de...* V. **Impossibilité, incapacité.** *L'impuissance où l'on se trouve, où l'on est de faire quelque chose* (Cf. Exaspération, cit. 2 ; faiblesse, cit. 16). — *Par ext.* Caractère de ce qui est impuissant*. *L'impuissance de leurs efforts* (Cf. Excuser, cit. 2).

1 « ... votre impuissance à croire... ne vient que du défaut de vos passions. » PASC., **Pens.**, III, 233.

2 « Mais, comme nous nous trouvons dans l'impuissance d'adorer ce que nous ne connaissons pas, et d'aimer autre chose que nous, il faut que la religion qui instruit de ces devoirs nous instruise aussi de ces impuissances, et qu'elle nous apprenne aussi les remèdes. »
ID., **Ibid.**, VII, 489.

3 « Heureux si sur son temple achevant ma vengeance,
Je puis convaincre enfin sa haine d'impuissance, »
RAC., **Athal.**, III, 3.

4 « ... qu'est-ce qu'un poème en prose, sinon un aveu de son impuissance ? » VOLT., **Disc. aux Welches.**

5 « ... nous ne dirons plus que le drame est un genre décoloré, né de l'impuissance de produire une tragédie ou une comédie. »
BEAUMARCH., **Mère coupable**, Préface.

6 « ... mécontent de moi-même et pénétré de mon impuissance. »
SAND, **François le Champi**, p. 18.

7 « Mais le flot toujours montant des questions sociales forcera la politique d'avouer son impuissance. »
RENAN, **Questions contemp.**, Œuvr., t. I, p. 227.

8 « ... la terrible impuissance où se trouve tout homme de partager vraiment une douleur qu'il ne peut pas voir :... »
CAMUS, **La peste**, p. 155.

— Spécialt. *Impuissance sexuelle* ou absolt. *Impuissance.* Incapacité physique d'accomplir l'acte sexuel* normal et complet. *Impuissance masculine ou féminine* (rare), *par vice de conformation génitale. Impuissance virile, par troubles fonctionnels ou névropathiques* (V. **Frigidité,** cit. 3 et 4 ; **humiliation,** cit. 13). — *Impuissance de l'eunuque* (cit. 2). *Impuissance naturelle, accidentelle. Impuissance absolue, relative, temporaire, permanente. Cas d'impuissance. Preuve du fait d'impuissance dans l'ancien droit* (Cf. Congrès, cit. 3). — REM. Il ne faut pas confondre, comme le fait LITTRÉ, l'*impuissance* avec l'« incapacité d'avoir des enfants », qui en est la conséquence (V. **Stérilité**). Si l'impuissant est stérile par incapacité de consommer l'acte sexuel, tous les hommes stériles ne sont pas impuissants.

9 « ... qui sut (*ce*) que vaut la femme en amour offensée,
Lorsque, par impuissance, ou par mépris, la nuit
On fausse compagnie, ou qu'on manque au déduit. »
RÉGNIER, **Satires**, XI.

10 « La plus grande épreuve à laquelle on ait mis les gens accusés d'impuissance a été le congrès. Le président Bouhier prétend que ce combat en champ clos fut imaginé, en France, au quatorzième siècle. » VOLT., **Dict. philos.**, Impuissance.

11 « Le mari ne pourra, en alléguant son impuissance naturelle, désavouer l'enfant :... » CODE CIVIL, Art. 313.

12 « L'impuissance naturelle ou accidentelle n'entraîne pas la nullité du mariage... et peut seulement, si elle a été cachée à l'autre conjoint, constituer une cause de divorce. »
DALLOZ, **Nouv. répert.**, Mariage, no 4.

13 « L'impuissance dépendant de troubles psychiques purs peut être soit la traduction de la frigidité... soit l'impuissance dite psychique dans laquelle le désir subsiste malgré l'impossibilité d'accomplir le rapprochement normal. Il s'agit, le plus souvent, d'une inhibition émotive dont sont victimes des obsédés ou des phobiques (phobie de l'impuissance) et qui s'exagère volontiers en proportion directe du désir de possession et des échecs subis au cours d'expériences antérieures. Il est souvent dans ce cas électif, à l'égard d'une femme déterminée, objet d'une trop ardente convoitise. »
Ch. BARDENAT, in POROT, **Man. alphab. de psychiatrie**, Impuissance.

ANT. — **Aptitude, capacité, commandement, efficacité, force, pouvoir, puissance. Fécondité.**

IMPUISSANT, ANTE. adj. (1474 ; de im- (V. **In-**), et *puissant*). Qui n'a pas de puissance*, de moyens suffisants pour faire quelque chose. *Des dieux impuissants* (Cf. Entendre, cit. 71). *Agents* (cit. 12) *de police impuissants. Il reste impuissant devant ce désastre, contre ces menaces.* V. **Désarmé, faible.** *Rendre impuissant un ennemi, un rival.* V. **Confondre.** — *Impuissant à...,* suivi d'un infinitif. V. **Imbécile** (à, vx), **incapable** (de). *Homme impuissant à se décider.* V. **Aboulique.** *Être impuissant à trahir* (Cf. Exemple, cit. 19), *impuissante à exprimer son trouble* (Cf. Cri, cit. 10). *Esprit impuissant à raisonner* (Cf. Établir, cit. 21). — Substant. V. **Eunuque** (Cf. Agir, cit. 9).

1 « ... nos semblables, misérables comme nous, impuissants comme nous :... » PASC., **Pens.**, III, 211.

2 « Auprès d'eux sont couchés tous ces rois fainéants,
Sur un trône avili fantômes impuissants. » VOLT., **Henriade**, VII.

3 « Vous qui êtes médecin,... vous pouvez attester que la science humaine était impuissante à me guérir ;... » HUYSMANS, **Là-bas**, XX.

4 « ... le père, conscient d'être l'unique responsable, et qui, ravagé de remords, assiste, impuissant, au destin qu'il a déchaîné. »
MART. du G., **Thib.**, t. III, p. 186.

5 « ... les militants sérieux se dégoûtaient... les groupes... devenaient des parlotes de bavards et d'impuissants. »
ROMAINS, **H. de b. vol.**, t. IV, XVI, p. 178.

— Spécialt. *Méd.* Qui est incapable physiquement d'accomplir l'acte sexuel*. *La castration les rend impuissants.* *Un individu impuissant est forcément incapable de procréer*, « inhabile à engendrer »* (LITTRÉ), *mais un individu stérile* n'est pas forcément impuissant.* — Substant. *C'est un impuissant* (Cf. Goujat, cit. 7).

6 « ... elle disait à qui la voulait entendre qu'il était impuissant, ce qui était ou vrai, ou presque vrai ; qu'il ne lui avait jamais demandé le bout du doigt ; qu'il n'était pas un homme. »
Card. de Retz, Mém., 2e part., p. 315.

7 « ... tous les canonistes conviennent qu'un mari, à qui on a jeté un sort pour le rendre impuissant, ne peut en conscience détruire ce sort,... Il fallait absolument, du temps des sorciers, exorciser. »
VOLT., **Dict. philos.**, Impuissance.

8 « ... il en arrivait à s'accuser de mâle impuissant ou maladroit : la faute en devait être à lui, s'il ne lui avait pas fait un enfant. »
ZOLA, **La terre**, II, I.

9 « Il hésita longtemps sur la catégorie d'anormaux où il se rangerait. Était-il impuissant ou simplement frigide ? Il pencha pour la deuxième hypothèse. »
ROMAINS, **H. de b. vol.**, t. I, IX, p. 82.

10 « Il y a beaucoup plus d'impuissants qu'on ne croit, affirme Stendhal... Après quoi il envisage en termes sans équivoques les expédients auxquels peut avoir recours un impuissant qui se marie. »
H. MARTINEAU, **L'œuvre de Stendhal**, XX, p. 339.

— *Par métaph.* ou *Fig.* Qui manque de puissance créatrice. *Un impuissant folliculaire* (cit. 2).

11 « Le poète impuissant qui maudit son génie
À travers un désert stérile de Douleurs. »
MALLARMÉ, **Poésies**, L'azur.

12 « Mais, quel que soit le « genre » dans lequel ils exercent leur activité, les critiques sont (et Gautier ne semble pas admettre d'exceptions à cette règle générale) ignorants et impuissants. »
MATORÉ, in GAUTIER, Préf. Mlle **de Maupin**, Introduction, p. LVII.

— *Par ext.* Qui est sans effet, sans efficacité. *Assouvir* (cit. 3) *une rage impuissante* (Cf. aussi *Forcené*, cit. 3). *Armes impuissantes* (Cf. Honteux, cit. 7). *Un courroux impuissant* (Cf. Acquitter, cit. 3). *Des charmes impuissants* (Cf. Étaler, cit. 12). « *La justice sans la force* (cit. 45 PASC.) *est impuissante* ». V. **Débile, inefficace, inopérant.** *Faculté* (cit. 6) *impuissante.* *Vos beaux raisonnements sont tout à fait impuissants auprès de lui* (Cf. Ne faire ni chaud ni froid, ne faire rien).

13 « Tous ceux qui ont prétendu connaître Dieu et le prouver sans Jésus-Christ n'avaient que des preuves impuissantes. »
PASC., **Pens.**, VII, 547.

14 « Dire des courtisans les clameurs et la peine
Serait se consumer en efforts impuissants. »
LA FONT., **Fabl.**, XII, 12.

15 « Hélas ! je me consume en impuissants efforts, »
RAC., **Iphig.**, V, 4.

16 « Nous avons pour les grands et pour les gens en place une jalousie stérile ou une haine impuissante, qui ne nous venge point de leur splendeur et de leur élévation,... »
LA BRUY., IX, 51.

17 « Sentir son âme, usée en impuissant effort,
Se ronger lentement sous la rouille du sort ; »
LAMART., **Nouv. médit.**, XV.

18 « Quand on le ramena, il ne soufflait plus un mot, les dents serrées, tout le corps raidi, laissant s'accomplir le destin, dans la muette protestation de sa rage impuissante. »
ZOLA, **La terre**, IV, VI.

19 « Le goût de la possession n'est qu'une autre forme du désir de durer ; c'est lui qui fait le délire impuissant de l'amour. »
CAMUS, **L'homme révolté**, p. 323.

ANT. — Capable, efficace, puissant. Fécond.

IMPULSIF, IVE. adj. (1390 ; bas lat. *impulsivus*, de *pellere*, « pousser ». V. **Impulsion**).

|| 1° Qui donne, produit une impulsion*. *Force impulsive.*

1 « Nous avons démontré que cette force qui nous paraît attractive n'est, dans le réel, qu'une force impulsive. »
BUFF., **Minér.**, t. IX, p. 121 (in LITTRÉ, Réel).

|| 2° (Fin XIXe s. LAROUSSE). Qui agit sous l'impulsion de mouvements spontanés, irréfléchis ou plus forts que sa volonté. *Un gamin* (cit. 8) *impulsif.* *Danton était impulsif* (Cf. Clairvoyance, cit. 1). — *Caractère impulsif.* V. **Emporté, fougueux, violent.**

2 « ... l'adjectif *impulsif*... se prend toujours en un sens défavorable (= *insuffisamment* gouverné par la volonté) ; on l'applique soit aux actes : « un geste impulsif » ; soit aux caractères : « un caractère impulsif », c'est-à-dire chez qui l'inhibition volontaire est trop faible, ou les impulsions trop fortes ; enfin aux individus qui présentent ce caractère : on dit même substantivement, ce sens, « un impulsif ». »
LALANDE, **Vocab. philos.**, Impulsion.

3 « ... Verlaine... accepta d'attendre, et sut attendre sagement quatorze ou quinze mois avant d'obtenir la main de la belle : ce qui est méritoire d'un homme, qu'on imagine plus impulsif et moins patient. »
HENRIOT, **Portr. de fem.**, p. 428.

— Substant. *Un impulsif :* une personne impulsive. *Les réactions vives, spontanées d'un impulsif.* — Spécialt. *Méd.* « Dégénéré chez lequel la volonté est profondément lésée et qui est incapable de résister à ses impulsions » (GARNIER).

ANT. — Calme, réfléchi.

DER. — Impulsivité.

IMPULSION. n. f. (1315 ; lat. *impulsio*, de *impellere*, « pousser vers »).

|| 1° Action de pousser. V. **Impression** (I, 1°), **motion** (vx), **poussée**. *Force* d'impulsion (V. **Impulsif**, 1°). *Donner, transmettre, communiquer une impulsion.* V. **Mouvoir, pousser** (Cf. Mettre en branle*, en mouvement*...). *Impulsion transmise par un choc*, par un mobile*. *Mouvement d'impulsion* (Cf. Hasarder, cit. 21). *Résister à une impulsion* (Cf. Appui, cit. 13). *Jusqu'à Newton, on expliquait toute la dynamique par le principe d'impulsion.*

1 « On entend dire partout : pourquoi Newton ne s'est-il pas servi du mot d'impulsion que l'on comprend si bien, plutôt que du terme d'attraction...? Newton aurait pu répondre à ces critiques :... je n'ai pas pu admettre l'impulsion ; car il faudrait pour cela que j'eusse connu qu'une matière céleste pousse en effet les planètes ; or, non seulement je ne connais point cette matière, mais j'ai prouvé qu'elle n'existe pas. »
VOLT., **Lettres s. les Anglais**, XV (Cf. Attraction, cit. 2).

2 « C'est un principe admis en dynamique que tout corps, recevant une impulsion, une disposition à se mouvoir, se meut en ligne droite dans la direction donnée par la force impulsive, jusqu'à ce qu'il soit détourné ou arrêté par quelque autre force. »
BAUDEL., **Trad. E. POE**, Eurêka, VII.

3 « Quelqu'un l'avait pris par le bras, l'entraînait. Une femme. Il suivait l'impulsion,... »
ARAGON, **Beaux quartiers**, XXXI.

— Spécialt. *Mécan.* Produit d'une force* constante par son temps d'application. — *Excitation par impulsion* (ou *par choc*) : excitation d'un système d'oscillations au moyen d'apports périodiques d'énergie (principe appliqué au radar*).

— *Fig.* *Impulsion donnée aux affaires, au commerce.* V. **Animation, direction**... *L'entreprise a prospéré sous cette impulsion* (V. **Promoteur**). *Recevoir une impulsion favorable.* V. **Essor, vent** (fig.).

4 « M. Le Tellier se voit élevé aux plus grandes places, non par ses propres efforts, mais par la douce impulsion d'un vent favorable. »
BOSS., **Orais. fun.** Le Tellier.

5 « La paix n'arrêta pas l'impulsion reçue ; ce mouvement rapide a continué, et les productions de la colonie sont de près d'un tiers plus considérables qu'elles ne l'étaient il y a trente ans. »
RAYNAL, **Hist. philos.**, XIV, 23.

6 « Je seconderai Marseille de tous mes efforts dans la grande impulsion qu'elle va donner. »
MIRABEAU, **Collection**, t. I, p. 57 (in LITTRÉ).

|| 2° (1370). Action de pousser (quelqu'un) à faire quelque chose. « *Il agit ainsi par l'impulsion d'un tel. Obéir, céder aux impulsions d'une volonté étrangère* » (ACAD.). V. **Influence.** — Vx. « *Dieu nous donne une impulsion à l'aimer* » (SÉV. 826).

7 « ... cet homme, nul par lui-même, ne pense et n'agit que par l'impulsion d'autrui. »
ROUSS., **Confess.**, XI.

8 « En embrassant cette opinion (préférer les sciences aux talents frivoles), M. de Maurepas ne fit qu'obéir un des premiers à une impulsion qui commençait dès lors à entraîner les esprits et qui depuis a produit une révolution presque générale. »
CONDORCET, **Maurepas** (in LITTRÉ).

— *L'impulsion des sentiments, de l'humeur, de l'instinct du cœur* (cit. 160). V. **Appel, élan, entraînement, force...** *L'impulsion de la vengeance, de la raison...* V. **Conseil, voix** (fig.). *Impulsion qui porte l'âme, l'esprit* aux choses élevées. V. **Essor.**

9 « ... l'être instinctif qui n'agit que par l'impulsion d'une conscience obscure. »
RENAN, **Souv. d'enfance...**, Préface.

10 « Même l'intelligence ne fonctionne pleinement que sous l'impulsion du désir. »
CLAUDEL, **Positions et propositions**, p. 97.

11 « Pour certains, soumis à l'impulsion victorieuse de la chair, le christianisme existe encore, mais il est inerte. »
MAURIAC, **Souffr. et bonh. du chrétien**, p. 102.

— L'IMPULSION considérée comme une « Tendance spontanée à l'action » (LALANDE). V. **Mouvement, penchant, tendance.** *Impulsions audacieuses, aveugles* (Cf. Austérité, cit. 9 ; conduire, cit. 22). *Impulsions violentes, irrésistibles. Impulsions contraires* (cit. 8 et 14), *contradictoires. La diversité de nos impulsions* (Cf. Écart, cit. 8). *Impulsion sexuelle* (V. **Instinct.** Cf. Frigidité, cit. 1). *Impulsion créatrice* (cit. 12). *Impulsion charitable* (Cf. Don, cit. 4). *Être ébranlé, ému par une impulsion* (Cf. Excitatif, cit.). *Ne pas se laisser aller à ses impulsions* (Cf. Conduite, cit. 19). *Obéir, céder à ses impulsions* (V. **Impulsif**). *Docilité* (cit. 3) *aux impulsions. Diriger*, modifier les impulsions de quelqu'un.

12 « Pour les après-dînées, je les livrais totalement à mon humeur oiseuse et nonchalante, et à suivre sans règle l'impulsion du moment. »
ROUSS., **Confess.**, XII.

13 « Les gens prudents agissent d'après les lois de la saine raison. Je ne suis pas ainsi ; je suis un homme qui agit d'après les impulsions : »
R. ROLLAND, **Jean-Christ.**, La révolte, I, p. 448.

14 « Quelle que soit la vigueur de l'impulsion qui pousse un Français à écrire, elle aboutit, le premier mot tracé, non à une œuvre d'écrivain, mais de lettré. »
GIRAUDOUX, **Littérature**, p. 105.

— Psychol. *Défaut, insuffisance d'impulsion dans l'aboulie ; excès d'impulsion* (Cf. *infra*, Impulsion morbide). V. **Volonté** (maladies de la volonté).

— Spécialt. *Impulsion morbide* : tendance irrésistible à l'accomplissement d'un acte. *Impulsion au vol* (kleptomanie), *à l'homicide*, *à mettre le feu* (pyromanie).

ANT. — **Barrière, frein, inhibition.**

IMPULSIVITÉ. *n. f.* (1907 WARTBURG ; de *impulsif* au sens 2°). Caractère impulsif.

« *L'impulsivité* qui manifeste la puissance de l'instant sur le sujet résulte immédiatement de l'émotivité... Chez les sujets qui vivent dans le présent, l'impulsivité est... *immédiate, réactive :* sous le choc du présent le sujet réagit sans retard et vivement... Dans l'autre cas, l'impulsivité est *explosivité :* le choc paraît plutôt l'occasion que la cause de l'impulsion, car elle manifeste l'influence d'expériences antérieures et accumulées, comme il arrive chez celui qui a plusieurs fois inhibé un mouvement de colère... et enfin « éclate ».
R. LE SENNE, **Traité de caractérologie**, p. 71.

IMPUNÉMENT. *adv.* (1554 ; pour *impuniment*, de *impuni*).

|| **1°** Sans être puni, sans subir de punition. *Voler, tuer impunément* (Cf. Baigner, cit. 25 ; friponner, cit.). *Exercer* (cit. 39) *impunément la piraterie. Être impunément méchant* (Cf. Bon, cit. 67). *Se moquer impunément de quelqu'un* (Cf. Canaille, cit. 9). *Hypocrite qui abuse, trompe impunément* (Cf. Grimace, cit. 11).

1 « On ne s'attaque point à lui (*Dieu*) impunément, et l'on n'échappe point au bras de sa justice. »
BOURDAL., **Exhort. crucif. et mort de J.-C.**

2 « On fait souvent du bien pour pouvoir impunément faire du mal. »
LA ROCHEF., **Réflex. et maxim.**, 121.

3 « D'où vous vient, lui dit-elle, cette témérité d'aborder en mon île ? Sachez, jeune étranger, qu'on ne vient point impunément dans mon empire. »
FÉN., **Télém.**, I.

4 « Je pouvais faire ce coup impunément, je n'avais qu'à voyager cinq ou six jours et m'en retourner ensuite comme si je me fusse acquitté de ma commission. »
LESAGE, **Gil Blas**, VII, 1.

— *Ironiqt.* (En parlant d'une action louable qui mériterait récompense). « *Il ne m'est pas permis de vaincre impunément* » (CORN. Cf. Hautement, cit. 2).

5 « Pensez-vous être saint et juste impunément ? »
RAC., **Athal.**, I, 1.

|| **2°** *Par ext.* Sans dommage pour soi, sans s'exposer à aucun risque, à aucun danger, à aucun inconvénient (Cf. Cœur, cit. 76 ; femme, cit. 30 ; feutrer, cit. 4 ; fourche, cit. 7). *À son âge, on ne peut faire impunément des excès de table.*

6 « ... cette veuve qui maniait si impunément des barres de fer rouge :... »
VOLT., **Essai s. l. mœurs**, XLV.

7 « ... la Thénardier ne fut plus qu'une grosse méchante femme ayant savouré des romans bêtes. Or, on ne lit pas impunément des niaiseries. Il en résulta que sa fille aînée se nomma Éponine ; »
HUGO, **Misér.**, I, IV, II.

8 « C'était la rançon d'une enfance trop studieuse, d'une adolescence malsaine ; un garçon en pleine croissance ne vit pas impunément courbé sur une table, les épaules ramenées, jusqu'à une heure avancée de la nuit, dans le mépris de tous les exercices du corps. »
MAURIAC, **Le nœud de vipères**, II.

9 « Mᵐᵉ de Saint-Selve, c'était indéniable, allait vers une maladie. On ne passe pas impunément de la vie qu'elle avait menée au bord de la mer des Antilles à celle qui était la sienne depuis trois ans sur les rives de la Tamise. »
P. BENOIT, **Mˡˡᵉ de la Ferté**, p. 86.

|| **3°** *Vx.* Sans punir, sans tirer vengeance.

10 « Néron impunément ne sera pas jaloux. »
RAC., **Britann.**, II, 2 (Cf. aussi Iphig., IV, 1).

11 « Julien avait compris que se laisser offenser impunément une seule fois par cette fille si hautaine, c'était tout perdre. »
STENDHAL, **Le rouge et le noir**, I, X.

IMPUNI, IE. *adj.* (1320 ; lat. *impunitus*). Qui n'est pas puni, ne reçoit pas de punition.

— (En parlant des actions). *Crime impuni* (Cf. Désintéresser, cit. 2 ; énorme, cit. 1). *Faute impunie, audace impunie. Vengeance impunie* (Cf. Brimade, cit. 2).

1 « Faut-il laisser un affront impuni ? »
CORN., **Cid**, I, 6.

— (En parlant des personnes). *Le coupable ne restera pas impuni* (ACAD.).

2 « (*Junon parle à Callisto*)
Mais impunie or ne te laisserai,
Car pour jamais ta forme effacerai,
Qui trop te plaît, et qui trop fut prisée
De mon mari, garce mal avisée. »
MAROT, **Traductions**, Métam. d'Ovide, II.

3 « ... je préfère... ne pas laisser impunie la vache qui m'aura contraint à me tirer une balle dans le crâne. »
MAC ORLAN, **La Bandera**, p. 156.

DER. — **Impunément.**

IMPUNITÉ. *n. f.* (1352 ; lat. *impunitas*). Caractère de ce qui est impuni ; absence de punition, de châtiment. *Impunité du délinquant absous* (Cf. Absolutoire, cit.). *Chercher l'impunité dans un asile* (cit. 2). *Meurtre qui s'exerce avec impunité* (Cf. Équité, cit. 1). *L'impunité encourage, enhardit* (cit. 2) *au crime, gâte* (cit. 45) *les enfants... Être assuré de l'impunité, jouir de l'impunité.*

1 « Tous les jours à la cour, un sot de qualité
Peut juger de travers avec impunité ;... »
BOIL., **Sat.**, IX (Cf. Clinquant, cit. 3).

2 « ... l'hypocrisie est un vice privilégié, qui,... jouit en repos d'une impunité souveraine. »
MOL., **D. Juan**, V, 2.

3 « Lorsque la peine est sans mesure, on est souvent obligé de préférer l'impunité. »
MONTESQ., **Espr. des lois**, VI, 13.

4 « C'est trop vrai que nous sommes grisés d'impunité, et que nous croyons la justice endormie. »
MAURIAC, **Souffr. et bonh. du chrétien**, p. 63.

IMPUR. *adj.* (XIIIᵉ s. ; lat. *impurus*). Qui n'est pas pur*.

|| **1°** Altéré par un mélange ; corrompu par quelque élément étranger. *Métal, minerai impur*, contenant des impuretés*. *Liquide impur ; eau impure.* V. **Boueux, bourbeux** (Cf. par métaph. Cœur, cit. 72). — Fig. *Joie impure, chargée de remords* (Cf. Béatitude, cit. 10). *Race, naissance impure* (Cf. Habileté, cit.). — REM. Dans ce sens, *Impur* signifie non seulement « qui n'est pas pur », mais « qui est corrompu, souillé » ; on ne dirait pas *eau impure* en parlant d'une eau mélangée de vin, ni un *métal impur* en parlant d'un alliage.

1 « ... lorsque ce suc calcaire ou gypseux s'est mêlé avec le suc vitreux, leur mélange a produit des concrétions qui participent de la nature des deux, telles que les marnes, les grès impurs... »
BUFF., **Hist. nat. minér.**, Génésie des minér.

— Spécialt. *Genre littéraire impur :* genre hybride et jugé inférieur.

2 « Le théâtre musical était pour eux un genre littéraire, donc impur... toute musique qui voulait dire quelque chose, était taxée d'impure... Les grands critiques français n'admettaient que la musique pure,... »
R. ROLLAND, **Jean-Christ.**, La foire sur la place, p. 687.

— *Par ext.* V. **Empesté, infect, malsain, sale, souillé.** *Haleine impure.*

|| **2°** *T. de Relig.* Dont la Loi commande de fuir le contact comme une souillure, un péché ; qui s'est souillé en commettant certains actes défendus par la Loi. *Animaux impurs.* V. **Immonde** (2°). *Selon le Lévitique, tout homme qui touche à une chose impure, qui mange d'un animal impur, etc. est lui-même impur.* « *La femme* (cit. 15), *enfant malade et douze fois impur* » (VIGNY).

3 « Si un homme touche à une chose impure, comme serait un animal tué par une bête, ou qui soit mort de soi-même, ou un reptile,... il a commis une faute ;
Et s'il a touché quelque chose d'un homme qui soit impur, selon toutes les impuretés dont l'homme peut être souillé, et que n'y ayant pas pris garde d'abord, il le reconnaisse ensuite, il sera coupable de péché. »
BIBLE (SACY), **Lévitique**, V, 2-3.

4 « ... je suis persuadé, selon la doctrine du Seigneur Jésus, que rien n'est impur de soi-même, et qu'il n'est impur qu'à celui qui le croit impur. »
ID., **Épît. aux Romains**, XIV, 14.

5 « Si les corps de ceux qui ne se lavent point ne blessaient ni l'odorat ni la vue, comment aurait-on pu s'imaginer qu'ils fussent impurs ? »
MONTESQ., **Lettr. pers.**, XVII.

6 « La plupart des sorciers officiels en sont encore à des voies et moyens qui avouent l'ignorance et la perplexité :... les classiques excréments de crapauds, le sang de la femme impure,... »
COLETTE, **Belles saisons**, Mes cahiers, p. 191.

|| **3°** Qui est mauvais (moralement). V. **Immoral, indigne, infâme, vil ; boueux, bourbeux** (*fig.*). *Âme impure. Cœur impur.* V. **Bas** (*supra* cit. 24).

7 « Loin du monde railleur, loin de la foule impure, »
BAUDEL., **Fl. du mal**, CX.

— *Les esprits impurs :* les esprits du mal*, les démons.

8 « Tous ces impurs esprits qui troublent l'univers,
Et le feu de la foudre, et celui des enfers. » VOLT., **Henriade**, V.

— (En parlant des choses) « *Qu'un sang impur abreuve* (cit. 3) *nos sillons.*

|| **4°** *Spécialt.* V. **Charnel** (2°), **déshonnête, impudique.** *Une femme* (cit. 103) *impure. Mœurs impures. Pensées impures.* V. **Lascif, sensuel.** *Paroles, plaisanteries, conversations impures.* V. **Indécent, obscène** (Cf. Adoucir, cit. 11). *Amours, embrassements* (cit. 5) *impurs. Par ext. Une Babylone impure* (Cf. Entendre, cit. 73).

9 « ... l'un de ces gestes impurs de volupté qu'il y a dans les danses espagnoles,... »
BARRÈS, **Leurs figures**, p. 213.

— *Substant. et Vieilli. Une impure :* une courtisane. V. **Fille** (cit. 39). Cf. Horizontal, cit. 6 (une horizontale) ; futilité, cit. 5.

10 « En 1815, est morte aux Aigues l'une des *impures* les plus célèbres du dernier siècle, une cantatrice oubliée par la guillotine et par l'aristocratie, par la littérature et par la finance,... »
BALZ., **Les paysans**, Œuvr., t. VIII, p. 21.

ANT. — **Pur*. Chaste, continent, pudique.**

DER. — **Impurement.** *adv.* (1576). *Peu usit.* D'une manière impure. *Vivre impurement.*

IMPURETÉ. *n. f.* (XIVᵉ s. ; lat. *impuritas*). Caractère de ce qui est impur ; chose impure.

|| **1°** Corruption résultant d'une altération, d'un mélange. V. **Corruption, souillure.** *L'impureté d'un liquide, d'un minerai. Impureté de l'air, de l'atmosphère.* — *Anc. méd. Impureté du sang.*

— Ce qui rend impur. *Liquide rempli d'impuretés.* V. **Immondice, saleté.** *Filtrer, cribler les impuretés. Éliminer les impuretés.* V. **Purger.** — Anc. méd. *Les impuretés du sang, du corps...* V. **Humeur, poison.**

1 « — Nous avons vu... la malade, et sans doute qu'il y a beaucoup d'impuretés en elle. — Ma fille est impure ? — Je veux dire qu'il y a beaucoup d'impuretés dans son corps,... »   MOL., **Am. méd.**, II, 2.

2 « On se rétablissait, mais toujours lentement...
S'il restait des impuretés,
Les remèdes alors de nouveau répétés,...
Et surtout la diète, achevaient le surplus,... »   LA FONT., **Poème du quinquina**, I.

3 « La mine (*minerai*) de fer... achève de se fondre au-dessus du creuset qui la reçoit, et dans lequel on la tient... pour la laisser se purger des matières hétérogènes qui s'écoulent en forme de verre impur... ; plus on tient la fonte dans cet état, en continuant le feu, plus elle se dépouille de ses impuretés ;... »   BUFF., **Hist. nat. minér.**, Du fer.

4 « Dodiner le vin, en Bourgogne, c'est l'agiter aux fins de collage, lorsqu'on vient de verser le blanc d'œuf qui aimante et précipite toutes les impuretés d'un vin neuf. »   COLETTE, **Prisons et paradis**, p. 74.

|| 2° T. de Relig. *Impureté légale :* état de ce qui est déclaré impur par la loi religieuse (Cf. Fornication, cit. 3) ; acte impur.

5 « ... qu'il purifie le sanctuaire des impuretés des enfants d'Israël, des violations qu'ils ont commises contre la loi, et de tous leurs péchés. »   BIBLE (SACY), **Lévitique**, XVI, 16.

|| 3° Bassesse*, corruption morale. V. **Boue, bourbe, ordure** (*fig.*). *Cloaque* d'impuretés, de vices.*

6 « ... j'avais déjà pu remarquer l'impureté des mœurs politiques,... »   LECOMTE, **Ma traversée**, p. 290.

— *Spécialt.* V. **Impudicité** (Cf. Fornication, cit. 1). *Vivre dans l'impureté. Les chemins, les routes de l'impureté* (Cf. Battre, cit. 19). *Impureté d'une pensée, d'une conversation.*

7 « Pour X : il faudrait apprendre à détourner son attention de chaque pensée, de chaque regard, ne plus s'épuiser à y déceler l'embryon de désir, l'impureté en puissance. »   MAURIAC, **Souffr. et bonh. du chrétien**, p. 166.

— Acte impur ; chose impure (V. **Obscénité, péché** (de la chair), **souillure, tache**...). *Haine* (cit. 34), *horreur de toute impureté.*

8 « La gravité romaine n'a pas traité la religion plus sérieusement, puisqu'elle consacrait à l'honneur des dieux les impuretés du théâtre et les sanglants spectacles des gladiateurs,... »   BOSS., **Disc. Hist. univ.**, II, XVI.

ANT. — Pureté ; honnêteté ; continence...

IMPUTABLE. adj. (XIVᵉ s. ; de *imputer*).

|| 1° Qui peut, qui doit être imputé, attribué. V. **Attribuable.** *Ces abus ne sont imputables qu'à la mauvaise administration du pays* (ACAD.). *On ne saurait le rendre responsable d'un fait qui ne lui est pas imputable.*

« ... la « mauvaise organisation » dont on se plaint ici sans cesse, n'est imputable le plus souvent qu'à la négligence ou qu'au défaut de conscience des employés,... »   GIDE, **Journal**, févr. 1918, Feuillets, II, p. 668.

|| 2° T. de Fin. Qui doit être imputé, prélevé (sur un compte, un crédit, une recette). *Somme imputable sur tel chapitre, tel crédit...* (Cf. Hic, cit. 3).

DER. — **Imputabilité.** n. f. (1759). Caractère de ce qui est imputable, de ce que l'on peut imputer à quelqu'un (V. **Responsabilité**). Spécialt. Dr. « Possibilité de considérer une personne, du point de vue matériel et du point de vue moral, comme l'auteur d'une infraction » (CAPITANT).

IMPUTATION. n. f. (1460 ; empr. au lat. *imputatio*).

|| 1° Action d'imputer à quelqu'un, de mettre sur le compte de quelqu'un (une action blâmable, une faute...). V. **Accusation, allégation, inculpation.** *Imputations fausses, calomnieuses* (V. **Calomnie**), *diffamatoires* (cit. 3). V. **Chantage, diffamation.** *Imputation atroce, odieuse... Imputation gratuite, sans fondement. Accueillir sans preuve toutes les imputations. Se défendre contre les imputations d'un ennemi.* V. **Attaque.** *Se laver, se justifier d'une imputation. Imputation de vol, de cruauté, de haine...* (Cf. Crédit, cit. 14).

1 « Vous verrez dans Minucius Felix les imputations abominables dont les païens chargeaient les mystères chrétiens. »   VOLT., **Dict. philos.**, Initiation.

2 « En entassant des imputations contradictoires, la calomnie se découvre elle-même : mais la malignité est aveugle, et la passion ne raisonne pas. »   ROUSS., **Lettre à Mgr de Beaumont.**

3 « J'ignore ce que devint cette victime de la calomnie ; mais il n'y a pas d'apparence qu'elle ait après cela trouvé facilement à se bien placer. Elle emportait une imputation cruelle à son honneur de toutes manières. Le vol n'était qu'une bagatelle, mais enfin c'était un vol,... »   ID., **Confess.**, II.

4 « Le grief imaginaire l'emportait sur l'imputation précise. Ah, que la vie serait belle et notre misère supportable si nous nous contentions des maux réels sans prêter l'oreille aux fantômes et aux monstres de notre esprit. »   GIDE, **Symphonie pastorale**, pp. 64-65.

|| 2° *Spécialt.* Théol. *Imputation des mérites de Jésus-Christ :* leur application, leur attribution aux hommes.

|| 3° Affectation*, application* d'une somme à un compte déterminé. *Imputation d'une somme au débit, au crédit d'un compte. — Imputation des libéralités sur la réserve ou la quotité disponible... Imputation d'une donation sur la part d'un héritier* (en vue d'en déduire le montant). — Spécialt. *Imputation d'un payement :* le fait d'affecter spécialement une somme au règlement d'une dette, lors d'un payement partiel fait par le débiteur de plusieurs dettes. *De l'imputation des payements* (art. 1253 à 1256 du Code civil).

5 « Lorsque le débiteur de diverses dettes a accepté une quittance par laquelle le créancier a imputé ce qu'il a reçu sur l'une de ces dettes spécialement, le débiteur ne peut plus demander l'imputation sur une dette différente,... »   CODE CIV., Art. 1255.

IMPUTER. *v. tr.* (XIVᵉ s. ; lat. *imputare*, « porter au compte », de *putare* au sens de « compter »).

I. Mettre sur le compte de quelqu'un. V. **Attribuer** (cit. 18).

1 « Imputer une action à quelqu'un, c'est le lui attribuer comme à son véritable auteur, la mettre, pour ainsi parler, sur son compte, et l'en rendre responsable. »   TRÉVOUX (1771), **Imputer.**

|| 1° (*En mauvaise part*). Attribuer (à quelqu'un) une chose digne de blâme. V. **Attribuer** (cit. 11) ; **accuser, charger** (de). *Imputer un crime, une faute, une mauvaise action à quelqu'un* (Cf. De, cit. 48 ; faux 1, cit. 56 ; fourgon 2, cit. 2). *Attaquer* quelqu'un en lui imputant des fautes, des torts...* (V. **Incriminer**). *On lui impute cette erreur. De tels forfaits ne s'imputent pas à la légère* (Cf. Avérer, cit. 2). — *Imputer à un écrivain un livre condamnable* (cit. 4).

2 « La faute à votre amant doit-elle être imputée ? »   MOL., **Tart.**, II, III.

3 « Seigneur, je crois surtout avoir fait éclater
La haine des forfaits qu'on ose m'imputer. »   RAC., **Phèdre**, IV, 2.

4 « ... je ne veux pas,... vous imputer mon malheur, et je n'en accuse que moi ; »   LESAGE, **Diable boit.**, V.

5 « On lui attribuait (*au spéculateur Foulon*) une parole cruelle : « S'ils ont faim, qu'ils broutent l'herbe... Patience ! que je sois ministre, je leur ferai manger du foin, mes chevaux en mangent... » On lui imputait encore ce mot terrible : « Il faut faucher la France ».   MICHELET, **Hist. Révol. franç.**, II, II.

6 « Ce qu'il y a de plus singulier, c'est que ces savants sont d'une sincérité parfaite. Leur imputer la moindre mauvaise foi serait les calomnier. »   FUSTEL de COUL., **Questions contemp.**, p. 16.

7 « L'imagination populaire a besoin de personnes vivantes auxquelles elle puisse imputer ses maux et sur lesquelles elle puisse décharger ses ressentiments ; »   TAINE, **Origines France contemp.**, t. III, p. 20.

8 « Ainsi bâti, Flick se savait hideux comme déjà il se savait imbécile, et il imputait à tout le monde la responsabilité de cette double disgrâce. »   COURTELINE, **Train de 8 h 47**, I, II, p. 20.

9 « Cependant, sous ses artifices, Necker avait caché d'énormes trous. Son successeur Joly de Fleury révéla la vérité : c'est à lui qu'on imputa le déficit. Il tomba à son tour... »   BAINVILLE, **Hist. de France**, XV, p. 311.

— *Par ext.* (la responsabilité étant mise sur le compte de quelque chose). *Imputer un malheur à l'influence, à l'action de quelqu'un ; l'imputer à la malchance, au hasard.*

10 « Telle était son habileté que... lorsqu'il était vaincu, on ne pouvait en imputer la faute qu'à la fortune. »   FLÉCHIER, **Orais. fun. Turenne.**

11 « Cependant, loin d'imputer la mort du chanoine à la boisson et aux saignées, il sortit en disant d'un air froid qu'on ne lui avait pas tiré assez de sang ni fait boire assez d'eau chaude. »   LESAGE, **Gil Blas**, II, II.

12 « ... une lettre injurieuse dans laquelle il imputait à mon influence occulte le rejet de son travail,... »   STE-BEUVE, **Chateaubriand**, t. I, p. 4.

|| 2° Vx. (*En bonne part*). Attribuer (à quelqu'un) quelque chose de louable, de favorable. — REM. Ce sens, disparu du dictionnaire de l'ACAD. (l'édition de 1835 ne le mentionnait déjà plus), est abondamment illustré dans LITTRÉ qui ne le donne pas comme vieux. LAFAYE notait en 1857 que « ce qu'on *impute* est louable et plus souvent encore blâmable ». De nos jours, *Imputer* ne se dit plus que des choses dignes de blâme.

13 « Ils voudraient bien, s'ils pouvaient, imputer à leur mérite ce qu'ils doivent à l'assistance de leur ami. »   MALHERBE, **Traité des bienf. de Sénèque**, II, 23.

14 « Mais je sais que chacun impute, en pareil cas,
Son bonheur à son industrie, »   LA FONT., **Fabl.**, VII, 14.

15 « Le croirai-je, Seigneur, qu'un reste de tendresse
Vous fasse ici chercher une triste princesse ?
Ou ne dois-je imputer qu'à votre seul devoir
L'heureux empressement qui vous porte à me voir ? »   RAC., **Androm.**, II, 2.

— *Spécialt. Théol.* Mettre au compte de l'homme, attribuer à l'homme (les mérites de Jésus-Christ). « *La justice de Jésus-Christ qui nous était imputée* » (BOSS.) : dont les mérites nous étaient attribués.

|| 3° Vx. Attribuer (quelque chose à quelqu'un) sans idée de blâme ni d'éloge. *Imputer une idée, un sentiment à quelqu'un* (Cf. Auteur, cit. 5 CORN.). *Imputer des vers à un auteur* (Cf. Acrostiche, cit. 2 VOLT.).

16 « Ils diront qu'on impute un faux nom à Léonce, »   CORN., **Héraclius**, III, 4.

17 « Vous m'imputez... un poème sur *la religion naturelle*. Je n'ai jamais fait de poème sous ce titre. J'en ai fait un, il y a environ trente ans, sur *la Loi naturelle*, ce qui est très différent. »
VOLT., **Lett. à l'abbé Cogé**, 3155, 27 juill. 1767.

‖ 4° (*Vieilli* ou *Littér.*). IMPUTER à..., suivi d'un substantif sans l'article. Considérer l'action que l'on impute comme... *Imputer à crime* (CORN. Cf. Capital, cit. 2), *à faiblesse* (BOSS.), *à forfait* (CORN.), *à lâcheté* (VOLT.)... *Imputer à négligence, à oubli* (ACAD.)... *S'imputer quelque chose à crime, à péché...* (Cf. Bagatelle, cit. 7). — Vx. *Imputer à gloire* (BOSS.).

18 « ... une action qui fut imputée à grandeur de courage par ceux qui en furent les témoins. »
CORN., **Cid**, Avertiss.

19 « Je crains, Sire, dit-il, qu'un rapport peu sincère
Ne m'ait à mépris imputé
D'avoir différé cet hommage ;
Mais j'étais en pèlerinage, »
LA FONT., **Fabl.**, VIII, 3.

20 « Je m'imputais à honte, et presque à crime, le silence qui régnait trop souvent à la cour d'un vieux bourgeois despote et ennuyé tel qu'était M. Daru le père. »
STENDHAL, **Vie de Henry Brulard**, 39.

21 « ... il répondit d'abondance de cœur aux questions empressées de Julien, puis s'arrêta tout court, désolé d'avoir toujours du mal à dire de tout le monde, et se l'imputant à péché. »
ID., **Le rouge et le noir**, IV.

22 « Vous m'imputez à erreur d'avoir avancé que vous n'auriez pris que sur le tard la détermination d'écrire vos mémoires. »
F. PORCHÉ, **Lett. à Gide** (in GIDE, **Corydon**, Appendice, p. 200).

— Vx. *Imputer pour crime* (CORN.), *pour une faute* (DOMAT). — *Imputer* (quelque chose) *comme un crime.*

23 « ... un manque d'imagination m'a été imputé comme un crime,... »
BAUDEL., Trad. E. POE, **Hist. extr.**, Manuscrit tr. dans bouteille.

— *Vx.* IMPUTER à QUELQU'UN DE, suivi de l'infinitif. IMPUTER... QUE..., suivi de l'indicatif. V. **Reprocher.**

24 « Endurer que l'Espagne impute à ma mémoire
D'avoir mal soutenu l'honneur de ma maison ! »
CORN., **Cid**, I, 6.

25 « Imputer à de telles gens qu'ils sont soumis par faiblesse... (c'est)... vouloir obscurcir la vérité même... »
BOSS., **Hist. var.**, 5e avertiss., § 16.

II. *Dr.* et *Fin.* Porter en compte, appliquer à un compte déterminé. V. **Imputation ; affecter, appliquer** (à), **porter.** *Imputer un paiement sur telle ou telle dette. L'avancement d'hoirie doit être imputé sur la quotité disponible, sur la part de l'héritier. Imputer les revenus sur les intérêts et le capital d'une créance* (Cf. Antichrèse, cit. 2). *Imputer une dépense sur les frais généraux, sur un chapitre du budget...*

26 « ... à convaincre ses associés de la nécessité d'épargner un temps aussi précieux que le sien, et à faire imputer son équipage sur les frais généraux du journal. »
BALZ., **Une fille d'Ève**, Œuvr., t. II, p. 124.

27 « ... savoir s'il fallait imputer les frais d'hôpital au budget de la ville... »
CAMUS, **La peste**, p. 123.

ANT. — Excuser ; disculper, laver (d'une accusation).

IMPUTRESCIBLE. *adj.* (XIVe s., rare jusqu'au XVIIIe s. ; lat. *imputrescibilis*). Qui ne peut se putréfier*. *Bois, cuir imputrescible.*

DER. — **Imputrescibilité.** *n. f.* (1865 in LITTRÉ). Caractère de ce qui est imputrescible.

-IN (*in*), **-INE** (lat. *-inum, -inam*).

‖ 1° Suffixe d'adjectifs indiquant la provenance, l'origine (*angevin, florentin*), la composition, la matière (*ivoirin*), l'espèce (*bovin, félin*), le caractère (*blondin, chevalin, cristallin, enfantin*).

‖ 2° Suffixe de noms, diminutif (*bottine, oursin, tambourin*) ou péjoratif (*plaisantin, routine*). — *Spécialt.* -INE. Suffixe de la langue technique et du vocabulaire industriel indiquant l'essence ou la nature d'un produit (*caféine, glycérine, lustrine, pénicilline*).

1. IN- (*in* devant consonne ; *in'* devant voyelle ou *h*). *préf.*

‖ 1° Préfixe négatif, du lat. *in-*, préf. : *inconnu, inexpérience, inhabile, insensibiliser...*

‖ 2° Préfixe locatif, du lat. *in*, prép. « en, dans » : *incorporer, infiltrer, inspecter...*

— REM. *In-*, préfixe négatif ou locatif, prend, par assimilation phonétique, les formes *im-* devant *b, m, p* (*imbattable, immobile, impatient*), *il-* devant *l* (*illégal, illuminer*), *ir-* devant *r* (*irresponsable, irruption*).

2. IN (*in'* ou *in* selon les cas). Préposition lat. signifiant « dans, en » et entrant dans quelques locutions d'origine latine ou italienne : *in pace, in petto, in-douze, in-folio...*

INABORDABLE. *adj.* (1611 ; de *in-*, négatif, et *abordable**). Où l'on ne peut aborder. *Rivage inabordable.* — *Par anal.* Qu'il est impossible ou très difficile d'atteindre, d'approcher. V. **Inaccessible.**

1 « En hiver, le port de Cochin est inabordable,... parce que... le vent d'ouest, qui y souffle avec fureur, amène à l'embouchure du fleuve de Cochin une si grande quantité de sable, qu'il est impossible aux navires, et même aux barques, d'y entrer pendant six mois de l'année :... »
BUFF., **Hist. nat.**, Preuves théorie terre, XIV.

« Ce pays ténébreux comme un antre est construit,
Et nous avons ici notre aire inabordable ; »
HUGO, **Lég. des siècles**, XV, Petit roi de Galice, V. 2

« ... à l'ouest, une mer sans ports, des plages inabordables où les brisants déferlent,... »
LOTI, **L'Inde (sans les Anglais)**, III, II. 3

— *Fig.* (XVIIe s.). D'un abord, d'accès difficile*. *Un grand seigneur hautain, distant, inabordable. Un monde inabordable, fermé* (Cf. Fortune, cit. 37). — *Fam. Il est inabordable ce matin*, il est d'humeur revêche (Cf. Il n'est pas à prendre avec des pincettes*).

« ... un assez grand fat qui est plus inabordable qu'un Napoléon à Sainte-Hélène. »
STE-BEUVE, **Corresp.**, 200, 9 nov. 1831. 4

« ... il déployait en tout une sorte de dignité qui venait sans doute de la conscience d'une vie occupée par quelque chose de grand, et qui le rendait inabordable. »
BALZ., **Illus. perd.**, Œuvr., t. IV, p. 645. 5

— *Par ext.* (1873 P. LAROUSSE). D'un prix* élevé, qui n'est pas à la portée de toutes les bourses. V. **Cher** (II), **exorbitant ; hors** (de prix). *Les asperges sont inabordables cette année.*

ANT. — Abordable, accessible ; facile.

INABRITÉ, ÉE. *adj.* (1839 BOISTE ; de *in-* négatif, et *abrité**). Qui n'est pas protégé par un abri. *Côte inabritée.*

INABROGEABLE (*-jabl'*). *adj.* (1839 BOISTE ; de *in-* négatif, et *abroger*). Qui ne peut être abrogé. *Lois inabrogeables.*

INACCENTUÉ, ÉE. *adj.* (1877 LITTRÉ, Suppl. ; de *in-* négatif, et *accentuer*). *Gramm.* V. **Atone.** *Voyelle, syllabe inaccentuée. Je, me, te, se, formes inaccentuées du pronom personnel.*

ANT. — Accentué, tonique.

INACCEPTABLE. *adj.* (1789 MIRABEAU in BRUNOT ; de *in-* négatif, et *acceptable**). Qu'on ne peut, qu'on ne doit pas accepter. V. **Inadmissible, irrecevable.** *Offre, projet, proposition, dilemme* (cit. 3) *inacceptable.*

« ... le chef de bureau m'a tenu des propos inacceptables. »
DUHAM., **Salavin**, III, XVIII.

ANT. — Acceptable, approuvable.

INACCEPTATION (*-syon*). *n. f.* (1877 LITTRÉ, Suppl. ; de *in-* négatif, et *acceptation**). Refus* d'accepter*. *L'inacceptation des conditions proposées* (LITTRÉ).

INACCESSIBLE. *adj.* (XIVe s. ; de *in-* négatif, et *accessible**).

‖ 1° Qui n'est pas accessible ; dont l'accès est impossible. V. **Impénétrable, inabordable.** *Endroit, lieu inaccessible. Montagne inaccessible* (Cf. Ce 2, cit. 1). *Maison gardée* (cit. 9) *et inaccessible aux visiteurs* (Cf. Farouche, cit. 3 ; funeste, cit. 4). — *Par anal. Forêt inaccessible aux rayons du soleil* (HATZFELD).

« Laisse tout là ; que veux-tu entreprendre ?
Veux-tu monter un roc inaccessible ? »
MAROT, **Épigrammes**, LXXXII. 1

« ... ce soleil inaccessible, »   RAC., **Poés. div.**, I, IX, I. 2

« ... l'île de Calypso était inaccessible à tous les mortels. »
FÉN., **Télém.**, VI. 3

« ... on parvient, au moyen de quelques sentiers difficiles, jusqu'au pied de ce cône de rochers incliné et inaccessible, qu'on appelle le Pouce. »
BERNARD. DE ST-P., **Paul et Virginie**, p. 84. 4

« Rien n'avait transpiré dans la ville sur le nom des prisonniers ; les murs inaccessibles de la forteresse ne laissaient rien sortir ni rien pénétrer dans la nuit,... »
VIGNY, **Cinq-Mars**, XXV. 5

« ... les Alpujarras, inaccessibles solitudes, chaînes escarpées et farouches, d'où les Mores, à ce que l'on dit, ne purent jamais être complètement expulsés... »
GAUTIER, **Voyage en Espagne**, p. 198. 6

— *Par ext.* Qu'on ne peut atteindre. V. **Hors** (d'atteinte). — *Par métaph. Asile* (cit. 28) *inaccessible. Les sommets inaccessibles de l'amour éternel* (Cf. Envergure, cit. 9). *Chant* (cit. 10) *qui monte aux notes les plus inaccessibles de la gamme. Bien inaccessible à ceux qui ne l'ont pas reçu en naissant* (Cf. Fragile, cit. 11). *Un dieu inaccessible* (Cf. Envol, cit. 2).

« Sur le haut d'une armoire un livre inaccessible. »
HUGO, **Contempl.**, V, X. 7

« Tous pensaient qu'ils vivaient dans une sphère inaccessible au reste de l'humanité. »
RENAN, **Vie de Jésus**, Œuvr., t. IV, p. 187. 8

« ... on n'aime que ce en quoi on poursuit quelque chose d'inaccessible, on n'aime que ce qu'on ne possède pas,... »
PROUST, **Rech. t. p.**, t. XII, p. 227. 9

« ... on regrette moins ce qu'on a toujours su inaccessible et qui est resté à cause de cela comme irréel... »
ID., **Ibid.**, t. XIII, p. 110. 10

« Aucun but ne lui avait jamais paru, ne lui paraîtra jamais inaccessible. »
MADELIN, **Hist. Cons. et Emp.**, De Brumaire à Marengo, VI. 11

« Il est vain et dangereux de se proposer un objectif inaccessible. L'échec risque de tuer la foi et de paralyser les efforts. »
MAUROIS, **Art de vivre**, III, I. 12

— *Fig.* Qu'on ne peut atteindre, connaître, comprendre... V. **Incognoscible** (Cf. Attirance, cit. 1). *Le fond* (cit. 30) *des choses est inaccessible à l'esprit. Mystère inaccessible. Science inaccessible aux enfants* (Cf. Enjoué, cit. 1).

13 « ... l'imagination qu'on prend... que les bonnes choses (*de la science*) sont inaccessibles, en leur donnant le nom de grandes, hautes, élevées, sublimes. »   PASC., **Opusc.**, III, XV, De l'esprit géométr.

14 « ... les notions les plus abstraites, celles que le commun des hommes regarde comme les plus inaccessibles, sont souvent celles qui portent avec elles une plus grande lumière ; ... »
D'ALEMB., **Disc. prélim. Encycl.**, Œuvr., t. I, p. 31.

15 « D'ailleurs Brahma, Jehovah ou Allah, le dieu unique, ou multiple si l'on veut, au fond de l'incommensurable et de l'inaccessible, nous dépasse tellement, qu'un peu plus ou un peu moins d'erreur importe à peine dans nos conceptions de lui. »
LOTI, **L'Inde (sans les Anglais)**, III, VI.

|| **2°** *Par anal.* (XVIe s.) En parlant d'une personne, D'abord très difficile. V. **Inabordable.** *Personnage guindé* (cit. 4) *et inaccessible. À ses multiples occupations le rendent inaccessible même à ses amis.* — Par méton. *Vertu austère* (cit. 15) *et inaccessible.*

16 « ... si j'ai un cor qui me presse l'orteil, me voilà renfro(i)gné, mal plaisant et inaccessible. »   MONTAIGNE, **Essais**, II, XII.

17 « — Quelle folie ! se disait-il, et comment arriver jusqu'à elle ? Elle lui parut donc si vertueuse et inaccessible que toute espérance, même la plus vague, l'abandonna. »
FLAUBERT, Mme **Bovary**, II, V.

18 « Je ne vous demande rien ! », s'écria-t-elle, retrouvant, avec la parole, ce ton coupant qui la rendait inaccessible. »
MART. du G., **Thib.**, t. VI, p. 155.

— Fig. *Inaccessible à...*, qui ne se laisse ni convaincre ni toucher par..., qui est fermé* à certains sentiments. V. **Imperméable** (à), **insensible** (à). *La foule* (cit. 9) *inaccessible au raisonnement. Être inaccessible à la pitié, à la tendresse.* Absolt. *Un cœur inaccessible* (Cf. Attaquer, cit. 22).

19 « C'était une âme sereine, inaccessible à l'envie, à l'amour des richesses et à la crainte du supplice. »   VOLT., **Siècle de Louis XIV**, XXIV.

20 « Libre, seul, inaccessible même au souvenir ! »
MART. du G., **Thib.**, t. IV, p. 52.

ANT. — Abordable, accessible.

DER. — **Inaccessibilité.** *n. f.* (1551). État de ce qui est inaccessible*
« L'inaccessibilité de cette île... »
SULLY, **Œcon. roy.**, 87 (in HUGUET).

INACCOMPLI, IE. *adj.* (1873 P. LAROUSSE). **INACCOMPLISSEMENT.** *n. m.* (1865). V. **In-** négatif, et **accompli, accomplissement.**

INACCORDABLE. *adj.* (1789 in BRUNOT ; de *in-* négatif, et *accordable**). *Rare.* Qu'on ne peut mettre d'accord. *Caractères, divergences inaccordables.* V. **Incompatible, inconciliable.** — Qu'on ne peut accorder, octroyer. *Demande inaccordable.* V. **Irrecevable.**

INACCOUTUMÉ, ÉE. *adj.* (XIVe s. ; rare jusqu'au XVIIe s. ; de *in-* négatif, et *accoutumé**).

|| **1°** Qui n'a pas coutume de se produire, de se faire. V **Anormal, inhabituel, insolite, nouveau.** *Accorder à quelqu'un une attention* (cit. 30) *inaccoutumée. Avoir l'oreille choquée par un terme inaccoutumé* (Cf. Archaïsme, cit.). *Agitation inaccoutumée.*

1 « Il y a des êtres dont la face prend une beauté et une majesté inaccoutumées pour peu qu'ils n'aient plus de regard. »
PROUST, **Rech. t. p.**, t. XI, p. 86.

2 « ... c'est dans sa chambre qu'on leur servait le breakfast. Marie en aimait l'abondance, l'ordonnance inaccoutumée pour elle, et mangeait de tout par excitation. »
ROMAINS, **H. de b. vol.**, t V, XXVI, p. 261.

|| **2°** Qui n'est pas accoutumé* à... *Être inaccoutumé à un genre de vie, à certains procédés...*

3 « On connaît les kermesses de la Flandre : elles étaient portées dans le siècle passé jusqu'à une indécence qui pouvait révolter des yeux inaccoutumés à ces spectacles. »   VOLT., **Dict. philos.**, Délits locaux.

ANT. — Commun, coutumier, habituel. Accoutumé, habitué.

INACHEVÉ, ÉE. *adj.* (fin XVIIIe s. ; de *in-* négatif, et *achevé**). Qui n'est pas achevé. *Esquisse* (cit. 2) *inachevée. Statue inachevée.* V. **Brut.** *Route inachevée* (Cf. Amorce, cit. 7). *Travail inachevé.* V. **Imparfait, incomplet.** *L'imperfection** *d'une œuvre inachevée.* — Mus. *La Symphonie inachevée*, de Schubert. — Substant. *L'inachevé* (Cf. Imprécis, cit. 4).

1 « Si ce qu'on prétend traduire n'est pas même une pensée, si ce n'est qu'une impression fugitive, un rêve inachevé de l'imagination ou de l'âme du poète, un son vague et inarticulé de sa lyre... que restera-t-il sous la main du traducteur ? »
LAMART., **Disc. de récept. à l'Acad. franç.**

2 « Le lien qui s'était noué alors entre eux, je ne le saurais dire dans sa vraie nuance ; c'était quelque chose de vague, de tremblant, d'inachevé. »
STE-BEUVE, **Chateaubriand**, t. II, p. 184.

3 « ... la base d'une pyramide inachevée, qui aurait été quelque chose de terrifiant... »   LOTI, **L'Inde (sans les Anglais)**, IV, II.

4 « Soyez béni, mon Dieu, qui ne laissez pas vos œuvres inachevées Et qui avez fait de moi l'être *fini* à l'image de votre perfection. »
CLAUDEL, **Cinq grandes odes**, 5e ode, p. 150.

ANT. — Accompli, achevé, complet (cit. 10), fini, parfait.

INACHÈVEMENT. *n. m.* (1874 LITTRÉ, Suppl. ; de *in-* négatif, et *achèvement*). État de ce qui n'est pas achevé, pas fini (cit. 30). — ANT. **Achèvement.**

INACTIF, IVE. *adj.* (1749 BUFFON ; de *in-* négatif, et *actif**). *Phys. anc.* V. **Inerte.** *Substance inactive.*

1 « Le minéral n'est qu'une matière brute, inactive, insensible, n'agissant que par la contrainte des lois de la mécanique, n'obéissant qu'à la force généralement répandue dans l'univers,... »
BUFF., **Hist. des animaux**, I.

— Qui n'a pas d'activité. V. **Désœuvré, fainéant, oisif, paresseux.** *Femme casanière* (cit. 1) *et inactive.* V. **Endormi.** *Rester inactif* (Cf. Se croiser les bras*, se reposer sur ses lauriers). *Il ne demeure jamais inactif.* V. **Immobile, repos** (en). *Esprit, cerveau inactif.* V. **Perclus** (*fig.*). *Arracher quelqu'un à son existence inactive.* V. **Croupissant, végétatif ; léthargie.** — *Commerce inactif*, qui ne prend aucun essor. V. **Stagnant.** — *Par ext.* Qui n'agit pas, est sans action. *Remède inactif* (ACAD.). V. **Inefficace.** *Estime bienveillante mais inactive* (Cf. Célébrité, cit. 5 CHAMFORT).

2 « Plus j'insiste sur ma méthode inactive, plus je sens les objections se renforcer. Si votre élève n'apprend rien de vous, il apprendra des autres. Si vous ne prévenez l'erreur par la vérité, il apprendra des mensonges ; ... »   ROUSS., **Émile**, II.

3 « Car jamais il (*Mirabeau*) ne resta inactif. Son cerveau était dans une ébullition continuelle. »   BARTHOU, **Mirabeau**, p. 47.

ANT. — Actif, agissant, alerte, entreprenant, occupé.

INACTION. *n. f.* (1670 LA MOTHE LE VAYER ; de *in-* négatif, et *action**). Absence ou cessation de toute action ; état de ce qui est inactif. V. **Inactivité** (cit. 3) ; **désœuvrement, fainéantise, oisiveté.** *Condamner, réduire à l'inaction.* V. **Lier** (les mains). *L'inaction me pèse. Scepticisme qui mène à l'inaction* (Cf. Agir, cit. 13). *Esprit qui s'appesantit, s'engourdit, se paralyse** *dans l'inaction* (Cf. Exercer, cit. 9). *Vivre dans l'inaction.* V. **Végéter.** *Croupir, dormir, s'engraisser, s'hébéter* (cit. 5 SÉV.) *dans l'inaction* (Cf. Fainéanter ; se faire du lard*). *Sortir de son inaction* (V. **Assoupissement, engourdissement, torpeur**).

1 « Les armées russes et suédoises furent quelques semaines dans l'inaction, tant le froid fut violent au mois de janvier 1709 ; ... »
VOLT., **Hist. de Russie**, I, XVII.

2 « ... ma faiblesse enfin devint telle que j'avais peine à me mouvoir... j'étais réduit à l'inaction la plus tourmentante pour un homme aussi remuant que moi. »   ROUSS., **Confess.**, VI.

3 « Entrée dans le monde dans le temps où, fille encore, j'étais vouée par état au silence et à l'inaction, j'ai su en profiter pour observer et réfléchir. »   LACLOS, **Liais. dang.**, LXXXI.

4 « L'inaction me tue. Je veux faire quelque chose de bien et de grand. Je suis dans l'obligation d'attendre... Toujours attendre. Cette attente m'épuise. »   DUHAM., **Salavin**, IV, 30 juin.

5 « ... Solange Garansol qui était étendue sur une chaise longue, le regard perdu du côté du jardin, un livre ouvert sur les genoux... se consolait de son inaction en racontant ses souvenirs d'infirmière pendant la guerre,... »   CHARDONNE, **Destin. sentim.**, p. 376.

ANT. — Action, ardeur, emploi, exercice, occupation.

INACTIVITÉ. *n. f.* (1738 VOLT. ; de *in-* négatif, et *activité**). Manque d'activité*. V. **Inaction.** *Le chômage, inactivité forcée. Inactivité totale.* V. **Inertie.** *Inactivité d'un malade.* V. **Immobilité.** — *Spécialt.* Situation d'un fonctionnaire, d'un militaire qui n'est pas momentanément en service actif. *Être, se faire mettre en inactivité.* V. **Congé.** — *Fig. Inactivité de la nature en hiver.* V. **Sommeil.** *Désespérante inactivité des recherches.* V. **Lenteur, stagnation.**

1 « ... la force centrifuge, ou plutôt la force d'inertie, d'inactivité, par laquelle un corps suit toujours une droite s'il n'en est empêché ; »   VOLT., **Philos. de Newton**, III, IV.

2 « Involontairement je comparais entre elles ces deux existences, celle du comte, tout action, tout agitation, tout émotion ; celle de la comtesse, tout passivité, tout inactivité, tout immobilité. »
BALZ., **Honorine**, Œuvr., t. II, p. 291.

3 « L'inaction est passagère et ordinairement occasionnée par un obstacle, par quelque chose d'extérieur... L'*inactivité*, au contraire, est permanente et caractéristique du sujet auquel on l'attribue... L'*inaction* a lieu par accident ; l'*inactivité* est un défaut constant et qui tient à la nature. »   LAFAYE, **Dict. syn.**, Inaction.

ANT. — Activité, besogne, emploi, occupation.

INACTUEL, ELLE. *adj.* (1931 LAROUSSE XXe s. ; de *in-* négatif, et *actuel*). Qui n'est pas d'actualité. *Préoccupations inactuelles* (Cf. D'un autre âge).

INADAPTATION. *n. f.* (1931 LAROUSSE XXe s. ; de *in-* négatif, et *adaptation*). Défaut d'adaptation. — *Spécialt. Inadaptation au milieu. Inadaptation sociale. Inadaptation passagère ou permanente d'un enfant à la vie familiale ou scolaire* (V. **Inadapté**).

« ... bien des déficients scolaires,... sont en réalité des élèves intelligents. Mais leur intelligence s'est perdue par suite de leur inadaptation à l'école, ou plutôt de l'inadaptation de l'école à leur personnalité et à la situation. »
A. LE GALL, **Les insuccès scolaires**, p. 93 (éd. P.U.F.).

INADAPTÉ, ÉE. adj. (fin XIXe s. ; de *in-* négatif, et *adapté*). Qui n'est pas adapté. *Mener une vie inadaptée à ses besoins. Vieillard inadapté aux exigences de la vie moderne. Enfant inadapté à la vie scolaire*, et absolt. *Enfant inadapté*. — Substant. *Un inadapté* (Cf. Famille, cit. 31). *Rééducation des inadaptés.*

INADÉQUAT, ATE. adj. (1760). V. **In-** négatif, et **adéquat** (*Peu usit.*).

« ... je suis convaincu que les solides qualités de cet habile ministre étaient inadéquates à l'heure de son ministère : il était venu trop tôt sous la restauration. » CHATEAUB., M. O.-T., t. IV, p. 260.

ANT. — **Congru, convenable.**

DER. — **Inadéquation.** n. f. (1907 LAROUSSE MENS.). Caractère de ce qui n'est pas adéquat (ANT. **Convenance**).

INADMISSIBLE. adj. (1475 ; de *in-* négatif, et *admissible*). Qu'il est impossible d'admettre, de recevoir. V. **Inacceptable, irrecevable.** *Prétentions inadmissibles. Sans-gêne, impertinence inadmissible.* V. **Intolérable.** *Il est inadmissible que tu aies pu consentir à cela.* V. **Inconcevable.** *Opinion inadmissible.* V. **Insoutenable.** — Spécialt. (1867 LITTRÉ). *Candidat inadmissible*, s'est dit pour *non-admissible.*

« — Il est inadmissible... — Quoi, quoi, qu'est-ce qui est inadmissible ? Qu'un assassin que vous venez de faire condamner à mort ait le front de prétendre qu'il a couché avec votre maîtresse ? Il faudra pourtant que vous en preniez votre parti, procureur Maillard. » M. AYMÉ, La tête des autres, I, 8.

DER. — **Inadmissibilité.** n. f. (1790 C. DESMOULINS in BRUNOT). Caractère de ce qui est inadmissible. *L'inadmissibilité d'une déposition, d'une preuve.* — Spécialt. (1867 LITTRÉ). *L'inadmissibilité d'un candidat* (ANT. **Admissibilité**).

INADMISSION. n. f. (1839 BOISTE ; de *in-* négatif, et *admission*). *Peu usit.* Refus d'admission.

INADVERTANCE. n. f. (*Inadvertence* au XIVe s. ; lat. *inadvertentia*). Défaut d'attention, d'application à une chose déterminée. V. **Inattention.** *Fautes que l'inadvertance fait commettre à un écrivain* (Cf. Épreuve, cit. 34). *L'inadvertance ou l'impéritie* (cit. 1) *d'un chirurgien.* — Par ext. *Commettre des inadvertances.* V. **Erreur** (cit. 36), **étourderie.** *Inadvertances de langage, de style.* V. **Lapsus, négligence** (Cf. Gaucherie, cit. 4).

1 « Malheureusement, les inadvertances sont ici déplorables :... » CHATEAUB., M. O.-T., t. II, p. 316.

2 « Quelques inadvertances de souvenirs ne surprendront personne parmi ceux qui connaissent l'habitude à la fois grandiose et négligente, le procédé composite et poétique de M. de Chateaubriand. » STE-BEUVE, Chateaubriand, t. I, p. 105.

‖ PAR INADVERTANCE. loc. adv. V. **Mégarde, méprise, oubli.** *Bévue* commise par inadvertance. Oublier par inadvertance.

3 « ... un badaud de Paris, qui ayant par inadvertance demeuré un an et un jour dans une maison... y était mort au bout de l'année. » VOLT., L'homme aux quarante écus, IV.

4 « Et, selon l'opinion connue des personnes qu'il rencontrait, (*il*) exhibait négligemment, comme par inadvertance l'une ou l'autre de ces feuilles contradictoires. » LECOMTE, Ma traversée, p. 23.

ANT. — **Attention, soin.**

INALIÉNABLE. adj. (1563 ; de *in-*, et *aliénable*). Dr. Qui ne peut être aliéné. *Immeubles dotaux imprescriptibles* et inaliénables. Droits, valeurs, titres inaliénables.* V. **Incessible.** *Biens inaliénables des communautés religieuses.* V. **Mainmorte** (de). *Bien de famille inaliénable et insaisissable.* V. **Homestead** (cit.). *Les biens du domaine public sont inaliénables et imprescriptibles*.*

1 « Par la même raison que la souveraineté est inaliénable, elle est indivisible ;... » ROUSS., Contrat social, II, 2.

2 « Les objets classés appartenant à l'État sont inaliénables. » LOI du 31 déc. 1913, Art. 18.

3 « ... deux cent quarante francs par trimestre ; un titre dont j'ai la nue propriété, un titre incessible et inaliénable, sur lequel on ne peut même pas emprunter, une idée baroque d'un oncle mort paralytique. » DUHAM., Salavin, I, X.

— Fig. Qui ne peut être ôté. *Dignité inaliénable de chaque homme* (cit. 69).

DER. — **Inaliénabilité.** n. f. (1722). Dr. Caractère de ce qui est inaliénable. *Inaliénabilité d'un immeuble dotal.* Anc. Dr. *Inaliénabilité du domaine de la couronne.*

INALLIABLE. adj. (XVIIe s., de *in-*, et *alliable*). Qui ne peut être allié avec autre chose. *Métaux inalliables*, dont on ne peut faire un alliage. *Fig.* V. **Incompatible.**

1 « ... vous ôter votre tristesse, comme une chose inalliable et incompatible avec votre santé. » SÉV., 1296, 20 août 1690.

2 « Deux choses presque inal(l)iables s'unissent en moi, sans que j'en puisse concevoir la manière : un tempérament très ardent, des passions vives, impétueuses, et des idées lentes à naître, embarrassées et qui ne se présentent jamais qu'après coup. » ROUSS., Confess., III.

INALTÉRABLE. adj. (XIVe s. ; de *in-*, et *altérable*). Qui ne peut être altéré ; qui garde ses qualités. *Corps, matière inaltérable au feu, à la chaleur, à l'humidité, à l'air... au*

frottement (V. **Apyre, imputrescible, incorruptible, inoxydable, inusable...**). *L'or est inaltérable. Éléments inaltérables de la matière* (Cf. Atome, cit. 7). *Revêtement, peinture inaltérable. Couleur inaltérable.* V. **Fixe** (Cf. Grand teint, bon teint).

1 « (*Le diamant*) est inaltérable, ou du moins plus durable... qu'aucune autre substance. » BUFF., Minér., t. IV, p. 244 (in LITTRÉ, Impassible).

2 « Les couleurs presque inaltérables dont on avait peint tout ce monde, toutes ces bêtes, toutes ces nudités, toutes ces robes, toutes ces parures, ont résisté aux siècles, gardé leur éclat ; » LOTI, L'Inde (sans les Anglais), IV, II.

— *Ciel inaltérable.* V. **Immuable** (Cf. Bourdonnement, cit. 3). *L'inaltérable pureté de l'air* (Cf. Éthéré, cit. 2).

— *Les mots ne sont inaltérables ni dans leur forme ni dans leur emploi* (cit. 6). *Principes inaltérables.* V. **Invariable, permanent, perpétuel** (Cf. Honnêteté, cit. 12). *Une inaltérable douceur* (cit. 29. Cf. aussi Avantage, cit. 56 ; exprimer, cit. 17). V. **Constant.** *Patience, calme, placidité inaltérable* (Cf. Boutoir, cit.). *Sentiments inaltérables.* V. **Éternel, stable.**

3 « Ce que le bon goût approuve une fois est toujours bien ;... il tire de la convenance des choses des règles inaltérables et sûres, qui restent quand les modes ne le sont plus. » ROUSS., Julie, 5e part., Lett. II.

4 « ... il y avait, à travers le calme inaltérable de sa voix et de ses manières, un fond de tristesse qui me frappa... » VIGNY, Servit. et grand. milit., III, VI.

5 « ... une gaieté qui, sans aller jusqu'à la joie, était inaltérable. » MUSS., Confess. enfant du siècle, III, V.

ANT. — **Altérable, changeant, fragile.**

DER. — **Inaltérabilité.** n. f. (1724). Caractère de ce qui est inaltérable. *Inaltérabilité d'un métal. Inaltérabilité d'un principe.* V. **Immutabilité** (ANT. **Altérabilité, fragilité**).

« Les trois propriétés communes à l'or et à l'argent, qu'on a toujours regardés comme les seuls métaux parfaits, sont la ductilité, la fixité au feu, et l'inaltérabilité à l'air et dans l'eau. » BUFF., Hist. nat. minér., De l'argent.

INALTÉRÉ, ÉE. adj. (1867 ; de *in-*, et *altéré*). *Peu usit.* Qui n'a subi aucune altération. V. **Intact*, pur** (ANT. **Changé**).

INAMICAL, ALE. adj. (1867 ; de *in-*, et *amical*). Qui n'est pas amical. V. **Hostile** (Cf. Fourniture, cit.). *Geste inamical.*

INAMISSIBLE. adj. (1617 ; de *in-*, et *amissible*). Théol. Qui ne peut se perdre. *Grâce inaltérable et inamissible* (BOURDAL.).

DER. — **Inamissibilité.** n. f. (XVIIe s.). Caractère de ce qui est inamissible. *Inamissibilité de la grâce.*

INAMOVIBLE. adj. (1750 ; de *in-*, et *amovible*). Dr. Qui n'est pas amovible, qui ne peut être destitué, suspendu ou déplacé dans les conditions administratives ordinaires. *Magistrat inamovible. Sénateurs inamovibles, élus à vie par l'Assemblée nationale* (Constitution de 1875). Par ext. *Charge, dignité, poste inamovible.*

1 « Déjà, avant de se séparer, l'Assemblée nationale élue en 1871 et dont l'existence va prendre fin, vient de pourvoir à la nomination des soixante-quinze sénateurs inamovibles. » LECOMTE, Ma traversée, p. 26.

2 « Une fois nommés, les magistrats sont inamovibles, ce qui revient à dire qu'ils ne peuvent être destitués, suspendus ou déplacés que dans des conditions prévues par la loi. Ils ne sont pas à la discrétion du pouvoir exécutif. » P. CUCHE, Précis de procédure, Inamovibilité, n° 82 (éd. Dalloz).

— *Par plaisant. :*

3 « ... j'oubliais Dujardin-Beaumetz. Sous-secrétaire d'État aux Beaux-Arts, devenu inamovible. Un de ces médiocres qui ont trouvé le filon. » ROMAINS, H. de b. vol., t. I, XV, p. 180.

DER. — **Inamovibilité.** n. f. (1774). Caractère de celui, de ce qui est inamovible. *Inamovibilité des juges. L'inamovibilité des membres de la magistrature assise, l'un des principes fondamentaux du droit public.* Par ext. *Inamovibilité d'une fonction, d'un emploi... Inamovibilité des offices de l'ancien droit.*

1 « Mis à l'abri de toute destitution par l'inamovibilité judiciaire et ne se voyant pas accueilli par l'aristocratie suivant l'importance qu'il se donnait, le président du Ronceret avait pris parti pour la bourgeoisie... » BALZ., Cabinet des antiques, Œuvr., t. IV, p. 428.

2 « On revint à peu près au système de 1771, celui des magistrats nommés par le gouvernement, la garantie des justiciables étant l'inamovibilité des juges. » BAINVILLE, Hist. de France, XVII, p. 394.

3 « L'inamovibilité existait sous l'Ancien Régime comme conséquence de la vénalité et de l'hérédité des offices de judicature. Les fonctions des magistrats étaient inamovibles comme la propriété elle-même. Aujourd'hui, l'inamovibilité existe pour des causes différentes. Elle correspond au besoin que ressent tout pays libre, d'assurer aux magistrats l'indépendance et la dignité de leur vie et constitue surtout une garantie de bonne justice pour les justiciables. » P. CUCHE, Précis de procédure, Inamovibilité, n° 82 (éd. Dalloz).

INANALYSABLE. adj. (1874 ; de *in-*, et *analysable*). Qu'on ne peut analyser.

« Il pesa un à un ses moindres mots, ses regards, mille choses inanalysables et cependant expressives. » FLAUB., Éduc. sentim., II, 2.

INANIMÉ, ÉE. adj. (1529 ; de in-, et animé). Qui n'est pas animé*.

‖ 1° Qui, par essence, est sans vie. *La matière est inanimée* (Cf. Hommage, cit. 22). *Corps animés et corps inanimés* (Cf. Figure, cit. 2). *Objets inanimés, matériels** (Cf. Âme, cit. 8 ; grossièreté, cit. 9). — Par ext. *Genre* (cit. 23) *animé et genre inanimé classant les êtres en vivants et non-vivants.*

1   « La matière inanimée n'a ni sentiment, ni sensation ni conscience
     d'existence... »   BUFF., **Hist. nat. anim.** (in LITTRÉ).

— Par anal. *Spécialt.* Numism. *Médaille inanimée,* sans âme*, dépourvue de légende.

‖ 2° Qui a perdu la vie, ou qui par son immobilité semble l'avoir perdue. *Corps inanimé d'une personne morte, évanouie...* V. **Immobile, inerte** (Cf. Apaiser, cit. 29 ; désarroi, cit. 7). *On le ramassa inanimé, sans connaissance.* — *Bras inanimé* (Cf. Badigeonner, cit. 1).

2   « Et froide, gémissante, et presque inanimée,
        Aux pieds de son amant elle tombe pâmée. » RAC., **Phèdre**, V, 6.

3   « Je demeurai longtemps immobile près d'Ellénore sans vie. La convic-
     tion de sa mort n'avait pas encore pénétré dans mon âme ; mes yeux
     contemplaient avec un étonnement stupide ce corps inanimé. »
                                              B. CONSTANT, **Adolphe**, X.

‖ 3° *Fig.* Qui manque d'âme, d'animation, de vivacité,... V. **Inexpressif, insensible ; froid, languissant.** *C'est une beauté inanimée* (ACAD.). *Il y a quelque chose de froid* (cit. 29) *et d'inanimé chez cet auteur.*

4   « Elle est prude et dévote, et de là, vous la jugez froide et inani-
     mée ? Je pense bien différemment. Quelle étonnante sensibilité ne
     faut-il pas avoir pour la répandre jusques sur son mari, et pour
     aimer toujours un être toujours absent ? » LACLOS, **Liais. dang.**, VI.

5   « Il était d'une beauté accomplie, ce qui, au premier abord, lui
     donnait l'air inanimé propre aux figures régulières. »
                                              SAND, **Elle et lui**, II, p. 45.

ANT. — Animé, conscient, vivant ; sensible, vif.

INANITÉ. n. f. (XIVᵉ s. ; lat. *inanitas,* de *inanis,* « vide, vain »). État de ce qui est vide. V. **Néant, vide.**

1   « ... tout est devant lui (*Dieu*) comme n'étant point, tout est réputé
     comme un néant, comme un vide, comme une pure inanité :... »
                                              BOSS., **Élév. s. l. myst.**, I, IV.

— *Fig.* V. **Futilité, vanité** (Cf. Exaspérer, cit. 9). *Inanité d'un espoir, d'une illusion. L'inanité de ses efforts.* V. **Inutilité.** *Inanité des disputes, des chicaneries* (cit. 2). *Inanité d'une idée, d'une œuvre...*

2   « Si les autres se regardaient attentivement, comme je fais, ils se
     trouveraient, comme je fais, pleins d'inanité et de fadaise... Nous en
     sommes tous confits,... »   MONTAIGNE, **Essais**, III, IX.

3   « Fuis l'embarras du monde autant qu'il t'est possible :
     Ces entretiens du siècle ont trop d'inanité. » CORN., **Imit.**, I, 627.

4   « À vrai dire, je demeure indifférent à vos disputes, parce que j'en
     sens l'inanité. »   FRANCE, **Mannequin d'osier**, XVII, Œuvr., t. XI, p. 431.

5   « Heureusement, le Président Poincaré et M. Clemenceau, en bons
     réalistes, en bons Latins qu'ils sont, ont compris, non seulement
     l'inanité de ses chimères, mais aussi la secrète mégalomanie du
     Président Wilson... »   MART. du G., **Thib.**, t. VIII, p. 257.

6   « ... l'inanité des conversations était effarante. »
                                              GIDE, **Journal**, 26 janv. 1908.

7   « Telle pièce... ne vous paraît plus si mauvaise à côté de celle-là
     qui se révèle décidément le comble de l'inanité. »
                                              LÉAUTAUD, **Théâtre M. Boissard**, XXIX.

INANITION. n. f. (1240 ; bas lat. *inanitio,* « action de vider », de *inanire.* Cf. *Inanis,* « vide, à jeun, affamé »). *Vieilli.* Insuffisance, manque de nourriture.

1   « ... les hommes de l'état mitoyen, auxquels l'inanition et les excès
     sont également inconnus. »   BUFF., **Hist. nat. anim.**, Le bœuf.

2   « L'amour... Vit d'inanition et meurt de nourriture. »
                                              MUSS., **Prem. poés.**, Mardoche, XVI.

— *Par ext.* Épuisement par défaut de nourriture. V. **Épuisement, faiblesse.** Ne se dit guère que dans ces deux expressions : *Tomber d'inanition ; mourir d'inanition.* V. **Faim*.**

3   « — Je doute que vous la trouviez vivante, me répondit-il. Elle
     meurt d'une affreuse mort, elle meurt d'inanition. »
                                              BALZ., **Lys dans la vallée**, Œuvr., t. VIII, p. 995.

4   « ... comme le pauvre, mourant d'inanition, songe dans son dernier
     sommeil qu'il s'assied au haut bout de la table, pour un festin royal. »
                                              SUARÈS, **Trois hommes**, Ibsen, IX.

INAPAISABLE. adj. (1867 ; de in-, et apaisable). Qui ne peut être apaisé. *Faim, soif inapaisable.* V. **Insatiable.** *Fureur inapaisable.* V. **Implacable.** *Douleur inapaisable.*

     « ... c'étaient d'inapaisables spasmes qui disaient seulement les tortures
     du corps. »   MAUPASS., **Fort comme la mort**, II, VI.

INAPAISÉ, ÉE. adj. (fin XVIIIᵉ s. ; de in-, et apaisé). Qui n'est pas apaisé. V. **Insatisfait.**

     « Cependant elle était demeurée insatisfaite, inapaisée, incapable de
     conduire jusqu'à la finale résolution la symphonie inachevée qui chantait
     encore en elle. »   MAUROIS, **Terre promise**, XXXV.

INAPERÇU, UE. adj. (1769 ; de in-, et aperçu). Qui n'est pas aperçu, remarqué. *Objet inaperçu* (Cf. Glisser, cit. 34) *Geste inaperçu* (Cf. Architecture, cit. 10 ; freudisme, cit.). *Sa mort survint, presque inaperçue de ses collègues* (Cf. Animalité, cit. 4). *Rester, demeurer inaperçu.* — *Passer inaperçu,* ne pas être remarqué (Cf. Ni vu* ni connu). *Avec ce costume il ne passera pas inaperçu* (Cf. Hétéroclite, cit. 5). *Jeune fille très discrète qui passe inaperçue* (Cf. Élever, cit. 73, et aussi Beauté, cit. 35). *Ces événements passèrent inaperçus* (Cf. Goutte, cit. 33).

1   « Hélas ! j'aurai passé près d'elle inaperçu... »   ARVERS, **Sonnet**.

2   « ... révolutions profondes et cachées qui remuaient le fond de la
     société humaine sans qu'il en parût rien à la surface, et qui restaient
     inaperçues des générations mêmes qui y travaillaient. »
                                              FUSTEL de COUL., **Cité antique**, IV, VI, 1°.

3   « ... une grande personne maigre qui s'efforçait de passer inaperçue,
     mais qui n'était pas insignifiante. »
                                              MAUPASS., **Contes**, Mademoiselle Perle, p. 178.

4   « Éclatante sur la scène, elle passa toujours inaperçue en sortant,
     minuit sonné, du music-hall. »
                                              COLETTE, **Belles saisons**, Nudité, p. 116.

5   « L'exercice qui va se dérouler ne pourra, sans doute, demeurer entiè-
     rement inaperçu de la population. Mais il importe qu'elle n'en soupçonne
     pas la nature véritable. »   ROMAINS, **Les copains**, p. 175.

INAPPARENT, ENTE. adj. (1867 ; de in-, et apparent). (*Peu usit.*). Qui n'est pas apparent. — Pathol. *Infection inapparente,* sans symptôme clinique.

INAPPÉTENCE. n. f. (1549 ; de in-, et appétence). Défaut d'appétit. V. **Anorexie.**

1   « L'appétit perdu ou inappétence par laquelle le malade perd tout
     à fait la volonté de manger. »   PARÉ, **Œuvr.**, XX bis, 13.

2   « Que je souffre d'anorexie, c'est trop dire : le pire, c'est que je
     n'en souffre presque pas ; mais mon inappétence physique et intellec-
     tuelle est devenue telle que parfois je ne sais plus bien ce qui me
     maintient encore en vie sinon l'habitude de vivre. »
                                              GIDE, **Ainsi soit-il**, p. 14.

3   « ... les mêmes symptômes d'inappétence, de somnolence... »
                                              MONDOR, **Pasteur**, p. 141.

— *Fig.* Manque d'appétit, de besoin, de désir. V. **Dégoût, indifférence.** *Inappétence sexuelle. Inappétence sentimentale* (Cf. Condiment, cit.), *intellectuelle...*

4   « Ah oui, sa désillusion était complète ! L'assouvissement de l'après
     justifiait l'inappétence de l'avant. Elle le répugnait (*sic*) et il se faisait
     horreur ! »   HUYSMANS, **Là-bas**, XIII, p. 187.

ANT. — Appétence, appétit, besoin, faim ; avidité, désir.

INAPPLICABLE. adj. (1762 ; de in-, et applicable). Qui ne peut être appliqué. *Théorie inapplicable. Loi, décret inapplicable.* V. **Impraticable.**

INAPPLICATION. n. f. (XVIIᵉ s. ; de in-, et application).

‖ 1° Manque d'application, de soin. V. **Étourderie, inattention.** *Inapplication d'un élève.* — *Par ext.* Faute, erreur qui en résulte.

     « (*je*)... tâche de réparer ses inapplications par mon opiniâtreté... »
                                              LA BRUY., **Lettres**, XVII.

‖ 2° *Peu usit.* Défaut d'application, de mise en pratique. *L'inapplication d'un système ne prouve pas qu'il soit inapplicable* (P. LAROUSSE).

INAPPLIQUÉ, ÉE. adj. (1694 ACAD. ; de in-, et appliqué).

‖ 1° Qui n'est pas appliqué, qui manque d'application. *Écolier inappliqué.* V. **Étourdi, inattentif.**

     « ... toutes les expériences sont inutiles aux princes amollis et
     inappliqués, qui vivent sans réflexion. »   FÉN., **Télém.**, XI.

‖ 2° (XIXᵉ s.). Qui n'a pas été appliqué, mis en pratique. *Procédé encore inappliqué. Cette découverte est restée longtemps inappliquée* (ACAD.).

INAPPRÉCIABLE. adj. (XVᵉ s. ; de in-, et appréciable).

‖ 1° Qui ne peut être apprécié, évalué. *Quantité, distance inappréciable. Différence, nuance inappréciable.*

1   « ... l'essentiel de la pensée, cet élément « confus, infiniment mobile,
     inappréciable, sans raison, délicat et fugitif, que le langage ne saurait
     saisir sans en fixer la mobilité ni l'adapter à sa forme banale ».
                                              PAULHAN, **Fleurs de Tarbes**, p. 66.

‖ 2° Qu'on ne saurait trop apprécier, estimer ; qui a une grande valeur. V. **Inestimable, précieux** (Cf. D'importance, sans prix). *Service, aide inappréciable. D'inappréciables avantages. Bonheurs rares et inappréciables* (Cf. Espacer, cit. 4).

2   « Et, là-dessus, c'est l'énuméré des inappréciables avantages auxquels
     il a renoncé par amitié pour moi... »
                                              COURTELINE, **MM. ronds-de-cuir**, III, III.

3   « J'ai l'inappréciable bonheur de posséder encore ma mère. »
                                              DUHAM., **Salavin**, IV, 7 janv.

ANT. — Appréciable, exécrable, modique.

INAPPRIVOISABLE. adj. (1765 ; de in-, et apprivoisable). Qui ne peut être apprivoisé. *Le lion est inapprivoisable.* V. **Fier, sauvage.**

1 « ... l'oiseau solitaire, sauvage, inapprivoisable... commence son chant... »   DIDER., **Salon de 1765.**

2 « ... l'île de Java, le pays du monde où la nature est le plus intense et semble elle-même quelque grande tigresse, inapprivoisable à l'homme, qui le fascine et qui le mord dans toutes les productions de son sol terrible et splendide. »
BARBEY d'AUREV., **Les diaboliques,** Bonheur dans le crime, p. 128.

INAPPRIVOISÉ, ÉE. *adj.* (1867 ; de *in-,* et *apprivoisé*). Qui n'est pas apprivoisé. V. **Sauvage.**

INAPPROPRIABLE. *adj.* (XXᵉ s. ; de *in-,* et *appropriable*). *Dr.* Qui ne peut être approprié.

« ... il existe dans la nature un grand nombre de choses qui n'appartiennent réellement à personne, *des choses qui n'ont pas de maître.* Il y a lieu de s'en occuper au point de vue du droit, soit parce que beaucoup d'entre elles peuvent devenir, d'un moment à l'autre, un objet de propriété... soit parce que la loi doit régler l'usage de celles qui sont en elles-mêmes inappropriables. »
PLANIOL, **Droit civil,** t. I, nᵒ 2185, p. 738.

INAPTE. *adj.* (XVᵉ s., rare jusqu'à la fin du XVIIIᵉ s. ; de *in-,* et *apte*). Qui n'est pas apte, qui manque d'aptitude. V. **Incapable, inhabile.** *Personne inapte aux affaires, à diriger une affaire.* V. **Inaptitude.** — REM. On a employé *inepte* pour · *inapte* jusqu'au XVIIIᵉ s.

« ... il avait pu remarquer combien petit était le crédit de l'aspirant, combien il était inapte à se faire apprécier, et presque installé dans cette inaptitude : » MONTHERLANT, **Le songe,** I, VII, p. 119.

— Absolt. *T.. milit.* Impropre au service en général ou à une arme en particulier. *Il fut déclaré inapte.* — Substant. *Inaptes versés dans l'auxiliaire.* — Par ext. *Génét.* Individu physiquement inapte à vivre normalement. *Entraver la multiplication des inaptes* (Cf. Eugénique, cit. 1).

ANT. — **Adroit, apte, capable.**

INAPTITUDE. *n. f.* (XVᵉ s., rare jusqu'au XVIIIᵉ s. ; de *in-,* et *aptitude*). Défaut d'aptitude (à quelque chose). V. **Incapacité.** *Inaptitude à un exercice physique. Inaptitude aux affaires, aux études... Mon inaptitude à rimer* (Cf. Gouverner, cit. 46 RENAN). *Son inaptitude à obéir, l'impossibilité de se plier à une discipline...*

« Que pouvais-je espérer de moi, qui sentais si bien mon inaptitude à m'exprimer impromptu ? » ROUSS., **Confess.,** XII.

— Absolt. *T. milit.* État d'un soldat inapte.

ANT. — **Adresse, aptitude, capacité, facilité.**

INARTICULÉ, ÉE. *adj.* (XVIᵉ s. ; de *in-,* et *articulé*). Qui n'est pas articulé ; qui est émis, prononcé sans netteté. *Sons inarticulés* (Cf. Inachevé, cit. 1). *Mots inarticulés d'un enfant, d'une personne qui rêve, qui délire...*

« ... le joli dormeur poussait de temps en temps quelques soupirs vagues et inarticulés, comme une personne qui va se réveiller ; ... »
GAUTIER, **Mˡˡᵉ de Maupin,** VI, p. 174.

INASSERMENTÉ, ÉE. *adj.* V. INSERMENTÉ, ÉE.

INASSERVI, IE. *adj.* (1867 ; de *in-,* et *asservi*). Qui n'a pas été asservi.

INASSIMILABLE. *adj.* (1867 ; de *in-,* et *assimilable*). Qui n'est pas assimilable. *Substances inassimilables. Individus inassimilables par la société. Connaissances inassimilables.*

1 « La place donnée dans l'éducation, au savoir inassimilable prouve que la société se rend compte de son impuissance. Il ne s'agit que de passer le temps. » CHARDONNE, **Amour du proch.,** II, p. 59.

2 « Il n'est pas bon, pour une société, de voir croître trop vite le nombre d'étrangers inassimilables, ni d'être envahie d'un coup par des notions qui s'accordent mal à son génie. »
DANIEL-ROPS, **Jésus en son temps,** III, p. 173.

3 « ... ces originaux inassimilables par une société policée et qui vivent en marge de la vie collective. » SARTRE, **Situations II,** p. 140.

INASSOUVI, IE. *adj.* (XVIIIᵉ s. ; de *in-,* et *assouvi*). Qui n'est pas assouvi, satisfait. V. **Insatisfait.** *Faim inassouvie.* V. **Inapaisé, vorace.** *Rester inassouvi* (Cf. Rester sur sa faim*). — Fig. *Un appétit inassouvi de travail manuel* (Cf. Facilité, cit. 2). *Désir inassouvi qui hante* (cit. 13) *et obsède. Une haine inassouvie. Âme inquiète et inassouvie.* — Substant. *Les inassouvis.*

1 « Pauvres sœurs, je vous aime autant que je vous plains,
Pour vos mornes douleurs, vos soifs inassouvies,
Et les urnes d'amour dont vos grands cœurs sont pleins ! »
BAUDEL., **Fl. du mal,** CXI.

2 « La haine inassouvie et repue à la fois... »
VERLAINE, **Sagesse,** I, III.

3 « Le barbare, en effet, représentant quelque chose d'inassouvi, est l'éternel trouble-fête des siècles satisfaits. »
RENAN, **Questions contemp.,** Œuvr., t. I, p. 215.

4 « ... les inquiets et les inassouvis,... »
CÉLINE, **Voyage au bout de la nuit,** XXXIV, p. 336.

5 « La province française est peuplée de jeunes êtres consumés d'appétits inassouvis. Toutes ces ambitions refoulées, et dont le refoulement décuple la puissance, assurent plus tard aux provinciaux les premières places dans la politique, dans la littérature, dans les affaires. »
MAURIAC, **La province,** p. 33.

ANT. — **Apaisé, assouvi, comblé, repu, satisfait.**

INASSOUVISSABLE. *adj.* (fin XIXᵉ s. ; de *in-,* et *assouvir*). Qui ne peut être assouvi. *Faim inassouvissable.* V. **Insatiable.** *Désir, soif inassouvissable.* Par ext. *Personne inassouvissable* (ANT. **Blasé**).

INASSOUVISSEMENT. *n. m.* (1875 ; de *in-,* et *assouvissement*). État de ce qui n'est pas ou ne peut pas être assouvi (ANT. **Apaisement, assouvissement, satisfaction**).

INATTAQUABLE. *adj.* (1748 ; de *in-,* et *attaquable*).

|| **1º** Qu'on ne peut attaquer avec quelque succès. *Poste, position inattaquable.*

1 « Il avait attaqué avec trop d'opiniâtreté un corps inattaquable. »
VOLT., **Corresp.** avec roi de Prusse, Notice sur le roi...

2 « Une société très dure qui imposerait ses cadres, ses faveurs et sa hiérarchie, sans ménagement, sans admettre une critique, serait inattaquable. La révolte ne vient jamais des victimes ;... »
CHARDONNE, **Amour du proch.,** VII, p. 176.

— Par anal. :

3 « ... inattaquable par les sens, il l'attaqua par des sophismes,... »
ROUSS., **Confess.,** V.

|| **2º** Qui ne peut être attaqué, altéré. V. **Inaltérable.**

4 « Je vois ces traces de l'âge comme étrangères à toi... Un visage aimé est inattaquable... Il ne change pas, alors que tout change en nous. »
CHARDONNE, **Destin. sentim.,** p. 417.

|| **3º** Qui ne peut être mis en cause. *Droit inattaquable. Texte, preuve inattaquable.* V. **Authentique*, certain.** *Vertu inattaquable* (Cf. Hors d'atteinte*). *Honnêteté* (cit. 4) *inattaquable d'un critique. Une réputation inattaquable.* V. **Irréprochable.** — Par ext. *Personne inattaquable.*

5 « Ce qui fit le charme d'Emmeline, ce fut son parti pris de n'attaquer personne, et d'être elle-même inattaquable. »
MUSS., **Nouv.,** Emmeline, III.

6 « Mᵐᵉ Walter est une de celles dont on n'a jamais rien murmuré, mais tu sais, là, jamais, jamais. Elle est inattaquable sous tous les rapports... C'est une honnête femme. » MAUPASS., **Bel-Ami,** II, III.

ANT. — **Attaquable, critiquable, douteux.**

INATTENDU, UE. *adj.* (1613 ; de *in-,* et *attendu*). Qu'on n'attendait pas, à quoi on ne s'attendait pas. *Arrivée de convives inattendus* (Cf. Fondu, cit. 3). *Personnage inattendu qui survient* à l'improviste* (Cf. Félicité, cit. 7). *Visite inattendue. Rencontre inattendue.* V. **Fortuit, imprévu, inopiné.** *L'agression* (cit. 1), *attaque inattendue. Fusillade inattendue.* V. **Brusque** (Cf. Crépiter, cit. 1). *Une nouvelle inattendue.* V. **Étourdissant, surprenant.** *Le résultat, l'effet fut très inattendu.* V. **Déconcertant, déroutant.** *Profit inattendu.* V. **Inespéré** (Cf. Aubaine). *Audace inattendue chez un homme craintif* (Cf. Étincelle, cit. 4). *Avec une fermeté inattendue* (Cf. Gêne, cit. 13). V. **Insoupçonné.** *C'est inattendu chez lui.* V. **Accidentel, exceptionnel.** *Dessins inattendus.* V. **Étrange** (Cf. Arabesque, cit. 8). *Mélange inattendu de styles différents. Un ensemble réussi bien qu'assez inattendu.*

1 « Une telle nouvelle si inattendue, si peu préparée par ces rumeurs de maladie qui accoutument à l'idée de la mort, nous jeta dans une stupeur morne. » GAUTIER, **Portr. contemp.,** p. 144.

2 « Il avait peu de culture littéraire, mais sa parole était pleine de saillies inattendues. » RENAN, **Souv. d'enfance...,** IV, p. 174.

3 « (il)... demeura une seconde, interloqué, la porte une fois ouverte, devant cette visite inattendue. » BOURGET, **Un divorce,** I, p. 7.

4 « Songez à des mots inattendus et essayez-les ; tentez d'accoupler des épithètes disparates ; elles donnent souvent des effets surprenants ; changez l'adjectif en adverbe ; le verbe en substantif et réciproquement. » ALBALAT, **L'art d'écrire,** p. 193.

5 « Au printemps, mon jardin m'étonne par ses inventions ; j'y trouve à peu près ce que j'attendais, mais je ne me doute pas après l'hiver, des germes cachés dans la terre : ils jaillissent en pousses inattendues,... » CHARDONNE, **Amour du proch.,** III, p. 79.

6 « Cette simple phrase produisit un effet inattendu. »
DUHAM., **Salavin,** V, I.

7 « Il y avait des cas où l'excès de malheur provoquait des réactions inattendues : le rire, par exemple ; » SARTRE, **Le sursis,** p. 323.

— Substant. m. *L'inattendu.*

8 « Le rire naît de l'inattendu, et rien de plus inattendu que ce dénoûment. » HUGO, **L'homme qui rit,** II, II, IX.

9 « '(Elle vivait depuis l'avant-veille dans un désarroi qu'aucun surcroît d'inattendu ne pouvait plus aggraver). »
MART. du G., **Thib.,** t. IV, p. 146.

ANT. — **Attendu, prévu ; coutumier ; banal, normal.**

INATTENTIF, IVE. *adj.* (début XVIIIᵉ s. MASS. ; de *in-,* et *attentif*). Qui ne prête pas attention. V. **Absent, distrait, écervelé, étourdi, léger.** *Spectateur, auditeur inattentif. Élève inattentif dans son travail.* V. **Inappliqué.** *Un esprit inattentif. Être inattentif à...*

1 « L'élévation est d'ordinaire ou dure ou inattentive. »
MASS., **Orais. fun. Madame.**

2 « Nous sommes trop inattentifs ou trop occupés de nous-mêmes pour nous approfondir les uns les autres. » VAUVEN., **Réflex. et max.,** 330.

3 « ... Tandis qu'autour de vous
Le monde, inattentif aux choses délicates,
Bruit ou gît en somnolences scélérates, »
VERLAINE, **Parallèlement,** Lunes, Ces passions qu'eux seuls...

ANT. — **Appliqué, attentif, avide, circonspect.**

INATTENTION. *n. f.* (1671 ; de *in-*, et *attention*).

‖ 1° Manque d'attention. — Vx. *Inattention à quelque chose.* V. **Indifférence** (Cf. Goûter, cit. 12). — *De nos jours,* absolt. *Une profonde inattention.* V. **Distraction*, évagation** (Cf. Highlander, cit.). *Un instant, une minute d'inattention.* (Cf. Homme, cit. 125). *Imprudent par inattention.* V. **Inadvertance, insouciance, légèreté, mégarde, négligence** (Cf. Ne pas prendre garde*). *Homicide* (2, cit. 3) *par inattention* (V. **Imprudence**). *L'inattention, cause de désordre et d'erreur.* V. **Inconséquence, incurie, irréflexion** (Cf. Compte, cit. 23 ; fausser, cit. 5). *Faute, erreur d'inattention.* V. **Faute** (*infra*, cit. 34) ; **étourderie, omission, oubli...** *Inattention d'un élève.* V. **Dissipation**.

1 « Ce qui est trop fréquent dans Voltaire, c'est un certain degré d'*inattention*, qui, dans ce qu'il a de plus soigné, laisse toujours quelques défectuosités qu'on aurait fait disparaître sans peine. »
LAHARPE (in LAFAYE, Dict. syn., Inattention).

— *Par ext.* (vx). Faute d'inattention.

2 « Si dans la nouvelle géographie d'Hubner on trouve que les bornes de l'Europe sont à l'endroit où le fleuve Oby se jette dans la mer Noire, et que l'Europe a trente millions d'habitants, voilà des inattentions que tout lecteur instruit rectifie. » VOLT., Hist. de Russie, Préface.

‖ 2° *Vx.* Manque d'égards.

3 « ... son cœur altier, méprisant sans dépit les inattentions de Formosante, avait conçu pour elle plus d'indifférence que de colère. »
VOLT., Princ. de Babylone, III.

ANT. — Attention. Application, avidité, circonspection, contention. Égard.

INAUDIBLE. *adj.* (1867 LITTRÉ ; lat. *inaudibilis*. V. **Audible**). Que l'on ne peut entendre. *Vibrations inaudibles* (moins de 15 périodes-seconde, plus de 20.000 p.-s. Cf. Infra-sons, ultra-sons). — *Par ext.* Que l'on entend difficilement. *Un murmure inaudible. Émission de radio, disque inaudible.* — (En parlant d'une musique insupportable) *Ce film n'est pas mauvais, mais la musique, la bande sonore est franchement inaudible.*

INAUGURAL, ALE, AUX. *adj.* (XVIIe s. ; de *inaugurer*, sur le modèle de *augural*). Qui a rapport à une inauguration. *Cérémonie inaugurale. Discours inaugural. Séance inaugurale d'un congrès.* — *Leçon* inaugurale d'un professeur qui prend possession d'une chaire.*

« ... il est bien certain que, si mon cours se fût ouvert dans des circonstances calmes, j'eusse débuté par une leçon inaugurale. »
RENAN, Questions contemp., Œuvr., t. I, p. 156.

INAUGURATION. *n. f.* (XIVe s. T. d'Antiq., rare jusqu'au XVIIIe s. ; lat. *inauguratio*).

‖ 1° *Vx.* Cérémonie accompagnant le couronnement d'un souverain. V. **Sacre**.

1 « Jusqu'à Pépin, l'inauguration des rois de France n'avait été qu'une cérémonie purement civile. » MABLY, II, 62 (in LITTRÉ).

‖ 2° Cérémonie par laquelle on consacre (un temple, un édifice), par laquelle on livre au public (un édifice, un monument nouveau). *Inauguration d'un monument, d'une statue, d'une plaque commémorative* (V. **Dédicace**) ; *d'un ouvrage d'art, d'une route, d'une usine* (V. **Ouverture**)..., *d'une salle de spectacle* (V. **Première**)... *Discours, cérémonie d'inauguration.*

2 « La veille, ou le matin de l'inauguration, Vercingétorix serait apporté place Sainte-Ursule, par les soins mêmes de l'artiste, et fixé sur sa monture. » ROMAINS, Les copains, VII, p. 220.

— *Par anal.* Le fait de se servir pour la première fois de quelque chose (Cf. Gaudir (se), cit.).

‖ 3° Fig. Commencement, début. « *L'inauguration d'une période qui... deviendra vraiment prodigieuse* » (PROUDHON).

ANT. — Désaffectation, fermeture.

INAUGURER. *v. tr.* (XIVe s., rare jusqu'au XVIIIe s. ; lat. *inaugurare*, « prendre les augures, consacrer »).

‖ 1° *Vx.* Consacrer (un souverain) par une cérémonie solennelle. V. **Sacrer**.

1 « (Soliman)... s'était fait reconnaître et inaugurer roi de Perse par le calife de Bagdad. » VOLT., Essai s. l. mœurs, CXXIV.

‖ 2° Consacrer ou livrer au public solennellement (un monument, un édifice nouveau). *Inaugurer un temple.* V. **Consacrer**. *Inaugurer un monument, une statue, une plaque commémorative.*

2 « Le cirque neuf de Malaga était enfin terminé, après avoir coûté cinq millions de réaux à l'entrepreneur. Pour l'inaugurer solennellement par des exploits dignes des belles époques de l'art, le grand Montès de Chiclana avait été engagé avec son quadrille,... »
GAUTIER, Voyage en Espagne, p. 194.

3 « Il y a à peu près deux mois, on inaugurait à Bourg-la-Reine, une plaque de marbre à la mémoire d'Évariste Galois. »
ALAIN, Propos, Évariste Galois, p. 53.

— *Par anal.* Utiliser pour la première fois. Fam. *Inaugurer un nouveau logement* (Cf. Pendre la crémaillère*).

4 « ... (Ils) furent enterrés, non loin de Bir Djedid... Ils inaugurèrent le petit cimetière militaire de Bou Jeloud. »
MAC ORLAN, La Bandera, XVIII, p. 215.

‖ 3° *Fig.* Entreprendre, mettre en pratique pour la première fois. *Inaugurer une nouvelle politique* (Cf. Balance, cit. 20). *Les conventions* (cit. 12) *que la mode inaugure. Genre littéraire inauguré par un écrivain* (Cf. Élégie, cit. 3)..

5 « Pour occuper son temps, il avait inauguré, et bientôt mis au point, avec beaucoup d'esprit d'organisation et de savoir-faire, une vie de fêtard modeste qui répondait à une vocation ancienne. »
ROMAINS, H. de b. vol., t. V, XXV, p. 239.

ANT. — Fermer. Copier ; continuer, poursuivre.

DER. — Inaugurateur, trice. *n.* (1858). Personne qui inaugure.

INAUTHENTIQUE. *adj.* (1867 LITTRÉ ; de *in-*, et *authentique*). Qui n'est pas authentique*. *Ouvrage inauthentique.* V. **Apocryphe**. *Fait, rapport inauthentique.* V. **Controuver**.

— *Phil.* (Existentialisme). *N. m. et adj.* Qui ne possède pas ou ne représente pas les formes authentiques de l'existence*. *Vie inauthentique. Être inauthentique.*

« L'homme de l'existence inauthentique vit dans le monde de l'*on*, ou de l'impersonnel : culte de la banalité moyenne, nivellement du nouveau, de l'exceptionnel, du personnel, du secret... À force de se modeler sur les choses, l'être inauthentique finit par se considérer comme une chose parmi les choses... » E. MOUNIER, Introd. aux existent., p. 72.

DER. — Inauthenticité. *n. f.* (1867 LITTRÉ). Manque d'authenticité*.

INAVOUABLE. *adj.* (1815 ; de *in-*, et *avouable*). Qui n'est pas avouable. V. **Abject, coupable, honteux** (cit. 4). *Intentions, desseins, projets inavouables. Amour monstrueux, inavouable* (Cf. Déraciner, cit. 6). *Mœurs* inavouables.*

1 « Ce ne serait pas la première fois que le bonheur d'un couple dépendrait de quelque chose d'inavouable, ou d'inavoué. »
COLETTE, La chatte, p. 199.

2 « ... société de parvenus grossiers, enrichis par les bénéfices inavouables, mais énormes, que réservent aux trafiquants-nés les révolutions comme les guerres ;... » MADELIN, Talleyrand, I, V, p. 60.

INAVOUÉ, ÉE. *adj.* (1794, in POUGENS, Vocab. des privatifs franç. ; de *in-*, et *avoué*). Qui n'est pas avoué. *Acte, crime inavoué :* caché, secret.

1 « Alors, il prononça brusquement, comme s'il eût jeté hors de lui une pensée torturante, inavouée encore. »
MAUPASS., Sœurs Rondoli, Un sage.

2 « Rien ne donne plus de sottise apparente que la jalousie inavouée. »
MAUROIS, Ariel, I, XVII.

INCA. *adj.* et *n.* (fin XVIe s. ; mot quichua). *Adj.* Nom donné à la puissance politique établie au Pérou par les chefs de clans de certaines tribus andines (avant la conquête espagnole). *Empire inca. Civilisation, religion inca.*

— Substant. *Les Incas :* les sujets de l'empire inca. *Les Incas se dénommaient* « *fils du Soleil* ». *Le quichua, langue des Incas. Système mnémotechnique tenant lieu d'écriture, chez les Incas.* V. **Quipou**. — Spécialt. *L'Inca,* le chef, le souverain de l'Empire inca.

1 « Du pays de Cusco,... jusqu'à la hauteur de l'île des Perles,... un seul roi étendait sa domination absolue... il était d'une race de conquérants qu'on appelait *Incas.* Le premier de ces Incas qui avait subjugué le pays, et qui lui imposa des lois, passait pour le fils du Soleil. »
VOLT., Essai s. l. mœurs, CXLVIII.

2 « Au début, l'Inca n'était que le chef d'une famille, ou d'un clan, qui avait acquis la prééminence dans une tribu. L'un après l'autre, les Incas fondèrent de nouveaux clans, accurent leur pouvoir... (*après la constitution d'un Empire*). L'Inca était à la fois le chef civil, religieux et militaire de l'État. Sa suprématie reposait sur le culte du soleil,... » H. LEHMANN, Civilis. précolombienne, p. 98 (éd. P.U.F.).

— REM. On trouve aussi chez les spécialistes l'orthographe *Inka* et un pluriel invariable. *L'empire socialiste des Inka,* ouvrage de L. BAUDIN. J. SOUSTELLE écrit « *les Aztèques, les Maya ou les Inca* ».

DER. — Incasique. *adj.* (Néol.). Relatif aux Incas.

INCALCULABLE. *adj.* (1789 ; de *in-*, et *calculable*). Impossible à calculer. *Le nombre incalculable des étoiles, des grains de sable d'une plage...* — *Par ext.* Impossible ou difficile à apprécier. V. **Considérable, illimité.** *Conséquences, suites incalculables. Tenir une place incalculable dans la vie moderne* (Cf. Échange, cit. 5).

1 « Soutient-on que le hasard n'a pu former le monde, parce qu'il n'y aurait eu qu'une seule chance favorable contre d'incalculables impossibilités : l'incrédule n'en convient. »
CHATEAUB., Génie du christ., I, VI, IV.

2 « Petit, fatal événement qui eut d'incalculables conséquences. »
MICHELET, Extraits histor., Hist. de France, p. 177.

3 « ... les grands événements ont des suites incalculables. »
HUGO, N.-D. de Paris, I, I, I.

INCANDESCENCE. *n. f.* (1774 BUFFON ; de *incandescent*). État d'un corps devenu lumineux sous l'effet de la chaleur* (V. **Incandescent**). *Métal chauffé* jusqu'à l'incandescence.* V. **Blanc** (chauffé à). *Être en incandescence.* V. **Brûler**.

« Je suis... convaincu que les matières incombustibles et même les plus fixes, telles que l'or et l'argent, sont, dans l'état d'incandescence, environnées d'une flamme dense... Cette couleur blanche ou rouge, qui sort de tous les corps en incandescence... est l'évaporation de cette flamme dense... » BUFF., Hist. nat., Introd. hist. minér., Des éléments (1774).

— *Éclairage par incandescence : lampe à incandescence* (Cf. Bougie, cit. 3 ; électrique, cit. 2), *bec, manchon à incandescence...* (V. **Éclairage, lumière**).

— *Fig.* Violente excitation. *L'incandescence des esprits, des imaginations.* V. **Effervescence**. *Incandescence des passions.* V. **Ardeur, brasier, feu** (*fig.*).

INCANDESCENT, ENTE. adj. (1771 TRÉVOUX ; lat. *incandescens*, p. prés. de *incandescere*, « être en feu »). Chauffé à blanc* ou au rouge vif ; rendu lumineux par une chaleur intense. V. **Ardent, igné ; éblouissant, lumineux.** *Charbon, métal incandescent. Fonte incandescente* (Cf. Fuser, cit. 9). *Toutes les flammes sont des gaz incandescents* (POIRÉ). — Spécialt. *Filament incandescent d'une lampe électrique. Manchon incandescent* (V. **Incandescence**).

1 « ... il vit le soleil descendre à l'horizon sous des nuées pesantes, semblables à des montagnes de lave incandescente ;... »
FRANCE, **Les dieux ont soif**, III, p. 32.

— *Fig.* V. **Ardent, brûlant.** *Cœur incandescent, plein d'ardeur*, *de feu*, *de passion...* — *Imagination incandescente*, pleine d'impétuosité et d'invention.

2 « Il n'avait pas besoin.... d'activer le feu de son imagination, toujours incandescente ;... » BAUDEL., **Curios. esthét.**, Delacroix, III.

ANT. — Froid. Éteint.

INCANTATION. n. f. (XIIIᵉ s. ; bas lat. *incantatio*, de *incantare*. V. **Enchanter**). Emploi de paroles magiques pour opérer un charme*, un sortilège*. V. **Enchantement, évocation** (2º). *Les incantations de la magie*, *de la goétie*. *Les incantations de l'Apprenti* (cit. 13) *sorcier, d'un sorcier* (V. **Sorcellerie**). *Des accents religieux qui ressemblent aux incantations* (Cf. Haine, cit. 22).

1 « À peine retiré dans ma chambre, ouvrant mes fenêtres, fixant mes regards au ciel, je commençais une incantation. Je montais avec ma magicienne sur les nuages :... » CHATEAUB., M. O.-T., t. I, p. 129.

2 « Sous cette haute nef blanche, où j'étais seul avec mes matelots, le *Dies irae* chanté par un prêtre missionnaire résonnait comme une douce incantation magique. » LOTI, **Pêcheur d'Islande**, III, III.

3 « On sait que le magicien opère parfois par l'intermédiaire des esprits,... L'incantation peut participer à la fois du commandement et de la prière. » BERGSON, **Deux sources morale et relig.**, II, p. 184.

— *Par ext.* *Les incantations du poète* (Cf. Enivrement, cit. 4). *La vertu d'incantation de certains désirs* (Cf. Forcer, cit. 18).

4 « Les dieux de l'harmonie profonde, rivaux de l'orage, qui tonnaient du Rhin aux Alpes, ont eux-mêmes ressenti l'incantation toute-puissante de la douce mélodie, de la simple voix humaine, du petit chant matinal, chanté pour la première fois sous la vigne des Charmettes. » MICHELET, **Hist. Révol. franç.**, Introd., II, § VI.

5 « ... à la fin, on ne dirait plus un chant humain ;... Par son étrangeté même et par sa persistance d'incantation, cela arrive à produire, dans ma tête encore endormie, une sorte d'impression religieuse. » LOTI, **Mᵐᵉ Chrysanthème**, XXVII.

6 « J'entendais partout les échos de cette incantation coulée en des notes très tendres, voix assourdie d'un cœur sauvage caché dans les bois. Un cœur qui appelait ingénument. Un cœur qui soulevait les puissances vitales de la terre, la sève, le sang pur, l'eau latente. l'aube du feu. J'en subissais le charme avec ravissement. » BOSCO, **Jardin d'Hyacinthe**, p. 206.

DER. — *Incantateur, trice.* n. et adj. (1531 WARTBURG, au sens de « sorcier »). Celui, celle qui fait des incantations. Adj. *Puissance incantatrice d'un poète.* — *Incantatoire.* adj. (1886 MALLARMÉ). Qui forme une incantation. *Paroles incantatoires ; formule* (cit. 4) *incantatoire.*

1 « Bien désolé d'abord de rester à peu près insensible au charme de ce poème qui passait, auprès des meilleurs juges, pour incantateur. » GIDE, **Journal**, 4 août 1930.

2 « Mais, par effort et comme incidemment, il parvient tout de même à cette vertu incantatrice dont je parlais, et l'obtient directement. » ID., **Attendu que...**, p. 141.

3 « Comment, dès lors, le sens incantatoire, proprement magique, des peintures, sculptures, danses, chants des modes primitifs pourrait-il totalement s'évanouir dans la spiritualisation poétique moderne ? » R. de SOUZA, **Un débat sur la poésie** (in A. BRÉMOND, **La poésie pure**, p. 291).

INCAPABLE. adj. (1517 ; de *in-*, et *capable*).

‖ 1º Qui n'est pas capable (par nature ou par accident, de façon temporaire, durable ou définitive). V. **Imbécile** (*vx*), **impuissant, inapte, inepte** (*vx*), **inhabile** (à).

— INCAPABLE DE... et l'infinitif. *Être incapable d'agir*, *de faire quelque chose* (Cf. Être hors d'état* de..., ne pas être en mesure ; être dans l'impossibilité* ; ne pas pouvoir* ; et *pop.* Ne pas être fichu*, foutu* de...). *Rendre quelqu'un incapable de faire quelque chose.* V. **Empêcher** (Cf. Lier les mains*). *Corps que la maladie rend incapable de lutter...* (Cf. Blesser, cit. 15). *Incapable de se tenir debout, de marcher, de soulever un poids... Incapable de voir, d'entendre* (Cf. Foudre 1, cit. 9). *Incapable de comprendre* (cit. 12), *de se faire* (cit. 248) *une opinion...* (Cf. Hermétiquement, cit. 1). *Incapable de s'imaginer* (Cf. Autrement, cit. 3). *Être incapable de venir en aide à quelqu'un, de soulager ses ennuis* (cit. 3). — *Être incapable de faire un travail par incompétence, inexpérience, maladresse.* V. **Incompétent, maladroit, malhabile** (Cf. Ne pas s'y enten-

dre*, et *la loc.* Il s'y entend comme à ramer des choux ; n'être pas qualifié* pour... ; ne pas savoir*). *Il est incapable de traduire deux lignes de Virgile, de remplir une fonction, de sauter plus d'un mètre dix...* — *Être moralement incapable de..., incapable d'apprécier un geste* (cit. 19) *désintéressé, de résister à une envie* (Cf. Engouer, cit. 6). *Incapable d'aimer* (Cf. Expansif, cit. 3 ; frigide, cit. 5). — Dans un sens favorable, *Incapable de mentir* (Cf. Accuser, cit. 10), *de tuer* (Cf. Goût, cit. 36), *de faire une mauvaise action :* dans l'impossibilité morale de...

— *Être incapable par nature, par essence. Les animaux, incapables de former des associations* (cit. 15) *d'idées. Les hommes, incapables de ne pas souhaiter le bonheur* (cit. 11), *de concevoir le néant et l'infini* (Cf. Homme, cit. 51 PASC.).

1 « L'homme n'est pas digne de Dieu, mais il n'est pas incapable d'en être digne. » PASC., **Pens.**, VII, 510.

2 « On a l'impression qu'il (*l'homme*) est capable de tout... — Mais non, il est incapable de souffrir ou d'être heureux longtemps. Il n'est donc capable de rien qui vaille. » CAMUS, **La peste**, p. 179.

— INCAPABLE DE..., suivi d'un substantif. *Incapable de réflexion, d'une pensée, d'une objection...* (Cf. Ereinter, cit. 7 ; fascination, cit. 4). *Incapable de travail* (Cf. Farouche, cit. 4), *d'héroïsme* (cit. 7), *de grandes choses* (Cf. Appliquer, cit. 21). *Incapable d'originalité* (Cf. Fantaisiste, cit. 2), *de vie intérieure* (Cf. Affoler, cit. 4). *Souffrances dont sont incapables les âmes vulgaires* (Cf. Élite, cit. 6). — Dans un sens favorable, *Incapable d'un mensonge, d'une feinte* (cit. 3), *d'une friponnerie* (cit. 3)...

3 « Il est temps de faire voir que tout ce qui est mortel,... est par son fond incapable d'élévation. » BOSS., **Orais. fun. Henriette d'Angleterre.**

4 « ... l'ignorance qui est leur caractère, les rend incapables des principes les plus clairs et des raisonnements les mieux suivis. » LA BRUY., XVI, 36.

5 « J'ai vu des hommes incapables de sciences (*dit Confucius*), je n'en ai jamais vu incapables de vertus. » VOLT., **Dict. philos.**, Philosophe, I.

6 « Sa surprise fut si grande, si prompte la déception même de sa crainte, qu'il resta une seconde encore ridiculement accroupi dans la boue froide, incapable d'aucun mouvement, d'aucune pensée. » BERNANOS, **Sous le soleil de Satan**, I, III, p. 155.

7 « Je ne pourrai jamais faire de ma vie quelque chose de pur, quelque chose de propre. Je suis incapable d'amour, incapable d'amitié, à moins qu'amour et amitié ne soient de bien pauvres, de bien misérables sentiments. » DUHAM., **Salavin**, I, XXI.

— REM. 1. De nos jours, *Incapable* ne s'emploie qu'avec des substantifs exprimant une action, une opération (intellectuelle, morale...), une qualité. On n'écrirait plus « incapable de sciences, d'un principe... », comme le font LA BRUY. et VOLT. (Cf. aussi « *Incapable d'un remède* », CORN., Mélite, 2 ; « *incapable de Dieu* », PASC., Pens., IV, 286).

2. La tournure : « *incapable ni d'une chose ni d'une autre* » est vieille (Cf. Bonheur, cit. 11).

‖ 2º (*En parlant des choses*). Qui n'est pas susceptible* de... *Une terre incapable de rien produire* (ACAD.). *L'atome* (cit. 7), *particule « incapable d'être divisée* » (VOLT.). *La charité est incapable de suffire à cette tâche* (Cf. Chômeur, cit. 2). *Phrase incapable d'exprimer la passion* (Cf. Epurer, cit. 3). *Peuple incapable de civilisation* (Cf. Biblique, cit. 3).

8 « ... il y a des mots incapables d'être définis ;... » PASC., **Opusc.**, III, XV, De l'espr. géom., I, I.

9 « Ces terres trop remuées et devenues incapables de consistance, sont tombées de toutes parts, et n'ont fait voir que d'effroyables précipices. » BOSS., **Orais. fun. Reine d'Anglet.**

10 « Nos désirs qui souvent se portent à des choses incapables de nous contenter... » BOURDAL., **Pensées**, t. I, p. 378 (in LITTRÉ).

11 « Aujourd'hui, par un faux purisme, on hésite à employer *incapable* en ce sens, et l'on dit *non susceptible* ; à tort, car l'usage des meilleurs écrivains et l'étymologie le justifient également. » LITTRÉ, **Dict.**, Incapable.

‖ 3º *Absolt.* Qui n'a pas l'adresse, l'aptitude, la capacité nécessaire. *Un homme incapable.*

12 « Le fisc d'une part, la féodalité de l'autre, semblaient lutter pour l'abrutir (*le peuple*) sous la pesanteur des maux. La royauté lui avait ôté la vie municipale, l'éducation que lui donnaient les affaires de la commune. Le clergé, son instituteur obligé, depuis longtemps ne l'enseignait plus. Ils semblaient avoir tout fait pour le rendre incapable, muet, sans parole et sans pensée, et c'est alors qu'ils lui disaient « Lève-toi maintenant, marche, parle ». MICHELET, **Hist. Révol. franç.**, I, I.

— Substant. *Un incapable, une incapable.* V. **Ganache** (2º), **ignorant, mazette, médiocre, sire** (pauvre sire)... *C'est un incapable, un parfait incapable* (Cf. Il n'a rien dans le ventre*). *Vous êtes tous des incapables, des bons à rien.*

‖ 4º Spécialt. *Dr.* Inapte à jouir d'un droit ou à l'exercer (V. **Incapacité**). *Majeurs incapables :* aliénés, faibles d'esprit, prodigues... *La femme mariée était considérée comme incapable jusqu'en 1938. Être incapable de contracter, de disposer de son bien...* Substant. *Les Incapables* (V. **Interdit, mineur***... Cf. Assistance, cit. 6). *Le curateur, le tuteur d'un incapable* (V. **Curatelle, tutelle**). *Émancipation* d'un incapable.

13   « Les incapables de jouissance sont ceux qui ne peuvent, d'après la loi, jouir d'un droit, c'est-à-dire en être titulaires... Notre droit a connu autrefois deux incapacités de jouissance générales, concernant les individus, celles qui résultaient de l'esclavage ou de la mort civile... il subsiste des incapacités de jouissance spéciales... »
           JULLIOT DE LA MORANDIÈRE, *Précis droit civ.*, t. I, p. 329 (éd. Dalloz).

14   « ... le code civil de 1804 considérait la femme une incapable. Cette règle a été abolie par la loi du 18 février 1938. Mais le principe nouveau a été rendu plus complet dans ses applications et plus efficace par la loi du 22 septembre 1942. »   ID., *Ibid.*, p. 192.

ANT. — Capable ; apte, habile...

INCAPACITÉ. *n. f.* (vers 1525 ; de *in-*, et *capacité*).

|| **1°** État de celui, de celle qui est incapable (de faire quelque chose). V. **Impossibilité** (de), **impuissance** (à), **inaptitude** (à). *Incapacité de marcher, de se mouvoir. Incapacité de comprendre* (cit. 32), *d'estimer, de juger, de jauger* (Cf. Crédit, cit. 13). *Incapacité d'engendrer, de procréer.* V. **Agénésie, impuissance, stérilité.** *Dans l'incapacité de...* Cf. Hors* d'état de...

1   « Une si forte envie d'être heureux, une si grande incapacité de l'être. »   FONTENELLE, Entret. s. plural. des mondes, 2e soir.

2   « (*Le roi Éric*)... laissa au monde un nouvel exemple des malheurs qui peuvent suivre le désir d'être despotique, et l'incapacité de l'être. »   VOLT., *Essai s. l. mœurs*, CLXXXVIII.

— *Absolt.* Défaut de capacité. V. **Ignorance, impéritie, incompétence, inhabileté.** *L'incapacité des gouvernants* (Cf. Écœurer, cit. 4), *des subordonnés* (Cf. Entretenir, cit. 18). *En fait de gouvernement, l'incapacité est une trahison* (CHATEAUB.). *Avoir honte* (cit. 18) *de son incapacité ; cacher son incapacité* (Cf. Girouette, cit. 5). *Son incapacité l'exclut* (cit. 6) *de cette charge. Incapacité partielle* (V. **Insuffisance**), *totale... Incapacité notoire... Incapacité en matière de...*

3   « L'incapacité est une franc-maçonnerie dont les loges sont en tout pays ;... »   CHATEAUB., M. O.-T., t. VI, p. 74.

4   « L'incapacité de ce parti (*la Gironde*) se révélait tous les jours par le singulier contraste de sa position dominante et de sa complète impuissance. »   MICHELET, Hist. Révol. franç., VIII, IV.

— *Ironiqt.* :

5   « Il avait commencé sa carrière par la place de secrétaire des commandements d'une princesse impériale. Monsieur du Châtelet possédait toutes les incapacités exigées par sa place. »   BALZ., Illus. perd., Œuvr., t. IV, p. 500.

|| **2°** *Méd. légale.* État d'une personne qui, à la suite d'une blessure, d'une maladie, est devenue incapable de travailler, d'accomplir certains actes, etc. *Incapacité de travail. Incapacité temporaire de huit jours, d'un mois...* (jusqu'à la guérison ou la consolidation* de la blessure) ; *incapacité permanente* (après la consolidation de la blessure). *Incapacité absolue, totale* (empêchant tout travail rémunérateur) ; *incapacité partielle.* V. **Invalidité.**

|| **3°** *Dr.* « Inaptitude à jouir d'un droit... ou à l'exercer par soi-même... » (CAPITANT). *Incapacité de jouissance des personnes condamnées à des peines criminelles. Incapacité d'exercice* (cit. 20) *des mineurs, des interdits.* V. **Minorité ; interdiction.** *Incapacité de la femme mariée, jusqu'à la loi du 18 février 1938.*

6   « Le mineur et l'interdit ne peuvent attaquer, pour cause d'incapacité, leurs engagements, que dans les cas prévus par la loi.
Les personnes capables de s'engager ne peuvent opposer l'incapacité du mineur ou de l'interdit, avec qui elles ont contracté. »   CODE CIV., Art. 1125 (Loi 18 févr. 1938).

7   « L'incapacité d'une personne est parfois l'œuvre arbitraire de la loi : par exemple *l'incapacité des condamnés* à une peine criminelle... Il est d'autres incapables... dont l'incapacité est *réelle* : tels sont les *mineurs* et les *fous.* Le défaut d'âge, l'affaiblissement ou la perte des facultés intellectuelles sont des *causes physiques d'incapacité* ;... »   PLANIOL, Dr. civ., t. I, 1613, p. 563.

ANT. — Aptitude, capacité.

INCARCÉRER (è quand la syllabe suivante est muette : *j'incarcère*, — excepté au futur et au conditionnel). *v. tr.* (*Encarcerer* en 1392 ; rare jusqu'au XVIIIe s. ; lat. médiev. *incarcerare,* de *carcer,* « prison »). Mettre en prison*. V. **Emprisonner***. *Incarcérer un inculpé avant son jugement* (Cf. Ecclésiastique, cit. 3). *Être incarcéré et maintenu captif* (V. **Captivité**).

1   « Ce fut là que le cardinal de Richelieu, avare de sa proie, voulut bientôt incarcérer et conduire lui-même ses jeunes ennemis. »   VIGNY, Cinq-Mars, XXV.

2   « Le roi... l'aurait, dans l'heure, fait arrêter, mener à Vincennes et, de là, en quelque lointaine prison, — à la manière d'un Louis XIV faisant incarcérer un Fouquet. »   MADELIN, Talleyrand, III, XXIII.

|| INCARCÉRÉ, ÉE. p. p. adj. *Les personnes incarcérées.* — Substant. *Les incarcérés.* V. **Captif** (Cf. Bâillonner, cit. 1 VOLT.).

ANT. — Délivrer, élargir, libérer, relâcher.

COMP. — Réincarcérer. *v. tr.* (1794). Incarcérer de nouveau (DER. Réincarcération. *n. f.* (1792).

DER. — Incarcérable. *adj.* (XIXe s.). Qui peut être incarcéré (Cf. Corvéable, cit. P.-L. COURIER). — Incarcération. *n f.* (1314 au sens médic., sens courant au XVe s.). Action d'incarcérer (V. **Emprisonnement**) ; état d'une personne incarcérée (V. **Captivité**). *Ordonner l'incar-*

cération d'un inculpé. Ordre d'incarcération. V. **Mandat** (de dépôt*). *Incarcération d'un débiteur.* V. **Contrainte** (par corps). — *Fig.* et *Vieilli. Méd. Incarcération herniaire* : étranglement herniaire. V. **Hernie** (ANT. Délivrance, élargissement, libération...).

   « ... j'ai dressé procès-verbal ; je n'en puis rien, il y a mandat de dépôt ; je ne puis rien. Quant à l'incarcération, nous mettrons votre petit-fils à la Conciergerie. »   BALZ., L'initié, Œuvr., t. VII, p. 416.

INCARNADIN, INE. *adj.* (XVIe s. ; ital. dial. *incarnadino* pour *incarnatino*). V. **Incarnat.** D'une couleur d'incarnat* pâle. *Ruban incarnadin* (Cf. Boucle, cit. 5). — Substant. *Œillet d'un bel incarnadin.*

1   « Cinq ou six chaises recouvertes de velours qui avaient pu jadis être incarnadin, mais que les années et l'usage rendaient d'un roux pisseux, laissaient échapper leur bourre par les déchirures de l'étoffe... »   GAUTIER, Capit. Fracasse, I, t. I, p. 9.

2   « — Blonde en somme. Le nez mignon avec la bouche Incarnadine,... »   VERLAINE, Fêtes galantes, L'allée.

INCARNAT, ATE. *adj.* (1532 ; ital. *incarnato,* « couleur de la chair »). D'un rose très vif, rappelant la couleur de la chair. *Velours incarnat. Une rose incarnate. Du rouge incarnat. Trèfle* incarnat.* V. **Farouch.** — Substant. *L'incarnat éclatant d'une anémone* (cit. 1). *Un sein d'incarnat et d'albâtre* (cit. 5). *De l'incarnat pâle.* V. **Incarnadin.**

1   « L'incarnat de la rose, »   RAC., Poés. div., Ode VII.

2   « ... d'énormes pêches aux joues de velours incarnat,... »   GAUTIER, Fortunio, XVI.

3   « Ses petites dents de porcelaine relevaient la rougeur de ses lèvres fraîches sur lesquelles errait un sourire ; l'incarnat de son teint était plus vif, et la blancheur en était pour ainsi dire plus blanche en ce moment qu'aux heures les plus amoureuses de la journée. »   BALZ., La peau de chagrin, Œuvr., t. IX, p. 208.

4   « De légères pluies, en avril, avaient donné une belle poussée aux fourrages. Les trèfles incarnats le ravirent, il oublia le reste. »   ZOLA, La terre, II, 1.

5   « ... il vit Mouchette se dresser devant lui, non pas livide, mais au contraire, le front et le cou même d'un incarnat si vif que, sous la peau mince des tempes, les veines se dessinèrent, toutes bleues. »   BERNANOS, Sous le soleil de Satan, Prologue, p. 81.

INCARNATION (-*sion*) *n. f.* (1113 ; lat. *incarnatio*). *Mythol.* et *Théol.* Action par laquelle une divinité s'incarne* dans le corps d'un homme ou d'un animal. *Les incarnations de Jupiter.* V. **Métamorphose.** *Les incarnations de Vichnou.* V. **Avatar** (cit. 6). — Spécialt. *Relig. chrét.* Union intime en Jésus-Christ de la nature divine avec une nature humaine. *L'incarnation du Christ* (Cf. Époque, cit. 3) et absolt. *L'Incarnation, dogme essentiel du christianisme. Noël, fête de l'Incarnation. Le mystère* de l'Incarnation* (Cf. Authenticité, cit. 8), *prédit par l'Annonciation*.

1   « Il (*Dieu*) est demeuré caché, sous le voile de la nature qui nous le couvre, jusques à l'Incarnation ; et quand il a fallu qu'il ait paru, il s'est encore plus caché en se couvrant de l'humanité. »   PASC., Lettre à Mlle de Roannez, fin oct. 1656.

2   « L'incarnation montre à l'homme la grandeur de sa misère, par la grandeur du remède qu'il a fallu. »   ID., Pens., VII, 526.

3   « Le Verbe divin a été fait homme :... il s'était fait une véritable incarnation dans les entrailles de la sainte Vierge. »   BOSS., Hist. des variat., II, III.

4   « Les Asiatiques ne peuvent croire que par la foi... les incarnations du dieu Fo, de Vistnou, de Xaca, de Brama, de Sammonocodom, etc. »   VOLT., Dict. philos., Foi.

5   « Le mystère de Jésus n'est rien de moins, rien de plus, que le mystère de l'Incarnation... »   DANIEL-ROPS, Jésus en son temps, Introd., p. 8.

— *Par anal.* Action par laquelle l'esprit se fait chair*, apparaît sous une forme matérielle ; résultat de cette action.

6   « On pourrait dire que la plus exacte formule de l'humanisme, c'est *l'incarnation :* l'insertion d'une donnée spirituelle dans un corps de chair, qui gouvernera ce corps de chair, mais qui tendra sans cesse à retrouver ses hiérarchies propres, je l'ai dit. Il n'y a pas de définition plus haute de l'humanisme que celle dont la base est dans la notion chrétienne de l'homme : une âme incarnée. »   DANIEL-ROPS, Ce qui meurt..., II, p. 79.

— *Par ext.* et *fig.* V. **Image** (4°), **personnification.** *Tolstoï, incarnation de l'amour fraternel* (Cf. Aveugle, cit. 10).

7   « Depuis ce temps-là, le Gouvernement l'exaspérait, comme l'incarnation même de l'injustice. »   FLAUB., Éduc. sentim., II, IV.

8   « Agité, aventureux, fanfaron jusqu'à l'âge mûr, Thiers, dans sa vieillesse, apparaissait comme l'incarnation du bon sens. »   BAINVILLE, Hist. de France, XXI, p. 512.

9   « Elle (*Margaret Parker*) lui apparaissait comme l'incarnation d'une douceur innocente, divine, qu'il avait toujours cherchée dans le monde pour rafraîchir une âme trop brûlante,... »   MAUROIS, Vie de Byron, I, IV.

COMP. — Réincarnation*.

INCARNER. *v. tr.* (1372 ; anc. franç. *encharner,* refait sur le lat. ecclés. *incarnare*).

|| **1°** *Vx.* Chirurg. *Incarner une plaie, un ulcère,* y favoriser la reproduction des chairs. — *Pronominalt.* (1867 LITTRÉ). *Ongle qui s'incarne,* dont le bord latéral externe ou interne s'enfonce dans les chairs, par suite d'une inflammation de la matrice unguéale. *Ablation de l'ongle incarné d'un gros orteil.*

|| 2° *Mythol.* et *Théol.* Revêtir (un être spirituel) d'un corps charnel, d'une forme humaine ou animale. *Les gnostiques* (cit. 2) *prenaient Jésus pour un éon incarné. Zeus, incarné sous la forme d'un cygne, séduisit Léda.* — Pronominalt. *Le Verbe, le Fils de Dieu s'est incarné dans un homme souffrant* (Cf. Faire, cit. 234). *Les divinités indiennes s'incarnaient successivement dans des corps différents* (Cf. Avatar, cit. 2). V. **Métamorphoser.**

1 « C'était une grande entreprise de rendre vénérables par toute la terre les abaissements du Verbe incarné... Le Fils de Dieu est né dans une étable... on a mis le Fils de Dieu dans des langes... le Fils de Dieu est dans une crèche ;... »
BOSS., **Exorde sermon pour semaine de Noël.**

2 « ... l'adorable mystère d'un Dieu incarné. »
BOURDAL., **Troisième sermon s. la Passion de J.-C.,** II.

3 « ... il s'installa à Tiffauges, dans ce château où Satan... allait descendre, s'incarner en lui, sans même qu'il s'en doutât, pour le rouler, vociférant, dans les joies du meurtre. »
HUYSMANS, **Là-bas,** VIII.

— Fam. *C'est le démon, le diable* incarné* (Cf. Il a le diable dans la peau).

— *Par anal.* et *fig.* Représenter une chose abstraite sous une forme matérielle et sensible. *Incarner une idée dans une œuvre* (Cf. Art, cit. 2), *les idées dans les hommes* (Cf. Foi, cit. 21). *Athènes et Sparte incarnaient des attitudes* (cit. 24) *adverses de l'esprit.* V. **Figurer.** *Napoléon prétendait incarner la Révolution* (Cf. Héritier, cit. 17). *L'agent diplomatique incarne la souveraineté de l'État* (Cf. Exterritorialité, cit.). — Fam. *Cette femme est la jalousie incarnée,* elle est extrêmement jalouse (Cf. C'est la jalousie faite femme). — Pronominalt. *Tous nos espoirs s'incarnent en vous.*

4 « Louis XVIII était la légitimité incarnée ; elle a cessé d'être visible quand il a disparu. » CHATEAUB., M. O.-T., t. III, p. 370.

5 « C'eût été mal parler que de dire qu'il était grave ; c'était la gravité incarnée. » STENDHAL, **Le rouge et le noir,** I, VI.

6 « Quand un homme domine un siècle et incarne le progrès, il n'a plus affaire à la critique, mais à la haine. »
HUGO, **L'Archipel de la Manche,** X.

7 « ... sa rancune féroce contre les frais de justice et l'homme (*l'huissier*) qui les incarne, aux yeux des paysans. »
ZOLA, **La terre,** IV, 3.

8 « ... celui qui incarnait l'ardent rêve de son cœur et de ses sens... »
LOTI, **Ramuntcho,** XI.

9 « ... Elstir aimait à voir incarnée devant lui, dans sa femme, la beauté vénitienne qu'il avait si souvent peinte dans ses œuvres,... »
PROUST, **Rech. t. p.,** XV, p. 158.

10 « Les apôtres de l'ordre tiennent couramment que c'est eux qui incarnent la raison, voire l'esprit scientifique, parce que c'est eux qui respectent les différences réelles qui existent entre les hommes ;... »
BENDA, **Trahison des clercs,** Préface, p. 19.

11 « L'inquiétude est logée dans le corps ; elle s'empare du cerveau comme une migraine, elle pèse sur le cœur, serre la poitrine, tâte nos organes, cherchant le point faible, la maladie où elle pourra s'incarner. » CHARDONNE, **Amour du proch.,** VI, p. 146.

—. *Spécialt.* (XXᵉ s.). V. **Interpréter, jouer.** *Sarah Bernhardt incarna l'Aiglon. Elle devait incarner cette héroïne à l'écran.*

ANT. — **Désincarner.** *v. tr.* (1931 LAROUSSE XXᵉ s., au p. p.).

COMP. — **Désincarner, réincarner*.**

INCARTADE. *n. f.* (1612 ; ital. *inquartata,* terme d'escrime : « parade rapide qu'on porte à un coup droit de l'adversaire, en se jetant brusquement de côté » ; botte nommée *inquartata,* soit parce que l'attaqué décrit un *quart* de tour sur lui-même, soit parce que l'attaque a lieu dans la ligne de *quarte*,* ital. *quarta*). *Vieilli.* Boutade blessante lancée brusquement et inconsidérément. V. **Algarade, sortie ; insulte.** *Faire une incartade à quelqu'un.* — *Par anal.* Toute manifestation de brusquerie, d'étourderie, de maladresse.

1 « Non : tout de bon, quittez toutes ces incartades
Le monde par vos soins ne se changera pas ; »
MOL., **Misanthr.,** I, 1.

2 « Une preuve bien sûre qu'Alceste n'est point misanthrope à la lettre, c'est qu'avec ses brusqueries et ses incartades il ne laisse pas de s'intéresser et de plaire. » ROUSS., **Lettre à d'Alembert.**

3 « Aussi, malgré les incartades qu'il (*Napoléon*) en essuya (*de Chateaubriand*), il lui conserva toujours une prédilection et lui rendit justice. »
STE-BEUVE, **Chateaubriand,** t. I, p. 321.

— *De nos jours.* Léger écart de conduite. V. **Caprice, écart*, extravagance, folie.** *J'en ai assez de vos incartades* (Cf. Mauvaise tête*). *Pardonnez-lui cette incartade. Les incartades d'un enfant gâté* (Cf. Exiger, cit. 11). *Punir un élève à la moindre incartade.* V. **Peccadille** (Cf. Foudroyer, cit. 13). — *Spécialt.* Écart* de langage, bévue.

4 « Quand Modeste allait trop loin, elle se faisait de la morale à elle-même et attribuait ses légèretés, ses incartades à son esprit d'indépendance. » BALZ., **Modeste Mignon, Œuvr.,** t. I, p. 540.

5 « Jacques, que la crainte des incartades de sa femme terrorisait par avance, lui avait trop souvent fait la leçon sur ce qu'elle aurait à dire ou à ne pas dire : » P. BENOIT, **Mⁱˡᵉ de la Ferté,** p. 80.

6 « ... il avait d'abord passé trois semaines dans le pays de ses parents : un bourg minuscule où la moindre incartade eût fait scandale. » ROMAINS, **H. de b. vol.,** t. III, II, p. 45.

---

7 « Ta dernière incartade prouve que ton éducation est à refaire. Ta mère a convenu tout à l'heure qu'elle avait été beaucoup trop faible. Maintenant c'est moi qui me charge de toi. »
SARTRE, **Le sursis,** p. 336.

— *Équit.* Écart brusque d'un cheval. *Sa monture fit une incartade.*

INCASSABLE. *adj.* (1801 ; de *in-* négatif, et *cassable**). Qui ne peut être brisé*. V. **Infrangible.** *Verre incassable.* — Qui ne se casse pas facilement. V. **Solide.** *Fil incassable.*

ANT. — **Cassable, cassant, fragile.**

IN (*in'*) **CAUDA VENENUM** (*vé-né-nom'*). Proverbe latin (signifiant : « Dans la queue le venin », par allus. au venin que renferme la queue du scorpion) que l'on applique à une lettre, à un discours, etc. qui, après un début inoffensif, s'achève sur un trait malicieux ou perfide.

INCENDIAIRE. *n.* et *adj.* (XIIIᵉ s. ; lat. *incendarius*).

I. *N.* Celui, celle qui allume volontairement un incendie*. V. **Bandit, criminel ; brûleur, pétroleur, pyromane.** *Incendiaire qui met le feu à une maison habitée, à une grange.*

1 « ... les juges seraient presque réduits à la triste fonction d'envoyer au gibet les voleurs et les incendiaires. » LA BRUY., XIV, 58.

2 « C'est en vain que Néron prospère, Tacite est déjà né dans l'Empire ;... bientôt il ne fera voir, dans le tyran déifié, que l'histrion, l'incendiaire, et le parricide :... »
CHATEAUB. in STE-BEUVE, Chateaubriand, t. II, p. 81.

II. *Adj.* (1400). Propre à causer l'incendie. V. **Ardent** (cit. 11). *Mélange incendiaire. Brûlot* chargé de matières incendiaires. Balle, bombe, crayon, pastille, obus, torche incendiaire, au phosphore, au calcium...*

3 « ... il était entré comme chimiste dans le complot des bombes incendiaires... » FLAUB., **Éduc. sentim.,** II, IV.

4 « — Ça flambe ; sans doute les fascistes emploient-ils des bombes incendiaires... — Ce sont des bombes incendiaires ? demanda le médecin. — Les gens qui ont l'air de savoir quelque chose appellent ça des bombes au calcium. C'est vert, absinthe exactement. C'est terrible, vous savez : on ne peut pas l'éteindre. »
MALRAUX, **L'espoir,** II, II, I.

— *Fig.* Propre à enflammer les esprits, à allumer la révolte. V. **Séditieux.** *Pamphlet incendiaire. Doctrine incendiaire. Propos, déclarations incendiaires.*

5 « ... ce terrible Mirabeau, au caractère incendiaire, au sang en ébullition, l'homme des grands éclats et des grandes révoltes,... »
MADELIN, **Talleyrand,** I, II.

6 « Mais d'ici là ne faites pas comme moi, jadis. Pas de ces déclarations inutilement incendiaires que les petits copains vous resserrent pendant dix ans. » ROMAINS, **H. de b. vol.,** t. V, XXVIII, p. 302.

— *Spécialt.* Qui se plaît à éveiller les désirs amoureux. *Une blonde incendiaire* (Cf. Allumeuse). *Par ext. Décocher* (cit. 3) *une œillade incendiaire* (Cf. Œillade assassine).

7 « Nous venons de lire ces lettres. Chaleureuses, tendres, exprimant une vive ardeur, des lettres d'amour et du XVIIIᵉ, certainement, mais qui n'ont rien d'incendiaire ou d'inavouable. »
HENRIOT, **Portr. de femmes,** p. 211.

INCENDIE. *n. m.* (1602 ; lat. *incendium* ; anc. prov. *encendi.* — REM. Au témoignage de VAUGELAS, ce mot s'est établi lentement. Certains écrivains du XVIIᵉ s., le tenant pour vulgaire, lui préféraient « embrasement »). Grand feu qui se propage en causant des dégâts. V. **Embrasement, feu*** (1, cit. 35 et 40) ; **brasier, sinistre.** *Incendie d'une maison, d'une ville, d'une forêt. L'incendie de Rome, allumé, dit-on, par Néron. L'incendie de Moscou en 1813. Incendies allumés par un bombardement. Provoquer un incendie. Incendie volontaire, criminel ; crime* (cit. 12) *d'incendie. Incendie dû à l'imprudence*. Commencement d'incendie. Incendie qui éclate, se déclare, fait rage... Un violent incendie. Le flamboiement* (cit. 1), *les brandons*, les flammes d'un incendie* (Cf. Aile, cit. 14 ; amiral, cit. 2). *Foyer* d'incendie. Bâtiment qui est la proie de l'incendie, qui est consumé, réduit en cendres par l'incendie* (Cf. Heure, cit. 12). *Destruction totale par l'incendie.* V. **Combustion.** *Dévastations*, ravages causés par l'incendie. Défense, protection contre l'incendie* (V. **Pompier, sapeur ; avertisseur, extincteur, pare-feu*, pompe...**). *Piquet* d'incendie. Faire la chaîne* dans un incendie. Extinction* (cit. 2) *d'un incendie. Les pompiers* ont combattu, circonscrit* (cit. 3), *enrayé, éteint* (cit. 1), *maîtrisé l'incendie. Bois* endommagé par l'incendie.* V. **Arsin.** — *Prévention des incendies. Assurance* contre l'incendie. Responsabilité des locataires en cas d'incendie.*

1 « Les torrents et les incendies nous ont fait découvrir que les terres contenaient des métaux. » MONTESQ., **Espr. des lois,** XVIII, XV.

2 « ... on garde le souvenir des mauvais princes, comme on se souvient des inondations, des incendies et des pestes. »
VOLT., **Hist. Charles XII,** Disc. s. l'hist...

3 « On contient d'abord l'incendie (*de Moscou*) ses tendres et seconde nuit il éclate de toutes parts ; des globes lancés par des artifices crèvent, retombent en gerbes lumineuses sur les palais et les églises. Une bise violente pousse les étincelles et lance les flammes sur le Kremlin :... Les bouches des divers brasiers en dehors s'élargissent, se rapprochent, se touchent : la tour du Kremlin, comme un haut cierge, brûle au milieu d'un sanctuaire embrasé. Le Kremlin n'est plus qu'une île noire contre laquelle se brise une mer ondoyante de feu. »
CHATEAUB., M. O.-T., t. III, pp. 216-217.

4 « Des semaines se succédèrent sans que tombât une goutte d'eau. Bernard vivait dans la terreur de l'incendie... Cinq cents hectares avaient brûlé du côté de Louchats... Un jour, toute la forêt crépiterait alentour,... »
MAURIAC, **Thérèse Desqueyroux,** VIII.

5 « Il se retourna : d'autres halos d'incendie rougeoyaient de-ci, de-là, sur Levallois, sur Puteaux peut-être... »
MART. du G., **Thib.,** t. IX, p. 135.

— *Par métaph.* Lumière très vive éclairant une immense étendue. *L'incendie du soleil couchant. Ciel d'incendie* (Cf. Barbelé, cit. 1).

6 « Le lendemain, pour respirer le frais, on retourne au même lieu avant que le soleil se lève. On le voit s'annoncer de loin par les traits de feu qu'il lance au-devant de lui. L'incendie augmente, l'orient paraît tout en flammes ; à leur éclat on attend l'astre longtemps avant qu'il se montre ; à chaque instant on croit le voir paraître ; on le voit enfin. Un point brillant part comme un éclair et remplit aussitôt tout l'espace ; le voile des ténèbres s'efface et tombe. »
ROUSS., **Émile,** III.

7 « Le soir, je distingue,... dans le ciel, vers l'est, des reflets d'incendie, un pâle embrasement d'aurore : la grande ville est proche. »
CHARDONNE, **Amour du proch.,** III, p. 68.

— *Fig.* Explosion, flambée de sentiments violents, de passions ardentes. *L'incendie de la colère* (Cf. Fumer, cit. 18).

8 « L'incendie rôdait dans nos âmes. À tout moment l'étincelle pouvait jaillir et nous embraser. Un même silence couvaient des flammes étouffées dont le déchaînement ne tenait qu'à un fil. Nous étions tous les deux enveloppés de puissantes menaces. »
BOSCO, **Rameau de la nuit,** p. 286.

— Bouleversement violent qui affecte l'ordre social, la paix. V. **Conflagration, guerre, révolution** (Cf. Fourniture, cit.).

9 « ... si Paris apparaissait décidément le foyer où l'incendie général s'alimentait, la France serait derechef traitée en perturbatrice du monde. »
MADELIN, **Talleyrand,** V, XXXVII.

DER. — Incendier.

INCENDIER (*nous incendiions ; que vous incendiiez*). v. tr. (1596 ; de *incendie**). Mettre en feu*. V. **Brûler, consumer.** *Incendier une maison, une bibliothèque* (Cf. Impie, cit. 6), *des meules de paille... Forêt incendiée.* V. **Brûlis.** *Villes et villages incendiés.* V. **Détruire** (Cf. Exterminer, cit. 5 ; flamboyer, cit. 1). *Paris incendié,* poème de V. Hugo (*L'année terrible*, Mai). — *Par ext. Des fermiers incendiés,* dont les fermes ont été détruites par l'incendie.

1 « Le gros Santerre, un brasseur que le faubourg s'était donné pour commandant, proposait d'incendier la place en y lançant de l'huile d'œillet et d'aspic, qu'on avait saisie la veille et qu'on enflammerait avec du phosphore. »
MICHELET, **Hist. Révol. franç.,** I, VII.

— *Par exagér.* Irriter en provoquant une impression de brûlure. *Liqueur qui incendie la gorge* (Cf. Flamber, cit. 4).

2 « ... dans nos assiettes le plus vif brasier de poivre — la « sauce forte » — qui ait jamais incendié des palais occidentaux... Je haletais... »
COLETTE, **Étoile Vesper,** p. 79.

— *Par métaph.* Colorer d'une lueur ardente (Cf. Baigner, cit. 7 ; feu, cit. 35). *Buisson incendié par le soleil couchant* (Cf. Abattre, cit. 19). *Visage incendié par l'alcool* (Cf. Enluminé).

3 « Derrière lui, dans l'horizon, se couche un gros soleil rouge qui incendie nos vitres. »
DAUDET, **Petit Chose,** II, IV.

4 « ... le visage de la comtesse, aux pommettes incendiées par la fièvre. »
BARBEY d'AUREV., **Les diaboliques,** Bonheur dans le crime, p. 156.

— *Par anal.* et *fig.* Livrer aux bouleversements, aux troubles sanglants. *Anarchistes qui cherchent à incendier le monde* (Cf. Mettre à feu et à sang).

— *Par ext.* et *fig.* Enflammer, exciter.

5 « Mais il préférait les petites bonnes d'hôtel dont il incendiait l'imagination avec les récits mensongers de ses exploits... »
MAC ORLAN, **La Bandera,** V, p. 57.

— *Pop.* (XXᵉ s.). *Incendier quelqu'un,* l'accabler de reproches. — *Se faire incendier.*

INCÉRATION. n. f. (1732 ; rad. lat. *cera*, « cire »). Action de donner à une matière la consistance de la cire ; action de mêler de la cire à une substance quelconque.

DER. — (du même rad.) : **Incérer.** *v. tr.* (1845). Amener à la consistance de la cire molle ; mêler (une substance) avec de la cire.

INCERTAIN, AINE. adj. (1329 ; de *in-*, et *certain*).

I. ‖ **1º** Qui n'est pas fixé, déterminé à l'avance. V. **Indéterminé.** *Ce qui est incertain dans la mort* (Cf. Adoucir, cit. 10). *A une époque incertaine* (ACAD.).

1 « De nos ans passagers le nombre est incertain. »
RAC., **Athal.,** II, 9.

— *Substant.* Cote de change* qui permet de calculer la quantité de monnaie française correspondant à une quantité fixe de monnaie étrangère. *Le certain* et *l'incertain.*

2 « Ils vous disent (*les banquiers*),... nous remettons de Berlin à Amsterdam : l'*incertain* pour le *certain ;...* »
VOLT., **Dict. philos.,** Banque.

‖ **2º** Qui n'est pas certain*, assuré, sûr*. V. **Aléatoire, contingent, douteux, éventuel, hypothétique, problématique.** *Dépendre d'un événement incertain.* V. **Conditionnel** (Cf. Assurance, cit. 21). *Éventualité incertaine. Résultat, succès incertain* (Cf. Attaque, cit. 2). *Revenu incertain d'un office.* V. **Casuel.** *Entreprise, affaire incertaine,* dont le résultat n'est pas certain, qui est soumise au hasard. V. **Chanceux, hasardé, précaire** (Cf. Assez, cit. 47). *Avenir incertain* (Cf. Baïonnette, cit. 4).

3 « J'entretins la Sultane, et, cachant mon dessein, Lui montrai d'Amurat le retour incertain. »
RAC., **Bajazet,** I, 1.

4 « (*Un monde*) Où tout est fugitif, périssable, incertain ; Où le jour du bonheur n'a pas de lendemain. »
LAMART., **Prem. médit.,** XXI.

5 « Paris, il faut le dire, vivait par hasard. Sa subsistance, toujours incertaine, dépendait de tel arrivage, d'un convoi de la Beauce ou d'un bateau de Corbeil. »
MICHELET, **Hist. Révol. franç.,** II, VI.

6 « Il me paraissait que bien peu de bons sens suffisait pour comprendre combien notre œuvre et notre influence là-bas restaient précaires et incertaines, pour ne pas dire : désespérées. »
GIDE, **Journal,** 20 janvier 1917.

— Sur lequel on ne peut compter. *Aide incertaine ; appui incertain* (Cf. Planche* pourrie). — *Temps incertain.* V. **Indécis, variable.**

7 « ... il a senti ce soir une fois de plus combien était incertain et changeant son seul appui au monde, l'appui de cet Arrochkoa sur qui il aurait pourtant besoin de pouvoir compter comme sur un frère ; »
LOTI, **Ramuntcho,** I, VIII.

— *Substant. :*

8 « S'il ne fallait rien faire que pour le certain, on ne devrait rien faire pour la religion ;... Or, quand on travaille pour demain, et pour l'incertain, on agit avec raison ; car on doit travailler pour l'incertain, par la règle des partis qui est démontrée. Saint Augustin a vu qu'on travaille pour l'incertain, sur mer, en bataille, etc. ; mais il n'a pas vu la règle des partis, qui démontre qu'on le doit. »
PASC., **Pens.,** III, 234.

‖ **3º** *Par ext.* Qui n'est pas connu avec certitude. *La nouvelle est incertaine, attendons une confirmation. L'existence même de ce grand poète est incertaine ; du moins elle a été contestée et n'a pu jusqu'ici être prouvée. Les temps incertains de l'histoire.* V. **Obscur, ténébreux.** *Traditions incertaines, fabuleuses* (cit. 4). *Textes dont la date et l'origine sont incertaines* (Cf. Hermétisme, cit. 1). « *Il n'est pas certain* (cit. 2) *que tout soit incertain* » (PASC.). V. **Contestable, douteux.**

9 « — Cela est incertain, et nous devons douter de tout... Il m'apparaît que vous êtes là, et il me semble que je vous parle ; mais il n'est pas assuré que cela soit. »
MOL., **Mar. forcé,** V.

10 « La noblesse de vos parents est incertaine, mais celle de votre cœur est incontestable,... »
MARIVAUX, **Vie de Marianne,** VII.

11 « Ce qui est incertain doit être réputé faux jusqu'à plus ample informé. »
L. BRUNSCHVICG, **Descartes,** p. 31.

‖ **4º** Dont la forme, la nature n'est pas définissable, n'est pas nette, claire... V. **Changeant, confus, flou** (cit. 4), **indécis, indéfini, indéfinissable ; imprécis, obscur, vague.** *Contours, horizons* (cit. 18) *incertains.* V. **Vaporeux** (Cf. Estomper, cit. 7). *Couleur incertaine* (Cf. Haïk, cit. 1). *Lueurs, lumières..., ombres incertaines. Début incertain d'une bataille.* V. **Hésitant** (cit. 5). *Mélodie incertaine* (Cf. Balancer, cit. 28). *Consonances* (cit. 5) *incertaines.* — *Terminologie incertaine :* peu précise (Cf. Gouvernemental, cit. 1). *Allusions, paroles incertaines.* V. **Ambigu, équivoque, nébuleux** (Cf. Assombrir, cit. 8). *Activités incertaines d'un individu.* V. **Louche.** *Rumeur incertaine.* V. **Sourd.** *Sentiments troubles et incertains ; nostalgies incertaines* (Cf. Exigence, cit. 7). *État vague et incertain de la pensée.* V. **Vacillant ; limbe** (*fig.*).

12 « Mais, dans l'état chancelant, incertain, où se trouvait la pauvre France, ayant pour chef une assemblée de métaphysiciens, et contre elle des hommes d'exécution et de main,... »
MICHELET, **Hist. Révol. franç.,** III, V.

13 « Sa croisée donnait sur la plaine, que la lune dans son premier quartier n'éclairait que d'une lumière incertaine ;... »
VIGNY, **Cinq-Mars,** I.

14 « ... Dans la pauvre âme humaine, La meilleure pensée est toujours incertaine, Mais une larme coule et ne se trompe pas. »
MUSS., **Poés. nouv.,** À M. Régnier.

15 « ... tout ce qu'elle semblait posséder ici-bas de réel et de solide reposait sur la chose au monde la plus incertaine et la plus changeante : le goût de quelques hommes pour une femme. »
GREEN, **Léviathan,** II, IV.

II. (*En parlant des personnes*). Qui manque de certitude, de décision, de détermination ; qui est dans le doute. V. **Embarrassé, faible** (cit. 21), **flottant** (cit. 10), **fluctuant, hésitant, indécis, irrésolu, oscillant, vacillant...** (Cf. Exploser, cit. 6). *Demeurer incertain.* V. **Suspendu.** *Incertain dans ses jugements, ses appréciations...* (Cf. Dire tantôt noir, tantôt blanc). *Ce coup, cette surprise l'a rendu incertain.* V. **Ébranlé.**

16 « Le traître Amour me conseille une chose, Et la raison une autre me propose ; Sans me résoudre incertaine je suis, Tant ma raison chancelle en mes ennuis ! »
RONSARD, **La Franciade,** IV.

17 « À court de riposte, il demeurait un moment incertain, oscillant sur ses pieds fins, balancé par cette grâce volante de petit Mercure... »
COLETTE, Chéri, p. 45.

18 « ... la découverte, après coup, de son erreur, la trompe (une femme) sur son premier sentiment, et lui donne à imaginer qu'elle était incertaine, là où nous l'avons vue parfaitement calme et assurée... » PAULHAN, Entret. s. faits divers, p. 50.

— *Incertain de...*, suivi d'un substantif, ou d'un infinitif. Qui est dans le doute* sur... *Incertain de son sort, de ce qui va arriver* (Cf. Aborder, cit. 3). *Incertain de ce que l'on va faire* (Cf. En suspens*, entre le zist et le zest).

19 « Je suis encore incertain du chemin que je prendrai. »
VOITURE, Lettres, 37.

20 « Infortuné, proscrit, incertain de régner,
Dois-je irriter les cœurs au lieu de les gagner ? »
RAC., Bajazet, II, 1.

21 « Rome de votre sort est encore incertaine. » ID., Bérén., V, 6.

22 « ... le peuple en fuite dans le désert, incertain de sa condition, entre la mort et la vie ;... » BOSS., Hist. univ., II, X.

23 « Pierre, abandonné de ses alliés, flotta assez longtemps incertain du parti qu'il devait prendre. »
MÉRIMÉE, Hist. règne Pierre le Grand, p. 134.

— *Vx.* ou *Littér.* (Sans préposition) « *Incertains quel est le principe de son être* » (LA BRUY., Cf. Esprit, cit. 118 ; fortune, cit. 18).

24 « Ignorant d'où je viens, incertain où je vais, »
LAMART., Prem. médit., II.

— Par ext. *Âme incertaine entre la vie et le rêve* (Cf. Flotter, cit. 18). *Esprit incertain. Pensée incertaine et flottante, fuyante* (cit. 7). Cf. Assoupir, cit. 13 ; fugace, cit. 5. *Humeur incertaine.* V. **Journalier.** — Poét. *Sentiment, courroux incertain.* V. **Chancelant** (cit. 5). — Par ext. *Conduite incertaine d'une affaire ; direction incertaine d'un cheval* (Cf. Galop, cit. 3). *Pas incertains ; marche incertaine* (Cf. Égarer, cit. 5 ; fond, cit. 12).

25 « ... il vit surgir,... un gros rat à la démarche incertaine... La bête s'arrêta, sembla chercher un équilibre, prit sa course vers le docteur, s'arrêta encore, tourna sur elle-même... et tomba enfin... »
CAMUS, La peste, p. 18.

ANT. — **Certain.** Assuré, confirmé, démontré, déterminé, évident, flagrant, prouvé, sûr. Authentique. Fixe, stable. Clair, défini, net, précis. Certain, décidé, déterminé, ferme, résolu...

INCERTITUDE. *n. f.* (1327 ; de *in-*, et *certitude*).

|| 1° État de ce qui est incertain. *Incertitude de l'avenir, des événements, d'un résultat, d'un succès* (Cf. Affoler, cit. 5). *L'incertitude du gain* (Cf. Gagner, cit. 7 ; hasarder, cit. 2). *Incertitude des choses humaines.* V. **Fragilité, inconstance, précarité** (Cf. Heureux, cit. 1). — *L'incertitude des anciennes histoires* (LITTRÉ) ; *l'incertitude de nos origines.* V. **Obscurité ; brume, clair-obscur** (*fig.*). Cf. Enfermer, cit. 14 ; ignorance, cit. 2. *L'incertitude du témoignage, de l'opération des sens* (Cf. Erreur, cit. 7 MONT.). — *Incertitude des symptômes d'une maladie, des signes de la mort.* V. **Ambiguïté, embrouillement** (Cf. Graduel, cit. 1).

1 « La guerre est journalière, et sa vicissitude,
Laisse tout l'avenir dedans l'incertitude. »
CORN., Sophonisbe, I, 3.

2 « ... Des événements l'incertitude est grande. »
MOL., Étourdi, II, 3.

3 « L'incertitude des événements, toujours plus difficile à soutenir que l'événement même,... » MASS., Orais. fun. Conty.

4 « L'incertitude de l'avenir m'a toujours fait regarder les projets de longue exécution comme des leurres de dupe. »
ROUSS., Confess., IV.

5 « ... l'incertitude de notre avenir donne aux objets leur véritable prix : la terre contemplée du milieu d'une mer orageuse, ressemble à la vie considérée par un homme qui va mourir. »
CHATEAUB., M. O.-T., t. II, p. 375.

— Spécialt. *L'incertitude du temps.* V. **Variabilité.**

— Phys. *Principe d'incertitude de Heisenberg* d'après lequel il est impossible de déterminer avec précision à la fois la position et la vitesse (ou la quantité de mouvement) d'un corpuscule, en mécanique intra-atomique. *Relations d'incertitude de Heisenberg*, qui expriment numériquement cette imprécision. — REM. On dit aussi *Principe, relations d'indétermination*.

6 « ... plus l'incertitude sur la position est petite, plus grande est l'incertitude sur la quantité de mouvement et réciproquement, et l'on obtient... les relations d'incertitude de Heisenberg... »
J.-L. DESTOUCHES, La mécan. ondulat., pp. 56-57 (éd. P.U.F.).

— Par ext. Chose incertaine, mal connue, qui prête au doute. *Les incertitudes d'une science* (Cf. Espèce, cit. 29). « *La plus grande partie de la philosophie n'est qu'un amas d'incertitudes* » (NICOLE). *Existence pleine d'incertitudes.* V. **Obscurité** (Cf. Biographiquement, cit.). — Chose imprévisible. *Les incertitudes du sort, de la guerre, du lendemain...* V. **Chance, hasard.**

7 « Pour eux, les lendemains remplis d'incertitudes dépendaient entièrement de leur force de volonté et de travail... »
LOTI, Matelot, XXVII.

|| 2° État d'une personne incertaine. V. **Anxiété, doute, inquiétude.** *L'incertitude humaine ; l'homme « cloaque d'in-*

certitude et d'erreur » (Cf. Chaos, cit. 4 PASC.). *Être, demeurer dans l'incertitude* (Cf. Fin, cit. 3). *Cruelle, horrible incertitude.*

8 « Nous avons pour notre part l'inconstance, l'irrésolution, l'incertitude, le deuil (douleur), la superstition, la so(l)licitude (inquiétude) des choses à venir,... » MONTAIGNE, Essais, II, XII.

9 « Je ne respire pas dans cette incertitude. » RAC., Bérén., II, 5.

10 « Nous souhaitons la vérité, et ne trouvons en nous qu'incertitude. »
PASC., Pens., VII, 437.

11 « L'incertitude devient un tourment dont notre âme se déchire par une erreur, si elle ne le peut par une vérité. »
CHAMFORT, Max. et pens., XLVI.

12 « L'incertitude est de tous les tourments le plus difficile à supporter, et dans plusieurs circonstances de ma vie je me suis exposé à de grands malheurs, faute de pouvoir attendre patiemment. »
MUSS., Confess. enfant du siècle, V, II.

13 « En proie à la plus cruelle incertitude, et voulant la faire cesser, dût-elle en mourir, Norma se dispose à aller trouver Pollion. »
GAUTIER, Souv. de théâtre..., Norma, p. 157.

14 « Je songe à ce « peut-être » qui, dans le cœur de beaucoup d'hommes, infuse un subtil poison d'incertitude,... »
DUHAM., Disc. aux nuages, I, p. 20.

— *Spécialt.* État d'une personne incertaine de ce qu'elle fera. V. **Embarras, flottement, hésitation, indécision, indétermination, irrésolution, perplexité.** *Être dans l'incertitude.* V. **Balancer** (cit. 14), **hésiter, tâtonner...** *Sans une ombre d'incertitude* (Cf. Imitation, cit. 18). *L'incertitude où je suis* (Cf. Consulter, cit. 2). *La profonde incertitude où il se trouvait* (Cf. Fluctuation, cit. 2). *Incertitude touchant un problème moral.* V. **Scrupule.** *Incertitude perpétuelle.* V. **Instabilité, versatilité.** — *Esprit en pleine incertitude.* V. **Crise, désarroi.** *Incertitude du jugement* (Cf. Compromettre, cit. 3).

15 « ... et je suis dans l'incertitude si... je dois me battre avec mon homme, ou bien le faire assassiner. » MOL., Sicilien, XII.

16 « Vous êtes bien aise que ce ne soit pas votre affaire de résoudre ; car une résolution est quelque chose d'étrange pour vous, c'est votre bête : je veux ai vue longtemps à décider d'une couleur ; c'est la marque d'une âme trop éclairée, et qui voyant d'un coup d'œil toutes les difficultés, demeure en quelque sorte suspendue... ; pour moi.... je hais l'incertitude, et j'aime qu'on me décide. »
SÉV., 369, 12 janv. 1674.

17 « ... je lui avais peu à peu communiqué mon incertitude qui, le jour des décisions, l'empêcherait de prendre aucune. Je la sentais comme moi les mains molles, espérant que la mer épargnerait le château de sable, tandis que les autres enfants s'empressent de bâtir plus loin. » RADIGUET, Diable au corps, p. 123.

— V. **Hésitation.** *Un flux et reflux d'incertitudes.* V. **Fluctuation, oscillation, tergiversation, vacillation** (Cf. Hébéter, cit. 2). *Des incertitudes laborieuses.* Cf. Frayer 1, cit. 9.

18 « Un peu plus loin, il profita d'un croisement pour feindre une incertitude. » ROMAINS, H. de b. vol., t. V, XXIII, p. 200.

ANT. — **Certitude.** Assurance, décision, détermination, fermeté, netteté, précision, résolution, stabilité.

INCESSAMMENT. *adv.* (1358 ; de *incessant*).

|| 1° D'une manière incessante. V. **Assidûment, constamment, continuellement ; cesse** (sans cesse). *La vieillesse amasse* (cit. 3) *incessamment. Incessamment, sans arrêt* (cit. 1). *Propos incessamment rebattus* (Cf. Cabale, cit. 7). *Creuser* (cit. 11), *fouir incessamment. Encourager* (cit. 9) *incessamment les méchants.*

— REM. Cette acception d'*Incessamment* était déjà considérée comme vieillie au XVIIIe s. (Cf. TRÉVOUX ; BRUNOT, H.L.F., t. VI, p. 1514). La langue littéraire a continué à l'employer au XIXe s. (Cf. Arête, cit. 6 ; changeant, cit. 6 ; fouiller, cit. 18 BALZAC ; cascade, cit. 6 HUGO ; femme, cit. 14 MICHELET ; file, cit. 2 TAINE) et même au XXe s. (Cf. Changer, cit. 68 GIRAUDOUX).

1 « Ô montagne d'Etna que d'ici je regarde
Brûler incessamment d'une flamme qui garde
Sa nourriture en soi !... »
RONSARD, Églogues, Cyclope amoureux.

2 « Je veux jusqu'au trépas incessamment pleurer
Ce que tout l'univers ne peut me réparer. » MOL., Psyché, II, 1.

3 « Une étude perpétuelle de la nature lui permet de varier incessamment ses types. » GAUTIER, Souv. de théâtre..., Gavarni, p. 177.

|| 2° Très prochainement, sans délai*, sans retard*. V. **Bientôt, peu** (sous peu), **tôt** (au plus tôt), **suite** (tout de suite). *Il doit arriver, venir incessamment. Je vous répondrai incessamment. On l'attend incessamment.* — REM. *Incessamment* est, en ce sens, d'un usage plus courant (bien que moins littéraire) que le précédent. Il ne s'emploie guère que par rapport au temps futur. Cependant l'ACAD. (8e éd.) en donne un exemple avec un verbe au passé : *Il fut nommé préfet de Strasbourg et se rendit incessamment à son poste.*

4 « On me mande... que le roi revient incessamment :... »
SÉV., 539, 21 mai 1676.

5 « Je vous conseille de sortir incessamment de cette ville. »
LESAGE, in DURRIEU, Parlons correct., Incessamment.

INCESSANT, ANTE. *adj.* (1552 ; de *in-*, et *cessant*). Qui ne cesse pas, dure sans arrêt*, sans interruption. V. **Continu, continuel, ininterrompu, perpétuel.** *Bruit* (cit. 5), *bruisse-*

ment (cit. 2), *fracas* (cit. 5), *tonnerre... incessant* (Cf. Brisant, cit. 2). *Des cris incessants. Le choc incessant des glaçons* (cit.). *Incessante mobilité* (Cf. Girouette, cit. 4). *Étude, culture incessante* (Cf. Affirmer, cit. 11 ; approfondir, cit. 12 ; habitude, cit. 40). *Travail incessant, sans relâche. Incessant désir* (Cf. Haine, cit. 33), *terreur incessante* (Cf. Épileptique, cit. 4). *Lutte incessante* (Cf. Cynique, cit. 6). *D'incessantes récriminations.* V. **Éternel** (IV).

1 « ... les hommes, à travers leurs incessantes transformations, restent fidèles aux vieux usages ! » FUSTEL de COUL., **Cité antique,** III, IV.

2 « ... les mères causaient entre elles en surveillant 'la marmaille d'un coup d'œil incessant. » MAUPASS., **Monsieur Parent,** I.

3 « ... la douce plainte incessante d'une source... » PROUST, **Plaisirs et jours,** p. 123.

INCESSIBLE. *adj.* (1576 J. BODIN ; de *in-,* et *cessible*). *Dr.* Qui ne peut être cédé*. *Droit, privilège, titre, créance, action incessible.*

« Droits... qui sont de leur nature incessibles, inaliénables et imprescriptibles. » J. BODIN, **République,** I, 11 (1576).

DER. — **Incessibilité.** *n. f.* (XVIIIe s.). Caractère de ce qui est incessible. — REM. Ce terme est « synonyme d'inaliénabilité*, mais... est employé de préférence quand il s'agit d'un bien incorporel » (CAPITANT).

INCESTE. *n. m.* et *f.* (XIIe s. ; lat. *incestus,* propremt. « non chaste »).

I. *N. m.* Commerce charnel entre personnes parentes ou alliées à un degré qui entraîne la prohibition du mariage. — REM. Dans le langage courant, *Inceste* s'applique aux relations charnelles entre parents très proches par le sang, à l'exclusion des alliés. — *Inceste entre la mère et le fils, le frère et la sœur, l'oncle et la nièce... Inceste fraternel* (cit. 1). *Commettre un inceste.* — *Par exagér.* Amour coupable, incestueux.

1 « — Chargé du crime affreux dont vous me soupçonnez
Quels amis me plaindront, quand vous m'abandonnez ?
— Va chercher des amis dont l'estime funeste
Honore l'adultère, applaudisse à l'inceste,...
— Vous me parlez toujours d'inceste et d'adultère ? » RAC., **Phèdre,** IV, 2.

2 « ... les Tartares, qui peuvent épouser leurs filles, n'épousent... jamais leurs mères... Il a... fallu une barrière insurmontable entre ceux qui devaient donner l'éducation et ceux qui devaient la recevoir,... L'horreur pour l'inceste du frère avec la sœur a dû partir de la même source. Il suffit que les pères et les mères aient voulu conserver les mœurs de leurs enfants, et leurs maisons pures, pour avoir inspiré à leurs enfants de l'horreur pour tout ce qui pouvait les porter à l'union des deux sexes. » MONTESQ., **Espr. des lois,** XXVI, XIV.

3 « Les Tartares, dit *l'Esprit des Lois,* qui peuvent épouser leurs filles, n'épousent jamais leurs mères ». On ne sait de quels Tartares l'auteur veut parler. Il cite trop souvent au hasard. Nous ne connaissons aujourd'hui aucun peuple..., où l'on soit dans l'usage d'épouser sa fille... J'avoue que la loi qui prohibe de tels mariages est une loi de bienséance ; et voilà pourquoi je n'ai jamais cru que les Perses aient épousé leurs filles... Il se peut que quelque prince de Perse eût commis un inceste, et qu'on imputât à la nation entière la turpitude d'un seul. » VOLT., **Dict. philos.,** Inceste.

4 « On pourrait presque dire que ce fut lui, et lui seul qui, baptisant un amour assez naturel pour une demi-sœur inconnue, transforma la faute en crime... L'inceste violant une des lois les plus antiques des hommes, lui semblait donner aux joies de la chair le prestige de la révolte. Augusta, beaucoup plus simple, s'abandonnait. » MAUROIS, **Vie de Byron,** II, XVIII.

— *Spécialt. Dr. :*

5 « Le mariage célébré entre personnes parentes ou alliées au degré prohibé est *nul,* et le vice qui l'atteint porte le nom d'*inceste.* » PLANIOL, **Dr. civ.,** t. I, § 722, p. 273.

— *Par ext. Dr. can.* Relations coupables avec une religieuse. *Inceste spirituel,* entre personnes unies par un lien spirituel (parrain et filleule, etc.).

II. *Vx.* (*N. m.* et *f.*). Celui, celle qui a commis un inceste. — *Adjectivt.* V. **Incestueux.** *Désir inceste* (CORN., Œdipe, III, 5).

INCESTUEUX, EUSE. *adj.* (XIIIe s. ; du lat. *incestuosus*).

|| 1° Coupable d'inceste. *Une femme incestueuse. Un couple incestueux.*

1 « ... La douleur vertueuse
De Phèdre malgré soi perfide, incestueuse, » BOIL., **Épitres,** VII.

— *Substant. Un incestueux.*

2 « Un seul jour ne fait pas d'un mortel vertueux
Un perfide assassin, un lâche incestueux. » RAC., **Phèdre,** IV, 2.

|| 2° Qui constitue un inceste. *Amour, commerce incestueux* (Cf. Adultérin, cit. 2). *Passion incestueuse.* « *Un reste mal éteint d'incestueuse flamme* » (CORN., Héracl., III, 1).

|| 3° *Fig.* et *poét.* (vx). *Regard incestueux* (Cf. Chaste, cit. 4).

3 « Mais ce lien du sang qui nous joignait tous deux
Écartait Claudius d'un lit incestueux. » RAC., **Britann.,** IV, 2.

|| 4° Issu d'un inceste. *Enfant, fils incestueux* (V. **Illégitime**). *Légitimation des enfants incestueux* (Loi 7 nov. 1907).

« ... la loi du 7 novembre 1907 a effacé de l'article 331 le membre de phrase exclusif de la légitimation des enfants incestueux. Il est même permis de penser que cette suppression sans réserve a rendu possible la légitimation des enfants incestueux *dans tous les cas.* Nous voulons dire par là que, si les deux parents, au degré prohibé sans dispense possible, contractent néanmoins mariage, il suffit que l'un d'eux soit de bonne foi,... pour que,... le mariage, bien que nul, entraîne, étant putatif, la légitimation. » JULLIOT DE LA MORANDIÈRE, **Dr. civ.,** t. I, n° 518, p. 311.

DER. — **Incestueusement.** *adv.* (1508). D'une manière incestueuse.

« Je voudrais que tu sois ma sœur pour t'aimer incestueusement » APOLLINAIRE, **Ombre de mon amour,** XXXVIII.

INCHANGÉ, ÉE. *adj.* (1845 ; de *in-,* et *changé*). Qui n'a pas changé. *Il revient inchangé* (LITTRÉ). *La situation demeure inchangée. Cours d'une valeur inchangé.*

INCHOATIF, IVE (in-ko-). *adj.* (XVe s., « qui est au commencement » ; T. de Gramm. au XVIe s. ; lat. *inchoativus,* de *inchoare,* « commencer »). *Gramm.* Se dit des formes verbales exprimant une action commençante, un devenir, une progression. *Les verbes latins en -sco sont inchoatifs.* — *Suffixe inchoatif.* — *Verbes inchoatifs* et substant. *Des inchoatifs.*

INCIDEMMENT (in-si-da-man). *adv.* (1310 ; de *incident*). D'une manière incidente*. V. **Accessoirement, accidentellement.** *Parler de quelque chose, de quelqu'un incidemment.* V. **Parenthèse** (entre). Cf. Frère, cit. 29. *Je lui ai demandé incidemment si...* V. **Passer** (en passant).

1 « Il nous faut plus amplement traiter ce point, duquel nous n'avions pas ci-devant parlé, sinon incidemment et comme en passant. » CALVIN, **Instit.,** 671.

2 « Une première fois, j'ai dû te nommer incidemment parmi les camarades que je fréquentais le plus. » ROMAINS, **Une femme singulière,** p. 12.

INCIDENCE. *n. f.* (XIVe s. ; de *incident*).

I. *Vx.* Ce qui arrive, survient. V. **Circonstance, incident.**

1 « ... lorsque de telles incidences entravent les débuts d'une entreprise déjà vague et douteuse, on diffère de se risquer en de nouvelles menées pour d'aussi hasardeux bénéfices ;... » VILLIERS DE L'ISLE-ADAM, **Axel,** II, XIII.

II. (1637 DESC.) || 1° *T. de Sciences.* Rencontre (d'une ligne, d'un corps et d'une autre ligne, d'une surface, etc.). *Spécialt.* Rencontre d'un rayon* (lumineux, électromagnétique) et d'une surface.

2 « Tous (*les rayons*) se brisent à leur incidence dans la boule ; chacun d'eux se brise différemment,... » VOLT., **Philos. de Newton,** II, XI.

— *Point d'incidence :* point de rencontre du rayon incident et de la surface. *Plan d'incidence. Angle d'incidence,* formé par le rayon incident et la normale à la surface frappée, au point d'incidence. — *Par ext.* Direction du rayon incident. *L'angle de réflexion*, de réfraction* dépend de l'incidence. Incidence rasante. L'incidence de la lumière.*

3 « En sortant du débit, il profite d'une incidence de lumière favorable pour se regarder encore une fois dans la glace. » ROMAINS, **H. de b. vol.,** t. IV, II, p. 12.

|| 2° (XIXe s.). *Écon. polit.* « Fait d'un impôt qui tombe, qui porte sur telle ou telle classe d'individus » (LITTRÉ, Suppl.). — *Spécialt.* Effet de la charge fiscale sur une personne ou une classe qui la supporte finalement au lieu du contribuable qui, légalement, l'acquitte. *Incidence des impôts de consommation.*

4 « M. Léon Say a remarqué avec beaucoup de finesse et de sagacité que la loi n'est pas aussi maîtresse qu'on le croit généralement de régler l'incidence des impôts. » Journal des Débats, 29 oct. 1876 (in LITTRÉ, Suppl.).

5 « Il n'est presque pas d'impôt dont le poids ne retombe, dans une plus ou moins large mesure, sur d'autres que ceux qui le paient légalement. On appelle *incidence de l'impôt* le résultat final de toutes les translations par lesquelles la charge a passé de l'un à l'autre. Le problème de l'incidence est le plus complexe de tous ceux qu'étudie la science des finances. C'est de sa solution que dépend la distinction économique entre les impôts directs, dont l'incidence réelle est la même que l'incidence légale ou en diffère peu, et les impôts indirects, dont le débiteur légal ne garde presque aucune part à sa charge. » COLSON, **Cours d'écon. polit.,** t. V, p. 274.

— *Par ext.* V. **Conséquence, effet, influence, répercussion.** *L'incidence des salaires sur les prix de revient* (LAROUSSE). *Il est difficile de prévoir les incidences de cette nouvelle mesure.* — REM. L'extension de ce mot au langage courant est jugée abusive par quelques grammairiens. R. GEORGIN critique cet exemple de DUHAMEL : *Quelle sera sur la communauté française l'incidence de phénomènes ainsi déterminés ?* Le développement sémantique semble pourtant assez logique ; on l'observe en anglais comme en français.

INCIDENT. *n. m.* et *adj.* (1280, substant. ; du lat. scolastique *incidens,* de *incidere,* « tomber sur, survenir »).

I. *N. m.* || 1° Petit événement* qui survient. *Un incident sans importance, sans gravité. Le moindre incident* (Cf. Acuité, cit. 3 ; assoupir, cit. 21). *Incident fortuit, providentiel* (Cf. Excitatif, cit. ; haine, cit. 33). *Incident imprévu, inopiné.* V. **Aventure.** *Les incidents qui figurent dans une biographie* (cit. 2). *Causer* (cit. 13), *parler d'un incident.*

Un incident récent, tout frais (1, cit. 11), *déjà ancien... Tout incident passé fait partie de l'histoire* (Cf. Historique, cit. 10). *La rubrique des faits divers rend compte des incidents survenus dans la journée. Incident pénible, regrettable...* (V. **Circonstance**). *Ce n'est qu'un incident, qu'un petit incident dans sa vie.* V. **Épisode, péripétie.**

1   « Pour Javert, les incidents habituels de la voie publique étaient classés catégoriquement, ce qui est le commencement de la prévoyance et de la surveillance, et chaque éventualité avait son compartiment ; ... »
            HUGO, **Misér.**, V, III, X.

2   « Un moraliste, qui a le secret des accents pénétrants, a dit : « ... La vie n'est qu'une succession d'incidents ; l'individu, au point de vue de la société, n'y joue que le plus mince rôle ;... »
            STE-BEUVE, **Chateaubriand...**, t. II, p. 287 (*note*).

3   « À l'église, il y eut un incident pénible, l'abbé Madeline s'évanouit, en disant sa messe. Il n'allait pas bien, il regrettait ses montagnes, depuis qu'il vivait dans la plate Beauce, navré de l'indifférence religieuse de ses nouveaux paroissiens,... »
            ZOLA, **La terre**, IV, VI.

4   « ... le café épais, après avoir désagréablement sali ses doigts, se répandit sur le plancher, et l'incident passa sans qu'aucun de nous fit mine de l'avoir remarqué. »
            LOTI, **Aziyadé**, IV, IX.

— *Spécialt.* Petite difficulté imprévue qui survient au cours d'une entreprise. V. **Accroc, anicroche, difficulté...** *L'affaire s'est déroulée, le voyage s'est passé sans incident.*

— Événement peu important en lui-même, mais capable d'entraîner de graves conséquences dans les relations internationales. *Incident diplomatique. Un grave incident de frontière.* — (Dans la vie politique, sociale) *S'efforcer de créer, de provoquer des incidents dans une réunion, dans la rue.*

5   « Sa nouvelle était un incident de frontière, peut-être un *casus belli*, entre la France et l'Allemagne. L'incident paraissait grave : un commissaire français avait été attiré dans un guet-apens et les Allemands ne le lâchaient point. »
            A. HERMANT, **L'aube ardente**, XIV.

6   « Les ponts sur la Moselle étaient occupés militairement par les troupes allemandes. On était à la merci d'un incident. »
            MART. du G., **Thib.**, t. VII, p. 148.

‖ 2° Événement accessoire qui survient dans le cours de l'action principale (d'une pièce de théâtre, d'un roman). V. **Épisode** (1°), **péripétie** (Cf. Détruire, cit. 19 ; et, cit. 25).

7   « N'offrez point un sujet d'incidents trop chargé ! »
            BOIL., **Art poét.**, III.

8   « Les incidents (*dans une pièce de théâtre*) ne sont un mérite que quand ils sont naturels,... »
            VOLT., **Corresp.**, 2375, 22 déc. 1763.

‖ 3° Contestation* accessoire survenant au cours d'un procès*. *Soulever un incident. Incident de saisie*, soulevé au cours d'une procédure de saisie.

9   « Autre incident : tandis qu'au procès on travaille,
    Ma partie en mon pré laisse aller sa volaille. »
            RAC., **Plaid.**, I, 7.

10   « ... mais si on me paye bien, je ne ferai point d'incident et laisserai les choses comme elles sont. »
            SÉV., **1368**, 18 janv. 1694.

11   « ... M. de Lamoignon... débrouillerait ce chaos d'incidents et de procédures dont on avait enveloppé leur cause,... »
            FLÉCH., **Lamoignon**.

12   « Dans un sens très général, le mot *incident* désigne tous les événements qui, se produisant au cours d'une instance, en modifient le cours ordinaire (exceptions, mesures d'instruction, reprise ou péremption d'instance, constitution de nouvel avoué, etc.). — Dans un sens plus restreint, qui est celui des articles 337 et suivants du code de procédure civile... il désigne les demandes additionnelles du demandeur, les demandes reconventionnelles du défendeur, et les demandes en intervention formées par ou contre des tiers. »
            DALLOZ, **Nouv. répert.**, art. Incident, § 1.

— *Fig.* Difficulté, objection qu'une personne soulève (dans un débat au jeu...). V. **Chicane, dispute.** *Au lieu de répondre à la question, il soulève des incidents* (ACAD.). — *Incidents de séance.*

II. *Adj.* (1549). ‖ 1° *Dr.* Qui survient accessoirement dans un procès, une affaire. V. **Accessoire.** *Contestation, demande, question, requête incidente.* — *Faux incident* (par oppos. à *faux principal.* V. **Faux**, II, 2°). *Appel* incident.

13   « Des discussions poussées dans un grand détail ne lèvent guère une difficulté sans en faire naître une autre ; cette nouvelle difficulté qu'on veut suivre, produit aussi sa difficulté incidente, et on se trouve engagé dans un labyrinthe. »
            FONTENELLE, **Du Verney**.

14   « Les demandes incidentes seront formées par un simple acte contenant les moyens et les conclusions, avec offre de communiquer les pièces justificatives... »
            CODE PROC. CIV., **Art. 337**.

— *Événement incident*, non essentiel (V. **Accidentel**). *D'une façon incidente.* V. **Incidemment.**

‖ 2° (XVIII° s.). *Phys.* Qui rencontre une surface, un corps (en parlant de rayons).

‖ 3° *Gramm.* Se dit d'une proposition qui suspend le courant d'une phrase pour y introduire un énoncé accessoire. V. **Incise.** *La proposition incidente joue le même rôle qu'une parenthèse.* Substant. *Une incidente. Mettre une incidente entre parenthèses, entre virgules, entre tirets... Phrase hachée* (cit. 13), *coupée d'incidentes.*

15   « Il expliqua pourquoi, en phrases interrompues, coupées de continuelles incidentes. »
            ZOLA, **La terre**, I, II.

16   « ... je ne puis quitter Rotrou sans m'arrêter à une autre de ces beautés maudites (c'est un peu plus loin dans la tragédie de *Vencelas*)
      Apprenons l'art, mon cœur, d'aimer sans espérance
qui provient toute de cette distorsion de l'expression *l'art d'aimer* par une incidente... »
            ARAGON, **Les yeux d'Elsa**, p. XI.

ANT. — Dominant, principal.

DER. — Incidence. — **Incidenter.** *v. intr.* (1649). *Vieilli.* Susciter des incidents au cours d'un procès, d'une affaire et *par ext.* Soulever des difficultés, des objections. V. **Chicaner.**

1   « Deviez-vous incidenter sur des choses si communes ? »
            VOLT., **De quelques niaiseries**, XXI.

2   « Toujours plus disposé à incidenter à mesure qu'il distinguait un véritable empressement... »
            STENDHAL, **Le rouge et le noir**, I, V.

INCINÉRER. *v. tr.* (1488, rare jusqu'au XIX° s. ; lat. *incinerare*, de *cinis*, « cendre »). Réduire en cendres*. V. **Brûler.** *Incinérer des plantes marines* (LITTRÉ). — *Spécialt. Incinérer un cadavre.* V. **Incinération.**

1   « Patrick Mahon fut un assassin qu'on oublie. Il faisait, dans sa paisible province anglaise, disparaître des jeunes filles, des jeunes femmes. On retrouva enfouis, incinérés, les restes de ses victimes. »
            COLETTE, **Belles saisons**, Mes cahiers, p. 198.

2   « ... le bonhomme dut grimper jusqu'à la nécropole et comme, par une opiniâtre révérence pour les principes de sa jeunesse, il tenait à faire incinérer le petit corps, il dut, pendant une heure, supporter l'affreux silence de la fausse chapelle, pareille, en sa hideur, à quelque bâtisse d'exposition. »
            DUHAM., **Salavin**, V, XXIII.

DER. — (du bas lat. *incineratio*) : **Incinération.** *n. f.* (XIV° s. ; rare avant 1762 selon BLOCH). Action d'incinérer. *Incinération des plantes marines* (Cf. Imprégner, cit. 1 BUFF.). *Fours d'incinération*, ou incinérateurs, destinés à brûler les ordures, les immondices. *Spécialt. Incinération des cadavres.* V. **Crémation.** *Transport, dépôt des cendres, après l'incinération.* V. **Cimetière, cinéraire** (urne), **columbarium, funérailles.**

  « Un arrêté préfectoral expropria les occupants des concessions à perpétuité, et l'on achemina vers le four crématoire tous les restes exhumés. Il fallut bientôt conduire les morts de la peste eux-mêmes à la crémation. Mais on dut utiliser alors l'ancien four d'incinération. »
            CAMUS, **La peste**, p. 196.

INCIPIT (*in-si-pit*). *n. m. invar.* (1867 LITTRÉ ; mot lat., 3° pers. sing. indic. de *incipere*, « commencer »). Se dit des premiers mots d'un manuscrit, d'un livre... *Catalogue citant les incipit des ouvrages répertoriés.*

INCIRCONCIS, ISE. *adj.* (XIV° s. ; lat. ecclés. *incirconcisus*. V. **Circoncis**).

‖ 1° Qui n'est pas circoncis* (cit. 1).

1   « Ils circoncirent tous les enfants incirconcis qu'ils trouvèrent dans tout le pays d'Israël. »
            BIBLE (SACY), **Macchab.**, I, II, 46.

— *Spécialt.* (*T. de Relig. juive*). Qui n'appartient pas à la nation juive, à la religion israélite. *Les hommes, les peuples incirconcis.* Substant. *Les incirconcis.* V. **Goy** (cit. 3).

2   « ... étant Gentils par votre origine, et du nombre de ceux qu'on appelle incirconcis, pour les distinguer de ceux qu'on appelle circoncis selon la chair,... »
            BIBLE (SACY), **Épît. aux Éphésiens**, II, 11.

3   « Quand saint Pierre et les apôtres délibèrent d'abolir la circoncision, où il s'agissait d'agir contre la loi de Dieu, ils ne consultent point les prophètes, mais simplement la réception du Saint-Esprit en la personne des incirconcis. »
            PASC., **Pens.**, X, 672.

‖ 2° *Fig.* (dans le style biblique et le style de la chaire, aux XVII° et XVIII° s.). « Qui pèche devant le Seigneur » (LITTRÉ) ; qui n'est pas mortifié. *Incirconcis de cœur.* Par ext. *Des cœurs incirconcis* (BOURDALOUE).

4   « Que les incirconcis de cœur seront jugés (Jér., IX, 26) : car Dieu jugera les peuples incirconcis et tout le peuple d'Israël, parce qu'il est « incirconcis de cœur ». »
            PASC., **Pens.**, IX, 610.

DER. — (du lat. *incirconcisio*) : **Incirconcision.** *n. f.* (XVI° s.). État de celui qui est incirconcis (au propre et au figuré).

  « ... mondains qui vivent... dans une incirconcision générale de leurs passions,... »
            BOURDAL., **Circons. de J.-C.**, II.

INCISE. *n. f.* (1770 ROUSS. ; lat. *incisa*, « coupée »). *Mus.* Groupe de notes formant un fragment d'un rythme. — *Gramm.* (1771 TRÉVOUX). Proposition généralement courte, tantôt insérée dans le corps de la phrase, tantôt rejetée à la fin de la phrase, pour indiquer qu'on rapporte les paroles de quelqu'un ou pour exprimer une sorte de parenthèse, souvent d'insistance ou de politesse. V. **Incident**(e). *Dans le vers :* « Un soir, *t'en souvient-il ?* nous voguions en silence » (LAMART.), *t'en souvient-il ? est une incise. Inversion du sujet de l'incise. Verbe déclaratif de l'incise* (Cf. Faire, cit. 117). — Adjectiv. *Proposition incise.*

1   « ... le verbe de l'incise est régulièrement un déclaratif, comme *dire, répondre, reprendre*, etc., ou *crier, s'écrier, murmurer*, etc. À ces verbes naturellement prédestinés à ce rôle s'en sont ajoutés d'autres plus ou moins voisins de sens : « Ma petite fille, *commença-t-il* sur un ton éploré, ne sois pas trop sévère pour ton pauvre père » P. BENOIT, *Déjeuner de S.*, III, (= *commença-t-il à dire*). — Puis, certains écrivains, par affectation à la fois de brièveté et de relief,·ont utilisé des « ersatz », où très souvent il n'y a rien pour la déclaration... les faux déclaratifs suivants : *tempêter, râler, plaisanter, s'égosiller...* sont pris, évidemment, comme des substituts de *dire* accompagné d'un gérondif du sens exprimé par eux, (dit-il *en pleurnichant, en plaisantant*, etc.)... »
            G. et R. LE BIDOIS, **Syntaxe du fr. mod.**, t. II, n° 1123, p. 231.

2 « J'ai dénoncé dans un précédent ouvrage l'emploi abusif que font les écrivains contemporains dans les propositions incises (ou intercalées) du type *dit-il, pensait-il*, de toutes sortes de verbes d'action qui n'ont avec les verbes dire et penser que des rapports assez lointains... On peut admettre... l'emploi dans les incises de verbes qui expriment un sentiment, comme *protester, s'étonner, s'indigner*. Mais, dans cette voie, il ne faut pas aller trop loin. »
GEORGIN, **La prose d'aujourd'hui**, pp. 54-55.

INCISER. *v. tr.* (1418 ; lat. pop. *incisare*, de *incisus*, p. p. de *incidere*, « couper »). Fendre avec un instrument tranchant. V. **Couper, entailler ; incision***. — *Arbor. Inciser un pin pour recueillir la résine. Inciser l'écorce d'un arbre pour le greffage.* V. **Écorcer, scarifier.** — *Bot. Feuille incisée*, dont les bords présentent des découpures profondes et irrégulières. — *Spécialt.* Chirurg. *Inciser un phlegmon au bistouri* (cit. 2). V. **Débrider.** *Inciser les aines d'un pestiféré* (Cf. Écarteler, cit. 4). *Inciser la peau superficiellement.* V. **Scarifier.**

1 « ... on incise et taille les tendres membres d'un enfant plus aisément que les nôtres,... »
MONTAIGNE, **Essais**, II, XII.

2 « ... le médecin ensuite se présente avec sa trousse pour inciser son panaris... »
MICHAUX, **La nuit remue**, p. 138.

INCISIF, IVE. *adj.* (1314 ; lat. médic. *incisivus*). Qui incise, qui coupe ou qui est propre à couper. V. **Tranchant.** — *Anat. Dents* incisives*, et substant. Les incisives*, dents aplaties et tranchantes qui servent à couper les aliments. *Chez l'homme, les incisives, ou dents de devant, implantées à la partie antérieure des maxillaires, sont au nombre de huit, soit quatre par mâchoire. Incisives supérieures, inférieures. Incisives des rongeurs* (Cf. Grignotement, cit.).

1 « Les petits museaux mobiles grimacent étrangement, découvrant les tranchantes incisives des rongeurs :... »
PERGAUD, **De Goupil à Margot**, p. 110.

— *Fig.* (XIXᵉ s.). V. **Acerbe, acéré** (cit. 4), **aigu, mordant, tranchant.** *Ton incisif. Ironie incisive* (Cf. Caustique). *Critique* incisive. Traits incisifs.* V. **Emporte-pièce** (à l'). *Style incisif.* V. **Concis.** — *Par ext. Un orateur incisif* (LITTRÉ).

2 « Ce récit fut aussi aigrement incisif que l'est un coup de hache. »
BALZ., **Drame au bord de la mer**, Œuvr., t. IX, p. 894.

3 « ... un rire grimaçant, effroyable, infernal — mais sarcastique — incisif, pittoresque. »
A. BERTRAND, **Gaspard de la nuit**, p. 42.

4 « Nous prenons ce mot entre mille, tous plus incisifs, plus piquants et plus risibles les uns que les autres. »
GAUTIER, **Souv. de théâtre...**, Gavarni, p. 176.

5 « Avec cela, éloquent, passionné, étrange, parfois ironique, spirituel, incisif. Il avait peu de culture littéraire, mais sa parole était pleine de saillies inattendues. »
RENAN, **Souv. d'enfance...**, IV, II.

INCISION. *n. f.* (1314 ; lat. *incisio*). Action d'inciser ; résultat de cette action. V. **Coupure, entaille, fente, taillade.** — *Arbor. Faire une incision annulaire, circulaire, transversale à l'écorce d'un arbre fruitier pour hâter sa fructification.* V. **Baguage** (cit.) : **baguer, cerner.** *Pratiquer une incision longitudinale sur un hévéa pour recueillir le latex.* — *Chirurg.* « Division méthodique des parties molles avec un instrument tranchant » (LITTRÉ). *Pratiquer une incision.* V. **Couper** (dans le vif). *Incision d'une plaie* (V. **Contre-ouverture**), *d'un bubon* (cit.). V. **Excision.** *Incision de la trachée-artère* (V. **Trachéotomie**), *de la vessie.* V. **Cystotomie,...** et aussi *suff.* -**Tomie.** *Incision cruciale*, superficielle* (V. **Scarification**). *Instruments pour incisions.* V. **Bistouri, scalpel, scarificateur.**

1 « ... mon humeur, qui trouve la santé digne d'être rachetée par tous les cautères et incisions les plus pénibles qui se fassent. »
MONTAIGNE, **Essais**, II, XXXVII.

2 « Un chirurgien... assura qu'en faisant de profondes incisions, il sauverait la jambe du roi. « Travaillez donc tout à l'heure, lui dit le roi ; taillez hardiment, et ne craignez rien ». Il tenait lui-même sa jambe avec les deux mains, regardant les incisions qu'on lui faisait, comme si l'opération eût été faite sur un autre. »
VOLT., **Hist. de Charles XII**, IV.

3 « ... un chirurgien acheta mon corps, m'emporta chez lui, et me disséqua. Il me fit d'abord une incision cruciale depuis le nombril jusqu'à la clavicule. »
ID., **Candide**, XXVIII.

4 « Nous visitâmes soigneusement le corps pour trouver les incisions habituelles par où on extrait les entrailles ;... Aucune personne de la société ne savait alors qu'il n'est pas rare de trouver des momies entières et non incisées. Ordinairement, la cervelle se vidait par le nez ; les intestins, par une incision dans le flanc ;... »
BAUDEL., **Trad. E. POE, Nouv. hist. extraord.**, Pet. discuss. avec momie.

INCITATION (*-sion*). *n. f.* (XIVᵉ s. ; lat. *incitatio*). Action d'inciter* ; ce qui incite. V. **Conseil, encouragement, exhortation.** *Incitation à la révolte, à la violence...* V. **Excitation, provocation.** *Céder à l'incitation d'autrui* (V. **Instigation**), *à l'incitation du plaisir* (V. **Appel, invitation**). — *Spécialt.* Dr. *Incitation au meurtre* (V. **Apologie**). *Incitation de mineurs à la débauche* (Cf. CODE PÉN., Art. 334 bis).

1 « La douleur insupportable et pire mort me semblent les plus excusables incitations (*au suicide*). »
MONTAIGNE, **Essais**, II, III.

2 « ... votre fille avait une vertu trop haute
Pour avoir jamais fait ce pas contre l'honneur,
Sans l'incitation d'un méchant suborneur ; »
MOL., **Dép. am.**, III. 4.

« La nuit avait eu beau se faire désirable comme une prostituée, et l'entremetteuse municipalité parisienne avait eu beau multiplier ses incitations murales à la joie parfaite, on s'embêtait manifestement. »
BLOY, **Le désespéré**, p. 237. 3

« Je trouvai chez lui, non point une incitation, mais bien un empêchement tout au contraire. »
GIDE, **Journal**, 4 novembre 1927. 4

ANT. — **Apaisement.**

INCITER. *v. tr.* (*Enciter* en 1190 ; lat. *incitare*). Entraîner, pousser quelqu'un à... V. **Convier, déterminer, disposer, encourager, engager, entraîner, exciter, exhorter, incliner, instiguer, inviter, pousser, provoquer, solliciter ; conseiller** (de). *Amour* (cit. 6) *qui incite à vouloir du bien à ceux qu'on aime. Sa confiance en son étoile* (cit. 25) *incitait Bonaparte aux pires audaces. Les foires* (cit. 3) *ont pour but d'inciter le public à un premier achat. Inciter au crime, à la rébellion. Homme nonchalant qu'il faut sans cesse inciter à l'action.* V. **Aiguillonner, stimuler ; agir** (faire). — *Par ext.* (*Vieilli*). Mettre en branle. V. **Animer, déchaîner.** *Inciter le désir, l'imagination* (Cf. Acharner, cit. 2). — — REM. En ce sens, le français moderne emploie *exciter*. « *Inciter* a essentiellement rapport au but ; aussi dit-on toujours *inciter à*, et jamais, d'une manière absolue, *inciter* simplement, comme on dit *exciter* : il n'a pas besoin qu'on l'*excite* » (LAFAYE).

1 « Donc tout ce qui nous incite à nous attacher aux créatures est mauvais, puisque cela nous empêche, ou de servir Dieu, si nous le connaissons, ou de le chercher si nous l'ignorons. »
PASC., **Pens.**, VII, 479.

2 « Ce sera donc par le plaisir et par la douleur, que Dieu poussera et incitera les animaux aux fins qu'il s'est proposées ;... »
BOSS., **Connaiss. de Dieu**, V, XIII.

3 « ... incité par le plaisir que j'avais senti, je cueillis un second et un troisième fruit, et je ne me lassais pas d'exercer ma main pour satisfaire mon goût.... »
BUFF., **Hist. nat. de l'homme**, Des sens en général.

4 « ... la guerre... si elle fait naître de hautes vertus et incite à l'héroïsme les âmes fières, engendre aussi bien des laideurs... »
LECOMTE, **Ma traversée**, p. 16.

5 « ... de quoi inciter irrésistiblement une femme honnête à ne l'être plus. »
HENRIOT, **Romantiques**, p. 272.

ANT. — **Détourner, empêcher ; amortir, apaiser.**

DER. — **Incitateur, trice.** *n. m. et f.* (1470). *Peu usit.* Celui, celle qui incite. V. **Excitateur, instigateur.** *Un incitateur de troubles.* — Adjectivt. *Misère incitatrice de révolte.*

INCIVIL, ILE. *adj.* (XIVᵉ s. ; lat. *incivilis*). Qui manque de civilité. V. **Discourtois, grossier, impoli, malgracieux, malhonnête.** *Un homme incivil.* — *Par ext.* Contraire à la bienséance. *Attitude incivile. Répondre sur un ton fort incivil.* V. **Incivilement.** — REM. Cet adjectif a vieilli ; il ne s'emploie plus guère que par affectation ou archaïsme volontaire.

1 « J'ai vu souvent des hommes incivils par trop de civilité, et importuns de courtoisie. »
MONTAIGNE, **Essais**, I, XIII.

2 « Parmi de certains coqs incivils, peu galants,
Toujours en noise et turbulents,... » LA FONT., **Fabl.**, X, 7.

3 « Je ne comprends pas comment un mari qui... est... brusque dans ses réponses, incivil, froid et taciturne, peut espérer de défendre le cœur d'une jeune femme contre les entreprises de son galant,... »
LA BRUY., III, 74.

4 « (*Il eut*) envie de protester... mais il craignit de paraître incivil, sourit et prit patience. »
SAND, **Mare au diable**, XII.

ANT. — **Civil, courtois, honnête, poli.**

DER. — **Incivilement.** *adv.* (1462). D'une manière incivile*. *Recevoir quelqu'un fort incivilement* (ANT. **Civilement**).

« Euryalus lui dit incivilement qu'il n'a point l'apparence d'un galant homme ;... »
RAC., **Rem. sur l'Odyssée**, VIII.

INCIVILISABLE. *adj.* (1863), **INCIVILISÉ, ÉE.** *adj.* (1798). V. **In-**, et **civiliser.**

INCIVILITÉ. *n. f.* (1426 ; lat. *incivilitas*). Vieilli. Manque de civilité*. V. **Discourtoisie, impolitesse, malhonnêteté.** *Il est d'une incivilité choquante.* — *Par ext.* (XVIIᵉ s.). Action ou parole incivile. *Faire des incivilités à quelqu'un* (Cf. Beau, cit. 110). *Commettre une incivilité* (Cf. Froideur, cit. 6).

1 « Je vous prie de m'excuser de l'incivilité que je commets. »
MOL., **Pourc.**, I, 7.

2 « L'incivilité n'est pas un vice de l'âme, elle est l'effet de plusieurs vices : de la sotte vanité, de l'ignorance de ses devoirs, de la paresse, de la stupidité, de la distraction, du mépris des autres, de la jalousie. »
LA BRUY., XI, 8.

ANT. — **Civilité, honnêteté, politesse.**

INCIVIQUE. *adj.* (1794 ; de *in-*, négatif et *civique*). Vieilli. Qui manque de civisme (en parlant de choses). *Attitude, menées inciviques.*

INCIVISME. *n. m.* (1791). Défaut de civisme*. *Acte d'incivisme* (ACAD.).

INCLÉMENCE. *n. f.* (1520 ; lat. *inclementia*). Vx. et poét. Manque de clémence*. *L'inclémence du destin. L'inclémence du jury.* — *Par ext.* Caractère de ce qui est inclément. *Inclémence d'un verdict.* — REM. Dès la fin du XVIIᵉ s. *Inclémence* ne s'emploie plus au sens propre qu'en poésie.

1 « Tandis que pour fléchir l'inclémence des Dieux, »
RAC., Iphig., II, 2.

— *Fig.* V. **Dureté, rigueur** (Cf. Dérangement, cit. 3). *L'inclémence de l'hiver, de la température. Plante qui se flétrit* (cit. 15) *sous l'inclémence de l'air.*

2 « Voudriez-vous, faquins, que j'exposasse l'embonpoint de mes plumes aux inclémences de la saison pluvieuse,... » MOL., Préc. rid., VII.

3 « ... il (*le Roi*) essuie l'inclémence du ciel et des saisons,... »
LA BRUY., Disc. Acad.

4 « Comment n'eût-il pas été frappé et mortifié de la gêne, de la misère dorée que l'avarice du Cardinal et l'inclémence des temps infligeaient à sa mère ? » L. BERTRAND, Louis XIV, I, 2.

ANT. — **Bonté, clémence, indulgence, mansuétude. Douceur.**

INCLÉMENT, ENTE. *adj.* (1546 ; lat. *inclemens*). *Poét.* Qui manque de clémence. *Des dieux incléments* (ACAD.). *Juges incléments.* — *Fig.* V. **Dur, rigoureux.** *Température inclémente.*

« Dans l'inclément désert, sur l'âpre mer sonore, »
HUGO, Les années funestes, VI, I.

ANT. — **Bon, clément, indulgent. Doux.**

INCLINAISON (*-zon*). *n. f.* (1611 ; de *incliner**). État de ce qui est incliné* ; obliquité* d'une ligne droite ou d'une surface plane relativement au plan de l'horizon. *Inclinaison d'un terrain* (V. **Talus**), *d'un toit.* V. **Déclivité, penchant, pente.** *L'inclinaison de la tour de Pise. Inclinaison d'une route, d'une voie ferrée.* V. **Rampe.** *Inclinaison de la cale* d'un quai. Inclinaison douce, légère, insensible des plans d'un paysage* (Cf. Fuyant, cit. 9). *Mesurer au clinomètre* l'inclinaison d'un plan. Geyser* (cit. 1) *aux jets d'inclinaisons diverses.* — Maçon. *Inclinaison d'un mur.* V. **Fruit.** — *Archit. Inclinaison d'un tuyau de descente.* V. **Dévoiement.** — *Géol. et Min. Inclinaison d'une couche* (Cf. Falun, cit.), *d'un filon* (V. **Descente**). — *Mar. Inclinaison d'un navire qui penche, menace de couler* (cit. 21). V. **Bande, gîte.** — *Phys. Inclinaison magnétique*, angle formé avec l'horizon par une aiguille aimantée mobile autour de son centre de gravité et suspendue dans le plan vertical du méridien magnétique. *Inclinaison en des points géographiques donnés* (V. **Isocline**). *L'inclinaison est actuellement en France de 64º. Boussole* d'inclinaison.

1 « Cette inclinaison de l'aimant ou de l'aiguille aimantée démontre... que la force qui produit ce mouvement suit la courbure de la surface du globe, de l'équateur dont elle part, jusqu'aux pôles où elle arrive : si l'inclinaison de l'aiguille n'était pas dérangée par l'action des pôles magnétiques, elle serait donc toujours très petite ou nulle dans les régions voisines de l'équateur, et très grande ou complète, c'est-à-dire de 90 degrés dans les parties polaires. »
BUFF., Hist. nat. minér., Traité de l'aimant..., I.

2 « ... je puis en effondrer le sol jusqu'à donner à ces sentiers une inclinaison telle... qu'elle rendrait tout à fait inexpugnable ce vieux donjon,... » VILLIERS DE L'ISLE-ADAM, Axel, II, XIII.

— *Spécialt.* Relation d'obliquité. *Math. et Géom. Inclinaison d'un plan, d'une surface, d'une ligne* : angle qu'ils font avec un autre plan, une autre surface ou ligne. *Angle d'inclinaison.* — *Astron.* Angle formé par le plan de l'orbite d'une planète avec le plan de l'écliptique. *Inclinaison de l'axe de la Terre* (Cf. Équinoxe, cit.). *Inclinaison de l'écliptique* (cit.). V. **Obliquité** (Cf. Équateur, cit. 2). — *Phys. Inclinaison d'un pendule.* V. **Amplitude.**

3 « L'inclinaison de l'axe de la terre produisant, dans son mouvement annuel autour du soleil, des alternatives durables de chaleur et de froid... » BUFF., Hist. nat. anim., Vue de la nature, II.

4 « L'inclinaison de l'orbite sur l'écliptique est de 1º8 et la vitesse de Neptune sur son orbite n'est que de 5 km/sec. »
P. GUINTINI, Les planètes, p. 111 (éd. P.U.F.).

— *En parlant de personnes.* Position inclinée, penchée. *L'inclinaison de la tête* (Cf. Forme, cit. 30). *L'inclinaison de l'écrivain sur la table de travail* (Cf. Courbature, cit. 3).

5 « ... toute l'inclinaison... du corps en avant dénonce, trahit ce que je suis... : un paysan... L'inclinaison commençante générale vers la terre nourricière, vers la terre mère, vers la terre tombeau. L'inclinaison générale en avant. C'est ainsi qu'on finit par se ramasser par terre. » PÉGUY, Victor-Marie comte Hugo, p. 23.

6 « Heureusement les mannequins des devantures vous disent ce qu'il faut faire... Ils dictent l'étoffe, le sourire, l'ondulation des cheveux, le geste du bras, l'inclinaison de la tête. »
ROMAINS, H. de b. vol., t. III, XIII, pp. 303-304.

— REM. L'emploi d'*inclinaison* pour *inclination*, en parlant du mouvement de la tête ou du buste, est une impropriété dont on relève de nombreux exemples chez les écrivains contemporains.

7 « ... Proprement, l'*inclination* est l'*action* d'incliner ; l'*inclinaison* est l'*état* de ce qui est incliné. On parlera donc d'une *inclination* de tête pour marquer un salut, un geste de courtoisie ou de déférence, et d'une *inclinaison* de la tête, lorsque, par suite d'une déformation physique, la tête se porte habituellement de côté, comme c'était, paraît-il, le cas d'Alexandre le Grand. »
BOTTEQUIN, Subtilités et délicat. de langage, p. 208.

ANT. — **Aplomb.**

INCLINANT. *adj. m.* (1539 ; de *incliner**). *Astron. Cadran inclinant*, cadran solaire tracé sur un plan oblique à l'horizon.

INCLINATION (*-cion*). *n. f.* (*Inclinacion* en 1236, au sens moral ; XIVᵉ s., *inclination* au sens phys. ; lat. *inclinatio*)

|| 1º Mouvement affectif*, spontanément orienté vers un objet ou une fin. V. **Appétit, désir, envie, penchant**, pente (*vieilli*), **propension, tendance.** *Inclination innée.* V. **Appétence** (cit. 1). *L'inclination naturelle qui lui fait admirer son oncle* (Cf. Brider, cit. 8). *Inclination au mal, à la vertu... Inclination à la luxure.* V. **Lasciveté.** *Inclinations fâcheuses, mauvaises, vicieuses* (Cf. Honnête, cit. 2). *Jeune délinquant aux inclinations perverses.* V. **Né** (mal). *L'homme, prisonnier de ses inclinations* (Cf. Empêcher, cit. 13 ; enchaîner, cit. 6). *La société altère les inclinations naturelles de l'homme* (cit. 80. Cf. Habitude, cit. 44). *Bassesse des inclinations et des passions* de l'âme humaine* (Cf. Contingent, cit. 5 ; convaincant, cit. 1). *Combattre ses inclinations* (Cf. Furtif, cit. 2). *Contrarier, violenter une inclination. Agir contre sa propre inclination.* V. **Goût** (Cf. Flexible, cit. 5). *Suivre son inclination. Faire quelque chose par inclination.* V. **Volontiers.** — *Avoir de l'inclination, une certaine inclination à mentir, à quereller...* V. **Enclin, sujet** (être enclin, sujet à) ; **porter** (être porté à). *Montrer de l'inclination, une vive inclination pour l'aventure, les sciences...* V. **Attrait, disposition ; porter** (être porté sur). *Son inclination pour la carrière médicale s'est révélée, affirmée...* V. **Vocation.** *Il ne cache pas son inclination pour votre projet.* V. **Préférence.** — *Par ext.* V. **Complexion, nature, tempérament.** *Forcer son inclination. Son inclination la porte à tous les excès.*

1 « Socrate avouait à ceux qui reconnaissaient en sa physionomie quelque inclination au vice, que c'était la vérité sa propension naturelle, mais qu'il avait corrigée par discipline. »
MONTAIGNE, Essais, II, XI.

2 « ... mon inclination, qui m'a toujours fait haïr le métier de faire des livres,... » DESCARTES, Disc. de la méth., I.

3 « ... mon inclination ne me porterait pas à le prendre pour modèle,... »
RAC., Plaid., Au lecteur.

4 « ... une personne comme vous, qui êtes magnifique, et qui avez de l'inclination pour les belles choses,... » MOL., Bourg. gent., II, 1.

5 « Ce n'est pas qu'elles (*ces colonies*) n'eussent quelque inclination à me secourir ; mais... » FÉN., Télém., IX.

6 « Ses grandes qualités restèrent les mêmes ; mais ses bonnes inclinations s'altérèrent et ne soutinrent plus ses grandes qualités ; par la corruption de cette tache originelle sa nature se détériora. »
CHATEAUB., M. O.-T., t. II, p. 330.

7 « Heureux de naissance, la vie n'avait pas trop contrarié son inclination naturelle au bonheur. » FRANCE, Pierre Nozière, II, p. 147.

8 « Les êtres ne changent pas, c'est là une vérité dont on ne doute plus à mon âge ; mais ils retournent souvent à l'inclination que durant toute une vie ils se sont épuisés à combattre. Ce qui ne signifie point qu'ils finissent toujours par céder au pire d'eux-mêmes : Dieu est la bonne tentation à laquelle beaucoup d'hommes succombent à la fin. »
MAURIAC, La pharisienne, XVI.

— *Spécialt. Philos.* V. **Tendance** ; passion. *Inclinations égoïstes, altruistes, supérieures.*

9 « Les inclinations des esprits sont au monde spirituel ce que le mouvement est au monde matériel. »
MALEBRANCHE, Rech. de la vérité, IV, 1.

10 « Quand on définit l'inclination un mouvement, on ne fait pas une métaphore. En présence de plusieurs plaisirs conçus par l'intelligence, notre corps s'oriente vers l'un d'eux spontanément, comme par une action réflexe. Il dépend de nous de l'arrêter, mais l'attrait du plaisir n'est point autre chose que ce mouvement commencé. »
BERGSON, Essai s. données immédiates de la conscience, pp. 28-29.

|| 2º *Spécialt.* Mouvement qui porte à aimer quelqu'un. V. **Affection** (cit. 2), **amitié, amour, sympathie.** *Inclination aveugle d'un père pour certains de ses enfants* (Cf. Effet, cit. 2). *Se prendre d'une tendre, d'une vive inclination pour quelqu'un.* — *Particult. Inclination amoureuse.* V. **Goût.** *S'éprendre* (cit. 4) *d'inclination, sentir quelque inclination pour une femme* (Cf. Heure, cit. 58). *Contraindre* (cit. 1) *son inclination. Mariage d'inclination*, par oppos. à *mariage de convenance**, de raison (Cf. Idéal 2, cit. 7). *Avouez que vous avez une inclination de cœur* pour lui.* V. **Faiblesse.** *Inclination brusque et passagère.* V. **Toquade.** — REM. Très fréquent dans la langue précieuse et sentimentale des XVIIᵉ et XVIIIᵉ s., *Inclination* tend de nos jours à vieillir.

11 « Afin que vous compreniez mieux le dessein de Clélie, vous verrez qu'elle a imaginé qu'on peut avoir de la tendresse par trois causes différentes : ou par une grande estime, ou par reconnaissance, ou par inclination ; et c'est ce qui l'a obligée d'établir ces trois villes de Tendre sur trois rivières qui portent ces trois noms,... Tendre sur Inclination, Tendre sur Estime et Tendre sur Reconnaissance. »
G. et M. de SCUDÉRY, Clélie, Hist. romaine, 1ʳᵉ part.

12 « Celui que vous aimez, ma voisine, a, dit-on, quelque inclination pour ma fille,... » MOL., Am. méd., I, 1.

13 « ... ces deux jeunes cavaliers se sentirent tant d'inclination l'un pour l'autre, qu'en peu de jours il se forma entre eux une amitié comparable à celle d'Oreste et de Pylade. »
LESAGE, Diable boiteux, XIII.

14 « Eh ! mais oui, de l'amour, de l'inclination, comme tu voudras ; le nom n'y fait rien. Je l'aime mieux qu'une autre. Voilà tout. »
MARIVAUX, Le legs, IV.

15 « ... j'avais mis de la complaisance à m'abandonner à une inclination dont je connaissais l'insurmontable illégitimité. »
CHATEAUB., M. O.-T., t. II, p. 98.

16 « Enfin, jamais amourette n'a si promptement tourné en mariage d'inclination, disait le vieil oncle... »
BALZ., **Le bal de Sceaux**, Œuvr., t. I, p. 112.

17 « De tout temps la femme a dû inspirer à l'homme une inclination distincte du désir, qui y restait cependant contiguë et comme soudée, participant à la fois du sentiment et de la sensation. »
BERGSON, **Deux sources morale et relig.**, p. 39.

18 « Anne d'Autriche, pour donner une couleur innocente à sa passion, répondait à ses amies, qui lui reprochaient son inclination pour le Cardinal, que ce bel homme n'avait aucun goût pour les dames,... »
L. BERTRAND, **Louis XIV**, II, 2.

→ *Par ext.* (*vx*). La personne qui est l'objet de l'inclination.

19 « N'est-ce pas une chose épouvantable, qu'un fils qui veut entrer en concurrence avec son père ? et ne doit-il pas, par respect, s'abstenir de toucher à mes inclinations ? »
MOL., **Av.**, IV, 4.

‖ 3° *Sens propre* (XIVe s.). Action d'incliner*, de pencher*. — *Spécialt.* Action d'incliner la tête ou le corps en signe d'acquiescement ou de déférence. *Il fit une légère inclination de tête. Faire une profonde inclination devant le Saint Sacrement* (ACAD.). V. **Salut** (Cf. Inclinaison, REM. et cit. 7).

20 « ... une troupe de Nymphes la vint recevoir jusque par delà le perron ; et, après une inclination très profonde, la plus apparente lui fit une espèce de compliment,... »
LA FONT., **Amours de Psyché**, I.

21 « ... il nous fit de son côté une inclination de tête, accompagnée de regards si gracieux... »
LESAGE, **Gil Blas**, VII, XIV.

22 « Il salua visiblement la comtesse, qui répondit par une de ces légères inclinations de tête, pleines de mépris, avec lesquelles les femmes ôtent à leurs adorateurs l'envie de recommencer. »
BALZ., **Une fille d'Ève**, Œuvr., t. II, p. 116.

23 « Les hommes se levèrent pour répondre par une inclination polie, et les femmes firent une révérence cérémonieuse. »
ID., **Eugénie Grandet**, Œuvr., t. III, p. 507.

24 « Docre faisait les génuflexions, les inclinations médiocres ou profondes, spécifiées par le rituel ;... »
HUYSMANS, **Là-bas**, XIX.

ANT. — Antipathie, aversion.

INCLINER. *v. tr.* et *intr.* (1213 ; anc. franç. *encliner*, « saluer en s'inclinant profondément » ; lat. *inclinare*, « pencher vers »).

I. *V. tr.* ‖ 1° Rendre oblique* ce qui est naturellement droit ; diriger, porter vers le bas ou de côté. V. **Abaisser, baisser, courber** (cit. 7 et 9), **fléchir, pencher***, **plier**. *Incliner le cou* (Cf. Brûler, cit. 9). *Incliner le front en signe de crainte, de découragement, d'humilité...* (Cf. Humble, cit. 11 ; et *par métaph.* Humiliation, cit. 10). *Cerf traqué qui incline la tête sous le poids de la fatigue* (Cf. Garrot 1, cit.). *Le vent incline les épis.* V. **Coucher.** — *Posture* inclinée du suppliant. Avoir la tête inclinée sur l'épaule* (Cf. Écouter, cit. 8).

1 « ... l'Église honore les images,... ses enfants inclinent la tête devant le livre de l'Évangile ;... » BOSS., **Expos. de la doctr. Église cath.**, V.

2 « ... le cochon domestique a les oreilles beaucoup moins raides, beaucoup plus longues et plus inclinées que le sanglier,... »
BUFF., **Hist. nat. anim.**, Le cochon.

3 « ... les antiques ombrages
Mollement en cadence inclinaient leurs feuillages ; »
CHÉNIER, **Bucoliques**, IV.

4 « Cependant que, debout dans son antique salle,
Le Toscan sous sa lampe inclinait son front pâle, »
MUSS., **Prem. poés.**, Portia, I.

5 « La reine du lieu,... accroupie sur une chaise, chaussait sans pudeur sa jambe adorable... Dans cette agréable attitude, sa tête, inclinée vers son pied, étalait un cou de proconsul, large et fort,... »
BAUDEL., **La Fanfarlo.**

6 « Arthur... regarda les mouvements balancés des danseurs, les têtes inclinées l'une vers l'autre, les reins cambrés des femmes sous l'étreinte des jeunes hommes... » CHARDONNE, **Destin. sentim.**, III, IV.

7 « ... il avait la tête un peu inclinée sur l'épaule comme l'était celle du Christ en croix. » MONTHERLANT, **Maître de Santiago**, I, 2.

→ *Spécialt.* Placer de manière à faire un angle d'inclinaison* avec un plan ou une direction donnée, et *particult.* avec le plan de l'horizon. *Inclinez le flacon et versez* doucement. Poids qui incline le fléau de la balance* (Cf. *par métaph.* Estropier, cit. 8). *Écriture* (cit. 8) *inclinée.* — Technol. *Incliner un mur.* V. **Déverser.** *Plafond en plan incliné* (Cf. Anfractuosité, cit. 3). — Mécan. *Plan* incliné* (V. **Oblique**), souvent utilisé pour faciliter la montée des corps lourds ou ralentir leur descente. *Déplacements inclinés de l'hélicoptère* (cit. 1). — Géol. *Couches inclinées* (Cf. Faille 2, cit.). *Bancs de calcaire inclinés* (Cf. Glissement, cit. 5). — Mar. *Navire incliné*, à la bande*. *Goélette* (cit. 2) *à mâture inclinée sur l'arrière* (Cf. *aussi* Glacis 1, cit. 1). — Astron. *Plan de l'équateur* (cit. 2) *terrestre incliné de 23°27' sur l'écliptique.*

8 « ... la masse entière de chaque portion de montagne, dont les bancs sont parallèles entre eux, a penché tout en bloc, et s'est assise dans le moment de l'affaissement sur une base inclinée de 45 degrés ; c'est la cause la plus générale de l'inclinaison des couches dans les montagnes. »
BUFF., **Hist. nat.**, Additions à théorie Terre, Des trembl. de terre, I.

9 « Nous voilà arrivés au plan incliné, comme machine à élever les fardeaux. Et je pose le problème suivant. Une voiture, après avoir fait un kilomètre sur une route inclinée, s'est élevée de deux mètres ; serait-il aussi facile de l'élever de deux mètres verticalement, en tirant sur un câble ? »
ALAIN, **Propos**, 16 avril 1911.

‖ 2° *Fig.* Rendre enclin* (à). V. **Inciter, porter, pousser.** *Sa gentillesse nous incline à l'indulgence* (V. **Attirer**). *Cela m'incline à croire que vous avez raison. Tempérament fortement incliné aux plaisirs sensuels.* V. **Enclin, prédisposé, porté** (Cf. Génération, cit. 8).

10 « ... cet attrait indélibéré qui nous incline vers le bien, et qui est dans les hommes enclins à mal faire, le secours médicinal du Sauveur. »
BOSS., **Élévat. s. l. myst.**, IV, 3.

11 « Ce qui m'inclinerait à croire que le roman historique est un mauvais genre : vous trompez l'ignorant, vous dégoûtez l'homme instruit, vous gâtez l'histoire par la fiction et la fiction par l'histoire. »
DIDEROT, **Essais s. règnes Claude et Néron**, II, 101.

12 « L'idée que Salavin souffrait autant et plus peut-être que lui-même, cette idée ne le consolait certes pas, mais l'inclinait à la décence dans l'exposé de ses propres griefs. » DUHAM., **Salavin**, III, XXIX.

— *Absolt. Incliner un esprit, la pensée de quelqu'un. Incliner les volontés.* V. **Influencer.**

13 « ... Balzac put être tenté de présenter une Catherine de Médicis pleinement consciente, non seulement de son rôle historique, mais de la théorie même de ce rôle ; et, sans rien préciser imprudemment, d'incliner l'esprit du lecteur, de l'amener à penser que certaines théories de l'autorité... découlent d'une même utopie :... »
GIDE, **Nouv. prétextes**, Journal sans dates, p. 163.

14 « Je ne me reconnais aucun droit d'incliner en rien sa pensée et m'en voudrais si je pouvais croire que, par égard pour moi, André n'écrit pas exactement ce qu'il croit devoir écrire. »
ID., **Et nunc manet in te**, p. 18.

‖ S'INCLINER. ‖ 1° V. **Baisser** (se), **courber** (se), **pencher** (se). *Tête qui s'incline en signe d'aveu* (cit. 20). *S'incliner de façon courtoise* (cit. 2) *devant une dame. Saluer* en *s'inclinant profondément, très bas* (V. **Courbette, révérence** (faire une), et absolt. S'incliner. V. **Saluer** (Cf. Imperceptible, cit. 11). *Prêtre qui s'incline devant l'autel* (cit. 24). V. **Prosterner** (se). *Arabes qui s'inclinent pour la prière rituelle* (Cf. Gymnastique, cit. 12).

15 « Si le hasard lui fait voir une bourse dans son chemin, il s'incline :... » LA BRUY., **Caract. Théophr.**, De l'esprit chagrin.

16 « À ce mot, tous s'inclinèrent, on le congratula. »
FLAUB., **Éduc. sentim.**, II, IV.

17 « Quelques rares palmiers, échevelés et meurtris, s'inclinaient çà et là dans le même sens, ayant cédé, comme font les arbres de nos côtes, à l'effort continu du souffle marin. »
LOTI, **L'Inde** (sans les Anglais), VII.

18 « (Il)... joignait les talons, s'inclinait assez bas devant les hommes, très bas devant les dames,... »
ROMAINS, **H. de b. vol.**, t. IV, IX, p. 87.

19 « ... une somnolence s'emparait doucement de ses yeux qui se fermaient, de sa tête qui s'inclinait sur sa poitrine,... »
GREEN, **Léviathan**, V, p. 37.

— Fig. *S'incliner devant quelqu'un*, lui donner des marques de respect, de déférence, de soumission, d'humilité ; reconnaître son autorité, sa supériorité, sa souveraineté... V. **Soumettre** (se). *L'univers s'incline devant l'auguste* (cit. 12) *reine. Il ne s'incline devant aucune autorité.* V. **Courber** (le front,...). Cf. Antitotalitaire (cit.). — *Je m'incline respectueusement devant votre chagrin.*

20 « Je m'incline devant un grand, mais mon esprit ne s'incline pas. »
FONTENELLE in P. LAROUSSE.

21 « L'homme ne s'incline guère que devant ce qu'il croit être le droit ou ce que ses opinions lui montrent comme fort au-dessus de lui. »
FUSTEL de COUL., **Cité antique**, IV, X.

22 « Sa résignation, sa mine souriante, paraissaient une vision d'un autre monde. On ne comprenait pas, mais on sentait en lui quelque chose de supérieur ; on s'inclinait. »
RENAN, **Souv. d'enfance...**, II, V.

23 « Dans toute société d'hommes, un don, une qualité de l'individu impose sa reconnaissance et son autorité à tous. Cette chose qui fait autour de lui le respect et une disposition des autres à s'incliner sous ses idées : c'est le caractère. » GONCOURT, **Journal**, p. 283.

— *Par ext.* (fin XIXe s.). S'avouer vaincu (dans une lutte, une discussion, une compétition...), renoncer à lutter, à contester, à insister... V. **Abandonner** (le combat, la lutte, la partie), **céder, résigner** (se). *S'incliner devant la fatalité* (cit. 1). *S'incliner devant la force d'une argumentation* (cit. 3). *Inclinez-vous devant les faits* (Cf. Croire, cit. 17). — *Absolt.* V. **Obéir.** *Il suffit, je m'incline.* — REM. Le dictionnaire de l'ACAD. est le premier à signaler ce sens (8e éd. 1935).

24 « Je n'avais plus qu'à m'incliner, et je m'inclinai de bonne grâce,... »
COURTELINE, **MM. ronds-de-cuir**, VI, tabl. II.

25 « ... un alliage si résistant d'entêtement et de crainte qu'il fallait de toute évidence s'incliner ou partir. »
ROMAINS, **H. de b. vol.**, t. II, XIV, p. 145.

26 « Nous ne pouvions que nous incliner devant la pensée précise et les intentions qui avaient inspiré l'acte généreux du Prince. »
LECOMTE, **Ma traversée**, p. 509.

27 « Les Orientaux sont des réalistes, qui s'inclinent devant la volonté des Dieux, c'est-à-dire devant les faits, aussitôt bien ou mal constaté la réalité, et de ce point de vue je crois bien que les Allemands se classent avec les Orientaux. » SIEGFRIED, **La Fontaine...**, p. 26.

‖ 2° Se placer, être placé obliquement par rapport à l'horizon ou à un plan donné. *Bateau qui s'incline et coule* (cit. 22) *à pic. Avion qui s'incline à gauche* (Cf. Fuselage, cit.). *Chemin qui s'incline en pente douce, raide*, rapide*.* V. **Descendre.** *Faisceau lumineux qui s'incline.* V. **Infléchir** (s').

28 « ... de ce point, il pouvait voir la plaine du Roussillon devant lui s'inclinant jusqu'à la Méditerranée ;... » VIGNY, **Cinq-Mars**, X.

29 « Connaissez-vous sur la colline
Qui joint Montlignon à Saint-Leu,
Une terrasse qui s'incline
Entre un bois sombre et le ciel bleu ? »
  HUGO, **Contemplations**, IV, IX.

30 « Et des voiles au loin s'inclinaient toutes blanches. »
  VERLAINE, **Romances sans paroles**, Aquarelles, Beams.

31 « ... des faibles rayons d'un soleil qui s'incline...
  BARRÈS, **Colline inspirée**, VIII.

II. V. intr. (XVIᵉ s.). Aller en s'inclinant, en penchant légèrement. *Mât que la houle fait incliner insensiblement* (Cf. Balancement, cit. 3).

32 « Les clochers de Lubeck offrent cette particularité d'être tous hors d'aplomb et d'incliner à droite ou à gauche d'une manière sensible, sans cependant inquiéter l'œil comme la tour des Asinelli à Bologne, et la tour penchée de Pise. » GAUTIER, **Voyage en Russie**, p. 51.

33 « Enfin, le jour inclina sous l'horizon, et les premières ombres s'étendirent dans les rues :... »
  GOBINEAU, **Nouvelles asiatiques**, p. 230.

34 « Les lignes qui inclinent vers la terre font naître une impression de tristesse ; celles qui montent vers le ciel, un sentiment de gaieté. »
  DAVID D'ANGERS in H. GUERLIN, **L'art par les maîtres...**

— *Par métaph. Vie qui incline vers sa fin. Un gris qui incline vers le bleu. La fin de la pièce incline vers le bouffon.* V. **Tourner** (à). *La victoire longtemps en balance inclina enfin de leur côté.* V. **Pencher.**

35 « ... chacun, seul témoin des grands coups qu'il donnait,
Ne pouvait discerner où le sort inclinait. » CORN., **Cid**, IV, 3.

36 « Aussi voyant mon âge incliner vers le soir, »
  HEREDIA, **Trophées**, Le vieil orfèvre.

— *Fig.* Avoir de l'inclination* pour quelque chose, ou (*vieilli*) pour quelqu'un. V. **Tendre** (à, vers). *Parti qui incline à l'absolutisme.* V. **Désirer** (Cf. Amender, cit. 6). *Incliner à l'indulgence, vers l'indulgence.* V. **Enclin** (être). *Il incline pour cette solution.* V. **Pencher.** — *Incliner à...,* suivi d'un infinitif (Cf. Entêter, cit. 8). *Il inclinait à suivre ce conseil* (Cf. Effrayer, cit. 9). *J'incline à penser que...* (Cf. Entrailles, cit. 16).

37 « ... tâcher d'apprendre de vous vers lequel des deux Princes peut incliner votre cœur. » MOL., **Am. magn.**, II, 3.

38 « Lamennais... incline, de plus en plus, à partir de 1830... vers le libéralisme. »
  MATORÉ, in GAUTIER, **Préface Mˡˡᵉ de Maupin**, Introd., p. XIV.

ANT. — Lever.

DER. — Inclinaison, inclinant.

INCLURE (se conjugue comme *Exclure**, sauf au p. passé qui prend un *s*). *v. tr.* (1394, *inclus*, subst. au sens de « reclus » ; du lat. *inclusus*, p. p. d'*includere*, « enfermer » ; le verbe *inclure* a été refait sur *inclus* d'après *exclure*. Cf. aussi Enclore).

∥ 1° Mettre (dans). V. **Enfermer, insérer, introduire.** *Inclure un chèque, un billet dans une lettre. Inclure une clause dans un contrat. J'inclus votre nom dans la liste. Inclure le montant d'un prêt dans une somme* (Cf. Global, cit.) ; *il l'a inclus dans la somme. Vous inclurez cette remarque dans votre texte.*

∥ 2° Comprendre. V. **Comporter, contenir, impliquer, renfermer.** *Condition qui en inclut une autre.*

∥ INCLUS, USE. *p. p.* et *adj.* Contenu, compris, inséré... (dans). *Note incluse dans un envoi. Frais inclus dans une somme. Jusqu'au troisième chapitre inclus.* V. **Inclusivement.**

1 « Ce n'est plus la recherche ni la peinture de l'objet qui nous sollicite : mais l'évocation de sa forme et de toute la grâce qu'il recèle, de la magie enfin qui y est incluse, pour nous faire croire à la vie. »
  SUARÈS, **Trois hommes**, Dostoïevski, p. 224.

2 « ... son joli volume de *Souvenirs*, qu'elle (*Marie d'Agoult*) a menés jusqu'à son mariage inclus, et à la veille de sa liaison avec Liszt,... »
  HENRIOT, **Romantiques**, p. 439.

— *Ci-inclus, incluse* (1690), inclus ici, à l'intérieur. V. **Joint.** *La lettre ci-incluse. Vous trouverez ci-inclus une lettre de votre père* (ACAD., Inclure). *Vous trouverez ci-incluse la copie que vous m'avez demandée* (ACAD., Ci). — REM. *Ci-inclus* peut être considéré comme un adverbe et rester invariable en tête de phrase (*Ci-inclus les pièces demandées*) ou dans le corps de la phrase devant un nom sans article ni adjectif déterminatif (*Vous trouverez ci-inclus réponse à votre demande*). Pratiquement, il est d'usage de faire l'accord lorsque *ci-inclus* est placé après le nom, et de ne pas le faire lorsqu'il est avant le nom. V. **Ci*.**

3 « Mon ami, n'ouvre la lettre ci-incluse qu'en cas d'accident. »
  STENDHAL, **Le rouge et le noir**, II, XV.

4 « Ci-inclus la note sur la botanique. »
  FLAUB., **Corresp.**, 1980, t. IX, p. 21.

ANT. — Exclure, excepter.

DER. — V. Inclusion. — **Inclusif, ive.** *adj.* (1688). Qui renferme (quelque chose) en soi. *Ces deux propositions sont inclusives l'une de l'autre* (LITTRÉ). ANT. Exclusif. — **Inclusivement.** *adv.* (XIVᵉ s. d'après

exclusivement). En comprenant (la chose dont on vient de parler) ; **y** compris*. *Depuis les origines jusqu'au quinzième siècle inclusivement* (Cf. Architecture, cit. 2). ANT. **Exclusivement.**

« Il y a longtemps qu'on a reproché aux poètes épiques de n'être prophètes, dans leurs descentes aux Enfers, que jusqu'à l'année où ils écrivaient, inclusivement. »
  BALZ., **Le feuilleton**, XXXIII (Œuvr. div., t. I, p. 417).

INCLUSION. *n. f.* (1580 ; repris au lat. *inclusio*). Action d'inclure ; résultat de cette action (*peu usit.* au sens général).

« ... il faut plus que cela pour l'inclusion, mais pour l'exclusion cela suffit : je n'en veux pas davantage. »
  BOSS., **Avertiss. aux protest.**, IIIᵉ avertiss., XXVII.

— *Histol.* Introduction dans un tissu anatomique d'une substance solide qui lui donne assez de dureté pour être découpé en lamelles fines.

— Pathol. *Inclusion fœtale :* « emboîtement d'un ovule fécondé dans un autre ovule fécondé en même temps » (GARNIER).

— Odontol. *Inclusion de la dent de sagesse :* état d'une dent de sagesse enfermée dans le tissu osseux du maxillaire et ne pouvant faire éruption.

ANT. — Exclusion.

INCOAGULABLE. *adj.* (1867 ; de in-, et *coagulable*). Qui ne se coagule pas. *Substances incoagulables.*

INCOERCIBLE. *adj.* (1767 DIDER. ; de in-, et *coercible*). Qu'on ne peut contenir, retenir, arrêter. *Rire incoercible. Toux incoercible,* qu'on a peine à réprimer. *Vomissements incoercibles de la grossesse.*

1 « ... il se demandait encore où il avait bien pu l'attraper cette toux incoercible. » CÉLINE, **Voyage au bout de la nuit**, p. 270.

2 « C'est un rire sans méchanceté, mais un fou rire incoercible, qui s'empara de nous à ces mots... » GIDE, **Si le grain...**, I, V.

— *Sentiment, désir... incoercible.*

3 « Malgré sa gravité et ses vêtements noirs, Serlon avait dans les yeux l'incoercible expression d'une immense félicité. »
  BARBEY d'AUREV., **Les diaboliques**, Bonheur dans le crime, p. 191.

4 « (il)... réclame à grands cris, de tous, une intervention profitable à son incoercible amour. » HENRIOT, **Portr. de femmes**, p. 423.

— *Spécialt.* (vx). *Phys.* Qui ne peut être comprimé. V. **Incompressible.**

DER. — **Incoercibilité.** *n. f.* (1867). Caractère de ce qui est incoercible.

INCOGNITO (*gn* mouillé). *adv.* et *n. m.* (1581 ; mot ital., « inconnu » ; du lat. *incognitus*).

∥ 1° *Adv.* En faisant en sorte qu'on ne soit pas connu, reconnu (dans un lieu). *Voyager incognito.* V. **Secrètement.** *Souverain qui séjourne incognito dans une ville* (Cf. *infra*, cit. 6 ST-SIMON). *Condé partit d'Agen incognito et déguisé* (Cf. Entrefaites, cit. 3).

1 « Lui qui depuis un mois nous cachant sa venue,
La nuit, *incognito*, visite une inconnue. » CORN., **Ment.**, III, 2.

2 « ... pour aller incognito en des lieux de débauche,... »
  PASC., **Prov.**, VI.

3 « Il exprime qu'un homme est dans un lieu sans vouloir y être connu. Mais il se dit particulièrement des Grands qui entrent dans une ville, qui marchent dans les rues sans pompe, sans cérémonie, sans train ordinaire et sans les marques de leur grandeur. Ce Prince a passé par la France *incognito*. Ce n'est pas absolument parce qu'ils ne veulent point être connus ; c'est qu'ils ne veulent point être traités avec les cérémonies, ni recevoir les honneurs dus à leur rang. Par ce moyen on exempte d'une importune obligation, et ceux qui doivent recevoir les honneurs, et ceux qui les doivent rendre. »
  VAUGELAS, in TRÉVOUX, **Incognito.**

4 « On entendait quelquefois rouler encore la voiture sans livrée qui emmenait incognito madame de Parnes,... »
  MUSS., **Nouv.**, Deux maîtresses, VIII.

— Par ext. (*Vx*). Sans être remarqué, sans que la chose soit sue. *Souffrir incognito* (Cf. Faible, cit. 4).

5 « ... nous disons aussi bien des sottises qui passent *incognito* ;... »
  MONTESQ., **Lettres persanes**, LIV.

∥ 2° *N. m.* Situation d'une personne qui n'est pas connue, qui cherche à n'être pas reconnue. *Garder l'incognito, rester ignoré*. *Laisser à quelqu'un son incognito.*

6 « ... je ferai une courte mention du voyage que vinrent faire en France,... le frère du duc de Parme, qui y fut *incognito*, et, quelque temps après, le prince Gaston,... Ce dernier garda aussi l'*incognito* ;... »
  ST-SIM., **Mém.**, I, XXXIII.

7 « ... la passion de l'*incognito*, l'un des plus grands plaisirs des princes, espèce d'abdication momentanée qui leur permet de mettre un peu de vie commune dans leur existence... »
  BALZ., **Maître Cornélius**, Œuvr., t. IX, p. 942.

8 « Laissez-moi mon incognito. D'ailleurs, mon masque est mieux mis que le vôtre, et il me plaît à moi de le garder,... »
  ID., **Les Chouans**, Œuvr., t. VII, p. 870.

9 « Mais, sans vous mettre au courant de notre état civil, monsieur Lhéry, permettez qu'on vous apprenne nos noms vrais ; tout en nous laissant notre incognito, il me semble que cela nous rendra plus vos amies... »
  LOTI, **Désenchant.**, XI.

INCOGNOSCIBLE (*in-kog-no-sibl'*). *adj.* (XVIe s. ; empr. au lat. *incognoscibilis*, de *cognoscere*, « connaître »). *T. didact.* Qui ne peut être connu, qui est inaccessible à l'intelligence humaine. V. **Inconnaissable.**

INCOHÉRENCE (*in-ko-é-rans'*). *n. f.* (1775 VOLT. ; de *incohérent*). Caractère de ce qui est incohérent*.

‖ 1o *(Au sens propre* (vx). *L'incohérence des parties de l'eau* (LITTRÉ).

‖ 2o *Fig.* Manque de lien logique, d'unité (dans les propos, les idées, les actes). *Incohérence d'un discours.* V. **Décousu, désordre.** *Incohérence entre les parties d'un discours, d'un ouvrage...* V. **Désaccord, différence.** *Il y a de l'incohérence dans ses idées* (Cf. Manquer de suite* dans les idées, d'esprit de suite). *L'incohérence d'un rêve. Incohérence dans la conduite de quelqu'un* (Cf. Gage, cit. 15). *Mélange de rigueur et d'incohérence dans une œuvre musicale* (Cf. Découdre, cit. 8). — *Spécialt. T. de Psychiatrie.* Sorte d'aliénation* mentale ; absence de cohérence dans les propos, les idées, les actes, qui se succèdent de façon désordonnée et insolite. *Incohérence observée chez les épileptiques, les déments, les schizophrènes...*

1 « ... les contradictions et l'incohérence entre les diverses parties de l'ouvrage *(Atala)* ;... »
Abbé MORELLET, in STE-BEUVE, Chateaubriand. t. I, p. 216.

2 « Nous marchions, et il lui échappait des phrases presque incohérentes. Malgré mes efforts, je ne suivais ses paroles qu'à grand'peine, me bornant enfin à les retenir. L'incohérence d'un discours dépend de celui qui l'écoute. L'esprit me paraît ainsi fait qu'il ne peut être incohérent pour soi-même. Aussi me suis-je gardé de classer Teste parmi les fous. D'ailleurs, j'apercevais vaguement le lien de ses idées, je n'y remarquais aucune contradiction ;... »
VALÉRY, Monsieur Teste, p. 27.

3 « Si j'ai désir de me contredire, je me contredirai sans scrupule : je ne chercherai pas la « cohérence ». Mais n'affecterai pas l'incohérence non plus. Il y a, par-delà la logique, une sorte de psychologique cachée qui m'importe, ici, davantage. » GIDE, Ainsi soit-il, pp. 11-12.

4 « Mais l'incohérence n'est pas le monopole des fous : toutes les idées essentielles d'un homme sain sont des constructions irrationnelles... »
MAUROIS, Silence col. Bramble, p. 190.

5 « L'incohérence apparaît chaque fois que le pouvoir de contrôle et de coordination disparaît, soit par suite d'une dissolution passagère ou prolongée de la conscience, soit par suite d'une détérioration organique cérébrale. » A. POROT, Manuel alphab. de psychiatrie, Incohérence.

— *Par ext.* Parole, idée, action incohérente. *Les incohérences d'un récit, d'une démonstration. La défense de l'accusé est pleine d'incohérences et de contradictions*. *Les incohérences de sa conduite.* — REM. Cette acception n'est signalée ni par LITTRÉ ni par ACAD. Elle figure dans P. LAROUSSE (1873).

6 « Toutes ces incohérences, jeune, maniaque, malingre, joyeux, faisaient bon ménage ensemble, et il en résultait un être excentrique et agréable... » HUGO, Misér., III, IV, I.

7 « Tout le paragraphe nous apparaît maintenant comme un tissu d'inconséquences et d'incohérences. »
BAUDEL., Trad. E. POE, Hist. grotesq. et sérieuses, Mystère M. Roget.

ANT. — **Accord, cohésion, cohérence, unité.**

INCOHÉRENT, ENTE (*in-ko-é-ran*). *adj.* (1751 ; de *in-*, et *cohérent*). Qui n'est pas cohérent*.

‖ 1o *Vx. Au sens propre. Géol. Couches de terrains incohérentes* (ACAD.).

‖ 2o *Fig.* Qui manque de liaison, de suite, d'unité. *Gestes* (cit. 7) *incohérents.* V. **Désordonné.** *Images, visions incohérentes qui peuplent le rêve*, le délire* (cit. 3). V. **Fantastique** (Cf. Assembler, cit. 10). *Propos incohérents du fou* (cit. 8). V. **Absurde, extravagant, illogique, incompréhensible.** *Bafouiller, balbutier* (cit. 13) *des mots incohérents. Bribes de phrases incohérentes, sans queue* ni tête, qui reflètent le désordre* (cit. 18) *de la pensée* (Cf. Bafouillage, fatras). *Conversation incohérente* (Cf. Coq* à l'âne). *Style incohérent.* V. **Décousu.** *Conduite incohérente* (Cf. Folie, cit. 3 VOLT.).

1 « Métaphores incohérentes, celles qui réunissent deux images incompatibles, par exemple, en parlant d'un orateur : C'est un torrent qui s'allume. Un torrent ne s'allume pas. » LITTRÉ, Dict., Incohérent.

2 « Un ivrogne ne cesse de rôder autour de notre table. Il prononce très haut des paroles incohérentes sur le ton de la protestation. Parmi ces paroles reviennent sans cesse un ou deux mots obscènes sur lesquels il appuie. » A. BRETON, Nadja, p. 106.

3 « Alors, l'homme posa sa pipe, leva les mains et se prit à parler avec volubilité. Un discours incohérent, mêlé de français, d'italien et d'un jargon farouche,... » DUHAM., Salavin, VI, IX.

4 « Le petit George n'oublia jamais son père ; il l'avait admiré. Il restait seul dans la vie, avec une femme dont l'humeur incohérente faisait succéder une pluie de baisers à un déluge de coups. »
MAUROIS, Vie de Byron, I, II.

ANT. — **Cohérent, conséquent, harmonieux, logique, ordonné.**

DER. — **Incohérence.**

INCOHÉSION (*in-ko-é-zyon*). *n. f.* (1866 ; de *in-*, et *cohésion*). Manque de cohésion* (sens propre). *Incohésion des molécules des gaz* (P. LAROUSSE).

INCOLORE. *adj.* (1829 ; empr. au bas lat. *incolor*). Qui n'est pas coloré ; sans couleur (au sens 1o ou 2o). *Liquide incolore* (Cf. Herboriste, cit.). *Gaz incolore et inodore. Verre incolore.* V. **Blanc.** *Crème, vernis incolore. Un ciel incolore.* V. **Pâle.**

1 « Cette nuit d'octobre, ce ciel incolore, cette musique sans mélodie marquée ou suivie, ce calme de la nature,... »
SAND, François le Champi, p. 9.

— *Fig.* Sans éclat. V. **Terne.** *Style incolore,* abstrait, sans images.

2 « Car son esprit n'était pas incolore comme celui des gens purement spirituels à la façon de Voltaire, de Chamfort et de Stendhal ; il s'y mêlait beaucoup d'imagination, de poésie et de pittoresque. »
GAUTIER, Portr. contemp., Léon Gozlan.

3 « Simon me tend la main et me regarde avec un sourire incolore, fatigué. » DUHAM., Salavin, VI, XVIII.

— *Spécialt.* (1873 P. LAROUSSE). *Par plaisant.* Sans couleur politique, neutre.

4 « La politique, monsieur ! Eh ! comment ne s'en occuper point ? Elle nous guette de toutes parts et nous presse... Tout spontanément nos pensées, selon la forme qu'elles ont, prennent coloration rouge ou blanche ;... Prétendez-vous n'avoir rien que des pensées incolores, peut-être ? » GIDE, Nouv. prétextes, pp. 50-51.

ANT. — **Coloré.**

INCOMBER. *v. intr.* (XVe s. ; empr. au lat. *incombere*, propremt. « peser sur »). *Peser*, retomber* (sur quelqu'un), être imposé (à quelqu'un) en parlant d'une charge, d'une obligation, d'une responsabilité... *Les devoirs et les responsabilités qui lui incombent. La charge de la preuve incombe au demandeur. La charge qui leur incombe est très lourde.* — *Impers. C'est à vous qu'il incombe de faire cette démarche* (ACAD.). V. **Appartenir, revenir.**

1 « La responsabilité du dommage causé par un animal incombe alternativement au propriétaire ou à celui qui s'en sert pendant qu'il est à son usage. » DALLOZ, Nouv. répert., Responsabilité civile.

2 « Se fût-on de même étonné, si l'on s'était rappelé *Le loup et l'agneau,* de ce scandale insupportable : la Pologne menaçant le Reich, la Finlande provoquant l'U.R.S.S. ? En pareille circonstance, il incombe à l'Organisation internationale du moment de protester contre l'audace du loup, de défendre le faible contre le fort, mais qui s'en chargera ? »
SIEGFRIED, La Fontaine..., p. 27.

INCOMBUSTIBLE. *adj.* (XIVe s. ; de *in-*, et *combustible*). Qui n'est pas combustible*, qui ne brûle pas. V. **Apyre***, **aphlogistique***. *Il n'existe pas de substance absolument incombustible. L'amiante est pratiquement incombustible mais s'altère par l'action prolongée de la chaleur.*

DER. — **Incombustibilité.** *n. f.* (1751). Caractère de ce qui est incombustible.

INCOMESTIBLE. *adj.* (1875 ; de *in-*, et *comestible*). *Peu usit.* Qui n'est pas comestible*.

INCOMMENSURABLE (*in-ko-man-*). *adj.* (XIVe s., rare avant le XVIIIe s. ; empr. au bas lat. *incommensurabilis*). *Math.* Se dit de grandeurs qui n'ont pas de mesure commune, dont le rapport ne peut donner de nombre entier ni fractionnaire. *Le côté d'un carré et sa diagonale sont incommensurables. La racine carrée de 2 est incommensurable avec l'unité.* — *Absolt. Nombres incommensurables :* nombres réels qui ne sont pas rationnels, comprenant les nombres irrationnels, les nombres algébriques généraux, et les nombres transcendants. $\sqrt{2}$ (= 1,414213...), π (= 3,141592...) *sont des nombres incommensurables.*

1 « Or il y a,... deux sortes de rapports ; les uns qui peuvent être exprimés exactement par des nombres, soit entiers, soit rompus *(fractionnaires)* ; les autres, qu'on appelle incommensurables, et qui ne peuvent être exprimés par des nombres que d'une manière approchée, mais qui peuvent être représentés,... par exemple, par les rapports d'une ligne à une autre. »
D'ALEMB., Éléments de philosophie, XIV, XI, Œuvr., t. I, p. 262.

2 « ... il existe *d'autres* nombres que les nombres naturels et que les fractions ordinaires ; ce sont les nombres que nous appellerons provisoirement les « nombres incommensurables ». Ceux-ci peuvent être identifiés aux nombres décimaux, *qui ne se terminent jamais* et dont les chiffres ne se reproduisent jamais dans le même ordre. »
M. BOLL, Étapes des math., p. 32 (éd. P.U.F.).

3 « Les nombres algébriques non rationnels et les nombres transcendants forment la famille des nombres incommensurables, par opposition à la famille des nombres commensurables ou rationnels. *Dedekind,* utilisant la théorie des ensembles, précisa la notion d'incommensurable en montrant que tout nombre de cette espèce peut être considéré comme une *coupure* dans l'ensemble des nombres rationnels. »
R. TATON, Hist. du calcul, p. 65 (éd. P.U.F.).

— *Par anal. (Dans le langage courant).* Qu'on ne peut mesurer, évaluer, par manque de commune mesure. V. **Irréductible.**

4 « ... j'ai pu apprécier à quel degré la sensation des littératures est chose personnelle, irréductible, incommensurable, pour emprunter un mot à sa science favorite, c'est-à-dire qu'il n'y a pas de commune mesure entre les raisons pour lesquelles deux esprits goûtent ou repoussent un même écrivain. » BOURGET, Le disciple, p. 113.

5 « Mais encore, réelle ou idéale, cette valeur est incommensurable : elle ne peut pas être mesurée par les unités de mesure dont dispose la société. » VALÉRY, Regards s. l. monde actuel, p. 212.

— *Par ext.* « Qui ne peut être mesuré, qui est très grand ou infini » (ACAD., LITTRÉ). V. **Démesuré, énorme, grand,**

illimité, immense, immensurable, infini. — REM. Cette extension qui s'écarte beaucoup du sens propre est condamnée par quelques puristes, mais elle est consacrée par l'autorité de l'ACAD. et par l'usage des meilleurs auteurs. *Un espace incommensurable* (ACAD). *L'amphithéâtre* (cit. 5) *incommensurable des neiges éternelles* (CHATEAUB.).

6   « Une brume couvrit l'onde incommensurable ; »
                HUGO, **Contemplations**, V, XV.

7   « ... je fus pris subitement d'une incommensurable rage contre ce magnifique imbécile,... »
            BAUDEL., **Spleen de Paris**, IV.

— Substant. m. *L'incommensurable*, l'infini (Cf. Inaccessible, cit. 15).

DER. — **Incommensurabilité.** *n. f.* (XIVᵉ s.). *Math.* Caractère de ce qui est incommensurable.

« ... cette stupeur qui frappa les Pythagoriciens devant l'incommensurabilité des côtés du triangle rectangle. »
            SARTRE, **Situations I**, p. 211.

INCOMMODE. *adj.* (1534 ; empr. au lat. *incommodus*). Qui n'est pas commode.

‖ **1°** Qui est mal commode, peu pratique à l'usage. *Outil, instrument incommode. Meuble incommode. Appartement incommode par l'agencement des pièces.* Habits (cit. 9), *accessoires incommodes.* V. **Embarrassant, encombrant.**

1   « Au milieu de ces meubles à forme grecque, superbes et incommodes comme tout ce qui vient de l'Empire,... »
            MUSS., **Nouv.**, Deux maîtresses, III.

‖ **2°** Qui est désagréable ; qui gêne, ennuie, indispose. *Chaleur incommode* (V. **Accablant**), *bruit incommode.* V. **Fatigant, gênant, incommodant*.** *Position, posture incommode.* V. **Inconfortable.** *Manière incommode de voyager.* — REM. *Incommode* est vieux au sens de « malencontreux » (Cf. *infra*, cit. 2 LA FONT.).

2   « Quand un quidam parut : c'était maître renard ;
     Rencontre incommode et fâcheuse. »
            LA FONT., **Fabl.**, IX, Les deux rats,...

3   « (*le renne*)... peut faire quatre ou cinq lieues par heure ; mais plus cette manière de voyager est prompte, plus elle est incommode ; il faut y être habitué et travailler continuellement pour maintenir son traîneau et l'empêcher de verser. »
            BUFF., **Hist. nat. anim.**, L'élan et le renne.

4   « ... la passion véritable est incommode à l'éloquence. »
            GIDE, **Journal**, 1ᵉʳ déc. 1905.

5   « ... les ustensiles bringuebalaient et se plaçaient peu à peu dans une position incommode : d'un coup d'épaules, il remontait son sac. »
            CHARDONNE, **Destin. sentim.**, p. 347.

— *Spécialt. Établissements dangereux, insalubres ou incommodes*, établissements industriels dont le fonctionnement et le voisinage présentent des dangers ou des inconvénients et qui font l'objet d'une réglementation particulière, dans un but de sécurité et de salubrité publiques (fabrique d'acides, abattoirs, usines à gaz, etc.). V. **Enquête** (de commodo et incommodo).

— *En parlant des personnes* (vieilli). *Qui gêne par sa présence, ses paroles..., qui est à charge* à quelqu'un.* V. **Fâcheux, importun*.** *Un jaloux incommode* (Cf. Côté, cit. 3). *Témoin incommode*, témoin gênant*. — *Le moi est incommode aux autres* (Cf. Asservir, cit. 3 PASCAL).

6   « Importun à tout autre, à soi-même incommode, »
            BOIL., **Sat.**, VIII.

7   « Il se persuadait que les yeux étrangers voyaient jusqu'au fond de lui aussi bien qu'il y savait lire. Il aurait voulu se dérober à tous ces témoins incommodes, au témoin plus incommode encore qui était son autre moi. »
            A. HERMANT, **Aube ardente**, XII.

— *Spécialt.* Qui n'est pas commode, facile de caractère (*vx*). V. **Acariâtre, ennuyeux, insupportable, persécuteur.** *L'atrabilaire* (cit. 7) *est méchant, incommode et violent. Humeur incommode et contrariante* (Cf. Bizarrerie, cit. 1).

ANT. — **Commode, pratique** ; **agréable, aisé, confortable** ; **facile, sociable.**

DER. — **Incommoder, incommodité.** — **Incommodément.** *adv.* (1549). D'une manière incommode. *Être installé, assis incommodément.* V. **Inconfortablement.**

« Les écrivains ne s'entendent guère, la plupart, à leur confort professionnel. Carco plante sa lampe à sa droite, projette incommodément sur son papier l'ombre de sa dextre... »
            COLETTE, **Étoile Vesper**, p. 71.

INCOMMODER. *v. tr.* (1450 ; empr. au lat. *incommodare*). Causer de la gêne, mettre mal à l'aise. V. **Gêner.** *Ce bruit m'incommode.* V. **Déranger, étourdir, fatiguer, indisposer, troubler.** *Incommoder quelqu'un en fumant* (V. **Enfumer**). *Parfum tenace qui incommode. Être incommodé par la chaleur* (Cf. Crever de chaud) ; *par le soleil, du soleil* (Cf. Fraîcheur, cit. 1). *Ce long voyage pourrait l'incommoder. Il s'en est trouvé incommodé* (Cf. Guerre, cit. 35). *Incommoder les autres.* V. **Empoisonner, importuner** (Cf. Celui, cit. 1). *La moindre chose l'incommode* (ACAD). — REM. L'emploi d'*Incommoder* s'est restreint à l'état de gêne, au malaise physique. On ne dirait plus « *Je vous prie, si cela ne vous incommode point, de permettre qu'il aille vous voir* » (ACAD).

1   « Cela vous incommodera-t-il, de me donner ce que je vous dis ?... Si cela vous incommode, j'en irai chercher ailleurs... Vous n'avez qu'à me dire si cela vous embarrasse. » MOL., **Bourg. gent.**, III, 4.

« On incommode souvent les autres, quand on croit ne les pouvoir jamais incommoder. »   LA ROCHEF., **Réflex. mor.**, 242.   2

« Pendant le dîner, madame Vauquer alla tirer un rideau, pour empêcher que Goriot ne fût incommodé par le soleil dont un rayon lui tombait sur les yeux. »   BALZ., **Père Goriot**, Œuvr., t. II, p. 868.   3

« ... elle s'écartait des gens dont la personnalité étrangère l'incommodait, et elle recherchait un interlocuteur imaginaire capable de l'entendre. »   CHARDONNE, **Destin. sentim.**, p. 446.   4

— Absolt. *Être incommodé :* avoir une indisposition légère, se sentir un peu souffrant. V. **Indisposé, malade.** — REM. Cet emploi est quelque peu vieilli. — Vx. *Être incommodé d'un bras, d'une jambe :* être gêné dans l'usage de ce bras, de cette jambe.

« J'ai été un peu incommodé ces jours passés. »   RAC., **Lettres**, 168, 27 févr. 1698.   5

« Maman est incommodée, Madame ; elle ne sortira point, et il faut que je lui tienne compagnie ;... »   LACLOS, **Liais. dang.**, XII.   6

« La nuit, si madame est incommodée, elle sonnera de son côté ;... »   BEAUMARCH., **Mar. Figaro**, I, 1.   7

— Vx. *Être incommodé dans ses affaires*, être gêné, sans argent.

‖ **S'INCOMMODER.** *Vx.* Se gêner mutuellement (Cf. Déportement, cit. 3). Se gêner soi-même (Cf. Aise, cit. 4) ; se rendre légèrement malade.

« ... il en aurait pu manger six (*gâteaux*) sans s'incommoder ;... » ROUSS., **Émile**, II. — REM. On dirait aujourd'hui « sans en être incommodé ».   8

DER. — **Incommodant, ante.** *adj.* (1788). Qui incommode physiquement. V. **Désagréable, gênant, incommode.** *Bruit incommodant, chaleur incommodante.*

INCOMMODITÉ. *n. f.* (1389 ; empr. au lat. *incommoditas*).

‖ **1°** Caractère de ce qui n'est pas commode, pratique. *Incommodité d'une installation, d'un appartement. Incommodité d'un meuble* (Cf. Commode 2, cit. 1).

‖ **2°** Gêne, désagrément causé par ce qui incommode. V. **Charge, désagrément, ennui, gêne, importunité, inconvénient.** *Incommodité d'un voisinage bruyant. L'incommodité d'habiter loin de son lieu de travail.* V. **Sujétion.** *Incommodité de dormir à bord* (cit. 4). *Souffrir ensemble d'une incommodité* (Cf. Endosmose, cit. 4).

« ... malgré les rigueurs et les incommodités de la saison,... »   RAC., **Camp. de Louis XIV.**   1

« L'on a cette incommodité à essuyer dans la lecture des livres faits par des gens de parti..., que l'on n'y voit pas toujours la vérité. »   LA BRUY., I, 58.   2

« ... certaines personnes s'arrangent aisément des incommodités qu'on éprouve à vivre parmi les grands. »   FRANCE, **Rôtiss. reine Pédauque**, V, Œuvr., t. VIII, p. 33.   3

— *Spécialt.* (*vieilli*). Malaise, trouble causé par la mauvaise santé ; maladie légère. V. **Indisposition, infirmité, maladie, malaise.** *Petites incommodités très supportables* (Cf. *par métaph.* Guérison, cit. 9). *Les incommodités de la vieillesse.*

« Il est un jour retenu au lit pour quelque incommodité :... »   LA BRUY., XI, 7.   4

« J'étais né presque mourant ; on espérait peu de me conserver. J'apportai le germe d'une incommodité que les ans ont renforcée, et qui maintenant ne me donne quelquefois des relâches que pour me laisser souffrir plus cruellement d'une autre façon. »   ROUSS., **Confess.**, I.   5

« Mon neveu est aussi un peu indisposé, mais sans aucun danger, et sans qu'il faille en prendre aucune inquiétude ; c'est une incommodité légère, qui, à ce qu'il me semble, affecte plus son humeur que sa santé. »   LACLOS, **Liais. dang.**, CXII.   6

ANT. — **Commodité, confort, convenance** ; **agrément, avantage, facilité.**

INCOMMUNICABLE. *adj.* (1541 ; de *in-*, et *communicable*).

‖ **1°** Qui n'est pas communicable, transmissible. V. **Intransmissible.** *La toute-puissance de Dieu est incommunicable* (ACAD). *Caractères, droits, privilèges incommunicables.*

« ... le peuple même ne peut, quand il le voudrait, se dépouiller de ce droit incommunicable (*le droit de faire des lois*),... »   ROUSS., **Contrat social**, II, 7.   1

‖ **2°** Dont on ne peut faire part à personne ; qui ne peut être exprimé, confié ; qui ne peut être partagé. *Pensée incommunicable.* V. **Inexprimable.** — Par ext. *Personne incommunicable*, qui ne peut se livrer, s'ouvrir à autrui. V. **Fermé.** — REM. Ce sens a pris un grand développement depuis le XIXᵉ siècle. LITTRÉ n'en donne pas d'exemple classique ni moderne.

« Misérable passion (*la jalousie*), qui a ceci encore, d'être incommunicable,... car à quel ami osez-vous fier (*confier*) vos doléances...? »   MONTAIGNE, **Essais**, III, V.   2

« Tant il est difficile de s'entendre, mon cher ange, et tant la pensée est incommunicable, même entre gens qui s'aiment ! »   BAUDEL., **Spleen de Paris**, XXVI.   3

« J'apprenais ainsi, à peine né à la vie intellectuelle, qu'il y a en nous un obscur élément incommunicable. »   BOURGET, **Le disciple**, p. 119.   4

« Nous sommes destinés à demeurer incompréhensibles les uns aux autres, incommunicables, tout scellés dans notre tombeau vivant. »   JALOUX, **Chute d'Icare**, p. 208.   5

6   « ... certaines choses inexprimables, incommunicables, qui m'étaient absolument personnelles, qui étaient mon secret farouchement gardé. »
DUHAM., **Pasq.**, II, IV.

7   « C'était le drame de sa vie intime que cette inaptitude au contact, cette condamnation à demeurer incommunicable ! Même auprès de Jacques, elle n'avait pas su s'abandonner sans réticence. »
MART. du G., **Thib.**, t. IX, p. 101.

— *Substant.* :

8   « ... je me méfie des incommunicables, c'est la source de toute violence. Quand les certitudes dont nous jouissons nous semblent impossibles à faire partager, il ne reste plus qu'à battre, à brûler ou à pendre. »
SARTRE, **Situations II**, p. 305.

‖ 3º Qui ne peut être mis en communication, qui n'a aucun rapport (avec). *La jeunesse et la maturité sont deux mondes incommunicables* (Cf. Fils, cit. 5).

9   « ... ces deux domaines sont incommunicables. Incommunicables, ça veut dire que le même homme est mauvais dans le privé, bon dans le public. Dans le privé il est voleur, menteur, ivrogne, lâche, noceur... Dans le public il est honnête, sobre comme un chameau, rangé comme un employé de chemin de fer. »
PÉGUY, **La République...**, p. 33.

ANT. — **Communicable, exprimable, transmissible.**

DER. — **Incommunicabilité.** *n. f.* (1867). Caractère de ce qui est incommunicable ; impossibilité de communiquer.

« Dans l'amour, comme dans presque toutes les affaires humaines, l'entente cordiale est le résultat d'un malentendu... ces deux imbéciles sont persuadés qu'ils pensent de concert ; — Le gouffre infranchissable, qui fait l'incommunicabilité, reste infranchi. »
BAUDEL., **Mon cœur mis à nu**, LV.

INCOMMUTABLE. *adj.* (1381 ; lat. *incommutabilis*). Qui ne peut changer de possesseur, de propriétaire. *Propriété incommutable.*

1   « ... l'expérience fait voir que ce qui est non seulement en commun, mais encore sans propriété légitime et incommutable, est négligé et à l'abandon. »
BOSS., **Polit. tirée de l'Écrit.**, VIII, II, III.

— *Vx.* Qui ne peut être dépossédé. *Propriétaire, possesseur incommutable.*

2   « ... la petite décoration dont vous serez à bon droit revêtu comme possesseur incommutable et propriétaire en titre et en effet. »
JOUBERT, **Lettre à Chênedollé**, 11 nov. 1809.

DER. — **Incommutabilité.** *n. f.* (1570). État de ce qui est incommutable. *Incommutabilité d'un droit, d'une propriété.*

INCOMPARABLE. *adj.* (XIIᵉ s. ; lat. *incomparabilis*). Qui n'est pas comparable.

‖ 1º *Peu usit.* Qui n'a pas de terme de comparaison ; qui ne peut être comparé à autre chose ; qui n'a pas son semblable (V. **Comparer,** 1º). *Deux choses absolument incomparables :* complètement différentes. *Voilà des personnages incomparables qui rapprochent leurs différences mêmes* (Cf. Commerce, cit. 17 ; fleuve, cit. 10 VALÉRY).

1   « Pour peu qu'on ait réfléchi sur l'origine de nos connaissances, il est aisé de s'apercevoir que nous ne pouvons en acquérir que par la voie de la comparaison ; ce qui est absolument incomparable est entièrement incompréhensible ; Dieu est le seul exemple que nous puissions donner ici, il ne peut être compris parce qu'il ne peut être comparé ;... »
BUFF., **Hist. nat. de l'homme**, Nature de l'homme.

‖ 2º À qui ou à quoi rien ne semble pouvoir être comparé. V. **Comparé,** 2º ; **inégalable, supérieur, unique ; pareil** (sans). *Beauté* (cit. 6) *incomparable.* V. **Accompli, admirable, parfait.** *Importance,. puissance incomparable* (Cf. Énergie, cit. 8 ; fantasmagorique, cit. 3). *Capacités, facultés incomparables* (Cf. Humaniste, cit. 8). — *Incomparable anthologie ; œuvre incomparable.* V. **Beau** (Cf. Exquisement, cit. ; gradation, cit. 3). *Spectacle, exhibition incomparable* (Cf. Fourrure, cit. 2). — *Parfum incomparable* (Cf. Fumer 1, cit. 23). *Variété, franchise* (cit. 16) *incomparable des couleurs* (Cf. Gaine, cit. 11). *Un bleu incomparable* (Cf. Enlacer, cit. 1). — *« L'égalité des esprits qui rend la société française incomparable »* (Cf. Goûter 1, cit. 12 CHATEAUB.).

2   « La nature de l'homme se considère en deux manières : l'une selon sa fin, et alors il est grand et incomparable ; l'autre selon la multitude, comme on juge de la nature du cheval et du chien,... »
PASC., **Pens.**, VI, 415.

3   « La pensée est donc une chose admirable et incomparable par sa nature. »
ID., **Ibid.**, VI, 365.

4   « Le Paris de la fashion, celui du turf et des lorettes admiraient les gilets ineffables de ce seigneur étranger, ses bottes d'un vernis irréprochable, ses sticks incomparables,... »
BALZ., **Cousine Bette, Œuvr.**, t. VI, p. 478.

5   « Une des manches du peignoir, relevée jusqu'à l'épaule, laissait voir un bras de neige d'une incomparable pureté,... »
DAUD., **Petit Chose**, II, X.

6   « ... il suffit qu'elle (*la sœur de Pascal*) en ait eu le modèle sous les yeux, et qu'il en retint des traits, pour donner l'idée de cette grandeur incomparable : un homme (*Pascal*) que la nature a créé pour son triomphe, et qui ne vit que pour triompher de la nature. »
SUARÈS, **Trois hommes**, Pascal, III.

— (En parlant des personnes). *Maître incomparable* (Cf. Former, cit. 23). *Mᵐᵉ de Sévigné, incomparable épistolière* (cit. 2). *Incomparable illusionniste* (Cf. Escompter, cit. 8). *Les castrats* (cit.), *chanteurs incomparables. Artiste incomparable.* — *« L'incomparable Arthénice »* (Madame de Rambouillet).

7   « ... les airs et les symphonies de l'incomparable Monsieur Lully,... »
MOL., **Am. méd.**, Au lecteur.

« ... il s'appelle Scapin ; c'est un homme incomparable, et il mérite 8 toutes les louanges qu'on peut donner. » MOL., **Fourb. de Scap.**, III, 3.

« (*Mirabeau*) le plus glorieux génie politique qu'ait eu ce pays depuis 9 l'incomparable cardinal de Richelieu. »
GAMBETTA in BARTHOU, **Mirabeau**, p. 287.

ANT. — **Comparable, commensurable. Exécrable, inférieur, médiocre.**

DER. — **Incomparablement.** *adv.* (XIIᵉ s.). D'une manière incomparable (2º), unique. — REM. *Incomparablement* exprime le grand éloignement qui sépare deux termes de comparaison, et ne s'emploie que suivi d'un comparatif. V. **Autrement, infiniment.** *Machine incomparablement mieux ordonnée* (Cf. Animal, cit. 17). *Une humanité incomparablement plus évoluée* (cit. 5). *Incomparablement moins...*

« Il est remarquable que l'homme de talent ait eu sur l'homme de génie une influence incomparablement plus grande que l'homme de génie sur l'homme de talent. » THIBAUDET, **Flaubert**, p. 37.

INCOMPATIBILITÉ. *n. f.* (1466 ; de *incompatible*). Caractère incompatible*.

‖ 1º (*En parlant de personnes ou de choses*). Impossibilité de s'accorder, d'exister ensemble, résultant d'une contrariété de caractères, de différences* essentielles. V. **Antagonisme, antipathie, contradiction, contrariété** (cit. 2), **désaccord, disconvenance, inconciliabilité** (cit.), **opposition.** *Incompatibilité d'une chose et d'une autre, d'une chose avec une autre* (Cf. Homogène, cit. 8) ; *incompatibilité de deux choses. Incompatibilité d'idées, de caractère, d'humeur* (cit. 7), *d'opinions..., entre deux personnes. Divorce* (cit. 1), *séparation pour incompatibilité d'humeur. Adoucir, concilier les incompatibilités entre deux personnes.*

« La sainteté est en Dieu une incompatibilité essentielle avec tout 1 péché, avec tout défaut, avec toute imperfection d'entendement et de volonté. » BOSS., **Élév. sur myst.**, I, 11.

« Elle était âgée de quarante-six ans, et il y en avait quinze qu'une 2 extrême incompatibilité réciproque la séparait de son mari. »
VOLT., **Hist. du parlement**, XLI.

« ... des disproportions, des incompatibilités, employons le mot légal, 3 trop fortes entre ces deux personnes pour qu'il fût possible à la marquise d'aimer son mari. »
BALZ., **La femme de trente ans, Œuvr.**, t. II, p. 760.

« Des incompatibilités d'idées, de races et d'époques les avaient 4 séparées longuement (*ces deux femmes*) ; mais toutes deux étaient bonnes et maternelles, capables de tendresse et de spontané retour. »
LOTI, **Désenchant.**, XLVIII.

« La clause d'*incompatibilité d'humeur* admise (*dans le divorce*), on 5 avait, dans une certaine partie de la société, pris l'habitude de se prendre, de se quitter — parfois pour se reprendre et se requitter — suivant les plus étranges caprices. »
MADELIN, **Hist. Cons. et Emp.**, Le Consulat, XII, p. 184.

— *Absolt.* V. **Contradiction.**

« ... il faut aimer la littérature française dans ses incompatibilités, 6 pour l'aimer dans sa richesse et dans sa vie. »
THIBAUDET, **Flaubert**, p. 264.

‖ 2º *Dr. publ.* Impossibilité légale de cumuler certaines fonctions ou occupations. *Incompatibilité entre le mandat parlementaire et la plupart des fonctions publiques, entre plusieurs mandats parlementaires..., entre la situation de fonctionnaire et l'exercice d'une activité privée lucrative* (Décret 29 oct. 1936, Loi 19 oct. 1946).

« La loi établit... entre le mandat parlementaire et la fonction 7 publique rémunérée par l'État. Celle-ci qui n'a pas pas confondre avec l'inéligibilité... ne vicie pas l'élection qui elle-même reste valable. Mais l'élu doit choisir entre le mandat qu'il a sollicité et la fonction... »
PRÉLOT, **Précis dr. constit.**, § 314, p. 409 (éd. Dalloz).

‖ 3º *T. de Sciences.* (Alg.). *Incompatibilité des équations :* cas où plusieurs équations ne peuvent se trouver vérifiées par une même valeur des inconnues.

— *T. de Pharm.* « Exclusion mutuelle et réciproque de substances médicamenteuses qui, introduites dans un même médicament, peuvent... (donner) des produits nocifs ou peuvent contrecarrer leurs effets respectifs » (POIRÉ).

ANT. — **Accord, adaptation, association, coexistence, compatibilité, harmonie ; cumul, simultanéité.**

INCOMPATIBLE. *adj.* (*Incompassible* en 1370 ; de *in-*, et *compatible*). Qui n'est pas compatible.

« Deux pensées, deux sentiments, deux actions sont incompatibles 1 quand ils s'excluent réciproquement, soit en fait, soit en droit. Il y a là une équivoque dont il faut se défier. »
LALANDE, **Vocab. philos.**, Incompatible.

‖ 1º (*En parlant des choses*). Qui ne peut coexister*, être associé*, réuni* avec (une autre chose). V. **Contraire, inconciliable*, opposé.** *La culture* (cit. 17), *la science n'est pas incompatible avec la foi.* V. **Exclusif** (de) ; **exclure.** *Cette conduite n'est pas incompatible avec le salut* (Cf. Fortune, cit. 38). — *Choses incompatibles* (les unes avec les autres). V. **Contradictoire, discordant** (Cf. Honnête, cit. 19). *Caractères, humeurs incompatibles.* V. **Antipathique.** *Qualités presque incompatibles* (Cf. Esprit, cit. 120 et 13). *Coutumes et croyances incompatibles* (Cf. Civilisation, cit. 14). *Affirmations, prétentions incompatibles, de nature à créer une dispute*, une contestation... L'homme, « composé* (cit. 30 BOSS.) monstrueux de choses incompatibles ». Choses incompatibles étrangement réunies* (Cf. Fantastique, cit. 6).

2 « ... Jésus-Christ est Dieu et homme. Les Ariens, ne pouvant allier ces choses qu'ils croient incompatibles, disent qu'il est homme :... »
PASC., Pens., XIV, 862.

3 « *Cléante* est un très honnête homme ; il s'est choisi une femme qui est la meilleure personne du monde... Ils se quittent demain... Il y a... de certaines vertus incompatibles. »   LA BRUY., V, 43.

4 « La science et l'éloquence sont peut-être incompatibles ; du moins je ne vois pas d'exemple d'un homme qui ait primé dans l'une et dans l'autre. »
P.-L. COURIER, Œuvr. compl., pp. 667-668 (éd. Pléiade).

5 « C'est toujours le système du monde moderne de vouloir toucher à deux guichets, de vouloir cumuler les avantages les plus contradictoires, et les plus incompatibles. D'adopter à volonté, et pour les besoins de sa bassesse, les situations les plus contradictoires, et les plus inconciliables. »   PÉGUY, Note conjointe..., p. 245.

6 « ... nous vivons tous... sur cet axiome que l'idée de révolution est incompatible avec l'idée d'ordre. »   MART. du G., Thib., t. V, p. 101.

7 « Ce qui prouve, ajouta-t-elle d'un ton sentencieux, que la corruption peut aller de pair avec la sottise et qu'elles ne sont nullement incompatibles. »   MAURIAC, La pharisienne, X, p. 152.

— Vieilli. *Il est, il n'est pas incompatible que...*

8 « ... il n'est pas incompatible qu'une personne soit ridicule en de certaines choses et honnête homme en d'autres. »
MOL., Crit. Éc. des femmes, VI.

— Substant. « *Le cœur admet les incompatibles* » (Cf. Contraire, cit. 3 LA BRUY.).

‖ **2°** Vx. (*En parlant des personnes*). Qui ne peut s'accommoder de quelque chose ou s'entendre avec quelqu'un.

9 « (*Coriolan*)... le plus grand homme de Rome,... le plus incompatible avec l'injustice ; mais le plus dur, le plus difficile et le plus aigri. »
BOSS., Disc. s. Hist. univ., III, VI.

— *Absolt.* Qui ne peut s'entendre avec les autres.

10 « ... vaut-il mieux être farouche, dédaigneux, incompatible et toujours mordant ? »
FÉN., Dial. des morts, Socrate, Alcibiade et Timon.

‖ **3°** Spécialt. *Dr.* Se dit des fonctions, mandats, emplois... dont la loi interdit le cumul (V. **Incompatibilité**, 2°). *Le mandat de député et la fonction de préfet sont incompatibles. Les fonctions de juge sont incompatibles avec celles de notaire* (ACAD.).

‖ **4°** Alg. *Équations incompatibles* (V. **Incompatibilité**, 3°). — Méd. et Pharm. *Médicaments, substances incompatibles :* que l'on ne peut mélanger sans inconvénient ou sans danger. *Maladies incompatibles,* qui ne peuvent coexister chez le même sujet.

— *Log.* Caractère de deux ou plusieurs propositions qu'on ne peut affirmer simultanément.

ANT. — Alliable, compatible, convenable.

INCOMPÉTENCE. n. f. (1549 ; de *in-*, et *compétence*).

‖ **1°** Dr. Défaut de compétence. V. **Compétence** (1°). *Incompétence d'un préfet, d'un maire.* — Spécialt. *Incompétence d'un tribunal, d'une juridiction, d'un juge. Incompétence matérielle* (ratione materiæ), *personnelle* (ratione personæ). *Incompétence relative, absolue. Moyen allégué pour prouver l'incompétence d'une juridiction.* V. **Déclinatoire.** *Exception* (cit. 5) *d'incompétence.*

1 « ... en dehors... (des) exceptions formellement établies par des textes, il y a incompétence absolue toutes les fois qu'on se trompe sur l'ordre des juridictions.
... Il y a incompétence absolue si le demandeur s'est trompé sur le degré de la juridiction à saisir.
... Il y a encore incompétence absolue si on se trompe sur la nature des juridictions, en soumettant à une juridiction d'exception une affaire dont la loi ne lui a pas expressément attribué la compétence. »   CUCHE, Précis procéd. civ., § 163, 164, 165 (éd. Dalloz).

‖ **2°** Fig. Défaut des connaissances, ou de l'habileté nécessaires pour juger, décider en quelque matière. V. **Ignorance, incapacité.** *L'incompétence des théoriciens dans les questions de pratique. Parler de quelque chose avec une incompétence totale* (Cf. Comme un aveugle* des couleurs). *Incompétence artistique, politique... Avouer, déclarer, reconnaître son incompétence.* V. **Récuser** (se). Cf. Ignorant, cit. 10.

2 « Quant aux femmes, leur éducation informe, leur incompétence politique et littéraire empêchent beaucoup d'auteurs de voir en elles autre chose que des ustensiles de ménage ou des objets de luxure. »
BAUDEL., Notices, E. Poe, sa vie et ses ouvrages, II.

3 « La plupart des hommes, dans un État moderne, reconnaissent bénévolement leur incompétence en une multitude de matières et délèguent, avec modestie, tout pouvoir à des spécialistes, dont le zèle est d'autant plus vif qu'il est rarement gratuit. »
DUHAM., Scènes vie future, IV, p. 71.

ANT. — Aptitude, compétence.

INCOMPÉTENT, ENTE. adj. (*Incompétant* en 1505, in HUGUET ; bas lat. *incompetens*).

‖ **1°** Dr. Qui n'est pas compétent, en parlant d'une autorité publique, et spécialt. d'une juridiction (Cf. Conflit, cit. 7). *Tribunal, juge incompétent, qui se déclare incompétent. Être incompétent pour connaître* d'une affaire.

1 « Si... le tribunal était incompétent à raison de la matière, le renvoi pourra être demandé en tout état de cause ;... »
CODE PROCÉD. CIV., Art. 170.

2 « Plusieurs juges (aux États-Unis) se déclaraient incompétents, quand les maîtres venaient réclamer leurs esclaves enfuis. »
RECLUS, Revue des Deux-Mondes, 15 mars 1863.

‖ **2°** Fig. Qui n'a pas les connaissances suffisantes, l'habileté requise pour juger, pour décider d'une chose. V. **Ignorant, incapable.** *Être incompétent en musique, en politique, en matière de littérature. Critique incompétent.*

3 « ... Louis Pasteur, oubliant que son compagnon était... faiblement initié aux sciences, l'entretenait,... de la polarisation de la lumière... Le confident était distrait, incompétent, mais rassuré, et son affection... le faisait bon prophète : « Vous verrez, répétait-il, ce que sera Pasteur ! »   MONDOR, Pasteur, p. 25.

ANT. — Apte, compétent, fort.

INCOMPLET, ÈTE. adj. (1372 ; lat. *incompletus*). Qui n'est pas complet* ; auquel il manque quelque chose, quelque élément... V. **Imparfait, imperfection.** *Rendre incomplet.* V. **Décompléter.** *Énumération, liste incomplète ; compte incomplet.* V. **Défectueux.** *Récit incomplet, histoire* (cit. 20) *incomplète. Œuvre incomplète.* V. **Fragmentaire, inachevé.** *Collection incomplète.* V. **Dépareillé.** *Ouvrage incomplet, auquel il manque un tome, un volume.* Substant. *Le catalogue des incomplets.* — *Vers incomplet.* V. **Boiteux.** *Conjugaison incomplète.* V. **Défectif.** — *Idées, notions incomplètes. Vue incomplète des choses.* V. **Court** (Cf. Blasphème, cit. 4 RENAN). *Une définition incomplète* (Cf. Ignorance, cit. 8 DIDER.). V. **Insuffisant.** *Culture, instruction incomplète.* V. **Demi-** (Cf. Frais 2, cit. 8 DELACROIX). *Mesures incomplètes, insuffisantes* (Cf. Demi-mesures*). — *La fusion des sexes est toujours incomplète chez le même sujet* (Cf. Hermaphrodisme, cit. 2). — REM. Les étymologistes (Cf. en particulier DAUZAT, BLOCH et WARTBURG) donnent le mot *Incomplet* comme inusité ou rare avant le XVIIIᵉ s., et LITTRÉ n'en donne aucun exemple littéraire. Le mot est cependant chez DESCARTES (Cf. Évidence, cit. 1, IVᵉ médit.), DIDEROT, BUFFON et il est très courant au XIXᵉ s. (Cf. les cit. *infra* et les renvois dans le texte).

1 « Ce que nous prenons pour l'histoire de la nature, n'est que l'histoire très incomplète d'un instant. »
DIDER., Interprét. de la nature, I.

2 « ... le nom général qu'on voudrait leur imposer (*aux êtres*) est une formule incomplète,... »
BUFF., Hist. nat. anim., Nomencl. des singes.

3 « Rester original, se préserver de l'influence étrangère,... c'est demeurer incomplet et faible. »   MICHELET, Hist. de France, I, IV.

4 « L'esprit du travail est souvent incomplet en nous, et il est malheureux que tout le monde ait la faculté de travailler... C'est là ce qui fait des œuvres médiocres. »
VIGNY, Journal d'un poète, p. 162.

5 « Le caractère incomplet de ce jeune homme, qui ne régna que onze mois et qui avait quelques parties royales,... »
STE-BEUVE, Caus. du lundi, 7 févr. 1853.

— *Spécialt. Milit. Effectifs incomplets.* Substant. et Vx. *L'incomplet :* ce qui manque à l'effectif (Cf. TRÉVOUX, 1771).

— *Biol. Organisme incomplet* (Cf. Homuncule, cit. 2). *Fleur incomplète. Nymphe incomplète.*

ANT. — Accompli, achevé, complet, entier, fini, intégral, parfait.

DER. — Incomplètement. adv. (1503). D'une manière incomplète. V. **Imparfaitement.** *Il est incomplètement guéri* (ANT. Bloc (en bloc), complètement, entièrement). — **Incomplétude.** n. f. (début XXᵉ s., JANET). Psychol. *Sentiment d'incomplétude,* « sentiment d'inachevé, d'insuffisant, d'incomplet que les malades dits « psychasthéniques » éprouvent à propos de leurs pensées, de leurs actes, de leurs sensations ou de leurs émotions » (LALANDE).

« ... ce qui dominait alors en Lamennais, c'était le logicien... il n'y avait rien du poète qui n'est éclos que bien plus tard en lui, et toujours incomplètement. »
STE-BEUVE, Chateaubriand..., t. II, p. 315.

INCOMPLEXE. adj. (1503, Cf. HUGUET ; du bas lat. *incomplexus*). T. de Log. Qui n'est pas complexe*, en parlant d'un terme, d'une proposition ou d'un syllogisme (V. **Simple**).

INCOMPRÉHENSIBLE. adj. (XIIIᵉ s. ; lat. *incomprehensibilis*).

‖ **1°** Qui ne peut être compris ; dont la pensée ne peut saisir l'essence. V. **Inconcevable** (2°). *Dieu, l'infini, l'éternité sont des notions incompréhensibles* (Cf. Immense, cit. 1 DESC.). *L'homme est un « monstre incompréhensible* » (Cf. Abaisser, cit. 16 PASC.). *On peut admettre ce qui est incompréhensible, mais on ne peut l'expliquer. Mystères incompréhensibles.* V. **Abîme ; impénétrable** (cit. 12), **inscrutable, insondable.** *Contradiction* (cit. 10) *incompréhensible.*

1 « Incompréhensible que Dieu soit, et incompréhensible qu'il ne soit pas ;... »   PASC., Pens., III, 230.

2 « ... sans ce mystère, le plus incompréhensible de tous, nous sommes incompréhensibles à nous-mêmes. »   ID., Ibid., VII, 434.

3 « — Incompréhensible. — Tout ce qui est incompréhensible ne laisse pas d'être : Le nombre infini. Un espace infini, égal au fini. »
ID., *Ibid.*, VII, 430.

4 « Voilà donc un être parfait : voilà Dieu, nature parfaite et heureuse. Le reste est incompréhensible, et nous ne pouvons même pas comprendre jusqu'où il est parfait et heureux : pas même jusqu'à quel point il est incompréhensible. »
BOSS., **Élévations s. l. mystères**, I, II.

— *Incompréhensible à...* (quelqu'un).

5 « C'est une maladie naturelle à l'homme de croire qu'il possède la vérité directement ; et de là vient qu'il est toujours disposé à nier tout ce qui lui est incompréhensible. »
PASC., **Opusc.**, III, XV, De l'espr. géom., I.

6 « J'abuserais trop de ma faible raison, si je cherchais à comprendre pleinement l'Être qui, par sa nature et par la mienne, doit m'être incompréhensible. »
VOLT., **Homélies**, I.

— *Substant.* :

7 « Qu'est-ce qu'un Dieu masqué dans l'incompréhensible ?
Pourquoi le bien voilé ? Pourquoi le mal visible ? »
HUGO, **Lég. des siècles**, XLIV. I.

‖ **2°** Impossible ou très difficile à comprendre, à concevoir, à expliquer... V. **Abstrus, inconcevable, inexplicable, inintelligible, mystérieux...** (Cf. *pop.* Impigeable). *Inscription, texte incompréhensible.* V. **Indéchiffrable, obscur.** *Écriture incompréhensible.* V. **Hiéroglyphe.** *Mots incompréhensibles* (Cf. Énoncer, cit. 7). *Faute* (cit. 32) *d'impression rendant une phrase incompréhensible. Allusions incompréhensibles* (Cf. Gril, cit. 5). *Poème incompréhensible* (Cf. Bouillie, cit. 4). *Employer un charabia incompréhensible.* V. **Amphigourique.** *Énigme, mystère incompréhensible.* V. **Ténébreux.** *C'est demeuré pour moi tout à fait incompréhensible* (Cf. Lettre* close). *Renoncer à comprendre, à expliquer un événement incompréhensible* (Cf. Y perdre son latin*). *Il est incompréhensible que...*

8 « ... il a un procédé qui m'est entièrement incompréhensible :... »
SÉV., 1218, 25 sept. 1689.

9 « ... ce qui afflige l'un fait la joie de l'autre ; les cœurs ont des secrets divers, incompréhensibles à d'autres cœurs. »
CHATEAUB., M. O.-T., t. II, p. 345.

10 « Il lui arrive de lâcher, avec l'accent espagnol, un bout de phrase qui a la tournure d'une malice, mais qui est incompréhensible. Les gens, en effet, ne comprennent pas. Mais ils évitent d'insister, de peur de passer pour des sots. »
ROMAINS, H. de b. vol., t. IV, XXII, p. 248.

11 « ... le récit de Max était incompréhensible pour lui. Cette force inépuisable de la jeunesse le déconcertait. »
CHARDONNE, **Destin. sentim.**, p. 487.

— (En parlant des personnes, de leurs caractères...). *Il est incompréhensible, son caractère, son comportement est incompréhensible.* V. **Bizarre, curieux, déconcertant, étrange.** *« Rabelais... est incompréhensible : son livre est une énigme »* (Cf. Chimère, cit. 2 LA BRUY.). *Une femme incompréhensible* (Cf. Excommunier, cit. 3). *Demeurer incompréhensibles les uns aux autres* (Cf. Incommunicable, cit. 5).

12 « Elle me répondit avec une modestie si douce et si charmante, que je ne pus m'empêcher de faire, en sortant, mille réflexions sur le caractère incompréhensible des femmes. »
Abbé PRÉVOST, **Manon Lescaut**, p. 11.

13 « Incompréhensible, lui qu'elle n'avait pas cessé, croyait-elle, de si bien comprendre, tant qu'il avait été au loin ! »
MART. du G., **Thib.**, t. IV, p. 263.

ANT. — Clair, compréhensible.

DER. — **Incompréhensibilité.** *n. f.* (1555 selon WARTBURG). *Peu usit.* Caractère de ce qui est incompréhensible. *L'incompréhensibilité de Dieu, de ses mystères...*

« ... pour avoir une idée vraie de l'infini il ne doit en aucune façon être compris, d'autant que l'incompréhensibilité même est contenue dans la raison formelle de l'infini ;... »
DESC., **Rép. aux 5es object.**, Contre 3e médit., VII.

INCOMPRÉHENSIF, IVE. *adj.* (XXe s. ; de *in-*, et *compréhensif*). Qui ne comprend pas autrui, qui ne se met pas à la portée des autres. *Des parents incompréhensifs, trop sévères. Incompréhensif et intolérant.* V. **Étroit** (esprit).

« Aujourd'hui, quand on n'admire pas tout, dans un écrivain,... on passe pour un mauvais esprit, dédaigneux, incompréhensif,... »
HENRIOT, **Romantiques**, pp. 9-10.

INCOMPRÉHENSION. *n. f.* (fin XIXe s. HUYSMANS ; de *in-*, et *compréhension*). Incapacité ou refus de comprendre quelqu'un ou quelque chose, de lui rendre justice... V. **Déni** (cit. 5), **imperméabilité, inintelligence, méconnaissance.** Cf. Dénigrer, cit. 2. *Incompréhension envers quelqu'un, à l'égard de quelqu'un* (Cf. Expliquer, cit. 28). *Incompréhension entre deux personnes* (Cf. Froissement, cit. 9). *Artiste, poète qui souffre de l'incompréhension du public, de la critique. Son incompréhension de l'art* (Cf. Enlever, cit. 14 HUYSMANS). *Ne rencontrer que froideur, incompréhension, indifférence...*

1 « Il lui manquait la sérénité que donne au vrai artiste l'expérience d'une longue incompréhension des hommes et de leur bêtise incurable. »
R. ROLLAND, **Jean-Christ.**, La révolte, I, p. 409.

2 « En résumé, les œuvres de Christophe rencontrèrent chez les critiques le mieux disposés, une incompréhension totale ; — chez ceux qui ne l'aimaient point, une hostilité sournoise ; — enfin, dans le grand public, qu'aucun critique ami ou ennemi ne guidait, le silence. »
ID., **Ibid.**

3 « ... pour triompher d'une incompréhension, le meilleur moyen c'est de la tenir pour sincère et de tâcher de la comprendre. »
GIDE, **Dostoïevsky**, p. 55.

INCOMPRESSIBLE. *adj.* (1690 ; de *in-*, et *compressible*). *Phys.* Qui n'est pas compressible, dont le volume ne diminue pas par la pression*. V. **Incoercible** (vx). *Aucun gaz, aucun fluide n'est incompressible.*

— *Fig.* Impossible à empêcher, à retenir, à réduire.

« Elle avait été élevée de manière à ce que tous ses instincts, bons ou mauvais, pussent se développer dans toute leur incompressible vigueur ; »
BARBEY d'AUREV., **Vieille maîtresse**, I, IX.

ANT. — Coercible, compressible, élastique.

DER. — **Incompressibilité.** *n. f.* (1755). *Phys.* Caractère de ce qui est incompressible (ANT. Compressibilité, compression).

INCOMPRIS, ISE. *adj.* (XVe s. ; de *in-*, et *compris*). Qui n'est point compris, apprécié à sa juste valeur. *Livre, ouvrage incompris.* — (En parlant des personnes) *Génie, poète incompris. Une femme incomprise. Se croire incompris, se targuer d'être incompris* (Cf. Aliéné, cit. 9). — REM. *Incompris*, dans ce sens, est souvent ironique.

1 « ... mais ce gentilhomme fut un roi d'autant plus incompris, que peut-être ne se comprenait-il pas bien lui-même. »
BALZ., **Fausse maîtresse**, Œuvr., t. II, p. 12.

2 « ... une âme de mon choix, quelque chose d'analogue à ce que le XVIIIe siècle appelait l'*homme sensible*, à ce que l'école romantique nommait l'*homme incompris*, et à ce que les familles et la masse bourgeoise flétrissent généralement de l'épithète d'*original*. »
BAUDEL., **Parad. artif.**, Poème du haschisch, IV.

— *Substant. Un incompris.*

3 « ... il joue les grands incompris, les héros poursuivis par la fatalité tragique. »
DUHAM., **Pasq.**, V, XVII.

INCONCEVABLE. *adj.* (1584 ; de *in-*, et *concevable*).

‖ **1°** « Ce dont l'esprit ne peut se former aucune représentation, parce que les termes qui le désignent enveloppent une impossibilité ou une contradiction : la limite de l'espace ; un rond carré » (LALANDE). V. **Contradictoire, impensable.** *Une chose inconcevable en elle-même.* — *Substant. L'inconcevable.*

1 « Il ne faut pas confondre l'inconcevable avec ce qui est difficile à concevoir, c'est-à-dire contraire à nos habitudes intellectuelles. »
GOBLOT, **Vocab. philos.**, Inconcevable.

‖ **2°** Impossible à saisir pleinement par l'esprit. V. **Incompréhensible** (1°).

2 « ... lorsque Dieu est dit être *inconcevable*, cela s'entend d'une pleine et entière conception qui comprenne et embrasse parfaitement tout ce qui est en lui,... »
DESC., **Réponses aux 2es object.**

3 « Elle (*l'âme*) ose mesurer le temps, l'immensité,
Aborder le néant, parcourir l'existence,
Et concevoir de Dieu l'inconcevable essence. »
LAMART., **Prem. médit.**, XXXIV.

‖ **3°** Impossible ou difficile à comprendre, à expliquer, à imaginer, à croire (aux sens courants de ces mots). V. **Étonnant, étrange, extraordinaire, incompréhensible** (2°), **incroyable, inexplicable, inimaginable, paradoxal, surprenant...** *De toutes les manières concevables et inconcevables* (Cf. Broncher, cit. 3). *Coup, choc imprévu et inconcevable* (Cf. Anéantir, cit. 12). *Sentiments, désespoirs* (cit. 19) *inconcevables. La plus inconcevable solitude* (Cf. Ensevelir, cit. 25). *Emporté* (cit. 18) *avec une rapidité inconcevable. Beauté, délicatesse inconcevable* (Cf. Affleurer, cit. 3 ; guillocher, cit. 3). *Produire des effets inconcevables* (Cf. Étinceler, cit. 11). *De telles choses sont, paraissent inconcevables.* V. **Impossible** (Cf. Arroger, cit. 5 ; hiérarchie, cit. 6). *Il est inconcevable que cet abus ne soit pas réformé* (LITTRÉ). V. **Inadmissible.**

4 « ... que les moments qui délivrent tout d'un coup le cœur et l'esprit d'une si terrible peine, font sentir un inconcevable plaisir ! »
SÉV., 65, 21 déc. 1664.

5 « Si l'extravagance de Croisilles lui paraissait inconcevable, elle n'y voyait du moins rien d'offensant ;... »
MUSS., **Nouvelles**, Croisilles, II.

6 « ... sans être paresseuse, elle vivait dans une oisiveté inconcevable. »
ID., **Ibid.**, Frédéric et Bernerette, VI.

7 « Les boutiques de modistes étaient pleines de chapeaux inconcevables, qui semblaient être là moins pour la vente que pour l'étalage,... »
BALZ., **Illus. perd.**, Œuvr., t. IV, p. 693.

8 « Un homme qui dit tout ce qu'il pense et comme il le pense est aussi inconcevable dans une ville qu'un homme allant tout nu. »
FRANCE, **Mannequin d'osier**, XII, Œuvr., t. XI, p. 369.

DER. — **Inconcevabilité.** *n. f.* (XIXe s.). *Peu usit.* Caractère de ce qui est inconcevable ; chose inconcevable. *Les antipodes étaient une inconcevabilité pour ceux qui croyaient que la pesanteur avait une direction absolue, et que l'espace avait un haut et un bas* (Cf. GOBLOT, Vocab. philos.). — **Inconcevablement.** *adv.* (1839 BOISTE). D'une manière inconcevable.

« ... (*l'enfant*) se mit à hurler comme on peut le faire à cet âge, inconcevablement. »
CÉLINE, **Voyage au bout de la nuit**, p. 250.

INCONCILIABLE. *adj.* (1752 ; de *in-*, et *conciliable*). Qui n'est pas conciliable (V. **Incompatible**).

— (En parlant des choses). *Principes, maximes inconciliables* : qui s'excluent* réciproquement. *Le paradoxisme, figure de rhétorique unissant deux notions inconciliables. Loi inconciliable avec les principes de la Constitution* (Cf. Assemblée, cit. 12 MIRABEAU). *Divergences* (cit. 1) *inconciliables. Intérêts inconciliables* : opposés (Cf. Crédit, cit. 17).

1   « Composée de deux éléments en apparence inconciliables, la maison avait une parfaite unité. »   RENAN, Souv. d'enfance..., III, II.

2   « L'amour, commença Phrasilas, est un mot qui n'a pas de sens ou qui les a tous à la fois, car il désigne tour à tour deux sentiments inconciliables : la Volupté et la Passion. »   LOUŸS, Aphrodite, III, II.

3   « Comme les sirènes ou le minotaure, le pouvoir-des-mots (*sic*) est formé, par un étrange télescopage, de la jonction de deux corps étrangers et inconciliables. »   PAULHAN, Fleurs de Tarbes, p. 102.

— Substant. *S'efforcer de concilier les inconciliables.*

4   « L'un et l'autre (*Shakespeare et Goethe*) ont résolu la conciliation des inconciliables : rêve et action, pessimisme et optimisme, l'idéal et le réel. »   R. ROLLAND, Compagnons de route, p. 13.

— (*En parlant des personnes*). Peu usit. *Il est inconciliable avec son frère* (LITTRÉ) : il ne peut s'accorder, s'entendre avec lui. *Chercher à réconcilier des ennemis inconciliables. Ces deux plaideurs sont inconciliables* (ACAD.).

DER. — **Inconciliabilité.** *n. f.* (1874 in LITTRÉ, Suppl.). Caractère de ce qui est inconciliable. V. **Contrariété** (cit. 2), **incompatibilité**.

« Ce fut vers la fin de juin qu'entre eux l'inconciliabilité s'établit comme une saison nouvelle, avec ses surprises et parfois ses agréments. »   COLETTE, La chatte, p. 97.

INCONDITIONNÉ, ÉE. *adj.* (1846 ; de *in-*, et *conditionné*). *Philos.* Qui n'est soumis à aucune condition*. V. **Absolu.** *Impératif* (cit. 5) *catégorique, c'est-à-dire inconditionné.* Substant. *L'inconditionné* : l'absolu, l'infini.

INCONDITIONNEL, ELLE. *adj.* (1780 ; de *in-*, et *conditionnel* ; anglicisme, selon BRUNOT, H.L.F., t. VI, p. 1235). Qui n'est pas conditionnel, ne dépend d'aucune condition. *Consentement inconditionnel. Acceptation, soumission, reddition inconditionnelle. Adoration, foi inconditionnelle* (Cf. Exiger, cit. 19).

DER. — **Inconditionnellement.** *adv.* (1867 LITTRÉ).

INCONDUITE. *n. f.* (1693 in BOUHOURS qui n'approuve pas ce mot ; admis ACAD. 1762 ; de *in-*, et *conduite*). Défaut de conduite (V. **Conduite**, 5°) ; mauvaise conduite. V. **Abandon** (des mœurs), **débauche** ; **faute** (II), **frasque, vice** (Cf. Jeter son bonnet* par-dessus les moulins.) *Inconduite notoire, scandaleuse... Voilà où mène l'inconduite* (ACAD.).

1   « C'est pourtant là, milord, que mène l'inconduite. »   C. DELAVIGNE, Enf. d'Édouard, II, 3.

2   « L'action en reconnaissance de paternité ne sera pas recevable : 1° — S'il est établi que, pendant la période légale de la conception, la mère était d'une inconduite notoire ou a eu commerce avec un autre individu ;... »   CODE CIV., Art. 340.

INCONFORT. *n. m.* (1896 d'apr. BLOCH ; de *in-*, et *confort*). Manque de confort*. *L'inconfort d'un logement.* V. **Incommodité.** *Vivre dans l'inconfort.*

1   « Vous ignorez l'inconfort, fils gâté... je vous raconterai,... les retours à minuit vers l'hôtel,... l'attente dans le brouillard fin, contre la porte,... la chambre affreuse aux draps mal séchés, l'exigu pot d'eau chaude qui a eu le temps de refroidir... »   COLETTE, Vagabonde, p. 194.

2   « Ce qui est plus original dans notre ville est la difficulté qu'on peut y trouver à mourir. Difficulté, d'ailleurs, n'est pas le bon mot et il serait juste de parler d'inconfort. à Oran... tout demande la bonne santé. Un malade s'y trouve bien seul... On comprendra ce qu'il peut y avoir d'inconfortable dans la mort... lorsqu'elle survient ainsi dans un lieu sec. »   CAMUS, La peste, p. 15.

INCONFORTABLE. *adj.* (1850 STE-BEUVE ; de *in-*, et *confortable*). Qui n'est pas confortable. *Maison inconfortable.* — Par ext. *Attitude inconfortable* (V. **Incommode**).

1   « Si l'on excepte l'appartement de la dame et celui de Voltaire, le reste de la maison est d'une malpropreté extrême, et parfaitement *inconfortable*, comme nous dirions. »   STE-BEUVE, Causer. du lundi, 17 juin 1850.

2   « ... Allons, allons, Mademoiselle Supo... Je sais bien que vous m'aimez depuis dix ans en silence — ce qui est extrêmement inconfortable, — mais de là à vous obstiner à vouloir que j'aie du génie... »   ANOUILH, Ornifle, I, 14.

DER. — **Inconfortablement.** adv. (Néol.). D'une manière inconfortable. *Il est très inconfortablement installé.* V. **Incommodément.**

INCONGELABLE. *adj.* (1611 COTGRAVE ; de *in-*, et *congelable*). Qui n'est pas congelable.

INCONGRU, UE. *adj.* (1327 ; lat. *incongruus*). Qui n'est pas congru*, convenable. *Question, réponse incongrue.* V. **Déplacé.**

— *Spécialt.* Contraire aux usages, à la bienséance. V. **Inconvenant, malséant, messéant.** *Ton incongru* (Cf. Impertinence, cit. 8). *Des hoquets* (cit. 4) *incongrus.* — Par ext. *Une personne incongrue*, qui manque de savoir-vivre.

« Le moyen de bien recevoir des gens qui sont tout à fait incongrus en galanterie ? »   MOL., Préc. rid., IV.   1

« ... un poème barbare et ridicule... plein d'inventions incongrues et singulières,... »   GAUTIER, Les grotesques, IX, p. 286.   2

« ... Proust tire parti du respect traditionnel, instinctif et pieux, qu'a tout Français pour les classiques de sa langue, en appliquant des vers de Racine à des situations incongrues. »   MAUROIS, À la recherche de Proust, VIII, III.   3

ANT. — **Bienséant, congru, convenable, décent...**

DER. — **Incongrûment.** *adv.* (XIVe s.). D'une manière incongrue. *Parler, agir incongrûment.*

INCONGRUITÉ. *n. f.* (1514 ; lat. *incongruitas*).

‖ 1° *Vx.* Caractère de ce qui est incongru, déplacé, de ce qui ne convient pas.

« ... l'incongruité des humeurs opaques... »   MOL., Méd. m. lui, III, 6.   1

— *Spécialt.* (de nos jours). Caractère de ce qui est contraire à la bienséance, aux usages. *L'incongruité d'une conversation.*

« Et peut-être quelque aventure particulièrement scabreuse éclaira-t-elle enfin M. Richard sur l'incongruité de ces visites :... »   GIDE, Si le grain..., I, VII, p. 189.   2

‖ 2° Action ou parole incongrue, déplacée, et *spécialt.* contraire à la bienséance, aux convenances.

« ... vous avez vu ses deux genoux... — Mais non ! s'écria madame Mollot, vous me faites dire des incongruités. »   BALZ., Député d'Arcis, Œuvr., t. VII, p. 706.   3

— *Spécialt.* « Une de ces choses sales qu'on rougirait de faire et même de nommer en bonne compagnie » (ACAD. et LITTRÉ). *Faire une incongruité.*

« Kédi-bey (*un jeune chat*), le soir où il me fut offert, était emmailloté en outre dans une serviette de soie, où la frayeur du voyage lui avait fait commettre toute sorte d'incongruités. »   LOTI, Aziyadé, III, LV.   4

‖ 3° *Vx. T. de Gramm.* Faute de grammaire, et *spécialt.* (au XVIIe s.), Faute contre la syntaxe, solécisme (Cf. *au fig.* Barbarisme, cit. 4 MOL.).

« ... force pluriels pour singuliers, et plusieurs autres incongruités dont était plein le langage mal limé d'icelui temps. »   MAROT, Préface des Poésies de Villon, Œuvr., t. II, p. 420.   5

« Je sais que vous aimez tout ce qui vient de moi, même jusques à mes barbarismes et à mes incongruités. »   Guez de BALZ., Lett., 11 avr. 1652.   6

INCONNAISSABLE. *adj.* (*Incongnoissable* en 1470 ; rare jusqu'à la fin du XIXe s. ; de *in-*, et *connaissable*). Qui ne peut être connu. V. **Incognoscible.** *L'avenir* (cit. 20) *inconnaissable.* — Substant. *Échafauder* (cit. 2) *des hypothèses pour expliquer l'inconnaissable.* — *Spécialt. Philos.* Ce qui échappe à la connaissance humaine. *L'inconnaissable, concept essentiel de l'évolutionnisme de Spencer.*

« L'inconnaissable est ce qui, tout en étant réel, échapperait par hypothèse à tous les modes de connaissance soit intuitive, soit discursive, soit immédiate, soit médiate, soit fondée sur la conscience et l'expérience, soit fondée sur le raisonnement. »   A. FOUILLÉE, in LALANDE, Vocab. philos., Inconnaissable.   1

« ... chaque découverte, en même temps qu'elle fait connaître à l'homme des phénomènes nouveaux, recule les limites de l'inconnaissable. »   DANIEL-ROPS, Monde sans âme, V, p. 140.   2

« ... l'énigme que nous pose cet homme (*Jésus*) semblable à nous, dont les mots et les gestes engagent à tout instant des forces inconnaissables, ce visage crispé par l'agonie où transparaît la face de Dieu... »   ID., Jésus en son temps, Introd., p. 8.   3

INCONNAISSANCE. *n. f.* (*Inconoissance* au XVe s.). V. **In-**, et **connaissance.**

« L'inconnaissance du temps à venir lui fit plus de peur (*au Champi*) que tout ce que la Zabelle essayait de lui montrer pour le dégoûter de vivre avec elle. »   SAND, François le Champi, III.   1

« Absence de sympathie = manque d'imagination. Cela va bien avec l'inconnaissance du vertige ;... »   GIDE, Journal, 13 déc. 1907.   2

INCONNU, UE. *adj.* (*Incongneu* au XIVe s. ; de *in-*, et *connu**).

‖ 1° Qu'on ne connaît* pas. V. **Ignoré.** — Dont on ignore* l'existence. *Découvrir, révéler* un trésor inconnu.* Le gibbon (cit.), *animal inconnu en Europe jusqu'au XVIIIe siècle. Les dunes ne sont pas totalement inconnues dans les pays humides.* V. **Absent.** — Dont on ignore la nature. V. **Mystérieux, secret.** *L'homme, assemblage* (cit. 13 BEAUMARCHAIS) *de parties inconnues. Décès dont les causes restent inconnues.* V. **Indéterminé.** *Les conditions de ce phénomène sont inconnues* (Cf. Exception, cit. 14). *Elle s'imaginait* (cit. 27) *obéir à une volonté inconnue.* V. **Occulte.** — *Inconnu à..., de... Une demeure inconnue aux humains* (Cf. Assurer, cit. 5), *inconnue de tous.* — *Spécialt.* Math. *Terme inconnu, quantité inconnue d'une équation* (cit. 1 et 2), et substant. *Résoudre une équation à deux inconnues x et y. Dégager l'inconnue d'un problème algébrique* (cit. 4). — Par métaph. *Inconnues qui faussent les calculs* (cit. 4). — *Les inconnues d'un problème social.*

« Paul, debout au milieu de l'Aréopage, dit : Hommes Athéniens, je vous trouve à tous égards extrêmement religieux. Car, en parcou-   1 rant votre ville et en considérant les objets de votre dévotion, j'ai même découvert un autel avec cette inscription : « À un dieu inconnu ! » Ce que vous révérez sans le connaître, c'est ce que je vous annonce. » BIBLE (SEGOND), **Actes des Apôtres**, 17, 22-23.

2 « Il faut qu'un honnête homme ait tâté de la cour : il découvre en y entrant comme un nouveau monde qui lui était inconnu,... » LA BRUY., VIII, 9.

3 « Le P. Gobien dit qu'avant l'arrivée des Européens, ils (*les habitants des îles Mariannes*) n'avaient jamais vu de feu, que cet élément si nécessaire leur était entièrement inconnu,... » BUFF., **Hist. nat. de l'homme**, Œuvr., t. II, p. 155.

4 « L'usage que l'analyse mathématique fait de l'algèbre, pour trouver les inconnues au moyen des connues, est ce qui la distingue de l'analyse logique, qui n'est autre chose en général que l'art de découvrir ce qu'on ne connaît pas par le moyen de ce qu'on connaît. » D'ALEMB., **Éléments de philos.**, XIV·

5 « C'est ce que je porte d'inconnu à moi-même qui me fait moi. » VALÉRY, **Monsieur Teste**, p. 64.

6 « ... le prêche rendit plus sensible à certains l'idée, vague jusque-là, qu'ils étaient condamnés, pour un crime inconnu, à un emprisonnement inimaginable. » CAMUS, **La peste**, p. 115.

7 « Les prisonniers du camp de Baccarat sont destinés à demeurer en France ». N'empêche que les voilà dans le train, emportés vers une destination inconnue. » SARTRE, **Mort dans l'âme**, p. 277.

— *Spécialt.* Dont on ignore l'identité. *Ouvrage, crime dont l'auteur* (cit. 21) *est, demeure, reste inconnu. Bienfaiteurs* (cit. 6) *de noms inconnus.* V. **Anonyme.** *Il désire demeurer inconnu durant ce voyage.* V. **Incognito** (garder l'). *Inconnu sous un déguisement* (cit. 1). *Elle m'est inconnue de nom. Enfant né de père inconnu. Tombeau du Soldat inconnu sous l'Arc de triomphe de l'Étoile* (Cf. aussi Homme, cit. 89). — Substant. *On a découvert le cadavre d'une inconnue. La police recherche deux inconnus soupçonnés de meurtre. Déposer une plainte contre un inconnu, contre inconnu.* V. **X** (contre X). *L'inconnu qui décapita Charles I*[er] (Cf. Hache, cit. 3). — *Par exagér.* Qui est peu connu ; sans réputation ni notoriété. V. **Obscur** (Cf. Errer, cit. 11 ; gaélique, cit. ; humble, cit. 34). *Cet enfant grandit inconnu sous le règne de Néron* (Cf. Abjection, cit. 1). V. **Ombre** (dans l'). *Vivre inconnu, caché* (cit. 53) *et tranquille* (Cf. Dépister, cit. 2). — Substant. et péjor. *S'amouracher d'un inconnu* (Cf. Le premier venu* ; *Un je ne sais* qui). — *Par anal.* (en parlant de choses). *Naissance inconnue* (Cf. Cause, cit. 34). *Fredonner* (cit. 2) *un air inconnu. Chef-d'œuvre pour ainsi dire inconnu* (Cf. Gravure, cit. 3).

8 « Un passant inconnu, touché de cette enfance...
Sur le mont Cithéron reçut de lui mon fils,... » CORN., **Œdipe**, IV, 2.

9 « ... des infinités de portraits, entre autres celui que Mme de La Fayette fit de moi sous le nom d'un inconnu... » SÉV., **473**, 1er déc. 1675.

10 « ... Une femme inconnue,
Qui ne dit point son nom, et qu'on n'a point revue. » RAC., **Athal.**, II, 7.

11 « Cette faveur du public, nullement briguée, et pour un auteur inconnu, me donna la première assurance véritable de mon talent,... » ROUSS., **Confess.**, VIII.

12 « S'il (*le chevalier*) voulait rester inconnu, il couvrait son écu d'une housse, ou d'un *voile vert*,... » CHATEAUB., **Génie du christ.**, IV, V, IV.

13 « Des inconnus, des gars qui passent, déguisés en pésans (*sic*), en ouvriers, en travailleurs des bois. » GENEVOIX, **Raboliot**, II, IV.

14 « ... les lecteurs des *Mémoires d'Outre-Tombe* étaient intrigués par cette inconnue que Chateaubriand dit avoir rencontrée en 1829, à Cauterets,... qu'il ne nomme pas autrement que l'Occitanienne, avec laquelle... il était en correspondance depuis deux ans,... La mystérieuse anonyme se dévoile :... » HENRIOT, **Portr. de femmes**, p. 283.

‖ **2°** *Par anal.* Qu'on ne connaît pas ou qu'on connaît très peu, faute d'étude, d'expérience, d'usage ou de pratique (Cf. Appel, cit. 18 ; avant, cit. 6). *Idiome* (cit. 8) *inconnu. Langue et formules* (cit. 2) *inconnues. Demander l'explication* (cit. 1) *d'un mot inconnu. Examiner* (cit. 1) *un objet inconnu. Mers, terres inconnues.* V. **Inexploré** (Cf. Fleuve, cit. 5 ; carte, cit. 22). *Être en pays inconnu* (au fig. par oppos. à « *être en pays connu* ». Cf. Emprunter, cit. 27). *Arriver dans un hôtel inconnu* (Cf. Habituer, cit. 15). *Essais* (cit. 1) *scientifiques d'une ampleur inconnue jusqu'ici.* V. **Inouï.** *Le beurre, chose à peu près inconnue en Espagne au XIX*e *siècle.* V. **Rare** (Cf. Huile, cit. 16 GAUTIER). — *Un timbre de fanfare inconnu à nos cuivres d'Europe.* V. **Étranger** (Cf. Hallali, cit. 2). *Figure inconnue aux anciens rhéteurs* (Cf. Égoïsme, cit. 1). *Genre inconnu à l'Antiquité* (Cf. Honorer, cit. 2). *Ces problèmes lui sont inconnus* (Cf. Face, cit. 69). — *Le dôme, encore inconnu des architectes anciens* (Cf. Hardi, cit. 19). — *Spécial.* Qu'on n'a encore jamais connu, ressenti. V. **Neuf, nouveau** (Cf. Envahissement, cit. 5 ; expiant, cit. 2). *Éprouver un frisson* (cit. 22) *inconnu, des scrupules d'une espèce inconnue* (Cf. Honnêteté, cit. 2). *Comment résister à cette tendresse inconnue* (Cf. Fraternel, cit. 6). *Nostalgie des bonheurs inconnus* (Cf. Fumer 1, cit. 23). *Goût* (cit. 5) *inconnu.* V. **Savoir** (un je ne sais quel). *Ambition* assez neuve, inconnue en d'autres siècles* (Cf. Fresque, cit. 8).

15 « Quelque découverte que l'on ait faite dans le pays de l'amour-propre, il y reste encore bien des terres inconnues. » LA ROCHEF., **Réflex. morales**, 3.

16 « Cet honneur étranger, parmi nous inconnu,
N'est qu'un fantôme vain qu'on prend pour la vertu : » VOLT., **Alzire**, IV, 3.

17 « Il glissait dans son cœur, en lui disant ces mots,
Un désir inconnu de plaire à ce héros. » ID., **Henriade**, IX.

18 « Tout à coup des accents inconnus à la terre
Du rivage charmé frappèrent les échos ; » LAMART., **Prem. médit.**, XIV.

19 « Des tiédeurs, des odeurs, des langueurs inconnues ; » ID., **Jocelyn**, IV.

20 « Vous vous servez là d'une parole dont le sens m'est resté jusqu'à ce jour inconnu. » BAUDEL., **Spleen de Paris**, I.

21 « ... cette odeur inconnue ou plutôt méconnue de moi chatouillait mes narines inhabiles,... » FRANCE, **Petit Pierre**, V.

22 « Je demande à ton lit le lourd sommeil sans songes
Planant sous les rideaux inconnus du remords, » MALLARMÉ, **Poésies**, Angoisse.

23 « Ô Chéri, n'as-tu pas quelquefois, aux heures où la vie s'élargit, senti en toi une voix inconnue donner comme un titre à ces instants ? » GIRAUDOUX, **Amphitryon 38**, III, 3.

— *Par ext.* (en parlant de personnes). Dont on n'a jamais fait connaissance. V. **Étranger.** *Rêver d'une femme inconnue* (Cf. Aimer, cit. 22 VERLAINE). *Il ne m'est pas complètement inconnu, mais je n'arrive pas à mettre un nom sur son visage*. — Substant. *Un inconnu* (Cf. Gratitude, cit. 4). *Votre mari est un inconnu pour moi. Coudoyer* (cit. 1) *des inconnus, de belles inconnues* (Cf. Foisonner, cit. 3). *Une inconnue assez vulgaire* (Cf. Féru, cit. 1). — *Par exagér.* Personne qui n'appartient pas à un clan, une famille... V. **Étranger, tiers.** *Couple qui a l'impudeur de se quereller devant des inconnus. Laisser un inconnu s'impatroniser* (cit. 2 MOL.) *chez soi.*

24 « Vivons et rions entre les nôtres, allons mourir et rechigner entre les inconnus. » MONTAIGNE, **Essais**, III, IX.

25 « Que de tout inconnu le sage se méfie. » LA FONT., **Fabl.**, XII, 17.

26 « Dans ce moment Hasaël appela Mentor ; je me prosternai devant lui. Il fut surpris de voir un inconnu en cette posture. » FÉN., **Télém.**, IV.

27 « Je la rencontrai hier dans un fiacre avec une manière de jeune seigneur dont le visage ne m'est pas tout à fait inconnu,... » LESAGE, **Turcaret**, III, 9.

28 « Que de fois, au moment où la femme inconnue dont j'allais rêver passait devant la maison, tantôt à pied, tantôt avec toute la vitesse de son automobile, je souffris que mon corps ne pût suivre mon regard qui la rattrapait... » PROUST, **Rech. t. p.**, t. XI, p. 33.

29 « ... c'était un homme qu'elle n'avait jamais vu de sa vie... et, tout émue de surprise, elle examina l'inconnu... c'était quelqu'un dont elle ignorait tout... Son nom, sa profession, sa vie, autant de secrets qu'elle aurait voulu lui arracher. » GREEN, **Léviathan**, III.

30 « Maintenant il (*Byron*) aurait toute sa vie près de lui cette inconnue (*Annabella*) grave et maladroite qui déjà l'observait, le jugeait. Une haine un peu folle montait en lui. Il se mit à chanter, sauvagement, comme il faisait quand il était malheureux. » MAUROIS, **Vie de Byron**, II, XXIII.

‖ **3°** *Substant.* (au masc.) *L'inconnu,* ce qui est ignoré (quelles que soient les formes, les causes et le domaine de cette ignorance). *Aller du connu* à l'inconnu* (Cf. Immobilisme, cit. 2). *L'inconnu, le hasard et l'imprévu* (Cf. Agir, cit. 9 MICHELET). *L'appétit* (cit. 22 FLAUB.), *l'attrait, la soif de l'inconnu* (Cf. Horrible, cit. 10 BAUDEL.). *Haleter* (cit. 7 BALZ.) *après l'inconnu. Avoir peur de l'inconnu* (Cf. Derrière, cit. 3). *L'inconnu épouvante* (cit. 5) *les hommes. À la recherche de l'inconnu.* V. **Nouveau** (du) ; **innovation.** *Trouver de l'inconnu.* V. **Innover** (Cf. Femme, cit. 87). — REM. Cet emploi, fréquent depuis le XIXe s., n'est illustré d'aucun exemple littéraire dans LITTRÉ.

31 « La profondeur, l'inconnu du caractère de Julien eussent effrayé, même en nouant avec lui une relation ordinaire. Et elle en allait faire son amant, peut-être son maître ! » STENDHAL, **Le rouge et le noir**, II, XIV.

32 « Plonger au fond du gouffre, Enfer ou Ciel, qu'importe ?
Au fond de l'Inconnu pour trouver du *nouveau* ! » BAUDEL., **Fl. du mal**, La mort, CXXVI, VIII.

33 « ... toute la haute puissance intellectuelle vient de ce souffle, l'inconnu. » HUGO, **P.-S. de ma vie**, Promontorium somnii, I.

34 « Oh ! ces départs, toujours rapides, changeant tout, jetant leur tristesse sur les choses qu'on va quitter, et vous lançant après dans l'inconnu » LOTI, **Mon frère Yves**, XCV.

35 « Il lui vint un trouble extrême : c'était le charme des grands voyages, de l'inconnu, de la guerre ; aussi l'angoisse de tout quitter, avec l'inquiétude vague de ne plus revenir. » ID., **Pêcheur d'Islande**, II, VI.

36 « ... si les hommes n'aiment pas souvent ce qu'ils ont, parce que ce qu'ils ont n'est pas souvent aimable, ils craignent le changement par ce qu'il contient d'inconnu. L'inconnu est ce qui leur fait le plus de peur. Il est le réservoir et la source de toute épouvante. » FRANCE, **M. Bergeret à Paris**, IX, t. XII, p. 360.

37 « ... le but de sa passion n'était pas de transformer l'inconnu en connu, mais de rechercher l'inconnu pour lui-même et de vivre dans son voisinage. » GREEN, **Léviathan**, I, VIII.

38 « Le rien, c'est ce qui n'existe pas du tout ; l'inconnu, c'est ce qui n'existe aucunement pour moi. » SARTRE, **Situations I**, p. 183.

ANT. — **Célèbre, connu, éprouvé, familier, fameux, renommé.**

INCONQUIS, ISE. *adj.* (XIXᵉ s.). V. **In-**, et **conquis.** *Des forêts inconquises* (Cf. Evoquer, cit. 25).

INCONSCIENCE. *n. f.* (1845, de *in-*, et du lat. *conscientia*, « conscience, connaissance »).

‖ **1°** *Psychol.* Privation permanente ou abolition momentanée de la conscience*. *L'inconscience du minéral, du végétal* (Acad.). Cf. *par métaph.* Automatisme, cit. 6. — *Etat d'inconscience provoqué par le chloroforme.* V. **Anesthésie.** *Glisser, sombrer dans l'inconscience du délire, de l'aliénation* mentale. *Son inconscience dura plusieurs heures après l'accident.*

1 « ... elle plongeait soudain dans un brusque tunnel d'inconscience, où d'étranges visions se peignaient autour d'elle. »
JALOUX, **Les visiteurs**, XXII.

2 « Soit d'abord la distraction, dont c'est toujours le caractère et l'effet de provoquer de l'*inconscience*. Mais cette inconscience peut être normale et saine,... » PRADINES, **Traité de psychol. génér.**, t. I, p. 19.

— *Par ext.* Caractère de phénomènes qui, par nature, échappent à la conscience. *L'inconscience de certains phénomènes psychologiques rend leur étude difficile. Normalement, on constate l'inconscience des fonctions physiologiques.*

‖ **2°** (*Sens large*). Absence de jugement, de conscience claire, qui caractérise un être ou qui se marque dans certains de ses actes. *Courir un pareil risque, c'est de l'inconscience. Faire preuve d'inconscience.* V. **Aveuglement, folie, irréflexion, légèreté.** *Pays mené à sa ruine par l'inconscience de ses dirigeants. Dans l'inconscience de la situation.* V. **Ignorance** (Cf. Étirer, cit. 3).

3 « ... avec quelle sécurité, quelle inconscience de la minute qui va suivre, l'homme peut vivre les instants les plus chargés du destin. »
MART. du G., **Thib.**, t. IV, p. 46.

— *Spécialt.* Manque de conscience morale, insensibilité réelle ou apparente, au bien et au mal. *Assassin dont le calme révèle une effrayante inconscience. Cynisme qui marque le comble de l'inconscience.*

ANT. — Connaissance, conscience.

INCONSCIENT, ENTE. *adj.* et *n.* (1847 ; de *in-*, et *conscient*).

I. *Adj.* ‖ **1°** A qui la conscience* fait défaut, de façon permanente ou temporaire. *La matière est généralement tenue pour inconsciente. Automate inconscient. Sous le choc, il demeura inconscient durant quelques minutes.*

1 « Ses bras dénoués, sa tête retombée, elle referma les yeux, inconsciente maintenant, — ou bien stoïque... » LOTI, **Ramuntcho**, II, VII.

2 « Elle n'était plus animée que de la vie inconsciente des végétaux, des arbres,... » PROUST, **Rech. t. p.**, t. XI, p. 84.

— *Par ext.* Qui ne se rend pas compte clairement des choses. *Inconscient de ses actes. Ne lui en veuillez pas, il est inconscient de sa grossièreté. Enfant inconscient du danger.* — *Inconscient et dupe de certaines énormités* (cit. 4). *Absolt. Ne prêtez pas attention à ce qu'il fait : il est complètement inconscient* (V. *fam.* **Maboul**).

3 « Le véritable artiste reste toujours à demi inconscient de lui-même, lorsqu'il produit. » GIDE, **Dostoïevsky**, p. 67.

‖ **2°** Dont on n'a pas conscience ; qui échappe à la conscience. *Mouvement, geste* (1, cit. 5) *inconscient.* V. **Automatique, instinctif, machinal.** *Réflexe* inconscient. *Élan, effort inconscient.* V. **Spontané** (Cf. Bien 2, cit. 68). *Vélléités inconscientes qui subitement* / *cristallisent* (cit. 3). *Influences inconscientes qui s'exercent sur un artiste* (Cf. Apparaître, cit. 4). *Solidarité inconsciente des groupes humains* (Cf. Attacher, cit. 83). *Une large part de notre vie psychique demeure inconsciente* (Cf. *infra*, II). *Sentiments et conduites dont les origines sont inconscientes.* V. **Complexe.** *Simulation inconsciente de l'hystérique* (cit. 2).

4 « Enfin l'activité humaine se présente quelquefois sous les formes anormales, mouvements incohérents et convulsifs, actes inconscients ignorés par celui-là même qui les accomplit, désirs impulsifs contraires à la volonté et auxquels le sujet ne peut résister. »
P. JANET, **L'automatisme psychologique**, p. 4.

5 « Nous avons comme eux ce génie secret, cette sagesse inconsciente, l'instinct, beaucoup plus précieux que l'intelligence,... »
FRANCE, **Petit Pierre**, XXVI.

6 « ... elle leva vers lui ses yeux suppliants qui demandaient grâce, en même temps que sa bouche avide, d'un mouvement inconscient et convulsif, redemandait des baisers. » PROUST, **Plaisirs et jours**, p. 28.

7 « ... un personnage comique est généralement inconscient dans l'exacte mesure où il s'ignore lui-même. Le comique est inconscient. »
BERGSON, **Le rire**, p. 17.

II. *N.* ‖ **1°** Qui juge ou agit sans réflexion. *Se conduire en inconscient. Les inconscients qui gouvernaient alors l'Etat.* — *Ce n'est qu'une pauvre inconsciente. Les inconscients ne peuvent être tenus pour responsables* (Cf. Aliéné, fou).

‖ **2°** *N. m. Psychol.* L'INCONSCIENT. Ce qui échappe entièrement à la conscience, même quand le sujet cherche à le percevoir et à y appliquer son attention ; la partie inconsciente du psychisme. « *La notion d'inconscient est la plus importante découverte du XIXᵉ siècle* » (W. JAMES). *Désirs, sentiments inavoués, refoulés* dans l'inconscient. *Méthodes cliniques d'investigation de l'inconscient, dues*

à Freud et à ses disciples (Cf. Freudisme, psychanalyse). *Troubles, névroses* qui révèlent un déséquilibre de l'inconscient. — Par ext. Idées qui s'ébauchent dans l'inconscient. Le travail de l'inconscient prépare la création ou la découverte chez l'artiste, le savant, l'inventeur. — Complaintes propitiatoires à l'inconscient,* poème de J. Laforgue.

8 « Le travail de l'inconscient serait donc une combinaison ou composition de circonstances et de conditions qui dans la conscience sont représentées par des notions ou des images qui s'excluent. »
VALÉRY, **Suite**, p. 122 (Note).

9 « Un projet qui, depuis quelques heures, cheminait dans son inconscient, jaillit enfin à la lumière et s'empara de tout son être. »
MART. du G., **Thib.**, t. VIII, p. 53.

10 « Le regard de Philip n'avait fait que lever une secrète interdiction, libérer une pensée claire enfouie, de longue date, dans les ténèbres de l'inconscient. » ID., **Ibid.**, t. IX, p. 136.

11 « Le freudisme est un effort pour éclairer, à l'aide de techniques neuves, l'obscurité de l'inconscient humain. »
E. BORNE, **L'homme et le péché**, p. 61.

12 « Ces profondeurs viscérales de l'être humain, ces infrastructures du spirituel, ces caves infernales du rêve et de l'inconscient que nos scaphandriers de la littérature se flattent d'explorer en long et en large, vous savez très bien qu'elles sont inaccessibles et qu'il est impossible d'établir un rapport certain entre ce qui s'y passe et ce que nous pensons ou faisons. »
M. AYMÉ, **Confort intellectuel**, pp. 95-96.

DER. — **Inconsciemment.** *adv.* (1876). De façon inconsciente. *Agir inconsciemment, en automate.* — *Être inconsciemment la dupe de ses bons sentiments, sans s'en rendre compte, sans s'en apercevoir.* V. **Insu** (à son). *Chacun de deux êtres qui s'aiment se façonne* (cit. 17) *inconsciemment selon l'exigence de l'autre.* — Par ext. *S'engager un peu inconsciemment dans une affaire délicate* (Cf. À la légère* ; sans réflexion*). ANT. **Consciemment, volontairement.**

« Donc deux classes d'influences, les influences communes, les influences particulières ; celles que toute une famille, un groupement d'hommes, un pays subit à la fois ; celles que dans sa famille, dans sa ville, dans son pays, l'on est seul à subir (volontairement ou non, consciemment ou inconsciemment, qu'on les ait choisies ou qu'elles vous aient choisi). » GIDE, **Prétextes**, p. 11.

INCONSÉQUENCE. *n. f.* (1538 ; bas lat. *inconsequentia*). Manque de suite* logique dans les idées, de rectitude dans l'esprit, de réflexion dans la conduite. V. **Étourderie, inattention, irréflexion, légèreté** (Cf. Dépiter, cit. 4). *Il y a beaucoup d'inconséquence dans ces propos contradictoires. Vous êtes d'une inconséquence qui frise l'imprudence. C'est de l'inconséquence* (Acad.). — *Par anal.* Caractère de ce qui est inconséquent*. *L'inconséquence de sa conduite.*

1 « ... varier dans l'Exposition de la foi « était une marque de fausseté et d'inconséquence dans la doctrine exposée ; »
BOSS., **Avertiss. aux protestants**, I, III.

2 « Les passions que nous partageons nous séduisent ; celles qui choquent nos intérêts nous révoltent, et, par une inconséquence qui nous vient d'elles, nous les blâmons dans les autres ce que nous voudrions imiter. » ROUSS., **Émile**, IV.

3 « ... l'inconséquence d'une conversation, toujours si capricieuse en France,... » BALZ., **Modeste Mignon**, Œuvr., t. I, p. 534.

4 « Cette sympathie universelle qui, d'abord, lui fit adopter, puis indiscrètement tant d'éléments contradictoires, la menait (la *Révolution*) à l'inconséquence, à vouloir et ne pas vouloir, à faire, à défaire en même temps. » MICHELET, **Hist. Révol. franç.**, Préface de 1847.

5 « Mais, par ce choix même, l'inconséquence de Louis XVI éclatait. Turgot s'était fait connaître comme intendant et les intendants représentaient « le progrès par en haut »... Leur esprit était à l'opposé de l'esprit des Parlements que le roi restaurait. Il y avait là, dans le nouveau règne, une première contradiction. »
BAINVILLE, **Hist. de France**, p. 302.

6 « Par une étrange inconséquence dans une race si avertie, les Grecs voulaient que les hommes qui mouraient jeunes fussent aimés des dieux. » CAMUS, **Mythe de Sisyphe**, p. 88.

— *Par ext.* (XVIIIᵉ s.). Action ou parole inconséquente* ; manifestation d'inconséquence. V. **Caprice, contradiction** (cit. 8 VOLT.), **désaccord.** *Commettre une grave inconséquence. Un tissu d'inconséquences et d'incohérences* (cit. 7).

7 « ... des réflexions sur notre orthographe, sur ses bizarreries, ses inconséquences et ses variations. »
D'ALEMB., **Éloge de Du Marsais** (1756), Œuvr., t. III, p. 499.

8 « Il nous serait impossible, dit-il, de supporter sur la scène les inconséquences des Grecs, ni les monstruosités de Shakespeare ; les Français ont un goût trop pur pour cela. »
Mᵐᵉ de STAËL, **Corinne**, VII, II.

9 « Ainsi, soudain, contre son fils, elle invoquait l'autorité paternelle qu'elle avait sapée toute sa vie dans le cœur du jeune homme. Inconséquence dramatique, dont Armand perçut en frémissant toute l'amertume. » ARAGON, **Beaux quartiers**, II, XI.

10 « Ces scrupules d'un libertin sentimental, qui se dit pourtant d'habitude assez peu scrupuleux à l'égard des femmes, voilà un exemple typique des inconséquences de Constant... »
HENRIOT, **Romantiques**, p. 474.

— *Spécialt.* (vieilli). Acte de légèreté, en parlant de la conduite d'une femme. *Elle n'a à se reprocher que des inconséquences* (LITTRÉ).

11 « Mais... aucune... femme, n'oserait sans doute aller s'enfermer à la campagne, presque en tête-à-tête avec un tel homme. Il était réservé à la plus sage, à la plus modeste d'entre elles de donner l'exemple de cette inconséquence ; pardonnez-moi ce mot,... »
LACLOS, **Liais. dang.**, XXXII.

ANT. — Accord, conséquence, logique, suite.

INCONSÉQUENT, ENTE. adj. (1552 ; inusité ensuite jusqu'à la fin du XVIIIᵉ s. ; lat. *inconsequens*).

|| **1°** (*En parlant de choses*). Qui n'est pas conforme à la logique. V. **Absurde.** *comportement, raisonnement inconséquent.*

1   « Je sais... que nos idées sont justes ou inconséquentes, obscures ou lumineuses,... »   VOLT., Rem. s. Pens. Pascal, III (publ. en 1834).

— *Par ext.* (fin XIXᵉ s.). Dont on n'a pas calculé les conséquences (qui risquent d'être fâcheuses). *Démarche, proposition inconséquente.* V. **Inconsidéré, irréfléchi.**

|| **2°** (*En parlant de personnes*). Qui est en contradiction avec lui-même (Cf. Enchanter, cit. 7). *Caractère inconséquent.* V. **Discord.** — *Par ext.* Qui ne calcule pas les conséquences de ses actes ou de ses paroles. V. **Écervelé, étourdi, imprudent, irréfléchi, léger.** *Un homme assez inconséquent pour se lancer dans une telle aventure* (Cf. Croiser, cit. 3). — Substant. *Ne vous fiez pas à lui : c'est un inconséquent.* — *Spécialt.* (vieilli). Qui se compromet étourdiment par des inconséquences* (en parlant d'une femme). — Substant. *C'est une évaporée et une inconséquente.*   •

2   « ... nous devons nous tolérer mutuellement, parce que nous sommes tous faibles, inconséquents, sujets à la mutabilité, à l'erreur :... »   VOLT., Dict. philos., Tolérance, III.

3   « Aussi léger dans vos démarches, qu'inconséquent dans vos reproches, vous oubliez vos promesses, ou plutôt vous vous faites un jeu de les violer ;... »   LACLOS, Liais. dang., LXXVIII.

4   « Il (*Chateaubriand*) a été inconséquent, il s'est beaucoup contredit, je le sais bien. »   STE-BEUVE, Chateaubriand..., t. II, p. 318.

5   « ... cet homme, au moins inconséquent, qui exige de sa femme des sacrifices qu'il ne paye point, et qui la veut sage et inaccessible, tandis qu'il va la perdre, dans des habitudes secrètes, l'attachement dont il l'assure,... »   SENANCOUR, Oberman, LXIII.

6   « Être inconsistant, inconséquent ; on ne le retrouve jamais pareil à ce qu'on l'avait laissé la veille. »   GIDE, Journal, Août 1910.

7   « ... madame d'Houdetot... flattée et inconséquente, avait tout fait pour entretenir Jean-Jacques dans son illusion passionnée. L'inconséquence était d'avoir aidé à l'illusion, alors que madame d'Houdetot était amoureuse de Saint-Lambert,... »   HENRIOT, Portr. de femmes, p. 185.

ANT. — **Conséquent, judicieux, logique, réfléchi, sérieux.**

DER. — **Inconséquemment** (-*ka-man*). adv. (XVIIIᵉ s. BRUNOT). *Peu usit.* Avec inconséquence ; d'une manière inconséquente.

INCONSIDÉRÉ, ÉE. adj. (XVᵉ s. ; lat. *inconsideratus*). Qui témoigne d'un manque de réflexion ; qui n'a pas été considéré*, pesé. V. **Imprudent, irréfléchi.** *Action* (cit. 13), *démarche, demande* (cit. 3) *inconsidérée. Propos inconsidérés. Zèle inconsidéré.* V. **Indiscret, maladroit.** *Voilà un geste inconsidéré qui lui coûtera cher.* V. **Incartade ; tête** (coup de).

1   « ... si l'ivraie croît avec le bon grain... n'imite pas l'ardeur inconsidérée de ceux qui, poussés d'un zèle indiscret, voudraient arracher ces mauvaises herbes ; c'est un zèle indiscret et précipité. »   BOSS., Serm. p. IIIᵉ dim. après Pâques, 1.

2   « De plus, dans un placement inconsidéré, elle avait perdu une partie de l'argent donné par l'étranger pour son fils. »   LOTI, Ramuntcho, II, I.

3   « ... quelques mots inconsidérés de M. Desnos, dont mon imagination s'empara, me firent espérer de trouver là-bas une société avenante, qui tout aussitôt m'attira... »   GIDE, Isabelle, p. 17.

4   « Ce (*les charbonnages*) sont, en général, d'excellentes valeurs, un peu spéculatives peut-être, sujettes à des hausses inconsidérées suivies de baisses inexplicables. »   ROMAINS, Knock, II, 5.

— *Par ext.* Qui se comporte sans considérer suffisamment les choses. V. **Étourdi, imprudent, inconséquent, irréfléchi, léger, malavisé.** *Il est très inconsidéré, un vrai étourneau*. *Une bavarde inconsidérée.*   •

5   « Si vous êtes sot et inconsidéré,... »   LA BRUY., XI, 77.

6   « Mais moi, qu'ai-je de commun avec ces femmes inconsidérées ? Quand m'avez-vous vue m'écarter des règles que je me suis prescrites et manquer à mes principes ? »   LACLOS, Liais. dang., LXXXI.

ANT. — **Considéré, réfléchi. Circonspect.**

DER. — **Inconsidérément.** adv. (XVᵉ s.). D'une manière inconsidérée. V. **Étourdiment ; légère** (à la). *Se reposer inconsidérément sur de trompeuses espérances* (cit. 4). *Agir inconsidérément.* V. **Légèrement ; vite** (trop). Cf. *fam.* Y *aller un peu vite*. *Bavarder inconsidérément.* V. **Travers** (à tort et à travers). *Ne réponds pas inconsidérément.* V. **But** (de but en blanc), **volée** (à la).

1   « Nous raisonnons hasardeusement et inconsidérément,... »   MONTAIGNE, Essais, I, XLVIII.

2   « ... il en but inconsidérément... »   RAC., Rem. s. l'Odyssée, IX.

3   « ... la mort se mêle si inconsidérément partout, qu'il ne faut compter sur rien. »   SÉV., 1188, 22 juin 1689.

4   « ... partir inconsidérément à l'aventure. »   GIDE, Journal, 13 janvier 1929.

5   « ... ce vieux fantassin, toujours prêt à donner inconsidérément l'assaut, l'ayant, en vain, à plusieurs reprises donné sans les préparations nécessaires s'y étant jeté comme un jeune voltigeur... »   MADELIN, Hist. Cons. et Emp., Vers l'Empire d'Occident, XXII.

INCONSISTANCE. n. f. (1738 D'ARGENSON ; de *in-*, et *consistance*). Manque de consistance.

|| **1°** (*Au sens moral*). Manque de stabilité, de solidité. *L'inconsistance du caractère, des idées. L'inconsistance d'une argumentation, d'un raisonnement.* V. **Fragilité.** *Devant l'inconsistance des accusations portées contre lui, le prévenu a été relâché.* — REM. C'est à tort que LITTRÉ donne *Inconsistance* comme un « mot proposé par LA HARPE et qui s'est impatronisé ». D'ARGENSON l'employait en 1738, un an avant la naissance de LA HARPE.

1   « ... à moins qu'on ne l'accuse d'une versatilité et d'une inconsistance... »   D'ARGENSON, Journ., I, 323 (in BRUNOT, H.L.F., t. VI, p. 1360).

2   « ... il est permis de faire observer que la légèreté, l'insouciance, l'inconsistance du caractère sarmate autorisèrent les médisances des Parisiens,... »   BALZ., Fausse maîtresse, Œuvr., t. II, p. 13.

|| **2°** (Au sens matériel). *Peu usit.* Manque de consistance. *L'inconsistance d'une pâte, d'une crème.*

ANT. — **Consistance, fermeté.**

INCONSISTANT, ANTE. adj. (1544 ; repris au XVIIIᵉ s., mais encore considéré comme *néol.* par HATZFELD).

|| **1°** Qui manque de consistance* morale, de suite, de cohérence, de solidité. *Caractère inconsistant ; un homme inconsistant.* V. **Amorphe, indécis, mollasse, mou ; cire** (cire molle), **pantin, polichinelle.** *Esprit léger*, et inconsistant.* V. **Changeant, inconstant ; frivole, versatile ; sauteur ; savon** (bulle de). Cf. Inconséquent, cit. 6. *Un être inconsistant, sans volonté, sans personnalité...*

1   « ... il était inconsistant, flâneur, prêt à blaguer les choses graves et à prendre au sérieux les fadaises... »   GIDE, Si le grain..., I, V, p. 141.

— *Idées inconsistantes. Espoirs inconsistants...* V. **Fragile.**

2   « ... je crois que la vie est si poussiéreuse, si glissante, si inconsistante, que lorsqu'on veut se la représenter comme un tout, compact et vrai, on a le sentiment de ne rien toucher. »   JALOUX, Dernier jour création, X.

|| **2°** Qui manque de consistance *Crème, bouillie inconsistante.*

ANT. — **Consistant, constant, ferme, fixe, fort, solide.**

INCONSOLABLE. adj. (1544 ; lat. *inconsolabilis*). Qui n'est pas consolable. *Être inconsolable d'une perte, d'une mort. Veuve, orphelin inconsolable.* — *Douleur, chagrin, peine inconsolable.* — *Par exagér.* Très affligé (Cf. Farder, cit. 9 LA BRUY.).

1   « Toi, sans qui mon malheur était inconsolable,
     Ma douleur sans espoir, ma perte irréparable, »   CORN., La veuve, V, 8.

2   « ... elles (*les femmes ambitieuses*) s'efforcent de se rendre célèbres par la montre d'une inconsolable affliction. »   LA ROCHEF., Réflex. morales, 233.

3   « C'est toujours même note et pareil entretien :
     On dit qu'on est inconsolable ;
     On le dit, mais il n'en est rien. »   LA FONT., Fabl., VI, 21.

4   « J'emmène votre frère, et le dérobe à toute la honte de ses mauvais procédés. Vous jugez bien que ses maîtresses ne seront pas inconsolables ;... »   SÉV., 169, 18 mai 1671.

5   « Toute l'Égypte parut inconsolable dans cette perte,... »   FÉN., Télém., II.

6   « La mère était inconsolable : elle disait qu'il était honteux de faire de sa fille une servante,... »   MUSS., Nouvelles, Margot, II.

DER. — **Inconsolablement.** adv. (1488). *Peu usit.* D'une manière inconsolable. *Être affligé inconsolablement* (ACAD.).

INCONSOLÉ, ÉE. adj. (vers 1500 ; repris fin XVIIIᵉ s. et répandu par LA HARPE ; de *in-* et *consolé*). Qui n'est pas consolé. *Mère, veuve inconsolée.* — *Douleur inconsolée.*

1   « Et tu seras semblable à la mère accablée,
     Qui s'assied sur sa couche et pleure inconsolée,
     Parce que son enfant n'est plus ! »   HUGO, Odes et ball., Odes, I, VII, II.

— *Substant.* :

2   « Je suis le ténébreux, — le veuf, — l'inconsolé,
     Le prince d'Aquitaine à la tour abolie :
     Ma seule *étoile* est morte, — et mon luth constellé
     Porte le *soleil* noir de la *Mélancolie.* »   NERVAL, Poésies, Les chimères, El Desdichado.

INCONSOMMABLE. adj. (XIXᵉ s. ; de *in-*, et *consommable*). Qui ne peut être consommé. *Denrées inconsommables.*

INCONSTANCE. n. f. (XIIIᵉ s. ; lat. *inconstantia*).

|| **1°** Facilité à changer* (d'opinion, de résolution, de sentiment, de conduite...) en parlant des personnes. V. **Caprice, frivolité, instabilité, mobilité, versatilité** (Cf. Errer, cit. 20). *L'inconstance du public.*

1   « Il y a une inconstance qui vient de la légèreté de l'esprit ou de sa faiblesse, qui lui fait recevoir toutes les opinions d'autrui, et il y en a une autre, qui est plus excusable, qui vient du dégoût des choses. »   LA ROCHEF., Max., 181.

2   « Je te parlais l'autre jour de l'inconstance prodigieuse des Français sur leurs modes. »   MONTESQ., Lettr. pers., CI.

3   « N'as-tu pas vu son inconstance (*du peuple*),
     De l'héréditaire croyance
     Éteindre les sacrés flambeaux,
     Brûler ce qu'adoraient ses pères,
     Et donner le nom de lumières
     À l'épaisse nuit des tombeaux ? »   LAMART., Prem. médit., XXII.

4 « ... si j'examine ma vie, le trait dominant que j'y remarque, bien loin d'être l'inconstance, c'est au contraire la fidélité. »
GIDE, Nourritures terrestres, Préface (éd. de 1927).

— *Spécialt.* Tendance à l'infidélité, en amour*. V. **Caprice, frivolité, infidélité.** *L'inconstance d'un amant, d'une maîtresse.* V. **Abandon, lâchage, trahison** (Cf. Cesser, cit. 13). *Inconstance assaisonnée* (cit. 9) *de perfidie.*

5 « La constance en amour est une inconstance perpétuelle, qui fait que notre cœur s'attache successivement à toutes les qualités de la personne que nous aimons, donnant tantôt la préférence à l'une, tantôt à l'autre : de sorte que cette constance n'est qu'une inconstance arrêtée et renfermée dans un même sujet. »
LA ROCHEF., Max., 175.

6 « Je dis : une preuve de l'inconstance des hommes, c'est l'établissement du mariage qu'il a fallu faire. »
MONTESQ., Cahiers, p. 127.

7 « ... la voix publique,... pour les hommes seulement, a distingué l'infidélité de l'inconstance : distinction dont ils se prévalent, quand ils devraient en être humiliés ; et qui, pour notre sexe, n'a jamais été adoptée que par ces femmes dépravées qui en font la honte,... »
LACLOS, Liais. dang., CXXX.

8 « ... plus il entre de plaisir physique dans la base d'un amour, dans ce qui autrefois détermina l'intimité, plus il est sujet à l'inconstance et surtout à l'infidélité. »
STENDHAL, De l'amour, XXXVI.

9 « Les plaisirs des jeunes gens,... t'absorbaient ; tu étais gai, libre, heureux ;... l'inconstance, cette sœur de la folie, était maîtresse de tes actions ; quitter une femme te coûtait quelques larmes ; en être quitté te coûtait un sourire. »
MUSS., Nuit vénitienne, I.

10 « Connaissez-vous le cœur des femmes, Perdican ? Êtes-vous sûr de leur inconstance, et savez-vous si elles changent réellement de pensée en changeant quelquefois de langage ? »
ID., On ne badine pas avec l'amour, III, 6.

|| 2° *Peu usit.* Acte d'inconstance. V. **Infidélité.** *Cette femme n'a plus voulu se fier à lui, après son inconstance* (LITTRÉ).

11 « Une foi vive est le fondement de la stabilité que nous admirons (*dans la reine*) ; car d'où viennent nos inconstances, si ce n'est de notre foi chancelante ? »
BOSS., Orais. fun. Marie-Thérèse d'Autriche.

|| 3° *Par anal.* Caractère changeant d'une chose. V. **Incertitude, instabilité, mobilité.** *L'inconstance du temps, de la fortune* (cit. 2), *du sort...* (Cf. Chance, cit. 1). *L'inconstance de la gloire, de la puissance* (V. **Fragilité**). *L'inconstance des choses humaines* (Cf. Exagérer, cit. 1).

12 « Je n'ai jamais craint rien de ce qui vient des hommes, mais entre les choses divines, ce que j'ai toujours redouté, c'est l'extrême inconstance de la fortune, et l'inépuisable variété de ses coups ;... »
MAETERLINCK, Sagesse et destinée, XLI.

ANT. — Constance, entêtement, fidélité, obstination, persévérance, stabilité.

INCONSTANT, ANTE. adj. (1372 ; lat. *inconstans*).

|| 1° Qui n'est pas constant*, qui change facilement (d'opinion, de sentiment, de conduite...). V. **Changeant, flottant, fluctuant** (cit. 1), **fuyant** (cit. 5), **instable, léger, mobile...** *Inconstant et capricieux* (Cf. Athénien, cit. 3). *Inconstant dans ses idées, dans ses amitiés... Homme faible et inconstant qui tourne à tous les vents.* V. **Frivole ; girouette, papillon.** *Caractère, esprit inconstant. Humeur inconstante. Il y a quelque chose d'inconstant en lui.*

1 « Mais que sert un bon choix dans une âme inconstante ? »
CORN., Sophonisbe, IV, 2.

2 « Ah ! ne prononcez pas... ce mot d'*inconstance*... *Inconstant* avec vous, le pouvez-vous dire, hélas !... est-ce pour trop peu aimer que notre amitié cesse ; et n'est-ce pas un excès plutôt qui l'a tuée ? Je vous ai déjà expliqué mon inconstance en idées et d'où elle vient ;... elle vient de cette poursuite éternelle du cœur... vers un seul et même objet qui soit un amour capable de le remplir. Cet amour... je l'ai cherché uniquement... dans votre double amitié à Mme Hugo et à vous,... »
STE-BEUVE, Corresp., 152, 7 déc. 1830.

3 « Je ne sais quoi de si brusque, de si inconstant se fait remarquer dans le caractère français, qu'un changement est toujours probable ;... »
CHATEAUB., M. O.-T., t. VI, p. 148.

4 « Le lien social n'est pas facile à établir entre ces êtres humains qui sont si divers, si libres, si inconstants. »
FUSTEL DE COUL., Cité antique, III, III.

— *Spécialt.* (en amour). V. **Infidèle, léger, volage...** *Un amant inconstant, une femme inconstante* (Cf. Aimer, cit. 43 ; faux 1, cit. 27). *Cœur inconstant. Séducteur inconstant.* V. **Coureur...**

5 « Je t'aimais inconstant, qu'aurais-je fait fidèle ? »
RAC., Andr., IV, 5.

6 « J'entends : il vous jurait une amour éternelle.
Ne vous assurez point sur ce cœur inconstant ;
Car à d'autres que vous il en jurait autant.
— Lui, Seigneur ? — Vous deviez le rendre moins volage ;
Comment souffriez-vous cet horrible partage ? » ID., Phèdre, V, 3.

7 « Inconstante Manon, repris-je encore, fille ingrate et sans foi, où sont vos promesses et vos serments ? Amante mille fois volage et cruelle, qu'as-tu fait de cet amour que tu me jurais encore aujourd'hui ? »
Abbé PRÉVOST, Manon Lescaut, p. 159.

8 « ... moi-même enfin je me crus inconstant, parce que j'étais délicat et sensible. »
LACLOS, Liais. dang., LII.

9 « ... d'un amant
Je serai le parfait modèle,
Trop bête pour être inconstant, »
MUSS., Poés. nouv., À Madame G., Rondeau.

— Substant. *Un inconstant, une inconstante.*

« Et que les inconstants ne donnent point de cœurs
Sans être encor tous prêts de les porter ailleurs. »
CORN., Suréna, II, 3. 10

« Quand ils sont près du bon moment,
L'inconstante aussitôt à leurs désirs échappe : »
LA FONT., Fabl., VII, 12. 11

|| 2° *Vieilli* ou *Littér.* Qui est sujet à changer (en parlant des choses). V. **Changeant, fluctuant.** *La fortune est inconstante. Songes inconstants. Les étendues inconstantes du sommeil* (Cf. Frange, cit. 8). *Bonheur inconstant ; gloire inconstante.* V. **Fragile, fugitif.** — *Temps inconstant :* très variable. *L'automne est une saison inconstante* (ACAD.).

« Que de soucis flottants, que de confus nuages
Présentent à mes yeux d'inconstantes images ! »
CORN., Poi., III, 1. 12

« ... la vie est un songe un peu moins inconstant. »
PASC., Pens., VI, 386. 13

« ... cette inconstante et bizarre variété de mœurs et de créances dans les divers temps,... »
ID., Ibid., IX, 619. 14

ANT. — Constant, entêté, fidèle, persévérant ; fort, immuable, stable...

DER. — Inconstamment. adv. (XVIe s.). Vx. D'une manière inconstante (Cf. Chancelant, cit. 2 DESC.).

INCONSTITUTIONNEL, ELLE. adj. (1778 ; de *in-*, et *constitutionnel*). *Dr. publ.* Qui n'est pas constitutionnel, qui est en opposition avec la constitution* d'un État (V. **Anticonstitutionnel**). *Mesure, loi inconstitutionnelle.*

DER. — Inconstitutionnalité. n. f. (1798). Caractère inconstitutionnel. *Inconstitutionnalité d'un décret.* — Inconstitutionnellement. adv. (1792 NECKER). D'une manière inconstitutionnelle.

INCONTESTABLE. adj. (1611 ; de *in-*, et *contestable*). Qui n'est pas contestable, que l'on ne peut mettre en doute. V. **Apparent, authentique** (3°), **avéré, certain*, constant** (4°), **évident, flagrant, indéniable, indubitable ; indiscutable, sûr ; doute** (hors de). *Fait* (cit. 20) *réel et incontestable ; vérité incontestable* (Cf. Assertion, cit. 3 ; fluide, cit. 8 ; fondre, cit. 15). *Il est incontestable que... ; c'est incontestable :* cela tombe* sous le sens (Cf. Froissement, cit. 8 ; gazetier, cit. ; homme, cit. 29). *Principe, loi, axiome, postulat incontestable* (Cf. Chaîne, cit. 35). *Qualité, valeur, supériorité incontestable* (Cf. Aménité, cit. 2 ; esthétique, cit. 4 ; incertain, cit. 10). *Une incontestable réussite. Preuve incontestable* (V. **Formel**) ; *argument incontestable* (V. **Apodictique**). *Droit incontestable* (Cf. État, cit. 131).

« La vérité de l'astrologie est une chose incontestable,... »
MOL., Am. magn., III, 1. 1

« ... loin de moi, cependant, la pensée de renoncer à des droits qui sont incontestables ! » LAUTRÉAMONT, Chants de Maldoror, p. 160. 2

« J'avais des appointements élevés, un pourcentage sur les bénéfices, une autorité morale incontestée, incontestable, indiscutable... »
DUHAM., Cri des profondeurs, p. 72. 3

ANT. — Contestable, controversable, discutable, douteux, incertain, niable ; erroné, faux.

DER. — Incontestabilité. n. f. (1718 DANCOURT). Peu usité. Caractère de ce qui est incontestable. — Dr. Clause d'incontestabilité : clause insérée dans une police d'assurance sur la vie, et par laquelle l'assureur prend l'engagement de ne pas contester la validité du contrat dans certains cas (fausse déclaration ; suicide conscient...). — Incontestablement. adv. (1660). D'une manière incontestable. V. Assurément, certainement ; conteste (sans) ; douter (à n'en pas douter). Cf. Génie, cit. 1. Prouver incontestablement que... Vous pensez l'avoir reconnu ? — Incontestablement !

« Qu'il soutienne avec vigueur l'incontestabilité des droits qu'il a. »
DANCOURT, Déroute du pharaon, V (in LITTRÉ, Suppl.). 1

« ... il est incontestablement déchu de son droit ;... »
LA BRUY., XIV, 50. 2

« ... C'est peut-être vrai. À ton point de vue, c'est incontestablement vrai. »
DUHAM., Salavin, III, XXVI. 3

INCONTESTÉ, ÉE. adj. (1650 ; de *in-*, et *contesté*). Qui n'est pas contesté ; que l'on ne met pas en doute, en question. *Droits, principes incontestés. Fait* (cit. 29) *incontesté. Autorité, suprématie incontestable et incontestée. Chef, maître incontesté.*

« La tombe leur a donné la consécration, ils sont à leur tour des maîtres incontestés,... » GAUTIER, Souv. de théâtre..., p. 292. 1

« ... d'abord, il commande à tout ce qui l'approche, et son autorité n'est jamais mise en doute ; ensuite sa probité est toujours incontestée, et il est rare qu'elle ne soit pas incontestable. »
GOBINEAU, Nouvelles asiatiques, p. 284. 2

« Ah ! quelle place elle tenait chez vous dans la vie, et combien était incontestée sa royauté séculaire ! » LOTI, Désenchant., XXVI. 3

INCONTINENCE. n. f. (XIIe s. ; lat. *incontinentia*).

|| 1° Défaut de continence* ; absence de retenue à l'égard des plaisirs de la chair (V. **Concupiscence, débauche, luxure**). *Être adonné, porté à l'incontinence* (Cf. Endurcissement, cit. 4). — *Des incontinences.* V. **Excès.**

« ... ils (*les Esséniens*) croient se devoir garantir de l'incontinence des femmes, qui, selon leur opinion, ne gardent presque jamais à leurs maris la fidélité qu'elles leur doivent. »
RAC., Append. aux Traduct., Des Esséniens. 1

« Les dévots ne connaissent de crimes que l'incontinence, parlons plus précisément, que le bruit ou les dehors de l'incontinence. »
LA BRUY., XIII, 22. 2

3 « Ils paraissent épuisés de leurs incontinences »
VAUVEN., Les jeunes gens (in LITTRÉ).

|| **2°** Absence de retenue (en matière de langage). *Inconti-
nence de langue.* (vx), *de langage..., de parole. Incontinence
verbale* (Cf. Logorrhée).

|| **3°** *Méd.* (1752). « Émission involontaire de matières
fécales ou d'urine » (GARNIER). *Incontinence d'urine* chez
les enfants, les vieillards, les paralysés.* — *Spécialt.* et
Absolt. Incontinence d'urine. *Incontinence vraie,* due à la
paralysie du sphincter ; *incontinence par regorgement ;
incontinence intermittente ou essentielle.*

ANT. — **Chasteté, continence, modération, retenue.**

1. INCONTINENT, ENTE. *adj.* ⟨vers 1350 ; lat. *incontinens*).
Qui n'est pas continent*.

« ... les péripatéticiens (*désavouent*) cette connexité et couture indissoluble (*entre les vices*) ; et... Aristote (*tient*) qu'un homme prudent
et juste peut être et intempérant et incontinent. »
MONTAIGNE, Essais, II, XI.

— *Méd. Vessie incontinente :* qui ne retient pas l'urine.
V. **Incontinence** (3°). — *Un enfant incontinent.* — Substant.
Les incontinents.

2. INCONTINENT. *adv.* (XIIIᵉ s. ; lat. jur. *in continenti*
(*tempore*), proprem. « dans (un temps) continu » et, par
ext. « immédiatement »). *Vx.* ou *Littér.* Tout de suite, sur-le-
champ, sur l'heure. V. **Aussitôt, dès** (l'abord), **instant** (à
l'instant). Cf. Bulletin, cit. 1 ; entendement, cit. 8 ; étonner,
cit. 2 ; étrangler, cit. 3 ; fortune, cit. 29 ; habiller, cit. 3.
Il s'en alla incontinent. Il le remplaça incontinent (Cf. Au
pied* levé). *Incontinent après...* (vx). *Tout incontinent*
(vx). — REM. Signalé comme vieux par ACAD. (8ᵉ édit.), cet
adverbe se rencontre encore dans les textes littéraires.

1 « Si on considère son ouvrage incontinent après l'avoir fait, on en
est encore tout prévenu ; si trop longtemps après, on (*n'*)y entre plus. »
PASC., Pens., VI, 381.

2 « ... des caisses d'épargne pour les domestiques économes qui viennent
y déposer incontinent tout ce qu'ils ont volé à leurs maîtres. »
FLAUB., Corresp., 57, 15 mars 1842.

3 « Je veux que tout soit réglé incontinent. Je te dirai tout à l'heure
pourquoi. » CLAUDEL, Annonce faite à Marie, I, 1.

INCONTRADICTION. *n. f.* V. **In-,** et **contradiction** (cit. 7
PASCAL).

INCONTRÔLABLE. *adj.* (1867 LITTRÉ ; de *in-,* et *contrôlable*). Qui n'est pas contrôlable. V. **Invérifiable.** *Affirmation, assertion, témoignage incontrôlable.*

INCONVENANCE. *n. f.* (1573, rare avant le XVIIIᵉ s. ; de
in-, et *convenance*).

|| **1°** Caractère de ce qu'il ne convient pas de faire (*vx*,
au sens général), et *spécialt.* Caractère de ce qui est in-
convenant*, contraire aux convenances. *Inconvenance
d'une situation, d'une proposition, d'une question...* V.
**Audace, cynisme, désinvolture, effronterie, hardiesse, imper-
tinence, incorrection, indécence, sans-gêne.** *Se conduire
avec inconvenance et grossièreté* (cit. 9).

1 « *Inconvenance* n'est pas *disconvenance* ; on entend par *disconvenance* des choses qui ne se conviennent pas l'une avec l'autre ; et
j'entends par *inconvenance* des choses qu'il ne convient pas de faire.
Vous direz que je suis bien hardi ; je vous répondrai qu'il faut l'être
quelquefois. » VOLT., Corresp., 2582, 27 nov. 1764.

2 « Je pensais, Monsieur, lui dit-il un jour, qu'il y aurait une haute
inconvenance à ce que le nom d'un bon gentilhomme tel qu'un Rênal
parût sur le sale registre du libraire. »
STENDHAL, Le rouge et le noir, VII.

|| **2°** (1845). Parole, action inconvenante. *Dire des inconve-
nances.* V. **Crudité, écart** (de langage), **grossièreté, impertinence, incorrection, malhonnêteté.** *Commettre une inconvenance.* V. **Impolitesse.**

3 « Il en fallait (*du franc-parler*)... pour professer, comme il le faisait,
qu'il n'y a d'aristocratie que par la culture et la supériorité de l'esprit
— ce qui dans la famille de Staël ne pouvait d'ailleurs passer pour
une inconvenance ou une épigramme. »
HENRIOT, Romantiques, p. 433.

ANT. — **Bienséance, égard.**

INCONVENANT, ANTE. *adj.* (1790 MIRABEAU ; de *in-,* et
convenant). Qu'il ne convient pas de faire (*vx,* au sens
général), et *spécialt.* Qui est contraire aux convenances,
aux usages, aux bienséances. *Discours, propos inconvenants.* V. **Blasphématoire, déplacé, grossier, licencieux,
malséant, malsonnant, obscène.** *Question inconvenante.* V.
Indiscret, inopportun, intempestif. *Proposition inconvenante.* V. **Déshonnête.** *Conversation qui devient inconvenante* (Cf. Grotesque, cit. 10). *Une réponse très inconvenante.*
V. **Cavalier, désinvolte.** *Recevoir quelqu'un dans une tenue
inconvenante.* V. **Immodeste, indécent.** *Action inconvenante.*
V. **Choquant, étrange, incongru, immoral, malpropre.**
Conduite inconvenante. V. **Déraisonnable, désordonné.** *Être
inconvenant dans ses paroles, dans sa conduite.* V. **Audacieux, cynique, impertinent, impoli, incorrect, malhonnête.**
— REM. Ce mot a pris son développement au XIXᵉ s. LITTRÉ
n'en donne aucun exemple littéraire.

« Toute hésitation serait impolitique et inconvenante. » 1
MIRABEAU, t. V, p. 310.

« ... beaucoup de prêtres espagnols fument, ce qui ne nous paraît pas 2
plus inconvenant que de priser du tabac en poudre,... »
GAUTIER, Voyage en Espagne, p. 23.

« Ainsi, chose inconvenante, qui elle seule révélait tout, cette dame 3
est si intime avec son valet de chambre, qu'elle le met dans sa voiture,
en face d'elle, et genoux contre genoux. »
MICHELET, Hist. Révol. franç., IV, XII.

« ... j'aperçois sur les murs de grandes peintures inconvenantes 4
comme on en retrouve à Pompéi. » MAUPASS., La vie errante, p. 176.

« La maison, remarque-le, est bourgeoise, mais sans luxe inconve- 5
nant. » DUHAM., Pasq., IV, I.

ANT. — **Bienséant, convenable, convenant, décent, honnête, poli.**

INCONVÉNIENT. *n. m.* (XIIIᵉ s. ; *adj.* « qui ne convient
pas » encore au XVIIᵉ s. in LA FONT. ; empr. au lat.
inconveniens).

|| **1°** Accident fâcheux. — *Sens fort* (vx, depuis la fin du
XVIIᵉ s.). V. **Malheur.**

« La douleur générale qu'apporte ce pitoyable inconvénient (*la mort
de Henri IV*). » MALHERBE, Corresp., 19 mai 1610 (in CAYROU). 1

— *Sens faible.* V. **Désagrément, embarras, ennui, importunité, incommodité.** *Les plus grands désastres et les plus
petits inconvénients* (Cf. Échapper, cit. 38).

« Mon jugement m'empêche bien de regimber et (*de*) gronder contre 2
les inconvénients que (*la*) nature m'ordonne à (*de*) souffrir, mais non
pas de les sentir. » MONTAIGNE, Essais, III, V.

« ... mille honnêtes gens de qui il détourne ses yeux, de peur de 3
tomber dans l'inconvénient de leur rendre le salut ou de leur sourire. »
LA BRUY., IX, 37.

|| **2°** Chose fâcheuse qui arrive ou peut arriver comme
conséquence d'une action, d'une situation donnée. *Les
inconvénients d'une conduite* (cit. 25) *irrégulière. Situation
qui entraîne des inconvénients graves* (Cf. Ensuivre, cit. 10 ;
huis, cit. 7). V. **Conséquence, ennui, suite.** *C'est vous qui en
subirez les inconvénients.* V. **Frais** (faire les frais. Cf.
Coûter cher). *L'inconvénient pourrait être plus grave.* V.
Demi-mal. *Il n'y a d'inconvénient à prendre ce remède.*
V. **Danger, risque** (Cf. Anodin, cit. 2). *Je n'y vois pas
d'inconvénient. Nous partirons ce soir, si vous n'y voyez
pas d'inconvénient, si cela vous agrée, ne vous dérange pas.*
V. **Empêchement, objection, obstacle.** *On ne peut changer
cela sans inconvénient* (Cf. Enfilade, cit. 3).

« ... il se dit qu'à l'abri de tout soupçon comme il l'était, il n'y
avait point d'inconvénient à être témoin de ce qui se passerait,... »
HUGO, Misér., I, VII, III.

— *Spécialt.* (vx). Absurdité, erreur résultant d'une théorie,
d'une opinion... *Il résulte de grands inconvénients de cette
proposition* (ACAD. 1694).

« Que penser de la magie et du sortilège ?... il y a des faits embarras- 5
sants,... les admettre tous ou les nier tous paraît un égal inconvénient ;... » LA BRUY., XIV, 70.

« J'aime mieux me borner à ce que l'on sait avec quelque certitude 6
que de me livrer à des conjectures, et tomber dans l'inconvénient de
donner pour existants des êtres fabuleux... »
BUFF., Hist. nat. anim., t. VII, p. 398 (in LITTRÉ).

|| **3°** Désavantage inhérent à une chose qui, par ailleurs,
est ou peut être bonne. V. **Défaut, désavantage.** *Avantages
et inconvénients de quelque chose* (Cf. Le bon et le mauvais
côté*, le pour et le contre*, et aussi Embarquer, cit. 12).
*Avoir, comporter, offrir, présenter... des inconvénients.
Cela présente plus d'avantages que d'inconvénients ; avantage qui compense, contrebalance un inconvénient* (Cf.
Échapper, cit. 31 ; établir, cit. 43). *L'inconvénient c'est
que...* V. **Écueil, mal** (Cf. Il y a une ombre* au tableau).
Les inconvénients d'une installation, d'un procédé... (Cf.
Cuisson, cit. 1), *d'une méthode* (Cf. Écluse, cit. 2). *Ces
chemins ont le grave* (cit. 22) *inconvénient d'être resserrés
entre des fossés. Cela n'a qu'un inconvénient : c'est
beaucoup trop cher. Le mariage et le célibat* (cit. 7) *ont
tous deux des inconvénients. Toute chose a ses inconvénients* (Cf. PROV. Il n'y a pas de rose sans épine* ; Toute
médaille a son revers* ; Chaque vin a sa lie* ; On ne fait
pas d'omelette sans casser d'œufs*...). *Voir, sentir les
inconvénients de quelque chose* (Cf. Honneur, cit. 8).
Éviter (cit. 22 et 37) *les inconvénients. Obvier, parer, remédier à un inconvénient.*

« Quand une chose bonne a un inconvénient, il est ordinairement plus 7
prudent d'ôter l'inconvénient que la chose. »
MONTESQ., Cahiers, p. 235.

« C'est le premier inconvénient des grandes villes que les hommes y 8
deviennent autres que ce qu'ils sont, et que la société leur donne pour
ainsi dire un être différent du leur. » ROUSS., Julie, II, Lettre XXI.

« Y a-t-il quelque bien dans ce monde-ci qui soit sans inconvénient ? » 9
DIDER., Entr. avec la Maréchale***.

« Ma sœur me montra très fortement les inconvénients de cette 10
manière d'agir, et j'y renonçai. » RENAN, Souv. d'enfance..., VI, IV.

« Aux inconvénients de son âge, il ajoutait les ridicules de la jeunesse. 11
Avec un cerveau d'enfant et un visage ridé, il prétendait conquérir une
fille dans toute la fraîcheur de sa beauté. » GREEN, Léviathan, I, VI.

ANT. — **Bonheur ; agrément, commodité ; bénéfice ; avantage,
qualité.**

INCONVERSIBLE. *adj.* (1867 ; empr. au lat. *inconversibilis*). *Log.* Se dit d'une proposition dont la réciproque est fausse.

INCONVERTIBLE. *adj.* (1546 ; de *in-*, et *convertible*).

‖ 1° Qu'on ne peut convertir à une religion, une doctrine... (REM. On a créé *inconvertissable* au XVIIIe s., dans le même sens).

1 « Eugénie (*de Guérin*), avec ses scrupules, n'aurait-elle pas eu de certaines craintes pour le salut de la protestante inconvertible...? »
STE-BEUVE, **Nouv. lundis**, 9 janv. 1865.

‖ 2° *T. de Fin.* Qu'on ne peut convertir, échanger contre de la monnaie métallique. *Billet de banque inconvertible.* V. **Cours** (forcé).

2 « Les billets de banque ont le *cours forcé* lorsque, tout en jouissant du cours légal, ils sont *inconvertibles*, c'est-à-dire lorsque la banque d'émission se trouve dispensée de les échanger contre de la monnaie métallique. »
REBOUD et GUITTON, **Préc. écon. pol.**, t. I, III (Cf. Cours, cit. 20).

INCOORDINATION (-ko-or-). *n. f.* (1865 ; de *in-*, et *coordination*). Absence de coordination. *Incoordination des idées. Incoordination des opérations militaires.*

« Depuis cent ans, l'effort de la civilisation blanche a tendu à rendre mobiles les éléments les plus stables : institutions, doctrines, cadres sociaux, hiérarchies. Tout s'est appliqué à une étrange fluidité ; ce qui est fixe est considéré comme méprisable ; ce qui est mouvant, comme admirable. Cette mobilité, cette incoordination, nous les trouvons dans l'homme : elles expliquent tout. » DANIEL-ROPS, **Monde sans âme**, VII.

— Spécialt. *Pathol.* « Difficulté ou impossibilité de coordonner les mouvements des différents groupes musculaires » (GARNIER).

INCORPORATION. *n. f.* (XVe s. au sens relig. ; empr. au lat. *incorporatio*). Action d'incorporer, de s'incorporer ; résultat de cette action.

‖ 1° En parlant d'une substance qu'on fait entrer dans une autre. V. **Mélange, mixtion.** *T. de Cuis. Incorporation de jaunes d'œufs dans le sucre, la farine...* T. de Pharm. *Incorporation d'une substance chimique dans un excipient pour la rendre assimilable.*

‖ 2° En parlant d'un élément qu'on fait entrer dans un tout. *Incorporation d'un territoire à un empire, dans un empire.* V. **Annexion, réunion.** — *Dr.* Action de s'incorporer à une propriété. *Incorporation d'un atterrissement, d'alluvions à un domaine. La propriété peut s'acquérir par incorporation.* V. **Accession** (cit. 2). — *Incorporation d'une minorité ethnique, religieuse... dans une communauté.* « *L'incorporation du peuple vaincu avec les vainqueurs ne s'opéra que lentement* » (ACAD.). V. **Assimilation.** — *T. d'Église.* Autorisation qu'un évêque donne à un ecclésiastique de faire partie de son diocèse. — *T. milit.* Inscription (des recrues) sur les contrôles d'un corps. V. **Appel.** *Incorporation des conscrits dans un régiment. Absolt. Incorporation à vingt ans. Sursis* d'incorporation* (Cf. aussi Bataillon, cit. 8).

1 « ... on leur conférait (*aux catéchumènes*) le sacrement d'incorporation par lequel ils devenaient membres de l'Église ;... »
PASC., **Opusc.**, III, XVII, Compar. des chrétiens...

2 « Louis XIV en profita pour fermer encore quelques trouées, supprimer les enclaves gênantes et choquantes qui subsistaient au milieu de nos possessions nouvelles. La méthode adoptée fut de prononcer l'incorporation au royaume par des arrêts de justice fondés sur l'interprétation des traités existants et appuyés au besoin par des démonstrations militaires. » BAINVILLE, **Hist. de France**, XIII, p. 236.

3 « Le jeudi, sur l'incorporation à vingt ans, l'inévitable Jaurès avait encore fait de la démagogie. » ARAGON, **Beaux quartiers**, III, VIII.

ANT. — Exclusion. Séparation.

INCORPOREL, ELLE. *adj.* (XIIe s. ; empr. au lat. *incorporalis*). Qui n'a pas de corps, qui n'est pas matériel. V. **Immatériel.** *Dieu incorporel. Les esprits et les anges, êtres incorporels. L'âme est incorporelle.*

1 « ... cette vertu qui les rend semblables aux anges et aux puissances incorporelles. » MONTESQ., **Lett. pers.**, XLVIII.

2 « Contrairement à ce que l'on raconte, on ne dissipe pas les images incorporelles aussi facilement que les corps matériels ; et ce que je voyais me sembla aussitôt issu d'un monde imaginaire, où moi-même, ravi, j'étais devenu irréel. » BOSCO, **Jardin d'Hyacinthe**, p. 49.

— Qui ne tombe pas sous nos sens. *Qualités, forces incorporelles.* V. **Abstrait, spirituel** (Cf. Divination, cit. 4 ; expression, cit. 26).

3 « Dieu est une raison incorporelle qu'on ne saisit que par la pensée. »
DIDER., **Opin. anc. philos.**, Platonisme (*in* LITTRÉ).

— Spécialt. *Dr. Biens incorporels :* ceux qui n'ont pas d'existence matérielle, c'est-à-dire tous les droits, sauf le droit de propriété, traditionnellement assimilé à un bien corporel (« par identification de la chose et du droit »). *La clientèle est un bien incorporel. Droits incorporels*, tous les droits sauf celui de propriété. *La créance, droit incorporel* (Cf. Garantir, cit. 1).

ANT. — Corporel, matériel ; concret.

DER. — (du lat. *incorporalitas*) : Incorporalité. *n. f.* (1372). Qualité des êtres incorporels (on dit aussi *Incorporéité*).

INCORPORER. *v. tr.* (1455 ; *encorporer* au XIIe s. ; empr. au bas lat. *incorporare*, de *corpus*, « corps »).

I. *Vx.* Donner un corps, incarner.

II. Faire qu'une chose fasse corps* avec une autre.

‖ 1° Unir intimement (une matière à une autre). V. **Mélanger.** *Incorporer des œufs à une sauce. Coquilles* (cit. 1) *incorporées dans le marbre. Émail d'une porcelaine incorporée à la pâte* (Cf. Cuire, cit. 21).

1 « ... le cuivre a été incorporé et mêlé, comme le fer primitif, avec la matière vitreuse. » BUFF., **Hist. nat. minér.**, Du cuivre.

‖ 2° Faire entrer comme partie dans un tout. *Incorporer un paragraphe dans un chapitre.* V. **Insérer, introduire.** *Incorporer un territoire dans un empire.* V. **Annexer, comprendre, joindre, rattacher, réunir.**

2 « ... la liaison des scènes (*dans « Horace »*), qui semble, s'il m'est permis de parler ainsi, incorporer Sabine dans cette pièce,... »
CORN., **Exam. d'Horace.**

3 « Quand il s'agit d'incorporer la Lusace à la Bohême... »
VOLT., **Hist. Charles XII**, VIII.

4 « Il me semble pourtant qu'en meilleur état de santé, j'aurais su y donner (*à la conversation rapportée*) plus de mordant, une allure plus fantastique et surtout l'incorporer mieux dans la trame du récit. »
GIDE, **Journal**, 26 novembre 1924.

— *Incorporer* (quelque chose) *à soi.* V. **Assimiler** (Cf. *infra*, S'INCORPORER).

5 « Il comprit que l'acte décisif, froidement accompli par lui la veille... il fallait maintenant en quelque sorte se l'annexer, l'incorporer à soi, comme l'apport d'une de ces expériences essentielles qui ont sur l'évolution d'un homme un retentissement profond. »
MART. du G., **Thib.**, t. IV, p. 201.

6 « Ainsi le temps ne meurt pas entièrement, comme il en a l'air, mais il demeure incorporé en nous. »
MAUROIS, **À la recherche de Proust**, VI, I.

— *Incorporer quelqu'un dans une société, une association...* V. **Agréger, associer, embrigader...** *Immigrants incorporés dans le pays.* V. **Assimiler.** *La société triomphe toujours et s'incorpore même ses contempteurs* (cit. 2).

7 « Albe fut vaincue et ruinée : ses citoyens, incorporés à la ville victorieuse, l'agrandirent et la fortifièrent. »
BOSS., **Disc. Hist. univ.**, I, VII.

8 « (*Elle*) vivait chez ses beaux-parents depuis la guerre. Tout de suite, elle fut incorporée dans la famille... »
CHARDONNE, **Destin. sentim.**, p. 447

— *Spécialt.* T. milit. *Incorporer un conscrit, une recrue dans un bataillon.* V. **Appeler, enrôler, recruter** (Cf. Faux 1, cit. 57). *Il a été incorporé dans tel régiment. Absolt. Incorporer le contingent.* V. **Incorporation.**

9 « ... incorporé dans ce beau régiment avec la promesse d'être promu fourrier au bout d'un an. »
BALZ., **Un début dans la vie**, Œuvr., t. I, p. 741.

10 « Les nouvelles recrues furent... incorporées dans la bandera de dépôt. Gilieth fut versé à la première compagnie et son camarade Lucas à la troisième. » MAC ORLAN, **La Bandera**, V.

11 « ... je me rendis à Saint-Mandé pour y manifester mon désir d'être incorporé dans l'armée active,... » DUHAM., **Pesée des âmes**, I.

‖ S'INCORPORER. S'unir intimement. *Substance qui s'incorpore aisément à une autre.* Par métaph. (Cf. Attacher, cit. 48 Boss.). — Se joindre. *Atterrissement qui s'incorpore à une propriété* (Cf. Incorporation, *Dr.*). *Invention qui s'est incorporée à la connaissance* (Cf. Graphique, cit. 4). *Individu qui s'incorpore à un organisme.* V. **Entrer, fondre** (se). Cf. Faculté (cit. 9).

12 « Des peuples qui viennent s'incorporer au sien... »
FÉN., **Télém.**, XIII.

ANT. — Exclure, isoler, séparer ; biffer, détacher, éliminer, retrancher.

DER. — Incorporable. *adj.* (1784). Qui peut être incorporé (*peu usit.*). — COMP. — Réincorporer.

INCORRECT, ECTE (rèkt'). *adj.* (1421 ; de *in-*, et *correct*).

‖ 1° Qui n'est pas correct*. *Édition fort incorrecte.* V. **Fautif.** *Terme incorrect.* V. **Barbare, impropre** (Cf. Impondérable, cit. 2). *Expression incorrecte.* V. **Incorrection** (Cf. Avérer, cit. 11). « *J'attends après* (cit. 54) *vous », est incorrect. Langue bizarre et incorrecte* (Cf. Hellénique, cit. 1). *Style incorrect et abrupt* (cit. 3. Cf. aussi Familiarité, cit. 15). — Par ext. *Écrivain incorrect.*

« Le style de Corneille, devenu encore plus incorrect et plus raboteux dans ses dernières pièces. »
VOLT., **Comm. s. Corn.**, Rem. s. Attila, Préface.

— Qui n'est pas fait selon les règles, qui est mal exécuté. V. **Défectueux, mauvais.** *Tracé, dessin incorrect. Montage, réglage incorrect d'un appareil, d'une installation.* — Par ext. (*néol.*) V. **Faux, inexact.** *Solution incorrecte. Interprétation incorrecte des faits.*

‖ 2° (Fin XIXe s.). Qui est contraire aux usages, aux bienséances. *Tenue incorrecte.* V. **Débraillé, inconvenant.** *Manières, paroles incorrectes.* V. **Déplacé.** — Par ext. *Être incorrect avec quelqu'un*, manquer aux usages, aux règles de la politesse, de la courtoisie. *Personne incorrecte avec son concurrent, incorrecte en affaires.* V. **Irrégulier.** *Un* *importun incorrect.* V. **Grossier** (cit. 12 DUHAMEL), **impertinent, impoli.** — REM. Ce sens signalé par HATZFELD n'est pas dans ACAD. (8ᵉ éd.).

ANT. — **Correct, pur ; fidèle ; bon ; exact, juste. Convenable, impeccable ; courtois, délicat, poli.**

DER. — **Incorrectement.** *adv.* (1538). D'une manière incorrecte. *Parler incorrectement une langue. Appareil incorrectement monté.* V. **Défectueusement, mal.** *Il s'est conduit très incorrectement avec moi.*

INCORRECTION. *n. f.* (1512 ; de *in-*, et *correction*).

‖ **1°** Défaut de correction. *Incorrection d'un dessin* (peu usit.). *Incorrection du style.* V. **Barbarie.**

1 « Par quelle fatalité Corneille écrivait-il toujours avec plus d'incorrection et dans un style plus grossier, à mesure que la langue se perfectionnait...? » VOLT., **Comm. s. Corn., Nicom.,** V, 9.

2 « ... la liberté ne doit jamais être l'anarchie ;... l'originalité ne peut, en aucun cas, servir de prétexte à l'incorrection. » HUGO, **Orientales,** Préface de 1826.

— *Par ext.* Expression incorrecte. *Incorrections de langage, de style.* V. **Barbarisme, faute*, impropriété.** *Il y a de nombreuses incorrections dans ce devoir de français.*

3 « ... on ne fait pas des fautes pour le plaisir d'en faire : les incorrections, celles du moins qui ont la vie dure et résistent aux vitupérations du purisme, procèdent le plus souvent de tendances profondes du langage en général ou d'un idiome en particulier... » Ch. BALLY, **Le langage et la vie,** p. 42.

4 « L'attrait extraordinaire qu'ont souvent les poètes des siècles préclassiques a sa source dans la liberté de leurs phrases, dans les incorrections qu'elles contiennent, ce mauvais ton non des mots, mais de leur flexion, qui les ont fait si longtemps écarter du trésor national. » ARAGON, **Les yeux d'Elsa,** p. XI.

‖ **2°** (Fin XIXᵉ s.). Caractère incorrect de ce qui est contraire aux usages, aux règles du savoir-vivre. *L'incorrection d'une démarche inopportune* (Cf. Dérobade, cit. 2 GIDE). V. **Inconvenance.** — *Par ext.* Parole ou action incorrecte. V. **Écart** (de langage), **grossièreté, impertinence, impolitesse.** *Il a commis là une grave incorrection.*

ANT. — **Correction, fidélité, pureté ; purisme. Courtoisie, délicatesse, politesse.**

INCORRIGIBLE. *adj.* (1334 ; empr. au bas lat. *incorrigibilis*). Qui ne peut être corrigé.

‖ **1°** En parlant des personnes qui persévèrent dans leurs défauts, leurs erreurs. V. **Entêté, impénitent, indécrottable.** *Un enfant incorrigible. Paresseux, ivrogne, pécheur incorrigible* (Cf. Excentrique, cit. 5 ; impénitence, cit. 1).

1 « (Ceux) qui demeurèrent incorrigibles et voudraient persévérer en leur impiété et dureté de cœur,... » RONSARD, **Œuvres en prose, Translation...**

2 « ... ayez soin tantôt de faire donner le fouet à ce petit fripon-là, par mon écuyer : c'est un petit incorrigible. » MOL., **Escarb.,** II.

3 « Je sais maintenant, ce que je ne savais pas encore en ce temps-là, c'est que les hommes sont incorrigibles et qu'ils ne peuvent manquer à leur nature propre. » DUHAM., **Cri des profondeurs,** III.

‖ **2°** En parlant des défauts, des erreurs qui persistent chez quelqu'un. V. **Incurable.** *Une paresse incorrigible. Ses maîtres ne peuvent rien contre son incorrigible étourderie.*

4 « Qui le pourrait croire, si l'expérience ne nous faisait voir qu'une erreur si stupide et si brutale (*l'idolâtrie*) n'était pas seulement la plus universelle, mais encore la plus enracinée et la plus incorrigible parmi les hommes ? » BOSS., **Disc. Hist. univ.,** II, III.

DER. — **Incorrigibilité.** *n. f.* (1652). Caractère d'une personne, d'un défaut incorrigible. — **Incorrigiblement.** *adv.* (1557). D'une manière incorrigible. *Enfant incorrigiblement étourdi.*

INCORRUPTIBLE. *adj.* (XIIIᵉ s. ; empr. au bas lat. *incorruptibilis*).

‖ **1°** Qui n'est pas corruptible. V. **Inaltérable, inattaquable.** *Bois incorruptible* (Cf. Enterrer, cit. 11).

1 « ... Et du grand Dieu, dont l'essence est entière, Incorruptible, immortelle,... » RONSARD, **La Franciade,** IV.

2 « ... de grandes forêts de chênes verts, noueux, vivaces, incorruptibles, capables de résister aux soleils et aux pluies de tous les mondes et qui sont d'une grande ressource pour notre belle marine française. » GAUTIER, **Souv. de théâtre...,** p. 5.

3 « Il faut que vous étonniez la science par quelque nouvelle synthèse, que vous attaquiez l'atome, que vous recherchiez s'il est aussi *incorruptible* qu'on le croit. » RENAN, **Dial. et fragm. philos.,** A M. Berthelot, Œuvr., t. I, p. 548.

— *Par anal.* Inaltérable, immuable. *Syntaxe incorruptible du français* (Cf. Clarté, cit. 10).

‖ **2°** *Fig.* (XVIIᵉ s.). Qui est incapable de se laisser corrompre, séduire, pour agir contre son devoir. V. **Honnête, intègre** (Cf. Gouvernement, cit. 25). *Fonctionnaire, juge incorruptible.* — Substant. « L'Incorruptible », surnom de Robespierre.

4 « Pour ton propre intérêt sois juge incorruptible : » CORN., **Héraclius,** III, 2.

5 « Reinach avait acheté trop d'hommes pour admettre qu'il en restât d'incorruptibles. » BARRÈS, **Leurs figures,** p. 89.

6 « Robespierre se faisait appeler « l'incorruptible ». Il y avait donc des corrompus ? » BAINVILLE, **Hist. de France,** XVI, p. 376.

— *Par ext. Esprit impénétrable* (cit. 10) *et incorruptible. Probité incorruptible* (Cf. Filial, cit.).

ANT. — **Corruptible, périssable, putrescible. Corrompu.**

DER. — **Incorruptibilité.** *n. f.* (XIVᵉ s.). Caractère de ce qui est incorruptible. *Incorruptibilité d'une substance.* Théol. *Incorruptibilité des corps glorieux* — Fig. *Incorruptibilité d'un fonctionnaire.* V. **Intégrité, probité** (ANT. **Altération, corruptibilité**). — **Incorruptiblement.** *adv.* (1867). D'une manière incorruptible, inaltérable, immuable (Cf. Critérium, cit. 3).

INCRÉDIBILITÉ. *n. f.* (1520 ; lat. *incredibilitas*). Caractère de ce qui est incroyable*. *L'incrédibilité d'un récit.*

INCRÉDULE. *adj.* (XIVᵉ s. ; lat. *incredulus*).

‖ **1°** Qui ne croit* (cit. 61) pas aux mystères d'une religion. V. **Incroyant, irréligieux.** *Femme incrédule qui se moque des croyances* (cit. 10). — Substant. *L'incrédule, homme sans foi* (Cf. Athée, cit. 9 ; haut, cit. 76). V. **Mécréant ; esprit** (fort), **libertin** (vx), **libre** (libre penseur). *Convertir les incrédules. Superstitions qui choquent un incrédule* (Cf. Amulette, cit. 2). *L'incrédule et le dévot se prennent mutuellement pour des dupes* (cit. 4 RIVAROL).

1 « Alors Jésus prenant la parole, dit : Ô race incrédule et dépravée ! jusqu'à quand serai-je avec vous, et vous souffrirai-je ? » BIBLE (SACY), **Évang. St Luc,** IX, 41.

2 « ... il manque un sens aux incrédules comme à l'aveugle ; et ce sens, c'est Dieu qui le donne,... » BOSS., **Orais. fun. Anne de Gonzague.**

3 « ... ces incrédules endurcis, qui, en attaquant le culte public, outragent avec audace ce qu'ils ont le malheur de mépriser. » D'ALEMB., **Éloge de Marivaux,** Œuvr., t. III, p. 579.

4 « Wieland, lui, est incrédule au fond, mais désirerait croire, parce que cela conviendrait à son imagination qu'il voudrait rendre poétique et parce qu'il est vieux. » B. CONSTANT, **Journal intime,** 24 janv. 1804.

5 « Fort peu deviennent croyants, fort peu aussi deviennent incrédules, pour de bonnes preuves. Il y a mille portes par lesquelles on entre dans la foi, et mille portes par lesquelles on en sort. » RENAN, **Essais de morale...,** Lamennais, II.

6 « La veille de la fête, le peuple se réunissait le soir dans l'église, et, à minuit, le saint étendait le bras pour bénir l'assistance prosternée. Mais, s'il y avait dans la foule un seul incrédule qui levât les yeux pour voir si le miracle était réel, le saint, justement blessé de ce soupçon ne bougeait pas, et, par la faute du mécréant, personne n'était béni. » ID., **Souv. d'enfance...,** I, 1.

7 « — Un incrédule qui se prend pour un incroyant ! » ANOUILH, **Ornifle,** I, p. 46

‖ **2°** *Par ext.* (1538). Qui ne croit pas facilement, qui se laisse difficilement persuader, convaincre. V. **Sceptique** (Cf. Chrétien, cit. 9). *Ses affirmations me laissent incrédule. Si vous êtes incrédule, allez-y voir*.* — Substant. *Un jeune incrédule* (Cf. Face, cit. 30). — *Par ext.* Qui marque de l'incrédulité*. *Esquisser* (cit. 7) *un geste, une moue incrédule.*

8 « L'argent était là, sous son regard, à portée de sa main... Un tel fond de naïveté subsistait en elle qu'elle était émerveillée, mais non incrédule. Elle prit enfin les billets,... » MART. du G., **Thib.,** t. III, p. 61.

« J'ai fouillé dans ma poche. Je n'avais plus que trois francs. Je les lui ai donnés. Il les regardait, les retournait, l'air incrédule et presque railleur. » DUHAM., **Salavin,** IV, 30 décembre.

ANT. — **Crédule ; croyant** (cit. 9) ; **naïf.**

INCRÉDULITÉ. *n. f.* (XVᵉ s. ; *encredulitet* au Xᵉ s. ; lat. *incredulitas*). Manque de foi, de croyance* religieuse. V. **Incroyance, irréligion, libertinage** (vx), **mécréance.** *Les progrès de l'incrédulité au XVIIIᵉ siècle* (Cf. Enrôler, cit. 5). V. **Libre** (libre pensée). *Incrédulité et superstition* (Cf. Adage, cit. 3). *Combattre l'incrédulité. Persister dans son incrédulité.*

1 « ... l'incrédulité de Pharao et des Pharisiens est l'effet d'un endurcissement surnaturel. » PASC., **Pens.,** XIII, 843.

2 « Qu'est-ce donc après tout, Messieurs, qu'est-ce que leur malheureuse incrédulité, sinon une erreur sans fin, une témérité qui hasarde tout, un étourdissement volontaire, et en un mot un orgueil qui ne peut souffrir son remède, c'est-à-dire qui ne peut souffrir une autorité légitime ? » BOSS., **Orais. fun. Anne de Gonzague.**

3 « L'incrédulité a ses enthousiastes, ainsi que la superstition ; et comme l'on voit des dévots qui refusent à Cromwell jusqu'au bon sens, on trouve d'autres hommes qui traitent Pascal et Bossuet de petits esprits. » VAUVENARGUES, **Maxim. et réflex.,** 537.

4 « ... l'incrédulité dogmatique est un état d'irritation et d'exaltation ;... L'avenir et le genre humain dans son éternité future, voilà les deux idoles et les seules idoles de l'incrédulité systématique. » JOUBERT, **Pensées,** I, LXXXIV.

5 « Lorsque l'incrédulité devient une folie, elle est moins raisonnable qu'une religion. » GONCOURT, **Journal,** p. II.

— *Par anal.* (1538). Absence de crédulité* ; état de celui qui est incrédule*. V. **Scepticisme.** *Hocher* (cit. 4) *la tête d'un air d'incrédulité, garder une attitude d'incrédulité.* V. **Défiance, doute.** *Il eut un sourire d'incrédulité* (Cf. Il se contenta de sourire*). *S'interrogeait avec incrédulité* (Cf. Evader, cit. 15). *Geste d'incrédulité...*

6 « Mais que me répondrait votre incrédulité
Si je vous faisais voir qu'on vous dit vérité ? » MOL., **Tart.,** IV, 3.

7 « ... mais je sens, malgré moi,
Que je ne le crois pas autant que je le doi(s)... »
Je voudrais vaincre enfin mon incrédulité : »
RAC., Britann., III, 6.

8 « ... ce dur bon sens n'enlevait aucune grâce à M. Delacroix. Cette verve d'incrédulité et ce refus d'être dupe assaisonnaient, comme un sel byronien, sa conversation si poétique et si colorée. »
BAUDEL., Curios. esthét., XV, V.

9 « Les questions qu'elle lui posa, et où perçait un fond d'incrédulité, laissaient voir que les soucis politiques tenaient peu de place dans la vie de Jenny. » MART. du G., Thib., t. VI, p. 220.

ANT. — Crédulité, croyance, foi.

INCRÉÉ, ÉE. adj. (1474 HATZFELD ; de in-, et créé). Qui existe sans avoir été créé. Dieu, créateur incréé. L'univers incréé. Spécialt. La Sagesse incréée, le Verbe, Fils de Dieu.
— Substant. L'incréé, ce qui n'a pas été créé (par oppos. au créé, à la création, à la créature).

1 « Règne, ô Père éternel, Fils, Sagesse incréée, »
RAC., Poés. div., I, VII, Lundi.

2 « On disputait si la lumière qui apparut autour de Jésus-Christ, sur le Thabor était créée ou incréée. »
MONTESQ., Grand. et décad. Rom., XXII.

3 « La danse est autant au-dessus de la musique, pour certaines organisations païennes toutefois, que le visible et le créé sont au-dessus de l'invisible et de l'incréé. » BAUDEL., La Fanfarlo.

ANT. — Créé. Créature.

INCREVABLE. adj. (1922 LAR. UNIV. ; de in-, et crevable). Qui ne peut être crevé. Ballon, pneu increvable.

— Fig et pop. V. **Infatigable.** Il est d'une résistance à toute épreuve, il est increvable.

INCRIMINER. v. tr. (1558, rare jusqu'en 1791 ; lat. incriminare). Vx. Déclarer criminel, accuser d'un crime. V. **Inculper.**

1 « Cette résolution... incrimine de haute trahison quiconque tenterait de la dissoudre (la chambre). »
VILLEMAIN, Souv. contemp., Les Cent-Jours, XIII.

— Par ext. Mettre (quelqu'un) en cause ; imputer à crime. Vous l'incriminez à tort en lui imputant* une erreur dont il n'est pas responsable. V. **Accuser, attaquer, blâmer, suspecter ; prendre** (s'en prendre à). Incriminer la bonne foi, la conduite de quelqu'un (ACAD.). Texte incriminé par les grammairiens (cit. 2).

2 « Elle leva les yeux vindicativement sur le bistrot incriminé et vit qu'il dormait, les cils rabattus sur ses joues blanches, la bouche close. » COLETTE, Chéri, p. 26.

3 « ... il n'y aurait qu'à sourire de ces vaines dévastations, si les livres incriminés n'étaient en passe d'être effectivement supprimés de nos librairies. » GIDE, Attendu que..., p. 34.

4 « ... il (leur) arrivait de relire trois ou quatre fois de suite les citations incriminées, sans rien y découvrir d'étrange ;... »
ROMAINS, H. de b. vol., t. III, XVIII, p. 241.

ANT. — Disculper, justifier.

DER. — Incriminable. adj. (1845). Vx. Qui peut être incriminé. V. Accusable. — Par ext. V. Blâmable. Action incriminable. — Incrimination. n. f. (1839 BOISTE). Action d'incriminer. V. Accusation, attaque. Une incrimination injuste, mal fondée.

« (Cela) pourrait m'exposer plus tard à des soupçons et à des incriminations, car il ne manque pas de mauvaises langues ;... »
SAND, Petite Fadette, XXXIII.

INCRISTALLISABLE. adj. (1762). Phys. V. **In-,** et **cristallisable.**

INCROYABLE (in-kroi-yabl'. — REM. L'ancienne prononciation in-kro-ia-bl' abandonnée par P. LAROUSSE en 1873, était encore recommandée par LITTRÉ en 1867). adj. (1513 ; increable au XIVe s. ; de in-, et croyable). Qui n'est pas croyable* ; qu'il est impossible ou très difficile de croire*. V. **Ébouriffant** (fam.), **effarant, étonnant** (1°, vx), **étrange, fabuleux, prodigieux, surprenant.** Un récit incroyable. D'incroyables nouvelles. Un prodige incroyable. Une suite incroyable d'événements absurdes (Cf. Gouvernant, cit. 10). Vous me soutenez là une chose incroyable (Cf. Vous me la baillez, la donnez bonne !). — Substant. L'incroyable, élément essentiel des contes de fées. Événement qui a le caractère de l'incroyable (V. **Incrédibilité**).

1 « Tout ce que tu me dis, Euphorbe, est incroyable. »
CORN., Cinna, IV, 1.

2 « — Quoi donc ? la chose est-elle incroyable ? — À tel point,
Que vous-même, Monsieur, je ne vous en crois point. »
MOL., Tart., II, 2.

3 « On sème de sa mort d'incroyables discours. »
RAC., Phèdre, II, 1.

4 « En un mot, nous voyons ces béatitudes de Jésus-Christ, en apparence si paradoxes (paradoxales) et si incroyables, authentiquement et sensiblement vérifiées ;... »
BOURDAL., 1er Avent, Serm. p. fête tous les saints, II.

5 « ... les termes que vous soulignez sont incroyables. N'y ajoutez point foi,... » VOLT., Corresp., 653, 9 août 1740.

— Impersonnelt. V. **Inconcevable, inimaginable, invraisemblable** (Cf. Impensable). Il est incroyable de..., suivi de l'infinitif. Il est, il semble incroyable que..., suivi du sub-

jonctif (Cf. Flanc, cit. 12). Il est incroyable à quel point..., suivi d'une interrogative indirecte à l'indicatif (Cf. Étymologie, cit. 9 ; fugitif, cit. 16). Il est incroyable combien cet homme-là fait de choses (ACAD.).

6 « Il allègue cela pour prouver qu'il n'est pas incroyable que les Septante aient expliqué les Écritures saintes avec cette uniformité que l'on admire en eux. » PASC., Pens., IX, 632.

7 « Il est incroyable combien ses souffrances augmentèrent dans les trois dernières semaines de sa maladie. » RAC., Port-Royal.

— Par hyperb. Qui est peu commun, peu ordinaire. V. **Effroyable, étonnant, excessif, exorbitant, extraordinaire, fantastique, inouï.** Une incroyable puissance d'ironie (Cf. Aigu, cit. 14). D'incroyables audaces (Cf. Étoile, cit. 25). Une incroyable apathie (cit. 7). Un courage incroyable (Cf. Forcer, cit. 15). D'incroyables malheurs (Cf. Assaillir, cit. 9). Euphorie (cit. 4) incroyable. Fatuité (cit. 6) incroyable. Progrès incroyables (Cf. Exposition, cit. 6). Cela est tout de même incroyable. V. **Fort** (Cf. État, cit. 85). — Spécialt. V. **Bizarre, impayable, ridicule.** D'incroyables ornements (Cf. Genre, cit. 17).

8 « Ce fort (de Saint-Étienne) était comme une autre citadelle, qu'on ne pouvait aborder qu'à découvert et avec des difficultés incroyables. »
RAC., Camp. de Louis XIV.

9 « ... j'étais né mourant... ma tante Suson, qui prit soin de moi, eut des peines incroyables à me conserver. » ROUSS., Confess., VIII.

10 « ... il portait une perruque châtain à la Ninon, avec une raie de chair factice, et les plus incroyables et indescriptibles tire-bouchons ! »
BARBEY d'AUREV., Les diaboliques, Le dessous de cartes..., p. 232.

11 « Les grands yeux noisette de Mary Shelley le fixèrent avec une incroyable intensité. » MAUROIS, Ariel, II, XVIII.

12 « J'ai une hâte incroyable d'être à Saint-Maurice. »
ROMAINS, Knock, I.

13 « ... je pouvais voir la France (pendant la guerre de 1914-18), qu'une natalité déficiente, de creuses idéologies et la négligence des pouvoirs avaient privée d'une partie des moyens nécessaires à sa défense, tirer d'elle-même un incroyable effort, suppléer par des sacrifices sans mesure à tout ce qui lui manquait et terminer l'épreuve par la victoire. »
Ch. DE GAULLE, Mémoires de guerre, t. I, p. 2.

— Par ext. (En parlant d'une personne). Cet homme est incroyable avec ses prétentions (ACAD.). C'est un type incroyable !

— Substant. (1795). Les Incroyables, nom donné, sous le Directoire, à des jeunes gens qui affichaient une recherche extravagante dans leur mise et leur langage. V. **Élégant** (cit. 8 et 9), **merveilleux ; muscadin.** Les Incroyables devaient leur surnom à leur habitude de répéter à tout propos : c'est inc(r)oyable. Incroyables et Merveilleuses*. Cheveux frisés à l'incroyable.

14 « Bonaparte avait surtout en horreur les muscadins et les incroyables, jeunes fats du moment dont les cheveux étaient peignés à la mode des têtes coupées. » CHATEAUB., M. O.-T., t. III, p. 77.

15 « Que ces hommes se fassent nommer raffinés, incroyables, beaux, lions ou dandys, tous sont issus d'une même origine ; tous participent du même caractère d'opposition et de révolte ;... »
BAUDEL., Curios. esthét., XVI, IX.

16 « Il (Gillenormand) était vêtu, selon sa mode, en incroyable, et ressemblait à un antique portrait de Garat. »
HUGO, Misér., IV, VIII, VII.

ANT. — Croyable.

DER. — Incroyablement. adv. (XVe s.). D'une manière incroyable. V. Excessivement. Garçon incroyablement paresseux.

« Notre monde est immense, incroyablement varié et plus fantastique qu'aucune imagination ne pourrait le concevoir. »
CHARDONNE, Amour du prochain, p. 162.

INCROYANCE (in-kroi-ians' ; anciennt. in-kro-ians' encore dans LITTRÉ). n. f. (1836 CHATEAUB. ; de in-, et croyance). Absence de croyance* religieuse ; état de celui qui ne croit pas. V. **Athéisme.** Être, vivre dans l'incroyance. V. **Doute, incrédulité.**

« ... l'athéisme et le matérialisme ne furent plus la base de la croyance ou de l'incroyance des jeunes esprits, l'idée de Dieu et de l'immortalité de l'âme reprit son empire ;... »
CHATEAUB., M. O.-T., t. II, p. 204.

ANT. — Bigoterie, croyance, dévotion, foi.

INCROYANT (kroi-yan), **ANTE.** adj. (1re moitié du XIXe s. LAMENNAIS ; de in-, et croyant). Qui n'est pas croyant*. Âme incroyante (V. **Irréligieux**). — Substant. V. **Athée, hérétique, impie** (cit. 12), **incrédule** (cit. 7), **mécréant.** Les incroyants (Cf. Attentat, cit. 12).

1 « Tous les peuples impies, ou si l'on veut incroyants, ont été des peuples voluptueux. » LAMENNAIS in LAROUSSE XIXe s.

2 « Que, personnellement, il (Bonaparte) fût de sentiment religieux et d'âme catholique, on a essayé de le prouver, — on a tenté de prouver aussi qu'il était, tout au contraire, foncièrement incroyant et sceptique. »
MADELIN, Hist. Cons. et Emp., Le Consulat, VII.

3 « Incroyant, qui, en fait, par ignorance ou volontairement, n'a aucune croyance religieuse, dit plus qu'incrédule, qui manque de foi sur certains points particuliers sans pour cela ignorer ou nier toute croyance. »
BÉNAC, Dict. syn., Incroyant.

ANT. — Croyant, dévot, fidèle.

INCRUSTATION (*-syon*). *n. f.* (1553 ; lat. *incrustatio*).

|| 1° Action d'incruster* ; résultat de cette action. *La marqueterie, la mosaïque se font par incrustation. Incrustation d'émail sur argent.* V. **Nielle.** *Un incrusté, pièce de tabletterie ornée d'incrustations de burgau*, d'ivoire... Colonne de marbre blanc avec incrustations de lapis, de turquoise...* (Cf. Grille, cit. 9). — Par anal. *Un déshabillé de soie avec incrustations de dentelle.*

1 « C'est une basilique du XIe siècle de style toscan, toute en marbre blanc avec des incrustations noires et de couleur. »
MAUPASS., Vie errante, La côte italienne.

|| 2° *Minér.* (1752) et *Technol.* (fin XIXe s.). Enduit* pierreux naturel déposé par des matières salines soit autour des corps ayant séjourné dans des eaux calcaires (V. **Pétrification**), soit contre les parois des chaudières à vapeur (V. **Dépôt, tartre**). *Empêcher l'incrustation d'un générateur par l'emploi de désincrustants*.

2 « Lorsque l'eau chargée de ces particules calcaires, vitreuses ou métalliques, ne les a pas réduites en molécules assez ténues pour pénétrer dans l'intérieur des corps organisés, elles ne peuvent que s'attacher à leur surface, et les envelopper d'une incrustation plus ou moins épaisse :... »
BUFF., Hist. nat. minér., Pétrifications et fossiles.

INCRUSTER. *v. tr.* (1560 ; lat. *incrustare*).

|| 1° Orner* un objet, une surface... suivant un dessin gravé en creux avec des fragments de quelque autre matière. *Porte incrustée de nacre* (Cf. Entrebâillement, cit. 1). *Cabinet* (cit. 14) *incrusté en pierres dures de Florence. Boucle incrustée de diamants* (Cf. Fanfreluche, cit. 2). *Meuble incrusté d'écaille*. *Poignard incrusté d'or.* V. **Damasquiner.** — *Par anal.* Insérer* dans une surface évidée des matériaux d'ornement taillés en menus fragments. *Incruster une mosaïque dans le pavé d'un temple* (ACAD.). *Champlever* pour incruster des émaux. Incruster de l'émail sur fond d'argent.* V. **Nieller.**

1 « Cette place est marquée par un marbre blanc incrusté de jaspe et entouré d'un cercle d'argent, radié en forme de soleil. »
CHATEAUB., Itinér..., IIIe part., p. 283.

2 « Dans le Tadjé-Mahal pavé de pierreries
Aux dômes incrustés d'éblouissantes fleurs
Qui mêlent le reflet de leur mille couleurs... »
LECONTE de LISLE, Poèmes barbares, Djihan-Arâ.

3 « ... sa canne incrustée de pierreries... »
HENRIOT, Romantiques, p. 353.

— *Par métaph. ou fig. :*

4 « L'un (*l'artiste*), comme Calderon et comme Mérimée,
Incruste un plomb brûlant sur la réalité, »
MUSS., Prem. poés., La coupe et les lèvres, Dédicace.

5 « Maintenant la voyais comme une divinité redoutable, si rivée à nous, son visage insignifiant si incrusté dans notre cœur que... »
PROUST, Rech. t. p., t. XIII, p. 9.

6 « ... ce vieux quartier plein de passé humain incrusté dans les pierres. »
CHARDONNE, Amour du prochain, p. 71.

|| 2° Couvrir d'un dépôt formant croûte. *Aorte incrustée de sels de chaux* (Cf. Artério-sclérose, cit.).

7 « Le relateur observe : « Que les ouvriers ayant laissé une pelle de fer dans une de ces mines de cuivre où il coule de l'eau, cette pelle se trouva quelque temps après tout incrustée de cuivre,... il ajoute que non seulement le cuivre incruste le fer mais que... le tout tombe en poudre au fond du réservoir... »
BUFF., Hist. nat. minér., Du cuivre.

|| **S'INCRUSTER.** *v. pron.* || 1° (XVIe s.). Adhérer fortement à un corps, s'y implanter. *Ce coquillage s'est profondément incrusté dans la pierre* (ACAD.). — *Par métaph.* (Cf. Assimiler, cit. 16). — *Fig.* (1831 BALZAC). *S'incruster chez quelqu'un :* ne plus en déloger. V. **Enraciner** (s'). — REM. Ce sens illustré par Balzac ne figure pas dans LITTRÉ.

8 « Il voulut aimer platoniquement, vint tous les jours respirer l'air que respirait madame d'Aiglemont, s'incrusta presque dans sa maison et l'accompagna partout... »
BALZ., Femme de trente ans, Œuvr., t. II, p. 768.

9 « ... le fardeau d'un passé parasite qui s'incrustait à lui et dont il ne parvenait pas à se défaire... »
R. ROLLAND, Jean-Christ., La révolte, p. 397.

10 « ... de petites armoires de murailles, protégées par un auvent, où tout le long du jour un marchand vient s'incruster au milieu de ses pains de sucre,... de son beurre rance, derrière sa balance rouillée. »
J. et J. THARAUD, Marrakech, V.

|| 2° Être incrusté ou susceptible de l'être. *La nacre s'incruste dans l'ébène.* — *Fig.* V. **Graver** (se). *Les passions se sont incrustées sur ce visage de femme* (Cf. Grimer, cit. 1).

11 « Sur un fond de filigrane d'or s'incrustent des perles et des pierres précieuses disposées avec une admirable entente de l'ornementation. »
GAUTIER, Voyage en Russie, p. 282.

|| 3° Se couvrir d'un dépôt formant croûte. *Les dents s'incrustent de tartre* (LITTRÉ).

DER. — Incrustant, ante. *adj.* (1752). Qui couvre les corps d'une croûte minérale plus ou moins épaisse. *Les eaux incrustantes de Saint-Alyre.* — Incrusteur, euse. *n.* (1828). Celui, celle qui fait des ouvrages incrustés.

INCUBATION. *n. f.* (1694 Th. CORN. ; lat. *incubatio*, de *incubare*, « couver »).

|| 1° Action de couver* des œufs, surtout en parlant des oiseaux ; développement de l'embryon dans l'œuf sous l'effet de cette action. *Incubation des œufs de poissons, des vers à soie... Incubation naturelle, artificielle des œufs d'oiseaux. Four d'incubation* (V. **Couveuse, incubateur**). *La durée d'incubation* (V. **Couvaison**) *varie de quinze jours* (passereaux) *à cinquante jours et plus* (autruche) ; *elle est de vingt et un jours pour la poule. Chaleur nécessaire à l'incubation* (38 à 40°). *Local où se fait l'incubation* (naturelle). V. **Couvoir** (2°). *Les œufs éclosent* après incubation.

1 « Toute cette suite de phénomènes (*développement de l'embryon*),... est l'effet de l'incubation opérée par une poule, et l'industrie humaine n'a pas trouvé qu'il fût au-dessous d'elle d'en imiter les procédés :... quelque attention que l'on donne à la conduite d'un four d'incubation, il n'est guère possible d'y entretenir constamment et sans interruption le trente-deuxième degré (*Réaumur*), qui est celui de la poule ;... »
BUFF., Hist. nat. ois., Le coq.

2 « Les oiseaux (*albatros*) prennent un soin spécial pour ne jamais laisser les nids inoccupés pendant toute la durée de l'incubation, et même jusqu'à ce que la progéniture soit suffisamment forte pour se pourvoir elle-même. Pendant l'absence du mâle... la femelle reste à ses fonctions,... Les œufs ne restent jamais sans être couvés ; quand un oiseau quitte le nid, l'autre niche à son tour. »
BAUDEL., Trad. E. POE, Avent. G. Pym, XIV.

|| 2° *Fig.* (*Méd.*). « Temps qui s'écoule entre l'époque de la contagion et l'apparition des premiers symptômes » d'une maladie (GARNIER). *Période d'incubation des maladies infectieuses. Incubation lente, rapide. Maladie qui se déclare après une longue incubation.*

3 « L'envie et la rancune qui couvaient depuis si longtemps autour d'elle allaient éclater bientôt, comme un mal dévastateur se déclare après une incubation de plusieurs années. » GREEN, Léviathan, II, IV.

|| 3° *Fig.* (du sens 1° et 2°). Période pendant laquelle un événement, une chose... se prépare* sourdement, sans se manifester au grand jour (V. **Couver**, 2°). *L'incubation des insurrections* (HUGO, in P. LAROUSSE). — REM. Ce sens figuré n'est signalé ni par LITTRÉ ni par ACAD.

4 « Junot lui racontait sa passion pour Paulette, Napoléon lui confiait son penchant pour Mme de Beauharnais : l'incubation des événements allait faire éclore un grand homme. »
CHATEAUB., M. O.-T., t. III, p. 82.

5 « On sent une puissante incubation, l'approche de quelque chose d'inconnu. » RENAN, Vie de Jésus, Œuvr., t. IV, p. 95.

6 « Une tragédie par an, excepté cette extraordinaire *Phèdre*, qui sortant déjà par trop de la série, prit une incubation de trois ans. »
PÉGUY, Victor-Marie, comte Hugo, p. 177.

DER. — (du lat. *incubare*) : Incuber. *v. tr.* (1771 TRÉVOUX). Opérer l'incubation de... *L'hippocampe incube ses œufs dans des poches cutanées* (poches incubatrices). *Œufs incubés.* V. **Couvé.** — REM. Ce verbe signalé par LITTRÉ dans son Supplément, ne figure pas dans ACAD. — Incubateur, trice. *adj.* (1877 LITTRÉ, Suppl.). Où s'opère l'incubation des œufs. *Appareil incubateur. Poche incubatrice.* — Substant. *Un incubateur.* V. **Couveuse.**

INCUBE. *n. m.* (XIIIe s. ; lat. *incubus*, « cauchemar », de *incubare*). Démon masculin qui était censé abuser d'une femme pendant son sommeil (*par oppos.* à Succube*).

1 « Incubes, ce sont démons qui se transforment en guise d'hommes, et ont copulation avec les femmes sorcières. »
A. PARÉ, XIX, 29 (in LITTRÉ).

2 « Del Rio, Bodin,... considèrent les incubes comme des démons masculins qui se couplent aux femmes... D'après leur théorie, l'incube prend la semence que l'homme perd en songe et s'en sert... Pour Sinistrari d'Ameno,... les incubes et les succubes ne sont pas précisément des démons, mais bien des esprits animaux,... des sortes de satyres, de faunes,...
L'existence des succubes et des incubes est attestée par saint Augustin, par saint Thomas, par saint Bonaventure,... par combien d'autres ! »
HUYSMANS, Là-bas, IX.

INCULCATION. *n. f.* V. **INCULQUER** (*dér.*).

INCULPER. *v. tr.* (1530 ; a remplacé l'anc. franç. *encoulper* ; lat. *inculpare*, de *culpa*, « faute »). Considérer comme coupable d'une faute. *Inculper quelqu'un de vol ; inculper quelqu'un à tort, sans preuve.* V. **Incriminer** (vx).

— *Spécial. Dr.* Mettre sous le coup d'une inculpation*. *Inculper quelqu'un et diriger une procédure d'instruction contre lui. Il a été inculpé de meurtre.*

1 « J'assume une mission pénible. Je suis dans la nécessité de vous inculper du crime de forfaiture. » GIRAUDOUX, Bella, p. 189.

|| INCULPÉ, ÉE. p. p. et adj. *Les personnes inculpées.* — Substant. *Un inculpé, une inculpée :* celui, celle qui est sous le coup d'une inculpation. *Détention préventive, provisoire... d'un inculpé; libération provisoire d'un inculpé pendant l'instruction. Interroger, incarcérer... un inculpé. Inculpé arrêté* (cit. 36) *en vertu d'un mandat d'amener. Mandat de dépôt, d'arrêt* (cit. 6) *décerné contre un inculpé* (après interrogatoire, en cas de fuite). *Inculpé surpris en flagrant délit* (Cf. Flagrance, cit.). *L'inculpé a bénéficié d'un non-lieu.* — REM. En T. de Procédure criminelle, on désigne sous le nom de *prévenu* l'individu appelé à répondre d'une infraction devant la justice répressive. Le prévenu est « également désigné sous le nom d'inculpé lorsqu'une instruction préparatoire est ouverte contre lui. Il prend le nom d'accusé, lorsqu'il a été pour crime renvoyé devant la cour d'assises par arrêt de la chambre des mises en accusation » (d'apr. CAPITANT, Vocab. jur., Prévenu).

2 « Le sort de l'inculpé, pendant la période de l'instruction préparatoire, pose une question délicate. Doit-on le laisser en liberté ou se rendre maître de sa personne ? Bien qu'il bénéficie d'une présomption d'innocence, plusieurs raisons militent en faveur de son internement... : l'intérêt d'empêcher sa fuite ;... la nécessité de prévenir des collusions avec ses complices... »
H. DONNEDIEU de VABRES, **Précis dr. crim.**, § 1020 (éd. Dalloz).

3 « (L') *arrêt de mise en accusation* contient une partie spéciale dite « ordonnance de prise de corps »... Jusqu'à ces dernières années, l'inculpé — qui prend dès ce moment le nom d'*accusé* — devait inéluctablement, en vertu de cet ordre, être enfermé dans la *maison de justice...* »   ID., **Ibid.**, § 1041.

ANT. — Disculper, excuser...

DER. — **Inculpable**. adj. (1829). Qui peut être inculpé. — REM. On trouve dans ROUSSEAU un homonyme tiré du latin *inculpabilis* et qui signifie « qui n'est pas coupable ; innocent ». — **Inculpation.** *n. f.* (XVIᵉ s. ; repris au XVIIIᵉ s. Cf. cit. LESAGE). Action d'inculper. — Spécialt. *Instr. crim.* « Imputation officielle d'un crime ou d'un délit à un individu contre qui est en conséquence dirigée une procédure d'instruction » (CAPITANT). *Fausse inculpation ; se justifier d'une inculpation* (V. **Disculpation, excuse**). *Être arrêté sous l'inculpation d'assassinat, de vol.*

« *Inculpation !* interrompit la marquise... monsieur le baron, à ce que je vois, veut enrichir aussi notre langue ! — C'est ce qui vous trompe, madame,... il y a longtemps qu'elle est enrichie de ce terme-là. »
LESAGE, **Valise trouvée** (1740), in BRUNOT, H.L.F., t. VI, p. 1131, note 2.

INCULQUER. v. tr. (1512 ; lat. *inculcare*, « fouler, presser », de *calx, calcis,* « talon »). Faire entrer (une chose) dans l'esprit d'une façon durable, profonde... V. **Apprendre, enseigner, graver, imprimer** (dans l'esprit), **pénétrer** (de). *Répéter* une chose à quelqu'un pour la lui inculquer. *Ces préceptes, ces sentiments lui ont été inculqués dès l'enfance* (Cf. Fesser, cit. 3). *Inculquer une vérité, une opinion à quelqu'un. Inculquer à des élèves des éléments d'algèbre.* — *Les proverbes s'inculquent facilement dans la mémoire* (ACAD.). V. **Imprégner.**

1 « ... obligé de parler plusieurs fois d'une doctrine pour l'inculquer... »
FÉN., **Télém.**, X.

2 « Dans cet essai de la manière d'inculquer aux enfants les notions primitives, on voit comment l'idée de la propriété remonte naturellement au droit du premier occupant par le travail. »
ROUSS., **Émile**, II.

3 « Le dogme de sa suprématie fut inculqué au comte Victurnien dès qu'une idée put lui entrer dans la cervelle. Hors le Roi, tous les seigneurs du royaume étaient ses égaux. Au-dessous de la noblesse, il n'y avait pour lui que des inférieurs,... »
BALZ., **Cabinet des antiques**, Œuvr., t. IV, p. 354.

4 « ... on leur avait inculqué de bons principes et, tôt ou tard, une première éducation, basée sur des principes solides, porte ses fruits. »
VILLIERS DE L'ISLE-ADAM, **Contes cruels**, p. 12.

5 « Ce bon et sain programme de l'existence, que mes professeurs m'inculquèrent, je n'y ai jamais renoncé. »
RENAN, **Souv. d'enfance...**, III, I.

6 « ... ce que j'ai voulu inculquer avant tout en ce livre, c'est la foi à la raison, la foi à la nature humaine. »
ID., **Avenir de la Science**, Œuvr., t. III, p. 1074.

7 « Il m'inculqua les principes d'une piété éclairée. »
FRANCE, **Rôtiss. reine Pédauque**, IV, Œuvr., t. VIII, p. 26.

8 « Gœthe ne veut ni nous surprendre ni nous en imposer, mais nous persuader doucement ; nous inculquer le sentiment, non d'une obligation morale, d'un devoir, mais d'un savoir et d'un pouvoir ;... »
GIDE, **Attendu que...**, p. 107.

— *Absolt. :*

9 « ... il aime à répéter pour inculquer. »
VOLT., **De quelques niaiseries**, III.

DER. — **Inculcation.** n. f. (XVIᵉ s. MONTAIGNE ; du lat. *inculcatio*). *Peu usit.* Action d'inculquer ; résultat de cette action.

INCULTE. adj. (1475 ; lat. *incultus*). Qui n'est pas cultivé.

‖ **1°** (Au sens propre). *Terres, sols incultes.* V. **Brut, vain** (terres vaines et vagues), **vierge ; friche** (en). *Terrains incultes et incultivables.* V. **Aride, désert, désertique, infertile, stérile.** *Lande inculte* (V. **Garrigue**). *De vastes étendues incultes ; lieu, pays inculte* (Cf. Ennuyer, cit. 24 ; *gâtine,* cit. ; homme, cit. 74). *Nature inculte. Terre laissée momentanément inculte* (V. **Jachère**). *Terrain inculte dans une ville...* V. **Vague.**

1 « ... combien il faut accuser notre négligence, s'il reste en France des terres incultes. »   VOLT., **Essai s. l. mœurs**, CXXXVIII.

2 « Dans un vaste désert je me crois transporté
Sur une terre aride, inculte, inhabitée. »
DUCIS, **Abuf.**, II, 2 (in LITTRÉ).

— REM. On a employé, dans un sens plus particulier, l'adj. *Incultivé.*

3 « *Incultivé* est plus ancien que *inculte* qui est une importation latine assez récente. *Inculte* se dit de tout ce qui n'est pas cultivé, soit qu'il s'agisse de lieux habités par l'homme, ou de contrées inhabitées ; *incultivé* se dit quand la culture manque dans les pays habités, où elle pourrait être donnée. »   LITTRÉ, **Dict.**, Incultivé.

‖ **2°** *Par anal.* Qui n'est pas soigné (en parlant des cheveux, etc.). *Chevelure, barbe inculte.* V. **Hirsute, négligé** (Cf. Boiter, cit. 1 ; boucle, cit. 5 ; gaillard, cit. 15).

4 « La barbe épaisse, inculte et presque blanche, hélas ! »
VERLAINE, **Amour**, Pensée du soir.

‖ **3°** *Fig.* Sans culture intellectuelle. V. **Grossier, ignare, ignorant...** *Esprit inculte. Paysan rude et inculte. Peuple, race inculte.* V. **Barbare, primitif, sauvage.** *Cet homme est intelligent, mais inculte. Il est totalement inculte, il n'a jamais mis le nez dans un livre.* — *Mœurs rudes et incultes.* V. **Abrupt, agreste, rustique...**

5 « ... il n'était pas, si j'ose me servir de ce terme, de ces héros incultes qui de la bravoure et de la science de la guerre se font un droit d'ignorance pour tout le reste. »
BOURDAL., **Orais. fun. Louis de Bourbon**, I.

6 « ... c'était une paysanne un peu cultivée ; lui, un paysan inculte, mais heureusement doué et fort éloquent à sa manière. »
SAND, **François le Champi**, Avant-propos.

ANT. — Fertile ; cultivé, défriché. Soigné. Clerc, cultivé, savant.

INCULTIVABLE. adj. (XVIIIᵉ s. VOLT. ; de *in-*, et *cultivable*). Qui ne peut être cultivé. *Terres incultivables.* V. **Aride, infertile, stérile ; inculte.**

« ... ce pays aride et presque incultivable,... »
VOLT., **Corresp.**, 4267, 8 janv. 1776.

ANT. — Arable, cultivable, fertile...

INCULTIVÉ, ÉE. adj. (XIVᵉ s. in LITTRÉ). V. **Inculte.**

INCULTURE. n. f. (1789 ; de *in-*, et *culture*). Manque de culture.

‖ **1°** (Au sens propre). *L'inculture du sol, d'une terre. Terres stériles condamnées à l'inculture.*

‖ **2°** Fig. *Inculture intellectuelle. L'inculture de l'esprit.*

INCUNABLE. adj. et n. m. (1802 ; lat. *incunabulum*, « berceau, commencement », spécialisé en latin moderne au XVIIᵉ s. Cf. les *Incunabula typographiæ* de BEUGHEM, 1688).

‖ **1°** *Adj.* Qui date des premiers temps de l'imprimerie. *Édition incunable.*

‖ **2°** *N. m.* Ouvrage imprimé antérieur à 1500. *Incunables tabellaires, xylographiques ; incunables typographiques. Incunables et manuscrits rares. La collection d'incunables d'un bibliophile.*

« ... (le) fameux *Saint Christophe...* portant la date de 1423, et qui passa longtemps pour l'incunable xylographique le plus incontestable. »
H. BOUCHOT, in A. MICHEL, **Hist. de l'art**, t. III, I, pp. 334-336.

INCURABLE. adj. (1314 ; bas lat. *incurabilis*). Qui ne peut être guéri. V. **Inguérissable.** *Mal, maladie ; blessure, plaie incurable. Maladie grave* (1, cit. 24) *ou incurable.*

1 « Les blessures qu'elles (*les flèches trempées dans le sang de l'hydre de Lerne*) faisaient étaient incurables. »   FÉN., **Télém.**, XII.

2 « Pour ma maladie, elle est incurable, puisqu'elle date de quatre-vingts ans ; c'est un mal qui m'empêche quelquefois d'être aussi exact que je le voudrais dans mes réponses. »
VOLT., **Corresp.**, 4088, 9 févr. 1774.

3 « ... la mort de Mᵐᵉ Herminie de Stasseville, victime d'une maladie de langueur dont personne ne s'était douté qu'à la dernière extrémité, et quand la maladie avait été incurable. »
BARBEY d'AUREV., **Les diaboliques**, Dessous de cartes..., p. 262.

4 « ... j'entendais, entre les bouts de phrase, sa respiration courte et rauque, comme celle d'un homme tourmenté par une bronchite incurable. »   DUHAM., **Salavin**, I, XIII.

— (En parlant des personnes). *Malade incurable.* V. **Condamné, fichu** (fam.), **perdu.** — Substant. *Les incurables. Asile, hospice d'incurables,* et ellipt. *Les Incurables.*

« L'un demeure au Marais, et l'autre aux Incurables. »
BOIL., **Épît.**, VI.

— Par métaph. et fig. *Les blessures* (cit. 7) *incurables de l'amour-propre, de l'amour, etc.* (Cf. Apercevoir, cit. 14 ; endroit, cit. 15). *Souffrance, douleur incurable. Passion, amour incurable* (vieilli). *Ennui* (cit. 26), *mélancolie, tristesse incurable.* — *Aveuglement, bêtise, ignorance, sottise incurable.* V. **Incorrigible** (Cf. Incompréhension, cit. 1).

6 « D'un incurable amour remèdes impuissants ! »   RAC., **Phèd.**, I, 3.

7 « Ô mes enfants, quelle maladie incurable que celle de l'ambition ! »
MARMONTEL, **Mém.**, VIII.

8 « ... une faiblesse de caractère presque toujours incurable,... »
LACLOS, **Liais. dang.**, CVI.

9 « ... l'incurable mélancolie de ses beaux yeux, le pessimisme de ses lèvres, l'infinie et noble lassitude de ses mains. »
PROUST, **Plaisirs et jours**, p. 162.

10 « Se convaincre, par mille observations morales, de l'imbécillité incurable de la nature humaine, de l'impuissance de l'homme à saisir quelque vérité que ce soit pour s'y appuyer, voilà la première préoccupation, impérieuse et ardente, de son esprit (*Pascal*). »
FAGUET, **Étud. littér., XVIIᵉ siècle**, p. 186.

— (En parlant des personnes) : « *On est incurable quand on chérit* (cit. 8 FLAUB.) *sa souffrance* ».

11 « Incurable vieux homme du vieux temps, et noble jusqu'aux moelles : son âme religieuse habite le temple désert. »
SUARÈS, **Trois hommes**, Ibsen, p. 140.

DER. — **Incurabilité.** n. f. (1707). *Peu usit.* État de ce qui est incurable. *Incurabilité d'une maladie.* — **Incurablement.** adv. (1566) D'une manière incurable. *Incurablement malade.* Fig. *Incurablement méchant* (Cf. Après, cit. 88).

1 « La conspiration de la cour... avait saisi les imaginations, les avait rendues incurablement soupçonneuses et méfiantes. »
MICHELET, **Hist. Révol. franç.**, II, I.

2 « Ô incurablement léger peuple de France ! tu vas payer bien cher aujourd'hui ton inapplication, ton insouciance, ton repos complaisant dans tant de qualités charmantes ! » GIDE, **Journal**, 21 mai 1940.

INCURIE. *n. f.* (1560 ; lat. *incuria*, de *cura*, « soin »). Manque de soin. V. **Insouciance, laisser-aller, négligence.** Combattre l'ignorance (cit. 29) *et l'incurie.* « *L'incurie ordinaire à tous les gouvernements* » (cit. 35 FRANCE). *L'incurie administrative. Coupable, dangereuse incurie. Vivre dans l'incurie.* V. **Abandon, mollesse.**

1 « Heureux qui voit couler ses jours
Dans la mollesse et l'incurie ! »
VOLT., **Lettres en vers et en prose**, I (in LITTRÉ).

2 « ... quels qu'aient été son incurie, sa faiblesse, son abrutissement même, dans ses dernières années, l'histoire pardonnera beaucoup à celui qui se déclara le protecteur des esclaves... » MICHELET, **Hist. de France**, I, III.

3 « ... il paraît certain que la végétation était, il y a deux mille ans, plus riche et verte qu'aujourd'hui, abimée qu'elle fut par l'incurie des Turcs, l'excessif déboisement, la destruction de la terre végétale. » DANIEL-ROPS, **Jésus en son temps**, Introd., p. 65.

— Vieilli. *L'incurie de* (quelque chose) : le fait de n'en avoir pas cure.

4 « Il y en a qui ne trouvent leur repos que dans une incurie de toutes choses,... » BOSS., **Pensées détachées**, I (in LITTRÉ).

5 « J'ai pris d'un campagnard l'allure, le langage, le costume, le laisser-aller, l'incurie de tout ce qui est grimace. »
BALZ., **Médecin de campagne**, Œuvr., t. VIII, p. 507.

ANT. — Soin.

INCURIEUX, EUSE. *adj.* (XVIᵉ s. ; lat. *incuriosus*). *Peu usit.* Qui n'est pas curieux. *Un esprit incurieux.*

« Je ne me sentais plus aucun désir de la questionner davantage ; subitement incurieux de sa personne et de sa vie, je restais devant elle comme un enfant devant un jouet qu'il a brisé pour en découvrir le mystère ;... » GIDE, **Isabelle**, p. 152.

— *Vx.* Qui ne se soucie pas de... *Incurieux d'accroître sa fortune* (LITTRÉ).

INCURIOSITÉ. *n. f.* (XIVᵉ s. ; lat. *incuriositas*). *Littér.* Absence de curiosité, « insouciance d'apprendre ce qu'on ignore » (LITTRÉ). V. **Insouciance.** *L'incuriosité d'un enfant, d'un élève.* — *Allus. littér.* « *Que c'est un doux et mol chevet... que l'ignorance* (cit. 9 et 14) *et l'incuriosité...* » (MONTAIGNE).

1 « L'ennui, fruit de la morne incuriosité. »
BAUDEL., **Fl. du mal**, Spl. et id., LXXVI.

2 « Le pire peut-être avait été son incuriosité : elle n'avait exigé aucun détail, elle ne s'était informée d'aucune circonstance.. »
MAURIAC, **Fin de la nuit**, VI, p. 120.

INCURSION. *n. f.* (1352 ; lat. *incursio*, « invasion », de *currere*, « courir »).

‖ 1º Course* de gens de guerre en pays ennemi. V. **Attaque, coup** (de main), **excursion** (*vx*), **ingression, invasion, promenade** (militaire). « *L'incursion est une course ; par conséquent celui qui la fait passe seulement sur le terrain qu'il ravage* » (LITTRÉ). *Les incursions de pillards, de bandes nomades.* V. **Envahissement, raid, razzia...** *Incursion de troupes débarquées.* V. **Descente.** *Incursion de troupes montées, de cavaliers* (V. **Chevauchée**). *Incursion de commandos*.

1 « Les Turcs, sous Bajazet II,... font des incursions en Hongrie, et sur les terres de la maison d'Autriche,... »
VOLT., **Annales de l'Empire**, Maximilien (1494).

2 « On sait l'occasion de la première migration des barbares dans l'Empire. Jusqu'en 375, il n'y avait eu que des incursions, des invasions partielles. » MICHELET, **Hist. de France**, II, I.

3 « Nous disons,... indifféremment *incursions* sur un territoire, qu'il s'agisse de celles que nous subissons sur notre sol ou de celles que nous faisons sur celui d'autrui. Le XVIIIᵉ siècle distinguait *incursions* et « *excursions* ». BRUNOT, **H.L.F.**, t. VI, p. 122.

— Par anal. *Les incursions d'une bande d'enfants dans un jardin, dans un appartement.* V. **Irruption** (Cf. Fourrager, cit. 6). *Les incursions des touristes dans un pays voisin.* V. **Exploration, promenade, voyage.**

‖ 2º *Fig.* Le fait de pénétrer momentanément dans un domaine qui n'est pas le sien, qui n'est pas habituel. *Poète, philosophe qui fait une incursion dans le domaine des sciences.*

4 « Par cette brève incursion dans ce domaine insoupçonné (*la lecture des lettres intimes de son père*), Antoine venait d'en apprendre plus long sur la jeunesse de ses parents que par toutes les allusions faites, en vingt ans, par son père. » MART. du G., **Thib.**, t. IV, p. 233.

INCURVER. *v. tr.* (1838 ACAD. ; *encurver* au XIIᵉ s. ; *incurvé vers*, « incliné, courbé vers » en 1551 ; lat. *incurvare*, « courber, plier » ; de *in-*, et *curvare*. V. **Courber.** Rendre courbe. V. **Courber.** — REM. La plupart des dictionnaires donnent de ce verbe une définition ambiguë « Courber du dehors au dedans » (ACAD.), « Donner une courbure de dehors en dedans » (LITTRÉ), etc. Étymologiquement,

Incurver signifie « courber » (lat. *incurvus* = courbé, courbe, arrondi, voûté... par oppos. à *rectus*) et la ligne *incurvée* (V. **Curviligne**) peut être aussi bien convexe que concave. *Canapé* (cit.) *à pieds incurvés. Cou* (cit. 2) *plus ou moins incurvé avec convexité tournée en avant* (P. RICHER). *Gradins* (cit. 2 LACRETELLE) *au flanc d'une colline légèrement incurvée. La graisse* (cit. 8) *arrondit tous les contours, fait saillir les bosselures propres au genou de la femme, incurve la cuisse* (BINET). *L'Amérique indigo s'incurvait sur les mers d'un bleu vif* (Cf. Globe, cit. 11 BOSCO)...

1 « Les deux cheminées blanches (*du paquebot*) lançaient une fumée qui s'incurvait en arrière sous la pression de l'air déchiré par la course. » BOURGET, **Cruelle énigme**, IV.

2 « Mais en laissant mon regard glisser sur le beau globe rose de ses joues, dont les surfaces doucement incurvées venaient mourir aux pieds des premiers plissements de ses beaux cheveux noirs... »
PROUST, **Rech. t. p.**, t. VII, p. 231.

3 « Les joues lisses s'incurvaient sous la saillie des pommettes, jusqu'à la courbe ferme du menton. » MART. du G., **Thib.**, t. V, p. 267.

DER. — **Incurvation.** *n. f.* (1380). Action d'incurver ; résultat de cette action. V. **Courbe, courbure** (Cf. Courbature, cit. 3 PÉGUY).

« ... l'incurvation sacristine des vertèbres supérieures et le coutumier reploiement des bras sur de plates côtes souvent menacées... »
BLOY, **Le désespéré**, p. 159.

INCUSE. *adj. f.* (1692 ; lat. *incusa*, « frappée »). *Numism.* Se dit d'une médaille « qui se trouve sans revers, ou porte en creux la tête (la figure, l'image) qui est en bosse (relief) de l'autre côté » (ENCYCL. DIDEROT). — Substant. *Une incuse.*

INDE. *n. m.* (XIIᵉ s. ; lat. *indicum*. V. **Indigo**). Couleur bleu foncé tirant sur le violet, extraite de l'indigo* ou des feuilles de l'indigotier. *Teindre en inde, en bleu d'inde.*

INDÉBROUILLABLE. *adj.* (1764 VOLT. ; de *in-*, et *débrouillable**). Qui ne peut être débrouillé. V. **Inextricable.** *Des écheveaux* (cit. 6) *indébrouillables.* — *Fig. Une affaire indébrouillable* (ACAD.).

INDÉCACHETABLE. *adj.* (1867 LITTRÉ). V. **In-,** et **décachetable.**

INDÉCENCE. *n. f.* (1568 ; lat. *indecentia*). Manque de décence* ; caractère de ce qui est indécent*. V. **Inconvenance.** *L'indécence d'une démarche. Cette réponse est de la dernière indécence. Aurez-vous l'indécence d'en réclamer davantage ?* V. **Impudeur, malhonnêteté.** — *Spécialt.* (XVIIᵉ s.). V. **Immodestie, impudicité.** *L'indécence de ses attitudes, de son décolleté... Danse d'une indécence révoltante.* V. **Hardiesse** (Cf. Ecart, cit. 1). *Des plaisanteries, des gaietés* (cit. 16) *qui ne vont pas jusqu'à l'indécence.* V. **Malpropreté, obscénité** (Cf. aussi Aiguillonner, cit. 1). *Propos qui frisent l'indécence.* V. **Scabreux.**

1 « C'est indécence,... de manger goulûment, comme je fais,... »
MONTAIGNE, **Essais**, III, XIII.

2 « Vos mines et vos cris aux ombres d'indécence
Que d'un mot ambigu peut avoir l'innocence, »
MOL., **Misanthr.**, III, 4.

3 « ... l'indécence et le ridicule où elles (*ces modes*) peuvent tomber... »
LA BRUY., XIII, 15.

4 « ... il leur dit qu'il n'était pas convenable à des personnes qui, comme eux, se plaignaient de l'indécence et de la nouveauté de certains usages, d'en soutenir eux-mêmes de pareils ,... »
ST-SIM., **Mém.**, IV, XXXIII.

5 « ... l'indécence avec laquelle nous étions traités m'était plus sensible qu'à tous les autres... je me plaignais vivement à l'ambassadeur... qui... me faisait chaque jour quelque nouvel affront. »
ROUSS., **Confess.**, VII.

6 « L'indécence, le défaut de pudeur sont absurdes dans tout système : dans la philosophie qui jouit, comme dans celle qui s'abstient. »
CHAMFORT, **Max. et pens.**, XLVII.

7 « ... feu Étienne Lamy a eu une phrase malheureuse... il écrit : « On a aussi découvert d'autres billets d'elle (*Aimée de Coigny*)... et ceux-là, tant s'y dévoile l'indécence des caresses, doivent demeurer dans le musée des curieux ». Rien n'est propre comme... les réticences de la pudeur, pour faire trotter l'imagination. »
HENRIOT, **Portr. de femmes**, p. 211.

— *Par ext.* Manifestation, marque d'indécence ; action, parole indécente*. *Il n'a que des indécences à la bouche. Ouvrage immoral qui fourmille d'indécences.*

8 « ... demeurer en séance quand la cour levait était une indécence pour tout le Parlement. » ST-SIM., **Mém.**, IV, XXXIII.

9 « Il y a pour les esprits impurs de terribles indécences dans le tableau de Michel-Ange (*le Jugement dernier*), et on trouve dans plus d'une cathédrale de ces choses qui auraient fait couvrir les yeux d'un protestant avec le mouchoir de Tartuffe. »
BARBEY d'AUREV., **Une vieille maîtresse**, Préface.

ANT. — Décence ; bienséance, chasteté, convenance, honnêteté, honte, modestie, pudeur.

INDÉCENT, ENTE. *adj.* (XIVᵉ s. ; lat. *indecens*). Qui est contraire à la décence, à l'honnêteté, aux bienséances. V. **Inconvenant, malséant.** *Vivre d'une manière indécente* (V. **Indécemment**). *Luxe indécent.* V. **Choquant.** *Spectacle indécent et ridicule* (Cf. Haranguer, cit. 3). *Son attitude à votre*

égard est tout à fait indécente. V. **Incorrect, malhonnête.**
Il est indécent de rire aussi bruyamment. — Spécialt. V.
Déshonnête, immodeste, impudique, impur, obscène. *Posture, tenue indécente. Geste indécent. Conversation indécente.* V. **Licencieux, malpropre** (Cf. Gouvernant, cit. 4). —
Par ext. (En parlant d'une personne). *Ne soyez pas indécent devant cet enfant.*

1 « ... les cris sont indécents
À la Majesté souveraine. » LA FONT., Fabl., XII, 12.

2 « Une femme nue n'est point indécente ; c'est une femme troussée
qui l'est. » DIDER., Salons, La chaste Suzanne.

3 « Ces messieurs,... se permettent d'être indécents. On parlait des
danseuses que le public avait distinguées dans un ballet donné la
veille. Ces messieurs faisaient allusion à des anecdotes piquantes... »
STENDHAL, Le rouge et le noir, II, VI.

4 « La maigreur est plus nue, plus indécente que la graisse. »
BAUDEL., Journaux intimes, Fusées, VI.

5 « ... une robe dont le corsage, qui avait reçu un coup de ciseau de
trop, et qui, par cette échancrure, laissait voir la naissance du cou,
était, comme disent les jeunes filles, « un peu indécent », ce n'était
pas le moins du monde indécent, mais c'était plus joli qu'autrement. »
HUGO, Misér., IV, V, VI.

6 « Elle n'était pas entièrement nue ; mais c'était bien pis ! Elle
était bien plus indécente, — bien plus révoltamment indécente que si
elle eût été franchement nue... Mais cette fille, scélératement impudique... avait combiné la transparence insidieuse des voiles et l'osé
de la chair,... »
BARBEY d'AUREV., Les diaboliques, Vengeance d'une femme, p. 384.

7 « Habillez-vous, monsieur, vous êtes indécent. »
COURTELINE, MM. ronds-de-cuir, IVᵉ Tabl., I.

8 « — Mon père trouve qu'il est indécent que des sujets d'une certaine
gravité soient mêlés à des soucis de nourriture. »
MONTHERLANT, Maître de Santiago, I, 1.

9 « Il serait indécent, pour l'honneur de la maison, de voir M. Winter-
berg tendre la main,... » DUHAM., Cri des profondeurs, XI.

— *Par exagér.* Qui choque par sa démesure. V. **Insolent.**
Des lettres d'une grandeur indécente (Cf. Hôtel, cit. 11).
Une veine indécente. V. **Honteux.**

ANT. — **Bienséant, convenable, correct, décent, honnête, modeste,
moral, pudique.**

DER. — **Indécemment** (-sa-man). adv. (1572). D'une manière indécente* (Cf. Brutal, cit. 7). *Se conduire indécemment.*

« ... cette préférence du duc de Vendôme sur le prince de Conti, à
la mort duquel il (*Monseigneur*) fut si indécemment insensible. »
ST-SIM., Mém., III, XLIX.

INDÉCHIFFRABLE. adj. (1609 ; de *in-*, et *déchiffrable**).
Qui ne peut être déchiffré. *Cryptogramme, message indéchiffrable. — Par anal. Hiéroglyphes, inscriptions indéchiffrables.*

1 « ... une circonstance qui est importante, en ce qu'elle marque le
peu de confiance que l'on doit prendre aux chiffres. J'en avais un
avec Madame la Palatine, que nous appelions l'indéchiffrable, parce
qu'il nous avait toujours paru que l'on ne le pouvait pénétrer qu'en
sachant le mot dont l'on serait convenu. » RETZ, Mém., II, p. 793.

— *Par ext.* Très difficile à lire. V. **Illisible.** *Des barbouil-
lages* (cit. 2) *indéchiffrables* (V. **Hiéroglyphe**). *Manuscrit
barbouillé* (cit. 8) *et indéchiffrable* (V. **Grimoire**). *Écriture
indéchiffrable. — Spécialt.* Mus. *Partition indéchiffrable.*

2 « Les experts écrivains s'y donneront au diable :
Je tiens dès à présent la lettre indéchiffrable. »
REGNARD, Le distrait, IV, 9.

— *Fig.* Très difficile à comprendre, à deviner ou à résoudre. V. **Embrouillé, incompréhensible, inexplicable, inintelligible, obscur.** *Énigme* indéchiffrable. Pensées indéchiffrables* (Cf. Eau, cit. 8). *Le monde est indéchiffrable* (Cf.
Épeler, cit. 3). — *Personnage indéchiffrable.* V. **Énigmatique.**

3 « ... Marmor de Karkoël était indéchiffrable, autant, à sa manière,
que la comtesse du Tremblay dans la sienne. »
BARBEY d'AUREV., Les diaboliques, Dessous de cartes..., p. 239.

4 « ... le hasard, s'il existe, est aussi mystérieux que la Providence et,
plus qu'elle encore, il est indéchiffrable ! »
HUYSMANS, En route, p. 298.

5 « ... un sourire indéchiffrable, c'est-à-dire un sourire dont je ne
pouvais savoir s'il était content ou fâché, soumis ou sarcastique. »
DUHAM., Cri des profondeurs, VI.

ANT. — **Clair, déchiffrable.**

INDÉCHIRABLE. adj. (1867 LITTRÉ). V. **In-**, et **déchirer.**

INDÉCIS, ISE. adj. (1356 au sens de « non jugé » ; bas lat.
indecisus, « non tranché »).

‖ **1°** (*En parlant de choses*). Qui n'est pas décidé*. V.
Douteux, incertain, indéterminé. *Question qui reste indécise,* qui n'est pas tranchée* (Cf. Galbe, cit. 1). *Une mode
indécise* (Cf. Ancêtre, cit. 9). *La victoire ne demeura pas
longtemps indécise.* V. **Flottant** (Cf. Hérésie, cit. 6). — *Par
métaph. L'heure* (cit. 46) *indécise du crépuscule.* « *Heures
indécises où tout hésite encore entre le jour et la nuit* »
(Cf. Affût, cit. 2 DAUDET).

1 « La gloire et la curiosité sont les deux fléaux de notre âme. Celle-ci
nous conduit à mettre le nez partout, et celle-là nous défend de rien
laisser irrésolu et indécis. » MONTAIGNE, Essais, I, XXVIII.

« Une médaille, même contemporaine, n'est pas quelquefois une 2
preuve. Combien la flatterie n'a-t-elle pas frappé de médailles sur des
batailles très indécises, qualifiées de victoires....? »
VOLT., Dict. philos., Histoire, III.

« ... il appartient à notre époque de le fixer (*les signes distinctifs* 3
du Jabiru), car jusqu'aujourd'hui l'espèce est demeurée indécise et
flottante entre deux ou trois types convenus dont à présent elle se
différencie. » GIDE, Journal (1910), Voyage en Andorre.

— *Par ext.* (XVIIIᵉ s.). Qui n'est pas bien déterminé,
qu'il est difficile de distinguer*, d'apprécier, de reconnaître. V. **Confus, imprécis, indéfini, indéterminable, trouble,
vague.** *L'aube* (cit. 8) *indécise. Lumière indécise* (Cf. Exsangue, cit. 4). *Sourire indécis* (Cf. Enrouler, cit. 8 ; et *aussi*
Mi-figue*, mi-raisin). *Contours indécis, formes indécises.*
V. **Flou, indistinct** (Cf. Fantastique, cit. 8). *Un être indécis,
sans consistance* (cit. 3). V. **Inconsistant.** *Couleur indécise.
Un vert, un gris* (cit. 25) *indécis.* V. **Faux.** *Des termes
indécis.* V. **Ambigu, équivoque, général.** *Pensées indécises.*
V. **Fluide, nébuleux.** — *Substant.* (Cf. Gris, cit. 14).

« On sait comment il (*d'Argental*) opinait : des demi-mots, des réti- 4
cences, des phrases indécises, du vague et de l'obscurité, ce fut tout
ce que j'en tirai ;... » MARMONTEL, Mém., III.

« Un demi-jour fantastique, un voile aérien, un brouillard de l'environ- 5
nait. C'était une forme indécise qui faisait presque disparaître tout
vêtement ;... » SENANCOUR, Oberman, XC.

« Et l'ange, se dressant dans la brume indécise, 6
Était penché sur eux comme la tour de Pise. »
HUGO, Lég. des siècles, LIV, XII, Vision de Dante.

« L'intrigue du roman est indécise, les caractères n'existent pas, le 7
sens de l'ouvrage demeure extrêmement confus. »
HENRIOT, Portr. de femmes, p. 404.

‖ **2°** (*En parlant de personnes*). Qui n'a pas encore pris
une décision ; qui a peine à se décider. *Demeurer, rester
indécis entre deux solutions, entre plusieurs partis...* V.
**Désorienté, embarrassé, hésitant, perplexe ; balancer,
ballotter** (être balancé, ballotté entre) ; **zest** (être entre
le zist et le zest). *Foule indécise* (Cf. Électricité, cit. 2).
Enfant indécis qui se gratte (cit. 6) *la tête.* — Qui ne sait
pas prendre une décision, une résolution. *Caractère, esprit
indécis.* V. **Faible, irrésolu, ondoyant, timoré, vacillant.**
Un homme indécis (Cf. Ni chair* ni poisson ; qui ne sait*
pas ce qu'il veut). — *Substant. C'est un perpétuel indécis.
Les indécis* (Cf. Hériter, cit. 16).

« La conscience est... inquiète dans les indécis,... » 8
VAUVEN., Réflex. et maxim., 135.

« Ces caractères indécis et mitoyens ne peuvent jamais réussir, à 9
moins que leur incertitude ne naisse d'une passion violente, et qu'on
ne voie jusque dans cette indécision l'effet du sentiment dominant qui
les emporte. » VOLT., Rem. sur Corn., Tite et Bérénice, I, 1.

« ... il ne sera toute sa vie qu'un duc à demi-ultra, à demi-libéral, 10
un être indécis, toujours éloigné des extrêmes,... »
STENDHAL, Le rouge et le noir, II, XI.

« Lui si volontiers péremptoire, il avait l'accent indécis. » 11
DUHAM., Pasq., II, IV.

« Un peu grisée, Pauline s'arrêtait aux vitrines. Tentée, indécise, 12
elle s'approchait de ces nouveautés, changeait d'avis,... »
CHARDONNE, Destin. sentim., III, I.

ANT. — **Arrêté, décidé, défini, déterminé, distinct, franc 2** (cit. 13),
net, précis, prononcé. Résolu.

DER. — **Indécision.** n. f. (1611) ‖ **1°** Manque de décision* ; caractère,
état d'une personne indécise (cit. 9). V. **Doute, hésitation, incertitude,
indétermination, irrésolution, perplexité.** *Demeurer, être, flotter dans
l'indécision.* V. **Balance** (être en), **balancer, ballotter** ; **pied** (ne savoir
sur quel pied danser). *Voilà qui mettra fin à son indécision, le tirera
de son indécision.* V. **Embarras.** *Au terme d'une longue indécision...*
(V. **Errement**). *Indécision dans les esprits.* V. **Trouble.** *Se laisser aller à
la mollesse, à l'incurie par indécision.* V. **Faiblesse** (Cf. Gouvernement,
cit. 35). *Comportement qui trahit une certaine indécision.* V. **Flotte-
ment** (Cf. Éclaircissement, cit. 1). *Indécision qui empêche la réalisation de tous les projets*
(Cf. Énonciation, cit. 2). — ‖ **2°** Peu usit. Caractère, état de ce qui est
indécis. *L'indécision des nuances* (LITTRÉ). V. **Flou, vague** (ANT. Assurance, certitude, décision, détermination, résolution. Netteté, précision).

« Elle encourageait les sentiments et même les espérances d'une foule 1
de jeunes gens,... elle avait avec eux ces formes douteuses, mais
attrayantes, qui ne repoussent mollement que pour retenir, parce qu'elles
annoncent plutôt l'indécision que l'indifférence, et des retards que des
refus. » B. CONSTANT, Adolphe, VIII.

« Ses moindres mouvements furent empreints de cette lourdeur froide, 2
de cette stupide indécision qui caractérise les gestes d'un paralytique. »
BALZ., Sarrasine, Œuvr., t. VI, p. 86.

« ... une population honnête, mais lourde, timide et gauche par indé- 3
cision. » MICHELET, Hist. de France, III, Tabl. France, Auvergne.

« La raideur de l'esprit se concilie d'ailleurs fort souvent avec une 4
certaine indécision dans la pratique. »
RENAN, Essais morale et crit., Œuvr., t. II, p. 128.

« ... ses mains, soulevées jusqu'à ses tempes et tremblées un moment, 5
dans le vide, dirent l'excès de son indécision. »
COURTELINE, Boubouroche, III.

« ... un certain doute, une nuance d'indécision, ne pouvait manquer 6
d'annoncer en lui l'erreur d'un jour. »
PAULHAN, Entret. sur faits divers, p. 52.

INDÉCLINABLE. adj. (1380, gramm. ; lat. *indeclinabilis*).

‖ **1°** Gramm. Qui ne reçoit pas les signes du genre ni du
nombre. V. **Invariable.** — *Par ext.* Qui ne se décline pas.
« Nequam », *adjectif latin indéclinable.* — *Substant. Les*

indéclinables (adverbes, conjonctions, prépositions...). *Un indéclinable.*

|| **2º** *Vx.* Qu'on ne peut décliner, éviter. « *D'une manière invincible, indéclinable* » (FÉN.).

DER. — **Indéclinabilité.** *n. f.* (XVIIᵉ s.). *Rare.* Caractère de ce qui est indéclinable. « *L'indéclinabilité ou irrésistibilité de la grâce* » (FÉN.). → *Gramm.* (1765 ENCYCL.). Qualité des mots indéclinables.

INDÉCOLLABLE. *adj.* (1871 in LITTRÉ, Suppl.). V. **In-,** et **décoller.**

INDÉCOMPOSABLE. *adj.* (1738 VOLT. ; de *in-,* et *décomposable*). Qui ne peut être décomposé. *Corps simple indécomposable.* — *Fig.* Qu'on ne peut analyser, séparer en parties distinctes. *Ceci forme un tout indécomposable.*

INDÉCROTTABLE. *adj.* (1611 ; de *in-,* et *décrotter*). Qu'on ne peut décrotter. *Roue, souliers indécrottables. Fig.* et *fam.* V. **Incorrigible.** *Un paresseux indécrottable. Un lourdaud indécrottable. Il est indécrottable :* se dit d'un homme qu'on ne parvient pas à débarrasser de ses manières grossières, de ses mauvaises habitudes... (Cf. On ne peut rien en tirer*).

1 « Jamais un si sot homme que celui-ci, jamais un si impertinent que l'autre, jamais rien de plus indécrottable que tous les deux. »
ST-SIM., Mém., II, XX.

2 « ... le paresseux est indécrottable. Il ne changera jamais. »
MICHAUX, La nuit remue, p. 109.

3 « Pas grand-chose à en tirer. Du sergent non plus : indécrottable,... »
SARTRE, Mort dans l'âme, p. 215.

INDÉFECTIBLE. *adj.* (1501 F. LE ROY ; de *in-,* et *défectible,* du lat. *defectus,* p. p. de *deficere,* « faire défaut »). Qui ne peut cesser d'être, qui continue, dure toujours. V. **Éternel, indestructible.** *Le dogme catholique considère l'Eglise comme indéfectible. Attachement indéfectible.* — *Par anal.* Qui ne peut défaillir*, être pris en défaut. *Mémoire indéfectible.* V. **Solide, sûr.**

1 « Ô lumière incorruptible, ô lumière incompréhensible, ô lumière indéfectible... qui enlumine les anges et les saints de paradis ! »
F. LE ROY, cité par HUGUET (texte de 1501).

2 « ... leur indéfectible courage se doublait maintenant d'une foi ardente, et sans défaillance, dans le génie d'un grand homme de guerre. »
MADELIN, Hist. Cons. et Emp., Avènement de l'Empire, XX.

3 « ... Victor Hugo excelle à mêler ses connaissances réelles et d'habiles souvenirs de lecture conservés par une mémoire indéfectible,... »
HENRIOT, Romantiques, p. 69.

DER. — **Indéfectibilité.** *n. f.* (XVIIᵉ s.). Caractère de ce qui est indéfectible. *L'indéfectibilité de la matière. L'indéfectibilité d'un sentiment.* → **Indéfectiblement.** *adv.* (XIXᵉ s.). D'une manière indéfectible. *Durer indéfectiblement.*

1 « ... je crois que cette sorte de divertissement vous amuserait bien autant que l'indéfectibilité de la matière. » SÉV., 628, 23 juill. 1677.

3 « ... la perpétuelle visibilité de l'Église dans l'indéfectibilité du ministère,... » BOSS., Réflex. s. un écrit de M. Claude, XIII.

INDÉFENDABLE. *adj.* (1663 MOL. ; *indéfensible* au XVIᵉ s. ; de *in-,* et *défendable*). Qui ne peut être défendu. V. **Insoutenable.** *Cause indéfendable. Ce point de vue est absolument indéfendable.*

« ... cette pièce, à le bien prendre, est tout à fait indéfendable,... »
MOL., Crit. Éc. des femmes, V.

INDÉFINI, IE. *adj.* (XIVᵉ s. ; lat. *indefinitus*).

|| **1º** Dont la fin, les limites ne sont ou ne peuvent être déterminées. V. **Illimité, infini ; fin** (sans). *Le ciel*, espace indéfini. Extension* (cit. 7) indéfinie. Perfectionnement indéfini des méthodes industrielles (Cf. Houille, cit. 5). Des hommes en nombre indéfini (Cf. Genre, cit. 6). Un nombre indéfini d'immigrants (Cf. Assimiler, cit. 10). Des métamorphoses indéfinies.* V. **Perpétuel** (Cf. Immobilité, cit. 7). — *Substant.* (Chez DESCARTES par oppos. à *fini* et *infini*).

1 « Et je mets ici la distinction entre l'*indéfini* et l'*infini.* Et il n'y a rien que je nomme proprement infini, sinon ce en quoi de toutes parts je ne rencontre point de limites, auquel sens Dieu seul est infini. Mais pour les choses où sous quelque considération seulement je ne vois point de fin, comme l'étendue des espaces imaginaires, la multitude des nombres, la divisibilité des parties de la quantité et autres choses semblables, je les appelle *indéfinies* et non pas *infinies,* parce que de toutes parts elles ne sont pas sans fin ni sans limites. »
DESCARTES, Rép. aux 1ʳᵉˢ object.

2 « Je ne sais pas si cette liberté (*de la presse*) doit être accordée ; mais je pense que si on l'accorde, elle doit être sans limites et indéfinie. » D'ALEMB., Lett. au roi de Prusse, 2 mars 1772.

3 « ... bien qu'il (*l'amour*) ait besoin d'un avenir indéfini, il s'enivre du présent,... » Mᵐᵉ de STAËL, Corinne, VIII, II.

4 « L'illimité est toute la religion. La foi, c'est l'indéfini dans l'infini. »
HUGO, P.-S. de ma vie, L'âme, Contempl. suprême, I.

5 « Jamais il n'avait tenu pareille somme, et il se crut riche pour des temps indéfinis. » MAUPASS., Bel-Ami, I, IV.

6 « Il (*Balzac*) ne croyait pas au dogme romantique du progrès indéfini des sociétés ;... » HENRIOT, Romantiques, p. 329.

|| **2º** Qui n'est pas défini*, qu'on ne peut définir. V. **Imprécis, incertain, indécis, indéterminé*, vague.** *Une tristesse*

---

indéfinie (Cf. Brisant, cit. 2). *Fonction indéfinie* (Cf. Guérisseur, cit. 3). *Des rêveries indéfinies* (Cf. Exceller, cit. 6). — *Log.* Qui manque de définition. *Terme indéfini.*

7 « Ce qu'il y a de certain dans la mort est un peu adouci par ce qui est incertain : c'est un indéfini dans le temps qui tient quelque chose de l'infini... » LA BRUY., XI, 38.

8 « ... on vous confie, Valerio, sur les frontières orientales de l'Empire, une mission très indéfinie. Ceux qui vous envoient ne savent pas ce que vous aurez à faire et ne se soucient guère de l'apprendre. »
GOBINEAU, Nouv. asiat., p. 278.

— *Spécialt.* (1548). *Gramm.* Qui est « propre à présenter un concept sous son aspect le plus général, sans le rapporter à un être ou à un objet déterminé » (MAROUZEAU). *Moi indéfini,* et substant. *Un indéfini.* — *Article* indéfini (V. **Un*, une, des**) *devant un nom commun indéterminé quant à son identité* (« Un paon muait, un geai prit son plumage » LA FONT., Fabl., IV, 9) *ou devant un nom propre pour* (le plus souvent) *lui donner une valeur générale* (« Un Auguste aisément peut faire des Virgile » BOIL., Épît., I). *Emploi emphatique de l'article indéfini* (« Il faut avouer que tu es d'une innocence ! » GONCOURT, R. Mauperin, VII). — *Adjectifs* indéfinis, relatifs à la quantité* (V. **Aucun, chaque, maint, nul, plus** (d'un), **plusieurs, quelques, tous, tout),** *à la qualité* (V. **Certain, quelque ; quelconque, n'importe* quel),** *à la ressemblance ou à la différence* (V. **Autre, même, tel).** — *Nominaux* indéfinis,* improprement appelés *Pronoms* indéfinis :* autrui, plusieurs, quelqu'un, quiconque... — *On, pronom personnel indéfini.* Aucun, nul, personne, rien, *indéfinis de valeur positive-négative.* Chacun, *indéfini distributif.*

9 « ... on peut dire que l'absence d'article indéfini achève d'indéterminer. Ainsi dans les proverbes ou formes de langage proverbiales : *À bon chat bon rat ;...* » BRUNOT, Pens. et lang., p. 140.

10 « De même que la langue d'autrefois, celle de nos jours n'emploie l'article indéfini que devant le nom d'une personne ou d'une chose dont on n'a pas parlé, qui n'a pas été présentée...
Comme l'article défini, l'indéfini peut s'appliquer à un nom propre... « Un *Pamphile* est plein de lui-même... » LA BRUY., Car., IX, 50 ; ici, l'article indéfini marque... une insistance particulière,...
Un autre emploi enfin du même article,... est de le faire servir à présenter le nom propre comme on ferait celui d'une personne absolument inconnue... « Qu'est-ce qu'un M. Dalens qui demeure sur la montagne ? » MUSS., Confess., IV, I. » G. et R. LE BIDOIS, Synt. franç. mod., t. I, nº 117-120-121.

11 « Certains adverbes de quantité comme : *assez, beaucoup, combien, peu, trop,* etc., employés d'une manière absolue, peuvent être mis au nombre des « pronoms » indéfinis, puisqu'ils désignent une quantité indéterminée d'êtres ou de choses... » GREVISSE, Le bon usage, § 579, N. B.

— *Passé* indéfini ou *composé,* temps de l'indicatif formé du présent de l'auxiliaire « être » ou « avoir », et d'un participe passé (*Elle a fini. Il est venu hier*). *Valeur du passé indéfini* (Cf. Imparfait, cit. 8).

12 « ... ces vers ailés, déliés, musicaux et tendres que Vildrac a composés au temps de notre jeunesse. Je m'aperçois que je viens d'employer le passé indéfini à l'endroit même où mon lecteur pouvait attendre l'imparfait. L'instinct de l'écrivain répond ici à des nécessités profondes. « Composait » donnerait à entendre que Vildrac faisait ordinairement une chose qu'il ne fait plus et ce serait inexact... Mais ce passé indéfini prend à mon sens un autre pouvoir. Disant qu'il a « composé » ces poèmes, j'entends donc qu'ils « sont » composés et qu'ils vont le demeurer pour longtemps,... » DUHAM., Biogr. de mes fantômes, III.

13 « Le passé composé (passé indéfini) indique un fait achevé à une époque déterminée ou immédiatement du passé et que l'on considère comme étant en contact avec le présent, soit que ce fait ait eu lieu dans une période de temps non encore entièrement écoulée ou que ses conséquences soient envisagées dans le présent : *Aujourd'hui 5 janvier, je suis parti de Naples à sept heures du matin* (CHATEAUB., Voy. en Italie). — *J'ai dévoré force moutons* (LA FONT., VII, I). »
GREVISSE, Le bon usage, § 721.

ANT. — Borné, défini, déterminé, distinct, limité.

DER. — **Indéfiniment.** *adv.* (*Indefinemment* en 1501). D'une manière indéfinie. — (Dans le temps) V. **Éternellement, fin** (sans). *Répéter indéfiniment une chanson* (Cf. Faiseur, cit. 2). *S'amuser indéfiniment au même jeu* (Cf. Bassin, cit. 6). *La matière* (cit. 2) *qui subsiste indéfiniment dans l'homme. L'homme* (cit. 10) *continue indéfiniment le mouvement vital.* — (Dans l'espace) *Élargir* (cit. 4) *indéfiniment son horizon, ses espoirs... Accroître* (cit. 4) *indéfiniment la productivité.* — *Spécialt. Gramm. Mot employé, pris indéfiniment.*

1 « Elle était... sur le pont d'un bateau à vapeur, comme la première fois qu'il l'avait rencontrée ; mais celui-là s'en allait indéfiniment vers des pays d'où elle ne sortirait plus. » FLAUB., Éduc. sentim., III, V.

2 « ... un mariage qui ressemblait à une lune de miel indéfiniment prolongée,... » BARB. D'AUREV., Les diaboliques, Bonheur dans le crime, p. 155.

3 « Mais, mon cher ami, dit-elle, nous ne pouvons pourtant demeurer ici indéfiniment tous les trois. — Il ne s'agit point d'indéfiniment, mais de quelques jours. » MAUPASS., Fort comme la mort, II, II.

4 « ... une fraîche volupté dont je ne me fusse jamais lassé et que j'eusse pu goûter indéfiniment. » PROUST, Rech. t. p., t. XI, p. 85.

5 « Enfin, sentant bien qu'elle ne pourrait pas attendre indéfiniment, elle se redressa... Il fallait voir clair et regarder l'infortune en face. »
DUHAM., Salavin, XXIII.

6 « Je viens de me rendre compte, après y avoir beaucoup pensé depuis quelque temps, qu'une séparation aussi totale n'est pas compréhensible, ne peut pas durer indéfiniment entre cet homme et moi. »
ROMAINS, H. de b. vol., t. IV, XVII, p. 187.

INDÉFINISSABLE. *adj.* (1731 VOLT. ; de *in-,* et *définir*). Qu'on ne peut définir. *Mots abstraits* (cit. 4) *indéfinissa-*

bles. — *Par anal.* Dont on ne saurait préciser la nature. *Couleur, émanation* (cit. 2), *saveur indéfinissable.* V. **Incertain, indéterminable.** *Force indéfinissable* (Cf. Guerre, cit. 6). *L'indéfinissable accablement* (cit. 9) *des pays chauds.* — *Fig.* V. **Étrange, inexplicable.** *Charme, regard* (Cf. Impassibilité, cit. 5), *sourire indéfinissable. D'indéfinissables désirs* (Cf. Ennui, cit. 24). *Émotion, trouble indéfinissable.* V. **Indescriptible, indicible** (Cf. Un je ne sais* quoi). — *Par ext. Personnage indéfinissable* (Cf. Énigmatique).

1 « Les hommes supérieurs... sont moins l'ornement que l'exception de l'indéfinissable espèce humaine,... »
   D'ALEMB., Éloge de Despréaux, Œuvr., t. II, p. 352.

2 « Cette attitude et cette contenance inspiraient un sentiment indéfinissable, qui n'était ni la crainte ni la compassion, mais dans lequel se fondaient mystérieusement toutes les idées que réveillent ces diverses affections. »
   BALZ., Femme de trente ans, Œuvr., t. II, p. 839.

3 « Il n'y avait dans l'air immobile ni mouvement, ni bruit, mais je ne sais quel murmure indéfinissable qui venait du ciel et qu'on eût dit produit par la palpitation des étoiles. »
   FROMENTIN, Été dans le Sahara, p. 224.

4 « Sœur Thérèse fixait sur lui en souriant un regard indéfinissable, où il pouvait y avoir des sentiments complexes d'une religieuse pour un prêtre, d'une jeune paysanne pour un loustic, et surtout un sentiment royal de supériorité bienveillante. »
   BARRÈS, Colline inspirée, p. 90.

INDÉFORMABLE. adj. (1875 in LITTRÉ, Suppl. ; de *in-* et *déformable*). Qui ne peut être déformé (Cf. Hauban, cit. 2).

INDÉFRICHABLE. adj. (1867 LITTRÉ ; de *in-*, et *défricher*). Qui ne peut être défriché. *Sol, terrain indéfrichable.* — ANT. **Arable.**

INDÉFRISABLE. adj. (1931 in LAROUSSE XX⁰ s. ; de *in-*, et *défriser*). Qui ne peut être défrisé. *Ondulation indéfrisable,* et substant. *Une indéfrisable,* frisure artificielle destinée à durer assez longuement. *Faire une indéfrisable à chaud, à froid,...* V. **Permanent(e).**

INDÉHISCENT, ENTE. adj. (1839 BOISTE ; de *in-*, et *déhiscent**). *Bot.* Qui ne s'ouvre pas spontanément, à l'époque de la maturité. *Péricarpe, fruit indéhiscent.* V. **Akène, baie, drupe.** *Fruit indéhiscent sec.* V. **Caryopse, samare.** *Fruit indéhiscent à valves.* V. **Valvacé.**

DER. — **Indéhiscence.** n. f. (1839). *Bot.* Caractère de ce qui est indéhiscent.

INDÉLÉBILE. adj. (1528 ; lat. *indelebilis*, « indestructible »). Qui ne peut s'effacer. V. **Ineffaçable.** *Marque, stigmate, tache indélébile. Couleur, encre indélébile. Empreinte indélébile.* — *Fig. Caractère* (cit. 24) *indélébile du prêtre, d'un sacrement...* V. **Indestructible, perpétuel.** *Impression indélébile.*

1 « Le caractère de la cornardise est indélébile : à qui il est une fois attaché, il l'est toujours ;... » MONTAIGNE, Essais, III, V.

2 « Il se dépouillait parfaitement avec elles (*les dames*) du caractère de savant et de philosophe, caractères cependant presque indélébiles, et dont elles apercevraient bien finement et avec bien du dégoût les traces les plus légères. » FONTENELLE, Leibniz (in LITTRÉ).

3 « On aurait dit un monsieur, à sa peau fine, bien rasée sur les joues, si l'on n'eût pas trouvé d'autre part l'empreinte indélébile du métier, les graisses qui jaunissaient déjà ses mains de mécanicien,... » ZOLA, La bête humaine, p. 38.

4 « L'idée qu'il est *marqué* d'une manière indélébile et qu'on le reconnaîtra toujours et partout à ces petits dessins bleus lui est absolument insupportable. » LOTI, Mon frère Yves, I.

5 « Il y aura toujours assez d'odieuse inégalité gravée de façon indélébile dans la chair même de l'humanité malheureuse... » DUHAM., Récits temps de guerre, IV, XLIII.

ANT. — **Délébile, effaçable.**

DER. — **Indélébilité.** n. f. (1780). Caractère de ce qui est indélébile.

INDÉLIBÉRÉ, ÉE. adj. (1679 BOSS. ; de *in-*, et *délibéré*, d'après le lat. *indeliberatus*). *Peu usit.* Qui n'est pas délibéré, réfléchi. *Acte indélibéré,* accompli sans réflexion*.

« ... un attrait indélibéré du plaisir sensible prévient tous les actes de nos volontés. » BOSS., Traité du libre arbitre, X.

INDÉLICAT, ATE. adj. (1786 ; de *in-*, et *délicat*). Qui manque de délicatesse morale. V. **Grossier.** *Homme indélicat* (V. **Goujat, mufle**). *Indélicat en affaires* (V. **Aigrefin, chevalier** (d'industrie). *Indélicat et sans scrupules.* V. **Déloyal, fourbe, malhonnête.** — *Par ext. Procédés indélicats.*

« Il n'y a rien de plus indélicat que de reprocher les services qu'on a rendus. » Mᵐᵉ de STAËL, Delphine, II, 3.

ANT. — **Délicat, consciencieux, discret, honnête, scrupuleux...**

DER. — **Indélicatement.** adv. (1867 LITTRÉ). D'une manière indélicate. — **Indélicatesse.** n. f. (1808). Manque de délicatesse morale. V. **Grossièreté, goujaterie, impolitesse, muflerie.** *Indélicatesse jointe à un manque de scrupules complet.* V. **Malhonnêteté.** — *Procédé, acte indélicat.* V. **Crasse, gueuserie, tour** (de cochon,...). *Il a commis une indélicatesse.*

« Et Rodolphe acheva sa phrase avec un geste qui signifiait : « Je l'écraserais avec une chiquenaude. » Elle fut ébahie de sa bravoure, bien qu'elle y sentit une sorte d'indélicatesse et de grossièreté naïve qui la scandalisa. » FLAUB., Mᵐᵉ Bovary, II, X.

INDÉMAILLABLE. adj. (Néol. ; de *in-*, et *maille*). Dont les mailles ne peuvent se défaire. *Bas, tissu, tricot, jersey indémaillable.* — Substant. *Une combinaison en indémaillable.*

INDEMNE (dè-mn'). adj. (1384 *indampne ; indemne* au XV⁰ s. ; lat. *indemnis,* de *damnum,* « dommage »).

|| **1⁰** Vx (*Dr.*). Qui n'a pas éprouvé de perte ; qui est indemnisé, dédommagé. *Sortir indemne d'une affaire* (ACAD.).

|| **2⁰** *Par anal.* Qui n'a éprouvé aucun dommage. *Sortir indemne d'un accident.* V. **Sain** (et sauf). *Aucun des belligérants ne sortit indemne du conflit. Pendant le bombardement, tel quartier fut indemne* (ACAD.).

1 « Ils (*les Turcs*) voulaient profiter de l'occasion pour sortir indemnes de cette guerre, sans se mêler de la querelle qui allait s'engager... » THIERS, Hist. Consulat et Empire, XLIII.

2 « ... l'air de la Sorbonne... empêchait tout dégagement de féminité, et Jerphanion, qui ne demandait qu'à être troublé, restait indemne. » ROMAINS, H. de b. vol., t. IV, XV, p. 148.

ANT. — **Endommagé ; atteint.**

INDEMNISER. v. tr. (1465 d'apr. WARTBURG ; de *indemne*). Dédommager (quelqu'un) de ses pertes, de ses frais, etc. V. **Désintéresser, rembourser...** *Indemniser quelqu'un de ses frais.* V. **Compenser.** *Les sinistrés ont été indemnisés par l'État. Indemniser une personne expropriée* (cit. 2). V. **Indemnité.**

1 « N'est-il pas convenu, au cas où vous sortiriez de chez moi, que votre mobilier m'appartiendrait, pour m'indemniser de la différence qui existait entre la quotité de votre pension et celle du respectable abbé Chapeloud ? » BALZ., Curé de Tours, Œuvr., t. III, p. 825.

2 « Si j'abandonne à tes camarades la prise d'aujourd'hui, c'est à condition qu'ils sauront m'en indemniser. » ID., Les Chouans, Œuvr., t. VII, p. 813.

3 « J'épaule vivement, je tire, la masse s'abat dans un bruit de branches cassées, et je trouve une vieille femme que j'avais dedonné pendant qu'elle cueillait des fruits. Un autre vieux moricaud, le mari, m'accable d'injures ; on va chercher le policeman indigène. Je dus indemniser la famille : cela me coûta des sommes folles, au moins deux livres. » MAUROIS, Silences col. Bramble, VI.

|| S'INDEMNISER. Se donner à soi-même une indemnité (Cf. Augmenter, cit. 12).

4 « Le chat et le renard,... qui des frais du voyage,
   Croquant mainte volaille, escroquant maint fromage,
   S'indemnisaient à qui mieux mieux. » LA FONT., Fabl., IX, 14.

DER. — **Indemnisable.** adj. (1873 in LITTRÉ, Suppl.). Qui peut ou qui doit être indemnisé. *Sinistrés indemnisables. Tout propriétaire exproprié est indemnisable.* — **Indemnisation.** n. f. (1754). Action d'indemniser ; fixation, paiement d'une indemnité. *L'indemnisation des dommages de guerre.*

INDEMNITÉ (in-dèm-ni-té. L'anc. prononc. *in-da-mni-té,* déjà abandonnée par P. LAROUSSE en 1873, est seule admise par LITTRÉ). n. f. (1367 ; lat. *indemnitas*). Ce qui est alloué à quelqu'un pour l'indemniser*.

|| **1⁰** Ce qui est attribué à quelqu'un en réparation d'un dommage, d'un préjudice. V. **Compensation, dédommagement, dommages-intérêts, récompense, réparation.** *Indemnités de guerre imposées au vaincu* (Cf. Boucher, cit. 3). *Indemnité allouée à un propriétaire exproprié. Adjuger, accorder, allouer, payer, recevoir une indemnité. Indemnité de l'ancien droit germanique.* V. **Wergeld.**

1 « La propriété étant un droit inviolable et sacré, nul ne peut en être privé, si ce n'est lorsque la nécessité publique, légalement constatée, l'exige évidemment, et sous la condition d'une juste et préalable indemnité. » DÉCLAR. DR. HOMME..., Art. 17.

2 « Je sais bien qu'un contrat de directeur est toujours révocable. Ça se ramène à une question d'indemnité. » ROMAINS, H. de b. vol., t. III, XVI, p. 221.

|| **2⁰** *Par ext.* Ce qui est attribué en compensation de certains frais. V. **Allocation.** *Indemnités de logement, de résidence, de déplacement, de route... Indemnités, primes venant s'ajouter à un traitement. À la différence des frais** (de déplacement, etc.), *les indemnités sont généralement allouées forfaitairement. Les indemnités des fonctionnaires ne sont pas soumises à retenue.*

3 « — Tu gagnes à l'hôpital... — Oui, quatre-vingt balles, à titre d'indemnité de déplacement. » ARAGON, Beaux quartiers, II, XXXII.

— Spécialt. *Indemnité parlementaire :* allocation pécuniaire perçue par les membres du Parlement.

4 « Les membres du Parlement perçoivent une indemnité fixée par référence au traitement d'une catégorie de fonctionnaires. » CONSTITUTION du 27 oct. 1946, Art. 23.

5 « L'indemnité... a pour but principal de permettre au parlementaire de se consacrer à sa fonction et de l'exercer avec indépendance,...
   A l'heure présente, l'indemnité est pour partie la compensation des frais particuliers occasionnés par le mandat, mais surtout un véritable traitement, c'est-à-dire l'allocation périodique d'une somme d'argent à raison de l'exercice d'une activité personnelle pour une fonction publique » (Gaston Jèze,...). » PRÉLOT, Précis Dr. const., § 320 (éd. Dalloz).

DER. — **Indemnitaire.** n. et adj. (1832). Celui qui a droit à une indemnité. *Spécialt.* Sous la Restauration, s'est dit des émigrés dont les biens avaient été confisqués pendant la Révolution et à qui une indemnité fut allouée. — Adj. Qui a le caractère d'une indemnité. *Allocation, prestation indemnitaire.*

INDÉMONTRABLE. *adj.* (1730 ; bas lat. *indemonstrabilis*). Qui ne peut être démontré*, parce qu'il s'agit soit d'un principe qui n'a pas besoin de démonstration, soit d'une chose connue empiriquement et dont on ignore la démonstration. *Axiome, postulat indémontrable.* « *La vérité première est indémontrable* » (DIDER.). *Propriétés connues, vérifiées mais indémontrables.* — *Péjor.* Dont la vérité, la réalité ne peut être démontrée. V. **Invérifiable.** *Hypothèse indémontrable.*

« ... toute démonstration part d'axiomes indémontrables ou de constatations dont on ne peut dire qu'une chose : *Regardez.* »
LALANDE, **Lect. sur philos. des sciences,** VII.

INDÉNIABLE. *adj.* (1789 ; de *in-*, et *dénier*). Qu'on ne peut dénier ou réfuter. V. **Certain, évident, flagrant, incontestable.** *Le fait est indéniable. Un accent d'indéniable authenticité* (cit. 9). *La griffe* (cit. 15) *de l'écrivain était marquée d'une manière indéniable sur son manuscrit. Il est indéniable que... ; c'est indéniable* (Cf. Empoisonnement, cit. 1). — *Preuve, témoignage indéniable.* V. **Formel.**

1 « ... il donne depuis quelques semaines des signes indéniables d'aliénation mentale. »
COURTELINE, **MM. ronds-de-cuir,** 1ᵉʳ tabl., II.

2 « ... le manuscrit présentait les caractères de la plus indéniable authenticité. »   FRANCE, **Crime S. Bonnard,** Œuvr., t. II, p. 327.

DER. — **Indéniablement.** *adv.* (XXᵉ s.). D'une manière indéniable. V. **Incontestablement.**

« Nous assistons indéniablement en ce temps-ci à une profonde et violente renaissance française,... » PÉGUY, **La République...,** p. 326.

INDENTATION. *n. f.* (vers 1860 ; de *in-*, et *dent*). Échancrure* en forme de morsure. *Les indentations d'un littoral rocheux.*

INDÉPENDAMMENT. *adv.* (1630 ; de *indépendant*).

‖ 1º *Peu usit.* D'une manière indépendante. *Agir indépendamment. Dieu peut agir par lui-même, indépendamment des causes secondes* (ACAD.). *Répudiation d'un contrat, indépendamment de la volonté d'une des parties* (Cf. Autre, cit. 39).

1 « ... Dieu qui nous a créés indépendamment de nous et sans nous, ne peut-il pas, sans nous et indépendamment de nous, décider de notre sort ? »   BOURDAL., IIIᵉ serm. s. Purif. de la Vierge.

2 « Aux événements de la guerre, il faut agir indépendamment dans de certaines occasions. »   HAMILTON, **Gram.,** II.

‖ 2º *Par ext.* Sans aucun égard* à (une chose), en faisant abstraction de... V. **Abstractivement.** « *Indépendamment de ce qui arrive, n'arrive pas, c'est l'attente qui est magnifique* » (Cf. Guetteur, cit. 2 BRETON). *Indépendamment de son titre, de sa charge... il est très respecté.*

3 « ... à la mort et à la vie, je vous aimerai et vous estimerai très indépendamment de la qualité de gouverneur du marquis de Grignan. »
SÉV., 1190, 26 juin 1689.

4 « ... un homme de bien est respectable par lui-même, et indépendamment de tous les dehors dont il voudrait s'aider... »
LA BRUY., XII, 29.

‖ 3º *Fig.* Par surcroît, en plus*. V. **Outre ; parler** (sans parler de...). Cf. Aval, cit. 2 ; betterave, cit. 2 ; grand, cit. 12 HUGO. *Indépendamment de son salaire, il touche de nombreuses indemnités.*

5 « Je suppose en France environ cinq millions d'ouvriers,... qu'on force... de ne rien gagner pendant trente jours de l'année, indépendamment des dimanches ;... »   VOLT., **Facéties,** Pot-pourri, XV.

INDÉPENDANCE. *n. f.* (1630 ; de *indépendant*).

‖ 1º État d'une personne indépendante. V. **Liberté.** *Vivre dans l'indépendance. Atteindre à l'indépendance* (Cf. Voler de ses propres ailes ; secouer le joug* ; n'avoir rien à ménager* ; être à soi*...). *Indépendance complète, exceptionnelle* (Cf. Assurer, cit. 12). *Aspirer à l'indépendance ; désirer l'indépendance* (Cf. Dépendance, cit. 9). *S'aider, s'épauler* (cit. 3) *sans renoncer à son indépendance. Indépendance mutuelle, équitable* (cit. 9), *réciproque...* Entreprendre (cit. 22) *sur l'indépendance de quelqu'un ; atteinte* (cit. 15) *à l'indépendance... La misère brise l'indépendance* (Cf. Casser, cit. 4). — *Indépendance dans l'exercice des fonctions, d'un métier... L'indépendance que l'Église accorde aux curés* (cit. 2) *dans leur paroisse. — Indépendance dans la vie sentimentale* (Cf. Grisette, cit. 3). *Assaisonner* (cit. 12) *une aventure d'un piment d'indépendance. Il, elle tient à conserver son indépendance.*

1 « L'injustice à la fin produit l'indépendance. »
VOLT., **Tancr.,** IV, 6.

2 « Il n'y a personne qui ne regarde le repos et l'indépendance comme le but de tous ses travaux :... »   ID., **Corresp.,** 1659, 1ᵉʳ oct. 1759.

3 « L'indépendance que je croyais avoir acquise était le seul sentiment qui m'affectait. Libre et maître de moi-même, je croyais pouvoir tout faire, atteindre à tout. »   ROUSS., **Confess.,** II.

4 « ... cette complète indépendance, objet de tous les désirs d'un enfant encore sous le joug immédiat de sa mère. »
BALZ., **Un début dans la vie,** Œuvr., t. I, p. 630.

5 « Je n'aspire plus qu'à rentrer dans ma solitude et à quitter la carrière politique. J'ai soif d'indépendance pour mes dernières années. »
CHATEAUB., **M. O.-T.,** t. V, p. 45.

6 « ... j'aime seulement le voyage à cause de l'indépendance qu'il me donne,... »   ID., Ibid., t. II, p. 384.

7 « L'agrément nouveau de l'indépendance (*après la mort de sa femme*) lui rendit bientôt la solitude plus supportable. »
FLAUB., **Mᵐᵉ Bovary,** I, III.

— (En parlant de Dieu) « *Celui... à qui seul appartient* (cit. 20) *la gloire, la majesté et l'indépendance* » (BOSS.).

8 « ... un attribut qui ne peut convenir à aucune créature, c'est-à-dire... l'indépendance et... la plénitude de l'être. »
BOSS., **Serm. p. profess. Mᵐᵉ de La Vallière,** I.

— *Spécialt.* État de celui qui subvient à ses besoins matériels, ne dépend de personne. *Indépendance matérielle. L'indemnité parlementaire est destinée à assurer l'indépendance des députés.*

— Condition libre, dans une société. V. **Liberté*** ; **franchise** (1º, *vx*). *Assurer à chacun l'indépendance* (Cf. Égalisation, cit.). *L'anarchie* (cit. 4) *asservit les indépendances individuelles. Elever des autels à l'indépendance* (Cf. Forgeur, cit.). *L'indépendance de la femme.* V. **Émancipation.**

9 « Il ne paraît pas que la nature ait fait les hommes pour l'indépendance. »   VAUVEN., **Maxim. et réflex.,** 183.

10 « ... celle-ci (*la tyrannie*) en nous dégradant nous rend incapables d'indépendance :... »   CHATEAUB., **M. O.-T.,** t. VI, p. 322.

— *Indépendance d'esprit, d'idées, de caractère...* V. **Nonconformisme** (Cf. Associer, cit. 28).

11 « ... une indépendance parfaite d'idées et d'habitudes donnait beaucoup de charmes à son existence :... »
Mᵐᵉ de STAËL, **Corinne,** X, VI.

12 « L'aristocratie est une condition de liberté, parce qu'elle donne aux rois des serviteurs d'office, et que l'indépendance du caractère, la plus solide de toutes, étant rare, il est bon qu'il y ait des indépendances de position, afin que tous ceux qui arrivent aux places élevées ne soient pas obligés de suivre ces voies pénibles... »
RENAN, **Questions contemp.,** I, Œuvr., t. I, p. 41.

— *Par ext.* Goût de l'indépendance. *Esprit d'indépendance.* V. **Indocilité.** *Faire preuve d'indépendance ; montrer de l'indépendance dans tout ce que l'on fait.*

13 « ... quoique cet esprit d'indocilité et d'indépendance soit également répandu dans toutes les hérésies... »   BOSS., **Orais. fun. reine d'Anglet.**

‖ 2º *Spécialt. Dr. publ.* « Situation d'un organe ou d'une collectivité qui n'est pas soumis à un autre organe ou à une autre collectivité » (CAPITANT). *L'indépendance de la justice dans les démocraties. L'indépendance de la couronne* (Cf. Atteinte, cit. 12). *Indépendance des villes, au moyen âge* (V. **Affranchissement**).

14 « Maintenant qu'on te voit en digne potentat
Réunir en ta main les rênes de l'État,
Que tu gouvernes seul, et que par ta prudence
Tu rappelles des rois l'auguste indépendance. »
CORN. **Poés. div.,** 70 (Remerciements présentés au Roi, 1663).

15 « ... tout aussi bien que le roi, l'archevêque de Kenterbury doit posséder ses terres avec pleine juridiction, en toute indépendance et sécurité. »   MICHELET, **Hist. de France,** IV, V.

— *Indépendance d'un État, d'une nation, d'un pays, d'un peuple...* V. **Autonomie** (cit. 1) ; Cf. Hoyau, cit. 2). *Proclamer l'indépendance d'une nation ; proclamation d'indépendance. Lutter pour son indépendance ; conquérir l'indépendance. Guerre de l'Indépendance américaine* (1775-1782). *Guerre de l'indépendance grecque. Région qui réclame son indépendance* (V. **Particularisme, séparatisme**).

16 « ... l'on vit, pendant plus d'une génération, d'un côté d'énergiques efforts pour l'indépendance, de l'autre une répression implacable... »
FUSTEL de COUL., **Cité antique,** IV, VI.

‖ 3º Absence de relation, de dépendance (entre plusieurs choses). *Indépendance du germen par rapport au soma* (Cf. Hérédité, cit. 14). *Indépendance de deux phénomènes ; de deux événements.*

17 « Les savants admettent ici une seconde loi : la loi de l'indépendance des parties. La roulette à tout coup repart de zéro. »
PAULHAN, **Entret. s. faits divers,** p. 151.

ANT. — **Dépendance.** Assimilation, assujettissement, domination, esclavage, sujétion ; collier, joug, lien (*fig.*). Conformisme. Connexion, corrélation ; cumul.

INDÉPENDANT, ANTE. *adj.* (1584 ; de *in-*, et *dépendant*). Qui ne dépend pas (d'une personne, d'une chose).

‖ 1º (En parlant des personnes). Être indépendant des autres, à l'égard des autres... *Un écrivain indépendant des petites chapelles* (Cf. Exclusivisme, cit.). *Être indépendant du besoin* (vx).

1 « Dieu donc est indépendant par lui-même et par sa nature ; et le roi est indépendant à l'égard des hommes et sous les ordres de Dieu, qui seul aussi peut lui demander compte de ce qu'il fait,... »
BOSS., **Hist. d. var.,** 5ᵉ avertiss., XLIV.

2 « D'autres s'imaginèrent que (*le plus libre de tous les hommes*) c'était un Barbare, qui, vivant de sa chasse au milieu des bois, était indépendant de toute police et de tout besoin. »   FÉN., **Télém.,** V.

« Ses généraux (*de Napoléon*)... trop indépendants les uns des autres, trop séparés, et en même temps trop dépendants de lui... »
SÉGUR, **Hist. de Napoléon,** IV, VI.

— *Absolt.* Qui est libre de toute dépendance. V. **Libre, insoumis** (Cf. Disposer* de soi ; être son propre maître* ; ne relever* de personne ; n'avoir de compte à rendre à personne... Cf. *aussi* Faction, cit. 3 ; exempt, cit. 9). *Un homme indépendant qui n'aime à travailler qu'à son heure* (cit. 57). *Une femme indépendante* (Cf. Assurer, cit. 49). *Ce n'est pas un homme de paille, il est entièrement indépendant* (Cf. Consort, cit.). — *Citoyens indépendants* (Cf. Assujettir, cit. 27). — *Artiste, écrivain... indépendant :* qui exerce son métier d'une manière indépendante (V. **Fantaisiste** (*vx*), **franc-tireur...** ; **dissident, hétérodoxe, non-conformiste...**).

4 « C'est moins la force des bras que la modération des cœurs qui rend les hommes indépendants et libres. » ROUSS., **Émile**, IV.

5 « Je sentis alors qu'il n'est pas toujours aussi aisé qu'on se l'imagine d'être pauvre et indépendant. » ID., **Confess.**, VIII.

6 « Voltaire voulut devenir riche pour être indépendant. » CONDORCET, **Vie de Voltaire.**

7 « La nature ne m'a point dit : Né sois point pauvre ; encore moins : Sois riche ; mais elle me crie : Sois indépendant ! » CHAMFORT, **Max. et pens.**, XXV.

8 « ... quiconque n'a pas de propriété ne peut être indépendant ;... » CHATEAUB., **M. O.-T.**, t. VI, p. 326.

9 « Il ne faut être ni pere ni époux, si l'on veut vivre indépendant : il faudrait peut-être n'avoir pas même d'amis ; mais être ainsi seul, c'est vivre bien tristement, c'est vivre inutile. » SENANCOUR, **Oberman**, XLIII.

— *Société des Artistes indépendants*, fondée en 1884, et formée d'artistes qui exposent librement leurs œuvres, sans se soumettre à un jury. *Le salon des Indépendants.* — LES INDÉPENDANTS. *n. m. pl.* Nom donné aux membres d'une secte religieuse anglaise du XVIIe s., à ceux de plusieurs partis politiques, etc. *Un Indépendant.*

— *Par ext.* Qui garantit l'indépendance de quelqu'un. *Position, situation, vie indépendante. Fortune indépendante. Un emploi indépendant* (Cf. Bâton, cit. 19).

10 « — Sa fortune,... est tout à fait indépendante, et son âme encore plus ». Mme de STAËL, **Corinne**, VI, IV.

‖ 2° *Par ext.* Qui aime l'indépendance, ne veut être soumis à personne. V. **Indocile.** *Un enfant indépendant et volontaire. Caractère, esprit indépendant. Il est indépendant et ne veut en faire qu'à sa tête*, qu'à sa volonté*.* — Substant. *C'est un indépendant.*

11 « — Et la petite ?... Toujours gentille ? — Tout à fait gentille... Beaucoup d'imagination... Lectures un peu désordonnées... Très indépendante... — Oui, elle n'aime pas sentir le mors ;... » CHARDONNE, **Destin. sentim.**, p. 45.

‖ 3° Qui ne change pas, ne varie pas en fonction de quelque chose (V. **Absolu, constant, fixe...**). *Vérité, certitude indépendante du temps, du lieu. La beauté est indépendante de l'opinion, de la mode...* (Cf. Agrément, cit. 3). « *Son zèle fut toujours indépendant des circonstances* » (ACAD.). *Frais* (2, cit. 15) *généraux, indépendants des quantités produites. La chaleur de l'eau est indépendante de la durée de l'ébullition* (cit. 1).

12 « Ô règle infaillible descendue du ciel, toujours indépendante des lieux, des temps, des nations, des intérêts,... » MASS., **Carême**, Vérité de la religion.

13 « ... il y a peu de gens qui aient le goût fixe et indépendant de celui des autres : ils suivent l'exemple et la coutume, et en empruntent presque tout ce qu'ils ont de goût. » LA ROCHEF., **Réflex. div.**, 10.

— Qui n'a pas de rapport, de relation avec quelque chose. *L'âme* (cit. 5) *est d'une nature indépendante du corps* (DESC.). *Événements, phénomènes indépendants les uns des autres* (Cf. Épigénie, cit.). *Forme* (cit. 42) *indépendante du fond, de la substance. Pour des raisons indépendantes de notre volonté, nous avons dû...* — (Néol. ; en parlant d'un mécanisme) *Le frein à main est indépendant du frein à pied.*

14 « Ce phénomène moral ne paraîtra pas extraordinaire aux gens qui savent que les qualités du cœur sont aussi indépendantes de celles de l'esprit que les facultés du génie le sont des noblesses de l'âme. » BALZ., **Vieille fille**, Œuvr., t. IV, p. 261.

— *Absolt.*, en parlant de choses qui n'ont pas de rapport entre elles, qui ne dépendent pas les unes des autres. V. **Distinct, séparé.** *Deux questions indépendantes. Concours de causes indépendantes* (Cf. Hasard, cit. 26). *Les deux sens indépendants d'une phrase, dans un calembour* (cit. 3). — *Spécialt.* (Néol.). *Mécanismes indépendants.* V. **Autonome.** *Roues avant indépendantes. Systèmes de freins indépendants.*

— Gramm. *Proposition indépendante :* celle qui ne dépend d'aucune autre. — REM. Selon MAROUZEAU, ce terme est appliqué à la proposition principale* « quand on veut simplement définir sa nature, sans préjuger du rôle qu'elle peut jouer par rapport à une subordonnée ». D'autres grammairiens (Cf. GREVISSE, Bon usage, § 173) réservent cette désignation à une proposition « dont aucune autre ne dépend », qui « se suffit à elle-même ». — Substant. *Une indépendante.*

15 « Il lui arrive (*au français*) d'exprimer parallèlement deux idées sous forme de **propositions indépendantes juxtaposées** dont l'une dépend en réalité de l'autre par le sens et a une valeur de véritable subordonnée... Ces **fausses indépendantes**, subordonnées honteuses qui refusent la marque de leur sujétion, peuvent exprimer : *La cause... La comparaison... L'opposition... La supposition...* » GEORGIN, Diffic. et fin. de notre langue, p. 130.

— *Spécialt.* Se dit d'un logement, isolé ou séparé des logements contigus, possédant une entrée particulière. *Chambre à louer, indépendante. Pièce indépendante donnant sur l'escalier de service.* — *Entrée indépendante.*

16 « Rien ne nous empêche de chercher un logis indépendant, dès que nous pourrons... » ROMAINS, **Une femme singulière**, p. 11.

‖ 4° *Dr. publ.* Se dit d'un organe, d'une collectivité qui jouit de l'indépendance*. V. **Autonome.** *Banque* (cit. 3) *indépendante de l'État. L'Église* (cit. 7) *et l'État doivent être indépendants.* — *Rendre un pays indépendant d'un autre* (Cf. Esclavage, cit. 8). *État, pays indépendant et souverain*.*

ANT. — **Assujetti, dépendant, soumis, subordonné... Coopératif** (esprit), **courtisan, esclave, serf... Connexe, corrélatif.**

INDÉRACINABLE. adj. (1782 ; de *in-*, et *déraciner*). Qu'on ne peut déraciner (*peu usit.* au sens propre). *Fig.* Qu'on ne peut ôter de l'esprit, du cœur de quelqu'un. *Les liens indéracinables des origines* (Cf. Acclimater, cit. 2). *Croyance indéracinable* (Cf. Créance, cit. 8). *Un préjugé indéracinable* (Cf. Écrivain, cit. 9). *Sentiment indéracinable.*

1 « ... cette indéracinable tendresse qui germe toujours au cœur des femmes. » MAUPASS., **Clair de lune**, p. 11.

2 « Cette attente de la lettre inconnue, d'un sursit à tout, quel signe que l'espérance est indéracinable, et qu'il reste toujours en nous de ce chiendent ! » MAURIAC, **Nœud de vipères**, p. 192.

INDÉRÉGLABLE. adj. (1922 in LAROUSSE UNIV. ; de *in-*, et *dérégler*). Qui ne peut se dérégler, en parlant d'un mécanisme. *Horloge indéréglable.*

INDESCRIPTIBLE. adj. (XVIIIe s. in GOHIN ; comp. sav. de *décrire*, refait sur le rad. du lat. *describere*). Qu'on ne peut décrire, exprimer, caractériser. *Une coiffure indescriptible* (Cf. Incroyable, cit. 10). *Désordre, fouillis indescriptible. Un malaise, une douleur indescriptible. Frôlement* (cit. 5) *indescriptible. Joie indescriptible.* V. **Indicible, ineffable, inexprimable.**

1 « ... ces indescriptibles réseaux phosphoriques qu'au moment de s'endormir on aperçoit, sous ses paupières fermées, dans les premiers brouillards du sommeil. » HUGO, **Misér.**, IV, XIV, I.

2 « La troisième phase (*dans l'effet du haschisch*), séparée de la seconde par un redoublement de crise, une ivresse vertigineuse suivie d'un nouveau malaise, est quelque chose d'indescriptible. » BAUDEL., **Du vin et du haschisch**, IV.

3 « Il était dans un état indescriptible. Il marchait au hasard, agitant les bras, roulant les yeux, parlant tout haut comme un fou ;... » R. ROLLAND, **Jean-Christ.**, La révolte, p. 506.

INDÉSIRABLE. adj. (1801 ; rare avant 1911 ; adapté de l'angl. *undesirable*, de *desirable* empr. au français). Se dit des personnes qu'on ne désire pas accueillir dans un pays pour des raisons morales, politiques, démographiques... *Étrangers indésirables.* — Substant. *Un indésirable. La loi de 1907 fermait la porte des États-Unis aux indésirables* (Cf. Immigration, cit. 2).

1 « ... un jour est venu où les Américains ont trouvé que leur maison commençait à être pleine de monde et qu'il était temps de fermer la porte d'entrée, d'autant plus que la qualité des nouveaux arrivants laissait à désirer, au point que beaucoup d'entre eux étaient *indésirables*, et tout un arsenal de lois a été dirigé contre les immigrants de cette catégorie, notamment contre les Chinois. » REBOUD et GUITTON, **Précis d'écon. polit.**, t. I, p. 144.

— En parlant d'une personne dont on ne veut pas dans une communauté, un groupe... *Un individu indésirable. Il se sent indésirable parmi les siens.* V. **Trop** (de trop). *Par ext. Présence indésirable.* — Substant. *On le traite comme un indésirable.* V. **Intrus.**

2 « À toutes (*les tribus*), Israël paraît un nouvel arrivant, indésirable. » DANIEL-ROPS, **Peuple de la Bible**, p. 106.

INDESTRUCTIBLE. adj. (fin XVIIe s. ; de *in-*, et *destructible*). Qui ne peut ou ne semble ne pouvoir être détruit. *Matière indestructible.* V. **Éternel.** *Tissu indestructible.* V. **Inusable** (Cf. Facteur, cit. 13). *Monument indestructible* (Cf. Granit, cit. 6). *Marque, impression, écrit indestructible.* V. **Indélébile.** *Notre être demeure indestructible* (Cf. Exfoliation, cit.). — *Fig.* V. **Solide.** *Liaisons indestructibles* (Cf. Avarie, cit. 6). *Les liens indestructibles du mariage.* V. **Indissoluble** (Cf. Horripiler, cit. 2). *Une indestructible solidarité* (Cf. Envelopper, cit. 2). V. **Indéfectible, perpétuel.** *La plus indestructible des présences* (Cf. Absence, cit. 11).

1 « On a su avant nous que tous les êtres animés contenaient des molécules indestructibles toujours vivantes, et qui passaient de corps en corps. » BUFF., **Quadrup.**, t. II, p. 177 (in LITTRÉ).

2 « ... le haut mérite du Cid n'est pas dans l'invention ni du sujet ni des détails, mais dans l'élévation de la pensée, dans la forme vigoureuse, solide, indestructible du style et des vers. » GAUTIER, **Les grotesques**, IX, p. 296.

3 « Mortes partout, les vieilles croyances demeurent enracinées dans ce sol de granit. Les vieilles histoires aussi sont indestructibles dans ce pays ; et le paysan vous parle des aventures accomplies quinze siècles plus tôt comme si elles dataient d'hier, comme si son père ou son grand-père les avait vues. » MAUPASS., **Au soleil**, En Bretagne, p. 272.

4 « Mais les Marcenat tenaient trop à la fiction de l'amour indestructible qui unit parents et enfants pour supporter bien longtemps la réalité de l'indifférence. » MAUROIS, **Climats**, p. 68.

ANT. — **Destructible, fragile.**

DER. — **Indestructibilité.** *n. f.* (1737). Caractère de ce qui est indestructible. *Indestructibilité de la matière.* — **Indestructiblement.** *adv.* (1867). D'une manière indestructible.

INDÉTERMINABLE. *adj.* (1470 ; rare jusqu'au XVIIIe s. ; de *in-*, et *déterminable*). Qui ne peut être déterminé*, connu avec précision (*par ex.* par la mesure ou le calcul). *Grandeur indéterminable.*

1 « ... l'admission d'un fait sans cause, c'est-à-dire indéterminable dans ses conditions d'existence, n'est ni plus ni moins que la négation de la science. » Cl. BERNARD, **Introd. étude méd. expérim.**, I, II.

— *Par ext.* V. **Indéfinissable.** *Un vêtement usagé, de teinte indéterminable.* V. **Indécis.**

2 « Il avait un faux col de carton glacé, des cheveux raides, d'une couleur indéterminable,... » DUHAM., **Salavin**, III, XXII.

INDÉTERMINATION. *n. f.* (1600 ; de *in-*, et *détermination*). Manque de détermination.

‖ **1o** Caractère de ce qui n'est pas défini ou connu avec précision. *L'indétermination d'un texte de loi, du sens d'un passage.* V. **Confusion, imprécision, vague.** *La détermination* (cit. 3) *et l'indétermination en grammaire.*

1 « Les Latins, dans leur langue, ne haïssent pas un certain vague, une certaine indétermination de sens, un peu d'obscurité... » STE-BEUVE, **Cahiers**, in GIDE, **Journal**, 8 juin 1921.

2 « Il faut prendre son parti de cette incertitude et se dire, en manière de consolation, qu'on trouve de plus grandes et de plus fâcheuses indéterminations dans les éphémérides des peuples. » FRANCE, **Petit Pierre**, VIII.

3 « Cette indétermination partielle des données s'impose nécessairement à l'esprit, du moment que l'on se place en face de la réalité : c'est seulement à un point de vue purement abstrait que l'on pourrait essayer de concevoir un problème mécanique dans lequel les valeurs initiales seraient connues avec une précision *absolue.* » É. BOREL, **Le hasard**, p. 131.

— *Phys. Relations d'indétermination.* V. **Incertitude.**

— *Math. Indétermination d'un problème d'algèbre* (dont les données sont indéterminées).

‖ **2o** V. **Doute, incertitude, indécision, irrésolution.** État d'une personne qui n'a pas encore pris de détermination*, qui hésite. *Demeurer longtemps dans l'indétermination avant de se décider.* — *Par ext.* Caractère de celui, de celle qui prend difficilement une détermination. *Son indétermination est l'effet de sa pusillanimité.*

4 « Une image de l'Allemagne est toujours difficile, parce que, sous l'apparence d'une armature rigide, c'est le pays de l'indétermination, du perpétuel devenir, un pays passif, prêt à accepter n'importe quel nouvel avatar,... » SIEGFRIED, **L'âme des peuples**, V.

ANT. — **Détermination, résolution.**

INDÉTERMINÉ, ÉE. *adj.* (XIVe s. ; de *in-*, et *déterminé*).

‖ **1o** Qui n'est pas déterminé, précisé, fixé. V. **Imprécis, indéfini, vague.** *Un temps indéterminé en date* (Cf. Anciennement, cit. 2) *ou en durée* (Cf. Arrosage, cit. 2). *Reporter un rendez-vous à une date indéterminée. Un espace indéterminé, dont les limites ne sont pas fixées.* V. **Illimité.** *Un nombre indéterminé d'idées* (Cf. Assemblage, cit. 24). *Répondre en termes généraux* et *indéterminés. Le sens* de ce *mot est indéterminé* (Cf. Gouverner, cit. 27 ; il, cit. 19). *V.* **Flottant.** — *Par ext.* V. **Confus, flou, vaporeux.** *« La cime indéterminée des forêts »* (cit. 2 CHATEAUB.). *Des lointains indéterminés* (Cf. Feuillé, cit. 2).

1 « Le mot *indéterminée*... est un mot quelconque, géométriquement employé, sans éloquence, sans éclat. Sous la plume de Chateaubriand, il va prendre un prestige qui peindra tout un paysage lointain : «... la cime *indéterminée* des forêts ». ALBALAT, **L'art d'écrire**, p. 41.

— *Sentiments indéterminés.* V. **Incertain, indéfinissable.**

2 « L'incertaine joie que recèle tout sentiment indéterminé leur donnait en même temps de la langueur et de l'intelligence ;... » JALOUX, **Dernier jour création**, VIII.

— *Substant. L'indéterminé. Avoir horreur de l'indéterminé. Laisser dans l'indéterminé.* V. **Vague** (Cf. Humour, cit. 4). *Ennui* (cit. 26) *qui recherche l'indéterminé, l'infini.*

3 « Il se plaisait, avec les romantiques, dans le vague et l'indéterminé. » FRANCE, **Petit Pierre**, I.

— *Spécialt.* (Math. et Phys.). *Quantité indéterminée. Valeur indéterminée des variables. Exposant* (cit. 2) *indéterminé des fonctions exponentielles* (cit.). *Problème indéterminé, qui admet un nombre illimité de solutions, des données n'offrant pas une détermination* suffisante. — *Cause indéterminée,* inconnue, non identifiée. — *Substant. L'indéterminé.*

4 « Il se présente souvent en médecine des faits mal observés et indéterminés qui constituent de véritables obstacles à la science,... La science... ne saurait s'embarrasser de ces faits recueillis sans précision, n'offrant aucune signification,... En un mot, la science repousse l'*indéterminé*... » Cl. BERNARD, **Introd. étude méd. expérim.**, I, II.

‖ **2o** *Philos.* Non soumis au déterminisme* ; contingent*. V. **Indéterminisme.**

‖ **3o** *Peu usit.* V. **Indécis, irrésolu.** Qui n'a pas pris de détermination (2o) au sujet de ce qu'il doit faire. *Je suis encore indéterminé sur ce point.* — Qui se décide difficilement. *Benjamin Constant, le plus indéterminé des hommes.* — *Par ext. Caractère indéterminé. Désirs, souhaits indéterminés.* V. **Incertain ; fluctuant.**

5 « ... ceux qui entrent dans les magasins, indéterminés sur le choix des étoffes qu'ils veulent acheter :... » LA BRUY., XVI, 4.

ANT. — **Déterminé. Défini, distinct, fixe, précis, précisé. Certain, décidé, résolu.**

INDÉTERMINISME. *n. m.* (1865 Cl. BERNARD ; de *in-*, et *déterminisme**). *Philos.* Doctrine qui admet pour principe que les phénomènes sont indéterminés* (2o). *L'indéterminisme postulé par les partisans du libre arbitre*. L'indéterminisme a cherché des arguments dans les progrès de la physique moderne.*

1 « La question qui se pose est finalement de savoir... si l'interprétation actuelle (*de la physique microscopique*)... est une description « complète » de la réalité, auquel cas il faut admettre l'indéterminisme... ou si, au contraire, cette interprétation est incomplète et cache derrière elle... une réalité parfaitement déterminée et descriptible dans le cadre de l'espace et du temps par des variables qui nous seraient cachées, c'est-à-dire qui échapperaient à nos déterminations expérimentales. » L. de BROGLIE, **Nouv. perspect. en microphysique**, pp. 141-142.

— *Par ext.* Caractère d'un phénomène qui échappe ou échapperait au déterminisme. *Certains physiciens affirment l'indéterminisme des phénomènes à l'échelle intra-atomique.*

2 « ... il n'y a pas de lois dans l'indéterminisme ; il n'y en a que dans le déterminisme expérimental, et sans cette dernière condition, il ne saurait y avoir de science. » Cl. BERNARD, **Introd. étude méd. expérim.**, II, II.

3 « L'indéterminisme des phénomènes élémentaires est donc parfaitement conciliable avec le déterminisme des phénomènes macroscopiques et cela parce qu'il existe encore, même dans la Physique microscopique, des lois de probabilité. » L. de BROGLIE, **Physique et microphysique**, II, VII, p. 154.

INDÉTERMINISTE. *n.* (1873 ; de *in-*, et *déterministe*). Partisan de l'indéterminisme (*en philosophie, en physique*). — *Adjectiv. Philosophe, physicien indéterministe. École, théorie indéterministe.*

1 « ... la physique indéterministe repose sur la logique classique. » M. WINTER in J. BENDA, **Trahison des clercs**, p. 55.

2 « ... après avoir tenté de développer une interprétation concrète et déterministe conforme dans ses grandes lignes aux conceptions traditionnelles de la Physique, j'avais fini... par me rallier au point de vue probabiliste et indéterministe de MM. Bohr et Heisenberg. » L. de BROGLIE, **Nouv. perspect. en microphysique**, p. 115.

ANT. — **Déterministe.**

INDÉVOT, OTE. *adj.* (1420 ; de *in-*, et *dévot*). *Vx.* Qui n'est pas dévot. — *Substant. :*

« Le plus grand déplaisir qui puisse m'arriver au monde, c'est s'il me revenait que vous êtes un indévot, que Dieu vous est donc indifférent. » RAC., **Lettres**, 137, 3 juin 1695.

DER. — **Indévotion.** *n. f.* (1479). Manque de dévotion. V. **Impiété.**

INDEX. *n. m.* (1503 ; du lat. *index*, « indicateur »).

‖ **1o** Doigt* de la main le plus proche du pouce (ainsi nommé parce que ce doigt sert à indiquer, à montrer). *L'index de la main droite. Les deux index. Prendre un objet entre le pouce et l'index* (Cf. Froisser, cit. 18 ; geste 1, cit. 8 ; guilloché, cit. 1), *entre l'index et le médius* (Cf. Illusion, cit. 7). *Se gratter* (cit. 7) *le nez avec l'index ; secouer la cendre de sa cigarette* (cit. 3), *d'un mouvement de l'index.*

1 « Le soir, en rentrant dans sa chambre, il dansa une gavotte, en faisant des castagnettes avec son pouce et son index,... » HUGO, **Misér.**, V, V, II.

2 « Et puis, une tranche de ça ! » dit-elle, avec gourmandise, en pointant son index ganté vers une terrine de vulgaire pâté de foie. » MART. du G., **Thib.**, t. V, p. 158.

3 « ... levant l'index à sa bouche, elle me fit un signe de silence. » BOSCO, **Rameau de la nuit**, p. 104.

4 « Le barman désigna de l'index un point situé derrière le dos de Gomez. » SARTRE, **Mort dans l'âme**, p. 33.

— *Technol.* Objet mobile sur un cadran ou le long de repères gradués, et destiné à fournir des indications numériques.

5 « Très généralement, l'observation consiste à lire la position d'un index (repère, aiguille, spot, niveau, etc...), sur une graduation. » A. PÉRARD, **Les mesures physiques**, p. 19 (éd. P.U.F.).

‖ **2o** (XVIIe s.). Table* alphabétique des sujets traités, des noms cités dans un livre, accompagnés des références permettant de les retrouver (V. **Classement**). — *Index des auteurs cités. Index géographique, onomastique...*

6 « Index, tables de concordance, calendriers, annotations de chaque lettre, tableau des événements de l'année, un appareil prodigieux accompagne le texte (*de Sainte-Beuve*). » HENRIOT, **Romantiques**, p. 232.

— *Spécialt.* Table alphabétique du vocabulaire d'une langue, d'un écrivain. *Index de la langue latine. Index de la langue de Rabelais, du vocabulaire symboliste.* V. **Lexique.**

‖ 3° Spécialt. *L'Index* ou *Indice* (vx). Catalogue des livres dont le Saint-Siège interdit la lecture, pour des motifs de doctrine ou de morale. *Ce livre est à l'index. Mettre un livre à l'index. Index expurgatoire*. Congrégation de l'index,* commission de censure*, autrefois chargée d'examiner les livres nouveaux, et, s'il y avait lieu, de prononcer leur condamnation (Cet examen est, de nos jours, confié au Saint-Office).

7   « Il est temps, disait M..., que la philosophie ait aussi son index, comme l'Inquisition de Rome et de Madrid. Il faut qu'elle fasse une liste des livres qu'elle proscrit, et cette proscription sera plus considérable que celle de sa rivale. »
CHAMFORT, *Caractères et anecdotes*, Index de la philos.

8   « Ce fameux *index*, qui fait encore un peu de bruit de ce côté-ci des Alpes, n'en fait aucun à Rome : pour quelques bajocchi on obtient la permission de lire, en sûreté de conscience, l'ouvrage défendu. »
CHATEAUB., *M. O.-T.*, t. V, p. 38.

9   « *Port-Royal* fut à l'Index le 13 janvier 1845. Mais Sainte-Beuve pouvait se flatter d'avoir mis Port-Royal et le Jansénisme à la mode. »
BILLY, *Sainte-Beuve*, 41.

— *Fig.* (début XIX° s.). *Mettre* (quelqu'un ou quelque chose) *à l'index.* V. **Boycotter, condamner, exclure ; interdit** (jeter l'). *Médecin mis à l'index par ses confrères. Employeur mis à l'index par les syndicats.*

10   « Si quelqu'un ici savait que vous avez fait le voyage dans la même voiture, vous seriez mise à l'index pour le monde que vous voulez voir. »
BALZ., *Illus. perd.*, Œuvr., t. IV, p. 596.

11   « Je suis encore à l'index du pouvoir, et toujours signalé parmi les hommes dangereux. »
PROUDHON, in SAINTE-BEUVE, *Proudhon*, p. 25.

12   « ... l'échauffourée de Strasbourg, qui fit mettre le turbulent Louis-Napoléon à l'index par tous les Bonaparte. »
HENRIOT, *Portr. de femmes*, p. 393.

‖ 4° (XX° s.). Méd. *Index endémique, index de morbidité, de mortalité...* V. **Indice*.** — Écon. pol. *Index numbers* (mots angl.) : nombres indices.

13   « ... beaucoup d'économistes s'appliquent aujourd'hui à dresser ces tableaux connus sous le nom de *Index Numbers* ou, si l'on veut parler français, les *Nombres Indices.* »
Ch. GIDE, *Cours d'écon. polit.*, t. I, p. 87 (9° éd. 1926).

DER. — **Indexer.** v. tr. (Néol.). *Écon. polit.* Lier les variations d'une valeur économique à celle d'un élément de référence, d'un indice* déterminé. *Indexer un emprunt sur le cours de l'or. Emprunt à capital indexé sur l'indice officiel du coût de la vie.* — **Indexation.** *n. f.* Action d'indexer.

« Jusqu'à une époque récente, les emprunts publics et privés étaient libellés en monnaie légale... Certains émetteurs allemands, en 1922-24, ou français, à partir de 1952, ont mis au point des formules d'emprunts indexés dont les intérêts et le principal, exprimés en monnaie légale, sont périodiquement revalorisés en fonction de la hausse des prix affectant « l'indice-étalon » (louis d'or, kilowatt-heure, tonne de charbon, indice des prix de détail, etc.). »
G. FAIN in **Dict. des Sciences écon.**, t. I, Emprunt.

INDIANISME, INDIANISTE. V. INDIEN (*dér.*).

INDICAN. *n. m.* (1873 P. LAROUSSE ; du lat. *indicum*, « indigo »). Glucoside extrait des feuilles de l'indigotier (*indigofera*). *L'indican, corps amorphe, soluble dans l'eau et l'alcool, contient le principe colorant de l'indigo*. À l'état normal, l'urine contient des traces d'indican, résultat de l'élimination de l'indol*.*

INDICATEUR, TRICE. *n.* (1498 ; empr. au lat. *indicator*, de *indicare*. V. **Indiquer**).

‖ 1° Celui, celle qui dénonce* un coupable, un suspect ; celui, celle qui se met à la solde de la police pour la renseigner. V. **Agent** (agent secret), **dénonciateur, donneur** (*arg.*) ; **espion*** (Cf. *pop.* Mouchard, mouton). *La police entretient des indicateurs de toute espèce* (Cf. Gros, cit. 31). — REM. LITTRÉ en 1867 et HATZFELD à la fin du XIX° s. donnaient ce sens comme *vieilli.* Il est redevenu bien vivant au XX° siècle.

1   « Ainsi, dans un État où il y a des esclaves, il est naturel qu'ils puissent être indicateurs ;... »   MONTESQ., **Espr. des lois**, XII, 15.

2   « Est-ce vrai, ce qu'on prétend, que les malfaiteurs ne sont presque jamais trouvés par la police elle-même ? qu'ils sont donnés par des indicateurs, spécialement par des femmes ? »
ROMAINS, *H. de b. vol.*, t. I, XIX, p. 212.

3   « Il y a la maison de rendez-vous... La mère maquerelle était sûrement une indicatrice. »   ID., *Ibid.*, t. III, XVII, p. 234.

‖ 2° (1792). Livre, brochure ou journal donnant des renseignements divers. *Indicateur des rues de Paris. Indicateur immobilier.* V. **Guide.** *L'indicateur des chemins* (cit. 4) *de fer,* qui indique les heures de départ et d'arrivée des trains dans les différentes gares. V. **Horaire.** *Consulter* (cit. 7) *l'indicateur. — L'indicateur des heures des marées.*

4   « Richardley ferma l'indicateur qu'il était en train de consulter, et leva vers Jacques son museau pointu ;... »
MART. du G., **Thib.**, t. VI, p. 45.

5   « Ce matin, j'ai consulté l'Indicateur des Chemins de fer : en supposant qu'elle (*Anny*) ne m'ait pas menti, elle partirait par le train de Dieppe à cinq heures trente-huit. »   SARTRE, **La nausée**, p. 194.

‖ 3° (XIX° s.). *Technol.* Nom donné à de nombreux instruments servant à fournir diverses indications. *Indicateur de marées.* V. **Marégraphe.** *Indicateur de niveau. Indicateur de pression* (V. **Manomètre**), *d'altitude* (V. **Altimètre**), *de vitesse* (d'un avion, d'une automobile...). V. **Compteur.** *Indicateur de direction d'un navire.* V. **Axiomètre.** — *Indicateur de Watt,* mesurant le travail de la vapeur dans les cylindres d'une machine. — *Par ext.* (Chim.) *Indicateurs colorés,* substances organiques dont la couleur change selon la nature chimique du milieu où on les place (*par ex.* : le tournesol).

— *Adjectiv.* (Ponts et chauss.). *Poteau indicateur. Plaque, borne indicatrice.* — (Turf). *Tableau, panneau indicateur,* qui porte à la connaissance du public les numéros des chevaux engagés, les résultats de chaque course...* (Cf. Hippodrome, cit. 3).

6   « Quand donc on marche sur une route, c'est une joie, phénomène mystérieux et profond, que de lire les plaques des poteaux indicateurs. On sait très bien où l'on va. On sait très bien où. l'on passe. On sait très bien où l'on est... Allez expliquer ça. »
PÉGUY, **Note conjointe...**, p. 317.

INDICATIF, IVE. *adj.* (XIV° s. ; empr. au lat. *indicativus*). Qui indique. *Signe indicatif d'une maladie. Ce symptôme est indicatif d'une crise* (ACAD.). *Ci-joint le catalogue des prix, à titre indicatif.* Mar. *Colonne indicative des marées.* Dr. *État indicatif de...,* bordereau qui porte l'indication de... *Etat indicatif des dépenses.*

1   « ... les symptômes qu'elle a sont indicatifs d'une vapeur fuligineuse... »   MOL., *Am. méd.*, II, 5.

2   « ... les êtres humains se divisent en quatre groupes (*sanguins*),... Il existe environ trente sous-groupes, dont l'influence réciproque est moins marquée. Dans la transfusion, cette influence est négligeable mais elle est indicative de l'existence de ressemblances et de différences entre des groupes plus restreints. »   CARREL, **L'homme, cet inconnu**, p. 288.

‖ *Spécialt.* ‖ 1° Gramm. *Mode* indicatif,* et substant. m. *L'indicatif :* « Système des formes verbales dont l'emploi convient pour présenter un procès* comme simplement énoncé..., sans aucune interprétation » (MAROUZEAU). *Dans les expressions :* « Il est arrivé », « Je crois qu'elle s'est trompée », « Pensez-vous qu'il a déjà fini ? » *les verbes sont à l'indicatif.* — *Par opposition au subjonctif*, mode de la représentation subjective, l'indicatif est un mode exclusivement intellectuel :* « Ce qui semble caractériser ce mode, c'est... qu'il se borne à indiquer l'action d'une façon objective, sans plus... Il la présente seulement comme un concept de l'esprit où le cœur n'intervient pas » (G. et R. LE BIDOIS, Synt. du franç. mod., t. I, § 811). — *L'indicatif est un mode personnel*, c'est-à-dire que chacun de ses temps se conjugue aux trois personnes du singulier et aux trois personnes du pluriel. — En français, l'indicatif a huit temps* :* le présent, l'imparfait (cit. 9), le passé simple (ou *défini*), le passé composé (ou *indéfini*), le plus-que-parfait, le passé antérieur, le futur et le futur antérieur, auxquels il faut ajouter les temps surcomposés*. *Conjuguer un verbe au présent de l'indicatif, à l'indicatif présent. Emploi de* SI* *avec l'indicatif* (Cf. Français, cit. 19).

3   « L'indicatif, en français comme en latin, est le mode du *fait*, de l'*action réalisée.* L'indicatif *constate* ce qui est, ce qui a été, ce qui sera : c'est le mode *objectif,* alors que le subjonctif est le mode *subjectif,* le mode de l'action conçue par l'esprit, et que le conditionnel est le mode de l'action douteuse, éventuelle. »
BRUNOT et BRUNEAU, **Précis de gramm. hist.**, § 808, p. 524.

‖ 2° N. m. T. de Radio. *Indicatif d'appel* (1873). Appellation conventionnelle formée de lettres et de chiffres particulière à chaque émetteur récepteur télégraphique ou radiophonique. *Indicatif d'appel d'un navire, d'un avion...* V. **Signal** (distinctif).

4   « ... le poste du *Cyclone* attaquait, pendant des heures, le silence ; il répétait sans se lasser les lettres de l'indicatif d'appel... Rien ne répondait plus,... »   R. VERCEL, **Remorques**, p. 66.

— Fragment musical qui annonce une émission radiophonique régulière.

INDICATION. *n. f.* (1333 ; empr. au lat. *indicatio*). — REM. Ce mot, spécialisé à la médecine au XVI° s., semble inusité aux XVII° et XVIII° s. LITTRÉ n'en donne aucune illustration littéraire.

‖ 1° Action d'indiquer* ; résultat de cette action. *Indication d'un lieu avec l'index*. Indication d'un virage sur un panneau routier. L'indication de la matière d'un produit* (Cf. Fantaisie, cit. 12), *de son prix sur l'étiquette. L'indication d'origine est obligatoire pour les produits importés. Il fut arrêté dans la foule sur l'indication d'un tel* (LITTRÉ). V. **Avis.** *Je me suis adressé à cette maison sur l'indication de X.*

— Ce qui indique, révèle quelque chose. V. **Annonce, indice, marque, signe.** *Sa fuite est une indication de sa culpabilité.* — *Spécialt.* Dr. *Indication de paiement :* écriture mise par un créancier sur un titre resté en sa possession, ou sur le double d'un titre ou d'une quittance aux mains du débiteur, et qui fait foi lorsqu'elle tend à libérer ce dernier, quoique non signée ni datée par le créancier. — Méd. (*Vx*). Signe, symptôme. « *La difficulté d'urine est un signe, une indication de la pierre* » (FURETIÈRE).

1 « Les chirurgiens et médecins usent de ce mot indication qui est propre à eux et hors de l'usage du vulgaire. »   PARÉ, Intr., 22.

‖ 2° Ce qui est indiqué. *Indications nécessaires pour utiliser un objet. Les indications de la table des matières.* V. **Renvoi.** *Indications qui permettent d'imaginer quelque chose* (Cf. Étaler, cit. 22). *Une indication vague, grossière* (Cf. Couleur, cit. 6). *Avoir besoin d'indications précises* (Cf. Français, cit. 10), *chercher des indications* (Cf. Compte, cit. 30). *Donner de bonnes indications.* V. **Renseignement, tuyau** (Cf. Gouverne, cit. 1). *Voyez le chef de service qui vous fournira toutes les indications utiles.* V. **Renseigner** (Cf. Mettre sur la voie*). *Ne donner aucune indication sur l'édition* (cit. 4 NERVAL) *originale d'un livre. Ouvrage sans indication de date. Sans autre indication. Suivre les indications de quelqu'un.* V. **Directive.** *C'est sur mes indications qu'il a fait telle chose. Les indications du médecin* (HATZFELD). V. **Prescription.**

2 « Si j'entre là à cette heure, c'est surtout pour m'enquérir de la procession de demain, interroger les prêtres, qui passent comme de petites ombres perdues dans l'immensité des colonnades : mais les indications que j'obtiens sont vagues et contradictoires : ce sera cette nuit ou plus tard ; ça dépendra du temps ; ça dépendra de la lune... »   LOTI, L'Inde (sans les Anglais), IV, II.

3 « Mais tu connais sûrement des gens influents et nous en avons des preuves tangibles. Alors, va les voir et tâche de leur arracher des indications. »   DUHAM., Cri des profondeurs, IX.

4 « ... malgré les indications favorables données par les statistiques, il valait mieux ne pas encore crier victoire. »   CAMUS, La peste, p. 298.

5 « ... les mobilisés arrivaient, passaient devant le corps de garde, puis s'arrêtaient, cherchant une indication. Au fond de la cour... des groupes contemplaient des écriteaux. »   CHARDONNE, Destin. sentim., p. 341.

6 « ... elle (*Hortense Allart*) resta l'amie de Sainte-Beuve et continua de lui écrire et de le servir, comme un très intelligent secrétaire, en attirant son attention sur tel ouvrage qui pouvait être utile à ses travaux, sur tel écrivain qu'elle avait connu ; et certaines de ses indications, toujours justes et réfléchies, ont passé directement de ses lettres dans les études du lundiste. »   HENRIOT, Portr. de femmes, p. 294.

— *Spécialt.* En parlant de ce qui est indiqué sur une toile. V. **Esquisse.**

7 « L'essentiel, disait le peintre, c'est de voir simple. Des indications schématiques... de grandes masses... Il ne s'agit pas de traduire avec une exactitude puérile... »   MAUROIS, Disc. Dr O'Grady, p. 178.

— *Méd. Indication thérapeutique*, et absolt. *Indication*, cas où une médication, un traitement est utile, indiqué. *Les indications d'un médicament, d'une eau minérale, d'une cure, d'une intervention chirurgicale... Ces cachets ont de nombreuses indications : migraines, névralgies, grippe, sciatique...*

8 « Et puis ne vous imaginez pas qu'à la suite d'une conversation comme celle-ci, vous pourrez de but en blanc spécialiser votre source, lui trouver ses indications thérapeutiques, son mode d'emploi. »   ROMAINS, H. de b. vol., t. V, XIV, p. 105.

COMP. — Contre-indication.

INDICE. *n. m.* (XIIe s. *endice* ; empr. au lat. *indicium*, rac. *index*).

I. ‖ **1°** Signe apparent qui indique avec probabilité. V. **Enseigne** (*vx*), **marque, signe.** *Léger, faible indice. Les premiers indices de la feuillaison.* V. **Ébauche.** *L'indice d'une embuscade* (cit. 2). *Indices physiques par lesquels l'homme trahit sa pensée* (Cf. Expression, cit. 35). *Contenance, expression qui est un indice de remords* (Cf. Bas 1, cit. 11) ; *l'indice d'un débat intérieur...* V. **Déceler, indiquer, montrer, révéler.** *Il guette le moindre indice de lassitude chez son adversaire.* V. **Trace.** *Attitude qui est l'indice d'une grande complaisance* (Cf. Esclave, cit. 8). *Cette solution équivoque* (cit. 9) *est un nouvel indice de l'impuissance de l'assemblée.* — *Absolt. Les indices du ciel*, les signes du ciel (Cf. Éprendre, cit. 3).

1 « Déjà dans l'ameublement du salon où Francesca l'avait reçu, dans sa toilette et dans les petites choses qui lui servaient, Rodolphe avait reconnu les indices d'une nature élevée et d'une haute fortune. »   BALZ., Albert Savarus, Œuvr., t. I, p. 789.

2 « La forêt fouillée dans ses profondeurs, l'Aube et les départements environnants parcourus dans toute leur étendue, n'offrirent pas le moindre indice du passage ou de la séquestration du comte de Gondreville. »   ID., Ténébreuse affaire, Œuvr., t. VII, p. 583.

3 « C'est justement l'indice d'une vocation, qu'elle soit impérieuse. »   MART. du G., Thib., t. III, p. 281.

— *Les indices d'une maladie* (V. **Symptôme**), *d'une lésion* (Cf. Examen, cit. 9).

4 « ... repris par son attention professionnelle, il cherchait, au fil de ce bavardage, à rassembler des indices capables de le renseigner sur l'état physiologique de la malade. »   MART. du G., Thib., t. VII, p. 101.

— *Avoir des indices de quelque chose.* V. **Argument, indication, preuve, renseignement** (Cf. Communiquer, cit. 2). *Avoir des indices de la trahison de quelqu'un. Juger quelqu'un sur de faibles indices.* — *Spécialt. Dr.* Fait* connu qui sert à constituer la preuve par présomption. V. **Présomption.**

5 « Et sur quoi le crois-tu ?... — Je le crois... sur ce que je le crois. — Mais il est nécessaire de dire les indices que vous avez. »   MOL., Av., V, 2.

6 « On a des indices presque certains que son père et sa mère... étaient des étrangers de la première distinction... »   MARIVAUX, Vie de Marianne, 7e part.

7 « On ne devait pas condamner les gens sur de simples soupçons, des indices vagues ;... »   FLAUB., Éduc. sentim., II, II.

8 « ... sur des indices vagues qu'il complète et relie à force d'imagination, il forge un coup d'État, il fait des interrogatoires, des visites domiciliaires, des descentes nocturnes, des arrestations,... »   TAINE, Origines France contemp., t. III, p. 209.

9 « ... c'est un peu l'histoire du mari trompé qui jusque-là n'avait eu que de vagues appréhensions. Un beau jour, un certain nombre d'indices s'arrangent si bien, concordent d'une manière si éloquente : la personne du rival, les heures d'absence de sa femme, les boniments qu'elle lui a contés... »   ROMAINS, H. de b. vol., t. I, X, p. 106.

10 « La preuve par présomptions est une *preuve indirecte*, qui est la mise en œuvre d'un raisonnement par induction : on part d'un fait connu, dénommé *indice*, pour remonter jusqu'au fait contesté. Comme l'expérience démontre que tel fait (l'indice) est en liaison normale avec tel autre fait (le fait contesté), on considère le fait contesté comme établi, dès lors que l'on est en présence de l'indice. »   DALLOZ, Nouveau répert., Preuve, § 152.

‖ **2°** *Vx.* Dénonciation.

11 « Si pourtant quelque grâce est due à mon indice, Faites périr Euphorbe au milieu des tourments. »   CORN., Cinna, V, 3.

II. *T. de Sciences.* Indication numérique ou littérale.

‖ **1°** Qui sert à caractériser un signe. — *Math.* Caractère de petite taille qui se place en bas et à droite de la lettre qu'il caractérise : a_0, a_1, a_n se lisent *a indice zéro, a indice un, a indice n.* (Ex. : Les positions M_1, M_2, M_3,... M_n d'un point M qui se déplace). — Caractère que l'on place entre les branches d'un radical pour indiquer le degré de la racine (Ex. : $\sqrt[3]{8} = 2$, $\sqrt[n]{abc}$).

‖ **2°** Qui sert à exprimer un rapport. — *Phys. Indice de réfraction* de la lumière : rapport du sinus de l'angle d'incidence* au sinus de l'angle de réfraction (Cf. Grandeur, cit. 41).

— *Chim.* (XXe s.) *Indice d'octane d'un carburant*, pourcentage déterminant son pouvoir antidétonant. V. **Octane.**

— *Anthropom.* (fin XIXe s.) Rapport entre deux dimensions d'une partie du squelette. *Indice céphalique :* rapport entre les diamètres transverse et antéro-postérieur du crâne.

— *Méd. Indice biliaire*, chiffre qui indique la concentration du plasma en pigments biliaires. *Indice thérapeutique*, rapport entre la dose curative et la dose toxique d'un médicament.

12 « ... le taux de cicatrisation d'une plaie cutanée varie de façon continue en fonction de l'âge du patient. On sait que la marche de la réparation peut être calculée à l'aide de deux équations établies par du Noüy. La première fournit un coefficient, nommé indice de cicatrisation, qui dépend de la surface et de l'âge de la plaie. En introduisant cet indice dans une seconde équation, on peut, par deux mesures faites à un intervalle de quelques jours, prédire la marche future de la cicatrisation. Cet indice est d'autant plus grand que la plaie est plus petite et que l'homme est plus jeune. »   CARREL, L'homme, cet inconnu, V, II.

— *Écon. polit.* (début XXe s.). *Indice des prix ou nombres-indices* (de l'angl. *index-numbers*, 1867. V. **Index** (cit. 13). Nombre indiquant le rapport entre le prix moyen unitaire d'un article à une période donnée, et celui de ce même article à une période choisie comme base, où il est exprimé par le nombre 100 (*Indice unitaire*). *Produit qui est passé de l'indice 100 à l'indice 350. Table, tableau d'indices. Indice général des prix :* moyenne arithmétique des indices unitaires d'articles spécialement choisis, et qui exprime en gros les variations du coût de la vie. *Indice pondéré :* indice unitaire obtenu en corrigeant le prix moyen unitaire par un coefficient proportionnel aux quantités achetées et vendues pendant l'année de base (Cf. Coefficient de pondération*). *Système liant le taux du salaire minimum à l'indice du coût de la vie.* V. **Échelle** (mobile). — *Indices de la production.*

13 « On considère un certain nombre de prix choisis de telle façon que leur variation puisse représenter, avec un degré suffisant d'exactitude, les variations de l'ensemble des prix ; avec ces prix, on forme des tableaux d'indices (nombre-indice, *index-number*) qui permettent de raisonner sur l'ensemble des prix en partant de quelques-uns seulement. »   H. TRUCHY, Écon. polit., t. I, VI, VI, I.

14 « Les indices simples et même les indices avec poids (pondérés) ne nous renseignent... qu'imparfaitement sur les variations du pouvoir d'achat de la monnaie. En effet, les premiers sont établis en accordant la même importance à chaque article, et dans l'élaboration des uns et des autres on néglige les prix de tous les services (prix de la main d'œuvre, des transports, honoraires des médecins, les impôts, etc.), et ceux d'un grand nombre de marchandises. Mais nous ne disposons d'aucun autre moyen pour apprécier les changements du pouvoir d'achat de la monnaie. »   REBOUD et GUITTON, Précis d'écon. polit., I, p. 478.

15 « Dans les tableaux statistiques, afin d'éviter de trop nombreuses virgules, les coefficients sont multipliés par 100 et sont alors dénommés indices, du fait qu'ils sont basés sur un index... Par exemple, on dira qu'à l'époque x, dite alors base 100, la production était à l'indice 100 (coefficient 1) et qu'à l'époque y elle est à l'indice 139,4 (*coefficient 1,394*). »   J. ROMEUF, Dict. Sciences écon., Indices.

DER. — **Indiciaire.** *adj.* (XVIᵉ s. *table indiciaire*, « index »). Dr. *Impôt* indiciaire :* « impôt dont l'assiette est déterminée par certains indices, généralement par des signes extérieurs » (CAPITANT, Impôt).

INDICIBLE. **adj.** (1452 ; empr. au bas lat. *indicibilis*, rac. *dicere*, « dire »). Qu'on ne peut dire, exprimer. V. **Indescriptible, inexprimable.** *Douleur fulgurante* (cit. 4) *et indicible. Une épouvante indicible* (Cf. Épigastre, cit. ; glacer, cit. 32). *Être tourmenté par une angoisse* (cit. 12) *indicible* (Cf. Contraction, cit. 1). *Joie indicible.* V. **Ineffable.** *Indicible et incroyable méchanceté* (Cf. Cataclysme, cit. 2 RAB.). *Un charme indicible.* V. **Indéfinissable.**

1   « Il en est d'autres (*âmes*) sur lesquelles il (*Dieu*) verse abondamment ces plaisirs secrets et indicibles. »   MASS., **Mystères**, Assomption.

2   « Comment exprimerai-je une peine indicible ? »   MUSS., **Poés. nouv.**, Lettre à Lamartine.

3   « Nous restâmes là jusqu'à l'aurore, incapables de bouger, de dire un mot, crispés dans un affolement indicible. »   MAUPASS., **Contes de la bécasse**, La peur.

4   « Un Génie apparut, d'une beauté ineffable, inavouable même. De sa physionomie et de son maintien ressortait la promesse d'un amour multiple et complexe ! D'un bonheur indicible, insupportable même ! »   RIMBAUD, **Illuminations**, Conte.

5   « Et quand la fatigue nous prend de l'éternel combat inutilement livré contre la médiocrité des vices et des vertus, c'est un bien indicible de se retremper dans cet océan de volonté et de foi. Il se dégage de lui une contagion de vaillance, un bonheur de la lutte, l'ivresse d'une conscience qui sent en elle un dieu. »   R. ROLLAND, **Vie de Beethoven**, p. 77.

DER. — **Indiciblement.** *adv.* (1528). D'une manière indicible (*peu usit.*). — **Indicibilité.** *n. f.* (néol.). Caractère de ce qui est indicible.

« Le Beau implique des effets d'indicibilité, d'indescriptibilité, d'ineffabilité. Et ce terme lui-même ne dit RIEN. Il n'a pas de définition, car il n'y a de vraie définition que par construction. »   VALÉRY, **Mélange**, p. 161.

INDICT. *n. m.* (*Vx.* Syn. INDICTION).

INDICTION. *n. f.* (1120 ; empr. au bas lat. *indictio*, de *indicere*, « publier »).

‖ 1° *T. de chronol.* Période budgétaire de quinze ans au Bas-Empire, dont le budget était fixé à l'avance. *L'indiction est encore en usage comme unité chronologique dans les bulles de la papauté* (V. **Comput**).

‖ 2° *T. de Relig.* Fixation à un jour dit. *Indiction d'un concile, d'un synode.* V. **Convocation.**

— Prescription*. *Indiction d'un jeûne.*

« L'indiction d'un jeûne imposé à tout le corps des fidèles. »   MASS., **Carême**, Jeûne.

INDIEN, ENNE. *n.* et *adj.* (XVIᵉ s. RAB., V, 40 ; bas lat. *indianus*, « qui séjourne en Inde »).

‖ 1° Personne qui est née aux Indes, habite les Indes. *Un Indien, une Indienne. Indiens musulmans. Indiens adeptes de l'hindouisme.* V. **Hindou.** — REM. On emploie abusivement *hindou* au sens général d'*Indien*, à cause du sens 2° d'*indien*.

1   « Les Indiens domptés sont vos moindres ouvrages : »   RAC., **Alexandre le Grand**, III, 6.

2   « ... les peuples les plus anciennement connus, Persans, Phéniciens, Arabes, Égyptiens, allèrent, de temps immémorial, trafiquer dans l'Inde, pour en rapporter les épiceries que la nature n'a données qu'à ces climats, sans que jamais les Indiens allassent rien demander à aucune de ces nations. »   VOLT., **Essai s. l. mœurs**, Introd., De l'Inde.

— Adj. *Le peuple indien. Ministre indien. Océan indien. Coq* indien* ou *coq d'Inde. Chanvre indien pour la fabrication du haschisch* (cit. 2 et 4).

‖ 2° Indigène d'Amérique (nom donné par les navigateurs du XVᵉ s. qui se croyaient arrivés aux Indes par la route de l'Ouest). *Les Indiens se peignaient le visage en rouge.* V. **Peau-Rouge.** *Les réserves d'Indiens aux États-Unis. Indien caraïbe* (Cf. Boucaner, cit. 2).

3   « Indiens infortunés, que j'ai vus errer dans les déserts du nouveau monde avec les cendres de vos aïeux,... »   CHATEAUB., **Atala**, Épilogue.

4   « Cela se passait, comme toujours, chez les Peaux-Rouges, et le héros de l'ouvrage était un trappeur aux rudes manières, qui conduisait les Visages pâles dans les Montagnes Rocheuses, à la conquête d'un trésor gardé par les *Indiens*. »   DORGELÈS, **Route des Tropiques**, p. 11.

5   « Le nom d'Indiens, communément donné aux indigènes d'Amérique, consacre une erreur puisqu'ils ne leur fut attribué par les Espagnols que parce que ceux-ci avaient cru atteindre les Indes. Le terme de race rouge n'est pas plus juste... En fait les Amérindiens ont la peau blanc jaunâtre ou brune, jamais rouge... C'est pour éviter toute confusion que les anthropologistes ont créé le terme, suffisamment explicite par lui-même, d'Amérindiens. Il englobe tous les indigènes de l'Amérique à l'exception des Eskimo (sic). »   H. V. VALLOIS, **Les races humaines**, p. 96 (éd. P.U.F.).

— Adj. *Anciennes civilisations indiennes* (V. **Aztèque, inca...**). *Chef indien* (V. **Sachem**), *guerrier indien.* — *Marcher à la file* (cit. 9) *indienne* (Cf. *aussi* Artisanal, cit.). *Nage* indienne,* et substant. *Nager à l'indienne.*

6   « ... les premiers Français qui s'établirent au Biloxi et à la Nouvelle-Orléans firent alliance avec les Natchez, nation indienne dont la puissance était redoutable dans ces contrées. »   CHATEAUB., **Atala**, Prologue.

DER. — **Indienne.** — **Indianisme.** *n. m.* (1867). Caractère indien. Idiotisme* propre aux langues de l'Inde. Étude des langues et des civilisations de l'Inde. — **Indianiste.** *n.* (1862 RENAN). Celui, celle qui s'occupe d'indianisme.

« La chaire de sanscrit, annulée en France pour une génération comme elle l'est déjà en Angleterre, c'est un coup trop fort pour nos études », m'écrivait hier même un des plus illustres indianistes de l'Europe. »   RENAN, **Quest. contemp.**, Œuvr., t. I, p. 141.

INDIENNE. *n. f.* (1632 ; de *indien*). Toile* de coton peinte ou imprimée (Cf. Alapin) qui se fabriquait primitivement aux Indes. *Robe d'indienne. Fabrique* (cit. 3) *d'indiennes.*

1   « Élisabeth n'avait jamais porté que des robes d'indienne en été, de mérinos en hiver, et les faisait elle-même ; ... »   BALZ., **Les employés**, Œuvr., t. VI, p. 902.

2   « ... un grand lit à baldaquin revêtu d'une indienne à personnages représentant des Turcs. »   FLAUB., **Mᵐᵉ Bovary**, I, II.

3   « ... l'étoffe était de l'indienne à mille raies, lilas, rose ou bleue. »   GAUTIER, **Voyage en Russie**, p. 41.

DER. — **Indiennerie.** *n. f.* (1869). Fabrication des indiennes. *Par ext.* Les indiennes elles-mêmes.

INDIFFÉREMMENT (*-fé-ra-man*). *adv.* (1314 ; de *indifférent*).

‖ 1° Sans distinction, sans faire de différence. *Se servir indifféremment de deux mots* (Cf. An, cit. 20 ; aussi, cit. 17). *Soutenir indifféremment le pour et le contre. Manger indifféremment de tout* (Cf. Gober, cit. 2). *Supporter indifféremment n'importe quelle compagnie* (Cf. Extravagant, cit. 1). *Méthode applicable* (cit. 2) *indifféremment à chacun. Lire indifféremment toutes sortes de livres.* V. **Indistinctement.**

1   « ... confondre les personnes, et les traiter indifféremment et sans distinction des conditions et des titres. »   LA BRUY., IX, 43.

2   « ... il (*le phoque*) ne craint ni le froid, ni le chaud ; il vit indifféremment d'herbe, de chair ou de poisson ; il habite également l'eau, la terre et la glace ;... »   BUFF., **Hist. nat. anim.**, Les phoques.

3   « Le magicien... traça sur le sol les mots ABLANATANALBA et ONORARONO qui peuvent se lire indifféremment de droite à gauche ou de gauche à droite,... »   APOLLINAIRE, **L'Hérésiarque...**, p. 99.

‖ 2° *Vieilli.* Avec indifférence, avec froideur. *Flegme permettant de recevoir indifféremment les plus grands désastres* (Cf. Échapper, cit. 38 LA BRUY.).

4   « ... ils viennent entendre indifféremment la parole de Dieu... »   BOURDAL., **Dominic.**, Serm. p. dim. Sexagés., Parole de Dieu, I.

INDIFFÉRENCE. *n. f.* (1377 ; de *indifférent*).

I. État de celui qui est indifférent*.

‖ 1° *Absolt.* À l'égard de tout et de tous, sans douleur ni plaisir, sans crainte ni désir. *État d'indifférence, d'indifférence totale, absolue...* V. **Apathie, assoupissement, ataraxie** (cit. 2), **désintéressement, indolence, insensibilité, nonchaloir.** *Indifférence voisine de l'anesthésie* (cit. 2). *Préférer la folie* (cit. 11) *des passions à la sagesse de l'indifférence.*

1   « C'est la vie, elle est préférable avec ses blessures et ses douleurs, aux noires ténèbres du dégoût, au poison du mépris, au néant de l'abdication, à cette mort du cœur qui s'appelle l'indifférence. »   BALZ., **Béatrix**, Œuvr., t. II, p. 565.

2   « Cette nuit passera, comme toutes les nuits ; le soleil se lèvera demain : elle est assurée d'en sortir, quoi qu'il arrive. Et rien ne peut arriver de pire que cette indifférence, que ce détachement total qui la sépare du monde et de son être même. »   MAURIAC, **Thérèse Desqueyroux**, p. 156.

3   « Je n'aime point l'humble résignation. Job a une âme d'esclave. Il n'atteint pas à la sérénité, mais seulement a une vertu très médiocre : l'indifférence. »   CONSTANTIN-WEYER, **Source de joie**, X, p. 186.

4   « La vieillesse est le sentiment qu'il est trop tard, que la partie est jouée, que la scène appartient désormais à une autre génération ; le vrai mal de la vieillesse n'est pas l'affaiblissement du corps, c'est l'indifférence de l'âme. »   MAUROIS, **Art de vivre**, V, 5.

‖ 2° À l'égard d'une chose, d'un événement... (exprimé ou sous-entendu). V. **Dédain, détachement.** *Indifférence pour quelque chose* (Cf. Ataraxie, cit. 1 ; attachement, cit. 2 ; gentillesse, cit. 2 ; glacer, cit. 16). *Indifférence aux événements* (Cf. Épuisement, cit. 4), *à l'attrait du plaisir* (Cf. Hédoniste, cit.). *Indifférence sexuelle.* V. **Inappétence.** *L'indifférence, effet de l'habitude* (cit. 32). *Affronter* (cit. 3) *la mort avec indifférence.* V. **Équanimité, flegme, impassibilité.** *Ambitieux qui affecte l'indifférence. Œuvre qui rencontre l'indifférence du public* (Cf. Critique 2, cit. 20). *Hausser les épaules pour marquer son indifférence. Indifférence en matière politique.* V. **Abstention, neutralité.** *Ne manifester qu'indifférence devant une nouvelle, un drame.* V. **Rien** (cela ne lui fait absolument rien). *Expression d'indifférence.* V. **Baste 1, tant** (tant pis).

5   « Quand nos amis nous ont trompés, on ne doit que de l'indifférence aux marques de leur amitié, mais on doit toujours de la sensibilité à leurs malheurs. »   LA ROCHEF., **Réflex. et max.**, 434.

6   « L'indifférence, j'en conviens, est une qualité des hommes d'État, mais des hommes d'État sans conscience. Il faut savoir regarder d'un œil sec tout événement, avaler des couleuvres comme de la malvoisie, mettre au néant, à l'égard des autres, morale, justice, souffrance, pourvu qu'au milieu des révolutions on sache trouver sa fortune particulière. »   CHATEAUB., **M. O.-T.**, t. V, p. 139.

7 « Et si on leur annonçait un résultat, ils faisaient mine de s'y intéresser, mais ils l'accueillaient en fait avec cette indifférence distraite qu'on imagine aux combattants des grandes guerres,... n'espérant plus ni l'opération décisive, ni le jour de l'armistice. »
CAMUS, La peste, p. 208.

— Vx. *Indifférence de...* suivi de l'infinitif.

8 « ... des hommes qui vivent dans l'indifférence de chercher la vérité d'une chose qui leur est si importante et qui les touche de si près. »
PASC., Pens., III, 195.

— Spécialt. *Indifférence en matière de religion, indifférence religieuse,* état d'esprit consistant à ne pas se poser le problème religieux, ou à nier son importance. V. **Agnosticisme, athéisme, incrédulité, irréligion, scepticisme.** *Vivre dans l'indifférence de la religion, des religions* (Vx. Cf. Ennemi, cit. 10). Absolt. *L'indifférence* (Cf. Évagation, cit. ; hérésiarque, cit. 2). Littér. *Essai sur l'indifférence en matière de religion,* œuvre de Lamennais (1817-1823).

9 « Cette âme patiente, tranquille, immuable dans ses projets, n'avait qu'une ambition, qu'un plaisir au monde : celui de lutter avec ses simples forces contre l'irréligion et l'*indifférence* répandues en France. »
STENDHAL, Le rose et le vert, V.

10 « Eudes s'unit à l'émir et lui donna sa fille. Cette étrange alliance, dont il n'y avait pas d'exemple, caractérise de bonne heure l'indifférence religieuse dont la Gascogne et la Guienne nous donnent tant de preuves... le pays d'Henri IV, de Montesquieu et de Montaigne n'est pas un pays de dévots. »
MICHELET, Hist. de France, II, II.

11 « Ce pays où l'indifférence en matière de religion est si commune, est aussi le pays des plus récents miracles. »
VALÉRY, Regards s. monde actuel, p. 135.

12 « ... mon père marquait pour les choses de la foi, cette indifférence polie, cet assentiment extérieur que l'on doit considérer, bien plus que les fureurs anticléricales, comme un présage alarmant dans l'histoire d'une religion. »
DUHAM., Pasq., I, X.

— Philos. *Liberté* d'indifférence,* qui consisterait dans « la faculté de se décider sans y être déterminé par aucun motif ni mobile » (CUVILLIER). V. **Arbitre** (libre), **indétermination, liberté.**

13 « ... cette indifférence que je sens lorsque je ne suis point emporté vers un côté plutôt que vers un autre par le poids d'aucune raison, est le plus bas degré de la liberté, et fait plutôt paraître un défaut dans la connaissance qu'une perfection dans la volonté ;... »
DESCARTES, Médit., IV.

|| 3° À l'égard d'un être, des hommes. V. **Froideur.** *L'indifférence que lui a montrée, témoignée son entourage l'a profondément déçu. Indifférence des enfants à l'égard des adultes* (cit.). *Artiste, novateur qui bataille* (cit. 2) *au milieu de l'indifférence générale.* V. **Inattention.**

14 « Il est bien peu de personnes qui sachent respecter une grande douleur, du moins si l'on en juge par l'indifférence ou même la joie qu'on témoigne devant celui qui l'éprouve. »
CHÊNEDOLLÉ, in STE-BEUVE, Chateaubriand, t. II, p. 194.

15 « ... il ne regarda point ce malade,... avec humanité, mais avec cette froide indifférence, facile à transformer en haine, qui sépare les représentants de deux espèces animales. »
BARRÈS, Leurs figures, p. 245.

16 « L'indifférence, la tolérance ne sont plus de mise, dès que l'ennemi s'en fait fort et qu'on voit prospérer ce que l'on considère décidément comme mauvais. »
GIDE, Journal, 25 février 1932.

17 « Grattant sa barbe de crin roux, il tourna négligemment la tête et regarda avec une indifférence affectée un des trois nouveaux,... »
DORGELÈS, Croix de bois, p. 10.

18 « Je crois qu'ils m'aiment, et c'est étonnant comme leur amour ressemble à l'indifférence. »
DUHAM., Voyage P. Périot, p. 94.

— Par métaph. (En parlant de choses). *Sentir comme une déclaration d'indifférence dans l'heure qui sonne* (Cf. Glaçant, cit. 2 HUGO). *Vigny a souligné dans la « Maison du berger » l'indifférence de la nature. L'indifférence d'un paysage* (Cf. Beau, cit. 66).

19 « Elle éprouva brusquement un sentiment jusqu'alors inconnu : l'indifférence complète de tout à l'égard de ce qui se passait en elle, l'indifférence de cette église et de cette place à sa douleur, l'indifférence de millions de gens à son sort. »
GREEN, A. Mesurat, p. 181.

— Spécialt. Absence d'amour chez un être qui ne répond pas ou ne répond plus aux sentiments qu'il inspire. V. **Insensibilité ;** et (vieilli) **Cruauté, rigueur.** *La Fontaine regrettait l'indifférence de Madame de Sévigné* (Cf. Attrait, cit. 16). *Combattre* (cit. 4), *vaincre l'indifférence de celle qu'on aime. Elle a pour lui la plus complète indifférence* (Cf. Expliquer, cit. 28). *Affecter, feindre, jouer l'indifférence. L'indifférence a bientôt succédé à l'amour* (Cf. Assoupir, cit. 12 ; avarie, cit. 6 ; excessif, cit. 6).

20 « De la plus forte ardeur vous portez vos esprits
Jusqu'à l'indifférence, et peut-être au mépris ; »
CORN., Pol., II, 2.

21 « ... l'un d'eux obtient la préférence :
Je crois que l'autre encore avec indifférence ;
Mais cette indifférence est une aversion
Lorsque je la compare avec ma passion. »
ID., Rodog., I, 5.

22 « De ce qu'on a chéri la fatale présence
Ne nous laisse jamais dedans l'indifférence ; »
MOL., Dép. am., I, 1.

23 « Quelque pressentiment de son indifférence
Vous fait-il loin de Rome éviter sa présence ? »
RAC., Bérén., I, 3.

24 « ... languissant dans l'exil où vous m'avez condamné ; ne vivant que de privations et de regrets ; en proie à des tourments d'autant plus douloureux, qu'ils me rappellent sans cesse votre indifférence ; me faudra-t-il encore perdre la seule consolation qui me reste ? »
LACLOS, Liais. dang., LII.

25 « ... et comme ces deux êtres n'avaient que de l'indifférence l'un pour l'autre, ils se parlaient avec toute franchise. »
STENDHAL, Armance, II.

26 « J'aime et je sais répondre avec indifférence ; »
MUSS., Poés. nouv., À Ninon.

27 « ... la tristesse profonde où me jetait ton indifférence. »
SAND, Lettres à Musset, XII.

28 « Ce n'était pas que je n'aimasse encore Albertine, mais déjà pas de la même façon que les derniers temps... Je sentais bien maintenant qu'avant de l'oublier tout à fait, comme un voyageur qui revient par la même route au point d'où il est parti, il me faudrait, avant d'atteindre à l'indifférence initiale, traverser en sens inverse tous les sentiments par lesquels j'avais passé avant d'arriver à mon grand amour. »
PROUST, Rech. t. p., t. III, p. 558 (éd. Pléiade).

II. État de ce qui est indifférent (au sens scientifique du terme). V. **Équilibre, neutralité.** *Indifférence magnétique, électrochimique.*

ANT. — Ardeur, chaleur, enthousiasme, ferveur, fièvre, flamme, intérêt*, passion, sensibilité, zèle ; ambition, anxiété, avidité, besoin, convoitise, désir, émulation, fanatisme, souci ; affection, amour*, apitoiement, attachement, attendrissement, commisération, compassion, complicité, contrition, dévotion, dévouement, émotion, empressement, engouement (Cf. Critique, cit. 20), enivrement, sentiment, sollicitude, tendresse...

INDIFFÉRENCIÉ, ÉE. adj. (1908 LAROUSSE ; de *in-,* et *différencier*). Qui n'est pas différencié. *Infinité indifférenciée de cercles, d'ellipses... Cellules vivantes indifférenciées.*

1 « Une suite d'heures très longue, ininterrompue, d'heures indifférenciées. »
GIDE, Journal, 28 oct. 1929.

2 « Sans doute peut-on trouver à l'origine de toute vocation artistique, un certain choix indifférencié que les circonstances, l'éducation et le contact avec le monde particulariseront seulement plus tard.. »
SARTRE, Situations II, p. 59.

INDIFFÉRENT, ENTE. adj. (1314 ; lat. *indifferens*).

I. (À l'égard de deux choses, de l'une aussi bien que de l'autre).

|| 1° *Vieilli.* Qui n'est pas en faveur d'un parti plutôt que d'un autre. V. **Impartial.**

1 « Quand il est question de juger si on doit faire la guerre et tuer tant d'hommes, condamner tant d'Espagnols à la mort, c'est un homme seul qui en juge, et encore intéressé : ce devrait être un tiers indifférent. »
PASC., Pens., V, 296.

|| 2° Qui ne tend pas vers telle chose plutôt que vers telle autre. *La matière est d'elle-même indifférente au repos ou au mouvement* (HATZFELD). *Mot en lui-même indifférent,* opposé à un mot aux acceptions précises (Cf. Abandonner, cit. 6). — *Spécialt.* (T. scientif.) Sur lequel ne s'exerce en tel ou tel sens aucune force capable de modifier son état, sa place. *Une sphère homogène placée sur un plan horizontal est en équilibre indifférent. Espace* (cit. 6) *homogène, vide et indifférent.* — Psychol. (par oppos. aux *états affectifs*). *États indifférents,* qui ne seraient marqués ni de plaisir ni de douleur.

2 « ... tout corps étant indifférent de lui-même au repos et au mouvement, et ayant cette inertie qui est un attribut de la matière,... »
VOLT., Philos. de Newton, III, IV.

— (Sens moral). Qui ne tend pas davantage vers le bien que vers le mal, qui n'est en soi ni bon ni mauvais. *Toute loi, fût-elle indifférente, doit être appliquée ou abrogée* (cit. 2).

3 « ... lorsqu'on a quelque bon dessein, ou même... quelque dessein qui n'est qu'indifférent.... »
DESCARTES, Disc. de la Méth., III.

|| 3° Qui, d'un côté comme de l'autre, présente un intérêt (ou une absence d'intérêt) égal ; qui n'importe ou ne touche ni plus ni moins. *Le choix entre ces deux choses est indifférent* (ACAD.). V. **Jus.** *Ici ou là cela m'est indifférent.* V. **Égal** (Cf. Je n'ai aucune différence* ; cela ne me fait ni chaud* ni froid). *Il est indifférent de penser, de faire ceci ou cela* (Cf. Abstenir, cit. 2 ; ergo, cit. ; filiation, cit. 3 ; hérétique, cit. 4). *Il est indifférent à quelqu'un d'avoir, de faire telle ou telle chose* (Cf. Fongible, cit. ; héroïsme, cit. 3).

4 « J'appris à Thalès, le premier de vos sages, que le vivre et le mourir était indifférent ; par où, à celui qui lui demanda pourquoi donc il ne mourait, il répondit très sagement : « Parce qu'il est indifférent » (C'est la Nature qui parle). »
MONTAIGNE, Essais, I, XX.

5 « La maladie ou la santé lui paraissent indifférentes. »
FLÉCHIER, Dauphine (in LITTRÉ).

6 « Il est indifférent que ce soient les chrétiens ou les musulmans qui souffrent, il n'y a que l'homme qui soit digne d'intéresser l'homme. »
RAYNAL, Hist. philos., XI, 9.

7 « La langue avait autrefois des impersonnels : *il ne me chaut pas.* Aujourd'hui, elle use surtout de *peu importe, n'importe.* On dit aussi : *il m'est indifférent, égal : Il m'est indifférent qu'elle vienne ou ne vienne pas se fixer ici ;* — *peu m'importe que son opinion soit favorable ou non.* »
BRUNOT, Pensée et langue, p. 552.

II. (Sans idée de différence, d'opposition ou de choix entre deux choses).

|| 1° Qui ne s'intéresse pas à..., qui n'est pas préoccupé de... (quelque chose ou quelqu'un). V. **Insensible.**

— INDIFFÉRENT à quelque chose. *Indifférent aux malheurs d'autrui, à toute misère* (Cf. Apaiser, cit. 29), *aux événe-*

ments extérieurs (Cf. Flegmatique, cit. 2), *à l'opinion...* (Cf. Haut, cit. 94). V. **Cuirassé, endurci ; inattentif.** *Assister* (cit. 2) *à la vie en spectateur indifférent.* V. **Froid, impassible, imperturbable, insoucieux** *Indifférent à tout* (Cf. Cour, cit. 10). *Indifférent à son sort, au destin.* V. **Résigné.** *Vos difficultés ne me laissent pas indifférent. Ce qui le laissait indifférent le blesse* (cit. 15) *aujourd'hui. Indifférent à l'argent.* V. **Désintéressé.** *Indifférent et sans désir*.* — (Vieilli) *Indifférent sur quelque chose.*

8 « ... il est froid et indifférent sur les observations que l'on fait... »
LA BRUY., VIII, 62.

9 « Mais à ces doux tableaux mon âme indifférente
N'éprouve devant eux ni charme ni transports »
LAMART., Médit., L'isolement.

10 « Parmi ces éblouissements, Lamartine marchait tranquille, indifférent presque, comme un grand seigneur que rien n'étonne et qui se sent au niveau de tous les hommages. »
GAUTIER, Portr. contemp., Lamartine.

11 « Hostile à l'univers plutôt qu'indifférent. »
BAUDEL., Fl. du mal, Tabl. paris., XC.

12 « Très peu sensible aux choses qui nous entouraient, tandis que son élève en était à ce point absorbé, assez indifférent au cours des saisons pour se tromper de mois comme il se serait trompé d'heure,... »
FROMENTIN, Dominique, III.

13 « À vrai dire, je demeure indifférent à vos disputes, parce que j'en sens l'inanité. »
FRANCE, Manneq. d'osier, XVII, Œuvr., t. XI, p. 431.

14 « ... il ne lui était pas possible, en effet, de douter que cet homme souffrît, et cette souffrance ne la laissait pas indifférente, bien au contraire, elle la remuait ;... »
GREEN, Léviathan, I, IX.

15 « Il est venu là, se tenant le ventre ou le côté, comme tant d'autres qui, une fois touchés, se lèvent du sillon et s'en vont debout dans la fusillade, indifférents à tout nouveau danger. »
CHARDONNE, Destin. sentim., p. 349.

— *Spécialt.* En matière de religion (V. **Incrédule**).

16 « Je n'ai jamais rien su de ses opinions religieuses. Il me paraissait être plus indifférent qu'incrédule. »
BALZ., Gobseck, Œuvr., t. II, p. 627.

— INDIFFÉRENT à l'égard de quelqu'un. *Vie d'auberge où l'on coudoie* (cit. 1) *des hommes toujours nouveaux et toujours indifférents. Mère indifférente qui ne s'occupe guère de ses enfants. Il souffrait de voir des amis autrefois dévoués aujourd'hui indifférents.* — REM. Avec un complément, *Indifférent* prête parfois à ambiguïté. *Être indifférent à quelqu'un* peut signifier qu'on ne lui porte aucun intérêt (Cf. *infra*, cit. 17 et 23), ou bien, au contraire — et c'est le cas le plus fréquent, de nos jours — qu'on n'est, de sa part, l'objet d'aucun intérêt. Quand le complément est un pronom personnel placé avant l'adjectif, aucune équivoque n'est possible. *Cet homme m'est indifférent* (Cf. *infra*, cit. 19) signifie : « Cet homme ne m'intéresse pas, me laisse indifférent ».

17 « ... je ne suis pas indifférente à cet enfant et à vos affaires :... »
SÉV., 1214, 11 sept. 1689.

18 « La vie commune n'était plus que le contact obligé de deux êtres liés l'un à l'autre, passant des journées entières sans échanger une parole, allant et venant côte à côte, comme étrangers désormais, indifférents et solitaires. »
ZOLA, La bête humaine, p. 279.

19 « Qu'est-ce que cela peut vous faire (*de le voir ou moins*) ? À moi, cela me ferait plaisir. Et vous dites vous-même qu'il vous est indifférent... »
MAUROIS, Climats, I, IX.

— *Substant. Il avait beau se plaindre, il ne rencontrait que des indifférents.*

20 « Allez vivre au milieu d'indifférents, qui vous demanderont d'un air distrait : « Comment vous portez-vous ? », mais qui s'enfuiront si vous répondez sérieusement ; des gens qui n'écouteront pas vos plaintes... »
ALAIN, Propos, 1907, Sollicitude.

— *Par métaph.* (En parlant de la nature, des choses qui paraissent ignorer l'homme). *Tout est indifférent à tout* (Cf. Création, cit. 8). *Ambiance* (cit. 1) *indifférente ou hostile.*

— *Spécialt.* Qui marque de l'indifférence en amour. *Femme indifférente.* V. **Cruel.** *Elle souffrait de le trouver indifférent.* — *Substant. Une indifférente* (Cf. Aimer, cit. 43).

21 « Phèdre seule charmait tes impudiques yeux ;
Et pour tout autre objet ton âme indifférente
Dédaignait de brûler d'une flamme innocente. »
RAC., Phèdre, IV, 2.

22 « L'on suppose un homme indifférent, mais qui voudrait persuader à une femme une passion qu'il ne sent pas ;... »
LA BRUY., III, 68.

23 « ... on voit des hommes, indifférents aux femmes les plus belles, en aimer passionnément certaines qui nous semblent laides. »
PROUST, Rech. t. p., t. XI, p. 113.

24 « Guitta revient à Barbazac pour de courts séjours seulement et elle y mène une existence recluse, auprès d'un mari indifférent. »
CHARDONNE, Destin. sentim., p. 33.

— *Absolt. C'est un homme indifférent, rien ne peut l'émouvoir* (ACAD.). V. **Apathique, blasé, égoïste, froid, insouciant, passif, sec** (Cf. *pop.* Se ficher, se foutre de tout ; je-m'en-foutiste). — *Par ext.* Qui exprime cette totale indifférence. *Air* (cit. 7), *regards* (Cf. Assouvir, cit. 15), *expression* (cit. 37), *visages* (Cf. Glouton, cit. 1) *indifférents.* V. **Dédaigneux, détaché, étranger, froid...** *Courtoisie indifférente* (Cf. Habituel, cit. 2).

25 « Christophe réfléchissait : il pensait que quand on est grand, on ne s'étonne plus de rien, on est fort, on connaît tout. Et il tâchait d'être grand, lui aussi, de cacher sa curiosité, de paraître indifférent. »
R. ROLLAND, Jean-Christ., L'aube, I, p. 23.

26 « Ce qu'elle disait était difficilement intelligible, mais le ton détaché, indifférent de ses propos contrastait avec une certaine volubilité. »
GREEN, A. Mesurat, p. 282.

— *Substant. L'Indifférent*, nom donné à un tableau de Watteau.

‖ 2° Qui n'intéresse, ne touche en rien. — (En parlant de personnes). *Ces personnes ni amies ni indifférentes que l'on appelle des connaissances* (cit. 32). *Ami d'enfance qui nous est devenu indifférent.*

27 « Je vais me faire, pour mon instruction, un petit dictionnaire à l'usage des rois. *Mon ami* signifie *mon esclave. Mon cher ami* veut dire *vous m'êtes plus qu'indifférent.* »
VOLT., Corresp., 1122, 18 déc. 1752.

— *Substant. Les indifférents.*

28 « On peut laisser penser aux indifférents ce qu'ils veulent ; mais c'est un crime de souffrir qu'un ami nous fasse un mérite de ce que nous n'avons pas fait pour lui. »
ROUSS., Émile, V.

29 « Nous connaissons le caractère des indifférents, comment pourrionsnous saisir celui d'un être qui se confond avec notre vie, que bientôt nous ne séparerons plus de nous-même, sur les mobiles duquel nous ne cessons de faire d'anxieuses hypothèses perpétuellement remaniées ? »
PROUST, Rech. t. p., t. V, p. 158.

— *Spécialt.* Qui n'inspire aucun sentiment amoureux. *Je vous assure qu'elle m'est indifférente* (Cf. Haïr, cit. 14). *Il ne lui est peut-être pas indifférent, mais elle n'en laisse rien paraître.* — *Substant. Je n'ai pas l'impression que vous le traitiez en indifférent.*

30 « Mais ce sera, sans doute, et j'en serais garant,
Un billet qu'on envoie à quelque indifférent ; »
MOL., D. Garc., II, 5.

31 « Le soir du bal où nous étions ensemble, vous m'aviez dit au revoir comme on ne le dit pas à une indifférente... »
LOTI, Pêch. d'Islande, II, XI.

— (En parlant de choses). *Tout cela m'est indifférent. Son sort m'est indifférent. Un plaisir qui rend les malheurs de la vie comme indifférents* (Cf. Brièveté, cit. 3). *Cet auteur traite de sujets qui me sont indifférents.*

32 « ... L'opinion des Parisiens m'est tout à fait indifférente, dit-il. Je vis pour moi, ou, si vous voulez, pour vous deux. »
BALZ., La fausse maîtresse, Œuvr., t. II, p. 22.

33 « L'Italien ne vient pas à l'Opéra pour voir les héros d'opéra, mais pour se voir, pour s'entendre, pour caresser, pour attiser ses passions. Tout le reste lui est indifférent. »
R. ROLLAND, Voyage musical au pays du passé, p. 191.

— *Impersonnel. Je ne tiens plus à eux, il m'est indifférent de les quitter* (Cf. Gâter, cit. 39).

— *Absolt.* Sans intérêt, sans importance*, de peu de conséquence. *Causer de choses indifférentes* (Cf. De la pluie et du beau temps). *Aborder les sujets les plus indifférents. Conversations, entretiens indifférents. Rien n'est indifférent* (Cf. Atome, cit. 15). *Ce n'est pas une chose indifférente, loin de là !*

34 « ... ce n'est pas une chose indifférente pour la dépense que le bel air et le bon air dans une maison comme la vôtre ;... »
SÉV., 1211, 31 août 1689.

35 « ... un de ces visages indifférents qu'on voit à tout le monde et qu'on ne remarque à personne. »
MARIVAUX, Pays. parvenu, I.

36 « Il vaut mieux qu'elle écrive dix phrases inutiles, que d'en omettre une intéressante ; et souvent ce qui paraît indifférent ne l'est pas. »
LACLOS, Liais. dang., CI.

37 « Le caractère distinctif de ces pieuses familles est une discrétion sans bornes, et l'on s'y tait sur toutes les choses, même sur les indifférentes. »
BALZ., Médecin de campagne, Œuvr., t. VIII, p. 492.

38 « ... elle parlait de choses indifférentes ou frivoles. »
V. LARBAUD, Fermina Marquez, XII.

— (Impersonnel.) *Il n'est pas indifférent de..., que...*

39 « Il n'est pas indifférent que le peuple soit éclairé. »
MONTESQ., Espr. des lois, Préface.

40 « Mais il n'est pas indifférent de constater qu'un grand inventeur de roman (*Balzac*) savait voir la réalité avec de bons yeux ;... »
HENRIOT, Romantiques, p. 325.

ANT. — Intéressé, partial. Déterminé, différent. Ambitieux, anxieux, attentif, avide, curieux, désireux, envieux, préoccupé, soucieux. Dévot. Compatissant, dévoué, émotif, fervent, impressionnable, sensible. Amoureux, brûlant, brûlé, enflammé, frappé, touché. Complice, cordial, ému, éperdu, fiévreux... ; attendrissant, désirable ; important, intéressant.

DER. — Indifféremment, indifférence. — Indifférentisme. *n. m.* (1750). Attitude d'indifférence systématique, en matière de politique ou de religion. *L'Église condamne l'indifférentisme.* — Par ext. *L'indifférentisme d'un écrivain, d'un penseur.* — Indifférentiste. *n.* (1721 TRÉVOUX). *Peu usit.* Celui qui accepte tous les dogmes religieux et refuse de donner la préférence à l'un d'eux. — Indifférer. *v. intr.* (1888). *Par plaisant.* Être indifférent (à quelqu'un). *Cela m'indiffère.* — REM. Ce verbe, tiré de l'adjectif indifférent, est « un véritable barbarisme » (GEORGIN, Pour un meilleur français, p. 46 ; La prose d'aujourd'hui, p. 38).

INDIGENCE (*-jans'*). *n. f.* (1270 ; lat. *indigentia*).

‖ 1° État de celui qui est indigent. V. **Besoin, dénuement, détresse, misère, nécessité, pauvreté*, privation.** *Être, vivre, tomber dans l'indigence, dans la plus affreuse indigence. Indigence incitant au crime* (Cf. Embusquer, cit. 1 ; escarpe, cit.). *Certificat d'indigence*, donnant droit à certains secours. — *Par méton.* Les indigents. *Secourir l'indigence* (Cf. Bureau, cit. 5). *L'indigence ignorante* (Cf. Fleurir, cit. 14).

1 « Instruit par son garçon, qui dans tout l'imitait,
Et de son indigence, et de ce qu'il était,
Je lui faisais des dons ;... »   MOL., *Tart.*, I, 5.

2 « Maman devait éprouver toutes les peines de l'indigence et du mal-être, après avoir passé sa vie dans l'abondance,... »
                              ROUSS., **Confess.**, V.

3 « ... les boutonnières crevées, malgré les raccommodages, y montraient aux yeux les moins exercés les ignobles stigmates de l'indigence. »
            BALZ., **L'initié**, Œuvr., t. VII, p. 360.

‖ **2° Fig.** (Avec un compl. objectif). Manque de... *Indigence d'esprit, d'idées...* V. **Disette** (Cf. Être 1, cit. 37). — *Indigence intellectuelle. L'indigence de son vocabulaire* (Cf. Accent, cit. 5), *de son dessin* (Cf. Couleur, cit. 22), *de son imagination...* V. **Faiblesse, pauvreté.**

4 « L'indigence de notre nature est si profonde, que dans nos infirmités volages, pour exprimer nos affections récentes, nous ne pouvons employer que des mots déjà usés par nous dans nos anciens attachements. »   CHATEAUB., M. O.-T., t. II, p. 284.

5 « De là vient en partie cette grande indigence intellectuelle des temps modernes. »   PÉGUY, **La République...**, p. 193.

6 « Les gens qui, dans l'espoir de dissimuler l'indigence de leur imagination, affectent de contester les miracles,... »
                          DUHAM., **Salavin**, III, XIII.

ANT. — **Abondance, fortune, luxe, richesse ; affluence.**

INDIGÈNE. *adj.* et *n.* (1743 ; une première fois en 1532 RABELAIS, jargon de l'écolier limousin ; empr. au lat. *indigena*).

‖ **1°** Qui est originaire du pays où il vit, où il se trouve. V. **Aborigène.** *La population indigène fit bon accueil aux touristes. Animaux, plantes, productions indigènes* (Cf. Exotique, cit. 2 et 5). *Religions, littérature, danses indigènes* (Cf. Guitare, cit. 4). — *Particult.* Originaire des pays colonisés. *Colon utilisant une main d'œuvre indigène. Troupes indigènes*, recrutées dans une colonie. *Officiers des affaires indigènes* (abrév.: A. I.). *La ville indigène*, par oppos. à la *ville européenne.* — (Méd.) *Paludisme indigène*, existant à l'état habituel dans la région où réside le malade. *Médecine, médicaments indigènes.*

1 « La ville indigène, qui fait suite à la « ville blanche », est grande, animée, d'ailleurs très hindoue, avec ses bazars, ses palmiers, ses pagodes. »   LOTI, **L'Inde (sans les Anglais)**, IV, XI.

2 « ... je lui demandai à cet Espagnol s'il ne connaissait pas... quelque bonne médecine indigène qui m'aurait retapé. »
              CÉLINE, **Voyage au bout de la nuit**, p. 166.

— *Spécialt.* Qui est établi de tout temps dans le pays où il habite. V. **Autochtone.** *Les Berbères* (cit.), *populations indigènes de l'Afrique du Nord.*

3 « Ce sont les peuples de l'Arabie proprement dite qui étaient véritablement indigènes, c'est-à-dire qui, de temps immémorial, habitaient ce beau pays (*le Yemen*) sans mélange d'aucune autre nation, sans avoir jamais été ni conquis, ni conquérants. »
                          VOLT., **Essai s. les mœurs**, Introd.

‖ **2° N. m.** (1762 ACAD.). Celui, celle qui est indigène. V. **Naturel, natif** (Cf. Gouailleur, cit. 1 BALZ.). *Les indigènes de l'Amérique, de la Corse...* (Cf. Connaître, cit. 15). *L'Australie ne compte plus que quelques dizaines de milliers d'indigènes. Conditions de l'habitat* (cit. 3) *des indigènes.* V. **Habitant.** — *Spécialt.* Les indigènes des pays coloniaux (cit. 2). *Européens et Indigènes. Colons* (cit. 4) *et indigènes.*

4 « Dans les colonies, on qualifie généralement d'indigènes tous ceux, sans distinction d'origine, qui se trouveront établis à demeure dans le pays au moment où la puissance coloniale s'y est installée. »
                      CAPITANT, **Vocab. jurid.**, Indigène.

5 « On s'imagine d'ordinaire qu'il est facile de distinguer en Algérie des Berbères, indigènes autochtones, et des Arabes, descendant des conquérants qui à diverses reprises ont envahi l'Afrique du Nord. »
                    Augustin BERNARD, **L'Algérie**, p. 83.

6 « Il avait parfois recours au truchement de Moktar, son domestique arabe, pour éclaircir quelque chose dans les chicanes des indigènes. »
                          DUHAM., **Salavin**, VI, V.

7 « Paul de Musset..., plus prudent ou d'un naturel moins sensible (*que son frère*), n'y avait pas emmené (à *Venise*) de romancière romantique avec lui et se contenta des indigènes, beaucoup plus capables de laisser un bon souvenir au passant frivole et raisonnable. »   HENRIOT, **Romantiques**, p. 182.

ANT. — **Allogène, exotique.** — (Spécialt). **Européen.**

DÉR. — **Indigénat.** *n. m.* (1699). *Ancienn.* En Pologne (Cf. ST-SIMON, Mém., II, LIII), Droit de cité (V. **Naturalisation**). — *De nos jours.* Régime administratif spécial appliqué aux indigènes d'une colonie.

« Le régime de l'indigénat, qui soumettait les autochtones (*des territoires d'Outre-mer*) à des pouvoirs administratifs exorbitants, a été abrogé par deux décrets du 22 décembre 1945 et du 20 février 1946. »
              DALLOZ, **Répert. prat.**, Territ. d'Outre-mer, § 367.

INDIGENT, ENTE (-*jan*, -*jant*'). *adj.* (1270 ; lat. *indigens*).

‖ **1°** Qui manque des choses les plus nécessaires à la vie. V. **Besogneux, malheureux, nécessiteux, pauvre***... *Vieillard indigent qui vit d'aumônes. Peuple indigent et misérable** (Cf. Franchise, cit. 3). *La chrétienté primitive était indi-*

gente (Cf. Église, cit. 10). *Assister, secourir une famille indigente.* — *Par ext.* « *Attendu* (cit. 116) *l'état indigent de la république...* » (LA FONT.).

1 « Il y a ailleurs six-vingts familles indigentes qui ne se chauffent point pendant l'hiver, qui n'ont point d'habits pour se couvrir, et qui souvent manquent de pain ; leur pauvreté est extrême et honteuse. »
                          LA BRUY., VI, 26.

2 « Brissot fut toute sa vie, non pas pauvre, mais indigent. »
              MICHELET, **Hist. Révol. franç.**, VI, V.

3 « La loi des malheureux est par trop dure, en vérité ! C'est donc tout à fait impossible qu'une fille indigente échappe, de manière ou d'autre, à la prostitution ! »   BLOY, **La femme pauvre**, I, VII.

— Substant. V. **Gueux, mendiant.** *Faire la charité à un indigent* (Cf. Agrafe, cit. 1 ; famélique, cit. 1). *Le riche et l'indigent* (Cf. Bure, cit.). *Aide aux indigents* (Cf. Affaire, cit. 50 ; assister, cit. 10 ; condamner, cit. 6 ; gagner, cit. 28 ; honorable, cit. 2). *Pour avoir droit à certains secours, il faut justifier de la qualité d'indigent* (ACAD.).

4 « ... c'est aux pauvres et aux indigents, qui portent la marque du fils de Dieu, qu'il appartient proprement d'y être reçus (*dans la cité de Dieu*). »   BOSS., **Sermon dim. Septuagésime**, I.

5 « ... L'indigent espère en vain du sort ;
En espérant toujours il arrive à la mort. »
                      CHÉNIER, **Bucoliques**, VII.

‖ **2° Fig.** (XVIe s. RAB.). V. **Pauvre.** *Végétation indigente* (Cf. Épineux, cit. 1). *Éclairage, gaz* (cit. 5) *indigent. Palette, imagination indigente.*

6 « ... notre langue vulgaire n'est tant vile, tant inepte, tant indigente et à mépriser qu'ils l'estiment. »
                    RAB., **Cinquième livre**, Prologue.

ANT. — **Fortuné, riche ; abondant.**

INDIGESTE. *adj.* (XIVe s., au sens de « mal digéré » ou « qui digère mal » ; lat. *indigestus*, qui avait ce sens). Difficile à digérer. V. **Peser ; plomb** (sur l'estomac). *Aliment, nourriture indigeste. Cuisine lourde et indigeste. Cru et indigeste.*

1 « Il paraît que le cheval est indigeste quand on le mange à la neige. »
                BALZ., **Adieu**, Œuvr., t. IX, p. 773.

— *Par métaph. :*

2 « L'utilité spirituelle est, que, pendant qu'on lit des romans, on dort, et on ne lit pas de journaux utiles, vertueux et progressifs, ou telles autres drogues indigestes et abrutissantes. »
          GAUTIER, **Préface Mlle de Maupin**, p. 29 (éd. critiq. MATORÉ).

3 « Ici, dans ces lettres (*de Hugo*) pesées, concertées, l'absence de détente, le sérieux massif, la gravité religieuse, la grandiloquence continue, l'affirmation tranchée à coups de lourdes et banales antithèses, le manque d'esprit et de naturel (vertus essentielles du véritable épistolier), font de cette lecture un repas assez indigeste et donnent une idée très nette de la pesanteur. »   HENRIOT, **Romantiques**, p. 84.

— *Fig.* (En parlant d'ouvrages de l'esprit). Mal digéré* (2°, *Fig.*), mal ordonné (et, par suite, mal assimilable). V. **Confus, embrouillé.** *Ouvrage, compilation, recueil, fatras* (cit. 4) *indigeste. Lectures brouillées* (cit. 31) *et indigestes. Érudition indigeste.*

4 « Je tombai d'abord sur deux lettres du mari, mélange indigeste de détails de procès et de tirades d'amour conjugal, que j'eus la patience de lire en entier, et où je ne trouvai pas un mot qui eût rapport à moi. »   LACLOS, **Liais. dang.**, XLIV.

— REM. On trouve chez Balzac l'adverbe *indigestement.*

5 « L'histoire ne peut plus se borner à n'être qu'un recueil de faits indigestement agglomérés. »
            BALZ., **Le feuilleton** (Œuvr. div., t. I, p. 427).

ANT. — **Digestible, léger.**

INDIGESTION (-*jès-tyon*). *n. f.* (XIIIe s. ; lat. *indigestio*). Indisposition momentanée due à une digestion qui se fait mal, incomplètement (V. **Colique, embarras**). *Avoir, se donner, se flanquer* (cit. 10) *une indigestion* (Cf. Goût, cit. 3 ; honneur, cit. 99). *Indigestions consécutives à un excès de nourriture, à l'ingestion d'aliments de mauvaise qualité, au froid, à une émotion... Indigestion de...*, qui vient de ce qu'on a trop mangé de... *Indigestion de truffes, de cerises, de sucreries...* (Cf. Éructer, cit. 1).

1 « ... un homme sobre ne veut plus manger de pâtés de Ruffec, parce que le premier lui a donné une indigestion ? »
                BALZ., **Peau de chagrin**, Œuvr., t. IX, p. 150.

2 « La gloutonnerie châtie le glouton. *Gula punit Gulax.* L'indigestion est chargée par le bon Dieu de faire de la morale aux estomacs. »
                    HUGO, **Misér.**, I, III, VII.

3 « Alors, ce fut un massacre, un engloutissement : les poulets, les lapins, les viandes défilèrent, disparurent, au milieu d'un terrible bruit de mâchoires. Très sobres chez eux, ils se crevaient d'indigestion chez les autres. »   ZOLA, **La terre**, II, VII.

— *Fig. Avoir une indigestion de quelque chose :* en avoir trop, jusqu'à en éprouver la satiété, le dégoût (Cf. En avoir par-dessus la tête). *Il me traîne tous les jours au concert, j'ai une indigestion de musique. Avoir une indigestion de grands mots, de discours...* « *L'amour ne meurt jamais de besoin, mais souvent d'indigestion* », mot attribué à Ninon de Lenclos.

4 « N'est-ce point vous accabler, monsieur ? voilà un long récit (*sur la famille Grignan*) : vous aurez une indigestion de Grignans. »
                        SÉV., 1001, 25 oct. 1686.

INDIGÈTE. *adj.* (1570 ; lat. *indiges, etis*). *Antiq. rom.* (En parlant de demi-dieux, de héros ou d'ancêtres divinisés). *Dieux indigètes*, propres à un pays, à une ville, à une famille.

INDIGNATION. *n. f.* (1120 ; lat. *indignatio*). Sentiment de colère que soulève une action révoltant en nous la conscience morale ou le sentiment de la justice. V. **Colère, révolte.** *Exciter, provoquer l'indignation.* V. **Choquer, révolter, soulever.** *Frémir* (cit. 15), *bondir* (cit. 11), *suffoquer, trembler... d'indignation* (Cf. Foi, cit. 16). *Être rempli* (Cf. Appât, cit. 3), *gonflé* (cit. 23), *transporté d'indignation. Des cris d'indignation* (Cf. Frisson, cit. 12). V. **Haro, honte, tollé.** *Exprimer, manifester, faire éclater son indignation. Légitime, noble, vertueuse, sainte indignation* (Cf. Éternel, cit. 17). *Indignation publique, générale.* V. **Scandale.** *Il ne pouvait contenir son indignation. Protester avec indignation. S'en aller avec indignation.* V. **Secouer** (la poussière de ses souliers). *Il ne saurait voir cela sans indignation.*

1 « L'indignation que les anciens appelaient Nemesis, est ordinairement une passion bonne et louable de soi comme venant d'une bonne cause ; c'est quand nous sommes fâchés, courroucés et indignés de l'injuste prospérité des méchants ou de ceux qui parviennent aux richesses, états et honneurs sans les avoir mérités. »   RONSARD, Œuvres en prose, De l'envie, t. II, p. 1039.

2 « L'indignation est une espèce de haine ou d'aversion qu'on a naturellement contre ceux qui font quelque mal, de quelque nature qu'il soit ; et elle est souvent mêlée avec l'envie ou avec la pitié ; mais elle a néanmoins un objet tout différent, car on n'est indigné que contre ceux qui font du bien ou du mal aux personnes qui n'en sont pas dignes, mais on porte envie à ceux qui reçoivent ce bien, et on a pitié de ceux qui reçoivent ce mal. »   DESCARTES, Pass. de l'âme, III, 195.

3 « Mais les hommes sont-ils assez délicats pour distinguer l'indignation d'une âme honnête outragée, d'avec la confusion qui naît d'une accusation méritée ? »   BEAUMARCH., Mariage Figaro, II, 19.

4 « Ce mouvement marqué d'indignation fut applaudi de tous les hommes, et fit redoubler les murmures, qui, dit-on, allèrent jusqu'aux huées. »   LACLOS, Liais. dang., CLXXIII.

5 « Je savais, par beaucoup d'exemples, combien le sentiment du droit, l'indignation, la pitié pour l'opprimé, peuvent devenir des passions violentes et parfois cruelles. »   MICHELET, Hist. Révol. franç., IV, VIII.

6 « ... il (*M. de Montalembert*) a la faculté de l'indignation. Il a conservé dans sa vivacité première le sentiment du juste et de l'injuste. »   STE-BEUVE, Causer. du lundi, 5 nov. 1849.

7 « Je sens en moi, devant les supplices sans nombre,
Les bourreaux, les tyrans, grandir à chaque pas
Une indignation qui ne m'endurcit pas, »   HUGO, Lég. des siècles, LV.

8 « Je ne quitterai sans doute l'indignation qu'avec la vie. C'est le revers même de l'amour,... »   GIDE, Journal, 13 avril 1943.

9 « Le bombardement de Copenhague causa une grande indignation en Europe, mais une de ces indignations passagères qu'efface le succès. »   BAINVILLE, Hist. de France, XVII, p. 415.

— *Indignation dictant à un écrivain certaines œuvres, certains accents* (Cf. Facit indignatio versum). *Ton d'indignation.*

10 « Toi qu'aimait Juvénal gonflé de lave ardente,
Toi dont la clarté luit dans l'œil fixe de Dante,
Muse Indignation, viens, dressons maintenant,
Dressons sur cet empire heureux et rayonnant,
Et sur cette victoire au tonnerre échappée
Assez de piloris pour faire une épopée ! »   HUGO, Châtiments, Nox, IX.

INDIGNE. *adj.* (XIIe s. ; lat. *indignus*).

I. Qui n'est pas digne* de (quelque chose), qui ne mérite* pas.

|| **1º** (En parlant de personnes). *Un ingrat qui s'est rendu indigne de vos bienfaits* (Cf. Aveugle, cit. 21). *Les honneurs dont il se croit indigne* (Cf. Ambition, cit. 8). *Il est indigne de notre confiance ; indigne de louange, de créance, de foi, d'intérêt...* (Cf. Blâme, cit. 6). *Il s'est rendu indigne d'un tel poste.* V. **Démériter, disqualifier** (se). *Se croire indigne de pardon* (Cf. Humble, cit. 26). *Indignes du nom de chrétiens* (Cf. Fulminer, cit. 5), *du salut* (Cf. Endurcissement, cit. 3).

1 « Mais qui peut vivre infâme est indigne du jour. »   CORN., Cid, I, 5.

2 « J'ai préféré le malheur de perdre votre estime, par ma franchise, à celui de m'en rendre indigne par l'avilissement du mensonge. »   LACLOS, Liais. dang., CXXVIII.

3 « — Vous n'observez pas les femmes ? Vous les trouvez indignes de votre étude ? »   DUHAM., Salavin, V, IX.

— *Indigne de*, suivi de l'infinitif (Cf. Approcher, cit. 18). *Il est indigne de vivre !* (Cf. Dénaturer, cit. 10). — *Indigne que...*, suivi du subjonctif. *Il est indigne qu'on lui témoigne le moindre intérêt* (ACAD.).

4 « ... il ne s'est pas découvert aux sages superbes, indignes de connaître un Dieu si saint. »   PASC., Pens., IV, 288.

5 « Si ta chétive créature | Il fallait laisser la nature
Est indigne de t'approcher, | T'envelopper et te cacher. »   MUSS., Poés. nouv., L'espoir en Dieu.

— *Spécialt.* (*Dr.*). *Être indigne de succéder* : être exclu des successions* pour cause d'indignité*. — *Substant. et ellipt. Un, une indigne. Les enfants de l'indigne.*

6 « Sont indignes de succéder, et, comme tels, exclus des successions :
1º Celui qui sera condamné pour avoir donné ou tenté de donner la mort au défunt ; 2º Celui qui a porté contre le défunt une accusation capitale jugée calomnieuse ; 3º L'héritier majeur qui, instruit du meurtre du défunt, ne l'aura pas dénoncé à la justice. »   CODE CIVIL, Art. 727.

— REM. *Indigne* pouvait, au XIIe siècle, se prendre en bonne comme en mauvaise part et l'ACAD., dans sa quatrième édition (1762), donnait cet exemple disparu des éditions postérieures : *Il est indigne qu'on lui fasse des reproches.* LITTRÉ admettait encore un tel emploi « en quelques cas bien choisis », mais, dès 1689, A. de BOISREGARD le trouvait « blâmable et à éviter » (Cf. CAYROU, Franç. class., p. 487, et BRUNOT, H.L.F., t. IV).

|| **2º** (En parlant de choses). *Un crime, une faute indigne de pardon* (ACAD.). *Des facéties indignes d'une attention* (cit. 13) *sérieuse.*

7 « ... et votre crime est indigne de grâce. »   MOL., Fem. sav., II, 6.

8 « Cela la choquait comme une espèce de sacrilège, comme si la maison eût été par trop indigne de cette visite, de cette faveur. »   GREEN, A. Mesurat, p. 151.

II. Qui n'est pas dans un rapport de convenance, de conformité avec quelqu'un, qui n'est pas à sa hauteur. V. **Digne** (I, 2º). *Un fils indigne de son père.* « *Tout autre qu'un monarque est indigne de moi* » (Cf. Fille, cit. 1 CORN.).

9 « Mais enfin ce Rodrigue est indigne de vous. »   CORN., Cid, II, 5.

10 « Peut-être est-ce moi qui suis indigne d'elle : pas assez plébéien ; trop éloigné, par mon éducation, de ses origines populaires ; incapable de la comprendre, pour tout dire. »   V. LARBAUD, Barnabooth, III, Journal, I, 10 mai.

— *Action indigne d'un homme d'honneur* (Cf. Autoriser, cit. 11 ; imposture, cit. 5). *Cette besogne* (cit. 7) *lui paraissait indigne de lui. Faiblesses* (cit. 39) *indignes d'un philosophe. Cela est indigne de votre rang. Une politique indigne de nos traditions nationales.* — Impers. *Il me paraît indigne de l'Assemblée de biaiser* (cit. 7) *sur cette question. Il est indigne du prêtre qu'il passe sa vie à arrondir* (cit. 4 FÉN.) *des périodes.*

11 « Il est indigne de Dieu de se joindre à l'homme misérable ; mais il n'est pas indigne de Dieu de le tirer de sa misère. »   PASC., Pens., VII, 510.

12 « Par des vœux importuns nous fatiguons les dieux,
Souvent pour des sujets même indignes des hommes. »   LA FONT., Fabl., VIII, 5.

13 « Il avait donné sa vie tacitement, et eût jugé indigne de tous deux de faire signe de la vouloir reprendre. »   VIGNY, Cinq-Mars, XXIV.

III. *Absolt.* || **1º** *Vx.* (Dans des formules exprimant l'humilité). *Signé : Un tel, prêtre indigne* (LITTRÉ). *Seigneur, je ne puis, moi indigne ministre...* (Cf. Arrêter, cit. 51 BOSS.). *Votre indigne serviteur.*

14 « Que si vous contemplez d'une âme un peu bénigne
Les tribulations de votre esclave indigne. »   MOL., Tart., III, 3.

15 « ... et si j'allais, moi indigne, vous dégoûter de la vertu, voyez quel scandale ! »   LACLOS, Liais. dang., XX.

|| **2º** Qui n'est pas digne de sa fonction, de son rôle, qui ne mérite que le mépris pour la façon dont il s'en acquitte. V. **Abject, coupable, cruel, méchant, méprisable, vil.** *Père, épouse indigne. D'indignes apologistes* (cit. 3) *du vice. Mes indignes soldats* (Cf. Glacer, cit. 28). *Substant.* (vieilli) *Un indigne.*

16 « ... sache, fils indigne, que la tendresse paternelle est poussée à bout par tes actions,... »   MOL., D. Juan, IV, 4.

17 « ... ces bébés vertueux et précoces demandaient à ne pas être élevés par un père indigne, mais plutôt par telles personnes de haute moralité que pourrait désigner la Cour... »   MAUROIS, Ariel..., II, VII.

|| **3º** (*En parlant des choses*). Tout à fait inconvenant, condamnable. V. **Avilissant, bas, déshonorant, impur, inqualifiable, odieux, révoltant, scandaleux.** *C'est une chose, une action, une conduite... indigne. Un indigne aveu* (cit. 24). *Subir d'indignes traitements. Un indigne attachement. Tenue, attitude indigne. Ruses, artifices indignes* (Cf. Autant, cit. 23). *Un libelle indigne.*

18 « Vous voyez ce que peut une indigne tendresse,
Et je vous fais tous deux témoins de ma faiblesse. »   MOL., Misanthr., V, 4.

19 « Elle est partie, et je ne l'ai pas su ! et je n'étais pas là pour m'opposer à son départ, pour lui reprocher son indigne trahison ! »   LACLOS, Liais. dang., C.

ANT. — Digne. Admirable, convenable, séant.

DER. — V. Indignation, indigner, indignité. — Indignement. adv. (XIIe s.) D'une manière indigne. *On l'a indignement traité, trompé* (Cf. Géronte, cit.). *Héros indignement méconnus* (Cf. Honorer, cit. 8). ANT. Dignement.

1 « ... par des soldats peut-être indignement traînée... »   RAC., Iphig., V, 3.

2 « ... Béatrix d'Este,... fut indignement retenue prisonnière par Henri III, qui finit par lui ravir son patrimoine,... »   MICHELET, Hist. de France, IV, III.

INDIGNER. *v. tr.* (XIV⁰ s. ; déjà *s'endeignier* au XII⁰ s. ; lat. *indignari*). Remplir d'indignation. V. **Colère** (mettre en), **écœurer, révolter, scandaliser.** *Sa conduite a indigné tout le monde. Ce qui m'indigne ou m'afflige* (cit. 15).

1 « L'exécution du duc d'Enghien, affligeant et indignant bien des amis du nouveau régime, avait, on le pense, révolté les royalistes. »
MADELIN, **Hist. Consul. et Emp.**, Avènement de l'Empire, X.

|| S'INDIGNER. Être saisi d'indignation. V. **Emporter** (s'), **fâcher** (se), **irriter** (s'), **offenser** (s'). *S'indigner de quelque chose* (Cf. Apitoyer, cit. 2 ; apostolat, cit. 1 ; excuser, cit. 11 ; gausser, cit. 3 ; gourmander, cit. 6). *S'indigner contre quelqu'un, contre une injustice.* V. **Maudire, vitupérer.** *Il s'indigne de voir ce crime impuni. S'indigner que...,* suivi du subjonctif (Cf. Étrenne, cit. 4). *S'indigner de ce que...,* suivi de l'indicatif (ou parfois du subjonctif, selon la nuance). — Absolt. *S'indigner,* éprouver, exprimer de l'indignation (Cf. Assotir, cit. 3 ; enthousiasmer, cit. 4). V. **Fulminer, gronder, protester.**

2 « Je l'admirais moi-même, et mon cœur combattu
S'indignait qu'un chrétien m'égalât en vertu. »
VOLT., **Zaïre**, IV, 5.

3 « D'où venait ce murmure ? Je le cherchai, je le trouvai ; il venait de l'amour-propre qui, après s'être indigné contre les hommes, se soulevait encore contre la raison. » ROUSS., **Rêveries...**, 8⁰ prom.

4 « Car s'indigner de tout, c'est tout aimer, en somme, »
HUGO, **Lég. des siècles**, LV.

5 « Quand je cesserai de m'indigner, j'aurai commencé ma vieillesse. »
GIDE, **Nouv. prétextes**, Journal sans dates, p. 169.

6 « Que ceux qui s'indignent devant ces violences disent comment un poussin peut sortir de l'œuf sans briser la coque. »
ID., **Journal**, 13 mai 1931.

|| INDIGNÉ, ÉE. *p. p.* et *adj.* Rempli, transporté d'indignation (Cf. Face, cit. 61 ; faveur, cit. 28 ; féliciter, cit. 12 ; fracasser, cit. 1 ; haridelle, cit. 1). V. **Outré.** *Indigné de quelque chose* (Cf. Exécration, cit. 2), *d'avoir entendu une chose pareille* (Cf. Graveleux, cit. 3), *qu'on ait pu lui faire cela* (Cf. Ambassadrice, cit.).

7 « Et les Dieux, contre moi dès longtemps indignés. »
RAC., **Iphig.**, II, 5.

8 « ... on peut être irrité à tort ; on n'est indigné que lorsqu'on a raison au fond par quelque côté. Jean Valjean se sentait indigné. »
HUGO, **Misér.**, I, II, VII.

9 « ... Mary était bien souvent indignée par l'attitude de Byron et par ses cyniques propos. » MAUROIS, **Ariel...**, II, V.

— *Par ext.* Qui exprime, qui marque de l'indignation. *Visage, regards indignés. Fureur* (cit. 32) *indignée. Un ton de protestation indignée* (Cf. Accent, cit. 2).

ANT. — **Enthousiasmer** (s').

INDIGNITÉ. *n. f.* (XIV⁰ s. ; lat. *indignitas*).

|| 1⁰ Caractère de celui qui est indigne*. *Être exclu d'un emploi, d'une société... pour cause d'indignité. La honte* (cit. 18) *est parfois la conscience de notre indignité. La bassesse* (cit. 14) *et l'indignité de son âme.* V. **Abaissement, abjection, déshonneur.** *Sentir toute son indignité, avoir le sentiment de son indignité* (Cf. Humilité, cit. 4 et 7). *Indignité de son état, d'une situation.*

1 « Elle était si pénétrée de la sainteté infinie de Dieu, et de sa propre indignité, qu'elle ne pouvait penser sans frayeur au moment où elle comparaîtrait devant lui. » RAC., **Port-Royal.**

— *Spécialt.* Dr. *Indignité successorale,* frappant l'héritier qui a commis une faute grave contre le défunt. *Héritier exclu de la succession pour cause d'indignité.* V. **Indigne.** — *Indignité nationale,* sanctionnant les faits de collaboration avec l'ennemi. *Le crime d'indignité est puni de la dégradation nationale. Loi du 5 janvier 1951 portant amnistie de faits constitutifs de l'indignité nationale.*

|| 2⁰ Caractère de ce qui est indigne*. V. **Bassesse, énormité, méchanceté, noirceur.** *L'indignité de ce procédé, de cette action, d'une telle conduite... — Par ext.* Action, conduite indigne. *C'est une indignité ! Quelle indignité !* V. **Honte, turpitude, vilenie.** *Commettre des indignités. Être accusé d'indignités* (Cf. Fange, cit. 5).

2 « ... c'était le dernier degré de l'indignité hypocrite ! c'était un crime bas, lâche, sournois, abject, hideux ! »
HUGO, **Misér.**, I, VII, III.

3 « *Professer une doctrine et en pratiquer une autre est une indignité.* »
BRUNOT, **Pensée et langue**, p. 12.

— *Spécialt.* Manière indigne de traiter quelqu'un ; traitement outrageant. V. **Affront, insulte, mal, mépris, offense, outrage.** *Ne pas mériter cette indignité* (Cf. Excès, cit. 4). *On lui a fait mille indignités* (ACAD.). *Toutes les indignités que ce prisonnier a dû supporter, souffrir.*

4 « Et je le traiterais avec indignité,
Si j'aspirais à lui par une lâcheté. »
CORN., **Pomp.**, II, 1.

ANT. — **Dignité, honneur.**

INDIGO. *n. m.* (1603 WARTBURG ; mot espagnol, tiré du lat. *indicum,* qui avait déjà donné l'anc. franç. *inde,* « bleu indigo »).

|| 1⁰ Matière tinctoriale bleue, extraite principalement de l'indigotier (autrefois aussi du pastel*). V. **Colorant, indican,** et (*dér.*) **indigotine.** *L'indigo naturel est d'un bleu foncé avec reflets violets ou rougeâtres. Indigos d'Asie* (du Bengale), *d'Afrique, d'Amérique* (du Guatémala). Cf. aussi *Florée. Pains, tablettes d'indigo. L'indigo s'emploie industriellement par teinture et par impression. Indigo artificiel, synthétique.* V. **Aniline** (bleu d').

1 « Les teinturiers ne sauraient faire le bleu sans indigo : les Anciens le tiraient de l'Inde orientale ; il a été transplanté, dans les temps modernes, en Amérique... » RAYNAL, **Hist. philos.**, VI, 17.

— *Par appos. Le bleu indigo,* et, ellipt. *L'indigo,* la couleur bleue de l'indigo, et *par ext.,* tout bleu d'aspect semblable. — *Adjectiv. Une Amérique indigo peinte sur un globe* (cit. 11) *terrestre.* — *Spécialt. L'indigo,* une des couleurs fondamentales du spectre solaire.

2 « ... le ciel indigo, l'air léger, les montagnes pierreuses relevées par des touches d'ocre et de safran formaient un tableau de lumière et de bonheur. » MAUROIS, **Vie de Byron**, I, XIII.

|| 2⁰ *Par ext.* Plante qui fournit l'indigo. V. **Indigotier** 1. *Culture de l'indigo.*

3 « Le vieillard avait travaillé toute la journée à son carré d'indigo,... »
HUGO, **Misér.**, IV, II, III.

DER. — **Indigoterie.** *n. f.* (1658). Usine où l'on prépare l'indigo ; terre plantée d'indigotiers. — 1. **Indigotier.** *n. m.* (1731). Genre de plantes de la famille des *Légumineuses-Papilionacées,* comprenant près de 300 espèces, qui croissent dans les régions chaudes du globe entier et des feuilles de la plupart desquelles on extrait l'indigo (Cf. Cassant, cit. 1). *L'indigotier, arbrisseau à fleurs roses, blanches, jaunes ou rouges. Indigotier des Indes, de Java. L'indigofera tinctoria, indigotier le plus riche en indigo.* — 2. **Indigotier.** *n. m.* (1765). Ouvrier d'une indigoterie ; fabricant d'indigo. — **Indigotine.** *n. f.* (XIX⁰ s.). Chim. Principale matière colorante de l'indigo commercial (appelé aussi *indigo pur* ou *indigo bleu*). V. **Indol.**

INDIQUER. *v. tr.* (1512 ; lat. *indicare*).

|| 1⁰ Faire voir d'une manière précise, par un geste, un signe, un repère, un signal... V. **Désigner, montrer, signaler.** *Indiquer quelqu'un, quelque chose, du doigt, d'un signe de tête, du regard... L'ouvreuse lui indiqua sa place. Il indique à ses hommes la direction à prendre* (V. **Diriger**). *L'horloge, les aiguilles indiquent l'heure, deux heures* (Cf. Évider, cit. 1). *Flèche* (cit. 15), *poteau indiquant le chemin à suivre.* V. **Donner.** *Le clignotant indique la direction que va prendre la voiture. Feu vert indiquant que la voie est libre.*

1 « Il se leva, ayant jeté de biais un coup d'œil sur la pendule et tressailli malgré lui, à la voir indiquer la demie de six heures. »
COURTELINE, **MM. ronds-de-cuir**, III⁰ Tabl., III.

2 « Son doigt court et pointu indiquait avec amour les rosaces de fil que l'artiste avait reproduites avec une fidélité scrupuleuse. »
GREEN, **Léviathan**, I, VII.

|| 2⁰ Faire connaître à quelqu'un, en le renseignant, la chose ou la personne qu'il a besoin ou envie de connaître. *Elle cherchait l'endroit qu'on lui avait indiqué* (Cf. Filature, cit. 4). *Pouvez-vous m'indiquer un bon médecin, un hôtel convenable, la rue où il habite, le garage le plus proche ?...* (Cf. Fosse, cit. 5 ; hasard, cit. 33). *Je lui ai indiqué une villa à louer. C'est lui qui m'a indiqué ce moyen.* V. **Apprendre, enseigner, fournir** (Cf. Efficacité, cit. 1). — *Le baromètre indique les variations du temps. Girouettes indiquant le mouvement de l'air* (Cf. Alternatif, cit. 4). *Les renseignements que j'ai reçus ne m'indiquent pas l'édition* (cit. 4) *originale. Indiquez-moi vos intentions.* V. **Dire.** *Sa conscience lui indique le bon chemin* (Cf. Homme, cit. 154).

3 « Je voulais simplement vous demander de m'indiquer une petite taule, un peu tranquille, pour casser la croûte et boire un café. »
MAC ORLAN, **La Bandera**, I.

4 « Une facile vengeance était mise à la portée d'Angèle : elle n'avait qu'à indiquer à la gendarmerie le lieu de son rendez-vous et il tombait ainsi dans un piège qu'il aurait, en quelque sorte, préparé lui-même. »
GREEN, **Léviathan**, II, VIII.

— *Spécialt.* (En parlant d'un document écrit). *Cette carte n'indique que les grandes routes. La table des matières n'indique que les grandes divisions de l'ouvrage. Indiquer un nom.* V. **Dénommer, nommer.** *L'inscription nous indique que c'est là un hommage* (cit. 29) *du pays basque. Indiquer le cours d'une valeur.* V. **Coter.**

5 « La règle de Saint Colomban... ne laisse pas les peines à l'arbitraire de l'abbé ; elle les indique d'avance pour chaque délit avec une minutieuse et bizarre précision. »
MICHELET, **Hist. de France**, II, I.

6 « Je vois indiqué qu'il est franc-maçon, avec le nom de la loge. »
ROMAINS, **H. de b. vol.**, t. II, XIV, p. 146.

— *Spécialt.* (Par un exposé scientifique, circonstancié). V. **Dire, enseigner, énumérer.** *Indiquer les causes d'un phénomène. Dictionnaire indiquant tous les emplois d'un mot.* V. **Définir.** *Pouvez-vous m'indiquer quelle différence vous voyez entre ces deux thèses ? Savant indiquant les avantages de l'asepsie* (cit. 1). *Grammaire où sont indiquées les règles de l'ancienne poésie* (Cf. Erudit, cit. 6). *Gourmet* (cit. 3) *capable d'indiquer la provenance d'un vin. Indiquez-moi comment je dois m'y prendre.*

7 « ... il indiqua les symptômes auxquels on reconnaissait qu'une femme avait du tempérament. » FLAUB., **Mme Bovary**, III, VI.

8 « Je ne peux pas vous dire mieux : je me rallie d'avance à la solution que vous m'indiquerez. »
ROMAINS, **H. de b. vol.**, t. III, XVI, p. 221.

— *Déterminer** et faire connaître (une date, un lieu choisis pour une rencontre, une réunion). Indiquez-moi où et quand je vous retrouverai. Auspices* (cit. 1) permettant d'indiquer un jour pour une élection.* V. **Fixer.** — *À l'endroit indiqué, à l'heure indiquée.* — REM. Avec un complément autre que de temps ou de lieu, l'emploi d'*indiquer* est vieilli, ou propre à la langue juridique (Cf. Audience, cit. 14). Il est vieux au sens de « Convoquer, assigner à une date déterminée » (« *Louis le Débonnaire avait indiqué un parlement le jeudi saint* » VOLT., Mœurs, 23), sens que LITTRÉ donne encore comme vivant de son temps.

9 « Un second entretien n'aura pas plus d'inconvénient que le premier ; le hasard peut encore en fournir l'occasion ; vous pourriez vous-même en indiquer le moment. » LACLOS, **Liais. dang.**, LXXXIII.

‖ 3° (Avec un nom de chose pour sujet). Faire connaître l'existence ou le caractère d'un être, d'un objet ou d'un événement, en servant d'indice*. V. **Accuser, annoncer, attester, déceler, démontrer, dénoncer, dénoter, manifester, marquer, prouver, refléter, révéler, signaler, témoigner, trahir...** *Traces de pas indiquant le passage d'un fugitif. Ces monuments indiquent une civilisation fort avancée* (ACAD.). V. **Supposer.** *Sur son front, les rides indiquaient son grand âge* (V. **Écrire, graver, inscrire**). *Détails indiquant l'époque d'un carrosse* (cit. 2). *Les flancs* (cit. 5) *du taureau indiquaient une force immense. Les entrailles de la victime devaient indiquer la volonté des dieux* (Cf. Aruspice, cit.). *Rougeoiement indiquant l'emplacement* (cit. 3) *des boulevards illuminés. Ce choix indique une remarquable fantaisie* (cit. 34). *Tout indiquait la richesse.* V. **Sentir.** *Symptômes qui indiquent une maladie grave. Ce petit fait indique qu'il n'a rien changé à sa position. Les arrestations* (cit. 2) *indiquaient qu'il fallait être prudent* (Cf. aussi Croissant, cit. 1 ; hoquet, cit. 6). *Rien n'indique qu'il ait voulu nous tromper.*

10 « J'ai vu à la Trappe un ormeau du temps de Rancé : les religieux ont grand soin de ce vieux Lare qui indique les cendres paternelles mieux que la statue de Charles II n'indique l'immolation de Charles 1er. » CHATEAUB., **Vie de Rancé**, p. 138.

11 « Tout à coup les soldats de cette petite troupe d'avant-garde eurent ce tressaillement connu des chasseurs qui indique qu'on trouve au gîte. » HUGO, **Quatre-vingt-treize**, I, I.

12 « ... son regard n'indiquait rien d'autre qu'une curiosité pénétrante,... » ROMAINS, **H. de b. vol.**, t. III, XI, p. 153.

— *Spécialt.* (En parlant de mots, d'expressions...). V. **Entendre** (donner à), **signifier.** *Ce qu'indiquent des mots comme* ahuri (cit. 2), anaphylaxie (cit. 1), assaillir (cit. 1), babillard (cit. 6), *certaines locutions* (Cf. Façon, cit. 30), *un futur* (cit. 15) *antérieur, une étymologie* (Cf. Géométrie, cit. 2), *les guillemets* (cit. 1)... — *Pronominalt. La presque totalité s'indique par...* (Cf. Approximatif, cit. 3).

13 « Ce sont des noms hybrides, mi-grecs, mi-latins, avec des désinences en *ité*, indiquant l'état inflammatoire, et en *algie*, exprimant la douleur. » FRANCE, **Crime S. Bonnard**, VI, Œuvr., t. II, p. 465.

— *Spécialt.* (Méd.). Faire connaître comme étant la médication appropriée. V. **Indication.** — REM. En ce sens, le verbe *indiquer* ne s'emploie plus à la forme active : *La force du pouls indiquait une saignée* (LITTRÉ). Mais il reste très vivant au participe passé passif : *Remède, traitement indiqué dans tel ou tel cas, telle ou telle affection* (ANT. **Contre-indiqué**). — *Fig.* (En parlant de ce qu'il est requis, opportun de faire dans telle ou telle occasion). *C'était le moyen indiqué, tout indiqué ! Voyons, c'est tout à fait indiqué ! Non, ce n'est guère indiqué... Il n'était pas indiqué de lui en parler.*

‖ 4° T. d'Art. Représenter en s'en tenant aux traits essentiels, sans s'attacher aux détails. V. **Dessiner, ébaucher, esquisser, tracer.** *L'artiste s'est contenté d'indiquer le paysage à l'arrière-plan. Indiquer des rehauts avec du blanc* (Cf. Grisaille, cit. 2). *Quelques hachures* (cit. 1) *pour indiquer les ombres.* V. **Marquer.** *Projet, esquisse, où certains éléments sont à peine indiqués.*

— *Par anal.* (Littér.). *L'auteur n'a fait qu'indiquer le caractère de ce personnage secondaire. Les circonstances historiques sont à peine indiquées dans ce roman. Bornons-nous à indiquer brièvement le fait* (cit. 20). — (En esquissant soi-même le geste, le mouvement). *Le metteur en scène a indiqué aux acteurs un jeu de scène. Professeur de danse indiquant un pas à ses élèves* (Cf. Farandole, cit. 2).

14 « Enfin, il lut la lettre comme on lit au théâtre, avec une voix blanche, en indiquant quelques gestes. » ZOLA, **Nana**, p. 24.

DER. — (*du rad. lat.*) Cf. Indicateur, indicatif, indication.

COMP. — **Indique-fuites** (ou **-fuite**). *n. m.* (XXe s.). Petit manomètre* à eau servant à constater l'existence de fuites dans les conduites de gaz placées à l'intérieur des maisons.

INDIRECT, ECTE. *adj.* (1531 ; de *in-*, et *direct*). Qui n'est pas direct*.

‖ **1°** Qui n'est pas en ligne droite, qui fait un ou plusieurs détours. V. **Courbe, détourné.** *Chemin, itinéraire indirect*

(ACAD.). *Éclairage** indirect.* — (*Au fig.*, surtout). *Voies, moyens indirects.* V. **Écarté, éloigné.** *Critique, louange indirecte. Avis, reproche, blâme indirect. Déclarer ses sentiments d'une manière indirecte.* V. **Allusif, évasif, insinuant.** *Attaquer* (cit. 33) *d'une façon indirecte un écrivain qu'on n'ose heurter de front.* V. **Biais** (de) ; **biaiser.** — *Spécialt.* (Dr.). *Avantage** indirect ; donation** (cit. 3) *indirecte. Ligne** indirecte.* V. **Collatéral.**

1 « ... nous restions silencieux pour lui marquer une désapprobation qui ne pouvait être... qu'indirecte et muette. » MAUROIS, **Climats**, I, VII.

2 « Mais le narrateur est plutôt tenté de croire qu'en donnant trop d'importance aux belles actions, on rend finalement un hommage indirect et puissant au mal. » CAMUS, **La peste**, p. 148.

‖ **2°** Qui comporte un ou plusieurs intermédiaires, qui s'exerce avec intermédiaire. V. **Médiat.** *Cause indirecte. Rôle, influence indirecte* (Cf. Esprit, cit. 124 ; femme, cit. 10). *Effet, conséquence, résultat indirect.* V. **Contrecoup** (Cf. Fonderie, cit. 2). *Responsabilité directe* (cit. 3) *ou indirecte. Être en rapport indirect avec... Renseignement indirect.* V. **Second** (de seconde main).

3 « Et même s'il entrevoit une solution indirecte, il n'en prendra pas l'initiative. » ROMAINS, **H. de b. vol.**, t. II, VI, p. 71.

— *Spécialt.* Gramm. *Complément** indirect*, rattaché au mot complété par l'intermédiaire d'une préposition*, d'un mot-outil. *Complément d'objet** indirect, régime** indirect des verbes intransitifs*. Construction directe ou indirecte de l'attribut* (cit. 7). Interrogation** indirecte*, exprimée dans une proposition subordonnée (*Ex.* : Il demande si vous viendrez). *Style*, discours** indirect*, qui consiste à ne pas citer textuellement les paroles d'une personne mais à les rapporter sous forme de propositions* subordonnées et par l'intermédiaire d'un narrateur qui en donne la substance plutôt que le texte (« *La dame au nez pointu répondit que la terre Etait au premier occupant* » LA FONT.). *Style indirect libre*, qui supprime la subordination, mais garde les formes du style *indirect*, en utilisant le plus souvent l'imparfait* (« *Elle dit sa crainte, elle redoutait de donner à son mari une secousse...* » ZOLA). — Vieilli. *Cas indirects.* V. **Oblique.**

4 « On est convenu d'appeler « discours indirect » cette forme de présentation syntaxique par laquelle on rapporte, en usant de la 2e ou de la 3e personne, les propos tenus (ou censés tenus) par quelqu'un qui parlerait comme on fait habituellement, c'est-à-dire à la 1re personne. Ainsi, par exemple, au lieu de : « Il m'a répondu : *J'y vais* » (disc. direct), « Il m'a répondu *qu'il y allait* » (disc. indir.) ;... Le style direct est à coup sûr plus naturel et plus vivant ; mais le style indirect a pour lui cette supériorité d'éviter l'impression de heurté et de décousu que produit toujours à quelque degré la brusque citation de paroles qui viennent s'immiscer tout à coup dans la relation des faits ; il met dans la trame du discours une continuité qui satisfait en nous un besoin profond d'unité. » G. et R. LE BIDOIS, **Synt. franç. mod.**, t. II, IV, n° 1323.

— *Fisc. Impôts** (cit. 6 et 11) *indirects. Contributions** indirectes.*

5 « Quand le fisc aura mangé les fortunes privées, alors il faudra bien en venir aux impôts indirects. Mais la mode est aux impôts directs. On les appliquera jusqu'à la folie. » BAINVILLE, **Fortune de la France**, p. 267.

ANT. — Direct. Immédiat.

DER. — **Indirectement.** *adv.* (1476). D'une manière indirecte. *Directement ou indirectement* (Cf. Antitoxine, cit. 1 ; faune, cit. 5). *Toucher, atteindre indirectement...* (Cf. Abstrait, cit. 5). V. **Ricochet** (par). *Je ne l'ai su, la nouvelle ne m'en est parvenue qu'indirectement. J'ai bien compris que cela s'adressait indirectement à moi. Être indirectement compromis. Recevoir indirectement confirmation de...*

1 « ... l'aspect ancien des États, qu'il ne pouvait naturellement connaître que par ouï-dire, ne lui était pas moins familier que l'aspect moderne, qu'il aurait pu connaître de ses yeux et qu'il ne connaissait aussi qu'indirectement. » A. HERMANT, **Aube ardente**, XIII, p. 182.

2 « Délibérément tenu à l'écart par l'empereur, dont il a lui-même enregistré la prévention, Hugo (*le général*) n'a servi l'Empire qu'indirectement. » HENRIOT, **Romantiques**, p. 27.

INDISCERNABLE. *adj.* (1582 ; de *in-*, et *discernable*). Qui ne peut être discerné d'une autre chose de même nature. V. **Identique.** *On ne peut trouver deux feuilles indiscernables* (ACAD.). — *Par ext.* Dont on ne peut se rendre compte précisément. V. **Insaisissable.** — *Substant. et philos.* (XVIIIe s.). *Principe des indiscernables, ou de l'identité des indiscernables*, principe essentiel de la philosophie de Leibniz, d'après lequel deux êtres réels ne sont jamais parfaitement semblables, différent toujours par les caractères intrinsèques.

1 « Sa preuve de fait (*de Leibniz*) était que, se promenant un jour dans le jardin de l'évêque de Hanovre, on ne put jamais trouver deux feuilles d'arbre indiscernables. » VOLT., **Expos. Livre des institut. phys.**

2 « ... lors d'une occultation des satellites de Jupiter, le troisième disparut après avoir été indistinct pendant une à deux secondes, et... le quatrième devint indiscernable en approchant du limbe. » BAUDEL., **Trad. E. POE, Hist. extraord.**, Avent... Hans Pfaall.

3 « Une philosophie, perverse sans doute, m'a porté à croire que le bien et le mal, le plaisir et la douleur, le beau et le laid, la raison et la folie, se transforment les uns dans les autres par des nuances aussi indiscernables que celles du cou de la colombe. » RENAN, **Souv. d'enf...**, II, I.

4   « Les lois physiques ont précisément pour caractère d'exprimer des
    propriétés qui sont communes à une infinité d'êtres indiscernables
    entre eux. »   É. BOREL, Le hasard, VI, p. 119.

    ANT. — Apercevable, discernable, distinct.

INDISCIPLINABLE. *adj.* (1568 ; de *in-*, et *disciplinable**).
Qui ne peut être discipliné. V. **Indocile.** *Enfant indisciplinable. Soldats indisciplinables* (Cf. Ensauvager, cit. 1).

1   « Les Français ne sont pas indisciplinables : pour leur faire garder
    une règle, il ne faut que le vouloir fortement ; mais le mal est que
    jusques ici les chefs n'ont pas été capables de la fermeté requise en
    telle occasion. »   RICHELIEU, Lettres, t. VI, p. 165 (1638).

2   « Mais il est des esprits durs, indisciplinables,
    Dont on ne peut venir à bout. »   CORN., Imit., II, 3.

3   « ... la jeunesse indisciplinable de Paris, qui se faisait alors un
    honneur d'attaquer toutes les nuits le guet qui veille à la garde de la
    ville. »   VOLT., Siècle de Louis XIV, VII.

4   « Un changement dans l'humeur, des emportements fréquents, une
    continuelle agitation d'esprit, rendent l'enfant presque indisciplinable. »
                                               ROUSS., Émile, IV.

    ANT. — Docile.

INDISCIPLINE. *n. f.* (1501 ; mais rare jusqu'au XVIII° s. ;
de *in-*, et *discipline*). Manque de discipline*. *L'indiscipline
des troupes.* V. **Désobéissance*.** *L'indiscipline d'une bande
de jeunes effrontés* (cit. 6). V. **Dissipation.** *Indiscipline
générale qui ébranle* (cit. 9) *un empire. Esprit d'indiscipline.* V. **Esprit** (mauvais esprit), **indocilité, insoumission,
insubordination, sédition.** *Faire acte, preuve d'indiscipline.*
V. **Résister** (à l'autorité). *Réprimer sévèrement un acte
d'indiscipline.* — *Par ext.* Caractère de ce qui est indisci-
pliné*. *L'indiscipline des passions.*

1   « Les Français souffrirent une grande perte en faisant avorter le
    fruit des plus belles dispositions par cette ardeur précipitée et cette
    indiscipline qui leur avait fait perdre autrefois les batailles de
    Poitiers, de Créci, d'Azincourt. »   VOLT., Siècle de Louis XV, X.

2   « ... l'impuissance des chefs et l'indiscipline des subordonnés sont
    encore plus grandes dans la capitale que dans les provinces. »
                                   TAINE, Orig. France contemp., t. III, p. 127.

3   « Il y avait aussi des bouillonnements d'indiscipline et, pendant
    sa régence, il faudra que Suger ait la main lourde. »
                                   BAINVILLE, Hist. de France, V, p. 58.

    ANT. — Discipline, obéissance.

INDISCIPLINÉ, ÉE. *adj.* (XIV° s. ; de *in-*, et *discipliné*).
Qui n'est pas discipliné*, qui n'observe pas la discipline.
V. **Désobéissant, indocile, insoumis, insubordonné.** *Écolier
indiscipliné. Troupes, masses indisciplinées. Ce garnement indiscipliné fait endêver sa mère.* — *Par ext. Caractère, esprit indiscipliné.* V. **Tête** (forte, mauvaise tête). —
Fig. Cheveux indisciplinés, rebelles au peigne.

1   « C'est un orgueil indiscipliné qui se vante, qui va à la gloire avec
    un empressement trop visible ; il se fait moquer de lui :... »
                                   BOSS., Pens. chrét. et morales, XXII.

2   « Pour Lénine, le « petit-bourgeois » est un individualiste indisci-
    pliné, un anarchiste. »   CHARDONNE, Amour du prochain, IX, p. 239.

3   « (Pierre le Grand)... excellant, paraît-il, à décapiter sur un échafaud
    des sujets rebelles ou des soldats indisciplinés. »
                                   HENRIOT, Romantiques, p. 373.

    ANT. — Docile, obéissant, soumis.

INDISCRET, ÈTE. *adj.* (1380 ; lat. *indiscretus*, « incapable
de discerner »).

‖ **1°** *Vx.* Qui agit sans discernement, à l'étourdie, sans
prendre garde à ce qu'il dit ou à ce qu'il fait (Cf. Cause,
cit. 54). — *Par ext.* Qui dénote un manque de jugement,
de modération. V. **Inconsidéré** (cit. 1), **intempestif, malavisé.** *Une verve indiscrète* (Cf. Églogue, cit. 1). *Des reproches indiscrets* (Cf. Aise, cit. 9). *Faire un usage indiscret
de quelque chose.* V. **Immodéré.** — REM. Cette acception
qui figure encore dans ACAD. (8° éd. 1935) est complètement
sortie de l'usage.

1   « ... une application trop indiscrète à l'étude des livres,... »
                                   MONTAIGNE, Essais, I, XXVI.

2   « Et si je m'en croyais, ce triomphe indiscret
    Serait bientôt suivi d'un éternel regret. » RAC., Britann., IV, 4.

‖ **2°** (XVI° s.). Qui manque de discrétion, de réserve,
de retenue dans les relations sociales. V. **Importun** (cit. 2).
Servante familière et indiscrète (Cf. Aguet, cit. 3). *Femme
indiscrète comme une fouine* qui s'immisce*, s'ingère*
dans les affaires d'autrui. Je ne vous répondrai pas : vous
êtes par trop indiscret.* V. **Curieux.** *Visiteur indiscret qui
trouble un dîner intime.* V. **Intrus, trouble-fête.** *Il ne se
rend pas compte qu'il est indiscret.* V. **Trop** (être de trop).
— *Substant.* V. **Fâcheux.** *Écarter, fuir les indiscrets* (ACAD.).
Un coin tranquille à l'abri des indiscrets. Fi (cit. 3) *l'indiscret qui pose une telle question ! Méfiez-vous de lui : c'est
un fameux indiscret.* V. **Écouteur** (aux portes), **fouinard,
fureteur, touche*-à-tout** (Cf. Écouter* aux portes, fourrer
son nez* partout). — *Par ext.* Qui dénote de l'indiscrétion*.
Démarche, question indiscrète. V. **Inconvenant.** *Est-il,
serait-ce indiscret de vous demander ce que vous comptez
faire ?* (V. **Indiscrétion**). *Familiarité indiscrète.* V. **Audacieux** (Cf. Bonhomie, cit. 4). *Besogne indiscrète* (Cf. Gué-

risseur, cit. 3). *Accabler quelqu'un de récriminations
indiscrètes.* V. **Obsédant.** *Un zèle indiscret, déplacé, intempestif et encombrant.*

3   « ... l'indiscrétion est un si fâcheux vice,
    Qu'il vaut bien mieux mourir de rage ou de regret,
    Que de vivre à la gêne avec un indiscret. »   RÉGNIER, Sat., VIII.

4   « Ne vous offensez pas si mon zèle indiscret
    De votre solitude interrompt le secret. »   RAC., Bérén., II, 4.

5   « Mes regards indiscrets n'allaient jamais fureter sous son mouchoir,
    quoiqu'un embonpoint mal caché dans cette place eût bien pu les y
    attirer. »   ROUSS., Confess., III.

6   « Pardonnez-moi de vous forcer ainsi dans vos retranchements, de
    vous arracher de même qu'avec un davier les mots ; puis-je même être
    tout à fait indiscret ?... »   HUYSMANS, Là-bas, XV.

7   « (Ils) trouvaient mon intrusion dans leur groupe assez indis-
    crète ;... »   GIDE, Journal, 17 févr. 1912.

8   « Je vous prie de me pardonner si telle de mes questions vous
    paraît indiscrète ou saugrenue. »
                                   ROMAINS, H. de b. vol., t. III, XXII, p. 288.

9   « ... madame de Castelbajac résolut de prévenir les curiosités indis-
    crètes de la postérité... »   HENRIOT, Portr. de femmes, p. 285.

— *Spécialt.* Qui révèle ce qu'il devrait tenir caché ; qui
ne sait pas garder un secret. « *Un homme indiscret est une
lettre décachetée : tout le monde peut la lire* » (CHAMFORT).
*Confident indiscret. Confesseur, médecin indiscret. Je ne
lui ai pas soufflé mot de notre projet : elle le crierait sur
tous les toits, elle est si indiscrète !* V. **Bavard** (Cf. Avoir la
langue* trop longue ; ne pas savoir tenir sa langue*). —
Substant. Ne lui confiez rien : c'est la reine des indiscrètes
(Cf. La trompette* du quartier). — *Par méton. Méfiez-vous
des oreilles indiscrètes.* — *Par ext. Des commérages indiscrets et compromettants. Gare aux langues indiscrètes.* —
Littér. Les Bijoux indiscrets, de Diderot.

10 « Il fait des vœux au ciel pour la tenir secrète (sa retraite) ;
    Il craint qu'un indiscret la vienne révéler, »
                                               CORN., Théodore, V, 1.

11 « Je mets en fait que, si tous les hommes savaient ce qu'ils disent
    les uns des autres, il n'y aurait pas quatre amis dans le monde ; cela
    paraît par les querelles que causent les rapports indiscrets qu'on en
    fait quelquefois. »   PASC., Pens., II, 101.

12 « De peur qu'en le voyant, quelque trouble indiscret
    Ne fasse avec mes pleurs échapper mon secret. »
                                               RAC., Athal., I, 2.

13 « On critique, on censure, on contrôle toutes choses :... l'on mêle
    dans ces entretiens familiers celle-ci, celle-là, encore celui-là : bref
    c'est dans ces communications indiscrètes où se font une infinité de
    péchés de médisance, et très souvent de jugements téméraires,... »
                                   BOSS., Instruct. aux Ursulines de Meaux...

14 « À la fin du Congrès de Vérone, de cette publication indiscrète, où
    l'auteur mêle ensemble dans le plus étrange amalgame Ultracisme et
    Républicanisme... »   STE-BEUVE, Chateaubriand..., t. II, p. 82 (Note).

15 « ... on ne sait rien d'elle et de lui (Chateaubriand et sa sœur) que
    par... ce qu'il en a lui-même écrit, d'une plume tour à tour indiscrète
    et voilée,... »   HENRIOT, Portr. de femmes, p. 254.

    ANT. — Discret.

DER. — **Indiscrètement.** *adv.* (1370). ‖ **1°** *Vx.* A la légère, inconsidérément, imprudemment. *Laisser indiscrètement un enfant seul près du
feu* (Cf. Estropier, cit. 3). *Attirer* (cit. 39) *indiscrètement quelqu'un
chez soi.* — ‖ **2°** (XVI° s.). D'une manière indiscrète ; sans réserve ni
retenue. *Chien qui s'élance* (cit. 6) *indiscrètement sur les genoux
d'un visiteur.* — Spécialt. *Dévoiler indiscrètement un secret* (ANT.
Discrètement).

    « ... prétextant qu'il avait soif, et, sachant y trouver de l'eau, (il)
    avait indiscrètement ouvert cette armoire. »
                                   HENRIOT, Portr. de femmes, p. 111.

INDISCRÉTION. *n. f.* (XII° s. ; lat. *indiscretio*).

‖ **1°** *Vx.* Manque de discernement ou de mesure. — *Par
ext.* Inconvenance, maladresse, sottise.

1   « C'est l'indiscrétion et l'impatience qui nous hâte le pas. »
                                               MONTAIGNE, Essais, II, III.

2   « Son indiscrétion de sa perte fut cause. » LA FONT., Fabl., X, 2.

3   « Tout le monde connaît leur imperfection ;
    Ce n'est qu'extravagance et qu'indiscrétion, »
                                               MOL., Éc. d. fem., V, 4.

‖ **2°** (1569). Manque de discrétion, de réserve, de retenue
dans les relations sociales ; défaut de l'indiscret (cit. 3).
Parler de soi avec quelque indiscrétion, quelque impudeur
(Cf. Généraliser, cit. 3). *S'immiscer* dans les affaires
d'autrui* (cit. 27) *est une forme d'indiscrétion. Il poussait
l'indiscrétion jusqu'à lire mon courrier.* V. **Curiosité.** *Il a
eu l'indiscrétion de m'interroger là-dessus. Sans indiscrétion, peut-on savoir votre adresse ? Ces renseignements
me sont absolument indispensables : excusez mon indiscrétion.* V. **Insistance.** — Caractère de ce qui est indiscret.
L'indiscrétion de son attitude, de ses questions... → *Par ext.
Action, parole indiscrète. Commettre une indiscrétion.*

4   « Je dis vrai, non pas tout mon saoul ; mais autant que je l'ose
    dire ; et l'ose un peu plus en vieillissant, car il semble que la coutume
    concède à cet âge plus de liberté de bavasser et d'indiscrétion à parler
    de soi. »   MONTAIGNE, Essais, III, II.

5   « Mais ne serait-ce point une indiscrétion que de vous demander
    quelle peut être votre affaire ? »   MOL., D. Juan, III, 3.

6   « Vous sentez bien qu'il ne convient guère à un vieux pédant comme
    moi d'oser me mêler des affaires des colonels, et que cette indiscrétion
    de ma part servirait plutôt à reculer vos affaires qu'à les avancer. »
                                       VOLT., Corresp., 3682, 3 sept. 1770.

7 « Je crois donc pouvoir, sans indiscrétion, m'adresser à vous, pour en obtenir un service bien essentiel,... » LACLOS, **Liais. dang.**, CXX.

8 « — Il n'y a point d'indiscrétion entre deux frères qui s'aiment autant que nous nous aimons, tu sais ce que contient la dépêche, dis-le-moi, j'ai une fièvre de curiosité. »
BALZ., **La fausse maîtresse**, Œuvr., t. II, p. 54.

— *Spécialt.* (1587). Défaut de celui qui ne sait pas garder un secret ; le fait de révéler ce qui devrait rester caché. *Son indiscrétion lui fait beaucoup d'ennemis : il aime trop à causer**. V. **Rapport** (faire des) ; **rapporter**. — Par ext. *Commettre une indiscrétion* (Cf. Discret, cit. 10). *Les indiscrétions d'un journaliste.* V. **Révélation**. *Risquer de compromettre la réputation de quelqu'un par des indiscrétions.* V. **Bavardage, racontar**. *La moindre indiscrétion pourrait faire échouer notre plan.* V. **Fuite**.

9 « Les femmes qui aiment pardonnent plus aisément les grandes indiscrétions que les petites infidélités. »
LA ROCHEF., **Réflex. et max.**, 429.

10 « Cette fille ne dira mot, soyez-en persuadée... je lui ai dit que son indiscrétion la perdrait, que son silence ferait sa fortune ;... »
MARIVAUX, **Vie de Marianne**, VI.

11 « Mais que dis-je ? l'enthousiasme m'aurait-il fait commettre une indiscrétion offensante ? » BEAUMARCH., **Mère coupable**, V, 7.

12 « Pas un mot : réclamer leur silence, c'est souvent provoquer leur indiscrétion. Je réponds des miens. » BALZ., **Vautrin**, IV, II.

13 « ... comprenez-moi, mon cher, je suis marié, je suis un personnage un peu officiel, ma vie privée, ma vie publique, sont à la merci d'une indiscrétion, d'un chantage... » MART. du G., **Thib.**, t. III, p. 158.

ANT. — **Discrétion, réserve, retenue.**

INDISCUTABLE. adj. (1842 ; de *in-*, et *discutable**). Qui n'est pas discutable, qui s'impose par son évidence, son authenticité. V. **Certain, évident, incontestable** (cit. 3), **manifeste** (Cf. Hétérogénéité, cit. 2). *Un succès indiscutable. Supériorité indiscutable. Témoignage, preuve indiscutable.* V. **Formel, indéniable, irrécusable, irréfutable**. *Il est indiscutable que...* V. **Doute** (hors de), **indubitable**. *C'est indiscutable* (Cf. Cela crève les yeux). — *Par ext.* V. **Authentique**. *L'Évangile* (cit. 7), *message unique et indiscutable de Dieu. Ce déguisement fit de lui un indiscutable pèlerin* (Cf. Effendi, cit.). — REM. *Indiscutable* a éliminé *indisputable* que l'on trouve encore dans LITTRÉ avec une citation de Voltaire.

1 « La croyance, l'indiscutable et impérieuse croyance,... »
FUSTEL de COUL., **Cité antique**, III, IX.

2 « J'ai produit des lettres et documents indiscutables établissant que j'étais invité par des sociétés américaines honorablement connues... » DUHAM., **Scènes vie future**, I.

3 « Je voyais passer à la tête des ministères d'indiscutables valeurs et, parfois, de grands talents. Mais le jeu du régime les consumait et les paralysait. » Ch. DE GAULLE, **Mém. de guerre**, t. I, p. 4.

ANT. — **Controversable, discutable, douteux, faux.**

DER. — **Indiscutablement.** adv. (1876 in LITTRÉ, Suppl.). D'une manière indiscutable. V. **Certainement**. *Langues qui correspondent indiscutablement à une civilisation* (Cf. Berceau, cit. 14). *C'est indiscutablement le meilleur roman de l'année.*

INDISCUTÉ, ÉE. adj. (1867 LITTRÉ ; de *in-*, et *discuter**). Qui n'est pas discuté ; qui ne fait l'objet d'aucun doute. V. **Incontesté, reconnu**. *Droits indiscutés. Valeur indiscutée. Axiome indiscuté* (Cf. Briser, cit. 3). *Le chef indiscuté de la bande* (2, cit. 4). — REM. *Indiscuté* ne s'emploie plus au sens de « Qui n'a pas été soumis à la discussion », seul sens indiqué par LITTRÉ.

1 « ... je voulus... recevoir de son goût indiscuté, des avis touchant l'élégance personnelle,... » COLETTE, **Belles saisons**, p. 97.

2 « Sa gloire règne, indiscutée par ceux qui savent, indifférente aux ignorants. » HENRIOT, **Romantiques**, p. 152.

INDISPENSABLE. adj. (1586 ; de *in-*, et *dispenser*).

I. *Vx.* Dont on ne peut être dispensé (par l'Église). « *La loi de Dieu indispensable* » (BOURDAL.).

1 « Les ambassadeurs (*dit Mélanchthon*) prétendent que la défense d'épouser la femme de son frère est indispensable »
BOSS., **Hist. var...**, VII, LIV.

2 « ... nous avons *indispensable*, et *indispensablement*, qui ont paru si beaux d'abord, qu'il semblait qu'un sermon ne fût pas d'un bon français, si le prédicateur ne s'était servi de ces mots quatre ou cinq fois pour le moins... » Ch. SOREL, **Connaiss. des b. liv.** (1672), in BRUNOT, H.L.F., t. IV, p. 484.

II. ‖ **1°** Dont on ne peut se dispenser. V. **Obligatoire, obligé**. *Devoir, obligation indispensable.* « *Travailler est un devoir indispensable à l'homme social* » (Cf. Fripon, cit. 3 ROUSS.).

‖ **2°** *Par ext.* (XVIIIe s.). Qui est très nécessaire, dont on ne peut se passer. V. **Essentiel, nécessaire, utile...** « *Nécessaire est absolu ; indispensable, relatif. Ce qui est nécessaire l'est en soi ; ce qui est indispensable l'est par rapport à nous* » (LAFAYE). *Aide, concours* (cit. 7), *contribution* (cit. 1) *indispensable. Éléments* (cit. 4), *compléments indispensables* (Cf. Farder, cit. 11 ; galanterie, cit. 10 ; grotesque, cit. 14). *Garanties, précautions indispensables* (Cf. Empiéter, cit. 8). *Connaissances indispensables* (Cf. Gros, cit. 28).

Fonction, rôle indispensable (Cf. Emploi, cit. 17). *La continuité indispensable des services publics* (Cf. Grève, cit. 17). — *Objets, vêtements, meubles indispensables* (Cf. De première nécessité* ; et *aussi* Envoyer, cit. 16). *Un habit* (cit. 24) *vous sera indispensable* (V. **Besoin, falloir**, III). *Somme strictement, absolument indispensable* (Cf. Envoyer, cit. 15). — *Indispensable à, pour* (quelque chose). Cf. Fermer, cit. 10 ; génie, cit. 45 ; glande, cit. 2. *Indispensable à la vie.* V. **Vital**. *Indispensable pour* (suivi d'un infinitif). Cf. Apanage, cit. 1. *Condition indispensable pour réussir.* V. **Salut** (point de salut sans...). — *Il est indispensable de..., que... ; c'est indispensable* (Cf. Convenable, cit. 9 ; exister, cit. 5 ; fabriquer, cit. 3 ; génie, cit. 46).

3 « Il faut que madame d'Argental ne change point d'avis sur les eaux ; elles sont indispensables. » VOLT., **Corresp.**, 1208, 29 mai 1754.

4 « Rien de ce qui est beau n'est indispensable à la vie. — On supprimerait les fleurs, le monde n'en souffrirait pas matériellement ; qui voudrait cependant qu'il n'y eût plus de fleurs ? »
GAUTIER, **Mlle de Maupin**, Préf., p. 28.

5 « Si j'ai les cent louis indispensables au passage, je n'aurai pas un sou pour me faire une pacotille. »
BALZ., **Eugénie Grandet**, Œuvr., t. III, p. 574.

6 « ... le mal est indispensable au bien et le diable nécessaire à la beauté morale du monde. » FRANCE, **Jardin d'Épicure**, p. 71.

7 « La prière m'était à ce moment aussi indispensable que l'air à mes poumons, que l'oxygène à mon sang. »
BERNANOS, **Journal d'un curé de campagne**, p. 119.

— *Substant.* *L'indispensable.* n. m. *Il lui reste juste l'indispensable. Faire l'indispensable.*

8 « ... un taudis sans cheminée... où il n'y avait, en fait de meubles, que l'indispensable. » HUGO, **Misér.**, III, V, II.

9 « Mais on ne pouvait laisser le mort par terre. En un tour de main, la Frimat et la Bécu firent l'indispensable. Comme elles n'osaient transporter le corps, elles retirèrent le matelas d'un lit, elles l'apportèrent et y allongèrent Mouche, en le recouvrant d'un drap jusqu'au menton. » ZOLA, **La terre**, II, II.

— (En parlant des personnes). *Un homme indispensable à toutes les réunions, à toutes les sorties...* (Cf. Fashionable, cit. 1). *Se rendre indispensable. Il est devenu indispensable. Il se croit indispensable.*

10 « ... le commerce des belles nous les rend bientôt moins nécessaires ; au lieu que l'usage des médecins finit par nous les rendre indispensables. » BEAUMARCH., **Barb. de Sév.**, Lettre... sur la critique.

11 « Alors, puisqu'un prêtre n'était point indispensable, puisque l'expérience prouvait que les récoltes n'y perdaient rien et qu'on n'en mourait pas plus vite, autant valait-il s'en passer toujours. »
ZOLA, **La terre**, IV, IV.

12 « Un général victorieux et qui apportait de l'argent se rendait indispensable. Et la popularité de Bonaparte grandissait. »
BAINVILLE, **Hist. de France**, XVI, p. 382.

— *Substant.* :

13 « Pourtant il n'était pas fâché de jouer un peu, lui-même, à l'indispensable, en présentant au Directeur les rédactions de Chavarax parsemées de larges traits d'encre et de rectifications en marge. »
COURTELINE, **MM. ronds-de-cuir**, IIIe Tabl., I.

ANT. — **Inutile, superflu.**

DER. — **Indispensablement.** adv. (1600). D'une manière indispensable ; sans dispense possible. *Être indispensablement obligé de, engagé à...* V. **Nécessairement, obligatoirement**. *Il faut indispensablement que...*

1 « Il (*M. Arnauld*) fut obligé indispensablement de le rompre (*le silence*) par une occasion assez extraordinaire. » RAC., **Port-Royal**.

2 « ... ce quelque chose qui est en moi et qui pense, s'il doit son être... à une nature universelle... il faut indispensablement que ce soit à une nature universelle ou qui pense, ou qui soit... plus parfaite que ce qui pense ;... » LA BRUY., XVI, 36.

INDISPONIBLE. adj. (1752 ; de *in-*, et *disponible*). Qui n'est pas disponible. — *Spécialt.* :

‖ **1°** *Dr.* Dont la loi ne permet pas de disposer*. *Biens indisponibles. La réserve* héréditaire, portion indisponible de la succession.*

‖ **2°** *Milit.* Dont on ne peut disposer pour le service militaire. *Soldats indisponibles.* Substant. *Les malades et les indisponibles.*

DER. — **Indisponibilité.** n. f. (1829). État de ce qui est indisponible.

INDISPOSER. v. tr. (fin XVIe s. ; *indisposé* dès le XVe s. au sens de « non organisé, mal disposé » ; de *in-*, et *disposer*).

‖ **1°** Altérer* légèrement la santé, mettre dans un état de légère indisposition* physique. *Ce qu'il a mangé hier l'a indisposé. L'odeur de pipe refroidie l'indispose.* V. **Gêner, incommoder**.

‖ **2°** *Fig.* Mettre dans une disposition peu favorable. V. **Déplaire** (à), **fâcher, froisser, hérisser**. *Il indispose tout le monde contre lui par sa fatuité, sa prétention.* V. **Importuner, mettre** (se mettre à dos), **prévenir** (contre)... *Le maître avait indisposé ses élèves contre lui* (Cf. Admonestation, cit.). *Indisposer quelqu'un par des paroles, des actions désagréables.* V. **Désobliger**. *Tout l'indispose, il a un caractère difficile* (V. **Aigrir**). *Une telle faute de goût indisposera les spectateurs, les lecteurs...* V. **Tiquer** (faire). Absolt. *Il indispose.*

1 « Et moi, je n'ai pas osé t'en dédire, m'a dit Dorante, parce que j'aurais indisposé contre moi cette fille, qui a du crédit auprès de sa maitresse,... »
MARIVAUX, **Fauss. confid.**, II, 12.

2 « Lui, il imposait et presque indisposait. »
BARBEY d'AUREV., **Une histoire sans nom**, p. 56.

3 « Malgré moi, tout en parlant, j'observe qu'avec la pointe de son coupe-papier il se cure les ongles. J'aimerais mieux qu'il ne le fit point, parce que ça m'indispose un peu. »
DUHAM., **Salavin**, IV, Journal, 29 novembre.

— *Être, se trouver indisposé par quelque chose, de quelque chose.*

4 « Personne dans la salle n'avait l'air de remarquer cette discordance grotesque entre le spectacle et la musique. Pour moi, j'en étais indisposé. »
DUHAM., **Salavin**, IV, Journal, 15 octobre.

5 « ... chacun ici-bas se trouve indisposé par la marotte du voisin. »
CÉLINE, **Voyage au bout de la nuit**, p. 257.

‖ INDISPOSÉ, ÉE. *p. p. adj.* Qui est affecté d'une indisposition. V. **Aise** (être mal à l'aise ; n'être pas à son aise), **fatigué, incommodé, malade, souffrant.** *Il est, il se sent indisposé* (Cf. Incommodité, cit. 6). — REM. Au XVIIe s., BOUHOURS n'admettait que cet emploi du mot.

6 « Elle vint hier pour me voir, mais j'étais indisposée et ne recevais personne. »
MARIVAUX, **Vie de Marianne**, VI.

7 « ... elle fit dire qu'elle s'était trouvée indisposée et s'était mise au lit. Mme de Rosemonde voulut monter chez elle ; mais la malicieuse malade prétexta un mal de tête qui ne lui permettait de voir personne. »
LACLOS, **Liais. dang.**, XXIII.

— *Spécialt. :*

8 « Cette femme qui était indisposée donna de son sang ; »
HUYSMANS, **Là-bas**, V.

9 « Chez quelques femmes seulement, l'époque des menstrues n'est marquée par aucun phénomène particulier... La plupart des femmes éprouvent, au contraire, des malaises légers. Elles en donnent la traduction en déclarant qu'elles sont « indisposées ». Mais, entre la simple « indisposition », et la dysménorrhée intense... il y a tous les degrés. »
BINET, **Vie sex. de la femme**, p. 119.

INDISPOSITION. *n. f.* (XVe s. ; de *in-*, et *disposition*).

‖ 1° Légère altération dans la santé. V. **Incommodité, malaise... ; fatigue.** *Il est remis, guéri de son indisposition. Indisposition causée par les excès de table* (V. **Embarras, indigestion**), *par un refroidissement*. *Son indisposition le force à garder la chambre*. *Indisposition précédant une maladie.* V. **Prodrome.**

1 « Une petite indisposition, Madame, m'a empêché de m'y trouver. »
MOL., **Am. magn.**, I, 2.

2 « ... il fut convenu qu'une feinte indisposition la dispenserait d'aller souper chez son amie,... »
LACLOS, **Liais. dang.**, LXXIX.

3 « La préoccupation de Balthazar était si grande qu'il acceptait la maladie dont mourait sa femme, comme une simple indisposition. »
BALZ., **Recherche de l'absolu**, Œuvr., t. IX, p. 567.

— *Spécialt.* Cf. Indisposer, cit. 9.

‖ 2° *Fig.* et *Vx.* Disposition défavorable.

4 « Elles n'avaient pas voulu se trouver à la cérémonie (*du mariage*) ; ce qui m'avait déjà annoncé leur indisposition à mon égard. »
Mme de STAAL, **Mém.**, t. III, p. 177 (in LITTRÉ).

INDISSOLUBLE. *adj.* (XIVe s. ; lat. *indissolubilis*).

‖ 1° *Vx.* Qui ne peut être dissous. V. **Insoluble.**

‖ 2° *Fig.* Qui ne peut être dissous, délié, désuni. V. **Indestructible, perpétuel.** *Attachements, liens indissolubles* (Cf. Hospitalité, cit. 1). *Lien sacré et indissoluble* (CALVIN). *Engagement indissoluble. Amitié, union indissoluble. Considérer le mariage comme indissoluble* (Cf. Divorce, cit. 4).

1 « ... l'indissoluble union de Jésus-Christ avec son Église,... »
BOSS., **Orais. fun. Le Tellier.**

2 « Si quelques hommes ont été un fléau pour l'homme, ce sont bien les législateurs profonds qui ont rendu le mariage indissoluble, afin que l'on fût forcé de s'aimer. »
SENANCOUR, **Oberman**, XLV.

3 « ... rien ne prouve mieux la nécessité d'un mariage indissoluble que l'instabilité de la passion. »
BALZ., **Autre étude de femme**, Œuvr., t. III, p. 217.

‖ 3° *Fig.* et *Vx.* Qui ne peut être résolu, expliqué. *Des énigmes indissolubles* (BOSS.). V. **Insoluble.**

DER. — **Indissolubilité.** *n. f.* (1609 selon BLOCH). Caractère de ce qui est indissoluble. *Indissolubilité du mariage religieux.* — **Indissolublement.** *adv.* (1471). D'une manière indissoluble. *Indissolublement unis, liés...*

1 « ... Jésus-Christ a donné une nouvelle forme au mariage, en réduisant cette sainte société à deux personnes immuablement et indissolublement unies ;... »
BOSS., **Expos. doctr. de l'Égl.**, IX.

2 « ... il (*le P. Tellier*) me courtisait... par rapport à Mgr le duc de Bourgogne et à ses plus intimes entours, avec lesquels il me savait indissolublement lié depuis que j'étais à la cour. »
ST-SIM., **Mém.**, III, XXXVII.

3 « De l'indissolubilité seule du mariage peut naître pour les femmes une communauté réelle des dignités de leurs époux, et de là, la considération extérieure des honneurs et des respects. »
JOUBERT, **Pens.**, VIII, XII.

INDISTINCT, INCTE (*in-dis-tin, -tinc-te*). *adj.* (XIVe s. ; lat. *indistinctus*). Qui n'est pas distinct, que l'on distingue mal. V. **Confus, flou, imprécis, indécis, nébuleux, vague.** *Vision, vue indistincte des choses. Apercevoir des objets indistincts, dans la pénombre.* — Par ext. *Bruits* (cit. 9),

grondements indistincts (Cf. Canonnade, cit.). *Voix indistincte.* V. **Sourd** (Cf. Étouffer, cit. 23). *Bredouillage indistinct et incompréhensible. Un fouillis d'éléments indistincts.* V. **Confondu.** — *Fig.* Qui n'est pas bien défini, bien précis. *Pressentiments, sentiments indistincts.* V. **Obscur, sourd.** *Croyances* (cit. 5), *impressions indistinctes. Projets, plans indistincts.* V. **Désordonné.**

1 « Lorsqu'on jette les yeux sur un objet trop éclatant ou qu'on les fixe et les arrête trop longtemps sur le même objet, l'organe en est blessé et fatigué, la vision devient indistincte,... »
BUFF., **Hist. nat. homme**, Des sens, La vue.

2 « Fournir un aliment à des curiosités encore indistinctes, satisfaire à des exigences qui ne sont pas encore précisées,... »
GIDE, **Faux-Monnayeurs**, I, XII.

3 « ... (*le*) mot : *amour*, dont l'indistinct emploi est responsable des confusions les plus graves. »
ID., **Attendu que...**, p. 40.

4 « ... un horizon où le ciel et la mer se mêlaient dans une palpitation indistincte. »
CAMUS, **La peste**, p. 265.

ANT. — **Clair, défini, distinct, net, précis.**

DER. — **Indistinctement.** *adv.* (XIVe s.). ‖ 1° D'une manière indistincte. V. **Confusément.** *Voir indistinctement quelque chose. Prononcer indistinctement* (ANT. **Clairement**). ‖ 2° Sans distinction, sans faire de différence. V. **Indifféremment** (Cf. Article, cit. 1 ; calicot, cit. 2 ; engin, cit. 5 ; enivrer, cit. 18 ; génie, cit. 25 VOLT.). *Hôpital* (cit. 2) *où sont admis tous les malades indistinctement. Il calomnie indistinctement ses amis et ses ennemis* (ACAD.).

« ... le chant solennel et mélancolique que l'antique tradition du pays transmet, non à tous les laboureurs indistinctement, mais aux plus consommés dans l'art d'exciter et de soutenir l'ardeur des bœufs de travail. »
SAND, **Mare au diable**, II, p. 22.

INDIUM (*-om*). *n. m.* (1863 ; du nom de l'*indigo*, d'après deux raies de son spectre). *Chim.* Métal blanc (abrév. *In* ; poids atomique 114,7) de densité 7,31, mou et ductile, fusible à 155°. *On extrait l'indium du zinc fourni par certaines blendes. L'indium est trivalent ; il présente de nombreuses analogies avec l'aluminium.*

INDIVIDU. *n. m.* (XIIe s. ; lat. *individuum*, « ce qui est indivisible ». Cf. Atome).

« Un individu, au sens le plus général et le plus complexe de ce mot, est un objet de pensée concret, déterminé, formant un tout reconnaissable, et consistant en un réel donné... par l'expérience... Ce sens, quoiqu'il ne soit pas fondamental au point de vue de l'étymologie, occupe cependant une position centrale par rapport aux autres sens de ce mot. »
A. LALANDE, **Vocab. philos.**, Individu.

I. ‖ 1° (*Au sens le plus large*). Tout être formant une unité distincte, dans une série hiérarchique formée de genres (II, 1°) et d'espèces (III, 1°). V. **Échantillon, exemplaire, spécimen, unité ; individualité.** *Classification des individus selon leurs caractères*.

« Se procurer des individus bien conservés de chaque espèce d'animaux, de plantes ou de minéraux,... »
BUFF., **Hist. nat.**, Théor. terre, 1er disc. (in LITTRÉ).

— *Spécialt. T. de Log.* Terme inférieur d'une série, qui « ne désigne plus de concept général et ne comporte plus de division logique » (LALANDE). V. **Singulier** (terme). — *Phys.* Élément indivisible (Cf. le sens étymol. d'*Atome*).

« La question est posée de savoir s'il est possible de considérer les corpuscules (de l'atome) comme des individus physiques parfaitement définis et localisés dans l'espace. »
L. de BROGLIE, in CUVILLIER, **Vocab. philos.**, Individu.

‖ 2° *Biol.* Corps organisé vivant d'une existence propre et qui ne saurait être divisé sans être détruit. V. **Animal, plante.** *L'individu est le dernier terme de la classification*. V. **Espèce** (III, 3°, cit. 30), **genre** (II, 2°, cit. 10). *Individus vivants, jeunes...* (Cf. Anéantir, cit. 7 ; gibier, cit. 3). *Procédés d'élevage permettant d'obtenir des individus, puis des races précoces* (Cf. Accroissement, cit. 1). *Individus apprivoisés* (cit. 1) *d'une espèce sauvage. Bétail se dit du genre, bestiaux* (cit. 1) *des individus. Troupeau de cent individus.* V. **Tête.** — *Sexe des individus* (Cf. Femelle, cit. 4 ; hermaphrodite, cit. 7). *Génotype* (cit. 2) *et phénotype d'un individu. Hérédité des individus* (Cf. Caractère, cit. 17). *Germen* (cit. 2) *et soma d'un individu.*

4 « Si les individus ont une ressemblance parfaite, ou des différences si petites qu'on ne puisse les apercevoir qu'avec peine, ces individus seront de la même espèce ; si les différences commencent à être sensibles... les individus seront d'une autre espèce, mais du même genre que les premiers... »
BUFF., **Hist. nat.**, Théor. terre, 1er disc.

5 « Quoique le principe universel soit un, la nature ne donne rien d'absolu, ni même de complet ; je ne vois que des individus. Tout animal, dans une espèce semblable, diffère en quelque chose de son voisin, et parmi les milliers de fruits que peut donner un même arbre, il est impossible d'en trouver deux identiques,... »
BAUDEL., **Curios. esthét.**, III, VII.

6 « ... le *corps vivant*... est-il un corps comme les autres ?... tandis que la subdivision de la matière en corps isolés est relative à notre perception,... le corps vivant a été isolé et clos par la nature elle-même. Il se compose de parties hétérogènes qui se complètent les unes les autres... Il accomplit des fonctions diverses qui s'impliquent les unes les autres. C'est un *individu*, et d'aucun autre objet,... on ne peut en dire autant... Sans doute il est malaisé de déterminer,... ce qui est individu et ce qui ne l'est pas...
Pour que l'individualité fût parfaite, il faudrait qu'aucune partie détachée de l'organisme ne pût vivre séparément. Mais la reproduction deviendrait alors impossible... Le besoin même... (*que l'individualité*) éprouve de se perpétuer dans le temps la condamne à n'être jamais complète dans l'espace. »
BERGSON, **L'évolution créatrice**, I.

‖ 3° (Relativement à l'espèce humaine). V. **Homme***
(cit. 17, 87, 88), **humain.** *Les individus du genre* (cit. 6)
homme, de l'espèce (cit. 31) *humaine ; l'individu humain*
(Cf. Flux, cit. 4 ; idiosyncrasie, cit. 1). *Types sexuels de
l'individu humain.* V. **Femme** (cit. 10), **hermaphrodite**
(cit. 2), **homme** (cit. 1). *Hérédité* (cit. 12), *reproduction des
individus* (Cf. Eugénique, cit. 2 ; gamète, cit. 2). — *Individu bien portant, normal* (Cf. Asphyxie, cit. 1 ; canon,
cit. 3). *Individu âgé, malade* (Cf. Gérontologie, cit. 3 ;
hôpital, cit. 4). *Diversité des individus humains* (Cf. Différer, cit. 13).

7   « Claude Bernard se trouve amené à constater que si « la vérité est
dans le type, la réalité se trouve toujours en dehors de ce type et elle
en diffère constamment. Or, pour le médecin, c'est là une chose très
importante. C'est à l'individu qu'il a toujours affaire. Il n'est point de
médecin du type humain, de l'espèce humaine ». Le problème théorique
et pratique devient donc d'étudier « les rapports de l'individu avec
le type ». Ce rapport paraît être le suivant : « La nature a un type
idéal en toutes choses, c'est positif ; mais jamais ce type n'est réalisé.
S'il était réalisé, il n'y aurait pas d'individus, tout le monde se
ressemblerait ».   G. CANGUILHEM, **Connaissance de la vie**, p. 197.

8   « L'un des plus sûrs enseignements de la Génétique humaine est de
nous révéler l'*individualité*, la personnalité de chacun des représentants
de l'espèce. Tout individu porte une certaine combinaison génétique qui
n'appartient qu'à lui ;... De chacun de nous, on peut dire, en toute
rigueur, qu'il est un exemplaire *unique* et irréproductible de l'espèce. »
J. ROSTAND, **L'hérédité humaine**, p. 98 (éd. P.U.F.).

— (Dans le langage courant). V. **Être, personne.**

9   « ... un tempérament très ardent, des passions vives, impétueuses, et
des idées lentes à naître, embarrassées, et qui ne se présentent jamais
qu'après coup. On dirait que mon cœur et mon esprit n'appartiennent
pas au même individu. »   ROUSS., **Confess.**, III.

— *Psychol.* L'être humain, en tant qu'unité et identité
extérieures, biologiques ; en tant qu'être particulier, différent de tous les autres. V. **Individualité, moi.** *L'amour*
(cit. 50) *de l'individu pour lui-même. L'individu et la
personne*.

10   « Ce qu'il y a de plus grave dans l'état de choses actuel, ce n'est
pas qu'il (*le monde moderne*) blesse, qu'il affame, qu'il brûle et qu'il tue
l'*individu* humain ; c'est que, par une loi qui semble essentielle, il
courbe chaque jour davantage la *personne* humaine sous le joug de la
fatalité et l'accule à la démission. »
DANIEL-ROPS, **Ce qui meurt...**, p. 13.

II. *Sociol.* « L'unité dont se composent les sociétés »
(LALANDE). *Les individus d'une fourmilière, d'une ruche,
d'une colonie de coraux.* — Par ext. :

11   « Le corps nous apparaît... comme... une gigantesque association de
diverses races cellulaires dont chacune se compose de milliards d'individus... Et cependant, ces foules immenses se comportent comme un
être essentiellement un. »   CARREL, **L'homme, cet inconnu**, III, XII.

— *Spécialt.* (En parlant des sociétés humaines). Membre
d'une collectivité. V. **Homme, personne.** *Chaque individu*
(Cf. Bienveillant, cit. 3). *Individu exceptionnel* (Cf. Cours,
cit. 3), *semblable aux autres* (Cf. Étiqueter, cit. 2 ; fabriquer,
cit. 8). *Autonomie* (cit. 3) *de l'individu* (Cf. Autonome,
cit. 4). *Individus groupés* (cit. 6) *en corps* (cit. 44). *Collection* (cit. 1 et 2), *collectivité* (cit. 2), *conglomérat, entassement, masse d'individus* (Cf. Affronter, cit. 7 ; assemblage,
cit. 17 ; élucidation, cit.). *Communauté* (cit. 3) *des individus.
Individus contribuant à une œuvre collective* (Cf. Alluvion,
cit. 3). *L'individu opposé à la société ; l'individu et la
société* (Cf. Carence, cit. 2 ; humiliation, cit. 14 ; imiter,
cit. 6). *L'individu et la collectivité* (cit. 1), *et l'ensemble*
(cit. 12), *et la foule* (cit. 11), *et la masse, et le peuple...*
(Cf. Enracinement, cit. ; file, cit. 10). *L'individu et la
famille* (cit. 16 et 29), *et la classe, et la race, et la nation*
(Cf. Aboutissant, cit. 2 ; antisocial, cit. ; bouc, cit. 4 ;
caractéristique, cit. 1 ; exercer, cit. 28 ; fonction, cit. 20).
— *L'individu et l'État* (cit. 115). Cf. Braver, cit. 2 ; entité,
cit. 5 ; immobiliser, cit. 8. *L'individu et la vie publique*
(Cf. Efficacité, cit. 7). *Répartition des charges publiques
entre les individus* (Cf. Finance, cit. 3 ; impôt, cit. 6). *Les
droits de l'individu* (Cf. Entreprendre, cit. 24). *Culte, exaltation de l'individu.* V. **Individualisme.** *L'anéantissement*
(cit. 7) *de l'individu...* — *L'individu, en droit* (Cf. Absence,
cit. 12 ; accomplir, cit. 5 ; état, cit. 67).

12   « ... le haschisch, comme toutes les joies solitaires, rend l'individu inutile aux hommes et la société superflue pour l'individu.... »
BAUDEL., **Parad. artif.**, Poème du haschisch, V.

13   « Pour lui (*l'esprit positif*), l'homme proprement dit n'existe pas,
il ne peut exister que l'Humanité,... Si l'idée de *société* semble encore
une abstraction de notre intelligence, c'est surtout en vertu de l'ancien
régime philosophique ; car, à vrai dire, c'est à l'idée d'*individu*
qu'appartient un tel caractère, du moins chez notre espèce. »
A. COMTE, **Disc. s. l'esprit positif**, p. 118 (éd. 1918).

14   « L'individu ne saurait être libre tout seul ; un petit nombre d'individus ne sauraient rester libres longtemps. »
A. CLOOTS, in JAURÈS, **Hist. social. Révol. franç.**, t. VIII, p. 59.

15   « Il est vrai que la société n'est qu'une organisation d'individus,
qu'elle est, comme Spencer l'avait dit jadis, ce que la font les individus qui la composent, mais il est vrai aussi que ces individus qui
créent la société sont créés, pétris, sculptés par elle. Il n'est rien
dans l'individu qui ne soit social, si ce n'est l'individu en tant que
synthèse unique au monde, irréductible à toute autre,... »
F. PAULHAN, **Les transformations sociales des sentiments**, p. 98
(éd. 1920).

16   « Le propre de l'individu, ce qui lui fait éprouver le plus vif sentiment de son être et de la particularité de cet être, c'est l'élément
qui, en lui, est unique et incommunicable : la sensation... Le primat
de l'individu se tourne en un primat de la sensation dans l'individu. »
J.-R. BLOCH in ENCYCL. de MONZIE, 16· 12-11.

17   « ... les diverses facultés que je réunis forment un individu, et nous
pouvons parler sans duperie de notre personnalité.
L'homme est constitué par la société et impossible même à imaginer
hors du milieu qui lui a donné son âme, mais il est aussi un individu,
qu'on ne saurait entièrement expliquer par des influences sociales. »
CHARDONNE, **Amour du proch.**, p. 16.

18   « Pour faire un individu, il faut une solitude. »   ID., **Ibid.**, p. 29.

19   « Il est... certain que de supprimer les droits de l'individu rend un
État beaucoup plus fort. »
BENDA, **Trahison des clercs**, Préface éd. 1946, p. 29.

20   « ... souhait contradictoire et déchirant d'un ordre social rigoureux
qui conserve pourtant la dignité de l'individu,... »
SARTRE, **Situations I**, p. 226.

21   « ... la révolte,... bien qu'elle naisse dans ce que l'homme a de plus
strictement individuel, met en cause la notion même d'individu. Si
l'individu... accepte de mourir... dans le mouvement de sa révolte, il
montre par là qu'il se sacrifie au bénéfice d'un bien dont il estime
qu'il déborde sa propre destinée. »   CAMUS, **L'homme révolté**, p. 28.

III. (*Dans le langage courant*). Personne, être humain*
quelconque, que l'on ne peut ou que l'on ne veut pas
nommer. V. **Homme.** *Un individu s'est présenté* (Cf. Le
premier venu* ; je ne sais* qui...). *Qui est cet individu ?*
V. **Bonhomme, bougre, citoyen, client, gaillard, gars,
paroissien, particulier, personnage, personne, quidam, type**
(Cf. *arg.* Gonze, mec, zigue...). *C'est un drôle d'individu*
(V. **Pistolet**), *un individu bizarre.* V. **Oiseau, phénomène.**
— *Péjor.* V. **Coco, monsieur** (un joli...), **sieur, sire** (un
triste...), **vaurien, voyou.** *Un individu peu recommandable*
(Cf. Un pas grand-chose). *Des individus suspects* (Cf.
Espionner, cit. 2), *indésirables. Louche, sinistre individu*
(Cf. Épave, cit. 9). *Sale, triste individu. Individu sans
aveu, sans foi ni loi. Dangereux individu.* — REM. 1. Même
lorsqu'il n'est pas franchement péjoratif, *Individu* marque
généralement un certain mépris, une certaine ironie. —
2. On peut parler d'individus des deux sexes, mais on
n'emploiera pas *individu* pour désigner une femme.

22   « J'ai connu un individu dont la vue affaiblie retrouvait dans l'ivresse
toute sa force perçante primitive. »
BAUDEL., **Du vin et du haschisch**, III.

23   « Elle... se trouva mêlée à un rassemblement d'individus des deux
sexes qui commentaient avec véhémence un événement de qualité. »
MAC ORLAN, **Quai des brumes**, X.

— *Fam.* et *vieilli.* *Son individu* : soi-même (Cf. Sa petite
personne). *Avoir soin de son individu, conserver, soigner
son individu* (ACAD.).

24   « Mon petit individu a besoin de si peu pour subsister que je n'y
ai pas eu recours. »   SAND, **Lettres à Musset**, IV, 29 avril 1834.

25   « ... il y a en mon individu une toquade, une maladie de trouver
quelque chose qui fasse de nous des gens célèbres,... des gens dont
on parle, entends-tu ? »   GONCOURT, **Zemganno**, L.

ANT. — Colonie ; collectivité, collection, corps, foule, masse, peuple,
population.

DER. — Individuation, individuel*.

INDIVIDUALISATION. *n. f.* (1803 ; de *individualiser*).

‖ 1° *Philos.* Action d'individualiser ou de s'individualiser
(au sens 1) ; résultat de cette action : état, caractère d'un
être individualisé. *Individualisation d'une espèce animale,
qui la différencie plus nettement des autres.* V. **Singula-
risation.**

‖ 2° Action d'individualiser (au sens 2). *Le christianisme a apporté une individualisation du destin* (Cf. Fatalité, cit. 12). — *Dr. pén. Individualisation de la peine :*
action de l'adapter aux délinquants en tenant compte de
certains caractères personnels tels que l'âge, le sexe, la
fonction, etc. *L'individualisation de la peine*, ouvrage de
R. SALEILLES (1898).

1   « (Le) christianisme, cette incomparable école d'individualisation, où
chacun est plus précieux que tous. »   GIDE, **Journal**, 25 mai 1940.

2   « Par un phénomène d'individualisation, l'autorité diffuse dans le
groupe s'incarne dans des sujets individuels (*des chefs de clan, des
rois...*). »   G. DAVY in CUVILLIER, **Vocab. philos.**, Individualisation.

3   « Il y a, depuis le milieu du XIXᵉ siècle, une tendance générale à
l'« individualisation de la peine » qui se manifeste à la fois sur le
plan législatif, sur le plan judiciaire et sur celui de l'organisation
pénitentiaire. »
DONNEDIEU DE VABRES, **Préc. de Dr. crim.**, n° 274 (éd. Dalloz).

ANT. — Généralisation.

INDIVIDUALISER. *v. tr.* (1765 DIDER. ; de *individuel*).

‖ 1° Différencier par des caractères individuels. V. **Caractériser, distinguer, particulariser.** *Les circonstances extérieures et l'ensemble de son histoire individualisent un
être vivant. La fécondation donne naissance aux plus individualisés des vivants* (Cf. Génération, cit. 3). — *Absolt. Le
savant généralise* (cit. 8), *l'artiste individualise.*

1   « Ainsi, quand la distance est telle qu'à cette distance les caractères
qui individualisent les êtres ne se font plus distinguer, qu'on prendrait,
par exemple, un loup pour un chien, ou un chien pour un loup,... »
DIDER., **Essai sur la peinture**, III, Œuvr., p. 1162 (éd. Pléiade).

2° Rendre individuel (en adaptant ou en attribuant à l'individu). *Individualiser les fortunes* (Cf. Émietter, cit. 3). *Individualiser les peines* (Cf. Individualisation).

‖ S'INDIVIDUALISER. Devenir individuel ; acquérir des caractères distinctifs ou les accentuer. *Style qui s'individualise* (Cf. Conformément, cit.). *Formes* (cit. 80) *qui s'individualisent.*

2 « Ces cellules se séparent en laissant trainer derrière elles des filaments élastiques qui finissent par se rompre. C'est ainsi que s'individualisent deux éléments nouveaux de l'organisme. »
CARREL, *L'homme, cet inconnu*, III, IV.

ANT. — Généraliser.

DER. — Individualisation.

INDIVIDUALISME. *n. m.* (1833 BALZAC ; de *individuel*).

I. Théorie ou tendance qui voit dans l'individu la suprême valeur dans le domaine politique, économique, moral, etc. *L'individualisme de Max Stirner, de Nietzsche...*

‖ **1°** (*Polit. et Écon. polit.*). Théorie ou tendance visant au développement des droits et des responsabilités de l'individu. *Pour l'individualisme, la société n'est pas une fin supérieure aux individus. L'individualisme en matière économique.* V. **Libéralisme*.** *Individualisme poussé jusqu'à la négation de l'État.* V. **Anarchisme.** *Cette ville, construite en dehors de toute réglementation, est le triomphe de l'individualisme* (Cf. Étage, cit. 2).

1 « Maintenant pour étayer la société, nous n'avons d'autre soutien que l'*égoïsme*. Les individus croient en eux... Le grand homme qui nous sauvera du naufrage vers lequel nous courons se servira sans doute de l'individualisme pour refaire la nation ;... »
BALZ., *Médecin de campagne*, Œuvr., t. VIII, p. 362.

2 « ... la Renaissance remet en lumière deux conceptions de l'Antiquité,... celle de l'État indépendant et souverain,... et celle de l'individu,... dans toute période d'ébranlement profond, l'individualisme tend à croitre sur les ruines des institutions traditionnelles... L'individu devient sujet du citoyen, et se libère d'anciennes entraves... »
GONNARD, *Hist. doctr. écon.*, pp. 59-60.

3 « ... le socialisme *moderne*, né... du *libertinage*, c'est-à-dire d'un individualisme souvent chimérique et impulsif, est resté, dans son ensemble,... plus proche de l'individualisme pur que la plupart des autres doctrines économiques... En somme, individualistes et socialistes sont d'accord, au XIXe siècle, pour circonscrire l'essentiel du débat économique à l'examen des rôles respectifs de l'individu et de la collectivité, en faisant... abstraction des facteurs intermédiaires... »
ID., *Ibid.*, p. 439.

4 « J'entends par individualisme toute doctrine qui définit l'individu comme limité en soi, qui nie par cela même la soumission à tout principe supérieur, et qui fait reposer l'accomplissement de sa destinée uniquement sur les forces qu'il enferme en lui. Ainsi entendu, c'est un système infiniment plus vaste que la pauvre petite indépendance de l'homme qui refuserait de faire le même geste que ses camarades de chaine ou de se servir des instruments fabriqués en série. Pour tout dire, il pose l'homme comme une affirmation autonome en face de Dieu. »
DANIEL-ROPS, *Le monde sans âme*, p. 55.

5 « Cette liaison du conformisme social et de l'individualisme est peut-être ce qu'un Français aura, de France, la plus grande peine à comprendre. Pour nous (*Français*) l'individualisme a gardé la vieille forme classique de « la lutte de l'individu contre la société et singulièrement contre l'État ». Il n'est pas question de cela en Amérique. »
SARTRE, *Situations III*, p. 84.

‖ **2°** *Par ext.* Attitude d'esprit, état de fait favorisant l'initiative et la réflexion individuelle, le goût de l'indépendance. « *L'individualisme est caractéristique des sociétés évoluées* » (CUVILLIER). *L'individualisme s'oppose au conformisme, au grégarisme, au traditionalisme. Par individualisme, il refuse de suivre la mode. Individualisme propre à l'esprit latin* (Cf. Anonymat, cit. ; compartiment, cit. 5). *Individualisme du paysan, de l'artisan.*

6 « ... il faut que le socialisme sache relier les deux pôles, le communisme ouvrier et l'individualisme paysan... »
JAURÈS, *Hist. social. Révol. franç.*, t. II, p. 163.

7 « On ne se sauve pas de la réalité en refusant de la connaitre ou en lui donnant un nom injurieux. Pas plus qu'on ne fera reculer l'immense poussée de l'espèce, vers le collectif en cultivant la nostalgie d'un individualisme d'autrefois, dont les conditions ne se retrouveront jamais plus. »
MAUROIS, *Études littéraires*, t. II, p. 129.

8 « L'individualisme naturel, si précieux du point de vue humain, de l'artisan ou du paysan propriétaire apparait de plus en plus anachronique. »
SIEGFRIED, *Âme des peuples*, p. 24.

— Péjor. *L'individualisme, assimilé à l'égoïsme. L'individualisme inféconde* (Cf. Energie, cit. 14), *tarit la source des vertus publiques* (Cf. Dessécher, cit. 3).

9 « Une famille vivant unie de corps et d'esprit est une rare exception. La loi moderne, en multipliant la famille par la famille, a créé le plus horrible de tous les maux : l'individualisme. »
BALZ., *Une fille d'Ève*, Œuvr., t. II, p. 69.

— REM. Selon LALANDE, *Individualisme* est un « mauvais terme, très équivoque » et son emploi « donne lieu à des sophismes continuels ».

II. *Spécialt.* (Philos.). ‖ **1°** (*Vieilli*) Doctrine affirmant la réalité propre des individus au détriment des genres et des espèces. *L'individualisme de Duns Scot.*

‖ **2°** *Sociol.* Théorie qui cherche à expliquer les phénomènes historiques et sociaux par l'action consciente et intéressée des individus. *L'individualisme de Tarde.*

10 « L'individualisme peut être entendu en premier lieu comme une méthode pour l'interprétation des phénomènes sociaux. Je puis, en matière de sociologie, prendre comme données initiales les individus... deviner comment ils réagissent les uns sur les autres et reconstruire ainsi... l'ensemble des phénomènes sociaux. Voilà bien de l'individualisme... »
Élie HALÉVY, in *Revue de métaphys.*, 1904, p. 1108.

ANT. — Association, communisme, étatisme, totalitarisme ; altruisme, solidarité.

DER. — Individualiste. *adj.* (1836). Qui appartient à l'individualisme. *Philosophie, théorie individualiste.* Qui montre de l'individualisme dans sa vie, dans sa conduite. *Les jeunes sont souvent plus individualistes que les personnes d'âge mûr. Il est très individualiste et même un peu original* (V. Non-conformiste). — Substant. *Un, une individualiste* (Cf. Existence, cit. 23). *Un individualiste indiscipliné* (cit. 2).

1 « ... la doctrine dite individualiste... a eu dans le monde une longue et glorieuse histoire. L'idée individualiste était l'inspiratrice par excellence de la doctrine stoïcienne... Elle s'amoindrit, disparait presque au moyen âge ; mais elle reparait... avec la Réforme, qui est un mouvement essentiellement individualiste, une réaction contre le solidarisme et l'absolutisme du catholicisme romain. La doctrine individualiste... reçoit un nouveau lustre... de Locke et des philosophes du XVIIIe siècle, tout particulièrement de Jean-Jacques Rousseau... Enfin... (*elle*) trouve son expression définitive dans les Déclarations des droits de l'époque révolutionnaire...
On voit que dans cette conception, l'homme a des droits parce qu'il est homme, que ces droits sont antérieurs à la société... et que c'est parce que les individus ont des droits qu'il y a une règle sociale dont l'objet et le but consistent dans la protection de ces droits. »
DUGUIT, *Traité Dr. const.*, t. I, pp. 202-203.

2 « Le libre jugement, on peut encore le demander aujourd'hui, mais c'est à l'individualiste opiniâtre. »
DUHAM., *Manuel du protestataire*, Préface, p. 10.

3 « ... notre tradition qui est paysanne, artisanale, irrémédiablement individualiste. »
SIEGFRIED, *Âme des peuples*, III, I.

INDIVIDUALITÉ. *n. f.* (1760 ; de *individuel*).

‖ **1°** *Philos. et Biol.* Ce qui existe à l'état d'individu*. *L'être vivant est une individualité.* — Caractère d'un individu qui « *diffère d'un autre non pas seulement d'une façon numérique, mais dans ses caractères et sa constitution* » (LALANDE). *Fait d'être un individu. Le corps*, base de l'individualité des êtres vivants. L'individualité d'un être pensant.* V. **Moi.** « *Tout être pensant connait son individualité* » (ACAD.).

1 « Le physiologiste et le médecin ne doivent donc jamais oublier que l'être vivant forme un organisme et une individualité. »
Cl. BERNARD, *Introd. ét. méd. expér.*, II, II.

2 « C'est donc par l'étude des particularités physico-chimiques que le médecin comprendra les individualités comme des cas spéciaux contenus dans la loi générale et retrouvera là, comme partout, une généralisation harmonique de la variété dans l'unité. »
ID., *Ibid.*

3 « La voilà donc défaite, cette individualité double qu'on appelait familièrement les Goncourt sans jamais distinguer un frère de l'autre. »
GAUTIER, *Portr. contemp.*, Jules de Goncourt.

4 « Sans nul doute, notre individualité est réelle. Mais elle est moins définie que nous le croyons. Notre complète indépendance des autres individus et du monde cosmique est une illusion. »
CARREL, *L'homme, cet inconnu*, VII, IX.

— *Par ext.* Caractère ou ensemble de caractères par lesquels une personne ou une chose diffère des autres. V. **Originalité, particularité.** *L'individualité d'un artiste. Style d'une forte individualité.*

5 « ... ils rompent (*ces originaux*) cette fastidieuse uniformité que notre éducation, nos conventions de société, nos bienséances d'usage ont introduite. S'il en parait un dans une compagnie, c'est un grain de levain qui fermente et qui restitue à chacun une portion de son individualité naturelle. »
DIDER., *Neveu de Rameau*, p. 426 (éd. Pléiade).

6 « ... un certain comte de Claix dont le rôle ou l'*individualité*, comme ils (*les Français*) disent, est de briller par ses chevaux de voiture. »
STENDHAL, *Le rose et le vert*, I.

7 « L'individualité de cet artiste (*Goya*) est si forte et si tranchée qu'il nous est difficile d'en donner une idée même approximative. »
GAUTIER, *Voyage en Espagne*, p. 83.

‖ **2°** (1830). Individu*, considéré dans ce qui le différencie des autres. — REM. Cet emploi, illustré par FOURIER (Cf. MATORÉ, *Vocab. sous L.-Ph.*, p. 41) et critiqué par HUGO, est signalé comme un « néologisme » par LITTRÉ qui n'en donne aucun exemple littéraire. Il ne figure pas dans ACAD. (8e éd. 1935).

8 « Il (*l'auteur*) ne croit pas que son *individualité*, comme on dit aujourd'hui en assez mauvais style, vaille la peine d'être autrement étudiée... »
HUGO, *Chants du crépusc.*, Préf.

— *Spécialt.* Personne douée d'un caractère* très marqué ; d'une forte personnalité. *Puissante, forte individualité* (Cf. Assujettir, cit. 20 ; contempteur, cit. 2 ; flexible, cit. 7). V. **Personnalité.**

9 « Où trouver de l'énergie à Paris ?... Femmes, idées, sentiments, tout se ressemble. Il n'y existe plus de passions, parce que les individualités ont disparu. Les rangs, les esprits, les fortunes ont été nivelés. »
BALZ., *La femme de trente ans*, Œuvr., t. II, p. 756.

10 « À regarder cette masse imposante de douze cents hommes animés de grande passion, une chose pouvait frapper l'observateur attentif. Ils offraient très peu d'individualités fortes, beaucoup d'hommes honorables sans doute et d'un talent estimé, aucun de ceux qui, par l'autorité réunie du génie et du caractère, ont le droit d'entrainer la foule, nul grand inventeur, nul héros. »
MICHELET, *Hist. Révol. franç.*, I, II.

11 « Un peuple composé de véritables individualités n'est pas très religieux, ni très passionné, ni doué pour les organisations collectives. On le constate en France. »
CHARDONNE, *Amour du proch.*, p. 139.

INDIVIDUATION. n. f. (1551 ; de *individu*). *Peu usit.* Ce qui différencie un individu d'un autre de la même espèce*, le fait exister en tant qu'individu avec des caractères particuliers en plus de ceux de son espèce. — Spécialt. *Principe d'individuation*, chez Leibniz.

INDIVIDUEL, ELLE. adj. (1490, *individual* ; de *individu*). Qui concerne l'individu ; qui constitue un individu. *Éléments individuels d'une espèce. Caractères individuels.* V. **Distinct, propre, singulier** (et *aussi* **Caractéristique**). Log. *Être, fait individuel.* V. **Concret.**

1 « Chaque fait individuel était compliqué ; la loi des grands nombres rétablit la simplicité dans la moyenne. »
POINCARÉ in CUVILLIER, Vocab. philos., Individuel.

— Biol. *Hérédité* (cit. 12) *individuelle. Influence individuelle du reproducteur* (Cf. Atavisme, cit. 3).

2 « Il y a... un âge auquel l'homme individuel voudrait s'arrêter ; tu chercheras l'âge auquel tu désirerais que ton espèce se fût arrêtée. »
ROUSS., De l'inégalité parmi les hommes, Discours.

— Psychol. *Qualités, défauts individuels.* V. **Personnel, propre.** *Péchés individuels* (Cf. Bouc, cit. 4). *Générosité* (cit. 9), *sensibilité individuelle* (Cf. Analogue, cit. 7). *Libre arbitre individuel* (Cf. Antinomie, cit. 2). *Volonté individuelle.* V. **Autonome, autonomie.** *Opinion, impression individuelle.* V. **Subjectif.**

— Spécialt. (par oppos. à *Collectif, social*). V. **Particulier, personnel.** *L'homme* (cit. 46) *individuel et social ; l'être individuel* (Cf. Annihiler, cit. 2). V. **Autonome** (cit. 3). *Vie individuelle* (Cf. Créateur, cit. 10 ; famille, cit. 35 ; hisser, cit. 12). *Différences sociales et individuelles* (Cf. Fondre, cit. 31). *Autonomie* (cit. 3), *indépendance, liberté individuelle* (Cf. Anarchie, cit. 4 ; arbitraire, cit. 9 ; attenter, cit. 7). *Liberté publique et individuelle* (Cf. Garantie, cit. 8). *Avantages publics et individuels* (Cf. Fraternité, cit. 4). *Propriété individuelle.* V. **Privé** (Cf. Appropriation, cit. 2 ; exploitation, cit. 7). *Profit individuel et service social* (Cf. Coopération, cit. 3). *Initiatives, actions individuelles* (Cf. Égalitarisme, cit. 1 ; encontre, cit. 3). *Travail individuel* (Cf. Apte, cit. 4). *Ambitions individuelles* (Cf. Fiscalité, cit. 2). *Égoïsme individuel et égoïsme familial* (Cf. Hideux, cit. 9). — *Art individuel* (par oppos. à *Collectif, hiératique*, sacré*).

3 « La loi ne peut par sa nature avoir un objet particulier et individuel ; mais l'application de la loi tombe sur des objets particuliers et individuels. »
ROUSS., Lett. de la Mont., 6.

4 « La volonté individuelle de qui que ce soit n'a pas plus d'influence sur l'existence ou la destruction de la civilisation qu'elle n'en a sur la pousse des arbres ou la composition de l'atmosphère. »
FLAUB., Corresp., 354, 9 déc. 1852.

5 « La religion est devenue chose individuelle ; elle regarde la conscience de chacun. »
RENAN, Discours et conférences, Œuvr., t. I, p. 902.

6 « La seule excuse qu'un homme ait d'écrire, c'est de s'écrire lui-même ; de dévoiler aux autres la sorte de monde qui se mire en son miroir individuel ; sa seule excuse est d'être original ; il doit dire des choses non encore dites et les dire en une forme non encore formulée. »
GOURMONT, Le livre des masques, p. 13.

7 « Personne ne sent les choses comme nous ; c'est par le cœur, le goût, l'essentiel de soi, que l'homme est seul. Personne même ne souffre comme nous ; cela aussi est individuel. »
CHARDONNE, Amour du prochain, p. 135.

8 « Le sentiment, qui est la faculté la plus individuelle, peut-être la plus libre,... reflète encore la pensée et les mœurs d'un milieu social déterminé :... »
ID., Ibid., p. 151.

9 « Il n'y avait plus alors de destins individuels, mais une histoire collective... »
CAMUS, La peste, p. 185.

→ Qui concerne une seule personne, une seule personne à la fois. *Intervention, réclamation individuelle.* V. **Isolé, seul.** *Livret* individuel. Contrôle individuel. Sélection individuelle des immigrants* (Cf. Immigration, cit. 2). *Cas individuel.* V. **Singulier, spécial.**

— Substant. *L'individuel.*

10 « Transportez le raisonnement de l'individuel au collectif, de l'homme au peuple... »
CHATEAUB., Génie du christ., I, I, VII.

ANT. — Collectif, commun, général, générique. Public, social.

DER. — Individualiser, individualisme, individualiste. — Individuellement. adv. (1551). D'une manière individuelle. *Deux objets appartenant à une même espèce sont individuellement différents et spécifiquement semblables. Considérer individuellement des plantes, des animaux..., des hommes* (cit. 86). *Hommes, êtres individuellement divers.* — (Dans l'usage courant) *Chacun en particulier. Chacun pris individuellement :* à part. ANT. Bloc en bloc), collectivement, ensemble.

1 « ... l'amitié, résulte d'un faible degré d'opposition entre des êtres individuellement divers. »
SENANCOUR, De l'amour, p. 10.

2 « C'était hardi, qu'un tel souper ; mais les femmes, lâches individuellement, en troupe sont audacieuses. »
BARBEY d'AUREV., Les diaboliques, Le plus bel amour,... p. 89.

3 « La fusillade reprit, mais à la fois plus irrégulière et plus terrible. Des centaines d'hommes devaient tirailler individuellement ou par petits pelotons. »
ROMAINS, Les copains, p. 188.

INDIVIS, ISE. adj. (1347 *par indivis* ; empr. au lat. jur. *indivisus*). T. de Dr. (1562). Se dit d'un bien sur lequel plusieurs personnes ont un droit, et qui n'est pas matériellement divisé entre eux. V. **Indivision.** *Biens indivis,*

---

propriétés indivises (Cf. Hanter, cit. 19). V. **Commun.** *Succession indivise*, dont le partage* n'est pas fait entre les héritiers. *Quote-part* indivise :* fraction correspondant à la part de chacun des indivisaires sur la chose commune. — Ellipt. *Cohéritiers, propriétaires indivis*, qui possèdent par indivis. V. **Indivisaire** (*infra*, dér.).

1 « ... il faudrait signer cet acte par lequel vous renonceriez à la succession de madame votre mère, et laisseriez à votre père l'usufruit de tous les biens indivis entre vous,... »
BALZ., Eugénie Grandet, Œuvr., t. III, p. 623.

2 « Pour couper au plus court, il lui fallait traverser la pièce des Cornailles restée jusque-là indivise entre elle et sa sœur, cette pièce dont il avait toujours retardé le partage ; »
ZOLA, La terre, III, IV.

— *Par métaph. :*

3 « ... la royauté n'est point une propriété privée, c'est un bien commun, indivis. »
CHATEAUB., M. O.-T., t. VI, p. 87.

‖ PAR INDIVIS. loc. adv. T. de Dr. Sans division, sans partage en commun. V. **Indivisément** (*infra*, dér.). — *Propriétaires qui possèdent un bien par indivis.* — Fig. :

4 « ... on vous aime tous deux (vous et votre fille) *par indivis :* est-ce le mot ? »
SÉV., 880, 26 mai 1681.

ANT. — Divis, divisé, partagé.

DER. — Indivisément. adv. (1551). Dr. Par indivis. *Posséder des biens indivisément.* — Indivisaire. n. (XXe s.). Dr. Possesseur par indivis.

INDIVISIBILITÉ. n. f. (1516 ; *indivisibleté* en 1380 ; de *indivisible*). Caractère de ce qui est indivisible. *Indivisibilité des atomes* selon Épicure. Indivisibilité de l'individu*. Proclamation de l'indivisibilité de la République pendant la Révolution.* V. **Unité.**

1 « On n'a rien dit de plus fort sur l'unité de la patrie, sur l'indivisibilité de la République, que ce qu'ont dit mille fois les orateurs de la Gironde. Ils ont mieux fait, du reste, que de professer l'unité, ils sont morts pour elle. »
MICHELET, Hist. Révol. franç., X, I.

— Spécialt. Dr. État de ce qui ne peut pas être divisé soit matériellement, soit intellectuellement, sous un rapport envisagé (CAPITANT). *Indivisibilité d'une obligation. Créancier qui stipule l'indivisibilité et la solidarité* des obligations de ses débiteurs.

2 « La solidarité stipulée ne donne point à l'obligation le caractère d'indivisibilité. »
CODE CIV., Art. 1219.

3 « Cette indivisibilité (*d'une obligation*) peut être *absolue*, si elle résulte nécessairement de la nature même des choses, comme celle de livrer un corps certain, ou d'établir une servitude prédiale. Mais elle peut être aussi *conventionnelle*, si elle s'applique à une chose ou à un fait divisible par sa nature, mais considéré sous un rapport tel qu'il n'est pas susceptible d'exécution partielle. Cette seconde espèce d'indivisibilité se rencontre, par exemple, dans l'obligation de construire une maison conformément à un certain devis. »
DALLOZ, Nouv. répert., Obligation, 202-203.

INDIVISIBLE. adj. (1314 ; empr. au bas lat. *indivisibilis*). Qui n'est pas divisible. *Les atomes* (cit. 1 et 3) *considérés comme indivisibles par Épicure, comme divisibles par Descartes. L'espace n'est pas indivisible* (Cf. Étendue, cit. 2 PASC.). *Point indivisible* (Cf. Autre, cit. 35 PASC.). *Dieu un* et indivisible* (Cf. Baptême, cit. 2 BOSS.). *L'homme* (cit. 44) *est un composé, un tout indivisible* (Cf. Fond, cit. 47), *une partie indivisible du tout* (Cf. Commun, cit. 6).

1 « L'homme n'est pas séparable en parties. Si on isolait ses organes les uns des autres, il cesserait d'exister. Quoique indivisible, il présente des aspects divers. Ses aspects sont la manifestation hétérogène de son unité à nos organes des sens. »
CARREL, L'homme, cet inconnu, II, IV.

— Par ext. *Famille indivisible.*

2 « La famille, indivisible et nombreuse, était trop forte et trop indépendante pour que le pouvoir social n'éprouvât pas la tentation et même le besoin de l'affaiblir. »
FUSTEL de COUL., Cité antique, IV, V.

— Spécialt. *Souveraineté inaliénable* (cit. 1 ROUSS.) *et indivisible. La République une et indivisible*, proclamation de l'unité* de la République, sous la Révolution, qui s'opposait aux tendances fédéralistes.

3 « C'est l'un d'eux, Rabaut Saint-Etienne, qui, le 9 août 91, avait fait proclamer *l'unité indivisible* de la France.
Déjà Condorcet, en 90, dans le très bel opuscule digne de ce grand esprit, avait très bien établi que Paris était le puissant moyen, l'instrument de cette unité. »
MICHELET, Hist. Révol. franç., X, I.

4 « La *République une et indivisible*, voilà ce qui est sorti de la déclaration des Droits de l'Homme et du Citoyen. C'est de cette République-là que nous sommes républicains. »
PÉGUY, La République..., p. 319.

— Dr. Qui n'est pas divisible, en parlant d'une obligation. V. **Indivisibilité.** *L'hypothèque* (cit. 1) *est indivisible.*

5 « L'obligation est divisible ou indivisible selon qu'elle a pour objet ou une chose qui dans sa livraison, ou un fait qui dans l'exécution, est ou n'est pas susceptible de division, soit matérielle, soit intellectuelle. »
CODE CIV., Art. 1217.

INDIVISION. n. f. (XVe s., rare jusqu'au XVIIIe s. ; refait sur *division* d'après *indivis*). T. de Dr. État d'une chose indivise* ; situation juridique des personnes titulaires d'un droit indivis. V. **Communauté, propriété** (copropriété). *Indivision d'un héritage. Maintenir l'indivision, rester dans l'indivision, mettre fin à l'indivision par le partage*.* V. **Part** (afférente), **portion** (virile). *Retrait* d'indivision.*

L'indivision peut être maintenue pour sauvegarder les droits de l'usufruitier.

« Nul ne peut être contraint à demeurer dans l'indivision, et le partage peut être toujours provoqué, nonobstant prohibitions et conventions contraires. »   CODE CIV., Art. 815.

— *Indivision forcée :* indivision à caractère perpétuel portant sur des biens dont la nature ou la destination exclut le partage (V. *par ex. :* **Mitoyenneté**).

ANT. — Division, partage.

IN-DIX-HUIT (*in-di-zuit'*). *adj.* (1765 ; comp. du lat. *in,* et de *dix-huit*). Se dit du format d'un livre dont chaque feuille est pliée en dix-huit feuillets (trente-six pages). *Format in-dix-huit* (in-18). *Des volumes in-dix-huit.* — Substant. Le livre lui-même. *Des in-dix-huit.*

INDO-. Racine qui signifie « Inde » et qui entre dans la composition de quelques adjectifs : **Indochinois, oise.** *adj.* (1873 *Indo-Chinois,* P. LAROUSSE). De l'Indochine. *Relief indochinois. Populations indochinoises. Monnaie indochinoise.* V. **Piastre, sapèque.** — Substant. *Un Indochinois, une Indochinoise.* — **Indo-européen, enne.** *adj.* (BOPP 1816, trad. par BRÉAL). Se dit des langues d'Europe et d'Asie qui ont une origine commune. *Les langues indo-européennes comprennent les groupes hittite, indo-aryen* (langues indo-européennes de l'Inde), *iranien, hellénique, italo-celtique, germanique, baltique et slave. Le français, langue indo-européenne.* — Substant. *L'indo-européen* (Cf. Imperfectif, cit.). — Se dit des peuples qui parlent ces langues. *Groupe indo-européen* (V. **Aryen**). — Substant. *Les Indo-Européens.* — **Indo-germanique.** *adj.* (vers 1823). Nom donné par certains philologues allemands aux langues indo-européennes. *Langues indo-germaniques.* — **Indo-hellénique.** *adj.* (1867). Linguist. *Langues indo-helléniques,* groupe de langues comprenant le sanscrit et le grec. — *Art indo-hellénique* (dit aussi *gréco-bouddhique*).

1   « Malgré la variété et l'inégalité de leur évolution, les langues indo-européennes présentent dans leur développement certaines tendances communes aboutissant à des transformations analogues, et qui permettent de caractériser deux types de langues : type ancien : hittite, sanskrit, iranien ancien, grec ancien, latin ; type moderne, postérieurement à l'ère chrétienne : langues romanes, germaniques, celtiques, iraniennes, arméniennes. »
VENDRYES, in MEILLET et COHEN, Langues du monde, p. 7.

2   « Les langues appelées indo-aryennes (devenues de nos jours l'hindi, le bengali, le marathe, etc.), rattachées au sanskrit, appartiennent à la famille indo-européenne. »
P. MEILE, Hist. de l'Inde, p. 11 (éd. P.U.F.).

INDOCILE. *adj.* (XV⁰ s. ; empr. au lat. *indocilis,* rac. *docere,* « enseigner »). Qui n'est pas docile, qui est difficile à gouverner. *Enfant, écolier indocile.* V. **Désobéissant, dissipé, entêté, indépendant, indisciplinable, rebelle, récalcitrant, têtu***. *Être indocile aux leçons, aux conseils de ses maîtres. Jeunesse indocile.* V. **Fougueux.** *Troupe indocile d'écoliers libertins* (Cf. Assidu, cit. 2). — En parlant d'animaux. *Bête indocile.* V. **Indomptable.** — Par ext. *Pensée fugitive* (cit. 4) *et indocile. Convoitise indocile* (Cf. Assujettir, cit. 8).

1   « Ô cervelle indocile ! »   MOL., Fem. sav., II, 6.
2   « L'homme indocile critique le discours du prédicateur, comme le livre du philosophe, et il ne devient ni chrétien ni raisonnable. »
LA BRUY., XV, 2.
3   « Et d'un âge fougueux l'imprudence indocile, »
VOLT., Disc., 5 (in LITTRÉ).
4   « (*L'âne*)... devient lent, indocile et têtu ;... »
BUFF., Hist. nat. anim., L'âne.

ANT. — Docile, obéissant, soumis, souple.

DER. — Indocilement. *adv.* (1867). *Peu usit.* D'une manière indocile. — Indocilité. *n. f.* (XVI⁰ s.). Caractère de celui qui est indocile. V. Désobéissance, entêtement, indépendance. *Indocilité d'un enfant, d'un élève. Indocilité d'un cheval. Esprit d'indocilité* (Cf. Indépendance, cit. 13). ANT. Docilité, obéissance, soumission.

INDO-EUROPÉEN, INDO-GERMANIQUE, INDO-HELLÉNIQUE. V. INDO-.

INDOL ou **INDOLE.** *n. m.* (1890) *Chim.* Composé C₈ H₇ N, faiblement basique, obtenu dans la réduction de l'indigotine, et qui donne de nombreux dérivés isomériques.

INDOLENCE. *n. f.* (XIV⁰ s. ; empr. au lat. *indolentia,* rac. *dolere,* « souffrir »).

‖ 1° *Vx.* État de celui qui ne souffre pas. *Indolence des stoïciens* (V. **Insensibilité**).

1   « Tout ainsi que les Stoïciens (*disent*) que les vices sont utilement introduits pour donner prix... à la vertu, nous pouvons dire,... que nature nous a prêté la douleur pour l'honneur et service de la volupté et indolence. »   MONTAIGNE, Essais, III, XIII.

— *Spécialt. Vx.* Qui ne cause pas de douleur. *Indolence d'une tumeur* (LITTRÉ).

‖ 2° *Vx* (mais encore dans LITTRÉ). Insensibilité morale ; « état d'une personne qui n'est point touchée des choses qui touchent les autres » (TRÉVOUX). V. **Indifférence.** — « Facilité à se blaser, dégoût » (CAYROU).

2   « ... l'indolence inséparable des longs attachements. »
SÉV., 532, 6 mai 1676.

‖ 3° *Sens mod.* (XVII⁰ s.). Disposition à éviter le moindre effort physique ou moral. V. **Apathie, indifférence, inertie, insouciance, langueur, mollesse, nonchalance, paresse, sybaritisme, veulerie** (Cf. Hamac, cit. 3). *Douceurs d'une molle indolence* (Cf. Duvet, cit. 4 BOIL.). *Indolence particulière aux habitants des pays chauds. La paresse, l'indolence et l'oisiveté, vices naturels aux enfants* (Cf. Appliquer, cit. 36 LA BRUY.). *Indolence et négligence** (Cf. Délai, cit. 3 ROUSS.). *Être l'indolence même* (Cf. Effaroucher, cit. 3 ROUSS.). *Indolence d'un esprit qui s'engourdit* (cit. 9). V. **Assoupissement, engourdissement.** — Par anal. *L'indolence du ciel* (BAUDEL. Cf. Gris, cit. 3).

3   « D'une lâche indolence esclave volontaire, »   BOIL., Épît., XI.
4   « L'indolence est le sommeil des esprits. »
VAUVENARGUES, Maxim. et réflex., 399.
5   « ... cette indolence et cette langueur que semble imprimer à tout le corps le poids des premières pensées amoureuses de la femme. »
LAMART., Graziella, IV, XXVII.
6   « Le jour suivant s'écoula dans cette indolence occupée, qui est un des charmes du voyage. »   GAUTIER, Voyage en Russie, p. 399.

ANT. — Sensibilité, souffrance. Activité, ardeur, empressement, vivacité.

INDOLENT, ENTE. *adj.* (1590 ; empr. au bas lat. *indolens,* rac. *dolere,* « souffrir »).

‖ 1° *Vx.* Qui ne souffre pas (ANT. **Dolent**).

— *Spécialt.* (encore de nos jours). *Méd.* Qui ne fait pas souffrir. V. **Indolore** (ANT. **Douloureux**).

1   « Il a eu les pieds gelés et commence à en souffrir si fort qu'il oublie la plaie creusée dans son flanc, et qui, elle, est mortelle, mais indolente. »   DUHAM., Récits temps de guerre, I, Nuits en Artois, III.

‖ 2° *Vx.* Qui manque de sensibilité morale, qui n'est touché de rien. V. **Indifférent, insensible.** *C'est un homme indolent qui ne s'émeut de rien* (ACAD.). — Par ext. *Quiétude indolente* (Cf. Cicatrice, cit. 8 BUFF.).

2   « (*Les afflictions du monde*) l'ont ému à la proportion d'un bon naturel qui ne peut être indolent en chose si sensible. »
Du MAURIER, in SULLY, Mém., t. IV, p. 288.
3   « ... on n'a aucune prise sur les naturels indolents. »
FÉN., Éduc. des filles, V.

‖ 3° (1674). Qui évite de se donner de la peine, de faire des efforts. *Personne indolente.* V. **Apathique, avachi, endormi, fainéant, insouciant, mollasse, mou, nonchalant, oisif, paresseux, sybarite, veule** (Cf. Habitude, cit. 23). *Monarque indolent* (Cf. Bœuf, cit. 3 BOIL.). *Écolier, ouvrier indolent* (Cf. Fétide, cit. 1). *Bœuf* (cit. 6) *indolent et fort.* — Par ext. *Un air indolent. Geste, regard indolent.* V. **Alangui, languissant.** *L'indolente oisiveté* (Cf. Engendrer, cit. 5). — Par anal. *Flot* (cit. 4) *indolent. Fleurs indolentes* (Cf. Bâiller, cit. 6).

4   « Je vous l'ai dit cent fois, c'est une nonchalante
Qui s'abandonne au cours d'une vie indolente. »
PIRON, Métrom., I, 2.
5   « ... la douce personne se leva d'un air indolent,... »
LACLOS, Liais. dang., XL.
6   « Il continua donc son chemin, et se dirigea vers le quai Voltaire en prenant la démarche indolente d'un désœuvré qui veut tuer le temps. »   BALZ., Peau de chagrin, Œuvr., t. IX, p. 20.
7   « Il y a dans indolent l'idée qu'on cherche ses aises, idée qui n'est pas dans nonchalant. »   LITTRÉ, Dict., Indolent (*Syn.*).
8   « ... un groupe d'enfants grouille dans le sable, court, saute à la corde sous l'œil indolent des nourrices ou sous le regard inquiet des mères. »   MAUPASS., Fort comme la mort, p. 98.
9   « ... il regardait Françoise décroître parmi les cultures, toute petite derrière sa vache indolente, qui balançait son grand corps. »
ZOLA, La terre, I, I.
10   « Il vend des chaussures... Mon Dieu ! parce que son père en vendait ; parce qu'il est assez indolent, et qu'il a trouvé une situation toute faite,... »   ROMAINS, H. de b. vol., t. IV, X, p. 110.

— Substant. *Un indolent* (Cf. Espérance, cit. 4). *Belle, chère indolente* (Cf. BAUDEL., Balancer, cit. 4 ; harmonieux, cit. 8).

ANT. — Sensible. Douloureux. Actif, alerte, ardent, diligent, énergique, entreprenant, espiègle, vif.

DER. — Indolemment. *adv.* (1700). D'une manière indolente. *Indolemment assise sur un sofa comme une sultane* (Cf. Bacchante, cit. 4). *Balancer indolemment son pied* (Cf. Cheville, cit. 4).

1   « ... la brise alanguie de la Syrie nous apporte indolemment la senteur des tubéreuses sauvages. »   CHATEAUB., M. O.-T., t. VI, p. 117.
2   « ... des ruisseaux coulent en babillant sous des arcades de feuillages, et se vont rendre à l'étang et aux viviers, où nagent indolemment, dans une eau diamantée, quelques cygnes, le col replié, les ailes ouvertes. »   GAUTIER, Les grotesques, III, p. 120.

INDOLORE. *adj.* (1867 LITTRÉ ; de *in-,* et lat. *dolor,* « douleur »). Qui ne cause pas de douleur*. *Chancre* (cit. 1), *tumeur, plaie indolore.* V. **Indolent.** *Extraction, opération parfaitement indolore.*

ANT. — Douloureux, pénible, sensible.

INDOMPTABLE. *adj.* (1420 ; de *in-,* et *domptable*). Qu'on ne peut dompter. V. **Fier** (*vx*), **inapprivoisable.** *Cavale* (cit. 3) *indomptable. L'hémione* (cit.), *âne sauvage et indomptable. Un fauve indomptable.*

1 « Le genre des animaux cruels est l'un des plus nombreux et des plus variés... tous ces animaux se ressemblent par le naturel,... ils sont tous nuisibles, féroces, indomptables... ils sont tous également carnassiers... »
BUFF., Hist. nat. anim., De la dégénération des animaux.

— *Par anal.* Qu'on ne peut soumettre à aucune autorité. *Une femme indomptable* (Cf. Escapade, cit. 5). *L'indomptable race espagnole* (cit. 3). V. **Courageux, fier.** *Le peuple français, réputé indomptable* (Cf. Guichet, cit. 5). — *Caractère indomptable et fier* (cit. 17 ; Cf. Flotter, cit. 15). *Tempérament indomptable* (Cf. Flexible, cit. 7). — *Par ext. et fig.* Qu'on ne peut maîtriser. V. **Inflexible, irréductible.** *Orgueil indomptable* (Cf. Enflammer, cit. 12). *Résistance, volonté indomptable.* V. **Invincible** (Cf. Génie, cit. 13). *Un accent de résolution indomptable* (Cf. Grandiloquent, cit. 1). — *Par métaph. Torrent indomptable.*

2 « (*Le torrent*)... redoublant en fureur
Son indomptable course, »
RAC., Poés. div., Ode VI.

3 « Dieu donc lui avait donné cette indomptable valeur pour le salut de la France durant la minorité d'un Roi de quatre ans. »
BOSS., Orais. fun. Louis de Bourbon.

4 « Ce qui fait et fera toujours de ce monde une vallée de larmes, c'est l'insatiable cupidité et l'indomptable orgueil des hommes,... »
VOLT., Corresp., 1313, 30 août 1755.

5 « Qu'on se figure un caractère timide et docile dans la vie ordinaire, mais ardent, fier, indomptable dans les passions,... »
ROUSS., Confess., I.

6 « Une indomptable persévérance est un des traits les plus saillants de son caractère. »
MÉRIMÉE, Hist. règne Pierre le Grand, p. 82.

7 « Ô *Jésus... donnez-moi un cœur indomptable, toujours prêt à lutter après chaque tempête ;*... » F. JAMMES, Clara d'Ellébeuse, III.

8 « Le fait d'incarner, pour mes compagnons le destin de notre cause, pour la multitude française le symbole de son espérance, pour les étrangers la figure d'une France indomptable au milieu des épreuves, allait commander mon comportement et imposer à mon personnage une attitude que je ne pourrais plus changer. »
Ch. DE GAULLE, Mém. de guerre, t. I, p. 111.

ANT. — **Apprivoisable, docile. Lâche, mou.**

DER. — **Indomptabilité.** *n. f.* (1867 LITTRÉ). Peu usit. Caractère de ce qui est indomptable. *L'indomptabilité du tigre. L'indomptabilité d'une passion.* — **Indomptablement.** *adv.* (1839 BOISTE). Peu usit. D'une manière indomptable.

INDOMPTÉ, ÉE. *adj.* (XVe s. ; de *in-*, et *dompter*). Qui n'a pas été dompté. V. **Farouche, fougueux.** *Cheval indompté* (Cf. Hérisser, cit. 2). — *Par anal. Peuple indompté. Escadron* (cit. 1) *indompté.* — *Par ext. et fig.* Qu'on ne peut contenir, réprimer. *Le courage indompté des héros* (cit. 12). *Les désirs indomptés de l'homme impatient* (cit. 2).

1 « Votre esprit refuse de franchir ce pas, semblable à un cheval indompté ; poussez-le avec plus de force ; ne lui permettez pas de se relâcher. » BOSS., 1er Sermon dim. Quinquagésime, 1er point.

2 « ... du Parthe et du Scythe indompté. » RAC., Esth., I, 1.

3 « (*Chateaubriand*) Toujours sauvage au fond et indompté jusque dans les coquetteries mondaines ;... »
STE-BEUVE, Chateaubriand..., t. II, p. 91.

4 « Ma joie a quelque chose d'indompté, de farouche, en rupture avec toute décence, toute convenance, toute loi. »
GIDE, Journal, 30 novembre 1917.

ANT. — **Dompté, soumis. Maîtrisé.**

INDOPHÉNOL. *n. m.* (1890 in P. LAROUSSE, 2e Suppl. ; de *indigo*, et *phénol*). *Chim.* Matière colorante bleue ou violette obtenue par action d'un phénate* alcalin sur une diamine. V. **Bleu** (de houille).

INDOU, OUE. *adj.* et *n.* (XVIIe s. LA BOULLAYE LE GOUST). Variante de *Hindou.*

1 « Le plus savant de ces docteurs, qui savait l'hébreu, l'arabe et l'indou, fut envoyé par terre aux Indes orientales,... »
BERNARD. DE ST-P., Chaumière indienne, p. 156.

2 « De nombreux Indous appartiennent aux races blanches. »
H.-V. VALLOIS, Les races humaines, p. 66 (éd. P.U.F.).

IN-DOUZE (*in-*). *adj. invar.* (1666 FURET. ; comp. du lat. *in*, et de *douze*). *Imprim.* Dont les feuilles sont pliées en douze feuillets (vingt-quatre pages). *Livre de format* in-douze. Édition in-douze. Volume in-douze,* et substant. *Un, des in-douze.* — REM. On écrit souvent : *in-12.*

« Autre question : si le même livre imprimé in-douze en petit caractère doit être aussi bien payé que s'il était imprimé en gros caractère et en grand volume. » FURET., Roman bourgeois, Somme dédic. II, 7.

INDRI. *n. m.* (1780 SONNERAT d'après DICT. OXFORD ; exclamation malgache prise à tort par le naturaliste français pour le nom du singe). *Zool.* Mammifère* lémurien d'assez grande taille, arboricole, diurne et frugivore, vivant à Madagascar par groupes de quelques individus.

INDU, UE. *adj.* (1327 ; de *in-*, et *dû*). Qui va à l'encontre des exigences de la raison, de la règle, de l'usage. *Une heure* (cit. 45) *indue,* où il ne convient pas de faire telle ou telle chose. *Rentrer, se coucher à des heures indues,* très tard dans la nuit. — REM. *Indu* est peu usité en dehors de cette expression.

1 « Sanson, s'étant aperçu que son fils rentrait souvent à des heures indues, soupçonna qu'il se dérangeait, et conçut de vives inquiétudes au sujet de cette irrégularité ; »
BALZ., Souv. d'un paria (Œuvr. div., t. I, p. 309).

2 « Mon âme est un mauvais lieu... elle a exigé de mon malheureux corps la dîme des délices illicites et des joies indues. »
HUYSMANS, En route, I, X.

— *Spécialt. Dr.* Qui n'est pas fondé. V. **Injuste.** *Réclamation indue.* — *Substant.* Ce qui n'est pas dû. *Payement de l'indu,* « payement ne correspondant à aucune obligation légale et fait par erreur. Il donne à son auteur une action en répétition* » (CAPITANT, Voc. jurid.).

ANT. — **Convenable, normal, régulier. Dû.**

DER. — **Indûment.** *adv.* (1309). D'une manière indue. *S'ingérer indûment dans quelque affaire.* V. **Immiscer** (s'). *Protester indûment.* V. **Tort** (à). *Détenir indûment.* V. **Illégitimement, injustement.** *On a procédé indûment contre lui* (ACAD.). V. **Irrégulièrement** (ANT. **Dûment).**

1 « ... celui qui commet indûment l'acte de chair est presque toujours, de son vivant, puni. » HUYSMANS, En route, I, V.

2 « ... il promettait d'évacuer les provinces danubiennes, de rendre avec les bouches de Cattaro, si indûment occupées par lui, les îles Ioniennes, et principalement Corfou... »
MADELIN, Hist. Consul. et Emp., Vers l'Emp. d'Occident, XXIV.

INDUBITABLE. *adj.* (1488 ; lat. *indubitabilis*).

‖ 1° *Vx.* Dont l'arrivée, l'existence ou l'issue ne fait aucun doute, est fatale, inéluctable, inévitable. — *Par ext.* Dont l'effet est certain. V. **Infaillible** (Cf. Bon, cit. 88).

1 « Et quant à la mort, que vous dites cruelle, il me semble que, puisqu'elle est nécessaire, la plus brève est la meilleure, car on sait bien que ce passage est indubitable. »
MARG. DE NAVARRE, Heptaméron, 40e nouv.

2 « Il est triste de s'avancer dans le pays de la misère ; c'est ce qui est indubitable dans votre métier (*de soldat*). »
SÉV., 705, 12 oct. 1678.

‖ 2° Dont on ne peut douter, qu'on ne peut mettre en doute. V. **Assuré, certain, évident, incontestable, indiscutable.** *Les fondements indubitables de la religion* (Cf. Évidence, cit. 14). *Un fait merveilleux et indubitable.* V. **Authentique** (Cf. Exégèse, cit. 2). *Preuve indubitable.* V. **Formel.** *Tenir quelque chose pour indubitable.* V. **Sûr** (Cf. Écarteler, cit. 2). *Il demeure indubitable que...* V. **Constant.** *Il est indubitable que...* (Cf. Éternel, cit. 23 ; immortalité, cit. 1). V. **Doute** (hors de). *C'est indubitable* (Cf. Cela ne fait pas l'ombre d'un doute).

3 « ... il est besoin quelquefois de suivre des opinions qu'on sait être fort incertaines, tout de même que si elles étaient indubitables... mais, pource (*parce*) qu'alors je désirais vaquer seulement à la recherche de la vérité... »
DESCARTES, Disc. de la méthode, IVe part. (Cf. Doute, cit. 11).

4 « Pensez-vous qu'il cherche à s'instruire par le médaille, et qu'il les regarde comme des preuves parlantes de certains faits, et des monuments fixes et indubitables de l'ancienne histoire ? »
LA BRUY., XIII, 2.

5 « Il est indubitable que la rime n'a été inventée que pour l'oreille. »
VOLT., Comment. s. Corn., Rem. sur Médée, I, 5.

6 « ... la plupart des médecins qui firent l'autopsie *trouvèrent des traces indubitables de poison...* » MICHELET, Hist. Révol. franç., IV, X.

ANT. — **Douteux, erroné, faux, hypothétique.**

DER. — **Indubitablement.** *adv.* (1470 ; attesté avant l'adj. *indubitable*). D'une manière indubitable. V. **Assurément, certainement, sûrement ; doute** (sans aucun). *Il est indubitablement coupable* (Cf. Fratricide, cit.). *C'est indubitablement le plus honnête* (cit. 3) *homme. Nous en viendrons là, indubitablement.*

1 « Tôt ou tard nous romprons indubitablement ; »
MOL., Misanthr., II, 1.

2 « ... considérée comme harmonie, la cloche a indubitablement une beauté de la première sorte :... »
CHATEAUB., Génie du christ., IV, I, 1.

INDUCTANCE. *n. f.* (fin XIXe s. ; d'après *induction*). *Électr.* Coefficient de self*-induction (Dict. des Sciences, UVAROV et CHAPMAN). *Pour un circuit fermé, l'inductance est le quotient du flux que crée à travers ce circuit le courant qui le parcourt, par l'intensité de ce courant. Le henry, unité d'inductance.*

« L'inductance appelée aussi *coefficient d'induction*, caractérise l'inertie électrique totale d'un appareil ou d'un circuit... Dans les *circuits couplés*, l'inductance du système (coefficient d'induction) comporte la *self-inductance* (coefficient de self-induction) de chaque circuit, ainsi que l'*inductance mutuelle* (coefficient de self-induction) entre les deux circuits. »
J. BRUN, Dict. de la Radio, Inductance.

INDUCTEUR, TRICE. *adj.* (1624, *inducteur*, « celui qui induit à faire quelque chose » ; 1867 LITTRÉ, adj. au sens mod. ; d'après *induction*). *Phys.* Qui induit*, qui produit l'induction*. *Circuit, courant,* fil, flux inducteur. Champ inducteur,* champ électromagnétique ou électrostatique agissant sur un induit*.- *Substant.* (1890 P. LAROUSSE, 2e Suppl.). *Un inducteur :* aimant ou électro-aimant produisant le champ *inducteur* dans une machine électrique. *Inducteur d'une magnéto*. Inducteur et collecteur* d'une dynamo*.

— *Log. Propositions inductrices* (V. **Induction**). — *Psychol.* et *substant.* « On entend par *inducteur*, dans une association* d'idées, le terme qui sert de point de départ à cette association » (LALANDE).

ANT. — **Induit.**

INDUCTIF, IVE. *adj.* (1376, au sens de « qui pousse à quelque chose » ; 1648, sens mod. ; lat. *inductivus*). *Log.* Qui procède par induction ou résulte d'une induction. *Méthode, vérité inductive.* — *Phys.* (1832). Qui a rapport à l'induction, qui est dû aux phénomènes d'induction. *Courant inductif.*

« Les principes et les théories qui servent de base à une science, quelle qu'elle soit, ne sont pas tombés du ciel ; il a fallu nécessairement y arriver par un raisonnement investigatif, inductif ou interrogatif, comme on voudra l'appeler. Il a fallu d'abord observer quelque chose qui se soit passé au dedans ou au dehors de nous. »
Cl. BERNARD, **Introd. méd. expér.**, I, II.

ANT. — **Déductif** (*cit.*).

INDUCTION (*-duk-syon*). *n. f.* (1290 ; lat. *inductio*).

∥ 1° *Vx.* Action d'induire*, d'amener quelqu'un à quelque chose (V. **Suggestion**).

1 « ... c'est une induction et inclination naturelle... (*qui*) mène et pousse les bons religieux en cuisine,... » RAB., **Le quart livre**, XI.

∥ 2° *Log.* (XIVᵉ s.). Opération mentale qui consiste à remonter des faits à la loi, de cas donnés (*propositions inductrices*) le plus souvent singuliers* ou spéciaux*, à une proposition plus générale. V. **Analyse, généralisation** (Cf. Image, cit. 48). *Induction formelle* ou *par énumération*. Induction amplifiante*, qui étend à tout un genre ce qui a été constaté dans un certain nombre de cas singuliers. Induction mathématique.* — *Rapports* établis par induction. Démonstration* de la validité d'une hypothèse* élaborée par induction. Rôle de l'induction dans les sciences expérimentales* (Cf. Assise, cit. 4 ; déductif, cit.). L'induction en chimie*.* V. **Inductif** (méthode inductive). *Déterminisme* (cit. 2) *et induction. Induction et déduction* (cit. 1).

2 « ... l'induction a dû être la forme de raisonnement primitive et générale, et les idées que les philosophes et les savants prennent constamment pour des idées *a priori*, ne sont au fond que des idées *a posteriori*. » Cl. BERNARD, **Introd. ét. méd. expér.**, I, II.

3 « ... le principe d'induction complète me paraissait à la fois nécessaire au mathématicien et irréductible à la logique... J'y voyais le raisonnement mathématique par excellence. Je ne voulais pas dire comme on l'a cru que tous les raisonnements mathématiques peuvent se réduire à une application de ce principe... celui de l'induction complète est seulement le plus simple de tous et c'est pour cela que je l'ai choisi pour type. » H. POINCARÉ, **Science et méthode**, pp. 159-160.

4 « ... l'induction passe du fait, ou, plutôt, de la donnée, à l'idée, tandis que la déduction va de l'idée à l'idée... » M. DOROLLE, **Les problèmes de l'induction**, II, p. 74.

— (*Dans le langage courant*). « Processus de pensée *reconstructif*, par lequel, partie en raisonnant, partie en devinant, on remonte de certains indices à des faits qu'ils rendent plus ou moins probables » (LALANDE). V. **Inférence**. *Raisonnement par induction.* V. **Analogie** (cit. 7), **association** (des idées). *Dégager par induction des vérités implicites*.*

5 « ... cette induction que nous faisons tous, sans savoir pourquoi, de ce qui se passe en nous à ce qui se passe au dedans des autres. » DIDER., **Lett. sur les aveugles**.

6 « Exemple grossier, mais sensible, de l'importance des moindres détails dans l'exposé des faits dont on cherche les causes secrètes, pour les découvrir par induction. » ROUSS., **Confess.**, XI.

— *Par ext.* Conclusion, conséquence tirée de l'induction. *Inductions que les penseurs du XIXᵉ siècle ont tirées du cogito* (cit.) *cartésien* (V. **Interpréter**).

7 « Le caractère simple des inductions par lesquelles il avait débrouillé le mystère n'ayant jamais été expliqué... il n'est pas surprenant, que les facultés analytiques du chevalier lui aient acquis le crédit merveilleux de l'intuition. » BAUDEL., Trad. E. POE, **Hist. grotesq. et sér.**, Mystère M. Roget.

∥ 3° *Phys.* et *Électr.* (1845). Transmission à distance d'énergie électrique ou magnétique par l'intermédiaire d'un aimant ou d'un courant. *Induction électromagnétique*, production d'une force électromotrice dans un circuit par variation du flux magnétique qui le traverse. *Induction électrostatique, magnétique, mutuelle... Courant, flux* d'induction. Primaire* et secondaire* d'un appareil d'induction. Rupteur* d'une bobine* d'induction. Applications pratiques de l'induction : alternateurs, dynamos, fours* à induction, transformateurs*...*

8 « L'induction mutuelle résulte des actions réciproques de deux circuits *couplés magnétiquement*, de telle façon que chacun des deux circuits associés produit un *flux magnétique variable* agissant sur l'autre circuit. Le circuit d'*excitation*, où est engendrée la variation de flux, est appelé *circuit inducteur*, et le circuit excité est appelé *circuit induit*. » J. BRUN, **Dict. de la Radio**, Induction.

∥ 4° *Biol.* (vers 1925). Mécanisme par lequel les tissus et organes se différencient tout au long de la vie depuis la fécondation de l'œuf. *Troubles de l'induction. Rôle des organisateurs* dans l'induction embryonnaire.*

9 « Il y a *induction* de tout cet ensemble d'organes, aux dépens de tissus qui normalement ne se seraient pas différenciés... La lèvre antérieure du blastopore possède... la propriété étonnante d'*organiser* des tissus banaux en un complexe d'organes hautement différenciés... d'où le nom d'*organisateur* qu'a reçu ce greffon,... » CAULLERY, **L'embryologie**, p. 60 (éd. P.U.F.).

ANT. — **Déduction**.

DER. — **Inductance, inducteur**.

COMP. — **Self-induction**.

INDUIRE (se conjugue comme *Conduire*). *v. tr.* (XIIIᵉ s. ; anc. franç. *enduire* ; lat. *inducere*. V. **Enduire**).

∥ 1° Amener, encourager à (quelque chose, faire quelque chose). V. **Conduire, convier, engager, inciter, inviter, porter, pousser** (Cf. Analogie, cit. 1). — REM. Dans cette acception, *induire* tend à vieillir et ne s'emploie plus guère qu'en mauvaise part. *Induire à mal faire* (ACAD.).

1 « Et mon fils à l'aimer vous devrait tous induire. » MOL., **Tart.**, I, 1.

2 « Frémissez et vous ne pécherez point » : Frémissez et épouvantez votre concupiscence, et elle ne vous induira point à pécher. » PASC., **Pens.**, VII, 446.

3 « ... mais le public est ici le grand corrupteur. Il encourage au mal. Il induit l'écrivain à des fautes pour lesquelles il se montre ensuite sévère, comme la bourgeoisie réglée d'autrefois applaudissait le comédien et en même temps l'excluait de l'Église. » RENAN, **Souv. d'enfance...**, VI, IV.

4 « ... votre cuisine nous induit au péché de gourmandise ;... » HUYSMANS, **Là-bas**, XXII.

5 « ... la philosophie induit l'âme à la clémence. » FRANCE, **Rôtiss. reine Pédauque**, Œuvr., t. VIII, V, p. 33.

6 « Sa prudence de sauvage, qui avait résisté à une éducation libérale, l'induisait à croire que tout étranger est un ennemi. » ID., **M. Bergeret à Paris**, Œuvr., t. XII, I, p. 288.

— *Spécialt. Induire en erreur* (cit. 12 et 39). V. **Tromper** (Cf. Explicateur, cit. ; huppe, cit. 1). *Hypothèse* (cit. 4) *qui peut induire en erreur. Induire en tentation.* V. **Tenter** (Cf. Démon, cit. 14).

7 « Prenez garde que nul ne vous induise en erreur. Car beaucoup viendront sous mon nom, disant : « C'est moi qui suis le Christ », et ils en induiront un grand nombre en erreur. » BIBLE (CRAMP.), **Év. St Matthieu**, XXIV, 4, 5.

8 « Il y a bien de la différence entre tenter et induire en erreur. Dieu tente, mais il n'induit pas en erreur. » PASC., **Pens.**, XII, 821.

9 « Mais en lui détaillant avec simplicité tout ce qui m'est arrivé, tout ce que j'ai fait, tout ce que j'ai pensé, tout ce que j'ai senti, je ne puis l'induire en erreur, à moins que je ne le veuille ;... » ROUSS., **Confess.**, IV.

10 « ... nous avons été tous là-bas fortement embarrassés par cette affaire ; car, toute simple qu'elle est, elle nous déroute complètement. — Peut-être est-ce la simplicité même de la chose qui vous induit en erreur, dit mon ami. » BAUDEL., Trad. E. POE, **Hist. extraord.**, La lettre volée.

∥ 2° *Log.* V. **Conclure, inférer** (Cf. Excitabilité, cit. 2). *Qu'en induisez-vous ? Telle est la conséquence* qu'il en induit.* — *Absolt.* Procéder, raisonner par induction*.

11 « ... les juifs se trompaient encore en croyant Jésus-Christ le fils de Joseph, pour conclure de là que c'était un homme... sans aucun talent extraordinaire... mais pour ce qui est d'induire que sa mère ne pût être vierge, parce qu'elle était mariée,... il ne leur est jamais arrivé de faire ce raisonnement,... » BOSS., **Explic. prophétie Isaïe**, 2ᵉ lettre.

12 « Le principe sur lequel nous nous appuyons pour induire, c'est donc que nous pourrions déduire si notre intelligence était plus vaste et nos connaissances plus étendues. De là vient que le physicien et le naturaliste, aussitôt qu'ils le peuvent, abandonnent l'induction pour recourir au raisonnement déductif et même au calcul. » LALANDE, **Lect. philos. des sciences**, IV.

∥ 3° *Phys.* (*Rare*). Produire les effets de l'induction.

ANT. — **Déduire**. — DER. — **Induit**.

INDUIT, UITE. *adj.* (1867 LITTRÉ, *fil induit*, « servant à la production des courants d'induction » ; p. p. de *induire*). *Phys.* et *Électr.* (1873 P. LAROUSSE). *Courant induit*, courant électrique produit par une variation de flux dans un circuit (sous l'influence d'un aimant* ou d'un courant inducteur). *Fil induit*, où passe le courant *induit. Circuit induit*, et *substant.* (fin XIXᵉ s.). *Un induit*, organe d'une machine électrique dans lequel prennent naissance les forces électromotrices *induites* produites par l'inducteur* (Cf. Induction, cit. 8). *Induit mobile d'une dynamo*. Induit fixe d'un alternateur. Induit en anneau* (machine de Gramme), *en disque, en tambour.*

— *Psychol.* Terme auquel aboutit une association* d'idées.

ANT. — **Inducteur**.

INDULGENCE. *n. f.* (1190 en matière religieuse ; lat. *indulgentia*).

∥ 1° Facilité à excuser*, à pardonner*. V. **Bienveillance, bonté, charité, clémence, compréhension** (cit. 2), **douceur, facilité** (Cf. Facile, cit. 25), **générosité, humanité, longanimité, mansuétude, miséricorde, patience, tolérance...** (Cf. Attention, cit. 21 ; avant, cit. 39 ; gamme, cit. 12). *Actes d'indulgence.* V. **Absolution, excuse, grâce** (5°), **pardon.** *Grande, inépuisable indulgence* (Cf. Apostolique, cit. 6). *Indulgence excessive, exagérée, coupable.* V. **Bénignité, complaisance, faiblesse** (Cf. Canon, cit. 2). *Mélange de férocité* (cit. 4) *et d'indulgence. Demander, implorer, chercher, réclamer l'indulgence de quelqu'un* (Cf. Attifage, cit. 1 ; élasticité, cit. 7 ; excuse, cit. 3 ; fuir, cit. 3 ; hôtel, cit. 14). *Mériter l'indulgence* (Cf. Excuse, cit. 14) ; *être digne d'indulgence, avoir droit à l'indulgence. Avoir besoin d'indulgence. Son indulgence m'excusera* (Cf. Excuse, cit. 10)... *Acte qui rencontre, sinon l'approbation, du moins l'indulgence* (Cf. Fort, cit. 78). *Inspirer l'indulgence* (Cf. Concilier, cit. 2).

Avoir, montrer de l'indulgence pour les fautes de quelqu'un (Cf. Émigration, cit. 5). *User d'indulgence. Se forcer à l'indulgence* (Cf. Dénigrement, cit. 3). *Avoir trop d'indulgence envers un enfant.* V. **Gâter, gâterie.** *Souffrir, supporter, tolérer..., tout permettre par indulgence. L'avocat demande pour son client l'indulgence du jury. — Indulgence pour soi, pour sa personne.* V. **Complaisance, faiblesse, mollesse** (Cf. Confirmer, cit. 7). *Se voir, voir sa conscience* (cit. 12) *sans indulgence. — Implorer l'indulgence de Dieu, l'indulgence divine pour ses péchés. L'indulgence des dieux* (Cf. Acheter, cit. 9). *La Vierge Marie est toute indulgente* (Cf. Ignorer, cit. 20).

1　« Comme les dieux sont bons, ils veulent que les rois
　　Le soient aussi : c'est l'indulgence
　　Qui fait le plus beau de leurs droits, »　　　LA FONT., *Fabl.,* XII, 12.

2　« Tout pouvoir, en un mot, périt par l'indulgence, »
　　　　　　　　　　　　　　　VOLT., *Alzire,* I, 1.

3　« Vous trouverez sans doute que je pratique bien mal, dans ce moment, cette indulgence que je prêche ; mais je ne vois plus en elle qu'une faiblesse dangereuse, quand elle nous mène à traiter de même le vicieux et l'homme de bien. »　　　LACLOS, *Liais. dang.,* XXXII.

4　« Si je ne savais pas qu'amoureux, poète et musicien sont trois titres d'indulgence pour toutes les folies... »
　　　　　　　　　　　　　BEAUMARCH., **Mar. Figaro,** I, 10.

5　« M. de R... était autrefois moins dur et moins dénigrant qu'aujourd'hui ; il a usé toute son indulgence ; et le peu qui lui en reste, il le garde pour lui. »　　　CHAMFORT, **Caract. et anecdotes,** p. 220.

6　« En général l'indulgence pour ceux qu'on connaît est bien plus rare que la pitié pour ceux qu'on ne connaît pas. »
　　　　　　　　　　　RIVAROL, **Notes, pensées et max.,** II, p. 50.

7　« ... il excita cette indéfinissable indulgence que la femme trouve dans son cœur pour les folies qu'elle inspire. »
　　　　　　　　　　　BALZ., **La femme abandonnée,** Œuvr., t. II, p. 223.

8　« On lui a reproché ses indulgences soudaines et ses complaisances de pinceau pour Robespierre et pour d'autres monstres. »
　　　　　　　　　　　STE-BEUVE, **Causer. du lundi,** 4 août 1851.

9　« J'étais en veine d'indulgence ;... en humeur de mansuétude. »
　　　　　　　　　　　FROMENTIN, **Dominique,** XIV.

10　« L'indulgence est tendre, elle est femme. »
　　　　　　　　　SULLY PRUDHOMME, **Tendresses et solitudes,** L'indulgence.

11　« Ce que j'aime le moins dans l'ami, d'ordinaire, c'est l'indulgence ; »
　　　　　　　　　　　GIDE, **Si le grain...,** p. 81.

　　— Par ext. *Regard plein d'indulgence, sans indulgence.*

12　« ...un regard pâle, d'une lucidité avertie et sans indulgence. »
　　　　　　　　　　　MART. du G., **Jean Barois,** p. 130.

‖ **2°** *T. de Relig.* (cathol.). Rémission des peines temporelles que les péchés méritent. *L'indulgence est accordée par l'Église après que le châtiment éternel a été remis par l'absolution. Indulgence plénière, partielle. L'indulgence est accordée en vertu des mérites du Christ, de la Vierge, des Saints.* — *Par ext. Une indulgence : la rémission accordée dans une circonstance et dans des conditions précises. Le droit canonique donne aux Cardinaux, Evêques, Abbés, etc., le droit d'accorder des indulgences. Une indulgence plénière est attachée à la bénédiction papale, aux messes pontificales... L'Église a enrichi d'indulgences certains textes du missel, du bréviaire, du rituel. Indulgence de 100, 300 jours. Indulgence plénière et générale* (V. **Jubilé**). — *La querelle des indulgences, sous le pape Léon X* (début du XVIᵉ s.).

13　« ... lorsqu'ayant égard, ou à la ferveur des pénitents, ou à d'autres bonnes œuvres qu'elle leur prescrit, elle *(l'Église)* relâche quelque chose de la peine qui leur est due, cela s'appelle *Indulgence.*
　　Le concile de Trente ne propose autre chose à croire sur le sujet des indulgences, sinon que « la puissance de les accorder a été donnée à l'Église par Jésus-Christ, et que l'usage en est salutaire :... »
　　　　　　　　　　　BOSS., **Expos. de la doctr. cathol.,** VIII.

14　« Il *(Léon X)*... fit vendre, dans tous les États de la chrétienté, ce qu'on appelle des *indulgences,* c'est-à-dire la délivrance des peines du purgatoire, soit pour soi-même, soit pour ses péchés... »
　　　　　　　　　　　VOLT., **Essai s. l. mœurs,** CXXVII.

ANT. — Âpreté, cruauté, dureté, férocité, inclémence, rigueur, sévérité ; austérité.

DER. — **Indulgencier.** *v. tr.* (1833 P. BOREL). *T. de Relig.* Attacher une indulgence à (un objet de piété). *Indulgencier un chapelet* (ACAD.).

INDULGENT, ENTE. *adj.* (début XVIᵉ s., MAROT ; lat. *indulgens*).

‖ **1°** Qui excuse, pardonne facilement. V. **Bienveillant, bon, clément, complaisant, doux, facile, généreux, patient** (Cf. Idéaliser, cit. 2). *Indulgent et sociable* (Cf. Exercer, cit. 44). *Un père, un maître, un chef indulgent. Il est trop indulgent.* V. **Bénin, commode 1, coulant, débonnaire.** *Un homme obligeant et indulgent* (Cf. Carte, cit. 11). *Indulgent à quelque chose* (Cf. Humanitaire, cit. 2) ; *indulgent à soi-même* (Cf. Haïssable, cit. 9). *Indulgent pour les défauts, les fautes...* (Cf. Couvrir, cit. 30 ; ensauvager, cit. 1). *Se montrer indulgent pour l'ignorance d'autrui* (Cf. Gentillesse, cit. 5). *Comprendre rend indulgent* (V. **Compréhensif**). *Soyez indulgent* (Cf. A tout péché miséricorde).

1　« Reine des anges au pécheur indulgente,
　　Tournez vos yeux, maternelle régente,
　　Vers vos enfants ;... »　　　MAROT, **Rondeaux,** LXXIII.

2　« Sois-lui plus indulgent, et pour toi plus sévère. »
　　　　　　　　　　　CORN., **Imit.,** II, 353.

3　« Mais chacun pour soi-même est toujours indulgent. »
　　　　　　　　　　　BOIL., **Sat.,** IV.

4　« Un homme dur au travail et à la peine, inexorable à soi-même, n'est indulgent aux autres que par un excès de raison. »
　　　　　　　　　　　LA BRUY., IV, 50.

5　« ... tout comprendre rend très indulgent, et sentir profondément inspire une grande bonté. »　　　Mᵐᵉ de STAËL, **Corinne,** XVIII, V.

6　« Soyez doux et indulgent à tous ; ne le soyez pas à vous-même. »
　　　　　　　　　　　JOUBERT, **Pensées,** V, LXXIV.

7　« ... en moraliste indulgent qui sait la fragilité humaine et lui pardonne beaucoup. »　　　GAUTIER, **Portr. contemp.,** Gavarni.

8　« Elles sont comme ça. Il ne faut pas leur en vouloir. Les enfants doivent être très indulgents envers les grandes personnes. »
　　　　　　　　　　　SAINT-EXUP., **Le petit prince,** IV.

9　« Indulgent pour tout le monde, sévère pour soi : encore une ruse de l'orgueil. Innocent et coupable, trop sévère et· trop indulgent, impuissant et responsable, solidaire de tous et rejeté par chacun,... je suis comme tout le monde, quoi. »　　　SARTRE, **Mort dans l'âme,** pp. 147-148.

‖ **2°** *Par ext.* Qui est plein d'indulgence ; qui marque l'indulgence (en parlant de choses). *Dispositions indulgentes.* V. **Bienveillant, favorable.** *Une indulgente patience* (Cf. Berner, cit. 3). *Froideur indulgente* (Cf. Cuirasse, cit. 3). *L'abondance du médiocre avait rendu le goût indulgent* (Cf. Émousser, cit. 5). *Morale indulgente.* V. **Facile, tolérant.**

10　« Au tribunal le magistrat s'oublie, et ne voit plus que l'ordonnance. — Indulgente aux grands, dure aux petits. »
　　　　　　　　　　　BEAUMARCH., **Mar. Figaro,** III, 5.

11　« ... d'un regard sévère ou indulgent de ces yeux que voilà, dépendait la tristesse ou la joie des vôtres,... »
　　　　　　　　　　　MUSS., **Caprices de Marianne,** I, 12.

12　« ... elle m'aurait rendu scrupuleux à l'excès, si je ne m'étais pas fait de bonne heure, pour mon usage, une morale indulgente. »
　　　　　　　　　　　FRANCE, **Petit Pierre,** I, p. 12.

‖ **3°** *Poét.* Qui se laisse aller facilement (à...). V. **Complaisant.**

13　« De ses refus d'apprêt oubliant l'artifice,
　　Indulgente à l'amour, sans fierté, sans caprice,
　　De son sexe cruel n'ayant sur les appas. »　　　CHÉNIER, **Élég.,** XI.

‖ **4°** *Substant.* Les dantonistes, pour les partisans de Robespierre (Cf. Immoler, cit. 5). *Les indulgents et les enragés.*

ANT. — Âpre, cruel, draconien, dur, féroce, impitoyable, implacable, inexorable, rigoureux, sévère...

DER. — **Indulgemment** (*-ja-man*). *adv.* (1557). *Vx.* D'une manière indulgente. — REM. Ce mot, admis par ACAD. en 1798, a été supprimé en 1835 (ANT. Sévèrement).

INDULINE. *n. f.* (1890 P. LAROUSSE, 2ᵉ Suppl. ; du rad. d'*indigo,* et du suff. d'*aniline*). *Chim.* Nom de plusieurs colorants bleus ou violets dérivés de l'aniline*. *L'induline proprement dite, de formule* $C_{18} H_{15} N_3$ *est appelée industriellement bleu Coupier.*

　« Au groupe des azines se rattachent les *Indulines* dont les applications... sont très nombreuses : pour l'impression du coton (bleu d'acétine), pour la coloration des vernis, des encres d'imprimerie, des cirages et des graisses et aussi pour la teinture de la soie (Indulines sulfonées). On obtient les Indulines en chauffant... un mélange d'aminoazobenzène et d'aniline. »　　　J. MEYBECK, **Les colorants,** pp. 91-92 (éd. P.U.F.).

INDULT (*-dult'*). *n. m.* (XVᵉ s. ; lat. ecclés. *indultum,* « accordé », p. p. de *indulgere*). *Dr. can.* Privilège accordé par le Pape en dérogation du droit commun. *Indult général, particulier ; indult perpétuel, indult ad tempus. Indults accordés à la demande des Ordinaires des diocèses, des Supérieurs des ordres religieux.* Spécialt. (*Hist.*). Privilège accordé pour la collation des bénéfices*. *Indult du roi, des cardinaux. Provinces, pays d'indult,* où le roi avait ce privilège. *Indult du parlement de Paris,* qui permettait à chaque officier du parlement de requérir le premier bénéfice vacant. *L'indultaire, bénéficiaire d'un indult.*

INDÛMENT. V. INDU (*dér.*).

INDURATION. *n. f.* (1350 ; bas lat. *induratio*). *Méd.* Durcissement d'un tissu (V. **Sclérose**). *Induration de l'œil, dans la sclérophtalmie*. — *Par ext.* Partie indurée. V. **Callosité, cor...**

INDURER. *v. tr.* (*Induré* au fig., XVᵉ s. ; peu usit. jusqu'au XIXᵉ s. ; lat. *indurare.* V. **Endurer**). *Méd.* Durcir (un tissu organique). *Tumeur, furoncle qui s'indure. Glande indurée. Chancre induré.*

INDUSIE. *n. f.* (1839 BOISTE ; lat. *indusium,* « chemise »). *Bot.* Repli formé par la feuille de fougère* pour protéger un sore (groupe de sporanges). — *Paléont.* Fourreau des larves de phrygane*. *Calcaire à indusie.*

INDUSTRIALISER. *v. tr.* (1836 ; de *industriel*). Exploiter industriellement, organiser en industrie* (III, 2°). *Industrialiser une découverte scientifique* (ACAD.). *Industrialiser l'agriculture* (V. **Mécaniser**). *La fabrication de cet appareil, de cet objet s'est récemment industrialisée. Un art à demi industrialisé.*

1　« ... les belles-lettres, comme le cinéma, sont en passe de devenir un art industrialisé. »　　　SARTRE, **Situations II,** p. 267.

— Équiper d'industries. *Industrialiser un pays, une région, une ville. Ces pays neufs commencent à s'industrialiser. Région industrialisée à l'extrême.* — REM. Ce verbe que l'on rencontre déjà dans BALZAC n'est entré dans les dictionnaires qu'à la fin du XIXᵉ s. (NOUV. LAR.). LITTRÉ et HATZFELD l'ignorent, mais ACAD. l'admet dans sa 8ᵉ éd. (1935).

2 « Du Bousquier industrialisa le Département. Il accéléra la prospérité de la province... » BALZ., **Vieille fille**, Œuvr., t. IV, p. 324.

3 « Dans leur impatience de s'industrialiser, les pays jadis complémentaires du vieux continent refusent de plus en plus de se limiter au rôle d'exportateurs de produits bruts et de clients d'articles manufacturés. En dépit des crises de liquidation les plus sévères, l'outillage industriel suscité chez eux par la guerre (*de 1914-18*) prétend non seulement se maintenir, mais s'accroître. Nous sommes en butte partout à une offensive généralisée d'industrialisation. » SIEGFRIED, **Crise de l'Europe** (1935), p. 90.

4 « Toutes les nations font effort pour s'industrialiser, comme on dit dans le jargon moderne. Toutes les nations rêvent d'abandonner l'agriculture, de construire des usines et de vendre avantageusement les articles ainsi fabriqués. » DUHAM., **Manuel du protest.**, p. 109.

DER. — **Industrialisation.** *n. f.* (1906 in LAROUSSE). Application des procédés et des techniques industriels ; exploitation industrielle. *Industrialisation d'une fabrication. Industrialisation de l'agriculture.* — Action d'équiper d'industries. *L'industrialisation de l'Europe occidentale aux XVIIIᵉ et XIXᵉ siècles. Industrialisation des pays neufs* (Cf. *supra*, Industrialiser, cit. 3). *Étapes de l'industrialisation.*

1 « ... quand on parle... de l'*industrialisation de l'agriculture*... on entend... que l'agriculture de nos jours, dans la mesure où les conditions... le lui permettent, tend à recourir précisément aux mêmes procédés que l'industrie manufacturière et commerciale ;... » Ch. GIDE, **Écon. polit.**, t. I, p. 310.

2 « Le nationalisme économique... anime les efforts d'industrialisation autonome d'un nombre de plus en plus grand de pays, notamment en zone tropicale et dans l'hémisphère sud. » P. GEORGE, **Géogr. industr...**, p. 117 (éd. P.U.F.).

INDUSTRIALISME. *n. m.* (1823 ST-SIM. ; de *industrie*). *Hist. écon.* Système qui donne une importance prépondérante à l'industrie dans la société ; prépondérance de l'industrie dans l'activité économique. *L'industrialisme mercantiliste au XVIIIᵉ s.*

« D'un bout à l'autre, les propositions physiocratiques s'opposent aux thèses mercantilistes. Industrialisme et réglementation d'un côté ; agrarisme et liberté de l'autre ;... » GONNARD, **Hist. doctr. écon.**, p. 226.

DER. — **Industrialiste.** *adj.* et *n.* (1838). Relatif à l'industrialisme. Partisan de l'industrialisme.

« La productivité de l'industrie est proclamée par lui (*Condillac*) de manière... plus nette et plus sûre que par son émule écossais (*A. Smith*) : l'économie industrialiste qui va naître, et qui combinera le libéralisme physiocrato-smithien avec les prédilections mercantilistes pour l'industrie, trouve en lui son prototype,... » GONNARD, **Hist. doctr. écon.**, p. 259.

INDUSTRIE. *n. f.* (XIIᵉ s., « activité », puis « habileté » ; lat. *industria*, « activité »).

I. ‖ **1°** *Vx.* Habileté à exécuter quelque chose. V. **Adresse** (cit. 1), **art** (I, 1°), **artifice** (cit. 3), **dextérité, habileté...** *L'industrie du castor, de certains insectes* (Cf. Fabriquer, cit. 1 ; frelon, cit. 5). *L'industrie humaine, des hommes* (Cf. Animal, cit. 17 ; automate, cit. 2 ; archéologie, cit. 2 ; homme, cit. 53). *La nature ne fait rien « sans... une artificieuse* (cit. 1) *et admirable industrie »* (PARÉ). *Qui a de l'industrie.* V. **Industrieux.**

1 « ... quelque industrie qui paraisse dans ce que font les animaux... » BOSS., **Connaiss. de Dieu...**, V, II.

2 « ... la puissance et l'industrie de Minerve n'ont pas besoin d'un grand temps pour achever les plus grands ouvrages. » FÉN., **Télém.**, VI.

‖ **2°** Par ext. (*Vx.* ou *Littér.*). V. **Intelligence, invention, savoir-faire** ; Cf. Explicable, cit. 1. *L'industrie peut s'imiter* (cit. 12), *mais le génie ne s'imite point* (MARMONTEL). *Apprêter* (cit. 1), *arranger quelque chose avec industrie* (Cf. Assemblage, cit. 20). V. **Ingéniosité.** *S'élever* (cit. 57) *par sa propre industrie. Employer toute son industrie à...* (Cf. Génie, cit. 2). *Les fruits* (cit. 37) *de son industrie. L'industrie d'un peintre, d'un décorateur* (V. **Habileté, talent**). *Arriver à force de patience et d'industrie.*

3 « ... les hommes devraient employer les premières années de leur vie à devenir tels... que la République... eût besoin de leur industrie et de leurs lumières,... » LA BRUY., II, 10.

4 « Je résolus d'employer toute mon industrie pour la voir. » Abbé PRÉVOST, **Manon Lescaut**, p. 154.

5 « Elle usait alors de beaucoup d'industrie pour sa toilette, elle inventait des garnitures, elle se les brodait ;... » BALZ., **Cabinet des antiques**, Œuvr., t. IV, p. 442.

— *Par ext.* Procédé adroit.

6 « ... il a mille industries pour faire plaisir à tous ses *voisins*. » FÉN., **Télém.**, XI.

→ *Spécialt.* et *Péjor.* Habileté appliquée au mal ; adresse, finesse... *Vivre d'industrie ;* d'expédients*. *Chevalier* (cit. 7) *d'industrie* (d'abord *Chevalier de l'industrie* (1633), d'après les romans picaresques espagnols). Cf. Abonder, cit. 4.

7 « Tu sais que dans ce monde il faut vivre d'adresse, et qu'aux personnes comme moi le Ciel n'a donné d'autres rentes que l'intrigue et que l'industrie. » MOL., **Av.**, II, 4.

II. (XVᵉ s.). *Vx.* Profession, comportant généralement une activité manuelle. V. **Activité, art** (I, 3°), **métier, profession, travail.** *Exercer une industrie pour vivre.* « *Vile et mécanique industrie* » (Cf. Compromettre, cit. 5 MONTESQ.). *Ils joignent à leur métier l'industrie de raccommoder les poêlons et les instruments de cuivre* (Cf. Gitan, cit. 1 MÉRIMÉE).

8 « Il est... nécessaire et équitable que l'industrie raffinée du négociant paye plus que l'industrie grossière du laboureur. » VOLT., **L'homme aux quarante écus**, II.

9 « Ce livre est donc consacré tout entier à ces industries de bon ton, qui, fort en usage parmi le beau monde, n'en sont pas moins maîtresses à la bourse. Ces jolies manières de vous prendre votre argent, toutes gracieuses, toutes gentilles et loyales qu'elles peuvent être, n'en deviennent pas moins mille fois plus dangereuses... » BALZ., **Code des gens honnêtes**, II (Œuvr. div., t. I, p. 95).

— (*De nos jours*). Par plaisant. *Voleur, cambrioleur qui exerce sa coupable industrie.*

III. (1735 ; Cf. BRUNOT, H.L.F., t. VI, pp. 379-380). *Écon.* :

‖ **1°** *Vieilli* (Au sens le plus large). Ensemble des opérations qui concourent à la production et à la circulation des richesses. V. **Économie ; agriculture*, commerce.** *L'agriculture constitue l'industrie fondamentale des nations* (H. SAGNIER, Omn. agric.). *L'industrie agricole, l'industrie commerciale et l'industrie manufacturière* (LITTRÉ). *L'industrie des transports* (V. **Circulation, transport**). *La batellerie*, industrie du transport fluvial. L'industrie huîtrière, ostréicole...* (V. **Élevage**). — REM. Ce sens étendu était encore le plus usité au XIXᵉ siècle. LITTRÉ, qui l'illustre de citations allant de Voltaire à Legoarant (1858), ajoute simplement : « Industrie se dit quelquefois de tous les arts industriels, sauf l'agriculture, par opposition à l'agriculture ». De nos jours, les économistes n'emploient plus guère le mot que dans son sens restreint. L'expression *Industrie agricole* ne désigne plus l'agriculture, mais l'ensemble des industries de *traitement* ou de *transformation* des produits agricoles.

10 « ... l'opposition... des genres de vie, entre... l'agriculture et ce que le mot industrie évoque, est trop profonde pour que le mot « agriculture » ait été détrôné par l'expression « industrie agricole ». Au surplus, l'expression industrie agricole risquerait d'être équivoque : on la confondrait aisément avec celle d'industrie alimentaire. L'expression industrie des transports risquerait... d'être à l'origine de confusions dans la mesure où elle laisse entendre que l'on parle des moyens de transport et non de l'acte de transporter. » ROMEUF, **Dict. Sciences écon.**, Industrie.

— *Industrie, beaux-arts et sciences* (TAINE ; Cf. Exterminer, cit. 5). *Exposition* (cit. 6) *de l'industrie, de l'art et l'industrie. Le règne... du bien-être et le triomphe... de l'industrie* (STE-BEUVE ; Cf. Fouriérisme, cit. 1). *Les rapports de l'art et de l'industrie.* V. **Technique.**

11 « ... cela tombe sous le sens que l'industrie, faisant irruption dans l'art, en devient la plus mortelle ennemie... Quel homme, digne du nom d'artiste, et quel amateur véritable a jamais confondu l'art et l'industrie ? » BAUDEL., **Curios. esthét.**, Salon de 1859, II.

‖ **2°** (XVIIIᵉ s.). Ensemble des activités économiques ayant pour objet l'exploitation des richesses minérales et des diverses sources d'énergie ainsi que la transformation des matières premières (animales, végétales ou minérales) en produits fabriqués. *L'agriculture, le commerce** (cit. 3) *et l'industrie.* V. **Économie.** *Fonds de commerce ou d'industrie* (Cf. Bail, cit. 6). *Techniques utilisées par l'industrie.* V. **Machinisme, mécanisation...** *Organisation de l'industrie moderne* (V. **Rationalisation, standardisation ; spécialisation**). *Rôle de la comptabilité*, de la prévision (planning) dans l'industrie... Productivité* croissante de l'industrie. Unité de production dans l'industrie.* V. **Entreprise, établissement, exploitation, fabrique, manufacture, usine.** *Tendance de l'industrie à la concentration.* V. **Concentration, intégration ; entente, cartel, trust...** — *Le capital*, la finance et l'industrie* (Cf. Financier, cit. 3). — *Personnel de l'industrie. Chef d'industrie, capitaine* (cit. 8) *d'industrie* (V. **Directeur, industriel, patron**). *Cadres de l'industrie* (V. **Ingénieur, technicien**). *Ouvriers* d'industrie* (V. **Ouvrier**). *Syndicat groupant les ouvriers d'industrie.* — *Naissance, expansion de l'industrie. Localisation de l'industrie dans le monde ; géographie de l'industrie. L'industrie française, allemande. Cette région possède une industrie. Donner une industrie à un pays.* V. **Équiper, industrialiser.**

12 « Cependant (*au XVIIIᵉ s.*) voici l'industrie nettement mise à part de la culture : « les *Mémoires* (des intendants) sur les productions du sol et de l'« industrie » parlent de leurs généralités ». Hauser a insisté avec raison... sur l'emploi que font du mot *industrie* les Économistes, et après eux Roland, qui l'applique à la seule création dans les ateliers et les manufactures des objets nécessaires à la vie. » BRUNOT, **Hist. lang. franç.**, t. VI, p. 380.

13 « ... ici, il y a un pays, une ville, des fabriques, une industrie, des ouvriers,... » HUGO, **Misér.**, I, VII, III.

14 « L'industrie française, tout en étant plus jeune que l'industrie anglaise de plus d'un siècle, se classe parmi les industries vieilles. Elle est de structure plus complexe, beaucoup plus souple que la jeune industrie allemande... mais elle est aussi bien moins évoluée au point de vue technique. » P. GEORGE, **Géogr. industr. du monde**, p. 43 (éd. P.U.F.).

15 « J.-B. Say distinguait déjà parmi les activités économiques : l'agriculture, l'industrie et le commerce. À la lettre, cette grande distinction est encore admise. Son contenu est toutefois différent, car pour J.-B. Say, l'agriculture englobait les activités extractives, et le commerce celle des transports. » ROMEUF, **Dict. Sciences écon.**, Industrie.

— *Petite, moyenne, grande industrie* (Cf. Équipement, cit. 6) : selon l'importance de la production, des moyens mis en œuvre. — *Industrie capitaliste, privée* (Cf. Énorme, cit. 13). *Industrie d'État* (cit. 136), *nationalisée. Industrie collectivisée, socialisée* (coopératives de production, etc.). — *Industrie concentrée. Industrie dispersée ; industrie à domicile* (V. **Artisanat**, cit.). — *Industrie lourde :* la grande industrie de première transformation des matières premières pondéreuses. *Industries d'équipement. Industrie légère*, transformant les produits de l'industrie lourde en produits semi-finis et fabriqués (*Industries de biens d'usage et de consommation*). — *Industrie extractive, minière* (V. **Charbon, houille, pétrole**) ; *industrie charbonnière. Industries manufacturières, de transformation. — Industries de guerre* (cit. 40). *Reconversion d'une industrie de guerre.*

16 « C'est sur l'industrie que se concentre l'activité du législateur... L'industrie à domicile ne se prête guère à la réglementation ;... L'industrie artisane, plus sujette à la réglementation que l'industrie à domicile, l'est moins que l'industrie en forme d'entreprise, et c'est la grande industrie surtout... qui est le terrain de choix des expériences législatives. Il y a des branches d'industrie qui sont l'objet d'une réglementation particulière... Telle(s)... les industries insalubres ou dangereuses... »   TRUCHY, *Cours écon. polit.*, VII, II, 1.

— *Industries métallurgiques : industrie sidérurgique* (V. **Acier, fer, fonte...**), *industrie des métaux non-ferreux* (aluminium, cuivre...), *industries de transformation des métaux* (laminoirs, tôlerie...). V. **Métallurgie, sidérurgie.** — *Industries du bâtiment. — Industries mécaniques* (machines, moteurs, matériel d'équipement, etc.). *Industrie automobile, aéronautique. Industries de précision* (appareillage électrique, électronique, optique, radio, horlogerie...). — *Industries chimiques :* industries de l'azote, du soufre, des phosphates, du bois, du charbon et de ses sous-produits (goudron*, gaz*), des colorants, des matières plastiques, des parfums, des poudres et explosifs, du pétrole (V. **Raffinerie**), du caoutchouc... *Industrie électrochimique.* — *Industries textiles* : industrie chanvrière, lainière, linière, cotonnière, séricicole. Industries du vêtement* (V. **Confection**). — *Industries des cuirs et peaux. Industrie de la chaussure. — Industries utilisant le bois* (caisserie, meuble...), *le verre* (miroiterie, verrerie, vitrerie), *l'osier, le rotin...* (vannerie), *le papier, le carton* (papeterie, cartonnage). — *Industries alimentaires :* des conserves (conserverie), des matières amylacées (biscuiterie, féculerie, meunerie, panification, pâtes alimentaires), du sucre (sucrerie), du cacao (chocolaterie), de l'huile (huilerie), du lait et de ses dérivés (beurrerie, fromagerie, des boissons (brasserie, cidrerie, distillerie, vinification...). — *Industries de luxe. Industries du spectacle. L'industrie cinématographique* (Cf. Cinéma, cit. 5). *Industries du livre* (imprimerie, reliure, etc.)...

— Fig. *La guerre est une industrie* (Cf. Apparaître, cit. 19).

|| 3° *Une industrie :* l'une quelconque des branches de l'industrie ; une entreprise industrielle. *Diriger une industrie prospère, florissante. Industrie qui périclite. Il est à la tête de plusieurs industries.*

DER. — Industriel, industrieux.

INDUSTRIEL, ELLE. *adj.* (1471, « fruits industrieux » ; forme et sens mod. en 1770 GALIANI ; de *industrie*).

I. *Vx.* Qui est produit par l'industrie, par le travail de l'homme. *Fruits* (cit. 33) *industriels* (par oppos. aux *fruits naturels*).

II. *Vx.* Qui exerce une industrie (au sens II), un métier artisanal, un art (Cf. Exigence, cit. 2 TAINE).

III. Qui a rapport à l'industrie (au sens III). *Activité, économie* (cit. 17) *industrielle. Système industriel* (Cf. Élaborer, cit. 7). *Forme industrielle du capitalisme* (cit. 1). *Établissement industriel, compagnie industrielle* (Cf. Apprentissage, cit. 4 ; firme, cit.). *Groupe* (cit. 12), *monopole industriel. Rendement industriel* (Cf. Hétérogène, cit. 2). *Évolution, révolution industrielle* (Cf. Houille, cit. 5). *Équipement* (cit. 5) *industriel. Géographie industrielle. — École industrielle. — Chimie de laboratoire et chimie industrielle. Arts industriels :* qui utilisent partiellement les procédés de l'industrie. — *Capital, crédit industriel. Banque industrielle.*

1 « La contradiction entre le mode de production et les nouvelles nécessités de la distribution annonce déjà (*pendant les siècles classiques*) la fin du régime de la petite production agricole et industrielle. La révolution industrielle, l'invention de la vapeur, la concurrence pour les débouchés aboutissent... à la constitution des grandes manufactures. »   CAMUS, *L'homme révolté*, p. 250.

— Qui est produit par l'industrie. *Productions industrielles, produits industriels* (Cf. Encontre, cit. 3). *Fer, bronze industriel* (Cf. Fonte, cit. 3).

— Fig. et fam. *Quantité industrielle :* très grande quantité. *En quantité industrielle.*

— Où l'industrie est développée. *Régions, nations, villes industrielles* (Cf. Édifier, cit. 1 ; équilibre, cit. 24 ; exode, cit. 7). *Centre industriel :* lieu où sont concentrées de nombreuses et importantes industries. *Rendre industriel.* V. **Industrialiser.**

« Les pays industriels constituent des entités géographiques originales. Le paysage porte l'empreinte de l'économie industrielle : les mines, les usines, les villes transformées et accrues par l'effort d'activités et de populations d'un type nouveau, la multiplication des voies et moyens de communication, sont autant de faits géographiques qui se greffent sur le paysage rural antérieur,... »   P. GEORGE, *Géogr. industr...*, p. 11 (éd. P.U.F.). 2

IV. Substant. *Un industriel.* Propriétaire d'un établissement industriel ; chef d'industrie. V. **Entrepreneur, manufacturier.** *Industriels qui s'efforcent de répondre à la demande de leurs clients* (Cf. Caprice, cit. 8). V. **Fabricant.** *L'industriel et le commerçant* (Cf. Commerce, cit. 3 ; grossiste, cit.). *Les grands, les gros industriels* (Cf. Chef, cit. 18). *Les industriels du textile* (Cf. Fils, cit. 18). *Riche industriel de la Ruhr* (Cf. Hobereau, cit. 4).

« Que fait l'industriel ? Il prend des matières premières qui, comme telles, sous leur forme initiale, ne sont pas applicables à la satisfaction de nos besoins. En les soumettant à l'effort des hommes et à l'action des forces naturelles, il en tire des objets qui sont recherchés, qui donc ont une valeur. Et ce qui prouve que la valeur du produit fabriqué est plus grande que celle des matières premières et des éléments qui y ont été ajoutés, c'est que beaucoup d'industriels font fortune : une fois leurs dépenses payées, leurs collaborateurs rémunérés, il reste un surplus, qui est un véritable produit net. »   PIROU et BYÉ, *Introd. étude Écon. polit.*, p. 288. 3

ANT. — Agricole, commercial.

DER. — Industriellement. *adv.* (1838). Par les moyens et les méthodes de l'industrie (au sens III, 2°). *Exploiter un brevet industriellement. Produit fabriqué industriellement par des machines* (ACAD.). — Relativement à l'industrie. *Le pays industriellement le plus avancé* (Cf. Artisanal, cit.).

INDUSTRIEUX, EUSE. *adj.* (1455 ; lat. *industriosus*).

|| 1° Qui a, qui montre de l'industrie* (au sens I), de l'adresse, de l'habileté. V. **Adroit, habile.** *L'abeille, la fourmi est industrieuse. Ouvrier, manœuvre industrieux* (Cf. Forger, cit. 1). *Des mains industrieuses* (Cf. Généraliser, cit. 3). — *Vx. Industrieux à se cacher* (Boss.) ; *industrieux pour trouver de nouveaux moyens de... plaire* (FÉN.) ; *industrieux dans sa... vengeance* (VOLT.). — (En parlant des ouvrages de l'esprit). *Vx.* Inventif, plein de savoir-faire.

« Le nœud dépend entièrement du choix et de l'imagination industrieuse du poète ;... »   CORN., *Disc. des trois unités.* 1

— *Spécialt.* Qui fait preuve d'ingénieuse activité dans le domaine économique. V. **Ingénieux.**

« Il a renvoyé l'ancien greffier, l'ancien huissier, et les a remplacés par des hommes beaucoup plus instruits et surtout plus industrieux que leurs prédécesseurs. Ces deux nouveaux ménages ont créé une distillerie de pommes de terre et un lavoir de laines... »   BALZ., *Médecin de campagne*, Œuvr., t. VIII, p. 355. 2

« Il y a à gauche de vastes terrains, recouvrant l'emplacement d'une carrière éboulée, que la commune a concédés à des hommes industrieux qui en ont transformé l'aspect. Ils ont planté des arbres, créé des champs... »   NERVAL, *Promenades et souvenirs*, I. 3

|| 2° (XVIIIᵉ s.). *Vx.* Relatif à l'industrie (au sens III). V. **Industriel.** *Nation industrieuse* (1765 ENCYCL., *Industrie*). *Ville industrieuse* (Cf. Haut, cit. 22 BALZ.).

DER. — Industrieusement. *adv.* (1455). *Vieilli.* D'une manière industrieuse, adroite, habile. *Il avait industrieusement rempli son but* (cit. 21).

« Les fausses couleurs, quelque industrieusement qu'on les applique, ne tiennent pas. »   BOSS., *Orais. fun. reine d'Anglet.*

INDUVIE. *n. f.* (1839 BOISTE ; lat. *induvium*, « écorce »). *Bot.* Cupule* écailleuse ou membraneuse qui enveloppe un ou plusieurs fruits. *Les induvies du hêtre.*

INÉBRANLABLE. *adj.* (XVIᵉ s. ; de *in-*, et *ébranler*).

|| 1° Qu'on ne peut ébranler, dont on ne peut compromettre la solidité, l'équilibre. V. **Fixe, immobile, robuste, solide.** *Masse, colonne inébranlable. Construction inébranlable* (Cf. Bâtie à chaux et à ciment). — En parlant de troupes que l'ennemi ne peut faire reculer, mettre en déroute. *Bataillons* (cit. 3) *inébranlables. La garde immobile* (cit. 20) *et inébranlable.*

« Il y eut une compagnie de soixante Ombriens qui, fermes sur leurs jarrets, la pique devant les yeux, inébranlables et grinçant des dents, forcèrent à reculer deux syntagmes à la fois. »   FLAUB., *Salammbô*, p. 173. 1

— Par métaph. *La base* (cit. 11) *inébranlable des faits. Position inébranlable* (Cf. Affermir*, cit 9).

« ... Achille... vainquit Hector, la colonne inébranlable de Troie. »   RAC., *Rem. sur Pindare*, Ode II. 2

|| 2° *Fig.* Qui ne se laisse point abattre. V. **Constant, ferme.** *Rester inébranlable au milieu des plus grandes infortunes* (ACAD.). V. **Courageux, impassible, impavide, stoïque.**

« Inébranlable dans ses amitiés, et incapable de manquer aux devoirs humains. »   BOSS., *Orais. fun. Anne de Gonzague.* 3

« ... en dépit de leur déconvenue, les Français libres restaient inébranlables. »   Ch. DE GAULLE, *Mém. de guerre*, t. I, p. 109. 4

— *Une inébranlable fermeté. Constance* (cit. 2) *inébranlable* (Cf. À toute épreuve). *Courage inébranlable, qui ne se dément* pas* (Cf. Assaut, cit. 3). V. **Persistant.**

5 « ... persuadé que l'autorité de mon maître était inébranlable, le regardant comme un de ces vieux chênes qui ont pris racine dans une forêt, et que les orages ne sauraient abattre. »
LESAGE, **Gil Blas**, XII, VII.

‖ **3°** *Spécialt.* Qu'on ne peut faire changer de dessein, d'opinion. V. **Déterminé, inflexible**). *Être inébranlable dans ses résolutions* (Cf. Ferme, cit. 12), *ses décisions* (Cf. Entêtement, cit. 3). *Un homme dur* et inébranlable* (Cf. Froid, cit. 20 ; et *aussi* Cœur d'acier*, barre* de fer). *Homme public inébranlable* (Cf. Éviter, cit. 28). *On ne put le persuader, il resta inébranlable.*

6 « Chactas, l'ayant interrogé, et le trouvant inébranlable dans sa résolution, l'adopta pour fils,... » CHATEAUB., **Atala**, Prologue.

7 « Rien ne fit plier le vieux tonnelier. Il restait inébranlable, âpre et froid comme une pile de granit. »
BALZ., **Eugénie Grandet**, Œuvr., t. III, p. 611.

8 « ... Harriet resta inébranlable et opposa à ma fougue un secouement de tête patient mais résolu ;... » GOBINEAU, **Les Pléiades**, I, IV.

— *Par ext.* Qui ne change pas. *Résolution, volonté inébranlable* (Cf. Fantaisie, cit. 35). *Une foi inébranlable. Idée, certitude inébranlable.* V. **Arrêté** (Cf. Entêtement, cit. 5).

9 « ... une résolution inébranlable de servir ce parti, comme si ce n'était que sa propre cause, après tout, et non uniquement celle des Princes et autres puissants qu'il entendit servir. »
STE-BEUVE, **Volupté**, XIV.

10 « ... nos pères (nous-mêmes, dans notre jeunesse) croyaient d'une foi inébranlable au progrès... » SIEGFRIED, **Âme des peuples**, I.

ANT. — **Fragile. Ébranlable. Accommodant, changeant, influençable.**

DER. — **Inébranlablement.** *adv.* (1718). D'une manière inébranlable.

« Là, il s'est établi inébranlablement au-dessus de tous les préjugés, et ceux de la raison n'ont pas tenu devant lui plus que ceux de la morale et de la politique. »
SUARÈS, **Trois hommes**, Dostoïevski, p. 261.

INÉCHANGEABLE. *adj.* (1869 ; de *in-*, et *échangeable*). Qui ne peut être échangé. *Marchandise, article inéchangeable.*

INÉCOUTÉ, ÉE. *adj.* (1867 LITTRÉ ; de *in-*, et *écouté*). Qui n'est pas écouté, dont on ne tient pas compte. *Leurs appels, leurs conseils sont restés inécoutés.*

INÉDIT, ITE. *adj.* (1796 ; empr. au lat. *ineditus*).

‖ **1°** Qui n'a pas été édité. *Les œuvres de ce poète sont encore inédites. Correspondance inédite d'un écrivain. Carnets inédits* (Cf. Flatteur, cit. 14). *Publier des fragments, des morceaux inédits d'un auteur.*

1 « Après avoir copié tout le morceau inédit, j'achevai la collation du reste avec ces messieurs,... » P.-L. COURIER, **Œuvr.**, I, 68.

2 « ... auteur de célèbres romances roucoulées par nos mères, de deux ou trois opéras joués en 1815 et 1816, puis, de quelques partitions inédites. » BALZ., **Cousin Pons**, Œuvr., t. VI, p. 529.

3 « ... un précieux corpus de lettres et de documents inédits, grâce auxquels on a pu se faire une plus juste idée du triste drame... »
HENRIOT, **Romantiques**, p. 25.

— *Substant. Un inédit. Publier des inédits.*

4 « ... la qualité de ces inédits égale en intérêt leur importance matérielle. » HENRIOT, **Romantiques**, p. 168.

‖ **2°** *Par ext.* V. **Nouveau, original.** *Spectacle inédit. Histoire, anecdote inédite. Un moyen inédit de réussir. Des trucs inédits* (Cf. Calé, cit. 6). *C'est tout à fait inédit* (V. **Innovation**).

5 « Un autre courant secret de la littérature... exige du poète, par quelque alchimie, une *autre* syntaxe, une grammaire nouvelle et jusqu'à des mots inédits où revivrait l'innocence primitive,... »
PAULHAN, **Fleurs de Tarbes**, p. 35.

— *Substant.* (Après un partitif). Ce qui est entièrement nouveau. *Voilà de l'inédit* (ACAD.).

6 « Ce que j'ai à vous révéler est absolument inconnu. C'est de l'inédit. » HUGO, **Misér.**, V, IX, IV.

7 « — Ah ! ça, alors !... dit Renaud. Ça, c'était, en effet, de l'inédit ! »
R. VERCEL, **Remorques**, p. 81.

ANT. — **Édité, imprimé, publié. Banal*, connu.**

INÉDUCABLE. *adj.* (XX° s. ; de *in-*, et *éduquer*). Qu'on ne peut éduquer ; difficile à éduquer. *Anarchistes inéducables* (Cf. Explosif, cit. 1). *Peuple inéducable.*

INEFFABLE. *adj.* (XIV° s. ; empr. au lat. *ineffabilis*, rac. *effari*, « parler »). Qui ne peut être exprimé par des paroles. V. **Indicible, inexprimable*.** *Douceur* (cit. 8), *calme* (cit. 18) *ineffable. Un bonheur ineffable* (Cf. Brocanter, cit. 6). V. **Extraordinaire, indescriptible.** *D'ineffables délices* (Cf. Étude, cit. 6). *Extase ineffable* (Cf. Grâce, cit. 30). V. **Sublime.** *Harmonies* (cit. 5), *concerts ineffables* (Cf. Écho, cit. 16). *Les contradictions ineffables du chaos* (Cf. Futur, cit. 3). *Ineffables irradiations des coquillages* (Cf. Amoncellement, cit. 1).

1 « (Ô *Dieu*) Pendant que le pauvre à ta table
Goûtera de la paix la douceur ineffable. » RAC., **Athal.**, II, 9.

2 « Cette musique ineffable, cachée dans la voix d'un amant, ce murmure aux inflexions inouïes, qui enveloppe et fait pâlir,... »
VILLIERS DE L'ISLE-ADAM, **Contes cruels**, L'inconnue, p. 230.

« Un Génie apparut, d'une beauté ineffable, inavouable même. » 3
RIMBAUD, **Illuminations**, III, Conte.

« ... il n'en est pas moins vrai que le propre des belles amours est 4 d'être ineffables et que c'est profaner un grand sentiment que de le répandre au dehors. »
FRANCE, **Rôtiss. reine Pédauque**, XVIII, Œuvr., t. VIII, p. 190.

— *Spécialt. T. de Relig.* En parlant de Dieu, des mystères. *L'Être ineffable* (Cf. Argile, cit. 6). *Union ineffable avec Jésus dans le baptême* (cit. 10).

« Accoutumée dès son origine à des mystères incompréhensibles et 5 à des marques ineffables de l'amour divin,... »
BOSS., **Hist. des var...**, II, 1.

DER. — **Ineffabilité.** *n. f.* (1582). *Peu usit.* Caractère de ce qui est ineffable. — **Ineffablement.** *adv.* (XIV° s.). D'une manière ineffable. *Ineffablement bon, doux...*

INEFFAÇABLE. *adj.* (1523 ; de *in-*, et *effacer*). Qui ne peut être effacé. V. **Indélébile.** *Trait, caractère, couleur ineffaçable. Une trace, une empreinte ineffaçable.*

« C'est sur les vitres qu'on grave les mots ineffaçables. » 1
GIRAUDOUX, **Amphitryon 38**, I, 6.

— *Par compar. :*

« J'ai le don, souvent douloureux, d'une mémoire que le temps n'altère 2 jamais ; ma vie entière, avec toutes ses journées, m'est présente comme un tableau ineffaçable. Les traits ne se confondent jamais ; les couleurs ne pâlissent point. » VIGNY, **Servit. et grand. milit.**, I, III.

— *Par métaph.* (Cf. Arête, cit. 1 ; conducteur, cit. 4). *Idée de beauté gravée en nous avec des caractères* (cit. 7) *ineffaçables. Laisser une impression ineffaçable.* V. **Mémorable.**

« ... il (*Bourdaloue*) nous peignit sa mort (*de Condé*) avec des 3 couleurs ineffaçables dans mon esprit et dans celui de tout l'auditoire,... » SÉV., **1020**, 25 avril 1687.

« L'impression reçue fut ineffaçable, et l'enfant devenu homme ne 4 l'oublia jamais :... » GAUTIER, **Portr. contemp.**, Ingres.

« Je la croyais (*la femme*) prédestinée à un certain homme. Je 5 pensais que lorsqu'elle a, comme vous, la chance de le rencontrer toute jeune et de l'épouser, cet homme laisse sur elle une empreinte ineffaçable... » MAUROIS, **Terre promise**, XXXIII.

— *Fig.* Qui ne peut être détruit, qui ne peut disparaître. V. **Indestructible.** *Un souvenir ineffaçable. Sentiment, peur ineffaçable. Air ineffaçable* (Cf. Garnison, cit. 5).

« ... c'est la qualité la plus ineffaçable du cœur de l'homme. » 6
PASC., **Pens.**, VI, 404.

« Poursuivi par le souvenir ineffaçable du fils qu'il avait perdu... » 7
Mme de GENLIS, **Veill. du chât.**, t. II, p. 376.

« Ne savez-vous pas que les morts n'ont jamais de pitié ? Leurs griefs 8 sont ineffaçables, parce que leur compte est arrêté pour toujours. »
SARTRE, **Les mouches**, II, I, 2.

ANT. — **Délébile, effaçable.**

DER. — **Ineffaçablement.** *adv.* (1867). D'une manière ineffaçable.

« C'était le cri que poussait la victime au moment du meurtre ; les paroles, l'accent en sont restés ineffaçablement gravés dans la mémoire de l'assassin ! »
GAUTIER, **Souv. de théâtre...**, Shakespeare aux Funambules.

INEFFICACE. *adj.* (XIV° s. ; de *in-*, et *efficace*). Qui n'est pas efficace, qui ne produit pas l'effet souhaité. *Remède inefficace.* V. **Impuissant, inopérant.** *Démarche, mesure inefficace.* V. **Infructueux, inutile, stérile, vain.** *Attitude inefficace* (Cf. Fondamental, cit. 4). *Notre libre arbitre rend la Grâce efficace* (cit. 8 PASC.) *ou inefficace.*

« Nos idéalistes de 1848 s'étaient épris d'une Allemagne plus sédui- 1 sante, mais guère plus organique : philosophique, musicale, bonne enfant, mais floue et inefficace. » SIEGFRIED, **Âme des peuples**, p. 133.

« ... nos meilleures pensées risquent de demeurer inefficaces, et 2 languissantes. » PAULHAN, **Entretien sur faits divers**, p. 148.

« ... la maladie semblait partir comme elle était venue. La stratégie 3 qu'on lui opposait n'avait pas changé, inefficace hier et, aujourd'hui, apparemment heureuse. » CAMUS, **La peste**, p. 291.

ANT. — **Actif, agissant, efficace, fort, infaillible, utile.**

DER. — **Inefficacement.** *adv.* (XVIII° s.). D'une manière inefficace. *Mesure inefficacement appliquée.*

« Rome... inefficacement secourue par les Français,... »
VOLT., **Annales de l'Emp.**, Charles Quint (1528).

INEFFICACITÉ. *n. f.* (1694 ; de *in-*, et *efficacité*). Caractère de ce qui est inefficace ; défaut d'efficacité. *Inefficacité d'un remède, d'un vaccin* (Cf. Détracteur, cit. 3). *Inefficacité d'un moyen, d'une mesure, d'un secours... Efficacité* (cit. 7) *de l'individu et inefficacité de la vie publique.*

« Une infraction à cette règle si simple produirait... l'inefficacité du haschisch. Beaucoup d'ignorants ou d'imbéciles qui se conduisent ainsi accusent le haschisch d'impuissance. »
BAUDEL., **Du vin et du haschisch**, IV.

ANT. — **Efficacité, force, utilité.**

INÉGAL, ALE, AUX. *adj.* (1370, *inequal*, refait en *inégal* d'après *égal ;* empr. au lat. *inæqualis*).

I. Qui n'est pas égal.

‖ **1°** (En parlant de choses comparées dans leur quantité, dimension, nature, qualité ou valeur). *Côtés, angles iné-*

gaux d'une figure. Plis inégaux en longueur (Cf. Himation). Pas inégaux (Cf. Attaquer, cit. 43). Taches inégales dans le ciel (Cf. Faucon, cit. 3). Meuble aux pieds inégaux (V. **Bancal, boiteux**). Vers inégaux, de longueur différente. L'inclinaison de la terre fait les jours inégaux (Cf. Ecliptique, cit.). Intermittences inégales (Cf. Accélérer, cit. 2). Parts, fortunes inégales. Forces inégales. Mérites inégaux.

1 « Hipparque reconnut que les deux intervalles d'un équinoxe à l'autre étaient inégaux entre eux et inégalement partagés par les solstices,... »
LAPLACE, Expos., V, 2.

2 « Elle lui dit que les scènes de ménage n'étaient jamais belles ; que les violences pouvaient en être inégales suivant les personnes ; mais que la différence de ton tenait bien moins aux milieux qu'aux caractères. »
ROMAINS, H. de b. vol., t. V, XX, p. 153.

— (En parlant de personnes qui n'ont pas les mêmes capacités physiques ou morales, et, plus rarement, sociales). V. **Inégalité**. Les hommes (cit. 75) naissent inégaux. Joueurs inégaux.

3 « Si l'on suppose les joueurs inégaux, on demande quel avantage le plus fort doit accorder, ou, réciproquement, l'un ayant accordé à l'autre un certain avantage, on demande de combien il est plus fort ;... »
FONTENELLE, Bernoulli.

4 « Le même appel d'égalité s'adressait à des populations prodigieusement inégales, non seulement de position, mais de culture, d'état moral et d'idées. »
MICHELET, Hist. Révol. franç., I, I.

— (En parlant de la mesure des éléments comparés). V. **Différent**. Clochers de grandeur inégale (Cf. Feu, cit. 62). Cordes de taille inégale (Cf. Harpe, cit. 1), d'inégale grosseur. Éléments de qualité inégale. V. **Disparate**. Importance fort inégale des événements (Cf. Catégorie, cit. 5). Deux personnes de condition inégale (ACAD.).

5 « Les vers de mesure inégale, bien assortis dans les poésies familières, en font l'harmonie et le charme,... »
MARMONTEL, Élém. litt., Œuvr., t. X, p. 469.

‖ 2° Dont les éléments ou les participants ne sont pas égaux. Partage inégal des biens (Cf. Exorbitant, cit. 2). Distribution inégale et injuste*. L'ordre du monde est inégal (Cf. Humilité, cit. 8). La lutte est vraiment trop inégale. V. **Disproportionné**. Partie inégale (Cf. Gagner, cit. 44). Duel inégal (Cf. Artillerie, cit. 2). Association inégale et désavantageuse (cit. 2) au plus faible.

6 « Un homme attaqué par trois autres ? La partie est trop inégale,... »
MOL., D. Juan, III, 2.

7 « Hélas ! je cherchais à combattre un penchant que je sentais devenir plus fort que moi. C'est après avoir épuisé mes forces dans ce combat inégal, qu'un hasard,... me fit trouver seul avec vous. »
LACLOS, Liais. dang., XXXVI.

II. Qui n'est pas égal à soi-même, toujours le même.

‖ 1° Qui n'est pas uni, lisse. Surface raboteuse* et inégale (Cf. Égal, cit. 31). Surface inégale d'un papier. V. **Rugueux**. Plancher inégal qui présente des bosses*, des aspérités*. Une plaine caillouteuse (cit.) et inégale. V. **Accidenté, bosselé, bossu, montueux**. Sentiers inégaux. V. **Abrupt**.

8 « ... la rue La Rochefoucauld, calme, montueuse, au pavé inégal, presque comme une rue de province. »
LÉAUTAUD, Théâtre M. Boissard, IV.

‖ 2° Qui n'est pas régulier. V. **Irrégulier**. Rythme inégal. Avoir la respiration inégale. Pouls inégal d'un fiévreux. V. **Capricant**. Cheminer (cit. 4) d'un pas lent et inégal.

9 « La vie est un mouvement inégal, irrégulier et multiforme. »
MONTAIGNE, Essais, III, III.

10 « Son pouls, inégal, était presque insensible maintenant. »
FLAUB., Mme Bovary, III, VIII.

11 « Elle marchait maintenant, d'un pas inégal, tantôt rapide, tantôt si lent et si accablé qu'il semblait que la fatigue dût enfin avoir raison de la jeune fille... »
GREEN, A. Mesurat, III, IX.

‖ 3° Qui n'est pas constant. V. **Changeant**. Humeur, conduite inégale. Caractère (cit. 48 et 51) inégal. Personne inégale, qui a des sautes* d'humeur (cit. 11). V. **Bizarre, capricieux, fantasque** (cit. 3 et 5. Cf. aussi Impossible, cit. 22). Femme brusque et inégale (Cf. Ignorer, cit. 40). — Vx. Peuple inégal à l'endroit des tyrans (Cf. Adorer, cit. 9).

12 « ... les soudains retours de son âme inégale. » MOL., Psyché, I, 2.

13 « La justice doit être attachée aux règles, ferme et constante : autrement elle est inégale dans sa conduite ; et, plus bizarre que réglée, elle va selon l'humeur qui la domine. »
BOSS., Polit. tirée de l'Écrit., VIII, IV, 1.

14 « Par là vous voyez que sa conduite doit être inégale et sautillante, quelques instants impétueuse et presque toujours molle ou nulle,... »
ROUSS., Dial., II.

‖ 4° Dont la qualité n'est pas constamment bonne. V. **Imparfait**. Œuvre inégale, roman inégal. Il y a de bonnes choses dans ce film, mais l'ensemble est trop inégal. Jeu inégal d'un acteur. Style inégal. — Par ext. Écrire d'une plume libre et inégale (Cf. Anatomie, cit. 5). Personne inégale, dont les idées, les œuvres sont inégales. Un écrivain très inégal (Cf. Fonds, cit. 15).

15 « (Il dit) que Virgile est passable,...
Que Pline est inégal ; Térence un peu joli :
Mais surtout il estime un langage poli.
Ainsi sur chaque auteur il trouve de quoi mordre. »
RÉGNIER, Sat., X.

16 « L'homme du meilleur esprit est inégal ; il souffre des accroissements et des diminutions ; il entre en verve, mais il en sort : »
LA BRUY., XI, 66.

ANT. — Égal ; identique, même, pareil. Lisse, uni ; régulier, uniforme ; soutenu.

DER. — Inégalement. adv. (1484). D'une manière inégale. Enfants inégalement doués. Biens inégalement partagés. Cheveux inégalement coupés. Une étoffe inégalement frappée (Cf. Gripper, cit. 3). Œuvre inégalement appréciée. V. Diversement.

« Quand tout est dans l'ordre, tous les travaux sont utiles ; il est vrai qu'ils répartissent inégalement les richesses, mais c'est avec justice, puisqu'ils supposent des talents plus ou moins rares. »
CONDILLAC, Comm. gouv., I, 10.

INÉGALABLE. adj. (XXe s. ; de in-, et égaler). Qui ne peut être égalé. Adresse, qualité inégalable. V. **Incomparable**.

« Ses héros (de Gautier) sont dessinés et peints dans leur apparence physique avec une minutie inégalable ;... »
HENRIOT, Romantiques, p. 202.

INÉGALÉ, ÉE. adj. (1861 in LITTRÉ, Suppl. ; de in-, et égaler). Qui n'est pas égalé, qui n'a pas de rival. La sculpture grecque demeure incomparable et inégalée (Cf. LÉVÊQUE, in LITTRÉ). Il reste inégalé dans l'art de...

INÉGALITÉ. n. f. (1290 inequalité ; refait en inégalité au XIVe s. d'après égalité ; empr. au lat. inæqualitas).

I. Défaut d'égalité. V. **Différence**. Inégalité de deux hauteurs, de plusieurs parts... Inégalité des éléments. V. **Disparité**. Inégalité entre l'offre et la demande. V. **Déséquilibre**. Inégalité d'âge. V. **Disproportion**. Inégalités humaines (Cf. Charité, cit. 6). Inégalité des capacités naturelles de chacun ou inégalité naturelle (Cf. Différer, cit. 13). Société qui s'efforce de diminuer les inégalités naturelles (Cf. Homme, cit. 75). Inégalité entre les rangs, les états (Cf. Humanité, cit. 3). V. **Distance, intervalle**. Inégalité de jouissance, de bien-être (Cf. Égalitaire, cit. 1). Inégalité sociale (inégalité morale chez ROUSSEAU). La société engendre l'inégalité (Cf. Homme, cit. 80). Inégalités des classes* (cit. 3). Rapports de l'inégalité naturelle et de l'inégalité sociale (Cf. Accroissement, cit. 2 ; conséquence, cit. 5 ; factice, cit. 4). Inégalité et injustice*. « Discours sur l'origine et le fondement de l'inégalité parmi les hommes », œuvre de J.-J. Rousseau.

1 « Une grande tendresse et des soins complaisants
Peuvent..., pour un tel mariage,
Réparer entre nous l'inégalité d'âge, »   MOL., Éc. des maris, I, 2.

2 « Il est nécessaire qu'il y ait de l'inégalité parmi les hommes, cela est vrai ; mais cela étant accordé, voilà la porte ouverte, non seulement à la plus haute domination, mais à la plus haute tyrannie. »
PASC., Pens., VI, 380.

3 « Je conçois, dans l'espèce humaine, deux sortes d'inégalités : l'une que j'appelle naturelle ou physique, parce qu'elle est établie par la nature, et qui consiste dans la différence des âges, de la santé, des forces du corps et des qualités de l'esprit ou de l'âme ; l'autre, qu'on peut appeler inégalité morale ou politique, parce qu'elle dépend d'une sorte de convention, et qu'elle est établie ou du moins autorisée par le consentement des hommes. Celle-ci consiste dans les différents privilèges dont quelques-uns jouissent au préjudice des autres, comme d'être plus riches, plus honorés, plus puissants qu'eux, ou même de s'en faire obéir. »
ROUSS., De l'inégalité parmi les hommes, Discours.

4 « On peut encore moins chercher s'il n'y aurait point quelque liaison essentielle entre les deux inégalités (naturelle et morale) ; car ce serait demander en d'autres termes, si ceux qui commandent valent nécessairement mieux que ceux qui obéissent, et si la force du corps ou de l'esprit, la sagesse ou la vertu, se trouvent toujours dans les mêmes individus, en proportion de la puissance ou de la richesse :... »
ID., Ibid.

5 « Quand on partage les souffrances du pauvre, on a le sentiment de l'inégalité sociale ; on n'est pas plutôt monté en voiture que l'on méprise les gens à pied. »
CHATEAUB., M. O.-T., t. III, p. 77.

6 « Chercherez-vous, par une opinion mitigée, l'édification d'une cité où chaque homme possède un toit, du feu, des vêtements, une nourriture suffisante ? Quand vous serez parvenu à doter chaque citoyen, les qualités et les défauts dérangeront votre partage ou le rendront injuste : celui-ci a besoin d'une nourriture plus considérable que celui-là ; celui-là ne peut pas travailler autant que celui-ci ; les hommes économes et laborieux deviendront des riches, les dépensiers, les paresseux, les malades, retomberont dans la misère ; car vous ne pouvez donner à tous le même tempérament : l'inégalité naturelle reparaîtra en dépit de vos efforts. »
ID., Ibid., t. VI, p. 324.

7 « L'inégalité politique, qui résultait de la différence des fortunes, parut bientôt une iniquité, et les hommes travaillèrent à la faire disparaître. »
FUSTEL de COUL., Cité antique, IV, X.

8 « ... la démocratie ne veut l'égalité des citoyens que devant la loi et l'accessibilité aux fonctions publiques ;... pour le reste, sa position est définie par ce mot du philosophe anglais Grant Allen : « Tous les hommes naissent libres et inégaux, le but du socialisme étant de maintenir cette inégalité naturelle et d'en tirer le meilleur parti possible » ou cet autre du démocrate français Louis Blanc, déclarant que l'égalité véritable c'est la « proportionnalité » et qu'elle consiste pour tous les hommes dans « l'égal développement de leurs facultés inégales ». »
BENDA, Trahis. des clercs, p. 20.

9 « ... l'esprit de révolte s'exprime difficilement dans les sociétés où les inégalités sont très grandes (régime des castes hindoues) ou, au contraire, dans celle où l'inégalité est absolue (certaines sociétés primitives). En société, l'esprit de révolte n'est possible que dans les groupes où une égalité théorique recouvre de grandes inégalités de fait. »
CAMUS, L'homme révolté, p. 33.

— Spécialt. *Math.* Expression dans laquelle on compare deux quantités inégales. *L'inégalité se note par les signes :* ≠ (*différent de...*), > (*plus grand que...*), < (*plus petit que...*). V. **Inéquation.** *Résoudre une inégalité.*

— Gramm. *Comparatif d'inégalité,* tout système de comparaison exprimant une inégalité.

II. Défaut d'uniformité, de régularité. V. **Irrégularité.** — *Inégalité d'une surface, d'un chemin.* V. **Aspérité, bosse, bossellement.** *Inégalités de terrain.* V. **Accident, anfractuosité, cahot, dénivellation.**

10 « Les inégalités qui sont à la surface de la terre, qu'on pourrait regarder comme une imperfection à la figure du globe, sont en même temps une disposition favorable et qui était nécessaire pour conserver la végétation et la vie sur le globe terrestre. »
BUFF., **Hist. nat.,** Preuves théorie Terre.

— *Inégalité d'un mouvement. Inégalité du pouls. Inégalités dans l'intensité d'une lumière, d'un bruit...* V. **Variation.**

11 « Il y avait, dans la rumeur, des inégalités, des sursauts, des pauses ; un silence total d'un quart de seconde, qui donnait une agréable anxiété ;... »
ROMAINS, **H. de b. vol.,** t. III, III, p. 47.

— Spécialt. *Astron.* Irrégularité dans la marche des astres (Cf. Épicycle, cit. 2 ; érection, cit.).

12 « ... l'attraction newtonienne est en effet la vraie cause des inégalités qu'on observe dans le mouvement de cette planète (*la lune*). »
D'ALEMB., **Disc. prélim. Syst. du monde.**

— Défaut d'égalité dans les dispositions morales (vieilli au sens général). *Inégalité de piété, de raison* (MASSILLON). *Inégalité dans le courage* (cit. 7) *des braves.* — De nos jours, *L'inégalité du caractère, de l'humeur*. Inégalités et bizarreries** (cit. 1) *d'humeur.*

13 « Inquiétude d'esprit, inégalité d'humeur, inconstance de cœur, incertitude de conduite : tous vices de l'âme, mais différents,... »
LA BRUY., XI, 4.

— Imperfection*, en parlant des ouvrages de l'esprit. *Inégalités d'un roman. Son style est plein d'inégalités* (ACAD.).

14 « (*la poésie latine*)... montrait quelquefois de la force et des traits de génie, mais sans élégance, sans grâce, et avec de grandes inégalités. »
ROLLIN, **Hist. anc.,** XXV, I, 2.

ANT. — **Égalité, identité. Régularité, uniformité.**

DER. — **Inégalitaire.** *adj.* (1876 in LITTRÉ, Suppl. ; refait sur *égalitaire*). Qui n'est pas égalitaire*.

« Pour des raisons psychologiques ou sociologiques, on pourra accepter une société inégalitaire comme la nôtre, qui fait sa place à des inégalités artificielles, ou bien souhaiter une société inégalitaire qui ne tienne compte que de l'inégalité naturelle, ou encore souhaiter une société égalitaire qui néglige cette inégalité. Bref, on pourra se conformer à la nature ou s'y opposer ;... »
J. ROSTAND, **L'homme,** Introd., p. 8.

INÉLASTIQUE. *adj.* (1738 VOLT.). V. **In-,** et **élastique.**

INÉLÉGANCE. *n. f.* (1525). V. **In-,** et **élégance.**

« C'était un homme court, carré des épaules ; avec des bras et des mains de gorille ; la dignité de la redingote pastorale accentuait encore l'inélégance de son aspect. »
GIDE, **Si le grain...,** I, VI, p. 178.

INÉLÉGANT, ANTE. *adj.* (1508 ; de *in-,* et *élégant**). Qui n'est pas élégant. *Femme inélégante. Manières inélégantes.* V. **Grossier.** *Procédé, geste inélégant.*

« Je m'étais toujours senti de l'aversion pour mon malheureux nom de famille, si inélégant, et pour mon prénom, si trivial, sinon tout à fait plébéien. »
BAUDEL., Trad. E. POE, **Nouv. hist. extraord.,** W. Wilson.

ANT. — **Chic, élégant.**

DER. — **Inélégamment** (*-ga-man*). *adv.* (1546). D'une manière inélégante.

INÉLIGIBLE. *adj.* (début XVIIIᵉ s. ; de *in-,* et *éligible*). Qui n'est pas éligible*. *Candidat* inéligible.*

« On présume que la situation du fonctionnaire lui permet d'exercer sur le corps électoral une influence trop marquée, tournant aisément à la pression. C'est d'ailleurs pourquoi ne sont inéligibles que les fonctionnaires doués d'une autorité effective sur tout ou partie de la population ;... » PRÉLOT, **Précis droit constitut.,** nᵒ 313 (éd. Dalloz).

DER. — **Inéligibilité.** *n. f.* (1791). État de la personne inéligible (Cf. Incompatibilité, cit. 7). **ANT. Éligibilité.**

« Le fondement de l'éligibilité relative est différent de celui de l'inéligibilité absolue. La capacité de l'élu n'est pas en cause, mais plutôt la régularité éventuelle de l'élection... L'appréciation de l'inéligibilité absolue ou relative revient aussi, comme celle de la régularité de l'élection, aux Chambres elles-mêmes. »
PRÉLOT, **Précis droit constitut.,** nᵒ 313 (éd. Dalloz).

INÉLUCTABLE. *adj.* (XVᵉ s. ; très rare jusqu'en 1830 ; lat. *ineluctabilis,* rac. *luctari,* « lutter »). Contre quoi il est impossible de lutter ; qu'on ne peut détourner, éluder, empêcher, éviter. *Destin, fatalité, sort inéluctable.* V. **Implacable.** *La mort inéluctable.* V. **Immanquable, indubitable** (*vx*), **inévitable, sûr.** *Abîme inéluctable des destinées humaines* (Cf. Désespéré, cit. 19). *La pente inéluctable où glisse l'idéalisme* (cit. 2). V. **Irrésistible.** *Conséquence iné-*

luctable. V. **Forcé, nécessaire.** *Nécessité inéluctable.* — *Substant.* (fin XIXᵉ s.). *Se soumettre à l'inéluctable* (Cf. Conviction, cit. 2).

« Mais nous allions sans trêve aux fins inéluctables. » 1
VERLAINE, **Poèmes divers,** Prière.

« ... le prince étant tenu par les règles inéluctables de sa caste, à ne 2 point quitter le sol de l'Inde. »
LOTI, **L'Inde (sans les Anglais),** III, III.

« ... silence qu'il convenait de garder sur une nécessité inéluctable. » 3
PROUST, **Plaisirs et jours,** III, p. 148.

« Il n'y a de loi que les lois naturelles ; celles-là, oui, inéluctables. » 4
MART. du G., **Thib.,** t. III, p. 216.

« La transformation que la finance et le machinisme portent en 5 eux, et qui est inéluctable,... » CHARDONNE, **Amour du proch.,** p. 111.

DER. — **Inéluctablement.** *adv.* (1876 in LITTRÉ, Suppl.). D'une manière inéluctable. *Échéance qui arrivera inéluctablement.* V. **Infailliblement.**

INÉLUDABLE. *adj.* (1860 in LITTRÉ, Suppl.). V. **In-,** et **éludable*.**

INEMPLOYABLE. *adj.* (1932 ACAD.). V. **In-,** et **employable*.**

INEMPLOYÉ, ÉE. *adj.* (1845 ; de *in-,* et *employé*). Qui n'est pas employé (en parlant de choses). V. **Inutilisé.** *Forces inemployées* (Cf. Bien-être, cit. 4). *Trop de talents demeurent inemployés. Ne laissez pas votre argent inemployé.* V. **Oisif.**

« Sarah soupira et se tut. Sa bonté inemployée la gonflait comme un gaz. Ils (*les gens*) ne veulent pas qu'on les aime. »
SARTRE, **Mort dans l'âme,** p. 23.

INÉNARRABLE. *adj.* (XIVᵉ s. ; lat. *inenarrabilis*). Qu'on ne peut narrer*, raconter. V. **Inracontable.** *Des aventures inénarrables.* — *Par ext.* (vieilli). Impossible à dire, à exprimer. V. **Inexprimable.**

« Dieu ne se révèle pas par le miracle ; il se révèle par le cœur, où un gémissement inénarrable, comme dit saint Paul, s'élève sans cesse vers lui. » RENAN, **Quest. contemp.,** Œuvr., t. I, p. 168.

— *Par exagér.* (XXᵉ s.). Dont on ne peut parler sans rire ; qui est d'une bizarrerie extraordinaire. V. **Comique.** *Si vous aviez vu la scène, le tableau ! C'était inénarrable !* — REM. Cet emploi hyperbolique tend à éliminer tout autre emploi.

INÉPROUVÉ, ÉE. *adj.* (1856 LACHÂTRE ; de *in-,* et *éprouvé*). Qui n'a pas encore été mis à l'épreuve. *Vertu inéprouvée.* — Qui n'a pas encore été éprouvé, ressenti.

« ... j'avais été attiré surtout vers la littérature par l'inconnu de l'expérience sentimentale. C'était le désir de m'assimiler des émotions inéprouvées qui m'avait ensorcelé. » BOURGET, **Le disciple,** p. 214.

INEPTE. *adj.* (XIVᵉ s. ; lat. *ineptus*).

‖ **1ᵒ** *Vx.* Inapte (à), inhabile (à). — *Absolt.* V. **Incapable.** *Écrivains* (cit. 2 MONTAIGNE) *ineptes.*

« ... gens ineptes en affaires d'État et de cour, ignorants, suffisants, 1 croyant devoir tout gouverner ;... » ST-SIM., **Mém.,** IV, XLVI.

« Mais quand mon cœur serait moins inepte à l'amour,... » 2
ROUSS., **Julie,** II, Lettre V.

‖ **2ᵒ** (1495). Qui dénote l'absurdité, la sottise. V. **Absurde, sot, stupide.** *La plus inepte des chimères* (Cf. Gouverner, cit. 48). *Empêcher* (cit. 6) *un mariage inepte. Élaborer* (cit. 4) *des textes ineptes, une histoire inepte.* V. **Ineptie.** *Projet inepte.* V. **Insensé.** *Film, pièce, roman inepte.* V. **Idiot.**

« La fureur et le déraisonnement le plus inepte était leur réplique, 3 et cette ivresse était telle, qu'à qui n'en a pas été témoin elle est entièrement incroyable. » ST-SIM., **Mém.,** V, VI.

« Aussi, comme un damné qui rôde dans l'enfer, 4
Pour l'inepte plaisir de cette multitude
Il allait ruminer dans sa cage de fer, »
LECONTE DE LISLE, **Poèmes barbares,** Mort d'un lion.

« Des œuvres les plus ineptes et les plus médiocres, l'esprit sagace 5 sait extraire parfois une parcelle de vie. »
JAURÈS, **Hist. social. Révol. franç.,** t. III, p. 422.

— *Par anal.* En parlant de personnes. V. **Bête, niais, sot*.** *C'est l'homme le plus inepte que j'aie jamais rencontré.* — Par ext. *Regard, visage inepte.*

« On peut trouver tout simple qu'un obscur et inepte compilateur, 6 qui n'est rien et ne peut jamais être rien dans les lettres, les outrage avec cette fureur insensée ;... »
CHAMFORT, **Max. et pens.,** Sur la science, IV.

« Un pourpre d'orgueil incendia la face monstrueusement inepte du 7 légionnaire. » COURTELINE, **MM. ronds-de-cuir,** VIᵉ Tabl., II.

ANT. — **Adroit, apte, capable, fin, intelligent.**

INEPTIE (*-sî*). *n. f.* (1546 ; lat. *ineptia*). Caractère de ce qui est inepte*. V. **Bêtise, sottise, stupidité.** *Propos, raisonnements d'une rare ineptie. L'ineptie d'une supposition* (Cf. Gober, cit. 5). *L'ineptie de cet homme dépasse les bornes.* V. **Crucherie** (Cf. aussi, Faux I, cit. 33).

« Enfin je fus renvoyé du greffe ignominieusement pour mon ineptie, 1 et il fut prononcé par les clercs de M. Masseron que je n'étais bon qu'à mener la lime. » ROUSS., **Confess.,** I.

2 « Nombre des arguments de Rousseau sont d'une déconcertante ineptie. » GIDE, Journal, 27 décembre 1942.

— *Par ext.* Action, parole inepte. V. **Idiotie, sottise** (Cf. Désapprouver, cit. 3). *Débagouler* (cit.), *débiter gravement* (cit. 3) *des inepties. C'est une ineptie, ce que vous faites là.* V. **Maladresse.** — Chose, œuvre inepte. *S'amuser aux inepties d'un café-concert* (cit.). *Un musée d'inepties et d'absurdités* (cit. 3). *Ce film est une ineptie.*

3 « ... la sottise lui avait tourné à mérite, parce qu'il ne faisait jalousie à personne,... Son grand mérite était ses inepties, qu'on répétait, et qui néanmoins se trouvaient quelquefois exprimer quelque chose. »
ST-SIM., Mém., I, XXII.

4 « L'on aime à bien augurer des enfants, et l'on a toujours regret à ce flux d'inepties qui vient presque toujours renverser les espérances qu'on voudrait tirer de quelque heureuse rencontre qui par hasard leur tombe sur la langue. » ROUSS., Émile, II.

5 « C'est une chose curieuse comme l'humanité, à mesure qu'elle se fait autolâtre, devient stupide. Les ·inepties qui excitent maintenant son enthousiasme compensent par leur quantité le peu d'inepties, mais plus sérieuses, devant lesquelles elle se prosternait jadis. »
FLAUB., Corresp., 393, 26-27 mai 1853.

ANT. — **Adresse, aptitude, finesse, intelligence.**

INÉPUISABLE. *adj.* (XIVe s. ; de *in-*, et *épuiser*). Qu'on ne peut épuiser* (cit. 3). *Source inépuisable.* V. **Généreux, intarissable.** — Par métaph. *Source inépuisable de douleur* (Cf. Cœur, cit. 32), *de tristesses* (Cf. Imparfait, cit. 9). *Fontaine* (cit. 5 et 6) *inépuisable de grâces, de plaisirs.*

1 « Vos jours toujours sereins coulent dans les plaisirs.
L'Empire en est pour vous l'inépuisable source ; »
RAC., Britann., II, 3.

2 « La fécondité de la terre et celle des animaux, est une source inépuisable des vrais biens ; l'or et l'argent ne sont venus qu'après pour faciliter les échanges. » BOSS., Polit. tirée de l'Écrit., X, I, X.

— *Par anal. Mine inépuisable. Ressources, richesses inépuisables de la France* (Cf. Exposition, cit. 5). — Par métaph. (Cf. Appétit, cit. 4). *Un trésor inépuisable de sages conseils* (Cf. Expérience, cit. 15 Boss.).

3 « Si vous trouvez... qu'on n'invente pas assez de remèdes pour vaincre tous les maux, il s'en faut prendre au fonds inépuisable d'infirmité qui est en nous. » BOSS., Polit. tirée de l'Écrit., X, V, II.

4 « La nature est inépuisable,
Et le Travail infatigable
Est un dieu qui la rajeunit. » VOLT., Odes, XIV.

5 « ... il y a pour des cœurs bien nés des ressources inépuisables dans le courage et dans la vertu. »
MARMONTEL, Contes moraux, La femme comme il y en a peu.

6 « L'inépuisable trésor de mon ignorance... »
MAURRAS, Anthinéa, p. 52.

— *Par ext. et fig.* V. **Infini ; inexhaustible.** *Indulgence inépuisable* (Cf. Apostolique, cit. 6). *La force inépuisable de la jeunesse* (Cf. Incompréhensible, cit. 11). *Sujet inépuisable.* V. **Fécond.** *Amour inépuisable qui renaît de lui-même* (Cf. Épancher, cit. 17). *Inépuisable curiosité. Cette langue est d'une fécondité inépuisable en termes érotiques* (cit. 2). *Nation généreuse* (cit. 18), *inépuisable en génies.* « *Ce Dieu dans ses bontés toujours inépuisable* » (CORN.). « *Un ami inépuisable* » (SÉV.), dont l'amitié, le dévouement sont inépuisables. — Spécialt. *Un bavard inépuisable* (Cf. Badin, cit. 4). *Il est inépuisable sur ce chapitre : c'est son dada* (cit. 2). V. **Intarissable.** — REM. Ce sens particulier, déjà illustré par ROUSSEAU, ne figure pas dans LITTRÉ.

7 « ... bien qu'il fût silencieux naturellement, il était inépuisable en sujets de conversation, toujours soutenus, toujours nouveaux,... »
Mme de STAËL, Corinne, XI, I.

8 « Si la tendresse est inépuisable, l'amour ne l'est point :... »
BALZ., Mém. deux j. mariées, Œuvr., t. I, p. 201.

9 « Les vers de Mallarmé sont une merveille inépuisable de rêve et de transparence. » LÉAUTAUD, Journal littér., 10 septembre 1898.

10 « L'art est inépuisable, comme la vie. Rien ne le fait mieux sentir que cette musique intarissable, cet océan de musique qui remplit les siècles. » R. ROLLAND, Musiciens d'autrefois, p. 17.

DER. — **Inépuisablement.** *adv.* (1691 BOSSUET). D'une manière inépuisable.

1 « ... il y a en nous une raison primitive et un principe d'intelligence, d'où naissent continuellement et inépuisablement toutes nos pensées. » BOSS., Sixième avertiss. aux Protest., I, V, XXXI.

2 « La morale du gang est triomphe et vengeance, défaite et ressentiment, inépuisablement. » CAMUS, L'homme révolté, p. 223.

INÉPUISÉ, ÉE. *adj.* (Vers 1860 ; de *in-*, et *épuisé*). Qui n'est pas épuisé (au propre et au fig.).

« Reine du doux empire, aimable et noble terre,
Et des raffinements toujours inépuisés. » BAUDEL., Les épaves, II.

INÉQUATION (*-sion*). *n. f.* (1804 in BRUNOT ; de *in-*, et *équation*). *Math.* Inégalité* conditionnelle existant entre deux quantités et dépendant de certaines variables (ou inconnues). *Résoudre une inéquation :* déterminer les valeurs des inconnues qui vérifient l'inéquation. *Inéquation du premier degré à deux inconnues.*

INÉQUITABLE. *adj.* (XVIIIe s. ; de *in-*, et *équitable*). Qui n'est pas conforme à l'équité. V. **Injuste.** *Partage, répartition inéquitable.*

DER. — **Inéquitablement.** *adv.* (1872 in LITTRÉ, Suppl.). D'une manière inéquitable.

INERME. *adj.* (XVIe s. in. HUGUET, « sans défense »; 1793 in BRUNOT, « sans armes »; lat. *inermis*). *Bot.* (1798). Qui n'a ni aiguillon* ni épines*. *Tige inerme.* — *Zool.* Qui n'a pas de crochet. *Le ténia inerme.*

ANT. — **Épineux.**

INERTE. *adj.* (1509, *inherte* ; du lat. *iners*, « incapable »).

|| **1o** Qui n'a ni activité ni mouvement propre. *La matière inerte. Les minéraux, corps inertes. Gaz, liquide inerte,* qui ne provoque aucune réaction des corps avec lesquels il est en contact. *Masse, force inerte.* V. **Inertie.** *L'azote, gaz inerte. Mélange* inerte.* — *Agron. Sol inerte,* partie du sol située entre le sol actif et le sous-sol. *Milit. Obus, mine inerte,* sans explosif, servant à l'entraînement.

1 « ... la monstrueuse bête n'était pas un poids inerte ; au contraire, elle enveloppait et opprimait l'homme de ses muscles élastiques et puissants ;... » BAUDEL., Spleen de Paris, VI.

2 « Tout évolue, tout réagit : la pierre et l'homme. Il n'y a pas de matière inerte. » MART. du G., Jean Barois, II, Le calme, III.

— Qui ne donne pas signe de vie. *Cadavre* (cit. 8) *inerte.* V. **Inanimé.** *Proie inerte* (Cf. Arracher, cit. 28). *Formes inertes* (Cf. Faucher, cit. 5). *Masque* (Cf. Humain, cit. 4), *visage inerte* (Cf. Hypnotiser, cit. 4). V. **Immobile.** — *Membre inerte ; monstre débile aux mains et aux pieds inertes* (Cf. État, cit. 107). V. **Perclus, vigueur** (sans).

3 « ... sur les bords et le pourtour de la goutte, partout où elle restait en contact avec l'air extérieur, les vibrions étaient devenus inertes, immobiles, tandis que dans le centre de la goutte d'autres continuaient à se mouvoir agilement. » MONDOR, Pasteur, t. I, p. 59.

|| **2o** *Fig. Demeurer inerte devant le malheur.* V. **Abattu.** *Personne inerte, sans énergie, sans ressort.* V. **Apathique** (cit. 2), **atone, faible, mou.** *Inerte comme une souche*.* — *Esprit* (cit. 44) *inerte.* V. **Engourdi; endormi, paresseux.**

4 « Henri et son fils, Philippe Ier,... restèrent spectateurs inertes et impuissants des grands événements qui bouleversèrent l'Europe sous leur règne. » MICHELET, Hist. de France, IV, I.

5 « ... plus inerte qu'une couleuvre engourdie. »
FLAUB., Éduc. sentim., II, II.

6 « ... une pensée moins indolente encore que soumise, moins inerte qu'entraînée et comme possédée. » PAULHAN, Fleurs de Tarbes, p. 46.

ANT. — **Actif, élastique, énergique ; alerte, ardent, entreprenant, ferme, remuant, résistant.**

INERTIE (*-sie*). *n. f.* (1370 ; du lat. *inertia*, « maladresse, incapacité »). État de ce qui est inerte*.

|| **1o** *Mécan.* Propriété qu'ont les corps de ne pouvoir d'eux-mêmes changer l'état de repos ou de mouvement où ils se trouvent. *L'inertie de la matière.* — *Force d'inertie* (Cf. Inactivité, cit. 1 VOLT.), résistance que les corps opposent au mouvement et qui varie en fonction de leur masse. *Principe d'inertie* ou *loi d'inertie,* proposition fondamentale de la dynamique.

1 « La loi d'inertie formulée par Galilée... a été étendue par Newton aux mouvements des corps célestes et apparaît ainsi comme une loi générale de l'Univers. Son énoncé précis consiste en ce qu'un corps qui n'est soumis à aucune force se meut d'un mouvement uniforme (rectiligne) par rapport au temps et à l'espace absolus. »
É. BOREL, L'évolution de la mécanique, III, p. 79.

— *Phys. et Électr. Inertie électromagnétique :* augmentation de la résistance d'un circuit électrique. V. **Inductance** (cit.).

|| **2o** *Physiol.* Perte de la contractilité (d'un muscle, d'un organe...). *Inertie musculaire.* V. **Atonie, paralysie.** *Inertie intestinale, vésiculaire, utérine...* Par ext. *Inertie d'une attitude* (cit. 12).

|| **3o** *Fig.* Manque absolu d'activité, d'énergie intellectuelle ou morale. *Vivre, végéter dans l'inertie.* V. **Inaction, paresse ; flemme** (*fam.*). *Les excès du travail acharné ou de la pure inertie* (Cf. Dérégler, cit. 8). *Aspirer à l'inertie* (Cf. Halte, cit. 7). V. **Repos.** *Sortir de son inertie.* V. **Sommeil.** *Arracher quelqu'un à son inertie* (V. **Aiguillonner**). — *L'inertie de son caractère. Inertie bonasse* (cit. 4). V. **Apathie, indolence, passivité.** — *L'inertie gouvernementale.* V. **Immobilisme, stagnation.**

2 « Cette résolution de ne point agir, de ne point se compromettre, allait parfaitement d'ailleurs à son inertie naturelle. »
MICHELET, Hist. Révol. franç., IV, XII.

3 « C'est en poussant les choses, non. en les heurtant, qu'on les remue. Toujours nous devons tenir compte de l'inertie des âmes et des corps. En heurtant, bien souvent l'on brise ; et c'est tout. Il faut émouvoir. » GIDE, Journal, août 1893.

— *Force d'inertie s'opposant au génie* (cit. 46) *qui veut se manifester. Opposer la force d'inertie à la violence.* V. **Résistance** (passive).

4 « Elles (*les municipalités*) répugnaient à sévir contre les personnes, s'arrêtaient devant cette *force d'inertie* qui leur était opposée ; d'inertie plutôt apparente, car le Clergé agissait très activement par le confessionnal et la presse, par la diffusion des libelles. »
MICHELET, Hist. Révol. franç., IV, IX.

ANT. — **Action, activité, ardeur, entrain, mouvement.**

INESCOMPTABLE. *adj.* (1877). V. **In-**, et **escompter.**

INESPÉRÉ. *adj.* (XVe s. ; de *in-*, et *espéré*). Se dit d'un événement heureux que l'on n'espérait* pas, ou que l'on n'espérait plus. V. **Imprévu, inattendu.** *Événement inespéré.* V. **Aubaine.** *Mariage* (Cf. Caste, cit. 3), *bonheur, succès inespéré. Réussite, victoire inespérée.* — *Qui passe toute espérance. Le profit de cette entreprise fut inespéré. Résultat inespéré d'un traitement médical* (Cf. Alternance, cit. 2). — REM. On ne saurait considérer, comme le fait LITTRÉ, *désespéré* et *inespéré* comme des synonymes. *Désespéré* signifie qu'il n'y a plus d'espoir et *Inespéré* qu'on n'espérait rien de tel que ce qui s'est produit, ou qu'on ne l'espérait plus. Un événement *inespéré* est donc toujours heureux, tandis qu'un état *désespéré* ne laisse aucun espoir. *La situation semblait désespérée, quand un renfort inespéré mit l'ennemi en fuite. L'état du malade paraissait désespéré ; cependant une amélioration inespérée se produisit.*

1 « Ô mon fils ! ô ma joie ! ô l'honneur de nos jours !
Ô d'un État penchant l'inespéré secours ! »   CORN., **Hor.**, IV, 2.

2 « Ce témoignage inespéré de l'archer ranima la recluse, à qui cet interrogatoire faisait traverser un abîme sur le tranchant d'un couteau. »   HUGO, N.-D. de Paris, II, XI, I.

3 « Le compliment était pour elle si inespéré, qu'elle se demanda d'abord s'il n'enfermait pas d'ironie, et qu'ensuite, quand elle le crut sincère, elle rougit de reconnaissance. »   ROMAINS, **H. de b. vol.**, t. V, IV, p. 26.

ANT. — **Déplorable, désespéré, espéré.**

INESTHÉTIQUE. *adj.* (1909 ; de *in-*, et *esthétique**).

‖ **1°** Qui ne joue aucun rôle dans la sensation ou la production de la beauté. *Le goût, l'odorat, sens inesthétiques.* — REM. On utilise parfois en ce sens le mot : *anesthétique* (Cf. *infra*, 2°).

1 « LES SENS PRÉTENDUS INESTHÉTIQUES. — On a noté plus haut le caractère peu exact d'une distinction traditionnelle entre les sens supérieurs, qui seraient esthétiques, et les sens inférieurs, qui ne le seraient pas. »   J. SEGOND, Traité d'esthétique, XI.

‖ **2°** Qui choque le goût esthétique. V. **Laid.** *Barbouillage informe, inesthétique. Architecture déparée par d'inesthétiques ornements.* — Par ext. *Cicatrice inesthétique, défigurant un beau visage.*

2 « Il convient de distinguer *esthétique* ou beau, *inesthétique* ou laid, et *anesthétique* ou neutre et sans qualification esthétique... »   Ch. LALO, Notions d'esthétique, p. 5, note 1.

INESTIMABLE. *adj.* (XIVe s. BLOCH ; de *in-*, et *estimable*). Dont la valeur dépasse toute estimation*. V. **Inappréciable.** *Trésor inestimable. Tableau, ouvrage inestimable. Richesses inestimables.* V. **Incalculable.** — Fig. *Récompense inestimable* (Cf. Couronne, cit. 2). *Grâces, bienfaits inestimables* (Cf. Épancher, cit. 6). *La santé, bien inestimable.*

1 « Or est ma dame une perle de prix
Inestimable à tous humains esprits
Pour sa valeur. »   MAROT, **Élégies**, XVII.

2 « On ne peut payer une chose inestimable que par une offrande qui soit aussi hors de prix. »   BALZ., **Épisode sous la Terreur**, Œuvr., t. VII, p. 442.

3 « Un petit chapelet d'améthystes que sa mère avait rapporté de Fourvières, et qui était pour lui d'un prix inestimable. »   ARAGON, Beaux quartiers, IX.

INÉTENDU. *adj.* (1765 ENCYCL. ; de *in-*, et *étendu*). Qui n'a pas d'étendue. *Ce qui est immatériel est par là même inétendu. « L'âme, substance inétendue, immatérielle »* (BUFFON). — Géom. *Le point géométrique, inétendu, sans épaisseur.*

1 « ... un être inétendu (*l'âme*), gouvernant un être étendu (*le corps*),... »   VOLT., Corresp., 3871, 10 avril 1772.

2 « ... l'extensif qui est, par définition, étendu, c'est-à-dire mesurable, et l'intensif qui est inétendu, qui, par conséquent, ne comporte aucune mesure... »   DUHAM. (Cf. Étendre, cit. 56).

INÉVITABLE. *adj.* (1377 ; lat. *inevitabilis*). Qu'on ne peut éviter* (cit. 27). V. **Certain** (cit. 6), **fatal, immanquable, inéluctable, obligatoire.** *Caractère inévitable de la fatalité*. Catastrophe* (cit. 5) *inévitable. Piège inévitable* (Cf. Attendre, cit. 3 ; aveugle, cit. 15). *La guerre est désormais inévitable* (Cf. Entêter, cit. 10). *L'inévitable engourdissement* (cit. 5) *de la routine. Evolution* (cit. 10) *inévitable des esprits. L'inévitable faiblesse* (cit. 17) *humaine. L'humble* (cit. 40) *et inévitable réalité quotidienne.* — *Conséquence, effet inévitable.* V. **Assuré, forcé, nécessaire, obligé** (Cf. Embarras, cit. 7). *Corollaires inévitables* (Cf. Hérésie, cit. 8). — *Il est inévitable que..., suivi du subjonctif* (Cf. Avancement, cit. 44). *Je l'avais prédit : c'était inévitable ! — Substant. Se résigner, se soumettre à l'inévitable. En venir, se résoudre à accepter l'inévitable.* — *Spécialt.* Qu'on ne peut éviter de faire. *Une action* (cit. 24) *militaire est devenue inévitable* (Cf. S'imposer). *Opération inévitable, sinon urgente* (Cf. Aigu, cit. 13). *Les petits cadeaux inévitables* (Cf. Casuel, cit. 2).

1 « Et de sa flèche inévitable et juste »   MAROT, Métamorph. d'Ovide, II.

2 « ... si... nous envisagions cet événement, non pas comme un effet du hasard,... mais comme une suite indispensable, inévitable, juste, sainte... d'un arrêt de sa providence... »   PASC., Lettre à Mme Périer, 17 oct. 1651.

« ... une mort inévitable, qui nous menace à chaque instant,... »   ID., **Pens.**, III, 194 bis.   3

« ... la puissance divine justement irritée contre notre orgueil,... ne fait de nous tous qu'une même cendre. Peut-on bâtir sur ces ruines ? Peut-on appuyer quelque grand dessein sur ce débris inévitable des choses humaines ? »   BOSS., Orais. fun. Henriette d'Anglet.   4

« ... tant de dépenses inévitables... »
RAC., Mém. pour relig. Port-Royal.   5

« On s'égare un seul moment de la vie, on se détourne d'un seul pas de la droite route ; aussitôt une pente inévitable nous entraine et nous perd ;... »   ROUSS., Julie, III, Lettre XVIII.   6

« ... l'état social change ; des institutions s'en vont, d'autres viennent ; les sciences font des découvertes ; les peuples, se mêlant, mêlent leurs idiomes : de là l'inévitable création d'une foule de termes. »   LITTRÉ, Dict., Préface.   7

« Et ne semble-t-il pas que, dans l'inévitable même, nous puissions retarder quelque chose ? »   MAETERLINCK, Trésor des humbles, X.   8

« ... une union étroite... où les dissonances même des malheurs inévitables à la condition humaine se résolvent dans l'harmonie. »   ARNOUX, Royaume des ombres, VI, p. 202.   9

— *Par plaisant.* V. **Habituel, rituel.** *Le ministre et son inévitable cigare.* V. **Inséparable.** *Don Quichotte flanqué de son inévitable Sancho Pança.*

« La pourpre de ses lèvres était rehaussée par les sinuosités de l'inévitable moustache noire. »   BALZ., La femme de trente ans, Œuvr., t. II, p. 681.   10

ANT. — **Évitable. Éventuel.**

DER. — **Inévitablement.** *adv.* (1493). D'une manière inévitable. V. **Certainement, fatalement, forcément, nécessairement** (Cf. Étaler, cit. 41 ; fin, cit. 27). *Résultats qui s'ensuivent* (cit. 3) *inévitablement.*

« ... ce désir (*l'ambition*)... est une source de désordres qui ruinent presque inévitablement la charité et la justice parmi les hommes. »   BOURDALOUE, Dominic., Xe dim. apr. Pentecôte, II.   1

« ... (*il*) revint se chauffer au salon en pensant aux misères qui se rencontraient inévitablement dans tous les états auxquels l'homme est ici-bas assujetti. »   BALZ., Médecin de campagne, Œuvr., t. VIII, p. 368.   2

INEXACT, ACTE. *adj.* (1689 ; de *in-*, et *exact*). Qui n'est pas exact* (cit. 12). V. **Faux*.** *Données inexactes. Renseignements inexacts. On relève, dans ce récit, quelques détails inexacts.* V. **Erroné ; inexactitude.** *Calcul inexact. Erreurs qui rendent inexactes des expériences* (cit. 45) *scientifiques.* — *Il est inexact de prétendre que... Il est inexact qu'on lui ait attribué ce poste* (Cf. Impair, cit. 3). *Non, c'est inexact.* — *Qui manque d'exactitude. Récit, portrait inexact. Biographie* (Cf. Généraliser, cit. 6), *traduction grossièrement inexacte.* V. **Infidèle.** *Donner une version inexacte d'un événement.* V. **Incorrect.** — Par ext. *Un narrateur inexact.*

« Lorsque Racine a dit,
Je t'aimais inconstant, qu'eussé-je fait fidèle ?
il a mieux aimé être inexact que languissant, et manquer à la grammaire qu'à l'expression. »   D'ALEMB., Réflex. s. l'éloc. orat., Œuvr., t. IV, p. 281.   1

« Il faut d'abord déterminer exactement les conditions de chaque phénomène ; c'est là la véritable exactitude biologique, et, sans cette première étude, toutes les données numériques sont inexactes, et d'autant plus inexactes qu'elles donnent des chiffres qui trompent et en imposent par une fausse apparence d'exactitude. »   Cl. BERNARD, Introd. étude méd. expérim., II, II.   2

« Oui, je sais qu'on raconte ces choses sur notre ménage. Vous verrez vous-même, en vivant plus près de nous, qu'elles sont inexactes. »   MAUROIS, Roses de septembre, I, IV.   3

— *Spécialt.* (En parlant de personnes). *Qui manque de ponctualité*. Femme inexacte qui fait attendre son mari pour le dîner* (2, cit. 6). *Être inexact à un rendez-vous. Congédier un employé par trop inexact.*

« ... il m'est reconnaissant, cet homme, de rester, malgré les pressions mondaines et conjugales, inexact, flâneur, imprévisible,... »   MAUROIS, Roses de septembre, I, I.   4

ANT. — **Correct, exact, fidèle, juste. Assidu, ponctuel.**

DER. — **Inexactement.** *adv.* (1784). D'une manière inexacte. *Rapporter inexactement les paroles de quelqu'un* (ANT. Exactement).

INEXACTITUDE. *n. f.* (1689 ; de *in-*, et *exactitude*). Manque d'exactitude* ; caractère de ce qui est inexact*. *Inexactitude d'un calcul, d'une nouvelle, d'une théorie...* (Cf. Fausseté). *Inexactitude d'un témoignage, d'un historien.* — Par ext. V. **Erreur, faute.** *Les inexactitudes d'une description. Il y a quelques petites inexactitudes dans ce que vous me racontez* (V. **Mensonge**).

« Je ne finirais jamais, si je voulais rapporter les négligences, l'inexactitude, les affectations, les singularités du traducteur. »   BOSS., Seconde instruct. s. version Trévoux, Conclusion, II.   1

« C'est bien assez des inexactitudes inévitables dans le passage d'une langue dans une autre. »   LÉAUTAUD, Théâtre M. Boissard, XI.   2

« Votre propos, mon cher confrère, fourmille d'inexactitudes. D'abord j'ai quarante ans. Mes rêves, si j'en ai, ne sont pas des rêves de jeunesse. »   ROMAINS, Knock, I, p. 33.   3

« D'ailleurs, dans ses peintures Allory ne risquait guère d'être pris en flagrant délit d'inexactitude. Car au fait il ne peignait rien... »   ID., H. de b. vol., t. III, XVIII, p. 242.   4

« Je crois à la pleine et parfaite bonne foi de Lamennais. Il avait l'inexactitude gratuite, la sincérité divagante, la mémoire incertaine et imaginative. »   HENRIOT, Romantiques, p. 102.   5

— *Spécialt.* Manque de ponctualité*. *L'inexactitude, forme de l'impolitesse. Employé congédié pour inexactitude quotidienne.*

ANT. — **Authenticité, exactitude, fidélité. Assiduité, ponctualité.**

INEXAUCÉ, ÉE. *adj.* (1867 LITTRÉ). V. **In-**, et **exaucer.**

INEXCITABLE. *adj.* (Vers 1860). V. **In-**, et **exciter.**

« Pour effectuer ces mesures sur l'écorce cérébrale, il faut... endormir l'animal... pour l'ouverture du crâne. Mais ensuite il faut le laisser s'éveiller sans quoi aucune mesure ne serait possible : le cerveau est inexcitable sur l'animal endormi. »
P. CHAUCHARD, **Le système nerveux,** p. 64 (éd. P.U.F.).

DER. — **Inexcitabilité.** *n. f.* (1877 LITTRÉ, Suppl.). Caractère de ce qui est inexcitable.

INEXCUSABLE. *adj.* (1474 ; de *in-*, et *excusable**). Qu'il est impossible d'excuser*. V. **Impardonnable.** *Il est inexcusable d'avoir agi si grossièrement. Négligence, paresse inexcusable* (Cf. Avachir, cit. 2). *Exemples héroïques* (cit. 14) *qui rendent le vice inexcusable. Attitude, conduite inexcusable chez un homme du monde.* V. **Injustifiable.** *Croupir dans une ignorance inexcusable.* V. **Crasse.** — Dr. *Faute* inexcusable.*

1 « Marot et Rabelais sont inexcusables d'avoir semé l'ordure dans leurs écrits : tous deux avaient assez de génie et de naturel pour pouvoir s'en passer,... » LA BRUY., I, 43.

2 « ... si l'on avertissait un voyageur qu'il y a un précipice dans son chemin dont il doit se préserver, et que, négligeant cet avis salutaire, et marchant au hasard, il s'y jetât par son imprudence, ne serait-il pas inexcusable dans son malheur ? »
BOURDAL., **Dominic.,** VIIᵉ dim. après Pentecôte, III.

3 « *Le corbeau, honteux et confus,* « Autre pléonasme ; mais celui-ci est inexcusable. » ROUSS., **Émile,** II.

4 « Des cœurs médiocres,... se contenteront, au nom des principes formels, de trouver inexcusable toute violence immédiate et permettront alors cette violence diffuse qui est à l'échelle du monde et de l'histoire. » CAMUS, **L'homme révolté,** p. 211.

ANT. — **Excusable, pardonnable.**

DER. — **Inexcusablement.** *adv.* (1545 in HUGUET). D'une manière inexcusable. *Il a été inexcusablement lâche.*

INEXÉCUTABLE. *adj.* (1579, mais rare jusqu'au XVIIIᵉ s. ; de *in-*, et *exécuter*). V. **Exécutable*** (*comp.*). — *Plan inexécutable.* V. **Impraticable.** *Partition inexécutable.*

« ... M. Rolichon... m'apprit que mes parties avaient rendu la musique inexécutable, tant elles s'étaient trouvées pleines d'omissions, de duplications et de transpositions. » ROUSS., **Confess.,** IV.

INEXÉCUTÉ, ÉE. *adj.* (XIVᵉ s.). V. **In-**, et **exécuter*** (*comp.*).

INEXÉCUTION. *n. f.* (fin XVIᵉ s. D'AUBIGNÉ). V. **Exécution** (*comp.*). Dr. *Inexécution d'un contrat*, d'une obligation*.* V. **Inobservation** (Cf. Dommage, cit. 4 ; faute, cit. 26). *Inexécution partielle, totale. L'inexécution « peut résulter d'une abstention, s'il s'agissait d'une obligation positive, ou d'un fait et être due, soit à la faute du débiteur* (cit. 4), *soit à une cause qui lui est étrangère (cas fortuit, force majeure, faute d'un tiers, etc.)* » CAPITANT, Vocab. jurid.

INEXERCÉ, ÉE. *adj.* (1798 ; de *in-*, et *exercer*). Qui n'est pas exercé*. V. **Inexpérimenté.** *Des troupes inexercées* (LITTRÉ). *La main inexercée d'un enfant.* V. **Inhabile.**

ANT. — **Exercé ; entraîné, expérimenté, expert.**

INEXHAUSTIBLE (*i-nègh-zôs-*). *adj.* (1514 in HUGUET ; inusité jusqu'à la fin du XIXᵉ s., où il est repris de l'angl. ; de *in-*, et *exhaustible* (inusité), du lat. *exhaurire,* « épuiser ». V. **Exhaustif**). *Littér.* V. **Inépuisable.**

« ... sous ce visage rosissant je sentais se creuser, comme un gouffre, l'inexhaustible espace des soirs où je n'avais pas connu Albertine. »
PROUST, **Rech. t. p.,** t. XII, p. 230.

INEXIGIBLE. *adj.* (XVIIIᵉ s. TURGOT in BRUNOT ; de *in-*, et *exigible**). Qui ne peut être exigé*. — Dr. *Dette inexigible.*

DER. — **Inexigibilité.** *n. f.* (1839 BOISTE). Caractère de ce qui est inexigible.

INEXISTANT, ANTE. *adj.* (1829 ; de *in-*, et *existant*). Qui n'existe* pas. *L'univers inexistant de la légende, du rêve.* V. **Irréel ; chimérique, fantôme.** *Entité* (cit. 3) *inexistante. Difficultés inexistantes.* V. **Nul** (Cf. Faux 1, cit. 31). *Réactions inexistantes.* V. **Absent** (Cf. Émotivité, cit. 1).

1 « On ne peut s'empêcher de penser, mais qu'est-ce qu'une pensée ? Quoi de plus inexistant qu'une pensée ! » DUHAM., **Salavin,** I, XI.

2 « Du point de vue historique, Hugo s'en remet à ses passions, qui l'abusent... il a contre lui tous ses grotesques, cette séquelle de monstres affreux, psychologiquement inexistants, qui vont de Bug-Jargal et de Han d'Islande à Gwymplaine, l'homme qui rit... »
HENRIOT, **Romantiques,** p. 15.

— *Par exagér.* et *fam.* Sans valeur, sans importance, sans efficacité. V. **Nul.** *L'aide qu'il m'apporte est inexistante. Vous avez vu ce travail ? C'est inexistant.* V. **Néant, rien** (moins que), **zéro.** — *Un pauvre type complètement inexistant* (Cf. Une nullité).

« ... le directeur de cette œuvre inexistante, un fonctionnaire prévaricateur,... » JOUHANDEAU, **Chaminadour,** p. 115.   3

ANT. — **Existant ; étourdissant.**

INEXISTENCE. *n. f.* (1609 ; de *in-*, et *existence*). Fait de ne pas exister* (Cf. Existence, cit. 5). Dr. « Défaut d'existence d'un acte juridique résultant de l'absence d'un des éléments constitutifs essentiels à sa formation » (CAPITANT, Vocab. jurid.).

« Toutes choses, doucement, tendrement, se laissaient aller à l'existence comme ces femmes lasses qui s'abandonnent au rire... Je compris qu'il n'y avait pas de milieu entre l'inexistence et cette abondance pâmée. Si l'on existait, il fallait *exister jusque-là,...* »
SARTRE, **La nausée,** p. 162.

INEXORABLE. *adj.* (XVᵉ s. ; lat. *inexorabilis,* rac. *exorare,* « vaincre par ses prières »).

‖ 1° Qui résiste aux prières, qu'on ne peut fléchir (cit. 6). V. **Impitoyable, implacable, inflexible, pitié** (sans). *Juge inexorable.* V. **Dur, sévère.** *Il fut inexorable à toutes les prières* (ACAD.). V. **Insensible, sourd.** — *Caractère, cœur inexorable. Se heurter à un refus, à une volonté inexorable* (Cf. Arguer, cit. 2).

« ... et pour être à leur triste prière   1
Toujours sourde, arrogante, inexorable et fière. »
RONSARD, **Sec. liv. des Hymnes,** Hymne de la mort.

« On m'entendit demander grâce au plus vil de tous les humains, et   2
tenter sa pitié à mesure qu'il était plus inexorable. »
MONTESQ., **Lettres persanes,** CLVII.

« Les prières me trouvant inexorable, il a fallu passer aux offres. »   3
LACLOS, **Liais. dang.,** XCVI.

« La prétendue scène de Joséphine demandant à genoux la grâce   4
du duc d'Enghien, s'attachant au pan de l'habit de son mari et se faisant traîner par ce mari inexorable, est une de ces inventions de mélodrame avec lesquelles nos fabliers composent aujourd'hui la véridique histoire. » CHATEAUB., **M. O.-T.,** t. II, p. 321.

« ... Je le vois, rien ne le peut toucher,   5
Ce cœur inexorable et dur comme un rocher ! »
LECONTE DE LISLE, **Poèmes tragiques,** Les Érinnyes, IX.

« ... cette douceur inexorable qui fait la force des caractères faibles. »   6
FRANCE, **Crime S. Bonnard,** IV, Œuvr., t. II, p. 385.

« Ces souvenirs lui broyaient le cœur et elle mettait les poings à   7
ses oreilles et fermait les yeux, comme pour chasser de son cerveau l'image du supplice qu'elle avait subi, mais sa mémoire était inexorable et ne l'épargnait à certains moments que pour la crucifier à d'autres,... » GREEN, **Léviathan,** II, VII.

— Vx. *Être inexorable à quelqu'un,* ne pas lui pardonner une faute (cit. 16) ou ne pas accéder à ses désirs, et *spécialt.* à ses désirs amoureux (Cf. *par plaisant.* Bras, cit. 46 MOL.). *Femme inexorable à son amant. Maîtresse inexorable aux vœux de son amant,* et substant. *Une inexorable* (Cf. Une cruelle).

« Est-ce m'aimer, cruel, autant que je vous aime,   8
Que d'être inexorable à mes tristes soupirs...? » RAC., **Théb.,** II, 3.

‖ 2° *Par ext.* Dont on ne peut tempérer la rigueur*. V. **Cruel, draconien.** *Sévérité inexorable* (Cf. Humilier, cit. 39). *Arrêt, loi inexorable.* — A quoi l'on ne peut se soustraire. V. **Implacable.** *Fatalité inexorable* (Cf. Automatisme, cit. 6). *La rigueur inexorable des lois qui gouvernent* (cit. 24) *le monde. L'inexorable fuite* (cit. 9) *des heures. Une réalité inexorable* (Cf. Aggravation, cit.). — *Spécialt.* (en parlant des aspects de la nature) *Un soleil inexorable* (Cf. Grelotter, cit. 5 DAUDET).

« L'inexorable loi du temps. »   9
RONSARD, **Pièces retranchées,** Œuvr., t. II, p. 698.

« ... en glissant sur une pente irrésistiblement rapide, elle était   10
arrivée à ce dénouement-là, qui était inexorable, et qu'il fallait subir à présent... » LOTI, **Pêcheur d'Islande,** V, II.

« Une loi fatale, dit Lamennais, une loi inexorable nous presse ; nous   11
ne pouvons échapper à son emprise : cette loi, c'est l'expiation, axe inflexible du monde moral, sur lequel roulent toutes les destinées de l'humanité. » FRANCE, **Mannequin d'osier,** XV, Œuvr., t. XI, p. 404.

« Voici la rigueur de l'hiver, adieu, ô bel été,... Voici le froid   12
inexorable. » CLAUDEL, **Cinq grandes odes,** Troisième ode.

ANT. — **Clément, doux, exorable, indulgent.**

DER. — **Inexorabilité.** *n. f.* (1663 in BRUNOT). *Peu usit.* Caractère, état de ce qui est inexorable. *L'inexorabilité du destin.* — **Inexorablement.** *adv.* (1661 RACINE). D'une manière inexorable (Cf. Bibliothèque, cit. 7 ; embouteiller, cit.). *Maladie qui évolue inexorablement vers la mort.*

« ... je lui ai dit... qu'il fallait qu'elle vous écrivît ou qu'elle me   1
vit toujours à ses talons pour la presser inexorablement de s'acquitter envers vous. » RAC., **Lettres,** 8, 27 mai 1661.

« ... sur la scène classique, la fatalité pousse inexorablement à leur   2
fin des hommes et des passions particulières,... »
SUARÈS, **Trois hommes,** Ibsen, p. 115.

INEXPÉRIENCE. *n. f.* (1460 ; mais rare jusqu'au XVIIIᵉ s. ; de *in-*, et *expérience*). Manque d'expérience* (Cf. Facilité, cit. 2). *L'inexpérience d'un enfant* (cit. 17), *de la jeunesse.* V. **Ignorance*, ingénuité, naïveté.** *Faute due à l'inexpérience.* V. **Maladresse.** *Son inexpérience des hommes, de la vie le rend incapable* d'agir efficacement. *Inexpérience des choses de l'amour.*

1 « ... il n'y a pas d'homme qui ne se soit, une fois dans sa vie, trouvé tiraillé par le désir de rompre une liaison inconcevable et la crainte d'affliger une femme qu'il avait aimée. L'inexpérience de la jeunesse fait que l'on s'exagère beaucoup les difficultés d'une position pareille ;... »   B. CONSTANT, **Adolphe,** VII.

2 « Ces jeunes soldats, devant nos redoutables fantassins, furent vaillants ; leur inexpérience se tira intrépidement d'affaire ; »   HUGO, **Misér.,** II, I, V.

3 « Les mêmes nécessités auxquelles étaient soumis leurs prédécesseurs les conduisent (*les nouveaux ministres*). Et ils n'apportent de nouveau que leur inexpérience. »   FRANCE, **Opinions J. Coignard,** III, Œuvr., t. VIII, p. 358.

4 « ... mon cher confrère, vous seriez deux fois coupable de vous abandonner à un découragement prématuré, qui n'est que la rançon de votre inexpérience. »   ROMAINS, **Knock,** I, p. 33.

ANT. — **Expérience, habileté.**

INEXPÉRIMENTÉ, ÉE. *adj.* (XIVe s. ; de *in-,* et *expérimenté*).

|| **1°** Qui n'a pas d'expérience*. *Jeune homme inexpérimenté.* V. **Ignorant, naïf** (Cf. Il est né d'hier* ; *pop.* Il débarque). — *Spécialt.* Qui manque de pratique dans un domaine déterminé. V. **Inexpert.** *Alpiniste inexpérimenté.* V. **Commençant, novice.** *Adolescent candide, inexpérimenté en amour.* V. **Ingénu.** *Il est très inexpérimenté en la matière.* V. **Neuf, nouveau.** — *Par ext. Gestes inexpérimentés. Mains inexpérimentées de l'apprenti.* V. **Inexercé.**

1 « Mais cet amiral (*Villeneuve*) doutait de l'instrument qu'il avait entre les mains, de son matériel imparfait, de ses officiers et de ses équipages inexpérimentés. »   BAINVILLE, **Hist. de France,** XVII, p. 409.

2 « Inexpérimenté comme vous êtes, je ne vous donne pas deux jours pour vous faire coffrer. »   ROMAINS, **H. de b. vol.,** t. I, XIX, p. 233.

|| **2°** Dont on n'a pas encore fait l'expérience. *Arme secrète encore inexpérimentée* (V. **Neuf, nouveau**).

ANT. — **Expérimenté ; aguerri, expert, habile.**

INEXPERT, ERTE. *adj.* (1455 ; lat. *inexpertus*). Qui n'est point expert, qui manque d'habileté. V. **Inexpérimenté, inhabile.** *Être inexpert en un art.* — REM. *Inexpérimenté* marque le défaut d'expérience, *inexpert* le manque d'habileté, de compétence, faute d'expérience ou de capacité naturelle.

1 « ... (Il) ne faut élever par faveur ni richesse
Aux offices publics l'inexperte jeunesse
D'un écolier qui vient de Tholose, devant (*avant*)
Que par longue pratique il devienne savant. »
   RONSARD, **Disc. misères...,** Remontrance au peuple de France.

2 « ... (*Armand était*) tellement inexpert, et peu ferré... que ce n'était guère de belles victoires que remportait la vertu de Suzanne. »   ARAGON, **Beaux quartiers,** I, XV.

INEXPIABLE. *adj.* (XVe s. ; lat. *inexpiabilis*). Qui ne peut être expié*. *Crime, faute, forfait inexpiable.* — *Par ext.* Que rien ne peut apaiser, faire cesser. *Guerre, lutte inexpiable qui se poursuit jusqu'à l'écrasement* (cit. 3) *du vaincu. Honte* (cit. 8) *inexpiable.*

« L'idée que ce crime innombrable de la traite et de l'esclavage, sur lequel est fondée la prospérité américaine, l'idée que ce crime demeure inexpiable et qu'il ouvre dans le flanc du bonheur américain une plaie incurable,... »   DUHAM., **Scènes vie future,** XI.

INEXPIÉ, ÉE. *adj.* (1867 LITTRÉ). V. **In-,** et **expier*.**

INEXPLICABLE. *adj.* (1486 ; lat. *inexplicabilis*). Qu'il est impossible ou très difficile d'expliquer* ; qui paraît bizarre (cit. 5) de ce fait même qu'on ne se l'explique pas. V. **Énigmatique, étrange** (cit. 6), **impénétrable, incompréhensible, inconcevable, indéchiffrable, mystérieux, obscur.** *Énigme** (cit. 6 Boss.) *inexplicable* (Cf. Chimère, cit. 2). *Des anomalies inexplicables* (Cf. Espace, cit. 9). *L'hystérie* (cit. 2), *maladie longtemps inexplicable. Une fatalité* (cit. 17) *inexplicable. Les inexplicables croyances de l'homme* (cit. 86). *Fantaisies* (cit. 23) *dont la bizarrerie semble inexplicable. Agitation inexplicable* (Cf. Convulser, cit. 9). *L'attrait inexplicable de la guerre* (cit. 6). V. **Indéfinissable.** *S'abîmer* (cit. 4) *dans un désespoir inexplicable. Un effroi inexplicable* (Cf. Grandir, cit. 5). — *Des œuvres inexplicables.* V. **Extraordinaire, singulier.** *Une féerie fantastique* (cit. 6) *et inexplicable. Conduite, démarche inexplicable. Il est inexplicable que... C'est inexplicable.* — *Substant.* (Cf. Inexpliqué, cit.). *Avoir le goût de l'inexplicable.*

1 « Les inclinations naissantes, après tout, ont des charmes inexplicables,... »   MOL., **D. Juan,** I, 2.

2 « Les desseins des rois,... le remuement des cœurs par le fil secret des passions,... tous ces ressorts resteront inexplicables pour vous, si vous n'avez, pour ainsi dire, assisté au conseil du Très-Haut,... »   CHATEAUB., **Génie du christ.,** III, III, 1.

3 « ... la mort, mystère inexplicable dont une expérience journalière paraît n'avoir pas encore convaincu les hommes ;... »   B. CONSTANT, **Adolphe,** VII.

4 « ... si tu ne veux en aucun cas croire au surnaturel, admettre l'inexplicable, n'achève pas de lire ces mémoires. »   DAUDET, **Petit Chose,** II, XV.

5 « ... la pointe d'étrangeté, d'inexplicable, qu'il faut laisser à l'incident,... »   ROMAINS, **H. de b. vol.,** t. II, XII, p. 128.

« Une sensation de vide la déroutait, et, parfois, lui donnait une ivresse inexplicable... »   CHARDONNE, **Destin. sentim.,** p. 328.   6

— *Par ext. Un homme inexplicable,* dont le comportement, le caractère ne s'explique pas, qui apparaît bizarre, déconcertant. *Pour lui, le Christ demeure inexplicable* (Cf. Conscience, cit. 22 LOTI). *Une femme inexplicable.* V. **Étrange, singulier** (Cf. Folie, cit. 21).

« Elle avait beau le juger bizarre, inexplicable, et s'étonner naïvement que ce fût pour lui « une jouissance que de faire souffrir », elle l'aimait et le trouvait bon. »   HENRIOT, **Portr. de femmes,** p. 250.   7

ANT. — **Clair, explicable.**

DER. — **Inexplicablement.** *adv.* (XVIIe s.). D'une manière inexplicable. *Il rebroussa chemin tout à coup inexplicablement. S'éterniser quelque part inexplicablement* (Cf. Archive, cit. 9).

« Les affiches électorales bariolaient inexplicablement cette île déserte. »   ARAGON, **Beaux quartiers,** I, XXIV.

INEXPLIQUÉ, ÉE. *adj.* (1835 HUGO ; de *in-,* et *expliquer*). Qui n'a pas reçu d'explication. *Phénomènes qui demeurent longtemps inexpliqués. Catastrophe qui reste inexpliquée.* V. **Mystérieux** (Cf. Avitaminose, cit. 1). — *Substant.* (Cf. Explicable, cit. 3).

« Mais on avait fini par savoir qu'il vivait avec la Ventouse, dont la disparition était restée inexpliquée,... »   BLOY, **Le désespéré,** II, p. 74.   1

« Il y a dans l'homme de l'inexpliqué, si tant est qu'il n'y ait pas de l'inexplicable. »   GIDE, **Dostoïevsky,** p. 184.   2

« Sur la création de cette œuvre gigantesque, le mystère reste entier, inexpliqué peut-être aux yeux de Balzac lui-même,... »   HENRIOT, **Portr. de femmes,** p. 347.   3

INEXPLOITABLE. *adj.* (1867 LITTRÉ), **INEXPLOITATION.** *n. f.* (1873), **INEXPLOITÉ, ÉE.** *adj.* (1867 LITTRÉ). V. **In-,** et **exploitable, exploitation, exploiter.**

INEXPLORABLE. *adj.* (1867 LITTRÉ). V. **In-,** et **explorable.**

INEXPLORÉ, ÉE. *adj.* (1845 CHATEAUB. ; de *in-,* et *explorer*). Qui n'a pas été exploré*. *Contrée, terre inexplorée.* V. **Inconnu.** — *Par métaph. La science moderne s'aventure dans des domaines jusqu'alors inexplorés.* — *Fig. Des joies inexplorées* (Cf. Horizon, cit. 16).

« ... soit que mes périples et le falot de ma barque gauloise aient montré la route au vaisseau d'Albion sur des mers inexplorées. »   CHATEAUB., **M. O.-T.,** t. II, p. 149.   1

« Ceux qui connaissent un peu les alentours de Paris savent l'extrême difficulté d'y trouver la *retraite,...* Un recoin inexploré ou même rarement visité, dans ces bois et ces bosquets, est une chose insupposable. »   BAUDEL., **Trad. E. POE, Hist. grotesq. et sér.,** Mystère M. Roget.   2

« Je songe à la « pleine mer » dont parle Nietzsche, à ces régions inexplorées de l'homme, pleines de dangers neufs, de surprises pour l'héroïque navigateur. »   GIDE, **Nouv. prétextes,** p. 27.   3

« Ce sens moral, que j'ai expulsé de ma vie et dont je me sentais, il n'y a pas une heure, radicalement ! affranchi, voilà que je viens de le retrouver en moi, brusquement ! Et non pas réfugié en quelque repli obscur et inexploré de ma conscience ! »   MART. du G., in MAUROIS, **Études littér.,** t. II, p. 195.   4

INEXPLOSIBLE. *adj.* (1840). V. **In-,** et **explosible.**

INEXPRESSIF, IVE. *adj.* (1782 in BRUNOT ; de *in-,* et *expressif*).

|| **1°** Qui n'est pas expressif*. *Mots inexpressifs* (Cf. Impressionniste, cit. 2). *Musique inexpressive* (ACAD.). V. **Froid, inanimé.** *Style inexpressif.*

« Avec de pareils défauts, on aura beau mettre de l'élégance, de la correction, de la pureté, on n'aura qu'un style fade, lâche, factice, neutre, inexpressif et sans relief. »   ALBALAT, **L'art d'écrire,** p. 79.   1

— *Par ext. Orateur inexpressif.*

|| **2°** Qui manque d'expression*. *Regard, yeux inexpressifs.* V. **Atone, terne, vague** (Cf. Hercule, cit. 2). *Physionomie inexpressive.*

« À la clarté de la lampe la frappait. Son visage inexpressif tombait dans la pleine lumière. Ses grands yeux toujours sans regard fixaient le vide. »   BOSCO, **Jardin d'Hyacinthe,** p. 286.   2

INEXPRIMABLE. *adj.* (XVe s. ; de *in-,* et *exprimable*). Qu'il est impossible ou très difficile d'exprimer* ; qui est au delà de toute expression (cit. 19). V. **Indescriptible, indicible, ineffable, inénarrable, inexplicable.** *Soulagement inexprimable* (Cf. Armistice, cit. 1). *Attendre* (cit. 39) *avec une impatience inexprimable. Entrer* (cit. 45) *dans des fureurs inexprimables. Être envahi* (cit. 15) *par une mélancolie inexprimable. Épouvante* (cit. 3), *haine inexprimable* (Cf. Fond, cit. 46). *Goûter* (1, cit. 6) *un bonheur, des jouissances inexprimables* (Cf. Ignorer, cit. 48). — *Pensées inexprimables.* V. **Incommunicable** (cit. 6). — *Regard, sourire* (Cf. Allonger, cit. 3) *inexprimable.* — *Substant. Vouloir exprimer l'inexprimable* (Cf. Ecrire, cit. 13).

« Car les choses de Dieu étant inexprimables, elles ne peuvent être dites autrement, et l'Église aujourd'hui en use encore :... »   PASC., **Pens.,** X, 687.   1

« ... il s'approcha de la fenêtre avec des transports de joie inexprimables... »   Mme d'AULNOY, **L'oiseau bleu,** p. 16.   2

3 « La joie avec laquelle je vis les premiers bourgeons est inexprimable. Revoir le printemps était pour moi ressusciter en paradis. »
ROUSS., Confess., VI.

4 « Belle, et du caractère de beauté le plus touchant, avec un son de voix qui allait au cœur, et un regard qui dans les larmes avait un charme inexprimable... »
MARMONTEL, Mém., III.

5 « Inexprimable émotion que la voix de ce qu'on aime ! Mélange confus d'attendrissement et de terreur ! »
Mᵐᵉ de STAËL, Corinne, XVII, IX.

6 « (D'après Gautier) Tout homme, qu'une idée, si subtile et si imprévue qu'on la suppose, prend en défaut, n'est pas un écrivain. L'inexprimable n'existe pas. »
BAUDEL., Art romantique, XX, III.

7 « ... mais maintenant que la chaîne était brisée, j'éprouvais un soulagement inexprimable. »
DAUDET, Petit Chose, I, XIV.

8 « ... (le) style lyrique par le moyen duquel il nous est parfois possible d'exprimer l'inexprimable. »
DUHAM., Refuges de la lecture, III, p. 121.

INEXPRIMÉ, ÉE. adj. (1867 LITTRÉ ; de in-, et exprimer). Qui n'est pas ou n'a pas été exprimé*. Œuvre qui est le couronnement (cit. 8) d'une philosophie inexprimée. Pensée gonflée (cit. 28) de choses inexprimées. Voix lourde de regrets inexprimés. V. **Sous-entendu.** Alliance, entente inexprimée. V. **Tacite.**

1 « Dans mes phrases les plus banales passaient, comme des nuages dans le lointain, des reproches inexprimés. »
MAUROIS, Climats, I, XVII.

2 « Dans ces réunions, à peu près muettes, où toujours les mêmes sont conviés... les femmes, presque toujours belles, ont un air chaleureux, on ne sait quoi de frémissant, de pensif et d'inexprimé, qui s'éteint dès qu'on leur parle ;... »
CHARDONNE, Amour du prochain, pp. 179-180.

INEXPUGNABLE (i-nèks-pug-nabl'). adj. (1352 ; lat. inexpugnabilis). Qu'on ne peut prendre d'assaut ; qui résiste aux attaques, aux sièges. V. **Imprenable.** Donjon inexpugnable (Cf. Inclinaison, cit. 2). Forteresse*, rempart, tour inexpugnable (Cf. par métaph. Approchable, cit. 1). — Fig. et vieilli. Cœur, vertu inexpugnable. Une femme inexpugnable.

1 « Ce cœur, inexpugnable aux assauts de leurs yeux,
N'aura plus que les tiens pour maîtres et pour dieux. »
CORN., Illus., V, 4.

2 « Les batteries disposées depuis longtemps par le maréchal de la Meilleraie commencèrent à battre en brèche, mais mollement, parce que les artilleurs sentaient qu'on les avait dirigés sur deux points inexpugnables,... »
VIGNY, Cinq-Mars, X.

INEXTENSIBLE. adj. (1777 BUFFON). V. **In-,** et extensible*. — (ANT. **Dilatable, élastique**).

IN EXTENSO (i-nèks-tin-so). loc. adv. (1842 ; loc. lat. faite avec l'adj. extensus, « étendu »). Dans toute son étendue, toute sa longueur (en parlant d'un texte). Publier un discours in extenso (ACAD.). V. **Complètement, intégralement.** Compte rendu in extenso d'un débat à l'Assemblée Nationale. V. **Complet, intégral.**

INEXTINGUIBLE (-ghuibl' ou -ghibl'). adj. (XIVᵉ s. ; bas lat. inextinguibilis). Qu'il est impossible d'éteindre*. Feu* inextinguible. — Fig. Soif inextinguible. Ardeur, fureur, haine inextinguible. Désir inextinguible. V. **Insatiable.** — Spécialt. (1669). Rire inextinguible, fou rire* éclatant qu'on ne peut arrêter (Cf. Rire homérique*). Le rire inextinguible des dieux de l'Iliade (chant I).

1 « ... De la charité l'inextinguible feu. »   CORN., Imit., III, 6333.

2 « C'étaient des rires inextinguibles ; nous étouffions. »
ROUSS., Confess., VIII.

3 « ... les inextinguibles regrets qu'il (cet acte) m'a laissés,... »
ID., Rêveries..., IVᵉ prom.

4 « J'ai dans le cœur un sentiment inextinguible. »
BALZ., Eugénie Grandet, Œuvr., t. III, p. 644.

5 « ... dans le sanctuaire réservé de son cœur, où brûlait, à côté du pétrole, la petite lampe inextinguible d'une piété tendre et absolument souveraine. »
RENAN, Souv. d'enfance..., V, I.

6 « Il ne la battait plus, il la torturait de ses questions, du besoin inextinguible qu'il avait de savoir. »
ZOLA, La bête humaine, I, p. 22.

ANT. — **Extinguible.**

INEXTIRPABLE. adj. (1508 ; lat. inextirpabilis). Qui ne peut être extirpé*. Racine, souche inextirpable. — Fig. V. **Indéracinable, tenace.** Erreur inextirpable (LITTRÉ).

« Il y a un vice radical en France dans cette partie (l'éducation), et ce vice est inextirpable parce qu'il vient des femmes. »
GIDE, Journal, 9 mai 1920.

IN EXTREMIS (in'-èks'-tré-miss). loc. adv. (XVIIIᵉ s. ; loc. faite avec l'adj. lat. extremus, « extrême »). A l'article de la mort, à l'agonie. V. **Extrémité** (à la dernière). Disposition testamentaire in extremis. Baptiser un moribond in extremis. Mariage in extremis. — Par ext. Au tout dernier moment. Préparatifs de voyage in extremis. Rattraper in extremis un objet qui va tomber (Cf. Au vol*).

« Naturellement l'homme de loi regarda la danseuse et se promit de tirer parti de cette visite in extremis. »
BALZ., Cousin Pons, Œuvr., t. VI, p. 740.

INEXTRICABLE. adj. (1361 ; lat. inextricabilis). Qu'on ne peut démêler*. Enchevêtrement*, enlacement (cit. 1), enroulement (cit. 2) inextricable de motifs décoratifs. Poutres et planches enchevêtrées (cit. 2) qui forment une barricade inextricable. Broussailles inextricables. Fouillis (cit. 3) de hautes lianes inextricables. — Par métaph. Entrelacement (cit. 2) inextricable de souvenirs. — Fig. Les complications inextricables de la procédure. V. **Maquis.** Une affaire inextricable, très embrouillée, très complexe (V. **Imbroglio**). — Par anal. Dont on ne peut se tirer. Dédale (cit. 1), réseau inextricable de ruelles. Se fourvoyer (cit. 2) dans un labyrinthe inextricable. V. **Dédaléen, tortueux.** Citadelle inextricable (Cf. Foyer, cit. 21). Embarras*, embouteillage (cit. 2) inextricable.

1 « Ce procès traînait dans les délais, dans le lacis inextricable de la procédure,... »
BALZ., Pierrette, Œuvr., t. III, p. 772.

2 « J'allais et je revenais par des détours inextricables. Fatigué de marcher entre les pierres et les ronces, je cherchais parfois une route plus douce par les sentes du bois. »
NERVAL, Aurélia, II, II.

3 « Le pays semble n'être plus qu'une immense solitude d'arbres, un inextricable fouillis vert. »
LOTI, L'Inde (sans les Anglais), III, II.

4 « Par malheur, l'homme et la femme manquent de discernement. Le hasard, la société, la vanité, l'intérêt déroutent un faible instinct ; d'où les drames inextricables. »
CHARDONNE, Amour du prochain, p. 38.

DER. — Inextricablement. adv. (1835). D'une manière inextricable. Réseau d'ornements inextricablement enlacés (cit. 14).

« ... de grands arbres aux larges feuilles,... enlacent inextricablement leurs troncs et leurs branches... »
GAUTIER, Mˡˡᵉ de Maupin, p. 277.

INFAILLIBILITÉ. n. f. (1573 ; dér. de infaillible).

‖ 1° Vx. Caractère de ce qui ne peut manquer de se produire. V. **Certitude.** L'infaillibilité d'un succès (LITTRÉ).

1 « Dès que je vis la Reine hors de Paris avec une armée, je ne doutai presque plus de l'infaillibité du rétablissement du Cardinal... »
RETZ, Mém., p. 590.

‖ 2° Caractère de ce qui ne peut manquer de réussir. Infaillibilité d'un remède, d'une méthode...

2 « Malgré ses revers, Pierre s'opiniâtrait et soutenait l'infaillibilité de la tactique occidentale. »
MÉRIMÉE, Règne Pierre le Grand, p. 80.

‖ 3° Caractère de celui qui est infaillible*, qui n'est pas sujet à l'erreur. Infaillibilité d'une personne au jeu (Cf. Impair, cit. 2). Croire à son infaillibilité. Orgueil d'infaillibilité (Cf. Généralisation, cit. 4). Autorité (cit. 49) et infaillibilité. Des airs d'infaillibilité (Cf. Concile, cit. 2). — Spécialt. En T. de Religion catholique, Infaillibilité de l'Église. Infaillibilité du Pape, infaillibilité pontificale, dogme proclamé en 1870, selon lequel le Souverain Pontife est infaillible lorsqu'il parle ex cathedra* pour définir la doctrine de l'Église universelle. Privilège de l'infaillibilité (Cf. Fatalité, cit. 13).

3 « L'infaillibilité a fait Napoléon, elle en eût fait un Dieu si l'univers ne l'avait pas entendu tomber à Waterloo. »
BALZ., Médecin de campagne, Œuvr., t. VIII, p. 366.

4 « La foi à son infaillibilité (Lamennais) l'empêcha de rien demander au dehors et de comprendre l'esprit du véritable critique,... »
RENAN, Essais de morale..., Œuvr., t. II, p. 117.

5 « — Saint-Père, répondit l'abbé Delhonneau, vous détenez une puissance formidable,... Votre Infaillibilité,... vous donne un magistère qui ne souffre point de contradiction. »
APOLLINAIRE, L'Hérésiarque..., p. 77.

→ Par ext. Infaillibilité d'un jugement. L'infaillibilité d'un instrument (Cf. Conscience, cit. 4).

ANT. — **Faillibilité, fragilité.**

INFAILLIBLE. adj. (XIVᵉ s. ; de in-, et faillible).

I. Qui ne peut faire défaut.

‖ 1° Qui ne peut manquer de se présenter, de se produire (vieilli). V. **Assuré, certain, sûr.** Un infaillible refuge (Cf. Assurer, cit. 76). Secours infaillible (Cf. Honte, cit. 39). Succès infaillible. Issue infaillible, implacable*. Infaillible apanage (cit. 3) du mariage. V. **Immanquable, nécessaire.** L'infaillible lot du mérite (Cf. Falot, cit. 3).

1 « Mon entreprise est sûre, et sa perte infaillible. »
CORN., Nicom., I, 5.

2 « Calchas, par tous les Grecs consulté chaque jour,
Leur a prédit des vents l'infaillible retour. »   RAC., Iphig., I, 3.

‖ 2° Qui ne peut tromper ; qui a des conséquences certaines, des résultats assurés. Remède infaillible contre la toux. V. **Parfait, souverain.** Remède infaillible pour guérir (cit. 17) l'amour. Règle infaillible de vérité (Cf. Imagination, cit. 10). Méthode, procédé, recette infaillible. Un moyen infaillible (Cf. Guérir, cit. 29). Secret infaillible pour conjurer un désastre (Cf. Autodafé, cit. 3). Le sublime lasse, le pathétique est infaillible (Cf. Attendrir, cit. 7). Essayez ce que je vous conseille : c'est infaillible ! (Cf. Réussir à tout coup).

3 « Et je sais de mes maux l'infaillible remède. »   MOL., Tart., II, 3.

4 « La recette en est infaillible :
Aimez, et vous serez aimé. »
BUSSY-RABUTIN, Maxim. d'amour, I.

II. Qui ne peut se tromper, qui n'est pas sujet à l'erreur (sens le plus courant de nos jours). *Chef considéré comme infaillible et impeccable* (cit. 1). *Juge qui est censé* (cit. 1) *infaillible. Notre conscience* (cit. 14 et 15) *est un juge infaillible. Se croire infaillible. Nul n'est infaillible* (Cf. *Tout le monde peut se tromper**). — *Spécialt.* Théol. *Le pape est infaillible en matière de doctrine lorsqu'il parle ex cathedra* (cit. 1). V. **Infaillibilité** (pontificale).

5 « ... le Pape, selon la doctrine de France, n'est infaillible qu'à la tête d'un concile. »   RAC., **Port-Royal.**

6 « L'homme assez consommé dans son art pour en avouer de bonne foi l'incertitude, assez spirituel pour rire avec moi de ceux qui le disent infaillible, tel est mon médecin. »
       BEAUMARCH., **Barbier de Sév.,** Lettre... sur la critique.

7 « ... nul ne peut, sans superbe, se croire infaillible. »
       FRANCE, **Opinions J. Coignard,** II, Œuvr., t. VIII, p. 340.

8 « Les magistrats sont, jusqu'ici, considérés comme inviolables dans l'exercice de leurs fonctions. Inviolables, mais non certes pas infaillibles. »   DUHAM., **Défense des lettres,** II, V.

— *Par ext. Un instinct infaillible.* V. **Sûr.**

9 « ... et nous ne savons plus par où excuser cette prudence présomptueuse qui se croyait infaillible. »   BOSS., **Orais. fun. Reine d'Anglet.**

— *Par anal. :*

10 « ... il avait fini par admettre, en principe, que les deux Testaments, chacun de leur côté, sont infaillibles, mais que le Nouveau n'est pas infaillible quand il cite l'Ancien. »
       RENAN, **Souv. d'enfance...,** V, III.

11 « Elle (*la science*) n'est ni omnisciente ni infaillible. »
       MAUROIS, **Études littér.,** t. II, p. 192.

ANT. — **Aléatoire, douteux, fragile, incertain ; inefficace, mauvais. Faillible.**

DER. — **Infaillibilité.** — **Infailliblement.** *adv.* (XVᵉ s.). D'une manière infaillible, certaine. V. **Assurément, certainement, sûrement** (Cf. À **coup* sûr**). *Cela ne peut manquer d'arriver, cela arrivera infailliblement.* V. **Immanquablement, inéluctablement.** *Guérir* (cit. 35) *infailliblement quelqu'un. Boulainvilliers prédit à Voltaire qu'il mourrait infailliblement à trente-deux ans* (Cf. Humblement, cit. 4). *Chemin* (cit. 34) *qui mène infailliblement quelque part.* V. **Inévitablement, nécessairement, obligatoirement.** *Mouvement qui dérègle* (cit. 1) *infailliblement une horloge* (Cf. aussi Anéantir, cit. 1 ; balourdise, cit. 2 ; copieux, cit. 2 : hypothèse, cit. 11). — *Peu usit.* Sans se tromper. *Nul ne peut juger infailliblement.*

1 « Je croyais que toutes ces dispositions nous conduisaient naturellement et infailliblement à une sédition populaire... »
       RETZ, **Mém.,** p. 257.

2 « La meilleure de toutes les religions est infailliblement la plus claire : celui qui charge de mystères, de contradictions, le culte qu'il me prêche, m'apprend par cela même à m'en défier. »
       ROUSS., **Émile,** IV.

3 « Sur la lisière du Berry se trouve au bord de la Loire une ville qui par sa situation attire infailliblement l'œil du voyageur. »
       BALZ., **Muse du département,** Œuvr., t. IV, p. 48.

4 « ... la seule plus-value des terrains couvrirait presque infailliblement tous les risques de l'opération. »
       ROMAINS, **H. de b. vol.,** t. V, XXII, p. 192.

INFAISABLE (*in-fe-zabl'*). *adj.* (1613, critiqué au XVIIᵉ s. ; de *in-*, et *faisable*). Qui ne peut être fait. V. **Impossible.** *C'est une chose infaisable. Ce n'est pas infaisable, mais ce sera très difficile*.*

« Faites mes compliments à M. de Voltaire (*dit le Pape*) ; mais dites-lui que sa commission est infaisable : le Grand-inquisiteur n'a plus d'yeux ni d'oreilles. »   VOLT., **Corresp.,** 3825, 27 nov. 1771.

ANT. — **Facile, faisable, possible.**

INFALSIFIABLE. *adj.* (1867 ; de *in-*, et *falsifier*). Qui ne peut être falsifié.

INFAMANT, ANTE. *adj.* (1557 ; p. prés. d'un anc. verbe *infamer,* XIIIᵉ s. ; du lat. *infamare,* « déshonorer »). Qui porte infamie, flétrit l'honneur, la réputation. V. **Avilissant, déshonorant, flétrissant, honteux.** *Accusation, imputation infamante. Supplice infamant. Injure, épithète infamante.*

1 « ... la vie privée de ce vaincu ne fut pas exemptée de blâme. On le savait vivant avec une jeune femme et le mot infamant de *collage* fut prononcé. »   BLOY, **Le désespéré,** p. 19.

2 « (*Ils*)... attaquèrent avec la plus extrême violence les Directeurs, les chargeant d'accusations infamantes dont la moindre était d'avoir pillé le trésor pour entretenir leurs débauches. »
       MADELIN, **Hist. Cons. et Emp.,** Ascension Bonaparte, XIX.

3 « J'avais la vision de ces Juifs à travers les âges, errant par le monde, parqués dans la campagne sur des terres de rebut, ou tolérés dans les villes entre certaines limites et sous un habit infamant. »
       LACRETELLE, in MAUROIS, **Études littér.,** II, p. 224.

— *Spécialt.* Dr. crim. *Les peines* en matière criminelle sont ou afflictives** (cit. 2) *et infamantes, ou simplement infamantes* (V. **Bannissement, blâme** (*vx*), **dégradation**). *Condamnation à une peine infamante.*

4 « Ceux qui nuisent à la réputation ou à la fortune des autres, plutôt que de perdre un bon mot, méritent une peine infamante :... »
       LA BRUY., VIII, 80.

5 « Les peines infamantes sont : 1° Le bannissement ; 2° La dégradation civique. »   CODE PÉN., Art. 8.

« La condamnation de l'un des époux à une peine afflictive et infamante sera pour l'autre époux une cause de divorce. »   6
       CODE CIV., Art. 232.

ANT. — **Glorieux, honorable.**

INFÂME. *adj.* (1348 ; empr. au lat. *infamis,* rac. *fama,* « renommée », propremt. « sans renommée »).

|| **1°** Qui est bas* et vil*, sans réputation. *Personne infâme* (Cf. Affranchir, cit. 1 ; assassiner, cit. 14 ; épargner, cit. 25). *Un infâme coquin. Horde infâme d'escrocs* (cit. 2). *Celui qui préfère la vie à l'honneur* (cit. 3) *est infâme. « Qui m'aima généreux* (cit. 2) *me haïrait infâme »* (CORN.). *Tel qui se vante d'être criminel n'est qu'infâme* (Cf. Débauche, cit. 3 CHATEAUB.). *Assemblage* (cit. 16) *infâme.*

« Mais qui peut vivre infâme est indigne du jour.   1
   Plus l'offenseur est cher, et plus grande est l'offense. »
       CORN., **Cid,** I, 5.

« Les infâmes courtisans du plus infâme des princes,... »   2
       DIDER., **Essai s. règnes Claude et Néron,** I, 83.

« Mais s'ils ont tout osé, vous avez tout permis.   3
   Plus l'oppresseur est vil, plus l'esclave est infâme. »
       LA HARPE, in CHATEAUB., **M. O.-T.,** t. II, p. 237.

— *Substant. Un, une infâme* (Cf. Chaîne, cit. 5). *Vivre en infâme.*

« Comme du Ciel l'infâme impudemment se joue ! »   4
       MOL., **Tart.,** V, 7.

— *Allus. littér.* « *Écrasez l'infâme* », mot de VOLTAIRE qui désigne la superstition, l'intolérance.

« La superstition est bien puissante vers le Danube. Vous me dites   5
qu'elle perd son crédit vers la Seine, je le souhaite ; mais songez qu'il y a trois cent mille hommes gagés pour soutenir ce colosse affreux,... Tout ce que peuvent faire les honnêtes gens, c'est de gémir entre eux, quand cette infâme est persécutante, et de rire quand elle n'est qu'absurde,... Quoi que vous fassiez, écrasez l'*infâme*, et aimez qui vous aime.... »   VOLT., **Corresp.,** 112, 28 nov. 1762.

— En parlant de choses qui entraînent une flétrissure morale. *L'infâme bois* (cit. 42) *de la croix.* V. **Ignominieux.** *L'infâme couteau* (cit. 16) *du bourreau. Métier infâme* (Cf. Aumône, cit. 7). *Commerce* (cit. 9), *trafic* (Cf. Canon, cit. 1) *infâme.* V. **Abject, avilissant, bas, ignoble, indigne.** *Assujettissement* (cit. 2) *infâme de l'esprit à la chair. Volupté lâche et infâme* (Cf. Boîte, cit. 12). V. **Dégradant, honteux.** *Amour infâme.* V. **Coupable, impur.** *Un crime, une trahison infâme.* V. **Atroce, horrible, odieux.** *Action, chose indigne et infâme* (Cf. Abaisser, cit. 8).

« ... un amas d'équivoques infâmes,   6
   Dont on vient faire insulte à la pudeur des femmes. »
       MOL., **Fem. sav.,** III, 2.

« ... malgré la défection de tant de sujets, malgré l'infâme désertion   7
de la milice,... »   BOSS., **Orais. fun. Reine d'Anglet.**

« Ceux qui font des métiers infâmes, comme les voleurs, les femmes   8
perdues, s'honorent de leurs crimes et regardent les honnêtes gens comme des dupes. »   VAUVEN., **Max. et réflex.,** 353.

|| **2°** *Vx.* Qui est flétri par la loi. *Infâme de droit. Personne infâme mise au carcan* (cit. 1). — *Par ext.* Qui entraîne la flétrissure légale. *La condition des comédiens* (cit. 1) *était infâme chez les Romains.*

« Un acteur, une actrice, gens infâmes même selon les lois des   9
hommes,... »   MASS., **Carême,** Élus.

|| **3°** *Par hyperb. Infâme créature* (Cf. Hypocrisie, cit. 17). *Infâme saligaud* (Cf. Gueux, cit. 10). — *Substant.* V. **Scélérat** (Cf. Arracher, cit. 3). *Ah ! infâme ! ah ! traître !* (MOL., Cf. Assassiner, cit. 9). *Infâme que vous êtes !* (Cf. A, cit. 2).

« Oh ! trop heureux d'avoir une si belle femme !   10
   Malheureux bien plutôt de l'avoir, cette infâme, » MOL., **Sgan.,** 16.

— *Une infâme dissimulation* (Cf. Faux, cit. 26). *Complaisance, flatterie infâme.*

« ... des curiosités qui sont l'infâme volupté de la plupart des   11
gens du monde. »   PROUST, **Plaisirs et jours,** p. 116.

|| **4°** (*Sens très affaibli*). Qui cause de la répugnance. V. **Répugnant.** *Une infâme danseuse vieille et laide* (Cf. Guenon, cit. 6). *La ménagerie infâme de nos vices* (BAUDEL. ; Cf. Grognant, cit. 1). *Un logis infâme.* V. **Malpropre, sale.** *Infâme saleté* (Cf. Guerre, cit. 23). *Bave* (cit. 1) *infâme du ver de terre. Une infâme odeur d'ail* (Cf. Empester, cit. 1).

« ... l'infâme vapeur qui l'avait tué (*l'enfant*) rôdant alors autour   12
de ce front charmant, avait failli le suffoquer. »
       BLOY, **La femme pauvre,** p. 228.

ANT. — **Glorieux, honorable, noble...**

INFAMIE. *n. f.* (XIIIᵉ s. ; empr. au lat. *infamia,* rac. *fama,* « renommée »).

|| **1°** Flétrissure sociale ou légale faite à la réputation de quelqu'un. V. **Déshonneur, honte.** *Couvrir, noter quelqu'un d'infamie* (Cf. Accusateur, cit. 2). *Note, marque d'infamie.* V. **Stigmate, tache.** *Condamner des citoyens à l'infamie* (Cf. Considération, cit. 8). *Peine qui porte infamie. L'infamie de subir une peine légale* (Cf. Honte, cit. 3).

« L'infamie est pareille, et suit également   1
   Le guerrier sans courage et le perfide amant. »
       CORN., **Cid,** III, 6.

2 « N'ai-je donc tant vécu que pour cette infamie ? » ID., **Ibid.**, I, 4.

3 « ... je lui ai envoyé en nantissement votre tabatière de diamants, je voulais vous sauver de l'infamie d'aller en prison. »
BALZ., **L'Initié**, Œuvr., t. VII, p. 415.

4 « Ce qui est gloire aux yeux des hommes est infamie devant Dieu. »
FRANCE, **Thaïs**, II, p. 120.

— Condition de celui qui est flétri par l'opinion. *Vivre dans l'infamie. Sortir de l'infamie* (Cf. Galérien, cit. 1).

— Caractère de celui qui est infâme, vil. V. **Abjection, bassesse, ignominie, turpitude, vilenie** (Cf. Honte, cit. 21). *L'infamie d'un espion* (Cf. Espionnage, cit. 1), *d'un calomniateur.*

— Caractère infâme d'une chose. *Infamie d'un crime.* V. **Horreur.** *Infamie de la prostitution* (Cf. Hiérarchie, cit. 14).

5 « C'est moi qui ai fait instituer ce tribunal infâme : j'en demande pardon à Dieu et aux hommes ! » phrase qui plus d'une fois a été pillée. C'était avant d'être traduit au tribunal qu'il fallait en déclarer l'infamie. »
CHATEAUB., M. O.-T., t. II, p. 21.

|| 2° Action, parole infâme (Cf. Bienfaiteur, cit. 1). *Infamie que l'on dit, que l'on fait* (Cf. Furieusement, cit. 2). *C'est une infamie ! Quel mensonge éhonté, quelle infamie ! Dire des infamies à quelqu'un* (V. **Injure, insulte**), *de quelqu'un.* V. **Calomnie** (Cf. Traîner quelqu'un dans la boue*, salir* quelqu'un).

6 « Fi !... Quelle infamie !
Peste soit le coquin, de battre ainsi sa femme ! »
MOL., **Méd. m. lui**, I, 2.

7 « ... mais l'univers saura votre infamie ! »
BEAUMARCH., **Mère coupable**, V, 7 (Cf. Frère, cit. 4).

8 « Il s'irritait peu à peu contre la comtesse, n'admettant point qu'elle osât le soupçonner d'une pareille vilenie, d'une si inqualifiable infamie,... » MAUPASS., **Fort comme la mort**, II, III.

9 « ... je suis disposée à tout, même si te livrer, si tu l'exiges, un secret qui n'est pas le mien. Dois-je commettre cette infamie ? »
COURTELINE, **Boubouroche**, II, 4.

10 « Aujourd'hui encore, au désert, c'est une infamie que de tuer l'adversaire qui sommeille... » DANIEL-ROPS, **Peuple de la Bible**, p. 176.

ANT. — Gloire, honneur ; noblesse.

INFANT, ANTE. n. (1407 ; empr. à l'esp. *infante*, même mot qu'enfant*, lat. *infans*). Titre donné aux enfants puînés des rois d'Espagne et de Portugal (Cf. Garder, cit. 6). *L'infant d'Espagne. Le personnage de l'infante dans le Cid, dans Ruy Blas... « Pavane pour une infante défunte »,* œuvre musicale de Ravel.

1 « Elle est l'infante, elle a cinq ans, elle dédaigne. »
HUGO, **Lég. des siècles**, La rose de l'infante.

2 « Pâle et jaune, d'ailleurs, et taciturne comme
Un infant scrofuleux dans un Escurial... »
VERLAINE, **Jadis et naguère**, Dizain 1830.

3 « ... la servante de l'hôtel au nom charmant a, dans sa robe sombre, un port d'infante,... » COLETTE, **Belles saisons**, Mes cahiers, p. 159.

— Par ext. (*vx*). T. d'affection, d'admiration.

4 « Hé ! vous voilà, princesse, infante de ma vie ;... »
REGNARD, **Démocr.**, IV, 7.

INFANTERIE. n. f. (vers 1500 ; anc. ital. *infanteria*, de *infante*, « enfant ». V. **Fantassin**).

|| 1° *Anciennt.* Ensemble des gens de guerre marchant et combattant à pied (et qui étaient à l'origine les valets d'armes des chevaliers. Cf. l'ital. *fante*, qui signifie à la fois « enfant », « valet », et « fantassin »). V. **Piéton** (*vx*). *Les hoplites, soldats de l'infanterie lourde grecque ; les légionnaires et les vélites, soldats de l'infanterie romaine. L'infanterie au moyen âge, sous l'Ancien Régime.* V. **Franc-archer** (et **archer**), **lansquenet** ; **cent-suisses**. *La pique et la hallebarde, armes de l'infanterie. — La cavalerie et l'infanterie* (Cf. Assaillant, cit. 1 ; escadron, cit. 3 ; face, cit. 45). *Attaquer* (cit. 3) *sans son infanterie ; infanterie qui attaque* (cit. 4). *Bataillons, carrés* d'infanterie (Cf. Froid, cit. 14). *Combat* (cit. 1) *d'infanterie. Cinq mille hommes d'infanterie* (Cf. Heureux, cit. 8). *Faire border* (cit. 3) *une route d'infanterie. L'infanterie forma la haie* (cit. 8).

1 « ... cette redoutable infanterie de l'armée d'Espagne... »
BOSS. (Cf. Bataillon, cit. 3).

2 « Ce fut lui (*le grand Condé*) qui, avec de la cavalerie, attaqua cette infanterie espagnole jusque-là invincible, aussi forte, aussi serrée que la phalange ancienne... » VOLT., **Siècle de Louis XIV**, III.

3 « (*Vers le temps de Hugues Capet*)... Quant à la France, l'Italie, et l'Allemagne, furent ainsi partagées... les armées, dont la principale force avait été l'infanterie, sous Charlemagne ainsi que sous les Romains, ne furent plus que de la cavalerie..., les gens de pied n'avaient pas ce nom (*de gendarmes*), parce que, en comparaison des hommes de cheval, ils n'étaient point armés. »
VOLT., **Essai s. l. mœurs**, XXXVIII.

|| 2° (*Dans les armées modernes*). L'arme* qui est « chargée de la conquête et de l'occupation du terrain » (R. PICHENÉ, Vocab. d'arm.). V. **Armée** (cit. 14) ; **biffe** 2 (arg.). *Soldat d'infanterie.* V. **Biffin, fantassin** ; *et aussi* **Chasseur, pionnier, tirailleur, zouave...** « *L'infanterie est la force des armées, la « reine des batailles » a dit Napoléon Ier* » (P. LAROUSSE). *Subdivisions de l'infanterie fran-*

çaise : *infanterie métropolitaine* (infanterie de ligne. V. **Lignard** (*vx*) ; *infanterie de forteresse* ; légion* étrangère) ; *infanterie coloniale, infanterie de marine* (Cf. Appel, cit. 7 ; équipement, cit. 4). *Infanterie dans les divisions blindées : infanterie portée. Infanterie de l'air, aéroportée* (V. **Parachutiste**). — *Groupe, section, compagnie, bataillon* (cit. 8), *régiment, brigade, division d'infanterie. Grades dans l'infanterie.* V. **Caporal ; sergent, sergent-chef, adjudant ; officier**. *Armes utilisées par l'infanterie :* fusil, baïonnette (cit. 2), pistolet, pistolet-mitrailleur, fusil-mitrailleur, mitrailleuse, lance-fusée antichars, grenade, mortier... *Canon d'infanterie. — Service auto, transmissions ; ravitaillement, munitions* d'une unité d'infanterie. *Artillerie* d'accompagnement d'une unité d'infanterie.

4 « ... *l'offensive*, dites-vous, c'est le feu qui avance ; la défensive, c'est le feu qui arrête. Vous dites enfin : *le canon conquiert, l'infanterie occupe.* » VALÉRY, **Variété IV**, p. 63.

5 « Les troupes de la division d'infanterie comprennent en principe : — des unités d'infanterie (régiments ou demi-brigades) ; — des unités de cavalerie légère blindée et des unités de chars... — des unités d'artillerie divisionnaire... — des unités d'artillerie antiaérienne... — des unités du génie... — des unités des transmissions... — des unités du train... — une unité de passage,... »
MÉMENTO Off. rés. infanterie, p. 52 (éd. Lavauzelle, 1954).

1. INFANTICIDE. adj. (1564 ; empr. au lat. *infanticida*). Se dit d'une personne qui tue volontairement un enfant, et *particult.* un nouveau-né. *Une mère infanticide. —* Substant. (1721). *Un, une infanticide.*

« Garcin le lâche tient dans ses bras Estelle l'infanticide. »
SARTRE, **Huis clos**, V.

2. INFANTICIDE. n. m. (1611 ; empr. au lat. *infanticidium*). Meurtre d'un enfant. — Spécialt. Dr. Meurtre ou assassinat d'un enfant nouveau-né (art. 300 du CODE PÉN.). *L'infanticide, délit puni de peines correctionnelles. Avortement* (cit. 3) *et infanticide. Mère accusée d'infanticide. — « Convient-il de déférer à nouveau l'infanticide à la compétence de la Cour d'assises ? »* (DESIRY in DALLOZ, 1948, Chr. 81).

1 « Cette femme avait tué son enfant, l'infanticide a été prouvé, le jury a écarté la préméditation, on l'a condamnée à vie. »
HUGO, **Misér.**, I, VII, VII.

2 « Tu es pacifiste par respect de la vie humaine, et tu vas détruire une vie »... — Un avortement n'est pas un infanticide. — Oui, dit-il avec détachement. J'en conviens : un avortement n'est pas un infanticide, c'est un meurtre « métaphysique ».
SARTRE, **Âge de raison**, VIII, p. 111.

INFANTILE. adj. (1563, au sens d'« enfantin » ; 1863 au sens mod. ; empr. au lat. *infantilis*. V. **Enfant**). T. de Médecine, de psychologie et de psychiatrie. Relatif à la première enfance. *Maladies infantiles. Médecine infantile.* V. **Pédiatrie.** *Stade infantile du développement d'un organe, de l'évolution d'un comportement* (Cf. Exhibitionniste, cit. 2). — Appliqué à des adultes dont le développement physiologique, psychologique s'est arrêté au stade infantile. *Sujet infantile. —* Substant. *Les infantiles, les débiles mentaux infantiles.* V. **Infantilisme** (cit.).

1 « N'oublions pas que certains *nains* ne doivent pas être classés dans les infantiles tels les achondroplases qui,... ont une vigueur physique et intellectuelle ainsi qu'un développement sexuel tout à fait normaux. »
POROT, **Manuel de psychiatrie**, Infantilisme.

— (Dans le langage courant). Péjor. Comparable à un enfant, digne d'un enfant (quant au niveau intellectuel et affectif). *Cervelles infantiles des bigotes* (cit. 3). *Un comportement, une réaction infantile* (V. **Enfantin, puéril**).

2 « ... c'était... un tyran sanguinaire et jovial ; mais il était de cervelle infantile et d'esprit faible ;... » HUYSMANS, **Là-bas**, VIII.

DER. — **Infantilisme.** n. m. (fin XIXe s.). Méd. et Psychiatrie. « État d'un individu qui présente à l'âge adulte un aspect rappelant plus ou moins celui d'un enfant ; petitesse de la taille, défaut de développement des organes génitaux, absence des caractères sexuels secondaires et souvent psychisme infantile » (GARNIER). V. **Atrophie.** *Infantilisme thyroïdien, hypophysaire...*

« Le mot d'infantilisme psychique ne doit s'appliquer qu'aux cas où la puérilité s'associe à la débilité mentale et souvent, chez les infantiles, il s'agit beaucoup plus d'arriération affective que de déficit intellectuel proprement dit. »
POROT, **Manuel de psychiatrie**, Infantilisme.

INFARCTUS (*in-far-ktuss'*). n. m. (1867 ; de *in-*, et *farctum*, supin de *farcire*, « farcir »). Méd. Infiltration d'un tissu par un épanchement sanguin. — *Infarctus du myocarde :* « hémorragie intra-myocardique provoquée par l'oblitération d'une branche de l'artère coronaire » (GARNIER).

« — Monsieur votre frère, dit le Dr Lenoir, souffre de ce que nous appelons un infarctus du myocarde. »
DUHAM., **Cri des profondeurs**, XI.

INFATIGABLE. adj. (XIVe s. ; empr. au lat. *infatigabilis*). Qui ne peut se fatiguer ; qui ne se fatigue, ne se lasse pas facilement. *Être infatigable.* V. **Résistant, robuste** (Cf. Être d'acier, et *fam.* Increvable ; et *aussi* Entrain, cit. 2). *Marcheur, joueur, travailleur infatigable. Fureteurs* (cit. 1) *infatigables qui restent debout des journées entières. Le*

loup est infatigable, difficile à forcer (cit. 24) *à la course.*
Jument infatigable (Cf. Extrait, cit. 4). *Infatigable dans*
l'action. V. **Actif, agissant** (cit. 8). *Lecteurs infatigables.*
V. **Inlassable** (Cf. Auteur, cit. 27). *Infatigables auteurs*
(cit. 19) *de pièces médiocres. Une infatigable épistolière*
(cit. 3). *Infatigable constructeur* (Cf. Hydraulique, cit. 2).

1 « ... mon fils est infatigable, il lit cinq heures de suite si on veut. »
SÉV., **1216,** 18 sept. 1689.

2 « Je commençai pourtant par me coucher ; car l'infatigable Chevalier ne m'avait pas laissé dormir un moment,... »
LACLOS, **Liais. dang.,** LXIII.

3 « Je n'ai pas comme vous l'obligation de me promener infatigable ;
la jeunesse aime le sommeil, trouvez bon que j'aille me reposer. »
BALZ., **Ress. de Quinola,** I, 15.

— *De longues jambes infatigables* (Cf. Foulée, cit. 4).
Esprit infatigable et ardent (Cf. Étudier, cit. 3). *Un zèle*
infatigable (Cf. Acquérir, cit. 5 ; expéditionnaire, cit. ;
fourmi, cit. 5). *Infatigable douceur* (Cf. Bétail, cit. 4).
L'amour est infatigable, il ne se lasse jamais (Cf. Épancher,
cit. 17). — *D'une manière infatigable* (Cf. Effort, cit. 24).

4 « Une chose qui me surprend toujours également, c'est l'infatigable
et cruel acharnement à tourmenter Tacite pour trouver des torts à
Sénèque,... »   DIDER., **Essai s. règnes Claude et Néron,** I, 52.

5 « ... comme ce Sainte-Beuve qui a donné l'exemple d'une infatigable
disponibilité intellectuelle, (*il est tenu*) d'aller et de pénétrer partout,
de ne s'ankyloser dans aucun poste, et de courir sans fin et en tout
sens vers la vérité,... »   HENRIOT, **Romantiques,** p. 222.

— Par anal. *Le chalutier* (cit.), *bateau infatigable. Les*
coups du bélier infatigable (Cf. Échafaud, cit. 5).

DER. — **Infatigablement.** *adv.* (XIVe s.). D'une manière infatigable.
V. **Inlassablement.** *Travailler infatigablement* (Cf. *aussi* Alimenter,
cit. 3).

« ... le vieil instinct du voyage qui anime Israël depuis l'origine des
temps et le pousse infatigablement sur tous les chemins du monde. »
J. et J. THARAUD, **Ombre de la croix,** p. 14.

INFATUATION. *n. f.* (1622 ; dér. d'*infatuer*).

|| 1° *Vx.* Sentiment d'une personne infatuée d'une autre.
V. **Engouement.**

1 « Dubois n'oublia rien pour confirmer Canillac dans son infatuation
pour Stairs. »   ST-SIM., **Mém.,** 437, 78.

|| 2° Sentiment d'une personne infatuée d'elle-même ; sa-
tisfaction excessive et injustifiée que l'on a de soi. V.
Fatuité, narcissisme, orgueil, prétention, suffisance, vanité.
On ne peut le guérir de son infatuation. Confiance en soi
et infatuation (Cf. Accompagner, cit. 13).

2 « Il oublie, dans son infatuation, qu'il se joue à un plus fin et plus
fort que lui,... »   BAUDEL., **Parad. artif.,** Poème du haschisch, I.

3 « L'infatuation d'un homme instruit, loué, célébré partout, est une
des sources de la sottise sans mesure. »
ALAIN, **Propos,** 9 sept. 1921, Orgueil et vanité.

4 « ... je tiens l'infatuation pour fatale au développement de l'esprit... »
GIDE, **Si le grain...,** I, IX, p. 251.

ANT. — **Modestie.**

INFATUER. *v. tr.* (1380 ; empr. au lat. *infatuare,* rac.
fatuus, « fat, sot », propremt. « rendre sot »).

|| 1° *Vx.* Inspirer un engouement ridicule, rendre fou
(d'une personne, d'une chose). *Infatuer quelqu'un d'une*
personne, d'un objet.

1 « Succomba-t-il (*Salomon*)... à cette aveugle passion qui l'infatua
dans la suite ; jusqu'à lui faire adorer les dieux de ses concubines ? »
BOURDAL., **Dominic.,** Dim. Septuag., I.

— *Pronominalt.* (vieilli). *S'infatuer de quelque chose, de*
quelqu'un. V. **Amouracher, embéguiner** (*vx*), **engouer,**
enticher.

2 « Des scolastiques s'en infatuèrent (*de la philosophie d'Aristote*)... »
MONTESQ., **Espr. des lois,** XXI, XX.

— *Être infatué de...* V. **Amoureux, assoté** (*vx*), **fou, imbu.**
Musicien infatué de son art (Cf. Besogneux, cit. 1).

3 « Monsieur Hulot fils était bien le jeune homme tel que l'a fabriqué
la Révolution de 1830 : l'esprit infatué de politique, respectueux envers
ses espérances,... »   BALZ., **Cousine Bette,** Œuvr., t. VI, p. 176.

|| 2° De nos jours, *Spécialt.* Pronominalt. *S'infatuer de*
soi-même, devenir excessivement content de soi. *Absolt.*
(dans le même sens) *S'infatuer.*

4 « Un orgueilleux qui s'infatue de ses prétendues bonnes qualités,... »
BOURDAL., **Pens.,** t. II, p. 172.

5 « ... une époque où l'art, n'ayant plus place, ne pouvant prendre
part active et trouver son motif dans la vie, s'isole orgueilleusement,
s'infatue et méprise ce qui n'a pas su le priser. »
GIDE, **Nouv. prétextes,** p. 32.

— *Être infatué de ses mérites, de sa personne... et absolt.*
infatué. V. **Fat, orgueilleux, prétentieux, vain, vaniteux** (Cf.
Être content* de soi, plein* de soi, faire l'important*...).
Être infatué de soi n'arrive guère (cit. 22) *aux gens d'esprit.*
Un homme très infatué. V. **Narcisse.** — Par ext. *Air infatué.*
V. **Suffisant.**

6 « ... cette raideur vaniteuse et infatuée ;... »
STE-BEUVE, **Volupté,** XXII.

7 « ... (*Il*) n'était pas peu infatué de sa personne physique. Toutes
les femmes d'ailleurs le confirmaient dans la bonne opinion qu'il se
faisait de sa beauté. »   ARAGON, **Beaux quartiers,** I, VII.

8 « Les contemporains (*de Balzac*)... en ont fait tantôt un demi-dieu ;...
tantôt un très vulgaire bonisseur, infatué, ridicule et sale. »
HENRIOT, **Romantiques,** p. 347.

— *Néol.* Rendre exagérément content de soi, rendre fat.

9 « Il est curieux que chez les trois artistes convertis que j'ai connus
le mieux,... le catholicisme n'ait apporté qu'un encouragement à
l'orgueil. La communion les infatue. »   GIDE, **Journal,** 10 sept. 1922.

ANT. — **Dégoûter. Humble, modeste. Humilier.**

INFÉCOND, ONDE. *adj.* (XVe s. ; empr. au lat. *infecun-*
dus). Qui n'est pas fécond. V. **Stérile.** En parlant des
plantes, des animaux. *Fleur inféconde, poule inféconde.*
Mâle hybride inféconde. Rendre inféconde. V. **Châtrer.** *Plus*
rarement, en parlant des femmes, *Épouse inféconde* (On dit
plutôt *stérile*).

1 « Des femelles infécondes et qui ne pondent pas,... »
BUFF., **Hist. nat. ois.** (in LITTRÉ).

2 « ... cette vierge inféconde
Et pourtant nécessaire à la marche du monde, »
BAUDEL., **Fl. du mal,** CXIV.

3 « Les hybrides provenant du faisan versicolore et du faisan doré
sont viables mais inféconds, sauf parfois le mâle. Ainsi en est-il du
mulet, provenant du croisement âne-jument, remarquable par sa
vigueur, mais stérile avec quelques exceptions pour la mule :... »
J. CARLES, **La fécondation,** p. 101 (éd. P.U.F.).

— Par ext. *Graine inféconde, œuf infécond.*

— Par anal. *Terre inféconde* (Cf. Besogner, cit. 1). V.
Infertile. *Des champs inféconds. Mer inféconde* (Cf. Hécatombe, cit. 1).

— *Fig.* Qui ne produit rien. *Un esprit infécond. Théorie*
inféconde. L'individualisme infécond, cet émiettement
d'énergies (cit. 14).

4 « Toujours son ironie, inféconde et morose, »
HUGO, **Chants du crépusc.,** XIII.

5 « Ce qu'il faut à l'humanité, c'est une morale et une foi ; ce sera
des profondeurs de la nature humaine qu'elle sortira, et non des
chemins battus et inféconds du monde officiel. »
RENAN, **Avenir de la Science,** Œuvr., t. III, p. 1092.

ANT. — **Fécond, fertile.**

INFÉCONDITÉ. *n. f.* (1390 ; empr. au lat. *infecunditas*).
Manque de fécondité. V. **Stérilité.** *Infécondité d'une plante,*
d'un animal. — Par anal. *Infécondité d'une terre.* — *Fig.*
Infécondité de l'esprit. L'infécondité d'une idée, d'une
théorie.

« Tout ce qui fait travailler et s'agiter l'homme utilise l'espoir. La
seule pensée qui ne soit pas mensongère est donc une pensée stérile.
Dans le monde absurde, la valeur d'une notion ou d'une vie se mesure
à son infécondité. »   CAMUS, **Mythe de Sisyphe,** p. 96.

INFECT, ECTE (*ekt'*). *adj.* (XIVe s. ; lat. *infectus,* p. p. de
inficere, « mélanger », d'où « souiller »).

|| 1° Qui a une odeur puante, un goût ignoble, par suite
de corruption. V. **Ignoble, pestilentiel, puant, putride, re-**
poussant, répugnant. *Viande infecte. Charogne* (cit. 1)
infecte. Un marécage infect. Cloaque, bourbier infect. D'in-
fectes vapeurs ; des émanations infectes. V. **Fétide** (Cf.
Hâve, cit. 4). *Le nid de la huppe* (cit. 1) *est très sale et très*
infect (BUFFON). — *Odeur, saveur infecte* (Cf. Extravaser,
cit.). *Goût infect.* — Par métaph. :

1 « Il a l'infecte odeur de la bouche qui ment. »
HUGO, **Années funestes,** XLI.

2 « Il fallait donc déshonorer son nom dont il était si fier. Eh bien !
je me jurai que, ce nom, je le tremperais dans la plus infecte des
boues, que je le changerais en honte, en immondice, en excrément ! »
BARBEY d'AUREV., **Les diaboliques,** Vengeance d'une femme, p. 406.

— *Par exagér.* Très sale. *Il habite une infecte mansarde.*
— Très mauvais dans son genre. *Nous avons fait un repas*
infect ; ce vin est infect (V. **Ignoble**). *Il a fait cet été un*
temps infect. Ce spectacle, ce film est infect : très mauvais
(sans idée de condamnation morale).

3 « Ils ne reviendront pas dans les chambres infectes ;...
L'âtre était froid, les lits et le vin pleins d'insectes ; »
BAUDEL., **Poèmes div.,** II.

4 « ... je n'eus rien de plus pressé que de les noyer dans ma
cuvette, sitôt rentré dans notre infect appartement. »
GIDE, **Si le grain...,** I, IV, p. 110.

5 « — Quelle saleté !... — Quoi ? — Ça ! dit-elle en désignant sa
tasse de café... — Il est infect ; vous pouvez l'emporter. »
SARTRE, **Mort dans l'âme,** I, p. 59.

|| 2° Qui excite le dégoût moral (LITTRÉ). V. **Abject,**
ignoble, répugnant. *Un infect cabotinage* (cit. 2). *Je trouve*
cela infect (Cf. Bûcher, cit. 1). *Il a été infect avec ses*
meilleurs amis.

6 « Nul homme n'a été plus cruel que lui, ni plus mauvais, ni plus
vicieux et plus infect,... »   COMMYNES, **Mém.,** VII, 11.

7 « Tu es parti et moi je trime. Tu es un sale type. Un type infect. »
COCTEAU, **Enfants terribles,** p. 40.

8 « C'est trop infect, à la fin, cette grande bringue qui refuse de bouger, qui crève de gourmandise et qui ne peut pas faire un effort. »
ID., *Ibid.*, p. 101.

ANT. — Aromatique, odoriférant, parfumé. Propre. Bon.

INFECTER. *v. tr.* (1416 ; de *infect*).

‖ 1° Imprégner d'émanations dangereuses, malsaines, empoisonnées. V. **Empoisonner, empester, souiller.** *Cadavres en décomposition, vapeurs malsaines qui infectent l'air* (V. **Méphitiser**). *Usine à gaz, fabrique de produits chimiques qui infecte l'air, l'atmosphère, le voisinage.*

1 « Nous voyons la Charente et les bords d'alentour
Déjà rougir de sang, et l'air de Montcontour
S'infecter de corps morts,... »
RONSARD, **Pièces posthumes**, Les Parques.

2 « ... Une vapeur noire et grossière qui obscurcit, infecte et salit les esprits animaux,... »
MOL., **Pourc.**, I, 8.

3 « Le ciel avec horreur voit ce monstre sauvage ;
La terre s'en émeut, l'air en est infecté ;... » RAC., **Phèd.**, V, 6.

4 « ... un sang noir et corrompu, coulant de ma plaie, infectait l'air... »
FÉN., **Télém.**, XII.

— *Spécialt. Méd.* Transmettre, communiquer l'infection*. V. **Contagionner, contaminer.** *Malade contagieux qui infecte ses proches.* — *Infecter une plaie** (V. **Envenimer**). *Parties infectées par la gangrène.*

5 « ... mais l'incurable plaie,
Par glaive faut toujours couper à hâte, *(afin)*
Que la part saine elle n'infecte pas,... »
MAROT, **Métamorph. d'Ovide**, I.

6 « On sait trop bien qu'on ne peut pas avoir confiance en son voisin, qu'il est capable de vous donner la peste à votre insu et de profiter de votre abandon pour vous infecter. » CAMUS, **La peste**, p. 216.

‖ 2° *Spécialt.* Empester par une odeur infecte. V. **Empester, empoisonner** *(fig.)*, **empuantir.** *Il nous infecte avec son haleine, de son haleine* (ACAD.). *Infecter l'air, l'atmosphère. Air infecté.*

7 « De cette mêlée il est demeuré de part et d'autre neuf à dix mille chats sur la place, qui ont infecté l'air à dix lieues de là par leur puanteur,... » LA BRUY., XII, 119.

— *Absolt.* (Peu usit.). *Cet endroit infecte* (ACAD.). V. **Puer.**

‖ 3° Fig. V. **Contaminer, corrompre, gâter, souiller...** *Ce vice infecte tous les âges* (Cf. Aujourd'hui, cit. 25 MASS.). *Peuple infecté d'idolâtrie* (Cf. Entraîner, cit. 12 PASC.). *Amour du gain* (cit. 6) *qui infecte les esprits* (LA BRUY.). *Jargon dont les pièces modernes sont infectées* (Cf. Barbare, cit. 17 D'ALEMB.). *Habitudes qui infectent une partie de la jeunesse* (Cf. Bas, cit. 43 LA BRUY.). « *Si vous le fréquentez, il vous infectera par ses dangereuses maximes, de ses dangereuses maximes* » (ACAD.).

8 « L'air précieux n'a pas seulement infecté Paris, il s'est aussi répandu dans les provinces,... »
MOL., **Préc. rid.**, I.

9 « Il est... honteux pour l'esprit humain, que la littérature soit infectée de ces haines personnelles, de ces cabales, de ces intrigues,... »
VOLT., **Alzire**, Disc. prélim.

10 « Les canons renversèrent d'abord à peu près six mille hommes de chaque côté ; ensuite la mousqueterie ôta du meilleur des mondes environ neuf à dix mille coquins qui en infectaient la surface. »
ID., **Candide**, III.

— REM. 1. Au propre comme au fig., *Infecter* ne s'emploie plus guère, de nos jours, qu'au sens médical (Cf. *supra*, cit. 6 CAMUS) ou par métaphore de ce sens :

11 « La bourgeoisie capitaliste, par contre, a tout infecté. Elle s'est infectée elle-même et elle a infecté le peuple, de la même infection. Elle a infecté le peuple doublement ; et en elle-même restant elle-même ; et par les portions transfuges d'elle-même qu'elle a inoculées dans le peuple. » PÉGUY, **La république...**, p. 286.

2. *Infecter* est parfois confondu avec son paronyme *Infester**. LA FONTAINE parle de « *brigands qui infectent la province* » et BUFFON d'une « *eau... infectée de sangsues* ».

ANT. — Assainir, désinfecter, purger, purifier. Embaumer.

DER. — Infectant, ante. *adj.* (1867 LITTRÉ). Qui peut causer l'infection. *Germes, microbes, virus infectants. Contact infectant* (Cf. Chancre, cit. 1).

« ... Lister s'attaquait aux germes qui sont dans l'air, puis il isolait la plaie, afin de la préserver du contact infectant de l'air. »
MONDOR, **Pasteur**, VI, p. 98.

INFECTIEUX, EUSE. *adj.* (1821 ; du rad. de *infection*). *Méd.* Qui communique ou détermine l'infection*. *Germe* infectieux* (Cf. Immunité, cit. 5). — Qui s'accompagne d'infection, est caractérisé par l'infection. *Maladies infectieuses ; complications infectieuses* (Cf. Érysipèle, cit. 2 ; hygiéniste, cit. 2).

« *Maladie infectieuse.* « Ensemble des troubles et secondairement des lésions survenant dans un organisme qui subit l'action de substances toxiques produites par certains parasites et réagit contre elles ». »
G. H. ROGER in GARNIER, **Dict. termes de méd.**

INFECTION. *n. f.* (1314 ; lat. *infectio*).

‖ 1° Action d'infecter* ; résultat de cette action. V. **Corruption, putréfaction...**

« ... nul ne pouvait plus le porter, à cause de l'infection insupportable qui sortait de lui. » BIBLE (SACY), **Macchab.**, II, IX, 10.

« ... l'horreur de ma plaie, son infection, et la violence de mes cris troublaient toute l'armée. » FÉN., **Télém.**, XII.

— *Par ext.* Chose infecte. « *Cette horrible* (cit. 5) *infection* » (BAUDEL. « Une charogne »).

‖ 2° *Spécialt. Méd.* « Envahissement de l'organisme par un germe pathogène » (GARNIER). *Infection généralisée* (Cf. Antitoxine, cit. 2). *Transmettre, communiquer l'infection. Foyer* d'infection :* lieu d'où l'infection se propage. V. **Contagion, épidémie** (Cf. Extension, cit. 5).

« Avant les découvertes de Pasteur et de Lister, les opérations chirurgicales étaient toujours suivies de l'incursion des bactéries. Il en résultait des suppurations, des gangrènes gazeuses, l'envahissement du corps par l'infection. Et souvent la mort. »
CARREL, **L'homme, cet inconnu**, VI, V.

« Le petit corps se laissait dévorer par l'infection, sans une réaction. De tout petits bubons,... bloquaient les articulations... Il était vaincu d'avance. » CAMUS, **La peste**, p. 232.

« Les rats sont morts de la peste... Ils ont mis dans la circulation des dizaines de milliers de puces qui transmettront l'infection suivant une proportion géométrique, si on ne l'arrête pas à temps. »
ID., **Ibid.**, p. 73.

— *Maladie infectieuse** (V. **Septicémie**). *Infection purulente* (ou Pyohémie). Cf. Érysipèle, cit. 1 ; extériorité, cit. 1. *Les grandes, les graves infections* (Cf. Guerre, cit. 35). *Infection inapparente :* « maladie infectieuse septicémique aiguë » caractérisée par « l'absence de tout symptôme clinique » (GARNIER). *Infection latente*, ne déterminant aucune réaction de l'organisme. *Infection puerpérale.*

« ... j'eus la pensée que les miasmes dont j'avais admis l'existence, parce que je ne pouvais pas expliquer autrement la production de l'infection purulente... pourraient bien être des corpuscules animés de la nature de ceux que Pasteur avait vus dans l'air, et dès lors l'histoire des empoisonnements miasmatiques s'éclaira pour moi d'une clarté nouvelle. » A. GUÉRIN in MONDOR, **Pasteur**, VI, p. 101.

— *Par métaph. et fig.*, en parlant d'un mal qui se transmet (Cf. Cancer, cit. 4 ; chambardement, cit. 1).

‖ 3° Grande puanteur. V. **Pestilence, puanteur.** *Il sort de cet égout une infection insupportable* (ACAD.). *C'est une infection.*

ANT. — Antisepsie, assainissement, désinfection. Arôme, parfum.

INFÉLICITÉ. *n. f.* (1376 ; de *in-*, et *félicité*). *Peu usit.* Défaut de félicité. V. **Malheur, infortune.**

« Ils (*Rodrigue et Chimène*) tombent dans l'infélicité par cette faiblesse humaine dont nous sommes capables comme eux ; »
CORN., **Disc. de la Trag.**

« Qu'était-ce à mes yeux que cette infélicité de vivre dans ses terres, avec les conforts de la vie ? Qu'était-ce que ce malheur d'avoir de la gloire, des loisirs, de la paix, dans une riche retraite à la vue des Alpes, en comparaison de ces milliers de victimes sans pain, sans nom, sans secours, bannies dans tous les coins de l'Europe, tandis que leurs parents avaient péri sur l'échafaud ? »
CHATEAUB., **M. O.-T.**, t. II, p. 345.

INFÉODER. *v. tr.* (1411 ; lat. médiév. *infeodare*. V. **Fief**).

‖ 1° *Dr. féod.* Donner (une terre) à un vassal pour qu'il la tienne en fief*. V. **Aliéner.** *Inféoder un héritage. Domaine inféodé par le seigneur à son vassal.* — *Par ext.* Gratifier (un vassal) d'une terre donnée en fief.

« ... dans deux terres que je dois bien connaître, inféodées du temps de Charles V, j'ai trouvé la moitié plus de feux qu'il n'est marqué dans l'acte d'inféodation,... » VOLT., **Dict. philos.**, Population.

— *Par anal. Dîmes inféodées :* aliénées par l'Église au profit des seigneurs.

‖ 2° *Par ext. et fig.* Soumettre comme à un seigneur. *Républiques forgées et inféodées par la France, sous l'Empire* (Cf. Couverture, cit. 4). *États autonomes mais inféodés* (Cf. Expansion, cit. 5 ; frontière, cit. 4). *Inféoder l'Église à l'État.*

« ... il a, d'autre part, trop connu l'Église, quand il en était presque, pour ne pas saluer, en elle, une puissance à ménager et, autant qu'on le pourra, à inféoder à l'État. »
MADELIN, **Hist. Consul. et Emp.**, Vers l'Empire d'Occident, II.

— *Pronominalt. S'inféoder à un parti, à un chef...* V. **Obéir, soumettre** (se). *Rester inféodé à quelqu'un* (Cf. Coudre, cit. 5).

« ... faute de comprendre les nécessités de l'heure, inféodé stupidement à son parti... » ARAGON, **Beaux quartiers**, II, XII.

DER. — Inféodation. *n. f.* (1393). Action d'inféoder une terre. *Acte, contrat d'inféodation.* — Fig. V. **Soumission.** *Inféodation à un parti, à une coterie.*

« L'empereur... se résolut à affranchir le Virtemberg (*Wurtemberg*) de l'inféodation de l'Autriche. »
VOLT., **Annales de l'Emp.**, Rodolphe, II (1599).

INFÈRE. *adj.* (1770 ; lat. *inferus*, « qui est en bas »). *Bot.* Se dit de l'ovaire d'une fleur, lorsqu'il est situé au-dessous des verticilles.

ANT. — Supère.

DER. — Inférovarié, ée. *adj.* (XIXᵉ s.). *Bot.* Dont l'ovaire est infère. *Plante inférovariée.*

INFÉRER (se conjugue comme *Exaspérer*). *v. tr.* (XVIᵉ s. RAB. ; .lat. *inferre*, « porter dans », d'où « alléguer », sur le modèle de *Conférer*). *Log.* Tirer une conséquence*. V. **Arguer** (I, 1°), **conclure, induire.** *J'infère de ce que vous me dites, j'en infère que...* V. **Argument** (tirer argument). *On peut donc en inférer que...* V. **Preuve** (c'est la preuve que...). *« Quelle morale puis-je inférer de ce fait ? »* (LA FONT. ; Cf. Imparfait, cit. 2). — *J'ai été conduit à inférer que...* (Cf. Complet, cit. 10).

1 « Toutefois je ne voulais pas inférer de toutes ces choses que le monde ait été créé en la façon que je proposais,... »
DESC., **Disc. méth.,** V.

2 « De ce que je pense, je n'infère pas plus clairement que je suis esprit, que je conclus de ce que je fais, ou ne fais point selon qu'il me plaît, que je suis libre :... » LA BRUY., XVI, 47.

3 « ... de ce qu'elle avait beaucoup d'esprit et de raisonnement pour vous aider à sortir de peine dans beaucoup de choses possibles, on inférait qu'elle pouvait en faire d'autres qui ne le sont pas. » SAND, **Petite Fadette,** VIII.

4 « Et comme si j'avais deviné juste autrefois, en inférant de là qu'elle devait être une jeune fille très libre,... »
PROUST, **Rech. t. p.,** t. XII, p. 228.

— *Absolt. :*

5 « Son âme alors pense, raisonne, infère, conclut, juge, prévoit... »
LA BRUY., XI, 113.

DER. — **Inférence.** *n. f.* (1606). *Log.* Opération logique par laquelle on admet une proposition « en vertu de sa liaison avec d'autres propositions déjà tenues pour vraies » (V. **Raisonnement**). « Inférence est... le terme le plus général, dont raisonnement, déduction, induction, etc. sont des cas spéciaux » (LALANDE). *Inférence ne s'emploie que relativement à la vérité ou à la fausseté des propositions, à la différence d'implication*, simple relation formelle. Inférence immédiate** (cit. 3), *médiate. Inférence du particulier au particulier,* consistant à conclure un fait d'un autre fait analogue. — *Par ext.* Proposition admise en vertu d'une inférence.

INFÉRIEUR, EURE. *adj.* (XIVᵉ s. ; lat. *inferior,* compar. de *inferus,* « placé en dessous »).

I. Qui est au-dessous*, plus bas, en bas. V. **Bas** (*adj.*). *Inférieur, adjectif comparatif* (cit. 2). *Le niveau de la Méditerranée est un peu inférieur à celui de la mer Rouge* (HATZFELD). — REM. Dans cette acception, *Inférieur* est le plus souvent employé absolument, l'autre terme de la comparaison étant sous-entendu. — *Partie inférieure d'un mur, d'un édifice* (V. **Base**). *Degrés inférieurs, marches inférieures d'un escalier* (Cf. Caniveau, cit. 1). *Étages inférieurs* (Cf. Caniveau, cit. 1). *Toit inférieur d'un édifice à double toit* (Cf. Faîtage, cit. 1). *Extrémité inférieure* (Cf. Fémur, cit.). *Couches* (cit. 8) *inférieures du sol, de la mer.* V. **Profond** (Cf. Capillarité, cit.). *Zone inférieure* (Cf. Cavité, cit. 1 ; géographique, cit. 3). *Souterrain inférieur* (Cf. Entrailles, cit. 9). — *Partie inférieure de la face* (cit. 14), *du bec* (Cf. Barbillon, cit. 2), *du menton* (Cf. Fesse, cit. 1). — *Spécialt. Membres inférieurs :* les jambes (Cf. Accroupir, cit. 6 ; course, cit. 1 ; face, cit. 35 ; hanche, cit. 4). *Lèvre inférieure* (Cf. Avancer, cit. 34 ; gonflement, cit. 1). *Paupière inférieure* (Cf. Éraillé, cit. 3). *Mâchoire inférieure* (Cf. Face, cit. 9).

1 « Il semblait hésiter, un doigt sur la lèvre inférieure. »
DUHAM., **Compagnons de l'Apocalypse,** I.

— *Spécialt. Géogr.* Dont l'altitude est inférieure ; qui est plus près de la mer. *Cours inférieur d'un fleuve ; vallée inférieure du Rhône. Département de la Loire-Inférieure* (ellipt. *La Loire-Inférieure*) : le département où se trouve l'embouchure de la Loire.

2 « Les gazettes vous apprennent que l'État a décidé un... anabaptême géographique. La Seine-Inférieure s'appellera désormais Seine-Maritime, par imitation de la Charente-Inférieure qui changea d'épithète voici vingt ans. Il ne reste guère que la Loire-Inférieure pour porter cette étiquette infamante aux yeux des naïfs ! »
THÉRIVE, **Clinique du langage,** p. 224 (— REM. En 1957, cette dernière dénomination a disparu à son tour et a été remplacée par celle de *Loire-Atlantique*).

— *Astron. Planètes inférieures :* plus rapprochées du Soleil que la Terre. *Mercure et Vénus, les deux planètes inférieures.*

II. Qui a une valeur moins grande ; qui occupe une place, un degré au-dessous (dans une classification, une hiérarchie). V. **Mineur, moindre, subordonné.** *Inférieur à...* (Cf. Gnostique, cit. 2). *Il lui est très inférieur* (Cf. Il ne lui va pas à la cheville*). *Il se sent très inférieur à lui* (Cf. Se sentir petit garçon*). *Inférieur en mérite*, en importance* (V. **Secondaire**). *Il ne lui est inférieur en rien.* V. **Céder.** *Il est inférieur en science, en savoir :* moins* savant. *Inférieur en force, en pouvoir. Forces inférieures en quantité, en qualité* (Cf. Globalement, cit.). *Inférieur du point de vue intellectuel, sous le rapport intellectuel, quant à...* (Cf. Héros, cit. 25). *Inférieur dans la hiérarchie, dans l'échelle des valeurs* (Cf. Édifice, cit. 8). *« Le socque est inférieur au cothurne* (cit. 3) ». *Le vers de Voltaire est inférieur à celui de Racine* (Cf. Coulant, cit. 3). — *Absolt. Esprits inférieurs.* V. **Commun, médiocre** (Cf. Auteur, cit. 36). *Passions inférieures et passions nobles* (Cf. Fond, cit. 57). *État inférieur* (Cf. Asservir, cit. 1) ; *situation, position inférieure.* V. **Dépendant** (Cf. Affranchir, cit. 13). *Rang**

inférieur. Être assujetti à des travaux inférieurs, à des soins domestiques inférieurs (Cf. Dépendant, cit. 3). *L'existence* (cit. 20) *inférieure de la larve.* — *Les classes inférieures d'une école, d'un lycée :* les petites classes.

3 « (C'est)... pour avoir ignoré l'art de bien conduire les affaires des hommes, que Lucain est si inférieur à Virgile. »
VOLT., **Essai s. poés. ép.,** IV.

4 « Seigneur mon Dieu ! accordez-moi la grâce de produire quelques beaux vers qui me prouvent à moi-même que je ne suis pas le dernier des hommes, que je ne suis pas inférieur à ceux que je méprise. »
BAUDEL., **Spleen de Paris,** X.

5 « ... j'ai beau être docteur ès-sciences... je suis très inférieur à d'humbles herboristes de campagne... qui m'en connaissent... bien plus long que moi ! »
HUYSMANS, **Là-bas,** VII.

6 « On a assez dit qu'un chef doit à son pouvoir même de ne pas se montrer inférieur à ceux sur qui il règne. »
ALAIN, **Propos,** 24 juill. 1921, Le canonnier sans peur.

— Qui ne correspond pas, en valeur, à... *Son destin fut inférieur à son génie* (Cf. Auréole, cit. 2). *Il n'a pas été inférieur à sa tâche :* il a été à la hauteur de sa tâche, égal à sa tâche.

— *Spécialt.* (en parlant de nombres). Plus petit que... *6 est inférieur à 8. Inférieur à 10* (< 10). *Inférieur ou égal à 10* (≤ 10). *Moyenne inférieure à...* (Cf. Hiver, cit. 6). *Prix inférieur, bénéfice inférieur à...* (Cf. Forfait 3, cit. ; étaler, cit. 1 ; importer 1, cit. 1). — *Substant. Le supérieur et l'inférieur* (en parlant de deux nombres). Cf. Fraction, cit. 4. — *Inférieur dans la hiérarchie sociale. Les classes inférieures. Frères inférieurs* (Cf. Faim, cit. 12).

7 « Comme le vice est contagieux, il se répand de là (*de la cour*) dans les régions inférieures du royaume... »
FLÉCH., **Orais. fun. Marie-Thérèse.**

— *Philos.* Se dit d'une opération, d'une fonction moins complexe, qui est contenue, impliquée dans une autre. — *Log.* Moins général. *Terme inférieur. Concept inférieur.*

— *Biol.* et *Sociol.* Moins avancé, peu avancé dans l'évolution. *Hommes* (cit. 6) *fossiles inférieurs aux hommes actuels. Animaux, vertébrés inférieurs* (Cf. Genou, cit. 1).

— REM. *Inférieur* impliquant une comparaison, on ne pourrait écrire *plus, moins inférieur.* « Cependant on pourrait dire : la plus inférieure de ces couches » (LITTRÉ).

— *Substant. Être l'inférieur de quelqu'un,* être son inférieur : lui être inférieur.

8 « ... il (*François Iᵉʳ*) fut toujours dupe de Charles-Quint, et son inférieur en tout, excepté en valeur. »
VOLT., **Annales de l'Emp.,** Charles-Quint (1539).

— *Spécialt.* Celui, celle qui occupe une position sociale inférieure. V. **Subalterne, subordonné ; sous-** (sous-fifre, sous-ordre, sous-verge...). Cf. Hiérarchie, cit. 12 ; hiérarchiser, cit. *L'inférieur se soumet, obéit* au supérieur. Traiter quelqu'un en inférieur. La soumission des inférieurs* (Cf. Autorité, cit. 10). *Mots, expressions qui ne s'emploient pas en parlant d'un inférieur* (Cf. Bienfait, cit. 1) ; *condescendance, cit. 1). Se courber* (cit. 23) *vers ses inférieurs ; s'élever* (cit. 65) *au-dessus de ses inférieurs. Dans le gouvernement despotique* (cit. 2) *l'inférieur est avili.* V. **Esclavage, sujet, vassal.** — *Le capitaine et ses inférieurs.* V. **Second** (officier en).

9 « Puis, dans cette communauté, si aristocratiquement qu'elle soit constituée, les inférieurs comptent pourtant pour quelque chose, ne serait-ce qu'à cause de leur nombre. »
FUSTEL de COUL., **Cité antique,** IV, V.

10 « Forestier même, à qui il rendait mille services, ne l'invitait plus à dîner, le traitait en tout comme un inférieur, bien qu'il le tutoyât comme un ami. »
MAUPASS., **Bel-Ami,** I, V.

11 « Il mêle à la violence de ses diatribes une pitié indulgente bien naturelle envers un inférieur qui fait ressortir sa gloire... »
PROUST, **Plaisirs et jours,** p. 94.

ANT. — **Supérieur*. Culminant,** élevé, haut... **Dessus. Distingué, éminent, fin, hors-pair, remarquable ; premier. Égal. Chef, maître, patron, supérieur** (*n.*). V. *aussi* **Dépasser, excéder, surpasser...**

DER. — **Inférieurement.** *adv.* (1584). À une place inférieure, au-dessous ; par en dessous. *Muscle... inséré inférieurement* (LITTRÉ). *Peu usit.* Moins bien ou plus mal. *Deux auteurs ont écrit sur cette matière, mais l'un bien inférieurement à l'autre* (LITTRÉ). **ANT. Supérieurement.**

INFÉRIORITÉ. *n. f.* (1538 ; de *inférieur,* d'abord *inférieurité,* le *o* vient de la forme lat. *inferior*).

‖ 1° Situation inférieure, plus basse (*peu usit*). *L'infériorité de position du granit...* (LITTRÉ). *Une infériorité de niveau* (ACAD.).

‖ 2° État de ce qui est inférieur (en rang, en force, en valeur, en mérite...). V. **Faiblesse.** *Infériorité morale* (V. **Bassesse**), *intellectuelle. Infériorité en nombre, en mérite... Reconnaître son infériorité. L'infériorité des armes gauloises* (cit. 1) *donna l'avantage aux Romains. Infériorité d'une armée, d'une équipe... Preuve, marque d'infériorité. Maintenir quelqu'un dans un état d'infériorité.* V. **Servitude, subordination.**

1 « La notaresse (*sic*) était furieuse de ne pas être aussi belle que madame César, car toute femme sait toujours en elle-même à quoi s'en tenir sur la supériorité ou l'infériorité d'une rivale. »
BALZ., **César Birotteau**, Œuvr., t. V, p. 456.

— *Sentiment, complexe** (cit. 8) d'*infériorité* (Cf. Aristocratique, cit. 4 ; évader, cit. 13 ; humiliation, cit. 14). — REM. Pour exprimer « l'impression pénible d'être inférieur à la normale ou à un idéal désiré », il est préférable d'employer *Sentiment d'infériorité ;* lorsque ce sentiment devient pathologique et « entraîne des réactions psychopathiques, on parle souvent... de *complexe d'infériorité*, expression assez impropre,... puisqu'il... s'agit... d'un état élémentaire pouvant entrer dans la composition de nombreux complexes différents » (J. SUTTER in POROT, Man. psychiatrie).

2 « En France, les hommes du XIXᵉ siècle, héritiers d'un langage ferme et plein de mesure, parlaient volontiers du sentiment d'infériorité... L'homme qui est atteint du complexe d'infériorité... peut avoir des vertus réelles et précieuses : il n'en tire pas le moindre parti. Il ne croit pas en son destin. Il se juge lui-même avec une âpre et douloureuse sévérité. Il prend, à s'humilier, une sorte de plaisir amer où l'observateur peut encore reconnaître une des formes de l'orgueil. Il sait que toutes ses entreprises aboutiront à des échecs. »
DUHAM., **Manuel du protest.**, p. 74.

3 « ... nous avons acquis en l'espace de cinq ans un formidable complexe d'infériorité. L'attitude des maîtres du monde n'est pas faite pour nous en guérir. Nous frappons sur la table : on ne nous écoute point. Nous rappelons notre grandeur passée : on nous répond qu'elle est précisément passée. »
SARTRE, **Situations II**, p. 49.

— *Une infériorité.* V. **Désavantage, handicap** (cit. 2), **servitude ; défaut.**

ANT. — **Supériorité ; autorité, excellence, force... Égalité. Avantage, qualité.**

INFERMENTESCIBLE. *adj.* (1867 LITTRÉ ; de *in-*, et *fermentescible*). Qui n'est pas susceptible de fermentation. *Aliment rendu infermentescible* (V. **Pasteurisé**).

INFERNAL, ALE, AUX. *adj.* (XIIᵉ s. ; bas lat. *infernalis*. V. **Enfer**).

‖ 1° Qui appartient aux enfers, à l'enfer. *Dieux, esprits infernaux.* V. **Chtonien.** *Puissances infernales.* V. **Démon, diable.** *Monstres* infernaux. L'infernale foudre* (cit. 1 VILLON). *Personnages, décors infernaux de certains contes fantastiques* (cit. 5). *Inspiration infernale et satanique* (Cf. Frauduleusement, cit. ; enrager, cit. 9).

1 « Dame du ciel, régente terrienne,
Emperière (*impératrice*) des infernaux palus »
VILLON, **Ballade pour prier N.-Dame.**

2 « Il a vu le Cocyte et ses rivages sombres,
Et s'est montré vivant aux infernales ombres ; »
RAC., **Phèdre**, II, 1.

3 « Un autre trait distinctif de nos êtres surnaturels, surtout chez les puissances infernales, c'est l'attribution d'un caractère... Le poète, pouvant en outre attacher un ange du mal à chaque vice, dispose ainsi d'un essaim de divinités infernales. »
CHATEAUB., **Génie du christ.**, II, IV, VI.

4 « Comme toujours, Augustine avait dit dix *Pater* et dix *Ave*, et l'apparition s'était évanouie, ce qui prouvait bien son caractère infernal. »
ARAGON, **Beaux quartiers**, I, IV.

‖ 2° Digne de l'enfer, qui évoque l'enfer. *Chaleur infernale. Bruit, tapage, vacarme infernal. Orchestre infernal* (Cf. Fox-trot, cit.). *Allure, rythme, galop infernal.* V. **Endiablé.** *Rire infernal.* V. **Méphistophélique** (Cf. Feuilleton, cit. 1 ; incisif, cit. 3). *Ruse, malice, méchanceté, noirceur, machination infernale.* V. **Démoniaque, diabolique, satanique.** *Entreprise infernale* (Cf. Bénir, cit. 9). *Complot, piège infernal. Machine* infernale. — Spécialt. *Pierre infernale* (parce qu'elle provoque une sensation de brûlure), nitrate d'argent employé à la cautérisation.

5 « L'adresse infernale de ces deux hommes venait de remporter un horrible avantage dans ce duel en prenant Laurence au piège d'une de leurs ruses habituelles. »
BALZ., **Ténébreuse affaire**, Œuvr., t. VII, p. 531.

6 « Ces détonations me tapaient sur les nerfs, m'étaient odieuses et je ne comprenais pas quelle sorte de plaisir infernal on y pouvait prendre. »
GIDE, **Si le grain...**, I, IV, p. 110.

— *Spécialt. Le cycle infernal des salaires et des prix* (cycle que l'on ne peut arrêter et qui est comparé à une *ronde infernale*).

— (En parlant des personnes). *Une infernale mégère.* V. **Furie** (Cf. Horreur, cit. 55).

‖ 3° *Par exagér. et fam.* V. **Insupportable, terrible.** *Cet enfant est infernal ! Nous avons eu pendant toutes ces vacances un temps infernal ! Un métier, un boulot infernal. Encore recommencer ! C'est infernal ! Imbroglio* (cit. 2) *infernal :* inextricable, insoluble.

7 « (LE COMTE, *à part, avec fureur*) C'est encore le page infernal ! »
BEAUMARCH., **Mar. de Fig.**, V, 6.

ANT. — **Angélique, céleste, divin.**

DER. — **Infernalement.** *adv.* (1390). *Peu usit.* D'une manière infernale.

INFERTILE. *adj.* (1434 ; lat. *infertilis*). Qui n'est pas fertile*. V. **Infécond.** *Champ, sol, terre infertile* (Cf. Argile, cit. 2 ; humus, cit. 2). *Contrées infertiles.* V. **Désertique, inculte.** — Fig. *Esprit, imagination infertile.* V. **Pauvre, stérile.** *Sujet, matière infertile*, qui fournit peu de choses à dire. V. **Aride** (Cf. Bon, cit. 46). *Science infertile* (Cf. Ignorant, cit. 5).

DER. — (du lat. *infertilitas*) : **Infertilité.** *n. f.* (1456). État de ce qui est infertile. *Infertilité des déserts, des sables.*

INFESTER. *v. tr.* (1390 ; lat. *infestare*, « attaquer, harceler », et *par ext.*, « endommager »). Ravager, rendre peu sûr (un pays) en s'y livrant à des actes incessants de violence, d'hostilité et de brigandage. V. **Attaquer, désoler, dévaster, envahir, harceler, irruption** (faire), **piller, ravager, tourmenter.** *Les pirates infestaient les côtes. Brigands* (cit. 1) *qui infestaient le pays. Campagne infestée de pillards.* — *Par anal. On racontait que de malins esprits infestaient le château.* V. **Hanter.**

1 « Ce grand saint Augustin témoigne avoir vu... Hesperius, un sien familier, avoir chassé les esprits qui infestaient sa maison, avec un peu de terre du Sépulcre de Notre Seigneur... »
MONTAIGNE, **Essais**, I, XXVII.

2 « Il y avait longtemps que des pirates de toutes nations, et particulièrement des Anglais, ayant fait entre eux une association, infestaient les mers de l'Europe et de l'Amérique. »
VOLT., **Hist. de Charles XII**, VIII.

— *Absolt. Troupes légères qui infestent et ravagent* (Cf. Faible, cit. 19).

— *Par ext.* (en parlant d'animaux ou de plantes nuisibles qui abondent en quelque lieu). V. **Envahir.** *La région a longtemps été infestée par les sauterelles. Les rats infestent cette maison. Mer infestée de requins ; forêt infestée de bêtes fauves. Champ abandonné qu'infestent les mauvaises herbes. Côte malsaine infestée de moustiques.* V. **Empoisonner.**

3 « Les corbeaux, partout les corbeaux, l'Inde en est infestée ; »
LOTI, **L'Inde (sans les Anglais)**, III, III.

— *Par plaisant. :*

4 « L'acajou dans toute sa gloire infestait la salle à manger, où des vues de Suisse, richement encadrées, ornaient des panneaux. »
BALZ., **Cousine Bette**, Œuvr., t. VI, p. 235.

— PARON. Infecter (Cf. la REM. à ce mot).

DER. — **Infestation.** *n. f.* (1370). *Vieilli.* Action d'infester, résultat de cette action. — *De nos jours* (Méd.). Pénétration dans l'organisme d'un parasite non microbien ; état de l'organisme ainsi envahi.

« ... ses prêtres offrirent le saint sacrifice de la messe dans une maison particulière, pour la délivrer de l'infestation des malins esprits ; »
BOSS., **Déf. Tradition s. communion**, II, XXIII.

INFIBULER. *v. tr.* (XVIᵉ s. ; lat. *infibulare*, de *fibula*, « anneau, agrafe »). Soumettre à l'infibulation*.

DER. — **Infibulation.** *n. f.* (XVIᵉ s.). Opération destinée à empêcher le coït et consistant « à passer un anneau, chez l'homme, à travers le prépuce ramené sur le gland, et, chez la femme, à travers les petites et les grandes lèvres » (GARNIER). *L'infibulation est encore pratiquée chez certaines peuplades sauvages.*

INFIDÈLE. *adj.* (XIIIᵉ s. ; lat. *infidelis*). Qui n'est pas fidèle*.

I. Qui ne professe pas la religion considérée comme vraie. V. **Gentil, hérétique, impie, mécréant, païen ; giaour.** *Nations, peuples infidèles* (Cf. Guerrier, cit. 2). *Roi infidèle* (Cf. Après, cit. 6). — Substant. *Un, une infidèle* (Cf. Appeler, cit. 14 ; convaincre, cit. 2). *Les infidèles* (Cf. Commande, cit. 5 ; errant, cit. 1 ; état, cit. 57). *Croisade* contre les infidèles.*

1 « Elle (*Esther*) gagna le cœur du Roi son mari, et fit d'un prince infidèle un illustre protecteur du peuple de Dieu. »
BOSS., **Or. fun. Reine d'Anglet.**

2 « Ils avaient lu les mémoires du fameux évêque de Chiapa, par lesquels il paraît qu'on avait égorgé, ou brûlé, ou noyé dix millions d'infidèles en Amérique pour les convertir. »
VOLT., **Hist. des voy. de Scarmentado.**

3 « ... il arrive parfois qu'en disputant contre les infidèles, on les induit de nouveau en péché, loin de les convertir. »
FRANCE, **Thaïs**, I, p. 36.

II. Qui manque à la parole donnée.

‖ 1° (*Infidèle à quelqu'un*). Qui manque à ses engagements (envers quelqu'un), aux devoirs de sa fonction. V. **Déloyal, félon, révolté, traître.** *Être infidèle à son roi, à son maître*, l'abandonner, le trahir. *Soldats infidèles qui désertent* (cit. 5). — Spécialt. *Employé, caissier, comptable, dépositaire infidèle*, peu scrupuleux, qui trompe la confiance de son patron, du déposant. V. **Malhonnête, prévaricateur.**

4 « Entrez dans la Bourse de Londres... Là le juif, le mahométan et le chrétien, traitent l'un avec l'autre comme s'ils étaient de la même religion, et ne donnent le nom d'infidèles qu'à ceux qui font banqueroute ; »
VOLT., **Lett. s. l. Anglais**, VI, Les presbytériens.

5 « Le chat est un domestique infidèle que l'on ne garde que par nécessité... »
BUFF., **Hist. nat. anim.**, Le chat.

— Qui n'est pas fidèle, qui est changeant, dans ses sentiments, son affection. *Être infidèle à un ami. Des amis infidèles.* — *Spécialt.* Qui n'est pas fidèle en amour, dans le mariage. V. **Adultère, inconstant, volage** ; et *aussi*

Trahir, tromper. *Amant, maîtresse, mari, femme infidèle* (Cf. Abandonner, cit. 19 ; absoudre, cit. 6 ; dégager, cit. 13). *Femmes infidèles à leurs époux* (Cf. Fidèle, cit. 7). — Substant. *Un, une infidèle* (Cf. Excuser, cit. 6).

6 « Célimène me trompe et n'est qu'une infidèle. »
MOL., Misanthr., IV, 2.

7 « Il faut se croire aimé pour se croire infidèle. »
RAC., Androm., IV, 5.

8 « Si nos femmes sont infidèles,
Consolons-nous : bien d'autres le sont qu'elles. »
LA FONT., Contes, Joconde, I.

9 « Une femme infidèle, si elle est connue pour telle de la personne intéressée, n'est qu'infidèle : s'il la croit fidèle, elle est perfide. »
LA BRUY., III, 25.

10 « ... d'un amant | Trop bête pour être inconstant,
Je serai le parfait modèle, | Et trop laid pour être infidèle. »
MUSS., Poésie. nouv., À Madame G.

11 « Elle (*Madame de Custine*) avait eu quelque peine à fixer, ne fût-ce qu'un moment, l'infidèle et le volage (*Chateaubriand*). »
STE-BEUVE, Chateaub., t. II, p. 256.

12 « Et, pour ce qui est de l'amour de Landry, pensez-vous, Fanchon, qu'il vous l'ait conservé ? et avez-vous reçu, depuis le décès de votre grand-mère, quelque marque qu'il ne vous ait point été infidèle ? »
SAND, Petite Fadette, XXXVI.

‖ 2° (*Infidèle à quelque chose*). Qui manque* à..., qui ne respecte pas... (quelque chose qui engage). *Infidèle aux volontés de quelqu'un* (Cf. Caprice, cit. 7), *à un devoir, à une vocation* (Cf. Appeler, cit. 47), *à ses serments, à sa promesse, à sa parole...* V. **Parjure ; rompre.**

13 « ... un champ où les vestales infidèles à leurs vœux étaient enterrées vivantes... »
Mᵐᵉ de STAËL, Corinne, V, II.

‖ 3° *Spécialt.* Qui manque à la vérité, à l'exactitude. *Narrateur, traducteur, interprète, copiste... infidèle. Portrait, image* (cit. 25), *récit, copie... infidèle.* V. **Inexact ; déformé.** *Mémoire infidèle. Traduction infidèle.* — Substant. *Les belles infidèles,* les traductions élégantes mais peu exactes en honneur au XVIIᵉ siècle (comme celles de Perrot d'Ablancourt).

14 « Qui peut vous avoir fait ce récit infidèle ? »   RAC., Bajaz., III, 4.

15 « ... ce peuple n'est nullement conforme à ses prétendus portraits. Ce n'est pas que nos grands peintres aient toujours été infidèles, mais ils ont peint généralement des détails exceptionnels, des accidents... le second côté des choses. »   MICHELET, Le peuple, Chap. liminaire...

ANT. — **Fidèle. Féal, honnête, loyal, sûr ; constant ; croyant ; exact, vrai.**

DER. — **Infidèlement.** adv. (1460). D'une manière infidèle. *Ses propos ont été infidèlement rapportés* (ANT. Fidèlement).

« ... sa mémoire le servit très infidèlement dès les premiers mots ; »
D'ALEMB., Notes s. art. card. Dubois.

INFIDÉLITÉ. n. *f.* (1170 ; lat. *infidelitas*). Caractère de celui, de ce qui est infidèle* ; acte marquant ce caractère.

I. *Peu usit.* (T. de Relig.). V. **Infidèle** (I). *Peuple qui vit dans l'infidélité. Tomber dans l'infidélité.* — *Vieilli* (en parlant d'un acte). *Les infidélités du peuple juif, d'un pécheur...* (Cf. Fornication, cit. 3 ; héritage, cit. 8).

1 « Ce principe de répugnance (*aux vérités divines*) s'appelle, dans l'Écriture, infidélité. »
BOSS., Sermons, Église, I.

II. ‖ 1° Manque de fidélité. V. **Infidèle** (II, 1°). *Infidélité à son roi, à son maître.* V. **Abandon, déloyauté, trahison.** *Infidélité d'un domestique* (Cf. Copie, cit. 1), *d'un employé, d'un caissier, d'un dépositaire.* V. **Malhonnêteté.** — *Commettre des infidélités.* V. **Détournement, malversation.** — *Par métaph.* (dans le style noble). *L'infidélité, les infidélités de la fortune.*

2 « J'ai vu Burrhus, Sénèque, aigrissant vos soupçons,
De l'infidélité vous tracer des leçons, »
RAC., Britann., IV, 2.

3 « ... aucune nation commerçante ne peut se fier à eux (*les Chinois*). Cette infidélité reconnue leur a conservé le commerce du Japon ; aucun négociant d'Europe n'a osé entreprendre de le faire sous leur nom... »   MONTESQ., Espr. des lois, XIX, 20.

4 « Sont aussi exclus de la tutelle... 2° Ceux dont la gestion attesterait l'incapacité ou l'infidélité. »
CODE CIV., Art. 444.

— (Dans les affections, et *spécialt.*, en amour, dans le mariage). V. **Inconstance, perfidie, trahison.** *L'inconstance** (cit. 7 et 8) *et l'infidélité. Infidélité d'un amant, d'un mari, d'une femme* (Cf. Constant, cit. 2 ; adultérin, cit. 1 ; fidèle, cit. 5 ; fragment, cit. 6). *Soupçons d'infidélité* (Cf. Flétrissure, cit.). *Infidélité et jalousie*.* — *Il a fait bien des infidélités à sa femme.* V. **Adultère ; tromper** (Cf. Caprice, fugue, liaison, passade, et *fam.* Donner des coups de canif dans le contrat).

— *Par plaisant. Faire des infidélités à son fournisseur habituel,* se fournir parfois chez un autre commerçant.

5 « Quoi ? ce départ si peu prévu serait une infidélité de Don Juan ? Il pourrait faire cette injure aux chastes feux de Done Elvire ? »
MOL., D. Juan, I, 1.

6 « Bien loin que l'infidélité soit un crime, je soutiens, moi, qu'il ne faut pas un moment hésiter d'en faire une, quand on en est tenté, à moins que de vouloir tromper les gens, ce qu'il faut éviter, à quelque prix que ce soit. »
MARIVAUX, Heureux stratagème, I, 4.

7 « La simple infidélité serait insipide et ne tenterait pas une femme sans l'assaisonnement de la perfidie. »   ID., Surprise de l'amour, 1, 7.

8 « Madame, lui dit Irla, voilà comme sont faits tous les jeunes gens d'un bout du monde à l'autre ; fussent-ils amoureux d'une beauté descendue du ciel, ils lui feraient, dans de certains moments, des infidélités pour une servante de cabaret. »   VOLT., Princ. de Babyl., X.

9 « Sans doute il n'est permis à personne de violer sa foi, et tout mari infidèle qui prive sa femme du seul prix des austères devoirs de son sexe est un homme injuste et barbare ; mais la femme infidèle fait plus, elle dissout la famille et brise tous les liens de la nature ; en donnant à l'homme des enfants qui ne sont pas à lui, elle trahit les uns et les autres, elle joint la perfidie à l'infidélité. »
ROUSS., Émile, V.

10 « Il y a une grande distance entre l'infidélité chez les hommes et chez vous (*les femmes*)... Une mauvaise habitude en fait comme une nécessité aux hommes. Durant toute la première jeunesse, l'exemple de ce qu'on appelle les *grands* au collège, fait que nous mettons toute notre vanité, toute la preuve de notre mérite, dans le nombre des succès de ce genre. Votre éducation à vous, agit dans le sens inverse... La différence de l'infidélité dans les deux sexes est si réelle, qu'une femme passionnée peut pardonner une infidélité, ce qui est impossible à un homme. »
STENDHAL, De l'amour, XXXVII.

11 « Jamais elle n'avait beaucoup souffert de ses infidélités, du continuel guilledou qu'il courait, par un besoin de nature ; »
ZOLA, Bête humaine, III, p. 80.

12 « Ah ! je te fais des infidélités ? Ah ! je cache des amants chez moi ? Eh ! bien, cherche, mon cher, et trouve. »
COURTELINE, Boubouroche, III.

13 « On imagine toutefois qu'elle (*Mᵐᵉ de Chateaubriand*) ne s'en est pas autrement inquiétée, ayant assez à faire, d'autre part, avec les infidélités sentimentales de ce trop volage mari, pour se soucier encore de cette autre espèce d'infidélité spirituelle que représente pour la femme le travail de l'homme, cette fuite solitaire et silencieuse dans la pensée, à la poursuite d'un grand rêve auquel elle n'a peut-être point de part. »
HENRIOT, Portr. de femmes, p. 281.

‖ 2° Manque de fidélité (à quelque obligation). *Son infidélité à la parole donnée, à ses serments... Fautes et infidélités des gouvernants* (à leurs principes, à leur parole. Cf. Foi, cit. 21).

‖ 3° Manque de vérité, d'exactitude (V. **Infidèle**, II, 3°). *Infidélité d'un historien, d'un traducteur... Dénoncer l'infidélité d'un récit, d'un rapport, d'une citation. Accuser l'infidélité de sa mémoire. Il y a de grandes infidélités dans cette traduction, dans ce roman historique...* V. **Erreur, inexactitude.**

ANT. — **Fidélité. Constance, foi. Exactitude.**

INFILTRATION. n. *f.* (1503 ; de *infiltrer*).

‖ 1° Action de s'infiltrer* ; résultat de cette action. *Infiltration de l'eau dans le bois, dans la terre* (Cf. Écoulement, cit. 1). *Infiltrations alimentant une source. Couche imperméable faisant obstacle à l'infiltration des eaux de pluie.* — *Spécialt.* (Constr.). Pénétration accidentelle de l'eau dans un mur, une paroi. *Chape* protégeant contre les infiltrations. Façade portant des traces d'infiltration.*

1 « Un fléchissement du pavé mal soutenu par le sable sous-jacent avait produit un engorgement d'eau pluviale. L'infiltration s'étant faite, l'effondrement avait suivi. Le radier, disloqué, s'était affaissé dans la vase. »
HUGO, Misér., V, III, VI.

2 « Le calcaire est presque toujours fissuré. L'eau de pluie s'infiltre dès qu'elle rencontre une fissure (« diaclase »)... Les diaclases sont agrandies par la dissolution de leurs bords et finissent par former de véritables crevasses... ; ces crevasses facilitent encore l'infiltration de l'eau. L'eau infiltrée circule à l'intérieur du plateau. Profitant des diaclases et parfois des failles, elle ne tarde pas à dessiner un véritable réseau hydrographique souterrain. »   ALLIX, Géogr. génér., Cl. de sec., p. 235.

— *Méd.* « Envahissement des tissus, et en particulier du tissu cellulaire, par un liquide organique (sérosité de l'œdème, sang, urine, pus, etc.), par un liquide injecté (sérum artificiel ou organique), par des gaz (emphysème sous-cutané, gangrène gazeuse) ou par le développement d'un tissu néoplasique » (GARNIER). V. **Épanchement** (Cf. Hyperesthésie, cit. 2). *Infiltration d'urine ou urineuse*. Infiltration stellaire** (par injection).

‖ 2° *Par anal.* (sens absent de LITTRÉ et d'ACAD. 8ᵉ éd.). Pénétration d'hommes par petits groupes dans un pays. *Infiltrations et invasions introduisant dans un peuple des éléments hétérogènes* (cit. 4). — *Milit.* Action de petits groupes s'insinuant dans les lignes ennemies en utilisant les intervalles entre les points d'appui du front.

3 « Mais entre ces deux forts, la montagne ne révélait pas facilement la présence des contrebandiers. Ceux-ci pénétraient toujours par infiltration. Ils se mêlaient à la foule les jours de marché. »
MAC ORLAN, La Bandera, X.

— Fig. *Infiltration des idées modernes* (Cf. Étanche, cit. 2 RENAN).

« Ce n'était point par la force que l'hellénisme risquait de pénétrer en Judée, mais bien davantage par de multiples infiltrations. »
DANIEL-ROPS, Peuple de la Bible, IV, II.

INFILTRER. v. tr. (1503 ; de *in-*, et *filtrer**). *En parlant d'un liquide.* Pénétrer peu à peu (un corps) en s'insinuant à travers les pores ou les interstices (comme à travers un filtre). V. **Traverser.** — REM. Rare à l'actif, en ce sens général. — *Spécialt.* (Méd.). *La sérosité a infiltré les jambes de ce malade* (LITTRÉ). *Tissu cellulaire infiltré.* V. **Infiltration.**

— *Par ext.* Faire entrer (un liquide), insinuer. — Par métaph. *L'envie* (cit. 9) *infiltrant son poison dans le cœur.*

1 « Les sables... qui, par le moyen du suc calcaire que la mer y infiltre, se durcissent graduellement... » SAUSSURE, **Voy. dans les Alpes,** I, 363.

|| S'INFILTRER. Pénétrer (dans un corps) en s'insinuant... *L'eau s'infiltre dans certains terrains* (Cf. Écroulement, cit. 1), *dans le bois le plus dur... Sérosités, pus... qui s'infiltrent dans un tissu cellulaire. Eaux pluviales infiltrées* (Cf. Fontaine, cit. 2).

2 « ... un ruisseau qui s'infiltre peu à peu et se creuse un lit dans le sable. » MUSS., **Nouv.,** Le fils du Titien, VII.

— (XIXe s. ; absent de LITTRÉ et d'ACAD. 8e éd.). *Par anal.* Passer*, entrer insensiblement. *Vent s'infiltrant en filets* (cit. 2) *d'air par les portes. Matières translucides où le rayon s'infiltre et se réfracte* (Cf. Huile, cit. 18). — *Par ext.* (En parlant d'hommes). V. **Glisser** (se), **introduire** (s'). *S'infiltrer à travers les lignes ennemies. Provocateurs s'infiltrant dans une foule de manifestants.* — Fam. *Cet intrigant s'infiltre partout.* V. **Insinuer** (s'), **pénétrer.**

3 « Le son de la trompette est si délicieux
    Dans ces soirs solennels de célestes vendanges,
    Qu'il s'infiltre comme une extase dans tous ceux
    Dont elle chante les louanges. » BAUDEL., **Les épaves,** XVIII.

4 « Un beau jour, ils nous sont tombés dessus sans crier gare. Ils s'infiltrent entre nos lignes... Va donc courir après. » MAC ORLAN, **La Bandera,** XVII.

— Fig. *Opinions, doctrines qui commencent à s'infiltrer dans les esprits, dans le peuple.*

5 « La superbe énorme du clergé anglais s'infiltre généralement non seulement dans les enfants des dignitaires, mais même dans leurs serviteurs. » BAUDEL., **Parad. artif.,** Mangeur d'opium, II.

6 « Furtivement, un sentiment nouveau s'infiltrait en lui... » MART. du G., **Thib.,** t. IV, p. 136.

7 « ... c'était le temps où les doctrines anarchistes s'infiltraient dans le monde littéraire... » LECOMTE, **Ma traversée,** p. 210.

DER. — **Infiltration.**

INFIME. *adj.* (XIVe s. ; lat. *infimus,* « qui est placé le plus bas »).

|| 1° Qui est situé au plus bas, au dernier degré (d'une série, d'une hiérarchie). *Les rangs infimes de la société* (ACAD.). *Genre* (cit. 4) *suprême et espèce infime. Homme d'une condition infime. Un infime gratte-papier* (cit. 8, Gratter, *dér.*). — REM. Bien qu'étymologiquement superlatif, *Infime,* comme *Minime,* s'emploie parfois comme positif, même au sens propre : « *Aide-major de classe très infime* » (DAUDET in GREVISSE). Cf. *infra,* cit. 2 HUGO.

1 « ... la jalousie dont sont dévorées les professions infimes à Paris. » BALZ., **Cousin Pons,** Œuvr., t. VI, p. 563.

2 « Faire le poème de la conscience humaine, ne fût-ce qu'à propos d'un seul homme, ne fût-ce qu'à propos du plus infime des hommes, ce serait fondre toutes les épopées dans une épopée supérieure et définitive. » HUGO, **Misér.,** I, VII, III.

3 « Mais la fille de la Berma savait trop à quel niveau infime sa mère situait Rachel... » PROUST, **Rech. t. p.,** t. III, p. 998 (éd. Pléiade).

|| 2° *Par ext.* (avant 1877, « *infime minorité* », dans un texte cité par LITTRÉ, Suppl., art. « Linguistiquement »). Tout petit. V. **Infinitésimal, minime, minuscule.** *Infime fragment* (Cf. Béat, cit. 3). *Un infime guéridon de fer* (Cf. Bistrot, cit. 3). *Querelle, froissement* (cit. 10) *infimes* (Cf. Abîme, cit. 15). *Somme, dose* (cit. 2), *nombre infime* (Cf. Cherté, cit. 3). *Des détails infimes* (Cf. Colère, cit. 15). *Le plus infime animalcule* (Cf. Germe, cit. 6).

4 « ... dans une seconde arrière-cour, un infime logement de deux pièces que son occupant désirait sous-louer. » ROMAINS, **H. de b. vol.,** t. II, IX, p. 94.

ANT. — **Éminent, suprême ; capital, colossal, effrayant, gigantesque, immense...**

DER. — **Infimité.** *n. f.* (ST-SIM.). *Peu usit.* Caractère infime. *L'infimité de sa condition. Étant donné l'infimité de la somme...*

IN FINE (*in'-fi-né*). *loc. adv.* (mots lat. signifiant « à la fin »). S'emploie pour désigner les dernières lignes d'un chapitre, d'un ouvrage, dans une référence. *Cette disposition se trouve dans l'article tant du Code Civil, in fine.*

INFINI, IE. *adj.* (1214, *infinite* ; lat. *infinitus*).

I. (*Au sens strict*). « Qui n'a pas de borne, soit en ce sens qu'il *est* actuellement plus grand que toute quantité de même nature (*infini actuel*), soit en ce sens qu'il *peut* devenir tel (*infini potentiel*) » LALANDE. — REM. Dans la citation ci-après, DESCARTES n'emploie *Infini* qu'en parlant de l'*Infini actuel*.

1 « Je ne me sers jamais du mot d'infini pour signifier seulement n'avoir point de fin, ce qui est négatif et à quoi j'ai appliqué le mot d'indéfini, mais pour signifier une chose réelle qui est incomparablement plus grande que toutes celles qui ont quelque fin. » DESCARTES, **Lett. à Clerselier** (Cf. Indéfini, cit. 1).

2 « Mon entendement borné ne conçoit rien sans bornes : tout ce qu'on appelle infini m'échappe. » ROUSS., **Émile,** IV.

|| 1° *Métaph.* (En parlant de Dieu, du divin). En quoi nous ne remarquons ni ne concevons aucune limite. *Dieu*

(cit. 36) *est infini* (Cf. Appréhender, cit. 1 ; aspect, cit. 27 ; cause, cit. 4 ; entendre, cit. 30 ; éternel, cit. 3 ; extase, cit. 2 ; gouffre, cit. 10 ; immense, cit. 1). *Dieu est infini dans ses perfections, ses attributs. La puissance, la bonté, l'intelligence, la miséricorde... de Dieu sont infinies* (Cf. Art, cit. 37 ; génie, cit. 11).

3 « Ce qu'on peut affirmer sans crainte, c'est que Dieu est infini, et que l'esprit de l'homme est bien borné. » VOLT., **Dict. philos.,** Infini, I.

4 « Songez que celui qui tarde à profiter du moment de la grâce, s'expose à ce qu'elle lui soit retirée ; que si la bonté Divine est infinie, l'usage en est pourtant réglé par la justice ; et qu'il peut venir un moment où le Dieu de miséricorde se change en un Dieu de vengeance. » LACLOS, **Liais. dang.,** CXXIII.

5 « Borné dans sa nature, infini dans ses vœux,
    L'homme est un Dieu tombé qui se souvient des cieux. » LAMART., **Prem. médit.,** II.

— *Spécialt.* Qui n'est pas borné dans le temps, qui n'a pas de fin, de terme. *Un avenir infini. La béatitude infinie des élus.* V. **Éternel, fin** (sans), **perpétuel.**

6 « ... qui nous dira... qu'une justice infinie ne s'exerce pas à la fin par un supplice infini et éternel ? » BOSS., **Or. fun. Anne de Gonzague.**

7 « Espérez ! espérez ! espérez ! misérables !
    Pas de deuil infini, pas de maux incurables,
    Pas d'enfer éternel ! » HUGO, **Contempl.,** VI, XXVI.

|| 2° Qui, dans un ordre donné, n'a aucune limite* ; qui est plus grand que tout ce qui comporte une limite. *L'espace* (cit. 6) *conçu comme un milieu infini et infiniment divisible. Espace* (cit. 8) *géométrique continu et infini.* — Math. *Quantité infinie. La suite des nombres entiers est infinie.*

8 « Nous avons beau enfler nos conceptions, au delà des espaces imaginables, nous n'enfantons que des atomes, au rix de la réalité des choses. C'est une sphère infinie dont le centre est partout, la circonférence nulle part. » PASC., **Pens.,** II, 72.

9 « Je n'examine point ici s'il y a en effet des quantités infinies actuellement existantes ; si l'espace est réellement infini ; si la durée est infinie ; s'il y a dans une portion finie de matière un nombre réellement infini de particules. Toutes ces questions sont étrangères à l'infini des mathématiciens... » D'ALEMB., **Éléments de philos.,** XIV.

— *Vx.* V. **Indéfini.** *Cercle considéré comme un polygone d'un nombre infini de côtés* (cit. 14 MALEBR.).

II. *Par hyperb.* (au sens large). Qui semble infini ; très considérable (par la grandeur, la durée, le nombre, l'intensité). — V. **Illimité, immense.** *Horizon, désert, ciel, paysage infini* (Cf. Aplanir, cit. 2). *Mer, étendue, campagne infinie* (Cf. Fors, cit. 2). *Longueur, hauteur, profondeur infinie* (Cf. Globe, cit. 2). *Grandeur, exiguïté* (cit. 2) *infinie. Distance infinie entre deux étoiles, entre deux choses* (Cf. Homme, cit. 4). *Espaces infinis* (Cf. Effrayer, cit. 2 PASC.). — V. **Interminable.** *Une conversation infinie. Des bavardages infinis* (Cf. Qui n'en finissent plus). *Une durée infinie.* — V. **Incalculable, innombrable.** *Un nombre infini, une foule infinie de...* (Cf. Canal, cit. 1 ; casuiste, cit. 2 ; forme, cit. 66 ; fourmilière, cit. 1 ; guerre, cit. 5). *Les nuances infinies du langage* (Cf. Accommoder, cit. 15). *Fioritures* (cit. 2), *variations infinies* (Cf. Grotesque, cit. 2). *Les façons infinies d'écrire l'histoire* (cit. 7). — V. **Extrême.** *Grâce* (cit. 93), *patience, tendresse, joie, douleur... infinies* (Cf. Aérien, cit. ; affirmer, cit. 11 ; apaisement, cit. 2 ; fatalité, cit. 7 ; hyperbole, cit. 2). *Je vous en sais un gré* (cit. 21) *infini. Un infini besoin d'être aimé* (cit. 12). *Avec un art infini* (Cf. Assortir, cit. 11). *D'infinies précautions. D'infinies complications* (cit. 2). *Richesses infinies.* V. **Colossal, énorme.** *Prétentions infinies.* V. **Démesuré.**

10 « ... un plaisir
    Aussi pur qu'infini, tant en prix qu'en durée ; » LA FONT., **Fab.,** XI, 4.

11 « ... son courage (*du cardinal de Retz*) est infini : nous voudrions bien qu'il fût soutenu d'une grâce victorieuse. » SÉV., **410, 26 juin 1675.**

12 « La conversation fut infinie entre les deux amis. » STENDHAL, **Le rouge et le noir,** I, XXVI.

13 « Oh ! l'inoubliable regard de tristesse sans recours, d'infinie résignation à l'infinie désespérance... » LOTI, **Suprêmes visions d'Orient,** p. 45.

— REM. Dans cette acception affaiblie, *Infini* peut admettre un degré de comparaison, au moins « dans le style familier » (LITTRÉ).

14 « La distance infinie des corps aux esprits figure la distance infiniment plus infinie des esprits à la charité, car elle est surnaturelle » (Pensées, XII, 793). Il est à croire que M. Pascal n'aurait pas employé ce galimatias dans son ouvrage, s'il avait eu le temps de le revoir. » VOLT., **Rem. s. Pens. de Pascal,** XVI.

15 « L'œil de l'esprit ne peut trouver nulle part plus d'éblouissements ni plus de ténèbres que dans l'homme ; il ne peut se fixer sur aucune chose qui soit plus redoutable, plus compliquée, plus mystérieuse et plus infinie. » HUGO, **Misér.,** I, VII, III.

III. *Substant. masc.* || 1° *Métaph.* L'Être infini en tous ses attributs, Dieu, et *par ext.,* Le divin, tout ce qui transcende l'humain. V. **Absolu, parfait** (Cf. Beau, cit. 102 ; caresser, cit. 7 ; créature, cit. 8 ; effarer, cit. 1 ; errant, cit. 8 ; esprit, cit. 34 et 42 ; esquisser, cit. 2 ; existence, cit. 2 ; exprimer, cit. 20 ; gêner, cit. 11). *Aspiration* (cit. 3) *vers l'infini, appel de l'infini* (Cf. Cerner, cit. 1 ; ennui, cit. 24 ; élancement, cit. 3).

16   « Et je ne me dois pas imaginer que je ne conçois pas l'infini par une véritable idée, mais seulement par la négation de ce qui est fini... puisqu'au contraire je vois manifestement qu'il se rencontre plus de réalité dans la substance infinie que dans la substance finie, et partant que j'ai en quelque façon premièrement en moi la notion de l'infini que du fini, c'est-à-dire de Dieu que de moi-même ».   DESCARTES, **Médit.**, III.

17   « Il est certain que notre âme demande éternellement... l'univers entier ne la satisfait point. L'infini est le seul champ qui lui convienne... gonflée et non rassasiée de ce qu'elle a dévoré, elle se précipite dans le sein de Dieu, où viennent se réunir les idées de l'infini, en perfection, en temps et en espace... »   CHATEAUB., **Génie du christ.**, I, VI, I.

18   « ... malgré moi l'infini me tourmente.
Je n'y saurais songer sans crainte et sans espoir ; »   MUSS., **Poés. nouv.**, Espoir en Dieu.

19   « ... je ne puis grandir de l'épaisseur d'un cheveu, ni me rapprocher tant soit peu de l'infini ».   NERVAL, trad. GŒTHE, **Faust**, I, p. 74.

20   « Plus j'avance dans la vie, plus je me rattache au seul problème qui garde toujours son sens profond et sa séduisante nouveauté. Un infini nous déborde et nous obsède. »   RENAN, **Quest. contempor.**, Œuvr., t. I, p. 168.

21   « ... il est des villes — Bénarès, La Mecque, Lassa, Jérusalem, — encore tellement imprégnées de prière, malgré l'invasion du doute moderne, que l'on y est plus qu'ailleurs libéré d'entraves charnelles, et plus près de l'infini. »   LOTI, **L'Inde (sans Anglais)**, VI, VIII.

|| 2º Ce qui est infini par l'un quelconque de ses aspects (grandeur, distance...). *Les deux infinis, de grandeur et de petitesse selon Pascal* (Cf. Contempler, cit. 1 ; côté, cit. 27 ; égard, cit. 7 ; homme, cit. 51 ; impénétrable, cit. 13). *Aucun sens ne peut montrer l'infini* (Cf. Exister, cit. 3).

— Math. *L'infini géométrique, mathématique* (Cf. Démontrer, cit. 2 ; entre, cit. 38). *L'infini s'exprime par le signe* ∞. Vx. *Calcul de l'infini*. V. **Infinitésimal.** — Géom. *Une parabole peut être considérée comme une ellipse dont l'un des foyers est rejeté à l'infini.*

22   « ... on voit d'abord à quel point la notion de l'*infini* est pour ainsi dire vague et imparfaite en nous ; on voit qu'elle n'est proprement que la notion d'*indéfini*, pourvu qu'on entende par ce mot une quantité vague à laquelle on n'assigne point de bornes. On voit encore par cette notion que l'*infini*, tel que l'analyse le considère, est proprement la *limite* du fini, c'est-à-dire le terme auquel le fini tend toujours sans jamais y arriver... La géométrie, sans nier l'existence de l'infini actuel, ne suppose donc point, au moins nécessairement, l'infini comme réellement existant... »   D'ALEMB., **Éléments de philos.**, XV, XIV, Œuvr., t. I, pp. 288-289.

23   « Au commencement de la géométrie, on dit : « *On donne le nom de PARALLÈLES à deux lignes, qui, prolongées à l'infini, ne se rencontreraient jamais* ». Et, dès le commencement de la *Statique*, cet insigne animal de Louis Monge a mis à peu près ceci : *Deux lignes parallèles peuvent être considérées comme se rencontrant, si on les prolonge à l'infini.* »   STENDHAL, **Vie de H. Brulard**, 34.

|| 3º *Par hyperb.* Se dit d'une chose, d'un sentiment qui semble infini, en raison de sa grandeur, de son intensité ou de son indétermination. — *Absolt.* V. **Illimité, immensité.** *Au bord de l'infini* (HUGO, Contempl. Cf. Frisson, cit. 36). *Ennui* (cit. 26) *qui cherche l'infini, l'indéterminé. Faire de l'infini avec de l'imprécis* (cit. 4). → (Avec un complément déterminatif). *L'infini des cieux* (Cf. Atome, cit. 11), *de l'océan* (Cf. Étendue, cit. 10). — Fig. *L'infini de la jouissance* (Cf. Damnation, cit. 4), *de l'amour...*

24   « La passion est le pressentiment de l'amour et de son infini auquel aspirent toutes les âmes souffrantes. »   BALZ., **Duchesse de Langeais**, Œuvr., t. V, p. 220.

25   « Que les fins de journées d'automne sont pénétrantes ! Ah ! pénétrantes jusqu'à la douleur ! car il est de certaines sensations délicieuses dont le vague n'exclut pas l'intensité ; et il n'est pas de pointe plus acérée que celle de l'Infini. »   BAUDEL., **Spleen de Paris**, III.

26   « Tu les conduis doucement vers la mer qui est l'Infini, tout en réfléchissant les profondeurs du ciel dans la limpidité de ta belle âme ; — et quand, fatigués par la houle et gorgés des produits de l'Orient, ils rentrent au port natal, ce sont encore mes pensées enrichies qui reviennent de l'Infini vers toi. »   ID., **Ibid.**, XVIII.

27   « Et le jour se lève pour moi sur un monde de branches et d'herbages, sur un océan d'éternelle verdure, sur un infini de mystère et de silence, déployé à mes pieds jusqu'aux lignes extrêmes de l'horizon. »   LOTI, **L'Inde (sans les Anglais)**, I, I.

|| 4º À L'INFINI. *loc. adv.* Math. (*S'appliquant à une augmentation ou une diminution*). *Sans qu'il y ait de borne, de fin. Multiplier un nombre par lui-même à l'infini. Espace* (cit. 2) *divisible à l'infini. Droite prolongée à l'infini.* V. **Indéfiniment.**

28   « Quelque grand que soit un espace, on peut en concevoir un plus grand, et encore un qui le soit davantage ; et ainsi à l'infini, sans jamais arriver à un qui ne puisse plus être augmenté. Et au contraire, quelque petit que soit un espace, on peut encore considérer un moindre, et toujours à l'infini, sans jamais y avoir un indivisible qui n'ait plus aucune étendue. »   PASC., **Opusc.**, III, XV, De l'espr. géométr.

— *Par hyperb.* (Dans le langage courant). V. **Beaucoup*, infiniment.** *Varier, différer à l'infini* (Cf. Coutume, cit. 9). *Produire à l'infini* (Cf. Équipement, cit. 6). *Cela irait à l'infini, cela n'en finirait pas.* — *Adjectivt. Discussions, gloses à l'infini,* interminables (Cf. Collège, cit. 3).

29   « ... si vous venez ici, nous causerons à l'infini. »   SÉV., **1035**, 2 sept. 1687.

30   « Tous les vases sont en bronze, mais le dessin en est varié à l'infini, avec la fantaisie la plus changeante... »   LOTI, **Mme Chrysanth.**, XXXIV.

— Aussi loin que l'on peut voir, à perte de vue. *Vagues de blé* (cit. 8) *qui ondoient à l'infini. Tour qui s'élève* (cit. 44) *à l'infini. Partout, à l'infini...* (Cf. Équatorial, cit.).

31   « Dans la chaleur encore étouffante, la Beauce avait repris son activité, les petits points noirs des équipes reparaissaient, grouillants, à l'infini. »   ZOLA, **La terre**, III, IV.

32   « On aperçoit, à l'infini, du sud au nord,
La noire immensité des usines rectangulaires. »   VERHAEREN, **Villes tentaculaires**, La plaine.

— REM. On trouve aussi l'expression *Jusqu'à l'infini* (Cf. Épuiser, cit. 29 ; habitude, cit. 45).

ANT. — Borné, fini, limité.

DER. — Infiniment. V. Infinité, infinitésimal.

INFINIMENT. *adv.* (*Infinitement* en 1390 ; de *infini*).

|| 1º (Au sens strict). *Dieu est infiniment bon* (cit. 76). — Math. *Infiniment grand,* plus grand que toute quantité donnée (en parlant des grandeurs considérées comme variables, d'un nombre qui s'accroît indéfiniment, tend vers l'infini). *Infiniment petit,* plus petit que toute quantité donnée (en parlant d'une variable qui tend vers zéro). *Quantités infiniment petites* (Cf. Fluxion, cit. 5).

1   « Car dans les nombres, de ce qu'ils peuvent toujours être augmentés, il s'ensuit absolument qu'ils peuvent toujours être diminués... Et dans l'espace le même rapport se voit entre ces deux infinis contraires ; c'est-à-dire que, de ce qu'un espace peut être infiniment prolongé, il s'ensuit qu'il peut être infiniment diminué... »   PASC., **Opusc.**, III, XV, De l'espr. géométr.

2   « (*En géométrie*)... une ligne droite est infiniment ténue, un plan est infiniment mince et infiniment plat... Tout cela n'existe pas dans l'Univers, pas plus qu'il n'y a de mouvement sans frottement, de lumière simple ou de corps pur. »   M. BOLL, **Étapes des math.**, p. 56 (éd. P.U.F.).

— *Spécialt.* Math. *L'infiniment grand,* le transfini. *Calcul des infiniment petits* (V. **Différentiel, infinitésimal, intégral**). — *Par ext.* Phys. et Biol. *L'infiniment petit* (Cf. Atome, cit. 17). *Les infiniment petits,* les corps, les êtres extrêmement petits, particulièrement les microorganismes. — *Fig.* Détail imperceptible, chose minime, impondérable (Cf. Avalanche, cit. 7).

3   « Le Sirien reprit les petites mites ; il leur parla encore avec beaucoup de bonté, quoiqu'il fût un peu fâché dans le fond du cœur de voir que les infiniment petits eussent un orgueil presque infiniment grand. »   VOLT., **Micromégas**, VII.

4   « ... mademoiselle Cormon avait fini par se contempler elle-même dans les infiniment petits de sa vie. Elle et Dieu, son confesseur et ses lessives, ses confitures à faire et les offices à entendre, son oncle à soigner avaient absorbé sa faible intelligence. »   BALZ., **Vieille fille**, Œuvr., t. IV, p. 264.

5   « ... Pasteur, en habit et culottes courtes, ne songeait qu'à recevoir de Paris, son microscope et quelques échantillons de vins, pour montrer à l'Empereur, à l'Impératrice et à leur suite, en un cours d'adultes princiers, les infiniment petits. »   MONDOR, **Pasteur**, p. 84.

|| 2º (Au sens large, *par hyperb.*). Beaucoup, extrêmement. — (Avec un verbe). *Ce conte me plaît infiniment* (Cf. Espagnol, cit. 1). *Il souffre infiniment. Je regrette infiniment, mais... Couleurs variant infiniment.* V. **Infini** (à l').

6   « ... je vous loue infiniment de votre choix... »   MOL., **Pr. d'Él.**, IV, 1.

— (Avec un adjectif). V. **Diablement, excessivement, furieusement.** *Infiniment sensible, aimable, agréable...* (Cf. Amaigrir, cit. 1 ; envelopper, cit. 14 ; frisson, cit. 20)... *Je vous suis infiniment reconnaissant, obligé...* (Cf. Arriver, cit. 50).

7   « Je me croirais, Seigneur, coupable infiniment
Si je souffrais... »   CORN., **Hér.**, IV, 3.

8   « Celui même qui veut écrire son rêve se doit d'être infiniment éveillé. »   VALÉRY, **Variété**, I, p. 56.

— (Avec un comparatif). V. **Comparaison** (sans), **incomparablement.** *Infiniment plus, moins, mieux, moindre, supérieur...* (Cf. Astreignant, cit. 8 ; berger, cit. 6 ; bourgeois, cit. 13 ; estime, cit. 7 ; femme, cit. 34 ; figurer, cit. 5 ; géométrie, cit. 3 ; grain, cit. 28 ; grandeur, cit. 19 ; guichet, cit. 4 ; habit, cit. 11 ; ilotisme, cit. 2).

9   « ... comme l'honneur est infiniment plus précieux que la vie... »   MOL., **D. Juan**, III, 4.

— (Comme adv. de quantité, avec un nom complément). *Il a infiniment d'esprit. Il faut infiniment de patience pour supporter des choses pareilles.*

10   « ... un seigneur de l'ancienne cour, homme d'infiniment d'esprit, de goût... »   BALZ., **Vieille fille**, Œuvr., t. IV, p. 298.

INFINITÉ. *n. f.* (1214 ; lat. *infinitas*).

|| 1º Caractère de ce qui est infini ; ce qui est infini ; l'infini. *Infinité de Dieu, de son amour, de sa puissance... L'homme n'est produit que pour l'infinité* (Cf. Expérience cit. 33 PASCAL).

1 « Ainsi il y a des propriétés communes à toutes choses... La principale comprend les deux infinités qui se rencontrent dans toutes : l'une de grandeur, l'autre de petitesse. »
PASC., **Opusc.**, III, XV, De l'espr. géométr.

2 « ... si vous regardez la nature des passions auxquelles vous abandonnez votre cœur, vous comprendrez aisément qu'elles peuvent devenir un supplice intolérable... Elles ont toutes une infinité qui se fâche de ne pouvoir être assouvie ; ce qui mêle dans elles toutes des emportements qui dégénèrent en une espèce de fureur... »
BOSS., **Sermon pour 3ᵉ dim. Avent**, 1ᵉʳ point.

3 « ... en remontant jusques à l'infinité des temps. »
LA BRUY., XVI, 36.

|| **2°** Quantité infinie, nombre infini. *Une infinité de lignes courbes* (Cf. Cercle, cit. 2), *de figures géométriques* (cit. 2). *Étant donné une courbe, on peut toujours mener une infinité de parallèles à cette courbe.*

4 « ... qu'ils comparent l'espace entier avec le temps entier, et les infinis divisibles de l'espace avec les infinis instants de ce temps ; et ainsi ils trouveront que l'on parcourt une infinité de divisibles en une infinité d'instants, et un petit espace en un petit temps ; »
PASC., **Opusc.**, III, XV, De l'espr. géométr.

— (*Au sens large*). Très grande quantité*. *Une infinité de gens, de choses...* (Cf. Appesantir, cit. 3 ; art, cit. 24 ; bras, cit. 43 ; brièveté, cit. 4 ; confirmer, cit. 10 ; fusée, cit. 4 ; grossiste, cit. ; honnête, cit. 4 ; ignorance, cit. 8).

5 « Il y a une infinité de choses où le moins mal est le meilleur. »
MONTESQ., **Cahiers**, p. 100.

— (Pluriel emphatique). *J'en connais des infinités !*

6 « ... des infinités de compliments, de civilités, des visites ; »
SÉV., 141, 3 mars 1671.

INFINITÉSIMAL, ALE, AUX. *adj.* (vers 1750, VOLT., D'ALEMB. ; de l'adj. *infinitésime*, du lat. mod. *infinitesimus* (LEIBNIZ).

|| **1°** Relatif aux quantités infiniment petites. *Calcul* infinitésimal, analyse* infinitésimale*, partie des mathématiques comprenant le calcul différentiel* et le calcul intégral*. *Newton et la découverte du calcul infinitésimal.*

1 « La méthode infinitésimale (APPELL, Élém. anal. math., I) comprend toutes les opérations mathématiques qui ont pour objet d'établir des relations entre grandeurs finies par la considération de quantités infinitésimales : mesure des grandeurs finies considérées comme limites : détermination des grandeurs finies considérées comme *rapport* de deux quantités infinitésimales (calcul des dérivées) ; détermination des grandeurs finies considérées comme *somme* d'un nombre infiniment grand de quantités infiniment petites (calcul intégral). »
LALANDE, **Vocab. philos.**, Infinitésimal.

|| **2°** Infiniment petit. *Quantités infinitésimales. Grandeur infinitésimale.* — *Par ext.* (Dans le langage courant). Extrêmement petit. V. **Infime, microscopique.** *Remède homéopathique, administré par doses infinitésimales.*

2 « Une senteur infinitésimale du choix le plus exquis, à laquelle se mêle une très légère humidité, nage dans cette atmosphère... »
BAUDEL., **Spleen de Paris**, V.

3 « Moi, une infinitésimale et totalement inintéressante miette de matière... »
MART. du G., **Thib.**, t. IX, p. 221.

ANT. — (V. **Grand***).

INFINITIF. *n. m.* et **INFINITIF, IVE.** *adj.* (1368 ; lat. grammat. *infinitivus modus*).

I. N. m. .*Gramm.* Forme nominale* du verbe* exprimant simplement l'idée de l'action ou de l'état, d'une façon abstraite et indéterminée, sans relation nécessaire à un sujet. — *Aimer, finir, perdre, vouloir... sont des infinitifs. Verbe à l'infinitif. Mot suivi d'un infinitif* (Cf. Aimer, cit. 50). *Remplacer une relative par un infinitif. L'infinitif à la fois nom et verbe.* — *Infinitif employé comme nom : infinitif sujet* (« Rire est le propre de l'homme »), *attribut* (« Souffler n'est pas jouer »), *apposition* (« Être ou ne pas être, voilà la question »), *complément d'un substantif ou d'un verbe* (« La peur de mourir ». « Il convient d'agir »). — *Infinitif substantivé précédé de l'article* (« Le naître et le mourir sont frères jumeaux » FRANCE), *très fréquent dans l'ancienne langue, et devenu, dans certains cas, un véritable nom* (Le devoir, le rire...).

1 « Use donc hardiment de l'infinitif pour le nom, comme l'aller, le chanter, le vivre, le mourir... » DU BELLAY, **Déf. et illustr...**, II, 9.

— *Infinitif employé comme verbe. L'infinitif, mode* impersonnel. Les deux temps** (présent, passé) *de l'infinitif* (« On ne peut être et avoir été »). *Proposition à l'infinitif.* Cf. *infra*, II, *Infinitive.* — *Emplois stylistiques de l'infinitif : Infinitif à valeur d'impératif* (« Ralentir ! »), *d'optatif* (« Voir Naples et mourir ! »), *de proposition interrogative* (« Que faire ? »). — *Infinitif de narration* (ou *descriptif*, ou *historique*), *introduit par la préposition de** (cit. 97 et 98) *et pouvant avoir un sujet propre* (« Grenouilles aussitôt de sauter dans les ondes » LA FONT., II, 14). *Infinitif de succession introduit par la préposition pour**.

2 « **Infinitif de succession.** — On se sert aussi, pour une suite rapide de faits, d'un *infinitif* précédé de *pour*, qui suit le passé simple : ... *M. Moronval s'éloigna* **pour revenir** *quelques instants après* (DAUD., Jack, 14) ; »
BRUNOT, **Pens. et lang.**, p. 481.

« **Infinitif de narration.** — L'action passée peut être exprimée dans un infinitif, qui emprunte sa valeur de passé au contexte : *Et les dentel(l)ières* **d'aller** *demander au curé leur sainte* (CHAMPFL., Cont., 191). C'est l'infinitif dit *de narration.* »
ID., **Ibid.**, p. 478

3

« L'infinitif représente l'idée verbale débarrassée de tous les éléments accessoires et adventices. Il ne connaît ni la personne ni le nombre. L'idée de la voix (actif, moyen et passif) lui est, au fond, étrangère. L'idée du temps elle-même n'y est entrée que par une sorte de superfétation et grâce à des retouches tardives... Il n'est pas un mode, il est, comme le substantif, le nom de l'action..., le nom de l'action. » BRÉAL, **Ess. de sémantique**, p. 89.

4

« L'infinitif exprime l'idée verbale de la façon la plus dépouillée, indépendamment de toute valeur personnelle, modale, voire temporelle, car l'infinitif simple, hors de tout contexte, se situe hors du temps (*avoir, dormir, marcher*). C'est seulement l'entourage de la phrase qui lui donne une valeur de présent, mais aussi de futur ou de passé. Quant à l'infinitif composé, c'est l'auxiliaire qui lui donne la valeur de passé. » DAUZAT, **Gramm. raisonnée**, p. 227.

5

II. Adj. *Mode infinitif. Construction, tournure infinitive. Proposition* infinitive*, dont le verbe est à l'infinitif.* — Substant. *Une infinitive. Infinitive-sujet* (« Lui prêter de l'argent ne servirait à rien »), *infinitive-complément, très fréquente en latin et peu usitée en français, sauf après les verbes de perception* (« Je l'ai vu venir ») *et les verbes faire** (cit. 196), *laisser** (« Laissez-le venir »). *Infinitive causale, consécutive, finale**.

INFIRME. adj. (1247, rare jusqu'au XVIᵉ s. ; lat. *infirmus*, « faible », qui avait donné d'abord l'anc. fr. *enferme*).

|| **1°** *Vx.* (sens du lat.). Qui manque de force. V. **Faible.** « *L'esprit est prompt et la chair* (cit. 46) *infirme* » (PASCAL, cit. de l'Év., Matthieu, XXVI, 40, 41). *Pauvre et infirme nature de l'homme* (Cf. Ignoble, cit. 7). — Substant. « *Donner du lait aux infirmes et le pain aux forts* » (BOSS., Or. f. Le Tellier).

|| **2°** Qui est atteint d'une infirmité*, d'infirmités* (*particult.*, d'infirmités incurables). V. **Béquillard, boiteux, difforme, disgracié, éclopé, grabataire, impotent, invalide.** *Des enfants arriérés* (cit. 4) *ou infirmes. Demeurer infirme à la suite d'une blessure, d'un accident.* V. **Mutilé.** *Il est infirme du bras gauche. Beethoven, malheureux, pauvre, infirme...* (Cf. Forger, cit. 6). — Substant. *C'est un infirme, une infirme. Béquille* (cit. 4) *pour infirmes. Hôpital, hospice destiné aux infirmes. Par ext. Vieillesse infirme.* V. **Maladif.**

1 « Celui qui se charge d'un élève infirme et valétudinaire change sa fonction de gouverneur en celle de garde-malade ; » ROUSS., **Émile**, I.

2 « Femme d'un infirme qui ne pouvait être son mari... » LEMAÎTRE, **Impress. de théâtre**, Scarron.

ANT. — **Fort ; ferme, ingambe, résistant, valide.**

DER. — **Infirmier.** V. **Infirmer, infirmité.**

INFIRMER. v. tr. (1370 ; lat. jurid. *infirmare*, propremt. « affaiblir », de *infirmus*. V. **Infirme**).

|| **1°** Affaiblir (quelque chose) dans son autorité, sa force, son crédit... V. **Affaiblir, diminuer.** *Infirmer l'autorité d'un historien. Infirmer une preuve, un témoignage*, en montrer le côté faible. *Voilà une pièce bien probante, qu'on ne saurait infirmer* (ACAD.). *Hypothèse infirmée par l'expérience.* V. **Démentir, détruire, ruiner.**

1 « Nous nous faisons de fausses raisons pour en infirmer la vérité. » MASS., **Panég. saint Étienne.**

2 « J'ajouterai, pour infirmer l'autorité de certaines maximes de Chamfort et pour en dénoncer le côté faux, qu'elles viennent évidemment d'un homme qui n'a jamais eu de famille... » STE-BEUVE, **Caus. lundi**, 22 sept. 1851.

3 « Quand l'expérience infirme l'idée préconçue, l'expérimentateur doit rejeter ou modifier son idée. » Cl. BERNARD, **Introd. étude méd. expér.**, I, II.

4 « Soudain un scrupule lui vient : il sent bien que cette offre de sa vie ne lui coûte pas, et que par là se trouve infirmé le marché. » MONTHERLANT, **Le songe**, II, XIII.

|| **2°** *Dr.* (En parlant d'un tribunal supérieur). Annuler* ou réformer* (une décision rendue par une juridiction inférieure). V. *infra*, **Infirmation.** *Infirmer un jugement, un arrêt, une sentence* (Cf. Évocation, cit. 1). *La Cour d'appel a infirmé le jugement du tribunal de première instance.*

5 « Adieu, mon cher David, vous êtes averti, la contrainte par corps n'est susceptible d'être infirmée par l'appel... il ne reste plus que cette voie à vos créanciers, ils vont la prendre. » BALZ., **Illus. perdues**, Œuvr., t. IV, p. 943.

— Par ext. et fig. *Confirmer* (cit. 10) *ou infirmer les jugements de l'histoire.*

6 « Nul pouvoir au-dessus de leur tête n'avait le droit d'infirmer le code nécessaire de leur existence... » BALZ., **Du droit d'aînesse** (Œuvr. div., t. I, p. 1).

ANT. — **Affermir, attester, avérer, corroborer, prouver. Confirmer.**

DER. — **Infirmable.** adj. (1842). Que l'on peut infirmer. *Témoignage qui paraît infirmable.* — **Infirmatif, ive.** adj. (1501). *Dr.* Qui infirme, rend nul. *Arrêt infirmatif d'un jugement.* — **Infirmation.** n. f. (1499 ; par l'interm. du lat. jurid. *infirmatio*). Action d'infirmer. V. **Démenti.** *Dr. Infirmation d'un jugement.* V. **Annulation** (ANT. **Attestation, confirmation**).

« L'infirmation peut être totale ou partielle. Celle-ci ne porte que sur certains chefs de la décision attaquée qui est confirmée sur les autres points. »   CAPITANT, **Vocab. jurid.**, Infirmation.

INFIRMERIE. *n. f.* (1606 ; de l'anc. fr. *enfirmerie* en 1300 ; refait sur *infirme**). Local destiné dans les bâtiments où vivent des communautés, à recevoir et à soigner les malades, les blessés, ou à leur donner les premiers soins avant leur transfert à l'hôpital. *Infirmerie d'une caserne, d'un couvent, d'une école, d'un pensionnat, d'un paquebot. Infirmerie spéciale du Dépôt. Être envoyé, transporté à l'infirmerie* (Cf. Cadavre, cit. 5 ; claquer, cit. 6 ; cloaque, cit. 3). — *Fam.* (En parlant d'une maison où tout le monde est malade) *C'est une véritable infirmerie !*

1   « Le couvent ne fut bientôt plus qu'une infirmerie. »
                                    RAC., **Abrégé hist. Port-Royal.**

2   « Sous les tribunes, se trouvaient les douches qu'on avait aménagées et les anciens vestiaires de joueurs qu'on avait transformés en bureaux et en infirmeries. »   CAMUS, **La peste**, p. 260.

— *Vx.* Établissement charitable, asile de vieillards. « *L'infirmerie de Marie-Thérèse* », fondée par Madame de Chateaubriand (Cf. CHATEAUB., M. O.-T., IV, III, 1, éd. Lev.). Office d'infirmier dans un couvent.

3   « ... tu ne paraîtras plus à l'église ni à l'autel ! tu ne te pavaneras plus à la danse en belle fraise brodée ; c'est dans de sales infirmeries, parmi les mendiants et les estropiés, que tu iras t'étendre... »
                                    NERVAL, trad. GŒTHE, Faust, II, p. 152.

INFIRMIER, IÈRE. *n.* (1398 ; *enfermier* en 1288 ; refait sur *infirme**). Personne qui soigne les malades dans une infirmerie, une clinique, un hôpital, une ambulance... *Travail, tenue des infirmiers, des infirmières* (Cf. Camisole, cit. 2 ; écarteler, cit. 4 ; flamber, cit. 9 ; fusiller, cit. 1 ; habitude, cit. 35). *Infirmière diplômée. Élève-infirmier. Diplôme d'infirmier. Malade soigné à domicile par une infirmière.* V. **Garde-malade.** *Infirmière-visiteuse**. Infirmier en chef. — Infirmiers militaires, régimentaires.* V. **Ambulancier, brancardier.** *Infirmières au front* (cit. 32 et Cf. Altérer, cit. 19 ; inaction, cit. 5). *Sections d'infirmiers. Premiers soins donnés aux blessés par les infirmiers. Infirmier-major.* — En appos. *Caporal infirmier, aide infirmier. Sœur* infirmière.*

1   « Trois blessés encore étaient morts pendant la nuit, sans qu'on s'en aperçût ; et les infirmiers se hâtaient de faire de la place aux autres, en emportant les cadavres. »   ZOLA, **La débâcle**, II, VIII.

2   « On frappa à la porte, et un infirmier entra, masqué de blanc. »
                                    CAMUS, **La peste**, p. 225.

INFIRMITÉ. *n. f.* (XIVe s. ; *enfermeté* au XIIe s. ; lat. *infirmitas*, « faiblesse »).

‖ **1°** (*Du sens lat.*). Défaut de force, de fermeté.

— *Vx.* (En parlant de la faiblesse humaine en général).

1   « Mais j'attends en mes vœux tout de votre bonté,
Et rien des vains efforts de mon infirmité ; »   MOL., **Tart.**, III, 3.

2   « ... la naissance a des marques indubitables de notre commune faiblesse. Nous commençons tous notre vie par les mêmes infirmités de l'enfance ; »   BOSS., **Orais. fun. de Gornay.**

— (De nos jours). V. **Faiblesse, imperfection.** *C'est une infirmité d'esprit que de ne pas vouloir reconnaître le mérite* (ACAD.). *Infirmité de l'État.*

3   « Les infirmités de l'âme et du corps ont joué un rôle dans nos troubles : l'amour-propre en souffrance a fait de grands révolutionnaires. »   CHATEAUB., M. O.-T., t. II, p. 16.

4   « Les infirmités du langage, qu'il soit écrit ou parlé, répondent toujours à quelque infirmité de l'esprit. »
                                    DUHAM., **Disc. aux nuages**, I, p. 16.

5   « Les travaux que j'avais à faire, les délibérations auxquelles j'assistais, les contacts que je devais prendre, me montraient l'étendue de nos ressources, mais aussi l'infirmité de l'État. »
                                    Ch. DE GAULLE, **Mém. de guerre**, t. I, p. 4.

‖ **2°** *Vieilli.* Maladie ou indisposition habituelle. V. **Incommodité** (Cf. Affliger, cit. 2 LA BRUY., et cit. 10 RAC. ; dégoûter, cit. 2 MOL.). *Les infirmités de la vieillesse* (Cf. Outrage (du temps). — *De nos jours* (Spécialt.). État (congénital ou accidentel) d'un individu ne jouissant pas d'une de ses fonctions ou n'en jouissant qu'imparfaitement (sans que sa santé générale en souffre). V. **Conformation** (vice de), **difformité, disgrâce.** *La surdité, la cécité, la claudication, le nanisme... constituent des infirmités. Infirmité gênante, désagréable* (Cf. Fistule, cit.). *L'infirmité de Byron* (Cf. Handicap, cit. 2 ; hautain, cit. 6). *Infirmité contractée* (cit. 9) *dans le service.* — Dr. *Classement des infirmités selon leur gravité* (pour l'autorité militaire, les assurances, etc. Cf. Auxiliaire, cit. 2).

6   « Avec l'infirmité qu'elle a (*d'avoir perdu la parole*) ? »
                                    MOL., **Méd. m. lui**, II, 1.

7   « ... un fréquent besoin de sortir, qui m'avait fait beaucoup souffrir le soir même au spectacle, et qui pouvait me tourmenter le lendemain, quand je serais dans la galerie ou dans les appartements du Roi... Cette infirmité (*affection de vessie*) était la principale cause qui me tenait écarté des cercles... »   ROUSS., **Confess.**, VIII.

8   « Le Cardinal seul entra dans une ample et spacieuse litière de forme carrée, dans laquelle il devait voyager jusqu'à Perpignan, ses infirmités ne lui permettant ni d'aller en voiture, ni de faire toute cette route à cheval. »   VIGNY, **Cinq-Mars**, VII.

« Quasimodo était né borgne, bossu, boiteux... Sonneur de Notre-Dame à quatorze ans, une nouvelle infirmité était venue le parfaire, les cloches lui avaient brisé le tympan : il était devenu sourd. »   9
                                    HUGO, **N.-D. de Paris**, I, IV, III.

ANT. — Force, santé.

INFIXE. *n. m.* (1876 ; du lat. *infixus*, inséré). Élément qui s'insère dans l'intérieur même d'un mot, parfois dans le corps même de la racine. *L'n du latin « jungere »* (joindre*) *est un infixe nasal qui s'est inséré dans le radical jug-, à l'état pur dans « jugum »* (joug).

INFLAMMABLE. *adj.* (1390 ; dér. sav. du lat *inflammare*). Qui a la propriété de s'enflammer* facilement et de brûler vivement. *L'essence, le phosphore..., matières inflammables. Liquides inflammables. Substance inflammable à l'air.* V. **Pyrophore.** *L'hydrogène, le butane, le méthane..., gaz inflammables. Matériaux nucléaires inflammables* (Cf. Étoile, cit. 17). — *Fig.* et *fam.* (1787). Qui se prend facilement de passion ou de colère. *Nature, tempérament inflammable.* V. **Combustible.**

1   « ... c'est ici le lieu de parler de la calcination prise généralement, elle est pour les corps fixes et incombustibles ce qu'est la combustion pour les matières volatiles et inflammables... »
                                    BUFFON, **Hist. nat.**, Intr. hist. min.

2   « ... le phosphore qui est le plus inflammable de tous les corps... »
                                    ID., **Ibid.**

3   « Tout cela est si râpé, si sec, si inflammable, qu'on les trouve imprudents de fumer et de battre le briquet. »
                                    GAUTIER, **Voyage en Espagne**, p. 19.

ANT. — Apyre, ininflammable.

DER. — **Inflammabilité.** *n. f.* (1641). Caractère de ce qui est inflammable. *L'inflammabilité du soufre* (ANT. Ininflammabilité).

INFLAMMATION (*-syon*). *n. f.* (XIVe s., au sens de « grande chaleur » et au *fig.* « excitation de l'esprit » ; XVe s., sens médic. ; 1552, sens propre). *Rare.* Action par laquelle une matière combustible s'enflamme et brûle ; résultat de cette action.

1   « Il est vrai que la chaleur seule suffit pour préparer et disposer les corps combustibles à l'inflammation, et les autres à l'incandescence... »
                                    BUFFON, **Hist. nat.**, Intr. hist. min.

— *Fig.* et *vx.* Colère, fureur.

2   « Mais qui cause, Seigneur, votre inflammation ? »
                                    MOL., **Dép. am.**, II, 6.

— Spécialt. *Méd.* « Ensemble des phénomènes réactionnels se produisant au point irrité par un agent pathogène » (G.-H. ROGER). V. **Phlegmasie.** *L'inflammation, réaction défensive de l'organisme.* V. **Diapédèse.** *Symptômes de l'inflammation : chaleur*, douleur*, rougeur*, tuméfaction*. Remèdes contre l'inflammation.* V. **Antiphlogistique.** *Délitescence* d'une inflammation. Abcès*, engelure*, plaie* compliquée d'inflammation* (V. **Enflammé**). *Inflammation consécutive à une brûlure*.* V. **Phlogose.** *Inflammation cutanée qui cause une vive irritation**. V. **Intertrigo, prurigo...** *Inflammation de la peau* (V. **Dermite ; éruption, feu, furoncle**), *du tissu conjonctif* (V. **Phlegmon**), *des doigts* (V. **Panaris**), *des muqueuses* (V. **Catarrhe, coryza, rhume**), *des synoviales** (V. **Aï, synovie**), *des gencives* (V. **Gingivite, parulie**), *de la face* (V. **Couperose**), *de l'œil* (V. **Ophtalmie ; iritis**), *des glandes parotides* (V. **Oreillons**). *Inflammation des bronches* (V. **Bronchite**), *des intestins* (V. **Entérite**), *des reins* (V. **Néphrite**), *de la vessie* (V. **Cystite**), *des parois vasculaires* (V. **Artérite**, cit. ; **phlébite**). — N. B. Les principales affections caractérisées par une *inflammation* sont répertoriées à l'article MALADIE. V. aussi, *suff.* **-Ite.**

« Pour la douleur d'une plaie, si elle se fait sentir longtemps après le coup donné, c'est à cause de... l'inflammation et des accidents qui surviennent... »   BOSS., **Connais. de Dieu...**, III, VI.

DER. — **Inflammatoire.** *adj.* (XVIe s.). *Méd.* Qui est caractérisé par une inflammation. *État inflammatoire. Maladie* inflammatoire* (Cf. Esquinancie, cit). *Aréole*, point* inflammatoire. Petite tumeur inflammatoire* (V. **Pustule**). *Fièvre* inflammatoire. Symptômes inflammatoires.*

« ... des insomnies presque continuelles m'annoncent une disposition inflammatoire qui se terminera vraisemblablement par me faire prendre congé de ce meilleur des mondes possibles. »
                                    D'ALEMB., **Corresp. roi de Prusse**, nov. 1772.

INFLATION (*-syon*). *n. f.* (XVe s., au sens méd. ; lat. *inflatio*, « enflure »).

‖ **1°** *Vx.* (Méd.). Action d'enfler, de s'enfler. *L'enflure est le résultat de l'inflation* (LITTRÉ).

‖ **2°** *Sens mod.* (Vers 1918). *Écon. polit.* Accroissement excessif des instruments de paiement qui entraîne, ou tend à entraîner une hausse générale des prix. *Inflation fiduciaire, monétaire, caractérisée par l'augmentation* du nombre des billets* de banque en circulation. Inflation de capitaux. Politique qui mène à l'inflation.* V. **Inflationniste.** *Menaces d'inflation. Dépréciation* de la monnaie et hausse des prix, conséquences de l'inflation. Dévaluation* consécutive à l'inflation. L'inflation compromet l'épargne* (cit. 10). *Lutter contre l'inflation* (V. **Déflation**).

1 « Le moyen était trop tentant et l'Assemblée n'en avait pas d'autres pour tenir ses promesses. Dès lors la maladie de l'inflation suivit son cours fatal : dépréciation constante, incoercible, appelant des émissions de plus en plus fortes, ce que nous avons vu de nos jours en Russie et en Allemagne. Partie de 400 millions, la Révolution, au bout de quelques années, en sera à 45 milliards d'assignats lorsqu'il faudra avouer la faillite monétaire. »
BAINVILLE, Hist. de France, XVI, p. 338.

2 « L'inflation est tout accroissement des moyens de paiement mis à la disposition du public, qui n'a pas été provoqué par l'accroissement des besoins du public en fait de moyens de paiement. Il y a des inflations de monnaie métallique... Il y a des inflations de crédit... Enfin il y a des inflations de billets à cours forcé. Celles-ci sont... généralement d'un ordre de grandeur supérieur à celui des inflations des autres espèces et... elles ont des conséquences plus étendues et plus graves... Des moyens de paiement en surnombre, cela a pour conséquence la dépréciation de l'unité monétaire, dépréciation qui se traduit par la hausse des prix... Mais cette hausse des prix n'est pas la seule conséquence dommageable de l'inflation. Une conséquence plus dommageable encore est l'instabilité des prix. »
H. TRUCHY, Cours écon. polit., t. I, pp. 352-353.

DER. — Inflationniste. n. (vers 1920 ; empr. à l'angl. inflationist). Partisan de l'inflation. La politique des inflationnistes. — Adjectivt. Qui a rapport ou tend à l'inflation. Manœuvres, menées inflationnistes. Politique inflationniste. Le danger inflationniste.

« On a même vu... un parti d'inflationistes (sic) s'opposer aux mesures à prendre en vue de retirer les billets de banque de la circulation. »
Ch. GIDE, Cours écon. polit., t. I, p. 440.

INFLÉCHIR. v. tr. (1738, au p. p. et au pronominal ; de in, « en », et fléchir, d'après inflexion). Fléchir* de manière à former une courbe plus ou moins accentuée. V. **Courber, incliner, plier***. Infléchir un arc (ACAD.). L'atmosphère infléchit les rayons lumineux. V. **Dévier**. Par anal. Détourner, changer la direction de... Troupes en marche qui infléchissent leurs routes vers le sud (Cf. Formation, cit. 1). — Fig Modifier l'orientation, la tournure de... (Cf. infra, cit. DUHAMEL).

1 « ... infléchir, assouplir la règle dans le dessein de la parfaire,... »
DUHAM., Pesée des âmes, p. 56.

2 « ... certains événements de l'époque présente, événements qui n'ont pas été sans infléchir telle ou telle de mes actions... »
ID., Cri des profondeurs, p. 27.

‖ S'INFLÉCHIR. v. réfl. Opt. Le point où des rayons lumineux s'infléchissent (ACAD.). — Courbe qui s'infléchit (Cf. Globe, cit. 2). Poutre surchargée qui s'infléchit. V. **Ployer**.

3 « ... une lame de couteau ou de verre, dont la pointe est rasée par les rayons du soleil dans une chambre obscure... les rayons s'infléchissent, se portent vers cette lame en proportion des distances ; c'est-à-dire que le rayon qui passe le plus près de cette pointe est celui qui s'infléchit le plus vers le couteau. Toutes les autres expériences de l'inflexion de la lumière près des corps se rapportent à celle-ci. »
VOLT., Essai s. nature du feu..., I, IV.

4 « Les processus physiologiques... s'infléchissent toujours dans une même direction, celle qui mène à la plus longue survie de l'individu. »
CARREL, L'homme, cet inconnu, VI, I.

‖ INFLÉCHI, IE. p. p. adj. Opt. Rayons du soleil infléchis par l'atmosphère terrestre (Cf. Éclipse, cit. 2). — Bot. Recourbé du dehors en dedans. Rameaux infléchis. — Archit. Arc infléchi, formé de deux talons* tangents par leurs sommets. V. **Courbure** (à contre-courbure). L'arc en accolade, arc infléchi. — Linguist. Voyelle infléchie, qui a subi l'inflexion*. Par anal. Dont le timbre a changé (en parlant de la voix).

5 « ... elle se campa devant moi de profil, rejeta la tête en arrière, et, d'une voix de tête assez forte et non infléchie :... »
GIDE, Isabelle, III, p. 44.

6 « Les pièces sont larges et sombres, avec des planchers d'un chêne infléchi par le poids des ans. »
P. BENOIT, Mlle de la Ferté, p. 8.

ANT. — Redresser. Droit.

INFLEXIBLE. adj. (1314 ; lat. inflexibilis). Qu'on ne peut fléchir* ou ployer* ; qui n'est pas flexible*. V. **Rigide**. Tige de fer inflexible. Poutre métallique inflexible en forme de T. — Par métaph. Qui manque de souplesse. Les conceptions lentes et inflexibles de l'esprit (cit. 126) géométrique. Une forme d'intelligence inflexible (Cf. Aveugle, cit. 11).

1 « Ce qu'il (Aristote) dit encore au sujet du cou du lion, qu'il prétend ne contenir qu'un seul os, rigide, inflexible, et sans division de vertèbres, a été démenti par l'expérience... »
BUFF., Hist. nat. anim., Le lion.

— Fig. Que rien ne peut fléchir ni émouvoir ; qui résiste à toutes les tentatives de persuasion, à toutes les influences... V. **Dur, ferme, impitoyable, implacable** (cit. 1), **inexorable*, intransigeant, sourd** (fig.)... Un homme inflexible (Cf. Bienfaisant, cit. 1). V. **Raide** (comme une barre* de fer), **rigide** (Cf. Un homme de bronze*). Le despotisme (cit. 8) d'un père inflexible. V. **Cruel**. Demeurer inflexible dans une résolution. V. **Inébranlable** (Cf. Hésiter, cit. 3). Caractère inflexible. V. **Cassant**. — Par ext. (XVIIe s.) Qui ne fléchit (cit. 19) pas ; que rien ne peut abattre, ou ébranler. Volonté* inflexible (Cf. De fer*). Austérité, justice, règle inflexible. V. **Rigoureux** (Cf. Enténébrer, cit. 3). Haine, sentiment inflexible. V. **Endurci** (Cf. Arrêter, cit. 31). Courage inflexible. V. **Indomptable** (Cf. Agneau, cit. 5). — Logique inflexible. V. **Implacable** (Cf. Grammaire, cit. 9).

2 « ... il toucha tout le monde, à la réserve de la Reine, qui demeura inflexible. »
RETZ, Mém., II, p. 102.

3 « ... fermes et inflexibles aux sollicitations du simple peuple,... »
LA BRUY., XIV, 54.

4 « Ce vieux plaideur, quoique inflexible et entier presque autant que son adversaire, n'a pu résister à l'ascendant qui nous a tous subjugués. »
ROUSS., Julie, V, Lettre VI.

5 « ... il est rare qu'Ibsen veuille conclure, à moins qu'il n'en laisse le soin aux durs réquisitoires de la mort, l'inflexible procureur. »
SUARÈS, Trois hommes, Ibsen, p. 118.

ANT. — Flexible, souple. Clément, doux, traitable.

DFR. — Inflexibilité. n. f. (Inflectibilité en 1314). Caractère de ce qui est inflexible. L'inflexibilité relative d'une barre de fer. V. **Rigidité**. — Fig. (1611). L'inflexibilité d'une règle, d'un caractère... — Inflexiblement. adv. (1508). D'une manière inflexible. Il demeure inflexiblement attaché à son opinion (ACAD.).

1 « Il avait conservé, dans l'inflexibilité de son caractère, cette timidité qu'on nomme mauvaise honte. »
VOLT., Hist. Charles XII, VIII.

2 « ... personne n'a point avec le même bonheur (que Corneille) l'inflexibilité et la force d'esprit qui naissent de la vertu. »
VAUVEN., Réflex. critiq., V, VI.

3 « J'osai croire que l'amour d'Évelina serait plus fort que les résolutions paternelles, et qu'elle saurait vaincre l'inflexibilité de ses parents ; »
BALZ., Médecin de campagne, Œuvr., t. VIII, p. 498.

4 « ... le railway de Saint-Pétersbourg à Moscou suit inflexiblement la ligne droite et ne se dérange sous aucun prétexte. »
GAUTIER, Voyage en Russie, XVI, p. 249.

INFLEXION. n. f. (XIVe s., rare jusqu'au XVIIe s. ; lat. inflexio).

‖ 1° Mouvement par lequel une chose s'infléchit* (V. **Flexion**) ; état de ce qui est infléchi. V. **Courbure**. Inflexion du corps. Saluer* d'une légère inflexion de la tête. V. **Inclination**. Inflexions sinueuses d'un corps de femme (Cf. Évidemment, cit. 1). Inflexion des sourcils. — Par anal. Changement de direction*, d'orientation. V. **Déviation**. Fleuve qui change (cit. 23) son cours par une subite inflexion (Cf. Courbure, cit. 2). — Spécialt. Géom. Inflexion d'une courbe* (cit. 15, par métaph.). Point* d'inflexion. — Opt. Inflexion des rayons lumineux. — Méd. Inflexion de l'utérus. V. **Rétroflexion**.

1 « ... les rayons qui passent près des extrémités d'un corps sans le toucher, ne laissent pas de s'y détourner de la ligne droite, ce qu'on appelle inflexion. »
FONTENELLE, Éloge de Newton, in BRUNOT, H.L.F., t. VI, II, p. 1170.

2 « ... on s'éloigne du Danube, selon les courbures du chemin et les inflexions du fleuve. »
CHATEAUB., M. O.-T., t. VI, p. 22.

3 « ... aisément souriante, avec une certaine inflexion moqueuse à la lèvre inférieure qui lui ajoute un grand charme. »
GAUTIER, Portr. contemp., p. 384.

4 « ... les molles inflexions par lesquelles le corps, après avoir fourni le superbe épanouissement de la poitrine, s'amincit lentement au-dessous du thorax... »
FRANCE, Hist. comique, XIV, p. 49 (Cf. Évasement).

‖ 2° Fig. (1636). Changement subit d'accent ou de ton dans la voix, en parlant ou en chantant (Cf. Argentin, cit. 4 ; ineffable, cit. 2). Des inflexions de contralto (cit. 2). V. **Modulation**. Sa voix eut une inflexion douce, tendre, naïve, timide... (Cf. Équivaloir, cit. 4 ; homme, cit. 156). — Par ext. V. **Accent**. L'inflexion chantante des voix provençales.

5 « Sa voix, maintenant, prenait des inflexions plus molles,... »
FLAUB., Mme Bovary, II, XII.

6 « ... une voix sonore, un peu nasale, rauque par instants, hautbois et trompette, nullement parisienne, bien qu'il fût difficile d'apparenter à l'accent d'une province les inflexions où elle se plaisait,... »
ROMAINS, H. de b. vol., t. II, XV.

— Spécialt. Linguist. Inflexion vocalique, changement de timbre d'une voyelle sous l'influence d'un phonème* voisin. — Gramm. Vx. V. **Désinence, flexion**. Inflexion verbale très rare en hébreu (cit. 4).

INFLIGER (se conjugue comme Diriger). v. tr. (XIVe s. ; rare jusqu'au XVIIe s. ; lat. infligere). Appliquer* (une peine matérielle ou morale). Les peines* que Dieu inflige aux pécheurs en expiation* de leurs fautes (Cf. Garder, cit. 89). Infliger un châtiment (cit. 4. Cf. Humiliation, cit. 4). Infliger un blâme, une punition, une sanction. V. **Donner**. Infliger une sévère correction. V. **Administrer** (pop.). Infliger une amende, une contravention. Infliger les arrêts* (cit. 7) de rigueur à un officier. Infliger la peine de mort à un assassin. V. **Prononcer** (contre). Infliger un supplice, la torture à quelqu'un (V. **Supplicier, torturer**). — Par anal. Infliger un affront, un camouflet (cit. 1). Les tourments qui lui sont infligés (Cf. Accalmie, cit. 2). Les infirmités que la nature lui a infligées... (V. **Affliger**). — Par ext. V. **Imposer** (Cf. Inclémence, cit. 4). Infliger à autrui des misères, des ennuis (Cf. Braver, cit. 8 ; éviter, cit. 43). Importun qui vous inflige sa présence, le récit de ses maux. — Fig. Infliger à quelqu'un un démenti formel (Cf. Croyance, cit. 14).

1 « ... il est aussi absurde d'infliger la torture pour parvenir à la connaissance d'un crime, qu'il était absurde d'ordonner autrefois le duel pour juger un coupable... »
VOLT., Dict. philos., Question.

2 « ... au milieu de vos admirations et de vos tendresses fidèles, vous lui infligerez cependant... une mauvaise note... »
STE-BEUVE, Chateaub..., t. II, p. 370.

3 « On ne doit jamais écrire que de ce qu'on aime. L'oubli et le silence sont la punition qu'on inflige à ce qu'on a trouvé laid ou commun, dans la promenade à travers la vie. »
RENAN, Souv. d'enfance..., Préface.

4 « Et, ce faisant, ils lui infligeaient sans s'en douter, une cruelle contrainte :... »
MART. du G., Thib., t. V, p. 47.

5 « ... la douleur infligée à ces innocents n'avait jamais cessé de leur paraître ce qu'elle était en réalité, c'est-à-dire un scandale. »
CAMUS, La peste, p. 233.

‖ S'INFLIGER. *v. pron.* V. **Imposer** (s'). *S'infliger* (à soi-même) *une punition* (Cf. Coulpe, cit. 2), *des tortures* (Cf. Curiosité, cit. 17). *S'infliger des privations, des sacrifices, des mortifications...*

ANT. — Épargner, éprouver, essuyer, subir.

INFLORESCENCE. *n. f.* (1792 ; du bas lat. *inflorescere,* « commencer à fleurir »). *Bot.* Mode de groupement des fleurs* d'une plante ; groupe de fleurs ainsi formé. *Inflorescence axillaire*, terminale*. Inflorescence pluriflore*, solitaire*, uniflore*. Inflorescence pourvue d'un involucre*, d'une spathe. Divers modes d'inflorescence.* V. **Capitule, chaton, corymbe, cyme, glomérule, grappe, ombelle, panicule, spadice, trochet.**

INFLUENCE. *n. f.* (XIIIe s. ; lat. *influentia,* de *influere,* « couler »).

‖ 1° *Vx.* Sorte d'écoulement, de flux provenant des astres et agissant sur les hommes et les choses. V. **Fluide** (I, 3°). — REM. D'abord conçue comme un véritable écoulement matériel, la notion d'influence astrale est ensuite devenue plus abstraite. Elle ne s'applique plus de nos jours qu'à l'action attribuée aux astres sur la destinée humaine. V. **Astrologie** (Cf. Fait, cit. 31 ; forcer, cit. 17 ; fraternel, cit. 3). *Situation des astres par rapport à leur influence.* V. **Aspect.** *Influence qui agit* (cit. 28). *Influence du ciel* (cit. 13).

1 « En vain le ciel verse sur elle (*la terre*) ses influences... »
LA BRUY., XVI, 48.

2 « Hélas ! rien ne peut détourner l'ascendant fatal, et nul ne saurait éviter l'influence bienfaisante ou maligne de son étoile. »
GAUTIER, Mlle de Maupin, XII, p. 340.

— *Influences mystérieuses, occultes... qui régissent les destinées* (Cf. Avance, cit. 20 ; extraordinaire, cit. 8). *Influence bénéfique, favorable, maléfique, néfaste* (Cf. Le mauvais œil*). *Avoir une bonne, une mauvaise influence sur l'avenir* (Cf. Porter bonheur*, malheur*). — *Influences exercées par magie, par magnétisme*... *Influence surnaturelle qui s'exerce sur l'âme.* V. **Inspiration, souffle.** *Il y a là des influences occultes, incompréhensibles* (Cf. Le diable s'en mêle*).

3 « ... elle était sensible à la nature et pénétrable aux influences de l'espace et de l'heure. »
FRANCE, Mannequin d'osier, IX, Œuvr., t. XI, p. 334.

‖ 2° Action, le plus souvent graduelle et continue, qu'exerce une personne ou une chose sur une autre ; circonstance, chose qui exerce une telle action. V. **Action, effet, empreinte, force, impression, impulsion, pression...** *Influence d'un phénomène, d'une circonstance.* V. **Effet, incidence.** *Influence de l'homme sur la nature.* — *Influence prédominante* (V. **Prédominance**), *exclusive, tyrannique* (V. **Règne, royauté, tyrannie,** *fig.*). *Influence bienfaisante, utile* (V. **Bienfaisance, bienfait**), *néfaste, mauvaise, dangereuse* (V. **Mal, malfaisance**). *Influence qui agit*, *produit* divers effets, qui amène* (cit. 20), *entraîne des changements, des modifications.* — *Exercer* une influence.* V. **Agir** (sur), **influer** (sur)... — *Subir* une influence. Être sensible aux influences.* V. **Impressionnable, influençable, sensible** (Cf. Tourner à tous les vents). *Être imperméable, réfractaire à toutes les influences. Résister, échapper aux influences.*

4 « Les éléments, la nourriture, la veille, le sommeil, les passions, ont sur vous de continuelles influences. » VOLT., Dict. philos., Influence.

5 « Il n'est pas possible à l'homme de se soustraire aux influences ; l'homme le plus préservé, le plus muré en sent encore. Les influences risquent même d'être d'autant plus fortes qu'elles sont moins nombreuses... »
GIDE, De l'influence en littér., Conférence 29 mars 1900 (Cf. Inconsciemment, dér.).

— *Influence qu'une personne exerce* (cit. 20) *sur une autre.* V. **Ascendant, autorité, domination, empire, emprise, fascination, pouvoir, puissance ; animer** (2°), **commander, dominer, gouverner, influencer** (Cf. Fredaine, cit. 4 ; imposer, cit. 42). *L'influence qu'on a sur son propre caractère* (cit. 43), *sur soi-même, sur les autres... Envelopper* (cit. 23) *quelqu'un de son influence ; établir* (cit. 17), *augmenter son influence sur quelqu'un. Influence qui s'exerce par contagion* mentale* (V. **Imitation, osmose**). *Tout le monde subit son influence, l'influence de son charme* (V. **Magnétisme, séduction**). — *Il a sur ses amis une bonne influence, une influence malsaine. Il a une telle influence sur son frère qu'il lui fait faire tout ce qu'il veut*. Je compte sur votre influence pour le persuader.* V. **Persuasion.** *Il a beaucoup d'influence sur le ministre* (Cf. Il l'a dans sa

manche*). — *Être soumis à l'influence de quelqu'un* (V. **Docile, obéissant.** Cf. Apparaître, cit. 12 ; atmosphère, cit. 17). *Il a beaucoup changé sous l'influence de son ami.* V. **Contact** (au). *Être sous la bonne influence d'un maître, d'un directeur de conscience.* V. **Conduite** (2°), **direction, discipline** (2°, *vx*). *Il s'est laissé entraîner* sous l'influence de cet homme ; il est complètement sous son influence* (Cf. Être entre les mains* de... ; ne plus voir* que par les yeux de...). — *Soustraire un enfant à l'influence de quelqu'un* (Cf. Féliciter, cit. 12).

6 « ... en se croyant indépendant, il a été sans cesse à la merci des influences. »
STE-BEUVE, Corresp., t. II, p. 284.

7 « J'estime qu'une influence n'est pas bonne ou mauvaise d'une manière absolue, mais simplement par rapport à qui la subit. »
GIDE, De l'influence en littér., Conférence 29 mars 1900.

— *Absolt.* V. **Autorité, créance** (2°), **crédit, importance, poids, prestige...** *Avoir de l'influence en matière de...* V. **Arbitre** (être l'arbitre), **ton** (donner le). *Accroître, établir, asseoir son influence* (V. **Autoriser**). *Gagner de l'influence. Cet homme a beaucoup d'influence.* V. **Influent** (Cf. Avoir le bras* long, avoir la haute main*...). *User de son influence en faveur de quelqu'un* V. **Intercéder ; appui.** *Se prévaloir de l'influence d'un personnage haut placé.* V. **Auspices** (être, se mettre sous les auspices...). *La passion de l'influence* (Cf. Démoraliser, cit. 2). *Levier d'influence* (Cf. Électoral, cit. 1). *Trafic* d'influence.* — *Perdre de son influence* (V. **Discrédit**). *Son influence baisse** (Cf. Ses actions sont en baisse). *Démolir, détruire l'influence* (V. **Détrôner,** *fig.*).

8 « Le fameux brasseur Santerre, qui, par sa voix, sa taille, sa corpulence, avait si grande influence dans le faubourg Saint-Antoine... »
MICHELET, Hist. Révol. franç., V, VIII.

9 « Du Roy devenait célèbre dans les groupes politiques. Il sentait grandir son influence à la pression des poignées de main et à l'allure des coups de chapeau. »
MAUPASS., Bel-Ami, II, II.

10 « Quant aux chrétiens et aux juifs, la mosquée aussi leur est interdite ; ils n'y pénétreraient ni par les influences ni par la ruse, ni par l'or. »
LOTI, Jérusalem, p. 27.

— *Influence intellectuelle, morale. Influence d'un grand homme, d'un chef, d'un héros, d'un artiste sur son époque, sur la société.* V. **Rôle** (Cf. Fonction, cit. 4). *L'influence d'un savant sur l'enseignement* (cit. 5) *des sciences. Influence sur l'opinion* (Cf. Etat, cit. 111). *Marquer une époque de son influence.* V. **Griffe ; empreinte.** — *Influence d'un écrivain, d'un penseur* (Cf. Diffusion, cit. 2 DUHAMEL). — *Influence des idées, des théories... L'influence de l'esprit* (cit. 124) *critique. Influence du christianisme, du socialisme, d'une doctrine philosophique...* (Cf. Fouriérisme, cit. 2 ; gnosticisme, cit. ; hégélien, cit. ; humain, cit. 25). *Influence des lettres françaises à l'étranger* (Cf. Enquête, cit. 8). — *Étude des influences en littérature, en art... Influence d'un style... Discerner plusieurs influences conjuguées.*

11 « Je n'aime guère le mot *influence*, qui ne désigne qu'une ignorance ou une hypothèse, et qui joue un rôle si grand et si commode dans la critique. »
VALÉRY, Variété III, p. 241.

12 « Il n'est pas de mot qui vienne plus aisément ni plus souvent sous la plume de la critique que le mot d'*influence*, et il n'est point de notion plus vague parmi les vagues nctions qui composent l'armement illusoire de l'esthétique. Rien toutefois dans l'examen de nos productions qui intéresse plus philosophiquement l'intellect et ne doive plus exciter à l'analyse que cette modification progressive d'un esprit par l'œuvre d'un autre. »
ID., Variété II, p. 196.

13 « Lorsque Rouault signale quelques influences dans une toile de jeunesse, Degas lui répond : « — Vous avez déjà vu quelqu'un naître tout seul ? »
MALRAUX, Voix du silence, III, p. 310.

— *Influence d'une classe, d'un groupe social, d'une coterie, d'une camarilla*...* (V. **Dirigeant**). *L'influence cléricale* (cit.). *L'influence des jésuites* (Cf. Décisif, cit. 3 ; enlever, cit. 14). *L'influence grandissante du tiers état au XVIIIe siècle, de la bourgeoisie au XIXe s. Influence des courtisanes* (V. **Pornocratie**). *Influence tyrannique des militaires* (V. **Caporalisme**)... — *Ce parti n'a plus aucune influence politique.*

14 « ... la classe qui est assez forte pour défendre une société l'est assez pour y conquérir des droits et y exercer une légitime influence. »
FUSTEL de COUL., Cité antique, IV, VII.

15 « Tandis que le parti légitimiste, abattu après la malheureuse tentative de la duchesse de Berry en Vendée, a perdu toute influence politique... »
MATORÉ, in GAUTIER, Préf. Mlle de Maupin, Introd., p. XII.

— *Influence d'un pays, d'une civilisation, d'une puissance* (sur d'autres puissances, dans une région...). V. **Autorité** (cit. 19). *Influence britannique* (cit.), *méditerranéenne, latine, française... dans telle ou telle partie du monde* (Cf. Centre, cit. 14 ; explorateur, cit. 1). *Absolt. Sphère*, zone d'influence. Concurrence* (cit. 4) *des influences. Lutte d'influence. Influence et expansion* (Cf. Aîné, cit. 1). — *Influence des choses, des circonstances. Influences extérieures* (Cf. Éducabilité, cit.). *Influence de la profession, de la condition* (cit. 16. Cf. Argotique, cit.). *Influence de l'éducation, de la formation* (cit. 5). *Influence du passé, des aïeux, de la race, du sang* (Cf. Actualiser, cit. ; atavisme, cit. 3 et 4 ; hérédité, cit. 9). *Influences climatiques* (Cf. Français, cit. 3). *Influences telluriques* (V. **Tellurisme**). *Influences* *du milieu, de la société* (Cf. Ethnographie, cit. 2 ; homme, cit. 87). *Influence du milieu où l'on vit* (V. **Air, ambiance, atmosphère**). — *Influence de l'alcool* (Cf. Hérédité, cit. 10). *Influence soporifique, anesthésiante d'un médicament.* V. **Vertu.** — *Influences psychologiques. Influence de l'habitude* (Cf. Anesthésiant, cit.), *de la routine... Influence des passions* (V. **Entraînement**), *de l'inconscient. Sous l'influence de l'émotion, de la colère...* V. **Coup** (sous le coup). *Crime commis sous l'influence de l'hypnotisme* (cit. 3). Cf. Hypnotiser, cit. 1.

16 « Les grands hommes qui écrivent leurs mémoires ne parlent pas assez de l'influence d'un bon souper sur la situation de leur esprit. »
DELACROIX, *Journal*, 8 août 1850.

17 « Rien de plus différent que ces deux provinces de France, qui conjuguent en moi leurs contradictoires influences. »
GIDE, *Si le grain...*, I, I, p. 21.

18 « Certes, le milieu, et bien d'autres influences, marquent sur l'enfant, à la fois si malléable et si rétif. »
CHARDONNE, *Amour du prochain*, p. 59.

— *Influence matérielle, physique. Influence d'une force, de l'attraction* (cit. 5). Cf. Étoile, cit. 18 ; fluide, cit. 13. — *Influence d'un corps dans une réaction chimique* (V. **Catalyse ; catalyser**). *Le tactisme, influence de certaines substances sur le développement du protoplasme.*

19 « J'essaie, en ce moment, de faire cristalliser le racémiate de soude et d'ammoniaque sous l'influence d'une spirale solénoïde en activité. »
PASTEUR, in MONDOR, *Pasteur*, p. 98.

DER. — **Influencer, influent.**

INFLUENCER. *v. tr.* (1771 ; de *influence*). Soumettre (quelqu'un ou quelque chose) à son influence*. V. **Agir** (sur), **animer** (2°), **conduire, déteindre** (sur), **entraîner ; influer, peser** (sur). *Influencer ses compagnons par son ascendant, son prestige. Il se laisse facilement influencer.* V. **Influençable.** *Tâchez de l'influencer en ce sens.* V. **Incliner.** *Il est indépendant et ne se laisse pas influencer par l'opinion du monde* (Cf. Exclusivisme, cit.). *Écrivain influencé par une œuvre* (Cf. Établir, cit. 23). *Influencer l'opinion. État qui vise à influencer l'opinion par la propagande..., à faire pression* sur l'opinion.* V. **Endoctriner** (Cf. Film, cit. 1). — *Sa conduite nous a influencés en sa faveur.* V. **Prévenir.** — REM. À la fin du XVIIIe s., ce verbe était encore critiqué par Necker.

1 « On introduit chaque jour de nouveaux verbes, complètement barbares..., ainsi l'on dit : *influencer*... on doit demander de quelle manière la nouvelle constitution française peut, ncn pas *influencer* la langue, mais avoir sur elle une *influence sensible*. »
NECKER, *Pouv. exéc.*, t. VIII, p. 474.

2 « S'ils ne m'ont pas contrainte, au sens matériel du mot, il n'en est pas moins vrai que leur pression a influencé ma volonté. Je n'ai donc pas agi en pleine liberté. »
BOURGET, *Un divorce*, I, p. 22.

3 « Mais, de décision, elle n'arrivait pas à en prendre de peur de m'« influencer » dans un mauvais sens et de gâter ce qu'elle croyait mon bonheur. »
PROUST, *Rech. t. p.*, t. XI, p. 15.

— (*En parlant de choses matérielles*). *Agir* sur... Le soma peut-il influencer le germen ?* (cit. 1). *Les hormones* (cit. 1) *influencent l'organisme tout entier.*

DER. — **Influençable.** *adj.* (1837 BALZAC ; de *influencer*). Qui se laisse influencer. — REM. *Influençable* s'emploie de nos jours absolument. *Les foules sont très influençables* (ACAD.). *C'est un homme influençable, qui se laisse aisément manœuvrer.* V. **Cire** (molle), **marionnette.** *Caractère influençable.* V. **Mobile.**

1 « Croyez-vous que le Tribunal qui instruira l'affaire et la jugera d'abord, soit influençable par des considérations étrangères à la justice ? » BALZ., *Cabinet des antiques*, Œuvr., t. IV, p. 418.

2 « Il tenait Alexandre pour *vertueux*..., et, parce que tiraillé depuis le début de son règne entre vingt influences, pour *influençable ;* »
MADELIN, *Hist. Cons. et Emp.*, Vers Empire d'Occident, XXIII.

INFLUENT, ENTE. *adj.* (1503, rare jusqu'en 1791 ; de *influence*). Qui a de l'influence, de l'autorité, du prestige, du crédit. V. **Influence** (*absolt.*) ; *agissant, autorisé, fort, important. Homme très influent, personnage influent* (Cf. *fam.* Une grosse légume, une huile). *Il est très influent, il fait la pluie* et le beau temps.*

« Mais tu connais sûrement des gens influents... »
DUHAM., *Cri des profondeurs*, IX, p. 173.

INFLUENZA (*in-flu-in-dza*, selon LITTRÉ, mais plus couramment *in-flu-an-za*). *n. f.* (1782 Mme d'ÉPINAY ; ital. *influenza*, « écoulement de fluide, influence », d'où « épidémie » ; « le mot s'est répandu à la suite de l'épidémie de 1743 qui prit naissance en Italie » BLOCH). Synonyme de *Grippe*. *Rhume* compliqué d'influenza.*

1 « L'épidémie courante qu'on appelle *influenza*... »
Mme d'ÉPINAY, *Lettr. à Tronchin*, 17 juill. 1782.

2 « Millevoye, étourdi par l'éther qu'il avait dû prendre pour surmonter une influenza, fit d'abord tête à l'orage. »
BARRÈS, *Leurs figures*, p. 309.

3 « Elle... ne sera pas embarrassée pour lui faire traverser (*au nouveau-né*) les semaines de gelée et d'influenza. »
ROMAINS, *H. de b. vol.*, t. III, VIII, p. 123.

INFLUER. *v. tr.* et *intr.* (XIVe s. ; lat. *influere*, « couler dans » ; *spécialt.* au sens astrologique).

I. *V. tr.* (Vx). Faire couler, faire pénétrer (un fluide, une force, une action) dans. V. **Influence** (1°). — *Fig.* :

1 « ... (*Dieu*) est lui-même par son essence le bien essentiel, qu'influe le bien dans tout ce qu'il fait. » BOSS., *Traité du libre arbitre*, II.

II. *V. intr.* (XVIe s.). ‖ 1° *Vx.* INFLUER DANS... V. **Couler.** — REM. On rencontre encore cette tournure au XVIIIe s., *au sens fig.* de « Pénétrer, entrer ».

2 « Cet usage... est un de ceux qui ont le plus influé dans le caractère national. » RAYNAL, *Hist. philos.*, III, 484 (1772).

‖ 2° INFLUER SUR... Exercer son action sur..., en parlant des astres* (cit. 21). V. **Influence** (1°).

3 « Quand vous avez la fièvre, le soleil et la lune influent-ils sur vos jours critiques ? » VOLT., *Dict. philos.*, Influence.

— *Fig.* (XVIIIe s.). Exercer sur une personne ou une chose une action de nature à la modifier. V. **Influencer ; agir** (sur)... *Influer sur l'opinion, sur les idées de quelqu'un. L'éducation influe sur toute la vie. Facteurs qui influent sur...* (Cf. Féminité, cit. 2). *Ce fait influe sur la conduite de...* (Cf. Femme, cit. 66). *Sa mélancolie influe sur sa santé* (Cf. Entrepreneur, cit. 7).

4 « Trois choses influent sans cesse sur l'esprit des hommes : le climat, le gouvernement et la religion. »
VOLT., *Essai s. l. mœurs*, CXCVII.

5 « ... les faits imperceptibles qui influèrent sur mon âme, la façonnèrent à la crainte et me laissèrent longtemps dans la naïveté primitive du jeune homme. » BALZ., *Peau de chagrin*, Œuvr., t. IX, p. 75.

6 « Je ne sais qui a dit je ne sais où que la littérature et les arts influaient sur les mœurs. Qui que ce soit, c'est indubitablement un grand sot. » GAUTIER, Mlle *de Maupin*, Préface, p. 23.

7 « Tes pensées d'avant le sommeil influent sur tes rêves. »
ROMAINS, *H. de b. vol.*, t. III, IV, p. 76.

8 « *Influer* sur, c'était du temps où l'on croyait à l'astrologie, *couler* sur, d'où *agir* sur, puisque ce *flux* des astres déterminait la vie et le caractère. Comment retrouver le sens de ce *sur* dans : *la politique influe* sur le cours de la Bourse ? » BRUNOT, *Pens. et lang.*, p. 414.

INFLUX (*in-flu*). *n. m.* (1547 ; lat. *influxus*, « influence », action de couler dans. V. **Flux**). Fluide hypothétique transmettant une force, une action. V. **Influence** (1°) ; **écoulement, flux.** *L'influx de la grâce divine, de l'inspiration...*

1 « Restait à savoir... si dans un pareil état existait chez le patient une réceptibilité quelconque de l'influx magnétique... »
BAUDEL., Trad. E. POE, *Hist. extraord.*, Vérité s. cas M. Valdemar.

— *Spécialt. Influx nerveux** (Cf. Fibre, cit. 1). *« À l'heure actuelle, nos connaissances* (sur l'influx nerveux) *se bornent à la mise en évidence de phénomènes objectifs saisissables, mesurables, qui, s'ils ne représentent pas tout l'influx nerveux, en sont, du moins, la traduction extérieure »* (FABRE et ROUGIER, *Physiol. méd.*, p. 380).

2 « Dans chaque neurone, l'influx nerveux se propage, par rapport au corps cellulaire, toujours dans le même sens. »
CARREL, *L'homme, cet inconnu*, X, p. 109.

IN-FOLIO. *adj. inv.* (1636 ; mots latins signifiant « en feuille »). *T. d'Imprim.* Dont la feuille d'impression est pliée en deux. *Format in-folio.* V. **Format** (Ex-libris, cit.). — Substant. *L'in-folio :* le format in-folio. — *Livre, volume in-folio.*

1 « ... il (*Pougens*) avait fait des extraits d'un grand nombre d'auteurs de tous les siècles ; ses dépouillements sont immenses ; ils remplissent près de cent volumes in-folio... » LITTRÉ, *Dict.*, Préface, p. XXXIX.

— *Substant.* Livre, volume in-folio. *Un gros, un énorme in-folio* (Cf. Haut, cit. 3). *Un vieil in-folio* (Cf. Espacer, cit. 1). *Du pamphlet à l'in-folio* (Cf. Épigramme, cit. 9). — REM. Selon LITTRÉ et l'ACAD., *In-folio* doit rester invariable, même pris substantivement (*Des in-folio* (LITTRÉ), *Deux gros in-folio* (ACAD.). Cf. aussi Assimilateur, cit., et Forme, cit. 12 HUGO. Cependant la plupart des écrivains font l'accord.

2 « Si l'on observe cette phrase (*douze volumes in-octavo*), on constate que le nom composé... suppose l'omission d'un élément que l'analyse reconstitue ainsi : douze volumes (*du format*) in-octavo... En face de cette autre phrase, où le mot *volume* est omis : « L'œuvre de Chateaubriand comprend... douze *in-octavo* », ce mot, écrit sans *s*, nous paraît une faute d'accord. Aussi des écrivains très attentifs mettent dans ce cas une *s* : « Je sais que vous n'avez pas pour des *in-folios* » J. de MAISTRE, *Soirées*, 2° Entretien ; « Un très bel esprit... qui a lu beaucoup d'*in-folios* » (STE-BEUVE, *Portr. litt.*, II, 432 ; « ... à des imprimés rares,... *des in-folios* » L. GILLET, *Écho de Paris*, 16 janv. 1936. »
G. et R. LE BIDOIS, *Synt. fr. mod.*, t. II, p. 132, § 1004.

3 « Les coins écornés des in-folio bâillaient et le carton s'effeuillait entre les cuirs recroquevillés. »
FRANCE, *Le chat maigre*, V, Œuvr., t. II, p. 185.

INFORMATEUR, TRICE. *n.* (XIVe s., « juge d'instruction » ; sens mod. au XVIIIe s. ; de *informer*, 2°). Personne qui donne des informations ; celui, celle dont la fonction, le métier est de recueillir des informations. *Un informateur bien renseigné. Informateur d'un groupe politique* (Cf. Embobiner, cit.). *Disposer d'informateurs dans tous les milieux.* Cf. Avoir des antennes. *Informateur de presse*.

« ... des informateurs dévoués vinrent en hâte m'avertir que toutes les femmes sociétaires se disposaient à voter contre lui... »
LECOMTE, *Ma traversée*, p. 407.

INFORMATION. *n. f.* (1274 ; d'*informer*).

|| 1° *Dr.* « Ensemble des actes qui tendent à établir la preuve d'une infraction, et à en découvrir les auteurs » (CAPITANT). V. **Instruction** (préparatoire). *Ouvrir une information. Information contre X. Information officielle, officieuse* (V. **Enquête**). *Supplément d'information.* V. **Informer** (plus ample informé).

|| 2° Renseignement* (que l'on prend sur quelqu'un, sur quelque chose). *Prendre, recueillir des informations sur quelqu'un. Aller aux informations. D'utiles informations* (V. **Tuyau**).

1   « J'ai été depuis aux informations et j'ai su que le nombre de ces partisans en effet considérable... »
                D'ALEMB., Lett. à Volt., 12 déc. 177υ, Œuvr., t. V, p. 206.

2   « Sur le conseil de la vieille, on courut aux informations. Une enquête méticuleuse révéla tout le passé des Léopold... L'huissier se procura les comptes rendus, les appréciations des journaux. On interrogea des concierges, des marchands de vins... »
                BLOY, La femme pauvre, II, XVII.

— *Néol.* Ensemble des renseignements obtenus par quelqu'un. *Une information prodigieuse* (Cf. Glossateur, cit. 2). *Ampleur d'information de Balzac* (Cf. Excellence, cit. 3), *de Hugo* (Cf. Floraison, cit. 5). — Action de s'informer, de prendre des renseignements. V. **Enquête, examen, investigation.** *Homme politique en voyage d'information.* V. **Étude.**

|| 3° Renseignement ou événement qu'on porte à la connaissance d'une personne, d'un public. V. **Nouvelle.** *Les informations d'un journal*. Directeur du service des informations. Informations politiques, sportives...* (Cf. Guinder, cit. 8). *Communiquer une information de dernière heure. Source d'une information. Filtrage des informations. Informations données par la radio*. Bulletin d'informations.* V. **Communiqué, journal** (parlé). *Voici nos informations.*

3   « En troisième page, sous le titre « Nouvel incident franco-allemand », une information du Maroc, via Berlin... »
                ROMAINS, H. de b. vol., t. I, XV, p. 163.

— (*Néol.*). Ensemble des informations, et *par ext.* Action d'informer le public, l'opinion. *Une information d'État* (cit. 111) *doit essayer d'être objective. Agence d'information. Information et propagande*. Journal d'information et journal d'opinion, de parti* (Cf. Enrober, cit.). *Secrétariat d'État à l'Information. Ministère de l'Information. Techniques d'information,* la presse, la radio, le cinéma...

4   « Cette information peut être neutre, objective et n'avoir pour objet que d'élever l'esprit en l'instruisant. Elle peut aussi être partiale, filtrant les faits pour ne retenir que certains d'entre eux... L'information partielle et partiale se complète dans la majorité des cas d'une action d'ordre affectif. » A. SAUVY, L'opinion publique, p. 98 (éd. P.U.F.).

— *Note transmise à M. X... pour information.* V. **Avis,** 4°. *Conférence d'information.*

— *Spécialt. La cybernétique*, théorie du signal et de l'information.*

5   « ... une machine à calculer... peut fort bien communiquer à des utilisateurs les résultats de ses calculs, c'est-à-dire de l'information, tout en conservant ces résultats dans sa mémoire. »
                L. de BROGLIE, Nouv. perspect. en microphysique, Portée pratique de la cybernétique, p. 94.

INFORME. *adj.* (XVe s. ; empr. au lat. *informis.* V. **Forme**). Qui n'a pas de forme propre. *Pour Aristote, la matière est informe* (Cf. Forme, cit. 78). *L'eau* (cit. 3) *est informe, prend la forme de ce qui la contient.*

1   « ... la mer immense et verte ; l'eau informe et multiforme... »
                BAUDEL., Spleen de Paris, XXXVII.

— *Substant. Les peintres de l'informe* (HUYGHE).

— Dont on ne peut définir la forme. *L'informe chaos. La terre était informe et nue* (Cf. Esprit, cit. 3). *Un tas informe* (Cf. Échelle, cit. 5). *Pièce de bois informe* (Cf. Echalier, cit.). *Ombres informes* (Cf. Flamme, cit. 7). *Fresque* (cit. 6) *informe. Visions informes* (Cf. Fragmenter, cit.). — *Fig. L'informe bloc* (cit. 4) *des multitudes. Gouvernement informe et instable* (Cf. Balancer, cit. 24).

2   « ... le monde antédiluvien, avec sa population de végétaux étranges et de bêtes monstrueuses, informes ébauches du chaos s'essayant à la création. » GAUTIER, Portr. contemp., Louis Bouilhet.

— Dont la forme n'est pas achevée. V. **Ébauché, grossier, imparfait.** *Projet informe, à demi conscient* (Cf. Émerger, cit. 5). *Tragédie informe et grossière* (Cf. En, cit. 40). *Un essai, un brouillon informe. Masse brute* et *informe de matériaux d'une œuvre* (Cf. Exécution, cit. 12). — *Péjor.* V. **Disgracieux, laid, lourd.** *Un assemblage* (cit. 13) *informe. Cyclope horrible* (cit. 8) *et informe. Phoque informe* (Cf. Égout, cit. 5). *Un meuble informe et funèbre* (cit. 18).

3   « ... c'était (*l'éléphant*) une masse informe et sans beauté. »
                LA FONT., Fabl., I, 7.

INFORMER. *v. tr.* (1286 ; *enformer* au XIIe s. ; empr. au lat. *informare,* propremt. « donner une forme »).

|| 1° *Philos.* Donner une forme, une structure, une signification. — *Par ext.* Réaliser dans une forme sensible.

1   « Le principe immatériel était l'être éternel qui informe ; la matière était l'être éternel qui est informé. »
                DIDER., Opinion des anc. philos., Égyptiens.

2   « Qui dira quel effort persistant, quel *même* effort continué à travers les générations successives d'une société attentive et tendue, pour informer, par exemple, la beauté grecque, à la fois dans l'art et dans la vie. Informer son idéal, — c'est-à-dire tracer son portrait, — restait comme une obligation morale et civique... »
                GIDE, Nouv. prétextes, p. 35.

|| 2° *Fig.* (1450). Mettre au courant (de quelque chose). V. **Apprendre, avertir, aviser, éclaircir, éclairer, enseigner, instruire, notifier, prévenir, renseigner** (Cf. Donner connaissance* ; donner des renseignements* ; faire part*...). *Informer quelqu'un d'un fait, d'une décision, d'un événement* (Cf. Hardi, cit. 11). *Ils seront informés de ce que vous avez fait* (Cf. Être 1, cit. 70). *« Déjà la renommée... m'en avait informée »* (Cf. Etonnant, cit. 2 RAC.).

3   « Au nom de l'Empereur j'allais vous informer
        D'un ordre qui d'abord a pu vous alarmer, »
                RAC., Britann., I, 2.

— *Informer que...* faire savoir que... *La direction informe son aimable clientèle que...*

— *Être informé de..., sur..., que...* V. **Connaitre, savoir** (Cf. Être au courant*, au fait* de...). *Il est informé de tout* (Cf. Agiter, cit. 20). *J'étais informé des choses qu'elle me cachait* (Cf. Savoir à quoi s'en tenir*, de quoi il retourne* ; et *aussi* Franchement, cit. 1). *Être informé sur une chose ou une personne,* être renseigné sur elle. *Il fut informé que sa demande était accueillie* (ACAD.).

4   « (*Calchas*) Qui des secrets des dieux fut toujours informé. »
                RAC., Iphig., II, 1.

5   « ... ils prennent soin que toute la ville soit informée qu'ils font ces emplettes. » LA BRUY., Caract. Théophraste, Du complaisant.

6   « ... je ne suis pas aussi informé sur mon propre compte que je me l'imaginais. » GAUTIER, Portr. contemp., p. 1.

|| 3° Tirer des informations (de quelqu'un) ; questionner (*vx* dès le XVIIe s.).

7   « — Eh bien ! elle s'appelle ?
        → Ne m'informez de rien qui touche cette belle. »
                CORN., Galerie du Palais, I, 9.

— *Spécialt. Dr. Absolt.* Faire une instruction en matière criminelle. V. **Instruire.** *Informer contre X...* (V. **Accusation**). *Informer sur un fait. Ordonnance de « soit informé », de « refus d'informer ».*

8   « Je vais faire informer de cette affaire-ci
        Contre ce Mascarille,... » MOL., Étourdi, II, 4.

9   « La justice informait alors sur le crime commis au faubourg Saint-Étienne... » BALZ., Curé de village, Œuvr., t. VIII, p. 580.

10 « Le juge d'instruction est tenu d'informer, sauf à rendre une ordonnance de non-lieu, attaquable devant la chambre des mises en accusation. Il peut aussi rendre une ordonnance portant refus d'informer, mais il doit la baser sur des fins de non-recevoir absolues contre l'action publique... »
                DALLOZ, Nouv. répert., Instruct. crimin., 64, p. 807.

|| **S'INFORMER.** *v. pron.* Se mettre au courant de... V. **Enquérir** (s'). Cf. Enquêter*, interroger* sur... *S'informer de la santé de quelqu'un, des progrès d'un élève... S'informer des nouvelles de la famille* (Cf. Etonner, cit. 30), *de tout ce qui se passe* (Cf. Autre, cit. 104). V. **Documenter** (se documenter sur). *S'informer d'un prix. S'informer du nombre de ses ennemis* (Cf. Confiance, cit. 11). — *S'informer de quelqu'un,* de son existence, de sa santé, de ses activités... (Cf. Emule, cit. 2 ; funeste, cit. 3). — *Ellipt.,* dans une incise, *Tu as mangé ? s'informa-t-elle* (Cf. Bouffer, cit. 2).

11 « Le ciel de nos raisons ne sait point s'informer. »
                RAC., Phèdre, I, 1.

12 « ... m'étant informé avec exactitude des circonstances de l'incendie, j'en composai une ample relation... » LESAGE, Gil Blas, VIII, 1.

13 « Il envoie fort régulièrement savoir de mes nouvelles tous les jours ; mais il n'est pas venu une fois s'en informer lui-même... »
                LACLOS, Liais. dang., CXIX.

14 « ... on lui apprit le passage des croisés. Il s'informa curieusement de leurs noms, de leur nombre, de leurs armes et de leurs ressources... » MICHELET, Hist. de France, IV, III.

15 « ... je prends force notes et je m'informe de tout ce qui constitue la vie de l'animal. Ma documentation devient de plus en plus vaste. »
                MICHAUX, La nuit remue, p. 120.

— *S'informer si...* (Cf. Escrime, cit. 2). *S'informer si une place est libre, vacante* (Cf. Envier, cit. 7 ; fièvre, cit. 3). *Informez-vous s'il est arrivé.* V. **Voir** (voyez si...).

16 « Je m'informai s'ils se plaignaient qu'elle les eût ennuyés. »
                RAC., Bérén., Préface.

— *Absolt.* Recueillir des informations. *Chercher à s'informer. Il veut d'abord s'informer* (Cf. Prendre l'air*, aller* aux nouvelles). *S'informer aux sources.*

17 « ... le document est... de nature à renseigner utilement le petit nombre d'amateurs éclairés et curieux de notre histoire, qui aiment s'informer aux sources, et trouvent un peu courts les résumés des manuels... » HENRIOT, Romantiques, p. 137.

|| INFORMÉ, ÉE. *p. p.* et *adj.* || 1° Qui sait ce qu'il faut savoir. *Un public informé.* V. **Averti.** *Agir en homme informé.* V.

Avisé. *Être bien informé.* V. **Documenté** (Cf. Au courant*). *L'opinion est mal informée. Dans les cercles, les milieux bien informés* (Cf. Heure, cit. 52). *Journal bien informé, dont les informations sont complètes, sérieuses.*

18 « ... on a besoin de gens comme ça. D'esprit ouvert ; en contact confiant avec chacun ; très informés ; connaissant bien des dessous ;... »
ROMAINS, **H. de b. vol.**, t. IV, X, p. 111.

19 « L'auteur de ces florilèges documentaires n'est pas tenu d'avoir du talent : il suffit qu'il soit exactement informé et possède à fond la bibliographie de son sujet. » HENRIOT, **Romantiques**, p. 37.

|| **2°** Substant. *Dr.* (1671). *Un plus ample informé,* une information plus ample de l'affaire (documents nouveaux, nouveaux témoins, etc.). *Attendre jusqu'à plus ample informé* (Cf. Supplément d'information*).

20 « S'ils ne se croient pas suffisamment éclairés, les magistrats rendent un arrêt de plus ample informé, par lequel ils donnent mission à l'un d'entre eux, ou encore à un juge du tribunal de première instance... de procéder à une information supplémentaire. »
DALLOZ, **Nouv. répert.**, Instruct. crimin., 158, p. 816.

DER. — **Informateur, information.**

INFORMULÉ, ÉE. *adj.* (1855 GONCOURT ; de *in-*, et *formuler*). Qui n'est pas formulé. *Tristesse informulée* (Cf. Affadissement, cit. 2). *Vœu informulé.*

INFORTUNE. *n. f.* (vers 1350 ; empr. au lat. *infortunium*). — REM. Ce mot appartient au style soutenu.

|| **1°** Mauvaise fortune*. V. **Adversité, détresse, malheur.** *Les hommes semblent nés pour l'infortune, pour être malheureux** (Cf. Disgrâce, cit. 9). *S'apitoyer sur l'infortune d'autrui* (Cf. Généreux, cit. 11). *Dans mon infortune...* (Cf. Fêter, cit. 3) ; *pour comble d'infortune... Compagnon, compagne d'infortune,* personne qui supporte les mêmes malheurs. — *Vx.* Manque de réussite. *L'infortune d'une expédition militaire.* V. **Insuccès.**

1 « Nous nous voyons sœurs d'infortune, » MOL., **Psyché**, I, 1.

2 « Le courage dans l'infortune irrite les cœurs lâches, mais il plait aux cœurs généreux. » ROUSS., **Confess.**, X.

|| **2°** Revers de fortune. V. **Disgrâce, malheur, misère** (Cf. Croire, cit. 28). *Les grandes prospérités et les grandes infortunes* (Cf. Image, cit. 27). V. **Calamité, catastrophe.** *Les infortunes des grands hommes* (Cf. Abattre, cit. 11). *Eprouver* (cit. 31) *des infortunes. Supporter les infortunes qui nous arrivent* (cit. 48). *Infortunes domestiques* (Cf. Assimiler, cit. 1), *conjugales.*

3 « Quand j'envisage de près les infortunes inouïes d'une si grande reine, je ne trouve plus de paroles... »
BOSS., **Orais. fun. reine d'Anglet.**

4 « Le malheur pour les femmes n'a qu'une forme, elles ne comptent pour des infortunes que les déceptions du cœur. »
BALZ., **Honorine**, Œuvr., t. II, p. 292.

5 « L'infortune qui bouleverse un homme laisse le voisin indifférent. Pour un tel, marier sa fille un drame ; pour un autre, c'est un débarras. » CHARDONNE, **Amour du prochain**, p. 30.

ANT. — **Béatitude, bonheur, félicité, fortune, prospérité.**

INFORTUNÉ, ÉE. *adj.* (XIVe s. ; empr. au lat. *infortunatus*). — REM. Ce mot appartient au style soutenu. Qui est dans l'infortune. V. **Malheureux** (Cf. Incertain, cit. 20). *Un homme infortuné* (Cf. Immortel, cit. 7). *Infortuné mari* (Cf. Affliger, cit. 17). *Mère infortunée* (Cf. Gorge, cit. 3). *« Au banquet* (cit. 4) *de la vie infortuné convive... »* (GILBERT). *« Aux plus infortunés la tombe sert d'asile »* (cit. 24 LA FONT.). — Par ext. *Cœur infortuné, jours infortunés.* V. **Maudit.** *Vie infortunée.*

1 « Vous verrez mettre au rang des jours infortunés
Ceux où jadis la sœur et le frère sont nés. » RAC., **Britann.**, IV, 4.

2 « Toujours ce cœur infortuné sera ton sanctuaire inviolable, d'où le sort ni les hommes ne pourront jamais t'arracher. »
ROUSS., **Julie**, II, Lettre 1.

— Substant. *Un infortuné* (Cf. Embrassement, cit. 3 ; étourdir, cit. 17), *une infortunée. Désespoir de deux infortunés* (Cf. Émigrer, cit. 2). *Infortunés condamnés au supplice* (Cf. Hacher, cit. 6). — *Les infortunés.* V. **Malheureux** (Cf. Gueux, cit. 2 ; ilotisme, cit. 2).

3 « ... ce n'est pas d'argent seulement qu'ont besoin les infortunés... »
ROUSS., **Julie**, II, Lettre XXVII.

ANT. — **Fortuné, heureux.**

1. INFRA. *adv.* (mot lat. « au-dessous, plus bas »). Sert à renvoyer à un passage qui se trouve plus loin dans un texte. V. **Après** (ci-après), **bas** (plus bas), **dessous** (ci-dessous), **loin** (plus loin). *On est prié de se reporter infra, page tant. Voir, Cf. infra...* — *Prép.* Après. *Se reporter à tel mot, infra cit. 4...*

ANT. — **Supra.**

2. INFRA-. Préfixe signifiant « inférieur », « situé en dessous » et entrant dans la composition de mots scientifiques tels que : — **Infrarouge.** *adj.* (XIXe s. É. BECQUEREL in LITTRÉ, Suppl.). Se dit des radiations qui sont en deçà du rouge, dans le spectre solaire (Cf. Hertzien, cit.). *Les rayons*

infrarouges ont des fréquences moins élevées que la lumière rouge. Utilisation des rayons infrarouges, et substant., *de l'infrarouge* (photographie, applications médicales, identification de documents, séchage, applications militaires...). *Par ext.* Qui utilise les rayons infrarouges. *Lampes infrarouges* (ou *à l'infrarouge*). *Photo infrarouge.* — **Infra-son.** *n. m.* (1906 NOUV. LAR. ILL., Suppl.). Vibration inaudible*, imperceptible*, de fréquence inférieure à 15 ou 20 périodes par seconde (ANT. **Ultra-son**). — **Infrastructure*.** — **Infra-virus.** *n. m.* (XXe s.). *Peu usit.* V. **Ultra-virus, virus** (filtrant).

INFRACTION. *n. f.* (1250 ; bas lat. *infractio,* de *frangere,* « briser »). Violation d'un engagement, d'une loi... V. **Enfreindre ; attentat*, contravention, dérogation, faute** (II), **manquement, rupture, transgression, violation.** *Infraction à la foi jurée. Infraction à un traité* (V. **Accroc**). *Infraction à une règle, au règlement, à la discipline* (Cf. Enfermer, cit. 3), *au droit des gens... Commandement, ordre qui ne souffre aucune infraction.* V. **Dérogation.** *Infraction à la loi* (Cf. *infra*, Absolt.), *à la coutume.*

1 « Comme si ce n'était pas assez du crime de l'infraction on y ajoute celui du scandale. » MASSILLON, **Carême**, Mot. de conv.

2 « Aline avait passé l'âge de la première communion, mais elle ne pouvait toujours différer cette cérémonie. Une telle infraction à la coutume ne se concevait pas, dans à une époque de révolution des mœurs. » CHARDONNE, **Destin. sentim.**, p. 465.

— Par ext. *Infraction à un régime médical, à l'ordonnance d'un médecin* (ACAD.). V. **Entorse** (*fam.*).

— Absolt. et spécialt. *Dr. crim.* « Violation d'une loi de l'État, résultant d'un acte externe de l'homme, positif ou négatif, et qui est frappé d'une peine » (DONNEDIEU DE VABRES). V. **Délit*** 1 (II, 1°). *Catégories d'infractions.* V. **Crime** (2°) ; **délit** 1 (II, 2°) ; **contravention.** *Infraction disciplinaire. Élément légal* (légalité), *élément matériel* (commission, omission), *élément psychologique ou moral* (intention) *d'une infraction. Sanction de l'infraction* (V. **Peine* ; amende,...**). — *Commettre une infraction ; commission d'une infraction. L'auteur de l'infraction.* V. **Coupable, délinquant, infracteur** (*infra,* dér.).

3 « ... un fait pour lui (*Javert*) dominait tout, c'est qu'il venait de commettre une infraction épouvantable. Il venait de fermer les yeux sur un condamné récidiviste en rupture de ban. Il venait d'élargir un galérien. Il venait de voler aux lois un homme qui leur appartenait. » HUGO, **Misér.**, V, IV.

ANT. — **Observation, respect.**

DER. — (du lat. *infractor*) : **Infracteur.** *n. m.* (XIVe s.). *Peu usit.* Celui qui commet une infraction.

« On parlait de faire fusiller le soldat déserteur, l'infracteur des lois sanitaires, le porteur de la peste, et on le couronne. »
CHATEAUB., **M. O.-T.**, t. III, p. 126.

INFRANCHISSABLE. *adj.* (1792 ; de *in-*, et *franchir*). Qu'on ne peut franchir. *Obstacle, barrière, mur infranchissable. Col, infranchissable en hiver. Distances infranchissables. Frontière infranchissable* (Cf. Barreau, cit. 5).

1 « Ici, au contraire, on s'en écarte (*de la mer*) comme du vide et de la mort. Ici la mer n'est que l'infranchissable abîme, qui ne sert à rien et qui fait peur. » LOTI, **L'Inde (sans les Anglais)**, III, VII.

— Par métaph. *Gouffre infranchissable* (Cf. Incommunicabilité, cit.). — Fig. *Difficulté infranchissable.* V. **Insurmontable, invincible.**

2 « On atteint aisément une âme vivante à travers les crimes, les vices les plus tristes, mais la vulgarité est infranchissable. Tant pis ! J'en prendrais mon parti ;... » MAURIAC, **Nœud de vipères**, II, XIX.

INFRANGIBLE. *adj.* (1555 ; de *in-*, et lat. *frangere,* « briser »). Qui ne peut être brisé, détruit, rompu. — REM. *Infrangible* est étymologiquement synonyme d'*Incassable**, mais, à la différence de ce dernier, il ne s'emploie guère qu'au figuré et dans la langue littéraire (au sens d'*Indestructible*). *Conférer à ses craintes* (cit. 7) *une infrangible réalité.* V. **Solide.**

1 « Viens. Partout tu verras par les landes d'Arez
Monter vers le ciel morne, infrangible cyprès,
Le menhir sous lequel gît la cendre du brave. »
HEREDIA, **Trophées**, Bretagne.

2 « La masse autrichienne vint buter, cette fois, sur le front de Joubert, mais le trouva infrangible, tandis que Masséna, presque aussitôt attaqué, offrait la même résistance. »
MADELIN, **Hist. Cons. et Emp.**, Ascension Bonaparte, VIII.

INFRASTRUCTURE. *n. f.* (1875 in LITTRÉ, Suppl. ; de *infra-*, et *structure*).

|| **1°** Parties inférieures d'une construction* (V. **Fondation**). — *Ch. de f.* Ensemble des terrassements et ouvrages qui concourent à l'établissement de la plate-forme* (remblais, souterrains, tunnels, passages à niveau, ponts, viaducs...). — *Aviat.* Ensemble des installations au sol (pistes, bâtiments, émetteurs de radio, etc.). Cf. Avion, cit. 3 ; aviation, cit. 3.

|| **2°** *Philos.* « Structure sous-jacente, et généralement cachée ou non remarquée, qui soutient quelque chose de visible et même d'apparent » (LALANDE). — Se dit surtout des structures sociales, et *spécialt.* de l'organisation écono-

mique considérée comme le fondement de l'idéologie*. *Pour les marxistes, l'idéologie, la superstructure, n'est que le reflet des conditions économiques de l'infrastructure.*

INFRÉQUENTABLE. *adj.* (*Néol.* ; de *in-*, et *fréquentable*). Que l'on ne peut fréquenter. *Gens infréquentables.* V. **Impraticable** (*vx*).

INFRÉQUENTÉ, ÉE. *adj.* (1575 ; de *in-*, et *fréquenté*). Qui n'est pas fréquenté (en parlant d'un lieu). *Chemin infréquenté.*

« Est-ce... le hasard qui inspire... aux bêtes malfaisantes... *(la résolution)* d'errer solitaires dans les lieux infréquentés ? »
CHATEAUB., **Génie du christ.**, I, V, III.

INFROISSABLE. *adj.* (XXᵉ s. ; de *in-*, et *froissable*). Qui n'est pas froissable, qui est peu froissable. *Tissu infroissable. Les tissus infroissables sont obtenus en formant une couche de résine polymérisée à leur surface.*

DER. — **Infroissabilité.** *n. f.* (*Néol.*). Propriété d'un tissu qui ne se froisse pas.

INFRUCTUEUX, EUSE. *adj.* (XIVᵉ s. ; lat. *infructuosus*).

‖ 1° *Vx* ou *Poét.* Qui ne donne, qui ne rapporte pas de fruits. *Arbre infructueux* (Cf. Bon, cit. 89 Boss.). *Champ, terroir infructueux.* V. **Ingrat, stérile.**

‖ 2° *Fig.* Qui est sans profit, sans résultat. V. **Inefficace, inutile, stérile, vain.** *Démarche infructueuse* (Cf. Pas de clerc). *Travaux, soins infructueux. Recherches, tentatives infructueuses : sans succès** (Cf. Fondouk, cit. 2). *Tous ses efforts* furent infructueux.*

1   « Je vous quittai trop tard, et ne trouvai plus la personne que j'allais chercher. J'espérais la rejoindre à l'Opéra, et ma démarche fut pareillement infructueuse. »
LACLOS, **Liais. dang.**, CXXXVII.

2   « Je fis prendre des informations qui furent d'abord infructueuses, mais enfin je finis par découvrir... »   GAUTIER, **Fortunio**, I, p. 18.

ANT. — **Fructueux. Fertile. Efficace, profitable, utile.**

DER. — **Infructueusement.** *adv.* (vers 1500). D'une manière infructueuse ; sans tirer de profit.

« Il espérait un hasard romanesque, il en combinait les effets sans s'apercevoir de leur impossibilité, pour s'introduire auprès de l'inconnue. Il se promena pendant plusieurs matinées fort infructueusement ;... »
BALZ., **La femme abandonnée**, Œuvr., t. II, p. 214.

INFRUTESCENCE. *n. f.* (1907 ; de *frutescent*, d'après *inflorescence*). *Bot.* Ensemble des fruits qui proviennent d'une inflorescence.

« Les fruits sont groupés sur les rameaux fructifères comme les fleurs sur les rameaux florifères ; les inflorescences deviennent des infrutescences, et celles-ci reçoivent ordinairement le même nom que les inflorescences qui les précèdent. Ainsi, les « grains » de raisin sont disposés en grappes, les « grains » du Blé, de l'Orge sont portés par des épis, les akènes des Composées sont groupés en capitules, les diakènes des Ombellifères sont répartis en ombelles — le plus souvent composées, etc. Quelquefois les fruits d'une infrutescence se rapprochent et s'associent en un fruit composé,... »
F. MOREAU, **Botanique**, p. 933 (Encycl. Pléiade).

INFULE. *n. f.* (1500 ; lat. *infula*). *Antiq. rom.* Bandelette* sacrée qui couvrait le front des prêtres et dont on parait les victimes des sacrifices.

INFUMABLE. *adj.* (1868 in LITTRÉ, Suppl. ; de *in-*, et *fumable*). Qui est désagréable à fumer* (Cf. Fumer 1, II, 2°). *Tabac, cigarette infumable.*

« Il est arrivé ce à quoi nos savants n'avaient pas songé, c'est que ces cigares étaient infumables. »
Le Moniteur, 21 juill. 1868, in LITTRÉ, Suppl.

INFUNDIBULUM (*in-fon-di-bu-lom'*). *n. m.* (1710 ; mot lat. « entonnoir »). *Anat.* Se dit de plusieurs parties d'organes en forme de conduits, de réceptacles (V. **Canal, entonnoir**). *Spécialt.* Communication entre le méat moyen et le maxillaire supérieur. *Entonnoir* crural. Sommet du troisième ventricule* du cerveau.

« Le sommet du troisième ventricule, encore appelé *infundibulum*, est situé... à la réunion des deux bords antérieur et postérieur. Il se dirige en bas et en avant et se termine, par une extrémité plus ou moins effilée, dans la moitié supérieure de la tige pituitaire, formant le *diverticule de l'infundibulum*. »
TESTUT, **Traité anat. humaine**, t. II, p. 1030.

DER. — **Infundibulaire.** *adj.* (XXᵉ s.). De l'infundibulum du cerveau. — **Infundibuliforme.** *adj.* (1700). Qui a la forme d'un entonnoir. *Corolle infundibuliforme.*

INFUS, USE. *adj.* (XIIIᵉ s. ; empr. au lat. *infusus*, rac. *fundere*, « répandre »). Répandu dans.

‖ 1° *Vx* (Au sens propre). V. **Infusé.**

‖ 2° *Fig. Révélation innée et infuse dans notre esprit* (Cf. Immortalité, cit. 2). *Don infus avec la vie.* V. **Inné, naturel ; disposition** (Cf. Agréer, cit. 3). — *T. de Théol. Science infuse*, science infusée par Dieu à Adam. — *Fam. Avoir la science infuse* : être savant sans avoir étudié. *Il croit avoir la science, la connaissance infuse.*

« L'homme ne peut rien apprendre qu'en allant du connu à l'inconnu ; mais d'un autre côté, comme l'homme n'a pas en naissant la science infuse et qu'il ne sait rien que ce qu'il apprend, il semble que nous soyons dans un cercle vicieux et que l'homme soit condamné à ne pouvoir rien connaître. »   Cl. BERNARD, **Introd. méd. expérim.**, p. 84.

INFUSER. *v. tr.* (XIVᵉ s. ; de *infus*).

‖ 1° Laisser tremper (une substance) dans un liquide afin qu'il se charge des principes qu'elle contient. V. **Macérer.** *Infuser du thé, de la verveine... Boisson infusée.* V. **Infusion, tisane.** — *Pronominalt. S'infuser.* Être infusé, en parlant d'une substance. *Il faut donner au thé le temps de s'infuser* (ACAD.). *Avec ellipse du pron. pers. Faire infuser de la camomille. Laisser infuser quelques minutes dans un nouet*.* *Abusivt.* (le verbe étant pris pour un intransitif) *Thé qui infuse.*

« Elle versa l'eau dans la théière et revint s'asseoir au bout de quelques instants. — Il faut le laisser infuser. »   1
SARTRE, **Âge de raison**, XV, p. 262.

‖ 2° Faire pénétrer (un liquide) dans un corps. V. **Verser.** *Infuser du sang à quelqu'un* (V. **Transfusion**). *Médée infusa un sang nouveau au père de Jason. Fig. Infuser un sang nouveau à quelqu'un, à quelque chose*, l'animer* d'une vie nouvelle (Cf. Engager, cit. 52). — *Infuser du courage dans les veines de quelqu'un.*

« Oh ! je ne vous laisserai point mourir. J'ai de la vie pour deux, et je vous infuserais mon sang, s'il le fallait. »   2
B'ALZ., **Cousine Bette**, Œuvr., t. VI, p. 187.

« ... il lui avait inoculé le virus redoutable de sa vertu ; il lui avait infusé dans les veines sa conviction, sa conscience, son idéal ;... »   3
HUGO, **Quatre-vingt-treize**, II, I, III.

— *Fig.* V. **Communiquer, introduire.** *Infuser l'incertitude* (cit. 14) *dans le cœur d'un homme. Infuser son désir à quelqu'un* (Cf. Fulgurant, cit. 2).

« ... le poison infusé dans mon âme commençait d'y tracer son chemin. »   4
DUHAM., **Pasq.**, II, VI.

INFUSIBLE. *adj.* (1760 ; de *in-*, et *fusible**). Qui ne peut être fondu*. V. **Apyre.** *L'amiante, substance infusible à très haute température.*

DER. — **Infusibilité.** *n. f.* (1771). Caractère de ce qui est infusible. *L'infusibilité des substances réfractaires*.*

INFUSION (*-zyon*). *n. f.* (XIIIᵉ s. ; lat. *infusio*).

‖ 1° *Pharm.* Action d'infuser dans un liquide une substance dont on veut extraire les principes solubles. V. **Décoction.** *Les tisanes, le café, le thé se font par infusion dans l'eau chaude. Infusion à froid.* V. **Macération.** — Produit de cette action. *Diverses infusions de plantes : angélique, bourrache* (cit. 1), *camomille, fleurs pectorales, tilleul, verveine, uva-ursi... Infusion de thé sucré avec du sirop de capillaire* (V. **Bavaroise**).

« Elle resta vingt-quatre heures couchée, ne laissant approcher d'elle que sa femme de chambre qui lui apporta quelques tasses d'infusion de feuilles d'oranger. »   1
BALZ., **Duchesse de Langeais**, Œuvr., t. V, p. 241.

« Gloria lui servit son infusion, après l'avoir sucrée. Elle y versa une cuillerée à café de potion, fit fondre le sucre avec soin, mit la tasse aux mains de l'abbé, et le regarda. »   2
BOSCO, **Rameau de la nuit**, p. 261.

— *Fig.* Action d'épancher, de verser (un liquide). *Baptême** (cit. 9) *par infusion ou par aspersion* (Cf. Baptistère, cit.).

‖ 2° *Théol.* Pénétration dans l'âme de certaines facultés ou grâces surnaturelles. *Recevoir une infusion du Saint-Esprit* (Cf. Confirmation, cit. 5). *Âme impénétrable aux infusions de la grâce* (Cf. Habitude, cit. 36). — *Par anal. :*

« Une chose digne de remarque est la puissance d'infusion que possèdent les sentiments. Quelque grossière que soit une créature, dès qu'elle exprime une affection forte et vraie, elle exhale un fluide particulier qui modifie la physionomie, anime le geste, colore la voix. »   3
BALZ., **Père Goriot**, Œuvr., t. II, p. 957.

« Personne n'est original au sens strict du mot. Le talent, comme la vie, se transmet par infusion... »   4
FLAUB., **Corresp.**, 397, 6-7 juin 1853.

INFUSOIRE. *n. m.* (1812 ; lat. scient. *infusorius*, créé par WRISBERG en 1765). *Zool.* Animal unicellulaire, généralement microscopique et qui vit dans les liquides. *Infusoires en bâtonnet, cylindriques... Reviviscence** d'un infusoire. Le trypanosome, infusoire parasite du sang.* — *Adj. et Vx. Animalcules infusoires* (ACAD.).

« ... voici l'infusoire, le plus anciennement connu de ces monstres à rebours. Depuis le XVIIIᵉ siècle, on le voit battre l'eau de ses cils vibratiles, nage autrement compliquée que le *crawl*. »
CONSTANTIN-WEYER, **Source de joie**, II, p. 28.

— *Spécialt. Les Infusoires :* l'un des embranchements des protozoaires*. *Les Infusoires sont munis de cils vibratiles et possèdent deux noyaux.* V. **Cilié, flagellé ; hétérotriches, holotriches, operculaire(s), vorticelle(s)...** — REM. Certaines classifications font de *Ciliés** le syn. d'*Infusoires ;* d'autres divisent les *Infusoires* en *Ciliés* et *Tentaculifères. Infusoire à cils, à flagellum, à tentacules. Péristome d'un infusoire.*

« Les Infusoires ciliés sont extrêmement répandus, et ils peuplent tous les milieux liquides : eau douce, eau salée, liquides cavitaires (*des cavités organiques*) de nombreux animaux, où ils vivent en parasites,... »   2
P. GRASSÉ, in **Zoologie I**, p. 392 (Encycl. Pléiade).

INGAGNABLE. *adj.* (1774-1775 BEAUMARCH. ; de *in*, et *gagnable*. V. **Gagner,** *dér.*). Qui ne peut pas être gagné. *Ce procès est ingagnable.* — Que l'on ne peut gagner à sa cause. *L'aristocratie « ingrate et ingagnable »* (CHATEAUB.)

ANT. — Gagnable.

INGAMBE. *adj.* (vers 1575 MONLUC ; ital. *in gamba*, propremt. « en jambe », d'où « alerte »). Qui se meut avec agilité. V. **Alerte, allègre** (cit. 3), **dispos, gaillard, léger, vif.**

1 « ... il y a deux ans, je ne boitais pas ; j'étais au contraire fort ingambe, lors de mon voyage d'Italie : il est vrai que la peur donne des jambes. » VIGNY, Cinq-Mars, XVI.

1 « Alors Homais lui représentait combien il (*le pied bot*) se sentirait
bis ensuite plus gaillard et plus ingambe,... » FLAUB., Mme Bov., XI, p. 113.

2 « — Je t'aide de mon mieux, mon amie,... je t'ai maintes fois proposé, puisque je suis ingambe à présent, d'aller au marché ou de faire le ménage à ta place. » GIDE, Caves du Vatican, III, IV.

ANT. — Blessé, estropié, impotent, infirme.

INGÉNIER (S'). *v. pron.* (XIVᵉ s. ; peu usit. jusqu'au XVIIIᵉ s. ; formé sur le lat. *ingenium*, « esprit ». — Se conjugue comme *Prier*). Mettre en jeu toutes les ressources de son esprit (pour imaginer quelque chose, résoudre une difficulté, trouver un moyen de réussir). V. **Chercher, évertuer** (s'). *Il a beau s'ingénier, il ne peut rien y faire* (cit. 101). *S'ingénier à améliorer* (cit. 3) *une situation, à faire plaisir à quelqu'un* (Cf. Apercevoir, cit. 21). *Elle s'est ingéniée à lui déplaire* (Cf. Doigt, cit. 16). *S'ingénier à une œuvre, à une découverte* (ACAD.).

1 « ... petit à petit, en s'ingéniant, en étendant ses travaux et son commerce, il s'est trouvé dans l'aisance. » BALZ., Médecin de campagne, Œuvr., t. VIII, p. 404.

2 « Je m'ingéniais alors à inventer des moyens pour lui prouver que j'étais toujours le même « fils affable » que par le passé. » RENAN, Souv. d'enfance..., VI, II.

3 « ... nous dûmes remettre au lendemain la partie de pêche projetée ; mais, devant la déception de l'enfant, je m'ingéniai à lui procurer quelque autre plaisir... » GIDE, Isabelle, p. 59.

4 « Chaque beauté, chaque chose réussie, l'homme s'ingénie à la gâcher, même quand elle est sa création. » MONTHERLANT, Démon du bien, p. 29.

INGÉNIEUR. *n. m.* (1556 ; anc. franç. *engeigneur*, de *engin*, « machine de guerre » ; empr., selon BRUNOT, à l'ital. *ingegnere*). *Vx.* Constructeur, inventeur d'engins de guerre ; homme qui conduit des travaux ou des ouvrages pour attaquer ou défendre une place forte. *Vauban fut un grand ingénieur* (Cf. Bâtir, cit. 15).

1 « Ce château neuf est appelé autrement le fort Guillaume,... M. de Vauban a admiré lui-même la beauté de cet ouvrage. L'ingénieur qui l'a tracé, et qui a conduit tout ce qu'on y a fait, est un Hollandais nommé Cohorne. » RAC., Lettres, 102, 24 juin 1692.

2 « ... vous êtes couché sur l'état en qualité d'ingénieur des troupes de débarquement : ce qui vous convient d'autant mieux que le génie étant votre première destination, je sais que vous l'avez appris dès votre enfance. » ROUSS., Julie, III, Lettre XXV.

— *Par ext.* (XVIIᵉ-XVIIIᵉ s.). Celui qui élabore, dresse les plans d'ouvrages d'art, de machines, et, parfois, en dirige, en surveille l'exécution (Cf. Fournir, cit. 13 ; gorge, cit. 30. V. *aussi* **Architecte**). — *Par ext.* (XIXᵉ s.). Celui qui a reçu une formation scientifique et technique le rendant apte à diriger certains travaux, à participer à des recherches... *La délivrance du titre d'ingénieur est réglementée par la loi du 10 juillet 1934 et le décret du 23 mai 1951. Ingénieur civil*. *Ingénieur breveté* (cit.). *Ingénieur diplômé de l'École polytechnique, de l'École centrale... Ingénieur de l'aéronautique* (V. **Aviation**), *des arts et métiers*, *des constructions navales, des eaux et forêts, du génie* civil, *de la marine, des mines*, *des ponts* et chaussées, *des travaux* publics... *Ingénieur agronome*, *chimiste*, *électricien*, *géographe*, *hydrographe*, *mécanicien* (Cf. Dispositif, cit. 3), *opticien*. *Ingénieur spécialisé en hydraulique* (cit. 2. V. **Hydraulicien**). *Ingénieur en chef*. V. **Directeur.** *Des ingénieurs conseil*. — *Spécialt.* Cinéma et radio. *Ingénieur du son*. — Adjectivt. *Femme ingénieur.* — REM. Le féminin *ingénieure* n'est pas entré dans l'usage. On dit : *Elle est ingénieur. Madame X..., ingénieur chimiste.*

3 « L'ingénieur est, en quelque sorte par définition, un homme qui s'est spécialisé dans la mise en œuvre de certaines applications de la science. Cette seule définition suffit à montrer qu'à l'heure actuelle l'ingénieur doit posséder des connaissances scientifiques très vastes et très précises... Dans la pratique, cette nécessité pour l'ingénieur contemporain de connaître les derniers résultats de la science et tout l'ensemble de leurs acquisitions passées se traduit par une élévation constante et nécessaire du niveau des études dans les Écoles d'ingénieurs et par le caractère de plus en plus approfondi, du point de vue scientifique, des travaux qu'ils ont ensuite à effectuer. Il n'est pas étonnant dans ces conditions que les ingénieurs soient amenés, sans s'écarter du but essentiellement pratique de leur tâche, mais au contraire pour mieux remplir cette tâche, à entreprendre fréquemment des recherches à caractère scientifique et à apporter ainsi des contributions de plus en plus importantes au développement de la science pure... Dans ces domaines si importants aujourd'hui de l'Électrotechnique et de la Radioélectricité, les ingénieurs apportent constamment au progrès de la science presque autant de contributions essentielles que les savants de profession... » L. de BROGLIE, Nouv. perspect. en microphysique, Le rôle de l'ingénieur, p. 264.

4 « Comte est ingénieur. Derrière sa théorie de l'action, on entrevoit la machine-outil, la locomotive. » SARTRE, Situation I, p. 194.

COMP. — Sous-ingénieur.

INGÉNIEUSEMENT. *adv.* (1380 ; *engeniousement* en 1200 ; de *ingénieux*). D'une manière ingénieuse. *Utiliser ingénieusement quelque chose* (Cf. H, cit. 6). *Il a très ingénieusement remarqué que...* (Cf. Augmenter, cit. 5 ; déraciner, cit. 2).

INGÉNIEUX, EUSE. *adj.* (1380 ; anc. franç. *engenious*, refait d'après le lat. *ingeniosus*). Qui a l'esprit inventif*, fertile* en expédients (2, cit. 6), en ressources. V. **Adroit, astucieux, entendu, habile, industrieux, intelligent, subtil.** *Un homme ingénieux.* V. **Ressource** (de). *Mécanicien ingénieux.* V. **Bon.** *Inventeur*, bricoleur ingénieux. Le besoin* (cit. 10) *rend ingénieux* (Cf. *Prov.* Nécessité* est mère d'industrie). — *La bienfaisance* (cit. 4 FRANCE) *est ingénieuse. Avarice ingénieuse et inventive* (Cf. Frustrer, cit. 10). — *Ingénieux à...* suivi de l'infinitif : *qui s'ingénie* à... (Cf. Adresse, II, cit. 13). — Substant. *Un ingénieux, une ingénieuse.*

« Andromaque trompa l'ingénieux Ulysse. » RAC., Androm., I, 1. 1

« ... dans une famille, s'il se trouve un adolescent ingénieux qui 2 a la manie de réparer les horloges, les planches d'escaliers, les serrures, les balais, les couteaux et toutes choses, c'est un vrai trésor et tout le monde en conviendra. » ALAIN, Propos, Révol. économ., 19 oct. 1912.

« ... depuis hier, j'ai su assurer mes communications : quelqu'argent 2 au portier, et quelques fleurettes à sa femme, en ont fait l'affaire. bis Concevez-vous que Danceny n'ait pas su trouver ce moyen si simple ? et puis, qu'on dise que l'amour rend ingénieux ! il abrutit au contraire ceux qu'il domine. » LACLOS, Liais. dang., CXXXIII.

— *Par ext.* (XVIᵉ s.). Qui témoigne de l'adresse*, d'une grande fertilité (cit. 4) d'imagination. *Invention*, trouvaille* ingénieuse.* V. **Génial, génie** (de). *Bâtir* (cit. 40) *une hypothèse* (cit. 8), *une théorie ingénieuse. Ingénieux rapprochement de deux idées. Explication ingénieuse* (Cf. Efficace 1, cit. 5). *Concevoir* (cit. 21) *un expédient* (cit. 10), *un projet ingénieux. Bravo, c'est très ingénieux !* V. **Habile** (cit. 21). *Agencement ingénieux* (Cf. Bain, cit. 8). *Technique ingénieuse* (Cf. Houille, cit. 5). *Horloge, machine ingénieuse.* V. **Beau.**

« Ses raisons sont fines et justes ; elle fait, d'un trait ingénieux, 3 le départ entre ce qui, chez le romancier, relève de la vérité du cœur, et ce qui n'est que le brillant de son esprit. » HENRIOT, Portr. de femmes, p. 338.

ANT. — Bête.

DER. — Ingénieusement, ingéniosité.

INGÉNIOSITÉ. *n. f.* (1307 ; de *engenious*. V. **Ingénieux**).

|| 1° Qualité d'une personne ingénieuse. V. **Adresse, esprit, habileté** (Cf. Agir, cit. 12). *Encourager* (cit. 11) *l'ingéniosité. Faire preuve d'ingéniosité.* V. **Industrie** (Cf. Éparpiller, cit. 6). *Apporter, déployer beaucoup d'ingéniosité dans une entreprise* (Cf. Hauteur, cit. 13 ; imaginer, cit. 12). *Subterfuge où s'avère* (cit. 10) *une fertile ingéniosité.* V. **Astuce.** *Trait* d'ingéniosité.* V. **Génie** (de). *C'est affaire d'ingéniosité* (Cf. C'est l'œuf* de Christophe Colomb).

« M. de Bonald avait l'esprit délié ; on prenait son ingéniosité pour 1 du génie... » CHATEAUB., M. O.-T., t. II, p. 188.

« ... à quelle tâche surhumaine il emploiera jusqu'à ses derniers jours 2 son talent, sa plume et son ingéniosité d'homme d'affaires... » HENRIOT, Romantiques, p. 106.

|| 2° *Par ext.* Caractère de ce qui est ingénieux. *Projet d'une extrême ingéniosité* (Cf. Funambulesque, cit. 4). *Combinaison* (cit. 4) *qui est une merveille d'ingéniosité.*

ANT. — Bêtise.

INGÉNU, UE. *adj.* (XIIIᵉ s., rare jusqu'au XVIIᵉ s. ; empr. au lat. *ingenuus*, « né libre »).

|| 1° *Dr. rom.* Qui est né libre, *par oppos.* à « esclave » ou « affranchi ». — Substant. *Les ingénus.*

|| 2° (1611). Qui a une sincérité innocente et naïve. V. **Candide, inexpérimenté, innocent, naïf, simple, simplet.** *Jeune fille ingénue. Un garçon bon* et ingénu* (Cf. Sans malice*). *Artiste ingénu* (Cf. Coruscant, cit.). *Un air, un regard ingénu. D'un air ingénu* (Cf. Sans avoir l'air d'y toucher*). *Franchise ingénue.* V. **Franc.** *Des grâces ingénues, sans fard* (cit. 10). *Vantardise ingénue* (Cf. Épate, cit.). *Question, réponse ingénue.*

« La déclaration est assez ingénue. » MOL., Sgan., XXII. 1

« Il est ingénu et sans malice... » 2
FÉN., Dial. des morts, 6 (in LITTRÉ).

« Depuis son hymen avec la civilisation, la société a perdu le droit 3 d'être ingénue et pudibonde. Il est de certaines rougeurs qui sont encore de mise au coucher de la mariée, et qui ne peuvent plus servir le lendemain. » GAUTIER, Préf. Mˡˡᵉ de Maupin, p. 15.

« Un ingénu besoin de révérence inclinait devant eux mon esprit. » 3
GIDE, Si le grain..., I, IX, p. 238. bis

— Substant. *Un ingénu, une jeune ingénue* (Cf. Harmonie, cit. 36). *Agnès*, type de l'ingénue créé par Molière. « L'Ingénu », conte de Voltaire. Faire l'ingénu.* V. **Ignorant** (Cf. Sainte nitouche*). En T. de Théâtre. *Jouer les ingénues. Rôle d'ingénue.*

« Monsieur le bailli, qui s'emparait toujours des étrangers dans quelque 4 maison qu'il se trouvât, et qui était le plus grand questionneur de la province, lui dit en ouvrant la bouche d'un demi-pied : Monsieur, comment vous nommez-vous ? On m'a toujours appelé l'Ingénu, reprit le Huron, et on m'a confirmé ce nom en Angleterre, parce que je dis toujours naïvement ce que je pense, comme je fais tout ce que je veux. » VOLT., L'Ingénu, I.

5 « George Sand est une de ces vieilles ingénues qui ne veulent jamais quitter les planches. »
BAUDEL., **Journaux intimes**, Mon cœur mis à nu, XXVIII.

6 « Nous sommes les Ingénues
Aux bandeaux plats, à l'œil bleu... »
VERLAINE, **Poèmes saturniens**, Chanson des Ingénues.

ANT. — **Averti, roué. Coquette.**

DER. — **Ingénument.** adv. (XVᵉ s., « avec une noble franchise »). D'une manière ingénue. Répondre très ingénument à une question (Cf. Bien, cit. 100). Avouer ingénument ses torts. Se livrer ingénument à un bonheur, une joie... (Cf. Idéaliser, cit. 3).

1 « Ce qui la charmait le plus (Calypso) était de voir que le jeune Télémaque racontait ingénument les fautes qu'il avait faites par précipitation et en manquant de docilité pour le sage Mentor... »
FÉN., **Télém.**, III.

2 « Les ordonnances avaient suspendu une grande touffe de gui au-dessus de la porte, et les jeunes filles demandèrent ingénument s'il n'était pas d'usage en Angleterre de s'embrasser sous le gui de Noël. »
MAUROIS, **Silences col. Bramble**, XII.

INGÉNUITÉ. n. f. (1541 ; empr. au lat. ingenuitas).

‖ 1° **Dr. rom.** État d'une personne née libre, ingénue*.

‖ 2° (1611). Sincérité innocente et naïve. V. **Candeur, franchise, ignorance, inexpérience, innocence, naïveté, pureté, simplicité, sincérité.** Ingénuité d'une jeune fille. Ingénuité de l'enfance (Cf. Âge, cit. 27). Sa figure est l'image de la candeur et de l'ingénuité (Cf. Fausseté, cit. 7). Répondre avec ingénuité. Ingénuité d'un désir (Cf. Forcer, cit. 18), d'un amusement (cit. 11). L'ingénuité de la véritable vertu (Cf. Candeur, cit. 1).

1 « Cet aveu qu'elle fait avec sincérité
Me marque pour le moins son ingénuité. »
MOL., **Éc. d. femmes**, II, 5.

2 « Toute la personne de Cosette était naïveté, ingénuité, transparence, blancheur, candeur, rayon. On eût pu dire de Cosette qu'elle était claire. »
HUGO, **Misér.**, IV, VIII, I.

— Par ext. Parole, action ingénue. Laisser échapper une ingénuité (Cf. Ganache, cit. 4).

3 « J'étais si parfaitement candide et ignorant, que le premier éveil qui m'ait surpris au milieu de mes ingénuités me vint ainsi d'un regard inquiet de ma tante, d'un sourire équivoque et curieux d'Olivier. »
FROMENTIN, **Dominique**, V.

ANT. — **Coquetterie, fausseté, rouerie.**

INGÉRENCE. n. f. (1867 LITTRÉ ; d'ingérer). Action de s'ingérer. V. **Immixtion, intervention, intrusion.** Ingérence de quelqu'un dans une affaire. Les ingérences de l'État dans l'entreprise privée.

1 « Pour écarter en principe l'ingérence gouvernementale, il (Stuart Mill) n'admet comme valable qu'un seul argument économique : la supériorité que donne à l'individu le mobile de l'intérêt personnel. Mais il se hâte de montrer à combien de restrictions ce principe est sujet... »
GIDE et RIST, **Hist. des doctr. écon.**, p. 490.

2 « Je télégraphiai, derechef, à M. Churchill : « Il ne m'est pas possible d'accepter votre conception suivant laquelle les ingérences politiques des représentants britanniques au Levant seraient compatibles avec les engagements pris par le Gouvernement britannique relativement au respect de la position de la France et de son mandat... »
Ch. DE GAULLE, **Mém. de guerre**, t. II, p. 21.

INGÉRER. v. tr. (1370 ; s'ingérer ; empr. au lat. ingerere, « porter dans »).

I. S'INGÉRER. v. pron. S'introduire indûment, sans en être requis ou en avoir le droit. V. **Entremettre** (s'), **entrer, faufiler** (se), **immiscer** (s'), **intervenir, introduire** (s') ; **ingérence.** Indiscret qui s'ingère dans les affaires d'autrui.

1 « ... mais c'était peut-être le désir de s'ingérer dans la vie des autres qui poussait le plus à l'amour du prochain. »
LACRETELLE, in MAUROIS, **Ét. littér.**, t. II, p. 234.

— S'ingérer à (vx), de (vx ou littér.). V. **Mêler** (se). « Nul ne se doit ingérer de son autorité propre à gouverner l'Église » (BOSS, in LITTRÉ). « Il s'ingère de donner des avis. Il s'ingère de tout » (ACAD., 8ᵉ éd.).

2 « C'est à cette occasion qu'il faut la voir (Mᵐᵉ de Maintenon), maîtresse de maison, moraliste, comptable, s'ingérant de tout, du vêtement, de la table et du lit... » HENRIOT, **Portr. de femmes**, p. 120.

II. V. tr. (1835 ACAD.). **Physiol.** Introduire par la bouche (dans les voies digestives). V. **Avaler, manger ; ingestion.** Aliments qui sont ingérés dans l'estomac. V. **Ingesta** (Cf. Assimilable, cit. 1 ; fécal, cit.). Remède ingéré sous forme de granules (cit.), de sirop...

INGESTA (in-jèss-ta). n. m. pl. (XIXᵉ s. ; mot lat., propremt. « choses introduites »). **Physiol.** Nom générique des aliments ingérés, solides ou liquides. V. **Aliment, boisson.**

INGESTION (in-jèss-tyon). n. f. (1825 BRILLAT-SAVARIN ; empr. au lat. ingestio). Action d'ingérer (des aliments, des boissons). Ingestion et digestion*.

« Alors viennent le manger et le boire, qui constituent l'ingestion, opération qui commence au moment où les aliments arrivent à la bouche, et finit à celui où ils entrent dans l'œsophage. »
BRILLAT-SAVARIN, **Physiol. du goût**, t. I, p. 234.

INGLORIEUX, EUSE. adj. (XIVᵉ s. ; empr. au lat. ingloriosus). Rare et poét. Sans gloire (ANT. **Glorieux**).

INGOUVERNABLE. adj. (1760 ; de in-, et gouvernable). Qui ne peut être gouverné. Peuple, chambre ingouvernable. Caractère ingouvernable (ACAD.).

1 « M. Necker songe à quitter le ministère ; les Français sont donc ingouvernables ! » GALIANI, **Corresp.**, t. II, p. 458 (in LITTRÉ).

2 « C'était (le monde germanique avant Luther) une ingouvernable pétaudière de cinq ou six cents États... »
BLOY, **La femme pauvre**, p. 120.

3 « ... la dune indécise, frêle et résistante qui retient un océan ingouvernable. » CHARDONNE, **Destin. sentim.**, p. 142.

INGRAT, ATE. adj. (XIVᵉ s. ; lat. ingratus, rac. gratus. Cf. Gré).

‖ 1° Qui n'a point de gré*, de reconnaissance. V. **Oublieux.** Ingrat envers un bienfaiteur (cit. 5). Dieu punit les enfants ingrats (Cf. Effrayer, cit. 4). V. **Dénaturé.** La jeunesse est naturellement ingrate. V. **Égoïste** (Cf. Fugace, cit. 6). « Le fils ingrat », célèbre tableau de Greuze. Tout ingrat qu'il est... (Cf. Avec, cit. 9). « Ingrate patrie, tu n'auras pas mes os », paroles attribuées à Scipion l'Africain. — Par ext. Conduite ingrate. Sentiments ingrats.

1 « Peuples vraiment ingrats, qui n'ont su reconnaître
Les biens reçus de vous, peuples vraiment grossiers,
De massacrer ainsi nos pères nourriciers. »
RONSARD, **Élég.**, XXIV.

2 « ... ingrats envers Dieu toute leur vie,... » PASC., **Pens.**, IX, 631.

3 « Je ne me souvenais plus de cette demoiselle de l'époque de mon voyage sur l'Océan, tant la mémoire est ingrate ! »
CHATEAUB., **M. O.-T.**, t. II, p. 386.

4 « Une seule situation, celle du père maltraité par ses enfants ingrats, a suggéré tour à tour l'Œdipe à Colone, de Sophocle, le Roi Lear, de Shakespeare et le Père Goriot, de Balzac. »
TAINE, **Philos. de l'art**, t. II, p. 226.

— Vx. Ingrat d'une chose : qui n'en a pas de reconnaissance (LITTRÉ). « Ingrate à vos bontés » (RAC., Bérén., I, 3). « Ingrate à mon libérateur » (CORN., Androm., V, 2).

— Substant. Faire du bien à un ingrat (Cf. Réchauffer un serpent* dans son sein). Tu as fait de moi un ingrat (Cf. Gratitude, cit. 5). « Jamais un vrai bienfait (cit. 9) ne fit d'ingrat » (J.-J. ROUSS.). Faites-moi ce plaisir, vous n'obligerez pas un ingrat (ACAD.). Vous n'aurez pas affaire à un ingrat (LITTRÉ). Il y a beaucoup moins d'ingrats qu'on ne croit (Cf. Généreux, cit. 13).

5 « Il est bon d'être charitable ;
Mais envers qui, c'est là le point.
Quant aux ingrats, il n'en est point
Qui ne meure enfin misérable. »
LA FONT., **Fabl.**, VI, 13.

6 « ... S'il fallait condamner
Tous les ingrats qui sont au monde,
À qui pourrait-on pardonner ? »
ID., **Ibid.**, X, 1.

7 « ... après m'avoir sauvé,... Il s'est sacrifié. Voilà l'homme. Et, à moi l'ingrat, à moi l'oublieux, à moi l'impitoyable, à moi le coupable, il me dit : Merci ! Cosette, toute ma vie passée aux pieds de cet homme, ce sera trop peu. » HUGO, **Misér.**, V, IX, V.

— Spécialt. (Vieilli). Qui ne répond pas ou ne répond plus à l'amour qu'on lui porte. Amante ingrate (Cf. Inconstant, cit. 7 ; garde 2, cit. 8). — Substant. L'ingrat, l'ingrate... (Cf. Aveugler, cit. 5 ; cacher, cit. 49 ; colorer, cit. 7 ; déesse, cit. 6 ; emporter, cit. 2 ; humide, cit. 11).

‖ 2° Qui ne dédommage guère de la peine qu'il donne, des efforts qu'il coûte. Sol ingrat, terre ingrate. V. **Infructueux, stérile** (Cf. Fatiguer, cit. 5 ; formule, cit. 10 ; glèbe, cit. 2). Nature ingrate. V. **Hostile.** Un métier ingrat (Cf. Honorer, cit. 28). Travail, sujet ingrat, tâche ingrate. V. **Difficile, pénible** (Cf. Brillant, cit. 17 ; fer, cit. 7).

8 « Ce qui lui fit conclure en somme
Qu'il avait à grand tort son village quitté.
Il renonce aux courses ingrates,
Revient en son pays,... » LA FONT., **Fabl.**, VII, 12.

9 « On se trompe fort lorsqu'on pense que tous ces sujets, traités autrefois avec succès par Sophocle et par Euripide,... sont des sujets heureux et aisés à manier : ce sont les plus ingrats et les plus impraticables ; » VOLT., **Lettres s. Œdipe**, IV.

10 « Un petit employé de bureau, seul dans une ville monstrueuse, un être infime, usé jusqu'à la fibre, rompu par une vie ingrate. »
DUHAM., **Salavin**, IV, 20 octobre.

‖ 3° Qui manque d'agrément, de grâce. V. **Déplaisant, désagréable, disgracieux, laid.** Visage ingrat. V. **Disgracié.** Des figures ingrates (Cf. Foi, cit. 21). Physionomie, mine ingrate. — Aspect ingrat. Nature, contrée ingrate, peu accueillante à l'homme. V. **Hostile.**

11 « Un peu de sang colora ses joues blettes. Il eut ce sourire piqué, par lequel il devait avoir l'habitude de répondre aux réprimandes du patron, et découvrit ainsi des dents saines et pointues, la seule grâce de cette ingrate figure. » MAURIAC, **Nœud de vipères**, XIV.

— Spécialt. Âge* ingrat (Cf. Fille, cit. 22). — REM. Cette expression enregistrée par ACAD. 1878, ne figure pas dans LITTRÉ ni dans P. LAROUSSE (1873).

12 « Cosette... avait un peu plus de quatorze ans, et elle était « dans l'âge ingrat » ; nous l'avons dit, à part les yeux, elle semblait plutôt

laide que jolie ; elle n'avait cependant aucun trait disgracieux, mais elle était gauche, maigre, timide et hardie à la fois, une grande petite fille enfin. »   HUGO, Misér., IV, III, IV.

— *Par métaph.* :

13 « Il m'était impossible d'expliquer à Marthe que mon amour grandissait. Sans doute atteignait-il l'âge ingrat, et cette taquinerie féroce, c'était la mue de l'amour devenant passion. »
          RADIGUET, Diable au corps, p. 84.

ANT. — **Reconnaissant ; fécond, fertile, fructueux, rémunérateur ; avenant** (cit. 4), **plaisant.**

INGRATITUDE. *n. f.* (XIIIᵉ s. ; lat. *ingratitudo*).

‖ **1°** Caractère de celui qui est ingrat* ; manque de gratitude, de reconnaissance. V. **Méconnaissance, oubli** (Cf. Acquitter, cit. 8 ; bête, cit. 19 ; équilibre, cit. 9). *L'ingratitude des hommes* (cit. 25). *Acte d'ingratitude. Un trait de la plus noire ingratitude. Payer* quelqu'un d'ingratitude. Un monstre* d'ingratitude. Se rendre coupable d'ingratitude envers un bienfaiteur, envers ses parents. Être victime de l'ingratitude* (Cf. Semer* en terre ingrate). *Révocation d'une donation pour cause d'ingratitude* (Art. 953 et suiv. du Code civil). — (Vx) *Une ingratitude, un acte d'ingratitude* (Cf. Honneur, cit. 72). « *Mes bontés et tes ingratitudes* » (CORN.).

1 « Presque tout le monde prend plaisir à s'acquitter des petites obligations ; beaucoup de gens ont de la reconnaissance pour les médiocres ; mais il n'y a quasi personne qui n'ait de l'ingratitude pour les grandes. »   LA ROCHEF., Réflex. morales, 299.

2 « L'ingratitude la plus odieuse, mais la plus commune et la plus ancienne, est celle des enfants envers leurs pères. »
          VAUVEN., Maxim. et réflex., 174.

3 « A. — Vous avez beaucoup à vous plaindre de son ingratitude.
B. — Pensez-vous que, lorsque je fais du bien, je n'aie pas l'esprit de le faire pour moi ? » CHAMFORT, Dialogues, Bienfaiteur intelligent.

4 « Du reste, ce qu'on appelle beaucoup trop durement, dans de certains cas, l'ingratitude des enfants, n'est pas toujours une chose aussi reprochable qu'on le croit. C'est l'ingratitude de la nature. La nature, nous l'avons dit ailleurs, « regarde devant elle ». HUGO, Misér., V, IX, I.

5 « Son intransigeance (*de Rousseau*) a mis tout le monde contre lui ; et il a fini par passer pour un monstre d'ingratitude aux yeux de ces gens qui se croyaient de bonne foi ses bienfaiteurs. »
          HENRIOT, Portr. de femmes, p. 185.

‖ **2°** *Vx.* Caractère de ce qui est ingrat* (2°). *Ingratitude d'un sol* (RAYNAL, in LITTRÉ).

ANT. — **Gratitude, reconnaissance.**

INGRÉDIENT. *n. m.* (1508 ; lat. *ingrediens*, part. prés. de ingredi, « entrer dans »). Élément qui entre dans la composition d'une préparation ou d'un mélange quelconque. V. **Constituant** (élément). *Ingrédients d'un médicament, d'une drogue, d'une pommade, d'une boisson, d'une sauce* (V. **Assaisonnement***), *d'un mets...* (Cf. Blanc, cit. 36 ; éprouver, cit. 3).

1 « ... le papier se fait encore avec du chiffon de chanvre et de lin ; mais cet ingrédient est cher,... »
          BALZ., Illus. perd., Œuvr., t. IV, p. 556.

— *Fig.* :

2 « Conservez-moi vos bontés, Monsieur, elles sont un des ingrédients de mon paradis. »   VOLT., Corresp., 3658, juin 1770.

3 « Le remords, singulier ingrédient du plaisir, est bientôt noyé dans la délicieuse contemplation du remords,... »
          BAUDEL., Parad. artif., Poème du haschisch, IV.

INGRESSION. *n. f.* (XIVᵉ s. WARTBURG ; lat. *ingressio*, de ingredi, « entrer dans »). *Vx.* V. **Incursion, invasion.** — *Géogr.* Envahissement d'une région basse par les eaux.

INGUÉRISSABLE. *adj.* (XVᵉ s., ingarissable ; de in-, et guérissable. V. **Guérir**). Qui n'est pas guérissable. *Malade inguérissable.* V. **Condamné.** *Maladie, plaie inguérissable.* V. **Incurable.** — *Fig.* Sans remède. *Défauts inguérissables* (Cf. Heure, cit. 34). *Douleur, chagrin inguérissable. Jalousie morbide et inguérissable.*

1 « ... votre lettre... m'a bien consolé, mais ne m'a pas guéri, par la raison qu'à soixante et dix-neuf ans... je suis inguérissable. »
          VOLT., Corresp., 3994, 19 avril 1773.

2 « Je ne souffrais plus du mal que j'avais cru si longtemps inguérissable,... »   PROUST, Rech. t. p., t. XIII, p. 278.

3 « Le jeune protestant décèle, chez Silbermann, des régions secrètes et douloureuses, une plaie à vif, une « détresse intime, persistante, inguérissable, analogue à celle d'un infirme ». »
          MAUROIS, Ét. littér., J. de Lacretelle, t. II, p. 223.

INGUINAL, ALE (-gü-i-, comme dans *huile*). *adj.* (XVIᵉ s. ; dér. sav. du lat. *inguen, inguinis*, « aine »). Qui appartient à l'aine, à la région de l'aine. *Région inguinale. Pli, ligament, canal inguinal. Ganglions inguinaux. Hernie* inguinale. Porter un bandage inguinal. Fièvre à complications* (cit. 6) *inguinales.*

INGURGITER. *v. tr.* (1488, mais rare jusqu'au XIXᵉ s. ; lat. *ingurgitare*, « engouffrer »). Introduire dans la gorge, faire avaler. V. **Enfourner, entonner.** *La potion qu'on lui a*

ingurgitée. — *Par ext.* Avaler* avidement et en quantité. V. **Boire, déglutir, engloutir, engouffrer, manger ; glouton, gouffre...**

1 « L'ami hocha encore une fois sa tête de cheval sans cesser de broyer la salade de tomates et de poivrons qu'il ingurgitait. »
          CAMUS, La peste, p. 165.

— *Fig.* (En parlant d'un savoir qu'on doit acquérir massivement sans pouvoir l'assimiler). V. **Apprendre***.

2 « On me faisait de force ingurgiter l'algèbre ; »
          HUGO, Contempl., I, XIII.

3 « ... la demi-science qu'elle a jadis ingurgitée. »
          MONTHERLANT, Jeunes filles, p. 213.

DER. — **Ingurgitation.** *n. f.* (1488, par l'interm. du bas lat. *ingurgitatio*). Action d'ingurgiter (Cf. Boire, cit. 15).

INHABILE. *adj.* (XIVᵉ s. ; lat. *inhabilis*).

‖ **1°** *Vieilli.* Qui n'est pas apte à... V. **Inapte, inepte** (*vx*). *La vieillesse est inhabile au métier des armes* (HATZFELD). — *Spécialt.* (de nos jours). *Dr.* Qui n'est pas habile* (I, 1°) à... V. **Incapable.** *Inhabile à contracter, à tester.*

1 « (*Gens*) Riches, pour tout mérite, en babil importun,
Inhabiles à tout, vides de sens commun. » MOL., Fem. sav., IV, 3.

‖ **2°** *Absolt.* Qui manque d'habileté, d'adresse. *Apprenti inhabile.* V. **Gauche, maladroit, malhabile, novice.** *Ministre inhabile.* V. **Ignorant, incapable, inexpert...**

2 « Les Grecs voulaient recouvrer cette ville (*Nicée*) ; ils y menèrent les croisés. Ceux-ci, inhabiles dans l'art des sièges, auraient pu avec toute leur valeur, y languir à jamais. »
          MICHELET, Hist. de France, IV, III.

DER. — **Inhabilement.** *adv.* (1596). *Peu usit.* D'une manière inhabile. *Une affaire bien inhabilement conduite* (ACAD.). — **Inhabileté.** *n. f.* (XIVᵉ s., rare avant le XIXᵉ s.). Manque d'habileté. V. **Gaucherie, impéritie, maladresse, malhabileté.** — **Inhabilité.** *n. f.* (XIVᵉ s.). *Dr.* (vx). V. **Incapacité.** *Inhabilité du mineur à tester.*

INHABITABLE. *adj.* (XIVᵉ s. ; lat. *inhabitabilis*). Qui n'est pas habitable, qui est difficilement habitable. *Région, lieu, désert* (cit. 9) *inhabitable. Maison, pièce inhabitable.* V. **Impraticable** (*vx*). Cf. Bond, cit. 11 ; geler, cit. 20. *L'exil* (cit. 5) *fait paraître un pays inhabitable.*

1 « ... voudriez-vous... laisser, dis-je, cet endroit de ce magnifique château tout imparfait, tout délabré, tout livré et abandonné à la bise, inhabitable, et très incommode... » SÉV., 1196, 17 juillet 1689.

2 « (*Cette*) publication m'aura cependant rendu la France inhabitable à cause des ennemis sans nombre qu'elle m'aura faits. »
          B. CONSTANT, Journ. int., 31 mai 1816.

DER. — **Inhabitabilité.** *n. f.* (XXᵉ s.). Caractère de ce qui est inhabitable.

INHABITÉ, ÉE. *adj.* (XIVᵉ s. ; de in-, et *habiter*). Qui n'est pas habité. *Régions, terres, contrées inhabitées.* V. **Désert, sauvage, solitaire** (Cf. Celui, cit. 7 ; inculte, cit. 3). *Lieux, déserts, îlots inhabités* (Cf. Fleur, cit. 37). *Appartement inhabité.* V. **Inoccupé.** *Maison inhabitée qui tombe en ruine.* V. **Abandonné.**

1 « ... comme un lieu désolé,
Désert, inhabité, que la foudre a brûlé. »
          RONSARD, Disc. misères de ce temps, Rép. inj. et calomnies...

2 « Depuis, la maison resta inhabitée, et tomba lentement en ruine, comme toute demeure à laquelle la présence de l'homme ne communique plus la vie. »   HUGO, Misér., IV, III, I.

INHABITUDE. *n. f.* (1762 ROUSS. ; de in-, et *habitude*). *Peu usit.* Défaut d'habitude.

« L'inhabitude de penser dans l'enfance en ôte la faculté dans le reste de la vie. »   ROUSS., Émile, II.

INHABITUEL, ELLE. *adj.* (1829 ; de in-, et *habituel*). Qui n'est pas habituel. V. **Accidentel, anormal, inaccoutumé, insolite...** *Être frappé par le comportement inhabituel de quelqu'un. Il régnait dans la rue une animation inhabituelle.*

INHALATION. *n. f.* (1760 ; lat. *inhalatio*). *Méd.* « Absorption par les voies respiratoires de gaz, de vapeurs ou de liquides réduits en poussière » (GARNIER). V. **Aspiration, fumigation, inspiration, respiration.** *Inhalation d'éther, de chloroforme en vue de provoquer l'anesthésie générale. Inhalation d'oxygène. Inhalations de vapeurs d'iode, d'eucalyptol... Salle d'inhalation d'un établissement hydrothérapique.* V. **Humage.**

« (*Antoine*) mit de l'eau à chauffer pour son inhalation. Quelques instants plus tard, la tête enfouie sous les serviettes, la figure ruisselante, les yeux clos, il respirait profondément la buée bienfaisante,... »
          MART. du G., Thib., t. IX, p. 15.

ANT. — **Exhalation.**

INHALER. *v. tr.* (1825 BRILLAT-SAVARIN ; lat. *inhalare*). *Méd.* Aspirer par inhalation. V. **Absorber, aspirer.** *Inhaler des vapeurs d'eucalyptus.*

ANT. — **Exhaler.**

DER. — **Inhalateur, trice.** *adj.* (1873 P. LAROUSSE). Que l'on emploie pour les inhalations. *Tube inhalateur. Appareil inhalateur.* — Substant. *N. m.* Appareil servant aux inhalations. *Inhalateurs anesthésiques, médicamenteux* (Cf. Arsenal, cit. 5). *Inhalateurs d'oxygène*, employés par les aviateurs à haute altitude.

INHARMONIE. *n. f.* (1765 DIDER. ; de *in-*, et *harmonie*). *Peu usit.* Défaut d'harmonie.

« Le tout un modèle de dissonance et d'« inharmonie » à proposer aux élèves. »
DIDER., Sal. 1765, X, p. 298 (in BRUNOT, H.L.F., t. VI, p. 788, note 11).

DER. — **Inharmonieux, euse.** *adj.* (fin XVIII⁰ s. LA HARPE in P. LAROUSSE). Qui manque d'harmonie. *Sons, vers inharmonieux. Couleurs inharmonieuses* (LITTRÉ). Fig. *Mélange, ensemble inharmonieux* (ACAD.).

INHÉRENT, ENTE. *adj.* (1503 ; lat. *inhærens*, p. prés. de *inhærere*, « être attaché à »).

‖ 1º Se dit de tout ce qui appartient essentiellement à un être, à une chose, de tout caractère qui lui est joint inséparablement. V. **Essentiel, immanent, inséparable, intrinsèque.** *Faiblesse inhérente à la nature humaine* (ACAD.). V. **Attribut ; tenir** (qui tient à...). *Les qualités inhérentes à la personne* (Cf. État, cit. 68). *Responsabilités inhérentes à la constitution du corps social* (Cf. Fondateur, cit. 4). V. **Tenir.** *La Fable* (cit. 14), *forme d'invention inhérente à l'esprit de l'homme. Autorité* (cit. 16) *inhérente au sacerdoce.* — *Absolt.* (Vx). *Beauté* (cit. 24 MOL.) *inhérente et ferme. Droit inhérent et naturel* (Cf. Besoin, cit. 42 FÉN.).

1 « ... le vice le plus inhérent, si je puis parler de la sorte, et le plus inséparable des choses humaines,... » BOSS., Disc. Hist. univ., III, V.

2 « L'ennui n'est donc point inhérent, se disait-il, à une conversation entre gens de haute naissance ! »
STENDHAL, Le rouge et le noir, II, VI.

3 « ... voyez combien la disposition de l'esprit, que je voudrais isoler, nous est unie intimement, inhérente au jeu de notre intelligence. »
PAULHAN, Entret. s. faits divers, p. 17.

‖ 2º *Spécialt. Philos.* Se dit de toute détermination, constante ou non, qui est affirmée d'un sujet, ou qui en constitue une manière d'être intrinsèque.

DER. — (*du même rad.*) : **Inhérence.** *n. f.* (1377). *Philos.* Caractère de ce qui est inhérent (2º). *Propositions, rapports d'inhérence. Le jugement d'inhérence :* Socrate est sage « exprime qu'une qualité appartient à un sujet » (GOBLOT).

INHIBER. *v. tr.* (1360, *inhibir* ; lat. *inhibere*, « retenir, arrêter »).

‖ 1º *Vx. Dr.* Mettre opposition à. V. **Défendre, prohiber.**

‖ 2º (Fin XIX⁰ s. Cf. Inhibition). *Physiol.* Exercer une action d'inhibition* sur...

1 « Selon M. Brown-Séquard, l'inhibition a donc pour champ le système nerveux tout entier : une partie quelconque de ce système central ou périphérique étant soumise à une irritation, il est toujours possible que celle-ci exerce à distance une influence dynamique qui inhibe certaines autres parties centrales,... tandis qu'elle en dynamogénise d'autres. » P. LAROUSSE, 2⁰ Suppl. (1890), art. **Inhibition.**

— *Par ext.* et *fig.* Freiner, arrêter, supprimer (dans son activité, son impulsion, son développement...). Cf. Impulsivité, cit.

2 « Ce que je crains qu'elle n'ait pu comprendre, c'est que précisément la force spirituelle de mon amour inhibât tout désir charnel. »
GIDE, Et nunc manet in te, p. 27.

3 « ... elle se sentait l'œil fixe, le cerveau confus, le cœur battant, comme inhibée par un stupéfiant, ne pensant même pas à l'homme qu'elle aimait, pas plus qu'elle ne réfléchissait sur elle, privée du sentiment et de la conscience de sa vie. » JALOUX, Les visiteurs, III.

ANT. — **Exciter.**

DER. — **Inhibiteur, trice.** *adj.* (1534), ou (*peu usit.*) **Inhibitif, ive.** *adj.* (1604). *Physiol.* et *Psychol.* Qui exerce une inhibition (ANT. Dynamogène). — **Inhibitoire.** *adj.* (XV⁰ s.). *Dr.* (Vx). Qui prohibe. — *Physiol.* (fin XIX⁰ s.). V. **Inhibiteur.**

« Il n'est pas une des influences, exaltantes et émancipatrices, qui ne devienne inhibitrice à son tour. Du besoin de changer de guide. »
GIDE, Journal, 13 janvier 1929.

INHIBITION. *n. f.* (vers 1300 ; lat. *inhibitio*, de *inhibere*. V. **Inhiber**).

‖ 1º *Vx. Dr.* Action d'inhiber. V. **Défense, opposition, prohibition.**

‖ 2º (Vers 1870 BROWN-SÉQUARD). *Physiol.* « Action nerveuse empêchant ou modérant le fonctionnement d'un organe » (POIRÉ).

1 « Il y a inhibition, toutes les fois que se produit dans l'organisme animal, d'une manière purement dynamique, une disparition immédiate ou presque immédiate, temporaire ou persistante d'une fonction, d'une propriété ou d'une activité dans les tissus nerveux ou contractiles, sous l'influence de l'irritation d'une partie du système nerveux à distance de l'organe ou du tissu où survient cette disparition. »
BROWN-SÉQUARD, in P. LAROUSSE, 2⁰ Suppl. (1890).

— *Psychol.* « Action d'un fait mental qui empêche d'autres faits mentaux de se produire ou d'arriver à la conscience ». *Inhibition volontaire* (Cf. Impulsif, cit. 2). — *Par ext.* État d'impuissance, de paralysie. *Inhibition sexuelle* (Cf. Frigidité, cit. 4 ; impuissance, cit. 2).

2 « L'autre jour, devant Darius Milhaud, pareille inhibition lorsque je voulus lui indiquer le passage du *Scherzo* de Chopin auquel mes hôtes faisaient allusion. » GIDE, Journal, 23 janvier 1917.

3 « ... le prodigieux exemple d'inhibition amoureuse par fou rire, qui

---

empêcha le pauvre Rousseau d'être heureux, un soir que, dans l'ombre d'un bosquet d'Eaubonne, il tenait presque à sa merci la piquante madame d'Houdetot. » HENRIOT, Portr. de femmes, p. 184.

4 « ... l'écroulement de tout le système de doctrines et d'organisation, auquel nos chefs (*militaires*) se sont attachés, les prive de leur ressort. Une sorte d'inhibition morale les fait, soudain, douter de tout et, en particulier, d'eux-mêmes. »
Ch. DE GAULLE, Mém. de guerre, t. I, p. 35.

ANT. — **Dynamogénie, excitation, impulsion.**

INHOSPITALIER, IÈRE. *adj.* (1586 ; de *in-*, et *hospitalier*). Qui n'est pas hospitalier*. *Peuple inhospitalier, nation inhospitalière.* — *Par ext. Pays inhospitalier* (Cf. Explorateur, cit. 1). *Accueil inhospitalier.* — *Terre, mer inhospitalière. Rivage inhospitalier.* V. **Farouche** (cit. 13). — *Une pièce froide* (cit. 4) *et inhospitalière.*

« Me voici donc seul, une fois encore, dans cette chambre inhospitalière. »
DUHAM., Salavin, IV, 17 juin.

ANT. — **Hospitalier. Accueillant.**

DER. — **Inhospitalièrement.** *adv.* (1839 ACAD.). *Peu usit.* D'une manière inhospitalière.

INHUMAIN, AINE. *adj.* (1373 ; lat. *inhumanus*). Qui n'est pas humain.

‖ 1º Qui manque d'humanité* (2º). V. **Barbare, cruel, dur, impitoyable...** *Tyran, maître inhumain.* « *J'ai voulu te paraître odieuse, inhumaine* » (Cf. Haïr, cit. 6 RAC.). — *Par ext. Cœur inhumain.* V. **Insensible** (Cf. Accorder, cit. 13 LA FONT.). *Acte, traitement inhumain. Carnages inhumains* (Cf. Bataille, cit. 2). *Loi, coutume inhumaine* (Cf. Immoler, cit. 3).

1 « — Le massacre des innocentes populations civiles vous paraît-il vraiment beaucoup plus inhumain, beaucoup plus immoral, beaucoup plus monstrueux, que celui des jeunes soldats qu'on envoie en première ligne ? » MART. du G., Thib., t. IX, p. 90.

— *Spécialt. Poét.* Se dit d'une femme qui ne répond pas à l'amour qu'on lui porte. *Beauté inhumaine* (Cf. Ici, cit. 22). Substant. *Une inhumaine* (Cf. Chercher, cit. 3 ; éloigner, cit. 9).

‖ 2º Qui n'a rien d'humain, qui semble ne pas appartenir à la nature ou à la condition humaine. *Hurlement inhumain. Expression de naïveté inhumaine de certains visages enfantins* (Cf. Ennoblir, cit. 4).

2 « Un cri inhumain, un croassement de supplicié par les démons mit la pauvre femme sur son séant,... » BLOY, La femme pauvre, II, X.

— *L'art est tout humain, la science inhumaine* (Cf. Éternité, cit. 14). *Univers, personnages romanesques qui ont quelque chose d'inhumain.*

3 « *Albe vous a nommé, je ne vous connais plus* (Corneille). Voilà le caractère inhumain. Le caractère humain est le contraire. »
PASC., Pens., VII, 533.

4 « — En tout cas, on ne peut nier le caractère inhumain, monstrueux, antinaturel de ses sentiments à notre égard. »
MAURIAC, Nœud de vipères, XII.

5 « ... une atmosphère desséchée, comme inhumaine, sans véritable contact entre les êtres. » CHARDONNE, Dest. sentim., p. 151.

ANT. — **Humain. Charitable, doux, pitoyable.**

DER. — **Inhumainement.** *adv.* (XIV⁰ s.). D'une façon inhumaine. *Traiter inhumainement un prisonnier.*

« ... quarante coups de fusil, tirés à la fois, l'abattirent ; il disparut un moment dans un groupe, on lui coupa la tête. Cette tête sanglante fut inhumainement apportée jusqu'à la portière ; on obtint à grand'peine de ces sauvages qu'ils tinssent éloigné des yeux de la famille royale cet objet d'horreur. » MICHELET, Hist. Révol. franç., V. II.

INHUMANITÉ. *n. f.* (1312 ; lat. *inhumanitas*). Caractère de celui, de ce qui est inhumain. V. **Barbarie, brutalité, cruauté, férocité...** *Traiter les vaincus avec inhumanité. Acte d'inhumanité. Inhumanité d'un maître* (Cf. Forçat, cit. 1). *Par ext. L'inhumanité de sa conduite.*

1 « Après qu'on se fut apprivoisé à Rome aux spectacles des meurtres des animaux, on vint aux hommes et aux gladiateurs. Nature a, (*je le*) crains..., elle-même attaché à l'homme quelque instinct à l'inhumanité. »
MONTAIGNE, Essais, II, XI.

2 « À quelques-uns... l'inhumanité (*tient lieu*) de fermeté,... »
LA BRUY., XI, 25.

— *Vieilli.* Acte inhumain.

3 « ... il y a quelque chose d'injuste à reprocher à un gouvernement comme des inhumanités les rigueurs auxquelles on l'a forcé. »
RENAN, Essais morale et critique, Œuvr., t. II, p. 133.

ANT. — **Bienfaisance, douceur, humanité, pitié.**

INHUMER. *v. tr.* (1408 ; lat. *inhumare*, de *humus*, « terre »). Mettre en terre (un corps humain) avec les cérémonies d'usage. V **Ensevelir, enterrer** (3º) ; **terre** (mettre, porter en). *Inhumer un cadavre, un corps, un mort. Permis d'inhumer. Corps inhumé dans un cimetière* (Cf. Barbare, cit. 24).

1 « *Inhumer* l'emporte en noblesse : c'est *enterrer* avec des cérémonies religieuses, rendre les derniers devoirs et les honneurs funèbres ; au lieu qu'*enterrer* exprime simplement l'acte matériel de déposer dans la terre... Toutefois on n'use pas d'une si grande précision dans le langage commun... » LAFAYE, Dict. syn., Inhumer.

2   « Ce fut seulement vers dix heures que le docteur Finet reparut, et il sembla très surpris de trouver Françoise vivante encore, car il croyait bien n'avoir plus qu'à écrire le permis d'inhumer. »
ZOLA, **La terre**, V, IV.

ANT. — Déterrer, exhumer.

DER. — **Inhumation.** *n. f.* (1482). Action d'inhumer. V. **Ensevelissement**, enterrement (1°), sépulture (Cf. Enterrer, cit. 10 ; faire-part, cit. 2 ; funèbre, cit. 1). *Réglementation de l'inhumation.* V. **Décès** (cit. CODE CIV., art. 77). *Inhumation d'un cadavre, d'un corps. Inhumation dans un caveau, une fosse*... Lieu consacré aux inhumations.* V. **Cimetière. Frais d'inhumation** (**ANT.** Exhumation).

« L'inhumation s'était faite au cimetière Montparnasse. La première pelletée de terre tomba sur le cercueil à l'instant où sonnaient deux heures... » COURTELINE, **MM. ronds-de-cuir**, VIe Tabl., II.

INIA. *n. m.* V. **CÉTACÉ.**

INIMAGINABLE. *adj.* (1580 MONTAIGNE ; de *in-*, et *imaginer*). Qu'on ne peut imaginer, dont on n'a pas idée*. V. **Extraordinaire, impensable, inconcevable, incroyable, invraisemblable...** *Confusion, désordre, grouillement inimaginable* (Cf. Cosmopolite, cit. 3). *Beauté, pureté inimaginable, idéale... Bêtise, saleté inimaginable. Il lui est arrivé des aventures inimaginables* (V. **Épique**).

1   « Pour dignement les imaginer (*les promesses de la béatitude céleste*), il les faut imaginer inimaginables, indicibles et incompréhensibles. » MONTAIGNE, **Essais**, II, XII.

2   « Ce qu'on voit de choses là-dedans (*dans les entresols*), d'un coup d'œil, c'est inimaginable. » MAUPASS., **Toine**, Le père Mongilet.

3   « Hauteurs inimaginables où l'homme combat
Plus haut que l'aigle ne plane »
APOLLINAIRE, **Calligrammes**, La petite auto.

INIMITABLE. *adj.* (XVe s. ; lat. *inimitabilis*). Qui ne peut être imité. *Action inimitable ; héroïsme, noblesse, vertu inimitable...* (Cf. Héroïque, cit. 10). *Grâce, beauté, perfection inimitable. Inimitable poésie* (Cf. Fugace, cit. 3). *Écrivain, peintre inimitable. Caractère original et inimitable* (Cf. Égaler, cit. 3). — Substant. *Voilà l'inimitable* (Cf. Gruppetto, cit.).

« Et ils auraient été l'un et l'autre inimitables, si le père (*Le Tellier*) n'eût eu le fils (*Louvois*) pour successeur, et si le fils n'eût eu le père pour exemple. » FLÉCHIER, **Le Tellier** (in LITTRÉ).

DER. — **Inimitablement.** *adv.* (1818). D'une manière inimitable.

INIMITIÉ. *n. f.* (1300 ; réfection de l'anc. franç. *enemistié*, d'apr. le lat. *inimicitia*). Sentiment hostile. V. **Animosité, antipathie, aversion, haine, hostilité...** (Cf. Concorde, cit 2 ; garde 1, cit. 26). *Inimitié profonde, irréconciliable ; sourde, cachée ; ouverte, déclarée... Avoir, concevoir de l'inimitié pour quelqu'un, contre quelqu'un. Nourrir une inimitié contre quelqu'un. Inimitié qui sépare deux personnes, qui règne entre elles* (Cf. Être à couteaux* tirés, en dispute*, en guerre* ouverte). *Encourir l'inimitié de quelqu'un* (V. **Défaveur**).

1   « L'inimitié succède à l'amitié trahie. » RAC., **Bérén.**, I, 3.

2   « Il y a des attractions impossibles en morale comme en chimie, et toute la politique des siècles ne changera pas en loi d'amour la loi des inimitiés humaines. » FROMENTIN, **Année dans le Sahel**, p. 20.

ANT. — Amitié. Accord, affection, amour.

ININFLAMMABLE. *adj.* (1616 ; de *in-*, et *inflammable*). Qui n'est pas inflammable, qui ne peut prendre feu. V. **Aphlogistique, apyre.** *Gaz, liquide, tissu ininflammable. Rendre ininflammable.* V. **Ignifuger.**

« Ils les appellent sans feu, ou, pour dire ainsi, ininflammables. » St François de SALES, **Traité Amour de Dieu**, XI, 10.

DER. — **Ininflammabilité.** *n. f.* (1838). Qualité de ce qui est ininflammable.

ININTELLIGENT, ENTE. *adj.* (1784 ; de *in-*, et *intelligent*). Qui n'est pas intelligent. V. **Bête, borné, bouché, sot.** *Élève, enfant inintelligent. Les masses inintelligentes* (Cf. Honnêteté, cit. 1). *Raisonnement, acte inintelligent.*

« Il y a des temps où l'élévation de l'âme est une véritable infirmité ; personne ne la comprend ; elle passe pour une espèce de borne d'esprit, pour un préjugé, une habitude inintelligente, une lubie, un travers qui vous empêche de juger les choses ;... » CHATEAUB., **M. O.-T.**, t. II, p. 291.

DER. — **Inintelligemment.** *adv.* (1833). D'une manière inintelligente. — (de *Intelligence*) : **Inintelligence.** *n. f.* (1791). Manque d'intelligence. *Sa conduite dénote une complète inintelligence. Inintelligence de quelque chose.* V. **Incompréhension** (Cf. Enlever, cit. 14).

1   « Toute sa critique (*de l'abbé Morellet sur « Atala »*) est ainsi un tissu d'observations sensées et justes, mêlées à d'autres qui sont lourdement fausses : c'est un mélange continuel de justesse et d'inintelligence. » STE-BEUVE, **Chateaubriand...**, t. I, p. 217.

2   « Il avait l'inintelligence des choses de la chair, une bêtise divine pour tout ce qui touche au vice de la volupté. » MAURIAC, **Le mal**, p. 11.

ININTELLIGIBLE. *adj.* (1640 ; de *in-*, et *intelligible*). Qu'on ne peut comprendre ; dont on ne peut saisir le sens. V. **Abstrus, confus, difficile, incompréhensible, nébuleux, obscur.** *Langage ; parole, mot inintelligible* (Cf. Articuler, cit. 8 ; grommeler, cit. 5). *Marmonner des phrases inintelligibles* (V. **Patenôtre**). *Raisonnement, discours, style inin-*

telligible. V. **Amphigouri, logogriphe** (*fig.*). Cf. C'est de la bouillie* pour les chats, et *aussi* Beaucoup, cit. 37. *Texte, livre, grimoire inintelligible.* V. **Indéchiffrable** (Cf. Célèbre, cit. 6 : constituer, cit. 4). — *Inintelligible à quelqu'un, pour quelqu'un. Voilà qui est tout à fait inintelligible pour moi* (Cf. C'est de l'hébreu pour moi). — Par ext. *Un vice de prononciation qui le rend presque inintelligible* (Cf. Articuler, cit. 7). — *Écrivain, philosophe inintelligible.*

1   « ... Dieu, voulant nous rendre la difficulté de notre être inintelligible à nous-mêmes,... » PASC., **Pens.**, VII, 434.

2   « ... en patois basque, aussi inintelligible pour des Français que du haut allemand, de l'hébreu ou du chinois. » GAUTIER, **Capit. Fracasse**, XII, t. II, p. 101.

3   « Ils parlaient tous deux à la fois, et leurs paroles étaient inintelligibles parce que les sanglots coupaient la voix du plus jeune et que le froid faisait claquer les dents de l'aîné. » HUGO, **Misér.**, IV, VI, II.

4   « ... il entendait le vieillard qui marmonnait des choses inintelligibles entrecoupées de profonds soupirs. » BARRÈS, **Colline inspirée**, p. 304.

ANT. — Clair, compréhensible ; facile, intelligible.

DER. — **Inintelligibilité.** *n. f.* (1724). Caractère de ce qui est inintelligible. *Inintelligibilité d'un texte, d'un auteur...* — **Inintelligiblement.** *adv.* (fin XVIe s.). D'une manière inintelligible. *Parler, bredouiller, marmonner inintelligiblement.* V. **Confusément.**

ININTÉRESSANT, ANTE. *adj.* (1880 ; de *in-*, et *intéressant*). Qui est dépourvu d'intérêt. *Livre, récit inintéressant.* V. **Intérêt** (sans).

« Ses récits n'étaient pas inintéressants, mais péchaient par extravagance. » GIDE, **Si le grain...**, I, IX, p. 254.

ININTERROMPU, UE. *adj.* (1776 ; de *in-*, et *interrompu*). Qui n'est pas interrompu (dans l'espace ou dans le temps). V. **Continu.** *Tracer une ligne ininterrompue. File ininterrompue de voitures. Série, suite ininterrompue* (Cf. Fréquence, cit. 4). *Flot, défilé ininterrompu* (Cf. Garde 1, cit. 16). *Bavardage, bruit, tumulte ininterrompu* (Cf. Bêlement, cit. 2). *Applaudissements* (cit. 3) *ininterrompus. Un quart d'heure de musique ininterrompue. Travailler de façon ininterrompue :* sans interruption. V. **Arrache-pied** (d'). *Aggravation* (cit.) *régulière et ininterrompue.*

1   « Il pouvait d'un seul trait ininterrompu suivre une figure de la tête aux pieds. » DIDER., **Observ. sur sculpt.** (Œuvr., t. 15, p. 313, in POUGENS).

2   « Des flots ininterrompus de chaleur et de lumière inondèrent la ville à longueur de journée. » CAMUS, **La peste**, p. 127.

INION. *n. m.* (1877 LITTRÉ, Suppl., Add. ; gr. *inion*, « occiput »). Protubérance occipitale externe. V. **Occiput.**

INIQUE. *adj.* (XIVe s. ; lat. *iniquus*). Qui manque gravement à l'équité ; qui est très injuste*. *Action inique et usurpatoire*. Jugement, loi, impôt inique* (Cf. Gabelle, cit. 3). *Causes, intérêts iniques* (Cf. Ignoble, cit. 4). *Ce passe-droit est inique* (ACAD.). — *Un juge inique. Femelle inique...* (Cf. Félon, cit. 2 MOL.).

1   « Organes odieux d'un jugement inique. » VOLT., **Tancr.**, III, 6.

2   « Le XIXe siècle, aveuglé par les préjugés romantiques, a été inique pour Versailles. Il semble avoir voulu renchérir encore sur les dénigrements absurdes de Saint-Simon. Ce méchant homme va jusqu'à ravaler le site de Versailles et de Marly, jusqu'à nier la beauté de ces paysages. » L. BERTRAND, **Louis XIV**, III, III.

ANT. — Équitable, juste.

DER. — **Iniquement.** *adv.* (XIVe s.). D'une manière inique.

« Tu agis iniquement contre moi ;... » VOLT., **Philos.**, Bible expl., Genèse.

INIQUITÉ (*i-ni-ki-té*). *n. f.* (1120, « corruption des mœurs » ; lat. *iniquitas*).

|| 1° Corruption des mœurs ; dépravation, état de péché (employé surtout en T. de Relig.). *Le poids de l'iniquité* (Cf. Accumuler, cit. 8) ; *le cours de l'iniquité* (Cf. Exemple, cit. 21). *Ce monde d'iniquité* (Cf. Éployer, cit. 4). « *Tout est leurre, imposture* (cit. 3), *mensonge, iniquité...* » (HUGO). — En T. Bibl. *Les enfants, les ouvriers d'iniquité :* les pécheurs (Cf. Grain, cit. 9). *Boire l'iniquité comme l'eau* (Job, 15, 16). *Porter la peine de son iniquité. Dieu venge l'iniquité des pères sur les enfants* (Cf. Génération, cit. 14).

1   « Un malheureux pécheur, tout plein d'iniquité. » MOL., **Tart.**, III, 6.

2   « Il traitait d'enfants d'iniquité tous ceux qui osaient dire que ces propositions n'avaient point été extraites de Jansénius. » RAC., **Port-Royal.**

— *Par ext.* Acte contraire à la morale, à la religion (Cf. Apostat, cit. 2 ; attendre, cit. 69).

3   « Mais nous connaissons en même temps notre misère, car ce Dieu-là n'est autre chose que le Réparateur de notre misère. Ainsi nous ne pouvons bien connaître Dieu qu'en connaissant nos iniquités ;... » PASC., **Pens.**, VII, 547.

4   « Où sont, Dieu de Jacob, tes antiques bontés ?
Dans l'horreur qui nous environne,
N'entends-tu que la voix de nos iniquités ? »
RAC., **Athal.**, IV, 6.

‖ 2° Manque d'équité. V. **Injustice**. *L'iniquité d'un juge-ment. Iniquité d'un arrêt, d'une loi...* (V. **Illégalité**). *Les victimes de l'iniquité. L'oppression du faible et l'iniquité du fort* (Cf. Destructif, cit. 2).

5 « L'iniquité ne plaît qu'autant qu'on en profite ; dans tout le reste on veut que l'innocent soit protégé. » ROUSS., **Émile**, IV.

6 « ... je rends volontiers hommage aux âmes capables de trouver dans le sentiment de l'iniquité dont elles sont victimes un principe de force et d'espoir. » BERNANOS, **Journal d'un curé de campagne**, p. 316.

— *Par ext.* Acte inique, chose inique. V. **Assassinat** (*supra* cit. 5), **crime, usurpation**. *Une iniquité flagrante, révol-tante, qui fait crier. Les iniquités des faux témoins* (Cf. Concerter, cit. 3). *Une forteresse* (cit. 3)... « *d'exactions, d'abus, de violences, d'iniquités...* » (HUGO).

7 « L'inégalité politique qui résultait de la différence des fortunes parut bientôt une iniquité, et les hommes travaillèrent à la faire disparaître. » FUSTEL de COUL., **Cité antique**, IV, X.

ANT. — **Équité, justice.**

INITIAL, ALE (*-si-al*). *adj.* (XIIIe s., rare jusqu'à la fin du XVIIe s. ; bas lat. *initialis*, de *initium*, « commence-ment »). Qui est au commencement, qui caractérise le commencement (de quelque chose). *État initial.* V. **Originel, primitif** (Cf. Implanter, cit. 5). *Événement initial* (Cf. Auto-matisme, cit. 8). *Cause initiale.* V. **Premier** (Cf. Gonflement, cit. 4). *Impulsion initiale. Vitesse* initiale d'un projectile. Données initiales d'un problème* (Cf. Individualisme, cit. 10). *Portion, segment initial* (Cf. Coronaire, cit.). — *Mouve-ments-initiaux.*

1 « ... le temps pendant lequel il (*le mobile*) aura agi sera propor-tionnel à cette vitesse initiale. » VOLT., **Élém. philos. de Newton**, I, X.

2 « ... il dépendait d'eux de prendre une décision, de faire un acte initial et efficace,... » DUHAM., **Salavin**, II, XVII.

— *Mot initial d'une phrase. Syllabe, voyelle, consonne initiale* (Cf. H, cit. 4). *La lettre initiale d'un mot, d'un nom propre.* — *Substant. Initiales abréviatives* (V. **Abréviation**). *Initiales formant le nom d'Unesco. Signer de ses initiales. Initiales enlacées* (cit. 16), *entrelacées.* V. **Chiffre**. — Imprim. et Calligr. *Lettre initiale*, ou substant. *Initiale.*

3 « Si j'avais voulu mettre les noms véritables aux peintures moins obligeantes, je me serais épargné le travail d'emprunter les noms de l'ancienne histoire, d'employer des lettres initiales, qui n'ont qu'une signification vaine et incertaine,... » LA BRUY., **Préf. au Discours Acad.** (8e éd. des *Caract.*, 1694).

4 « Après avoir vérifié si tous les renvois étaient paraphés, si les trois contractants avaient bien mis leurs initiales et leurs paraphes au bas des rectos,... » BALZ., **Contrat de mariage**, Œuvr., t. III, p. 155.

5 « ... avant de quitter Newstead pour Londres, il (*Byron*) grava sur un des arbres du parc les initiales entrelacées de son propre nom et de celui d'Augusta. » MAUROIS, **Vie de Byron**, II, XXI.

ANT. — **Complémentaire, dernier, final, terminal.**

DER. — **Initialement.** *adv.* (1867 LITTRÉ). Dans la période initiale, au commencement, au début. *Des objectifs initialement limités.*

INITIATEUR, TRICE (*-si-a-*). *n.* (1586, rare jusqu'au XIXe s. ; lat. *initiator, -trix*). Celui, celle qui initie, « qui en-seigne le premier aux autres une chose qu'ils ignorent ou qui ouvre une voie nouvelle dans une des connaissances humaines » (ACAD.). V. **Premier**. *Mazarin fut pour Louis XIV le grand initiateur, son guide* (cit. 6). V. **Éducateur, maître**. *Il fut mon initiateur pour la géométrie* (ACAD.). *Elle fut son initiatrice en amour. Les Grecs initiateurs de l'huma-nité* (Cf. Génie, cit. 14). *Jésus initiateur du monde à un esprit nouveau* (Cf. Faiseur, cit. 15 RENAN). *Rabelais, initia-teur de l'hellénisme* (cit. 1) *en littérature.* V. **Introducteur**. *La sédition dont ils furent les principaux initiateurs.* V. **Auteur, promoteur**. — Absolt. *Un initiateur, un excitateur* (cit. 3). V. **Novateur, précurseur**. — Adjectivt. *Génie initia-teur.* V. **Innovateur**.

1 « Le bonheur de l'initiateur, c'est de se voir dépassé par l'initié. » MICHELET, **La femme**, p. 325.

2 « ... ce qu'Homère était pour la Grèce, l'initiateur des grandes choses, celui qui fait tressaillir la fibre et étinceler l'œil. » RENAN, **Questions contemp.**, Œuvr., t. I, p. 223, Note.

3 « Il (*Benjamin Constant*) s'est plaint, toutefois, plus tard, dans le *Cahier rouge*, de ce chaos d'idées, où, parmi tant de moqueries, l'avait alors jeté cette initiatrice (*Mme de Charrière*)... » HENRIOT, **Portr. de femmes**, p. 226.

INITIATION. *n. f.* (XIVe s., rare jusqu'au XVIIIe s. ; lat. *initiatio*). Action d'initier*.

‖ 1° *Relig. anc.* Admission aux mystères*. V. **Mystagogie**. *Initiation aux mystères d'Éleusis. Les poètes télétiques, « dont les poèmes concernant les initiations et les divi-nités mystérieuses »* (BARTHÉL.).

1 « Il n'y avait alors aucun culte qui n'eût ses mystères, ses associa-tions, ses catéchumènes, ses initiés, ses profès. Chaque secte exigeait de nouvelles vertus, et recommandait à ses pénitents une nouvelle vie, *initium novæ vitæ* ; et de là le mot d'initiation. » VOLT., **Dict. philos.**, Baptême, I.

— *Par ext.* Admission à une religion, un culte (Cf. Bap-tême, cit. 5 ; famille, cit. 4), dans une société secrète (Cf. Franc-maçonnerie, cit. 1). V. **Affiliation, introduction**. *Céré-monies, rites d'initiation.*

‖ 2° *Fig.* Introduction à la connaissance d'un savoir ésoté-rique et, *par ext.*, de choses secrètes, cachées, difficiles. *Initiation à l'alchimie, aux sciences occultes.* « *L'exercice* (cit. 9 BAUDEL.) *des cinq sens veut une initiation particu-lière* ». V. **Éducation**.

2 « Avec lui, pour la foule, il n'était pas besoin d'initiation préalable ; on le comprenait tout de suite,... » GAUTIER, **Portr. contemp.**, Horace Vernet.

— *Par ext.* Action de donner ou de recevoir les premiers éléments d'une science, d'un art, d'un jeu, d'une pratique, d'un mode de vie... V. **Apprentissage, instruction**. *Première initiation.* V. **Baptême** (*fig.*), **révélation**. *L'initiation au monde* (Cf. Accès, cit. 8, *à l'art de sentir* (Cf. Humanisme, cit. 7)... *Initiation à la philosophie, aux mathématiques...*

3 « La plupart du temps les novices, à leur première initiation, se plaignent de la lenteur des effets. » BAUDEL., **Du vin et du haschisch**, IV.

DER. → **Initiatique**. *adj.* (Néol.). *Relig.* et *Sociol.* Relatif à l'initiation, caractérisé par l'initiation. *Rites, épreuves initiatiques. Société initia-tique* (Cf. Franc-maçonnerie, cit. 3). *Le sens initiatique de la « Divine Comédie »* (Cf. Ésotérique, cit. 1).

« Presque tous (*ces contes*) tournent autour d'un jeune protagoniste qui doit traverser un même nombre d'épreuves : réussit-il à se tirer de toutes ces difficultés, il est du même coup initié ; il devient un héros. Le même schéma initiatique a survécu dans des créations littéraires populaires..., dans les poèmes héroïques, par exemple. Rares sont les chants épiques qui ne comportent pas des aventures initiatiques du Héros, qui n'impliquent pas soit la lutte avec le Dragon, soit la descente aux Enfers, soit une mort suivie d'une résurrection miracu-leuse. » Mircea ÉLIADE, **Littér. orale**, in Hist. littér. I, p. 8 (Encycl. Pléiade).

INITIATIVE (*-si-a-ti-*). *n. f.* (1567, rare jusqu'à la fin du XVIIIe s. ; dér. sav. du lat. *initiare*, « commencer »).

‖ 1° Action de celui qui est le premier à proposer, entre-prendre, organiser quelque chose. *Prendre, avoir, garder, perdre, reprendre, ressaisir l'initiative. Il a eu une part d'initiative dans la création de l'entreprise* (Cf. Fondateur, cit. 4).

1 « Loin que le congrès (*de Vérone*) ait exigé notre entrée dans la Péninsule, les instructions prouvent sans réplique qu'à la France appartient l'*initiative*. » CHATEAUB., **M. O.-T.**, 3e part., 2e ép., IV, 5 (éd. Levaillant, III, p. 142).

2 « ... Napoléon avait pris l'initiative et forçait les généraux ennemis à modifier précipitamment leurs plans. » MADELIN, **Hist. Cons. et Emp.**, Vers l'Empire d'Occident, XV.

3 « L'initiative dans l'admiration est chose extrêmement rare ; ici encore, l'on ne rencontre que des suiveurs. » GIDE, **Journal**, 16 mars 1943.

— *Prendre l'initiative d'une démarche, d'un mouvement...* V. **Agir, entamer, entreprendre, provoquer** (Cf. Attacher le grelot*). *Prendre l'initiative de...*, suivi de l'infinitif (Cf. Auriste, cit.).

— *Spécialt.* (1787). *Polit.* Droit de soumettre à l'autorité compétente une proposition en vue de la faire adopter par celle-ci (CAPITANT). *Droit d'initiative. Initiative législative. Le Président du Conseil des ministres et les membres du Parlement ont l'initiative des lois* (Constitution du 27 octo-bre 1946, art. 14). *Loi votée sur l'initiative d'un député* (Cf. Esclavage, cit. 5). *Initiative des dépenses.*

4 « On disputa longuement (*à l'Assemblée constituante de 1789-91*) si on lui laisserait (*au Roi*) l'« initiative », c'est-à-dire le droit de mettre la puissance législative en mouvement... En réalité l'Assemblée ne laissait guère au Roi l'occasion ni le temps de proposer. » BRUNOT, **Hist. lang. franç.**, t. IX, p. 745.

— *Par ext.* V. **Action*** (*supra* cit. 14), **intervention...** *Prendre, savoir prendre une initiative.* V. **Agir** (Cf. Exer-cer, cit. 27). *Une initiative louable, hardie, salutaire, dan-gereuse, malheureuse, désastreuse... Initiatives privées, indi-viduelles*, par oppos. à l'action collective ou étatique (Cf. Collectif, cit. 3 ; croire, cit. 54 ; encontre, cit. 3).

5 « Notre temps est arrivé pour la première fois, à concevoir une organisation sociale où, l'initiative individuelle ayant toute liberté, l'État, réduit à un simple rôle de police, ne s'occuperait ni de religion, ni d'éducation,... » RENAN, **Questions contemp.**, Œuvr., t. I, p. 71.

6 « ... les individus... réservent le demeurant des services locaux et généraux, spirituels et matériels, à l'initiative privée et aux associa-tions spontanées qui se formeront au fur et à mesure des occasions... » TAINE, **Orig. France contemp.**, t. II, p. 67.

7 « M. le Préfet, dans un petit discours final, félicita les industriels de leur initiative féconde et généreuse, les ouvriers de leur intelligente compréhension de leurs intérêts corporatifs. » MAUROIS, **Bernard Quesnay**, XVIII.

‖ 2° (Milieu XIXe s.). Qualité de celui qui sait prendre des initiatives, de celui qui par nature est disposé à entrepren-dre, à oser. *Esprit, qualités d'initiative. Initiative et effica-cité* (cit. 6). *Soldat plein d'initiative et d'allant* (cit. 3). *Faire preuve d'initiative. Manquer d'initiative. De sa propre initiative.* V. **Spontanément**. *Individu livré, abandonné à sa propre initiative.* V. **Volonté** (Cf. Carence, cit. 2). *Freiner l'initiative et la fantaisie* (Cf. Bureaucratique, cit.). — *Syn-dicat* d'initiative.* — REM. Cette acception n'est pas signa-lée par LITTRÉ. P. LAROUSSE (1873) cite Nisard et E. de Girardin.

8   « Le même goût épuré appauvrit l'initiative en même temps que la langue, et l'on agit comme on écrit, selon des formes apprises, dans un cercle borné. »   TAINE, **Orig. France contemp.**, t. I, p. 246.

9   « Un titulaire convenable pour le moindre poste qui exige un peu d'initiative et de jugement est difficile à trouver, mais le premier venu devient chef de famille. »   CHARDONNE, **Amour du prochain**, p. 61.

10   « Le singulier (dans « *Syndicat d'initiative* »)... exprime en général l'espoir des réformes ou des améliorations que le Syndicat veut apporter au tourisme, à l'urbanisme, etc., et non pas, en détail, ces améliorations ou réformes mêmes. »   A. THÉRIVE, **Clinique du langage**, p. 200.

ANT. — **Passivité, routine.**

INITIER (*i-ni-si-é*). *v. tr.* (XIVᵉ s. ; lat. *initiare*, propremt. « commencer »).

‖ **1°** Admettre à la connaissance et à la participation de certains cultes ou de certains rites secrets. — Relig. anc. *Grecs, Romains qui se faisaient initier aux mystères* de Déméter, de Dionysos, de la Bonne Déesse, d'Adonis... Prêtre chargé d'initier un fidèle.* V. **Mystagogue.** — *Par ext.* Admettre à la pratique d'une religion quelconque. *Initier quelqu'un au christianisme, à l'islam.* — Par métaph. *Initier au culte* (cit. 13) *de la beauté.* — Admettre au sein d'une société secrète. *Initier aux derniers degrés de la franc-maçonnerie* (Cf. Franc-maçon, cit. 2).

1   « Le philosophe Antisthène, comme on l'initiait aux mystères d'Orpheus, le prêtre lui disant que ceux qui se vouaient à cette religion avaient à recevoir après leur mort des biens éternels et parfaits : « Pourquoi ne meurs-tu donc toi-même ? », lui fit-il. »   MONTAIGNE, **Essais**, II, XII.

2   « Le jour où, sous le règne de Claude, quelque juif initié aux croyances nouvelles (*le christianisme*) mit pied à terre vis-à-vis de l'*emporium*, ce jour-là personne ne sut dans Rome que le fondateur d'un second empire, un autre Romulus, logeait au port sur la paille. »   RENAN, **Saint Paul**, Œuvr., t. IV, p. 814.

‖ **2°** *Fig.* Admettre à la connaissance d'un savoir ésotérique, *et par ext.* à la connaissance de choses secrètes, d'accès difficile, réservée à des privilégiés. *Maître alchimiste initiant son élève. Initier quelqu'un aux secrets d'une affaire, aux arcanes de la politique.* V. **Révéler.** *Ebauches* (cit. 3) *où le génie semble nous initier à ses secrets.* V. **Entrer** (faire), **introduire.**

3   « Un homme, au contraire, ne devait-il pas tout connaître, exceller en des activités multiples, vous initier aux énergies de la passion, aux raffinements de la vie, à tous ses mystères ? »   FLAUB., **Mᵐᵉ Bovary**, I, VII.

4   « Rien n'a l'air coutumier ; il me semble que je vais être initié tout à coup à une autre vie, mystérieuse, différemment réelle, plus brillante et plus pathétique. »   GIDE, **Si le grain...**, I, I, p. 26.

— *Par ext.* (Sans idée de secret, avec l'idée de commencement). Être le premier à instruire, à mettre au fait. V. **Apprendre, commencer, conduire, enseigner, instruire...** *Initier quelqu'un à la philosophie. Il fut initié à la méthode aseptique* (cit.). *La foi* (cit. 26) *nous initie à une autre pensée.*

5   « ... cet habile homme, informé comme on ne l'est pas, initie à tant de choses que, sans lui, nous n'aurions jamais eu chance de savoir. »   STE-BEUVE, **Causer. du lundi**, 22 oct. 1849, t. I, p. 51.

6   « ... je vous prends huit jours avec moi, et vous initie à mes procédés. »   ROMAINS, **Knock**, I, p. 44.

‖ S'INITIER. Acquérir les premiers éléments d'un art, d'une science. V. **Instruire** (s'). *S'initier à la musique, à la peinture d'avant-garde. S'initier à un métier, à une profession* (Cf. Café-concert, cit.). — Prendre peu à peu l'habitude de, faire l'apprentissage de (quelque chose).

7   « ... ces peuples doivent faire un effort complexe et presque héroïque en vue de s'initier non seulement à la technique de nos peintres, de nos sculpteurs, de nos architectes.... »   DUHAM., **Turquie nouvelle**, I, p. 11.

‖ INITIÉ, ÉE. p. p. et adj. *Homme politique initié aux habiletés parlementaires.* — Substant. *Un initié. Les initiés d'Eleusis. Secret absolu imposé aux initiés.* — *La cabale, l'occultisme et ses initiés. Les grands initiés* (Rama, Orphée, Jésus...), ouvrage de Schuré. — *Par ext. Les initiés,* ceux qui sont dans le secret d'un art, d'une science, d'une affaire (V. **Augure** 1, cit. 3). *Langage ésotérique* (cit. 3) *de la science intelligible aux seuls initiés. Poésie, esthétisme* (cit. 2) *pour initiés.*

8   « Il fallait que l'initié parût ressusciter ; c'était le symbole du nouveau genre de vie qu'il devait embrasser. »   VOLT., **Essai s. les mœurs**, Introd., Des mystères de Cérès.

9   « Le nombre des vrais poètes et des vrais connaisseurs sera toujours extrêmement petit ; mais il faut qu'il le soit, c'est le petit nombre des élus. Moins il y a d'initiés, plus les mystères sont sacrés. »   ID., **Corresp.**, 3451, 7 mars 1769.

10   « Dans ces calculs, rites les plus cachés de la magie industrielle, un profane n'aurait vu que problèmes vulgaires ; les initiés savaient la part de l'inspiration poétique. »   MAUROIS, **Bernard Quesnay**, IV.

11   « ... sa terminologie (*de la psychiatrie*), surabondante d'ailleurs, est un peu décevante pour le lecteur non initié ; »   POROT, **Manuel de psychiatrie**, Préface.

ANT. — (de *initié*) : **Profane.**

DER. — Cf. Initiateur, initiation, initiatique, initiative.

INJECTER. *v. tr.* (*Injetter* en 1555 ; 1722, *injecté*, p.p. ; 1744, *injecter* ; fait sur le lat. *injectare*, pour servir de verbe à *injection*).

‖ **1°** Introduire* un liquide en jet ou (plus rarement) un gaz sous pression dans un organisme. — Spécialt. *Méd.* (V. **Injection**). *Injecter avec une seringue* de l'eau bouillie tiède dans l'oreille* (V. **Laver**). *Sérum artificiel injecté sous la peau, dans le sang. Injecter des toxines à un animal* (Cf. Antitoxine, cit.). — Pronominalt. *Solution qui s'injecte par voie intraveineuse.* — *Par ext.* Remplir d'un liquide ou d'un gaz sous pression. *Injecter la plèvre avec de l'azote.* V. **Insufflation.** — Anat. *Cadavre injecté avant dissection.* — *Fig. Avoir la face, les yeux injectés* (par l'afflux du sang). — Pronominalt. *Le blanc* (cit. 25) *de son œil s'injecte d'un peu de sang.*

1   « ... ses yeux injectés de sang flamboient comme des rubis, sa gueule écume, son poil est hérissé et sale ;... »   PERGAUD, **De Goupil à Margot**, L'horrible délivrance.

2   « D'abord, lui faire une soirée calme », déclara-t-il. « Vous lui injecterez un nouveau demi-centigramme, quand je vous le dirai... »   MART. du G., **Thib.**, t. III, p. 251.

‖ **2°** *Par anal.* Faire pénétrer* (un liquide sous pression). Cf. Bout, cit. 47. — *Spécialt. Technol. Injecter du ciment,* dans un ouvrage, pour le consolider. *Injecter de la créosote* dans du bois.* — *Par ext. Bois injecté,* imprégné d'un liquide (coaltar...) qui le protège contre les actions corrosives. *Traverses de chemin de fer en bois injecté.*

3   « Il... fit manœuvrer son vaporisateur et injecta la pièce de poudre de lilas de Perse,... »   HUYSMANS, **Là-bas**, X.

DER. — **Injectable.** adj. (XXᵉ s.). *Pharm.* Qui doit être injecté, administré par injection. *Produit, solution injectable.* — **Injecteur.** n. m. (1838, « celui qui fait des injections » ; 1867, sens mod.). *Méd.* Appareil* servant à injecter un liquide dans l'organisme. *Injecteur élastique pour lavement.* — Adjectivt. *Tube injecteur. Seringue injectrice.* — *Technol.* Dispositif assurant l'alimentation en eau des chaudières* à vapeur ou l'arrivée directe du carburant dans les cylindres d'un moteur, sans l'intermédiaire d'un carburateur. *Injecteur à vapeur. Injecteur d'huile lourde, d'essence.*

INJECTION (*-syon*). *n. f.* (XIIIᵉ s. ; lat. *injectio*). Action d'injecter* ; résultat de cette action. — *Méd. et Chirurg. Emploi des injections en hydrothérapie*. Injection rectale* (V. **Lavement**), *urétrale. Injection vaginale* et absolt. *Faire, prendre une injection. Bock*, canule*, poire* à injections.* — V. **Piqûre.** *Injection de novocaïne* (Cf. Flanchage, cit.), *de cacodylate* (cit.) *de soude, de morphine*. Injection hypodermique*, sous-cutanée, intra-musculaire, intra-veineuse. Injection de sérum* (Cf. Anaphylaxie, cit. 1), *de tuberculine* (V. **Tuberculinisation**). *Aiguille*, seringue* à injections.* — Anat. *Injection d'un cadavre au phénol en vue de l'embaumement*.* — *Par ext.* Le produit injecté. *Injection froide, tiède. Injection opaque aux rayons X. Ampoule contenant une injection de cocaïne.*

1   « ... il serait plus simple... d'endormir... les souffrances du moribond avec des injections répétées de morphine. »   HUYSMANS, **Là-bas**, VII.

2   « Tarrou tendit son bras... et il subit l'interminable injection qu'il avait lui-même pratiquée sur d'autres malades. »   CAMUS, **La peste**, p. 304.

— *Par anal.* (V. **Injecter,** 2°). *Géol. Injection du granit dans le gneiss.* — *Technol. Injection du bois. Une injection de coaltar*. Ouvrage consolidé par injection de ciment.* — *Moteur à injection;* dont l'alimentation en carburant est assurée par un injecteur*.

3   « L'injection d'essence est terminée ? Dans les deux cylindres ? Avez-vous pensé à essuyer un peu les bougies ? C'eût été prudent après une étape de onze kilomètres. »   ROMAINS, **Knock**, I, p. 16.

4   « L'affiche annonçait ensuite des mesures d'ensemble, parmi lesquelles une dératisation scientifique par injection de gaz toxique dans les égouts... »   CAMUS, **La peste**, p. 66.

INJONCTION (*-syon*). *n. f.* (1295 ; lat. *injunctio*). Action d'enjoindre, d'ordonner expressément ; résultat de cette action. V. **Commandement, ordre*.** *Injonction menaçante.* V. **Sommation.** *Injonction expresse, formelle, sévère. Obtempérer, se rendre, résister à une injonction.* — Dr. « Ordre donné par le juge soit aux parties, soit aux auxiliaires de la justice, dans une cause dont il est saisi et en vertu d'un pouvoir de commandement que la loi lui confère en certaines circonstances... » (CAPITANT, Voc. jurid.).

1   « Les deux fonctionnaires obtempérèrent à l'injonction du Conseiller d'État. »   BALZ., **Cousine Bette**, Œuvr., t. VI, p. 380.

2   « Le lecteur décidera si cette injonction faite au juste d'admettre que l'injuste est une morale qui vaut la sienne et de travailler à s'entendre avec elle n'est pas la plus cynique des trahisons du clerc. »   BENDA, **Trahison des clercs**, Préface éd. 1946, p. 75.

DER. — **Injonctif, ive.** adj. (1768). Qui renferme une injonction. *Loi injonctive.* — *Gramm.* Qui convient à l'expression d'un ordre. *Forme injonctive.* et substant. *L'injonctif,* ensemble de formes verbales de l'indo-européen employées dans les formules de commandement ou de défense.

INJOUABLE. adj (1767 VOLT., de *in-*, et *jouable*). Qui ne peut être joué*. *Partition, rôle injouable.*

1   « ... la pièce est injouable avec les acteurs que nous avons. »   VOLT., **Corresp.**, 2997, 2 janv. 1767.

2   « Une ouverture qu'un orchestre de Cologne semblait disposé à jouer, lui fut retournée, après des mois d'attente, comme injouable. »   R. ROLLAND, **Jean-Christ.**, La révolte, II, p. 501.

INJURE. *n. f.* (1174 ; lat. *injuria*, « injustice, tort »).

‖ 1° *Vx.* Injustice, traitement injuste, tort immérité qu'on fait subir à quelqu'un. — REM. L'expression *Faire injure à quelqu'un* est entendue aujourd'hui au sens de « Offenser, outrager » (Cf. *infra*, 2°). Elle signifiait à l'époque classique « Traiter injustement, faire tort » (Cf. Encens, cit. 2).

1 « ... je ménage l'une et l'autre (*ma santé et ma vie*) comme un bien qui est à vous, et que je ne puis altérer sans vous faire une injure ;... »
SÉV., 946, 27 déc. 1684.

— *Vieilli* ou *Littér.* Dommage causé par les éléments, le temps... *L'injure des ans* (cit. 18), *du temps* (Cf. Équiper, cit. 3 ; faire, cit. 238), *du sort* (Cf. Foudroyer, cit. 7), *du malheur* (Cf. Coutre, cit. 3), *de l'âge. Cette statue est exposée aux injures de l'air* (ACAD.).

‖ 2° Offense grave et délibérée. V. **Affront, atteinte, avanie, coup, indignité, insulte, offense, outrage.** *Injure sanglante, atroce, irréparable. Une injure qui ne peut se laver* que dans le sang. Endurer, souffrir, subir, avaler une injure* (Cf. Éviter, cit. 27 ; honneur, cit. 23). *Oublier, pardonner une injure* (Cf. Bienfait, cit. 4 ; espagnolisme, cit. 2). *Le Christ a enseigné le pardon des injures. Mépris des injures. Faire satisfaction d'une injure* (ACAD.). *Venger une injure. Ressentir profondément une injure* (Cf. Bilieux, cit. 3). « *Excès, sévices ou injures* » *d'un époux envers l'autre* (CODE CIVIL, Cf. Excès, cit. 19). *Faire injure, offenser* (Cf. Ce 2, cit. 15). *Spécialt.* Soupçonner de façon injuste et offensante.

2 « ... lorsque l'injure a une fois éclaté, notre honneur ne va point à vouloir cacher notre honte, mais à faire éclater notre vengeance,... »
MOL., Don Juan, III, 3.

3 « Il est des injures qu'il faut dissimuler pour ne pas compromettre son honneur. »
VAUVEN., Max. et réflex., 190.

4 « ... en amour, une faveur qui n'est pas exclusive est une injure. »
ROUSS., Émile, V.

5 « Ajoutez que toute doctrine qui honore l'homme dans l'universel, dans ce qui est commun à tous les hommes, est une injure personnelle pour l'artiste, dont le propre, depuis le romantisme, est précisément de se poser comme un être d'exception. »
BENDA, Trahison des clercs, p. 237.

‖ 3° Parole offensante. V. **Apostrophe, attaque, blasphème, calomnie, insolence, insulte, invective, irrévérence, mot** (gros*), **sottise, vilenie...** *Dire, adresser, proférer, hurler, marmonner, cracher* (cit. 8), *débagouler, dégorger, vomir... des injures.* V. **Pouille** (chanter). *Se dire, échanger des injures.* V. **Dispute, duo, engueulade, vérité** (Cf. Choquer, cit. 1 ; graisse, cit. 9). *En venir aux injures. Éclater* (cit. 21), *se répandre en injures. Chapelet, bordée, cascade, torrent d'injures. Débordement* (cit. 7), *avalanche, bourrasque* (cit. 10), *pelletée... d'injures. Couvrir, accabler, abreuver, agonir quelqu'un d'injures* (Cf. Avanie, cit. 4). *Braver les injures de la foule.* V. **Clameur.** *Injures grossières* (Cf. Cordialement, cit. 4), *ignobles* (Cf. Échanger, cit. 11), *obscènes...* V. **Infamie, ordure.** *Un riche répertoire d'injures* (Cf. Chameau, coquin, crétin, fumier, garce, idiot, salaud, tête, etc.). *Adjectifs renforçant une injure* (Cf. Beau, grand, gros, petit, sacré, sinistre, sombre, triste, vieux, etc.). *Injures s'adressant à un groupe* (Cf. Bande, tas...).

6 « Et ne peut-on répondre à tout ce qui le touche
Que le feu dans les yeux et l'injure à la bouche ? »
MOL., Tart., IV, 3.

7 « Les injures atroces n'ont jamais fait de tort qu'à ceux qui les ont dites. »
VOLT., Conseils à Louis Racine.

8 « ... il recommença à l'accabler d'injures atroces et dignes d'un cocher de fiacre. La nouveauté de ces jurons était peut-être une distraction. »
STENDHAL, Le rouge et le noir, II, XXXIII.

9 « Les injures prodiguées à Delacroix, à Ingres, n'ont pas moins servi leur renommée que les éloges et le fanatisme de leurs adhérents. »
BALZ., Pierre Grassou, Œuvr., t. VI, p. 112.

10 « Édouard était vite à court d'injures. Il répéta plusieurs fois, en tirant sur sa moustache : « paltoquets », « galvaudeux », chercha quelques instants et ajouta « goujats ». »
DUHAM., Salavin, III, X.

— *Dr.* « Toute expression outrageante, terme de mépris ou invective, qui ne renferme l'imputation d'aucun fait » (Loi sur la presse du 29 juillet 1881, art. 29). V. **Outrage.** *L'injure se distingue de la diffamation*. Injure publique ou qualifiée. Injure simple.*

ANT. — **Bienfait. Civilité, compliment, éloge, louange.**

DER. — Cf. Injurier, injurieux.

INJURIER. *v. tr.* (1266, au sens de « faire du tort » ; lat. *injuriare*). Couvrir d'injures*. V. **Aboyer, apostropher, attaquer, blasphémer, chanter** (pouille), **cracher** (sur), **dauber, engueuler, enlever, insulter, invectiver, offenser, pouiller** (*vx*), **tempêter, traiter** (de tous les noms)... *Individu mal embouché qui injurie tout le monde. Injurier grossièrement, bassement une femme* (cit. 82). *Injurier le ciel* (Cf. Germer, cit. 2), *son époque, le siècle...* V. **Maudire.**

1 « S'il (*cet essai*) vous paraît faible ou manqué, critiquez-le, mais sans m'injurier. »
BEAUMARCH., Mère coupable, Préface.

2 « Un ami est plus vite las de louer qu'un ennemi d'injurier. Injurier n'est pas nuire. Voilà ce que les ennemis ignorent. »
HUGO, L'homme qui rit, II, III, IV.

3 « ... des sons rauques qui alternaient avec des glapissements aigus,

---

de sorte que j'étais injurié et vitupéré en manière de chant ou de cantilène. »
FRANCE, Rôtiss. reine Pédauque, XVI, Œuvr., t. VIII, p. 148.

— (Récipr.) *Les héros d'Homère s'injurient avant de combattre.*

4 « Ils additionnèrent des kilomètres, décrièrent leur voiture, s'injurièrent cordialement et se sentirent ravivés, presque réhabilités, par une camaraderie oubliée. »
COLETTE, La chatte, p. 99.

— Offenser autrement que par des paroles. V. **Outrager.** *Se jugeant injuriés si on les soupçonnait* (Cf. Fluxion, cit. 4). *Injurier la mémoire de quelqu'un.* V. **Insulter.**

ANT. — **Complimenter, flatter, louer.**

INJURIEUX, EUSE. *adj.* (XIVe s. ; lat. *injuriosus*).

‖ 1° *Vx.* Injuste. « *Le sort injurieux me ravit un époux* » (RAC., Iphig., II, 5). — Qui fait tort, qui est nuisible.

‖ 2° Qui contient des injures, qui constitue une injure. V. **Blessant, flétrissant, insultant, mortifiant, offensant, outrageant.** *Paroles, propos, termes injurieux. Traits, brocards injurieux* (Cf. Fondre, cit. 21). *Discours, écrit injurieux.* V. **Diatribe.** — *Procédé injurieux. Votre attitude est injurieuse pour moi. Soupçons injurieux* (Cf. Excuser, cit. 18). *Provocation injurieuse* (Cf. Impertinence, cit. 5).

1 « J'oublie en sa faveur un discours qui m'outrage.
Je n'en ai point troublé le cours injurieux. »
RAC., Bérén., I, 4.

2 « La nouvelle de cette mort, reçue en tous lieux comme une calamité, ne fut accompagnée d'aucun bruit injurieux pour la mémoire de cette femme. »
BALZ., Curé de village, Œuvr., t. VIII, p. 769.

ANT. — **Élogieux, respectueux.**

DER. — **Injurieusement.** *adv.* (1333). *Vx.* Injustement (SAINT-SIMON). — D'une manière injurieuse. *Traiter quelqu'un injurieusement. Il m'a parlé de vous injurieusement. C'est agir injurieusement envers sa mémoire.*

INJUSTE. *adj.* (1293 ; lat. *injustus*). Qui n'est pas juste*.

‖ 1° (*En parlant de personnes ou d'entités personnifiées*). Qui agit contre la justice ou l'équité. V. **Mauvais, méchant, odieux, tyrannique.** *Un maître, un père injuste* (Cf. Ailleurs, cit. 8). *Accusateur* (cit. 2) *injuste. Les gens riches sont bien injustes...* (Cf. Dédaigneux, cit. 11). *Providence, sort, puissance, société... injuste* (Cf. Frêle, cit. 6 ; crime, cit. 22). *La vie est injuste et cruelle* (cit. 13). *Trop injuste amant...* (Cf. Fragile, cit. 18). *Vous avez été injuste en cette occasion* (Cf. Gré, cit. 23). « *La douleur est injuste* », *rend injuste* (Cf. Aigrir, cit. 3 RAC.). — Substant. *Le juste et l'injuste* (Cf. Hasard, cit. 32).

1 « La nature envers vous me semble bien injuste. »
LA FONT., Fabl., I, 22.

2 « Hé quoi ? toujours injuste en vos tristes discours,
De mon inimitié vous plaindrez-vous toujours ?
Quelle est cette rigueur tant de fois alléguée ? »
RAC., Androm., II, 2.

3 « C'est être injuste d'exiger des autres qu'ils fassent pour nous ce qu'ils ne veulent pas faire pour eux-mêmes. »
VAUVEN., Maxim. et réflex., 474.

4 « Une chose peu remarquée, la plus déchirante peut-être au cœur maternel, c'est que l'enfant est injuste. Habitué à trouver dans la mère une providence universelle qui suffit à tout, il s'en prend à elle, durement, cruellement, de tout ce qui manque, crie, s'emporte, ajoute à la douleur une douleur plus poignante. »
MICHELET, Hist. Révol. franç., II, VIII.

5 « ... je n'ai connu personne qui fût plus que toi sereinement injuste. »
MAURIAC, Nœud de vipères, IX.

‖ 2° (*En parlant des choses*). Qui est contraire à la justice. V. **Abusif, arbitraire, attentatoire, illégal, illégitime, immoral, indigne, inique, injurieux** (*vx*). *Une loi, une coutume, une mesure injuste* (Cf. Abolir, cit. 2). *Actions, entreprises, guerres injustes* (Cf. Antinational, cit. ; haro, cit. 1). — *Sentence, jugement injuste.* V. **Partial** (Cf. Égard, cit. 3 et 4). *Châtiment injuste.* V. **Immérité, indu.** *Impôt, partage injuste.* V. **Inéquitable, léonin** (Cf. Inégalité, cit. 6). *Ordre social injuste.* V. **Anormal, blâmable, oppresseur.** *Pouvoir injuste.* V. **Tyrannie, usurpation.** — *Il est injuste de,* et l'infinitif (Cf. Assassin, cit. 7 ; attribuer, cit. 11). *Il est injuste que,* et le subjonctif (Cf. Entretenir, cit. 12). — Substant. *Distinguer le juste et l'injuste* (Cf. Changer, cit. 8 ; indignation, cit. 6).

6 « ... l'on ne choisit pas, pour gouverner un bateau, celui des voyageurs qui est de meilleure maison. Cette loi serait ridicule et injuste. »
PASC., Pens., V, 320.

7 « ... mon cœur s'enflamme au spectacle ou au récit de toute action injuste, quel qu'en soit l'objet et en quelque lieu qu'elle se commette, comme si l'effet en retombait sur moi. »
ROUSS., Confess., V.

8 « Ah ! l'on me recommande le sacrifice et le renoncement, je dois prendre garde à tout ce que je fais, il faut que je me casse la tête sur le bien et le mal, sur le juste et l'injuste, sur le *fas* et le *nefas.* Pourquoi ? »
HUGO, Misér., I, I, VIII.

— Qui résulte d'une erreur d'appréciation, qui est mal fondé. V. **Déraisonnable, injustifié.** *Mépris, haine, soupçons injustes* (Cf. Hériter, cit. 5). *Querelles injustes* (Cf. Exaspérer, cit. 13 ; farceur, cit. 7).

9 « Hé ! repoussez, Madame, une injuste terreur. »
RAC., Phèdre, IV, 6.

ANT. — Juste. Bon, équitable, impartial ; fondé, légitime, raisonnable.

DER. — **Injustement.** *adv.* (XIIIᵉ s.). D'une manière injuste. *Être injustement condamné, censuré* (Cf. Étouffer, cit. 20). *D'une manière injustifiée, sans fondement.* V. **Indûment, tort** (à). *Mépriser injustement quelqu'un* (Cf. Correct, cit. 1 ; goût, cit. 18 ; et *infra*, cit. 1 RAC.). *Se plaindre injustement. Détracteur qui déprécie, dénigre injustement une œuvre.*

1 « ... il n'a jamais lu Sophocle, qu'il loue très injustement *d'une grande multiplicité d'incidents* ; » RAC., **Bérén.**, Préface.

2 « Il reconnut qu'il n'était pas un innocent injustement puni. Il s'avoua qu'il avait commis une action extrême et blâmable ;... » HUGO, **Misér.**, I, II, VII.

INJUSTICE. *n. f.* (XIIᵉ s. ; lat. *injustitia*).

‖ **1°** Caractère de celui, de ce qui est injuste ; manque de justice. V. **Iniquité.** *L'injustice des hommes* (Cf. Approbation, cit. 9 ; aveugle, cit. 7 ; combiner, cit. 11 ; homme, cit. 25), *de la foule* (Cf. Hostile, cit. 6). *Juge soupçonné d'injustice.* V. **Partialité.** *L'injustice du sort, du destin, de la nature* (Cf. Avilissement, cit. 1 ; habituer, cit. 9 ; immanent, cit. 4). *Avec injustice*, injustement (Cf. Éreintement, cit. 2 ; effronté, cit. 2).

1 « Je vous ai vu pour lui m'accuser de caprice,
D'aveugle cruauté, d'orgueil et d'injustice. » MOL., **Dép. am.**, II, 3.

2 « Dans mes jours d'angoisse et d'injustice, j'étais jalouse de tous les biens que tu pouvais et que tu devais me préférer. » SAND, **Lettres à Musset**, 29 avril 1834.

3 « La puissance ne se montre que si l'on en use avec injustice. » RADIGUET, **Diable au corps**, p. 122.

— *L'injustice d'une loi, d'une mesure.* V. **Arbitraire, illégalité.** *L'injustice de l'ordre social. Procédé plein d'injustice* (Cf. Bizarrerie, cit. 1).

4 « Le préjugé semblait alors couvrir l'injustice de ce partage entre deux fils égaux en droit. » BEAUMARCH., **Mère coupable**, IV, 13.

— *Spécialt.* Caractère de ce qui est mal fondé.

5 « Ah ! ciel ! De mes soupçons quelle était l'injustice ! » RAC., **Britann.**, V, 7.

— *Absolt.* Tout ce qui est injuste dans le monde. *Haïr, abhorrer l'injustice. Être révolté, exalté par l'injustice* (Cf. Avoir, cit. 16 ; cabrer, cit. 14). *Le spectacle de l'injustice* (Cf. Bouillir, cit. 4). *Le sentiment de l'injustice. La résignation à l'injustice* (Cf. Immortel, cit. 8). *Grande âme* (cit. 60) *au-dessus de l'injustice. Féodal* (cit. 3) *signifie tyrannie, injustice.* V. **Oppression.**

6 « L'amour de la justice n'est, en la plupart des hommes, que la crainte de souffrir l'injustice. » LA ROCHEF., **Réflex. morales**, 78.

7 « Ce premier sentiment de la violence et de l'injustice est resté si profondément gravé dans mon âme, que toutes les idées qui s'y rapportent me rendent ma première émotion,... » ROUSS., **Confess.**, I.

8 « Où que mes regards se portent, je ne rencontre que des passe-droits et de l'injustice ; » GIDE, **Ainsi soit-il**, p. 43.

9 « C'est un fait que l'injustice rend injuste. Qui se voit refuser, coup sur coup, les postes auxquels son mérite lui donnait droit, devient, s'il n'est pas un saint (et il y a peu de saints), aigre, amer et ambitieux. » MAUROIS, **Chateaubriand**, VII, VI.

‖ **2°** Acte, décision, jugement... contraire à la justice. *C'est une cruelle, une inqualifiable injustice.* V. **Assassinat, brigandage, cruauté, mal, passe-droit, persécution.** *Commettre des injustices* (Cf. Arbitre, cit. 7 ; avant-garde, cit. 2). *L'injustice commise envers lui, l'injustice qu'on lui a faite* (Cf. Exaspérer, cit. 8). *Souffrir, essuyer une injustice. Être victime d'une terrible, d'une criante injustice. Protester contre une injustice. Il faut réparer cette injustice. Accablé* (cit. 17) *d'injustices et d'outrages. Les injustices des hommes* (Cf. Faire, cit. 238). *Les injustices et les violences de nos ennemis* (Cf. Agréable, cit. 5). *Le salut public ne peut commander* (cit. 5) *une injustice.* « *J'aime mieux une injustice qu'un désordre* », mot de Gœthe souvent mal interprété (Cf. GUERLAC, Cit. franç., p. 324). « *Les injustices des pervers Servent souvent d'excuse* (cit. 1) *aux nôtres* » (LA FONT.). *Les injustices sociales* (Cf. Générosité, cit. 9). *Un océan de misères et d'injustices* (Cf. Immobilisme, cit.). *L'injustice de...*, suivi de l'infinitif ; *l'injustice qui consiste à...* (Cf. Brûler, cit. 56 ; couple, cit. 3 ; honorer, cit. 12). *C'est une injustice que les bons pâtissent pour les méchants, que les petits payent pour les grands...*

10 « Trahi de toutes parts, accablé d'injustices, » MOL., **Misanthr.**, V, 4.

11 « Les offenses, les vengeances, les passe-droits, les outrages, les injustices, ne sont rien pour celui qui ne voit dans les maux qu'il endure que le mal même et non pas l'intention ; pour celui dont la place ne dépend pas dans sa propre estime de celle qu'il plaît aux autres de lui accorder. » ROUSS., **Rêveries...**, 8ᵉ prom.

12 « ... son châtiment n'était pas, à la vérité, une injustice, mais... à coup sûr c'était une iniquité. » HUGO, **Misér.**, I, II, VII.

13 « Certaines inégalités et certaines injustices ne seraient pas possibles si chacun ne les consacrait pas au secret de son cœur, pour autant qu'il ne les subit pas... On s'en accommoderait moins si l'on mesurait à quel point nous menacent ces injustices, en empoisonnant le corps social tout entier ;... » DANIEL-ROPS, **Ce qui meurt...**, p. 161.

— *Vx. Faire injustice à quelqu'un*, commettre une injustice, être injuste envers lui. V. **Injure** (*vx*).

ANT. — Bien, droiture, équité, justice.

INJUSTIFIABLE. *adj.* (1791 ; de *in-*, et *justifiable*. V. **Justifier**). Qu'on ne peut justifier*. *Conduite injustifiable.* V. **Inexcusable.** *Ses procédés sont injustifiables. S'efforcer de justifier une politique injustifiable.*

INJUSTIFIÉ, ÉE. *adj.* (1842 ; de *in-*, et *justifié*). Qui n'est pas justifié*. V. **Injuste.** *Une mesure, une réclamation, une punition injustifiée. Méfiance injustifiée. Les haines les plus injustifiées* (Cf. Fomentation, cit.). *Imputation injustifiée.* V. **Gratuit.**

« Il s'aperçut que la plus légère contrariété touchant Pauline, même injustifiée, presque imperceptible, devenait très vite une sorte de déception intolérable,... » CHARDONNE, **Destin. sentim.**, p. 241.

ANT. — Fondé, justifié.

INLANDSIS. *n. m.* (mot scandinave). V. **Glacier** 1.

INLASSABLE. *adj.* (1888 DAUDET ; une première fois en 1624 ; de *in-*, et *lasser*). Qui ne se lasse pas. V. **Infatigable, patient.** *Un éducateur, un chercheur inlassable. Patience, curiosité* (cit. 13 PROUST) *inlassable.* — **REM.** *Inlassable* a été condamné par certains puristes sous prétexte qu'il est mal formé (*inlassable* pour *illassable* ; Cf. cependant *Incontrable*) et qu'on ne dit pas *lassable* (Cf. cependant *Inusable*, formé sur le verbe *user*). ACAD. 8ᵉ éd. ne le mentionne pas, mais les meilleurs écrivains l'emploient.

1 « Dire *inlassable* est très *inlogique*. *Inlassable* n'est pas français ; je serai *illassable* à le dire. » FAGUET, in BOTTEQUIN, **Subtil. et délic. de langage**, p. 230.

2 « ... que, pareils à des insectes *inlassables*, tes ouvriers reconstruisent chaque jour... » DUHAM., **Géogr. cordiale de l'Europe**, in J. BERNÈS, **Textes choisis**, p. 190.

3 « ... une garde de nuit, inclinée sous son voile d'infirmière, dans une attitude d'inlassable patience professionnelle, attendait, les mains au creux de son tablier ;... » MART. du G., **Thib.**, t. III, p. 204.

DER. — **Inlassablement.** *adv.* (1907). D'une manière inlassable. *Recommencer inlassablement le même geste* (Cf. Fantasia, cit. 2 THARAUD), *le même récit... La littérature française peint inlassablement l'homme* (cit. 46 DUHAM.).

1 « ... chacun écoutant *inlassablement* les échos prolongés d'une sympathie toujours plus profonde. » GIDE, **Une lettre d'-**, in **Nouvelles littér.**, 2 janv. 1937.

2 « ... Germaine se remit à parler, avec cette obstination des faibles qui ne peuvent se contenter d'une défaite et recommencent inlassablement la bataille. » GREEN, **Ad. Mesurat**, p. 41.

IN LIMINE LITIS. Locution latine (« sur le seuil du procès » ; dès le début du procès) employée en procédure. *L'exception d'incompétence* ratione personæ *doit être proposée* in limine litis (CAPITANT).

INLISIBLE. *adj.* Vx. V. **Illisible** (Cf. Caractère, cit. 2 VOLT.).

IN MEDIO STAT VIRTUS. Locution latine (« la vertu, le bien est au milieu ») signifiant qu'il faut se garder des extrêmes, se tenir dans un juste milieu.

INNAVIGABLE (*in'-na*). *adj.* (1530 ; empr. au lat. *innavigabilis*). *Peu usit.* Qui n'est pas navigable*. *Cours d'eau innavigable. Impropre à la navigation. Bateau innavigable.*

DER. — **Innavigabilité.** *n. f.* (1787). Caractère d'un cours d'eau innavigable. — *Dr. comm.* « État du navire que les avaries ou la vétusté ont rendu hors de service » (CAPITANT). *Innavigabilité par fortune de mer.*

INNÉ, ÉE (*in'-né*). *adj.* (1611 ; *enné* 1554 ; empr. au lat. philos. *innatus*, de *natus*, né). Que l'on a en naissant, dès la naissance, *par oppos.* à ACQUIS. *Don, goût inné. Qualité, disposition, inclination innée.* V. **Foncier, infus, naturel** (Cf. Appétence, cit. 1). *C'est inné chez lui.* V. **Instinct** (Cf. C'est de nature*, c'est dans le sang*). *Sens, sentiment inné* (Cf. Harmonie, cit. 9). « *Cet amour de la justice inné dans tous les cœurs...* » (Cf. Équité, cit. 9 ROUSS.). *Ce qu'il y a d'inné et d'acquis dans la psychologie de la femme* (cit. 54).

1 « ... ses manières, au lieu d'être innées, avaient été laborieusement conquises ;... » BALZ., **Peau de chagrin**, **Œuvr.**, t. IX, p. 128.

2 « Le goût de l'érudition est inné en moi. » RENAN, **Souv. d'enfance...**, IV, II.

3 « Il y a des âmes de luxe qui ont le goût inné de la magnificence. » FRANCE, **Crime de S. Bonnard**, VI, **Œuvr.**, t. II, p. 443.

— *Spécialt. Philos. Idées innées*, inhérentes à l'esprit humain, antérieures à toute expérience. *Les idées innées niées par Locke* (Cf. Art, cit. 25). V. **Innéité** (des idées).

4 « Les idées expérimentales ne sont point innées. Elles ne surgissent point spontanément, il leur faut une occasion ou un excitant extérieur, comme cela a lieu dans toutes les fonctions physiologiques. » Cl. BERNARD, **Introd. ét. méd. expérim.**, I, II.

— *Maladie innée.* V. **Congénital.**

ANT. — Acquis, adventice.

DER. — **Innéité.** *n. f.* (1810). Philos. *Innéité des idées*, leur caractère inné. — *Physiol.* « Par opposition à l'hérédité, disposition propre à l'individu, relevant de causes occasionnelles ayant agi, plus ou moins directement, pendant la conception ou la gestation » (GARNIER).

INNERVATION. *n. f.* (1839 BOISTE ; comp. sav. du lat. *nervus*, « nerf »). *Physiol.* Mode d'action du système nerveux. *Sensation d'innervation.* — *Anat.* (fin XIXᵉ s.). Distribution des nerfs (dans une région du corps). *Innervation de la face, de la main...*

« Chaque organe a une double innervation, l'une venant du sympathique, l'autre du parasympathique. »
CARREL, **L'homme, cet inconnu**, III, XI.

DER. — **Innerver.** *v. tr.* (1877, refait d'après *nervus*). *Physiol.* Commander l'innervation. — *Anat.* (fin XIXᵉ s.). Fournir de nerfs, en parlant d'un tronc nerveux. *Le nerf facial et le nerf trijumeau innervent la face. Région du corps peu innervée, très innervée.*

INNOCENCE. *n. f.* (1120 ; empr. au lat. *innocentia*. V. **Innocent**).

‖ **1°** État de l'être qui n'est pas souillé par le mal, qui est incapable de le commettre. V. **Pureté.** *État* (cit. 27) *d'innocence de l'homme avant le péché originel. Innocence du baptême, innocence baptismale* (cit. 1), *celle que donne le baptême en effaçant le péché originel. Robe d'innocence. Repentir qui tient lieu d'innocence* (Cf. Confession, cit. 2), *retrouver par l'expiation* (cit. 11) *l'innocence perdue.* — Par ext. *L'innocence d'une sainte vie* (Cf. Humble, cit. 22). — Spécialt. Intégrité de mœurs (*vieilli*). Cf. Humble, cit. 11. *Jouir de son innocence* (Cf. Achever, cit. 17 ; confiant, cit. 3).

1 « ... la modération et l'innocence des généraux romains faisaient l'admiration des peuples vaincus. » BOSS., **Disc. Hist. univ.**, III, VI.

— État de celui, de celle qui ignore le mal. V. **Candeur, fraîcheur, ingénuité.** *Innocence d'enfant, enfantine* (Cf. Attendrir, cit. 17 ; corrompre, cit. 13 et 30). *Âge de l'innocence, première innocence* (Cf. Caractère, cit. 41). *L'innocence primitive*, antérieure à la civilisation (Cf. Inédit, cit. 5). *L'innocence des jeunes filles, des jeunes gens,* l'ignorance, l'inexpérience des choses sexuelles. V. **Ignorance** (Cf. Homme, cit. 150). Spécialt. (Vx). V. **Virginité.** *La blancheur* (cit. 1), *symbole d'innocence* (Cf. Candeur de cygne*). *Entretiens pleins d'innocence* (Cf. Fadeur, cit. 5). *En toute innocence...*

2 « J'ai oublié de dire que je rapportais mon innocence de Paris, ce n'était qu'à Milan que je devais me délivrer de ce trésor. Ce qu'il y a de drôle, c'est que je ne me souviens pas distinctement avec qui. » STENDHAL, **Vie de H. Brulard**, 45.

3 « Il y avait décidément des choses qu'elle ne voulait pas voir et qui pour elle n'existaient pas. Elle ne croyait pas au mal. Dans son innocence obstinée, je tiens à le faire sentir, elle avait gardé de l'enfance. » STE-BEUVE, **Causer. du lundi**, 26 nov. 1849, t. I, p. 136.

4 « ... l'écrivain, depuis cent ans, rêve de se livrer à son art dans une espèce d'innocence par delà le Bien comme le Mal, et, pour ainsi dire, avant la faute. » SARTRE, **Situations II**, p. 260.

— Par ext. Ignorance des choses, des réalités, trop grande naïveté. V. **Naïveté, simplicité.** *Fripon* (cit. 4) *qui abuse de l'innocence de Candide.*

5 « ... pauvres filles que vous êtes, j'ai pitié de votre innocence,... » MOL., **Don Juan**, II, 4.

‖ **2°** État de ce qui ne nuit point, n'est pas malfaisant. *Il n'a pour sa défense... (cit. 3), que son innocence* (RAC.). *Innocence des mœurs de l'écureuil* (Cf. Gentillesse, cit. 1). *Innocence d'une boisson* (peu usité). V. **Innocuité.**

6 « ... il s'en faut que le poison de mentir ait la même innocence... » SUARÈS, **Trois hommes**, Ibsen, II.

‖ **3°** État d'une personne qui n'est pas coupable (dans un cas donné). *Accusé qui proclame, démontre son innocence. Justifier de son innocence. Innocence impossible à prouver* (Cf. Apparaître, cit. 18). *Reconnaître, établir l'innocence de quelqu'un* (Cf. Gain, cit. 2 ; hic, cit. 1). *Inculpé* (cit. 2) *qui bénéficie d'une présomption d'innocence.* — Les innocents. *Absoudre* (cit. 5) *les scélérats et condamner l'innocence ; laisser le crime* (cit. 22 RAC.) *en paix et poursuivre l'innocence.*

7 « ... m'aller soupçonner ainsi, moi qui suis l'innocence même ! » MOL., **G. Dand.**, I, 6.

8 « Il s'en faut bien que l'innocence ne trouve autant de protection que le crime. » LA ROCHEF., **Réflex. morales**, 465.

9 « L'innocence n'a que le raisonnement pour elle ; et le raisonnement qui peut frapper des juges, est souvent impuissant sur les esprits prévenus des jurés. » BALZ., **Ténébreuse affaire**, Œuvr., t. VII, p. 590.

10 « ... il avait la conviction de l'innocence des accusés, ce qui est un des plus puissants véhicules de la parole. » ID., **Ibid.**, p. 607.

11 « Il a protesté de son innocence avec la dernière énergie. » MART. du G., **Jean Barois**, La tourmente, I.

ANT. — **Impureté ; débauche, dépravation ; expérience ; malice, rouerie. Nocivité. Culpabilité.**

INNOCENT, ENTE. *adj.* (vers 1080 ; empr. au lat. *innocens*, rac. *nocere*, « nuire »).

‖ **1°** Qui n'est pas souillé par le mal. V. **Pur ; immaculé...** *L'homme a été créé* (cit. 2) *saint et innocent. Vie innocente,* simple et vertueuse* (Cf. Assoupir, cit. 2 ; cultiver, cit. 1 ; entier, cit. 9). — Spécialt. Qui ignore le mal, pur et sans malice. V. **Candide.** *Innocent enfant* (Cf. Épargner, cit. 11). *Âge* (cit. 27 RAC.) *tendre et innocent. Innocent comme l'enfant, l'agneau* qui vient de naître. *Innocente jeune*

fille (Cf. Blanche comme neige ; blanche colombe ; innocente brebis). *Air innocent.* V. **Angélique.** — Spécialt. Ignorant* des choses sexuelles. *Demoiselle innocente.* V. **Chaste, ignorant, ingénu** (Cf. Faillir, cit. 16). *Vierge* et innocente. Innocente pudeur* (Cf. Arme, cit. 34). — *Vie primitive, innocente,* antérieure à la civilisation (Cf. Grotesque, cit. 15).

1 « ... chose étrange ! si la *Fille aux yeux d'or* était vierge, elle n'était certes pas innocente. » BALZ., **Fille aux yeux d'or**, Œuvr., t. V, p. 305.

2 « — Et vous imaginez-vous Élodie montant à cette échelle, découvrant ça ! (*un couple enlacé*). Elle, si innocente, qui ne sait rien de rien, dont nous surveillons jusqu'aux pensées !... Ça fait trembler, parole d'honneur !... » ZOLA, **La terre**, II, VII.

3 « À cet âge innocent où l'on voudrait que toute l'âme ne soit que transparence, tendresse et pureté, je ne revois en moi qu'ombre, laideur, sournoiserie. » GIDE, **Si le grain...**, I, I, p. 10.

— Substant. *Un innocent, une innocente* (s'emploie surtout en parlant des jeunes enfants. Cf. Babiller, cit. 6 ; horreur, cit. 13). *Spécialt.* (Théol.). *Massacre des Innocents, des saints Innocents,* selon saint Matthieu, massacre des petits enfants par Hérode.

4 « La mort ayant ravi ce petit innocent » MOL., **Dép. am.**, V, 4.

— Par ext. (XVᵉ s.). Qui a une ignorance, une naïveté trop grande. V. **Crédule, naïf, niais, simple.** *Il est bien innocent de croire ces balivernes.* Substant. *Un jeune innocent, un peu niais.* V. **Coquebin.** *Une innocente.* V. **Crétin** (cit. 2). *L'innocent du village.* V. **Idiot.** — PROV. *Aux innocents les mains pleines,* les simples sont heureux dans leurs entreprises (Cf. le prov. lat. *Fortuna favet stultis*).

5 « Quelquefois, quand le temps était mauvais, il avait sous le bras un parapluie, qu'il n'ouvrait point. Les bonnes femmes du quartier disaient : C'est un innocent. » HUGO, **Misér.**, V, VIII, IV.

‖ **2°** Qui ne nuit pas, n'est pas dangereux. V. **Inoffensif.** *L'agneau, animal innocent* (Cf. Sans défense*). *Hommes innocents et paisibles.* V. **Bon** (Cf. Bergeronnette, cit. 2). *Folie innocente* (Cf. Atrabilaire, cit.), *préjugé innocent* (Cf. Funeste, cit. 11). *Drogues innocentes.* V. **Anodin, bénin** (Cf. Gitan, cit. 1).

6 « Ni loup ni renard n'épiaient
La douce et l'innocente proie. » LA FONT., **Fabl.**, VII, 1.

7 « ... de petits remèdes innocents... » RAC., **Lettres**, 73, 13 août 1687.

8 « Si M. Lavisse et la génération de M. Lavisse avait réussi à faire de la France une basse et molle proie,... eussions-nous dû continuer à penser que M. Lavisse est un inoffensif homme de bureau, un innocent pédagogue ? » PÉGUY, **La République...**, p. 302.

‖ **3°** Qui n'est pas coupable. *Il est innocent du crime dont on l'accuse. Tout homme est présumé innocent jusqu'à ce qu'il ait été déclaré coupable* (cit. 1). *Être innocent d'un acte.* V. **Irresponsable.** *Innocente victime. Déclarer, rendre innocent.* V. **Innocenter*.** — Par ext. *Sang innocent. Mains innocentes* (Cf. Criminel, cit. 3).

9 « Pilate... se fit apporter de l'eau, et lavant ses mains devant le peuple, il leur dit : je suis innocent du sang de ce juste ; c'est votre affaire. » BIBLE (SACY), **Évang. st Matthieu**, XXVII, 24.

10 « Hélas ! de vos malheurs innocente ou coupable, » RAC., **Phèdre**, III, 1.

11 « Qu'on ne me demande pas comment ce dégât se fit : je l'ignore et ne puis le comprendre ; ce que je sais très certainement, c'est que j'en étais innocent. » ROUSS., **Confess.**, I.

12 « Que si le lieu commun et le cliché sont, en littérature, inévitables, l'écrivain du moins peut en être *innocent*. » PAULHAN, **Fleurs de Tarbes**, p. 37.

— Substant. *Un innocent accusé* (cit. 16), *condamné* (cit. 22). *Immoler les innocents et les coupables* (Cf. Extermination, cit. 2). *Poursuivre l'innocent* (Cf. Avide, cit. 6). *Faire l'innocent,* prendre la contenance de celui qui n'est pas coupable.

13 « ... il vaut mieux hasarder de sauver un coupable que de condamner un innocent. » VOLT., **Coupable**, cit. 7).

14 « ... je n'avais de cesse que je n'eusse obligé l'abbé Ardouin à confesser qu'un chrétien ne peut souscrire à la condamnation d'un innocent, fût-ce pour le salut du pays. » MAURIAC, **Nœud de vipères**, VII.

15 « Il n'est pas de manière plus sûre de compromettre un innocent (et tout aussi bien un coupable) que de le louer sans mesure ou le défendre avant que personne songe à l'attaquer,... » PAULHAN, **Entret. s. faits divers**, p. 112.

‖ **4°** Qui n'est pas blâmable. V. **Irrépréhensible.** *Habitudes, familiarités* (cit. 11) *innocentes* (Cf. Bouleversement, cit. 3). *Innocent badinage. Plaisirs innocents* (Cf. Damner, cit. 4 ; évoquer, cit. 9). *Baiser* (cit. 7) *innocent, innocentes caresses* (cit. 3). *Espiègleries* (cit. 3), *railleries innocentes* (Cf. Enjouement, cit. 4), pas méchantes*. *Mot innocent. Cabotinage* (cit. 3) *innocent.* — *Jeux innocents,* « petits jeux de société dont l'on impose des pénitences à ceux qui se trompent » (LITTRÉ). *De nos jours,* s'emploie surtout par antiphrase, pour désigner les jeux apparemment chastes, qui sont prétexte à certaines privautés.

16 « Le reste de la soirée fut donné aux cartes par les vieilles gens, et par les jeunes à ces délicieux petits jeux dits innocents, parce qu'ils couvrent les innocentes malices des amours bourgeois. » BALZ., **César Birotteau**, Œuvr., t. V, p. 512.

17 « ... les leçons de cuisine données par sœur Angélique, et qui étaient pour la plupart des élèves l'occasion de plaisanteries d'ordinaire innocentes. » ROMAINS, **H. de b. vol.**, t. V, p. 30.

ANT. — **Impur** ; averti, coquet, **dépravé**, obscène ; **malin, roué, rusé. Dangereux, funeste, malfaisant, méchant, nocif, nuisible. Coupable, criminel** ; **blâmable.**

DER. — **Innocenter. — Innocemment.** adv. (1372, *innocentement*). Avec innocence ; sans faire ou sans vouloir faire le mal. *Gazelle qui s'ébat innocemment* (Cf. Barbare, cit. 21). *Parole dite innocemment* (Cf. Sans malice*, sans songer à mal*). *Goûter innocemment les biens* (2, cit. 24) *de ce monde.* — *Péjor.* V. **Niaisement, sottement.**

1 « Il tombe encore innocemment dans la même faute... »
DESCARTES, **Septièmes object., Quest.** II°, § 1, Rem. —
N.B. Il s'agit de la « Dissertation du R.P.*... » avec les remarques
de Descartes.

2 « Eh ! qui ne rougirait pas, monsieur, de voir tirer des conséquences aussi malignes des choses les plus innocemment faites ? »
BEAUMARCH., **Barb. de Sév.,** II, 11.

3 « Tu as raison, notre embrassement était un inceste, mais nous ne le savions pas, nous nous jetions innocemment et sincèrement dans le sein l'un de l'autre. » SAND, **Lettres à Musset,** 15 avril 1834.

4 « ... telle « pensée »... qu'il croyait avoir inventée ; telle phrase qu'il disait jusque-là fort innocemment... » PAULHAN, **Fleurs de Tarbes,** p. 93.

INNOCENTER. v. tr. (XVI° s. MAROT ; 1704 au sens mod. ; de *innocent*). Déclarer innocent, non coupable. V. **Blanchir, disculper, réhabiliter.** *Innocenter un accusé. Témoin qui innocente quelqu'un* (Cf. Elever, cit. 13). — *Rendre innocent.* V. **Absoudre, excuser, justifier, pardonner.** *Innocenter un fils coupable.* Par ext. *Innocenter l'ivrognerie* (Cf. Idéaliser, cit. 2).

1 « Persécuter un homme en politique, ce n'est pas seulement le grandir, c'est encore en innocenter le passé. » BALZ., **Les paysans, Œuvr.,** t. VIII, p. 129.

2 « — Et toi, ma pauvre maman, tu ne penses jamais qu'à l'innocenter, et tu oublies tout, jusqu'aux inextricables difficultés dans lesquelles il nous laisse ! » MART. du G., **Thib.,** t. VI, p. 112.

ANT. — **Accuser, charger, condamner, noircir.**

INNOCUITÉ. n. f. (1806 ; dér. du lat. *innocuus,* « qui n'est pas nuisible » ; même rac. qu'*innocent**). Qualité de ce qui n'est pas nuisible. *Innocuité d'une boisson, d'une substance toxique prise à faible dose... Innocuité d'une petite manie.*

« Nous avons remarqué que l'homme rit toutes les fois qu'au choc de surprise, provoqué par des actions ou des paroles extraordinaires, succède un sentiment de sécurité, qui naît tout à coup de l'innocuité des ridicules observés, soit de la constatation amusée qu'ils font partie de la nature humaine telle que nous la pouvons observer en nous-mêmes. »
MAUROIS, **Rech. M. Proust,** VIII, IV.

ANT. — **Nocivité, nocuité.**

INNOMBRABLE. adj. (1341 ; empr. au lat. *innumerabilis* sur le modèle de *nombre* ; a remplacé *innumérable,* courant jusqu'au XVII° s. Cf. VAUGELAS, Rem. not. Th. Corn.). De nombre trop considérable pour être compté, et *par exagér.* D'un nombre très important. V. **Infini, nombreux ; beaucoup.** *Multitude, armée* (cit. 17), *troupe, foule innombrable.* V. **Considérable** (Cf. Curieux, cit. 4 ; grève, cit. 9). *D'innombrables ennemis* (Cf. Butte, cit. 5). *Bruissements* (cit. 2), *voix innombrables* (Cf. Aigu, cit. 4). *D'innombrables insectes* (Cf. Aile, cit. 7 ; hanneton, cit. 2). *Étoiles* (cit. 7), *flèches* (cit. 2), *projectiles..., grains, grêlons innombrables* (Cf. Caftan, cit. 2 ; grêle 1, cit. 1). *Abbayes* (cit.), *couvents* (cit. 3), *minarets, tours, clochers innombrables* (Cf. Air 2, cit. 27 ; fantôme, cit. 13 ; gamme, cit. 2). *Copies, feuillets innombrables* (Cf. Article, cit. 15 ; griffe, cit. 15). *Détails, formes, combinaisons, variantes, types, nuances innombrables* (Cf. Embrouiller, cit. 7 ; façade, cit. 2 et 3 ; femme, cit. 82 ; hallucination, cit. ; heurter, cit. 37).

1 « ... votre grand peuple, qui est aussi innombrable que la poussssière de la terre. » BIBLE (SACY), **Paralip.,** II, I, 9.

2 « Alors il convoqua les peuples innombrables,
Plus nombreux que ne sont les herbes et les sables. »
BAUDEL., **Poèmes ajoutés à éd. posth.,** II, I.

3 « ... des poissons innombrables, des myriades et des myriades, tous pareils, glissant doucement dans la même direction,... »
LOTI, **Pêch. Islande,** I, VI.

— *Nombre presque innombrable* (Cf. Apercevoir, cit. 4 LA BRUY.). *Quantité innombrable.*

4 « (Les Byzantins)... se repentaient amèrement d'avoir appelé les Francs, mais il était trop tard ; ils entraient en nombre innombrable par toutes les vallées, par toutes les avenues de l'empire. »
MICHELET, **Hist. de France,** IV, III.

— *Par ext.* Qui a des aspects, des formes innombrables ; multiforme. *Le cœur innombrable,* recueil de vers d'Anna de Noailles (1901).

5 « La femme dont nous avons le visage devant nous plus constamment que la lumière elle-même... cette femme unique, nous savons bien que c'eût été une autre qui l'eût été pour nous si nous avions été dans une autre ville..., si nous nous étions promenés dans d'autres quartiers... Unique, croyons-nous ? elle est innombrable. »
PROUST, **Rech. t. p.,** t. XIII, p. 108.

DER. — **Innombrablement.** adv. (XV° s.). D'une manière innombrable (*peu usit.*).

« Je regardais les jeunes filles dont était innombrablement fleuri ce beau jour,... » PROUST, **Rech. t. p.,** t. XIII, p. 179.

INNOMÉ, ÉE (ACAD.) ou (*mieux*) **INNOMMÉ, ÉE.** adj. (XIV° s. ; de *in-,* et *nom.* V. **Innominé**). Qui n'a pas reçu de nom, de dénomination. — REM. On ne voit pas pourquoi l'ACAD. écrit *innomé* avec un seul *m* et *innommable* avec deux *m*. Les étymologistes, aussi bien que les juristes, écrivent *innommé*.

« Sur l'humanité tout entière pèse une attente, l'attente de quelque chose d'inconnu, d'innomé, d'innommable, qui ne viendra peut-être pas. » DANIEL-ROPS, **Ce qui meurt...,** p. 1.

— *Spécialt. Dr. Contrat* innommé.*

INNOMINÉ, ÉE. adj. (XVI° s. PARÉ ; lat. *innominatus*). *Anat.* S'est dit des os iliaques* et du tronc artériel brachiocéphalique (*Artère innominée*) qui n'avaient pas de dénomination précise.

INNOMMABLE. adj. (XVI° s. ; de *in-,* et *nommer*). Qui ne peut être nommé. *Quelque chose d'inconnu* (cit.) *et d'innommable.* — *Spécialt.* Trop vil, trop ignoble pour être désigné. V. **Dégoûtant*.** *Une mixture innommable. Un innommable gâchis* (cit. 4). *Des procédés innommables.* V. **Bas, inqualifiable, vil.**

« Ce quartier neuf ! (*de Tunis*) Quand on songe qu'il est entièrement construit... sur une matière innommable, faite de toutes les matières immondes que rejette une ville,... »
MAUPASS., **Vie errante,** Tunis, p. 200.

INNOVATEUR, TRICE. n. (1500 ; dér. du lat. *innovare,* « innover »). Celui, celle qui innove. V. **Créateur, initiateur, inspirateur, novateur, promoteur.** *Innovateur hardi, imprudent.* — *Adjectivt.* Qui tend à innover. *Politique innovatrice.*

ANT. — **Archaïsant, routinier ; néophobe.**

INNOVATION. n. f. (1297 ; lat. *innovatio*). Action d'innover ; résultat de cette action. V. **Changement, création, nouveau, nouveauté.** *Aimer, craindre les innovations* (V. **Inconnu, inédit**). *Faire, introduire une innovation. Lanceur d'innovations.* V. **Innovateur.** *Il a l'horreur de toute innovation.* V. **Néophobe.** — *Innovation heureuse, attendue ; hardie* (V. **Hardiesse**) ; *dangereuse. Innovations scientifiques* (V. **Découverte, invention**). *Innovations de sens* (Cf. Étymologie, cit. 3). *Innovation littéraire* (Cf. Exemple, cit. 36).

1 « Au contraire, j'aurais désiré que, pour arrêter... les innovations dangereuses qui perdirent enfin les Athéniens, chacun n'eût pas le pouvoir de proposer de nouvelles lois à sa fantaisie ;... »
ROUSS., **De l'inég. parmi les hommes,** À la Républ. de Genève.

2 « Les innovations peu importantes ne sont pas toujours celles qui soulèvent le moins les ennemis de la nouveauté,... »
CONDORCET, **Vie de Voltaire.**

3 « ... l'innovation au théâtre est la plus difficile et la plus dangereuse de toutes ; presque toujours la scène neuve fait tomber une pièce,... »
GAUTIER, **Grotesques,** III, p. 75.

4 « C'était depuis cette époque que les nouvelles méthodes le hantaient, le lançaient dans les innovations,... » ZOLA, **La terre,** II, I.

ANT. — **Archaïsme, coutume, immobilisme, routine, tradition.**

INNOVER. v. tr. (1322, « rare avant le XVI° s. » (BLOCH) ; lat. *innovare*). Introduire dans une chose établie quelque chose de nouveau, d'encore inconnu (V. **Changer**). *Ils ne veulent rien innover. Innover une mode, une coiffure...* (V. **Inventer, trouver**). Cf. Exhausser, cit. 2.

1 « Je n'entreprends pas de faire un traité entier de l'orthographe et de la prononciation, et me contente de vous avoir donné ce mot d'avis touchant ce que j'ai innové ici. »
CORN., Préface de : « **Le Théâtre de P. Corn.** » (éd. de 1682).

2 « N'innovez ni ne faites rien
En la langue, et vous ferez bien. »
MÉNAGE, **Req. des dict. à l'Acad.**

3 « Hélas ! *faire comme faisaient nos pères,* ne rien innover, telle est la loi du pays. » BALZ., **La rabouilleuse, Œuvr.,** t. III, p. 937.

— *Absolt.* (emploi le plus courant de nos jours). *Innover à la légère, sans précautions. Ne cesser d'innover* (Cf. Hérésie, cit. 2). *Nous imitons* (cit. 5) *autrui plus souvent que nous n'innovons. Innover sur une époque, par rapport à une époque. Innover en art, en matière d'art...*

4 « ... ils la firent réformatrice (*la Révolution*), l'empêchèrent d'être fondatrice, d'innover et de créer. »
MICHELET, **Hist. Révol. franç.,** III, IX.

5 « Le style du dix-huitième siècle, plus voisin de nous par le temps et par la forme, a innové sur l'âge précédent ; le dix-neuvième siècle innove à son tour, et il n'est personne qui ne soit frappé, quand il se place au sein du dix-septième, de l'invasion du néologisme soit dans les mots, soit dans les significations, soit dans les tournures. »
LITTRÉ, **Dict.,** Préface.

6 « Nous croyons être les premiers à ressentir certains troubles, ne sachant pas que nous comme l'amant comme la poésie, et que tous les amants, même les plus médiocres, s'imaginent qu'ils innovent. »
RADIGUET, **Diable au corps,** p. 79.

7 « ... la Révolution a continué (*l'œuvre législative de Colbert*) au moins autant qu'elle a innové. » BAINVILLE, **Hist. de France,** XIV, p. 269.

ANT. — **Conserver, maintenir. Copier, imiter.**

INOBSERVABLE. adj. (XVIII° s. Cf. BRUNOT, H.L.F., t. VI, p. 1326 ; lat. *inobservabilis*). Qui ne peut être observé. *Phénomène inobservable.* — *Préceptes inobservables.*

INOBSERVANCE. *n. f.* (1534 ; lat. *inobservantia*). Défaut d'observance* (des prescriptions morales, religieuses, médicales...). *L'inobservance de la règle s'était introduite dans ce monastère* (ACAD.).

« Il n'est que l'impossibilité qui puisse en justifier l'inobservance. »
MASS., **Carême**, Jeûne.

INOBSERVATION. *n. f.* (1568 ; de *in-*, et *observation*). Action de ne pas observer, de ne pas se conformer à. *L'inobservation des règles, des règlements* (Cf. Homicide 2, cit. 3), *des traités, des conventions, d'un contrat, d'un engagement* (V. **Inexécution**).

« (*Cet auteur*) compte parmi les crimes de lèse-majesté divine... l'inobservation des fêtes et des dimanches,... »
VOLT., **Dict. philos.**, Blasphème.

INOBSERVÉ, ÉE. *adj.* (XIXe s. SAND ; lat. *inobservatus*). Qui n'a pas été observé. *Que de faits inconnus, inobservés !* (LITTRÉ). — *Règles inobservées* (ACAD.).

INOCCUPATION. *n. f.* (1771 ; de *occupation*). État d'une personne inoccupée (V. **Désœuvrement**), d'une chose inoccupée.

INOCCUPÉ, ÉE. *adj.* (1544 J. MARTIN, in HUGUET ; de *in-*, et *occupé*). Qui n'est pas occupé.

|| 1° (En parlant d'un lieu). V. **Vacant, vide**. *Place inoccupée. Appartement, logement inoccupé.* V. **Inhabité** (Cf. Habitabilité, cit. 3). *Bureaux inoccupés* (Cf. Catacombe, cit. 5). *Terrain inculte et inoccupé.* V. **Vague**. *Nid inoccupé* (Cf. Incubation, cit. 2).

|| 2° Qui est sans occupation. *Personne, vie inoccupée.* V. **Désœuvré, oisif**. *Il n'est jamais inoccupé.* Par ext. *Mains inoccupées.* — Substant. *Un inoccupé.*

1 « On n'est pas inoccupé parce qu'on est absorbé. Il y a le labeur visible et le labeur invisible. »
HUGO, **Misér.**, II, VII, VIII.

2 « Les mains d'Othello étaient inoccupées lorsqu'il imagina d'étrangler quelqu'un. »
ALAIN, **Aventures du cœur**, p. 57.

3 « Personne n'a jamais pu surprendre en tenue de ménagère cette inoccupée, qui bornait son activité à morigéner sa servante. »
COLETTE, **Belles saisons**, Derniers écrits, p. 246.

ANT. — Occupé. Habité, plein. Affairé, embesogné.

IN-OCTAVO. *adj. invar.* (1651 ; mots lat. signif. « en huitième »). T. *d'Imprim.* Où la feuille* d'impression est pliée en huit feuillets (ou seize pages). *Édition in-octavo. Le format* in-octavo* (in-8°), et substant. *L'in-octavo.* — *Livre in-octavo.* Substant. *Un in-octavo* (Cf. Fortune, cit. 27). — REM. Sur le pluriel *Des in-octavo* (ACAD., LITTRÉ) ou *Des in-octavos*, Cf. In-folio, REM. et cit. 2.

1 « ... Ils... ne coupent plus d'*in-quarto*, magnifiquement reliés, pour les rendre pareils aux *in-octavo* de leur bibliothèque ;... »
BALZ., **Les paysans**, Œuvr., t. VIII, p. 27.

2 « Il avait sous le bras un paquet assez semblable à un volume in-octavo, enveloppé dans du papier. » HUGO, **Misér.**, V, V, IV.

INOCULATION. *n. f.* (1580 au sens du lat. *inoculatio*, « greffe en écusson » ; « transfusion » en 1667 ; sens mod. au XVIIIe s., empr. à l'anglais. Cf. *infra*, cit. 1 VOLT.). *Méd.* Introduction dans l'organisme d'une substance contenant les germes d'une maladie. *Inoculation accidentelle, involontaire, par blessure superficielle, morsure... Contagion par inoculation. Inoculation d'un microbe, d'un virus...* — Spécialt. *Inoculation volontaire, faite dans un but thérapeutique. Inoculation immunisante* (V. **Vaccin, vaccination**), *curative* (pour atténuer une autre maladie préexistante). *Inoculation de la rage, de la fièvre typhoïde, de la variole...* — REM. Au XVIIIe s., *Inoculation* désignait l'inoculation de la variole (Variolisation) pour prévenir cette maladie. *L'inoculation, qui était fort utile, a été abandonnée pour la vaccine* (LITTRÉ). V. **Vaccination**.

1 « Dès qu'elle (*la princesse de Galles*) eut entendu parler de l'inoculation ou insertion de la petite vérole, elle en fit faire l'épreuve sur quatre criminels condamnés à mort, à qui elle sauva doublement la vie ;... à la faveur de cette petite vérole artificielle, elle prévint la naturelle,... dont ils seraient morts peut-être dans un âge plus avancé. »
VOLT., **Lettres philos.**, XI (Lettre écrite en 1727 sous le titre *Sur l'insertion de la petite vérole* et formant dans l'éd. de Kehl l'article *Inoculation* du Dict. philos.).

2 « La question *sur l'inoculation* est plus débattue en France que jamais ; elle est même devenue une affaire de parti, et l'objet d'une dispute presqu'aussi violente que l'ont été *le jansénisme et les bouffons...* les adversaires de l'*inoculation* appellent ses partisans *meurtriers*, ceux-ci traitent leurs antagonistes de *mauvais citoyens* ;... »
D'ALEMB., **Réflex. sur l'inoculation**, Avertissement.

3 « ... vint l'étude de l'atténuation du virus ; premier pas vers la conquête de l'immunité... Une moelle de lapin enragé, convenablement traitée, devint peu à peu inoffensive et puis permit de rendre réfractaires à la rage les animaux de laboratoire. L'inoculation préventive était insensiblement mise au point. » MONDOR, **Pasteur**, X, p. 177.

— *Fig.* Transmission* d'idées, de sentiments, etc. (V. **Inoculer**).

INOCULER. *v. tr.* (1723 ; empr. à l'angl. *to inoculate*, du lat. *inoculare*, « greffer en écusson », de *in*, et *oculus*, « œil »).

|| 1° *Méd.* Introduire dans l'organisme par inoculation

(les germes d'une maladie). *Inoculer la fièvre typhoïde, la variole, la vaccine* (V. **Vacciner**). *Inoculer une maladie à quelqu'un.* — *S'inoculer une maladie.*

1 « ... comment nous conduirons-nous avec notre élève relativement au danger de la petite vérole ? La lui ferons-nous inoculer en bas âge, ou si nous attendrons qu'il la prenne naturellement ? »
ROUSS., **Émile**, II.

2 « ... il se fit, en essuyant son bistouri, une piqûre à laquelle il ne prit pas garde et qui lui inocula une affection purulente dont il mourut en deux jours,... » FRANCE, **Livre de mon ami**, Livre de Suzanne, II, I.

— Par ext. *Inoculer quelqu'un :* lui inoculer une maladie (et, spécialement au XVIIIe s., la variole).

3 « Je crois que Mme la comtesse d'Egmont a eu la petite vérole ; c'est bien dommage ; sans cela. nous l'inoculerions ;... »
VOLT., **Corresp.**, 2312, 22 juin 1763.

|| 2° *Par métaph. et fig.* (fin XVIIIe s.). Communiquer, transmettre (un sentiment, une idée,... que l'on compare à un virus. V. **Infuser**, cit. 3). *Inoculer à quelqu'un une passion, une ambition...* (Cf. Candidature, cit. 2 ; concilier, cit. 2 ; démon, cit. 26 ; dépravation, cit. 3).

4 « ... nous inoculons nos goûts, nos vices peut-être à la femme qui nous aime ;... » BALZ., **Lys dans la vallée**, Œuvr., t. VIII, p. 987.

5 « ... celui qui pourrait me voir quand je suis seul à m'inoculer tout le français du Code civil dans le cerveau et à savourer la poésie du Code de procédure ;... » FLAUB., **Corresp.**, 80, juin 1843.

6 « Considérant son mal avec autant de sagacité que s'il se l'était inoculé pour en faire l'étude,... » PROUST, **Rech. t. p.**, t. II, p. 113.

7 « Nous suivons dans nos veines la marche du venin qu'il nous a plu de nous inoculer. Lorsque la réalité ne fournit pas au jaloux de quoi nourrir sa jalousie, il imagine, il invente. »
MAURIAC, **Souffr. et bonh. du chrétien**, p. 72.

DER. — Inoculable. *adj.* (1770). Qui peut être inoculé. *Virus, germe inoculable. La rage est facilement inoculable.* — Inoculateur, trice. *n.* (1752). *Ancient.* Celui, celle qui pratiquait l'inoculation de la variole. — Adj. « *Des chirurgiens inoculateurs* » (VOLT.).

INODORE. *adj.* (1762 ; lat. *inodorus*). Qui ne dégage aucune odeur. *L'hydrogène*, gaz inodore.* — *Fleur inodore.*

1 « ... le chyle, qui est une liqueur blanche et à peu près insipide et inodore,... » BRILLAT-SAVARIN, **Physiol. du goût**, t. I, p. 237.

2 « Tandis que l'étoile inodore (*le bleuet*),
Que l'été mêle aux blonds épis,
Émaille de son bleu lapis
Les sillons que la moisson dore,... »
HUGO, **Orientales**, XXXII, Les bleuets.

ANT. — Aromatique, fragrant, odorant*, odoriférant.

INOFFENSIF, IVE. *adj.* (1787 ; de *in-*, et *offensif*). Qui est incapable de nuire ; qui ne fait pas de mal à autrui. V. **Innocent** (cit. 8 PÉGUY). *Un fou* (1, cit. 6) *inoffensif. Un ennemi mort est désormais inoffensif* (Cf. Morte la bête, mort le venin*). *Des promeneurs inoffensifs. N'ayez pas peur, ce chien est absolument inoffensif* (Cf. fam. Un agneau ; doux* comme un mouton). — *Fam.* et *péjor.* Qui n'est bon à rien. *Un pauvre type, complètement inoffensif.* — Par ext. V. **Anodin, bénin**. *Plaisanterie inoffensive* (Cf. Berner, cit. 3). *Vous tournez en conjuration* (cit. 6) *une réunion bien inoffensive. Ouvrage inoffensif* (Cf. Gratuité, cit. 4). — Spécialt. Qui n'est pas nocif. *Remède, vaccin inoffensif* (Cf. Enrager, cit. 10).

1 « ... la gaieté vraiment inoffensive est celle qui appartient seulement à l'imagination. » Mme de STAËL, **Corinne**, VII, 2.

2 « Un de mes amis, le plus inoffensif rêveur qui ait existé, a mis une fois le feu à une forêt pour voir, disait-il, si le feu prenait avec autant de facilité qu'on l'affirme généralement. »
BAUDEL., **Spleen de Paris**, IX.

3 « Il n'est pas bon de trop rêver. La rêverie n'est pas inoffensive dans un monde où il faut constamment agir et surveiller l'action. »
R. ROLLAND, **Compagnons de route**, p. 19.

4 « Votre profonde erreur est de croire que la bêtise est inoffensive, qu'il est au moins des formes inoffensives de la bêtise. La bêtise n'a pas plus de force vive qu'une caronade de 36, mais une fois en mouvement, elle défonce tout. » BERNANOS, **Grands cimet. s. la lune**, p. 8.

ANT. — Agressif, dangereux, dévorant, féroce, méchant, nuisible.

INONDATION (-*syon*). *n. f.* (*Inondacion* au XIIIe s. ; lat. *inundatio*). Débordement* d'eaux qui inondent* (cit. 2) le pays environnant. *Inondation causée par les pluies, la fonte des neiges, la crue* d'un torrent, les hautes eaux* d'une rivière. Inondation due à un raz de marée. Les inondations périodiques du Nil* (Cf. Colon 1, cit. 1). *L'inondation de la terre par le déluge* (cit. 4). V. **Submersion**. *Dégâts, ravages causés par l'inondation. Désastreuse, terrible inondation. L'inondation, cataclysme*, fléau* de la nature. Barrage, digue contre l'inondation.* — Par anal. Action d'inonder* ; résultat de cette action. *Inondation volontaire d'un territoire par ouverture des écluses.* — Par ext. Les eaux qui inondent. « *L'inondation couvrait une immense étendue de pays* » (ACAD.).

1 « ... plusieurs autres rivières entre lesquelles on peut... tirer des canaux qui, en servant de lit aux inondations, feraient le même effet que les canaux du Nil, et augmenteraient la fertilité de la terre. »
VOLT., **Hist. de Russie**, I, I.

2 « Depuis treize siècles, on y compte (*en Hollande*) en moyenne une grande inondation tous les sept ans, outre les petites... »
TAINE, **Philos. de l'art**, t. I, p. 247.

— *Par métaph.* Quantité considérable. V. **Débordement, déluge, flot, torrent.** — *Fig.* Ruée en masse d'une multitude. V. **Invasion.** — *Péjor.* Afflux massif de certaines choses. *Une inondation de bibelots, de lettres...* (Cf. Beaucoup de...). *Inondation du marché international par les exportations* (cit. 4) *américaines.*

3 « ... il faut une inondation de passion pour les ébranler (*les grandes âmes*) et pour les remplir. »   PASC., **Disc. s. pass. de l'amour.**

4 « ... comment serez-vous tirée... de ces inondations de paroles, où l'on se trouve noyée, abîmée ? »   SÉV., **1229, 26 oct. 1689.**

5 « ... pour sauver son pays de l'inondation des Français, (*le prince d'Orange*) ne sait point d'autre expédient que de le noyer dans les eaux de la mer ;... »   RAC., **Camp. de Louis XIV.**

6 « ... du fleuve, des canaux, des rivières, des marais, surgirent des millions de grenouilles ; elles couvraient les champs et les chemins, sautaient sur les marches des temples... L'inondation fourmillante montait, montait toujours... »   GAUTIER, **Rom. de la momie, XVI.**

7 « Une inondation de honte et de bassesse, »   HUGO, **Année funeste, XL.**

8 « Les paysans arrondissaient les yeux, gagnés d'une panique, à l'idée de cette inondation du blé étranger. »   ZOLA, **La terre, V, IV.**

ANT. — Assèchement, desséchement, drainage.

INONDER. *v. tr.* (*Enunder* vers 1120 ; lat. *inundare*, de *unda*, « onde »). Couvrir* d'eaux qui débordent ou affluent. V. **Submerger.** *Fleuve en crue* (cit. 1) *qui inonde ses quais. Pluie torrentielle qui inonde la campagne* (Cf. Abat, cit.). *Villes hollandaises inondées par la mer après la rupture des digues* (cit. 1). V. **Immerger.** *Caves inondées par des infiltrations de rivière, par une trombe d'eau.* V. **Noyer.** *Habitants des régions inondées* (V. **Dévaster**). — Ellipt. *Les inondés.* V. **Sinistré.** *Distribuer des secours aux inondés.* — Spécialt. *Inonder les fossés d'une forteresse* (cit. 1) : les remplir d'eau.

1 « Il avait six cents ans lorsque les eaux du déluge inondèrent toute la terre. »   BIBLE (SACY), **Genèse, VII, 6.**

2 « Le Nil n'est pas le seul fleuve dont les inondations soient périodiques et annuelles : on a appelé la rivière de Pégu le Nil indien, parce que ses débordements se font tous les ans régulièrement ; il inonde ce pays à plus de trente lieues de ses bords, et il laisse... un limon qui fertilise... la terre... »   BUFF., **Hist. nat.,** Preuves théorie terre, X, Des fleuves.

3 « Cela me faisait penser à ces prairies inondées dont l'apparence reste intacte, dont l'herbe semble droite et vigoureuse, mais où chaque pas révèle la nappe d'eau traîtresse qui déjà imbibe tout le sol. »   MAUROIS, **Climats, I, XII.**

— *Par exagér.* V. **Arroser, baigner, mouiller***, **tremper.** *Quelle averse ! Nous voilà inondés !* (Cf. Trempé comme une soupe*). *Joues inondées de pleurs.* V. **Ruisselant** (Cf. Étage, cit. 4). *La sueur inondait son front.* — Vieilli ou Poét. *Tyran qui inonde de sang son pays* (Cf. Se baigner*, se noyer* dans le sang). *Un fleuve de sang inondait l'Orient* (Cf. Épandre, cit. 9 HUGO). — *Enfant qui s'inonde en jouant avec une lance d'arrosage* (*Par métaph.* Cf. Engeance, cit. 3).

4 « Thèbes avec raison craint le règne d'un prince
Qui de fleuves de sang inonde sa province. »   RAC., **Théb., IV, 3.**

5 « Ou quelque longue pluie, inondant vos vallons,
A-t-elle fait couler vos vins et vos melons ? »   BOIL., **Sat., III.**

6 « Il... jette le verre d'eau dans le trictrac, et inonde celui contre qui il joue. »   LA BRUY., **XI, 7.**

7 « ... entre eux les gens de lettres se suffoquent d'encens ou s'inondent de fiel,... »   BUFF., **Réponse à M. de Duras à l'Acad.,** 15 mai 1775.

8 « Mais l'empereur s'étant levé de table, se mit... à la fenêtre qui regardait l'Orient, et demeura très longtemps le visage inondé de larmes. »   MICHELET, **Hist. de France, II, II.**

9 « ... Nénesse, qui s'était emparé de la bouteille d'eau de Cologne, l'achevait, s'en inondait les mains et les cheveux. »   ZOLA, **La terre, II, II.**

— *Par anal.* V. **Envahir.** *Foule* (cit. 21) *qui inonde un temple. Région inondée de touristes pendant la saison. Les Romains inondèrent le Bosphore* (Cf. Déserter, cit. 1). — *Inonder un pays de tracts publicitaires, de brochures* (Cf. Copieux, cit. 5). *Ministre inondé de lettres, de requêtes... Les articles en matière plastique inondent le marché.* V. **Affluer** (sur).

10 « ... c'est un débordement de louanges... qui inonde les cours et la chapelle. »   LA BRUY., **VIII, 32.**

11 « Depuis trois ou quatre cents ans que les habitants de l'Europe inondent les autres parties du monde, et publient sans cesse de nouveaux recueils de voyages et de relations, je suis persuadé que nous ne connaissons d'hommes que les seuls Européens ;... »   ROUSS., **De l'inég. parmi les hommes,** Note j.

12 « Dès le matin du dimanche, des milliers de paysans arrivant des montagnes voisines, inondèrent les rues de Verrières. »   STENDHAL, **Le rouge et le noir, I, XVIII.**

13 « ... me voilà inondé de violettes. Il en coule sur ma table, sur mes genoux, sur mon tapis. Il s'en glisse dans mon gilet, dans mes manches. J'en suis tout parfumé. »   FRANCE, **Crime S. Bonnard,** Œuvr., t. II, p. 334.

14 « Il était allé chercher un petit livre graisseux, un de ces livres de propagande bonapartiste, dont l'empire avait inondé les campagnes. »   ZOLA, **La terre, I, V.**

15 « ... plusieurs marques s'étaient mises à inonder le pays de produits similaires aux produits Barrel. »   ARAGON, **Beaux quartiers, I, IV.**

— *Par métaph.* V. **Couvrir.** *Brouillard qui inonde l'espace* (cit. 20). *Autel inondé de lumière.* V. **Baigner** (Cf. Géhenne, cit. 6). — *Fig.* V. **Pénétrer, remplir.** *Tendresse vague, joie intense qui inonde l'âme, le cœur* (Cf. Absorber, cit. 10 ; blêmir, cit. 2 ; contenir, cit. 11). *Cœur inondé de tristesse.* V. **Abreuver, noyer.**

16 « M. de Forbin était alors dans la béatitude ; il promenait dans ses regards le bonheur intérieur qui l'inondait ; il ne touchait pas terre. »   CHATEAUB., **M. O.-T.,** t. II, p. 346.

17 « Ses cheveux épais et longs, terminés en boucles, inondent en flottant ses divines épaules ;... »   NERVAL, **Filles du feu,** Isis, IV.

18 « La campagne est inondée de l'odeur des foins. »   FROMENTIN, **Année dans le Sahel,** p. 196.

19 « ... des villages paisibles inondés de soleil,... »   DAUDET, **Contes du lundi,** Alsace ! Alsace !

20 « ... les délices ineffables dont je savais, de science certaine, qu'une âme d'élite est inondée par les aveux mutuels d'un amour vertueux. »   GOBINEAU, **Les Pléiades, I, III.**

ANT. — Assécher, dessécher, drainer, sécher.

INOPÉRABLE. *adj.* (1812 ; de *in-*, et *opérable**). Qui ne peut être opéré*. *Blessé, malade inopérable. Tumeur inopérable.*

« On est donc amené à classer, au point de vue de leur traitement, les cancers en opérables et inopérables, les limites des deux catégories n'étant du reste pas bien tracées et, d'autre part, ce qui est inopérable à coup sûr pour la destruction instrumentale proprement chirurgicale, pouvant ne l'être pas au même degré pour la thérapeutique qui utilise les radiations. »   Dr H. BOUQUET, **La chirurgie, V,** pp. 99-100.

INOPÉRANT, ANTE. *adj.* (1859 ; de *in-*, et *opérer*). Qui ne peut produire aucun effet. V. **Impuissant, inefficace** (Cf. Fin, cit. 20). *Remède, traitement inopérant. Politique inopérante.*

1 « Nulle part d'ailleurs plus que dans cette *Philosophie de l'Art* la théorie de la race, du milieu et du moment ne paraît inopérante et oratoire, simple exercice de l'esprit. »   THIBAUDET, **Hist. littér. franç.,** p. 348.

2 « Quand on enseigne l'art de la politique, on s'embarrasse d'un excès de notions juridiques, administratives, sociologiques, et souvent on omet l'essentiel sans quoi elles demeurent inopérantes ; les arbres de la technique nous voilent la forêt de la sagesse. »   SIEGFRIED, **La Fontaine...,** p. 67.

ANT. — Efficace, opérant.

INOPINÉ, ÉE. *adj.* (XIVe s. ; lat. *inopinatus*). Qui arrive alors qu'on n'y songeait pas, qu'on ne s'y attendait pas. V. **Fortuit, imprévu, inattendu.** *Aventure inopinée* (Cf. Ciel, cit. 54). *Arrivée inopinée.* V. **Survenue** (Cf. Frousse, cit. 1). *Mort inopinée.* V. **Subit** (Cf. Fatalité, cit. 6). *Incident inopiné. Nouvelle inopinée.* V. **Surprenant.**

1 « ... dans ces moments d'étonnement qui suivent une action inopinée, il est facile de faire tout ce qu'on peut oser. »   MONTESQ., **Grand. et décad. des Romains, XII.**

2 « Votre père était vite débordé par les problèmes pratiques. La mort de sa femme lui en créait d'absolument inopinés. Une concession dans un cimetière, la façon dont on l'obtient, la construction d'un caveau... il n'y avait jamais songé, ni pour sa femme ni pour lui. »   ROMAINS, **Une femme singulière,** p. 40.

ANT. — Attendu, prévu.

DER. — **Inopinément.** *adv.* (*Inopineement* en 1491). D'une manière inopinée. *Arriver inopinément chez quelqu'un.* V. **Beau** (un beau matin*), **improviste** (à l') ; **surprendre, tomber** (du ciel, des nues). *Ennemi en embuscade* (cit. 3) *qui attaque inopinément. Recevoir inopinément l'ordre de déguerpir* (cit. 3). V. **Abruptement.** — (Cf. *aussi* Arriver, cit. 25 ; déconfiture, cit. 2 ; émousser 1, cit. 6).

1 « ... la vie (*est*) si précipitée dans sa course, qu'à peine avons-nous pris les premières teintures des connaissances que nous recherchons, que la mort inopinément tranche le cours de nos études par une fatale et irrévocable sentence,... »   BOSS., **2e serm. p. dim. Quinquag., I.**

2 « Tout cela s'était fait inopinément, sans qu'il y prît part, sans qu'il dît un mot, sans qu'il donnât son avis, sans qu'il acceptât ou refusât, et avec tant de rapidité qu'il en demeurait étourdi, effaré, sans trop comprendre ce qui se passait. »   MAUPASS., **Bel-Ami,** p. 185.

3 « ... le panneau tout entier pouvait glisser de bas en haut dans les rainures latérales ; c'est ce que je remarquai lorsque l'effort de mon couteau inopinément le souleva. »   GIDE, **Isabelle,** p. 86.

INOPPORTUN, UNE. *adj.* (1380 ; bas lat. *inopportunus*). Qui n'est pas opportun. V. **Déplacé, fâcheux, importun, inconvenant, intempestif ; propos, saison** (hors de...). *Demande, requête, suggestion inopportune* (Cf. Gonfler, cit. 23). *Décision, mesure prématurée et inopportune* (Cf. La poire* n'est pas mûre). *Le moment est inopportun, mal choisi.*

« À cause d'une séparation toute récente et fâcheusement inopportune (*des frères Rosny*), devais-je perdre cette occasion de rendre justice à leur talent, lorsque, au point de vue moral, tous deux en bénéficieraient ? »   LECOMTE, **Ma traversée,** p. 510.

ANT. — Bienséant, convenable, opportun.

DER. — **Inopportunément.** *adv.* (1410). D'une manière inopportune. V. **Contretemps** (à). — **Inopportunité.** *n. f.* (1433). Caractère de ce qui est inopportun. *Inopportunité d'une démarche, d'une mesure...*

« Il invoqua... la fragilité du marché,... l'extraordinaire inopportunité qu'il y aurait à liquider ces huit mille kilos. »   ROMAINS, **H. de b. vol.,** t. IV, p. 117.

INOPPOSABLE. adj. (1874 LITTRÉ, Suppl. ; de *in-*, et *opposable*). Qui ne peut être opposé. *Acte, droit inopposable aux tiers.*

DER. → **Inopposabilité.** *n. f.* (1875). « Impossibilité de faire valoir un droit ou un moyen de défense » (CAPITANT). *Inopposabilité d'une exception*.*

INORGANIQUE. adj. (1579 ; de *in-*, et *organique*). *Sciences nat.* Qui n'est pas constitué en un organisme susceptible de vie. *Matière inorganique. Corps, composés, substances inorganiques.* V. **Brut.** — Vx. *Chimie* (cit. 4) *inorganique :* la chimie minérale.

INOSCULATION. *n. f.* (1867 LITTRÉ ; du lat. *in*, « dans » et *osculari*, « baiser »). *Méd.* Abouchement direct de deux vaisseaux de même calibre (GARNIER). *Anastomose par inosculation.*

INOUBLIABLE. adj. (première moitié du XIXe s. ; Cf. MATORÉ, Vocab. sous L.-Phil., p. 38 ; de *in-*, et *oublier*). Que l'on ne peut oublier. V. **Mémorable.** *Événements, incidents inoubliables* (Cf. Acuité, cit. 3). *Affront, injure inoubliable. Conter* (cit. 5) *quelque chose en traits inoubliables. Un inoubliable modèle* (Cf. Effacer, cit. 26). *Personnages, spectacles inoubliables* (Cf. Fondouk, cit. 2).

« Quand on voit un portrait de Holbein, il semble qu'on en ait connu le modèle, tant l'artiste sait y imprimer une inoubliable personnalité. »
GAUTIER, **Souv. de théâtre...**, p. 278 (1868).

INOUÏ, ÏE. adj. (XVe s. ; de *in-*, et *ouï*. V. **Ouïr**).

‖ **1°** Qu'on n'a jamais ouï, entendu (sens archaïque, repris dans la langue littéraire moderne). *Accents, accords inouïs ; musique inouïe.* « *Sauts d'harmonie inouïs* » (RIMBAUD, Illumin., 30). « *Murmure aux inflexions inouïes* » (V. DE L'ISLE-ADAM ; Cf. Ineffable, cit. 2).

1 « Cette façon de parler... est inouïe à la cour, et même il ne me souvient pas de l'avoir ouï dire dans les villes. »
VAUGELAS, **Rem.**, t. II, p. 663 (in POUGENS).

2 « Heureux, devriez-vous penser au contraire, les poètes, naissant au temps d'une nouvelle aurore, qui doivent tendre à neuf les cordes sonores pour des accords jusqu'alors inouïs ! »
GIDE, **Attendu que...**, p. 146.

‖ **2°** Dont on n'a jamais entendu (ouï) parler. V. **Inconnu, nouveau.** *Événements, faits, prodiges inouïs.* « *Des honneurs jusque-là inouïs* » (MASS.). *Il est inouï que... ; il n'est pas inouï de...* (Cf. Extraordinaire, cit. 5 MONTESQ.).

3 « ... que, lorsqu'il n'y avait point d'exemple de quelque chose, il en fallait faire ; que ce qui était inouï ne le serait plus quand il serait fait. »
Guez de BALZ., **De la Cour**, 7e disc.

4 « Est-ce donc un prodige inouï parmi nous ? »
RAC., **Phèdre**, IV, 6.

‖ **3°** Qui est « si extraordinaire que jusque-là, on n'avait ouï parler de rien de semblable » (LITTRÉ). V. **Énorme, étonnant, étrange, extraordinaire, fort, incroyable, prodigieux.** *Popularité, vogue inouïe* (Cf. Apologiste, cit. 4 ; fort, cit. 38). *Infortunes* (cit. 3)*, tourments, catastrophes, ruines inouïes* (Cf. Augmenter, cit. 18 ; balle, cit. 6). *Indignités inouïes* (Cf. Fange, cit. 5). *Brutalité, force, violence inouïe...* (Cf. Broyer, cit. 3 ; effort, cit. 4). *Cruautés inouïes* (Cf. Emporter, cit. 27). — *Par exagér.* (Fam.) *Il a un culot inouï ; il est inouï de...* (Cf. Formidable, invraisemblable).

5 « ... je serais volontiers tombé aux pieds de ce joueur généreux, pour le remercier de son inouïe munificence. »
BAUDEL., **Spleen de Paris**, XXIX.

6 « Si vous venez de voir un chef-d'œuvre ou un ivrogne en train de vomir dans le ruisseau, dites : joli, ou tout à fait joli, ou très beau, ou inouï, ou absolument inouï ; et quelle que soit l'expression employée, vous êtes sûr de vous faire entendre de vos interlocuteurs. »
M. AYMÉ, **Confort intellectuel**, p. 51.

ANT. — **Commun, ordinaire.**

INOXYDABLE. adj. (1867 LITTRÉ ; de *in-*, et *oxyder*). Qui ne s'oxyde pas (V. **Inaltérable**). *L'or est inoxydable. Alliage, métal inoxydable :* qui a une grande résistance à l'oxydation. *Aciers inoxydables au chrome*, au nickel...* — *Couteaux, couverts inoxydables.*

IN PACE (*inn' pacé*). *n. m.* (1559 ; mots lat. signifiant « en paix », abrév. de la loc. *vade in pace*, prononcée en refermant le cachot derrière le prisonnier). Cachot, prison d'un couvent, où on enfermait (cit. 3) à perpétuité certains coupables scandaleux. *Des in pace souterrains.*

1 « ... quatre cachots de pierre, moitié sous terre, moitié sous l'eau. C'étaient des *in pace*. Chacun de ces cachots a un reste de porte de fer, une latrine, et une lucarne grillée... »
HUGO, **Misér.**, II, VII, II.

2 « ... à Madrid le duc était tout puissant,... il m'aurait jetée dans l'*in pace* de quelque couvent, étouffée là, tuée entre deux portes, supprimée du monde,... »
BARBEY d'AUREV., **Les diaboliques**, Vengeance d'une femme, p. 412.

IN PARTIBUS (*inn'-*). *loc. adv.* (1705 FÉN., abrév. de la loc. *in partibus infidelium*, « dans les pays des infidèles »). Se disait des Évêques titulaires de diocèses « sans clergé ni fidèles situés en pays non chrétiens » (M. PACAUT). V. **Évêque** (titulaire*). — *Fig.* et *fam.* Sans fonction réelle. *Professeur, ministre, ambassadeur in partibus.*

IN PETTO (*inn'-*). *loc. adv.* (1666 LA FONT. ; mots ital. signifiant « dans la poitrine », et d'abord appliqués aux nominations de cardinaux non proclamées). Dans le secret du cœur, en secret. V. **Intérieurement, secrètement ; part** (à part soi).

1 « ... le pape devient mon protecteur in petto. »
VOLT., **Corresp.**, 822, 30 mai 1745.

2 « Avec son regard embroussaillé et pétillant de malice, il avait toujours l'air de se faire à lui-même quelque récit piquant, dont il lui suffisait de goûter in petto le sel. »
MART. du G., **Thib.**, t. VI, p. 191.

IN-PLANO. *adj. inv.* (1835 ; mots lat. signifiant « en plan »). *T. d'Imprim.* Où la feuille* d'impression n'est pas pliée. *Format* in-plano.* Substant. *L'in-plano est un format de luxe* (LITTRÉ).

INQUALIFIABLE. adj. (1835 ; de *in-*, et *qualifier*). *Péjor.* Qu'on ne peut qualifier (assez sévèrement). V. **Indigne, innommable.** *Action, conduite inqualifiable ; vilenie, infamie* (cit. 8) *inqualifiable. Inqualifiable grossièreté* (cit. 8).

« On ne pouvait plus se permettre le plus petit meurtre dramatique... Ils (*les journalistes*) trouvaient le poignard exorbitant, le poison monstrueux, la hache inqualifiable. »
GAUTIER, **Préf. Mlle de Maupin**, p. 22 (éd. critique MATORÉ).

INQUART. *n. m.*, **INQUARTATION** ou **QUARTATION.** *n. f.* (1765 ENCYCL. ; de *in-*, « dans », et *quart*). Opération qui consiste à ajouter à l'or, avant la coupellation*, trois fois son poids d'argent (V. **Alliage**).

IN-QUARTO (*inn'-kouar-to*). *adj. inv.* (1651 ; mots lat. signifiant « en quart »). *T. d'Imprim.* Où la feuille*, pliée en quatre feuillets, forme huit pages. *Format in-quarto* (in-4°) et, substant. *L'in-quarto.* — *Manuscrit, livre, volume, dictionnaire in-quarto.* — Substant. *Des in-quarto* (ACAD.). Cf. aussi In-octavo, cit. BALZAC. *Des in-quartos* (pour le pluriel : Cf. In-folio, REM.).

« ... il se pencha, avec un geste interrogatif, vers l'in-quarto relié que Daniel venait de fermer... »
MART. du G., **Thib.**, t. IX, p. 26.

INQUIET, ÈTE. adj. (1580 *inquiete* ; lat. *inquietus*, « agité ». V. **Coi, quiet**).

I. Qui ne peut trouver le repos, la tranquillité.

‖ **1°** *Vieilli.* V. **Agité, remuant.** *Des gens inquiets, brûlant* (cit. 11 FRANCE) *leur vie. Un jeune homme inquiet, ardent* (cit. 19 LA FONT.). « *Cet homme a l'esprit inquiet, change à tous moments de propos, de place, de dessein* » (FURET. 1690). *Humeur inquiète et vagabonde* (Cf. Fantasque, cit. 3 ; GAUTIER).

1 « Ce discours ébranla le cœur
De notre imprudent voyageur (*le pigeon*)
Mais le désir de voir et l'humeur inquiète
L'emportèrent enfin... »
LA FONT., **Fabl.**, IX, 3.

2 « ... comment le fixer, cet homme inquiet, léger, inconstant, qui change de mille et mille figures ? Je le peins dévot,... et déjà il est libertin. »
LA BRUY., XIII, 19.

— *Sommeil inquiet.* V. **Agité, troublé.**

‖ **2°** *Spécialt.* Qui n'est jamais satisfait de sa situation, de son état. V. **Impatient, insatisfait** (Cf. Aventureux, cit. 2 ; ennuyer, cit. 15). *L'homme, créature vide et inquiète* (Cf. Attacher, cit. 60 VAUVEN.). *Une âme inquiète.*

3 « Toute âme inquiète et ambitieuse est incapable de règle. »
BOSS., **Orais. fun. Le Tellier.**

— *Par ext. Curiosité* (cit. 3), *ambition inquiète. Désirs inquiets* (Cf. Fugitif, cit. 9). *Recherche inquiète de la joie* (Cf. Ennuyer, cit. 11). *Ardeur inquiète* (Cf. Aveugle, cit. 43).

4 « ... je ne sais quoi d'inquiet et d'impatient que nous avons au fond du cœur,... »
BOSS., **Sermons**, Vérit. convers., I.

5 « Leur inquiète activité continuera à faire répandre des torrents de sang,... »
RAYNAL, **Hist. philos.**, IV, 32.

II. Qui est agité par la crainte*, l'incertitude* ou l'irrésolution. V. **Anxieux, chagrin, embarrassé, perplexe, soucieux, tourmenté, troublé ; embarras** (dans l'), **peine** (en), **peur** (avoir). Cf. Être sur les charbons ardents, sur des épines, aux cents coups*... et *aussi* Ardeur, cit. 25 ; éprouver, cit. 31 ; frapper, cit. 38 ; gobelet, cit. 2. *Il est facilement inquiet. Être inquiet de quelque chose* (Cf. Bombe, cit. 4 ; effervescence, cit. 7 ; événement, cit. 2). *Elle est inquiète de sa sœur* (Cf. Bourreler, cit. 2)*, de ne pas recevoir de ses nouvelles. Je suis inquiet à son sujet, sur son sort. Inquiet mais impassible* (Cf. Héroïque, cit. 27). — *Population inquiète* (Cf. Agacer, cit. 2). *L'Europe inquiète* (Cf. Fomenter, cit. 2). — *C'est un esprit, un caractère inquiet. Avoir l'âme inquiète* (Cf. Assiette, cit. 14). *Conscience inquiète* (Cf. Indécis cit. 3)*, d'un scrupuleux.* — *Cheval inquiet.* V. **Ombrageux** (Cf. Galop, cit. 3).

6 « Mon Dieu ! mon ami, mon cher ami ! que je suis inquiet ! qu'il est cruel pour moi de vous avoir quitté dans ce moment,... de ne pas savoir... si vous souffrez, ou si vous êtes soulagé ? »
MIRABEAU, **Lett. à Chamfort**, 20 août 1784, in CHAMFORT, **Œuvr. choisies**, p. 326.

7 « Je serai bien moins inquiet à ton sujet que si tu étais dehors et moi dedans la maison. »
SAND, **Petite Fadette**, II.

8 « ... elle est inquiète de vous savoir si souvent avec ce M. de Céri-
zolles, inquiète du train qu'il mène. »
P.-J. TOULET, La jeune fille verte, I, p. 15.

— Qui dénote l'inquiétude, qui est empreint d'inquiétude.
Attente inquiète. V. **Fiévreux, impatient.** *Amour inquiet ;
passion, tendresse, vigilance inquiète. Chagrin, étonnement
inquiet* (Cf. Arracher, cit. 45 ; gambade, cit. 1). *Conversation, causerie inquiète* (Cf. Épuiser, cit. 14). — *Expression,
mine inquiète et dolente*, inquiète et hagarde* (V. **Effaré**).
Air, regard, œil inquiet (Cf. Cassant, cit. 2 ; harassé,
cit. 5 ; haut, cit. 24 ; indolent, cit. 8). *L'oreille inquiète et
le regard au guet* (cit. 4)...

9 « Et soupirs inquiets dans ton sein renaissant, »
HUGO, Odes et ballades, V, Ode 23.

— *Par métaph. et poét. :*

10 « Le printemps inquiet paraît à l'horizon. »
MUSSET, Poés. nouv., À la mi-carême.

11 « L'air humide, tiédi par un soleil encore faible et déjà généreux,
soufflait l'inquiète douceur du printemps. » FRANCE, Lys rouge, VIII.

ANT. — **Quiet ; calme, paisible, tranquille. Béat, heureux, insouciant,
serein.**

INQUIÉTANT, ANTE. *adj.* (1714 ; de *inquiéter*). Qui cause
de l'inquiétude, du souci. V. **Alarmant, angoissant,
effrayant, menaçant.** *Affaire, situation, nouvelle inquiétante ;
conséquences* (cit. 3 VOLT.) *inquiétantes* (V. **Ennuyeux**). *Avenir inquiétant.* V. **Sombre.** *Ça devient inquiétant* (Cf. *pop.*
Ça va barder*). *Curiosité, perplexité inquiétante* (Cf.
Flotter, cit. 17 ; fureter, cit. 6). *Problème inquiétant, théorie,
hypothèse... inquiétante* (Cf. Assimilation, cit. 2 ; élucider,
cit. 2). *Une sombre et inquiétante poésie* (Cf. Idée, cit. 16).
Inquiétant à voir, à entendre... (Cf. Anxiété, cit. 6 ; avide,
cit. 18). *Silence inquiétant* (Cf. Claque, cit.). — *L'état du
malade est inquiétant.* V. **Grave** (Cf. Ganglionnaire, cit.).
Syncope inquiétante (Cf. Croire, cit. 52). — *Visage inquiétant, mine, expression inquiétante.* V. **Patibulaire, sinistre**
(Cf. Bronzer, cit. 2). *Personnage inquiétant* (Cf. Approche,
cit. 14 ; frère, cit. 9).

1 « ... je viens d'avoir d'une jeune femme, qui avait ses vues, des aga-
ceries bien dangereuses et avec des yeux bien inquiétants : mais si elle
a fait semblant d'oublier mes douze lustres, pour moi, je m'en suis
souvenu. »
ROUSS., Confess., X.

2 « La marche de l'étatisme, ses progrès, son empire chaque jour grandissant, voilà les phénomènes inquiétants et qui s'efforcent de circonvenir cette belle et pure liberté dont jadis parlaient nos maîtres. »
DUHAM., Temps de la recherche, XI.

3 « Mais il n'avait guère montré et ne montrait plus du tout cette sorte
de vitalité inquiétante qu'on veut reconnaître chez maints tuberculeux. »
ROMAINS, H. de b. vol., t. III, XVIII, p. 237.

INQUIÉTER. *v. tr.* (XIIᵉ s. ; lat. *inquietare*). Rendre
inquiet.

I. (V. **Inquiet**, I). Troubler la quiétude, la tranquillité, ne
pas laisser en paix, en repos. V. **Agiter, troubler.**

1 « Il n'est rien qui ne cède à l'ardeur de régner ;
Et depuis qu'une fois elle nous inquiète,
La nature est aveugle, et la vertu muette. »   CORN., Nicom., II, 1.

2 « Parfois dans les crépuscules d'orage, le cri lointain de l'hémyone
(*sic*), alternant tristement avec les éclats du tonnerre, inquiète la
solitude. »
VILLIERS DE L'ISLE-ADAM, Contes cruels, Souvenirs occultes.

— *Spécialt.* (À propos d'une affaire fâcheuse, d'une contestation, etc.). *Depuis son acquittement, la police ne l'a plus
inquiété. Il est inquiété pour une vieille affaire politique*
(LITTRÉ). *On l'inquiète sur la légitimité de son titre* (ID.).
Il fut inquiété dans la possession de cette terre (ID.).

3 « Il n'était pas aussi facile qu'on le croyait d'inquiéter l'auteur de
Zaïre... (*Voltaire*). »
MARMONTEL, Mém., III.

4 « Nul ne doit être inquiété pour ses opinions, même religieuses,
pourvu que leur manifestation ne trouble pas l'ordre public établi par
la loi. »
DÉCLAR. DR. HOM., Art. 10.

— Troubler par des attaques, des démonstrations hostiles.
V. **Harceler** (cit. 3). *L'armée, la ville, la région n'a pas
été inquiétée par l'ennemi. Bombardiers* (cit. 1) *inquiétés
par la chasse.*

5 « Les Turcs étaient toujours maîtres de la Hongrie jusqu'à Bude,
et inquiétaient le reste ;... »
VOLT., Annales de l'Empire, Charles-Quint, 1556.

II. (V. **Inquiet**, II). Remplir d'inquiétude (au sens II). V.
Alarmer, chagriner, chicaner (*fig.*), **ennuyer, tourmenter,
tracasser, travailler, troubler ; peine** (mettre en). Cf. Garder,
cit. 63. *Les soucis, les ennuis, les contrariétés... qui inquiètent.* V. **Assiéger, harceler.** *Sa santé l'inquiète* (Cf. Embarras 1, cit. 4). *Son attitude me déconcerte* et m'inquiète.
Cette perspective l'inquiète affreusement.* V. **Effrayer, épouvanter.** — *Absolt. Inquiéter : être inquiétant** (Cf. Humeur,
cit. 26).

6 « Toute chose t'égaye, et rien ne t'inquiète. »
MOL., Misanthr., III, 1.

7 « L'avenir l'inquiète, et le présent le frappe ; »   RAC., Esth., II, 3.

8 « Cette nouvelle surprit et inquiéta. »
COURTELINE, MM. ronds-de-cuir, 6ᵉ Tabl., II.

9 « Il parlait avec circonspection, s'efforçant d'être véridique sans
trop l'inquiéter. »   MART. du G., Thib., t. VI, p. 220.

|| S'INQUIÉTER. *v. réfl.* Être, commencer à être inquiet en
raison de quelque crainte, de quelque incertitude... V. **Alarmer** (s'), **émouvoir** (s'), **frapper** (se), **soucier** (se), **tracasser** (se) ; **bile** (se faire de la), **peine** (se mettre en), **sang**
(se faire du mauvais). *Il s'inquiète à propos de tout. Ne
vous inquiétez pas. Il n'y a pas là de quoi s'inquiéter.* —
REM. Suivi d'un complément, *S'inquiéter* prend souvent le
sens affaibli de « se préoccuper, prendre soin, s'enquérir
de ». *S'inquiéter de l'heure d'ouverture d'un bureau,
d'acheter quelque chose... S'inquiéter de quelque chose* (Cf.
Aménagement, cit. 2 ; écumer, cit. 7 ; enfoncer, cit. 22 ; fédération, cit. 5 ; flacon, cit. 5 ; fond, cit. 13 ; génie, cit. 16 ;
gens 1, cit. 28 ; haïr, cit. 10 et 11), *de faire quelque chose*
(Cf. Idée, cit. 57 ; immédiat, cit. 4). *Sans s'inquiéter des
conséquences* (Cf. Fourrer, cit. 18), *d'être vu* (Cf. Frotter,
cit. 29), *de ce qui le gêne* (Cf. Général 1, cit. 10). *Il s'en
inquiète ; il ne s'en inquiète pas autrement* (Cf. Ennuyer,
cit. 12 ; infidélité, cit. 13). — *S'inquiéter pour savoir...* (Cf.
Âne, cit. 2 ROUSS.). — *S'inquiéter si*, suivi de l'indicatif
(Cf. Bourrasque, cit. 11 ROUSS.). — *S'inquiéter peu que...*
(Cf. Gâcher, cit. 1 RENAN). *S'inquiéter de ce que*, suivi de
l'indicatif ou du subjonctif : *Je m'inquiétais de ce que la
colère débordait* (MAURIAC) ; *il s'inquiétait de ce que... l'air
fût si doux* (BEDEL, cité par HANSE).

10 « Depuis assez longtemps mon âme s'inquiète
De ce qu'aucun esprit en vous ne se fait voir, »
MOL., Fem. sav., III, 4.

11 « Tu ne me chercherais pas si tu ne me possédais. Ne t'inquiète
donc pas. »
PASC., Pens., VII, 555.

12 « Vous ? Et de quoi, Seigneur, vous inquiétez-vous ? »
RAC., Britann., II, 2.

13 « (*Qu'ils*) s'inquiètent pour eux-mêmes ; ils ont leurs soins, et nous
les nôtres. »
LA BRUY., XVI, 45.

14 « Du Bousquier allait-il en voyage, elle s'inquiétait du manteau, du
linge ; elle prenait pour son bonheur matériel les plus minutieuses
précautions. »
BALZ., Vieille fille, Œuvr., t. IV, p. 330.

15 « ... Landry m'aimait si honnêtement, et d'un si grand cœur, que
jamais il ne s'est inquiété de savoir si j'étais riche ou misérable. »
SAND, Petite Fadette, XXXVI.

16 « Elle ne comprenait guère Christophe, et ne s'inquiétait pas de le
comprendre : elle s'inquiétait que de l'aimer. »
R. ROLLAND, Jean-Christ., La révolte, p. 599.

17 « Il me souvient d'un temps fort éloigné où je m'inquiétais si des
effets analogues... pourraient se rechercher raisonnablement en littérature. »
VALÉRY, Variété II, p. 36.

18 « Le bulletin (*de renseignements*) s'inquiétait de son identité, sa
situation de famille, ses ressources,... »   CAMUS, La peste, p. 123.

ANT. — **Apprivoiser, laisser** (en paix, en repos) ; **calmer, rassurer,
tranquilliser.**

DER. — **Inquiétant.**

INQUIÉTUDE. *n. f.* (XIVᵉ s. ; lat. *inquietudo*). État de
celui qui est inquiet.

I. || **1°** *Vx.* Absence de quiétude, de repos, de tranquillité.
V. **Agitation.** « *Turbulent et plein d'inquiétude* » (Cf. Bénin,
cit. 2 LA FONT.). — *Inquiétude d'esprit :* impatience* causée
par quelque passion (LITTRÉ). Cf. Inégalité, cit. 13 LA BRUY.

1 « Une inquiétude du corps et de l'esprit qui empêche de dormir. »
PARÉ, XX, 13.

— *Au pluriel.* « Douleurs vagues, surtout aux jambes, qui
donnent de l'agitation, de l'impatience » (LITTRÉ). *Avoir des
inquiétudes dans les jambes* (ACAD.).

|| **2°** *Spécialt.* État d'agitation, d'instabilité d'un esprit
mal équilibré, insatisfait et tourmenté. *Inquiétude fébrile*
(cit.) *d'une âme exaltée.*

2 « L'inquiétude est le plus grand mal qui arrive en l'âme, excepté le
péché... Notre cœur étant troublé et inquiété en soi-même perd la force
de maintenir les vertus qu'il avait acquises. »
St François de SALES, Introd. vie dévote, IV, 11.

3 « La nature ne m'offre rien qui ne ·soit matière de doute et d'inquiétude. »   PASC., Pens., III, 229.

4 « (*Il*) porte en lui l'inquiétude d'un malaise perpétuel, et fût-il gratifié de tous les honneurs... je crois que le crépuscule allumerait encore
en lui sa brûlante envie de distinctions imaginaires. »
BAUDEL., Spleen de Paris, XXII.

— (De nos jours). *Philos.* « Disposition spontanée... consistant à ne pas se contenter de ce qui est, et à chercher
toujours au delà » (LALANDE). Cf. Contemplation, cit. 2 ROUSS.
— REM. Les philosophes et moralistes, jusqu'au XIXᵉ s.,
donnent à *Inquiétude* un sens péjoratif (Cf. *supra*, St Fr. de
SALES, PASCAL). Le mot « semble avoir acquis » depuis « un
import favorable » (LALANDE). *Inquiétude de pensée, d'esprit ;
inquiétude religieuse, métaphysique, artistique* (Cf. Apporter, cit. 37).

5 « ... l'inquiétude fiévreuse de la pensée, l'exagération de la vie cérébrale, la tyrannie du travail continu, ont affiné, troublé et tourmenté
l'expression et le regard. »   TAINE, Philos. de l'art, t. II, p. 268.

6 « Je comprends... l'exaspération de la notion d'*inquiétude*,... provoque chez quelques-uns... On a trop parlé de « mal du siècle » et
loué de vains tourments ;... »
DANIEL-ROPS, Monde sans âme, I, p. 10.

7 « La véritable inquiétude, la seule qui vaille par elle-même, est l'inquiétude métaphysique. »   ID., Ibid., p. ·12.

— *Pathol.* État d'insécurité qui trouble le repos de l'esprit et lui enlève « ses pleines possibilités de détente et de concentration » (KAMMERER, in POROT). V. **Angoisse** (1°), **anxiété** (1°).

II. (*Sens courant*). État pénible, trouble déterminé par l'attente, la crainte d'un événement que l'on redoute, d'un mal, d'une souffrance que l'on appréhende, par l'incertitude, l'irrésolution... V. **Alarme, appréhension** (cit. 7), **crainte, effarouchement, émoi** (*spécialt.*), **peine, peur, souci, tintouin** (*fam.*), **tourment** (Cf. Hypocondrie, cit. 4 ; incarner, cit. 11). *Cruelle, forte, vive, terrible inquiétude.* V. **Affolement, angoisse, anxiété, épouvante, transe** (Cf. Brûler, cit. 6 ; fréquence, cit. 2). *Inquiétude vague, sourde, obscure...* V. **Chagrin, ennui, malaise** (Cf. Envie, cit. 36 ; inconnu, cit. 35). *Vaines inquiétudes* (Cf. Avenir, cit. 11). *L'inquiétude de quelque chose, de manquer quelque chose* (Cf. Caillou, cit. 6 ; courrier, cit. 4 ; flexibilité, cit.). *Inquiétude sur, au sujet de quelqu'un, quelque chose* (Cf. Gouailler, cit. 1 ; idée, cit. 25 ; indu, cit. 1). *Sujet d'inquiétude. Inquiétude d'un jaloux.* V. **Jalousie.** *Concevoir, éprouver, ressentir des inquiétudes* (Cf. Amalgamer, cit. 4). *Les inquiétudes qui le dévorent, le travaillent*... (Cf. Abréger, cit. 7 ; apurer, cit. 2). *Causer de l'inquiétude* (Cf. Guitare, cit. 1 ; remplir d'inquiétude* (Cf. Élévation. cit. 5). *Son état n'inspire aucune inquiétude. Donner de l'inquiétude, des soupçons à quelqu'un.* V. **Ombrage.** *Veiller sur un enfant avec inquiétude.* V. **Soin, sollicitude.** *Les inquiétudes d'une conscience scrupuleuse.* V. **Scrupule.** *Être dans l'inquiétude, livré à l'inquiétude*· (Cf. Apaiser, cit. 1). V. **Inquiet ; inquiéter** (s'). Cf. Se mettre martel* en tête, n'en mener* pas large, mourir* à petit feu, se faire de la mousse (*pop.*), n'être pas à la noce*, se faire du mauvais sang*, être au supplice*, dans les transes*, ne plus vivre*... *Vivre dans l'inquiétude. Inquiétudes qui troublent, brouillent* (cit. 12), *empoisonnent* (cit. 10 et 15) *la joie, le bonheur...* V. **Ombre** (jeter une ombre). *Chercher, guetter* (cit. 8)... *avec inquiétude* (Cf. Ebauche, cit. 10 ; futur, cit. 7). *Être fou* (cit. 29), *pâlir, trembler d'inquiétude. L'inquiétude lui donne la fièvre* (cit. 13). *Éveiller, aggraver, alléger, apaiser, chasser... l'inquiétude* (Cf. Allégement, cit. 1 ; fusiller, cit. 3 ; haleine, cit. 28). *C'est la moindre de ses inquiétudes* (Cf. Le cadet de ses soucis). *Inquiétude qui augmente* (cit. 4), *renaît. Mouvement*, surcroît d'inquiétude* (Cf. Établir, cit. 40 ; éveil, cit. 4). *Exprimer, cacher* (cit. 20), *dérober ses inquiétudes* (Cf. Conseiller, cit. 4 ; for, cit. 2).

8 « *L'inquiétude*, d'*in quietus*, non tranquille, désigne un besoin de mouvement. C'est l'état pénible d'une âme qui, dans l'appréhension d'un mal à venir, remue, tracasse. *L'inquiétude* a donc deux caractères distinctifs relativement à l'*ennui* et au *malaise* : elle est active, et elle a rapport à l'avenir. »
LAFAYE, **Dict. syn.**, Mal...

9 « ... je hais les maris soupçonneux, et j'en veux un qui ne s'épouvante de rien, un si plein de confiance, et si sûr de ma chasteté, qu'il me vit sans inquiétude au milieu de trente hommes. »
MOL., **G. Dand.**, II, 1.

10 « ... l'inquiétude où je suis de sa santé (*de ma fille*). »
SÉV., **176**, 17 juin 1671.

11 « Dans quelle inquiétude, Esther, vous me jetez ! »
RAC., **Esth.**, II, 7.

12 « ... on ne jouit sans inquiétude que de ce qu'on peut perdre sans peine ;... »
ROUSS., **Julie**, V, Lett. II.

13 « On ne s'intéresse guère aux affaires des autres que lorsqu'on est sans inquiétude sur les siennes. »
BEAUMARCH., **Barb. de Sév.**, Lettre... s. la critique.

14 « ... ses lettres devinrent moins tendres ; car, au lieu d'exprimer ses propres inquiétudes, il s'occupait à dissiper celles de son amie. »
Mᵐᵉ de STAËL, **Corinne**, XVII. I.

15 « Antipas attendait les secours des Romains ; et Vitellius, gouverneur de la Syrie, tardant à paraître, il se rongeait d'inquiétudes. »
FLAUB., **Trois contes**, Hérodias, I.

16 « Et un doute, une inquiétude vague l'envahissait ; il sentait naître en lui une de ces interrogations qu'il se posait parfois. »
MAUPASS., **Clair de lune.**

17 « Le bonheur suppose sans doute toujours quelque inquiétude, quelque passion, une pointe de douleur qui nous éveille à nous-même. »
ALAIN, **Propos**, 1908. Le roi s'ennuie.

18 « Tout à l'heure, elle n'avait pas avoué à Micheline l'inquiétude qui lui mordait le cœur : les nouvelles du petit étaient mauvaises, une fièvre qui ne cédait pas. »
ARAGON, **Beaux quartiers**, II, IX.

ANT. — **Assouvissement, ataraxie, béatitude, bonace** (fig.), **bonheur, calme, espoir, paix, repos, tranquillité ; désir.**

INQUISITEUR (-*ki*-). *n. m.* (1294 ; lat. *inquisitor*, de *inquirere*. V. **Enquérir**). Personnage officiel chargé de procéder à des enquêtes. — Spécialt. *Inquisiteur de la foi*, et absolt. *Inquisiteur, juge du tribunal de l'Inquisition*. *Dénoncer un hérétique aux inquisiteurs* (Cf. Damner, cit. 13). *Torquemada, célèbre inquisiteur*. « *Très humble remontrance aux inquisiteurs d'Espagne et de Portugal* », fameux chapitre de l'Esprit des lois (XXV, 13). *Inquisiteurs d'État*, magistrats de la République de Venise chargés de la police secrète. — *Par ext.* Celui qui se livre à des investigations minutieuses et souvent indiscrètes (Cf. Craindre, cit. 10 LA FONT.).

1 « Pontchartrain était d'une curiosité insupportable, grand fureteur et inquisiteur, sur ses meilleurs amis comme sur les autres... »
ST-SIM., **Mém.**, III, XXXIII.

« Il faut qu'il y ait... un magistrat qui fasse trembler les nobles, comme les éphores à Lacédémone, et les inquisiteurs d'État à Venise... »
MONTESQ., **Espr. des lois**, V, 8. 2

« Un doux inquisiteur, un crucifix en main,
Au feu, par charité, fait jeter son prochain. »
VOLT., **Poème de la Loi nat.**, III. 3

« Si vous pouvez le prouver, produisez vos témoignages. Il n'est ni juste, ni légal de m'interroger de cette façon. Ce sont des procédés d'inquisiteur, non d'hommes libres dans un pays libre. »
MAUROIS, **Ariel...**, V. 4

— Adjectivt. *Moines inquisiteurs de l'ordre des dominicains.* — *Par ext.* V. **Fureteur, inquisitorial.** *Œil, regard inquisiteur.* V. **Scrutateur.** — *Au fém.* (rare) *Questions inquisitrices* (ACAD.). — REM. *Inquisitif*, parfois employé au XIXᵉ s., ˜est inusité de nos jours.

« Elle jetait sur Rodolphe des regards inquisiteurs d'une effronterie incroyable, et suivait ses moindres mouvements. »
BALZ., **Albert Savarus**, Œuvr., t. I, p. 782. 5

INQUISITION (-*ki-zi-syon*). *n. f.* (1170 ; lat. *inquisitio*). *Vx.* (au sens général). V. **Enquête, recherche.** *Il n'y a point de fin dans nos inquisitions* (MONTAIGNE). — Spécialt. (1260). *Tribunal* de l'Inquisition*, et absolt. *l'Inquisition*, juridiction ecclésiastique d'exception instituée par le pape Grégoire IX pour la répression, dans toute la chrétienté, des crimes (cit. 16) d'hérésie et d'apostasie, des faits de sorcellerie et de magie. *Par ext.* Les membres de ce tribunal (V. **Inquisiteur**). *La Sainte Inquisition.* V. **Saint-Office** (Cf. Cadenas, cit. 2). *L'Inquisition de Madrid, de Rome* (Cf. Index, cit. 7). *Les autodafés* (cit. 1), *les horreurs* (cit. 51), *les tortures* de l'Inquisition. Familiers du Saint-Office qui arrêtaient les hérétiques dénoncés à l'Inquisition* (Cf. Contaminer, cit. 1). *Qualificateur* de l'Inquisition.* V. **Inquisitorial.** *Victimes de l'Inquisition portant le san-benito*.* — Hist. *Inquisition d'État*, tribunal secret qui jouissait à Venise d'un pouvoir illimité. — *Par anal.* et *péjor.* (1686). Enquête ou recherche* rigoureuse et vexatoire, entachée d'arbitraire. V. **Perquisition.** *L'inquisition fiscale* (Cf. Gabelle, cit. 2). *Échapper à l'inquisition d'un espion indiscret* (Cf. Change, cit. 4). *C'est de l'inquisition !*

« L'inquisition est, comme on sait, une invention admirable et tout à fait chrétienne pour rendre le pape et les moines plus puissants, et pour rendre tout un royaume hypocrite... Au reste on connaît assez toutes les procédures de ce tribunal ;... On est emprisonné sur la simple dénonciation des personnes les plus infâmes ; un fils peut dénoncer son père, une femme son mari ; on n'est jamais confronté devant ses accusateurs ; les biens sont confisqués au profit des juges ; c'est ainsi du moins que l'inquisition s'est conduite jusqu'à nos jours :... »
VOLT., **Dict. philos.**, Inquisition. 1

« ... Pétion insouciant, indolent de sa nature, était infiniment peu propre à ce travail d'inquisition sur les personnes, à l'examen minutieux des biographies, des précédents, des tendances, des intérêts de chacun... »
MICHELET, **Hist. Révol. franç.**, V, IX. 2

« ... certainement, le paysan de Rousseau, qui cachait son vin et son pain dans un silo, avait une cachette plus mystérieuse encore : un peu d'argent dans un bas de laine ou dans un pot échappe mieux que le reste à l'inquisition des commis. »
TAINE, **Orig. France contemp.**, t. II, p. 227. 3

« Le citoyen, vous disais-je, astreint à tant de contrôles, d'investigations, d'inquisitions, de censures, n'est pas seulement la proie des bureaucrates... »
DUHAM., **Scènes vie future**, IV. 4

INQUISITORIAL, ALE, AUX (-*ki-zi-*). *adj.* (1516 ; lat. médiéval *inquisitorius*). Qui a rapport aux tribunaux, aux juges de l'Inquisition. *Juges inquisitoriaux. Procédure inquisitoriale.* — *Par ext.* Qui est digne d'un inquisiteur, qui a le caractère vexatoire, insupportable d'une inquisition. *Interrogatoire inquisitorial. Visite inquisitoriale. Regard inquisitorial.* V. **Inquisiteur.**

« Chaque fois que le jeune Ernest sortait de chez son père, il subissait un interrogatoire inquisitorial sur tout ce que le comte avait fait et dit. »
BALZ., **Gobseck**, Œuvr., t. II, p. 660. 1

« Charlemagne, comme les rois des Wisigoths, donna aux évêques un pouvoir inquisitorial, en leur attribuant le droit de poursuivre les crimes dans l'enceinte de leur diocèse. »
MICHELET, **Hist. de France**, II, II. 2

« On le savait contraire à l'impôt sur le revenu que, dans l'intimité, il avait hautement qualifié d'inquisitorial. »
FRANCE, **L'orme du mail**, XVI, t. XI, p. 198. 3

INRACONTABLE. *adj.* (1876 LITTRÉ, Suppl. ; de *in-*, et *racontable**). Qu'on ne peut raconter*. V. **Inénarrable.**

« ... le bonheur, fait d'une foule de joies menues et inracontables. »
DAUDET, **Jack**, I, VIII.

INRI. Abréviation de l'inscription mise par Pilate sur la croix* : *Iesus Nazarenus Rex Iudæorum*, Jésus de Nazareth, roi des Juifs.

INSAISISSABLE. *adj.* (1770 ; de *in-*, et *saisissable**).

‖ 1° *Dr.* Qui ne peut faire l'objet d'une saisie*. *Rente insaisissable. Bien* de famille inaliénable et insaisissable* (Cf. Homestead, cit.).

‖ 2° Qu'on ne peut saisir, appréhender. *Fugitif, pillard, ennemi insaisissable* (Cf. Glacer, cit. 31). — *Par exagér.* Qu'on ne parvient jamais à rencontrer. *Homme d'affaires, médecin insaisissable* (Cf. Formalité, cit. 10).

1 « Cependant la cavalerie de Charlemagne s'usait dans ces déserts contre un insaisissable ennemi, qu'on ne savait où rencontrer. »
MICHELET, **Hist. de France**, II, II.

2 « ... il était insaisissable. On croyait l'avoir pipé, le tenir dans un bon filet, et il glissait entre les mailles. Il tirait sa révérence et chantait le chant du départ. » DUHAM., **Invent. de l'abîme**, XII.

→ *Par ext.* V. **Aérien, fluide, fuyant, impalpable.** *Insaisissable comme le vent* (Cf. Femme, cit. 56). *Horizon* (cit. 1) *insaisissable. Poursuivre une image insaisissable.*

— *Fig.* En parlant d'une personne qui échappe à toute influence, à toute entreprise. *Dociles* (cit. 6) *en apparence, ils sont insaisissables, inaccessibles.*

— Qui ne peut être saisi, perçu, apprécié. *Percevoir les sons les plus insaisissables* (Cf. Finesse, cit. 2). *Discerner* (cit. 3) *des nuances insaisissables.* V. **Imperceptible, indiscernable, insensible.**

ANT. — Appréciable, perceptible, saisissable, sensible.

DER. — **Insaisissabilité.** *n. f.* (1839 BOISTE). Caractère d'un bien insaisissable.

INSALISSABLE. *adj.* (1873 ; de *in-*, et *salir*). Qui ne peut être sali.

ANT. — Salissant.

INSALIVATION (*-syon*). *n. f.* (1867 ; de *in*, « dans, en », et *salive*). Imprégnation des aliments par la salive.

INSALUBRE. *adj.* (1528 ; lat. *insalubris*). Qui n'est pas salubre*. V. **Malsain.** *Climat* insalubre. *Logement insalubre* (Cf. Etroit, cit. 25). *Ilot insalubre. Législation sur les établissements ou industries* (cit. 16) *insalubres* (V. **Incommode**).

« ... « îlot insalubre »... se borne à englober dans le même chapitre réprobateur le taudis insalubre par nature et le palais insalubre par manque d'entretien,... » GIRAUDOUX, **De pleins pouvoirs...**, III, p. 78.

DER. — **Insalubrement.** *adv.* (1838). D'une manière insalubre. — **Insalubrité.** *n. f.* (1555). Caractère de ce qui est insalubre.

INSANE. *adj.* (*Insané* en 1411, « qui rend furieux » ; lat. *insanus*). *Rare.* Qui n'est pas sain d'esprit; qui est contraire à la saine raison, au bon sens. V. **Absurde, fou, insensé** (Cf. Culte, cit. 7).

INSANITÉ. *n. f.* (début XIXe s. ; lat. *insanitas*). Manque de saine raison, de bon sens. V. **Folie.** *L'insanité des gouvernants* (cit. 10) *mène les peuples à la ruine.* — Caractère de ce qui est déraisonnable*. *L'insanité de ses propos...* — *Par ext.* Action ou parole sotte, insensée (Cf. Fureur, cit. 29). *Dire* des insanités. *Un tissu d'insanités.* V. **Bêtise.**

« Tantôt c'étaient des jugements apprêtés et précieux, tantôt des comparaisons extravagantes, tantôt des indécences, des obscénités, des insanités, des coquecigrues. »
R. ROLLAND, **Jean-Christ.**, La foire sur la place, p. 679.

INSAPIDE. *adj.* (1867 ; de *in-*, et *sapide*). *Peu usit.* V. **Insipide.**

INSATIABLE (*-syabl'*). *adj.* (*Insaciable* au XIIIe s. ; lat. *insatiabilis*). Qui ne peut être rassasié*. *L'autour* (cit. 2), *rapace insatiable.* V. **Avide, vorace.** *Soif insatiable.* V. **Inapaisable, inassouvissable.** *Faim insatiable* (V. **Boulimie**). — *Un appétit* (cit. 23) *de bonheur insatiable. Une faim* (cit. 15) *insatiable de posséder. Avidité* (cit. 6), *curiosité* (cit. 11 et 12) *insatiable.* V. **Dévorant.** *Désir* (Cf. Convaincre, cit. 3), *passion insatiable.* V. **Inextinguible.** *D'insatiables exigences.* — *Fig.* (Cf. Enfer, cit. 18). *Tempérament insatiable. Cœur insatiable d'amour.* V. **Affamé.** *Exploiteur* (cit.) *avide et insatiable. Le fisc, l'hydre, pieuvre insatiable. C'est un être insatiable, jamais satisfait.* V. **Insatisfait.** — Substant. *C'est peine perdue que de vouloir contenter un insatiable.*

1 « Insatiable et plein d'ardent désir
De retourner au nocturne plaisir. » MAROT, **Traductions**, X.

2 « Ils s'imaginent que, s'ils avaient obtenu cette charge, ils se reposeraient ensuite avec plaisir, et ne sentent pas la nature insatiable de leur cupidité. » PASC., **Pens.**, II, 139.

3 « Pygmalion, tourmenté par une soif insatiable des richesses, se rend de plus en plus misérable et odieux à ses sujets. »
FÉN., **Télém.**, III.

4 « L'amour est insatiable de la vue de son idole et de toucher les merveilles de son corps. » HELVÉTIUS, **Notes, max. et pens.**, p. 270.

5 « Il faut se maintenir en tel état qu'on ne puisse être jamais ni rassasié ni insatiable. » JOUBERT (Cf. Désir, cit. 4).

6 « ... insatiable dans ses curiosités et ses ambitions, toujours en quête et en conquête... » TAINE, **Philos. de l'art**, t. II, p. 158.

7 « Le goût de la possession est à ce point insatiable qu'il peut survivre à l'amour même. » CAMUS, **L'homme révolté**, p. 323.

ANT. — Assouvi, rassasié, satisfait.

DER. — **Insatiablement** (*-sya-*). *adv.* (1546). D'une manière insatiable. — **Insatiabilité** (*-sya-*). *n. f.* (1544 ; lat. *insatiabilitas*). Caractère de celui qui est insatiable, n'a jamais assez* (V. **Satiété**). *L'insatiabilité du glouton.* — *Fig. Insatiabilité du conquérant.* V. **Avidité.** — *Par ext. L'insatiabilité d'un désir, d'une haine.*

« Cet orgueilleux n'avait point l'exigence, l'insatiabilité des artistes

d'aujourd'hui qui, grâce à leur peu de culture, se persuadent aisément de ne rien devoir à ceux qui les ont précédés : ignorant tout, ils s'imaginent tout inventer. » MAURIAC, **Vie de J. Racine**, XIII.

INSATISFACTION. *n. f.* (XVIe s., « mécontentement » ; inusité jusqu'au XXe s. ; de *in-*, et *satisfaction*). Manque de satisfaction*. *Manifester son insatisfaction.* V. **Mécontentement.** — État de celui qui est insatisfait (Cf. Cacher, cit. 43 ; exigence, cit. 10). *Insatisfaction du cœur, d'un instinct* (Cf. Extase, cit. 3). *Insatisfaction des sens* (Cf. Frigidité, cit. 2. Cf. *aussi* Inassouvissement).

« Les rêves naissent de l'insatisfaction : quelqu'un de comblé ne rêve pas... » MONTHERLANT, **Les jeunes filles**, p. 168.

INSATISFAIT, AITE. *adj.* (XVIe s. ; inusité jusqu'en 1875 DAUD. ; de *in-*, et *satisfait*). Qui n'est pas satisfait*. V. **Inapaisé** (cit.), **inassouvi.** *Homme exigeant*, sans cesse insatisfait* (Cf. Complaisance, cit. 13). *Ils sont éternellement insatisfaits de leur condition* (Cf. Évader, cit. 12). — Substant. *Un éternel insatisfait.* V. **Mécontent.** — *Par ext. Désir insatisfait. Passion insatisfaite.*

1 « Qu'un homme convoite une fille et reporte cette chaleur sur la femme qu'il aime, son désir plus vif parce qu'insatisfait laissera croire à la femme qu'elle n'a jamais été mieux aimée. »
RADIGUET, **Diable au corps**, p. 145.

2 « ... son âme insatisfaite retrouvait le néant au sein même de sa victoire. » GREEN, **Léviathan**, III.

3 « Ce mariage mal équilibré avait fait d'elle une créature insatisfaite et indomptable. » MAUROIS, in **Revue de Paris**, Décembre 1954.

INSATURABLE. *adj.* (1839 BOISTE). V. **In-**, et **saturable.**

INSCIEMMENT (*in-sia-man*). *adv.* (1523 ; de *in-*, et *sciemment*). *Peu usit.* Sans le savoir. *S'il vous a offensé, c'est insciemment* (ACAD.). V. **Insu** (à son).

INSCRIPTION. *n. f.* (XIVe s. ; empr. au lat. *inscriptio*).

‖ **1°** Ensemble de caractères écrits* ou gravés sur la pierre, le métal..., pour conserver, évoquer un souvenir, indiquer une destination, etc. V. **Chronogramme, cippe, devise, épigraphe, exergue, graffiti, légende, titre.** *Éterniser* (cit. 1), *immortaliser* (cit. 3) *la mémoire d'une personne, d'un événement par des inscriptions. Inscription laudative* (Cf. Écrivain, cit. 1). *Inscriptions des arcs* (cit. 15) *et des pyramides. Murs, murailles, stèles*, autels couverts d'inscriptions* (Cf. Entremêler, cit. 5 ; gaillard, cit. 12 ; héroïsme, cit. 6 ; inconnu, cit. 1). *Inscription funéraire* (V. **Épitaphe**), *tumulaire* (Cf. Épigramme, cit. 2). *Inscriptions d'un cartouche*, d'un phylactère*. Inscriptions hiéroglyphiques* (Cf. Hiéroglyphe, cit. 3 ; ibis, cit. 2). *Déchiffrement, étude des inscriptions.* V. **Épigraphie, paléographie.** *Recueil d'inscriptions.* V. **Corpus.** *Académie des Inscriptions et Belles-Lettres. Académicien des Inscriptions* (Cf. Humaniste, cit. 1).

1 « De la tête aux pieds (*de la momie*) s'étendait une inscription columnaire, ou verticale, en *hiéroglyphes phonétiques*, donnant de nouveau le nom et les titres du défunt... »
BAUDEL., **Trad. E. POE**, Nouv. hist. extraord., Discussion avec une momie.

2 « Aucune inscription n'indique encore les noms de ces morts réunis là,... » FROMENTIN, **Été dans le Sahara**, p. 133.

— Courte indication écrite destinée à informer le public, à renseigner... *Inscription d'un écriteau, d'une affiche, d'une étiquette, d'un livre* (V. **Ex-libris**), *d'un timbre* (V. **Surcharge**). *Inscriptions publicitaires, de propagande... Autobus couvert* (cit. 45) *d'inscriptions.*

3 « D'un bout à l'autre de l'immense paroi blanche, les inscriptions se succédaient, écrites en noir. » LOUYS, **Aphrodite**, I, II.

‖ **2°** Action d'inscrire quelqu'un, quelque chose sur un registre, une liste... ; résultat de cette action. *Inscription d'un nom sur les registres de l'état civil, sur une liste électorale...* V. **Immatricule.** *Inscription d'un élève au tableau d'honneur.* V. **Citation.** — Ellipt. *Inscription d'un client chez un commerçant. Inscription des dépenses. Inscription d'une question à l'ordre du jour...* — Spécialt. *Inscription d'un étudiant dans une faculté.* V. **Immatriculation.** *Inscriptions trimestrielles dans les facultés. Inscriptions en vue de la licence en droit. Prendre ses inscriptions. Inscription à un examen, un concours. Numéro* d'inscription d'un candidat.

4 « Mais il fallait faire son Droit, étudier pendant trois ans, et payer des sommes considérables pour les inscriptions, pour les examens, pour les thèses et les diplômes ;... »
BALZ., **Un début dans la vie**, Œuvr., t. I, p. 698.

— *Inscription des recrues sur les rôles* de l'armée. V. **Conscription.** — Mar. *Inscription maritime :* enregistrement des navigateurs professionnels sur les registres (V. **Matricule**) de l'administration dite, elle-même, *Inscription maritime.*

— Dr. *Inscription de faux*, en faux :* acte par lequel on argue de faux un écrit authentique ou sous-seing privé ; procédure qui tend à établir cette fausseté (Cf. Authenticité, cit. 1). — *Inscription des privilèges et hypothèques* au bureau de conservation des hypothèques (art. 2146 et suiv. du CODE CIVIL). *Bordereau d'inscription des privilèges et hypothèques. Radiation* d'inscription.*

5 « Lorsque les divers actes furent signés, Pierquin présenta les quittances des sommes jadis empruntées et les mainlevées des inscriptions qui pesaient sur les propriétés. »
BALZ., **Recherche de l'absolu**, Œuvr., t. IX, p. 638.

— Fin. *Inscription* (de certaines dettes de l'État) *sur le grand livre de la dette publique.*

ANT. — (sens 2º) **Radiation.**

INSCRIRE. *v. tr.* (*Enscrire* en 1233 ; empr. au lat. *inscribere*, « écrire dans », d'après *écrire**).

‖ **1º** Écrire, graver sur la pierre, le marbre, le métal... *Inscrire une épitaphe* (cit. 3) *sur une tombe ; un nom, une maxime au fronton d'un monument.* V. **Inscription.** — *Fig.* V. **Graver.** *Lois inscrites en nous* (Cf. Évidence, cit. 6), *dans les choses* (Cf. Éthique, cit. 4). *Les rides ont inscrit son âge sur son front.* V. **Indiquer, marquer.** Pronominalt. *Habitudes qui s'inscrivent dans les attitudes, les allures. Son image s'est inscrite dans ma mémoire.*

1 « Les chiromanciens prétendent que toute notre vie se grave dans notre main, et ce qu'ils appellent notre vie, c'est un certain nombre d'actions qui inscrivent dans notre chair, soit avant, soit après leur accomplissement, des marques indélébiles. »
MAETERLINCK, **Sagesse et destinée**, LXI.

2 « Le déluge s'est inscrit dans la mémoire des hommes parce que c'est le cataclysme le plus facile à imaginer. »
ALAIN, **Propos**, 1907, L'écluse.

‖ **2º** Écrire (dans, sur un livre, une liste...) ce qui ne doit pas être oublié. V. **Noter.** *Inscrire une date sur un cahier* (Cf. Assiduité, cit. 3), *un renseignement sur une fiche*, *un report dans la colonne d'un compte* (V. **Coucher, porter.** Cf. Passer* en compte), *une dépense au budget*.* *Inscrire un acte sur un registre.* V. **Copier*, enregistrer, tenir** (registre). Cf. Blanc, cit. 28 ; état, cit. 69 et 71 ; filiation, cit. 1. *Question inscrite au programme, à l'ordre du jour* (Cf. Examinateur, cit. 2). *Inscrire son nom* (Cf. Catalogue, cit.), *le nom de quelqu'un, quelqu'un sur une liste, dans un répertoire*. *Contribuables inscrits au rôle* de la contribution mobilière... *Catalogue*** où sont inscrits les livres d'une bibliothèque. *Inscrire un avocat au grand tableau*, un élève au tableau d'honneur, une recrue* (V. **Enrôler, immatriculer, matriculer**), *des créanciers* (V. **Colloquer**). *Inscrire, faire inscrire un enfant dans une école* (cit. '6). *Faites-le inscrire. Inscrire un animal dans le Herd-Book* (cit.). — Pronominalt. *S'inscrire, inscrire ou faire inscrire son nom. S'inscrire à un club* (Cf. Équipe, cit. 6), *à un parti...* V. **Adhérer, affilier** (s'), **entrer** (dans). *S'inscrire à la faculté, à un examen.* — (Sens passif) *Noms illustres* (cit. 10) *qui s'inscrivent au coin des rues.* — *Orateur inscrit. Député inscrit, non inscrit* (à un groupe parlementaire). — Substant. *Un inscrit. Inscrit maritime* (1864). V. **Inscription** (maritime). *Inscrits provisoires.*

3 « ... j'étais bien sûr d'être inscrit en encre rouge sur les registres du roi de Prusse,... »
ROUSS., **Confess.**, XII.

4 « Bianchon, accompagné de monsieur de Clagny, alla faire inscrire cet enfant à la Mairie comme fils de monsieur et de madame de La Baudraye... »
BALZ., **Muse du département**, Œuvr., t. IV, p. 179.

— Spécialt. *Dr. S'inscrire en faux*, en vue d'établir la fausseté d'une pièce, suivant la procédure d'inscription* de faux (V. **Faux**). — *Fig. S'inscrire en faux contre quelque chose :* lui opposer un démenti, une dénégation. V. **Contredire, démentir, dénier, élever** (s'élever contre), **nier.**

5 « Si le défendeur déclare qu'il veut se servir de la pièce, le demandeur déclarera par acte au greffe... qu'il persiste à s'inscrire en faux,... »
CODE PROCÉD. CIV., Art. 218.

6 « — Pour voir chez nous le mérite, il a fallu que vous l'y ayez amené. — Ah ! je m'inscris en faux contre vos paroles. La renommée accuse juste en contant ce que vous valez ;... »
MOL., **Préc. rid.**, IX.

7 « La philosophie de Zacharie... s'inscrit narquoisement en faux contre des règles considérées comme sacrées par les hommes de ma sorte,... »
DUHAM., **Manuel du protestataire**, p. 160.

‖ **3º** *Math.* et *Géom.* Tracer dans l'intérieur d'une figure, une autre figure dont les sommets sont sur le périmètre de la première, ou qui est tangente à tous ses côtés. *Inscrire un triangle dans un cercle en menant les médiatrices.* V. **Circonscrire** (cercle*). *Inscrire un cercle dans un triangle en menant les bissectrices* (cercle inscrit et exinscrit). *Angle inscrit* (dans un segment de cercle). — *Fig.* V. **Insérer** (et S'insérer). *Inscrire un projet, projet qui s'inscrit dans une réforme générale...*

8 « ... ce clocher lui-même, était venu, au milieu de la lumineuse verdure... s'inscrire dans le carreau de ma fenêtre. »
PROUST, **Rech. t. p.**, t. XIV, p. 8.

9 « Le personnage fait parfois de vains efforts pour inscrire un monocle dans la bouffissure de ses paupières. »
DUHAM., **Pasq.**, VI, VI.

ANT. — **Biffer, radier, rayer.** — COMP. **Exinscrit.**

DER. — **Inscriptible.** *adj.* (1691). *Géom.* Qui peut être inscrit dans une figure, et *plus spécialt.* dans un cercle. *Tous les polygones réguliers sont inscriptibles.* **Inscrivant, ante.** *n.* (1872). *Dr.* Personne qui requiert l'inscription d'une hypothèque.

INSCRUTABLE. *adj.* (1406 ; empr. au lat. *inscrutabilis*). Qu'on ne peut scruter. V. **Impénétrable, incompréhensible.** *Les desseins de Dieu sont inscrutables* (ACAD.).

« ... curieuse et peut-être jalouse (qui lisait dans cet inscrutable cœur ?)... »
BARBEY d'AUREV., **Vieille maitresse**, I, XI.

INSCULPER. *v. tr.* (1528 ; empr. au lat. *insculpere*, rac. *sculpere*, « graver »). Frapper, marquer d'un poinçon.

INSÉCABLE. *adj.* (1570 ; empr. au lat. *insecabilis*, rac. *secare*, « couper »). Qui ne peut être coupé, divisé. *Pour Épicure les atomes* (cit. 6 et 7) *étaient insécables.*

« Les atomes ne sont pas ces éléments éternels et insécables dont l'irréductible simplicité donnait au possible une borne... »
J. PERRIN, **Les atomes**, Concl., in **La science et l'espérance**, p. 26.

INSECTE. *n. m.* (1542 ; empr. au lat. *insectum*, propremt. « coupé », calqué du gr. *entomon*, même sens, ainsi nommé à cause des étranglements dans la forme du corps). *Au sens vulgaire,* Petit animal invertébré dont le corps est divisé par étranglements ou par anneaux (Cf. BUFFON, citant l'araignée, *infra*, cit. 1). — REM. On appelait aussi *insectes* au XVIIᵉ s., les animaux qui vivent encore après qu'on les a coupés, comme les vers, les serpents, etc. (Cf. FURET., Dict., et LA FONT., VI, 13).

— *Zool.* Petit animal invertébré articulé (*Arthropodes*), à six pattes, respirant par des trachées et subissant des métamorphoses. V. **Hexapode** et rac. **Entomo-.** *Les insectes,* classe d'arthropodes*. — *Parties de l'insecte :* Tête : yeux à facettes, à réseau (V. **Ocelle, stemmate**) ; antennes, cornes ; pièces buccales (V. **Labre, mandibule, mâchoire, palpe, suçoir, trompe...**). *Thorax* (V. **Prothorax** ou **corselet, mésothorax, métathorax ; écu**). *Pattes* (hanche, cuisse, jambe, tarse). *Ailes :* insecte alifère, aptère, diptère, tétraptère (Cf. Balancier, élytre, nervure). *Abdomen* (V. **Anneau** ou **segment ; aiguillon, dard, filière, tarière**). — *Respiration* (V. **Stigmate, trachée**), *nutrition des insectes. Insecte broyeur, lécheur, piqueur, suceur. Insecte qui ronge* (Cf. Fragile, cit. 4). *Insecte carnivore, entomophage, pupivore, coprophage, mélophage, phytophage, xylophage* (V. **Artison, perce-bois**), *parasite... Excrément d'insecte.* V. **Chiasse, chiure.** *Les insectes sont généralement ovipares, quelquefois pupipares*. *Métamorphoses* des insectes.* V. **Œuf, couvain ; larve*, chenille, ver ; nymphe*, chrysalide** (cit.) ; **imago.** *Insecte qui se dépouille* (cit. 12) *de son enveloppe larvaire. Insecte cérifère, fileur... Insecte solitaire. Sociétés d'insectes.* V. **Essaim.** *Vol, nuée, grêle, fourmillement d'insectes* (Cf. Bruit, cit. 8 ; criquet, cit. ; fourmiller, cit. 2). *Bruit, bruissement d'insecte.* V. **Cri** (Cf. Envol, cit. 1). *Insectes nuisibles.* V. **Vermine.** *Écarter* (1, cit. 7), *chasser, écraser un insecte ; lutter contre les insectes* (V. **Insectarium, insecticide,** *infra,* DER.). *Piqûre d'insecte** (Cf. Fécondant, cit. 2). *Rôle des insectes dans la pollinisation** (Cf. Fécondant, cit. 2). *Mangeur d'insectes.* V. **Entomophage, insectivore** (Cf. Engoulevent, cit.). *Étude des insectes.* V. **Entomologie** (Cf. Insectologie, *peu usit.*). « *L'Insecte* », œuvre de Michelet. — Allus. littér. « *Va-t'en, chétif insecte...* », LA FONT. (Cf. Aller, cit. 102).

— *Ordres d'insectes :* V. **Anoploures** (ou Aptères), **Aphaniptères, Archiptères** (ou Pseudo-Névroptères, Ortho-Névroptères), **Coléoptères, Diptères** (Brachycères : *Bombylidés, Muscidés, Œstridés, Syrphidés, Stratiomyidés, Tabanidés ;* Nématocères : *Bibionidés, Blépharocéridés, Cécidomyidés, Chironomidés, Culicidés, Simuliidés, Tipulidés ;* Pupipares : *Braulidés, Hippoboscidés, Nyctéribiidés*) ; **Hémiptères** (ou Rhynchotes), **Hyménoptères, Lépidoptères** (ou Papillons), **Mallophages, Névroptères, Orthoptères, Rhipiptères** (ou Strepsiptères) **Thysanoures** (ou Aptérigogènes). — *N. B.* Pour les sous-ordres et les familles, se reporter à ces mots.

1 « À l'égard des insectes on peut dire qu'ils ne sont nulle part aussi grands que dans le nouveau monde ; les plus grosses araignées, les plus grands scarabées, les chenilles les plus longues, les papillons les plus étendus se trouvent au Brésil... »
BUFFON, **Quadrup.**, t. III, p. 206.

2 « ... son âge premier (celui de larve) dure longtemps, et celui de nymphe, enfin son troisième âge, durent généralement très peu. Chez de nombreuses espèces (hannetons, cerfs-volants, etc.) trois ans, six ans de vie ténébreuse sous la terre, et sous le soleil trois mois. Même les insectes qui vivent longtemps au soleil, comme les abeilles et les fourmis, travaillent volontiers dans l'obscurité ;... »
MICHELET, **L'insecte**, I, V.

3 « ... il écoutait l'orchestre invisible, les rondes d'insectes tournant avec frénésie, dans un rayon de soleil, autour des sapins odorants, les fanfares des moustiques, les notes d'orgue des guêpes, les essaims d'abeilles sauvages vibrant comme des cloches à la cime des bois,... »
R. ROLLAND, **Jean-Christ.**, L'adolescent, p. 266.

4 « ... tel insecte est merveilleusement outillé pour jouer de la tarière, pour filer ses filets de soie, ou pour maçonner de cire son espace polyédrique,... »
VALÉRY, **Analecta**, CVII.

5 « Parfois encore un vol d'insectes, jailli tout à coup du mont, élève un bourdonnement qui s'enfle, qui s'exaspère en chantante fusée. Des taons aux yeux de monstres, de rouges fourmis ailées tournoient, rebondissent et pétillent, soudain se taisent et s'évanouissent... »
GENEVOIX, **Forêt voisine**, VI.

— *Par compar. Activité* (cit. 5), *patience d'insecte. Écraser quelqu'un* (cit. 3) *comme un insecte.* — *Fig.* Être vil.

6 « L'on marche sur les mauvais plaisants, et il pleut par tout pays de cette sorte d'insectes. »
LA BRUY., V, 3.

DER. — **Insectivore.** — **Insectarium.** *n. m.* (1922 LAROUSSE UNIV. ; suff. lat. *-arium*). Établissement scientifique où l'on élève des insectes entomophages qui servent à détruire les insectes nuisibles. — **Insecticide.** *adj.* (1853). *Qui tue, détruit les insectes. Le pyrèthre, la staphisaigre sont insecticides. Poudre insecticide.* — Substant. *Un insecticide* (Cf. Fécule, cit. 2). *Répandre un insecticide avec un pulvérisateur.*

1 « Iehl dressé projette la poudre insecticide ; ce qui le fait beaucoup éternuer, sans effrayer beaucoup les punaises... »
GIDE, **Nouv. prétextes,** Journal sans dates, IX.

2 « — Donnez un coup de Fly-tox là-dessus, dit Pierre avant de monter dans le fiacre. Ça sent l'insecte ! L'Arabe vaporisa docilement un peu d'insecticide sur les housses... » SARTRE, **Le sursis,** p. 44.

INSECTIVORE. *adj.* (1772 ; d'*insecte*). *Zool.* Qui se nourrit principalement ou exclusivement d'insectes. V. **Entomophage.** *Le crapaud est insectivore. Oiseau insectivore. Plante insectivore.* — REM. On dit « insecte entomophage », par euphonie.

« ... des insectes apparaissent pour dévorer les feuilles, les fleurs, les graines, les écorces ; et d'autres insectes pour dévorer ceux-là ; et des oiseaux insectivores qui poursuivent les uns et les autres ; des carnassiers qui font la chasse aux oiseaux. »
ALAIN, **Propos,** 1912, Magie de Darwin.

— N. m. pl. *Les Insectivores,* ordre de Mammifères placentaires qui vivent surtout d'insectes. *Classification des insectivores :* Dermoptères (V. **Galéopithèque**) ; Insectivores vrais : *Centétidés* (V. **Tanrec**), *Chrysochloridés, Érinacéidés* (V. **Hérisson**), *Macroscélidés, Potamogalidés, Solénodontidés, Soricidés* (V. **Desman, musaraigne**), *Talpidés* (V. **Taupe**), *Tupaiidés* (V. **Tupaia**). — Au sing. *Un insectivore.*

INSÉCURITÉ. *n. f.* (1794 in POUGENS ; de *in-*, et *sécurité*). Manque de sécurité. *Vivre dans l'insécurité, la crainte du lendemain. Insécurité d'une situation. Insécurité d'une région, d'une route... Zone d'insécurité,* en temps de guerre.

« Devenu riche et chef de maison en vingt ans, Brochard ne ressentait que l'insécurité d'un succès si surprenant : « Je pourrais glisser », disait-il. » CHARDONNE, **Destin. sentim.,** p. 193.

IN-SEIZE. *adj. inv.* (1680 ; du lat. *in*, et *seize*). *Typogr.* Dont la feuille* d'impression est pliée en seize et forme trente-deux pages. *Volume in-seize, in-16.* — Substant. *Un in-seize,* livre de format in-seize. *Des in-seize.*

INSÉMINATION. *n. f.* (1750, et encore in LITTRÉ ; « Pratique superstitieuse qui consistait à jeter dans de la terre remuée quelque chose venant d'une partie malade, et à y semer une plante qui devenait propre à guérir la maladie » ; XXᵉ s. au sens actuel ; de *in*, et *seminare*, « semer »). *Génét.* Introduction de spermatozoïdes* dans les voies génitales femelles. *Chez la femme, la fécondation* (cit. 4) *n'est possible que si l'insémination a lieu pendant une période déterminée. Insémination artificielle.*

« L'insémination artificielle ne vise que les femmes handicapées dans leurs aptitudes à la procréation... Toutefois, aux États-Unis, la fécondation artificielle est couramment pratiquée. Le sperme, dans certains cas, a été transporté par avion à de grandes distances et on a compté déjà plus de 3.500 « bébés de l'éprouvette ».
BINET, **Vie sexuelle de la femme,** p. 296.

INSENSÉ, ÉE. *adj.* (1488 ; bas lat. *insensatus*. V. **Sensé**). Qui n'est pas sensé, dont les actes, les paroles sont contraires au bon sens, à la raison. V. **Déraisonnable, écervelé, fou** 1 (I), **insane, stupide...** (Cf. N'avoir pas le sens* commun, avoir perdu la raison*, n'avoir plus sa tête*). *L'homme, créature insensée* (Cf. Agenouiller, cit. 2). *Vieillard insensé* (Cf. Casser, cit. 18). *La femme belle* (cit. 6) *et insensée... ». Amante* (cit. 14) *insensée. Insensé comme un possédé*. Insensé qui s'y fie* (Cf. Impie, cit. 2). *Être assez insensé pour...* (Cf. Épuiser, cit. 16). — *Foule insensée ; cour, société insensée* (Cf. Haranguer, cit. 8).

1 « De vrai, j'ai vu beaucoup de gens devenus insensés de peur ; et aux (*chez les*) plus rassis, il est certain, pendant que leur accès dure, qu'elle engendre de terribles éblouissements. »
MONTAIGNE, **Essais,** I, XVIII.

2 « Écoutez-vous, Madame, une foule insensée ? » RAC., **Bérén.,** V, 5.

3 « C'était sa lettre à Véronique qui le poignardait. Il se jugeait atroce et insensé pour l'avoir écrite. Et, cependant, qu'aurait-il pu faire ou ne pas faire, sans être, à ses propres yeux, un pire insensé ou un véritable traître ? » BLOY, **Le désespéré,** p. 120.

— Substant. *Un insensé, les insensés* (Cf. Bâtir, cit. 8 ; crainte, cit. 8 BIBLE). *Insensé !* (Cf. Égarer, cit. 24).

4 « Ne réponds pas à l'insensé selon sa folie,
De peur que tu ne lui ressembles toi-même. »
BIBLE (SEGOND), **Proverbes,** 26, 4.

5 « Insensés qui vous plaignez sans cesse de la nature, apprenez que tous vos maux vous viennent de vous. » ROUSS., **Confess.,** VIII.

6 « Ah ! insensé, qui crois que je ne suis pas toi. »
HUGO, **Contempl.,** Préface.

— *Par ext.* V. **Absurde, extravagant, fou...** *Ardeur* (cit. 18), *fougue* (1, cit. 7), *fureur, passion insensée.* V. **Tumultueux** (Cf. Héros, cit. 20 ; inepte, cit. 6). *Désirs, goûts insensés.* V. **Forcené.** *Efforts* (cit. 30), *actes insensés. Espoir, projet insensé.* V. **Impossible, inepte.** *Course insensée, bonds insensés* (Cf. Arrêt, cit. 1 ; évohé, cit. 2). *Un destin insensé* (Cf. Force, cit. 65). *Optimisme, idéalisme* (cit. 6) *insensé. Histoire insensée.* V. **Échevelé.** *Il est insensé de...* (Cf. Faux 1,

cit. 9). *C'est insensé, quoi de plus insensé...* (Cf. Entasser, cit. 5). — *Par exagér. Il travaille d'une manière insensée* (ACAD.) : excessive. *Mobilier insensé :* bizarre, extravagant, grotesque. *Des lustres énormes et insensés* (Cf. Facette, cit. 2).

7 « ... je lui demandai (*à du Mont*)... s'il ne fallait pas être plus fou que les plus enfermés pour concevoir un projet si radicalement insensé et si parfaitement impossible, plus fou encore de s'en vanter et de le dire,... » ST-SIM., **Mém.,** III, XLIII.

8 « L'amour procède par des élans de l'espérance, et plus ils sont insensés, plus il y ajoute foi. »
BALZ., **L'Amour, les femmes et le mariage.**

9 « Si je vous le disais, que six mois de silence
Cachent de longs tourments et des vœux insensés : »
MUSSET, **Poés. nouv.,** À Ninon.

ANT. — Raisonnable, sensé.

INSENSIBILISER. *v. tr.* (1873 in P. LAROUSSE ; dér. de *insensible*). *Méd.* et *Chir.* Rendre insensible. V. **Anesthésier ; chloroformer, éthériser...** *Insensibiliser un membre, les nerfs d'une dent. Insensibiliser un malade avant de l'opérer*.* V. **Endormir.**

DER. — **Insensibilisation.** *n. f.* (fin XIXᵉ s.). *Chir.* Action d'insensibiliser ; résultat de cette action. V. **Anesthésie.**

INSENSIBILITÉ. *n. f.* (1314 ; bas lat. *insensibilitas*). Absence de sensibilité physique ou morale.

|| 1º (Au physique). *Insensibilité d'un nerf, d'un organe, du corps... Insensibilité artificielle, pathologique...* (V. **Anesthésie***). *Insensibilité partielle* (Hypoesthésie). *Dans un état de faiblesse* (cit. 1) *et d'insensibilité* (V. **Inconscience, léthargie, paralysie**). *Insensibilité dans l'extase*.* — *Insensibilité à la douleur.* V. **Analgésie.** *Insensibilité acquise par accoutumance*.*

1 « ... il faut... tenir compte du caractère et des habitudes du peuple moscovite, de son entêtement, de sa résignation, de son insensibilité à la douleur. » HENRIOT, **Romantiques,** p. 374.

|| 2º (Au moral). V. **Apathie, aridité** (du cœur), **détachement, dureté** (4º), **indifférence, indolence** (*vx*, 1º et 2º). *Apparente insensibilité.* V. **Calme, froideur, impassibilité.** *Cultiver* (cit. 12) *son insensibilité naturelle. Insensibilité aux émotions* (V. **Imperméabilité**), *aux compliments* (cit. 4), *aux reproches, etc.* (Cf. Chose, cit. 20). *Insensibilité artistique, en matière poétique* (Cf. Fond, cit. 58). — *Par métaph. Insensibilité de la nature, de la mer...* (Cf. Immuabilité, cit. 1).

2 « Je ne veux point dans cette adversité
Parer mon cœur d'insensibilité
Et cacher l'ennui qui me touche ;
Je renonce à la vanité
De cette dureté farouche
Que l'on appelle fermeté ; »
MOL., **Psyché,** II, 1.

3 « La sensibilité de l'homme aux petites choses et l'insensibilité pour les grandes, marque d'un étrange renversement. »
PASC., **Pens.,** III, 198.

4 « L'insensibilité à la vue des misères peut s'appeler dureté ; s'il y entre du plaisir, c'est cruauté. » VAUVEN., **De l'esprit hum.,** XLV.

5 « Le fond en lui (*Louis XV*) était l'insensibilité, l'ennui, le rien. »
MICHELET, **Extr. hist.,** Hist. de France, p. 251.

6 « ... le contact avec la misère... avait comme tari son imagination ; d'où cette parfaite insensibilité, cet aveuglement à l'égard d'autrui,... »
CHARDONNE, **Destin. sentim.,** p. 193.

— *Spécialt.* (En amour). V. **Cruauté** (*vx*), **froideur.** *La plus froide insensibilité* (Cf. Extrémité, cit. 17 ; fidélité, cit. 4).

7 « Je ne vous ai tenue dans mes bras qu'un instant, mais ce fut assez pour mesurer tant de raideur et de refus que, non seulement je ne regrette pas notre rupture, mais je me loue de n'avoir pas lié ma vie à celle d'une femme dont l'insensibilité tient du prodige. »
MAUROIS, **Terre promise,** XIV.

ANT. — Hyperesthésie. Attendrissement, commisération, compassion, cordialité, douceur, émoi, émotion, enthousiasme, sensibilité.

INSENSIBLE. *adj.* (XIIIᵉ s. ; bas lat. *insensibilis*).

I. Qui ne sent pas, ne ressent rien.

|| 1º Qui n'a pas de sensibilité physique (V. **Inanimé, mort...**). *Êtres insensibles et muets* (Cf. Ignorance, cit. 12). *Minéral insensible* (Cf. Inactif, cit. 1).

1 « Je comprends mieux que personne du monde les sortes d'attachements qu'on a pour des choses insensibles, et par conséquent ingrates ; mes folies pour Livry en sont de belles marques. »
SÉV., **1073,** 18 oct. 1688.

2 « Sur la pierre insensible où mes pleurs ont coulé. »
M.-J. CHÉNIER, **Fénelon,** IV, III.

— Qui n'éprouve pas les sensations habituelles, normales (V. **Insensibilité,** 1º). *Nerf, membre insensible. Rendre insensible.* V. **Insensibiliser*.** — *Insensible au froid, à la chaleur... Homme que la léthargie, la paralysie* rend insensible. — *Par ext. Insensible à telle action, à telle influence.* V. **Invulnérable, réfractaire.**

3 « ... les secrets qui font la peau insensible pour quelque temps à l'action du feu,... » VOLT., **Annales de l'Empire,** Charles le Chauve, 877.

|| 2º Qui n'a pas de sensibilité morale. V. **Apathique, assoupi, calme*** (2º), **détaché, engourdi, froid, glacial, im-**

passible, imperméable, imperturbable, indifférent, indolent (2°, *vx*), **inhumain, ladre** (*vx*), **léthargique, sec**... (Cf. Bénir, cit. 5 ; flegmatique, cit. 2). *Dur et insensible.* V. **Aride** (*fig.*), **cruel, dur, égoïste, endurci, impitoyable, implacable, inexorable**... ; **cœur** (sans), **entrailles** (sans). *Âme insensible.* V. **Étroit.** *Cœur insensible* (Cf. Cœur de bronze, de granit, de marbre, de pierre, de roc,...). *Rendre insensible.* V. **Dessécher, endurcir, ossifier, racornir** (*fig.*). Cf. Cicatrice, cit. 8.

4 « Et je suis insensible alors qu'il faut trembler. »
CORN., **Cinna,** IV, 4.

5 « On les croit insensibles (*les âmes vertueuses*), parce que non seulement elles savent taire, mais encore sacrifier leurs peines secrètes. »
BOSS., **Orais. fun. Marie-Thérèse d'Autriche.**

6 « Soumis à la loi seule, insensible comme elle, »
VOLT., **Tancrède,** II, 6.

7 « L'homme insensible et froid en vain s'attache à peindre
Ces sentiments du cœur que l'esprit ne peut feindre ; »
CHÉNIER, **Épit.,** I.

8 « Pauvre petite femme ! pensa-t-il avec attendrissement. Elle va me croire plus insensible qu'un roc ; il eût fallu quelques larmes là-dessus ; mais, moi, je ne peux pas pleurer ;... » FLAUB., **Mᵐᵉ Bovary,** II, XIII.

— *Insensible à une émotion, à une influence...* V. **Immobile** (*vx*), **imperméable, inaccessible,**... (Cf. Centre, cit. 14 ; graviter, cit. 7). *Insensible aux compliments, aux outrages, aux injures, aux railleries.* V. **Indifférent** (Cf. Écraser, cit. 3). *Insensible au sentiment, à la beauté, au charme, à la poésie...* V. **Étranger** (cit. 30). Cf. *aussi* Barbare, cit. 13 ; exclusif, cit. 4 ; incantateur, cit. 1. *L'habitude* (cit. 35) *les rend insensibles à ce genre de spectacle* (Cf. Ne faire ni chaud ni froid). *Demeurer insensible aux prières, aux supplications.* V. **Sourd** (Cf. Ne rien connaître*).

9 « Crois-tu donc que je sois insensible à l'outrage...? »
CORN., **Hor.,** IV, 5.

10 « Êtes-vous donc... insensible au plaisir de revoir vos proches...? »
FÉN., **Télém.,** XI.

11 « C'est l'amour qu'il avait pour l'esprit qui rendait Voltaire insensible au lyrisme. »
GIDE, **Prétextes,** p. 18.

— *Spécialt.* V. **Froid*** ; **frigide**... *Insensible à l'amour, à la passion, à de tendres protestations* (Cf. Ardent, cit. 28), *aux plus doux appas* (cit. 14)... Cf. Figurer, cit. 8. — *Absolt. Affecter* (cit. 9) *de paraître insensible. Ne pas être insensible.* V. **Bois** (ne pas être de). *Cœur insensible* (Cf. Forcer, cit. 19). *Femme insensible.* V. **Cruel** (*supra* cit. 14). — *Par ext. Baisers insensibles.*

12 « Une femme insensible est celle qui n'a pas encore vu celui qu'elle doit aimer. »
LA BRUY., III, 81.

13 « ... ne puis-je donc espérer que vous partagerez... le trouble que j'éprouve...? J'ose écrire cependant que, si vous le connaissiez bien, vous n'y seriez pas entièrement insensible. Croyez-moi, Madame, la froide tranquillité, le sommeil de l'âme, image de la mort, ne mènent point au bonheur ;... » LACLOS, **Liais. dang.,** XLVIII.

14 « Ses cris me reprochaient des caresses paisibles ;
Mes baisers, à l'entendre, étaient froids, insensibles ;
Le feu qui la brûlait ne pouvait m'enflammer,
Et mon sexe cruel ne savait point aimer. »
CHÉNIER, **Élégies,** XVIII.

— *Substant.* et *Vieilli. Un insensible* (Cf. Attrait, cit. 14 GIDE). *Une belle insensible* (employé surtout dans le langage galant, aux XVIIᵉ et XVIIIᵉ siècles (Cf. Inhumaine...).

15 « Que tout aime à présent : l'insensible n'est plus. »
LA FONT., **Fabl., Append.,** III.

II. Qu'on ne sent pas, qu'on ne perçoit pas ou qui est à peine sensible, perceptible. V. **Imperceptible, léger.** *Pouls insensible* (Cf. Inégal; cit. 10 FLAUB.). *Le balancement* (cit. 3) *insensible de la mer. Force insensible d'un courant* (2, cit. 13 PROUST). — *Finesses, nuances insensibles à un esprit grossier.* — *Spécialt.* En parlant de ce qui est graduel, progressif. *Mouvement, gradation* (cit. 1), *dégradation insensible* (Cf. Arrondir, cit. 5). *Degrés, variations insensibles* (Cf. Continuité, cit. 4 ; darwiniste, cit. 2 ; graduel, cit. 1). *Le pas, la marche insensible du temps* (Cf. Avancer, cit. 10). *Pente* insensible.*

16 « ...tout à coup on se trouve plongé dans l'abîme sans avoir pu remarquer le fatal moment d'un insensible déclin :... »
BOSS., **Orais. fun. Le Tellier.**

17 « Le mécanicien siffla encore, longuement, ouvrit son régulateur, démarrant la machine. On partait. D'abord, le mouvement fut insensible, puis le train roula. » ZOLA, **La bête humaine,** p. 35.

18 « Ses harmonies (*de Racine*) sont trop subtiles, son dessin trop pur, son discours trop élégant et trop nuancé, pour n'être 'pas insensibles à ceux-là qui n'ont pas de notre langage une connaissance intime et originelle. » VALÉRY, **Variété II,** p. 130.

ANT. — **Sensible*, hypersensible. Douillet. Accessible, compatissant, doux, ému, impressionnable. Ardent, brûlant, chaud, enflammé. Notable, perceptible. Abrupt** (pente).

DER. — **Insensiblement.** *adv.* (vers 1300). D'une manière insensible, peu sensible. V. **Doucement, peu** (à peu). *Insensiblement, par gradation* (cit. 6), *par nuances* (Cf. Homme, cit. 4). *Aiguille de montre qui s'avance insensiblement, très lentement* (Cf. Image, cit. 39). *Accélérer* (cit. 7), *glisser* (cit. 1), *filtrer* (cit. 9)..., *se rapprocher, se retirer insensiblement* (Cf. Attirer, cit. 10 ; attraction, cit. 9). *Changer, entraîner quelqu'un insensiblement* (Cf. But, cit. 5 ; époux, cit. 12). *La force de l'habitude* (cit. 24) *le gagne insensiblement. En venir insensiblement à...* V. **Aiguille** (de fil en).

« Tout ce qui vit se modifie sans cesse, mais insensiblement et presque à notre insu. »
FRANCE, **Jardin d'Épicure,** p. 100.

INSÉPARABLE. *adj.* (vers 1300 ; lat. *inseparabilis*). Que l'on ne peut séparer. V. **Joint, uni.** *Attribut* inséparable* (V. **Inhérent**). *Idées, opérations, phénomènes inséparables.* V. **Consubstantiel** (*par ext.*). Cf. Abstraction, cit. 2 ; éthique, cit. 3. — *Effet inséparable de la cause. La foi est inséparable de la contrition* (Boss.). *Les afflictions* (cit. 5), *les vices... inséparables de la faiblesse humaine* (Cf. Aspect, cit. 25 ; caducité, cit. 3).

« ... idées... jointes ensemble et inséparables,... » DESC., **Médit.,** III.   1

« Tout sentiment de peine est inséparable du désir de s'en délivrer ; toute idée de plaisir est inséparable du désir d'en jouir ; tout désir suppose privation, et toutes les privations qu'on sent sont pénibles ;... »
ROUSS., **Émile,** II.   2

« La pauvreté lui semblait inséparable d'une existence héroïque. »
ROMAINS, **H. de b. vol.,** t. III, I, p. 19.   3

— (En parlant des personnes). *Deux amis* inséparables ; ils sont inséparables.* V. **Compagnon, compère** (Cf. Comme l'ombre et le corps, et *pop.* Comme cul et chemise...). *Devenir inséparables* (Cf. Baragouiner, cit. 1 ; confiance, cit. 4). *X... et son inséparable parapluie. Don Quichotte et son inséparable Sancho.* V. **Éternel, inévitable.** — *Couple inséparable.*

« La sottise et la vanité sont compagnes inséparables ! »
BEAUMARCH., **Mère coupable,** II, 7.   4

« ... ils étaient si connus pour être inséparables qu'on les invitait à la campagne ensemble. »
BALZ., **Albert Savarus, Œuvr.,** t. I, p. 832.   5

« Taisez-vous ! vous allez me dire que Dieu a entendu vos serments, que vous ne pouvez vivre sans lui, que vos destinées sont inséparables, que la mort seule peut briser votre union ? »
VIGNY, **Cinq-Mars,** XXIII.   6

« ... l'habitude où sont les gens au pays de Bresse de porter toujours devant eux un tablier de cuir, dont ils sont aussi inséparables que l'Espagnol de sa cape et l'Écossais de son plaid,... »
GAUTIER, **Souv. de théâtre...,** p. 11.   7

— Substant. *Deux inséparables.* — *Par anal.* (Ornith.). *Inséparables :* se dit de perruches qui ne peuvent être élevées que par paires.

ANT. — **Décomposable, séparable.**

DER. — **Inséparabilité.** *n. f.* (vers 1400). Caractère de ce qui est inséparable. — **Inséparablement.** *adv.* (XIVᵉ s.). D'une manière inséparable. *Inséparablement joints, unis, assemblés...*

« ... l'unité, la simplicité ou l'inséparabilité de toutes les choses qui sont en Dieu... » DESC., **Médit.,** III.

INSÉRER. *v. tr.* (1319 ; lat. *inserare*). Introduire* une chose dans une autre de façon à l'y incorporer*. *Insérer une feuille, un feuillet, un cahier, un carton* dans un livre* (V. **Intercaler, interfolier**). *Insérer dans un cadre* (V. **Encadrer**), *dans une monture* (V. **Enchâsser, enchatonner, sertir**... Cf. Horloger, cit. 4). *Insérer des fragments ornementaux à la surface d'un objet...* V. **Incruster.** *Insérer une greffe sous l'écorce.* V. **Enter, greffer, implanter.** — (Sans idée d'incorporation) *Mettre, glisser dans. Insérer une photo dans la feuillure* (cit.) *d'une glace. Insérer un encart.* V. **Encarter.**

« Le moi n'aime pas qu'une personne humaine soit entée sur sa personne. Il se défie de ce scion vivant qu'on veut insérer à sa tige. »
SUARÈS, **Trois hommes,** Ibsen, VIII.   1

« Pourtant, la seule existence de ce papier, que le vieillard avait, non sans intention, inséré dans l'enveloppe même de son testament,... »
MART. du G., **Thib.,** t. IV, p. 225.   2

— *Par ext.* V. **Ajouter, entrer** (faire), **introduire, mettre ; fourrer** (*fam.*) ; **entremêler.** *Insérer une ariette* (cit. 2) *dans une pièce de théâtre, des épisodes* (cit. 1) *dans un argument, des exemples* (cit. 36) *dans un dictionnaire, des gloses* (cit. 4) *dans un texte, une clause* dans un acte, un contrat...* (Cf. Apanage, cit. 1 ; comparant, cit.). *Insérer un texte, une annonce, un article... dans un journal, une revue...* (Cf. Feuilleton, cit. 3 ; forcer, cit. 7 ; galerie, cit. 7). V. **Insertion.** — *Prière d'insérer :* encart imprimé contenant des indications sur un ouvrage et qui est joint aux exemplaires adressés à la critique.

« J'y ai inséré (*dans la tragédie de Mithridate*) tout ce qui pouvait mettre en jour les mœurs et les sentiments de ce roi,... »
RAC., **Mithr.,** Préface.   3

« Par suite de l'amendement Riancey à la loi sur la presse, il était défendu aux journaux d'insérer ce que l'assemblée s'est plu à appeler le *feuilleton-roman.* » NERVAL, **Filles du feu,** Angélique, 1ʳᵉ lettre.   4

« ... il vient de me dire que l'article lui convenait tout à fait, et qu'il l'insérerait, mais seulement le 1ᵉʳ octobre ;... »
STE-BEUVE, **Corresp.,** 313, 6 sept. 1833.   5

— Fig. *Insérer un souvenir entre d'autres* (Cf. Figurer, cit. 6 BERGSON).

‖ **S'INSÉRER.** *v. pron. Hist. nat.* S'attacher* à, sur. V. **Implanter** (s'). Cf. Canal, cit. 12. *Les muscles s'insèrent sur les os.* V. **Attacher** (s'), **insertion.** — *Akènes insérés à la surface de la fraise* (Cf. Grain, cit. 14).

— Fig. *S'insérer dans un contexte, dans un cadre* (cit. 8)...

6 « C'est probablement au niveau de la substance grise que l'esprit, suivant l'expression de Bergson, s'insère dans la matière. »
CARREL, L'homme, cet inconnu, IV, VII.

ANT. — Ôter, retirer, retrancher.

INSERMENTÉ. adj. m. (1792, Cf. BRUNOT, H.L.F., t. IX, p. 895 ; on a dit aussi *inassermenté, insermentaire* et *non-sermenté ; de in-,* et *serment*). Se dit des Prêtres qui refusèrent de prêter serment lorsque la Constitution civile du clergé fut proclamée (1790). V. **Réfractaire** (ANT. **Assermenté, constitutionnel**).

« Presque partout, les ecclésiastiques qui avaient prêté serment à la Constitution civile, non reconnue par le pape, furent reniés par les fidèles, le prêtre « insermenté » fut le vrai prêtre. »
BAINVILLE, Hist. de France, XVI, p. 340.

INSERTION. n. f. (1535 ; lat. *insertio*). Action d'insérer ; son résultat. V. **Introduction.** *Insertion d'un feuillet dans un livre, d'une greffe sous l'écorce.* — Par ext. *Insertion d'une note dans un texte.* Dr. *Insertion d'une formule, d'une stipulation particulière dans un contrat...* — *Insertion d'une annonce, d'un article dans une revue, un journal.* — Spécialt. Dr. *Insertion légale :* « publication par la voie des journaux, prescrite par la loi ou par une décision judiciaire » (CAPITANT). *Insertion, refus d'insertion de la réponse à un article de presse. Insertion d'un jugement d'interdiction ou de déclaration de faillite, d'une vente de fonds de commerce, etc.*

1 « Il sera justifié de l'insertion aux journaux par un exemplaire de la feuille,... » CODE PROC. CIV., Art. 698.

2 « Cette insertion (*de la réponse*) devra être faite à la même place et en mêmes caractères que l'article qui l'aura provoquée et sans aucune intercalation. »
LOI du 29 juillet 1881, Art. 13 (Loi du 29 sept. 1919).

3 « M'autorisez-vous,... à lui dire de préparer,... un article...? Dans ce cas, il est nécessaire que je puisse m'assurer de l'insertion, car... il ne veut plus travailler en vain. » BLOY, Le désespéré, p. 165.

— Spécialt. Hist. nat. V. **Attache** (cit. 8), **emboiture.** *Insertion des muscles, des ligaments sur un os* (Cf. Epiphyse, cit.). *Mode, point d'insertion.* — *Insertion des étamines sur l'ovaire.*

— Fig. L'incarnation (cit. 6), « *insertion d'une donnée spirituelle dans un corps de chair* » (DANIEL-ROPS).

INSIDIEUX, EUSE. adj. (1420 ; rare jusqu'au XVIIᵉ s. ; lat. *insidiosus,* de *insidiæ,* « embûche »). Qui a le caractère d'une embûche*, d'un piège*. V. **Trompeur.** *Une manière de procéder insidieuse et perfide* (ROUSS.). *Question insidieuse. Flatteries, promesses insidieuses.* V. **Fallacieux** (Cf. Bas 1, cit. 36). *Sophisme insidieux.* V. **Captieux.** — Spécialt. (1765). Méd. *Fièvre, maladie insidieuse,* dont l'apparence bénigne masque au début la gravité réelle. V. **Sournois.** — Par anal. *Odeur insidieuse,* qui se répand insensiblement et comme subrepticement.

1 « Non, de tous les amants les regards, les soupirs
Ne sont point des pièges perfides...
Toujours la feinte mensongère
Ne farde point de pleurs, vains enfants des désirs,
Une insidieuse prière. » CHÉNIER, Odes, II, III.

2 « ... le docteur, aussitôt appelé, déclara « préférer » la « sévérité », la « virulence » de la poussée fébrile qui accompagnait ma congestion pulmonaire et ne serait « qu'un feu de paille » à des formes plus « insidieuses » et « larvées ». PROUST, Rech. t. p., t. III, p. 86.

3 « Une fois dehors, il sentit à certains signes qu'il allait être envahi par une forme insidieuse de désespérance, dont il savait la puissance d'amertume,... » ROMAINS, H. de b. vol., t. II, XV, p. 180.

4 « L'odeur insidieuse du poireau se répandait, soudain plus hardie, dans les chambres et l'escalier,... » DUHAM., Pasq., III, I.

— Par ext. Qui tend des pièges, dresse des embûches. V. **Rusé.** *Un espion insidieux.*

5 « Essayez de me donner le change en feignant de le prendre, insidieux valet !... » BEAUMARCH., Mar. Figaro, III, 5.

6 « L'ambition, serpent insidieux,
Arbre impur que déguise une brillante écorce. »
CHÉNIER, Odes, I, XV.

DER. — Insidieusement. adv. (XIVᵉ s.). D'une manière insidieuse.

« À nos yeux, l'État est un peu comme un ennemi, contre lequel il faut se défendre, auquel il est prudent de soustraire, dans l'intérêt supérieur de la famille, le plus possible de ce qu'il cherche insidieusement à vous prendre. » SIEGFRIED, L'âme des peuples, III, IV.

1. INSIGNE. adj. (XIVᵉ s. ; lat. *insignis*). Qui s'impose ou qui est digne de s'imposer à l'attention. V. **Remarquable*; éclatant, éminent, fameux.** *Honneur* (cit. 70), *valeur, gloire insigne. Service insigne.* V. **Important, signalé.** *Faveur, grâce insigne. Occuper une place insigne* (Cf. Culture, cit. 19). — Péjor. ou Ironiqt. *Maladresse insigne* (Cf. État, cit. 107). *Cet insigne animal de X... a tout gâché* (Cf. Infini, cit. 23 STENDHAL).

1 « C'est fait, j'ai dévidé le cours de mes destins,
J'ai vécu, j'ai rendu mon nom assez insigne,... »
RONSARD, Pièces posth., Derniers vers, Sonnet VI.

2 « ... les rois ont une obligation insigne à ceux qui demeurent dans leur obéissance,... » PASC., Lettre à Mˡˡᵉ de Roannez, Sept.-oct. 1656.

3 « ... une marque insigne, un fameux témoignage
De la méchanceté des hommes de notre âge. »
MOL., Misanthr., V, 1.

« Ses soins ne purent faire
Qu'elle échappât au temps, cet insigne larron. »
LA FONT., Fabl., VII, 5.
4

« Il aurait dû périr par un supplice insigne. »
VOLT., Triumvirat, IV, 6.
5

« Tu n'auras pas l'insigne avantage de voir le drôle qui répond au nom de Maxime Du Camp. » FLAUB., Corresp., 188, 23 févr. 1847.
6

« C'est pourquoi je considère en l'occurrence le moindre mandat d'arrêt comme une insigne maladresse. »
GIDE, Faux-Monnayeurs, I, II.
7

2. INSIGNE. n. m. (1484, au plur. ; rare jusqu'en 1821 ; lat. *insignia,* pl. n. de *insignis*. V. **Enseigne**). Marque extérieure et distinctive d'une dignité*, d'une fonction*, d'un grade*. V. **Emblème*, marque, signe, symbole.** *Les insignes de la royauté* (V. **Sceptre**). *Hérauts* (cit. 2) *portant les insignes royaux. Insigne honorifique.* V. **Décoration*, médaille** (Cf. Étole, cit. 1). *Insignes de la Légion* d'honneur. *Député, maire, maréchal revêtu de ses insignes* (V. **Écharpe**). *Insignes professionnels du commissionnaire, du garde-champêtre* (V. **Plaque**), *du bedeau, des anciens huissiers* (V. **Verge**). *Port illégal d'insignes.* — Fig. *Les insignes de la servitude.* V. **Livrée.** — Par ext. et au sing. (XXᵉ s.). *Signe distinctif des membres d'un groupe, d'un groupement. Arborer* à sa boutonnière *l'insigne d'une association sportive, d'un parti politique... Insigne des scouts, des anciens prisonniers de guerre... Porter comme insigne un brassard, une cocarde*. *Insigne de la Croix*-Rouge.*

« Il était mis élégamment, portait les insignes de l'ordre de la Toison d'Or et une plaque à son habit. »
BALZ., Ferragus, Œuvr., t. V, p. 55.
1

« Ils avaient des décorations, des insignes au veston, avec des lys, des faisceaux, des glaives, des croix, des têtes de mort. »
NIZAN, Cheval de Troie, p. 158.
2

« Ils (*ces jeunes gens*) se firent faire un insigne tricolore qui se portait à la boutonnière,... » ARAGON, Beaux quartiers, I, VII.
3

INSIGNIFIANT, ANTE. adj. (1767 DIDER. ; de *in-,* et *signifier*). Qui ne signifie* rien, ne veut pas dire grand-chose, n'a pas de portée, d'importance, de conséquence. V. **Banal, dérisoire.** *Mot insignifiant, parole, phrase insignifiante. Écrire* (cit. 41) *quelque chose d'insignifiant. Caquetage* (cit. 1), *verbiage insignifiant.* V. **Frivole, futile, vide** (Cf. Du vent*). *C'est un roman insignifiant, de la bouillie* (cit. 4) *pour les chats.* V. **Médiocre, nul.** *Détails, faits* (cit. 29) *insignifiants.* V. **Infime, mince, minime, négligeable, petit*** (Cf. Amplifier, cit. 4 ; convaincre, cit. 6). *Bobo insignifiant.* V. **Anodin** (Cf. Chancre, cit. 1). *Distance* (Cf. Fusion, cit. 1) *insignifiante. Economie insignifiante.* V. **Mesquin** (Cf. De bouts de chandelle* ; une goutte* d'eau dans la mer). *Erreur, faute insignifiante.* V. **Véniel** (Cf. Il n'y a pas de quoi fouetter un chat*). *Ne dramatisez pas cette affaire insignifiante.* V. **Malheureux, misérable.** *C'est insignifiant* (Cf. Peu* de chose ; cela ne vaut pas la peine* d'en parler). « *Tout ce qui est exagéré* (cit. 22) *est insignifiant* ». *Chose insignifiante, de peu de prix, de peu de valeur*.* V. **Bagatelle, bricole, brimborion, broutille, fanfreluche, misère, pacotille** (de), **rien, vétille** (Cf. De quatre sous*).

« C'est une belle main qui trace des choses insignifiantes, dans les plus beaux caractères... » DIDER., Salon de 1767, La chaste Suzanne.
1

« ... que les mots sont froids, insignifiants, que la parole est misérable quand on veut essayer de dire combien l'on aime ! »
MUSSET, Bettine, VI.
2

« Je n'ai du reste aucun mépris pour tout cela, mais qui reste pour moi sans réelle signification ; « insignifiant », au sens propre du mot. »
GIDE, Journal, 10 déc. 1942.
3

« Quant à ses romans mondains, qu'il produisait d'une veine avare, ils ne lui rapportaient que des droits insignifiants. »
ROMAINS, H. de b. vol., t. III, XIII, p. 177.
4

— Par ext. (En parlant d'une personne sans caractère, sans personnalité). V. **Effacé, falot, inconsistant, terne.** *Un petit bonhomme insignifiant.* V. **Fantoche, myrmidon, pygmée.** *Gens insignifiants.* V. **Fretin.** *Comparse insignifiant* (Cf. La cinquième roue* du carrosse). *Une petite femme fade et insignifiante.* V. **Poupée.** — *Un visage insignifiant, commun, ordinaire, inexpressif.* V. **Quelconque.**

« ... il n'avait pas plus de vingt ans, et son visage était assez insignifiant ;... » VIGNY, Cinq-Mars, I.
5

« Le marquis est un homme assez insignifiant : il est bien en cour? ses qualités sont négatives comme ses défauts ; les unes ne peuvent pas plus lui faire une réputation de vertu que les autres ne lui donnent l'espèce d'éclat jeté par les vices. »
BALZ., Étude de femme, Œuvr., t. I, p. 1048.
6

« La sœur aînée, Rose, était laide, plate, insignifiante, une de ces filles qu'on ne voit pas, à qui on ne parle pas, et dont on ne dit rien. »
MAUPASS., Bel-Ami, II, III.
7

« ... cet homme fluet qu'elle avait toujours jugé insignifiant et négligeable... » FRANCE, Mannequin d'osier, I, Œuvr., t. XI, p. 333.
8

« Je ne suis presque jamais sorti de Paris ; je n'ai rien vu, je ne sais rien, je suis un homme quelconque, un homme insignifiant, oui, oui, insignifiant. Je n'ai rien à vous raconter d'extraordinaire. »
DUHAM., Salavin, I, VIII.
9

ANT. — Attachant, capital ; conséquence (de), considérable, coquet, crucial, énorme, extraordinaire, grave, historique, important, imposant, intéressant, remarquable.

DER. — **Insignifiance.** n. f. (1787). Caractère de ce qui est insignifiant. *Insignifiance d'un mot* (Cf. Dada, cit. 5). *Insignifiance des choses passagères.* V. **Futilité, vileté** (Cf. Accidentel, cit. 1). *Insignifiance d'une œuvre d'art.* V. **Faiblesse** (ANT. Importance, signification).

1 « ... ses traits offraient la perfection et l'insignifiance de la beauté grecque. » STENDHAL, Le rouge et le noir, II, VI.

2 « Dans l'ensemble, ce dont les Français ont à se plaindre n'est que le pli d'une feuille de rose en comparaison de tant de calamités qu'ils ont subies ou qu'ils subiront. On est frappé de l'insignifiance de leurs sujets de mécontentement. » BAINVILLE, Hist. de France, XIV, p. 280.

INSINCÈRE. adj. (1794 in POUGENS ; de in-, et sincère). Qui n'est pas sincère. *Confession insincère. Enthousiasme insincère.* V. **Factice.**

« Éloquent, phraseur, insincère, enivré d'adulation,... » HENRIOT, Portr. de femmes, p. 332.

INSINCÉRITÉ. n. f. (XIXᵉ s.). V. **In-**, et sincérité.

« Il ne veut pas de discours sur sa tombe. Il connaît l'insincérité des discours qu'il a prononcés sur la tombe des autres. » J. RENARD, Journal, 10 déc. 1906.

INSINUANT, ANTE. adj. (1654 ; de insinuer). Qui s'insinue* doucement, subtilement auprès des gens. *Un intrigant flatteur et insinuant. Femme insinuante* (Cf. Coquin, cit. 8). *Esprit insinuant.* V. **Adroit** (cit. 4 LA ROCHEF.). — *Par ext.* Qui est propre à circonvenir autrui. V. **Attirant, captieux, engageant, patelin.** *Chatteries*, façons, manières insinuantes* (Cf. Autre, cit. 93). *D'une voix onctueuse et insinuante. Agir d'une manière insinuante.* V. **Furtif, indirect, secret.**

1 « ... ils rient d'imaginer toutes les sottises qu'un fourbe adroit, un parleur insinuant pourrait persuader au peuple de Paris ou de Londres. » ROUSS., Contrat social, IV, I.

2 « À sa suite parut le jeune Mazarin, toujours souple et insinuant, mais déjà confiant dans sa fortune. » VIGNY, Cinq-Mars, VII.

3 « ... pour ne pas éveiller le soupçon, était-il flatteur jusqu'à la nausée, insinuant comme un parfum et caressant comme une femme. » BALZ., Les employés, Œuvr., t. VI, p. 885.

INSINUATION (-syon). n. f. (1319, sens jurid. ; lat. *insinuatio*).

|| 1º *Anc. Dr.* Notification ou inscription d'un acte sur un registre qui lui donne authenticité. *Insinuation d'un testament, d'un contrat* (Cf. Insinuer, cit. 1).

|| 2º *Vx.* (XVIIᵉ s.). Action d'insinuer* ou de s'insinuer*. *Insinuation d'une sonde dans une plaie.* « *L'insinuation de l'aliment dans les parties qui le reçoivent* » (BOSS.). — *Fig.* et *vx.* Adresse à s'insinuer.

|| 3º Action ou manière adroite, subtile de faire entendre une chose qu'on n'affirme (cit. 2) pas positivement. *Procéder par insinuation* (V. **Allusion**). — *Par ext.* (1704). La chose elle-même que l'on donne à entendre. *Insinuations calomnieuses, fielleuses* (Cf. Exciter, cit. 42), *perfides* (Cf. Huile, cit. 30), *mensongères.* V. **Accusation, attaque** (cit. 6), calomnie, propos.

1 « ... les mêmes armes, qui sont la parole flexible, la grâce engageante, les insinuations, le tact, le sentiment juste du moment opportun, l'art de plaire, de demander et d'obtenir ;... » TAINE, Orig. France contemp., II, t. I, p. 206.

2 « La principale difficulté vient de ce que ma phrase sans cesse suggère plutôt qu'elle n'affirme, et procède par insinuations... » GIDE, Journal, 7 janvier 1918.

3 « Tu ne te figures pas combien certaines conversations entre elle et moi sont prudentes et diplomatiques. Des insinuations. Du sous-entendu. » ROMAINS, Une femme singulière, p. 11.

INSINUER. v. tr. (1336, au sens jurid. ; XVIᵉ s. au sens mod. ; lat. *insinuare*).

|| 1º *Anc. Dr.* Inscrire un acte dans un registre qui lui donne authenticité. *Insinuer une donation.*

1 « M. Leriche m'écrit... qu'il faut faire insinuer mon contrat de deux cent mille livres,... mais je crois qu'il ne faut pas se presser de faire l'insinuation,... » VOLT., Corresp., 3209, 27 oct. 1767.

|| 2º Faire pénétrer doucement et adroitement quelque chose. V. **Glisser, introduire.** *Insinuer une sonde, une mèche dans une plaie* (ACAD.). — *Par métaph.* (Cf. Ferment, cit. 3). *Démon qui insinue son venin dans les cœurs* (Cf. Imperceptible, cit. 1). — *Pronominalt. Eau courante qui s'insinue à travers des bassins.* V. **Infiltrer** (s'). *Reptile qui s'insinue subtilement.* V. **Couler** (se), **glisser** (se glisser*, cit. 48). — *Par métaph.* V. **Pénétrer.** *Le poison de l'envie* (cit. 9) *s'insinue dans les veines. Chemin, sentier qui s'insinue entre des murailles, dans la pénombre* (Cf. Flanc, cit. 11 ; illuminer, cit. 5). *Idées nouvelles qui s'insinuent dans le monde* (Cf. Filtrer, cit. 9).

2 « Quand on veut poursuivre les vertus jusqu'aux extrêmes de part et d'autre, il se présente des vices qui s'y insinuent insensiblement,... » PASC., Pens., VI, 357.

3 « Il faut que... (le baume) soit chaud, et qu'il pénètre et s'insinue dans le mal... » SÉV., 945, 15 déc. 1684.

4 « L'œil avide et téméraire s'insinue impunément sous les fleurs d'un bouquet ; il erre sous la chenille et la gaze, et fait sentir à la main la résistance élastique qu'elle n'oserait éprouver. » ROUSS., Julie, 1ʳᵉ part., Lettre XXIII.

5 « Parfois la garnison se relâche, et une poterne est bien vite ouverte, par quoi s'insinue l'ennemi. » GAUTIER, Capit. Fracasse, XIII, t. II, p. 110.

6 « Il demeura un long moment dans cet état de confuse béatitude, avant de discerner par quelle partie de son corps, par quel point de sa frontière, s'insinuait cette tiède sensation de bien-être. » MART. du G., Thib., t. II, p. 155.

— *Fig.* Faire adroitement entrer (cit. 20), pénétrer dans l'esprit. V. **Conseiller, instiller, suggérer.** *Habitudes* (cit. 5) *morales insinuées de longue date.* — *Spécialt.* Donner* à entendre quelque chose sans le dire expressément. *Insinuer à quelqu'un que son entourage le dessert.* V. **Avertir, souffler** (à l'oreille*). *Que voulez-vous insinuer par là ?* V. **Dire** (vouloir).

7 « ... ces Messieurs tâchent d'insinuer que ce n'est point au théâtre à parler de ces matières ;... » MOL., Tart., Préface.

8 « ... on ne dit rien, on insinua tout ; les grandes réputations furent toutes attaquées,... » MONTESQ., Grand. et décad. des Romains, XVII.

9 « Le duc de Rovigo s'est trouvé chargé de l'exécution ; il avait probablement un ordre secret : le général Hulin insinue. » CHATEAUB., M. O.-T., t. II, p. 323.

10 « ... et qu'ils viennent donc me le dire en face, ce qu'ils vous ont insinué en traîtres, et nous en aurons beau jeu. » SAND, Petite Fadette, XXVIII.

11 « Il n'affirme plus tant ici, mais insinue ; sans discuter jamais, il persuade ; il entre de biais dans l'esprit du lecteur ; je ne sais comment il s'y prend, il fait sienne notre pensée. » GIDE, Nouv. prétextes, Chroniques de l'ermitage, III.

12 « ... un garçon agile trouve l'occasion de rendre des services, et de les faire valoir. Oh ! Je n'insinue pas que le nôtre soit un pêcheur en eau trouble ! » ROMAINS, H. de b. vol., t. V, XVII, p. 123.

— *Pronominalt.* V. **Entrer.** *Les grâces* (cit. 75) *d'une éloquence qui s'insinue dans les cœurs. Pensée lancinante qui s'insinue en nous* (Cf. Abandonner, cit. 11).

13 « ... des mots, des idées qui font explosion en moi, ou qui s'insinuent dans mon esprit comme des parasites venimeux. » DUHAM., Pasq., II, IX.

|| 3º S'INSINUER. v. réfl. S'introduire* habilement, se faire admettre quelque part, auprès (cit. 21) de quelqu'un. *Intrigant qui s'insinue partout.* V. **Faufiler** (se), **fourrer** (se). *S'insinuer par la brigue* (cit. 2), *en flattant* (cit. 36) *ses ennemis* (Cf. Affliger, cit. 2). *Il est là sans cesse, cherchant à s'insinuer auprès d'elle.* V. **Tourner** (tourner autour). — *Fig. S'insinuer dans les bonnes grâces, la confiance d'autrui...,* réussir à capter ses bonnes grâces, sa confiance...

14 « Il n'y a point de palais où il ne s'insinue ;... » LA BRUY., IX, 15.

15 « ... au contraire, les méchants sont hardis, trompeurs, empressés à s'insinuer et à plaire, adroits à dissimuler, prêts à tout faire contre l'honneur et la conscience pour contenter les passions de celui qui règne. » FÉN., Télém., II.

16 « Je m'insinuai si avant dans ses bonnes grâces, que je parvins à partager sa confiance avec le seigneur Carnero, son premier secrétaire. » LESAGE, Gil Blas, XI, VIII.

17 « (Il) restait chez moi du matin au soir plusieurs jours de suite, se mettait à mes promenades, m'apportait mille sortes de petits cadeaux, s'insinuait malgré moi dans ma confidence, se mêlait de toutes mes affaires, sans qu'il y eût entre lui et moi aucune communion d'idées, ni d'inclinations, ni de sentiments, ni de connaissances. » ROUSS., Confess., XII.

18 « ... il vous aborde : vous causez ; il s'insinue, vous offre une prise ou vous ramasse votre chapeau. Puis on se lie davantage ;... » FLAUB., Mᵐᵉ Bovary, II, VI.

DER. — **Insinuatif, ive.** adj. (1625). *Vx.* Qui insinue ou s'insinue.

INSIPIDE. adj. (1503 ; lat. *insipidus*). Qui n'a aucune saveur*, aucun goût* (cit. 7). V. **Insapide.** *L'hydrogène, gaz insipide.* — *Par ext.* V. **Désagréable, fade** (cit. 2 ; Cf. Fadeur, cit. 3). *Breuvage* (cit. 2) *insipide.*

1 « La viande noire est hors de mode, et par cette raison insipide ;... » LA BRUY., XIII, 1.

2 « S'il est question... d'une boisson insipide, comme par exemple, un verre d'eau, on n'a ni goût ni arrière-goût ; on n'éprouve rien, on ne pense à rien ; on a bu, on est insipide. » BRILLAT-SAVARIN, Physiol. du goût, t. II, p. 58.

3 « Gilieth avait ainsi avalé, à son insu, une poudre insipide composée d'éléments saugrenus, dans une tasse de thé à la menthe. » MAC ORLAN, La Bandera, XIV.

— *Fig.* Qui manque d'agrément, de piquant. V. **Ennuyeux** (cit. 8), **fastidieux** (Cf. Forme, cit. 66). *Conte, style, vers insipides.* V. **Imbuvable** (Cf. Écœurant, cit. 5 ; exalter, cit. 3 ; historien, cit. 8). *Longueurs qui rendent un roman insipide.* V. **Affadir.** *Morale assommante* (cit. 4) *et insipide. Mener une existence insipide.* V. **Végéter** (Cf. Fatigant, cit. 5). — Qui manque d'esprit, de vivacité. *Flatteurs insipides* (Cf. Assaisonner, cit. 5). *Personnage insignifiant et insipide* (Cf. Fécondité, cit. 7).

4 « Quelques savants ne goûtent que les apopht(h)egmes des anciens... l'histoire du monde présent leur est insipide ;... » LA BRUY., Disc. s. Théophraste.

5 « Et toute ma grandeur me devient insipide, » RAC., Esth., II, 1.

6 « ... les plus insipides romanciers, qui suppléent à la stérilité de leurs idées à force de personnages et d'aventures. »
ROUSS., Confess., XI.

7 « Il est difficile de lire quelque chose de plus plat, de plus rampant et de plus insipide. »
GAUTIER, Les grotesques, X, p. 358.

8 « Les gammes et les exercices se succédaient, secs, monotones, insipides, plus insipides que les conversations que l'on avait à table, et qui toujours roulaient sur les plats, et toujours sur les mêmes plats. »
R. ROLLAND, Jean-Christ., L'aube, p. 64.

9 « Il trouva dans cet amour un plaisir d'autant plus âcre et vif qu'il avait, lui, le sentiment du péché. Ses aventures passées lui parurent insipides à côté de ce bonheur mêlé de remords. »
MAUROIS, Vie de Byron, II, XVIII.

ANT. — Appétissant, délicieux, divertissant, drôle, exquis, sapide, savoureux.

DER. — Insipidement. adv. (Vers 1765). D'une manière insipide. — Insipidité. n. f. (1572). Caractère de ce qui est insipide, sans saveur*. L'insipidité de l'eau, d'un aliment. — Fig. L'insipidité d'une œuvre, d'un spectacle (Cf. Engouement, cit. 3).

1 « Tout est déjà usé pour eux à l'entrée même de la vie ; et leurs premières années éprouvent déjà les dégoûts et l'insipidité que la lassitude et le long usage de tout semble attacher à la vieillesse. »
MASSILLON, Pet. carême, Malheur des grands.

2 « Mais ce sont les embarras, les ennuis, les contraintes, l'insipidité de la vie qui me fatiguent et me rebutent. »
SENANCOUR, Oberman, XLI.

INSISTANCE. n. f. (1556 ; rare jusqu'en 1801 ; de insister). Action d'insister*. V. **Obstination, persévérance.** Il y met beaucoup d'insistance, une insistance tenace, acharnée. Revenir sur un sujet avec insistance (Cf. Exercer, cit. 7). Supplier quelqu'un avec insistance. V. **Instance** (Cf. A grands cris). Auprès d'un entêté (cit. 12) l'insistance risque de tout gâter (cit. 24). Regarder quelqu'un avec insistance (Cf. Fringuer, cit. 4). Insistance déplacée, indiscrète. V. **Indiscrétion.** — Accent, ton d'insistance (V. **Accentuation**). Devant un nom propre l'article indéfini (cit. 13) marque une insistance particulière. — Par métaph. Sirène qui hurle (cit. 16) avec insistance.

1 « La phrase française est composée d'une série de membres phonétiques, avec insistance de la voix sur la dernière syllabe. »
MAUROIS, Étud. littér., Paul Claudel, t. I, p. 200.

2 « Le lendemain, grâce à une insistance jugée déplacée, Rieux obtenait la convocation à la préfecture d'une commission sanitaire. »
CAMUS, La peste, p. 60.

3 « Aux insistances de la Muse, qui le pressait d'écrire sur ses vers un article, le critique excédé répondit en l'envoyant nettement promener :... »
HENRIOT, Portr. de femmes, p. 353.

4 « Péguy était, fut et reste... le prince inégalé et inégalable de l'insistance pesante, de la pesanteur insistante... le maître et spécialiste du mot repris, du mot assené, du mot ressassé... »
GEORGIN, La prose d'aujourd'hui, p. 149.

INSISTER. v. intr. (1336 s'insister en, « s'appliquer à » ; lat. insistere, « s'appuyer sur »). S'arrêter* avec force sur un point particulier. V. **Appesantir** (s'), **appuyer*** (sur), **souligner** ; **accent** (mettre l'accent sur). Insister sur les syllabes finales. V. **Accentuer.** Insister sur une particularité, un témoignage, un aspect, un caractère... (Cf. Découvrir, cit. 27 ; extrapoler, cit. ; hardiesse, cit. 16 ; haschisch, cit. 7 ; imitateur, cit. 4). Le christianisme ne craint pas d'insister sur les vices de l'homme (cit. 66). Tournures qui insistent sur l'affirmation (cit. 2), sur l'idée de fin (cit. 36). On ne saurait trop insister sur la nécessité de l'hygiène (cit. 8). V. **Recommander.** — Absolt. (Cf. Abuser, cit. 6 ; carrure, cit. 1). Enfin, n'insistons pas. V. **Passer** (passons). J'ai compris, inutile d'insister. V. **Répéter** ; **point** (mettre les points* sur les i). Insistez, insistez : ils finiront par vous croire (Cf. Appuyer sur la chanterelle* ; enfoncer* le clou). — Par métaph. Regard qui insiste (Cf. infra, Insistant, et Gamin, cit. 8).

1 « Je... fais choix des choses dont il a plus besoin d'être instruit, sur lesquelles j'insiste fort et ne lui fais point de quartier. »
LA BRUY., Lettres, XV, 26 mars 1686.

2 « N'oubliez pas d'insister plus que vous ne faites dans votre épître, sur la protection qu'on accordait aux persécuteurs de Corneille et sur l'oubli profond où sont tombées toutes les infamies qu'on imprimait contre lui,... »
D'ALEMB., Lettre à Volt., 8 sept. 1761.

3 « ... une ironie qui glisse et n'insiste pas,... »
STE-BEUVE, Causer. du lundi, 12 nov. 1849.

4 « Insistant sur un sujet qui lui tenait à cœur, il reprit une à une les déformations du squelette... »
FRANCE, Hist. comique, I.

— Spécialt. Appuyer sur une demande, persévérer* à réclamer, à vouloir ou à faire quelque chose. Il a insisté pour l'épouser (Cf. Faire, cit. 10). On insista pour lui fournir (cit. 9) des garanties. — Vx. Insister sur, suivi de l'infinitif. Il insiste à demander telle chose (ACAD.). — Absolt. (Cf. Accoucher, cit. 7 ; coucher, cit. 21). Insistez auprès d'elle, elle acceptera peut-être (V. **Presser, prier**). Gardez-vous d'insister. S'il refuse, n'insistez pas. V. **Obstiner** (s'). Je n'ose pas insister (Cf. Étreinte, cit. 8). — Il avait commencé à étudier le piano, mais il n'a pas insisté. V. **Continuer, persévérer.**

5 « ... une partie du linge fut volé avec d'autres bagatelles... je m'en plaignis, mais si faiblement que je n'insistai point. »
MARIVAUX, Vie de Marianne, I.

« Que voulez-vous avoir de moi ? lui dit-elle un jour qu'il insistait pour lui parler. » 6
Mme de STAËL, Corinne, XV, II.

« — Voici la quatrième fois que monsieur le curé vient pour voir 7 madame la marquise ; et il insiste aujourd'hui si résolument, que nous ne savons plus que lui répondre. »
BALZ., Femme de trente ans, Œuvr., t. II, p. 742.

« Mounier n'en était pas moins resté au château, à la porte du 8 conseil, insistant pour une réponse, frappant d'heure en heure, jusqu'à dix heures du soir. Mais rien ne se décidait. »
MICHELET, Hist. Révol. franç., II, VIII.

« Haverkamp insiste chaque fois auprès du vendeur pour obtenir 9 l'autorisation de signaler loyalement à l'acquéreur éventuel les inconvénients, même extrinsèques, d'une propriété. »
ROMAINS, H. de b. vol., t. IV, IV, p. 32.

« C'est toujours une erreur, pour un amant méprisé, que d'insister 10 pour garder au moins la présence de celle qu'il aime. »
MAUROIS, Vie de Byron, I, VI.

« Et sans doute une guerre est certainement trop bête, mais cela ne 11 l'empêche pas de durer. La bêtise insiste toujours,... »
CAMUS, La peste, p. 49.

ANT. — Glisser. Abandonner (la partie).

DER. — Insistance. — Insistant, ante. adj. (1553, mais absent, au sens moderne, des dictionnaires du XIXe s.). Qui insiste. Laisser peser sur quelqu'un un regard insistant. Par ext. V. **Pressant.** Il se faisait, il devenait de plus en plus insistant (ACAD.).

« ... je le tourmentais de questions et de reproches. J'étais aigre, 1 insistante, odieuse. Il me répondait avec une grande patience. »
MAUROIS, Climats, II, XV.

« Les seules caricatures un peu trop poussées, trop insistantes, sont 2 celles de la fille de Françoise... »
MAUROIS, Rech. M. Proust, VIII, III.

INSOCIABLE. adj. (1548 ; lat. insociabilis). Qui n'est pas sociable* ; dont la société est pénible. Quel caractère, quel homme insociable ! V. **Acariâtre, hargneux, impraticable, misanthrope ; ours, sauvage ; bâton** (épineux, merdeux). Cf. On ne sait par quel bout* le prendre. Mégère insociable qui n'aime que la dispute*.

« La belle, tout à coup rendue insociable, 1
D'ange,... se transformait en diable, »
BOIL., Sat., X.

« ... je suis devenu solitaire, ou, comme ils disent, insociable et 2 misanthrope, parce que la plus sauvage solitude me paraît préférable à la société des méchants, qui ne se nourrit que de trahisons et de haine. »
ROUSS., Rêveries..., VIIIe prom.

« Il n'avait pas un ami. Il avait plusieurs connaissances ; mais 3 toutes, régulièrement, au bout de six semaines de relations, s'éloignaient de lui. Je suis insociable, et m'en voilà cruellement puni, pensa-t-il. »
STENDHAL, Le rouge et le noir, II, VI.

« Comme partout, il a montré ici son caractère intolérable, son invraisemblable orgueil, et il a laissé le souvenir du plus insociable des 4 hommes. »
MAUPASS., Vie errante, La Sicile, p. 86.

ANT. — Accommodant, sociable.

DER. — Insociabilité. n. f. (1721). Caractère de celui ou de ce qui est insociable.

« Si j'avais un yacht, quelle merveilleuse cure d'insociabilité ! Ignorer, oublier... sur « mon yacht », la T.S.F. n'aurait le droit que d'appeler au secours... Point de foule, même sans visage, sur mon île ! »
COLETTE, Prisons et paradis, p. 98.

IN-SOIXANTE-QUATRE (in). adj. invar. (1839 BOISTE ; comp. du lat. in, et soixante-quatre). Imprim. Dont les feuilles* sont pliées en soixante-quatre feuillets (cent vingt-huit pages). Livre de format* in-soixante-quatre. Volume in-soixante-quatre, et substant. Un, des in-soixante-quatre.

— REM. On écrit souvent : in-64.

INSOLATION (-syon). n. f. (1554 ; lat. insolare, « exposer au soleil »). Action d'exposer à la chaleur et à la lumière solaire quelqu'un ou quelque chose ; résultat de cette action. L'insolation d'une plaque photographique (ACAD.). L'insolation, mode de traitement des enfants rachitiques (Cf. Héliothérapie). — Spécialt. (1867). Méd. Ensemble des phénomènes morbides provoqués par l'exposition prolongée à un soleil ardent. V. **Chaleur, soleil** (coup de). Insolation bénigne, grave. Cas d'insolation. — Phys. (1931). Temps pendant lequel le soleil a brillé. Insolation faible des mois d'hiver. — Archit. Plan d'insolation d'un immeuble, d'une cité.

« Et voilà que tout à coup mon compagnon, mon ami, presque mon 1 frère, tomba de cheval, la tête en avant, foudroyé par une insolation. »
MAUPASS., Contes de la bécasse, La peur, p. 86.

« Il (Becquerel) exposait au soleil une lame recouverte d'une couche 2 de sel d'uranium (enveloppée d')un papier noir... Il eut bientôt la joie de constater que... les sels d'uranium, après leur insolation, émettaient une radiation susceptible de traverser l'enveloppe de papier noir... »
L. de BROGLIE, in LALANDE, Lect. s. philos. des sciences, p. 155.

INSOLENCE. n. f. (XIVe s. ; lat. insolentia, « inexpérience », employé au XVIe s. avec le sens de « caractère insolite, inhabituel ; anomalie »).

‖ 1° Manque de respect de caractère injurieux (de la part d'un inférieur ou d'une personne jugée telle). V. **Effronterie, impertinence, irrespect** (Cf. Bassesse, cit. 19 ; effronté, cit. 6 ; fanfaron, cit. 3 ; faquin, cit. 4 ; grâce, cit. 97). Insolence d'un fils à l'égard de ses parents. Réponse pleine d'insolence. Parler avec insolence (Cf. Parler haut). Braver quelqu'un avec insolence (V. **Narguer**).

1 « Savez-vous, vicomte, que votre lettre est d'une insolence rare, et qu'il ne tiendrait qu'à moi de m'en fâcher ? »
LACLOS, Liais. dang., V.

2 « ... les discussions avec les cochers — corporation encline à l'insolence ;... »
ROMAINS, H. de b. vol., t. III, XI, p. 150.

3 « — Tout de même, dit-il, tout de même, l'insolence de cette génération passe les bornes de la décence. »
MAUROIS, Roses de septembre, I, XII.

— *Par ext.* Parole, action insolente. V. **Grossièreté, impertinence** (cit. 5), **injure, insulte, offense** (Cf. Éternellement, cit. 8 MOL. ; hésiter, cit. 18 ; humiliation, cit. 19). *Horrible insolence* (Cf. Impétueux, cit. 3 BOIL.). — *Les insolences d'un journal satirique, d'un écrivain hardi...* (parfois pris en bonne part).

4 « — Monsieur, cria-t-il dès qu'il m'aperçut, j'ai l'honneur de vous dire que vous êtes un parfait drôle... cette injure me parut impossible à supporter. Je répliquai... : — Est-ce pour m'adresser des compliments de ce genre que vous m'avez fait venir, mon père ? Je crus qu'il allait me sauter à la gorge... — Je devrais vous gifler à tour de bras pour cette insolence, dit-il. »
BLOY, Femme pauvre, II, V.

5 « Ce que la jeunesse aime en Rimbaud, c'est moins l'artiste prodigieux que le révolté, l'homme de tous les défis et de toutes les insolences. »
DUHAM., Refuges de la lecture, VII, p. 213.

|| 2° *Vieilli.* Audace* excessive, insultante (mot très fort au XVIIe s., où il peut désigner la perfidie, la trahison, l'impiété, etc.). Cf. Crédulité, cit. 1 ; espion, cit. 2. *Brutale insolence* (Cf. Apprendre, cit. 34). *L'insolence d'un jeune audacieux* (cit. 8). *Insolence de mutins* (Cf. RAC., Mithr., IV, 6). — *Une insolence :* acte empreint d'insolence.

6 « Déjà plus d'un tyran, plus d'un monstre farouche
Avait de votre bras senti la pesanteur ;
Déjà de l'insolence heureux persécuteur,
Vous aviez des deux mers assuré les rivages. »
RAC., Phèdre, III, 5.

|| 3° Orgueil offensant (pour des inférieurs ou des personnes traitées comme telles). V. **Arrogance*, cynisme, hardiesse, morgue, orgueil** (Cf. Bas 1, cit. 87 ; étaler, cit. 41 ; hautain, cit. 8). *Froide insolence* (Cf. Excès, cit. 5). *Insolence d'un parvenu, d'un nouveau riche.*

7 « Une seule chose était claire, dans cette obscurité, c'était l'insolence des nobles. Ils avaient pris partout l'attitude du défi, de la provocation. Partout, ils insultaient les patriotes, les gens les plus paisibles, la garde nationale. »
MICHELET, Hist. Révol. franç., IV, IV.

8 « Ce dédain écrit sur son front, sur ses lèvres, et mal déguisé, fut pris pour l'insolence d'une parvenue. »
BALZ., Curé de village, Œuvr., t. VIII, p. 564.

— *Par métaph. et fig.* Caractère insolent de souveraine autorité, d'orgueilleuse assurance, de hautaine indifférence... *L'insolence du génie, du talent* (Cf. Expier, cit. 10).

9 « Ses œuvres (*de Delacroix*) sont... de grands poèmes naïvement conçus, exécutés avec l'insolence accoutumée du génie. »
BAUDEL., Curios. esth., III, Salon 1846, IV.

10 « Et le printemps et la verdure
Ont tant humilié mon cœur,
Que j'ai puni sur une fleur
L'insolence de la Nature. » ID., Les épaves, Pièces condamnées, V.

ANT. — Civilité, déférence, égard, politesse, respect ; discrétion, modestie.

INSOLENT, ENTE. adj. (XIVe s. ; lat. *insolens*, « qui n'a pas l'habitude de... » ; de *solere*, d'où le sens « Insolite*, extraordinaire », au XVIe s. « *Nouveauté insolente* » (M. DE LA PORTE).

|| 1° Dont le manque de respect est injurieux, insultant. V. **Effronté, grossier, impertinent, impoli, impudent ; désagréable** (Cf. Coquin, cit. 6 ; délibérer, cit. 14 ; hystérique, cit. 4). *Femme grossière et insolente.* V. **Fort** (forte en gueule). *Hargneux* (cit. 7) *et insolent. Domestique, fils insolent.* — *Spécialt. Insolent avec les femmes* (*Vieilli* au sens de « libertin »). V. **Irrespectueux.**

1 « Insolent ! est-ce enfin le respect qui m'est dû ? »
CORN., Nicomède, I, 2.

2 « ... Fabrice insulta de nouveau la fatuité du comte. — Monsieur le comte, lui criait-il, quand on est insolent, il faut être brave... le comte, de nouveau piqué, se mit à lui crier... qu'il allait châtier son insolence ;... »
STENDHAL, Chartr. de Parme, I, XIII.

3 « ... il (*l'argent*)... fait du plus humble un laquais insolent,... »
HUYSMANS, Là-bas, I.

— Qui dénote l'insolence. *Mine insolente* (Cf. Ebouriffure, cit.). *Air, style insolent.* V. **Cynique** (cit. 3). *Discours, cris insolents, menaces insolentes. Ton insolent.* V. **Déplacé, inconvenant, indécent, injurieux, insultant.** — *Substant. Un insolent, une petite insolente* (Cf. Ecorcher, cit. 1).

4 « Peut-être vaudrait-il mieux être un insolent que d'en avoir la physionomie ; l'insolent de caractère n'insulte que de temps en temps ; l'insolent de physionomie insulte toujours. »
DIDER., Neveu de Rameau, Œuvr., p. 468.

|| 2° *Vx.* Qui blesse, insulte par son audace. V. **Audacieux** (2°). *Ministre insolent qui résiste à son souverain* (Cf. Ignorer, cit. 15 RAC.). — *Substant. Un insolent.* — *Intrigue, brigue* (cit. 5 RAC.) *insolente. La main insolente des destins* (Cf. Arme, cit. 37 MALH.).

5 « Le prince d'Orange, étonné que le feu continuel... de son canon n'ébranlât point notre cavalerie,... vint aux batteries en colère,... Quand il eut vu l'effet, il tourna bride, et s'écria : « Oh ! l'insolente nation ! »
ST-SIM., Mém., I, VI.

|| 3° Qui blesse par son orgueil outrageux, sa morgue, son assurance hautaine... V. **Arrogant*, hardi, orgueilleux.** *Rival heureux et insolent ; vainqueur insolent* (Cf. Exiler, cit. 7 CORN.). — *Vx. Insolent de...* (Cf. Chaîne, cit. 1 CORN. ; gouverner, cit. 8 BEAUMARCH.). — *Substant. Un insolent* (Cf. Courber, cit. 21 ; hautain, cit. 8).

6 « Tout homme insolent est en abomination au Seigneur ; »
BIBLE (SACY), Prov., XVI, 5. — REM. Il s'agit ici d'orgueil outrageux et non, comme l'interprète LITTRÉ, de « perte de respect ». Les traductions modernes portent : « Tout cœur hautain » (SEGOND) ; « Quiconque a le cœur hautain » (CRAMPON).

7 « Tout vainqueur insolent à sa perte travaille. »
LA FONT., Fabl., VII, 13.

8 « Ceux mêmes qui n'étaient pas ambitieux dans une condition médiocre, deviennent quelquefois insolents lorsqu'ils se trouvent dans une plus grande élévation. »
FLÉCH., Orais. fun. duch. de Montausier.

— *Insolent orgueil ; arrogance, prétention insolente.*

9 « Les manières hautaines des officiers, qu'il croisait dans la rue, leur raideur insolente, lui causaient une sourde colère : il affectait de ne point se déranger pour leur faire place : il leur rendait, en passant, l'arrogance de leurs regards. »
R. ROLLAND, Jean-Christ., La révolte, III, p. 597.

|| 4° Qui, par son caractère supérieur, extraordinaire, insolite, rare, apparaît comme un défi, une provocation envers la commune condition. V. **Extraordinaire, indécent, inouï.** *Bonheur, succès insolent. Joie insolente ; plaisirs insolents* (Cf. Eperdu, cit. FLAUB. ; fléau, cit. 9 BALZ.). *Calme insolent* (Cf. Galérien, cit. 3). *Fortune, richesse insolente* (Cf. Gaieté, cit. 11). *Étaler* (cit. 31 BALZ.) *un luxe insolent.* — *Beauté, jeunesse, santé insolente.*

10 « Alors âgé de soixante-sept ans, Rigou n'avait pas fait une seule maladie en trente ans, et rien ne paraissait devoir atteindre cette santé vraiment insolente. »
BALZ., Les paysans, Œuvr., t. VIII, p. 207.

11 « Elle n'avait presque pas de hanches, et pour ses dix-sept ans une poitrine insolente, comme ces fruits qui éclatent leur enveloppe. »
ARAGON, Beaux quartiers, III, III.

ANT. — Courtois, poli, respectueux. Modeste, ordinaire.

DER. — Insolemment. adv. (XIVe s.). D'une manière insolente*. *Parler, répondre insolemment. — Orgueil insolemment agressif* (Cf. Aveugle, cit. 16). *Imposteurs qui s'habillent* (cit. 19) *insolemment d'un nom illustre.* — *Une fille insolemment belle.* V. **Outrageusement.**

1 « ... dans nos jours, où l'on trafique si insolemment du mensonge. »
VOLT., Hist. de Russie, Préface, II.

2 « Aux murs, un Boucher insolemment rose et un portrait de Fontane. »
MAUROIS, Roses de septembre, I, V.

INSOLITE. adj. (XIVe s. ; lat. *insolitus*, même racine que *insolent**). Qui étonne, surprend par son caractère inaccoutumé, contraire à l'usage*, aux habitudes... V. **Anormal, bizarre, étonnant, étrange, extraordinaire, inaccoutumé, inhabituel, nouveau, rare...** (Cf. Appareil, cit. 9). *Événement insolite* (Cf. Fantastique, cit. 11). *Une présence insolite. Mise, tenue, apparence, aspect* (cit. 23) *insolite.* V. **Excentrique.** *Danseur qui bondit* (cit. 7) *à des hauteurs insolites. C'est une chose insolite, plutôt insolite dans ce pays.* — *Substant. L'insolite* (Cf. Flairer, cit. 12). *Recherche, culte de l'insolite et du bizarre, en poésie...*

1 « *Inusité*,... n'implique ni louange ni blâme. Mais *insolite*,... emporte assez souvent l'idée défavorable de quelque chose d'étrange ou d'inique. »
LAFAYE, Dict. syn., Suppl., Inusité.

2 « Ces démarches, illégales et insolentes autant qu'insolites, rebutent ceux qui travaillent pour moi. »
VOLT., Corresp., 1948, 15 juin 1761.

3 « ... le document, d'un style insolite, rompait avec tous les usages diplomatiques ;... »
MADELIN, Hist. Cons. et Emp., De Brumaire à Marengo, XXI.

4 « ... les formules de fin de lettre sont bien reçues, non en dépit mais en faveur de ce qu'elles ont de conventionnel. Une terminaison insolite n'est à risquer qu'entre gens d'esprit qui se connaissent bien. »
ROMAINS, H. de b. vol., t. V, VIII, p. 69.

ANT. — Accoutumé, commun, familier, normal, ordinaire...

INSOLUBLE. adj. (*Issoluble* en 1220 ; lat. *insolubilis*).

|| 1° Qu'on ne peut résoudre. V. **Impossible.** *Difficulté, énigme, problème, question insoluble* (Cf. Eclaircir, cit. 7). *S'attaquer à un problème insoluble* (Cf. Chercher la quadrature du cercle).

« ... le problème ainsi posé, n'était pas toujours insoluble. »
DUHAM., Récits temps de guerre, III, XLIII.

|| 2° (XVIIIe s. Cf. BRUNOT, H.L.F., t. VI, p. 624). Qui ne peut se dissoudre (V. **Indissoluble,** *vx*). *Substance insoluble dans l'eau.*

DER. — (du lat. *Insolubilitas*) : Insolubilité. n. f. (1765 ENCYCL.). Caractère de ce qui est insoluble. *Insolubilité d'un problème, d'une question.* — *Insolubilité d'une substance.*

« ... la facilité avec laquelle j'arriverai... à la solution du mystère, est en raison directe de son insolubilité apparente aux yeux de la police. »
BAUDEL., Trad. E. POE, Hist. extraord., Double assassinat...

INSOLVABLE. adj. (1433, « non payable » ; sens mod. au XVIIᵉ s. ; de in-, et *solvable*). Qui est hors d'état de payer ses dettes. *Débiteur* insolvable.*

1 « J'ai beau presser mes fermiers, et les accabler de frais de justice, je ne fais que les rendre plus insolvables :... »
MONTESQ., **Lettr. pers.**, CXXXII.

2 « Ce que je dois à Dieu, ce que je dois au roi, ce que je dois à l'État... » Un de ses amis l'interrompit : « Tais-toi, dit-il, tu mourras insolvable ». CHAMFORT, **Caract. et anecd.**, M. de Biron insolvable.

DER. — **Insolvabilité.** n. f. (1603). État de celui qui est insolvable. V. **Déconfiture.**

« Elle (*la cessation des paiements*) doit être distinguée de l'*insolvabilité*, situation du débiteur dont le passif est supérieur à l'actif. Le non-commerçant qui est en état d'insolvabilité notoire est dit en état de *déconfiture* ; le commerçant dont un jugement déclare qu'il a cessé ses paiements est en état de faillite (ou de liquidation judiciaire). »
DALLOZ, **Nouv. Répert.**, Faillite, nº 21.

INSOMNIE. n. f. (1555 ; lat. *insomnia*, de *somnus*. V. **Sommeil**). Absence, privation anormale de sommeil. *Insomnie causée par l'inquiétude, la nervosité, la fatigue, une mauvaise digestion, une infection, la neurasthénie, l'hypocondrie* (Cf. Décider, cit. 32 ; hanter, cit. 15). *Heures, nuits d'insomnie.* V. **Veille** (Cf. Courbaturer, cit. 1 ; évoquer, cit. 18 ; harmonique, cit. 6). *Se tourner et se retourner dans son lit au cours d'une insomnie. Malade qui perd le sommeil*, se plaint d'insomnie* (Cf. Frigidité, cit. 4). *Chasser l'insomnie* (Cf. Hyacinthe, cit. 2). — *Remède contre l'insomnie.* V. **Somnifère.**

1 « ... je n'ai garde de me moquer d'un auteur si célèbre et si docte (*Hippocrate*) ;... je suis persuadée qu'en l'ouvrant seulement je me guérirai de mon insomnie. » LESAGE, **Diable boiteux**, VIII.

2 « ... ne pouvant trouver le sommeil depuis plusieurs nuits, j'avais voulu essayer si la fatigue me le rendrait ; et mes regards expliquaient assez... la cause de mon insomnie. » LACLOS, **Liais. dang.**, XLIV.

3 « Un peu d'insomnie n'est pas inutile pour apprécier le sommeil, projeter quelque lumière dans cette nuit. » PROUST, **Rech. t. p.**, t. IX, p. 70.

4 « Les heures d'insomnie, lorsque l'on n'est pas malade, ne sont si redoutées, je crois, que parce que l'imagination est alors trop libre et n'a point d'objets réels à considérer. Moi je me couche à dix heures et, jusqu'à minuit, il saute comme une carpe en invoquant le dieu du sommeil. Le même homme, à la même heure, s'il était au théâtre, oublierait tout à fait sa propre existence. » ALAIN, **Propos**, 1909, L'ennui.

DER. — **Insomniaque** (*peu usit.*) ou **Insomnieux.** adj. et n. (fin XIXᵉ s.). Relatif à l'insomnie ; qui souffre d'insomnies. — Substant. *Un insomnieux.*

1 « (*Dans les « Laborantines »*) Paul Bourget écrit : *Au terme d'un voyage insomniaque...* Les Goncourt ont lancé *insomnieux*, qui est agréable et qui n'est pas absolument hors d'usage... Feu Paul Bourget, qui adorait les médecins... n'a pas manqué de montrer ses ambitions « scientifiques », en employant ici un mot fabriqué sur le modèle de *maniaque, hypocondriaque...* Le dit mot n'en vaut pas mieux. » THÉRIVE, **Querelles de langage**, t. III, p. 191.

2 « En ces jours d'avènement il a encore son regard d'insomnieux, une pupille réduite dans l'iris bleu, la paupière raide. » COLETTE, **Belles saisons**, p. 190.

INSONDABLE. adj. (1578 ; de in-, et *sonder*). Qui ne peut être sondé, dont on ne peut atteindre le fond*. *Abîme, gouffre insondable.* V. **Abyssal.** — Fig. *Mystère, secret insondable.* V. **Énigmatique, impénétrable, incompréhensible.** *Douleur insondable.*

1 « Qui peut sonder de Dieu l'insondable pensée ? » LAMART., **Jocelyn**, II, 28 févr. 1793.

2 « ... il resta longtemps immobile, torturé par la faim, mais trop brute pour bien pénétrer son insondable misère. » MAUPASS., **Contes**, Le gueux, p. 295.

3 « ... tout moyen nouveau de connaissance la montre (*la Nature*) plus vaste et diverse, plus féconde, plus imprévue, plus belle, plus riche d'insondable immensité. » J. PERRIN, **Les Atomes**, Conclusion.

— *Bêtise insondable.* V. **Atroce, gigantesque** (Cf. Un abîme* de bêtise).

4 « Elle s'arrêta au bord d'une insondable maladresse. N'allait-elle pas protester de son innocence ! » FRANCE, **Jocaste**, XII, Œuvr., t. II, p. 112.

INSONORE. adj. (1801 MERCIER ; de in-, et *sonore*). Qui n'est pas sonore. — *Spécialt.* Se dit des substances qui ne vibrent pas* sous l'effet des ondes sonores et qui amortissent ces ondes. *Le liège, l'amiante, la fibre, matériaux insonores.*

DER. — **Insonoriser.** v. tr. (*Néol.*). Rendre moins sonore, plus silencieux. *Appartement, studio insonorisé.* V. **Isoler.** — (DER. **Insonorisation.** n. f.).

« Il faut non seulement que les studios soient parfaitement isolés des bruits extérieurs, mais il faut également qu'ils soient étudiés au point de vue acoustique... Dans un studio parfaitement insonorisé, où le son reproduit est sourd... n'enregistrées que les ondes directes, le son reproduit est sourd... » L. LOBEL, in **Encycl. franç.**, XVI, 16·46-6.

INSOUCIANCE. n. f. (1783 ; de *insouciant*). État ou caractère de celui qui est insouciant*. V. **Détachement, étourderie, frivolité, inattention, incurie, incuriosité, indifférence, indolence, nonchalance** (Cf. Auprès, cit. 14 ; gratuité, cit. 3 ; incurablement, cit. 2). *Vivre, travailler... dans l'insouciance* (Cf. Ne pas s'en faire* une miette, et aussi Célibat, cit. 6

CHAMFORT ; exister, cit. 24). *Faire quelque chose avec insouciance* (Cf. Ensemencer, cit. 2 ; gamin, cit. 6). — *Insouciance de quelque chose :* absence de souci, d'inquiétude, de regret, de remords à son sujet (Cf. Généreux, cit. 17). *Insouciance de l'avenir, du danger, de la mort, du passé...*

1 « ... la mort... objet d'une insouciance habituelle et d'un effroi passager ! » B. CONSTANT, **Adolphe**, VII.

2 « L'insouciance tient au désespoir ou à la résignation. » BALZ., **Muse du département**, Œuvr., t. IV, p. 87.

3 « Il me manque le repos, la douce insouciance qui fait de la vie un miroir où tous les objets se peignent un instant et sur lequel tout glisse. » MUSS., **Caprices de Marianne**, I, 4.

ANT. — **Application, assiduité, avidité, curiosité, empressement, inquiétude, prévoyance, prudence, souci.**

INSOUCIANT, ANTE. adj. (1783 ; de in-, et *soucier*). Qui ne se soucie pas (de quelque chose). V. **Indifférent, insoucieux, oublieux.** *Insouciant du lendemain, de l'avenir, du danger...* (Cf. Franchir, cit. 18). — *Absolt.* V. **Étourdi, frivole, imprévoyant, indolent, léger, négligent, nonchalant, sans-souci.** *Être, se montrer insouciant.* V. **Faire** (ne pas s'en faire). Cf. Fataliste, cit. 3. *Gais lurons, joyeux et insouciants. Caractère, air insouciant* (Cf. Briser, cit. 28 ; engloutir, cit. 2). *Attitude* (cit. 15) *insouciante. Insouciante folie* (Cf. Gaieté, cit. 2). — *Substant. Un insouciant* (Cf. Avertir, cit. 26).

1 « Le bonhomme Panard, aussi insouciant que son ami, aussi oublieux du passé et négligent de l'avenir,... » MARMONTEL, **Mém.**, VI.

2 « Insouciante comme un bohème, elle dit tout ce qui lui passe par la tête, elle se soucie de l'avenir comme vous pouvez vous soucier des sous que vous jetez à un pauvre,... » BALZ., **Fausse maîtresse**, Œuvr., t. II, p. 38.

3 « ... ces hommes de caractère antique,... fiers de la gloire du pays, et insouciants de la leur propre, s'enferment avec plaisir dans leur obscurité,... » VIGNY, **Servit. et grand. milit.**, I, VI.

4 « Aux pieds de ma belle Lucrèce était un autre André, jeune et heureux, insouciant comme le vent, libre et joyeux comme un oiseau du ciel. » MUSS., **André del Sarto**, II, 1. (Var.).

ANT. — **Avide, bilieux, curieux, inquiet, préoccupé, prévoyant, prudent, soucieux.**

INSOUCIEUX, EUSE. adj. (1787 in DAUZAT ; de in-, et *soucieux*). Qui ne prend pas souci d'une chose. V. **Insouciant ; indifférent** (à). *Insoucieux du lendemain, du danger..., de l'heure* (MÉRY, in LITTRÉ). *Insoucieux de ses intérêts, il ne songeait qu'à l'intérêt public* (ACAD.). — *Absolt.* (Peu usit.). *Vie insoucieuse. Homme insoucieux.*

« ... j'appelais de mes vœux une cause quelconque qui retardât pour moi mon entrée dans le tourbillon de la vie active, en prolongeant l'assoupissement de la vie domestique si calme, si insoucieuse. » RENAN, **Souv. d'enf...**, App., Lett. à Cognat, 12 nov. 1845.

INSOUMIS, ISE. adj. (1564, inusité jusqu'à la fin du XVIIIᵉ s. ; de in-, et *soumis*). Qui n'est pas soumis*, refuse de se soumettre. *Contrées, tribus insoumises.* V. **Mutin, rebelle, séditieux.** — Qui se dérobe à la discipline, à l'autorité. *Enfant insoumis.* V. **Désobéissant, indépendant, indiscipliné, révolté...**

1 « Le jeune Français reconnut en Francesca la jeune fille imprudente, la nature vraie de la femme encore insoumise, se débattant par instants avec son amour, et s'y laissant aller complaisamment en d'autres moments. » BALZ., **Albert Savarus**, Œuvr., t. I, p. 795.

2 « ... certains ministres souhaitaient envoyer de grands renforts et en finir avec le Maroc insoumis. » MAUROIS, **Lyautey**, XII.

— Substant. *Un insoumis, une insoumise* (Cf. Croisade, cit. 2).

3 « L'insoumis rejette la servitude et s'affirme l'égal du maître. Il veut être maître à son tour. » CAMUS, **L'homme révolté**, p. 140.

— *Spécialt. Soldat insoumis*, et substant. *Un insoumis :* militaire qui a commis le délit d'insoumission*. V. **Déserteur, réfractaire.**

INSOUMISSION. n. f. (1834 ; de in-, et *soumission*). Caractère, état de celui qui est insoumis. V. **Désobéissance, indiscipline, rébellion, révolte.** *Esprit* (cit. 164), *acte d'insoumission.*

« Révolte absolue, insoumission totale,... le surréalisme... se définit comme le procès de tout,... » CAMUS, **L'homme révolté**, p. 118.

— *Spécialt.* « Délit correctionnel qui consiste... pour un militaire... à qui un ordre de route a été régulièrement notifié, à n'être pas arrivé à destination dans un certain délai après le jour fixé par cet ordre » (CAPITANT). V. **Désertion.**

INSOUPÇONNABLE. adj. (1842 ; de in-, et *soupçonner*). Qui ne peut être soupçonné. *Honnêteté, probité insoupçonnable. Femme insoupçonnable.*

1 « Le parfum d'honnêteté sévère et insoupçonnable, spécial aux vieilles bonnes et aux femmes laides,... » GONCOURT, **Germinie Lacerteux**, XXXVI.

2 « ... le fils d'Henri IV était à peu près matériellement insoupçonnable, en dépit des imputations... » HENRIOT, **Portr. de femmes**, p. 44.

INSOUPÇONNÉ, ÉE. adj. (1842 ; de in-, et *soupçonné*). Qui n'est pas soupçonné. *Le véritable criminel demeura* *longtemps insoupçonné.* — Dont l'existence n'est pas soupçonnée. *Domaine, horizon insoupçonné ; perspectives, richesses insoupçonnées.* V. **Inattendu, nouveau** (Cf. Allusion, cit. 3 ; clôture, cit. 5 ; incursion, cit. 4). — *Coin paisible insoupçonné de la foule.*

« La foudre ne sait que détruire. Mais la germination se fait dans un profond silence, enfouie, insoupçonnée de tous. »
MONTHERLANT, **Maître de Santiago,** III, 3.

INSOUTENABLE. adj. (1612 ; de *in-,* et *soutenir*). Qu'on ne peut soutenir*.

|| 1° V. **Inadmissible, indéfendable, injustifiable.** *Assertion, argument, opinion, théorie insoutenable. Absurdités, erreurs insoutenables.*

1 « Des erreurs si insoutenables et si visiblement opposées à la pureté de l'Évangile,... » PASC., 2º **factum pour curés de Paris.**

2 « ... il y a en philosophie des systèmes que l'on a rendus insoutenables : ils seront donc soutenus et même ils seront les plus soutenus...
On les a rendus insoutenables pour la raison, mais on ne les a pas rendus insoutenables pour le pouvoir.
On les a rendus insoutenables pour le véritable philosophe. Ils seront soutenus par l'École, par l'État... par la Sorbonne, par les bureaux, par les puissances, par le gouvernement, par tout le temporel. Et peut-être par les professeurs de philosophie. »
PÉGUY, **Note conjointe,** Sur Descartes, p. 284.

|| 2° Qu'on ne peut supporter, endurer. V. **Insupportable.** *Insoutenable éclat* (cit. 21) : qui blesse la vue. *Expression insoutenable sur un visage* (Cf. Aridité, cit. 3). *Effort insoutenable* (Cf. Exiger, cit. 18). — *Vanité, prétention, orgueil insoutenable :* excessif, choquant.

3 « ... voilà le plus cruel et le plus insoutenable état où l'on puisse être. » SÉV., 1070, 11 oct. 1688.

4 « ... la beauté propre aux horizons de la Mitidja, la gravité d'une lande algérienne, l'éclat de la lumière, l'âpreté du soleil insoutenable même en octobre,... » FROMENTIN, **Année dans le Sahel,** p. 266.

5 « ... devant une contrariété subie ou une pensée fâcheuse, sa face se contractait, son regard soudain devenait réellement insoutenable,... » MADELIN, **Hist. Cons. et Emp.,** De Brumaire à Marengo, VI.

INSPECTER. v. tr. (1781 ; empr. au lat. *inspectare,* rac. *spectare,* « regarder », pour servir de verbe à *inspecteur*).

|| 1° Examiner* en qualité d'inspecteur*, et *par ext.* Examiner ce dont on a la surveillance. V. **Contrôler, surveiller, visiter.** *Inspecter un régiment* (Cf. Passer en revue*). *Inspecter une école, un professeur. Inspecter des travaux. Inspecter un navire.* V. **Arraisonner.**

1 « Elle venait prendre le train pour aller inspecter ses propriétés à la campagne,... » LOTI, **L'Inde (sans les Anglais),** IV, VI.

|| 2° (XIXº s.). Examiner avec attention. *Inspecter un lieu, une région.* V. **Explorer, fouiller.** *Inspecter l'horizon.* V. **Scruter.** *Inspecter soigneusement un objet, un lieu.*

2 « ... il se sentait examiné, inspecté des pieds à la tête, pesé, jugé. » MAUPASS., **Bel-Ami,** I, II.

3 « ... un sans-le-sou qui inspecte autour de soi le pavé pour le cas où un hasard fou lui ferait trouver vingt francs. » COURTELINE, **MM. ronds-de-cuir,** Vº Tabl., III.

4 « ... Jean examinait de près les recoins, admirait la vue, descendait dans le jardin, inspectait la cuisine,... » CHARDONNE, **Destin. sentim.,** p. 217.

INSPECTEUR, TRICE. n. (1406, *inspecteur du cuer,* « celui qui scrute le cœur » ; 1611 sens mod. ; du lat. *inspector*). Agent* d'un service public ou privé qui est chargé de surveiller, de contrôler le fonctionnement d'une administration, d'une entreprise, de veiller à l'application des normes, des lois (V. **Contrôleur**). *Inspecteurs des manufactures,* créés par Colbert. *Inspecteur du travail. Inspecteur des finances, des contributions... Inspecteur d'assurances. Inspectrice des écoles maternelles. Inspecteur de l'enseignement primaire, ou inspecteur primaire. Inspecteur d'Académie,* directeur* de l'enseignement dans une académie (Cf. École, cit. 6 ; fonction, cit. 3). *Inspecteurs généraux de l'Administration.* — *Par appos. Médecin inspecteur du Service de Santé. Général inspecteur d'armée.* — Mar. *Inspecteur de la navigation.* — *Inspecteur de police*,* agent sans uniforme attaché à un commissariat, une préfecture de police.

1 « Il se nommait Javert, et il était de la police. Il remplissait à M. — sur M. — les fonctions pénibles, mais utiles, d'inspecteur. » HUGO, **Misér.,** I, V, V.

2 « Avec cela... gagnant sa vie : sous-maîtresse dans une institution de jeunes filles, puis plus tard inspectrice de l'enseignement, et pleine de vues pédagogiques fort sensées. » HENRIOT, **Portr. de femmes,** p. 324.

— Par plaisant. *Inspecteur des travaux finis,* se dit d'une personne qui vient voir un travail terminé, quand il n'y a plus rien à faire.

COMP. — **Sous-inspecteur.**

DER. — **Inspectorat.** n. m. (1872). Chargé d'inspecteur, d'inspectrice ; durée de cette charge. V. **Inspection.**

INSPECTION. n. f. (1290 ; empr. au lat. *inspectio*).

|| 1° *Vieilli.* Examen* attentif. *Inspection du ciel. A la première inspection on connaît que cet acte est faux* (ACAD.).

1 « ... lorsque quelqu'un dit : *je pense, donc je suis,* ou *j'existe,* il ne conclut pas son existence de sa pensée comme par la force de quelque syllogisme, mais comme une chose connue de soi ; il la voit par une simple inspection de l'esprit :... » DESC., **Rép. aux 2ᵉˢ objections.**

|| 2° Examen attentif dans un but d'enquête, de contrôle*, de surveillance, de vérification ; travail, fonction d'inspecteur. *Faire, passer une inspection. Inspection des lieux, d'une école, d'une clinique* (Cf. Huile, cit. 37). *Inspection d'un navire.* V. **Arraisonnement, visite.** *Inspection de l'armée.* V. **Revue** (Cf. par métaph., Enquérir, cit. 5). *Inspection des travaux.* V. **Conduite.** *Bagages soumis à l'inspection de la douane.* — *Tournée d'inspection* (V. **Ronde**). *Rapport d'inspection.*

2 « En terminant son inspection par la bergerie, Hourdequin eut l'idée d'interroger le berger Soulas. » ZOLA, **La terre,** II, I.

3 « Je voudrais obtenir une stricte observation du règlement dans ses moindres détails ; et chaque fois que j'irai à Limoges je passerai une inspection minutieuse, le règlement à la main. Je tâcherai que pas une infraction ne m'échappe. » CHARDONNE, **Destin. sentim.,** p. 307.

— *Par ext.* Charge d'inspecteur. V. **Inspectorat.** *Obtenir une inspection.* — Ensemble des inspecteurs d'une administration ; le service qui les emploie ; les locaux de ce service. *Entrer à l'inspection des Finances.*

INSPIRATEUR, TRICE. adj. (1372 ; fin XVIIIᵉ s. fém. ; empr. au lat. *inspirator*).

|| 1° Qui donne l'inspiration, le souffle créateur ; qui inspire une idée, un sentiment. *Souffle inspirateur du génie. Idées* (Cf. Individualiste, cit. 1), *analogies* (cit. 9) *inspiratrices.*

— *Substant.* Personne ou chose qui donne l'inspiration. *L'inspiratrice d'un poète* (V. **Égérie, muse**). Personne qui insuffle quelque chose à quelqu'un, qui inspire quelqu'un. V. **Conseiller.** *Avoir quelqu'un pour inspirateur et guide* (cit. 7). Personne qui inspire quelque chose. V. **Agent, cause, innovateur, instigateur.** *Inspirateur d'un complot, d'une doctrine.* — Personne ou chose dont on s'inspire. *Artiste inspirateur d'une génération.*

1 « La religion est la grande inspiratrice de leurs actes, de leur âme, de leurs qualités et de leurs défauts. C'est par elle, pour elle, qu'ils sont bons, braves, attendris, fidèles, car ils semblent n'être rien par eux-mêmes, n'avoir aucune qualité qui ne leur soit inspirée ou commandée par leur foi. » MAUPASS., **Vie errante,** D'Alger à Tunis, p. 168.

2 « Les artistes collaboraient avec le Roi et le Roi collaborait avec ses artistes. Il était le grand animateur et souvent le grand inspirateur. Pendant un demi-siècle et plus, Louis XIV a exercé, en France, le ministère de la Beauté. » L. BERTRAND, **Louis XIV,** III, I.

|| 2° (1765). *Anat.* Qui sert au mouvement d'inspiration des poumons. *Muscles inspirateurs.*

INSPIRATION. n. f. (1120 ; empr. au lat. *inspiratio*).

|| 1° Sorte de souffle, émanant d'un être surnaturel, qui apporterait aux hommes des conseils, des révélations... ; état mystique de l'âme sous cette impulsion surnaturelle. *Inspiration céleste* (Cf. Animer, cit. 29), *divine* (Cf. Fanatisme, cit. 1 et 2), *d'en haut* (cit. 135). V. **Esprit, grâce** (cit. 23 et 26), **illumination.** *Inspiration des évangélistes* (cit. 2), *des prophètes, des devins...* V. **Divination, science** (infuse). *Inspiration infernale* (Cf. Frauduleusement, cit.), *diabolique* (Cf. Exorciser, cit. 5).

1 « L'inspiration, a dit Léon XIII dans l'encyclique *Providentissimus Deus,* est une impulsion surnaturelle par laquelle l'Esprit-Saint a excité et poussé les écrivains sacrés et les a assistés pendant qu'ils écrivaient,... » DANIEL-ROPS, **Peuple de la Bible,** p. 310.

— *Par ext.* Idée qui nous vient brusquement et spontanément. V. **Idée, intuition.** *Avoir une inspiration soudaine. Bonne, mauvaise inspiration. Céder à une inspiration.*

2 « Le matin, ayant eu l'heureuse inspiration d'aller faire une petite visite à une femme que j'aime passionnément,... » COURTELINE, **Boubouroche,** Historique, p. 8.

|| 2° *Spécialt.* Souffle* créateur qui anime les écrivains, les artistes, les chercheurs, et qui était autrefois considéré comme un don des dieux (Cf. Génie, cit. 25 VOLT.). *Inspiration poétique.* V. **Enthousiasme** (cit. 3), **délire, folie, fureur** (poétique), **veine, verve.** *L'imagination*, l'amour, l'émotion* créatrice, source d'inspiration* (Cf. Échauffement, cit. 2 ; gouverner, cit. 18). *Appeler, attendre, chercher l'inspiration* (Cf. Invoquer les muses*). *Suivre son inspiration, le feu de l'inspiration. Avoir de l'inspiration. L'inspiration lui manque. Écrire d'inspiration. Le luth, la lyre, symboles de l'inspiration.* — *Inspiration naïve et subtile de Verlaine* (Cf. Évocateur, cit. 2).

3 « J'ai eu peur un instant qu'au lieu de jouer d'inspiration, nos acteurs ne s'attachassent à reproduire les poses et les inflexions de voix de quelque comédien en vogue ;... » GAUTIER, **Mᴵˡᵉ de Maupin.** XI.

4 « À l'idée d'inspiration s'oppose celle de fabrication, à l'idée du
génie qui souffle du dehors, celle du génie qui s'attache à une matière,... à l'idée de facilité aérienne, celle d'une difficulté qui
s'applique,... »   THIBAUDET, in BRÉMOND, La poésie pure, p. 73.

5 « ... certains, qui ne voient que la perfection du résultat, le regar-
deront comme une sorte de prodige qu'ils appellent INSPIRATION.
Ils font donc du poète une manière de médium momentané... En vérité,
il y a bien chez le poète une sorte d'énergie spirituelle de nature
spéciale... Mais tout véritable poète est nécessairement un critique de
premier ordre. »   VALÉRY, Variété V, pp. 156-157.

‖ 3° Action d'inspirer quelque chose à quelqu'un, résultat
de cette action. Sous l'inspiration de X... V. **Influence,
instigation** (Cf. Battre, cit. 37). Attendre du dehors l'inspiration de sa conduite (Cf. Conseil, cit. 9). Par ext. Ce qui
est inspiré. V. **Conseil, suggestion.** Obtenir de quelqu'un
une inspiration et des assurances (cit. 14).

‖ 4° Néol. (En parlant d'une chose inspirée d'une autre).
V. **Inspirer** (cit. 14). Musique d'inspiration médiévale.
Fresque d'inspiration profane. Mode d'inspiration orientale.

‖ 5° (Au sens propre ; XVIe s.). Action de faire entrer l'air
dans les poumons ; résultat de cette action. V. **Aspiration.**
Alternance de l'inspiration et de l'expiration (V. **Respiration**).

6 « On lui mit la compresse de chloroforme sous le nez ; il fit deux
ou trois grandes inspirations... »
              DUHAM., Récits temps de guerre, I, Mémorial..., XII.

ANT. — Étude. Expiration.

INSPIRER. v. tr. (1150, espirer ; empr. au lat. inspirare,
propremt. « souffler »).

‖ 1° Animer d'un souffle, d'un élan divin. Yahweh inspira
les prophètes. Apollon inspirait la Pythie (Cf. infra,
INSPIRÉ, ÉE). Le philosophe ne se dit point inspiré des dieux
(Cf. Enthousiaste, cit. 1).

1 « L'Église enseigne et Dieu inspire, l'un et l'autre infailliblement.
L'opération de l'Église ne sert qu'à préparer à la grâce ou à la
condamnation ; ce qu'elle fait suffit pour condamner, non pour
inspirer. »   PASC., Pens., XIV, 881.

— Fig. Être bien, être mal inspiré (1690 FURET.) : être bien,
mal avisé*, avoir une bonne, une mauvaise idée. Il a été
bien inspiré de vendre ses actions.

‖ 2° Spécialt. Donner l'inspiration*, le souffle créateur
(dans l'art, les activités intellectuelles). Les poètes disent
qu'Apollon, que les Muses les inspirent (ACAD.). Le génie qui
l'inspirait (Cf. Enfler, cit. 1).

2 « Il faut, dans les arts, se contenter, dans les ouvrages même les
meilleurs, de quelques lueurs, qui sont les moments où l'artiste a été
inspiré. »   DELACROIX, Journal, 21 avril 1853.

3 « ... cette flamme divine, ce souffle indéfinissable qui inspire la
science, la littérature et l'art, nous l'avons trouvé en vous, Monsieur,
c'est le génie. »
RENAN, Disc. de récept. de Pasteur à l'Acad., 27 avril 1882, Œuvr.,
                                                        t. I, p. 760.

— Être cause et sujet d'inspiration. Femmes qui inspirent
les artistes. « Inspirez mais n'écrivez (cit. 35) pas » (ÉCOU-
CHARD-LEBRUN). Les paysages de Provence ont beaucoup inspiré ce peintre. — (Avec un complément d'objet désignant
ce que produit l'inspiration) « Inspirez-nous des vers, mais
ne les jugez pas » (ROSTAND. Cf. Échanson, cit. 4). L'amitié a
inspiré très peu de belles pages (Cf. Engagement, cit. 10).

4 « Il paraît que tu ne comprends
    Pas les vers que je te soupire,
    Soit ! et cette fois je me rends !
    Tu les inspires, c'est bien pire. »
              VERLAINE, Dans les limbes, XI.

‖ 3° Faire naître chez quelqu'un. — A. (Au sens actif).
Faire naître en suscitant* (un sentiment, une idée, un
dessein...). V. **Donner, imprimer, insuffler, suggérer.** Inspirer à quelqu'un l'horreur de quelque chose, une sorte de
crainte pour quelque chose (Cf. Assonance, cit. 2 ; inceste,
cit. 2) ; lui inspirer le respect des devoirs (Cf. Grave 1,
cit. 11), le goût de la poésie (Cf. Huile, cit. 32). Inspirer du
courage. V. **Encourager.** Inspirer à quelqu'un de faire une
chose (vx). V. **Persuader.** Inspirer aux autres ce qui nous
plaît (Cf. Éloquence, cit. 4). — En parlant des choses. V.
Commander, déterminer, dicter, imposer, provoquer. Les
intentions qui inspirent un acte (Cf. Incliner, cit. 26). Précautions que doit inspirer la prudence (Cf. Faute, cit. 26).
La haine (cit. 4) inspire la vengeance. Propos inspirés par
la mode (Cf. Coquetterie, cit. 2) ; considérations inspirées
par l'idéalisme (cit. 6).

5 « ... il est sage d'éclairer un convalescent sur les dangers qu'il a
courus, pour lui inspirer la prudence dont il a besoin,... »
              LACLOS, Liais. dang., CXXVI.

6 « Si l'amour vous dominait au point de vous inspirer ces fureurs,
malgré leur déraison, je les excuserais ;... »
              BEAUMARCH., Mar. Figaro, II, 16.

— Par ext. Inspirer quelqu'un : déterminer son comporte-
ment par des conseils. V. **Conduire, conseiller, diriger.**
Souverain inspiré par son ministre. En parlant des choses.
V. **Animer.** C'est la pitié qui l'inspire. — Inspirer quelque

chose, en être l'inspirateur, l'instigateur sans la réaliser,
l'exécuter soi-même. Inspirer une conjuration (Cf. Furie,
cit. 4).

« Le voici. Vous verrez si c'est moi qui l'inspire. »   7
                                        RAC., Britann., V, 5.

« Il est vraisemblable qu'un premier attentat dirigé contre Coligny, 8
qui fut seulement blessé, fut inspiré par Henri de Guise en représailles du meurtre de son père. »
                            BAINVILLE, Hist. de France, IX, p. 167.

— B. (Au sens passif). Être la cause et l'objet (des sentiments de quelqu'un). Inspirer un sentiment, inspirer de
l'amour à une personne (Cf. Assiduité, cit. 6 ; autant,
cit. 20 ; courtisane, cit. 2 ; déraisonnable, cit. 3 ; énergie,
cit. 6 ; épousailles, cit. 2 ; éprouver, cit. 25). Inspirer une
passion (Cf. Élastique, cit. 4 ; imprescriptible, cit. 2). Personne qui inspire l'admiration (Cf. Basoche, cit.), le respect
(Cf. Affection, cit. 9), le désir, la crainte, la terreur, de la
curiosité (Cf. Centre, cit. 13 ; héroïque, cit. 2), de la compassion, de la jalousie, de la haine (cit. 21)...
Je me méfie de lui, il ne m'inspire pas confiance. — En
parlant des choses (Cf. Bourrelet, cit. 3 ; efficacité, cit. 1 ;
exclusif, cit. 10 ; goût, cit. 48). Une bouche qui inspire des
désirs (Cf. Attrayant, cit. 2). Horreur inspirée par un
meurtre (Cf. Forteresse, cit. 2). Sa santé m'inspire de sérieuses inquiétudes.

« Sait-il toute l'horreur que ce Juif vous inspire ? »   9
                                        RAC., Esth., III, 1.

« ... ils échangèrent l'aveu de la grande pitié que leur inspirait le 10
monde où ils vivaient. »
                            FRANCE, L'orme du mail, VII, Œuvr., t. XI, p. 70.

« ... l'état du patient inspirait les plus pressantes inquiétudes. »   11
                            DUHAM., Salavin, VI, XXX.

« Si les gars, après enquête, m'inspirent confiance, je dois me   12
montrer beau joueur. »   ROMAINS, H. de b. vol., t. V, VII, p. 63.

‖ 4° Au sens propre. Souffler dans. V. **Insuffler.** Inspirer
de l'air dans les poumons d'un noyé. V. **Introduire.** —
Intrans. T. de Physiol. Faire entrer l'air dans ses poumons.
L'acte de la respiration consiste à inspirer et à expirer*.
V. **Aspirer.**

‖ S'INSPIRER. v. pron. (1829). Prendre, emprunter des idées,
des éléments à... Écrivain qui s'inspire des auteurs anciens.
V. **Imiter.** Chorégraphe (cit.) qui s'inspire d'une œuvre littéraire. En parlant des choses. Mode qui s'inspire, qui est
inspirée de l'étranger.

« ... ses peintres, au lieu d'aller copier des modèles d'Italie, voudront 13
regarder autour d'eux et s'inspirer de la nature et des types si variés
et si caractéristiques de cet immense empire,... »
                            GAUTIER, Voyage en Russie, p. 313.

« Une ceinture marocaine de cuir jaune... serrait à la taille leurs   14
petites robes très courtes, inspirées des modes européennes. »
                            MAC ORLAN, La Bandera, VII.

‖ INSPIRÉ, ÉE. p. p. et adj. Prophète inspiré. L'Église est
divinement inspirée (Cf. Cantonner, cit. 2). Livres inspirés
(Cf. infra, cit. 15). Rêverie, causerie inspirée (Cf. Fanatique,
cit. 1 ; illuminer, cit. 24). — Substant. Un, une inspirée.
V. **Illuminé, mystique** (Cf. Enfant, cit. 5).

« Livres inspirés suivant la foi chrétienne, c'est-à-dire dont les   15
auteurs ont reçu une impulsion surnaturelle et ont été assistés pendant
qu'ils écrivaient, « de telle sorte qu'ils concevaient exactement,
voulaient rapporter fidèlement et exprimaient avec une vérité infaillible tout ce que Dieu leur ordonnait et seulement ce qu'il leur ordonnait d'écrire ».
              DANIEL-ROPS, Jésus en son temps, Introduction, p. 37.

« Abraham, Jacob, ces inspirés, ne sont-ils pas exactement des mys-   16
tiques ? »   ID., Peuple de la Bible, p. 57.

— Spécialt. (Dans l'ordre artistique, intellectuel). Écrivain, artiste, génie inspiré (Cf. Élever, cit. 18). — Par ext.
Air inspiré. Regards inspirés. — Œuvre inspirée, mouvement inspiré (Cf. Épithalame, cit. 2).

« Poète, sans chercher l'effet poétique, mais qui le trouve toujours   17
direct et le plus simple, par la nervosité du trait, la pulsation de son
débit, inspiré, exaltant, lyrique. »   HENRIOT, Romantiques, p. 400.

ANT. — Éprouver (cit. 25). Expirer.

DER. — (Cf. Inspirateur, inspiration). — **Inspirant, ante.** adj.
(1740). Peu usit. Qui est propre à inspirer. Cela n'a rien de bien inspirant. V. **Suggestif.**

INSTABILITÉ. n. f. (1450 ; empr. au lat. instabilitas).
Manque de stabilité. — Chim. État d'un corps qui subit
aisément une décomposition. — Phys. État d'un corps en
équilibre* instable. V. **Déséquilibre.** — Pathol. Instabilité
psycho-motrice (Cf. Éthérisme, cit.). — (Dans le langage
courant). V. **Mobilité.** Instabilité des tribus nomades
(Cf. Caprice, cit. 11). — Fig. Perpétuelle instabilité des
choses humaines. V. **Changement, vicissitude.** Instabilité
des prix (Cf. Inflation, cit. 2). Instabilité des valeurs matérielles et morales (Cf. Déséquilibre, cit. 2). Instabilité
d'une situation. V. **Fragilité** (cit. 6), **incertitude, précarité.**
Instabilité du caractère, des opinions, des sentiments (Cf.
Indissoluble, cit. 3). V **Inconstance, versatilité.** — Instabilité ministérielle.

« Le pis que je trouve en notre état, c'est l'instabilité, et que nos   1
lois, non plus que nos vêtements, ne peuvent prendre aucune forme
arrêtée. »   MONTAIGNE, Essais, II, XVII.

2   « Toute votre félicité,
      Sujette à l'instabilité,
      En moins de rien tombe par terre ;
      Et comme elle a l'éclat du verre,
      Elle en a la fragilité. »   CORN., **Pol.**, IV, 2.

3   « ... quand rien ne subsiste de nos besoins, de nos affections, de nos espérances ; quand nous passons nous-mêmes avec la fuite invariable des choses, et dans l'inévitable instabilité du monde ! »
      SENANCOUR, **Oberman**, LXXXIX.

ANT. — **Stabilité. Aplomb, équilibre, fermeté, fixité, permanence. Constance.**

INSTABLE. *adj.* (XIVᵉ s. ; rare jusqu'à la fin du XVIIIᵉ s. ; empr. au lat. *instabilis*). Qui n'est pas stable. Phys. *Équilibre** (cit. 6 et *fig.* cit. 16) *instable. Meuble instable.* V. **Boiteux, branlant.**

1   « Ainsi pour lors était la terre instable,
      L'air sans clarté, la mer non navigable ; »
      MAROT, **Traductions**, Métamorphose d'Ovide. I.

— Qui se déplace, n'est pas stable en un lieu. *Personne, population instable.* V. **Errant, nomade** (Cf. Être comme l'oiseau sur la branche* ; être en camp* volant).

— *Fig.* Qui n'est pas fixe, permanent. V. **Changeant.** *Temps instable.* V. **Variable.** *Gouvernement instable* (Cf. Balancer, cit. 24). *Paix instable.* V. **Fragile, précaire.** *Pensée instable.* V. **Fugitif, mobile, mouvant** (Cf. Furtif, cit. 12). *Caractère, personne instable.* V. **Capricieux, flottant, fluctuant, fuyant, inconstant** (Cf. Charrier, cit. 4). — Substant. *Les instables*, se dit d'enfants anormaux qui ne peuvent supporter la discipline scolaire.

2   « ... leur sensibilité irritée, susceptible, instable enfin,... »   CAMUS, **La peste**, p. 215.

→ Métall. *Acier instable*, qui perd aisément ses propriétés (V. **Altérable**). — Chim. *Combinaison instable*, qui se décompose facilement en ses éléments. Fig. *L'homme est un composé* (cit. 31) *instable.*

ANT. — **Stable ; fixe ; permanent, solide ; constant, déterminé.**

DER. — (Cf. Instabilité). — **Instablement.** *adv.* (XVIᵉ s.). *Peu usit.* D'une manière instable.

INSTALLATION. *n. f.* (1349 ; de *installer*).

‖ **1°** Mise en possession solennelle d'une charge ecclésiastique (CAPITANT). *Installation d'un évêque* (V. **Intronisation**), *d'un lama* (Cf. Impeccable, cit. 1). — *Par ext.* Formalité indispensable à l'entrée en exercice des titulaires de certains emplois publics. *Installation d'un magistrat ; installation dans une fonction.*

‖ **2°** (XIXᵉ s., d'abord *T. de Mar.* Cf. LITTRÉ). Action d'installer (quelque chose). V. **Aménagement, arrangement, établissement ; place** (mise en). *Procéder à l'installation, s'occuper de l'installation des meubles dans une maison, des machines dans une usine... Installation d'une tente.* V. **Dressage, montage...** *Installation d'un campement, des troupes, du matériel militaire* (V. **Cantonnement**). *Installation de l'électricité*, du gaz... dans un immeuble.* — Ensemble des objets, dispositifs, bâtiments, etc., installés en vue d'un usage déterminé. *Installation de fortune* (cit. 22), *défectueuse* (cit. 4). *Installation modèle... Installation frigorifique* (cit.) *d'un bateau. Constructions* et installations d'une usine, d'une station thermale. Installations portuaires. Installations électriques, industrielles, sanitaires, mécaniques, thermiques...* V. **Équipement.**

1   « ... un projet très sommaire, très approximatif, des constructions et installations diverses qu'on pourrait envisager pour l'aménagement et la mise en valeur de la station. »
      ROMAINS, **H. de b. vol.**, t. V, XXII, p. 185.

— *Spécialt.* Action de s'installer dans un logement* ; arrangement intérieur d'un local d'habitation. *Les coûteuses et magnifiques installations de cet homme fastueux* (cit. 5). *Leur installation n'est pas terminée. Le jour de son installation. Fêter son installation.* V. **Crémaillère** (pendre la). *Installation de fortune, provisoire.* V. **Camp** (volant), **campement.**

2   « Des rideaux aux fenêtres et un large divan couvert d'une étoffe à ramages rouges complètent cette première installation, qui est pour l'instant une installation modeste. »   LOTI, **Aziyadé**, II, XX.

3   « ... lors de leur arrivée et de leur installation à Paris, dans le petit hôtel de la rue Fortunée, si amoureusement aménagé par Balzac pour recevoir son Étrangère, Ève (Mᵐᵉ *Hanska*) et Honoré étaient déjà désaccordés. »   HENRIOT, **Romantiques**, p. 355.

ANT. — **Déménagement, évacuation.**

INSTALLER. *v. tr.* (1403 ; bas lat. *installare*, « mettre (un dignitaire de l'Église) dans sa stalle ».

‖ **1°** Établir solennellement dans sa dignité*. *Installer un pape, un évêque.* V. **Introniser.** — *Par anal.* Mettre solennellement en possession d'une fonction*, d'un emploi*. *Installer un colonel à la tête d'un régiment* (Cf. Hausse-col, cit. 1).

‖ **2°** *Par ext.* Mettre (quelqu'un) dans la demeure, dans l'endroit qui lui était destiné. V. **Caser, loger, mettre** (Cf. Antre, cit. 6). *Nous l'avons installé dans son nouveau*

logement*, dans une maison* de campagne... Installer un nouvel employé au bureau qui lui est affecté. Installer des colons (cit. 3) *dans une région.* — Placer d'une façon déterminée. *Installer un malade dans son lit, dans un fauteuil ; l'installer confortablement* (V. **Asseoir**).

1   « Le colonel Roguin voulut absolument... m'installer à Motiers. »   ROUSS., **Confess.**, XII.

2   « (Elle) venait de la prendre auprès d'elle et d'installer au foyer de la bourgeoise famille Thibault, cette fille d'une Malgache, et qui avait tout l'air d'une sauvageonne. »
      MART. du G., **Thib.**, t. III, p. 166.

3   « Rieux vit sa femme debout, en tailleur,... un moment après, à la gare, il l'installait dans le wagon-lit. »   CAMUS, **La peste**, p. 20.

‖ **3°** (XIXᵉ s. ; donné par LITTRÉ comme T. de Marine, étendu au langage courant : *Installer sa maison*). Disposer, établir (quelque chose) dans un lieu désigné ou selon un ordre défini. V. **Accommoder** (II), **arranger, camper** (3°), **disposer** (I), **établir, mettre** (en place), **placer...** *Installer une chaise devant sa porte.* V. **Poser** (Cf. Café, cit. 7 ; enfourcher, cit. 3). *Table installée pour les secrétaires* (Cf. Grossoyer, cit. 2 DAUDET). *Installer des haut-parleurs* (cit. 3), *le gaz, l'électricité, le téléphone,... Installer des postes le long d'une rivière* (Cf. Feu 1, cit. 52). *Installer des tentes, des guitounes* (cit. 2) : les monter, les dresser. *Installer une salle de bains dans une pièce ; une salle de bal dans une grange.* V. **Aménager, équiper** (Cf. Frais 2, cit. 12 ZOLA). — *Par ext. Installer un appartement :* y faire les aménagements qui le rendent habitable. *Appartement bien, mal installé. Installer un collège* (Cf. Gens 1, cit. 22). — Absolt. *C'est mal installé, chez vous* (Cf. Globe, cit. 14).

4   « Il y avait transféré son cabinet de travail, sa chambre, et il y avait fait installer ce « laboratoire ». »
      MART. du G., **Thib.**, t. III, p. 113.

5   « Dire qu'il serait si commode, en appuyant, sur un bouton comme celui-ci, d'avoir, dès l'instant de son réveil, de la lumière. Mais le propriétaire se refuse à laisser installer l'électricité dans l'immeuble. »
      ROMAINS, **H. de b. vol.**, t. I, XI, p. 117.

6   « ... Sammécaud pénétrait dans la garçonnière qu'il venait d'installer, et, ses clefs à la main, une cigarette parfumée à la bouche, en examinait l'aspect avec satisfaction. »   ID., **Ibid.**, t. IV, XI, p. 122.

‖ **S'INSTALLER.** *v. pron.* Se mettre à une place déterminée ou dans une place déterminée, et en général pour un temps assez long. *S'installer autour d'une table.* V. **Asseoir** (s'). Cf. Attabler, cit. 1. *S'installer au fond* (cit. 17) *d'une salle, dans un fauteuil, une voiture...* (Cf. Caban, cit. ; calèche, cit. 3). *S'installer confortablement pour manger* (Cf. Le dos* au feu, le ventre à table). *Installez-vous ici, vous serez mieux installé pour écrire.* — *Les marchands forains* (cit. 4) *se sont installés près de l'église. Qui s'installe à son poste ; fourmilion* (cit. 1) *qui s'installe au fond de son entonnoir :* qui s'y poste*. — *S'installer chez un ami, à l'hôtel, dans une maison* (Cf. Arrivant, cit. 1), *un château* (Cf. Incarner, cit. 3)... V. **Loger** (se). *S'installer pour longtemps, définitivement* (V. **Enraciner** (s'), **établir** (s'), **fixer** (se), *provisoirement* (V. **Camper**). *Il vient de s'installer ; depuis qu'il est installé* (Cf. Bourrer, cit. 5). — *Par ext. Puissance coloniale qui s'installe dans un pays.* V. **Pied** (prendre pied). Cf. Indigène, cit. 4.

7   « C'est (*l'habitude*) une ancienne ménagère
      Qui s'installe dans la maison. »
      SULLY PRUDHOMME, **Stances et poèmes**, L'habitude.

8   « Ce fut d'abord comme provisoirement qu'ils s'installèrent, complétant, avec le plus d'économie possible, le peu du mobilier provençal qu'ils n'avaient pas eu le courage de vendre. »
      LOTI, **Matelot**, XVIII.

9   « Partout où il va, il s'installe. Et personne ne s'étonne, il semble que sa place était là depuis toujours. »
      MICHAUX, **La nuit remue**, p. 16.

— *Fig. Image, souvenir qui s'installe dans l'esprit...* V. **Fixer** (se). Cf. Automatiquement, cit. ; épouvantable, cit. 6 BAUDEL. — *S'installer dans la mauvaise foi, dans le mensonge..., dans une situation sociale enviable, parmi les amis d'un homme célèbre* (Cf. Emblée, cit.).

10   « Dès qu'il se laissait aller à la rêverie, l'image de sa belle et inconstante cousine s'installait dans sa pensée vide et le torturait. »
      MAUROIS, **Ariel...**, I, VII.

11   « Elle ne pouvait pas ne pas avoir conscience de son mensonge : elle s'y installait pourtant, s'y reposait. »
      MAURIAC, **Fin de la nuit**, V, p. 111.

12   « Petit à petit, la France et le monde s'installaient dans la guerre, c'est-à-dire dans la torpeur. »   DUHAM., **Cri des profondeurs**, V.

13   « Pendant les premiers jours de janvier, le froid s'installa avec une persistance inusitée... »   CAMUS, **La peste**, p. 290.

ANT. — **Déplacer ; changer** (de place). **Aller** (s'en), **déménager, partir...**

DER. — **Installateur.** *n. m.* (milieu XIXᵉ s.). *Vx.* Celui qui installe (un dignitaire, etc.). *De nos jours* (1875 in LITTRÉ, Suppl.). Commerçant, artisan, ouvrier qui s'occupe d'installations*. *Installateur-décorateur.*

COMP. — **Réinstaller.**

INSTAMMENT. *adv.* (1356 ; de *instant* 1). D'une manière instante*, avec instance*. *Prier, supplier, demander instamment...* (Cf. Avilissement, cit. 5 ; gloire, cit. 51).

« ... Je les prie très instamment de venir... »
MOL., G. Dand., III, 4.

INSTANCE. n. f. (1288 « application, soin, sollicitation » ; sens jur. dès le XIIIᵉ s. selon BLOCH ; lat. *instantia*, « application, insistance », de *stare*, « se tenir »).

‖ 1° *Vx.* Soin* pressant.

1 « Et notre plus grand soin, notre première instance
Doit être à le nourrir (*l'esprit*) du suc de la science. »
MOL., Fem. sav., II, 7.

‖ 2° Sollicitation pressante (*Vx.* au sing.). *Faire instance auprès de quelqu'un* (ACAD.). V. **Presser.** *Demander avec instance* (LITTRÉ). V. **Insistance.** — (Au plur.). *Vives instances, instances réitérées* (Cf. Harnais, cit. 10). *Instances importunes.* V. **Importunité.** *Céder aux instances de quelqu'un.* V. **Prière, requête, sollicitation.** *Sur les instances, devant les instances de ses amis, il a fini par accepter.* — REM. Dès le XVIIIᵉ s. FÉRAUD constatait qu'*Instance* n'avait « de singulier qu'au sens juridique » (BRUNOT, H.L.F., t. VI, p. 1578).

2 « Ce fut alors que les Religieuses de ce monastère renouvelèrent leurs instances... »
RAC., Port-Royal, I.

3 « ... comme elle joignait ses instances aux persécutions qu'on me faisait pour passer la nuit au château : « Eh bien ! j'y consens, lui dis-je,... »
LACLOS, Liais. dang., LXXI.

4 « Cependant mon camarade me fit de telles instances pour obtenir de moi d'aller à son déjeuner, que je ne pouvais m'en dispenser... »
BALZ., Gobseck, Œuvr., t. II, p. 643.

5 « Trois ans après la mort de Madame, Louis XIV, cédant aux instances de Monsieur, rendit sa faveur au chevalier de Lorraine,... »
HENRIOT, Portr. de femmes, p. 113.

‖ 3° *Dr.* Poursuite en justice ; « Ensemble d'actes, de délais et de formalités ayant pour objet l'introduction, l'instruction et le jugement d'un litige » (CAPITANT). V. **Procédure, procès** (Cf. Appointement, cit. 1 RAC.). *Introduire une instance, introduction* d'instance* (V. **Requête**). *Instance en divorce. Exploit introductif d'instance. Instance en état. Interruption, reprise d'instance. Extinction de l'instance : désistement*, péremption* d'instance. Instance périmée*. Incidents* (cit. 12) *qui se produisent au cours d'une instance.*

— *Affaire en instance :* en cours. V. **Pendant.** Fig. *Rien n'est décidé, résolu, tout est encore en instance.*

6 « Depuis longtemps l'affaire est en instance ; le Conseil d'État, appelé à statuer, a dû se prononcer ces jours-ci,... »
COURTELINE, MM. ronds-de-cuir, Vᵉ Tabl., III.

7 « Il baissa la tête : il pensait à sa propre vie. L'avenir l'avait pénétrée jusqu'au cœur, tout y était en instance, en sursis. »
SARTRE, Âge de raison, XII, p. 216.

— *Première instance :* premier degré dans la hiérarchie des juridictions (*par oppos.* à juridiction d'appel. — REM. Les appels des sentences des juges de paix, des conseils de prud'hommes sont attribués aux tribunaux de première instance). *Juge, tribunal de première instance* (Cf. Absence, cit. 13 ; gros, cit. 44 ; huissier, cit. 7 ; informer, cit. 20). *Faire appel** (cit. 20) *d'un jugement en première instance.*

— *Par ext.* (fin XIXᵉ s. LAROUSSE). Juridiction*, tribunal. *L'instance supérieure.* — (*Néol.*). Autorité, corps constitué qui détient un pouvoir de décision dans les affaires nationales ou internationales.

8 « On lit sans cesse dans les gazettes que les hautes *instances internationales* seront saisies de la question de l'Atlantique Nord... Il est visible que ce mot s'est échappé indûment du vocabulaire juridique... Une *instance*, essentiellement, c'est une poursuite... Mais il y a plus de cinquante ans qu'*instance* est passé à l'acception de : tribunal ou juridiction ;... On ne saurait donc s'étonner ni se scandaliser que le sens se soit élargi jusqu'à des « compétences » non judiciaires,... »
THÉRIVE, Clinique du langage, p. 126.

9 « Sans doute, leur commandement militaire (*des Anglais*) était-il, en principe, favorable au ralliement qui procurerait des renforts. Mais d'autres instances anglaises étaient moins pressées. »
Ch. DE GAULLE, Mémoires de guerre, t. I, p. 146.

1. INSTANT, ANTE. adj. (1296 au sens de « proche, prochain » ; lat. *instans*). Qui presse vivement. V. **Pressant.** *Demande, prière*, sollicitation, supplication instante.* — *Par ext.* V. **Imminent, instantané.** *Besoin, péril instant.* « *Un péril instant nous presse d'agir ; un péril imminent nous avertit seulement par sa menace* » (LITTRÉ).

« ... les curés pensèrent qu'il était convenable que M. le Doyen se retirât vers Monseigneur pour l'avertir que le roi allait arriver, et qu'il était instant de se rendre au chœur. »
STENDHAL, Le rouge et le noir, I, XVIII.

DER. — **Instamment.**

2. INSTANT. n. m. (1377 ; du précéd.). Durée* très courte* que la conscience saisit comme un tout (LALANDE). V. **Moment ; minute, seconde** (Cf. Attente, cit. 6 ; bonheur, cit. 30 ; étendre, cit. 38 ; feu 1, cit. 56 et 57 ; incomplet, cit. 1). *L'instant considéré comme la plus petite division* du temps psychologique, vécu, comme un point*, un repère dans la durée.* V. **Temps.** *Instant grave, insignifiant* (Cf. Gravité, cit. 12), *décisif* (cit. 2), *fugitif* (cit. 10), *imminent* (Cf. Contretemps, cit. 3). *Les plus doux* (cit. 17)

instants. Le premier, les derniers instants (Cf. Gêne, cit. 10 ; hasarder, cit. 9). *L'instant fatal, de la mort. Instant d'abandon* (cit. 10), *d'accalmie* (cit. 2), *de faiblesse, de loisir, d'oubli, de plaisir, de répit,...* (Cf. Chaîne, cit. 12 ; clair, cit. 26 ; essouffler, cit. 4 ; étourdir, cit. 8 ; héros, cit. 14). Spécialt. *Il a des instants de distraction, de bon sens...* (V. **Échappée**). *Attendre* (cit. 46) *l'instant, l'instant propice. La fuite* (cit. 13) *des instants ; instant qui passe* (Cf. Figer, cit. 5). *Souvenir d'un instant ancien* (Cf. Fond, cit. 28). *Les instants qui composent l'existence* (Cf. Identité, cit. 11). *Infinité* (cit. 4) *d'instants.* — *La vie ne dure qu'un instant* (Cf. Éternel, cit. 23). — Spécialt. *L'instant présent*.* — Absolt. *Jouir, profiter de l'instant qui passe.* V. **Carpe diem** (Cf. Donner, cit. 43). « *Instant, arrête-toi, tu es si beau* », parole de Faust contemplant son œuvre (GŒTHE, Second Faust, V).

1 « Chaque instant de la vie est un pas vers la mort. »
CORN., Tite et Bérénice, V, 1.

2 « Et le premier instant où les enfants des rois
Ouvrent les yeux à la lumière
Est celui qui vient quelquefois
Fermer pour toujours leur paupière. »   LA FONT., Fabl., VIII, 1.

3 « ... que nous importe dans quelle situation la main de Dieu nous place pour l'instant rapide que nous paraissons sur la terre ? »
MASS., Carême, Riche.

4 « (*L'homme*) ne vit que fort peu dans l'instant même. Son établissement principal est dans le passé ou dans le futur. »
VALÉRY, Variété III, p. 208.

5 « L'instant paraît jouer dans la représentation du temps le même rôle que le point dans la représentation de l'espace... L'instant n'est-il pas le faite indivisible qui ne cesse de séparer le passé de l'avenir ? Mais une telle comparaison manque de justesse... Notre vie ne sort jamais de l'instant... »
L. LAVELLE, Le moi et son destin, IV, Réalité de l'instant, II.

6 « De ces lettres (*de Julie de Lespinasse à Guibert*)... la plus belle... est datée « de tous les instants de ma vie ». La voici : « Mon ami, je souffre, je vous aime et je vous attends ».
HENRIOT, Portr. de femmes, p. 203.

7 « Il se souvint d'une femme qui lui avait dit jadis : « Ah ! fou qui ne sais cueillir l'instant ! »   MAUROIS, Roses de septembre, II, V.

— *Un instant, pendant un instant* (Cf. Hors la loi, cit.). *Il crut, il pensa un instant que...* (Cf. Annonce, cit. 4). *Pour un instant* (Cf. Avant-goût, cit. 4 ; bouquet, cit. 5 ; frémissant, cit. 3). *C'est l'affaire d'un instant* (Cf. Flamber, cit. 15). *Après, depuis un instant* (Cf. Ergot, cit. 4 ; impatienter, cit. 10). *Attendez, patientez un instant.* Ellipt. *Un instant ! ne soyez pas si pressé...* (Cf. Champi, cit.). *Peu d'instants, quelques instants* (Cf. Arbitraire, cit. 11 ; brosser, cit. 1 ; inégal, cit. 14). *Dans peu d'instants* (Cf. Café, cit. 4) ; *au bout de quelques instants* (Cf. Infuser, cit. 1), *quelques instants plus tard* (Cf. Globule, cit. 4). — *Sans perdre un instant* (Cf. Gratter, cit. 8). *Pas un, pas un seul instant* (Cf. Frotter, cit. 2 ; hideux, cit. 5).

— EN UN INSTANT : rapidement, très vite. V. **Clin** (en un clin d'œil), **tournemain** (en un). Cf. Feu 1, cit. 13 ; hardi, cit. 2. *Dans un instant*, s'emploie parfois dans ce sens (Cf. Bouleverser, cit. 6).

— DANS UN INSTANT. V. **Bientôt, heure** (tout à l'heure). *J'arrive dans un instant.*

— À L'INSTANT. V. **Aussitôt, soudain, suite** (tout de suite). Cf. Accourir, cit. 9 ; âme, cit. 35 ; assiéger, cit. 4 ; audience, cit. 15 ; fade, cit. 12 ; futur, cit. 16. *Tout à l'instant* (Cf. Avis, cit. 40). *Dans l'instant, dans l'instant même* (Cf. Exister, cit. 15). *À l'instant, à l'instant même où..., de...*, et (vieilli) *que...* (Cf. Asseoir, cit. 45 ; brèche, cit. 2 ; friture, cit. 1). — *Dès l'instant, depuis l'instant que..., où...* (Cf. Balle 1, cit. 2 ; implacablement, cit. 3). *À cet instant* (Cf. Abandon, cit. 2 ; ahurissement, cit. ; hérédité, cit. 9). *Au même instant* (Cf. Caillou, cit. 5 ; gloire, cit. 49 ; humilier, cit. 40).

— À CHAQUE INSTANT. V. **Bout** (à tout bout de champ), **cesse** (sans), **continuellement, pas** (à chaque), **propos** (à tout)... Cf. Atermoyer, cit. 1 ; augmenter, cit. 9 ; changer, cit. 63 ; fou 1, cit. 33 ; frictionner, cit. 2 ; héroïsme, cit. 13 ; inévitable, cit. 3. — *À tous instants* (Cf. Brillant, cit. 21) ; *à tout instant* (Cf. Camper, cit. 4 ; homme, cit. 156). — *D'instant en instant* (Cf. Germer, cit. 6).

— POUR L'INSTANT : pour le moment*. V. **Heure** (pour le quart d'heure). Cf. Geindre 1, cit. 3 ; goutte 2, cit. 3 ; heure, cit. 13 ; hostilité, cit. 3.

— PAR INSTANTS. Par moments, de temps* en temps (Cf. Assombrir, cit. 10 ; blêmir, cit. 5 ; fond, cit. 19 ; fougue 1, cit. 5 ; froideur, cit. 6 ; fusée, cit. 6).

— DE TOUS LES INSTANTS : constant, perpétuel (Cf. Assimiler, cit. 19 ; habitude, cit. 2 ; implicite, cit. 1).

ANT. — **Éternité, perpétuité.**

DER. — **Instantané.**

INSTANTANÉ, ÉE. adj. (1604 ; de *instant* 2). Qui ne dure qu'un instant. V. **Bref.** *Lueurs, éclairs instantanés.*

1 « C'étaient des visions instantanées, rapides, mais d'une vivacité qui m'allait au cœur comme un aiguillon. »
FROMENTIN, Année dans le Sahel, p. 80.

— Qui se produit en un instant, soudainement. V. **Immédiat, prompt, soudain, subit** (Cf. Exclamation, cit. 2). *Explosion, déflagration instantanée. La mort fut instantanée. Composition instantanée* (Cf. Improvisation, cit. 9). *Expression instantanée d'une idée* (cit. 14). *Sentiment, mouvement instantané...* (Cf. Grâce, cit. 33). *Riposte instantanée.*

2 « Je ne connaissais personne à bord, et cependant chacun semblait me reconnaître. Mon signalement devait être devenu précis, instantané dans leur esprit, comme celui du criminel célèbre qu'on publie dans les journaux. » CÉLINE, **Voyage au bout de la nuit**, p. 108.

— Spécialt. *Photographie instantanée*, obtenue par une exposition de très courte durée (temps de pose inférieur à 1/10e de seconde). *Cliché instantané.* — Substant. *Un instantané* (Cf. Exhumer, cit. 5). *Prendre un instantané* (Cf. Enregistreur, cit.) *au 1/100e de seconde... Instantané d'un cheval au galop.*

3 « Merci, merci de tout mon cœur pour cet instantané mal lavé, jaune d'hyposulfite : vous y êtes, mes chers, ravissants tous deux... Envoyez-moi encore d'autres photographies, dites ! » COLETTE, **La vagabonde**, p. 204.

ANT. — Durable, lent, long.

DER. — Instantanéité. *n. f.* (1735). Caractère de ce qui est instantané. *L'instantanéité d'un mouvement, d'une réplique.* — Instantanément. *adv.* (1787). D'une manière instantanée ; en un instant. V. **Aussitôt, immédiatement, soudainement** (Cf. En un tour de main ; sur-le-champ ; et *aussi* Étrangler, cit. 8 ; fermer, cit. 29 ; froid 1, cit. 24 ; heureux, cit. 18). ANT. Lentement, progressivement.

1 « Sa faculté d'improvisation étonnait même les Italiens. C'était de l'instantanéité. La pensée, la parole et la rime jaillissaient en même temps, et quelle rime ! » GAUTIER, **Portr. contemp.**, Méry.

2 « Nous ne nous rappelons que le rêve interminable fait instantanément au bord de notre réveil. » COCTEAU, **Difficulté d'être**, p. 88.

INSTAR DE (À L'). *loc. prép.* (1572 ; adapt. de la loc. lat. *ad instar*, « à la ressemblance »). À l'exemple*, à la manière de, de même que. V. **Comme ; imitation** (à l'). *Vers composés à l'instar de ceux de Chénier* (Cf. Iambe, cit. 3).

1 « Ces arbres ne dépassent pas la hauteur d'un homme. Le vent océanique les étête, les secoue, les prosterne à l'instar des fougères. » CHATEAUB., **M. O.-T.**, t. I, p. 272.

2 « Grévin, à l'instar de son ami Malin, paraissait plus végéter que vivre,... » BALZ., **Député d'Arcis**, Œuvr., t. VII, p. 691.

3 « *Port-Royal* a été conçu comme une pièce en un seul acte, à l'instar des tragiques grecs. » MONTHERLANT, **Port-Royal**, Préface.

INSTAURER. *v. tr.* (XIVe s., mais peu usité aux XVIIe et XVIIIe s. ; lat. *instaurare*). V. **Constituer, établir*, faire** (faire régner), **fonder, inaugurer.** *Instaurer un usage* (ACAD.). V. **Instituer.** *Instaurer un nouveau régime, un ordre nouveau, le règne de la justice...* V. **Organiser** (Cf. Conséquence, cit. 10 ; fascisme, cit. 2).

1 « Par sa mort, le péché a été ôté ; par sa résurrection, la justice a été instaurée. » CALVIN, **Instit.**, 399.

2 « ... le sentiment de l'égalité n'a inspiré que les révolutions particulières contestables ; il a opéré cette révolution anglaise, qui légua au monde moderne une Angleterre si nationaliste, impérialiste ; il a opéré cette révolution américaine, qui instaura une république si impérialiste, et capitaliste ; il n'a pas institué l'humanité ; il n'a pas préparé la cité ; il n'a instauré que des gouvernements démocratiques. » PÉGUY, **La République...**, p. 50.

3 « La signification du drame dont tout homme est le héros et l'observateur anxieux, est donc celle-ci : tendre,... à instaurer sur la terre le règne de Dieu, lequel n'est rien d'autre que l'union des âmes dans l'amour. » DANIEL-ROPS, **Jésus en son temps**, VIII, p. 404.

ANT. — Abolir, anéantir, détruire, renverser.

DER. — (du lat. *instaurator, instauratio*) : Instaurateur, trice. *n.* (XIVe s.). Celui, celle qui instaure. *Instaurateur de la justice, de la liberté.* — Instauration. *n. f.* (XIVe s.). Action d'instaurer. V. **Établissement, fondation.** *L'instauration d'une mode, d'un usage.*

INSTIGATEUR, TRICE. *n.* (1363 ; lat. *instigator*). Celui, celle qui incite*, qui pousse à faire quelque chose. — REM. *Instigateur* se prend « le plus souvent » (ACAD.), mais non toujours en mauvaise part. *Les principaux instigateurs de ce mouvement.* V. **Dirigeant, promoteur, protagoniste...** *Instigateur d'un complot, d'une conspiration, d'une émeute, d'une révolution, de troubles...* V. **Agitateur, excitateur, incitateur, meneur...** *Elle est l'instigatrice de cette cabale* (ACAD.). — Fig. « L'esprit est le vrai tentateur de la conscience et le premier *instigateur* du péché » (PROUDHON, in P. LAROUSSE). V. **Cause, moteur** (fig.).

1 « ... la nature ayant fait l'amour le lien de tous les êtres, l'a rendu le premier mobile de nos sociétés, et l'instigateur de nos lumières et de nos plaisirs. » BERNARD. de ST-P., **Paul et Virginie**, p. 87.

2 « Je chercherais le moyen de mettre fin à cet abominable scandale en m'emparant des quatre ou cinq instigateurs... » GIDE, **Faux-Monnayeurs**, I, II.

3 « Divinités propices à l'éclosion des songes, ce n'est pas vous que j'interpelle, mais les Instigatrices ardentes... de l'action. » SAINT-JOHN PERSE, **Œuvr. poét.**, t. I, p. 323.

— *Les instigateurs d'un criminel, d'un assassin.*

4 « ... un Anglais fanatique, nommé Felton, l'assassina (*Buckingham*) d'un coup de couteau sans que jamais on ait pu découvrir ses instigateurs. » VOLT., **Essai s. l. mœurs**, CLXXVI.

INSTIGATION. *n. f.* (1332 ; lat. *instigatio*). Action d'inciter, de pousser quelqu'un à faire quelque chose (se prend le plus souvent en mauvaise part). V. **Incitation, suscitation.** *Les instigations d'un conseiller.* V. **Conseil.** *Agir à l'instigation de quelqu'un* (Cf. Illuminer, cit. 26).

1 « La persécution s'éleva de tous côtés, à l'instigation des Juifs, qui allaient partout pour animer les gentils, jusqu'à ce qu'ils excitèrent Néron à cette première grande persécution. » BOSS. in LAFAYE, **Dict. syn.**, Inspiration...

2 « Je ne crois pas que les provocations parties des glacis suffisent à expliquer la chose. J'y verrais bien plutôt l'action, l'instigation directe de ceux qui avaient intérêt à détruire la pétition, avec les pétitionnaires. » MICHELET, **Hist. Révol. franç.**, V, VIII.

INSTIGUER. *v. tr.* (XIVe s. ; lat. *instigare*, « aiguillonner, exciter »). Vx. « Exciter à, comme par un aiguillon » (LITTRÉ). V. **Inciter, pousser, provoquer.** *Instiguer quelqu'un à la révolte.* — REM. Selon HANSE, ce mot s'emploie encore très couramment en Belgique.

« ... nous avons assez bien établi que vous aviez *instigué* ce malheureux à publier une horrible fausseté. » BEAUMARCH., **Mém.**, 129 (in BRUNOT, H.L.F., t. VI, p. 1295).

INSTILLER (*-stil-lé*). *v. tr.* (vers 1500 ; lat. *instillare*, de *stilla*, « goutte »). Verser goutte à goutte. *Instiller un collyre dans l'œil. Les abeilles* (cit. 5) *instillent une goutte d'acide formique dans le miel. Instiller à l'aide d'une seringue, d'un compte-gouttes. Eau qui s'instille.* V. **Couler.** — Fig. Faire entrer, pénétrer lentement. V. **Insinuer.**

« C'est, à coup sûr, ce maître Janus qui lui insuffle et lui instille dans la tête ces superstitions épaisses... » VILLIERS DE L'ISLE-ADAM, **Axël**, II, 5.

DER. — (du lat. *Instillatio*) : Instillation (*-stil-la-*). *n. f.* (XIVe s.). Action d'instiller. *Laver une plaie par instillation. Seringue* à *instillations.*

« Il alluma l'applique du lavabo pour éclairer le fond de sa gorge. Avant de se mettre à table il prenait généralement la précaution de se faire quelques instillations, afin d'atténuer la difficulté de la déglutition ;... » MART. du G., **Thib.**, t. VIII, p. 207.

INSTINCT (*-tin*). *n. m.* (XIVe s. ; lat. *instinctus*, « impulsion »).

I. *Vx.* Impulsion* qu'un être vivant reçoit d'un agent extérieur. « *Satan anime les Juifs, et je les vois avancer par son instinct* » (BOSS.). — *Instinct de nature.*

II. (1580 MONTAIGNE). Impulsion qu'un être vivant doit à sa nature ; comportement par lequel cette impulsion se manifeste. — REM. « Ce mot se dit assez fréquemment d'une inclination profonde et intense surtout si elle est innée : « *Instinct de conservation, instinct de domination* ». Ces expressions sont impropres » (LALANDE).

1 « Beaucoup de confusions relatives à l'instinct proviennent de ce que ce terme désigne, en français, deux choses notablement différentes : d'une part, l'impulsion naturelle, la tendance... ; d'autre part, les actes, les comportements instinctifs. La tendance, c'est le *ressort* qui pousse l'animal à agir dans une certaine direction, qui l'oriente vers un certain objectif... L'action instinctive, c'est l'ensemble des démarches, des *moyens* mis en œuvre pour atteindre cet objectif ; elle se manifeste sous la forme d'une *conduite*, d'un savoir-faire. » CLAPARÈDE, **De l'intelligence animale**, in **Mystère animal**, p. 149.

‖ 1º (*Au sens large*). Tendance innée et puissante, commune à tous les êtres vivants ou à tous les individus d'une même espèce. V. **Appétence, appétit, désir, inclination, tendance.** *L'instinct de conservation* (cit. 5. Cf. *aussi* Bourrage, cit. 1 ; horreur, cit. 20). *Instinct sexuel* (Cf. Érotique, cit. 3 ; eunuque, cit. 4 ; femme, cit. 54 ; freudien, cit.). V. **Amour, génération, génésique.** *Instinct maternel* (Cf. Animal, cit. 3). *Instinct de possession du mâle* (Cf. Fureur, cit. 13). *La chair* (cit. 55), *la nature humaine et ses instincts* (Cf. Brute, cit. 3 ; foulée, cit. 1 ; glacial, cit. 5 ; homme, cit. 83). V. **Bête** (II). *Instinct animal, bestial.* V. **Animalité, bestialité.** *Instincts de la brute. Instincts belliqueux* (Cf. Assouvissement, cit. 2) *de cruauté, de violence* (Cf. Débridement, cit. 2), *violents et destructeurs* (Cf. Férocité, cit. 3), *guerriers* (Cf. Guerre, cit. 41), *haineux, agressifs* (Cf. Homme, cit. 32). *Mauvais, nobles instincts* (Cf. Courage, cit. 18 ; élancé, cit. 2). *L'instinct de la femme* (cit. 32 BEAUMARCH.) *est-il de tromper, d'être consolatrice ?* (Cf. Attirer, cit. 12 GAUTIER). *L'instinct du beau, du divin en l'homme* (Cf. Elever, cit. 22). — *Instinct grégaire* (cit. 4), *de la horde* (cit. 3) ; *social. « Instinct de la patrie »* (CHATEAUB., Génie du christ., I, 5, 14). *Les instincts et les habitudes* (Cf. Adapter, cit. 1 ; changement, cit. 7 ; entrer, cit. 50). *Reconnaître l'instinct sous la pensée* (Cf. Idéologie, cit. 5).

2 « Reste en nous le seul sentiment vrai que la nature y ait mis : l'instinct de notre conservation. Dans vos sociétés européennes, cet instinct se nomme *intérêt personnel.* » BALZ., **Gobseck**, Œuvr., t. II, p. 629.

3 « Dans de certaines situations violentes, les instincts se satisfont comme bon leur semble sans que la pensée s'en mêle. » HUGO, **L'homme qui rit**, II, V, V.

4 « C'est cet admirable, cet immortel instinct du beau qui nous fait considérer la terre et ses spectacles comme un aperçu, comme une correspondance du Ciel. » BAUDEL., **Notes nouv. sur E. Poe**, III.

5 « Ce sont de simples hommes qu'on a simplifiés encore, et dont, par la force des choses, les seuls instincts primordiaux s'accentuent : instinct de la conservation, égoïsme, espoir tenace de survivre toujours, joie de manger, de boire et de dormir. » BARBUSSE, **Le feu**, I, II.

6 « (Il)... n'avait eu jusqu'à présent qu'à se louer de ses fils ; mais il ne se faisait pas d'illusion : la meilleure éducation du monde ne prévalait pas contre les mauvais instincts,... » GIDE, **Faux-Monnayeurs**, I, II.

7 « Peut-être, par exemple, que l'instinct de détruire, le besoin pério- dique de foutre par terre ce que nous avons péniblement édifié, est une de ces lois essentielles qui limitent les possibilités constructives de notre nature. » MART. du G., **Thib.**, t. IX, p. 126.

|| 2° (Au sens strict). *Biol.* et *Psychol.* Conduite instinc- tive (surtout chez les animaux). V. **Instinctif** (cit. 4 CLAPA- RÈDE). *Instinct des animaux* (Cf. Caractère, cit. 39 ; faîne, cit. ; fécondant, cit. 2 ; homme, cit. 74). *Instinct d'imitation* (cit. 9), *de mellification* (des abeilles), *de nidification* (des oiseaux), *etc. Instinct migratoire. Problème philosophique de la nature, de l'origine de l'instinct. Théories finalistes, mécanistes, transformistes... de l'instinct. Opposition tradi- tionnelle de l'instinct et de l'intelligence* (Cf. BERGSON, Évol. créatr., II). *« L'instinct, plus précieux que l'intelligence »* (Cf. Inconscient, cit. 5 FRANCE). *« L'émotion* est un raté de l'instinct »* (LARGUIER DES BANCELS).

8 « Si un animal faisait par esprit ce qu'il fait par instinct, et s'il parlait par esprit ce qu'il parle par instinct, pour la chasse, et pour avertir ses camarades que la proie est trouvée ou perdue, il parlerait bien aussi pour les choses où il a plus d'affection. » PASC., **Pens.**, VI, 342.

9 « Instinct et raison, marques de deux natures. » ID., **Ibid.**, VI, 344.

10 « La volonté nous détermine, Non l'objet, ni l'instinct. Je parle, je chemine, Je sens en moi certain agent ; Tout obéit dans ma machine À ce principe intelligent. » LA FONT., **Fabl.**, IX, Disc. à Mᵐᵉ de La Sablière.

11 « ... deux opinions qu'il est bon de rappeler en peu de paroles. La première veut que l'instinct des animaux soit un sentiment. La seconde n'y reconnaît autre chose qu'un mouvement semblable à celui des horloges et autres machines. » BOSS., **Connaiss. de Dieu...**, V, 13.

12 « Notre instinct est bien plus sage (*que la raison*), sans rien savoir ; c'est par lui que l'enfant suce le téton de sa nourrice sans connaître qu'il forme un vide dans sa bouche, et que ce vide force le lait de la mamelle à descendre dans son estomac : toutes ses actions sont de l'instinct... S'il veut soulever une pierre, il emploie un bâton pour lui servir de levier, et ne sait pas assurément la théorie des forces mouvantes. » VOLT., **Dial. d'Évhémère**, 5ᵉ dial.

13 « Dans tous les êtres bien organisés, l'instinct se marque par des habitudes suivies, qui toutes tendent à leur conservation. » BUFFON, **Hist. nat. oiseaux**, XVI, 119.

14 « Entre ces divers instincts que le Maître du monde a répartis dans la nature, un des plus étonnants sans doute, c'est celui qui amène chaque année les poissons du pôle aux douces latitudes de nos climats ; ils viennent, sans s'égarer dans la solitude de l'Océan, trouver à jour nommé le fleuve où doit se célébrer leur hymen. » CHATEAUB., **Génie du christ.**, I, V, IV, Instinct des animaux.

15 « ... il n'y a pas de ligne de démarcation tranchée entre l'instinct de l'animal et le travail organisateur de la matière vivante... Les plus merveilleux instincts de l'Insecte ne font que développer en mouve- ments sa structure spéciale ; à tel point que, là où la vie sociale divise le travail entre les individus et leur impose ainsi des instincts différents, on observe une différence correspondante de structure... *l'instinct achevé est une faculté d'utiliser et même de construire des instruments organisés ;...* » BERGSON, **Évolution créatrice**, pp. 140-141.

16 « ... l'instinct particulier de l'oiseau, qui sait bâtir son nid avec adresse et chercher d'autres cieux quand le jour de l'émigration reparaît. » MAETERLINCK, **Vie des abeilles**, II, II.

III. *Spécialt.* (Chez l'homme). Tendance innée et irréflé- chie propre à un individu.

|| 1° Tendance personnelle. *Cet instinct d'exagération qui lui est propre* (Cf. Amplifier, cit. 2). *Avoir l'instinct d'appren- dre* (cit. 28), *l'instinct du grand* (Cf. Circonspection, cit. 3). *L'entraînement, la poussée de l'instinct, des instincts* (Cf. Conformiste, cit. 2 ; idée, cit. 36). *Diriger ses instincts.* V. **Conduite** (cit. 19).

17 « Ne troublons point du Ciel les justes règlements, Et de nos deux instincts suivons les mouvements : » MOL., **Fem. sav.**, I, 1.

18 « Nous n'écoutons d'instincts que ceux qui sont les nôtres. » LA FONT., **Fabl.**, I, 8.

19 « ... ayant le goût de la tradition, le sentiment du respect, l'instinct de la discipline... » TAINE, **Philos. de l'art**, t. II, p. 184.

20 « La crainte de faire de la peine resta chez lui (*Proust*) un instinct dominant. » MAUROIS, **Études littér.**, M. Proust, t. I, p. 95.

21 « ... en quelques secondes, il avait senti ressusciter en lui cet instinct de limier qui, trois ans plus tôt, l'avait, plusieurs mois de suite, lancé sur toutes les pistes, à la recherche de l'absent ;... » MART. du G., **Thib.**, t. III, p. 273.

|| 2° Faculté naturelle de sentir, de pressentir, de deviner. V. **Inspiration, intuition*.** *Être averti* (cit. 18), *éclairé par un secret, un heureux instinct. Un instinct infaillible.*

22 « Il y en a qui, par une sorte d'instinct, dont ils ignorent la cause, décident de ce qui se présente à eux, et prennent toujours le bon parti. » LA ROCHEF., **Réflex. div.**, 10.

23 « Il semblerait, en effet, qu'il existe dans certains hommes un véri- table instinct bestial, pur et intègre comme tout instinct, qui crée les antipathies et les sympathies, qui sépare fatalement une nature d'une autre nature, qui n'hésite pas, qui ne se trouble, ne se tait et ne se dément jamais, clair dans son obscurité, infaillible... » HUGO, **Misér.**, I, V, V.

24 « ... le Premier Consul — par cet instinct singulier qui allait, dans tant de domaines, jusqu'au don divinatoire — avait *le sentiment* qu'il se machinait quelque chose de grave ;... » MADELIN, **Hist. Cons. et Emp.**, Avèn. de l'Empire, IV.

— *Spécialt.* Don*, disposition naturelle (à faire ou à connaître). V. **Aptitude, art, sens, talent.** *Avoir l'instinct des affaires, du commerce. Fille qui a l'instinct de la parure* (Cf. Éblouir, cit. 12). — Par ext. *L'instinct, le flair* (cit. 3) *des femmes. Peuple qui a l'instinct de la musique, de la danse* (cit. 7).

25 « Je crois que si on s'est servi du terme d'*instinct* pour caractériser La Fontaine, ce mot *instinct* signifiait génie. Le caractère de ce bon- homme était si simple que, dans la conversation, il n'était guère au-dessus des animaux qu'il faisait parler, mais, comme poète, il avait un instinct divin, et d'autant plus *instinct* qu'il n'avait que ce talent. » VOLT., **Lett. à Vauvenargues**, 7 janv. 1745.

26 « Il (*Chateaubriand*) se sentait le goût de la polémique ; il avait l'instinct et le don de l'à-propos. » STE-BEUVE, **Chateaubriand**, t. II, p. 343.

27 « Le mot *instinct*... ne contraste nullement avec le nom d'*intelligence*, ainsi qu'on le voit si souvent lorsqu'on parle de ceux qui, sans aucune éducation, manifestent un talent prononcé pour la musique, la peinture, les mathématiques, etc. » A. COMTE, **Philos. posit.**, II, 18.

28 « La femme sent et parle avec le tendre instinct du cœur, cette infaillibilité. » HUGO, **Misér.**, IV, VIII, I.

29 « Le peuple, qui a un instinct très délicat du comique,... » RENAN, **Avenir de la science**, Œuvr., t. III, p. 992.

30 « C'est une culture très simple, mystérieuse, et qui n'a pas changé depuis l'antiquité. Mais elle veut des gens du pays. Tous les étrangers, même savants, ont échoué. Il leur manque un instinct, l'œil qui sait distinguer le trou de crabe par où se vide une claire, le don hérédi- taire... » CHARDONNE, **Destin. sentim.**, p. 379.

— (Étendu à l'humanité entière). Source de connaissance irrationnelle. V. **Cœur** (cit. 162 PASC.), **sentiment.** *L'homme instruit par l'instinct et l'expérience* (cit. 17 PASC.). *Conscien- ce* (cit. 14 ROUSS.), *instinct divin...*

31 « ... comme s'il n'y avait que la raison capable de nous instruire. Plût à Dieu que nous n'en eussions au contraire jamais besoin, et que nous connussions toutes choses par instinct et par sentiment ! » PASC., **Pens.**, IV, 282.

32 « La raison, la superbe raison est capricieuse et cruelle. La sainte ingénuité de l'instinct ne trompe jamais. » FRANCE, **Pierre Nozière**, p. 145.

33 « Nous nous sommes sans doute rendus aveugles et sourds à un nombre immense de phénomènes avec lesquels nos ancêtres avaient établi une communication. Pour prendre un exemple d'ordre matériel, la diminution en qualité de nos instincts est un fait significatif. Que l'homme de grande civilisation, maître incontesté de la machine, soit, dans la nature, plus nu et plus désarmé que le sauvage, ce n'est pas une preuve, évidemment, mais c'est un symbole de la supériorité de l'irrationnel sur le rationnel. Toute l'action de l'humanité a consisté, depuis près de trois siècles, à remplacer les instincts et les intuitions par des volontés rationnelles. » DANIEL-ROPS, **Monde sans âme**, VI, p. 195.

|| 3° D'INSTINCT. *loc. adv.* V. **Naturellement, spontanément.** *Accomplir* (cit. 14) *certains gestes d'instinct. Prendre d'instinct la bonne route. Le romancier fuit* (cit. 32) *d'instinct certains sujets.* Cf. Mouvement (premier). *Em- ployer d'instinct les meilleurs moyens* (Cf. Hachure, cit. 2). *Résister d'instinct à certaines influences* (Cf. Hellénisation, cit.). *Les femmes savent d'instinct le style épistolaire* (cit. 2). — REM. Cette locution, employée dès le XIXᵉ s., est signalée par P. LAROUSSE (qui cite Chateaubriand), mais non par LITTRÉ.

34 « Ce qu'on peut dire, c'est que, de prime abord et d'instinct, ils ne s'aimaient pas ; ils étaient plutôt antipathiques l'un à l'autre (*Chateau- briand et Lamennais*). » STE-BEUVE, **Chateaubriand**, t. I, p. 76.

35 « En toutes choses, d'instinct, je m'opposais à lui. » FRANCE, **Petit Pierre**, I.

36 « D'instinct j'aime acquérir et engranger ce qui promet de durer au delà de mon terme. » COLETTE, **Naissance du jour**, p. 16.

37 « Elle parvint à la limite du champ. D'instinct, ayant ralenti le pas, elle se souvint que c'était parce qu'il y avait là un fil de fer, destiné à contenir les vaches qu'on amenait au pâturage. Encore un détail qu'elle avait oublié ! » P. BENOIT, **Mˡˡᵉ de la Ferté**, p. 100.

ANT. — Intelligence, raison. — DER. — Instinctif.

INSTINCTIF, IVE (*-tink-tif*). *adj.* (1803 MAINE DE BIRAN ; de *instinct*). Qui naît d'un instinct, de l'instinct*. (Au sens le plus large). *Désirs instinctifs, envies instinctives.* V. **Ani- mal** (Cf. Abriter, cit. 5 ; fringant, cit. 7). *Tendance instinc- tive* (Cf. Air 2, cit. 25). *Sentiment, respect* (Cf. Incongru, cit. 3) *instinctif. Antipathie, aversion... instinctive. Un art instinctif* (Cf. Agencement, cit. 3). V. **Inné, spontané.** *C'est instinctif ! c'est une chose qu'on fait, qu'on sent d'instinct.* — *Mouvement, geste instinctif. Activité, conduite instinctive* (Cf. Grégaire, cit. 2). V. **Inconscient, involontaire, irréfléchi, machinal.** — *Par ext.* En qui domine l'impulsion (cit. 9), la spontanéité de l'instinct. *Un être instinctif.* — REM. Bien que LITTRÉ n'en donne aucune citation littéraire, *Instinc- tif* était d'usage courant dès le début du XIXᵉ siècle.

1 « Il y avait entre la vieille église et lui (*Quasimodo*) une sympathie instinctive si profonde, tant d'affinités magnétiques,... qu'il y adhérait en quelque sorte comme la tortue à son écaille. »
HUGO, **N.-D. de Paris,** IV, III.

2 « D'un élan instinctif, elles s'étaient jetées au cou l'une de l'autre, dans leur adoration de sœurs tendres » ZOLA, **La terre,** II, II.

3 « C'est là une défense instinctive qui se réalise et atteint la perfection de l'automatisme chez certains êtres vivants, dont le membre blessé ou prisonnier s'ampute et tombe de soi-même. »
VALÉRY, **Variété V,** p. 45.

4 « ... la conduite instinctive. Je la définirai ainsi : un acte adapté, accompli, sans avoir été appris, d'une façon uniforme, par tous les animaux d'une même espèce, sans connaissance du but auquel il tend, ni de la relation qu'il y a entre ce but et les moyens mis en œuvre pour l'atteindre. »
CLAPARÈDE, **De l'intelligence animale,** in Mystère animal, p. 151.

5 « Elle avait aussi une répugnance instinctive pour cette maladie dont Germaine était atteinte et n'aimait pas à s'approcher d'elle. »
GREEN, **A. Mesurat,** I, V.

ANT. — Conscient, réfléchi, volontaire.

DER. — Instinctivement. *adv.* (1802). D'une manière instinctive, d'instinct. *Agir instinctivement. Gestes faits instinctivement* (Cf. Carrure, cit. 1). *Éviter instinctivement une construction grammaticale* (Cf. Ici, cit. 24).

« Le goût et l'esprit français ? Mais notre moindre gavroche en sait là-dessus plus que lui, et cela instinctivement, par don, par naissance, par hérédité. » LÉAUTAUD, **Théâtre M. Boissard,** XXV.

INSTITUER. *v. tr.* (1219 ; a signifié aussi « instruire » aux XVIᵉ et XVIIᵉ s. V. **Institution ;** empr. au lat. *instituere*).

‖ **1°** Établir officiellement en charge, en fonction. *Instituer un juge. Charlemagne institua des fonctionnaires* (cit. 3). *Instituer un évêque.* V. **Institution.** *Nos rois étaient institués vicaires de Jésus-Christ pour le royaume de France* (Cf. Ampoule, cit. 1).

1 « Le pape instituait les évêques, mais c'est le roi qui les nommait. »
JAURÈS, **Hist. social. Révol. franç.,** t. II, p. 165.

— *Dr.* Nommer héritier par testament. *Le testament devait instituer ou exhéréder* (cit.) *son fils.* — *Instituer héritier quelqu'un.* V. **Constituer.** *Instituer un héritier. L'héritier institué,* ou substant. *L'institué.*

2 « La disposition testamentaire sera caduque, lorsque l'héritier institué ou le légataire la répudiera, ou se trouvera incapable de la recueillir. »
CODE CIV., Art. 1043.

‖ **2°** Établir d'une manière durable. V. **Commencer, créer, ériger, établir, faire, fonder, former, instaurer.** *Instituer une fête, une exposition* (cit. 6) *annuelle, des jeux solennels. Instituer un ordre, une confrérie, un corps* (Cf. Cataphracte, cit.). *Instituer un tribunal* (Cf. Crime, cit. 16 ; infamie, cit. 1), *un fonds national de l'habitat* (cit. 5). *« La force* (cit. 48) *publique est instituée pour l'avantage de tous »* (DÉCLAR. DR. HOM.). *Les propriétés pour la protection desquelles a été instituée l'autorité* (Cf. Arbitraire, cit. 7). *Instituer l'entière liberté du commerce* (Cf. Briser, cit. 10). *Les sacrements institués par l'Église. Le mariage tel qu'il est institué dans nos mœurs* (Cf. Homme, cit. 145). — Par ext. *Instituer un débat, une discussion* (Cf. Historiette, cit. 2), *des expériences* (Cf. Hérédité, cit. 13). — Pronominalt. *Privilèges qui se sont institués à la faveur des événements. Relations qui se sont instituées entre deux États.*

3 « ... ce conseil souverain des soixante-dix juges qu'ils appelaient le *synédrin* qui, ayant été institué par Moïse, a duré jusqu'au temps de Jésus-Christ :... » PASC., **Pens.,** XI, 711.

4 « Peu à peu il sortit des cloîtres plusieurs inventions utiles. D'ailleurs ces religieux cultivaient la terre, chantaient les louanges de Dieu, vivaient sobrement, étaient hospitaliers ;... On se plaignit que bientôt après les richesses corrompirent ce que la vertu et la nécessité avaient institué :... » VOLT., **Essai s. l. mœurs,** CXXXIX.

5 « ... la Révolution a créé, peu à peu, une masse « conservatrice », dans le vrai sens du mot, aspirant à voir *s'instituer* un état de choses qui, jusqu'ici, n'a fait que se *proclamer.* »
MADELIN, **Hist. Cons. et Emp.,** De Brumaire à Marengo, IV.

6 « ... ces écrivains qui instituent des congrès pour la pensée « au service de la paix »,... » BENDA, **Trahison des clercs,** p. 89.

7 « Il me semble parfois qu'entre la recherche et la découverte, il s'est formé une relation comparable à celle qui s'institue entre la drogue et l'intoxiqué. » VALÉRY, **L'idée fixe,** p. 25.

‖ **3°** *Peu usit.* Doter d'institutions.

8 « Celui qui ose entreprendre d'instituer un peuple doit se sentir en état de changer pour ainsi dire la nature humaine, de transformer chaque individu,.... » ROUSS., **Contrat social,** II, VII.

ANT. — Abolir, abroger, supprimer.

DER. — (du même rad.) V. Institut, instituteur, institution.

INSTITUT (*-tu*). *n. m.* (1480 ; lat. *institutum,* « ce qui est établi »).

‖ **1°** *Vx.* Chose établie, fondée. V. **Institution.**

1 « C'est ton saint institut (*l'eucharistie*), c'est l'œuvre de ta main, Qui passe de bien loin toute notre prudence. »
CORN., **Imit.,** IV, 573.

2 « Il serait à souhaiter qu'il y eût des retraites douces pour la vieillesse ; mais ce seul institut nécessaire est le seul qui ait été oublié. » VOLT., **Essai s. l. mœurs,** CXXXIX.

— *Spécialt.* (1622). Règle d'un ordre religieux établie au moment de sa fondation. V. **Constitution.** *Par ext.* L'ordre lui-même, institué par cette règle.

3 « L'esprit d'ambition est presque toujours joint à celui d'enthousiasme,... Entrer dans l'ordre ancien de saint Benoît, ou de saint Basile, c'était se faire sujet ; créer un nouvel institut, c'était se faire une fin. » VOLT., **Essai s. l. mœurs,** CXXXIX.

‖ **2°** (1749). Titre donné à certains corps constitués de savants, d'artistes, d'écrivains... *L'Institut de Bologne.* « *Institut national des sciences et des arts* », fondé en 1795 (en remplacement des anciennes académies et sociétés savantes supprimées en 1793). *Institut de France,* ou absolt. *Institut,* comprenant l'Académie française, l'Académie des Inscriptions et Belles-Lettres, l'Académie des Sciences, l'Académie des Beaux-Arts et l'Académie des Sciences morales et politiques. *Les cinq Académies, les cinq classes* de l'Institut. Entrer, être élu à l'Institut. Il veut être de l'Institut. Membre de l'Institut* (Cf. Académie, cit. 6 ; friser, cit. 7). *Membre correspondant de l'Institut. Par ext.* Lieu où se réunit l'Institut. *Aller à l'Institut. Palais, coupole* de l'Institut* (Cf. Le Quai Conti).

4 « L'Institut est une des créations les plus glorieuses de la Révolution, une chose tout à fait propre à la France. Plusieurs pays ont des académies qui peuvent rivaliser avec les nôtres par l'illustration des personnes qui le composent et par l'importance de leurs travaux ; la France seule a un Institut, où tous les efforts de l'esprit humain sont comme liés en faisceau, où le poète, le philosophe, l'historien, le philologue, le critique, le mathématicien, le physicien, l'astronome, le naturaliste, l'économiste, le jurisconsulte, le sculpteur, le peintre, le musicien, peuvent s'appeler confrères. »
RENAN, **Questions contemp.,** Œuvr., t. I, p. 99.

— Nom donné à certains établissements de recherche scientifique ou d'enseignement, nationaux ou internationaux, libres ou officiels. *Institut national agronomique* (Loi du 9 août 1876). *Institut catholique de Paris. Institut Pasteur. Institut d'Optique. Institut océanographique, géographique... Institut Solvay, Rockefeller... Institut agricole international de Rome... — Instituts annexes des Facultés. Instituts français à l'étranger,* établissements d'enseignement de la langue et de la culture françaises.

— *Néol.* (Vers 1920, par emphase publicitaire) *Institut dentaire ; institut de beauté.*

5 « ... souvent la femme de trente à quarante ans nésite :... C'est l'âge des essais, des tâtonnements, des erreurs et du désarroi qui jette les femmes d'un « institut » à une « académie »,... » COLETTE, **Vrilles de la vigne,** p. 129.

INSTITUTES (*-tu-te*). *n. f. plur.* (1328 au masc. sing. ; lat. *institutiones,* de *instituere.* V. **Instituer**). *Dr. rom.* Manuel de droit rédigé par les jurisconsultes romains. *Les institutes de Gaïus. Les institutes de Justinien,* ou absolt. *Les Institutes. Commentaires de Cujas sur les Institutes.* — *Par ext.* Nom donné autrefois à certains ouvrages élémentaires de droit (*Institutes coutumières,* de Loisel, 1536-1617).

INSTITUTEUR, TRICE. *n.* (XIVᵉ s. ; lat. *institutor,* de *instituere.* V. **Instituer**).

‖ **1°** *Vx.* Celui, celle qui institue (quelque chose). *L'instituteur divin du christianisme* (cit. 3 VOLT.).

1 « Tel nous paraît être le but le plus important qu'une académie de médecine puisse se proposer ; tel a été l'espoir de ses instituteurs ! »
CONDORCET, **Bucquet** (in LITTRÉ).

‖ **2°** (1734 D'ARGENSON, d'apr. BRUNOT). Personne chargée de l'instruction et de l'éducation d'un ou plusieurs enfants. V. **Pédagogue, précepteur, professeur.** — REM. Dans ce sens général, le mot est vieux au masculin (on dit *précepteur*), mais encore vivant au féminin (Cf. Éduquer, cit. 5). *Institutrices françaises engagées par des riches familles à l'étranger.*

2 « — Mais il a été renvoyé de deux collèges... Il reste donc de prendre un précepteur à domicile, ou une institutrice. »
MAURIAC, **Le Sagouin.** p. 41.

— *Spécialt.* (1792). Celui, celle qui enseigne dans une école primaire. V. **Maître, maîtresse** (Cf. Conscience, cit. 19 ; féliciter, cit. 6 ; flatter, cit. 21). *Instituteurs stagiaires, titulaires. L'instituteur est souvent secrétaire de mairie. L'institutrice communale. École normale d'instituteurs. Instituteur d'une école libre.* — REM. *Instituteur* désigne presque toujours celui qui enseigne dans une école primaire publique.

3 « Nous n'avons pas assez de patients, de dévoués instituteurs pour manier ces masses. » BALZ., **Curé de village,** Œuvr., t. VIII, p. 702.

4 « La Convention, au commencement de décembre (*1792*), reçut et discuta un projet d'organisation des écoles primaires, proposé par son comité d'instruction publique, d'après les vues de Condorcet. Ce projet... contenait la pensée la plus démocratique de la Gironde... L'école primaire, gratuite pour tous, était la porte par laquelle l'enfant laborieux du pauvre pouvait entrer dans la classe des *élèves de la patrie,* qui parcouraient gratuitement tous les autres degrés de l'instruction. Les instituteurs étaient élus, au suffrage universel, par les pères de famille. Le prêtre ne pouvait devenir instituteur qu'en renonçant à la prêtrise. »
MICHELET, **Hist. Révol. franç.,** IX, IX.

5 « Pour moi j'ai la conviction qu'il se distribue beaucoup plus de véritable culture, aujourd'hui même encore, dans la plupart des écoles primaires... qu'il ne s'en distribue entre les quatre murs de la Sorbonne... Un très grand nombre d'instituteurs encore, même radicaux et

radicaux-socialistes, même francs-maçons, même libres penseurs professionnels,... continuent encore d'exercer... dans les écoles des provinces et même des villes un certain ministère de la culture. »
PÉGUY, **Notre jeunesse**, p. 44.

6 « À l'École normale, un de leurs maîtres leur apprenait les étymologies : *instituteur*, de *institutor*, celui qui établit, celui qui instruit, celui qui institue l'humanité dans l'homme ; quel beau mot ! »
MAURIAC, **Le Sagouin**, p. 156.

— *Fig.* V. **Éducateur** (Cf. Incapable, cit. 12).

7 « ... quiconque peut chercher sérieusement les femmes, les honneurs, les biens, l'amour même ou la gloire, n'est pas né pour la magistrature auguste d'instituteur des hommes. »
SENANCOUR, **Oberman**, LXXIX, Note.

INSTITUTION. *n. f.* (XIIe s. ; lat. *institutio*, de *instituere*. V. **Instituer**).

I. ‖ 1º Action d'instituer*. V. **Érection, établissement, fondation.** *L'institution des jeux Olympiques, d'une fête annuelle. Institution d'un ordre religieux, d'un tribunal d'exception. L'institution du calendrier grégorien en 1582.*

1 « Il suffit de jeter les yeux sur l'histoire à l'époque de l'institution de la chevalerie religieuse, pour reconnaître les importants services qu'elle a rendus à la société. »
CHATEAUB., **Génie du christ.**, IV, V, V.

2 « La seule mesure qui sembla impressionner tous les habitants fut l'institution du couvre-feu. »
CAMUS, **La peste**, p. 190.

— Chose qui est de l'institution de quelqu'un, a été instituée par lui (Cf Baïonnette, cit. 1). *Les archevêques* (cit. 1) *sont d'institution apostolique. Tout ce qui est d'institution humaine est su*_j*et au changement* (ACAD.). — *Absolt. D'institution*, institué par les hommes (*par oppos.* à ce qui est établi par la nature). *Usages d'institution.*

3 « Il ne fallait... pas dire... que le mariage est de pure institution : comme s'il n'était pas fondé sur la nature même,... »
BOSS., IVe **Avertiss. aux protest.**, V.

4 « Le stoïcisme eut aussi ses héros. Il les eut sans promesses éternelles, sans menaces infinies. Si un culte eût fait tant avec si peu, on en tirerait de belles preuves de son institution divine. »
SENANCOUR, **Oberman**, XLIV.

— *Spécialt. Dr. Institution d'héritier*, action d'instituer* héritier. V. **Désignation, nomination.** *Institution contractuelle*, donation, par contrat de mariage, de biens à venir appartenant à la succession du disposant.

5 « Toute personne pourra disposer par testament, soit sous le titre d'institution d'héritier, soit sous le titre de legs, soit sous toute autre dénomination propre à manifester sa volonté. » CODE CIV., Art. 967.

— *Dr. can. Institution canonique*, collation par l'autorité ecclésiastique des pouvoirs spirituels attachés à une fonction cléricale. *Institution d'un évêque* (Cf. Concordat, cit. 2).

6 « Le Concordat, bien entendu, réinstituant le droit de nomination au profit du pouvoir civil, laisserait au pape le droit d'*institution*, — dernier recours de Rome contre des choix indignes, inopportuns ou simplement déplaisants. »
MADELIN, **Hist. Cons. et Emp.**, Le Consulat, VIII.

‖ 2º *Par ext.* Se dit de la chose instituée (personne morale, groupement, fondation, régime légal, social). *Sage, louable, pieuse, utile, sainte, sublime, grande... institution* (Cf. Criminel, cit. 9 ; chantage, cit. 3 ; énoncé, cit. 1 ; hérédité, cit. 7). *Les institutions humaines ont altéré* (cit. 7 ROUSS.) *nos penchants naturels. Une institution vraiment nationale* (Cf. Gymnastique, cit. 5). *Institutions politiques, religieuses...* (Cf. Assise, cit. 5 ; changer, cit. 26). *Histoire des institutions politiques de l'ancienne France*, œuvre de Fustel de Coulanges. *Ancienneté, origine, nature d'une institution* (Cf. Esclavage, cit. 6 ; genèse, cit. 3 ; homestead, cit. ; hospitalité, cit. 1). *Une institution d'assistance, de prévoyance. Institutions internationales.*

7 « L'institution peut se présenter sous la forme d'une personne morale de droit public (*ex. :* État, Parlement), ou de droit privé (*ex. :* association), ou d'un groupement non personnalisé, ou d'une fondation, ou d'un régime légal tel que la tutelle, la prescription, la faillite, l'expropriation pour cause d'utilité publique. »
CAPITANT, **Vocab. jurid.**, Institution.

8 « Les lois sont établies, les mœurs sont inspirées ; celles-ci tiennent plus à l'esprit général ; celles-là tiennent plus à une institution particulière : or, il est aussi dangereux, et plus, de renverser l'esprit général que de changer une institution particulière... »
Nous avons dit que les lois étaient des institutions particulières et précises du législateur, les mœurs et les manières des institutions de la nation en général. » MONTESQ., **Esprit des lois**, XIX, XII et XIV.

9 « Il n'y a pas un beau souvenir, pas une belle institution dans les siècles modernes, que le christianisme ne réclame. »
CHATEAUB., **Génie du christ.**, IV, V, I.

10 « Que voit-on dans les comédies du grand Molière ? La sainte institution du mariage (style de catéchisme et de journaliste) bafouée et tournée en ridicule à chaque scène. »
GAUTIER, **Préface Mlle de Maupin**, p. 10 (éd. critique MATORÉ).

11 « Le dandysme, qui est une institution en dehors des lois, a des lois rigoureuses auxquelles sont strictement soumis tous ses sujets,... »
BAUDEL., **Curios. esthét.**, XVI, IX.

12 « La première institution que la religion domestique ait établie fut vraisemblablement le mariage. »
FUSTEL de COUL., **Cité antique**, II, II.

« Les états généraux de 1614 seront les derniers avant ceux de 1789. 13 Ils discréditèrent l'institution parce que l'idée du bien général en fut absente, tandis que chacun des trois ordres songea surtout à défendre ses intérêts particuliers. » BAINVILLE, **Hist. de France**, XI, p. 195.

— *Absolt. Les institutions*, l'ensemble des formes ou structures fondamentales d'organisation sociale, telles qu'elles sont établies par la loi ou la coutume d'un groupement humain donné, et *spécialt.*, celles qui relèvent du droit public. *Les institutions athéniennes, de la Rome antique* (Cf. Bizarre, cit. 5 ; époque, cit. 7 FUSTEL de COUL.). *Peuple attaché à ses institutions* (Cf. Conservateur, cit. 1). *Permanence, progrès des institutions* (Cf. Consentement, cit. 4 ; exister, cit. 6 ; grandeur, cit. 9 ; habitude, cit. 2). *Saper, défendre les institutions. Les institutions de l'an VIII.* V. **Constitution** (Cf. Centralisation, cit.). *Des institutions démocratiques.* V. **Régime.** *Réforme des institutions. Fragments d'institutions républicaines*, ouvrage de Saint-Just (1795).

— REM. Le développement de cet emploi absolu ne remonte guère au delà de la fin du XVIIIe s. LITTRÉ n'en donne aucun exemple littéraire.

« Il nous a paru que ces institutions (*de l'ancienne France*) s'étaient 14 formées d'une manière lente, graduelle, régulière, et qu'il s'en fallait beaucoup qu'elles pussent avoir été le fruit d'un accident fortuit ou d'un brusque coup de force. Il nous a semblé aussi qu'elles ne laissaient pas d'être conformes à la nature humaine ; car elles étaient d'accord avec les mœurs, avec les lois civiles, avec les intérêts matériels, avec la manière de penser et le tour d'esprit des générations d'hommes qu'elles régissaient. »
FUSTEL de COUL., **Hist. instit. polit. anc. France**, Introd., p. XII.

« Tocqueville et d'autres penseurs illustres ont cru trouver dans les 15 institutions des peuples la cause de leur évolution. Je suis persuadé au contraire,... que les institutions ont sur l'évolution des civilisations une importance très faible. Elles sont le plus souvent des effets, et bien rarement des causes. »
G. LE BON, **Lois psychol. de l'évol. des peuples**, p. 19.

« ... l'opinion n'est pas excessivement émue des incidents fâcheux 16 qui se produisent et qui, promptement résorbés, démontrent la solidité profonde des institutions bien plus qu'ils ne la compromettent. »
VALÉRY, **Regards s. l. monde actuel**, p. 79.

— *Fam.* (*Ironiqt.*). *La mendicité est dans ce pays une véritable institution ! Maladroit qui élève la gaffe à la hauteur d'une institution.*

« — À ce point de vue-là, c'était extraordinaire, mais cela ne me 17 semblait pas d'un art, comme on dit, très « élevé », dit Swann en souriant. — Élevé... à la hauteur d'une institution, interrompit Cottard en levant les bras avec une gravité simulée. »
PROUST, **Rech. t. p.**, t. II, p. 54.

II. ‖ 1º *Vx.* (XVIe s.). Action d'instruire et de former par l'éducation. V. **Éducation, formation, gouvernement** (*vx*), **instruction.** « *De l'institution des enfants* » (MONTAIGNE, I, 26. Cf. Expérience, cit. 28). *L'institution du peuple* (Cf. Éthique, cit. 2 DIDER.).

« Ce sont natures belles et fortes,... qui se maintiennent au travers 18 d'une mauvaise institution. Or ce n'est pas assez que notre institution ne nous gâte pas, il faut qu'elle nous change en mieux. »
MONTAIGNE, **Essais**, I, XXV

« ... la bonne institution sert beaucoup pour corriger les défauts de 19 la naissance,... » DESCARTES, **Pass. de l'âme**, 161.

‖ 2º *Par ext.* (1680). Établissement privé d'éducation et d'instruction. V. **Collège, école, pension, pensionnat.** *Ouvrir, tenir, diriger une institution. Professer dans une institution libre* (Cf. Enseigner, cit. 7). *Directrice d'une institution de jeunes filles. Le chef de cette institution n'est qu'un marchand de soupe.*

« Nous avons l'impression qu'il y a des dangers beaucoup plus urgents 20 pour l'humanité que la présence des Sœurs dans tel hôpital, ou de quelques pères mal défroqués dans une institution libre. »
ROMAINS, **H. de b. vol.**, t. IV, X, p. 114.

ANT. — Abolition.

DER. — Institutionnel, elle. adj. (*Néol.*). Relatif aux institutions.

INSTRUCTEUR. *n. m.* (XIVe s. ; lat. *instructor*). Celui qui instruit. V. **Éducateur, entraîneur, moniteur, professeur...** (Cf. Gladiateur, cit. 2). *Spécialt.* (*Milit.*). Celui qui est chargé de l'instruction des recrues (maniement des armes, exercice, manœuvre...). *Manuel de l'instructeur.* Adjectiv. *Officier, sergent instructeur.* — *Dr.* Celui qui instruit une affaire. Adjectivt. *Magistrat, juge instructeur*, juge d'instruction.

INSTRUCTIF, IVE. *adj.* (XIVe s. ; dér. sav. du lat. *instructus*, p. p. de *instruere*. V. **Instruire**). Qui instruit (en parlant des choses). V. **Édifiant, éducatif.** *Livre, ouvrage instructif.* V. **Bon.** *Lecture, conversation instructive* (Cf. Harangue, cit. 5).

« ... j'entreprends une édition de Corneille, avec des remarques qui 1 peuvent être instructives pour les étrangers, et même pour les gens de mon pays. » VOLT., **Corresp.**, 1938, 31 mai 1761.

« Ce n'était plus cette fille simple dont une éducation provinciale 2 avait rétréci les idées. L'amour et le malheur l'avaient formée... Son aventure était plus instructive que quatre ans de couvent. »
ID., **L'Ingénu**, XVIII.

« ... c'est toujours le *Port-Royal* de Sainte-Beuve qui présente le 3 tableau d'ensemble le plus net, le plus complet, le plus instructif que l'on puisse désirer pour être mis au fait du grand drame intellectuel et religieux que fut le jansénisme. » HENRIOT, **Romantiques**, p. 227.

INSTRUCTION. *n. f.* (1319 ; lat. *instructio*).

I. Action d'instruire ; résultat de cette action.

‖ **1°** (Au sens le plus général). *Vieilli* ou *Littér.* Action d'apprendre* ce qu'il est utile ou indispensable de savoir. V. **Apprentissage, édification, initiation.** *Rien de plus utile à l'instruction des rois* (Cf. Expérience, cit. 14 Boss.). *Cela peut servir à votre instruction. Je vous demande cela pour mon instruction* (V. **Information**). « *On ne doit écrire que pour l'instruction* » (Cf. Arriver, cit. 73 LA BRUY.).

1 « Adieu : fais lire au Prince, en dépit de l'envie,
Pour son instruction, l'histoire de ta vie : » CORN., **Cid**, I, 3.

2 « Considérez, Messieurs, ces grandes puissances que nous regardons de si bas. Pendant que nous tremblons sous leur main, Dieu les frappe pour nous avertir. Leur élévation en est la cause ; et il les épargne si peu, qu'il ne craint pas de les sacrifier à l'instruction du reste des hommes. » BOSS., **Orais. fun. Henriette d'Anglet.**

‖ **2°** Action d'enrichir et de former l'esprit de la jeunesse. V. **Éducation*, enseignement, formation, institution** (*vx*), **pédagogie.** *L'instruction n'est qu'une part de l'éducation. Veiller à l'instruction de ses enfants. L'instruction qu'on lui a donnée, qu'il a reçue à l'école, dans ce collège, dans sa famille* (Cf. École, cit. 3). *Problème de l'instruction des filles* (Cf. Éducation, cit. 3). *Répandre les bienfaits de l'instruction.* « *Ce dressage* (cit. 1) *de perroquets que nous appelons l'instruction* » (ALAIN). *Reprendre, refaire une instruction incomplète* (Cf. Frais 2, cit. 8). V. **Étude(s).** *Hostilité à l'instruction.* V. **Obscurantisme.**

3 « ... un évêque, qui... venait d'être appelé à l'instruction d'un prince, que le plus grand Roi du monde et le plus zélé défenseur de la religion de ses ancêtres fait élever pour en être un jour l'un des principaux appuis. » BOSS., **Exp. doctr. cathol.**, Avertiss.

4 « ... l'instruction des enfants est un métier où il faut savoir perdre du temps pour en gagner. » ROUSS., **Émile**, II.

5 « Toutes les généreuses irradiations sociales sortent de la science, des lettres, des arts, de l'enseignement. Faites des hommes, faites des hommes. Éclairez-les pour qu'ils vous échauffent. Tôt ou tard la splendide question de l'instruction universelle se posera avec l'irrésistible autorité du vrai absolu ; » HUGO, **Misér.**, III, I, X.

— *Instruction publique,* dispensée par l'État (Cf. Instituteur, cit. 4). *Instruction gratuite et obligatoire* (Cf. Gratuité, cit. 2). *Instruction primaire, secondaire, professionnelle* (LITTRÉ. On dit aujourd'hui *Enseignement*). V. **Enseignement*.** — (Avec une majuscule) *Ministère de l'Instruction publique* (aujourd'hui, de l'Éducation nationale). *Officier, rosette de l'Instruction publique.*

6 « La nation garantit l'égal accès de l'enfant et de l'adulte à l'instruction, à la formation professionnelle et à la culture. L'organisation de l'enseignement public gratuit et laïque à tous les degrés est un devoir de l'État... » CONSTITUTION du **27 oct. 1946**, Préamb.

7 « ... après 1850... la cause de l'instruction gratuite et obligatoire a fait des progrès : bientôt la troisième République consacrera pour tous les hommes le droit de lire et d'écrire. » SARTRE, **Situations II**, p. 162.

— *Spécialt.* (Dans un domaine précis). *Instruction religieuse.* V. **Catéchisme.** *Instruction civique*.* — Milit. *Instruction des recrues, des élèves-officiers, des réserves. Manuel d'instruction militaire. Camp* (cit. 2) *d'instruction. Période d'instruction.*

‖ **3°** *Par ext.* Savoir de l'homme instruit. V. **Bagage** (*fig.*), **connaissance(s), culture, lecture, lettre(s), savoir, science.** *Avoir de l'instruction, peu d'instruction...* (Cf. Crétin, cit. 4). *Défaut d'instruction* (Cf. Girouette, cit. 5). *Homme sans instruction.* V. **Ignare, illettré.** *Solide* (Cf. Défectueux, cit. 3), *immense* (Cf. Grand, cit. 39), *haute* (cit. 46) *instruction. L'étendue de son instruction* (Cf. Curiosité, cit. 7). *Instruction et expérience* (cit. 39. Cf. aussi Empirique, cit. 6).

8 « Il... leur parla... sur beaucoup de sciences humaines qu'il avait étudiées et qui montraient une grande instruction... » LAUTRÉAMONT, **Chants de Maldoror**, II, p. 71.

II. Ce qui sert à instruire.

‖ **1°** *Vx.* Leçon d'ordre moral ou pratique. V. **Avertissement, avis, leçon, précepte.** *Les instructions qu'il recevait de son père* (ACAD.). *Donner des instructions qu'on appuie* (cit. 6) *d'exemples.*

9 « Je dis qu'un enfant n'entend point les fables qu'on lui fait apprendre, parce que quelque effort qu'on fasse pour les rendre simples, l'instruction qu'on en veut tirer force d'y faire entrer des idées qu'il ne peut saisir, et que le tour même de la poésie, en les lui rendant plus faciles à retenir, les lui rend plus difficiles à concevoir, en sorte qu'on achète l'agrément aux dépens de la clarté. » ROUSS., **Émile**, II.

— Spécialt. *Instruction pastorale,* mandement* d'évêque sur quelque point de religion (Cf. Homélie, cit. 1). *Instruction sur les états d'oraison,* une des plus célèbres instructions de Bossuet, contre le quiétisme.

‖ **2°** *De nos jours* (surtout au pluriel). Explications verbales ou écrites définissant le but à atteindre et la méthode à suivre, à l'usage de la personne chargée de quelque entreprise, de quelque mission. V. **Consigne, directive, ordre, prescription, règle.** *Donner des instructions à quelqu'un. Conformément, contrairement à ses instructions, aux instructions reçues. J'ai mes instructions, dont il m'est impossible de m'écarter* (ACAD.). *Attendre des instructions précises, détaillées.*

10 « Elles ne quittaient les côtés de leur mère que munies d'instructions sur la conduite à suivre avec leurs danseurs, et si sévères qu'elles ne pouvaient répondre que oui ou non à leurs partenaires. » BALZ., **Une fille d'Ève**, Œuvr., t. II, p. 67.

11 « Ils s'attendent à ne trouver à peu près aucune contrepartie. Leur mandataire arrivera avec des instructions très limitées. » ROMAINS, **H. de b. vol.**, t. V, VI, p. 54.

— *Spécialt.* Ordre de service émanant d'une autorité supérieure, du . gouvernement. *Ambassadeur, diplomate attendant des instructions, de nouvelles instructions. Transgresser les instructions gouvernementales* (Cf. Contre-pied, cit. 3). *Instructions secrètes* (Cf. Gage, cit. 10).

12 « Malgré les manœuvres de votre préfet, à qui sans doute il est parvenu des instructions confidentielles contre moi, j'aurai la majorité. » BALZ., **Les employés**, Œuvr., t. VI, p. 1042.

13 « Une instruction personnelle et secrète que m'avait remise le général Gamelin avant mon départ complétait en ces termes mon ordre de mission... » WEYGAND, **Mémoires**, t. III, p. 15.

— Document écrit émanant d'un chef à l'usage de ses services. V. **Écrit* ; circulaire...** *Instruction ministérielle, préfectorale... Les instructions de l'état-major. Instruction n°... en date du...*

14 « L'instruction... a un caractère plus impératif que la circulaire... sa teneur essentielle consiste en prescriptions, alors que la circulaire, si elle en contient également, fait une part appréciable à la simple documentation et à l'exposition des questions dont elle traite. L'instruction est par conséquent à la fois plus limitée et plus formelle que la circulaire. » CATHERINE, **Le style administratif**, pp. 156-157.

— *Spécialt.* Mar. *Instructions nautiques,* recueil de documents publiés par le Service hydraulique de la Marine, donnant des renseignements sur les vents, les courants, les routes à suivre, les ports, les abris, etc. — *Comm.* Mode d'emploi d'un produit, rédigé par le fabricant. *Se conformer aux instructions ci-jointes.*

III. *Dr. crim.* Action d'instruire* une cause ; « ensemble d'actes et de mesures réglementés par la loi, tendant à la recherche et à la réunion des preuves relatives à l'existence des infractions et à la culpabilité de leurs auteurs » (CAPITANT). V. **Accusation, information, interrogatoire.** *Travailler à l'instruction d'un procès, d'une affaire, d'une cause* (Cf. Contumace, cit. 1 ; embryonnaire, cit. 2 ; enquête, cit. 3 ; huissier, cit. 7 ; hypothèse, cit. 7). *L'instruction de l'affaire est très avancée. Code* d'instruction criminelle. Instruction préparatoire* (V. **Inculpé**, cit. 2), *obligatoire* (en cas de crime), *facultative* (en cas de délit). *Instruction du premier degré devant le juge* d'instruction* (Cf. Arrêter, cit. 36 ; geôle, cit. 1 ; informer, cit. 10), *du second degré devant la chambre des mises en accusation. Ouverture, fin de l'instruction.* V. **Non-lieu, renvoi.** *Actes d'instruction.* V. **Procédure.**

15 « Le second jour de ma détention, le juge d'instruction, le sieur Desmortiers, m'arriva accompagné de son greffier. Je priai cet animal de s'asseoir avec toute la politesse de l'Ancien Régime ; je lui approchai un fauteuil ; je mis devant son greffier une petite table, une plume et de l'encre ; je m'assis en face de M. Desmortiers, et il me lut d'une voix bénigne les petites accusations qui, dûment prouvées, m'auraient tendrement fait couper le cou : après quoi il passa aux interrogations. » CHATEAUB., **M. O.-T.**, t. V, pp. 360-361.

ANT. — Ignorance.

INSTRUIRE. *v. tr.* (XIVᵉ s. ; *enstruire* au XIIᵉ s. ; lat. *instruere*, propremt. « bâtir, munir »).

I. ‖ **1°** Mettre (quelqu'un) en possession de connaissances nouvelles en enrichissant son savoir ou son expérience. V. **Éclairer, édifier, endoctriner.** *Nos sens nous abusent* (cit. 14) *plus qu'ils ne nous instruisent.* V. **Apprendre*.** « *Je me sers d'animaux* (cit. 20 LA FONT.) *pour instruire les hommes* ». *Instruire quelqu'un par l'exemple, d'exemple* (cit. 2 et 25. Cf. aussi Ainsi, cit. 20). *Les hommes cherchent moins à être instruits qu'à être applaudis* (Cf. Entretien, cit. 8). — *Par ext. Ce spectacle, ces événements les ont instruits* (Cf. Confrère, cit. 3 ; faillir, cit. 16). *Il a été instruit par l'expérience, le malheur, l'âge, la vie...*

1 « Quand on me contrarie, on éveille mon attention, non pas ma colère ; je m'avance vers celui qui me contredit, qui m'instruit. » MONTAIGNE, **Essais**, III, VIII.

2 « Cette impuissance ne doit donc servir qu'à humilier la raison, qui voudrait juger de tout, mais non pas à combattre notre certitude, comme s'il n'y avait que la raison capable de nous instruire. » PASC., **Pens.**, IV, 282.

3 « Sur un ton moins lugubre on me vit autrefois
Chanter des doux plaisirs les séduisantes lois :
D'autres temps, d'autres mœurs : instruit par la vieillesse,...
Je ne sais que souffrir, et non pas murmurer. »
VOLT., **Poème s. désastre Lisbonne.**

— *Peu usit.* V. **Exercer.** *Instruire ses mains* (Cf. Familiariser, cit. 8).

4 « Une cantatrice future, instruisant sa voix, me poursuivait de son solfège éternel ; » CHATEAUB., **M. O.-T.**, t. II, p. 252.

— *Spécialt.* En parlant d'un élève, d'un novice, d'un ignorant auquel on dispense un enseignement. V. **Éduquer, élever, enseigner, former, gouverner, initier, instituer** (*vx*), **préparer.** *Instruire les enfants, la jeunesse* (Cf. Expérience, cit. 6). *Élève docile* qui se laisse aisément instruire. Les* *disciples* qu'il a instruits*. *Instruire le peuple* (Cf. Améliorer, cit. 1). — *Instruire de jeunes soldats, des recrues*, leur apprendre le maniement des armes, leur faire faire l'exercice*... — (Vx) *Instruire un animal*. V. **Dresser***.

5 « ... un cheval de manège... le mieux instruit du monde. »
LA BRUY., III, 49.

6 « ... il y a bien moins de crimes parmi les lettrés que parmi le peuple : pourquoi ne pas daigner instruire nos ouvriers comme nous instruisons nos lettrés ? » VOLT., **Dict. philos.**, Fraude.

7 « Il y a dans plusieurs écoles, et surtout dans l'Université de Paris, des professeurs que j'aime, que j'estime beaucoup, et que je crois très capables de bien instruire la jeunesse, s'ils n'étaient forcés de suivre l'usage établi. » ROUSS., **Émile**, I, note.

8 « L'éducation normale, au jeune âge, requiert deux conditions ; la première, c'est que la mère ait le loisir d'instruire son enfant ; la seconde, c'est qu'elle en soit capable. »
ALAIN, **Propos**, 25 juill. 1921, Qu'est-ce que l'école ?...

9 « ... l'œuvre de Gœthe, de part en part, est enseignement. Son génie paraît essentiellement didactique. Le besoin d'instruire autrui, de transmettre tout ce qu'il a pu lui-même acquérir de sagesse durant sa vie, reste le trait dominant de son caractère. »
GIDE, **Attendu que...**, p. 105.

— *Instruire dans la religion*. V. **Catéchiser**. — *Instruire dans un art* (cit. 39), *dans une science*. V. **Nourrir**. — Vx. *Instruire à*... suivi d'un complément, ou d'un infinitif. V. **Apprendre*, dresser**...

10 « C'est vous, lui disait David, qui avez instruit mes mains à combattre, et mes doigts à tenir l'épée. »
BOSS., **Orais. fun. prince de Condé.**

11 « Je l'instruirai moi-même à venger les Troyens ; »
RAC., **Androm.**, I, 4.

— *Absolt*. Donner une leçon, un enseignement. *Bossuet veut instruire, prouver, convaincre* (Cf. Chaire, cit. 5). *Dans les fables* (cit. 12 LA FONT.) *il faut instruire et plaire*. V. **Moraliser**. *Œuvre visant à instruire*. V. **Didactique**. *La lecture des bons romans instruit en divertissant* (Cf. Féru, cit. 2). *Instruire en amusant*. *L'expérience* (cit. 22 et 24) *instruit*. *L'école* (cit. 16) *du monde instruit mieux que les livres*.

12 « Mais malheur à l'auteur qui veut toujours instruire !
Le secret d'ennuyer est celui de tout dire. »
VOLT., VIᵉ disc. s. nature de l'homme.

13 « L'une (*Mᵐᵉ de Sévigné*) veut divertir et plaire ; l'autre (*Mᵐᵉ de Maintenon*) instruit, commande, morigène. »
HENRIOT, **Portr. de femmes**, p. 117.

‖ **2°** Mettre (quelqu'un) au courant (de quelque chose), en possession d'une connaissance particulière. V. **Avertir, aviser, connaître** (faire), **éclaircir, expliquer, informer***, **prévenir, renseigner, révéler**... ; **connaissance** (donner), **part** (faire). *J'instruirai sa famille de la conduite qu'il tient* (ACAD.). *Il faut que vous en soyez instruit sans retard* (Cf. Dessein, cit. 10). *L'expérience* (cit. 28) *que nous avons de nous-même nous instruit de ce qu'il nous faut*. V. **Montrer**. *Je veux être instruit de tout ce qui se passe. Ce qui instruit l'homme à sa nature* (Cf. Capacité, cit. 2 ; expérience, cit. 17 PASC.). *Instruire quelqu'un d'un secret* (Cf. Conduire, cit. 6 ; aussi, cit. 54).

14 « Je suis Dom Gilles d'Avalos, et l'histoire d'Espagne vous doit avoir instruit de mon mérite. » MOL., **Sic.**, 12.

15 « ... cette lettre est destinée... à vous dire de mes nouvelles, dont vous voulez que je vous instruise en bonne amitié. »
SÉV., **1324**, 12 juill. 1691.

16 « M. de Valmont est parti ce matin, Madame ; vous m'avez paru tant désirer ce départ, que j'ai cru devoir vous en instruire. »
LACLOS, **Liais. dang.**, XLV.

— *Être instruit de*..., être au courant de... V. **Connaître**. *Je suis parfaitement instruit de toute cette affaire*. V. **Averti, informé, long** (en savoir). *C'est un homme bien instruit des usages du monde* (ACAD.). Cf. Assyrien, cit. LA BRUY. ; caresse, cit. 17 ; confirmation, cit. 4.

17 « ... nous sommes instruits de votre capacité. »
MOL., **Méd. m. l.**, I, 5.

18 « Mᵐᵉ Bonaparte, qui, comme toute sa famille, était instruite de l'arrestation du prince... »
CHATEAUB., **M. O.-T.**, II, 141 (éd. Levaillant).

II. *Dr.* Mettre (une cause) en état d'être jugée, procéder à l'instruction* de... *Instruire une cause, une affaire*. *Magistrat chargé d'instruire une cause criminelle*. V. **Juge** (d'instruction). *Instruire le procès* de quelqu'un*. Absolt. *Instruire contre quelqu'un*. — *Pronominalt*. (Passif). *Son affaire s'instruit en ce moment*.

19 « Ta, ta, ta, ta. Voilà bien instruire une affaire ! »
RAC., **Plaid.**, III, 3.

20 « Vous savez que tous les procès s'instruisaient publiquement chez les Romains... cette noble jurisprudence est en usage en Angleterre. »
VOLT., **Corresp.**, 4207, 12 juill. 1775.

21 « — Au contraire, les affaires que nous appelons de droit commun diminuent. Je n'ai plus à instruire que des manquements graves aux nouvelles dispositions. » CAMUS, **La peste**, p. 162.

‖ **S'INSTRUIRE**. Enrichir ses connaissances ou son expérience (Cf. Empirique, cit. 6). V. **Apprendre, cultiver** (se), **étudier**. *Chercher à s'instruire, avoir le désir de s'instruire* (Cf. Assiduité, cit. 1 ; assimilation, cit. 4 ; cultiver, cit. 9 ; faculté, cit. 5). *L'homme s'instruit sans cesse* (Cf. Expérience, cit. 33). *On s'instruit à tout âge*, on a toujours

quelque chose à apprendre. *Un homme qui s'est instruit lui-même, tout seul*. V. **Autodidacte**. *On s'instruit mieux par la pratique que par la théorie* (ACAD.). *S'instruire par l'exemple d'autrui*.

22 « ... il me semblait n'avoir fait autre profit, en tâchant de m'instruire, sinon que j'avais découvert de plus en plus mon ignorance. »
DESCARTES, **Disc. de la méthode**, I.

23 « Encor que l'amour seul apprenne à bien aimer,
Il n'est pourtant pas mal que les amants s'instruisent ; »
BUSSY-RABUTIN, **Max. d'amour**, IIᵉ part.

24 « Dès l'âge où j'ai commencé à faire quelque usage de mon intelligence, j'ai eu le désir de m'instruire, et la passion de l'étude. »
P.-L. COURIER, **Œuvr. compl.**, p. 556.

25 « ... je le vois encore, mon pauvre père, dans les loisirs que lui laissait le travail manuel, lisant beaucoup, s'instruisant sans cesse... »
PASTEUR, in MONDOR, **Pasteur**, p. 76.

26 « ... l'homme qui ne sait pas beaucoup, et qui s'instruit en ses rares loisirs, avec une peine incroyable, seulement pour honorer sa propre pensée, voilà celui qui mériterait le beau nom de sage. »
ALAIN, **Propos**, 7 juin 1921, La conscience.

— *S'instruire dans un art, une science*. *Le seul moyen que nous ayons de nous instruire sur la nature des choses* (Cf. Expérience, cit. 42). Vx. *S'instruire de*... (Cf. Fort, cit. 65 LA BRUY.).

27 « Quand François fut en âge de faire sa première communion, Madeleine l'aida à s'instruire dans le catéchisme... »
SAND, **François le Champi**, IV.

— *S'informer de*..., se renseigner sur... *Il voulut s'en instruire par lui-même, par ses propres yeux*. *S'instruire des circonstances exactes d'un événement*.

28 « Pour s'instruire sur place des prodromes et de la contagion de la maladie, il (*Pasteur*) abandonnait le laboratoire de la rue d'Ulm... » MONDOR, **Pasteur**, p. 136.

29 « Comme elle (*la Princesse Palatine*) avait épousé Monsieur (*frère de Louis XIV*), en deuxièmes noces, elle avait ses raisons de vouloir s'instruire sur les véritables circonstances de la mort de sa devancière (*Henriette d'Angleterre*). » HENRIOT, **Portr. de femmes**, p. 112.

— (*Récipr.*). *Instruisez-vous et exhortez-vous* (cit. 10) *les uns les autres*.

‖ **INSTRUIT, UITE.** *p. p. adj.* Qui a des connaissances étendues dénotant une solide instruction. V. **Calé** (fam.), **cultivé, docte, érudit** (cit. 7), **expérimenté, ferré**. *Un homme instruit, très instruit* (Cf. Bêtifier, cit. 1 ; calviniste, cit. 1 ; exemple, cit. 37 ; forme, cit. 62 ; gendre, cit. 3). *Nations, peuples instruits*. V. **Éclairé** (Cf. Hâtif, cit. 1 ; barbare, cit. 10). *Il est juste que le berger* (cit. 15 VOLT.) *soit plus instruit que le troupeau*.

30 « Ce que Platon n'a pu persuader à quelque peu d'hommes choisis et si instruits, une force secrète le persuade à cent millions d'hommes ignorants, par la vertu de peu de paroles. » PASC., **Pens.**, XI, 724.

31 « Il a renvoyé l'ancien greffier, l'ancien huissier, et les a remplacés par des hommes beaucoup plus instruits et surtout plus industrieux que leurs prédécesseurs. »
BALZ., **Médecin de campagne**, Œuvr., t. VIII, p. 355.

ANT. — Aveugler, tromper. Ignare, ignorant, illettré.

DER. — Cf. Instructeur, instructif, instruction.

INSTRUMENT (-man). *n. m.* (Vers 1200 ; lat. *instrumentum*, « ce qui sert à équiper (*instruere*) »).

‖ **1°** Nom générique par lequel on désigne la plupart des objets fabriqués qui, dans un art ou une science, servent, aux mains de ceux qui l'exercent, à exécuter quelque chose, à faire quelque opération. V. **Accessoire, appareil***, **engin, machine, outil*, ustensile**, et aussi *suff.* **-ateur, -oir, -oire**. — REM. Le mot *instrument* implique, d'une façon générale, l'idée d'un usage direct de l'objet par un exécutant dont la main et l'attention interviennent constamment. Mais le domaine dans lequel l'*instrument* est utilisé, les résultats qu'il permet souvent d'atteindre (guérison, accroissement du savoir, jouissance esthétique...) lui confèrent un caractère de noblesse, d'intellectualité, que le mot *outil* n'a pas, d'ordinaire, du fait de son emploi courant dans les métiers manuels. Il arrive, cependant, que de simples outils soient dits *instruments* (par ex. : *instruments aratoires*). *Appareil* « suppose quelque chose de plus compliqué » (BÉNAC), « un assemblage de pièces ou d'organes réunis en un tout pour un certain usage » (ROBERT). Cependant, *appareil* et *instrument* sont parfois l'un pour l'autre ou bien appliqués de façon conventionnelle (*appareils* et *instruments de mesure*, etc.). *Ustensile* est d'un usage assez limité (cuisine, jardinage).

— *Instruments aratoires*. V. **Agricole** (outillage), **cheptel** (cheptel mort). *Instruments de chirurgie** (Cf. Éponge 1, cit. 3), *de géodésie*, de géométrie*, de physique*, d'astronomie*, d'optique** (Cf. Chimiste, cit. 2), *de marine**. — *Instruments de dessin** (cit. 2), *de calcul**. *Instruments de précision** (Cf. par métaph. Improviser, cit. 11). *Instruments enregistreurs*. V. *suff.* **-Graphe**. *Instruments de mesure*. V. *suff.* **-Mètre**. *Graduation** d'un instrument. *Instruments d'observation*. V. *suff.* **-Scope**. *Instruments récepteurs du son*. V. *suff.* **-Phone**. *Instruments permettant de reproduire des* objets, des contours, des dessins... V. suff. **-Type.** Instruments servant à inciser, à sectionner. V. suff. **-Tome.** Instruments de vérification (Cf. Examen, cit. 8). Branches*, cadran*, manches* d'un instrument.

— N. B. Les instruments utilisés dans tel art ou telle science figurent à l'article concernant cet art ou cette science (V. par ex. : **Chirurgie, géodésie...**). Les instruments qui peuvent être également qualifiés d'appareils ou d'outils sont mentionnés aux articles APPAREIL et OUTIL. La liste ci-dessous ne constitue qu'un complément.

Bagueur	Foret	Palmer	Tamis
Burin	Fourgon	Parafoudre	Tenailles
Casse-*	Fuseau	Peigne	Tille
Cautère	Griffe	Pic	Tire-*
Cercle	Hache-*	Pied-de-biche	Tire-ligne
Clé	Haltère	Pilulaire	Tire-point
Cloche	Hie	Pilulier	Tisonnier
Coupe-*	Jantier	Presse-*	Tondeuse
Crible	Métronome	Règle	Tournette
Croc	Mireur	Rénette	Tournevis
Croissant	Molette	Sauterelle	Tranchefils
Dialyseur	Numéroteur	Sifflet	Valet
Étau	Palette	Soufflet	Videlle
Filière	Palisson	Stadia	

1 « Pour exercer un art, il faut commencer par s'en procurer les instruments, et, pour pouvoir employer utilement ces instruments, il faut les faire assez solides pour résister à leur usage. » ROUSS., Émile, II.

2 « ... des instruments de précision (un baromètre, une boussole, un odomètre, des compas)... » V. LARBAUD, Barnabooth, Journal, p. 128.

3 « ... le médecin achevait de disposer sur la gaze stérilisée le contenu de la trousse... La boîte des instruments,... Le bistouri, les pinces. » MART. du G., Thib., t. II, p. 142.

— Mus. Spécialt. Instruments de musique, et absolt. Instruments. Jouer*, toucher d'un instrument. Mettre un instrument au diapason*. Emboucher* un instrument. Musiciens qui accordent (cit. 9 et 33) leurs instruments (Cf. Estrade 2, cit. 4). Les instruments de l'orchestre*. Solo d'un instrument (Cf. Exhibition, cit. 2). Harmonie (cit. 1) d'un concert (cit. 13) d'instruments. S'endormir (cit. 14), s'éveiller (cit. 1), chanter au son des instruments (Cf. Barde 1, cit. 1). Mauvais instrument. V. **Chaudron, crécelle, crincrin, sabot.** Les couacs* d'un instrument criard*, discord. Clés*, diapason* d'un instrument. Facteur d'instruments. — Instruments à cordes*. V. **Alto, balalaïka, banjo, cistre, cithare, contrebasse** (cit.), **guitare, guzla, harpe, mandoline, mandore, violon, violoncelle.** Chanterelle*, chevalet*, chevilles*, sillet*, tête* d'un instrument à cordes. Instruments à cordes et à clavier. V. **Clavecin, épinette, piano, vielle.** — Instruments à percussion*. V. **Batterie, caisse** (cit. 7), **carillon, castagnette, cliquette, cymbale, glockenspiel, gong, grelot, sonnette, tambour, tambourin, tam-tam, timbale, timbres, triangle, xylophone** (Cf. aussi Celesta). — Instruments à vent* : en bois* (V. **Basset, basson** (cit. 2), **clarinette, cor** (anglais), **cornemuse, flageolet, flûte** (1, cit. 1), **galoubet, hautbois** (cit. 1), **musette, octavin, serpent**) ; en cuivre* (V. **Bugle, clairon** (cit. 4), **cor** (d'harmonie, à piston), **cornet, hélicon, néo-cor, ophicléide, sarrusophone, saxhorn, saxophone, trombone, trompette, tuba**). Instruments graves. V. **Baryton*, basse.** Instruments à anche*, à embouchure* (cit. 1), à clavier* et soufflerie (V. **Accordéon, harmonium, orgue**). — Instruments anciens. V. **Bombarde, bombardon, cromorne, crotale, diaule, guimbarde, luth, lyre*, manichordion, olifant, psaltérion, rebec, sambuque, sistre, syrinx, théorbe, turlurette, tympanon, viole***) ; populaires (V. **Harmonica,** 2°, **ocarina**) ; rustiques (V. **Biniou, chalumeau, mirliton, pipeau**). Instruments mécaniques. V. **Boîte** (à musique), **orgue** (de Barberi), **piano** (mécanique), **serinette...** Instruments divers. V. **Bigophone, chapeau** (chinois), **scie...** Instruments à ondes* électriques.

4 « Cependant David et tout Israël jouaient devant le Seigneur de toutes sortes d'instruments de musique, de la harpe, de la lyre. du tambour, du sistre, de la cymbale et des trompettes. » BIBLE (SACY), Les Rois, II, VI, 5.

5 « ... tout annonce en ce pays la dureté de l'organe musical ;... les instruments militaires, les fifres de l'infanterie, les trompettes de la cavalerie, tous les cors, tous les hautbois, les chanteurs des rues, les violons des guinguettes, tout cela est d'un faux à choquer l'oreille la moins délicate. » ROUSS., Julie, IIe part., Lettre XXIII.

6 « L'administration, pour un modique salaire, chargea Schmucke des instruments qui ne sont pas représentés dans l'orchestre des théâtres du boulevard, et qui sont souvent nécessaires, comme le piano, la viole d'amour, le cor anglais, le violoncelle, la harpe, les castagnettes de la cachucha, les sonnettes et les inventions de Sax, etc. » BALZ., Cousin Pons, Œuvr., t. VI, p. 543.

7 « Christophe a ses entrées aux concerts et au théâtre ; il apprend à toucher de tous les instruments. Il est même d'une jolie force déjà sur le violon ;... » R. ROLLAND, Jean-Christ., Le matin, p. 113.

8 « Le rôle de chaque instrument dans la symphonie me permit de revenir sur cette question... Je fis remarquer à Gertrude les sonorités différentes des cuivres, des instruments à cordes et des bois, et que chacun d'eux à sa manière est susceptible d'offrir, avec plus ou moins d'intensité, toute l'échelle des sons, des plus graves aux plus aigus. » GIDE, Symph. pastorale, p. 53.

‖ 2° Par anal. Se dit d'objets utilisés à des fins diverses. Aiguiser* un instrument tranchant. V. **Couteau, hache.** Instrument émoussé (1, cit. 10, par métaph.). Instrument

contondant. Enfant qui s'estropie (cit. 3) avec un instrument dangereux. Façonner (cit. 7) des instruments de première nécessité. Gitans (cit. 1) qui raccommodent des instruments de cuivre. V. **Ustensile.** Il lui arracha l'instrument des mains (Cf. Fatalité, cit. 17). Laisse là ce maudit instrument. V. **Engin** (Cf. Enflammer, cit. 5). — Liturg. Les instruments du culte*. — Gramm. Complément d'instrument introduit par : avec (cit. 72), de (« Il le perça de sa lance »), par, à...

9 « ... vous voilà munis d'instruments commodes, qui vous servent à vous faire réciproquement de larges plaies... » LA BRUY., XII, 119.

10 « ... anges portant des palmes et des instruments de supplice, torches, fagots de bûcher, glaives ;... » GAUTIER, Voyage en Russie, p. 221.

11 « ... la plupart des inventions humaines propres à nous donner du bonheur ou du plaisir, même du plus noble, sont encore susceptibles, entre des mains scélérates ou malhabiles, de se transformer en instruments de souffrance et de mort. » DUHAM., Scènes vie future, Dédicace.

‖ 3° Par ext. et par métaph. V. **Moyen.** L'armée (cit. 9), instrument de guerre. Le corps (cit. 16) humain, incomparable instrument de travail. L'impôt (cit. 4), instrument financier et politique. Exercer (cit. 3) les sens, instruments de l'intelligence. V. **Organe.** — Fig. Personne ou chose servant à obtenir quelque résultat (Cf. Électoral, cit. 1 ; équitable, cit. 6). L'hébreu, instrument capital de l'exégèse (cit. 1) biblique. La concurrence (cit. 9), instrument de sélection. Paris, instrument de l'unité française (Cf. Indivisible, cit. 3). — Devenir l'instrument, l'âme damnée (cit. 15) de quelqu'un. V. **Agent, bras.** Homme qui est l'instrument des dieux (Cf. Impersonnalité, cit. 2). La femme, instrument de plaisir (Cf. Abstraire, cit. 2 ; harmonie, cit. 9 ; honneur, cit. 59).

12 « Et toi, de mes exploits glorieux instrument,...
Fer, jadis tant à craindre,... » CORN., Cid, I, 4.

13 « ... au lieu d'être une maîtresse, tu n'étais qu'un instrument de volupté, un moyen de tromper un désir impossible à réaliser. » GAUTIER, Mlle de Maupin, III.

14 « (Gluck) fut l'instrument de la révolution dramatique, que les philosophes préparaient depuis vingt ans. » R. ROLLAND, Musiciens d'autrefois, p. 225.

15 « ... le livre demeure et demeurera longtemps l'instrument essentiel de la connaissance efficace. » DUHAM., Turquie nouvelle, V.

16 « ... puis il revient à sa table de travail où il trouve son vrai bonheur, et à moi, parce que je suis l'un des instruments de ce travail, quelque chose comme son stylographe ou son Littré. » MAUROIS, Roses de septembre, I, IV.

‖ 4° Dr. Acte authentique (cit. 1). — Titre propre à faire valoir des droits (Cf. Effet, cit. 40). — Diplom. Original d'une convention, d'un traité. Instrument diplomatique (Cf. Heure, cit. 52). Échanger les instruments de ratification d'un traité.

DER. — **Instrumenter.** — **Instrumentaire.** adj. (1765 ENCYCL.). Dr. Témoin instrumentaire, qui assiste un officier ministériel dans les actes dont la validité requiert la présence de témoins. — **Instrumental, ale, aux.** adj. (Instrumentel au XIVe s.). Dr. Qui sert d'instrument. Les pièces instrumentales d'un procès. — Gramm. Cas instrumental, et substant. L'instrumental, cas auquel se met, dans les langues à déclinaison, un substantif désignant l'instrument de l'action. — Mus. Qui s'exécute avec des instruments. Musique instrumentale (par oppos. à musique vocale). Cf. Contraste, cit. 10. Harmonies (cit. 4) instrumentales. Le canon (2, cit. 6), pièce vocale ou instrumentale. — **Instrumentiste.** n. (1823). Musicien* qui joue d'un instrument. Instrumentiste virtuose*. Les choristes et les instrumentistes.

INSTRUMENTER. v. intr. et tr. (1431 ; de instrument*).

I. V. intr. Dr. Dresser un instrument (contrat, exploit, procès-verbal). Officiers publics ayant le droit d'instrumenter contre quelqu'un : huissier (cit. 6), notaire... (Cf. Authentique, cit. 2 ; habituer, cit. 12).

« ... maintenant, nous allons lire les contrats de mariage, dit Pierquin en regardant l'heure. Mais ces actes-là ne me regardent pas, attendu que la loi me défend d'instrumenter pour mes parents et pour moi. » BALZ., Rech. de l'absolu, Œuvr., t. IX, p. 639.

II. V. tr. (1845). Mus. et peu usit. V. **Orchestrer.**

DER. — **Instrumentation** (-syon). n. f. (1824 STENDHAL). Mus. « Connaissance des instruments ; application de leurs qualités individuelles à la traduction et l'interprétation de l'idée musicale » (A. LAVIGNAC). Instrumentation médiocre, riche...

« La connaissance de ces divers agents de la sonorité, c'est-à-dire de l'étendue, du timbre particulier, de la construction et du mécanisme de chacun d'eux, constitue la science dite Instrumentation, le terme d'Orchestration restant plus spécialement réservé à l'art de les grouper, de les agencer et combiner de toutes manières,... » A. LAVIGNAC, Musique et musiciens, p. 62.

INSU (A L'INSU DE). loc. prép. (1560 ; de in-, et su, p. p. de savoir). Sans que la chose soit vue de... Femme qui hasarde une démarche (cit. 8) à l'insu de son mari, de tout son entourage. V. **Ignorance** (en le tenant dans l'ignorance). Cf. aussi Amuser, cit. 17 ; échafauder, cit. 3 ; éternuer, cit. 1. — (Avec un adjectif possessif) À mon, ton,... leur insu (Cf. Homme, cit. 90 J. de MAISTRE). Insensiblement (cit.) et presque à notre insu. Il a combiné (cit. 6) cela à mon insu. Notre figure (cit. 14) se modèle à notre insu sur nos états de conscience. — (Au sens réfléchi) Sans (en) avoir conscience. V. **Inconsciemment, insciemment.** Se trahir, se livrer à son insu (Cf. Geste 1, cit. 5). Peintres qui, à leur insu, imitent (cit. 18) leurs devanciers. À mon insu, je m'habituais à la guerre (Cf. Haut-le-cœur, cit. 4).

1 « Il a si peu d'égards au temps, aux personnes, aux bienséances, que chacun a son fait sans qu'il ait eu intention de le lui donner ; il n'est pas encore assis qu'il a, à son insu, désobligé toute l'assemblée. »
LA BRUY., V, 12.

2 « Il existe des pensées auxquelles nous obéissons sans les connaître : elles sont en nous à notre insu. »
BALZ., **La femme de trente ans**, Œuvr., t. II, p. 761.

3 « ... il s'est créé en Europe, à la fois au su et à l'insu de tout le monde — je veux dire que tout le monde pouvait s'en apercevoir, mais que presque personne ne l'a vu — un système tel, qu'il... »
ROMAINS, H. de b. vol., t. I, XIV, p. 153.

ANT. — Su (au su de). **Consciemment, sciemment. Escient** (à mon escient...).

INSUBMERSIBLE. adj. (1775 de in-, et submersible*). Qui ne peut être submergé*. Canot*, navire insubmersible. Bouée* insubmersible. V. **Flottable.**

DER. — **Insubmersibilité.** n. f. (1867 LITTRÉ). Caractère de ce qui est insubmersible. L'insubmersibilité du liège. V. Flottabilité.

INSUBORDINATION (-syon). n. f. (1773 ; de in-, et subordination*). Manque de subordination*. V. **Désobéissance, indiscipline, manquement** (à la discipline, à l'obéissance). Il règne dans ce corps une grande insubordination (ACAD.). V. **Licence.** Résister* (à l'autorité) par esprit d'insubordination. V. **Insubordonné ; rébellion.** — Milit. Refus d'obéissance aux ordres d'un supérieur. Acte, délit, crime d'insubordination. Révolte, insubordination et rébellion de militaires, de marins (Loi du 4 juin 1858, art. 292 et suiv.).

1 « ... cette Liberté que nous prétendons représenter et défendre, n'est le plus souvent que le droit d'en faire à notre tête, à notre guise, et serait mieux nommée : insubordination. »
GIDE, Journal, 2 juin 1918.

2 « La grève avait produit sur lui une impression profonde... à tout instant l'insubordination ouvrière pouvait mettre en péril les affaires de la chocolaterie. »
ARAGON, Beaux quartiers, I, VII.

ANT. — **Subordination ; obéissance, soumission.**

INSUBORDONNÉ, ÉE. adj. (1789 ; de in-, et subordonné*). Qui a l'esprit d'insubordination*, qui manque fréquemment à la subordination. V. **Désobéissant*, indiscipliné, rebelle.** Collégien insubordonné. Troupes insubordonnées.

INSUCCÈS. n. m. (1794 ; de in-, et succès). Manque de succès*, de réussite. V. **Échec*.** Projet voué à l'insuccès. Insuccès d'une entreprise. V. **Avortement, chute, infortune** (vx). Insuccès d'une bataille, d'un procès. V. **Perte.** Insuccès à un examen, à une élection. V. **Tape, veste.** L'insuccès d'une pièce de théâtre (V. **Four**), d'un ouvrage (Cf. Hagiographique, cit.). Subir l'affront d'un insuccès. Déconvenue* devant un insuccès. Homme aigri par l'insuccès. V. **Fortune** (mauvaise). Cf. Capon, cit. 1.

1 « Enfin le succès ou l'insuccès de Tannhäuser ne peut absolument rien prouver, ni même déterminer une quantité quelconque de chances favorables ou défavorables dans l'avenir,... »
BAUDEL., Art romantique, XXI, IV.

2 « A quel point ce livre heurtait le goût du jour, c'est ce que laissa voir son insuccès total. Aucun critique n'en parla. En dix ans, il s'en vendit tout juste cinq cents exemplaires. »
GIDE, Nourrit. terrestres, Préface de 1927.

INSUFFISANCE. n. f. (1323 ; de in-, et suffisance, d'apr. le bas lat. insufficientia). Caractère, état de ce qui ne suffit* pas. V. **Défaut*, manque.** Insuffisance de moyens, de ressources. V. **Carence, pauvreté** (Cf. Assistance, cit. 12). Insuffisance de la production industrielle, agricole. V. **Déficit** (Cf. Biologie, cit.). Insuffisance d'alimentation. V. **Sous-alimentation** (Cf. Facteur, cit. 3). Insuffisance des documents, des témoignages (Cf. Evolution, cit. 15). — (Dans un sens qualitatif) Insuffisance d'un terme de langage. V. **Faiblesse** (cit. 22). Elève puni pour l'insuffisance de son travail. V. **Médiocrité.** — Par ext. (En parlant de personnes). V. **Ignorance, incapacité.** Insuffisance manifeste d'un candidat, d'un employé. L'insuffisance humaine. V. **Faiblesse, imperfection, infirmité, médiocrité** (Cf. Etaler, cit. 20). — Au plur. V. **Déficience, lacune.** Les insuffisances de la géométrie euclidienne (Cf. Espace, cit. 9). Peuple qui présente « des dons éclatants (cit. 7 SIEGFRIED) et des insuffisances notoires ». V. **Infériorité.**

1 « L'insuffisance exprime que la personne dont il s'agit n'est pas au niveau de la besogne, de la tâche qui lui échoit, mais rien de plus. L'incapacité et l'inaptitude expriment que le sujet est au-dessous de la besogne, avec l'idée de quelque manque intellectuel considérable,... »
LITTRÉ, Dict., Insuffisance.

2 « Il (l'homme) sent... son néant, son abandon, son insuffisance, sa dépendance, son impuissance, son vide. »
PASC., Pens., II, 131.

3 « ... nous entendions par les défauts du langage non seulement les solécismes et les barbarismes... mais l'obscurité, l'impropriété, l'insuffisance... l'enflure... des expressions. »
VOLT., Don Pèdre, Ép. dédicat.

4 « ... Chapelier constata que l'insuffisance des salaires était une sorte d'esclavage. » JAURÈS, Hist. social. Révol. franç., t. II, p. 263.

5 « Si les quantités restent en dessous, il y a manque, insuffisance. L'insuffisance s'exprime par : pas assez, trop peu, insuffisamment : je n'en ai pas assez. » BRUNOT, Pens. et lang., p. 740.

— Spécialt. Méd. « Etat d'infériorité physiologique dans lequel se trouve un organe ou une glande devenus incapables de remplir leurs fonctions dans leur intégralité »

(GARNIER et DELAMARE). V. **Déficience.** Insuffisance hépatique. Insuffisance hypophysaire, thyroïdienne... (Cf. Gras, cit. 20). Conséquences d'une insuffisance hormonale sur le développement* de l'enfant. — Insuffisance valvulaire* (aortique, mitrale...).

6 « Le docteur Knock a diagnostiqué aussitôt une insuffisance des sécrétions ovariennes, et prescrit un traitement opothérapique qui a fait merveille. » ROMAINS, Knock, III, 4.

ANT. — **Abondance, affluence, exagération, excédent, excès, suffisance. Aptitude, capacité, supériorité.**

INSUFFISANT, ANTE. adj. (1323 ; de in-, et suffisant*). Qui ne suffit* pas. Quantité insuffisante. Nombre insuffisant. Rations insuffisantes (Cf. Portion congrue*). Fournées (cit. 1) de pain insuffisantes (pour les consommateurs). Combattre une épidémie (cit. 4) avec des moyens insuffisants. Niveau de vie insuffisant. Ressources insuffisantes (Cf. Fiscalité, cit. 1). — Local de dimensions insuffisantes. V. **Exigu.** — (En degré, intensité, qualité) Lumière insuffisante. V. **Pauvre** (Cf. Étouffer, cit. 18). Connaissances insuffisantes. V. **Imparfait** (Cf. Empirisme, cit. 1). Maturité insuffisante. V. **Incomplet** (Cf. Fibrille, cit. 2). Développement* mental ou organique insuffisant. V. **Déficient.** Grâces insuffisantes (Cf. Efficace 1, cit. 8 PASC.). Elève dont les moyens sont par trop insuffisants. V. **Court, médiocre.** Prendre des mesures insuffisantes. V. **Demi-mesure ; palliatif.** Les belles promesses sont insuffisantes pour un homme qui a faim (Cf. De la viande creuse*). — Par ext. Qui manque de dons, de talent. Candidat très insuffisant. V. **Faible.** Auteurs insuffisants (Cf. Comprendre, cit. 32). On le juge insuffisant pour cette charge (ACAD.). V. **Inapte, inférieur.**

1 « ... c'est-à-dire que cette grâce suffit, quoiqu'elle ne suffise pas ; c'est-à-dire qu'elle est suffisante de nom et insuffisante en effet. En bonne foi, mon Père, cette doctrine est bien subtile. »
PASC., Provinc., II.

2 « ... presque toutes les douleurs que j'avais endurées pendant les deux dernières heures devaient être attribuées uniquement aux effets d'une respiration insuffisante. »
BAUDEL., Trad. E. POE, Hist. extraord., Aventure... Hans Pfaall.

3 « ... je n'ai jamais souffert davantage de mon insuffisante instruction. » GIDE, Journal, 25 janv. 1931.

4 « Jules Sandeau... fut l'un des premiers amants de George Sand, avant Musset ; et l'un des derniers de Marie Dorval, après Vigny. Il semble bien que le devancier et le successeur, dans les deux cas, ait été quelque peu insuffisant. » HENRIOT, Romantiques, p. 414.

ANT. — **Suffisant. Abondant, agissant, assez, complet, excessif.**

DER. — **Insuffisamment** (-za-man). adv. (1391). D'une manière insuffisante. Caractère impulsif (cit. 2) que la volonté ne gouverne qu'insuffisamment. V. Imparfaitement. Il travaille bien insuffisamment.

INSUFFLATION (-syon). n. f. (XIVe s., « action de souffler » ; 1765 ENCYCL. au sens mod. ; lat. insufflatio). Méd. et Chirurg. Action d'insuffler (une poudre médicamenteuse, un liquide pulvérisé ou un gaz dans une cavité du corps). Insufflation d'air dans la bouche d'un asphyxié, d'un noyé. Insufflation d'azote dans la plèvre d'un tuberculeux (V. **Pneumothorax**).

INSUFFLER. v. tr. (XIVe s. ; lat. insufflare). Faire pénétrer en soufflant. Théol. et Mythol. Communiquer par le souffle*. Dieu insuffla la vie à sa créature. V. **Animer.** Fig. (XIXe s.). V. **Inspirer.** Insuffler (à quelqu'un) un désir de vengeance. V. **Exciter, imprimer** (vx).

1 « Canalis ne possède pas le don de vie, il n'insuffle pas l'existence à ses créations ;... » BALZ., Mod. Mignon, Œuvr., t. I, p. 401.

2 « ... le temps ayant passé qui renouvelle tout pour nous, insuffle une autre personnalité,... aux êtres que nous n'avons pas vus depuis longtemps,... » PROUST, Rech. t. p., t. XIII, p. 216.

3 « ... dans la compagnie d'Yvonne, il perdait cette terreur qu'on lui avait insufflée toute l'enfance, la terreur de se déclasser. »
ARAGON, Beaux quartiers, II, XXI.

— Spécialt. (1819, insouffler). Méd. Introduire, faire pénétrer par insufflation*. V. **Inspirer, souffler.** Insuffler de l'air dans la bouche d'un nouveau-né en état de mort apparente. — Absolt. Être insufflé (dans le cas d'un pneumothorax artificiel). Se faire insuffler. — Par ext. Gonfler* en soufflant. Insuffler un ballon, une outre.

DER. — **Insufflateur.** n. m. (1867 LITTRÉ). Méd. Instrument servant à insuffler dans les voies respiratoires, les oreilles, ou toute autre cavité, de l'air, des gaz, des vapeurs, ou des médicaments en poudre. Insufflateur intra-utérin pour insufflation tubaire.

INSULAIRE. adj. (1516 ; lat. insularis, de insula, « île »). Qui habite une île*. Peuple insulaire. — Substant. (1559). Les insulaires de Bornéo, les habitants de cette île. — REM. Insulaires, absolt, se dit parfois des Britanniques. — Par anal. Qui appartient à une île, aux îles. Flore insulaire. Administration insulaire.

1 « A génie égal, un insulaire sera toujours plus complet que ne l'est l'homme de la terre ferme,... »
BALZ., Les Marana, Œuvr., t. IX, p. 827.

2 « ... un Anglais, à qui on avait enlevé ses chevaux, accourt près d'un officier de police,... L'insulaire fait sa plainte. »
NERVAL, Voy. en Orient, Musée des familles, II.

3 « On discerne même, notamment chez les insulaires du cru (*les Anglais*), chez ceux, après tout nombreux, qui ne sont jamais sortis de leur île. une sorte de retrait quand il s'agit de collaborer avec nous,... »
SIEGFRIED, **Âme des peuples**, IV, II.

ANT. — Continental.

DER. — Insularité. n. f. (1838). Configuration, état d'un pays composé d'une ou de plusieurs îles. *Insularité et exiguïté* (cit. 4) *du Royaume-Uni.* — *Par ext.* Caractère de ce qui est insulaire.

« Nous voilà revenant une fois encore à cette insularité, qui exprime si profondément la revendication d'indépendance, intérieure et extérieure, de chaque Anglais. »
SIEGFRIED, **Âme des peuples**, IV, II.

INSULINE. n. f. (1931 LAROUSSE XXe s. ; 1922, angl. *insulin* (lat. *insula*, « île »), du nom des corpuscules pancréatiques, « *îlots* de Langherans », d'où est extraite cette hormone). Hormone* sécrétée par le pancréas*, et utilisée, en injections sous-cutanées, dans le traitement du diabète (Cf. Glande, cit. 2). *L'insuline pharmaceutique est extraite du pancréas du cheval, du bœuf ou du porc par l'alcool acidulé.*

« Il ne suffit pas,... de faire disparaître les symptômes du diabète en donnant de l'insuline au malade. L'insuline ne guérit pas le diabète. Cette maladie ne sera vaincue que par la découverte de ses causes et des moyens de provoquer la régénération des cellules pancréatiques insuffisantes ou de les remplacer. »
CARREL, **L'homme, cet inconnu**, VIII, XI.

DER. — Insulinothérapie. n. f. (*Néol.*). Traitement de certaines maladies par l'administration d'insuline.

INSULTANT, ANTE. adj. (1690 BOSS. ; p. prés. d'*insulter*). Qui insulte ; qui constitue une insulte. V. **Injurieux, offensant, outrageant.** *Paroles, propos insultants.* V. **Grossier** (Cf. Contradictoire, cit. 2). *Air insultant ; raillerie, moquerie, morgue insultante.* V. **Arrogant, insolent** (Cf. Garer, cit. 5). — *Foule insultante* (VOLT., Tancr., III, 7).

1 « J'entrai dans Paris, que je trouvai pire que laid, insultant pour ma douleur,... »
STENDHAL, **Souv. d'égotisme**, I.

2 « Crois-tu donc que je n'aie pas été atteint jusqu'au fond du cœur par l'insultante politesse avec laquelle elle me faisait mesurer la distance idéale que la noblesse met entre nous ? »
BALZ., **L'interdiction**, Œuvr., t. III, p. 14.

3 « ... le rire insultant de la frivolité triomphante. »
RENAN, **Questions contemp.**, Œuvr., t. I, p. 216.

INSULTE. n. f. (*Insult* 1380 ; n. m. jusqu'au XVIIe s. ; empr. au bas lat. *insultus*).

‖ 1° *Vx.* V. **Agression.** *Spécialt.* Attaque* militaire. « *Une place exposée aux insultes de l'ennemi* » (LITTRÉ).

‖ 2° (1535). Acte ou parole qui vise à outrager ou constitue un outrage. V. **Affront, attaque, injure, offense, outrage** (et *aussi* **Algarade, aubade, avanie, incartade**). *Un air de mépris, de dérision, de moquerie était la pire insulte qu'on pût lui faire. Ils lui ont fait une telle insulte que... (Cf. Dédire, cit. 6). Insulte chaque jour plus outrageante* (Cf. Défi, cit. 2). *Adresser, dire des insultes à quelqu'un.* V. **Grossièreté, infamie, insolence, invective** (Cf. Gronder, cit 17). *Proférer des insultes. Jurements, cris et insultes* (Cf. Coup, cit. 16 ; découler, cit. 1). *Recevoir une insulte. Ressentir quelque chose comme une insulte.* V. **Déshonneur, indignité.** *Se venger d'une insulte* (Cf. Chatouilleux, cit. 3). *Ne prenez pas cela pour une insulte. Endurer, supporter ; dédaigner, mépriser les insultes* (Cf. Cuirasse, cit. 4 ; forfanterie, cit. 3). — *Par ext. C'est une insulte à son courage, à son honneur, à sa pudeur, à sa douleur...* V. **Atteinte** (Cf. Infâme, cit. 6). Fig. *Un tel raisonnement est une insulte au bon sens* (V. **Défi**).

1 « J'ai cette insulte-là sur le cœur... Me venir faire, à l'improviste, un affront comme celui-là !... Me traiter de coquin, de fripon, de pendard, d'infâme ! »
MOL., **Fourb. Scapin**, II, 4.

2 « C'était une charitable correction, et non une insulte outrageuse que vous aviez à lui faire. »
BOSS., **Serm. p. mardi 3e sem. de carême**, II.

3 « ... je ne veux pas endurer leurs insultes, et je ne manquerai pas le premier qui me manquera. »
ROUSS., **Confess.**, VII.

4 « Il est vrai qu'un écrivain satirique, après avoir outragé les hommes célèbres pendant leur vie, croit réparer ses insultes par les éloges qu'il leur donne après leur mort ;... »
D'ALEMB., **Mél. littér.**, Éloge, Œuvr., t. IV, p. 535.

5 « On l'a souvent vu (*le lion*) dédaigner de petits ennemis, mépriser leurs insultes et leur pardonner des libertés offensantes ;... »
BUFF., **Hist. nat. anim.**, Le lion.

6 « Quel déni de justice ! quelle insulte faite aux jeunes illustrations, aux ambitions nées sur le sol ! »
BALZ., **Z. Marcas**, Œuvr., t. VII, p. 740.

7 « Tout ce que sa mémoire enflammée par l'alcool contenait de grossièretés, d'obscénités, d'insultes, il le vomissait sur les deux bossus. Ce débordement d'outrages immondes, d'affronts sanglants, de railleries parfois cocasses, déferlait contre la boutique dont le silence exaspérait l'irritation croissante de Pataclé. »
BOSCO, **Antonin**, p. 58.

INSULTER. v. intr. et tr. (1356 ; empr. au lat. *insultare*, propremt. « faire assaut contre », rac. *saltare*, « sauter »).

I. *Vx.* (Au sens propre). ‖ 1° *V. intr.* Faire assaut, faire une attaque contre ; se révolter, se soulever contre.

‖ 2° *V. tr.* (*vx.*, mais encore dans LITTRÉ et ACAD. 1878). Attaquer vivement (une place forte, un poste...). *Insulter une demi-lune* (ACAD. 1878).

II. ‖ 1° *V. tr.* Attaquer (quelqu'un) par des propos ou des actes outrageants. V. **Insulte ; injurier, offenser, outrager.** *Insulter quelqu'un* (Cf. Abreuver, cit. 7 ; aduler, cit. 1 ; ainsi, cit. 4 ; chacun, cit. 13 ; envi (à l'), cit. 4 ; goguenarder, cit. 2 ; gosier, cit. 8). *Se faire insulter, se laisser insulter* (Cf. Marcher* sur les pieds ; *pop.* Engueuler). *Il ose m'insulter ! Insulter une femme* (cit. 72) *qui tombe* (HUGO). *Absolt. Insulter après avoir divinisé* (Cf. Cracher* sur l'idole ; idolâtrie, cit. 5). — *Pronominalt. Elles se sont insultées comme des chiffonnières.*

1 « Quoi ? Madame, un barbare osera m'insulter ? »
RAC., **Iphig.**, III, 6.

2 « ... elle (*la misère*) vous avilit, elle donne le droit aux butors qui ont de l'argent de vous insulter et de vous plaindre. »
SAND, **Lettres à Musset**, 26 juin 1834.

3 « Et elle croit me rabaisser en m'insultant ! Tes injures n atteignent que toi, femme perdue ! »
GIRAUDOUX, **Électre**, II, 6.

— *Par ext.* Offenser par quelque outrage. *Insulter la foi de ses pères* (Cf. Avilir, cit. 2).

4 « J'appelle insulter la majesté de Jésus-Christ, demeurer en sa présence dans des postures immodestes,... »
BOURDAL., **Myst. Pass. de J.-C.**, t. I, p. 184.

5 « Quelque rival indigne,
Insulte mon amour, outrage mon honneur ! » VOLT., **Seythes**, II, 5.

‖ 2° *V. intr.* Proférer des insultes (contre). *Insulter contre quelqu'un.* — REM. Cette forme, critiquée par TRÉVOUX et donnée comme vieillie par LITTRÉ, n'a jamais été admise par ACAD.

6 « Le second (*médecin*),... insultant contre le premier, qui s'opposait à son avis,... »
PASC., **Provinc.**, II.

— *Vx. Insulter à quelqu'un.*

7 « (*On*) le reçut avec des huées. On lui insultait en face. »
VOLT., **Zadig**, XIX.

‖ 3° *V. intr. Fig.* Faire insulte par une attitude de défi, de bravade, de mépris... *Insulter aux dieux* (Cf. Arrogance, cit. 5). V. **Blasphémer.** *L'impie* (cit. 10) *heureux insulte au fidèle souffrant* (HUGO). *Expression dédaigneuse* (cit. 3) *qui insulte à quelqu'un. Prostituée qui insulte aux mœurs publiques* (Cf. Fléau, cit. 10). V. **Braver.** *Jazz qui insulte à la musique* (Cf. Dérailler, cit. 2). — *Spécialt.* (En prenant avantage de la faiblesse, de la douleur...). *Insulter à la misère de quelqu'un.*

8 « Il est d'un grand courage et d'un cœur généreux,
De ne point insulter au sort d'un malheureux : »
CYRANO DE BERGERAC, **Mort d'Agrippine**, V, 6.

9 « Nos superbes vainqueurs, insultant à nos larmes, »
RAC., **Esth.**, I, 4.

10 « Elles avaient la figure des mauvais prêtres, quand ils insultent au culte qu'ils ont trahi. »
SUARÈS, **Trois hommes**, Ibsen, VI.

— *Par ext.* (En parlant de choses qui, par contraste, semblent un défi insolent à ce qui mérite le respect). *Le luxe de quelques-uns insulte à la misère générale. Leur allégresse insulte à ma douleur* (ACAD.). Cf. Cruauté, cit. 40 ; gaieté, cit. 11.

ANT. — Respecter.

DER. — Insultant. — Insulté, ée. adj. Qui a reçu une insulte. — Substant. *L'insulté* (1873), personne insultée. *L'insulté a le choix des armes.* V. **Offensé** (ANT. Agresseur, offenseur). — **Insulteur.** n. m. (1796). Celui qui insulte. *L'insulteur et l'insulté.* V. **Offenseur.**

« Heureux les insulteurs qui s'assouvissent dans les gazettes, car ils auront beaucoup de lecteurs et connaîtront la gloire. »
DUHAM., **Récits temps de guerre**, IV, XXXVIII.

INSUPPORTABLE. adj. (1421 ; de *in-*, et *supporter*). Qu'on ne peut supporter, endurer. *Douleur insupportable.* V. **Atroce, cruel, intolérable** (Cf. Incitation, cit. 1). *Souffrances, supplice, malaise insupportables* (Cf. Ahurir, cit. 1 ; contre-cœur 1, cit. 1 ; grotesque, cit. 10). — *Par ext.* Qu'on ne peut souffrir, qui est extrêmement désagréable. *Bruit insupportable.* V. **Infernal** (Cf. Casser* la tête). *Vision, spectacle insupportable.* V. **Dégoûtant, désolant, fastidieux, imbuvable, insoutenable.** *Trouver la vie insupportable.* V. **Haïssable, odieux** (Cf. Faire, cit. 238). *Attente* (cit. 21), *incertitude, doute insupportable. Une insupportable hypocrisie* (Cf. Fonction, cit. 6). En parlant d'une personne, *Un individu insupportable.* V. **Agaçant, ennuyeux, importun, incommode** (Cf. *aussi* Aversion, cit. 4 ; criard, cit. 1 ; estimer, cit. 28 ; hargne, cit. 4). *Un caractère insupportable.* V. **Épouvantable, impossible, impraticable** (*vx*), **incommode** (Cf. Mauvais, sale, fichu caractère). *Humeur insupportable.* V. **Massacrant.** *Enfant insupportable.* V. **Désagréable, diable, turbulent...** — *Être insupportable à quelqu'un* (Cf. Exagérer, cit. 12). *Cette idée lui est insupportable* (Cf. Indélébile, cit. 4).

1 « Cependant sa visite, assez insupportable,
Traine en une longueur encore épouvantable ; »
MOL., **Misanthr.**, II, 4.

2 « Ce qui nous rend la vanité des autres insupportable, c'est qu'elle blesse la nôtre. »
LA ROCHEF., **Réflex. morales**, 389.

3 « En toute chose la gêne et l'assujettissement me sont insupportables ; ils me feraient prendre en haine le plaisir même. »
ROUSS., **Confess.**, V.

4 « ... c'est une loi générale... que l'être que nous n'aimons pas et qui nous aime nous paraisse insupportable. »
PROUST, **Rech. t. p.**, t. X, p. 73.

5 « Il est à peu près insupportable de vivre près d'une femme que l'on a aimée. »
MAUROIS, **Vie de Byron**, I, XII.

6 « ... Maurin, qui d'ordinaire a bon caractère, montra de l'humeur et fut insupportable. » DUHAM., **Récits temps de guerre**, IV, XVII.

ANT. — **Supportable ; agréable, aimable, amusant.**

DER. → **Insupportablement.** adv. (1479). D'une manière insupportable. *Cet ouvrage est insupportablement long* (ACAD.). — **Insupporter.** v. tr. (début XXᵉ s.). *Fam. et par plaisant.* Être insupportable à... (V. **Indisposer**).

« Cette vieille roulure m'insupporte. »
H. BATAILLE, **Maman Colibri**, II, 4 (cité par A. V. THOMAS).

INSURGER (S'). v. pron. (*Insurger* 1474 ; *s'insurger*, 1792, refait sur *Insurgent*, nom donné « à certains corps de troupes hongrois » (ACAD. 1762), puis aux insurgés d'Amérique ; du lat. *insurgens*, p. prés. de *insurgere*, « se lever contre »). Se soulever (contre l'autorité). V. **Révolter** (se), **soulever** (se). *Peuple qui s'insurge contre le gouvernement, contre un tyran.* V. **Dresser** (se). Absolt. *Humanité qui s'insurge pour rebâtir un monde* (Cf. Hors-la-loi, cit.). *Province insurgée.* Substant. *Les insurgés.* V. **Agitateur, révolté** (Cf. De, cit. 5). *Insurgés sur les barricades* (Cf. Écrêter, cit. 1 ; feu 1, cit. 50). « L'insurgé », roman de J. Vallès (1886).

1 « ... les insurgés posaient des vedettes au coin des carrefours et envoyaient audacieusement des patrouilles hors des barricades. »
HUGO, **Misér.**, IV, X, IV.

2 « En 1776, un événement considérable venait de se produire : les colonies anglaises de l'Amérique du Nord s'étaient insurgées. »
BAINVILLE, **Hist. de France**, XV, p. 304.

3 « Dans toutes les villes d'Europe, les peuples s'insurgeaient, avec la même violence, contre le sacrifice inutile. »
MART. du G., **Thib.**, t. VII, p. 65.

— Par ext. *S'insurger contre la mauvaise foi ; contre une interprétation tendancieuse des faits.*

4 « Cet esprit, positif au milieu de ses enthousiasmes,... s'insurgeait devant les mystères de la foi,... » FLAUB., **Mᵐᵉ Bovary**, I, VI.

5 « Celui qui a compris la réalité ne s'insurge pas contre elle, mais s'en réjouit ; le voilà conformiste. »
CAMUS, **L'homme révolté**, p. 196.

— *Transit.* Vx. *Insurger une nation* (LITTRÉ). — (Précédé d'un pronom personnel) Faire s'insurger.

6 « ... j'y cultivais plutôt une sorte de réprobation pour ce que j'entrevoyais de la débauche, contre quoi mon instinct secrètement m'insurgeait. » GIDE, **Si le grain...**, I, VII, p. 189.

ANT. — **Soumettre** (se), **soumis.**

INSURMONTABLE. adj. (1561 ; de *in-*, et *surmonter*). Qu'on ne peut surmonter. *Un obstacle insurmontable* (Cf. Condition, cit. 27). *Se heurter à un obstacle insurmontable* (Cf. Mur* ; se cogner* la tête contre les murs...). *Barrière* (cit. 14) *insurmontable.* V. **Infranchissable** (Cf. Inceste, cit. 2). *D'insurmontables difficultés.* V. **Invincible** (Cf. Impatient, cit. 7). — Qu'on ne peut dominer, réprimer. *Angoisse, répulsion insurmontable* (Cf. Causer, cit. 6 ; frisson, cit. 13).

1 « ... leur aversion naturelle et insurmontable pour le vin... »
BOSS., **1ʳᵉ instruct. pastor.**, XLI (in LITTRÉ, **Passer**, 25°).

2 « Supposé que vous m'aimiez véritablement..., les obstacles qui nous séparent en seraient-ils moins insurmontables ? »
LACLOS, **Liais. dang.**, LVI.

3 « Tout ce qu'on avait cru pénible, difficile, insurmontable, devient possible et facile. » MICHELET, **Hist. Révol. franç.**, III, XI.

4 « ... ils éprouvent, l'un vis-à-vis de l'autre, presque une honte de leur subite et insurmontable timidité. » LOTI, **Ramuntcho**, II, XIII.

ANT. — **Facile, surmontable.**

INSURPASSABLE. adj. (1554 ; absent dans HATZFELD et ACAD. 8ᵉ éd. ; de *in-*, et *surpasser*). Qu'on ne peut surpasser. *Un talent, une perfection insurpassable.*

« ... des banalités d'une fadeur insurpassable. »
GIDE, **Si le grain...**, I, X, p. 278.

INSURRECTION (in-sur-rèk-sion). n. f. (XIVᵉ s. ; empr. au bas lat. *insurrectio*, d'*insurgere*). Action de s'insurger ; soulèvement qui vise à renverser par la violence le pouvoir établi. V. **Émeute, levée** (de boucliers), **mouvement** (insurrectionnel*), **mutinerie, révolte, révolution, sédition, soulèvement, trouble.** *Insurrection de paysans* (V. **Jacquerie**), *des Chouans* (V. **Chouannerie**). *Insurrection des canuts de Lyon* (Cf. Faim, cit. 12). *Peuple en insurrection.* V. **Insurgé.** *L'insurrection de 1830. Journées d'insurrection* (Cf. Essuyer, cit. 15). *Foyer* (cit. 21) *d'insurrection. Mouvement d'insurrection qui avorte* (cit. 10), *qui est étouffé, réprimé ; qui aboutit à la révolution. Droit à l'insurrection.* V. **Résistance** (à l'oppression).

1 « Les Crétois, pour tenir les premiers magistrats dans la dépendance des lois, employaient un moyen bien singulier : c'était celui de l'insurrection. Une partie des citoyens se soulevait,... Une institution pareille, qui établissait la sédition pour empêcher l'abus du pouvoir, semblait devoir renverser quelque république que ce fût. Elle ne détruisit pas celle de Crète ;... » MONTESQ., **Espr. des lois**, VIII, XI.

2 « Quand le gouvernement viole les droits du peuple, l'insurrection est pour le peuple et pour chaque portion du peuple, le plus sacré des droits et le plus indispensable des devoirs. »
CONSTITUTION du 24 juin 1793, Art. 35.

3 « Il y a l'émeute, il y a l'insurrection ; ce sont deux colères ; l'une a tort, l'autre a droit... la guerre du tout contre la fraction est insurrection ; l'attaque de la fraction contre le tout est émeute ;...
De là vient que, si l'insurrection, dans des cas donnés, peut être, comme a dit Lafayette, le plus saint des devoirs, l'émeute peut être le plus fatal des attentats. » HUGO, **Misér.**, IV, X, II.

4 « ... l'insurrection eut, pendant une heure ou deux, une certaine recrudescence... des barricades s'ébauchèrent. Devant la porte Saint-Martin, un jeune homme, armé d'une carabine, attaqua seul un escadron de cavalerie. Rue Saint-Denis, une femme tirait sur la garde municipale de derrière une jalousie baissée... on jeta du haut des toits sur la troupe de vieux tessons de vaisselle et des ustensiles de ménage ;... » ID., **Ibid.**, V, I, XIII.

5 « ... le propre d'une insurrection populaire, c'est que, personne n'y obéissant à personne, les passions méchantes y sont libres autant que les passions généreuses, et que les héros n'y peuvent contenir les assassins. » TAINE, **Orig. France contemp.**, II, t. III, p. 69.

6 « ... un coup de force politique, qui sous le nom d'insurrection est le plus sacré des devoirs quand il vient d'en bas, et sous le nom de coup d'État est le plus exécrable des abus quand il vient d'en haut,... »
PÉGUY, **La République...**, p. 364.

7 « Le droit à l'insurrection, incontestable en théorie, est en fait dépourvu d'efficacité. La loi constitutionnelle d'un pays ne peut le reconnaître sans jeter dans ce pays un ferment d'anarchie. C'est ce qui faisait dire à Boissy d'Anglas que la Constitution de 1793 « avait organisé l'anarchie ». DUGUIT, **Traité droit constit.**, t. III, p. 806.

— Par ext. *Insurrection de la conscience, de l'amour-propre...*

8 « Et j'ai lutté cette fois encore par des moyens généraux, par des moyens valables pour *toute l'humanité*. Par une insurrection organisée de l'esprit contre la morale, contre la conscience. »
ROMAINS, **H. de b. vol.**, t. IV, VII, p. 66.

ANT. — **Soumission.**

DER. — **Insurrectionnel, elle.** adj. (1793). Qui tient de l'insurrection. *Mouvement insurrectionnel. Journées insurrectionnelles. Gouvernement insurrectionnel :* issu de l'insurrection.

« ... les individus qui, dans un mouvement insurrectionnel, auront fait ou aidé à faire des barricades,... » LOI du 24 mai 1834, Art. 9.

INTACT, TE. adj. (*Intacte* en 1594 ; empr. au lat. *intactus*, propremt. « non touché »). À quoi l'on n'a pas touché, et *par ext.* Qui n'a pas subi d'altération, de dommage. *Monument ancien intact. Demeurer, rester intact. Les fouilles ont mis au jour des mosaïques presque intactes. Voiture d'occasion intacte. Produit alimentaire intact.* V. **Frais.** *L'héritage est resté intact.* V. **Complet, entier.** *Corriger un texte en gardant le sens intact* (Cf. Couper, cit. 14). *Conserver, laisser, maintenir intacts des principes que l'on considère comme intangibles*.

1 « Il se vantait en nous montrant ses manches intactes de n'en avoir jamais altéré la pureté par la moindre tache d'encre,... »
GAUTIER, **Portr. contemp.**, p. 47.

2 « Mais le fond n'avait jamais été touché. Là, les richesses avaient dormi intactes. Les pièces d'or brillaient, les perles ruisselaient, les diamants étincelaient ; rien n'avait été manié, mis en circulation, profané. » GOBINEAU, **Pléiades**, III, VI.

— *Fam.* (En parlant de personnes). *La chute aurait pu être grave, il s'est relevé intact* (V. **Indemne**). — *Spécialt.* (par euphém.) V. **Vierge.** *Intacte et pure*.

3 « Elle sortit, au milieu de la nuit, de ce bosquet et des bras de son ami aussi intacte, aussi pure de corps et de cœur qu'elle y était entrée. » ROUSS., **Confess.**, IX.

4 « (Selon l'opinion de M. de Noailles) Mᵐᵉ de Maintenon est arrivée intacte, à cinquante ans, aux mains de Louis XIV. Cela est possible ; mais, comme dit l'autre, c'est raide. »
LEMAÎTRE, **Impress. de théâtre**, IIIᵉ série, p. 72.

— *Fig.* Qui n'a souffert aucune atteinte. *Réputation intacte. Honneur intact.* V. **Sauf** (Cf. Sans tache*).

ANT. — **Altéré, endommagé, froissé ; blessé.**

INTAILLE. n. f. (1808 ; empr. à l'ital. *intagliare*, « graver ». Cf. Entailler). *Bx-arts.* Pierre fine gravée en creux. *L'intaille est gravée en creux et le camée* en relief. *Intaille qui sert de sceau, de cachet* (Cf. Empreinte, cit. 1).

« ... l'artiste oppose une *Bacchante surprise par un satyre*, d'un style si pur, si antique, que vous vous demandez de quelle intaille, de quel camée,... est tiré ce beau groupe. »
GAUTIER, **Voyage en Russie**, p. 184.

DER. — **Intailler.** v. tr. (1874). Graver en creux (une pierre fine). *Pierre intaillée.*

INTANGIBLE. adj. (XVᵉ s. ; de *in-*, et *tangible*).

‖ **1°** Qu'on ne peut toucher, qui échappe au sens du toucher. V. **Impalpable.** *Fluides* (cit. 9) *intangibles.*

1 « ... si dans l'animal raisonnable, appelé homme, Dieu avait mis une étincelle invisible, impalpable, un élément, quelque chose de plus intangible qu'un atome d'élément, que ces philosophes grecs appellent une monade ;... » VOLT., **Dial. d'Évhémère**, IV.

‖ **2°** *Par ext.* (XXᵉ s.). À quoi on ne doit pas toucher, porter atteinte ; que l'on doit maintenir intact*. V. **Inviolable, sacré.** *Principes intangibles* (ACAD. 1935).

2 « ... une grande guerre moderne... (*allait*) faire d'eux (*les pétroliers*) des fournisseurs éminents des armées, et de leur monopole un pilier intangible de la patrie. »
ROMAINS, H. de b. vol., t. III, XIII, p. 182.

DER. — Intangibilité. *n. f.* (1839). État de ce qui est intangible, de ce qui est ou doit être maintenu intact. *L'intangibilité d'une loi, d'un principe* (ACAD. 1935).

INTARISSABLE. *adj.* (XVIe s. ; de *in-*, et *tarir*). Qui ne peut être tari, épuisé ; qui coule sans arrêt*. V. **Abondant, inépuisable.** *Eau intarissable* (Cf. Adopter, cit. 7) ; *source intarissable.* Par exagér. *Pleurs intarissables.* — Par métaph. *Source intarissable de paix et de joie* (FÉN.).

1 « Ces deux industries, sources intarissables de prospérité, si le canton peut maintenir la qualité des produits et leur bas prix,... »
BALZ., Médecin de campagne, Œuvr., t. VIII, p. 358.

— Fig. *Musique intarissable* (Cf. Inépuisable, cit. 10). *Babil* (cit. 5) *intarissable. Il a une verve intarissable* (Cf. Apporter, cit. 25 ; épigramme, cit. 8). *Imagination, inspiration intarissable.* V. **Généreux.** *Intarissable sujet de conversations* (Cf. Émoi, cit. 3). — *Il est intarissable sur ce sujet.*

2 « Vous êtes intarissable, et vos lettres viennent de source, on le voit bien,... »
SÉV., 624, 14 juill. 1677.

3 « On entendait, dominant toutes les conversations, l'intarissable jacassement de M. de Charlus,... »
PROUST, Rech. t. p., t. IX, p. 54.

ANT. — Maigre, pauvre.

DER. — Intarissablement. *adv.* (1839). D'une manière intarissable. *Il répète intarissablement la même chose.*

« ... des leçons à préparer et des copies à corriger pendant quarante ans ; l'ennui de ma jeunesse à revivre intarissablement sur de plus jeunes. »
ROMAINS, H. de b. vol., t. IV, XV, p. 147.

INTÉGRAL, ALE. *adj.* (XIVe s., *parties intégrales* ; sens mod. au XVIIe s. ; dér. sav. du lat. *integer*, « entier »).

I. (Sens général). ‖ 1° Vx. *Parties intégrales* (CORN.). V. **Intégrant.**

‖ 2° (1640, d'apr. WARTBURG). Qui n'est l'objet d'aucune diminution, d'aucune restriction. V. **Complet*, entier*.** *Caractère intégral.* V. **Intégralité, intégrité** (1°). *Paiement, remboursement intégral. Renouvellement intégral d'une assemblée. Hermaphrodisme* (cit. 2) *intégral. Nu, nudité, nudisme intégral* (Cf. Exhibitionnisme, cit. 1). *Édition, audition intégrale d'un ouvrage,* sans omission ni coupure.

1 « Il n'est d'humanisme sans une conception intégrale de l'homme. »
DANIEL-ROPS, Ce qui meurt..., p. 49.

II. *Math.* (1696 ; du lat. *integralis,* employé par BERNOULLI). *Calcul* intégral,* branche du calcul infinitésimal* (cit. 1). « *Partie des mathématiques ayant pour premier objet l'intégration des fonctions, c'est-à-dire la détermination de nouvelles fonctions admettant les premières pour dérivées* » (UVAROV et CHAPMAN, Dict. des Sciences). V. **Intégration** (Cf. Exponentiel, cit.).

2 « Que fait le calcul *intégral* ? Il donne le moyen de remonter, lorsque cela se peut, de la limite du rapport entre les différences des quantités finies, au rapport même de ces quantités. »
D'ALEMB., Élém. de philos., Œuvr., t. I, p. 293.

— *Substant.* (1753). UNE INTÉGRALE. « Résultat de l'opération fondamentale du *calcul intégral* (intégration) appliquée soit à une fonction d'une seule variable (opération inverse de la différentiation), soit à une fonction de plusieurs variables... » (Op. cit.). *Intégrale d'une fonction, d'une différentielle :* fonction dont la dérivée est la fonction considérée ou sa différentielle. *Intégrale définie, indéfinie* (ou *primitive*), *double, triple. Le signe* ∫ (*somme*) *symbolise l'intégrale.*

ANT. — Incomplet, partiel.

DER. — Intégralement. *adv.* (1511). D'une manière intégrale. V. **Complet** (au), **complètement ; bien 1** (3°), ensemble (dans son), **totalité** (en). *Lire un texte intégralement.* V. **In extenso** (Cf. Depuis A jusqu'à Z). *Payer, rembourser intégralement ses dettes. Restituer intégralement* (Cf. Impense, cit.). *Immigrants intégralement assimilables* (cit. 4). — **Intégralité.** *n. f.* (1611). État d'une chose complète. *Intégralité d'un revenu* (Cf. Épargne, cit. 8). *Dans son intégralité :* dans son ensemble, sa totalité (Cf. Fidèlement, cit. 3 ; figurer, cit. 6). — **REM.** *Intégralité* et *Intégrité* (voir ce mot).

1 « ... les circonstances n'ont pas permis de suivre ce plan dans son « intégralité » »
TURGOT, Décl. conc. la taille, 1761 (in BRUNOT, H.L.F., t. VI, p. 76, note 7).

2 « Impossible de se débarrasser intégralement de la question oiseuse. »
MAUROIS, Études littér., R. Martin du Gard, t. II, p. 198.

INTÉGRANT, ANTE. *adj.* (1503 ; lat. *integrans,* « qui rend entier »). Se dit des parties qui contribuent à l'intégrité d'un tout (sans en constituer l'essence). *Les bras, les jambes, sont des parties intégrantes du corps humain* (ACAD.). *Mot qui fait partie intégrante d'une phrase* (Cf. Anastomoser, cit.). *Constituer, devenir une partie intégrante...* (Cf. Famille, cit. 4). — *Les particules intégrantes du grès* (cit. 3).

1 « L'illusion est une partie intégrante de la réalité ; elle y tient essentiellement, comme l'effet tient à la cause. »
JOUBERT, Pensées, XI, XXXIX.

« L'Assemblée déclarait qu'Avignon ne faisait point partie intégrante de la France, sans toutefois que la France renonçât à ses droits. »
MICHELET, Hist. Révol. franç., IV, XI.

3 « ... ma mère m'a raconté quatre ou cinq cents fois certaines histoires de mon père, en sorte que ces histoires font partie intégrante de ma mémoire et que je dois accomplir un réel effort pour distinguer ces souvenirs-là de mes souvenirs à moi. » DUHAM., Salavin, I, II.

INTÉGRATION. *n. f.* (1309 « rétablissement » ; sens math. en 1700 ; de *intégrer*).

I. *Math.* Opération (inverse de la différentiation) par laquelle on détermine une grandeur considérée comme la limite de la somme de quantités infinitésimales en nombre indéfiniment croissant. *Étant donnée une fonction, l'intégration permet de trouver la fonction primitive* (V. **Intégrale**) *dont la fonction considérée est la dérivée. L'intégration « fournit... une méthode générale pour déterminer les aires limitées par des courbes »* (UVAROV et CHAPMAN, Dict. des Sciences).

II. *Philos.* « Établissement d'une interdépendance plus étroite entre les parties d'un être vivant, ou entre les membres d'une société » (LALANDE). — *Psychol.* Assimilation, incorporation de nouveaux éléments à un système psychologique. *Intégration mentale.*

III. *Écon. polit.* (fin XIXe s.). Action d'adjoindre à l'activité propre d'une entreprise* des activités qui s'y rattachent dans le cycle de la fabrication des produits (opérations préalables, parallèles ou consécutives). V. **Concentration, industrie ; combinat...** *Intégration verticale ascendante* (entreprise métallurgique exploitant des mines), *descendante* (la même entreprise fabriquant des produits finis). *Intégration horizontale* (entreprise fabriquant plusieurs variétés de produits tirés de la même matière première).

1 « On entend par intégration le rattachement à une même unité de production de toutes les opérations qui conduisent de l'obtention de la matière première à la fabrication du produit fini. »
F. PERROUX, Cours Écon. polit., t. II, p. 477.

— *Par ext.* V. **Assimilation, fusion, incorporation, unification...** *Intégration économique, politique. Intégration d'une nouvelle région économique à un ensemble. Intégration d'immigrants dans une communauté. Intégration d'agents contractuels dans les cadres d'une administration.*

2 « Parce que s'il y a des structures économiques, il n'y a pas de sociétés économiques au sens précis de ce terme, l'intégration économique est une idée qui apparaît comme étroitement dépendante de l'intégration politique. Aussi bien, les types d'intégration économique : fédéralisme, unionisme et fonctionnalisme sont-ils des types politiques. »
ROMEUF, Dict. des Sciences écon., Intégration.

INTÈGRE. *adj.* (1542 au sens propre « entier » ; 1671 au sens mod. « dont la vertu, la pureté n'est pas entamée » ; lat. *integer*). D'une probité absolue. V. **Honnête** (cit. 3), **incorruptible, probe, pur ; intégrité** (2°). *Juge intègre.* V. **Équitable, impartial, juste** (Cf. Corrompre, cit. 18). *Ministres, gouvernements intègres* (Cf. Appétit, cit. 15 HUGO ; gouverner, cit. 48). — *Intègre vertu. Vie intègre.*

1 « Je m'établis juge entre vous deux... Je serai juge intègre, et vous serez pesés tous deux dans la même balance. »
LACLOS, Liais. dang., LXXIV.

2 « Ma vie est intègre, mes mœurs sont pures, mes mains sont nettes. »
GIRAUDOUX, La folle de Chaillot, II, p. 143.

ANT. — Corrompu, dépravé, déprédateur, malhonnête, prévaricateur, vénal.

DER. — Intègrement. *adv.* (1867 LITTRÉ). Peu usit. D'une manière intègre. — Cf. Intégrité.

INTÉGRER (se conj. comme *Exaspérer*). *v. tr.* (1340 « exécuter, faire » ; lat. *integrare,* « rendre complet, entier »).

‖ 1° (1700). *Math.* Effectuer l'intégration*. *Intégrer une fonction :* calculer son intégrale*.

‖ 2° *Par ext.* (XXe s.). Faire entrer dans un ensemble en tant que partie intégrante. V. **Assimiler, incorporer.** *Intégrer le Conseil de la République dans le Parlement* (Cf. Député, cit. 5). *Intégrer plusieurs théories dans un système.* V. **Comprendre.** — *Arg. scol.* Être reçu au concours d'entrée dans une grande École. *Intégrer à l'École Normale, à l'X.* — Pronominalt. *Des idées philosophiques s'intègrent en systèmes* (ACAD. 1935). *S'intégrer dans la collectivité* (cit. 1), *dans l'armature d'un État* (Cf. Hypertrophier, cit. 2).

1 « Elle trouve une force dans cet orgueil collectif ; elle se sent intégrée dans un organisme... » CHARDONNE, Destin. sentim., p. 192.

2 « ... le poète doit exprimer cette intuition de l'unanime et aider par là l'individu à s'intégrer dans la collectivité. »
MAUROIS, Études littér., J. Romains, t. II, p. 123.

ANT. — Détacher 1. — **COMP.** — **Désintégrer.** V. *aussi* **Réintégrer** (du lat.).

DER. — Intégrable. *adj.* (1704). *Math.* Qui peut être intégré, dont on peut faire l'intégration. *Fonction intégrable.* — **Intégrateur.** *n. m.* (1890). Appareil qui effectue l'intégration, totalise des indications continues, calcule l'aire limitée par une courbe.

INTÉGRITÉ. *n. f.* (XIVe s. au sens de « virginité » ; lat. *integritas*).

|| **1°** (XVIe s.). État d'une chose qui est dans son entier, complète, intégrale, et *spécialt.* qui est demeurée intacte, inaltérée. V. **Intégralité, plénitude, totalité.** *L'intégrité d'un tout*, d'un ensemble. Édifice conservé dans son intégrité* (Cf. Écrouler, cit. 1). *Intégrité d'une œuvre, d'un manuscrit...* (Cf. Impertinent, cit. 3). — *L'intégrité du territoire. Intégrité d'un organe.* — REM. *Intégrité* est plus qualitatif qu'*intégralité*, réservé généralement à ce qui est mesurable.

1 « Si le procédé de la peinture sur lave avait été connu et pratiqué au temps de la Renaissance, nous aurions la *Cène* de Léonard de Vinci dans sa vierge intégrité, aussi fraîche, aussi pure que si le dernier coup de pinceau du maître venait d'y sécher,... »
GAUTIER, **Souv. de théâtre...**, p. 286.

2 « ... cette clique de... cafards... qui livreraient... leur propre femme... pour conserver l'intégrité de leur peau ou de leurs écus ! »
BLOY, **Le désespéré**, p. 178.

3 « L'intégrité de l'organisme est indispensable aux manifestations de la conscience. L'homme pense, aime, souffre, admire, et prie à la fois avec son cerveau et avec tous ses organes. »
CARREL, **L'homme, cet inconnu**, IV, VII.

— (En parlant de choses abstraites). *Intégrité de la justice, de la foi...* (BOSS.). *Honneur* (cit. 6) *dans son intégrité.*

4 « ... ces religieux admirables,... qui conservent seuls, aujourd'hui, dans son intégrité, l'antique tradition des premiers siècles de la foi... »
BLOY, **Le désespéré**, p. 87.

— Spécialt. *Vx.* « Qualité d'une personne qui ne se laisse entamer par aucun vice » (LITTRÉ). V. **Vertu.** *Particult.* État de vierge. V. **Virginité.**

5 « Ton adorable intégrité,
Ô Vierge mère, ainsi ne souffre aucune atteinte,
Lorsqu'en tes chastes flancs se fait l'union sainte
De l'essence divine à notre humanité. » CORN., **Louanges**, 217.

6 « L'homme... encore chaste et dans la première intégrité de ses mœurs. »
BOURDAL., **Impureté**, 1.

|| **2°** Fig. (XVe s.). État d'une personne intègre. V. **Honnêteté, incorruptibilité, justice ; probité** (Cf. Enrichir, cit. 14). *Intégrité d'un juge, d'un ministre. Tenter, corrompre l'intégrité de quelqu'un* (ACAD.). *Un homme d'une parfaite intégrité.* Cf. Homme de bien*, de conscience*... — *Intégrité de la vie, des mœurs...*

7 « La probité est un attachement à toutes les vertus civiques. La droiture est une habitude des sentiers de la vertu. L'équité peut se définir par l'amour de l'égalité ; l'intégrité paraît une équité sans tache et la justice une équité pratique. »
VAUVEN., **De l'esprit humain**, XLV.

ANT. — **Altération. Malhonnêteté.**

INTELLECT (*in-tèl-lèkt*). *n. m.* (XIIIe s. ; lat. philos. *intellectus*, de *intellegere* « comprendre »). *Philos.* Synonyme de *entendement**. V. **Entendement, esprit, intelligence.** — REM. « *Entendement*, chez les philosophes modernes, est surtout un terme psychologique désignant un ensemble d'opérations mentales ; *intellect* a toujours une valeur gnoséologique (relative à la théorie de la connaissance) : il marque la « faculté de connaître supérieure » en tant qu'on l'oppose à la sensation et à l'intuition » (LALANDE). — *L'histoire* (cit. 24) *produit de l'intellect. Le pouvoir politique vit du sacrifice de l'intellect* (Cf. Gouverner, cit. 37).

1 « La partie raisonnable (*de l'âme*) est celle où est l'intellect, qui, comme un grand capitaine du haut d'un rempart, commande à ses soudards. Les vertus attribuées à l'intellect sont : sapience (*sagesse*), science, prudence, les arts, les connaissances des causes et les notices des principes. »
RONSARD, **Œuvres en prose**, Des vertus...

2 **« Comme le virtuose du piano ou du violon arrive à... acquérir une liberté d'ordre supérieur, ainsi faudrait-il, dans l'ordre de l'intellect, acquérir un art de penser, se faire une sorte de psychologie dirigée... »**
VALÉRY, **Variété III**, p. 286.

— (Dans le langage courant). V. **Esprit.** *Laisser son intellect en friche* (cit. 7). *L'intellect des sots* (Cf. Fustiger, cit. 4).

3 « Le fou prend le sage en pitié, et dès lors l'idée de sa supériorité commence à poindre à l'horizon de son intellect. »
BAUDEL., **Paradis artif.**, p. 440.

DER. — **Intellectif, ive.** *adj.* (XIIIe s.; par l'interm. du bas lat. *intellectivus*). *Vx.* Qui appartient à l'intellect. V. **Intellectuel.** *Faculté, puissance intellective.* — Ellipt. (Vx). *L'intellective* : l'entendement. — **Intellection.** *n. f.* (XIIIe s. ; par l'interm. du bas lat. *intellectio*). Intellect ; acte de l'intellect (particulièrement par oppos. à *imagination*). V. **Conception.**

« ... je remarque premièrement la différence qui est entre l'imagination et la pure intellection ou conception... Si je veux penser à un chiliogone, je conçois bien à la vérité que c'est une figure composée de mille côtés,... mais je ne puis pas imaginer les mille côtés d'un chiliogone comme je fais des trois d'un triangle,... »
DESCARTES, **Méditations**, VI.

INTELLECTUALISER. *v. tr.* (1801 VILLERS, Philos. de Kant ; de *intellectuel*). Revêtir d'un caractère intellectuel ; élaborer, transformer par l'action de l'intelligence. *Théories, recherches esthétiques tendant à intellectualiser l'art.*

« On éprouve, mais ce qu'on a éprouvé est pareil à certains clichés qui ne montrent que du noir tant qu'on ne les a pas mis près d'une lampe... : on ne sait pas ce que c'est tant qu'on ne l'a pas approché de l'intelligence. Alors seulement quand elle l'a éclairé, quand elle l'a intellectualisé, on distingue, et avec quelle peine, la figure de ce qu'on a senti. »
PROUST, **Rech. t. p.**, t. XV, p. 45.

DER. — **Intellectualisation.** *n. f.* (1931 LAROUSSE). Action d'intellectualiser ; résultat de cette action. *Une plus grande intellectualisation de l'art* (Cf. Essai, cit. 23).

INTELLECTUALISME. *n. m.* (1853 AMIEL ; de *intellectuel*). *Philos.* Doctrine qui affirme la prééminence des faits et éléments intellectuels sur ceux de l'affectivité et de la volonté. *L'intellectualisme de Spinoza.* — *Péjor.* Tendance à sacrifier la vie et l'instinct aux satisfactions de l'intelligence, de la pensée critique, à se détourner des réalités en vertu d'idées artificielles (Cf. Concret, cit. 5 ; grain, cit. 6).

« Aujourd'hui c'est bien autre chose : on ne veut plus d'aucune philosophie rationaliste ou intellectualiste ; il est entendu qu'intellectualisme, c'est matérialisme et qu'il n'y a pas de milieu entre matérialisme et philosophie de sentiment ou d'intuition sensible. »
LACHELIER, **Lettre à G. Séailles**, 15 oct. 1913.

DER. — **Intellectualiste.** *adj.* (1876). Marqué d'intellectualisme ; partisan de l'intellectualisme. *La science sera intellectualiste ou elle ne sera pas* (H. POINCARÉ). *Théorie intellectualiste de l'émotion, de la volonté. L'erreur intellectualiste* (Cf. Exister, cit. 5). *Leibniz, philosophe intellectualiste.* — Substant. *Un intellectualiste.*

« Ce que les intellectualistes ne comprennent pas, c'est cela : que l'intelligence n'est accomplie que par la sensibilité et par l'amour. »
DANIEL-ROPS, **Ce qui meurt...**, p. 233.

INTELLECTUEL, ELLE. *adj.* (XIIIe s. ; bas lat. *intellectualis*).

|| **1°** Qui se rapporte à l'intelligence* (soit au sens large de *connaissance*, soit au sens d'*entendement*). V. **Moral, représentatif, spirituel.** *La vie intellectuelle* (Cf. Hasard, cit. 36). V. **Mental.** *Les phénomènes intellectuels. Forces, facultés* (cit. 3) *intellectuelles* (Cf. Accorder, cit. 33 ; fiction, cit. 6 ; fumer, cit. 18). *Intuition* intellectuelle. Activité, concentration, effort* (cit. 6, 7 et 9) *intellectuel* (Cf. Frigidité, cit. 4). *Gymnastique intellectuelle* (Cf. Approfondir, cit. 12). *Vigueur, santé intellectuelle* (Cf. Cartésien, cit. ; européen, cit. 2). *Valeur, supériorité intellectuelle. Paresse, confort* (cit. 2) *intellectuel* (Cf. Héréditairement, cit.). *Le travail intellectuel* (Cf. Astreinte, cit. ; femme, cit. 81). *Fatigue intellectuelle. Perfectionnement, appauvrissement... intellectuel* (Cf. Franc-maçonnerie, cit. 3 ; fond, cit. 6 ; ilotisme, cit. 2). *Carrière* (cit. 20), *entreprise intellectuelle* (Cf. Général 1, cit. 3). *Le mouvement intellectuel au XVIe siècle, sous la Restauration...* V. **Idée** (les idées). *Les origines intellectuelles de la Révolution. La Réforme intellectuelle et morale de la France*, ouvrage de Renan.

« Nous connaissons notre âme par ses opérations, qui sont de deux sortes : les opérations sensitives et les opérations intellectuelles. » 1
BOSS., **Connaiss. de Dieu**, I, I.

« Comme je n'ai jamais douté... que nos idées les plus purement intellectuelles, si je puis parler ainsi, ne tiennent de fort près à la conformation de notre corps,... » 2
DIDER., **Lettre s. l. aveugles**, Œuvr., p. 849.

« ... je dus à ma liberté morale ma liberté intellectuelle. » 3
CHATEAUB., **M. O.-T.**, II, 1, 13 (t. II, p. 50, éd. Levaillant).

« Le travail intellectuel n'a toute sa valeur que quand il résulte spontanément du besoin de la nature humaine, exprimé par ce mot : « L'homme ne vit pas seulement de pain ». 4
RENAN, **Questions contemp.**, Œuvr., t. I, p. 223.

« Que penser des différences intellectuelles entre les humains ? Elles aussi dépendent-elles, au moins partiellement, de différences héréditaires ? » 5
J. ROSTAND, **L'homme**, p. 70.

— *Spécialt.* Où l'intelligence a une part prédominante ou excessive. *Lettres de femmes apportant à l'écrivain l'encens* (cit. 10) *des adorations intellectuelles. Sensations intellectuelles* (Cf. Étalage, cit. 7). *Immoralisme* (cit. 1) *intellectuel.*

« La Justice et la Vérité que nous avons tant aimées, à qui nous avons donné tout, notre jeunesse, tout,.... elles n'étaient point des justices et des vérités de livres et de bibliothèques, elles n'étaient point des justices et des vérités conceptuelles, intellectuelles,... mais elles étaient organiques,... *une* Justice et *une* Vérité *vivantes.* » 6
PÉGUY, **Notre jeunesse**, p. 114.

|| **2°** (En parlant de personnes, sens qui n'est signalé ni par LITTRÉ, ni par P. LAROUSSE). Qui a un goût prononcé (ou excessif) pour les choses de l'intelligence, de l'esprit* ; chez qui prédomine la vie intellectuelle. V. **Cérébral.** *Une femme très intellectuelle.* — Substant. *C'est un intellectuel* (Cf. *infra*, Intellectualité, cit.). *Un caractère d'intellectuel. Songeries d'intellectuel* (Cf. Assujettir, cit. 16).

« Un homme est du type intellectuel le plus prononcé lorsqu'il ne peut être content de soi que moyennant un effort *intellectuel.* » 7
VALÉRY, **Analecta**, XXXII.

« Passionnée, sceptique, intellectuelle, analyste au suprême point, pareille à lui, Madame de Charrière a-t-elle été, comme le croyait Sainte-Beuve, la mauvaise conseillère de Constant ? » 8
HENRIOT, **Portr. de femmes**, p. 225.

— *Par ext.* Dont la vie est consacrée aux activités intellectuelles. *Les travailleurs intellectuels*, par oppos. aux *travailleurs manuels. Forçats intellectuels* (Cf. Galérien, cit. 4 BLOY). — Substant. *Un intellectuel, les intellectuels* (Cf. Aristo, cit. 3 ; coqueter, cit. 4 ; dérision, cit. 4 ; embourber, cit. 4 ; empyrée, cit. 5 ; expliquer, cit. 8 ; glissement, cit. 8 ; habile, cit. 14). *La classe des intellectuels.* V. **Clerc, mandarin ; intelligentsia.**

9 « Le métier des intellectuels est remuer toutes choses sous leurs signes, noms ou symboles, sans le contrepoids des actes réels. Il en résulte que leurs propos sont étonnants, leur politique dangereuse, leurs plaisirs superficiels. Ce sont des excitants sociaux avec les avantages et les périls des excitants en général. »   VALÉRY, **Rhumbs**, p. 125.

10 « L'histoire entière du terrorisme russe peut se résumer à la lutte d'une poignée d'intellectuels contre la tyrannie, en présence du peuple silencieux. »   CAMUS, **L'homme révolté**, p. 188.

ANT. — **Affectif ; corporel, matériel. Manuel.**

DER. — **Intellectualiser. Intellectualisme.** — **Intellectualité.** n. f. (1784). Caractère de celui, de ce qui est intellectuel ; ensemble des facultés intellectuelles, du domaine intellectuel (ANT. **Animalité**). — **Intellectuellement.** adv. (1537). Sous le rapport de l'intelligence. Un enfant intellectuellement très développé.

« L'intellectuel lui fait (à l'Anglais) toujours l'impression d'un acrobate et l'intellectualité possède à ses yeux je ne sais quoi de pathologique. »   SIEGFRIED, **Âme des peuples**, IV, II.

INTELLIGENCE. n. f. (XIIe s. ; lat. intellegentia, intelligentia, de intelligere, « comprendre »).

I. — REM. Le mot intelligence, dans le langage philosophique, se distingue des notions de raison et d'entendement. Au sens strict comme au sens large, le mot intelligence désigne un ensemble de fonctions concernant la connaissance ou l'action, éclairée par la spéculation préalable. L'entendement n'englobe que les opérations discursives de la pensée. La raison, pouvoir d'organisation, mais aussi de discernement du vrai, désigne l'ensemble des principes grâce auxquels l'homme peut établir des rapports vrais à propos de l'univers. — Intelligence se dit de fonctions remarquables par la diversité de leur aspect et l'inégalité de leur développement. L'entendement et la raison paraissent présenter des caractères d'unité et d'universalité. Du moins n'utilise-t-on ces mots que pour représenter des formes qu'on étudie toujours sous l'aspect idéal de perfection et d'achèvement. Diversité et inégalité des manifestations de l'intelligence conduisent à étendre l'usage de ce mot aux animaux, tandis que entendement et raison sont réservés aux aptitudes proprement humaines.

|| **1°** Philos. et Psychol. (Sens large). Faculté de connaître, de comprendre. V. **Âme, esprit, pensée, raison.** Sensibilité, désir et intelligence (Cf. Adresser, cit. 8 ; agrandir, cit. 9 ; anesthésie, cit. 1 ; atrophier, cit. 7 ; commander, cit. 36 ; essayer, cit. 33 ; filtrer, cit. 5 ; foi, cit. 38 ; idéal 2, cit. 9 ; impulsion, cit. 10 ; inclination, cit. 10). Intelligence et vie active, morale (Cf. Animalité, cit. 3 ; bien 2, cit. 66 ; cœur, cit. 169 ; contrepoids, cit. 5 ; cultiver, cit. 11 ; dessécher, cit. 9 ; extérioriser, cit. 2). L'homme (cit. 11 et 12) et l'apparition de l'intelligence. Pouvoirs et limites de l'intelligence humaine (Cf. Employer, cit. 1 ; entendre, cit. 54 ; hercule, cit. 4 ; ignorant, cit. 14). Intelligence et folie (Cf. Croupir, cit. 7 ; épouvantable, cit. 6 ; folie, cit. 5). Développement de l'intelligence (Cf. Architecture, cit. 2 ; état, cit. 48 ; friche, cit. 5 ; hâter, cit. 4 ; immobilité, cit. 9). Tests d'intelligence. Le cerveau*, considéré comme siège de l'intelligence. — Littér. De l'intelligence, ouvrage de Taine (1870). — Myth. Minerve, déesse de l'intelligence.

1 « Enfin, en adorant Dieu sous notre âme, confessons toujours notre profonde ignorance sur cette âme,... Concluons enfin que nous devons employer cette intelligence, dont la nature est inconnue, à perfectionner les sciences..., comme les horlogers emploient des ressorts dans leurs montres, sans savoir ce que c'est que le ressort. »   VOLT., **Dict. philos.**, Âme, III.

2 « L'intelligence humaine a ses bornes : et non seulement un homme ne peut pas tout savoir, il ne peut pas même savoir en entier le peu que savent les autres hommes. »   ROUSS., **Émile**, III.

3 « Certainement, l'intelligence, qui nous a donné la domination du monde matériel, n'est pas une chose simple. Nous en connaissons seulement une forme, celle que nous essayons de développer dans les écoles. Mais cette forme n'est qu'un aspect de la faculté merveilleuse faite du pouvoir de saisir la réalité, de jugement, de volonté, d'attention, d'intuition, et peut-être de clairvoyance qui donne à l'homme la possibilité de comprendre ses semblables et son milieu. »   CARREL, **L'homme, cet inconnu**, IV, II.

— L'intelligence d'un homme, d'une femme (Cf. Entendement, cit. 7 ; frapper, cit. 21 ; grain, cit. 3). Intelligence masculine et intelligence féminine (Cf. Femme, cit. 54). Avoir l'intelligence vive, pénétrante, prompte, ouverte, dure, lente, faible, épaisse... (Cf. Béotien, cit. 1 ; curieux, cit. 6 ; enfoncer, cit. 43 ; exercer, cit. 7 ; fulguration, cit. 2 ; garer, cit. 2 ; infiniment, cit. 4). Cultiver (cit. 11) son intelligence. Les divers types d'intelligence (Cf. Croire, cit. 33). — Par anal. Intelligence divine (Cf. Immanent, cit. 1).

4 « La faculté de prédire une éclipse et d'observer la route des comètes semble, si on l'ose dire, tenir quelque chose de la puissante intelligence du grand Être qui les a formées. »   VOLT., **Dialogues**, XXV.

5 « J'ai vu peu d'intelligences aussi précoces, plus déliées, plus promptes, plus sensibles que la sienne. La profondeur, chez les Italiens, n'est pas du tout ennemie de la vivacité ni de la verve. »   VALÉRY, **Variété III**, p. 136.

— (Sens strict). L'ensemble des fonctions mentales ayant pour objet la connaissance conceptuelle et rationnelle (par oppos. à sensation et à intuition). V. **Abstraction, conception, entendement*, idée, intellect.** Intelligence et intuition (Cf. Achever, cit. 14) ; intelligence et imagination (Cf. Abstrait, cit. 5 ; aider, cit. 12). Les abstractions de l'intelligence (Cf. Individu, cit. 13). Les spéculations de

l'intelligence. L'intelligence discursive (cit. 1). Les sens et l'intelligence (Cf. Exercer, cit. 3). La fonction (cit. 11 et 15) de l'intelligence (Cf. Assembler, cit. 7 ; équivalent 2, cit. 5).

6 « ... l'intelligence est caractérisée par la puissance indéfinie de décomposer selon n'importe quelle loi et de recomposer suivant n'importe quel système. »   BERGSON, **Évolution créatrice**, p. 158.

7 « L'intelligence est donc avant tout une machine à fabriquer des systèmes d'abstraction : non pas seulement des concepts par identification des ressemblances et différenciation des différences, mais un univers de concepts qui s'opposent, se limitent et se complètent,... non pas seulement des nombres ou des figures, mais l'univers mathématique. »   H. DELACROIX, **Gr. formes vie mentale**, XIII, Nature de l'intelligence.

|| **2°** Aptitude d'un être vivant à s'adapter à des situations nouvelles, à découvrir des solutions aux difficultés qu'il rencontre. L'intelligence et l'instinct animal (Cf. Fluide, cit. 11). Tendance fabricatrice de l'intelligence humaine (Cf. Espace, cit. 6). V. **Industrie.** L'intelligence pratique de l'enfant, de l'homme. Intelligence des animaux (Cf. Grandeur, cit. 1 ; hure, cit. 1).

8 « Que ceux qui n'ont pas eu le temps et la commodité d'observer la conduite des animaux lisent l'excellent article Instinct dans l'Encyclopédie ; ils seront convaincus de l'existence de cette faculté qui est la raison des bêtes, raison aussi inférieure à la nôtre qu'un tournebroche l'est à l'horloge de Strasbourg ; raison bornée, mais réelle ; intelligence grossière, mais intelligence dépendante des sens comme la nôtre ;... »   VOLT., **Dialogues**, XXV.

9 « ... l'intelligence de l'homme consiste surtout dans son aptitude à modifier sa conduite conformément aux circonstances de chaque cas, ce qui constitue le principal attribut pratique de la raison. »   COMTE, **Philos. posit.**, II, 18.

10 « Si les psychologues ne sont guère d'accord sur ce que l'intelligence est, ils le sont heureusement davantage sur ce qu'elle fait, et sur les circonstances dans lesquelles elle intervient. Elle intervient lorsque l'individu se trouve aux prises avec une situation nouvelle que ni l'instinct ni l'habitude ne lui permettent de surmonter. »   CLAPARÈDE, **De l'intelligence animale**, in **Le mystère animal**, pp. 145-146.

11 « ... on connaît d'autres formes d'intelligence, plus primitives que l'intelligence conceptuelle et logique,... On les rencontre chez les animaux supérieurs, chez le jeune enfant aussi bien que chez l'homme adulte. La psychologie les a groupées sous le terme d'intelligence « sensori-motrice » ou mieux, d'intelligence pratique. »   G. VIAUD, **L'intelligence**, pp. 17-18 (éd. P.U.F.).

— (Dans l'usage courant). Qualité de l'esprit qui comprend et s'adapte facilement. V. **Capacité, clairvoyance, discernement, jugement, lumière, pénétration, perspicacité, réflexion.** Un homme qui a de l'intelligence, beaucoup d'intelligence. V. **Intelligent** (Cf. Bâtir, cit. 36 ; capital, n., cit. 5 ; familièrement, cit. ; indéterminé, cit. 2). Cela exige, suppose de l'intelligence (Cf. Artisan, cit. 10 ; esprit, cit. 155 ; expert, cit. 7 ; homme, cit. 100). Adresse, habileté, intelligence exceptionnelle (cit. 6), supérieure (Cf. Embrasser, cit. 23). Douter de l'intelligence de quelqu'un (Cf. Envelopper, cit. 31). Faire preuve d'intelligence. Un minimum d'intelligence. Agir, remplir une tâche avec intelligence (Cf. Commander, cit. 34 ; fort, cit. 10).

12 « ... celui qui devait être le plus intelligent des poètes, pendant longtemps, n'a pas eu tant d'intelligence que d'énergie. »   SUARÈS, **Trois hommes**, Ibsen, p. 132.

13 « Elle avait de grandes qualités, malgré ses travers : elle était douée d'une intelligence pratique assez vive, d'une ténacité à toute épreuve. »   MART. du G., **Thib.**, t. VI, p. 16.

II. Être doué de cette faculté. || **1°** Être spirituel (par oppos. à la matière, aux corps. Cf. Atome, cit. 5). Dieu, la suprême, la souveraine intelligence (Cf. Abêtir, cit. 2). Les intelligences célestes : les anges (cit. 20) n'est pas une intelligence servie par des organes... (M. DE BIRAN).

14 « Vous supposez un ordre ; il faut donc qu'il y ait une intelligence qui ait arrangé cet ordre... vous sentez l'impuissance de la matière, et vous êtes forcé d'admettre un être suprême, intelligent, tout puissant, qui a organisé la matière et les êtres pensants. Les desseins de cette intelligence supérieure éclatent de toutes parts, et vous devez les apercevoir dans un brin d'herbe comme dans le cours des astres. »   VOLT., **Dialogues**, VII.

15 « Une intelligence qui, pour un instant donné, connaîtrait toutes les forces dont la nature est animée et la situation respective des êtres qui la composent, si d'ailleurs elle était assez vaste pour soumettre toutes ces données à l'analyse, embrasserait dans la même formule les mouvements des plus grands corps de l'univers et ceux du plus léger atome : rien ne serait incertain pour elle, et l'avenir comme le passé serait présent à ses yeux. L'esprit humain offre, dans la perfection qu'il a su donner à l'Astronomie, une faible esquisse de cette intelligence. »   P.-S. LAPLACE, **Essai philos. s. probabilités**, pp. 3-4.

|| **2°** Être humain en tant qu'être pensant, capable de réflexion. Le niveau auquel s'élèvent (cit. 60) les intelligences de cette époque. La foi (cit. 47) qui doit animer toute intelligence générale. Les intelligences finies (Cf. Art, cit. 37 ; ignorance, cit. 11). — Par ext. Être humain doué d'un certain type ou d'un certain degré d'intelligence. V. **Esprit** (esprit éclairé, d'envergure...). Fouché était une intelligence claire, audacieuse (cit. 6). Il nous regarde comme des intelligences supérieures (Cf. Céder, cit. 7 ; enfanter, cit. 11). Des intelligences subtiles (Cf. Finement, cit. 2). C'est une belle, une vaste intelligence. — Absolt. C'est une intelligence. V. **Cerveau.**

16 « Mais quelle est donc cette ville où les plus hautes intelligences se sont donné rendez-vous ? » CHATEAUB., **M. O.-T.**, t. VI, p. 190.

17 « ... l'homme qui avait fait l'exposé qu'on venait d'entendre était peut-être un monsieur que les scrupules n'étouffaient pas,... mais... c'était sûrement une intelligence remarquable et un organisateur de premier ordre. » ROMAINS, **H. de b. vol.**, t. V, XXII, p. 191.

III. Acte ou capacité de comprendre (telle ou telle chose). V. **Compréhension, intellection, perception.** *Chose dont on n'a pas l'intelligence, dont l'intelligence est difficile* (Cf. Entrelacer, cit. 5 ; fâcheux, cit. 4). *Notice, notes nécessaires à l'intelligence d'un récit, d'un texte. L'intelligence et la conscience que nous avons de certaines choses* (Cf. Forme, cit. 56). *Je lui envie son intelligence des affaires. Pour l'intelligence de ce qui va suivre, notons que...*

18 « Encore que souvent il (*le premier acte*) ne donne pas toutes les lumières nécessaires pour l'entière intelligence du sujet, et que tous les acteurs n'y paraissent pas, il suffit qu'on y parle d'eux,... » CORN., **Disc. du poème dram.**

19 « Un jour, dans ma chambre, je lisais Virgile. Je l'avais aimé dès le collège ; mais, depuis que les professeurs ne me l'expliquaient plus, j'en avais une meilleure intelligence et rien ne m'en gâtait plus la beauté. » FRANCE, **Vie en fleur**, XXIII.

— *Spécialt.* (*Esthét.*). Connaissance ou possession de certains points ou moyens de l'art. V. **Sens.** *L'intelligence intime du sujet chez Delacroix* (Cf. Entrailles, cit. 10 BAUD.). *Daumier révéla une intelligence merveilleuse du portrait* (Cf. Exagérer, cit. 8 BAUDEL.). *L'intelligence de certains effets de lumière, des valeurs... Auteur qui n'a pas l'intelligence de la scène, du dialogue...*

20 « Voilà ce que produit l'affectation outrée et mal entendue de pyramider, quand elle est séparée de l'intelligence des plans. Or il n'y a ici nulle intelligence, nulle distinction de plans. » DIDER., **Salon de 1765.**

IV. Action de s'entendre mutuellement ; résultat de cette action.

‖ **1°** Communication, correspondance entre des personnes qui s'entendent*, se concertent*, généralement en secret, et dans un but qu'elles n'avouent pas ouvertement. V. **Accointance, amitié, collusion, complicité, connivence, entente.** *Il y a de l'intelligence entre eux* (ACAD.). *Être d'intelligence avec quelqu'un pour faire quelque chose. Agir d'intelligence avec quelqu'un.* V. **Concert.** *Avoir, se ménager des intelligences dans une maison* (Cf. Épuiser, cit. 6). *Faire à quelqu'un des signes d'intelligence* (Cf. Amuser, cit. 17). *Regards, sourire d'intelligence.*

21 « ... je vous ai crus tous deux d'intelligence ; » RAC., **Britann.**, IV, 3.

22 « Forestier, souriant et sérieux,... échangeait avec sa femme des regards d'intelligence, à la façon de compères accomplissant ensemble une besogne difficile et qui marche à souhait. » MAUPASS., **Bel-Ami**, p. 35.

— *Fig.* État de compréhension intime et intuitive à l'égard de quelque chose.

23 « Les maîtres seuls sont d'intelligence avec la nature ; ils l'ont tant observée, qu'à leur tour ils la font comprendre. » FROMENTIN, **Été dans le Sahara**, p. 73.

— *Spécialt.* (De nos jours, au pluriel). Relations, ou complicités secrètes entre personnes que les circonstances placent dans des camps opposés. *Avoir, entretenir* (cit. 4) *des intelligences avec l'ennemi, des intelligences secrètes.* V. **Correspondance.** *Avoir des intelligences dans la place*, dans la ville forte qu'on assiège, et *fig.* dans quelque groupement ou société d'accès difficile si on ne dispose de relations, de recommandations.

24 « ... un jeune homme... fut envoyé par les Chouans, de Bretagne à Saumur, afin d'établir des intelligences entre certaines personnes de la ville ou des environs et les chefs de l'insurrection royaliste. » BALZ., **Muse du département**, Œuvr., t. IV, p. 100.

25 « Avaient-ils acheté la discrétion du garde de nuit, des veilleurs ? Avaient-ils des intelligences avec quelqu'un dans le village ? C'est probable. » V. LARBAUD, **Fermina Marquez**, V.

‖ **2°** (De nos jours, seulement avec un adjectif). Union, conformité de sentiments. V. **Accord, entente*.** *Ils vivent en bonne, en parfaite intelligence.* V. **Concorde** (Cf. Bruit, cit. 36). *Entretenir l'union et la bonne intelligence* (Cf. État, cit. 92). *Voisins qui vivent depuis longtemps en mauvaise intelligence.*

26 « ... je ne pus souffrir... de les voir si bien ensemble... et je me figurai un plaisir extrême à pouvoir troubler leur intelligence,... » MOL., **D. Juan**, I, 2.

27 « ... je vous remets votre épouse, en vous protestant qu'elle a toujours tenu une conduite irréprochable ; vivez ici avec elle en bonne intelligence. » LESAGE, **Gil Blas**, X, IX.

ANT. — Abrutissement, ânerie, aveuglement, bêtise, idiotie, imbécillité, ineptie, inintelligence, stupidité. Incompréhension. Mésintelligence, désunion, dissension.

DER. — Cf. Intellect, intellectuel, intelligent, intelligible.

INTELLIGENT, ENTE. adj. (1488 ; lat. *intellegens, intelligens*, de *intellegere*, « comprendre »).

‖ **1°** Qui a la faculté de connaître et de comprendre (V. **Intelligence**). *L'Être suprême, intelligent, infini...* (Cf. Cause, cit. 4 ; esprit, cit. 28). *L'homme, être intelligent.* V. **Pensant**

(Cf. Conscience, cit. 14 ; gnostique, cit 1. « *Tout obéit dans ma machine à ce principe intelligent* » (LA FONT. Cf. Agent, cit. 2). *Le monde, animé et intelligent, selon Pythagore* (Cf. Éther, cit. 1).

1 « Je ne sais si nous avons raisonné jusqu'ici bien ou mal ; mais je sais que nous avons raisonné, et que nous sommes tous les trois des êtres intelligents : or des êtres intelligents ne peuvent avoir été formés par un être brut, aveugle, insensible ; il y a certainement quelque différence entre les idées de Newton et des crottes de mulet. L'intelligence de Newton venait donc d'une autre intelligence. » VOLT., **Dialogues**, XXIV, XVII.

‖ **2°** Qui est, à un degré variable, doué d'intelligence* (I, 2°). *Un enfant très intelligent.* Cf. Oublier (d'être bête). *Des hommes intelligents, supérieurement intelligents...* (Cf. Approcher, cit. 21 ; arriver, cit. 40 ; énoncer, cit. 4 ; façonner, cit. 16). V. **Aigle.** *Être peu, médiocrement intelligent* (Cf. N'avoir pas inventé la poudre). *Esprit intelligent.* V. **Beau** (belle intelligence), **brillant** (Cf. Foisonner, cit. 7 ; gravure, cit. 3). *Plus, moins intelligent...* (Cf. Exquis, cit. 13 ; haine, cit. 19). *Élève, soldat, agent* (cit. 6), *employé, domestique... intelligent.* V. **Adroit, astucieux, capable, clairvoyant, entendu, éveillé, fort, habile, ingénieux, malin, perspicace, sagace** (Cf. Allant, cit. 3 ; engager, cit. 17 ; honteux, cit. 13). *Population, société, administration, autorités... intelligentes* (Cf. Grand, cit. 53). *Il est fort intelligent dans les affaires, dans les négociations* (ACAD.), *dans les finances* (Cf. Gros, cit. 22 VOLT.). — (En parlant des animaux) *Vous ne pouvez vous figurer comme ce chien est intelligent.*

2 « ... quand le peuple sera intelligent, alors seulement le peuple sera souverain ;... » HUGO, **Littér. et philos. mêlées**, 1834, VII.

3 « Les gens disent : « Il est intelligent », parce que vous êtes de leur avis. » J. VALLÈS, **Le bachelier**, p. 65.

4 « Intelligente, elle l'était des pieds à la tête. Sa beauté même — ses gestes, ses mouvements, ses traits, les plis de ses lèvres, ses yeux, ses mains, sa maigreur élégante, — était le reflet de son intelligence ; son corps était modelé par son intelligence ; sans son intelligence, elle eût paru laide. » R. ROLLAND, **Jean-Christ.**, La révolte, p. 426.

5 « Il y a longtemps que je suis las d'entendre dire que l'un est intelligent et l'autre non. Je suis effrayé, comme de la pire sottise, de cette légèreté à juger les esprits. » ALAIN, **Propos**, 25 avril 1921, Fruits de la confiance.

6 « ... être intelligent, c'est comprendre, c'est entendre. Ce n'est pas seulement comprendre les idées, les choses, les faits qui rentrent dans votre tempérament, dans vos habitudes d'esprit, etc., c'est comprendre également les idées, les choses, les faits qui vous sont différents, contraires, et les plus divers... être intelligent, c'est, après connaître exactement sa propre façon de sentir et de penser, pouvoir encore se prêter à toutes les autres. » LÉAUTAUD, **Journal littér.**, 11 févr. 1906.

— *Par ext.* Qui dénote de l'intelligence. *Visage, regard, œil intelligent* (Cf. Bordée, cit. 5 ; cacher, cit. 20 BALZAC). *Comportement, conduite, procédés intelligents* (Cf. Habitude, cit. 42). *Un choix, un goût intelligent* (Cf. Former, cit. 9 GAUTIER). *Un farniente* (cit. 3) *intelligent. Une imitation* (cit. 12) *intelligente. Réponse intelligente. Ça, c'est intelligent !* V. **Fort.** — REM. Cette extension de sens, dont on trouve de nombreux exemples dès le début du XIXᵉ s., n'est signalée ni par LITTRÉ ni par ACAD.

7 « De toutes les dispositions de l'esprit en effet, celle qui est la moins intelligente, c'est l'ironie. » STE-BEUVE, **Chateaubriand**, t. I, p. 160.

8 « Court de taille, les épaules épaisses, le visage décidé, les yeux clairs et intelligents, Rambert portait des habits de coupe sportive et semblait à l'aise dans la vie. » CAMUS, **La peste**, p. 22.

ANT. — Abruti, âne, bête, borné, bouché, bourrique, brutal, bûche, butor, déraisonnable, faible, fou, imbécile, inepte, inintelligent, sot, stupide.

DER. — Intelligemment. adv. (1630). Avec intelligence, d'une manière qui marque de l'intelligence (Cf. Filer, cit. 23).

INTELLIGENTSIA ou **INTELLIGENTZIA.** n. f. (fin XIXᵉ s. ; mot russe). Mot qui désignait, sous la Russie tsariste, la classe des intellectuels. *Le mouvement nihiliste a recruté la plupart de ses adeptes dans les rangs de l'intelligentsia.* — *Par ext.* Les intellectuels.

« ... à travers (*ces personnages de A. Huxley*) apparaissent les croyances, les réactions sentimentales, les ridicules d'une certaine intelligentsia britannique aux environs de 1926. » MAUROIS, Traduct. A. HUXLEY, **Contrepoint**, Préface.

INTELLIGIBLE. adj. (XIIIᵉ s. ; lat. *intellegibilis, intelligibilis*, de *intellegere*, « comprendre »).

‖ **1°** *Philos.* Qui ne peut être connu que par l'intelligence* (I, 1°), par l'entendement, et non par les sens (par oppos. à *sensible*). *Le monde intelligible. Ce que les choses comportent d'intelligible* (Cf. Idée, cit. 2). *Des choses purement intelligibles* (Cf. Apercevoir, cit. 10). — Substant. *Le sensible et l'intelligible.*

1 « Notre intelligence tient dans l'ordre des choses intelligibles le même rang que notre corps dans l'étendue de la nature. » PASC., **Pens.**, II, 72.

2 « ... pour les philosophes anciens, le monde intelligible était situé en dehors et au-dessus de celui que nos sens et notre conscience aperçoivent... » BERGSON, **La pensée et le mouvant**, p. 146.

3 « L'idéalisme cartésien faisait table rase du monde des qualités sensibles et lui substituait un univers intelligible... » BRUNSCHVICG, **Relation entre math. et phys.**, 1923

|| 2º Qui peut être compris, qui est aisé à comprendre. V. **Accessible, clair, compréhensible, facile, limpide, net.** *Texte, auteur peu intelligible. Propositions, passages clairs et intelligibles* (Cf. Amphithéâtre, cit. 3 ; axiome, cit. 1). *Intelligible à tous, aux seuls initiés* (Cf. Ésotérique, cit. 3 ; fresque, cit. 7). *Rendre une chose intelligible à quelqu'un.* V. **Éclaircir, expliquer** (Cf. Collection, cit. 1). *Poésie, théorie difficilement, à peine intelligible.*

4 « Pourquoi est-ce que notre langage commun, si aisé à tout autre usage, devient obscur et non intelligible en contrat et testament... »
MONTAIGNE, **Essai**, III, XIII.

5 « ... la parole, qui est le plus intelligible de tous les signes. »
MOL., **Mar. forcé**, 4.

6 « J'avais commencé dès Lyon à ne plus guère entendre le langage du pays, et à n'être plus intelligible moi-même. »
RAC., **Lettres**, 13, 11 nov. 1661.

7 « Et l'entrecroisement des signes et des chiffres... lui devenait de moins en moins intelligible : grimoires fermés, traités de choses occultes. »
LOTI, **Matelot**, XXIII.

|| 3º Qui peut être distinctement perçu par l'ouïe. *Parler à haute et intelligible voix. Répétez, vous parlez de façon peu intelligible.*

8 « ...nous avons souvent ouï... la voix de l'esprit immonde, certainement basse, faible et petite, toutefois bien articulée, distincte et intelligible... »
RABELAIS, **Quart livre**, LVIII.

9 « Il avait articulé ces dernières phrases d'une haleine, en baissant la voix, et avec une telle vélocité que, pour beaucoup de ces étrangers, elles avaient été mal intelligibles. »
MART. du G., **Thib.**, t. V, p. 84.

ANT. — Sensible. Inintelligible.

DER. — **Intelligibilité.** n. f. (1712 FÉN.). Caractère de ce qui est intelligible (Cf. Honneur, cit. 62). *L'intelligibilité d'un raisonnement.*
→ **Intelligiblement.** adv. (1521). D'une manière intelligible. *S'exprimer* (cit. 41) *intelligiblement.* V. **Clairement.**

1 « ... pour m'expliquer plus intelligiblement... » MOL., **Escarb.**, 4.

2 « ... le monde qu'elles (*les essences métaphysiques*) constituent est bien pour nous le monde de l'intelligibilité... »
MARITAIN, **Réflex. s. l'intelligence**, De la vérité, VI.

INTEMPÉRANCE. n. f. (XIVᵉ s. ; du lat. *intemperentia*).

|| 1º Manque de tempérance, de modération. V. **Abus, excès.** *Intempérance de la langue, qui empêche de se taire* (Cf. Babil, cit. 2). *Intempérance de jugement* (Cf. Garde 1, cit. 30), *d'imagination* (cit. 13). *Génie qui se manifeste avec intempérance* (Cf. Bicoque, cit. 4). *Intempérance de lecture* (FLÉCH.), *de savoir* (LA BRUY.), *de travail* (ACAD.). — *Spécialt.* Liberté* excessive dans l'expression. *Intempérance de langage, de langue* (DIDER.), *de plume* (ST-ÉVREMOND).

1 « Toute intempérance est vicieuse, et surtout celle (*l'excès du vin*) qui nous ôte la plus noble de nos facultés. »
ROUSS., **Lettre à d'Alembert.**

2 « À la Convention, l'intempérance de langage était de droit. Les menaces volaient et se croisaient dans la discussion comme les flammèches dans l'incendie. »
HUGO, **Quatre-vingt-treize**, II, III, I, X.

|| 2º *Spécialt.* Abus des plaisirs de la table. V. **Vice ; débauche, gloutonnerie, gourmandise, ivrognerie** (Cf. Aliment, cit. 1 ; corrompre, cit. 3).

3 « Il faut que le corps ait de la vigueur pour obéir à l'âme... Je sais que l'intempérance excite les passions ; elle exténue aussi le corps à la longue ; les macérations, les jeûnes, produisent souvent le même effet par une cause opposée. »
ROUSS., **Émile**, I.

ANT. — Mesure, modération, tempérance. Chasteté, continence. Frugalité, sobriété.

INTEMPÉRANT, ANTE. adj. (1544 ; lat. *intemperans*).

|| 1º Qui manque de tempérance, de modération. *Esprit intempérant* (ST-ÉVREMOND). — Excessif, abusif. *Faire un usage intempérant de...* V. **Immodéré** (Cf. Espèce, cit. 19).

« C'était une femme assez grande, belle encore, malgré les poudres et les crèmes dont elle faisait un usage intempérant. »
DUHAM., **Pasq.**, II, VI.

|| 2º *Spécialt.* Qui abuse des plaisirs de la table. *Homme incontinent* (1, cit.) *et intempérant.* V. **Gourmand, ivrogne.** — Substant. *Un intempérant* (Cf. Continent 1, cit. 1 PASC.).

ANT. — Modéré ; continent, sobre, tempérant.

INTEMPÉRIE. n. f. (1534 ; du lat. *intemperies*, « excès, dérèglement, intempérie », de *tempus*, temps. Cf. l'anc. adj. *Intempéré*, correspondant à ce subst.).

|| 1º *Vx.* Manque de régularité. V. **Dérèglement.** « *L'intempérie de vos entrailles* » (MOL., **Mal. imag.**, III, 5), « *de votre sang* » (SÉV., 782, 16 fév. 1680), *des humeurs.* — Fig. *Intempérie des passions...*

1 « Il faudrait une nourrice aussi saine de cœur que de corps : l'intempérie des passions peut, comme celle des humeurs, altérer son lait ;... »
ROUSS., **Émile**, I.

— *Spécialt.* (*Vx*). Dérèglement dans les conditions atmosphériques. *L'intempérie de l'air, des éléments, des saisons* (Cf. Fièvre, cit. 2 VOLT.).

2 « Il est comme un homme qui serait nu,... et qui,... aurait à lutter avec l'intempérie des éléments qui troublent perpétuellement ce bas monde. »
STE-BEUVE, **Causer. du lundi**, 29 avril 1850.

|| 2º (Seul sens usité de nos jours). *Absolt.* et au *pluriel.* Les rigueurs du climat. V. **Temps** (mauvais temps), **tempête...** *Être exposé aux intempéries. Lutter contre le froid, l'humidité, les intempéries* (Cf. Aménagement, cit. 2). *À l'abri des intempéries* (Cf. Habitat, cit. 4).

3 « ... ce village était sujet en hiver à de grandes intempéries, et surtout à des tourbillons de vent que l'on nomme tourmentes. »
SAUSSURE, **Voyage d. l. Alpes** (1794), t. VIII, p. 130 (in POUGENS).

4 « Et quelle redingote ! je croyais qu'il n'y avait que Poiret capable d'en montrer une semblable après dix ans d'exposition publique aux intempéries parisiennes. »
BALZ., **Les employés**, Œuvr., t. VI, p. 1055.

5 « C'est un joli brouillard !... Soyons courageux !... Et puis, c'est dans les intempéries que l'effort a du goût... »
CHARDONNE, **Destin. sentim.**, p. 239.

INTEMPESTIF, IVE. adj. (XIVᵉ s. mais peu usit. jusqu'à la fin du XVIIIᵉ s. ; du lat. *intempestivus*, de *tempus*, « temps »). Qui se produit à contretemps, n'est pas fait à propos ; qu'il n'est pas convenable de faire dans le moment. V. **Inopportun.** *Démarche, demande intempestive. Question intempestive* (V. **Indiscret**). *Joie, gaieté intempestive ; rires intempestifs.* V. **Déplacé, importun, inconvenant.** *Prudence intempestive.* V. **Fâcheux.**

1 « Le maréchal, repoussé (*par l'empereur qui refusa son plan*), se tut... puis il retourna à son poste, en murmurant contre une prudence intempestive, à laquelle il n'était pas accoutumé, et qu'il ne savait à quoi attribuer. »
SÉGUR, **Hist. de Napoléon**, VII, 7.

2 « Le taureau furieux se débarrassa, comme il put, de cet ornement intempestif, et fit voler en l'air l'innocente étoffe qu'il piétina avec rage... »
GAUTIER, **Voyage en Espagne**, p. 56.

3 « Un jour, pour exécuter un ordre qui semblait tomber dans le vide, Simon ouvrit une boîte de compresses, mais il l'ouvrit maladroitement et en souilla le contenu. Le docteur qui, jusque-là, trépignait, dit soudain, d'une voix glacée : — Pas de zèle intempestif, je vous prie ! »
DUHAM., **Salavin**, VI, IX.

4 « Concentrés qu'ils étaient sur leurs préoccupations, nos problèmes particuliers leur paraissaient intempestifs. »
Ch. DE GAULLE, **Mémoires de guerre**, t. I, p. 123.

ANT. — Convenable, opportun.

DER. — **Intempestivement.** adv. (1555). D'une manière intempestive. *Couper intempestivement la parole à quelqu'un* (Cf. Harangue, cit. 4).

INTEMPOREL, ELLE. adj. (XXᵉ s. ; de *in-*, et *temporel*). *Philos.* Qui, par sa nature, est étranger au temps, ne s'inscrit pas dans la durée. *Par ext.* « Ce qui, en tant qu'on le considère dans le temps, y apparaît comme invariable » (LALANDE). *Le vrai et le faux sont intemporels* (Cf. Identité, cit. 17). — (Par oppos. à ce qui est *temporel, matériel*). *Immatériel. Une lumière intemporelle* (Cf. Éclairage, cit. 4).

« ... elle sentait monter à elle une odeur qui semblait venir des profondeurs mêmes du sol... odeur si destructrice et si intemporelle qu'elle eut l'avant-goût et le désir de la dissolution »
JALOUX, **Les visiteurs**, V.

INTENABLE. adj. (1627 ; de *in-*, et *tenable*). Qui ne peut être défendu*. *Place intenable.* — *Par anal.* et *fig.* Que l'on ne peut tenir* ou soutenir. *Position, situation intenable.* — *Par ext.* V. **Intolérable.** *Chaleur intenable.* — Fam. *Gamin mal élevé, intenable.*

INTENDANCE. n. f. (1537 ; tiré de l'anc. franç. *superintendence* (1491) ; lat. médiév. *superintendentia*, de *superintendere*, « surveiller »). *Vx.* Commandement, gestion (Cf. Existence, cit. 3). — *Spécialt.* Fonction d'intendant* (privé). *Confier à un homme sûr l'intendance de ses biens.* V. **Administration.** — *Ancienne.* Charge publique d'ordre administratif. V. **Direction.** *L'intendance des bâtiments, des finances, des vivres... Solliciter, obtenir une intendance. Pendant son intendance..., pendant la durée de son intendance.* — *Par ext.* Attributions d'un intendant. *Cela ne relève pas de son intendance.* — (Sous l'Ancien Régime) Division territoriale soumise à l'autorité d'un intendant* de province. *L'intendance de Flandre, du Roussillon...*

1 « Est-il vrai que M. Pallu a passé de l'intendance de Moulins à celle de Besançon ? » VOLT., **Corresp.**, 273, Nov. 1734.

— *Milit.* (1817). *Intendance militaire*, corps des fonctionnaires militaires préposés à l'administration de l'armée (cit. 14), et *spécialt.* au ravitaillement et à l'entretien des troupes (Cf. *arg. milit.* Riz-pain-sel). *Le service de l'Intendance est subordonné au commandement. Se présenter au concours de l'Intendance.* — *Par ext.* Bureaux de cette administration. *Se rendre à l'Intendance.*

2 « Tu te souviens, le stock de conserves de saumon refusé par l'Intendance et racheté en douce, à six sous la boîte, l'un dans l'autre ? » BERNANOS, **Gr. cimet. sous la lune**, p. 67.

COMP. — Sous-intendance, surintendance.

INTENDANT, ANTE. n. m. et f. (1568 ; du lat. *intendens*, p. prés. de *intendere*, « être attentif à », d'où « surveiller »).

|| 1º *Ancienn.* (au masc.). Haut fonctionnaire, agent du pouvoir royal dans une ou plusieurs provinces et investi d'attributions illimitées quant aux services généraux de son administration. « *Intendants de justice, police, finances, commissaires départis dans les généralités* du royaume*

pour l'exécution des ordres du roi » (LEPOINTE). *Turgot, intendant du Limousin. La puissance démesurée des intendants faisait d'eux les véritables maîtres du royaume* (Cf. Exaction, cit. 1 ; gouverner, cit. 29). — *Titre donné à certains fonctionnaires chargés d'un service ou d'un établissement public. Intendant du commerce, de la marine. Intendant des bâtiments royaux, du cabinet des médailles* (Cf. Bibliothécaire, cit.), *du garde-meuble* (Cf. Fauteuil, cit. 5). V. **Administrateur.** *Charge d'intendant.* V. **Intendance.** — *Au fém.* Épouse d'un intendant de province. *Madame l'Intendante de Paris* (VOLT.). — Supérieure de certains couvents de femmes. *Intendante d'un monastère.*

1 « ... on a écrit secrètement une lettre circulaire à tous les intendants du royaume ; on leur recommande ·de traiter les protestants avec une grande indulgence. » VOLT., **Corresp.**, 3239, 18 déc. 1767.

2 « ... toute la bourgeoisie fut tenue sous la terreur d'un arbitraire indéfiniment élastique, qui croissait ou baissait à la volonté des commis. Ces commis gouvernèrent en 1637 sous le nom d'*intendants*, armés d'un pouvoir triple de justice, police et finances... Un seul roi reste en France... c'est l'Intendant, l'envoyé du ministre ;... » MICHELET, **Hist. de France**, t. XIV, XIII.

‖ 2° *Spécialt.* (De nos jours). *Intendant militaire :* fonctionnaire du service de l'Intendance*. *Intendant militaire adjoint, intendant militaire de 3ᵉ, 2ᵉ, 1ʳᵉ classe. Intendant général de 2ᵉ, de 1ʳᵉ classe. Officiers d'administration, gestionnaires, commis d'administration placés sous les ordres de l'intendant, chef de service.* — *Intendant universitaire.* V. **Économe.** — (Au fém.). *Intendante d'un lycée.*

‖ 3° Personne chargée d'administrer la maison, les affaires et les biens d'un riche particulier. V. **Domestique, factotum, régisseur.** *Gestion* (cit. 3) *d'un intendant. Intendant qui règle, à sa guise, la dépense* d'une maison* (Cf. Aile, cit. 21 ; bout, cit. 16). *Elle se repose de tout sur son intendante.*

3 « Par ma foi, Monsieur l'intendant, vous nous obligerez... de prendre mon office de cuisinier... » MOL., **Avare**, III, 1.

4 « ... l'erreur grossière de ces femmes qui se savent bon gré d'épargner une bougie pendant qu'elles se laissent tromper par un intendant sur le gros de toutes leurs affaires. » FÉN., **Éducation des filles**, XI.

5 « Je devins l'intendant de ιa maison ; c'était moi qui réglais tout ; je recevais l'argent des fermiers ; je faisais la dépense, et j'avais sur les valets un empire despotique : mais, contre l'ordinaire de ·mes pareils, je n'abusais point de mon pouvoir. » LESAGE, **Gil Blas**, VII, I.

6 « Et leur vieille intendante, une métisse qu'elles ont fait venir de là-bas... » V. LARBAUD, **Barnabooth, Journal**, IV, 22 déc.

COMP. — **Sous-intendant, surintendant.**

INTENSE (-*tans*'). *adj.* (XIIIᵉ s. ; rare jusqu'à la fin du XVIIᵉ s. ; du bas lat. *intensus*, propremt. « tendu »). Qui agit avec force, **et** *par ext.* qui dépasse la mesure ordinaire. V. **Extrême, fort, grand, vif.** *Froid intense. Bruit, son qui se fait plus intense.* V. **Intensifier** (s'). *Lueur, lumière intense* (Cf. Excitation, cit. 13 ; illuminer, cit. 4). *Couleur intense. Un bleu intense* (Cf. Lapis, cit. BUFF.). *Rumeur intense des hannetons* (cit. 2) *en vol. Fièvre intense.* V. **Gros, violent.** *Un feu* (1, cit. 35) *intense. Fusillade intense. Végétation intense. Circulation intense. Température intense.* V. **Haut.** — *Désir intense. Émotion* (cit. 10 et 14), *joie, pitié intense* (Cf. Atteindre, cit. 25 ; blêmir, cit. 2). *Plaisir intense.* V. **Complet.** *Sentiment intense* (Cf. Accablant, cit. 5). *Vie intense.*

1 « On ne saurait rien imaginer de plus radieux, de plus étincelant, d'une lumière plus diffuse et plus intense à la fois. » GAUTIER, **Voyage en Espagne**, p. 264.

2 « Toutefois, ces pensées, qu'elles sortent de moi ou s'élancent des choses, deviennent bientôt trop intenses. L'énergie dans la volupté crée un malaise et une souffrance positive. Mes nerfs trop tendus ne donnent plus que des vibrations criardes et douloureuses. » BAUDEL., **Spleen de Paris**, III.

3 « Et tous les bruits d'une vie intense, innombrable et fougueuse, montent ici pour se confondre :... » LOTI, **L'Inde (sans les Anglais)**, IV, I.

4 « Vous savez, je suis heureuse que le petit soit né à Bâle ; là où son père a vécu ses derniers jours ; là où, sans doute, il a vécu les heures les plus intenses de sa vie... » MART. du G., **Thib.**, t. IX, p. 44.

ANT. — **Clairsemé** (végétation) ; **faible.**

DER. — **Intensif*, intensifier*, intensité.** — **Intensément.** *adv.* (*Intensement* en 1390). D'une manière intense. *Travailler, vivre intensément.* — REM. « *Intensément* n'est signalé par aucun dictionnaire ; cet adverbe est cependant de plein usage » (GREVISSE, **Le bon usage**, n° 827).

1 « Mon cœur ne bat que par sympathie ; je ne vis que par autrui ;... et ne me sens jamais vivre plus intensément que quand je m'échappe à moi-même pour devenir n'importe qui. » GIDE, **Faux-Monnayeurs**, I, VIII.

2 « L'étrangère se dirige vers le quai : Costals la dépasse, la regarde encore, intensément,... » MONTHERLANT, **Démon du bien**, p 176.

INTENSIF, IVE. *adj.* (XIVᵉ s., « excessif » ; de *intense*). Qui est l'objet d'un effort intense*, soutenu, pour en accroître l'effet, le rendement... *Bachotage intensif.* Soumettre un peuple à une propagande intensive. — Agric. *Culture* intensive* (par oppos. à *culture extensive**).

1 « La culture intensive s'applique à accroître la fertilité naturelle du sol, par l'adjonction d'éléments *mécaniques, chimiques, humains*, qui le rendront apte à donner une production plus abondante, ou plus

fréquente, ou de meilleure qualité. Ses caractères sont par suite antithétiques de ceux que présente la culture extensive. 1° *L'étendue territoriale* de l'entreprise agricole *est restreinte*... 2° Par unité de superficie, *les dépenses sont élevées*... 3° *Le rendement à l'hectare est considérable*... 4° La culture est *continue*. Jamais la terre ne se repose. » PIROU, **Traité d'Écon. polit.**, t. I, p. 58.

— *Gramm.* Qui renforce, met en relief la notion exprimée. *Particule intensive. Verbe intensif*, et substant. *Un intensif.* Fouailler, *intensif* de fouetter.

— *Philos. Grandeur intensive*, « quantité ou propriété variable, dans laquelle il est possible de distinguer des degrés d'intensité » (LALANDE), mais qu'on ne peut ni mesurer par un nombre, ni se représenter par une étendue. *La sensation, grandeur intensive.* — Substant. *L'intensif :* toute grandeur de ce type.

2 « C'est esquiver la difficulté que de distinguer, comme on le fait d'habitude, deux espèces de quantité, la première extensive et mesurable, la seconde intensive, qui ne comporte pas la mesure, mais dont on peut dire néanmoins qu'elle est plus grande ou plus petite qu'une autre intensité... que peut-il y avoir de commun, au point de vue de la grandeur, entre l'extensif et l'intensif, entre l'étendu et l'inétendu ? » BERGSON, **Essai s. données imméd. de la conscience**, I, p. 2.

ANT. — **Extensif*.**

DER. — **Intensivement.** *adv.* (1390). Avec intensité.

INTENSIFIER (se conjugue comme *Prier*). *v. tr.* (1868, au p. p. ; de *intense*). Rendre plus intense* (au prix d'un effort). V. **Augmenter.** *Intensifier le commerce, la culture...* (Cf. Exotique, cit. 5 ; exposition, cit. 4). — *Par ext.* et *pronominalt.* (sens passif). Devenir plus intense* : *Propagande qui s'intensifie de jour en jour.* — REM. Cet emploi pronominal, bien que d'usage courant, n'est signalé par aucun dictionnaire. Certains grammairiens font même des réserves sur l'emploi actif d'*intensifier*, qu'ils jugent « rébarbatif » (GEORGIN) ou « passable dans le langage technique » (THÉRIVE).

1 « ... tel végétarien,... ne peut... regarder de la viande sans être pris de dégoût... Sa répugnance s'intensifie quand son attention se fixe sur elle... » BERGSON, **Deux sources morale et religion**, IV, p. 320.

2 « Notre tâche est... de reprendre, en l'intensifiant, le programme ébauché il y a deux ans, à propos de la guerre balkanique... » MART. du G., **Thib.**, t. V, p. 138.

DER. — **Intensification** (-*syon*). *n. f.* (XXᵉ s.). Action d'intensifier ou de s'intensifier. *Intensification de la production.* V. **Augmentation** (ANT. **Baisse, diminution**).

« Mais comment expliquer que cette cohabitation en moi des extrêmes n'amenât point tant d'inquiétude et de souffrance, qu'une intensification pathétique du sentiment de l'existence, de la vie ? » GIDE, **Journal**, 1923, Feuillets, II.

INTENSITÉ. *n. f.* (1740 ; de *intense*). Degré* d'activité, de force ou de puissance. *Forte, faible intensité. Intensité variable.* — *Phys. Intensité du son*. Intensité lumineuse.* V. **Brillance** (Cf. Héliogravure, cit.). — *Intensité d'un éclairage* (cit. 3), *d'une couleur* (Cf. Impressionner, cit. 6). — *Mécan. Intensité d'une force*. Forces parallèles et de sens contraire d'intensité égale.* — *Électr. Intensité d'un courant* électrique :* quantité d'électricité traversant un conducteur pendant l'unité de temps (seconde). *Mesure de l'intensité du courant électrique.* V. **Ampère ; ampèremètre, galvanomètre.** *Intensité d'un champ magnétique.* V. **Gauss, œrsted.** — *Physiol. Intensité des échanges* (cit. 16) *chimiques de l'organisme. Intensité d'une contraction musculaire* (Cf. Gonflement, cit. 3). *Intensité d'une excitation* (cit. 13) *sensorielle, d'une sensation* (Cf. Couleur, cit. 6).

— (Dans le langage courant). *La pluie diminue* l'intensité de l'incendie.* V. **Tempérer** (Cf. Extinction, cit. 2). *Fièvre qui augmente* brusquement d'intensité* (V. **Aggravation, exaspération, recrudescence**), *atteint un maximum d'intensité* (V. **Paroxysme**). — *Par ext.* Caractère de ce qui est intense*. *Regard d'une incroyable* (cit. 11) *intensité.* V. **Acuité, vivacité.** *Le vent perd de son intensité.* V. **Force, violence ; faiblir.** *Intensité dramatique d'un événement.* V. **Amplitude, proportion.** *Intensité d'un sentiment.* V. **Grandeur, véhémence** (Cf. Humanité, cit. 8). *Intensité d'action* (Cf. Gauchir, cit. 3). — *Spécialt. Gramm. Adverbes d'intensité* (si, tant, tellement...). *Donner plus d'intensité à l'expression.* V. **Renforcer.** *Accent** (cit. 1) *d'intensité* (V. **Accentuation**).

1 « (La flamme) n'a jamais la même qualité, la même intensité de chaleur que le corps combustible duquel elle s'échappe. » BUFF., **Hist. nat. min.**, Introd., II.

2 « En l'homme, la Volonté devient une force qui lui est propre, et qui surpasse en intensité celle de toutes les espèces. » BALZ., **Louis Lambert**, Œuvr., t. X, p. 448.

3 « Il est une certaine intensité de délices que l'homme peut à peine dépasser et non sans larmes. » GIDE, **Nourrit. terrestres**, p. 60.

4 « Trois crises, d'une extrême violence, venaient d'avoir lieu, coup sur coup, lorsqu'une quatrième se déclara. Elle s'annonçait terrible : tous les phénomènes habituels avec une intensité décuplée. » MART. du G., **Thib.**, t. IV, p. 179.

5 « Je me souviens d'une jeune étudiante, avec un pâle visage où l'intensité du regard brillait comme une· conviction. » G. BAUER, **Billets de Guermantes**, p. 116.

INTENTER. *v. tr.* (XIVe s. ; lat. jurid. *intentare*, « diriger »). Dr. Entreprendre* contre quelqu'un (une action) en justice. V. **Actionner, attaquer, ester** (Cf. Assistance, cit. 4). *Intenter une action, une accusation à quelqu'un, contre quelqu'un. Son voisin lui intente un procès de bornage* (cit. 2). *Intenter une demande* (Cf. Fin, cit. 41).

1 « Les médecins qui tenaient pour les anciens intentèrent un procès à ceux qui démontraient la circulation du sang. »
VOLT., **Singularités de la nature,** XXVI.

2 « L'action en nullité ne peut plus être intentée ni par les époux, ni par les parents... »
CODE CIV., Art. 183.

INTENTION (*-syon*). *n. f.* (XIIe s. ; du lat. *intentio*, « action de tendre vers... »).

‖ 1º Le fait de se proposer un certain but. V. **Dessein, idée, projet, propos** (Cf. Délibérer, cit. 13).

1 « INTENTION... Le fait de se proposer un certain but : 1º par opposition aux efforts qu'on fera pour atteindre ce but... 2º par opposition aux résultats effectifs de l'action, ou à son caractère matériel ; 3º par opposition à la ligne générale d'action dont cette intention est un effet parmi plusieurs autres. »
LALANDE, **Vocab. philos.,** Intention.

— *Intention et action* (cit. 5 et 6). *Si je vous ai blessé, c'est sans intention*, bien involontairement. *Pureté d'intention* (Cf. Adoration, cit. 1). — Mor. *Morale de l'intention. Problème de l'intention. — Direction d'intention,* attitude d'esprit qui consiste « à rapporter ses actes ou ses paroles à un but leur conférant une valeur morale » (CUVILLIER). — Spécialt. et Théol. (Dans la casuistique des anciens jésuites). Cf. *infra*, cit. 2 PASC. — Dr. civ. et pén. *Volonté consciente de commettre le fait prohibé par la loi. Intention de nuire. L'intention en matière de délits* (cit. 8), *de fautes* (cit. 26). V. **Intentionnel.** *Intention qui a précédé l'exécution.* V. **Préméditation.** — PROV. *L'intention est réputée pour le fait,* le but qu'on s'était proposé doit seul être apprécié, du point de vue moral, qu'on l'ait ou non atteint (Cf. *Intention vaut fait*). — *C'est l'intention qui fait l'action* (Cf. fam. Il n'y a que l'*intention* qui compte).

2 « ... nous essayons de mettre en pratique notre méthode de *Diriger l'intention,* qui consiste à se proposer pour fin de ses actions un objet permis... ; mais, quand nous ne pouvons pas empêcher l'action, nous purifions au moins l'intention ; et ainsi nous corrigeons le vice du moyen par la pureté de la fin. »
PASC., **Provinc.,** VII.

3 « Il n'y a que l'intention qui oblige ; et celui qui profite d'un bien que je ne veux faire qu'à moi ne me doit aucune reconnaissance. »
ROUSS., **Julie,** 4e part., Lettre X.

4 « Avec les meilleures intentions, les hommes d'État de ce tempérament font tout le mal possible. »
FRANCE, **Opinions J. Coignard,** Œuvr., t. VIII, p. 322.

5 « ... l'intention n'est pas l'acte même... Cela est si vrai que souvent l'intention se substitue à l'acte même, elle devient un moyen de ne pas agir, on s'excuse par l'intention de ne pas avoir fait l'acte. »
LE SENNE, **Traité de morale générale,** pp. 562-563.

6 « ... l'intention... se distingue à la fois de la *simple volonté,* qui porte non pas sur le fait prohibé lui-même, mais seulement sur sa cause efficiente... et du *motif* ou *mobile,* but éloigné que le législateur au moins en principe, ne prend pas en considération... L'intention, exigée à peu près sans exception en matière de crimes et, dans la plupart des cas en matière de délits correctionnels, ne l'est que très rarement en matière de contraventions de simple police. »
CAPITANT, **Voc. jurid.,** Intention.

— *Le hasard* (cit. 28 BERGSON), « *mécanisme se comportant comme s'il avait une intention* ». — *Agir avec une intention droite, pure.* V. **Foi** (bonne, mauvaise). *De bonnes intentions* (Cf. Factieux, cit. 3 ; glorifier, cit. 1). *Avec les meilleures intentions du monde. Avoir de mauvaises intentions.* V. **Penser** (à mal). Cf. Flambée, cit. 1. *Nourrir des intentions malveillantes.* V. **Intentionne** (être mal). *Intentions secrètes.* V. **Arrière-pensée, calcul, machination.** *Son attitude ne laisse aucun doute sur ses intentions. Vous dénaturez, vous interprétez* mal *mes intentions. Je connais l'intention qui le pousse.* V. **Cause, mobile, motif.** *Quelles sont vos intentions à son égard ?* V. **Disposition.** *Dissimuler, taire, afficher, dire, manifester son intention. Deviner, percer chez autrui d'obscures intentions* (Cf. Fleurer, cit. 4). V. **Venir** (voir). *Scruter, sonder les intentions d'un concurrent* (Cf. fam. Ce qu'il a dans le ventre*). *Interroger quelqu'un sur ses intentions* (Cf. Grignoter, cit. 5), *lui attribuer, lui prêter des intentions qu'il n'a pas* (Cf. Décourageant, cit.). *Il n'entre pas, il n'est pas dans mes intentions de... Musiciens qui saisissent mal les intentions d'un compositeur* (cit.). V. **Pensée.** *Je vous sais gré de cette intention. De vagues intentions de travail.* V. **Velléité.** *Intention coupable, criminelle, délictueuse*, frauduleuse* (Cf. Faux 1, cit. 53), *généreuse* (Cf. Incliner, cit. 26), *louable, vaine... — Agir dans une intention de paix, de conciliation.* V. **Esprit.** — *Son intention formelle, délibérée, bien calculée, systématique, bien arrêtée...* (Cf. Épouser, cit. 4). V. **Détermination, résolution.** *Intention expresse* (1, cit. 2) *de... Coups et blessures entraînant la mort sans intention de la donner* (Cf. Délit* præterintentionnel). — PROV. *L'enfer* est pavé de bonnes intentions,* beaucoup de bonnes résolutions n'aboutissent qu'à un résultat déplorable ou nul.

7 « Il est ordinaire de voir les bonnes intentions, si elles sont conduites sans modération, pousser les hommes à des effets très vicieux. »
MONTAIGNE, **Essais,** II, XIX.

8 « M. de Beaufort n'en était pas jusques à l'idée des grandes affaires : il n'avait que l'intention. » RETZ, **Mém.,** II, p. 153.

« ... mille intentions ne valent pas un geste ; non que les intentions n'aient aucune valeur, mais le moindre geste de bonté, de courage, de justice, exige plus d'un millier de bonnes intentions. »
MAETERLINCK, **Sagesse et destinée,** LXI.   9

« Que les bonnes intentions ne puissent tenir lieu de génie, c'est à peu près tout ce que j'avais voulu dire ;... »
GIDE, **Attendu que...,** p. 43.   10

— Loc. div. : *Avoir l'intention de...* suivi de l'infinitif. V. **Entendre, proposer** (se), **vouloir** (Cf. Courtoisie, cit. 1 ; enquêter, cit. 3 ; fusiller, cit. 6). *Il n'a jamais eu l'intention de partir* (Cf. Évasif, cit. 3). *Je n'ai pas l'intention de séjourner ici* (Cf. Grippe, cit. 5). *N'avoir nullement l'intention de...* (Cf. Garde 1, I, 7º). — *Dans l'intention de...* loc. prép. suivie de l'infinitif. V. **Vue** (en vue de). *Le commerce* (cit. 2) *consiste à acheter dans l'intention de revendre* (Cf. aussi Fatalité, cit. 9). — *À l'intention de...,* loc. prép. V. **Pour.** *Ouvrage à l'intention des enfants. J'ai acheté ceci à votre intention. Organiser une fête à l'intention de quelqu'un.* V. **Honneur** (en l'). *Quête à l'intention des sinistrés.* V. **Profit** (au). — Spécialt. *Prier, dire des messes à l'intention d'un pécheur, d'un défunt,* pour demander à Dieu le salut ou le repos de son âme.

« ... c'est une relation que vient de me faire Moreuil, à votre intention, de ce qui s'est passé à Chantilly... »
SÉV., 161, 26 avr. 1671.   11

« Comment avez-vous pu imaginer, mon cher et illustre maitre, que j'aie eu l'intention de vous comparer à Zoïle ? »
D'ALEMB., **Lettre à Volt.,** 31 juill. 1762, Œuvr., t. V, p. 92.   12

« ... elles se dépêchaient de toute la vitesse de leurs jambes, qu'entraïaient les gaines d'étoffe précieuse... Était-ce donc à mon intention, ces toilettes de Péri ou d'Apsara ?... »
LOTI, **L'Inde (sans les Anglais),** III, VIII.   13

«/Nous savons quel venin le malheureux Sainte-Beuve distillait et mettait en fioles, à l'intention de la postérité, dans les carnets de *Mes poisons.* »
HENRIOT, **Romantiques,** p. 222.   14

‖ 2º Par ext. Dessein ferme et prémédité. V. **Décision, désir, dessein** (cit. 16), **volonté, vouloir.** *Contrecarrer les intentions de quelqu'un. Avertir quelqu'un de ses intentions. L'intention du gouvernement est de briser* (cit. 9) *la révolte. Son intention est que vous partiez demain* (Cf. aussi Guérir, cit. 10).

« ... c'est lui qui a provoqué le duel : et mon intention est que vous en rendiez plainte sur-le-champ, et en mon nom. »
LACLOS, **Liais. dang.,** CLXIV.   15

« Si l'Église condamne la magie et la sorcellerie, c'est qu'elles militent contre les intentions de Dieu,... »
BAUDEL., **Parad. artif.,** Poème du haschisch, V.   16

‖ 3º Par ext. Le but même qu'on se propose d'atteindre. V. **But, objectif, objet, visée.** *Résultat qui dépasse l'intention de son auteur* (Cf. Balourdise, cit. 3), *l'entraîne* (cit. 18) *au delà de ses intentions. — Il n'a pas pour intention de rester ici. — À cette intention...* V. **Fin.**

« Il n'y a... point d'art si salutaire dont ils (*les hommes*) ne soient capables de renverser les intentions,... on sépare toujours le mauvais usage d'avec l'intention de l'art ;... » MOL., **Tart.,** Préface.   17

DER. — **Intentionnel*.** — **Intentionné, ée.** *adj.* (1567). Vx. *Intentionné de...* (Cf. Écumer, cit 10 SÉV.), qui a l'intention de... — (De nos jours). Absolt. *Être bien, mal intentionné,* avoir de bonnes, de mauvaises intentions. *Un critique mal intentionné.*

« ... je crois pouvoir protester contre... toute maligne interprétation... contre... les lecteurs mal intentionnés... »
LA BRUY., **Caract.,** Av.-propos.   1

« ... l'âme simple et bien intentionnée ne fait point tant la théologienne et la savante. Elle sait ce que Dieu lui commande, et elle met en lui sa confiance. »
BOURDAL., **Carême,** Sur la prédestination, I.   2

« Des amis trop bien intentionnés soufflent sur le feu, lui rapportent ce que l'on dit d'elle... » HENRIOT, **Portr. de femmes,** p. 233.   3

INTENTIONNEL, ELLE (*-syo-*). adj. (1487, « qu'on a en vue » ; anc. philos. *espèces intentionnelles,* « sensibles » ; 1798, sens mod. ; de *intention*). Qui est fait exprès*, avec intention*, à dessein. V. **Conscient, délibéré, prémédité, volontaire, voulu.** *Bévue* (cit. 2) *à demi intentionnelle. Retard intentionnel. Finalité* (cit. 3) *intentionnelle.* — Dr. *Délit* intentionnel,* par oppos. au *délit d'imprudence* et au *délit contraventionnel.*

ANT. — Automatique, involontaire.

DER. — **Intentionnellement.** *adv.* (1560). D'une manière intentionnelle. *Coupable intentionnellement* (LITTRÉ). — Avec intention, de propos délibéré. V. **Exprès, volontairement.** *Il est arrivé en retard intentionnellement.*

« Quant au style, il me semble intentionnellement incorrect et bas. C'est une façon de flatter le populaire. »
FLAUB., **Corresp.,** 729, juill. 1862.

INTER. *n. m.* Abrév. de *Interurbain.* — *Football.* Abrév. de *Intérieur** (II, 6º).

INTER-. Préfixe, tiré du lat. *inter,* « entre », qui sert à former de nombreux composés, en exprimant soit l'espacement, la répartition (dans l'espace et dans le temps), soit une relation, un lien de réciprocité... V. **Entre-.** — REM. Quelques-uns des mots traités ci-dessous sont empruntés d'un mot latin, lui-même composé à l'aide d'*inter-* (Ex. : *Intercurrent*). — **Interaction.** *n. f.* (1876 in LITTRÉ, Suppl.). Réaction réciproque de deux ou plusieurs phénomènes. V.

Interdépendance. Méd. *Interaction des facteurs héréditaires.* — **Interallié, ée.** adj. (1915 selon THÉRIVE). Qui concerne les nations alliées (pendant la guerre de 1914-1918, etc.). — **Interarmes.** adj. invar. (1931 in LAROUSSE XXᵉ s.). Relatif à plusieurs armes* (II, 1°). *Groupement, état-major interarmes ; école militaire interarmes.* — **Interastral, ale, aux.** adj. (1936 QUILLET). Qui se trouve, se produit entre les astres. *Espaces, phénomènes interastraux.* — **Intercadent, ente.** adj. (1660 SOMAIZE ; du lat. *cadens*, « qui tombe »). Qui présente des pulsations anormales (*intercadences*) entre les pulsations normales. *Pouls intercadent.* — **Intercaler*** (et dér.), **intercéder***. — **Intercellulaire.** adj. (1867 LITTRÉ). Qui se trouve entre les cellules. *Substance intercellulaire.* — **Intercepter*** (et dér.), **intercesseur***, **intercession***, **interchangeable***. — **Interclasse.** n. m. et f. (Néol. ; Ch. BRUNEAU « préfère le masculin parce qu'*interclasse* s'applique à un concept abstrait... et point du tout à celui de *classe intermédiaire* » THÉRIVE). Court intervalle entre deux classes, pendant lequel les élèves sont surveillés. *Ce matin, vous aurez deux interclasses de cinq minutes, mais pas de récréation.* — **Intercolonial, ale, aux.** adj. (1871 in LITTRÉ, Suppl.). Qui a lieu entre colonies. *Commerce, transit intercolonial.* — **Intercommunication.** n. f. (1867 LITTRÉ). Communication réciproque (entre locaux, services...). — **Interconnexion.** n. f. (vers 1930). Action de connecter plusieurs réseaux d'énergie électrique entre eux (*Interconnecter*) ; son résultat. — **Intercontinental, ale, aux.** adj. (1867 LITTRÉ). Qui a lieu, qui est situé entre deux continents. *Relations, lignes aériennes intercontinentales.* — **Intercostal, ale, aux.** adj. (1536 ; du lat. *costa*, « côte »). Anat. Qui est entre les côtes. *Espaces intercostaux.* Se dit des organes situés dans chaque espace intercostal. *Muscles intercostaux internes, moyens, externes,* et substant. *Les intercostaux. Artères, veines intercostales. Nerfs intercostaux.* Par ext. *Névralgies, douleurs intercostales.* — **Intercourse.** n. f. (1867, repris à l'angl. ; a remplacé *entrecours*). Navig. Droit réciproque d'accès et de pratique de certains ports accordé mutuellement aux navires de deux nations. — **Intercurrent, ente.** adj. (1741 ; du lat. *intercurrens*, de *currere*, « courir, survenir »). Qui survient entre, au milieu d'autres événements. Méd. Qui survient au cours d'une autre maladie. *Complication, maladie intercurrente* (DER. **Intercurrence.** n. f. 1873 P. LAROUSSE). Alternative, variation). — **Interdépartemental, ale, aux.** adj. (1871 in LITTRÉ, Suppl.). Qui a lieu entre plusieurs départements, concerne plusieurs départements. *Relations, unions, ententes, conférences interdépartementales. Syndicats interdépartementaux.* — **Interdépendance.** n. f. (1867 LITTRÉ). Dépendance réciproque. V. **Corrélation, interaction ; accord** (II). *Interdépendance des événements...* Spécialt. Situation d'États liés par des devoirs réciproques (DER. **Interdépendant, ante.** adj. (1935 ACAD.). Qui est dans un état d'interdépendance). — **Interdiction***. — **Interdigital, ale, aux.** adj. (1867 LITTRÉ). Qui est entre les doigts. *Membrane interdigitale des palmipèdes.* — **Interdire*** ; **intéresser***, **intérêt***, **interférence***, **interférer***. — **Interfolier.** v. tr. (1812 ; du lat. *folium*, « feuille »). Brocher*, relier* un livre, un manuscrit, un imprimé... en insérant des feuilles de papier blanc entre les feuillets. *Exemplaire interfolié* (DER. **Interfoliage.** n. m. 1873 P. LAROUSSE). — **Interglaciaire.** adj. (1875 in LITTRÉ, Suppl.). Géol. Se dit des périodes séparant deux périodes glaciaires*. — **Intérieur*** (et dér.), **intérim***, **interjection***, **interjeter***, **interligne***, **interlinéaire***, **interlocuteur***, **interlocution***, **interlope***, **interloquer***, **interlude***. — **Intermaxillaire.** adj. (1752). Anat. Placé entre les maxillaires. — **Intermède*** (et dér.), **interminable*** (et dér.). — **Interministériel, elle.** adj. (Néol.). Commun à plusieurs ministères. *Comité interministériel.* — **Intermittence***, **intermittent***. — **Intermoléculaire.** adj. (Néol.). Qui se trouve entre les molécules d'un corps. — **Intermusculaire.** adj. (1765 ENCYCL.). Anat. Qui se trouve, se produit entre les muscles. *Aponévroses intermusculaires.* — **Internat***, **international*** (et dér.), **interne***, **interner***. — **Internonce.** n. m. (XVIᵉ s. ; du lat. ecclés. *internuncius*, « nonce par intérim », de *nuncius*, « nonce »). Celui qui fait fonction de nonce* dans un pays où il n'y a pas, ou en attendant la désignation d'un nonce (DER. **Internonciature.** n. f. Charge, dignité d'internonce). — **Inter nos.** loc. lat. signifiant « entre nous ». — **Internucléaire.** adj. (1877 LITTRÉ, Suppl.). Situé entre les noyaux*. — **Interocéanique.** adj. (1867 LITTRÉ). Géogr. Qui est entre deux océans, qui fait communiquer deux océans. *Canal, transit interocéanique.* — **Interoculaire.** adj. (1867 LITTRÉ). Anat. Qui est entre les yeux. — **Interosseux, euse.** adj. (1690 FURET.). Anat. Qui est entre les os, et spécialt. entre les métacarpes ou les métatarses. *Muscles interosseux,* et substant. *Les interosseux palmaires et dorsaux* (mains), *plantaires et dorsaux* (pieds). *Ligaments interosseux* (Cf. Coccyx, cit.). *Artères, veines interosseuses.* — **Interpariétal, ale, aux.** adj. (1867 LITTRÉ). Anat. Qui est entre les pariétaux. *Os interpariétal, suture interpariétale.* — **Interparlementaire.** adj. (Néol). Qui réunit les membres de plusieurs parlements. — **Interpeller*** (et dér.), **interpénétrer (s')**. v. pron. (Néol.). Se pénétrer réciproquement. *Théories, doctrines qui s'interpénètrent* (DER. **Interpénétration.** n. f. (Cf. infra, cit. 4 PROUST). Pénétration réciproque. *Interpénétration des formes artistiques*). — **Interplanétaire.** adj.

(STE-CLAIRE DEVILLE, in LITTRÉ, Suppl. 1877). Astron. Qui est, qui a lieu entre les planètes. *Espaces, communications, voyages interplanétaires.* — **Inter pocula.** loc. lat. (« parmi les coupes ») équivalant à « le verre en main ». — **Interpoler*** (et dér.), **interposer***, **interposition***, **interprète***, **interpréter***. — **Interprofessionnel.** adj. (Néol.). Qui réunit les représentants de plusieurs professions. *Syndicat interprofessionnel.* — **Interrègne** (« on prononce les deux r » ACAD.). n. m. (XIVᵉ s. ; du lat. *interregnum*). Intervalle de temps entre deux règnes. *Pendant l'interrègne, le trône est vacant.* Par ext. *L'interrègne, après la mort du doge de Venise* (LITTRÉ). Fig. (Cf. infra, cit. 6 LA BRUY.). — **Interroger*** (et dér.). — **Interroi** (on prononce les deux r). n. m. (XIVᵉ s. ; du lat. *interrex*). Antiq. rom. Magistrat qui exerçait le pouvoir pendant un interrègne ou dans l'intervalle de deux consulats. — **Interrompre***, **interruption***, **intersecter***, **intersection***. — **Intersigne.** n. m. (1545 au sens de « marque » ; sens mystique vers 1835). Relation entre deux faits simultanés, dont l'un est considéré comme le signe, le pronostic de l'autre ; « avertissement télépathique » (LE BRAZ). *L'intersigne,* « autre forme de la seconde vue » (LITTRÉ). *L'Intersigne,* nouvelle de Villiers de l'Isle-Adam. — **Interstellaire.** adj. (1839 BOISTE). Astron. Qui est situé, a lieu entre les étoiles. *Espaces interstellaires.* — **Interstice*** (et dér.). — **Intersyndical, ale, aux.** adj. (1931 in LAROUSSE XXᵉ s.). Qui concerne, réunit plusieurs syndicats. *Groupement intersyndical.* — **Intertrigo.** n. m. (*Intertrigue* en 1839 BOISTE ; du lat. *terere,* « frotter »). Inflammation de la peau au niveau des plis, des surfaces en contact. V. **Érythème.** *L'intertrigo est plus fréquent chez les personnes grasses* (DER. **Intertrigineux, euse.** adj.). — **Intertropical, ale, aux.** adj. (1833 BALZ. Cf. infra, cit. 7). Géogr. Qui est situé ou se rencontre entre les tropiques. *Pays, climat intertropical ; régions, zones intertropicales.* — **Interurbain, aine.** adj. (1931 in LAROUSSE XXᵉ s.). Qui assure les communications entre deux ou plusieurs villes, et spécialt. les communications téléphoniques. *Service interurbain,* et substant. *L'interurbain.* Par abrév. *L'inter.* Demander *l'inter* (ACAD.). — **Intervalle*** (et dér.), **intervenir***, **intervention***, **intervertir***, **interview***. — REM. 1. On trouve dans le langage scientifique de nombreux autres mots formés à l'aide d'*inter-* (*Interarticulaire, interfoliacé,...*). — 2. Sur le modèle d'*Interarmes,* d'autres composés invariables ont été formés (Ex. : *Interclubs, intergroupes, interzones...*).

« ... je... répondis, d'après ce que Foch, en personne, m'avait naguère appris, qu'il ne pouvait y avoir de commandement interallié valable qui ne fût désintéressé... »   1
Ch. DE GAULLE, **Mémoires de guerre,** t. I, p. 174.

« Pour moi, j'acceptai cette solution avec l'espoir secret que, le moment venu de faire ce fameux voyage, mille raisons intercurrentes nous le rendraient impossible. »   DUHAM., **Cri des profondeurs,** III.   2

« La pression de l'histoire nous révélait soudain l'interdépendance des nations — un incident à Shanghaï, c'était un coup de ciseaux dans notre destin — ... »   SARTRE, **Situations II,** p. 244.   3

« Combien je souffrais de cette position où nous a réduits l'oubli de la nature qui, en instituant la division des corps, n'a pas songé à rendre possible l'interpénétration des âmes (car si son corps était au pouvoir du mien, sa pensée échappait aux prises de ma pensée). »   PROUST, **Rech. t. p.,** t. XII, p. 230.   4

« ... un astronome, habitué à vivre en pensée dans les espaces interplanétaires, doit avoir beaucoup moins de mal qu'un autre à mourir. »   MART. du G., **Thib.,** t. IX, p. 220.   5

« ... il les fait rompre avec leurs galants ; il les brouille et les réconcilie avec leurs maris, et il profite des interrègnes. »   LA BRUY., III, 45.   6

« Il s'aperçut que le meilleur moyen d'arriver à la fortune était, dans les régions intertropicales aussi bien qu'en Europe, d'acheter et de vendre des hommes. »   BALZ., **Eug. Grandet,** Œuvr., t. III, p. 631.   7

« Les communications téléphoniques interurbaines, autorisées au début, provoquèrent de tels encombrements aux cabines publiques et sur les lignes, qu'elles furent totalement suspendues... »   CAMUS, **La peste,** p. 82.   8

INTERCALAIRE. adj. (1352 ; du lat. *intercalaris*). Chronol. (Dans le calendrier grégorien) *Jour intercalaire,* jour que l'on ajoute au mois de février dans les années bissextiles. V. **Bissexte.** — Antiq. gr. *Mois intercalaire.* V. **Embolismique.** — Astron. *Lune intercalaire,* treizième lune qui se trouve dans une année de trois ans en trois ans. — Par ext. Imprim. *Feuillet intercalaire.*

INTERCALATION (-syon). n. f. (XVᵉ s. ; du lat. *intercalatio*). Action d'intercaler ; résultat de cette action. — Chronol. Addition* d'un jour dans le mois de février aux années bissextiles. — Antiq. gr. *Intercalation d'un mois lunaire.* V. **Embolisme.** — Par ext. V. **Insertion.** *Intercalation d'exemples* (cit. 36) *dans un dictionnaire. Intercalation d'un phonème à l'intérieur d'un mot* (V. **Épenthèse**). — Math. *Intercalation de termes intermédiaires dans une série.* V. **Interpolation.**

« *Avec, sans,* s'accommodent assez bien des intercalations : *sans, pour cela, prétendre que... ; — avec, sur ses genoux, son éternelle guitare.* »   BRUNOT, **Pensée et langue,** p. 417.

INTERCALER. v. tr. (1520 ; du lat. *intercalare*). Faire entrer après coup dans une série. — Chronol. Ajouter un jour au mois de février tous les quatre ans (pour faire concorder l'année civile avec l'année solaire). *Dans les années bissextiles on intercale un jour* (ACAD.). — *Par ext.* Mettre une chose entre deux autres, l'insérer dans un ensemble. V. **Entre* ; enchâsser, insérer, introduire, joindre.** *Intercaler une citation, un exemple, une glose* (V. **Interpoler**) *dans un texte.* — Gramm. *Proposition intercalée,* dite *incise* (cit. 2). *Subordonnée intercalée dans la principale.* — Pronominalt. Être intercalé. V. **Interposer** (s').

1 « D'ailleurs, M. Thibault semblait, à partir de ce moment-là, avoir pris l'habitude d'intercaler, au milieu des textes, le fruit de ses propres méditations. » MART. du G., **Thib.**, t. IV, p. 237.

2 « La journée du lendemain se trouvait déjà surchargée ; Antoine, à cause de son départ, dut néanmoins y intercaler plusieurs visites supplémentaires. » ID., *Ibid.*, p. 41.

3 « Entre cette petite fille... et lui,... les images des deux légionnaires s'intercalaient tout naturellement. » MAC ORLAN, **La Bandera**, XIX.

INTERCÉDER (se conjugue comme *Excéder*). *v. intr.* (1327 ; du lat. *intercedere*). Intervenir*, user de son influence* en faveur de quelqu'un. V. **Prier, réclamer** (pour). *Se faire l'avocat de quelqu'un en intercédant chaleureusement pour lui.* V. **Défendre.** *Intercéder auprès de quelqu'un pour obtenir la grâce*, le pardon* d'un coupable* (Cf. Dérobade, cit. 2). *Il intercédera pour vous auprès du patron.* V. **Parler** (pour).

1 « L'aigle fondant sur lui (*Jean Lapin*) nonobstant cet asile,
L'escarbot intercède et dit :...
Et, puisque Jean Lapin vous demande la vie,
Donnez-la-lui, de grâce,... » LA FONT., **Fabl.**, II, 8.

2 « ... il (*Dieu*) a ordonné que les saints qui sont dans le ciel, prieraient pour les fidèles qui sont sur la terre, et que les fidèles qui sont sur la terre, intercéderaient pour ceux qui souffrent dans le purgatoire. » BOURDAL., **Serm. p. fête de tous les saints**, I.

3 « Enfin arriva la journée de la Saint-Barthélemi,... où l'on vit les assassins poursuivre les proscrits jusque sous les lits et dans les bras des princesses qui intercédaient en vain pour les défendre,... » VOLT., **Hist. parlement de Paris**, XXVIII.

4 « Si nous savions prier, il nous serait permis d'intercéder auprès de Dieu pour Verlaine. » RENARD, **Journal**, 9 janv. 1897.

5 « Sans doute elle (*Phèdre*) vient avec l'idée d'implorer Hippolyte, d'intercéder d'abord pour son fils, mais au fond ce n'est qu'un prétexte ;... » GIDE, **Attendu que...**, p. 198.

DER. — (du même radical) : Cf. Intercesseur, intercession.

INTERCEPTER. *v. tr.* (1528 ; empr. d'un lat. *interceptare*, pour servir de verbe à *interception**). Prendre* au passage et par surprise ce qui est adressé, envoyé ou destiné à quelqu'un. V. **Emparer** (s'), **saisir, surprendre.** *Intercepter des lettres, du courrier* (cit. 7). *Intercepter un message transmis par radio,... une communication téléphonique.* V. **Capter.** — *Par anal. et spécialt.* T. de Sports. *Joueur de football* ou de rugby*, qui intercepte le ballon.* — Mar. et Aviat. *Intercepter un bâtiment, un avion,* les empêcher d'arriver à destination.

1 « J'ai attendu cette lettre. Comme elle ne venait pas, j'ai soupçonné mes parents de l'avoir interceptée. » ROMAINS, **H. de b. vol.**, t. III, XXIII, p. 326.

2 « Il y a certaines de mes pensées que je surveille, que je ne laisse pas venir à fleur de mon esprit, pour que personne, jamais, ne les intercepte. » DUHAM., **Cri des profondeurs**, IV.

— *Par ext.* (1606). Arrêter* dans son cours, dans sa marche. *Intercepter la montée de la sève dans un arbre* (cit. 24). *Intercepter le trafic des grains* (cit. 2). *Toutes les communications avec l'étranger sont interceptées.* V. **Couper, interrompre.** *Nuage qui intercepte le soleil.* V. **Cacher, éclipser.** *Rideau qui intercepte la lumière.* V. **Boucher, offusquer.**

3 « Les grands artistes sont des êtres qui, suivant un mot de Napoléon, interceptent à volonté la communication que la nature a mise entre les sens et la pensée. » BALZ., **Fille d'Ève**, Œuvr., t. II, p. 101.

4 « ... une grossière croisée... semblait plutôt destinée à intercepter qu'à laisser passer la lumière. » ID., **Les Chouans**, Œuvr., t. VII, p. 956.

5 « Plusieurs épaisseurs de toile et de papier matelassaient la cloison de manière à intercepter tout bruit d'un côté comme de l'autre. » GAUTIER, **Portr. contemp.**, p. 86.

INTERCEPTION (*-syon*). *n. f.* (XVᵉ s. ; du lat. *interceptio*). Action d'intercepter* ; résultat de cette action. *Interception d'un message.* — Aviat. *Chasseurs d'interception,* qui ont pour tâche d'intercepter les bombardiers. — *Par ext. Interception des rayons solaires par le brouillard. Interception du trafic ferroviaire entre deux pays.* V. **Interruption.**

INTERCESSEUR. *n. m.* (*Entrecessor* en 1212 ; du lat. *intercessor*). Celui qui intercède*. *Être intercesseur auprès de quelqu'un, pour quelqu'un, en faveur de quelqu'un* (ACAD.). *Il m'a supplié d'être son intercesseur auprès de vous.* V. **Avocat, défenseur.** — *Adjectivt.* (Cf. Contact, cit. 10).

1 « ... Dieu est admirable de nous avoir donné les saints pour intercesseurs et pour patrons ;... » BOURDAL., **Serm. p. fête tous les saints.**

« ... j'en venais à comprendre mieux cette nécessité des intermédiaires entre l'homme et Dieu, de ces intercesseurs contre qui s'insurge si violemment le protestantisme. » GIDE, **Et nunc manet in te**, p. 107.

INTERCESSION. *n. f.* (1223 ; lat. *intercessio*). Action d'intercéder. V. **Intervention.** *L'intercession des saints* (ACAD.). *Demandez-lui cette faveur par l'intercession d'un ami influent.* V. **Entremise.** *Une perpétuelle intercession pour les péchés du monde* (Cf. Couvent, cit. 3). V. **Prière.**

« ... dire à un pécheur que sans pénitence et par la seule intercession de Marie, il peut être réconcilié et sauvé, c'est le jeter dans l'illusion... » BOURDAL., **Serm. s. dévotion à la Vierge**, II.

INTERCHANGEABLE (*-ja-*). *adj.* (1870 in LITTRÉ, Suppl. ; empr. de l'angl.). *Technol.* Se dit de pièces, d'objets semblables, de même destination, qui peuvent être changés l'un pour l'autre, mis à la place les uns des autres. *Pneus interchangeables. Mécanisme à pièces interchangeables. Rasoir à lames interchangeables.* — *Par métaph. Considérer les femmes comme des instruments interchangeables* (Cf. Abstraire, cit. 2). *Les ministres interchangeables de la troisième République.*

« Il s'agissait d'informer l'acheteur que chaque pièce offre la qualité d'être *interchangeable...* avec des homologues de la série. » A. THÉRIVE, **Clinique du langage**, p. 123.

DER. — **Interchangeabilité.** *n. f.* (1931 LAROUSSE XXᵉ s.). Caractère de ce qui est interchangeable. *Interchangeabilité des pièces standardisées, fabriquées en série.*

« Qu'il soit ajusteur ou manœuvre, il sait bien qu'il n'est pas irremplaçable : c'est même l'interchangeabilité qui caractérise les travailleurs. » SARTRE, **Situations III**, p. 187.

INTERDICTION (*-syon*). *n. f.* (*Interdition* en 1410 ; du lat. *interdictio*). Action d'interdire*. V. **Défense*, prohibition.** *Interdiction de bâtir* (Cf. Encorbellement, cit. 1). *Interdiction de la vente des stupéfiants. Interdiction absolue, expresse, formelle de pénétrer en un lieu. Interdiction de toucher à une chose sous peine de commettre un sacrilège* (V. **Tabou**). — *Lever une interdiction* (Cf. par métaph. Inconscient, cit. 10). *Interdiction faite à un navire de quitter un port.* V. **Embargo.** *Interdiction d'un film par la censure. Interdiction d'une chapelle.* V. **Fermeture.**

1 « Les journaux publièrent des décrets qui renouvelaient l'interdiction de sortir et menaçaient de peines de prison les contrevenants. » CAMUS, **La peste**, p. 128.

2 « ... c'est elle (*Anne de Gonzague*) qui fit jouer *Tartuffe*, après son interdiction, par deux fois devant le grand Condé, pour faire pièce à la cabale des dévots. » HENRIOT, **Portr. de femmes**, p. 94.

— *Spécialt.* (1690). Action d'interdire à un membre d'un corps constitué (civil ou ecclésiastique) l'exercice de ses fonctions. *Interdiction temporaire* (V. **Suspension**). *Fonctionnaire, prêtre puni d'interdiction.*

— *Dr. civ.* (1690). *Interdiction judiciaire,* et absolt. *Interdiction,* action d'ôter à une personne majeure, la libre disposition et l'administration de ses biens, par un jugement constatant son état habituel d'imbécillité, de démence ou de fureur ; résultat de cette action. *Demander l'interdiction de quelqu'un* (Cf. Avis, cit. 25). *Instance en interdiction. Jugement d'interdiction. Incapacité* de l'aliéné frappé d'interdiction et placé sous tutelle*.* V. **Interdit.** *Mainlevée de l'interdiction.*

3 « Nous sommes accoutumés à voir de ces petits complots dans les familles : il ne se passe pas d'année qu'il n'y ait des jugements de non-lieu sur des demandes en interdiction. » BALZ., **L'interdiction**, Œuvr., t. III, p. 57.

4 « Tout parent est recevable à provoquer l'interdiction de son parent. Il en est de même de l'un des époux à l'égard de l'autre. » CODE CIV., **Art. 490.**

— *Dr. pén. Interdiction correctionnelle* (cit.), *ou interdiction des droits civiques, civils et de famille* (art. 42 du CODE PÉNAL), peine correctionnelle complémentaire qui peut être prononcée contre certains délinquants (Cf. Élection, cit. 9). *Interdiction légale,* privation des droits civils résultant de toute condamnation à peine afflictive et infamante (art. 28 à 30 du CODE PÉNAL).

5 « Quiconque aura été condamné à la peine des travaux forcés à temps, de la détention ou de la réclusion, sera, de plus, pendant la durée de sa peine, en état d'interdiction légale ;... » CODE PÉNAL, **Art. 29.**

— *Interdiction de séjour,* défense faite à un condamné libéré de se trouver dans les lieux dont l'*interdiction* lui a été signifiée par jugement (V. **Bannissement**). *Agitateur frappé* (cit. 29) *d'interdiction de séjour, condamné à l'exil* (cit. 4). *Infraction à un arrêté d'interdiction de séjour* (art. 45 du CODE PÉNAL).

ANT. — **Autorisation, commandement, conseil, consentement, ordre, permission.**

INTERDIRE (se conjugue comme *Dire,* sauf à la 2ᵉ pers. du plur. de l'indicat. prés. et de l'impérat. prés. : *Interdisez*). *v. tr.* (*Entredire* au XIIᵉ s. ; du lat. *interdicere*). ‖ 1º Défendre (quelque chose à quelqu'un). *La police de Richelieu avait interdit aux gamins de jouer à la fronde* (2, cit. 3). *Je vous interdis de me parler sur ce ton.* — Son *médecin lui interdit les sucreries* (Cf. Grâce, cit. 86), *la cuisine à l'huile* (cit. 17). V. **Défendre, proscrire.** — *Interdire sa porte aux intrus.* V. **Consigner.** *L'accès* (cit. 2) *de ces lieux est interdit.* — (Sans complément indirect exprimé) *Que sert d'interdire ce qu'on ne peut empêcher ?* (cit. 7). *Interdire les jeux de hasard* (Cf. Existence, cit. 12). *Les meetings furent interdits* (Cf. Efflorescence, cit. 2). *La loi interdit le grappillage* (cit. 2) *dans tout enclos.* V. **Condamner, prohiber.** *Interdire un ouvrage.* V. **Censurer.** *Interdire les maisons de prostitution.* V. **Fermer.** — Impersonnlt. *Il est expressément, formellement interdit de fumer dans la salle. Il est interdit de marcher sur les pelouses* (Cf. aussi Engin, cit. 8). — Pronominalt. *S'interdire quelque chose (à soi-même), s'imposer la privation de... S'interdire tout excès.* V. **Éviter.** *Il s'interdit d'y penser.* V. **Refuser** (se). — Fig. *La charité nous interdit d'ajouter foi à ces abominations* (cit. 5). *La discrétion m'interdit d'en dire plus.* V. **Empêcher** (Cf. Forger, cit. 13). *Le bonheur calme* (2, cit. 3) *lui était interdit. Attitude belliqueuse qui interdit tout espoir de paix.* V. **Exclure, opposer** (s') ; **obstacle** (faire).

1   « Ou, si par un arrêt la grossière police
      D'un jeu si nécessaire interdit l'exercice, »
                                BOIL., **Sat.,** X.

2   « ... il faut s'interdire ce ton didactique dans une tragédie :... »
            VOLT., **Comment. s. Corneille, Rem. s. Pompée,** II, 1.

3   « ... la *tragédie* interdit ce que le *roman* permet ; la *chanson* tolère ce que l'*ode* défend,... »
                 HUGO, **Odes et ballades,** Préface 1826.

4   « ... un homme plein d'âme et de délicatesse, à qui sa laideur interdisait des succès auprès des femmes,... »
             BALZ., **Cousin Pons,** Œuvr., t. VI, p. 529.

5   « Ma santé, qui ne m'interdit pas le travail, m'interdit toute joie et tout entrain. »
            STE-BEUVE, **Corresp.,** t. II, pp. 238-239.

6   « Nous objections timidement que les plus grands génies ne s'étaient interdit ni l'amour, ni la passion, ni même le plaisir,... »
             GAUTIER, **Portr. contemp.,** p. 72.

7   « Dans ce pays qui est libre, il est rigoureusement interdit de puiser dans la mer un verre d'eau, de cultiver dix pieds de tabac, et pour un peu il serait dangereux d'allumer un cigare au soleil avec une loupe. »
             VALÉRY, **Regards s. monde actuel,** p. 67.

8   « Des esprits chagrins s'interdisent le plaisir d'admirer cette œuvre monumentale (*Marly*) et décorative de Louis XIV. Ils préfèrent supputer quinteusement ce qu'elle a coûté. »
            L. BERTRAND, **Louis XIV,** III, III.

9   « Les Orientaux... boivent de la boukha, bien que leur religion le leur interdise. »
            DUHAM., **Salavin,** III, XVII.

‖ **2°** *Frapper d'interdiction*. Interdire un officier ministériel pour six mois.* V. **Suspendre.** — Dr. can. *Interdire un prêtre,* prononcer l'interdit* contre lui. Par anal. *Interdire une église, un pays.* — Dr. civ. *Interdire un homme atteint de folie* (cit. 3), prononcer contre lui *l'interdiction* judiciaire. *Faire interdire un parent* (Cf. Imbécile, cit. 5). *Le majeur en état habituel d'imbécillité, de démence* (cit. 1) *ou de fureur doit être interdit.*

‖ **3°** Fig. (1661). *Jeter quelqu'un dans un étonnement, un trouble tel qu'il lui ôte la faculté de parler et d'agir.* V. **Confondre, étonner, foudroyer, interloquer, troubler** (Cf. pop. *Couper* le sifflet*). *La peur l'avait interdit, l'avait tellement interdit qu'il ne put prononcer un mot* (ACAD.). — REM. De nos jours, *interdire* ne s'emploie plus guère dans cette acception, qu'à la voix passive et principalement sous la forme du participe passé à valeur d'adjectif (Cf. infra, **INTERDIT**).

10   « Madame, je ne sais ce que vous voulez dire ;
      Et ce brusque discours a de quoi m'interdire. »
             REGNARD, **Ménechmes,** III, 5.

‖ **INTERDIT, ITE.** *p. p. adj.* ‖ **1°** *Entrée interdite. Passage interdit* (Cf. Ecriteau, cit. 3). *Sens, stationnement interdit. Chantier interdit au public. Film interdit aux moins de seize ans.* — *Reproduction interdite. Chasse interdite.* — *Trafic interdit.* V. **Illégal.** *Amour interdit.* V. **Illicite.** *Ne parlez pas de cela, c'est un sujet interdit dans cette maison.* V. **Tabou.**

11   « ... il est un lot considérable de Français qui sont entièrement soustraits à ces obligations. Ils peuvent à leur guise poster leur auto devant une porte cochère où contre le trottoir interdit,... »
            GIRAUDOUX, **Pleins pouvoirs...,** V, p. 119.

12   « La passion interdite, l'amour inavouable, se créent un système de symboles, un langage hiéroglyphique, dont la conscience n'a pas la clé. »
            D. de ROUGEMONT, **L'amour et l'Occident,** I, 10.

13   « Ici, tout ce qui n'est pas interdit est obligatoire. »
            DUHAM., **Manuel du protest.,** p. 78.

14   « ... le désir de forcer l'entrée d'un milieu interdit... »
            MAURIAC, **Le Sagouin,** p. 5.

‖ **2°** (En parlant des personnes). *Prêtre interdit.* V. **Interdit** (subst., infra).

15   « ... est-ce que notre vénérable seigneur de Coutances a relevé de son interdiction M. l'abbé de La Croix-Jugan ? — ... ma fille, il n'est pas interdit, il n'est que *suspens*, — répondit la Causseron.... »
            BARBEY d'AUREV., **L'ensorcelée,** p. 132.

— Dr. pén. *Être interdit de séjour,* et substant. *Un interdit de séjour.* V. **Banni(r).** — Dr. civ. *Le mari est, de droit, le tuteur de sa femme interdite* (art. 506 du CODE CIV.). *Curateur* (cit. 2) *d'un aliéné non interdit.* Substant. *L'interdit est assimilé* (cit. 2) *au mineur. Incapacité** (cit. 6) *des interdits* (V. **Incapable**).

‖ **3°** Fig. V. **Ahuri, confondu, déconcerté, déconfit, ébahi, ébaubi, embarrassé, épaté, étonné, pantois, penaud, stupéfait, stupide.** *Elle les planta là, tout interdits* (Cf. Imbécile, cit. 8). *Maintien interdit* (Cf. Héritier, cit. 2). « *En amour... il est bon d'être interdit* » (PASC. Cf. Éloquence, cit. 18). *Rester tout interdit.* V. **Bleu, court ; capot, chose** (tout) ; **voix** (sans) ; **bec** (le bec gelé).

16   « Vous changez de couleur, et semblez interdite, »
             RAC., **Phèdre,** V, 3.

17   « M. du Maine, toujours si vermeil et si désinvolte, devint interdit et pâle comme un mort. »
             ST-SIM., **Mém.,** IV, XXXIV.

18   « L'âme encore stupide, et comme
      Interdite au seuil de la chair. »
          VALÉRY, **Poésies,** Charmes, Ébauche d'un serpent.

19   « Elle se tut, interdite devant ce Pommerel vivant,... sans rapport avec le personnage imaginaire qu'elle poursuivait de ses malédictions ;... »
            CHARDONNE, **Destin. sentim.,** I, IV.

ANT. — **Approuver, autoriser, commander, conseiller, enhardir, permettre, tolérer.**

INTERDIT (-di). *n. m.* (*Entredit* en 1213 ; du lat. *interdictum*). Dr. can. *Sentence* ecclésiastique défendant la célébration des offices divins et l'usage de certains sacrements, soit à un ministre du culte (interdit personnel), soit dans un lieu déterminé (interdit local). Fulminer un interdit. Jeter, lancer, prononcer l'interdit. Mettre un prêtre, une ville, un pays en interdit. Lever l'interdit. Encourir l'interdit.* V. **Censure.**

1   « On craint à Paris qu'il ne vienne quelque chose de plus fort, comme par exemple, un interdit. »
            RAC., **Lettres,** 4, 5 sept. 1660.

2   « Il apportait des bulles du pape pour mettre de nouveau le royaume en interdit. »
            MICHELET, **Hist. de France,** IV, V.

— Par ext. et fig. (XIXe s.). *Prononcer l'interdit contre quelqu'un.* V. **Exclusive.** *Jeter l'interdit sur quelqu'un ou quelque chose.* V. **Index** (à l'), **quarantaine** (en). *Frapper d'interdit un produit de consommation.* V. **Boycotter.**

3   « ... elle (*Mme de Staël*) sent que le maître est déjà venu, que la littérature en essai depuis 1795 est en suspicion et sera demain en interdit. »
            STE-BEUVE, **Chateaubriand...,** t. I, p. 59.

INTÉRESSANT, ANTE. *adj.* (1718 ; part. prés. d'*intéresser*). *Qui intéresse ; qui est digne d'intérêt.*

‖ **1°** *Qui retient l'attention, captive l'esprit. Livre intéressant.* V. **Beau, bon, captivant, comique, dramatique, palpitant, passionnant** (Cf. Attentif, cit. 7 ; compliquer, cit. 5 ; conversation, cit. 14). *C'est un film intéressant qui mérite d'être vu. Faire un voyage intéressant. Nouvelle, observation intéressante.* V. **Important** (Cf. Habile, cit. 13). *Détail intéressant.* V. **Curieux, piquant.** *Une intéressante précision* (Cf. Epoque, cit. 16). *Époque intéressante. Intéressant à connaître* (cit. 41), *à signaler* (Cf. Faux 1, cit. 18). — Impersonnlt. *Il serait intéressant de poursuivre ces recherches* (Cf. Analyse, cit. 4). — Spécialt. *Un visage intéressant, une physionomie intéressante,* qui a de l'expression, du charme généralement sans être beau. V. **Attachant, charmant.**

1   « ... il est certain que les entretiens intéressants et sensés d'une femme de mérite sont plus propres à former un jeune homme que toute la pédantesque philosophie des livres. »   ROUSS., **Confess.,** IV.

2   « Il y a un tas de choses que je trouve beaucoup plus intéressantes que moi. »
            GIDE, **Journal,** 30 janv. 1948.

3   « Le trajet va être assez intéressant. Je lui ai dit de longer Hyde Park, qui est, comme vous le savez, la plus belle promenade de Londres,... »
            ROMAINS, **H. de b. vol.,** t. V, XXVI, p. 251.

4   « ... il eût été intéressant de connaître... le point de départ de la longue correspondance qui allait suivre,... »
            HENRIOT, **Portr. de femmes,** p. 342.

5   « ... il avait essayé de consoler Rambert en lui faisant remarquer aussi qu'il pouvait trouver à Oran la matière d'un reportage intéressant... »
            CAMUS, **La peste,** p. 100.

— *En parlant des personnes. Qui intéresse par son esprit, sa personnalité, sa culture... Intéressant en société.* V. **Brillant.** *Auteur intéressant* (Cf. Hors, cit. 14 VOLT.). *Des amis intéressants et gais.* Péjor. *Chercher à se rendre intéressant,* à se faire remarquer. — Substant. *Faire l'intéressant.*

6   « ... il y a tant de gens qui réussissent leur vie, que, quelquefois, ceux qui ratent la leur, et d'une certaine façon, sont plus intéressants. »
            LÉAUTAUD, **Journal littér.,** 28 mars 1905.

7   « Fasciné par l'intéressante Irlandaise, il ne résiste pas à ce nouvel amour,... »
            HENRIOT, **Portr. de femmes,** p. 232.

‖ **2°** *Qui touche moralement, qui est digne d'intérêt, de considération. Cas intéressant pour un bienfaiteur. En parlant des personnes. Famille intéressante. Ces gens-là ne sont pas intéressants, vous n'aurez avec eux que des déceptions.*

8   « ... une foule de demandeurs qui, au téléphone ou auprès des fonctionnaires, exposaient des situations également intéressantes et, en même temps, également impossibles à examiner. »
            CAMUS, **La peste,** p. 82.

— Spécialt. (Par euphém.). *Femme dans une position intéressante, un état intéressant.* V. **Enceinte** 2.

9 « ... le mari est malade et la femme dans un état intéressant. »
FRANCE, Crime S. Bonnard, Œuvr., t. II, p. 273.

|| 3° (Vers 1920). Qui sert les intérêts matériels. V. **Avantageux***. *Prix intéressants. Proposition, affaire intéressante. Situation intéressante.* V. **Désirable.** *En parlant des personnes. Client intéressant.*

ANT. — Ennuyeux, fastidieux, inintéressant, insignifiant, mauvais ; indifférent. Coûteux, désavantageux.

COMP. — Inintéressant.

INTÉRESSER. *v. tr.* (1356 ; empr. au lat. *interesse*, propremt. *esse inter*, « être entre », d'après *intérêt*).

|| 1° *Vx.* Endommager, porter atteinte à... — *Spécialt. Chir. On doit prendre garde, en faisant cette incision, d'intéresser les parties voisines* (ACAD.).

1 « L'abeille... tire son miel des fleurs sans les intéresser, les laissant entières et fraîches comme elle les a trouvées... »
St Franç. de SALES, Vie dévote, I, 3.

|| 2° *Vx.* Faire intervenir, mêler, impliquer (quelqu'un dans quelque chose).

2 « ... si j'ai à vous blâmer..., c'est... d'intéresser dans le démêlé que vous avez avec des Marets cent autres personnes... »
RAC., Œuvr. prose, Lett. à l'auteur des *Hérésies imaginaires...*

3 « Dans vos secrets discours étais-je intéressée,
Seigneur ?... » ID., Bérén., II, 4.

|| 3° Faire participer, associer (quelqu'un) au profit d'une affaire. *Intéresser quelqu'un dans une affaire, un commerce* (Cf. Associé, cit. 4). *Intéresser les travailleurs aux bénéfices de l'entreprise. Il est intéressé aux affaires.*

4 « Cointet intéressa naturellement Métivier, dans une proportion déterminée, à ces fournitures, afin d'avoir un représentant habile sur la place de Paris,... » BALZ., Illus. perd., Œuvr., t. IV, p. 1049.

5 « ... pour le récompenser de travaux bien conduits et fructueux, MM. Vedel et Gayet lui déclarèrent qu'il serait, désormais, intéressé dans les bénéfices de la maison,... » DUHAM., Salavin, III, XVIII.

|| 4° Être de quelque intérêt, de quelque importance, de quelque conséquence pour... V. **Concerner, regarder, toucher ; rapport, trait** (avoir). *Décret qui intéresse les étrangers résidant en France. Cette remarque intéresse tout le monde.* V. **Appliquer** (s'). *Cette décision vous intéresse au premier chef. Loi qui intéresse l'ordre public* (Cf. Convention, cit. 4). *Ce qui intéresse nos besoins* (Cf. Élimination, cit. 2). *Cela intéresse ma santé* (ACAD.). *Dépression atmosphérique qui intéresse la côte atlantique.*

6 « ... les mariages étant, de toutes les actions humaines, celle qui intéresse le plus la société,... » MONTESQ., Espr. des lois, XXVI, XIII.

7 « ... de bien graves fractures qui intéressent l'articulation... »
GONCOURT, Zemganno, LXXII.

8 « Les grandes démocraties se trouvent en face de problèmes redoutables qui intéressent leur existence elle-même et dont la solution est urgente. » CARREL, L'homme, cet inconnu, I, IV.

|| 5° Attirer, attacher (quelqu'un) par un intérêt* qui retient l'attention, captive l'esprit ou le cœur. *Récit, histoire qui intéresse l'auditoire.* V. **Animer, captiver, émouvoir, passionner.** *Ce film l'a beaucoup intéressé. Vivement intéressé par cette nouvelle. Tout l'intéresse.* Par ext. *Auteur qui intéresse ses lecteurs* (Cf. Chicaner, cit. 4). *Absolt. La première condition d'un roman est d'intéresser* (Cf. Illusionner, cit. 2).

9 « ... rien ne devrait nous intéresser davantage que de savoir comment est bati ce monde que nous habitons, s'il y a d'autres mondes semblables, et qui soient habités aussi... » FONTENELLE, Entret. s. plur. des mondes..., Préface.

10 « ... un dictionnaire qui fonde l'usage présent sur l'histoire de la langue intéresse de plus en plus le public,... » LITTRÉ, Dict., Préface.

— (En parlant d'une personne que l'on trouve digne d'attention, de sympathie). *Alceste intéresse et plaît.* V. **Attacher** (Cf. Incartade, cit. 2). *Ces gens ne nous intéressent pas.* Par ext. *Physionomie, caractère qui intéresse un peintre, un écrivain...*

11 « Non, c'est inutile d'essayer de voir les gens que nous aimons ou qui nous intéressent comme les indifférents les voient. »
V. LARBAUD, Amants, heureux amants, p. 142.

— (En parlant de choses qui touchent personnellement, tiennent à cœur). V. **Importer, toucher.** *Son opinion m'intéresse beaucoup. Les soucis des autres n'intéressent personne. Rien ne l'intéresse que ses enfants, que son travail... Cela ne m'intéresse pas* (Cf. Peu me chaut*, peu m'importe*).

12 « La misère d'un enfant intéresse une mère, la misère d'un jeune homme intéresse une jeune fille, la misère d'un vieillard n'intéresse personne. » HUGO, Misér., III, IX, III.

13 « C'est le sommeil qui fait ta poésie,
Jeune fille avec un seul grand bras paresseux ;
Déjà le rêve t'a saisie
Et plus rien d'autre ne t'intéresse. »
COCTEAU, Morc. chois., Opéra, Jeune fille endormie.

— *Spécialt.* (En parlant de ce qui peut convenir à quelqu'un, satisfaire quelque intérêt). *Votre marché, votre proposition m'intéresse ; je vais y réfléchir. Seul un prêt*

à long terme peut m'intéresser. Seriez-vous intéressé par une assurance-vie ? (V. **Désirer**).

14 « (Ils) le regardent d'un œil soudain défavorable. Ce client-là ne les intéresse pas. » ROMAINS, H. de b. vol., t. IV, IV, p. 27.

|| 6° Faire prendre intérêt, goût (à quelque chose). *Intéresser quelqu'un à un sport, à un match de boxe* (Cf. Honneur, cit. 24). *Pédagogue qui intéresse un enfant à son travail. Absolt. Un professeur qui sait intéresser les élèves.*

|| S'INTÉRESSER. *v. pron.* Prendre intérêt*. — *Vx. S'intéresser pour quelqu'un, contre quelqu'un*, lui être délibérément favorable, défavorable.

15 « Qu'ai-je fait, que le ciel contre moi s'intéresse...? »
CORN., Toison d'or, V, 6.

16 « Mon cœur, mon lâche cœur s'intéresse pour lui ? »
RAC., Androm., V, 1.

— (De nos jours). S'INTÉRESSER À... *S'intéresser à une personne* (Cf. Gorge, cit. 28 ; haine, cit. 14). *Maître qui s'intéresse à un disciple. S'intéresser aux enfants de quelqu'un* (Cf. Famille, cit. 7). *S'intéresser à ce que fait quelqu'un* (Cf. Auspice 2, cit. 10), *à son sort* (Cf. Damner, cit. 8), *à sa santé* (Cf. Hécatombe, cit. 4). V. **Prendre** (à cœur), **préoccuper** (se), **soucier** (se). *Il s'est intéressé à vos études et m'a questionné sur vos projets d'avenir.*

17 « Puis, je me suis sentie abandonnée... personne pour s'intéresser à moi !... » MÉRIMÉE, Arsène Guillot, I.

18 « Un ami,... qui s'intéressait à ses débuts, et qui avait vu de ses vers, lui conseilla alors d'en écrire souvent,... »
HENRIOT, Portr. de femmes, p. 317.

— *S'intéresser à une science, une technique, un sport...* V. **Aimer, cultiver, pratiquer.** *S'intéresser à des découvertes* (Cf. Horticulture, cit.), *à une question sociale, à une guerre* (cit. 48)... *Il ne s'intéresse pas à la politique. S'intéresser à beaucoup de choses* (cit. 21), *à tout* (Cf. Être curieux* de tout ; et aussi Ficher, cit. 8). *Ne s'intéresser à rien* (Cf. Entrer, cit. 22). *Faire mine de s'intéresser à quelque chose* (Cf. Indifférence, cit. 7), *à ce que quelqu'un dit. Il commence à s'y intéresser.*

19 « On ne peut guère exiger des gens qui ont leurs affaires, leurs ambitions, leurs habitudes positives, de s'intéresser ardemment aux choses d'un monde idéal dont ils ne soupçonnent pas même l'existence. » STE-BEUVE, Corresp., 61, 5 janv. 1829.

20 « ... quel que soit le second métier, il importe de l'aimer, de le considérer du moins avec intérêt, et les choses sont intéressantes dans la mesure où nous nous y intéressons. »
DUHAM., Temps de la recherche, p. 202.

21 « ... capable de s'intéresser aussi bien aux propriétés des sections coniques qu'aux plus subtils problèmes de l'observation sentimentale et mondaine. » HENRIOT, Portr. de femmes, p. 220.

|| INTÉRESSÉ, ÉE. *p. p. et adj.* || Qui a un intérêt, une part, un rôle dans quelque chose (Cf. En cause, en jeu, en question). *Ce papier doit être signé par la personne intéressée* (Cf. Infidèle, cit. 9). *Les puissances intéressées* (Cf. Curée, cit. 4). *Les parties intéressées* (Cf. Absence, cit. 13 ; expédition, cit. 5). *Aventure* (cit. 19) *où la chair seule est intéressée.* — *Substant. Les intéressés* (Cf. Falsifier, cit. 9 ; historique, cit. 1). *Les parents décidaient autrefois des mariages sans consulter les intéressés. Être le principal intéressé.*

22 « C'est un des principaux témoins qui parle (Madame Verlaine) ;... Mais, entre ses partisans et ses détracteurs, l'histoire du malheureux Verlaine avait été si obscurcie que ce témoignage de la principale intéressée servira très utilement à remettre au point cette triste affaire ;... » HENRIOT, Portr. de femmes, p. 426.

— Qui recherche avant tout son avantage personnel, et particult. un avantage matériel (V. **Avare, cupide.** Cf. Artificieux, cit. 4). *Un ami hypocrite et intéressé. Vous ne le prendrez pas par les sentiments, c'est un homme intéressé qui ne fera rien pour rien* (Cf. Homme d'argent*). *Âme intéressée.* V. **Mercenaire, vénal.**

23 « — Eh bien ! repris-je, les jeunes gens m'ont jusqu'à présent paru être plus intéressés qu'intéressants, plus occupés d'eux que de nous ;... » BALZ., Mém. deux j. mariées, Œuvr., t. I, p. 162.

24 « ... personne ne vous laissera dire que le docteur Knock est intéressé. C'est lui qui a créé les consultations gratuites, que nous n'avions jamais connues ici. Pour les visites, il fait payer les personnes qui en ont les moyens... mais il n'accepte rien des indigents. »
ROMAINS, Knock, III, p. 144.

— Inspiré par la recherche d'un avantage personnel. *Une amitié, une générosité intéressée.* V. **Calculé.** *Conseil, avis intéressé. Assertions intéressées qu'on ne peut accueillir* (cit. 5) *de confiance. Raison intéressée* (Cf. Expliquer, cit. 33). *Motif intéressé* (Cf. Amour, cit. 1). *Prière intéressée* (Cf. Blasphème, cit. 4). *Les calculs* intéressés de l'avarice* (Cf. Homme, cit. 154).

25 « Mon amitié pour lui n'est point intéressée. »
RAC., Alexandre le Grand, III, 6.

26 « Tous ces conseils sont admirables assurément ; mais je les tiens un peu intéressés, et trouve que vous me conseillez fort bien pour vous. Vous êtes orfèvre, Monsieur Josse, et votre conseil sent son homme qui a envie de se défaire de sa marchandise. »
MOL., Amour méd., I, 1.

ANT. — Embêter, endormir, ennuyer*. Égal (être), indifférent. Dégoûter (de). — Désintéresser, ficher, foutre, moquer (se). — Désintéressé, généreux ; gratuit.

DER. — Intéressant. — COMP. — Désintéresser, désintéressement.

INTÉRÊT. *n. m.* (1290 ; empr. au lat *interest,* « il importe » (de *interesse,* « importer »), pris substant. au sens de « ce qui importe »).

|| **1°** (*Vx* depuis le XVIIe s.). Préjudice, tort. *Dommages et intérêts causés à quelqu'un.*

— (De nos jours). *Par ext.* Dr. *Dommages et intérêts* ou *dommages-intérêts,* indemnité due à quelqu'un pour la réparation d'un préjudice. V. **Dommage** (cit. 3 et 4).

|| **2°** Somme due par l'emprunteur au prêteur ou reçue de l'emprunteur par le prêteur en plus du capital prêté. V. **Gain, rapport, rente, revenu** (Cf. Entrepreneur, cit. 9 ; fruit 1, cit. 34). *Prêt à intérêt. Les intérêts et le principal* d'une dette* (Cf. Indexer, cit.). *Taux de l'intérêt,* pourcentage de la somme empruntée dû annuellement. V. **Annuité, loyer, prix** (de l'argent). *Intérêt à tant pour cent** (*Ex. :* Emprunter à 5 % ; *autrefois :* au denier* 20). *Intérêts simples,* perçus sur un capital fixe. *Intérêts composés,* calculés sur un capital accru de ses intérêts. *Intérêt légal,* dont le taux est fixé par la loi à défaut de convention. *Décret du 8 août 1935 fixant le taux de l'intérêt légal* (4 % en matière civile, 5 % en matière commerciale). *Intérêt abusif* ou *usuraire**. V. **Usure.** *Intérêt bancaire.* V. **Agio, commission, escompte.** *Servir un intérêt, payer des intérêts* (Cf. Compenser, cit. 1). *Intérêt qui court. Intérêts échus.* V. **Arrérage.** *Capitalisation des intérêts échus.* V. **Anatocisme.** *Intérêts moratoires*. Conversion d'intérêts.* — Ce que rapporte un capital placé. *Argent qui porte intérêt.* V. **Productif.** *Capital* et intérêts d'un prêt, d'un placement. Titre qui produit des intérêts.* V. **Dividende** (Cf. Coupon, cit. 1). *Fonds* (cit. 4) *qui se grossit des intérêts accumulés. Percevoir, toucher des intérêts. Vivre de l'intérêt de son capital.* V. **Capitaliste** (cit. 1), **épargne.**

1 « Je vous paierai, lui dit-elle,
Avant l'oût, foi d'animal,
Intérêt et principal. » LA FONT., **Fabl.**, I, 1.

2 « — ... la Sorbonne a décidé que le prêt à intérêt est un péché mortel. — Vous vous moquez de moi,... Il n'y a aucun de ces raisonneurs qui ne fasse valoir son argent quand il le peut à cinq ou six pour cent... Le clergé de France en corps emprunte à intérêt. Dans plusieurs provinces de France on stipule l'intérêt avec le principal. » VOLT., **Dict. philos.**, Intérêt.

3 « Les intérêts échus des capitaux peuvent produire des intérêts, ou par une demande judiciaire, ou par une convention spéciale, pourvu que, soit dans la demande, soit dans la convention, il s'agisse d'intérêts dus au moins pour une année entière. » CODE CIV., **Art. 1154.**

4 « Le taux d'intérêt est un prix : celui que paye le demandeur de monnaie et qu'exige le prêteur pour renoncer à son usage. » ROMEUF, **Dict. Sciences écon.**, Intérêt.

|| **3°** (XVe s.). Ce qui importe, ce qui convient à quelqu'un en quelque manière que ce soit. *Intérêt matériel, pratique, financier...* (Cf. Écheniller, cit. 1). *Intérêt moral, supérieur. Intérêt propre, particulier* (Cf. Bien 2, cit. 10). *Connaître ses intérêts, savoir où est son intérêt, suivre son intérêt* (Cf. Diriger sa barque*). *Agir, parler dans son intérêt* (Cf. Parler, prêcher pour son saint*), *contre son intérêt. Ne voir que son intérêt. Trouver son intérêt à...* V. **Avantage, compte** (Cf. Athée, cit. 16). *Avoir intérêt à faire quelque chose* (Cf. Encourager, cit. 13 ; essayer, cit. 32). *Je n'y ai aucun intérêt.* Impersonnlt. *Il y a intérêt à...* (Cf. Gold point, cit.). *Confier le soin de ses intérêts* (V. **Commettre ; commettant**). *Jeter, engager* (cit. 24), *faire entrer quelqu'un dans ses intérêts* (Cf. Agir, cit. 27). *Agir dans l'intérêt, contre l'intérêt de quelqu'un.* V. **Servir; desservir; travailler** (pour, contre). Cf. Conseiller, cit. 3. *Je vous le dis dans votre intérêt* (Cf. C'est pour* vous que je le dis), *c'est pour votre intérêt, votre propre intérêt* (Cf. Allégeance, cit. 1). *Entrer dans les intérêts d'une personne* (Cf. Domestique, cit. 6). *Épouser les intérêts d'une personne, d'un groupe* (Cf. Encroûter, cit. 2). *Contrarier* (cit. 4), *trahir les intérêts de quelqu'un.* V. **Cause.** *Communauté* (cit. 1) *d'idées et d'intérêts. Individus qui se groupent pour la défense de leurs intérêts* (Cf. Corps, cit. 44). *Intérêts majeurs. Opposition, conflit, coalition d'intérêts* (Cf. Ad hoc, cit. ; arrivisme, cit.). *Ménagements réciproques d'intérêts* (Cf. Amitié, cit. 6). *Concilier des intérêts* (Cf. Crédit, cit. 17). *Intérêt personnel et intérêt d'autrui* (Cf. Assoupissement, cit. 7 ; coopération, cit. 3 ; égarer, cit. 10 ; empêcher, cit. 10), *de tous* (Cf. Exaction, cit. 4). *Intérêt commun* (cit. 8), *général* (1, cit. 15). Cf. Aristocratie, cit. 3 ; bienséance, cit. 2. *Intérêts domestiques* (Cf. Arranger, cit. 7), *familiaux, locaux* (Cf. Autonomie, cit. 2 ; exercer, cit. 41). *Intérêt national* (Cf. Adhérer, cit. 3), *d'État.* V. **Affaire** (Cf. Atrocité, cit. 3). *Intérêt public* (Cf. Aristocrate, cit. 2). V. **Chose** (publique). *Société reconnue d'intérêt public. Intérêt social* (Cf. Abstention, cit. 2). — Spécialt. *Absolt.* Intérêt matériel, pécuniaire. *Questions d'intérêt* (Cf. *fam.,* De gros sous*). — Par ext. *Les intérêts du cœur* (cit. 152), *de l'amour* (Cf. Exclusivement, cit. 5)...

5 « — ... je vous vais parler contre son intérêt !
— Je le quitte, ma sœur, pour embrasser le vôtre : » MOL., **Dép. am.**, II, 3.

6 « Ainsi notre intérêt est toujours la boussole
Que suivent nos opinions. » FLORIAN, **Fabl.**, III, 18.

« La préférence de l'intérêt général au personnel est la seule définition qui soit digne de la vertu et qui doive en fixer l'idée. Au contraire, le sacrifice mercenaire du bonheur public à l'intérêt propre est le sceau éternel du vice. » VAUVEN., **Réflex. et max.**, XLIII. 7

« Mais quand je serais menteuse comme vous me le reprochez, quel intérêt y aurais-je ? » LACLOS, **Liais. dang.**, XCIV. 8

« J'ai si bien fait que le portier est dans nos intérêts, et qu'il m'a promis que toutes les fois que vous viendriez, il vous laisserait toujours entrer... » ID., **Ibid.**, CLVI. 9

« Les grands intérêts sont tout ce qui remue fortement les hommes, et il y a des moments où la vie n'est pas leur plus grande passion. » CHAMFORT, **Max. et pens.**, Sur l'art dramatique, XXIV. 10

« La loi de l'Intérêt général, qui engendre le Patriotisme, est immédiatement détruite par la loi de l'Intérêt particulier, qu'elle autorise, et qui engendre l'Égoïsme. » BALZ., **Curé de village**, Œuvr., t. VIII, p. 720. 11

« La communauté des intérêts est assurément un lien puissant entre les hommes. Les intérêts, cependant, suffisent-ils à faire une nation ? » RENAN, **Disc. et confér.**, Œuvr., t. I, p. 902. 12

« Ils ont des affaires très graves, paraît-il, à discuter ensemble ; toujours ces questions d'intérêt et de partage qui, à la campagne, tiennent une si grande place dans la vie. » LOTI, **Mon frère Yves**, LXVIII. 13

« ... les hommes dont la fonction est de défendre les valeurs éternelles et désintéressées, comme la justice et la raison, et que j'appelle les clercs, ont trahi cette fonction au profit d'intérêts pratiques... » BENDA, **Trahison des clercs**, p. 9. 14

« On dit souvent que ce sont les intérêts qui déchaînent les guerres ? L'expérience nous enseigne au contraire que ce sont plutôt les passions. » SIEGFRIED, **La Fontaine...**, p. 33. 15

— *Dr.* Avantage que présente pour une personne l'exercice d'un droit ou d'une action. *Intérêt matériel, moral ; actuel, éventuel. Pas d'intérêt, pas d'action. Les intérêts de l'accusé* (cit. 2). *Avoué* (cit. 2) *qui défend les intérêts de quelqu'un.*

— *Par ext.* Part, argent qu'une personne a dans une affaire. *Avoir des intérêts dans une compagnie pétrolière.*

« Perrot, c'est un des soutiens du parti. Un banquier. Il a des intérêts dans les entreprises de travaux publics. » ARAGON, **Beaux quartiers**, II, III. 16

|| **4°** *Absolt.* Recherche de son avantage personnel, particulier, attachement égoïste à ce qui est ou que l'on croit être avantageux pour soi (Cf. Action, cit. 15). *Agir par intérêt. Aimer, cultiver* (cit. 19) *quelqu'un par intérêt* (Cf. Assommer, cit. 8). *Mariage d'intérêt. Morales de l'intérêt. L'orgueil souvent plus fort que l'intérêt* (Cf. Convaincre, cit. 11). *Il se met du côté du manche, là où il croit avoir le plus d'intérêt.*

« Les vertus se perdent dans l'intérêt, comme les fleuves se perdent dans la mer. » LA ROCHEF., **Réflex. morales**, 171. 17

« Je ne suis pas un médecin mercenaire... L'intérêt ne me gouverne point. » MOL., **Méd. m. lui**, II, 4. 18

« Avec cela de l'intérêt et de la cupidité affichée, tendant la main sans honte, croyant à l'or et le disant, y mettant même une sorte de cynisme... » BEAUMARCH., **Mar. Figaro**, Notice. 19

« Avant vingt ans, tel se croit bien habile de découvrir que l'homme n'agit que par intérêt. Et naturellement il ne songe qu'aux intérêts les plus près de soi, les plus vils. Car s'il consentait à admettre que les chimères les plus désossées, aussi bien que les imaginations ou conceptions les plus sublimes, puissent parfois *intéresser* l'homme jusqu'à prendre le pas sur les intérêts vulgaires, nous serions peut-être près de nous entendre. » GIDE, **Journal**, 25 févr. 1943. 20

|| **5°** Attention favorable que l'on porte à quelqu'un, part que l'on prend à ce qui le concerne. *Porter de l'intérêt à quelqu'un* (Cf. Illusionner, cit. 3), *lui témoigner de l'intérêt* (Cf. Arrière-pensée, cit. 3). *Ne ressentir aucun intérêt pour un étranger* (Cf. Accident, cit. 10). *Prendre intérêt à la situation de quelqu'un.* V. **Soucier** (se). Cf. Faste, cit. 3. *Il prend pour mon honneur* (cit. 21) *un intérêt extrême* (MOL.). *Remercier quelqu'un de l'intérêt qu'il nous porte* (Cf. Démentir, cit. 13). *Marque, signe, témoignage, démonstration d'intérêt. Intérêt affectueux, amical, bienveillant.* V. **Bienveillance, sollicitude.**

« Qui doit prendre à vos jours plus d'intérêt que moi ? » RAC., **Iphig.**, III, 6. 21

« ... M. Mayer me marque un intérêt dont je ne suis peut-être pas digne. » DUHAM., **Salavin**, V, I. 22

« Je te remercie de l'intérêt affectueux que tu portes aux miens et de la sollicitude avec laquelle tu me réclames de leurs nouvelles. » ID., **Pasq.**, VI, X. 23

|| **6°** État de l'esprit qui prend part à ce qu'il trouve digne d'attention, à ce qu'il juge important, pour quelque raison que ce soit. *Écouter, regarder, lire avec intérêt* (Cf. Clairement, cit. 4 ; fait, cit. 24 ; folâtrer, cit. 2 ; harmonie, cit. 36). *Étudier avec intérêt.* V. **Ardeur.** *Pédagogue qui fait naître, éveille l'intérêt chez son élève.* V. **Attention, curiosité** (cit. 2), **désir** (d'apprendre). Cf. *aussi* Applaudissement, cit. 12. *Centre d'intérêt. Montrer un vif intérêt pour quelque chose* (Cf. Intéresser, cit. 20, et *aussi* prendre à cœur*). *Prendre intérêt à tout ; à peu de chose* (Cf. Fécondité, cit. 7). *Prendre intérêt à un livre* (Cf. Ennuyeux, cit. 12), *aux propos de quelqu'un* (Cf. Flatter, cit. 17), *à une polémique* (Cf. Écorcher, cit. 8), *à une découverte... Ne prendre intérêt à rien ni à soi-même* (Cf. Être 1, cit. 11). *Œuvre qui soutient l'intérêt. Style qui force l'intérêt* (Cf. Caractère, cit. 29). *Exciter, soulever, susciter l'intérêt universel* (Cf. Enlever, cit. 32).

24 « Après la publication du *Fils naturel*, il m'en avait envoyé un exemplaire, que j'avais lu avec l'intérêt et l'attention qu'on donne aux ouvrages d'un ami. »   ROUSS., **Confess.**, IX.

25 « L'auteur y mêlait au récit succinct du mouvement quelques détails pittoresques propres à exciter l'intérêt et à soulever l'enthousiasme ;... »   MADELIN, **Hist. Cons. et Emp.**, De Brumaire à Marengo, XVIII.

26 « Je peux t'affirmer que ces recherches sont de nature à bouleverser la science et qu'elles ont soulevé dans nos milieux scientifiques un intérêt ardent. »   DUHAM., **Pasq.**, VI, XI.

27 « L'affaire suscitait pourtant un intérêt profond, qui n'était pas tout de curiosité. »   M. AYMÉ, **Confort intellectuel**, p. 107.

‖ 7° Qualité de ce qui retient l'attention, captive l'esprit (V. **Intéressant***). *Intérêt d'un récit, d'une pièce* (Cf. Évolution, cit. 4), *d'un inédit* (cit. 4). *Intérêt dramatique* (Cf. Gradation, cit. 5), *anecdotique* (Cf. Flottant, cit. 12). *La riposte rapide fait l'intérêt de la conversation* (cit. 9). *Trouver de l'intérêt à un spectacle. Cela ne manque pas d'intérêt.* V. **Sel** (ne pas manquer de sel). *Histoire pleine d'intérêt. N'offrir aucun intérêt, ne pas présenter le moindre intérêt* (Cf. Glace, cit. 13). *C'est sans intérêt, dénué d'intérêt* (Cf. Facilité, cit. 18 ; frais 2, cit. 11). *Perdre tout son intérêt* (Cf. Éprouver, cit. 24). *Vie sans intérêt, monotone et vide* (Cf. Folie, cit. 30).

28 « Si vous ne frappez pas le cœur du spectateur par des coups toujours redoublés au même endroit, ce cœur vous échappe. Si vous mêlez plusieurs intérêts ensemble, il n'y a plus d'intérêt. »   VOLT., **Comment. s. Corn.**, Œdipe, V, 1.

29 « De la lutte des passions aux prises avec le point d'honneur résulte l'intérêt de la plupart des pièces de l'ancien théâtre espagnol,... »   GAUTIER, **Voyage en Espagne**, p. 221.

30 « ... on est très agréablement surpris de trouver des pages pleines de sensibilité, des morceaux étincelants d'esprit et de goût, des dissertations sur les arts, une gaieté et un comique que l'on n'aurait pas soupçonnés dans un Allemand hypocondriaque et croyant au diable et, chose importante pour les lecteurs français, un nœud habilement lié et délié, des péripéties et des événements, tout ce qui constitue l'intérêt dans le sens idéal et matériel du mot. »   ID., **Souv. de théâtre...**, p. 46.

— *Par ext.* V. **Importance, utilité** (Cf. Héritier, cit. 7). *Intérêt d'une découverte, d'une méthode, d'une fabrication* (Cf. Huile, cit. 6)... *Une déclaration du plus haut intérêt. Quel est l'intérêt d'un tel procédé ? Cela ne présente pour nous aucun intérêt.* V. **Avantage.**

31 « Ne parlez jamais de ce qui, dans le moment, a le plus petit intérêt pour vous ; cette faiblesse peut avoir les plus déplorables conséquences. »   STENDHAL, **Romans et nouv.**, Féder, I.

32 « Mieux vaut une laide avec de l'intérêt. Même dans certaine occupation, l'esprit a son intérêt. L'amour dans la bêtise est un piètre amour. »   LÉAUTAUD, **Journal littér.**, 25 août 1903, note.

33 « Dite avec naturel, la phrase ne saurait éveiller le moindre soupçon. Et elle peut arracher à Marilhat un renseignement d'un intérêt capital. »   ROMAINS, **H. de b. vol.**, t. III, XXI, p. 279.

ANT. — **Fonds. Désintéressement, gratuité. Désintérêt, indifférence. Fadeur, insignifiance ; futilité, inutilité.**

DER. — **Intéresser*** (*dér. et comp.*).

COMP. — **Désintérêt.** *n. m.* (1831 STENDHAL). État de l'esprit qui se désintéresse de quelque chose, perd l'intérêt qu'il y prenait. V. **Indifférence.**

INTERFÉRENCE. *n. f.* (1842 ; de *interférent*). *Phys.* Rencontre d'ondes de même direction, qui se détruisent ou se renforcent selon que la crête de l'une rencontre le creux de l'autre, ou que les deux crêtes se superposent. *Phénomènes des interférences.* — *Opt. Interférences lumineuses. Franges** d'interférence*, bandes alternativement brillantes et obscures résultant de l'interférence de deux radiations lumineuses. — *Acoust. Interférences sonores. Les battements** produits par deux sons de fréquences** voisines résultent de l'interférence des ondes sonores.*

— *Fig.* V. **Rencontre, superposition.**

1 « Si je cessais de souffrir par Mᴵᴵᵉ Vinteuil quand je souffrais par Léa, ces deux bourreaux de ma journée, c'est soit par l'infirmité de mon esprit à se représenter à la fois trop de scènes, soit par l'interférence de mes émotions nerveuses, dont ma jalousie n'était que l'écho. »   PROUST, **Rech. t. p.**, t. XII, p. 164.

— *Néol.* (angl.). Intervention contradictoire, immixtion.

2 « De plus, l'espèce de rivalité franco-britannique créée sur place par les interférences et les pressions de vos représentants est nuisible à l'effort de guerre des Nations Unies... »   Ch. DE GAULLE, **Mémoires de guerre**, t. II, p. 22.

INTERFÉRENT, ENTE. *adj.* (1842 ; mot sav. formé avec le lat. *inter*, « entre », et *ferens*, de *ferre*, « porter »). *Phys.* Qui présente le phénomène de l'interférence. *Rayons interférents.*

INTERFÉRER (se conjugue comme *Exaspérer*). *v. intr.* (1842 ; mot sav. formé avec le lat. *inter*, « entre », et *ferre*, « porter »). *Phys.* Produire des interférences. *Rayons qui interfèrent.*

INTÉRIEUR, EURE. *adj.* et *n.* (XVᵉ s. ; lat. *interior*, anc. comparatif).

I. *Adj.* ‖ 1° Qui est au dedans, dans l'espace compris entre les limites d'une chose, d'un être, *par oppos.* à

EXTÉRIEUR. V. **Interne ; dans, dedans.** *Volume intérieur, capacité intérieure d'un contenant, d'un récipient, d'un corps...* (Cf. Farce 1, cit.). *Soit un cercle de centre O et un point P intérieur à ce cercle. Angles intérieurs d'un polygone.* — *Cour, terrasse intérieure* (Cf. Cabanon, cit. 2 ; courtine. cit. 3 ; fumerie. cit. 3). *Paroi*, face intérieure*, tournée vers l'intérieur, le dedans. *Côté intérieur. Poche intérieure d'un vêtement* (Cf. Exploration, cit. 5 ; fouiller, cit. 28). *Parties intérieures du corps. Milieu* intérieur et milieu extérieur d'un être vivant* (Cf. Échange, cit. 15 ; greffe 2, cit. 2). *Sentir une douleur, une chaleur intérieure ; un feu intérieur.* — *Les parties, les régions intérieures, centrales d'un pays. Mer* intérieure.*

1 « La température était à trente-neuf cinq,... Il se plaignait maintenant d'une douleur intérieure. »   CAMUS, **La peste**, p. 31.

— *Par ext.* Qui concerne l'intérieur, qui a lieu à l'intérieur (de quelque chose). *Effraction* (cit. 2) *intérieure. Balistique** (cit.) *intérieure. Vie intérieure d'une famille* (Cf. Envelopper, cit. 25).

— *Spécialt.* Qui concerne un pays, son territoire. *Organisation, politique intérieure* (Cf. Fédéralisme, cit. 2 ; fulminer, cit. 2). *Commerce** intérieur* (Cf. Exportation, cit. 3). *Navigation intérieure. Douanes intérieures* (Cf. Expédition, cit. 14 ; fleuve, cit. 7). *S'immiscer dans les affaires intérieures d'un pays. Guerre, lutte intérieure.* V. **Civil, intestin** (*adj.*). Cf. Agiter, cit. 11.

— *Autom. Conduite* intérieure.*

‖ 2° *Fig.* Qui concerne la vie psychologique, qui se passe dans l'*âme**, dans le *cœur**, dans l'*esprit** (par oppos. à *sensible, physique*). V. **Intime, privé...** *Vie* intérieure* (Cf. Affoler, cit. 4 ; ascèse, cit. 1 ; coutre, cit. 3 ; enfant, cit. 39 ; heureux, cit. 42 ; impudeur, cit. 3). *Le gouvernement* (cit. 6) *intérieur, de soi-même. For** (cit. 1 à 4) *intérieur* (Cf. Confesser, cit. 12). *Sentiment intérieur* (Cf. Engagement, cit. 2 ; étourdir, cit. 19 ; faiblesse, cit. 15 ; humilité, cit. 14 ; immédiat, cit. 1). *Temps intérieur, psychologique, vécu* (Cf. Faiseur, cit. 16). *Connaissance, révélation intérieure* (Cf. Immanence, cit. 3 ; immédiatement, cit. 1). *Exaltation* (cit. 12), *flamme* (cit. 14), *activité... intérieure. Bouillonnement, feu** (1, cit. 69), *frémissement* (cit. 14), *souffle intérieur* (Cf. Anémique, cit. 2 ; bégaiement, cit. 1 ; éclater, cit. 29). *Équilibre intérieur* (Cf. Homogène, cit. 5). *L'enthousiasme* (cit. 10), *dieu intérieur. Mouvement, rythme intérieur* (Cf. Envelopper, cit. 30 ; frémissement, cit. 7). *Voix*, vision* intérieure* (Cf. Entrouvrir, cit. 5 ; improvisation, cit. 7). — *Qualités, défauts, mérites intérieurs*, qui ne se remarquent pas. V. **Secret** (Cf. Augmenter, cit. 20). *Détachement, respect, abaissement... intérieur* (Cf. Autorité, cit. 48 ; délier, cit. 6 ; humilité, cit. 8).

2 « Notre vie secrète n'est pas nécessairement une vie profonde. Le repliement sur nous-mêmes, qui devait multiplier les jouissances comme les richesses de la vie intérieure, ne conduira qu'à une culture du moi, tout artificielle et toute stérile, si elle est détournée des principes de communion, des valeurs d'universalité, auxquels est suspendu le développement de la vie spirituelle. Entre les idées voisines de vie intérieure et de vie spirituelle, dont les termes sont souvent pris l'un pour l'autre, il y a donc une distinction à faire, et qui peut aller jusqu'à l'opposition. »   L. BRUNSCHVICG, **Vie intérieure et vie spirituelle.**

3 « *La Porcia* de Shakespeare parle quelque part de cette « musique que tout homme a en soi ». — *Malheur, dit-elle, à qui ne l'entend pas !* — Cette musique, la nature aussi l'a en elle... (Ce livre) *est l'écho... de ce chant qui répond en nous au chant que nous entendons hors de nous...* »   Victor Hugo, il y a un peu plus de cent années, justifiait ainsi le titre des *Voix intérieures*. »   ARAGON, **Les yeux d'Elsa**, p. XXXI.

— *Par ext. L'homme* (cit. 46) *intérieur* (Cf. Histoire, cit. 11). *Spécialt.* et *Vx.* Qui ne se préoccupe que de sa vie intérieure, spirituelle, mystique.

— (Avec un adverbe de comparaison). *Des crimes* (cit. 9) *plus ou moins intérieurs* (VALÉRY). *Une religion très intérieure* (THIBAUDET, in GREVISSE).

4 « La première salle où est le comptoir est presque déserte. Mais il y a une salle plus intérieure, où une dizaine de personnes... causent,... »   ROMAINS, **H. de b. vol.**, t. III, XII, p. 168.

5 « ... le poète saisit quelque chose qui n'a plus rien de commun avec la parole, certains rythmes de vie et de respiration qui sont plus intérieurs à l'homme que ses sentiments les plus intérieurs. »   PAULHAN, **Fleurs de Tarbes**, p. 67.

II. N. m. ‖ **1°** Espace compris entre les limites d'une chose. V. **Dedans.** *L'intérieur d'une boîte, d'un violon* (Cf. Âme, cit. 83), *d'un fourneau* (cit. 9) *de pipe. Tenir à l'intérieur de quelque chose.* V. **Contenir ; contenu.** *Mettre, enfermer** à l'intérieur de...* V. **Inclure, rentrer.** *Intérieur d'une salle* (Cf. Flambeau, cit. 1), *d'une boutique, d'une église, d'un édifice...* (Cf. Anuiter, cit. ; éblouissant, cit. 1 ; ermite, cit. 1 ; galerie, cit. 12 ; gentil 2, cit. 6 ; gothique, cit. 11 ; groom, cit. 3 ; huis, cit. 5). *Intérieur d'un navire, d'une gondole* (cit. 2). Cf. Écoutille, cit. 1. — *L'intérieur du corps* (Cf. Incrustation, cit. 2). — *L'intérieur de la terre.* V. **Entrailles** (2°). Cf. Fouiller, cit. 23.

6 « Sur la cheminée, dans une coupe, des fruits de cristal s'éclairaient de l'intérieur par des ampoules électriques... »   CHARDONNE, **Destin. sentim.**, p. 187.

‖ 2° *Absolt.* (En parlant d'une salle, d'un bâtiment).
V oulez-vous m'attendre à l'intérieur ?

7 « Le feu le plus ardent ne parvenait pas à sécher les murs, plus froids à l'intérieur qu'au dehors, comme dans les cachots ou les sépulcres,... »
BLOY, **La femme pauvre**, II, X.

— *Un intérieur, l'intérieur de quelqu'un :* l'intérieur de sa maison*, son logis (V. **Chez-soi**), et *par ext.* son ménage. V. **Domestique** (vx), **foyer.** *Un intérieur soigné, confortable* (cit. 1), *net, propre, modeste...* (Cf. Encombrer, cit. 8 ; femme, cit. 81). *Rester dans son intérieur* (Cf. Dans sa coquille*). *Une femme d'intérieur,* qui se plaît, excelle à tenir sa maison. *Vêtement, veston d'intérieur* (Cf. Flanelle, cit. 1).

8 « ... une maison commode et saine, un intérieur bien ordonné, de la propreté,... »
SENANCOUR, **Oberman**, XXXV, 2.

9 « Chacun, n'ayant pas encore eu le temps de se créer un intérieur, vivait dans la rue, sur les promenades, dans les salons publics. »
CHATEAUB., M. O.-T., t. IV, p. 116.

10 « Vous voyez un intérieur allemand, plancher de sapin bien frotté au grès, murailles blanches, fenêtres encadrées de houblon,... »
GAUTIER, **Souv. de théâtre...**, p. 44.

11 « Dans l'appartement de sa maîtresse, il a pour règle de ne rien laisser qui soit à lui. Rien surtout de ce qui touche à la commodité pratique. Il lui répugnerait d'y retrouver, selon l'usage, un pyjama et des pantoufles. Est-ce par un sentiment de vulgaire prudence ? Il ne le croit pas. Il s'est toujours méfié, peut-être avec un certain préjugé doctrinaire, du sentiment d'« intérieur », de la notion même d'« intérieur », qui lui semble essentiellement bourgeois. Il attribue au charme maléfique des intérieurs douillets et calfeutrés cette espèce de dégénérescence, d'engraissement, d'ensommeillement, qu'il a déploré tant de fois chez des hommes plus âgés que lui. C'est à dessein qu'il a gardé, malgré son goût de l'ordre, l'arrangement d'existence d'un vieil étudiant. »
ROMAINS, H. de b. vol., t. I, XIV, p. 150.

— *Spécialt. Tableau, photographie d'intérieur,* et *absolt. Intérieur :* Tableau de genre représentant l'intérieur d'une maison, d'un édifice, ou une scène de vie familiale. *Intérieurs de peintres hollandais du XVII° s.*

‖ 3° En parlant d'un pays, d'une région. *L'intérieur du pays*, *des terres** : la partie la plus éloignée des limites, des frontières. *À l'intérieur de la ville.* V. **Intra-muros.** — *Absolt. T. d'Administr., de Polit. et de Comm. Le pays lui-même, par oppos. à l'Étranger. À l'intérieur et à l'extérieur. Lutter contre les ennemis de l'intérieur. Ce produit est entièrement consommé à l'intérieur. — Le Ministère de l'Intérieur s'occupe de l'Administration, de la police de l'État,* par oppos. au *Ministère des Affaires étrangères* et aux *Ministères spécialisés. Absolt. Être employé, travailler à l'Intérieur. On lui a confié l'Intérieur.*

12 « Louis XVIII me nomma ministre de l'Intérieur par *intérim.* Ma correspondance avec les *départements* ne me donnait pas grand'besogne ; je mettais facilement à jour ma correspondance avec les préfets, sous-préfets, maires et adjoints de nos bonnes villes, du côté intérieur de nos frontières ;... »
CHATEAUB., M. O.-T., t. III, p. 356.

13 « La conquête dirigée vers l'intérieur du pays s'appelle propagande... ou répression. Dirigée vers l'extérieur, elle crée l'armée. »
CAMUS, **L'homme révolté**, p. 226.

‖ 4° *Vieilli* ou en *T. de Dévotion.* La vie intérieure, la « partie intime de l'âme » (LITTRÉ). Cf. Approfondir, cit. 8 LA BRUY. *L'intérieur des animaux :* leur vie psychique (Cf. Arranger, cit. 8 BUFFON). — *L'affectation* (cit. 3) *d'un grave intérieur* (MOL.).

14 « ... il n'y a point d'intérieur humain, si pur qu'il puisse être, qui ne recèle quelque vice odieux. »
ROUSS., **Confess.**, X.

‖ 5° *Fig. L'intérieur d'un groupe, d'une communauté...* (Cf. Fusionner, cit. 1 ; gouvernant, cit. 11 ; hindouiste, cit. 2). *À l'intérieur de sa condition, de son état* (cit. 79). *Étudier, comprendre quelque chose par l'intérieur* (Cf. Fibre, cit. 4), *de l'intérieur.*

15 « ... si Marx a émis sur le système patriarcal, féodal, capitaliste... des vues profondes, c'est parce qu'il a commencé par se mettre à l'intérieur de ces réalités, par les *vivre ;...* »
BENDA, **Trahison des clercs**, p. 41.

‖ 6° Sports (*Football*). Joueur placé à l'intérieur du terrain entre les ailiers et l'avant-centre (On dit plus couramment *Inter : inter droit, inter gauche*).

16 « Le demi droit W ne suivit pas la balle. L'inter gauche X et l'extrême gauche Y furent trop personnels. »
MONTHERLANT, **Olympiques**, p. 48.

ANT. — **Extérieur*. Bord, confin, contour, côté, dehors, entrée, frontière ; façade.**

DER. — **Intériorité. — Intérieurement.** *adv.* (XV° s.). Dans l'intérieur, au dedans. *Galerie* (cit. 1) *enrichie intérieurement d'une colonnade. Globe* (cit. 11) *terrestre éclairé intérieurement.* — *Spécialt.* Dans l'esprit, le cœur, l'âme. V. **Intimement** (Cf. Apparence, cit. 20). *Pester, rager intérieurement.* V. **Bas** (tout bas), **in petto, secrètement.** Cf. Faux 1, cit. 15 (ANT. **Extérieurement, ouvertement**).

1 « Vivez cent ans, et moquez-vous intérieurement des médecins, ainsi que du reste du monde. »
VOLT., **Lett. au duc de Richelieu**, 4 avr. 1773.

2 « ... on parla de me ramener en France sans avoir vu Rome et Naples. C'était m'arracher mon rêve au moment où j'allais le saisir. Je me révoltai intérieurement contre une pareille idée. »
LAMART., **Graziella**, I, 1.

INTÉRIM (*-rim'*). *n. m.* (1412 ; adv. lat. « pendant ce temps », de *inter*, « entre »). Intervalle de temps pendant lequel une fonction* est vacante, est exercée par une autre personne que le titulaire. *Dans l'intérim, son adjoint le remplaça. L'intérim dura un mois. — Charge*, fonction exercée par intérim.* V. **Intérimaire.** *Administrer, gouverner par intérim* (Cf. Intérieur, cit. 12 CHATEAUB.). V. **Provisoirement.** — *Fig.* V. **Intervalle ; entre-temps** (vieilli).

1 « ... le jeune lieutenant Warburton, commandant par intérim la compagnie B..., prit possession de sa tranchée,... »
MAUROIS, **Silences col. Bramble**, VIII.

— *Par ext.* Exercice d'une fonction pendant l'intérim. V. **Remplacement.** *Se charger de l'intérim ; assurer l'intérim de quelqu'un.* — *Fig. :*

2 « ... me dire qu'elle vous a remplacée dans ma vie et qu'elle fait l'intérim de notre intimité pendant votre absence ? »
BARBEY d'AUREV., **Vieille maîtresse**, II, IV.

DER. — **Intérimaire.** *adj.* (1796). Relatif à un intérim. *Fonction, charge intérimaire* (V. **Transitoire**). Qui fait l'intérim. V. **Remplaçant. Ministre intérimaire.** — *Substant. Le titulaire et l'intérimaire.*

INTÉRIORITÉ. *n. f.* (1606 ; de *intérieur*). Caractère de ce qui est intérieur* (au propre et au figuré). Cf. Extériorité, cit. 1. « *En* », *préposition qui marque l'intériorité* (Cf. Gérondif, cit. 3).

INTERJECTION. *n. f.* (XIII° s. ; du lat. gramm. *interjectio,* « intercalation », de *jacere,* « jeter »).

I. *Gramm.* « Mot invariable susceptible d'être employé isolément et comme tel inséré (lat. *interjectus*) entre deux termes de l'énoncé... pour traduire d'une façon vive une attitude du sujet parlant » (MAROUZEAU). *Les interjections comprennent des cris* et onomatopées* (Oh ! Patatras !), *des substantifs accompagnés ou non d'une épithète, d'un déterminatif...* (Attention ! Mon Dieu !...), *des adjectifs* (Bon ! Tout doux !), *des adverbes ou locutions adverbiales* (Et alors ! En avant !), *des verbes, le plus souvent à l'impératif* (Penses-tu ! Va donc !), *des propositions entières* (Fouette cocher !). *Interjection d'appel, de colère, de douleur, de joie, de mécontentement, de mépris, de triomphe* (Cf. Hosanna, cit. 1). *Point d'interjection :* d'exclamation (Cf. Fausset 1, cit. 5). — REM. *Interjection* désigne surtout la forme grammaticale, souvent très simple et réduite à un cri, tandis que *Exclamation* insiste sur le contenu expressif. V. **Exclamation** (cit. 2).

PRINCIPALES INTERJECTIONS :

Ah !	Fichtre !	Ouais !
Aïe !	Flûte !	Ouf !
Arrière !	Foutre !	Ouiche !
Attention !	Gai !	Oust(e) !
Avant (en) !	Gare !	Paf !
Bah !	Grâce !	Paix !
Bas (à bas !)	Gué (ô) !	Pan !
Baste !	Ha !	Pardi !
Bénédiction !	Halte !	Pardieu !
Bernique !	Hé !	Pardienne ! (*vx*)
Bien (eh bien !)	Hein !	Pargué ! (*vx*)
Bigre !	Hélas !	Patatras !
Blague (sans) !	Hem !	Patience !
Bon !	Hep !	Peste !
Bougre !	Heu !	Peuh !
Bravo !	Hi ! hi !	Pif !
Brrr !	Ho !	Pouah !
Çà ! (or çà !)	Holà !	Pouf !
Casse-cou !	Hom ! (*vx*)	Psitt !
Chut !	Hon ! (*vx*)	Qui va là ?
Ciel !	Hop !	Qui vive ?
Clac !	Hors (d'ici) !	Quoi ! (eh quoi !)
Clic !	Hou !	Sapristi !
Comment ! (Et	Houp !	Seigneur !
comment !)	Hourra !	Silence !
Crénom !	Hue !	Sus !
Crotte !	Hum !	Tarare ! (*vx*)
Dame !	Las !	Tiens !
Debout !	Malepeste !	Tonnerre (de Brest,
Diable !	Mâtin !	de Dieu) !
Diantre !	Mazette !	Tope-là !
Dieu ! (Bon, grand,	Merde !	Tout beau !
juste Dieu, mon	Mince !	Tralala !
Dieu, vingt dieux,	Minute !	Tudieu !
etc.)	Miséricorde !	Va !
Doucement !	Morbleu !	Vivat !
Eh !	Motus !	Vlan !
Euh !	Nom (de...) !	Zest ! (*vx*)
Exemple (par) !	Oh !	Zut !
Fi !	Ohé !	

→ INTERJECTIONS ÉTRANGÈRES (*parfois utilisées en français*) : Caramba, évohé, goddam, stop...

1 « Ceux-même qui ne sont pas des nôtres (*les protestants*), défendent pourtant entre eux l'usage du nom de Dieu, en leurs propos communs. Ils ne veulent pas qu'on s'en serve par une manière d'interjection ou d'exclamation,... »
MONTAIGNE, **Essais**, I, LVI.

2 « L'interjection proprement dite, aussi peu intellectuelle que possible, toujours claire grâce aux circonstances et au ton, est donc en quelque sorte dépourvue de forme. Mais on peut voir, par l'étude des interjections, le passage du *cri* au *signe,* le passage du *réflexe animal* au *langage humain.* L'interjection est devenue... un procédé, parfois élégant et littéraire, d'exprimer une grande variété de sentiments différents... »
BRUNOT et BRUNEAU, **Gramm. hist.**, § 418.

II. (1690 ; refait d'après *interjeter**). *Procéd.* Action d'interjeter (un appel).

DER. — (du lat. *interjectivus*) : **Interjectif, ive.** *adj.* (XVIIIᵉ s.). Qui joue le rôle d'une interjection, est relatif à l'interjection. *Locution, forme interjective.*

INTERJETER. *v. tr.* (XVᵉ s. ; de *inter-*, et *jeter*, à l'imit. du lat. *interjicere*). *Dr.* Introduire, faire intervenir (un appel). *Interjeter appel** (cit. 19). V. **Interjection** (II).

« La requête est sujette à communication au ministère public. En cas de rejet de la requête, il peut être interjeté appel. » CODE CIV., Art. 228.

INTERLIGNE. *n. m.* et *f.* (1600 ; de *inter-*, et *ligne*).

I. *N. m.* Espace* qui est entre deux lignes écrites ou imprimées. V. **Entre-ligne ; blanc.** *Écrit dans l'interligne.* V. **Interlinéaire.** *Écrire, ajouter quelque chose dans un interligne* (Cf. Horrible, cit. 12). — Spécialt. *Mus.* Espace entre deux lignes de la portée musicale. *La portée comprend cinq lignes et quatre interlignes.*

1   « ... la nomenclature de mes péchés... avec les blancs et interlignes de rigueur, pourrait à peine... former un ou deux vol. *in-8°* par jour,... » GAUTIER, **Préface** Mˡˡᵉ **de Maupin**, p. 15 (éd. critique MATORÉ).

— *Par ext.* Ce que l'on écrit dans un interligne. *La loi interdit les interlignes dans les actes notariés. Les corrections et interlignes d'un manuscrit.*

II. *N. f.* *T. d'Imprim.* Lame de métal servant à séparer et à maintenir les lignes (V. *infra*, **Interligner ; interlignage**).

2   « ... les agiles mouvements d'un compositeur grappillant ses lettres dans les cent cinquante-deux cassetins de sa *casse*, lisant sa copie, relisant sa ligne dans son composteur en y glissant une interligne,... » BALZ., **Illus. perdues**, Œuvr., t. IV, p. 470.

DER. — **Interligner.** *v. tr.* (1579 au p. p. in HUGUET). || 1° Écrire dans les interlignes. *Les mots interlignés dans un acte notarié sont déclarés nuls.* Absolt. *Les conservateurs des hypothèques ne doivent pas interligner sur leurs registres.* || 2° *T. d'Imprim.* Séparer les lignes par des interlignes. *Interligner une composition* (DER. **Interlignage**. *n. m.* (1872 P. LAROUSSE). Action, manière d'interligner).

INTERLINÉAIRE. *adj.* (XIIIᵉ s. ; lat. médiév. *interlinearis*, de *inter-*, et *linea*). Qui est écrit dans l'interligne, dans les interlignes. *Gloses, notes, scholies interlinéaires.* — *Traduction interlinéaire*, où chaque ligne de texte est accompagnée de sa traduction, dans l'interligne. *Édition, version interlinéaire d'un texte grec, de la Bible.*

« Les savants ont compulsé les manuscrits, interrogé les scholies — les marginales, les intermarginales et les interlinéaires,... » DUHAM., **Refuges de la lecture**, I, p. 26.

INTERLOCUTEUR, TRICE. *n.* (XVIᵉ s. MAROT ; dér. sav. du lat. *interloqui*, « interrompre », p. p. *interlocutus*. V. **Interloquer**).

|| 1° Personnage qu'un écrivain introduit dans un dialogue*. *Les interlocuteurs des dialogues de Platon, de Lucien.*

|| 2° Personne qui parle, converse avec une autre (Cf. Conversation, cit. 9 ; entretien, cit. 9). *Un agréable, un dangereux interlocuteur. Se faire comprendre de son interlocuteur* (Cf. Articulation, cit. 7). *Interlocuteur qui répond, donne la réplique, contredit...* (Cf. Folie, cit. 7). *Rechercher un interlocuteur* (Cf. Incommoder, cit. 4). *Spirituelle interlocutrice.*

1   « Rien de plus piquant que sa conversation (*de B. Constant*),... quand avec une perfide et admirable adresse il avait conduit son adversaire dans le piège qu'il lui avait tendu, il le laissait là battu et terrassé sous le coup d'une épigramme dont on ne se relevait pas... En un mot c'était un interlocuteur, un second, digne de Mᵐᵉ de Staël... » CHÊNEDOLLÉ, in STE-BEUVE, **Chateaubriand**, t. I, p. 153.

2   « Elle interpellait les passants, les interrogeait, les consultait, les excitait à l'insolence... À défaut d'interlocuteur, elle se parlait à elle-même... » BLOY, **La femme pauvre**, II, XVI.

— (*Néol.*). Personne avec laquelle on peut engager une négociation en matière politique. *Rechercher des interlocuteurs qualifiés, valables.*

INTERLOCUTION. *n. f.* (1549 ; du lat. *interlocutio*, de *interloqui*).

I. *Peu usit.* Discours* qu'échangent des interlocuteurs. V. **Dialogue.**

II. *Dr.* (*Vieilli*). Décision judiciaire par laquelle on prononce un jugement interlocutoire*.

INTERLOCUTOIRE. *adj.* (1283 ; dér. sav. du lat. *interloqui*). *Dr.* Se dit des jugements* *avant dire droit* qui statuent sur une mesure d'instruction ou sur un sursis en préjugeant le fond de la demande. *Jugement interlocutoire* (et substant. *Un interlocutoire*) *ordonnant, refusant une enquête, une expertise.* — *Par ext. Enquête, preuve, rapport interlocutoire.*

1   « Depuis tantôt six mois que la cause est pendante,
        Nous voici comme aux premiers jours...
        Sans tant de contredits et d'interlocutoires,
        Et de fatras et de grimoires,
        Travaillons... » LA FONT., **Fabl.**, I, 21.

« ... ce n'était pas seulement le fond de l'affaire qui se jugeait par le combat, mais encore les incidents et les interlocutoires... »   2
MONTESQ., **Espr. des lois**, XXVIII, XIX.

INTERLOPE. *n. m.* et *adj.* (1685 DE LACOURBE ; empr. à l'angl. *interloper*, de *to interlope*, formé de *inter-*, et d'une forme dial. de *to leap*, « sauter », d'apr. OXFORD).

|| 1° Vx. *N. m.* Navire marchand trafiquant en fraude (soit sur une côte réservée aux navires d'une autre nation, d'une autre compagnie..., soit dans les ports en état de blocus).

|| 2° Adj. *Navire, vaisseau interlope. Commerce interlope* (V. **Contrebande, fraude**).

— *Fig.* V. **Équivoque, louche, suspect.** *Monde, société interlope. Maison interlope et mal famée. Personnage interlope.*

« Enfin, on commençait à parler de Malaga dans le monde interlope des femmes équivoques,... » BALZ., **Fausse maîtresse**, Œuvr., t. II, p. 42.

INTERLOQUER. *v. tr.* (1450 au sens I ; du lat. jurid. *interloqui*, « interrompre »).

I. Vx. *Dr.* Interrompre (une affaire, un procès) par un jugement interlocutoire*. *On a interloqué cette affaire* (LITTRÉ). — *Par ext. Interloquer quelqu'un :* porter contre lui une sentence interlocutoire.

« — On plaide, et je me trouve enfin interloquée !   1
   — Interloquée ! Ah ciel ! quel affront est-ce là ?
   ... — Pourquoi donc de ce terme être si fort piquée ?
C'est un mot du barreau... » REGNARD, **Légat. univ.**, III, 8.

II. (1787, au passif. *Être interloqué*). Rendre tout interdit, décontenancé. V. **Démonter, interdire** (Cf. *pop.* Couper le sifflet*). *Cette interruption, cette réflexion, cette plaisanterie l'a interloqué. Il a interloqué son contradicteur.* Cf. Jeter* à bas (*fig.*). — *Son arrivée, son attitude nous a interloqués* (V. **Embarrasser, étonner...**). — *Rester, demeurer interloqué.* V. **Court** (demeurer), **déconcerté, ébahi, épaté, étonné, étourdi, interdit...** (Cf. Inattendu, cit. 3).

« ... si je suis orateur, aucune interruption ne m'interloquera à la   2
tribune. » BALZ., **L'âne mort**, Œuvr. div., t. I, p. 212 (5 févr. 1830).

« Il se préoccupait tant de l'effet à produire que plus d'une fois, un   3
railleur, Blondet, avait parié l'interloquer, et avec succès, en dirigeant un regard obstiné sur la frisure du poète, sur ses bottes ou sur les basques de son habit. » BALZ., **Mod. Mignon**, Œuvr., t. I, p. 510 (1844).

« ... si elle se remettait à rire et dire des extravagances, brusque-   4
ment un regard de son mari, ou de Christophe, l'interloquait ;... » R. ROLLAND, **Jean-Christ.**, La révolte, II, p. 533.

« Il (*Bernard*) gémit si fort que Zazou se réveille à son tour et,   5
furieux, crie plus fort que le patient. Bernard, interloqué, se tait et se rendort. » DUHAM., **Plaisirs et jeux**, III, VIII.

ANT. — **Enhardir.**

INTERLUDE. *n. m.* (1839 BOISTE ; absent de LITTRÉ et de HATZFELD ; admis ACAD. 1935 ; de *inter-*, et du lat. *ludus*, « jeu »). Petit intermède* dans un programme dramatique, musical, cinématographique, etc. — Spécialt. *Mus.* Passage que l'on joue à l'orgue entre les versets d'un choral. Courte pièce exécutée entre deux autres plus importantes. — *Fig.* Épisode (généralement agréable, divertissant). V. **Intermède.**

« ... Deux fois déjà dans sa vie... il avait trouvé le bonheur par le détachement des affaires humaines. Mortel vulnérable, il se plaisait à ces divins interludes. » MAUROIS, **Vie de Byron**, II, XVII.

INTERMÈDE. *n. m.* (1597 ; *intermédie* en 1559 ; empr. à l'ital. *intermedio*, du lat. *intermedius*, de *medium*, « milieu ». Cf. autre forme ital. : *intermezzo*, employée par GIRAUDOUX comme titre d'une de ses pièces).

|| 1° Vx. Ce qui, étant placé entre deux choses, permet à l'une d'agir sur l'autre (V. **Intermédiaire**). « *C'est par l'intermède de l'eau que s'opèrent... les concrétions...* » (BUFFON). *Intermède* se dit encore en pharmacie de la substance employée pour faciliter la mixtion, le mélange des ingrédients.

|| 2° Sorte de divertissement, de représentation entre les actes d'une pièce de théâtre, les parties d'un spectacle... (V. **Entremets, vx**). Cf. Fil, cit. 10 ; gambade, cit. 1. *Jouer des intermèdes pendant les entractes*. Intermède chanté, dansé* (V. **Ballet, divertissement**). *Intermède de musique, en musique. Les intermèdes du Malade imaginaire, du Bourgeois gentilhomme, de Molière. Au XVIIᵉ s. en Italie, l'intermède musical, intercalé entre les actes d'une tragédie, d'un* opera seria *devint* « *une sorte d'opéra en miniature* » (HODEIR).

« La cérémonie turque... se fait en danse et en musique, et compose   1
le quatrième intermède. » MOL., **Bourg. gent.**, IV, 5.

« Nous applaudissons beaucoup à cette idée de couper une représen-   2
tation par des intermèdes dont l'attrait consiste dans la contemplation de belles jeunes femmes habilement groupées ;... » GAUTIER, **Souv. de théâtre...**, p. 54

|| 3° *Par ext.* (sens absent de LITTRÉ). Ce qui interrompt quelque chose, sépare dans le temps deux choses de même nature. V. **Arrêt, entracte, interruption.** *Intermède qui interrompt, coupe la carrière* (2, cit. 17) *de quelqu'un. Divin intermède.* V. **Interlude.** *Jour d'été polaire, sans intermède de nuit.* V. **Intervalle** (Cf. Crépuscule, cit. 2).

3 « Ôtez le temps des soins, celui des maladies,
Intermède fatal qui partage nos vies. »
LA FONT., **Poème du quinquina**, I.

4 « Seul dans la campagne avec un être qu'il aime, un homme est rarement malheureux. Le séjour à Newstead avait été un intermède tendre et gai. Dès que Byron revint à Londres, il retrouva la tempête. »
MAUROIS, **Vie de Byron**, II, XX.

INTERMÉDIAIRE. adj. et n. (1678 ; dér. sav. du lat. *intermedius*, de *medium*, « milieu »).

I. Adj. Qui, étant entre deux termes*, se trouve placé dans une situation moyenne, forme une transition ou assure une jonction, une communication, une transmission. *Le gris, couleur intermédiaire entre le noir et le blanc. Ton intermédiaire. Les termes extrêmes et le terme intermédiaire.* V. **Moyen** (Cf. Gamme, cit. 10). *Zones supérieure, intermédiaire et inférieure* (Cf. Cavité, cit. 1). *Langue, époque... intermédiaire entre deux autres* (Cf. Celtique, cit. ; élancement, cit. 1 ; hypno-, cit. 2). *Habitation intermédiaire entre la tente et la maison* (Cf. Gourbi, cit. 2). *Chaînons intermédiaires d'une évolution* (Cf. Homme, cit. 7). *Position intermédiaire. Intercaler*, ajouter un degré intermédiaire. S'arrêter à une solution, à un parti intermédiaire :* à un moyen terme, un compromis... — Géol. *Terrain intermédiaire* (entre une couche de formation primitive et une couche de formation récente). — Radio. *Fréquence intermédiaire :* moyenne. — Mécan. *Arbre intermédiaire transmettant un mouvement.*

1 « Sa position ne fut jamais qu'un état intermédiaire entre l'esclavage et la liberté originaire,... »
RAYNAL, **Hist. philos.**, XIV, 42.

2 « (Des hommes) qui savent saisir des nuances fines, qui peuvent recevoir à la fois un grand nombre d'idées et suppléer aux idées intermédiaires que l'on a supprimées... »
CONDORCET, Duhamel.

— *Être extraordinaire* (cit. 14) *intermédiaire entre l'homme et Dieu.* — *Le gouvernement* (cit. 32), *corps intermédiaire entre les sujets et le souverain.* Absolt. *Les corps* (cit. 44) *intermédiaires.*

II. N. m. || **1°** Terme, état intermédiaire. V. **Entre-deux, milieu, moyen** (terme), **moyenne.** *Tous les intermédiaires existent entre ces deux états, ces deux extrêmes...* (Cf. Homosexualité, cit.).

|| **2°** Action de s'entremettre, de servir de lien entre deux choses, deux personnes. V. **Entremise, médiation, pont** (fig.), **truchement.** *L'intermédiaire de la monnaie facilite l'échange* (cit. 2). — *Par l'intermédiaire de...* V. **Canal, moyen, voie** (Cf. Abstrait, cit. 5 ; germe, cit. 4). *Cause agissant par l'intermédiaire d'une autre.* V. **Médiat.**

3 « Ce puissant monarque semble avoir gouverné la France par l'intermédiaire de son frère... »   MICHELET, **Hist. de France**, II, III, p. 68.

4 « L'intermédiaire se marque au moyen de diverses locutions : *par l'intermédiaire, l'entremise*, ou simplement à l'aide de *par...* On dit, en termes judiciaires : *par voie de, par ministère de :* **par voie d'huissier.** »
BRUNOT, **Pens. et langue**, p. 668.

|| **3°** Ce qui, se trouvant entre deux termes, deux choses, sert à les mettre en rapport, en relation, à les faire communiquer. *Sans intermédiaire :* directement, immédiatement. — Spécialt. *Intermédiaire de manège :* dispositif d'engrenages transmettant un mouvement.

5 « Je suis moins tenté que des choses, parce qu'entre l'argent et la possession désirée il y a toujours un intermédiaire ; au lieu qu'entre la chose même et sa jouissance il n'y en a point. »
ROUSS., **Confess.**, I.

6 « La peinture, c'est la vie. C'est la nature transmise à l'âme sans intermédiaire, sans voile, sans règle de convention. »
E. DELACROIX, **Lettre à M. Soulier**, p. 3.

7 « L'Église aussi est un intermédiaire entre Dieu et nous et, dans ce commerce intime de l'âme avec Dieu, tout intermédiaire peut assez vite apparaître comme un obstacle. »
FAGUET, **Ét. littér.**, XVIIe s., p. 450.

8 « Le langage devenait un intermédiaire de l'homme en son désir, entre l'homme et son travail, comme il y a des intermédiaires entre le producteur et le consommateur. »   SARTRE, **Situations I**, p. 202.

— N. m. et f. (En parlant de personnes). *Un, une intermédiaire.* V. **Agent*, entremetteur** (1°), **interprète, médiateur** (Cf. Banquier, cit. 3 NECKER). *Médiums* servant d'intermédiaires entre les êtres vivants et les « esprits ». Intervenir comme intermédiaire dans une discussion, une altercation.* V. **Interposer** (s'). *Intermédiaire dans une négociation.* V. **Négociateur** (Cf. Électoral, cit. 2). *Un intermédiaire les mit en rapport, en relations, en contact.*

9 « Un consul (à Rome) est quelque chose de plus qu'un homme ; il est l'intermédiaire entre l'homme et la divinité. »
FUSTEL de COUL., **Cité antique**, III, X.

— Spécialt. *Écon. polit.* Se dit, au sens large, de « tous les individus intervenant dans les circuits commerciaux » (ROMEUF). V. **Commerçant.** *Intermédiaires entre le producteur et le consommateur, entre le vendeur et l'acheteur... Vente directe, sans intermédiaire* (Cf. De la main* à la main). *Acheter quelque chose de seconde main, à un intermédiaire.* — (Sens étroit) *Intermédiaires du commerce,* ou absolt. *Intermédiaires :* « Agents dont le rôle est d'établir des relations et de faciliter les échanges entre les diverses

entreprises participant à la distribution des biens (producteurs, grossistes, détaillants) » (ROMEUF). V. **Agent, commissionnaire, courtier, mandataire, représentant, voyageur...**

10 « Il faut enfin obtenir qu'un volume se fabrique exactement comme un pain, et se débite comme un pain, qu'il n'y ait d'autre intermédiaire entre un auteur et un consommateur que le libraire. »
BALZ., **Le feuilleton**, I (Œuvr. div., t. I, p. 365).

11 « Le mot *intermédiaire*, — qui est un des plus beaux du vocabulaire humain : l'abeille est l'intermédiaire entre le miel et la fleur, la musique, l'intermédiaire entre le son et l'oreille — est devenu le mot honteux du vocabulaire français. Le rôle d'intermédiaire, dans la civilisation moderne un rôle égal à celui du créateur,... relève tout juste, chez nous, du démarcheur ou de l'entremetteur. »
GIRAUDOUX, **Pleins pouvoirs...**, p. 131.

12 « Toutes les entreprises qui participent à la distribution des biens (producteurs, grossistes, détaillants) peuvent être mises en relation par des agents appelés « intermédiaires du commerce » dont le rôle est de faciliter les échanges, d'améliorer la connaissance du marché et la concurrence, en corrigeant les effets de la multiplicité et de la dispersion des entreprises susceptibles de vendre ou d'acheter. »
ROMEUF, **Dict. Sc. écon.**, Commerce intérieur

ANT. — **Extrême, immédiat. Producteur, consommateur.**

INTERMEZZO. V. **Intermède** (Etym.).

INTERMINABLE. adj. (XIVe s. ; empr. au bas lat. *interminabilis*). Qui n'a pas ou ne semble pas avoir de terme* ; de limite (dans l'espace ou dans le temps) ; qui continue* très longtemps. V. **Durée** (de longue), **fin** (sans) ; **énorme, éternel, infini, long*.** *Cortège, colonne* (cit. 15), *cordon* (cit. 9), *rang, file* (cit. 10) *interminable* (Cf. Air 2, cit. 22, et les loc. S'étendre à perte de vue*, n'en plus finir*). *Conversations, discours... ; phrases, digressions, silences interminables* (Cf. Bouffi, cit. 4 ; claque, cit. ; flotter, cit. 12 ; hacher, cit. 14). *Interminable « parlement »* de femme (RAB. III, 24). *Interminable soirée* (Cf. Engourdir, cit. 2). *Tâche, travail interminable :* que l'on ne peut terminer (Cf. Toile de Pénélope).

1 « ... ce roi sage qui a su calmer des querelles ecclésiastiques qu'on croyait interminables. »   VOLT., **Les Guèbres**, Disc. hist. et crit...

2 « ... des mains pâles, aux doigts interminables. »
MAUPASS., **Fort comme la mort**, I, II.

3 « Pendant des semaines et des semaines, ce fut l'interminable défilé des ânes, des chameaux, des mulets qui ravitaillaient la colonne. »
THARAUD, **Rabat**, VI.

4 « ... les minutes paraissent à la fois interminables et passionnantes d'intérêt. »   ROMAINS, **H. de b. vol.**, t. V, XXIII, p. 195.

ANT. — **Bref, court.**

DER. — **Interminablement.** adv. (1842). D'une manière interminable ; sans fin* (V. **Éternellement**). *Parler, discourir, pérorer interminablement. Répéter interminablement la même chose. Sonnette, timbre qui grelotte* (cit. 7) *interminablement.*

1 « ... puis, elles s'asseyaient dans la boutique, où elles parlaient de la chère femme, interminablement, sans se lasser de répéter la même phrase pendant des heures... »   ZOLA, **L'Assommoir**, IX.

2 « Il n'y a de Dieu que Dieu... » Et cette phrase, reprise interminablement comme sur un chapelet, emplit tout ce coin de la nuit, jette sa monotone paix sur les gens et les choses... » THARAUD, **Rabat**, VIII.

INTERMISSION. n. f. (1377 ; du lat. *intermissio*, de *intermittere*, « mettre entre »). Vx. V. **Interruption, intervalle.** — Spécialt. Méd. V. **Intermittence.**

« La tristesse est le relâchement de la douleur, sorte d'intermission de la fièvre de l'âme qui conduit à la guérison ou à la mort. »
CHATEAUB., **Natchez**, II, II.

INTERMITTENCE. n. f. (1720, *intermittence du pouls* ; de *intermittent*).

|| **1°** Caractère de ce qui est intermittent. V. **Discontinuité.** *L'intermittence d'une source* (LITTRÉ).

|| **2°** Arrêt momentané, intervalle* (Cf. Accélérer, cit. 2). — Spécialt. Méd. Intervalle entre deux accès* (de fièvre, d'une maladie...). V. **Intermission, relâche, rémission.** *Intermittence du pouls, du cœur :* « arrêt... rompant la série régulière des pulsations cardiaques » (GARNIER). — Fig. *Les intermittences du cœur* (PROUST. Sod. et Gom., II, II, et Cf. infra, cit. 3 MAUROIS).

1 « ... ce sentiment est impérissable, naturel, de tous les instants ; tandis que je soupçonne l'amour, par exemple, d'avoir ses intermittences. On n'aime pas de la même manière à tous les moments,... »
BALZ., **Mém. deux j. mariées**, Œuvr., t. I, p. 250.

2 « C'était une de ces intermittences fréquentes dans les combats nocturnes, qui sont toujours suivies d'un redoublement d'acharnement. »
HUGO, **Misér.**, IV, XIV, VII.

3 « Proust a décrit les alternatives du désespoir et de l'oubli, les rémissions et les rechutes les intermittences du cœur... »
MAUROIS, **Recher. M. Proust**, IV, III.

— *Par intermittence* (ou *par intermittences*) : irrégulièrement, par accès (Cf. Amateur, cit. 7). *Travaillez d'arrache-pied et non par intermittence.*

4 « Jacques lui apparaissait de profil, et seulement par intermittences, à cause des voisins. »   MART. du G., **Thib.**, t. IV, p. 46.

ANT. — **Continuité, permanence, régularité.**

INTERMITTENT, ENTE. adj. (1567 ; lat. *intermittens*, de *intermittere*, « mettre entre, discontinuer »). Qui est discontinu, s'arrête et reprend par intervalles*, avec des interruptions*. V. **Discontinu, irrégulier.** *Fièvre** (cit. 2) *intermittente.* V. **Erratique, rémittent ; paludisme** (Cf. Apyrexie, cit.). *Pouls*, souffle intermittent* (Cf. Décliner, cit. 8) *Folie* (cit. 7) *intermittente :* circulaire. — *Source, fontaine intermittente. Lumière intermittente.* V. **Clignotant, éclipse** (à). *Mouvements intermittents, spasmodiques* (V. **Soubresaut**). *Éruption intermittente* (Cf. Gronder, cit. 7). *Pluie intermittente. Bruits, hurlements* (cit. 2) *intermittents* (Cf. Déferler, cit. 2). *Efforts, coups de collier* (cit. 14) *intermittents.* — Par ext. *Bègue* (cit. 2) *intermittent.*

1   « Peu à peu, il y eut moins d'intervalle entre les bouffées (*de sirocco*) ; je les sentis venir aussi avec plus de régularité, mais toujours intermittentes et saccadées comme la respiration d'un malade accélérée par la fièvre. »   FROMENTIN, **Été dans le Sahara,** p. 85.

2   « Le moins possible j'habite le *Deerhound* ; j'y suis intermittent (comme certaines fièvres de Guinée), reparaissant tous les quatre jours pour les besoins du service. »   LOTI, **Aziyadé,** II, X.

ANT. — **Consécutif. Continu, permanent, régulier.**

INTERNAT (*-na*). n. m. (1829 ; de *interne*).

‖ 1° État d'élève interne. *Bourse d'internat* (ACAD.). *Enfant à qui l'internat ne convient pas.* — Par ext. *École* où vivent des internes.* V. **Pension, pensionnat.** *Internat de jeunes filles.* — Ensemble des internes. *Consigner l'internat d'un collège en période d'épidémie.*

1   « Il était un de ces caractères auxquels l'internat imprime une tare ineffaçable ;... »   V. LARBAUD, **Fermina Marquez,** p. 54.

2   « ... nous nous sommes rendu le jour même auprès du censeur... C'est un homme inflexible et qui a la triste expérience des internats. »   MART. du G., **Thib.,** t. I, p. 16.

‖ 2° Fonction d'un interne* des hôpitaux. *Concourir pour l'internat* (ACAD.). — Par ext. *Durée de ces fonctions. Pendant son internat...* — Concours qui donne le titre d'interne en médecine. *Préparer l'internat.*

ANT. — **Externat.**

INTERNATIONAL, ALE, AUX. adj. (1802 ; de *inter-*, et *national*). Qui a lieu, qui se fait de nation* à nation, entre plusieurs nations ; qui a trait aux rapports des nations entre elles. *Relations internationales* (Cf. Exterritorialité, cit.). *Commerce international. Marchés internationaux* (Cf. Exporter, cit. 2). *Politique internationale. La paix internationale* (Cf. Belliqueux, cit. 2). *Souveraineté de l'État* (cit. 109) *sur le plan interne et sur le plan international. Conférence internationale* (Cf. Grossièreté, cit. 5). *Congrès* international. Convention* internationale. Droit* (cit. 62 et 67) *international privé et public. Arbitrage* de la Cour de justice internationale de La Haye. Assemblée internationale de l'O.N.U. Comité international de la Croix*-Rouge.* — *Port, territoire international,* placé sous le contrôle de plusieurs nations. — T. de Sports. *Championnats internationaux,* auxquels participent des concurrents de plusieurs nations. V. **Mondial.** *Un champion international.* — Substant. *Un international,* champion qui prend part à des épreuves internationales. *Les internationaux de l'équipe de France.*

1   « Ce diplomate (*Anthony Eden*), entièrement dévoué aux intérêts de son pays, ne méprisait pas ceux des autres et restait soucieux de morale internationale au milieu des brutalités cyniques de son temps. »   Ch. DE GAULLE, **Mémoires de guerre,** t. I, p. 198.

— Spécialt. *Association internationale des travailleurs,* et par abrév. *l'Internationale,* groupement de prolétaires des diverses nations du monde, unis pour la défense de leurs revendications communes (Cf. Confisquer, cit. 3). *Karl Marx, fondateur de la première Internationale. Section française de l'Internationale ouvrière* (S.F.I.O.). *Chant* (1, cit. 5) *de ralliement de l'Internationale,* et par abrév. *l'Internationale,* hymne révolutionnaire.

2   « ... on vous enrégimente dans cette fameuse Internationale, cette armée de brigands dont le rêve est la destruction de la société... »   ZOLA, **Germinal,** IV, II.

3   « L'Internationale ? Une manifestation d'unité spirituelle du prolétariat. Et ça n'est pas rien... Mais son organisation, réelle est encore à créer. »   MART. du G., **Thib.,** t. V, p. 90.

4   « ... le jour de son arrivée, au train, ils étaient bien une centaine à attendre le candidat, avec des drapeaux rouges, et ils ont chanté *l'Internationale*. »   ARAGON, **Beaux quartiers,** I, XVI.

5   « La faillite de la deuxième internationale a prouvé que le prolétariat était déterminé par autre chose encore que sa condition économique et qu'il avait une patrie, contrairement à la fameuse formule. »   CAMUS, **L'homme révolté,** p. 266.

DER. — **Internationaliser. — Internationalisme.** *n. m.* (1876). Doctrine préconisant l'union internationale des peuples, par delà les frontières. *Internationalisme ouvrier.* — **Internationaliste.** *n.* (fin XIXᵉ s.). Partisan de l'internationalisme. — Adjectivt. *Idéal internationaliste* (Cf. Adhérer, cit. 3). — **Internationalité.** *n. f.* (1872). Peu usit. État, caractère de ce qui est international.

1   « Pour Fritsch et ses pareils, l'idéal internationaliste implique d'abord la suppression de l'idée de Patrie. Est-ce nécessaire ?... L'homme a beau faire : il est d'un climat. Il a son tempérament d'origine. Il a sa complexion ethnique... Et ce patriotisme-là n'a rien de foncièrement incompatible avec notre idéal de révolutionnaires internationalistes ! »   MART. du G., **Thib.,** t. V, pp. 22-23-24.

2   « ... c'est plus que jamais dans les cadres nationaux que prend place le développement de la personne ; l'internationalisme, qui fut un beau rêve, n'est plus que l'illusion têtue de quelques trotzkystes. »   SARTRE, **Situations III,** p. 70.

INTERNATIONALISER. *v. tr.* (XXᵉ s. ; de *international*). Rendre international ; donner un caractère international à... *Internationaliser un port, une zone.*

DER. — **Internationalisation** (*-syon*). *n. f.* (XXᵉ s.). Action d'internationaliser ; résultat de cette action. *L'internationalisation du territoire de Trieste. L'internationalisation d'un conflit.*

INTERNE. adj. (XIVᵉ s., subst., « ce qui est à l'intérieur » ; XVIᵉ s., adj. ; du lat. *internus*).

‖ 1° Qui est situé en dedans*, se présente au dedans, est tourné vers l'intérieur. V. **Intérieur.** *Bords, parois, parties internes.* — Géom. *Angles internes* opposés aux *angles externes* dans la figure de deux parallèles coupées par une sécante. *Angles alternes*-internes.* — Anat. *Oreille interne* (Cf. Aqueduc, cit. 3 ; auditif, cit. 1). *Face* (cit. 35) *interne d'un membre. Sens internes,* par oppos. aux *sens externes* (cit. 2).

‖ 2° Qui appartient au dedans. *Structure interne de la terre* (Cf. Géodynamique, cit.). *Énergie interne de l'atome* (cit. 18). — Méd. *Maladie interne* (Cf. Envahissement, cit. 4). *Glandes endocrines* (cit. 1) *à sécrétion interne. Hémorragie interne.* — Fig. *Causes internes.* V. **Intrinsèque.** *Différences internes d'un peuple hétérogène* (cit. 2). — Philos. *Sens interne,* ou *intime*. V. **Conscience.**

‖ 3° *Élève interne,* ou substant. *Un, une interne,* élève logé et nourri dans l'établissement scolaire qu'il fréquente. V. **Pensionnaire.** *Mettre un enfant interne au lycée. Les internes d'un collège.* V. **Internat.** — Spécialt. et substant. (1818). Étudiant en médecine qui, ayant passé avec succès le concours de l'internat*, loge dans l'hôpital auquel il est attaché. *Interne des hôpitaux de Paris.*

1   « Avant d'être interne à l'Hôtel-Dieu, Horace Bianchon était un étudiant en médecine, logé dans une misérable pension du quartier latin,... »   BALZ., **Messe de l'athée,** Œuvr., t. II, p. 1151.

2   « ... le Dr Thibault... notre chef de clinique... Un type de valeur..., ajouta-t-il avec satisfaction, comme s'il entendait un de ses internes parler de lui. »   MART. du G., **Thib.,** t. II, p. 67.

3   « Je ne peux pas parler à mon père, il m'enfermerait. Ou il me mettrait quelque part en pension, comme interne. »   ARAGON, **Beaux quartiers,** I, XXIII.

ANT. — **Extérieur, externe.**

DER. — **Internat, interner.**

INTERNER. *v. tr.* (1704, *s'interner,* « s'unir intimement » ; 1845 au sens jurid. ; de *interne*).

‖ 1° *Vx.* (mais encore dans ACAD. 1935). Condamner (quelqu'un) à résider dans une localité déterminée avec défense d'en sortir. *On a interné les suspects dans les départements de l'Ouest* (P. LAROUSSE).

‖ 2° Par ext. (Sens absent chez LITTRÉ, et seul usité de nos jours). V. **Emprisonner, enfermer.** *Interner des réfugiés politiques dans un camp de concentration. Forçats* (cit. 5) *internés dans une maison centrale de force.* Substant. *Régime des internés politiques.* V. **Prisonnier.** — Spécialt. Enfermer* dans un asile, un hôpital psychiatrique. *Interner un fou* dangereux. Aliéné interné,* et substant. *Pavillon des internés.*

1   « Le grand reproche qu'on lui fait aujourd'hui (*à la loi du 30 juin 1838 sur les aliénés*), c'est de n'avoir pas exigé un contrôle effectif de l'état de l'individu avant son internement. En effet, pour faire interner une personne, il suffit (art. 8) d'une demande d'admission formée par un parent ou un tiers en relations avec elle, appuyée par un *certificat de médecin* constatant l'état mental et la nécessité d'enfermer le malade. »
JULLIOT de la MORANDIÈRE, **Droit civil,** t. I, nᵒ 674 (éd. Dalloz).

2   « De février 1841 au mois d'août 1853, Gérard de Nerval avait été interné cinq ou six fois, pour divers troubles, excitation maniaque et cyclothymie. Après chacune de ces stations à la clinique... il avait connu des répits plus ou moins prolongés... »   HENRIOT, **Romantiques,** p. 408.

DER. — **Internement.** *n. m.* (1838 d'apr. WARTBURG). Action d'interner ; état d'une personne internée. — *Anciennt.* Assignation à résidence* forcée dans une localité déterminée avec défense d'en sortir. — (De nos jours) *Internement d'un inculpé* (cit. 2). V. **Emprisonnement.** *Camp d'internement. Mesure d'internement. Internement des relégués dans un établissement pénitentiaire.* V. **Relégation.** — Spécialt. *Internement des aliénés,* régi par la loi du 30 juin 1838 (Cf. *supra,* Interner, cit. 1). *Internement volontaire. Internement ordonné par l'autorité publique. Demander, prescrire d'office l'internement d'un aliéné.*

« Suis-je son parent ou puis-je, à ce titre, provoquer son internement dans une maison de santé ? »
COURTELINE, **MM. ronds-de-cuir,** IIIᵉ tabl., III.

INTERPELLATEUR, TRICE (*-tèr-pè-la*). n. (1549 ; lat. *interpellator*). Celui, celle qui interpelle*. — Spécialt. (1790). Celui, celle qui fait une interpellation*. *Interpellateur qui monte à la tribune de l'Assemblée.*

INTERPELLATION (*-tèr-pè-la-syon*). n. f. (*Interpellacion* en 1352, « action d'interrompre un discours » ; lat. *interpellatio*). Action d'interpeller, d'adresser vivement la parole à quelqu'un. *Cette brusque interpellation me troubla* (ACAD.). V. **Apostrophe.** — *Polit.* (1789). Demande d'explications adressée au gouvernement par un membre du Parlement en séance publique. *Demande d'interpellation déposée sur le bureau de l'Assemblée. Renvoyer une interpellation. Répondre à une interpellation. Débat qui s'engage sur une* *interpellation et se termine normalement par un ordre du jour.*

« J'ai vu Caillaux. Personnellement, ton interpellation ne le gêne pas. Mais bien entendu, par solidarité ministérielle, il souhaite qu'on puisse l'éviter. » ROMAINS, **H. de b. vol.**, t. III, XVI, p. 208.

INTERPELLER (*-tèr-pè-lé*). *v. tr.* (1352 ; du lat. *interpellare*, « interrompre, sommer »). Adresser la parole, d'une façon plus ou moins brusque, à quelqu'un pour lui demander quelque chose, l'interroger, le questionner, l'insulter...

— Vx. *Interpeller* (quelqu'un) *de*, suivi d'un infinitif. V. **Sommer.** *Il fut sommé et interpellé de répondre* (ACAD.).

— (De nos jours). *Interpeller quelqu'un.* V. **Apostropher, appeler.** *Camelot qui interpelle les passants. Il l'interpella d'aussi loin qu'il le vit.* V. **Héler.** *Interjections servant à interpeller.* V. **Eh, hé, hep, holà, ohé...** — *Pronominalt.* (à sens réciproque) *Brouhaha* (cit. 3) *de gens qui se bousculent* (cit. 4) *en s'interpellant à grands cris. Automobilistes qui s'interpellent grossièrement.*

1 « Sur l'invitation de Benassis, qui les interpella chacun à son tour pour éviter les politesses de préséance, les cinq convives du médecin passèrent dans la salle à manger et s'y attablèrent,... » BALZ., **Médecin de campagne**, Œuvr., t. VIII, p. 432.

2 « Javert interpella le portier du ton qui convient au gouvernement, en présence du portier d'un factieux. » HUGO, **Misér.**, V, III, X.

3 « Je l'interpellai, rien que pour lui faire tourner la tête de mon côté... » CÉLINE, **Voyage au bout de la nuit**, p. 439.

4 « Par les ruelles, les jeunes gens commençaient la traîne, interpellant les filles qui allaient par bandes. » ARAGON, **Beaux quartiers**, I, XXV.

5 « J'ai remarqué à ce moment que tout le monde se rencontrait, s'interpellait et conversait, comme dans un club où l'on est heureux de se retrouver entre gens du même monde. » CAMUS, **L'étranger**, p. 120.

— *Spécialt.* (1790). *Polit.* Demander à un ministre, au gouvernement de s'expliquer sur ses actes, sur sa politique. *Interpeller le ministre des Finances sur son projet de réforme fiscale.*

DER. — (du même radical) : Cf. Interpellateur, interpellation.

INTERPOLATEUR, TRICE. *n.* (1578, « celui qui cherche à fausser la vérité » ; 1721 au sens mod. ; du lat. *interpolator*). Celui, celle qui interpole*, qui fait une interpolation. *Un interpolateur maladroit* (ACAD.).

INTERPOLATION (*-syon*). *n. f.* (*Interpollacion* au XIVe s., « interruption » ; 1546, « action de polir, de remettre quelque chose en état » ; 1706 au sens mod. ; du lat. *interpolatio*). Action d'interpoler* un texte ; résultat de cette action. *Copie altérée par de nombreuses interpolations.* — *Par métaph.* (Cf. *infra*, cit. 2 MAUROIS). — *Spécialt.* (1812). *Math. et Phys.* Intercalation de valeurs ou de termes intermédiaires dans une série de valeurs ou de termes connus. *Formule d'interpolation. L'interpolation, opération approchée.*

1 « Il se promène, lisant, récitant au besoin ce qu'il sait par cœur. Dans sa ferveur, il ne répugne pas à l'interpolation. Il prête aux grands hommes. Il ajoute aux textes illustres. » DUHAM., **Salavin**, III, IX.

2 « Fontane, qui avait plus d'imagination que de mémoire, essayait de combler les vides de ses souvenirs, mais l'implacable précision de Pauline découvrait aussitôt les interpolations... » MAUROIS, **Roses de septembre**, III, VI.

INTERPOLER. *v. tr.* (XIVe s., mais 1721, au sens mod. : du lat. *interpolare*, « réparer », d'où « falsifier »). Introduire dans un texte, par erreur ou par fraude, des mots ou des phrases n'appartenant pas à l'original de ce texte. *Glose* interpolée par un copiste.* V. **Intercaler.** — *Par ext.* Altérer un texte par une ou plusieurs interpolations*. *Interpoler grossièrement un passage.* — *Spécialt.* (1829). *Math. et Phys.* Procéder à une interpolation*.

1 « On avait copié le discours au château, en supprimant quelques passages et en interpolant quelques autres. » CHATEAUB., **M. O.-T.**, t. III, p. 24.

2 « ... le texte a été interpolé ; il n'y a rien de tel dans le manuscrit conservé à Rome, et l'éditeur des *Mémoires* y a outrageusement jeté un faux. » MADELIN, **Hist. Cons. et Emp.**, Le Consulat, VIII.

3 « Avec les carnets de voyage de Michelet... madame Michelet a composé, sous le nom de l'historien, un volume intitulé *Rome*, qui... constitue une véritable trahison, par l'arrangement auquel a été soumis le texte des originaux, interpolés, coupés, raboutés ou récrits par cette redoutable collaboratrice. » HENRIOT, **Romantiques**, p. 391

ANT. — **Authentique. Extrapoler** (*T. de Sc.*).

INTERPOSER. *v. tr.* (1355, *personne interposée* ; 1538, à l'infinitif ; du lat. *interponere*, avec influence de *poser*). Poser entre* deux choses. *Interposer un écran* entre une source lumineuse et l'œil.* V. **Mettre, placer, poser.** *Planchettes interposées entre la maçonnerie et les poutres.* V. **Intercaler** (Cf. Fil, cit. 28). — *Par métaph.* (Cf. Hiver, cit. 5) — *Pronominalt.* Se mettre entre. *Il y a éclipse de soleil quand la lune s'interpose entre le soleil et la terre* (V. **Interposition**). — Par métaph. ou fig. *Image, pensée qui s'interpose entre le livre et les yeux du lecteur* (Cf. Encombrer, cit. 11). *Obstacles* qui s'interposent entre deux êtres.* V. **Dresser** (se). **séparer.**

« ... le temps est un voile interposé entre nous et Dieu, comme notre paupière entre notre œil et la lumière. » CHATEAUB., **M. O.-T.**, t. II, p. 82. 1

« Elle n'avait avec moi aucune de ces craintes, de ces réserves, de ces pudeurs, qui s'interposent dans les relations d'une jeune fille et d'un jeune homme et qui souvent font naître l'amour des précautions mêmes que l'on prend pour s'en préserver. » LAMART., **Graziella**, IV, II. 2

« Elle ne pouvait plus supporter cette voix polie, traînante, qui s'interposait toujours entre Antoine et elle.... » MART. du G., **Thib.**, t. VII, p. 227. 3

« Ce verre grossissant, ce verre déformant qui si souvent s'était interposé entre elle et les créatures, soudain disparaissait ; et elle voyait Georges tel qu'il était réellement... » MAURIAC, **Fin de la nuit**, VI, p. 125. 4

— *Fig.* Faire intervenir*. *Interposer son autorité.* — *Pronominalt.* *S'interposer dans une dispute, une querelle,* intervenir* pour y mettre un terme. V. **Entremettre** (s'). *Tenter de s'interposer. Des amis communs se sont interposés pour les réconcilier* (ACAD.). *S'interposer entre des hommes qui se battent.*

« À l'égard du malheureux Patkul, il n'y eut pas une puissance qui interposât ses bons offices en sa faveur... » VOLT., **Hist. Charles XII**, III. 5

« ... toutes les fois que l'autorité souveraine voudra s'interposer dans les conflits de l'honneur et de la religion, elle sera compromise des deux côtés. » ROUSS., **Lettre à d'Alembert.** 6

« Sa mère, quand elle tâchait de s'interposer, était rudoyée comme lui. » FLAUB., **Éduc. sentim.**, I, II. 7

— *Négocier par personnes interposées :* en les prenant comme intermédiaires. *Personnes interposées,* qui figurent dans un acte juridique en leur propre nom, à la place du véritable intéressé. V. *infra,* **Interposition** (Cf. Adjudicataire, cit. 2).

« Toute disposition au profit d'un incapable sera nulle, soit qu'on la déguise sous la forme d'un contrat onéreux, soit qu'on la fasse sous le nom de personnes interposées. » CODE CIV., Art. 911. 8

« ... le véritable propriétaire du cercle qui est aussi mêlé à diverses maisons de jeu, par personnes interposées, ou par association, à Paris et en Province, dans les villes d'eau et des plages à la mode. » ARAGON, **Beaux quartiers**, III, VI. 9

INTERPOSITION (*-syon*). *n. f.* (XIIe s. ; du lat. *interpositio*). Situation d'un corps interposé* entre deux autres. *Interposition de la lune entre le soleil et la terre.* — *Fig.* V. **Entremise, intervention, médiation.** — *Spécialt.* Dr. *Interposition de personne,* dans un acte juridique où elle ne figure qu'en apparence en son propre nom.

« La loi poursuit l'enfant naturel jusque dans sa descendance légitime, car elle suppose que les libéralités faites aux petits-enfants s'adressent au fils naturel par *interposition* de personne. » BALZ., **Ursule Mirouët**, Œuvr., t. III, p. 337. 1

« Traditionnellement contigu au monde russe, en dépit même de l'interposition de la Pologne, il (*l'Allemand*) est physiquement proche de l'atmosphère moscovite. » SIEGFRIED, **Âme des peuples**, V, II. 2

INTERPRÉTATIF, IVE. *adj.* (1380 ; du lat. *interpretativus*). Qui sert à l'interprétation. *Déclaration interprétative.*

DER. — **Interprétativement.** *adv.* (XVe s.) *Peu usit.* D'une manière interprétative, explicative.

INTERPRÉTATION. *n. f.* (XIIe s. « révélation » ; du lat. *interpretatio*).

‖ **1°** Action d'expliquer, de donner une signification claire à une chose obscure ; résultat de cette action. V. **Explication.** *Interprétation d'un texte.* V. **Commentaire, exégèse, glose, métaphrase, paraphrase ; herméneutique** (Cf. Copte, cit. 1). *Donner, faire l'interprétation d'un passage difficile.* V. **Interpréter.** *Interprétation judicieuse, fondée ; erronée, fausse* (V. **Contresens, sens** (faux). *Être d'avis différent sur l'interprétation à donner à un texte...* V. **Varier.** *Interprétation spiritualiste, mystique, anagogique, allégorique d'un texte* (V. **Spiritualisation**). *La cabale*, interprétation allégorique de la Bible. S'attacher aux interprétations symboliques plus qu'à la lettre d'un texte* (Cf. La lettre tue et l'esprit vivifie*). — *Document historique d'interprétation difficile. Interprétation des lois par la Cour de cassation. Interprétation des conventions d'après la commune intention des parties...* (Cf. CODE CIV., art. 1156 et suiv.). *Interprétation d'une clause de contrat, d'un traité* (Cf. Incorporation, cit. 2).

« ... l'interprétation mystique que les rabbins mêmes donnent à l'Écriture. » PASC., **Pens.**, X, 642. 1

« ... je ne me suis permis cette interprétation des premiers versets de la Genèse que dans la vue d'opérer un grand bien : ce serait de concilier à jamais la science de la nature avec celle de la théologie. » BUFF., **Époques de la nature**, Introd. 2

« Les textes ont besoin de l'interprétation du goût : il faut les solliciter doucement jusqu'à ce qu'ils arrivent à se rapprocher et à former un ensemble où toutes les données soient heureusement fondues. » RENAN, **Vie de Jésus**, Préface. 3

« Sans doute, des divergences peuvent se manifester entre les interprétations poétiques d'un poème, entre les impressions et les significations ou plutôt entre les résonances que provoque, chez l'un ou chez l'autre, l'action de l'ouvrage. » VALÉRY, **Variété V**, p. 310. 4

— *Interprétation d'un symbole. Interprétation des songes, des augures, des signes...* V. le suffixe **-Mancie.**

5 « Il m'a causé aussi de l'interprétation des songes,... à l'entendre, celui qui, pendant son sommeil, voit des cloches en branle est menacé d'un accident ; » HUYSMANS, **Là-bas**, p. 71.

— *Spécialt. et Vx.* V. **Traduction.**

|| **2° Par ext.** Action de proposer, de donner une signification (aux faits, gestes, paroles de quelqu'un) ; résultat de cette action. *Interprétation arbitraire* (cit. 4), *détournée, biaise* (cit. 14), *tendancieuse, frauduleuse* (cit. 2). *Mauvaise, fausse interprétation.* V. **Malentendu, mésinterprétation.** *Erreur d'interprétation. Les diverses interprétations d'un même fait* (V. **Version**) ; *d'une même phrase...* (Cf. Équivoque, cit. 4 ; impopulaire, cit. 2). *Mot, phrase à double sens, pouvant recevoir plusieurs interprétations.* V. **Amphibologique.** *Être sujet à, susceptible de diverses interprétations. Il ne faut pas donner à ce qu'il a dit une interprétation trop étroite, trop stricte* (Cf. Prendre* au pied de la lettre, au sérieux, sérieusement). *Donner une mauvaise interprétation, une interprétation malveillante à tout* (Cf. Avoir l'esprit mal tourné*).

6 « Quelle liberté s'est-elle donnée qui pût, je ne dis pas mériter une censure, mais souffrir une mauvaise interprétation ? » FLÉCH., **Orais. fun. Marie-Thérèse.**

7 « La manière dont le monde des apparences s'impose à nous et dont nous tentons d'imposer au monde extérieur notre interprétation particulière, fait le drame de notre vie. » GIDE, **Faux-Monnayeurs**, II, V.

8 « Ils parlent tous de Daniel comme d'une énigme, songeait Antoine, en traversant la place. « Et chacun me donne son interprétation personnelle... Et, bien probablement, il n'y a pas d'énigme du tout ! » MART. du G., **Thib.**, t. IX, p. 79.

— *Interprétation des phénomènes sociaux* (Cf. Individualisme, cit. 10), *de la physique moderne* (Cf. Indéterminisme, cit. 1 ; indéterministe, cit. 2). *Interprétation perceptive de la sensation* (Cf. Hallucination, cit. 1).

|| **3°** (1874 in LITTRÉ, Suppl.). Façon dont une œuvre dramatique, musicale est jouée, exécutée. V. **Exécution.** *Interprétation d'un rôle, d'un personnage* (par un acteur). *Interprétation traditionnelle, classique, nouvelle... Cette sonate est d'une interprétation difficile. Difficultés d'interprétation.*

9 « ... si magistrale que vous puisse paraître une actrice qui donnerait de ce rôle une interprétation très différente, ce serait une erreur d'en conclure : voici donc comme il faut le jouer. Bien au contraire, ce serait une raison pour ne pas recommencer. » GIDE, **Attendu que...**, p. 197.

10 « Certains gestes saccadés qui lui échappèrent apparurent aux plus avisés comme un effet de stylisation qui ajoutait encore à l'interprétation du chanteur. » CAMUS, **La peste**, p. 218.

— *Par anal.* (En parlant d'un peintre, d'un écrivain...). *Interprétation originale d'un thème rebattu.* « *Une belle gravure* (cit. 3) *est plus qu'une copie ; c'est une interprétation* » (GAUTIER).

INTERPRÈTE. *n.* (XIVᵉ s. ; du lat. *interpres, -etis*).

|| **1°** Celui, celle qui explique, éclaircit le sens d'un texte. V. **Commentateur, exégète, métaphraste.** *Doctes interprètes des lois* (Boss.). — *Par anal. Interprète des rêves, des songes, des signes des astres... Les augures, interprètes des signes, des présages...*

1 « Tous les interprètes de ce livre (*le Coran*) conviennent que... » VOLT., **Essai s. l. mœurs**, VII.

|| **2°** (Fin XVIᵉ s.). « Celui qui, servant d'intermédiaire entre deux personnes ne sachant pas la langue l'une de l'autre, explique ou traduit à tour dans la langue de l'une ce que dit l'autre » (LITTRÉ). V. **Truchement.** *Les interprètes d'une ambassade, d'un consulat. Interprète militaire* (Cf. Armée, cit. 14). *Ancien interprète dans les pays du Levant.* V. **Drogman.** *Interprète bilingue, polyglotte.*

2 « ... cette obligation de passer par une tierce personne est un obstacle, une sorte d'écran isolateur qui, malgré la bonne grâce de l'interprète, suffit à tout arrêter. » LOTI, **L'Inde (sans les Anglais)**, III, IV.

— *Vieilli.* Celui, celle qui traduit un texte d'une langue dans une autre (on dit aujourd'hui *Traducteur*).

|| **3°** Personne qui est chargée de faire connaître, d'exprimer les sentiments, les volontés, les intentions d'une autre. V. **Intermédiaire, porte-parole.** *Soyez mon interprète auprès de lui. Se faire l'interprète de quelqu'un auprès* (cit. 19) *d'une autre personne. Servir d'interprète à...* (Cf. Grommeler, cit. 4). — *Les prêtres, interprètes de la divinité* (Cf. Emblème, cit. 3 ; entremetteur, cit. 2). *Le hibou* (cit. 1) « *oiseau qu'Atropos prend pour son interprète* » (LA FONT.). — *Par ext. Être l'interprète des volontés de quelqu'un, de ce qu'il a à dire* (Cf. Fortuitement, cit. 1).

3 « (*Les poètes*) Qui sont du Dieu très haut les sacrés interprètes, » RONSARD, **Bocage royal**, À très illustre prince Charles.

4 « (*Polyclète*) Des volontés d'Auguste ordinaire interprète, » CORN., **Cinna**, IV, 4.

5 « Vous serez l'interprète de mes sentiments. Je ne doute point que vous ne vous acquittiez à merveille de cette commission. » LESAGE, **Gil Blas**, V, I.

6 « En lui, les femmes voient l'ami qui leur manque, un confident discret, leur interprète, un être qui les comprend, qui peut les expliquer à elles-mêmes. » BALZ., **Mod. Mignon. Œuvr.**, t. I, p. 401.

— *Littér.* (rare). Celui qui exprime le caractère d'un personnage, lui prête la vie, la parole, dans une œuvre.

7 « Donnez Racine pour interprète à Héloïse, et le tableau de ses souffrances va mille fois effacer celui des malheurs de Didon... » CHATEAUB., **Génie du christ.**, II, III, V.

— *(En parlant des choses).* Ce qui fait connaître, exprime une chose cachée. *Le geste* (1, cit. 4) *interprète de la pensée.* — *(Dans le langage précieux) Les muets interprètes :* les yeux, les regards.

8 « Et (*je*) tiens qu'il est vrai que les songes sont loyaux interprètes de nos inclinations ;... » MONTAIGNE, **Essais**, III, XIII.

9 « Je puis fermer les yeux sur vos flammes secrètes, Tant que vous vous tiendrez aux muets interprètes ; » MOL., **Fem. sav.**, I, 4.

10 « Mais toujours de mon cœur ma bouche est l'interprète. » RAC., **Britann.**, II, 3.

11 « Les yeux sont les interprètes du cœur, mais il n'y a que celui qui y a intérêt qui entend leur langage. » PASC., **Disc. s. pass. de l'amour.**

12 « L'art des transports de l'âme est un faible interprète ; L'art ne fait que des vers ; le cœur seul est poète. » CHÉNIER, **Élég.**, XIX.

13 « Où donc est la beauté que rêve le poète ? Aucun d'entre les arts n'est son digne interprète, » VIGNY, **Poèmes retranchés**, Beauté idéale.

|| **4°** (Vers 1870). Celui, celle qui joue un rôle au théâtre, au cinéma... ; qui exécute une œuvre musicale. V. **Acteur, artiste, chanteur, musicien.** *Les interprètes d'une pièce, d'un film, d'un opéra... Le meilleur interprète du rôle, du personnage de Don Juan. Un grand interprète de Mozart, de Ravel.*

14 « Ce fut tout de suite une sorte de fièvre d'amour qui se répandit dans la salle, car jamais cette musique, qui semblait n'être qu'un souffle de baisers, n'avait rencontré deux pareils interprètes. » MAUPASS., **Fort comme la mort**, II, VI.

15 « ... on peut... admettre que Racine... ait travaillé de près avec son interprète favorite (*la Champmeslé*) les rôles qu'il lui destinait, et lui ait appris à les dire. » HENRIOT, **Portr. de femmes**, p. 67.

16 « Un tragédien... est toujours un acteur, c'est-à-dire un interprète dont la personnalité est tellement forte... que le mimétisme le laisse toujours... en possession de sa personnalité. » L. JOUVET, **L'Art du comédien**, in ENCYCL. FRANÇ., XVII, 64-10.

INTERPRÉTER. *v. tr.* (XIIᵉ s. au sens 1° ; du lat. *interpretare*).

|| **1°** Expliquer, rendre clair ce qui est obscur dans un texte, un écrit. V. **Commenter, expliquer, gloser** (cit. 2). *Interpréter des hiéroglyphes* (cit. 3), *des signes cabalistiques. Interpréter un texte, un document...* V. **Herméneutique, interprétation** (1°). Cf. Assimiler, cit. 7. *Interpréter un passage obscur d'après le contexte*. *Interpréter abusivement, tendancieusement, en sollicitant le texte.* V. **Torturer, tourmenter ; violence** (faire). Cf. Fallacieux, cit. 6. — *Interpréter une loi, un acte juridique, une convention, un arrêt...*

1 « Il y a plus affaire à interpréter les interprétations qu'à interpréter les choses, et plus de livres sur les livres que sur autre sujet : nous ne faisons que nous entregloser. » MONTAIGNE, **Essais**, III, XIII.

2 « ... un Évangile assez tendancieusement interprété, selon lequel ce qui est dû à César devient très supérieur à ce qui est dû à Dieu. » MADELIN, **Hist. Cons. et Emp.**, Vers l'Emp. Occident, XII.

— *Par ext. Interpréter un symbole. Interpréter les songes, les présages*, le langage des fleurs, des pierres précieuses...

3 « Combien de sentiments et de mystères un Turc aurait lus dans ces fleurs en interprétant leur langage ! » MUSS., **Nouvelles, Croisilles**, III.

|| **2°** (XVᵉ s.). *Vx.* Traduire* d'une langue dans une autre. *Le discours fut interprété en français* (LITTRÉ).

|| **3°** Donner, proposer un sens à quelque chose, en tirer une signification. V. **Comprendre** (II), **deviner, expliquer, lire** (fig.). Cf. Graphique, cit. 4. *Je ne sais comment interpréter sa conduite. Interpréter une énigme, une pensée obscure* (V. **Induction**). *On peut interpréter cet événement de diverses façons. Interpréter sainement les faits* (Cf. Déceler, cit. 4). *Interpréter en bien, en mal, en bonne, en mauvaise part.* V. **Prendre*, tourner.** *Mal interpréter.* V. **Mésinterpréter** (Cf. Prendre de travers). *Interpréter favorablement, avec bienveillance* (Cf. Prendre du bon côté, en riant). *Interpréter à son avantage* (Cf. Tirer, tourner à son avantage). *Interpréter les paroles de quelqu'un, les interpréter faussement* (V. **Déformer, travestir** (là pensée). *J'avais interprété le mot comme une insulte.*

4 « Il faut l'avouer, il n'y a personne qu'on ne puisse perdre en interprétant ses paroles... » VOLT., **Essai s. l. mœurs**, LXXIII.

5 « ... leur naïveté... les entraîne quelquefois à revêtir les apparences d'une conduite bizarre et qui pourrait être mal interprétée. » STENDHAL, **Le rose et le vert**, VI.

6 « Elle avait de nouveau interprété ce silence comme un aveu... » MART. du G., **Thib.**, t. IV, p. 291.

— *Interpréter à...* (vx) : prendre pour... (Cf. Craindre, cit. 10 LA FONT.).

7 « Et c'est souvent à mal que le bien s'interprète. » MOL., **Tart.**, V, 3.

8 « ... un plus long séjour serait interprété à oisiveté. »
BOSS., Lettres s. quiétisme, CVI.

‖ 4° (1867). Rendre, exprimer les intentions de l'auteur en jouant (une œuvre dramatique, musicale...). V. **Jouer**. *Interpréter un rôle, un personnage au théâtre*. V. **Incarner** (Cf. Contrepoint, cit. 2). *L'acteur qui interprétait le Cid, Hamlet, Don Juan* (V. **Interprète**). — *Interpréter un morceau au violon, au piano*. V. **Exécuter**. *Il interprète mieux Debussy que Chopin*.

9 « ... lors d'une répétition de *Britannicus*, on reprochait à un de nos plus grands acteurs d'aujourd'hui de ne pas interpréter son rôle d'une manière conforme à celle que sans doute eût désirée Racine : « Racine ?... Qui est-ce ? — s'écria-t-il. Moi, je ne connais que Néron ».
GIDE, Nouv. prétextes, p. 18.

— Par ext. *Le graveur interprète le tableau, l'œuvre dont il s'inspire*. Absolt. *Le peintre ne copie* (cit. 6) *pas, il interprète*.

DER. — **Interprétable**. adj. (1380). Que l'on peut interpréter.

« Ce texte est infaillible ; à la bonne heure. Mais il est diversement interprétable, et là recommence la diversité, simulacre de liberté dont on se contente à défaut d'autre. »
RENAN, Avenir de la science, Œuvr., t. III, p. 774.

INTERROGANT, ANTE (*-gan*). adj. (1370 ; du lat. *interrogans*, p. prés. de *interrogare*. V. **Interroger**). Qui a la manie d'interroger. — Par ext. *Geste interrogant*. V. **Interrogateur, interrogatif**.

1 « L'interrogant bailli,... conçut pour lui (*l'Ingénu*) un profond respect ;... »
VOLT., L'Ingénu, I.

2 « Quand son hôte inconnu fut assis, elle tourna la tête vers lui par un mouvement interrogant et coquet dont la finesse ne saurait se peindre ;... »
BALZ., La femme abandonnée, Œuvr., t. II, p. 218.

INTERROGATEUR, TRICE. n. et adj. (1530, substant. ; du lat. *interrogator*).

‖ 1° *Vieilli*. Celui, celle qui interroge. V. **Questionneur**. *Quel perpétuel interrogateur !* (ACAD.). — Adj. *Esprit interrogateur* (Cf. Enthousiaste, cit. 3). — *Spécialt*. Celui, celle qui fait subir une interrogation* orale à un élève, à un candidat (V. **Examinateur**).

‖ 2° Qui interroge. *Des yeux interrogateurs. Air, regard, geste interrogateur* (Cf. Embuer, cit. 2 ; formuler, cit. 6 ; froissement, cit. 1). *Une œillade interrogatrice* (LITTRÉ).

1 « Il dispose d'un certain nombre de phrases elliptiques, sibyllines, qui se décrochent toutes seules, quand autour de lui un silence interrogateur a suffisamment duré. »
ROMAINS, H. de b. vol., t. IV, XXII, p. 245.

2 « Qu'est-ce qu'il y a ? dit Ferdinand en regardant tout à l'entour d'un air interrogateur. »
DUHAM., Pasq., III, I.

INTERROGATIF, IVE. adj. (1507 subst., « interrogatoire » ; du lat. *interrogativus*). Qui exprime, marque l'interrogation. *Ton interrogatif* (ACAD.). *Air, accent, regard interrogatif. Intonation interrogative*.

1 « La jeune femme se tourna vers Eugène, et lui lança un de ces regards froidement interrogatifs qui disent si bien : Pourquoi ne vous en allez-vous pas ? »
BALZ., Père Goriot, Œuvr., t. II, p. 895.

2 « ... un tour interrogatif, qui se borne à émettre ingénieusement des hypothèses, à supposer, et à ne pas conclure. »
HENRIOT, Portr. de femmes, p. 271.

3 « Carlotta n'avait évidemment pas coutume de compter. Elle avait dit : *On prend un fiacre*, sans la moindre accent interrogatif. »
ARAGON, Beaux quartiers, II, XXIV.

— *Spécialt. Gramm*. Qui sert à interroger. *Termes, mots interrogatifs. Adjectifs interrogatifs* (V. **Quel**). *Pronoms interrogatifs, comprenant des nominaux* (V. **Que, qui, quoi**) *et de véritables pronoms* (V. **Lequel...**). *Adverbes interrogatifs* (V. **Combien, comment, où, pourquoi, quand...**). *Conjugaison interrogative* (indicatif et conditionnel), *caractérisée le plus souvent par l'inversion* du pronom sujet. *Locutions, formules interrogatives* (par ex. : est-ce, combiné avec les pronoms *qui* et *que*, ou avec un adverbe (où, quand est-ce que...?). V. **Être** (IV, cit. 93 à 95). — Cf. *aussi* la particule interrogative populaire *ti* (de *-t-il* avec un *t* euphonique). V. **Il** (I, 1°, REM. 2, b). — Substant. *Un interrogatif* : un mot, un terme interrogatif. *Renforcement des interrogatifs par de petits mots tel que* ça (cit. 3), *donc* (cit. 6 et 7), *diable* (cit. 31 et 33), *diantre* (cit. 2)... — *Une interrogative* : une proposition, une phrase interrogative. *Interrogative directe, indirecte. Interrogative contenant une négation...*

4 « Mais il est bien entendu que par l'emploi de la construction interrogative, franche ou atténuée, le parleur avoue son ignorance et son désir d'être instruit. »
DUHAM., Défense des lettres, XIV.

DER. — **Interrogativement**. adv. (1823). D'une manière interrogative, en interrogeant.

INTERROGATION. n. f. (XIIIe s. ; du lat. *interrogatio*).

‖ 1° Action de questionner, d'interroger. V. **Demande** (II), **question** (Cf. Explication, cit. 12 ; immonde, cit. 2). *Répondre à des interrogations* (Cf. Entrecouper, cit. 7). *Interrogations indiscrètes, gênantes*. Par ext. *Interrogation métaphysique. L'interrogation humaine* (Cf. Confrontation, cit. 2). — *Spécialt*. Question ou ensemble de questions que l'on pose à un élève, à un candidat. *Interrogation écrite* (V. **Devoir**), *orale* (V. **Colle**). *Les diverses interrogations constituant l'oral d'un examen, d'un concours*. V. **Épreuve** (Cf. Examinateur, cit. 1).

1 « — Cette cause, la voici, reprit l'abbé Brossette en croyant avec raison que chez Blondet une pause équivalait à une interrogation. »
BALZ., Les paysans, Œuvr., t. VIII, p. 90.

2 « Notre civilisation est séparée de celles de jadis... à l'exception de la grecque, par le primat qu'elle reconnaît à l'interrogation. »
MALRAUX, Voix du silence, p. 601.

— *Vx*. V. **Interrogatoire**.

3 « S'il (*Foucquet*) continue, ses interrogations lui seront bien avantageuses. »
SÉV., 55, 18 nov. 1664.

‖ 2° *Gramm*. Type de phrase logiquement incomplète qui a pour objet de poser une question ou qui implique un doute : *Sortez-vous ? Le facteur est-il passé ? Je ne sais pas s'il viendra. L'interrogation diffère de l'assertion** (positive ou négative) *en ce que l'énoncé en est non résolu et appelle une réponse**. — *L'interrogation peut être marquée par l'ordre des mots* (Inversion), *par un mot interrogatif** ou *simplement par le ton montant de l'énoncé* : « Après tous mes discours, vous la croyez fidèle ? » (RAC., Britann., III, 6). « Vous faites de la musique ? demanda-t-elle » (FLAUB., Mme Bovary, II, 2). *Le verbe savoir** *exprime souvent l'interrogation* (savoir si..., qui sait, reste à savoir, etc.). — *Formes de l'interrogation. Interrogation directe* (formant une phrase indépendante : « Rodrigue, as-tu du cœur ? » CORN.), *indirecte* (amenée par un verbe comme *demander, s'informer*, ou par un verbe énonçant l'ignorance (*ne pas savoir*) : « Elle lui demanda s'il faisait de la musique »). — *Portée de l'interrogation : Interrogation totale, absolue, primaire...* (portant sur l'ensemble de la phrase : *Pleut-il ? Je ne sais pas s'il pleut*), *partielle, relative, secondaire, médiate...* (portant sur une circonstance, sur un terme de l'énoncé autre que le verbe : *Qui est là ? Où allez-vous ? Il m'a demandé quand je partais*). — *Interrogation disjonctive* (comprenant deux questions formant une alternative : « Ordonne-t-elle ou bien implore-t-elle ? » (MAETERLINCK, Vie des abeilles, p. 56) ; « Êtes-vous souffrant, ou si c'est un méchant caprice ? » (MUSS., Chandelier, III, 3). V. **Si***), *double* (portant sur deux termes juxtaposés : *comment l'aurait-il fait, et pourquoi ?*), *délibérative* (adressée à soi-même). — *Emplois stylistiques de l'interrogation :* a) *Interrogation apparente, fictive ;* destinée à suggérer une réponse évidente : « Est-ce là une façon d'agir ? » (MAROUZEAU) ; b) *Interrogation oratoire, rhétorique*. V. **Figure** (Cf. Associer, cit. 9 BRUNOT) ; c) *Interrogations exprimant un ordre* (Voulez-vous vous taire ?), *une proposition* (Si nous partions ?), *un regret* (« Dieux ! que ne suis-je assise à l'ombre des forêts ! » RAC.). — REM. Parfois l'interrogation apparente a la valeur d'une subordonnée temporelle ou hypothétique : « Quelque accident fait-il que je rentre en moi-même, Je suis Gros-Jean comme devant » (LA FONT., Fabl., VII, 10). — *Interrogations elliptiques*, dans lesquelles la phrase interrogative se passe du verbe principal : (« Et à présent, pourquoi vivre ? Pour qui ? » VIGNY, Chatterton, III, 7) et peut même se réduire à un mot interrogatif : (« Quelqu'un est venu vous voir. — Qui ? »).

— *Point d'interrogation :* signe de ponctuation* qui marque la fin de toute phrase d'interrogation directe, qu'elle contienne ou non une inversion : *Tu viens ? Viens-tu ? — La queue de l'écureuil, en forme de point d'interrogation* (Cf. Gratter, cit. 10). Fig. *C'est un grand point d'interrogation pour nous :* une question non résolue (Cf. Guillotine, cit. 2 HUGO).

4 « ... la petite mademoiselle Clarke qui est faite comme un point d'interrogation, ?, comme Pope. »
STENDHAL, Vie de H. Brulard, 9.

5 « Il habite Balbec », chantonna le baron, d'un air si peu questionneur qu'il est fâcheux que la langue française ne possède pas un signe autre que le point d'interrogation pour terminer ces phrases apparemment si peu interrogatives. »
PROUST, Rech. t. p., t. X, p. 304.

INTERROGATOIRE. n. m. (1327 ; du lat. *interrogatorius*, « qui interroge »). *Dr*. « Mode d'instruction* d'une affaire par voie de questions posées aux parties par un magistrat commis à cet effet » (CAPITANT). Cf. Arrêt, cit. 6. *Le juge d'instruction procéda à l'interrogatoire de l'inculpé. Subir un interrogatoire. Interrogatoire d'identité, auquel on procède lors de la première comparution d'un inculpé, d'un accusé. — Interrogatoire sur faits et articles*, consistant en questions posées à l'une des parties sur la demande de l'autre partie, dans une affaire civile.

1 « L'interrogatoire (*sur faits et articles*) ne pourra être ordonné que sur requête contenant les faits et par jugement rendu à l'audience : il y sera procédé, soit devant le président, soit devant un juge par lui commis. »
CODE PROC. CIV., Art. 325.

2 « ... comme on a raison de dire dans votre langage : *subir un interrogatoire !...* Entre la torture physique d'autrefois et la torture morale d'aujourd'hui, je n'hésiterais pas pour mon compte, je préférerais les souffrances qu'infligeait jadis le bourreau. »
BALZ., Splend. et mis. des courtis., Œuvr., t. V, p. 992.

3 « Dans le cabinet de M. Denizet, les interrogatoires allaient commencer. Déjà l'instruction avait fourni la matière d'un dossier énorme,... »
ZOLA, La bête humaine, IV.

— (*Dans le langage courant*). Ensemble, suite de questions posées à quelqu'un (Cf. Dossier, cit. 2 ; enfance, cit. 10).

4 « Autant dire que sa visite n'a été que confrontation et interrogatoire sur nos sentiments respectifs pour vous. »
LOTI, Désenchant., IV, XXVI.

— *Par ext.* (Dr.). Procès-verbal* relatant un interrogatoire.

INTERROGER. *v. tr.* (*Interroguer* en 1389 ; *interroger* au XVIIe s. ; lat. *interrogare*).

‖ **1°** Questionner (quelqu'un) « avec une certaine idée d'autorité » (LITTRÉ) ou sur des choses « qu'il est présumé connaître et sur lesquelles il est obligé de répondre » (ACAD.). V. **Demander** (à), **interpeller**, **presser** (de questions), **questionner** ; **sellette** (mettre sur la). *Interroger quelqu'un pour lui demander des explications.* V. **Arraisonner** (*vx*). — Spécialt. *Inculpé* interrogé par le juge d'instruction.* V. **Interrogatoire** ; **cuisiner** (Cf. Arrêter, cit. 36 ; écrouer, cit. 1). *La police, le juge interroge les témoins* (Cf. Confronter, cit. 1). *Interroger quelqu'un sur un délit dont il s'est rendu coupable* (Cf. Appréhender, cit. 9). — *Interroger un élève au cours d'un examen* ; interroger des candidats.* V. **Interrogation.**

1 « Sur ce ton un peu haut je vais l'interroger ; » BOIL., Sat., V.

2 « (*Dieu*)... du haut de son trône interroge les rois. »
RAC., Esther, III, 4.

3 « Je vous aimais vraiment, vous verrez cela un jour » (ce jour où les coupables assurent que leur innocence sera reconnue et qui, pour des raisons mystérieuses, n'est jamais celui où on les interroge),... »
PROUST, Rech. t. p., t. III, p. 195.

— (Sans idée d'autorité ou d'obligation). *Interroger quelqu'un pour obtenir des informations* (cit. 2), *des indications* (cit. 12), *des renseignements.* V. **Enquérir** (s'), **informer** (s'). *Interroger quelqu'un sans en avoir l'air, en déguisant sa pensée* (Cf. Plaider le faux pour savoir le vrai ; tirer les vers du nez à quelqu'un). *Interroger quelqu'un au sujet, sur le compte de...* (Cf. Hôtel, cit. 16). *Interroger quelqu'un sur ses intentions, ses dispositions.* V. **Sonder, tâter** (le pouls). *Interroger un personnage célèbre, un acteur...* V. **Interview.** — Absolt. *Cet enfant a la manie d'interroger. Regard qui interroge.* V. **Interrogateur** (Cf. Confiant, cit. 1).

4 « Un homme qu'on interroge commence par cela seul à se mettre en garde, et s'il croit que, sans prendre à lui un véritable intérêt, on ne veut que le faire jaser, il ment, ou se tait, ou redouble d'attention sur lui-même, et aime encore mieux passer pour un sot que d'être dupe de votre curiosité. » ROUSS., Confess., II.

5 « L'art d'interroger n'est pas si facile qu'on pense ; c'est bien plus l'art des maîtres que des disciples ; il faut avoir déjà appris beaucoup de choses pour savoir demander ce qu'on ne sait pas. »
ID., Julie, Ve part., Lettre III.

6 « ... ce regard oblique et fin par lequel les femmes interrogent si malicieusement l'homme qu'elles veulent tourmenter. »
BALZ., Fille d'Ève, Œuvr., t. II, p. 126.

7 « Un homme pose des questions d'élève ; il interroge sur ce qu'il ignore. Mais une femme pose des questions de maître, et seulement sur les pages qu'elle connaît à fond. » LOUYS, Avent. roi Pausole, III, VII.

8 « Si donc l'on m'interroge ; si l'on s'inquiète (comme il arrive, et parfois assez vivement) de ce que j'ai « voulu dire » dans tel poème, je réponds... » VALÉRY, Variété III, p. 63.

9 « Un petit garçon demandait : « Pourquoi le couteau coupe-t-il la table, et pourquoi mon doigt ne coupe-t-il pas la table ? » On peut hausser les épaules, et dire qu'il y a une manie d'interroger, chez les enfants. » ALAIN, Propos, 16 avr. 1911, L'esprit historien.

— *Par ext.* V. **Consulter.** *Interroger les mânes de ses ancêtres* (cit. 8), *les morts...* (Cf. Apostrophe 1, cit. 1 ; évoquer, cit. 3 et 6 ; expérience, cit. 32). — *Interroger son cœur*, sa conscience* (Cf. Appeler, cit. 37). *Interroger sa mémoire.* V. **Fouiller.**

10 « J'interroge mon cœur, j'interroge ma vie. » DUCIS, Osc., IV, 2.

11 « ... pénétrer dans le passé, interroger le cœur humain à travers les siècles,... » Mme de STAËL, Corinne, XI, IV.

12 « Sais-tu que tu as une conscience qu'il te faut interroger ? »
MICHELET, Hist. Révol. franç., VI, I.

‖ **2°** *Fig.* Examiner* avec attention (une chose) pour y trouver un enseignement, une réponse aux questions qu'on se pose (Cf. Étudier, cit. 8). *L'expérimentateur* (cit. 3) *interroge les faits* (Cf. Expérience, cit. 42). *Interroger la nature* (Cf. Atome, cit. 12), *les cieux* (Cf. Fasciner, cit. 8). *Interroger l'horizon pour savoir s'il va faire beau* (Cf. Attachement, cit. 20). *Interroger le passé, l'histoire, le destin, l'avenir...*

13 « Des victimes vous-même interrogez le flanc ; » RAC., Iphig., I, 2.

14 « Là, dans la paix de la nuit, j'interrogeai ma destinée incertaine, mon cœur agité, et cette nature inconcevable qui, contenant toutes choses, semble pourtant ne pas contenir ce que cherchent mes désirs. »
SENANCOUR, Oberman, IV.

15 « ... dans leur longue solitude, elles interrogent le silence,... »
Mme de STAËL, Corinne, XIII, IV.

‖ S'INTERROGER (récipr.). *S'interroger les uns les autres* (Cf. Aborder, cit. 7). — (Réfl.). *S'interroger soi-même.* V. **Descendre** (en soi-même). Cf. Civet, cit. ; décider, cit. 11 ; humaniste, cit. 5.

16 « Je me suis épié. Je me suis suivi à la trace. Il me semble que j'ai passé une vie entière à m'interroger... » SARTRE, Huis clos, V.

ANT. — **Répondre.**

INTERROMPRE. *v. tr.* (1501 ; *entrerompre* au XIIe s. ; du lat. *interrumpere*).

‖ **1°** Rompre (quelque chose) dans sa continuité. — (*Dans l'espace*). V. **Briser, couper, rompre.** *Motif décoratif interrompant les lignes d'un édifice, d'une façade...* (Cf. Gable, cit.). *Sentier, chemin, sillon interrompu par des herbes...* (Cf. File, cit. 8). *Les communications sont interrompues entre ces deux villes. Interrompre un circuit électrique.* V. **Interrupteur.** — (*Dans le temps*). V. **Arrêter, discontinuer.** *Interrompre un dialogue, un entretien, une conversation.* V. **Cesser, finir** (3°), **suspendre** (Cf. Contredanse, cit. 2 ; importun, cit. 16). *Phrases interrompues, coupées de continuelles incidentes* (cit. 15). *Interrompre un compliment, un éloge que l'on prononce.* V. **Rengainer** (Cf. Acquiescer, cit. 3). *Interrompre le fil d'un raisonnement, d'un discours.* V. **Rompre, trancher** (*fig.*). Cf. Couper court à... *Interrompre une partie, un jeu.* V. **Troubler** (Cf. Égayer, cit. 11 ; évaluer, cit. 4). *Interrompre ses études* (cit. 20), *son travail.* V. **Abandonner** (Cf. Emploi, cit. 16 ; exercice, cit. 24). *Reprendre des travaux interrompus* (Cf. Gêne, cit. 6). *Silence que rien n'interrompt, qu'un bruit* (cit. 10) *vient interrompre* (Cf. Humblement, cit. 6). *Monotonie interrompue par des drames.* V. **Entrecouper, hacher** (Cf. Guerre, cit. 23), **traverser.** *Interrompre le cours*, la course* des événements. Interrompre un voyage.*

1 « Belle nécessité d'interrompre mon somme ! »
LA FONT., Fabl., VI, 11.

2 « S'il nous en coûte quand la douce habitude de vivre ensemble est interrompue, l'espoir assuré de la reprendre bientôt nous console. »
ROUSS., Julie, IVe part., Lett. XV.

3 « J'ai voulu interrompre cette visite qui me paraissait vous contrarier. » FLAUB., Mme Bovary, III, VI.

4 « ... de nouveau et pour longtemps, mon instruction se trouvait interrompue. » GIDE, Si le grain..., I, V.

5 « Je n'eus pas à rompre un contact, qu'il interrompit aussitôt... »
COLETTE, Naissance du jour, p. 174.

‖ **2°** Empêcher (quelqu'un) de continuer ce qu'il est en train de faire. *Je ne voudrais pas vous interrompre dans vos occupations.* V. **Déranger.**

6 « La mort dans ce projet m'a seule interrompu. » RAC., Mithr., V, 5.

7 « Ce n'est pas que je me pique
De tous vos festins de roi ;
Mais rien ne vient m'interrompre : » LA FONT., Fabl., I, 9.

— *Spécialt.* Empêcher de parler. V. **Couper** (la parole, et *pop.* la chique, le sifflet...). *Interrompre son interlocuteur, un orateur. Interrompre violemment quelqu'un. Il l'interrompit d'un geste. Une voix, un bruit les interrompit* (Cf. Basse-taille, cit. ; faisceau, cit. 6). *Contredire* (cit. 1) *ou interrompre ceux qui parlent. Ne m'interrompez pas tout le temps* (Cf. Béotien, cit. 2 ; cercle, cit. 6).

8 « (À chaque fois qu'il (*Trissotin*) veut lire, elle l'interrompt.)...
Si nous parlons toujours, il ne pourra rien dire. »
MOL., Fem. sav., III, 2.

9 « Elle parla sur ce ton pendant près d'une heure, interrompant Frédéric dès qu'il voulait répondre. »
MUSS., Nouvelles, Frédéric et Bernerette, IX.

10 « Je vois, lui répondit sa femme en l'interrompant au milieu d'une tirade, que... » BALZ., César Birotteau, Œuvr., t. V, p. 416.

‖ S'INTERROMPRE. *v. pron.* S'arrêter (de faire quelque chose). *S'interrompre de faire...* (Cf. Édition, cit. 6). *S'interrompre pour...* (Cf. Couper, cit. 2 ; échantillon, cit. 8 ; hasard, cit. 12). *S'interrompre au cours d'une rêverie, au fort* (cit. 76) *d'une méditation, au milieu de son discours* (Cf. Association, cit. 21 ; forcer, cit. 26). *Boire, chanter, jouer du piano sans s'interrompre* (Cf. Affilée, cit. ; clavier, cit. 2 ; gageure, cit. 4).

— Être interrompu. *Les danses* (cit. 12) *s'interrompirent, la fête s'interrompit. La pluie ne s'interrompt pas.* V. **Cesser, finir** (I, 5°). *Assiduité* (cit. 2) *qui ne s'interrompt jamais.*

11 « J'entrais au salon, et les voix se taisaient. Toute conversation s'interrompait à mon approche. » MAURIAC, Nœud de vipères, I, VII.

ANT. — **Amorcer, recommencer, renouer, reprendre, rétablir. Achever, finir ; continuer, dérouler, progresser. Assidu, continu, incessant, ininterrompu.**

INTERRUPTEUR, TRICE. *n.* (1572 ; du lat. *interruptor*).

‖ **1°** Celui, celle qui interrompt une personne qui parle (V. **Contradicteur**). *Faire sortir les interrupteurs* (HATZFELD).

1 « Monsieur le Président, je vous prie de réprimer l'insolence des interrupteurs qui m'appellent bavard. » MIRABEAU, Disc., 5 mai 1790.

2 « ... des causeurs de qui aucun interrupteur ne peut obtenir le silence. » PROUST, Rech. t. p., t. XIV, p. 83.

— Adjectivt *Murmures interrupteurs.*

‖ **2°** Spécialt. *N. m.* (1867 LITTRÉ). Appareil, dispositif permettant d'interrompre le passage du courant électrique dans un circuit. V. **Commutateur, disjoncteur, va-et-vient.** *Interrupteur unipolaire, multipolaire* : à un, plusieurs conducteurs. *Interrupteur à basse, haute tension. Parties d'un interrupteur* : couteau (partie mobile), balais (partie fixe), organe de manœuvre (bouton, manette...). *Interrupteur automatique.* V. **Disjoncteur, trembleur.** *Éteindre* (cit. 3) *à l'aide d'un interrupteur.*

3   « Il ralluma. Il avait cherché l'interrupteur à tâtons, et elle crut à une méprise ; elle éteignit à nouveau. Il ralluma aussitôt. »
                MALRAUX, Cond. humaine, II, 22 mars, 11 heures (soir).

INTERRUPTION. *n. f.* (XIVᵉ s. ; du lat. *interruptio*).

‖ **1°** Action d'interrompre* ; état de ce qui est interrompu. V. **Arrêt, cessation, coupure, discontinuation, discontinuité, halte...** *Interruption d'un travail, d'une entreprise, du cours d'une chose.* V. **Pause, suspension ; relâche ; vacances** (Cf. Chômage, cit. 1 ; hacher, cit. 16). *Interruption entre deux événements qui se suivent.* V. **Hiatus, intermittence, interstice** (*vx*), **intervalle, rupture, saut** (fig.), **solution** (de continuité). *Moment d'interruption* (Cf. Hébreu, cit. 1). *Il ne supporte pas les interruptions dans son travail.* V. **Dérangement.** *Interruption des communications.* V. **Interception.** *Interruption du courant.* V. **Coupure, panne.** *Interruption de la douleur* (V. **Rémission, répit**), *des hostilités* (V. **Armistice**), *du mauvais temps* (V. **Éclaircie**). *Interruption dans un spectacle* (V. **Entracte, intermède**). *Il y a plusieurs interruptions dans ce message, ce manuscrit...* V. **Lacune, vide.** *Interruption dans un raisonnement, le fil d'un discours.* V. **Coq-à-l'âne, incohérence.** *Interruptions dans un air de musique.* V. **Silence, syncope.** — *Reprendre une entreprise, un travail, après une interruption* (V. **Renouer ; reprise**).

1   « C'est, dit-on, un obstacle à la perfection de l'amour et une interruption de son exercice, que de réfléchir sur l'amour et sur sa durée,... »
                BOSS., Ét. d'orais., V, XXXII.

2   « L'interruption du commerce désespère tout le monde. »
                VOLT., Lett. à d'Alembert, 218, 10 août 1767.

3   « On ne peut voir nulle part une image aussi frappante de l'interruption subite de la vie. »
                Mᵐᵉ de STAËL, Corinne, XI, IV.

4   « ... votre frère a l'ennui de son immobilité... de la malheureuse interruption de ses exercices... »
                GONCOURT, Zemganno, LXXII.

5   « Ce qui le séparait de son ami, non, ce n'était pas cette mésentente superficielle qu'une longue interruption d'amitié suffisait à expliquer ; »
                MART. du G., Thib., t. V, p. 297.

— *Sans interruption.* V. **Affilée** (d'), **consécutivement, permanence** (en), **suite** (de), **traite** (d'une seule), **toujours** (Cf. Façon, cit. 29 ; fêter, cit. 1 ; garder, cit. 72 ; halle, cit. 5 ; incubation, cit. 1). *Travailler sans interruption, avec assiduité*. V. **Arrache-pied** (d'), **arrêt** (sans), **débrider** (sans). *Succession, série sans interruption.* V. **Continu.** *Se succéder sans interruption* (Cf. Cingler 2, cit. 7).

6   « ... il y avait près de mille ans qu'ils l'avaient reçue et observée (*cette loi*) sans interruption. »   **PASC., Pens.,** IX, 619.

7   « Ce bruit, d'abord faible, puis précis, puis lourd et sonore, s'approchait lentement, sans halte, sans interruption, avec une continuité tranquille et terrible. »   **HUGO, Misér.,** IV, XIV, I.

— Spécialt. *Dr.* Arrêt du cours de la prescription*.

‖ **2°** *Spécialt.* (XVIIᵉ s.). Action d'interrompre une personne qui parle. *Paroles qui interrompent* (Cf. Improvisateur, cit. 3). *Véhémente, violente interruption. Les interruptions se multiplièrent pendant tout son discours, toute la séance. Vives interruptions à gauche, sur les bancs de l'opposition...*

8   « ... encore aujourd'hui, dans nos Chambres de cinq à six cents députés, les interruptions sont incessantes et le bourdonnement continu ;... »   **TAINE, Orig. France contemp.,** II, t. III, p. 171.

9   « Prezel avait fait une objection que Mithoerg n'avait pas entendue. Diverses interruptions fusèrent. Des discussions privées provoquèrent des déplacements dans le groupe. »   **MART. du G., Thib.,** t. V, p. 118.

ANT. — Reprise, rétablissement. Achèvement, continuation, déroulement, progression ; assiduité, assidûment.

DER. — Interruptif, ive. *adj.* (1875). *Dr.* Qui produit l'interruption. *Fait interruptif de prescription. Assignation interruptive.*

INTERSECTION (*-syon*). *n. f.* (1390, « interruption » ; 1640, sens mod. ; du lat. *intersectio*, de *secare*, « couper »). *Géom.* Rencontre, lieu de rencontre de deux lignes, de deux surfaces ou de deux volumes qui se coupent*. *Point d'intersection. Ligne d'intersection de deux plans.* V. **Arête.** *Intersection de deux lignes.* V. **Concours.** *Intersection d'une droite et d'un plan.* — *Archit. Intersection d'arcs*.* — *Par anal.* V. **Croisement*.** *À l'intersection des deux rues...* (Cf. Flèche, cit. 15). *Intersection de deux voies ferrées.* V. **Coupement.**

1   « Il a gardé de ses séjours en Orient je ne sais quel amour des angles droits, des horizons rectilignes, des intersections brusques, dont il a composé pour ainsi dire la formule et la géométrie de son art. »
                FROMENTIN, Année dans le Sahel, p. 231.

2   « ... l'action de ces nouveaux venus (*les juifs*)... ne se limitait plus comme précédemment à la finance : on les trouvait en quelque sorte à l'intersection des affaires et de l'intelligence. Les journaux, le théâtre, le cinéma, les antiquités, la médecine, le Palais tendaient de plus en plus à leur appartenir. »   **SIEGFRIED, Âme des peuples,** V, II.

DER. — Intersecté, ée. *adj.* (fin XIXᵉ s.). *Archit.* V. **Entrelacé.** *Arcs intersectés.* — *Géom. Plan intersecté,* coupé (par une droite ou un autre plan).

INTERSTICE (*-stiss*). *n. m.* (*Interstisse* au XIVᵉ s. ; du lat. *interstitium*). *Vx.* Intervalle* de temps (ST-SIM., Mém., II, XLIII). — *Par ext.* (XVIᵉ s.). Très petit espace vide entre

les parties d'un corps ou entre différents corps. V. **Intervalle*.** *Jour qui filtre* (cit. 10) *par les interstices des rideaux. Boucher les interstices d'un plancher.* — *Anat.* V. **Hiatus.** *Globules* (cit. 4) *blancs qui s'échappent par les interstices des capillaires.* — Bot. *Interstice entre des cellules végétales.* V. **Méat.**

  « L'absence d'humidité et l'ardeur de la température n'ont pas permis aux plantes et aux mauvaises herbes de germer dans les interstices des pierres et des gravois... »   **GAUTIER, Voyage en Espagne,** p. 118.

DER. — Interstitiel, elle (*-syèl*). *adj.* (1851). *Anat.* Qui est situé ou qui se produit dans les interstices d'un tissu. *Substance interstitielle.* — *Méd.* Qui atteint le tissu conjonctif et les vaisseaux d'un organe. *Encéphalite interstitielle.*

INTERVALLE. *n. m.* (XIIIᵉ s. ; *entreval* au XIIᵉ s. ; du lat. *intervallum*, proprement. T. de Fortif. « espace entre deux palissades »).

‖ **1°** (*Dans l'espace*). Distance* d'un point à un autre, d'un objet à un autre. V. **Distance, espace.** *Un étroit intervalle entre deux murs* (Cf. Échappée, cit. 3). *Intervalle entre deux côtes* (V. **Défaut**), *entre deux colonnes* (V. **Entrecolonne**), *deux lignes* (V. **Interligne**), *deux solives* (V. **Entrevous**)... *Poussière qui s'accumule dans les intervalles du plancher.* V. **Fente, interstice.** *Rapprocher deux objets pour diminuer l'intervalle qui les sépare. Maintenir, augmenter l'intervalle.* V. **Écart, éloignement** (Cf. Égal, cit. 5). *Arbres plantés à cinq mètres d'intervalle* (V. **Espacer**). *Clôture sans intervalles.* V. **Plein.** — *Dans l'intervalle.* V. **Entre** (2, cit. 4). — *Par intervalles,* loc. adv. V. **Loin** (de loin en loin), **place** (de place en place). Cf. Flanquer 1, cit. 2.

1   « (*Un amas*) De mots estropiés, cousus par intervalles, De proverbes traînés dans les ruisseaux des Halles ? »
                MOL., Fem. sav., II, VI.

2   « Quelques tombeaux par intervalle Nous avertissaient de la mort ; »
                LAMART., Nouv. médit. poét., Sec. médit., I.

3   « ... malheureusement, l'on a eu l'idée de profiter de l'intervalle des colonnettes qui soutiennent le plafond pour y loger une suite de portraits des rois d'Espagne... »   **GAUTIER, Voyage en Espagne,** p. 257.

4   « ... profitant des moindres remous qui le dérivaient du côté de ses amis, il parvint à franchir peu à peu le court intervalle qui le séparait d'eux. »   **MART. du G., Thib.,** t. VII, p. 59.

— *Par métaph. et fig.* V. **Différence, écart, marge.** *Il y a un grand intervalle entre le désir et l'action* (Cf. Conjoindre, cit. ; embryon, cit. 6). *Un immense intervalle sépare la femme faible* (cit. 22) *de la femme dépravée.* V. **Abîme.** *Intervalle entre des conditions sociales.* V. **Fossé, inégalité.**

5   « ... il y a entre telle et telle condition un abîme d'intervalle si immense... »   **LA BRUY.,** VI, 71.

6   « ... quelque ressemblance qu'il y ait donc entre l'Hottentot et le singe, l'intervalle qui les sépare est immense, puisqu'à l'intérieur il est rempli par la pensée, et au dehors par la parole. »
                BUFF., Hist. nat. anim., Nomenclat. des singes.

7   « ... elle n'eût aperçu aucun intervalle entre être coupable aux yeux de Dieu et se trouver accablée en public des marques les plus bruyantes du mépris général. »   **STENDHAL, Le rouge et le noir,** I, XI.

— *Spécialt.* (1680). *Mus.* Écart entre deux sons, mesuré par le rapport de leurs fréquences. *Intervalle mélodique* (entre deux sons émis successivement), *harmonique* (entre deux sons simultanés), *consonant ou dissonant.* — *Intervalle de seconde* (V. **Ton**), *de tierce, de quarte, de quinte, de sixte, de septième, d'octave* (Cf. Gamme, cit. 1). *Intervalles justes, majeurs, mineurs, augmentés, diminués. Intervalle composé ou redoublé,* supérieur à l'octave (neuvième, dixième). *Intervalle d'un comma* (cit.). *Intervalle de degré conjoint, de degré disjoint. Renversement d'un intervalle,* complément de cet intervalle pour former l'intervalle direct d'octave (Ex. : *l'intervalle mi-do est le renversement de l'intervalle do-mi*).

8   « Ils s'enfonçaient avec innocence, plus bas, toujours plus bas, dans une gamme insituable, où, à chaque répons, ils faisaient sortir de leur voix des intervalles insolites qui mettaient M. Maillet au grand désespoir. « Encore, disait-il, s'ils montaient ou s'ils descendaient d'une tierce, on pourrait les rattraper. Mais ils ont des quarts, des cinquièmes de tons dans leurs intervalles. C'est fou ! C'est fou ! »
                BOSCO, Antonin, p. 228.

‖ **2°** (*Dans le temps*). Espace de temps* qui sépare deux époques, deux dates, deux faits. V. **Période.** *Un intervalle d'un mois, d'une heure. Un court intervalle de temps.* V. **Moment** (Cf. Chambertin, cit.). *Intervalles inégaux* (cit. 1). *Se succéder à intervalles égaux* (Cf. Course, cit. 1). *Paiements effectués à intervalles réguliers.* V. **Échelonné, périodique.** *À deux jours d'intervalle.* V. **Écart, espace** (Cf. Indice, cit. 12). *À intervalles rapprochés* (Cf. Coup* sur coup). *À longs intervalles* (Cf. Couler, cit. 7 ; immobile, cit. 5). — *Essor* (cit. 12) *qui reprend à chaque intervalle de paix. Dans l'intervalle.* V. **Entretemps** (Cf. Étourdi, cit. 12). *Durant, pendant cet intervalle...* V. **Temps** (Cf. Civilisation, cit. 7 ; consistance, cit. 4 ; effacer, cit. 22 ; fréquence, cit. 2). — PAR INTERVALLES, loc. adv. De temps* à autre (Cf. Eau, cit. 4 ; heurter, cit. 5 ; immodéré, cit. 3). V. **Intermittence** (par), **moment** (par). — *Spécialt.* V. **Interruption.** *Intervalle entre les parties d'un spectacle.* V. **Entracte** (cit. 2). Cf. Chœur, cit. 2. *L'intervalle entre deux gouvernements* (V.

Intérim, interrègne), *régime en vigueur dans cet intervalle.* V. **Intermédiaire. Provisoire, transitoire.** *Longs, brefs intervalles entre* (1, cit. 7) *deux choses.* V. **Intermède. Pause, répit, rémission, silence, temps** (d'arrêt). *État de démence* (cit. 1) *avec intervalles lucides.*

9 « Laissez entre la colère
Et l'orage qui la suit
L'intervalle d'une nuit. »   LA FONT., **Fabl.**, VIII, 20.

10 « C'est un malheur qu'il y a trop peu d'intervalle entre le temps où l'on est trop jeune et le temps où l'on est trop vieux. »   MONTESQ., **Cahiers**, p. 30.

11 « ... l'éloignement du bureau de la poste me force toujours de mettre un grand intervalle entre les lettres que je reçois et celles que je réponds. »   VOLT., **Corresp.**, 3233, 11 déc. 1767.

12 « ... tout se tait : dans cet intervalle de silence, on croyait entendre les pas lointains de Napoléon. »   CHATEAUB., **M. O.-T.**, t. III, p. 343.

13 « Si, dans l'intervalle, je puis recueillir des preuves en votre faveur, vous aurez le recours en grâce. »
     BALZ., **Ténébreuse affaire**, Œuvr., t. VII, p. 590.

14 « Ces accès de gaieté non motivée... se reproduisent fréquemment, et coupent des intervalles de stupeur pendant lesquels vous cherchez en vain à vous recueillir. »
     BAUDEL., **Parad. artif.**, Poème du haschisch, III.

15 « Depuis deux ans environ, M. Dubois ne venait plus qu'entre de longs intervalles de temps dans notre maison, qu'auparavant il fréquentait assidûment. »   FRANCE, **Vie en fleur**, XXVIII.

16 « À vingt ans d'intervalle la même femme joue Rosine, et c'est bien toujours la vraie Rosine. Mais l'adolescente est devenue femme. »
     BERNANOS, **Gr. cimet. sous la lune**, p. 86.

17 « On entendait par intervalles clapoter l'eau contre les piles de la maison. »   MART. du G., **Thib.**, t. II, p. 242.

18 « ... il avait pensé à ce silence qui s'élevait des lits où il avait laissé mourir des hommes. C'était partout la même pause, le même intervalle solennel, toujours le même apaisement qui suivait les combats, c'était le silence de la défaite. »   CAMUS, **La peste**, p. 311.

DER. — **Intervallaire.** *adj.* (XVIe s.). *Peu usit.* Situé dans l'intervalle entre deux objets.

INTERVENIR (se conjugue comme *Venir*). *v. intr.* (1363 ; *entrevenir* en 1190 ; du lat. *intervenire*).

‖ 1° *Dr.* (En parlant de choses). Arriver, se produire au cours d'un procès, d'une affaire. *Une ordonnance intervint, qui régla la manière de procéder en pareil cas* (ACAD.). — *Impersonnlt. Il est intervenu un jugement.* — *Par anal. Grève qui prend fin à la suite d'un accord intervenu entre le gouvernement et les représentants des syndicats.* — *Par ext.* V. **Survenir.**

1 « Une condition était donc intervenue entre les deux vieux maîtres de la laine, convention par laquelle le royaume du drap était partagé par eux en « sphères d'influence » inviolables. »
     MAUROIS, **Bernard Quesnay**, XXX.

‖ 2° Prendre part* à une action, à une affaire en cours, dans l'intention d'influer sur son déroulement. — *Dr. Intervenir dans une instance, un procès.* V. **Intervention.** *Témoin qui intervient à l'audience.* V. **Déposer.** — (Dans le langage courant). *Intervenir dans une conversation* (Cf. Fourneau, cit. 6 ; et aussi *fam.* Placer son mot, son grain de sel). *Député qui intervient dans un débat* (cit. 7) *parlementaire. Intervenir dans les affaires d'autrui.* V. **Entremettre** (s'), **immiscer** (s'), **ingérer** (s'), **mêler** (se). *Intervenir comme intermédiaire dans un différend, un conflit, à des fins de conciliation.* V. **Négocier.** *Intervenir entre des gamins qui se chamaillent* (cit. 2). V. **Interposer** (s'). *Il est intervenu pour vous auprès de vos chefs.* V. **Agir, intercéder** (Cf. Prendre fait et cause). — *Absolt. Intervenir pour porter secours* (V. **Secourir**). *Se garder d'intervenir* (Cf. Écouter, cit. 26). *Offrir d'intervenir* (Cf. Offrir ses services, ses bons offices). — *Demander à un personnage influent d'intervenir* (Cf. Généralité, cit. 7). *La police, la troupe est prête à intervenir, est intervenue.* V. **Entrer** (en action, en jeu, en scène). Cf. Évacuer, cit. 5 ; fratricide 2, cit. 4. *Les pompiers intervinrent à temps pour circonscrire l'incendie.* — (En parlant de choses) *Agir, jouer un rôle. Faire intervenir l'aviation* (V. **Donner**). *Circonstances, facteurs qui interviennent pour restreindre la fécondité* (cit. 4) *de la femme.* V. **Jouer.** *Substances impondérables* (cit. 2) *qui interviennent dans les fonctions de nutrition. Phénomène physiologique dans lequel la volonté n'intervient pas* (Cf. Habitude, cit. 41 ; et *aussi* Clarté, cit. 18 ; économiste, cit. 4 ; écrivain, cit. 14).

2 « De plus en plus, les tribunes interviennent, mêlent des paroles aux discours des orateurs, des applaudissements, des huées. »
     MICHELET, **Hist. Révol. franç.**, IV, XI.

3 « Sa mère, il la suppliait d'intervenir elle-même tout de suite et de demander formellement pour lui cette petite fiancée. »
     LOTI, **Matelot**, XL.

4 « Tais-toi, ce ne sont pas des choses à raconter à Monsieur ». Le vieux avait rougi et s'était excusé. J'étais intervenu pour dire : « Mais non. Mais non ». Je trouvais ce qu'il racontait juste et intéressant. »
     CAMUS, **L'étranger**, I.

5 « Quelques-unes de ces prévisions s'appuyaient sur des calculs bizarres où intervenaient le millésime de l'année, le nombre des morts et le compte des mois déjà passés sous le régime de la peste. »
     ID., **La peste**, p. 242.

« Lui propose-t-elle d'intervenir auprès de Choiseul pour lui procurer un passeport... Rousseau voit dans ce bon office une nouvelle perfidie. »
     HENRIOT, **Portr. de femmes**, p. 195.   6

— *Méd.* (*Absolt.*). Agir énergiquement pour interrompre l'évolution spontanée d'un état pathologique. *L'asphyxie* (cit. 1) *entraîne la mort si l'on n'intervient pas rapidement.* V. **Agir.** *Le chirurgien décida d'intervenir.* V. **Opérer ; intervention.**

« Tous les nouveau-nés chétifs meurent dans les six premiers mois, sans que le médecin ait à intervenir, bien entendu. »
     ROMAINS, **Knock**, I, p. 25.   7

« ... quand l'appendicite donne lieu à des crises aiguës très douloureuses... on considère unanimement qu'elle est du ressort du chirurgien, qui interviendra quand la lésion sera « refroidie », et sera parfois obligé de le faire de toute urgence... » Dr BOUQUET, **La chirurgie**, V.   8

— *Polit.* (*Absolt.*). Entrer en action, en lice (dans un conflit, une guerre). *L'étranger profitera de nos divisions pour intervenir* (Cf. Fomenter, cit. 2 CHATEAUB.). *En 1823, la France intervint en Espagne pour rétablir Ferdinand VII. Les États-Unis sont intervenus presque à la dernière heure* (Cf. Démoraliser, cit. 3).

« Ce n'est pourtant pas la raison qui empêcha Napoléon III d'intervenir en Allemagne, lorsque, comme un « coup de foudre », éclata la nouvelle que l'armée autrichienne avait été battue par la Prusse à Sadowa. »   BAINVILLE, **Hist. de France**, XX, p. 497.   9

ANT. — **Abstenir** (s').

DER. — **Intervenant, ante.** *adj.* (1606). *Dr.* Qui intervient dans une instance, un procès. *Il est partie intervenante au procès* (LITTRÉ). — *Substant.* (Cf. Caution, cit. 9 ; intervention, cit. 1).

« L'intervenant est assimilé à un demandeur, notamment au point de vue de la caution *judicatum solvi*, lorsqu'il intervient contre les deux parties ou se joint au demandeur. Son action n'est jamais introductive d'instance... »   DALLOZ, **Dict. de droit**, Intervention, 2.

INTERVENTION (*-syon*). *n. f.* (XVe s. ; du lat. *interventio*). Action d'intervenir*.

‖ 1° *Dr. civ.* Acte par lequel un tiers, qui n'était pas originairement partie dans une contestation judiciaire, s'y présente pour y prendre part et faire valoir ses droits ou soutenir ceux d'une partie principale. *Intervention volontaire, forcée. Intervention en première instance, en appel. Former une demande en intervention.* V. **Intervenir** (Cf. Incident, cit. 12). *Droit, faculté d'intervention.*

« L'intervention, en première instance, est soumise à la seule condition que l'intervenant justifie, dans les termes du droit commun, d'un intérêt dans le débat dont le tribunal est saisi... Un intérêt même *indirect* justifie l'intervention... Un *intérêt d'honneur* est suffisant pour légitimer l'intervention. »   DALLOZ, **Dict. de droit**, Intervention, 3-5.   1

‖ 2° (Dans le langage courant). *Intervention d'un orateur dans un débat. Une intervention pleine d'esprit.* — V. **Entremise.** *Son intervention dans cette affaire sera décisive* (Cf. Appoint, cit. 4). *Intervention en faveur de quelqu'un.* V. **Intercession** (Cf. Dicter, cit. 11). *Offrir, proposer son intervention.* V. **Médiation, ministère, office** (bons offices), **service.** *Réclamer, solliciter une intervention efficace, opportune...* (Cf. Incoercible, cit. 4). *Je compte sur votre bienveillante intervention.* V. **Aide, appui, concours.** — *Intervention de l'autorité.* V. **Interposition.** *Intervention de l'État dans le domaine économique.* V. **Interventionnisme** (Cf. Finance, cit. 3). *Agitation* (cit. 20) *réprimée par une intervention énergique, rapide, de la police. Intervention abusive d'un pays dans les affaires d'un autre.* V. **Immixtion, ingérence, intrusion.** — *Spécialt. Polit. Pays qui demande l'intervention d'un allié* (Cf. Hellénisation, cit. 2). *Politique d'intervention, qui consiste à intervenir* dans les affaires d'un pays étranger. *Intervention armée. Forces d'intervention de l'O.N.U. Devoir d'intervention résultant de traités* (Cf. Garantie, cit. 2). — *Méd.* (XXe s.). V. **Traitement** (Cf. Hôpital, cit. 4). *Intervention chirurgicale,* ou absolt. *Une intervention.* V. **Opération** (Cf. Amputer, cit. 1 ; chirurgie, cit. 2).

« — Vous répétez, Céleste, une leçon de votre confesseur, et rien n'est plus fatal au bonheur, croyez-moi, que l'intervention des prêtres dans les ménages... » BALZ., **Petits bourgeois**, Œuvr., t. VII, p. 211.   2

« J'obtiens de mes chefs l'autorisation de partir,... à la condition que je ne me mettrai là-bas dans aucune espèce de mauvais cas pouvant nécessiter l'intervention de mon ambassade. »
     LOTI, **Aziyadé**, III, LXI.   3

« César s'était présenté comme un protecteur. Sa conquête avait commencé par ce que nous appellerions une intervention armée. »
     BAINVILLE, **Hist. de France**, I, p. 15.   4

« L'état s'aggrave d'heure en heure. Ce matin, phénomènes méningés... » — « Intervention ? » — « Impossible... l'état du cœur ne permet de tenter aucune opération ». »
     MART. du G., **Thib.**, t. III, p. 133.   5

« Eux savaient cependant, lorsqu'il marchait, comme un fauve en cage,... qu'une recherche d'importance n'avançait guère et que toute intervention eût été d'un intrus. »
     MONDOR, **Pasteur**, IX.   6

« ... la technologie est mère de la grande entreprise, grand-mère de l'intervention étatiste,... » SIEGFRIED, **Âme des peuples**, VII, V.   7

« (*En 1940-1941*) le président Roosevelt, personnellement partisan de l'intervention, put abandonner la superneutralité pour la partialité d'abord, pour l'intervention armée ensuite. »
     L. DELBEZ, **Man. de droit intern. public** (2e éd., p. 198).   8

— *Par ext.* V. **Action.** *Intervention de la lumière en milieu obscur* (Cf. Illumination, cit. 4). *Intervention des désirs érotiques* (cit. 3) *dans les manifestations de l'instinct sexuel.* V. **Facteur, rôle.** — *L'Église explique l'apparition de l'homme* (cit. 8) *par une intervention spéciale de Dieu.*

9 « Elle aimait les premiers livres de Maeterlinck (alors très admirés par les jeunes gens) parce qu'ils admettaient l'intervention dans notre vie de l'invisible et de l'infini. »
MAUROIS, **Cercle de famille,** I, XIV.

ANT. — **Abstention, neutralité, non-intervention.**

COMP. — **Non-intervention.**

DER. — **Interventionnisme** (-syo-). *n. m.* (LAROUSSE XXᵉ s.). Doctrine préconisant l'intervention de l'État dans le domaine économique (V. **Étatisme**), ou dans les affaires internationales. — **Interventionniste** (-syo-). *adj.* (LAROUSSE XXᵉ s.). Favorable à l'intervention (dans le domaine économique ou international). *Politique interventionniste.* — Substant. *Les interventionnistes.*

« Son tempérament l'entraînait à la réglementation de toutes choses, et il est étonnant que, dans ce domaine où, depuis, l'État a pratiqué, parfois à l'excès, l'*interventionnisme*, il ait su, lui, « l'homme de l'État », ne pas céder à sa tendance personnelle :... »
MADELIN, **Hist. Cons. et Emp.,** Vers Emp. Occident, VII.

INTERVERSION. *n. f.* (1507 ; du lat. *interversio*). Dérangement*, renversement de l'ordre naturel, habituel ou logique*. *L'interversion des facteurs d'une multiplication ne change pas le produit* (ACAD.). *Interversion des mots dans une phrase.* V. **Transposition.** *Interversions de temps et de lieu dans un récit* (Cf. Identification, cit. 1). *Interversion d'une lettre dans un mot* (V. **Métathèse**), *de syllabes dans un groupe de mots.* V. **Contrepèterie.** — Dr. *Interversion de titre,* modification du titre en vertu duquel sont exercés des actes de possession.

INTERVERTIR. *v. tr.* (1507 ; du lat. *intervertere*). Déplacer* (les éléments d'un tout, d'une série) en renversant* l'ordre primitif. V. **Changer, déranger, permuter.** *Intervertir les fiches d'un classeur, les facteurs d'une multiplication.* — Par ext. *Intervertir l'ordre des mots d'une phrase.* V. **Inverser, transposer.** — Fig. *Intervertir les rôles.* V. **Renverser, retourner** (Cf. Gallican, cit. 4). *Il intervertit les rôles,* se dit d'une personne qui adopte vis-à-vis d'une autre l'attitude et le ton qui conviendraient précisément à celle-ci.

1 « Cette considération a engagé M. E. Sue à commencer par la fin au lieu de commencer par le commencement ; je ne sais pas jusqu'à quel point il est commode d'entreprendre une maison par le toit et de l'achever par la cave. Cela me regarde. Cependant de cette manière on voit les résultats avant de voir les causes, et la suite logique des faits est singulièrement intervertie. » GAUTIER, **Souv. de théâtre...,** p. 34.

2 « ... les rôles ont été si bien intervertis dans l'entrevue de Ferrières, que c'est manifestement la Prusse qui est devenue l'agresseur et que son ambition n'a même plus pris la peine de se dissimuler. »
FUSTEL de COUL., **Questions contemp.,** p. 90.

3 « ... pourquoi intervertir l'ordre des vers de manière que la suite en devienne complètement incompréhensible ? »
GIDE, **Nouv. prétextes,** p. 129.

DER. — **Intervertissement.** *n. m.* (début XVIIIᵉ s.). Action d'intervertir ; résultat de cette action (*rare*).

INTERVIEW (in-tèr-vyou). *n. f.* (vers 1880 ; mot angl. tiré du franç. *entrevue*). Entrevue* au cours de laquelle un journaliste interroge une personne (généralement en vue) sur sa vie, ses projets, ses opinions..., dans l'intention de publier une relation de l'entretien. V. **Entretien.** *Prendre, donner une interview* (ACAD.). *Demander, solliciter, accorder une interview. Faire un reportage* après diverses *interviews.* — *Par ext.* Article qui rapporte le dialogue* des deux interlocuteurs en donnant la plus large place aux réponses de l'interviewé*. *Rédiger son interview. Lire une interview* (Cf. Important, cit. 7). — Littér. *Interviews imaginaires,* de Gide (1941-42).

1 « Hervieu aurait écrit quelque part, après mon interview de *la Patrie,* que je suis l'*amer* de la Nièvre. Charmant ! »
J. RENARD, **Journal,** Avril 1905.

2 « Il tenait à la main le numéro du *Figaro* où venait de paraître son interview. — Les lecteurs ne sont pas contents, me dit-il. C'est de ma faute ; j'aurais dû vous interroger mieux. »
GIDE, **Attendu que...,** p. 37.

3 « ... le ministre de la Guerre jette une première fois sa parole dans la balance. Au cours d'une interview de presse, il déclare, lui, ministre, que la culpabilité de Dreyfus est *absolument certaine*,... »
MART. du G., **Jean Barois,** Le vent précurseur, II.

4 « Le pauvre Porte ne savait pas qu'on l'écoutait. Il disait les choses selon son cœur... Il ne dictait pas une *interview* à l'envoyé spécial d'un grand quotidien. » DUHAM., **Récits temps de guerre,** IV, XII.

DER. — **Interviewer** (-vyou-vé). *v. tr.* (vers 1880). Soumettre (quelqu'un) à une interview. *Interviewer un acteur, un écrivain... Il s'est laissé interviewer* (ACAD.). — **Interviewer** (-vyou-veur). *n. m.* (vers 1880 ; mot angl.). Journaliste, reporter spécialisé dans les interviews.

1 « À un reporter, qui cherchait à l'interviewer sur sa vie, il répondait, furieux : — Cela ne vous regarde pas ! »
R. ROLLAND, **Jean-Christ.,** La révolte, p. 488.

2 « Le rôle d'un interviewer, c'est de forcer l'intimité ; c'est de vous amener à parler de ce dont vous ne parleriez pas de vous-même. Apprendre comment vous vous portez et comportez ; comment vous êtes vêtu ; comment vous trouvez le moyen de vous nourrir et si vous supportez allègrement les restrictions, voilà ce que le public attend que je lui dise et vous fasse dire. » GIDE, **Attendu que...,** p. 37.

INTESTAT (-ta). *adj. m.* et *f.* (XIIIᵉ s. ; du lat. jurid. *intestatus*). Jurispr. Qui n'a pas fait de testament. *Décéder intestat,* sans avoir fait de testament. *Elle est morte intestat.* — Substant. *Les intestats. Les déconfès et les intestats* (CHATEAUB.). — *Ab intestat* (1427). loc. adv. V. **Ab* intestat.**

« Ne voulant pas ainsi décéder intestat... » 1
REGNARD, **Légat. univ.,** V, 7.

« ... aïeux et aïeules, négociants sans reproches, bonnes ménagères, 2 aimant leur bien, jamais décédés intestats, honneur des Chambres de commerce et des études de notaires. »
BERNANOS, **Sous le soleil de Satan,** p. 209.

1. INTESTIN, INE. *adj.* (1356 ; du lat. *intestinus*). *Vx.* Qui se trouve ou se produit à l'intérieur d'une chose, d'un corps, et *spécialt.* à l'intérieur du corps humain. *Douleur intestine.* — Fig. Qui se passe à l'intérieur d'un corps social ou (*littér.*) dans l'âme. V. **Intérieur.** *Dissensions, querelles intestines. Allumer* (cit. 3) *une guerre, une lutte intestine.* V. **Civil** (Cf. Contracter, cit. 8). *Troubles intestins* (Cf. Affliger, cit. 5).

« Guerre intestine de l'homme entre la raison et les passions. » 1
PASC., **Pens.,** VI, 412.

« ... le mouvement intestin qui travaille une langue et fait que la 2 fixité n'en est jamais définitive. » LITTRÉ, **Dict.,** Préface.

« La famine, les dissensions intestines qui déchirent la malheureuse 3 ville, sont retracées avec une énergie rare... »
GAUTIER, **Souv. de théâtre...,** p. 262.

« ... nous étions divisés par nos querelles intestines : les ouvriers 4 conduits par des agitateurs cyniques, en étaient venus à détester leurs patrons ; les patrons aveuglés par l'égoïsme se souciaient peu de satisfaire aux revendications les plus légitimes ; les commerçants jalousaient les fonctionnaires,... » SARTRE, **Mort dans l'âme,** p. 238.

2. INTESTIN. *n. m.* (XIVᵉ s. au pluriel ; du pluriel neutre latin *intestina,* « entrailles »). *Anat.* Viscère* abdominal, partie du tube digestif qui fait suite à l'estomac (cit. 1). V. **Entrailles.** *L'intestin, long conduit musculo-membraneux qui se divise en deux parties : l'intestin grêle* (V. **Duodénum, iléon, jéjunum**) *et le gros intestin* (V. **Cæcum, côlon, rectum**). *Les parois de l'intestin comprennent : une tunique séreuse externe* (péritonéale), *une tunique moyenne musculaire* (fibres lisses, longitudinales et circulaires...), *une tunique interne muqueuse* (follicules clos, glandes sécrétant le suc intestinal, valvules conniventes, villosités). *Orifice terminal de l'intestin.* V. **Anus.** *Enveloppes de l'intestin* (V. **Péritoine ; épiploon, mésentère**). *Anses, appendice, circonvolutions de l'intestin.* — Physiol. *Contractions antipéristaltiques*, mouvements péristaltiques*, vermiculaires* de l'intestin. Transformation chimique et absorption des aliments au niveau de l'intestin* (V. **Chyle ; digestion**). *Formation du bol fécal* (cit.) *dans le gros intestin. Irrigation sanguine de l'intestin par les collatérales* (cit. 1). — Pathol. *Affections, inflammations, maladies de l'intestin.* V. **Colite, entéralgie, entérite, entéro-colite, gastro-entérite, iléus, occlusion, péritonite, tympanite, volvulus.** *Cancer, tuberculose de l'intestin. Troubles de l'intestin.* V. **Colique, constipation, diarrhée, flatulence, flatuosité, gargouillement, relâchement, ventosité, ventre** (mal au). *Avoir l'intestin, les intestins délicats, fragiles...* (Cf. Compenser, cit. 3). *Parasites de l'intestin.* V. **Ascaride, colibacille, oxyure, ténia.** — *Spécialt.* Zool. V. **Boyau, tripe ; tripaille** (*fam.*). *Couche de graisse* (cit. 3) *sur les intestins de l'autruche. Parties de l'intestin des animaux de boucherie.* V. **Coiffe, crépine, fraise** 2.

« Au débouché de l'estomac commencent, sur huit mètres de longueur, les circonvolutions de l'intestin grêle, d'abord le duodénum, seule portion fixe où se déversent les produits de sécrétion du foie et du pancréas, puis le jéjunum et l'iléon... Quant au gros intestin, plus ou moins bosselé, reconnaissable aux bandelettes musculaires longitudinales bien visibles sur sa surface extérieure, il n'est séparé du grêle que par la valvule iléo-cæcale. » VALLERY-RADOT, **Notre corps,** VII, p. 80.

DER. — **Intestinal, ale, aux.** — Cf. (du gr. *enteron*) le préf. Entéro-, et le *suff.* -Entère, -enterie.

INTESTINAL, ALE, AUX. *adj.* (1495 ; de *intestin*). Anat. et Physiol. Qui a rapport aux intestins* (V. **Cœliaque, entérique**). *Le chyle* (cit. 2) *absorbé par la paroi intestinale. Chyme intestinal* (Cf. Fèces, cit.). *Suc intestinal. Glandes intestinales. Valvules conniventes et villosités de la muqueuse intestinale. Diastases intestinales.* — Pathol. *Remède carminatif contre les gaz intestinaux. Atonie, occlusion, grippe, invagination, perforation intestinale. Vers intestinaux,* parasites de l'intestin. V. **Cestodes, helminthes, nématodes.**

« Après la digestion intestinale, les acides aminés, et les groupes d'acides aminés, qui viennent des protéines du bœuf, du mouton, du grain de blé, n'ont plus aucune spécificité originale. Ils traversent alors la muqueuse intestinale et construisent dans le corps des protéines nouvelles, qui sont spécifiques de l'être humain et même de l'individu. »
CARREL, **L'homme, cet inconnu,** III, VIII.

COMP. — **Gastro-intestinal, ale, aux.**

INTIMATION. *n. f.* (1320 ; empr. au lat. *intimatio.* V. **Intimer**). Procéd. « Acte par lequel l'appelant ajourne devant la juridiction du second degré la partie adverse qui a gagné son procès au moins partiellement en première instance et qui s'appelle l'intimé » (CAPITANT). V. **Assignation** (en appel*).

« ... le défaut d'intimation de certaines parties rend l'appel irrecevable. »   DALLOZ, **Nouv. répert.**, Appel civil, 104.

INTIME. adj. (1390 ; empr. au lat. *intimus*, superlatif de *interior*, « intérieur »).

‖ 1º Qui est profondément intérieur*, contenu au plus profond* d'un être, lié à son essence, généralement secret, invisible, impénétrable. *La partie la plus intime, l'arrière-fond* (cit. 2), *le fond* (Cf. Honteux, cit. 4) *intime de notre être* (Cf. La moelle* des os ; les replis* du cœur, de l'âme*, et *aussi* Barbouillage, cit. 3). *Fibres intimes.* « *Ô mer, nul ne connaît tes richesses intimes* » (Cf. Garder, cit. 4 BAUDEL.). *Personnalité intime* (Cf. Graphologie, cit. 4). *Sens intime* (V. **Conscience**). *Avoir la conviction, le sentiment intime de quelque chose.* V. **Profond** (Cf. Arbre, cit. 45 ; humanisme, cit. 3). *Conscience* (cit. 2) *intime de notre existence. Bonheur, plaisir intime* (Cf. Avis, cit. 20 ; frissonnement, cit. 2). — *Substant.* (vieilli ou littér.). *L'intime d'autrui.* V. **Dedans, fond, for** (cit. 4 GIDE), **tréfonds.**

1   « Le Dauphin, navré de la plus intime et amère douleur,... »
                   ST-SIM., **Mém.**, III, LXIV.

2   « Il faut vivre, parce qu'il n'y a pas d'heures sans miracles intimes et sans significations ineffables. »
                   MAETERLINCK, **Trésor des humbles**, VII.

— *Sens intime et caché* des choses de ce monde* (Cf. Esprit, cit. 33). *Nature, structure intime.* V. **Essentiel.**

3   « Nous ne pénétrerons jamais dans la structure intime des choses, »
                   BUFF., **Hist. nat.**, t. III, p. 32 (in LITTRÉ).

‖ 2º Qui lie étroitement, parce qu'il y a de plus profond. *Connexion intime des parties. Mélange, harmonie intime.* — *Fig. Union intime d'un dieu et d'un homme* (Cf. Gnose, cit. 2). *Liaison intime entre personnes.* V. **Étroit, familier** (cit. 4) ; **amitié, amour...** (Cf. Établir, cit. 33). *Avoir un commerce* (cit. 14) *des relations intimes avec une personne,* être très étroitement lié avec elle, et *spécialt.* Avoir avec elle *des rapports sexuels.*

— *Par ext.* (En parlant des personnes). Très étroitement lié (avec quelqu'un). *Elle était intime avec son valet de chambre* (Cf. Inconvenant, cit. 3). *Ils sont très intimes* (Cf. Comme cul* et chemise* ; comme les doigts* de la main ; à tu* et à toi*). *Ami intime* pour qui l'on n'a pas de secret, en qui on a toute confiance (Cf. Arracher, cit. 53 ; grand-père, cit.). *Des amies intimes.* V. **Inséparable** (Cf. Gourmer, cit. 5).

4   « ... comme il est depuis longtemps de mes plus intimes amis,... »
                   MOL., **Sic.**, IX.

5   « L'un des auteurs les plus célèbres de ce temps est assis sur une causeuse auprès d'une très illustre marquise avec laquelle il est intime... »   BALZ., **Prince de la Bohème**, Œuvr., t. VI, p. 822.

6   « ... elle (Mme *de Maintenon*) était assez intime avec le maréchal d'Albret pour qu'on en jasât. »   HENRIOT, **Portr. de femmes**, p. 118.

— *Substant. Un, une intime.* V. **Ami, confident, familier.** *Les intimes de Bonaparte* (Cf. Dépit, cit. 5). *Le président et quelques intimes. Réunion d'intimes. Familiarité, laisser-aller qu'on se permet entre intimes. Nous serons entre intimes* (Cf. Entre soi*, en petit comité*).

7   « ... c'est mon intime, et sa gloire est la mienne : »
                   MOL., **Éc. d. fem.**, V, 7.

8   « Même ceux qu'elle ne convainquait pas recueillaient la sentence, se réservant de la méditer à loisir, ou de la discuter entre intimes. »
        ROMAINS, **H. de b. vol.**, t. IV, IX, p. 96.

‖ 3º Qui est tout à fait privé et généralement tenu caché aux autres. *Vie intime,* celle que les autres ignorent, notamment la vie sentimentale, sexuelle. V. **Domestique, particulier, personnel, privé, secret** (Cf. Incommunicable, cit. 7). *Chagrins intimes. Confidences* (cit. 2) *intimes. Toilette intime.*

9   « Je respecte la vie intime de mes voisins, et ne suis pas de ceux qui examinent avec des longues-vues le galbe d'une femme qui se couche, ou surprennent à l'œil nu les silhouettes particulières aux incidents et accidents de la vie conjugale. »
          NERVAL, **Promenades et souvenirs**, I.

10   « ... l'exiguïté, les colorations, l'éclairage de la pièce conseillaient les propos intimes, et semblaient leur promettre la plus douillette discrétion. »   ROMAINS, **H. de b. vol.**, t. III, XV, p. 193.

— Se dit d'écrits autobiographiques qui touchent la vie privée d'un auteur et qu'il ne destine généralement pas à la publication. *Le journal intime de Benjamin Constant.*

— *Par ext.* Qui réunit des intimes, se passe entre intimes. *Le charme d'une société intime* (Mme *de* GENLIS). *Repas, entretien* (Cf. Homélie, cit. 3), *réunion, fête intime.* — Qui crée, favorise l'intimité, en évoque l'impression. *Un endroit intime, à l'abri des regards indiscrets. Des tapis, des coussins rendront ce décor plus intime.*

11   « Il regarda autour de lui : cette place est bien laide, reprit-il, mais qu'elle est provinciale et intime ! »   HUYSMANS, **Là-bas**, XVII.

12   « Malgré les tentures,... les stores, les tapis, les tons rouge et grenat, la maison n'offrait rien d'intime ni de vraiment confortable ;... »
          CHARDONNE, **Destin. sentim.**, p. 71.

13   « Ce recoin de restaurant est presque aussi intime qu'un cabinet particulier. »   ROMAINS, **H. de b. vol.**, t. II, XX, p. 232.

14   « Même dans les repas intimes, Mme de Saint-Papoul se conformait à la règle des trois plats de viande, que d'ailleurs la bourgeoisie de province et les tables d'hôte observaient alors exactement. »
          ID., **Ibid.**, t. III, XI, p. 148.

ANT. — Extérieur, ouvert, visible ; dehors. Superficiel. Étranger. Public. Froid, impersonnel.

DER. — Intimité, intimiste. — **Intimement** (*in-tim'-man*). adv. (1406). D'une manière intime*. — Très profondément, dans le fond. *Intimement persuadé, convaincu. Pénétrer intimement le tempérament d'un artiste* (Cf. Exposition, cit. 3). — De façon personnelle, qui concerne les choses personnelles. *Parler intimement à quelqu'un.* — Étroitement*. *Mêler, unir intimement* (Cf. Héroïque, cit. 2 ; inhérent, cit. 3). *Élément* (cit. 4) *intimement mêlé à nous. Nom intimement lié à la gloire de la France* (Cf. Historique, cit. 8). *Personnes intimement liées* (Cf. Entrée, cit. 8), unies par les liens de l'amitié.

1   « ... je suis attaché intimement, et plus encore par conscience que par la plus saine politique, à ce que très mal à propos on connaît sous le nom de libertés de l'Église gallicane,... »
          ST-SIM., **Mém.**, III, LVI.

2   « ... malgré leurs différences de pensées, il est probable qu'il se fût fait comprendre, s'il avait réussi à leur parler intimement. Mais rien n'est plus difficile qu'une intimité absolue entre enfants et parents, même quand ils ont les uns pour les autres la plus tendre affection :... »
       R. ROLLAND, **Jean-Christ.**, Le matin, p. 116.

INTIMER. v. tr. (1332 ; empr. au lat. jurid. *intimare*, propremt. « introduire », d'où « faire savoir », rac. *intimus* « intérieur »).

‖ 1º *Dr.* Citer, assigner devant une juridiction supérieure. V. **Intimation.** *Intimer quelqu'un. Personne intimée* (Cf. *infra*, dér.).

‖ 2º *Dr.* Signifier légalement. — (*Dans le langage courant*) Signifier* (quelque chose à quelqu'un) avec autorité. V. **Commander, enjoindre, notifier.** — (Ne s'emploie guère qu'avec *ordre*) *Intimer un ordre. Il lui intima l'ordre de quitter les lieux.*

1   « J'ai fait mine de me lever. Il m'intime, avec l'index, l'ordre de rester immobile. »   DUHAM., **Salavin**, Journal, 29 novembre.

2   « ... suffit-il, pour accepter de prendre un rôle dans cette tuerie, qu'un gouvernement vous en intime l'ordre ? »
          MART. du G., **Thib.**, t. VII, p. 170.

DER. — Intimé, ée. n. (1565). Dr. Partie* contre laquelle a été engagée la procédure d'appel d'un jugement de première instance. V. **Défendeur** (en appel). *L'Intimé,* nom d'un personnage de Racine dans « Les Plaideurs » (**ANT.** Appelant).

« Dans la huitaine de la constitution d'avoué, par l'intimé, l'appelant signifiera ses griefs contre le jugement. L'intimé répondra dans la huitaine suivante. »   CODE PROCÉD. CIV., **Art.** 462.

INTIMIDATION. n. f. (1552 ; de *intimider*). Action d'intimider volontairement quelqu'un ; résultat de cette action. *Geste, parole d'intimidation.* V. **Menace.** *Ce magistrat usa de l'intimidation pour faire parler le prévenu* (ACAD.). *Mesures, manœuvres d'intimidation politique. Gagner une partie diplomatique par l'intimidation* (Cf. Gré, cit. 15). V. **Bluff, chantage.**

1   « Des lois d'intimidation sont venues supprimer les libertés, ainsi que je l'avais annoncé... »   CHATEAUB., **M. O.-T.**, t. VI, p. 260.

2   « (Ils) sont d'avis que l'autorité repose sur l'intimidation. »
          DUHAM., **Récits temps de guerre**, IV, VI.

INTIMIDER. v. tr. (1539 ; comp. de *timide**). Donner de la timidité.

‖ 1º (*Sens fort*). Remplir (quelqu'un) de peur*, d'effroi, de crainte, en imposant sa force, son autorité, sa volonté. — (Vieilli). *Les moins intimidés fuiraient de leur maison* (Cf. Assurer, cit. 87 LA FONT.). V. **Effrayer, terroriser.** — *Chercher à intimider quelqu'un par des menaces* (V. **Menacer**). *Intimider une personne par la fermeté* (cit. 8) *de son attitude. Amadouer* (cit. 4) *et intimider quelqu'un. Se laisser intimider. N'essayez pas de m'intimider. Manœuvres politiques, militaires, diplomatiques pour intimider l'adversaire.* V. **Bluffer ; intimidation, pression.**

1   « ... il dit des choses atroces contre elle, il tâche de l'intimider, il la menace qu'on dira à l'audience qu'elle... a supposé son enfant... »
          SÉV., 891, 23 janv. 1682.

2   « Tout ce que je peux donc répondre à votre menaçante lettre, c'est qu'elle n'a eu ni le don de me plaire, ni le pouvoir de m'intimider,... »
          LACLOS, **Liais. dang.**, CLII.

3   « Lui-même il alla trouver le duc d'Orléans, l'intimida, lui parla haut et ferme,... »   MICHELET, **Hist. Révol. franç.**, III, I.

4   « Louis XI n'aimait pas le risque des batailles et il avait une armée pour intimider l'adversaire plutôt que pour s'en servir. »
          BAINVILLE, **Hist. de France**, VII, p. 128.

‖ 2º (*Sens faible*). Remplir (quelqu'un) de timidité, de trouble, de confusion. V. **Effaroucher, gêner** (cit. 26), **impressionner, troubler.** *Examinateur qui intimide les candidats,* leur enlève toute assurance, leur fait perdre leurs moyens. V. **Glacer, paralyser, terroriser** (par exagér.). *Il ne m'intimide plus à présent que je le connais* (Cf. Contre, cit. 15). *Cette entrevue m'intimide. Jeunes filles qui intimident un garçon* (Cf. Approche, cit. 4). *Être intimidé par quelqu'un, devant quelqu'un* (Cf. Gêner, cit. 35). *Acteur intimidé devant le public. Laissez-le reprendre ses esprits, il est tout confus, tout intimidé. Elle a l'air intimidée.*

5 « Je fus assez contente de la façon dont je m'étais tirée de cette première occasion, sans paraître embarrassée ni intimidée, »
STAAL, **Mém.**, t. II, p. 124 (in LITTRÉ, Intimidé).

6 « Baudelaire, grand nerveux, était intimidé par les femmes, n'ayant eu affaire dès sa jeunesse qu'à des prostituées... »
HENRIOT, **Portr. de femmes**, p. 389.

7 « Un garçon de mon âge peut se sentir intimidé parce qu'il lui faut soudain trouver une contenance, même savoir dire quelques mots, au milieu de tant de gens brillants. Mais s'il aime ça, au fond, il est ravi. Sa timidité est un duvet de surface... »
ROMAINS, **Une femme singulière**, p. 8.

ANT. — **Encourager, enhardir, mettre** (à l'aise, en confiance), **rassurer. — Assuré, effronté.**

DER. — **Intimidation. — Intimidable.** adj. (1867). Qu'on peut intimider. *Il n'est pas facilement intimidable.* — **Intimidateur, trice.** adj. (1857). Propre à intimider, à en imposer. *Manœuvres intimidatrices.* — **Intimidant, ante.** adj. (1867). Qui intimide, trouble. *Examinateur intimidant. Situation intimidante. Repas intimidant* (Cf. Hôtelier, cit. 2).

1 « ... le froid intimidant qu'éprouvait le Méridional devant ce grand silencieux à tête hautaine et pâle. » DAUDET, **Numa Roumestan**, X.

2 « Une maison du siècle dernier, spacieuse et sonore. Quelque chose d'intimidant, dès l'escalier. » DUHAM., **Salavin, Journal**, 29 novembre.

INTIMISTE. n. (1883 ; de *intime*). Poète, écrivain qui prend pour sujet les sentiments délicats, intimes. Peintre de scènes d'intérieur. — Adjectivt. *Poète, peintre intimiste.* — Par ext. *Mouvement intimiste. Poésie intimiste.*

« Que de pages pourtant charmantes, où s'annonce déjà le lyrique rêveur et le tendre intimiste des *Voix intérieures* et des *Feuilles d'automne*. » HENRIOT, **Romantiques**, p. 34.

INTIMITÉ. n. f. (1684 SÉV. ; de *intime**).

|| 1º Caractère intime, intérieur et profond ; ce qui est intérieur et profond. *Dans l'intimité de la conscience.*

1 « Je n'ai pu m'empêcher de vous dire tout ce détail dans l'intimité et l'amertume de mon cœur, que l'on soulage en causant avec une bonne dont la tendresse est sans exemple. » SÉV., 941, 15 nov. 1684.

|| 2º Caractère étroit et profond (d'un lien). *L'intimité de leurs relations.* — Liaison, relations étroites et familières. V. **Familiarité.** *Entrer dans l'intimité de quelqu'un.* V. **Accointer** (s'), **familiariser** (se), **lier** (se). *Intimité entre amis. Ce séjour devait renforcer, resserrer leur intimité.* V. **Contact, liaison, union.** *Parfaite intimité. La plus grande intimité* (Cf. Gêne, cit. 10). *Intimité conjugale. Source d'intimité* (Cf. Communion, cit. 2). *Désir d'intimité* (Cf. Contact, cit. 8). *Intimité entre amants* (Cf. Général 2, cit. 10). *Intimité du lit, de l'alcôve* (Cf. Complicité, cit. 2). *Vivre dans l'intimité, dans la plus grande intimité avec quelqu'un* (Cf. Etre du dernier bien avec... et aussi Commerce, cit. 14 ; épargner, cit. 11).

2 « ... et l'intimité de son fils et de lui, de M. le prince de Conti et d'Albergotti, portait presque toute sur des mœurs communes et des parties secrètes qu'ils faisaient ensemble avec des filles. »
ST-SIM., **Mém.**, I, XV.

3 « ... elle (*cette salle à manger*) est une sorte d'initiation à l'intimité, et jamais il ne s'y rassemble que des gens qui ne voudraient plus être séparés. » ROUSS., **Julie**, Vᵉ part., II.

4 « Elle était si réellement aimable que plus l'intimité dans laquelle on vivait avec elle était grande, plus on y trouvait de nouveaux sujets de l'aimer. » ID., **Confess.**, V.

5 « Les familiarités charmantes de ces longues et douces soirées à la lueur de la lampe, à la tiède chaleur du brasier d'olives sous nos pieds, n'amenaient jamais entre nous d'autres pensées ni d'autres intimités que ces intimités d'enfants. » LAMART., **Graziella**, IV, IV.

6 « Un des traits les plus saillants de la Nouvelle due à Benjamin Constant, et l'une des explications de l'abandon d'Ellénore est ce défaut d'intimité journalière ou nocturne, si vous voulez, entre elle et Adolphe. Chacun des deux amants a son chez soi, l'un et l'autre ont obéi au monde, ils ont gardé des apparences. »
BALZ., **Muse du département**, Œuvr., t. IV, p. 183.

7 « Nous vivions donc, — dit Ravila, — dans une intimité qui avait parfois des orages, mais qui n'avait pas de déchirements, et cette intimité n'était, dans cette ville de province qu'on appelle Paris, un mystère pour personne... » BARBEY d'AUREV., **Diaboliques**, Le plus bel amour, p. 106.

8 « Il cherchait quelque sujet simple et sans danger, qui les eût tous deux acheminés vers plus d'intimité. » MART. du G., **Thib.**, t. IV, p. 57.

|| 3º La vie intime, privée. *S'introduire indiscrètement dans l'intimité de quelqu'un. Préserver son intimité des intrusions* (Cf. Délicatesse, cit. 20). — Par anal. *La radio pénètre dans l'intimité des maisons* (Cf. Endoctrinement, cit.). V. **Intérieur, sanctuaire.**

9 « ... dans les propos il appuie volontiers les idées toutes faites, voire les pires plaisanteries sur le mariage, tout en se gardant d'y sentir la moindre atteinte à sa propre intimité, qu'il tient pour exceptionnelle, et qu'il veut secrète. » ROMAINS, **Quand le navire...**, p. 33.

— Absolt. *Dans l'intimité*, dans le privé*. — Dans la vie privée de quelqu'un (notamment dans ses relations avec un intime). *Laisser-aller, familiarité qu'on se permet dans l'intimité* (Cf. Farceur, cit. 6). *Déshabillé porté dans l'intimité. — Le mariage aura lieu dans l'intimité, la plus stricte intimité* : les intimes étant seuls admis.

10 « — Dans l'intimité, madame, toutes les femmes ont de l'esprit, reprit le chevalier. » BALZ., **Vieille fille**, Œuvr., t. IV, p. 278.

— Par ext. Agrément, confort d'un endroit où l'on se sent tout à fait chez soi, isolé du monde extérieur. *Intimité d'une maison, d'un nid* douillet. Charme silencieux d'intimité* (Cf. Endormissement, cit. 1). *Cadre qui manque d'intimité.*

11 « ... la coquette apparence et l'intimité d'un petit appartement parisien, au troisième sur la cour. » COLETTE, **Belles saisons**, p. 15.

ANT. — **Public** (en public). **Distance.**

INTISY. n. m. (1906). Bot. Espèce d'euphorbiacées de Madagascar (*Euphorbia intisy*), arbre de 5 à 6 m qui fournit du caoutchouc.

INTITULER. v. tr. (*Entituler* en 1275 ; empr. au lat. *intitulare*). Donner un titre. V. **Titre.** *Intituler un conte* (Cf. Champi, cit.). *Vers de Hugo intitulés « Châtiments »* (Cf. Gril, cit. 4). *Article, traité, livre, pièce, film... intitulé...* (Cf. Esprit, cit. 187 ; forceps, cit.). Pronominal. *S'intituler, avoir pour titre. Ouvrage qui s'intitule « Histoire* (cit. 7) *administrative et militaire du Consulat et de l'Empire ».* — Par ext. V. **Appeler, nommer** (Cf. Factum, cit. 8). — Pronominalt. *S'intituler, se donner le titre, le nom de...* (qu'il soit réel, justifié ou qu'il soit usurpé). *S'intituler inventeur* (Cf. Figuline, cit.). *Il s'intitule pompeusement directeur.* — Par ext. (sens passif). *Une auberge qui s'intitule « Grand Hôtel ».*

1 « Pour les Arcadiens, qui se croyaient plus anciens que la lune, il me semble qu'ils ressemblaient à ces rois d'Orient qui s'intitulaient *cousins du soleil*. » VOLT., **Corresp.**, 4166, 18 janv. 1775.

2 « Où, dans quelle ville, ce bouge mémorable qui ose s'intituler Théâtre des Folies ?... » COLETTE, **Belles saisons**, Mes cahiers, p. 161.

DER. — **Intitulé.** n. m. (1694 p. passé). T. de Libr. Titre (d'un livre, d'un chapitre...). — Dr. Formule en tête d'une loi, d'un acte, d'un jugement... *Intitulé d'une loi.* — *Intitulé d'inventaire*, procès-verbal dressé au début des opérations d'un inventaire de succession ou de communauté. *L'intitulé d'inventaire mentionne les noms, domicile et qualités des parties.*

1 « Il se leva, prit un dossier qui se trouvait sous un serre-papier à portée de sa vue, et dit après en avoir lu l'intitulé : Voici les pièces. »
BALZ., **L'interdiction**, Œuvr., t. III, p. 32.

2 « On commence l'inventaire ; le notaire dresse chez lui l'intitulé. Vous croyez qu'il n'y a qu'à mettre : « Inventaire de Monsieur un tel... » Pauvre ignorant !... »
ID., **Code gens honnêtes** (Œuvr. div., t. I, p. 123).

INTOLÉRABLE. adj. (XIIIᵉ s. ; empr. au lat. *intolerabilis*). Qu'on ne peut tolérer, souffrir, supporter. V. **Insupportable.** *Douleur, souffrance, mal intolérable.* V. **Aigu** (Cf. Hanter, cit. 12). *Supplice intolérable.* V. **Atroce, horrible** (Cf. Infinité, cit. 2). *Une chaleur intolérable.* V. **Accablant** (Cf. Four, cit. 8). *Bruit, grondement intolérable* (Cf. Bataille, cit. 12). *Bavardage* (cit. 1) *intolérable. Contrainte intolérable* (Cf. Engager, cit. 35). *La nécessité du choix lui est intolérable* (Cf. Élire, cit. 3). Impersonnlt. *Il lui est intolérable d'être jugé par autrui* (Cf. Embargo, cit. 4).

1 « ... ce n'est point la pauvreté qui est intolérable, c'est le mépris :... »
VOLT., **L'Écossaise**, I, 5.

2 « La seule idée de cette infidélité m'est intolérable. »
FRANCE, **Rôtiss. reine Pédauque**, XVIII, Œuvr., t. VIII, p. 188.

3 « L'existence serait intolérable si l'on ne rêvait jamais. »
ID., **Jardin d'Épicure**, Œuvr., t. IX, p. 460.

4 « ... quand ma grand-mère n'avait pas de morphine, ses douleurs devenaient intolérables,... » PROUST, **Rech. t. p.**, t. VII, p. 179

— (En parlant d'une personne). V. **Désagréable, importun, odieux** (Cf. Intolérant, cit. 2).

5 « Comme il est naturel qu'on le déteste ! C'est ainsi que dans chaque endroit où il a passé il s'est rendu intolérable par son impudence et son manque de douceur. » MONTHERLANT, **Le songe**, I, IV.

— Qu'on ne peut admettre, permettre. V. **Inadmissible.** *La peine de mort, pratique intolérable* (Cf. Attacher, cit. 40). Impersonnlt. *Il est intolérable de voir le bon droit ainsi bafoué.*

6 « Votre Majesté n'a pas d'idée de la détestable inquisition qu'on exerce sur tous les ouvrages, et des mutilations intolérables qu'on fait essuyer à tous ceux qu'on croit capables de dire quelques vérités. »
D'ALEMB., **Lett. au roi de Prusse**, 9 avr. 1773.

7 « ... s'il est, certes, intolérable qu'un seul homme tyrannise une masse — il est tout aussi intolérable que la masse écrase un seul homme. » ST-EXUP., **Pilote de guerre**, XXVII.

ANT. — **Agréable, amusant** ; **buvable, supportable, tolérable.**

DER. — **Intolérablement.** adv. (1521). D'une façon intolérable. *Intolérablement vaniteux.*

INTOLÉRANCE. n. f. (1611 ; de *in-*, et *tolérance*).

|| 1º Impossibilité ou refus de supporter, de tolérer* quelqu'un, quelque chose. *L'intolérance à l'égard des idées, des opinions, des croyances d'autrui est le fait d'un esprit étroit* (Cf. Étroitesse d'esprit*). *Une intransigeance* poussée jusqu'à l'intolérance.*

1 « Il y a,... dans les choses de goût, ainsi que dans les choses religieuses, une espèce d'intolérance que je blâme... »
DIDER., **Éloge de Richardson.**

2 « Encore qu'elle en montrât beaucoup elle-même (*de l'indulgence*) pour les fautes et les faiblesses des pauvres gens qu'elle secourait, elle s'armait d'une intolérance raidie à l'égard de ceux qui ne peuvent trouver excuse à leur dérèglement dans la misère. » GIDE, **Et nunc manet in te**, p. 14.

— *Absolt.* (En matière religieuse, politique). Haine agressive et persécutrice de ceux qui croient posséder la vérité, contre ceux qui professent d'autres opinions, d'autres croyances. V. **Fanatisme, sectarisme.** *Esprit d'intolérance* (Cf. Animer, cit. 23). *L'intolérance au temps de l'inquisition.* Par ext. *Intolérance d'une religion, d'une philosophie* (Cf. Élan 1, cit. 7). *L'intolérance stigmatisée par Voltaire.*

3 « Il y a deux monstres qui désolent la terre en pleine paix : l'un est la calomnie, et l'autre l'intolérance ; je les combattrai jusqu'à ma mort. »   VOLT., **Mél. littér.**, Réfut. d'un écrit anonyme.

4 « Le mot *intolérance* s'entend communément de cette passion féroce qui porte à haïr et à persécuter ceux qui sont dans l'erreur. » DIDER., **Encycl.**, Intolérance.

5 « ... une guerre civile de religion, où l'intolérance la plus cruelle était au fond la même des deux côtés. » ROUSS., **Confess.**, IX.

6 « ... ce fâcheux esprit qui a toujours rendu la liberté impossible en France, esprit d'intolérance et d'exclusion, qui fait que l'on ne se contente jamais de la liberté pour soi, si l'on n'opprime en même temps celle des autres,... » RENAN, **Questions contemp.**, Œuvr., t. I, p. 156.

7 « Je goûte assez l'intolérance des jeunes. C'est bon signe qu'un adolescent soit en révolte, par nature, contre tout. » MART. du G., **Thib.**, t. III, p. 281.

‖ 2° *Spécialt.* *Méd.* Inaptitude d'un organisme, d'un organe à tolérer tel ou tel agent extérieur, aliment, remède... *Intolérance d'un malade à certains antibiotiques. Intolérance innée* (V. **Idiosyncrasie**), *acquise* (V. **Sensibilisation ; allergie, anaphylaxie**). *L'urticaire, l'ictère, phénomènes d'intolérance.*

ANT. — **Tolérance. Compréhension, indulgence. Accoutumance, immunité.**

INTOLÉRANT, ANTE. *adj.* (1612 ; de *in-*, et *tolérant*). Qui n'est pas tolérant. Qui ne peut supporter quelqu'un, quelque chose (Cf. Frondeur, cit. 10).

1 « Mon père, par exemple, ne pouvait souffrir la laideur. Le spectacle du ridicule, chez les autres, le trouvait intolérant. » DUHAM., **Pasq.**, I, IX.

— *Spécialt.* Qui ne tolère pas d'autre opinion, d'autre croyance que la sienne ; qui manifeste de l'intolérance*. V. **Étroit** (d'esprit), **fanatique, sectaire**, et *aussi* **Intransigeant.** *Souverains intolérants qui fomentèrent des persécutions.* Par ext. *Religion, philosophie intolérante* (Cf. Christianisme, cit. 3).

2 « Si vous voulez qu'on tolère ici votre doctrine, commencez par n'être ni intolérants, ni intolérables. » VOLT., **Polit. et législ.**, Traité s. tolérance, XIX.

3 « Je crois qu'une doctrine puissante et jeune est, par nature, intolérante : une conviction qui commence par admettre la légitimité d'une conviction adverse se condamne à n'être pas agissante : elle est sans force, sans efficacité. » MART. du G., **Jean Barois**, II, Le semeur, III.

— *Substant.* Personne intolérante. *Les intolérants.*

4 « ... je dis la messe tous les jours en latin pour douze sous, et vous n'y assistez pas plus que Cicéron, Caton, Pompée, César, Horace et Virgile n'y ont assisté : par conséquent vous méritez qu'on vous coupe le poing, qu'on vous arrache la langue, qu'on vous mette à la torture, et qu'on vous brûle à petit feu ; car Dieu est miséricordieux. Ce sont là, sans en rien retrancher, les maximes des intolérants... Avouons qu'il y a plaisir à vivre avec ces gens-là. » VOLT., **Dict. philos.**, Intolérance.

5 « L'intolérant ou le persécuteur, est celui qui oublie qu'un homme est son semblable, et qui le traite comme une bête cruelle, parce qu'il a une opinion différente de la sienne. » ENCYCL. (DIDER.), **Intolérant.**

ANT. — **Tolérant. Compréhensif, large** (d'esprit).

DER. — **Intolérantisme.** *n. m.* (1752). Intolérance érigée en doctrine, en système. Attitude des intolérants.

INTONATION (*-syon*). *n. f.* (XIVᵉ s. ; dér. sav. du lat. *intonare*, « faire retentir »). *Mus.* Action ou manière d'attaquer, d'émettre avec la voix un son musical (Cf. Hauteur, cit. 20). *Intonation fausse, juste* (Cf. Dépecer, cit. 4 ; harmonie, cit. 15). *Intonations criardes* (cit. 2) *d'un récitatif.* — *Spécialt. Liturg. Intonation d'un cantique, d'un psaume grégorien,* leur ton propre indiqué par le prêtre dans une introduction récitée ou chantée.

1 « La déclamation de Lulli est une mélopée si parfaite, que je déclame tout son récitatif en suivant ses notes, et en adoucissant seulement les intonations ;... » VOLT., **Corresp.**, 3240, 18 déc. 1767.

2 « Ce chant n'est, à vrai dire, qu'une sorte de récitatif interrompu et repris à volonté. Sa forme irrégulière et ses intonations issues selon les règles de l'art musical le rendent intraduisible. » SAND, **Mare au diable**, I.

— *Par ext.* Ton que l'on prend en parlant, en lisant. V. **Accent, inflexion.** *Intonations traînantes ou gouailleuses* (Cf. Élever, cit. 75). *Une voix aux intonations canailles* (cit. 14), *gaies, tendres* (Cf. Colorer, cit. 13). *Influence des émotions sur l'intonation* (Cf. Énonciation, cit. 1). — *Spécialt.* « Place obligatoirement attribuée dans certaines langues au ton ou accent de hauteur » (MAROUZEAU). *Faire porter l'intonation sur telle syllabe.*

1 « M. Pitt, grand et maigre, avait un air triste et moqueur. Sa parole était froide, son intonation monotone, son geste insensible ;... » CHATEAUB., **M. O.-T.**, t. II, p. 160.

4 « Voix de charmeuse ; accent délicieusement hautain ; l'intonation de la caresse tempérant l'habitude du commandement. » HUGO, **L'homme qui rit**, II, VII, IV.

5 « Notre langue est d'intonation trop égale pour permettre une prosodie basée sur les accents, et nous sommes d'abord gênés, nous Français, par les prosodies étrangères, dès qu'elles comptent, non plus par syllabes mais par pieds. » GIDE, **Attendu que...**, XV.

6 « Le débit n'était aucunement maniéré. Pas d'intonations prétentieuses, de menues pâmoisons de la voix, de façons de parler entre les dents ou en ravalant son souffle. » ROMAINS, **H. de b. vol.**, t. III, VII, p. 108.

INTORSION. *n. f.* (1839 BOISTE ; du lat. *intorsus*, p. p. de *intorquere*, « entortiller »). *Bot.* Enroulement* de dehors en dedans. V. **Involution.** *Intorsion d'une feuille.*

INTOUCHABLE. *adj.* (1560 ; de *in-*, et *toucher*). Qu'on ne peut ou qu'on ne doit pas toucher*. V. **Intangible.**

« De Dieu vient l'âme, et comme il est parfait,
L'âme est parfaite, intouchable, immortelle,
Comme venant d'une essence éternelle ; »
RONSARD, **Prem. liv. des poèmes**, Le chat.

— *Fig.* et *fam.* Qui ne peut être l'objet d'aucun blâme, d'aucune sanction. *Personnage intouchable.* V. **Sacro-saint** (*fam.*). — *Substant.* (XXᵉ s.). V. **Paria.**

INTOXICATION (*-syon*). *n. f.* (1408, « poison » ; 1842, sens mod. ; de *intoxiquer*). *Méd.* Action d'intoxiquer* ; résultat de cette action. V. **Empoisonnement.** *Intoxications endogènes** (auto-intoxication), *par l'urée* (V. **Urémie**), *par des poisons* microbiens* (V. **Septicémie.** Cf. Fièvre, cit. 5). *Légère intoxication intestinale.* — *Intoxications exogènes : intoxication alimentaire* (V. **Lathyrisme, urticaire.** Cf. Anaphylaxie, cit. 1). *Intoxication accidentelle par le gaz, l'oxyde de carbone.* V. **Asphyxie.** *Intoxication médicamenteuse par l'iode.* V. **Iodisme.** *Intoxications industrielles et professionnelles par le mercure* (V. **Hydrargyrisme**), *le phosphore* (V. **Phosphorisme**), *le plomb* (V. **Saturnisme**), *la vanille* (V. **Vanillisme**). *Intoxication aiguë, chronique, foudroyante, lente* (Cf. Accélérer, cit. 6). *Intoxications progressives* (V. **Toxicomanie**), *par l'alcool* (V. **Alcoolisme, éthylisme**), *la morphine* (V. **Morphinisme**), *le tabac* (V. **Nicotinisme, tabagisme**)...

« Étant donné depuis dix mois le processus de l'intoxication, ses ravages ininterrompus, je n'ai plus aucune chance, — rigoureusement : *aucune* — de jamais guérir. » MART. du G., **Thib.**, t. IX, p. 145.

2 « Il est difficile de fixer le seuil de l'intoxication chronique par le tabac, de dire à partir de quelle dose son usage devient habituel et nocif. C'est affaire de tempérament et de tolérance individuels ; cela dépend aussi des conditions dans lesquelles le sujet s'intoxique ordinairement ;... » POROT, **Les toxicomanies**, p. 105 (éd. P.U.F.).

— *Fig.* :

3 « L'empoisonnement par l'argent. Par l'argent hérité, surtout. L'argent qu'on n'a pas gagné... Sans la guerre, j'étais foutu. Je ne me serais jamais purgé de cette intoxication. J'en étais arrivé à croire que tout s'achète. » MART. du G., **Thib.**, t. IX, p. 18.

ANT. et COMP. — **Désintoxication.** *n. f.* (1922). *Méd.* Traitement qui a pour but de guérir une intoxication, et *spécialt.* d'obtenir d'un alcoolique ou d'un toxicomane qu'il se désaccoutume progressivement de l'alcool ou des stupéfiants. *Soumettre un opiomane à une cure de désintoxication.* V. **Désintoxiquer.** *Subir, suivre une cure de désintoxication.*

« La loi du 15 avril 1954 sur le traitement des alcooliques dangereux pour autrui prévoit... la création de centres ayant pour but la désintoxication et la rééducation des alcooliques. Jusqu'à ces dernières décades,... la désintoxication alcoolique semblait un leurre et il était exceptionnel d'obtenir une guérison durable. Depuis 1930, l'art médical a fait des progrès considérables. Aujourd'hui il devient possible, dans de nombreux cas, d'obtenir des résultats stables... » G. MALIGNAC et R. COLIN, **L'alcoolisme**, pp. 116-117 (éd. P.U.F.).

INTOXIQUER (*-tok-si-ké*). *v. tr.* (*Entosiquer* en 1450 ; rare jusqu'en 1823 ; du lat. *intoxicare*). Affecter (un être vivant) de troubles plus ou moins graves, par l'effet de substances toxiques, vénéneuses. V. **Empoisonner.** *Il a mangé des conserves avariées qui l'ont intoxiqué. Mourir intoxiqué par un gaz délétère*. Fumeur d'opium intoxiqué par la drogue* (cit. 6). *Substant. Un intoxiqué.* V. **Toxicomane.** — *Pronominalt. S'intoxiquer en fumant trop* (Cf. Intoxication, cit. 2).

1 « Mais elle avait tort de tant fumer : elle s'intoxiquait ! » MAURIAC, **Thérèse Desqueyroux**, p. 72.

2 « Dès le retour, l'agitation de New York leur manqua tout à coup, comme sa drogue à un intoxiqué. » MAUROIS, **Terre promise**, XLII.

— *Fig.* (1903). V. **Empoisonner.** *Un homme intoxiqué de politique.* — *Pronominalt. S'intoxiquer de littérature, de géométrie.*

3 « ... des jeunes femmes intoxiquées de littérature, qui ont l'air de considérer que le plaisir est un droit de la femme. » MAUROIS, **Terre promise**, XXVIII.

ANT et COMP. — **Désintoxiquer.** *v. tr.* (1922). Guérir* (quelqu'un) d'une intoxication. — *Spécialt. Désintoxiquer un alcoolique, un toxicomane* en lui faisant suivre une cure de désintoxication*.

DER. — **Intoxication. — Intoxicant, ante.** *adj.* (1845). Qui intoxique, qui cause une intoxication. *Les vapeurs de pétrole sont intoxicantes.*

INTRA-. Préfixe savant (empr. au lat. *intra*, « à l'intérieur de ») qui entre dans la composition de nombreux termes d'anatomie (Cf. Intracardiaque, intracrânien, intradermique, intrarachidien...), de physique (Cf. Intramoléculaire...), etc. — **Intra-atomique.** *adj.* (Vers 1930 ; de *atomique*). Qui est ou se passe à l'intérieur de l'atome. *Énergie intra-atomique* (Cf. Force, cit. 61). — **Intrados** (*-dô*). *n. m.* (1704 ; de *dos*). *Archit.* Partie intérieure et concave* d'un arc*, d'une arcade*, d'une voûte*... *Par anal.* Surface inférieure d'une aile d'avion (ANT. **Extrados**). — **Intra-muros** (ACAD.) ou **Intra muros** (*-ross'*). *loc. adv.* (1839 BOISTE ; accus. lat. *muros*, « murs »). En dedans des murs, à l'intérieur de la ville. *Demeurer intra muros. Habitation intra-muros* (LITTRÉ). ANT. **Extra-muros.** — **Intramusculaire.** *adj.* (1873 P. LAROUSSE ; de *musculaire*). Qui est ou se fait dans l'épaisseur d'un muscle. *Injection* intramusculaire.* — **Intra-utérin, ine.** *adj.* (1867 ; de *utérin*). Qui est situé ou qui a lieu dans la cavité utérine. *Vie intra-utérine du fœtus* (Cf. Atrophier, cit. 6 ; idiotie, cit. 1). — **Intra-veineux,** ou **Intraveineux, euse.** *adj.* (1877 ; de *veineux*). Qui est ou se fait à l'intérieur des veines. *Injection* intra-veineuse.*

INTRADUISIBLE. *adj.* (1726 ; de *in-*, et *traduisible*). Qu'il est impossible de traduire*. *Mots anglais, italiens intraduisibles* (Cf. Brio, cit. 2 ; fondu, cit. 1 ; humour, cit. 4). *Jargon, patois intraduisible* (Cf. Ébouriffant, cit.). *Auteur réputé intraduisible.* — *Fig.* Qu'il est impossible ou très difficile d'interpréter, de rendre. *Regard intraduisible et impénétrable* (cit. 23).

1   « Un auteur est *intraduisible*, lorsqu'il y a peu de termes dans la langue du traducteur qui rendent ou la même idée, ou précisément la même collection d'idées qu'ils ont dans la langue de l'auteur. »
                     DIDER., **Encycl.**, Intraduisible.

2   « Kadidja me reconnut. Elle poussa un intraduisible *Ah !* avec une intonation aiguë de négresse ou de macaque, et un ricanement de moquerie. »   LOTI, **Aziyadé**, V, II.

INTRAIT (*-ai*). *n. m.* (Vers 1920 ; orig. obsc.). *Pharm.* Extrait* sec de plantes fraîches stérilisées par des vapeurs d'alcool entre 80° et 105°. *Intrait de digitale, de mauve.*

INTRAITABLE. *adj.* (*Intractable* au XVᵉ s. ; lat. *intractabilis*). Avec qui l'on ne peut traiter*, ni s'accorder, en raison de son humeur difficile, de son entêtement, de son obstination... *Homme intraitable.* — *Caractère, humeur intraitable.* V. **Acariâtre, désagréable, difficile, dur, entêté, entier, farouche, fier, revêche** (Cf. Raide comme une barre* de fer ; et *aussi* Contredire, cit. 4). *Un garnement intraitable.* V. **Désobéissant, indomptable, méchant.** — *Spécialt.* Qui se refuse à tout compromis sur un point déterminé. *Hidalgo* (cit.) *intraitable sur le point d'honneur.* V. **Intransigeant.** — *Absolt. Un adversaire intraitable.* V. **Impitoyable, irréductible** (Cf. Entreprise, cit. 14). *Créancier intraitable.* V. **Exigeant.** *Gardien intraitable.* V. **Cerbère, dragon.** *Demeurer intraitable.* V. **Inébranlable, inflexible** (Cf. Hostilité, cit. 7).

1   « Tels se laissent gouverner jusqu'à un certain point, qui au delà sont intraitables et ne se gouvernent plus : on perd tout à coup la route de leur cœur et de leur esprit ; ni hauteur ni souplesse, ni force ni industrie ne les peuvent dompter : avec cette différence que quelques-uns sont ainsi faits par raison et avec fondement, et quelques autres par tempérament et par humeur. »   LA BRUY., IV, 71.

2   « ... maman, d'ordinaire intraitable sur les questions d'heure et qui m'envoyait coucher tambour battant, permettait que je fusse de la partie outre-temps la veillée. »   GIDE, Si le grain..., I, III, p. 77.

ANT. — **Accommodant, arrangeant, conciliant, doux, facile, influençable, maniable.**

INTRANSIGEANT, ANTE (*-zi-jan*). *adj.* (1875 in LITTRÉ, Suppl. ; esp. *intransigente*, du lat. *transigere*. V. **Transiger**). Qui ne transige pas, n'admet aucune concession, aucun compromis. V. **Intraitable, irréductible** (Cf. Gré, cit. 15). *Se montrer intransigeant. Vous êtes beaucoup trop intransigeant là-dessus. Caractère intransigeant.* V. **Autoritaire, dur.** *Fermeté* (cit. 6), *vertu intransigeante.* V. **Farouche, inflexible.** *Un moraliste intransigeant* (V. **Grave 1, rigoriste, sévère**). — *Doctrinaires fanatiques et intransigeants.* V. **Intolérant, sectaire.** *Des socialistes intransigeants* (Cf. Éduquer, cit. 5). *Prêtre intransigeant.* — *Substant. C'est un intransigeant.* — REM. *Intransigeant* se dit de personnes qui professent un tel attachement à leurs principes, à leurs idées, qu'ils se refusent à tout compromis, aussi bien dans la théorie que dans la pratique. Il n'a pas généralement la nuance péjorative qui s'attache à *Intraitable* et à *Intolérant*, le premier éveillant l'idée de rigidité de caractère ou d'étroitesse de vues et le second celle de haine agressive, violente.

1   « Lui, l'intransigeant, il finit par accepter une sinécure, une mince prébende :... »   DUHAM., **Refuges de la lecture**, VI.

2   « ... le pasteur Brontë, d'origine irlandaise, était un homme de Dieu selon la Bible, autoritaire, dur, violent et silencieux, d'un rigorisme indéfectible, intransigeant et mythomane. »
                  HENRIOT, **Portr. de femmes**, p. 413.

3   « Ma mère portait à la patrie une passion intransigeante à l'égal de sa piété religieuse. »
            Ch. DE GAULLE, **Mémoires de guerre**, t. I, p. 1.

ANT. — **Accommodant, souple. Faible, tiède.**

DER. — (du même rad.) : **Intransigeance** (*-zi-jans'*). *n. f.* (1874 in LAROUSSE (XIXᵉ s., 1ᵉʳ Suppl., citant *Le Temps*). Caractère de celui ou de ce qui est intransigeant. *L'idéalisme* (cit. 4) *et l'intransigeance de la jeunesse* (Cf. Devenir, cit. 10). *Être d'une intransigeance absolue, féroce, inflexible...* (ANT. **Abandon, capitulation, débonnaireté, souplesse**).

1   « Il se préparait, en revanche, à être d'une intransigeance absolue sur un principe auquel il tenait d'ailleurs par ses fibres les plus intimes. »   BOURGET, **Un divorce**, p. 219.

2   « Christophe était d'une intransigeance de cœur toute puritaine, qui ne pouvait admettre les souillures de la vie, et les découvrait peu à peu avec horreur. »   R. ROLLAND, **Jean-Christ.**, Le matin, p. 172.

3   « Je redoutais son jugement, connaissant l'intransigeance de la jeunesse et la difficulté qu'elle éprouve à admettre un autre point de vue que le sien. »   GIDE, **Faux-Monnayeurs**, III, XII.

INTRANSITIF, IVE (*-zi-*). *adj.* (1679 ; lat. *intransitivus*). *Gramm. Verbe* intransitif*, et substant. *Un intransitif.* Verbe qui exprime une action limitée au sujet et ne passant sur aucun objet. *Dormir, mourir, tomber, sont des verbes intransitifs. Forme intransitive. Construction transitive de certains verbes intransitifs avec un nom de même radical ou de même signification, toujours accompagné d'une épithète ou d'un déterminatif* (« Et n'ai-je pas sué la sueur de tes nuits ? » (VERLAINE). « J'irai toujours mon chemin » (SÉV.). — REM. 1. « La plupart des verbes *intransitifs* (sauf les verbes d'état) peuvent en changeant ou non de signification, s'employer comme transitifs et recevoir un complément d'objet : l'action exprimée est alors pensée comme transitive :... la mer *écume. Écumer* la soupe » (GREVISSE, Le bon usage, n° 599, 3°). — 2. Pour la commodité du langage, on désigne encore fréquemment, sous l'appellation traditionnelle d'*intransitifs*, des verbes que les grammairiens modernes considèrent en fait comme *transitifs indirects* :... ce sont les verbes qui n'admettent qu'un régime indirect* (obéir, ressembler) et dont certains ne se conjuguent même qu'à l'actif* (nuire, profiter...).

   « L'esprit peut penser l'action comme n'ayant rapport qu'au sujet, comme renfermée en l'être chez qui ou par qui elle se fait ; elle a alors, en tant qu'action, son expression nécessaire et suffisante dans le verbe d'action tout nu. Soit l'action d'*aller*, de *dormir*, de *mourir* ;... le verbe qui énonce la chose suffit à en donner l'idée complète, dans ce qu'elle a d'essentiel... Ils (*ces verbes*) énoncent d'une manière complète et parfaite la nature propre de l'action ; de plus, ils la dénoncent comme rigoureusement adhérente au sujet, comme enfermée en lui et ne « passant » pas hors de lui. C'est pourquoi d'un commun accord grammairiens et lexicologues dénomment ces verbes « intransitifs ».
       G. et R. LE BIDOIS, **Syntaxe franç. mod.**, t. I, n° 677.

ANT. — **Transitif.**

DER. — **Intransitivement.** *adv.* (1679). *Gramm.* D'une manière intransitive. *Verbe transitif employé intransitivement.* V. **Absolument.**

INTRANSMISSIBLE. *adj.* (vers 1850 LAMENNAIS, cité par P. LAROUSSE ; de *in-*, et *transmissible*). Qui ne peut se transmettre. *Qualités intransmissibles.* V. **Incommunicable.** *Parts intransmissibles.* V. **Incessible.**

DER. — **Intransmissibilité.** *n. f.* (1877 LITTRÉ, Suppl.). Caractère de ce qui est intransmissible.

INTRANSPORTABLE. *adj.* (1775). V. **In-** et **transportable.**

   « Nous ne recevions et gardions que les blessés intransportables, surtout après l'opération que nous devions leur faire subir. »
               DUHAM., **Pesée des âmes**, p. 204.

IN-TRENTE-DEUX (*in-*). *adj. invar.* (1755 ENCYCL. ; comp. du lat. *in*, et de *trente-deux*). *Imprim.* Où la feuille* est pliée en trente-deux feuillets (soixante-quatre pages). *Livre de format* in-trente-deux. Édition in-trente-deux. Volume in-trente-deux*, et substant. *Un, des in-trente-deux.* — REM. On écrit plus souvent : *in-32.*

INTRÉPIDE. *adj.* (XIVᵉ s. ; du lat. *intrepidus*, « qui ne tremble pas »). Qui ne tremble pas devant le péril, l'affronte sans crainte. V. **Audacieux, brave, courageux, fier** (*poét.*), **généreux** (*vieilli*), **hardi, impavide.** *Alpiniste, guide intrépide* (Cf. Escarpement, cit. 2). *Chef, héros* (cit. 3 et 10) *intrépide* (Cf. Auguste, cit. 11). — *Par ext. Courage intrépide.* V. **Inébranlable** (Cf. Assurer, cit. 17). *Fougue intrépide* (Cf. Brio, cit. 2). *Résistance intrépide.* V. **Ferme** (Cf. Génie, cit. 13). *Œil, regard intrépide* (Cf. Francisque, cit. 1). — *Fig.* Qui ne se laisse pas rebuter par les obstacles. V. **Déterminé, imperturbable** (Cf. Impétuosité, cit. 3). *Un bavard intrépide* (ACAD.). *L'intrépide champion d'une cause* (cit. 51). — *Substant. Voilà de quoi faire reculer les plus intrépides.* (Cf. Exemplaire 2, cit. 4).

1   « ... intrépide dans le péril..., on ne saurait rien lui reprocher que d'avoir souvent exposé sa personne avec trop peu de précaution. »
            RAC., **Camp. de Louis XIV.**

2   « ... c'était la plus intrépide menteuse que j'aie connue. »
          MARIVAUX, **Paysan parvenu**, II, p. 96.

3   « Mais les dangers de la moindre course retenaient au logis les plus intrépides chasseurs qui craignaient de ne plus reconnaître sous la neige les étroits passages... »   BALZ., **Séraphita**, Œuvr., t. X, p. 463.

4   « ... il allait, lui aussi, être brave, intrépide, hardi, courir au-devant des balles, offrir sa poitrine aux baïonnettes, verser son sang, chercher l'ennemi, chercher la mort,... »   HUGO, **Misér.**, IV, XIII, III.

5   « Son âme — sauf de très rares cas — est restée intrépide et presque imperturbable, en cela différente du cerveau qui est capable d'errer. »
MADELIN, Hist. Cons. et Emp., De Brumaire à Marengo, VI.

ANT. — Capon, craintif, lâche, peureux.

DER. — **Intrépidement.** adv. (1691). D'une manière intrépide ; avec intrépidité. V. **Hardiment** (Cf. Inexpérience, cit. 2). — **Intrépidité.** n. f. (1665). Caractère de celui qui est intrépide. V. **Audace, courage, hardiesse.** Intrépidité, héroïsme (cit. 2) d'une armée (Cf. Content, cit. 13). L'intrépidité du héros (cit. 9 LA ROCHEF.). Lutter avec intrépidité. V. **Intrépidement.** — Par ext. Intrépidité d'une démarche... — Fam. Imperturbabilité. Il ment avec intrépidité (ANT. **Crainte, lâcheté, peur**).

1   « Qui sait même s'ils (certains esprits forts) n'ont pas déjà mis une sorte de bravoure et d'intrépidité à courir tout le risque de l'avenir ? »
LA BRUY., XVI, 5.

2   « Il se trouve pourtant quelquefois encore de jeunes personnes d'un bon naturel qui, sur ce point osant braver l'empire de la mode et les clameurs de leur sexe, remplissent avec une vertueuse intrépidité ce devoir si doux (être mères) que la nature leur impose. »
ROUSS., Émile, I.

3   « Le sentiment de sa liberté paraissait n'être en lui que la conscience de la force de sa main et de l'intrépidité de son cœur. »
CHATEAUB., M. O.-T., t. II, p. 121.

4   « Il y a une sorte d'intrépidité qui ne doute de rien, elle n'est que trop facile : c'est le courage des gens mal élevés. »
MUSS., Contes, La mouche, III.

5   « Nous continuons intrépidement notre journal dans le vide, avec une foi d'apôtres et des illusions d'actionnaires. »
GONCOURT, Journal, p. 17.

INTRIGANT, ANTE (-gan). adj. (1583 ; peu usit. jusqu'à la fin du XVIIᵉ s. ; ital. intrigante, du lat. intricare, « embrouiller »). Qui recourt à l'intrigue* pour remplir ses ambitions, parvenir à ses fins. Un homme avide (cit. 9) et intrigant. Courtisans intrigants. Femme intrigante. — Substant. (1671). Un bas intrigant (Cf. Intrigue, cit. 6 ST-SIM.). V. **Aventurier, faiseur, picaro** (esp.). C'est une habile*, une parfaite intrigante (Cf. Brocanter, cit. 1). Un intrigant ambitieux. V. **Arriviste.** Camarilla d'intrigants. Ruses, souplesse de l'intrigant.

1   « C'était un drôle intriguant (sic), de beaucoup d'esprit, doux, insinuant, et qui, sous une tranquillité, une indifférence et une philosophie fort trompeuse, se fourrait et se mêlait de tout ce qu'il pouvait pour faire fortune. »
ST-SIM., Mém., II, I.

2   « Le vrai mérite reste étouffé dans la foule, et les honneurs dus au plus habile sont tous pour le plus intrigant. »
ROUSS., Julie, Vᵉ part., Lettre II.

3   « ... il passait pour intrigant, habile, ne perdant pas une occasion pour plaire aux gens puissants, etc., etc., ne faisant pas un pas qui n'eût son but... »
STENDHAL, Vie de H. Brulard, 46.

4   « Elle est au courant de tout, elle connaît tout le monde sans avoir l'air de voir personne ; elle obtient ce qu'elle veut, comme elle veut, et quand elle veut. Oh ! elle est fine, adroite et intrigante comme aucune, celle-là. En voilà un trésor, pour un homme qui veut parvenir. »
MAUPASS., Bel-Ami, I, VI.

5   « Par tous les moyens, on s'efforçait de lui donner les sentiments de maître, surtout les intrigants qui rêvaient de lancer ce jeune maître, œuvre de leurs mains, contre le tout-puissant Cardinal. »
L. BERTRAND, Louis XIV, I, III.

INTRIGUE (-trigh'). n. f. (1578 ; parfois masc. au XVIIᵉ s. ; anc. var. intrique, encore chez Corneille ; ital. intrigo ; du lat. intricare, « embrouiller »).

‖ 1º **Vx.** Situation compliquée et embarrassante. Sortir, se tirer, être hors d'intrigue. V. **Affaire.**

1   « Je trouve que nous sommes fort bien sortis d'intrigue. »
SÉV., 91, 7 janv. 1669.

‖ 2º Liaison amoureuse généralement clandestine et peu durable. V. **Affaire** (d'amour*, de cœur*), **aventure** (Cf. Coquetterie, cit. 3). Ébaucher, nouer une intrigue amoureuse, sentimentale. Avoir une intrigue avec quelqu'un (Cf. Bastille, cit. 1). Couper court (cit. 9) à une intrigue sans issue. Faire l'entremetteur* dans une intrigue galante. Femme coquette (cit. 4) friande de l'intrigue. V. **Galanterie.**

2   « Né pour l'amour, l'intrigue pouvait le distraire, et ne suffisait pas pour l'occuper ;... »
LACLOS, Liais. dang., LII.

3   « Quelque précaution qu'on prenne, une intrigue n'est jamais secrète ; il faut, tôt ou tard, qu'on en parle. »   MUSS., Nouvelles, Emmeline, VII.

— Par ext. Affaire menée, de manière plus ou moins ténébreuse, habile, déloyale, à des fins intéressées ; ensemble de combinaisons mises en œuvre pour y parvenir. V. **Manœuvre, menée** (Cf. Argumenter, cit. 4). Intrigues politiques de couloir*, de cour*... Les intrigues d'une coterie*. V. **Agissements, cabale** (cit. 1, 2 et 5). De basses, honteuses intrigues. Intrigues cachées, sourdes, sournoises, ténébreuses (Cf. Voies souterraines*). Il y a quelque intrigue là-dessous. V. **Diablerie, manège, manigance** (fam.), **micmac** (fam.), **rouerie, tripotage** (Cf. Il y a anguille* sous roche). Découvrir, déjouer une intrigue par une contre-mine*, une contrebatterie*. Tenir les fils, débrouiller, démêler, dénouer l'écheveau* d'une intrigue. S'entremettre (cit. 3) au milieu des intrigues. Vivre d'intrigues. V. **Bassesse, brigue** (cit. 1), **expédient** (Cf. Complaisant, cit. 5). Foyer (cit. 22), officine d'intrigues. Brasser, former (cit. 13), ourdir*, tramer des intrigues contre quelqu'un, contre l'État. V. **Intriguer ; complot, conspiration, dessein** (Cf.

Geôlier, cit. 1), **machination.** Pays miné par les intrigues des factions*. — Absolt. et au sing. (avec un sens collectif). L'intrigue et la perfidie (Cf. Bannière, cit. 4). User d'intrigue et de diplomatie (cit. 3). Se complaire dans l'intrigue. Avoir l'esprit d'intrigue (cit. 9). V. Écouter, cit. 9). Homme d'intrigue. V. **Intrigant.** Les récompenses vont souvent à l'intrigue et au charlatanisme (cit. RENAN).

4   « Je vois de tous côtés des partis et des ligues :
Chacun s'entre-mesure et forme ses intrigues. »
CORN., Pulch., I, 1.

5   « Il... démêlait toutes les intrigues, découvrait les entreprises les plus cachées et les plus sourdes machinations. »
BOSS., Orais. fun. Le Tellier.

6   « Rémond, bas intrigant, petit savant, exquis débauché, et valet à tout faire, pourvu qu'il fût dans l'intrigue et qu'il pût en espérer quelque chose,... »
ST-SIM., Mém., V, XII.

7   « — ... voilà toute la politique, ou je meure ! — Eh ! C'est l'intrigue que tu définis ! »
BEAUMARCH., Mar. Figaro, III, 5.

8   « ... en ce manoir, où des intrigues politiques paraissaient s'ourdir, et où j'étais convié d'aller. »
STE-BEUVE, Volupté, IV.

9   « J'ai, ailleurs, longuement conté par quelle suite d'incroyables intrigues et de prodigieux artifices, ce Fouché, devenu le chef de la Commission du gouvernement, s'était imposé à tous comme le seul homme capable de faire accepter par l'opinion la rentrée du roi aux Tuileries. »
MADELIN, Talleyrand, IV, XXXII.

10   « ... le tissu d'intrigues de toutes sortes où Rousseau fut pris, entre les ressentiments de Madame d'Épinay... la rancune envieuse de Grimm... les criailleries et les doléances des insupportables « gouverneuses », Thérèse Levasseur et sa mère. »   HENRIOT, Portr. de femmes, p. 185.

‖ 3º Ensemble des événements qui forment le nœud* d'une pièce de théâtre, d'un roman, d'un film. V. **Action** (cit. 27 CORN.), **scénario.** Les fils, l'écheveau d'une intrigue compliquée, enchevêtrée (cit. 1), obscure (V. **Imbroglio**). Intrigue faible, indécise (cit. 7), mince. Rebondissements, péripéties, dénouement d'une intrigue. Conduire, filer, nouer, dénouer (cit. 8) une intrigue. Le vaste réseau d'intrigues tissé par Balzac dans la Comédie humaine (Cf. Ensemble 2, cit. 15 GAUTIER ; épisodique, cit. 3 HENRIOT). — Comédie d'intrigue, où l'auteur s'attache surtout à multiplier et à varier les incidents (coups de théâtre, quiproquos...), par oppos. à la comédie de caractère (cit. 68).

11   « Ce qu'on appelle chez eux (les artistes) l'intrigue ou l'action est justement une suite d'événements et un ordre de situations, arrangés pour manifester des caractères, pour remuer des âmes jusqu'au fond, pour faire apparaître à la surface les instincts profonds et les facultés ignorées que le flux monotone de l'habitude empêche d'émerger au jour... »   TAINE, Philos. de l'art, t. II, p. 320.

INTRIGUER (-ghé). v. tr. et intr. (Intriquer en 1450 ; du lat. intricare, « embrouiller »).

I. V. tr. ‖ 1º **Vx.** Mettre dans l'embarras, tourmenter. — Pronominalt. Se mettre en peine, se donner du mal. S'intriguer pour quelqu'un dans une affaire.

1   « ... ont-ils une prétention, il s'offre à eux, il s'intrigue pour eux. »
LA BRUY., VIII, 61.

— Par ext. (De nos jours). Faire chercher, plonger dans la réflexion, en excitant la curiosité, en donnant à penser. Cet étrange paquet l'intriguait fort (Cf. Conglutiner, cit. 1). Femmes intriguées par le dédain d'un fat (cit. 5). Être intrigué par une inconnue (cit. 14).

2   « ... Cathos vint me dire que quelqu'un demandait à me parler. Cela me surprit ; je n'avais d'affaire avec personne. — « Est-ce quelqu'un de la maison ? » dit Mˡˡᵉ Habert encore plus intriguée que moi. »
MARIVAUX, Paysan parvenu, III, p. 131.

3   « Je ne vois point l'utilité de cette chose ; elle ne me fait penser à aucun besoin qu'elle satisfasse. Elle m'a intrigué ; elle amuse mes yeux et mes doigts... »
VALÉRY, Variété V, p. 24.

4   « Dans la malle, si on l'ouvrait, il n'y a rien de suspect ? rien qui puisse intriguer la police ou la mettre sur la voie ? »
ROMAINS, H. de b. vol., t. I, XXI, p. 250.

‖ 2º Spécialt. (Vx). Intriguer une pièce, un roman, en composer l'intrigue*, la trame.

5   « Aussi l'auteur qui se compromet avec le public pour l'amuser ou pour l'instruire, au lieu d'intriguer à son choix son ouvrage, est-il obligé de tourniller dans des incidents impossibles... »
BEAUMARCH., Mar. Figaro, Préface.

II. V. intr. (1660). Mener une intrigue*, des intrigues. Cette clique intrigue contre l'État. V. **Cabaler, comploter.** — Recourir à l'intrigue. Intriguer pour obtenir un poste (V. **Briguer**), un renseignement précieux (Cf. Espionnage, cit. 3 ; faveur, cit. 15). — Absolt. Homme habile (cit. 16) qui intrigue en se fourrant (cit. 22) partout. Il intrigua si bien qu'il obtint la place. V. **Manœuvrer** (Cf. Griller 1, cit. 12).

6   « ... Rohner... intrigue avec ardeur pour que la présidence du congrès ne soit pas donnée à Chalgrin. »
DUHAM., Pasq., VI, XII.

INTRINSÈQUE (-sèk). adj. (1314 ; adv. lat. intrinsecus, « au dedans* »). Qui est intérieur à l'objet dont il s'agit, appartient à son essence, lui est inhérent*. V. **Essentiel, intérieur.** Importance intrinsèque d'un fait (Cf. Accident, cit. 4 ; ascèse, cit. 3). Causes, qualités intrinsèques. V. **Interne.** Valeur intrinsèque d'une chose, d'une monnaie, valeur qu'elle tient de sa nature propre*, et non d'une convention ou d'une fiction.

1 « Habitué, par les événements de la guerre, à juger de la valeur intrinsèque des hommes,... »
BALZ., **Médecin de campagne**, Œuvr., t. VIII, p. 426.

2 « Le concept du temps est équivalent à la façon dont nous le mesurons dans les objets de notre monde. Il apparaît alors comme la superposition des aspects différents d'une identité, une sorte de mouvement intrinsèque des choses. »
CARREL, **L'homme, cet inconnu**, V, I.

ANT. — Accidentel, extrinsèque, fictif.

DER. — **Intrinsèquement**. adv. (XVIe s. « intérieurement » ; 1677, sens mod.). D'une manière intrinsèque ; en soi, dans son essence.

INTRO-. Préfixe latin signifiant « dedans », « à l'intérieur ».

INTRODUCTEUR, TRICE. n. (1538 ; du lat. *introductor*).

‖ 1° Celui, celle qui introduit, fait entrer. *Il m'a servi d'introducteur chez cette personne. Introducteur des ambassadeurs* à *l'audience d'un chef d'État*.

1 « ... la dame chez laquelle vous serez... mon introducteur... »
Guez de BALZ., **Lettr.**, VII, IV.

‖ 2° *Fig.* Celui qui introduit, qui est le premier à introduire un usage, une mode,. etc. dans un lieu. *Introducteur d'une mode, d'une danse étrangère*. V. **Initiateur.**

2 « Le menuet dont il fut l'introducteur en Angleterre... »
HAMILTON, **Gram.**, 9.

3 « ... les démolisseurs de l'ancien monde..., les promoteurs et les introducteurs du monde moderne,... »
PÉGUY, **La République...**, p. 207.

INTRODUCTION. n. f. (XIIIe s. au sens d'« enseignement » ; lat. *introductio*).

I. ‖ 1° (XVIe s.). Action d'introduire, de faire entrer quelqu'un dans un lieu. *L'introduction d'un visiteur dans un salon ; d'un ambassadeur auprès d'un chef d'État.* — Action de s'introduire. *Effraction* (cit. 2) *intérieure, après introduction dans les lieux.* — Par ext. Action de donner accès*. *L'introduction de cet homme dans votre société* (LITTRÉ). V. **Admission, entrée.** *L'introduction des prosélytes dans le sein d'une religion* (Cf. Baptême, cit. 5). — Absolt. *Carte, lettre d'introduction,* par laquelle on recommande quelqu'un. V. **Présentation, recommandation.** *Il a obtenu un mot d'introduction auprès du directeur, du ministre.*

1 « Il eut à peine la force de balbutier deux ou trois mots et de remettre au principal la lettre d'introduction qu'il avait pour lui. »
DAUDET, **Petit Chose**, I, V.

2 « Une *carte d'introduction* ne sert jamais à rien. Une lettre de recommandation sert rarement à quelque chose. Seule a quelque poids une visite... »
MONTHERLANT, **Les célibataires**, I, V.

‖ 2° Action de faire adopter*, d'importer. V. **Importation.** *Introduction de produits étrangers, d'une plante* (V. **Acclimatation,** cit.), *d'un mot* (Cf. Étymologie, cit. 3), *d'un usage, d'une coutume, d'une mode...* (V. **Apparition.** Cf. Glace, cit. 4).

3 « ... les vaisseaux de guerre anglais, qui recevaient cinq pour cent sur tous les objets dont ils favorisaient l'introduction frauduleuse,... »
RAYNAL, **Hist. philos.**, XIV, 22.

— Dr. (1718). Action de commencer. *Introduction d'instance.*

‖ 3° Action de faire entrer une chose dans une autre. V. **Intromission.** *Pour faciliter l'introduction du liquide dans la baratte* (cit.) *et la sortie du petit-lait... Introduction d'eau dans les poumons* (Cf. Immersion, cit. 3). *Introduction d'une sonde, d'une bougie dans l'organisme* (V. **Cathétérisme**). *Introduction d'une substance assimilable dans un organisme vivant* (V. **Intussusception**), *de toxines dans l'organisme* (Cf. Fièvre, cit. 5). *Tube d'introduction d'eau dans un compteur*.

II. ‖ 1° Ce qui prépare quelqu'un à la connaissance, à la pratique d'une chose (V. **Apprentissage, initiation, préparation**). *Science qui sert d'introduction à une autre.* V. **Clef** (fig.). *Spécialt.* Ouvrage destiné à une telle préparation. *Introduction à la physique théorique,* titre d'un ouvrage de Planck. — Allus. littér. *Introduction à la vie dévote,* œuvre de St François de Sales (1609). *Introduction à la connaissance de l'esprit humain* (Vauvenargues, 1746), *à la métaphysique* (Bergson, 1903). *Introduction à l'étude de la médecine expérimentale* (Cl. Bernard, 1865). *Introduction à la méthode de Léonard de Vinci* (1894), *à la poétique* (1937), œuvres de Valéry.

4 « Pécuchet... se procura une introduction à la philosophie hégélienne, et voulut l'expliquer à Bouvard. » FLAUB., **Bouvard et Pécuchet**, VIII.

‖ 2° Texte préliminaire* et explicatif* placé en tête d'un ouvrage (et après la Préface, s'il y a lieu). — REM. *L'Introduction* est plus étroitement liée au sujet, plus didactique que la *Préface*. V. **Avant-propos, avertissement, avis** (au lecteur), **discours** (préliminaire), **exorde, exposition, préambule, préface*, prodrome, prolégomènes, prologue** (Cf. Enfoncer, cit. 45 ; grammaire, cit. 9). *Dès l'introduction...* V. **Commencement.** *Ce livre commence par une longue introduction.* — *Spécialt.* (Dans un discours, une dissertation, etc.). Entrée en matière, généralement destinée à exposer le plan de l'ensemble. *L'introduction, les trois parties et la conclusion d'une dissertation scolaire.* V. **Exposition.** — *Mus.* Court prélude* préparant l'entrée de l'exposition (dans une œuvre de forme sonate) ; prélude lent préparant l'allégro d'une ouverture d'opéra ; premier

numéro de l'ancien « opéra à numéros ». *L'introduction du « Don Juan » de Mozart.*

5 « L'ouverture classique comporte... une introduction lente, mais celle-ci, dès Mozart, tend à se réduire... Dans l'opéra moderne, ce prélude (le prélude wagnérien) se trouve réduit aux dimensions de l'ancienne introduction de l'ouverture classique... »
HODEIR, **Formes de la musique**, p. 82.

ANT. — Sortie. Éviction, renvoi, retrait... Conclusion.

DER. — **Introductif, ive**. adj. (1520 au sens d'« instructif »). Dr. Qui sert à introduire, à commencer (une procédure). *Requête introductive. Exploit introductif d'instance.* — **Introductoire**. adj. (1488). Relatif à l'introduction.

INTRODUIRE. v. tr. (*Entreduire* en 1120, « conduire dans un lieu » ; a signifié aussi « instruire, initier »).

‖ 1° Faire entrer* (quelqu'un) dans un lieu. V. **Conduire, passer** (faire). *Introduire quelqu'un dans un bureau, un salon...* (Cf. Bras, cit. 13 ; encombrer, cit. 7 ; hospitalité, cit. 3). *L'huissier* (cit. 3), *l'appariteur* (cit.), *le portier, la domestique l'introduisit. Introduisez Monsieur X... Il l'introduisit et lui fit les honneurs* de la maison. *Être introduit chez quelqu'un* (Cf. Feindre, cit. 14). — *S'introduire en cachette* (cit. 2), *par effraction* (cit. 2). V. **Couler** (se), **entrer, faufiler** (se), **glisser** (se). *Il s'introduisit dans la pièce par la force.* V. **Forcer** (la porte), **pénétrer.** *Les ennemis s'introduisirent dans la place.*

1 « Je me veux introduire au logis de Lucile : »
MOL., **Dép. am.**, V, 1.

2 « Le valet étonné introduisit les deux voyageurs : »
VOLT., **Zadig**, XX.

3 « ... dès mon arrivée, je fus introduit auprès de la comtesse,... »
BARBEY d'AUREV., **Diaboliques**, Bonheur dans le crime, p. 155.

— Par ext. Donner accès* auprès de quelqu'un, faire admettre dans un lieu, une société. *Il s'est adressé à moi pour l'introduire auprès de vous* (ACAD.). V. **Connaissance** (faire faire connaissance), **connaître** (faire), **présenter** (à). *S'introduire auprès des souverains.* V. **Accéder.** (Cf. Empiéter, cit. 5). *Être introduit, bien introduit dans une société fermée.* V. **Entrée** (avoir ses entrées). *Elle l'introduisit dans le monde.* V. **Produire.** *Il n'est pas introduit dans ce club.* V. **Recevoir.** *Il s'est introduit lui-même, sans être invité.* V. **Intrus, intrusion.** *Introduire des espions* (cit. 8), *des mouchards dans une société secrète.* V. **Ouvrir** (les portes). — Fig. *Introduire quelqu'un dans une affaire, une situation.* V. **Caser.** *S'introduire dans les affaires, dans une intrigue...* V. **Fourrer** (se), **immiscer** (s'), **infiltrer** (s'), **ingérer** (s'), **mêler** (se). Cf. Corser, cit. 3 ; empresser, cit. 1.

4 « Et toujours près des grands on doit être introduit
Par des gens qui de nous fassent un peu de bruit, »
MOL., **Fâcheux**, III, 2.

5 « Quel bien peut remplacer la paix que vous avez perdue en introduisant le public dans votre intimité ? »
CHATEAUB., **M. O.-T.**, t. II, p. 207.

6 « Droit d'adopter, c'est-à-dire d'introduire un étranger près du foyer domestique. »
FUSTEL de COUL., **Cité antique**, II, VIII.

7 « ... un foulard de soie que m'avait donné Mériem et que je lui remis (à P. Louys) comme un gage, qui devait lui servir à la retrouver et à s'introduire auprès d'elle. »
GIDE, **Si le grain...**, II, I, p. 318.

‖ 2° Faire entrer (quelque chose). V. **Acclimater, impatroniser, implanter, importer ; accès** (donner). *Introduire une nouveauté.* V. **Innovation ; innover.** *Introduire une coutume, une mode*,... un goût* (cit. 18), un usage, un abus...* (Cf. Exposer, cit. 18). *Introduire l'esclavage* (cit. 3), *un monopole* (Cf. Escompter, cit. 5). *Introduire une erreur, une hérésie.* V. **Transporter** (Cf. Fraude, cit. 9 ; hérétique, cit. 2). *Walter Scott introduisit le roman historique* (cit. 7) *dans le monde.* — *Être la cause* de..., répandre. *Introduire le désordre. Introduire un idéal, une passion...* V. **Infuser, inspirer, insuffler.** — *Usage qui s'introduit, tend à s'introduire dans les mœurs* (Cf. Abâtardir, cit. 3 ; autrement, cit. 18 ; force, cit. 51 ; gaulois, cit. 7). — *Cette mode a été introduite il y a peu de temps.* V. **Adopter.**

8 « Il ne leur suffit pas d'introduire dans nos temples de telles mœurs... »
PASC., **Pens.**, XIV, 934.

9 « ... Charles II introduisit la galanterie et ses fêtes dans le palais de Whitehall, souillé du sang de son père. »
VOLT., **Essai s. l. mœurs**, CLXXXII.

10 « Quand l'abbé de Rancé introduisit la réforme dans son abbaye, les moines eux-mêmes n'étaient plus que des ruines de religieux. »
CHATEAUB., **Vie de Rancé**, II, p. 91.

11 « La féodalité ne put s'y introduire (au Languedoc) qu'à la faveur de la croisade... »
MICHELET, **Hist. de France**, III, Tabl. France, p. 129.

— Spécialt. *Dr.* Faire commencer. *Introduire une instance, une demande* (Cf. Huis, Huis-clos, cit. 8).

‖ 3° Faire entrer*, faire pénétrer une chose dans une autre. V. **Mettre** (dans) ; **introduction, intromission.** — (En parlant de choses concrètes) *Introduire la main dans une ouverture, dans sa poche...* V. **Enfoncer, enfourner, engager, fourrer, passer, rentrer.** *Introduire doucement, adroitement.* V. **Glisser, insinuer.** *Introduire un clou dans le mur* (V. **Ficher**), *une greffe dans la tige d'une autre plante* (V. **Greffer, insérer**), *un fil dans le chas d'une aiguille.*

V. **Passer** (faire). *Introduire une photo dans un cache, un cadre.* V. **Encadrer.** *Introduire un liquide dans l'organisme.* V. **Infuser, injecter, inoculer.** *Introduire une sonde* (V. **Sonder**), *un tube dans un puits artésien* (V. **Cuveler**)... *Introduire une cartouche dans la culasse d'une arme à feu* (V. **Charger**), *dans un trou de mine* (Cf. Explosif, cit. 3). *Introduire dans un liquide.* V. **Plonger.**

12 « On fit prendre de force au vieux une tasse de tilleul en introduisant la cuiller entre ses dents serrées. » ZOLA, **La terre**, II, II.

13 « Il rompit l'ampoule, y introduisit l'aiguille, emplit la seringue jusqu'au degré prescrit, et vida lui-même les trois quarts de l'ampoule dans le seau. » MART. du G., **Thib.**, t. III, p. 212.

— Spécialt. *Introduire une plante dans une région.* V. **Acclimater ; acclimatation** (cit.), **importer.** *Introduire des billets falsifiés* (cit. 4) *dans un pays ; introduire une marchandise en contrebande*.

— (En parlant de choses abstraites). *Faire figurer*, faire entrer dans... V. **Inclure, incorporer, mettre.** *Introduire quelque chose au milieu, entre d'autres choses.* V. **Intercaler, interpoler.** *Mot, nom que le hasard introduit dans la conversation* (Cf. Anecdote, cit. 3). *Introduire de nouveaux mots dans la langue* (Cf. Ethnographie, cit. 1 ; influencer, cit. 1).

14 « ... celle (*la maxime*) qui la première introduit le vice dans une âme bien née,... » ROUSS., **Julie**, II⁰ part., Lettre XXVII.

15 « Ronsard dit plus tard dans une préface avoir le premier introduit le mot *ode* dans la langue française ; ce qu'on n'a jamais contesté. » NERVAL, **Bohême galante**, Poètes du XVI⁰ s.

16 « Si j'avais cette somme liquide, je vous la donnerais avec plaisir ; mais je refuse d'introduire ce chèque dans mes comptes. » DUHAM., **Salavin**, V, XVI.

— Spécialt. *Introduire un personnage dans une pièce de théâtre, un roman...* (Cf. Épisodique, cit. 1 CORN.).

ANT. — **Chasser, éliminer, éloigner, évacuer, exclure, expulser, jeter** (dehors), **renvoyer, retirer, sortir** (faire). **Arracher, enlever, extirper, extraire, supprimer.**

INTROÏT (*in-tro-it'*). *n. m.* (*Introite* en 1393 ; du lat. *introitus,* « entrée », de *introire*). *Liturg. cathol.* « Chant destiné à être exécuté avant la Messe, pendant l'entrée du Célébrant et de ses Ministres » (Dom J. ROUX). V. **Prière.** *De nombreux introïts sont choisis parmi les psaumes.*

INTROMISSION. *n. f.* (1590 ; dér. sav. du lat. *intromissus,* de *intromittere,* « faire entrer dans »). *Action d'introduire, de mettre dans* (*Didact.*). *Intromission d'un liquide dans un tube, de l'air dans l'eau.*

1 « Aux joints des fenêtres, des bourrelets de feutre empêchent toute intromission d'air froid et concentrent la chaleur interne. » GAUTIER, **Voyage en Russie**, p. 244.

— Spécialt. « L'introduction du membre du mâle dans les parties sexuelles de la femelle » (LITTRÉ).

2 « La forme extérieure et la structure intérieure des parties de la génération (*des oiseaux*) sont fort différentes de celles des quadrupèdes ; et la grandeur, la position... de ces parties varient même beaucoup dans les diverses espèces d'oiseaux. Aussi paraît-il qu'il y a intromission réelle dans les uns, et qu'il ne peut y avoir dans les autres qu'une forte compression, ou même un simple attouchement ;... » BUFF., **Hist. nat. ois.**, Disc. nat. ois.

INTRONISER. *v. tr.* (XIII⁰ s. ; empr. au lat. ecclés. *inthronizare,* mot gr., de *thronos,* « trône épiscopal »). Placer solennellement sur le trône*, sur le siège épiscopal, sur la chaire pontificale. V. **Établir, installer.** *Introniser un pape*, un évêque*. Introniser un roi, un souverain* (V. **Couronner, sacrer**).

1 « Il (*Henri IV*) fait introniser son anti-pape Guibert, et est couronné solennellement par lui. » VOLT., **Ann. Emp.**, Henri IV, 1084.

2 « ... Bonaparte lui-même était allé... chercher des Bourbons pour les introniser en Toscane. » MADELIN, **Hist. Cons. et Emp.**, Vers Emp. Occident, X.

— *Fig.* Établir souverainement. *Introniser une mode.* V. **Impatroniser.** *Les doctrines qui se sont intronisées. Introniser quelqu'un :* l'installer dans une fonction*, lui conférer un titre*...

3 « Depuis cette matinée où vous m'avez souri en noble fille qui devinait la misère de mon cœur solitaire et trahi, je vous ai intronisée ; vous êtes la souveraine absolue de ma vie, la reine de mes pensées, la divinité de mon cœur... » BALZ., **Mém. deux j. mariées**, Œuvr., t. I, p. 195.

ANT. — **Détrôner, renverser.**

DER. — **Intronisation.** *n. f.* (1372). Action d'introniser ; le fait d'être intronisé. *Intronisation d'un évêque, d'un pape. L'intronisation du souverain se fait après le couronnement.* — Par ext. *L'intronisation d'une nouvelle autorité, d'un nouveau pouvoir...* — Fig. « *L'intronisation de la philosophie de Descartes dans le XVII⁰ siècle* » (LITTRÉ).

1 « Les cérémonies de l'intronisation des papes étaient alors de les revêtir d'une chape rouge dès qu'ils étaient nommés. » VOLT., **Ann. Emp.**, Henri VI, 1191.

2 « L'intronisation du nouveau pouvoir fut marquée par une rigueur toute nouvelle de la police et de la censure. » MICHELET, **Hist. Révol. franç.**, XIX, III.

INTROSPECTION. *n. f.* (1842 ; empr. à l'angl. *introspection,* dér. du lat. *introspicere,* « regarder à l'intérieur »). *Psychol.* « Observation d'une conscience individuelle par elle-même, en vue d'une fin spéculative » (LALANDE). *L'introspection, analyse*, examen*, étude*, contemplation* de soi-même, de son âme*, de son ' cœur... L'introspection, méthode de connaissance de l'homme*. Descendre, regarder en soi-même par l'introspection.* V. **Attention** (intérieure), **réflexion** (Cf. Éclairer, cit. 7).

1 « ... la religion chrétienne (ou disons plus précisément : la catholique) invite à une introspection plus attentive. » GIDE, **Journal**, 30 juin 1923.

2 « ... jusqu'à l'avènement des méthodes objectives et de la psychologie expérimentale, la psychologie traditionnelle s'est édifiée sur les seules données de l'introspection... la faiblesse de cette source d'information réside dans son caractère trop individuel et trop subjectif... » POROT, **Manuel de psychiatrie**, Introspection.

DER. — **Introspectif, ive.** *adj.* (XIX⁰ s.). Qui emploie l'introspection, concerne l'introspection. *Méthode, psychologie introspective.*

INTROUVABLE. *adj.* (XVII⁰ s. Cf. *infra,* cit. Guez de BALZ. ; de *in-,* et *trouver*).

‖ 1° Qu'on ne peut trouver ou qu'on ne parvient pas à trouver. *Cet objet est introuvable. Cette personne, activement recherchée par la police, demeure introuvable. — C'est un coin presque introuvable, vous aurez du mal à le découvrir. Une femme, avec de pareilles qualités, est-elle introuvable ?*

1 « Ce rare mortel (*un bon gouverneur*) est-il introuvable ? Je l'ignore... Mais supposons ce prodige trouvé... » ROUSS., **Émile**, I.

2 « ... on découvre soudain une gorge où entre la mer, une gorge cachée, presque introuvable, pleine d'arbres, de sapins, d'cliviers, de châtaigniers. » MAUPASS., **Vie errante**, La côte italienne, p. 52.

3 « ... le vieux dictionnaire de l'Académie, celui de 1694, aujourd'hui presque introuvable,... » DUHAM., **Discours aux nuages**, p. 14.

— *Par ext.* Très difficile à trouver. *Édition introuvable.* V. **Précieux, rare.** *Aussi introuvable qu'un merle blanc. Chercher une chose introuvable* (Cf. Chercher une aiguille* dans une botte de foin). *Vous aurez du mal à le rencontrer, c'est un homme introuvable.* — Substant. *Un introuvable.*

4 « Un Gascon dirait que vous êtes introuvable ; pour moi qui ne suis pas si hardi, je me contente de dire que vous êtes impossible à trouver. » Guez de BALZ., **Lett.**, XV, XXV.

5 « Comme on n'en fabrique plus en Amérique, les *bucaros* commencent à devenir rares, et dans quelques années seront introuvables et fabuleux comme le vieux Sèvres ; alors tout le monde en aura. » GAUTIER, **Voyage en Espagne**, p. 77.

‖ 2° Qui n'a pas son pareil. — *Allus. hist. La Chambre introuvable.*

6 « L'assemblée qui fut élue après celle des Cent-Jours était ardemment royaliste, si royaliste que Louis XVIII lui-même ne croyait pas qu'on pût en trouver une pareille (d'où lui resta le nom de Chambre introuvable)... » BAINVILLE, **Hist. de France**, XVIII, p. 442.

INTROVERSION. *n. f.* (Néol. ; empr. de l'allem. *Introversion,* employé par le psychanalyste JUNG, 1921). *Psychol.* Fait d'être attentif seulement à son moi* et non au monde extérieur ; orientation de l'énergie psychique vers le sujet lui-même. *L'introverti, individu porté à l'introversion.*

« Il y a un autre mot qui est à la mode, surtout à l'étranger : introversion. Le sujet qui fait trop attention à ce qui se passe en lui-même, qui s'occupe trop de son humeur, qui prend la peine de s'apercevoir que le goût de la vie toute pure est douteux, pour ne pas dire vaseux, est un introverti. » ROMAINS, **H. de b. vol.**, t. XXV, p. 124.

INTRUS, USE. *adj.* et *n.* (fin XIV⁰ s. ; p. p. de l'anc. v. *intrure,* « introduire sans droit, sans titre », encore usité aux temps comp., du temps de LITTRÉ, et signalé par ACAD. 1935 à la forme pronominale : *Il s'est intrus dans cet évêché, dans cette tutelle*).

‖ 1° Introduit dans une charge, une dignité sans titre, sans droit. *Spécialt.* (en parlant des dignités ecclésiastiques). *Évêque, patriarche intrus. On a appelé prêtres, curés intrus les prêtres assermentés de 1791.* — Substant :

1 « Britannicus est en âge de régner ; c'est l'héritier légitime du trône occupé par un intrus à la faveur d'une adoption. » DIDER., **Essai s. règnes Claude et Néron**, I, 50.

2 « Il vit d'ailleurs les intrus de l'empire arrivant à quelques-unes des charges réservées sous l'ancienne monarchie aux meilleures maisons. » BALZ., **Bal de Sceaux**, Œuvr., t. I, p. 74.

‖ 2° *Par ext. N.* Celui, celle qui s'introduit quelque part sans y être invité, attendu ni désiré. V. **Importun, indésirable, indiscret** (Cf. Gêner, cit. 18). *Écarter, renvoyer les intrus. Sa belle-famille le considère comme une intrus.*

3 « Quand la nuit tomba, personne ne lui adressant plus la parole, il (*Jean*) n'était plus là qu'un intrus toléré Jamais il n'avait eu si pénible la sensation d'être un étranger, de n'avoir pas un des siens, parmi ces gens, tous alliés, tous d'accord, dès qu'il s'agissait de l'exclure. » ZOLA, **La terre**, V, V.

4 « Point d'intrus d'ailleurs, point de visiteurs inattendus ou déplaisants. » LOTI, **Aziyadé**, III, XLI.

INTRUSION. *n. f.* (1304 ; dér. sav. du lat. *intrusus,* « intrus »).

‖ 1° Action par laquelle on s'introduit*, sans en avoir le droit, dans une charge, une dignité, et *par ext.* dans une société, un groupe... *Intrusion indiscrète* (cit. 7). *Préserver son intimité des intrusions malapprises* (Cf. Délicatesse, cit. 20). *L'intrusion d'importuns qui forcent votre porte. Intrusion de l'étranger dans nos affaires.* V. **Ingérence, intervention.** — Fig. *L'intrusion de la politique dans un cercle amical.*

‖ **2°** Spécialt. *Géol.* Pénétration d'une roche dans une couche de nature différente. *Roches d'intrusion. Nappes d'intrusion*, qui ont pénétré entre des couches sédimentaires.

« Les dénudations profondes des couches supérieures de l'écorce terrestre font apparaître, à la surface, des appareils éruptifs dont les produits ne sont jamais arrivés au jour, mais se sont insinués sous la forme d'*intrusions* entre les strates. »
HAUG, **Traité géol.**, t. I, p. 276.

INTUITIF, IVE. *adj.* (1480 ; empr. au lat. scolast. *intuitus*. Cf. Intuition). *Philos.* Qui est objet d'intuition. *Vérité intuitive.* — T. de Relig. *Vision intuitive de Dieu. Vie intuitive* (Cf. Ascèse, cit. 3). — Qui a les caractères, qui est le résultat d'une intuition. *Avoir la conscience intuitive de sa propre existence.* V. **Direct.** *Connaissance* (cit. 2) *intuitive et connaissance discursive, et rationalisme* (Cf. Inconnaissable, cit. 1). — (Sens courant) *Cela ne s'explique pas, c'est intuitif !*

1   « Ne m'avouerez-vous pas que vous êtes moins assuré de la présence des objets que vous voyez, que de la vérité de cette proposition : *Je pense, donc je suis ?* Or cette connaissance n'est point un ouvrage de votre raisonnement, ni une instruction que vos maîtres vous aient donnée ; votre esprit la voit, la sent et la manie ;... elle vous est... une preuve de la capacité de nos âmes à recevoir de Dieu une connaissance intuitive. »
DESC., **Lettre à Newcastle**, 1648.

2   « Chez moi l'observation (*des hommes*) était déjà devenue intuitive, elle pénétrait l'âme sans négliger le corps ; ou plutôt elle saisissait si bien les détails extérieurs, qu'elle allait sur-le-champ au delà ;... »
BALZ., **Facino Cane**, Œuvr., t. VI, p. 66.

— (Fin XIXᵉ s.). *En parlant d'une personne.* Qui est apte à penser par intuition plutôt que par raisonnement ; qui fait ordinairement preuve d'intuition dans la vie courante, dans ses rapports avec autrui. *Personne intuitive, esprit intuitif. La femme* (cit. 54) *plus intuitive que l'homme.* — Substant. *C'est un intuitif. La distinction faite par Pascal entre esprit de finesse et esprit de géométrie est celle de l'intuitif opposé au logicien*.

3   « Parmi les savants, on rencontre deux formes d'esprit, les esprits logiques et les esprits intuitifs. La science doit ses progrès à l'un comme à l'autre de ces types intellectuels. Les mathématiques, quoique de structure purement logique, emploient néanmoins l'intuition. Parmi les mathématiciens, il y a des intuitifs et des logiciens, des analystes et des géomètres. »
CARREL, **L'homme, cet inconnu**, IV, II.

4   « ... si peu intuitive qu'elle fût, elle avait pourtant deviné de prime abord qu'ils avaient en commun bien des rancunes et des illusions. »
GREEN, **Léviathan**, II, II.

ANT. — Déductif, discursif.

DER. — **Intuitivement.** *adv.* (XVIᵉ s.). D'une manière intuitive, par intuition. *Saisir intuitivement un axiome.*

« ... ne puis-je lui opposer aussi les lumières de ma raison, qui me démontrent intuitivement ou scientifiquement le matérialisme, le panthéisme ou le spiritualisme ? »
BALZ., **Le feuilleton**, XXIII (Œuvr. div., t. I, p. 404).

INTUITION. *n. f.* (XIVᵉ s. d'apr. BLOCH, « action de contempler » ; empr. au lat. *intuitio*, même sens). Forme de connaissance, directe et immédiate, qui ne recourt pas au raisonnement (Cf. Cœur, cit. 162 PASC.). — *Théol.* Vision directe de Dieu. — Philos. *Intuition psychologique*, connaissance immédiate de nos états de conscience*. *Intuition sensible. La première intuition que nous avons des choses est une synthèse vague et confuse* (Cf. Analyse, cit. 6). *Intuition métaphysique*, qui saisit directement l'existence, l'essence d'un être. *Intuition cartésienne* (Cf. Chose, cit. 7). *Le cartésianisme* (cit.), *philosophie de l'intuition. Intuition intellectuelle*, qui nous fait saisir des rapports : *Intuition d'évidence* ou *rationnelle*, qui nous fait saisir ce qui est indémontrable. *Les axiomes* sont saisis par intuition. — *Intuition d'invention* ou *divinatrice*, qui nous fait saisir spontanément ce qui n'est pas encore démontré ou réalisé (ce sens seul est passé dans le langage courant). *L'intuition, vision d'une vérité et la démonstration* (cit. 6) *qui en fait la preuve. L'intelligence doit achever* (cit. 14) *l'œuvre de l'intuition.* — *L'intuition, telle que la conçoit Bergson, serait opposée à l'intelligence et à la pensée conceptuelles.* — Les opérations et résultats de cette connaissance. *Le raisonnement abstrait est une suite d'intuitions* (LAGNEAU).

1   « J'ai dit combien l'intui...on du nombre pur,... diffère de l'intuition sensible dont l'imagination proprement dite fait tous les frais... malgré les exceptions dont nous venons de parler, il n'en est pas moins vrai que l'intuition sensible est en Mathématiques l'instrument le plus ordinaire de l'invention. »
H. POINCARÉ, **Valeur de la Science**, I, pp. 32 et 34.

2   « Nous appelons ici intuition la *sympathie* par laquelle on se transporte à l'intérieur d'un objet pour coïncider avec ce qu'il a d'unique et par conséquent d'inexprimable. Au contraire, l'analyse est l'opération qui ramène l'objet à des éléments déjà connus, c'est-à-dire communs à cet objet et à d'autres... Il y a une réalité au moins que nous saisissons tous du dedans, par intuition et non par simple analyse. C'est notre propre personne... C'est notre moi qui dure. »
BERGSON, **La pensée et le mouvant**, VI.

3   « Les découvertes de l'intuition doivent toujours être mises en œuvre par la logique. Dans la vie ordinaire comme dans la science, l'intuition est un moyen de connaissance puissant, mais dangereux. Il est difficile parfois de la distinguer de l'illusion. »
CARREL, **L'homme, cet inconnu**, IV, II.

— (*Sens courant*). Sentiment* plus ou moins précis de ce qu'on ne peut vérifier, de ce qui n'existe pas encore. V. **Inspiration, pressentiment.** *Comprendre, saisir, sentir, découvrir, prévoir quelque chose par intuition. Faculté d'intuition* (Cf. Éclairer, cit. 11). — *Avoir l'intuition de quelque chose, une intuition. Avoir l'intuition de ce qui va se passer. J'en ai eu l'intuition. Se fier à ses intuitions. Il a d'étonnantes intuitions.* — *Par ext.* Absolt. *Avoir de l'intuition ; montrer de l'intuition en une affaire.* V. **Deviner ; divination, flair** (Cf. Falloir, cit. 31 ; et *aussi* Être bien inspiré).

4   « Desplein possédait un divin coup d'œil : il pénétrait le malade et sa maladie par une intuition acquise ou naturelle qui lui permettait d'embrasser les diagnostics particuliers à l'individu, de déterminer le moment précis, l'heure, la minute à laquelle il fallait opérer, en faisant la part aux circonstances atmosphériques et aux particularités du tempérament. »
BALZ., **Messe de l'athée**, Œuvr., t. II, p. 1148.

5   « L'amour a ses intuitions comme le génie a les siennes, et je voyais confusément que la violence, la maussaderie, l'hostilité ruineraient mes espérances. »
ID., **Lys dans la vallée**, Œuvr., t. VIII, p. 806.

6   « Souvent je doute,... si, par quelque intuition exquise, elle n'est pas secrètement et comme mystiquement avertie de tout ce que je fais loin d'elle,... »
GIDE, **Et nunc manet in te**, p. 106.

7   « ... autant d'accusations qui ne résistaient pas cinq minutes à l'examen, à cette intuition clairvoyante que la présence, le contact direct, éveillent chez un observateur quelque peu doué de flair. »
MART. du G., **Thib.**, t. VII, p. 103.

8   « Elle eut l'intuition soudaine qu'il n'y avait rien à espérer de cette visite... »
GREEN, **Ad. Mesurat**, III, VIII.

ANT. — Déduction, raisonnement.

INTUITUS PERSONÆ. *Loc. lat.* (« considération de la personne ») exprimant en Droit que la considération de la personne (ou des personnes) avec laquelle on contracte a déterminé l'accord des parties dans la conclusion du contrat, la constitution de la société... — (À l'ablatif) *Intuitu personæ. Les sociétés par intérêts sont constituées* intuitu personæ : eu égard à la personne.

INTUMESCENCE. *n. f.* (1611 ; dér. sav. du lat. *intumescere*, « gonfler ». V. **Tumeur**). Action d'enfler, de gonfler. V. **Gonflement.** *Intumescence des chairs, d'un organe...* V. **Érection ; enflure.** — (*Au sens général*). Vx. ou Littér. *L'intumescence des flots. Par ext.* Résultat de cette action. *Des intumescences.* V. **Bouffissure, tuméfaction** (Cf. Enfler, cit. 2).

DER. — **Intumescent, ente.** *adj.* (1838 ; d'après le lat. *intumescens, -entis*). Qui enfle, gonfle, en parlant des tissus vivants. *Chairs intumescentes.*

INTUSSUSCEPTION (*in-tu-su-sep-syon*). *n. f.* (1664 ; comp. sav. du lat. *intus*, « dedans », et *susceptio*, « action de prendre »).

‖ **1°** *Physiol.* « Pénétration par endosmose des éléments nutritifs à l'intérieur des cellules des êtres organisés » (GARNIER). — *Fig.* :

« La vue intime et l'intussusception des choses ou des idées sont chez eux complètes et justes. »
BALZ., **Femme de trente ans**, Œuvr., t. II, p. 715.

‖ **2°** *Pathol.* Introduction d'une portion d'intestin dans une autre. V. **Invagination.**

INULE. *n. f.* (1789 ; empr. au lat. *inula*). *Bot.* Nom savant de l'aunée*.

DER. — **Inulées.** *n. f. pl.* (XIXᵉ s.). *Bot.* Groupe de la famille des *Composées* ayant pour type l'*inule.* Au sing. *Une inulée.* — **Inuline.** *n. f.* (1815). *Chim.* Hydrate de carbone, sorte d'amidon* que l'on extrait de la racine de l'inule et d'autres végétaux (algues, lichens, dahlias, hélianthes, topinambours...).

INUSABLE. *adj.* (1867 ; comp. de *in-*, et *user*). Qui ne peut s'user, et *par exagér.* Qui s'use très peu, dure très longtemps. *Matière, étoffe inusable.* V. **Fort, inaltérable, indestructible, solide.** *Chaussures, vêtement inusables.*

INUSITÉ, ÉE. *adj.* (XIVᵉ s. ; empr. au lat *inusitatus*). Qui n'est pas usité*. *C'est une pratique inusitée chez nous. Un zèle inusité* (Cf. Avoir, cit. 87). *Manière inusitée d'accueillir quelqu'un.* V. **Anormal, extraordinaire, nouveau, singulier.** — *Spécialt.* Linguist. *Mot inusité*, que personne ou presque personne n'emploie. *Expression inusitée. Formes inusitées de l'imparfait* (cit. 11) *du subjonctif.*

1   « ... des groupes se dispersaient dans les rues de passants inusités. »
CHARDONNE, **Destin. sentim.**, p. 435.

2   « On y voit (*dans Chatterton*) des êtres humains, d'une taille inusitée sans doute, mais enfin à l'échelle du drame dont ils meurent ;... »
HENRIOT, **Romantiques**, p. 150.

ANT. — Commun, courant, habituel, usité.

INUTILE. *adj.* (XIVᵉ s. ; *inuteles* au XIIᵉ s. ; empr. au lat. *inutilis*). Qui n'est pas utile, ne sert* pas. — En parlant des choses. *Objet inutile et sans emploi ; objet inutile qui* *fait double emploi**. V. **Superfétatoire, superflu** (Cf. En trop*). *Chose devenue inutile* (Cf. A jeter au panier*). *Meuble inutile* (Cf. *fig.* Argent, cit. 26 BOIL.). *S'encombrer de bagages* (cit. 4) *inutiles. Poids, fardeau inutile* (Cf. Fangeux, cit. 1). *Richesses inutiles.* V. **Croupissant, stérile.** *Éviter* (cit. 41) *toute fatigue, toute souffrance inutile* (Cf. Articulation, cit. 7). *Inutile activité* (Cf. Apathie, cit. 5). *Bataille* (cit. 6), *victoire inutile.* V. **Vain** (Cf. Crise, cit. 1). *Regret inutile. Courage inutile* (Cf. Asile, cit. 1). *Jeter l'ancre* (cit. 2) *était inutile. Démarche inutile.* V. **Infructueux** (Cf. Coup d'épée dans l'eau* ; faire quelque chose pour rien, pour des prunes ; et *aussi* Frauder, cit. 7). *C'est complètement inutile* (Cf. C'est comme si on chantait* ; c'est perdre son temps* ; c'est peine* perdue ; et *aussi* Avoir beau* faire ; battre l'eau* avec un bâton ; semer sur le sable* ; porter de l'eau* à la rivière... et *pop.* Pisser* dans un violon...). *Risque inutile* (Cf. Le jeu* n'en vaut pas la chandelle). *Remède inutile* (Cf. Un cautère* sur une jambe de bois ; et *aussi* Bon, cit. 19). *Conseil inutile* (Cf. Autant vaudrait parler à un sourd* ; et *aussi* Épanchement, cit. 7). *Une question inutile.* V. **Oiseux** (Cf. Contester, cit. 4). *Un amas de connaissances inutiles* (Cf. Étouffer, cit. 35). *Paroles, propos inutiles, qui ne riment* à rien.* V. **Air** (en l'air), **creux, vide** ; **bavardage, fadaise, remplissage, verbiage.** *Détail inutile* (Cf. Abondance, cit. 12 ; fade, cit. 14). *Mensonge inutile* (Cf. Franc 2, cit. 5). *Ôter ce qui est inutile* (V. **Élaguer**). — Littér. *La précaution inutile,* sous-titre du « Barbier de Séville ». — « *Service inutile* », ouvrage de Montherlant.

1 « Pourquoi pousser ici des soupirs inutiles ? »
MOL., *Misanthr.,* III, 1.

2 « ... quand la jeunesse et l'amour sont d'accord pour tromper un vieillard, tout ce qu'il fait pour l'empêcher peut bien s'appeler à bon droit la *Précaution inutile.* » BEAUMARCH., **Barb. de Sév.,** IV, 8.

3 « Tu viens me tracasser, tu crois faire un coup de tête ; tu sais parfaitement bien que c'est inutile ;... » MUSS., **Nouvelles,** Croisilles, II.

4 « ... si mon cœur saigne quelquefois, c'est de voir mon zèle inutile, et tous les efforts de ma raison vainement dépensés. »
PROUDHON, in STE-BEUVE, Proudhon, p. 64.

5 « ... le notaire conseillait également au vieillard de se retirer près de sa fille et de vendre la maison inutile, trop grande à cette heure. »
ZOLA, La terre, III, III.

— *Inutile à...* (quelqu'un, quelque chose). *Chose, avantage inutile à quelqu'un* (Cf. N'avoir que faire* de... ; cela lui fait une belle jambe*...). *Un manteau ne me serait pas inutile* (Cf. Caban, cit.). *Ornement inutile à la beauté, à la vertu* (Cf. Avocat, cit. 6).

— *Inutile de..., que...* (suivi d'une proposition sujet). *C'est inutile d'essayer* (Cf. Ce n'est pas la peine* de... ; et *aussi* Intéresser, cit. 11). *Il est inutile de parler de..., que vous parliez de...* (Cf. Fonctionner, cit. 7). *Inutile d'y mettre des façons* (cit. 52). *Inutile de vous dire que...* (Cf. Casquette, cit. 3). *Inutile d'insister, de regimber, notre décision est prise.*

6 « Tout l'esprit qui est au monde est inutile à celui qui n'en a point :... » LA BRUY., XI, 87.

7 « — Inutile de chercher : j'ai perdu les billets. — Cherche encore. Dans ton portefeuille peut-être. — Inutile ! Tu penses que j'y ai regardé. Nous n'irons pas au théâtre, voilà tout. »
DUHAM., Salavin, III, XX.

— (*En parlant de personnes*).Qui ne rend pas de services (Cf. Assidu, cit. 4 ; écrivain, cit. 2 ; farceur, cit. 1). *Une personne inutile* (Cf. La cinquième roue* d'un carrosse). *Un vieil employé devenu inutile. Bouche* inutile* (Cf. Il ne vaut pas le pain* qu'il mange). — *Individu* (cit. 12) *inutile à la société.*

8 « (Octavie) Inutile à la cour, en était ignorée. »
RAC., Britann., III, 4.

— *Substant.* Ce qui est inutile. *Supprimer, retrancher l'inutile* (Cf. Arbre, cit. 11). *Se dépouiller, s'alléger de l'inutile* (Cf. Embroussailler, cit. 1). — *Personne inutile. Vivre en inutile. C'est un inutile.* V. **Parasite.**

9 « Je veux du superflu, de l'inutile, de l'extravagant, du trop, de ce qui ne sert à rien. » HUGO, Misér., V, V, VI.

10 « Tous les sots ont l'orgueil de dire : « Je ne me risque pas, moi ! » Ils tiennent à leur repos comme les inutiles à la vie. Un homme comme toi n'est complet que lorsqu'il s'est livré. »
SAND, Lettres à Musset, 15 juin 1834.

ANT. — **Utile. Essentiel, indispensable, nécessaire.**

DER. — **Inutilement.** *adv.* (1433). D'une manière inutile. V. **Vain** (en vain), **vainement.** *Sang répandu inutilement* (Cf. Baiser, cit. 9). *Je crains que vous ne vous dérangiez inutilement* (Cf. Pour rien*). *Chercher quelque chose inutilement* (Cf. Goût, cit. 18). *Il s'est bien inutilement fatigué.*

1 « Inutilement voudrions-nous y suppléer par lettres (*à un entretien*) on écrit des volumes, et l'on explique mal ce qu'un quart d'heure de conversation suffit pour faire bien entendre. »
LACLOS, Liais. dang., XLII.

2 « ... j'ai mieux aimé venir en causer avec vous, au risque de vous importuner inutilement. »
ROMAINS, H. de b. vol., t. II, XIII, p. 134.

INUTILISABLE. *adj.* (1845 ; de *in-,* et *utiliser*). Qui ne peut être utilisé, dont on ne peut se servir. *Objet, meuble, instrument inutilisable* (Cf. Briser, cit. 3). *Véhicule devenu inutilisable* (Cf. Être hors d'usage* ; avoir fait son temps*). *Personne inutilisable.*

INUTILISÉ, ÉE. *adj.* (1834 ; de *in-,* et *utilisé*). Qui n'est pas utilisé, en parlant de ce qui pourrait l'être. *Richesses, ressources qui restent inutilisées.* V. **Inemployé.** *Que de talents inutilisés !* (ACAD.).

INUTILITÉ. *n. f.* (1386 ; empr. au lat. *inutilitas*). Défaut d'utilité. *Inutilité d'un objet, d'une installation, d'une dépense... Inutilité d'une vie.* V. **Inanité** (Cf. Créateur, cit. 10). *Inutilité d'une démarche, d'un effort...* V. **Vanité.** *Inutilité d'une personne qui ne rend pas de services, qui n'a pas d'emploi* (Cf. Gens, cit. 14).

1 « Ceux qui ordonnaient ces sacrifices en savaient l'inutilité ; ceux qui en ont déclaré l'inutilité n'ont pas laissé de les pratiquer. »
PASC. Pens., VIII, 578.

2 « ... la royauté restait une majestueuse inutilité, un de ces meubles antiques, magnifiques et surannés, que l'on garde dans une maison moderne, par je ne sais quel souvenir, mais qui gênent, occupent une vaste place inutile, et que l'on se décidera un matin à loger au garde-meuble. » MICHELET, Hist. Révol. franç., V, X.

3 « Laurence tomba dans l'abattement intérieur qui doit mortifier l'âme à toutes les personnes d'action et de pensée, quand l'inutilité de l'action et de la pensée leur est démontrée. »
BALZ., Une ténébreuse affaire, Œuvr., t. VII, p. 592.

— Au plur. (*Vx* ou *Littér.*). Action, parole inutile, sans importance. V. **Futilité.** *Un discours rempli d'inutilités* (ACAD.). *Des enfantillages* (cit. 4), *des inutilités* (HUGO).

ANT. — **Convenance, utilité.**

INVAGINATION. *n. f.* (1765 ENCYCL. d'apr. BRUNOT, H.L.F., t. VI, p. 621 ; dér. sav. du lat. *in,* et *vagina,* « gaine »). *Méd.* Reploiement d'une portion d'intestin dans la portion qui lui fait suite, « de telle sorte que la première portion est engainée dans la deuxième à la manière d'un doigt de gant » (CRUVEILHIER, in GARNIER). V. **Intussusception.** *Occlusion intestinale, iléus* par invagination.*

INVAINCU, UE. *adj.* (XIVᵉ s. ; de *in-,* et *vaincu*). Qui n'a jamais été vaincu. *Héros invaincu ; courage invaincu* (CORN., Hor., III, 6).

1 « Ton bras est invaincu, mais non pas invincible. »
CORN., Cid, II, 2.

2 « ... *invaincu...* signifie autre chose qu'*indompté,* un pays est *indompté,* un guerrier est *invaincu...* ; Il y a un dictionnaire... où il est dit que *invaincu* est un barbarisme. Non ; c'est un terme hasardé et nécessaire. » VOLT., Comment. s. Corn., Cid, II, 2.

INVALIDATION. *n. f.* (1636 ; de *invalider*). *Dr.* Action d'invalider. *Invalidation d'un acte, d'un contrat.* — Spécialt. *Invalidation d'une élection*.* V. **Annulation.** Par ext. *Invalidation d'un député,* après vérification des pouvoirs par la Chambre.

« L'annulation des opérations électorales s'appelle invalidation. Elle peut provenir de l'une des causes... (*qui entachent*) la régularité du mandat (violence, corruption, fraude, erreur, vice de forme) ou encore de l'inéligibilité de l'élu. L'invalidation entraîne la vacance du siège... »
PRÉLOT, Dr. constit., p. 489, § 382 (éd. Dalloz).

ANT. — **Validation. Consécration.**

INVALIDE. *adj.* et *n.* (1515 ; du lat. *invalidus*).

I. ‖ 1º Qui n'est pas valide. V. **Impotent, infirme.** *Un vieillard invalide, que l'âge a rendu invalide. Faible* et invalide. Soldat qu'une blessure a rendu invalide.* V. **Blessé.**

1 « Vous avez ri de cette personne blessée... elle l'est à un point qu'on la croit *invalide.* » SÉV., 831, 14 juill., 1680.

2 « ... le soldat porte les armes dans sa jeunesse ; devenu invalide, il se fait jardinier. » CHATEAUB., M. O.-T., t. VI, p. 20.

‖ 2º *Substant.* Militaire que l'âge, les blessures rendent incapable de servir (Cf. Cache, cit. ; gueule, cit. 18 ; hospice, cit. 2). *Un invalide boiteux, manchot, amputé...* V. **Mutilé.** *Les invalides de la Marine.* — *L'Hôtel des Invalides,* et ellipt. *les Invalides :* hospice fondé par Louis XIV à Paris pour abriter les invalides.

3 « Le plus beau monument de bienfaisance qu'on ait jamais élevé, est l'Hôtel des Invalides, fondé par Louis XIV. »
VOLT., Dict. philos., Charité.

4 « Une de mes promenades favorites était autour de l'École Militaire, et je rencontrais avec plaisir çà et là quelques invalides qui, ayant conservé l'ancienne honnêteté militaire, me saluaient en passant. »
ROUSS., Rêveries..., IXᵉ prom.

5 « C'était un invalide tout courbé, tout ridé et tout blanc,... »
HUGO, Misér., III, VI, VIII.

— Par anal. *Les invalides du travail.* V. **Invalidité.** *La loi française distingue les invalides pouvant exercer une profession, ceux qui en sont incapables et ceux qui ont besoin d'une aide pour exercer les actes ordinaires de la vie.*

II. (1542). *Dr.* (*Vx*). Qui n'est pas valable. *Acte, mariage, donation invalide.* V. **Nul.**

6 « Notre pape Clément VII n'osa pas déclarer invalide le mariage du roi d'Angleterre, Henri VIII, avec la femme du prince Arthur son frère,... » VOLT., Dial. et entret. philos., XXVI.

DER. — **Invalider, invalidité.**

INVALIDER. *v. tr.* (1452 ; de *invalide*). *Dr.* Rendre invalide, non valable. V. **Abolir, annuler, détruire.** *Invalider un acte, une donation.* — Spécialt. *Invalider une élection, et par ext. un député, un élu.* V. **Invalidation.**

1 « Si donc, lors du pacte social, il s'y trouve des opposants, leur opposition n'invalide pas le contrat,... » ROUSS., Contr. social, IV, II.

2 « ... le second jour du scrutin refait une majorité républicaine... qui prendra grand soin de s'accroître elle-même considérablement en invalidant, sous prétexte de manœuvres corruptrices, la plupart des élus royalistes, bonapartistes, conservateurs du premier dimanche. » LECOMTE, Ma traversée, p. 166.

ANT. — **Confirmer, consacrer, valider ; corroborer.**
DER. — **Invalidation.**

INVALIDITÉ. *n. f.* (1521 ; de *invalide*).

‖ 1° *Dr.* (*Vieilli*). Défaut de validité entraînant la nullité. *Invalidité d'un acte, d'un contrat, d'un mariage.*

‖ 2° (XIXᵉ s. PROUDHON in P. LAROUSSE). État d'une personne invalide* ; incapacité* de travail, de service, résultant de cet état. *Pension d'invalidité.*

INVAR. *n. m.* (1906 ; abrév. de *invariable*). Acier au nickel, de dilatation très faible, utilisé en horlogerie (balanciers), dans la construction des étalons de mesure, etc.

INVARIABLE. *adj.* (XIVᵉ s. ; de *in-*, et *variable*).

‖ 1° Qui ne varie pas, ne change pas. V. **Constant, fixe** (cit. 5), **immuable.** *Principes, lois, règles invariables.* V. **Certain, immobile, inaltérable** (Cf. Création, cit. 3 ; croûte, cit. 10 ; destin, cit. 1). *Emplacement invariable* (Cf. Couvain, cit.). *Apparence, figure, forme* invariable.* V. **Stationnaire.** *Sentiment invariable* (Cf. Brouillard, cit. 13 ; espérance, cit. 26). *Humeur invariable.* V. **Égal.** *Rendre invariable.* V. **Conserver, fixer** (cit. 9). *Rester invariable.* V. **Continuer.**

« Comme nous voyons que le monde, formé par le mouvement de la matière... subsiste toujours, il faut que ses mouvements aient des lois invariables ;... » MONTESQ., Espr. des lois, I, I.

— Spécialt. *Gramm.* Qui ne comporte pas de modifications flexionnelles. *Les adverbes, les prépositions, les conjonctions, les interjections sont invariables. Adjectif, substantif invariable* (V. **Indéclinable**).

‖ 2° (En parlant des personnes). *Invariable dans ses promesses, ses résolutions, ses opinions.* V. **Ferme, immuable** (Cf. Attacher, cit. 100). *L'honnête homme est invariable dans ses résolutions, parce qu'il l'est dans ses principes* (Mᵐᵉ de GENLIS, in LITTRÉ).

ANT. — **Altérable, changeant, fluctuant, variable.**
DER. — **Invariabilité.** *n. f.* (1616). Caractère, état de ce qui est invariable. V. **Fixité.** *Invariabilité d'un principe, d'une loi. Invariabilité d'un met.* Cf. Garde 4, cit. (**ANT. Adaptation, changement, variabilité**). → **Invariablement.** *adv.* (XIVᵉ s.). D'une manière invariable. V. **Constamment, immanquablement, immuablement, toujours** (Cf. Assidûment, cit. 3 ; fable, cit. 8 ; fond, cit. 44 ; fredaine, cit. 4).

« La certitude de trouver ces personnages invariablement attablés ou assis aux mêmes heures achevait de leur prêter à mes yeux je ne sais quoi de théâtral, de pompeux, de surnaturel. » BALZ., Cabinet des antiques, Œuvr., t. IV, p. 345.

INVARIANT, ANTE. *adj.* (1877 LITTRÉ, Suppl. ; de *in-*, et *varier*). *T. de Sciences.* Se dit d'une « grandeur, relation ou propriété qui se conserve dans une transformation de nature physique ou mathématique » (UVAROV et CHAPMAN, Dict. des Sc.). *Figures invariantes. Équations invariantes. Système chimique invariant,* de variance nulle. — Substant. *Un invariant.*

INVASION. *n. f.* (XIIᵉ s., « attaque » ; empr. au bas lat. *invasio*, de *invadere*. V. **Envahir**). Action d'envahir. V. **Envahissement.**

‖ 1° (V. **Envahir,** 1°). Pénétration belliqueuse et massive des forces armées d'un État sur le territoire d'un autre État. V. **Attaque, descente, envahissement, incursion** (cit. 2), **ingression** (vx). *Invasion d'un pays, d'une région par les troupes ennemies. Pays exposé* (cit. 20) *aux invasions, menacé par l'invasion* (Cf. Attendre, cit. 83 ; devant, cit. 8). *Défenses naturelles contre l'invasion* (Cf. Imprénétrabilité, cit. 4). *Résister à l'invasion, se défendre contre l'invasion* (Cf. Face, cit. 65). *Sauver de l'invasion* (Cf. Église, cit. 5). *Invasion qui déferle sur un pays, le submerge* (Cf. Corridor, cit. 4). *Fuir devant l'invasion. L'invasion prussienne de 1870* (Cf. Hâbleur, cit. 3). — Spécialt. Migration accompagnée de violences, de dévastations. *Formation ethnique* (cit. 4) *d'un peuple résultant de plusieurs invasions, de plusieurs vagues d'invasion* (Cf. Continent 2, cit. 2 ; hétérogène, cit. 4). *Les invasions doriennes en Grèce* (Cf. Hellénisme, cit. 2 ; hiatus, cit. 7). *Les grandes invasions, les invasions barbares du Vᵉ siècle, en Occident. Les invasions arabes.*

« *Invasion...* exprime une action générale par laquelle on se rend maître de tout un grand pays. Différente de l'*incursion,* qui fait entendre que la troupe s'en retourne bientôt,... l'*invasion* diffère aussi de l'*irruption* en ce qu'elle suppose des troupes plus nombreuses,... et un plus vaste théâtre... » LAFAYE, Dict. syn., Incursion...

« Ce ne fut pas une certaine invasion qui perdit l'empire (*romain*), ce furent toutes les invasions. Depuis celle qui fut si générale sous Gallus, il sembla rétabli... ; mais il alla... de la décadence à sa chute. En vain on avait rechassé les barbares dans leur pays... ; en vain on les extermina : les villes n'étaient pas moins saccagées, les villages brûlés, les familles tuées ou dispersées. » MONTESQ., Grand. et décad. des Romains, XIX.

« C'est une particularité remarquable dans notre histoire que les deux grandes invasions de l'Asie en Europe, celle des Huns au Vᵉ siècle, et celle des Sarrasins au VIIIᵉ, aient été repoussées en France. » MICHELET, Hist. de France, II, I.

‖ 2° *Par ext.* (V. **Envahir,** 2°). Occupation, extension jugée dangereuse, dommageable. *Invasion de sauterelles, d'insectes, de rats* (Cf. Garantir, cit. 18). *L'invasion de la mer* (Cf. Falun, cit.), *de nuages d'orage* (Cf. Gâter, cit. 43). — *Fig.* V. **Débordement, diffusion, inondation, pénétration, propagation.** *L'invasion du mauvais goût, de mœurs nouvelles...* (Cf. Hérisser, cit. 28). *L'invasion des mauvaises pensées dans l'âme* (Cf. Dévaster, cit. 3). *Corps déformé par l'invasion de la graisse.*

— (Sans idée de danger, de dommage). Action d'entrer, de se répandre soudainement. V. **Irruption.** *La bande joyeuse fit invasion dans le jardin* (LITTRÉ).

« Au grand soleil de deux heures, joué, crié, — sublime, il faut le dire, — car l'invective, jamais n'y glissait à l'injure, détendit cette

« Au grand soleil de deux heures, une invasion plus étrange et plus jolie qui nous arrive : celle des scarabées et des papillons. » LOTI, Mᵐᵉ Chrysanth., XXXI.

‖ 3° Spécialt. *Méd.* « Période qui s'étend depuis l'apparition des premiers symptômes d'une maladie jusqu'à la période d'état » (GARNIER).

ANT. — **Évacuation, retraite.**

INVECTIVE. *n. f.* (XIVᵉ s. ; empr. au bas lat. *invectivæ* (s.-e. *orationes*), « discours violents, agressifs », de *invehi,* « s'emporter »). Parole ou suite de paroles violentes contre quelqu'un ou quelque chose. V. **Injure, insulte, sottises** (Cf. Boire, cit. 32 ; cynique, cit. 2 ; doux, cit. 37). *Éclater* (cit. 21), *se répandre* en invectives. *Accabler, couvrir d'invectives* (V. **Affront.** Cf. Gourmander, cit. 6). *Invectives violentes, mordantes. Plaidoyer, discours, pamphlet* plein d'invectives. Torrent d'invectives. Invectives contre les richesses, le luxe...* V. **Sortie** (Cf. Courir, cit. 15).

« On n'a recours aux invectives que quand on manque de preuves. » DIDER., Pens. philos., XV.

« Comme Jean-Baptiste, il (*Jésus*) employait contre ses adversaires des termes très durs... La passion, qui était au fond de son caractère, l'entraînait aux plus vives invectives. » RENAN, Vie de Jésus, Œuvr., t. IV, p. 288.

« Ce discours de violence inouïe, joué, crié, — sublime, il faut le dire, — car l'invective, jamais n'y glissait à l'injure, détendit cette Chambre contractée, la tira de sa peur et d'une longue servitude. » BARRÈS, Leurs figures, p. 189.

« Je n'ai aucun don naturel pour l'insulte, pour l'invective, pour la violence verbale. » DUHAM., Cri des profondeurs, IV.

ANT. — **Aménité, compliment.** — **DER.** — **Invectiver.**

INVECTIVER. *v. intr.* (1542 ; de *invective*). Dire, lancer des invectives. V. **Crier, déclamer, fulminer, pester** (contre quelqu'un). *Invectiver contre quelqu'un, contre l'hypocrisie, le vice.* Absolt. *Il gueule* (cit. 4), *invective.*

« ... des hommes de robe..., qui invectivent contre le libertinage de la cour,... » BOURDALOUE, Sermons Car., IIIᵉ sem., Sur le zèle, I.

« Ils invectivent contre les chanteuses qui, ravies de leur succès, reprennent en chœur une strophe nouvelle de la chanson. » BARRÈS, Colline inspirée, VIII.

— *Transit.* (Cette construction, considérée comme fautive par LITTRÉ, malgré un exemple de DIDEROT, est entrée dans le bon usage (Cf. les ex. de FLAUBERT, FRANCE, etc. in DURRIEU, Parlons correct., p. 225, et ceux de HUGO, FLAUBERT, LEMAÎTRE, A. HERMANT, PROUST, MAUROIS, etc. in GREVISSE, § 599, Rem. 11). PASCAL avait déjà écrit : « *Invectiver plusieurs malédictions* ». Cf. BRUNOT, H.L.F., t. VI, p. 1747). *Invectiver quelqu'un* (ACAD.). *Ils se sont invectivés* (HATZFELD). V. **Injurier.**

« Lorsqu'il invectivera un homme connu et révéré de toute l'Europe... » DIDER., Essai s. règnes Claude et Néron, II, 109.

« Quand j'invectiverais les hommes avec un peu trop d'aigreur... » MIRABEAU, Lettre à Sophie, 1777.

« Brusquement lui revint le souvenir de Manuel Roy, et il se mit à invectiver le jeune médecin... » MART. du G., Thib., t. VI, p. 236.

ANT. — **Complimenter.**

INVENDABLE. *adj.* (1764 ; de *in-*, et *vendable*). Qui n'est pas vendable, qu'on ne peut vendre (à cause de sa mauvaise qualité, etc.). *Ces marchandises sont invendables. Des rossignols, des vieilleries invendables.*

« ... la multitude des marchands, qui ne pouvaient ou qui ne voulaient pas payer, la quantité d'effets invendus ou invendables... » VOLT., Dict. philos., Banqueroute.

INVENDU, UE. *adj.* (1732 ; de *in-*, et *vendu*). Qui n'a pas été vendu. *Marchandises invendues. Stock invendu... Effets invendus* (Cf. Invendable, cit.). *Journaux, livres invendus.* V. **Bouillon.** — Substant. *L'invendu, les invendus :* les marchandises, les objets que l'on n'a pas vendus.

« Quel besoin avais-je du petit Fontane, professeur de seconde et auteur d'un volume d'essais invendus ? »
MAUROIS, **Roses de septembre,** I, VII.

INVENTAIRE. *n. m.* (1313 ; du lat. jurid. *inventarium*, de *invenire*, « trouver » ; var. *inventoire* en anc. franç.).

‖ 1° *Dr.* Opération qui consiste à énumérer et à décrire les éléments composant l'actif et le passif d'une communauté, d'une succession, ou de toute autre masse de biens appartenant à une société ou à un individu ; l'état* descriptif dressé lors de cette opération. *Procès-verbal d'inventaire débutant par l'intitulé* d'inventaire. Faire, procéder à l'inventaire d'une succession* (Cf. Curateur, cit. 3). *Bon et fidèle inventaire* (Cf. Émolument, cit. 1). *Dresser, faire dresser un inventaire* (Cf. État, cit. 65). *Inventaire après décès. Inventaire authentique, dressé devant notaire. Inventaire et procès-verbal de saisie. Récolement et vente après inventaire.*

1 « L'inventaire (*en cas d'ouverture d'une succession*) peut être requis par ceux qui ont droit de requérir la levée du scellé. »
CODE PROCÉD. CIV., Art. 941.

— *Bénéfice d'inventaire.* V. **Bénéfice** (*supra* cit. 5). — *Fig.* :

2 « ... être intelligent, c'est... ne rien accepter, dans l'ordre des faits, des idées et des sentiments, que sous bénéfice d'inventaire... »
LÉAUTAUD, **Propos d'un jour,** Marly-le-Roy..., p. 95.

— Spécialt. *Inventaire commercial* (V. **Balance, bilan**). *Livre des inventaires. Période comprise entre deux inventaires successifs.* V. **Exercice.** *Inventaire de fin d'année. Marchandises portées à l'inventaire.* V. **Stock.** *Vérifier un inventaire.* — *Fermé pour cause d'inventaire.*

3 « Il (*le commerçant*) est tenu de faire, tous les ans, sous seing privé, un inventaire de ses effets mobiliers et immobiliers, et de ses dettes actives et passives, et de le copier, année par année, sur un registre spécial à ce destiné. »
CODE COMM., Art. 9.

4 « ...il avait signé des rapports inexacts et approuvé, sans vérification, les inventaires annuels frauduleusement dressés par le gérant. »
FLAUB., **Éduc. sentim.,** II, III.

‖ 2° *Par ext.* et *fig.* Revue et étude minutieuse. V. **Catalogue, dénombrement, évaluation, liste, nomenclature, récapitulation, recensement, répertoire, statistique, table, tableau.** *Faire l'inventaire des richesses artistiques d'une province, des richesses d'une langue...* (Cf. Grammairien, cit. 3).

5 « Une fois maître de ce trésor (*la correspondance de Mᵐᵉ de Tourvel*), je procédai à l'inventaire avec la prudence que vous me connaissez :... »
LACLOS, **Liais. dang.,** XLIV.

6 « Pour acquérir une meilleure connaissance de nous-mêmes, il ne suffit pas de choisir dans la masse des données que nous possédons déjà, celles qui sont positives, et de faire avec leur aide un inventaire complet des activités humaines. »
CARREL, **L'homme, cet inconnu,** II, VI.

7 « ... quelque inachevé que soit l'impatient inventaire du monde que poursuit notre siècle,... »
MALRAUX, **Voix du silence,** p. 129.

‖ 3° *Par confusion* (Vx). V. **Éventaire.**

DER. — V. Inventorier.

INVENTER. *v. tr.* (1485 ; de *inventeur*).

‖ 1° Créer, en montrant de l'ingéniosité ou du génie, quelque chose de nouveau, d'original, dont personne n'avait eu l'idée, dans le domaine de l'industrie, de l'art, de la pensée. V. **Concevoir, créer, découvrir, imaginer.**

1 « Pour *découvrir*, il suffit de mettre en lumière ce qui existe, mais caché ; pour *inventer*, il faut mettre au jour ce qui n'existait point jusque-là. Le mérite de *découvrir* est de lever les obstacles qui empêchent de voir ou de connaître la chose telle qu'elle est dans la nature ou en elle-même ; mais le mérite d'*inventer* est surtout dans l'art de créer, autant qu'il est donné à l'homme de le faire, c'est-à-dire le plus souvent dans l'art d'employer des moyens particuliers ou de former certaines combinaisons d'éléments ou de matériaux naturels pour produire quelque chose de nouveau. » LAFAYE, **Dict. syn.,** Trouver.

— *Les Chinois, avant Gutenberg, avaient inventé l'imprimerie* (cit. 1). *Inventer des machines, des instruments* (Cf. Abrutissement, cit. 1 ; animal, cit. 17 ; ardent, cit. 9 ; besicle, cit. 2 ; bombe, cit. 1 ; casse-tête, cit. ; effort, cit. 6 ; festivité, cit. ; horloger, cit. 4). *Inventer un art* (cit. 17), *un jeu, une mode...* (Cf. Armoirie, cit. 1 ; carte cit. 5 ; ériger, cit. 5 ; fromage, cit. 3 ; génie, cit. 39 ; gloire, cit. 38 ; gymnastique, cit. 2 ; harmonie, cit. 28). *Inventer des remèdes* (Cf. Art, cit. 46 ; cas, cit. 14 ; cesser, cit. 9), *un genre, des formes* (Cf. Harangue, cit. 3 ; hériter, cit. 17 ; historique, cit. 7), *une écriture, une langue* (Cf. Couronne, cit. 3 ; hiéroglyphe, cit. 1), *des mots, des termes nouveaux* (Cf. Agitateur, cit. 1 ; artificiellement, cit. ; automobile, cit. 2 ; banqueroute, cit. 5 ; formule, cit. 7 ; humaniste, cit. 2). *Inventer, élaborer certaines notions* (Cf. Catégorie, cit. 1). *Ignorant tout, ils s'imaginent tout inventer* (Cf. Insatiabilité, cit.). — Loc. fam. *Il n'a pas inventé la poudre*.

2 « ... il est bien vrai qu'avant lui (*Bacon*) on avait découvert des secrets étonnants. On avait inventé la boussole, l'imprimerie, la gravure des estampes, la peinture à l'huile, les glaces, l'art de rendre en quelque façon la vue aux vieillards par les lunettes, qu'on appelle besicles, la poudre à canon,... » VOLT., **Lett. philos.,** XII.

3 « (*Ce*) scherzo est le premier-né de cette famille de charmants badinages dont Beethoven a inventé la forme, déterminé le mouvement... »
BERLIOZ, **À travers chants,** p. 18.

4 « Torricelli a inventé la pesanteur de l'air, je dis qu'il l'a inventée plutôt que découverte, parce que, lorsqu'un objet est caché à tous les yeux, il faut l'inventer de toutes pièces pour pouvoir le découvrir. »
SARTRE, **Situations II,** p. 314.

— Absolt. *Le génie, le grand artiste a le don d'inventer* (Cf. Goût, cit. 22). *Imiter ou inventer* (Cf. Imitation, cit. 14). *L'Athénien* (cit. 4) *inventait, entreprenait...*

5 « ... l'esprit invente tous les jours,
Sans voir jamais tarir la source de son cours. »
RONSARD, **Pièces posth.,** Élégies, XXXV.

6 « Les hommes ne sauraient créer le fond des choses ; ils les modifient. Inventer n'est donc pas créer la matière de ses inventions mais lui donner la forme. Un architecte ne fait pas le marbre qu'il emploie à un édifice, il le dispose... de même un poète ne crée pas les images de sa poésie ; il les prend dans le sein de la nature et les applique à différentes choses pour les figurer aux sens... »
VAUVEN., **De l'esprit humain,** XIV.

7 « Je le sais bien. Invente, et tu mourras persécuté comme un criminel ; copie, et tu vivras heureux comme un sot ! »
BALZ., **Ress. de Quinola,** I, 1.

‖ 2° V. **Imaginer, trouver** (dans un cas et pour un usage particuliers). *Inventer un ingénieux subterfuge* (Cf. Avérer, cit. 10), *un moyen de s'en tirer, de payer, de réussir* (Cf. Escapade, cit. 3 ; escarmouche, cit. 3 ; gastronomie, cit.). *Une chose que l'on invente pour...*, suivi de l'infinitif (Cf. Enrager, cit. 9 ; fureur, cit. 17 ; gravité, cit. 1). *Les brimades* (cit. 2) *qu'invente la jalousie. Les chimériques objections que les hommes se plaisent à inventer* (Cf. Facilement, cit. 2). *Il ne sait qu'inventer pour me faire plaisir.*

8 « Tout ce que, pour jouir de leurs contentements,
L'amour fait inventer aux vulgaires amants. » RAC., **Mithr.,** II, 6.

9 « — Vous ne savez qu'inventer pour me désespérer ! s'écria madame Clapart. » BALZ., **Un début dans la vie,** Œuvr., t. I, p. 737.

10 « Ils ne savent qu'inventer pour tourmenter le pauvre soldat. »
GOBINEAU, **Nouv. asiat.,** p. 185.

— *Inventer de...* (suivi de l'infinitif), imaginer de.... V. **Aviser** (s').

11 « Les Suédois ont inventé de faire la guerre en hiver,... »
RAC., **Livr. ann.,** La Barde.

— Par ext. et fig. *Inventer quelqu'un :* le découvrir et le faire connaître.

12 « Quand ce ne serait que pour avoir inventé Richelieu, Concini ne devrait pas passer pour un si mauvais homme. »
BAINVILLE, **Hist. de France,** XI, p. 196.

‖ 3° Imaginer de façon tout à fait arbitraire, sans respecter la vérité ou la réalité. V. **Arranger, controuver, fabriquer, forger, supposer.** *Inventer une fausseté, une calomnie* (ACAD.). *Inventer une fable* (Cf. Expliquer, cit. 15), *des sornettes* (V. **Conter**), *une histoire* (Cf. Haleine, cit. 15), *une excuse* (Cf. Convaincre, cit. 9 ; fausser, cit. 3), *des raisons, des prétextes* (Cf. Éblouir, cit. 16 ; faux 1, cit. 39). V. **Improviser.** *Inventer à confesse* (cit. 1) *de petits péchés. Croyez-moi, je n'invente rien, ce sont des choses qu'on n'invente pas, c'est la vérité pure. Inventer effrontément* (cit. 2) *certains détails.* V. **Broder.** *Dieu sait ce qu'il est capable d'inventer ! Une histoire inventée de toutes pièces.* — *Qu'allez-vous inventer là ?* V. **Chercher, supposer.** — *Inventer que...* V. **Feindre** (Cf. Écriture, cit. 17). — Allus. littér. *Si Dieu* (cit. 6 VOLT.) *n'existait pas, il faudrait l'inventer.*

13 « Elle me l'a dit, c'est un fait constant ; je n'invente rien, moi. »
LESAGE, **Turcaret,** II, 3.

14 « La foule tient pour vrai ce qu'invente la haine. »
HUGO, **L'année terrible,** Juillet 1871, IV.

15 « À vrai dire, je n'y étais jamais allé, moi, aux courses avant la guerre, mais j'inventai instantanément pour la distraire cent détails colorés sur ce sujet, à l'aide des récits qu'on m'en avait faits, à droite et à gauche. » CÉLINE, **Voyage au bout de la nuit,** p. 57.

— Absolt. (V. **Mentir**).

16 « ... lorsque ses joues se coloraient et que sa voix devenait plus traînante, elle avait cet air d'inventer, de mentir, que l'on voit aux gens qui essayent de raconter un rêve. »
MART. du G., **Thib.,** t. I, p. 284.

— *Spécialt.* (En parlant de fictions littéraires). *Romancier contant une histoire dont rien n'est inventé* (Cf. Fuir, cit. 32). *Un conte* (cit. 8) *à plaisir inventé* (Cf. Expérience, cit. 10). *Tout y est inventé.* V. **Artificiel, faux, fictif, imaginaire** (Cf. Clef, cit. 17).

17 « Émily (*Brontë*), dans son isolement, n'a pu voir l'affreux univers qu'elle a peint. Il faut qu'elle l'ait inventé de toutes pièces. »
HENRIOT, **Portr. de femmes,** p. 418.

‖ S'INVENTER (pass. ou réfl.). *Malheureusement, de telles formules ne s'inventent pas tous les jours. C'est une chose qui ne s'invente pas, c'est sûrement vrai.*

18   « Rien ne s'invente, tout se perfectionne. »
                 COLETTE, **Belles saisons,** p. 83.
    — Inventer pour soi.

19   « C'est dans ce temps que, troublé par la seule idée d'une femme, et trop timide encore pour oser affronter aucune créature réelle, le solitaire de Combourg s'inventa cette compagne idéale... »
                 HENRIOT, **Portr. de femmes,** p. 258.

ANT. — Copier, imiter. Hériter. Exact, réel, vrai.

INVENTEUR, TRICE. n. (XIVᵉ s. ; du lat. *inventor, inventrix,* de *invenire,* « trouver »).

   I. Celui, celle qui invente, qui a inventé*. V. **Inventer.** — (Au sens 1º). V. **Auteur, créateur, père** (*fig.*). *L'inventeur d'une machine, d'un art* (cit. 24), *d'un procédé, d'une science...* (Cf. Ascension, cit. 4 ; bastringue, cit. 1 ; éterniser, cit. 6 ; figuline, cit. ; hydraulique, cit. 2). *Inventeur d'idées nouvelles.* V. **Découvreur.** *Inventeur et architecte*. Inventeurs de mots expressifs* (cit. 3). *Inventeur de romans* (Cf. Héroïne 1, cit. 6 ; indifférent, cit. 40). *L'imagination* (cit. 6) *est l'inventrice des arts.*

1   « On a prétendu que Roger Bacon, moine anglais... était le véritable inventeur de la poudre. »
                 VOLT., **La tactique,** note.

2   « ... un des plus grands hommes de la France, car il ne fut pas seulement l'inventeur des émaux, il fut aussi le glorieux précurseur de Buffon, de Cuvier, il trouva la géologie avant eux, ce naïf bonhomme ! Bernard de Palissy souffrait la passion des chercheurs de secrets,... »
          BALZ., **Illus. perdues,** Œuvr., t. IV, p. 930.

3   « Je ne comprends pas qu'on prenne habituellement les Turcs en mauvaise part ; Mahom a du bon ; respect à l'inventeur des sérails à houris et des paradis à odalisques ! »   HUGO, **Misér.,** IV, XII, II.

    — *Par ext. et fig. :*

4   « Richelieu mort continuait à être exécré comme le protecteur et, en quelque sorte, l'inventeur de Mazarin. »
                 L. BERTRAND, **Louis XIV,** I, II.

    — *Absolt. Un inventeur.* V. **Ingénieur** (*vx*). *Les inventeurs, ceux qui ont le don d'inventer* (Cf. Enrageant, cit. ; génie, cit. 39). *Inventeur de génie. Inventeurs et imitateurs* (Cf. Aurore, cit. 20). *Préjudice causé à l'inventeur par le contrefacteur.* — *Adjectivt. Un esprit inventeur. Les nations inventrices et les nations imitatrices* (Cf. Exactitude, cit. 10).

5   « C'est le propre des inventeurs de saisir le rapport des choses et de savoir les rassembler... » VAUVEN., **Réflex. et max.,** CCCXXXIII.

6   « L'esclave imitateur naît et s'évanouit ;...
    Ce n'est qu'aux inventeurs que la vie est promise. »
              CHÉNIER, **Poèmes,** L'invention.

7   « ... la sublime croyance au succès, qui soutient les inventeurs et leur donne le courage d'aller en avant dans les forêts vierges du pays des découvertes,... » BALZ., **Illus. perdues,** Œuvr., t. IV, p. 931.

8   « Elle (*la science*) enrichit celui qui met en œuvre, mais non le véritable inventeur. » RENAN, **Questions contemp.,** Œuvr., t. I, p. 74.

9   « ... l'idée de la puissance inventrice de l'homme,... »
          ID., **Avenir de la science,** Œuvr., t. III, p. 749.

10   « Encore un peu de temps et les profanes eux-mêmes sauront qu'un inventeur, pour faire jaillir l'étincelle et changer la face de la terre, doit rêver à l'aise, perdre du temps, bégayer du génie. »
            DUHAM., **Temps de la rech.,** I.

    — *Vx. ou littér.* V. **Auteur.**

11   « La ruse la mieux ourdie
    Peut nuire à son inventeur, »   LA FONT., **Fabl.,** IV, 11.

12   « Et si de tant de maux le funeste inventeur
    De quelque ombre de bien pouvait être l'auteur. »
              RAC., **Athal.,** III, 4.

    — (Au sens 3º). V. **Fabricateur, forgeur.** *Il est l'inventeur de cette calomnie, de cette fable* (ACAD.).

   II. (Sens étymol., conservé par la langue jurid.). Celui qui trouve (un trésor, un objet perdu). *Le trésor* appartient à l'inventeur pour moitié s'il est découvert sur le fonds d'autrui. L'épave* (cit. 1) reste définitivement à l'inventeur si elle n'a pas été réclamée...*

ANT. — Copiste, imitateur.

DER. — Inventer, inventif, invention.

INVENTIF, IVE. adj. (1442 ; de *inventeur*). Qui a le don d'inventer*.

   ‖ 1º Dans l'ordre de l'art et de la technique). *Individu inventif, ingénieux* (Cf. Asthénique, cit.). *Animateur* (cit. 2) *inventif. Le capitalisme est par essence inventif* (Cf. Créer, cit. 16). *Génie, talent, esprit inventif. Imagination inventive.* V. **Fécond, fertile.**

1   « ... la dextérité du chasseur inventif,
    Qui façonne le chien si sage et si craintif ? »
         RONSARD, **Prem. liv. poèmes,** La chasse.

2   « Dans les pays où l'industrie est très développée, les hommes sont actifs, inventifs, ardents au travail et assoiffés de gain ;... »
            CHARDONNE, **Amour du prochain,** p. 44.

   ‖ 2º Fertile en expédients, en ressources. V. **Habile, industrieux, subtil.** *La nécessité, l'amour* (cit. 33 et Cf. Apprenti, cit. 6) *nous rend inventifs. L'amour est inventif.*

3   « ... en montant sur les épaules d'un homme qui voit comme vous, très loin, on voit plus loin encore. Vous êtes inventeur, moi je suis inventif. »
            BALZ., **Ress. de Quinola,** IV, 6.

INVENTION (*-syon*). n. f. (*Invencion* en 1270 ; du lat. *inventio,* de *invenire,* « trouver »).

   I. Action ou don d'inventer ; ce qu'on invente*.

   ‖ 1º Action d'inventer. V. **Création, découverte.** *Invention d'une machine, d'un instrument, d'une technique...* (Cf. Ardent, cit. 10 ; force, cit. 59 ; homme, cit. 142 ; imprimerie, cit. 2). *Invention d'un art, d'un procédé artistique, d'un genre, d'un jeu...* (Cf. Aînesse, cit. 2 ; choral, cit. ; entrecroiser, cit. 4 ; gravure, cit. 3 ; harmonique, cit. 2). *Invention d'un système, d'une notion, d'un type...* (Cf. Génie, cit. 39).

1   « L'invention des autres arts fut donc nécessaire pour forcer le genre humain à s'appliquer à celui de l'agriculture. Dès qu'il fallut des hommes pour fondre et forger le fer, il fallut d'autres hommes pour nourrir ceux-là. »   ROUSS., **De l'inég. parmi les hommes,** II.

2   « Ni Newton ni Leibniz n'ont tiré aucun avantage pécuniaire de leur invention du calcul différentiel. »
         RENAN, **Questions contemp.,** Œuvr., t. I, p. 74.

    — *Spécialt.* Une des parties de la rhétorique* qui consiste dans la recherche des arguments et des idées.

   ‖ 2º Chose inventée. V. **Découverte, trouvaille.** *Différence entre les découvertes* (cit. 5) *et les inventions. Une belle, grande, géniale invention* (Cf. Abuser, cit. 15 ; graphique, cit. 4). *Les inventions humaines, modernes* (Cf. Amélioration, cit. 3 ; artisanat, cit ; avancement, cit. 4), *de la science* (Cf. Fabulation, cit. 2). *Les inventions des savants, d'un grand homme* (Cf. Esprit, cit. 110 ; géométrie, cit. 5). *Brevet* (cit. 2) d'invention. Forme de guerre qui est une invention de notre temps* (Cf. Culture, cit. 19). — *Fam. Quelle belle invention !* (Cf. Enquiquinant, cit. 1). *Et toutes ces inventions du diable...* (Cf. Glacer, cit. 17).

3   « On trouva même dans ces siècles grossiers des inventions utiles, fruits de ce génie de mécanique que la nature donne à certains hommes,... »   VOLT., **Essai s. l. mœurs,** LXXXI.

4   « Je crois que tu seras obligé de partager les bénéfices de ton invention avec un de nos fabricants... Il te faudra d'ailleurs prendre un brevet d'invention... » BALZ., **Illus. perdues,** Œuvr., t. IV, p. 928.

5   « J'imagine donc volontiers l'intérêt extrême que Gœthe aurait pris aux récents progrès de la science ; non point tant, sans doute, aux inventions pratiques, avion, téléphone, cinéma, qu'à ces trouvailles susceptibles de bouleverser notre conception du cosmos. »
            GIDE, **Attendu que...,** p. 125.

6   « Ce sont les principes de la plus grande commodité et du moindre effort, le plaisir que nous donnent la vitesse, le changement et le confort, et aussi le besoin de nous échapper de nous-mêmes, qui ont fait le succès des inventions nouvelles. »
            CARREL, **L'homme, cet inconnu,** I, V.

   ‖ 3º *Absolt.* Faculté, don d'inventer. V. **Imagination.** *Le génie* (cit. 25 et 27) *a cette invention, cette inspiration, qui paraissait un don des dieux. Esprit* (cit. 120) *d'invention et esprit de méthode. Artiste qui n'a point d'invention* (Cf. Genre, cit. 36). *Être à court d'invention, manquer d'invention* (Cf. Fréter, cit. 5). *Être plein d'invention. Création* (cit. 14) *et invention dans l'art. Forme, toilette, mets... de son invention,* qui lui appartiennent, qu'il n'a imités de personne. V. **Fabrication, façon.** *L'invention,* poème de Chénier (contre l'imitation servile).

7   « L'invention n'est autre chose que le bon naturel d'une imagination concevant les idées et formes de toutes choses qui se peuvent imaginer, tant célestes que terrestres, animées ou inanimées,... »
        RONSARD, **Œuvr. en prose,** Art poétique, De l'invention.

8   « Il y en a qui pensent que cette simplicité est une marque de peu d'invention. Ils ne songent pas qu'au contraire toute l'invention consiste à faire quelque chose de rien,... » RAC., **Bérén.,** Préface.

9   « M. Eugène Sue... est peut-être l'égal de M. de Balzac en invention, en fécondité et en composition. Il dresse à merveille de grandes charpentes ; il a des caractères qui vivent aussi, et qui, bon gré mal gré, se retiennent ;... » STE-BEUVE, **Causer. du lundi,** 2 sept. 1850.

10   « Nous voulons que l'œuvre d'art soit l'expression de celui qui l'a faite parce que le génie n'est, pour nous, ni fidélité à un spectacle, ni combinaison, et n'est originalité que parce qu'il est — classique ou non — invention. » MALRAUX, **Voix du silence,** p. 372.

   ‖ 4º Action d'imaginer (Cf. Inventer, 2º) ; résultat de cette action. *L'invention des moyens* (Cf. Adresse 2, cit. 1). — *Moyen inventé.* V. **Combinaison, expédient** 2, **ressource.** *Quelle invention trouver ?* (Cf. Biais, cit. 4 ; forger, cit. 4 MOL.). *Inventions cruelles, diaboliques* (cit. 3), *galantes* (Cf. Frais 2, cit. 5). *Panurge était fertile en ingénieuses inventions. Le chantage* (cit. 1 BALZ.) *est une invention de la presse anglaise.* — *Don d'inventer. Être homme d'invention* (Cf. Expédient 2, cit. 11).

11   « Trouve ruses, détours, fourbes, inventions, »   MOL., **Étourdi,** I, 2.

12   « Nécessité l'ingénieuse
    Leur fournit une invention. »
         LA FONT., **Fabl.,** IX, Les deux rats...

   ‖ 5º Chose imaginaire, inventée (Cf. Inventer, 3º). V. **Calomnie, fable, mensonge, tromperie.** *Fausses nouvelles, fables* (cit. 16) *et inventions de toutes sortes* (Cf. Garde 1, cit. 72 ; inexorable, cit. 4). *Une invention de la malveillance. La fraternité* (cit. 8 FLAUB.) *est une invention de l'hypocrisie sociale. Ce n'est pas une invention, c'est de l'histoire* (cit. 29). *Sa maladie est une pure invention !* V. **Comédie.** — *Don d'inventer. Encore une histoire de son invention.* V. **Fabrication.** *Est-ce une citation exacte ou un vers de votre invention ?* (Cf. Farcir, cit. 5).

13 « J'imagine que ma femme me trompe et que toute cette fable est une invention pour me faire prendre le change et troubler entièrement mes idées. » MUSS., **Caprices de Marianne**, I, 3.

14 « Nous chercherons ensemble d'où viennent ces abominables inventions. Elle m'aidera à le découvrir, et moi je l'aiderai à y couper court aussitôt... » BOURGET, **Un divorce**, p. 98.

— Spécialt. *Bx-arts*. Faculté de construire dans l'imaginaire. *Artiste qui témoigne de plus d'invention que d'observation. Ce monde étrange est tout entier de l'invention du romancier, du peintre...* (Cf. Escamoter, cit. 5). *Recourir à l'invention* (Cf. Idée, cit. 45). *Construction de la pure imagination.* V. **Fantaisie, feinte** (vx), **fiction**. *Une invention romanesque* (Cf. Égaler, cit. 6), *poétique* (Cf. Égayer, cit. 13). *La fable* (cit. 14) *est une forme d'invention inhérente à l'esprit humain. Les inventions de l'imaginaire.* Cf. Fantastique, cit. 12. — (*Mus.*) Sorte de prélude*. *Inventions à deux, à trois voix, de J.-S. Bach.*

15 « Cette Aricie n'est point un personnage de mon invention. Virgile dit qu'Hippolyte l'épousa, et en eut un fils,... » RAC., **Phèdre**, Préface.

16 « ... tout à côté des inventions pénibles, systématiques,... nous retrouvons à chaque pas des beautés, des miracles d'imagination et d'harmonie, des surprises de talent :... » STE-BEUVE, Chateaubriand..., t. II, p. 36.

II. (*Sens étymol.*, conservé dans quelques expressions). Action de trouver. — Liturg. *Invention de la Croix, de la sainte Croix. Invention de reliques.* — Dr. *Invention d'un trésor* (V. **Inventeur**).

ANT. — Imitation. Réalité, vérité, vrai.

INVENTORIER. *v. tr.* (1367 ; de la var. *inventoire*, du lat. médiéval *inventorium*. V. **Inventaire**). Dénombrer par un inventaire*, faire l'inventaire de... V. **Annoter** (vx), **compter**, **dénombrer**. *Inventorier les meubles d'une maison, une succession* (Cf. Grossoyer, cit. 1). *Inventorier des marchandises* (Cf. Dessus, cit. 24). *Inventorier les biens, le butin* (cit. 3 et Cf. Impôt, cit. 13).

1 « La belle actrice fit venir, elle, quatre riches marchands de meubles, de curiosités, de tableaux et de bijoux. Ces hommes entrèrent dans ce sanctuaire et y inventorièrent tout, comme si Florine était morte. » BALZ., **Fille d'Ève**, Œuvr., t. II, p. 111.

— *Par ext.* Recenser, classer, cataloguer.

2 « C'était pour inventorier et cataloguer ces manuscrits que je venais à Lusance,... » FRANCE, **Crime S. Bonnard**, Œuvr., t. II, p. 342.

INVÉRIFIABLE. *adj.* (1877 ; de *in-*, et *vérifiable*). V. **Vérifier**). Qui ne peut être vérifié. *Assertion, renseignement invérifiable.* V. **Incontrôlable**. *Hypothèses, raisonnements invérifiables.* V. **Indémontrable** (Cf. Fonder, cit. 16).

« Auguste Comte, qui a souvent déclaré certaines hypothèses invérifiables et par conséquent inutiles à faire, a été plus d'une fois démenti par l'expérience dans ces prévisions et ces prohibitions. » LALANDE, **Vocab. philos.**, Hypothèse, note.

INVERSABLE. *adj.* (XVIIᵉ s. ; de *in-*, et *versable*. V. **Verser**). Qui ne peut se renverser. *Voiture, encrier inversable.*

INVERSE. *adj.* (XIIIᵉ s. ; *envers* au XIIᵉ s. ; du lat. *inversus*, p. p. passif de *invertere*, « retourner »).

‖ **1°** Qui est exactement opposé, contraire (en parlant d'une position, d'un ordre, d'une direction). *Prendre la direction inverse. Ranger les mots dans l'ordre inverse.* V. **Régression**. *Ils arrivaient dans les sens inverse du nôtre.* — *En sens inverse, dans le sens inverse* (Cf. Association, cit. 21 ; atermoyer, cit. 1 ; faille 2, cit. ; flexion, cit. ; gauche, cit. 9 ; indifférence, cit. 28 ; infidélité, cit. 10). *Reprendre sa marche en sens inverse.* V. **Arrière** (faire machine arrière) ; **revenir** (sur ses pas) ; **rétrograder...** *En sens inverse des aiguilles d'une montre* (Cf. Grimpant, cit. 3). — *Par ext.* Qui est, va, se fait en sens inverse. *Surface polie reflétant des images inverses.* V. **Renversé** (Cf. Déployer, cit. 5). *Faire le mouvement inverse.* — (Phonét.). *Sons inverses*, qu'on produit en aspirant l'air au lieu d'expirer.

1 « Le vol inverse d'un oiseau
    te fait constater ta vitesse »
COCTEAU, **Morc. chois.**, Poèmes, p. 15.

— *Spécialt.* (Log.). *Proposition inverse*, dont les termes sont dans une relation inverse de celle où ils se trouvent dans une autre proposition. — REM. L'usage des logiciens ne distingue pas toujours nettement *inverse* de *converse** et de *réciproque* (Ex. : Dieu est l'être infini ; l'être infini est Dieu). — Math. *Rapport, raison inverse*, rapport de deux quantités dont l'une augmente dans la même proportion que l'autre diminue. *En raison** *inverse de...* (Cf. Inversement proportionnel*, et *aussi* Équilibre, cit. 3). — Fig. *J'aime les gens en raison inverse des services qu'ils me rendent* (Cf. Corrompre, cit. 28 ; déplaire, cit. 19). *Fonctions inverses*, du type $y = f(x)$ et $x = f(y)$. *Nombres inverses*, dont chacun est le quotient de l'unité par l'autre (et dont, par conséquent, le produit est égal à 1 ; comme 3 et $\frac{1}{3}$). *Opérations inverses*, qui laissent inchangée la grandeur qui les a subies successivement (comme l'addition et la soustraction d'un même nombre). Fig. *Faire l'opération inverse.* — (Géom.). *Figures inverses*, dont l'une est déduite de l'autre par inversion*. V. **Réciproque**.

« ... si la règle par laquelle les corps pèsent, gravitent, s'attirent en raison inverse des carrés des distances, est vraie ;... » VOLT., **Lett. philos.**, XV. 2

‖ **2°** Substant. *L'inverse*, la chose inverse (soit par changement d'ordre ou de sens, soit par contradiction totale). *Faites l'inverse, le même mouvement, la même opération, mais en sens inverse. Je vous avais conseillé de..., vous avez fait l'inverse.* V. **Contraire** (le). *Mais non, c'est justement l'inverse !* (Cf. Écraser, cit. 12). V. **Opposé** (l'). *Un système, des conditions qui sont l'inverse de...* (Cf. Communisme, cit. 2). V. **Contrepartie**. *Prenons, supposons l'inverse... L'inverse d'une doctrine, d'une opinion.* V. **Antipode, antithèse, contrepied**.

« La philosophie de M. Rousseau de Genève est presque l'inverse de celle de M. Hobbes. » DIDER., **Opin. anc. philos.**, Hobbisme. 3

— *À l'inverse de...* (1877 LITTRÉ, Suppl.). D'une façon absolument contraire à... Contrairement à... (Cf. Écoulement, cit. 3 ; frigidité, cit. 3). *À l'inverse*, tout au contraire (Cf. Essai, cit. 23). — REM. L'ACAD. ne signale que l'expression *Faire tout à l'inverse*, « familièrement, Faire le contraire de ce qu'on attendait, de ce qui était prescrit ».

ANT. — Direct, même. Avenant (à l').

DER. — **Inverser. — Inversement.** *adv.* (1752). D'une manière inverse. *Inversement proportionnel**. — (En tête d'une phrase, d'une proposition) Par un phénomène, un raisonnement inverse (Cf. Asthénique, cit. ; beauté, cit. 14 ; caricature, cit. 1). — (A la fin de la proposition)... *ou inversement*, ou c'est l'inverse. V. **Vice versa**.

« Et ce mal ne suit aucune marche qui puisse être prévue ; tantôt il choisit les plus forts et épargne les plus frêles, ou inversement ;... » LOTI, **Matelot**, XLIV.

INVERSER. *v. tr. et intr.* (1873 intr. ; de *inverse*). *Phys.* (En parlant du courant électrique). V. *intr.* Prendre une direction inverse. — *V. tr.* Faire prendre (au courant) une direction inverse, renverser (le sens du courant). *Inverser le courant, le sens du courant.*

— *Par ext.* Faire prendre à... (deux objets) une position relative inverse de la précédente (le premier passant le dernier, celui du haut passant en bas, etc.) ; changer ainsi la position, l'ordre, le sens. V. **Intervertir**. *Il faudrait inverser l'ordre de ces deux opérations.* — (Mécan.). *Moteur inversé*, dont les culasses sont en bas et l'embiellage en haut.

DER. — **Inverseur.** *n. m.* (1890 P. LAROUSSE, 2ᵉ Suppl.). *Électr.* Appareil à fiches, à manette ou à mercure destiné à inverser à volonté le sens du courant. V. **Commutateur**. — *Mécan.* Mécanisme permettant de renverser le sens de marche d'un ensemble mécanique. — — Adjectivt. *Levier inverseur.*

INVERSION. *n. f.* (1529 ; du lat. *inversio*, de *invertere*, « retourner »). Action d'invertir, de mettre dans un sens ce qui était dans un autre ; résultat de cette action. — REM. Le mot est rare en ce sens général ; il a pris des acceptions particulières.

« De la jeunesse à l'âge mûr, en effet, la figure d'Ibsen a subi une inversion singulière. Les deux lignes dominantes de ce visage ont troqué l'une contre l'autre, l'expression qui leur était propre : les yeux parlent aujourd'hui pour la bouche muette ; et la bouche serrée retient, désormais, le trait que lançaient autrefois les yeux. » SUARÈS, **Trois hommes**, Ibsen, III. 1

‖ **1°** *Gramm.* Construction qui consiste à modifier l'ordre normal ou habituel d'un mot ou groupe de mots. V. **Anastrophe, hyperbate**. *L'inversion est une rupture de l'ordre** *direct. Inversion grammaticale, littéraire, poétique, stylistique ; inversion naturelle, hardie, forcée. L'inversion, fréquente dans les langues inversives** (grec ancien, latin), *est surtout réservée en français à certains types de phrases* (interrogation*, incise*, etc.). — *Inversion du sujet, de l'attribut, de l'objet direct, de l'adjectif épithète.* N. B. L'inversion du complément déterminatif était très fréquente dans la poésie classique. Les poètes du XVIIIᵉ siècle en ont abusé. On la trouve parfois encore chez les romantiques : « En vain il a des mers fouillé la profondeur » (MUSS., Nuit de mai).

« On accuse en secret cette jeune Ériphile Que lui-même captive amena de Lesbos : » Que lui-même amena captive, serait l'arrangement de la prose ; mais, Que lui-même captive amena, est une inversion forcée, dont je crois n'avoir vu d'exemple que dans Marot ;... » D'OLIVET, **Rem. s. Racine**, § 79. 2

— REM. L'*inversion du sujet* est régulière dans l'interrogation* directe, dans l'incise*, après un adverbe de modalité ou d'enchaînement (*ainsi, à peine, aussi, aussi bien, d'ailleurs, encore, en tout cas, en vain, peut-être, sans doute, tout au plus*) après les adverbes ou compléments de temps ou de lieu placés au début de la phrase (*Au même moment passait un homme*), après certains attributs (*Tel est mon avis*). Elle est possible, facultative dans les relatives (*Le livre que m'a donné mon ami ; la maison où mourut Valéry...*), dans les comparatives, dans certaines interrogations indirectes et propositions circonstancielles. *L'inversion ne se fait jamais après « est-ce que ».* — *L'inversion entraîne quelques modifications euphoniques dans la conjugaison des verbes.* Ex. : *e* de la première personne devenant *é* devant *je* (*Aimé-je ? Dussé-je en souffrir*). Cf. *aussi* le *t* euphonique. V. ‖ (I, 1°, REM. 2, b. N. B.). —

Formes de l'inversion : *Inversion simple*, où le sujet (nom ou pronom) est reporté après le verbe ou l'auxiliaire (*Voulez-vous* y aller ? Peut-être *est-il sorti*). — *Inversion complexe* (ou *fausse inversion*), dans laquelle le nom ou pronom (sauf *ce* et *on*) reste devant le verbe et se fait représenter par un pronom personnel de reprise (*Votre amie est-elle venue ? Pourquoi l'opium fait-il dormir ?*). — « *Inversion absolue* » (R. LE BIDOIS), construction dans laquelle une phrase indépendante commence par le verbe : *Vint l'heure de partir. Restait cette redoutable infanterie de l'armée d'Espagne* (BOSS.). *Vienne enfin la délivrance !* — *Inversions figées.* Un certain nombre de locutions figées présentent l'inversion du sujet : *Toujours est-il que... Ci-gît... Ainsi soit-il !* — N. B. Dans la langue écrite, l'inversion du sujet, quand elle n'est pas exigée par la grammaire, dépend de facteurs stylistiques très complexes : euphonie, rythme, besoin de rattachement au contexte, effets pittoresques, etc.

3 « Notre langue un peu sèche et sans inversions, »
                                             VOLT., *Épit.*, CCII.

4 « (*On peut*)... conclure, contrairement à l'opinion quasi-unanime des grammairiens, qu'à l'heure actuelle, *le français écrit* est de plus en plus enclin à l'inversion... En revanche, il faut reconnaître que le français parlé, et surtout *le français populaire*, cherche par tous les moyens à se libérer de l'inversion (notamment par l'emploi de la formule *est-ce que...*).
Si, dans la langue écrite, l'inversion envahit à peu les textes au point de devenir chez certains auteurs une regrettable manie, dans la langue parlée, au contraire, l'inversion du sujet tend nettement à disparaître et le peuple l'a même complètement bannie de son langage. »
R. LE BIDOIS, **L'invers. du sujet dans prose contemp.**, pp. 411 et 412.

‖ 2º *Milit.* Renversement d'un ordre de marche ou de bataille. V. **Disposition.** — *Mar.* Évolution qui porte en dernière ligne les bâtiments qui étaient en tête.

‖ 3º *Anat.* Se dit de diverses anomalies consistant en une position anormale ou une déviation de certains organes. *Inversion du cœur* (à droite), *du foie* (à gauche). *Inversion du testicule* (l'épididyme couvrant son bord antérieur). *Inversion de l'utérus,* invagination de l'utérus. *Inversion des points lacrymaux,* déviés en arrière.

‖ 4º (*Psychol.*). *Inversion du sens génital* (CHARCOT), *inversion sexuelle,* ou absolt. *Inversion,* anomalie psychique qui porte les sujets atteints à n'éprouver d'affinité sexuelle que pour un être de leur sexe. V. **Dépravation, homosexualité** (cit. et Cf. Conformiste, cit. 2 ; honteux, cit. 19).

5 « Enfin, l'inversion elle-même, venant de ce que l'inverti se rapproche trop de la femme pour pouvoir avoir des rapports utiles avec elle, se rattache par là à une loi plus haute qui fait que tant de fleurs hermaphrodites restent infécondes, c'est-à-dire à la stérilité de l'autofé-condation. Il est vrai que les invertis à la recherche d'un mâle se contentent souvent d'un inverti aussi efféminé qu'eux. »
                                             PROUST, **Rech. t. p.,** t. IX, p. 43.

‖ 5º *Phys.* (*Électr.*). Changement de sens d'un courant électrique. — (*Opt.*). *Inversion de l'aspect d'un objet par un miroir qui en renvoie l'image.* — (*Chim.*). *Inversion du sucre,* dédoublement du saccharose en glucose et en lévulose. — (*Géol.*). *Inversion de relief,* transformation d'un synclinal en anticlinal (et inversement) sous l'action de l'érosion. — (*Météor.*). *Inversion de température,* phénomène qui se présente à l'intérieur d'une couche d'air où la température croît avec l'altitude.

‖ 6º *Géom.* Transformation permettant de déduire point par point d'une figure F une autre figure F'. V. **Vecteur** (réciproque). — (*Alg.*). *Inversion dans les permutations. Inversion d'une intégrale,* par détermination de la fonction inverse.

DER. — **Inversif, ive.** adj. (1867 LITTRÉ). *Gramm.* Caractérisé par l'inversion. *Construction inversive. Langues inversives,* qui ont la faculté de renverser l'ordre des mots de la phrase (On dit plutôt aujourd'hui : *langues à construction libre* (On dit plutôt aujourd'hui : *langues à construction libre.* V. **Transpositif.** *Suffixe inversif,* permettant, dans certaines langues africaines, un renversement du sens du radical (comme le préfixe français *dé-*).

INVERTÉBRÉ, ÉE. adj. (1806 ; de *in-*, et *vertébré**). *Zool.* Qui n'a pas de vertèbres*. *Animal invertébré.* — Substant. *Les invertébrés* (Cf. Fossile, cit. 2 ; hermaphrodisme, cit. 2).

« INVERTÉBRÉS sert à désigner tous les animaux hors les Vertébrés. Ce groupement ne saurait à aucun titre avoir une valeur zoologique quelconque, les divers êtres qu'ils renferment étant absolument différents les uns des autres. C'est un terme commode, mais qui ne doit pas prendre place dans la classification. » POIRÉ, **Dict. des sciences.**

INVERTIR. v. tr. (XVIᵉ s., rare jusqu'au XIXᵉ s. ; du lat. *invertere,* « retourner »). Renverser symétriquement (l'ordre, le sens...). « *Images inverties dans les eaux* » (CHATEAUB., *Natchez,* VII). — *Spécialt.* (*Milit.*). *Invertir les troupes.* — (*Phys.*). *Invertir le courant électrique.* V. **Inverser.** — (*Chim.*). *Sucre inverti,* dédoublé par inversion*.

‖ INVERTI, IE (LAROUSSE 1907). p. p. substantivé. *Psychol.* Sujet atteint d'inversion* sexuelle. V. **Homosexuel** (cit. 1), **pédéraste.** « *La race des invertis* » (PROUST, Sod. et Gom., Iʳᵉ part.).

« J'appelle *inverti* celui qui, dans la comédie de l'amour, assume le rôle d'une femme et désire être possédé. » GIDE, **Journal,** 1918, Feuillets, II, Corydon.

DER. — **Invertine.** *n. f.* (1890 P. LAROUSSE, 2ᵉ Suppl.). Diastase qui produit l'inversion* du sucre. V. **Sucrase.** *L'invertine existe dans le suc intestinal.*

INVESTIGATEUR, TRICE. n. (XVᵉ s. ; du lat. *investigator*). Celui, celle qui fait des investigations, des recherches systématiques sur quelque chose. V. **Chercheur.** « *Le sage, le savant, l'investigateur du siècle* » (MASS.).

1 « ... je n'ai été et ne suis qu'un investigateur, un observateur sincère, attentif et scrupuleux... »
                      STE-BEUVE, in HENRIOT, **Romantiques,** p. 227.

— *Adj.* (début XIXᵉ s.). *Esprit, génie investigateur.* Par ext. *Regards investigateurs.*

2 « Avec cet esprit fin et investigateur qui distingue les femmes inoccupées, obligées d'employer leur journée, elle avait fini par découvrir les opinions secrètes du Président ;... »
                      BALZ., **Cabinet des antiques,** Œuvr., t. IV, p. 443.

3 « ... à mesure que le regard s'approchait de moi, je tremblais davantage. Car son approche lente et investigatrice ne me laissait aucun espoir d'y échapper. Il décelait tout. Passer inaperçu était inconcevable. »
                      BOSCO, **Antonin,** p. 77.

INVESTIGATION. *n. f.* (XIVᵉ s. ; lat. *investigatio.* — REM. Le mot était assez rare au XVIIIᵉ s. pour que J.-J. ROUSS. ait pensé en être le créateur). Recherche suivie, systématique, sur quelque objet. V. **Enquête** (cit. 3), **examen, information** (2º), **recherche ; disquisition** (*vx*). *Longue, délicate investigation. Poursuivre ses investigations. Les investigations de la police* (V. **Perquisition**), *du fisc* (Cf. Inquisition, cit. 4). *L'investigation d'un regard* (Cf. Fautif, cit. 2). — *Investigation scientifique* (V. **Démonstration, recherche.** Cf. Ethnologie, cit. ; expérience, cit. 43 ; expérimentateur, cit. 1 ; hypothèse, cit. 3). *Médecin qui procède à une investigation par toucher*, par auscultation,... Moyens d'investigation. Investigations par sondages* du géologue. Pousser plus loin ses investigations.*

1 « Il attachait un regard perçant sur le fermier, qui soutenait cette investigation avec beaucoup d'impudence ou de candeur. »
                      SAND, **Mare au diable,** XIV.

2 « Il n'y a pas d'investigation qui lui semble inutile ou trop minutieuse, dès qu'il en sort la preuve d'une vérité ou la réfutation d'une erreur. » MÉRIMÉE, **Hist. règne Pierre le Grand,** p. 1.

3 « L'investigation, tantôt simple, tantôt armée et perfectionnée, est donc destinée à nous faire découvrir et constater les phénomènes plus ou moins cachés qui nous entourent. »
                      Cl. BERNARD, **Introd. à étude méd. expérim.,** I, I.

4 « ... comme s'il eût été seul au monde avec l'enfant, il procédait à une investigation minutieuse, méthodique, bien que, dès le premier contact, il eût mesuré l'inefficacité de tout traitement. »
                      MART. du G., **Thib.,** t. III, p. 137.

INVESTIR. *v. tr.* (XIVᵉ s. ; *enviestir* au XIIIᵉ s. ; du lat. médiév. *investire* au sens I ; en lat. class., « revêtir, entourer »).

I. ‖ 1º Revêtir* solennellement d'un pouvoir, d'une dignité (par la remise symbolique d'un attribut, d'une pièce de vêtement,...). V. **Investiture.**

1 « ... des princes profanes investissent les évêques par la crosse et l'anneau. » VOLT., **Essai s. l. mœurs,** XLVI.

‖ 2º *Par ext.* Mettre en possession* d'un pouvoir, d'un droit, d'une autorité, d'une fonction... V. **Doter,** et *aussi* **Conférer** (à). *Investir un ministre, un ambassadeur de pouvoirs extraordinaires. Magistrat, juge investi d'un pouvoir discrétionnaire. Dictateur investi d'un pouvoir absolu. Dr. Héritiers* (cit. 7) *investis de la saisine. Être investi d'un droit :* en jouir, être habilité à en user. — *Investir quelqu'un de sa confiance :* la lui accorder, la lui donner.

2 « ... Dieu ne saurait exister avec les attributs dont il est investi par l'homme ;... » BALZ., **Séraphita,** Œuvr., t. X, p. 537.

3 « Il y a des hommes que Dieu a marqués au front, au sourire, aux paupières, d'un signe et comme d'une huile agréable ; qu'il a investis du don d'être aimés ! » STE-BEUVE, **Volupté,** XXI.

4 « Brusquement, l'héritage paternel l'avait investi d'une puissance inattendue : l'argent. » MART. du G., **Thib.,** t. V, p. 168.

— *Spécialt. Dr. constit. L'Assemblée nationale investit le Président du Conseil.* V. **Investiture.**

5 « Le Président du Conseil et les ministres ne peuvent être nommés qu'après que le Président du Conseil ait été investi de la confiance de l'Assemblée au scrutin public et à la majorité absolue des députés,... »
                      CONSTITUTION du 27 oct. 1946, Art. 45.

II. (Vers 1400 ; repris à l'ital. *investire*). Entourer avec des troupes (un objectif militaire). V. **Cerner, encercler ; disposer** (autour). *Investir une place forte, une forteresse, une ville*.* V. **Assiéger, bloquer ; siège** (Cf. Enceindre, cit., et par métaph. Asseoir, cit. 6 LA FONT.). *Investir l'arrière-garde ennemie par un mouvement tournant. Les gendarmes investirent la maison où il s'était réfugié* (ACAD.). *Défenseurs investis dans une forteresse.* V. **Emprisonner.**

6 « On commençait à investir l'aile droite où était Alexandre,... »
                      VAUGELAS, **Quinte-Curce,** V, 11.

7 « ... la ville se trouvait donc entièrement investie, par le sud comme par le nord. »
                      MADELIN, **Hist. Cons. et Emp.,** Avèn. Empire, XXII.

— Par métaph. *Le feu, l'épidémie investit la ville.* V. **Environner.** — Fig. *Investir quelqu'un : l'*entourer, le presser de toutes parts (Cf. Écrivain, cit. 14). *Une retraite investie, menacée...* (Cf. Coriace, cit. 2).

8 « L'été, venu des campagnes radieuses, investit Paris, puis l'emporta d'assaut. » JHAM., Salavin, V, VIII.

9 « Une bande de feu, de quelque cinquante mètres, investissait le village... » MONTHERLANT, Lépreuses, II, XII.

III. (1922 LAROUSSE ; repris à l'angl. *to invest* (fin XVIe s.), lui-même repris à l'ital., où ce sens est attesté en 1333). Employer, utiliser (des capitaux) en vue d'en tirer un revenu, notamment par l'exploitation d'une entreprise. V. **Engager, placer ; investissement** (Cf. Boule, cit. 3). *Il a investi tous ses capitaux, tous ses biens disponibles dans cette affaire. De gros capitaux ont été investis dans cette entreprise* (ACAD.). *Le revenu peut être consommé ou investi.*

10 « L'épargnant apporte ou prête à l'entrepreneur des capitaux que celui-ci investit. » DIETERLEN, in ROMEUF, Dict. des Sc. écon., Investissement.

DER. — Investissement, investiture.

INVESTISSEMENT. *n. m.* (1704 au sens 1 ; de *investir*, II).

I. Action d'investir (une place, une ville, une armée*...) ; résultat de cette action. V. **Investir** (II) ; **blocus.** *L'investissement de la ville est complet* (V. **Siège**). ANT. **Débloquement, levée** (du blocus,...).

1 « ... les armées allemandes commençaient l'investissement de Paris. » BAINVILLE, Hist. de France, XXI, p. 507.

II. (1924 ; de l'angl. *investment.* V. **Investir,** III). *Écon. polit.* Action d'investir dans une entreprise des capitaux destinés à son équipement*, à l'acquisition de moyens de production ; résultat de cette action. *Investissement des réserves d'une entreprise* (auto-financement). *Contrôle des investissements* (Cf. Finance, cit. 2). *Investissements de longue durée* (Cf. Geler, cit. 23). — *Par ext.* Action de placer ses capitaux ; capitaux ainsi placés. V. **Placement.** *L'investissement de sa fortune en immeubles de rapport, en prêts ou avances* à des entreprises... *Récupérer ses investissements* (V. **Fonds**).

2 « ... les pays de tradition libérale ont cessé de se désintéresser de l'investissement. En Grande-Bretagne, les investissements privés ont été étroitement contrôlés depuis la seconde guerre mondiale. » DIETERLEN, in ROMEUF, Dict. des Sc. écon., Investissement.

INVESTITURE. *n. f.* (XIVe s. ; de *investir*, I). *Dr. féod.* Acte formaliste accompagnant la tradition, la mise en possession* d'un fief*, d'un bien-fonds. *Investiture d'un fief. Cérémonie d'investiture.* — Dr. canon. *Investiture d'un bénéfice*, d'un évêché. — *Par ext.* (En parlant de la personne qui est investie). *Investiture d'un dignitaire, d'un bénéficiaire ecclésiastique :* l'acte, la cérémonie qui rend leur nomination* définitive.

— *Allus. hist. Querelle des investitures* (des évêques, des dignitaires de l'Église) entre les papes et les empereurs germaniques (1074-1122).

« Henri IV jouissait toujours du droit de nommer les évêques et les abbés, et de donner l'investiture par la crosse et par l'anneau... (*L'autorité royale*) avait tout envahi. Les empereurs nommaient aux évêchés, et Henri IV les vendait. Grégoire, en s'opposant à l'abus, soutenait la liberté naturelle des hommes ;... C'est alors qu'éclatèrent les divisions entre l'Empire et le sacerdoce. » VOLT., Annales de l'Emp., Henri IV, 1076.

— *Par ext. Dr. const.* Action d'investir (par un vote de confiance de l'Assemblée nationale) le Président du Conseil désigné par le Président de la République. *Accorder, refuser l'investiture. Après avoir reçu l'investiture, le Président du Conseil est nommé par décret du Président de la République.*

ANT. — Déposition.

INVÉTÉRER. *v. tr.* (XIVe s. ; du lat. *inveterare*, « faire vieillir, conserver », de *vetus*, « vieux »). *Vx* ou *Littér.* Fortifier, faire empirer (un mal...).

1 « (*Il*)... invétéra cette passion du jeu dans l'âme joueuse de cette petite ville,... » BARBEY D'AUREV., Diaboliques, Le dessous de cartes, p. 239.

‖ **S'INVÉTÉRER.** *v. pron.* Empirer, se fortifier avec le temps. *Le mal s'est tellement invétéré qu'on ne peut le guérir* (ACAD.). Ellipt. *Une erreur qu'on laisse invétérer...* (ACAD.).

2 « ... je ne voyais pas que le mal s'invétérait par ma négligence,... » ROUSS., Julie, IIIe part., Lett. XVIII.

3 « Cette manifestation me semblait par essence fugitive. Elle trahissait, en fait, un caractère qui s'est invétéré. Les intellectuelles sont incorrigibles. » DUHAM., Cri des profondeurs, III.

‖ **INVÉTÉRÉ, ÉE.** *p. p. adj.* V. **Ancré, chronique** (2), **déterminé, fortifié.** *Une habitude ancienne et invétérée.* V. **Vieux.** *Abus* (cit. 7 VOLT.), *maux invétérés. Une haine invétérée* (ACAD.). — (En parlant des personnes) *Alcoolique, voleur invétéré.* V. **Endurci, impénitent.**

4 « ... une maladie de l'âme si invétérée... » LA BRUY., IX, 51.

INVINCIBLE. *adj.* (1370 ; empr. au bas lat. *invincibilis*). Qui ne peut être vaincu. V. **Imbattable.** *Armée* (cit. 5), *infanterie* (cit. 2) *invincible. Le brave et invincible Ulysse.* — *Par exagér.* (vx). *Invincible à...,* qui résiste victorieusement à... *Cœur invincible à l'amour,* et absolt. *Cœur invincible.* — *Par anal.* Qui ne se laisse pas abattre. V. **Indomptable.** *Force, courage invincible* (Cf. Associer, cit. 26). *L'invincible espérance* (cit. 26). *Résolution invincible* (Cf. Fixité, cit. 7).

1 « Ton bras est invaincu, mais non pas invincible. » CORN., Cid, II, 2.

2 « Bajazet à vos soins tôt ou tard plus sensible, Madame, à tant d'attraits n'était pas invincible. » RAC., Baj., V, 6.

3 « Il dit que la cavalerie allemande est invincible ; il pâlit au seul nom des cuirassiers de l'Empereur. » LA BRUY., X, 11.

4 « ... l'invincible Ulysse, que la fortune ne peut abattre, et qui, dans ses malheurs encore plus grands que les vôtres, vous apprend à ne vous décourager jamais. » FÉN., Télém., II.

5 « ... un homme ardent et terrible, que rien ne pouvait dompter, dont la voix ébranlait les murs, dont l'esprit, l'audace étaient invincibles. » MICHELET, Hist. Révol. franç., Introd., § IX.

6 « ... pour ses « guerriers d'Italie », Bonaparte était devenu un dieu, faiseur de miracles, invincible, infaillible, incomparable. » MADELIN, Hist. Cons. et Emp., Ascension de Bonaparte, IX.

— *Par ext.* Dont on ne peut triompher. *Se heurter* (cit. 26) *à une difficulté, un obstacle invincible.* V. **Infranchissable, insurmontable** (Cf. Empêcher, cit. 13). — *Log. Argument invincible.* V. **Irréfutable.** — *Fig.* À quoi l'on ne peut résister. V. **Irrésistible.** *Invincibles appas* (cit. 19). *Les charmes invincibles de la beauté* (cit. 25). *Que la volonté ne peut maîtriser, surmonter. Sommeil invincible. Honte* (cit. 20), *timidité invincible* (Cf. Gêner, cit. 20). *Éprouver une horreur* (cit. 21) *invincible* (Cf. C'est plus fort* que moi). *Invincible entraînement* (Cf. Assonance, cit. 2).

7 « ... il se sentait entraîné au vice par une force invincible... » BOSS., Disc. Hist. univ., II, III.

8 « ... c'est de la seule mélodie que sort cette puissance invincible des accents passionnés ; c'est d'elle que dérive tout le pouvoir de la musique sur l'âme. » ROUSS., Julie, 1re part., Lett. XLVIII.

9 « ... une invincible timidité ôte au Dauphin l'emploi de ses facultés. » CHATEAUB., M. O. T., t. VI, p. 53.

10 « ... l'idée de faire à Didier des piqûres de morphine m'inspirait une répugnance invincible,... » DUHAM., Cri des profondeurs, XI.

DER. — Invincibilité. *n. f.* (1508). Caractère de ce qui est invincible. — **Invinciblement.** *adv.* (1490). D'une manière invincible, insurmontable (Cf. Homme, cit. 51 PASC.), irrésistible. *Invinciblement entraîné* (Cf. Attraction, cit. 7).

« ... une autre conséquence qui sort invinciblement de ces prémisses. » RENAN, Essais morale et critique, Œuvr., t. II, p. 124.

IN-VINGT-QUATRE (in-). *adj. invar.* (1765 ENCYCL.). *Imprim.* Où les feuilles* sont pliées en vingt-quatre feuillets (quarante-huit pages). *Livre de format* in-vingt-quatre. Édition in-vingt-quatre. Volume in-vingt-quatre,* et substant. *Un, des in-vingt-quatre.* — REM. On écrit souvent : *in-24.*

IN VINO VERITAS (-vé-ri-tass'). Proverbe latin signifiant « Dans le vin (est) la vérité », par allusion aux confidences qu'un homme ne ferait pas à jeun et qui lui échappent dans l'ivresse.

INVIOLABLE. *adj.* (1331 ; du lat. *inviolabilis*). Qu'il est impossible, qu'il n'est pas permis de violer*, ou d'enfreindre*. V. **Intangible.** *Droit inviolable et sacré* (Cf. Indemnité, cit. 1). *Loi, règle inviolable* (Cf. Arme, cit. 13). *Secret, serment inviolable. Abri, asile* (cit. 10, 17, 23, 28), *refuge, sanctuaire inviolable* (Cf. par métaph. Infortune, cit. 2). *Territoire, zone inviolable* (Cf. Intervenir, cit. 1).

1 « Ces fondements, solidement établis sur l'autorité inviolable de la religion,... » PASC., Pens., VII, 434.

2 « Si tu trouves quelqu'un de *sûr* et d'un secret *inviolable,* dis-le moi ! » FLAUB., Corresp., 448, 28 déc. 1853.

3 « Il promenait un regard hostile sur ce lieu qu'il avait longtemps considéré comme le plus inviolable des sanctuaires, et que soudain rien ne défendait plus contre l'intrusion. » MART. du G., Thib., t. IV, p. 197.

— *Fig.* À qui l'on ne peut porter atteinte. *Spécialt.* À qui la loi ou la constitution accorde une immunité en matière criminelle ou correctionnelle (V. **Inviolabilité**). *Magistrat inviolable dans l'exercice de ses fonctions* (Cf. Infaillible, cit. 8). *Les ambassadeurs, les membres du Parlement sont inviolables.*

4 « La personne du Roi est inviolable et sacrée... » CONSTITUTION du 3 sept. 1791.

5 « En effet, dans l'enceinte de Notre-Dame, la condamnée était inviolable. La cathédrale était un lieu de refuge. Toute justice humaine expirait sur le seuil. » HUGO, N.-D. de Paris, VIII, VI.

6 « L'assemblée déclara ensuite, sur la proposition de Mirabeau, que ses membres étaient inviolables, que quiconque mettait la main sur un député, était traître, infâme et digne de mort. » MICHELET, Hist. Révol. franç., I, IV.

DER. — **Inviolabilité.** *n. f.* (1611). Caractère de ce qui est inviolable. *L'Inviolabilité du domicile*, principe général consacré depuis la Constitution de 1791 (Titre IV, Art. 9). — *Spécialt.* (1789). Prérogative d'une personne déclarée inviolable. *Inviolabilité diplomatique, parlementaire.* V. **Immunité.** *En vertu de l'inviolabilité, aucun membre du Parlement « ne peut être poursuivi ou arrêté en matière criminelle ou correctionnelle qu'avec l'autorisation de la Chambre dont il fait partie, sauf le cas de flagrant délit »* (CONSTITUTION du 27 oct. 1946, art. 22). — **Inviolablement.** *adv.* (1371). D'une manière inviolable. *Règles de bienséance* (cit. 10) *et d'honneur inviolablement respectées.*

INVIOLÉ, ÉE. *adj.* (XVIᵉ s. ; de *in-*, et *violer*). Qui n'a pas été violé*, enfreint. *Trêve inviolée.* Qui n'a pas été outragé, profané. *Sépulture inviolée.* — *Fig.* Que l'homme n'a encore jamais atteint. *Cimes inviolées.*

« Quelle toilette de vierge, quelle grâce de cygne dans son col de neige, quels regards de Madone inviolée, quelle robe blanche, quelle ceinture de petite fille ! »
BALZ., **Cabinet des antiques**, Œuvr., t. IV, p. 383.

INVISIBILITÉ. *n. f.* (1560 ; bas lat. *invisibilitas*). Caractère, état de ce qui est invisible*. *L'invisibilité de Gygès. L'invisibilité des infiniment petits.*

INVISIBLE. *adj.* (1256 ; du lat. *invisibilis*).

‖ 1° Qui n'est pas visible*, qui échappe à la vue. — (Par sa nature) *Dieu, infini et invisible* (Cf. Appréhender, cit. 1 ; église, cit. 1). *Anges invisibles* (Cf. Escadron, cit. 5). *Le corps enserre* (cit. 5) *une âme invisible. Réalités invisibles* (Cf. Approche, cit. 21 ; essentiel, cit. 17 ; fantôme, cit. 2). *L'anneau* (cit. 9) *de Gygès rendait invisible.* — (Par sa petitesse) *Microbe invisible à l'œil nu.* V. **Imperceptible, microscopique.** *Grain de sable invisible* (Cf. Gravelle, cit. 3). V. **Petit** (tout). *Filet invisible,* résille très ténue dont se coiffent les femmes. — (Par sa position dans quelque chose ou derrière quelque chose qui le cache). *Montagne invisible derrière les brumes* (Cf. Escamoter, cit. 4). *Le soleil encore invisible de l'aube* (Cf. Emplir, cit. 5). *Nuage qui rend la lune invisible.* V. **Éclipser.** *Guetteur* (cit. 1) *invisible à l'affût dans un coin* (Cf. aussi Famille, cit. 25). — (Par la distance) *On entend au loin une flûte* (1, cit. 2) *invisible. Avion invisible très haut dans le ciel* (Cf. Énervant, cit. 2). V. **Perdu.**

1   « Et que derrière un voile, invisible et présente,
      J'étais de ce grand corps (*le sénat romain*) l'âme toute-puissante. »
      RAC., **Britann.**, I, 1.

2   « Je te donnerai une bague enchantée ; quand tu en retourneras le rubis tu seras invisible, comme les princes, dans les contes de fées. »
      LAUTRÉAMONT, **Chants de Maldoror**, I.

3   « Naître, c'est entrer dans le monde visible ; mourir, c'est entrer dans le monde invisible. »
      HUGO, **P.-S. de ma vie**, De la vie et de la mort.

4   « Les femmes, invisibles puisque nous sommes en pays de Mahomet, passent ensevelies du haut en bas sous une housse blanche... »
      LOTI, **L'Inde** (sans les Anglais), V, II.

5   « On entendait des voix. Des hommes presque invisibles entre les fils de fer et les sarments échevelés taillaient la vigne. »
      CHARDONNE, **Destin. sentim.**, p. 93.

— *Par métaph.* ou *fig.* Qui échappe à la connaissance (Cf. Grandeur, cit. 19). V. **Mystérieux, secret.** *Danger, signal invisible* (Cf. Hurler, cit. 16 ; gosier, cit. 9). *Fluides* (cit. 9 et 12) *invisibles. Liens invisibles.*

6   « Ce genre d'esprit charmant est invisible aux sots... »
      STENDHAL, **Journal**, p. 204.

7   « ... il lui semblait qu'il perdait la conscience de son être et qu'un élément invisible prenait possession de lui, une émanation mystérieuse qui venait de toutes parts, de toute cette végétation dont la senteur le pénétrait. »
      GREEN, **Léviathan**, I, XIII.

— Substant. *Union du visible et de l'invisible* (Cf. Constant, cit. 4). *Le beau* (cit. 101), *expression de l'invisible. L'intervention* (cit. 9) *de l'invisible dans notre vie* (Cf. Impalpable, cit. 5 ; incréé, cit. 3).

8   « (*Dieu*)... pouvait faire l'invisible, puisqu'il faisait bien le visible. »
      PASC., **Pens.**, X, 643.

‖ 2° *Par ext.* Qui se dérobe* aux regards, qui ne veut pas être vu. *Il lui promit d'être discret et invisible* (Cf. Apparence, cit. 31). *Une personne invisible,* qu'on ne parvient jamais à rencontrer. *Depuis quelque temps, elle est devenue complètement invisible.* — *Spécialt. Être invisible pour quelqu'un,* refuser de le recevoir. *C'est vainement que je sollicitais une audience, le ministre était invisible pour moi* (ACAD.).

9   « On ne voit point sa fille ; et la pauvre Isabelle,
      Invisible et dolente, est en prison chez elle. »   RAC., **Plaid.**, I, 5.

10   « Il persuada tout le groupe de prendre un avocat et proposa Mᵉ Mollard, « une des gloires du barreau ». Pour invisible qu'il fût, Mᵉ Mollard ne travaillait pas gracieusement... »
      DUHAM., **Pasq.**, I, XIII.

ANT. — Apercevable, apparent, écrit, visible.

DER. — **Invisiblement.** *adv.* (XIIᵉ s.). D'une manière invisible.

INVITATION (*-syon*). *n. f.* (XIVᵉ s. ; du lat. *invitatio*). Action d'inviter* ; résultat de cette action. *Faire une invitation.* V. **Inviter.** *L'invitation des Cours souveraines pour assister à un Te Deum se fait par les Officiers des cérémonies* (FURET., 1690). *Décliner, refuser une invitation.*

J'accepte de grand cœur votre invitation (Cf. Demander, cit. 10). *Je suis désolé de ne pouvoir répondre à votre gracieuse, aimable invitation* (Cf. Extra 2, cit. 2). *Invitation à un bal, à un cocktail... Invitation à une réunion.* V. **Convocation.** *Billet* (cit. 7 ROUSS.), *carte, lettre d'invitation.* — Ellipt. *Le présent faire-part tient lieu d'invitation. Envoyer, lancer, recevoir des invitations à dîner* (Cf. Frivolité, cit. 8). *Entrée sur invitation seulement. Formules d'invitation.* — Littér. *L'Invitation au voyage* (1861), poème de Baudelaire. — Mus. *L'Invitation à la valse* (1819), de Weber.

1   « Il ne s'attardait guère et n'acceptait que bien rarement une invitation à dîner. »
      DUHAM., **Salavin**, VI, V.

2   « Pauline acceptait toutes les invitations, parties de bateau ou de tennis, collations dans les jardins, dîners sur l'herbe... »
      CHARDONNE, **Destin. sentim.**, p. 110.

— *Par ext.* V. **Exhortation, incitation.** *À l'invitation de partir, il répondit...* (Cf. Emporter, cit. 9 ; et aussi Gond, cit. 4 HUGO). *Faire quelque chose à l'invitation* (Cf. Éventail, cit. 9), *sur l'invitation pressante, réitérée de quelqu'un.* V. **Prière.** *Invitation impérative, menaçante.* V. **Sommation** (Cf. Atténuer, cit. 5) ; **avertissement, semonce.** *Invitation à la querelle, à la dispute.* V. **Appel** (cit. 18 MONTESQ.), **excitation.** — *Fig. Répondre, céder à l'invitation du plaisir.* V. **Appel, attrait, invite.**

3   « ... le Czar avait une passion extrême de s'unir avec la France... ce fut l'Angleterre qui nous rendit sourds à ses invitations... »
      ST-SIM., **Mém.**, V, XXXIV.

4   « La femme est... une invitation au bonheur... »
      BAUDEL., **Curios. esthét.**, XVI, X.

INVITER. *v. tr.* et *intr.* (1356 ; du lat. *invitare*).

I. *V. tr.* Prier* (quelqu'un) de se rendre, de se trouver à quelque endroit, d'assister ou de prendre part à quelque chose. V. **Convier ; invitation.** *Inviter à une cérémonie, une fête, un festin, un gala* (cit. 2 et 5), *une garden-party* (cit.). *Inviter des enfants à goûter* (Cf. Gage, cit. 7). *Il vous invite à ses noces* (Cf. Honorer, cit. 11). *Inviter au convoi* (cit. 5), *service et funérailles de... Inviter quelqu'un à dîner.* V. **Retenir** (Cf. Histoire, cit. 59 ; inférieur, cit. 10). *Façon de traiter* *les gens qu'on invite* (Cf. Assassiner, cit. 7 ; frugalité, cit. 1). *Inviter quelqu'un à sa table* (Cf. Conter, cit. 7). V. **Asseoir** (faire). *Inviter une jeune fille à danser, à la danse* (Cf. Écart, cit. 12). *Elle est là sur sa chaise, attendant qu'on l'invite. Elle n'a jamais été invitée chez cette femme* (Cf. Impertinence, cit. 9). *Toutes les dames de la ville furent invitées à ce bal* (cit. 6). V. **Convoquer.** *Les personnes invitées,* et substant. *Les invités* (Cf. Barrer, cit. 5 ; épurer, cit. 13). *Invités qui arrivent pour passer la soirée* (Cf. Commensal, cit. 2). *Maître de maison qui accueille ses invités.* V. **Amphitryon, convive, hôte.** *Vous êtes mon invitée. Un invité de marque. Invités jaloux de leurs hôtes* (cit. 1).

1   « Qu'invité chez la Reine, il ait soin de s'y rendre. »
      RAC., **Esth.**, II, 7.

2   « — Qu'on me serve à goûter !... Casilda, je t'invite. »
      HUGO, **Ruy Blas.**, II, 1.

3   « Les soupers de George avaient une célébrité d'élégance joyeuse et de sensualité délicate qui faisait regarder comme une bonne fortune d'y être invité ; »
      GAUTIER, **Fortunio**, I, p. 5.

4   « Lorsque, d'invité perpétuel, Pons arriva, par sa décadence comme artiste, à l'état de pique-assiette,... »
      BALZ., **Cousin Pons**, Œuvr., t. VI, p. 534.

5   « ... la petite jeune fille qui s'est bien pomponnée pour son premier bal. Un danseur l'invite. Elle se met à pleurnicher. »
      ROMAINS, **H. de b. vol.**, t. V, I, p. 7.

— *Pronominalt.* (réfl.). *S'inviter* (soi-même), se présenter quelque part ou offrir d'y venir sans en être prié. *Pique-assiette qui s'invite partout.* — (Récipr.). *Les X... et les Y... s'invitent souvent à faire un bridge* (Cf. S'entr'inviter).

6   « — Je ne l'ai pas invité, fit Salavin avec un hochement de tête. Il m'a invité tout seul. »
      DUHAM., **Salavin**, V, III.

— *Par ext.* V. **Engager, exciter, exhorter, inciter, induire, solliciter.** *Inviter quelqu'un à faire quelque chose* (Cf. Faux 1, cit. 57 ; hydrophile, cit. ; idéaliste, cit. 1). *Inviter les riches à donner aux pauvres* (Cf. Gagner, cit. 28). *Inviter à la concorde.* V. **Appeler** (Cf. Huile, cit. 30). *Spécialt.* V. **Prier** (de). *On l'invita à faire cesser* (cit. 31) *lui-même ce scandale. Je vous invite à vous taire. Il l'invita sèchement à se retirer* (V. **Congédier**). — *Fig.* V. **Porter, pousser.** *Voilà qui invite à la réflexion, à croire que...* (Cf. Évolution, cit. 15). *Ces maximes nous invitent à la sagesse.* V. **Conseiller.** *Ses promesses m'invitent à redoubler de zèle* (V. **Stimuler**). *Calme* (cit. 12) *qui invite au sommeil ; fauteuil* (cit. 1) *qui invite au repos. Beau temps qui invite à faire le chemin à pied* (Cf. Gîter, cit. 2). *Un sentier où tout invite à la maraude* (Cf. Grappiller, cit.). *Tentations qui invitent au plaisir.* V. **Attirer, tenter.**

7   « ... et c'est trop inviter
      Par son impunité quelque autre à l'imiter. »   CORN., **Cinna**, II, 2.

8   « Suivez les doux transports où l'amour vous invite. »
      RAC., **Bérén.**, III, 2.

9   « Quiconque est soupçonneux invite à le trahir. »
      VOLT., **Zaïre**, I, 5.

10 « ... son abord serein semble m'inviter à l'enjouement ;... »
ROUSS., **Julie**, IIIᵉ part., Lett. XX.

11 « ... elle tendit son verre avant de boire, pour inviter ses hôtes à trinquer. »
MUSS., **Nouvelles**, Margot, VI.

12 « (*Il*)... m'invite de la main à m'asseoir près de lui sur un grand coussin de soie jaune ; »
DAUDET, **Lett. de mon moulin**, À Milianah.

13 « Un gendarme qui vous *invite à le suivre*, et une dame qui vous *invite à dîner*, n'ont pas les mêmes intonations. »
BRUNOT, **Pensée et langue**, p. 557.

14 « Ainsi l'on m'avait appris à réciter à peu près décemment les vers, ce à quoi déjà m'invitait un goût naturel ; »
GIDE, **Si le grain...**, I, IV, p. 110.

15 « L'ombre tiède du parc invitait à la flânerie. »
MART. du G., **Thib.**, t. II, p. 182.

II. *V. intr.* (1867). *T. de Jeux.* Faire une invite*. *Inviter au roi.*

COMP. — **Réinviter.**

DER. — **Invitant, ante.** *adj.* (XIXᵉ s.). Qui invite, fait une invitation. *Les puissances invitantes.* — *Fig.* Engageant, séduisant (*rare*). — **Invitatoire.** *adj.* (XIIIᵉ s. ; du latin *invitatorius*). Liturg. *Antienne invitatoire*, et substant. *L'invitatoire*, antienne* qui se chante à matines (Cf. Heure, cit. 44). — **Invite.** *n. f.* (1767). *T. de Jeux.* Carte qu'on joue, pour faire connaître les éléments de son jeu à son partenaire, et l'inviter, s'il fait la levée, à jouer dans la même couleur. *Faire une invite au roi dans une partie de boston, de whist.* — *Par ext.* et *fig.* (fin XIXᵉ s.). Invitation* plus ou moins déguisée à faire quelque chose. V. **Appel** (du pied). *Résister aux invites d'un galant.* V. **Attaque, exhortation.** *Céder aux invites de l'inconnu.* V. **Attrait.**

1 « ... l'appel du tic au tac, l'invite à la riposte, le mot qui en appelle un autre et entrebâille la porte à la discussion :... »
COURTELINE, **Boubouroche**, Nouvelle, V.

2 « — On va sonner pour le dîner et je ne serai pas prêt ! C'était une invite à le laisser ;... »
GIDE, **Isabelle**, p. 80.

INVIVABLE. *adj.* (Vers 1935, mais encore absent des dictionnaires ; de *in-*, et *vivre*). *Fam.* Très difficile à vivre. *Existence invivable* (Cf. Une vie de chien, d'enfer). — *Une femme invivable* (Cf. Hargne, cit. 4). *Il est franchement invivable.* V. **Impossible.** — *Par ext.* Où il est très difficile de vivre. *On crève de froid ici ; c'est invivable.* V. **Impraticable** (*vx*).

« ... une vie qui... me paraissait de moins en moins invivable. »
M. SACHS, **Alias**, p. 72 (éd. de 1935).

INVOCATION (*-syon*). *n. f.* (1170 ; du lat. *invocatio*). Action d'invoquer* ; résultat de cette action. *Invocation à la Divinité*. Formule d'invocation.* V. **Invocatoire.** — Liturg. *Invocation aux saints.* V. **Adjuration.** *L'invocation du Saint-Esprit. Réciter les invocations à la Vierge.* V. **Litanie.** *Invocation qui accompagne le baptême.* — *Chapelle placée sous l'invocation de saint Antoine*, sous son patronage, sa protection (V. **Dédicace**). — Spécialt. *Littér.* Prière* qu'un poète adresse à quelque puissance surnaturelle pour lui demander son concours. *Invocation aux Muses.* V. **Appel.**

1 « Ainsi ceux qui guérissent par l'invocation du diable ne font pas un miracle, car cela n'excède pas la force naturelle du diable. »
PASC., **Pens.**, XIII, 804.

2 « Chaque village de France est placé sous l'invocation d'un saint protecteur, modifié à l'image des habitants. »
MAUPASS., **Clair de lune**, Légende Mont Saint-Michel.

3 « Les invocations jouent grand rôle. On supplie *au nom des dieux* : « **Au nom du Ciel,** *partez !* — *Tais-toi,* **pour l'amour de Dieu !** — **au nom du Ciel** *ne dites pas un mot là-dessus* (MUSS., Chand., III, 3) ; — *mon père,* **au nom de tous les saints et de la Vierge, au nom du Christ,** *qui est mort sur la croix,* **au nom de votre salut éternel,** *mon père,* **au nom de ma vie,** *ne touchez pas à cela* (BALZ., E. Grandet, 202). »
BRUNOT, **Pensée et langue**, p. 570.

4 « Ces manifestations de la piété publique devaient se terminer le dimanche par une messe solennelle placée sous l'invocation de saint Roch,... »
CAMUS, **La peste**, p. 107.

INVOCATOIRE. V. INVOQUER (*Dér.*).

INVOLONTAIRE. *adj.* (1370 ; du lat. *involuntarius*). Qui n'est pas volontaire* ; qui échappe au contrôle de la volonté*. *Mouvement nerveux involontaire.* V. **Réflexe.** *Geste* (1, cit. 5) *involontaire.* V. **Automatique** (cit. 1), **machinal.** *Cri involontaire* (Cf. Frapper, cit. 20). *Frémissement involontaire.* V. **Convulsif ; convulsion** (Cf. Fourreau, cit. 1). *L'évocation* (cit. 11) *par la mémoire involontaire.* — *Élan involontaire.* V. **Spontané** (Cf. Étudier, cit. 23). *Action involontaire* (Cf. Blâme, cit. 2). *Erreur, mensonge, faute involontaire* (Cf. Favorable, cit. 8 ; gauchir, cit. 6). *Ressentir un respect, une terreur involontaire.* V. **Irréfléchi** (Cf. Grandeur, cit. 27 ; homme, cit. 154). *Cet accident l'oblige à un arrêt bien involontaire.* V. **Forcé.** *L'amour involontaire de Tristan et Iseut* (Cf. Breuvage, cit. 5).

1 « ... l'ignorance qui rend les actions involontaires et excusables... »
PASC., **Provinc.**, IV.

2 « Il lui fait des raisonnements à perte d'haleine, pour lui prouver qu'un sentiment involontaire ne peut pas être un crime : comme s'il ne cessait pas d'être involontaire, du moment qu'on cesse de le combattre ! »
LACLOS, **Liais. dang.**, LI.

3 « Le roi laissa échapper un cri involontaire, tant il était loin de s'attendre à ce nom. »
VIGNY, **Cinq-Mars**, VIII.

4 « Enfin, j'ai lu, de façon involontaire, votre nom sur l'étiquette de votre valise. Monsieur Clanegrand, n'est-ce pas ? »
DUHAM., **Salavin**, VI, I.

— *Par ext.* Qui agit ou se trouve dans une situation quelconque, sans le vouloir, malgré soi (Cf. Aiglon, cit. HUGO). *Être le témoin, le héros involontaire d'un drame. Elle fut la confidente involontaire de cette histoire* (Cf. Graveleux, cit. 3 MAUPASS.).

ANT. — **Intentionnel, volontaire, voulu.**

DER. — **Involontairement.** *adv.* (1370). D'une manière involontaire ; sans le vouloir. *Involontairement et inconsciemment* (Cf. Façonner, cit. 17). *Soupirer involontairement* (Cf. Haleine, cit. 16 ROUSS.). *Si je vous ai peiné, c'est bien involontairement.* V. **Intention** (sans). **ANT.** **Exprès, intentionnellement, volontairement.**

INVOLUCELLE. *n. m.* (1778 ; dimin. de *involucre*). Involucre secondaire ou partiel.

INVOLUCRE. *n. m.* (1545 ; du lat. *involucrum*, « enveloppe »). *Bot.* Ensemble de bractées* formant à la base de certaines inflorescences* (ombelle* ou capitule*) une sorte de collerette. *Involucre d'une inflorescence en épi.* V. **Spathe.**

DER. — **Involucelle.** — **Involucré, ée.** *adj.* (1803). *Bot.* Pourvu d'un involucre. *Ombelle involucrée.*

INVOLUTÉ, ÉE, ou **INVOLUTIF, IVE.** *adj.* (1798 ; du lat. *involutus*, p. p. de *involvere*). *Bot.* Qui est roulé de dehors en dedans. *Feuilles involutées* ou *involutives* (V. **Involution**).

INVOLUTION (*-syon*). *n. f.* (*Involucion* en 1314 ; du lat. *involutio*, « enveloppement »).

‖ **1°** *Vx.* Enchevêtrement de difficultés*, d'embarras*. « *Involution d'affaires épineuses...* » (BOSS., Serm. s. impénit. fin., II).

‖ **2°** Spécialt. *Bot.* État d'un organe involuté*. V. **Intorsion.** *L'involution des pétales.* — *Biol.* V. **Invagination.** — *Méd.* « Modification régressive d'un organe sain ou malade, d'une tumeur, d'un ensemble d'organes, ou de l'organisme tout entier » (GARNIER). *Involution utérine*, retour progressif de l'utérus à ses dimensions normales après l'accouchement.

DER. — **Involutif, ive.** *adj.* (1798). V. **Involuté.**

INVOQUER (*-ké*). *v. tr.* (1397 ; *envochier* au XIIᵉ s. ; du lat. *invocare*). Appeler à l'aide par des prières. V. **Appeler, conjurer, crier** (à, vers), **prier.** *Invoquer Dieu, l'Éternel* (Cf. Abîme, cit. 1 ; cas, cit. 8 ; consolateur, cit. 2). *Invoquer Hercule* (Cf. Célèbre, cit. 3), *Mahomet* (Cf. Franc 1, cit. 4), *les idoles* (cit. 1), *les fétiches* (cit. 2). — Spécialt. *Exorciste* (cit. 1) *qui invoque le nom du Seigneur sur des possédés*, qui appelle le secours de Dieu en glorifiant son nom par des invocations. — Par anal. *Invoquer les Muses. Invoquer l'âme d'un défunt.* V. **Évoquer** (Cf. Énergumène, cit. 2). — *Par ext.* Implorer, réclamer. *Invoquer le secours d'un allié, la clémence d'un roi* (Cf. Députation, cit. 2). *Exaucer* (cit. 5) *quelqu'un qui nous a invoqué.*

« Il... invoque Neptune (*pour*) qu'il tourmente Ulysse... » 1
RAC., **Rem. s. l'Odyssée**, IX.

« Mais, seule sur la proue, invoquant les étoiles, » 2
CHÉNIER, **Bucoliques**, XXI, 1.

«... personne ne croit moins à Satan que les sorciers qui feignent de l'invoquer à tout propos. » 3
SAND, **Petite Fadette**, XXV.

« Il paraissait plutôt sourire avec une bonté tranquille et protectrice, comme une image de saint qu'on peut invoquer à l'heure du danger. » 4
GAUTIER, **Capit. Fracasse**, t. II, XVI, p. 173.

« ... il fit le geste du serment, invoquant ses marabouts familiers,... » 5
DUHAM., **Salavin**, VI, VI.

— *Fig.* Faire appel*, avoir recours à... V. **Appeler** (en appeler à), **citer.** *Invoquer une loi, des principes* (Cf. Brave, cit. 11). *Invoquer le témoignage de...* V. **Attester ; cause** (mettre en), **témoin** (prendre à). *Invoquer contre quelqu'un une autorité* (cit. 44) *supérieure* (Cf. Inconséquence, cit. 9). — *Invoquer un précédent, des expériences.* V. **Alléguer, arguer** (Cf. Hérédité, cit. 13). *Arguments* (cit. 8), *faits invoqués à l'appui d'une thèse* (Cf. Artisanat, cit.). *Invoquer des raisons, des prétextes. Il invoquait les avantages de cet hôtel* (cit. 7) *pour faire venir la clientèle.*

« La jeune prêtresse invoque les serments qu'elle a prononcés, sa religion qui l'enchaîne, et sa famille et sa patrie : hélas ! c'est le dernier cri de la vertu qui succombe ! » 6
GAUTIER, **Souv. de théâtre...**, p. 157.

« Légistes et théologiens, ils n'invoquaient que les textes, les vieux livres ; à chaque citation contestée, ils allaient chercher leurs livres,... » 7
MICHELET, **Hist. Révol. franç.**, III, IX.

« Le peuple a entendu tant de fois invoquer la loi par ceux qui voulaient le mettre sous le joug qu'il se méfie de ce langage. » 8
ROBESPIERRE, in JAURÈS, **Hist. social. Révol. franç.**, t. VII, p. 51.

« ... comment jugerait-on un monsieur qui, les cartes distribuées, quitterait la table en invoquant un scrupule ? » 9
ROMAINS, **H. de b. vol.**, t. V, I, p. 12.

« ... ne m'est-il pas permis d'invoquer une circonstance atténuante ? » 10
PASTEUR, in MONDOR, **Pasteur**, VI, p. 103.

DER. — **Invocateur, trice.** *n.* (1469). *Vx.* Celui, celle qui invoque les puissances surnaturelles. V. **Sorcier.** — **Invocatoire.** *adj.* (XVIᵉ s.). Qui sert à invoquer, appartient à l'invocation*. *Formule invocatoire.*

INVRAISEMBLABLE. *adj.* (1780 ; de *in-*, et *vraisemblable*). Qui n'est pas vraisemblable, qui ne semble pas vrai. V. **Impensable, incroyable.** *Nouvelle invraisemblable. Histoire,* récit *invraisemblable qui n'abuse personne.* V. **Extraordinaire** (Cf. C'est un conte* en l'air, c'est du roman. Cela ne tient* pas debout). *Invraisemblables aventures* (Cf. Hâbleur, cit. 14). *Trouver (une chose) invraisemblable* (Cf. Faux 1, cit. 46 GAUTIER). *Aussi invraisemblable que cela paraisse...* V. **Improbable** (cit. 4). *Espoir invraisemblable.* V. **Chimérique** (cit. 38).

1 « Après le département des Landes, le plus sain de France, Tunis est l'endroit où sévissent toutes les maladies ordinaires de nos pays. Cela paraît invraisemblable, mais cela est. »
MAUPASS., **Vie errante,** D'Alger à Tunis, p. 201

— *Par exagér.* V. **Ébouriffant, étonnant*, exorbitant, extravagant, fabuleux, fantastique, inimaginable.** *Des ongles invraisemblables effilés en griffes* (cit. 5). *Un invraisemblable accoutrement. Limpidité invraisemblable de l'air* (Cf. Angle, cit. 2). *Un aplomb, un toupet invraisemblable. Richesses invraisemblables, fabuleuses* (Cf. Éventualité, cit. 1).

2 « ... une redingote à teintes invraisemblables,... »
BALZ., **Cousin Pons,** Œuvr., t. VI, p. 541.

3 « Il portait... un invraisemblable chapeau gris à grands bords et à grands poils,... »   MAUPASS., **Contes de la bécasse,** Menuet, p. 72.

— Substant. *L'invraisemblable paraissait tout simple* (Cf. Héroïsme, cit. 10 HUGO). *L'invraisemblable est souvent vrai. L'invraisemblable de l'histoire, c'est que...* (Cf. Le plus fort*, le plus extraordinaire*).

ANT. — Vraisemblable ; croyable, possible ; normal, ordinaire.

DER. — **Invraisemblablement.** adv. (1839). D'une manière invraisemblable. *Construction invraisemblablement belle* (Cf. Fantastique, cit. 2).

« Et les perruches sacrées,... invraisemblablement vertes, d'un vert d'aquarelle chinoise,... »   LOTI, **L'Inde (sans les Anglais),** IV, IV.

INVRAISEMBLANCE. n. f. (1775 BEAUMARCH., de *in-*, et *vraisemblance*). Défaut de vraisemblance. *Invraisemblance d'un fait, d'une nouvelle, d'un récit. L'invraisemblance du roman,... le gigantesque* (cit. 7 BEAUMARCH.) *des idées.* — *Par ext.* Chose invraisemblable. *Récit plein d'invraisemblances.* V. **Énormité.**

« On peut se permettre les invraisemblances qui contribuent à donner au spectacle plus d'intérêt et d'agrément. »
MARMONTEL, in LAROUSSE XIXᵉ s.

ANT. — Crédibilité, vraisemblance.

INVULNÉRABLE. adj. (XVᵉ s. ; empr. au lat. *invulnerabilis.* V. **Vulnérable**). Qui n'est pas vulnérable, qui ne peut être blessé. *Achille était invulnérable, excepté au talon. Invulnérable aux coups, aux traits...*

1 « ... Achille, selon la plupart des poètes, ne peut être blessé qu'au talon, quoique Homère le fasse blesser au bras et ne le croie invulnérable en aucune partie de son corps. »   RAC., **Androm.,** 2ᵉ préface.

2 « ... celui qui se croirait invulnérable n'aurait peur de rien. »
ROUSS., **Émile,** I.

3 « Les motocyclistes (*allemands*) firent le tour du terre-plein en pétaradant... Mathieu était content que Clapot ait défendu de tirer : ils lui paraissaient invulnérables. »   SARTRE, **Mort dans l'âme,** p. 184.

— *Par métaph. :*

4 « Mon cœur à tous ses traits demeure invulnérable, »
CORN., **Mélite,** II, 4.

— *Fig.* Qui est moralement au-dessus de toute atteinte (Cf. Blasphème, cit. 5). *Être invulnérable au malheur, aux propagandes, aux tentations.*

5 « Une grande âme... serait invulnérable, si elle ne souffrait par la compassion. »   LA BRUY., XI, 81.

6 « ... assez indifférent au cours des saisons pour se tromper de mois comme il se serait trompé d'heure, invulnérable à tant de sensations dont j'étais traversé,... »   FROMENTIN, **Dominique,** III.

ANT. — Fragile, vulnérable.

DER. — **Invulnérabilité.** n. f. (1732). Qualité de ce qui est invulnérable. *Invulnérabilité d'Achille.* — *Fig. Invulnérabilité du moi* (Cf. Humour, cit. 11).

1 « ... on vient à la doctrine de l'invulnérabilité des fronts, puis à celle de la percée possible, mais dangereuse, de la nécessité de ne pas faire un pas en avant sans que l'objectif soit d'abord détruit... »   PROUST, **Rech. t. p.,** t. XIV, p. 81.

2 « Son égoïsme lui crée une sorte d'invulnérabilité. »
GIDE, **Journal,** 8 janv. 1943.

IODE (yod'). n. m. (1812 GAY-LUSSAC ; empr. au gr. *iôdês,* « violet »). *Chim.* Corps simple, métalloïde halogène de symbole I, solide gris noirâtre cristallisé en paillettes (densité 4,95 ; poids atomique 126,92), très volatil, qui donne naissance à des vapeurs violettes lorsqu'on le chauffe. *L'iode existe à l'état naturel dans l'eau de mer, les végétaux marins ; peu soluble dans l'eau, il est aisément soluble dans l'alcool. L'iode, indispensable à l'organisme. Composés de l'iode* (Cf. *infra,* dér.). *Teinture d'iode,* solution d'iode dans l'alcool à 90°. *Utilisation de l'iode dans l'industrie* (V. **Iodure**), *en médecine comme révulsif et antiseptique* (Cf. Badigeonner, cit. 1 ; chirurgien, cit. 2 ; fil, cit. 14). *Intoxication par l'iode.* V. **Iodisme.**

« ... ils prirent la direction de la jetée. Peu avant d'y arriver, l'odeur de l'iode et des algues leur annonça la mer. »
CAMUS, **La peste,** p. 277.

DER. — **Iodate.** n. m. (1816). Sel de l'acide iodique. — **Iodé, ée.** adj. (1836). Qui contient de l'iode. *Eau iodée. Bain iodé, sirop iodé.* — *L'érythrosine*, dérivé iodé des phtaléines.* — **Ioder.** v. tr. (1869). Couvrir d'iode, mêler d'iode. — **Iodhydrique.** adj. m. (1867). *Acide iodhydrique,* acide de symbole HI formé par la combinaison d'iode et d'hydrogène, gaz incolore très soluble dans l'eau. — **Iodifère.** adj. (1878). Qui contient naturellement de l'iode. *Sel iodifère.* — **Iodique.** adj. (1812). *Acide iodique,* acide de symbole IO₃ H ; *anhydride iodique,* de symbole I₂ O₅, résultant de l'oxydation de l'iode. — **Iodisme.** n. m. (1855). *Pathol.* Intoxication qui peut se produire à la suite de l'absorption de l'iode ou d'un de ses composés (iodures, iodoforme). — **Iodoforme.** n. m. (1855). Composé de symbole CHI₃ solide jaune, cristallisé à odeur tenace et désagréable, utilisé comme antiseptique (Cf. Antisepsie, cit.). — **Iodure.** n. m. (1812). Nom des composés résultant de la combinaison de l'iode et d'un corps simple. *Iodures alcooliques. Iodure d'argent,* utilisé en photographie. *Iodure de potassium,* utilisé dans le traitement des scléroses et de la syphilis (Cf. Friction, cit. 1). *Iodure de fer,* médicament antiscrofuleux. *Iodure de plomb,* servant à la fabrication de pommades résolutives. *Intoxication par les iodures* (Cf., *supra,* Iodisme). — **Ioduré, ée.** adj. (1812). Qui contient un iodure. *Bain, gargarisme ioduré. Solution iodo-iodurée,* à base d'iode et de iodure de potassium. *Qui est couvert d'une couche d'iodure. Plaque photographique iodurée.*

IODLER. V. **JODLER.**

ION (yon). n. m. (1867, au plur. *ions* in LITTRÉ ; empr. à l'angl. *ion,* tiré du gr. *ion,* p. prés. de *ienai,* aller). *Chim.* Nom donné à un atome ou à un groupement d'atomes portant une charge électrique. *Dans l'électrolyse*, les ions positifs* (V. **Cation**) *sont attirés à la cathode*, les ions négatifs* (V. **Anion**) *à l'anode.* — *Phys.* Atome modifié qui possède moins ou plus d'électrons* (*ions positifs ou négatifs*). *Accélération des ions dans le cyclotron*. Ions de l'atmosphère* (V. **Ionosphère**).

DER. — **Ioniser ; ionisation, ionosphère.** — **Ionique.** adj. (Néol.). *Phys.* Relatif aux ions. *Charge ionique.*

IONIEN, ENNE (yo-). adj. (1765 ; d'*Ion,* nom d'un des fils d'Hellen). D'Ionie, ancienne province grecque d'Asie Mineure. *Iles ioniennes. Mer ionienne. Himation* (cit.) *ionien. Les philosophes ioniens, Thalès, Héraclite... Dialecte ionien,* dialecte du groupe hellénique. — Substant. *L'ionien,* le dialecte ionien. — *Les Ioniens,* les Grecs d'Ionie.

IONIQUE (yo-). adj. (XIVᵉ s. ; empr. au lat. *ionicus,* gr. *ionikos,* « de l'Ionie »).

‖ 1° *Vx.* V. **Ionien.**

‖ 2° Archit. *Ordre ionique,* un des trois ordres grecs, originaire d'Ionie caractérisé par un chapiteau orné de deux volutes latérales (Cf. Entre 2, cit. 1). *Par ext. Chapiteau*, colonne ionique.* — Substant. *L'ionique,* l'ordre ionique. « *Le dorique sans fard, l'élégant ionique Et le corinthien* (cit. 2) *superbe et magnifique* » (LA FONT.).

« Gracieux, élégant, très ouvragé, le style ionique avait, dans l'opinion des anciens, comme un caractère féminin ; ... »
RÉAU, **Hist. univ. des arts,** t. I, p. 165.

— V. *aussi* **Ion** (*dér.*).

IONISATION (yo-). n. f. (fin XIXᵉ s. LAROUSSE ; de *ion*).

‖ 1° *Chim.* Dissociation d'une ou plusieurs molécules en ions*. V. **Electrolyse.** — *Par ext. Thérap.* « Introduction dans l'organisme des éléments d'une substance chimique décomposée par électrolyse » (GARNIER).

‖ 2° *Phys.* Présence d'ions positifs et négatifs dans un gaz, et *spécialt.* dans l'air. *L'ionisation de l'atmosphère, provoquée par des radiations pénétrantes* (rayonnement des substances radio-actives du sol ; électrons issus du soleil ; rayonnement solaire ultra-violet ; radiations cosmiques). *L'ionisation de la région supérieure de l'atmosphère permet la propagation des ondes électromagnétiques utilisées en T.S.F.*

IONISER (yo-). v. tr. (1911 ; de *ion*). Transformer en ions ; donner naissance à des ions*. *Gaz ionisé. Couche ionisée de l'atmosphère.*

IONONE (yo-). n. f. (fin XIXᵉ s. ; comp. sav. du gr. *ion,* « violette », et suff. *-one*). *Chim.* Cétone isomérique de l'irone (C₁₃ H₂₀ O), corps synthétique à odeur de violette, utilisé en parfumerie.

IONOSPHÈRE (yo-). n. f. (1948 LAROUSSE UNIV. ; comp. de *ion,* et de *sphère*). Couche supérieure de l'atmosphère à forte ionisation et grande conductibilité (*couche d'Heaviside*).

IOTA (yo-). n. m. (XIIIᵉ s. ; empr. au gr. *iôta*). Neuvième lettre de l'alphabet grec, la plus petite de toutes, qui correspond à notre i. — *Fig.* La moindre chose, le plus petit détail (de ce qui est ou peut être écrit). Cf. Idéologue, cit. 5. *Copier un texte sans changer un iota* (Cf. Sans changer une virgule*). *Il n'y manque pas un iota.*

1 « ... le ciel et la terre ne passeront point que tout ce qui est dans la loi ne soit accompli parfaitement, jusqu'à un seul iota et un seul point. »   BIBLE (SACY), **Év. St Matth.,** V, 18.

2 « Birotteau parfumeur ne savait pas un iôta (*sic*) d'histoire naturelle ni de chimie. »   BALZ., **César Birotteau,** Œuvr., t. V, p. 356.

3 « Le texte symbolique, mutilé seulement d'un iota, n'avait plus de sens... »   BLOY, Le désespéré, p. 104.

DER. — **Iotacisme.** *n. m.* (1839). *Gramm.* Emploi fréquent du son *i* dans une langue. *Iotacisme du grec moderne.* — *Pathol.* Prononciation défectueuse du *g* doux et du *j* en *y* (*yenou* pour *genou*).

IOULER. *v. intr.* V. JODLER.

IOURTE. *n. f.* V. YOURTE.

IPÉCACUANA. *n. m.* (*Igpecaya* en 1640, d'apr. DAUZAT ; mot de la langue tupi (Brésil) empr. au portugais ; abrégé en IPÉCA au XIXᵉ s.). *Pharm.* Nom collectif de racines à propriétés vomitives produites par certaines Rubiacées (Uragoga, fournissant l'*ipécacuana vrai*) et des Rosacées, Euphorbiacées... (*faux ipéca*). *L'ipéca renferme plusieurs alcaloïdes, dont l'émétine** (V. **Émétique**). *Sirop, extrait, pastille d'ipéca.* — REM. On écrit aussi, d'après la graphie portugaise, IPECACUANHA.

« C'est à lui (*Helvétius*) qu'on est redevable de l'usage et de la préparation diverse de l'ipécacuana... »   ST-SIM., **Mém.**, I, LVII.

IPOMÉE. *n. f.* (1839 BOISTE ; du lat. bot. *ipomæa* (LINNÉ), du gr. *ips, ipos,* « ver », et *omoios,* « semblable »). *Bot.* Plante dicotylédone (*Convolvulacées*), herbacée ou ligneuse, annuelle et volubile, dont une variété est cultivée comme ornementale (V. **Volubilis**). — Variétés d'ipomée : *ipomæa batatas* (patate) : *ipomæa turpethum* (jalap turbith).

IPSO FACTO. Loc. lat. signifiant « par le fait même ». — Spécialt. *Dr.* Qui s'opère sans aucune formalité, en parlant d'une modification juridique. « *La résolution d'un contrat de vente s'opère ipso facto, à défaut de paiement du prix, lorsque la convention le décide ainsi* » (CAPITANT).

« Je pose en principe que tous les habitants du canton sont ipso facto nos clients désignés. »   ROMAINS, Knock, II, 3.

-IQUE. Suffixe correspondant au lat. *-icus*, et servant à former des adjectifs (*Chimique* = relatif à la chimie, etc.).

« SUFFIXES GÉNÉRAUX :... *Ique* (qui signifie *relatif à, qui se rapporte à, de*) : *académique, électrique, galvanique, géographique...* Ce suffixe *ique* permet de créer des adjectifs relatifs à tous les mots savants en *cratie, logie,* etc. D'où des adjectifs en *cratique, génique, graphique, logique, morphique, nomique, pathique, pédique, phagique, plastique, plégique, podique, scopique, tomique,* tels que : *gérontocratique, photogénique, héliergique,* etc. »   BRUNOT, **Pensée et langue**, p. 586, note 3.

IR-. Préfixe de négation. V. **In-**.

IRANIEN, ENNE. *adj.* (de *Iran*). Relatif à l'Iran (nom de la Perse moderne et de la région géographique qui correspond à ce pays. V. **Persan, perse**). *Population, langue iranienne. Le mazdéisme, religion iranienne ancienne.* — Substant. *Un Iranien, une Iranienne.* — *L'iranien :* l'une des langues du groupe iranien (Cf. Indo-européen, cit. 1). V. **Pehlvi, persan, perse, zend.**

IRASCIBLE. *adj.* (XIIᵉ s. ; empr. au lat. *irascibilis,* de *irasci,* « se mettre en colère », rac. *ira.* V. **Ire.** — REM. Au XVIIᵉ s., le mot n'était usité qu'au sens 2°).

‖ 1° Prompt à s'irriter, à s'emporter. V. **Atrabilaire, bilieux, brutal, colère, coléreux, difficile** (2°), **emporté, irritable, ombrageux, violent** (Cf. Cabaler, cit. 3 ; et *par métaph.* Fumer, cit. 9). *C'est un homme irascible, il a le sang** *chaud, il n'est pas d'humeur facile. Il est irascible, mais il s'apaise vite.* V. **Soupe** (au lait). *Ce contretemps l'a rendu irascible, on ne peut plus l'approcher* (Cf. Il est comme une pelote d'épingles*). *Censeur, critique irascible* (V. **Pointilleux**). — *Caractère, humeur irascible* (Cf. Humeur de dogue).

« ... ce découragement sans remède, qui ne cessait de planer sur lui, s'abattait soudain, et le transformait en un être inattentif, facilement irascible, comme si toute cette force dont il avait été si fier ne connaissait plus d'autre forme que l'irritation... »   MART. du G., Thib., t. III, p. 92.

‖ 2° (XIVᵉ s.). *Vx.* Philos. scolast. *L'appétit irascible ; la faculté irascible :* celle des trois facultés de l'âme qui porte à la colère. — Substant. *L'irascible* (Cf. Concupiscible, cit.).

ANT. — **Aimable, calme, doux, paisible.**

DER. — **Irascibilité.** *n. f.* (1470). Caractère irascible ; défaut d'une personne irascible. V. **Colère, impatience, violence.** *Sa maladie le rend d'une grande irascibilité* (ACAD.). **ANT. Calme, douceur...**

« Des hommes qui substituent l'irascibilité de l'amour-propre au culte de la patrie,... »   MIRABEAU, **Collection**, t. III, p. 356.

IRATO (AB). V. AB IRATO.

IRE. *n. f.* (XIIᵉ s. ; du lat. *ira,* « colère »). *Vx.* V. **Colère** (Cf. Ascendant, cit. 1 MALH. ; batailler, cit. 1 REGNARD ; geler, cit. 9 MONTAIGNE ; haine, cit. 2 CALVIN). — REM. Dès le XVIIᵉ s. RICHELET trouve ce mot « un peu vieux », et TRÉVOUX (1771) ajoute : « On ne peut s'en servir que dans la grande poésie, dans le style soutenu, en parlant de choses grandes et relevées, de la colère de Dieu, des Rois ».

— (De nos jours) *par archaïsme* (et souvent avec une nuance plaisante) :

« ... Sages conseils souvent épicés d'ire
Plaisamment simulée et finissant en rire. »   VERLAINE, **Élégies**, I.

IRIDACÉES ou **IRIDÉES.** *n. f. pl.* (1803. V. **Iris**). Famille de plantes phanérogames angiospermes (*Monocotylédones*), herbacées, vivaces, à rhizome bulbeux ou tubéreux, à feuilles radicales engaînantes, à hampes florales cylindriques terminées par de grandes fleurs ornementales, généralement groupées en corymbes, en épis, en grappes. *Principaux types d'iridacées :* crocus (V. **Safran**), glaïeul*, iris*, tigridie*...

IRIDECTOMIE, IRIDIEN. V. IRIS (*Dér.* II) ; **IRIDESCENT.** V. IRIS (Dér. III).

IRIDIUM (*-ome*). *n. m.* (1805 ; mot tiré du lat. *iris, iridis,* « arc-en-ciel », par le chimiste angl. TENANT, à cause des couleurs variées qu'offrent les combinaisons de ce métal). *Chim.* Métal blanc (abrév. *Ir ;* poids atom. env. 193) de densité 22,4, très dur, cassant, fusible à 1950°. *L'iridium s'extrait de certains minerais de platine. L'iridosmine, alliage naturel d'iridium et d'osmium. Alliage de platine et d'iridium.* V. *infra,* **Iridié.**

DER. — **Iridié, ée.** *adj.* (1872 in LITTRÉ, Suppl.). Allié avec de l'iridium. *Le platine iridié sert à fabriquer les étalons de mesure* (mètre, kilogramme), *les pointes de stylographes...*

IRIS (*-iss*). *n. m.* (XIIIᵉ s. au sens I ; du lat. *iris,* mot. gr. signifiant propremt. « arc-en-ciel », mais possédant aussi les sens I et II).

I. *Bot.* Plante monocotylédone (*Iridacées*) herbacée, vivace, à rhizome ou bulbe, à feuilles en lames d'épée, engaînées à leur base, à haute tige portant de grandes fleurs ornementales (Cf. Embêter, cit. 5 ; étang, cit. 5). *Iris d'Allemagne (iris commun, violet.* V. **Flambe**). *Iris des marais* (à fleurs jaunes). *Iris de Florence* (à fleurs blanches). *Iris d'Espagne, d'Angleterre* (ou xyphoïde). *Iris fétide* (ou glaïeul* puant). *Iris bâtard ou spatulé. Iris tigré* (morée, pardanthe). *Iris nain. L'irone*, principe odorant de l'iris. Poudre d'iris,* tirée des rhizomes de l'iris de Florence, utilisée en parfumerie. *Eau d'iris* (Cf. Appliquer, cit. 3). *Vert d'iris,* et absolt. *Iris,* couleur vert pâle, légèrement bleutée.

II. (XVIᵉ s. PARÉ ; empr. au gr.). *Anat.* « Membrane discoïde constituant la partie antérieure de la tunique vasculaire de l'œil, située derrière la cornée et percée, à son centre, d'un orifice : la pupille » (LOVASY et VEILLON, Dict. T. d'Anat.). V. **Œil, uvée** (Cf. Chambre, cit. 15 ; cristallin, cit. 4). *Iris bleu, brun...* (Cf. Feu I, cit. 66 ; gène, cit. 2). *Relatif à l'iris.* V. **Iridien, irido-** (*infra,* Dér.). *Inflammation de l'iris.* V. **Iritis.**

« La prunelle de ses yeux, douée d'une grande contractilité, semblait alors s'épanouir, et repoussait le bleu de l'iris, qui ne formait plus qu'un léger cercle. »   BALZ., Curé de village, Œuvr., t. VIII, p. 547. [1]

« ... elle s'inquiétait beaucoup de ses yeux. Depuis longtemps je m'expliquais mal un blanchissement progressif du pourtour de l'iris (il semblait envahi par la cornée) qui modifiait de plus en plus la qualité de son regard. »   GIDE. Et nunc manet in te, p. 61. [2]

— *Par anal.* Photogr. *Diaphragme iris,* et absolt. *Iris.* V. **Diaphragme.**

III. (XVIIᵉ s. DESC.). *Vx.* V. **Arc-en-ciel.** *L'écharpe* d'Iris* (déesse du Panthéon grec).

« On savait qu'il faut qu'une nuée épaisse, se résolvant en pluie, soit exposée aux rayons du soleil, et que nos yeux se trouvent entre l'astre et la nuée, pour voir ce qu'on appelait l'iris. »   VOLT., Philos. de Newton, II, XI. [3]

« (Ces chants... qui...) sur l'aile du temps traversant tous les âges,
Brillent comme l'iris sur les flancs des nuages. »   LAMART., Recueill. poét., I, XXV. [4]

— *Par ext.* Les couleurs de l'arc-en-ciel, du prisme, et *spécialt.* Les cercles de couleurs qui entourent un objet vu à travers une lentille. — *Pierre d'iris,* et absolt. *Iris :* quartz irisé.

DER. — **Irisation, iriser.** — (du lat. *iris, iridis*) : au sens I (V. **Iridacées, irone**). — au sens II : **Iridectomie.** *n. f.* (1867 LITTRÉ ; gr. *ektomê.* V. **-Ectomie**). *Méd.* Excision partielle de l'iris. — **Iridien, enne.** *adj.* (1872 LAROUSSE). *Anat.* Relatif à l'iris. — **Irido-.** Premier élément de mots, en méd. et anat. (*Iridodialyse, iridoscope...*). V. *aussi* **Iritis.** — au sens III : **Iridescent, ente.** *adj.* (1842). Qui a des reflets irisés*.

IRISER. *v. tr.* (XVIIIᵉ s. ; de *iris,* III). Colorer des couleurs de l'arc-en-ciel (V. **Brillanter**). *La lumière solaire irise les facettes d'un cristal.*

‖ S'IRISER. *v. pron. Pelage, plumage qui s'irise au soleil* (Cf. Ardoisé, cit. 3 ; briller, cit. 8).

« C'est une maison à pignon dont le toit d'ardoise s'irise au soleil comme une gorge de pigeon. »   FRANCE, Crime S. Bonnard, VII, Œuvr., t. II, p. 506. [1]

‖ IRISÉ, ÉE. *p. p. adj. Verre irisé ; pierre irisée.* V. **Opalin.** *Quartz irisé,* dont les cassures sont irisées. *Marnes irisées :* marnes et argiles bariolées appartenant au trias supérieur.

Flaques irisées d'huile, de bitume (Cf. 1). *Espace irisé* (Cf. Dôme 2, cit. 1). *Gerbe, jusée irisée* (Cf. Fuser, cit. 9). *Plumage irisé* (Cf. Gorge de pigeon).

2 « ... des reflets irisés, pareils à ceux de la pellicule qui recouvre l'étain en fusion ;... »
GAUTIER, **Voyage en Russie**, p. 65.

3 « Un poète pieux,...
Dans le creux de sa main prend cette larme pâle,
Aux reflets irisés comme un fragment d'opale, »
BAUDEL., **Fl. du mal**, Spleen et idéal, LXV.

DER. — *Irisation. n. f.* (1845). Production des couleurs de l'arc-en-ciel par décomposition de la lumière. *L'irisation d'un prisme, d'une surface métallique... Irisation d'un objet en verre longtemps enfoui dans la terre. — Par ext.* Les couleurs ainsi produites. *De belles irisations* (V. **Reflet**). — **Irisable**. *adj.* (1877 LITTRÉ, Suppl.). Susceptible de s'iriser. *Verres irisables.*

« ... parmi les arabesques des cachemires, les lueurs du feu d'artifice, les irisations de l'imperceptible pluie colorée »
GONCOURT, **Zemganno**, LIII.

IRITIS (*-tiss'*). *n. f.* (1842 in WARTBURG ; de *iris*, II, et *-itis*. V. **-Ite**). *Méd.* Inflammation de l'iris.

IRLANDAIS, AISE. *adj.* et *n.* (de *Irlande*). D'Irlande. *La population, l'économie irlandaise. Le Sinn-Fein, mouvement de l'indépendance irlandaise. O', particule qui précède fréquemment les noms propres irlandais* (Ex. : *O'Brien, O'Neil*). — Substant. *Un Irlandais, une Irlandaise.* — *La langue irlandaise*, et substant. *L'irlandais :* groupe des dialectes celtiques parlés en Irlande. *L'irlandais, avec l'erse* et le mannois* (île de Man), *qui en sont issus, forme le gaélique*.*

« On possède, en IRLANDAIS (*gaélig*), du VIIIᵉ au Xᵉ s., de courts textes religieux... et des gloses de textes latins, puis, à partir du XIᵉ s., une des plus riches littératures de l'Europe médiévale. »
VENDRYES, in MEILLET et COHEN, Langues du monde, p. 53.

IRONE. *n. f.* (fin XIXᵉ s. ; de *iris*). Principe chimique auquel l'iris* doit son odeur.

IRONIE. *n. f.* (*Yronie* en 1370 ; empr. au lat. *ironia*, du gr. *eirôneia*, « action d'interroger en feignant l'ignorance », procédé habituel à Socrate, d'où l'expression *ironie socratique*). Manière de railler, de se moquer (de quelqu'un ou de quelque chose) en disant le contraire de ce qu'on veut faire entendre. V. **Figure** (de rhétorique), **humour, moquerie, persiflage, raillerie**.

1 « Le mot ironie vient d'un mot latin qui lui-même vient d'un mot grec, et tout cela signifie bien que l'ironie n'est pas une invention d'hier. Malgré le trouble, d'ailleurs salutaire, que les étymologistes ne cessent de jeter dans notre esprit en ce qui touche l'origine et le sens des mots, l'ironie demeure toujours cette « méthode de discussion qu'employait Socrate pour confondre les sophistes », méthode qui consiste soit à formuler des interrogations railleuses et dont la saine réplique apparaît aussitôt avec évidence, soit à dire le contraire de ce que l'on veut faire entendre ». Ainsi parle Littré, en qui je salue toujours notre maître révéré. »
DUHAM., **Manuel du protest.**, II, p. 45.

— *Les esprits* (cit. 118) *forts sont ainsi appelés par ironie. Ironie que renferment des compliments* (cit. 5), *des exagérations* (Cf. Charmer, cit. 9). *Il n'a pas compris l'ironie de mes éloges. Dire quelque chose avec, sans ironie* (Cf. Hiérarchique, cit. 2 ; imprégner, cit. 8). V. **Rire** (pour, sans). *Humour** (cit. 6 et 8) *et ironie* (Cf. Aigu, cit. 14 ; entendre, cit. 85). *Ironie fine, délicate, transparente, voilée, légère, imperceptible, précise, corrosive* (cit. 5), *profonde...* (Cf. Attique, cit. 8 ; chicane, cit. 5 ; estimer, cit. 21). *Ironie amère, mordante...* V. **Amertume, pointe, sarcasme**. *Savoir manier l'ironie. L'ironie de Voltaire.*

2 « ... dans les premières paroles que Dieu a dites à l'homme, depuis sa chute, on trouve un discours de moquerie, et une *ironie piquante,* selon les Pères. »
PASC., **Provinc.**, XI.

3 « Je ne te dirai pas tous les sarcasmes que je lui débitai en riant. Eh ! bien, la parole la plus acérée, l'ironie la plus aiguë, ne lui arrachèrent ni un mouvement ni un geste de dépit. »
BALZ., **Peau de chagrin**, Œuvr., t. IX, p. 112.

4 « L'ironie est, à coup sûr, l'arme la plus dangereuse qui soit dans les mains de l'homme. Un écrivain, redoutable lui-même par l'ironie, nommait cet instrument de supplice *la gaîté de l'indignation,...* »
BLOY, **Le désespéré**, p. 152.

5 « La gravité n'est pas nécessaire à l'expression de ce que l'on croit être la vérité ; l'ironie pimente agréablement la tisane morale ; il faut du poivre dans cette camomille ; affirmer avec dédain est un moyen assez sûr de n'être pas dupe, même de ses propres affirmations. »
GOURMONT, **Livre des masques**, p. 115.

6 « Tantôt on énoncera ce qui devrait être en feignant de croire que c'est précisément ce qui est : en cela consiste l'ironie. »
BERGSON, **Le rire**, p. 97.

7 « Le langage expressif rend souvent une idée par son contraire : c'est l'*ironie* ou *antiphrase :* « Fiez-vous aux femmes ! » prononcé avec une intention appropriée est une invitation à la défiance. »
Ch. BALLY, **Linguist. génér. et linguist. franç.**, p. 174.

8 « On disait devant celui-ci (Leconte de Lisle) que Victor Hugo était bête. L'auteur des *Poèmes barbares*, qui précisément devait tout son excellent métier à Hugo, répondit derrière son monocle : « Oui, *mais* bête comme l'Himalaya », ce qui, sous l'ironie voilée imperceptible aux imbéciles, signifie exactement le contraire. »
HENRIOT, **Romantiques**, p. 95.

— *Par ext.* Disposition railleuse, moqueuse, correspondant à cette manière de s'exprimer. *Il l'intimidait par son*

ironie continuelle (ACAD.). *Sensibilité qui se déguise sous l'ironie. Tendresse mêlée, colorée* (cit. 6) *d'ironie. Bonhomie qui décourage l'ironie* (Cf. Énormité, cit. 4). *Ironie et enthousiasme* (Cf. Exprimer, cit. 24). *Une pointe d'ironie. Une lueur d'ironie dans le regard, une nuance d'ironie dans le ton.* V. **Gaieté**.

9 « ... le général disait beaucoup de mal de la société française composée d'êtres secs chez lesquels le plaisir de montrer de l'ironie étouffe le bonheur d'avoir de l'enthousiasme... »
STENDHAL, **Le rose et le vert**, I.

10 « Puis Nello avait encore contre lui ce bonheur, lorsqu'il se trouvait au milieu de femmes, de les intimider, de les déconcerter par l'ironie rieuse de sa figure, par un sourire qui était naturellement et involontairement moqueur, un sourire qui, selon l'expression de l'une, « avait l'air de se ficher du monde. »
GONCOURT, **Zemganno**, LII.

11 « L'Ironie et la Pitié sont deux bonnes conseillères ; l'une, en souriant, nous rend la vie aimable ; l'autre, qui pleure, nous la rend sacrée. »
FRANCE, **Jardin d'Épicure**, p. 94.

— *Fig.* Intention moqueuse, malicieuse qui semble présider à certains faits étranges ou cruels. V. **Dérision, moquerie**. *Ironie du sort. Cette amère* (cit. 14 Mᵐᵉ de STAËL) *ironie du malheur. Ironies de la nature* (Cf. Fantaisie, cit. 36 BAUDEL.).

ANT. — **Sérieux**.

DER. — Cf. Ironique. — **Ironiser**. *v. intr.* (1647). User d'ironie, prendre le ton de l'ironie. *Non, croyez-moi, je n'ironise pas.* V. **Blaguer, moquer** (se), **railler**. — **Ironiste**. *n.* (XVIIIᵉ s. in GOHIN). Personne qui pratique, qui affecte l'ironie. V. **Humoriste, moqueur, railleur.** *Homme d'esprit et ironiste.*

1 « Mais il faut faire la part de ceux qui, sans conclure, interrogent toujours. Ici, j'ironise à peine... »
CAMUS, **Mythe de Sisyphe**, p. 19.

2 « Ces accents voilés d'inquiétude secrète, de passion ou de désespoir sont aussi ce qui distingue France des ironistes auxquels on l'apparente un peu légèrement, Courier, Mérimée ou Chamfort. »
J. LEVAILLANT, **Pages choisies d'A. France**, Notice.

IRONIQUE. *adj.* (XVᵉ s. ; lat. *ironicus*). Où il entre de l'ironie. V. **Blagueur, moqueur, narquois, persifleur, railleur, sarcastique**. *Expressions, propos ironiques* (Cf. Antiphrase, cit. 2). *Ton ironique. Air, regard, sourire, rire ironique* (Cf. Expression, cit. 33 ; condescendant, cit.). — Qui use de l'ironie (Cf. Hystérique, cit. 4 ; incisif, cit. 5). — *Fig.* V. **Dérisoire**. *Le destin est ironique* (Cf. Avertir, cit. 26). *Un ironique retour des choses.*

1 « ... on lui faisait sentir sa folie bien plus vivement par cette expression ironique que par une expression sérieuse. »
PASC., **Provinc.**, XI.

2 « Une amère et ironique distribution des dons de la fortune... »
CHATEAUB., **Stuart**, XII.

3 « ... j'aime le rire,
Non le rire ironique aux sarcasmes moqueurs,
Mais le doux rire honnête ouvrant bouches et cœurs ;
Qui montre en même temps des âmes et des perles. »
HUGO, **Contempl.**, I, VI.

4 « La voix, en dépit des mots, n'était pas suppliante, mais ironique et corrosive. »
DUHAM., **Pasq.**, VII, XXV.

ANT. — **Sérieux**.

DER. — **Ironiquement**. *adv.* (XVᵉ s.). D'une manière ironique, par ironie. *Parler, employer une expression ironiquement* (Cf. Ambassadeur, cit. 3 ; attacher, cit. 15 ; bien 1, cit. 61). *Inviter, engager* (cit. 31) *ironiquement à.... Destin qui traite ironiquement la vie humaine* (Cf. Gaspiller, cit. 3). ANT. **Sérieusement**.

IROQUOIS, OISE. *adj.* et *n.* (XVIIᵉ s. ; dès 1700 au fig.). Qui appartient à une peuplade indienne de l'Amérique du Nord, habitant sur les rives des lacs Érié et Ontario et du Saint-Laurent. — Substant. *L'iroquois,* la langue des Iroquois. V. **Huron**. *Fam.* (Vieilli) *C'est de l'iroquois,* en parlant d'un jargon inintelligible (Cf. Ceinture, cit. 2). *Fig.* (Vieilli) *Quel iroquois !* en parlant d'une personne « dont les actions et la conduite sont bizarres, contraires au bon sens ou aux usages » (ACAD.).

« ... il me conseilla de commencer par m'acclimater, m'invita à apprendre le sioux, l'iroquois et l'esquimau, à vivre au milieu des *coureurs de bois* et des agents de la compagnie de la baie d'Hudson. »
CHATEAUB., **M. O.-T.**, t. I, pp. 289-290.

IRRACHETABLE (*ir-ra-*). *adj.* (1611 ; de *in-*, et *rachetable**). Qu'on ne peut racheter. *Fonds, rentes irrachetables.* — *Fig.* (Cf. Illusoire, cit. 3).

IRRADIATION (*ir-ra*). *n. f.* (1390 ; empr. au lat. *irradiatio*, de *radius*, « rayon »).

|| **1°** Action d'irradier* (intr.) ; émission de rayons lumineux (y compris les rayons invisibles du spectre), et *par ext.* Émission de rayons X et rayonnement des corps radio-actifs. V. **Radiation, rayonnement** (Cf. Amoncellement, cit. 1 ; brillanter, cit. 1 BUFF.). *L'irradiation du soleil à travers les nuages.*

1 « ... les rayons du soleil reflètent leurs prismatiques irradiations sur les glaces de Venise et les rideaux de damas. »
LAUTRÉAMONT, **Chants de Maldoror**, VI.

2 « Claude (Lorrain) sait noter dans leur irradiation et leurs colorations les feux du jour changeant au crépuscule du matin comme à celui du soir. »
R. HUYGHE, **Dial. avec le visible**, p. 148.

— *Spécialt.* Illusion d'optique, par laquelle l'œil perçoit de la lumière au delà du périmètre réel des objets (dont le diamètre apparent se trouve ainsi exagéré). *Lunettes astronomiques permettant de corriger les phénomènes d'irradiation.*

— Par anal. *Phys.* Se dit de tout mouvement qui part d'un centre et rayonne dans toutes les directions. *L'irradiation de la chaleur.* — *Anat.* Disposition rayonnée des fibres, des vaisseaux... — *Physiol. Irradiation douloureuse,* « propagation d'une sensation douloureuse d'un point fixe, siège de la douleur, vers des régions plus ou moins éloignées » (GARNIER). Cf. Diffus, cit. 2 PROUST.

— Fig. *Irradiation de l'esprit, du progrès...*

3 « Je pensais : la bonté n'est qu'une irradiation du bonheur ; et mon cœur se donnait à tous par le simple effet d'être heureux. »
GIDE, Nouv. nourrit., III, p. 258.

‖ **2°** (*Néol.*). Action d'irradier* (tr.). *Irradiation d'une tumeur par les rayons X.*

IRRADIER (*ir-ra-*). *v. intr.* et *tr.* (XVe s., rare jusqu'au XVIIIe s. ; du lat. *irradiare*, « rayonner », de *radius*, « rayon »).

‖ **1°** *V. intr.* Se propager en rayonnant à partir d'un centre, par irradiation*. V. **Diffuser** (se), **rayonner**. *C'est de là que la lumière irradie* (LITTRÉ). V. **Briller.** *Chaleur irradiant lentement. La douleur irradie vers les régions éloignées du point lésé.* — REM. Dans ce sens, le pronominal *S'irradier,* qu'on rencontre parfois, est peu correct.

1 « De profondes ravines irradiaient dans diverses directions et donnaient à la scène un caractère de solennité plus lugubre. »
BAUDEL., Trad. E. POE, Hist. extr., Scarabée d'or.

2 « La douleur irradiait dans le côté gauche et tuait en elle tout remords. »
MAURIAC, Fin de la nuit, VII.

— Fig. V. **Développer** (se), **disperser** (se), **propager** (se)...

3 « Quand on aime, l'amour est trop grand pour pouvoir être contenu tout entier en nous ; il irradie vers la personne aimée, rencontre en elle une surface qui l'arrête, le force à revenir vers son point de départ ; et c'est ce choc en retour de notre propre tendresse que nous appelons les sentiments de l'autre et qui nous charme plus qu'à l'aller, parce que nous ne connaissons pas qu'elle vient de nous. »
PROUST, Rech. t. p., t. IV, p. 14.

‖ **2°** *V. tr.* (Néol.). Exposer (des organismes ou des substances d'origine animale ou végétale) à l'action de certaines radiations.

IRRAISONNABLE (*ir-rai-*). *adj.* (1370 ; de *in-*, et *raisonnable*). *Philos. anc.* Qui n'est pas doué de raison. *L'âme irraisonnable* (Cf. Habitude, cit. 5 RONS.). — *Peu usit.* Qu'on ne peut raisonner. V. **Déraisonnable** (Cf. Bousculement, cit.).

IRRAISONNÉ, ÉE (*ir-rai-*). *adj.* (1842 ; de *in-*, et *raisonné*). Qui n'est pas raisonné, où n'intervient pas la raison. *Mouvement, geste irraisonné. Passion irraisonnée. Appréhension, crainte irraisonnée.*

« ... une honte irraisonnée et invincible, comme un instinct. »
BOURGET, Un divorce, IV, p. 141.

IRRATIONNEL, ELLE (*ir-ra-*). *adj.* (XIVe s. ; empr. au lat. *irrationalis*).

‖ **1°** Qui n'est pas rationnel*, qui n'est pas conforme à la raison ou du domaine de la raison. V. **Anormal, déraisonnable, fou.** *Impulsion, conduite, poussée irrationnelle* (Cf. Hitlérien, cit. 2). *Suppositions, conclusions, croyances irrationnelles.* V. **Gratuit.** *Constructions irrationnelles* (Cf. Incohérence, cit. 4). *La littérature fantastique et irrationnelle* (Cf. Fatrasie, cit. 1).

1 « La scolastique veut toujours un point de départ fixe et indubitable et, ne pouvant le trouver ni dans les choses extérieures ni dans la raison, elle l'emprunte à une source *irrationnelle* quelconque, telle qu'une révélation, une tradition ou une autorité conventionnelle ou arbitraire. »
Cl. BERNARD, Introd. ét. médecine expér., I, II.

— Substant. *L'irrationnel,* ce qui est inaccessible ou même contraire à la raison. *La griserie* (cit. 8), *le vertige de l'irrationnel* (Cf. Illuminer, cit. 26).

2 « Presque tous nous sommes doubles. Plus l'homme se développe par la tête, plus il rêve le pôle contraire, c'est-à-dire l'irrationnel, le repos dans la complète ignorance, la femme qui n'est que femme, l'être instinctif qui n'agit que par l'impulsion d'une conscience obscure. »
RENAN, Souv. d'enfance., Préface, Œuvr., t. II, p. 716.

3 « Et j'en dirai autant de la raison, laquelle est un principe de critique et de compréhension, alors que la puissance de création appartient indéniablement à l'irrationnel. »
BENDA, Trahison des clercs, p. 87.

4 « (L'homme)... s'avise d'être plongé dans le non-sens, dans l'incommensurable, dans l'irrationnel ; et toute chose lui apparaît infiniment étrangère, arbitraire, inassimilable. »
VALÉRY, Analecta, XLV.

‖ **2°** *Math. Nombre irrationnel,* qui ne peut être mis sous la forme d'un rapport entre deux nombres entiers. *Équation irrationnelle,* qui renferme une ou plusieurs expressions engagées sous des radicaux

DER. — **Irrationalisme.** n. m. (*Néol.*). Hostilité au rationalisme, absence de foi dans la raison. *Irrationalisme des illuminés, des tenants de la philosophie du sentiment.* — **Irrationalité.** n. f. (1873 P. LAROUSSE). Caractère de ce qui est irrationnel ; l'irrationnel. *Irrationalité d'un principe.* — **Irrationnellement.** adv. (1867 LITTRÉ). *Peu usit.* D'une manière irrationnelle.

« Une civilisation de l'homme seul ne dure pas très longtemps et le rationalisme du XVIIIe siècle finit par la rafale de passion et d'espoir que l'on sait : mais la culture de ce siècle ressuscitait tout ce qui renforçait son rationalisme, et la nôtre ressuscite tout ce qui renforce notre irrationalisme. »
MALRAUX, Voix du silence, p. 494.

IRRÉALISABLE (*ir-ré-*). *adj.* (1839 ; de *in-*, et *réalisable*). Qui ne peut se réaliser. V. **Chimérique, impossible, impraticable, inexécutable, utopique...** *Projet, désir irréalisable. C'est irréalisable* (Cf. Concorder, cit. 2 PROUST).

« — À supposer que, pour une raison quelconque, cet intéressant projet devienne irréalisable. — En ce cas, je me tuerai. »
DUHAM., Salavin, V, XIV.

IRRÉALISÉ, ÉE (*ir-ré-*). *adj.* (fin XIXe s. ; de *in-*, et *réalisé*). Qui n'a pas été réalisé. *Espoir, projet irréalisé* (Cf. Fatalité, cit. 15). ANT. **Accompli.**

IRRÉALISME, IRRÉALITÉ. V. IRRÉEL (*Dér.*).

IRRECEVABLE (*ir-re-*). *adj.* (1588 MONT. ; de *in-*, et *recevable*). Qui n'est pas recevable*, qui ne peut être admis, pris en considération. V. **Inacceptable, inaccordable, inadmissible.** *Demande, proposition, témoignage irrecevable. Déclarer irrecevables des conclusions tardives.*

DER. — **Irrecevabilité.** n. f. (1874 in LITTRÉ, Suppl.). Caractère de ce qui n'est pas recevable. *Irrecevabilité d'une demande. Irrecevabilité d'une action en justice,* en raison d'une exception* ou d'une fin* de non-recevoir.

IRRÉCONCILIABLE (*ir-ré-*). *adj.* (1554 ; de *in-*, et *réconciliable*).

‖ **1°** Avec qui il n'y a pas de réconciliation possible. *Ennemis irréconciliables de la religion, de l'Empire,...*

1 « ... elle se faisait par là un ennemi irréconciliable d'un homme qui se trouvait maître d'une partie de son secret,... »
LACLOS, Liais. dang., CLXVIII.

— Qui ne peut être apaisé (en parlant de personnes ou de choses) ; qui ne peut composer, transiger. *Haine, inimitié irréconciliable.*

2 « L'envie est plus irréconciliable que la haine. »
LA ROCHEF., Réflex. morales, 328.

3 « ... Sainte-Beuve... mettra au compte d'une « irréconciliable indépendance » son désir de n'avoir aucune discussion avec ses justiciables. »
HENRIOT, Romantiques, p. 165.

‖ **2°** Entre lesquels il n'y a pas de réconciliation possible. *Adversaires irréconciliables.*

4 « Les deux peuples demeurèrent irréconciliables. »
BOSS., Disc. Hist. univ., I, IX.

5 « Ma chère Berthe, puisqu'un hasard bien singulier nous remet en présence après six ans de séparation, de séparation sans violence, allons-nous continuer à nous regarder comme deux ennemis irréconciliables ? »
MAUPASS., Sœurs Rondoli, Rencontre, p. 251.

DER. — **Irréconciliablement.** adv. (XVIe s.). Sans réconciliation possible. *Ils sont irréconciliablement brouillés.*

IRRÉCOUVRABLE (*ir-ré*, ACAD.). *adj.* (XVIe s. ; une première fois au XIVe s. ; de *in-*, et *recouvrable*). Qu'on ne peut recouvrer. *Impôt, taxes irrécouvrables. Créances irrécouvrables.*

IRRÉCUPÉRABLE (*ir-ré-*). *adj.* (XVe s. ; de *in-*, et *récupérable*). Qui ne peut être récupéré. *Une vieille ferraille à peu près irrécupérable.*

IRRÉCUSABLE (*ir-ré-*). *adj.* (1552, mais rare jusqu'au XVIIIe s. ; empr. au bas lat. *irrecusabilis*. V. **Récuser**). Qui ne peut être refusé. *Juge, témoins irrécusables* (Cf. Évident, cit. 5). *Témoignage, pièce irrécusable.*

1 « — Mais, monsieur, dit César, il ne m'est pas défendu de songer à la réhabilitation, et les actes authentiques sont alors irrécusables,... »
BALZ., César Birotteau, Œuvr., t. V, p. 580.

— *Par ext.* Qu'on ne peut refuser, contester, mettre en doute. *Signes irrécusables* (Cf. Grossesse, cit. 2). V. **Éclatant, indiscutable.** *Preuve irrécusable.* V. **Irréfragable, irréfutable.**

2 « Un homme, peu préparé par son éducation et son tempérament naturel, a reçu, bien malgré lui, l'appel de Dieu, un appel irrécusable. »
CLAUDEL, Partage de midi, Préface, p. 12.

ANT. — Récusable. Contestable, controversable, discutable, douteux, erroné, faux...

IRRÉDENTISME (*ir-ré-dan-*). *n. m.* (1890 P. LAROUSSE, 2e Suppl. ; empr. à l'ital. *irredentismo,* de *irredento,* « non racheté, non délivré »). Doctrine et mouvement politique des nationalistes italiens qui, après la formation de l'unité, ont réclamé l'annexion des territoires de langue ou de population italiennes non encore libérées de la domination étrangère (*Italia irredenta*). — *Par anal.* Se dit de tout mouvement national s'inspirant des mêmes principes

DER. — **Irrédentiste.** *adj.* et *n.* (1890). Qui est inspiré par l'irrédentisme. *Politique, théories irrédentistes. Un irrédentiste,* un partisan de l'irrédentisme.

IRRÉDUCTIBLE (*ir-ré-*). *adj.* (1752 ; de *in-,* et *réductible.* V. **Réduire**). Qui n'est pas réductible, qui ne peut être réduit*. — (Chir.). *Luxation, fracture, hernie irréductible,* dont la réduction* est impossible. — (Chim.) *Oxyde irréductible,* qui ne peut être ramené à ses éléments. — (Math.) *Fraction, expression, équation irréductible,* qu'on ne peut ramener à des termes plus simples. — (Fin.) *Rente irréductible,* dont on ne peut abaisser le taux d'intérêt.

— *Fig.* (fin XIX° s.). Qui ne peut être ramené à autre chose. *Un fait, une propriété, une loi irréductible* (Cf. Incommensurable, cit. 4), *simple* (Cf. Catégorie, cit. 2). — (Avec un compl.) *Irréductible à...* (Cf. Français, cit. 5 ; individu, cit. 15 ; induction, cit. 3 H. POINCARÉ).

1 « Je ne puis expliquer autrement une série de phénomènes, irréductibles, me semble-t-il, au simple état tuberculeux. »
GIDE, **Immoraliste**, p. 53.

2 « Ne voit-on pas que, selon l'idée même de synthèse, la vie serait irréductible à la matière et la conscience humaine irréductible à la vie ? » SARTRE, **Situations III**, p. 155.

— Qui ne peut être entamé, dont on ne peut 'venir à bout. *Opposition, obstacles irréductibles.* V. **Invincible** (Cf. Base, cit. 20 ; contradictoire, cit. 4 ; croire, cit. 55 ; esthétique, cit. 11). *Une volonté irréductible.* V. **Indomptable**.

3 « Il y a un point, en effet, sur lequel je désespérais de vous convaincre ; nos natures différeront toujours sur ce point-là. D'où un certain désaccord entre nous qui demeurera toujours irréductible. »
F. PORCHÉ, **Lett. à Gide**, in GIDE, **Corydon**, Appendice, p. 207.

— (En parlant des personnes). V. **Intraitable**. *L'ambassadeur fut irréductible sur ce point.*

4 « Il se déclarait désormais « l'*ennemi irréductible* de la Grande-Bretagne » et... » MADELIN, **Hist. Cons. et Emp.**, Le Consulat, VI.

ANT. — **Réductible. Apprivoisable.**

DER. — **Irréductibilité.** *n. f.* (1771 TRÉV.). Caractère de ce qui est irréductible. *Irréductibilité d'une équation, d'une rente...* Fig. *Irréductibilité d'un fait à un autre. Irréductibilité d'une opposition, d'un caractère...*

IRRÉEL, ELLE (*ir-ré-*). *adj.* (1794 in POUGENS ; de *in-,* et *réel*). Qui n'est pas réel, qui est en dehors de la réalité. V. **Abstrait, imaginaire, inexistant**. *Homme, objet qui semble irréel* (Cf. Briquet, cit. 2 ; entrer, cit. 17 ; incorporel, cit. 2 ; inaccessible, cit. 10). *Aspect irréel* (Cf. Fragilité, cit. 6). V. **Fantastique ; fantôme, illusion**. *Croire irréelles certaines passions, certaines difficultés* (Cf. Courtois, cit. 4 ; fléau, cit. 6). V. **Chimérique, vain**. *Une beauté irréelle. L'irréel pays d'Eldorado.* V. **Fabuleux**.

1 « En ce sens, les petits drames de M. Maeterlinck, si délicieusement irréels, sont profondément vivants et vrais. »
GOURMONT, **Livre des masques**, p. 21.

2 « Il s'agit du pays de Tendre, dont Mademoiselle de Scudéry et son ami (*Pellisson*), par jeu, ont relevé le plan irréel et sentimental, avec toutes les voies de communication, où se retrouver, où se perdre. »
HENRIOT, **Portr. de femmes**, p. 39.

— *Substant. L'irréel,* ce qui est irréel. *Le chimérique* (cit. 6) *et l'irréel.*

3 « ... ces jardins qui ne sont pas des jardins, ces lignes qui s'emmêlent avec une souplesse et une liberté sans fin, tout cet irréel précieux qui n'emprunte rien, ou presque rien, à la réalité des choses et ne paraît pas avoir d'autre objet que lui-même,... »
J. et J. THARAUD, **Marrakech**, IV.

— *Spécialt.* (Gramm.). *Mode irréel,* ou substant. *L'irréel,* « construction ou forme verbale susceptible d'exprimer que l'action énoncée est envisagée à titre d'hypothèse irréalisable » (MAROUZEAU). *Irréel du présent, dans le présent* (*Ex. :* Si j'étais plus âgé, je prendrais ma retraite). *Irréel du passé, dans le passé* (*Ex. :* S'il avait fait beau, je me serais promené).

ANT. — **Authentique, effectif, réel...**

DER. — **Irréalisme.** *n. m.* (*Néol.*). Manque de réalisme. *Irréalisme d'une politique.* — **Irréalité.** *n. f.* (début XX° s.). Caractère de ce qui est irréel ; l'irréel. *Irréalité de certaines créations littéraires* (Cf. Grotesque, cit. 18).

1 « J'étais effrayé pourtant de penser que ce rêve avait eu la netteté de la connaissance. La connaissance aurait-elle, réciproquement, l'irréalité du rêve ? » PROUST, **Rech. t. p.**, t. X, p. 157.

2 « Tous ces gens qui ne veulent pas voir l'agonie de notre vieux monde ne sont pas des sages. Leur placide candeur s'évertue dans une irréalité qui ressemble au néant. »
DUHAM., **Récits temps de guerre**, IV, XXXIII.

IRRÉFLÉCHI, IE (*ir-ré-*). *adj.* (1787 ; de *in-,* et *réfléchir*). Qui n'est pas réfléchi ; qui agit ou se fait sans réflexion. *Jeune homme irréfléchi.* V. **Capricieux, écervelé, étourdi, imprévoyant, impulsif, léger**. — *Actes, mouvements irréfléchis.* V. **Involontaire ; instinctif, machinal, mécanique** (Cf. Coup de tête*, et *aussi* Implacable, cit. 7). *Propos irréfléchis.* V. **Déraisonnable, inconsidéré**. *Vaillance irréfléchie* (Cf. Fureur, cit. 20). V. **Audacieux**.

« Des actions irréfléchies qui avaient déchiré le cœur de son père. » 1
Mme de STAËL, **Corinne**, VIII, 1.

« Plus de ces entraînements irréfléchis, dus, par exemple, à l'excitation que les vieux chants d'une patrie éveillent, maladivement, dans le cœur de quelques derniers enthousiastes ! » 2
VILLIERS DE L'ISLE-ADAM, **Contes cruels**, p. 246.

ANT. — **Avisé, raisonnable, réfléchi.**

DER. — Cf. Irréflexion.

IRRÉFLEXION (*ir-ré-*). *n. f.* (1791 ; de *in-,* et *réflexion*). Manque de réflexion*. V. **Étourderie, imprévoyance, imprudence, inattention, inconscience, inconséquence, inconsidération, légèreté, précipitation, routine**. *Faute, bévue, sottise commise par irréflexion. Irréflexion d'enfant* (Cf. Envahissement, cit. 5).

IRRÉFORMABLE (*ir-ré-*). *adj.* (1594 in HUGUET ; de *in-,* et *réformer*). *Dr.* Qui ne peut être réformé*. *Jugement, arrêt irréformable.* — Qui n'est pas susceptible de réformation, de correction (Cf. Hérésiarque, cit. 2).

« ... non seulement cet abus paraissait à tout le monde irréformable, mais utile : » VOLT., **Dict. philos.**, Vénalité.

ANT. — **Réformable.**

IRRÉFRAGABLE (*ir-ré-*). *adj.* (1470 ; empr. au bas lat. *irrefragabilis,* de *refragari,* « s'opposer à, voter contre »). Qu'on ne peut contredire, récuser. V. **Irrécusable**. *Autorité, témoignage, preuve irréfragable.*

« Mille scolastiques sont venus ensuite, comme le docteur irréfragable, le docteur angélique,... qui tous ont été bien sûrs de connaître l'âme très clairement,... » VOLT., **Lett. philos.**, XIII. 1

« Ellénore n'avait eu jusqu'alors aucune notion de ce sentiment passionné, de cette existence perdue dans la sienne, dont mes fureurs mêmes, mes injustices et mes reproches, n'étaient que des preuves plus irréfragables. » B. CONSTANT, **Adolphe**, III. 2

« Ces circonstances sont désormais prouvées d'une manière irréfragable et par les dépositions des témoins, et par les confessions des acteurs, et par les propres lettres de Marie Stuart, dont M. Mignet, dans un éclaircissement final, met hors de doute l'authenticité. » 3
STE-BEUVE, **Causer. du lundi**, 11 août 1851.

ANT. — **Controversable, discutable, erroné, faux.**

IRRÉFUTABLE (*ir-ré-*). *adj.* (prem. moitié du XVIII° s. VAUVEN. ; de *in-,* et *réfutable*). Qui ne peut être réfuté. *Argument, objection irréfutable.* V. **Invincible**. *Témoignages, preuves irréfutables.* V. **Formel, indiscutable, irrécusable...**

« Ce raisonnement si logique était irréfutable. »
LECOMTE, **Ma traversée**, p. 509.

ANT. — **Discutable, réfutable.**

DER. — **Irréfutabilité.** *n. f.* (XIX° s.). Caractère de ce qui est irréfutable. — **Irréfutablement.** *adv.* (1876 LITTRÉ, Suppl.). D'une manière irréfutable. *Prouver irréfutablement.*

« Vous m'avez fait cette objection avec une aisance qui est à peu près en raison de son apparente irréfutabilité. »
BAUDEL., **Trad. E. POE**, Hist. extraord., Révél. magnét.

IRRÉGULARITÉ (*ir-ré-*). *n. f.* (XIV° s. ; du bas lat. *irregularitas*).

‖ 1° Caractère, aspect irrégulier* (des choses non conformes à une règle). *Irrégularité d'un bâtiment* (Cf. Gradin, cit. 4), *d'un pavage. Irrégularité de formes, de traits.* — *Irrégularité d'un mouvement, du pouls.* V. **Inégalité**. *Irrégularité d'un phénomène. Irrégularité d'une construction grammaticale. L'irrégularité de sa conduite, de son procédé, de sa situation. Mesure, nomination entachée d'irrégularité.* V. **Illégalité, passe-droit**. — (En parlant des personnes) *Irrégularité d'un employé, d'un élève, d'un coureur...* — *Spécialt.* (Dr. can.). Situation d'une personne qui ne peut recevoir les ordres ou, les ayant reçus, devient incapable d'exercer ses fonctions. *Clerc tombant dans l'irrégularité.*

« ... ils sortent de l'art pour l'ennoblir, s'écartent des règles si elles ne les conduisent pas au grand et au sublime ; ils marchent seuls et sans compagnie,... toujours sûrs et confirmés par le succès des avantages que l'on tire quelquefois de l'irrégularité. » LA BRUY., I, 61. 1

« ... òn aimera mieux les croire (*les pendules*) déréglées, que de soupçonner la terre de quelque irrégularité dans ses révolutions. »
FONTENELLE, **Entret. s. plur. mondes...**, 6° soir. 2

‖ 2° Chose ou action irrégulière. *Irrégularités dans le plan, la construction d'un édifice* (V. **Asymétrie, défaut**), *dans le mouvement d'un astre* (V. **Anomalie, défaut, perturbation**), *dans une conjugaison* (V. **Anomalie**). — *Irrégularités dans une élection, une procédure. Commettre des irrégularités. Dénoncer les irrégularités d'une gestion, d'un gérant. Les irrégularités dont sa vie n'est pas exempte.* V. **Caprice, désordre, écart, erreur, faute, manquement.**

« ... il régnait en général une décence extérieure qui couvrait toutes les irrégularités, le vice ne s'affichait pas, au contraire. » 3
MATORÉ, in GAUTIER, **Préface M**lle **de Maupin**, Introd., p. XX.

ANT. — **Régularité ; assiduité, constance, égalité.**

IRRÉGULIER, IÈRE (*ir-ré-*). *adj.* (1283 ; du bas lat. *irregularis*). Qui n'est pas régulier*.

‖ 1° (Dans l'ordre physique). Qui n'est pas régulier dans sa forme, ses dimensions, sa disposition, son rythme...

Conformation irrégulière des membres (Cf. Aplomb, cit. 3). V. **Anormal.** *Forme, figure irrégulière.* V. **Asymétrique, baroque, biscornu, hétéroclite.** *Bâtiment irrégulier. Place irrégulière et mal pavée* (Cf. Cour, cit. 5 ; heurter, cit. 24). *Visage, traits irréguliers ; d'une beauté* (cit. 20) *irrégulière. Écriture* (cit. 11 et 12) *irrégulière. Mouvement inégal* (cit. 9) *et irrégulier* (Cf. Accommoder, cit. 14). V. **Convulsif, déréglé, désordonné, saccadé.** *Détonations, fusillades irrégulières* (Cf. Écumoire, cit. ; individuellement, cit. 3). V. **Discontinu.** *Pouls irrégulier.* V. **Inégal.** *Croissance irrégulière. Résultats irréguliers. Crises* (cit. 7) *périodiques ou irrégulières.* V. **Accidentel.** *Fièvre irrégulière.* V. **Erratique.**
— Spécialt. (Bot.). *Fleurs, corolles irrégulières, calice irrégulier,* dont les divisions ne sont point semblables entre elles.

1 « ... une vieille rue aux pavés irréguliers, et que les rares voitures évitent à cause de ces pavés. » P. BENOIT, Mlle de la Ferté, p. 8.

2 « ... ses lèvres brillaient, elle revit leur mouvement lorsqu'il parlait, découvrant des dents un peu irrégulières. »
GREEN, Ad. Mesurat, II, V.

‖ **2°** (Dans l'ordre des créations ou des habitudes humaines). Qui n'est pas conforme à la règle établie, à l'usage commun. *Conduite* (cit. 25), *vie, mœurs irrégulières.* V. **Corrompu** (Cf. Folie, cit. 9). *Femme dans une situation irrégulière.* V. **Illégitime.** *Procédure irrégulière.* V. **Illégal.** *Actes, procédés irréguliers* (Cf. Estime, cit. 15). *C'est tout à fait irrégulier.* Cf. Jeu (pas de). *Détention irrégulière.* V. **Arbitraire.** — (Gramm.) Qui n'est pas ou pas entièrement conforme à un type considéré comme normal. V. **Anomal.** *Phrases, constructions, formes... irrégulières.* V. **Incorrect** (Cf. Impropriété, cit. 2). *Déclinaisons, conjugaisons irrégulières. Substantifs, verbes irréguliers.* — (Poés.) *Vers irréguliers.* V. **Libre.**

3 « ... c'est ainsi que commença pour moi cette vie irrégulière et désencadrée, cette éducation rompue à laquelle je ne devais que trop prendre goût. » GIDE, Si le grain..., I, IV, p. 97.

4 « Or, Anna Lindsay, qui était toujours la maîtresse de Lamoignon, souffrait cruellement de sa situation irrégulière et rêvait de conquérir une place digne d'elle dans le monde :... »
HENRIOT, Portr. de femmes, p. 232.

— (En parlant de personnes). *Troupes irrégulières, soldats irréguliers,* ou ellipt. *Irréguliers,* qui n'appartiennent pas à l'armée régulière. V. **Franc-tireur.** *Employé, élève, athlète irrégulier,* qui n'est pas régulier dans son service, son travail, ses résultats. *Esprit, génie irrégulier,* qui ne s'assujettit pas aux règles (Cf. Grotesque, cit. 12). *Courtier irrégulier,* exerçant irrégulièrement le courtage. V. **Marron.** — Spécialt. (Dr. can.). *Clerc, prêtre irrégulier* (V. **Irrégularité***). — (Dr.) *Successeur* irrégulier (Cf. Auteur, cit. 24 ; héritier, cit. 7).

ANT. — **Régulier.** Égal. **Normal, symétrique, uniforme ; net, pur ; correct ; assidu.**

DER. — Cf. Irrégularité. — **Irrégulièrement.** adv. (XIVe s.). D'une manière irrégulière. *Gradins* (cit. 4) *disposés irrégulièrement. Amas bosselant* (cit.) *irrégulièrement une plaine. Perquisition irrégulièrement effectuée.* V. **Illégalement, indûment.** *Il ne vient que très irrégulièrement au bureau* (ANT. **Régulièrement ; normalement ; assidûment**).

IRRÉLIGIEUX, EUSE (ir-ré-). adj. (1406 ; du lat. *irreligiosus*). Qui n'a pas de croyance religieuse, ou péjor. « Qui ne respecte pas la religion, qui l'offense par sa conduite, par ses discours, par ses écrits » (ACAD.). V. **Agnostique, athée, impie, incrédule, incroyant, mécréant, sceptique...** (Cf. Sans foi* ni loi). *Écrivain violemment irréligieux. Les esprits irréligieux.* V. **Fort** (esprit), **libertin, penseur** (libre penseur). — Substant. « L'irréligieux n'admet pas de religion ou de culte et quelquefois même pas de Dieu : il est déiste ou athée » (LAFAYE). — Qui marque l'irréligion. *Écrits, propos, sentiments irréligieux. Opinions irréligieuses* (Cf. Embrasser, cit. 16).

1 « ... les impostures si hardies d'une compagnie... qui, sous des habits religieux, couvre des âmes si irréligieuses,... » PASC., Provinc., XV.

2 « Voltaire... était si supérieur à ses disciples, qu'il ne pouvait s'empêcher de rire quelquefois de leur enthousiasme irréligieux. »
CHATEAUB., Génie du christ., I, 1, 1.

DER. — **Irréligieusement.** adv. (XVe s.). D'une manière irréligieuse. *Vivre irréligieusement.* — **Irréligiosité.** n. f. (1483 : *irréligieuseté* au XVIe s.). Disposition d'esprit irréligieuse ou peu religieuse.

IRRÉLIGION (ir-ré-). n. f. (1560 ; du lat. *irreligio*). Manque de religion, d'esprit religieux. V. **Athéisme, impiété, incrédulité, incroyance, indifférence** (cit. 9). *Être accusé d'irréligion. Croyant qui ne fait aucune allusion à l'irréligion d'un ami* (Cf. Foi, cit. 42). *L'esprit d'irréligion.* — (Par méton.). *L'irréligion,* les hommes irréligieux (Cf. Face, cit. 64).

1 « Il avait un frère aîné, capitaine dans le même régiment, pour lequel était toute la prédilection de la mère, qui, dévote outrée, et dirigée par je ne sais quel abbé tartufe, en usait très mal avec le cadet, qu'elle accusait d'irréligion et même du crime irrémissible d'avoir des liaisons avec moi. » ROUSS., Confess., XII.

2 « ... au sortir de son ancienne cure si croyante, ce nouveau pays gâté par l'irréligion, respectueux des seules pratiques extérieures, le bouleversait dans la timidité inquiète de son âme. » ZOLA, La terre, V, IV.

ANT. — **Dévotion, foi, piété, religion.**

IRRÉMÉDIABLE (ir-ré-). adj. (1452 ; empr. du lat. *irremediabilis*). À quoi on ne peut remédier* (au pr. et au fig.). *Mal, état de faiblesse* (cit. 3) *irrémédiable. Aggravation* (cit.) *irrémédiable d'un état de santé. Avaries* (cit. 6), *pertes irrémédiables.* V. **Irréparable.** *Maux, coups, malheurs, désastres irrémédiables* (Cf. Épuiser, cit. 14). *Fautes, défauts, vices irrémédiables* (Cf. Humeur, cit. 11). *Rien n'est irrémédiable* (Cf. Fatalité, cit. 1). — Substant. *L'irrémédiable* (Cf. Critiquer, cit. 5).

1 « Je suis aux prises avec la pire de toutes les maladies, la plus soudaine, la plus douloureuse, la plus mortelle et la plus irrémédiable. »
MONTAIGNE, Essais, II, XXXVII.

2 « Cette défaite navale n'était pas irrémédiable Si elle ruinait l'espoir de réduire l'Angleterre en la menaçant jusque chez elle, notre marine n'était pas détruite. La confiance l'était. »
BAINVILLE, Hist. de France, XIII, p. 240.

3 « ... l'effondrement de 1940 et l'abandon qui suivit parurent... à beaucoup monstrueux et irrémédiables. L'idée que, depuis toujours, les Français se faisaient d'eux-mêmes, l'opinion historique de l'univers sur leur compte, s'étaient soudain anéanties. »
Ch. DE GAULLE, Mém. de guerre, t. II, p. 245.

ANT. — **Remédiable, réparable.**

DER. — **Irrémédiablement.** adv. (XVe s.). D'une manière irrémédiable. V. **Appel, recours, remède** (sans). *Ce qui accable* (cit. 15) *irrémédiablement notre âme. Situation irrémédiablement compromise.* V. **Définitivement, irréparablement** (Cf. aussi Figure, cit. 23).

« ... le Président du Conseil n'est pas un imbécile, mais il manque irrémédiablement de ce que nos amis d'outre-Manche appellent le sens de l'humour ;... » ARAGON, Beaux quartiers, II, VII.

IRRÉMISSIBLE (ir-ré-). adj. (1234 ; empr. du lat. *irremissibilis*. V. **Rémission**). Qui ne mérite pas de rémission, de pardon. V. **Impardonnable.** *Crime* (cit. 19) *irrémissible* (Cf. Adultère, cit. 8 ; irréligion, cit. 1). *Péché irrémissible. Faute, tort irrémissible.*

« ... rarement (les femmes) se pardonnent-elles l'avantage de la beauté. Et je dirai en passant que l'offense la plus irrémissible parmi ce sexe, c'est quand l'une d'elles en défaut une autre en pleine assemblée ; cela se venge ordinairement comme les assassinats et les trahisons. » LA FONT., Amours de Psyché, Œuvr., t. II, p. 133.

ANT. — **Pardonnable, rémissible.**

DER. — **Irrémissiblement.** adv. (1521). Sans rémission. *Il sera puni irrémissiblement.* V. **Miséricorde, pitié** (sans).

« Ah ! nous sommes damnés, irrémissiblement damnés, Fernando ! s'écria-t-elle (Inès) avec transport ; soyons du moins bien heureux pendant le peu de jours qui nous reste à vivre. »
STENDHAL, Le coffre et le revenant, Œuvr., t. II, p. 1230.

IRREMPLAÇABLE (ir-rem-). adj. (1876 LITTRÉ ; de *in-*, et *remplaçable*). Qui ne peut être remplacé. *Choses distinctes et irremplaçables l'une par l'autre. Ce qu'un écrivain a d'unique et d'irremplaçable* (Cf. Entendre, cit. 49). *Un collaborateur irremplaçable.*

1 « ... chaque instant de notre vie est essentiellement irremplaçable ; sache parfois t'y concentrer uniquement. »
GIDE, Nourrit. terrestres, p. 79.

— (En parlant de personnes). Qui ne peut être remplacé (par quelqu'un de même valeur). *Il n'est pas question de nous séparer de lui, c'est un homme irremplaçable. Nul n'est irremplaçable* (Cf. Interchangeabilité, cit.).

2 « Ne t'attache en toi qu'à ce que tu sens qui n'est nulle part ailleurs qu'en toi-même, et crée de toi, impatiemment ou patiemment, ah ! le plus irremplaçable des êtres. »
GIDE, Nourrit. terrestres, Envoi, p. 186.

3 « Au surplus, mon devoir est ici. Je suis irremplaçable, c'est bien évident. » DUHAM., Récits temps guerre, V, 1453-1915.

ANT. — **Interchangeable, remplaçable.**

IRRÉPARABLE (ir-ré-). adj. (1234 ; empr. au lat. *irreparabilis*. V. **Réparer**). Qui ne peut être réparé.

‖ **1°** (Au sens fig.). V. **Irrémédiable.** *Dommage, tort, perte irréparable* (Cf. Considérer, cit. 10 ; écrouler, cit. 1 ; inconsolable, cit. 1). *Mal, désastre, malheur irréparable. Se compromettre* (cit. 12) *de façon irréparable. Affront* (cit. 11), *injure irréparable. Je n'ai rien dit d'irréparable. Faute, crime irréparable. Malentendu irréparable.*

1 « Pour réparer des ans l'irréparable outrage. » RAC., Athal., III, 5.

2 « Nous avions prononcé tous deux des mots irréparables ; nous pouvions nous taire, mais non les oublier. »
B. CONSTANT, Adolphe, IV.

3 « ... si tu ne veux pas qu'il se prononce entre nous des paroles irréparables... » BOURGET, Un divorce, p. 91.

4 « Ce qui a pu s'arranger cette nuit-là deviendrait irréparable dans quelques jours. » PROUST, Rech. t. p., t. XIII, p. 9.

— Substant. *L'irréparable,* ce qui est irréparable.

5 « Il (Marius) n'avait point examiné et pesé le droit que prend l'homme de disposer de l'irrévocable et de l'irréparable. Il n'était pas révolté du mot vindicte. » HUGO, Misér., V, VII, II.

6 « L'irréparable était accompli. Huit jours plus tôt, elle pouvait encore vivre sans lui. Aujourd'hui, non. Elle était sienne ; il l'entraînait dans son sillage. » MART. du G., Thib., t. VIII, p. 14.

‖ **2°** Au sens propre (fin XIXe s. LAROUSSE). *Habit irréparable. Votre moteur a été tant de fois réparé qu'il est devenu irréparable ; vous n'avez plus qu'à le remplacer.*

ANT. — Arrangeable, réparable.

DER. — Irréparablement. adv. (1370). D'une manière irréparable. V. **Irrémédiablement**. *Situation irréparablement compromise* (cit. 13). *Être irréparablement enlaidi* (Cf. Compagne, cit. 6).

IRRÉPRÉHENSIBLE (*ir-ré-*). adj. (XIVe s. ; empr. au lat. *irreprehensibilis*. V. **Reprendre**). Qu'on ne peut reprendre, blâmer. V. **Inattaquable, irréprochable**. *Homme, conduite irrépréhensible. Plaisirs irrépréhensibles*. V. **Innocent**.

1 « ... des hommes irréprochables dans leur conduite et irrépréhensibles dans leurs mœurs ;... »
BOURDAL., Dominic., Serm. p. 4e dim. apr. Pâques.

2 « ... il y a plusieurs pièces de Corneille où l'on ne trouvera pas six vers irrépréhensibles de suite. » VOLT., Dict. philos., Vers et poésie.

IRRÉPRESSIBLE (*ir-ré-*). adj. (1866 ; de *in-*, et *répressible*. V. **Réprimer**). Qu'on ne peut réprimer, contenir. *Force, passion, tendance irrépressible. Rire irrépressible*. V. **Irrésistible**.

1 « C'était là l'instinct irrépressible des paysans. »
JAURÈS, Hist. social. Révol. franç., t. III, p. 15.

2 « Lettres de Mme de Sévigné, qu'il m'a pris une irrépressible envie de relire,... » GIDE, Journal, 7 mars 1917.

3 « Une des histoires de Jammes, qu'il racontait à ravir... et qui nous secouait de rires irrépressibles, car il y mettait un accent d'une inimaginable cocasserie :... » ID., Ainsi soit-il, p. 80.

IRRÉPROCHABLE (*ir-ré-*). adj. (XVe s. ; de *in-*, et *reprocher*). À qui, à quoi on ne peut faire aucun reproche. *Un homme, une épouse irréprochable*. V. **Accompli, honnête, irrépréhensible, parfait ; reproche** (sans) **; tare** (sans). Cf. Honte, cit. 35 ; fatal, cit. 10 ; frère, cit. 24. *Fonctionnaire irréprochable* (Cf. Idéal 2, cit. 21). *Être irréprochable dans sa tenue* (Cf. Épingle, cit. 5 ; imperturbablement, cit. 3), *dans sa conduite*. V. **Irrépréhensible** (cit. 1).

1 « Le pape Damase, qui le connaissait pour un homme irréprochable et dans ses mœurs et dans sa foi,... » FLÉCH., Hist. de Théodose, II, 51 (in LITTRÉ).

2 « Maintenant, assemblons en jury les hommes irréprochables, ceux qui ont droit de juger, ceux qui se sentent purs eux-mêmes,... » MICHELET, Hist. Révol. franç., IV, X.

3 « J'ai trop le sentiment de l'équité pour battre, outrager ou congédier un serviteur irréprochable. » BAUDEL., Spleen de Paris, XLII.

— *Vie, conduite, mœurs irréprochables*. V. **Inattaquable**. *Réputation, politesse, fidélité irréprochable* (Cf. Auditoire, cit. 3 ; dénaturer, cit. 11 ; glacer, cit. 33). *Contour* (cit. 6) *d'un irréprochable pureté. Habit, toilette, cravate... irréprochable*. V. **Impeccable** (Cf. Chaussette, cit. 2 ; envelopper, cit. 3 ; grave, cit. 12 ; incomparable, cit. 4). *Dîner irréprochable*. Cf. Désirer (ne laisser rien à). *Sonnet irréprochable*. V. **Défaut** (sans). *Raisonnement irréprochable*.

4 « (*Elle*)... avait trop d'orgueil pour n'être pas d'une irréprochable vertu. » STENDHAL, Lamiel, Append.

5 « D'abord, fils moi-même de parents d'une moralité irréprochable, je trouvais à cette histoire une odeur répugnante. »
ROMAINS, H. de b. vol., t. III, XXIII, p. 308.

ANT. — Condamnable, défectueux, reprochable.

DER. — Irréprochablement. adv. (1613). D'une manière irréprochable. *Raisonnements irréprochablement déduits* (Cf. Argumentateur, cit. 2). *Vivre irréprochablement*.

« Quant à sa fille, elle l'avait élevée irréprochablement, au point de vue de l'éducation officielle. »
BARBEY d'AUREV., Diaboliques, Dessous de cartes, p. 230.

IRRÉSISTIBLE (*ir-ré-*). adj. (1762 ACAD. ; empr. au lat. médiév. *irresistibilis*. V. **Résister**). À quoi, à qui on ne peut résister. *Force* (cit. 68), *courant* (cit. 11), *autorité, puissance irrésistible* (Cf. Enflammer, cit. 9 ; étudier, cit. 4 ; excrément, cit. 6 ; existence, cit. 31 ; flot, cit. 16 ; former, cit. 34 ; formule, cit. 2 ; frayeur, cit. 7). *Attrait* (cit. 8), *charme, séduction, envoûtement* (cit. 3) *irrésistible* (Cf. Capricieux, cit. 3 ; exercer, cit. 32 ; fascinant, cit. ; fontaine, cit. 5). *Penchant, mouvement, besoin, désir, amour irrésistible*. V. **Impérieux, tyrannique** (Cf. Breuvage, cit. 5 ; calculateur, cit. 4 ; destructeur, cit. 3 ; importer 2, cit. 29). *Arguments* (cit. 15), *dialectique* (Cf. Cause, cit. 8), *évidence* (Cf. Frayer, cit. 10), *preuve, logique irrésistible*. V. **Concluant, implacable**. *Hilarité* (cit. 4 et 5), *bonne humeur, fou rire irrésistible*. V. **Irrépressible**. *C'est irrésistible*. V. **Fort** (plus fort que moi). *Attaque, offensive irrésistible*. V. **Foudroyant**. *Destin irrésistible*. V. **Inéluctable**.

1 « Elle me voyait d'un autre côté entraîné par un goût irrésistible ; ma passion de musique devenait une fureur,... » ROUSS., Confess., V.

2 « ... la tentation irrésistible d'un plaisir. »
PROUST, Rech. t. p., t. XII, p. 236.

— *Végétation, flammes, geysers* (cit. 2) *irrésistibles* (Cf. Abortif, cit. ; frémissant, cit. 2). *L'irrésistible nuit* (Cf. Funeste, cit. 19 BAUDEL.).

— *Une femme irrésistible*, par sa beauté, son charme (Cf. Basin, cit. ; excitant, cit. 4). *Séducteur irrésistible. Cet acteur est irrésistible dans son nouveau rôle*.

« Si Fortunio me voyait ainsi, je serais sûre de la victoire ». — En effet, elle était irrésistible. Mais comment vaincre un ennemi fuyant et qui ne veut pas combattre ? » GAUTIER, Fortunio, XI, p. 79. 3

« Avec ses grands yeux sombres et doux, son esprit tout français, sa gaieté brillante, elle était irrésistible. » MAUROIS, Lélia, I, I. 4

DER. — Irrésistiblement. adv. (1762). D'une manière irrésistible. *Amener, entraîner, inciter* (cit. 5) *irrésistiblement* (Cf. Affolement, cit. 3). *Le prix de la vie montait irrésistiblement* (Cf. Gaspiller, cit. 2). *Irrésistiblement comique, grotesque* (Cf. Commun, cit. 20). *Pente irrésistiblement rapide* (Cf. Inexorable, cit. 10). *Notre champion s'est détaché irrésistiblement au dernier tour*.

IRRÉSOLU, UE (*ir-ré-zo-*). adj. (1568 ; de *in-*, et *résolu*. V. **Résoudre**).

‖ 1° Qui n'a pas été résolu, qui est resté sans solution (Cf. Indécis, cit. 1 MONT.). *C'est un problème encore irrésolu*.

‖ 2° Qui n'est pas résolu*, qui a peine à se résoudre, à se déterminer. V. **Flottant, hésitant, incertain, indécis, indéterminé, lanternier**. *Caractère irrésolu*. V. **Vacillant**. Cf. Vouloir (qui ne sait pas ce qu'il veut). *Rester irrésolu*. V. **Suspendu, suspens** (en), **zest** (entre le zist et le zest). *« Ô rigoureux combat* (cit. 20 CORN.) *d'un cœur irrésolu ». Timide et irrésolu* (Cf. Fumée, cit. 10). — Substant. *Un irrésolu*.

1 « Non que j'imitasse pour cela les sceptiques, qui ne doutent que pour douter et affectent d'être toujours irrésolus, car au contraire, tout mon dessein ne tendait qu'à m'assurer et à rejeter la terre mouvante et le sable pour trouver le roc ou l'argile. »
DESCARTES, Disc. de la méth., III.

2 « Quand on est loin de ce que l'on aime, l'on prend la résolution de faire et de dire beaucoup de choses ; mais quand on est près, l'on est irrésolu. » PASC., Disc. s. pass. de l'amour, LXIII.

3 « ... cela montre aux irrésolus qu'il est toujours temps de vouloir. »
ALAIN, Propos sur le bonheur, p. 71.

4 « Édouard restait immobile, tête basse, irrésolu. Il étreignait la rampe d'une main et, de l'autre, tiraillait sa moustache ; il avait envie de redescendre les degrés, de s'enfuir. »
DUHAM., Salavin, III, XXVI.

ANT. — Décidé, résolu.

DER. — Irrésolument. adv. (XVIe s.). *Peu usit.* D'une manière irrésolue.

IRRÉSOLUTION (*ir-ré-zo-*). n. f. (1553 ; de *in-*, et *résolution**). État ou caractère d'une personne qui est irrésolue (Cf. Balancer, cit. 14). V. **Doute, embarras, faiblesse, incertitude** (cit. 8), **indécision, indétermination, perplexité, vacillation**. *Il est toujours dans l'irrésolution, plongé dans un abîme* (cit. 22) *d'irrésolution. Il sera toujours victime de son irrésolution*.

1 « ... je ne sais même à quoi attribuer cette irrésolution (*de La Rochefoucauld*). Elle n'a pu venir en lui de la fécondité de son imagination, qui n'est rien moins que vive. » RETZ, Mém., p. 155.

2 « La brutalité (*est*) une disposition à la colère et à la grossièreté ; l'irrésolution, une timidité à entreprendre ; l'incertitude, une irrésolution à croire ; la perplexité, une irrésolution inquiète. »
VAUVEN., De l'esprit humain, XLV.

3 « Le roi de Navarre, que son irrésolution rendait inoffensif, fut intimidé par un accueil glacial et une étroite surveillance. »
BAINVILLE, Hist. de France, IX, p. 158.

ANT. — Décision, détermination, résolution.

IRRESPECT (*ir-rès-pè*). n. m. (1794 POUGENS, et 1834 BALZ., mais encore absent in ACAD. 1935 ; de *in-*, et *respect*). Manque de respect. V. **Irrévérence**. *Les premières œuvres philosophiques du XVIIIe siècle manifestent un irrespect total, fondamental. Irrespect envers l'autorité*.

1 « Par quel hasard ce mépris à demi haineux, cette persécution mélangée de pitié, cet irrespect du malheur avaient-ils frappé le plus ancien pensionnaire ? »
BALZ., Père Goriot (N. B. Dans le texte définitif de 1843, Balzac a corrigé *cet irrespect* en *ce non-respect* ; mais *irrespect* est bien dans le texte de l'éd. préoriginale de la *Revue de Paris* et dans la 2e éd. de 1835).

2 « Nous sommes le siècle des chefs-d'œuvre de l'irrespect. »
GONCOURT, Journal, p. 52.

3 « Ce changement est bien marqué par la littérature. Après l'école de 1660, l'école de l'ordre et de l'autorité, celle de l'irrespect. Il est très significatif que la chute du Système (*de Law*) soit de 1720 et la publication des *Lettres persanes* de l'année suivante. »
BAINVILLE, Hist. de France, p. 264.

IRRESPECTUEUX, EUSE (*ir-rès-*). adj. (1611 ; de *in-*, et *respectueux*). Qui n'est pas respectueux. V. **Impertinent, impoli, irrévérencieux, irrévérent**. *Être irrespectueux envers ses parents, ses supérieurs. Contenance, manières irrespectueuses. Propos fort irrespectueux*, qui blessent le respect. V. **Audacieux**. *Un sobriquet irrespectueux*.

DER. — Irrespectueusement. adv. (XVIIe s.). D'une manière irrespectueuse. *Parler irrespectueusement à un supérieur*.

IRRESPIRABLE (*ir-rès-*). adj. (1779 ; de *in-*, et *respirable*). Qui n'est pas respirable, qui est pénible ou dangereux à respirer. V. **Asphyxiant, délétère**. *Air, gaz irrespirable. Atmosphère lourde, chaude, irrespirable* (Cf. Equatorial, cit.).

1   « Cela se passe dans une atmosphère irrespirable, saturée d'essences et de parfums de fleurs. »   LOTI, L'Inde (sans les Anglais), IV, XII.

2   « Comme si l'air fût devenu irrespirable, il avait porté à son col sa main de squelette, et il la tenait crispée sous son menton, pareille à une araignée de cauchemar. »   MART. du G., Thib., t. I, p. 55.

— Fig. *Un monde sans espoir* (cit. 19 MALRAUX) *est irrespirable. Depuis leur brouille, l'atmosphère de la maison était devenue irrespirable.*

3   « L'attentat autrichien, l'orage du procès Caillaux répandaient une atmosphère irrespirable, propice à l'extravagance. »   RADIGUET, Diable au corps, p. 16.

IRRESPONSABLE (*ir-rès-*). adj. (1787 ; de *in-*, et *responsable*). Qui n'est pas responsable*, n'a pas à répondre de ses actes. *Dr. constit. Le Président de la République est irresponsable, il ne peut être mis en accusation que dans le cas de haute trahison* (V. **Immunité**). — *Dr. civ.* Qui n'est pas responsable (par suite de son âge, de son état mental...). *Les aliénés sont irresponsables.* — *Par ext.* (au sens le plus général). Dont la responsabilité (politique, morale...), pour une raison quelconque, ne peut guère être retenue. *Gouvernement qui désavoue les initiatives d'éléments irresponsables.* — *Substant. Que voulez-vous lui dire ? c'est un irresponsable !* V. **Innocent**. *Des ignorants et des irresponsables* (Cf. Entériner, cit. 2).

« ... une sorte de fatalité le menait ; on l'eût dit par instants presque irresponsable ; et comme il ne se résistait jamais à lui-même, il n'admettait pas que rien pût lui résister, ni personne. »   GIDE, Si le grain..., II, II, p. 338.

DER. — **Irresponsabilité.** n. f. (1790). Qualité de celui qui est irresponsable, absence de responsabilité (légale ou morale). *L'irresponsabilité du chef de l'État. Irresponsabilité parlementaire.* V. **Immunité**, **inviolabilité**. *Un sentiment d'impuissance et d'irresponsabilité* (Cf. Épaule, cit. 22).

1   « ... cette irresponsabilité dans l'anonymat qui, sur tous les plans, est érigée en règle. »   DANIEL-ROPS, Ce qui meurt..., p. 11.

2   « ... lorsque (*cette littérature*) se fera provocation au meurtre, on verra l'écrivain, par un enchaînement paradoxal mais logique, poser explicitement le principe de sa totale irresponsabilité. »   SARTRE, Situations II, p. 175.

IRRÉTRÉCISSABLE (*ir-ré-*). adj. (1906 ; de *in-*, et *rétrécir*). Qui ne peut rétrécir. *Tissu, toile irrétrécissable au lavage. Étoffe irrétrécissable.*

IRRÉUSSITE (*ir-ré-*). n. f. (1746 VAUVEN. ; de *in-*, et *réussite*). *Peu usit.* Manque de réussite, insuccès.

« Ne pas réussir ne lui faisait nulle vergogne et son amour-propre était tel qu'il ne gardait aucun souvenir des irréussites. »   STENDHAL, Lamiel, Append.

IRRÉVÉRENCE (*ir-ré-*). n. f. (XIIIᵉ s. ; empr. au lat. *irreverentia*). Manque de révérence*, de respect. V. **Impertinence, impolitesse, insolence, irrespect, mépris, profanation**. *L'irrévérence la plus choquante* (Cf. Fantaisiste, cit. 1). — *Par ext.* Action, parole marquée d'irrévérence. V. **Injure**. *Se rendre coupable d'irrévérences* (ACAD.).

1   « Comme avec irrévérence
    Parle des Dieux ce maraut ! »   MOL., Amphitr., I, 2.

2   « Les irrévérences de Modeste envers son père, les libertés excessives qu'elle prenait avec lui ; »   BALZ., Modeste Mignon, Œuvr., t. I, p. 540.

DER. — **Irrévérencieux.**

IRRÉVÉRENCIEUX, EUSE (*ir-ré-*). adj. (1791 ; de *irrévérence*). Qui fait preuve d'irrévérence, qui montre de l'irrévérence. V. **Impertinent, impoli, irrespectueux, irrévérent ; insolent...** *Femme frondeuse* (cit. 10), *irrévérencieuse envers les vieillards.* V. **Respect** (manquer de). *Propos irrévérencieux.*

1   « Il y a, je le sais, dans cet acte hardi par lequel l'homme soulève le mystère des choses, quelque chose d'irrévérencieux et d'attentatoire, une sorte de lèse-majesté divine. »   RENAN, Avenir de la science, Œuvr., t. III, p. 742.

2   « Habitué par une hérédité séculaire au respect religieux de toute autorité, il éprouvait une jouissance mêlée de peur à s'associer à un camarade aussi irrévérencieux de nature pour toute règle établie. »   R. ROLLAND, Jean-Christ., Le matin, p. 160.

ANT. — Respectueux, révérencieux.

DER. — **Irrévérencieusement.** adv. (1839 GAUTIER). D'une manière irrévérencieuse, avec irrévérence. *Répondre irrévérencieusement.*

« ... ces petits grimauds qui se mêlent de noircir du papier et parlent irrévérencieusement des personnes de qualité. »   GAUTIER, Omphale (in Fortunio..., p. 235).

IRRÉVÉRENT, ENTE (*ir-ré-*). adj. (XVᵉ s. ; empr. au lat. *irreverens*). *Vieilli.* Qui manque de la révérence due (notamment à Dieu, aux choses saintes). V. **Irrévérencieux ; irrespectueux.** *Attitude, remarques irrévérentes.*

ANT. — Respectueux.

IRRÉVERSIBLE (*ir-ré-*). adj. (fin XIXᵉ s. ; de *in-*, et *réversible*. V. **Revers**). Qui n'est pas réversible. — *Mécan.* Qui ne peut fonctionner que dans un seul sens. *La direction d'une automobile est irréversible.* — *Par ext.* Qui ne peut se produire que dans un seul sens, sans pouvoir être renversé. *Processus, opération irréversible.* *Transformation irréversible* (Cf. Dégradation, cit. 6). *Temps irréversible* (Cf. *infra*, Irréversibilité, *dér.*).

1   « Tout le monde connaît le second principe de la thermodynamique..., la transformation de mouvement, en chaleur n'étant pas réversible pleinement. Et sans doute nul n'aurait vu en cette condition autre chose qu'une difficulté de plus dans le maniement du monde, si le seigneur Temps n'avait en quelque sorte attendu ce changement irréversible, qui seul lui donne un objet. Le temps ne peut revenir ; voilà que le devenir naturel ne peut pas non plus revenir... »   ALAIN, Entret. au bord de la mer, V, p. 110.

2   « Organes et milieu intérieur se meuvent au rythme de processus irréversibles vers des transformations définitives, et la mort. »   CARREL, L'homme, cet inconnu, VII, IX.

DER. — **Irréversibilité.** n. f. (XXᵉ s.). Caractère de ce qui est irréversible. — **Irréversiblement.** adv. (XXᵉ s.). D'une manière irréversible.

« Comme le temps physique, le temps physiologique est irréversible. En réalité, il possède la même irréversibilité que les processus fonctionnels dont il est fait. »   CARREL, L'homme, cet inconnu, V, III.

IRRÉVOCABLE (*ir-ré-*). adj. (1357 ; empr. au lat. *irrevocabilis*. V. **Révoquer**). Qui ne peut être révoqué. — (*Dr.*) *Donation* irrévocable. *Arrêt, verdict, jugement, engagement irrévocable* (Cf. Estimer, cit. 9 ; fidèlement, cit.· 3 ; implacable, cit. 11). — *Vœux, serments irrévocables*, sur lesquels on ne peut revenir, qui engagent définitivement. V. **Définitif**. *Détermination, volonté, décision* (cit. 4) *irrévocable* (Cf. Contrecarrer, cit. 3). V. **Arrêté, fixe.** *Refus irrévocable* (Cf. Importunité, cit. 1). — *Substant. L'irrévocable* (Cf. Aversion, cit. 10). V. **Fatalité.**

1   « J'ai ce testament très estable
    Fait, de dernière volonté,
    Seul pour tout et irrévocable. »   VILLON, Le testament, X.

2   « Mon directeur de Paris, homme très éclairé cependant, voulait que je prisse résolument le sous-diaconat, le premier des ordres sacrés constituant un lien irrévocable. »   RENAN, Souv. d'enfance..., IV, IV.

3   « ... (*il*) déclara qu'il avait l'intention de faire du théâtre, que c'était irrévocable, une force invincible l'y poussait, inutile de jeter des cris, c'était dit, et rien n'y ferait. »   ARAGON, Beaux quartiers, II, X.

— *Fig.* Qui ne peut être rappelé, qui ne peut revenir.

4   « Un moment qui s'enfuit d'une course précipitée et irrévocable. »   BOSS., Orais. fun. Yolande de Monterby.

5   « Le temps irrévocable a fui. L'heure s'achève. »   P.-J. TOULET, Contrerimes, Chansons, II.

DER. — **Irrévocabilité.** n. f. (1534). Caractère de ce qui est irrévocable. *Irrévocabilité des donations entre vifs* (Cf. La règle « Donner* et retenir ne vaut »). *Irrévocabilité des décrets de Dieu* (ACAD.). *Irrévocabilité du passé.* — **Irrévocablement.** adv. (1266). D'une manière irrévocable. V. **Définitivement.** *Décision irrévocablement prise.*

1   « La donation entre vifs est un acte par lequel le donateur se dépouille actuellement et irrévocablement de la chose donnée, en faveur du donataire qui l'accepte. »   CODE CIV., Art. 894.

2   « Où est le cœur qu'irrévocablement
    M'avez donné ?... »   MAROT, Élégies, VII.

3   « ... je lui avais annoncé qu'irrévocablement j'étais décidé à ne pas épouser Albertine et allais cesser prochainement de la voir. »   PROUST, Rech. t. p., t. X, p. 315.

IRRIGATION (*ir-ri-*). n. f. (XVᵉ s., méd. ; du lat. *irrigatio*).

‖ 1º *Méd.* Action d'arroser une partie malade de l'organisme. « *L'irrigation a pour but de faire couler de l'eau sur une plaie, sur la peau ou dans une cavité. Elle est continue ou intermittente* » (POIRÉ). V. **Irrigateur.**

‖ 2º (1764). *Agric.* Arrosement (cit. 2) artificiel des terres. V. **Arrosage** (cit. 2), **baignage**. *Canaux d'irrigation.* V. **Canal, colateur, rigole, saignée.** *Irrigation par déversement* (rigoles de niveau, rigoles de rases, plan incliné, ados), *par submersion, par infiltration, par aspersion. Irrigations destinées à féconder les terres arides* (Cf. Cours, cit. 4). *Barrage* permettant l'irrigation de régions nouvelles* (*périmètres d'irrigation*). *Eau d'irrigation.*

1   « ... ce barrage fut terminé vers le milieu du mois d'août... Les travaux d'irrigation dans la plaine conduits par Fresquin correspondaient au canal tracé par la nature au bas de la chaîne des montagnes du côté de la plaine, et d'où partirent les rigoles d'arrosement. Des vannes furent adaptées aux fossés que l'abondance des cailloux avait permis d'empierrer, afin de tenir dans la plaine les eaux à des niveaux convenables. »   BALZ., Curé de village, Œuvr., t. VIII, p. 729.

2   « C'est dans les climats où il pleut le moins que l'eau sera le plus nécessaire pour la culture. Rappeler ce fait, c'est dire en un mot à quel point l'arrosage artificiel ou **irrigation** sera pour l'homme le mode supérieur de la conquête végétale dans tous les pays arides, semi-arides et désertiques. »   J. BRUNHES, Géogr. humaine, t. I, p. 70.

— *Par anal. L'aorte fournit un tronc commun pour l'irrigation de l'estomac, du foie...* (Cf. Collatéral, cit. 1).

ANT. — Assèchement, drainage.

IRRIGUER (*ir-ri*). *v tr.* (1835 ; empr. au lat. *irrigare*). Opérer l'irrigation de... — *Méd.* (rare) *Irriguer une plaie.* V. **Baigner.** En parlant du sang. *Région irriguée par telle artère.* — *Agric.* V. **Arroser.** *Irriguer des terres. Région bien irriguée et fertile.*

1 « Il (*l'homme*) ne crée par l'eau, il utilise l'eau qu'il découvre ou qu'il recueille. Il ne peut donc pas irriguer partout où il le voudrait :... »   J. BRUNHES, **Géogr. humaine,** t. II, p. 788.

2 « La « huerta » (du mot latin *hortus* qui signifie « jardin ») est un grand jardin irrigué, sur un sol fertile, qui permet les plus riches cultures. »   A. ALLIX, **Géogr. générale,** p. 461.

3 « La mise en valeur des périmètres irrigués par les eaux de nouveaux barrages-réservoirs favorisera l'installation de nouvelles familles de cultivateurs car la substitution des cultures intensives aux cultures extensives entraînera, en Algérie, le morcellement de la grande propriété. »   P. ROBERT, **Les agrumes dans le monde,** p. 13.

ANT. — **Assécher, drainer.**

DER. — **Irrigable.** *adj.* (1839). Susceptible d'être irrigué. V. **Arrosable.** *Surface, périmètre, terre irrigable.* — **Irrigateur.** *n. m.* (1827). *Peu usit.* Instrument servant à irriguer, à arroser. — *Méd.* (vx). Instrument qui servait à administrer automatiquement un lavement, une injection (Cf. Bock, seringue).

IRRITABLE (*ir-ri*). *adj.* (1520 ; empr. au lat. *irritabilis*).

|| 1° Qui s'irrite, est prompt à se mettre en colère. V. **Atrabilaire, chatouilleux, emporté, épineux, irascible, nerveux, pointilleux.** *Homme, caractère, tempérament, esprit irritable* (Cf. Affectif, cit. 2). *Femme querelleuse et irritable* (Cf. Habiter, cit. 1). *La maladie l'a rendu nerveux et irritable* (Cf. Aigrir, cit. 16). *D'humeur irritable* (Cf. fam. Être à cran*).

1 « Je sais bien qu'irritable, exigeant et morose,
Insatisfait, jaloux, malheureux pour un mot,
Je te cherche souvent des querelles sans cause... »
                 GÉRALDY, **Toi et moi,** XIV.

2 « Souvent un homme est irritable dans la mesure où il est tendre. Il ne supporte rien d'autrui parce qu'il supporte tout d'une personne unique. »   MAURIAC, **Vie de J. Racine,** V.

3 « Pendant tout le temps qu'il prépare son réquisitoire, il est tellement préoccupé, tendu, irritable, qu'il me semble être moi-même responsable du sort de l'assassin. »
                 M. AYMÉ, **La tête des autres,** I, 3.

|| 2° *Biol.* Doué d'irritabilité*. *La matière vivante est irritable et contractile* (cit.). V. **Excitable.** — *Par ext.* Fam. *Avoir les nerfs irritables.*

ANT. — **Calme.**

DER. — **Irritabilité.** *n. f.* (1754). Caractère de celui qui est irritable ; propension à la colère*. V. **Énervement, impatience.** *Il est d'une grande irritabilité* (ANT. Calme). — *Biol.* « Propriété que possède tout élément anatomique d'être mis en activité et de réagir d'une certaine manière sous l'influence des excitants extérieurs » (Cl. BERNARD). V. **Contractilité, excitabilité.** *L'irritabilité a été définie en 1672 dans le Tractatus de natura substantiæ du savant anglais Glisson. Irritabilité cellulaire.* — *Par ext.* (dans le langage courant) *Irritabilité nerveuse.*

1 « Ils poussaient, exploitaient le peuple, chose peu difficile dans cet état d'irritabilité défiante et crédule à la fois, où mettent les grandes misères. »   MICHELET, **Hist. Révol. franç.,** IV, IX.

2 « ... l'état d'extrême irritabilité nerveuse où je me trouvais depuis quelques jours me rendait vulnérable et me prédisposait à souffrir sans motif. »   FROMENTIN, **Dominique,** V.

1. IRRITANT, ANTE (*ir-ri*). *adj.* (1549 ; p. prés. adj. de *irriter*). Qui irrite.

|| 1° Qui met en colère. V. **Agaçant, déplaisant, désagréable, énervant, enrageant, provocant, vexant.** *Mot, propos irritants* (Cf. Caprice, cit. 11 ; frivolité, cit. 7). *La sonnerie irritante du réveille-matin* (Cf. Fausset, cit. 3). *Habitude irritante* (Cf. Honneur, cit. 86). *Un mystère irritant* (Cf. Gouvernail, cit. 3 ; hiatus, cit. 7). *Atmosphère irritante* (Cf. Guerre, cit. 42).

1 « L'embarras irritant de ne s'oser parler, »   RAC., **Baj.,** I, 1.

2 « Le moment où la femme cesse de compter par printemps et commence à compter par hivers, est irritant. »
                 HUGO, **L'homme qui rit,** II, I, XI.

3 « Mais, durant toute ma vie, excepté à l'âge de Chérubin, j'ai été plus sensible que tout autre à l'énervante sottise, à l'irritante médiocrité des femmes. »   BAUDEL., **Spleen de Paris,** XLII.

4 « C'était un petit homme barbu, courbé par l'âge et qui apportait à tous ses gestes une précision irritante. »
                 GREEN, **Ad. Mesurat,** II, V.

|| 2° *Physiol.* Qui détermine de l'irritation, de l'inflammation (dans l'organisme). *Fumée irritante.* V. **Âcre, suffocant.** *Les gaz lacrymogènes sont irritants. Épices, assaisonnements* (cit. 3) *irritants.* V. **Échauffant** (Cf. Frelater, cit. 2). — *Méd. Médicaments, agents irritants.* Substant. *Les irritants* (caustiques, rubéfiants, vésicants...).

5 « Par le sel irritant la soif est allumée ; »   BOIL., **Lutrin,** V.

|| 3° *Biol.* Qui provoque des réactions du fait de l'irritabilité*. — Substant. V. **Excitant, stimulus.** *Claude Bernard distinguait les irritants physiques* (chaleur, lumière, électricité), *chimiques et vitaux.* — *Par ext.* (dans le langage courant) *Qui agit fortement sur les nerfs.* V. **Énervant, excitant.** *L'irritante électricité des jours orageux* (Cf. Accablant, cit. 2). *Fumet* (cit. 6) *irritant.*

ANT. — **Anodin, apaisant, calmant, lénifiant ; adoucissant, balsamique, émollient.**

2. IRRITANT, ANTE (*ir-ri*). *adj.* (1440 ; p. prés. adj. de l'anc. v. *irriter,* 1314 ; du lat. jurid. *irritare,* « annuler », de *irritus,* « vain »). Vx. (*Dr.*). Qui annule. *Condition, clause irritante,* qui rend nulle toute disposition contraire.

IRRITATION (*ir-ri*). *n. f.* (XIVe s. ; du lat. *irritatio*).

|| 1° État d'une personne irritée. V. **Agacement, colère, contrariété, énervement, exaspération, humeur, impatience, nervosité.** *Son irritation fut vive. Être au comble de l'irritation* (Cf. Bracelet, cit.). *Rougir d'irritation* (Cf. Geste 1, cit. 15). *Irritation qui s'accroît* (cit. 11), *cède* (cit. 27), *diminue* (Cf. Ébauche, cit. 9). *Calmer l'irritation des esprits* (Cf. Filandreux, cit. 2). *Dans un état d'irritation* (Cf. Épancher, cit. 20 ; incrédulité, cit. 4). *Irritation qui suit l'excitation* (cit. 7).

1 « Une colère sourde contre tout le monde couvait en lui, et une irritation incessante, qui se manifestait à tout propos, à tout moment, pour les causes les plus futiles. »   MAUPASS., **Bel-Ami,** I, V.

2 « Il est curieux que sous le coup de l'irritation on sente ses reproches si justifiés ; on distingue la faute éclatante, on peut indéfiniment l'expliquer : survient un léger changement dans l'humeur et on ne comprend plus ce qu'on a dit. »   CHARDONNE, **Éva,** p. 46.

|| 2° *Physiol.* État douloureux d'un organe qui subit une inflammation* légère. *Irritation de la peau, des gencives, de la gorge, des bronches...* V. **Brûlure, démangeaison, inflammation.**

3 « Il faut saisir le double sens du mot irritation, si expressif, si lumineux dès qu'on y pense. Selon les médecins ce mot désigne proprement un mal nouveau, qui résulte du mal lui-même par les convulsions petites ou grandes, toujours maladroites, que l'organisme essaie pour se délivrer. C'est ainsi qu'on s'irrite à tousser ou à se gratter. »
                 ALAIN, **Propos,** 19 juill. 1921, Cruels et frivoles spectateurs.

|| 3° *Biol.* Action d'irriter* (4°), au moyen d'un stimulus quelconque. *Effets produits par l'irritation de tel nerf.* — *Par ext.* (dans le langage courant) État des nerfs irrités. V. **Exaltation, exaspération, excitation, surexcitation.**

4 « En proie à une irritation toute nouvelle, à une ivresse qui la livrait en quelque sorte à la nature, Augustine écouta la voix éloquente de son cœur. »   BALZ., **La maison du chat-qui-pelote,** Œuvr., t. I, p. 34.

ANT. — **Adoucissement, apaisement, calme.**

IRRITER (*ir-ri*). *v. tr.* (1356 ; empr. au lat. *irritare*).

|| 1° Mettre en colère. V. **Acharner, agacer, aigrir, blesser, contrarier ; courroucer, crisper, donner** (sur les nerfs), **énerver, exaspérer, excéder, fâcher, hérisser, horripiler, impatienter, indigner, piquer.** Cf. Échauffer (les oreilles). *Comprenez donc que vous l'irritez par vos propos, votre attitude...* (Cf. Aller, cit. 37 ; battement, cit. 7 ; boiteux, cit. 7 ; conversion, cit 1 ; critère, cit. 4 ; entendre, cit. 55 ; faible, cit. 33 ; hormis, cit. 6). *On vous a irrité contre moi. Irriter un animal* (Cf. Grondement, cit. 1). V. **Tourmenter.**

1 « Il (*Moïse*) déclare qu'enfin Dieu, s'irritant contre eux, les dispersera parmi tous les peuples de la terre ; que, comme ils l'ont irrité en adorant les dieux qui n'étaient point leur Dieu, de même il les provoquera en appelant un peuple qui n'est point son peuple ;... »
                 PASC., **Pens.,** IX, 631.

2 « Je lis Carlyle, qui m'irrite et me passionne à la fois. »
                 GIDE, **Journal,** 10 juin 1891.

3 « Cette femme l'irritait dans tout ce qu'elle faisait et ses moindres gestes lui paraissaient déplaisants. »   GREEN, **Ad. Mesurat,** I, V.

— *Une chose qui nous irrite* (Cf. Abusif, cit. 1 ; apitoiement, cit. 1 ; contenance, cit. 4 ; exister, cit. 7 ; faux-fuyant, cit. 2 ; fournir, cit. 5 ; infortune, cit. 2). *Un rien, la moindre chose suffit pour l'irriter* (Cf. Aliéner, cit. 6 ; conduite, cit. 21). *Irrité par une résistance imprévue* (Cf. Fourchu, cit. 1). Absolt. *L'illogisme* (cit. 2) *irrite.*

4 « Mais quel sujet si grand contre lui vous irrite...? »
                 MOL., **Misanthr.,** V, 2.

5 « Ici tous les objets vous blessent, vous irritent. »
                 RAC., **Athal.,** II, 3.

6 « ... je me fâche parfois contre la mort ; elle est égalitaire à un degré qui m'irrite ; c'est une démocrate qui nous traite à coups de dynamite. »   RENAN, **Souv. d'enfance...,** VI, V.

7 « (*Ces choses*) avaient le don d'irriter au plus haut degré Marchenoir. »   BLOY, **Le désespéré,** p. 200.

8 « Le mensonge, qui est au fond de la nature humaine, l'irrite jusqu'à la rage. »   SUARÈS, **Trois hommes,** Dostoïevski, V.

9 « Manuel Roy lissait d'un doigt agacé sa moustache. Rien ne l'irritait plus que les palinodies désuètes du vieux maître. »
                 MART. du G., **Thib.,** t. VI, p. 200.

— Pronominalt. S'IRRITER. Se mettre en colère. V. **Bouillir, cabrer** (se), **émouvoir** (s', *vx*), **fâcher** (se) ; **monter** (se) ; **humeur** (avoir, prendre de l'), **irritation.** *C'est un homme qui s'irrite facilement. Vous auriez tort de vous irriter. S'irriter contre quelqu'un* (Cf. Admettre, cit. 14). *S'irriter de quelque chose* (Cf. Critique 2, cit. 5 ; froissement, cit. 10), *d'être, de voir...* (Cf. Bouder, cit. 2 ; contrefaire, cit. 13).

10 « Mais contre eux toutefois votre âme à tort s'irrite. »
                 MOL., **Amphitr.,** Prologue.

11 « ... il s'irrite des fautes de ceux-ci (*de ses propres enfants*) et ne dit jamais rien aux autres. »   ROUSS., **Lett. à d'Alembert.**

12   « ... si des âmes pures... s'irritent contre ma pièce et la déchirent
sans relâche,... »   BEAUMARCH., Mar. Figaro, Préface.

13   « ... aᵘ lieu de prendre un parapluie, je m'irritais follement contre
l'état du ciel,... »   STENDHAL, Armance, X.

14   « Le peuple s'irritait jusqu'à élever contre la garde nationale la
plus étrange accusation, celle de favoriser la cour, d'être du complot
de Versailles. »   MICHELET, Hist. Révol. franç., II, VII.

15   « ... il s'irritait de toute opposition systématique, acrimonieuse et
obstinée. »   MADELIN, Hist. Cons. et Emp., Le Consulat, IX.

   ‖ **2°** Vieilli ou Littér. Rendre plus vif, plus fort. V. **Animer,
armer, attiser, augmenter, aviver** (cit. 9), **déchaîner,
exacerber, exalter, exciter, fouetter, surexciter.** Vous irritez
sa colère, au lieu de chercher à l'apaiser (ACAD.). Irriter la
passion, les désirs (Cf. Agacer, cit. 6). Irriter la curiosité,
l'impatience. Irriter la douleur de quelqu'un en croyant
le consoler. V. **Aggraver.** — Pronominalt. Désir qui s'irrite
(Cf. Égarer, cit. 8 ; éteindre, cit. 36).

16   « Enfin épargnez-moi ces tristes entretiens,
   Qui ne font qu'irriter vos tourments et les miens. »
                                               CORN., Pol., II, 2.

17   « Leur haine ne fera qu'irriter sa tendresse. »
                                               RAC., Androm., I, 1.

18   « Me voir rappeler incessamment tant de doux souvenirs, c'était
irriter le sentiment de mes pertes. »   ROUSS., Confess., VI.

19   « Il (Chateaubriand) en conclut qu'avec cette indépendance d'esprit
il lui est impossible de toucher aux ouvrages de Chénier sans irriter
les passions :... »   STE-BEUVE, Chateaubriand, t. II, p. 85.

20   « La haine dans mon cœur bout et s'irrite et monte
   Et me prend à la gorge et me force à crier : »
                                               J.-M. de HEREDIA, Trophées, Romancero, Triomphe du Cid.

   ‖ **3°** Physiol. Rendre douloureux, sensible en déterminant
une légère inflammation. V. **Brûler** (cit. 25), **enflammer.**
Piqûre, liquide qui irrite la peau. La fumée irrite l'œil.
Muqueuses, bronches irritées. Avoir les gencives irritées.
Plaie irritée par le frottement. V. **Envenimer.** Ce que nos
humeurs lavent ou irritent (Cf. Charrier, cit. 4). —
Pronominalt. Il a dû forcer sa voix, sa gorge s'est irritée.

21   « La vue des angoisses d'autrui m'angoisse... Un tousseur continuel
irrite mon poumon et mon gosier. »   MONTAIGNE, Essais, I, XXI.

   ‖ **4°** Biol. Faire réagir sous l'effet d'une excitation* (3°).
Irriter une fibre musculaire, nerveuse. — Par ext. (dans le
langage courant) Musique qui irrite les nerfs, qui agace,
énerve. V. **Taper** (sur les nerfs).

   ‖ IRRITÉ, ÉE. p. p. adj. Qui est en colère. V. **Cran** (à),
énervé, enragé, exaspéré, hors (de soi), **impatient, las**
(de...). Être vivement irrité. Quand on est irrité, on ne
sait plus ce qu'on dit. Moins inquiet qu'irrité (Cf. Froid 2,
cit. 20). Être irrité contre quelqu'un. V. **Avoir** (en avoir
après), **vouloir** (en vouloir à). Un amant irrité (Cf. Aigrir,
cit. 8). Poétiq. Mer irritée. V. **Agité** (Cf. Élever, cit. 7). —
Qui marque de la colère. Un air irrité (Cf. Baiser 1, cit. 6).
Regards, yeux irrités (Cf. Apercevoir, cit. 3 ; foudroyer,
cit. 15).

22   « Jugez combien ce front irrité contre moi »   RAC., Esth., II, 7.

23   « La justice, jetant des rayons irrités, »
                                               HUGO, Année terrible, Mai 1871, III.

24   « Je suis fort irrité contre tous ! Ce peuple criard m'importune. »
                                               GIDE, Saül, II, 4.

25   « Les yeux qui, sous les paupières à demi baissées, semblaient
impatients et irrités ?... »   MAUROIS, Vie de Byron, II, XVI.

26   « Allez-vous vous taire ? gronda la jeune femme d'une voix irritée. »
                                               DUHAM., Pasq., IX, III.

   ANT. — Apaiser, calmer, complaire ; adoucir, amortir, diminuer.
Calme, patient.

   DER. — Irritant 1. — Cf. Irritable, irritation.

   IRRORATION (ir-ro-). n. f. (1694 ; empr. au lat. irroratio,
de irrorare, « couvrir de rosée ». V. **Rosée**). « Action d'exposer à la rosée ou à un arrosement, en forme de rosée »
(LITTRÉ). Bain par irroration.

   IRRUPTION (ir-rup-). n. f. (XIVᵉ s. ; empr. au lat.
irruptio).

   ‖ **1°** Invasion* soudaine et violente (d'éléments hostiles
dans un pays). V. **Attaque, débordement** (déborder), **excursion, incursion, invasion.** Les ennemis firent irruption dans
le pays. Les dangereuses irruptions des barbares dans
l'Empire romain (Cf. Côté, cit. 23). Arrêter l'irruption ennemie (Cf. Barrage, cit.). Se livrer à des irruptions incessantes. V. **Infester.**

1   « Les féroces habitants du Nord ont fait dans tous les temps des
irruptions dans les contrées du Midi. »
                                               VOLT., Essai s. les mœurs, CLIX.

   — Par anal. Envahissement des eaux qui débordent sur
les terres avec violence. V. **Débordement, inondation.** Les
eaux, brisant les digues, ont fait irruption dans la campagne. Irruption soudaine, catastrophique, des eaux d'un
fleuve, de la mer.

2   « ... la mer Méditerranée n'est point un golfe ancien de l'Océan,...
elle a été formée par une irruption des eaux... »
                                               BUFF., Hist. nat., Théorie terre, IIᵉ disc.

   ‖ **2°** Par ext. Entrée de force et en masse dans un lieu,
un local. La foule révolutionnaire fit irruption dans
l'Assemblée. V. **Envahir.** Irruption d'une centaine de manifestants dans la salle. — (Par affaiblissement de sens)
Entrée brusque et inattendue. Il a fait irruption chez moi
(Cf. Examen, cit. 9 ; hareng, cit. 4).

3   « — Pardonnez-moi, mademoiselle, cette irruption chez vous ; mais
je ne vous ai point trouvée hier quand je suis venue vous faire une
visite ; »   BALZ., Cousine Bette, Œuvr., t. VI, p. 217.

4   « Bientôt un nouveau flot d'hommes fait irruption, dégorge cette
fois par la tribune publique et submerge l'assemblée. »
                                               FRANCE, Petit Pierre, XVI.

   — Fig. Quand l'industrie (cit. 11) fait irruption dans
l'art...

5   « Aussi, rien n'était plus ennuyeux que cette pâle résurrection de
la littérature d'autrefois. Ce calque froid.... disparut quand la littérature nouvelle fit irruption avec fracas par le Génie du christianisme. »
                                               CHATEAUB., M. O.-T., t. II, p. 208.

   ISABELLE. adj. (1595 ; étymol. obscure). De couleur
jaune pâle, en parlant spécialement de la robe des chevaux.
Cheval, jument isabelle. Substant. m. Monter un isabelle.
— L'isabelle, la couleur isabelle. Un isabelle presque blanc.

   « Ta cavale isabelle
   Hennit sous tes balcons. »   MUSS., Prem. poés., Le lever.

   ISARD (i-zar). n. m. (XIVᵉ s., bouc izart. Cf. basque Izar,
« étoile, tache blanche sur le front des animaux », dér.
d'un mot ibérique prélatin signifiant étoile). Nom pyrénéen
du chamois* de la région (Cf. Haut, cit. 20).

   « C'est alors qu'on voit accourir de légers troupeaux d'isards qui,
renversant sur leur dos leurs cornes recourbées, s'élancent de rochers
en rochers, comme si le vent les faisait bondir devant lui, et prennent
possession de leur désert aérien ;... »   VIGNY, Cinq-Mars, XXII.

   ISATIS. n. m. (1771 TRÉVOUX ; du gr. isatis, « pastel »).
Bot. V. **Pastel.** — Zool. Nom vulgaire du renard* bleu des
régions arctiques, très recherché pour sa fourrure.

   ISBA. n. f. (1815 Xavier de MAISTRE ; mot russe). Petite
maison en bois de sapin, particulière aux paysans de la
Russie du Nord.

   « Nous rencontrâmes aussi deux ou trois chariots de moujiks
cherchant à regagner leurs isbas et fuyant devant la tempête. »
                                               GAUTIER, Voyage en Russie, p. 358.

   ISCHÉMIE (-ské-). n. f. (1867 ; du gr. iskhaimos, « qui
arrête le sang ». V. **-Émie**). Anémie* locale, arrêt ou insuffisance de la circulation du sang dans un tissu ou un
organe.

   ISCHION (is-kyon). n. m. (XVIᵉ s. ; empr. au gr. iskhion).
Anat. Partie de l'os iliaque*. Les deux branches, ascendante et descendante, de l'ischion. Tubérosité de l'ischion
(à la jonction des deux branches). V. **Sédentaire** (os). Trou
de l'ischion. V. **Ovalaire.**

   DER. — Ischiatique. adj. (1532). Qui appartient, qui a rapport à
l'ischion. Artère, nerf, tubérosité ischiatique (Cf. Sciatique).

   ISCHURIE (-sku-). n. f. (XVIᵉ s. PARÉ ; du lat. ischuria,
empr. au gr. iskhouria. V. **-Urie**). Méd. « Suspension de
l'excrétion urinaire due à ce que les uretères ou les
conduits urinifères ne laissent plus passer le liquide sécrété
par les glomérules » (GARNIER). V. **Rétention** (d'urine).

   -ISER. Suffixe savant (du bas lat. -izare, empr. au gr.
-idzein) entrant dans la formation de verbes dérivés, à
valeur transitive et généralement factitive (Ex. : brutaliser,
égaliser, etc.).

   « La langue savante a en outre emprunté au latin, qui le tenait
lui-même du grec, un suffixe -iser, lequel, devenu courant aujourd'hui,
a formé sur des noms ou des adjectifs de nombreux verbes : brutaliser,
idéaliser, utiliser, vulgariser, dramatiser, égaliser, macadamiser, mono-
poliser, mécaniser, révolvériser. »   BRUNOT, Pensée et langue, p. 212.

   ISIAQUE. adj. (1765 ENCYCL. ; empr. au lat. isiacus, gr.
isiakos). Relatif à la déesse Isis. Culte, doctrine, mystères,
processions isiaques. Sistre isiaque, employé dans la célébration du culte isiaque (Cf. Faucille, cit. 3). — Archéol.
Table isiaque, célèbre table de cuivre découverte à Rome en
1527, où sont représentés les mystères d'Isis.

   ISLAM (-lam'). n. m. (1765 ENCYCL. ; mot arabe. Cf. infra,
cit. 1).

   ‖ **1°** Religion prêchée par Mahomet et fondée sur le
Coran. V. **Islamique, mahométisme, musulman.**

1   « La foi que Mohammed devait à ses visions,... se nomme l'islam.
Nombreux sont ceux qui ont cherché à interpréter ce mot ; aucun n'y a
réussi. On a dit : « Islam signifie : soumission à Dieu ». Ceci méconnaît
la nature philologique et le sens de l'expression. Islam vient du verbe
salm ou salama, qui exprime le repos, le temps de relâche après un
devoir accompli, l'existence paisible. Le substantif verbal islam signifie :
paix, protection, délivrance. Sur les lèvres de Mohammed, il désignait
l'aspiration à une paix supérieure, à la piété divine. »
                                               MARTY, Trad. Moh. ESSAD BEY, Mahomet, p. 80 (éd. Payot).

2 « Les Cinq Piliers de l'islam sont : 1° la profession de foi..., selon la formule célèbre... : *il n'y a de divinité que Dieu et Mohammed est l'envoyé de Dieu ;* 2° la prière canonique..., cinq fois par jour, à heures fixes, précédée d'ablutions, avec attitudes et prosternations strictement réglées... ; 3° le jeûne..., pendant les vingt-neuf ou trente jours du mois de ramadhân... ; 4° la dîme légale... ; 5° le pèlerinage... à La Mecque... et à Médine... »
DERMENGHEM, Mahomet et la trad. islam., p. 56.

|| 2° *Par ext.* L'ensemble des peuples qui professent cette religion, et la civilisation qui les caractérise.

3 « Cette histoire du monde musulman, depuis Mahomet, se termine au milieu du XVᵉ siècle sur des promesses qui seront tenues. L'Islam se trouve à son apogée politique, dominant dans le bassin de la Méditerranée et sur une partie de l'Europe. L'univers islamique a revêtu des aspects bien divers depuis l'Empire arabe de Damas. »
G. WIET, L'Islam, in Hist. univ. II, p. 137 (Encycl. Pléiade).

DER. — **Islamique.** *adj.* (1867 in LITTRÉ). Qui appartient, qui a rapport à l'islam. *Doctrine, tradition islamique.* V. **Musulman.** *L'art, la culture islamique.* V. **Arabe.** *Revue des Études islamiques.* — **Islamiser.** v. tr. (*Néol.*). Intégrer à l'islam (Cf. Hindoustani, cit.). *L'Afrique du Nord fut islamisée* (DER. **Islamisation.** *n. f.* Action d'islamiser ; résultat de cette action). — **Islamisme.** *n. m.* (1765 ENCYCL.). Religion de l'islam, musulman. V. **Mahométisme.** *Embrasser l'islamisme* (Cf. Courtoisie, cit. 1), *l'islam* (Cf. Appauvrissement, cit. 1 ; état, cit. 104 ; germe, cit. 11). — **Islamite.** *n. m.* (XVIIIᵉ s. DIDER.). *Vx.* V. **Mahométan, musulman.**

« Il suffit de jeter un coup d'œil sur une carte pour mesurer le chemin parcouru par les invasions arabes en cent ans. À cette extension territoriale démesurée va succéder un morcellement ininterrompu... Car la réussite prodigieuse de l'islamisation des territoires conquis va faire crouler le colosse... »
G. WIET, L'Islam, in Hist. univ. II, p. 72 (Encycl. Pléiade).

ISLANDAIS, AISE. *adj.* (1765 ENCYCL. ; de *Islande*). De l'Islande. *L'ancienne poésie islandaise.* V. **Saga, scalde.** — Substant. *Les Islandais,* les habitants de l'Islande. — *Par ext.* Les pêcheurs bretons qui vont pêcher la morue sur les bancs de l'Islande. — *L'islandais,* la langue des Islandais. V. **Scandinave.**

-ISME, -ISTE. Suffixes savants d'origine grecque (*ismos, istès*), passés en français par l'intermédiaire du latin de basse époque et qui servent à la formation de substantifs dérivés, désignent une doctrine ou une profession, et celui qui la professe ou l'exerce (Ex. : *Socialisme, -iste, journalisme, -iste,* etc.).

ISO-. Préfixe, du gr. *isos,* « égal », qui entre dans la composition de nombreux mots scientifiques (ANT. **Hétéro-**).

ISOBARE ou **ISOBARIQUE.** *adj.* (1877 ; du gr. *baros,* « pesanteur »). *Climatol.* D'égale pression atmosphérique. *Lignes, courbes isobares,* lignes qui sur une carte relient les points de pression atmosphérique égale, à un instant et à une altitude donnés. — Substant. f. (1907). *Des isobares concentriques* (Cf. Cyclone, cit. 2).

ISOBATHE. *adj.* (XXᵉ s. ; du gr. *bathos,* « profondeur »). D'égale profondeur. *Ligne, courbe isobathe,* reliant sur une carte les points d'égale profondeur. — Substant. f. *Une isobathe.*

ISOCARDE. *n. m.* (1839 ; du gr. *cardia,* cœur). *Zool.* Mollusque lamellibranche (*Isomyaires*) scientifiquement appelé *Isocardia,* à coquille équivalve en forme de cœur qui comprend des espèces vivantes et des espèces fossiles.

ISOCÈLE. *adj.* (1542 ; empr. au lat. *isosceles,* mot gr., de *skelos,* « jambe », proprement. « à jambes égales »). *Géom.* Qui a deux côtés égaux. *Triangle, trapèze isocèle. La bissectrice de l'angle formé par les deux côtés égaux d'un triangle isocèle est médiatrice du troisième côté appelé base.* — REM. LITTRÉ n'acceptait que l'orthographe ISOSCÈLE qu'il jugeait seule correcte et étymologique (DER. **Isocélie.** *n. f.* ou **Isocélisme.** *n. m.* (1878). *Géom.* Caractère d'une figure isocèle).

ISOCHROMATIQUE (i-zo-kro-). *adj.* (1867 ; de *chromatique*). Dont la couleur est uniforme. *Photogr.* V. **Orthochromatique.**

ISOCHRONE (i-zo-kron'). *adj.* (1675 ; suff. -*chrone,* « temps »). *Phys.* Se dit des mouvements périodiques dont la période a une durée constante (Cf. Tautochrone). *Oscillations isochrones du pendule. Mouvements, battements, vibrations isochrones* (On dit aussi *Isochronique*).

ISOCHRONISME. *n. m.* (1700 ; du précéd.). Caractère de ce qui est isochrone ; égalité de durée (Cf. Tautochronisme). *Isochronisme des oscillations du pendule.*

ISOCLINE. *adj.* (1867 ; du gr. *klinê,* « pente »). *Phys.* D'égale inclinaison. *Lignes isoclines,* lignes qui sur une carte relient les points de la terre où l'inclinaison de l'aiguille aimantée est la même. — Substant. f. *Une isocline.*

ISODACTYLE, ISODACTYLIE. V. -DACTYLE.

ISOÉDRIQUE. *adj.* (1867 ; suff. -*édrique,* de *èdre,* « face »). *Minéral.* Dont les facettes sont semblables.

ISOÈTE. *n. m.* (1867 ; du gr. *etos,* « année »). *Bot.* Plante cryptogame vasculaire ptéridophyte (*Lycopodinées*), type de la famille des *Isoétées,* dont presque toutes les variétés sont aquatiques.

ISOGAME. *adj.* (fin XIXᵉ s. ; suff. -*game*). *Bot.* Se dit des végétaux inférieurs dont les deux gamètes formant l'œuf sont identiques (DER. **Isogamie.** *n. f.* (fin XIXᵉ s.). *Biol.* Formation d'un œuf par la fusion de deux gamètes identiques ; caractère isogame. *Isogamie des algues.* — ANT. **Hétérogamie**).

ISOGONE. *adj.* (1682 ; suff. -*gone*). *Géom.* À angles égaux. *Triangles isogones ou semblables.* — *Phys. Lignes isogones ou isogoniques,* lignes qui sur une carte relient les points de la terre ayant même déclinaison magnétique.

ISOLOGUE. *adj.* (1867 ; du gr. *logos,* « rapport »). *Chim.* Se dit de corps organiques très voisins qui ont à peu près les mêmes propriétés chimiques.

ISOMÈRE. *adj.* (1839 ; suff. -*mère*). *Chim.* Se dit de composés ayant la même formule brute et des propriétés différentes dues à un agencement différent des atomes dans la molécule. *Composés isomères. Corps isomère d'un autre.* — Substant. m. *Un, des isomères. Le cyanate d'ammonium (NH₄ CNO) est un isomère de l'urée CO (NH₂)₂.* V. aussi **Métamère, polymère** (DER. **Isomérie.** *n. f.* (1691, *math.* ; 1845, *chim.*). *Chim.* Caractère des corps isomères (V. **Allotropie, métamérie, polymérie**). — **Isomérisation.** *n. f.* (XXᵉ s.). Transformation d'un corps en un isomère. — **Isomérisme.** *n. m.* (1867). Condition des corps isomères).

ISOMÉTRIQUE. *adj.* (1867 ; suff. -*métrique*). Dont les dimensions sont égales. — *Minéral. Cristaux isométriques.* — *Géom. Perspective isométrique,* dans laquelle les arcs de comparaison sont égaux. — *Métr.* Dont les mètres sont égaux. *Strophe isométrique. Le quatrain est isométrique.*

ISOMORPHE. *adj.* (1821 ; suff. -*morphe*). *Chim.* Qui affecte la même forme cristalline. — *Math.* « Se dit de deux concepts liés par une relation d'isomorphie* » (UVAROV). — (DER. **Isomorphie.** *n. f.* (1867). Synonyme d'*isomorphisme.* — *Math.* « Correspondance entre deux ensembles apparentés par l'existence d'un même système de relations » (UVAROV). — **Isomorphisme.** *n. m.* (1838). *Chim.* Propriété que possèdent deux ou plusieurs corps de constitution chimique analogue d'avoir des formes cristallines voisines, et d'entrer dans un même cristal en toute proportion).

ISONOMIE. *n. f.* (1839 ; du gr. *nomos,* « loi »). || 1° *Vx.* Égalité devant la loi. || 2° *Minéral.* Conformité dans le mode de cristallisation.

ISOPÉRIMÈTRE. *adj.* (1630 ; de *périmètre*). *Géom.* De périmètre égal. *Polygones isopérimètres.* — Substant. m. *Des isopérimètres*

ISOPODE. *adj.* (1867 ; suff. -*pode*). *Zool.* Dont les pattes sont toutes semblables. — Substant. m. pl. *Les isopodes,* ordre de crustacés. V. **Crustacé.**

ISOSÉISTE ou **ISOSISTE.** *adj.* (fin XIXᵉ s. ; du gr. *seistos,* « ébranlé »). *Géol. Ligne isosiste,* qui relie sur une carte les points où l'intensité du séisme* est la même. — Substant. f. *Les isosistes* (Cf. Épicentre, cit.).

ISOSTASIE. *n. f.* (XXᵉ s. ; du gr. *stasis,* « station »). « Théorie ayant pour objet la répartition globale des divers matériaux constituant le globe terrestre » (UVAROV).

ISOTHERME. *adj.* (1816 ; suff. -*therme,* « chaleur »). Qui a même température. || 1° *Climat. Lignes isothermes,* ou substant. f. *Des isothermes* (1873). Lignes qui, sur une carte, relient tous les points du globe ayant même température moyenne. *Isothermes annuelles. Isothermes de janvier,* dites parfois *isochimènes ; isothermes de juillet,* dites parfois *isothères. L'isotherme 18°.* || 2° *Phys.* Qui se produit à température constante. *Dilatation isotherme d'un gaz* (On dit aussi *Isothermique,* dans les deux sens).

ISOTONIE. *n. f.* (1906 ; du gr. *tonos,* « tension »). *Chim.* État de liquides, de solutions qui ont même tension osmotique. V. **Osmose** (DER. **Isotonique.** *adj.* (XXᵉ s.). *Sérum isotonique,* sérum artificiel qui a même concentration moléculaire que le sérum humain ou animal).

ISOTOPE. *adj.* (1922 ; du gr. *topos,* « lieu, place »). *Chim.* Se dit de corps simples de même numéro atomique (occupant la même place dans la classification de Mendéléïeff), mais de poids atomique différent. — Substant. m. *Un, des isotopes. Le deutérium, isotope de l'hydrogène. Les isotopes ont le même nombre d'électrons extérieurs, mais leurs noyaux n'ont pas le même nombre de neutrons. Transmutation d'un corps simple en de nouveaux isotopes.*

ISOTROPE. *adj.* (1873 ; suff. -*trope,* « tourner »). *Phys.* Qui présente les mêmes propriétés physiques dans toutes les directions. *Les cristaux cubiques sont isotropes. L'espace* (cit. 8) *est isotrope* (ANT. **Anisotrope**).

ISOLÉ, ÉE. *adj.* (1636, d'abord T. d'Archit. ; ital. *isolato,* « séparé comme une île, *isola* »).

|| 1° Qui est séparé de ce qui est autour. *Édifice, monument isolé. Campanile, baptistère* (cit.) *isolé :* séparé de l'église dont il dépend. *Colonne, statue isolée :* séparée de l'édifice qu'elle orne, du fond (Cf. Bosse, cit. 9). *Arbre isolé* (Cf. Accoster, cit. 4). *Écriture* (cit. 10) *à lettres isolées.* V. **Séparé.** *Subdivision de la matière en corps isolés* (Cf. Individu, cit. 6). — *Electr. Corps isolé,* qui n'est pas en contact avec un conducteur.

1 « Mais ce n'était qu'un très vulgaire coquelicot semblable à tous les coquelicots de France. Isolé dans cette prairie, il paraissait merveilleux... »
GIDE, Ainsi soit-il, p. 88.

— (En parlant d'un bruit distinct). *Applaudissements, cris isolés.*

2 « D'abord un ou deux croassements isolés comme en signal, et puis cent, et puis mille, un concert affreux... »
LOTI, L'Inde (sans les Anglais), III, III.

— *Par ext.* Qui est éloigné de toute habitation. V. **Écarté, perdu, reculé, retiré.** *Endroit, lieu isolé* (Cf. Attirer, cit. 3 ; fantastique, cit. 8). *Grève isolée et vide* (Cf. Aigre, cit. 7). *Vivre seul dans une maison isolée* (Cf. Garde 1, cit. 13). *Ferme isolée* (Cf. Gîter, cit. 4). — *Géogr. Iles* (cit. 4) *isolées,* par oppos. à celles qui sont voisines de la côte. *Oasis* isolée en plein désert.*

3 « À moitié route, au bout d'une montée assez rude, l'on trouve une pauvre maison isolée, la seule que l'on rencontre dans un espace de huit lieues,... »
GAUTIER. Voyage en Espagne, p. 90.

— *Par métaph.* .

4 « Mais Rubens n'est point un génie isolé, et le nombre comme la ressemblance des talents qui l'entourent montre que la floraison dont il est la plus belle pousse est le produit de sa nation et de son temps. »
TAINE, **Philos. de l'art**, t. II, p. 50.

‖ **2°** (Seconde moitié du XVIIe s.). Qui est séparé des autres hommes. V. **Seul, solitaire.** *Vieillard taciturne qui vit isolé.* V. **Ermite, hibou** (fig.). *L'homme isolé et la horde* (cit. 3), *la foule.* V. **Individu.** *Personnage isolé et puissant* (Cf. Finance, cit. 2). *Vivre isolé* (Cf. Vivre dans son cocon*, sa tanière*, comme un reclus* ; et *aussi* Camaraderie, cit. 5 ; éducation, cit. 17). — *Spécialt.* V. **Délaissé, esseulé.** *Se sentir isolé* (Cf. Écho, cit. 20). — Avec un complément. *Isolé du reste du monde* (Cf. Annihiler, cit. 2) ; *isolé de tout* (Cf. Chalumeau, cit.).

5 « Le favori n'a point de suite ; il est sans engagement et sans liaisons ; il peut être entouré de parents et de créatures, mais il n'y tient pas ; il est détaché de tout, et comme isolé. » LA BRUY., X, 18.

6 « *Isolés !* Ah, Messieurs, le joli˙mot ! il charme...
De ces cœurs isolés qui ne tiennent à rien !
Quand de l'architecture on saurait la manœuvre,
On aurait de la peine à mieux le mettre en œuvre. »
BOURSAULT, **Mots à la mode**, 8 (1694).

7 « On ne vient à bout de rien à Paris quand on y vit isolé. »
ROUSS., **Confess.**, VII.

8 « Toujours vivre isolé sur la terre me paraissait un destin bien triste, surtout dans l'adversité. » ID., **Ibid.**, XII.

9 « À présent dans ma pénible solitude, isclée de tout ce qui m'est cher, tête à tête avec mon infortune,... » LACLOS, **Liais. dang.**, CVIII.

10 « J'écrivis cette première méditation (*L'isolement*) un soir du mois de septembre 1819, au coucher du soleil, sur la montagne qui demine la maison de mon père, à Milly. J'étais isolé depuis plusieurs mois dans cette solitude. » LAMART., **Prem. médit...**, I, Commentaire.

11 « L'homme isolé est un homme vaincu ; pour avoir voulu être tout à fait libre, il est tout à fait esclave. » ALAIN, **Propos**, p. 184.

12 « Les écrivains sédentaires qui reculent dans leurs passions sont pessimistes parce qu'ils sont isolés. »
MAUROIS, **Ét. littér.**, Saint-Exupéry, III.

— *Spécialt.* Administr. milit. *Soldat, homme isolé :* qui n'appartient à aucun corps. — Substant. *Dépôt, centre d'accueil des isolés.*

‖ **3°** Fig. *Phrase isolée.* V. **Détaché.** *Ces propositions isolées ont un sens tout différent de celui qu'elles ont dans le contexte* (LITTRÉ). *Images isolées* (Cf. Cadre, cit. 9). *Fait, événement isolé* (Cf. Expérience, cit. 46 ; humanité, cit. 11). *Protestation, réclamation isolée* (V. **Individuel**). *Corps à l'état* (cit. 51) *isolé. Isolé par la pensée.* V. **Abstrait.**

13 « Jusqu'ici, lorsqu'on avait voulu déprécier un ouvrage quelconque... on avait fait de citations fausses ou perfidement isolées ; on avait tronqué des phrases et mutilé des vers,... »
GAUTIER, **Préf.** Mlle de Maupin, p. 43 (éd. critique MATORÉ).

14 « ... je prouve que les phénomènes de fermentation sont tous des actes corrélatifs au développement de globules et de végétaux mycodermiques dont je donne un moyen de préparation et d'étude à l'état isolé et sans mélange. »
PASTEUR, **Lettre à J.-B. Dumas**, sept. 1857 (in MONDOR, Pasteur, p. 57).

ANT. — Attaché, joint ; fréquenté. Groupé. Conjoint, couplé... Collectif, commun.

DER. — Isoler. — **Isolément.** adv. (1787). D'une manière isolée. *Comparer* (cit. 3) *les synonymes au lieu de les définir isolément.* — Fig. *Considérer isolément les éléments d'un problème, d'une question...* (Cf. Économie, cit. 12). — ANT. En bloc, ensemble ; conjointement.

« ... il y en a qui sont des braves gens, si on les considère isolément. » ARAGON, **Beaux quartiers**, I, XXI.

ISOLEMENT. n. m. (1701, rare avant le XIXe s. ; de *isoler*).

‖ **1°** État d'une chose isolée*. *L'isolement de cette maison au milieu des bois* (ACAD.)

1 « ... ensemble hétérogène (*Un tel empire*), dont toutes les parties tendaient à l'isolement, et se fuyaient pour ainsi dire l'une l'autre. »
MICHELET, **Hist. de France**, II, II (800).

— Spécialt. (*Archit.*). Espace entre deux constructions, deux parties de construction qui ne se touchent pas. — (*Électr.*). Qualité de la séparation électrique (entre deux conducteurs, deux points). *Isolement faible, partiel... Opération par laquelle on obtient un bon isolement.* V. **Isolation** (*dér.* d'Isoler). *L'isolement de deux conducteurs, de deux points électriquement isolés se mesure par la résistance électrique qui existe entre eux.* — (Chim.). *Certains corps simples sont connus avant leur isolement effectif* (Cf. Fluor, cit. 2).

‖ **2°** État, situation d'une personne isolée. V. **Solitude.** *Isolement et amour de l'indépendance chez les sauvages* (Cf. Barbare, cit. 13). *L'isolement d'un être supérieur* (Cf. Blasement, cit. GAUTIER). *Être tenu, laissé dans l'isolement.* V. **Abandon, délaissement** (Cf. Compenser, cit. 4). *Se retirer dans un isolement complet, total.* V. **Claustration, cloître, exil, séquestration** (Cf. Se tenir à l'écart*, se retirer dans son terrier*, dans une tour d'ivoire... ; vivre seul avec soi-même, ne voir personne...). *Jours d'isolement et d'inaction* (Cf. Céder, cit. 17). *Sentiment triste d'isolement* (Cf. Gravité, cit. 10). — Allus. litt. *L'isolement*, titre de la première Méditation de Lamartine.

2 « Le sentiment momentané de mon isolement ne m'accablait plus ; il me recueillait en moi-même et concentrait les forces de mon cœur et de ma pensée. » LAMART., **Graziella**, IV, I.

3 « Figurez-vous l'isolement le plus complet, sans ami, sans conseil, sans connaissance, sans appui au milieu de personnes froides et indifférentes,... » RENAN, **Souv. d'enfance...**, Append., 12 nov. 1845.

4 « Après Napoléon, les adolescents gardaient la nostalgie des attitudes spectaculaires ; l'isolement splendide de Chateaubriand en était une. » MAUROIS, **Olympio...**, II, I.

5 « ... son attitude de repli et sa retraite (*de Vigny*), son isolement accepté, en marge de l'époque, et cette zone de silence et de solitude où... il va méditer et composer dans le silence son suprême chef-d'œuvre des *Destinées...* » HENRIOT, **Romantiques**, p. 151.

— *Spécialt.* (En parlant d'un malade, d'un détenu que l'on isole). *Isolement des contagieux.* V. **Quarantaine** (Cf. Épidémie, cit. 4 ; hôpital, cit. 8). *Pavillon, camp d'isolement. Isolement des aliénés. Isolement cellulaire* (Cf. Force, cit. 47).

6 « ... malgré l'isolement de certains détenus, une prison est une communauté,... » CAMUS, **La peste**, p. 187.

7 « L'isolement est... l'une· des mesures les plus importantes de la *thérapeutique* (psychiatrique)... avec des nuances graduées, il s'impose chaque fois qu'il est nécessaire de soustraire le malade à l'influence nuisible du milieu... » Ch. BARDENAT, in POROT, **Manuel... psychiatrie**, Isolement.

— *Par ext. Pays, nation qui se cantonne dans l'isolement. Politique d'isolement économique.* V. **Autarcie.** *Isolement diplomatique.* — *Allus. hist. Le « splendide isolement »* (splendid isolation) *de l'Angleterre au XIXe siècle.*

8 « Les murailles de Chine, les rideaux de fer, les isolements splendides et les doctrines de Monroë sont des expédients de rêveurs. »
DUHAM., **Manuel du protest.**, p. 29.

ANT. — Agglomération, association, groupement. Confrontation. Contact, continuité. Assimilation. Compagnie, société...

ISOLER. v. tr. (1653 ST-AMANT ; de *isolé*. Le verbe (italien) *isolare* semble être postérieur (à l'adjectif) comme le verbe français (BLOCH).

‖ **1°** Rendre comme une île ; séparer des objets environnants. V. **Détacher 1, séparer.** « *Pour embellir ce château, il le faudrait isoler, le détacher de la basse-cour qui y tient* » (FURET. 1690). *Isoler des éléments qui étaient rassemblés, joints.* V. **Disjoindre, écarter, éparpiller.** *Isoler un diamant de sa gangue.* V. **Extraire, ôter.** — Par ext. *Isoler une ville ennemie en l'investissant de toutes parts.* V. **Blocus ; bloquer.** *L'interruption des communications a complètement isolé cette région.*

— *Spécialt. En T. de Sciences.* Phys. *Isoler un corps :* le mettre hors de contact avec tout corps conducteur d'électricité (V. **Isolant, isolateur, isolation,** *infra,* dér.). — Acoust. *Isoler une pièce, un studio :* l'insonoriser avec des matériaux isolants*. — Méd. *Isoler une plaie pour empêcher l'infection.* — Chim. et Biol. *Isoler un corps simple, un virus,* les séparer du milieu auquel ils sont d'ordinaire mêlés, pour en faire l'étude.

1 « L'expérimentation exige un système fermé qui puisse être artificiellement isolé. Si nous voulons savoir dans quelles conditions l'eau va bouillir, nous isolons un groupe : source de chaleur, récipient, liquide ;... nous arrivons à le soustraire à la plupart des influences extérieures. » MAUROIS, **Art de vivre**, I, 7.

‖ **2°** Éloigner (quelqu'un) de la société des autres hommes ; rendre seul*. *Isoler quelqu'un dans sa chambre.* V. **Chambrer, confiner, reclure.** — *Spécialt. Isoler un malade contagieux, un fou...* V. **Isolement** (Cf. Contagion, cit. 1 ; exception, cit. 7). *L'excès de travail cérébral* (cit. 2) *isole l'homme. La cécité l'isole du monde extérieur.*

2 « Les isoler, c'était leur ôter la meilleure partie de leurs forces. »
MICHELET, **Hist. Révol. fr.**, VIII, V.

3 « ... la monstrueuse mésalliance, qui fit montrer au doigt le comte de Savigny et l'isola comme un pestiféré. »
BARBEY d'AUREV., **Les diaboliques**, Bonheur dans le crime, p. 181.

4 « Sammécaud guettait depuis une heure l'occasion d'un entretien furtif avec Marie. Il réussit à la joindre et à l'isoler. »
ROMAINS, **H. de b. vol.**, t. III, XV, p. 199.

5 « Son ouïe rebelle l'isolait chaque jour davantage. »
MART. du G., **Thib.**, t. II, p. 186.

‖ **3°** *Fig.* Considérer à part. V. **Abstraire** (Cf. Abstraction, cit. 3), **dégager, discerner, distinguer, individualiser, séparer.** *Il faut isoler ces deux questions* (V. **Disjoindre** et Cf. Faire le départ*). *Isoler un mot dans une phrase* (Cf. Grille, cit. 20 ; guillemet, cit. 3). *Isoler· un élément, une question pour l'étudier...* (Cf. Braquer, cit. 6 ; corps, cit. 3 ; examinateur, cit. 2 ; expérience, cit. 27 ; genre, cit. 4). *Isoler une phrase de son contexte* (V. **Dépouiller**). *Il isole arbitrairement un fait et perd de vue l'ensemble.*

6 « Suivre en toute recherche,... la méthode des mathématiciens ; extraire, circonscrire, isoler quelques notions très simples et très générales ; puis, abandonnant l'expérience, les combiner,... »
TAINE, **Origines France contemp.**, I, t. I, p. 315.

7 « C'est le droit de l'historien d'isoler un grand aspect des choses. »
JAURÈS, **Hist. social. Révol. fr.**, t. I, p. 11.

‖ S'ISOLER. V. **Barricader** (se), **cantonner** (se), **claustrer** (se), **confiner** (se), **enfermer** (s'), **ensevelir** (s'), **enterrer** (s'), **réfugier** (se), **retirer** (se), **terrer** (se). Cf. Faire le vide* autour de soi. *S'isoler dans son coin*, chez soi... S'isoler dans ses méditations, ses pensées.* V. **Abstraire** (s') ; **attention** (concentrer son). — Fig. *L'art s'isole orgueilleusement* (Cf. Infatuer, cit. 5)

8 « Vous vous élevez bien haut, monsieur ; vous commencez à vous isoler comme tous les hommes faits pour une grande renommée ; peu à peu, la foule, qui ne peut les suivre, les abandonne, et on les voit d'autant mieux qu'ils sont à part. »
CHATEAUB., M. O.-T., t. VI, p. 276.

9 « L'Église celtique s'isole de l'Église universelle : elle résiste à l'unité ; »
MICHELET, Hist. de France, I, IV.

10 « S'isoler, c'est trahir. »
HUGO, Lég. des siècles, XIX, Welf, castellan d'Osbor, II.

11 « Parmi les hommes supérieurs, il en est qui, s'isolant dans leurs études, ont pour le tumulte des idées une pitié dédaigneuse... »
PASTEUR, in MONDOR, Pasteur, p. 165.

12 « L'homme s'isole en soi ; on dit qu'il s'individualise ; mais cela n'est pas pour mieux développer en lui ses qualités universelles ; c'est pour exalter son égoïsme. »
DANIEL-ROPS, Ce qui meurt..., p. 102.

ANT. — Agglomérer, assimiler, associer, attacher, combiner, confronter, conjuguer, connecter, coordonner, coupler, grouper, incorporer, joindre, mêler, rassembler, réunir, unir.

DER. — **Isolable.** adj. (1867). Qui peut être isolé, séparé. V. **Séparable.** *Les éléments isolables d'un corps composé* (ACAD.). — **Isolant, ante.** adj. (1867). *Qui isole.* Spécialt. Qui empêche la propagation des vibrations (sonores,...). *Matelas isolant,* placé sous une machine vibrante. *Matériaux isolants pour l'insonorisation.* — Phys. Qui ne conduit pas l'électricité ou la chaleur (**ANT. Conducteur**). *Les corps isolants* (substant. *les isolants, une fois électrisés, conservent leur électricité. Principaux isolants :* verre, mica, amiante, porcelaine, résine, caoutchouc, soufre, bois... *Isolants calorifiques :* fibre de bois comprimée, liège aggloméré, laine de verre... — Linguist. *Langues isolantes* « caractérisées par la juxtaposition d'éléments simples... dont la valeur grammaticale dépend de la place ou de l'intonation qu'on leur attribue » (MAROUZEAU). *Le chinois est une langue isolante.* — **Isolateur.** n. m. (1842). Phys. Support en matière isolante, destiné à soutenir les conducteurs d'électricité. *Isolateur de verre, de porcelaine. Isolateur à cloche simple, double... Grands isolateurs de pylônes, de transformateurs.* Vx. Syn. de *Isoloir.* — **Isolation.** n. f. (1774 BEAUMARCH., au sens d'isolement). Phys. Action d'isoler un corps conducteur d'électricité. — Technol. Action de protéger une pièce contre la chaleur, le froid, le bruit. — **Isolationnisme.** n. m. (Néol., empr. de l'amér. *isolationist, -nism,* 1899 ; de *isolation*). Politique d'isolement (se dit surtout à propos des États-Unis d'Amérique). — **Isolement*, isolément*.** — **Isoloir.** n. m. (XVIIIᵉ s.). Support, tabouret isolant sur lequel on place un corps que l'on veut électriser. — Fig. et Vx. (fin XIXᵉ s.). Lieu où l'on s'isole. Spécialt. Cabine où les électeurs préparent leur bulletin de vote.

« Il y a la doctrine de Monroë, l'isolationnisme, le mépris de l'Europe, et puis il y a l'attachement sentimental de chaque Américain pour son pays d'origine,... »
SARTRE, Situations III, p. 128.

ISRAÉLIEN, ENNE. adj. (1931 in LAROUSSE XXᵉ s. ; de *Israël*). De l'État moderne d'Israël (ou État juif de Palestine). *L'armée israélienne. Le peuple israélien.* — Substant. *Les Israéliens.*

ISRAÉLITE. n. (XVIIᵉ s. ; de *Israël*). Descendant d'Israël ; celui, celle qui appartient à la communauté, à la religion juive. V. **Hébreu, juif*** (Cf. Aventure, cit. 18 ; impartialité, cit. 1). — Adjectivt. V. **Hébraïque, juif.** *Consistoire, culte israélite* (Cf. Chair, cit. 9). *Le chœur de jeunes filles israélites, dans Esther de Racine.*

« Les Roumains, les Égyptiens et les Turcs peuvent détester les Juifs. Mais dans un salon français les différences entre ces peuples ne sont pas si perceptibles, et un Israélite faisant son entrée... contente parfaitement un goût d'orientalisme. »
PROUST, Rech. t. p., t. VII, p. 15.

ISSANT, ANTE. adj. (XVIᵉ s. ; p. prés. de *issir.* V. **Issu**). Blas. Se dit de figures d'animaux qui, ne présentant que la partie supérieure du corps, paraissent sortir de la pièce* ou du champ de l'écu. *Lions issants.*

COMP. — **Contre-issant, ante.** adj. (1694). Blas. Qui est adossé à un autre animal issant comme lui.

-ISSIME. Suffixe marquant le superlatif, repris au latin ou à l'italien (cit. 2) dans quelques adjectifs (*rarissime, illustrissime,...*).

ISSU, UE. p. p. (Vers 1100 ; de l'a. v. *eissir,* du lat. *exire,* « sortir », éliminé au XVIᵉ s. par *sortir*). Qui est né, sorti d'une personne, de parents, d'une race, d'une espèce animale ou végétale. V. **Descendre, provenir.** *Issu de sang royal, d'une famille illustre, de campagnards...* (Cf. Anoblir, cit. 3 ; callosité, cit. 1 ; famille, cit. 19). *Frères* (cit. 1) *issus des mêmes père et mère. Cousins* issus de germains*. Tronc commun d'où sont issus les différents animaux* (Cf. Homme, cit. 7). *Arbres issus d'un semis* (Cf. Franc 2, cit. 14). — Par anal. (origine dans l'espace). *Invasions issues du continent* (Cf. Autochtone, cit. 2). V. **Partir.**

1 « (Sa taille, son air)...
Feraient croire qu'il est issu du sang des Dieux ; »
MOL., Mélicerte, I, 2.

2 « En regardant la croix, le tertre et les fleurs, nous songeons tous deux à ce mystère : petite fille qui était de son sang, issue de lui, qui avait ses yeux, et... probablement aussi une âme pareille, et qui est déjà rendue au sol breton. »
LOTI, Mon frère Yves, XCIX.

— Fig. V. **Dériver, résulter, sortir, venir*** (de). *Progrès, révolution, expansionnisme* (cit.)... *issus de tel ou tel phénomène* (Cf. Antisepsie, cit. ; extrême, cit. 2). *Œuvres, idées, images issues de certaines circonstances, d'un certain univers* (Cf. Fruit, cit. 24 ; imprégner, cit. 10 ; incorporel, cit. 2). *Modes issues d'une même origine* (Cf. Incroyable, cit. 1).

3 « Un messianisme d'origine chrétienne et bourgeoise, à la fois historique et scientifique, a influencé en lui (*Marx*) le messianisme révolutionnaire, issu de l'idéologie allemande et des insurrections françaises. »
CAMUS, L'homme révolté, p. 234.

ISSUE. n. f. (XIIᵉ s. ; de *issu*).

‖ 1º *Vx.* Action de sortir. — (De nos jours). *À l'issue de...,* en sortant de. V. **Sortie** (à la), **sortir** (au). *À l'issue du spectacle, de la séance, du procès* (Cf. Expulser, cit. 2), *du dîner, de l'entrevue, de la cérémonie...* V. **Fin.**

‖ 2º Ouverture*, passage* offrant la possibilité de sortir. V. **Dégagement, porte, sortie.** *Percer, boucher, aveugler une issue* (Cf. par métaph. Emmurer, cit. 1). *Issue permettant de s'échapper* (Cf. Galerie, cit. 4). *Chercher, découvrir une issue* (Cf. Apparaître, cit. 20 ; gouffre, cit. 2). *Issue secrète, dérobée.*

1 « *Issue* est plus général que *sortie.* La sortie est le passage par où l'on sort habituellement ; l'issue est toute ouverture par où l'on peut sortir. La porte est à la fois une sortie et une issue ; la fenêtre n'est pas une sortie, mais, en un cas pressant, elle peut être une issue. »
LITTRÉ, Dict., Issue.

2 « De cette façon, la barricade, murée sur trois rues,... était vraiment presque inexpugnable ; il est vrai qu'on y était fatalement enfermé. Elle avait trois fronts, mais n'avait plus d'issue. — Forteresse, mais souricière, dit Courfeyrac en riant. »
HUGO, Misér., V, I, VII.

3 « ... je ne me relevais jamais au milieu des nuits pour m'assurer que toutes les issues de ma chambre étaient fortement closes. »
MAUPASS., Sœurs Rondoli, Lui.

— (Par où une chose peut sortir). V. **Débouché, dégorgeoir, déversoir, émonctoire, évacuation, exutoire, orifice, soupape.** *Ménager une issue à la fumée, à la vapeur, à l'eau d'un réservoir. Source qui trouve issue* (Cf. Fougue 1, cit. 5). Par métaph. (Cf. Fermenter, cit. 3). *Donner issue à la colère.*

4 « La joie n'ouvrait pas devant lui une de ces issues étroites et fascinantes où toute la vie se précipite. »
ROMAINS, H. de b. vol., t. V, VII, p. 59.

— Spécialt. *Chemin, rue, voie sans issue.* V. **Cul-de-sac, impasse** (cit. 1). Cf. Boucherie, cit. 1 ; et par métaph. Dénouer, cit. 10.

5 « ... s'offrir à servir de guide dans un chemin détourné qu'il ne connaît pas, et dont il ne peut ensuite trouver l'issue. »
LA BRUY., Car. Théophraste, De l'air empressé.

— Fig. Possibilité, moyen de sortir d'affaire et d'aller plus avant. V. **Échappatoire, expédient, solution.** *Chercher une issue à une difficulté. Je ne vois pas d'autre issue. Se ménager des issues* (ACAD.). *Situation sans issue* (Cf. Achopper, cit. 4). *Intrigue, passion sans issue* (Cf. Court, cit. 19 ; estival, cit. 2). *Une vie sans issue* (Cf. Folie, cit. 30).

6 « C'est toi, Prince, qui rends nos esprits très habiles
À trouver une issue aux choses difficiles, »
RONSARD, Pièces posthumes, Sec. livre des Hymnes, X.

7 « Bonaparte, de son côté, venait d'échouer en Syrie où il avait essayé de s'ouvrir un chemin. L'expédition d'Égypte était sans issue. »
BAINVILLE, Hist. de France, XVI, p. 387.

8 « ... elle devait se dire que pour échapper à son tuteur il n'y avait pas d'autre issue que le mariage. »
HENRIOT, Portr. de femmes, p. 313.

— Par ext. Manière dont on sort d'une affaire, dont une chose tourne, arrive à son terme. V. **Aboutissement, événement, fin, fortune, résultat, succès** (vx). *Bonne, heureuse issue* (Cf. Grossesse, cit. 2). *Issue malheureuse, fatale d'un duel, d'une maladie...* (Cf. Épouvantement, cit. 2 ; imminence, cit. 2). *Ignorer, ne pas prévoir l'issue d'une entreprise* (cit. 10 et Cf. État, cit. 125).

9 « J'ai peur que votre effort n'ait pas trop bonne issue. »
MOL., Femmes sav., IV, 4.

10 « Certes, nos pères disaient bien que le hasard est grand ; ils savaient qu'on ne peut rien affirmer de l'issue d'une affaire ; mais, dans l'ensemble, cet imprévu imaginable, ils pouvaient cependant décréter des lois durables, de signer des conventions fermes... »
VALÉRY, Reg. s. le monde actuel, p. 207.

‖ 3º Spécial. *Meun.* Ce qui reste des moutures après séparation de la farine (cit. 1). V. **Son.** *Marchand de grains et issues.* — Bouch. Extrémités ou viscères des animaux, livrés à la triperie ou à l'industrie. *Des issues d'agneau.* V. **Abats*.**

ANT. — Accès, entrée ; commencement, départ.

ISTHME (ism'). n. m. (1538 ; du lat. *isthmus,* du gr. *isthmos,* « passage étroit ou resserré »).

‖ 1º Géogr. Langue de terre resserrée entre deux mers ou deux golfes et réunissant deux terres (en particulier une presqu'île au continent). *L'isthme de Corinthe, de Suez, de Panama* (Cf. Albinos, cit. 1 ; fermeture, cit. 2).

« Les Vénitiens... avaient proposé à ce soudan de couper l'isthme de Suez à leurs dépens, et de creuser un canal qui eût joint le Nil à la mer Rouge. » VOLT., *Essai s. l. mœurs*, CXLI.

‖ 2° *Anat.* (1552 en ce sens). *Isthme du gosier*, faisant communiquer la cavité buccale avec la trachée (Cf. Bol 2, cit.). *Isthme de l'encéphale*, partie de l'encéphale faisant communiquer le cervelet avec le cerveau. *Isthme de l'utérus*, segment intermédiaire entre le col et le corps de l'utérus.

ANT. — **Détroit.**

DER. — **Isthmique.** *adj.* (1636 ; du gr. *isthmikos*). Relatif à un isthme, et *spécialt.*, à l'isthme de Corinthe. — *Antiq.* *Jeux* isthmiques*, qui se disputaient tous les trois ans dans l'isthme de Corinthe, en l'honneur de Poséidon. — *Littér.* LES ISTHMIQUES. *n. f. pl.* Odes de Pindare à la gloire des vainqueurs aux jeux isthmiques.

ITACISME. *n. m.* (1867 LITTRÉ). Variante de *Iotacisme.*

ITAGUE. *n. f.* (XIIᵉ s., *utage* ; étymol. inconnue). *Mar.* « Manœuvre souvent en chaîne ou en fil d'acier, fixée par son extrémité à une voile, une vergue qu'elle est destinée à hisser ou à déplacer dans un sens quelconque » (GRUSS).

ITALIANISER. *v. intr.* et *tr.* (1578 ; de *italien*, par l'ital. *italiano*).

‖ 1° V. intr. (*vieilli*). Affecter d'employer en français une prononciation ou des expressions empruntées à l'italien. *Au XVIᵉ siècle, Henri Estienne se plaignait des trop nombreux Français qui italianisaient.*

‖ 2° V. tr. Rendre italien ; marquer d'un caractère italien. — Pronominalt. *La France du XVᵉ siècle s'était italianisée* (ACAD.).

DER. — **Italianisant, ante.** *n.* (début du XXᵉ s.). Artiste qui s'inspire de l'art italien. *Spécialt.* Personne versée dans l'étude de la langue et de la littérature italiennes. *Un de nos meilleurs italianisants.*

« C'est peu de dire que Gluck était rompu à l'art italien, qu'il était un italianisant. » R. ROLLAND, **Musiciens d'autrefois**, p. 229.

ITALIEN, IENNE. *adj.* (de *Italie*). V. **Italique** (*vx*), **transalpin.** *Péninsule italienne. Iles italiennes. Race, nationalité italienne* (Cf. Impénétrable, cit. 21). *Monnaie italienne.* V. **Lire.** *Mœurs italiennes* (Cf. Hérisser, cit. 28). *Langue, littérature, peinture, musique... italiennes* (Cf. Grotesque, cit. 2). *Danses italiennes* (forlane, tarentelle...). *Joueur de flûte italien* (Cf. Pifferaro). *Chant, opéra italien* (Cf. Fioriture, cit. 2). *Les Comédiens Italiens*, troupe théâtrale installée à Paris de 1659 à la fin du XVIIIᵉ siècle, et qui joua notamment les chefs-d'œuvre de Marivaux. *Comédie italienne.* V. **Commedia dell'arte.** *Républiques italiennes, magistrats italiens* (V. **Podestat**) *du moyen âge. Formation de l'unité italienne au XIXᵉ s. Irrédentisme des nationalistes italiens. Fascisme italien sous Mussolini. A la manière italienne, à l'italienne,* ou ellipt., *à l'italienne* (Cf. Hautin, cit.). *Champignons à l'italienne. Cuisine à l'italienne :* pâtes (macaroni, spaghetti...), polenta, risotto...

1   « ... ils éprouveraient sans cesse avec quelle facilité, quelle flexibilité, quelle mollesse, l'harmonie, la prosodie, les ellipses, les inversions de la langue italienne se prêtaient à l'art, au mouvement, à l'expression, aux tours de chant et à la valeur mesurée des sons... » DIDER., **Nev. de Rameau**, Œuvr., p. 483.

— Substant. *Un Italien, une Italienne. Les Italiens émigrés en France.* — (Par ellipse de *comédiens*) *Les Italiens, le Théâtre des Italiens,* théâtre parisien au XIXᵉ siècle (d'où le *Boulevard des Italiens*). Cf. Humer, cit. 10.

— N. m. *L'italien,* la langue italienne (Cf. Bouillonnement, cit. 1 ; ficher, cit. 3). *L'italien dérive du latin vulgaire comme les autres langues romanes. Le dialecte toscan devenu l'italien classique. Mots français empruntés à l'italien.*

2   « Le grand mouvement de la Renaissance... amène une véritable invasion de mots italiens, invasion que l'on peut constater dans toutes les branches de l'activité humaine, mais qui est surtout sensible dans la littérature proprement dite, les beaux-arts (surtout l'architecture et la musique), la guerre et le sport (notamment l'escrime et l'équitation)... Un millier de mots environ sont ainsi venus s'ajouter à notre vocabulaire. En outre, il ne faut pas oublier que l'italien... a contribué au développement du suffixe *ade,* et que nous lui devons le suffixe *esque,* et les superlatifs en *issime.* » HATZFELD et DARMEST., **Traité form. langue fr.**, p. 22.

DER. — **Italianiser.** — **Italianisme.** *n. m.* (1578 ; Cf. Gallicisme, cit. 1). Manière de parler propre à l'italien et empruntée par une autre langue. *Les italianismes dans la poésie française du XVIᵉ siècle.*

ITALIQUE. *adj.* (fin XVᵉ s. ; du lat. *italicus*).

‖ 1° *Vx.* V. **Italien.**

— *Typogr. Lettres italiques* (ainsi appelées parce qu'elles avaient été inventées en Italie par l'imprimeur Alde Manuce), *caractères italiques,* légèrement inclinés vers la droite. *Citations, exemples imprimés en caractères italiques,* ou ellipt. *en italiques.* — N. m. *L'italique,* le caractère italique (Cf. Caractère, cit. 6). *On se sert de l'italique pour les mots que l'on veut distinguer du reste du texte* (ACAD.). *Mettre un mot en italique.*

« ... il y avait aussi parmi eux de grands penseurs et de grands ironistes, qui, lorsqu'ils écrivaient, mettaient leurs mots profonds et fins en *italique,* pour qu'on ne s'y trompât point. » R. ROLLAND, **Jean-Christ.**, Foire sur la place, p. 743.

‖ 2° Qui appartient, qui a rapport à l'Italie ancienne. *Les peuples italiques,* et substant. *Les Italiques,* habitants de l'Italie ancienne. *L'italique :* les langues des peuples italiques (Cf. Celtique, cit.).

« Il ne faut dire *italique* qu'en parlant de l'antiquité, et *italien* en parlant de ce qui est moderne, et de ce qui appartient à l'Italie d'aujourd'hui. » TRÉVOUX, **Italique** (édit. 1743).

« Si l'on met à part les nouveaux venus, Grecs et Étrusques, le cœur du pays est occupé par un ensemble de populations indo-européennes que l'on désigne du nom d'Italiques... Leurs langues... révèlent, à l'intérieur de la famille des langues indo-européennes, un apparentement au celtique qui a fait supposer, entre l'indo-européen et l'italique commun, une unité intermédiaire probable, l'italo-celtique. Mais, à l'intérieur du groupe italique lui-même, se distinguent nettement, d'une part, le latin,... d'autre part, l'osque et l'ombrien. » Raymond BLOCH, **Rome**, in Hist. univ. I, pp. 846-47 (Encycl. Pléiade).

-ITE. Suffixe savant d'origine grecque (*-itis*), repris par le latin médical et servant à désigner les maladies de nature inflammatoire (*bronchite, méningite,...*).

« Ce sont des noms hybrides, mi-grecs mi-latins, avec des désinences en *ite* indiquant l'état inflammatoire... » FRANCE, **Crime Sylv. Bonnard**, II, Œuvr., t. II, p. 465.

ITEM (-*tèm*). *adv.* (1294 ; adv. lat., « de même »). S'emploie dans les comptes, les états, pour éviter une répétition, avec le sens de : de même, de plus, en outre. *Fourni à M. X une paire de bottes ; item, une paire de souliers de chasse* (Cf. Fondeur, cit.).

« Vis-à-vis, c'est une bégueule qui joue l'importance, à qui l'on se résoudrait à dire qu'elle est jolie, parce qu'elle l'est encore... *Item,* elle est plus méchante, plus fière et plus bête qu'une oie. *Item,* elle veut avoir de l'esprit. *Item,* il faut lui persuader qu'on lui en croit comme à personne. *Item,* cela ne sait rien, et cela décide aussi. *Item,* il faut applaudir à ses décisions... » DIDER., **Nev. de Rameau**, Œuvr., p. 459.

ITÉRATIF, IVE. *adj.* (1403 ; du bas lat. *iterativus*. V. **Réitérer**). *Procéd.* Qui est réitéré. *Itératif commandement.*

« Les formalités des exploits seront observées dans les procès-verbaux de saisie-exécution ; ils contiendront itératif commandement, si la saisie est faite en la demeure du saisi. » CODE PROCÉD. CIV., Art. 586.

— *Gramm.* Se dit des formes propres à l'énoncé d'une action qui se répète. V. **Fréquentatif.** *Verbes itératifs,* caractérisés en français par le préfixe re- (*rebattre, refaire...*). *Composés itératifs,* formés par la simple répétition du même mot (*passe-passe*). — *Chirurg. Opération itérative.*

« Les heures que nous ne passions pas à la salle d'opérations, nous devions les consacrer à revoir les blessés étendus dans les salles, à renouveler leurs pansements, à les faire reporter sur la table en vue des interventions que l'on dit itératives. » DUHAM., **Pesée des âmes**, p. 236.

DER. — **Itérativement.** *adv.* (1528). D'une manière itérative. *Sommer itérativement.*

« Et nous étant transporté au Châtelet, nous avons fait comparaître devant nous Joseph Pitrucci, dit Bat-la-route, ancien anspessade dans le régiment de Royal-Montferrat. Et, après lui avoir itérativement demandé de déclarer ses complices, nous l'avons fait, sur son refus, appliquer immédiatement à la question par l'exacteur des hautes œuvres. » BALZ., **Souv. d'un paria** (Œuvr. div., t. I, p. 293).

ITÉRER. *v. tr.* (XVIᵉ s. ; du lat. *iterare,* « recommencer »). *Vx.* Répéter, faire une seconde fois. V. **Réitérer.**

DER. — **Itération.** *n. f.* (fin XVᵉ s. ; du lat. *iteratio*). Action de répéter. *Spécialt.* (Math.). Procédé de calcul permettant, par approximations successives, de trouver les racines d'une équation.

ITHOS (-*toss*). *n. m.* (1672 MOL. ; du gr. *êthos,* prononcé *ithos* par itacisme). *Anc. Rhét.* Partie de la rhétorique traitant de l'impression morale produite par l'orateur (par oppos. à *pathos,* l'expression passionnée ou émue). — REM. Ne s'emploie guère depuis Molière que dans l'expression *ithos et pathos,* au sens de « discours emphatique, prétentieux », le compliment de Vadius ayant pris, du fait du pédantisme des deux personnages, une résonance ridicule.

« — Vous avez le tour libre, et le beau choix des mots. — On voit partout chez vous l'*ithos* et le *pathos.* » MOL., **Femmes sav.**, III, 3.

« Guerre à la rhétorique et paix à la syntaxe ! Et tout quatre-vingt-treize éclata. Sur leur axe On vit trembler l'athos, l'ithos et le pathos. » HUGO, **Contempl.**, I, VII.

ITHYPHALLE, ITHYPHALLIQUE. V. **Phallus** (*Comp.*).

ITINÉRAIRE. *n. m.* et *adj.* (XIVᵉ s., n. ; du lat. *itinerarium* et *itinerarius,* de *iter, itineris,* « chemin »).

‖ 1° N. m. Chemin à suivre ou suivi pour aller d'un lieu à un autre. V. **Circuit, parcours.** *Je vais vous tracer, vous indiquer votre itinéraire. Il connaît mon itinéraire habituel* (Cf. Fortuit, cit. 4). *Suivre un certain itinéraire* (Cf. Emboîter, cit. 4). *Un itinéraire capricieux* (cit. 6), *changeant* (Cf. Broder, cit. 7).

1 « Il était impossible aux voitures de la noce d'aller directement à Saint-Paul. Force était de changer l'itinéraire, et le plus simple était de tourner par le boulevard. »   HUGO, **Misér.**, V, VI, I.

2 « ... je fais mon itinéraire avec un plan de Paris et l'indicateur des lignes et des correspondances. »   MAUPASS., **Toine**, Le père Mongilet.

3 « Il revisa notre itinéraire, prépara nos relais et couvrit de recommandations nos étapes. »   GIDE, Si le grain..., II, I, p. 294.

4 « Notre promenade d'adieux fut aussi tendre et désespérée qu'il était possible. Nous avions pris notre itinéraire le plus contourné, le plus secret. »   ROMAINS, **H. de b. vol.**, t. III, XXIII, p. 311.

— *Par ext.* Indication, parfois accompagnée d'une description, de tous les lieux par où l'on passe pour aller d'un pays à un autre. *L'itinéraire de Paris à Jérusalem,* de Chateaubriand (1811). *Itinéraires touristiques.* V. **Voyage.** — Vx. *Itinéraire de chemin de fer.* V. **Indicateur.**

5 « M. Caillié a donné aussi *de visu* le tracé des routes et des renseignements sur des pays pour lesquels on ne possédait jusqu'à présent que des itinéraires des Arabes, comptés par journée, et le plus souvent contradictoires, vagues et confus. »   BALZ., Feuilleton journ. pol., XIII (Œuvr. div., t. I, p. 631).

6 « Il est possible que mon Itinéraire demeure comme un manuel à l'usage des juifs errants de ma sorte ; j'ai marqué scrupuleusement les étapes et tracé une carte routière. »   CHATEAUB., M. O.-T., t. II, p. 383.

— Fig. *Itinéraire intellectuel, spirituel. Pensée qui suit un itinéraire compliqué.* — « *Les règles ne sont que l'itinéraire du génie* » (STAËL).

7 « La vie est le voyage, l'idée est l'itinéraire. »   HUGO, **Travaill. de la mer**, III, I, I.

|| **2°** *Adj.* Qui a rapport aux chemins, aux routes. *Mesures itinéraires,* employées pour mesurer et indiquer les distances d'un lieu à un autre (stade, mille ou milliaire, lieue, nœud, etc.). *Colonne itinéraire* (vx), poteau indicateur aux carrefours.

ITINÉRANT, ANTE. *adj.* (1874 P. LAR., art. *Méthodiste* ; du lat. *itinerans,* p. prés. de *itinerari,* « voyager »).

|| **1°** *A l'origine* (en parlant des pasteurs méthodistes). Qui va de lieu en lieu prêcher la doctrine *(par oppos. aux pasteurs sédentaires).*

1 « Mais les vrais ministres et les agents les plus actifs du méthodisme, ce sont les prédicateurs itinérants qui font office de missionnaires, parcourent incessamment les contrées acquises à la foi et pénètrent même à tous risques dans les régions les plus sauvages. »   P. LAROUSSE, Dict., Méthodiste.

— *Par ext.* V. **Ambulant.** Qui se déplace dans l'exercice de sa charge, de ses fonctions, sans avoir de résidence fixe. *Ambassadeur, instituteur itinérant.* — *Par méton.* Qui se fait tandis qu'on circule.

2 « (Il) avait une préférence marquée pour les entretiens itinérants. Il laissait sa voiture, donnait un rendez-vous au chauffeur et m'entraînait en me pressant le bras. »   DUHAM., Cri des profondeurs, IX.

|| **2°** Qui s'occupe d'établir les itinéraires. *Commission itinérante.*

ANT. — Sédentaire.

-ITION. Suffixe qui entre dans la formation de nombreux substantifs.

ITOU. *adv.* (début XVIIᵉ s. ; altér. pop. du moyen fr. *et tout,* « aussi », avec infl. possible de l'a. fr. *itel,* « pareillement » et *étant,* « autant »). *Fam.* Aussi, de même, également. *Et moi itou* (Cf. Batifoler, cit. 1).

1 « — Ah ! ah ! me conseilles-tu d'ôter mon chapeau ? — Le chapeau et la familiarité itou. Voilà pourtant un itou qui n'est pas de trop bonne maison ; »   MARIVAUX, **Préjugé vaincu**, 1.

2 « — Je n'en puis plus, dit un des soldats. — Et moi itou, dit un autre. »   STENDHAL, **Chartreuse de Parme**, IV.

IULE. *n. m.* (1611 ; du lat. *iulus,* du gr. *ioulos,* « objet velu », déjà spécialisé en Bot. et Entom.). *Bot.* Chaton de certaines fleurs. — *Entom.* Arthropode antennifère de la classe des myriapodes, dont le corps est formé de 30 à 70 anneaux ayant chacun deux paires de pattes très courtes.

IVE ou **IVETTE.** *n. f.* (XVᵉ s., *ive* ; 1762, *ivette* ; forme fémin. et dimin. de *if**). *Bot.* Nom vulgaire d'une espèce de germandrée (*Labiées*), dite aussi *petit if,* qui exhale une odeur aromatique résineuse. *Ive musquée. L'ive a été employée comme plante médicinale.*

IVOIRE. *n. m.* (XIIᵉ s. ; du lat. *eboreus,* « d'ivoire », adj. substantivé au neutre, de *ebur, eboris,* « ivoire »).

|| **1°** Matière fine, résistante, d'un blanc laiteux, qui constitue les défenses de l'éléphant (Cf. Éburnéen, cit. ; éventrer, cit. 3). *Ivoire vert,* pris sur l'animal vivant ou

récemment abattu. *Ivoire mort,* ou *bleu,* provenant des défenses de mammouths fossiles. *Travailler, sculpter, ciseler l'ivoire.* V. **Tabletterie, toreutique** (Cf. Ciseleur, cit. 1 ; génération, cit. 10 ; grille, cit. 9). *Statue d'or et d'ivoire.* V. **Chryséléphantin.** *Statuette, crucifix, manche, marteau, fiche, fichet, billes, navettes, peignes, brosses... d'ivoire, en ivoire* (Cf. Bordereau, cit. ; caramboler, cit. ; cretonne, cit. ; feuillure, cit. ; frivolité, cit. 9 ; guitare, cit. 5 ; harpe 1, cit. 1). — *Ellipt. Un ivoire, des ivoires,* objets d'art en ivoire. *Collection d'ivoires.*

1 « Adieu! Ta blanche main sur le clavier d'ivoire
Durant les nuits d'été ne voltigera plus... »   MUSS., **Prem. poés.**, Le saule, VIII.

— *Chair dont le grain* (cit. 22) *rappelle l'ivoire. Blanc comme l'ivoire, plus blanc que l'ivoire. D'ivoire,* d'une blancheur comparable à celle de l'ivoire. *Bras, cou, front, mains d'ivoire* (Cf. Apprivoiser, cit. 12 ; arrondir, cit. 6 ; branle, cit. 2 ; effaroucher, cit. 10). — *Poét. L'ivoire de son sein, de son cou* (cit. 5), la blancheur incomparable de... (Cf. Albâtre).

2 « Et d'abord, sous la moire,
Avec ce bras d'ivoire
Enfermons ce beau sein, »   MUSS., **Prem. poés.**, Le lever.

3 « Je massacrai l'albâtre, et la neige, et l'ivoire,
Je retirai le jais de la prunelle noire,
Et j'osai dire au bras : Sois blanc, tout simplement. »   HUGO, Contempl., I, VII.

— *Tour d'ivoire.* V. **Tour.**

|| **2°** *Par anal.* Matière des dents et défenses de certains autres animaux (hippopotame, rhinocéros, narval, morse, cachalot, etc.). V. **Rohart.** — *Anat.* Partie dure des dents, revêtue d'émail* à la couronne et de cément* à la racine. V. **Dentine, éburné.** *Ivoire végétal.* V. **Corozo.** *Ivoire artificiel,* composition à base de bois ou d'os imprégnés de chlorure de chaux ou d'alun. *Noir d'ivoire,* poudre noire très fine employée en peinture, faite d'ivoires et d'os calcinés.

DER. — **Ivoirerie.** *n. f.* (XVIIᵉ s.). Art de l'ivoirier, objet en ivoire sculpté ; commerce de l'ivoire. — **Ivoirier.** *n. m.* (1322). Artiste, ouvrier qui sculpte l'ivoire (Cf. Hancher, cit. 3). — **Ivoirin, ine.** *adj.* (1544). Qui a l'éclat, l'apparence de l'ivoire. *Blanc ivoirin. Gorge* (cit. 10) *polie et ivoirine. Porcelaine ivoirine* (Cf. Fournée, cit. 2). *Papier ivoirin.* — **Ivorine.** (fin XIXᵉ s.) ou **Ivoirine** (ACAD.). *n. f.* Matière plastique imitant l'ivoire. — (du lat. *ebur*) : V. **Éburnéen.**

IVRAIE. (*-vrè*). *n. f.* (1538 ; du lat. pop. *ebriaca,* féminin substantivé de l'adj. *ebriacus,* « ivre », l'ivraie causant une sorte d'ivresse). Plante monocotylédone (*Graminées*), herbacée, annuelle ou vivace, selon les variétés, appelée scientifiquement *lolium. L'ivraie est particulièrement nuisible aux céréales.* V. **Ray-grass, vorge, zizanie.** *Champ de blé plein d'ivraie. Arracher l'ivraie.*

— *Fig.* (A cause de la fameuse parabole de l'Evangile, MATTH., XIV, 27). *L'ivraie et le bon grain** (cit. 9), les méchants et les bons, le mal et le bien. *Séparer l'ivraie d'avec le bon grain. Arracher* (cit. 2) *l'ivraie* (Cf. Inconsidéré, cit. 1). *Cribler* (cit. 1) *le froment et rejeter l'ivraie. Ne recueillir que de l'ivraie :* n'être pas payé de ses peines.

« (Le zèle)... se change en haine et envie, et produit, au lieu du froment et du raisin, de l'ivraie et des orties... »   MONTAIGNE, **Essais**, I, LVI.

IVRE. *adj.* (XIᵉ s. ; du lat. *ebrius*).

|| **1°** Qui a le cerveau troublé par l'action du vin, de quelque boisson alcoolique ou par l'absorption de drogues. V. **Aviné, éméché, émoustillé, gai, goguette** (en), **gris, parti, plein, pompette, pris** (de boisson, de vin), **soûl, vin** (entre deux), **vigne** (dans les) et les *pop.* ou *arg.* **Blindé, bourré, brindezingue, bu, complet, mûr, noir, paf, poivre, rétamé, schlass...** *Il est ivre, complètement ivre, ivre mort* (ou *ivre-mort), ivre comme une soupe...* V. **Boire** (avoir bu), **cocarde** (avoir sa), **compte** (avoir son), **cuver** (son vin), **ébriété, ivresse** (être en état d'), **plumet, pompon** (avoir son)... Cf. Accoster, cit. 2 ; épouvanter, cit. 3 ; faiseur, cit. 1 ; fait, cit. 4 ; fête, cit. 4 ; gris, cit. 16 et 17 ; homme, cit. 98. *A moitié, à demi, aux trois quarts ivre* (Cf. Enfler, cit. 10 ; gaillardise, cit. 2). *Ivre de vin, de bière, d'alcool... Homme habituellement ivre.* V. **Ivrogne.** *Ilote** (cit. 4) *ivre. Bacchante** *ivre. Chanceler, tituber comme un homme ivre. Ivre à rouler, à tomber sous la table. On peut être alcoolique sans avoir jamais été ivre.*

1 « Il vaut mieux ivre se coucher
Dans le lit, que mort dans la tombe. »   RONSARD, **Odes**, IV, XXIV.

2 « Je m'élançai vers lui et le relevai. Il était ivre, bestialement ivre ; — il ne pouvait plus ni se tenir, ni parler, ni voir. »   BAUDEL., Traduct. E. POE, **Aventures A. Gordon Pym**, I.

3 « Il (Grantaire) réalisait, dans toute son énergie, la vieille métaphore : ivre-mort. Le hideux philtre absinthe-stout-alcool l'avait jeté en léthargie. »   HUGO, **Misér.**, V, I, XXIII.

4 « Je sais, nous avons, en France, pour l'homme ivre de vin, pour Silène, pour le pochard, tout au moins quand il reste gai, une indulgence bien coupable. »   DUHAM., **Scènes vie future**, V.

— *Allus. littér.* *Le sauvage ivre,* auquel Voltaire comparait Shakespeare (Cf. Fruit, cit. 42). — « *Quand Auguste buvait, la Pologne était ivre* » (VOLT. Cf. Boire, cit. 14).

— *Par anal.* V. **Enivré, grisé.** *Soldatesque ivre de sang, de carnage. Danseuse ivre de mouvement* (Cf. Exprimer, cit. 40). *Fracas* (cit. 4) *qui laisse les hommes sourds et presque ivres. Être ivre de fatigue.*

5 « ... laissez les écoliers ivres de leur première pipe chanter à tue-tête les louanges de la femme grasse ; »
BAUDEL., **Essais, notes et fragm.,** Choix max... sur l'amour, I.

6 « ... les mouches, ivres de lumière et de chaleur... »
FRANCE, **Crime Sylv. Bonnard,** II, Œuvr., t. II, p. 349.

‖ 2° *Fig.* Qui est transporté hors de soi (sous l'effet de quelque émotion ou passion violente). *Ivre de joie, d'amour, d'enthousiasme* (cit. 23), *de bonheur, d'épouvante* (cit. 5), *de désir, de colère, de vanité, d'orgueil, d'audace, de tristesse...* (Cf. Chaîne, cit. 14 ; esclave, cit. 15 ; grelotter, cit. 3 ; histrion, cit. 5).

7 « ... dès que cette reine, ivre d'un fol orgueil, »   RAC., Athal., V. 3.

8 « ... il s'affaisse et chancelle,
Ivre de volupté, de tendresse et d'horreur. »
MUSS., **Poés. nouv.,** Nuit de mai.

— *Par ext.* (Sous l'effet d'une impression morale, d'une idée). V. **Exalté, transporté, troublé.** *Ivre de beauté* (Cf. Exalter, cit. 28). *Ivres d'un rêve héroïque...* (Cf. Capitaine, cit. 4). *Hommes de la Renaissance tout ivres du renouveau des sciences et des arts* (Cf. Hybride, cit. 7). *Ivre de son importance, de ses titres.*

9 « Gens qui de leur savoir paraissent toujours ivres... »
MOL., **Femmes sav.,** IV, 3.

10 « ... M. Fou(c)quet, qui était ivre de sa faveur, et qui a soutenu héroïquement sa disgrâce ; »   SÉV., 638, 18 août 1677.

11 « ... les grandes dunes où parfois j'attendais la tombée du soir, ivre d'immensité, d'étrangeté, de solitude, le cœur plus léger qu'un oiseau. »
GIDE, Si le grain..., II, II.

ANT. — **Calme, froid** (tête froide), **indifférent, lucide, sobre.**

DER. — **Ivresse.** Cf. Ivraie, ivrogne.

COMP. — **Enivrer.**

IVRESSE. *n. f.* (XIIᵉ s. ; de *ivre*). État d'une personne ivre*.

‖ 1° Au sens propre. V. **Ébriété, enivrement** et les *pop.* **Bitture, cuite, pistache, ribote.** *Être plongé dans l'ivresse* (Cf. Étonner 1, cit. 1). *Noyer son chagrin dans l'ivresse.* V. **Alcool, soûlerie.** *Commencement, fin d'ivresse* (Cf. Cohérence, cit. 3 ; euphorie, cit. 2). *Provoquer l'ivresse.* V. **Enivrer, monter** (à la tête). *Dissiper l'ivresse.* V. **Dégriser, désenivrer, dessouler.** *Effets de l'ivresse :* troubles de l'équilibre, migraine, diplopie, gueule* de bois (Cf. Abolir, cit. 8 ; brute, cit. 2 ; épaule, cit. 19 ; excitant, cit. 7 ; humilier, cit. 13 ; individu, cit. 22). *Brouillard, fumées, vapeurs de l'ivresse.* V. **Hébétude, trouble** (Cf. Bien-aimé, cit. 5). *Légère ivresse.* V. **Pointe** (de vin). *Scène d'ivresse.* V. **Bachique.** « *Qu'importe le flacon* (cit. 6 MUSSET), *pourvu qu'on ait l'ivresse !* » — *Spécialt. Ivresse provoquée par l'absorption d'opium, d'éther, de haschisch...* (Cf. Éthérique, cit. ; indescriptible, cit. 2).

1 « ... l'ivresse étant une bonne épreuve et certaine de la nature d'un chacun, et... propre à donner aux personnes d'âge le courage de s'ébaudir en danses et en la musique, choses utiles et qu'ils n'osent entreprendre en sens rassis. »   MONTAIGNE, **Essais,** II, II.

2 « ... à la manière des gens qui, sentant venir l'ivresse, veulent savoir dans quelle estime on les tient ; car, dans le naufrage de l'ivresse, on peut observer que l'amour-propre est le seul sentiment qui surnage. »   BALZ., **Mod. Mignon,** Œuvr., t. I, p. 555.

3 « Avant tout, je dois vous dire que ce maudit haschisch est une substance bien perfide ; on se croit quelquefois débarrassé de l'ivresse, mais ce n'est qu'un calme menteur. »
BAUDEL., **Parad. artif.,** Poème du haschisch, III.

4 « L'ivresse se manifeste en nous
Ce que ce que nous portons en nous-mêmes...
L'ivresse ne déforme pas ; elle exagère ;
Ou plutôt, elle fait rendre à chacun
Ce que souvent par excès de pudeur il cachait : »
GIDE, **Roi Candaule,** I, 3.

— *Par anal.* V. **Excitation, griserie, transport.** *Bercement qui nous laisse engourdis* (cit. 13) *dans une ivresse tranquille. Danseurs cherchant l'ivresse, le vertige...* (Cf. Envol, cit. 2). V. **Étourdissement.** *Parfums qui versent l'ivresse* (Cf. Griser, cit. 3). V. **Capiteux.** *L'ivresse du combat* (Cf. Héros, cit. 16). *État de demi-ivresse qu'on connaît dans l'action, le travail* (Cf. Boulot 2, cit.).

5 « ... une sorte d'ivresse, nullement sensuelle, analogue à celle que la musique donne à certaines personnes ; »
PROUST, **Rech. t. p.,** t. VIII, p. 198.

6 « Et, de nouveau, il eut la sensation d'être soulevé : ivresse joyeuse de l'acte ; confiance sans limite ; activité vitale tendue à son paroxysme ; et, par-dessus tout, exaltation de se sentir superbement grandi. »
MART. du G., **Thib.,** t. II, p. 142.

« Et ce qui le gonflait, ce n'était pas seulement cette ivresse que   7
donne la campagne à ceux de la ville... »
MONTHERLANT, Le songe, I, V.

‖ 2° *Fig. L'ivresse de l'amour, des grandeurs, du pouvoir, du succès, de la victoire, du désir, des plaisirs...* (Cf. Agir, cit. 14 ; annoncer, cit. 17 ; avant-goût, cit. 2 ; époux, cit. 10). *Dans l'ivresse de l'improvisation* (Cf. Électriser, cit. 4), *de la folie sainte* (Cf. Exulter, cit. 1). *Émotion* (cit. 16) *qui devient une ivresse. L'orgueil, ivresse morale* (Cf. Génésique, cit. 3). *Ivresse d'altruisme* (cit. 3).

« De l'absolu pouvoir vous ignorez l'ivresse, »   8
RAC., Athal., IV, 3.

« Bailly jura le premier, et prononça le serment si distinctement,   9
si haut, que toute la foule du peuple, qui se pressait au dehors, put entendre, et applaudit, dans l'ivresse de l'enthousiasme. Des cris de Vive le Roi s'élevèrent de l'Assemblée et du peuple... »
MICHELET, Hist. Révol. fr., I, IV.

« ... l'ivresse de l'Art est plus apte que toute autre à voiler les   10
terreurs du gouffre... »   BAUDEL., Spleen de Paris, XXVII.

« Elle le savait, que l'amour, c'était seulement une petite ivresse   11
courte d'où l'on sortait un peu triste... »   FRANCE, Lys rouge, V.

— *Ivresse des sens.*

« Je vois que de ses sens l'impétueuse ivresse   12
L'abandonna aux excès d'une ardente jeunesse »
VOLT., Adél. du Guesclin, I, 1.

« Ô baiser !... Ivresse des sens, ô volupté ! »   13
MUSS., Confess. enfant du siècle, III, XI.

— *Absolt.* État d'euphorie, de ravissement, de béatitude... V. **Enivrement, extase, joie** (Cf. Abîmer, cit. 5). *Moments, heures d'ivresse* (Cf. Cadran, cit. 3 ; envoler, cit. 7). *Pâmé d'ivresse.* V. **Volupté** (Cf. Entre- 2, cit. 13). *Succomber à l'ivresse dans le bonheur* (Cf. Équilibrer, cit. 8). *Avec ivresse* (Cf. Encens, cit. 3).

« ... le plus beau moment d'une femme, le seul où elle puisse produire cette ivresse de l'âme, dont on parle toujours et qu'on éprouve si rarement, est celui où, assurés de son amour, nous ne le sommes pas de ses faveurs... »   LACLOS, Liais. dang., XLIV.   14

« ... il resta encore une seconde comme en suspens, écoutant avec   15
ivresse le bruit du canon, respirant et savourant l'odeur de la poudre... »   VIGNY, Cinq-Mars, X.

« C'était une sorte d'attachement idiot plein d'admiration pour lui,   16
de volupté pour elle, une béatitude qui l'engourdissait ; et son âme s'enfonçait en cette ivresse et s'y noyait... »
FLAUB., Mᵐᵉ Bov., II, XII.

« Elle aimait, elle était aimée. Sans doute elle n'avait pas ressenti   17
l'ivresse rêvée. Mais l'éprouve-t-on jamais ? »
FRANCE, Lys rouge, I.

— *Spécialt.* État d'exaltation lyrique que fait naître l'inspiration, la création. V. **Enthousiasme, exaltation.** *Une ivresse presque divine* (Cf. Griser, cit. 10).

« Je les fis toutes deux (*l'Iliade et l'Odyssée*) plein d'une douce   18
Je chantais, Homère écrivait. »   [ivresse :
BOIL., Poés. div., XXX.

« Je compris vite que l'ivresse sans vin avait un rapport avec l'état   19
lyrique... »   GIDE, Si le grain..., I, VII, p. 194.

— *Par ext.* Sujet d'ivresse, chose qui plonge dans l'ivresse. V. **Enchantement.** *C'est une ivresse. Quelle ivresse, de voir...!*

« Des costumes qui sont pour les yeux une ivresse ; »   20
BAUDEL., Fleurs du mal, CXXVI, IV.

« Toucher à la victoire, c'est une ivresse. »   21
HUGO, Quatre-vingt-treize, III, IV, XI.

« Partir à pied, quand le soleil se lève, et marcher dans la rosée,   22
le long des champs, au bord de la mer calme, quelle ivresse ! »
MAUPASS., Monsieur Parent, À vendre.

ANT. — **Calme, froideur, indifférence, lucidité, sobriété. Désenchantement.**

IVROGNE. *adj.* (XIIᵉ s. ; de l'anc. subst. *ivroigne,* lat. vulg. *ebrionia,* « ivresse »). Qui a l'habitude de s'enivrer, d'être ivre*. V. **Alcoolique, intempérant.** *Un valet ivrogne. Il est voleur, ivrogne, noceur...* (Cf. Incommunicable, cit. 9). V. **Bouteille** (aimer, cultiver la). *Paysans volontiers ivrognes* (Cf. Garde 1, cit. 53). *Une servante ivrogne.*

« ... un individu sans éducation, violent, querelleur, ivrogne, un vrai   1
Caliban. »   FRANCE, Petit Pierre, X.

— *Substant.* V. **Débauché. Alcoolique, buveur, dipsomane, éthylique, pilier** (de cabaret, d'estaminet...), **suppôt** (de Bacchus), et les *pop.* **Biberon, licheur, pochard, poivrot, sac** (à vin), **soiffard, soûlard, soûlot, soulographe, tonneau, vide-bouteille...** *Un vieil ivrogne, un ivrogne incorrigible* (Cf. Excentrique, cit. 5 ; balbutiement, cit. 3 ; exaspérer, cit. 18 ; incohérent, cit. 2). *Des ivrognes, les ivrognes...* (Cf. Boire, cit. 28 ; comparaître, cit. 6 ; excellent, cit. 5 ; expulser, cit. 5 ; galéjer, cit. 1). *Un ivrogne imbibé* d'alcool, qui bat les murs, marche en zigzag, titube... Trogne, voix d'ivrogne.* V. **Rogomme.** *Serment* d'ivrogne.*

2   « Ne croyez pas cependant que Saint-Amant soit un ivrogne vulgaire qui ne boit que pour boire ; non, certes, c'est un ivrogne à la manière d'Hoffmann, un buveur poétique qui entend l'orgie à merveille, et qui sait tout ce qu'il peut jaillir d'étincelles du choc des verres de deux hommes d'esprit. »   GAUTIER, **Les grotesques**, pp. 155-156.

3   « Nombre d'ivrognes... pataugeaient en plein dans les bourbes de la chaussée. Quelques-uns, plus ivres, incapables de marcher tout seuls, s'avançaient en titubant, avec deux amis pour béquilles. Les uns avaient la face livide et terreuse, d'autres injectée, apoplectique, cardinalisée à la coction, comme dirait Maître Alcofribas Nasier, selon leur tempérament ou leur degré d'ivresse. »   ID., **Voyage en Russie**, pp. 405-406.

4   « L'ivrogne rentrait à tâtons, bousculant tout, rotant le blasphème et l'ordure et finalement se vautrait, en grognant à la manière d'un porc... »   BLOY, **Femme pauvre**, I, VII.

    ANT. — **Abstinent, tempérant, sobre.**

    DER. — **Ivrogner.** v. intr. (1538). Vx. Se livrer à l'ivrognerie. — **Ivrognerie. — Ivrognesse.** n. f. (1611). Pop. Femme qui a l'habitude de s'enivrer.

1   « Cela est-il beau d'aller ivrogner toute la nuit ? »   MOL., **G. Dandin**, III, 6.

2   « Le temps déforme la jeunesse
Comme un vieux décor d'Opéra.
Gare à vous ! c'est par l'ivrognesse
Que la bacchante finira. »   HUGO, **Lég. des siècles**, LVI.

IVROGNERIE. n. f. (1538 ; de *ivrogne*). Vice de l'ivrogne, habitude de s'enivrer. V. **Alcoolisme, dipsomanie, intempérance,** et pop. **Pochardise, soulographie** (Cf. Continent 1, cit. 1 ; errement, cit. 4 ; excès, cit. 17 ; fait, cit. 4 ; ilote, cit. 3). *La crapule* (cit. 1), *la débauche, la gourmandise* (cit. 1), *l'ivrognerie...*

1   « ... les excès en toute chose poussent le corps dans la voie qui lui est propre. L'ivrognerie, comme l'étude, engraisse encore l'homme gras et maigrit l'homme maigre. »   BALZ., **Illus. perdues**, Œuvr., t. IV, p. 468.

2   « ... il laissait sa femme conduire son propre bien, prenant dans ses continuelles courses de telles habitudes d'ivrognerie qu'il ne dessoulait plus. »   ZOLA, **La terre**, I, III.

    ANT. — **Sobriété, tempérance.**

IXIA (*ik-sia*) ou *vx* **IXIE.** n. f. (1762 ACAD. ; mot lat. in PLINE). *Bot.* Plante monocotylédone (*Iridées*), bulbeuse, originaire d'Afrique australe, à fleurs régulières, très décoratives.

IXODE (*ik-sod'*). n. m. (1806 ; du gr. *ixôdès*, « gluant »). *Zool.* Genre d'acariens, dont l'espèce la plus commune est la tique* du chien (*ixodes ricinus*).

IXTLE. n. m. (XXe s. ; mot mexicain). Nom vulgaire de certaines plantes textiles (quelques espèces d'agave et de yucca).

J

J (*ji* ou *je*). *n. m.* Dixième lettre de l'alphabet, consonne fricative chuintante et sonore, provenant le plus souvent du *j* ou du *g* latin, prononcée *dge* avant le XIII° s., puis *ge*, autrefois transcrite *i*. *Dans sa forme, le j est un i prolongé nommé parfois i consonne, appellation phonétiquement impropre en ce qui concerne le français* (Cf. I, yod). *J majuscule, j minuscule.* — *Le jour* J.*

JÀ. *adv.* (X° s. ; du lat. *jam*). *Vx.* ou *arch.* ‖ **1°** V. **Déjà.**

1 « Étant jà l'automne en sa force et le temps des vendanges venu... »
P.-L. COURIER, Daphnis et Chloé, II.

‖ **2°** *Vx.* V. **Certes.**

2 « (*Le loup*) S'en allait l'emporter ; le chien représenta
Sa maigreur : « Jà ne plaise à votre seigneurie
De me prendre en cet état-là ; » LA FONT., Fabl., IX, 10.

COMP. — V. **Déjà, jadis, jamais.**

JABIRU. *n. m.* (*Jabiru guacu* 1678 en angl. ; 1765 ENCYCL. ; mot guarani). *Zool.* Oiseau ciconiiforme (échassier) ou hérodion (*Ciconiidés*), scientifiquement appelé *mycteria*, sorte de cigogne à gros bec qui vit dans les régions chaudes des deux hémisphères. *Le jabiru vit au bord de l'eau et se nourrit de reptiles.*

« ... le jabiru, beaucoup plus grand que la cigogne, supérieur en hauteur à la grue, avec un corps du double d'épaisseur, et le premier des oiseaux de rivage, si on donne la primauté à la grandeur et à la force. » BUFF., Hist. nat. ois., Le jabiru.

JABLE. *n. m.* (1397 « chanlatte » ; 1564 au sens actuel ; de l'anc. normand *gable*, « pignon »). *T. de Tonnellerie.* Rainure pratiquée aux extrémités des douves d'un tonneau pour fixer les fonds. *Par ext.* Partie de la douve qui dépasse le fond.

DER. — **Jabler.** *v. tr.* (1573). Faire le jable des douves d'un tonneau. — **Jabloir.** *n. m.* ou **Jabloire, jablière.** *n. f.* (1604). Outil de tonnelier, sorte de rabot pour jabler.

JABORANDI. *n. m.* (*Jaborande* 1752 TRÉV. ; mot guarani). *Bot.* Plante dicotylédone (*Rutacées*), appelée scientifiquement *Pilocarpus jaborandi*, arbre exotique dont les feuilles contiennent un alcaloïde, la pilocarpine*, utilisée comme sudorifique en médecine.

JABOT. *n. m.* (1546 RAB., en parlant de l'estomac de l'homme ; d'un lat. *gaba*, d'apr. WARTBURG).

‖ **1°** *Anat. anim.* Poche axiale ou latérale de l'œsophage de certains animaux dans laquelle les aliments séjournent un certain temps et se ramollissent. *Jabot des oiseaux. Jabot et gésier* (cit.) *du dindon. Certains insectes, arachnides, mollusques possèdent un jabot.*

1 « Le jabot (*des oiseaux*)... correspond à la panse des animaux ruminants ; ils peuvent vivre d'aliments légers et maigres, parce qu'ils peuvent en prendre un grand volume en remplissant leur jabot, et compenser ainsi la qualité par la quantité... » BUFF., Hist. nat. ois., Disc. s. nat. oiseaux.

2 « ... les coqs, les poules, les canards et les dindons se promènent librement dans la basse-cour, et remplissent leur jabot tout à leur aise. » CHAMFORT, Max., Sur la science, XLVII.

— *Fig.* (fam. et vieilli). *Se remplir le jabot,* se remplir l'estomac ; bien manger (Cf. Se remplir la panse).

‖ **2°** *Par anal.* (1680). Ornement de dentelle, de mousseline... attaché à la base du col d'une chemise, d'une blouse, et qui s'étale plus ou moins sur la poitrine. *Jabot de mousseline brodée, de dentelle plissée... Les hommes portaient autrefois des jabots. Jabot de corsage* (Cf. Four, cit. 5).

3 « ... pour la première fois j'eus une chemise à jabot dont les tuyaux gonflèrent ma poitrine et s'entortillèrent dans le nœud de ma cravate. » BALZ., Lys dans la vallée, Œuvr., t. VIII, p. 784.

4 « Il prenait force tabac, et avait une grâce particulière à chiffonner son jabot de dentelle d'un revers de main. » HUGO, Misér., III, II, VI.

DER. — **Jaboter. — Jabotière.** *n. f.* (1780). Sorte de mousseline pour faire les jabots.

JABOTER. *v. intr.* (1691 ; de *jabot*). Se dit de certains oiseaux qui poussent des cris en secouant leur jabot. *Perruches qui jabotent.* — *Fam.* En parlant des personnes qui bavardent ensemble, à mi-voix. V. **Babiller, bavarder, caqueter, jaser.** — *Par ext.* Cancaner.

« Je lui dirai mon scrupule, et j'ajouterai que nous nous sommes 1
arrêtés à l'idée d'un partage, par convenance, pour qu'on ne puisse pas jaboter. » MAUPASS., Bel-Ami, II, VI.

« Sa femme... ne se plaignait pas. En revanche, les gens de la petite 2
ville jabotaient, plaisantaient volontiers. » DUHAM., Salavin, Journ., 4 juillet.

DER. — **Jabotage.** *n. m.* (1845). Action de jaboter, bavardage. — **Jaboteur, euse.** *n.* (1772). Celui, celle qui jabote. — **Jabotière.** *n. f.* (1829). *Zool.* Variété d'oie sauvage dite aussi *oie de Sibérie.*

JACAMAR. *n. m.* (1760 BRISSON ; de *jacamaciri,* mot guarani). *Zool.* Genre d'oiseaux passereaux lévirostres (*Galbulidés*), scientifiquement nommé *galbula,* qui vit en Amérique tropicale.

JACAPUCAYO. *n. m.* (1765 ENCYCL., *jacapucaïo* ; mot d'Amérique du Sud). *Bot.* Nom vulgaire du *lecythis ollaria* (*Myrtacées*), arbre d'Amérique tropicale dont le fruit, dit *marmite de singe,* contient des graines oléagineuses comestibles.

JACARANDA. *n. m.* (1765 ENCYCL. ; mot guarani). *Bot.* Genre de bignoniacées (*Jacarandées*), arbre d'Amérique tropicale dont on connaît une trentaine d'espèces. *Le jacaranda mimosæfolia fournit un bois recherché en ébénisterie et improprement nommé palissandre.*

JACASSER. *v. intr.* (1808 ; étymol. incert. Cf. Jaquette, « pie », mot de la région lyonnaise. Cf. *aussi* Jacter). Se dit de la pie* qui pousse le cri strident particulier à son espèce. *Par ext.* Parler avec volubilité d'une voix criarde, fatigante à entendre. *Spécialt.* Se dit de personnes qui parlent ensemble à voix haute de choses futiles. V. **Bavarder*, caqueter, jaser.** *Commères qui jacassent* (Cf. Pie).

« ... elle lui racontait des histoires, elle le faisait jaser, comme nous 1
sommes là, pas vrai, tous les deux à jacasser... » BALZ., Cousin Pons, Œuvr., t. VI, p. 643.

« ... cette grande salle, pareillement pourvue de divans, sur lesquels 2
écrivains, acteurs, actrices jacassaient gaiement... » LECOMTE, Ma traversée, p. 234.

DER. — **Jacasse.** *n. f.* (1867). Nom vulgaire de la pie. — *Vieilli.* Fille, femme qui jacasse, parle beaucoup. *C'est une petite jacasse* (LITTRÉ). — **Jacassement.** *n. m.* (1857 BAUDEL.). Cri de la pie. Action de jacasser, de bavarder ; résultat de cette action (V. **Jacasserie**). — **Jacasserie.** *n. f.* (1842). Bavardage* de personnes qui jacassent (V. **Jacassement**). — **Jacassier, ère.** *adj.* (fin XVII° s.). Qui jacasse, bavarde (Cf. Harangue, cit. 4). — **Jacasseur, euse.** *adj.* (XX° s.). *Peu usit.* V. **Jacassier.**

« ... le tapage des oiseaux ivres de lumière, et le jacassement des 1
petites négresses... » BAUDEL., Spleen de Paris, XXIV.

« ... quelques jacassements de pie en quête des dernières baies 2
rouges des sorbiers avaient par intervalles comme barbouillé ce silence... » PERGAUD, De Goupil à Margot, IX.

« Les indigènes du village vinrent s'assembler autour du foyer, furieu- 3
sement jacasseurs. » CÉLINE, Voyage au bout de la nuit, p. 162.

JACÉE. *n. f.* (1611 ; lat. *jacea,* d'orig. inconnue). *Bot.* Espèce de centaurée*. — *Jacée des jardiniers.* V. **Lychnide** (ou lychnis).

JACENT, ENTE. *adj.* (1611 ; empr. au lat. *jacens,* de *jacere.* V. **Gésir**). *Dr.* (vx). S'est dit de biens dont personne ne réclame la propriété. *Succession jacente.* V. **Délaissé, vacant.**

COMP. — **Sous-jacent, subjacent.**

JACHÈRE. *n. f.* (XII° s., *jachière* ; bas lat. *gascaria,* probablt. dér. d'un gaulois *ganskaria,* « charrue »). *Agric.* État d'une terre labourable qu'on laisse temporairement reposer en ne lui faisant pas porter de récolte. *Alternance de culture et de jachère.* V. **Assolement.** *Laisser une terre en jachère* (V. **Inculte**). *Jachère complète, annuelle ou morte. La demi-jachère, jachère qui dure de deux à huit mois. Jachère d'été, d'hiver. Par ext. Une jachère :* une terre en jachère (V. **Guéret**). *Labourer des jachères* (Cf. Fauchaison, cit.). *Une jachère crayeuse* (Cf. Couleuvre, cit. 1). *Troupeau qui mange dans les jachères et dans les friches** (cit.).

« ... la moisson faite, on laisse la terre en jachère et l'on creuse 1
ailleurs d'autres sillons. » CHATEAUB., M. O.-T., t. VI, p. 182.

2 « Quand une terre a été appauvrie par des récoltes successives, on peut lui rendre une partie de sa fertilité en la mettant en *jachère*, c'est-à-dire en ne lui faisant pas porter de récolte pendant une année ou une fraction d'année, et en consacrant ce temps de repos à des façons culturales (labourages, hersages, roulages, etc.), qui ont pour effet d'ameublir le sol, de le rendre plus léger, de le nettoyer par la destruction des mauvaises herbes. »   POIRÉ, Dict. Sciences, Jachère.

— *Fig.* :

3 « Il lui rappelait qu'en ce moment il n'écrivait à personne, qu'il avait mis tous ses amis en jachère. »
                    MONTHERLANT, Lépreuses, II, XIV, p. 147.

ANT. — Culture.

DER. — **Jachérer**. v. tr. (*Ghaskere* au XIIIe s.). Labourer (une jachère).

JACINTHE. n. f. (XIIe s. *jacint*, au sens 1 ; adapt. du lat. *hyacinthus*, gr. *Huakinthos*, personnage mythol. changé en fleur par Apollon).

‖ 1o *Vx*. Pierre précieuse. V. **Hyacinthe.**

‖ 2o *Bot.* (XVIe s.). Plante monocotylédone (*Liliacées*), scientifiquement nommée *hyacinthus*, herbacée, vivace, bulbeuse, à feuilles linéaires, à hampe florale portant une grappe simple de fleurs campanulées, richement colorées et très parfumées. *Oignon, bulbe de jacinthe. Clochettes* de la jacinthe. Jacinthe rose, bleue, mauve, blanche... Jacinthe en carafe, en pot, en terre... La jacinthe, plante d'ornement recherchée pour la beauté et la précocité de sa floraison. Jacinthe d'Orient, jacinthe de Paris, de Hollande.* — *Par ext.* La fleur seule. *Botte de jacinthes* (Cf. Fleurir, cit. 19). — *Par anal.* Nom vulgaire du muscari* chevelu, du muscari odorant et de la scille* blanche. *Jacinthe sauvage.* V. **Endymion.** — REM. On a dit *hyacinthe* pour *jacinthe* en ce sens. Cf. CHATEAUB., Hyacinthe, cit. 1.

« ... vous verrez peut-être poindre, en cornes vertes, en valves minuscules, les jacinthes futures... Les bulbes bougent. »
                    COLETTE, Belles saisons, p. 9.

JACK. n. m. (mot angl.). *Technol.* (1870). Nom d'un appareil de filature. — (XXe s.). Commutateur de standard téléphonique servant à mettre deux abonnés en relation par un système de fiches*.

HOM. — Jacques.

JACOBÉE. n. f. (*Jacobæa* 1615 ; dér. sav. du lat. *Jacobus*, « Jacques »). *Bot.* Espèce de sénecon* dit aussi *Herbe de Saint-Jacques.*

JACOBIN, INE. n. (XIIIe s. ; du lat. *Jacobus*, « Jacques », le premier couvent de l'ordre étant rue Saint-Jacques à Paris).

‖ 1o *Vx*. Religieux, religieuse de l'ordre de Saint-Dominique.

‖ 2o *N. m. pl.* (1790). *Les Jacobins*, surnom donné aux membres d'une société politique révolutionnaire établie à Paris dans un ancien couvent de Jacobins. *Les Jacobins soutinrent Robespierre et le Comité de Salut public. Le Club des Jacobins* (Cf. Clameur, cit. 2 ; fédéral, cit. 1). *Les sections provinciales du Club des Jacobins.*

1 « Le 16, une pétition des Jacobins d'Auxerre demanda, non le procès mais nettement *la mort* (*de Louis XVI*). »
                    MICHELET, Hist. Révol. fr., VIII, VII.

— *Par anal.* :

2 « Le nom de *Jacobin*, qui voulait dire d'abord simplement Membre de la Société, étant donné le rôle pris par elle, a bientôt signifié, suivant les dates et suivant les opinions de celui qui parlait, ou un énergumène, un incendiaire, un terroriste, ou un républicain, un patriote, un démocrate. »
                    BRUNOT, Hist. lang. fr., t. IX, IIe part., p. 813.

— *Fig.* Cf. Hydre, cit. 6 HUGO.

— Adjectivt. *Le parti jacobin. Doctrines jacobines.*

DER. — **Jacobinisme**. n. m. (1793). Doctrine politique des jacobins. *Par ext.* Doctrine ou tendance politique qui rappelle celle des anciens jacobins.

« (*Il*) avait l'insolence de prôner cet esprit de justice sans acception de personnes, que le marquis appelait un jacobinisme infâme. »
                    STENDHAL, Chartr. de Parme, II.

JACOBITE. adj. et n. (de *Jacques* ou *Jacob*). ‖ 1o *Relig.* Membre d'une secte hérétique d'Orient fondée au VIe s. par Jacob Baradée ou Zanzale. *Les coptes, chrétiens jacobites d'Égypte.* ‖ 2o *Hist.* (XVIIe s.). Nom donné aux partisans de Jacques II Stuart après la seconde révolution d'Angleterre (1688).

JACOBUS (-*buss*). n. m. (XVIIe s. ; lat. *Jacobus*, « Jacques »). Ancienne monnaie d'or anglaise, frappée en 1603 sous le règne de Jacques Ier et qui valait une guinée environ.

JACONAS (-*na*). n. m. (*Jaconat* en 1761 ; altération de *Iagganath*, ville de l'Inde où ce tissu était originairement fabriqué). Étoffe de coton, fine, légère, qu'on employait autrefois, unie ou imprimée, pour la confection des robes, des pièces de lingerie. *Robe, jupon de jaconas blanc. Iaconas broché à fleurs brillantes.* V. **Brillanté.**

« Fleurissez maintenant, fleurs de la fantaisie,
Sur la toile imprimée et sur le jaconas ! »
                    BANVILLE, Odes funambul., Gaîetés, Prem. soleil.

JACQUARD (-*kar*). n. m. (XIXe s. ; nom propre). *Technol.* Métier* à tisser inventé vers 1800 par Joseph Jacquard (1752-1834). — *Par ext. Tissu jacquard. Du jacquard.* — *Par anal. Tricot jacquard*, qui se fait avec des laines de plusieurs couleurs et qui présente des dessins bigarrés de formes variées et compliquées. *Point jacquard. Chandail jacquard. Porter un jacquard.*

JACQUEMART. V. JAQUEMART.

JACQUES (*jak*). n. m. (XIVe s., nom propre ; lat. *Jacobus*). *Hist.* Ancien sobriquet du paysan français, appelé aussi *Jacques Bonhomme. La révolte des Jacques.* V. **Jacquerie.** — *Fam.* (fin XIXe s.). *Faire le Jacques :* faire le niais (Cf. Exempt, cit. 10).

« Les paysans du Ponthieu, de l'Amiénois, du Beauvaisis, de la Champagne, de l'Ile-de-France avaient pris les armes. Ils étaient exaspérés par la misère... en quelques jours ces Jacques devinrent très redoutables dans la vallée de l'Oise. »
                    LAVISSE et RAMBAUD, Hist. génér., t. III, II, pp. 94-95.

— *Allus. littér. Maître Jacques* (du nom d'un personnage de l'*Avare*, de Molière), homme qui, dans une maison, cumule plusieurs emplois.

DER. — **Jacquerie**. n. f. (Vers 1370). *Hist.* Soulèvement* des paysans français contre les seigneurs en 1358. — *Littér. La Jacquerie* (1828), scènes historiques de Mérimée. — *Par ext.* (1821). Toute révolte sanglante des classes pauvres de la paysannerie. V. **Guerre** (des gueux), **insurrection, sédition, soulèvement** (Cf. **Émeute**, cit. 6).

« Toujours, de siècle en siècle, la même exaspération éclate, la jacquerie arme les laboureurs de leurs fourches et de leurs faux, quand il ne leur reste qu'à mourir. Ils ont été les Bagaudes chrétiens de la Gaule, les Pastoureaux du temps des Croisades, plus tard les Croquants et les Nu-pieds courant sus aux nobles et aux soldats du roi. Après quatre cents ans, le cri de douleur et de colère des Jacques, passant encore à travers les champs dévastés, va faire trembler les maîtres, au fond des châteaux. »   ZOLA, La terre, I, V.

JACQUET (-*kè*). n. m. (1827 ; étym. obsc.).

‖ 1o Jeu analogue au trictrac*, qui se joue à l'aide de pions (*dames*) que l'on déplace sur les cases d'un tableau à double compartiment suivant les nombres amenés par une paire de dés. *Jouer au jacquet. Une partie de jacquet.* — *Par ext.* La boîte qui sert à ce jeu. *Un jacquet en acajou.*

« Seuls, dans leur coin, l'Israélite et (*son compagnon*)... achevaient une partie de jacquet,... »   MART. du Thib., t. IV, p. 35.

‖ 2o *Zool.* Nom vulgaire de l'écureuil*.

JACQUOT ou **JACOT** ou **JACO**. n. m. (1778 BUFF. ; orig. incert. ; dimin. pop. de *Jacques* ou onomatopée d'après le cri de l'oiseau). Nom vulgaire du perroquet* gris cendré (*psittacus erythacus*) de la côte occidentale d'Afrique.

« Le *jaco* ou *perroquet cendré*. C'est l'espèce que l'on apporte le plus communément en Europe aujourd'hui, et qui s'y fait le plus aimer tant par la douceur de ses mœurs que par son talent et sa docilité... Le mot de *jaco*, qu'il paraît se plaire à prononcer, est le nom qu'ordinairement on lui donne ; »   BUFF., Hist. nat. ois., Le jaco.

1. JACTANCE. n. f. (XIIe s. ; du lat. *jactantia*, de *jactare*, au *fig.* « vanter »). Attitude d'une personne qui manifeste avec arrogance ou emphase la haute opinion qu'elle a d'elle-même. V. **Orgueil, vanité, vantardise** (Cf. Bruit, cit. 39). *Un homme avantageux* (cit. 14) *et plein de jactance. Rabattre la jactance d'un fanfaron*.* V. **Caquet.** *Par ext.* V. **Fanfaronnade, vanterie.** *Ne croyez pas un mot de ses jactances.*

« ... cet air de jactance par lequel on semble s'exalter en soi et s'applaudir. »   STE-BEUVE, Caus. lundi, 2 déc. 1850.   1

« Augereau se rendait ridicule à force de jactance : il jugeait de haut Bonaparte, qui, à l'entendre, lui devait tous ses succès. »
                    MADELIN, Hist. Cons. et Emp., Ascens. de Bonaparte, XXI.   2

ANT. — Bonhomie, modestie.

2. JACTANCE. V. JACTER (*Dér.*).

JACTER. v. intr. (1846 ; *jaqueter* en 1562 ; de *jaquette*, mot dial., « pie »). *Arg.* ou *Pop.* Parler*, bavarder (Cf. Fourneau, cit. 6). *Les flics l'ont fait jacter.* — Transit. *Jacter des craques.*

« ... elle a mis un doigt contre ses lèvres pour me dire de ne pas jacter. J'ai rien dit, naturellement. »
                    MAC ORLAN, Quai des brumes, VIII.

DER. — **Jactance**. n. f. (XXe s.). *Arg.* Bavardage.

JACULATOIRE. adj. (XVIe-XVIIe s. ; du lat. *jaculatorius*, de *jaculari*, « lancer »). *Théol. Oraison* jaculatoire*, prière* courte et fervente (Cf. Efficace 2, cit. 3). — *Par ext.* Qui exprime l'élan de l'âme, la ferveur, l'effusion...

« ... c'est ce qu'on appelle... prières jaculatoires et dévotes élévations   1
de l'âme à Dieu. Ce sont certaines paroles vives et affectueuses par où l'âme s'élance vers Dieu... Ces prières sont courtes, et ne consistent qu'en quelques mots ; mais ce sont des mots pleins d'énergie, et si je l'ose dire, pleins de substance. De là vient qu'on les nomme prières jaculatoires, parce que ce sont comme des traits enflammés qui tout à coup partent de l'âme, et percent le cœur de Dieu. »
                    BOURDALOUE, Pens., Usage des orais. jaculatoires.

2   « La langue est ferme, poétique et pure, volontiers lyrique, mais sans effet jaculatoire. »   HENRIOT, **Romantiques**, p. 150.

JADE. n. m. (1612 ; var. anc. *ejade* 1633 ; esp. *ijada*, « flanc », du lat. *ilia*, les Espagnols appelant le jade* *piedra de la ijada*, « pierre du flanc », parce qu'il passait pour guérir les coliques iliaques ou néphrétiques*). *Minér.* Silicate naturel d'aluminium et de calcium, très dur, dont la couleur varie du blanc olivâtre au vert sombre. *Jade de Chine, du Mexique. Jade oriental. Bijou*, statuette de jade.* → *Par ext. Collection de jades chinois.*

1   « Le jade vert n'a pas plus de valeur réelle que le jade blanc, et il n'est estimé que par des propriétés imaginaires, comme de préserver ou guérir de la pierre, de la gravelle, etc., ce qui lui a fait donner le nom de *pierre néphrétique*... on m'a demandé souvent à emprunter quelques-unes de ces pierres vertes pour les appliquer, comme amulettes, sur l'estomac et sur les reins ;... »   BUFF., **Hist. nat. min.**, Jade.

2   « ... les jades étaient tenus en haute estime par l'aristocratie et par les savants chinois, non seulement à titre d'objets précieux, mais surtout parce qu'on leur attribuait des vertus purifiantes qui protègent le corps contre toutes les influences néfastes. De là, les multiples parures en jade, servant à indiquer le rang ou la profession... »   RÉAU, **Hist. univ. des arts**, t. IV, V, p. 291.

3   « La coupe était de jade ; non point de jade vert... mais de jade blanc et diaphane... du jade que les rites réservent aux princes, aux vice-rois et aux ministres. »   FARRÈRE, **La bataille**, VI.

4   « Thérèse, dans une robe de pongé ornée de vert, avec un collier de jade, baroque, s'embêtait. »   ARAGON, **Beaux quartiers**, I, XXV.

JADIS (*-diss* ; anc. prononc. *-dî*, encore recommandée par LITTRÉ). adv. (XIIe s. ; contraction de *ja a dis*, « il y a déjà* des jours » ; *ja*, du lat. *jam*, et *di*, « jour », du lat. *dies*). Dans le temps* passé, il y a longtemps. V. **Anciennement** (cit. 2), **autrefois**, **passé** (dans le). *Jadis vivait un célèbre assassin* (cit. 9 BOIL. Cf. aussi *Animer*, cit. 6 ; *garnir*, cit. 1 ; *géant*, cit. 1 ; *heaume*, cit. 1). *Il était jadis un prince...* V. **Fois** (une). *Jadis il s'était présenté à Normale* (Cf. *Formation*, cit. 5). *Ne faites pas comme moi jadis* (Cf. *Incendiaire*, cit. 6). *Le luxe que déployaient jadis les grands seigneurs* (Cf. *Folie*, cit. 27). *Le quai d'où partaient jadis des bateaux* (Cf. *Gabare*, cit. 2). *Comme dans son enfance...* (Cf. *Élan*, cit. 10 ; *fermer*, cit. 22). *Des impressions* (cit. 27) *éprouvées jadis. Une odeur respirée jadis* (Cf. *Essence*, cit. 5). *Un rabat jadis blanc* (Cf. *Antique*, cit. 5). *Une femme jadis belle* (Cf. *Bien* 1, cit. 58). *Du cuir jadis noir, roussi par l'usure* (Cf. *Houseau*, cit. 2). *Enjouée jadis, elle est devenue d'humeur* (cit. 12) *difficile.* — *Les saints personnages, la foi naïve de jadis.* V. **Antan** (Cf. *Grammaire*, cit. 7 ; *hagiographie*, cit. 2). — *Adjectiv. Au temps jadis* (Cf. *Associé*, cit. 2). — *Littér. Ballade des dames du temps jadis*, de Villon. — *Jadis et Naguère* (1884), poèmes de Verlaine (V. **Naguère**).

1   « ... N'est-ce pas cette même Agrippine
Que mon père épousa jadis pour ma ruine, »   RAC., **Britann.**, I, 4.

2   « Jadis, aux premiers temps féodaux, dans la camaraderie et la simplicité du camp et du château fort, les nobles servaient le roi de leurs mains... »   TAINE, **Orig. France contemp.**, II, t. I, p. 134.

3   « ... certaines modes en dissimulant aux yeux des hommes le corps tout entier des femmes donnait jadis du prix à une robe effleurée... »   MAUROIS, **Climats**, I, IV.

4   « M. de Loménie était resté Hubert pour ses compagnons de jadis. Leurs femmes le tutoyaient presque toutes... »   ARAGON, **Beaux quartiers**, I, XV.

ANT. — **Aujourd'hui. Avenir** (dans l'), **demain**...

JAGUAR (*-gouar*). n. m. (1761 BUFF. ; du brésilien *jaguarete* ou *jaguara* ; anc. var. fr. *janouare*, en 1578). *Zool.* Grand mammifère carnivore (*Félidés**) de l'Amérique du Sud, scientifiquement appelé *felis unca*, à pelage fauve moucheté de taches noires ocellées. *Le jaguar, animal féroce et nocturne, très voisin de la panthère* et du léopard*, atteint presque la taille du tigre ; il vit dans les hautes herbes, les forêts et grimpe facilement aux arbres.* — *Le Jaguar*, poème de Leconte de Lisle (*Poèmes barbares*).

1   « Le jaguar ressemble à l'once par la grandeur du corps, par la forme de la plupart des taches dont sa robe est semée, et même par le naturel ; il est moins fier et moins féroce que le léopard et la panthère. Il a le fond du poil d'un beau fauve... le poil plus long que la panthère et plus court que l'once ; il l'a crêpé lorsqu'il est jeune, et lisse lorsqu'il devient adulte. »   BUFF., **Hist. nat. anim.**, Le jaguar.

2   « ... ses mouvements sont veloutés comme ceux d'un jeune jaguar, et sous leur nonchalante lenteur on sent la vivacité et une preslesse prodigieuses. »   GAUTIER, **Fortunio**, I.

3   « Et le jaguar, du creux des branches entr'ouvertes,
Se détend comme un arc et le saisit au cou (*le bœuf*). »   LECONTE DE LISLE, **Poèmes barbares**, Le jaguar.

JAGUARONDI ou **JAGUARUNDI** (*-goua-ron-*). n. m. (fin XIXe s. ; mot brésilien). *Zool.* Mammifère carnivore (*Félidés**) d'Amérique tropicale, scientifiquement appelé *felis jaguarundi*, grand chat sauvage à petite tête et à poil roux, aux formes grêles.

JAILLIR (*ja-yir* ; anc. prononc. *jaillir*, avec *ll* mouillées, encore recommandée par LITTRÉ. — *Je jaillis, tu jaillis, il jaillit, nous jaillissons, vous jaillissez, ils jaillissent ; je jaillissais ; je jaillis ; je jaillirai ; jaillis, jaillissons ; que je jaillisse au subj. prés. et imparf. ; jaillissant ; jailli*). v. intr. (*Jalir* au XIIe s., trans. au sens de « lancer vivement » ; XVIe s., *jaillir*, intrans. ; d'un lat. *galire*). Sortir impétueusement*, s'élancer* en un jet* subit, en parlant d'un liquide, d'un fluide. V. **Couler, partir, saillir** (*vx*), **sourdre**. *Geyser* qui jaillit à trente mètres de hauteur. Gerbe d'eau jaillie d'un bassin de marbre* (Cf. *Circuler*, cit. 5). V. **Jet** (d'eau). *Courant* (cit. 3) *qui jaillit au pied d'un talus. Fontaine où l'eau jaillit à profusion* (Cf. *Aqueduc*, cit. 2). *Pétrole, gaz naturel jaillissant d'un puits de forage. Sang qui jaillit d'une blessure* (Cf. *Éperon*, cit. 6). V. **Gicler**. *La boue jaillit et l'éclaboussa*.* — *Par métaph. Flot* (cit. 16) *d'amertume jailli d'un cœur* (Cf. *Attendrissement*, cit. 5).

1   « ... la lave jaillit... roule en torrents, ou se répand comme un déluge de feu... cette même lave, gonflée par son feu intérieur, éclate à sa surface, et jaillit de nouveau pour former des éminences élevées au-dessus de son niveau. »   BUFF., **Hist. nat. min.**, Des matières volcaniques.

2   « Je rêve assis au bord de cette onde sonore
Qu'au penchant d'Hélicon, pour arroser ses bois,
Le quadrupède ailé fit jaillir autrefois. »   CHÉNIER, **Élégies**, XXVIII.

3   « Source limpide et murmurante
Qui de la fente du rocher
Jaillis en nappe transparente
Sur l'herbe que tu vas coucher ; »   LAMARTINE, **Harmonies...**, XVI.

4   « ... le sang jaillit à gros bouillons de deux plaques rouges laissées sur la poitrine par la chair amputée... »   GAUTIER, **Voyage en Espagne**, p. 31.

5   « Mais le cidre, pendant sa démonstration, souvent leur jaillissait en plein visage... »   FLAUB., **Mme Bov.**, II, XIV.

6   « La vague en poudre ose jaillir des rocs ! »   VALÉRY, **Poés.**, Charmes, Cimetière marin.

7   « Deux larmes jaillirent de ses paupières. »   MART. du G., **Thib.**, t. III, p. 258.

— En parlant de la lumière, d'un son, etc. *Jet de clarté qui jaillit d'une torche* (Cf. *Agonisant*, cit. 1). *Étincelle** (cit. 2) *qui jaillit, qu'on fait jaillir d'un caillou* (cit. 3), *d'une enclume* (Cf. *Brasillement*, cit. ; *forgeron*, cit.). *Flamme* (1, cit. 3) *qui jaillit d'un briquet* (cit. 1). *Flamboiements* (cit. 3) *d'incendie jaillissant au loin. Feu de bûches d'où jaillissent des gerbes d'étincelles* (V. **Pétiller**). *Éclair* (Cf. *Foudre* 1, cit. 5 ; *fulguration*, cit. 1), *étoile* (cit. 8), *lumière, clarté qui jaillit* (Cf. *Garçonnier*, cit. 5 ; *et par métaph. Épaule*, cit. 8). *Cris, rires qui jaillissent.* V. **Fuser**. *Sanglot désespéré* (cit. 24) *qui jaillit de la gorge* (Cf. *Comprimer*, cit. 1). *Ce mot jaillit spontanément sur toutes les lèvres* (Cf. *Autobus*, cit.).

8   « Nos regards se rencontrèrent et je ne sais pas ce qu'il vit dans le mien, mais je sais que sa figure se décomposa tout à coup, qu'un grand cri jaillit de sa poitrine, qu'il me dit d'une voix à fendre l'âme... »   DAUD., **Pet. Chose**, I, III.

9   « Un éclat de rire jaillissait d'une fille que je ne voyais pas... »   MAURIAC, **Nœud de vipères**, XVIII.

10   « Brusquement, une grande lueur jaillit du côté d'où étaient venus les cris... »   CAMUS, **La peste**, p. 276.

— *Par anal.* (Avec l'idée d'un mouvement extrêmement rapide, désordonné ou non). *Flot, foule d'ouvriers jaillissant des ateliers* (cit. 4). *Essaim* (cit. 2) *qui jaillit de la ruche.* V. **Élancer** (s'). *Épée* (cit. 9) *qui jaillit hors du fourreau.*

11   « Le premier des policemens, touché à l'estomac... par un poing qui jaillit et disparut comme un piston de moteur... tomba en avant... »   L. HÉMON, **Battling Malone**, II.

12   « ... la plaine herbue d'où les alouettes, par intervalles, semblaient jaillir comme des jets de joie... »   PERGAUD, **De Goupil à Margot**, VI.

13   « De la rue du Faubourg-Poissonnière, une ombre a jailli, un homme lancé au pas de course. C'est Édouard. »   DUHAM., **Salavin**, III, XVI.

14   « Du passage souterrain jaillissait, sans trêve, un flot de voyageurs. »   MART. du G., **Thib.**, t. IV, p. 113.

— *Par ext.* En parlant de tout objet dont la forme ou la situation suggère une impression d'élan. V. **Dresser** (se), **élever** (s'), **sortir**. *Menhir qui jaillit au milieu d'une lande bretonne. Bourgeon qui jaillit d'une branche.* V. **Partir, pointer, saillir** (Cf. *Bois*, cit. 24 ; *cache-pot*, cit.). *Germes enfouis qui jaillissent en pousses inattendues* (cit. 5). *Gencives d'où jaillissent des crocs* (cit. 2) *pointus. Le dos brun jaillit du corsage* (Cf. *Calice*, cit. 3 ; *et aussi Globe*, cit. 9).

15   « Les palmes... des très jeunes arbres, qui jaillissent en faisceau de la terre humide et chaude. »   LOTI, **L'Inde** (sans les Anglais), III, X.

— *Fig.* (1818). Se manifester et se dégager soudainement*. V. **Apparaitre, dégager** (se), **surgir** (Cf. *Image*, cit. 47). *Tendance qui jaillit du sein de la collectivité* (Cf. *Éducatif*, cit. 6). *Idée, projet en germination* (cit. 2) *qui jaillit enfin à la lumière* (Cf. *Inconscient*, cit. 9). *Il n'y a rien chez lui qui jaillisse de l'âme* (Cf. *Froideur*, cit. 3). — Loc. prov. *De la discussion* jaillit la lumière.*

16 « Une pensée jaillie avec l'éclat de la lumière me dit intérieurement : « Voilà ta vigne ! »   BALZ.. **Curé de village**, Œuvr., t. VIII, p. 627.

17 « Mais elle triomphait maintenant et l'amour, si longtemps contenu, jaillissait tout entier avec des bouillonnements joyeux. Elle le savourait sans remords, sans inquiétude, sans trouble. »
FLAUB., Mme **Bov.**, II, IX.

18 « ... le sentiment qui jaillit le plus volontiers de mon cœur, c'est celui de la reconnaissance. »   GIDE, **Ainsi soit-il**, p. 155.

19 « ... la vérité jaillira de l'apparente injustice. »
CAMUS, **La peste**, p. 248.

— S'exprimer avec force, avec éclat, avec esprit... *Les traits plaisants jaillissaient autour de la table.* V. **Fuser, pétiller** (Cf. Instantanéité, cit. 1 GAUTIER).

COMP. — **Rejaillir**.

DER. — **Jaillissant, ante**. adj. (Vers 1650). Qui jaillit. *Fontaine* (cit. 5, par métaph.), *source* jaillissante. Vague jaillissante* (Cf. *par métaph.* Cheveu, cit. 25). — Fig. *Émotion jaillissante* (Cf. Dégel, cit. 2). *Des réflexions jaillissantes* (Cf. Écrivain, cit. 13). *Un esprit facile* (cit. 16) *et jaillissant*. — **Jaillissement**. n. m. (1611). Action de jaillir, mouvement de ce qui jaillit. *Jaillissement d'une vague* (Cf. Écumer, cit. 1), *d'une gerbe de feu* (1, cit. 35). *Jaillissement de vapeur*. V. **Jet**. — Fig. (XIXe s.) Apparition, manifestation subite. *Jaillissement de force, de vie*. V. **Éruption** (Cf. Exploser, cit. 3). *De sublimes jaillissements d'idées, d'imagination* (Cf. Affleurement, cit. 2). *Jaillissement de l'inspiration*.

1 « ... des compartiments mêlés d'eaux plates et d'eaux jaillissantes... »
LA BRUY., XVI, 43.

2 « À travers tout cela, de perpétuels jaillissements de talent et une élévation extraordinaire qui jette hors du connu... »
STE-BEUVE, **Chateaubriand**, t. II, p. 91.

3 «·Maintenant je serais bien surpris si dans le voisinage du point où elle (*une source*) sort, il n'y avait pas d'autres jaillissements, ou suintements. »   ROMAINS, **H. de b. vol.**, t. V, XIV, p. 108.

4 « ... un imaginatif fécond... que le jaillissement de ses hypothèses inspiratrices eût rendu aventureux... »   MONDOR, **Pasteur**, X, p. 187.

JAÏN ou **JAÏNA** (ja- ou dja-). n. (1870 P. LAROUSSE, sous la forme *Djaïna*, toujours en usage ; mot hindou ; de *Jina*, titre honorifique porté par le fondateur du *jaïnisme* et signifiant « vainqueur, conquérant »). *Relig*. Adepte d'une secte hindoue dont le principe essentiel est celui de la non-violence.

DER. — **Jaïnisme** ou **Djaïnisme**. n. m. (1873). Système philosophique et religieux professé par un million et demi environ d'Hindous*. *Le jaïnisme et la communauté hindouiste* (cit. 2). — **Jaïniste** ou **Djaïniste**. n. (XXe s.). Adepte du jaïnisme. — Adjectivt. *Morale jaïniste*.

JAIS (jè). n. m. (XIIIe s. ; var. *jayet, jaiet*, du XIIe au XVIIIe s. ; lat. d'orig. gr. *gagates*, propremt. « pierre de Gages », Gages, ville d'Asie Mineure). *Minér*. Variété de lignite* combustible, qui se présente sous la forme d'une substance compacte, fibreuse et dure, d'un noir luisant, qu'on peut tailler ou travailler au tour et polir comme l'ébène. *Gisement de jais. Objets de tabletterie en jais. Jais taillé à facettes. Bijoux* de deuil en jais. Jais naturel, véritable. — Jais artificiel, faux jais*, verre teint en noir ou métal émaillé noir utilisé en bijouterie*. *Perles de jais* et ellipt. *Des jais* (Cf. Falbalas, cit. 2). — *Moustache noire* comme du jais* (Cf. Impérial, cit. 4). *Grillon* (cit. 2) *noir comme jais. Yeux noirs qui brillent d'un éclat* (cit. 22) *de jais*. — Ellipt. *Des yeux de jais* (Cf. Étinceler, cit. 7 ; ivoire, cit. 3).

« L'une pâle aux cheveux de jais. »
VERLAINE, **Parallèlement**, Les amies, I.

HOM. — **Geai, jet**.

JALAGE. n. m. (1331, *jailage* ; de *jale*). *Féod*. Droit prélevé par le seigneur sur le vin vendu en jale*.

JALAP (ja-lap'). n. m. (1654 ; *xalapa* en 1640 ; de l'esp. *jalapa*, nom d'une ville mexicaine). Plante dicotylédone (*Convolvulacées*) dont la racine tubéreuse renferme une résine utilisée en médecine comme purgatif drastique. *Jalap turbith*. V. **Ipomée**. *Faux jalap*, nom donné à une belle-de-nuit. *Teinture de jalap composée* (eau-de-vie allemande).

— *Par ext*. Résine extraite de la racine de jalap et contenant deux glucosides, la *convolvuline* et la *jalapine*.

JALE. n. f. (XIIe s., forme francienne de *gale, galon*. V. **Gallon**). *Dial*. Espèce de grande jatte ou de baquet.

DER. — **Jalage**.

JALET. n. m. (1461 ; var. francienne de *galet**). *Anciennt*. Petit caillou rond qu'on lançait avec une arbalète. *Arbalète à jalet*.

JALON. n. m. (1613 ; orig. inconnue).

‖ **1°** Tige de bois ou de métal qu'on plante en terre pour prendre un alignement*, déterminer une direction (V. **Poteau**). *Se servir de bâtons, de perches, de verges pour jalons. Planter, aligner des jalons. Jalons servant à l'arpentage, à la levée d'un plan...* (V. **Arpentage, géodésie**), *à des travaux de nivellement, de terrassement. Placer des jalons pour tracer une allée, construire un mur*. V. **Bornoyer**. *Jalons utilisés pour le pointage d'un mortier. — Jalon-mire*, muni à sa partie supérieure d'une planchette.

« ... une route disparue sous la neige, mais indiquée de distance en distance au moyen de perches servant de jalons. »
GAUTIER, **Voyage en Russie**, p. 248.

— *Par métaph. :*

« Comme des jalons laissés en arrière, ils nous tracent le chemin que nous avons suivi dans le désert du passé. »
CHATEAUB., **M. O.-T.**, t. I, p. 151.

‖ **2°** *Fig*. Ce qui sert à diriger. V. **Marque, repère**. *Ces données vous serviront de jalons pour diriger vos recherches* (HATZFELD). *Les jalons d'une démonstration, d'un exposé* (cit. 2). — *Premiers pas dans une entreprise quelconque*. *Poser, planter des jalons* (Cf. Préparer le terrain ; et aussi Amorcer, cit. 5). *Premier jalon*. V. **Commencement**.

« Les intérêts de notre vie sont si multiples qu'il n'est pas rare que dans une même circonstance les jalons d'un bonheur qui n'existe pas encore soient posés à côté de l'aggravation d'un chagrin dont nous souffrons. »   PROUST, **Rech. t. p.**, t. II, p. 218.

« Les paysans lisent l'almanach. Quoi de plus beau pour eux ? Les jours qui viennent, et les mois, et les saisons, ce sont des jalons sur leurs projets. »   ALAIN, **Propos**, 31 août 1910, L'almanach.

« Or, Caillaux, lui, venait d'éviter à la France la guerre avec l'Allemagne ; et il avait même posé les jalons d'un durable rapprochement franco-allemand. »   MART. du G., **Thib.**, t. V, p. 189.

DER. — **Jalonner**.

JALONNER. v. intr. et tr. (1690 ; de *jalon*).

I. *V. intr*. Planter des jalons pour déterminer un alignement, une direction, etc. — *Fig. :*

« En somme, je commence à trouver des repères, à jalonner. »
ROMAINS, **H. de b. vol.**, t. IV, VII, p. 64.

II. *V. tr*. ‖ **1°** Déterminer, marquer la direction, l'alignement, les limites de quelque chose au ·moyen de jalons. *Jalonner une allée, un chemin, une ligne téléphonique... pour en indiquer le tracé*. Jalonner les limites d'un champ, un champ*. — *Par métaph. :*

« Je retrouve à présent les traces d'anciens sentiers que je frayais, que j'ai laissés recouvrir par mille branches, et que je n'ai même pas jalonnés. »   GIDE, **Journ.**, Numquid et tu...?, 20 juin 1917.

— *Spécialt*. *Milit*. Placer des jalonneurs : se placer en jalonneur*. — Fig. *Les savants ne font que jalonner d'âge en âge que jalonner la route à ceux qui suivront* (LITTRÉ).

« J'ai vu des brouillons de la jeunesse ·de Bonaparte ; il jalonnait le chemin de la gloire comme Rancé le chemin du ciel. »
CHATEAUB., **Vie de Rancé**, I, p. 35.

‖ **2°** Déterminer, délimiter (à la manière de jalons). V. **Échelonner** (s'). *Poteaux, buissons jalonnant les limites d'un champ. Camp* (cit. 2) *d'instruction jalonné de tranchées*.

« Les tonneaux d'huile, des balles de laine, des caisses de fils jalonnaient la longue cour de l'usine. »   MAUROIS, **B. Quesnay**, III.

— Fig. *Les événements saillants qui jalonnent sa vie*. V. **Marquer** (Cf. Étape, cit. 9).

« Lorsqu'on visite un pays nouveau pour soi, les souvenirs d'objets inaccoutumés, d'actions imprévues, forment des points de repère, et en jalonnant le temps, le mesurent et en font sentir l'étendue. »
GAUTIER, **Voyage en Russie**, p. 322.

« Ils (*les enfants*) vivaient dans un monde merveilleux, jalonné de fêtes pieusement célébrées. »   MAURIAC, **Nœud de vipères**, VII.

DER. — **Jalonnement**. n. m. (1845). Action de jalonner. — Spécialt. *Milit*. Action de placer des jalonneurs. — **Jalonneur**. n. m. (1835). Ouvrier qui pose les jalons. — Spécialt. *Milit*. Soldat qu'on place, en guise de jalon, pour déterminer une direction, un alignement.

JALOUSER. v. tr. (XIIIe s. ; de *jaloux*). Regarder (qqn.) avec jalousie*, envie. V. **Envier ; envie** (porter envie). *Jalouser son prochain, ses concurrents, ses rivaux. Une femme détestée et jalousée* (Cf. Expulser, cit. 4). — *Jalouser le sort du voisin* (Cf. Geindre, cit. 8). — Pronominalt. *Villes, pays qui se jalousent* (Cf. Haut, cit. 22).

« Et mon esprit, toujours du vertige hanté,
Jalouse du néant l'insensibilité. »
BAUDEL., **Nouv. Fl. du mal**, VIII.

« Les intrigues de l'Élysée, où l'on jalousait et craignait son prestige, l'en avaient longtemps écarté... »   LECOMTE, **Ma traversée**, p. 41.

ANT. — **Affectionner, chérir...**

JALOUSIE. n. f. (XIIe s. ; de *jaloux*).

‖ **1°** *Vx*. Zèle ombrageux qu'inspire un profond attachement, un ardent intérêt. V. **Soin**.

« Nos muses à leur tour, de même ardeur saisies,
Vont redoubler pour toi leurs nobles jalousies. »
CORN., **Poés. div.**, XII.

‖ **2°** Sentiment mauvais qu'on éprouve en voyant un autre jouir d'un avantage qu'on ne possède pas ou qu'on désirerait posséder exclusivement ; inquiétude qu'inspire la crainte de partager cet avantage ou de le perdre au profit d'autrui. V. **Dépit, envie*** (cit. 3), **haine, ombrage** (Cf. Déclencher, cit. 2 ; élever, cit. 40 ; encyclopédie, cit. 3 ; gâteau, cit. 4 ; incivilité, cit. 2). *La jalousie est « comme un aveu contraint du mérite qui est hors d'elle »* (LA BRUY. ; Cf. Émulation, cit. 1). *Concevoir, éprouver, avoir de la jalousie* *contre un rival* (V. **Rivalité**). *Jalousie professionnelle* (Cf. Infime, cit. 1), *sociale* (Cf. Habilement, cit. 4). *Jalousie entre deux communautés, deux villages* (Cf. Rivalité de clocher*). *Être dévoré de jalousie, crever* de jalousie.* — *Basse* (1, cit. 33), *noire jalousie* (Cf. Calomniateur, cit. 4). *Jalousie impuissante* (cit. 16), *stérile, secrète* (Cf. Exciter, cit. 11). *Mesquines, petites jalousies* (Cf. Bassement, cit. 1). *Pointe de jalousie. Noble jalousie.* V. **Émulation.** Vx. *Une haute* (cit. 59, 60) *jalousie.* — *Exciter* (cit. 6) *la jalousie* (Cf. Ecorce, cit. 5). V. **Ombrage** (porter ombrage). Vx. *Faire jalousie à quelqu'un* (Cf. Ineptie, cit. 3) : lui inspirer de la jalousie. — *Se brouiller* (cit. 23) *par jalousie. Craindre la jalousie de quelqu'un* (Cf. Hôtel, cit. 14).

2   « (*La jalousie est*) une passion stérile qui laisse l'homme dans l'état où elle le trouve... qui le rend froid et sec sur les actions ou sur les ouvrages d'autrui, qui fait qu'il s'étonne de voir dans le monde d'autres talents que les siens... vice honteux, et qui par son excès rentre toujours dans la vanité et dans la présomption.
Toute jalousie n'est point exempte de quelque sorte d'envie, et souvent même ces deux passions se confondent. »   LA BRUY., XI, 85.

3   « La jalousie des personnes supérieures devient émulation, elle engendre de grandes choses ; celle des petits esprits devient de la haine. »   BALZ., **Contrat de mariage**, Œuvr., t. III, p. 103.

4   « Gianni, qui cachait une nature aimante sous de froids dehors, souffrait de cet inégal partage d'affection, mais sans que cette prédilection pour Nello lui donnât aucune jalousie contre son jeune frère. »   GONCOURT, **Zemganno**, VIII.

5   « ... jalousie (maladie endémique du monde littéraire)... »   THIBAUDET, **Flaubert**, p. 66.

6   « La méchanceté humaine, qui est grande, se compose, pour une large part, de jalousie et de crainte. Le malheur la désarme... »   MAUROIS, **Cercle de famille**, III, XIII.

|| **3°** Sentiment douloureux que font naître, chez celui qui l'éprouve, les exigences d'un amour inquiet, le désir de possession* exclusive de la personne aimée, la crainte, le soupçon ou la certitude de son infidélité... *Les chagrins, les douleurs, les peines, les tortures, les fureurs de la jalousie* (Cf. Aigu, cit. 11 ; aviver, cit. 10 ; interférence, cit. 1). *Triste, amère* (cit. 3) *jalousie. Accès, crise de jalousie* (Cf. Gin, cit. 1). *Jalousie cachée, dissimulée* (cit. 17), *inavouée* (cit. 2). *Jalousie découverte* (Cf. Défiance, cit. 7). *Furieuse jalousie. Jalousie mortelle. Il est malade de jalousie, il est d'une jalousie folle, féroce. Les curiosités* (cit. 17), *les doutes* (cit. 20), *les craintes, les inquiétudes, les soupçons* que la jalousie excite, qui nourrissent la jalousie. Causer* (cit. 1), *donner de la jalousie. Jalousie causée par l'amour-propre* (cit. 8), *par l'orgueil blessé. Jalousie qui fait naître, fait croître* (cit. 12) *un amour* (Cf. Aigrir, cit. 14 ; émotion, cit. 7). *La jalousie finit sitôt qu'on passe du doute à la certitude* (cit. 6). *Jalousie qui survit à l'amour* (Cf. Éteindre, cit. 4). *Exciter* (cit. 9), *endormir, égarer la jalousie de quelqu'un* (Cf. Baguette, cit. 5 BEAUMARCH. ; *favoriser,* cit. 11). *Apaisement* (cit. 2) *de la jalousie. Jalousie d'un amant, d'un mari* (Cf. Cervelle, cit. 2). *La jalousie le possède, le tourmente... Être torturé, fou de jalousie. Elle le fait mourir de jalousie.* — *Allus. littér. La jalousie du Barbouillé,* farce de Molière.

7   « ... la plus vaine et tempétueuse maladie qui afflige les âmes humaines, qui est la jalousie. »   MONTAIGNE, **Essais**, III, V (V. *aussi* Aliment, cit. 9).

8   « Les maux les plus cruels ne sont que des chansons
Près de ceux qu'aux maris cause la jalousie. »   LA FONT., **Coupe enchantée.**

9   « La jalousie est, en quelque manière, juste et raisonnable, puisqu'elle ne tend qu'à conserver un bien qui nous appartient ou que nous croyons nous appartenir. »   LA ROCHEF., **Réflex. et max.**, 28.

10   « Il y a dans la jalousie plus d'amour-propre que d'amour. »   ID., **Ibid.**, 324.

11   « Il y a une certaine sorte d'amour dont l'excès empêche la jalousie. »   ID., **Ibid.**, 336.

12   « La jalousie naît toujours avec l'amour, mais elle ne meurt pas toujours avec lui. »   ID., **Ibid.**, 361.

13   « ... il n'y a que les personnes qui évitent de donner de la jalousie qui soient dignes qu'on en ait pour elles. »   ID., **Ibid.**, 359.

14   « On tire ce bien de la perfidie des femmes, qu'elle guérit de la jalousie. »   LA BRUY., III, 25.

15   « Le tempérament a beaucoup de part à la jalousie, et elle ne suppose pas toujours une grande passion. »   ID., IV, 29.

16   « La sombre Jalousie, au teint pâle et livide,
Suit d'un pied chancelant le Soupçon qui la guide : »   VOLT., **Henriade**, IX.

17   « Parmi nous... la jalousie a son motif dans les passions sociales plus que dans l'instinct primitif. Dans la plupart des liaisons de galanterie, l'amant hait bien plus ses rivaux qu'il n'aime sa maîtresse ; »   ROUSS., **Émile**, V.

18   « ... la jalousie mortelle qui me déchirait le cœur... »   Abbé PRÉVOST, **Manon Lescaut**, II, p. 151.

19   « ... la jalousie... n'est qu'un sot enfant de l'orgueil, ou c'est la maladie d'un fou. »   BEAUMARCH., **Mariage Figaro**, IV, 13.

20   « Les femmes fières dissimulent leur jalousie par orgueil. »   STENDHAL, **De l'amour**, XXXVII.

21   « Il songea involontairement à sa première maîtresse, qu'il avait surnommée *Mignonne* par antiphrase, parce qu'elle était d'une si atroce jalousie, que pendant tout le temps que dura leur passion, il eut à craindre le couteau dont elle l'avait toujours menacé. »   BALZ., **Passion dans le désert**, Œuvr., t. VII, p. 1080.

22   « L'horrible jalousie rétrospective, la pire de toutes, parce qu'elle se prend à tout sans pouvoir s'assurer de rien, rongea le cœur et brisa le cerveau du malheureux artiste. »   SAND, **Elle et lui**, XII.

23   « Il en était fier, par conséquent jaloux. Il n'y a pas que l'amour seul qui donne de la jalousie ; une faveur, un mot bienveillant, un sourire d'une belle bouche, peuvent l'inspirer jusqu'à la rage à certaines gens. »   MUSS., **Confess. enfant du siècle**, IV, I.

24   « Considérez que cette fière jalousie, que les hommes apportent dans l'union des sexes, est un sentiment sauvage, fondé sur l'illusion la plus ridicule. Il repose sur l'idée qu'on a une femme à soi quand elle s'est emparé, ce qui est un pur jeu de mots. »   FRANCE, **Rôtisserie Reine Pédauque**, Œuvr., t. VIII, p. 191.

25   « La jalousie n'est souvent qu'un inquiet besoin de tyrannie appliqué aux choses de l'amour. »   PROUST, **Rech.** t. p., t. IX, p. 111 (Cf. *aussi* Exorciser, cit. 3).

26   « L'amour, sans la jalousie, n'est pas l'amour. »   LÉAUTAUD, **Propos d'un jour**, p. 33.

27   « La jalousie fut chez moi un mal soudain et terrible. Si, apaisé, je cherche aujourd'hui à en retrouver les causes, il me semble qu'elles étaient très diverses. Il y avait d'abord un grand amour et le désir naturel de conserver en moi les moindres parcelles de ces matières précieuses qu'étaient le temps d'Odile, ses paroles, ses sourires, ses regards... Je voulais régner sur l'esprit d'Odile... »   MAUROIS, **Climats**, I, VIII.

28   « La jalousie naît de l'insoutenable vision du plaisir qu'une créature aimée reçoit d'un autre et lui prodigue. »   MAURIAC, **Pharisienne**, V.

— *Par ext. Jalousie fraternelle* (cit. 2), *maternelle.*

|| **4°** *Par ext.* (XVIᵉ s. Du BELLAY ; repris à l'ital. *gelosia*). Treillis de bois ou de métal au travers duquel on peut voir sans être vu. V. **Contrevent, moucharaby, persienne** (Cf. Coller, cit. 4 ; éloigner, cit. 24). *Fenêtres munies de jalousies. Jalousies formées de lattes de bois parallèles. Baisser, lever une jalousie.*

29   « ... un amant ne s'expliquait pas autrement sous les fenêtres de sa maîtresse, qui ouvrait en ce moment-là ces petites grilles de bois nommées jalousies, tenant lieu de vitres, pour lui répondre dans la même langue. »   VOLT., **Essai s. l. mœurs**, CLXXVII.

30   « Par les jalousies baissées il venait assez de lumière pour accuser le désordre du matin dans la pièce... »   ARAGON, **Beaux quartiers**, I, XXI.

ANT. — Débonnaireté, indifférence.

JALOUX, OUSE. adj. (Gelos au XIIᵉ s. ; du lat. pop. *zelosus*, du gr. *zelos*, « zèle, émulation ». D'après BLOCH, « le mot fr. doit être empr. à l'ancien prov. *gilos*, dont les troubadours ont fait grand usage »).

|| **1°** Qui a souci d'un bien dont la possession ou la sauvegarde lui tient à cœur, lui inspire un zèle ombrageux. V. **Attaché** (à), **soucieux** (de). *Être jaloux de sa réputation, de son honneur, de ses prérogatives, d'un droit* (Cf. Dépôt, cit. 5), *de sa gloire* (Cf. Copie, cit. 13), *de sa domination...* (Cf. Fomentation, cit. ; et *aussi* Emanation, cit. 7 ; épris, cit. 12 ; évaporer, cit. 1 ; honnête, cit. 15). *Jaloux de son indépendance, de sa liberté.*

1   « Vous n'avez qu'à choisir, car chacun est jaloux
De l'honneur d'être votre époux. »   LA FONT., **Fabl.**, IX, 7.

2   « Cruel ! pouvez-vous croire
Que je sois moins que vous jalouse de ma gloire ? »   RAC., **Bajaz.**, II, 5.

— *T. Bibl. Le Dieu jaloux :* nom donné à Dieu pour faire entendre qu'il veut être aimé et servi exclusivement, sans partage.

3   « N'adorez point de dieu étranger. Le seigneur s'appelle le *Dieu jaloux* ; Dieu veut être aimé uniquement. »   BIBLE (SACY), **Exode**, XXXIV, 14.

4   « Comme il (*Dieu*) est beaucoup plus jaloux de nos affections que de nos respects, il est visible qu'il n'y a point de crime qui lui soit plus injurieux ni plus détestable que d'aimer souverainement les créatures... »   PASC., **Lett.**, 1ᵉʳ avril 1648.

5   « Ce Dieu jaloux, ce Dieu victorieux
Est le seul qui commande aux cieux. »   RAC., **Esth.**, I, 5.

— (*Suivi d'un infinitif*). Qui a à cœur (de), qui tient absolument (à). V. **Désireux.** *Jaloux de faire quelque chose, d'obtenir une faveur, de garder* (cit. 41) *un secret* (Cf. Besoin, cit. 59 ; croix, cit. 16).

6   « Quelle est l'âme philosophique et belle, jalouse d'être parfaite... qui consentirait à se sacrifier à des telles vanités... »   RENAN, **Avenir de la science**, VII, Œuvr., t. III, p. 826.

— *Par ext. Soin* jaloux* (Cf. Agencer, cit. 1).

7   « La collection pour laquelle nous écrivons ces lignes... se compose d'études gardées dans l'atelier par l'artiste avec un soin jaloux, comme des notes prises sur nature... »   GAUTIER, **Souv. de théâtre...**, Benjamin de Francesco.

8   « Elle exerçait ses fonctions de médecin avec une ferveur jalouse. Il ne fallait ni la contrarier ni l'aider. »   GREEN, **Ad. Mesurat**, I, XII.

|| **2°** Qui éprouve de l'ombrage, de la jalousie* à l'idée qu'un autre jouit ou pourrait jouir d'un avantage que lui-même ne possède pas ou qu'il désire posséder exclusivement. *C'est un homme jaloux et malveillant.* V. **Envieux** (cit. 3. Cf. *aussi* Bâtisseur, cit. 1 ; grincheux, cit. 3). — *Jaloux du succès, de la réussite, des lauriers, de la situation, de la fortune... de quelqu'un* (Cf. Féminin, cit. 6).

9 « ... mais jamais homme n'osa dire et confesser qu'il fut envieux et jaloux de la prospérité d'autrui, tant l'envie est un vice abject, pusillanime et vilain. » RONSARD, Œuvr. en prose, De l'envie.

10 « Rendre le ciel jaloux de sa vive couleur. » ID., Am. de Marie, II, 4 (Cf. Rose).

11 « ... jaloux de toute renommée, il la regardait comme une usurpation sur la sienne : il ne devait y avoir que Napoléon dans l'univers. » CHATEAUB., M. O.-T., t. II, p. 240.

12 « L'on ne saurait croire combien, tout en affectant de les dédaigner, les femmes du monde sont jalouses de ces couronnes, de ces applaudissements, de ces ovations, de cet éclat qui accompagnent la cantatrice... » GAUTIER, Portr. contempor., Madame Sontag.

— *Être jaloux de quelqu'un.* V. **Jalouser** (Cf. Attirant, cit. 4 ; empire, cit. 15 ; figure, cit. 3 ; hôte, cit. 1). *Jaloux les uns les autres* (Cf. Clan, cit. ; gratter, *dér.* cit. 7).

13 « La servante au grand cœur dont vous étiez jalouse,
Et qui dort son sommeil sous une humble pelouse, » BAUDEL., Fleurs du mal, Tabl. paris., C.

— Par ext. *Cœur jaloux, âme jalouse.* — *Rivaux qui se considèrent d'un œil* jaloux (Cf. Entreprendre, cit. 4). *Regard haineux et jaloux.* — Fig. *Le geste* (1, cit. 4), *jaloux de la parole.*

14 « ... La fortune jalouse
N'a pas en votre absence épargné votre épouse. » RAC., Phèdre, III, 4.

— Substant. *Il a de nombreux jaloux, son succès lui a fait des jaloux. Les jaloux coassent* contre lui.

15 « C'est un bien qui me doit faire mille jaloux ; » MOL., Dép. am., III, 9.

16 « Les rieurs seraient contre les Évangélista, qui ne manquaient pas de jaloux. » BALZ., Contrat de mariage, Œuvr., t. III, p. 152.

‖ 3° Qui éprouve de la jalousie* en amour et *particult.* Qui est « tourmenté par la crainte de l'infidélité » (LITTRÉ). Cf. Apte, cit. 5 ; avilir, cit. 16 ; badin, cit. 1 ; brûler, cit. 28 ; froidement, cit. 2 ; guère, cit. 4. *Amant jaloux, mari jaloux* (Cf. Excusable, cit. 2 ; guitare, cit. 1). *Très jaloux, terriblement jaloux.* V. **Défiant, soupçonneux.** *Jaloux comme un tigre*. *Femme jalouse* (Cf. Humilité, cit. 20).

17 « Si Titus est jaloux, Titus est amoureux. » RAC., Bérén., II, 5.

18 « ... il était en même temps si jaloux, qu'il me désolait à chaque instant par d'injustes soupçons. » LESAGE, Gil Blas, VII, VII.

19 « Être jaloux, c'est tout à la fois le comble de l'égoïsme, l'amour-propre en défaut, et l'irritation d'une fausse vanité. » BALZ., Physiol. du mariage, Œuvr., t. X, p. 775.

20 « Je ne vous avais jamais vu jaloux, mais vous l'êtes comme un Othello. » MUSS., Un caprice, VIII.

21 « Elle était admirablement belle, et l'idée que tant d'autres le savaient aussi bien que moi ne fut pas longue à me saisir le cœur aigrement... Être jaloux, on ne l'avoue guère... » FROMENTIN, Dominique, XII.

22 « Cette crainte éternelle qu'ils avaient de se perdre faisait le plus clair de leur amour. Ils ne s'aimaient pas, et pourtant ils étaient jaloux. » DAUD., Petit Chose, II, XIII.

23 « Tu te promèneras dans le parc, mais je te défends de sortir : je suis très jaloux. » SARTRE, La P. respect., II, 5.

— *Être jaloux de sa femme* (Cf. Fi, cit. 1), *de sa maîtresse. Femme jalouse de son mari.*

24 « Brutal, avare, amoureux et jaloux à l'excès de sa pupille, qui le hait à la mort. » BEAUMARCH., Barbier de Séville, I, 4.

25 « Quand une femme n'est plus jalouse de son mari, tout est dit, elle ne l'aime plus. » BALZ., Pet. misères vie conjugale, Œuvr., t. X, p. 1030.

26 « ... on ne peut être jaloux de quelqu'un qu'on n'aime point. » DUHAM., Pasq., VII, XXV.

— *Être jaloux d'un rival heureux.* — Par anal. *Femme jalouse des amis de son mari,* qui souffre de l'affection que celui-ci leur porte... *Elle est jalouse des plaisirs qu'il goûte seul, de son métier...*

27 « Réellement, je ne suis que mortellement jaloux des gens qui font la cour à une femme que j'aime ; bien plus, je le suis même de ceux qui lui ont fait la cour dix ans avant moi. » STENDHAL, Vie de H. Brulard, 25.

— *Par ext.* (en parlant des choses). *Naturel, caractère jaloux et soupçonneux.* V. **Craintif.** *Humeur jalouse. Amour inquiet et jaloux, passion jalouse* (Cf. Conjuguer, cit. 2). V. **Exclusif.** *Soupçons jaloux.*

28 « De jaloux mouvements doivent être odieux,
S'ils partent d'un amour qui déplaise à nos yeux ;
Mais tout ce qu'un amant nous peut montrer d'alarmes
Doit, lorsque nous l'aimons, avoir pour nous des charmes : » MOL., Don Garcie, I, 1.

29 « Dès qu'aux soupçons jaloux mon esprit s'abandonne, » MUSS., Louison, II, 13.

— *Substant.* UN JALOUX, UNE JALOUSE. *C'est un affreux jaloux, un jaloux odieux* (Cf. Entretenir, cit. 36 ; et *aussi* Accès, cit. 6 ; côté, cit. 3 ; inoculer, cit. 7). *Les soupçons les plus légers suffisent au jaloux* (Cf. Bagatelle, cit. 14). *Une jalouse* (Cf. Acier, cit. 5).

« Jamais, avant mon mariage, je n'avais pensé à la jalousie, sinon comme à un sentiment de théâtre et avec un grand mépris. Un jaloux tragique était, pour moi, Othello ; un jaloux comique, Georges Dandin. » MAUROIS, Climats, I, VI.   30

ANT. — **Commode** (mari), **débonnaire.**

DER. — **Jalouser, jalousie. — Jalousement.** adv. (XIII° s.). D'une manière jalouse. *Garder jalousement un secret. Conserver jalousement quelques heures de solitude* (Cf. Écrasant, cit.). — *Observer jalousement les progrès d'un rival.* — *Aimer jalousement.*

« On préparait une grande attaque : c'était un terrible secret que les états-majors gardaient jalousement. » MAUROIS, Sil. col. Bramble, XV.   1

« ... il était intéressant de savoir ce que Victor (*Hugo*), jalousement élevé par les soins exclusifs de « sa mère vendéenne », pouvait devoir à ce père jacobin. » HENRIOT, Romantiques, p. 26.   2

JAMAIS. adv. de temps (XI° s. ; comp. de *ja*, lat. *jam*, « déjà », et de *mais*, lat. *magis*, « plus »).

‖ 1° *Avec un sens positif.* En un temps quelconque, un jour*, à aucun* moment (*aucun positif*).

« L'observation de la langue française conduit rapidement à remarquer que dans un certain type de phrases... *aucun, rien, jamais, guère, plus, non plus,* etc. peuvent être appelés à figurer respectivement au lieu de... *un, quelque chose, un jour, beaucoup, encore, aussi...* (*Ils*) ont pour fonction de classer ce qu'ils expriment hors du champ de ce qui est aperçu comme réel ou comme réalisable. » DAMOUR et PICHON, Essai gramm. langue fr., t. VI ; § 2241.   1

— (Dans un contexte négatif). *Je ne pense pas l'avoir jamais vu. Ils désespéraient d'en sortir jamais* (Cf. Fourvoyer, cit. 2). — (Dans un contexte interrogatif). *A-t-on jamais vu cela ?* V. **Déjà** (Cf. Audace, cit. 21). *Et quel temps fut jamais si fertile* (cit. 4) *en miracles ?* (RAC.). *Quelqu'un aurait-il jamais cru que...?* (Cf. Affaire, cit. 71). *Sait-on jamais ? Je ne sais si mon cœur s'apaisera* (cit. 19) *jamais.* — (Dans un contexte conditionnel). *Si jamais à mes vœux vous fûtes favorable* (RAC. Cf. Grâce, cit. 15). *Un menteur s'il en fut* (Cf. Être 1, cit. 32) *jamais. Si jamais je vous y prends. Si jamais je l'attrape* (cit. 11). Cf. *Par hasard,* et *pop. Des fois*. — (Dans un contexte comparatif). *Plus belle, plus gaillarde* (cit. 4) *que jamais* (Cf. Exhaler, cit. 21). *Avec plus d'animosité* (cit. 11), *de fureur* (Cf. Couver, cit. 9), *plus violemment que jamais* (Cf. Édit, cit. 1). *Maintenant, aujourd'hui, plus que jamais* (Cf. Grenier, cit. 5). *C'est mieux, c'est pire que jamais* (Cf. Fin, cit. 10 ; et *infra,* dans le même sens avec un NE explétif). — (Dans un contexte superlatif). *La plus belle chose que j'aie jamais vue* (Cf. Assortiment, cit. 5). *La bataille la plus disputée qui fût jamais* (Cf. Heureusement, cit. 1).

« ... plus fort que jamais amoureux je devins. » RONSARD, Élégies, I.   2

« Le plus grand scélérat qui jamais ait été ; » MOL., Tart., III, 6.   3

« Je te défends de me jamais voir. » ID., Avare, IV, 5.   4

« Si je suis jamais roi, je ferai faire défense à toutes les filles de se mêler de faire des livres ; » FURET., Roman bourg., I, p. 88.   5

« Hélas ! fus-je jamais si cruel que vous l'êtes ? » RAC., Androm., I, 4.   6

« Je sens bien que la fin de mes jours approche et que je suis à la veille du plus grand malheur qui m'arrivera jamais. » VOITURE, Lettr. amoureuses, V, p. 8.   7

« Il est inouï qu'on se soit jamais servi en France de bâtons pour chasser. » REGNARD, Voy. en Laponie, p. 82.   8

« ... bien que sa nuit se fût passée sans sommeil, il se sentait plus libre et plus dispos que jamais. » MUSS., Fils du Titien, IV.   9

« ... je n'ai qu'un regret, c'est d'y avoir jamais mis les pieds. » ID., Il ne faut jurer de rien, II, 14.   10

« Je suis plus pauvre que jamais.
Et que personne ; » VERLAINE, Chanson pour elle, VII.   11

« ... je vous interdis de jamais sonner à cette grille. » GREEN, Léviathan, II, VI.   12

— (Avec un NE explétif). *Elle est plus belle qu'elle n'a jamais été. Il lui parla plus franchement qu'il n'avait jamais osé le faire.*

« ... quelques hommes, ministres, chefs de groupes, grands bureaucrates, qui sont plus puissants que Louis XIV ou Napoléon ne le furent jamais. » MAUROIS, Mondes imaginaires, Par la faute de M. de Balzac, p. 107.   13

‖ *Loc. adv.* À JAMAIS. Dans tout le temps à venir, pour toujours*. V. **Éternellement** (cit. 6), **retour** (sans retour). *S'unir pour toujours à quelqu'un et renoncer à jamais aux autres* (Cf. aussi Femme, cit. 24). *Ôter à jamais l'envie de...* (Cf. Approcher, cit. 12). *Fini à jamais* (Cf. Balayer, cit. 13 ; et *aussi* Aspirer, cit. 20 ; asseoir, cit. 47 ; asservir, cit. 12 ; auréole, cit. 4 ; chanter, cit. 17 ; faire, cit. 37 et 139 ; inhabile, cit. 2). — *À tout jamais* (Cf. Fragile, cit. 1 ; guérir, cit. 45).

« Et la tombe à jamais soit légère à ses os. » RONSARD, Pièces retranch., Épitaphe Loyse de Mailly.   14

« Vous avez apaisé ma tristesse inféconde
Et dans mon cœur aussi vous chantez à jamais ! » LECONTE de LISLE, Poèmes ant., Nox.   15

« Malgré moi, je ramène mon regard sur la route que nous allons peut-être, dans une seconde, quitter à jamais... » DUHAM., Scènes vie future, VI.   16

‖ Pour jamais (Même sens). *Renoncer pour jamais à une occupation* (Cf. Fracas, cit. 6). *Banni* (cit. 28) *pour jamais de ma patrie. Perdu pour jamais* (Cf. Guêpe, cit. 1 et *aussi* Attacher, cit. 25 ; bonhomie, cit. 2 ; cacher, cit. 37 ; faiblesse, cit. 3).

17 « Je n'écoute plus rien ; et pour jamais, adieu.
    Pour jamais ! Ah ! Seigneur, songez-vous en vous-même
    Combien ce mot cruel est affreux quand on aime ? »
                                    RAC., Bérén., IV, 5.

18 « Ils savourèrent longuement l'amère mélancolie des derniers jours
    passés au foyer triste et cher que l'on quitte pour jamais. »
                        R. ROLLAND, Jean-Christ., L'adolescent, p. 226.

‖ 2° Jamais servant à former une négation de temps.

a) Avec ne. *Ne... jamais, jamais... ne* : en nul temps, à aucun* moment (*aucun* négatif). V. Onques (vx). *Il ne l'a jamais vue. Nos beaux jours ne reviennent jamais* (Cf. Âge, cit. 46). *Je n'aurais jamais pensé cela. N'être jamais surpris de ce qui arrive* (Cf. Accommoder, cit. 17). *On ne sait jamais ce qui peut arriver !* Ellipt. *On ne sait jamais ! Je n'ai jamais rien entendu* (ou *entendu rien*) *de tel. Il n'est presque jamais chez lui.* V. Guère (Cf. *aussi* Insignifiant, cit. 9). *Jamais secret ne fut mieux gardé* (cit. 40). *Jamais nous ne fûmes plus attentifs. Nous ne le serons jamais autant* (Cf. *aussi* Attifement, cit. 2 ; autant, cit. 13). *Je ne me serais jamais cru tant de vigueur* (Cf. Affaire, cit. 30). *Je n'ai jamais souffert davantage* (Cf. Insuffisant, cit. 3). — Rem. L'article indéfini se supprime souvent après *jamais*, devant un nom sujet ou objet direct.

19 « Jamais surintendant ne trouva de cruelles. » BOIL., Sat., VIII.

20 « ... ne reparais jamais ici, et ne compte pas sur moi pour te fournir
    des éléments de conspiration ! »
                        BALZ., Épisode s. la Terreur, Œuvr., t. VII, p. 433.

21 « Elle (cette lettre) est toujours là, dans la malle... Qu'elle y reste !
    On ne sait jamais. » DUHAM., Salavin, VI, XII.

22 « Jamais vocation d'écrivain ne fut plus évidente ; jamais vie ne
    fut plus entièrement consacrée à une œuvre. »
                        MAUROIS, Ét. littér., M. Proust, I.

— Emphatiq. et substant. *Au grand jamais... ne. Jamais, au grand jamais ne s'était vue pareille fricassée* (cit. 2) *d'armée, de voitures, d'artillerie...*

23 « Jamais, au grand jamais, elle ne me quitta. » RAC., Plaid., I, 4.

24 « Toi que mes bras au grand jamais n'enlaceront »
                        ARAGON, Yeux d'Elsa, Plainte marquise de Pescaire.

— Ne... jamais que... En aucun temps ; autre chose que... *Vous ne serez jamais qu'un ignorant. Il n'a jamais fait que s'amuser* (Cf. *aussi* Innocenter, cit. 2). — Par ext. (*Jamais* prenant le sens logique de *tout compte fait*, *après tout*). *Ce n'est jamais qu'un enfant. Ce n'est pas si loin, cela ne fait jamais que dix kilomètres. Cela ne mènerait jamais qu'au 20 ou 25 du mois* (Cf. Ban, cit. 1).

25 « Par jamais on marque ici que, quel que soit l'acharnement qu'on
    mette à fouiller la réalité, on n'arrive pas à trouver de choses vraiment
    effrayantes et inacceptables. »
                        DAMOUR. et PICHON, Essai de gramm. langue fr., t. VII, § 2988.

— Ne... jamais plus*, ne plus jamais... *Elle ne souriait plus jamais* (Cf. Figer, cit. 11). *On n'emploie plus jamais cette expression* (Cf. Fille, cit. 41). *Nous ne le revîmes jamais plus.* V. Désormais.

b) (Avec sans). *Elle le harcèle de questions sans qu'il s'impatiente. Il l'écoute sans jamais s'impatienter* ou littér. *sans s'impatienter jamais* (Cf. *aussi* Insinuer, cit. 11). *Poursuivre un idéal sans jamais l'atteindre* (cit. 36).

26 « Et de bien d'autres traits il s'est senti piquer,
    Sans que jamais sa gloire ait fait que s'en moquer. »
                                    MOL., Femmes sav., IV, 3.

‖ 3° Avec un sens négatif (par ellipse du ne).

— (Dans une réponse où les termes de la question ne sont pas repris). — *L'avez-vous déjà vu ? — Jamais* (je ne l'ai jamais vu). — *Le ferez-vous encore ? — Jamais. Jamais ! Jamais de la vie !* (Cf. De ma vie, Ni jour ni nuit, La semaine des quatre jeudis, A la Saint-Glinglin, Aux calendes (cit. 3) grecques, Quand les poules auront des dents, Quand les ânes parleront latin, Pour tout l'or du monde, Pour rien au monde...).

27 « — Et parlait-elle de moi ?
    — Jamais, répondit Sancha... »
                        STENDHAL, Rom. et nouv., Coffre et revenant.

28 « — Quel mariage ? — Le vôtre ! — Moi ? Jamais de la vie ! »
                        FLAUB., Éduc. sentim., II, VI.

29 « — Mes mille francs, jamais ! J'aime mieux crever... Ah ! ils sont
    cachés, bien cachés, va ! On peut retourner la maison, je défie qu'on
    les trouve... » ZOLA, La bête humaine, p. 43.

— (Dans un complément, une proposition marquant l'opposition avec ce qui a été précédemment exprimé). *Il faut chercher l'approbation* (Cf. 1 et 2), *jamais les applaudissements* (Montesquieu). *Nous voyons parfois les X..., mais jamais les Y...* (ou *les Y..., jamais*). — Rem. La langue classique employait l'expression *mais non jamais.* — *Elle aimait plaisanter mais jamais méchamment.* Ellipt. *C'est le moment, le cas ou jamais de... Maintenant*

aujourd'hui ou jamais (Cf. Devoir, cit. 26 ; et *aussi* Attachement, cit. 15 ; fin, cit. 34 ; flacon, cit. 5 ; imposteur, cit. 2). Prov. *Mieux vaut tard* que jamais.*

30 « Les envieux mourront, mais non jamais l'envie. »
                                    MOL., Tart., V, 3.

31 « Ces mots tracés au crayon s'effaceront peut-être, mais jamais les
    sentiments gravés dans mon cœur. » LACLOS, Liais. dang., LXIX.

32 « Ce serait ici le cas ou jamais de faire une théorie sur la beauté
    des haillons, car, il faut le dire, beaucoup de ces draperies, qui abusent
    de loin, vues de près sont des guenilles. »
                        FROMENTIN, Été dans le Sahara, p. 148.

33 « De nos jours, on plaisante avec les prêtres, mais jamais avec les
    médecins... » ANOUILH, Ornifle, III, p. 201.

— (Devant un adjectif ou un participe). *Jamais assis* (Cf. Fixe, cit. 2), *jamais lassés* (Cf. Gymnastique, cit. 12). *Un amour jamais satisfait, jamais rassasié* (Cf. Exaltation, cit. 9). *Toujours attaqué* (cit. 31) *et jamais vaincu. Jamais fâché, toujours en belle humeur* (cit. 43). *Avec une probité jamais démentie. Son style est élégant, jamais recherché* (ACAD.). — Rem. Littré constatait que cette tournure « condamnée par plusieurs grammairiens... a pour elle l'usage ».

34 « Ces jeûnes sévères et presque jamais interrompus. »
                        MASS., Panég. de saint Benoît.

Ant. — Constamment, fréquemment, généralement, souvent, toujours.

JAMBAGE. n. m. (1369 ; de *jambe*).

‖ 1° T. de Féod. *Droit de jambage.* Droit du seigneur de mettre sa jambe dans le lit nuptial d'une vassale, en symbole du droit de cuissage*.

‖ 2° Archit. Chacun des deux montants verticaux d'une baie de cheminée (cit. 3), de fenêtre, de porte (V. **Pied-droit**). *Jambages d'une porte à arcade* (Cf. Bossage, cit. 1). — Chaîne de pierre ou de maçonnerie qui soutient l'édifice et sur lequel sont posées les grosses poutres. V. **Jambe** (Cf. Gothique, cit. 8).

1 « On communiquait avec le dehors par la porte de Suse, dont les
   jambages se voient encore à l'intérieur de ce qu'on appelle aujourd'hui
   la « Porte Dorée ». » RENAN, Vie de Jésus, Œuvr., t. IV, p. 308.

‖ 3° Chacun des éléments verticaux des lettres *m, n.* et *u. Les trois jambages du m. Jambages galopant les uns après les autres* (Cf. Furibond, cit. 4). Il se dit aussi en graphologie des traits verticaux situés au-dessous de la ligne. *Les jambages du p et du q.*

2 « ... une simple lettre se compose de plusieurs parties : le corps,
   partie essentielle à laquelle peuvent s'ajouter des hampes au-dessus de
   la ligne, des jambages en dessous ou les deux à la fois. »
                        H. HERTZ, La graphologie, p. 19 (éd. P.U.F.).

JAMBART. n. m. (1305, adj., « qui a de fortes jambes » ; 1853 FLAUB., n. m. ; de *jambe*). Arm. V. **Jambière.**

« Les jambes sont enfermées dans des espèces de *cnémides* ou jambards (*sic*) de laine blanche bordées d'un liséré bleu et laissant le genou et le cou-de-pied à découvert. »
                        GAUTIER, Voyage en Espagne, p. 287.

JAMBE. n. f. (XIIe s. ; bas lat. *camba*, *gamba*, jarret* du cheval, et *par ext.* patte du cheval et des quadrupèdes, du gr. *kampê*, proprement « courbure », « articulation », employé en lat. vulg. pour *crus*, « jambe »).

I. ‖ 1° Anat. Partie de chacun des membres inférieurs de l'homme, qui s'étend du genou au pied (V. **Cheville, jarret, mollet**). *L'articulation du genou** (cit. 1) *réunit la cuisse** (cit. 1) *à la jambe. Os de la jambe.* V. **Péroné, tibia.** *Principaux muscles de la jambe :* jambier, jumeaux, péronier, plantaire, soléaire, tendon d'Achille...

1 « La jambe ou troisième segment du membre inférieur est essentiellement constituée, comme l'avant-bras, par deux os, qui se disposent
   parallèlement entre eux dans le sens de la longueur du membre :
   l'un, situé en dedans et très volumineux, c'est le *tibia ;* l'autre, situé en
   dehors et beaucoup plus grêle, c'est le *péroné.* »
                        TESTUT, Anat. hum., t. I, p. 418.

— *Dans le langage courant,* jambe s'emploie aussi pour désigner le membre inférieur tout entier (y compris la cuisse et le genou). V. **Membre** ; *fam.* **Patte** ; *pop.* ou *argot.* **Flûte, fumeron, gambette, gigot, gigue, guibole** ou **guibolle, pilier, pincette, quille.** *Le dessus de la jambe. Le gras de la jambe.* V. **Mollet.** *Avoir des jambes longues* (Cf. Foulée, cit. 4), *élancées* (Cf. Femme, cit. 94). *De grandes jambes en échalas* (cit. 2). Fam. *Jambes d'araignée, de faucheux, jambe héronnière.* V. **Échasse** (pop.). *Jambes courtes* (Cf. Braie, cit. 2). *Être court* (cit. 6) *de jambes, bas sur jambes* (Cf. *fam.* Court en pattes, bas sur pattes, bas du cul). *Forme, galbe des jambes. Grosses jambes* (Cf. Grimper, cit. 15), *jambes énormes* (cit. 9). *épaisses, lourdes* (Cf. Charnel, cit. 7). V. **Poteau** (fam.). *Jambes minces* (Cf. Avantage, cit. 18 ; fillette, cit. 1). *Jambes de fuseau* (vx), *jambes sèches de coq* (cit. 10). *Jambes maigres comme des allumettes*. Avoir les jambes bien faites* ou *la jambe bien faite* (Cf. Élégant, cit. 4 ; épier 2, cit. 4 ; faire, cit. 261). *Jambes bien tournées* (Cf. Bas 2, cit. 3 ; encore, cit. 12), *galbées* (cit.), *fines* (Cf. Enlacer, cit. 11), *fuselées. Femme qui a de belles jambes. Jambes musclées. Jambes mal* faites, cagneuses, arquées (cit. 2), croches (vx), torses (Cf. Fléchir, cit. 13 ; grêle 2, cit. 1 ; hâter, cit. 11), tortues (Cf. Après, cit. 84), tortes et circonflexes (cit. 2). Fam. Jambes en serpette, en manches de veste. Jambes Louis XV (arquées à la façon des pieds d'un fauteuil Louis XV). — Avoir les jambes nues (Cf. Gracilité, cit. 3). Nu-tête et nu-jambes. V. **Nu** (Cf. Huron, cit. 1). Jambes couvertes par des chaussettes*, des bas* (Cf. Assaut, cit. 16), gantées (cit. 3) de bas, gainées (cit. 3) de soie, de dentelle... Jarretière*, jarretelle* qui maintient le bas sur la jambe. Pantalon, jambière*, guêtre, botte... cnémide (cit.) qui protège la jambe. Anneaux (cit. 6) de jambe. Robe à mi-jambe. V. **Mi.** Montrer, découvrir (cit. 5) ses jambes (Cf. Flottant, cit. 4).

2 « Ses jambes sont des colonnes de marbre blanc,
       Posées sur des bases d'or pur. »
       BIBLE (SEGOND), **Cantique des cantiques,** V, 15 (Cf. aussi Albâtre,
                                                                              cit. 2).

3 « — Ma Mère-grand, que vous avez de grandes jambes !
       — C'est pour mieux courir, mon enfant. »
       PERRAULT, **Contes,** Petit Chap. Rouge.

4 « ... lorsqu'on voit le pied, la jambe se devine ; »
       MUSS., **Prem. poés.,** Namouna, I, IV.

5 « ... sa jambe, qu'elle laissait souvent voir par la manière dont,
   sans y entendre malice, elle relevait sa robe quand il avait plu... »
       BALZ., **Vieille fille,** Œuvr., t. IV, p. 254.

6 « ... les jambes moulées par ces chausses en soie qui en prenaient
   si juste le contour musclé. »
       BARBEY d'AUREV., **Les diaboliques,** Bonheur dans le crime, p. 175.

7 « ... des bottes de cuir blanc de Russie, où ses jambes de coq ballot-
   taient comme des flûtes dans leur étui... »
       GAUTIER, **Capit. Fracasse,** II.

8 « Les jambes de Diane sont fines, sèches, un peu longues, comme il
   sied à des jambes de divinité campagnarde faites pour arpenter les
   taillis et forcer les biches à la course ;... »
       ID., **Souv. de théâtre...,** p. 52.

9 « Tes nobles jambes, sous les volants qu'elles chassent,
       Tourmentent les désirs obscurs et les agacent. »
       BAUDEL., **Fl. du mal,** Spleen et idéal, LII.

10 « ... ses jambes longues et blondes et magnifiquement déliées et
   musclées, des jambes nobles. »
       CÉLINE, **Voyage au bout de la nuit,** p. 209.

— Position des jambes. Plier, fléchir, tendre, allonger les jambes. Être couché les jambes allongées (Cf. Aigu, cit. 2) ; être assis les jambes pendantes (Cf. Endormir, cit. 33), ballantes (cit. 1), jambe de-ci, jambe de-là (V. **Califourchon**). Croiser (cit. 2), décroiser les jambes (Cf. Asseoir, cit. 17). Écarter, écarquiller (cit. 4) les jambes. Jambes écartées (Cf. Appui, cit. 1 ; étrier, cit. 6). Jambes en l'air (Cf. Charogne, cit. 2). Rôle des jambes dans la station debout (V. **Appui**), la marche, la course (Cf. Extension, cit. 1), la danse (Cf. Assemblé, cit. ; entrechat, cit. 3)... Courir de toute la vitesse de ses jambes (Cf. Intention, cit. 13), à grandes enjambées*. Se dandiner (cit. 3) d'une jambe sur l'autre. Girls (cit. 2) qui lèvent la jambe. Brandiller (vx) les jambes (V. aussi **Gambiller**). Tomber les jambes en l'air (Cf. Les quatre fers en l'air, Cul par-dessus tête). Sa jambe s'est enfoncée jusqu'au genou (cit. 4) dans la terre.

11 « ... une jambe étendue et l'autre un peu repliée, dans une pose
   pleine de grâce et d'abandon ;... » GAUTIER, **Mlle de Maupin,** IV.

— État des jambes. Avoir de bonnes jambes (V. **Ingambe**), de mauvaises jambes. Personne solide, assurée (cit. 64), bien d'aplomb (cit. 12), bien campée sur ses jambes. Jambe malade, cassée, démise (Cf. Aventure, cit. 11 ; bandage, cit. 2 ; haut, cit. 62), paralysée (V. **Paraplégie**), atrophiée... Avoir les jambes inégales. V. **Bancal, boiteux*** (Cf. Patte folle). Boiter (cit. 1) d'une jambe. Tirer, traîner la jambe (Cf. Débandage, cit. 2). Jambe amputée ; personne amputée d'une jambe. V. **Unijambiste.** Homme sans jambes. V. **Cul-de-jatte** (Cf. Homme-tronc). — Avoir les jambes raides, gonflées par la fatigue (cit. 10), ankylosées (cit. 2). Se dé-rouiller, se dégourdir les jambes. — (La force dans les jambes étant liée à l'état général de l'individu) Avoir les jambes molles, lourdes, pâles (pop.). Fam. Avoir les jambes comme du coton, en pâté de foie... Se sentir faible, trembler, vaciller sur ses jambes. Jambes qui fléchissent (cit. 16), flageolent (cit. 1). Cf. Faiblesse, cit. 10. Ses jambes le trahissent, ne peuvent plus le porter, se dérobent sous lui. Ne plus pouvoir se tenir sur ses jambes. L'émotion coupe, amollit (cit. 2) les jambes.

12 « Ses jambes plus molles que coton ployèrent sous lui,... »
       GAUTIER, **Capit. Fracasse,** X.

13 « ... je sens mes jambes qui tremblent encore de l'horrible vision
   que je viens d'avoir,... » DAUDET, **Petit Chose,** II, XIV.

14 « ... j'allais m'évanouir, mes jambes ne me portaient plus. »
       RADIGUET, **Diable au corps,** p. 22.

15 « ... les soldats pénétrèrent bruyamment dans leurs chambrées.
   Quelques-uns traînaient la jambe. Ils se hâtèrent de chausser leurs
   espadrilles. » MAC ORLAN, **La Bandera,** VI.

‖ Loc. div. Jouer des jambes, partir en courant. — À toutes jambes, le plus vite possible, en parlant d'une personne qui court. Courir à toutes jambes (Cf. Battre, cit. 27 ; éval-tonner (s'), cit.). Partir, fuir (cit. 2), s'enfuir (cit. 2) à toutes jambes (Cf. Épouvanter, cit. 13 ; héros, cit. 21). — Prendre

ses jambes à son cou*, partir, s'enfuir sur l'heure en courant (les jambes paraissant atteindre la hauteur du cou lorsqu'on court très vite).

16 « Alors, se voyant dans la basse-cour, il a pris ses jambes à son cou,
   et ne savait où donner de la tête. »   GENLIS (in LITTRÉ).

17 « ... ils repartirent à toutes jambes, évidemment pour avertir leurs
   camarades, ou la police, ou peut-être ameuter les gens du prochain
   village. »   LOTI, **Désenchant.,** II, VI.

— Fam. Avoir dix kilomètres dans les jambes, avoir par-couru dix kilomètres. Pop. En avoir plein les jambes, avoir trop marché, être fatigué. — N'avoir plus de jambes, ne plus avoir la force de marcher.

18 « Je voudrais bien savoir ce que vous pensez faire d'un maître à
   danser à l'âge où vous avez... Est-ce que vous voulez apprendre à
   danser pour quand vous n'aurez plus de jambes ? »
                                                 MOL., **Bourg. gent.,** III, 3.

19 « En hiver, les pédestrians qui ont déjà quinze kilomètres dans les
   jambes arrivent, vers une heure, sur les Vaux-de-Cernay,... »
                                                 COLETTE, **Belles saisons,** p. 12.

— Avoir des jambes de vingt ans, de quinze ans, se dit d'une personne âgée qui a gardé un bon usage de ses jambes.

20 « Le vieux Schulz avait le cœur inondé de bonheur ; il respirait sans
   oppression, et il avait des jambes de vingt ans. »
                                   R. ROLLAND, **Jean-Christ.,** La révolte, p. 561.

— Donner des jambes, donner la force de marcher, en parlant d'une émotion, d'un sentiment. La crainte, la peur donne des jambes (Cf. Donner des ailes, et aussi Ingambe, cit. 1).

— Faire la belle jambe (vx), mettre ses jambes en valeur dans la manière qu'on a de marcher. Par ext. (vx) Faire le beau. — Fig. Faire une belle jambe à quelqu'un : ne servir de rien, en parlant d'un avantage, qui n'est qu'appa-rent. Il m'a assuré de son estime, cela me fait une belle jambe ! Dans le même sens, Rendre la jambe mieux faite (vx).

21 « Plût à Dieu l'avoir tout à l'heure, le fouet..., et savoir ce qu'on
   apprend au collège ! — Oui, ma foi ! cela vous rendrait la jambe bien
   mieux faite. »   MOL., **Bourg. gent.,** III, 3.

22 « ... le cardinal André, en te proposant sa voix, t'a affirmé dernie-
   rement encore que tu avais derrière toi toute l'Église. — Voilà qui me
   fait une belle jambe. »   GIDE, **Caves du Vatican** (Théâtre), I, 2.

— Ronds de jambes, mouvement gracieusement arqué des jambes que l'on fléchit. Faire des ronds de jambes. Saluer avec des ronds de jambes. — Fig. Faire des ronds de jambes, faire beaucoup de manières en vue de plaire. — Être dans les jambes de quelqu'un, entre ses jambes, trop près de lui, par ext. Sur son chemin. Ne restez pas dans nos jambes, vous nous gênez. Chien qui se jette dans les jambes de quelqu'un (Cf. Élancer, cit. 6).

23 « Les petits, Laure et Jules, toujours dans ses jambes, l'occupaient,
   le chatouillaient au cœur. »   ZOLA, **La terre,** IV, II.

24 « Jusqu'à quand le trouverai-je dans mes jambes, celui-là ! ... »
                                                 COLETTE, **La vagabonde,** p. 236.

— Jeter le chat aux jambes de quelqu'un. V. **Chat** (cit. 11). Cf. Calviniste, cit. 4.

— Tenir la jambe à quelqu'un (fam.), le retenir plus qu'il ne le souhaiterait par des discours, les confidences... qu'on lui impose. Il m'a tenu la jambe jusqu'à midi.

— N'aller que d'une jambe, se dit d'une affaire qui marche mal.

— Rompre bras et jambes, rouer de coups (vieilli).

— Casser, couper bras et jambes. V. **Bras** (supra cit. 18).

— Jouer quelqu'un par-dessous la jambe (vx), obtenir aisément l'avantage sur lui. Traiter quelqu'un par-dessous la jambe (vx), en faisant peu de cas de sa personne. On dit, de nos jours, abusivement, mais couramment, Par-dessus la jambe. S'acquitter de ses fonctions par-dessus la jambe, de façon désinvolte, peu consciencieuse.

25 « ... je les aurais joués tous deux par-dessous la jambe ;... »
                                                 MOL., **Scapin,** I, 2.

— Tirer dans les jambes de quelqu'un, lui nuire*, géné-ralement par des moyens détournés.

‖ Par anal. Jambe de bois, jambe en bois adaptée au moignon d'un amputé, et qui lui tient lieu du membre qu'il a perdu. V. **Pilon** (Cf. Enflammer, cit. 5). Jambe arti-ficielle, articulée, appareil de prothèse articulé qui est pré-féré de nos jours à la jambe de bois.

26 « C'est ainsi qu'il déboursa trois cents francs pour une jambe de
   bois dont elle jugea convenable de faire cadeau à Hippolyte. Le pilon
   en était garni de liège, et il avait des articulations à ressort, une
   mécanique compliquée recouverte d'un pantalon noir, que terminait
   une botte vernie. »   FLAUB., **Mme Bov.,** II, XII.

— Loc. fam. C'est un cautère* (cit. 2), un emplâtre sur une jambe de bois, un remède inefficace.

27 « L'un ou l'autre, d'ailleurs, c'est le même emplâtre sur une jambe
   de bois. »   ZOLA, **La terre,** V, IV.

|| 2° En parlant des animaux. V. **Patte.** *Jambes courtes du cochon* (Cf. Grogner, cit. 2) ; *jambes fines de la gazelle* (cit.). *Taille disproportionnée des jambes de la gerboise* (cit.), *de la girafe* (cit. 1). *Le lynx est bas* (1, cit. 3) *sur ses jambes. Chien qui lève la jambe.*

28   « ... je ne voudrais pas jurer que quelques-uns de ces maudits chiens ne levassent la jambe et ne pissassent contre les orgues renversées, ces animaux étant fort diurétiques de leur nature... »
SCARRON, **Rom. com.,** I, XV.

— *Spécialt.* Partie des membres postérieurs du cheval*, entre le fémur et l'astragale, qui correspond à l'avant-bras des membres antérieurs. V. **Gigot.** Par ext. *Jambe de devant,* avant-bras (Cf. Encenser, cit. 4 ; entamer, cit. 15). *Le cheval de course à jambe très longue. Étrivières* (cit. 2) *qu'on passe aux jambes des pouliches.*

29   « La jambe se trouve placée entre la cuisse et le jarret : les os qui la supportent sont le tibia et le péroné... C'est une région très osseuse, avec des tendons mais peu de muscles. Mal protégée de ce fait elle est vulnérable (coups de pieds, fêlures, fractures). »
R. AMIOT, **Le cheval,** p. 33 (éd. P.U.F.).

— T. de Bouch. *Jambe de bœuf* (V. **Jarret**), *de porc* (V. **Jambonneau**).

|| 3° Par ext. *Jambe d'une culotte, d'un pantalon,* chacune des deux parties qui couvrent les jambes (au sens large), comme les manches couvrent les bras.

II. (*Par anal. de forme ou de fonction*). Technol. *Les jambes d'un compas* (V. **Branche**), *d'un siphon.* — Charpent. *Jambe de force :* étai oblique d'une ferme qui soulage l'entrait et soutient le mur. *Jambe sous-poutre :* chaîne de pierre de taille ou de maçonnerie destinée à renforcer un mur à l'endroit où il supporte une poutre. V. **Jambage.** — Mar. *Jambe de chien :* nœud particulier destiné à raccourcir un cordage. — *Jambe de maille :* fil qui forme un des côtés d'une maille.

COMP. — Croc-en-jambe, enjamber*, entre-jambes, mi-jambe (à), unijambiste. Cf. *aussi* les mots contenant le radical GAMB-.

DER. — Jambage, jambart, jambier, jambière, jambon*. — Jambé, ée. *adj.* (1582). Ne s'emploie que dans les expressions *bien jambé, mal jambé :* qui a la jambe bien faite, mal faite. *Enfant bien jambé.* — **Jambelet.** *n. m.* (1877, refait sur *Bracelet*). Bijou* qu'on porte à la jambe et qui correspond au bracelet que l'on met au bras. — **Jambette.** *n. f.* (*Jambete* au XIIIe s.). Petite jambe. *Donner la jambette à quelqu'un* (vx), lui faire un croc-en-jambe*. — (1622) *Dialect.* Petit couteau de poche à lame rentrante. — *Charpent.* Petite pièce de bois verticale pour soutenir quelque partie de la charpente. — *Mar.* n. f. pl. « Montants, bouts d'allonges qui dépassent le plat-bord d'un bâtiment, et sur lesquels on tourne des manœuvres ou on prend un retour » (GRUSS). Cf. Mastoquin.

JAMBIER, IÈRE. *adj.* (XVIe s. ; de *jambe*). Relatif à la jambe. — Anat. *Muscles jambiers. Aponévrose jambière.* — N. m. *Le jambier antérieur et le jambier postérieur,* les deux muscles jambiers. V. **Tibial.** — *Technol.* Étrier de cuir qui s'attache aux jambes et sert à grimper. — *T. de Bouch.* Pièce de bois courbe servant à maintenir écartées les jambes postérieures d'une bête abattue.

JAMBIÈRE. *n. f.* (1203 ; de *jambe*). Pièce de l'ancienne armure qui recouvre la jambe et parfois le genou. V. **Jambart.** *Jambière de métal. Jambière grecque, romaine.* V. **Cnémide** (Cf. *aussi* Grève, en anc. franç.). *Par ext.* Pièce du vêtement, de l'équipement qui enveloppe et protège la jambe. V. **Chausse** (vx), **gamache** (vx), **guêtre, houseau, leggings.** *Jambières de toile, de drap, de cuir... Jambières renforcées de métal, de bois... des joueurs de hockey, de rugby* (Cf. Casque, cit. 2).

« ... les Askris apparurent, bien minablement vêtus avec leurs vestes kaki, leurs jambières dépareillées, et des godillots trop larges pour leurs jambes maigres et nerveuses de grands garçons mal nourris... »
THARAUD, **Marrakech,** VIII.

JAMBON. *n. m.* (vers 1300 ; de *jambe*). *Charcut.* Cuisse ou épaule de porc (parfois de sanglier, d'ours...) que l'on sale et que l'on prépare pour être conservée. *Jambons crus* (jambon de Parme, de Westphalie ou de Mayence, de Bayonne...). *Jambons fumés. Jambons cuits, fumés ou non* (jambon d'York, de Paris, jambon blanc...). *Préparation des jambons :* grattage, dégraissage, découennage, désossage, salage, fumage, cuisson. *Le maigre, le gras du jambon. Couenne de jambon. Jambon consommé froid, chaud ; en tranches, en pâté...* (Cf. Foie, cit. 2). *Sandwich au jambon. Œufs, omelette au jambon. Jambon au madère. Acheter un jambon, du jambon.*

1   « .... (il) mangeait volontiers salé. A cette fin, (il) avait· ordinairement bonne munition de jambons de Mayence et de Bayonne,... »
RAB., **Gargantua,** III.

2   « De quand sont vos jambons ? Ils ont fort bonne mine. »
LA FONT., **Fabl.,** IV, 4.

3   « Du jambon tiède dans un plat colorié,
Du jambon rose et blanc parfumé d'une gousse
D'ail... »
RIMBAUD, **Poésies,** XIX.

4   « Elle mord à même une lame de jambon maigre, serrée entre deux biscottes... »
COLETTE, **La chatte,** p. 30.

— *Pop.* Cuisse.

DER. — Jambonneau.

JAMBONNEAU. *n. m.* (1607 ; de *jambon*). *Charcut.* Sorte de petit jambon fait avec la partie de la jambe du porc située au-dessous du genou.

« Le menu... comportait de fondants jambonneaux de cochon cuits en pot-au-feu, habillés de leur lard rosé et de leur couenne, mouillés de leur bouillon qui fleurait un peu le céleri,... »
COLETTE, **Étoile Vesper,** p. 13.

— *Fig. Zool.* (1802). Nom vulgaire de certains coquillages du genre *pinna.*

JAMBOREE (*jam'-bô-ri*). *n. m.* (1920 ; mot angl. d'orig. incert.). Réunion internationale de scouts*.

JAMBOSIER (*jan-*), ou **JAMEROSIER.** *n. m.* (1602 ; du malais *djambou*). *Bot.* Plante dicotylédone (*Myrtacées*), arbre ou arbrisseau exotique, à grandes fleurs et à grosses baies rouges comestibles sentant la rose, d'où leur nom de *pommes de rose.* — REM. On écrit aussi, mais moins couramment, *jamrose* (*jam'-*) ou *jamerose,* pour désigner l'arbre ou (plus souvent) son fruit*.

« Un cercle d'orangers, de bananiers et de jamroses, plantés autour d'une pelouse... »
BERNARD. de ST-P., **Paul et Virginie,** p. 47.

JAMROSE, ou **JAMEROSE.** V. JAMBOSIER.

JAN (*jan*). *n. m.* (XVIe s. ; orig. incert.). *T. de Jeux.* Chacune des deux tables du jeu de trictrac*. — Tout coup qui, à ce jeu, fait perdre ou gagner des points.

JANGADA. *n. f.* (1873 P. LAROUSSE ; mot portugais). Radeau de bois très léger portant une cabane d'habitation et utilisé pour la pêche sur les rivières ou les côtes brésiliennes et péruviennes.

JANIE (*-nî*). *n. f.* (1873 P. LAROUSSE ; de *Janus,* « le dieu à double face », à cause du genre ambigu de ce végétal). *Bot.* Algue rouge (*Floridées cryptonémiacées*) à fronde filiforme.

JANISSAIRE. *n. m.* (*Jehanisere* en 1457 ; ital. *giannizzero,* du turc *yañi çeri,* « nouvelle milice »). *Ancienn.* Soldat d'élite de l'infanterie turque, appartenant à la garde du sultan. *L'odjak, milice des janissaires instituée au XIVe siècle. Hallebarde* (cit. 1) *des janissaires.* — Par ext. (*péjor.*). Satellite d'une autorité despotique.

1   « ... le Grand Seigneur environné, dans son superbe sérail, de quarante mille janissaires. »
PASC., **Pens.,** II, 82.

2   « ... les jésuites... ces *prétoriens* ou janissaires du Saint-Siège, devenus odieux au Saint-Siège même, et proscrits par lui avec opprobre,... »
D'ALEMB., **Éloge d'Olivet,** Note 1.

JANOTISME ou **JEANNOTISME** (*ja-*). *n. m.* (1839 BOISTE ; de *Janot,* nom d'un personnage de théâtre, type de l'ingénu niais et ridicule). Construction vicieuse de la phrase donnant lieu à des amphibologies grotesques (*Ex.:* Elle offrit des gâteaux à ses invités qu'elle avait faits elle-même).

JANSÉNISME. *n. m.* (XVIIe s. ; de *Jansénius,* nom lat. de *Jansen* (1585-1638), évêque d'Ypres). *Théol.* Doctrine de Jansénius sur la grâce* et la prédestination*. *Selon le jansénisme, la grâce du salut n'est accordée qu'aux seuls élus. Hostilité de Louis XIV au jansénisme* (Cf. Apparent, cit. 3). *Le jansénisme, hérésie* condamnée par la bulle Unigenitus* (1713). *Morale austère du jansénisme. Port-Royal, berceau* (cit. 12) *du jansénisme. La querelle du jansénisme et du molinisme, illustrée par les Provinciales de Pascal* (1656). *Le Port-Royal de Sainte-Beuve, tableau du jansénisme* (Cf. Instructif, cit. 3). — *Par ext.* Morale austère, sévère.

« Le Péché originel comme il (*le jansénisme*) l'entendait, la déchéance complète de la nature, l'impuissance radicale de la volonté, la Prédestination enfin, composaient, non pas un système de défense, mais un défi contre la philosophie et les opinions survenantes toutes flatteuses pour la nature, pour la volonté, pour la philanthropie universelle. »
STE-BEUVE, **Port-Royal,** Disc. prélim., I, pp. 19-21.

DER. — Janséniste. *n.* (XVIIe s.). Partisan de la doctrine du jansénisme. *Les Jansénistes et la grâce efficace* (1, cit. 8 PASC.). *Les convulsionnaires*, jansénistes fanatiques. *Les luttes entre jésuites et jansénistes.* — *Par ext.* Personne qui fait preuve d'une rigueur excessive dans ses idées, dans ses conceptions. « *Ces jansénistes de la peinture et de la poésie* » (Cf. Forme, cit. 57 VALÉRY). — Adjectivt. *Parti janséniste* (Cf. Brûler, cit. 56). *L'esprit janséniste* (Cf. Constitution, cit. 9). — *Par ext. Éducation, morale janséniste,* austère, sévère. — *Fig.* et *Technol. Reliure janséniste,* très sobre, sans ornement.

1   « ... n'est-il pas vrai que, si l'on demande en quoi consiste l'hérésie de ceux que vous appelez Jansénistes, on répondra incontinent que c'est en ce que ces gens-là disent « que les Commandements de Dieu sont impossibles » ; qu'on ne peut résister à la Grâce, et qu'on n'a pas la liberté de faire le Bien et le Mal ; que Jésus-Christ n'est pas mort pour tous les hommes, mais seulement pour les Prédestinés et enfin, qu'ils soutiennent les Cinq Propositions condamnées par le Pape ? »
PASC., **Provinc.,** XVII.

2   « Les jansénistes accusèrent les jésuites de professer une morale trop relâchée, et affectèrent une excessive pureté de mœurs et de principes ; les jansénistes furent donc en France des espèces de puritains catholiques, si toutefois ces deux mots peuvent s'allier. »
BALZ., **Médecin de campagne,** Œuvr., t. VIII, p. 489.

3 « ... sa mère, petite femme toute vive, tout énergique, et qui n'avait rien d'ailleurs de janséniste, sinon la vertu... j'ai prononcé ce mot de *janséniste* ; car il est naturel de chercher d'où vint à M. de Mussy cette légère teinte de rigorisme qui distinguait sa religion. »
STE-BEUVE, **Chateaubriand...**, t. II, p. 263.

JANTE. n. f. (XIIᵉ s. ; d'un lat. *cambita*, dér. d'un gaulois *cambo*, « courbé »). Cercle de bois ou de métal qui forme la périphérie d'une roue*, d'un volant... *Jante réunie au moyeu par des rais. Bandage*, boudin* d'une jante. Pneu* monté sur jante métallique.*
DER. — **Jantier.** n. m. (1763) ou **Jantière.** n. f. (1783). Instrument pour assembler les jantes et les roues. — **Jantille.** n. f. (*Gantille* en 1304). *Techn.* Aube de la roue d'un moulin hydraulique. V. **Palette.**
COMP. — **Déjanter.** v. intr. (Néol.). *Pneu qui déjante,* qui quitte la roue.

JANTHINE. n. f. (1839 BOISTE ; gr. *ianthinos,* « violet »). *Zool.* Mollusque gastéropode marin (*Prosobranches*), à coquille très mince, transparente et violette, rappelant, par sa forme, celle de l'escargot.

JANVIER. n. m. (XIIᵉ s. ; lat. *januarius,* de *Janus,* dieu à qui ce mois était dédié). Premier mois* de l'année dans le calendrier actuel. *Le 1ᵉʳ janvier, jour de l'an* (Cf. Calende, cit. 2), *est jour férié en France. On célèbre l'Épiphanie* ou fête* (cit. 5) des Rois le 6 janvier. Dans le calendrier républicain, Nivôse va du 21 décembre au 19 janvier et Pluviôse du 20 janvier au 18 février. Janvier, mois d'hiver* (Cf. Glace, cit. 7 ; installer, cit. 13).* — Fam. *Du 1ᵉʳ janvier à la Saint-Sylvestre :* toute l'année.

« Fêtons donc... janvier, premier mois qui nous hisse vers une lumière plus généreuse et voit les jours grandir... janvier se fait lentement plus clair que décembre... Source encore glacée, miroirs gelés, Rois sortant tout raidis d'or des ténèbres de décembre, c'est janvier, en marche vers la Chandeleur, qui détient l'indiscernable futur. »
COLETTE, **Belles saisons,** pp. 73, 74.

JAPON. n. m. (1730 ; nom propre). Porcelaine du Japon. *Service à thé en japon.* Au plur. *Collection de japons anciens.* — (Fin XIXᵉ s.) Papier de couleur ivoire, originairement fabriqué au Japon avec des fibres de mûrier. *Édition de luxe sur japon impérial.*

« Las, un beau jour... des japons nacrés et dorés... il avait commandé des vergés à la forme, spéciaux, dans les vieilles manufactures de Vire... »
HUYSMANS, **À rebours,** XII.

JAPONAIS, AISE. adj. et n. (de *Japon*). Du Japon (V. **Nippon**).
‖ 1° Adj. *Le peuple japonais. Jeune fille japonaise.* V. **Mousmé.** *Danseuse japonaise* (V. **Geisha...**). *Costume japonais.* V. **Kimono, obi...** *Billard, jardin japonais. Lutte japonaise* (V. **Jiu-jitsu**). *Boisson japonaise* (V. **Saké...**). *Monnaies japonaises* (V. **Sen, yen...**). *Religion japonaise* (V. **Shintoïsme...**). *Prêtre japonais* (V. **Bonze...**). *Guerrier japonais.* V. **Samouraï.** *L'ancienne caste japonaise des daïmios*. Titres nobiliaires japonais* (Cf. Kami, taïkoun...). *Officier japonais qui fait hara-kiri*. Art japonais. Estampes japonaises. Le kakémono, tableau japonais. Le netzké, petite figurine japonaise. Boudoir* (cit.) *de style japonais. Les nô du théâtre japonais.*
‖ 2° N. *Les Japonais. Une Japonaise. L'Empereur des Japonais* (ou *du Japon*). V. **Mikado.** *Le japonais,* langue parlée au Japon.
DER. — **Japonaiserie** (vers 1850 GONCOURT, En 18.., VIII), ou **Japonerie** (vers 1920 ; admis ACAD. 1935). n. f. Objet d'art, bibelot de style japonais. — **Japonisant, ante.** n. (1922 LAR. UNIV.). Personne qui est versée dans l'étude de la langue, de l'histoire ou de la civilisation japonaise (Cf. Japoniste). — **Japonisme.** n. m. (1876 in LITTRÉ, Suppl.). Goût pour les objets d'art japonais. — **Japoniste.** n. (1872 in LITTRÉ, Suppl.). Amateur ou connaisseur de l'art japonais, de la civilisation japonaise (Cf. Japonisant).

« Des lanternes de papier, des nattes peintes, des ombrelles déployées, tout un étalage de ces japonaiseries alors en pleine vogue... »
DUHAM., **Pasq.,** II, X.

JAPPER. v. intr. (XIIᵉ s. ; onomat.). Pousser des aboiements aigus et clairs (Se dit surtout des jeunes chiens). V. **Aboyer*.** *Chien qui jappe et gronde* (cit. 1) *en dormant* (Cf. Faible, cit. 24). *Le chacal* jappe.* — Fig. Criailler, clabauder (Cf. Gueule, cit. 3).

« Mᵐᵉ Lefevre trouva fort beau ce roquet immonde,... il ne jappait d'ailleurs que pour réclamer sa pitance ; mais, dans ce cas, il jappait avec acharnement. »
MAUPASS., **Contes de la bécasse,** Pierrot.
DER. — **Jappage.** n. m. (1845). Cri de certains animaux (chacal, renard...) rappelant le jappement du chien. — **Jappant, ante.** adj. (XVIIᵉ s.). Rare. Qui jappe. — Qui consiste en jappements, ressemble à un jappement. *Voix jappante.* — **Jappement** (*jap'-man*). n. m. (XVᵉ s.). Action de japper ; cri du chien. — **Jappeur, euse.** adj. (1546). Qui jappe, qui a l'habitude de japper. *Un roquet jappeur.*

« ... le basset jaune courait ventre à terre et poursuivait les papillons de ses jappements aigus. »
GREEN, **A. Mesurat,** II, I.

1. JAQUE (*jak'*). n. m. ou (FURET., ACAD.), n. f. (1364 ; probabl. de *Jacques,* ancien sobriquet du paysan français, parce que ce vêtement était porté surtout par les paysans). Sorte de tunique étroite, ordinairement munie de manches que portaient les hommes au moyen âge. V. **Jaquette** (vx). — *Jaque de mailles,* corps d'armure* en mailles de fer.
DER. — **Jaquette.**

2. JAQUE (*jak'*). n. m. (*Jaca* en 1553 ; empr. au malayalam (langue du Malabar) *tsjaka*). *Bot.* Fruit composé, ovoïde et volumineux, produit par le jaquier*. *La pulpe farineuse du jaque renferme des graines comestibles de la grosseur d'une châtaigne.*
DER. — **Jaquier** ou **jacquier.** n. m. (1789). Plante dicotylédone (*Urticées*) scientifiquement appelée *artocarpus integrifolia,* arbre latescent des régions tropicales, très voisin de l'arbre* à pain et produisant les jaques. V. **Artocarpe.** *Jaquier de Malaisie, du Brésil.*

JAQUELINE ou **JACQUELINE** (*jak-lin'*). n. f. (1656 ; du prénom féminin *Jacqueline,* l'invention de cet ustensile étant attribuée à *Jacqueline de Bavière*). Cruche de grès à large ventre, en usage dans les Flandres. V. **Dame-jeanne.**

JAQUEMART ou **JACQUEMART** (*jak'-mar*). n. m. (1423 ; de *Jaqueme,* nom propre, anc. forme picarde de *Jacques*). Figure de métal ou de bois sculpté représentant un homme d'armes muni d'un marteau avec lequel il frappe les heures sur le timbre ou la cloche d'une horloge placée en haut d'un édifice (beffroi, église, tour...). *Le jaquemart de la cathédrale de Strasbourg.* — Par anal. Jouet d'enfant formé de deux petits automates frappant alternativement sur une enclume placée entre eux.

« J'étais un jour occupé, devant l'église Notre-Dame, à considérer Jacquemart, sa femme et son enfant qui martelaient midi. »
Al. BERTRAND, **Gaspard de la nuit,** p. 41.

JAQUETTE. n. f. (1375 ; de *jaque* 1).
‖ 1° Vx. V. **Jaque** 1. *Jaquette à plis, froncée* (cit. 12) *à la taille* (1690 FURET.). Robe que portaient les petits garçons avant leur première culotte. — REM. Ces deux acceptions, complètement sorties de l'usage moderne, sont les seules qui figurent dans LITTRÉ.

« Oh ! si j'avais encore quelques moments de pures caresses qui vinssent du cœur, ne fût-ce que d'un enfant encore en jaquette... »   1
ROUSS., **Rêver.,** IXᵉ prom.

‖ 2° (Depuis 1875 environ). Vêtement* masculin, à pans ouverts descendant jusqu'aux genoux. *Les basques d'une jaquette d'alpaga* (cit. ; Cf. Épouvantail, cit. 2 ; fil, cit. 4). *La jaquette ne se porte plus que dans nos jours officiels, aux courses, dans les mariages...*

« ... il avait su concilier ses habitudes d'élégance avec l'avis qu'on   2
lui avait donné de venir sans aucune cérémonie : jaquette noire bordée, pantalon rayé ;... »   ROMAINS, **H. de b. vol.,** t. III, XI, p. 147.

— Par anal. Sorte de veste* de femme, boutonnée par devant, ajustée à la taille et à basques plus ou moins longues. *La jaquette d'un tailleur. Jaquette bien cintrée.* — Spécialt. *Jaquette de jockey.* V. **Casaque.**

« Un splendide costume tailleur, en velours souris, la moule, l'épouse   3
du col aux pieds. La jaquette surtout, oh ! la jaquette !... étroite en haut, évasée en bas, la basque brodée battant le genou, comme une seconde petite jupe... »   COLETTE, **Vrilles de la vigne,** p. 158.

« Sa jaquette de serge à parements de taffetas était entrouverte et   4
laissait voir un luxueux jabot de dentelle qui s'épandait sur le devant d'une blouse blanche. »   GREEN, **A. Mesurat,** I, XI.

« Hélène retira la jaquette de son tailleur, cette jaquette coupée   5
droit et croisée comme un veston d'homme. »   DUHAM., **Pasq.,** X, VII.

‖ 3° (Néol. LAR. MENS. 1951 ; empr. angl. *jacket*). Chemise à caractère publicitaire, protégeant la couverture d'un livre relié ou broché. *Jaquette illustrée en couleurs.*

« Les livres sont présentés, le plus souvent possible, sous une couver-   6
ture bariolée que l'on appelle « jacket », mot d'origine discutable si l'on en croit les étymologistes. Un éditeur me disait, récemment, avoir reçu, d'un libraire, par télégramme, la commande d'un livre, et le message se terminait en ces termes : « Si pas jaquette, annuler commande... »   DUHAM., **Refuges de la lecture,** Préface, p. 15.

JAR ou **JARS** (*jar*). n. m. (1526 ; « bavardage, caquet » ; 1620 ; « langage particulier » ; formé sur le rad. de *jargon**). Vieilli. Argot. *Dévider*, jaspiner, rouler le jar :* parler argot. *Entraver le jar :* comprendre l'argot. — Fig. *Entendre le jar :* comprendre à demi-mot ; être très malin, très habile*.
HOM. — Jard, jarre, jars.

JARD (ACAD.) ou **JAR.** n. m. (1835 BALZ. ; orig. incert.). Sable* caillouteux d'origine fluviale. *Bancs de jard de la Loire, d'une rivière.*

« ... le jar, nom du gros sable que charrie la Loire... »
BALZ., **Lys dans la vallée,** Œuvr., t. VIII, p. 790.
HOM. — Jar, jarre, jars.

JARDE. n. f. (1678 ; it. *giarda*) ou **JARDON.** n. m. (1678 ; it. *giardone*). Art vétér. Tumeur* osseuse qui apparaît à la face externe du jarret du cheval*.

JARDIN. n. m. (XIIᵉ s. ; dér. de l'anc. franç. *gart, jart,* du francique *gardo.* Cf. allem. *Garten,* et angl. *garden*).
‖ 1° Terrain, généralement clos, où l'on cultive des végétaux utiles ou d'agrément. *Jardin de rapport, jardin fruitier, potager, légumier, maraîcher...* V. **Clos, closerie, fruitier, hortillonnage, marais, pépinière, potager, verger ;**

courtil (*vx*), **ouche** (dial.). — *Grand jardin d'agrément planté d'arbres.* V. **Parc.** *Petit jardin.* V. **Jardinet.** *Jardin de curé,* où poussent toutes sortes de plantes. — *Disposition, éléments d'un jardin.* V. **Allée, bassin, berceau, bordure, bosquet, cabinet** (de verdure), **carré, charmille, corbeille** (de fleurs), **grotte, haie, kiosque, labyrinthe, massif, orangerie, parterre, pelouse, pergola, pièce** (d'eau), **planche, plate-bande, serre, tapis** (vert), **tonnelle, treillage, treille, voûte** (de feuillage)... *Gazons, massifs d'un jardin* (Cf. Floraison, cit. 1). *Jardin orné d'arbres, de buis* taillés, de statues* (Cf. Entendre, cit. 89). *Jardin enclos. Mur* (Cf. Coutume, cit. 6 ; crépir, cit.), *grille* (cit. 10, 12, 14) *du jardin. Meubles de jardin ; table, chaise de jardin* (Cf. Écuelle, cit. 3). *Les arbres** (cit. 14), *les fleurs*, les plantes du jardin* (Cf. Autre, cit. 21 ; avant-coureur, cit. 2 ; commun, cit. 22 ; feuillaison, cit. ; garder, cit. 27 ; gerbe, cit. 5 ; giron, cit. 1 ; inattendu, cit. 5). *Les produits du jardin* (légumes, fruits...). *Odeurs, exhalaisons* (cit. 4) *des jardins. Cultiver, soigner, sarcler un jardin.* V. **Jardinage*, jardiner, jardinier** (Cf. Bêche, cit. 1 ; couper, cit. 2 ; germe, cit. 8). *Réception, fête donnée dans un jardin.* V. **Garden-party.**

1 « Un vrai jardin, presque un parc, isolait, toute blanche, une vaste villa de grande banlieue parisienne. » COLETTE, **Chéri**, p. 19.

2 « Notre jardin était, comme tous ceux d'Elbeuf, un jardin de curé : parterres de bégonias et de géraniums, bordures de myosotis ou d'héliotropes ;... » MAUROIS, **Mémoires I**, X.

— *Art, architecture des jardins. Jardin classique, à la française,* formé de parterres, de terrasses, de bassins... disposés symétriquement en terrain plat (Cf. Classer, cit. 5). *Jardin baroque,* orné de grottes, de rocailles, de cascades... *Jardin anglais* ou *pittoresque :* « jardin irrégulier où l'art est caché sous l'apparence d'une nature agreste » (LITTRÉ). *Jardins exotiques, orientaux. Jardins suspendus* (Cf. Contenir, cit. 4), *étagés, en terrasses** (Cf. Croupe, cit. 8 ; étage, cit. 11 ; gradin, cit. 4). — *Allus. hist. Les jardins suspendus de Babylone,* édifiés sur l'ordre de Sémiramis.

3 « Ce n'était pas, comme on le pense bien, un jardin anglais, mais un antique jardin à la mode française, qui en vaut bien une autre : de belles allées sablées bordées de buis, de grands parterres brillant de couleurs bien assorties, de jolies statues d'espace en espace, et, dans le fond, un labyrinthe en charmille. » MUSSET, **Nouvelles**, Margot, III.

4 « ... ils (*Bouvard et Pécuchet*) trouvèrent dans leur bibliothèque l'ouvrage de Boitard, intitulé *l'Architecte des Jardins.* L'auteur les divise en une infinité de genres. » FLAUB., **Bouvard et Pécuchet**, II.

5 « ... Imaginez un jardin de Lenôtre,
  Correct, ridicule et charmant.
  Des ronds-points ; au milieu, des jets d'eau ; des allées
  Toutes droites ; sylvains de marbre ; dieux marins
  De bronze ; çà et là des Vénus étalées ;
  Des quinconces, des boulingrins ; »
       VERLAINE, **Poèm. saturn.**, Paysages tristes, IV.

— *Araignée* (cit. 9) *des jardins :* araignée commune, fréquente dans les jardins. *Fleurs de jardin,* par oppos. à « fleurs des champs ».

6 « On y voyait (*dans le verger*) briller mille fleurs des champs, parmi lesquelles l'œil en démêlait avec surprise quelques-unes de jardin, qui semblaient croître naturellement avec les autres. » ROUSS., **Julie**, IVᵉ part., XI.

— Spécialt. *Jardin public :* jardin d'agrément, espace vert ménagé dans une ville (V. *aussi* **Parc, square**... Cf. Flâne, cit. 1 ; fuite, cit. 4). *Jardin des Tuileries, du Luxembourg. Chaisière* d'un jardin public. Concert dans un jardin public* (Cf. Cuivre, cit. 8 ; gratifier, cit. 3). — *Cité-jardin.* V. **Cité**, 5°.

— *Jardin botanique, jardin des plantes,* pour l'étude scientifique des végétaux. Spécialt. *Jardin des Plantes,* au Muséum d'histoire naturelle de Paris. — Par ext. *Jardin zoologique* (V. **Zoo**), *jardin d'acclimatation.*

— *Allus. hist. Le jardin d'Épicure,* où Épicure donnait son enseignement à ses disciples (titre donné par Anatole France au recueil d'essais et d'aphorismes qu'il publia en 1894). — *Le jardin des Oliviers*.* — Mythol. *Le jardin des Hespérides* où poussaient les pommes d'or gardées par un dragon à cent têtes. — T. Bibl. *Le jardin de délices, le jardin d'Éden :* le paradis* terrestre (Cf. Chérubin, cit. 1). *Fig.* V. **Éden, eldorado.** *Jardin élyséen* (cit.).

— Loc. fig. *Jeter une pierre, des pierres dans le jardin de quelqu'un :* l'attaquer indirectement. On dit de même *C'est une pierre dans son jardin,* pour parler d'une attaque voilée, d'une allusion désobligeante, etc.

7 « ... il était né caustique, et les pierres qu'il jetait dans le jardin des autres atteignaient toujours quelqu'un. » BARBEY d'AUREV., **Diaboliques**, À un dîner d'athées, p. 298.

— *Allus. litt.* « *Il faut cultiver* (cit. 3) *notre jardin* », propos mis par Voltaire dans la bouche de Candide (*Candide,* XXX), pour exprimer l'idée que l'homme devrait agir, travailler sans se perdre dans les spéculations.

‖ 2° Par ext. *Jardin d'hiver :* pièce vitrée où les plantes sont à l'abri du froid (V. **Serre**). *Jardin japonais :* ensemble de plantes grasses, etc., de cailloux de couleur, de petits accessoires disposés dans un récipient comme dans un minuscule jardin.

8 « La véranda avait été entièrement vitrée et transformée en un jardin d'hiver, clos et tiède comme une serre. » MART. du G., **Thib.**, t. IX, p. 60

— (De l'allem. *Kindergarten,* FROEBEL, 1840). *Jardin d'enfants :* établissement d'éducation pour les enfants trop jeunes pour suivre les classes du premier degré. V. **Garderie, maternelle** (école). *Éducatrice dans un jardin d'enfants.* V. **Jardinière** (d'enfants).

— Théâtre. *Côté jardin.* V. **Côté.**

‖ 3° Par métaph. En parlant d'un pays, d'une région riche, fertile*. *La Touraine, jardin de la France.*

9 « ... je suis né et ai été nourri jeune au jardin de France : c'est Touraine. » RABELAIS, **Pantagruel**, IX.

‖ 4° Fig. *Le jardin des racines grecques :* nom donné par les grammairiens de Port-Royal (LANCELOT, en 1657) à leur recueil de racines grecques, et repris par quelques grammairiens traitant des racines grecques, latines, etc.

DER. — Jardinage, jardiner, jardinier. — **Jardinet.** *n. m.* (XIIIᵉ s.). Petit jardin. *Jardinet fleuri.* — **Jardineux, euse.** *adj.* (1622). Se dit d'une pierre qui présente des parties troubles ou opaques (V. Jardinage). *Émeraude jardineuse,* dont le vert est mêlé de brun. — **Jardiniste.** *n. m.* (1823). *Peu usit.* Artiste qui dessine des jardins architecte, dessinateur de jardins. On dit plutôt *architecte-paysagiste*.*

JARDINAGE. *n. m.* (1281, « ensemble de jardins » ; XVIᵉ s. au sens mod. ; de *jardin*).

‖ 1° Action, art de cultiver les jardins. V. **Agriculture, arboriculture, horticulture, plantation.** *Les produits du jardinage. Opérations de jardinage.* V. **Jardin* ; arroser, biner, bouturer, butter, déplanter, mouver** (la terre), **sarcler, terrer,** etc. *Un amateur de jardinage* (Cf. Bourgeois, cit. 4).

1 « On jouit, par le jardinage, des pures délicatesses de l'agriculture. » JOUBERT, **Pens.**, XIII, XXXVIII.

2 « A ouvrir la terre, ne fût-ce que l'espace d'un carré de choux, on se sent toujours le premier, le maître, l'époux sans rivaux... Le jardinage lie les yeux et l'esprit à la terre... » COLETTE, **Naiss. du jour**, p. 134.

‖ 2° *Sylvic.* Mode d'exploitation des forêts.

3 « Le *jardinage* en sylviculture est un mode d'exploitation qui consiste à enlever çà et là des arbres vieux et dépérissants en même temps que d'autres sujets en bon état et destinés au commerce et à la consommation locale. » POIRÉ, **Dict. Sciences**, Jardinage.

‖ 3° (1783). Taches d'un diamant, dues à des fêlures, etc. *Pierres affectées de jardinage* (ou *jardinées.* V. **Jardineux** (dér. de *jardin*).

JARDINER. *v. intr.* (XIVᵉ s. ; de *jardin*).

‖ 1° Travailler à un jardin ; cultiver, entretenir un jardin (lorsqu'il ne s'agit pas d'une occupation principale, d'une profession). V. **Arboriser** (Cf. Amputer, cit. 4). *Il jardine pour se distraire, pour se détendre.*

1 « Il (*l'enfant*) n'aura pas vu deux fois labourer un jardin, semer, lever, croître des légumes, qu'il voudra jardiner à son tour. » ROUSS., **Émile**, II.

2 « La ville ne vaut rien... Dormez la fenêtre ouverte. Vous avez un jardin ? Jardinez un peu, c'est excellent. » CHARDONNE, **Destin. sentim.**, p. 219.

‖ 2° *Sylvic.* Employer la méthode du jardinage*, dans l'exploitation d'une forêt. *Couper en jardinant* (Cf. Futaie, cit. 2). — Transit. *Jardiner un bois, une forêt.*

JARDINIER, IÈRE. *n. et adj.* (XIIᵉ s. ; de *jardin*).

I. *N. m. et f.* ‖ 1° Personne dont le métier est de cultiver les jardins. *Jardinier fleuriste*, pépiniériste*,* etc. V. **Arboriculteur, arboriste** (*vx*), **horticulteur, maraîcher.** *Vous trouverez de ces fruits, de ces fleurs, de ces arbustes chez tel jardinier* (ACAD.). — *Spécialt.* Personne qui entretient, cultive, moyennant rétribution, un ou plusieurs jardins d'agrément. V. **Domestique ; ouvrier** (agricole). Cf. Entretien, cit. 2 ; gens 1, cit. 34 ; gravier, cit. 2. *Son chauffeur fait office de jardinier.*

1 « ... il ressemble au jardinier actif qui n'est content de lui, que si les diverses planches du potager en sont chacune à un certain état de préparation, promettent chacune quelque chose. » ROMAINS, **H. de b. vol.**, t. IV, XIX, p. 210.

— *Instruments, outils de jardinier.* V. **Arrosoir, bêche, binette, brouette, cisaille, ciseaux, croissant, cueilloir, fourche, houlette, pelle, plantoir, râteau, ratissoire, serfouette, serpe, tondeuse...** et *aussi* **Agricole*** (outillage).

— REM. Dans cette acception, le féminin est peu usité (Cf. cependant, cit. *infra*). *La belle jardinière,* nom donné à un tableau de Raphaël, représentant la Madone, l'Enfant Jésus et saint Jean-Baptiste parmi des fleurs.

2 « Au milieu d'un jardin bien lisse, une jardinière, dont le teint est aussi blanc que celui d'une petite-maîtresse de la Chaussée-d'Antin, tient à la main un arrosoir... » BALZ., **Dict. des enseignes** (Œuvr. div., t. I, p. 155).

— Loc. prov. *Faire comme le chien du jardinier* (V. **Chien**, *infra* cit. 39).

‖ 2° *N. f. Jardinière d'enfants.* Éducatrice s'occupant d'un jardin* d'enfants.

II. Jardinière. *n. f.* (de choses ou d'animaux). || **1°** (XVIIᵉ s.). *Vx.* Nom d'une coiffure (cit. 3 Sév.). du XVIIᵉ siècle.

|| **2°** (1777). Meuble supportant ou contenant un récipient où l'on fait pousser des plantes ornementales, des fleurs. Sorte de caisse, généralement oblongue, où l'on fait pousser des fleurs dans un appartement, sur un balcon... (Cf. Fourrager, cit. 3). *Jardinière de métal, de céramique...*

3 « L'antichambre était alors encombrée de trois jardinières pleines des plus magnifiques fleurs, deux oblongues et une ronde, toutes trois en bois de palissandre, et d'une grande élégance... »
BALZ., **L'Initié**, Œuvr., t. VII, p. 367.

|| **3°** (1829 Boiste). *Cuis.* Mets composé d'un mélange de légumes* (carottes, petits pois, haricots, pommes de terre, navets...) et servi en garniture d'un plat de viande. *Servir une jardinière. Veau jardinière.*

|| **4°** (1873 in Littré, Suppl.). Voiture à deux ou à quatre roues, utilisée par les maraîchers. *Par ext.* V. **Baladeuse.**

|| **5°** (1867). Nom donné à la courtilière, au carabe doré, et à d'autres insectes qui attaquent les plantes potagères.

III. *Adj.* (1564). Relatif aux jardins. *Culture, exploitation jardinière. Plantes jardinières.* — Sylvic. *Exploitation jardinière.* V. **Jardinage,** 2°.

JARDON. *n. m.* (1678). V. Jarde.

JARGAUDER. *v. intr.* (1650 ; de *jars*). S'accoupler* avec l'oie, en parlant du *jars**.

1. JARGON. *n. m.* (XIIᵉ s. au sens de « langage des oiseaux, gazouillis » ; sens mod. dès le XIVᵉ s. ; orig. douteuse, peut-être même racine que *gargouille*, *gargote*).

|| **1°** Langage corrompu, déformé, incorrect. V. **Baragouin, charabia** (Cf. Barbarisme, cit. 2 ; incohérent, cit. 3). *Jargon barbare* (cit. 18). *Jargon français des Levantins, des Arabes* (V. **Sabir**). *Le pidgin, jargon anglais parlé par les Chinois.*

1 « — Le plaisant baragouin ! il est bon, sur ma foi...
Ton jargon allemand est superflu, te dis-je ; »
MOL., **Étourdi**, V, 5.

2 « Il revit son frère, bambin de trois ans,... courant à sa rencontre, et se suspendant à son bras pour lui conter dans son jargon les menus faits de sa journée... »   MART. du G., **Thib.**, t. IX, p. 81.

|| **2°** *Par ext.* (*péjor.*). Langage incompréhensible. *Je ne sais quelle langue parlent ces gens-là, je ne comprends pas leur jargon* (Acad.). — *Abusivt.* En parlant d'un dialecte, d'un patois..., ou même d'une langue :

3 « Privé de toute communication avec la France, il avait gardé son ancien jargon briard dans toute sa pureté native... »
GAUTIER, **Voyage en Espagne**, p. 149.

|| **3°** Langage particulier à un groupe et caractérisé par sa complication, l'affectation de certains mots, de certaines tournures (*péjor.*)... *Le jargon des alchimistes, des astrologues..., le jargon prophétique* (Cf. Ambigu, cit. 1). *Le jargon des Précieuses. Jargon pseudo-scientifique. Jargon de la réclame. Jargon du sport* (Cf. Ébouriffant, cit.). *Jargon ridicule et barbare* (cit. 17). — (En mettant l'accent sur le caractère conventionnel, affecté...). *Jargon de la dévotion* (Cf. Cajoler, cit. 6), *de la galanterie* (Cf. Fadeur, cit. 5).

4 « J'ai vu chez moi un mien ami, par manière de passe-temps, ayant affaire à un de ceux-ci (*des « savanteaux »*) contrefaire un jargon de galimatias, propos sans suite, tissu de pièces rapportées... »
MONTAIGNE, **Essais**, I, XXV.

5 « — Mais je ne saurais, moi, parler votre jargon.
— L'impudente ! appeler un jargon le langage
Fondé sur la raison et sur le bel usage ! »
MOL., **Fem. sav.**, II, 6.

6 « ... jamais le jargon de la métaphysique n'a fait découvrir une seule vérité, et il a rempli la philosophie d'absurdités dont on rougit, sitôt qu'on les dépouille de leurs grands mots. »   ROUSS., **Émile**, IV.

7 « ... il aimait la piété, mais la piété mondaine, de bon ton, sans barbarie scolastique ni jargon mystique... »
RENAN, **Souv. d'enfance...**, III, II.

— Spécialt. *Linguist.* « Langue artificielle employée par les membres d'un groupe désireux de n'être pas compris des non initiés ou au moins de se distinguer du commun » (Marouzeau). V. **Argot** (cit. 8). *Jargon des malfaiteurs.* V. **Bigorne** (*vx*).

DER. — Jargonner.

2. JARGON. *n. m.* (1664 ; de l'anc. franç. *jagonce, jargonce,* représentant le lat. *hyacinthus.* Cf. Jacinthe). Petite pierre rouge ressemblant à l'hyacinthe. — (1733). Variété de diamant* de teinte jaune, moins dur et de moindre valeur que le diamant blanc.

« Les chaînes... dont les chatons portent des pierres appelées jargon, qui imitent parfaitement le diamant... »
VOLT., **Corresp.**, 3712, 7 déc. 1770.

JARGONNER. *v. intr.* (XIIᵉ s. ; de *jargon* 1 ; s'est employé aussi au sens de « chanter, gazouiller », en parlant des oiseaux. Cf. Complainte, cit. 1 Rons.).

I. Parler un jargon, et *par ext.* S'exprimer d'une façon peu intelligible en une langue qu'on connaît mal.

1 « J'apprends l'anglais par forme de désœuvrement ; et, à mon retour, sinon à ton arrivée, nous pourrons jargonner ensemble. »
STE-BEUVE, **Corresp.**, 10, 14 sept. 1822.

2 « Il n'est pas très difficile de bavarder... avec de petites filles japonaises. L'honorable voyageur jargonnait très médiocrement ; mais ses trois partenaires rivalisaient de bonne volonté pour bien l'entendre. »
FARRÈRE, **La bataille**, XXIII.

— *Transit.* :

3 « (*Notre armée*)... assemblage confus d'hommes faits, de vieillards, d'enfants descendus de leurs colombiers, jargonnant normand, breton, picard, auvergnat, gascon, provençal, languedocien. »
CHATEAUB., **M. O.-T.**, t. II, p. 42.

II. Pousser son cri, en parlant du jars*, de l'oie.

JARNIDIEU ! JARNIBLEU !... *interj.* (attesté en 1611 sous la forme *jarnigoy*, mais antérieur dans l'usage. Cf. *infra* Jarnicoton ; altér. de *je renie Dieu*). *Vx.* Juron, altéré en *Jarnigoi, jarniguienne,* etc., ou abrégé en *Jarni !*

DER. — Jarnicoton ! *interj.* Euphémisme que le père Coton (1564-1626), confesseur d'Henri IV, aurait demandé au roi d'employer, à la place de *Jarnidieu !*

JAROSSE, ou **JAROUSSE.** *n. f.* (1326 ; mot de l'Ouest, d'origine obscure). *Bot.* Nom vulgaire de plusieurs gesses* (notamment la gesse chiche) et de l'ers*.

1. JARRE. *n. f.* (1449 ; prov. *jarra,* de l'arabe *djarra*). Grand récipient de forme ovoïde, généralement en terre cuite, et destiné à conserver l'eau, l'huile, etc. (V. **Vase**). *Jarre provençale, en terre vernissée* (Cf. Brick, cit.). *Jarres de grès. Jarres ornant une allée, un jardin... Jarre antique.*

1 « C'étaient (*les baignoires*) d'énormes jarres d'argile comme celles où l'on conserve l'huile ; ces baignoires d'un nouveau genre étaient enterrées jusqu'au deux tiers à peu près de leur hauteur. »
GAUTIER, **Voyage en Espagne**, p. 183.

2 « J'ai vu jadis, à Cnossos, les grandes jarres où les rois de la Crète primitive conservaient les fruits et le froment. »
DUHAM., **Refuges de la lecture**, I, p. 45.

— *Par métaph.* (V. **Amphore**).

3 « Elle vient contre lui. Il la saisit par ses hanches courbes. Elle est comme une jarre entre ses mains... Il tient dans ses mains toute la rondeur de la jarre de chair. »   GIONO, **Regain**, II, V.

— *Jarre électrique :* grande bouteille de Leyde.

2. JARRE, ou **JARD.** *n. m.* (*Gart* en 1260 ; var. *jar, jars,* d'un francique *gard,* « baguette, aiguillon »). Poil droit et raide qui se trouve mêlé au poil fin de certaines fourrures et à la laine dans la toison des ovidés. *Le poil d'hiver (bourre) des animaux à fourrure pousse sous le jarre. Toison jarrée, jarreuse, contenant du jarre. Enlever le jarre, les jarres.* — Rem. L'orthographe *jard,* conforme à l'étymologie, n'est guère usitée. Les spécialistes écrivent *jarre* (Cf. Fourrure, cit. 7) ou, plus rarement, *jars* (Cf. Beaudoin, in Littré).

« Le père Ursin m'apprit à enlever les jars, c'est-à-dire les poils brillants qui ne prennent pas la teinture et gâtent les pièces finies. »
MAUROIS, **Mémoires I**, VI.

HOM. — Jar, jard, jars.

JARRET. *n. m.* (XIIᵉ s. ; dér. d'un radical gaulois *garr-,* « jambe ». Cf. gallois *garr,* breton *gâr.* V. **Garrot** 1).

|| **1°** Face, région postérieure du genou*, chez l'homme. V. **Poplité** (creux). *Pli* du jarret. Ses cheveux* (cit. 19) *lui tombaient au jarret. Enfoncer dans l'eau jusqu'aux jarrets.* — *Jarret ferme* (cit. 4), *solide. Se tenir ferme sur ses jarrets. Jarret souple. Élasticité* (cit. 5), *souplesse du jarret. Fléchir, plier le jarret.* — *Blessure, douleur au jarret* (Cf. Boiter, cit. 2).

1 « Ses jarrets plièrent, elle se mit à genoux devant M. Madeleine... »
HUGO, **Misér.**, I, V, XIII.

2 « Antoine se promenait à travers cette installation luxueuse, le jarret tendu, comme un coq dans sa basse-cour. »
MART. du G., **Thib.**, t. V, p. 171.

— *Fam. Avoir du jarret. Avoir un jarret, des jarrets d'acier :* être infatigable à la marche, à la course. — *Fig. Être ferme sur ses jarrets :* faire bonne contenance, attendre de pied ferme... *Tendre le jarret :* faire l'important (Cf. *supra,* cit. 2).

|| **2°** *Par anal.* (chez les animaux). Endroit où se plie la jambe de derrière, chez les mammifères ongulés. *Les jarrets d'un mouton, d'un bœuf* (Rem. En T. de Boucherie, le mot désigne les morceaux constituant la partie supérieure des jambes de devant et de derrière. *Jarrets de bœuf.* V. **Trumeau.** *Jarrets de veau*). — *Spécialt.* (chez les Équidés). Articulation du membre postérieur entre la jambe et le canon* (Cf. Crin, cit. 3 ; croupe, cit. 2). *Le pli* (face avant), *la pointe, la corde, le creux* (face arrière) *du jarret. Os du jarret :* astragale, calcanéum. *Mal, tumeur du jarret.* V. **Capelet, éparvin, jarde, malandre, vessigon.** *Cheval sur les jarrets, cheval jarreté, jarretier, dont les jarrets sont trop rapprochés* (*jarrets crochus*). — *Par ext. Jarret d'un chien* (Cf. Fox-hound, cit.).

3   « ... nous n'allons pas vite avec ce sable où s'enfoncent les chevaux jusqu'aux jarrets. »   VIGNY, **Cinq-Mars,** VI.

4   « ... les vaches, un jarret replié, étalaient leur ventre sur le gazon,... »   FLAUB., **Mme Bovary,** II, VIII.

5   « Des mâtins de Tartarie, presque aussi hauts que des ânes, couleur de feu, l'échine large et le jarret droit, étaient destinés à poursuivre les aurochs. »   ID., **Lég. saint Julien l'Hosp.,** I.

‖ 3° *Par anal.* (allusion à l'angle, à la saillie que forme un jarret de cheval). Bosse, saillie qui rompt la continuité d'une ligne, et *spécialt.* d'une courbe*, en architecture, en menuiserie. *Il y a des jarrets dans cette voûte* (LITTRÉ). *Cette voûte présente un jarret* (HATZFELD). — Coude formé par deux courbes. — (*Par allus.* au jarret tendu) *Longue branche d'arbre nue et isolée.*

COMP. — **Coupe-jarrets.** Cf. Couper.

DER. — 1. **Jarreter.** *v. intr.* (1694). Avoir les jambes de derrière crochues, tournées en dedans, en parlant d'un cheval. — Former un jarret (2°), un coude. *Voûte, pilastre qui jarrette.* ‖ **JARRETÉ, ÉE.** *p. p.* *adj.* (1694). Qui a les membres postérieurs tournés en dedans et trop rapprochés. *Cheval*, mulet jarreté.* Par anal. *Danseur jarreté.* — Archit. (1835). Qui présente un jarret. *Courbe*, voûte jarretée. Pilastre jarreté.* — 2. **Jarreter.** *v. tr.* (XVIe s.) — REM. Selon BLOCH, ce mot est la contraction de *jarreterer,* et vient de *jarretière.* Garnir de jarretières, mettre des jarretières à... *Se jarreter. Être mal jarreté.* Par anal. Cf. *infra,* cit. COLETTE. — **Jarretier, ière.** *adj.* (XVIe s.). Syn. de Jarreté 1. — **Jarretière.**

« Des gars, en grands chapeaux de paille blanche jarretés de velours noir... »   COLETTE, **Belles saisons,** p. 160.

JARRETELLE. *n. f.* (fin XIXe s. Cf. Délacer, cit. 2 COURTELINE ; de *jarretière*). Bande élastique adaptée au corset, à la gaine ou à une ceinture spéciale (*porte-jarretelles*) et servant à maintenir le bas tendu au moyen d'une petite pince (V. **Attache, bande, ruban**). *Jarretelles réglables. Boucle de jarretelle.*

« Ses jarretelles avaient imprimé sur ses cuisses une dentelle rose. »   MONTHERLANT, **Le songe,** I, IV.

— Ruban extensible, fixé au-dessus du mollet et maintenant tendues des chaussettes d'homme, au moyen d'une bande munie d'une pince. Cf. Fixe-chaussettes, support-chaussettes, tire-chaussettes.

JARRETIÈRE. *n. f.* (1360, *jartière* ; de *jarret*).

‖ 1° Cordon, ruban, bande élastique destinée à fixer les bas en les entourant au-dessus ou au-dessous du genou. (V. **Attache.** Cf. Bas 2, cit. 3). *Paire de jarretières de soie, de caoutchouc, élastiques... Attacher, nouer, détacher, dénouer ses jarretières. Jarretière à boucle. Jarretières anciennes, ornées d'un bijou. Jarretières d'homme.*

1   « ... attachez sur son genou, avec des jarretières couleur de rose, un bas blanc bien tiré... »   DIDER., **Salons,** La chaste Suzanne.

2   « Un bas rosâtre, orné de coins d'or, à la jambe,
Comme un souvenir est resté ;
La jarretière, ainsi qu'un œil secret qui flambe,
Darde un regard diamanté. »   BAUDEL., **Fleurs du mal,** CX.

3   « Elle... montrait ses jarretières qui avaient des petites roses de tissu,... »   ARAGON, **Beaux quartiers,** II, XVIII.

— *Ordre de la Jarretière,* institué en 1348 par Édouard III d'Angleterre. *L'insigne de la Jarretière est un ruban que le chevalier porte en écharpe, et qui est orné d'un bijou en forme de jarretière.*

‖ 2° *Par anal.* Dartre entourant la jambe. — *Mar.* « Tresses cousues sur l'arrière des voiles, le long de la têtière, et terminées, à l'une de leurs extrémités par une macle, à l'autre par une garcette ou un bout de ligne » (GRUSS).

— *Cordage* employé dans l'ancienne artillerie.

— *Fil conducteur utilisé pour les raccords sur un circuit électrique, téléphonique.*

DER. — **Jarretelle.**

1. JARS (jar). *n. m.* (XIIIe s. ; anc. francique *gard*). Mâle de l'oie* domestique (Cf. Hancher, cit. 2). *Le jars s'accouple avec l'oie.* V. **Jargauder.**

« Au bord du chemin herbu, la Trouille, sans hâte, promenait ses oies, sous le roulement de l'averse. En tête du troupeau, trempé et ravi, le jars marchait ; et, lorsqu'il tournait à droite son grand bec jaune, tous les grands becs jaunes allaient à droite. »   ZOLA, **La terre,** I, III.

2. JARS. V. JAR.

HOM. — **Jar, jard, jarre.**

JAS (jâ). *n. m.* (1643 ; altération de l'anc. franç. *joal,* dér. de *joug*). *Mar.* « Barre transversale d'une ancre fixe ou mobile, et pouvant dans ce cas se placer le long de la verge » (GRUSS). V. **Jouail.** *Jas en bois, en fer forgé. Enrouler la chaîne sur le jas.*

JASER. *v. intr.* (XIIe s. ; rad. onomatopéique *gas*-. V. **Gazouiller**).

‖ 1° Babiller sans arrêt pour le plaisir de parler, dire* inlassablement des futilités. V. **Babiller, bavarder*, caqueter, causer*, jaboter, jacasser** (cit. 1). *Laisser jaser un enfant tout à son aise* (Cf. Endoctriner, cit. 2). *Bavards* (cit. 5, *par métaph.*), *commères qui aiment à jaser.*

« Il faut souffrir qu'elle jase à son aise. »   MOL., **Fem. sav.,** V, 3.   1

« Ils causaient entre eux d'un air paisible et indifférent. La fille jasait sans cesse, et gaîment. Le vieux homme parlait peu,... »   2
         HUGO, **Misér.,** III, VI, I.

— *Spécialt.* et *fam.* Parler avec indiscrétion, trahir des secrets. V. **Bavarder.** *Interroger* (cit. 4) *quelqu'un habilement pour le faire jaser.* V. **Parler** (Cf. Converser, cit. 2).

« Si vous me promettiez de tenir votre langue, je vous conterais...   3
mais non ; car vous iriez tout dire... vous ne pouvez rien taire ; un peu de discrétion est bien rare aujourd'hui. Les gens crèveraient plutôt que de ne point jaser... »   P.-L. COURIER, IIe lettre partic., 28 nov. 1820.

« D'ailleurs, maintenant que tu es avertie, il te sera facile de faire   4
jaser les gens. »   MAURIAC, **Fin de la nuit,** II, p. 47.

— Faire des commentaires plus ou moins désobligeants sur quelqu'un ou quelque chose. V. **Causer, gloser, médire ; critiquer.** *Impossible d'accepter dans ces conditions* (cit. 2), *tout le monde en jaserait.* — Absolt. *On les voit toujours ensemble : cela fait jaser* (Cf. Intime, cit. 6).

« On commençait de jaser beaucoup à Paris sur les frasques du mi-   5
nistre des Affaires étrangères. »   MAUROIS, **Chateaubriand,** VIII, V.

‖ 2° *Par anal.* Émettre des sons dont les modulations font plus ou moins le bruit d'une conversation. V. **Gazouiller.** *Bébé qui jase dans son berceau. Hirondelles qui jasent. Jet d'eau qui jase* (Cf. Entretenir, cit. 15). — *Spécialt.* En parlant du cri* de certains oiseaux (geai*, perroquet*, pie*). V. **Jacasser, piailler.** Fig. *Jaser comme une pie, une pie borgne* (Cf. Avorton, cit. 4).

« Oh ! quand donc aurez-vous fini, petits oiseaux,   6
De jaser au milieu des branches et des eaux, »
         HUGO, **Contempl.,** II, IX.

« Dans le fond des bosquets où jasent les ruisseaux, »   7
         BAUDEL., **Fleurs du mal,** CXI.

DER. — **Jasement** (*jaz'-man*). *n. m.* (1538). Rare. Action de jaser. — **Jaserie** (*jaz'-ri*). *n. f.* (1538). V. Babil, bavardage, caquetage. — **Jaseur, euse.** *adj.* (1538). Qui jase, qui a l'habitude de jaser. V. **Babillard, bavard, causeur** (cit. 4). — Par anal. *Une soeur jaseuse* (Cf. aussi Glisser, cit. 15). *Pie jaseuse.* — Substant. *Un jaseur intarissable* (ANT. Discret). — *Spécialt.* (N. m.). Zool. (XVIIIe s.). Oiseau passeriforme dentirostre (*Passereaux, Ampélidés* ou *Bombycillidés*) de la taille d'un étourneau, scientifiquement appelé *ampelus* ou *bombycilla* selon les espèces.

« Le vent du Rhin secoue sur le bord les osiers   1
Et les roseaux jaseurs et les fleurs nues des vignes. »
         APOLLINAIRE, **Alcools,** Rhénanes, Mai.

« Et au lieu du coup brutal et régulier de la rime, voici... la jaserie   2
miroitante et diaprée des assonances... »
     CLAUDEL, **Sur Francis Jammes,** in **Revue de Paris,** avril 1946.

JASERAN ou **JASERON** (*jaz'*-). *n. m.* (*Jaserenc* vers 1080 ; de (*Al-)Djezaïr,* nom arabe d'Alger, d'où venaient beaucoup de cottes de mailles). *Ancienn.* Corps d'armure, chemise de mailles. V. **Haubert.** *Par ext.* Collet de mailles lacé. — *Par anal.* (XVIe s.). *De nos jours.* Chaîne* de cou à mailles d'or ou d'argent très fines. *Croix, médaillon suspendu au cou par un jaseran d'or.*

« ... de grosses coques de perle aux oreilles et le col cerclé de cinquante tours de jaserons. »   GAUTIER, **Portr. contemp.,** p. 191.

JASMIN (*jass-min*). *n. m.* (*Jassemin* vers 1500 ; ar. *yâsimin*). *Bot.* Plante dicotylédone (*Oléacées, jasminées*), arbuste sarmenteux et vivace, à grandes fleurs (cit. 3) jaunes, blanches ou rouges, souvent très odorantes, solitaires ou groupées en cymes. *Principales variétés de jasmins : jasmin blanc ou jasmin commun, jasmin cytise, jasmin jonquille, jasmin d'Espagne,* cultivé dans tout le Midi de la France pour ses fleurs utilisées en parfumerie ; *jasmin d'hiver ou d'Italie,* plante ornementale à fleurs jaunes inodores... — Par anal. *Jasmin de Virginie.* V. **Bignone.** *Jasmin en arbre.* V. **Seringat.** — *Par ext.* La fleur elle-même. *Bouquet* (1, cit. 3) *de jasmin. Cueillette du jasmin. Blancheur comparable aux jasmins* (Cf. Défaut, cit. 18).

« Le cinquième (*bateau*) était grand, tapissé tout exprès...   1
De bouquets de jasmin, de grenade et d'orange. »
         CORN., **Menteur,** I, 5.

« Elle n'avait jamais vu de camélias blancs, elle n'avait jamais   2
senti le cytise des Alpes, la citronnelle, le jasmin des Açores... toutes ces odeurs divines qui sont comme l'excitant de la tendresse, et qui chantent au cœur des hymnes de parfums. »
     BALZ., **Curé de village,** Œuvr., t. VIII, p. 557.

— Parfum. *Eau, poudre de jasmin. Essence de jasmin,* et ellipt. *Du jasmin,* parfum* extrait des fleurs de *jasmin commun* et de *jasmin d'Espagne. Eau de Cologne au jasmin.*

« ... le souvenir du parfum double qui s'attache aux tentures : tabac   3
anglais et jasmin un peu trop doux ; »
         COLETTE, **La vagabonde,** p. 245.

JASPE (*jasp'*). *n. m.* (1118 ; empr. au lat. *iaspis,* d'orig. gr.). *Minéral.* Pierre dure et opaque, de la nature de l'agate*, variété de quartz impur souvent coloré par de l'argile ou des hydrates de fer. *Cassure, fracture* (cit. 1) *terne du jaspe. Jaspe onyx. Jaspe rubané de l'Oural. Jaspe noir.* V. **Touche** (pierre de). *Jaspe sanguin,* variété de calcédoine* verte à taches rouges. — *Colonne de jaspe poli* (Cf. Étoile, cit. 30). *Marbre blanc incrusté* (cit. 1) *de jaspe.*

1   « Les jaspes d'une seule couleur sont les plus purs et les plus fins ; ceux qui sont tachés, nués, ondés ou veinés, peuvent être regardés comme des jaspes impurs... »   BUFF., Hist. nat. minér., Jaspes.

2   « Comme les fleurs exotiques qui ornent les vases de jaspe de ses consoles... »   BARBEY d'AUREV., Les diaboliques, Dessous de cartes..., p. 205.

— Technol. *T. de Reliure.* Couleurs dont on marbre la tranche ou le plat d'un livre.

DER. — Jasper.

JASPER. *v. tr.* (1552 au p. p. ; de *jaspe**). Marquer de bandes ou de taches multicolores et irrégulières rappelant celles du jaspe. V. **Bigarrer.** *Jasper un lambris.* — Spécialt. T. de Reliure. *Jasper la tranche, le plat d'un volume,* y semer des points de couleur.

|| JASPÉ, ÉE. *p. p. adj.* Dont la coloration capricieuse, naturelle ou artificielle, imite l'aspect du jaspe. *Marbre jaspé. Agate jaspée. Reliure en veau jaspé.* — *Acier jaspé,* dont la surface présente des jaspures obtenues par une trempe particulière dite *trempe au jaspé.*

1   « Et je vis sur le sable un serpent jaune et vert,
      Jaspé de taches noires. »   HUGO, Orientales, XXVI.

2   « ... un gros hanneton des dunes, jaspé comme un œuf de vanneau. »   COLETTE, Paix chez les bêtes, Poum.

DER. — Jaspage. *n. m.* (1873 P. LAROUSSE). Technol. Opération qui consiste à imiter le jaspe, à produire des jaspures* sur un livre, un mur. — Jaspure. *n. f.* (1617). Action de jasper ; résultat du jaspage*. *Jaspure d'un volume.* V. **Marbrure.** Ensemble de taches naturelles rappelant celles du jaspe. *La jaspure d'une tulipe.* V. **Bigarrure.** — Spécialt. Coloration spéciale que donne aux armes la trempe au jaspé*.

JASPINER. *v. intr.* (1725 ; var. *jaspiller,* vx, 1770 ; du radical onomatopéique *gas-,* de *jaser* avec influence possible de *japper*). Arg. ancien. V. **Bavarder.** *Jaspiner bigorne**. — Transit. *Jaspiner le jars**.

JATTE (*jat*). *n. f.* (1393 ; *gate* au XIIe s. ; lat. *gabata,* « plat, assiette creuse »). Vase de forme ronde, très évasé et tout d'une pièce, sans rebord ni anse ni manche. V. **Bol 1, coupe 1.** *Jatte de bois, de faïence... Jatte en porcelaine* (Cf. Étagère, cit. 3), *en terre. Grande jatte.* V. **Jale.** *Jatte pleine de lait* (Cf. Crème, cit. 1). — *Par ext.* La jatte et son contenu. *Une jatte de lait* (Cf. Cerise, cit. 5). Le contenu lui-même. V. **Jattée.** *Manger une jatte de crème, de fruits...*

1   « En avançant d'un pas, Godefroid vit la poterie des plus pauvres ménages : des jattes en terre vernie où nageaient des pommes de terre dans de l'eau sale. »   BALZ., L'Initié, Œuvr., t. VII, p. 365.

2   « ... une jatte de fraises blanches. »   COLETTE, Prisons et paradis, p. 91.

3   « Pauline... posait sur un guéridon de fer une jatte en verre pleine de miel,... »   CHARDONNE, Destin. sentim., p. 220.

— Fig. et fam. *Cul*-de-jatte* (V. **Cul,** cit. 13, 14).

DER. — Jattée. *n. f.* (XVIe s. in HUGUET). Contenu d'une jatte. *Une jattée de crème.*

JAUGE (*jôj*). *n. f.* (1260 ; d'un francique *galga,* plur. de *galgo,* « perche », l'instrument avec lequel on jaugeait les récipients se composant de deux perches).

|| 1° Capacité que doit avoir un récipient déterminé. *Ce tonneau, ce boisseau, ce litre n'est pas la jauge, n'a pas la jauge* (ACAD.). — *Par anal.* Mar. « Capacité cubique intérieure du navire exprimée en tonneaux de jauge, unité de 2 m³ 83, représentant dans le système métrique le tonneau anglais » (CAPITANT, Voc. jurid.). V. **Tonnage.** *Jauge brute, nette. Certificat de jauge délivré par le service des douanes après jaugeage**. — *Industr. text.* Quantité déterminée de mailles existant dans une certaine surface de tricot.

|| 2° *Par ext.* Instrument ou objet étalonné qui sert à fixer la jauge, à mesurer la contenance d'un récipient ou le niveau de son contenu (baguette, règle, verge graduée...). *Jauge d'essence, de niveau d'huile...* — Barrique, fût... servant d'étalon pour mesurer et échantillonner les autres. — (Mécan.). *Robinets de jauge,* qui renseignent sur le niveau de l'eau contenue dans la chaudière d'un générateur de vapeur.

|| 3° Technol. Nom de divers instruments servant à mesurer les dimensions de corps solides. *Jauge de charpentier.* V. **Règle.** *Jauge de filetage, de longueur, de profondeur... Jauge extensible.* — *Par anal.* Agric. Cheville de fer qui, par sa position sur la haie de la charrue, règle le degré de pénétration du soc. — *Par ext.* Distance, sillon provisoire laissé entre la terre labourée et celle qui va l'être. *Jauge de labour.* Petite tranchée creusée à la bêche pour y conserver provisoirement des plants que l'on repiquera ailleurs. *Jauge de plantation. Mettre du plant en jauge* (V. **Pépinière**).

|| 4° Barre de fer avec laquelle le forgeron manie l'enclume ou de grosses masses de fer.

DER. — Jauger.

JAUGER (*il jaugea, nous jaugeons*). *v. tr. et intr.* (1260 ; de *jauge*).

I. *V. tr.* Prendre la jauge d'un récipient ; mesurer* sa capacité ou évaluer son contenu (Cf. Commissaire, cit. 4). *Jauger un réservoir, un tonneau,...* Par anal. *Jauger un volume, un tas de sable...* V. **Cuber.** — Spécialt. Mar. *Jauger un navire.* — Technol. *Jauger une pompe,* évaluer son débit.

1   « On jauge le vaisseau et on voit combien un tonneau il peut contenir. »   RAC., Notes hist., XXXVI.

— *Fig.* (1787). V. **Apprécier, juger.** *Jauger un écrivain à sa juste valeur* (Cf. Comprendre, cit. 32). *Jauger un enfant dès l'école* (Cf. Assigner, cit. 9).

2   « On commettrait une grave erreur, ce me semble, en jugeant la France, en jaugeant sa valeur réelle et profonde, simplement sur ce qui se manifeste d'elle aujourd'hui. »   GIDE, Attendu que..., p. 163.

3   « Il hésita un peu et attendit qu'Antoine eût de nouveau tourné la tête vers lui ; d'un coup d'œil, il parut jauger définitivement son homme. »   MART. du G., Thib., t. III, p. 200.

II. *V. intr.* Avoir une capacité de... V. **Mesurer, tenir.** *Verre qui jauge un quart de litre.* — Spécialt. Mar. *Navire jaugeant 200 tonneaux.* — *Par ext.* Avoir un tirant d'eau de... *Péniche qui jauge un mètre* (*de tirant d'eau*).

4   « Il s'était fait faire un splendide verre en cristal de Bohême, qui jaugeait, Dieu me damne ! une bouteille de bordeaux tout entière,... »   BARBEY d'AUREV., Les diaboliques, Rideau cramoisi, p. 15.

DER. — Jaugeage (*-jaj'*). *n. m.* (Gaujage en 1248). Action de jauger. *Jaugeage des tonneaux, des foudres. Formules de jaugeage.* Par anal. *Jaugeage des bois. Jaugeage d'un cours d'eau,* évaluation de son débit (cit. 5). — *Par ext.* Droit perçu sur le jaugeage. — Spécialt. Mar. Détermination de la jauge* d'un navire, servant de base au calcul des droits, taxes et primes. — Jaugeur. *n. m.* (1258). Homme employé à jauger. — *Par ext.* Appareil à jauger.

JAUMIÈRE. *n. f.* (1678 ; var. anc. *heaumière ;* de *heaume* (vx), « barre du gouvernail », d'un anc. germ. *helm ;* anc. scand. *hjalm*). Mar. « Ouverture pratiquée dans la voûte d'un navire pour le passage de la mèche du gouvernail* dont la tête dépasse, et sur laquelle la barre est fixée » (GRUSS). *Trou de jaumière.*

JAUNÂTRE. *adj.* (1530 ; de *jaune,* et suff. *-âtre*). Qui tire sur le jaune*. *Brique* (cit. 1, 2), *glaise jaunâtre. Un blanc jaunâtre* (Cf. Coton, cit. 3 ; hoazin, cit. ; indien, cit. 5). *Visage cadavérique* (cit. 1) *et jaunâtre. Le soleil jaunâtre du crépuscule* (Cf. Fumer 1, cit. 8).

1   « L'ombre d'un corps avec la chair et le sang de la peau, forme une faible teinte jaunâtre. »   DIDER., Essai s. la peint., III.

2   « ... le ventre et le dessous de la gorge (*de l'autour*)... sont ordinairement blancs ou blancs jaunâtres,... »   BUFF., Hist. nat. ois., L'autour.

JAUNE. *adj. et n.* (*Jalne* au XIe s. ; lat. *galbinus,* « vert pâle ou jaune »).

I. *Adj.* Qui est d'une couleur dont la nature offre de multiples exemples et nuances : *jaune comme l'or* (V. **Doré**), *le safran, la paille, le miel, le soufre... La teinte jaune du beurre, de l'huile, des épis mûrs* (V. **Blond**), *d'une infusion de tilleul... Matières organiques donnant une teinte jaune aux feuilles* (Xanthophylle), *à l'urine* (Xanthine)... V. **Xanth**(o)-, préf. *Les fleurs* (cit. 5) *jaunes de la ficaire* (cit.), *du genêt, du mimosa, du souci, du tournesol...* (Cf. Fouetter, cit. 20). *Nénuphar jaune.* V. **Jaunet.** — *Plumage jaune du canari, du serin* (Fig. Montrer à quelqu'un son bec jaune ou béjaune*, cit. 3). *Bec jaune des oisillons* (Fig. Montrer à quelqu'un son bec jaune ou béjaune*, cit.). *Papillons jaunes.* V. **Xanthie.** — *Chien à poil jaune* (Cf. Griffon, cit. 3). — *Pierre jaune.* V. **Topaze.** — *Brouillard* (cit. 6) *jaune* (Cf. Espace, cit. 20). *Eaux jaunes et limoneuses* (Cf. Arène, cit. 4).

1   « Comme une peau de tigre, au couchant s'allongeait
      Le Nil jaune, tacheté d'îles. »   HUGO, Orient., I, IV.

— *De longues dents jaunes* (Cf. Haquenée, cit. 2). *Cheveux jaunes* (Cf. Dégingandé, cit. 1 ; face, cit. 5). *Frimousses* (cit. 3) *jaunes de mousmés. Visage jaune de hâle* (cit. 3). *Teint jaune et bilieux. Il est jaune, maigre, souffreteux...* (Cf. Baguette, cit. 4 ; escogriffe, cit. 2 ; gastrique, cit. 1 ; infant, cit. 2). *Être jaune comme un citron**, *un coing** (cit.), *comme cire**.

2   « Le visage avait alors une teinte jaune semblable à celle qui colore les austères figures des abbesses célèbres par leurs macérations. »   BALZ., Curé de village, Œuvr., t. VIII, p. 640.

— Spécialt. (par oppos. à des êtres ou objets de même espèce mais d'une autre couleur). *Argile jaune.* V. **Ocre.** *Cuivre, or jaune. Ambre jaune. Marbre jaune.* — *Race jaune,* race humaine, en majeure partie asiatique, caractérisée par des yeux bridés et une peau de couleur jaunâtre. *Peuples jaunes :* Chinois, Japonais, Mongols, Esquimaux... *Femmes* (cit. 114) *jaunes.* — *Par ext. Le péril jaune.*

— *Anat. Corps jaune,* vestige du follicule ovarien (follicule de Graaf) après sa rupture et la chute de l'ovule. *La lutéine, hormone sécrétée par le corps jaune.* — *Méd. Fièvre** *jaune.*

— Adverbialt. Fig. (Début XVIIIe s. SAINT-SIMON). *Rire** *jaune,* d'un rire forcé, contraint, qui dissimule mal le mécontentement, le dépit, la gêne.

3 « *(Chamillart)... était un bon et très honnête homme,... d'ailleurs très borné,... riant jaune avec une douce compassion à qui opposait des raisons aux siennes.* »   ST-SIM., **Mém.**, I, LVI.

4 « *Mithoerg, décontenancé, souriait un peu jaune.* »
      MART. du G., **Thib.**, t. V, p. 38.

II. *N. m.* ‖ **1°** (1386). Une des sept couleurs fondamentales du spectre solaire, placée entre le vert et l'orangé. *Couleur qui tire sur le jaune.* V. **Jaunâtre.** *Jaune tirant sur le brun.* V. **Saure.** *Le mélange du jaune et du bleu donne le vert*.* *Tourner au jaune.* V. **Jaunir ; jaunissement** (Cf. Gras, cit. 10). *Teinter de jaune.* V. **Jaunir ; jaunissage.** *Peindre des volets en jaune.*

5 « *La couleur du cuivre pur est d'un rouge orangé, et cette couleur, quoique fausse, est plus éclatante que le beau jaune de l'or pur.* »
      BUFF., **Hist. nat. minér.**, Du cuivre.

— *Pop. et vieilli. Être peint en jaune*, être trompé par sa femme (le jaune étant considéré, depuis des temps très anciens et pour des raisons obscures, comme la couleur de l'infamie, du déshonneur).

— *Ellipt. Le jaune du vêtement, de la. parure. Être (habillé) en jaune* (Cf. Épitoge, cit.). *Porter du jaune. Le jaune ne va pas à son teint.*

6 « *Vulcain, en garçon chic, tout de jaune habillé, ganté de jaune,... »*
      ZOLA, **Nana**, I.

— *Tons, nuances de jaune : un jaune clair, éclatant, faible* (cit. 27), *foncé, franc* (2, cit. 13)... *Faisan* (cit.) *aux plumes d'un jaune doré. Bœuf* (cit. 5), *cheval à la robe d'un jaune pâle* (V. **Isabelle**). *Barbouillage* (cit. 3) *d'un jaune sale. — Un jaune d'ambre* (Cf. Grappe, cit. 5), *de cire* (Cf. Fente, cit. 1), *un jaune mirabelle* (Cf. Ardoisé, cit: 1).

7 « *... dans notre climat la couleur ordinaire du canari est uniforme, d'un jaune citron sur tout le corps... La femelle est d'un jaune plus pâle que le mâle ;... »* BUFF., **Hist. nat. ois.**, Le serin des Canaries.

8 « *Considérez au Louvre, dans l'Esther de Véronèse, la charmante suite des jaunes qui, vaguement pâlis, foncés, argentés, rougis, verdis, teintés d'améthyste et toujours tempérés et reliés, se fondent les uns dans les autres, depuis la jonquille pâle et la paille luisante jusqu'à la feuille morte et la topaze brûlée ;... »*
      TAINE, **Philos. de l'art**, t. II, p. 336.

— *Adjectivt.* (le mot *jaune* et le mot précisant la nuance restant tous deux invariables). *Fleurs jaune d'or* (Cf. Basfond, cit. 1). *Sable jaune vif* (Cf. Beau, cit. 31). *Étoffe jaune orange* (Cf. Fanfreluche, cit. 3), *jaune chamois, jaune citron, jaune feuille-morte, jaune paille, jaune serin... Du poil jaune filasse. Un mélange jaune caramel* (Cf. Gâchis, cit. 1).

9 « *... on voyait leurs corps couleur de bronze jaune doré s'agiter avec une souplesse de couleuvre :... »* GAUTIER, **Roman de la momie**, I.

10 « *Un soleil, une lumière, que faute de mieux je ne puis appeler que jaune, jaune soufre pâle, citron pâle or. Que c'est beau le jaune !* »
      VAN GOGH, **Lettres à son frère Théo** (in CLARAC, I, p. 83).

— *Par ext.* Matière colorante jaune, employée en teinturerie, en peinture... *Jaunes végétaux.* V. **Curcumine, fustet** (fustine), **genestrolle** (genêt*), **nerprun, quercitrine, safran, stil-de-grain...** *Jaunes minéraux : jaune d'antimoine, de cadmium, de chrome** (*jaune anglais, jaune d'or*...), *jaune d'outremer, d'urane, de zinc... Jaune de Cassel ou de Paris, jaune de Naples... Un tube de jaune.*

‖ **2°** Objet de couleur jaune ; partie jaune d'un objet. *Le jaune de l'œuf*, un jaune d'œuf. — Ellipt.* (par oppos. au *blanc de l'œuf). Le jaune, un jaune* (Cf. Germe, cit. 5).

11 « *Il a découvert que l'omelette était beaucoup plus délicate quand on ne battait pas le blanc et la jaune des œufs ensemble... »*
      BALZ., **La rabouilleuse**, Œuvr., t. III, p. 977.

‖ **3°** Individu de race jaune. *Métis né d'un Blanc et d'une Jaune. Les Jaunes.*

12 « *Ce sont les Blancs, et eux seuls, qui ont fait l'Occident. La distance qui les sépare des Noirs, des Rouges, est immense, et si les Jaunes sont capables d'une efficacité comparable, ils souffrent techniquement d'un retard de trois siècles.* »
      SIEGFRIED, **Âme des peuples**, Conclusion.

‖ **4°** Ouvrier qui refuse de prendre part à une grève*. V. **Renard.** *Grévistes* (cit. 2) *qui huent les jaunes.*

13 « *... il entre à la Maison des Syndicats, il demande le Comité de Grève... une quinzaine d'ouvriers, assez mornes,... Armand s'avance vers eux et il leur dit : « Voilà, camarades, je ne veux plus être un jaune, je suis venu à vous... »* ARAGON, **Beaux quartiers**, III, XXIII.

DER. — **Jaunir, jaunisse.** — **Jauneau.** *n. m.* (1845). *Bot.* Un des noms vulgaires de la ficaire. — **Jaunet, ette.** *adj.* (1125). Un peu jaune, légèrement jaune. — *Substant.* (1541). Bot. *Jaunet d'eau*, nom vulgaire du nénuphar jaune. — *Pop.* (1660). Pièce de monnaie en or.

1 « *... tu es une La Bertellière, une femme solide. Tu es bien un petit brin jaunette, mais j'aime le jaune.* »
      BALZ., **Eug. Grandet**, Œuvr., t. III, p. 603.

2 « *J'ai tâché de vous rattraper cinquante louis... Mais les oiseaux sont envolés. Dites adieu à vos jaunets !* »
      ID., **Madame de La Chanterie**, Œuvr., t. VII, p. 281.

JAUNIR. *v. tr. et intr.* (1213 ; de *jaune*).

I. *V. tr.* Rendre jaune*, colorer de jaune. *Soleil, sécheresse qui jaunit les blés, l'herbe. Graisse* (cit. 17) *qui jaunit les doigts du mécanicien.*

---

1 « *... les ormeaux, que l'arrière-saison n'avait jaunis encore qu'au sommet,... »* P.-J. TOULET, **La jeune fille verte**, p. 297.

2 « *... le rideau de tulle que le temps et la poussière avaient jauni.* »
      GREEN, **Léviathan**, I, VIII.

— *Pronominalt.* (À sens passif). *Se jaunir* (Cf. Frottement, cit. 6).

II. *V. intr.* Devenir jaune, prendre une teinte jaune. *Feuilles qui jaunissent. Dentelle, soie qui a jauni. Couleur, lumière qui jaunit.* V. **Pâlir.**

3 « *Depuis les dernières averses de l'été, la nappe verte, toujours grandissante, avait peu à peu jauni. C'était maintenant une mer blonde, incendiée, qui semblait refléter le flamboiement de l'air, une mer foulant sa houle de feu, au moindre souffle.* »
      ZOLA, **La terre**, III, IV.

4 « *Je chantais l'an passé quand les feuilles jaunirent* »
      ARAGON, **Crève-cœur**, Elsa je t'aime.

‖ **JAUNI, IE.** p. p. adj. *Gazon jauni par le soleil. Arbre aux feuilles jaunies* (Cf. Entamer, cit. 6). *Visage jauni par le hâle* (cit. 4). *Cheveux jaunis* (Cf. Aspirer, cit. 24). *Doigts décharnés et jaunis* (Cf. Gonfler, cit. 26). *Vitres jaunies par les mouches.* V. **Sali** (Cf. Gloria, cit.). *Dents jaunies par le tartre. Doigts jaunis par la nicotine.*

5 « *Déjà plus d'une feuille sèche
Parsème les gazons jaunis ;* »
      GAUTIER, **Émaux et camées**, Ce que disent les hirondelles.

6 « *La voici sur l'escalier,... avec sa robe trop longue qu'effrangent ses talons, son fichu Marie-Antoinette, jauni par la fumée de la salle,... »*
      COLETTE, **La vagabonde**, p. 58.

DER. — **Jaunissage.** *n. m.* (fin XIX⁰ s.). *Technol.* Opération qui, dans la dorure en détrempe, consiste à appliquer une couleur jaune sur tous les endroits non recouverts de feuilles d'or. — **Jaunissant, ante.** *adj.* (1550). *Vx.* V. **Jaunâtre.** *Écailles* (cit. 2) *jaunissantes.* — *Par ext.* Qui jaunit, qui est en train de jaunir. *Blé jaunissant* (Cf. Javelle, cit. 1 DU BELLAY). *Feuillages jaunissants de l'automne* (Cf. Bois, cit. 9). — **Jaunissement.** *n. m.* (1636). Action de devenir jaune ; le fait de devenir jaune. *Le jaunissement des blés qui mûrissent.*

« *La difficulté consiste donc à trouver une convenable compensation de gris, pour balancer le jaunissement et l'ardent des teintes.* »
      E. DELACROIX, **Journal**, 5 oct. 1847.

JAUNISSE (*-nis'*). *n. f.* (*Jalnice* au XII⁰ s. ; de *jaune*). *Méd.* Symptôme de nombreuses maladies de foie*, consistant en une coloration* jaune de la peau. *Par ext.* (dans le langage courant) La maladie elle-même. V. **Cholémie, ictère** (cit.). — *Fig. et pop. En faire une jaunisse*, éprouver un violent dépit de quelque chose.

1 « *... nous en voyons (des bêtes)... qui ont les yeux jaunes comme nos malades de jaunisse,... »* MONTAIGNE, **Essais**, II, XII.

2 « *— Et de quoi meurt-il ? — De chagrin, de jaunisse, du foie, et tout cela compliqué de bien des choses de famille.* »
      BALZ., **Cousin Pons**, Œuvr., t. VI, p. 691.

— *Par anal. Agric. Jaunisse des arbres, de la betterave, de la vigne*, caractérisée par le jaunissement des feuilles.

JAVA. *n. f.* (XX⁰ s. ; du nom de l'île de *Java*). Danse à trois temps, assez saccadée. *Bal populaire où l'on danse la java.* — Air, musique qui accompagne cette danse.

« *Il (le piano mécanique) avale, par une mince bouche bordée de cuivre, des jetons de vingt centimes, et les rend au centuple en polkas métalliques, en javas de fer-blanc terne, trouées de grands trous de silences phtisiques.* » COLETTE, **Naiss. du jour**, p. 206.

JAVANAIS, AISE. *adj.* (de *Java*). De l'île de Java. *Substant.* Habitant de Java. — *N. m.* Groupe de langues malayo-polynésiennes (Indonésien) parlées à Java et Sumatra.

JAVART. *n. m.* (XIV⁰ s. ; de la famille de *gaver* ; d'apr. WARTBURG, d'un bas lat. *gaba*, « gorge », par analogie de forme avec le goitre). *Art vétér.* Tumeur de la partie inférieure des membres chez le cheval, le bœuf. *Javart entre le paturon et la couronne. Javart cutané. Javart encorné.*

JAVEAU. *n. m.* (XIV⁰ s. ; forme masc. de *javelle**). Île* de sable, de limon, formée par le débordement d'un cours d'eau.

JAVEL (eau de). *n. f.* (1830 ; nom d'un ancien village, aujourd'hui quartier du XV⁰ arrondissement de Paris). Mélange d'hypochlorite de potassium, de chlorure de potassium et d'eau, utilisé comme détersif et décolorant. *Laver un carrelage à l'eau de Javel. Utilisation de l'eau de Javel en blanchisserie ; pour la purification de l'eau.* V. **Javellisation** (*infra*, dér.).

« *Le bord des marches était de bois, souvent lavé d'ailleurs, car il exhalait une odeur d'eau de javel.* » DUHAM., **Cri des profondeurs**, I.

DER. — **Javellisation.** *n. f.* (vers 1919, selon DAUZAT). Purification, stérilisation de l'eau par l'eau de Javel (le chlore actif détruisant les matières organiques contenues). V. **Verdunisation.** — **Javelliser.** *v. tr.* (même date). Stériliser (l'eau) par addition d'eau de Javel. *L'eau fortement javellisée a un goût désagréable de chlore.*

JAVELER. *v. tr. et intr.* (XIII⁰ s. ; de *javelle*, 1°).

‖ **1°** *V. tr.* Mettre en javelle*. V. **Enjaveler.** *Javeler le blé, les blés.*

‖ **2°** *V. intr.* Devenir jaune, en parlant d'une céréale mise en javelle. *Il faut laisser javeler ce blé, cette avoine* (ACAD.).

‖ JAVELÉ, ÉE. p. p. adj. *Avoines javelées,* dont les grains ont noirci et sont devenus pesants pour avoir été mouillés en javelles.

DER. — **Javelage.** *n. m.* (1793). Action de javeler le blé. Temps durant lequel on laisse les javelles* sur terre afin de les faire bien sécher. — **Javeleur, euse.** *n.* (1611). Personne qui met les moissons en javelle. — Râteau adapté aux *moissonneuses-javeleuses.*

JAVELINE. *n. f.* (1327 ; dér. du rad. de *javelot**). Arme de jet, formée d'une hampe mince et d'un fer générale-ment long et aigu. *La javeline est plus longue que le dard, plus mince et plus légère que le javelot.* V. **Dard,** 1°, **javelot,** 1°. *Se servir d'une javeline comme d'une lance, d'une pique.* — (HOM. — Cf. Javelle, dér.).

« Les écuyers, tous les jours, s'amusaient au maniement de la jave-line. Julien y excella bien vite. » FLAUB., Lég. saint Julien l'Hosp., I.

JAVELLE. *n. f.* (XIIᵉ s., « monceau, tas » ; sens agric. au XIIIᵉ s. ; l'anc. franç. a aussi le masc. *javel,* « tas ». Cf. Javeau ; d'un gaulois *gabella*).

‖ **1°** Se dit des Brassées de tiges de céréales ou de plantes oléagineuses, coupées et non liées, qui demeurent couchées sur le sillon avant d'être mises en gerbes ou en moyettes. *Mettre du blé en javelle.* V. **Enjaveler, javeler ; javelage.** *Lier plusieurs javelles en un faisceau.* V. **Gerbe** (cit. 1).

1 « Les plaines étaient couvertes de javelles et de meules de foin, dont l'odeur me portait à la tête sans m'enivrer, comme faisait autre-fois la fraîche senteur des bois et des halliers d'épines fleuries. » NERVAL, Sylvie, VIII.

2 « ... elle, de nouveau ployée, le suivait, la main droite armée de sa faucille, dont elle se servait pour ramasser parmi les chardons sa brassée d'épis, qu'elle posait ensuite en javelle, régulièrement, tous les trois pas. » ZOLA, La terre, III, IV.

‖ **2°** Fagot* de sarments, d'échalas, de lattes... *Mettre une javelle au feu.* — Par ext. *Tonneau qui tombe en javelle :* dont les douves tombent, se séparent.

‖ **3°** Tas de sel tiré d'un marais salant.

DER. — **Javeler.** — **Javeline.** *n. f.* (1867). Petite javelle.

COMP. — **Enjaveler.** — HOM. — **Javel.**

JAVELOT. *n. m.* (XIIᵉ s. ; du gaul. *gabalus*).

‖ **1°** Arme de trait, sorte de dard assez long et lourd qu'on lançait à la main ou à l'aide d'une machine. V. **Dard, hast** (ou haste), **javeline, lance, sagaie** (Cf. Arme, cit. 40). *Le pilum*, javelot des Romains ; l'angon* (cit.), la framée, javelots des Francs. Javelot de chasse, de guerre. Javelot empoisonné* (Cf. Casse-tête, cit.). *Darder, lancer un javelot* (Cf. Cible, cit. 1).

« Hippolyte lui seul, digne fils d'un héros,
Arrête ses coursiers, saisit ses javelots, »
RAC., Phèdre, V, 6 (Cf. Dard, cit. 1).

‖ **2°** *T. d'Athlét.* Tige de bois, munie d'une pointe en acier et utilisée comme projectile dans un sport de lancer. *Le javelot réglementaire mesure 2 mètres 60 et pèse 800 gram-mes.* Par ext. *Champion de javelot ; épreuves de javelot.*

DER. — Cf. Javeline.

I. JAVOTTE. *n. f.* (1845 ; mot d'origine gauloise, de même racine que *javelle**). Masse de fer dans laquelle est encastrée l'enclume* d'une forge*... (On dit aussi *Javelotte).*

2. JAVOTTE. *n. f.* (1808 ; du rad. *gaba.* V. **Jaboter**). Femme bavarde. *C'est une javotte, une vraie pie.*

JAZZ (*djaz'*). *n. m.* (1918, d'abord *jazz-band,* « orchestre » ; empr. de l'anglo-américain *jazz,* d'origine obscure).

‖ **1°** *Vx.* JAZZ-BAND et par abrév. JAZZ. Orchestre de danse jouant dans le style propre aux Noirs américains (Cf. *infra,* 2°, et *aussi* Berceuse, cit. 3 ; dérailler, cit. 2 ; grasse-ment, cit. 3). *Danser le charleston, le fox-trot au son d'un jazz.*

1 « Les deux jazz-bands du *Miami,* l'un noir et l'autre blanc, se succè-dent sans répit, dans un mouvement continu et harmonieux de bielles... un bruit brûlant d'usine à fabriquer la joie domine la salle. Les deux jazz-bands ronflent en sourdine ainsi que des turbines... » MAC ORLAN, Quai des Brumes, XIII (1927).

‖ **2°** JAZZ se dit des genres et styles musicaux issus de la musique profane des Noirs des États-Unis. — *Blues*, « negro-spirituals » et « ragtimes » sont à l'origine du jazz. Le style hot, caractéristique du jazz authentique « requiert l'emploi de procédés tels que le glissando, l'inflexion, l'attaque, le vibrato, les sons bouchés et grinçants » (A. HODEIR). Qualité rythmique du jazz.* V. **Swing.** *Impro-visation individuelle, collective, en jazz. Musicien de jazz qui utilise les harmonies d'un thème*.* V. **Chorus,** 2°. *Arran-gement, arrangeur de jazz.*

2 « Le jazz est la transposition dans le domaine instrumental de la musique jusqu'alors simplement vocale et rythmique des Noirs des États-Unis. Ses trois principales caractéristiques sont : 1° Le *swing* qui est la pulsation rythmique propre à la musique noire... 2° *L'adaptation de la technique vocale noire au jeu instrumental :* le chant des Noirs se caractérise par de nombreuses inflexions, un vibrato plus rapide et plus marqué que le nôtre, des contrastes plus violents... 3° *Un style mélodique...* provenant des *blues...* À ces trois caractéristiques s'ajoutent le fait que *création* et *exécution* sont... étroitement liées... Enfin le jazz est généralement une musique *collective.* » H. PANASSIÉ, Dict. de jazz, pp. 163-164.

3 « L'évolution du bop (*style moderne de jazz*) a conduit le jazz vers une forme de musique policée où la critique voit la promesse d'un avenir intéressant pour un art élaboré, raffiné, d'où l'improvisation n'est pas exclue et dont les structures harmoniques et rythmiques élar-gissent les cadres traditionnels. » L. MALSON, Les maîtres du jazz, p. 123 (éd. P.U.F.).

JE, J' (*devant voyelle ou h muet*). *pron. pers.* (*Eo,* 842 Serments de Strasbourg, puis *jo* et *je ;* lat. class. *ego*).

‖ **1°** Pronom personnel de la première personne du sin-gulier des deux genres, au cas sujet (V. **Me, moi**). *Je parle ; j'entends ; je hais ; j'habite. Je me décide. J'y vais. Je ne sais* combien, pourquoi... Je ne sais qui, je ne sais où. Je ne sais quoi*.* Forme renforcée : *Moi, je sais.*

« Moi, je ne verrai plus. je serai morte, moi, » 1
Ctesse de NOAILLES, L'ombre des jours, Les regrets.

« Rien n'existe ?... Moi, j'existe. Il n'y a pas de raison d'agir ?... 2
Moi, j'agis. Ceux qui aiment la mort, qu'ils meurent s'ils veulent !
Moi, je vis, je veux vivre. » R. ROLLAND, Jean-Christ., Dans la maison, p. 1010.

« Je tiens la clef de ces parades 3
Ça me plaît de dire Moi je »
ARAGON, Le crève-cœur, Romance du temps qu'il fait.

— REM. 1. Dans l'ancienne langue, *je* accentué pouvait être séparé du verbe. Il reste un vestige de cet usage dans la langue juridique : *Je soussigné* Un tel certifie que...* Dans le langage courant et de nos jours, *je* doit nécessaire-ment s'appuyer sur une forme verbale de la première personne du singulier ; autrement on emploie *moi.* V. **Moi.** (*L'intérêt que moi-même y cherchais,* GIDE, Porte étroite, IV, p. 86).

2. L'inversion ne peut se faire avec toutes les formes verbales. Chaque fois qu'elle existe *je* devient syllabe muette. Ex. : *Irai-je* (iréj'). V. **Inversion.**

a) L'inversion est impossible avec les formes verbales terminées par une syllabe fermée (Ex. : *pars-je*) ou un son nasal (exception faite pour *entends-je*).

b) Elle ne se fait pas avec les terminaisons de son *i, u, oi* sauf pour certaines formes très usitées : *Que dis-je ? Où suis-je ? Qu'y puis-je ?* (remplaçant *peux-je*). *À peine eus-je terminé... Que vois-je ? Combien vous dois-je ?*

c) Elle est courante avec les terminaisons en *ai, ais* des temps autres que le présent de l'indicatif. *Lequel prendrai-je ? L'avouerai-je ? Finirai-je demain ? Dormais-je ou étais-je éveillé ?* Toutefois elle se fait aussi au présent pour des formes très courantes généralement monosyllabiques : *Où vais-je ? Que fais-je ? Ai-je bien fait ?*

d) On peut la pratiquer avec des terminaisons en *e* muet qu'on change alors en *é,* prononcé *è* (emploi littéraire). *Rêvé-je ? Puissé-je le convaincre ! Dussé-je payer de ma vie...*

« ... l'*e* muet du pronom *je* ne peut pas porter l'accent... on ne 4
peut donc le faire précéder d'un autre *e* non accentué. Aussi a-t-on tourné la difficulté en remplaçant l'*e* par un *é* (ou un *è*). Ce pis-aller, qui n'est d'ailleurs possible que dans le style écrit, fait commettre plus d'un barbarisme... MM. Damou-rette et Pichon ont relevé des formes telles que *connaissé-je* (R. Bazin), *allé-je* (Verlaine), *metté-je* (Balzac)... Autant de preuves que l'inversion de *je* est dangereuse et qu'il n'y faut recourir qu'avec prudence. » G. et R. LE BIDOIS, Synt. du franç. moderne, § 849.

« Qui m'en a détaché ? Qui suis-je, et que dois-je être ? » 5
LAMART., Prem. médit., L'Immortalité.

« Causé-je trop longtemps avec un ami... » 6
DUHAM., Plaisirs et jeux, p. 175.

3. *Je* peut être remplacé par *Nous* chaque fois que le sujet souhaite donner plus de modestie à ses paroles, ses écrits, ou parfois au contraire plus d'apparat. V. **Nous**.

‖ **2°** *Par ext.* N. m. inv. *Employer le je dans un récit, une autobiographie* (Cf. Parler à la 1ʳᵉ personne). *Le moi, le je reviennent très souvent dans le vers de Villon* (Cf. Égotiste, cit.). — *Spécialt. Philos. Le je et le moi sont opposés dans des sens divers par certains philosophes.*

« Cette idée me sourit. Oui, mais cette effroyable quantité de *Je* 7
et de *Moi* ! Il y a de quoi donner de l'humeur au lecteur le plus béné-vole. *Je* et *Moi,* ce serait, au talent près, comme M. de Chateaubriand, ce roi des *égotistes.*

« De *je* mis avec *moi* tu fais la récidive... »
Je me dis ce vers à chaque fois que je le lis une de ses pages. » STENDHAL, Vie de H. Brulard, 1.

« Ce *Je,* accusé justement d'impertinence dans beaucoup de cas, im- 8
plique cependant une grande modestie ; il enferme l'écrivain dans les limites les plus strictes de la sincérité. En réduisant sa tâche, il la rend plus facile. » BAUDEL., Art romantique. XXI.

9   « Jamais, jusqu'à lui (*Descartes*), philosophe ne s'était si délibérément exposé sur le théâtre de sa pensée, payant de sa personne, osant
le *Je* pendant des pages entières ;... »   VALÉRY, **Variété V**, p. 232.

10   « Un homme se sent exister comme conscience avant toute philosophie... Appelons *je* cette conscience... À ce *je* s'oppose le *moi* comme
la pensée de lui-même. »
                  R. LE SENNE, in CUVILLIER. **Nouv. vocab. philos.**, Je.

JEAN-FOUTRE. V. FOUTRE.

JEANNETTE (ja-nèt'). *n. f.* (1615 ; prénom fém., dimin. de
Jeanne). *Bot.* Nom vulgaire du Narcisse des poètes.

1   « ... des primevères de Pâques, des jeannettes jaunes au cœur
safrané, et des violettes,... »   COLETTE, **Vrilles de la vigne**, p. 55.

     — (XVIIIᵉ s.). *Technol.* Ancien nom de la jenny*.

     — (1782 d'apr. LITTRÉ, Suppl.). *Croix à la jeannette*, croix
suspendue à une chaîne, un ruban attaché autour du cou.
Par ext. *Une jeannette* (1812), le bijou.

2   « Elle avait une petite jeannette en velours qui brillait sur son cou
comme l'anneau noir que la fantasque nature met à la queue d'un
angora blanc. »   BALZ., **Pierrette**, Œuvr., t. III, p. 715.

     — (XXᵉ s.). Planchette montée sur pied utilisée pour le
repassage des manches.

JECTISSE (jek'-tis') ou **JETISSE.** *adj.* (*Geteis* au XIIᵉ s. ;
de *jecter*, anc. forme de *jeter*). Se dit des terres jetées d'un
endroit en un autre, rapportées. *Terres jectisses provenant
du curage des fossés.* — *T. de Maçonnerie :* se dit de pierres
qui peuvent se poser à la main.

JEEP (djip'). *n. f.* (vers 1942 ; mot amér. tiré des initiales
G. P. prononcées « *dji-pi* », de *general purpose*, « tous
usages », appliqué à un type d'auto militaire). Petite automobile tout terrain des armées alliées pendant la seconde
guerre mondiale.

JEFFERSONNIE. *n. f.* (1878 ; de *Jefferson*, nom propre).
Bot. Plante dicotylédone (*Berbéridées*) originaire de l'Amérique du Nord et cultivée comme ornementale.

JÉJUNUM (jéjunom'). *n. m.* (1541 ; lat. médic. *jejunum
intestinum*, « intestin à jeun », à cause du peu de matières
qu'il contient). *Anat.* Deuxième portion de l'intestin grêle
située entre le duodénum et l'iléon (Cf. Intestin 2, cit.). —
REM. On désigne plutôt de nos jours les deux derniers
segments de l'intestin grêle par le nom global de *jéjuno-
iléon.*

JE-M'EN-FICHISME ou **J' M'EN FICHISME.** *n. m.* (vers
1900 ; de *je m'en fiche.* Cf. Ficher). *Fam.* Forme atténuée
de *je-m'en-foutisme.* V. **Foutre ; insouciance.**

1   « Il faut de la passion, du parti pris, une sorte d'aveuglement
prémédité, de j' m'en fichisme, pour vivre et pour agir, — et pour
écrire. »   LÉAUTAUD, **Propos d'un jour**, p. 102.

2   « Cet homme que j'ai devant moi est foncièrement un brave homme.
Il n'aurait pu en arriver à ce degré de scepticisme, de je-m'enfichisme
(*sic*), que par l'effet d'une contagion en profondeur,... »
               ROMAINS, **Une femme singulière**, XXV.

DER. — **Je-m'en-fichiste** ou **j' m'en fichiste.** *adj.* Négligent et sans-souci
(Cf. Je-m'en-foutiste).

JE-M'EN-FOUTISME. V. FOUTRE (*comp.*).

JE-NE-SAIS-QUOI ou **JE NE SAIS QUOI.** *n. m. inv.*
(XVIIᵉ s. ; de *je ne sais quoi.* V. **Savoir***). Se dit d'une chose
qu'on ne peut définir ou exprimer, bien qu'on en sente
nettement l'existence ou les effets. V. **Chose** (quelque chose).
*Elle a un je ne sais quoi qui plaît. Ce je ne sais quoi de
flétri* (cit. 22) *dans son visage* (Cf. Frémissant, cit. 6 ; exprimer, cit. 31). « *Ces je ne sais quoi qu'on ne peut expliquer* »
(Cf. Attacher, cit. 55 CORN. et *aussi* Amour, cit. 9 CORN.).
« *Un je ne sais quoi qui n'a plus de nom dans aucune
langue* » (Cf. Cadavre, cit. 2 BOSS.).

1   « La cause (*de l'amour*) en est *un je ne sais quoi*..., et les effets en
sont effroyables. Ce *je ne sais quoi*, si peu de chose qu'on ne peut le
reconnaître, remue toute la terre, les princes, les armées, le monde
entier. »   PASC., **Pens.**, II, 162.

2   « Pourquoi aime-t-on une femme ? Bien souvent, cela tient uniquement à ce que la courbe de son nez, l'arc de ses sourcils, l'ovale de son
visage, que sais-je ? ont ce je ne sais quoi auquel correspond en vous
un autre je ne sais quoi qui fait le diable à quatre dans votre imagination. »   LOTI, **Aziyadé**, III, XL.

JENNÉRIEN, ENNE. *adj.* (1877 in LITTRÉ, Suppl. ; de *Jenner*,
inventeur de la vaccination qui porte son nom). *Méd.* Se
dit d'une vaccination qui se fait directement de bras à
bras d'un sujet malade à un sujet sain.

JENNY (jé-ni). *n. f.* (1762 BRUNOT ; mot angl. correspondant au prénom franç. *Jeannette*, symbolisant la fileuse).
Technol. Machine à filer le coton. V. **Jeannette** (On dit
aussi *Mule-Jenny*).

JÉRÉMIADE. *n. f.* (fin XVIIᵉ s. ; de *Jérémie*, prophète
célèbre par ses lamentations). *Fam.* Plainte sans fin qui
importune. V. **Doléance, gémissement, lamentation, plainte***,

regret. Il est excédé par ses récriminations et ses jérémiades
(Cf. Désaccord, cit. 3). *Nous ne sommes pas ici pour entendre vos jérémiades.* — REM. *Jérémiade* s'emploie le plus
souvent au pluriel.

     « Tu ne vas pas pleurnicher. Je suis écœuré de tes jérémiades. »
               DUHAM., **Salavin**, III, XXVI.

JEREZ. *n. m.* (1840 GAUTIER ; nom d'une ville espagnole).
V. **Xérès** (Cf. Gamme, cit. 10 GAUTIER).

JERRYCAN (djé-ri-can' ou jé-ri-can'). *n. m.* (vers 1942 ;
de *Jerry*, mot. pop. angl. désignant les Allemands, et *can*,
récipient). Bidon* quadrangulaire muni d'une poignée,
contenant environ 20 litres, et servant au transport des
carburants. *Un jerrycan d'essence.*

JERSEY (jér-zé). *n. m.* (1666, « laine de cette région » ;
1881, « vêtement » ; de *Jersey*, île anglo-normande, où l'on
préparait cette laine). Corsage de fine laine maillée qui
moule le buste. *Jersey boutonné, jersey à col roulé...*

1   « Ô grasse en des jerseys de poult-de-soie, »
             VERLAINE, **Parallèlement**, Dédicace.

2   « Il était petit, vêtu d'un jersey bleu foncé qui serrait son buste
étroit et ses bras sans force. »   GREEN, **Léviathan**, I, V.

     — *Par ext.* Le tissu lui-même. *Jersey de laine, de soie.
Combinaison en jersey indémaillable.* — T. de Tricot. *Point
de jersey*, point exécuté en alternant un rang de points à
l'endroit et un rang de points à l'envers.

JERSIAIS, AISE. *adj.* (1873 ; de *Jersey*, île anglo-normande). De Jersey. *Spécialt.* T. d'Élevage. *Race jersiaise*, race
de bovins issue d'un croisement entre une race irlandaise
et une race germanique. *Vaches jersiaises.*

JÉSUITE. *n. m.* (*Jésuiste* en 1548 ; de *Jésus*).

‖ 1° Membre de l'ordre religieux appelé *Compagnie* ou
Société de Jésus, fondé en 1534 par Ignace de Loyola.
*Restrictions mentales, direction d'intention, casuistique des
Jésuites. Opposition des Jésuites et des Jansénistes* (Cf.
Efficace 1, cit. 8 ; janissaire, cit. 2 ; janséniste, cit. 2).

1   « On a tant parlé des jésuites, qu'après avoir occupé l'Europe pendant
deux cents ans, ils finissent par l'ennuyer... On leur a reproché dans
six mille volumes leur morale relâchée... »
               VOLT., **Dict. philos.**, Jésuites.

     — Adjectivt. *Le parti jésuite.* Par ext. *Style jésuite*, style
d'architecture baroque*.

2   « ... ils entrèrent dans l'église éblouissante d'ors et de flammes de
cierges... Ils s'émerveillaient pieusement des balcons dorés, des colonnes
à torsades, de tout le luxe en stuc du style jésuite. »
               APOLLINAIRE, **L'hérésiarque...**, p. 155.

‖ 2° Fig. *N.* (XVIIᵉ s.). Personne hypocrite. *C'est un
jésuite, une jésuite* (rare). *Nous sommes tous des jésuites*
(Cf. Fraternité, cit. 8).

     — Adjectivt. V. **Hypocrite.** *Il est un peu jésuite. Un air*
(cit. 10) *jésuite.*

3   « Le jésuite, le plus jésuite des jésuites est encore mille fois moins
jésuite que la femme la moins jésuite, jugez combien les femmes sont
jésuites ! »   BALZ., **La femme et l'amour**, p. 62.

DER. — **Jésuitique, jésuitisme.**

JÉSUITIQUE. *adj.* (1599 ; de *jésuite*). Relatif aux Jésuites
(Ne se dit qu'en mauvaise part). *Morale jésuitique*, morale
de restrictions mentales attribuée aux jésuites. *Formule
jésuitique* (Cf. Imperturbable, cit. 4). *Fig.* Fourbe, hypocrite.

     « Aussi à toutes les agaceries de sa mère, répondait-elle par ces
phrases si improprement appelées jésuitiques, car les jésuites étaient
forts, et ces réticences sont les chevaux de frise derrière lesquels s'abrite
la faiblesse. »   BALZ., **Albert Savarus**, Œuvr., t. I, p. 763.

DER. — **Jésuitiquement.** *adv.* (1867). D'une manière jésuitique : hypocritement, en se servant d'équivoques.

JÉSUITISME. *n. m.* (XVIIᵉ s. ; *jésuisme* au XVIᵉ s. ; de
jésuite). Doctrine des jésuites (Ne se dit qu'en mauvaise
part). *Fig.* V. **Hypocrisie.** *Le jésuitisme d'une personne,
d'un comportement.*

JÉSUS. *n. m.* (de *Jésus*, nom propre). Représentation de
Jésus enfant. *Un jésus en plâtre.* — Se dit pour désigner
un enfant aimable et joli. *C'est un jésus, un vrai jésus.* —
Terme d'affection à l'adresse d'un enfant. *Ne pleure pas,
mon jésus !*

     — Interj. *Jésus ! Doux Jésus !* V. **Dieu.**

     « ... cinq ou six laquais qui étaient derrière criaient : « Jésus
Maria ! » et tremblaient déjà de peur. »   RETZ. **Mém.**, p. 34.

     — (1771). *Adjectivt.* (Technol.). *Papier jésus*, format de
papier qui portait autrefois en filigrane le monogramme
de Jésus (I.H.S.), et dont les dimensions sont d'environ
0,55 × 0,72 m. — Substant. *Du jésus.*

JET. *n. m.* (XIIᵉ s. ; subst. verb. de *jeter*).

I. ‖ **1°** Action de jeter ; mouvement que l'on imprime à un corps en le jetant, en le lançant. *Amplitude, longueur, courbe du jet.* V. **Trajectoire.** *Le jet d'une bombe, d'une grenade, d'une pierre* (ACAD.). *À la distance, à la portée d'un jet de pierre*, et ellipt. À un jet de pierre. Jet vertical de projectiles par les mâchicoulis* (Cf. Hourd, cit.). — *Spécialt. Sports. Lanceur de disque, de javelot qui réussit un jet exceptionnel.* V. **Lancer.**

1   « ... tandis que le Christ s'était éloigné d'eux dans le jardin, à la distance d'un jet de pierre... »   LOTI, **Jérusalem**, p. 147.

— *Spécialt. Armes* de jet,* destinées à lancer un trait (fronde, arbalète...) ou à être lancées (V. **Dard, trait...**).

‖ **2°** *Mar. Jet à la mer. Jet d'un filet. Ancre* à jet* « de dimension assez faible pour pouvoir être mouillée sans écubier spécial » (GRUSS, Ancre).

— *Dr. comm.* Action de jeter à la mer une partie du chargement « dans le but d'alléger et de sauver le navire » (GRUSS). *Par ext. Les objets jetés à la mer.*

‖ **3°** *Technol.* Opération par laquelle on jette ou fait couler* dans le moule le métal en fusion. — REM. « On ne l'emploie guère que dans (la) locution adverbiale : *D'un seul jet* (ACAD.). *Fondre, couler une statue d'un seul jet :* d'une seule pièce. — *Par métaph. et fig. Poème écrit d'un seul jet, d'un jet.* V. **Coup** (d'un) ; **haleine** (d'une) ; **rapidement.** *Concevoir d'un seul jet* (Cf. Constructeur, cit. 2). *Courbe* (cit. 5) *venue d'un seul jet, sans retouches.*

2   « La lettre qu'il écrit le 20 novembre, il l'écrit d'un jet, presque sans rature ; elle a jailli, spontanée, vigoureuse, émouvante, des profondeurs de son intelligence et de son cœur. »   BARTHOU, **Mirabeau**, p. 125.

— *Du même jet :* du même coup (Cf. Improviser, cit. 1). — *Du premier jet,* se dit de ce qui a été conçu et exécuté sans retouches, dans un moment d'inspiration. — *Le premier jet d'un ouvrage, d'un tableau...* V. **Croquis, ébauche, esquisse** (Cf. Épreuve, cit. 35).

3   « ... oubliez toujours que vous faites un livre ; il sera aisé d'y mettre des liaisons ; c'est l'air de vérité qui ne se donne pas quand il n'y est pas du premier jet, et l'imagination la plus heureuse ne le remplace pas. »   GIDE, **Journal**, 17 déc. 1916.

II. Mouvement par lequel une chose jaillit, fuse, s'écoule avec plus ou moins de force.

‖ **1°** (En parlant d'un liquide, d'un fluide qui s'échappe avec force d'un orifice généralement petit). V. **Jaillissement.** *Jet de liquide, de vapeur* (Cf. Fumée, cit. 8 ; fuser, cit. 8). *Projeter, lancer un jet de salive*.* V. **Crachat** (Cf. Courbe, cit. 6). *Jet d'un liquide organique, jet de sang...* V. **Éjaculation, émission** (Cf. Écoulement, cit. 3 ; fécondant, cit. 1). *Faire pénétrer un jet de liquide au moyen d'une seringue.* V. **Injecter.** *Jet d'une pompe* (Cf. Bras, cit. 47), *d'un geyser* (cit. 1), *d'un robinet. Douche en jet. Absolt. Passer sous le jet. Jet qui rebondit, rejaillit*.*

4   « Elle (*Éponine*) appuyait en parlant sa main percée sur sa poitrine où il y avait un autre trou, et d'où il sortait par instants un flot de sang comme le jet de vin d'un bonde ouverte. »   HUGO, **Misér.**, IV, XIV, VI.

5   « Il prit une outre en peau, la leva au-dessus de sa tête, et laissa couler un jet mince sur ses dents à peine entrouvertes. »   MAC ORLAN, **La Bandera**, XI.

— *Spécialt.* JET D'EAU : gerbe* d'eau jaillissant verticalement et retombant dans un bassin* (cit. 6). Cf. Bouillir, cit. 1 ; comprimer, cit. 10 ; impression, cit. 37. *Faisceau, combinaison de jets d'eau.* V. **Girandole**, 1°, *jeu* (d'eau). *Le bruit d'un jet d'eau* (Cf. Chuchoter, cit. 4 ; glouglouter, cit. 4 ; grésillement, cit. 3). *Le jet d'eau,* poème de Baudelaire (Cf. Entretenir, cit. 15).

6   « Le profond silence était à peine troublé par le bruit d'un petit jet d'eau qui, s'élevant à quelques pieds, dans un coin de la chambre, retombait dans sa coquille de marbre noir. »   STENDHAL, **Romans et nouv.**, Le coffre et le revenant.

7   « Qui fait... sangloter d'extase les jets d'eau,
Les grands jets d'eau sveltes parmi les marbres. »   VERLAINE, **Fêtes galantes**, Clair de lune.

— *Spécialt.* Ajutage à l'extrémité du tuyau d'où part le jet d'eau. — *Par ext.* Dispositif permettant l'écoulement de l'eau, au bas d'une fenêtre, d'une porte...

‖ **2°** *Par anal.* (En parlant de ce qui jaillit brusquement). *Jets de clarté, de lumière.* V. **Ruissellement** (Cf. Agonisant, cit. 1). *Jet de feu* (1, cit. 12), *de flammes.*

8   « Les rayons du soleil entraient dans le sentier avec une sorte d'impétuosité... et ces vigoureux jets de lumière enveloppaient de leurs teintes rouges une chaumière assise au bout de ce chemin sablonneux. »   BALZ., **Médecin de campagne**, Œuvr., t. VIII, p. 422.

9   « Mâles et femelles se dispersaient comme des souris devant le jet lumineux d'une lampe de poche. »   MAC ORLAN, **Quai des brumes**, VIII.

— *Fig.* Flot, flux, jaillissement (Cf. Bêlement, cit. 2 ; frère, cit. 8).

10   « À ce jet furieux de paroles tout le groupe hautain des jeunes lords répondit par un sourire. »   HUGO, **L'homme qui rit**, VIII, VIII.

‖ **3°** *Bot.* Nouvelle pousse d'un arbre. V. **Pousse, rejet, rejeton.** *Cet arbre a donné de beaux jets cette année* (LITTRÉ). *Jet de vigne.* V. **Bourgeon** (spécialt.). — Rameau, tige secondaire. *Canne d'un seul jet, et absolt. Un jet :* une canne faite d'un rameau, d'une branche sans nœud.

11   « Des pointes de branches, des jets de ronces leur égratignaient les mains,... »   NIZAN, **Cheval de Troie**, p. 27.

— *Arbre d'un seul jet :* d'une seule venue. V. **Brin.** *Fûts* (cit. 2 et 4). — *Par métaph.*

12   « Prise dans sa robe de mérinos, elle était tout d'un jet comme un jeune arbre. »   FRANCE, **Crime S. Bonnard**, III, Œuvr., t. II, p. 366.

— *Zool. Jet d'abeilles :* nouvel essaim qui sort de la ruche.

COMP. — **Brise-jet.**

JETÉE. *n. f.* (XIIIᵉ s. « action de jeter » ; 1450 au sens mod. ; subst. partic. de *jeter*). Construction de bois, de métal ou, le plus souvent, de pierre, de béton, etc. formant une chaussée qui s'avance dans l'eau. V. **Abri** (abris marins) ; **digue, estacade.** — REM. *Digue,* plus général que *jetée* comprend toute construction destinée à contenir les eaux (barrages, etc.) ; en outre « au bord de la mer, la *digue* est en général parallèle à la côte, la *jetée* avance dans la mer... » (BÉNAC). — *Jetée protégeant un port* contre la violence des lames.* V. **Môle.** *Entrée* (cit. 3) *d'un navire entre les jetées. Navire à l'abri derrière une jetée* (Cf. Ancrage, cit.). *Jetée où s'effectue l'embarquement* (cit.), *le débarquement des passagers, des marchandises* (V. **Débarcadère, embarcadère**). *Extrémité, pointe d'une jetée.* V. **Musoir.** *Brise-lame* (cit.) *d'une jetée. Promeneurs, pêcheurs sur une jetée* (Cf. Actif, cit. 1 ; hameçon, cit. 1). — *Jetée flottante,* sorte de pont flottant permettant la circulation de matériel roulant. — *Jetée dans un cours d'eau,* pour modifier, redresser le lit, aménager un abri, un port, protéger la berge, etc.

1   « On a fait... des jetées de pierre, qui s'avancent fort loin dans la mer,... »   RAC., **Explic. médailles**, III.

2   « De la pointe de la jetée le coup d'œil sur la ville est merveilleux. »   MAUPASS., **Au soleil**, Alger.

— *Par ext.* Amas de pierres, de gravier, de terre, jeté « dans la longueur d'un mauvais chemin pour le rendre plus praticable » (ACAD.).

JETER (prend deux *t* devant un *e* muet : *je jette, nous jetons*). *v. tr.* (*Geter* au Xᵉ s. ; lat. vulg. *jectare,* du lat. *jactare,* d'après les comp. *injectare,* etc.).

I. Envoyer loin de soi, dans une direction déterminée ou non.

‖ **1°** V. **Lancer*, projeter.** *Action de jeter une chose.* V. **Jet.** *Jeter une balle* (Cf. Calculer, cit. 7), *une pierre* (Cf. Gamin, cit. 2, et les loc. infra), *le disque* (Cf. Gymnase, cit. 2). — *Arme qu'on jette.* V. **Jet** (arme de), **projectile.** *Jeter la francisque* (cit. 1), *la lance* (Cf. Esquiver, cit. 2), *une bombe* (cit. 4, *fig.*). *Jeter un grappin** (cit. 1 et 3). *Fig.* V. **Emparer** (s'). — *Jeter sa casquette* (cit. 3) *en l'air*, par terre* (Cf. Genre, cit. 45). *Fig. Jeter son bonnet* par-dessus les moulins. Jeter quelque chose par-dessus son épaule* (Cf. Femme, cit. 36). *Jeter de l'eau sur un feu, un brasier. Fig. Jeter de l'huile** (cit. 32) *sur le feu.*

1   « ... comme un frondeur fait avec sa fronde tourner la pierre qu'il veut jeter loin de lui. »   FÉN., **Télém.**, XII.

2   « Pour l'avertir, Rodolphe jetait contre les persiennes une poignée de sable. »   FLAUB., **Mᵐᵉ Bovary**, II, X.

— *Jeter quelque chose au visage, à la figure, à la tête de quelqu'un.* V. **Balancer, envoyer, flanquer** 2 (Cf. Défi, cit. 1 ; émargement, cit.). *Récipr. Se jeter quelque chose à la figure* (Cf. Bûcher, *v.*, cit. 1).

3   « Je l'ai vu jeter à la tête d'un maître d'hôtel un excellent poulet, dans lequel il croyait voir je ne sais quel insultant hiéroglyphe. »   BAUDEL., **Spleen de Paris**, XXII.

— *Fig. Jeter à la tête :* faire état, faire étalage (de quelque chose) d'une manière déplaisante. *Il vous jette à la tête son érudition. Jeter au nez*, à la tête, à la figure, à la face...* signifie aussi Reprocher (Cf. Afféterie, cit. 3). *On ne cesse de lui jeter à la tête sa mauvaise conduite, son attitude passée...*

4   « ... Brichot sait tout, et nous jette à la tête, pendant le dîner, des piles de dictionnaires. »   PROUST, **Rech. t. p.**, t. X, p. 109.

— *Jeter la pierre* à quelqu'un. Jeter la première pierre à quelqu'un* (Cf. Adultère, cit. 3 ; envie, cit. 33). *Jeter des pierres dans le jardin* de quelqu'un.*

— *Jeter de la poudre* aux yeux.* V. **Éblouir.**

— *Spécialt.* Laisser tomber, faire tomber* quelque chose. V. **Balancer** (cit. 7). *Jeter des projectiles du haut du toit* (Cf. Insurrection, cit. 4). *Jeter un fardeau, un sac à terre.* — *Faire jeter, jeter quelqu'un par la fenêtre* (V. **Défenestration.** Cf. Écumer, cit. 6 ; faiblir, cit. 4 ; fouler, cit. 7). *Ils furent jetés dans la rivière* (Cf. Arriver, cit. 1).

5 « Semblablement où est la reine
    Qui commanda que Buridan
    Fût jeté en un sac en Seine ? »
                VILLON, Testament, Ballade dames temps jadis.

6 « ... il alla chez elle plein de fureur, brisa une partie de ses meubles,
jeta les autres par les fenêtres, et le lendemain il l'épousa. »
                LESAGE, Diable boiteux, X.

7 « Au dernier moment, j'enfermerai le manuscrit dans une bouteille,
et je jetterai le tout à la mer. »
                BAUDEL., Trad. E. POE, Hist. extraord., Manuscrit... dans une
                                                                          bouteille.

— *Spécialt.* Mar. *Jeter l'ancre** (cit. 2, 5 et 6). — *Jeter
une bouée* (cit. 1, *fig.*), *le chalut* (cit.), *le loch**, *la sonde**...

— *Technol.* Disposer, établir dans l'espace, d'un point à
un autre. *Jeter une passerelle entre les rives d'un torrent,
sur un ruisseau, un fossé. Jeter un pont**. V. **Construire** (Cf.
Espacer, cit. 2 ; feston, cit. 2 ; frayer 1, cit. 3).

8 « Là-bas,
Ce sont des ponts tressés en fer
Jetés, par bonds, à travers l'air ; »
                VERHAEREN, Campagnes hallucinées, La ville.

— *Par métaph.* :

9 « Mais voilà qu'une passerelle est jetée sur l'abîme. »
                ROMAINS, H. de b. vol., t. V, XV, p. 114.

‖ **2°** Jeter quelque chose à une personne, à un animal
(pour la lui donner). *Jeter un os** à un chien, du grain
aux pigeons* (Cf. Empresser, cit. 8). *Jeter de l'argent, sa
bourse à quelqu'un* (Cf. Acteur, cit. 7 ; blanc, cit. 34 ; embrasure, cit. 5). — *Loc. Jeter son mouchoir** à quelqu'un. Jeter
son gant** (cit. 15 et 16) à un rival* (Cf. aussi Gage, cit. 8).
— *Fig. Jeter quelque chose aux chiens :* le prodiguer, le
dilapider (V. **Gaspiller**). *Jeter des perles** aux pourceaux.*

10 « Et tu leur jetteras des sequins d'or, toi-même, »
                HUGO, Lég. des siècles, XVIII, Confiance du marquis Fabrice, VIII.

11 « ... nous avons été donner à manger aux pigeons de la mosquée de
Bajazet... C'est une œuvre pie que de leur jeter du grain. »
                FLAUB., Corresp., 270, 14 nov. 1850.

12 « Nous leur jetions des poignées de dragées, et toute notre route
était semée de bonbons. »
                LOTI, Mon frère Yves, XLVII.

‖ **3°** Lancer (ou simplement rejeter*) une chose encom-
brante ou inutile. V. **Abandonner, débarrasser** (se), **défaire**
(se). *Vieux papiers, vieux objets à jeter, bons à jeter.
Jeter un vieux chapeau, des vêtements usagés* (Cf. Faire,
cit. 113). *Jeter là* (quelque chose). Cf. Églogue, cit. 1 ;
haillon, cit. 6. *Jeter une chose au rebut**, au panier, à la
poubelle, dans la corbeille à papier...* (Cf. Fragment, cit. 3).
V. **Flanquer** (*pop.*). — *Jeter en l'air, au vent, aux quatre
vents.* V. **Disperser, éparpiller.** *Jeter au feu.* V. **Détruire.** —
Jeter ses outils. Faucille (cit. 4, par métaph. HUGO) *d'or jetée
dans le champ des étoiles. — Jeter ses armes aux pieds de
l'ennemi, et absolt. Jeter ses armes,* se rendre, renoncer au
combat (Cf. Couard, cit. 2 ; honteux, cit. 7). — Mar. *Jeter
des marchandises à la mer, par-dessus bord.* V. **Jet.**

13 « Ils tirent à vingt pas ; ils jettent aussitôt leurs fusils ; et... se
précipitant entre les hommes et les chevaux, ils tuent les chevaux avec
leurs poignards et attaquent les hommes, le sabre à la main. »
                VOLT., Louis XV, 34 (in LITTRÉ).

14 « Quand on m'aura jeté, vieux flacon désolé,
Décrépit, poudreux, sale, abject, visqueux, fêlé, »
                BAUDEL., Fl. du mal, Spleen et idéal, XLVIII.

15 « Nathanaël, à présent, jette mon livre. Émancipe-t'en. Quitte-moi. »
                GIDE, Nourrit. terrestres, p. 185.

16 « Jean l'attendait dans l'automobile,... il ouvrait la vitre pour jeter
une cigarette à peine fumée et la refermait aussitôt. »
                CHARDONNE, Destin. sentim., p. 396.

— *Loc. fig. Jeter le froc** (cit. 7, 8 et 9) *aux orties**. V.
Renier. — *Jeter le manche** après la cognée.* V. **Abandonner, renoncer ; décourager** (se). *Jeter le masque**. Jeter du
lest** (V. **Lâcher**). *On presse l'orange et on jette l'écorce**
(cit. 5 VOLT.).

— *Spécialt.* V. **Dilapider, gaspiller.** *Jeter l'argent, son bien
par les fenêtres** (Cf. Économe, cit. 4). *Il jette les millions
sans compter* (cit. 26). V. **Prodiguer.**

17 « Aujourd'hui il roulait carrosse et jetait l'argent par les fenêtres ;
demain il allait dîner à quarante sous. »
                MUSS., Nouvelles, Les deux maîtresses, I.

‖ **4°** *Par ext.* Déposer, mettre, poser, placer... (avec une
idée de vivacité, de rapidité ; ou sans ordre ni soin, au
hasard). *Jeter ses vêtements autour de soi* (Cf. Ablution,
cit. 2). *Jeter pêle-mêle des papiers, des documents sur une
table de travail* (V. **Joncher, parsemer, semer**). — *Spécialt.
Jeter les cartes :* les poser vivement sur la table. *Par ext.*
Jouer (Cf. As, cit. 1). *Jeter les dés** (Cf. Hasard, cit. 2 et 30).
Les dés sont jetés. Par anal. Le sort en est jeté. V. **Alea
jacta est** (Cf. Dé 1, cit. 3).

18 « Jeté comme la graine au gré de l'air qui vole, »
                HUGO, Feuilles d'automne, I.

19 « Il tira son portefeuille, jeta un billet sur la table,... »
                MART. du G., Thib., t. II, p. 119.

— *Jeter des lettres à la boîte* (Cf. Éveiller, cit. 17), *à la
poste* (Cf. Expression, cit. 18 ; facteur, cit. 10). V. **Mettre.**

---

20 « — Je veux voir les lettres... Oh ! rien que pour les lire, et vous
les jetterez vous-même à la poste après. »
                BALZ., Albert Savarus. Œuvr., t. I, p. 808.

— (Avec une idée de force, ou de violence). *Jeter un
poids dans le plateau de la balance.* Fig. *Jeter son épée
dans la balance. Jeter (un argument, sa parole, son autorité,
etc.) dans la balance** (cit. 16). Cf. Interview, cit. 3. Par
anal. *Jeter son autorité dans le débat* (cit. 4).

21 « ... elle l'entendit qui ouvrait des bocaux et jetait des poids dans
une balance. »
                GREEN, Ad. Mesurat, II, V.

— *Jeter un aliment dans la poêle, la casserole...* (Cf.
Hacher, cit. 3). — *Fam. Se jeter quelque chose dans le
gosier* (cit. 3) : le manger, le boire. *Absolt.* (et pop.). *S'en
jeter un* (verre), *s'en jeter un derrière la cravate :* boire.

— *Typogr. Jeter du blanc, des interlignes* (dans la composition).

— *Spécialt.* Mettre (un vêtement) avec vivacité, s'en
couvrir à la hâte (en parlant de ce qui couvre le corps,
sans être enfilé, boutonné,...). *Jeter un manteau, une cape,
une pèlerine, sur ses épaules* (cit. 10).

22 « Elle jeta un châle sur ses épaules, descendit au jardin. »
                MAURIAC, Génitrix, V.

— *En T. d'Arts* (vieilli). *Peintre qui sait jeter une draperie
avec élégance.*

— *Par anal.* Fig. *Jeter un voile** sur quelque chose* (Cf.
Alanguissement, cit. 2).

23 « Jetons sur ces scènes honteuses le manteau de Noé. »
                MAURIAC, Nœud de vipères, XX.

— Fig. *Jeter des lettres, des dessins sur le papier* (Cf.
Fleurir, cit. 26). *Jeter ses idées sur le papier :* les noter à la
hâte (Cf. Bouillonner, cit. 6). V. **Écrire, noter.**

24 « Voilà tout ce que mon imagination me fait jeter sur ce papier,
sans art... à course de plume. »
                SÉV., 891, 23 janv. 1682.

25 « D'ailleurs, il ne s'était par borné à jeter des chiffres et des plans
sur le papier. »
                ROMAINS, H. de b. vol., t. V, XXII, p. 179.

— V. **Établir, poser.** *Jeter les fondations** d'un édifice, les
fondements**, les bases d'une science* (Cf. Carte, cit. 16),
d'une doctrine... Jeter les bases d'une entente cordiale...

26 « ... il jette avec une rare sûreté de vues les bases d'une Église
destinée à durer. »
                RENAN, Vie de Jésus, Œuvr., t. IV, p. 266.

‖ **5°** V. **Répandre.** *Lampe qui jette une lueur sur quelque
chose* (Cf. Globe, cit. 12). *Jeter de l'ombre** (Cf. Cache-nez,
cit. ; conifère, cit.). Fig. *Ouvrage qui jette des lumières
nouvelles sur une question.*

27 « C'est un livre bien remarquable que ce livre de Du Bellay (*Défense
et illustration de la langue française*) ; c'est un de ceux qui jettent
le plus de jour sur l'histoire de la littérature française. »
                NERVAL, Bohème galante, p. 76.

‖ **6°** (En parlant de choses abstraites). V. **Répandre,
semer...** *Jeter l'effroi, l'épouvante, la panique, la terreur...*
(Cf. Apocalypse, cit. 4 ; guerrier, cit. 6). *Jeter le trouble**
dans les esprits* (Cf. Bouleverser, cit. 8 ; ironie, cit. 1), *le
désordre dans les pensées* (Cf. Galimatias, cit. 3). *Jeter la
honte, l'opprobre* (Cf. Calomniateur, cit. 6), *le désarroi* (Cf.
Gaffe, cit. 4). — *Jeter un froid**.*

28 « ... je ne veux que l'harmonie, et c'est moi qu'on accuse de jeter
le trouble partout. »
                DUHAM., Pasq., II, XXII.

— *Jeter la faute* (cit. 35), *la responsabilité sur...* V.
Rejeter. *Jeter sur le dos** (cit. 20) *de quelqu'un... Jeter le
discrédit, la déconsidération* (cit. 1) *sur quelqu'un.*

II. Faire mouvoir (une partie de son corps) ; faire sortir
de soi.

‖ **1°** Diriger vivement (une partie du corps) dans telle
direction. *Jeter sa tête en avant, contre l'épaule de
quelqu'un* (Cf. Courbure, cit. 5). *Jeter ses bras, ses poings,
ses griffes en avant* (Cf. Apôtre, cit. 9 ; caressant, cit. 3).
Elle lui jeta ses bras autour du cou (Cf. Agripper, cit. 3).
Jeter un pied, une jambe en avant, de côté... (V. *infra*, DER.,
Jeté). — *Pronominalt. Bras qui se jettent en l'air* (Cf. Immersion, cit. 3).

29 « Une petite larme ou deux, des bras jetés au cou,... »
                MOL., Mal. imag., I, 5.

— *Par ext. Jeter l'œil**, un œil, un coup d'œil, les yeux, la
vue**, le regard** sur...* V. **Regarder.**

‖ **2°** Faire sortir de soi. V. **Émettre, répandre.** *Jeter des
larmes**, des pleurs.* Fig. *Jeter son venin** (au propre et
au fig.). — Cheval qui jette sa gourme, et absolt. qui jette*
(V. *infra*, DER., **Jetage**). Fig. *Jeune homme qui jette sa
gourme** (Cf. Homme, cit. 124). — Zool. *Jeter un essaim**
(Cf. Essaimer, cit. 1).

— (En parlant des végétaux). *Jeter ses racines, de profondes racines**. Jeter des bourgeons**.* V. **Jet.** *Vigne qui jette
ses vrilles...* (Cf. Faîtage, cit. 1).

— (En parlant des objets). *Jeter des feux* (1, cit. 59 et 66),
des flammes. V. **Flamboyer** (Cf. Asphalte, cit. 2 ; hennir,
cit. 5). Fig. *Jeter feu** et flamme* (cit. 10) : s'emporter.

Jeter des clartés (cit. 3), *une lueur, un rayon...* (Cf. Crépuscule, cit. 1 ; illuminer, cit. 18). *Jeter un éclat**... (Cf. Apparaître, cit. 9 ; cristal, cit. 4 fleur, cit. 40). *Jeter des* **étincelles.** V. **Étinceler.** — Fig. *Jeter un jour**. — *Jeter des odeurs, des parfums* (Cf. Écœurant, cit. 2 ; éparpiller, cit. 5 ; houri, cit. 2).

|| **3°** *Spécialt.* Émettre (un son, des paroles...) avec une certaine force, une certaine brusquerie. *Jeter une note* (Cf. Cuivré, cit. 3), *un cri, des cris** (cit. 1 et 25). Cf. Bravement, cit. 2. *Jeter les hauts cris* (cit. 15 et 16). Cf. Attendre, cit. 110 ; fermier, cit. 1. *Jeter des cris d'angoisse* (cit. 8), *de douleur...*

— *Jeter un blâme**, *des menaces, des anathèmes* (cit. 3 et 6), *des insultes.* V. **Proférer.** *Jeter des brocards* (cit. 2), *des quolibets, des moqueries* (Cf. Amuser, cit. 19). *Jeter des paroles**, *de grands mots en l'air* (Cf. Érudition, cit. 2). *Jeter une parole à propos* (Cf. Falloir, cit. 31), *une assertion* (cit. 6) *au hasard.*

30 « Antoine croyait entendre la voix rageuse de son père, debout, dressé, jetant sa malédiction dans la nuit. »
     MART. du G., **Thib.**, t. IV, p. 36.

— *Jeter un sort.* V. **Sort.**

— *Spécialt.* Faire signifier, proclamer, publier. *Jeter le dévolu**. Fig. *Jeter son dévolu** (cit. 3) *sur...*

III. || **1°** Pousser, diriger avec force, avec violence, dans telle direction, vers tel lieu. V. **Envoyer, pousser.** *Jeter ses chevaux de côté* (Cf. Frôler, cit. 6), *sa voiture dans un chemin de traverse* (Cf. Freiner, cit. 1). *Vaisseau que le vent jette à la côte, jette à terre* (Cf. Échouer, cit. 1). *Galet* (cit.), *gravier* *que la mer jette sur le rivage* (Cf. Grève, cit. 7). — *Jeter quelqu'un contre un mur. Jeter dehors* : mettre à la porte*. *Jeter en prison** (Cf. Enchaîner, cit. 6, *fig.*), *dans les fers** ; *aux oubliettes, dans un in pace* (cit.). — *Jeter un condamné au feu, aux lions...* (Cf. Confesseur, cit. 2 ; inquisiteur, cit. 3). — Fig. *Être jeté sur le pavé**.

31 « Entre les phrases, les cahots jetaient les interlocuteurs l'un sur l'autre. »   ARAGON, **Beaux quartiers**, II, XXVII.

— *Fig.* V. **Pousser, précipiter.** *Un étranger que le hasard avait jeté dans sa vie* (Cf. Certain, cit. 9). *Son caprice* (cit. 5) *le jette à la tête du premier venu. La tendresse, la passion qui le jette vers...* (Cf. Aigrir, cit. 14).

— *Spécialt. Jeter ses forces dans la bataille* (Cf. Gage, cit. 14). *Guerre qui jette les nations les unes contre les autres* (Cf. Écrasement, cit. 3).

— *Technol. Jeter le métal fondu dans le moule,* et par ext., *Jeter une figure en moule, en sable* (dans un moule de sable). V. **Fondre.**

32 « *(Le colosse de Rhodes)...* ouvrage immense, jeté en fonte par un Indien,... »   VOLT., **Essai s. l. mœurs.** XCII.

— *Jeter de l'argent sur le marché, dans la circulation, dans le circuit* (Cf. Équipement, cit. 6).

33 « Quoique nos bâtiments représentent bien les soixante mille francs que nous avons jetés dans le pays, cet argent nous fut amplement rendu par les revenus que créent les consommateurs. »
     BALZ., **Médecin de campagne**, Œuvr., t. VIII, p. 352.

|| **2°** Mettre (quelqu'un) brusquement, brutalement, dans une certaine disposition d'esprit, dans un certain état. V. **Plonger.** *Jeter quelqu'un dans l'angoisse* (cit. 14), *le trouble* (Cf. Ardent, cit. 35), *l'inquiétude* (cit. 11), *l'embarras**, *la perplexité* (Cf. Embarrasser, cit. 8), *le désespoir** (cit. 14), *l'épouvante* (Cf. Aimer, cit. 50), *la stupeur* (Cf. Inattendu, cit. 1). *Jeter dans la rêverie* (Cf. Attendrissement, cit. 4),... — *Jeter l'âme, le cœur, l'esprit dans...* (Cf. Fougueux, cit. 2). — *Jeter quelqu'un hors de lui* (Cf. Clameur, cit. 4), *hors de ses gonds* (cit. 4).

34 « ... des remerciements, des douceurs charmantes, des agréments qui nous jettent dans la confusion. »   SÉV., 1158, 30 mars 1689.

35 « J'ai toujours aimé l'eau passionnément, et sa vue me jette dans une rêverie délicieuse, quoique souvent sans objet déterminé. »
     ROUSS., **Confess.**, XII.

36 « Ce raisonnement, si juste en apparence, acheva de jeter Mathilde hors d'elle-même. »   STENDHAL, **Le rouge et le noir**, II, XXXVIII.

37 « Oui, femmes, quoi qu'on en puisse dire,
     Vous avez le fatal pouvoir
     De nous jeter par un sourire
     Dans l'ivresse ou le désespoir. »
     MUSSET, **Poés. nouv.**, À Mademoiselle***.

38 « Évariste exprimait surtout des idées vagues et pures, qui jetaient Élodie dans le ravissement. »   FRANCE, **Les dieux ont soif**, IV.

|| **3°** JETER BAS*, À BAS, À TERRE... Faire tomber. V. **Abattre** (cit. 1), **renverser, terrasser.** *Jeter bas une maison* : la démolir (Cf. Équipe, cit. 1 ; immeuble, cit. 6) ; *jeter bas un arbre :* l'abattre (Cf. Arrêter, cit. 21 ; écorcer, cit.). — *Jeter bas un cavalier.* V. **Démonter.** *Jeter quelqu'un par terre* (Cf. Accès, cit. 10). Fig. *Il a jeté à bas tous nos espoirs.* V. **Anéantir, détruire,** et *pop.* **Ficher, foutre.**

39 « Il murmurait des choses incohérentes : « Une pichenette ! Il a suffi d'une pichenette pour le jeter bas. Et maintenant, le consentement du monde entier ne suffirait pas à le remettre debout. »
     DUHAM., **Salavin**, II.

|| **SE JETER.** *v. pron.* || **1°** Sauter, se laisser choir. *Se jeter à l'eau, dans l'eau, à la mer...* (Cf. Gagner, cit. 57 ; garer, cit. 6 ; godille, cit. 2 ; gribouille, cit.). *Se jeter la tête** *la première.* V. **Plonger** (Cf. Femme, cit. 111). *Se jeter dans un précipice, dans un fossé* (Cf. Enivrer, cit. 28 ; hardi, cit. 2).

40 « ... il ne s'agissait donc plus de reculer. Il entra, comme qui se jette tête baissée dans un gouffre. »   LOTI, **Désenchant.**, V, XXXII.

|| **2°** Aller d'un mouvement précipité. V. **Élancer** (s'), **précipiter** (se). *Se jeter dans une pièce* (Cf. Fermer, cit. 1). *Se jeter dehors* (Cf. Fêter, cit. 1). *Se jeter dans une bouche de métro.* V. **Engouffrer** (s'). *Se jeter en arrière* (Cf. Fracasser, cit. 3), *de côté* (Cf. Fourchu, cit. 1), *contre un mur* (Cf. Idée, cit. 38), *au devant de quelqu'un* (Cf. Follement, cit. 2). — *Se jeter sur une piste* (V. **Engager** (s'). Cf. Franchir, cit. 11). *Se jeter à la légère dans une piège, une embuscade, une souricière* (V. **Donner** (II, 2°). Cf. Conspirateur, cit.). — *Se jeter à terre, sur son lit.* V. **Coucher** (se). Cf. Frissonner, cit. 3. *Se jeter à genoux* (Cf. État, cit. 14).

41 « ... Alcippe me salue... et se jette hors d'une portière, de peur de me manquer. »   LA BRUY., XI, 74.

42 « ... il m'arrivait de sauter, de courir sans raison, et puis de me jeter à plat ventre dans l'herbe... »   MART. du G., **Thib.**, t. IV, p. 114.

43 « ... les murs, avec leurs anfractuosités, leurs ouvertures où l'on peut se jeter en cas de péril, lui donnaient l'impression d'un refuge latéral toujours disponible. »   ROMAINS, **H. de b. vol.**, t. IV, VIII, p. 78.

— *Se jeter aux pieds**, *aux genoux de quelqu'un* (Cf. Embrasser, cit. 8 ; fuir, cit. 3). *Se jeter dans les bras** (cit. 22 et 25, *fig.*), *entre les bras de...* (Cf. Étouffer, cit. 9 ; extravagant, cit. 4). *Se jeter au cou**, *à la tête** *de quelqu'un* (Cf. fig. Coq, cit. 9 ; graine, cit. 9 ; homme, cit. 128). — *Récipr. Se jeter au cou, dans les bras... l'un de l'autre.* V. **Embrasser** (s'). Cf. Innocemment, cit. 3, *fig.* ; instinctif, cit. 2.

44 « ... mais moi je me jetai à ses genoux en sanglotant. »
     DAUD., **Petit Chose**, I, XII.

45 « Parfois dans la nuit chaude, l'enfant entendait pleurer sa mère, et il venait pieds nus, en chemise, se jeter dans ses bras. »
     ARAGON, **Beaux quartiers**, I, IX.

— *Troupes qui se jettent dans un pays.* V. **Envahir, ruer** (se). *Se jeter à l'assaut, à la mêlée...* V. **Élancer** (s'), **précipiter** (se). Cf. Geste 1, cit. 18. — *Se jeter sur quelqu'un pour l'attaquer.* V. **Assaillir, courir** (sur), **entrer** (dedans), **sauter** (dessus, au collet), **tomber** (sur ; sur le casaquin*)... Cf. Arrêter, cit. 1 ; garrotter, cit. 6. *Autour qui se jette sur une alouette* (Cf. Descendre, cit. 1). *Furet* (cit. 1) *qui se jette sur un lapin.* Récipr. *Galopins* (cit. 4) *qui se jettent les uns sur les autres.*

46 « Il serra le poing, et pan, dans la gueule de son concitoyen ! Ils se jetèrent l'un sur l'autre. »   ARAGON, **Beaux quartiers**, II, XXI.

— *Se jeter sur quelqu'un pour l'embrasser...* (Cf. Amoureusement, cit. 1 ; bras, cit. 10 ; effroi, cit. 4). — *Se jeter sur la nourriture* (Cf. Goulu, cit. 1).

|| **3°** Fig. *Se jeter tête baissée, à corps* (cit. 31) *perdu dans une entreprise, un travail, une passion...* V. **Engager** (s'), **lancer** (se). *Se jeter avec audace**, *étourdiment dans une affaire... Se jeter dans le journalisme* (Cf. Aborder, cit. 13), *dans un parti..., dans l'action* (cit. 11),... *Se jeter d'un excès* (cit. 3) *dans l'autre, dans les travers* (Cf. Fils, cit. 6), *les extrémités. Se jeter au travers, en travers d'un projet* (Cf. Entreprise, cit. 9).

47 « Je me jetai dans le travail, je m'occupai de science, de littérature et de politique ;... »   BALZ., **Lys dans la vallée**, Œuvr., t. VIII, p. 1028.

|| **4°** (En parlant des cours d'eau). *Rivière** *qui se jette dans un fleuve ; fleuve** *qui se jette dans la mer.* V. **Déboucher, déverser** (se), **emboucher** (s'). — *L'eau du bassin se jette dans une citerne.* V. **Décharger** (se).

48 « ... la Rieule, petite rivière qui se jette dans l'Andelle,... »
     FLAUB., **Mᵐᵉ Bovary**, II, I.

49 « Nous trouvâmes notre affaire sans aller bien loin, en vue de l'endroit où la rue Gay-Lussac se jette dans la rue Claude-Bernard. »   DUHAM., **Temps de la recherche**, XI.

DER. — **Jet.** — **Jetage.** n. m. (1788). I. *Peu usit.* Action de jeter. *Le jetage d'un pont sur une rivière* (LITTRÉ), *le jetage du bois flotté dans les cours d'eau* (LITTRÉ, Suppl. ; HATZFELD). II. *Vétér.* Écoulement nasal chez les animaux atteints de certaines maladies (gourme*, morve*, pneumonie). *Par ext. Écoulement nasal abondant, chez l'homme* (GARNIER). — **Jeté.** n. m. (1704). I. *T. de Danse.* « Saut lancé par une seule jambe et reçu sur l'autre, cette dernière restant levée pendant la course aérienne » (M. BOURGAT). *Jeté simple ; jeté battu* (orné d'un croisement de jambes pendant le saut). II. (XIXᵉ s.). Brin, fil jeté sur l'aiguille entre deux mailles. — Tapisserie, châle, linge généralement rectangulaire que l'on étend sur une table, un meuble en guise d'ornement. — **Jetée.** — **Jeteur, euse.** n. (*Jeteour* au XIIIᵉ s. ; 1670 MOL. « *jeteur de vers* »). *Peu usit.* Celui, celle qui jette (Ne s'emploie que dans la locution : *Jeteur de sort*).|| — **Jeton.** — **Jettatura** (*djé-*). n. f. (XIXᵉ s. ; mot ital. « mauvais œil »). Sorcellerie, sortilège* ; mauvais œil* (le sorcier étant appelé *Jettatore*). — REM. On a employé au XIXᵉ s. la forme francisée *Jettature* (1876 in LITTRÉ, Suppl.).

1 « ... lorsque Paquita se présente,... essaye quelques pas d'une danse rustique... le faux maître de ballet, enchérissant sur les rires et les murmures de ses élèves, lui déclare que jamais elle ne pourra faire proprement une pirouette ni un jeté battu. »
GAUTIER, Souv. de théâtre..., p. 139.

2 « Réal crut lui voir faire — en Italien qui conjure la *jettatura* — un rapide signe de croix. »
MADELIN, Hist. Cons. et Emp., Avèn. de l'Empire, IV.

JETON. *n. m.* (1317 ; de *jeter* au sens anc. de « calculer »). Pièce* plate et ordinairement ronde, dont on se servait autrefois pour calculer, et dont on se sert encore pour représenter une certaine valeur, une certaine somme, un numéro d'ordre, etc. *Jeton d'os, d'ivoire, de galalithe, de métal... — Jetons servant à marquer les points, au jeu*.* V. **Marque.** *Jetons et plaques* servant de mise à la roulette. — Restaurant où l'on paye avec des jetons achetés à la caisse* (Cf. Bouillon, cit. 12). *Jeton de téléphone*, de distributeur automatique... — Jetons numérotés utilisés dans les banques, etc.* (V. **Numéro**). *Jeton de contrôle* (V. **Marron**).

1 « Un homme stupide ayant lui-même calculé avec des jetons une certaine somme... » LA BRUY., **Caract. Théophraste,** De la stupidité.

2 « Tout était en or de vieille date... : monnaies française, espagnole et allemande, quelques guinées anglaises, et quelques jetons dont nous n'avions jamais vu aucun modèle. »
BAUDEL., Trad. E. POE, Hist. extraord., Scarabée d'or.

3 « Edmond jouait à une table. Il avait les poches pleines de jetons et de plaques. Il faisait un petit banco, qu'il rafla. Il gagnait dix mille francs. » ARAGON, Beaux quartiers, III, V.

— *Spécialt. Jeton de présence,* ou *absolt. Jeton :* pièce remise à chacun des membres présents d'un conseil, d'une assemblée, pour représenter une somme conventionnelle correspondant à leurs honoraires* ou au remboursement de leurs dépenses. *Par ext.* Ces honoraires eux-mêmes (V. **Salaire**). *Jetons de présence attribués aux membres d'un conseil d'administration de société* anonyme, aux membres d'une académie, d'un chapitre* (V. **Méreau**).

— *Fam. Faux comme un jeton* (les jetons imitant parfois les pièces de monnaie), se dit d'une personne de caractère faux et hypocrite. — *Par ext.* (pop.) *C'est un faux jeton,* un hypocrite, un mouchard, un traître...

4 « Est-ce qu'ils n'avaient pas convenu de toute cette mise en scène quand ils étaient restés seuls en face l'un de l'autre, avec ce faux jeton de docteur Schmitt ? » SARTRE, Le sursis, p. 47.

— *Fig. et pop.* Coup de poing. *Il lui a flanqué un de ces jetons ! — Avoir les jetons :* avoir peur*.

5 « Ce que j'aurai peur ! se dit-il. Ah ! là ! là ! ce que j'aurai les jetons. » SARTRE, Le sursis, p. 265.

— *Technol.* Petite règle servant à vérifier la régularité des caractères d'imprimerie.

DER. — **Jetonnier.** *n. m.* (XVIIe s.). *Ironiqt.* Académicien assidu aux séances afin de toucher les jetons de présence. — *Adjectivt.* « La gent jetonnière » (A. FRANCE).

« ... une académie se formait, non pas telle que celle des jetonniers français... C'était une académie dans le goût de celle des Sciences et de la Société de Londres. »
VOLT., **Corresp. avec roi de Prusse,** 122, avril 1740.

JEU. *n. m.* (XIIe s. ; lat. *jocus,* « badinage, plaisanterie »).

I. Activité physique ou mentale, purement gratuite, généralement fondée sur la convention ou la fiction, qui n'a, dans la conscience de celui qui s'y livre, d'autre fin qu'elle-même, d'autre but que le plaisir qu'elle procure. V. **Amusement, divertissement, récréation.** *Le jeu, principale forme de l'activité enfantine.* V. **Ludique** (activité ludique). *L'amour, le besoin du jeu chez l'enfant. L'éducation par le jeu. Jeux éducatifs. Imagination qui se donne libre cours dans le jeu. Thème au jeu. Écolier qui ne pense qu'au jeu, qui n'a que le jeu en tête. — Par jeu,* loc. adv. V. **Plaisir** (par). *Faire quelque chose par jeu* (Cf. Irréel, cit. 2). *Agir par jeu* (Cf. Gratuitement, cit. 7).

1 « Avoir, s'il se peut, un office lucratif, qui rende la vie aimable,... écrire alors par jeu, par oisiveté. » LA BRUY., XII, 21.

2 « Une activité en laquelle se mêlent les deux faits psychiques qui dominent dans l'enfance, les sensations et les mouvements, c'est le *jeu.* L'enfant joue avec ardeur. Et le jeu stimule la croissance de son corps comme celle de son esprit... CLAPARÈDE voit dans le jeu « une libre poursuite de buts fictifs ». Tel est le caractère propre de l'activité ludique. Le domaine du jeu est le paradis du *comme si.* La fillette donne à manger à sa poupée comme si celle-ci avait faim et pouvait avaler... Le jeu a pour fonction de permettre à l'individu de réaliser son moi, de déployer sa personnalité, de suivre momentanément la ligne de son plus grand intérêt dans les cas où il ne peut le faire en recourant aux activités sérieuses. »
F. CHALLAYE, Psychol. de l'enfant, I, IV, p. 424.

3 « L'Art doit être rapproché du Jeu : c'est un libre jeu avec les sensations, les sentiments, les idées. Tous deux vivent de fictions, de conventions, et se désintéressent des valeurs pratiques. »
P. GUILLAUME, Manuel de psychol., V, p. 71.

4 « J'avais, dit-il, tellement le jeu dans la tête, que les précepteurs et les régents perdaient leur latin en me le voulant apprendre. »
DUHAM., Refuges de la lecture, IV, p. 169.

|| 1o (Aspects et formes du JEU.) *Un jeu brutal, bruyant* (cit. 4), *dangereux, paisible, puéril... Découvrir, inventer un jeu nouveau, amusant, passionnant... Prendre part à un*

jeu. V. **Jouer.** *Enfant qui croit à son jeu. Se livrer, s'adonner à un jeu favori.* V. **Passe-temps** (Cf. Étude, cit. 7). — *Fig.* (souvent en mauvaise part) *Se faire un jeu des chagrins d'autrui,* s'en amuser. V. **Jouer** (se). *Se faire un jeu de tourmenter quelqu'un* (Cf. Battre, cit. 92), *de violer ses promesses* (Cf. Inconséquent, cit. 3), y prendre plaisir, comme à un jeu. *Le jeu lui plaît.*

5 « Ces deux rivaux un jour ensemble se jouant,
Comme il arrive aux jeunes gens,
Le jeu devint une querelle. » LA FONT., **Fabl.,** X, 11.

6 « ... la comédie est bien un jeu, un jeu qui imite la vie. »
BERGSON, Le rire, p. 69.

7 « ... cette espèce de jeu qui consistait à ne plus conduire sa pensée et à la laisser librement s'enrouler et se dérouler autour d'un souvenir ou d'un projet... » GREEN, Ad. Mesurat, I, IV.

8 « Le jeu pouvait se borner au plaisir de bavarder sans témoins, de chercher la place et la nuance d'un coussin de plus pour le salon, de préparer le thé ensemble, en faisant marcher les petites casseroles d'émail et les robinets à gaz. »
ROMAINS, H. de b. vol., t. V, IV, p. 27.

— *Les petits jeux des enfants* (Cf. Appliquer, cit. 36). *Des jeux d'enfant* (Cf. Bibliothèque, cit.). *Bambins, jeunes gens qui s'amusent à des jeux folâtres** (cit. 1). V. **Batifolage ; batifoler, folâtrer** (cit. 2 et Cf. Fougueux, cit. 3). *La bascule*, l'escarpolette*, le saute-mouton..., jeux enfantins* (cit. 1). *Jeux d'illusion ou d'imitation* (jouer à la poupée, à l'épicier...), *jeux de manipulation* (jouer au sable...), *jeux de groupe* (comptine*, ronde*...). *Jeu d'attrape.* V. **Espièglerie.** *Des jeux de son âge* (Cf. Consumer, cit. 14), *qui ne sont plus de son âge* (Cf. Brouette, cit. 4). — Littér. *Les jeux de Gargantua* (XXII), de Rabelais. — *Les plaisirs et les jeux* (1922), de G. Duhamel. — Mus. *Jeux* (1913), ballet de C. Debussy. — Peint. *Les jeux d'enfant* (1560), de Breughel le Vieux. — Par anal. *Jeux des fauvettes* (cit.), *d'une portée de chatons.* — Par ext. *Jeux lascifs des amants* (Cf. Attraper, cit. 7 ; cour, cit. 24). *Jeux amoureux, érotiques.* — Poét. (Vx.) *Les jeux de Mars,* la guerre. *Les jeux de Vénus,* l'amour. — Mythol. *Les Jeux,* divinités allégoriques qui présidaient à la gaieté, aux plaisirs. *Les jeux et les ris* (Cf. Grincer, cit. 14).

9 « Et l'essaim des jeux et des ris,
Doux vol qui folâtre et se joue,
Niche sous la poudre de riz
Dans les roses de votre joue. »
BANVILLE, Odes funamb., La voyageuse, I.

— *Jeux de main* (ACAD.) ou *de mains,* où l'on échange des coups légers par plaisanterie. — PROV. *Jeu(x) de main, jeu(x) de vilain* (par allus. aux « vilains » du moyen âge qui vidaient leurs différends à coups de poing) : les jeux de main, jeux grossiers et vulgaires, finissent presque toujours mal. — Allus. littér. *Jeux de prince,* caprices, fantaisies que les puissants n'hésitent pas à satisfaire au mépris des humbles, des faibles (*par allus. à la fable de* LA FONT., *Le jardinier et son Seigneur*).

10 « Le bon homme disait : « Ce sont là jeux de prince. »
Mais on le laissait dire : et les chiens et les gens
Firent plus de dégât en une heure de temps
Que n'en auraient fait en cent ans
Tous les lièvres de la province. » LA FONT., **Fabl.,** IV, 4.

11 « Ce sont là jeux de prince :
On respecte un moulin, on vole une province. »
ANDRIEUX, Meunier de Sans-Souci.

12 « Mézerai, qui faisait l'office de secrétaire, lut le mot *Jeu* ; mais le hasard est souvent malin ; parmi les façons de dire proverbiales qui étaient citées, il y avait *Jeux de prince, qui ne plaisent qu'à ceux qui les font,* pour signifier une malignité ou une violence faite par quelqu'un qui est en puissance. »
STE-BEUVE, Causer. du lundi, 5 janv. 1852.

|| 2o *Par ext. et fig.* Activité qui présente un ou plusieurs caractères du jeu (gratuité, futilité, bénignité, facilité).

— Ce qui relève ou semble relever du caprice (cit. 13), de la fantaisie pure. *Un jeu de l'imagination* (Cf. Bouffe, cit. 2). *Les jeux de la plume* (Cf. Griffonnage, cit. 1). — Par métaph. *Les jeux du destin, de la fortune, du sort...* Littér. *Le jeu de l'amour et du hasard* (1730), comédie de Marivaux. *Le jeu de l'amour et de la mort,* drame de Romain Rolland, publié en 1925. — *Les jeux de la Nature,* productions dont la Nature semble avoir créé les formes étranges pour son divertissement. *Les fossiles* (cit. 1) *étaient interprétés comme des jeux de la Nature.*

13 « ... cette volonté de faire table rase et de reconstruire ne sont pas seulement le jeu d'un esprit, mais la recherche d'une volonté. »
MAUROIS, Études littér., P. Valéry, III.

14 « ... la peste les laissait oisifs,... livrés, jour après jour, aux jeux décevants du souvenir. » CAMUS, La peste, p. 85.

15 « ... le surréalisme a rendu et rend des services, en particulier dans l'étude du rêve et des jeux de l'inconscient. »
HENRIOT, Romantiques, p. 469.

— Ce qui est limité aux apparences, dépourvu de signification, de valeur profonde. *N'allez pas prendre la chose au sérieux : c'est un jeu* (Cf. C'est pour rire), *ne voyez là qu'un jeu. Son emphase* (cit. 2) *n'est qu'un jeu. La littérature n'est-elle qu'un jeu d'amateur* (cit. 6), *qu'un jeu de l'esprit* (cit. 51), *un simple jeu d'esprit ?* V. **Badinage** (cit. 1). — Spécialt. *Jeu de mots,* allusion plaisante fondée sur l'équivoque de mots qui ont une ressemblance phonétique mais contrastent par le sens (Cf. Facétie, cit. 2). *Jeu de mots facile* (V. **Calembour**. Cf. Enfilade, cit. 4), *grossier* (V. **Turlupinade**), *malheureux... L'abus des jeux de mots conduit à l'affectation* (cit. 9), *au gongorisme* (cit. 2). — Comm. *Jeu d'écritures** (cit. 21), opération comptable purement formelle, sans incidence pratique sur le compte qui en fait l'objet.

16   « ... par un jeu de l'optique, l'horizon recule et les galeries suspendues en l'air se découpent sur les fonds du ciel et de la terre. »
CHATEAUB., **Génie du christ.**, III, V, IV.

17   « ... ces « Jeux de mots » que Robert Desnos, poursuivant une veine ouverte par Marcel Duchamp, poussa à la perfection et où tout est rime, où la rime est prise à son comble, ne se borne plus aux bouts-rimés, mais pénètre le vers entier comme dans le célèbre distique :
« Gal, amant de la reine, alla (tour magnanime),
Galamment de l'arène à la Tour Magne, à Nîmes. »
ARAGON, **Crève-cœur**, La rime en 1940.

18   « En plusieurs endroits de ses lettres, madame Desbordes-Valmore s'efforce de rassurer son époux : ces vers, à l'en croire, ne sont qu'un jeu poétique. »
HENRIOT, **Portr. de femmes**, p. 319.

— Ce qui est sans gravité, ne tire pas à conséquence. V. **Bagatelle, plaisanterie** (Cf. Errement, cit. 4). *Ce n'est qu'un jeu, ce ne sont que jeux d'enfant. Prendre quelque chose en jeu*, en riant, comme une plaisanterie. — *Cela passe le jeu*, cela passe les bornes de la plaisanterie. — *Chose qui n'offre pas grande difficulté. C'est un jeu d'enfant* (Cf. L'enfance* de l'art). *Grimper* (cit. 2) *à l'arbre ne fut pour lui qu'un jeu. Il se fit un jeu d'obtenir leur consentement, il l'obtint très facilement. Se faire un jeu des difficultés*, en triompher aisément. V. **Jouer** (se) ; **jongler** (avec).

19   « La mort aux rats, les souricières,
N'étaient que jeu au prix de lui. »
LA FONT., **Fabl.**, III, 18.

20   « Moitié ce fardeau ne vous sera que jeu. »
ID., **Ibid.**, VI, 16.

21   « Des plus fermes États la chute-épouvantable,
Quand il (*Dieu*) veut, n'est qu'un jeu de sa main redoutable. »
RAC., **Esth.**, III, 4.

22   « À peine arrivée, elle découvrit qui était l'adversaire et crut que ce lui serait un jeu d'en venir à bout. »
MAURIAC, **La pharisienne**, XIII.

II. « Organisation de cette activité sous un système de règles définissant un succès et un échec, un gain et une perte » (LALANDE).

— *Gagner** (cit. 46), *perdre*, *tricher* au jeu. Les gagnants et les perdants du jeu. Battre* son adversaire* au jeu. Quel était votre partenaire* à ce jeu ? Elle est très forte* à ce jeu. Le jeu a tourné à l'avantage de...* V. **Partie**. *Interrompre le jeu* (Cf. Évaluer, cit. 4). — *La règle* du jeu. — Fig. *Les conventions établies. C'est le jeu, (vx) c'est le droit du jeu.* V. **Régulier** (Cf. Gâteau, cit. 3). *Ce n'est pas du jeu.* V. **Irrégulier** (Cf. *fam.* C'est de la triche). *Jouer le jeu*, se conformer strictement aux règles du jeu.

23   « Ce n'était pas de jeu. Thérèse n'avait pas voulu cela. »
MAURIAC, **Fin de la nuit**, II, p. 28.

24   « Les lois morales sont les règles d'un jeu auquel chacun triche et cela depuis que le monde est monde. »
COCTEAU, **Le grand écart**, p. 137.

25   « Il ne joue pas le jeu », disent les Anglais d'un homme qui triche en amour, en affaires, en politique. » MAUROIS, **Art de vivre**, III, 7.

‖ **1°** (En parlant de jeux qui font appel à la dextérité, à l'agilité, à la vigueur ou à l'adresse physique). *Jeux corporels, physiques. Les jeux et exercices* (cit. 2) *du corps. Jeux de plein air* (Cf. Fête, cit. 13). *Jeux de mains.* V. **Main** (*chaude*), **mourre**... *Jeux de balle**, de courses* (V. **Barres**)... *Jeux de poursuite.* V. **Cache-cache, chat** (coupé, perché, sans but), **cligne-musette, coin** (quatre coins), **gribouillette**... *Jeu de cache*-tampon* ou *cache-mouchoir, de colin*-maillard, des gendarmes et des voleurs... Jeu où l'on saute à cloche*-pied.* V. **Marelle**. — *Jeux d'adresse.* V. **Baguenaudier, bagues, billard, boules, bowling, croquet, gobelets** (Cf. Escamotage, cit. 1), **grâces, jonchets, mail, osselets, palet, paume, quilles, siam, tonneau, volant**... *Jeu de massacre**, de passe-passe**.* — *Jeux sportifs.* V. **Sport** (Cf. Handicap, cit. 2). *Le football, jeu d'équipe**. Matériel de jeux. Terrain de jeux.* V. **Stade, terrain**. *Joueur hors* jeu* (Cf. au fig. Hors, cit. 11). — Spécialt. (Aux jeux de paume, de tennis). *Chacune des divisions de la partie. Une manche**, un set** en 6 jeux. Être à deux de jeux*, avoir gagné le même nombre de jeux. *Au fig. Être à égalité dans une contestation ou toute autre affaire.*

26   « Je vous remercie... de jouer au mail ; c'est un aimable jeu pour les personnes bien faites et adroites comme vous ;... »
SÉV., **157**, 15 avril 1671.

27   « Du temps de Plutarque, les parcs où l'on combattait à nu, et les jeux de la lutte, rendaient les jeunes gens lâches, les portait à un amour infâme... » MONTESQ., **Espr. des lois**, VIII, XI.

28   « J'ai demandé quelquefois pourquoi l'on n'offrait pas aux enfants les mêmes jeux d'adresse qu'ont les hommes : la paume, le mail, le billard, l'arc, le ballon, les instruments de musique. On m'a répondu que quelques-uns de ces jeux étaient au-dessus de leurs forces, et que leurs membres et leurs organes n'étaient pas assez formés pour les autres. »
ROUSS., **Émile**, II.

29   « Là, on se préparait pour jouer au tennis... chacun rejoignait le terrain du jeu. » CHARDONNE, **Destin. sentim.**, p. 114.

— (En parlant des jeux qui font appel aux facultés d'invention, à la mémoire, à l'érudition...). *Jeux intellectuels, spirituels. Jeux de société**, jeux à gages* (cit. 7), *jeux innocents** (cit. 16), *petits jeux*, qui consistent en devinettes, en dialogues improvisés, et où le manquement aux règles est sanctionné par le dépôt d'un gage* et par une pénitence*.* V. **Corbillon, pigeon** (vole)... *Jeu des métiers, des portraits...* — Par antiphr. (De nos jours). *Jeux innocents**.* — *Jeux d'esprit.* V. **Charade, énigme, logogriphe, mot** (mots croisés), **rébus**. *Le jeu des bouts-rimés. Ce jeu est un vrai casse-tête**.* Par métaph. *Le jeu des idées* (Cf. Acrobatie, cit. 3).

30   « Il y a des ouvrages qui commencent par A et finissent par Z... On les appelle des jeux d'esprit. » LA BRUY., VI, 103.

31   « ... ne vous compromettez pas dans ces jeux d'enfants. Laissez les écoliers se former auprès des *bonnes*, ou jouer avec les pensionnaires à *de petits jeux innocents*. » LACLOS, **Liais. dang.**, CXV.

— *Littér.* (vx). *Jeu parti*, pièce médiévale qui mettait en scène deux personnages dialoguant en vers sur un thème donné. Par ext. *Jeu*, toute pièce médiévale en vers, dramatique ou comique. *Jeux liturgiques, sacrés, profanes. Meneur* de jeu.* — *Poés.* « Vers amoureux ou badins, ou faits sur de petits sujets » (TRÉVOUX). *Divers jeux rustiques* (1558), poèmes de Du Bellay.

— *Spécialt.* (Au plur.). Épreuves publiques dont les participants entrent en compétition pour gagner le prix réservé au vainqueur. — *Antiq.* Spectacles* publics où les compétitions sportives tenaient la plus grande place. *Les Anciens célébraient, donnaient des jeux en l'honneur d'un dieu, à l'occasion d'une victoire...* (Cf. Entrer, cit. 54). *Jeux capitolins, séculaires de Rome. « Du pain et des jeux »* (Cf. Panem et circenses). *Les jeux agonistiques**, gymniques**. Jeux du cirque* (cit. 1), *du stade** (courses de chars, lancement du disque**, luttes de gladiateurs...). — Particult. Les grands jeux* solennels célébrés chez les Grecs à intervalles réguliers ou à dates fixes sous la présidence d'un *agonothète**, d'un asiarque** : jeux éleusiniens* (Cf. Athlète, cit. 5), *isthmiques**, néméens, panathéniens, pythiques* (ou *pythiens*)... *Les Jeux Olympiques**, qui avaient lieu tous les quatre ans (V. **Olympiade**). — Par anal. (De nos jours) *Les jeux Olympiques** de Melbourne en 1956.* — Littér. *Jeux floraux** (cit.). Académie* (cit. 6) *des Jeux Floraux. Mainteneur* des Jeux Floraux de Toulouse.* — Par anal. *Jeux radiophoniques, télévisés.*

32   « Le cirque de Malaga est d'une grandeur vraiment antique... Cela donne une idée de ce que pouvaient être les arènes romaines et de l'attrait de ces jeux terribles où des hommes luttaient corps à corps contre des bêtes féroces sous les yeux d'un peuple entier. »
GAUTIER, **Voyage en Espagne**, p. 207.

33   « Je regarde avec une fureur concentrée le public du cirque : il halette de plaisir, il râle sourdement. C'est le public de toujours, le public des autodafés et des jeux sanglants. »
DUHAM., **Plaisirs et jeux**, II, III.

‖ **2°** (En parlant de jeux fondés sur des combinaisons de calcul, sur le hasard, ou encore sur le calcul et le hasard réunis). *Jeux de calcul* ou *de combinaison.* V. **Dames, échecs** (cit. 13 et 20)... *Jeux de hasard** (cit. 1 et 2). Cf. aussi Existence, cit. 12. V. **Biribi, cheval** (petits chevaux), **hoca, loterie, loto, oie** (jeu de l'), **roulette**... ; **dé** (*jeux de dés*). *Jeux de cartes et de hasard.* V. **Carte**... *Jeux de hasard enfantins : pair ou impair** (cit. 2), pile** ou face (croix ou pile)... Jeux mixtes*, où le hasard peut être plus ou moins corrigé à l'aide du calcul ou de certaines combinaisons (Cf. Domino, cit. 3 ; ma-jong*).

— *Par métaph.* Toute entreprise à la fois aléatoire (cit. 1) et soumise à un système de règles. *La vie est un jeu* (Cf. Échiquier, cit. 3). *Le jeu politique et parlementaire* (Cf. Brouiller, cit. 1). *Un jeu de dupes** (cit. 9). Le jeu de la coquetterie* (cit. 9).

— Spécialt. *Jeux d'argent*, où l'on risque une certaine somme dans l'espoir de gagner la partie. *Les jeux d'argent sont presque tous des jeux de hasard ; cependant, un jeu d'adresse* (billard...) *peut comporter un enjeu* (V. **Poule**). *Mettre* au jeu.* V. **Miser, ponter, renvier**. *Argent* mis au jeu, en jeu, sur le jeu.* V. **Enjeu ; mise ; cave, masse, paroli, passe**. *Législation et police des jeux. Maison de jeux. La ferme* des jeux.* — Absolt. *Le jeu* (baccara, boule, poker, roulette...). *S'adonner au jeu.* V. **Jouer**. *Aimer le jeu* (Cf. Amateur, cit. 3). *Être possédé par le démon**, la passion du jeu.* V. **Joueur** (Cf. Invétéré, cit. 1). *Dangers du jeu. Décevant*, cit. 1). *Être refait**, prendre une culotte**, se décaver**, se ruiner* au jeu* (Cf. Entortiller, cit. 1). *Dettes de jeu, dettes d'honneur* (cit. 31). *Les chances* (cit. 5) *au jeu font l'objet de calculs de probabilités* (Cf. Cas, cit. 30). *Prendre sa revanche au jeu.* V. **Racquitter** (se). *Heureux* au jeu, malheureux en amour.* — *Cercle, établissement**, salle* de jeu.* V. **Brelan** (*vieilli*), **casino, tripot** (*péjor.*). *Jetons* de jeu. Croupier** (cit. 2) *qui promène son râteau* sur le tapis* vert d'une table* de jeu. Termes de jeu.* V. **Banco, banque** (cit. 4), **martingale, tapis**. — *Par anal.* « Opération aléatoire dans laquelle une personne risque une certaine somme d'argent dans l'espoir de réaliser un bénéfice par le fait de certains événements indépendants de son activité tels que fluctuation des cours d'une marchandise, place obtenue par un cheval dans une course, sortie d'un numéro dans une loterie » (CAPITANT, Voc. jurid.). *Jeu de Bourse.* V. **Agiotage, spéculation.** *Le jeu aux courses.* V. **Pari.**

34 « N'auriez-vous point perdu tout votre argent au jeu ? »
LA FONT., **Fabl.**, VIII, 11.

35 « Montez dans une maison de jeu, je ne sais où elles sont, mais je sais qu'il y en a au Palais-Royal. Risquez les cent francs à un jeu qu'on nomme la roulette, et perdez tout, ou rapportez-moi six mille francs. »
BALZ., **Père Goriot**, Œuvr., t. II, p. 966.

36 « De même que le métal monnayé représente presque toutes les jouissances, le jeu résume presque toutes les émotions ; chaque carte, chaque coup de dé représente la perte ou la possession d'un certain nombre de pièces d'or ou d'argent, et chacune de ces pièces est le signe d'une jouissance indéterminée. »   MUSS., **Nouvelles**, Fils du Titien, VII.

37 « La passion du jeu fait voir ce besoin d'aventure tout nu, en quelque sorte, sans aucun ornement étranger ; car le joueur n'a jamais de sécurité, et je crois que c'est cela même qui l'intéresse. Aussi le vrai joueur n'aime pas ces jeux où l'attention, la prudence, le savoir-faire corrigent beaucoup la chance. Au contraire, un jeu comme la roulette, où il ne fait qu'attendre et risquer, le transporte d'autant plus. »   ALAIN, **Propos**, 1ᵉʳ nov. 1913, le jeu.

38 « ... il y avait l'espoir fabuleux du gain. On connaît cette chance immanquable des novices aux tables de jeu. Elle ne fit pas défaut à Armand. Il gagna plusieurs jours de suite d'assez petites sommes peut-être mais, au fur et à mesure qu'il se risquait, il lui passa jusqu'à mille et deux mille francs dans les doigts. »
ARAGON, **Beaux quartiers**, III, I.

39 « La loi n'accorde aucune action pour une dette du jeu ou pour le paiement d'un pari... Dans aucun cas, le perdant ne peut répéter ce qu'il a volontairement payé, à moins qu'il n'y ait eu, de la part du gagnant, dol, supercherie ou escroquerie. »
CODE CIV., **Art.** 1965 et 1967.

— *Loc. div. D'entrée* (supra cit. 22) de jeu.*

— *Entrer en jeu* « se dit, à certains jeux de cartes, de celui qui, ayant levé une main, est en état de jouer comme il lui plaît » (ACAD.). *Entrer en jeu* signifie encore « Ouvrir le jeu en proposant un certain nombre de jetons » (P. LAROUSSE). *Fig.* Se mettre de la partie*, « entrer dans une affaire, dans une discussion, avoir son tour, soit pour agir, soit pour parler, etc. » (ACAD. Entrer). V. **Intervenir** (Cf. Exorde, cit. 3). *À leur tour, les experts sont entrés en jeu.* — (En parlant de choses) *Facteurs qui entrent en jeu dans une affaire.* V. **Jouer.**

40 « C'est seulement lorsque j'ai agi que cette clairvoyance entre en jeu pour justifier à mes yeux ce que j'ai fait. »
MART. du G., **Thib.**, t. III, p. 221.

— *Entrer* (cit. 35) *dans le jeu :* prendre part à une entreprise déjà commencée. V. **Participer** (Cf. *fam.* Entrer dans la danse, dans le mouvement). — *Entrer dans le jeu de quelqu'un :* s'associer à ses entreprises, entrer dans ses intérêts, se faire son second ou son complice. *Faire entrer, mettre quelqu'un dans son jeu.*

41 « La future duchesse de Châteauroux avait mis le beau Richelieu, son oncle, dans son jeu. »   HENRIOT, **Portr. de femmes**, p. 163.

— *Se piquer au jeu,* continuer à jouer, par entêtement*, malgré les pertes subies. — *Fig.* S'obstiner, malgré les difficultés, des échecs qui ne font que stimuler l'amour-propre, que fouetter le désir de gagner, de venir à bout des obstacles. V. **Opiniâtrer** (s'). *Plus on lui résistait, plus il se piquait au jeu.* — *Se prendre, se laisser prendre au jeu,* en arriver à se passionner pour une entreprise tentée d'abord sans conviction.

42 « ... moins il se pique et (se) passionne au jeu, (plus) il le conduit... avantageusement et sûrement. »   MONTAIGNE, **Essais**, III, X.

43 « ... se piquant à ce jeu comme un joueur à sa martingale,... »
BALZ., **Petits bourgeois**, Œuvr., t. VII, p. 120.

44 « Il était bien résolu à ne pas se laisser prendre au jeu, et à conserver sa bonne humeur. Il ne voulait pas que cette conversation fût autre chose qu'un exercice spéculatif, une partie de dames où les pions étaient des hypothèses politiques. »
MART. du G., **Thib.**, t. V, p. 186.

— *Fig. Être* (1, cit. 79) *du jeu, dans le jeu :* prendre part, être associé à quelque chose (Cf. *pop.* Être dans le coup).

45 « Moi je ne suis plus dans le jeu. C'est pour cela que je suis libre de venir vous dire ce que la pièce ne pourrait vous dire. »
GIRAUDOUX, **Électre**, Entracte.

— *Mettre en jeu toutes ses ressources :* les employer, les déployer (Cf. Cyclotron, cit.). — *Mettre quelqu'un en jeu :* le mêler à quelque affaire, à son insu, au risque de le compromettre (Cf. *pop.* Mettre dans le coup). *Mettre en jeu la vie d'un homme :* l'exposer, la risquer (Cf. Billot, cit.). *Cette décision met en jeu l'existence du ministère.*

46 « Ha ! Monsieur, est-ce vous, de qui l'audace insigne
Met en jeu mon honneur...? »   MOL., **Dép. am.**, III, 8.

— *Être en jeu* (Cf. Hasard, cit. 28 ; humilité, cit. 8) : être l'objet d'un débat, être en cause*, en question*. *Votre vie est en jeu* (Cf. Y aller* de...).

47 « Il s'en montrait très vexé, sa réputation était en jeu. Hardi là ! est-ce que Rognes se laisserait battre par Brinqueville ? »
ZOLA, **La terre**, IV, III.

48 « Pour elle (*la France*), ce qui est en jeu, ce n'est pas seulement l'expulsion de l'ennemi hors de son territoire, c'est aussi son avenir comme nation et comme État. Qu'elle demeure prostrée jusqu'à la fin, c'en est fait de sa foi en elle-même et, par là, de son indépendance. »   Ch. DE GAULLE, **Mém. de guerre**, t. II, p. 1.

— *Loc. prov. Le jeu ne vaut pas* ou *n'en vaut pas la chandelle** ou (vx) *les chandelles* (cit. 6).

49 « La petite chose, certes, lui eût été agréable. Mais il fallait la payer de trop de dérangement. Le jeu n'en valait pas la chandelle. »
MONTHERLANT, **Les célibataires**, II, VI.

— *Par ext.* La somme risquée au jeu. *Jouer petit, grand jeu* (Cf. État, cit. 96), *un jeu d'enfer, à se ruiner... Jouer gros jeu. Au fig.* V. **Risque ; risquer** (gros). — *Faites vos jeux. Les jeux sont faits. Fig.* (Cf. Les dés sont jetés ; et aussi Galerie, cit. 10). — *Tirer son épingle** (cit. 6) *du jeu.*

50 « ... je jouais gros jeu, en trompant un homme de condition qui, pour mes péchés, peut-être ne tarderait guère à découvrir la fourberie. »
LESAGE, **Gil Blas**, VII, X.

51 « Le Banquier oublia de dire ces phrases qui se sont à la longue converties en un cri rauque et inintelligible : « Faites le jeu ! — Le jeu est fait ! — Rien ne va plus ». »
BALZ., **Peau de chagrin**, Œuvr., t. IX, p. 17.

52 « À présent, il est trop tard ; « les jeux sont faits, rien ne va plus ». »
GIDE, **Journal**, octobre 1943.

53 « ... les cercles où l'on joue gros jeu sur le hasard des cartes. »
CAMUS, **La peste**, p. 14.

III. Ce qui sert à jouer.

‖ 1° (Les instruments du JEU) *Jeux de construction, jeux éducatifs.* V. **Jouet.** *Pièces d'un jeu d'échecs. Pions* d'un jeu de dames. Maillets* d'un jeu de croquet. Cochonnet* d'un jeu de boules. Installer un jeu de quilles*, un jeu de ping-pong*. Offrir un jeu de patiences* à un enfant* (V. **Puzzle**). *Étaler* (cit. 45) *un jeu de 32 cartes** (V. **Piquet**), *un jeu entier de 52 cartes. Le lindor* d'un jeu de nain jaune. Commerce, marchand de jeux de société.* V. **Tabletier, tabletterie.**

54 « Madame Monis battait machinalement un jeu de cartes de ses mains tachées de son,... »   CHARDONNE, **Destin. sentim.**, p. 443.

— (Le lieu du JEU, dans certains jeux) *Le jeu de boules du Luxembourg.* — *Hist. Serment du Jeu de Paume,* prêté le 20 juin 1789 par les députés de l'Assemblée Nationale dans la salle du *jeu de paume** de Versailles.

‖ 2° *Spécialt.* et *absolt.* Assemblage de cartes plus ou moins favorable qu'un joueur a en main. *Avoir un beau jeu, beau jeu* (Cf. Fiche, cit. 2). *Avoir du jeu.* — *Fig. Avoir beau** (supra cit. 65) *jeu. Donner, prêter* (Cf. Ambigu, cit. 1 MONTAIGNE) *beau jeu. Avoir des atouts** (cit. 1, 2 et 3) *dans son jeu. Cacher** (cit. 6 et 7), *couvrir* son jeu. Abattre*, étaler** (cit. 6) *son jeu. Le dessous* du jeu* (Cf. Le dessous des cartes). *Bien jouer son jeu,* conduire habilement son entreprise. *Faire le jeu de quelqu'un,* agir, souvent inconsciemment, au mieux des intérêts de quelqu'un (Cf. Bourre, cit. 6 ; immoralisme, cit. 2).

55 « ... cette révolution leur a paru faire plus ou moins le jeu des puissances dites libérales : France et Angleterre ; »
ROMAINS, **H. de b. vol.**, t. I, X, p. 107.

56 « Je me représente en ce moment le Kaiser comme un joueur qui aurait un beau jeu en main, et, devant lui, des partenaires timides... »
MART. du G., **Thib.**, t. VI, p. 63.

57 « ... trois jours d'une solitude insupportable et d'un silence où l'épouvante aurait beau jeu,... »   GREEN, **Ad. Mesurat**, II, III.

58 « Mais Balzac a voulu encore, combinaisons au jour, chiffres alignés, protêts en main, dévoiler les dessous du jeu,... comme s'il devait toujours être lu... par de sévères vérificateurs aux comptes. »
HENRIOT, **Romantiques**, p. 300.

— *Vx. Voir beau jeu :* être témoin d'un spectacle, d'un événement extraordinaire (Cf. Corde, cit. 5). *Par antiphr. Faire voir beau jeu à quelqu'un,* lui faire subir quelque épreuve, le maltraiter.

— *Voir beau jeu* signifie aussi Subir quelque épreuve, quelque mauvais traitement.

59 « Bertrand dit à Raton : « Frère, il faut aujourd'hui
Que tu fasses un coup de maître.
Tire-moi ces marrons. Si Dieu m'avait fait naître
Propre à tirer marrons du feu,
Certes marrons verraient beau jeu ».   LA FONT., **Fabl.**, IX, 17.

60 « Mon cousin Jupiter, dit-il, verra dans peu
Un assez beau combat, de son trône suprême.
Toute sa cour verra beau jeu. »   ID., **Ibid.**, XII, 21.

61 « Viennent ces sœurs ; toutes, je te répond(s),
Verront beau jeu, si la corde ne rompt. »   ID., **Contes**, IV, 12.

— *Cartomanc. Le grand jeu,* le jeu complet des tarots. *Faire le grand jeu.* — *N. B.* L'expression *Jouer le grand jeu* est traitée *infra* (Cf. IV).

62 « J'ai les *sangs tournés,* donnez-moi le grand jeu ! s'écria la Cibot, il s'agit de ma fortune. »
BALZ., **Cousin Pons**, Œuvr., t. VI. p. 629.

63 « Carmen reprit donc les cartes en les brouillant : « Tiens, dit-elle, je vais te faire le grand jeu. Tire une carte... »
ARAGON, **Beaux quartiers**, II, XXXI.

‖ 3° *Par anal.* Série complète d'objets de même nature et d'emploi analogue. *Un jeu de brosses, de clefs, de limes... Un jeu de linge. Un jeu de rampes électriques* (Cf. Éclairer, cit. 22). *Combiner* (cit. 2) *un jeu de miroirs.* V. **Système.** — Imprim. *Jeu d'épreuves :* série d'épreuves du même ouvrage. — Mar. *Jeu d'avirons, de pavillons, de voiles.* — Mus. *Jeu d'orgue*,* ou *d'orgues,* rangée de tuyaux de même espèce et de même timbre, formant une suite chromatique de sons.

64 « Alors Carhaix sourit et montra tout un jeu de minuscules clochettes, installé entre deux piliers, sur une planche. »
HUYSMANS, **Là-bas,** III.

65 « Vers le milieu de septembre, je rassemblai le meilleur de ma modeste garde-robe, renouvelai mon jeu de cravates et partis. »
GIDE, **Isabelle,** I.

IV. La manière dont on joue.

— *Un jeu habile, prudent, téméraire.* Fig. *Jouer* un jeu dangereux, serré*... Jouer franc** (2, cit. 9) *jeu, y aller* (cit. 66) *de franc* jeu* (Cf. Amour-propre, cit. 7), *y aller bon jeu, bon argent*. Jouer un double** (cit. 11) *jeu.* (Cf. Fureter, cit. 6). — *Quel jeu jouez-vous ? Cessez ce jeu* (Cf. Fâcher, cit. 19). *Lire, voir clair dans le jeu de quelqu'un, percer son jeu :* deviner ses intentions. — *La finesse, la fourberie de son jeu...* (Cf. Esprit, cit. 123 ; fourbe, cit. 6).

66 « C'est moi que tu redoutes, pour moi que tu joues ce jeu dont le sens m'échappe encore. Tu as un amant, n'est-ce pas ? Qui est-il ? »
GIRAUDOUX, **Électre,** II, 5.

67 « ... le jeu subtil de l'éternelle duplicité slave,... »
MART. du G., **Thib.,** t. VII, p. 93.

68 « J'ai tout de suite lu dans votre jeu. »
MAURIAC, **Fin de la nuit,** VIII, p. 177.

— *Par anal.* Façon de manier une arme, un instrument. Spécialt. *Escr.* Façon d'escrimer, de faire des armes. *Escrimeur au jeu habile, prompt... Savoir le jeu de son adversaire,* connaître les coups dont il use habituellement et, *au fig.* sa manière d'agir. — Mus. Manière de jouer d'un instrument. *Jeu d'un flûtiste* (cit.), *d'un violoniste... Un jeu brillant, gauche, nuancé, souple...*

69 « C'est une belle épée. Son jeu est net. Il a de l'attaque, pas de feintes perdues, du poignet, du pétillement, de l'éclair, la parade juste, et des ripostes mathématiques, bigre ! et il est gaucher. »
HUGO, **Misér.,** III, IV, IV.

70 « Elle chanta, s'accompagnant d'un jeu sûr, assez expressif. Son soprano très grêle, donnait à l'étrange mélodie une valeur de mystère et d'irréalité. »
FARRÈRE, **La bataille,** XI.

— *Théâtre* et *Cinéma.* Manière de jouer, d'interpréter un rôle. *Le jeu célèbre de Raimu, de Greta Garbo... Le jeu, les nuances du jeu d'un acteur* (Cf. Émotion, cit. 17 ; fixer, cit. 5). *Un jeu pathétique, poignant, sobre... Le jeu muet d'un mime.* — *Fig.* et *fam.* (allus., à l'origine, au jeu démodé des vieux comédiens). *Être vieux jeu,* ne pas être en accord avec la mode, le goût (cit. 50) du jour. *Jeune fille affligée d'une mère vieux jeu. Un mobilier vieux jeu.* — *Par ext.* et *fig.* Rôle, comédie qu'on joue. *Être pris* à son propre jeu. Naïf qui se laisse prendre* au jeu d'une coquette.* V. **Manège.** *Jouer le jeu du désespoir* (Cf. Espiègle, cit. 2), *de la crainte... Jouer le grand jeu,* déployer tous ses talents de comédien pour convaincre, séduire (Cf. Faire, cit. 30), et *par ext.* tous ses artifices, toutes ses ressources pour arriver à ses fins.

71 « Ce rire du désespoir est l'effet le plus difficile et le plus remarquable que le jeu dramatique puisse produire... »
Mᵐᵉ de STAËL, **Corinne,** XVII, IV.

72 « Toutes les fois que Monnier joue, il attire au théâtre un public spécial d'artistes et de connaisseurs, mais son jeu est trop fin, trop vrai, trop naturel pour amuser beaucoup la foule. »
GAUTIER, **Portr. contemp.,** Henry Monnier.

73 « La mère du jeune bey, — une 1320, ainsi que les dames vieux jeu sont désignées par les petites fleurs de culture intensive écloses dans la Turquie moderne,... »
LOTI, **Désenchant.,** I, III.

74 « Je vais peut-être vous paraître vieux jeu, mais j'ai un mépris sans bornes pour ces femmes qui vont d'amant en amant, le plus souvent sans amour, pour des raisons de prestige ou de carrière,... »
MAUROIS, **Terre promise,** XXII.

75 « Il parla avec fougue de la mission Müller, des espoirs tenaces de Stefany. Il se prenait lui-même à son jeu »
MART. du G., **Thib.,** t. VII, p. 232.

76 « Je l'ai vu (*Jacques Copeau*), cent fois, donner aux acteurs des indications de jeu non point purement verbales, mais en bondissant sur la scène, en esquissant lui-même le geste ou en prenant lui-même l'attitude qu'il jugeait convenables. » DUHAM., **Temps d. l. recherche,** XVI.

— *Par ext.* Art, manière de se servir d'un instrument, d'un ensemble de moyens... *Le jeu de mains d'un pianiste. Boxeur qui a un mauvais jeu de jambes.*

— *Jeu de scène :* Ensemble d'attitudes, de gestes, de mouvements qui concourent à un effet scénique (Cf. Coquet, cit. 12). *Jeux de scène réglés par le metteur en scène.*

— *Jeu de physionomie :* mouvement des traits qui change l'expression du visage, le rend particulièrement expressif à un moment donné. *Cet acteur a des jeux de physionomie saisissants.*

77 « Quel jeu de physionomie ! qu'il a de feu dans le regard ! »
FAVART, **Soliman II,** I, 10 (in LITTRÉ).

78 « ... une physionomie dont l'ensemble indiquait une grande finesse, beaucoup de grâce dans le jeu des yeux où se retrouvait l'expression particulière aux femmes de l'ancienne cour et que rien ne saurait définir. » BALZ., **La bourse,** Œuvr., t. I, p. 339.

— *Jeu de lumière,* combinaison de reflets mobiles et changeants produits soit par une lumière fixe sur un corps en mouvement, soit par une lumière qui se déplace sur un corps immobile. *Jeu de lumière dans l'eau, sur l'eau. Jeu fugitif* (cit. 7) *d'un rayon sur un toit.* — *Les jeux de lumière du théâtre,* produits par des sources lumineuses mobiles de formes et de colorations diverses (*jeux de projecteurs*). — *Jeu d'eau,* combinaison de formes variées qu'on fait prendre à un ou plusieurs jets* d'eau, en changeant les ajutages, et *par ext.* le dispositif utilisé à cet effet. *Installer un jeu d'eau dans un bassin. La chute* (cit. 4) *d'un jeu d'eau. Les jeux d'eau de Versailles.* — Mus. *Jeux d'eau de la Villa d'Este,* de Liszt. *Jeux d'eau* (1901), de M. Ravel.

79 « Un *sereno,...* marchait devant nous, portant au bout de sa lance une lanterne dont les vacillantes lueurs produisaient toutes sortes de jeux d'ombre et de lumière... » GAUTIER, **Voyage en Espagne,** p. 129.

V. Mouvement aisé, régulier d'un objet, d'un organe, d'un mécanisme... V. **Fonctionnement.** *Jeu d'un pilon* (Cf. *par métaph.* Émietter, cit. 3), *d'un ressort, d'un verrou... Le jeu des muscles* (Cf. Abandonner, cit. 33 ; cuisse, cit. 3). *Le libre jeu des articulations* (Cf. Aplomb, cit. 3). — *Par métaph. Laisser leur libre jeu aux dons naturels* (Cf. Honneur, cit. 56). *Libre jeu des facultés* (Cf. Conception, cit. 3), *de l'intelligence* (Cf. Inhérent, cit. 3). — *Fig.* V. **Action.** *Par le jeu d'alliances secrètes* (Cf. Ignorer, cit. 13), *de causes diverses* (Cf. Géologie, cit. 2). *Le jeu aveugle de forces contraires* (Cf. Carnage, cit. 5 ; équilibre, cit. 12). *Le jeu de forces extérieures* (Cf. Forme, cit. 79). *Les forces en jeu. Le jeu des parties sexuelles dans la fructification* (cit. 1 ROUSS.).

80 « La nuit dérobe les formes, donne de l'horreur aux bruits ; ne fût-ce que celui d'une feuille, au fond d'une forêt, il met l'imagination en jeu... » DIDER., **Salons,** Vernet, Sept soleils paysages.

81 « Les peines trop vives exagèrent le jeu du grand sympathique. Cette exaltation de la sensibilité entretient dans une constante irritation la muqueuse de l'estomac. »
BALZ., **Lys dans la vallée,** Œuvr., t. VIII, p. 955.

82 « ... le jeu rapide des doigts dépeçant la viande,... »
FROMENTIN, **Été dans le Sahara,** p. 277.

83 « La Grande tricotait, seule dans sa cuisine ; et, sans ralentir le jeu des aiguilles, elle les regarda fixement,... » ZOLA, **La terre,** II, VII.

84 « ... dans la détente de leurs bras, dans le jeu encore puissant de leurs muscles, dans leurs sauts encore agiles, dans la fatigue et la hâte d'arriver à la fin. » LOTI, **Figures et choses...,** Danse des épées.

85 « Pendant que les syndicats particuliers se développent et se multiplient, leur organisation d'ensemble grossit automatiquement, par le jeu du système, simple et robuste, établi dès l'origine ;... »
ROMAINS, **H. de b. vol.,** t. V, XXIV, p. 230.

— *Par ext.* Technol. Espace ménagé pour la course d'un organe, le mouvement aisé d'un objet. *Jeu du cylindre,* entre le piston et le couvercle ou le fond du cylindre. *Donner du jeu, un léger jeu, trop de jeu à une fenêtre, un tiroir.* — *Par métaph.* (Cf. *infra,* cit. 86). — *Fig. Laisser un peu plus de jeu aux transactions* (Cf. Impôt, cit. 6). — *Spécialt.* (Dans un sens défavorable). Défaut de serrage, d'articulation* entre deux pièces d'un mécanisme. *Axe qui a du jeu* (Cf. aussi Caronade, cit.). *Jeu latéral, longitudinal.*

86 « Je voudrais que vous eussiez été saignée... cela vous eût débouché les veines, cela eût donné du jeu et de l'espace à votre sang ;... »
SÉV., **1160,** 6 avril 1689.

COMP. — Enjeu. Hors*-jeu.

JEUDI. n. m. (*Juesdi* au XII⁰ s. ; lat. *Jovis dies,* « jour de Jupiter »). Le cinquième jour de la semaine*. *Les écoliers* (cit. 7) *ont congé tous les jeudis* (Cf. Fillette, cit. 1 ; gage, cit. 7). *Train qui circule le jeudi et le samedi* (Cf. Immobiliser, cit. 2). *C'était jeudi, jour de marché* (Cf. Foisonner, cit. 5). *J'irai vous voir jeudi, jeudi prochain, jeudi soir, un jeudi. Un jeudi ensoleillé, maussade, pluvieux...* — *Le jeudi gras,* le jeudi qui précède le Mardi-gras. *Le jeudi de la Mi-Carême. Le jeudi saint, le jeudi de l'absoute** (vx), le jeudi qui précède Pâques. — *Fig.* et *fam. Il vous remboursera la semaine des trois* (vx), *des quatre jeudis.* V. **Jamais** (Cf. Gueux, cit. 8).

1 « ... les jésuites avaient formé le complot d'assassiner, le jeudi saint... le roi d'Espagne et toute la famille royale... »
D'ALEMB., **Corresp. avec Volt.,** 4 mai 1767.

2 « Deux fois par semaine, le dimanche et le jeudi, il fallait mener les enfants en promenade. » DAUDET, **Petit Chose,** I, VI.

JEUN (À). *loc. adv.* (XII⁰ s. ; également adj. jusqu'au XVI⁰ s. ; lat. *jejunus*). Sans avoir rien mangé* de la journée. *Être à jeun* (Cf. Faiblesse, cit. 10). *Un loup à jeun et affamé* (Cf. Attirer, cit. 5). *Partir, marcher à jeun* (Cf. Estafilade, (cit.).). *Rester à jeun.* V. **Jeûne** (faire), **jeûner.** *Être à jeun pour communier. — Remède qu'il faut prendre à jeun.* — *Par ext.* et *fam.* Se dit d'une personne, et *spécialt.* d'un ivrogne qui n'a encore rien bu. *Quand il est à jeun, il n'est pas méchant.*

1 « Celui qui boit à jeun trois fois cette fontaine,
Soit passant ou voisin, il devient amoureux. »
RONSARD, Sonnets pour Hélène, II, Stances...

2 « Vraiment, nous voici bien : lorsque je suis à jeun,
Tu me viens parler de musique. » LA FONT., Fabl., IX, 18.

3 « Il arriva vers huit heures et demie du soir, presque à jeun, et
tellement épuisé par la faim et par la douleur, qu'il écouta la Vauthier
lorsqu'elle lui proposa de prendre part à son souper... »
BALZ., L'Initié, Œuvr., t. VII, p. 406.

4 « Un galant à jeun ne sait point trouver de jolies paroles comme
celui qui s'est éclairci les idées avec une petite pointe de vin. »
SAND, Mare au diable, XII.

5 « Jacques finit par échouer à la table d'un café de la place de la
Bastille. À jeun depuis hier, il avait soif et faim. »
MART. du G., Thib., t. VII, p. 141.

ANT. — Rassasié, repu, soûl.

JEUNE. adj. et n. (Juevne, juene, jonc au XIIe s. ; lat.
class. juvenis, devenu jovenis, avec o bref en lat. vulg.).

I. Adj. ‖ **1°** Peu avancé en âge (en parlant des personnes) *Être jeune, tout jeune* (Cf. Et, cit. 14 ; frimas, cit. 8 ;
ineffaçable, cit. 5). *Il est encore bien jeune.* V. **Jeunet,
jeunot** (Cf. Si on lui tordait le nez il en sortirait encore du
lait). *Elle le trouvait trop jeune* (Cf. Avance, cit. 35). *Le plus
jeune des deux ; le plus jeune et l'aîné.* V. **Benjamin, cadet,**
et *infra,* 5° (Cf. Inintelligible, cit. 3). *Être encore jeune* (Cf.
Flétrir 1, cit. 22 ; frayer 1, cit. 4 ; gaupe, cit. 3). *Jeune
encore, ardent* (cit. 20), *impétueux* (VOLT.). *N'être plus
jeune, plus très jeune, plus tout jeune. Quand j'étais jeune*
(Cf. Enrager, cit. 5). *Se marier jeune. Mourir jeune* (Cf.
Flamber, cit. 6). *Loc. prov. Celui qui meurt jeune est aimé
des dieux* (Cf. Aimer, cit. 75 ; inconséquence, cit. 6). *Jeune
être* (Cf. Appartenir, cit. 12), *jeune enfant* (Cf. Briser,
cit. 25). *Jeune femme*, jeune fille*, jeune homme*, jeunes
gens*, jeune personne*. Un jeune homme imberbe** (cit. 2).
Une jeune fille ingénue*. Jeune ami (Cf. Affadir, cit. 7).
Jeunes époux (Cf. Auspice, cit. 4 ; filer, cit. 3). *Jeune
premier** (Cf. Guère, cit. 10). *Jeune audacieux* (cit. 8 et 10),
écervelé, étourdi (Cf. Article, cit. 9). *Jeune fat* (Cf. Incroyable, cit. 14) ; *jeune freluquet* (cit. 3). *Jeune blanc-bec...
Une jeune beauté. La jeune Tarentine* (Cf. Flûte, cit. 1
A. CHÉNIER). *Jeune et jolie* (Cf. Barbon, cit. 1) ; *jeune et
beau* (Cf. Adonis, cit. 12). « *Charmant, jeune,
traînant tous les cœurs après* (cit. 35) *soi* » (RAC.). « *Il ne
sert de rien d'être belle* (cit. 8) *sans être jeune* » (LA ROCHEF.).
— *Nous avons été jeunes avant vous :* nous savons ce que
c'est que d'être jeune. N'avez-vous pas été jeune et fait des
fredaines* (cit. 1) *comme les autres ? — Paraître jeune,
plus jeune que son âge. Faire* jeune. Ils font jeunes,* ou
adverbialt. *ils font jeune. Par ext.* Formé de personnes
jeunes. *Jeune public, jeune génération* (Cf. Faillite, cit. 6).
La jeune France. Démogr. Population jeune.

1 « Je suis jeune, il est vrai, mais aux âmes bien nées,
La valeur n'attend pas le nombre des années. » CORN., Cid, II, 2.

2 « Et tu entreras là à vingt ans, et tu en sortiras à cinquante. Tu
entreras jeune, rose, frais, avec tes yeux brillants et toutes tes dents
blanches, et ta belle chevelure d'adolescent, tu sortiras cassé, courbé,
ridé, édenté, horrible, en cheveux blancs. » HUGO, Misér., IV, IV, II.

3 « Quand on est jeune, on a des matins triomphants,
Le jour sort de la nuit comme d'une victoire ; »
ID., Lég. des siècles, II, Booz endormi.

4 « J'ai grand effort à faire pour me persuader que j'ai l'âge à présent
de ceux qui me paraissaient si vieux quand j'étais jeune. »
GIDE, Journal, 9 juin 1930.

5 « Il n'était plus jeune cet homme-là. Il devait même être tout près
de la retraite. » CÉLINE, Voyage au bout de la nuit, p. 30.

6 « Il faut avouer que pour un vieux de la vieille je faisais un peu
jeune, malgré ma barbe et ma crasse. »
ROMAINS, H. de b. vol., t. II, XVIII, p. 206.

7 « Pierre Gilieth était âgé de trente-huit ans. Le soir, aux lumières,
il paraissait un peu plus jeune. » MAC ORLAN, La Bandera, I.

— *Par anal.* (En parlant des animaux). *Jeune chat, jeune
chien. Gaieté* (cit. 4) *de jeune animal. Jouer, s'ébrouer
comme un jeune animal. Le cerf et ses jeunes faons* (Cf.
Bois, cit. 30). *Jeunes porcs dans leur auge* (cit. 1).

8 « Un souriceau tout jeune, et qui n'avait rien vu, »
LA FONT., Fabl., VI, 5.

— (En parlant des plantes). *Jeune plant. Jeunes arbres*
(Cf. Gazon, cit. 4). *Chaussée plantée de jeunes trembles*
(Cf. Après, cit. 30). *Par ext. Les jeunes verdures des bois*
(Cf. Hanneton, cit. 2). *La jeune frondaison* (cit. 2) *des
marronniers et des platanes. Par métaph.* « *Jeunes et
tendres fleurs par le sort agitées* » (RAC., Cf. Fille, cit. 15).

— (En parlant des choses qui, relativement, existent
depuis peu de temps). V. **Nouveau, récent.** *Tissus jeunes
de l'organisme* (Cf. Greffe 2, cit. 5). *Montagnes vieilles et
montagnes jeunes. Un pays jeune. L'industrie* (cit. 14)
française est plus jeune que l'industrie anglaise. Une doctrine jeune et intolérante (cit. 3).

‖ **2°** Qui a les caractères physiques, moraux d'une personne peu avancée en âge (en parlant de gens de tous âges).
*Soyez jeune ! Restez jeune ! Vous êtes toujours jeune, vous
n'avez pas changé. Demeurer jeune et désirable* (Cf. Femme,
cit. 92). *À plus de cinquante ans, il était encore tout jeune.*

V. **Vert** (Cf. Avachir, cit. 1 ; cul-de-sac, cit. 27). *Vouloir
rester jeune* (Cf. Fatuité, cit. 3). *Femme éternellement
jeune* (Cf. Fuyant, cit. 3). — *Être jeune de corps, de visage,
de cœur, de caractère...*

9 « Pour vouloir la république,... il fallait... être jeune, avoir cette
jeunesse d'âme, cette chaleur de sang, cet aveuglement fécond, qui voit
déjà dans le monde ce qui n'est encore qu'en l'âme, et qui, le voyant,
le crée... » MICHELET, Hist. Révol. franç., V, V.

10 « Oui, Marat même est jeune en ce moment. Avec ses quarante-cinq
ans, sa longue et triste carrière, brûlé de travail, de passions, de
veilles, il est jeune de vengeance et d'espoir. » ID., Ibid., IV, VI.

11 « Peu de gens savent vieillir », a dit M. de La Rochefoucauld. M. de
Chateaubriand le savait moins que personne mais il sut rester jeune
bien longtemps... Sauf les toutes dernières années, il était par l'imagination la jeunesse même. »
STE-BEUVE, Chateaubriand, t. I, p. 75, note.

12 « Il (Chateaubriand) est le Prince, a dit quelqu'un, de cette jeunesse
qui n'a pas su être jeune, et qui, les années venues, ne saura pas
vieillir. » ID., Ibid., t. I, p. 126.

— *Par anal.* V. **Vif.**

13 « ... elle (ta lettre) a remué en moi des vieux sentiments toujours
jeunes. » FLAUB., Corresp., t. III, p. 273 (éd. Charpentier).

— *Spécialt.* Qui a la crédulité, l'ingénuité de la jeunesse.
V. **Naïf.** *Vous croyez cela ? vous êtes encore jeune ! Mon
Dieu qu'il est jeune !* (ACAD.).

14 « Candeur et crédulité, c'est le caractère du premier âge révolutionnaire, qui a passé sans retour... Touchante histoire qu'on ne
relira jamais sans larmes... Il s'y mêle un amer : Quoi ! nous
étions donc si jeunes, tellement faciles à tromper ! quoi ! dupes à ce
point ! » MICHELET, Hist. Révol. franç., IV, I.

15 « C'est si simple, n'est-ce pas, l'amour ? Tu ne lui prêtais pas ce
visage ambigu, tourmenté ? On s'aime, on se donne l'un à l'autre,
nous voilà heureux pour la vie, n'est-ce pas ? Ah ! que tu es jeune,
et pis que jeune, toi qui ne souffres que de m'attendre ! »
COLETTE, La vagabonde, p. 224.

‖ **3°** *Par ext.* Qui est relatif aux personnes peu avancées
en âge. *Jeune âge.* V. **Jeunesse** (Cf. Âge, cit. 31 ; aiguille,
cit. 8 ; drame, cit. 9 ; instruire, cit. 8). *Dans mon jeune
temps* (Cf. Faillir, cit. 7). *Les histoires de mon jeune temps*
(Cf. Attacher, cit. 38). *Poétiqt. Nos jeunes ans* (cit. 12). *Nos
jeunes années* (cit. 9). Cf. Briser, cit. 4. *Jeunes saisons* (Cf.
Errance, cit. 4).

16 « ... le contact avec la misère dans son jeune âge avait comme tari
son imagination ;... » CHARDONNE, Destin. sentim., p. 193.

— Qui appartient aux personnes peu avancées en âge ou
présente les caractères de la jeunesse. — REM. Placé devant
le nom, *jeune* indique surtout l'appartenance à une personne peu âgée (*jeune cœur*) ; placé après le nom, il peut
s'appliquer aux personnes âgées (*cœur jeune*). *Jeune visage.
Front jeune* (Cf. Couronner, cit. 8). *Fraîcheur d'une peau
jeune.* V. **Frais.** *Corps jeune* (Cf. Cabotinage, cit. 4). *Jeune
sang, jeune sève* (Cf. Bouillonner, cit. 4). *Avoir le sang
jeune* (Cf. Carnation, cit. 2). *Un jeune cœur* (Cf. Arriver,
cit. 31). *Avoir le cœur* (cit. 76) *jeune, un cœur toujours
jeune* (Cf. Appétit, cit. 23). *Jeunes cerveaux* (Cf. Bouillonner, cit. 4), *jeunes esprits* (Cf. Incroyance, cit.). *Une jeune
ardeur* (V. **Juvénile**). *Un jeune courage. Jeunes amours* (Cf.
Aube, cit. 9).

17 « (Ces écrits) qui gâtent tous les jours tant de jeunes esprits. »
MOL., Sgan., I.

18 « Tenez, mon cœur s'émeut à toutes ces tendresses,
Cela ragaillardit tout à mes vieux jours,
Et je me ressouviens de mes jeunes amours. »
ID., Fem. sav., III, 6.

19 « Elle restait assise auprès de Louise, qui souriait de ses yeux jeunes,
les joues roses, ses cheveux gris frisés sous son chapeau de paille. »
CHARDONNE, Destin. sentim., p. 373.

20 « La blancheur de ses cheveux légers faisait plus jeune encore ce
sourire et tout son visage. » MART. du G., Thib., t. I, p. 152.

— *Le bleu, le blanc sont des couleurs jeunes,* qui conviennent aux jeunes. *Une coiffure jeune. Une tenue jeune et
sportive. Elle portait une toilette jeune, printanière.*
Adverbialt. *S'habiller jeune,* porter ce que portent les personnes jeunes. *Elles s'habillent trop jeune pour leur âge.*

‖ **4°** Qui est relativement moins âgé que la plupart des
personnes de même métier, de même état. *Jeune auteur*
(Cf. Aventurier, cit. 14). *Jeune écrivain* (cit. 8). *Un jeune
médecin* (Cf. Capacité, cit. 9). *Jeune prélat, jeune ministre...
Il a été élu académicien bien jeune* (ACAD.).

‖ **5°** Qui est né après une personne de même nom : — a) un
aîné. V. **Cadet, junior.** *Fromont jeune. —* b) un père.
Dupont père et Dupont jeune. V. **Fils.** — c) un ancêtre.
Pline le Jeune et Pline l'Ancien.

‖ **6°** Qui est nouveau (dans un état, une occupation).
V. **Nouveau.** *Jeunes mariés :* personnes récemment mariées.
Des époux jeunes ne sont pas toujours des jeunes mariés.
— Fam. *Être jeune dans le métier :* l'exercer depuis peu de
temps. V. **Inexpérimenté, novice.**

21 « ... elle s'abandonna avec une gentillesse de jeune mariée amoureuse. » ROMAINS, H. de b. vol., t. V, XXVI, p. 260.

|| 7° Fam. Qui est un peu juste, un peu court, insuffisant. *C'est un peu jeune.* « On dit quand on a consommé la meilleure partie de quelque chose, que le reste en sera bien jeune » (FURET. 1690).

II. Substant. || 1° Personne jeune. *Les jeunes.* V. **Adolescent, gens** (jeunes gens), **jeunesse** (Cf. Annihiler, cit. 2 ; atavique, cit. ; formidablement, cit. 2 ; fortune, cit. 1 ; glouton, cit. 3). *Tous, les jeunes comme les vieux* (Cf. Convention, cit. 13). *Place aux jeunes ! Outrances, hardiesses* (cit. 27) *de jeune. L'intolérance* (cit. 7) *des jeunes. L'amour fait tout entreprendre* (cit. 1) *aux jeunes. Les jeunes ne savent plus s'amuser* (Cf. Fleur, cit. 14). *Bande, réunion de jeunes. Nous serons entre jeunes. — Faire le jeune, la jeune,* vouloir paraître jeune.

22 « Pour le jeune ou pour le barbon
À tout âge l'amour est bon. »
MOL., *Poés. div.*, Interm. nouv. du *Mar. forcé.*

23 « ... Vous m'avez comme reproché d'être un peu jeune. Je vous dirai ceci : que les jeunes ont des façons brusques, mais souvent le cœur modeste, tandis que les vieux, souvent, avec des apparences saintes, ont le cœur dur et orgueilleux. »
MONTHERLANT, Maître de Santiago, III, 4.

|| 2° Petit d'un animal. V. **Petit.** *Le jeune d'un animal. Une chienne et ses jeunes. Chatte qui va avoir des jeunes.*

ANT. — Âgé, doyen, vieux. Caduc, confit. Aîné ; père ; ancien. Vieillard, vieux (substant.).

DER. — Jeunesse, jeunet. — Jeunement. adv. (*Jonement* au XIIIᵉ s.). D'une manière jeune (peu usit. après le XVIᵉ s.). — Jeunot. n. m. (Néol.). *Fam.* Jeune homme. *Un petit jeunot.*

COMP. — Rajeunir* (Cf. aussi les mots formés sur le rad. *juvenis*).

JEÛNE. n. m. (XIIᵉ s. ; substant. verbal de *jeûner**). Privation* volontaire de toute nourriture. V. **Abstinence.** *Le jeûne,* pratique d'ascétisme*. *Ascètes* (cit. 2) *épuisés par le jeûne* (Cf. Aiguillon, cit. 6). *Les jeûnes des fakirs* (cit. 2). *S'imposer un jeûne.* V. **Jeun** (rester à), **jeûner.** *Pratiquer le jeûne. Jeûne austère, rigoureux... Faim* d'inanition causée par un jeûne prolongé. Jeûne passager prescrit à titre médical.* V. **Diète.** *Jeûne hygiénique.* — *Spécialt.* Pratique religieuse observée dans un esprit de mortification, et qui consiste dans l'abstention totale ou partielle de nourriture, entre le lever et le coucher du soleil, pendant une période déterminée. *Le jeûne du carême*, du ramadan*... Observer, rompre le jeûne* (Cf. Chocolat, cit. 2). *Jeûne rituel.* — *Relig. chrét.* V. **Carême, pénitence.** *Indiction* (cit.) *d'un jeûne. Jours de jeûne.* V. **Quatre-temps, vigile.** *Jeûne de l'Église primitive.* V. **Xérophagie.** — *Jeûne eucharistique,* abstention d'aliments solides dans les heures qui précèdent la communion.

1 « Je suis friand de poisson et fais mes jours gras des maigres et mes fêtes des jours de jeusne (*jeûne*)... »
MONTAIGNE, Essais, III, XIII.

2 « ... vous en pourriez boire le matin (*du vin*), et quand il vous plairait, sans rompre le jeûne ;... »
PASC., Provinc., V.

3 « (*Que tous les Juifs*)...
... pendant ces trois jours gardent un jeûne austère. »
RAC., Esth., I, 3.

4 « Il jeûnait plus longtemps qu'autrui les jours de jeûne,
Quoiqu'il perdît sa force et qu'il ne fût plus jeune. »
HUGO, Lég. des siècles, IX, L'an neuf de l'Hégire.

5 « On était au 8 novembre, qui correspondait, cette année, avec l'ouverture de ce mois de ramazan, pendant lequel il y a jeûne austère tous les jours,... »
LOTI, Désenchantées, V, XXX.

— *Par ext.* Privation* forcée d'aliments (Cf. Friand, cit. 2). *Pauvres gens, chevaux étiques* (cit. 2) *exténués* (cit. 1) *de jeûnes.*

6 « Après avoir donné son aumône au plus jeune,
Pensif, il s'arrêta pour les voir...
Un long jeûne
Avait maigri leur joue, avait flétri leur front. »
HUGO, Rayons et Ombres, XXXI.

— *Fig.* Toute espèce d'abstention ou de privation.

7 « Il réserve, l'ingrat, ses caresses à d'autres,
Et nourrit leurs plaisirs par le jeûne des nôtres. » MOL., Sgan., V.

8 « Ce qui me tourmentait le plus, c'était le jeûne infligé à mes sens. Mon énervement était celui d'un pianiste sans piano, d'un fumeur sans cigarettes. »
RADIGUET, Diable au corps, p. 97.

JEÛNER. v. intr. (XIIᵉ s. ; var. *juner, jejuner* ; lat. ecclés. *jejunare*). Se priver volontairement de nourriture ou en être privé, par force, faute d'aliments. *La marmotte, le loir jeûnent tout l'hiver.* V. **Jeun** (rester à), **jeûne.** *Faire jeûner un malade. — Par exagér.* Ne pas manger à sa faim. *Mère qui fait, qui laisse jeûner ses enfants* (Cf. Grappiller, cit. 3). — *Spécialt.* S'abstenir d'aliments ou de certains aliments, pour faire acte de dévotion, de mortification ; observer un jeûne (cit. 4) rituel. *Chrétiens qui jeûnent fréquemment* (Cf. Austère, cit. 16), *qui jeûnent tout le carême. Musulman qui jeûne pendant le Ramadan. Jeûner au pain et à l'eau.*

1 « Lorsque vous jeûnez, ne prenez pas un air triste, comme les hypocrites, qui se rendent le visage tout défait, pour montrer aux hommes qu'ils jeûnent. » BIBLE (SACY), Évang. St Matthieu, VI, 16.

« Il vaut mieux ne pas jeûner et en être humilié, que de jeûner et en être complaisant. » PASC., Pens., VII, 499. — 2

« Est-il donc, pour jeûner, quatre-temps ou vigile ? »
BOIL., Lutrin, I. — 3

« ... elle... jeûnait très exactement les jours d'obligation. »
ST-SIM., Mém., V, XI. — 4

« Depuis lors mes finances ont souvent été fort courtes, mais jamais assez pour être obligé de jeûner. » ROUSS., Confess., IV. — 5

« J'ai prié sans relâche et jeûné quatre jours,
Je me suis repenti :... »
LECONTE DE LISLE, Poèmes barbares, Les deux glaives, I. — 6

ANT. — Alimenter (s'), déjeuner, manger*. — **COMP.** — Déjeuner.

DER. — Jeûne. — **Jeûneur, euse.** n. (1549). Celui, celle qui jeûne. *Les célèbres jeûneurs hindous.*

JEUNESSE. n. f. (XIIᵉ s. ; de *jeune.* V. **Jouvence**).

|| 1° Temps de la vie entre l'enfance et la maturité (V. **Âge**). *L'adolescence, première partie de la jeunesse* (V. **Adolescence**). — REM. Dans l'usage, *jeunesse* a souvent un sens plus large, et peut comprendre les dernières années de l'enfance* et les premières de la maturité*, la notion de jeunesse variant sensiblement avec l'âge de celui qui en parle (Cf. aussi Les beaux jours* de la vie, le bel âge*). *La jeunesse, première saison*, printemps*, matin* de la vie* (Cf. aussi Les beaux jours* de la vie, le bel âge*). *Première, prime jeunesse* (Cf. Attachement, cit. 19 ; enveloppe, cit. 5 ; imagination, cit. 17 ; infidélité, cit. 10). *Par euphém. N'être plus de la première jeunesse,* n'être plus jeune. *La tendre jeunesse* (Cf. Les jeunes, les vertes années, et aussi Athlète, cit. 2). *La jeunesse en sa fleur* (Cf. Briller, cit. 3 ; coton, cit. 6 ; étamine, cit. 2). *En pleine jeunesse, à la fleur* (cit. 25) *de la jeunesse, à l'âge de l'amour. La jeunesse qui s'envole* (Cf. Adieu, cit. 13 HUGO). *Le peu de jeunesse qui lui reste* (Cf. Farceur, cit. 7). *La jeunesse est une fleur qui tombe* (Boss., Or. fun. Mar.-Thér.). *Le temps heureux de ma jeunesse* (Cf. Élégance, cit. 6). *Dans ma jeunesse, ma verte jeunesse* (Cf. Affirmation, cit. 3 ; animal, cit. 10 ; étude, cit. 14) ; *au temps de ma jeunesse* (Cf. Temps. De mon temps*). *En sa jeunesse* (Cf. Entreprise, cit. 1). *La jeunesse est une attente* (cit. 18), *le temps où l'on admire* (Cf. Humilier, cit. 14), *où l'on comprend mal les conventions* (cit. 9)... *Employer sa jeunesse aux études* (cit. 17). *Gaspiller sa jeunesse. Péché* de jeunesse. *Étourderie* (Cf. Aviser, cit. 13), *folie, écart* (cit. 7), *erreur* (cit. 34) *de jeunesse. Les excès, les dérèglements* (cit. 5), *les fredaines* (cit. 3) *de sa jeunesse. Œuvre de jeunesse* (Cf. Essai, cit. 15) ; *toile de jeunesse* (Cf. Influence, cit. 13). *Par ext. Jeunesse heureuse, malheureuse, orageuse, folle* (Cf. Arondelle, cit. 2). *Jeunesse oisive, studieuse...* « Ma jeunesse ne fut qu'un ténébreux orage » (BAUDEL., Cf. Brillant, cit. 5). « Au temps de ma jeunesse folle » (VILLON, Cf. Étudier, cit. 2). « Cueillez, cueillez votre jeunesse » (Cf. RONSARD, Cueillir, cit. 5 ; et Beauté, cit. 18). — PROV. *Il faut que jeunesse se passe, il faut être indulgent aux écarts des jeunes gens* (Cf. Frasque, cit. 2).

1 « Le vrai trésor de l'homme est la verte jeunesse,
Le reste de nos ans ne sont que des hivers. »
RONSARD, Pièces posthumes, Stances.

2 « ... confions-nous toutes ces étourderies, car il faut que jeunesse se passe. » SÉV., 913, 3 mai 1683.

3 « La jeunesse est le temps d'étudier la sagesse ; la vieillesse est le temps de la pratiquer. » ROUSS., Rêveries, IIIᵉ prom.

4 « Amis, qu'est-ce qu'une grande vie ? sinon une pensée de la jeunesse exécutée par l'âge mûr. » VIGNY (Cf. Exécuter, cit. 26).

5 « Elle semblait n'avoir jamais eu de jeunesse, son regard ne parlait jamais du passé. » BALZ., Mᵐᵉ de La Chanterie, Œuvr., t. VII, p. 270.

6 « La marquise avait eu, dans la force du terme, ce qu'on appelle une jeunesse orageuse ;... » MUSSET, Nouv., Emmeline, III.

7 « Dis, qu'as-tu fait, toi que voilà,
De ta jeunesse ? »
VERLAINE, Sagesse, III, VI.

— *Seconde jeunesse,* sorte de nouvelle jeunesse qui semble rendre à certaines personnes d'âge mûr, les ardeurs, les passions de leur jeune temps (notamment dans la vie amoureuse, sentimentale).

8 « Plus elle (*Mˡˡᵉ Cormon*) s'avança vers cette fatale époque si ingénieusement nommée *la seconde jeunesse,* plus sa défiance augmenta. » BALZ., Vieille fille, Œuvr., t. IV, p. 253.

— *Par anal.* (en parlant des animaux) Période qui va de la naissance au développement complet des organes. *Les chiens, les chats sont joueurs dans leur jeunesse.* — (En parlant d'une chose) Le premier temps qui suit la naissance, l'apparition. *La jeunesse du monde.*

9 « Comme on voit sur la branche au mois de mai la rose,
En sa belle jeunesse, en sa première fleur, »
RONSARD, Amours de Marie, II, IV.

|| 2° Le fait d'être jeune. *La condamnation prononcée contre lui fut légère en raison de sa jeunesse. Grande, extrême jeunesse* (Cf. Atermoiement, cit. 1). *Tant de jeunesse désarme* (Cf. Blanc-bec, cit. 2). *Vous avez la jeunesse et l'avenir...* (Cf. Heure, cit. 62).

10 « — Rodrigue a du courage. — Il a trop de jeunesse.
— Les hommes valeureux le sont du premier coup. »
CORN., Cid, II, 3.

11   « J'admire ton courage, et je plains ta jeunesse.
Ne cherche point à faire un coup d'essai fatal ;
Dispense ma valeur d'un combat inégal ; »   ID., **Ibid.**, II, 2.

— *Par anal.* Le fait d'exister depuis peu de temps. « *La force des peuples barbares tient à leur jeunesse et disparaît* (cit. 19) *avec elle* » (HUGO). *La jeunesse d'un arbre.* Spécialt. *Jeunesse d'un vin, d'une eau-de-vie.*

12   « Cent ans, c'est la jeunesse d'une église et la vieillesse d'une maison. Il semble que le logis de l'homme participe de sa brièveté et le logis de Dieu de son éternité. »   HUGO, **Misér.**, II, IV, I.

13   « Il a tort de vouloir des eaux-de-vie pures, qui gardent si longtemps le défaut de la jeunesse, cette rudesse, qui oblige à les laisser dormir. »   CHARDONNE, **Destin. sentim.**, p. 119.

— État (physique ou moral) d'une personne jeune. *La fraîcheur, l'éclat* (cit. 30) *de la jeunesse* (Cf. Abrutir, cit. 1). *Charme de la jeunesse* (Cf. La beauté du diable, et *aussi* Acquérir, cit. 14). *La chaleur, la vigueur, l'emportement* (cit. 3), *les élans* (Cf. Arrière-saison, cit. 4), *les ardeurs* (cit. 23), *les passions* (Cf. Catéchisme, cit. 2), *la fougue* (Cf. Autorité, cit. 47), *les illusions* (cit. 20), *l'inexpérience* (cit. 1), *l'idéalisme* (cit. 4), *l'intransigeance* (cit. 3)... *de la jeunesse. Comprimer son exubérante* (cit. 2) *jeunesse. Avoir beauté, santé et jeunesse.*

14   « La jeunesse est une ivresse continuelle : c'est la fièvre de la raison. »   LA ROCHEF., **Réflex. et max.**, 271.

15   « Je veux te raconter, ô molle enchanteresse !
Les diverses beautés qui parent ta jeunesse ; »   BAUDEL., **Fl. du mal**, Spl. et id., LII.

16   « ... la jeunesse en face de la maturité ; l'audace, le goût du risque, en face de la prudence. »   MART. du G., **Thib.**, t. III, p. 128.

17   « Le plus grand désir des hommes est la jeunesse éternelle. Depuis Merlin jusqu'à Cagliostro, Brown-Séquard et Voronoff, charlatans et savants ont poursuivi le même rêve et souffert la même défaite. Personne n'a découvert le suprême secret. »   CARREL, **L'homme, cet inconnu**, V, V.

— *Absolt.* Caractère, ensemble de caractères propres à la jeunesse, mais qui peuvent se conserver jusque dans la vieillesse. *Être plein de jeunesse, bouillant de jeunesse* (Cf. Avoir le sang qui bout* dans les veines). *Il y a tout dans ce jeune homme, excepté* (cit. 8) *de la jeunesse* (STENDHAL). *Il a encore beaucoup de jeunesse pour son âge.* V. **Fraîcheur, verdeur, vigueur.** *L'action exige de la jeunesse, de l'aveuglement* (Cf. Étourdi, cit. 4). — *Air de jeunesse. Une figure pleine de jeunesse* (Cf. Impérial, cit. 4), *un front* (cit. 14) *sans jeunesse. La jeunesse de son sourire. Cœur encore plein de jeunesse* (Cf. Adieu, cit. 12). *Jeunesse de corps, de visage, de cœur* (cit. 77), *d'esprit* (Cf. Fraîcheur, cit. 16). *L'âge est venu sans refroidir la jeunesse du cœur* (Cf. Affection, cit. 14).

18   « ... Dionysius, ce bon dieu qui redonne aux hommes la gaieté, et la jeunesse aux vieillards,... »   MONTAIGNE, **Essais**, II, II.

19   « C'est la plus belle des jeunesses : la jeunesse de l'esprit quand on n'est plus jeune. »   LÉAUTAUD, **Propos d'un jour**, p. 56.

20   « ... chez elle, aucun trait n'a vieilli... même dans le visage... Une certaine tension de l'esprit entretient une perpétuelle jeunesse. »   CHARDONNE, **Destin. sentim.**, p. 302.

— *Par anal. Jeunesse éternelle* (cit. 34) *de la mer, de la forêt* (cit. 4), *de la nature...*

21   « La jeunesse et la puissance de la végétation lui parurent si merveilleuses qu'il ne douta pas un instant qu'il ne fût dans le Paradis terrestre. »   A. HERMANT, **Aube ardente**, III.

‖ 3° *Collectivt.* Les personnes jeunes des deux sexes. V. **Jeune** (les jeunes). — *Les jeunes gens, garçons ou filles, jeunes hommes ou jeunes femmes* (Cf. Avantageux, cit. 13 ; conformer, cit. 6 ; filtrer, cit. 9 ; hammam, cit.). *La jeunesse et les gens d'âge mûr. Aimer fréquenter* (cit. 11) *la jeunesse. Rimbaud est aimé de la jeunesse* (Cf. Insolence, cit. 5). — PROV. *Les voyages* forment la jeunesse.* — *Si jeunesse savait, si vieillesse pouvait...* (H. ESTIENNE, Les Prémices, Épigr., CXCI) ; *si les jeunes avaient l'expérience des vieux et si les vieux avaient la vigueur des jeunes.* — *Il faut que jeunesse jette sa gourme* (Cf. Farce 2, cit. 11). — *Jeunesse revient de loin, les jeunes gens résistent aux plus graves maladies,* et *fig.,* sont capables de revenir au bien après de grands écarts. — *La jeunesse de la cour* (Cf. Bas, cit. 43), *d'une ville* (Cf. Indisciplinable, cit. 3), *d'un pays, du monde entier* (Cf. Berner, cit. 4), *d'une époque... Jeunesse étudiante, agricole, ouvrière... La jeunesse pauvre* (Cf. Fondation, cit. 5). *Camp, chantier de jeunesse ; auberge de la jeunesse. Secrétariat d'État à la Jeunesse et aux Sports.* — *Au plur.* (XXᵉ s.). *Groupes organisés de jeunes gens. Les Jeunesses hitlériennes.*

22   « ... la jeunesse du quartier latin avait subi l'influence de ses *étudiants,* comme beaucoup de gens s'efforcent de ressembler aux gravures de mode. »   BAUDEL., **Curios. esthét.**, VII, II.

23   « Comme la jeunesse se jette aisément aux périls, dans les sauvetages, dans la révolte, dans la guerre, on l'a vu, on le voit, on le verra. »   ALAIN, **Propos**, 1ᵉʳ mai 1933, Deux morts.

24   « ... c'est la fièvre de la jeunesse qui maintient le reste du monde à la température normale. Quand la jeunesse se refroidit, le reste du monde claque des dents. »   BERNANOS, **Grands cimet. s. la lune**, p. 228.

25   « C'était (*le Palais de Glace*) le refuge d'une jeunesse errante qui cherchait dans le sport un prétexte à rassemblements. »   CHARDONNE, **Destin. sentim.**, p. 456.

26   « Tous nos concitoyens accueillaient ordinairement l'été avec allégresse. La ville s'ouvrait alors vers la mer et déversait sa jeunesse sur les plages. »   CAMUS, **La peste**, p. 129.

— *Spécialt. Jeunesse dorée.* V. **Doré** (cit. 5).

— Les enfants et les adolescents. *Exercer* (cit. 8), *instruire* (cit. 7) *la jeunesse. Éducation donnée à la jeunesse* (Cf. Humaniste, cit. 4). *Lectures, émissions, spectacles pour la jeunesse. C'est un mauvais exemple pour la jeunesse.*

27   « ... cette police de la plupart de nos collèges m'a toujours déplu... C'est une vraie geôle de jeunesse captive. On la rend débauchée, l'en punissant avant qu'elle le soit. »   MONTAIGNE, **Essais**, I, XXVI.

28   « ... mais je tiens sans cesse
Qu'il nous faut en riant instruire la jeunesse. »   MOL., **Éc. d. maris**, I, 2.

— *Fam.* (En interpellant un groupe de jeunes gens) :
29   « Et, redressant la tête, il nous disait, histoire de souffler un peu : — Eh bien ! ça va, la jeunesse ? »   ALAIN-FOURNIER, **Grand Meaulnes**, I, III.

‖ 4° *Fam.* Fille ou femme très jeune (Cf. Fraîcheur, cit. 13 ; éprouver, cit. 36). *S'attacher à une jeunesse* (Cf. Déraison, cit. 2). *Vieillards qui épousent des jeunesses.*

30   « Je suis tout réjoui de voir cette jeunesse. »   RAC., **Plaid.**, III, 4.

31   « Il n'y avait pas là de ces jeunesses vert tendre, de ces petites demoiselles qu'exécrait Byron, qui sentent la tartelette... »   BARBEY d'AUREV., **Les diaboliques**, Le plus bel amour, p. 93.

32   « — Hein ? Tu as le toupet !... Un vieux de trente-trois ans épouser une jeunesse de dix-huit ! Rien que quinze ans de différence ! Est-ce que ce n'est pas une dégoûtation ?... On t'en donnera, des poulettes, pour ton sale cuir ! »   ZOLA, **La terre**, III, VI.

ANT. — **Vieillesse. Arrière-saison. Automne** (de la vie). **Âge** (grand âge). **Caducité. Vieux** (les vieux).

JEUNET, ETTE. *adj.* (XIIᵉ s. ; diminutif de *jeune*). *Fam.* Très jeune, bien jeune. *Il est un peu jeunet. Elle est encore jeunette.* Par ext. *Habit* (cit. 15) *jeunet.*

1   « Pourtant si je suis brunette
Ami, n'en prenez émoi :
Autant suis ferme et jeunette
Qu'une plus blanche que moi. »   MAROT, **Chansons**, XXXVI.

2   « ... elle n'avait plus rien de jeunet dans la tournure et sentait bien toute l'accablante lourdeur de ses soixante-seize ans. »   LOTI, **Pêcheur d'Islande**, II, VIII.

JIGGER (*dji-gueur*). *n. m.* (1887, « cuve à teinture » ; 1907 électr. ; mot angl., propremt. « cribleur »). *Électr.* Transformateur pour coupler les circuits radio-électriques.

JIU-JITSU (*dju-jit-su* ou *ju-jit-su*). *n. m.* (début XXᵉ s. (1906 LAROUSSE ILL., Suppl.) ; mot japonais signifiant « art de la souplesse »). Technique japonaise de combat sans armes consistant en prises et coups qui exigent plus de souplesse et de méthode que de force. *Le jiu-jitsu, art militaire des Samouraïs et sport populaire des Japonais. Le jiu-jitsu a été acclimaté en Europe* (Cf. Lutte japonaise, *vx*). V. **Judo.**

   « ... il fallait tout de même apprendre à se défendre aux jeunes volontaires. On leur enseignerait la savate, et même quelques trucs de jiu-jitsu, la boxe »   ARAGON, **Beaux quartiers**, I, VII.

JOAILLERIE. *n. f.* (1434 ; de *joaillier*). Art de monter les pierres précieuses ou fines pour en faire des joyaux* (Cf. Guillochure, cit. 2). *La mise à jour, le polissage, le sertissage, opérations de joaillerie* (V. **Serte, sertissure**). — Métier, commerce du joaillier. *Travailler dans la joaillerie* (V. **Bijouterie**). *Joaillerie-orfèvrerie*.* — Marchandise du joaillier. *Fabricant de joaillerie. Expert en joaillerie.* Atelier, magasin de joaillier. *Une grande joaillerie parisienne.*

   « Quelquefois elle se couronnait d'un petit diadème de joaillerie légère, qui lui était ensemble seyant et superflu. »   COLETTE, **Belles saisons**, Disc. de réception.

JOAILLIER, IÈRE. *n.* (*Joelier* en 1438 ; de *joyau*). Personne qui travaille en joyaux*, en pierreries, ou qui en fait commerce. *Atelier, magasin de joaillier. Pinces, bouterolles, scies, forets, loupe... de joaillier. Bijoutier*-joaillier ; joaillier-orfèvre*. Commander une bague de fiançailles à son joaillier.* Par appos. *Ouvrier joaillier.*
DER. — **Joaillerie.**

1. JOB. *n. m.* (*Jobe* au XVIᵉ s. Cf. Jobard). *Fam. Monter le job à quelqu'un,* lui monter la tête, l'abuser. *Se monter le job.*

2. JOB (*djob'*). *n. m.* (Néol. ; mot angl.). *Fam.* Occupation lucrative, métier. *Trouver un job, un bon job.*

JOBARD, ARDE. *adj.* et *n.* (1838 BALZ. Cf. cit. *infra* ; de *jobe* (1547 DU FAIL), « niais », probablement du personnage biblique *Job,* à cause des railleries qu'il eut à subir. Cf. *aussi* Jobelin). Crédule* jusqu'à la bêtise. V. **Naïf, niais...** *Il est, il a l'air jobard.* — Par ext. *Une crédulité jobarde* (Cf. Comprimer, cit. 6).

1 « ... si tu te connais aux chiffres, tu m'as l'air assez jobard sur le reste ;... »
BALZ., **Splend. et mis. des courtis.** (1838), Œuvr., t. V, p. 795.

2 « ... est-ce que vous seriez assez jobard pour vouloir payer les dettes de monsieur Bernard ? » ID., **L'Initié**, Œuvr., t. VII, p. 369.

— *Substant.* (Cf. Gouapeur, cit. 1 BALZ.). *C'est un pauvre jobard.*

3 « ... toutes les sociétés sont formées de jobards, et, à leur tête, il y a toujours des farceurs qui les exploitent. »
HUYSMANS, **Là-bas**, XVII.

ANT. — Malin.

DER. — **Jobarder.** v. tr. (vers 1840 BALZ.). Duper*, tromper*, comme on abuse un jobard. — **Jobarderie.** n. f. (1836). Caractère, comportement de jobard. V. Bêtise, crédulité, niaiserie (REM. On dit aussi JOBARDISE).

1 « ... pour que vous ne soyez pas *jobardé* par Étienne, dit Finot en regardant Lucien d'un air fin. »
BALZ., **Illus. perd.**, Œuvr., t. IV, p. 764.

2 « Il est clair qu'Édouard ne viendra pas. L'attendre plus longtemps serait pure niaiserie, complaisance indigne, jobarderie. »
DUHAM., **Salavin**, III, XVI.

JOBELIN. n. m. (XVᵉ s. au sens de « argot, jargon » ; XVIᵉ s. au sens de « niais » ; de *Job*. V. **Jobard**). *Vx.* Jobard.

JOCASSE. n. f. (1775 BUFFON ; peut-être de la rac. francique *joc*, *juc*, « perchoir ». Cf. Jucher). Grosse grive*, appelée aussi *litorne*.

JOCKEY (*jo-ké*). n. m. (1776 ; empr. angl. *jockey*, dimin. de *Jock*, forme écossaise de *Jack*).

|| 1º *Vx.* (encore chez BALZ.). Jeune domestique qui conduisait une voiture en postillon, suivait son maître à cheval...

|| 2º Celui dont le métier est de monter les chevaux* dans les courses (V. **Cavalier, conducteur**). *Entraînement, régime* sévère des jockeys. L'entraîneur a donné ses instructions au jockey. Ce jockey est un ancien lad*. — Jockey en course. Casquette* (cit. 1), casaque* de jockey. Par ext. Jockey amateur, dans une course, un concours...* V. **Gentleman-rider.**

« Les jockeys, en casaque de soie, tâchaient d'aligner leurs chevaux et les retenaient à deux mains. Quelqu'un abaissa un drapeau rouge. Alors, tous les cinq, se penchant sur les crinières, partirent. »
FLAUB., **Éduc. sentim.**, IV.

JOCKO. n. m. (XVIIIᵉ s. BUFF. ; mot congolais). *Vx* V. **Orang-outan.**

JOCRISSE. n. m. (XVIᵉ s. Nom propre d'un personnage du théâtre comique, type de benêt).

|| 1º Benêt qui se laisse mener, qui s'occupe des menus soins du ménage. V. **Benêt, niais, nigaud, sot.** *« C'est un Jocrisse qui mène les poules pisser »* (FURETIÈRE).

1 « Je ne l'aimerais point (*un mari*) s'il faisait le jocrisse ; »
MOL., **Fem. sav.**, V, 3.

|| 2º Valet niais, maladroit, ridicule.

2 « Il avait pour tout domestique une espèce de Jocrisse, garçon du pays, assez niais, façonné lentement aux exigences de du Bousquier qui lui avait appris, comme à un orang-outang, à frotter les appartements, essuyer les meubles, cirer les bottes, brosser les habits,... »
BALZ., **Vieille fille**, Œuvr., t. IV, p. 229.

JODLER. v. tr. (1867, *Iouler* ; *yodler* en 1883 DAUDET ; de l'allem. dial. *jodeln*). Vocaliser en passant de la voix de poitrine à la voix de tête et vice versa, sans transition (V. **Tyrolienne**). On écrit aussi IODLER, IOULER, YODLER.

« ... un chœur d'inspiration noble comme on en entend en Suisse allemande dans les clubs où l'on sait jodler. »
MAC ORLAN, **Quai des brumes**, IV.

JOHANNIQUE. adj. (milieu XIXᵉ s. ; du lat. *Johannes*, « Jean »). Relatif à l'apôtre Jean. *L'évangile johannique. L'école johannique d'Asie Mineure.*

« ... quand nous comparons le style et les pensées de l'auteur de l'*Apocalypse* au style et aux pensées de l'auteur du quatrième Évangile et de la première épître johannique... »
RENAN, **Vie de Jésus**, Appendice, Œuvr., t. IV, p. 426.

JOIE. n. f. (XIIᵉ s. ; lat. *gaudia*, plur. neutre de *gaudium*, pris comme fém. en lat. pop.).

|| 1º Émotion agréable et vive, consistant en une satisfaction, une exaltation ressentie par toute la conscience.

1 « La joie n'est qu'un épanouissement du cœur. » CORN., **Disc. Acad.**

2 « La joie est une agréable émotion de l'âme, en laquelle consiste la jouissance qu'elle a du bien que les impressions du cerveau lui représentent sien. »
DESCARTES, **Des passions de l'âme**, II, 91 (Cf. *aussi* Chatouillement, cit.).

3 « La joie intérieure n'est pas... un fait psychologique isolé... À son plus bas degré, elle ressemble assez à une orientation de nos états de conscience vers l'avenir... Enfin, dans la joie extrême, nos perceptions et nos souvenirs acquièrent une indéfinissable qualité, comparable à une chaleur ou à une lumière, et si nouvelle, qu'à certains moments,... nous éprouvons comme un étonnement d'être. »
BERGSON, **Essai s. donn. imméd. d. l. conscience**, p. 8.

— REM. La *joie* se distingue du *bonheur* en ce qu'elle n'a pas le même caractère de calme plénitude et de durée (V. **Bonheur**, 2º) ; du *plaisir*, en ce qu'elle concerne toute la sensibilité et qu'elle constitue une émotion*, un sentiment* (V. **Plaisir.** Cf. *infra*, cit. 5 MAISONN.) ; de la *gaieté* et de l'*enjouement** (cit. 2) qui désignent surtout une disposition ou une humeur (V. **Gaieté**, cit. 1 ; Cf. Inaltérable, cit. 5, et *infra*, cit. 4 VAUVEN.).

4 « Le premier degré du sentiment agréable de notre existence est la gaieté ; la joie est un sentiment plus pénétrant. Les hommes enjoués n'étant pas d'ordinaire si ardents que le reste des hommes, ils ne sont peut-être pas capables des plus vives joies ; mais les grandes joies durent peu et laissent notre âme épuisée. »
VAUVEN., **De l'esprit hum.**, XXIII, De la gaieté, de la joie,...

5 « La différence que les analyses classiques mettent entre plaisir et joie consiste surtout dans le caractère plus stable, plus lucide, et plus complet de la joie ; mais c'est dans sa *spiritualité* qu'il faut voir la source profonde de ces caractères... Il existe un plaisir des sens... mais il ne saurait se muer en joie véritable s'il ne s'y joint une espèce de « ravissement », une satisfaction centrale de l'être,... »
J. MAISONNEUVE, **Les sentiments**, pp. 59-60 (éd. P.U.F.).

— *Joie et amour* (cit. 26), *santé* (Cf. Effondrer, cit. 7), *espérance* (cit. 33). *La joie et la douleur. La joie dans la pauvreté est préférable à la richesse* (Cf. Contentement passe richesse). *L'élégie* (cit. 1) *« peint des amants la joie et la tristesse »* (BOIL.).

6 « Louée soit la joie, et louée la douleur ! L'une et l'autre sont sœurs, et toutes deux sont saintes. Elles forgent le monde et gonflent les grandes âmes. Elles sont la force, elles sont la vie, elles sont Dieu. Qui ne les aime point toutes deux n'aime ni l'une, ni l'autre. Et qui les a goûtées sait le prix de la vie et la douceur de la quitter. »
R. ROLLAND, **Michel-Ange**, p. 12.

7 « ... comme la joie est le signe évident d'une bonne attitude viscérale, on peut parier que toutes les pensées qui vont à la joie disposent aussi à la santé. »
ALAIN, **Propos**, 28 sept. 1921, Art de se bien porter.

— *Expressions, manifestations de la joie.* V. **Rire, sourire ; épanouissement** (3º), **rayonnement**... (Cf. Grimer, cit. 1 ; enthousiasme, cit. 12 ; exprimer, cit. 39). *Visage qui exprime la joie.* V. **Éclatant, épanoui, radieux, rayonnant, réjoui.** *La joie éclate* (cit. 28) *sur son visage. Sa joie éclate* (Cf. Attendre, cit. 42 ; couver, cit. 5). *Éruption* (cit. 2 HUGO) *de joie.* — *Communiquer* (cit. 8), *épancher sa joie* (Cf. Chant 1, cit. 7). *Dissimuler* (cit. 5), *cacher sa joie* (Cf. Grâce, cit. 32). *Sa joie ne peut se dissimuler* (Cf. Heureux, cit. 48). — *Frémir, tressaillir*...* ; *tressaillement de joie* (Cf. Avertir, cit. 17 ; forfanterie, cit. 2). *Bondir, frétiller*, sauter*, danser, trépigner* de joie* (Cf. Feuilleton, cit. 1 ; héritier, cit. 1 ; et *aussi* la loc. *Se donner du talon* dans le derrière). *Se pâmer* de joie. Pleurer*, pleurs, larmes de joie* (Cf. Émotion, cit. 12 ; extasier, cit. 1). *Regards, yeux qui pétillent* de joie. Les accents, le ton de la joie* (Cf. Corde, cit. 17 ; fauvette, cit.). *Crier*, cris* de joie.* V. **Acclamation, exclamation**... (Cf. Angoisse, cit. 8 ; étouffer, cit. 26 ; germe, cit. 8 ; hirondelle, cit. 7). *Chanter sa joie* (Cf. Écouter, cit. 15) ; *chant de joie* (V. **Hosanna**, cit. 1). — *L'Hymne à la Joie de la IXᵉ Symph. de Beethoven* (Cf. Abîme, cit. 24).

8 « ... il faut... bien distinguer la joie d'avec le rire. La joie existe par elle-même, mais elle a des manifestations diverses. Quelquefois elle est presque invisible ; d'autres fois, elle s'exprime par les pleurs. »
BAUDEL., **Curios. esthét.**, VI, V.

— *Joie calme, douce, sereine.* V. **Aise** (I, 2º), *contentement, satisfaction.* (Cf. Bienfait, cit. 14 ; cristallin, cit. 3 ; ébaudir, cit. 3 ; embrumer, cit. 2 ; étreinte, cit. 6). *Joie intérieure* (Cf. Bienheureux, cit. 5), *cachée, secrète* (Cf. Agrément, cit. 8). *Joie inexprimable* (cit. 2 et 3), *indicible, indescriptible*. *Joie infinie, intense, vive, extrême* (cit. 14), *extraordinaire. Une immense joie.* V. **Allégresse, délice, enchantement** (2º), **exaltation, exultation, ivresse, jubilation, ravissement** (Cf. Blêmir, cit. 2 ; étoile, cit. 13 ; facteur, cit. 1 ; faible, cit. 15). *Joie sans mélange* (Cf. Base, cit. 15), *surhumaine* (Cf. Absorber, cit. 10). *Joie délirante** (cit.), *éclatante*, enivrante* (Cf. Effusion, cit. 2 ; épaule, cit. 14), *enthousiaste* (Cf. Enthousiasme, cit. 18), *extatique*...* — *Joie naturelle, innocente, naïve, fraîche* (Cf. Capable, cit. 5 ; évaporer, cit. 5 ; imperméable, cit. 4). *Joie brusque, subite* (Cf. Éclairer, cit. 9 ; éclat, cit. 8). *Le doux saisissement* d'une joie imprévue* (GRESSET). — *Joie amère* (cit. 8), *imparfaite, médiocre, mêlée de larmes* (Cf. Accabler, cit. 15 ; croix, cit. 11). *Fausse* (cit. 29) *joie.* (cit. 6), *furieuse* (cit. 17, *fig.*), *indomptée* (cit. 4), *farouche, belliqueuse* (Cf. Fanfare, cit. 4). — *Joie honteuse* (Cf. Aumône, cit. 14), *furtive* (cit. 14), *discrète, muette* (Cf. Éloquent, cit. 4). *Joie bruyante, insolente* (Cf. Fléau, cit. 9), *turbulente*, tumultueuse* (Cf. Bacchante, cit. 2). — *Joie durable, passagère* (Cf. Fugacité, cit. 3). « *Toute joie veut la profonde, profonde éternité* » (NIETZSCHE, Ainsi parlait Zarathoustra).

9 « La profonde joie a plus de sévérité que de gaieté ; l'extrême et plein contentement, plus de rassis que d'enjoué. »
MONTAIGNE, **Essais**, II, XX.

10 « ... un certain frémissement presque imperceptible qui est comme celui de la joie intérieure, une joie si profonde que rien ne saurait l'altérer, comme ces grandes eaux calmes, au-dessous des tempêtes. »
BERNANOS, **Journal curé de camp.**, p. 131.

11 « Pourquoi renoncer, surtout, à de petites joies qui peuvent nous aider à en atteindre d'autres, de grandes ? »
DUHAM., **Salavin**, VI, III.

12 « Il y a des joies calmes,... caractérisées surtout par un sentiment de bien-être et de force, par la conscience d'une plus grande puissance physique et mentale... Il y a, d'autre part, des joies exubérantes caractérisées par une suractivité mentale et par un sentiment spécial de plaisir qui accompagne cette activité ;... »
G DUMAS, **Trist. et joie**, III, pp. 118-119.

— *Joie de l'âme* (cit. 53), *du cœur* (Cf. Couvrir, cit. 24). — Vx. *Être dans la joie de son cœur* (ACAD.) : être transporté de joie. Vx. *Se donner au cœur, à cœur joie.* — Absolt. *À cœur joie.* V. **Cœur** (cit. 60 et 61. Cf. aussi Avant, cit. 61).

13 « Me voici à la joie de mon cœur, toute seule dans ma chambre à vous écrire paisiblement ;... »
SÉV., **144**, 13 mars 1671.

— *Éprouver de la joie. Être dans la joie, au comble* (cit. 2) *de la joie ; être brisé* (cit. 35), *comblé** (cit. 5), *transporté** *de joie.* V. **Ange** (aux anges). Cf. Aventure, cit. 10 ; honte, cit. 43 ; illumination, cit. 2. *Ne plus se sentir** de joie ; être fou**, ivre** de joie.* V. **Exulter, jubiler, rayonner, triompher...** *Être plein de joie* (Cf. Emparer, cit. 13 ; étendre, cit. 51). *Excès* (cit. 7) *de joie* (Cf. Baigner, cit. 18), *épanouissement* (cit. 10), *extase de joie* (Cf. Abîmer, cit. 5). *La joie qui l'envahit. Cœur plein, gonflé* (cit. 25) *de joie* (Cf. Glacer, cit. 7). *La joie inonde, remplit... le cœur* (Cf. Contenir, cit. 11 ; filer, cit. 7 ; éclatement, cit. 2). — *Joie qui succède à la tristesse* (Cf. Après la pluie*, le beau temps). *Tristesse allégée* (cit. 3) *par un peu de joie* (V. **Consolation**). *Souvenir d'une joie passée* (Cf. Approche, cit. 27 ; attrister, cit. 7). *Alternative* (cit. 1) *de joie et de malheur**, de tristesse* (Cf. Bizarre, cit. 6). *Brouiller* (cit. 12), *empoisonner* (cit. 10), *troubler la joie* (Cf. Bannir, cit. 14).

14 « Ceux qui sèment dans les larmes moissonneront dans la joie. »
BIBLE (SACY), **Psaumes**, CXXV, 6.

15 « À ces mots le corbeau ne se sent pas de joie ; »
LA FONT., **Fabl.**, I, 2.

— *Être en joie* (Cf. Amoureusement, cit. 3), *en état de joie* (Cf. Équilibre, cit. 7). *Mettre en joie. Âme, cœur en joie.* V. **Fête**, II (en fête).

16 « Le père Duroy mis en joie par le cidre et quelques verres de vin, lâchait le robinet de ses plaisanteries... » MAUPASS., **Bel-Ami**, II, I.

— *Faire* (cit. 35) *la joie de quelqu'un :* être, constituer une cause, une source de joie (Cf. Femme, cit. 26 ; fil, cit. 34). — *Par ext.* Cause de joie. *Son fils est sa seule joie* (Cf. Enfant, cit. 24 ; devoir, *v.* cit. 23 ; inespéré, cit. 1).

17 « Enfants, ma seule joie en mes longs déplaisirs, »
RAC., **Athal.**, I, 3.

18 « Songez que je suis ce qu'il aime le mieux, presque sa seule joie sur la terre. S'il venait à me perdre, je ne sais vraiment pas comment il supporterait ce malheur. » MUSSET, **Carmosine**, III, 5.

19 « Ô doux et grand Racine !... Vous êtes maintenant mon amour et ma joie, tout mon contentement et mes plus chères délices. »
FRANCE, **Petit Pierre**, XXXIV.

— *Événement, chose qui apporte* (cit. 38 et 41), *donne de la joie* (V. **Agréable ; égayer, réjouir**). *Joie de créer* (cit. 11. Cf. aussi Éloge, cit. 9). V. **Ardeur**. *La joie de vivre. Joie de la réussite.* V. **Fierté, triomphe**. *Joie de posséder* (Cf. Assouvissement, cit. 1 ; harmoniser, cit. 2), *de donner, de faire le bien*, etc. (Cf. Goûter 1, cit. 5 ; hanter, cit. 14). *Il était tout à la joie de le contempler* (Cf. Abaisser, cit. 2). *Quelle joie de se retrouver !* (Cf. Absence, cit. 7). *Quand j'aurai la joie de vous revoir...* V. **Avantage, plaisir...** — *Faire une chose dans la joie* (Cf. Conversion, cit. 8), *avec joie. Voulez-vous venir avec nous ? Avec joie ! Le travail par la joie.* — *Se faire une joie de... :* s'en réjouir, et *aussi* Se promettre une joie d'un événement attendu. *Il se faisait une joie de ce voyage, à a été bien déçu.*

20 « Je me faisais une joie de ce que la fortune n'avait amené aucun Grec pour cette journée,... »
RAC., **Plan du 1ᵉʳ acte d'Iphigénie en Tauride.**

21 « J'y cours,... avec joie, et je ne pouvais recevoir une commission plus agréable... Je suis une ambassadrice de joie. »
MOL., **Bourg. gent.**, III, 7 et 8.

22 « Le bonheur des autres devient la joie de ceux qui ne peuvent plus être heureux. » BALZ., **Lys dans la vallée**, Œuvr., t. VIII, p. 999.

23 « Il y a de merveilleuses joies dans l'amitié. On le comprend sans peine si l'on remarque que la joie est contagieuse. Il suffit que ma présence procure à mon ami un peu de vraie joie pour que le spectacle de cette joie me fasse éprouver à mon tour une joie ; ainsi la joie que chacun donne lui est rendue ;... »
ALAIN, **Propos**, 27 déc. 1907, Amitié.

24 « Si posséder est un plaisir, donner est une joie. »
DUHAM., **Plaisirs et jeux**, III, XV.

25 « Il reprenait tout à coup tant de joie à l'existence qu'il s'empressait de répandre autour de lui gaieté et confort, c'est-à-dire plaisanteries, cigarettes, coups de vin. » CHARDONNE, **Destin. sentim.**, p. 348.

— *Spécialt.* (avec un sens très fort). *Joie mystique, céleste, paradisiaque.* V. **Béatitude, extase** (Cf. Eucharistie, cit. 2). *Trouver la paix et la joie* (Cf. Anachorète, cit. 2). *« Jésus, que ma joie demeure... »*, titre d'un choral célèbre de J.-S. Bach.

26 « Certitude. Certitude. Sentiment. Joie. Paix.
Dieu de Jésus-Christ...
Joie, joie, joie, pleurs de joie. »
PASC., **Mémorial.**

— *Fig. Joie immense* (cit. 12), *universelle, qui imprègne* (cit. 7) *l'air, l'atmosphère.*

‖ 2º (Pour *Gaieté*). Comportement joyeux. *Joie collective, publique.* V. **Entrain, gaieté, liesse, réjouissance, rigolade** (fam.). Cf. Crapuleux, cit. 3. *La joie bruyante des convives. Fête* où règne la joie. Vive la joie ! — *Feu de joie.* V. **Feu** 1 (cit. 32 et 33).

27 « Il y avait ce jour-là bal masqué, grand bruit, grande foule. Les rues d'Aix étaient encombrées de voitures appartenant à de curieux venus de Chambéry et même de Genève. Tout cet éclat de la joie publique redoublait la sombre mélancolie de Mina. »
STENDHAL, **Rom. et nouv.**, Mina de Venghel.

‖ 3º (Pour *Plaisir*, avec le sens du lat. *gaudium*). — Au sing. (vieilli). *Plaisir des sens* (Cf. Garce, cit. 1). *Les enfants « que l'on conçoit en joie »* (MOL., Cf. Dette, cit. 1). — De nos jours. *Fille de joie.* V. **Fille**, II, 5º (cit. 37 et 41).

28 « Mon père a un peu mangé, un peu trop aimé la joie, ce qui n'enrichit pas une famille ;... » MARIVAUX, **Vie de Marianne**, VI.

— *Au plur.* Plaisirs, jouissances, et *par ext.* Choses, événements qui sont des causes de plaisir. *Les joies de la vie.* V. **Agrément, bienfait, douceur, félicité** (2º), **jouissance, satisfaction**. *Les joies de la gloire, de la considération* (cit. 8), *de l'amour* (Cf. Fièvre, cit. 8). *Petites, menues joies* (Cf. Inracontable, cit.). *Une vie sans joies.* — Spécialt. *Les joies du monde, de la terre*, opposées au vrai bonheur, à la béatitude (cit. 10), à la joie intérieure (Cf. Attacher, cit. 48 ; circonstance, cit. 1). — *Joies des sens, de la chair.* V. **Jouissance, volupté** (Cf. Étancher, cit. 6 ; évoquer, cit. 22 ; imparfait, cit. 3 ; inceste, cit. 4).

29 « Les joies temporelles couvrent les maux éternels qu'elles causent. »
PASC., **Lett. à Mˡˡᵉ de Roannez**, 2.

30 « Bien qu'elle n'eût jamais éprouvé pour son compte les joies sensuelles de l'amour, elle trouvait absurde de prétendre en priver pendant de longs mois un gentilhomme robuste, bon mangeur, et chasseur. »
ROMAINS, **H. de b. vol.**, t. III, VIII, p. 123.

ANT. — Affliction, chagrin, consternation, dépit, désenchantement, désespoir, désolation, deuil, douleur, ennui, épreuve, mélancolie, peine, tristesse...

DER. et COMP. — Joyeux. Rabat-joie.

JOINDRE (je joins, tu joins, il joint, nous joignons, vous joignez, ils joignent ; je joignais, nous joignions ; je joignis ; je joindrai ; joins, joignons ; que je joigne, que nous joignions ; que je joignisse ; joignant ; joint). v. tr. (XIIᵉ s. ; lat. *jungere*).

I. Mettre ensemble ; mettre avec.

‖ 1º Mettre, placer (des choses) ensemble, de telle sorte qu'elles se touchent (V. **Accoler, affleurer** (1º), **approcher ; contact**) ou qu'elles tiennent ensemble (V. **Attacher***). V. *aussi* **Assembler*** (cit. 3), **unir**. *Joindre des pièces, des éléments en un ensemble* (V. **Ajuster, articuler, combiner, emboîter, embrever** (2º), **empâter, enchevaucher, enlier**), *à l'aide d'un lien* (V. **Lier**), *d'une cheville* (V. **Cheviller**), *d'une agrafe* (V. **Agrafer**), *d'un raccord* (V. **Raccorder**). *Joindre bout à bout.* V. **Aboucher, abouter, ajointer**. Fig. *Joindre les deux bouts** (cit. 17). — *Joindre intimement, solidement.* V. **Agglutiner, conglutiner, souder...** *Force cohésive* qui joint, unit, resserre. *Action de joindre* (V. **Jonction*, liaison**). *Point où les deux choses se joignent.* V. **Contact** (point de). — Spécialt. *Joindre les mains** (Cf. Creux, cit. 23 ; hésitation, cit. 10). *Mains qui se joignent.* V. **Entrelacer** (Cf. Farandole, cit. 2). *Joindre les talons* (Cf. Incliner, cit. 18), *les pieds* (Cf. infra, JOINT, 1º, Pieds* joints). *Joindre les lèvres, les mâchoires.* V. **Serrer** (Cf. Approcher, cit. 1).

1 « Puis les pâles amants joignant leurs mains démentes
L'entrelacs de leurs doigts fut leur seul laps d'amour »
APOLLINAIRE, **Alcools**, Merlin et la vieille femme.

— *Intrans.* Se toucher sans laisser d'interstice. *Planches qui joignent bien* (V. **Jointif**). Par ext. *Porte, fenêtre qui joint :* dont les éléments joignent (ANT. **Jouer ; bâiller**).

2 « Qu'importe que les fenêtres joignent exactement, à des gens qui paieraient un courant d'air, un vent coulis, s'ils pouvaient se le procurer ? » GAUTIER, **Voyage en Espagne**, p. 184.

‖ 2º Faire communiquer, mettre en communication (deux ou plusieurs choses). *Joindre deux lignes de chemin de fer.* V. **Embrancher**. *Joindre deux cours d'eau par un canal. Isthme qui joint deux continents.* V. **Relier, réunir**. *Rivières qui se joignent.* V. **Confluer, tomber** (dans).

3 « Rien n'est plus aisé en Allemagne que de joindre le Rhin au Danube ;... » VOLT., **Dict. philos.**, Chemins.

‖ 3º Par ext. Mettre ensemble. V. **Assembler, rassembler, réunir**. *Joindre deux choses semblables.* V. **Appareiller** 2, **apparier** (1º) *Joindre des objets pour former une collection, une série.* V. **Grouper**. — Fig. *Joindre tous les efforts, toutes les bonnes volontés.* V. **Conjuguer, unir**. *Le ciel joignit plusieurs qualités en sa personne* (Cf. Aimer, cit. 71).

4 « Sertorius pour vous est un illustre appui ;
Mais en faire le mien, c'est me ranger sous lui ;
Joindre nos étendards, c'est grossir son empire. »
CORN., **Sert.**, III, 2.

5 « ... Joignons nos efforts,... » MOL., **Tart.**, IV, 2.

6 « Joignons tous dans ces bois
Nos flûtes et nos voix. » ID., **Mal. imag.**, Prologue.

‖ 4° JOINDRE à... Mettre avec... V. **Adjoindre, ajouter** (Cf. Augmenter, cit. 8). *Joignez cette pièce au dossier* (V. *aussi* **Insérer, intercaler**). — *Joindre une ville, une province à un pays, à un empire.* V. **Annexer, englober** (cit. 1), **incorporer**... *Il acheta la terre voisine et la joignit à son domaine. Joindre une fonderie à un haut fourneau* (cit. 2), *un atelier à une usine. Joindre une gourde* (cit. 1) *à ses bagages. Joindre une prime, une gratification* (cit. 3) *à un salaire... De grands avantages sont joints à ce poste.* V. **Attacher.** *Joindre une profession à une autre* (Cf. Epineux, cit. 1 ; gitan, cit. 1). *Joindre l'utile à l'agréable* (Cf. Egayer, cit. 7). — *Joindre le geste à la parole.* — *Elle joignit ses instances* (cit. 3) *aux miennes pour le décider.*

7 « ... pour se justifier entièrement, M. de Valmont a joint à ses discours une foule de Lettres, formant une correspondance régulière... » LACLOS, **Liais. dang.**, CLXVIII.

8 « ... notre auteur se flattait d'y avoir joint le pathétique à l'imbroglio,... » M. RAT, in BEAUMARCH., **Mère coupable.**

— *Joignez à cela que...* Ajoutez à cela que... Cf. *infra*, JOINT, 5°, *Joint que.*

— *Par ext.* Unir en soi (telle qualité, tel caractère à tel autre). V. **Allier, associer, unir.** *Joindre la force* (cit. 5) *à la beauté, l'imagination à la culture* (Cf. Epique, cit. 3). — *L'art se joignait en elle au génie* (Cf. Epistolier, cit. 2). V. **Coexister** (avec).

9 « Cette femme était belle comme une déesse ; elle joignait aux charmes du corps tous ceux de l'esprit ;... » FÉN., **Télém.**, III.

10 « ... à son mal se joignait une mélancolie, plus cruelle que le mal. » R. ROLLAND, **Vie de Beethoven**, p. 6.

— *Spécialt. Dr. Joindre une instance, une cause à une autre. Joindre l'incident à la cause principale. Joindre le profit au défaut**.

‖ 5° Unir (des personnes) par un lien* moral. *Joindre indissolublement, par les liens du mariage, de l'hymen* (V. **Conjoindre, marier**). *« Le sang les avait joints, l'intérêt les sépare »* (Cf. Autant, cit. 3 LA FONT.). — *Joindre les cœurs, les âmes...* V. **Accorder, unir.**

11 « L'amitié nous joignit bien plus que la nature. » ROTROU, **Antig.**, III, 7.

12 « Vous verrez... si leur foi donnée
N'avait pas joint leurs cœurs depuis plus d'une année. » MOL., **Éc. d. maris**, III, 5.

13 « Mais ce lien du sang qui nous joignait tous deux » RAC., **Britann.**, IV, 2.

14 « L'hymen qui va nous joindre unit nos intérêts. » VOLT., **Mérope**, III, 6.

‖ 6° *Pronominalt.* V. **Réunir** (se), **unir** (s'). *Pourquoi ne pas vous joindre à nous, nous ferions le voyage ensemble. Se joindre à la foule, à un cortège.* V. **Mêler** (se). Cf. Hurleur, cit. 1. *Se joindre à un parti, à une organisation, à une coalition...* V. **Adhérer** (II), **agréger** (s'), **associer** (s'), **coaliser** (se), **suivre.** *Supplier la noblesse de se joindre au peuple pour le salut commun* (Cf. Gentry, cit. 1). *Joignez-vous à moi pour empêcher cela* (Cf. Avilissement, cit. 5).

15 « Ce voyage proposé donna envie à Mᵐᵉ la duchesse de Chaulnes de le faire aussi. Je me joignis à elle ;... » SÉV., 1047, 13 nov. 1687.

— *Spécialt.* V. **Accoupler** (s'). *Le bélier se joint avec la chèvre comme le cheval avec l'ânesse* (BUFF. Cf. *aussi* Imprégnation, cit. 1).

— *Par ext.* Prendre part à. V. **Associer** (s'), **participer** (à...). *Se joindre à la conversation, à la discussion, au débat... Nous nous joignons à votre protestation.*

16 « Me sera-t-il permis de me joindre à vos vœux ? » RAC., **Iphig.**, II, 2.

17 « Une conversation... s'ensuivit sans que je prisse la peine de m'y joindre. » CÉLINE, **Voyage au bout de la nuit**, p. 197.

II. Atteindre, rejoindre. ‖ 1° (En parlant des personnes). V. **Aborder, accoster, atteindre** (4°). Cf. Enlever, cit. 23 ; fou 1, cit. 23. *Ses poursuivants n'ont pas pu le joindre.* V. **Attraper.** *Je n'arrive pas à le joindre.* V. **Rencontrer.** *Je pourrai vous joindre chez vous et nous partirons ensemble.* V. **Prendre ; retrouver.** *J'ai téléphoné à plusieurs reprises, mais je n'ai pas réussi à le joindre.* V. **Toucher.**

18 « ... j'ai su inspirer la sécurité à l'ennemi, pour le joindre plus facilement dans sa retraite ;... » LACLOS, **Liais. dang.**, CXXV.

19 « — Voulez-vous avoir la bonté de téléphoner chez M. Machetu ; qu'on le joigne où il est, s'il n'est pas chez lui, et qu'on lui demande de passer immédiatement ici. » ANOUILH, **Ornifle**, II, p. 94.

— *Spécialt. Régiment qui joint sa division.* V. **Jonction.** — *Vx. Joindre son corps, son unité* (On dit de nos jours REJOINDRE).

20 « ... la gauche marcha avec les maréchaux de Villeroy et de Boufflers, lequel avait joint depuis deux jours ;... » ST-SIM., **Mém.**, I, XII.

‖ 2° (En parlant des choses). *Peu usit.* Atteindre, toucher. *Buffet qui joint le plafond* (Cf. Couronnement, cit. 3). — Fig. *Volonté de joindre la perfection* (Cf. Eprendre, cit. 13).

‖ JOINT, JOINTE. *p. p. adj.* ‖ 1° Qui est, qui a été joint. *Objets joints en un faisceau**. *Éléments joints dans un assemblage**. *Écus joints, dans un blason.* V. **Accolé, attenant.** — *Pieds** *joints. Mains** *jointes pour la prière. — Planches bien jointes* (V. **Jointif**), *mal jointes* (V. **Disjoint**). *Par l'interstice, l'entrebâillement des volets mal joints. Pièces solidement jointes* (V. **Adhérent, attaché**). — *Par ext.* Dont les éléments sont bien joints, bien assemblés. *Armure bien jointe* (Cf. Armer, cit. 19).

21 « ... leurs fenêtres mal jointes, leurs portes toujours ouvertes,... » DAUDET, **Contes du lundi**, Le concert de la Huitième.

22 « Les jambes emmêlées, les hanches et les poitrines jointes, ils (*les danseurs*) avançaient avec des oscillations cadencées et des visages impassibles. » CHARDONNE, **Destin. sentim.**, III, IV.

‖ 2° Mis ensemble, avec... *Efforts joints* (V. **Conjugué**). *Mots joints* (Cf. Composer, cit. 34). *Par pléon. Vertus, idées jointes ensemble* (Cf. Apostolique, cit. 5 FLÉCH. ; inséparable, cit. 1 DESC.). — *Joint à...* V. **Ajouté.** *Lettre jointe à un paquet. Clause jointe à un traité.* V. **Additionnel.** *Ville jointe à une province.* V. **Annexé.** *Avantages joints à une situation.* V. **Attaché, connexe, inhérent.** *Force jointe à l'agilité* (cit. 1) ; *vertu jointe à la beauté*, etc. (Cf. Contrition, cit. 1 ; entreprenant, cit. 6 ; époux, cit. 11 ; escamotage, cit. 1 ; galanterie, cit. 6 ; gloire, cit. 10).

23 « Ces deux adverbes joints font admirablement. » MOL., **Fem. sav.**, III, 2.

‖ 3° *Vieilli* (en parlant des personnes). V. **Uni.** *Soyez joints, mes enfants* (Cf. Accorder, cit. 1).

24 « Le Ciel pour être joints ne nous fit pas tous deux : » MOL., **Éc. d. mar.**, III, 9.

‖ 4° CI-JOINT. Joint ici-même, joint à ceci. V. **Ci 1** ; **inclure** (ci-inclus). *La lettre ci-jointe. Vous trouverez ci-joint copie... Ci-joint l'expédition du jugement* (ACAD.). — (Devant un nom précédé d'un article) *Vous trouverez ci-jointe la copie, une copie de l'acte* (LITTRÉ). V. **Inclure** (ci-inclus).

25 « J'ai donc l'honneur de vous adresser ci-jointe, pour être transmise à M. le Ministre de la Guerre, ma demande de mise en disponibilité. » LYAUTEY, in MAUROIS, **Lyautey**, p. 93.

‖ 5° *Vx.* JOINT QUE... *loc. conj.* Joint à cela que, outre que, ajoutez que... — REM. On dit plus ordinairement joint à cela que (ACAD.).

26 « *Joint que.* — Est encore fréquent au XVIᵉ siècle. On le trouve dans Larivey... dans d'Aubigné et dans Régnier... Au commencement du XVIIᵉ siècle. Malherbe le condamne très nettement ; c'est pour lui une vieille liaison qui sent sa chicane et dont il ne faut point user du tout... Les auteurs continuent à s'en servir... Bossuet en fait constamment usage. » BRUNOT, **Hist. lang. franç.**, t. III, pp. 390-391.

ANT. — Disjoindre. Dépecer, désagréger, détacher, fractionner, isoler, séparer ; éloigner.

COMP. — Disjoindre, rejoindre. — Cf. Enjoindre.

DER. — **Joignant, ante.** *adj.* (XIIIᵉ s.). *Vieilli.* Qui est tout proche, qui touche. V. **Adjacent, attenant, contigu.** *Les maisons joignantes.* — Prépos. *Vx.* V. **Jouxte** (vx), **près, proche.** *Une maison joignant, tout joignant la sienne* (ACAD.). V. **Jouxter.** — **Joint.** — **Jointé, ée.** *adj.* (1583, *bas-jointé*, en parlant d'un cerf). *Cheval court-jointé, long-jointé,* dont le paturon est trop court, trop long (par rapport au canon). *Cheval droit-jointé ; bas-jointé* (paturon long et trop incliné). — **Jointée.** *n. f.* (XIIIᵉ s. ; du p. p. *joint*) Ce que le creux des deux mains jointes peut contenir. — **Jointement.** *n. m.* (XIIᵉ s. « jointure, articulation ; rencontre »). *Inus.* Action de joindre ; fait d'être joint (V. **Jonction**), de former un joint. — **Jointif.** — **Jointoyer.** — Cf. *aussi* Jointure ; jonction.

1 « — C'est mon trésor que l'on m'a pris. »
→ « Votre trésor ? où pris ? — Tout joignant cette pierre. » LA FONT., **Fabl.**, IV, 20.

2 « ... c'était la veillée de Noël. Ce jour-là, les laboureurs dételaient de bonne heure ; ma mère leur donnait à chacun, dans une serviette, une belle galette à l'huile, une rouelle de nougat, une jointée de figues sèches... » MISTRAL, **Mes orig.**, Mém. et récits, p. 24.

JOINT. *n. m.* (XIVᵉ s. ; de *joindre*).

‖ 1° Endroit, ligne, surface où se rejoignent les éléments d'un assemblage*, d'une construction..., et *par ext.* Espace, interstice qui subsiste entre ces éléments. *Refaire, raccorder, remplir un joint, des joints dans une maçonnerie entre des pavés**. V. **Jointoyer, rejointoyer, ruiler.** *Joints d'une fenêtre* (Cf. Intromission, cit. 1). — *Maçon.* Face par laquelle une pierre de taille se joint latéralement à une autre. — *Menuis.* Face latérale d'une planche. *Raboter les joints de deux ais.* — *Géol.* Cassure* peu étendue ; fente de stratification (V. **Délit**, 2°).

1 « Nous rangions de cent façons différentes les petites maisonnettes de bois sculpté et peint autour de l'église à clocher pointu, à murailles roses où le joint des briques était marqué par de fines raies blanches. » GAUTIER, **Voyage en Russie**, IV.

‖ 2° *Anat.* Endroit où deux os s'articulent. V. **Articulation** (1°), **jointure.** *Le joint de l'épaule, du genou... Trouver le joint en découpant un poulet.* — *Fig. Chercher, trouver le joint :* le moyen de résoudre une difficulté, l'artifice, l'expédient qui permet de réussir.

2 « Il se disait, de son côté : — Il sera bien temps tout à l'heure d'aborder la question. Je vais chercher un joint. Il ne trouva pas de joint et ne dit rien, reculant devant les premiers mots à prononcer sur ce sujet délicat. » MAUPASS., **Bel-Ami**, I, V.

|| 3° *Mécan.* Articulation, mécanisme destiné à transmettre un mouvement. *Joint élastique en caoutchouc. Joint de cardan*. Joint à rotule, joint coulissant.*

|| 4° Garniture ou dispositif assurant l'étanchéité d'une fermeture (d'un joint au sens 1°). *Joint de robinet, de tuyauterie..., en caoutchouc, en liège. Joint autoclave.* — Autom. *Joint de culasse :* plaque métallique souple interposée entre le bloc-carter des cylindres et l'ensemble des culasses.

ANT. — **Cassure, coupure, fente, interruption, séparation, solution.**

COMP. — **Ajointer. Couvre-joint, serre-joint** (V. **Couvrir, serrer**).

JOINTIF, IVE. *adj.* (XVe s. ; de *joint,* p. p. de *joindre*). *Technol.* Qui est joint*, qui est en contact par les bords. *Planches jointives. Cloison jointive,* et substant. *Une jointive,* cloison de planches brutes non assemblées entre elles par rainures et languettes.

DER. — **Jointivement.** *adv.* (XIXe s.). D'une manière jointive. *Planches posées jointivement.*

JOINTOYER (*toi-ié*). *v. tr.* (1226 ; de *joint,* p. p.). *Constr.* Traiter (une maçonnerie, un mur) de sorte que les joints* en affleurent exactement le parement (soit qu'on remplisse les joints de plâtre, de mortier, soit qu'on les lisse à la truelle). V. **Gobeter.** *Jointoyer un mur.*

DER. — **Jointoiement.** *n. m.* (1842). Action de jointoyer ; résultat de cette action. *Un jointoiement au ciment* (ACAD.). — **Jointoyeur** (*toi-ieur*). *n. m.* (1906 NOUV. LAR. ILL., Suppl.). Ouvrier, maçon qui effectue les jointoiements.

JOINTURE. *n. f.* (XIIe s. ; lat. *junctura,* de *jungere.* V. **Joindre**).

1   « JOINT, JOINTURE. L'endroit où deux choses se joignent. *Joint* exprime cette idée sans aucun accessoire, *jointure* y ajoute celui d'arrangement, d'agencement des parties jointes. »
                                                        LAFAYE, *Dict syn.,* Joint.

|| 1° Endroit où les os* se joignent. V. **Article** (cit. 1), **articulation, attache** (Cf. Emboîter, cit. 8). *Saillie de la jointure des doigts* (V. **Nœud**). *Faire craquer ses jointures. Tumeur aux jointures, chez le chien.* V. **Buture.** — Spécialt. *Jointure du cheval :* le boulet, et *par ext.* le paturon (qui s'articule au canon par le boulet. Cf. l'anc. franç. Jointe. V. **Jointé,** dér. de *Joindre*).

2   « Il crispait ses poings à faire craquer les jointures,... »
                                                        MART. du G., *Thib.,* t. I, p. 228.

|| 2° Endroit où deux parties se joignent (V. **Joint** ; et Cf. *supra,* cit. 1 LAFAYE) ; façon dont elles sont jointes (V. **Assemblage***). *Ces deux pierres, ces deux morceaux de bois sont si bien ajustés qu'on ne peut apercevoir la jointure* (ACAD.). *Cuirasse sans jointure* (Cf. Glisser, cit. 20). *Jointure parfaite, étanche...*

ANT. — **Bâillement, ouverture...**

JOKER (*djô-keur* ou *jo-kèr*). *n. m.* (XXe s. ; empr. à l'angl. *joker,* propremt. « farceur »). *T. de Jeu.* Carte à jouer à laquelle le détenteur est libre d'attribuer telle ou telle valeur, dans certains jeux.

JOLI, IE. *adj.* (*Jolif, ive* au XIIe s. « gai, enjoué » ; orig. obscure).

|| 1° *Vx.* Qui est agréable par son esprit, sa gentillesse, son enjouement. V. **Agréable, aimable.**

1   « Vous l'accusez toujours (*Coulanges*) de n'être joli qu'avec les ducs et pairs ; je l'ai pourtant vu bien plaisant avec nous ;... »
                                                        SÉV., 1216, 18 sept. 1689.

2   « À mon gré, le Corneille est joli quelquefois. » BOIL., *Sat.,* III.

— *Vx.* Qui plaît ou cherche à plaire par le soin apporté à son physique, à sa toilette. V. **Coquet** (Cf. Affiquet, cit.). Substant. *Faire la jolie* (Cf. Aller, cit. 41). *Fig.* Recherché. *Pline est inégal* (cit. 15), *Térence un peu joli.*

— *Spécialt.* (De nos jours). *Joli cœur*. Ni fier-à-bras* (cit. 3), *ni joli cœur. Faire le joli cœur.*

3   « ... nous ne sommes pas des savants, des mirliflores, des jolis cœurs ; nous sommes des praticiens, des guérisseurs,... »
                                                        FLAUB., *Mme Bovary,* II, XI.

4   « Celui-là, enfin, fait le joli cœur auprès d'une comédienne, et songe avant tout à avancer ses affaires. »
                                                        LÉAUTAUD, *Théâtre M. Boissard,* I.

|| 2° Qui est très agréable, à voir ou à entendre. — En parlant de personnes agréables à regarder. V. **Beau, bellot, bien, gentil, girond, gracieux, mignon, pimpant** (Cf. *pop.* Bath, chouette...). — REM. On oppose souvent *joli* à *beau, beau* impliquant régularité et majesté, *joli,* grâce et agrément. Cependant on emploie parfois *joli* pour *beau. Personne jolie qui efface des beautés* (cit. 39) *plus régulières. Une jolie fille* (Cf. Flatteur, cit. 10), *un joli brin* de fille. Jolie femme* (cit. 56. Cf. Affriander, cit. ; auréole, cit. 9 ; boire, cit. 13 ; enlaidir, cit. 6 ; entrée, cit. 8 ; entreprenant, cit. 5). *Jeune et jolie.* V. **Désirable** (Cf. Barbon, cit. 1 ; garçon, cit. 8). *Jolie comme un amour* (cit. 45), *comme un cœur*, comme un ange, un chérubin. Jolie à croquer* (cit. 7). *Une jolie petite fille* (Cf. Coquet, cit. 5).

Joli garçon (Cf. Éduquer, cit. 7 ; faraud, cit. 3 ; gâter, cit. 30). *Rendre joli.* V. **Enjoliver** (Cf. Air, cit. 14). — En parlant des animaux. *Un joli petit chat. De jolis oiseaux* (Cf. Fauvette, cit.). — Substant. *Mon joli, ma jolie.*

5   « Que vous êtes joli ! Que vous me semblez beau ! »
                                                        LA FONT., *Fabl.,* I, 2.

6   « Dites. Qu'elle est jolie et qu'elle a les yeux doux ! »
                                                        RAC., *Plaid.,* III, 4.

7   « On oppose même quelquefois le *joli* au beau. Elle n'est pas belle dit-on, mais elle est *jolie.* Mais *joli* n'exclut ni le grand, ni le beau, quand on le joint avec femme. C'est une *jolie* femme... On ne dit pas, c'est un *joli* homme dans le sens qu'on dit, c'est une *jolie* femme. L'un est une louange, et l'autre une espèce de raillerie. »
                                                        TRÉVOUX, Joli.

8   « Il faut enfin parler de la Parisienne...
      Elle-même se dit point belle, mais jolie,... »
                                                        VERLAINE, *Invectives,* XLII.

— Par ext. *Jolie figure. Joli minois, joli museau...* (Cf. Fluet, cit. 2 ; grand, cit. 40). *Avoir de jolis traits.* V. **Ciselé, délicat.** *Jolis yeux* (Cf. Assaisonnement, cit. 8). *Jolie fossette* (cit. 2). *Jolies jambes* (Cf. Faire, cit. 261). *Une jolie voix* (Cf. Féminin, cit. 5).

9   « Je préfère une jolie bouche à un joli mot, et une épaule bien modelée à une vertu, même théologale ; je donnerais cinquante âmes pour un pied mignon, et toute la poésie et tous les poètes pour la main de Jeanne d'Aragon ou le front de la vierge de Foligno. »
                                                        GAUTIER, Mlle de Maupin, V.

— (En parlant des choses). V. **Charmant, ravissant.** *Un joli pays* (Cf. Appauvrissement, cit. 1). *Jolie petite ville* (Cf. Fond, cit. 4). *Jolie maison. Joli spectacle, joli coup d'œil.* Par ext. *Joli voyage, jolie traversée* (Cf. Exprès, cit. 2). *Joli mois de mai. Joli meuble. Jolie reliure. Aimer les jolies choses.* — En T. d'Art. *Joli tableau. Une jolie chanson.* (Avec une nuance dépréciative) *Peinture qui n'est que jolie* (Cf. Idéalité, cit. 2). — *De jolis mouvements.* V. **Gracieux, harmonieux** (Cf. Cadencé, cit. 4). *Un joli mot* (Cf. Affût, cit. 2 ; autorail, cit. 1 ; caravansérail, cit. 2). *Un joli coup, une jolie feinte. Jolie performance. Bravo, joli ! très joli !* Adverbial. *Faire* (cit. 167) *joli.*

10   « J'ai... un secrétaire très joli, dont on m'a remis la clef... »
                                                        LACLOS, *Liais. dang.,* I.

11   « ... l'endroit se prêterait merveilleusement à une station. À cause du site, qui est très joli,... »
                                                        ROMAINS, *H. de b. vol.,* t. V, XIV, p. 101.

— Substant. *Le joli,* ce qui est joli. *Le joli et le charmant. Le joli et le beau. Le joli en peinture* (Cf. Contestation, cit. 4).

12   « Le *beau* proprement dit, c'est l'harmonie sensible à l'intelligence, jugée par le goût... Le *gracieux,* le joli, l'élégant, le mignon, le coquet inspirent... une sympathie protectrice pour des êtres ou des objets petits et faibles... C'est en cela qu'il nous procure un agréable accroissement de notre sentiment du moi : le charme. »
                                                        Ch. LALO, *Notions d'esthétique,* II, IV, III.

|| 3° Par ext. et fam. Se dit de choses dignes de retenir l'attention, qui méritent d'être considérées. *Une jolie somme. De jolis bénéfices.* V. **Considérable, coquet.** *Obtenir de jolis résultats. Il est d'une jolie force au violon* (Cf. Instrument, cit. 7). *Avoir une jolie situation.* V. **Avantageux, intéressant.**

13   « Les employés de restaurant ne sont pas payés, mais avec les « bonnes-mains » se font d'assez jolies journées. »
                                                        GIDE, *Journal,* 9 mai 1927.

— V. **Amusant, piquant, plaisant.** *Un joli tour. Le plus joli c'est qu'il ignore tout.* Substant. *Le joli de l'histoire, c'est que...*

|| 4° Par antiphrase, JOLI s'emploie comme *Beau* en parlant de ce qui est laid, désagréable, mauvais, rare, ridicule... *Un joli monsieur, un joli coco* (fam.), un individu peu recommandable, sans moralité. *Elle est jolie leur science !* (Cf. II, cit. 16). *Vous avez une jolie idée* (cit. 17) *de moi ! Vous êtes joli affublé de la sorte ! Nous voilà dans un joli pétrin* (fam.). *Il nous a joué un joli tour.* Impers. *C'est joli de dire du mal des absents !* Substant. *C'est du joli !* c'est mal, c'est du beau*, du propre*. *La grève* (cit. 14) *générale, ce sera du joli !*

14   « Je viens d'apprendre là-bas, à la porte, de jolies nouvelles : qu'on se moque ici de mes ordonnances,... »
                                                        MOL., *Mal. imag.,* III, 5.

15   « Vraiment, mon oiseau, vous faites là un joli métier, répondit en souriant la princesse,... »
                                                        VOLT., *Princesse de Babylone,* III.

16   « ... une coquine fieffée, très propre à porter son amant à faire des dettes, puis des faux, et plus tard même quelque joli petit crime conduisant droit en cour d'assises ;... »
                                                        STENDHAL, *Rom. et nouv.,* Philibert Lescale.

ANT. — **Laid.** — COMP. — **Enjoliver*.**

DER. — **Joliesse, joliment.** — **Joliet, ette.** *adj.* (vers 1200, « gai » ; XVe-XVIe s., sens actuel). *Peu usit.* Assez joli. V. **Mignon.** — **Joliveté.** *n. f.* (XIIe s., « gaieté »). *Vx.* Caractère de ce qui est joli. V. **Joliesse.** Trait d'esprit (XVIIe). Ouvrage mignon, jolie babiole (Ne s'employait guère qu'au pluriel).

JOLIESSE. *n. f.* (1843 BALZ. ; de *joli*). *Littér.* Caractère de ce qui est joli (au sens 2°). V. **Beauté, gentillesse.** *La joliesse de ses traits.* V. **Délicatesse** (ANT. **Laideur**).

1   « ... en retrouvant la lumière de ses regards, la joliesse de ses gestes,... »
                                                        BALZ., *Honorine,* Œuvr., t. II, p. 274.

2 « Tu m'as plu par ta joliesse
Et ta folle frivolité. » VERLAINE, Dédicaces, À G...

JOLIMENT. *adv.* (XIIIᵉ s. ; de *joli*, pour *joliement*). D'une manière jolie, agréable. V. **Bien.** *Objet joliment décoré.* V. **Délicatement.** *Être joliment habillé* (Cf. Ficeler, cit. 2). *Compliment joliment tourné, spirituel*.* — Par antiphr. *Vous voilà joliment arrangé !*

1 « Que *riche appartement* est là joliment dit ! »
MOL., Fem. sav., III, 2.

2 « Impossible de répondre plus joliment
À question plus spécieuse. » GIDE, Le Roi Candaule, I, 3.

— *Par ext.* (1676). V. **Beaucoup, bien, drôlement,...** *Nous avons été joliment téméraires* (Sév., Cf. Frotter, cit. 26). *Vous vous êtes joliment trompé* (ACAD.).

3 « On assure que le président a des millions, quel mal y aurait-il à ce qu'il mit sa filleule dans son testament ? Personne n'en serait surpris, et ça arrangerait joliment nos affaires. »
ZOLA, La bête humaine, I.

ANT. — Laidement, mal.

JONC (jon). *n. m.* (*Junc* au XIIᵉ s. ; lat. *juncus*).

‖ 1° *Bot.* Plante monocotylédone (*Joncacées*) herbacée, généralement vivace, à hautes tiges droites et flexibles qui croît dans l'eau, les marécages, les terrains très humides. *Feuilles linéaires ou cylindriques du jonc* (V. **Jonquille**). *Joncs d'un étang* (Cf. Désert, cit. 3), *d'un marais. Joncs qui plient, sifflent, tremblent sous le vent* (Cf. Bruire, cit. 4 ; étourdissement, cit. 2). *Friselis* (cit. 2), *frisson* (cit. 33) *des joncs. Couper des joncs à la faux* (2, cit. 1). *Faucarder les joncs et les herbes.* — Fam. *Être droit*, mince, souple, flexible* (cit. 2) *comme un jonc.* — *Principales variétés de joncs : jonc commun* ou *à mèche, jonc glauque* ou *jonc des jardiniers.* — Par anal. *Jonc des chaisiers, des tonneliers.* V. **Scirpe.** *Jonc fleuri.* V. **Butome.** *Jonc marin* (Cf. Guéret, cit. 2), *jonc épineux.* V. **Ajonc.**

1 « Ainsi qu'au bord d'une rivière
Un jonc se penche sous le vent. » RONSARD, Odes, I, X.

2 « Le soir je m'embarquais sur l'étang, conduisant seul mon bateau au milieu des joncs et des larges feuilles flottantes du nénuphar. »
CHATEAUB., M. O.-T., t. I, p. 128.

3 « ... sa taille encore un peu frêle d'enfant tout récemment grandie était droite comme un jonc, avec des épaules bien effacées ;... »
LOTI, Matelot, XXXIV.

— *Canne* de jonc ou de rotang* (V. **Rotin**). — Ellipt. *Un jonc.* V. **Badine, baguette, cravache.**

4 « Le premier semblait être un bon enfant comparé à ce jeune homme sec et maigre qui fouettait l'air avec un jonc dont la pomme d'or brillait au soleil. »
BALZ., Ténébreuse affaire, Œuvr., t. VII, p. 460.

— *Spécialt.* La tige elle-même du jonc, employée pour la confection de liens*, d'ouvrages de sparterie*, de vannerie*... *Corbeille*, panier* de jonc.* V. **Cabas** (Cf. Exposer, cit. 17). *Natte* en jonc tressé.* V. **Paillasson.** *Bouteille clissée de jonc* (Cf. Gourde, cit. 2). *Empailler des chaises avec du jonc.* V. **Joncer.** — *Fromage de jonc.* V. **Jonchée** (*infra*, dér.).

5 « Les navires des Indes, qui étaient de jonc, tiraient moins d'eau que les vaisseaux grecs et romains, qui étaient de bois,... »
MONTESQ., Espr. des lois, XXI, VI.

6 « Elles nattaient leurs cheveux avec des bouquets ou des filaments de joncs ;... » CHATEAUB., M. O.-T., t. I, p. 319.

7 « Toutes les chambres sont carrelées en briques ;... ces briques sont recouvertes de nattes de roseau en hiver et de jonc en été,... »
GAUTIER, Voyage en Espagne, p. 75.

‖ 2° Bague, bracelet dont le cercle est partout de même grosseur. *Porter au doigt un jonc d'or.*

DER. — Joncher. — **Joncacées.** *n. f. pl.* (1798). *Bot.* Famille de plantes phanérogames angiospermes (*Monocotylédones herbacées*), annuelles ou vivaces, à feuilles alternes et rhizome rampant, ayant pour type le *jonc*. *Principales joncacées.* V. Jonc, luzule. — **Joncer.** *v. tr.* (1858). *Technol.* Garnir de jonc (une chaise, un fauteuil...). V. Canner. — Frotter (une peau de chèvre...) avec une tresse de jonc. — **Jonchaie** (1802) ou **Joncheraie** (*Néol.*) ou **Jonchère.** *n. f.* (XVIᵉ s. ; var. vieillie ou dial. *jonchière, joncière*). Lieu où poussent des joncs. *Traverser une joncheraie* (Cf. Hourvari, cit. 1), *la pointe d'une jonchère* (Cf. Glissement, cit. 2). *Grosse touffe de joncs sur pied. L'épaisseur d'une jonchère* (Cf. Hallali, cit. 1). — **Jonchée.** *n. f.* (1379, « panier de jonc pour égoutter le lait caillé »). Petit fromage* de crème ou de lait caillé, fait dans un panier de jonc*.

1. JONCHÉE. *n. f.* (XIIIᵉ s. ; de *joncher*). Amas de branchages, de fleurs, d'herbes, dont on jonche* le sol, dans les rues, les églises, etc. pour quelque solennité. *Chapelle qui disparaît sous une jonchée de fleurs* (Cf. par métaph. Haie, cit. 1). — Par anal. *Une jonchée de feuilles mortes.* — Par ext. Grande quantité d'objets épars sur le sol. *Une jonchée de plumes* (Cf. Coq 1, cit. 11), *de cadavres.*

1 « ... la procession de la Fête-Dieu défilait très lente, sur une verte jonchée de fenouils et de roseaux coupés dans les marais d'en bas. »
LOTI, Ramuntcho, I, XXI.

2 « Dans l'Inde, on ne porte point de bouquets aux dieux, mais on fait d'admirables jonchées pour leurs autels : des jasmins à profusion — rien que les corolles, arrachées à la tige, — et des gardénias, et d'épaisses fleurs au parfum de tubéreuse, formant des nappes odorantes, sur la blancheur desquelles on sème ensuite quelques roses du Bengale, ou quelques hibiscus bien rouges... »
LOTI, L'Inde (sans les Anglais), II, I.

3 « L'amoureux pensa que tout l'azur et tout l'or du ciel croulaient sur lui et autour de lui. Le sable du jardin lui parut une jonchée de diamants... » BLOY, Femme pauvre, II, IV.

2. JONCHÉE. V. **Jonc** (*dér.*).

JONCHER. *v. tr.* (Vers 1100 ; de *jonc*). Parsemer* de joncs et, plus généralement, de branchages, de feuillages, de fleurs... V. **Jonchée** 1. *Les habitants jonchèrent les rues pour le passage de la procession* (ACAD.). — Par anal. Couvrir d'objets quelconques, jetés ou répandus çà et là en grande quantité. *L'automne* (cit. 3) *jonche la terre de feuilles mortes.* — Par ext. (En parlant des choses éparses elles-mêmes). V. **Couvrir.** *Feuilles qui jonchent la terre. Fleurs qui jonchent les marches d'un autel.* — *Sol jonché de débris* (Cf. Géant, cit. 2). *Champ jonché d'éclats de pierres* (Cf. Hamada, cit.). — *Champ de bataille jonché de cadavres.*

1 « Apollon, irrité contre le fier Atride,
Joncha son camp de morts :... » LA FONT., Fabl., XI, 3.

2 « ... tu foulais, monté sur une douce ânesse,
Des chemins tout jonchés de fleurs et de rameaux, »
BAUDEL., Fl. du mal, Révolte, CXVIII.

3 « Les feuilles mortes tombaient des grands arbres dans un poudroiement de lumière et jonchaient d'or le sol où nous marchions. »
FRANCE, Petit Pierre, XXXII.

4 « Antoine rangeait des papiers ; sous le bureau, la corbeille était pleine, et des feuillets déchirés jonchaient le tapis. »
MART. du G., Thib., t. VII, p. 259.

DER. — Jonchée. — **Jonchement.** *n. m.* (1605). *Rare.* Action de joncher. — **Jonchet.** *n. m.* (1474). Nom de petits bâtons qu'on jette pêle-mêle et en grand nombre sur une table, pour s'amuser ensuite à les enlever un à un avec un crochet (ou touche), sans déranger les autres. *Le jeu* des jonchets. Jonchets de bois, d'os, d'ivoire.* — **REM.** On a écrit également HONCHET, ONCHET.

« ... nous étions tous trois couchés sur les marches, emportés par l'attention que, demandait une partie d'onchets (*jonchets*) que nous faisions des tuyaux de paille et des crochets armés d'épingles. »
BALZ., Lys dans la vallée, Œuvr., t. VIII, p. 936.

JONCTION. *n. f.* (XIVᵉ s. ; lat. *junctio*. V. **Joindre**).

‖ 1° Action de joindre une chose à une autre ; le fait d'être joint. V. **Adjonction, assemblage*, conjonction** (I), **liaison, réunion, union** (Cf. Cohérence, cit. 2). *Jonction bout à bout.* V. **Abouchement, aboutage, épissure.** *Jonction de corps de même espèce.* V. **Apposition** (*Phys.*). — *Méd. Mode de jonction des os.* V. **Articulation.** *Jonction par adhésion*.* V. **Adhérence, soudure.** *Point de jonction des lèvres.* V. **Commissure.**

— Fig. *Jonction des efforts.* V. **Conjugaison, union.** *Jonction du mot et de l'idée* (Cf. Abstraction, cit. 5). *Jonction de deux choses inconciliables* (cit. 3). *Jonction des esprits, des âmes* (cit. 37). V. **Contact, étreinte.**

1 « La *jonction*, dit-il (*l'abbé Girard*), regarde proprement deux choses éloignées qu'on rapproche, ou qui se rapprochent l'une auprès de l'autre ; l'*union* regarde particulièrement deux différentes choses qui se trouvent bien ensemble. Le mot de *jonction* semble supposer une marche ou quelque mouvement ; celui d'*union* renferme une idée d'accord ou de convenance : on dit la *jonction* des armées, et l'*union* des couleurs ;... »
ENCYCL. (DIDER.), Jonction.

— *Dr. Jonction de causes :* « décision par laquelle le tribunal, saisi de deux causes liées assez étroitement... pour que la solution de l'une doive influer sur celle de l'autre, — ou de deux demandes dont l'une est incidente à l'autre... ordonne leur réunion pour qu'il soit statué sur les deux par un seul jugement... » (CAPITANT). *Jonction de causes connexes*.*

‖ 2° *Spécialt.* Action par laquelle deux choses entrent, sont mises en contact. V. **Rencontre.** *Jonction naturelle de deux cours d'eau* (V. **Confluent**) ; *jonction par un canal* (cit. 4). *Jonction de deux routes, de deux voies de chemin de fer. Voie de jonction* (ou *de raccordement*). *Jonction de deux circuits électriques* : branchement, raccordement.

2 « (Ils)... ne le quittèrent qu'à la jonction de la route de Montégnac et de celle de Bordeaux à Lyon. »
BALZ., Curé de village, Œuvr., t. VIII, p. 721.

‖ 3° Action de se joindre, en parlant de troupes. V. **Réunion.** *Les éléments* (cit. 9) *de la troupe ont fait, ont effectué, ont opéré leur jonction.*

3 « — Madame, vous n'avez pas un instant à perdre, dit le valet de chambre, les Prussiens, les Autrichiens et les Anglais vont faire leur jonction à Blois ou à Orléans... »
BALZ., Femme de trente ans, Œuvr., t. II, p. 702.

ANT. — Disjonction, dislocation. Bifurcation, séparation.

JONGLER. *v. intr.* (XIVᵉ s. ; du lat. *joculari*, « plaisanter », avec influence d'un francique *jangalôn.* Cf. anc. franç. *jangler*, « bavarder »).

‖ 1° *Vx.* Faire des tours d'adresse, de passe-passe* (V. **Jonglerie**).

‖ 2° *Spécialt.* (1546). Lancer en l'air plusieurs boules ou autres objets qu'on reçoit et relance alternativement en entrecroisant leurs trajectoires. *Clown qui jongle avec des boules, des cerceaux, des massues, des torches...* (V. **Jongleur**).

1 « Enfin Gianni triomphait de la difficulté de jongler avec trois objets de pesanteur différente, un boulet, une bouteille, un œuf : tour qu'il terminait en recevant l'œuf dans le cul de la bouteille. »
GONCOURT, **Zemganno**, IV.

‖ 3° *Par métaph. et fig.* (Avec une idée d'adresse, d'aisance, de facilité ou de légèreté). *Jongler avec les idées.* V. **Jouer.** *Jongler avec les difficultés.* V. **Jeu** (se faire un jeu de), **jouer** (se jouer de).

2 « ... une phraséologie vague, qui jongle avec le secret des siècles et l'inconnu de l'être,... » GIDE, **Journal**, 19 juin 1910.

3 « Il ne faudrait pourtant pas prendre pour de la pensée l'art de jongler avec les sophismes comme Robert-Houdin avec ses gobelets... »
BENDA, **Trahison des clercs**, Préface, p. 73.

4 « ... ces chiffres avec lesquels jongle Balzac... »
HENRIOT, **Romantiques**, p. 297.

JONGLERIE. n. f. (*Juglerie* en 1119 ; plur. neutre lat. *jocularia*, « plaisanterie », avec influence de l'anc. franç. *janglerie*. V. **Jongler**). Tour d'adresse*, de passe-passe*. — *Spécialt.* Art du jongleur*. *La jonglerie exige une grande adresse.*

1 « Dans la jonglerie, qui est aussi une spécialité acrobatique, où l'œil, le cerveau et le corps entier se partagent les responsabilités du travail, RASTELLI avait... dépassé tous ses devanciers par la difficulté matérielle, l'ingéniosité, la complexité du numéro ;... »
G. FRÉJAVILLE, in ENCYCL. de MONZIE, XVI, 44-9.

— *Par métaph.* (Souvent avec une nuance péjor.). Tout exercice de virtuosité pure. *D'éblouissantes jongleries poétiques.*

2 « ... il (*E. Poe*) n'était pas loin de les considérer (*ses contes étranges*), comme de *faciles* jongleries, comparativement aux ouvrages de pure imagination. » BAUDEL., **E. Poe, sa vie et ses œuvres**, II.

3 « Vos romans sont poétiques et, quant à votre forme, je préfère sa simplicité sans ornement à ces jongleries où chaque mot semble briller d'un éclat isolé. » MAUROIS, **Roses de septembre**, I, I.

— *Fig.* Fausse apparence, manœuvre tendant à duper. *Jongleries de charlatan* (V. **Charlatanisme, hypocrisie**).

4 « — J'ai une religion, ma religion, et même j'en ai plus qu'eux tous, avec leurs momeries et leurs jongleries ! »
FLAUB., **Mᵐᵉ Bovary**, II. I.

JONGLEUR, EUSE. n. (*Jogleor*, au XIIᵉ s. ; lat. *joculator*, « rieur, bon plaisant », avec influence de l'anc. franç. *jangleur*. V. **Jongler**). *Anciennt.* Ménestrel* nomade qui récitait ou chantait des vers, en s'accompagnant d'un instrument. V. **Ménestrel, troubadour.** *Les jongleurs se produisaient dans les châteaux, les tournois, les fêtes publiques... Fatrasies* (cit.) *des jongleurs.*

1 « Fatigué de racler psaltérion et viole,
Cercamon le jongleur au sacré monastère
Est venu savourer le charme du mystère,
Le Nirvâna en Dieu, la paix du cimetière. »
MISTRAL, **Les Olivades**, Le mirage, p. 151.

2 « Le « jongleur » du moyen âge, musicien, conteur, chanteur, comédien, poète, marchand d'herbes et d'onguents à l'occasion, faisait aussi des tours d'escamoteur et d'acrobate pour amuser ses auditeurs et montrait des animaux dressés. En réalité, remarque Victor FOURNEL, les jongleurs « étaient les artistes universels embrassant toutes les branches des connaissances humaines, dans leur rapport avec l'amusement de l'esprit ou des yeux. »
G. FRÉJAVILLE, in ENCYCL. de MONZIE, XVI, 76-12.

— *Par ext.* V. **Bateleur, histrion, saltimbanque.** *Jongleur hindou.* V. **Psylle.** — *Le Jongleur de Notre-Dame* (1902), miracle en trois actes inspiré d'une légende médiévale. — *Spécialt.* (De nos jours). Celui dont le métier est de jongler dans les cirques, les foires... *Tours de jongleur.* V. **Jonglerie.** *Dextérité, grâce, habileté, souplesse d'un jongleur* (V. **Acrobate, équilibriste, escamoteur**).

3 « Aussi devint-il (*le Pont-Neuf*) bientôt le rendez-vous de tous les oisifs parisiens, dont le nombre est grand, et partant de tous les jongleurs, vendeurs d'onguents et filous, dont les métiers sont mis en branle par la foule, comme un moulin par un courant d'eau. »
NERVAL, **Contes...**, La main enchantée, IV.

4 « Même quand elle marche on croirait qu'elle danse,
Comme ces longs serpents que les jongleurs sacrés
Au bout de leurs bâtons agitent en cadence. »
BAUDEL., **Fl. du mal**, Spleen et idéal, XXVII.

5 « Gianni était un jongleur de première force, ses mains étaient douées d'un toucher de caresse et d'enveloppement... »
GONCOURT, **Zemganno**, IV.

— *Fig. Un habile jongleur de mots.*

6 « ... à vingt-cinq ans il (*Hugo*) aura déjà écrit ses *Ballades*, il est déjà l'étourdissant jongleur de mots et le rythmicien prestigieux des *Djinns...* » HENRIOT, **Romantiques**, p. 83.

JONKHEER (*yon'-khèr'*). n. m. (1906 NOUV. LAROUSSE ILL., Suppl. ; mot hollandais ; allem. *Junker*). Noble hollandais non titré (au-dessous du chevalier).

JONQUE. n. f. (*Junc* en 1521 ; empr. au javanais (*a*)*jong*). Voilier* d'Extrême-Orient à trois mâts, dont les voiles de nattes ou de toile sont cousues sur de nombreuses lattes horizontales en bambou. *La jonque, navire de mer et de rivière.*

« Les sampans et les jonques, qui depuis trois jours s'étaient tenus blottis, s'en vont vers le large ; la baie est couverte de leurs voiles blanches ;... » LOTI, **Mᵐᵉ Chrysanth.**, XXXIV.

JONQUILLE (*-kiy'*). n. f. (1596 ; esp. *junquilla*, de *junco*, « jonc »). *Bot.* Nom vulgaire d'une variété de narcisse* à fleurs jaunes et odorantes, scientifiquement appelée *narcissus jonquilla*, dont les feuilles rappellent celles du jonc*. *La jonquille, plante d'ornement, est aussi cultivée pour son parfum.* — *Spécialt.* La fleur elle-même (Cf. Couche, cit. 4).

1 « ... la collation dans un lieu tapissé de jonquilles... »
SÉV., 161, 26 avril 1671

— *Par ext. et adjectivt.* De la couleur (jaune vif) de cette fleur. *Velours jonquille. Rubans jonquille.* — *Un jaune jonquille,* et *ellipt.* en T. d'Arts, *Un beau jonquille, du jonquille,* couleur secondaire composée avec du blanc et du jaune.

2 « Il y a des canaris panachés dans toutes les couleurs simples que nous avons indiquées ; mais ce sont les jaunes jonquille qui sont le plus panachés de noir. » BUFF., **Hist. nat. ois.**, Le serin des Canaries.

JOSEPH. adj. invar. (1756 ENCYCL. ; prénom de l'inventeur Joseph Montgolfier). *Technol. Papier joseph,* papier mince et transparent, employé comme filtre en chimie.

JOTA (*'hro-ta*). n. f. (1840 ; mot espagnol). Danse populaire espagnole*, particulièrement en honneur dans la province d'Aragon. *La jota aragonaise* (et ellipt. *L'aragonaise*), écrite à trois-quatre ou trois-huit, se danse pour toutes les fêtes, même religieuses. *Jouer une jota* (Cf. Guitare, cit. 4). *Fandangos* (cit. 2) *et jotas.*

1 « La soirée se termine par un petit bal improvisé, où l'on ne danse hélas ! ni jota, ni fandango, ni bolero,... »
GAUTIER, **Voyage en Espagne**, p. 160.

2 « Chaque province d'Espagne a ses danses : l'Aragon, la fameuse jota, d'origine basque, ou peut-être arabe, mais d'un style brillant et noble. » MIOMANDRE, **Danse**, p. 39.

JOTTEREAU. n. m. (*Joutereau* en 1678 ; de *jotte* (vx), « joue d'un vaisseau » ; lat. *gaba*). *Mar.* Pièce de bois dur ou de tôle solidement fixée de chaque côté d'un mât pour supporter les élongis. *Jottereaux d'un mât* (V. **Flasque** 3). *Jottereau de l'avant.* V. **Dauphin.**

JOUABLE. V. JOUER (dér.).

JOUAIL (*-ay'*). n. m. (1771 TRÉVOUX ; de *joug*). *Mar.* Syn. de JAS.

JOUAILLER. V. JOUER (dér.).

JOUBARBE. n. f. (XIIIᵉ s. ; lat. *Jovis barba*, « barbe de Jupiter »). *Bot.* Plante dicotylédone (*Crassulacées*), scientifiquement appelée *sempervivum*, herbe ou arbrisseau indigène ou exotique, à tige velue et à feuilles charnues groupées en rosette d'où s'élève une panicule de fleurs roses ou jaunâtres. *La joubarbe, plante grasse ornementale et médicinale. La joubarbe des toits* (Cf. Enraciner, cit. 1). V. **Artichaut** (sauvage). *Joubarbe des vignes.* V. **Orpin.**

JOUE. n. f. (*Joe* vers 1100 ; d'un lat. *gaba*, « jabot »).

‖ 1° Partie latérale de la face (cit. 2 et 7), s'étendant entre le nez et l'oreille, du dessous de l'œil au menton. *Les joues, parois latérales de la bouche*. *Parties de la joue.* V. **Méplat, pommette.** *Muscles* (buccinateur, masséter*, zygomatique*...), *os de la joue* (V. **Génal, malaire**). — *Fossettes* (cit. 4) *des joues* (Cf. Frisottement, cit.). *Barbe* (1, cit. 10, 12, 14 et 17), *duvet follet* (cit. 4) *qui pousse sur les joues.* — *Se farder* (cit. 9), *se poudrer les joues. Larmes brûlantes* (cit. 3) *qui roulent sur les joues* (Cf. Humecter, cit. 2). Arg. *Se caler* les joues. — *Joues pâlies, amaigries* (cit. 6), *caves*, creuses** (cit. 16), *creusées* (Cf. Carrure, cit. 3)... *Joue flasque, pendante.* V. **Abajoue, bajoue.** *Avoir de grosses joues* (V. **Joufflu, mafflu** ; et Cf. Fontaine, cit. 8), *des joues empâtées* (cit. 3), *rebondies* (Cf. Friser, cit. 14), *rondes* (Cf. Brugnon, cit.)... *Joues fraîches, lisses, veloutées* (Cf. Fruit 1, cit. 17). *Joues pâles, empourprées* (cit. 4 et 5), *enflammées* (cit. 4), *roses, rouges comme une pomme d'api* (cit. 2 Hugo), *vermeilles* (Cf. Fleurir, cit. 24)... *Joues brûlantes* (Cf. Effleurer, cit. 8), *en feu* (Cf. Bas-fond, cit. 2 ; exsangue, cit. 3). *Joue qui se colore, rougit* (Cf. Embarras, cit. 16 ; inventer, cit. 16). *Rougeur qui s'épand* (cit. 12) *sur la joue* (Cf. Buée, cit. 2). *Joues couperosées, striées de fibrilles* (cit.). *Joue gonflée par une fluxion* (cit. 4). — *Par métaph. Joues incarnates* (cit. 2) *d'une pêche.*

1 « La nuit même ne pouvait les séparer : elle les surprenait souvent couchés dans le même berceau, joue contre joue, poitrine contre poitrine, les mains passées mutuellement autour de leurs cous et endormis dans les bras l'un de l'autre. »
BERNARD. de ST-P., **Paul et Virginie**, p. 24.

2 « Elle avait... des joues hâves toutes sillonnées de petites lignes. »
GREEN, **Ad. Mesurat**, I, I.

3 « ... Rôy qui, le feu aux joues, venait de faire le récit des manifestations chauvines auxquelles il avait pris part, la veille au soir. »
MART. du G., **Thib.**, t. VII, p. 228.

— *Baiser* (cit. 1) *la joue* (de quelqu'un). *Baiser quelqu'un à, sur la joue* (Cf. Accoler, cit. 1 ; galant, cit. 19). *Embrasser quelqu'un* (cit. 3) *sur la joue, sur les deux joues* (Cf. Bécot, cit.). *Un baiser sur la joue* (Cf. Bonjour, cit. 4 ;

effleurer, cit. 7). *Caresser* (cit. 6) *la joue. Tape amicale, gifle* (cit. 5) *sur la joue* (Cf. Congédier, cit. 2 ; imbécile, cit. 8). *Gifler* (cit. 2 et 5) *quelqu'un sur les deux joues. Appliquer* (cit. 4) *un soufflet sur la joue. — Tendre la joue, pour recevoir un baiser. — Allus. bibl.* (Cf. Frapper, cit. 1). *Présenter, tendre l'autre joue, la joue, s'exposer volontairement à un redoublement d'outrages.*

4 « L'Évangile ordonne bien à celui qui reçoit un soufflet d'offrir l'autre joue, mais non pas de demander pardon. »
ROUSS., *Confess.*, IX.

5 « ... elle lui prit la tête à deux mains... et lui posa sur les joues deux baisers fraternels. » DUHAM., *Salavin*, III, XXVIII.

— *Coucher*, mettre en joue un fusil, une carabine.* V. **Épauler** (Cf. Baguette, cit. 8). — Ellipt. *En joue !* ou *Joue !* commandement militaire enjoignant aux soldats de mettre leurs fusils en position de tir. — Par ext. *Coucher*, mettre, tenir une cible* (personne ou chose) *en joue,* la viser avec une arme à feu portative.

6 « ... les hommes qui l'accompagnaient nous couchèrent en joue avec des carabines... » LESAGE, *Gil Blas*, V, I.

7 « ... au-dessus d'un buisson apparaît la tête du lion. Il nous avait sentis et regardait de notre côté. Je le mets en joue et tire : la tête disparaît derrière le buisson,... » MAUROIS, *Silences col. Bramble*, VI.

‖ 2° *Par anal.* (En parlant de certains animaux). Partie latérale de la tête correspondant à la *joue* de l'homme. *Joues du singe* (Cf. Face, cit. 14), *du cheval, du bœuf...*

‖ 3° Technol. *Joues de poulie,* les deux faces extérieures de la caisse d'une poulie. *Joues de coussinet*,* parois latérales des coussinets d'une voie ferrée. *Joue d'une solive,* sa face latérale considérée de l'entrevous. — *Joue d'un fauteuil, d'un canapé,* panneau latéral entre le siège et les bras. *Fauteuil à joue ouverte, à joue pleine.* — Spécialt. Mar. *Joues d'un navire.* V. **Épaule.**

DER. — **Jouée.** n. f. (XIIe s.). Technol. Épaisseur de mur dans l'ouverture d'une porte, d'une fenêtre... *Par anal.* « Partie latérale en forme de triangle comprise entre une lucarne* et le toit sur lequel elle se détache » (RÉAU).

COMP. — **Abajoue, bajoue.**

HOM. — **Joue** (je, il), **joug.**

JOUER. *v. intr.* (Joer au XIe s. ; lat. *jocari,* « badiner, plaisanter »).

I. *Absolt.* ‖ 1° Se livrer au jeu*. V. **Amuser** (s'). *Les enfants se divertissent*, se récréent* en jouant. Fillette grognon* (cit. 1) *qui ne veut pas jouer. Faire jouer un enfant* (Cf. Endormir, cit. 38). *Écoliers qui jouent pendant la récréation* ; gamins* (cit. 3) *qui jouent dans la rue.* V. **Ébattre** (s'), **ébrouer** (s'). *Allez jouer dehors ! Pouce*, je ne joue plus. Jouer bruyamment, avec ardeur, sans entrain... Jouer avec un camarade* (Cf. Gras, cit. 39), *un cousin* (Cf. Harem, cit. 5). *Nous allons jouer ensemble. Ce n'était pas sérieux, c'était pour jouer.* V. **Badiner, plaisanter, rire.**

1 « Les jeux des enfants sont de graves occupations. Il n'y a que les grandes personnes qui jouent. » BARBUSSE, *Le feu*, I, VI.

— *Pronominalt.* (même sens). *Homme facétieux* (cit. 4) *qui aime à se jouer. Insectes qui se jouent dans un rayon de soleil.* V. **Folâtrer** (REM. Cet emploi a vieilli). — *Faire une chose* (difficile) *en se jouant, comme en se jouant.* V. **Facilement** (Cf. Bondir, cit. 7 ; fait, cit. 19).

— *Par anal. et fig.* (Dans la langue littéraire, en parlant de choses). Se mouvoir comme au gré de son caprice, de sa fantaisie. *Source qui joue entre les pierres.* — Mar. *La brise joue,* elle change de direction. — Spécialt. Provoquer un léger mouvement, des effets variés et changeants. *Sourire qui joue sur les lèvres* (Cf. Ébauche, cit. 9). *Moires qui jouent sur la mer* (Cf. Cerne, cit. 2). — *Pronominalt.* (même sens). *Brise qui se joue dans les branches* (Cf. Haleine, cit. 29). *Lumière qui se joue dans les plis d'une étoffe* (Cf. Glacer, cit. 34).

2 « ... les creux vallons, où les rivières, par mille détours, semblent se jouer au milieu des riantes prairies. » FÉN., *Télém.*, II.

3 « La lune était sereine et jouait sur les flots. » HUGO, *Orientales*, X.

4 « ... la tête couverte d'un coqueluchon où ses cheveux blonds se jouaient dans la dentelle noire. » FRANCE, *Rôtiss. reine Pédauque*, XII, Œuvr., t. VIII, p. 100.

5 « L'immense vaisseau semblait désert. Le soleil de la soirée jouait à travers les vitraux ;... » DUHAM., *Pasq.*, VIII, XVI.

‖ 2° *Par ext.* (En parlant de choses). Se mouvoir avec aisance (dans un espace déterminé). *Jouer à l'aise* (Cf. Guêpe, cit. 6). — Mar. *Barque qui joue sur son ancre,* qui se balance. — Spécialt. (En mauvaise part). *Meuble, panneau de bois qui joue,* dont l'assemblage ne joint plus exactement, par suite de dilatations, de contractions. V. **Jeu** (avoir du). *L'humidité fait jouer les boiseries.* V. **Gondoler.**

6 « ... les bois des volets et des portes avaient joué, et ne fermaient plus si fort mal. » GAUTIER, *Omphale* (in *Fortunio...*, p. 233)

— *Technol.* V. **Fonctionner.** *Ressort, verrou qui ne joue plus. Faire jouer la clef dans la serrure.* — Spécialt. *Les pompiers firent jouer les pompes* (Cf. Mettre en action). — *Faire jouer les eaux,* provoquer des jeux* d'eau en manière de spectacle. — (Fig. et pop.). *Faire jouer les grandes eaux,* pleurer abondamment. — *Faire jouer un fourneau* (cit. 8), *une mine,* les faire éclater.

7 « ... l'amorce est déjà conduite, et la mine prête à jouer :... » LA BRUY., VIII, 43.

8 « ... il trouverait bien la manière de faire jouer les verrous et la serrure de la porte extérieure. » LOTI, *Désenchant.*, II, XIV.

— *Fig.* V. **Intervenir, jeu*** (entrer, être en). *La question d'intérêt ne joue pas entre eux. Une circonstance fâcheuse a joué contre lui. — Faire jouer des ressorts secrets.* V. **Jeu** (mettre en). *Faire jouer la corde sensible.*

9 « Agrippine ne s'est présentée à ma vue,...
Que pour faire jouer ce ressort odieux. » RAC., *Britann.*, III, 9.

10 « Il serait étrange que l'illusion ne jouât pas dans les jugements que portent les uns sur les autres des hommes de professions ou d'occupations différentes. » PAULHAN, *Entret. s. faits divers*, p. 30.

11 « Depuis son unique tentative de suicide..., même aux heures de désespoir, avait joué en elle, toujours vivace, l'instinct de conservation. » MAURIAC, *Fin de la nuit*, I, p. 18.

II. (JOUER construit avec une préposition).

‖ 1° JOUER AVEC. *Petite fille qui joue avec sa poupée.* V. **Amuser** (s') ; **joujou** (faire). Cf. Figurine, cit. 1. *Jouer avec un cerceau, une trottinette, des balles...* V. **Jouet.** — *Par métaph.* V. **Jongler.** *Jouer avec les mots. Jouer avec les cœurs, les passions* (Cf. Agacer, cit. 6)... *Jouer avec la vie.* — *Par anal.* Manipuler distraitement, d'un geste plus ou moins machinal. *Jouer avec des brins de paille* (Cf. Coussinet, cit. 2), *avec un couteau* (cit. 8). *Ne laissez pas les enfants jouer avec la serrure.* — Spécialt. *Cheval qui joue avec son mors,* qui le mâchonne (V. **Badiner**).

12 « ... cet instinct qui porte la femme à jouer avec sa proie comme le chat joue avec la souris qu'il a prise. » BALZ., *Les Chouans*, Œuvr., t. VII, p. 883.

13 « ... il jouait avec ses doigts délicatement, tout en lui contant mille douceurs. » FLAUB., *Mme Bov.*, III, VII.

14 « Elle jouait, d'une main, avec sa chaîne de grosses perles, nouait et dénouait leur nacre éternelle... autour de ses grands doigts flétris et soignés. » COLETTE, *Fin de Chéri*, p. 101.

15 « Je connais beaucoup de peuples, mais en vérité j'en connais peu qui aient autant d'aptitude à jouer familièrement avec les idées, les images, les vocables et les signes. » DUHAM., *Turquie nouvelle*, I.

— *Fig.* Exposer avec légèreté, imprudence... *Jouer avec sa vie, sa santé,* risquer de la perdre, de la compromettre. *Jouer avec sa réputation* (Cf. Grief 1, cit. 7). *Jouer avec le feu** (1, cit. 18 et 19).

‖ 2° JOUER À (un jeu déterminé). *Jouer à cache-cache* (Cf. Enfance, cit. 5), *à colin-maillard* (cit.), *à la dînette* (Cf. Cafouiller, cit.). — *Jouer à,* suivi d'un infinitif. *Jouer à se poursuivre* (Cf. Fou 1, cit. 9), *à faire des pâtés...* Spécialt. (En imitant par jeu) *Jouer à l'explorateur, à la marchande...* (Cf. aussi Glorieux, cit. 15). *Jouer à la guerre, à la noce...*

16 « Quand un enfant joue au volant, il s'exerce l'œil et le bras... » ROUSS., *Émile*, II.

17 « ... d'ailleurs, une jeune fille aime toujours à jouer à la *maman*. À l'âge où j'étais, un enfant remplace alors la poupée. » BALZ., *Secr. princesse Cadignan*, Œuvr., t. VI, p. 52.

18 « À ton âge, les enfants jouent encore à la poupée ou à la marelle ; et toi, pauvre petite, sans jouets ni compagnes, tu as joué au meurtre, parce que c'est un jeu qu'on peut jouer toute seule. » SARTRE, *Les mouches*, III, 2.

— *Fig.* Affecter d'être, se donner l'air de... *Jouer à l'indispensable* (cit. 13), *au généreux.* V. **Poser.** *Jouer à la vertu.*

19 « Avait-il donc besoin d'affecter une contenance funèbre et de jouer au pleureur,...? » BAUDEL., *Parad. artif.*, Mangeur d'opium, VII.

20 « Nana... sortait peu, jouant à la solitude et à la simplicité. » ZOLA, *Nana*, VIII.

— *Jouer aux cartes** (cit. 6), *aux dominos** (Cf. Ensemble 1, cit. 4), *aux échecs** (cit. 1, 14 et 17). — Absolt. *S'attabler* pour jouer. Jouer contre quelqu'un* (Cf. Inonder, cit. 6). *À qui de jouer ? À vous de jouer* (Fig. À vous d'agir). *Jouer sans prendre. Jouer en carreau, dans la couleur*.* — (Aux Dames). *Souffler* n'est pas jouer. Jouer à qui perd* gagne.*

— (À un sport). *Jouer au football* (cit. 1), *au tennis* (Cf. Fraîche, cit. 4), *de façon habituelle* (V. **Pratiquer**) *ou occasionnelle.*

— *Transit.* (Vx). *Jouer les échecs* (cit. 14), *l'hombre* (cit. 1)..., savoir y jouer.

— (De nos jours). *Jouer le bridge-contrat.* Fig. *Jouer le jeu*, le jeu de quelqu'un.*

— *Jouer une partie de dames, un match de rugby... Une partie bien ou mal jouée* (Cf. *par métaph.* Échiquier, cit. 3). *Jouer sa partie** (au fig.). *La partie est jouée* (Cf. fig. Indifférence, cit. 4). *Jouer la belle*, la revanche.* — Spécialt. (Paume, Tennis...). *Jouer une balle,* la mettre en jeu. — (Dames, échecs). *Jouer un pion, une pièce,* les déplacer. — (Aux Cartes). *Jouer une carte, jouer la couleur*, jouer un* roi, un pique, et ellipt. *Jouer pique, cœur* (cit. 47). — Pronominalt. *Le bridge se joue à quatre. Match qui s'est joué entre le Racing et Lens.* — Impers. *Il va se jouer entre eux une rude partie.*

21 « Nous sommes manche à manche, baron, nous jouerons la belle quand vous voudrez. »
BALZ., **Cousine Bette**, Œuvr., t. VI, p. 306.

22 « Maître Lagatut, dis-je par derrière, nous jouerons cela à trois, si vous voulez bien : un *rams*, ce sera plus gai. »
LOTI, **Mon frère Yves**, XXXIV.

23 « ... la dernière carte est une carte dangereuse pour l'unique raison qu'elle est la dernière. Elle n'est bonne qu'aussi longtemps qu'elle n'est pas jouée. Il faudrait jouer toujours les parties difficiles sans abattre la dernière carte. »
NIZAN, **Cheval de Troie**, p. 111.

— (Vx). *Jouer quelqu'un par-dessous la jambe** (aux jeux de paume et de volant) : « en faisant passer la balle, le volant, sous la jambe » (HATZFELD). V. **Jambe** (cit. 25 au fig.).

— Fig. *Jouer quelqu'un.* V. **Abuser, berner** (cit. 2), **tromper** (Cf. *pop.* Rouler ; et *aussi* Envelopper, cit. 22 ; franc 2, cit. 4).

24 « Mettez pour me jouer vos flûtes mieux d'accord. »
MOL., **Étourdi**, I, 4.

25 « Comme il les a joués avec son air mélancolique et insouciant ! Il est le maître de la cour à présent ! C'est fini, le Roi va, dit-on, le faire duc et pair ;... »
VIGNY, **Cinq-Mars**, XIV.

26 « — Je suis trahie, trompée, abusée, jouée, rouée, perdue, et je veux le tuer, le déchirer. »
BALZ., **Les Chouans**, Œuvr., t. VII, p. 1050.

27 « L'homme, la femme, tombés à terre, pleuraient, gueulaient, dans le désespoir sauvage de n'être pas les plus forts, d'avoir été joués par cette garce de gamine. »
ZOLA, **La terre**, IV, VI.

28 « La Prusse se crut donc atrocement jouée : elle avait, en acceptant le Hanovre, encouru la méprisable rancune de toute l'Europe, et voici qu'on s'apprêtait à lui retirer cette proie, « prix de la trahison », disait le roi de Suède. »
MADELIN, **Hist. Cons. et Emp.**, Vers Emp. Occident, XIII.

— *Spécialt.* S'adonner aux jeux d'argent et de hasard. *Jouer au baccara, à la roulette... Jouer (à) quitte** ou double.* — Absolt. *Il a joué et perdu* (Cf. Importer 2, cit. 21). *Jouer et gagner* (cit. 8 et 9). — PROV. *Qui a joué jouera,* on ne se guérit pas de la passion du jeu. — Par anal. *Jouer à la Bourse** (Cf. Boursicoter, cit. 2), *aux courses, à la loterie...*

29 « Il (*Pippo*) joua le soir comme d'ordinaire, et perdit ; les jours suivants, il ne fut pas plus heureux. Ser Vespasiano avait toujours le meilleur dé, et lui gagnait des sommes considérables. »
MUSS., **Nouvelles**, Fils du Titien, II.

30 « ... il jouait à la Bourse, spéculait, commanditait des inventions nouvelles ;... »
MART. du G., **Thib.**, t. III, p. 50.

31 « À droite du bar, s'ouvraient les salles proprement dites, les trois salles. Dans la première, le salon jaune, d'un vieux jaune sombre, on jouait au baccara, trois grandes tables ; dans la deuxième, qui était rouge, au trente-et-quarante ; et dans la troisième, la verte, au poker. »
ARAGON, **Beaux quartiers**, III, I.

|| 3° JOUER SUR. V **Spéculer.** *Jouer sur les grains.* — Fig. *Jouer sur la défaite* (Cf. Fournisseur, cit. 1), *la faiblesse, la misère d'autrui...,* miser sur elle pour en tirer profit.

— Spécialt. *Jouer sur un mot, sur les mots :* tirer parti des diverses acceptions et des équivoques qu'elles créent.

32 « Puis jouant sur le mot république (comme *chose publique*), il fait semblant de croire que république ne signifie aucune forme de gouvernement. »
MICHELET, **Hist. Révol. franç.**, V, III.

33 « Gosse joue sur les mots. Il ne s'est jamais agi de « littérature européenne », ainsi qu'il le prétend ; mais de « culture européenne »,... »
GIDE, **Journal**, 9 oct. 1916.

|| 4° Se comporter (de telle ou telle manière) dans une partie de jeu. — Au propre et au fig. *Bien jouer, mal jouer. Jouer à coup sûr. Jouer sur le velours**. Jouer sur les deux tableaux**. Jouer serré**. Jouer au plus fin.* — Transit. (fig.). *Jouer franc** jeu, un double** jeu, un jeu mesquin, sournois... Il joue son jeu, il est plein de ruse**. Jouer cartes** sur table.* — Spécialt. (relativement à l'enjeu) *Jouer à dix francs le point.* — T. de Bourse. *Jouer à la hausse* (cit. 3), *à la baisse.* — Transit. V. **Hasarder.** *Jouer un jeu d'enfer**, jouer gros jeu,* et ellipt. (fig.). *Jouer gros.* V. **Risquer.** *Jouer ses derniers sous* (Cf. Gêne, cit. 8). *La somme jouée* (Cf. Cas, cit. 7). — *Jouer l'apéritif aux dés* (Cf. Consommation, cit. 9). — *Jouer mille francs sur un cheval* (V. **Miser, parier**), et ellipt. *Turfiste qui joue sur le favori.* Par ext. *Jouer un poulain gagnant** et placé.* — Fig. V. **Risquer.** *Jouer son va-tout**,* le tout pour le tout. *Jouer sa fortune sur un coup de dés**. Jouer sa réputation.* V. **Exposer.** *Jouer sa vie à croix* (cit. 18) *ou pile, à pile ou face* (cit. 26). — Pronominalt. (sens passif) *Des fortunes entières se jouent à Monte-Carlo.* Impers. *Il s'y joue un jeu d'enfer.*

34 « Bien joué, Marguerite. À toi la première partie, mais à moi la revanche, je l'espère ! »
DUMAS père, **La tour de Nesle**, III, 5.

35 « ... j'avais joué et perdu mon âme, en partie liée, avec une insouciance et une légèreté héroïques »
BAUDEL., **Spleen de Paris**, XXIX.

36 « ... cette martingale d'insubordination qui étonnait ses camarades, et qu'il jouait contre ses chefs avec la même audace qu'il aurait joué sa vie s'il s'fût allé au feu,... »
BARBEY d'AUREV., **Diaboliques**, Rideau cramoisi, p. 13.

37 « Et sous ces gouvernements-là (*révolutionnaires*) tout ne se paye pas par un déjeuner que l'on a perdu, et on ne joue pas un déjeuner mais on joue sa tête, ou on joue sa peau, selon que l'on préfère s'adresser aux fournisseurs civils, ou aux fournisseurs militaires. »
PÉGUY, **La République...**, p. 310.

38 « Sainte-Beuve écrivit... sur l'enveloppe : « *Il jouait jeu double.* Il m'écrivait magnifiquement et agissait vilainement* »
MAUROIS, **Olympio...**, IV. V.

39 « — Je ne voudrais pas vous ruiner, mon Père. Jouez-moi placé. Pas gagnant. Je crains, tout bien pesé, de n'être qu'un homme de second plan. »
ANOUILH, **Ornifle**, I, p. 45.

|| 5° JOUER DE (quelque chose) : Se servir de (quelque chose, de quelque instrument, avec plus ou moins de virtuosité, de vélocité, d'adresse...). *Jouer du bâton**, du couteau* (cit. 14 ; Cf. Gosse, cit. 2), *du revolver... Jouer de l'éventail** (Cf. Chasse-mouche, cit.). — *Jouer des coudes** (cit. 8 et 9 ; Cf. Cohue, cit. 2), *des jambes**, des flûtes**, des gambettes**, des guibolles* (V. **Courir.** Cf. S'enfuir, se sauver)... *Jouer de l'œil* (Cf. Coqueter 1, cit. 3), *de la prunelle, regarder**, spécialt.* en prenant des airs avantageux ; décocher des œillades**, et *spécialt.* des œillades provocantes. — Fam. *Jouer de la mâchoire** (V. **Manger**).

40 « ... tous les chats... se sont jetés avec fureur les uns sur les autres, et ont joué ensemble de la dent et de la griffe ;... »
LA BRUY., XII, 119.

41 « ... la foule fut agitée par un mouvement si furieux, que la jeune personne resta seule et séparée de sa conductrice. Moi-même, j'étais à quelques pas de mon inconnue, combattant pour ne pas être écrasé, et jouant des coudes et du corps. »
BALZ., **Souv. d'un paria** (Œuvr. div., t. I, p. 269).

42 « ... le pauvre homme avait beau jouer de la prunelle, lancer des regards assassins dans les loges, rire de façon à montrer ses trente-deux dents, tendre le jarret,... »
GAUTIER, **Capit. Fracasse**, II.

43 « ... un bonze jouant de l'éventail, ou une dame prenant une tasse de thé. »
LOTI, Mme **Chrysanth.**, XI.

44 « C'est le temps où les bûcherons jouent de la cognée, dans les petits bois à flanc de coteau. »
ALAIN, **Propos**, 25 avril 1908, Puissance du bateau.

— *Spécialt.* Mus. *Jouer d'un instrument** (cit. 4). *Jouer de la flûte* (Cf. Concert, cit. 14), *de la harpe* (1, cit. 3), *de l'harmonica* (cit. 2)... *Savoir jouer du piano* (Cf. Accord, cit. 24). *Jouer faux* (1, cit. 38) *du violon. Jouer du cor**.* V. **Donner.** — Absolt. *Jouer en mesure* (Cf. Ignorant, cit. 7). *Jouer en public* (Cf. Exhiber, cit. 3). *Jouer médiocrement* (Cf. Compositeur, cit.), *délicieusement* (Cf. Contribution, cit. 3), *avec brio...* V. **Toucher.**

45 « ... les esclaves ont commencé à chanter et à jouer du luth pour amuser les vieilles dames. »
LOTI, **Désenchant.**, III, XVI.

46 « Il sortit de son gilet tunisien une flûte de roseau, dont il commença de jouer exquisement. »
GIDE, **Si le grain...**, II, II, p. 342.

47 « Un petit orchestre à cordes, dissimulé dans la verdure, commença à jouer, en sourdine. »
MART. du G., **Thib.**, t. VI, p. 17.

— Par métaph. *Jouer de bonheur. Jouer de malchance**, de malheur** (V. **Échouer**). *Jouer d'adresse**.*

48 « Mais j'ai moi-même enfin assez joué d'adresse : »
CORN., **Ment.**, V, 6.

49 « Vous jouez d'un malheur insurmontable, vous perdez toujours. »
SÉV., 255, 9 mars 1672.

— *Par ext.* (en mauvaise part). Exploiter, tirer profit (de quelque chose). *Jouer de son ascendant, de son infirmité... Jouer de la facilité* (cit. 20) *d'humeur d'une personne,* pour en abuser. — Pronominalt. (même sens). *Se jouer de la crédulité* (cit. 1) *de quelqu'un.*

— *Fig.* User de quelque chose comme d'un jouet, s'en faire une sorte d'amusement. *Il joue cruellement de votre douleur.* V. **Jeu** (se faire un jeu de). Par anal. *Épave dont jouent le vent et la mer* (Cf. Élargir, cit. 13). — Pronominalt. *La destinée* (cit. 3) *se joue de nos calculs.* — *Se jouer des difficultés.* V. **Jeu** (se faire un jeu de), **jongler** (avec). — *Spécialt.* V. **Moquer** (se). *Molière s'est joué des médecins* (Cf. Apprendre, cit. 50). *Vous voulez vous jouer de moi* (Cf. Éprouver, cit. 8). *Coquin qui se joue de son bienfaiteur* (cit. 1), qui le dupe honteusement (Cf. *aussi* Chatouilleux, cit. 4).

50 « ... La main des Parques blêmes
De vos jours et des miens se joue également. »
LA FONT., **Fabl.**, XI, 8.

51 « Mais les dieux, qui se jouent des desseins des hommes, non réservaient à d'autres dangers. »
FÉN., **Télém.**, I.

52 « Ô sort, comme tu te joues de nous ! »
GAUTIER, Mlle **de Maupin**, VIII.

53 « ... il voulut, Bourlier étant mort juge de France, prononcer l'éloge du défunt devant la Chambre haute ; l'évêque défroqué le fit avec ce tact étonnant qui se jouait des plus délicates situations. »
MADELIN, **Talleyrand**, V, XXXIV.

III. Transit. et spécial.

|| 1° Mus. V **Exécuter, interpréter.** *Jouer une sonate* (Cf. Graduer, cit. 2), *une contredanse, les mazurkas de Chopin* (Cf. Exécutant, cit. 1)... *Jouer une marche* (Cf. Clairon, cit. 2). *Jouer un air* (Cf. Finale 1, cit. 2), *des exercices* (Cf. Illico, cit.) *au piano, sur la flûte* (1, cit. 3). *Il prit son pipeau et nous en joua un air* (Fig. et pop. *En jouer un air, se*

sauver). *Fanfare** (cit. 2), *orchestre qui joue un morceau, un hymne* (cit. 10)... *Partition impossible à jouer.* V. **Injouable** (cit.). — *Jouer du Mozart.* — Ellipt. *Jouer. Chopin, Ravel...* (En parlant de l'instrument). *Trombone qui joue en solo.* — *Par ext.* (Abusivt.). *Tu nous joueras un tango sur ton pick-up.* — Pronominalt. (sens passif) *Morceau qui se joue à quatre mains.*

54 « ... un orgue de Barbarie, jouant une valse, passait sous sa fenêtre... » MUSS., **Nouvelles**, Les deux maîtresses, I.

55 « L'orchestre lointain, composé d'un piano et d'un aigre violon, s'évertuait à jouer un tango pour un unique couple de danseurs,... » MART. du G., **Thib.**, t. V, p. 241.

56 « Voulez-vous nous permettre de jouer, mon camarade étant violon, un petit concerto de Chrétien Bach ? » GIONO, **Jean le Bleu**, IV.

|| 2° *Théât.* et *Ciném.* Représenter sur la scène ou à l'écran. *Jouer une comédie, un drame, une tragédie... Jouer Macbeth* (Cf. Frénésie, cit. 9), *le Cid... Faire jouer une pièce* (Cf. Interdiction, cit. 2) *dans un ton de farce* (2, cit. 4). V. **Représenter.** *Théâtre qui joue des pièces grivoises* (cit. 4). *On joue Ruy Blas en matinée au Français.* V. **Donner.** — *Par ext. Que joue-t-on au cinéma ce soir ?* — Pronominalt. (sens passif) *Pièce qui se joue à bureaux fermés. Ce film se joue en exclusivité sur les Champs-Elysées* (V. **Passer**).

57 « ... les comédies ne sont faites que pour être jouées. » MOL., **Am. méd.**, Au lecteur.

58 « Lorsqu'une pièce est faite pour être jouée, il est injuste de n'en juger que par la lecture. » VAUVEN., **Réfl. et max.**, DXX.

59 « La vogue de cette pièce tenait principalement aux circonstances ; le tocsin, un peuple armé de poignards, la haine des rois et des prêtres, offraient une répétition à huis clos de la tragédie qui se jouait publiquement : Talma, débutant, continuait ses succès. » CHATEAUB., **M. O.-T.**, t. II, p. 9.

— Allus. littér. *Tirez le rideau, la farce* est jouée.*

— Fig. *Jouer une farce* (2, cit. 6), *un tour* (Cf. Attraper, cit. 16), *un bon, un mauvais tour* (Cf. Adresse II, cit. 13), *un tour de cochon* à quelqu'un,* lui faire quelque plaisanterie ou lui causer sournoisement quelque préjudice. *La farce* est jouée.* — *Par ext. Tu ne fais pas assez attention à ta santé, cela te jouera un vilain tour.*

60 « Cette ruse, mes qualités me jouèrent le mauvais tour que m'auraient pu faire mes défauts. » CHATEAUB., **M. O.-T.**, t. IV, p. 29.

61 « Voici une vie nouvelle qui s'ouvre devant nous ; entrons-y sans remords, sans méfiance et tâchons seulement qu'elle ne nous joue pas les mêmes tours que l'ancienne... » DAUDET, **Petit Chose**, II, XIV.

— (En parlant des acteurs). V. **Interpréter.** *Jouer une scène de Molière, un acte de Pirandello...* Par ext. *Jouer Marivaux, Racine... L'auteur le plus joué de la saison.* — *Jouer la comédie :* exercer la profession de comédien (vieilli en ce sens). — Fig. Affecter des sentiments qu'on n'a pas (Cf. Comédie, cit. 9 et 14 ; guinder, cit. 5 ; imposture, cit. 6).

62 « Il faut convenir qu'il est impossible de vivre dans le monde sans jouer de temps en temps la comédie. Ce qui distingue l'honnête homme du fripon, c'est de ne la jouer que dans les cas forcés et pour échapper au péril ; au lieu que l'autre va au-devant des occasions. » CHAMFORT, **Max. et pens.**, Sur l'homme et la société, XXV.

63 « Il avait été pitre chez Bobêche et paillasse chez Bobino. Il avait joué le vaudeville à Saint-Mihiel. » HUGO, **Misér.**, III, VII, III.

— Absolt. *Jouer dans un film.* V. **Tourner.** *Jouer avec feu* (Cf. Brûler* les planches), *avec talent...* (Cf. Fantaisie, cit. 27). *Jouer d'inspiration* (cit. 3). *Actrice qui ne sait pas jouer* (Cf. Four, cit. 11), *qui joue mal* (Cf. Galerie, cit. 9). *Jouer à la Comédie-Française.* V. **Entendre** (se faire).

64 « Elle disait, en effet, qu'on ne joue bien qu'en jouant avec son cœur ;... » FRANCE, **Hist. com.**, II.

65 « ... ce vieux qui a été à l'Odéon. C'est vrai qu'il joue coco et faux... » MAUROIS, **Bernard Quesnay**, VII.

— *Jouer un rôle* (au propre et au fig.). V. **Rôle.**

— Par ext. *Jouer un personnage.* V. **Incarner.** *Comédien* (cit. 3) *qui a joué de nombreux personnages, les personnages d'Alceste, de Tartuffe...* Ellipt. *Jouer Antigone, Néron. Jouer les grandes coquettes.* — Fig. *Jouer un mauvais, un sot* (Cf. Exposer, cit. 27), *un vilain personnage, un personnage ridicule.* — *Jouer l'étonné* (Cf. Fil, cit. 7), *les incompris* (Cf. Illusion, cit. 3), *les victimes, l'idéaliste* (Cf. Illusion, cit. 28)... V. **Faire.** — Pop. *Jouer la fille de l'air,* se sauver. — *Jouer l'étonnement, le désespoir...* V. **Simuler*.**

— Allus. littér. « *L'esprit* (cit. 87) *ne saurait jouer longtemps le personnage du cœur* » (LA ROCHEF.).

66 « L'intérêt parle toutes sortes de langues, et joue toutes sortes de personnages, même celui de désintéressé. » LA ROCHEF., **Réflex. morales**, XXXIX.

67 « Elle (*Mlle de Fiennes*) voulut jouer la délaissée,... » SÉV., 261, 1er avril 1672.

68 « Nul ne sait mieux jouer les sentiments, se targuer de grandeurs fausses, se parer de beautés morales, se respecter en paroles, et se poser comme un Alceste en agissant comme Philinte. » BALZ., **Une fille d'Ève**, Œuvr., t. II, p. 90.

69 « À quoi sert de jouer l'indifférent quand on aime, sinon à souffrir cruellement le jour où la vérité l'emporte ? » MUSS., **Nouvelles**, Frédéric et Bernerette, VIII.

70 « Chacun de ces jeunes gens, sitôt qu'il était devant les autres, jouait un personnage et perdait presque tout naturel. » GIDE, **Faux-Monnayeurs**, I, I.

— (En parlant de choses) *Cette étoffe joue la soie* (ACAD.). V. **Imiter.**

71 « ... des candélabres de zinc jouant le bronze florentin. » ZOLA, **Nana**, II.

— Spécialt. (*Vx*). Tourner en ridicule. *Molière a joué les faux dévots* (ACAD.). V. **Railler.**

COMP. — Déjouer, rejouer.

DER. — Jouet, joueur, euse. — Jouable. adj. (1741 VOLT.). Qui peut être joué. *Par ext., cette pièce n'est pas jouable* (V. **Injouable**). — **Jouailler** (*-a-yé*). *v. intr.* (1718 ; suff. *-ailler*). *Fam.* Jouer petit jeu, uniquement pour se divertir. — *Spécialt.* Jouer médiocrement d'un instrument de musique.

« (*Il*)... va jouaillant un peu du cistre... » ROUSS., **Confess.**, XI.

JOUET (*-è*). *n. m.* (1523 ; de *jouer*). Objet dont les enfants se servent pour jouer*. V. **Jeu ; babiole ; joujou.** *Jouets en bois, en caoutchouc, en matière plastique, en peluche... Jouets éducatifs, mécaniques, scientifiques* (Cf. Gyroscope, cit. 2). *Jouets pour fillettes, pour garçons. Principaux jouets.* V. **Bilboquet, bimbelot** (*vx*), **canonnière, cerceau, cerf-volant, cheval** (de bois, mécanique), **clifoire, crécelle, diabolo, écoufle, flûteau, fronde, hochet, jacquemart, pantin, passe-boules, plomb** (soldats de), **poupée, poussah, sabot, sarbacane, toupie, trottinette, trou-madame, yo-yo...** *Commerce, marchand de jouets. Rayon des jouets. Industrie du jouet. Enfant qui brise, casse ses jouets* (Cf. Incurieux, cit.). — *Par anal. Bouchon qui sert de jouet à un jeune chat.* — *Par métaph.* (Cf. Gloire, cit. 17).

1 « Elle regardait autour d'elle, agitée d'un plaisir de petite fille qui trouve et manie un jouet nouveau... » MAUPASS., **Notre cœur**, II, II.

2 « La maison... est toute en panneaux de papier, et se démonte, quand on veut, comme un jouet d'enfant. » LOTI, Mme Chrysanth., VI.

3 « Même un laid petit joujou le fait crier d'enthousiasme. Et pourtant, il a sa part... Ça ne fait rien ; il s'arrête, dans la rue, le nez juste à la hauteur de ces tristes vitrines où quatre jouets de fer-blanc peinturluré sommeillent sous une poussière centenaire. » DUHAM., **Plaisirs et jeux**, II, II.

— Fig. Personne dont on se moque, dont on se joue. *Infirme qui est le jouet de gamins cruels. Servir de jouet à tous* (V. **Plastron**).

4 « Après avoir été jeté, par un malheur inouï, séparée de ce grenadier de la garde, nommé Fleuriot, elle a été traînée, pendant deux ans, à la suite de l'armée, le jouet d'un tas de misérables. » BALZ., **Adieu**, Œuvr., t. IX, p. 779.

— Personne qui est victime de quelque aberration, de quelque machination. *Être le jouet d'une illusion* (cit. 15. Cf. Erreur, cit. 38), *d'une hallucination* (cit. 10), *d'un nuage, d'une mystification* (Cf. Illusion, cit. 8).

5 « ... la pauvre femme aurait pu se persuader qu'elle avait été le jouet d'un cauchemar, si le désir de se préparer une tasse de thé ne l'avait conduite dans la cuisine ;... » MART. du G., **Thib.**, t. VIII, p. 43.

— Personne, chose qui semble livrée, abandonnée irrésistiblement à une volonté, une force extérieure. V. **Esclave ; automate...** *Elle fait de lui ce qu'elle veut, elle en a fait son jouet.* V. **Asservir.** *L'homme, jouet du sort* (Cf. Équanimité, cit. 3). — *Être le jouet des vents* (Cf. Aiglon, cit.), *de vents contraires* (cit. 7). *Bateau qui est le jouet du flux* (cit. 6) *et du reflux.* — *L'homme, jouet des passions* (Cf. Fil, cit. 16), *de ses folles* (Cf. Fou 1, cit. 49) *espérances.*

6 « Ce n'est plus le jouet d'une flamme servile : » RAC., **Androm.**, II, 5.

7 « Quel malheur pour un homme si distingué d'être le jouet d'une baladine de dernier ordre ! Il y perdra tout, il s'avilira, il ne sera plus reconnaissable... » BALZ., **Fausse maîtresse**, Œuvr., t. II, p. 44.

8 « Quand donc les circonstances générales sont assez inquiétantes pour affecter sensiblement les vies privées, que la chose publique paraît le jouet des événements ;... » VALÉRY, **Regards s. monde actuel**, p. 79.

JOUEUR, EUSE. *n.* (XIIe s. ; de *jouer*).

|| 1° Celui, celle qui joue* (actuellement ou habituellement) à un jeu* quelconque. *Joueur de boules* (cit. 2), *de football* (cit. 2), *de golf* (Cf. Éphèbe, cit. 4), *de pelote* (Cf. Fréquenter, cit. 3), *de tennis* (Cf. Baigneur, cit. 30 ; étoile, cit. 29)... *Joueur de cartes*, de dominos* (Cf. Estaminet, cit. 3)... *Joueurs d'une équipe* sportive.* V. **Équipier** (cit.). *Bon, médiocre joueur. Joueurs de force inégale* (cit. 3). *Un fameux joueur, un fort joueur* (de billard, d'échecs...). *Un rude joueur,* un joueur très habile, contre lequel il est difficile de gagner la partie (au propre et au fig.).

1 « Que vous êtes, Madame, une rude joueuse en critique...! » MOL., **Crit. Éc. d. fem.**, III.

2 « Il ferma le livre ; et, d'un geste précis de joueur de boule, pliant les jarrets, balançant le bras, il lança le volume jusque sur la table. » MART. du G., **Thib.**, t. V, p. 57.

— *Par ext.* Celui, celle qui aime à jouer. *Une joueuse enragée, passionnée. Ce sont des joueurs infatigables.* — Adjectivt. *Un enfant joueur. Humeur joueuse d'un jeune animal* (Cf. Gorge, cit. 24).

3 « Je suis joueur et je n'ai jamais touché une carte. »
FLAUB., Corresp., 320, 9 mai 1852.

— *Spécialt. et absolt.* Celui, celle qui joue (actuellement ou habituellement) à des jeux d'argent, qui a la passion du jeu*. *Un joueur heureux* (Cf. Angoisse, cit. 10), *malchanceux* (Cf. Déveine, cit.), *malheureux... Joueur qui se ruine. Joueur invétéré, incorrigible... Les joueurs du casino.* — *Adjectivt. Avoir un mari joueur. Un tempérament joueur* (Cf. Invétérer, cit. 1).

4 « Qu'un joueur est heureux ! Sa poche est un trésor !
Sous ses heureuses mains le cuivre devient or. »
REGNARD, Le joueur, III, 6.

5 « Un jeune homme assez libertin, joueur, prodigue et querelleur,... »
BEAUMARCH., Mère coupable, II, 22.

6 « ... vous pourrez admirer un véritable joueur, un joueur qui n'a pas mangé, dormi, vécu, pensé, tant il était rudement flagellé par le fouet de sa martingale, tant il souffrait travaillé par le prurit d'un coup de *trente et quarante.* »
BALZ., Peau de chagrin, Œuvr., t. IX, p. 13.

7 « Autour d'une vaste table ovale sont réunis des joueurs de différents caractères et de différents âges. Il n'y manque pas les filles indispensables, avides et épiant les chances, courtisanes éternelles des joueurs en veine. »
BAUDEL., Curios. esthét., VII, I.

— (Au propre et au fig.) *Beau joueur,* celui qui s'incline loyalement devant la victoire, la supériorité de l'adversaire. *Se montrer beau joueur* (Cf. Inspirer, cit. 12). — *Mauvais joueur,* celui qui se fâche de ses pertes, refuse d'accepter sa défaite.

|| **2°** Celui, celle qui joue d'un instrument en vue de divertir le public. — (Vieilli). *Joueur de gobelets*. Joueur de marionnettes*.* — *Spécialt.* (en parlant de certains instruments de musique) *Joueur de flûte* (Cf. Flèche 1, cit. 4), *de cornemuse...* (Cf. Highlander, cit.).

8 « Le comte fit longuement une moue de scepticisme, qui creusait ses joues grasses et portait ses lèvres en avant, comme chez un joueur d'ocarina. »
ROMAINS, H. de b. vol., t. III, XI, p. 155.

JOUFFLU, UE. adj. (1530 ; croisement de *giflu* (vx) et de *joue*). Qui a de grosses joues*. *Visage joufflu.* V. **Bouffi, maffu, rebondi** (Cf. Comme une lune*). *Un gros* homme joufflu* (Cf. Idéal, cit. 6). *Bébé joufflu.* V. **Poupard.** — *Substant. Un gros joufflu* (Cf. Fontaine, cit. 8).

1 « C'était une grosse jouffflue, dont l'enjouement et l'embonpoint me plaisaient fort. »
LESAGE, Gil Blas, I, V.

2 « Des amours jouffflus et dorés soutenaient, des deux côtés d'un vaste lit Régence, des rideaux de brocart. »
MAUROIS, Roses de septembre, I, VI.

JOUG (jou). n. m. (*Jou* au XIIᵉ s., *g* étym. ; du lat. *jugum*).

|| **1°** Pièce de bois qu'on met sur la tête des bœufs pour les atteler. V. **Attelage, harnachement, harnais** (Cf. Capharnaüm, cit. 2 ; grincer, cit. 8). *Le joug, dont la forme s'adapte à l'endroit sur lequel il doit porter, est relié au timon* ou à la chaîne d'attelage. Joug de nuque, joug frontal, dits jougs de tête ; joug de garrot, joug d'encolure. Joug simple ou jouguet, pour une seule bête. Joug double rigide ou articulé pour un couple de bêtes. Bœuf qui reçoit le joug, est attelé* au joug.*

1 « Il fallait mettre au joug deux taureaux furieux. »
CORN., Médée, II, 2.

2 « ... quatre paires de jeunes animaux à robe sombre mêlée de noir fauve à reflets de feu, avec ces têtes courtes et frisées qui sentent encore le taureau sauvage, ces gros yeux farouches, ces mouvements brusques, ce travail nerveux et saccadé qui s'irrite encore du joug et de l'aiguillon et n'obéit qu'en frémissant de colère à la domination nouvellement imposée. »
SAND, Mare au diable, II.

|| **2°** *Par métaph.* ou *fig.* Contrainte matérielle ou morale qui pèse lourdement sur celui qui la subit, entrave ou aliène sa liberté. V. **Contrainte, domination.** *Le joug de l'envahisseur, du tyran, du gouvernement* (cit. 24), *de la loi. Le joug de la nécessité* (Cf. Fléchir, cit. 21), *des préjugés* (Cf. Emprisonner, cit. 2), *du péché* (Cf. Atteler, cit. 6 ; attacher, cit. 96). *Le joug du mariage* (Cf. Authentique, cit. 1). V. **Chaîne, collier.** *Imposer un joug* (Cf. Faveur, cit. 19), *mettre sous le joug.* V. **Asservir, subjuguer** (Cf. Invoquer, cit. 8). *Le joug qui pesait* sur les villes grecques* (Cf. Appesantir, cit. 8). *Ployer, fléchir, être courbé* (cit. 32) *sous le joug* (Cf. Généreux, cit. 3). *Enfant sous le joug de sa mère* (Cf. Indépendance, cit. 4). *Tomber sous le joug de quelqu'un,* en son pouvoir*. Subir le joug* (Cf. Côté, cit. 15 ; destinée, cit. 19). *Être impatient* de toute espèce de joug* (Cf. Fier, cit. 17). V. **Attache, servitude.** *Briser, rompre, secouer le joug.* V. **Affranchir** (s'). Cf. Ascendant, cit. 7 ; asservissement, cit. 2 ; aujourd'hui, cit. 36 ; contraindre, cit. 7 ; exhorter, cit. 8 ; imbécile, cit. 9 ; immanquable, cit. 4. — *Délivrer, affranchir* (cit. 2) *un pays d'un rude joug.* V. **Assujettissement, dépendance, esclavage, oppression, sujétion.** — « *Libre du joug superbe où je suis attaché* » (RAC. Cf. Heureux, cit. 46).

3 « J'ai souffert sous leur joug (*de vos yeux*) cent mépris différents. »
MOL., Fem. sav., I, 2.

4 « ... en Prusse, le joug militaire pèse sur vos idées, comme le ciel sans lumière sur votre tête. »
CHATEAUB., M. O.-T., t. VI, p. 27.

5 « ... la France du Nord, qui reconnaissait mal le joug du roi de Germanie,... »
MICHELET, Hist. de France, II, III.

« ... une créature dont le joug lui plaisait toujours, quelque lourd qu'il fût. »
BALZ., Les Chouans, Œuvr., t. VII, p. 1046. 6

« Son labeur journalier était sans doute un joug trop pesant pour elle, qui est toute indépendance et tout caprice. »
ID., Médecin de campagne, Œuvr., t. VIII, p. 411. 7

« ... ces Serbes, ces Roumains, ces Italiens, qui se trouvent de force incorporés à l'Empire, ils sont en effervescence, ils n'attendent qu'une heure favorable pour secouer le joug ;... »
MART. du G., Thib., t. V, p. 129. 8

|| **3°** *Par anal.* (*Antiq. rom.*). Pique attachée horizontalement sur deux autres fichées en terre, et sous laquelle on faisait passer les vaincus pour marquer symboliquement leur soumission. *Les Samnites firent passer les Romains sous le joug aux Fourches Caudines.*

— *Technol.* Fléau* d'une balance.

ANT. — **Indépendance, liberté.**

HOM. — Joue ; joue (je, il).

COMP. — (du lat. *jugum*) Cf. Subjuguer.

JOUIR. v. intr. (*Joïr* au XIIᵉ s. ; d'un lat. pop. *gaudire,* lat. class. *gaudere,* « se réjouir »).

I. || **1°** Tirer plaisir*, agrément, profit (de quelque chose). V. **Apprécier, goûter, savourer ; profiter** (de). *Jouir de la vie.* V. **Vivre** (Cf. Arranger, cit. 19 ; demain, cit. 4 ; écouler, cit. 1 ; exhorter, cit. 5). *Jouir du présent, de l'instant.* V. **Cueillir** (Cf. Carpe diem). *Jouir de son reste*. Jouir pleinement, avec délice, d'un plaisir* (Cf. Communicatif, cit. 2), *d'un bonheur* (Cf. Consolation, cit. 6 ; femme, cit. 66), *de sa victoire, de son triomphe. Jouir de la présence de quelqu'un.*

« Je jouirai du fruit de mes travaux. »
LA FONT., Fabl., IV, 3. 1

« Les plaisirs que je ne partage pas avec vous, il me semble n'en jouir qu'à moitié. »
LACLOS, Liais. dang., CXVI. 2

« Ce n'était plus l'espoir du succès qui me faisait agir : le besoin de voir celle que j'aimais, de jouir de sa présence, me dominait exclusivement. »
B. CONSTANT, Adolphe, III. 3

« Aimons donc, aimons donc ! de l'heure fugitive
Hâtons-nous, jouissons ! »
LAMART., Prem. médit., Le lac. 4

« ... ces dormeuses qui ne dorment plus tout à fait, mais qui évitent de remuer, pour jouir de leur paresse. »
ZOLA, La terre, V, VI. 5

« ... il m'était impossible de jouir pleinement d'un bien que je ne l'eusse conquis moi-même. »
DUHAM., Pasq., I, Introd. 6

« Une demi-heure après il gisait dans une eau tiède, odorante, troublée d'un parfum laiteux, et il jouissait du luxe et du bien-être, de l'onctueux savon, des bruits adoucis de la maison, comme s'il les eût mérités par un très grand courage ou savourés pour la dernière fois. »
COLETTE, Fin de Chéri, p. 160. 7

— *Spécialt. Dr. Jouir d'un bien,* en avoir l'usage, en tirer les fruits*. V. **Jouissance, usufruit.** *La propriété* implique le droit d'user, de jouir et de disposer de la chose* (Cf. Esclave, cit. 5).

— *Spécialt. Jouir d'une personne :* en disposer, la posséder charnellement (Cf. Concevoir, cit. 3 ; crime, cit. 19). — **REM.** Le développement de cet emploi spécial a éliminé le sens large que l'ACAD. (8ᵉ éd.), comme LITTRÉ, définit encore « *Jouir de quelqu'un,* Avoir la liberté, le temps de conférer avec lui, de l'entretenir, d'en tirer quelque service, quelque plaisir. *Nous jouirons de lui pendant son séjour à la campagne. Il est si occupé que l'on ne saurait jouir de lui.* » On dit, de nos jours, *Jouir de la présence, de la compagnie de quelqu'un.*

« (*Selon Dion Cassius*)... les graves sénateurs de Rome proposèrent un décret, par lequel César, âgé de cinquante-sept ans, aurait le droit de jouir de toutes les femmes qu'il voudrait. »
VOLT., Essai s. l. mœurs, Introd. 8

« Il y a des femmes qui inspirent l'envie de les vaincre et de jouir d'elles ;... »
BAUDEL., Spleen de Paris, XXXVI. 9

« Une de ces femmes dont on ne jouit pas simplement — quand on est un homme délicat — ... »
ROMAINS, H. de b. vol., t. III, XVIII, p. 253. 10

|| **2°** *Absolt.* (XVIIᵉ s.). Profiter pleinement des plaisirs que procure ce que l'on a, ce qui s'offre. *Être avide de jouir* (Cf. Cupide, cit.). *Posséder n'est rien, c'est jouir qui rend heureux* (cit. 37). *L'avarice* (cit. 2) *amasse sans jouir. Hâte-toi de jouir* (Cf. Enfuir, cit. 6), *jouis dès aujourd'hui* (cit. 4). *Des concupiscents acharnés* (cit. 12) *à jouir.* V. **Donner** (s'en donner à cœur joie). *Jouir est une science* (Cf. Exercice, cit. 9 BAUDEL.).

« ... les vrais optimistes n'écrivent pas : ils mangent, ils jouissent. »
DUHAM., Plaisirs et jeux, V, V. 11

— *Spécialt.* (en langage libre) Éprouver le plaisir sexuel, l'orgasme. — (Par ext.) (*Pop.*). Éprouver un vif plaisir. *Ça la fait jouir de voir un pareil spectacle.* — Par antiphr. Éprouver une vive douleur physique. *Il m'a flanqué un coup de bistouri, il m'a fait jouir.*

II. *Par ext.* Avoir la possession (de quelque bien, de quelque avantage). V. **Avoir, bénéficier, posséder.** *Jouir d'une santé solide, de toutes ses facultés. Jouir d'une grosse fortune, de revenus considérables, d'un traitement de faveur* (cit. 17), *de prérogatives* (Cf. Corporatif, cit. 2), *de privilèges* (Cf. Aubain, cit.), *d'avantages*... Jouir d'une grande* *liberté.* V. **Disposer.** *Jouir de l'estime* (cit. 8) *des gens sérieux, d'un immense crédit. La considération, la popularité, la renommée, la gloire dont il jouit* (Cf. Commerçant, cit. 3 ; fort, cit. 38 ; ignorant, cit. 10).

12 « Il fut obligé de prendre la profession de modèle, car il jouissait d'un beau physique. » BALZ., **Petits bourgeois,** Œuvr., t. VII, p. 221.

13 « J'ai longtemps habité Montmartre, on y jouit d'un air très pur, de perspectives variées, et l'on y découvre des horizons magnifiques... » NERVAL, **Promen. et souv.,** I.

14 « ... les Tascher de la Pagerie ne jouissent pas d'une grande considération. » RADIGUET, **Bal du comte d'Orgel,** p. 17.

— *Spécialt.* Dr. *Jouir d'un droit,* en être titulaire. V. **Jouissance** (3°). Cf. Électeur, cit. 2 ; étranger, cit. 35. *Jouir d'un droit sans l'exercer.*

15 « Tout Français jouira des droits civils. » CODE CIV., Art. 8 (Texte de 1804).

— *Par ext.* (en parlant des choses) *Appartement qui jouit d'une belle vue. Lieu qui jouit du droit d'asile* (cit. 5). *Billets qui jouissent du cours légal* (Cf. Inconvertible, cit. 2).

ANT. — Pâtir, souffrir. — COMP. — Réjouir*.

DER. — Jouissance*, jouisseur. — Jouissant, ante. adj. (XIIe s.). *Vx.* Qui jouit, a la jouissance de quelque chose. — Pop. Réjouissant, délicieux, magnifique...

1 « Un mari fort amoureux,
Fort amoureux de sa femme,
Bien qu'il fût jouissant, se croyait malheureux. »
LA FONT., Fabl., IX, 15.

2 « Tu as vu ses fringues ? Ma vie ne se passera pas sans que j'aie une femme comme ça. Une femme du grand monde. Ça doit être jouissant. » SARTRE, **Âge de raison,** XIII, p. 231.

JOUISSANCE. n. f. (1466 ; de *jouir*). Action de jouir.

‖ 1° Plaisir* réel et intime que l'on goûte pleinement. V. **Plaisir ;** délice, satisfaction. *Les jouissances de l'âme* (V. **Blandice** (cit. 2), **délectation, joie**), *de l'esprit* (Cf. Érudit, cit. 2). *Jouissances des sens, de la chair.* V. **Bien-être, volupté** (Cf. Génération, cit. 9 ; honorable, cit. 11). *Jouissance pure, noble* (Cf. Assouvissement, cit. 2), *grossière, matérielle, rare, exceptionnelle, inconnue... Douce, vive, immense jouissance* (Cf. Acquérir, cit. 4 ; flâneur, cit. 1 ; impression, cit. 20). *Sa fortune* (cit. 45) *ne lui donnait aucune jouissance. Jouissance que procure la satisfaction d'un besoin*. Avoir, éprouver une jouissance* (Cf. Irrévérencieux, cit. 2). *Les jouissances de l'amour* (Cf. Fois, cit. 10), *de l'art* (Cf. Gravure, cit. 3), *de la vanité, de l'amour-propre* (Cf. Enivrer, cit. 12)... *La jouissance de faire souffrir* (Cf. Inexplicable, cit. 7). *Épuiser* (cit. 18) *toutes les jouissances de la vie.* V. **Délice, douceur.** *Absolt. Les satiétés de la jouissance* (Cf. Blasement, cit.).

1 « Décidément la jouissance d'amour-propre d'un auteur a quelque chose de physique. Tous les traits s'épanouissent et toute la personne est atteinte d'une titillation voluptueuse. » B. CONSTANT, **Journal intime,** Mi-août 1804.

2 « Aucune jouissance ne peut se comparer à celle de la vanité triomphante. » BALZ., **Les employés,** Œuvr., t. VI, p. 1019.

3 « ... j'aimerais mieux donner, comme Sardanapale, et grand philosophe que l'on a si mal compris, une forte prime à celui qui inventerait un nouveau plaisir ; car la jouissance me paraît le but de la vie, et la seule chose utile au monde. » GAUTIER, **Mlle de Maupin,** Préface, p. 29.

4 « ... obligé de chercher dans l'opium un soulagement à une douleur physique, et ayant ainsi découvert une source de jouissances morbides,... » BAUDEL., **Parad. artif.,** Poème du haschisch, I.

— *Spécialt. et absolt.* Plaisir, orgasme vénérien. *Absence de jouissance* (Cf. Frigidité, cit. 1).

5 « L'âpre stérilité de votre jouissance
Altère votre soif et roidit votre peau,... »
BAUDEL., **Épaves,** Pièces condamn., III.

‖ 2° Action d'user, de se servir de quelque chose, d'en utiliser les avantages, d'en tirer les satisfactions qu'elle est capable de procurer. *Obtenir la libre jouissance d'un objet, d'un lieu.* V. **Usage** (Cf. Exaspérer, cit. 11). Absolt. *La jouissance affaiblit le désir.* V. **Satisfaction.** *Ce n'est pas la possession qui nous rend heureux, c'est la jouissance* (Mme de LAMBERT).

6 « Quelque précaution qu'on puisse prendre, la jouissance use les plaisirs, et l'amour avant tous les autres. » ROUSS., **Émile,** V.

7 « ... il allait voir ses livres devenir la proie d'un dur créancier, quand Boileau, généreux comme un souverain, et devançant Colbert, les lui acheta en exigeant qu'il en gardât la jouissance. » STE-BEUVE, **Causer. du lundi,** 5 janv. 1852.

— *Spécial. Dr.* Fait d'user d'une chose (dont on est ou non propriétaire) et d'en percevoir les fruits. *La jouissance est un des attributs de la propriété. Maison à vendre avec entrée en jouissance immédiate. Trouble de jouissance. L'usufruitier a la jouissance d'un bien sans en avoir la propriété.* V. **Usufruit.** *Usufruitier qui entre en jouissance* (Cf. État, cit. 65). *Loyer* d'un bail (cit. 5) *de 18 années de jouissance. — Jouissance légale,* droit d'usufruit des père et mère sur les biens personnels de leurs enfants mineurs non émancipés.

8 « Le père durant le mariage, et, après la dissolution du mariage, le survivant des père et mère, auront la jouissance des biens de leurs enfants jusqu'à l'âge de dix-huit ans accomplis, ou jusqu'à l'émancipation qui pourrait avoir lieu avant l'âge de dix-huit ans. » CODE CIV., Art. 384.

— *T. de Bourse.* Droit de disposer de ce que rapporte un prêt, un placement (intérêts, dividendes). *La jouissance de la rente 3 % part du premier janvier. — Action de jouissance,* « action (de société) dont la valeur nominale effectivement libérée a été remboursée par la société aux actionnaires » (CAPITANT). — REM. *En T. de Dr.* JOUISSANCE s'applique également au « Fait d'être titulaire d'un droit ». *Avoir la jouissance de ses droits sans en avoir l'exercice** (cit. 20). *Incapacité de jouissance* (Cf. Incapacité, 3°). *Les incapables* (cit. 13) *de jouissance.*

ANT. — Abstinence, ascétisme ; privation.

COMP. — Non-jouissance.

JOUISSEUR, EUSE. n. (*Joysseur* en 1529, T. de Dr. ; 1849 au sens mod. ; de *jouir*). Personne qui ne songe qu'aux jouissances matérielles de la vie. V. **Épicurien, sybarite, viveur** (Cf. Pourceau* d'Épicure). *Oisifs et jouisseurs* (Cf. Champagne, cit.). *Un jouisseur éclectique* (cit. 2). — REM. Le féminin *Jouisseuse* ne s'emploie guère que dans un sens libre.

« Je ne suis pas un exalté, je ne suis pas un passionné ; j'ai plus de jugement que d'instinct, de curiosités que d'appétits, de fantaisie que de persévérance. Je ne suis au fond qu'un jouisseur délicat, intelligent et difficile. » MAUPASS., **Notre cœur,** III, I.

ANT. — Ascète.

JOUJOU. n. m. (XVe s. *faire jojo ;* « jouet » 1721 ; forme enfantine de *jouer, jouet*).

‖ 1° Action de jouer, dans le langage enfantin. *Faire joujou avec une poupée, à la poupée.* V. **Jouer.**

‖ 2° Jouet (dans le langage enfantin). V. **Babiole** (vx), **jouet** (Cf. Balle, cit. 2 ; examiner, cit. 6 ; floraison, cit. 4 ; friandises, cit. 3). *Joujoux de Noël, des étrennes* (cit. 3).

1 « Le joujou est la première initiation de l'enfant à l'art, ou plutôt c'en est pour lui la première réalisation, et, l'âge mûr venu, les réalisations perfectionnées ne donneront pas à son esprit les mêmes chaleurs, ni les mêmes enthousiasmes, ni la même croyance. » BAUDEL., **Curios. esthét.,** IV, Morale du joujou.

— (Dans le langage familier). *Une petite maison de campagne très mignonne, un vrai joujou.*

2 « Elle avait toujours l'air d'un joujou, d'un délicieux joujou blanc coiffé de fleurs d'oranger. » MAUPASS., **Bel-Ami,** II, X.

JOULE. n. m. (1831 ; nom du physicien *Joule*). Unité de travail valant 10^7 ergs* (unité C.G.S.). Énergie dépensée en une seconde par un courant d'un ampère passant à travers une résistance d'un ohm (Abrév. J).

COMP. — Kilojoule, mégajoule.

JOUR. n. m. (*Jorn* au XIe s. ; de *diurnum,* adj. substantivé en lat. vulg. de *dies,* jour. Cf. Midi et les noms des jours de la semaine. V. **Diurne**).

I. Clarté, lumière ; ce qui donne de la lumière.

‖ 1° Clarté que le soleil répand sur la terre. V. **Lumière.** *Le jour tombe du ciel*, du zénith* (Cf. Aplomb, cit. 11 ; forêt, cit. 3). *Le jour luit, rayonne* (Cf. Encens, cit. 6 ; exaspérer, cit. 14). *Lumière du jour* (Cf. Éteindre, cit. 55). — *Le jour apparaît*, se lève, naît, point*, monte...* (Cf. Astre, cit. 3 ; clair, cit. 6 ; hauteur, cit. 24) ; *le jour chasse la nuit, le crépuscule* (cit 5 et 7). *Jour naissant** (Cf. Écaille, cit. 10), *grandissant* (Cf. Estomper, cit. 1). *La naissance, le point, la pointe du jour.* V. **Aube** (cit. 1 et 2), **aurore** (cit. 16, 19 et 27), **lever, matin** (Cf. Aider, cit. 2 ; blanchir, cit. 2 ; blé, cit. 2 ; blêmir, cit. 3 ; émerger, cit. 3). *Premières lueurs*, premiers rayons* du jour. Le petit jour :* la faible clarté de l'aube (Cf. Cesser, cit. 8 ; filtrer, cit. 10). *Au petit jour.* V. **Chant** (du coq). Cf. Étendre, cit. 31. — *Jour clair, éblouissant* (Cf. Armure, cit. 9). *Le grand jour* (Cf. *infra,* 4°, *fig.*). *Le plein jour :* la lumière du milieu de la journée (Cf. Fantôme, cit. 6). *En plein jour :* en pleine lumière, et *par ext.,* au milieu de la journée (Cf. *infra,* II ; et aussi Cavalerie, cit. 3 ; gémissant, cit. 2). — *Jour faible, gris, blafard, crépusculaire* (cit. 2), *sombre*...* (Cf. Aurore, cit. 3 ; estomper, cit. 3 ; hublot, cit. 1). *Le jour crépusculaire de minuit, dans les zones polaires* (Cf. Éternel, cit. 35). — *Le jour baisse* (cit. 24), *tombe*. Au jour tombé* (Cf. Anuiter, cit.). *Obscurcissement, déclin, chute, tombée du jour.* V. **Brune, crépuscule, soir** (Cf. Entre chien et loup). — *Il fait* (cit. 199) *jour, tout à fait jour.* V. **Clair** (Cf. Floche, cit.). *Quand il fut jour...* (Cf. Apôtre, cit. 1). — *Voici le jour ; c'est le jour* (Cf. Chandelle, cit. 2). — Prov. *Demain* il fera jour :* il faut attendre* pour agir.

1 « Dieu dit : « Que la lumière soit ! » Et la lumière fut. Dieu vit que la lumière était bonne, et Dieu sépara la lumière et les ténèbres. Dieu appela la lumière « jour », et les ténèbres « nuit ». Il y eut un soir et il y eut un matin : premier jour. » BIBLE JÉRUSALEM, **Genèse,** I, 1.

2 « ... lorsque le soleil rentre dans sa carrière,
Et que, n'étant plus nuit, il n'est pas encor jour. »
LA FONT., Fabl., X, 14.

3 « Je voudrais bien savoir,... pourquoi il ne fait point jour la nuit. »
MOL., G. Dand., III, 1.

4 « Déjà le jour plus grand nous frappe et nous éclaire »
RAC., Iphig., I, 1.

5 « Le jour sort de la nuit comme d'une victoire ; »
HUGO, Lég. des siècles, II, Booz endormi.

6 « Le lever et le coucher du jour décidaient du travail :... »
ZOLA, La terre, III, IV.

7 « Et puis le jour arrivait — un vilain jour, il est vrai, une étrange lividité jaune, mais enfin c'était le jour, moins sinistre que la nuit. »
LOTI, Mon frère Yves, XXIX.

8 « À peine je sors de mon lit, avant le jour, au petit jour, entre la lampe et le soleil, heure pure et profonde, j'ai coutume d'écrire ce qui s'invente de soi-même. »
VALÉRY, Analecta, p. 12.

— Poét. *Les feux, les premiers feux* (cit. 63) *du jour* (Cf. Fumant, cit. 3 ; irradiation, cit. 2). *Astre* (cit. 4) *du jour*. V. **Soleil**. « *Le roi brillant* (cit. 4) *du jour* ». — Le jour, symbole de clarté, de beauté... *Beau*, *belle comme le jour* : très beau. Fig. *C'est clair* comme le jour. V. **Évident**. — Allus. littér. « *Le jour n'est pas plus pur que le fond de mon cœur* » (RAC. Cf. Chaste, cit. 3). — *Le jour*, opposé à la nuit* (Cf. Beauté, cit. 8). — Fig. *Être comme le jour et la nuit* : très différents*.

9 « Ces femmes qui... ne sont point satisfaites du peintre s'il ne les fait toujours plus belles que le jour. »   MOL., Sic., XI.

— *Par ext.* Le JOUR, considéré comme une source de lumière, une clarté qui permet de voir. *Laisser entrer le jour dans une pièce* (Cf. Bouche, cit. 5). *Cabanon* (cit. 2) *qui tire son jour d'une cour, prend jour sur une cour. Le jour passe à travers* (V. Force, cit. 82). *Se placer vers le jour, contre le jour, à contre-jour*. V. **Contre-jour**. *Avoir le jour dans les yeux. Jour tamisé, insuffisant*. V. **Demi-jour**. (Cf. Galamment, cit. 2 ; indécis, cit. 5).

10 « Poussée contre cette fenêtre, la table de M. Bergeret recevait les reflets d'un jour avare et sordide. »
FRANCE, Manneq. d'osier, I, Œuvr., t. XI, p. 225.

11 « ... elle (*cette pièce*) prend jour sur une courette où donne également la chambre de Philippe au premier. »
GIDE, Journal, 1909, Mort de Ch.-L. Philippe.

— *Par ext.* L'air libre (Cf. Furet, cit. 2). *Mettre à jour une chose enfouie, cachée* : la déterrer, la sortir (Cf. Fétide, cit. 1 ; gangue, cit. 3 ; grossoyer, cit. 6).

‖ 2° *Par métaph. et fig.* Le JOUR symbolisant la vie*. *Donner le jour à un enfant*. V. **Être** 2 (1, 1°) ; **naissance** ; **enfanter, procréer**. *Devoir le jour à... Voir, recevoir le jour, venir au jour*. V. **Naître** (Cf. Abreuver, cit. 6 ; augure, cit. 2). *Perdre* *le jour* ; *arracher le jour à quelqu'un* (Cf. État, cit. 55). *Être indigne* (cit. 1) *du jour. Respirer le jour* (loc. courante dans la langue classique). Cf. Appeler, cit. 16.

12 « On m'a dit qu'il n'est point de passion plus belle,
Et que ne pas aimer, c'est renoncer au jour. »
MOL., Princ. d'Élide, Ve Interm.

13 « Il est beau que, dans cet ultime délire, il (*Hugo*) ait encore composé un vers parfait : « *C'est ici le combat du jour et de la nuit.* » Ce qui résume sa vie, et toutes les vies. »   MAUROIS, Olympio..., X, VIII.

‖ 3° *Par ext.* Lumière, clarté autre que celle du soleil. *Le jour d'une lampe* (V. **Abat-jour**), *d'une lanterne* (Cf. Blafard, cit. 2). *La lune distille* (cit. 2) *un jour égal.* — Fig. (Cf. Appeler, cit. 17).

14 « Une lampe astrale y répandait (*dans la salle à manger*) ce jour jaune qui donne tant de valeur aux tableaux de l'école hollandaise. »
BALZ., Maison du chat-qui-pelote, Œuvr., t. I, p. 30.

‖ 4° *Fig.* Clarté, lumière. *Émerger* (cit. 4) *au jour, au grand jour* (Cf. Intrigue, cit. 11). *Exposer, étaler* (cit. 19) *dans le grand jour* (vx), *au grand jour*. V. **Divulguer, publier ; publiquement**. *Mettre à jour, en plein jour les desseins secrets de quelqu'un*. V. **Découvrir, deviner, pénétrer**. *Jeter* *un jour nouveau sur une question obscure*.

15 « Et je ne sais quel fruit peut prétendre un amour
Qui fuit tous les moyens de se produire au jour. »
MOL., Princ. d'Élide, I, 1.

16 « Ma pensée au grand jour partout s'offre et s'expose ;
Et mon vers, bien ou mal, dit toujours quelque chose. »
BOIL., Épitr., IX.

17 « ... j'ai trouvé dans ses démonstrations (*le livre du Dr Clarke*) un jour que je n'avais pu recevoir d'ailleurs. »
VOLT., Mél. littér., Au P. Tournemine, 1735.

‖ 5° Éclairage particulier ; aspect que révèle cet éclairage. V. **Apparence** (2°), **aspect**. *Les projecteurs montrent cette statue sous un jour insolite*. Fig. *Montrer, présenter sous un jour favorable* (cit. 8), *flatteur, sous le jour des affaires, sous le jour commercial* (cit.) : sous l'angle*, du point* de vue... — *Faux jour* : mauvais éclairage, qui abuse le spectateur en l'empêchant de bien voir les objets (Cf. Afin, cit. 6). *Travailler dans un faux jour*. V. **Contre-jour**.

18 « Hors du jour convenable, le tableau n'est qu'un amas de taches luisantes et grasses,... »
DIDER., Peint. en cire, Œuvr., t. XV, p. 387 (in LITTRÉ).

19 « Du reste, il n'est pas mauvais que vos amis vous connaissent sous votre véritable jour. »   M. AYMÉ, La tête des autres, II, 4.

‖ 6° (XIVe s.). *Par ext.* Ce qui laisse passer le jour. V. **Ouverture**. — *Spécialt.* V. **Ajour, fenêtre**. *Percer un jour dans une muraille. Dr.* « Ouverture pratiquée dans une construction pour éclairer et aérer » (CAPITANT). V. **Vue**. *Jour sur la voie publique. Jour pratiqué dans un mur mitoyen ou non mitoyen* (Cf. CODE CIV., art. 675 et 676). *Jours de souffrance, ou de tolérance*, uniquement destinés à donner du jour.

20 « Le propriétaire d'un mur non mitoyen, joignant immédiatement l'héritage d'autrui, peut pratiquer dans ce mur des jours ou fenêtres à fer maillé et verre dormant...
Ces fenêtres ou jours ne peuvent être établis qu'à vingt-six décimètres (huit pieds) au-dessus du plancher ou sol de la chambre qu'on veut éclairer,... »   CODE CIV., Art. 676 et 677.

21 « ... mal éclairé d'ailleurs par des jours de souffrance pris sur une cour voisine. »   BALZ., La bourse, Œuvr., t. I, p. 335.

— *Jours entre les tuiles d'un toit.* V **Fente** (Cf. Faîte, cit. 2).

— *Spécialt. Cout.* Ouverture décorative pratiquée en tirant les fils d'un tissu. *Faire des jours dans une broderie*, sur une pièce de linge*, un ourlet*... Jour Venise, jours fantaisie*. Par ext. *Un jour* : une ligne de jours.

22 « ... un drap très fin, marqué d'un grand G brodé, avec un jour simple,... »   ARAGON, Beaux quartiers, II, XIX.

— À JOUR. V. **Ajouré** (Cf. Imperceptible, cit. 10). *Découper à jour* (Cf. Chantourner, cit.). *Clôture à jour*. V. **Claire-voie**. *Des bas à jour* (Cf. Gronder, cit. 21).

23 « ... une de ces élégantes cloisons à jour semblables à des grilles de chœur ou de parloir,... »   GAUTIER, Voyage en Russie, p. 178.

— *Loc. Percer à jour*. V. **Percer**.

— *Se faire jour* (vx). Passer au travers, se frayer un passage.

— (Sens actuel). *Fig.* V. **Apparaître, dégager** (se), **émerger** (2°), **transparaître**. *La vérité commence à se faire jour*.

24 « Comme il fallait cependant que son orgueil se fît jour de quelque façon, elle voulait s'exposer avec témérité à tous les dangers qu'on son amour pouvait lui faire courir. »
STENDHAL, Le rouge et le noir, II, XXXII.

II. Espace de temps déterminé par la rotation de la terre sur elle-même.

‖ 1° Espace de temps entre le lever et le coucher du soleil. V. **Journée ; diurne** (2°). Cf. Cours, cit. 7. *Heures de jour et heures de nuit.* V. **Heure**. *Le début* (V. **Matin**), *le cœur* (cit. 25), *le milieu* (V. **Midi**), *la fin* (V. **Soir**) *du jour* (Cf. Anguleux, cit. 2 ; aube, cit. 10 ; boycotter, cit. 1 ; branle, cit. 3). *La dernière heure du jour* (Cf. Brèche, cit. 1), *l'heure* (cit. 46) *indécise entre le jour et la nuit. Vers le début* (V. **Tôt**), *la fin* (V. **Tard**) *du jour. Avant le jour, jusqu'au jour* (Cf. Arbalète, cit. 3 ; boire, cit. 13). — *Durée du jour. Inégalité des jours* (Cf. Écliptique, cit.). *Les jours accourcissent, raccourcissent. Accourcissement* (cit. 2) *du jour* (Cf. Automne, cit. 4 et 5). *Jour égal à la nuit*. V. **Équinoxe** (cit.). *Les grands jours d'été* (Cf. Éphémère, cit. 2). *Le jour ; pendant, durant le jour. Tout le jour, tout le long du jour* (Cf. Bleuir, cit. 3 ; broncher, cit. 1 ; courtine, cit. 4 ; éteindre, cit. 65 ; grappillage, cit. 2). — DE JOUR. *Pendant le jour : Travailler de jour. Qui a lieu le jour : Service de jour* (Cf. Avion, cit. 3). *Spécialt.* V. **Diurne**. *Papillon de jour. Belle-de-jour* (V. **Convolvulus**).

25 « Ils percent de nuit la maison, à l'endroit qu'ils ont marqué de jour. »   RAC., Livr. ann., Livre de Job, XXIV, 16.

26 « Le jour même a des saisons : le matin est le printemps du jour, le soir en est l'automne,... »
DIDER., Opin. anc. philos. (Pythagorisme).

27 « Il ne nous restait que le temps qu'il fallait pour arriver de jour, et nous nous hâtâmes de partir. »   ROUSS., Confess., IV.

28 « Le jour, je m'égarais sur de grandes bruyères bornées par des forêts. »   CHATEAUB., René.

29 « Femmes, éternelles Pénélopes, qui défont le jour ce qu'elles ont tissé la nuit. »   MONTHERLANT, Démon du bien, p. 226.

— *Le jour et la nuit, les jours et les nuits** (Cf. Accablant, cit. 2 ; consacrer, cit. 4 ; cruel, cit. 20 ; emportement, cit. 2 ; hallucination, cit. 8). *Nuit et jour, jour et nuit* : sans cesse, sans arrêt, continuellement (Cf. Baiser, cit. 3 ; cesser, cit. 24 ; étude, cit. 3) *jour et nuit* (Cf. Argus, cit. 1 ; attacher, cit. 79 ; attentif, cit. 11). *Ne s'arrêter ni jour ni nuit* (Cf. Entretenir, cit. 15). *Faire du jour la nuit* : dormir le jour et veiller la nuit.

30 « Dire qu'il pervertit l'ordre de la nature,
Et fait du jour la nuit, oh ! la grande imposture ! »
MOL., Dép. am., III, 6.

31 « — Nuit et jour à tout venant
Je chantais, ne vous déplaise. »   LA FONT., Fabl., I, 1.

— *Dr.* « Temps qui s'écoule entre le lever et le coucher du soleil et en dehors duquel il est interdit d'accomplir ou de signifier certains actes » (CAPITANT).

‖ 2° Espace de temps qui s'écoule pendant une rotation de la terre sur elle-même et qui sert d'unité de temps (Cf. An, cit. 21). *Qui dure un jour*. V. **Diurne** (1°), **éphémère**.

Suivant les critères choisis, le jour ne commence et ne finit pas aux mêmes heures. V. **Temps** (astronomique, civil...). *Jour astronomique : jour sidéral ; jour solaire vrai* (temps compris entre deux passages du soleil au méridien, de midi à midi). *Jour solaire moyen* (plus long d'environ 4 minutes que le jour sidéral). *Jour civil :* de minuit à minuit. *Jour religieux :* du coucher au coucher du soleil. — *Le jour, unité de temps*, vaut vingt-quatre heures.* V. **Heure.** *Division de l'année en jours.* V. **Année, calendrier.** *Les jours de l'année* (Cf. Assez, cit. 31). *Le premier jour de l'année.* Ellipt. *Le jour de l'An. Jours intercalaires** (V. **Bissexte**), *complémentaires* du calendrier révolutionnaire* (V. **Sans-culottide**). *Nom des sept jours du calendrier grégorien* (V. **Semaine ; dimanche, lundi, mardi, mercredi, jeudi, vendredi, samedi**), *des dix jours* (V. **Décade**) *du calendrier révolutionnaire* (V. **Calendrier**). *Nom de jours du mois romain.* V. **Calendes, ides, nones.** *Numéro du jour dans le mois.* V. **Quantième.** *Jours pairs, jours impairs. Mois de trente, trente et un jours* (Cf. Echéance, cit. 1). *Les vingt-huit ou vingt-neuf jours de février*.* — *Jours de solstice.* V. **Alcyonien.** *Durée de sept* (V. **Semaine**), *huit* (V. **Huitaine**), *dix* (V. **Décade**), *quinze* (V. **Quinzaine**) *jours.* — *Huit jours.* V. **Huit*.**

32 « Il y a un jour dans l'année, Messieurs, où la vertu est récompensée. »
RENAN, *Disc. et conf.*, Rapp. s. prix de vertu, Œuvr., t. I, p. 819.

— *Spécialt. Dr. Espace de temps de vingt-quatre heures, de minuit à minuit, servant au calcul des délais. Jour franc** (*infra* cit. 15). *Jour fixe,* déterminé dans l'exploit d'ajournement. *Assignation,* assigner à jour fixe. *Assigner* (cit. 18) *de jour à jour. Déclaration de naissance à faire dans les trois jours de l'accouchement* (cit. 1).

33 « ... je vous préviens que je ferai jouer impitoyablement l'indemnité par jour de retard inscrite dans notre contrat. »
ROMAINS, *H. de b. vol.,* t. V, XVII, p. 277.

— *Poét.* LE JOUR, LES JOURS, *symbole du Temps** (Cf. Abîme, cit. 16). *Le flot*, la course*, la fuite* (cit. 12), *la suite des jours* (Cf. Enfuir, cit. 7 ; engager, cit. 31 ; extase, cit. 5). « *Le jour succède au jour* » (Cf. Hiver, cit. 11 MUSS.). *Au fil des jours.* — Prov. *Les jours se suivent et ne se ressemblent pas.*

‖ 3° *Jour,* employé pour situer un événement, énoncer une durée dans le temps, avec plus ou moins de précision. V. **Date*** (Cf. Acte, cit. 12). — *Le jour d'avant* (V. **Veille**), *d'après* (V. **Lendemain**), *il y a un jour* (V. **Hier,** cit. 1 et 4), *dans un jour* (V. **Demain**), *il y a, voilà huit, quinze jours* (Cf. Frusque, cit. 4). *Il y a peu de jours, quelques jours* (Cf. Capitole, cit. 3) *; il y a dix ans, jour pour jour, à pareil jour.* V. **Anniversaire.** *Au bout de trois, de peu de jours* (Cf. Apprivoiser, cit. 16 ; fugitif, cit. 16). *Depuis quelques jours* (Cf. Abordable, cit.). *Dans huit jours, dans tant de jours* (Cf. Beau, cit. 32 ; ban 1, cit. 1). *Compter les jours avec impatience.* — *À jour fixe, arrêté* (cit. 73), *nommé. Fixer, choisir un jour. Prendre jour* (pour un rendez-vous). *Venir à son jour et à son heure :* au jour fixé par le destin, inéluctablement. *En de certains jours* (Cf. Abondance, cit. 13). *D'autres jours* (Cf. Abattre, cit. 5). *Le même jour* (Cf. Hasard, cit. 41). *Ce jour-là* (Cf. Agile, cit. 1). *Rappelez-vous, c'était le jour où...* V. **Fois.** — *Le premier, le dernier jour.* Fig. *Le début, la fin* (Cf. Abandonner, cit. 4 ; critique, cit. 20 ; grâce, cit. 83). *Dès les premiers jours.* V. **Temps** (Cf. Assaillir, cit. 8 ; assignat, cit. 2). — *Un jour plus tôt, plus tard.*

34 « Qu'importe qui vous mange, homme ou loup ? Toute panse
Me paraît sous à cet égard ;
Un jour plus tôt, un jour plus tard,
Ce n'est pas grande différence. » LA FONT., *Fabl.,* X, 3.

35 « — C'était le jour béni du ton premier baiser. »
MALLARMÉ, **Poés.,** Prem. poèmes, Apparition.

36 « Messieurs, il y a tout juste un an, jour pour jour, qu'a débuté la grève d'où est sortie notre association... »
ARAGON, **Beaux quartiers,** II, II.

— *JOUR,* s'emploie en parlant d'une époque indéterminée.

— (Dans le passé). *Un jour...* (Cf. Absolu, cit. 5 ; aimer, cit. 60). V. **Autrefois.** *Un jour que...* (Cf. Audience, cit. 13). *Un beau* (cit. 33) *jour* (Cf. Art, cit. 65). — *L'autre** (cit. 27) *jour,* en parlant d'un jour récent (Cf. Acteur, cit. 1 ; capacité, cit. 3 ; inconstance, cit. 2). Vx. *Il y a beau jour, beaux jours* (Cf. Atteler, cit. 7) : il y a bien longtemps.

37 « Un jour d'entre les jours (ainsi que disent les conteurs orientaux, incertains comme moi de la chronologie)... » FRANCE, *Petit Pierre,* II.

— (Dans le futur, dans l'avenir*). *Un jour...* (Cf. Acheter, cit. 12 ; adieu, cit. 9 ; attente, cit. 17 ; féroce, cit. 4 ; interroger, cit. 3'). *Un de ces jours* (Cf. Comédie, cit. 7 ; fouet, cit. 7). *Quelques jours* (Cf. Académie, cit. 2 ; accorder, cit. 5). *Un jour ou l'autre :* tôt* ou tard*.

38 « On a pour ma personne une aversion froide,
Et quelqu'un de ces jours il faut que je me pende. »
MOL., **Misanthr.,** III, 1.

39 « *Un jour tout sera bien,* voilà notre espérance ;
Tout est bien aujourd'hui, voilà l'illusion. »
VOLT., **Poème s. désastre Lisbonne.**

— CHAQUE JOUR (Cf. Amener, cit. 17 ; annales, cit. 1 ; fois, cit. 17). *La tâche, la pratique de chaque jour.* V. **Journalier, quotidien** (Cf. Ascèse, cit. 5). *Périodique paraissant chaque jour.* V. **Journal, quotidien.** *Carnet muni d'une feuille pour chaque jour* (V. **Agenda**). *Par ext.* Continuellement, sans arrêt (Cf. Accumuler, cit. 7 et 8 ; flotter, cit. 16). — Prov. *À chaque* (cit. 1) *jour suffit sa peine.*

— TOUS LES JOURS. V. **Toujours** (Cf. Accabler, cit. 20 ; apporter, cit. 7 ; création, cit. 6 ; forcer, cit. 31). *Tous les jours que le bon Dieu fait. Tous les jours un peu plus :* graduellement (Cf. Aller, cit. 111). *Choses qui arrivent tous les jours :* couramment (Cf. Agitation, cit. 10). *Cela se voit tous les jours. De tous les jours :* courant, habituel, ordinaire* (Cf. Honnêtement, cit. 2 ; improviser, cit. 1). *Les habits de tous les jours.*

40 « ... il avait la malpropreté, l'inconvenance et la stupidité inouïe d'aller se promener au Luxembourg avec ses habits « de tous les jours »,... »
HUGO, **Misér.,** III, VI, III.

— Pop. *C'est du tous les jours.* V. **Ordinaire.**

41 « Quand on a goûté des négresses, les blanches, monsieur Armand, ce n'est plus ça, c'est fade, c'est du tous les jours. »
ARAGON, **Beaux quartiers,** I, X.

— JOUR APRÈS JOUR.

42 « Vous ignorez qu'il y a, tout près de vous, une multitude de malheureux pour lesquels vivre n'est rien d'autre que de peiner jour après jour, l'échine courbée sous le travail. sans salaire convenable, sans sécurité d'avenir, sans possibilité d'espérance ! »
MART. du G., **Thib.,** t. VI, p. 226.

— DE JOUR EN JOUR. V. **Graduellement ; peu** (à peu). Cf. Abandonner, cit. 26 ; aller, cit. 48 ; arme, cit. 34 ; bibliothèque, cit. 7 ; gaucherie, cit. 3 ; habitude, cit. 23. *Enfler* (cit. 12), *se fortifier* (cit. 11) *de jour en jour.*

— D'UN JOUR À L'AUTRE : d'un moment, d'un instant à l'autre, incessamment.

— DU JOUR : du jour même. *Nouvelles* du jour.* V. **Actualité** (d'). Cf. Feuille, cit. 10 ; fonction, cit. 5. *Des œufs du jour :* pondus le jour même. — *La fête, la solennité du jour* (Cf. Antienne, cit. 1 ; honneur, cit. 76). *L'office*, le saint du jour. Par ext. L'ordre* du jour.* — DU JOUR AU LENDEMAIN : d'un moment à l'autre, sans intervalle, sans transition.

43 « ... cela ne se trouve pas du jour au lendemain. »
RAC., **Lettres,** 184, 1er août 1698.

44 « Si bien assise en effet que soit une maison de commerce, l'obligation de restituer du jour au lendemain une pareille somme ne va pas sans certains ébranlements... » P. BENOIT, Mlle de la Ferté, p. 84.

— À JOUR : au courant. *Mettre, mise à jour* (Cf. Date, cit. 5 ; intérieur, cit. 12). *Avoir ses comptes* à jour ; livre de commerce à jour. Mettre, tenir sa correspondance*, son courrier* à jour.*

— *Spécialt.* (en parlant du jour où l'on est) *Ce jour même, ce* (cit. 5) *jour.* V. **Aujourd'hui** (cit. 10) ; **hui, jourd'hui** (vx). *Au jour d'hui* (vx). *Au jour d'aujourd'hui* (pop.). Prov. *Il ne faut pas remettre au lendemain ce que l'on peut faire le jour même.*

‖ 4° (En parlant de la durée d'un jour). V. **Journée.** *En un, plusieurs jours* (Cf. Arriver, cit. 64). « *Qu'en un lieu, en un jour, un seul fait* (cit. 6) *accompli...* » *En peu de jours* (Cf. Arrêter, cit. 16). *Passer, vivre un jour, un seul jour sans elle...* (Cf. Aimer, cit. 18). *Tout le jour* (Cf. Assemblée, cit. 2). *Un jour entier, plein... Un caprice de quelques jours* (Cf. Amour, cit. 12). *Restez donc ici quelques jours* (Cf. Arranger, cit. 20). *Le jour paraît long, passe vite... Long* comme un jour sans pain.*

— PAR JOUR : dans une journée. V. **Journellement, quotidiennement.** *Une, plusieurs fois par jour, une fois* (cit. 7) *le jour* (Cf. Communier, cit. 1). *Dix heures par jour* (Cf. Asseoir, cit. 38). *Payer quelqu'un, donner à quelqu'un tant par jour* (Cf. Barboter, cit. 10). *Une idée par jour :* chaque jour.

45 « Émile de Girardin... annonça, le 29 février 1848, qu'il ouvrirait une colonne de son journal, *La Presse,* à la discussion de toutes les idées justes et utiles que les lecteurs voudraient suggérer. La colonne s'appelait « Une idée par jour ». La rubrique, affirme-t-on, ne parut qu'une seule fois... » GUERLAC, **Cit. françaises,** p. 228.

— AU JOUR LE JOUR. *Gagner sa vie, vivre au jour le jour :* en gagnant seulement, chaque jour, de quoi subsister (Cf. Filer, cit. 1). Fig. *Vivre, faire quelque chose au jour le jour :* sans se préoccuper du lendemain, sans prévoir l'avenir.

46 « Lucien vécut au jour le jour, dépensant son argent à mesure qu'il le gagnait, ne songeant point aux charges périodiques de la vie parisienne,... » BALZ., **Illus. perd.,** Œuvr., t. IV, p. 809.

47 « Vivre au jour le jour, sans souci du lendemain, sans préoccupations pour l'avenir, sans doutes, sans craintes, sans espoir, sans rêves ;... »
FLAUB., **Corresp.,** 28, 24 févr. 1839.

— AU JOUR LE JOUR signifie aussi D'une manière régulière, au fur et à mesure.

48 « Je déplore de ne point avoir pris note, au jour le jour, de tout ce qu'il nous fut donné de voir et d'éprouver ;... »
GIDE, **Ainsi soit-il,** p. 124.

— DE JOUR, se dit d'un service de vingt-quatre heures. *Il est de jour.* V. **Service** (de). *L'officier de jour.*

49 « Il était de jour lorsque Monsieur le Prince attaqua les lignes ;... »
RAC., **Notes hist.**, IX.

|| 5° Les JOURS, considérés d'après leurs caractères ou les événements qui les remplissent. V. **Journée.**

— (D'après le temps qu'il fait). *Les beaux* jours* (Cf. Ainsi, cit. 22 ; air 1, cit. 7 ; été, cit. 4 ; hélas, cit. 6). Par métaph. « *C'est le soir d'un beau jour* » (Cf. Fin, cit. 23 LA FONT.). *Les jours les plus chauds, caniculaires, torrides* (Cf. Bas-fond, cit. 2 ; imprégner, cit. 6). *Jours d'orage, de gelée* (Cf. Fumer 1, cit. 11). *Ennuyeux* comme un jour de pluie* (Cf. Confiner, cit. 10).

50 « Ainsi, durant les jours pluvieux de novembre,
Me voilà donc contraint de rester dans ma chambre, »
BAUDEL., **Poèmes attribués**, III.

— (D'après le caractère religieux, social ou légal). *Jour de fête* (cit. 2, 3 et 5) *religieuse, liturgique. Jours du calendrier liturgique* (V. **Férié**). *Jours aliturgiques. Fêtes tombant le même jour* (V. **Occurrent**). *Période de huit, de neuf jours* (V. **Octave, neuvaine**). *Le jour de Pâques. Jour des Rois* (V. **Épiphanie**). *Jour du Seigneur* (V. **Sabbat ; dimanche**). *Jour des Morts* : le premier Novembre. *Jour de la Fête-Dieu* (cit.), *de la Saint-Jean* (Cf. Fixer, cit. 22). — *Jour de Dieu !* sorte de juron. *Jour de colère* (V. **Dies iræ**). *Le jour du Jugement** (Cf. Compte, cit. 25). — *Jour de fête légale.* V. **Férié** (cit.). *Jour de fête.* V. **Fête*** (Cf. Attrister, cit. 7 ; héros, cit. 6 ; hors, cit. 2). *Les jours gras** (cit. 3 et 5), *maigres**. *Le jour de la fête patronale. Le jour anniversaire de l'armistice,* et ellipt. *Le 11 Novembre, jour de l'armistice.* — *Jours ouvrables*.* — *Jour d'arrêt* (cit. 7), *de prison.* Pop. *L'adjudant lui a flanqué quatre jours* (de prison).

— Dr. *Jours utiles,* pendant lesquels un acte peut encore être accompli. *Jours de planche,* pendant lesquels un navire « reste à la disposition des affréteurs ou des destinataires pour le chargement ou le déchargement de la cargaison » (CAPITANT).

— (D'après l'emploi qui en est fait particulièrement). *Jour de travail. Jour de repos, de sortie, de promenade* (Cf. Canard, cit. 2). *Jour de départ, d'arrivée* (cit. 2), *d'entrée...* (Cf. Arc, cit. 15). *Jour d'ouverture* (Cf. Assesseur, cit. 2), *de relâche, de fermeture. Jour de marché* (Cf. Bourg, cit. ; fondouk, cit. 2). *Jour de gala* (cit. 6), *de réception.*

51 « Pour satisfaire aux besoins de son esprit, madame Rabourdin prit un jour de réception par semaine,... »
BALZ., **Les employés**, Œuvr., t. VI, p. 868.

— Absolt. *C'est son jour* : son jour de réception.

52 « Je n'ai dîné chez moi que les jours où nous avons eu les gens qu'on appelle des amis, et je n'y suis restée que pour mes jours. J'ai mon jour, le mercredi, où je reçois, »
BALZ., **Mém. deux jeunes mariées**, Œuvr., t. I, p. 252.

— *On lui doit quinze jours* (de travail, de salaire). *Payer, donner ses huit** (cit. 2) *jours à un domestique.*

53 « ... c'est à lui tout naturellement qu'elle s'adressa pour réclamer son dû. Plus de quinze jours qu'on lui devait, et ses huit jours. »
ARAGON, **Beaux quartiers**, I, XXIV.

— (D'après le caractère heureux ou malheureux, important ou non). — REM. En ce sens, JOUR, surtout au pluriel, désigne une durée indéterminée (Cf. *infra*, 6°). — *Jours de deuil, de douleur, de malheur, de misère, de souffrance* (Cf. Arriver, cit. 42 ; envoler, cit. 7 ; heureux, cit. 53). *Jours de bonheur, de joie* (Cf. Désenchanter, cit. 3). *Ami, compagnon des bons, des mauvais jours* (Cf. Attacher, cit. 100). *Jours néfastes, tristes* (Cf. Fortune, cit. 18 ; implorer, cit. 1). *Jours critiques*. Jours infortunés* (cit. 1), *fortunés* (cit. 3). *Jours heureux* (Cf. Autant, cit. 24). *Aujourd'hui, c'est un beau, un bon jour pour moi. Souhaiter le bon jour* (vieilli). V. **Bonjour**. *Jour faste, favorable, à marquer d'un caillou blanc. Jour solennel ; grand* jour. Le public des grands jours* (Cf. Gêner, cit. 26). — Spécialt. (Hist.). *Les grands jours,* assises extraordinaires tenues dans une province par des juges tirés des cours supérieures. — *Le jour de gloire** (cit. 14) *est arrivé. Jour décisif, historique.* — Milit. *Le jour J,* fixé pour une attaque, une opération militaire. — Allus. hist. *Les Cent*-Jours.*

54 « C'est Monsieur le Conseiller,... qui vous souhaite le bon jour,... »
MOL., **Escarb.**, III.

55 « (*Ses vertus*) ont fait du jour de sa mort le plus beau, le plus triomphant, le plus heureux jour de sa vie. »
BOSS., **Orais. fun. Le Tellier.**

56 « Sangaride, ce jour est un grand jour pour vous. »
QUINAULT, **Athys**, I, 7.

57 « Messieurs ! ce sabre... est le plus beau jour de ma vie. »
H. MONNIER, **Grand. et décad. de M. J. Prudhomme**, II, 13.

— *Être dans un jour de gaieté, de bonne humeur. Avoir son jour d'entêtement* (Cf. Enfourcher, cit. 1). *Être dans son bon, son mauvais jour.*

|| 6° JOUR, désignant un certain espace de temps, une certaine époque marquée par tels événements, telles circonstances... V. **Époque.** *Les jours héroïques, anciens,*

passés (Cf. Bulletin, cit. 3 ; ensevelir, cit. 20 ; fidèle. cit. 15). *Dans les anciens jours* (Cf. Autel, cit. 24). « *L'homme des anciens jours* » : le vieillard (CHATEAUB., Atala). — *Nos jours* : notre époque (Cf. Badiner, cit. 8). — *De nos jours* : à notre époque. V. **Actuellement, aujourd'hui** (Cf. Arrière-garde, cit. 3 ; ascension, cit. 9 ; baron, cit. 4 ; camouflage, cit. 2). — *Jusqu'à ce jour, jusqu'à nos jours* (Cf. Accorder, cit. 7 ; homme, cit. 6). — *Le goût** (cit. 48 et 50) *du jour, la mode du jour* (Cf. Insuccès, cit. 2). *C'est le héros du jour, l'homme* du jour* : le héros du moment.

58 « Mais peut-être que nos neveux regretteront la félicité de nos jours avec la même erreur qui nous fait regretter le temps de nos devanciers ;.. »
BOSS., 4e serm. p. fête tous les saints.

59 « ... la métaphysique du jour diffère de celle de l'antiquité,... »
CHATEAUB., **Génie du christ.**, III, II, 3.

— *Un jour* : un court espace de temps, peu de temps. V. **Moment.** *En un jour* (Cf. Achéron, cit. 1 ; année, cit. 4 ; blanchir, cit. 12). Prov. *Paris n'a pas été bâti en un jour. Un asile d'un jour* (Cf. Attendre, cit. 14). *Vedettes d'un jour.* V. **Éphémère** (fig.). Cf. Fouetter, cit. 6. *Cela n'aura qu'un jour* (Cf. Aveugle, cit. 17). — On dit parfois dans le même sens, *Deux jours, trois jours.*

60 « Ce n'est pas l'ouvrage d'un jour. »
LA FONT., **Fabl.**, XII, 14.

61 « Mille ans ne sont qu'un jour à ses yeux (*de Dieu*). »
MASS., **Carême**, Rechute, 1.

62 « Pourquoi penser aux plaisirs, quand on n'a que deux jours à vivre. »
Mme de MAINTENON, **Lettre à Mme de Caylus**, 2 nov. 1717.

63 « L'homme vit un jour sur la terre
Entre la mort et la douleur ; »
LAMART., **Prem. médit.**, XXXVII.

|| 7° Les JOURS de la vie. *Notre premier* (V. **Naissance.** Cf. Affection, cit. 6), *notre dernier jour. Le dernier jour d'un condamné. Tous les jours de sa vie.* Absolt. *Les jours.* V. **Vie** (Cf. Âge, cit. 24 ; expérience, cit. 32 ; fatal, cit. 11). *L'auteur*, les auteurs* (cit. 11) *de ses jours. Abréger* (cit. 7), *finir* (cit. 4) *ses jours* (Cf. Détruire, cit. 39 ; éterniser, cit. 5). *Attenter* (cit. 6) *à ses jours, faire le sacrifice de ses jours* (Cf. Balancer, cit. 20). *Passer, user, gaspiller* (cit. 3) *ses jours* (Cf. Auprès, cit. 12 ; genre, cit. 12). *Couler* des jours heureux. Les Parques filent* (cit. 4 et 5) *les jours, se jouent* (cit. 50) *de nos jours. Jours filés d'or et de soie* : heureux. *Les beaux* jours.* V. **Jeunesse, printemps** (de la vie). Cf. Âge, cit. 46. *Derniers, vieux jours.* V. **Vieillesse** (Cf. Assurer, cit. 13 ; hospice, cit. 1 ; intense, cit. 4).

64 « (Car nous sommes d'hier, et ne savons rien, parce que nos jours sur la terre sont comme l'ombre) ; »
BIBLE (SACY), **Livre de Job**, VIII, 9.

65 « ... des jours filés d'or et de soie, et la vie la plus fortunée !... »
BEAUMARCH., **Mère coupable**, I, IV.

66 « Il y a si peu de jours dans la vie : faites que pas un d'eux ne ressemble au suivant. »
LOUYS, **Avent. roi Pausole**, I, IX.

ANT. — *Obscurité. Nuit*. Soir, soirée.*

DER. — *Journal, journée.*

COMP. — V. *Ajourer, ajourner. Aujourd'hui, bonjour, contre-jour, demi-jour, toujours.* — *Jourd'hui. n. m.* (XVIe s.). *Vx. Le jour actuel. Ce jourd'hui.* V. **Aujourd'hui.**

« ... Si dans ce jourd'hui je l'avais écarté,
Tu verrais dès demain Éraste à mon côté. »
CORN., **Mélite**, IV, 1 (*var.*).

JOURNAL. *adj. et n.* (XIIe s. adj. ; lat. *diurnalem,* « de jour », devenu *jornal, journal,* var. *journel.* V. **Journellement**).

I. Adj. *Vx.* Relatif à chaque jour. *L'étoile journale* (l'étoile du matin) ; *le cours journal du soleil* (Cf. HUGUET). — Spécialt. (encore de nos jours) Comm. *Livre journal,* et substant. *Journal.* Livre de commerce, registre de comptes.

1 « Tout commerçant est tenu d'avoir un livre journal qui présente, jour par jour, ses dettes actives et passives, les opérations de son commerce,... et généralement tout ce qu'il reçoit et paye, à quelque titre que ce soit ;... »
CODE COMM., Art. 8.

II. Substant. || 1° *Vx.* Ce qu'on peut labourer en une journée, et *par ext.* Mesure de terre correspondant à cette surface. *Vigne de six journaux* (Cf. Établir, cit. 37 SAND).

|| 2° Relation* quotidienne des événements ; écrit* portant cette relation. *Tenir un journal* (Cf. Événement, cit. 15). *Écrire le journal de sa vie, son journal* (V. **Mémoire.** Cf. Annotation, cit. 1 ; essentiel, cit. 22 ; fictif, cit. 1). *Journal de Byron, de Stendhal, des Goncourt* (Cf. Intrépidement, cit. 3), *de Gide* (Cf. Entraînement, cit. 8). *Journal de voyage en Italie,* de Montaigne. *Journal intime. Roman en forme de journal* (*Journal d'une femme de chambre,* de Mirbeau, *d'un curé de campagne,* de Bernanos...).

2 « ... il avait commencé un journal de sa vie où il marquait les événements saillants de la journée ;... »
BALZ., **Les employés**, Œuvr., t. VI, p. 949.

3 « Or, si je n'ai pas tenu journal de mes aventures, pendant la première guerre mondiale, je dispose d'un ensemble de documents dont la valeur, à mes yeux, dépasse de beaucoup celle d'un journal intime. »
DUHAM., **Pesée des âmes**, p. 24.

4 « Depuis son retour, pour se soulager, il tenait un journal et le contact total, admirable, de l'esprit de Byron avec le réel, la poésie abrupte des raccourcis, faisaient de ce journal un chef-d'œuvre. »
MAUROIS, **Vie de Byron**, II, XX.

— Mar. *Journal de bord*, le *journal du bord*. V. **Bord.** *Journal de mer, de navigation :* le « cahier de rapport de mer » (GRUSS). *Journal des machines*, tenu par le chef mécanicien.

5   « Un timonier est allé regarder l'heure à la montre. Par déférence pour la lune, il doit noter, sur ce grand registre toujours ouvert, qui est le *journal du bord*, l'instant très précis auquel elle s'est couchée. »
       LOTI, Mon frère Yves, LXXXIV.

‖ 3° Publication* périodique relatant les événements saillants dans un ou plusieurs domaines. V. **Bulletin, gazette*** (cit. 2), **périodique.** *Ensemble des journaux.* V. **Presse.** *Journal d'un parti.* V. **Organe.** *Journal illustré.* V. **Illustré.** *Le Journal des Savants*, fondé en 1665 (Cf. Avilissant, cit. 2), *le Journal de Trévoux* (1701), *le Journal encyclopédique* (cit. 1), etc. *s'appelleraient aujourd'hui des Revues.* — *Journal de médecine. Journal de mode* (Cf. Correspondance, cit. 10). *Journaux d'enfants. Journal paraissant le samedi. Journal du Dimanche.* — REM. Dans ce sens, on peut dire *Journal quotidien* (Cf. *infra*, cit. 8 STE-BEUVE) comme on dit *Journal hebdomadaire* (V. **Hebdomadaire, magazine**).

6   « Tout faiseur de journaux doit tribut au Malin. »
       LA FONT., Lettre à Simon..., févr. 1686.

7   « Sous lui (*Louis XIV*) les journaux s'établissent. On n'ignore pas que le *Journal des Savants*, qui commença en 1665, est le père de tous les ouvrages de ce genre,... » VOLT., Siècle de Louis XIV, XXXI.

8   « Il n'y a à Paris que deux Revues qui vivent et qui paient tant bien que mal (et même assez bien), les nôtres. Et puis il y a les journaux quotidiens, *les Débats, la Presse* : le reste ne vaut pas l'honneur d'être nommé (littérairement parlant). Et puis rien... J'oublie pourtant quelques journaux spéciaux, *Gazette des femmes, Journaux des enfants,* où d'honnêtes gens vivotent à tant la colonne. »
       STE-BEUVE, Corresp., 1267, 16 nov. 1841.

— *Spécialt.* Publication quotidienne consacrée à l'actualité, dans tous les domaines. V. **Feuille** (cit. 10), **gazette, quotidien** (Cf. *fam.* Canard, feuille de chou* ; et *aussi* Fait, cit. 23 ; fonction, cit. 5). *Le Journal de Paris*, premier quotidien français (1777). *Le Journal officiel*. Journal de doctrine* (Cf. Éprouver, cit. 16), *d'opinion* (Cf. Courtier, cit. 3), *d'opposition* (Cf. Franc-parler, cit. 3). *Journal gouvernemental. Journal d'information*. Grand journal, journal à gros tirage*, tirant* à tant d'exemplaires. Journaux de province. Les journaux du matin, du soir* (Cf. Houleux, cit. 2 ; illustrer, cit. 9). — *Contenu d'un journal.* V. **Annonce, article** (cit. 16), **bulletin** (2°), **chronique, correspondance, courrier** (4°), **écho, éditorial, entrefilet, éphéméride, fait** (cit. 24 ; fait divers*), **feuilleton** (cit. 1 et 3), **illustration, interview, leader, manchette, mondanités, nécrologie, nouvelles, publicité, réclame, reportage, roman-feuilleton, rubrique.** *Les titres, les colonnes*, les photos, les dessins d'un journal. La première page* du journal* (Cf. La une*). *Dimension d'un journal.* V. **Format.** *Supplément* encarté dans un journal.* — *Fabrication d'un journal.* V. **Imprimer ; imprimerie*.** *Composition, mise en page, impression d'un journal. Épreuve de journal.* V. **Morasse.** *Rédaction* d'un journal* (V. **Journaliste***). *Rédacteur en chef, secrétaire de rédaction d'un journal. Collaborer* à un journal.* V. **Collaborateur.** *Correspondant, envoyé spécial d'un journal.* — *Style des journaux.* V. **Journalistique** (Cf. Hyperbole, cit. 2). *Administration, direction, gérance... d'un journal.* V. **Directeur, éditeur, gérant** (cit. 3). — *Lois sur les journaux* (V. **Presse**). *Réglementation, obligations des journaux.* V. **Censure ; insertion** (cit. 1), **rectification, réponse, reproduction...** (cit. 1). *Rôle d'information, de propagande... des journaux. Influence des journaux sur l'opinion.* — *Éditer, publier un nouveau journal.* V. **Lançage, lancement.** — *Distribution, vente d'un journal. Faire le service* d'un journal. S'abonner à un journal.* V. **Abonnement** (Cf. Facteur, cit. 9). *Bande* d'envoi d'un journal. Acheter un journal au numéro*. Crieur*, vendeur, marchand de journaux* (Cf. Aboiement, cit. 1 ; artère, cit. 4 ; belvédère, cit. ; brandir, cit. 3). *Kiosques à journaux* (Cf. Arborer, cit. 7). *Journaux invendus* (V. **Bouillon**). — *Par appos. Papier* journal.*

9   « A la campagne, on ne connaît pas les noms propres des journaux, ils s'appellent tous *les nouvelles*. »
       BALZ., Les paysans, Œuvr., t. VIII, p. 208.

10   « Tout journal, de la première ligne à la dernière, n'est qu'un tissu d'horreurs. Guerres, crimes, vols, impudicités, tortures..., une ivresse d'atrocité universelle. Et c'est de ce dégoûtant apéritif que l'homme civilisé accompagne son repas de chaque matin... Je ne comprends pas qu'une main pure puisse toucher un journal sans une convulsion de dégoût. »
       BAUDEL., Journaux intimes, Mon cœur mis à nu, LXXXI.

11   « Me voilà réduit, en fait de journaux, à l'honorable *Courrier des Ardennes*, propriétaire, gérant, directeur, rédacteur en chef et rédacteur unique : A. Pouillard ! » RIMBAUD, Corresp., 25 août 1870.

12   « Le journal, malgré toutes ses imperfections, malgré les servitudes parfois intolérables de la mode et des publicités, malgré les impérieuses consignes des partis politiques ou des bailleurs de fonds, consignes dont je n'ai jamais tenu compte, le journal, malgré sa docilité évidente à l'égard du public dont il flatte par trop souvent les faiblesses, le journal est l'un des instruments dont l'écrivain doit se servir pour agir de manière intermittente, mais vive, sur certains éléments de l'auditoire. » DUHAM., Pesée des âmes, XI.

— *Spécialt.* Un *journal*, *le journal* : un exemplaire de journal. *Lire le journal, son journal. Déplier, éployer* (cit. 4) *son journal. Découper un article dans le journal.*

Coupure (cit. 5) *de journal* (Cf. Garder, cit. 86). *Un vieux journal. Le journal de la veille. Liasse, pile de journaux.*

13   « Monté sur une chaise, dont il avait recouvert la paille d'un journal déplié, Haverkamp, en bras de chemise, était occupé à enlever des liasses de journaux et des paperasses diverses, qui chargeaient les rayons supérieurs d'un casier de bois blanc. »
       ROMAINS, H. de b. vol., t. II, VI, p. 54.

— *J'ai lu cela dans le journal* (ACAD.). Cf. Frire, cit. 5. — REM. Le tour « *Sur le journal* » est considéré comme populaire.

14   « Disons que, de nos jours, le tour *dans* le journal est plus châtié, plus littéraire ; *sur* le journal, sans être incorrect, est plutôt populaire. C'est également l'avis de GOUGENHEIM : « ... la langue cultivée dit *dans un journal*, comme *dans un livre...* ; la langue populaire dit *sur le journal*, comme *sur une affiche...* » (Syst. gram. de la l. fr., p. 311). »
       BOTTEQUIN, Subtil. et délic. de langage, p. 236.

— *Par ext.* L'administration, la direction, les bureaux d'un journal. *Écrire au journal. Aller au journal. Son journal l'a envoyé à l'étranger.*

‖ 4° *Par anal.* Bulletin quotidien d'information. *Journal parlé* (radiodiffusé), *télévisé. Journal lumineux*, faisant apparaître le texte des nouvelles par la combinaison de nombreuses ampoules rapidement allumées et éteintes.

DER. — **Journalier, journalisme, journaliste.**

JOURNALIER, IÈRE. adj. (1550 ; de *journal*, au sens de « quotidien »).

‖ 1° Qui se fait chaque jour*. V. **Diurnal, quotidien.** *Travail journalier* (Cf. Contraire, cit. 15). *Tâche journalière* (Cf. Aiguillon, cit. 5). *Existence, expérience journalière* (Cf. Aménagement, cit. 2 ; attitude, cit. 13). *Intimité* (cit. 6), *fréquentation journalière.*

1   « Ayant, comme j'ai fait, pratiqué la misère
De cette pauvre vie, et les maux journaliers
Qui sont des cœurs humains compagnons familiers, »
       RONSARD, Élégies, XV

2   « ... lourdes ténèbres de l'existence commune et journalière,... »
       BAUDEL., Parad. artif., Poème du haschisch, I.

— *Ouvrier journalier* (vx), qui travaille à la journée. — Substant. *Un journalier, une journalière.* V. **Ouvrier** (il se dit surtout des ouvriers agricoles*). *Engager des journaliers pour la moisson* (V. **Aoûteron**).

3   « ... les chemins vicinaux où les journaliers piochent et pellent la terre jaune des champs à travers lesquels on trace les routes. »
       Ch.-L. PHILIPPE, Père Perdrix, I, III.

‖ 2° *Par ext.* (*Vieilli*). Qui est sujet à changer d'un jour à l'autre. V. **Incertain.** « *La guerre est journalière* » (CORN. Cf. Incertitude, cit. 1). *Humeur, beauté journalière* : changeante. Ellipt. *Femme journalière*, capricieuse. — On dit encore *Elle est journalière*, en parlant d'une femme dont la beauté est changeante.

4   « Je puis échouer, les armes sont journalières, mais je puis réussir aussi, *et, en trois jours, un temps brumeux et des circonstances un peu favorisantes peuvent me rendre maître de Londres, du Parlement, de la Banque.* »
       BONAPARTE, Déclaration à Lombard, in MADELIN, Hist. Cons. et Emp., Avènement de l'Empire, II.

5   « Journalier comme peut l'être la beauté d'une femme blonde, Diard était du reste vantard, grand parleur, et parlait de tout. »
       BALZ., Les Marana, Œuvr., t. IX, p. 796.

JOURNALISME. n. m. (1781 GOHIN ; de *journal*).

‖ 1° Profession, métier de journaliste*. *Faire du journalisme. Entrer, se jeter dans le journalisme* (Cf. Aborder, cit. 13 ; éperonner, cit. 6).

1   « Le journalisme mène à tout — à condition d'en sortir. »
       Jules JANIN, in GUERLAC, Citations variées, p. 227.

2   « C'est le grand méfait du journalisme : de vous forcer à écrire, lorsque parfois l'on n'en a nulle envie. » GIDE, Journal, 15 mai 1942.

‖ 2° *Vieilli.* Ensemble des journaux, des journalistes. V. **Presse.** *Le journalisme parisien, français. La puissance, le rôle du journalisme.*

3   « — L'influence et le pouvoir du journal n'est qu'à son aurore, dit Finot, le journalisme est dans l'enfance, il grandira. Tout, dans dix ans d'ici, sera soumis à la publicité. »
       BALZ., Illus. perd., Œuvr., t. IV, p. 737.

4   « D'abord, le grand fléau qui nous rend tous malades,
Le seigneur Journalisme et ses pantalonnades ;
Ce droit quotidien qu'un sot a de berner
Trois ou quatre milliers de sots, à déjeuner ; »
       MUSS., Poés. nouv., Sur la paresse.

‖ 3° Le genre, le style propre aux journaux. *Ce récit n'est pas d'un grand écrivain, mais c'est du bon journalisme.*

JOURNALISTE. n. (1704 TRÉVOUX ; de *journal*).

‖ 1° *Vieilli.* Celui qui fait, publie un journal. *Th. Renaudot fut le premier journaliste français.* V. **Gazetier** (vx).

‖ 2° *De nos jours.* Personne qui collabore à la rédaction d'un journal*. V. **Rédacteur ; chroniqueur, commentateur, correspondant, courriériste, critique, échotier, éditorialiste, envoyé** (spécial), **nouvelliste, publiciste, reporter, salon-**

nier... *Journaliste satirique, violent.* V. **Pamphlétaire, polémiste** (Cf. Éreintage, cit. 1). *Journaliste politique, parlementaire. Mauvais journaliste.* V. **Folliculaire** (Cf. Pisseur de copie, journaliste à deux sous* la ligne). *Journaliste qui fait les chiens écrasés*. Journaliste travaillant à la pige*... La copie* (cit. 5), *le « papier » d'un journaliste. Une journaliste.*

1 « Tu n'as que trop les qualités du journaliste ; le brillant et la soudaineté de la pensée. » BALZ., **Illus. perd.**, Œuvr., t. IV, p. 663.

2 « Pour comble, ma voyageuse à moi, celle que le destin me réservait en partage, est une journaliste, qui a gardé aux mains ses gants sales du paquebot : indiscrète, fureteuse, avide de copie pour une feuille nouvellement lancée,... » LOTI, **Désenchant.**, II, IV.

DER. — **Journalistique.** *adj.* (fin XIXe s.). Propre aux journaux, aux journalistes. *Genre, style journalistique. Mot de création journalistique* (Cf. Apache, cit.). *Les mœurs journalistiques.*

« N'eût-elle que cela d'instructif, son œuvre journalistique,... renseigne... sur cette préparation de Balzac à la connaissance de son siècle... » HENRIOT, **Romantiques**, p. 321.

JOURNÉE. *n. f.* (*Jornée* au XIIe s. ; *de jour*).

|| 1° Espace de temps qui s'écoule du lever au coucher du soleil. V. **Jour**, II, 1° (Cf. An, cit. 21). *Au début, au milieu de la journée* (Cf. Hier 1, cit. 3). *À la fin de la journée, en fin de journée* (Cf. Caresser, cit. 11). *Passer la journée, ses journées à...* (Cf. Bannir, cit. 33 ; bougonner, cit.). *Au cours de la journée* (Cf. Blanc, cit. 30), *le long de la journée* (Cf. Gras, cit. 44), *pendant la journée* (Cf. Exercer, cit. 44). *Journée entamée* (cit. 5), *qui se termine. Demi-journée* (V. **Matinée ; après-midi**). *Moment de la journée. Journée qui se passe en agitations* (cit. 4), *en futilités* (cit. 3). *La journée d'hier* (1, cit. 2), *du lendemain* (Cf. Caractère, cit. 6). *Les journées de la vie* (Cf. Ineffaçable, cit. 2). *Journée du dimanche* (Cf. Annonciateur, cit. 6). — *Journée qui paraît courte, longue...* (Cf. Créer, cit. 24 ; expression, cit. 23). « *Les boiteuses* (cit. 9 BAUDEL.) *journées* ». *Monotonie des journées* (Cf. Haleter, cit. 9). *Emploi de la journée. Bien employer sa journée. Perdre sa journée* (Cf. Ennuyeux, cit. 10 RENARD). *Il n'a pas perdu sa journée.*

1 « La plus perdue de toutes les journées est celle où l'on n'a pas ri. » CHAMFORT, **Max. et pens.**, XLVIII.

2 « Il (*Frédéric*) passait quelquefois des journées entières dans sa chambre à se promener de long en large, sans ouvrir un livre et ne sachant que faire. » MUSS., **Nouvelles**, Frédéric et Bernerette, VII.

3 « ... je puis avoir besoin de vous envoyer en courses à n'importe quel moment de la journée... Nous verrons. » ROMAINS, **H. de b. vol.**, t. II, VI, p. 65.

— *Par métaph. et poét.* V. **Vie.** « *Achever* (cit. 18), *finir* (cit. 3) *sa journée* » (CHÉNIER, Jeune captive).

— *À longueur de journée* (Cf. Ininterrompu, cit. 2) ; *toute la journée* (Cf. Alibi, cit. 2). *Je ne l'ai pas revu de toute la journée* (Cf. Appeler, cit. 24). *Toute la sainte journée* (Cf. Galérien, cit. 3). V. **Continuellement.**

— *La* JOURNÉE, considérée par rapport au temps, à la température... (V. **Jour**, II, 5°). — REM. Dans ce sens, *Journée* marque plus que *jour* le caractère diurne de la durée considérée. *Journée chaude, tiède* (Cf. Étancher, cit. 5 ; exhaler, cit. 2 ; fluide, cit. 6 ; frais 1, cit. 7). *Journée d'été* (Cf. Frôler, cit. 5), *d'automne* (Cf. Fureur, cit. 24).

— JOURNÉE DE... : journée passée, consacrée à... *Journée de travail* (Cf. Grincheux, cit. 3), *de repos...*

— *Journée heureuse, bienheureuse* (cit. 8). *Belle journée* (Cf. Émarger, cit. 1). *Bonne journée.* « *La fameuse journée...* » (Cf. Célébrer, cit. 4 RAC.). *Journée bien employée, bien remplie.*

4 « Il revoit le jour de sa première communion. Journée d'affres et de tremblement ;... » ROMAINS, **H. de b. vol.**, t. IV, VII, p. 57.

— (En parlant d'une JOURNÉE où il s'est passé des événements remarquables). *Journée historique* (cit. 10). *Journée de la Saint-Barthélemy* (Cf. Intercéder, cit. 3). *Journée d'insurrection, d'émeute* (Cf. Essuyer, cit. 15). — *Les journées de juillet 1830.* V. **Glorieux** (les trois glorieuses, cit. 3). *J'abdique,* cit. 3 ; anonyme, cit. 2. *La Journée des Dupes** (Cf. Cabale, cit. 5). — *Spécialt.* Jour de bataille, et *par ext.* Bataille, combat. *Dure, terrible, sanglante journée. Ce fut une chaude journée :* une dure bataille et (*fig.* et *fam.*) une rude épreuve.

5 « Dans cette terrible journée où aux portes de la ville et à la vue de ses citoyens, le Ciel sembla vouloir décider du sort de ce prince (*Condé*) ;... » BOSS., **Orais. fun. Louis de Bourbon.**

|| 2° *Journée de travail*, et absolt. *Journée.* Le travail effectué pendant une journée. *La fatigue de la journée* (Cf. Excitant, cit. 8). *Dure, harassante* (cit. 2) *journée. Journée de douze, seize heures* (cit. 14). *Vendre sa journée* (Cf. Héroïsme, cit. 3). *honnêtement* (cit. 1). *Prix, salaire de la journée.* — *Spécialt.* Durée légale de la journée de travail dans l'industrie, le commerce. *Réclamer la journée de sept heures. Instaurer la journée de huit heures...*

6 « ... je n'ai jamais vu réclamer dès le matin le prix de la journée. » BALZ., **Les Chouans**, Œuvr., t. VII, p. 990.

7 « ... Miraud obtint d'emporter les panneaux, à condition d'abandonner le salaire de sa semaine en cours, et de faire gratis quatre journées de travail supplémentaires. » ROMAINS, **H. de b. vol.**, t. I, XXIV, p. 288.

— *Aller en journée. Femme** (III) *de journée. Gens de journée* (Cf. Approuvé, cit.).

8 « ... elle ressemblait tout à fait à une couturière en journée. » BALZ., **Cousine Bette**, Œuvr., t. VI, p. 137.

— *Travailler, être payé à la journée.* V. **Journalier.** — *Fig.* (et vieilli). *À la journée :* continuellement.

9 « Je n'emploierai point pour vous rassurer les grandes phrases d'honneur et de dévouement dont on abuse à la journée ; je n'ai qu'un mot : mon intérêt vous répond de moi ;... » BEAUMARCH., **Barb. de Sév.**, I, 4.

— *Par ext.* Salaire d'une journée de travail. *On lui doit deux journées. Il a bien gagné sa journée.*

|| 3° Chemin effectué (ou qu'on peut effectuer) en une journée. V. **Distance.** *S'en aller à petites, à grandes journées. Il y a deux journées de marche, de voyage, de train... jusqu'à telle ville.*

10 « Le prince d'Orange... s'avança à grandes journées... » RAC., **Camp. de Louis XIV.**

11 « ... continuant notre voyage à petites journées, nous arrivâmes au bout de la dixième, à la ville de Ségorbe,... » LESAGE, **Gil Blas**, X, III.

JOURNELLEMENT. *adv.* (vers 1450 ; *de journel*, var. de *journal*, « journalier »). Tous les jours, chaque jour*. V. **Quotidiennement.** *S'endormir* (cit. 16) *journellement avec le même calme. Dire son bréviaire, ses heures* (cit. 41) *journellement. Être tenu journellement au courant* (cit. 16) *des nouvelles.* — *Par ext.* V. **Continuellement, souvent.** *Cela se voit, se rencontre journellement.*

JOUTE. *n. f.* (*Joste* au XIIe s. ; *de jouter*). *Anciennt.* Combat singulier à la lance et à cheval. *Les joutes et les tournois* du moyen âge se déroulaient en champ clos* (V. **Lice**).

1 « Car on ne combat plus pour l'honneur d'une jouste (*joute*) D'un prix, ou d'un tournoi,... » RONSARD, **Sec. livr. poèmes**, Paix au roi Henry II.

— *Par anal. Joute sur l'eau*, divertissement sportif où deux hommes debout chacun à l'arrière d'un batelet cherchent à se faire tomber à l'eau à l'aide de longues perches (Cf. Fête, cit. 12). *Les joutes lyonnaises. Passes d'une joute.* — *Par ext.* Combat d'animaux. *Une joute de coqs.*

— *Fig.* V. **Dispute, duel, escrime, lutte, rivalité.** *Joute entre deux adversaires. Joutes oratoires* (Cf. Adversaire, cit. 8).

2 « Quand, la première fois, un athlète nouveau Vient combattre en champ clos aux joutes du barreau. » BOIL., **Lutrin**, VI.

3 « Et ces sonorités connues réveillaient en lui mille souvenirs : fièvres de meetings, joutes oratoires, péroraisons pathétiques, ovations d'une foule délirante... » MART. du G., **Thib.**, t. V, p. 289.

JOUTER. *v. intr.* (XIIe s., *joster* ; d'un lat. vulg. *juxtare*, « toucher à », de la prép. *juxta*, « près de »). *Anciennt.* Combattre de près, à cheval, avec des lances.

1 « Il n'était pas permis ordinairement à un bachelier, à un écuyer, de *jou(s)ter* contre un chevalier. » VOLT., **Essai s. l. mœurs**, XCVII.

2 « C'est de là que le roi Boabdil regardait les cavaliers arabes jouter dans la Vega contre les chevaliers chrétiens. » GAUTIER, **Voyage en Espagne**, p. 177.

— *Par anal.* Combattre sur l'eau avec des perches. — *Par ext. Faire jouter des coqs.*

— *Fig.* (et *littér.*). Rivaliser dans une lutte. V. **Disputer, lutter.** *Il n'est pas de force à jouter contre lui. Jouter de finesse, de ruse...*

3 « Il eût été assez curieux de me voir, moi, ministre de Louis XVIII, lui, Talma, roi de la scène, oubliant ce que nous pouvions être, jouter de verve en donnant au diable la censure et toutes les grandeurs du monde. » CHATEAUB., **M. O.-T.**, t. IV, p. 337.

DER. — **Joute.** — **Jouteur.** *n. m.* (*Josteur*, XIIe s.). Celui qui joute contre quelqu'un. *Fig.* (1690). *C'est un rude jouteur.* V. **Adversaire, lutteur.**

JOUVENCE. *n. f.* (*Jouvente* au XIIe s. ; d'un lat. *juventa* refait sur *jouvenceau*). Vx. V. **Jeunesse.**

1 « L'an se rajeunissait en sa verte jouvence, Quand je m'épris de vous, ma Sinope cruelle ; » RONSARD, **Pièces retranchées**, Les Amours, Sonnets.

— (De nos jours) *Fontaine* de Jouvence.* Au *fig.* Source de jeunesse, de rajeunissement. Dans le même sens, *Eau, bain de jouvence.*

2 « Ma santé est comme il y a six ans : je ne sais d'où me revient cette fontaine de Jouvence ;... » SÉV., **450**, 29 sept. 1675.

3 « ... au sortir de ce bain de jouvence qu'est le dormir, je ne sens pas trop mon âge. » GIDE, **Journal**, 6 févr. 1944.

JOUVENCEAU, ELLE. *n.* (*Juvencel, jovencel* au XIIe s. ; *jouvencel* encore dans CORN. ; d'un lat. pop. *juvencellus*,

-cella). *Vx* ou *par plaisant.* Jeune homme, jeune fille. V.
Adolescent, fille, garçon. *Un beau jouvenceau.* V. **Éphèbe.**

1 « Passe encor de bâtir ; mais planter à cet âge ! »
    Disaient trois jouvenceaux, enfants du voisinage. »
                                              LA FONT., Fabl., XI, 8.

2 « Je me comporte en toutes choses comme un jouvenceau qui se
    promène avec une jolie femme : je fais des folies, je paye sans discu-
    ter et je ne regarde pas la monnaie qu'on me rend. »
                                   DUHAM., Plaisirs et jeux, II, III.

JOUXTE. *prép.* (XIIIᵉ s. ; réfection d'après le lat. *juxta*
de l'anc. prép. *joste, jouste,* « près de »). *Vx.* V. **Près, proche**
(de). *Jouxte l'église.* — Spécialt. *Dr.* Conformément à.
Jouxte la copie originale.

    ANT. — Loin.

    DER. — **Jouxter.** *v. tr.* (XIVᵉ s.). *Vx.* ou *arch.* (littér.). Avoisiner, être
près de. *Terre jouxtant un champ.* V. **Attenant*, contigu, voisin.**

1 « L'alignement de ses prés et des fossés jouxtant la route,... »
                                      BALZ., Eugénie Grandet, Œuvr., t. III, p. 586.

2 « ... quartier autrefois dit de Plaisance, quartier qui n'a vraiment
    rien de la ville italienne et qui jouxte Vaugirard sur la pente à peine
    sensible des collines méridionales. »   DUHAM., Invent. de l'abime, I.

JOVIAL, ALE. *adj.* (1532 ; lat. *jovialis,* par l'interm. de
l'ital. *gioviale,* au sens franç. « qui concerne Jupiter », *par
ext.* « né sous l'influence de Jupiter », c.-à-d. « sous le signe
du bonheur »). Qui est plein de gaieté franche, simple et
communicative, comme une personne contente de vivre, un
bon vivant*. V. **Enjoué, gai, gaillard, joyeux.** *Un homme
jovial* (Cf. Exubérant, cit. 5 ; héros, cit. 38). *De bonne
humeur, jovial et cordial* (Cf. Fier, cit. 13). — Par ext.
Visage, air jovial. Une mine joviale de bon papa. Face
joviale et réjouie*. Caractère jovial, humeur joviale* (Cf.
Établissement, cit. 5). — REM. *Jovial* s'emploie rarement
au masculin pluriel. Cependant, LITTRÉ et HATZFELD indiquent *Joviaux* (*Des hommes joviaux*) et la plupart des
grammairiens *Jovials* qui paraît plus euphonique.

1 « Il est gai, *jovial,* familier,... »   LA BRUY., XI, 123.

2 « C'était un homme à gros ventre et à joviale figure qui embrassait
    bruyamment une fille de joie, épaisse et charnue. »
                                             HUGO, N.-D. de Paris, I, II, VI.

3 « C'est certainement un jovial garçon, car sa voix, sans aucun éclat,
    a un accent de gaieté secrète, véritablement irrésistible. »
                                      BERNANOS, Sous le soleil de Satan, p. 157.

    ANT. — Bilieux, chagrin, maussade, sombre, triste.

    DER. — Jovialité. — **Jovialement.** *adv.* (1834). D'une manière joviale.

JOVIALITÉ. *n. f.* (1624 ; de *jovial*). Caractère jovial ;
humeur joviale*. V. **Gaieté** (cit. 14). *Il est plein de jovialité.
Saluer quelqu'un avec jovialité* (Cf. Gauche, cit. 13). *Une
grosse* (cit. 26) *jovialité.*

1 « ... ni les claustrations de l'étude, ni le renoncement à tous les
    plaisirs de la vie, ni la maladie même ne purent abattre cette jovialité
    herculéenne, selon nous, un des caractères les plus frappants de
    Balzac. »   GAUTIER, Portr. contemp., H. de Balzac.

2 « Sans un soupçon de cette odieuse, de cette basse, de cette grossière,
    de cette vulgaire, de cette populacière jovialité, que je hais. Souvent
    cordial, toujours cordial, jamais jovial, tel est ce fin peuple. »
                                  PÉGUY, Victor-Marie comte Hugo, p. 52.

    ANT. — Chagrin, tristesse.

JOVIEN, ENNE. *adj.* (XVIᵉ s. HUGUET ; lat. *jovis,* génitif
de *Jupiter*). Relatif à la planète Jupiter. — Substant. *Astrol.*
Personne née sous le signe de Jupiter. V. **Jupitérien.**

JOYAU (*joua-yô*). *n. m.* (*Joel, joiaus* au XIIᵉ s. ; d'un
lat. *jocalis,* « qui réjouit », rac. *jocus,* « jeu »). Objet de
matière précieuse (or, argent, pierreries...), généralement
unique en son genre et de grande valeur, qui est destiné
à orner ou à parer. *Trônes constellés de joyaux* (Cf. Féerique, cit.). *Les joyaux de la couronne,* transmis héréditairement de souverain à souverain. *Être paré de joyaux.*
V. **Bijou, parure** (Cf. Atourner, cit. 1).

1 « ... quand les langes à dentelles, tapis brodés et joyaux d'or trouvés
    sur moi par les brigands n'indiqueraient pas ma haute naissance,... »
                                        BEAUMARCH., Mar. Figaro, III, 16.

2 « Ce diadème, en dépit de sa monture un peu massive, constituait
    par le nombre, la grosseur et la qualité des diamants incrustés dans
    une plaque d'or un joyau de haut prix que la mère de Yonnel avait
    jadis porté. »   CARCO, Belles manières, III, X.

    — *Par métaph.* ou *fig.* Chose rare et belle, de grande
valeur. *Le Mont-Saint-Michel, joyau de l'art médiéval.
Joyaux conquis dans les dangers* (Cf. Héroïque, cit. 21). *La
beauté et la grâce sont les plus rares joyaux* (Cf. Bijou,
cit. 4).

3 « Vous avez retourné des âmes comme on retourne la terre, leur
    découvrant à elles-mêmes leurs joyaux. »
                                        MONTHERLANT, Jeunes filles, p. 15.

    — *Fam.* Jolie femme*. V. **Bijou.**

    DER. — Joaillier*.

JOYEUX, EUSE (*joua-yeû, yeûz*). *adj.* (vers 1050 ; de *joie*).
Qui éprouve, ressent de la joie*. V. **Gai, heureux.** *Se sentir
joyeux, léger, plein d'enthousiasme* (Cf. Âme, cit. 57 ; eni-

vrer, cit. 28). *Joyeux de faire quelque chose, d'être quelque
part* (Cf. Animer, cit. 42). *Ils sont partis joyeux* (Cf. Capitaine, cit. 6). — Qui aime à rire, à jouer, à manifester sa
joie. V. **Enjoué.** *Un joyeux enfant* (cit. 24). *Joyeux garçon,
joyeux luron, compère, drille...* V. **Agréable, amusant, bon,
gaillard** (Cf. Boute-en-train). *Être en joyeuse compagnie.
Les joyeuses commères de Windsor,* comédie de Shakespeare. *Le joyeux monde de la bohème* (Cf. Existence, cit. 11).
Une bande joyeuse (Cf. Brigantin, cit.). — Par ext. *Être de
joyeuse humeur* (cit. 14 et 40). V. **Jovial.** *Une vie libre et
joyeuse* (Cf. Étudiant, cit. 3 ; gaieté, cit. 2). *Mener joyeuse
vie,* mener une vie de plaisirs.

« Toute chose t'égaye, et rien ne t'inquiète.   1
    En bonne foi, crois-tu...
    Avoir de grands sujets de paraître joyeux ? »
                                           MOL., Misanthr., III, 1.

« ... je mènerai joyeuse vie et je me griserai tous les jours ;... »   2
                                           LOTI, Aziyadé, III, XXXIX.

« On est joyeux, sans savoir, d'un rien, d'un beau soleil... des bêtises... 3
Mais enfin tellement joyeux, d'une telle joie à vous étouffer, qu'on
sent bien qu'on désire autre chose en secret. »
                            BERNANOS, Sous le soleil de Satan, Prologue, III.

    — Qui exprime la joie. *Joyeuses figures* (Cf. Effrontément,
cit. 1), *mines joyeuses.* V. **Épanoui, radieux, réjoui.** *Baisers*
(cit. 20) *joyeux. Voix joyeuse. Acclamations, cris joyeux*
(Cf. Entendre, cit. 35). *Un joyeux éclat de rire* (Cf. Fuser,
cit. 10). *Joyeuse musique* (V. **Allègre**). *Joyeuse fanfare* (Cf.
Caserne, cit. 2). *Joyeux carillon* (cit. 2 et 3). *Joyeux dîner*
(Cf. Accouplement, cit. 3). Allus. hist. *La guerre** (cit. 35)
fraîche et joyeuse.

« Cette fois, par exemple, on éclata. Le rire,   4
    Sonore et convulsif, orageux et profond,
    Joyeux jusqu'à l'extase et gai jusqu'au délire,
    Comme un flot de cristal montait jusqu'au plafond. »
                           BANVILLE, Odes funamb., Gaietés, Belle Véronique.

« Son air sérieux la surprit ; elle essaya de sourire, mais devant   5
cette mine faussement joyeuse, elle ne put s'empêcher de fermer les
yeux,... »   GREEN, Ad. Mesurat, I, IV.

    — Qui apporte la joie. *Une joyeuse nouvelle. Joyeux anni-
versaire, joyeuse fête ! Souhaiter un joyeux Noël.* Anciennt.
Don de joyeux avènement*.

    — Substant. *T. milit.* Surnom donné aux soldats des
compagnies* de discipline.

    ANT. — Désenchanté, désolé, dolent, morne, sombre, triste. Doulou-
reux, mauvais, pénible.

    DER. — **Joyeusement.** *adv.* (XIIᵉ s.). Avec joie, d'une manière joyeuse.
Accepter joyeusement un présent, une offre (Cf. Assumer, cit. 6).
Chanter, danser joyeusement (Cf. Bûche, cit. 1). ANT. **Tristement.** —
Joyeuseté. *n. f* (vers 1400). *Par plaisant.* Propos, action qui amuse. V.
Plaisanterie. *Joyeusetés de bouffon. Dire des joyeusetés* (Cf. Coulisse,
cit. 5).

« Ainsi les joyeusetés rabelaisiennes préparaient Molière dans une   1
littérature plus parfaite ;... »
                            BALZ., Le feuilleton..., XLI (Œuvr. div., t. I, p. 430).

« Il parlait maintenant avec des intonations d'acteur, avec un jeu   2
plaisant de figure qui divertissaient la jeune femme habituée aux manières et aux joyeusetés de la grande bohème des hommes de lettres. »
                                         MAUPASS., Bel-Ami, II, I.

JUBARTE. *n. f.* (altér. de *gibbar,* 1611 ; du lat. *gibbus,*
« bosse »). *Zool.* Baleine à bosse, ou mégaptère. V. **Baleine.**

JUBÉ. *n. m.* (1386 ; du premier mot francisé de la prière
Jube, Domine..., « ordonne, Seigneur... », prononcée en ce
lieu). *Archit.* Tribune transversale en forme de galerie,
élevée entre la nef et le chœur, dans certaines églises (V.
Ambon). *Monter au jubé. Le jubé de Saint-Étienne-du-Mont,
à Paris.*

JUBILAIRE. V. JUBILÉ (*dér.*).

JUBILATION. *n. f.* (*Jubilaciun* au XIIᵉ s. ; du lat. *jubi-
latió,* « cri de joie »). Action de jubiler ; joie vive, expansive, exubérante. V. **Gaieté, joie.** *Une explosion d'allégresse
et de jubilation* (Cf. Chant, cit. 4). *Quelle jubilation !* V.
Réjouissance. *Hosanna* (cit. 1), *cri de triomphe et de jubilation.*

« M. du Maine crevait de joie... son salut aux présidents eut un   1
air de jubilation,... »   ST-SIM., Mém., V, I.

« ... cette attente (*la guérison des leurs*)... leur paraissait plus cruelle
encore, au milieu de la jubilation générale. »   CAMUS, La peste, p. 294.

    ANT. — Affliction, chagrin, déplaisir, douleur.

JUBILÉ. *n. m.* (*Jubile* en 1364 ; lat. *jubilæus,* de l'hébreu
yôbel, « corne », cet instrument servant à annoncer la
fête).

‖ 1º T. de Religion (*Dans l'antiquité juive*). Solennité publique célébrée tous les cinquante ans. *À l'occasion du
jubilé les dettes étaient remises, les héritages rendus à leurs
propriétaires, et les esclaves mis en liberté.* — Par ext.
(*Dans la religion catholique*) « Indulgence* plénière solennelle et générale accordée par le pape en certains temps
et à certaines occasions » (ACAD.). *Le jubilé est accordé*

aux fidèles pour une année, dite année sainte, et sous la condition d'accomplir certaines pratiques de dévotion. — Par ext. Ensemble de ces pratiques. Faire son jubilé.

« ... le grand jubilé... attirait à Rome une si prodigieuse foule, qu'en 1350 on y compta deux cent mille pèlerins. » VOLT., **Essai s. l. mœurs**, LXVIII.

‖ **2°** (XIXᵉ s.). Fête célébrée à l'occasion du cinquantenaire* de l'entrée dans une fonction, dans une profession. *Le jubilé universitaire du professeur X. Le jubilé parlementaire du sénateur Y.*

DER. — **Jubilaire.** adj. (1690 FURET.). Qui a rapport au jubilé catholique. *Année jubilaire, ou année sainte.* — Qui a accompli cinquante ans de fonction, d'exercice. *Chanoine jubilaire. Docteur jubilaire* (on a dit aussi adjectivt. *Jubilé*).

« Et ce soir même... Commence cette année jubilaire que le Pape nouveau accorde.

Extinction des dettes, libération des prisonniers, suspension de la guerre, fermeture des prétoires, restitution de toute propriété. » CLAUDEL, **Annonce faite à Marie**, IV, 5.

JUBILER. v. intr. (XIIᵉ s., « pousser des cris de joie » ; 1752 au sens moderne ; du lat. *jubilare*). Fam. Se réjouir vivement (de quelque chose). *Il n'avait pas tant espéré ; vous pensez s'il jubile ! Il jubile de voir son ennemi écrasé* (Cf. aussi Boire, cit 32 ; extermination, cit. 2).

« (Il)... déposa son colis compromettant à la consigne. Allégé de ce poids, il jubila en regardant d'un air goguenard l'employé. » MAC ORLAN, **Quai des Brumes**, VIII.

ANT. — **Affliger** (s').

DER. — **Jubilant, ante.** adj. (début XIXᵉ s. BRILLAT-SAVARIN). Fam. Qui jubile, qui exprime la jubilation.

« ... quand l'illustre poète (Hugo) se fera pincer en flagrant délit, par un mari jaloux... Sainte-Beuve jubilant enregistrera,... tous les détails de cette scandaleuse aventure. » HENRIOT, **Romantiques**, p. 271.

JUCHER. v. intr. (Joschier au XIIᵉ s. ; dér. de l'anc. franç. *juc, joc,* d'un francique *juk,* « joug », et par ext. « perchoir »).

‖ **1°** Se poser, se percher en un lieu élevé pour dormir, en parlant des oiseaux. V. **Percher** (se). *Faisans qui juchent sur une branche. Les poules juchent dans le poulailler. Fig.* (En parlant des gens qui logent très haut). *Il est allé jucher à un septième étage* (ACAD.).

‖ **2°** Transit. Placer très haut. *Jucher un enfant sur ses épaules, un bibelot sur une armoire.*

1 « ... les balles (de laine) énormes sur lesquelles, quand elle était plus petite, son père la juchait. » MAUROIS, **Cercle de famille**, I, XI.

‖ **SE JUCHER.** v. pron. *Quand les poules se juchent* (ACAD.). *Se jucher sur une branche, sur un escabeau... Se jucher sur de hauts talons. — Où est-il allé se jucher ?* (ACAD.). V. **Loger** (se).

2 « Un nain a un excellent moyen d'être plus haut qu'un géant, c'est de se jucher sur ses épaules. » HUGO, **L'homme qui rit**, II, I, V, III.

‖ **JUCHÉ, ÉE.** p. p. et adj. Placé, posé comme sur un perchoir, en un lieu élevé. *Juché sur une échelle, un tabouret* (Cf. Ânonner, cit. 4), *sur un âne* (Cf. Grappiller, cit. 4). *Maison juchée sur un tertre* (Cf. Éventer, cit. 11).

3 « ... c'était au moment où les muezzins chantaient, comme juchés dans le ciel, tout au bout des gigantesques fuseaux de pierre que sont les minarets :... » LOTI, **Désenchant.**, III, IX.

4 « Bien que cette ancienne cuisine fût juchée au dernier étage d'un immeuble voisin de la cathédrale, et qui dominait la ville, on ne voyait ni le lac, ni les Alpes. » MART. du G., **Thib.**, t. V, p. 9.

ANT. — **Descendre.** — COMP. — **Déjucher.**

DER. — **Juchée.** n. f. (1873). Lieu où juchent les faisans. — **Juchoir.** n. m. (1538). Endroit où juchent les poules, les oiseaux de basse-cour. Perche ou bâton aménagé pour faire jucher les oiseaux. V. **Perchoir.** *Juchoirs de poulailler. Juchoirs d'une cage.*

« Quand Charles vit les murs jaunâtres et enfumés de la cage où l'escalier à rampe vermoulue tremblait sous le pas pesant de son oncle, son dégrisement alla *rinforzando*. Se croyait-il dans un juchoir à poules. » BALZ., **Eugénie Grandet**, Œuvr., t. III, p. 522.

JUDAÏQUE (ju-da-ik). adj. (1414 ; empr. au lat. *judaicus,* de *judæus,* « juif »). Qui appartient aux anciens juifs, à la religion juive. V. **Juif.** *Religion, loi judaïque. Le monde judaïque au temps de Jésus. La bible judaïque,* l'Ancien Testament*.

« La gnose par ses origines grecques reste conciliatrice et tend à détruire l'héritage judaïque dans le christianisme. » CAMUS, **L'homme révolté**, p. 51.

— Fig. et peu usit. Qui est trop étroitement attaché à la lettre d'une doctrine. *Interprétation judaïque* (ACAD.). V. **Étroit.**

JUDAÏSER. v. intr. (XVIᵉ s. CALVIN ; lat. *judæus,* « juif »). Observer les cérémonies, les pratiques de la loi judaïque. *Judaïser en observant les préceptes de l'Ancien Testament. Chrétien qui judaïse,* et adjectivt. *Chrétiens judaïsants.* — Fig. Donner une interprétation judaïque (d'un texte).

JUDAÏSME. n. m. (1223 ; du lat. *judæus,* « juif »). Religion des juifs, descendants des Hébreux et héritiers de leurs livres sacrés. V. **Hébreu, juif.** *Le judaïsme, religion monothéiste, fut fondée par Abraham et organisée par Moïse qui reçut la Loi* (Torah). V. **Dieu** (IV, 1°). *Le judaïsme refuse de reconnaître Jésus pour le Fils de Dieu. Le christianisme* (cit. 11 BERGSON), *transformation du judaïsme.*

« ... le judaïsme à l'origine fut une religion fermée ; mais, dans l'intervalle, pendant de longs siècles, le judaïsme a été ouvert ; des masses très considérables de populations non israélites de sang ont embrassé le judaïsme ; en sorte que la signification de ce mot, au point de vue de l'ethnographie, est devenue fort douteuse. » RENAN, **Disc. et conf.**, Le judaïsme..., Œuvr., t. I, p. 941.

JUDAS (-da). n. m. (XIIIᵉ s. ; nom d'un disciple de Jésus, *Judas Iscariote,* qui, selon les Évangiles, le trahit et le livra).

‖ **1°** (Par allus. au disciple qui trahit Jésus). V. **Fourbe, hypocrite, traître.** *C'est un Judas* (Cf. Baiser* de Judas).

‖ **2°** Fig. (1798). Petite ouverture pratiquée dans un plancher, un mur, une porte, pour épier sans être vu (Cf. Écoutille, cit. 3). *Ouvrir, fermer un judas. Judas grillé* (2, cit. 3) *d'une porte.* V. **Guichet.**

1 « Cornélius alla pousser deux volets de fer pour fermer sans doute les *judas* par lesquels il avait regardé si longtemps dans la rue, et vint reprendre sa place. » BALZ., **Maître Cornélius**, Œuvr., t. IX, p. 919.

2 « De leur île, comme des voisins malveillants derrière leur judas, ils observent le vieux continent. » RADIGUET, **Bal du comte d'Orgel**, p. 18.

JUDELLE. n. f. (1530 ; orig. inconnue). Zool. Nom vulgaire de la foulque* noire.

JUDÉO-. Élément (du lat. *judæus,* « juif ») qui entre dans la composition de quelques mots savants, tels que : **Judéo-allemand.** adj. et n. (XIXᵉ s.). Linguist. Se dit d'un idiome hybride, allemand et hébreu, parlé par les Juifs allemands d'Europe centrale et d'Amérique. V. **Yiddish.** — **Judéo-chrétien, enne.** adj. (1867). Qui est relatif au judéo-christianisme. Qui appartient à la fois au judaïsme et au christianisme. *Religions judéo-chrétiennes.* V. **Christianisme, judaïsme.** — **Judéo-christianisme.** n. m. (1867). Doctrine de certains chrétiens du Iᵉʳ siècle selon laquelle l'initiation au judaïsme était indispensable aux chrétiens. Ensemble des dogmes et préceptes communs au judaïsme et au christianisme.

JUDICATUM SOLVI (mots lat. signifiant propremt. « que ce qui est jugé soit payé »). Dr. *Caution judicatum solvi.* V. **Caution.**

JUDICATURE. n. f. (1426 ; du lat. *judicare,* « juger »). Vx. Profession de juge* et de toute personne employée à l'administration de la justice (Cf. Gens de robe*). *Charge, office de judicature* (Cf. Inamovibilité, cit. 3). *Fonctions de judicature* (Cf. Greffier, cit. 1).

JUDICIAIRE. adj. (XIVᵉ s. ; empr. au lat. *judiciarius,* de *judex,* « juge »).

‖ **1°** Relatif à la justice et à son administration. *Pouvoirs législatif, exécutif et judiciaire. Agents de la police* judiciaire. Secrétaire judiciaire assermenté* (Cf. Commis-greffier*).

— Qui se fait en justice ; par autorité de justice. *Acte judiciaire.* V. **Juridique** (Cf. Enregistrement, cit. 1 ; greffier, cit. 1). *Débat judiciaire* (Cf. Débat*, 2°). *Aveu** (cit. 27 et 28) *judiciaire. Casier* judiciaire. Contrat*, vente, liquidation judiciaire* (Cf. Insolvabilité, cit.). *Mener une enquête* judiciaire. Poursuites* judiciaires. Une erreur* judiciaire* (Cf. Épiphénomène, cit.). *Formes, termes judiciaires.* V. **Procédure** (Cf. Intermédiaire, cit. 4). *Ordre* judiciaire. Assistance** (cit. 12), *conseil* judiciaire* (Cf. Assistance, cit. 6). *Témoin judiciaire.* — Dr. anc. *Combat** (cit. 10), *duel* judiciaire. Épreuves* judiciaires.* V. **Jugement** (de Dieu).

‖ **2°** Vx. Relatif au jugement. *Astrologie** (cit. 2) *judiciaire. Faculté judiciaire,* et substant. *La judiciaire,* le pouvoir de discerner le vrai du faux, de juger, d'apprécier. V. **Jugement, raison.**

COMP. — **Extrajudiciaire** (V. **Extra-** 1).

DER. — **Judiciairement.** adv. (1453). En forme judiciaire. *Informer judiciairement. Cas où la paternité hors mariage peut être judiciairement déclarée* (Cf. Enlèvement, cit. 4).

« Enfin, il fut convenu qu'on partagerait la terre, mais que la maison et le mobilier, ainsi que les bêtes, seraient vendus judiciairement, puisqu'on ne pouvait s'entendre. » ZOLA, **La terre**, IV, VI.

JUDICIEUX, EUSE. adj. (1580 ; dér. sav. du lat. *judicium,* « jugement, discernement »). Qui a beaucoup de jugement* le jugement bon. V. **Raisonnable, sage, sensé.** *Un homme judicieux* (Cf. Illusion, cit. 13 ; important, cit. 8). *Un esprit judicieux.* V. **Droit** (Cf. Frivole, cit. 5).

1 « La Princesse ma mère montre un esprit judicieux dans le choix qu'elle a fait... » MOL., **Am. magn.**, II, 3.

2 « Il (*Chapelain*) manquait essentiellement de génie, d'étincelle, et il n'était judicieux que dans les matières solides. »
STE-BEUVE, **Corresp.**, t. I, p. 173.

— (*En parlant des choses*). Qui marque du jugement. V. **Intelligent, pertinent, rationnel.** *Remarque judicieuse* (Cf. Amène, cit. 2 ; hasarder, cit. 11). *Raisonnement judicieux.* V. **Logique.** *Judicieuse prévoyance* (Cf. Expérience, cit. 19). *Un judicieux emploi de sa vie. Il serait très judicieux de...* V. **Bien, bon.**

3 « Son récit est lucide et entremêlé de quelques réflexions fines et judicieuses. »
CHATEAUB., **M. O.-T.**, t. III, p. 129.

4 « Vos critiques sont judicieuses : tout le monde me les a faites, et je ne puis avoir raison contre tout le monde. »
PROUDHON, in STE-BEUVE, **Proudhon, vie et corresp.**, p. 84.

ANT. — Absurde, fou, inconséquent, stupide.

DER. — **Judicieusement.** *adv.* (1611). D'une manière judicieuse. V. **Bien, intelligemment** (Cf. En connaissance* de cause). *Il a judicieusement fait remarquer que... Se servir judicieusement de quelque chose* (Cf. Avec à propos, à bon escient).

1 « ... la douceur des remèdes que vous avez si judicieusement proposés. »
MOL., **Pourc.**, I, 8.

2 « Il faut beaucoup de raison, de modestie et de bonté pour se servir judicieusement du petit mot « oui ». »
DUHAM., **Plaisirs et jeux**, III, IX.

JUDO (*ju-do*). *n. m.* (1931 LAROUSSE XXᵉ s. ; mot japonais signifiant « principe de l'art »). Système de lutte* japonaise pratiqué en Europe à titre de sport. V. **Jiu-jitsu.** *Prise de judo. Ceinture* noire de judo.*

DER. — **Judoka.** *n. m. et f.* (*Néol.*). Celui, celle qui pratique le judo.

JUGE (*juj*). *n. m.* (XIIᵉ s. ; lat. *judicem*, accusatif de *judex*).

‖ 1º Magistrat chargé de rendre la justice. V. **Magistrat*.** *Charge de juge.* V. **Judicature.** *Robe*, toque du juge. Le juge, homme de robe. Juges des tribunaux judiciaires.* V. **Magistrature** (*assise ou du siège*). *Juges administratifs, des tribunaux administratifs.* V. **Juridiction, tribunal.** *Les juges titulaires de la Cour internationale de justice.* — REM. À la différence des magistrats du ministère public (V. **Parquet**) les *juges* sont inamovibles. V. **Inamovibilité.** D'autre part, *Juge* employé absolument ne désigne que les *juges* de l'ordre judiciaire, par opposition aux *juges administratifs* qui portent le titre de *conseiller* (d'État, de Préfecture...). — *Obligation pour le juge de juger. Juge poursuivi pour déni de justice* V. **Déni** (cit. 3 et 4), **prise** (prise à partie).

1 « Les fonctions judiciaires sont distinctes et demeureront toujours séparées des fonctions administratives. Les juges ne pourront, à peine de forfaiture, troubler, de quelque manière que ce soit, les opérations des corps administratifs, ni citer devant eux les administrateurs pour raison de leurs fonctions. »
LOI des 16-24 août 1790, Art. 13.

— *Juge équitable* (cit. 7), *intègre, incorruptible. Circonvenir, corrompre un juge. Épices** (cit. 3) *des anciens juges. Impartialité, partialité, sévérité d'un juge. Récuser un juge.* V. **Récusation.** *Les juges siègent, délibèrent, se prononcent.* V. **Audience, délibération, délibéré, jugement, prononcé.**

— Spécialt. *Juges ordinaires,* qui ont la plénitude de juridiction et qui statuent dans les tribunaux civils et dans les cours d'appel. *Pouvoir discrétionnaire, pouvoir souverain d'appréciation des juges ordinaires, juges du fond*. Juges extraordinaires,* dont la compétence* est limitée à certaines matières (justices de paix, tribunaux de commerce, conseils de prud'hommes, Cour de cassation). — REM. En un sens restreint, JUGE désigne le « Magistrat statuant dans un tribunal civil ou de commerce » (CAPITANT) et CONSEILLER les juges des cours d'appel et de la Cour de cassation. *Juge au tribunal de première instance. Les juges du tribunal de commerce* (V. **Consulaire.** Cf. Commerçant, cit. 3). *Juges titulaires** par opposition aux *juges suppléants** et aux *assesseurs*. Renvoi* à l'audience du tribunal, décidé par le juge des référés*.*

2 « Les tribunaux de première instance et les cours d'appel se composent d'un certain nombre de juges qui, dans les cours d'appel, prennent le nom de conseillers. Ils sont nommés par décret. »
DALLOZ, **Nouv. répert.**, Tribunaux, nº 51.

3 « ... quand l'affaire à juger était une pure *question de fait*, ne donnant lieu à aucune difficulté de droit, la Cour suprême (*la Cour de cassation*) n'a rien à examiner dans la décision rendue. On dit alors qu'il y a eu *appréciation souveraine* des juges du fond. »
COLIN et CAPITANT, **Dr. civ.**, t. I, nº 29.

— *Juge-commissaire,* commis aux fins d'enquête (cit. 1) par un tribunal (Cf. Affirmer, cit. 5 ; concordat, cit. 1). *Juge rapporteur.*

— *Juge d'instruction** (cit. 15), magistrat spécialement chargé d'informer (cit. 10) en matière criminelle ou correctionnelle. V. arg. **Curieux** (cit. 10). *Juge d'instruction qui procède à l'interrogatoire* de l'inculpé, décerne un mandat de dépôt* ou d'arrêt** (cit. 6). Cf. aussi Arrêter, cit. 36). *Juge d'instruction qui ordonne une perquisition*.* — *Des juges d'instruction,* titre du chapitre VI du livre I du Code d'instruction criminelle.

— *Juge de paix,* magistrat d'un cadre spécial, qui statue comme juge unique, tantôt en premier, tantôt en dernier ressort, sur des affaires généralement peu importantes en matière civile et en matière de simple police. *Les tribunaux civils sont juges d'appel des jugements rendus en premier ressort par les juges de paix. La juridiction du juge de paix est en principe limitée au canton.* V. **Cantonal** (juge cantonal). *Circonscription* d'un juge de paix. Sommation à comparaître devant le juge de paix.* V. **Citation** (Cf. Comparoir, cit.). *Juge de paix qui donne audience** (cit. 14), qui appose (cit. 3) les scellés... Conciliation* des parties par l'entremise du juge.*

— Absolt. JUGE se dit parfois pour TRIBUNAL. *Porter une affaire, une contestation devant le juge, devant les juges :* en justice.

— Dr. can. *Juge ecclésiastique.* V. **Official.**

— Hist. *Juge athénien* (cit. 2). V. **Héliaste.** *Juge au tribunal de l'Inquisition.* V. **Inquisiteur.** *Juges de l'Ancien Régime.* V. **Prévôt, viguier...** *Juge pédané. — Juge arabe* (V. **Cadi**), *espagnol* (V. **Alcade...**)...

— Antiq. juive. Titre des magistrats suprêmes qui gouvernèrent le peuple juif avant l'établissement de la royauté. *Le livre des Juges,* septième livre de l'Ancien Testament.

4 « Moins qu'une histoire suivie, le *Livre des Juges,* est une suite d'apologues historiques bâtis tous sur le même modèle... Ces sauveurs providentiels sont les Juges. »
DANIEL-ROPS, **Peuple de la Bible**, II, III.

‖ 2º Par ext. Personne appelée à faire partie d'un jury* ou à se prononcer comme arbitre*. *Les jurés* sont juges du fait. Les juges d'un concours,* chargés de se prononcer sur la valeur des concurrents — (En T. de Sports) *Juge des courses. Les juges d'un match de boxe. Juge-arbitre d'un tournoi de tennis.*

5 « Les cinq juges, choisis parmi les connaisseurs de villages différents, pour intervenir dans le cas de litige, et quelques autres portant des espadrilles et des pelotes de rechange. »
LOTI, **Ramuntcho**, I, IV.

‖ 3º Par anal. Celui qui juge, qui a le droit et le pouvoir de juger. *Dieu est le souverain juge,* le juge suprême. Le « juge naturel » (BONALD). *L'Église est juge des choses de la foi. Dans les choses de théâtre, le public est le juge absolu* (Cf. Démentir, cit. 1). — *Être juge et partie* dans sa propre cause.*

6 « La Syrie à vos lois est-elle assujettie,
Pour souffrir qu'une femme y soit juge et partie ? »
CORN., **Théodore...**, V, 7.

‖ 4º Par ext. Celui qui est appelé à donner une opinion, à porter un jugement sur quelque question. *Prendre quelqu'un pour juge. Soyez-en juge. Je vous en fais juge* (Cf. aussi Imprimer, cit. 29). *Être son propre juge* (Cf. Employer, cit. 13).

7 « Je vous fais juge vous-même des réparations qu'elle (*l'offense*) demande. »
MOL., **Don Juan**, III, 4.

8 « Ceci est trop, et trop beau ! » Car la lucidité ne m'a pas été refusée, et je demeure mon juge le plus sévère. »
COLETTE, **Belles saisons**, Disc. récept. Acad.

— Personne capable de porter un jugement sur telle ou telle chose. V. **Estimateur, expert.** *Être bon, mauvais juge en la matière. Les femmes sont des juges très éclairés en matière de mérite masculin* (Cf. Galanterie, cit. 6 MONTESQ.). *Un juge compétent en littérature* (Cf. Idiome, cit. 3). — *S'établir* (cit. 32), *se faire, se constituer juge de ses propres actes* (Cf. Avancement, cit. 5), *s'ériger* (cit. 11 LA BRUY.) *en juge,* prétendre avoir le droit ou la compétence de juger dans un domaine quelconque. — *Fig.* (Cf. Espèce, cit. 32). *La conscience* (cit. 14 ROUSS., et 15 BALZ.), *juge infaillible du bien et du mal.*

9 « Un versificateur ne connaît point de juge compétent de ses écrits ; si on le hait pas de vers, on ne s'y connaît pas ; si on en fait, on est son rival. »
VAUVEN., **Réflex. et maxim.**, 499.

10 « On n'est pas juge de la peine d'autrui ; ce qui afflige l'un fait la joie de l'autre ; les cœurs ont des secrets divers, incompréhensibles à d'autres cœurs. »
CHATEAUB., **M. O.-T.**, t. II, p. 345.

11 « ... il n'y a que le malheureux qui puissent être juges de la misère... »
BALZ., **L'Initié**, Œuvr., t. VII, p. 374.

JUGEMENT (*juj-man*). *n. m.* (vers 1100 ; de *juger*).

‖ 1º Action de juger. *Le jugement d'un procès. Le jugement d'un accusé, d'un criminel. Poursuivre quelqu'un en jugement.* V. **Justice, procès, tribunal.** *Ester en jugement* (Cf. Autorisation, cit. 2 ; autoriser, cit. 6). *Juridictions d'instruction et juridictions de jugement.*

— Résultat de cette action. V. **Décision ; arrêt, sentence, verdict.** *Prononcer, rendre un jugement.* — REM. En un sens étroit, JUGEMENT désigne la « décision de toute juridiction ne portant pas le nom de Cour, par opposition aux *arrêts* de ces dernières » (CAPITANT). — *Jugement avant dire* (ou *avant faire*) *droit,* ordonnant une expertise, une enquête (cit. 1 et 2), un interrogatoire (cit. 1)... *Jugement incident, interlocutoire, préparatoire, provisoire. Jugement de sursis. Jugement contradictoire et jugement par défaut. Faire opposition à un jugement. Jugement sur opposition. Jugement de délibéré. Jugement définitif. Jugement de débouté.*

Jugement de condamnation. Jugement en premier, en dernier ressort. Faire appel (cit. 18 et 20) *d'un jugement. En appeler d'un jugement. Casser, infirmer un jugement. Confirmer un jugement. Exécution, signification d'un jugement.*

— Écrit contenant les termes de la décision. *Dépôt des jugements au greffe. Minute du jugement. Énoncé, motifs, dispositif du jugement. Copies, expéditions du jugement. Formule exécutoire du jugement* (V. **Grosse**).

1 « Le président et le greffier signeront la minute de chaque jugement aussitôt qu'il sera rendu :...
La rédaction des jugements contiendra les noms des juges,... les motifs et le dispositif des jugements. »
CODE PROCÉD. CIV., Art. 138 et 141.

— Allus. littér. « *Les jugements de cour vous rendront blanc* (cit. 12) *ou noir* » (LA FONT.).

— *Par anal.* V. **Décret**. *Les jugements de Dieu sont impénétrables* (cit. 12. Cf. Créature, cit. 6). — *Spécialt.* (Dr. féod.) *Jugement de Dieu.* V. **Judiciaire** (épreuve*), **ordalie**. — Relig. chrét. *Jugement dernier* (Cf. Fossoyeur, cit. 2) ou ellipt. *Jugement*, celui que Dieu prononcera à la fin du monde, sur le sort de tous les vivants et des morts ressuscités (Cf. Compte, cit. 25). *Au jour du Jugement. La trompette* du jugement dernier, qui réveillera les morts pour les faire comparaître devant Dieu. — Allus. bibl. *Jugement de Salomon,* tout *jugement* empreint de sagesse et d'équité et qui ordonne, le plus souvent, un partage par moitié. — Antiq. gr. *Jugement d'ostracisme*.

2 « Que la trompette du jugement dernier sonne quand elle voudra, je viendrai, ce livre à la main, me présenter devant le souverain juge. »
ROUSS., Confess., I.

3 « Roi, entends notre parole. Tu avais condamné la reine sans jugement, et c'était forfaire. Aujourd'hui tu l'absous sans jugement : n'est-ce pas forfaire encore ?... Conseille-lui plutôt de réclamer elle-même le jugement de Dieu. Que lui en coûtera-t-il, innocente, de jurer sur les ossements des saints qu'elle n'a jamais failli ? Innocente, de saisir un fer rougi au feu ? Ainsi le veut la coutume,... »
J. BÉDIER, Tristan et Iseut, XII.

|| **2°** *Par ext.* Opinion* favorable (V. **Approbation** (vx), **estimation**) ou défavorable (V. **Blâme, critique, réprobation**) qu'on porte, qu'on exprime sur quelqu'un ou quelque chose (Cf. Approcher, cit. 45). *Édicter* (cit. 2), *émettre* (cit. 5), *exprimer un jugement. Formuler, porter des jugements avantageux* (Cf. Caractère, cit. 20), *un jugement dur* (cit. 25), *impartial* (Cf. Compliment, cit. 3), *sain et raisonnable sur...* (Cf. Confronter, cit. 2). *Jugements erronés* (cit. 1), *étriqués* (cit. 9), *faux* (1, cit. 3), *implacables* (cit. 11). *On n'épargne* (cit. 32 Boss.) *que soi-même dans ses jugements. Objectivité* d'un jugement. Incertitude des jugements humains* (Cf. Apprécier, cit. 4 ; égard, cit. 4). *Jugements qu'on attribue* (cit. 17), *qu'on prête à quelqu'un. Corroborer* (cit. 3) *un jugement. Revenir sur ses jugements.* V. **Déjuger** (se). Cf. Humiliant, cit. 5. — *Jugement préconçu* (V. **Préjugé**), *hâtif, avancé sans preuves* (V. **Présomption**). *Former des jugements téméraires* (Cf. Accuser, cit. 23 ; indiscret, cit. 13).

4 « ... les jugements se forment en moi et, une fois établis, après deux ou trois secousses ou épreuves, ils sont affermis et ne délogent plus. »
STE-BEUVE, Corresp., t. I, p. 353.

5 « Le fait d'être communément reçus, qui donnait autrefois une force invincible aux jugements et aux opinions, les déprécie aujourd'hui. »
VALÉRY, Regards s. monde actuel, p. 169.

6 « ... des romans comme ceux de Hemingway, où nous ne connaissons guère les héros que par leurs gestes et leurs paroles et les vagues jugements qu'ils portent les uns sur les autres. »
SARTRE, Situations I, p. 48.

— *Par métaph. Le jugement de l'histoire* (Cf. Confirmer, cit. 10), *de la postérité* (Cf. Film, cit. 1).

— *Spécialt.* Façon de voir (les choses) particulière à quelqu'un. V. **Opinion, vue** (point de) ; **avis, idée, pensée, sentiment.** *Suspendre son jugement. S'en remettre au jugement de quelqu'un. Je livre, je soumets cela à votre jugement.* V. **Appréciation.** *Se contenter d'un jugement sommaire* (V. **Aperçu**). *Du jugement des Anciens...* (Cf. Grec, cit. 3). — *Redouter le jugement d'un médecin.* V. **Pronostic.**

7 « Qui voudrait ne suivre que la raison serait fou au jugement du commun des hommes. Il faut juger au jugement de la plus grande partie du monde. »
PASC., Pens., II, 82.

8 « Un compositeur allemand,... revenait, dans la ville jadis témoin de ses jeunes misères, soumettre ses œuvres à notre jugement. »
BAUDEL., Art romantique, XXI.

9 « Ces dernières années de guerre, les réflexions qu'il avait été amené à faire pendant les longues insomnies de la clinique, avaient mis un grand désarroi dans la plupart de ses jugements antérieurs. »
MART. du G., Thib., t. VIII, p. 252.

|| **3°** *Absolt.* Faculté* de l'esprit permettant de bien juger des choses qui ne font pas l'objet d'une connaissance immédiate certaine, ni d'une démonstration rigoureuse ; l'exercice même de cette faculté. *La passion altère* (cit. 6) *le jugement* (Cf. Garde, cit. 44). — (*Dans le langage courant*). V. **Discernement, doigté, entendement, finesse, intelligence, perspicacité, raison, sens** (bon sens, sens commun*), **tact ;**

jugeote (fam.). *Avoir du jugement* (Cf. Faculté, cit. 9), *manquer de jugement.* V. **Voir** (juste, faux). *Homme de jugement* (V. **Tête ; judicieux, perspicace**), *sans jugement* (V. **Aveugle, énervelé, sot**). *La colère prive de tout jugement.* V. **Aveugler.** *Défaut de jugement.* V. **Bêtise, sottise.** « *Autant de jugement que de barbe au menton* » (LA FONT., III, 5). *Fausser* (Cf. Coter, cit.), *redresser le jugement. Erreur* (cit. 5) *de jugement.* V. **Aberration.** *Être trompé par son jugement* (Cf. Faux 1, cit. 11). — *Avoir le jugement droit, sain, solide, un profond jugement* (Cf. Étude, cit. 16), *une certaine sûreté de jugement* (Cf. Couloir, cit. 3). V. **Œil** (Avoir le coup d'œil juste, sûr...). *Droiture* du jugement.* V. **Rectitude.** *Avoir le jugement peu formé* (cit. 43), *dépravé... Maturité du jugement.*

10 « ... avec mon petit sens, mon petit jugement, je vois les choses mieux que tous les livres,... »
MOL., D. Juan, III, 1.

11 « On est quelquefois un sot avec de l'esprit, mais on ne l'est jamais avec du jugement. »
LA ROCHEF., Réflex. morales, 456.

12 « Tout le monde se plaint de sa mémoire, et personne ne se plaint de son jugement. »
ID., Ibid., 89.

13 « ... il la tient pour sensée et de bon jugement. »
RAC., Plaid., II, 4.

14 « C'est une grande misère que de n'avoir pas assez d'esprit pour bien parler, ni assez de jugement pour se taire. Voilà le principe de toute impertinence. »
LA BRUY., V, 18.

15 « Notre goût juge de ce que nous aimons, et notre jugement décide de ce qui convient : voilà leurs fonctions respectives,... »
JOUBERT, Pens., IX, LXV.

16 « ... un homme passionné, il est vrai, mais doué de hautes lumières pour éclairer sa passion, d'un très ferme jugement et d'une grande liberté d'esprit. »
MICHELET, Hist. Révol. franç., V, I.

17 « Sur ce point, son jugement si fin, si profond, si sagace faisait défaut ; il admirait un peu au hasard et en quelque sorte d'après la notoriété publique. »
GAUTIER, Portr. contemp., H. de Balzac, V.

|| **4°** *Spécial. Psychol.* « Décision mentale par laquelle nous arrêtons d'une façon réfléchie le contenu d'une assertion* et nous le posons à titre de vérité » (LALANDE). V. **Affirmation, association.** *Le jugement, opération fondamentale de la pensée. Jugement et affirmation en rapport. Jugement et croyance.* — *Cette assertion elle-même.* V. **Proposition** (Cf. Evidemment, cit. 1 DESCARTES). *Jugement et concept. Le raisonnement, combinaison logique de jugements.*

18 « Le doute consiste en ce que l'esprit flotte entre plusieurs représentations, donc entre plusieurs jugements. Quand l'esprit, en un domaine déterminé, ne voit plus de place pour un seul jugement, il ne doute plus, et par conséquent il *croit.* »
J. LAPORTE, Conscience de la liberté, p. 196.

— *Log.* « Fait de poser... l'existence d'une relation déterminée entre deux ou plusieurs termes* » (LALANDE) ; cette relation elle-même. *Jugement analytique, synthétique, hypothétique* (Cf. Antécédent, cit. 3). *Jugement d'inhérence, de relation... Jugement de réalité,* qui énonce un fait. *Jugement de valeur* (Cf. Fatalité, cit. 8), qui formule une appréciation.

JUGEOTE (-*jot'*). n. f. (milieu du XIXe s. ; de juger). *Fam.* V. **Jugement, sens** (bon sens). *Il n'a pas pour deux sous de jugeote !*

1 « C'est bien la jugeote d'un pédagogue, incapable d'apprécier le grand gentilhomme des décadences, qui veut retourner à la vie sauvage. »
BAUDEL., Art romantique, XXVI.

2 « ... cette faculté principalement intuitive qu'en bon français on nomme la jugeote. »
DUHAM., Défense des lettres, XIV.

JUGER (*ju-jé ; il jugea, nous jugeons*). v. tr. (*Jugier* au XIe s. ; lat. *judicare*).

|| **1°** *Dr.* Soumettre (une cause, une personne) au jugement, à la décision de sa juridiction, statuer en qualité de juge*. *Juger une affaire* (Cf. Équité, cit. 7 ; influençable, cit. 1 ; juge, cit. 7), *un crime* (Cf. Ecclésiastique, cit. 3)... *Cas* difficile à juger.* V. **Trancher** (Cf. Argument, cit. 14). — *Pronominalt.* (sens passif) *Procès qui se jugera cet hiver* (Cf. Evénement, cit. 2). — *Juger un accusé* (Cf. Assise, cit. 7), *un voleur* (Cf. Authentique, cit. 7)... *Innocent qui a été jugé et condamné* (Cf. Elever, cit. 13).

1 « Il nous veut tous juger les uns après les autres. »
RAC., Plaid., I, 1.

2 « Ils me feraient arrêter sûr ! Qui me jugerait alors ? Des types spéciaux armés de lois terribles qu'ils tiendraient on ne sait d'où... »
CÉLINE, Voyage au bout de la nuit, p. 160.

— *Absolt.* Rendre la justice* (Cf. Etre 1, cit. 58 ; fonction, cit. 7). *Droit, pouvoir de juger.* V. **Compétence, pouvoir ; judiciaire, juridictionnel ; justice** (Cf. Bailli, cit.). *Refus de juger.* V. **Déni** (cit. 3). *Le tribunal* jugera.* V. **Conclure, décider, prononcer, statuer.** *Juger au nom de la loi*, à huis clos*, par contumace*, en dernier ressort*, en connaissance de cause, sur pièces... Juger sans preuves* (Cf. par métaph. Envie, cit. 4). *Juger en conscience, avec équité.*

3 « Le 27 octobre, les juges envoyés à Marseille par le Parlement d'Aix, jugeaient dans les formes anciennes, avec les procédures secrètes, tout le vieil attirail barbare, sans tenir compte du décret contraire, sanctionné le 4 octobre. »
MICHELET, Hist. Révol. franç., III, III.

— *Par anal.* (Fig.). *Dieu juge les hommes* (Cf. Boue, cit. 5 ; incirconcis, cit. 4). *L'avenir nous jugera comme nous jugeons le passé* (Cf. Blasphème, cit. 6 RENAN).

4   « Et maintenant, ô rois ! comprenez ; instruisez-vous, vous qui jugez la terre. »   BIBLE (SACY), **Psaumes**, II, 10.

‖ 2° *Par ext.* Examiner* à titre d'arbitre. V. **Arbitrer.** *Jury** qui juge les candidats d'un concours, d'un examen. La postérité jugera qui vaut le mieux des deux.* V. **Apprécier** (Cf. Autre, cit. 110). — *Intransit. Juger d'un duel, des coups* (cit. 2, *fig.*).

5   « Vénus était au milieu de la carrière, qui jugeait du combat. »   RAC., **Livres ann.**, Sophocle, Trachiniennes, 522.

— *Spécialt.* Prendre nettement position sur une question ; résoudre une alternative. V. **Décider** (Cf. Ignominieux, cit. 3 ; indifférent, cit. 1). *Juger d'un poème qu'il est bon ou mauvais* (Cf. Critique, cit. 11). *Bien* (cit. 30) *ou mal, je le laisse à juger aux experts. Critérium* (cit. 1) *pour bien juger. Cela vous permettra de mieux juger. Il est difficile de juger si c'est affaire de probité ou d'habileté* (cit. 8). V. **Discerner, distinguer.** *C'est à vous de juger si nous devons partir ou rester.*

‖ 3° Soumettre (une personne ou une chose) au jugement* de la raison, de la conscience (V. **Apprécier, considérer, examiner***) pour se faire une opinion... ou, encore, porter un jugement*, émettre une opinion* favorable (V. **Approuver**) ou défavorable (V. **Blâmer, condamner, critiquer, désapprouver**) sur quelqu'un ou sur quelque chose. *Juger un ouvrage, un livre, un film... Juger la conduite* (cit. 27) *du prochain. — Juger quelqu'un selon des principes étroits* (cit. 14), *sous un certain angle* (cit. 6), *d'après l'image* (cit. 26) *qu'on s'est faite... Juger autrui d'après soi-même.* V. **Mesurer** (à sa toise*). *Être jugé à sa juste valeur.* V. **Coter, évaluer, jauger** (Cf. Gerçure, cit. 3), **peser.** *C'est à l'œuvre qu'on juge l'artisan.* V. **Connaître.** *Juger les gens* (cit. 23) *sur la mine, sur le dehors* (cit. 19). *Juger l'arbre* (cit. 42) *d'après les fruits. Juger la fin* (cit. 33) *sur les moyens. Juger quelqu'un, quelque chose de l'extérieur* (cit. 9), *de haut* (cit. 126. Cf. Engager, cit. 17). *Juger froidement, sainement la situation. Juger favorablement, défavorablement, avec indifférence...* V. **Œil** (voir d'un bon, d'un mauvais œil, d'un œil indifférent). — *Pronominalt.* (sens réfléchi) *Se juger soi-même* (Cf. Infériorité, cit. 2). *Il se juge sévèrement.* (Sens réciproque) *Se juger les uns les autres.* (Sens passif) *Critères selon lesquels se juge une œuvre d'art.* — *Absolt.* « *Plus on juge, moins on aime* » (cit. 41 BALZ.). *Juger témérairement* (Cf. Attention, cit. 3), *de travers* (Cf. *fam.* Avoir la berlue* ; et aussi Impunité, cit. 1). *Juger par comparaison. Comparer, c'est juger. À juger sur les apparences, par ce que l'on voit. Juger en homme sensé, en expert.* « *Je ne juge pas, je condamne* » (Cf. Exécuter, cit. 23). *Juger par soi-même* (Cf. Antitotalitaire, cit.).

6   « Ne jugez point, afin que vous ne soyez point jugés. Car on vous jugera du jugement dont vous jugez, et l'on vous mesurera avec la mesure dont vous mesurez. »   BIBLE (SEG.), **Évang. St Matthieu**, VII, 1.

7   « ... la nature a donné aux grands hommes de faire, et laissé aux autres de juger. »   VAUVEN., **Réflex. critiq.**, V, VI.

8   « Quand on aime, c'est le cœur qui juge. »   JOUBERT, **Pens.**, V, 37.

9   « Juger son père, est un parricide moral. »   BALZ., **Les Marana**, Œuvr., t. IX, p. 838.

10   « Je suis trop chrétien... pour n'avoir pas une horreur invincible du *jugement*, une peur, une horreur de *juger*, une sorte d'horreur pour ainsi dire physique, insurmontable. *Ne jugez pas afin que vous ne soyez pas jugés*, c'est l'une des paroles les plus redoutables qui aient été prononcées,... »   PÉGUY, **Victor-Marie comte Hugo**, p. 215.

11   « Du moins ai-je appris à me juger sans indulgence, et plus sévèrement même que ne ferait un ennemi. »   GIDE, **Journal**, 4 déc. 1942.

12   « Tu te jugeras donc toi-même, lui répondit le Roi. C'est le plus difficile. Il est bien plus difficile de se juger soi-même que de juger autrui. Si tu réussis à bien te juger, c'est que tu es un véritable sage. »   ST-EXUP., **Petit Prince**, X.

— *Intransit.* JUGER DE... *L'homme* (cit. 54) *juge de toutes choses. Bien juger, mal juger des choses* (Cf. Absolu, cit. 32 ; aptitude, cit. 3 ; éloigner, cit. 19). *Juger de la beauté* (cit. 5). *Juger d'une chose comme un aveugle** *des couleurs. Juger des hommes* (Cf. Approfondir, cit. 8), *des gens sur l'apparence* (cit. 12 et 13). *Le monde juge de l'homme par la femme* (Cf. Garde, cit. 32). *Attendez* (cit. 57) *pour juger de ce qu'il vaut. Il n'est pas en état d'en juger* (Cf. Convenir, cit. 5). *Il en juge à son idée* (cit. 54). *Si j'en juge par mes propres sentiments...* (Cf. Épisode, cit. 3). *Il faut être fort, bien outrecuidant pour en juger. Il est difficile d'en juger.* V. **Dire, penser** (d'en dire, d'en penser quelque chose). *Autant qu'on puisse en juger.* V. **Sembler** (à ce qu'il semble). *Jugez-en par vous-même.* V. **Conclure.** *Juger du poids d'un paquet.* V. **Soupeser.** *L'oreille juge de la différence des sons.* V. **Apprécier** (Cf. Consonance, cit. 1), **discerner.**

13   « Si on juge de l'amour par la plupart de ses effets, il ressemble plus à la haine qu'à l'amitié. »   LA ROCHEF., **Réflex. mor.**, 72.

14   « Juger des hommes par les fautes qui leur échappent (*contre les usages*)... avant qu'ils soient assez instruits, c'est en juger par leurs ongles ou par la pointe de leurs cheveux. »   LA BRUY., XII, 36.

15   « Est-ce donc sur des conjectures qu'il faut juger de pareils faits ? »   BEAUMARCH., **Mère coupable**, I, 6.

16   « L'homme, disait M..., est un sot animal, si j'en juge par moi. »   CHAMFORT, **Caract. et anecd.**, Un sot animal.

17   « Il ne jugeait pas aussi défavorablement qu'on le croirait peut-être de la promptitude avec laquelle il avait donné rendez-vous. »   MUSS., **Nouvelles**, Fils du Titien, IV.

18   « Sous chaque feuille des arbres devait se cacher un cri-cri au moins à en juger par le potin assourdissant qu'ils faisaient tous ensemble. »   CÉLINE, **Voyage au bout de la nuit**, p. 123.

— *Par ext.* Considérer comme. V. **Estimer***, **trouver.** *On ne le jugeait pas très fort* (cit. 12). *Juger quelqu'un bizarre, inexplicable* (cit. 7), *insignifiant* (cit. 8)... *Des voisins jugés suspects* (Cf. Fournée, cit. 7). — *Un calme qu'il jugea anormal* (Cf. Annonciateur, cit. 6). *Une insistance* (cit. 2) *jugée déplacée. Fracture* (cit. 2) *jugée grave. Traitement qu'un médecin juge opportun. Faites-le si vous le jugez convenable, conforme aux ordres reçus* (Cf. Admettre, cit. 16). *Les choses qu'on juge être les meilleures* (Cf. Générosité, cit. 3). V. **Croire.** *Jugez-vous cela* (comme) *improbable ?* (cit. 5). *Si vous jugez sa présence nécessaire.* V. **Considérer, envisager, regarder.** — *Il ne jugea pas nécessaire de parler* (Cf. Articuler, cit. 14). *Je ne jugeai pas devoir faire cela* (Cf. Familiariser, cit. 5). *Quand il juge à propos de le faire* (Cf. Fastueux, cit. 4 ; il, cit. 6). — (Avec une complétive). V. **Penser.** *Je jugeai que sa présence était nécessaire* (Cf. Controuver, cit.). *Il jugeait qu'on l'avait fourvoyé* (cit. 4). *Jugez-vous qu'il soit l'heure de rentrer ?* — *Pronominalt.* (sens réfléchi) *Se juger esclave* (cit. 8) *d'un régime. Se juger injurié* (Cf. Fluxion, cit. 4), *insensé* (cit. 3)... V. **Considérer** (se). *Se juger perdu.* V. **Voir** (se). — (Sens réciproque) *Ils se jugèrent faits l'un pour l'autre* (ACAD.).

19   « Soudain elle lui parut si naïve et si jeune, elle qu'il jugeait à première vue peut-être un peu trop frottée de lectures ! »   LOTI, **Désenchant.**, IV, XXIII.

20   « Il le trouve bien peu réservé avec le fond des choses. Il le juge outré dans sa foi, et outré dans son doute. »   SUARÈS, **Trois hommes**, Pascal, II.

21   « Il se jugeait lui-même dominé, à certaines heures, par la manie de la persécution. »   MAC ORLAN, **La Bandera**, VII.

22   « En peu de mots j'avertis l'officier que j'étais médecin moi-même, que je n'avais ni trachome ni conjonctivite d'aucune sorte et que je jugeais son examen superflu. »   DUHAM., **Scènes vie future**, I.

23   « Byron d'un œil lucide, sans amour, la mesurait, et la jugeait « une parfaitement bonne personne », mais une anxieuse, destinée à se tourmenter toujours, et (ce qu'il haïssait le plus chez une femme) une romanesque. »   MAUROIS, **Vie de Byron**, II, XXII.

‖ 4° *Spécialt.* V. **Conjecturer, deviner.** — *Véner. Juger la bête*, reconnaître son espèce, sa taille... uniquement d'après ses traces, ses gardes (1, cit. 88)... — *Substant. Tirer au juger* (ou au *jugé*), à l'endroit où l'on présume que se tient le gibier (ou un ennemi). — Fig. *Au juger*, d'une manière approximative. V. **Estime** (à l') *Estimer** *une distance au juger.* V. **Vue** (à vue de pays ; à première vue, et *fam.* À vue de nez).

24   « Le mieux est de se précipiter, au juger. »   RENARD, **Poil de carotte**, p. 5.

25   « Lancé au juger, le baiser tombe sur l'oreille qui est molle, douce et finement velue, comme la feuille de la menthe. »   DUHAM., **Plaisirs et jeux**, VI, III

26   « Ça grouillait sous les arbres. Chasseriau tira au jugé. »   SARTRE, **Mort dans l'âme**, p. 188.

— *Intransit.* V. **Imaginer, représenter** (se). *Jugez de ma surprise. Vous jugerez aisément du reste* (Cf. Crayonner, cit. 4). — (Avec une complétive ou une interrogative indirecte) *On jugeait à ses traits qu'elle devait plaire aux hommes* (Cf. Guitare, cit. 2). *Vous pouvez juger aisément combien il fut heureux* (Cf. aussi Auguste, cit. 11). *Jugez s'ils ont été contents !*

27   « Jugez s'il aura lieu de souffrir ma présence : »   MOL., **Dép. am.**, IV, 1.

28   « Jugez combien ce coup frappe tous les esprits : »   RAC., **Britann.**, V, 5.

29   « Juge de mes douleurs,... »   ID., **Mithr.**, I, 1.

30   « ... trop heureux qu'elle voulût bien me promettre le secret, sur lequel même vous jugez que je ne comptais guère(s). »   LACLOS, **Liais. dang.**, XLIV.

‖ 5° *Psychol. et absolt.* « Affirmer ou nier une existence ou un rapport » (CUVILLIER). *Juger est une des fonctions* (cit. 13 VOLT.) *de l'entendement. L'art* (cit. 20) *de juger et l'art de raisonner**. *Exercer* (cit. 12) *un esprit à bien juger.* « *Penser, c'est juger* » (KANT).

31   « ... la puissance de bien juger et distinguer le vrai d'avec le faux, qui est proprement ce qu'on nomme le bon sens ou la raison, est naturellement égale en tous les hommes. »   DESCARTES, **Disc. méth.**, I.

32   « La vraie perfection de l'entendement est de bien juger. Juger, c'est prononcer au dedans de soi sur le vrai et sur le faux ; et bien juger, c'est y prononcer avec raison et connaissance. »   BOSS., **Connaiss. de Dieu...**, I, XVI.

— *Log. form.* Affirmer ou nier un rapport entre un sujet et un attribut ; ou, de façon générale, entre plusieurs termes*. *Concevoir* (cit. 8) *et juger.*

|| JUGÉ, ÉE. *p. p.* et adj. Dr. *Cause entendue et jugée. Autorité* (cit. 30) *de la chose* jugée (Cf. aussi Fin, cit. 41). — Substant. *Le bien*-jugé, le mal*-jugé* (V. à l'ordre alphabétique). — *Au jugé* (Cf. ci-dessus, 4°).

COMP. — **Déjuger** (se), **méjuger, préjuger, rejuger.**

DER. — **Jugement, jugeote.** — **Jugeable.** *adj.* (XIIᵉ s. ; inusité jusqu'au XVIᵉ s.). Qui peut être mis en jugement. — Qui peut être décidé par un jugement. *Cause jugeable.* — **Jugeur, euse.** *n.* (*Jugeor* au XIᵉ s.). *Péjor.* Celui, celle qui se plaît à juger de tout sans la compétence nécessaire (*peu usit.*).

« ... elle avait la prétention de faire des mots ; elle était souverainement jugeuse. Littérature, politique, hommes et femmes, tout subissait sa censure ;... »   BALZ., **Femme de trente ans,** Œuvr., t. II, p. 714.

JUGLANDACÉES ou **JUGLANDÉES.** *n. f. pl.* (1858 LEGOARANT ; dér. sav. du lat. *juglans, -andis,* « noyer »). *Bot.* Famille de plantes phanérogames angiospermes, classe des dicotylédones apétales comprenant des arbres de grande taille à bois dur, souvent résineux. *Types principaux de juglandées :* juglans ou noyer, pacanier, hickory...

JUGULAIRE. *adj.* et *n.* (1532 adj. ; dér. sav. du lat. *jugulum,* « gorge »).

|| 1° *Anat.* Qui appartient à la gorge. *Glandes jugulaires. Veines jugulaires,* et substant. fém. *Les jugulaires,* les quatre veines situées dans les parties latérales du cou*.

|| 2° *N. f.* (1803). Attache* qui maintient une coiffure d'uniforme en passant sous le menton. V. **Bride, mentonnière.** *Jugulaire en feutre, en cuir...* (V. **Courroie**). *Jugulaire d'un casque militaire, d'un chapeau de scout... Baisser, serrer la jugulaire.*

« Fatale imprudence ! nous n'avions pas assuré les jugulaires de notre casquette et le vent assez frais, augmenté par la rapidité du convoi filant à toute vapeur, nous la cueillit avec une dextérité digne de Robert Houdin ou de Macaluso, le prestidigitateur sicilien. »   GAUTIER, **Voyage en Russie,** p. 23.

JUGULER. *v. tr.* (1213, abandonné puis repris au XVIᵉ s. ; empr. au lat. *jugulare,* « égorger »).

|| 1° *Vx.* Saisir à la gorge, égorger*, étrangler.

1   « Le serviteur exonéré par son maître prend à la gorge le malheureux qui lui doit à lui-même une faible somme... Le reste de la parabole n'est pas fait pour vous, n'est-ce pas ? L'éventualité d'un seigneur qui vous jugulerait à son tour est une invention des prêtres. »   BLOY, **Femme pauvre,** II, XXIII.

|| 2° (Au XIXᵉ s., mais *inusit.* de nos jours) « Ennuyer excessivement, tourmenter, importuner. *Vous me jugulez* » (LITTRÉ).

|| 3° (XXᵉ s.). *Fig.* Arrêter, interrompre le développement, le progrès (de quelque chose). V. **Détruire, dompter, enrayer, étouffer, stopper** (néol.). *Juguler une maladie. La fièvre a été rapidement jugulée. Juguler une révolte, un mouvement d'opinion* (Cf. Défaitisme, cit.). *Juguler les passions.* V. **Asservir.** — (En parlant des personnes) Tenir en bride*, empêcher d'agir.

2   « ... le fils avait toujours été jugulé par la mère. »   MAURIAC, **Génitrix,** III.

3   « Quand j'arriverai à Paris et que je tiendrai dans mes bras Guiguite, le mal sera jugulé. »   MONTHERLANT, **Lépreuses,** II, XX, p. 215.

JUIF, VE. *n.* et *adj.* (Xᵉ s. *judeu ;* XIIᵉ s. *juieu,* fém. *juieue* d'où *juive,* sur lequel a été refait le masc. *juif ;* lat *judæum,* du gr. *ioudaios,* « de Juda », nom d'une tribu israélite).

|| 1° *Substant.* Nom donné depuis l'Exil (IVᵉ s. av. J.-C.) aux descendants d'Abraham (V. **Hébreu**, israélite), peuple sémite* monothéiste qui vivait en Palestine et dont la dispersion (cit. 2) ou *diaspora* commença vers cette époque pour s'achever au second siècle. *Les Juifs de l'ancienne Palestine* (Terre sainte, promise). *Les Juifs n'ont pas reconnu Jésus pour leur Messie. Le déicide** (cit. 1 Boss.), *commis par les Juifs.* — *Le Juif errant,* personnage que la légende suppose condamné à errer jusqu'à la fin du monde.

1   « On peut affirmer que, dès le Iᵉʳ siècle avant Jésus-Christ, il y avait des Juifs dans la plupart des provinces de l'Empire romain, surtout celles qui entouraient la Méditerranée et bordaient le Pont-Euxin... Les déracinés regardent comme leur patrie le pays où ils sont nés, mais ils ne se fondent pas dans la population qui les environne ; leur religion s'y oppose, autant que leur orgueil et ils ne cessent pas d'appartenir à la nation juive. »   Ch. GUIGNEBERT, **Le monde juif vers le temps de Jésus,** p. 279.

— Nom donné à la postérité de ce peuple, répandue dans le monde entier et qui est demeurée généralement fidèle à la religion et attachée aux traditions judaïques (Cf. *par dénigr.* et *vulg.* Youpin, Youtre...). *Sous l'Ancien Régime, le prêt à intérêt, interdit aux chrétiens, était pratiqué par les Juifs. Juif allemand, Juif polonais... Haine des Juifs.* V. **Antisémitisme.** *Persécutions subies par les Juifs* (Cf. Pogrom ; autodafé, cit. 2 ; impliquer, cit. 1 ; infamant,

cit. 3). *Les Juifs ont obtenu le partage de la Palestine et la création de l'État moderne d'Israël en 1947.* V. **Israélien. Sionisme***. *Naturalisation des Juifs de France sous la Révolution. Un Juif est un Français, un Allemand, un Anglais, etc. professant la religion juive* (LITTRÉ).

2   « À Rome, où ils s'installèrent plus tard, les Juifs ne tardèrent pas non plus à être nombreux. Cicéron parle de leur cohésion, de leur sens communautaire, de leur esprit d'entreprise, mais déplore que tant de bon argent romain soit, par eux, exporté vers Jérusalem. »   DANIEL-ROPS, **Peuple de la Bible,** IV, II.

3   « ... à la fin de l'Ancien Régime, le roi cherche à tenir la balance égale entre les Juifs, dont l'activité commerciale lui rend des services, et les Français, qui supportent difficilement ces concurrents redoutables. Sa protection a préparé lentement, avec les précautions nécessaires, une assimilation que rendaient délicate et les habitudes particularistes des Juifs et les préventions excessives des chrétiens. »   OLIVIER-MARTIN, **Hist. droit franç.,** § 848.

4   « La question juive fut posée, à la Constituante par Mirabeau et l'abbé Grégoire... Le 3 août 1789, Grégoire fit à la Constituante un tableau des persécutions que venaient encore de subir les Juifs en Alsace, ajoutant que, « comme ministre d'une religion qui regarde tous les hommes comme frères », il venait défendre « un peuple proscrit et malheureux ».   RAMBAUD, **Hist. civilis. franç.,** t. III, p. 131.

— *Fig.* et *péjor.* Personne âpre au gain, usurier.

5   « Comment diable ! quel Juif, quel Arabe est-ce là ? C'est plus qu'au denier quatre. »   MOL., **Av.,** II, 1.

|| 2° *Adj.* Relatif à la communauté des Juifs anciens ou actuels. *Peuple juif, peuple élu** (Cf. Abrégé, cit. 3 ; endroit, cit. 3). *Religion juive.* V. **Israélite ; judaïsme** (Cf. Baptême, cit. 5). *Jéhovah* (ou *Yahweh*), *Dieu** *juif. La torah* (ou *thora, tôrâ*), *loi juive. Livres juifs* (Cf. Bible, Pentateuque, Ancien Testament*) *et interprétation de ces livres* (V. **Cabale, massorah** ou **massore, talmud**). *Messianisme**, *syncrétisme juif. Fêtes juives.* V. **Pâque, pardon** (grand pardon : yom kippour), **pentecôte, scénopégie...** *Pain azyme** *de la pâque juive. Viande* (casher) *abattue selon les rites juifs. Coutumes, institutions juives.* V. **Bouc** (émissaire), **circoncision, holocauste, lévirat, phylactère, sabbat...** *Temple juif.* V. **Sanctuaire, synagogue, tabernacle.** *Les hosannas** *d'une prière juive. Prêtres, docteurs juifs.* V. **Lévite, rabbin***, **sacrificateur, sanhédrin, scribe.** *Prosélyte** *juif. Sectes ou tendances juives anciennes.* V. **Essénien, pharisien, saducéen, thérapeute, zélote.** *Sectes juives modernes :* juifs orthodoxes ; juifs progressistes (réformés, libéraux). *Vêtements religieux juifs.* V. **Pectoral, rational, taleth...** *Quartier juif.* V. **Ghetto, juiverie, mellah.** *Race juive* (Cf. Âpreté, cit. 9).

6   « ... j'ai la conviction qu'il y a dans l'ensemble de la population juive, telle qu'elle existe de nos jours. une part considérable de sang non sémitique ;...
... chez les juifs, la physionomie particulière et les habitudes de vie sont bien plus le résultat de nécessités sociales qui ont pesé sur eux pendant des siècles, qu'elles ne sont un phénomène de race. »   RENAN, **Disc. et conf.,** Judaïsme..., Œuvr., t. I, pp. 941-943.

ANT. — **Gentil** 1. — DER. — **Juiverie.**

COMP. — **Antijuif, ive.** *adj.* et *n.* (fin XIXᵉ s. — *L'Antijuif français illustré,* titre d'un journal fondé à Paris en 1898). V. **Antisémite.**

JUILLET (jui-yè). *n. m.* (1213 ; réfection de l'anc. franç. *juignet,* « petit juin » d'après le lat. *Julius,* « mois de Jules César »). Septième mois de l'année, de trente et un jours. *Le mois de juillet. Juillet, mois des moissons.* V. **Messidor** (du 19 ou 20 juin au 19 juillet. Cf. Fructidor, cit.). *Les chaleurs de juillet-août* (V. **Thermidor**). *Soleil de juillet* (Cf. Flamber, cit. 3). *Le quatorze juillet, anniversaire de la prise de la Bastille et fête nationale française* (Cf. Illumination, cit. 11). *Les Journées de Juillet ou les trois glorieuses** (1830). Cf. Abdiquer, cit. 3 ; anonyme, cit. 2. *Révolution de Juillet ; monarchie** *de Juillet* (Cf. Barricade, cit. 6).

« L'inexorable juillet arrive, et en même temps les fêtes de la moisson, le triomphe de l'année, le banquet de la plénitude. »   MICHELET, **La femme,** II, XIV.

JUIN. *n. m.* (XIIᵉ s. ; du lat. *junius,* « mois de *Junius Brutus* », premier consul). Sixième mois de l'année, de trente jours. *Le mois de juin. Juin, mois des prairies, des fenaisons* (V. **Prairial,** du 20 mai au 18 juin) *et des premières moissons* (V. **Messidor.** Cf. Bocage, cit. 1 ; floréal, cit. ; grange, cit. 1. *Les longs soirs de juin* (Cf. Gorger, cit. 7). *L'été commence au solstice** *de juin. À la mi-juin. Journées de juin 1848,* journées d'insurrection qui suivirent la fermeture des ateliers nationaux.

« ... juin, où le soleil se couche à peine, et traîne son crépuscule sous l'horizon septentrional. »   ALAIN, **Propos,** 6 juill. 1921, L'ordre extérieur...

JUIVERIE (jui-vri). *n. f.* (XIIᵉ s. ; de *juif*). Quartier juif, communauté juive de la diaspora. *Les juiveries du bassin de la Méditerranée au 1ᵉʳ siècle.*

1   « ... en 19, Tibère fait déporter environ 4000 membres de la juiverie, en état de porter les armes, dans l'île de Sardaigne. »   Ch. GUIGNEBERT, **Le monde juif vers le temps de Jésus,** p. 278.

— *En mauvaise part,* Ensemble des Juifs, la société juive.

2   « Des Juifs, rien que des Juifs, ici, toute une juiverie pâle, anémiée par l'Inde et les maisons trop closes ;... »   LOTI, **L'Inde (sans les Anglais),** III, XII.

JUJUBE. *n. m.* (*Jajube* en 1509 ; altér. du lat. *zizyphum*, gr. *zizuphon*, « jujubier »). Fruit du jujubier*, appelé aussi « chircoulis », « gingeole », « guindaulier ». *Le suc de jujube est utilisé en pharmacie sous forme de pâte comme remède contre la toux.* — REM. Certains auteurs. à la suite de LITTRÉ et de HATZFELD, réservent le genre masculin au suc et font le fruit du féminin. L'ACAD. ne les à pas suivis.

DER. — **Jujubier.** *n. m.* (1553). *Bot.* Plante dicotylédone (*Rhamnées*) scientifiquement appelée *sisyphus*, arbre ou arbuste épineux à fruit comestible. *Le jujubier de Palestine ou « épine du Christ » aurait servi à la confection de la couronne du Crucifié* (V. aussi **Lotus**).

JULEP (*ju-lèp*). *n. m.* (vers 1300 ; empr. à l'esp. *julepe*, de l'ar. *djulâb*, persan *gul-âb*, « eau de rose »). *Pharm.* Ancien nom générique de toutes les potions. *Julep hépatique* (cit. 1), *soporatif et somnifère* (MOL.). — *De nos jours.* Potion adoucissante et calmante simplement composée d'eau distillée et de sirop. *Julep servant d'excipient à un médicament.*

JULES (*jul*). *n. m.* (1866 ; du prénom *Jules*). *Pop.* Vase de nuit. — *Arg.* Homme du milieu. *Un vrai Jules. C'est son Jules.* V. **Homme.**

JULIEN, ENNE. *adj.* (1690 FURET. au fém. ; du lat. *Julius*, Jules César). T. de Chronol. *Calendrier* julien,* calendrier réformé par Jules César, et modifié à son tour par Grégoire XIII (V. **Grégorien**). *Année julienne :* année de 365 jours ou 366 jours (bissextile).

JULIENNE. *n. f.* (1680 ; *juliane* en 1665 ; du prénom *Jules* ou *Julien* ; évol. obscure).

‖ 1° *Bot.* Plante dicotylédone (*Crucifères*) scientifiquement nommée *hesperis*, et vulgairement *girarde*, bisannuelle ou vivace. *La julienne des dames ou des jardins est cultivée pour ses fleurs en grappes terminales blanches ou violettes très parfumées. La julienne de Mahon* (V. **Gazon**), *à tige rampante est utilisée pour les bordures.*

‖ 2° (1722). *T. de Cuis.* Potage fait de légumes variés coupés en fragments minces et allongés. *Servir une julienne.*

JUMEAU, ELLE. *adj.* (XIIᵉ s. ; a remplacé la forme *gemel*, *gemeau*, dont le *e* devant *m* s'est labialisé en *u* ; du lat. *gemellus*. V. **Gémeau** et *Dér.*).

‖ 1° Se dit de deux ou plusieurs enfants, personnes nées d'un même accouchement. *Frères jumeaux, sœurs jumelles. Ils sont jumeaux. Au sing. C'est son frère jumeau.*

1   « ... un autre petit sauvage, sorti je ne sais d'où, et si parfaitement semblable au premier qu'on aurait pu le prendre pour son frère jumeau. »   BAUDEL., **Spleen de Paris**, XV.

— *Par métaph. :*

2   « Les misères et les grandeurs sont sœurs jumelles, elles naissent ensemble ;... »   CHATEAUB., **M. O.-T.**, t. V, p. 275.

— *Substant.* (V. **Besson**, cit.). *Elle accoucha de deux jumeaux, de trois jumeaux* (ACAD.). V. **Grossesse*** (gémellaire). *Mettre au monde quatre, cinq jumeaux.* V. **Quadruplés, quintuplés.** *Les vrais jumeaux sont toujours du même sexe et se ressemblent ; les faux jumeaux peuvent être de sexe différent et ne pas se ressembler* (Cf. *infra*, cit. 4). V. **Fécondation** (multiple). *Etre le jumeau, la jumelle de quelqu'un* (Cf. **Épannelage**, cit.). *Jumeaux qui naissent réunis.* V. **Siamois.** *Se ressembler comme deux jumeaux.*

3   « La parfaite ressemblance des jumeaux excita l'intérêt le plus puissant. »   BALZ., **Ténébreuse affaire**, Œuvr., t. VII, p. 598.

4   « Tantôt les jumeaux viennent de deux œufs simultanément émis (par un seul ovaire ou par les deux), et fécondés chacun par un spermatozoïde : ce sont les *faux jumeaux*, ou jumeaux fraternels. Tantôt, ils viennent d'un seul œuf, fécondé par un seul spermatozoïde, lequel œuf, à un moment de son développement, s'est fragmenté en deux pour produire deux embryons : ce sont les *vrais jumeaux*, ou jumeaux identiques. »   J. ROSTAND, **L'homme**, II.

— *Fig.* Réplique physique ou morale d'une personne. V. **Ménechme, pareil, sosie** (Cf. Identité, cit. 5).

5   « Son pareil le suivait : barbe, œil, dos, bâton, loques,
Nul trait ne distinguait, du même enfer venu,
Ce jumeau centenaire,... »
BAUDEL., **Fl. du mal**, Tabl. paris., XC.

‖ 2° *Par ext.* Se dit de deux fruits qui croissent joints ensemble. *Pommes, cerises jumelles.*

— *Par anal.* Se dit de deux objets, de deux choses semblables. — *Anat. Muscles jumeaux,* les deux muscles de la jambe* qui forment le mollet et se terminent en formant le tendon* d'Achille. *Muscles jumeaux pelviens,* les deux muscles de la partie profonde de la fesse* allant du bassin au grand trochanter. — *Maisons jumelles, tours jumelles... Lits jumeaux.* V. **Lit.**

6   « ... les courtes oreilles aiguës et comme détachées semblaient deux tourelles jumelles, épiant les bruits de la campagne... »
PERGAUD, **De Goupil à Margot**, p. 40.

7   « Jaurès désirait que les deux manifestes fussent affichés, ensemble, en deux placards jumeaux, à des milliers d'exemplaires, dans tout Paris,... »   MART. du G., **Thib.**, t. VI, p. 260.

8   « Et nos deux culottes sport pareilles pour le tandem, avec les deux pull-overs jumeaux ? »   COLETTE, **Belles saisons**, p. 12.

DER. — (Cf. *dér.* de Gémeau*). **Jumeler ; jumelage. Jumelle** (*n. f.*).

COMP. — **Bijumeau, quadrijumeaux, trijumeau.**

JUMEL. *adj. m.* (1872 ; nom propre franç.). *Technol. Coton jumel,* nom d'une variété de coton* produit en Égypte.

JUMELER (*deux l devant syll. muette*). *v. tr.* (1721 ; de *jumelle* et *jumeau*).

‖ 1° *Technol.* Fortifier, consolider par des jumelles*. *Mar. Jumeler un mât, une vergue.* V. **Renforcer.**

‖ 2° (1765). Ajuster* ensemble deux objets, deux choses semblables. V. **Accoupler.** *Fig. Jumeler des villes.* V. **Jumelage.**

‖ JUMELÉ, ÉE. *p. p.* et *adj.* Consolidé par des jumelles. *Mât jumelé.* — Disposé par couples. V. **Gémellé, géminé.** *Fenêtres jumelées. Colonnes jumelées. Autom. Bielles* jumelées. Roues jumelées,* roues doubles à pneus indépendants à l'arrière des poids lourds. *Fig. Billets de loterie jumelés. Pari jumelé. Villes jumelées.*

DER. — **Jumelage.** *n. m.* (1873). Action de jumeler, résultat de cette action. *Mar.* « Accouplement de deux mitrailleuses ou de deux pièces d'artillerie sur un même affût » (GRUSS). *Fig. Jumelage de villes* (XXᵉ s.). Coutume consistant à déclarer jumelles deux villes situées dans deux pays différents, afin de susciter entre elles des échanges de toute sorte. *Jumelage de Paris et de Rome, de Chartres et de Ravenne, de Dijon et de Dallas...*

JUMELLE. *n. f.* (1332 ; fém. de *jumeau**).

‖ 1° *Technol.* Charpent. et mécan. (*au plur.*) Se dit de deux pièces de bois, de métal semblables dans le même outil, la même machine. *Les jumelles d'une presse* (On dit aussi *Jumelées,* n. f. pl.). — *Autom. Jumelle de ressort,* articulation reliant les extrémités des ressorts de suspension à lames aux longerons du châssis. — *Mar.* Pièce de bois dur qui sert à consolider un mât. — *Ponts et Chauss.* Rangée de pavés qui forme la moitié du ruisseau du côté de la chaussée, celle du côté du trottoir étant la *contre-jumelle.*

‖ 2° *Blas.* Pièce honorable formée de deux filets parallèles.

‖ 3° *Opt.* (1825). Instrument portatif à deux lunettes*, double lorgnette*. *Une jumelle marine.* S'emploie de préférence au pluriel dans les expressions suivantes : *Des jumelles de campagne* (Cf. Gaffe, cit. 8), *des jumelles de spectacle. Regarder avec des jumelles. Jumelles en bandoulière dans un étui, en sautoir autour du cou. Emporter ses jumelles aux courses, au théâtre...* Abusivt. *Une paire de jumelles.*

« Les femmes étaient toutes armées de leurs jumelles, les vieillards rajeunis nettoyaient avec la peau de leurs gants le verre de leurs lorgnettes. »   BALZ., **Peau de chagrin**, Œuvr., t. IX, p. 179.

JUMENT. *n. f.* (XIIᵉ s. au sens lat. et au sens actuel ; du lat. *jumentum*, « bête de somme » ; a éliminé *ive*, du lat. *equa*). Femelle du cheval. V. **Cheval*, chevalin ; cavale, haquenée** (Cf. Chauvir, cit. 2 ; enfourcher, cit. 2 ; foin, cit. 2 ; galop, cit. 1 ; hennir, cit. 4). *Jeune jument.* V. **Pouliche.** *Monter une jument. Jument employée aux travaux des champs. Donner un étalon* à une jument.* V. **Assortir ; étalonnage.** *Jument qui souffre* l'étalon, qui en veut. Boucler* une jument. Jument pleine* (Cf. Gras, cit. 40), *qui met bas.* V. **Pouliner.** *La jument et ses poulains*.* V. **Suitée.** *Le mulet*, la mule, produit de l'âne et de la jument* (Cf. Baudouiner, cit., *dér.* de Baudet). *Jument destinée à la reproduction.* V. **Mulassière, poulinière.**

1   « Cette charrette était attelée de quatre bœufs fort maigres, conduits par une jument poulinière dont le poulain allait et venait à l'entour de la charrette comme un petit fou qu'il était. »
SCARRON, **Rom. com.**, I, I.

2   « ... elle montait une superbe jument qu'il n'était pas facile de faire obéir,... »   MUSS., **Nouvelles**, Emmeline, V.

3   « Dans les fermes des collines les juments ne sont pas grasses et lourdes ; comme on attend d'elles moins gros travail que bonne espérance de poulains, on les laisse galoper dans les hauts campas. »
GIONO, **Jean le Bleu**, VIII.

DER. — **Jumenterie.** *n. f.* (1867). Haras* (cit. 1) où l'on produit des étalons. — **Jumenteux, euse.** *adj.* (1867). *Méd.* Se dit de l'urine quand elle est trouble comme celle du cheval.

JUMPING (*djeum-pign'*). *n. m.* (1931 in LAROUSSE XXᵉ s. ; mot angl., propremt. « saut »). *Sports.* Saut d'obstacles à cheval.

JUNGLE (*jongl'* et plus couramment *jungl'*). *n. f.* (1830 ; mot angl., de l'hindoustani *jangal*, « steppe »). *Dans l'Inde,* Plaine touffue souvent marécageuse, couverte de hautes herbes, de joncs, de broussailles et d'arbres, où vivent les grands fauves. *Lianes, tigres, serpents de la jungle. Perdu dans la jungle. « Le livre de la jungle »,* de R. Kipling. — *Par ext.* Forêt vierge.

1   « ... rien d'humain ne paraît s'indiquer nulle part. Seulement des arbres, des arbres et des arbres, dont les têtes se succèdent, magnifiques et pareilles ;... Là-bas, des lacs, où sont maîtres les crocodiles et où viennent boire, au crépuscule, les troupeaux d'éléphants sauvages. C'est la forêt, la jungle.... »   LOTI, **L'Inde (sans les Anglais)**, II, I.

2 « L'Inde présente comme milieux principaux : la forêt tropicale humide..., des savanes du type jungle, épaisses et broussailleuses (Tigre, *Cuon, Antilope,* Faisans, Paon)..., »
                        MARTONNE, **Géogr. phys.,** t III, p. 1448.

— *Par métaph.* (Cf. Explorer, cit. 8).

— *La loi de la jungle,* la loi cruelle du plus fort, de la sélection naturelle. — *Fig.* Tout endroit, tout milieu humain, où règne cette loi.

3 « ... c'était avec un visage dur que Salavin fonçait dans la jungle parisienne. »   DUHAM., **Salavin,** V, VIII.

4 « ... une société sans injustice, sans corruption, sans privilèges, et où la règle ne sera plus celle de la jungle : l'entre-mangement universel... »   MART. du G., **Thib.,** t. V, p. 230.

JUNIOR. *adj.* et *n.* (1873 P. LAROUSSE ; T. de Sports, vers 1890 selon DAUZAT ; mot. lat. « plus jeune », de *juvenis,* « jeune »). Se dit, quelquefois (dans le commerce ou encore plaisamment) du frère plus jeune pour le distinguer d'un aîné. V. **Cadet, puîné.** *Durand junior.* — *Spécialt.* Sports (*adj.* et *n.*). Se dit d'une catégorie intermédiaire entre celle des « seniors » et celle des « cadets ». *Catégorie junior. Joueurs juniors. Equipe junior de football* (cit. 1). *Championnat des juniors. Un junior.*

JUNKER (*youn'-ker*). *n. m.* (fin XIXᵉ s. ; mot allem., contract. de *junger Herr,* « jeune noble »). Hobereau allemand. *La caste des junkers.*

JUNONIEN, IENNE. *adj.* (1866 GONCOURT ; de *Junon,* épouse de Jupiter et reine des dieux). Relatif à Junon. *Le culte junonien. Le paon, oiseau junonien.* — Propre à Junon. *Beauté junonienne.*

  « Raphaël... lui a attribué (*à la Vierge*)... une espèce de beauté ronde, une santé presque junonienne. »
     GONCOURT, **Idées et sensations** (in STE-BEUVE, **Nouv. lundis,** 14 mai 1866).

JUNTE (*junt'*). *n. f.* (1669 ; empr. à l'esp. *junta,* fém. de *junto,* « joint », du lat. *junctus*) Conseil, assemblée* administrative, politique..., en Espagne, au Portugal ou en Amérique espagnole. *Junte du commerce. Juntes révolutionnaires, insurrectionnelles espagnoles, en 1821. Junte militaire s'emparant du pouvoir, en Amérique du Sud.*

JUPE. *n. f.* (XIIᵉ s. ; empr., par l'intermédiaire de la Sicile, à l'ar. *djoubba*). Partie de l'habillement féminin qui descend « depuis la ceinture plus ou moins bas, suivant la mode » (ACAD.). Vx. *Jupe de dessus. Jupe de dessous.* V. **Jupon, sous-jupe** (Cf. Gaze, cit. 2). — *De nos jours,* JUPE se dit du vêtement de dessus. *Jupe simple* (Cf. Atour, cit. 8). *Courte jupe de paysanne.* V. **Cotte.** *Jupe longue* (Cf. Bouffer, cit. 4 ; fixer, cit. 14), *traînant par terre... Jupe au genou* (cit. 5), *à la cheville... Jupe large* (Cf. Balayer, cit. 3 BAUDEL.) ; *étroite, entravée ; jupe fourreau. Jupe portefeuille. Ampleur d'une jupe* (Cf. Fronce, cit.). *Coupe d'une jupe : jupe droite, en forme, à godets, à lés, à volants, à plis. Jupe froncée, plissée. Jupe bouffante*.* Ganses, volants au bas d'une jupe* (V. **Balayeuse**). *Biais* garnissant une jupe. Jupe à bouillons*, à plissés*. Ceinture*, haut, corps* (I, 4°) de jupe* (Cf. Étriquer, cit. 1 ; gêner, cit. 4). *Jupe à corselet. Jupe à bretelles. Jupe et veste d'un tailleur.* Par ext. *La jupe d'une robe :* la partie inférieure, à partir de la ceinture. *Jupe de futaine* (Cf. Frais 1, cit. 38), *de lainage, de velours... Jupe de gaze des danseuses.* V. **Tutu** (Cf. Étincelle, cit. 13). *Jupe pailletée* (Cf. Etoffe, cit. 2). *Jupe d'amazone.* V. **Amazone.** *Jupe de tennis, très courte* (jupette). — *Jupe basque* (V. **Basquine**), *tahitienne* (V. **Paréo**)... — *Jupe qui vole, flotte au vent* (Cf. Flottant, cit. 4). *Soulever, relever sa jupe* (Cf. Cotte 1, cit. 2). *Froissement* (cit. 5) *de jupe.*

1 « Son jupon de laine tricotée, qui dépasse sa première jupe faite avec une vieille robe, et dont la ouate s'échappe par les fentes de l'étoffe lézardée,... »   BALZ., **Père Goriot,** Œuvr., t. II; p. 852.

2 « Quand de sa jupe qui tournoie
    Elle soulève le volant,
    Sa jambe, sous le bas de soie,
    Prend des lueurs de marbre blanc. »
          GAUTIER, **Émaux et Camées,** Inès de las Sierras.

3 « Élise portait une robe de lingerie garnie de rose. Le corsage... la manche courte... L'invention était dans la jupe : froncée à la taille sous trois gros gansés roses, elle remontait en épanouissant ses fronces sur le corsage, formant une sorte de corolle dentelée aux seins. »
          ARAGON, **Beaux quartiers,** III, IV.

— *Les jupes :* ensemble formé par la jupe de dessus et le ou les jupons. *Relever, trousser* ses jupes* (Cf. Fourmi, cit. 8 ; genou, cit. 2 ; gonfler, cit. 8). *Sous les jupes* (Cf. Grisette, cit. 1).

4 « L'implacable enfant,
    Preste et relevant
    Ses jupes, »   VERLAINE, **Fêtes galantes,** Colombine.

— *La femme,* « *animal* (cit. 12) *porte-jupes* ». *Fig. Dans ce ménage c'est le mari qui porte les jupes* (Cf. Culotte, cit. 4). — *Fig. Une jupe :* une femme. V. **Jupon.**

---

5 « Est-ce que deux roquentins comme nous doivent se brouiller pour une jupe ? »   BALZ., **Cousine Bette,** Œuvr., t. VI, p. 307.

6 « Il lui semblait que plusieurs années s'étaient écoulées depuis qu'il n'avait tenu une femme dans ses bras, et, comme le matelot qui s'affole en revoyant la terre, toutes les jupes rencontrées le faisaient frissonner. »   MAUPASS., **Bel-Ami,** I, VI.

— *Femmes avec des enfants dans leurs jupes* (Cf. Homme, cit. 104). *Enfants qui se cramponnent à la jupe de leur mère :* qui ne veulent pas la quitter d'un pas (Cf. Arracher, cit. 26). Fig. *Cet enfant ne quitte pas la jupe, les jupes de sa mère, est cousu à sa jupe.*

7 « Comment aurait-il une maîtresse ? Il quitte si peu ma jupe qu'il m'en ennuie. Il m'aime mieux que ses yeux, il s'aveuglerait pour moi. »
     BALZ., **César Birotteau,** Œuvr., t. V, p. 326.

8 « ... Mᵐᵉ Lhermier, par exemple, qui cousit sa fille à ses jupes, empêcha tout mariage... »   COLETTE, **Naissance du jour,** p. 66.

— *Par ext. La jupe des Écossais, des evzones grecs...* (Cf. Évaser, cit. 1).

9 « L'Albanie était alors presque inconnue. Ses montagnes sauvages rappelèrent à Byron l'Écosse de ses vacances enfantines. Les hommes portaient une courte jupe, presque semblable au kilt, et un manteau en peau de chèvre. »   MAUROIS, **Vie de Byron,** I, XIII.

DER. — **Jupier,** ière. *n.* (XIXᵉ s., admis ACAD. 1936). Tailleur, couturière qui a pour spécialité la jupe de femme. — **Jupon.**

COMP. — **Jupe-culotte.** *n. f.* (début XXᵉ s.). Vêtement sportif féminin, sorte de culotte très ample dont la forme rappelle celle d'une jupe.

JUPITÉRIEN, IENNE. *adj.* (XVIIIᵉ s. VOLT., Dict. philos. ; de *Jupiter*). Relatif à Jupiter. V. **Jovien.** — (XIXᵉ s. BALZ.). Qui a un caractère impérieux, dominateur. « *La contraction jupitérienne de ses sourcils* » (BALZ., Duch. de Langeais).

JUPON. *n. m.* (1319 ; de *jupe*). Jupe de dessous. V. **Cotillon, cotte.** *Anciens jupons à armature.* V. **Crinoline, panier.** *Porter plusieurs jupons superposés. Le jupon et la combinaison*, articles de lingerie féminine. Jupons de basin* (Cf. Affaire, cit. 64), de linon, de soie, de nylon... Jupon empesé. Jupon à volants, à dentelles... En corset et en jupon* (Cf. Frusque, cit. 1). *Jupon troussé* (Cf. Fou 1, cit. 50).

1 « ... elle dénoua son dernier jupon, qui glissa le long de ses jambes, tomba autour de ses pieds s'aplatit en rond par terre. »
     MAUPASS., **Contes de la Bécasse,** Farce normande.

2 « ... sous sa jupe usagée son jupon de flanelle rouge dépassait un peu... »   COLETTE, **Belles saisons,** p. 49.

— *Par ext.* V. **Jupe** (Cf. Camisole, cit. 2 ; croupe, cit. 5).

3 « Les enfants se suspendaient aux jupons de leurs mères pour obtenir quelque bâton de sucre... »   BAUDEL., **Spleen de Paris,** XIV.

— *Fig.* V. **Femme, fille.** *Collectivt. Courir le jupon. Aimer le jupon. Trousseur de jupons* (V. **Juponnier**).

4 « C'est une chose singulière comme je suis écarté de la femme. J'en suis repu... Je n'éprouve même vis-à-vis d'aucun jupon le désir de curiosité qui vous pousse à dévoiler l'inconnu et à chercher du nouveau. »   FLAUB., **Corresp.,** 96, 26 mai 1845.

— *Par anal.* Courte jupe portée par les hommes, dans certains pays (V. **Fustanelle, kilt, philibeg...**).

DER. — **Juponner.** *v. tr.* (*Juponné* en 1872 in LITTRÉ, Suppl.). Habiller d'un jupon. Pronominalt. *Se juponner.* — **Juponnier.** *n. m.* (fin XIXᵉ s.). *Vieilli.* Homme qui court le jupon, court après les femmes. *Adjectivt.* (Cf. Frigide, cit. 3 BLOY).

  « Il sonnait un coup sec, puis, du bout de ses doigts, battait le rappel sur la porte pour indiquer que c'était lui et ne pas obliger sa maîtresse à se juponner précipitamment, si, à cette minute, par hasard, elle se coiffait devant la glace, en chemise. »
     COURTELINE, **Boubouroche** (Nouv.), I.

JURANÇON. *n. m.* (XIXᵉ s. ; nom de lieu). Vin de Jurançon et des environs (Basses-Pyrénées). *Un verre de jurançon. Du jurançon.*

JURANDE. *n. f.* (XVIᵉ s. ; de *jurer*). Dans les anciennes corporations de métier, charge conférée à un ou plusieurs membres de la corporation choisis pour la représenter (V. **Juré,** I, 1°), défendre ses intérêts et veiller à l'application du règlement intérieur. — *Par ext.* Temps d'exercice de cette charge. — L'assemblée, le corps des jurés*. *Jurandes et maîtrises.* V. **Corporation** (cit. 1. Cf. *aussi* Association, cit. 10 ; encombrement, cit. 7).

JURASSIEN, IENNE. *adj.* (vers 1870 LACHÂTRE ; de *Jura*). *Géogr.* Relatif, propre au Jura. *Relief jurassien, montagnes jurassiennes. Par ext. Type de relief jurassien,* analogue au relief du Jura. — Qui habite le Jura. *Montagnards jurassiens.* Substant. *Un Jurassien.*

JURASSIQUE. *adj.* (1829 BRONGNIART ; de *Jura*). *Géol.* Se dit des terrains secondaires dont le Jura est constitué en majeure partie. *Système, période jurassique.* Substant. *Le jurassique,* partie centrale de l'ère secondaire, subdivisée en deux sous-systèmes (V. **Lias, oolithe**). *Etages du jurassique :* Oolithique supérieur (*Portlandien*), moyen (*Kimméridgien ; Lusitanien,* ou ancien. *Corallien,* groupant l'*Argovien,* le *Rauracien,* le *Séquanien*), inférieur (*Oxfordien, callovien, bathonien, bajocien*) ; liasique supérieur (*Aalé*-

nien, toarcien), moyen (*Charmouthien*), inférieur (*Siné-murien, hettangien*), rhétien (parfois rattaché au Trias). *Les ammonites, bélemnites, gastéropodes..., les grands reptiles* (ichtyosaure,...), *les premiers oiseaux* (archæopte-rix) *du jurassique...*

JURAT (*-ra*). *n. m.* (XVe s. ; lat. *juratus*, « qui a fait serment »). *Anc. dr.* Magistrat municipal dans certaines villes de l'Ouest de la France, sous l'Ancien Régime. V. **Échevin** (cit. 2). *L'ensemble des jurats* (jurade) *correspondait à notre conseil municipal.* V. **Municipalité.**

JURATOIRE. *adj.* (1274 ; du lat. *juratorius*). *Dr.* *Caution** (cit. 10) *juratoire :* serment fait en justice de se représenter en personne ou de rapporter une chose.

JURÉ, ÉE. *adj.* et *n.* (1260 WARTBURG ; de *jurer*). Qui est consacré dans ses fonctions par le serment qu'il a prêté (en parlant des titulaires de certaines charges).

I. *Adj.* et *n.* ‖ 1° *Anc. dr.* Qui avait prêté serment en accédant à la maîtrise, dans une corporation*. *Juré vendeur de volaille,... Jurée lingère* (LITTRÉ). *Maître juré.* Fig. *Maître juré filou* (cit. 1 MOL.). — *Spécialt.* Titulaire d'une jurande*. Substant. *Les jurés de la corporation, du métier... Corps municipal de jurés* (Cf. Commune, cit. 1).

‖ 2° *Fig. Ennemi* (cit. 17) *juré.* V. **Déclaré.**

II. *N. m.* (1704, en parlant de l'Angleterre ; servit longtemps à désigner le *jury*, avant que ce mot ne se répande. Cf. BRUNOT, H.L.F., t. IX, pp. 1029-1035). *Dr.* Citoyen appelé à faire partie d'un *jury** ; membre d'un jury. *Le jury de la Cour d'assises a été réduit de douze à sept jurés* (Ord. 20 avr. 1945). *Jurés titulaires et jurés suppléants forment la liste de session. Depuis l'ordonnance du 17 novembre 1944, les femmes sont admises aux fonctions de juré. Appel des jurés. Serment des jurés* (CODE PROCÉD. CIV., art. 312). *L'accusé peut récuser quatre jurés.* V. **Récusation.** *Messieurs les jurés...* (Cf. Honorable, cit. 7). *Les préventions des jurés* (Cf. Atmosphère, cit. 13 ; innocence, cit. 9). *Entortiller* (cit. 2) *les jurés.*

1 « Les membres du jury, ou *jurés*, sont de simples citoyens qui remplissent occasionnellement, temporairement, des fonctions judiciaires... les jurés sont là pour exprimer le sentiment populaire. Les jurés apprécient le fait et statuent sur la culpabilité ; la cour est juge du droit et se prononce sur l'application de la peine. » H. DONNEDIEU de VABRES, *Précis droit crim.*, § 945 (éd. Dalloz).

2 « ... aux Assises de Rouen j'imaginais irrésistiblement les jurés stupides prenant la place des accusés, et ces derniers réciproquement assis sur les bancs du jury,... » GIDE, *Journal*, 21 janv. 1946.

JUREMENT. *n. m.* (1220 ; de *jurer*).

‖ 1° *Vx.* Action de jurer, de faire un serment* sans nécessité ni obligation. *On ne vous croira pas, malgré tous vos jurements* (ACAD.).

‖ 2° *Vieilli.* Exclamation, imprécation sacrilège proférée par dérision ou dans une intention d'offense. V. **Blasphème, juron*** (Cf. Cynisme, cit. 1). — *Les jurements des charretiers* (cit.), *des postillons* (Cf. Atteler, cit. 2). *Proférer des jurements, d'horribles jurements.* — REM. « Le *jurement* n'est pas bref et habituel comme le *juron ;* il tire plus à conséquence... Ensuite, *jurement* est plus noble, plus relevé que *juron* » (LAFAYE).

1 « Eh ventrebleu ! s'il y a ici quelque chose de vilain, ce ne sont point mes jurements, ce sont vos actions... » MOL., *Escarb.*, VIII.

2 « Les langues se délièrent ; un incendie de ricanements, de jurements et de chansons fit explosion. » HUGO, *Misér.*, IV, III, VIII.

JURER. *v. tr.* (842 Serments de Strasbourg ; du lat. *jurare*).

I. ‖ 1° Attester (Dieu, une chose sacrée) par serment*. *Jurer Dieu, les dieux, le Styx* (Cf. Assembleur, cit. 1). — (Avec une proposition pour complément) *Jurer le ciel, sa foi, son honneur de dire la vérité. Jurer son Dieu que...* Fig. et fam. *Jurer ses grands dieux que... :* assurer avec force.

1 « ... je jure le ciel que je le défendrai ici contre qui que ce soit,... » MOL., D. Juan, III, 4.

2 « Mais Marie-Claire interrogée, jura ses grands dieux qu'elle ne savait rien,... » BOSCO, Le sanglier, VI.

‖ 2° *Absolt.* Prêter, faire serment*. *Jurer sur* la Bible, sur le crucifix... Jurer pur...* (Cf. Aquilain, cit.). Fig. *On ne jure plus que par lui :* on l'admire* tellement qu'on croit tout ce qu'il dit, qu'on l'imite en tout... (Cf. Coqueluche, cit. 1 ; fanatisme, cit. 9). — (Sans compl.) *Il faut jurer avant de témoigner.*

3 « Et moi je vous dis de ne point jurer du tout, ni par le ciel, parce que c'est le trône de Dieu ; » BIBLE (SACY), Évang. St Matth., V, 34.

4 « Ainsi que par César, on jure par sa mère. » RAC., Britann., I, 2.

5 « J'en jure par les ondes du Styx,... » FÉN., Télém., VI.

6 « Jurez donc avec moi, jurez sur cette épée, Par le sang de Caton, par celui de Pompée » VOLT., Mort de César, II, 4.

7 « On ne jurait plus que par lui. Il se souciait assez peu de ce succès qui le tirait de l'obscurité où il aurait voulu rester, mais il ne lui était pas possible de s'y soustraire,... » GAUTIER, Capit. Fracasse, X.

‖ 3° (En mauvaise part). V. **Blasphémer.** *Jurer Dieu, le nom de Dieu.*

8 « ... le curé se mit en colère tout de bon. On a voulu dire qu'il jura Dieu, mais je ne puis croire cela d'un curé du bas Maine. » SCARRON, Rom. com., I, XIV.

— *Absolt.* V. **Blasphémer, détester** (1°. Cf. Contre, cit. 17), **sacrer ; imprécation, jurement, juron.** *Jurer comme un païen** (Cf. Boire, cit. 16), *comme un charretier*. Jurer et maugréer* (Cf. Bénitier, cit. 2), *et grommeler* (cit. 1), *et tempêter* (Cf. Gourmer, cit. 8), *et sacrer* (Cf. Cabale, cit. 4) *Un homme grossier* et emporté, qui jure sans cesse.*

9 « — Ah ! ah ! je m'en vais te donner un Louis d'or..., pourvu que tu veuilles jurer... Il faut jurer... — Va, va, jure un peu, il n'y a pas de mal. » MOL., D. Juan, III, 2 (*var.*).

10 « J'ai aimé Bénichat, encore qu'il fût par moments grossier et brutal. Il jurait. Les jurons me font peur. Et il jurait haut, d'une voix si rauque que toute sa poitrine en gargouillait de colère... Par bonheur, ces accès de fureur blasphématoire l'emportaient rarement. Mais, une fois chauffé, il y prenait plaisir. Et il avait alors un goût, qui me bouleversait, du sacrilège. » BOSCO, Antonin, p. 34.

— *Jurer contre quelqu'un, quelque chose,* et fam. *Jurer après quelqu'un.* V. **Crier, pester.**

11 « Quand un homme jure après ses bottes, ou après son bouton de col, ce discours ne vaut pas qu'on l'écoute. » ALAIN, Propos, 6 nov. 1913, Savoir écouter.

— *Transit. Jurer un affreux blasphème, un gros mot :* proférer, prononcer.

‖ 4° Produire un son discordant. V. **Dissoner.** *Violon qui jure sous l'archet* (cit. 1). *Faire jurer une discordante guitare* (MONTESQ., Lett. pers., LXXVIII).

— *Fig.* Produire une discordance*, aller mal (avec) en parlant de choses disparates*, mal assorties. V. **Détonner, dissoner, hurler** (5°). *Ce costume jure avec sa beauté* (Cf. Imposant, cit. 6). *Cette couleur jure grossièrement* (cit. 3) *avec le ton de ses cheveux. Choses qui jurent entre elles,* et absolt. *qui jurent.*

12 « ... comme des couleurs mal assorties, comme des paroles qui jurent et qui offensent l'oreille,... » LA BRUY., VI, 71.

13 « Les cinq croisées percées à chaque étage ont de petits carreaux et sont garnies de jalousies dont aucune n'est relevée de la même manière, en sorte que toutes leurs lignes jurent entre elles. » BALZ., Père Goriot, Œuvr., t. II, p. 850.

II. ‖ 1° Promettre (quelque chose) par un serment* plus ou moins solennel. V. **Promettre.** *Jurer attachement à Dieu* (Cf. Aujourd'hui, cit. 36). *Jurer foi et hommage à son seigneur, son suzerain* (Cf. Féal, cit. 2). *Jurer fidélité* (cit. 8. Cf. aussi Hommage, cit. 10), *foi* (cit. 4), *obéissance*, soumission*... Jurer amitié à quelqu'un* (Cf. Caresser, cit. 17). *Il lui jura un amour éternel* (Cf. Ardeur, cit. 15 ; inconstant, cit. 6 et 7) *Pronominalt.* (récipr.) *Se jurer un amour immortel* (cit. 14).

14 « Idoménée et les autres rois jurent la paix. » FÉN., Télém., XI.

15 « ... viens ici au pied de l'autel Me jurer à genoux un hommage éternel. » VOLT., Mérope, V, 2.

— *Jurer de faire quelque chose.* V. **Engager** (s'). *Jurer solennellement, devant Dieu, de...* (Cf. Accusé, cit. 2 ; formule, cit. 3). *Le témoin jure* (V. **Serment, témoin**) *« de dire toute la vérité, rien que la vérité ». L'hommage* (cit. 3), *cérémonie par laquelle le vassal jurait de rester fidèle à son suzerain.* — *Par ext. Il lui a juré de se bien tenir* (Cf. Blesser, cit. 22), *de ne pas recommencer. Jurer de vivre sans maîtresse* (Cf. Cesse, cit. 6). — *Pronominalt.* (réfl.) *Se jurer de...* (Cf. Accueillir, cit. 6 ; amputer, cit. 5 ; faillir, cit. 4).

16 « Le roi et ses successeurs, à leur avènement, jureront d'observer fidèlement la charte. » CHARTE de 1830, Art. 65.

— *Jurer qu'on fera telle chose* (Cf. Appliquer, cit. 4).

17 « Les janissaires jurèrent sur leur barbe qu'ils n'attaqueraient point le roi,... » VOLT., Hist. Charles XII, VI.

18 « Jure-moi que tu me pardonneras, maman. Je lui jurai tout ce qu'elle voulut, au risque d'être cent fois parjure ; je m'en souciais bien ! » BARBEY d'AUREV., Diaboliques, Le plus bel amour, p. 117.

‖ 2° Décider avec solennité ou avec force. *Jurer la mort d'un tyran* (Cf. Hurler, cit. 19). *Ils ont juré sa perte, sa ruine...* — « *Le corbeau* (cit. 1)... *Jura, mais un peu tard, qu'on ne l'y prendrait plus* » (LA FONT.).

19 « ... cette ingrate princesse, Dont la haine a juré de nous troubler sans cesse, » RAC., Alex., IV, 4.

20 « Ah ! si du fils d'Hector la perte était jurée, Pourquoi d'un an entier l'avons-nous différée ? » RAC., Androm., I, 2.

‖ 3° Affirmer solennellement, fortement. V. **Affirmer*** (1°), **assurer, déclarer.** *Je vous jure que je n'ai pas fait cela* (Cf. Arriver, cit. 44). *Je vous jure que non. Je ne jurerais pas,* *je n'oserais jurer que... À l'entendre* (cit. 69), *vous auriez juré que cette révolution était spécialement dirigée contre lui.*

21 « Je vous jure que je n'ai bougé de chez moi,... »
MOL., **G. Dand.**, III, 7.

→ *Je vous jure :* je vous affirme, je vous certifie.

22 « ... une façon directe, analytique, piquante, qui ne ressemblait pas à un faux-fuyant, je vous jure. »
STE-BEUVE, **Causer. du lundi**, 13 oct. 1851.

→ JURER DE (quelque chose)... Affirmer de façon catégorique (qu'une chose est ou n'est pas, se produira ou ne se produira pas). *J'en jurerais* (Cf. J'en mettrais ma main au feu, ma tête à couper). *Je n'en jurerai pas. C'est bien possible, mais je n'en jurerais pas. Il ne faut jurer de rien** (Prov. et titre d'une comédie de Musset) : il ne faut jamais répondre de ce qu'on fera, ni de ce qui peut arriver (ACAD.). Cf. Défier, cit. 7 ; élastique, cit. 5 ; et *aussi* la loc. Il ne faut pas dire : Fontaine*, je ne boirai pas de ton eau.

23 « J'en aurais bien juré qu'elle aurait fait le tour ; »
MOL., **Princ. d'Élide**, I, 2.

24 « On ne doit pas jurer de ce dont on n'est pas sûr. »
RENAN, **Souv. d'enfance...**, Append., 11 sept. 1846.

|| JURÉ, ÉE. p. p. adj. *Foi jurée. Par ext. Haine jurée.* — V. **Juré** (*adj.*).

ANT. — Abjurer. Accorder (s'), allier (s'), **assortir, cadrer, concorder, consonner...**

COMP. — (Cf. Abjurer, parjurer).

DER. — *Jurande, juré, jurement, juron...* (Cf. Jurat, juratoire, jury). → *Jureur.* n. m. (XIIᵉ s.). || 1° *Anc. dr.* Qui a prêté serment. *Spécialt.* (Hist.). *Les prêtres jureurs ou assermentés**, le clergé constitutionnel sous la Révolution. || 2° *Vx.* Celui qui jure, blasphème.

« Le prince ne souffre pas les impies, les blasphémateurs, les jureurs, les parjures, ni les devins. »
BOSS., **Polit.**, VII, V, XV.

JURIDICTION. n. f. (1209, pour *jurisdiction*, var. employée jusqu'au XVIIIᵉ s. ROUSS. ; du lat. *jurisdictio*, « action, droit de rendre la justice »).

|| 1° Pouvoir de juger*, de rendre la justice* ; étendue et limite de ce pouvoir. V. **Circonscription, compétence, for** (vx), **judicature, ressort, siège.** *Juridiction pleine, entière* (Cf. Indépendance, cit. 15). *Juridiction suprême. Juridiction laïque, séculière. Juridiction en matières religieuses. L'évêque possède la juridiction ordinaire* (V. **Ordinariat**). *Juridiction temporelle d'un évêché...* (V. **Temporalité**). Anc. dr. *Juridiction du bailli* (V. **Bailliage, gouvernance**), *du châtelain* (V. **Châtellenie**), *des maréchaux* (V. **Maréchaussée**), *du prévôt* (V. **Prévôté**), *du sénéchal* (V. **Sénéchaussée**), *du verdier* (V. **Verderie**), *du viguier* (V. **Viguerie**), *du présidial* (V. **Présidialité**)... *Juridiction forestière* (V. **Gruerie**), dér. de *Gruyer*). — Dr. mod. *Juridiction contentieuse** (1°), *gracieuse** (3°). *Conflit**, *contestation de juridiction. Juge, magistrat, tribunal qui exerce sa juridiction. La juridiction du juge de paix est limitée au canton. Bannir* (cit. 3) *quelqu'un d'une juridiction ; hors de la juridiction.* — *Privilège de juridiction*, attribué par la loi à des juridictions d'exception, en faveur de certaines personnes (dignitaires, magistrats, fonctionnaires) qui en sont justiciables, en matière pénale. — Dr. intern. *Immunité** *de juridiction.*

1 « Il avait été fait visiteur général de la Catalogne, avec une juridiction sur les troupes,... »
RAC., **Notes hist.**, XLIX.

2 « (*Le sanhédrin*), qui était comme... le conseil perpétuel de la nation où la suprême juridiction était exercée. »
BOSS., **Hist.**, II, 10 (in LITTRÉ).

3 « Leur *juridiction* souveraine, absolue, héréditaire, et qui n'oubliait jamais, était redoutée de tous ;... »
MICHELET, **Hist. Révol. franç.**, III, III.

— *Par ext.* Compétence, domination, pouvoir (Cf. Faible, cit. 34). *La juridiction de la médecine* (Cf. Guérir, cit. 40 MONTAIGNE). *Fam. Cela n'est pas de votre juridiction :* cela ne vous regarde pas, ne dépend pas de vous.

|| 2° Tribunal, ensemble de tribunaux de même catégorie, de même degré. V. **Chambre** (3°), **conseil** (III, 2°), **judicature, tribunal*** ; **droit** (III, *infra* cit. 61). *Porter une affaire devant la juridiction compétente.* V. **Déférer, saisir** (Cf. Échangiste, cit.). *Recours à la juridiction supérieure.* V. **Appel** (6°). *Degré, ordre, nature des juridictions* (Cf. Incompétence, cit. 1). *Degrés** *dans la hiérarchie des juridictions.* V. **Instance.** — *Juridictions administratives, civiles, de droit commun* (par oppos. aux *juridictions d'exception*), *commerciales... Juridictions de simple police, correctionnelles, criminelles.* Dr. pén. *Juridictions d'instruction, de jugement.* — *Juridictions françaises, étrangères* (Cf. Crime, cit. 18).

4 « ... quand (*ils*) eurent instruit Lucien du peu de cas qu'un poète devait faire du Tribunal de Commerce, juridiction établie pour les boutiquiers, le poète se trouvait déjà sous le coup d'une saisie. »
BALZ., **Illus. perd.**, Œuvr., t. IV, p. 924.

5 « Les plus importantes classifications des juridictions sont... 1° Les juridictions « de droit commun » et les juridictions « d'exception »... Dans tous les ordres de juridiction, on rencontre cette distinction... 2° La deuxième division aboutit non plus à une juxtaposition des juridictions, mais à une superposition. Il y a des juridictions inférieures... et... des juridictions supérieures ou d'appel. »
CUCHE, **Précis procéd. civ.**, Introd., 4 (éd. Dalloz).

DER. — Juridictionnel, elle. adj. (1537). Relatif à la juridiction, au fait de juger. *Pouvoir juridictionnel.*

JURIDIQUE. adj. (1410 ; du lat. *juridicus*).

|| 1° Qui se fait, s'exerce en justice, devant la justice. V. **Judiciaire.** *Intenter une action juridique* (ACAD.). *Accusation juridique* (Cf. Épreuve, cit. 31 VOLT.). *Preuve juridique* (Cf. Certificat, cit. 1 ROUSS.).

|| 2° (*Au sens le plus large*). Qui a rapport au Droit* (lat. *jus*). *Fait matériel, sans conséquences juridiques, et fait juridique, produisant un effet de droit. Formes de l'acte juridique* (Cf. Formalisme, cit. 1). *Actes juridiques soumis à des formes légales* (V. **Légal**). *Constitution* (cit. 8), *régime, situation, statut juridique* (Cf. Classe, cit. 1 ; contribuable, cit. ; gérance, cit. ; état, cit. 92). *Capacité juridique* (Cf. Aptitude, cit. 12). *Émancipation juridique de la femme* (cit. 119) *mariée. Importance juridique de la famille* (cit. 29). — *Science, philosophie juridique.* V. **Droit** (Cf. Criminel, cit. 2 ; histoire, cit. 34). *Vocabulaire, langue juridique. Études juridiques. Recevoir une solide formation juridique. Notions juridiques.* — *Phénomènes juridiques et éthiques* (cit. 3). *Au point de vue juridique, sur le plan juridique* (Cf. Exécution, cit. 16). *Aspects juridiques de la guerre* (cit. 1).

« ... on peut définir l'*acte juridique* une manifestation de volonté qui est faite avec l'intention d'engendrer, de modifier ou d'éteindre un droit.
... lorsqu'il n'y a pas opération *volontaire, intentionnelle*, il n'y a pas *acte juridique*. On appellera *faits juridiques* tous les événements qui entraînent la naissance, la transmission, la transformation, l'extinction de droits sans impliquer l'intervention d'une volonté intentionnelle. »
COLIN et CAPITANT, **Dr. civ.**, t. I, nᵒˢ 49 et 51.

DER. — Juridiquement. adv. (XVᵉ s.). || 1° Devant la justice, en justice. *Accuser juridiquement* (Cf. Ensorceler, cit. 1 VOLT.). *Demander juridiquement* (Cf. Baguette, cit. 3 VOLT.). *Interdire juridiquement :* judiciairement (Cf. Imbécile, cit. 5 ST-SIMON). *Sentence juridiquement prononcée, motivée.* || 2° Au point de vue du droit. *Économiquement et juridiquement* (Cf. Compréhensif, cit. 5 ; esclave, cit. 5).

JURISCONSULTE. n. m. (1462 ; du lat. *jurisconsultus*). Personne versée dans la science du droit*, et *spécialt.* Personne qui fait profession de donner des avis sur des questions juridiques (V. **Juriste, légiste**). *Consultation, avis de jurisconsultes. Éminent, savant jurisconsulte ; jurisconsulte de talent* (Cf. Comparse, cit. 1). *Recueil d'écrits des jurisconsultes romains.* V. **Digeste.** *Interprétation de la loi par les jurisconsultes* (V. **Doctrine**) *et par les tribunaux* (V. **Jurisprudence**). *Les grands jurisconsultes, exégètes du Code civil. Jurisconsultes qui interprètent une loi*, un code, la jurisprudence...*

« L'interprétation a pour but de préciser le sens des termes de la loi, de rechercher l'esprit qui a inspiré ses auteurs, et de déterminer l'exacte portée d'application de ses dispositions. Elle est l'œuvre d'une part des jurisconsultes qui se consacrent à son étude, de l'autre, des tribunaux chargés d'appliquer le Droit aux litiges soumis à leur jugement. Il y a donc deux organes d'interprétation des lois : la Doctrine et la Jurisprudence. »
COLIN et CAPITANT, **Dr. civ.**, t. I, nᵒ 24.

JURISPRUDENCE. n. f. (1562 ; du lat. *jurisprudentia*, « science du droit »).

|| 1° *Vx.* Science du droit. V. **Droit.** *La section de jurisprudence de l'Académie des Sciences morales et politiques* (ACAD.). *Terme de jurisprudence* (Cf. Contentieux, cit. 3).

|| 2° Ensemble des décisions* des juridictions sur une matière ou dans un pays, en tant qu'elles constituent une source de droit. *Par ext.* Ensemble des principes juridiques qui s'en dégagent (droit coutumier. V. **Coutume, doctrine**). *La jurisprudence des anciens parlements* (Cf. Asile, cit. 13). *Recueils de jurisprudence* (Cf. Forme, cit. 74). *Annotateur, commentateur des décisions de jurisprudence.* V. **Arrêtiste.** — *Interprétation** *des lois, œuvre de la jurisprudence et des jurisconsultes* (cit.). *Législation, jurisprudence et doctrine* (cit. 5). *La jurisprudence admet, reconnaît, distingue... D'après la jurisprudence...* (Cf. Emprise, cit. 2 ; espèce, cit. 20 ; fondateur, cit. 4). *D'après une jurisprudence déjà ancienne...* (Cf. Grève, cit. 17). *La jurisprudence n'est pas encore fixée sur ce point. Le tribunal s'est conformé à la jurisprudence en cours.*

1 « C'est en introduisant dans le Code l'idée qu'il pourra être sans cesse tempéré et éclairé par *la jurisprudence*, inspirée par l'*équité naturelle*, que, suivant les termes de la biographie de Portalis, celui-ci « sauva la vie du Code Napoléon ». »
MADELIN, **Hist. Cons. et Emp.**, Le Consulat, XII.

2 « On appelle « jurisprudence » la façon dont les lois sont interprétées par les tribunaux. Comparé au rôle du législateur, le rôle du juge semble modeste : en réalité il est presque égal.
La jurisprudence présente des caractères qui lui sont propres... Les tribunaux statuent... sur... des *questions de détails,...* isolées les unes des autres... Il résulte de là une *grande variété ;...*
Néanmoins la jurisprudence finit toujours par arriver à des solutions fixes,... la jurisprudence a eu une allure très inégale dans l'interprétation des textes. Elle s'est montrée *tour à tour très hardie et très timide.* »
PLANIOL, **Dr. civ.**, t. I, nᵒˢ 122 à 125.

— *Décision, arrêt qui est à l'origine d'une jurisprudence, qui fait jurisprudence.* — *Fig. :*

3 « ... mon grand-père que je considérais comme meilleur juge et dont la sentence, faisant jurisprudence pour moi, m'a souvent servi dans la suite à absoudre des fautes que j'aurais été enclin à condamner,... »
PROUST, **Rech. t. p.**, t. I, p. 27.

— *Spécialt.* Ensemble des décisions d'un tribunal ; manière dont un tribunal juge habituellement une question. *La jurisprudence de la Cour de Cassation n'a jamais varié sur ce point.*

DER. — **Jurisprudentiel, elle.** *adj.* (1874 in LITTRÉ, Suppl.). Qui se rapporte à la jurisprudence, résulte de la jurisprudence. *Précédent jurisprudentiel. Débats jurisprudentiels* (Cf. Archive, cit. 9).

JURISTE. *n. m.* (XIVe s. ; du lat. médiév. *jurista*). Personne qui a de grandes connaissances juridiques, et *spécialt.* Auteur d'ouvrages, d'études juridiques. *Savant juriste.* V. **Arrêtiste, jurisconsulte, légiste, loi** (homme de loi). *Juriste éminent, émérite* (cit. 3).

« ... cette œuvre, dont l'élaboration avec le grand juriste disparu (*Ambroise Colin*) représente les plus belles, les plus fructueuses années de ma vie de travail. »
CAPITANT, **Avant-propos** 7e éd. (in COLIN et CAPITANT, **Cours dr. civ. franç.**, t. I, p. X).

JURON. *n. m.* (1599 ; de *jurer*). Terme plus ou moins familier ou grossier dont on se sert pour jurer. V. **Jurement.** *Le juron, parfois plus grossier que le jurement* (Cf. Gros* mot), *tire moins à conséquence et consiste souvent en un euphémisme vidé de son sens* (V. **Exclamation,** cit. 2). *Gros juron, vilain, terrible juron* (Cf. Empoigner, cit. 2). *Juron plaisant, drolatique* (Cf. Gros, cit. 27). *Pousser, lâcher un juron. Juron servant d'imprécation, d'insulte, d'injure* (cit. 8). *Juron invoquant le diable* (V. *aussi* **Damnation**), *les morts, la vie* (vertu de ma vie ; sur ma vie...). *Juron employant ou déformant le nom de Dieu** (*supra* cit. 55). Cf. Nom (de Dieu), parbleu, pardi, sacristi (« sacrer Dieu ») ; et *vx.* Cadediou (cap* de Dious ; *juron gascon*), corbleu (cordieu), goddam (*juron anglais*), jarnibleu (jarnibleu, et *par euphém.* jarnicoton), morbleu (mordieu, mordienne, etc.), palsambleu (palsangué, palsanguienne), pâques-Dieu, pardieu (pardienne, pargué, parguenne), têtebleu (têtebleu, têtiguenne), tudieu, ventrebleu (Cf. *par euphém.* Ventre*-Saint-Gris), vertubleu (vertudieu, vertigué, vertuchou). — *Par ext.* JURON se dit d'exclamations, d'interjections, de grossièretés (Bordel, bougre, foutre, merde, etc.) qui n'évoquent pas une chose sacrée sur quoi on puisse jurer*. *Jurons familiers* (nom d'un petit bonhomme*, nom d'un chien*, nom de nom, par ma barbe, sac* à papier...). *Bagasse*, juron méridional ; fouchtra*, juron auvergnat ; caramba*, juron espagnol...*

1 « Les jurements, considérés comme des blasphèmes, avaient toujours été défendus,... par l'autorité.
Les jurons où les noms sacrés étaient déformés, tronqués ou remplacés, n'avaient jamais eu la même gravité. Une commode hypocrisie faisait tolérer *ventrebleu* ou *morbleu*...
... les marquis... semaient leurs propos de ces jurons que la civilité interdisait aux gens du commun ; toutefois la piété croissante rendit peu à peu suspect tout ce qui ressemblait à un jurement... Il y a des inventions bouffonnes..., des préciosités... Mais, en dehors de ces fantaisies, nul doute que pas mal de formes n'aient été créées... pour permettre d'échapper aux soupçons d'impiété. »
BRUNOT, **H.L.F.**, t. IV, La langue classique (1660-1715), pp. 384-387.

2 « Il est à supposer que les jurons, qui sont des exclamations entièrement dépourvues de sens, ont été inventés comme instinctivement pour donner issue à la colère, sans rien dire de blessant ni d'irréparable. Et nos cochers, dans les encombrements, seraient donc philosophes sans le savoir. »
ALAIN, **Propos,** 17 nov. 1913, Injures.

— *Spécialt.* La façon de jurer habituelle à une personne. *Ventre-Saint-Gris était le juron d'Henri IV. C'est son juron, son grand juron.*

3 « Mon grand-père employait son grand juron contre cette Mme Vignon : Le diable te crache au cul ! » STENDHAL, **Vie de H. Brulard,** 17.

JURY. *n. m.* (1688 en parlant de l'Angleterre ; empr. à l'angl. *jury*, lui-même de l'anc. franç. *jurée*, « serment, enquête »).

‖ 1° *Dr. crim.* « Institution en vertu de laquelle de simples citoyens sont appelés spécialement à participer, comme juges du fait, à l'exercice de la justice criminelle » (CAPITANT). *Le jury a été institué en 1790 par l'Assemblée Constituante.*

— Ensemble des jurés* inscrits sur les listes départementales annuelles ou sur une liste de session (ex. : *Liste du jury*), et *spécialt.* le groupe de sept (anciennement douze) jurés tirés au sort pour chaque affaire (*jury de jugement*). *Du jury et de la manière de le former,* titre d'un chapitre du Code d'Instruction criminelle (art. 381-406). *Le jury écoute les débats, peut demander des éclaircissements... Avant la loi du 25 nov. 1941, le jury statuait seul sur le fait, sous la présidence d'un chef de jury tiré au sort* (Cf. Énoncé, cit. 2), *et rendait un verdict* sur lequel la cour se prononçait (Cf. Estimer, cit. 9) ; *depuis, la cour et le jury se réunissent en chambre du conseil pour délibérer en commun.*

« La cour et le jury délibéreront, puis voteront... sur le fait principal d'abord... **1**
La décision de la cour et du jury tant contre l'accusé que sur les circonstances atténuantes, se forme à la majorité.
En cas de réponse affirmative sur la culpabilité, la cour et le jury délibéreront sans désemparer sur l'application de la peine,... »
CODE INSTRUCT. CRIM., **Art.** 345-348-351.

‖ 2° Assemblée, commission chargée officiellement de l'examen d'une question. *Jury d'honneur,* « réunion d'arbitres désignés pour décider d'une question qui intéresse l'honneur » (ACAD.).

— *Dr. civ. Jury d'expropriation.* V. **Expropriation.** — *Spécialt.* Ensemble d'examinateurs. V. **Examen.** *Le président, les membres du jury. Jury de concours, d'agrégation, d'examen, de thèse. Délibération du jury. Jury sévère, indulgent pour les candidats*. — Jury d'une exposition de peinture, d'un prix littéraire...,* chargé de décerner les prix. *X, membre influent du jury.* — *Sports.* Réunion d'officiels.

« Quand je montai au tableau à mon tour, devant le jury, ma timidité redoubla, je m'embrouillai en regardant ces Messieurs et surtout le terrible M. Dausse, assis à côté et à droite du tableau. » **2**
STENDHAL, **Vie de H. Brulard,** 24.

JUS (*ju*). *n. m.* (XIIIe s. ; du lat. *jus*). Suc contenu dans une substance végétale, et extrait par pression, décoction, etc. V. **Suc.** *Le jus des fruits* (1, cit. 20). *Exprimer*, extraire* le jus d'une orange, d'un citron à l'aide d'un presse-citron. Jus qui fuse* (cit. 6), *qui jaillit, coule d'un fruit.* V. **Juter ; juteux** (Cf. Dessert, cit. 3). *Jus d'une grappe* (cit. 3) *de raisin, d'une grenade* (cit. 3 et 4). *Jus de raisin vert.* V. **Verjus.** Loc. prov. *C'est jus vert ou verjus, c'est la même chose, c'est indifférent.* — *Préparation et conserve industrielles des jus de fruits ou de légumes frais. Bouteille, boîte de jus de tomate, de grapefruit... Jus concentrés.* V. **Concentré, sirop.** *Boisson* au jus de citron.* V. **Citronnade,** *d'orange* (V. **Orangeade**), *de grenade* (V. **Grenadine**), *de pomme* (V. **Cidre**), *de réglisse* (V. **Coco**). Poét. ou fam. *Le jus de la treille* (V. Fond, cit. 1), *de la vigne.* V. **Vin.** — *Spécialt. Jus de réglisse*,* extrait de la racine de réglisse, préparé en bâtons ou en pâte.

« — Vous plaît-il un morceau de ce jus de réglisse ? **1**
— C'est un rhume obstiné, sans doute ; et je vois bien
Que tous les jus du monde ici ne feront rien. »
MOL., **Tart.**, IV, 5.

« Pauline... coupa et pressa le citron, vérifia la propreté du verre, versa le sucre en poudre, le jus acide... » **2**
CHARDONNE, **Destin. sentim.**, p. 198.

« L'exquise fraîcheur de leur jus a certainement favorisé la vente **3** des oranges. Cependant, il a fallu que le public prenne l'habitude d'en boire et tout d'abord de l'extraire du fruit... un verre de jus s'avale vite et... il faut plusieurs fruits pour remplir un verre. D'où la campagne que le *California Fruit Growers Exchange* et la *Florida Citrus Exchange* mènent depuis de nombreuses années pour inciter le consommateur à boire des jus d'agrumes *frais.* D'où leur ardeur à répandre... des extracteurs électriques qui, en un instant, vident le fruit de son jus. Des distributeurs automatiques de jus viennent d'être installés à Chicago... la machine vous livre un verre en carton plein jusqu'aux bords d'un jus d'oranges, de grapefruit ou de citron glacé. »
P. ROBERT, **Agrumes dans le monde**, p. 259.

— *Par anal.* Suc extrait d'une substance animale par cuisson, macération... *Jus de viande,* et absolt. *Jus.* V. **Sauce** (Cf. Feu 1, cit. 22) ; **brouet** (*vx*). *Carottes au jus. Arroser* un gigot de son jus. Viande qui cuit dans son jus.* — Fig. et pop. *Cuire* dans son jus. Laisser quelqu'un cuire, mijoter dans son jus,* le laisser aux prises avec des difficultés ou en proie à sa mauvaise humeur.

« ... ne pourriez-vous pas nous brouiller ces œufs dans le jus de **4** ce gigot ?... — Oh ! très volontiers, répondit le chef ;... je m'approchai du feu, et, tirant de ma poche un couteau de voyage, je fis au gigot défendu une douzaine de profondes blessures, par lesquelles le jus dut s'écouler jusqu'à la dernière goutte. »
BRILLAT-SAVARIN, **Physiol. du goût**, Les œufs au jus, t. II, pp. 156-157.

« ... des rouelles aux carottes et aux girolles, qui ne perdaient rien **5** de leur volume ni de leur jus. » COLETTE, **Prisons et paradis**, p. 80.

— Pop. *Jus de chapeau, de chaussette, de chique,* mauvais café. *Absolt.* V. **Café.** — Arg. milit. *Soldat qui est (de corvée) de jus. Au jus là-dedans ! — C'est du trente au jus,* la libération du contingent aura lieu dans trente jours. — *Premier, deuxième jus,* soldat de 1re, 2e classe.

« Dans la cuisine,... on se bat pour des quarts de jus. » **6**
DORGELÈS, **Croix de bois**, IV.

— Pop. *Balancer un type au jus,* le jeter à l'eau (Cf. Franchir, cit. 3). — *Il n'y a plus de jus,* plus de courant électrique. *Un court-jus,* un court-circuit. — *Jeter du jus (et ellipt. En jeter) :* avoir de l'éclat, faire de l'effet. *Une toilette qui jette du jus.* — *Spécialt.* Dissertation scolaire ; exposé, discours (Cf. Laïus, topo).

COMP. — **Verjus.**

DER. — **Jusée** (-zé). *n. f.* (1765 ENCYCL.). *Technol.* Liqueur acide obtenue en lessivant, à l'eau, du tan déjà épuisé et utilisée en tannerie*, pour le gonflement des peaux. *Bain de jusée.* V. **Tannage.** — **Juter.** *v. intr.* (1844). Rendre du jus. *Pêche, fruit qui jute.* — *Par anal.* (fam.). *Pipe qui jute.* — **Juteux, euse.** *adj.* (XIVe s.). Qui a beaucoup de jus. *Grappe* (cit. 3) *de raisin, poire juteuse.* V. **Fondant.** — *Pop.* Très profitable, très rémunérateur. *Un poste juteux Une place juteuse. Cela doit être juteux.* — *Substant.* (XXe s.). *Arg. milit.* V. **Adjudant.**

1 « Je ne connais rien de plus agaçant que des semelles qui jutent et qui font ghi, ghi, ghi, tout le long du chemin. J'aime mieux aller nu-pieds. »
HUGO, Misér., III, VIII, VII.

2 « ... ces pissenlits qui jutaient sous les pieds. »
GIONO, Jean le Bleu, II.

3 « Pendant cinquante-deux mois, il faudrait obéir aux sergents, aux juteux,... »
SARTRE, Le sursis, p. 92.

JUSANT (*-zan*). *n. m.* (*Jussan* en 1634 ; de l'anc. adv. *jus*, « en bas », dér. du lat. *deorsum*, avec influence du franç. *sus*). *Mar.* Marée descendante. V. **Perdant, reflux.**

« Balancés, ballottés, en proie à tous jusants
Sur la mer où luisaient les astres favorables : »
VERLAINE, **Poèmes divers,** Prière.

JUS GENTIUM (*juss'-jin-si-om*). Expression latine signifiant « droit des gens ». — *Antiq. lat.* Droit appliqué aux étrangers, par oppos. au *jus civile*, « droit des citoyens ». — *De nos jours.* Droit international.

JUSQUE, JUSQU', et (*littér.* ou *poét.*) **JUSQUES.** *prép.* (Xe s. *Passion du Chr.* ; du lat. *de usque*, ou *inde usque*. — REM. La forme *jusques*, avec l's adverbial, fréquente dans l'ancienne langue, s'emploie encore parfois dans le style soutenu ou pour des raisons d'euphonie, notamment en poésie). Préposition marquant le terme final, la limite que l'on ne dépasse pas. S'emploie comme *préposition* (I), comme *adverbe* (II), et comme *conjonction* (*Jusqu'à ce que,* III).

I. *Prép.* (Suivie le plus souvent de *à*, d'une autre préposition ou d'un adverbe).

|| 1° JUSQU'à introduisant un complément.

A. (Lieu) *Aller jusqu'à Paris. Il a couru jusqu'à la gare. Il est venu jusqu'à ma place pour me serrer la main. Rempli jusqu'au bord. Notre corps va jusqu'aux étoiles* (BERGSON. Cf. Homme, cit. 55). *Jusqu'à terre. Branches qui plient jusqu'à terre* (Cf. Étais, cit. 2 ; et aussi Figuier, cit. 1 ; flotter, cit. 6). *Jusqu'aux extrémités* (cit. 1) *de la terre.* — *Il la suivrait jusqu'au bout* (cit. 18) *du monde* (Cf. aussi Filer, cit. 18 ; flotter, cit. 15 ; funérailles, cit. 7). *Jusqu'à la gauche*. Porter, élever* (cit. 30) *quelqu'un jusqu'aux nues. Plonger son épée jusqu'à la garde* (Cf. Fourrer, cit. 3 ; garde 1, cit. 84 et 86). *Vêtements usés jusqu'à la corde* (cit. 13). *Boire* (cit. 37 et 38) *le calice jusqu'à la lie. Remuer les âmes jusqu'au fond* (Cf. Intrigue, cit. 11). *Jusqu'au fond de l'âme* (Cf. Former, cit. 5). *Il a été atteint* (cit. 20) *jusqu'au fond de l'être* (Cf. aussi Atteindre, cit. 17 et 23). — *Fig. Pousser une action jusqu'à l'achèvement* (cit. 1) *Jusqu'au bout*... Ses maux s'augmentèrent* (cit. 18) *jusqu'aux derniers excès. Jusqu'à un certain point* (Cf. Faire, cit. 34 ; intraitable, cit. 1). *Jusqu'à ce point* (Cf. Empêcher, cit. 18 ; gradation, cit. 1). *Jusqu'à quel point* (Cf. Authentique, cit. 14 ; faiseur, cit. 19 ; incompréhensible, cit. 4 ; interverti, cit. 1). *Jusqu'à l'extrême* (cit. 25). *Jusqu'à concurrence* de...*

1 « Sion, jusques au ciel élevée autrefois,
Jusqu'aux enfers maintenant abaissée, »   RAC., **Esther,** I, 2.

2 « (*L'ombre*) Semble élargir jusqu'aux étoiles
Le geste auguste du semeur. »
HUGO, **Chansons des rues et des bois,** II, 3.

3 « Frédéric se sentit blessé, jusqu'au fond de l'âme... Il avait envie de mourir. »   FLAUB., **Éduc. sentim.,** I, VI.

4 « Quel bonheur de pouvoir dire tout ce que l'on sent à quelqu'un qui vous comprend *jusqu'au bout* et non pas seulement *jusqu'à un certain point*, à quelqu'un qui achève votre pensée avec le même mot qui était sur vos lèvres,... »   LOTI, **Aziyadé,** III, XL.

— Suivi d'un mot désignant une partie du corps. *Rougir jusqu'aux oreilles* (Cf. Gauchement, cit. 2), *jusqu'au blanc* (cit. 22) *des yeux. Un habit boutonné* (cit. 2) *jusqu'au menton. Dans l'herbe jusqu'au ventre* (Cf. Étoile, cit. 15 ; et aussi Fouiller, cit. 3). *Jusqu'aux cuisses, jusqu'aux genoux* (cit. 2 et 4), *jusqu'à mi-jambes* (Cf. Houppelande, cit. 3), *jusqu'à la ceinture* (Cf. Camail, cit. 2). *Elle frissonna* (cit. 7) *jusqu'aux entrailles. Imprégner* (cit. 12) *jusqu'aux moelles. Le froid le saisit jusqu'au cœur* (cit. 36). *Se gratter* (cit. 24) *jusqu'au sang.* — *Maîtresse femme jusqu'au bout des ongles* (Cf. Commode I, cit. 9). *S'attendrir jusqu'aux larmes* (Cf. Attendrissement, cit. 3). *La tête rasée jusqu'à la peau* (Cf. Exception, cit. 10), *jusqu'au cuir* (cit. 1). — *Fig. Être plongé jusqu'au cou,* (cit. 10) *dans les études, dans les affaires.*

5 « ... d'autres avaient leur burnous rabattu jusqu'aux yeux, le haïk relevé jusqu'au nez ;... »   FROMENTIN, **Été dans le Sahara,** p. 232.

— (Suivi d'un nom abstrait, pour marquer l'excès d'une qualité ou d'un défaut). *Pousser la méchanceté jusqu'au sadisme* (Cf. Guerre, cit. 12). *Son respect pour elle allait jusqu'à l'adoration* (cit. 4). *Respectueux jusqu'à l'adoration. Empressée jusqu'à l'humilité* (cit. 24). *Poli jusqu'à l'obséquiosité* (Cf. Courber, cit. 26). *Fin (adj.,* cit. 17) *jusqu'à la rouerie. Audacieux* (cit. 6) *jusqu'à la témérité. Brave jusqu'à la folie* (cit. 15). *Poète jusqu'à la bêtise* (Cf. Fou, cit. 34).

6 « Quand on dit : *cela est vrai jusqu'à une certaine limite,* on restreint la caractéristique *vrai,* en s'arrêtant à un point. Mais il arrive souvent au contraire qu'on se sert du même procédé de langage pour marquer que le développement atteint et passe un degré ou la caractéristique se change en une autre, qui est comme l'extrémité de la première : *indulgent* jusqu'à *la faiblesse, pénétrant* jusqu'à *la divination ;* — *brave* jusqu'à *la témérité, intraitable* jusqu'à *la folie* (RENAN, Jés., XX). »   BRUNOT, **Pens. et lang.,** p. 693.

|| (Avec un pronom personnel). *Il est venu jusqu'à moi. Pour pénétrer jusques à toi* (Cf. Attirail, cit. 4 LA BRUY.). *Comment arriver jusqu'à elle ?* (Cf. Inaccessible, cit. 17). *Jusqu'à lui* (Cf. Atteindre, cit. 43). *La lumière de certaines étoiles* (cit. 16) *n'est pas encore arrivée jusqu'à nous* (Cf. Hellène, cit. 2). — REM. Malgré l'ACAD., on ne dirait plus aujourd'hui : « Cette nouvelle n'était pas encore parvenue *jusques à nous* ».

|| (Devant un infinitif, pour marquer la limite extrême, la conséquence d'un état ou d'une action). *Il est allé jusqu'à prétendre qu'on ne l'avait pas averti. Pousser l'audace* (cit. 20) *jusqu'à forcer une porte.* V. **Point*** (au point de).

7 « (*Elle*)... souhaiterait de se voir sa femme, jusqu'à lui donner tout son bien par contrat de mariage ;... »   MOL., **Avare,** IV. 1.

8 « La servitude abaisse les hommes jusqu'à s'en faire aimer. »
VAUVEN., **Réflex. et max.,** 22.

9 « ... elle l'admirait comme son maître. Son génie allait jusqu'à l'effrayer ; elle croyait apercevoir plus nettement chaque jour le grand homme futur dans ce jeune abbé. »
STENDHAL, **Le rouge et le noir,** I, XVII.

10 « Sa tendresse pour moi allait jusqu'à troubler sa raison, si lucide et si ferme en toutes choses. »   FRANCE, **Petit Pierre,** I.

11 « J'irai jusqu'à t'accorder que de toutes les images qui ne sont pas son portrait, c'est la plus ressemblante. »
ROMAINS, **H. de b. vol.,** t. IV, XIII, p. 140.

B. (Temps). *Rester éveillé* (cit. 29) *jusqu'au matin. Jusqu'au point du jour* (Cf. Bouillir, cit. 2). *Jusqu'à une heure avancée* (Cf. Impunément, cit. 8). *Jusqu'à soir* (Cf. Fureur, cit. 24 ; glaner, cit. 1 ; hauteur, cit. 14). *Jusqu'à la dernière minute* (Cf. Évanouissement, cit. 1 ; hasarder, cit. 13). *Jusqu'au dernier moment* (Cf. Affecter, cit. 11). *Jusqu'à la fin, jusqu'au bout. Jusqu'à ce jour* (Cf. Étude, cit. 33). *Jusqu'à nos jours* (Cf. Inquisition, cit. 1). *Il a vécu jusqu'à quatre-vingt-quatre ans* (Cf. Garder, cit. 7). *Ne touchez à rien jusqu'à mon retour* (Cf Expressément, cit. 2). *Elle garda le silence jusqu'à sa mort* (Cf. Avaler, cit. 10 ; intolérance, cit. 3) ; *jusqu'à l'heure de la mort* (Cf. Apprendre, cit. 28 ; estampille, cit. 1). *Jusqu'à ces dernières années* (Cf. Intoxication, comp.). *Tradition qui remonte jusqu'aux siècles les plus reculés* (Cf. Antiquité, cit. 4). *Jusqu'à l'infini* (Cf. Épuiser, cit. 29). *Jusques à l'infinité* (cit. 3) *des temps* (LA BRUY.). *Jusqu'au jugement dernier* (Cf. Fossoyeur, cit. 2). *Jusqu'à plus ample informé*. Jusqu'à nouvel ordre** (Cf. Imitation, cit. 18).

12 « Autant que toi sans doute il te sera fidèle,
Et constant jusques à la mort. »   BAUDEL., **Fl. du mal,** CX.

13 « Ne t'ai-je pas aimé jusqu'à la mort moi-même, »
VERLAINE, **Sagesse,** II. IV. I.

14 « J'ai reçu le mandat de défendre Paris contre l'envahisseur. Ce mandat, je le remplirai jusqu'au bout. »
Gal GALLIENI, **Procl. à l'armée de Paris,** 3 sept. 1914.

— REM. Suivi d'un mot énonçant le temps, *jusque* peut être précédé de la préposition *pour. En voilà pour jusqu'à demain* (Cf. Abréger, cit. 1 ; fricot, cit. 2). V. **Pour.**

|| JUSQUE, introduit par DE, DEPUIS, À PARTIR DE, marquant le point de départ dans le temps ou dans l'espace. *De la corniche jusqu'aux fondations* (Cf. Aucun, cit. 31). *Du matin jusqu'au soir* (Cf. Aucun, cit. 31). *Du haut jusqu'en bas* (Cf. Frayeur, cit. 1), *jusques en bas* (Cf. Haut, cit. 74). *Depuis** (cit. 20 à 24, et 27 à 30) *en haut jusqu'en bas. Salle tapissée de fusils et de sabres depuis en haut jusqu'en bas* (Cf. Carabine, cit.). *Écorché* (cit. 3) *depuis la tête jusqu'aux pieds* (Cf. Habiller, cit. 2). *Équiper* (cit. 4) *depuis les pieds jusqu'à la tête.*

15 « Mais vous, ami, prenez Narbonne, et je vous laisse
Tout le pays d'ici jusques à Montpellier ; »
HUGO, **Lég. des siècles,** X, Aymerillot.

16 « Du haut jusques en bas de l'échelle fatale, »
BAUDEL., **Fl. du mal,** CXXVI, VI.

17 « Ainsi, la Beauce, devant lui, déroula sa verdure, de novembre à juillet, depuis le moment où les pointes vertes se montrent, jusqu'à celui où les hautes tiges jaunissent. »   ZOLA, **La terre,** III, 1.

C. (Totalité). JUSQUE, combiné avec *y compris*, inclus*, inclusivement*,* pour marquer que la limite extrême introduite par *jusque* est comprise. *Jusques et y compris la page vingt. Jusqu'au 17 décembre inclus* (cit. 2).

— Combiné avec un mot marquant la totalité (*tous, tout*), et dans un sens voisin de « même ». V. **Même** (Cf. aussi *infra,* II, emploi adverbial). *Tous, jusqu'à sa femme, l'ont abandonné. Il a tout perdu, jusqu'à sa chemise*. Tous me sont tombés dessus, jusqu'au maçon* (Cf. Friponner, cit.). *Il payait tout, jusqu'aux notes de la manucure* (Cf. Exceptionnel, cit. 9). *Tout le troupeau jusqu'au moindre agneau* (Cf. Ferme 1, cit. 15). *Tous jusqu'au dernier* (Cf. Gouffre, cit. 4).

18   « Tous les gens querelleurs, jusqu'aux simples mâtins,
      Au dire de chacun, étaient de petits saints. »
                                   LA FONT., **Fabl.**, VII, 1.

19   « Ma force à lutter s'use et se prodigue.
      Jusqu'à mon repos, tout est un combat ; »
             MUSS., **Derniers vers** (Cf. Force, cit. 22).

  ‖ **2°** JUSQUE suivi d'une prép. autre que *à* (lieu ou temps) : APRÈS, DANS, CHEZ, EN, ENTRE, PAR-DESSUS, PASSÉ, SOUS, SUR, VERS... *Jusqu'après sa mort. Jusque dans un lieu* (Cf. Arbre, cit. 19 et 46 ; ébranler, cit. 8 ; enfer, cit. 3 ; garnison, cit. 5). *Il l'accompagne jusque chez lui* (Cf. Face, cit. 58). *Suivre jusqu'en enfer* (Cf. Caractère, cit. 24). *En avoir jusque par-dessus la tête*, être excédé*. *Nous avons travaillé jusque passé minuit. Jusque sous les climats polaires* (Cf. Fraise, cit. 1). *Jusque sur les toits* (Cf. Fermer, cit. 36). *Je vous attendrai jusque vers onze heures et* (cit. 31) *demie.*

20   « Hé bien ! de leur amour tu vois la violence,
      Narcisse : elle a paru jusque dans son silence. »
                      RAC., **Britann.**, II, 8.

21   « ... elle se plaisait en cette maison tranquille, et même elle y demeura jusques après Pâques. »   **FLAUB.**, **M**ᵐᵉ **Bov.**, II, XIV.

22   « Durant tout le moyen âge et jusques au milieu du XVIIIᵉ siècle. »
             SUARÈS, **Vues sur l'Europe**, p. 131.

  ‖ **3°** JUSQUE, suivi d'un adv. de lieu ou de temps : ALORS, À PRÉSENT, AUJOURD'HUI, DEMAIN, HIER, ICI, LÀ, MAINTENANT, OÙ, TANTÔT... *Ce pays jusqu'alors fermé aux étrangers* (Cf. Établir, cit. 4). *Le ciel demeuré jusqu'alors d'une limpidité immaculée* (Cf. Gâter, cit. 43). *Jusques alors* (Cf. Ardeur, cit. 19). *Une terre où jusqu'à présent je n'ai fait que passer* (Cf. Habiter, cit. 11). *Il n'avait eu jusqu'à présent qu'à se louer de ses fils* (Cf. Instinct, cit. 6). *Jusqu'ici*, jusqu'à cet endroit, ou jusqu'à maintenant. *L'épidémie n'est pas arrivée jusqu'ici. Vous avez résisté jusqu'ici* (Cf. Courber, cit. 4). *Jusques ici* (Cf. Apprendre, cit. 6). *Jusque-là*, jusqu'à cet endroit ou jusqu'à ce moment-là. *Une robe qui descend jusque-là. Jusque-là, il avait toujours évité d'en parler* (Cf. Garder, cit. 73). Fig. et fam. *En avoir jusque-là*, avoir trop mangé*, ou être excédé* (Cf. En avoir jusque par-dessus la tête). *J'en ai jusque-là de vos histoires ! Jusqu'où* (relatif ou interrogatif). *Jusqu'où allez-vous ? Jusqu'où cela va-t-il nous mener ? Nul n'a su jusqu'où* (Cf. Fille, cit. 25). *Jusques où* (Cf. Hasarder, cit. 4).

23   « ... je crois avoir déjà vu que *le chanoine* en a jusque-là de la duchesse :... »   **SÉV.**, 539, 19 mai 1676.

24   « Sans doute il est fâcheux d'en venir jusque-là, »
                  MOL., **Tart.**, IV, 5.

25   « Tu vois, ami lecteur, jusqu'où va ma franchise. »
         MUSS., **Prem. poés.**, Namouna, I, LXXV.

26   « Vous avez été courageux jusqu'ici, il ne faut pas flancher. »
          DORGELÈS, **Partir**, X, p. 225.

27   « Il n'est pas une ville française jusqu'où ne viennent saigner les blessures ouvertes sur le champ de bataille. »
             DUHAM., **Vie des mart.**, p. 7.

  — JUSQUE peut régir certains adverbes (*contre, loin, récemment, tard*, etc.) précédés ou non d'un adverbe de quantité (*assez, bien, fort, tant, très*, etc.). *Il a travaillé jusque tard* (*très tard*) *dans la nuit. Jusque récemment, tout récemment.*

28   « Il vient jusque tout contre la duchesse... »
            F. de CUREL, **Fossiles**, I, III.

  — REM. Devant *demain, hier, maintenant, tantôt*, on emploie généralement *jusqu'à. Réfléchissez jusqu'à demain*. — Devant *après, après-midi, après-demain, avant-hier*, l'addition de *à* est facultative Si l'on dit bien : *Jusqu'après sa mort*, il semble préférable de dire, malgré l'hiatus : *jusqu'à après-demain, jusqu'à avant-hier.*

29   « Tu vas rester jusqu'à après-demain. »
         L. DAUDET, **Fausse étoile**, p. 208.

30   « Jusqu'à hier ils ont donné signes de vie,... »
         GIDE, **Journal**, 23 déc. 1927.

  — La construction de *jusque*, suivi de *aujourd'hui*, a fait l'objet de longues discussions au XVIIᵉ et au XVIIIᵉ s. ; les uns, considérant que cet adverbe contenait l'article *au*, préconisaient « jusqu'aujourd'hui » ; les autres opinaient pour *jusqu'à*, en alléguant qu'*aujourd'hui* était un adverbe authentique. Dans la dernière édition de son Dictionnaire, l'ACAD. admet *jusqu'à aujourd'hui*. V. **Aujourd'hui***. Vx. *Jusques aujourd'hui* (cit. 11).

31   « Qu'aucuns monstres par moi domptés jusqu'aujourd'hui
      Ne m'ont acquis le droit de faillir comme lui. »   **RAC.**, **Phèdre**, I, 1.

32   « ... car tu n'as pas, je pense,
      Mené jusqu'aujourd'hui cette affreuse existence ? »
          MUSS., **Poés. nouv.**, Dupont et Durand.

33   « ... jusqu'aujourd'hui l'espèce est demeurée indécise et flottante... »
        GIDE, **Journal** (1910), Voyage Andorre, Seo d'Urgel.

34   « Il en était ainsi jusqu'à aujourd'hui... »
         MAURIAC, **Asmodée**, I, VII.

  — *Jusqu'à quand ?* loc. interrogative. *Jusqu'à quand resterez-vous avec nous ? Jusques à quand ?* (dans le style soutenu, ou par plaisant.).

35   « Jusques à quand, ô ciel, et par quelle raison
      Prendrez-vous contre moi des traits dans ma maison ? »
           CORN., **Cinna**, V, 2.

36   « Jusqu'à quand souffre-t-on que ce peuple respire, »
           RAC., **Esther**, II, 1.

37   « Jusques à quand dureront les cierges perpétuels devant la Vierge de Lourdes ? »   **BARRÈS**, **Amitiés franç.**, p. 208.

  II. *Emploi adverbial* (incluant dans une totalité, une série, l'objet ou le sujet introduit). V. **Même.** *La terre, la mer, l'air, la nuit et jusqu'à l'éther* (cit. 6) *lui appartiennent. Il détestait son humilité* (cit. 20), *ses manières obéissantes et jusqu'à sa bonté. Il y a des noms et jusqu'à des personnes que j'ai complètement oubliés* (Cf. Fouiller, cit. 29).

38   « Il livra tout, les papiers de Léopold, les ornements d'église, un fourneau et jusqu'à la grosse truie. » **BARRÈS**, **Colline inspirée**, XI.

  — *Spécialt.* (Devant un objet ou un sujet isolé qu'il met en relief). *Il y avait là jusqu'à un phonographe* (Cf. Café-concert, cit.). *Vous avez compromis jusqu'à mon honneur* (Cf. Géronte, cit.). *Ils réclamaient jusqu'à l'argent des cadeaux* (Cf. Grossir, cit. 7 ; et *aussi* Arbre, cit. 10 ; habile, cit. 1 ; fortune, cit. 32).

39   « ... que répondrais-je à ces critiques qui condamnent jusques au titre de ma tragédie,...? »   **RAC.**, **Alex.**, 1ʳᵉ préf.

40   « ... il regrettait jusqu'à la senteur du gaz et au tapage des omnibus. »   **FLAUB.**, **Éduc. sentim.**, I, VI.

41   « Ainsi, jusqu'à la source de sa vie était empoisonnée. »
        R. ROLLAND, **Jean-Christ.**, Le matin, p. 142.

42   « Cet emploi (*adverbial*) se présente, par ex., dans une énumération : « *Fontenelle, le cardinal de Rohan..., jusqu'à l'abbé d'Olivet*, tout fut contre moi » VOLT., *Let.*, 31 août 1749; « Binet, Madame Lefrançois, Artémise, les voisins, *et jusqu'au maire*, mᶜnsieur Tuvache, tout le monde l'engagea » FLAUB., *Bov.*, II, 2 ; dans ces deux phrases, *jusque* conserve encore quelque chose de sa valeur prꞇre (terme d'une énumération, point final d'une série). Le voici devant un sujet isolé : « Cet air de discrétion qu'avait remarqué *jusqu'à son cocher* » PROUST, *Swann*, II, 121 ; Cf. : « Les paroissiens ont déserté, *jusqu'aux marguilliers* ont disparu » LA BRUY., *Car.*, XV, 5. — *Jusqu'à* peut, de même, régir un objet direct : « J'aimais *jusqu'à ses pleurs* que je faisais couler » RAC., *Brit.*, 402 ; « J'ai perdu *jusqu'à la fierté* Qui faisait croire à mon génie » MUSS., *Tristesse*. — Ainsi employé, *jusqu'à* met le sujet ou l'objet en vif relief. Et en vient à prendre le sens de l'adverbe *même* ».   G. et R. LE BIDOIS, Synt. du franç. mod., § 1897.

  — REM. Devant un objet indirect amené lui-même par *à*, cette construction risque d'être équivoque. « *Il a prêté jusqu'à sa femme de chambre* », peut avoir deux sens (« Il a prêté *même* sa femme de chambre » ou bien, « Il a prêté même *à* sa femme de chambre »). L'équivoque disparaît si l'objet est placé avant le verbe où s'il y a d'autres objets coordonnés

43   « Jusqu'au chien du logis il s'efforce de plaire. »
           MOL., **Fem. sav.**, I, 3.

  — JUSQUE, suivi d'un pronom relatif (*qui, que, dont, où*), dans une proposition indépendante de valeur exclamative. *Jusqu'à lui, qui nous trahit ! Jusqu'au son de sa voix que je ne peux plus supporter !*

44   « Jusqu'à ses yeux, dont l'expression changeait,... »
          DAUDET, **Sapho**, IV.

45   « La raison humaine était fatiguée... La philosophie même vacillait... Jusqu'à la science, où se manifestaient les signes de fatigue de la raison. »   **R. ROLLAND**, **Jean-Christ.**, Nouvelle journée, IV.

46   « Jusqu'aux arbres qui lui paraissaient aussi avoir changé... »
          GIRAUDOUX, **Bella**, IX.

  — *Il n'est pas jusqu'à... qui ne...*, variante du tour précédent comportant normalement la double négation et le subjonctif dans la seconde proposition. *Il n'est pas jusqu'à son regard qui n'ait changé.* — (REM. L'omission du second *ne* et l'emploi de l'indicatif sont peu réguliers. Cf. *infra*, cit. 49 GIDE).

47   « Il n'est pas jusqu'au fat qui lui sert de garçon
      Qui ne se mêle aussi de nous faire leçon ; »   **MOL.**, **Tart.**, I, 2.

48   « Il n'est pas jusqu'aux lettres, aux télégrammes flatteurs reçus par Odette, que les Swann ne fussent incapables de garder pour eux. »
         PROUST, **Rech. t. p.**, t. III, p. 108.

49   « ... il n'est pas jusqu'à ses lacets de souliers. qui s'achèvent juste avec le nœud. »   **GIDE**, **Faux-Monnayeurs**, III, IV.

  III. *Conj.* JUSQU'À CE QUE, jusqu'au moment où, « marque le point d'arrivée dans le temps et suppose en outre une continuité qui a là son *terminus* » (LE BIDOIS, § 1419).

  ‖ **1°** Avec le subjonctif. *Jusqu'à ce que je revienne. Jusqu'à ce que ses jambes lui fassent mal* (Cf. Fatiguer, cit. 18 ; et *aussi* Fédératif, cit. 1 ; fumer 2, cit. 2 ; idéologie, cit. 7. — REM. 1. Avec « attendre », *jusqu'à ce que* se réduit à à *que* (Cf. Attendre, cit. 50 à 53). — 2. Après une proposition négative, *jusqu'à ce que* a le sens de *avant que*. *Ne partez pas jusqu'à ce qu'il soit revenu. Cette génération* (cit. 21) *ne passera point jusqu'à ce que tout cela se fasse.*

50   « Les hommes ont la volonté de rendre service jusqu'à ce qu'ils en aient le pouvoir. »   **VAUVEN.**, **Réflex. et max.**, 81.

51   « Je verrai cet instant jusqu'à ce que je meure, »
         HUGO, **Contempl.**, IV, XV.

52   « Un bourdon se cognait au plafond et aux glaces, jusqu'à ce qu'il eût découvert la fenêtre ouverte. »   **MAURIAC**, **Genitrix**, VII.

|| 2º (Avec l'indicatif). — REM. Jusqu'au XVIIIᵉ siècle, les meilleurs écrivains classiques employaient souvent l'indicatif après *jusqu'à ce que*, pour exprimer un fait réel au passé. Rien n'empêche de l'employer encore ainsi quand on veut insister sur la réalité du fait, ou quand la conjonction se trouve assez éloignée du verbe, ou quand elle a perdu de sa valeur de conjonction.

53 « (*Les Romains*)... devinrent les maîtres du monde, jusqu'à ce qu'enfin leurs divisions les rendirent esclaves. »
VOLT., **Lettres philos.**, VIII.

54 « Je m'étais fait un grand magasin de ruines, jusqu'à ce qu'enfin, n'ayant plus soif à force de boire la nouveauté et l'inconnu, je m'étais trouvé une ruine moi-même. » MUSS., **Confess. enf. du siècle**, I, IV.

55 « ... ils reprirent haleine ; jusqu'à ce qu'enfin Louis, s'étant à demi soulevé, regarda la fenêtre blanchissante... »
MAURIAC, in **Revue des Deux Mondes**, 15 oct. 1926.

|| JUSQU'À TANT QUE (*Vx* ou *arch.*).

56 « Plusieurs années s'écoulèrent ainsi, grâce aux subventions d'Estelle jusqu'à tant que la mère mourût. »
HENRIOT, **Aricie Brun**, III, I, p. 219.

|| JUSQU'AU TEMPS QUE (*Littér.*), jusqu'au moment où.

57 « Ce sont tous les amants qui crurent l'existence
Pareille au seul amour qu'ils avaient ressenti
Jusqu'au temps qu'un poignard l'exil ou la potence
Comme un dernier vers à la stance
Vienne à leur cœur dément apporter démenti »
ARAGON, **Les yeux d'Elsa**, Cantique à Elsa, 5.

|| JUSQUE-LÀ QUE... avec l'indicatif. Ancienne locution, qui marque la conséquence, et se rencontre encore aujourd'hui dans la langue littéraire. V. **Point*** (à tel point que).

58 « Un rien presque suffit pour le scandaliser ;
Jusque-là qu'il se vint l'autre jour accuser
D'avoir pris une puce en faisant sa prière, » MOL., **Tart.**, I, 5.

59 « (*Ils se font*)... gloire de leurs débauches ; *jusque-là même* qu'il s'en trouve parmi eux qui s'en vantent quelquefois, bien qu'ils n'y aient point de part... »
P. HAZARD, **Crise conscience...**, t. I, p. 76 (in G. et R. LE BIDOIS, **Synt. fr. m.**, § 1521).

|| JUSQU'AU POINT QUE... (*vx*), à tel point que...

60 « Je rêve... que je trouve progressivement mon ouvrage à partir de pures conditions de forme, de plus en plus réfléchies, — précisées jusqu'au point qu'elles proposent ou imposent presque... un *sujet*. »
VALÉRY (Cf. Forme, cit. 56).

JUSQUIAME (*jus-kyam'*). n. f. (XIIIᵉ s. ; du lat. *jusquiamus*, d'orig. gr.). Bot. Plante dicotylédone herbacée (*Solanées*), scientifiquement appelée *hyoscyamus*, qui doit à l'*hyoscyamine*° qu'elle contient ses propriétés narcotiques et toxiques. *Jusquiame noire*, utilisée en médecine comme calmant. V. **Herbe** (des chevaux, aux poules, à la teigne).

JUSSIÉE (*-syé*). n. f. (*Jussie* en 1839 BOISTE ; de *Jussieu*, nom d'un botaniste français). Bot. Plante dicotylédone (*Onagrariées*) exotique et vivace, herbe ou arbrisseau aquatique, à grandes fleurs jaunes ornementales, acclimatée en France pour la décoration des pièces d'eau.

JUSSION (*-syon*). n. f. (XVIᵉ s. ; du lat. *jussio*, « ordre »). Dr. anc. *Lettres* de *jussion*, lettres adressées par le roi aux cours souveraines et portant commandement° d'enregistrer une ordonnance, un édit.

« S'il (*le roi*) estime que les remontrances (*des cours*) ne sont pas justifiées, il prescrit l'enregistrement par des lettres péremptoires, appelées *lettres de jussion*. »
OLIVIER-MARTIN, **Hist. Dr. franç.**, nº 896 (éd. Dalloz).

JUSTAUCORPS (*jus-tô-kor*). n. m. (1642 ; var. anc. *justeau-corps* ; comp. de *juste*, *au*, et *corps*). Cost. Ancien vêtement serré à la taille et muni de manches et de basques généralement assez longues. V. **Jaque, pourpoint, soubreveste.** *Justaucorps d'homme, de femme. Justaucorps de laine* (Cf. Haut-de-chausses, cit. 2), *de velours. Justaucorps entrouvert sur la chemise* (Cf. Hiatus, cit. 4).

« L'habit de fantaisie de celui qui devait revêtir la bure était un justaucorps violet d'une étoffe précieuse ;... »
CHATEAUB., **Vie de Rancé**, p. 34.

JUSTE. adj. et adv. (XIIᵉ s. ; du lat. *justus*).

I. Adj. || 1º (En parlant de personnes). Qui se comporte, agit conformément à la justice*, à l'équité* (cit. 14). V. **Équitable.** *Un homme juste et bon* (Cf. Fiel, cit. 5 ; absoudre, cit. 5). *Soyons justes* (Cf. Crime, cit. 8). *Un État juste* (Cf. Enseignement, cit. 2). *Être juste pour, envers, à l'égard de quelqu'un... Âme, conscience* juste. V. **Droit.** *Magistrat juste.* V. **Impartial, intègre.** — Par exclamation : *Juste ciel !* (cit. 58) *Justes dieux !* (Cf. Aimer, cit. 42)... — Substant. *Être un juste* (Cf. Honnête, cit. 7). *La conscience du juste* (Cf. Humeur, cit. 33). *Dormir* *du sommeil du juste*, d'un sommeil que ne trouble aucun remords, d'un sommeil paisible et profond.

1 « — Juste Ciel ! où va-t-il s'exposer ? »
RAC., **Baj.**, III, 4.

2 « On ne peut être juste si on est humain. »
VAUVEN., **Réflex. et max.**, 28.

« ... l'homme juste a l'estime de son valet. »
ROUSS., **Julie**, IVᵉ part., X.   3

« Il faut être juste avant d'être généreux, comme on a des chemises avant d'avoir des dentelles. »
CHAMFORT, **Max. et pens.**, Sur les sentiments, XXVI.   4

« Il faut être bon, mais avant tout il faut être juste : on peut tolérer celui qui ne fait pas le bien, mais celui qui fait le mal est un ennemi de l'ordre. »
SENANCOUR, **De l'amour**, p. 150.   5

— *Spécialt.* Qui observe exactement, scrupuleusement les devoirs de la religion. *Pécheurs qui se croient* (cit. 73) *justes.* — Substant. *Le juste paie pour les pécheurs* (Cf. Acquitter, cit. 2). *La piété, l'humilité* (cit. 13) *du juste. La couronne*° *du juste. Les justes et les impies* (Cf. Ange, cit. 6). *Le paradis*, *séjour des justes.* — « *Je suis innocent* (cit. 9) *du sang de ce juste* ».

« Malédiction de Yahvé sur la maison du méchant !
Mais il bénit la demeure des justes. »
BIBLE JÉRUSALEM, **Prov.**, III, 33.   6

« Mais les justes recevront la terre en héritage, et ils y demeureront durant tout le cours des siècles. »
BIBLE (SACY), **Psaumes**, XXXVI, 31.   7

« Je vous dis de même qu'il y aura plus de joie dans le ciel pour un seul pécheur qui fait pénitence, que pour quatre-vingt-dix-neuf justes, qui n'ont pas besoin de pénitence. »
ID., **Év. St Luc**, XV, 7.   8

« L'impie observe le juste, et cherche à le faire mourir ; mais Dieu ne l'abandonnera point. »
PASC., **Pens.**, VII, 446.   9

|| 2º (*En parlant de choses*). Qui est conforme à la justice, au droit, à l'équité. *Une belle*° *et juste cause. Cause juste* (Cf. Clémence, cit. 7). *Guerre* (cit. 37) *juste* (Cf. Côté, cit. 35). *Conditions justes* (Cf. Hic, cit. 3). V. **Correct, honnête, loyal.** *Juste partage. Juste récompense. Juste indemnité* (cit. 1). *Par un juste retour*° (Cf. Arme, cit. 21). *Juste retour des choses d'ici-bas. Tenir pour justes les lois établies* (cit. 41. Cf. Fondement, cit. 1). *Ce qui est licite*° *n'est pas nécessairement juste. Convoler*° *en justes noces* (Cf. Agnation, cit.). *Nous ne trouvons pas juste que...* V. **Bon** (Cf. Estimer, cit. 16). — Impers. *Il est juste d'acquitter* (cit. 6) *ses dettes. Il* (cit. 21) *est juste, il n'est pas juste que...* (Cf. Berger, cit. 15 ; église, cit. 7 ; femme, cit. 56 ; force, cit. 45). — Substant. *Le vrai, le beau et le juste* (Cf. Faire, cit. 134). *Le sentiment du juste et de l'injuste* (Cf. Éteindre, cit. 19 ; indignation, cit. 6).

« L'extrême espèce d'injustice, selon Platon, c'est que ce qui est injuste soit tenu pour juste. » MONTAIGNE, **Essais**, III, XII.   10

« ... ne pouvant faire que ce qui est juste fût fort, on a fait que ce qui est fort fût juste. »
PASC., **Pens.**, V, 298.   11

« La notion de quelque chose de juste me semble si naturelle, si universellement acquise par tous les hommes, qu'elle est indépendante de toute loi, de tout pacte, de toute religion. »
VOLT., **Philos. ignorant**, XXXII.   12

« Rien n'est juste que ce qui est honnête ; rien n'est utile que ce qui est juste. »
ROBESPIERRE, in MICHELET, **Hist. Révol. franç.**, IX, V.   13

« Une guerre de Saint Louis est une guerre juste. Un traité de Saint Louis est un traité juste. Telle est la guerre chrétienne, puisqu'il faut bien que ces deux mots aillent ensemble. Une juste guerre, à défaut d'une juste paix, et pour préparer une juste paix. Et la croisade elle-même est une juste guerre. »
PÉGUY, **Note conjointe**, Sur Descartes, p. 158.   14

« ... N'est-il pas juste
Que chacun dispose de son bien comme il lui plaît ? »
GIDE, **Roi Candaule**, I, 3.   15

« Car s'il est juste que le libertin soit foudroyé, on ne comprend pas la souffrance de l'enfant. »
CAMUS, **La peste**, p. 244.   16

— *Par ext.* V. **Fondé*, légitime.** *Un juste sujet de s'alarmer* (cit. 1). *Juste grief* (cit. 5). *Juste haine* (cit. 14). *Juste dépit* (Cf. Animer, cit. 18). *Juste fureur* (Cf. Braver, cit. 4). *Juste courroux* (Cf. Battre, cit. 70). *De justes revendications* (Cf. Étendard, cit. 8). *À juste titre*. V. **Droit** (à bon), **raison** (avec). Cf. Acrobatie, cit. 3 ; identité, cit. 18. — *Les événements ont prouvé que vos craintes étaient justes* (V. **Justifier**). *J'ai de justes raisons de me méfier de lui* (ACAD.). — REM. Dans cette acception, *juste*, adjectif épithète, est presque toujours placé devant le substantif auquel il se rapporte.

« Britannicus, Madame, eut des desseins secrets
Qui vous auraient coûté de plus justes regrets. »
RAC., **Britann.**, V, 6.   17

« ... au lieu de revenir sur ces griefs, je m'en tiens à vous faire une demande aussi simple que juste ;... » LACLOS, **Liais. dang.**, XLI.   18

|| 3º Qui a de la justesse, qui convient bien, est bien tel qu'il doit être. V. **Adéquat, approprié, convenable, exact.** *Garder la juste mesure. Juste milieu*. *Estimer* (cit. 1) *les choses à leur juste prix. Jauger un écrivain à sa juste valeur.* V. **Réel, véritable, vrai** (Cf. Fatuité, cit. 7). — *Calcul, solution, compte juste. Horloge qui indique l'heure juste. À la seconde juste où...* V. **Même, précis** (Cf. Approche, cit. 8). — *La juste valeur des mots* (Cf. Bon, cit. 23). *Prose juste et vigoureuse* (Cf. Emploi, cit. 3). *Expression* (cit. 3), *mot juste.* V. **Propre** (Cf. Captiver, cit. 8). *Au sens le plus juste du terme...* V. **Rigoureux, strict.** — *Sons justes à l'oreille* (Cf. Harmonie, cit. 19).

— *Juste rapport, justes proportions* (V. **Équilibre**). *Corps* (cit. 25) *aux justes proportions.* V. **Harmonieux, heureux.**

19   « Sa lumière (du Titien) est si juste, que, quand on regarde un de ses tableaux et ensuite le ciel, on ne s'aperçoit pas d'avoir passé de l'image à l'objet même. » CHATEAUB., M. O.-T., t. VI, p. 175, note 1.

20   « Le geste est vrai, juste, actuel surtout ; c'est bien ainsi que nous nous levons, que nous nous asseyons, que nous tenons notre chapeau,... » GAUTIER, Portr. contemp., Gavarni.

21   « Connaître la valeur juste des mots, dit-il (Lacretelle), est le grand secret de bien écrire. Le mot le plus nu, mis en bonne place, fait bien plus d'effet que le terme rare. » MAUROIS, Ét. littér., Lacretelle, I.

22   « J'ai vérifié les devoirs de Marcellin. Les additions sont justes. Les multiplications aussi. Mais il soustrait mal. » BOSCO, Rameau de la nuit, p. 185.

— Spécialt. Qui fonctionne avec exactitude et précision. Balance, montre juste. Ce fusil est très juste (ACAD.). Faire accorder un piano qui n'est plus juste. Voix juste. Note juste, qui rend exactement le son voulu (Cf. par métaph. Butin, cit. 4).

23   « Tout le monde a une voix quelconque,... étendue ou restreinte, juste ou fausse, le plus souvent juste et peu étendue... » LAVIGNAC, Musique et musiciens, II, p. 63.

— Fig. Qui est conforme à la vérité, à la raison, au bon sens. V. **Authentique, exact, logique, raisonnable, rationnel, vrai.** Dire des choses très justes (Cf. Gobeur, cit. 2). Très juste ! C'est bien dit, bien observé. C'est juste, rien de plus juste. V. **Correct** (Cf. Idée, cit. 37). Comparaison, image juste. V. **Heureux** (Cf. Amour, cit. 23 ; fortune, cit. 36). Observations fines, sensées et justes (Cf. Assentiment, cit. 8 ; inintelligence, cit. 1). La vue d'ensemble (cit. 14) la plus juste. Se faire, donner une idée juste de... (Cf. Abus, cit. 5 ; inédit, cit. 3). De justes raisons. V. **Pertinent** (Cf. Ingénieux, cit. 3). — Substant. Être dans le juste (Cf. Force, cit. 70).

24   « L'idée essentielle me paraît juste, incontestable,... » STE-BEUVE, Corresp., t. I, p. 298.

25   « Ce qu'il soutient (Brunetière) n'est pas toujours très juste ; mais toujours très solidement établi. Oserait-on dire même : d'autant mieux établi que moins juste. » GIDE, Journal, 2 déc. 1942.

26   « Aucune force au monde ne peut empêcher que l'idée d'être juste ! » MART. du G., Thib., t. VIII, p. 26.

27   « ... ils (les malades) paraissaient se faire une idée plus juste de leurs intérêts et ils réclamaient d'eux-mêmes ce qui pouvait leur être le plus favorable. » CAMUS, La peste, p. 279.

— Qui apprécie bien, avec exactitude (les êtres ou les choses). Un juste appréciateur (cit.). Avoir (1, cit. 25) le coup d'œil juste, l'oreille juste (Cf. Faux 1, cit. 38). — Fig. Esprit juste et carré (cit. 2. Cf. Caractère, cit. 20). Sentiment juste du moment opportun (Cf. Insinuation, cit. 1).

28   « ... mes yeux pour vous sont plus justes que ceux des autres : je pourrais bien vous trouver abattue et fatiguée au travers de leurs approbations. » SÉV., 143, 11 mars 1671.

29   « Ce n'est point un grand avantage d'avoir l'esprit vif, si on ne l'a juste. La perfection d'une pendule n'est pas d'aller vite, mais d'être réglée. » VAUVEN., Réflex. et max., 204.

30   « Le romantique regarde une armoire à glace et croit que c'est la mer. Le réaliste regarde la mer et croit que c'est une armoire à glace. Mais l'homme qui a l'esprit juste dit, devant la glace : « C'est une armoire à glace » et, devant la mer : « C'est la mer ». RENARD, Journal, 5 déc. 1909.

|| 4° Par ext. (souvent avec les adv. bien, trop..., la loc. adv. un peu...). Qui est trop ajusté, en parlant de vêtements, de chaussures. V. **Étroit.** Il a grossi ; son pantalon lui est devenu trop juste. V. **Collant.** — Fig. Qui suffit à peine. V. **Court.** Repas trop juste pour dix personnes. Vous n'aurez que trois minutes pour changer de train : ce sera juste. C'est tout ce qui lui reste pour finir le mois ? c'est un peu juste. V. **Jeune** (I, 7°).

31   « Qui veut faire sa dépense juste, la fait étroite et contrainte. » MONTAIGNE, Essais, III, IX.

32   « Mme de Chaulnes doit être arrivée hier à Paris ; et c'est justement aujourd'hui, ou hier samedi, qu'ils (M. et Mme de Chaulnes) doivent être partis ; cela sera bien juste. » SÉV., 1210, 28 août 1689.

33   « Tu n'as qu'un pantalon de nankin fait cette année, ceux de l'année dernière te sont justes,... » BALZ., Illus. perd., Œuvr., t. IV, p. 590.

II. Adv. || 1° Absolt. Avec justesse, exactitude, comme il faut, comme il convient. V. **Justement.** Penser juste (Cf. Habitude, cit. 18). Voir* juste. Parler juste. V. **Propos** (avec à-propos). Cf. Antithèse, cit. 1 ; hardiesse, cit. 5. Calculer juste. Deviner (cit. 3), tomber juste (Cf. Impair, cit. 2). — Chanter juste. Dire juste : avec un ton et des intonations justes (Cf. Déclamation, cit. 2). — Spécialt. Avec précision. Tirer (Cf. Bas 1, cit. 61), viser juste. Peser juste. Mesurer juste, juste comme l'or (Cf. Avoir le compas dans l'œil*). Frapper (cit. 19 et 26), toucher juste (Cf. Hoquet, cit. 6), atteindre très exactement le but visé, et au fig. Agir ou parler exactement comme il convient.

34   « Il faut chercher seulement à penser et à parler juste, sans vouloir amener les autres à notre goût... » LA BRUY., I, 2.

35   « Madame de Mortsauf avait vu juste, je lui devais donc tout : pouvoir et richesse, le bonheur et la science ;... » BALZ., Lys dans la vallée, Œuvr., t. VIII, p. 910.

36   « — Deux cent trente, et soixante-dix, trois cents tout ronds... C'est bien ça, j'avais calculé juste,... » ZOLA, La terre, V, 1.

« Peu porté lui-même au paradoxe — par une sorte de respect filial 37 de la vérité, et aussi par l'habitude professionnelle de penser juste — il ne le détestait pas chez autrui. » ROMAINS, H. de b. vol., t. IV, IX, p. 90.

|| 2° Exactement, précisément. Juste au coin de la rue (Cf. Alignement, cit. 1), au-dessus des arbres (Cf. Face, cit. 60). Cela s'est passé juste comme il le voulait (Cf. aussi Ébauche, cit. 7). Projectile reçu juste entre les yeux (Cf. Cassie, cit.). Juste autant d'amour que de vertu... (Cf. Étonnant, cit. 8). Il arriva tout juste à ce moment. Juste ce qu'il faut... (Cf. Charme, cit. 16).

« ... Sa probité ? — Tout juste autant qu'il en faut pour n'être 38 point pendu. » BEAUMARCH., Barb. de Sév., I, 4.

« ... il trouve toujours à dire, juste au moment convenable, un mot 39 spirituel et fin. » STENDHAL, Le rouge et le noir, II, XIII.

« ... les Grecs... plaçaient, au contraire, leurs théâtres, juste à 40 l'endroit d'où l'œil pouvait le plus être ému par les perspectives. » MAUPASS., Vie errante, La Sicile.

« Mais il n'avait d'yeux que pour l'ombre. « Qu'elle est belle sur le 41 mur ! Juste assez étirée, juste comme je l'aimerais... » COLETTE, La chatte, p. 10.

|| 3° D'une manière trop stricte, en quantité à peine suffisante. Compter, prévoir un peu trop juste. — Arriver juste, bien juste, au tout dernier moment. V. **Justesse** (de). — Salaire qui empêche juste de crever (cit. 25) de faim. Cela lui coûte juste la peine de se baisser (cit. 32). V. **Ne** (ne... que). Rester juste le temps de... (Cf. Aussi, cit. 36). Il partait juste comme vous arriviez. V. **Peine** (à peine) ; **venir** (de). — Bien juste, tout juste. Savoir tout juste lire (Cf. Facilité, cit. 10). Estomac (cit. 5) qui est tout juste rassasié. Il s'est vendu tout juste cinq cents exemplaires. V. **Tout** (tout au plus). Cf. Insuccès, cit. 2.

« ... (il) n'eut que le temps tout juste de parer du sabre ;... » 42 GOBINEAU, Nouv. asiat., p. 247.

— Spécialt. Cette robe vous habille trop juste, elle est trop étroite, elle vous serre trop.

— Loc. adv. AU JUSTE. V. **Exactement.** Qu'est-ce que c'est au juste que cette histoire ? (cit. 50). Je n'en sais rien au juste. Il ne savait pas au juste où... (Cf. Chanceler, cit. 5 ; confus, cit. 4). — Faire des comptes (cit. 15) au plus juste.

« Il y en avait (des chats) toujours une bande, douze, quinze, vingt, 43 on ne savait au juste ;... » ZOLA, La terre, II, 1.

« Il ne sait même pas au juste si son nom se termine par un d ou 44 par un t... » DUHAM., Salavin, Journal, 4 février.

— (1808) COMME DE* JUSTE, comme il se doit. V. **Raison** (comme de). — REM. Cette locution, considérée comme populaire par LITTRÉ et condamnée par les puristes, est admise par l'ACAD. (à l'article de) et consacrée, de nos jours, par l'usage littéraire.

« Mais Christophe se réservait, comme de juste, la plus belle (des 45 marches triomphales). » R. ROLLAND, Jean-Christ., L'aube, p. 83.

« Je dessinais. J'écrivais... Comme de juste on me flattait. » 46 COCTEAU, Difficulté d'être, p. 46.

ANT. — Abusif, absurde, approximatif, arbitraire, boiteux, calomnieux, criminel, damné, dépravé, déraisonnable, désaccordé, faux, incorrect, inéquitable, inexact, inique, injuste, réprouvé.

DER. — Justement, justesse. — COMP. — Ajuster, injuste.

JUSTEMENT. adv. (XIIe s. ; de juste).

|| 1° Avec justice, conformément à la justice. Être justement puni (Cf. Gâter, cit. 35).

— Par ext. D'une manière légitime ; avec raison, à bon droit. Être très justement alarmé (cit. 2). Se flatter (cit. 58) justement. Craindre justement pour son sort (Cf. Grenouille, cit. 4). Être justement blessé d'un soupçon (Cf. Incrédule, cit. 6). — On dira plus justement que... V. **Pertinemment** (Cf. Imitateur, cit. 5 ; et aussi Atome, cit. 15). Efforcez-vous de penser plus justement. V. **Juste** (adv.).

« Il a tort en effet,   1
Et vous vous êtes là justement récriée. » MOL., Fem. sav., V, 4.

|| 2° V. **Précisément.** On a choisi justement ce moment (Cf. Épier, cit. 10). On cherchait justement quelqu'un (Cf. Fil, cit. 10). Forcé (cit. 12) justement de s'absenter ce jour-là. Justement, le voici (Cf. Falloir, cit. 12). Nous parlions justement de lui quand il est entré (Cf. Quand on parle du loup, on en voit la queue).

« Et voilà justement comme on écrit l'histoire. »   2
VOLT., Charlot..., I, 7.

« ... voilà justement des choses que, moi, je ne vois pas. Si vous ne 3
m'aviez pas montré tout ça, je ne l'aurais jamais découvert tout seul. » DUHAM., Salavin, III, VI.

ANT. — Iniquement, injustement. Faux (à), tort (à)

JUSTESSE (juss-tès'). n. f. (1611 ; de juste).

|| 1° Qualité qui rend une chose parfaitement adaptée ou appropriée à sa destination. Cette balance est d'une extrême justesse (ACAD.). Justesse d'une vis qui entre exactement dans son écrou (HATZFELD).

— *Fig.* V. **Convenance, correction, exactitude.** *Justesse de l'expression au XVII*e *siècle* (Cf. Admirablement, cit. 1). *Le français dit les choses avec plus de justesse* (Cf. Éclaircir, cit. 6). *Justesse des intonations* (Cf. Harmonie, cit. 15). *Justesse d'un mot, d'une réflexion* (Cf. Bataille, cit. 11). *Comparaison qui manque de justesse* (Cf. Instant 2, cit. 5). *Justesse d'un récit, d'une évocation.* V. **Authenticité, vérité.**

1   « Une justesse grammaticale qui va jusqu'à l'affectation. »
                                  RAC., **Port-Royal.**

2   « La précision et la justesse du langage dépendent de la propriété des termes qu'on emploie. »   VAUVEN., **De l'esprit hum.**, XIII, p. 189.

3   « ... ce qu'il faut rechercher, ce n'est pas la petite certitude des minuties, c'est la justesse du sentiment général, la vérité de la couleur. »   RENAN, **Vie de Jésus,** Introd., Œuvr., t. IV, p. 81.

‖ **2°** Qualité qui permet d'exécuter très exactement une chose, et *par ext.* la manière même dont on l'exécute sans la moindre erreur. V. **Précision.** *Justesse du tir.* — *Tirer avec beaucoup de justesse.* V. **Juste** (II, 1°). *Chanter avec justesse.*

4   « Tout nous peut être mortel, même les choses faites pour nous servir ; comme dans la nature, les murailles peuvent nous tuer, et les degrés nous tuer, si nous n'allons avec justesse. »
                                  PASC., **Pens.**, VII, 505.

5   « Si vous aviez vu la violente contorsion que cet éclat de bombe fit à son épée,... vous admireriez l'adresse et la justesse de la main qui a mesuré ce coup. »   SÉV., **1108,** 19 déc. 1688.

— *Spécialt.* Qualité qui permet d'apprécier très exactement les choses. *Justesse de l'oreille, du coup d'œil* (Cf. Hors, cit. 18). — *Fig. Justesse d'esprit.* V. **Raison, rectitude** (Cf. Appréhender, cit. 7 ; brillant, cit. 15 ; esprit, cit. 125). — *Par ext. Remarques d'une grande justesse.*

6   « Ses idées sur le théâtre sont d'une singularité et d'une justesse remarquables, et prouvent une grande habitude de la matière ; »
                   GAUTIER, **Souv. de théâtre...,** Contes d'Hoffmann.

7   « Car les enfants apprécient avec une parfaite justesse la valeur morale de leurs maîtres. »
            FRANCE, **Livre de mon ami,** Livre de Pierre, II, X.

— *Loc. adv.* DE JUSTESSE... *Hipp.* (fin XIXe s.). *Gagner de justesse,* se dit d'un cheval qui franchit le poteau d'arrivée avec une très faible avance sur son principal concurrent. — *Par ext.* V. **Peu** (de). *Éviter* (cit. 5) *de justesse une collision. Il a pu atteindre son train, mais de justesse.* V. **Juste** (II, 3°).

8   « On me coinça entre deux cabines, au revers d'une courtine. Je m'échappai de justesse... »   CÉLINE, **Voyage au bout de la nuit,** p. 111.

9   « Comme il poursuivait son chemin, une voiture corna derrière lui. Il était si plein de l'image de Jacqueline qu'il ne se déplaça pas. La petite auto fit un crochet de justesse.... »
                      ARAGON, **Beaux quartiers,** I, XXIII.

ANT. — Approximation, discordance, erreur, fausseté, faute, impertinence.

JUSTICE. *n. f.* (XIe s. ; lat. *justicia*).

‖ **1°** Caractère de celui « qui possède un bon jugement moral... et la volonté de s'y conformer » (LALANDE) ; qualité qui fait que l'on reconnaît justement et que l'on respecte les droits de chacun. V. **Droiture** (2°), **équité***, **impartialité**, **intégrité** (2°, cit. 7), **probité** (Cf. Enrichir, cit. 14). *La justice est l'une des quatre vertus cardinales*** (Cf. Commencement, cit. 3). *Agir avec justice. La justice de Dieu* (cit. 8) *est énorme* (cit. 2), *infinie* (cit. 4 et 6). *La justice et la miséricorde de Dieu* (Cf. Courroucé, cit. 2).

1   « Non, non, ne le croyez pas, que la justice habite jamais dans les âmes où l'ambition domine. »   BOSS., **Orais. fun.** Le Tellier.

2   « La justice n'est qu'une vive appréhension qu'on ne nous ôte ce qui nous appartient ; de là vient cette considération et ce respect pour tous les intérêts du prochain, et cette scrupuleuse application à ne lui faire aucun préjudice. Cette crainte retient l'homme dans les bornes des biens que la naissance ou la fortune lui ont donnés ; et sans cette crainte, il ferait des courses continuelles sur les autres. »
                       LA ROCHEF., **Max. supprim.**, 578.

3   « La justice... est le respect, spontanément éprouvé et réciproquement garanti, de la dignité humaine, en quelque personne et dans quelque circonstance qu'elle se trouve compromise et à quelque risque que nous expose sa défense. »
      PROUDHON, **De la Justice dans la Révol...,** in THAMIN et LAPIE, **Lect. mor.,** p. 417.

4   « ... ce prêtre, qui avait lu Anatole France et Renan, et qui en parlait tranquillement, avec justice et justesse. »
         R. ROLLAND, **Jean-Christ.,** Dans la maison, p. 1035.

5   « La justice me tourmente aussi : j'ai peur de la confondre parfois avec la charité. À d'autres moments, ces deux qualités me paraissent ennemies : la pure justice n'est pas charitable, la grande charité n'est pas juste. »   DUHAM., **Salavin,** Journal, 27 janvier.

— *Spécialt. T. de Relig.* Observation exacte des devoirs de la religion. V. **Juste.** *Marcher dans les voies de la justice. État de péché et état de justice* (Cf. Humilité, cit. 13).

‖ **2°** Principe moral de conformité au droit* (II, 1°) positif (V. **Légalité, loi**) ou naturel (V. **Équité***, cit. 17, 18 et *supra*). V. **Droit** (II, 1°). *Concept* (cit. 2), *idée de justice* (Cf. Intellectuel, cit. 6). *Amour, culte* (cit. 14) *de la justice*

(Cf. Équité, cit. 9 ; injustice, cit. 6). *L'humanité* (cit. 13) *recherche la justice et le bonheur. Se battre pour la justice* (Cf. Idéologue, cit. 4). *Faire régner la justice, règne de la justice. Liberté et justice* (Cf. Imposer, cit. 12), *égalité et justice.* **Force*** (cit. 45) *et justice* (Cf. Abdication, cit. 1). *La guerre* (cit. 2) *abolit toute justice.* — *Agir selon la justice, contre la justice* (Cf. Blâme, cit. 5). *Avoir la justice pour soi :* le bon droit (Cf. Égorger, cit. 3). *Avec justice :* avec juste raison* (Cf. Cesser, cit. 13). — *En bonne justice* ou (vieilli) *de toute justice :* selon ce qui est de droit. — *C'est justice, ce n'est que justice.* V. **Juste** (I, 2°).

6   « La justice en soi, naturelle et universelle, est autrement réglée, et plus noblement, que n'est cette autre justice spéciale, nationale, contrainte aux besoins de nos polices (*sociétés*) :... »
                     MONTAIGNE, **Essais,** III, I.

7   « ... le droit a ses époques... Plaisante justice qu'une rivière borne ! Vérité au deçà des Pyrénées, erreur au delà. Ils confessent que la justice n'est pas dans ces coutumes, mais qu'elle réside dans les lois naturelles, connues en tout pays. »
    PASC., **Pens.,** V, 294 (Cf. aussi Affection, cit. 3 ; essence, cit. 10 ; établir, cit. 41).

8   « J'ai passé longtemps de ma vie en croyant qu'il y avait une justice, et en cela je ne me trompais pas ; car il y en a, selon que Dieu nous l'a voulu révéler. Mais je ne le prenais pas ainsi, et c'est en quoi je me trompais ; car je croyais que notre justice était essentiellement juste... »   ID., **Ibid.,** VI, 375.

9   « ... il craignait... que la justice ne fût d'une part et les juges de l'autre ;... »   LESAGE, **Diable boiteux,** V.

10   « La justice est un rapport de convenance qui se trouve réellement entre deux choses ;... Il est vrai que les hommes ne voient pas toujours les rapports... La justice élève sa voix ; mais elle a peine à se faire entendre dans le tumulte des passions. »
                   MONTESQ., **Lett. pers.,** LXXXIV.

11   « Toute justice vient de Dieu, lui seul en est la source ; mais si nous savions la recevoir de si haut, nous n'aurions besoin ni de gouvernement ni de lois. Sans doute il est une justice universelle émanée de la raison seule ; mais cette justice, pour être admise entre nous, doit être réciproque. »   ROUSS., **Contrat social,** II, VI.

12   « La justice est la liberté en action.
La justice est le droit du plus faible.
La justice sans force, et la force sans justice : malheur affreux ! »
          JOUBERT, **Pens.,** XV (Pensées 16, 17, 18).

13   « La justice est si sacrée, elle semble si nécessaire au succès des affaires, que ceux-là mêmes qui la foulent aux pieds prétendent n'agir que d'après ses principes. »   CHATEAUB., **M. O.-T.,** t. III, p. 195.

14   « ... la Justice.... veut que chacun réponde pour ses œuvres, en bien ou en mal. Ce que vos aïeux ont pu faire compte à vos aïeux, nullement à vous. »   MICHELET, **Hist. Révol. franç.,** III, XII.

15   « Ceux qui firent descendre la Révolution de la Justice au Salut, de son idée positive à son idée négative, empêchèrent par cela même qu'elle ne fût une religion. »   ID., **Ibid.,** V, XII.

16   « Toutes les notions morales se compénètrent, mais il n'en est pas de plus instructive que celle de justice,... parce qu'elle englobe la plupart des autres,... et surtout parce qu'on y voit s'emboîter l'une dans l'autre les deux formes de l'obligation. La justice a toujours évoqué des idées d'égalité, de proportion, de compensation. »
        BERGSON, **Deux sources morale et relig.,** I, p. 68.

— *Justice immanente** (cit. 3). *Justice commutative** (ou rectificative, mutuelle) et *justice distributive**.

17   « Quelle étonnante ambiguïté dans la notion de la Justice. Cela vient sans doute principalement de ce que le même mot s'emploie pour désigner la Justice Distributive et la Justice Mutuelle. Or ces deux fonctions se ressemblent si peu, que la première enferme l'inégalité, et la seconde l'égalité. »   ALAIN, **Propos,** 16 juill. 1912, Police et Justice.

— (En parlant d'une chose particulière). *Justice d'une cause, d'une demande. Justice d'une décision.* V. **Bien-jugé.**

‖ **3°** Pouvoir de faire régner le droit (et *spécialt.* le droit positif) ; exercice de ce pouvoir. *La justice punit** et récompense**. Justice humaine et justice divine* (Cf. Attribut, cit. 5 ; contrition, cit. 2). *La justice doit être ferme et constante* (Cf. Inégal, cit. 13 BOSS.) *Exercer la justice avec rigueur, fermeté, équité. Justice imparfaite, boiteuse**. Faire de la justice un métier* (Cf. Aviser, cit. 26). *Vendre, acheter* (cit. 7) *la justice.*

18   « On ne voit dans ses jugements (*du juge ambitieux*) qu'une justice imparfaite, semblable... à la justice de Pilate :... »
                 BOSS., **Orais. fun.** Le Tellier.

19   « La religion est, par anticipation, la justice divine. L'Église s'est réservé le jugement de tous les procès de l'âme. La justice humaine est une faible image de la justice céleste, elle n'en est qu'une pâle imitation appliquée aux besoins de la société. »
            BALZ., **Curé de village,** Œuvr., t. VIII, p. 650.

20   « Cela allait au point qu'il eût voulu changer entièrement la distribution de la justice et que, lorsqu'il se découvrait quelque larronnerie grave, on pendit non point le volé, mais le voleur. »
         NERVAL, **Contes et facéties,** La main enchantée, II.

21   « Le grand malheur est que la justice des hommes intervienne toujours trop tard : elle réprime ou flétrit des actes, sans pouvoir remonter plus haut ni plus loin que celui qui les a commis. »
         BERNANOS, **Journ. curé de camp.,** p. 183.

— *Spécialt. Justice punitive, vindicative.* V. **Châtiment, talion, vindicte.** *Justice sommaire :* exécution sommaire (V. **Lynchage**). *Qui fait justice.* V. **Justicier.** *Barre de justice :* les fers* (cit. 18). *Bois de justice.* V. **Échafaud, pilori.** Par ext. et vx. *Une justice, les justices.* V. **Fourche** (patibulaire). Cf. Grève, cit. 8. *Maison de justice,* établie près de chaque cour d'assises.

22 « Dans les vingt-quatre heures qui suivront cette signification (*de l'acte de renvoi à la cour d'assises et de l'acte d'accusation*), l'accusé sera transféré de la maison d'arrêt dans la maison de justice établie près de la cour où il doit être jugé. » CODE INSTR. CRIM., Art. 243.

23 « De temps en temps la police fait assassiner par ses agents les plus dangereux et les plus connus de ces misérables dans des querelles de cabaret, provoquées à dessein, et cette justice, bien qu'un peu sommaire et barbare, est la seule praticable, vu l'absence de preuves et de témoins,... » GAUTIER, Voyage en Espagne, p. 270.

— *Administrer, exercer, rendre la justice.* V. **Juger ; juge, jury, tribunal...** *Pouvoir de rendre la justice.* V. **Judiciaire** (pouvoir), **juridiction** (1°). *Lieu où l'on rend la justice.* V. **Juridiction** (2°), **siège.** *Relever de la justice de tel ou tel pays, de tel ou tel tribunal.* V. **Justiciable** (être). *Déni** (2°) de justice. — Cour de justice.* V. **Cour** (2°), **parlement** (*vx*). Haute (cit. 38 et 39) *cour de justice. Frais* (cit. 17) *de justice* (Cf. Incarner, cit. 7). — Anc. dr. *Justice déléguée* (par le roi aux magistrats). *Justice retenue* (retirée par le roi aux juges normalement compétents). *Justice seigneuriale** ; haute, basse justice* (Cf. *infra,* au sens 4°). *Main** de justice. Lit** de justice.*

24 « Le devoir des juges est de rendre la justice ; leur métier de la différer. Quelques-uns savent leur devoir, et font leur métier. » LA BRUY., XIV, 43.

25 « Jean continua. Maintenant, il en était à la justice, à cette triple justice du roi, de l'évêque et du seigneur, qui écartelait le pauvre monde suant sur la glèbe. Il y avait le droit coutumier, il y avait le droit écrit, et par-dessus tout il y avait le bon plaisir, la raison du plus fort. Aucune garantie, aucun recours, la toute-puissance de l'épée. Même aux siècles suivants, lorsque l'équité protesta, on acheta les charges, la justice fut vendue. » ZOLA, La terre, I, V.

— Reconnaissance du droit, du bon droit de quelqu'un. *Attendre* (cit. 79 et 80) *justice de quelqu'un. Espérer* (cit. 2), *demander justice. « Las d'avoir toujours raison et jamais justice »* (Cf. Clabauder, cit. 2 ROUSS.). *La justice que l'on doit aux autres* (Cf. Attendre, cit. 32). *Dette* (cit. 12) *de justice. Obtenir justice.*

26 « Je vous irai moi-même en demander justice.
→ N'oubliez pas alors que je la dois à tous, »
CORN., Théodore, I, 4.

27 « ... si l'on ne me fait retrouver mon argent, je demanderai justice de la justice. » MOL., Avare, V, 1.

— FAIRE JUSTICE. Vx. *Faire justice de quelqu'un :* le punir, le châtier, le traiter comme il le mérite. — On dit encore *Faire justice de quelque chose. L'opinion publique a fait prompte justice de ces impostures* (ACAD.). *Faire justice des prétentions de quelqu'un* (Cf. Dédaigner, cit. 5). *Le temps a fait justice de cette renommée usurpée.* — Vieilli. *Se faire, se rendre justice :* se juger soi-même équitablement, et aussi *de nos jours,* Se tuer pour se punir d'un crime, d'une mauvaise action dont on se reconnaît coupable. *Le meurtrier se fit justice* (ACAD.).

28 « Il ajoute : « Dis-lui que je me fais justice,
Que je n'ignore pas ce que j'ai mérité. »
Puis soudain dans le Tibre il s'est précipité ; »
CORN., Cinna, IV, 1.

29 « Les trônes s'élèvent et disparaissent en France avec une effrayante rapidité. Quinze ans font justice d'un grand empire, d'une monarchie et aussi d'une révolution. »
BALZ., Une fille d'Ève, Œuvr., t. II, p. 158.

— *Faire justice à quelqu'un :* lui reconnaître son droit, lui accorder ce qu'il est juste qu'il obtienne, réparer* les torts dont il a injustement souffert. Fig. *Faire justice, rendre justice au mérite**. Par ext. *Faire justice, rendre justice à quelqu'un :* reconnaître ses mérites, le justifier, lui rendre hommage, le récompenser*. *L'avenir, la postérité lui rendra justice.* — *Il faut lui rendre cette justice que... La justice, une justice qu'on doit lui rendre, c'est que...* — *Se rendre justice (à soi-même) :* reconnaître ses propres mérites. *Se dénier justice* (Cf. Génie, cit. 44).

30 « (*Le temps*)... ce juge incorruptible qui fait justice à tous. »
BARTHOU, Mirabeau, p. 315.

31 « Une justice que je dois rendre à mes professeurs, c'est qu'ils me firent comprendre le génie grec, qu'ils ne comprenaient pas eux-mêmes. » FRANCE, Vie en fleur, XVI.

32 « J'occupe seul la chambre la plus vaste, la mieux exposée. Rendez-moi cette justice que j'ai offert à Geneviève de lui céder ma place,... » MAURIAC, Nœud de vipères, I.

33 « ... l'avenir nous rendra justice ! Dans ce domaine du *mensonge utile,* nous avons, en France, accompli des prodiges, depuis quatre ans ! » MART. du G., Thib., t. VIII, p. 262.

— *Se faire justice à soi-même,* ou absolt. *Se faire justice* signifie encore Se venger*.

34 « Mais ce n'est pas au peuple à se faire justice : »
CORN., Œdipe, V, 1.

35 « Chacun doit se faire justice lui-même, sinon il n'est qu'un imbécile. Celui qui remporte la victoire sur ses semblables, celui-là est le plus rusé et le plus fort. » LAUTRÉAMONT, Chants de Maldoror, II.

36 « Après tout, la France était attaquée ; le peuple se faisait justice lui-même : il n'y avait qu'à laisser faire. »
MART. du G., Thib., t. VIII, p. 68.

‖ 4° Organisation du pouvoir judiciaire ; ensemble des organes chargés d'administrer la justice, conformément au droit positif. V. **Droit*** (*infra* cit. 61). *Relatif à la justice.* V. **Judiciaire***, **juridique** (*vx*). *Les formes* (cit. 65 et 68), *le cérémonial de la justice. Demander l'aide, l'appui* (cit. 23) *de la justice. Recourir à la justice.* — *Défense des droits** *devant la justice, en justice.* V. **Procédure.** *Exercice d'un droit en justice.* V. **Action, poursuite...** (Cf. Assistance, cit. 12). *Exercer un droit en justice.* V. **Actionner, agir, défendre, plaider, poursuivre, requérir. Ester*** *en justice* (Cf. Assistance, cit. 6 ; brûlot, cit. 3). *Demande en justice.* V. **Demande** (3°), **plainte.** *Litiges** *soumis à la justice.* V. **Procès.** *Débats** *en justice. Publicité** *des débats en justice. Personnes en litige devant la justice.* V. **Défendeur, demandeur, intimé, plaideur, plaignant...** *Action reçue, acceptée par la justice* (V. **Recevable, valable**). *Temps consacré par la justice à l'examen d'une affaire.* V. **Vacation.** — *Être appelé en justice.* V. **Assignation, assigner ; citation, citer** (Cf. Cédule, cit.). *Se présenter devant la justice.* V. **Comparaître, comparution ; comparoir** (*vx*). — (Dr. crim.). *Envoyer un coupable devant la justice.* V. **Déférer, traduire ; accusation, renvoi.** *Ordre d'arrestation**, *de comparution devant la justice.* V. **Mandat** (d'amener, d'arrêt, de comparution...). *Assister, défendre un accusé devant la justice.* V. **Avocat.** *Témoigner en justice.* V. **Témoin.** *Déclaration en justice* (Cf. Aveu, cit. 28). *Outrage** *à la justice.* — *La justice le recherche* (Cf. Identité, cit. 13). *La justice s'assure de l'identité des inculpés.* V. **Identité** (judiciaire) ; **anthropométrie.** *Repris** *de justice. Sanctions en justice.* V. **Peine***, **supplice ; bourreau.** Fam. *Se brouiller* (cit. 25), *être brouillé avec la justice :* s'exposer aux poursuites de la justice à la suite de quelque méfait. *Avoir des démêlés* (cit. 2) *avec la justice.* — *Autorité** (cit. 22) *de justice* (Cf. Expropriation, cit. 3 ; hargne, cit. 3). *Visite domiciliaire faite par autorité de justice. Descente** *de justice.* — *Décisions de la justice.* V. **Arrêt** (5°), **jugement***, **ordonnance, sentence...** (Cf. Extrait, cit. 3 ; huissier, cit. 7). *Les décisions de la justice, source de droit.* V. **Jurisprudence.** *Annuler en justice une décision déjà prise.* V. **Cassation ; casser.** *Réclamer de la justice une nouvelle décision.* V. **Appel.** — *Palais** *de Justice,* où siègent les tribunaux.

37 « ... quoique fûmes occis
Par justice... » VILLON, Poés. div., Épitaphe...

38 « Cet affront vous regarde, Seigneur Anselme, et c'est vous qui devez vous rendre partie contre lui, et faire toutes les poursuites de la justice,... » MOL., Avare, V, 5.

39 « Et pour votre procès, dont vous pouvez vous plaindre,
Il vous est en justice aisé d'y revenir, » ID., Misanthr., V, 1.

40 « La justice est un être de raison représenté par une collection d'individus sans cesse renouvelés, dont les bonnes intentions et les souvenirs sont, comme eux, excessivement ambulatoires. Les Parquets, les Tribunaux ne peuvent rien prévenir en fait de crimes, ils sont inventés pour les accepter tout faits. »
BALZ., Splend. et mis. des courtis., Œuvr., t. V, p. 808.

41 « L'Assemblée... commença son beau travail sur l'organisation d'une justice digne de ce nom, non payée, non achetée, ni héréditaire, sortie du peuple et pour le peuple. »
MICHELET, Hist. Révol. franç., III, IV.

— *Gens de justice :* les membres du corps* de la magistrature, du ministère* public, du barreau, des offices publics et ministériels (Cf. Approche, cit. 29). *Officiers de justice* (Cf. Calomnieux, cit.). *Auxiliaires** *de la justice. Le coroner**, *officier de justice anglais.* — Anc. dr. *Officier de justice.* V. **Bailli, lieutenant** (criminel), **prévôt, sénéchal...** *Chevaliers de justice,* s'est dit de certains chevaliers de Malte.

— L'ensemble des juridictions de même ordre, de même classe. *Justice administrative** (tribunaux administratifs, conseil d'État...). *Justice civile**. *Justice commerciale* (V. **Commerce**). *Justice prud'homale. Justice militaire* (Cf. Armée, cit. 14). *Justice maritime* (marine militaire). *Justice pénale**. *Justice politique**. — Anc. dr. *Justice seigneuriale,* connaissant des questions de droit commun et se divisant en haute et basse justice (V. **Bas,** *infra* cit. 23). — *Justice féodale,* connaissant des différends relatifs aux tenures (justice foncière). — *Justice séculière, temporelle* et *Justice ecclésiastique.* — *Les justices :* les juridictions.

42 « Il y a des gens qui avaient imaginé.... d'abolir toutes les justices des seigneurs. » MONTESQ., Espr. des lois, II, IV.

— *Spécialt.* V. **Tribunal.** *Justice de paix* (V. **Juge**).

43 « Ce hasard d'un huissier qui fait tout et d'un huissier qui ne fait rien est fréquent dans les justices de paix, au fond des campagnes. » BALZ., Les paysans, Œuvr., t. VIII, p. 66.

— *La Justice.* Se dit du ministère de la Justice (V. **Chancellerie ; chancelier** (*vx*), **garde** (des Sceaux). *Le portefeuille de la Justice. Sous-secrétaire à la Justice.*

‖ 5° La JUSTICE (aux sens 2 et 4) personnifiée. *Le bandeau**, *la balance* (cit. 1) *et le glaive* (cit. 7), *emblèmes, symboles de la Justice* (Cf. Homicide 1, cit. 9). *Le bras* (cit. 31) *de la Justice.* — *Avoir la Justice et la Vérité pour conseillères* (Cf. Autorité, cit. 8). — *Thémis, déesse de la Justice* (Cf Bout, cit. 4). *La Justice,* fresque de Raphaël.

44 « Comme il disait tels mots, de Justice entourna
    Les yeux d'un bandeau noir, et puis il lui donna
    Une balance d'or dans la main senestre,
    Et un glaive tranchant au milieu de la dextre :
    Le glaive, pour punir ceux qui seront mauvais ;
    La balance, à poiser (*peser*) également les faits
    Des grands et des petits, comme équité l'ordonne ;
    Le bandeau, pour ne voir en jugement personne. »
                RONSARD, **Prem. liv. des hymnes,** De la Justice.

ANT. — **Abus, crime, iniquité, injustice.**

DER. — **Justicier** (Cf. Justiciable).

JUSTICIABLE. *adj.* (XIIᵉ s. ; de l'anc. verbe *justicier*). Qui relève de certains juges, de leur juridiction*. *Criminel justiciable des tribunaux français* (V. **Compétence.** Cf. Crime, cit. 18). *Les ministres sont justiciables de la Haute Cour.* — REM. En parlant de choses, on dit *Être, relever de la compétence* de...* Substant. *L'inamovibilité* (cit. 2 et 3) *des juges est une garantie de bonne justice* pour les justiciables* (Cf. aussi Cour, cit. 26). — Fig. *Un auteur est justiciable de la critique* (ACAD). *Malade justiciable de Vichy, de Châtelguyon...* Substant. *Sainte-Beuve et ses justiciables* (Cf. Irréconciliable, cit. 3).

« Danton s'expliqua : « Je suis votre justiciable, dit-il aux Jacobins, je suis responsable de ma conduite devant vous. »
                BARTHOU, **Danton,** p. 210.

1. JUSTICIER. *v. tr.* (XIIᵉ s. ; de *justice*). *Vx.* Punir* (un condamné), lui faire subir une peine corporelle, en exécution d'une sentence, d'un arrêt. *Justicier un criminel.*

2. JUSTICIER, ÈRE. *n.* (XIIᵉ s. ; de *justice*). Personne qui rend justice, qui aime à faire régner la justice. *Saint Louis, bon roi et bon justicier.* — *Féod.* Celui, celle qui a droit de justice en quelque lieu. *Haut, bas justicier.* Adjectivt. *Seigneur justicier, dame justicière.*

— Par ext. (*n. m.*). Celui qui agit en justicier, en redresseur de torts, vengeur des innocents et punisseur des coupables. *Les justiciers des romans d'aventures.* Adjectivt. *Un dieu justicier.* Par ext. *Des éclats justiciers, de tonnantes algarades* (cit. 3).

1 « Le czar Pierre 1ᵉʳ abattait lui-même les têtes de ses sujets : en sa personne se confondent le juge et le justicier, et le justicier est vénéré parce qu'il est à la fois la tête qui condamne et le bras qui exécute la sentence. » BALZ., **Souv. d'un paria,** II (Œuvr. div., t. I, p. 229).

2 « Au dedans, dès le douzième siècle, le casque en tête et toujours par chemins, il est le grand justicier, il démolit les tours des brigands féodaux, il réprime les excès des forts, il protège les opprimés, il abolit les guerres privées, il établit l'ordre et la paix :... »
          TAINE, **Orig. France contemp.,** I, t. I, p. 17.

JUSTIFIABLE, JUSTIFIANT, JUSTIFICATEUR. V. JUSTIFIER (*dér.*).

JUSTIFICATIF, IVE. *adj.* (1558 ; dér. sav. du lat. *justificare*, « justifier »). Qui sert à justifier quelqu'un. *Fait, mémoire justificatif.* — Qui sert à prouver ce qu'on allègue. *Documents justificatifs,* et substant. *Des justificatifs. Pièces justificatives.* Fig. (Cf. Honneur, cit. 41). *Reçus, bordereaux... justificatifs,* constatant les entrées ou les sorties de valeurs. Par ext. Qui justifie, légitime. *L'esthétique* (cit. 5), *principe justificatif de l'existence.* — En T. de Presse. *Exemplaires justificatifs,* et substant. *Justificatifs :* exemplaires (d'un journal, d'une revue....) adressés aux personnes qui ont fait insérer une annonce.

JUSTIFICATION. *n. f.* (*Justificaciun* au XIIᵉ s. ; du lat. *justificatio,* m.).

‖ 1° Action de justifier quelqu'un, de se justifier ; résultat de cette action. *Qu'avez-vous à dire pour votre justification ?* V. **Décharge, défense, excuse.** *Parler pour sa justification* (Cf. Excuser, cit. 10). *Ses mémoires contiennent la justification de sa conduite, de ses actes. Demander des justifications.* V **Compte.** *Chercher, fournir des justifications.* V. **Argument, démonstration, explication, raison** (Cf. Rendre des comptes*).

1 « Vous aurez beau consulter vos avocats, ils ne vous trouveront pas de justification pour ce mauvais procédé ;... »
          LACLOS, **Liais. dang.,** CXVIII.

2 « L'autobus qui passe est plein de visages non pas joyeux, sans doute, ni même paisibles, mais, comment dire ? justifiés. Oui, qui ont une justification toute prête. Pourquoi êtes-vous ici, à cette heure-ci ? Ils sauront répondre. » ROMAINS, **H. de b. vol.,** t. I, VI, p. 64.

— *Par ext.* Action de justifier quelque chose ou de la présenter comme juste. *Justification de la guerre.* V. **Apologie** (Cf. Agoniser, cit. 1). — Ce qui justifie, sert à justifier. *L'épargne* (cit. 9), *justification morale du capitalisme.*

3 « Le jour où le crime se pare des dépouilles de l'innocence, par un curieux renversement... c'est l'innocence qui est sommée de fournir ses justifications. » CAMUS, **L'homme révolté,** p. 14.

— Spécialt. *Théol.* « Rétablissement du pécheur en l'état d'innocence, par la grâce » (HATZFELD).

‖ 2° Action d'établir (une chose) comme réelle ; résultat de cette action. V. **Preuve.** *Justification d'un fait, d'une identité, d'un paiement... Allégations qui ne sont assorties* (cit. 22) *d'aucune justification.*

‖ 3° *T. d'Imprim.* Action de donner aux lignes la longueur requise. Longueur d'une ligne d'impression, définie par le nombre de caractères d'un type donné ; la ligne elle-même. *Cadrat* pour la justification. La justification et les marges d'un livre.* — *Justification du tirage.*

4 « ... les volumes de cette collection sont très chers. La justification annonce plutôt le désir de multiplier les livraisons que de les diminuer. » BALZ., **Le feuilleton,** III (Œuvr. div., t. I, p. 367).

ANT. — **Accusation, calomnie.**

JUSTIFIER. *v. tr.* (XIIᵉ s. ; du lat. *justificare*).

‖ 1° Rendre juste, conforme à la justice.

1 « ... ne pouvant fortifier la justice, on a justifié la force, afin que le juste et le fort fussent ensemble, et que la paix fût, où est le souverain bien. » PASC., **Pens.,** V, 299.

— *Spécialt. Théol.* Dieu justifie les hommes par sa grâce. *Le confessionnal* (cit. 2), *tribunal qui justifie les pécheurs.* V. **Laver.**

‖ 2° Innocenter* (quelqu'un) en découvrant les motifs de sa conduite, en démontrant que l'accusation n'est pas fondée... V. **Couvrir, décharger, défendre, disculper, excuser** (Cf. Apologiste, cit. 2). *Justifier un frère, un ami auprès de celui qui l'accuse, le blâme. Justifier quelqu'un d'une erreur.* — *Ses bonnes intentions le justifient pleinement.* V. **Laver.** — Pronominalt. *Se justifier.* V. **Excuser** (cit. 18).

2 « Je justifierais les femmes de bien des choses dont on les accuse :... » MOL., **Impr. de Versailles,** I.

3 « La grande question dans la vie, c'est la douleur que l'on cause et la métaphysique la plus ingénieuse ne justifie pas l'homme qui a déchiré le cœur qui l'aimait. » B. CONSTANT, **Adolphe,** Réponse de l'éditeur.

4 « Vous veniez accuser cet homme, vous l'avez justifié ; vous vouliez le perdre, vous n'avez réussi qu'à le glorifier. » HUGO, **Misér.,** VIII, IX, IV.

5 « ... Planche n'étant nullement justifié auprès de moi du tort que je lui impute, j'aimerais mieux crever de faim que de lui demander un service dans les circonstances actuelles. » SAND, **Lettr. à Musset,** VIII, 15 juin 1834.

6 « Dois-je alléguer, pour me justifier, la nécessité, maîtresse des hommes et des dieux, qui me conduisit comme elle conduit l'univers ? » FRANCE, **Petit Pierre,** XXXII.

— *Par ext. Justifier la conduite de quelqu'un, sa propre conduite. Justifier une opinion de jeunesse* (Cf. Exciper, cit. 2).

7 « ... je ne puis même obtenir la liberté de dire deux mots pour justifier mes intentions sur le sujet de cette comédie. » MOL., **Préc. rid.,** Préface.

8 « ... il n'était pas homme à chercher des excuses ; plutôt proclamait-il les raisons qui justifiaient, à ses yeux, ce qu'on avait fait. » MADELIN, **Hist. Cons. et Emp.,** Avènement de l'Empire, VI.

9 « C'est seulement lorsque j'ai agi que cette clairvoyance entre en jeu pour justifier à mes yeux ce que j'ai fait... » MART. du G., **Thib.,** t. III, p. 221.

— Rendre (quelque chose) légitime. *Théorie qui justifie tous les excès.* V. **Autoriser, légitimer.** *Le besoin ne suffit pas à justifier de telles exactions.* — PROV. *La fin justifie les moyens,* maxime attribuée tantôt à Machiavel, tantôt aux Jésuites.

10 « Notre défiance justifie la tromperie d'autrui. » LA ROCHEF., **Réflex. morales,** 86.

11 « Leur maxime (*des Jésuites*), banalisée depuis, mais si forte encore, « la fin justifie les moyens ». Oui, mais il faut que la fin soit grande. » ROMAINS, **H. de b. vol.,** t. III, XVII, p. 230.

12 « On dit que la fin justifie les moyens (elle les condamne tout aussi bien). » PAULHAN, **Entret. s. faits divers,** p. 56.

‖ 3° (*Dans un sens affaibli*). Faire admettre ou s'efforcer de faire reconnaître (quelque chose) comme juste, légitime, fondé* en raison. V. **Expliquer, motiver.** *Justifier une démarche, une demande. Justifiez vos critiques. Justifier une expression, une locution* (Cf. Appui, cit. 36). *Coutume difficile à justifier, que la raison ne peut justifier* (Cf. Civilisation, cit. 15 ; contre-fugue, cit.). *Il éprouvait une joie que rien ne justifiait. Justifier un surnom par sa conduite* (Cf. Épigramme, cit. 8). *Son revenu ne justifie pas ce train de vie.* V. **Compte** (rendre compte de...). *Justifier que...* (Cf. Attacher, cit. 3).

13 « Quelques-unes de ces pages (*d'Henriette Renan*)... justifient en plus d'un endroit la gratitude admirative qu'il a (*Renan*) manifestée à sa sœur. » HENRIOT, **Portr. de femmes,** p. 407.

14 « Presque toute vie d'homme est corrompue par le besoin qu'il a de justifier son existence. Les femmes sont moins sujettes à cette infirmité. » MONTHERLANT, **Pitié pour les femmes,** p. 250.

— Confirmer* (un jugement, un sentiment). V. **Vérifier.** *L'événement a justifié notre opinion, nos craintes, nos espoirs, notre attente... Vous avez justifié mes espoirs* (Cf. Content, cit. 13). *Cette femme* (cit. 48) *justifie le mot de Shakespeare...*

15   « L'expérience a justifié ses sentiments ;... »
BOSS., Orais. fun. Henriette-Marie de France.

|| 4° Montrer (quelque chose) comme vrai, juste, réel, par des arguments, des preuves. V. **Démontrer, prouver.** *Justifier ce qu'on avance, ce qu'on affirme. Justifier un fait. Justifier l'emploi* (cit. 7) *des sommes reçues. Il devra justifier qu'il possède bien ce titre.*

16   « Je n'avance rien qu'il ne me soit aisé de justifier. »
MOL., Avare, V, 5.

17   « Commandez : laissez-nous, de votre nom suivis,
Justifier partout que nous sommes vos fils. »   RAC., Mithr., III, 1.

— Dans le même sens, et *plus particult.* en T. de Droit (intrans.). *Justifier de* (quelque chose), en faire, en apporter la preuve*. *Justifier de son identité en montrant ses papiers. Justifier de sa capacité professionnelle* (Cf. Artisan, cit. 7). *Par ext. Reçu qui justifie d'un paiement.*

|| 5° T. d'Imprim. *Justifier le composteur,* le fixer sur la justification* voulue. *Justifier une ligne,* la mettre à la longueur requise au moyen de blancs.

18   « L'ancienne typographie est un art d'exactitude : il arrivait qu'une ligne mal justifiée, c'est-à-dire mal composée, s'échappât de l'ensemble et se répandit sur le sol. »   DUHAM., Pasq., V, IX.

|| SE JUSTIFIER. Démontrer son innocence (Cf. Artifice, cit. 8). *Répondre à des reproches en se justifiant* (Cf. Éclairer, cit. 13). *N'avoir aucune excuse pour se justifier* (Cf. Accabler, cit. 7). *Se justifier auprès de quelqu'un* (et VX *à quelqu'un).* — *Je veux me justifier de ces accusations, de ces calomnies* (ACAD.). V. **Laver** (se).

19   « Notre ami demanda s'il ne pourrait point voir Sa Majesté et se justifier à son maître de sa conduite :... »   SÉV., 761, 13 déc. 1679.

20   « ... j'ai bien à cœur de me justifier des reproches qu'il me fait. »
LACLOS, Liais. dang., CVII.

21   « — C'était la pièce fausse, me répondit-il tranquillement, comme pour se justifier de sa prodigalité. »
BAUDEL., Spleen de Paris, XXVIII.

— *(En parlant des choses).* Être justifié.

22   « Jean souffrait de poursuivre un but évidemment égoïste et qui ne se justifiait que par la sauvegarde de sa propre personne. »
CHARDONNE, Dest. sentim., p. 187.

— *Par ext.* Être fondé sur de bonnes raisons. V. **Expliquer** (s'). *Locution qui se justifie très bien* (Cf. Chez, cit. 17). *Des craintes qui ne se justifient guère.*

23   « Un goût peut se justifier. En dégustant du cognac, oncle Philippe définit très bien ses préférences et reconnaît distinctement la qualité. »
CHARDONNE, Destin. sentim., p. 242.

|| JUSTIFIÉ, ÉE. *p. p.* et *adj.* Qui a un juste fondement*, qui est légitime, motivé. *Accusations* (cit. 8) *justifiées. Réclamation justifiée* (Cf. Le bien-fondé* d'une réclamation). *Un reproche tout à fait justifié* (Cf. Féconder, cit. 6). *Être en butte* (cit. 5) *à des attaques justifiées. L'emploi de faire* (cit. 117) *semble particulièrement justifié quand...*

ANT. — Accuser, blâmer, calomnier, compromettre, condamner, incriminer, noircir. Contredire, démentir, infirmer. Gratuit, injustifié.

COMP. — Injustifié.

DER. — Justificatif, justification. — Justifiant, ante. *adj.* (1345). T. de Théol. *Grâce justifiante,* qui rend juste, rétablit le pécheur dans son innocence. — **Justificateur, trice.** *adj.* (1516). Peu usit. Qui justifie quelqu'un. *Témoignage justificateur.* T. d'Imprim. *N. m.* Ouvrier qui justifie les caractères. Outil dont il se sert pour cette opération. — **Justifiable.** *adj.* (XIII° s., « qui rend juste » ; 1787, sens actuel). Qui peut être justifié, excusé. V. **Défendable, excusable.** *Sa conduite est justifiable. Ses procédés ne sont pas justifiables* (ACAD.). Qui peut être motivé, expliqué (Cf. Condition, cit. 10). ANT. **Injustifiable, insoutenable.**

« Si la cause de cet empire (d'une femme) semble répréhensible aux yeux de la justice, il est justifiable aux yeux de la nature. »
BALZ., L'interdiction, Œuvr., t. III, p. 35.

JUTE. *n. m.* (1849 ; mot. angl. empr. au bengali *jhuto*). *Bot.* Plante dicotylédone (*Tiliacées*) scientifiquement appelée *corchorus,* et vulgairement *corète, chanvre du Bengale,* herbacée, exotique, cultivée pour les fibres textiles longues et soyeuses de ses tiges. *Par ext.* La fibre textile qu'on en tire après rouissage et décorticage. *Le jute, résistant et bon marché, est utilisé dans la fabrication des cordes, des ficelles, des toiles à sac, à linoléum... Grosse toile de jute.*

JUTER, JUTEUX. V. JUS (*dér.*).

JUVÉNAT. *n. m.* (XVI° s., « assemblée de jeunes gens » ; XIX° s. HUYSMANS, sens actuel ; dér. sav. du lat. *juvenis,* jeune homme). Stage en usage dans certains ordres religieux, *particult.* chez les Jésuites, et qui prépare au professorat. V. **Alumnat.**

JUVÉNILE. *adj.* (XV° s. ; empr. au lat. *juvenilis,* « jeune »). Qui appartient à la jeunesse (S'emploie surtout pour qualifier des traits physiques ou moraux). V. **Jeune** (2°). *Fraîcheur, grâce juvénile. Contours juvéniles* (Cf. Fourreau, cit. 7). *La gracilité* (cit. 1) *juvénile de ses épaules. Sourire juvénile. Ardeur, zèle juvénile* (Cf. Ardent, cit. 16).

« Tout était juvénile sur ces visages : la roseur de la joue sous la barbe naissante, l'œil frais derrière le binocle, la gaucherie, la vivacité, le lyrisme des sourires qui proclamaient la joie d'éclore, d'espérer tout, d'exister. »   MART. du G., Thib., t. IV, p. 10.

ANT. — Sénile, vieux.

DER. — **Juvénilement.** *adv.* (1544). D'une manière juvénile. — **Juvénilisme.** *n. m.* (XX° s.). *Méd.* Infantilisme atténué. — **Juvénilité.** *n. f.* (1496 ; empr. au lat. *juvenilitas,* « caractère jeune »). Caractère juvénile. V. **Jeunesse** (2°, Absolt.). *La juvénilité de son expression, de ses enthousiasmes... Il était d'une juvénilité exquise* (Cf. Bégaiement, cit. 1). ANT. **Sénilité.**

« ... brusquement son visage se transfigure. Une juvénilité mystérieuse détend les traits contractés, toute l'ancienne gentillesse les illumine. »   MONTHERLANT, Le songe, II, XIX.

JUXTA-. Préfixe latin signifiant « près de », qui entre dans la composition de quelques mots savants tels que : **Juxtalinéaire.** *adj.* (1867 ; de *linéaire*). Se dit d'une Traduction où le texte et la version se répondent ligne à ligne dans deux colonnes contiguës. — **Juxtaposer***, **juxtaposition***. — **Juxtatropical, ale.** *adj.* (1877 ; de *tropical*). *Géogr.* Qui est près des tropiques.

JUXTAPOSER. *v. tr.* (1835 ACAD. ; de *juxta,* et *poser*). Poser, mettre (une ou plusieurs choses) à côté*, près* d'une autre ou de plusieurs autres. *Juxtaposer une chose à une autre* (Cf. Contrepoint, cit. 2), *une chose et une autre.* — Poser (plusieurs choses) l'une à côté de l'autre, les unes à côté des autres. V. **Accoler** (II). *Juxtaposer les termes d'une série. Les néo-impressionnistes juxtaposaient les couleurs pures* (Cf. Impressionniste, comp.). *Juxtaposer deux mots pour former un composé, deux propositions.* — *Pronominalt. Particules qui se juxtaposent.*

« ... grandes plaques dédoublées par le milieu et dont on a juxtaposé les deux morceaux de façon à former des dessins symétriques, comme on en obtient en ébénisterie par le placage des bois. »
LOTI, Jérusalem, p. 92.

|| JUXTAPOSÉ, ÉE. *p. p. adj.* Qui est mis à côté, tout près de... *Groupes d'immigrants « juxtaposés ou superposés aux groupes déjà installés »* (VALÉRY). — (En parlant de choses réunies par le voisinage, la proximité, mais qui ne sont pas liées entre elles) *Ce livre n'est fait que d'idées juxtaposées. Les termes juxtaposés du style impressionniste* (cit. 2). *Spécialt. Gramm. Mots juxtaposés.* Substant. *Les juxtaposés,* se dit des composés (cit. 34) « improprement dit(s)... constitué(s) par le simple rapprochement de deux termes » (MAROUZEAU). *Propositions juxtaposées :* « placées les unes à côté des autres, sans aucun lien grammatical » (G. et R. LE BIDOIS. Synt. fr. m., § 1112). *Propositions temporelles, hypothétiques juxtaposées* (*Ex.* : La porte était-elle fermée, il entrait par la fenêtre ; à peine arrivé, il se mettait à table).

« Il *(ce temple)* est formé d'un faisceau d'églises ou de chapelles juxtaposées et indépendantes les unes des autres. »
GAUTIER, Voyage en Russie, XVI.

« Les institutions, les lois, les mœurs n'y sont point juxtaposées comme dans un amas, par hasard ou caprice, mais liées entre elles, par convenance ou nécessité, comme dans un concert. »
TAINE, Orig. France contemp., III, t. I, p. 281.

« S'il n'est point de nœud qui les unisse, les hommes sont juxtaposés et non liés. »   ST-EXUP., Pilote de guerre, XXVI.

« Nous sommes là, les uns à côté des autres, impénétrables... juxtaposés, comme les galets au bord du lac... »
MART. du G., Thib., t. V, p. 95.

ANT. — Éloigner, espacer. Distant.

JUXTAPOSITION. *n. f.* (1664 ; de *juxta-,* et *position*). Action de juxtaposer ; résultat de cette action. V. **Assemblage***. — *Juxtaposition de deux choses* (Cf. Fondamental, cit. 3 ; fusion, cit. 4). — *Gramm.* et *Stylist.* Rapprochement de deux ou plusieurs termes juxtaposés (Cf. Parataxe ; et aussi Asyndète*). *Juxtaposition des mots dans la phrase chinoise* (Cf. Idéographie, cit.).

« ... ses tons qui, pris à part, seraient gris ou neutres, acquièrent par la juxtaposition, une puissance et un éclat surprenants. »
GAUTIER, Souv. de théâtre..., Noces de Cana.

« La construction par simple juxtaposition des termes, verbes ou compléments, — l'asyndète des grammairiens — produit un effet de rapidité ; tous les mots de liaison non indispensables sont supprimés :... Cette construction est familière à Mauriac chez qui l'accumulation des verbes sans conjonction entre eux... traduit l'atmosphère de fièvre et d'angoisse où respirent ses personnages :... »
GEORGIN, Prose d'aujourd'hui, Juxtapositions.